大韓每日申報
대한미일신보

2

1905. 8 ~ 1906. 7

한국학자료원

The Korea Daily News.

全 帙 目 次

The Korean Press Institute

대한매일신보
[大韓每日申報]

1904년부터 국권피탈 때까지 발간되었던 일간신문이다. 2012년 10월 17일 국가등록문화재로 지정되었다.

1904년 2월에 일어난 러일전쟁을 취재하기 위해 한국에 왔던 영국인 배설(裵說, 베델:Ernest Thomas Bethell)이 양기탁(梁起鐸) 등 민족진영 인사들의 도움을 받아 7월 18일에 창간하였다.

《대한매일신보》가 창간되던 무렵은 일본측이 한국 언론에 대해 검열을 실시하고 직접적인 탄압을 가하기 시작한 때였다. 그러나 《대한매일신보》는 발행인이 영국인이었기 때문에 주한 일본 헌병사령부의 검열을 받지 않고 민족진영의 대변자 역할을 다할 수 있었다. 사세(社勢)가 확장되고 독자수도 늘어나면서, 통감부(統監府)가 설치된 이후에는 민족진영의 가장 영향력 있는 대표적인 언론기관이 되었다.

《대한매일신보》는 창간 당시에는 타블로이드판(版) 6페이지로서 그 중에서 2페이지가 한글전용이었고, 4페이지는 영문판이었다. 창간 다음해인 1905년 8월 11일부터는 영문판과 국한문신문을 따로 분리하여 두 가지 신문을 발간하였다. 영문판의 제호는 《The Korea Daily News》였고, 창간 당시는 순한글로 만들었던 국문판은 국한문을 혼용하여 발간하였다. 그러나 국한문판을 이해하지 못하는 독자들을 대상으로 하는 한글전용 신문의 필요성을 다시 느끼게 되어 1907년 5월 23일부터는 따로 한글판을 창간하여 대한매일신보사(社)는 국한문 · 한글 · 영문판 3종의 신문을 발행하였으며, 발행부수도 세 신문을 합쳐 1만 부를 넘어 당시로서는 최대의 신문이 되었다. 논설진으로는 양기탁 외에 박은식(朴殷植) · 신채호(申采浩) 등이 있었다.

이와 같이 큰 영향력을 가진 신문이 일제의 한국침략정책을 정면으로 반박하고 나서자 일제는 이 신문에 대해 여러 가지 탄압을 가하게 되었다. 일본측은 외교경로를 통해 소송을 제기하여 발행인 배설은 1907년과 1908년 2차례에 걸쳐 재판에 회부되었고, 양기탁도 국채보상의연금(國債報償義捐金)을 횡령했다는 혐의로 체포되어 재판에 회부되었으나 무죄로 석방되었다. 배설은 이러한 탄압과 싸우는 가운데 1908년 5월 27일부터 발행인 명의를 영국인 만함(萬咸:Alfred Marnham)으로 바꾸었다.

그러나 1909년 5월 1일 배설이 죽고 난 후, 1910년 6월 1일부터는 발행인이 이장훈(李章薰)으로 바뀌었고, 국권피탈이 되면서 조선 총독부의 기관지로 전락했다.

2012년 10월 17일 국가등록문화재로 지정되었으며, 대한매일신보(2012-1)은 서울 서초구 국립중앙도서관에, 대한매일신보(2012-2)는 서울 종로구 국립고궁박물관에, 대한매일신보(2012-3)은 서울 관악구 서울대 중앙도서관에 각각 소장되어 있다.

대한매일신보 [大韓每日申報] (두산백과 두피디아)

大韓每日申報 題号의 변천

大韓每日申報
대한매일신보

창간 당시 題号, 1904년 7월 18일부터

The Korea Daily News.

英文版 The Korea Daily News 題号

大韓每日申報
대한매일신보

国漢文版 1905년 8월 11일 (제 3 권 1호) 부터

大韓每日申報
대한매일신보

国漢文版 1906년 12월 19일 (제400호) 부터
한글판은 1907년 5월23일자 창간호부터 이 제호를사용

大韓每日申報

国漢文版 1907년 4월 16일 (제487호) 부터

大韓每日申報

国漢文版 1909년 11월 9일 (제1237호) 부터

대한매일신보
大韓每日申報

한글판 1909년11월 9일 (제714호) 부터 1910년 8월까지

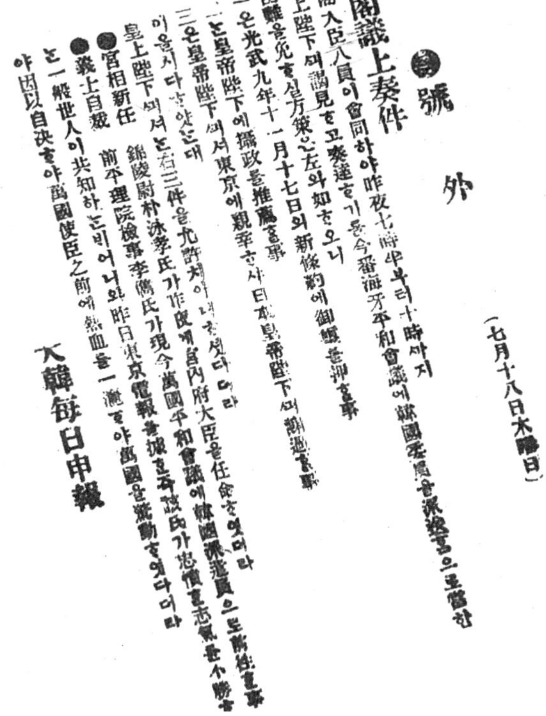

(七月十八日木曜日)

號外

◎閣議上奏件
內閣大臣八員이會同하야昨夜七時半부터十時ᄭᆞ지
皇上陛下ᄭᅴ謁見ᄒᆞ고奏達ᄒᆞᆫ기를今番海牙平和會議에韓國委員을派送ᄒᆞᆷ으로當한
困難을免ᄒᆞ실方策은左와如ᄒᆞ오니
一은光武九年十一月十七日의新條約에御璽를押ᄒᆞᆯ事
二ᄂᆞᆫ皇帝陛下에攝政을推薦ᄒᆞᆯ事
三은皇帝陛下ᄭᅴ셔東京에親幸ᄒᆞ사日本皇帝陛下ᄭᅴ謝過ᄒᆞᆯ事
이옵시다ᄒᆞ얏ᄂᆞᆫ대
皇上陛下ᄭᅴ셔ᄂᆞᆫ右三件을允許치아니ᄒᆞ셧다더라
◎宮相新任
錦陵尉朴泳孝氏가昨夜에宮內府大臣을任命ᄒᆞ엿더라
◎義士自裁
前平理院檢事李儁氏가現今萬國平和會議에韓國派遣員으로前往ᄒᆞᆫ事
ᄂᆞᆫ一般世人이共知ᄒᆞᄂᆞᆫ바어니와昨日東京電報를據ᄒᆞᆫ즉該氏가忠憤ᄒᆞᆫ志氣를不勝ᄒᆞ
야因以自決ᄒᆞ야萬國使臣之前에熱血을一灑ᄒᆞ야萬國을驚動ᄒᆞ엿다더라

大韓每日申報

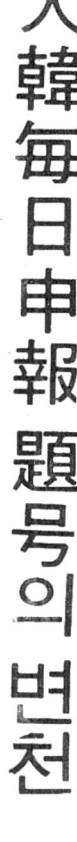

号外. 1907년 7월 18일자

大韓每日申報편집국 志士風의 갓쓴 기자들이 붓을 들고 기사를 쓰고 있다.

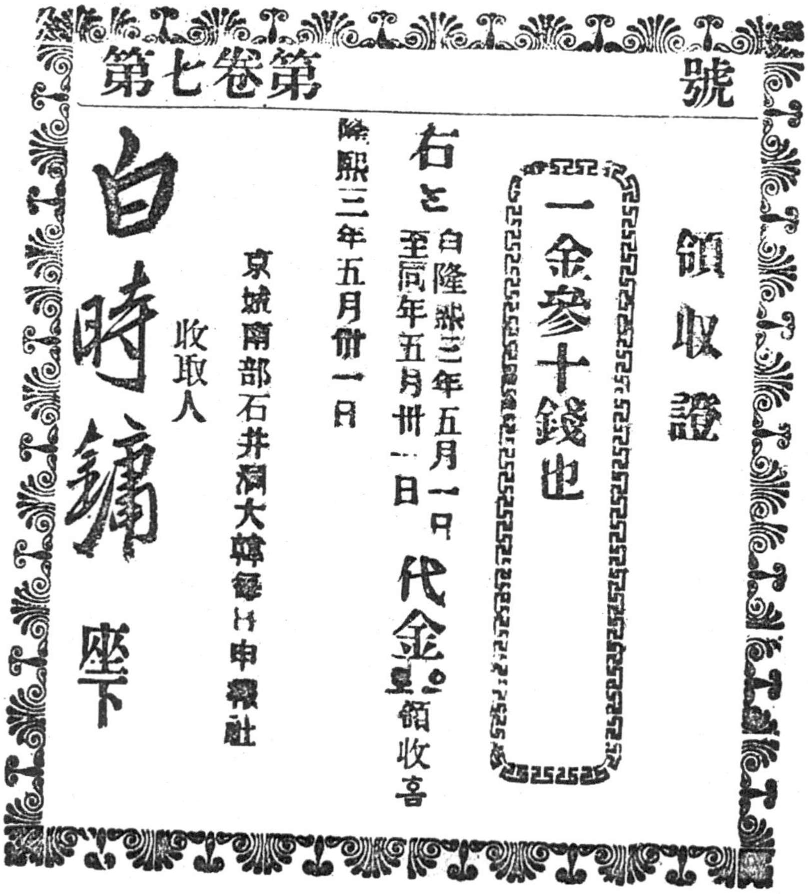

第七卷第 號

領收證

一金參十錢也

右는 自隆熙三年五月一日 至同年五月卅一日 代金으로領收홈

隆熙三年五月卅一日

京城南部石井洞大韓每日申報社

收取人

白時鏞 座下

大韓每日申報구독자領收證
1909년 5월분으로 구독한 사람은 白時鏞, 구독료는 30錢이다.

大韓每日申報사장 英国人 裵說 그는 1904년에 来韓하여 국한문판, 영문판, 한글판등 3종의 신문을 발간했다.

裵說의 墓 裵說은 合邦한해 전인 1909년5월1일 이땅에서 죽었다。 이듬해 梁起鐸、張志淵등이 墓碑를 세웠으나(왼쪽) 日人 들이 그 碑文을 깎아 없앴으므로 1964년 언론인들이 새로 작은 碑를 세우고(오른쪽) 그 碑文을 새겼다。

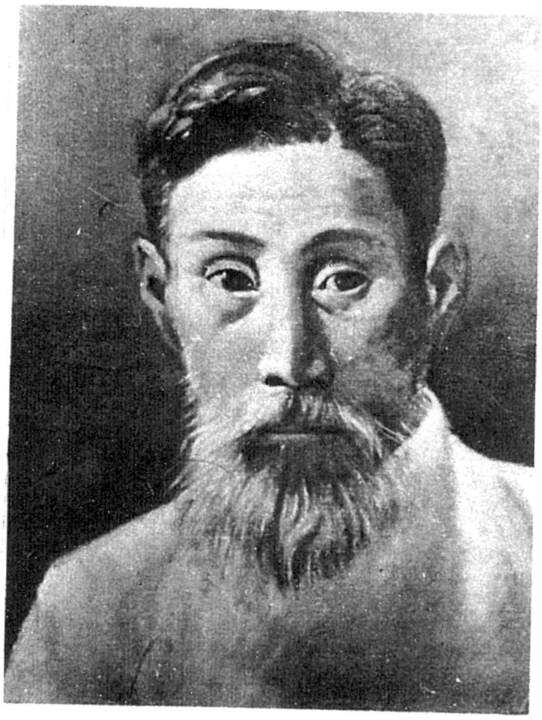

大韓每日申報主筆 梁起鐸 실질적 제작 책임자로서 강경한 抗日論說을 집필하여 자주독립사상을 고취하고 日帝와 싸웠다.

論說委員

朴 殷 植

申 采 浩

大韓每日申報工務局 상투틀고 짚신신은 文選工들 오른쪽에 활자케이스가 보인다.

駐韓英国総領事館건물 1891년에 건립되어 1907년과 1908년 두차례에 걸쳐 裵説에 대한 裁判이 진행되었다.

明治四十年 **同文館發行教育及家庭書類一覽** 一月改正

倫理及修養書類
○倫理學
○教育的倫理學
○修身教材詳解
○修身教授法集成
○修身訓話
○修身訓話
○修身要義
○教育者の教師
○人格の力
○人生とは何ぞや
○教師論
○時代と教育
○學術の進步

教育學及教育史類
○教育學精義
○大教育學
○新教育學
○教育學本論
○教育學
○社會的教育學
○教育學
○小教育學
○近世教育史
○教育史
○教育史
○內外教育史

心理學及論理學
○心理學精義
○心理學
○心理學
○生理的心理學
○心理學
○兒童心身の發達
○實際的兒童學
○兒童心理提要
○論理學
○論理學

國語及算術書
○國語教材詳解
○國語讀本
○國語典
○國文典教科書
○口語文典
○近古文抄
○算術教科書
○算術教科書

教授法書類
○大教授法
○各科教授法精義
○教授の原理
○教授の實際
○教授法の原理及應用
○教授法教科書
○小學教授法
○小學校教授法
○小學教授法
○教授新論
○二部教授法
○算術教授法眞髓
○算術教授提要
○算術教授法精義
○發音教授法
○理科教授法講義
○商業教授書
○農業教授法
○社會教科教授法
○小學校の初學年

●同文館發行商業經濟財政書目は御申越次第無代進呈仕候
●同文館は東京市神田區表神保町二番地にあり 電話本局一五三九番 一三五番

이곳치과광고

경계쟈는 본인이귀국에나온지수삼년간에귀국동포남녀로쇼의즁치。결치。쇼락치。젼락치。와각죵병치를다수히치료하얏삽는디쳥년동포의게는치의병근을젼달하고모지의됴법을죠셰히셜명하야

大韓每日申報에끼워 배포되었던 伝単広告들

上은 서적광고, 下는 치과광고

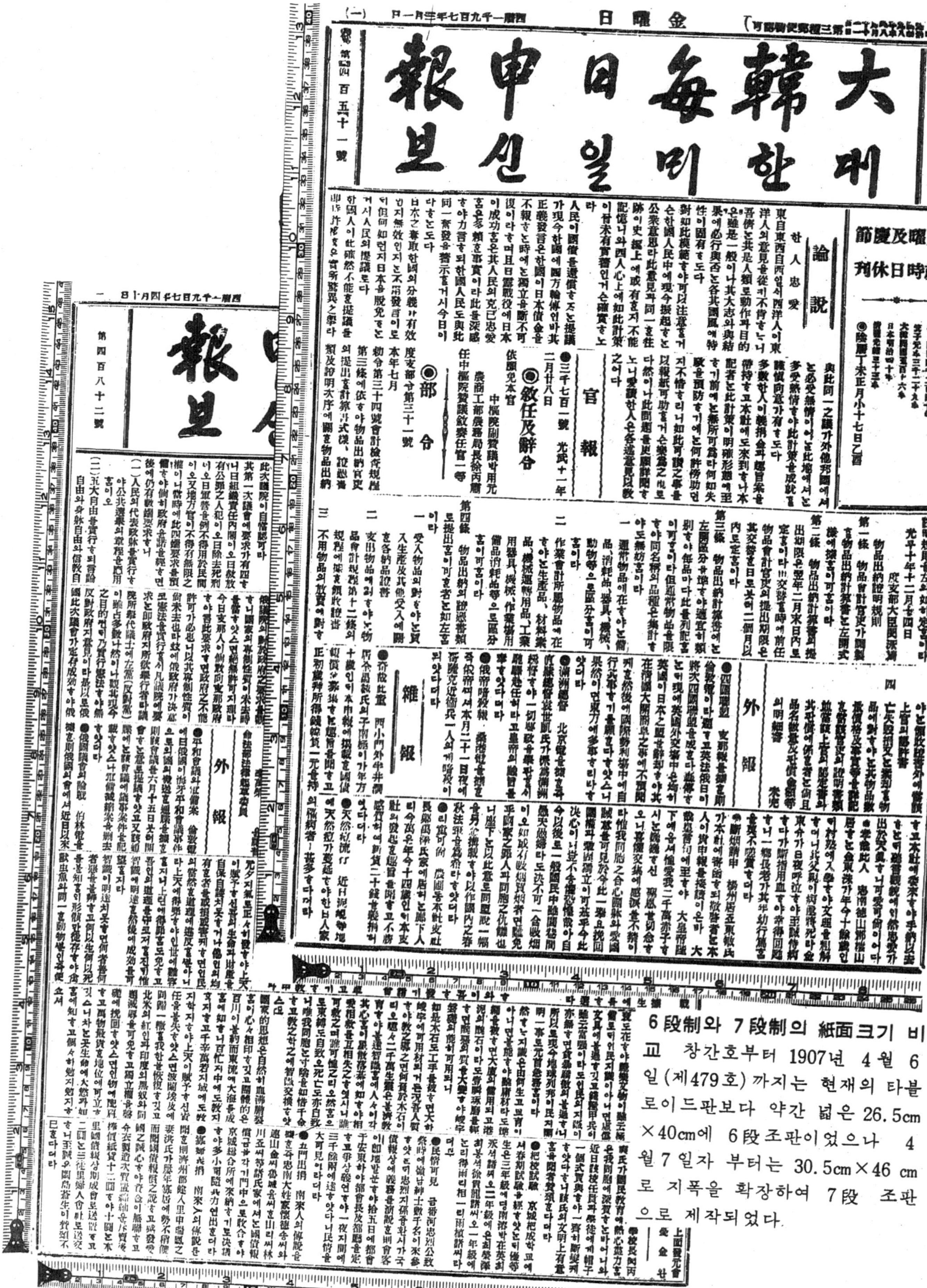

大韓每日申報

대한매일신보

第五卷

第四百五十一號

第四百八十二號

6段制와 7段制의 紙面크기 비교 창간호부터 1907년 4월 6일(제479호)까지는 현재의 타블로이드판보다 약간 넓은 26.5㎝×40㎝에 6段 조판이었으나 4월 7일자 부터는 30.5㎝×46 ㎝로 지폭을 확장하여 7段 조판으로 제작되었다.

約7、000페이지에 달하는 이 尨大한 影印本은 今年에 一次로 3巻을 발행하고 나머지 3巻은 明年初에 発行될것이다。

이 影印本中 後期分에 印刷가 鮮明치 못한 부분은 当時는 오늘날과 같이 活字를 매일 鋳造하지 못하고 한번만든 活字로 一年내지 数年동안 印刷를 했기 때문에 原本자체가 희미한데다가 이것을 다시 影印을 하자니 印刷効果가 나지 않았음을 밝힌다。

本 大韓毎日申報 影印本은 韓国文化芸術振興院의 支援으로 刊行된 것입니다.

第三卷　第一號

大韓每日申報
대한매일신보

月曜及慶節　歲時日休刊

檀君開國四千二百三十八年
箕子元年三千二十七年
大韓開國五百十四年
日本明治三十八年
淸國光緖三十一年
陰曆乙巳七月小十一日壬午

論說

講和談判之將來

講和談判의將來結局에就ᄒᆞ야重要ᄒᆞᆫ支分意見이有ᄒᆞ니盖美國大統領루쓰벨트氏가此談判에最初干涉ᄒᆞᆯ際에俄政府의態度는日本全權委員으로더브러緊重히談判치안을現狀으로蹤定ᄒᆞᆷ이니巴黎斯로會見地를提出ᄒᆞ며日本을顯著히偏抗ᄒᆞ는一代表者로委員을任命ᄒᆞ고서丁寧히講和의不善結果ᄒᆞᆷ을預占ᄒᆞᆷ인딩무라븨이푸氏로俄國全權委員을任命ᄒᆞᆷ에對ᄒᆞ야日本各新聞은其耆導的道理로銳敏ᄒᆞᆫ反對主義를發見ᄒᆞ야論述ᄒᆞ기를此條約에就ᄒᆞ야講和에明白히掛念된代表者로調印ᄒᆞᆷ보다尙然有力ᄒᆞᆫ主戰派中에不平ᄒᆞᆷ이沒有케ᄒᆞᆯ者로調印ᄒᆞᆯ거시라ᄒᆞᆫ지라

於此決論에其外見的으로確然歸決ᄒᆞᆷ을可見ᄒᆞᆯ지라然而如此好樣解意는무라븨이푸氏의受山에對ᄒᆞ야認示ᄒᆞ기難ᄒᆞ도다氏가公然히日本을愚弄ᄒᆞᆷ으로戰爭繼續에主張ᄒᆞ는者로[illegible]認ᄒᆞᆷ이니由是觀之컨딘氏가屬患於日ᄒᆞ고反害於俄ᄒᆞᆯ訂約이야勉從ᄒᆞ기로豈肯承命ᄒᆞ엿스리요於此에氏가自國의全權與代理之任을受ᄒᆞ기를肯諾ᄒᆞ엿슬지도未可推想이로다

然而到今에무氏代에윗테氏가被任ᄒᆞ미막크라푸리쓰키復興ᄒᆞᆫ드시日本新聞은欣悅ᄒᆞ야云호딩윗테氏는居常에戰爭을反論ᄒᆞ엿스미是以로氏之任命이露國이講和에着念ᄒᆞ는줄을可以表明ᄒᆞ리라ᄒᆞ되寔其然乎아무氏名聲이初現之時에日本人이理會ᄒᆞ기를其全權之任이終乃에不過是一個傳喝人신즉日本의立約을本政府에傳遞ᄒᆞᆷ이只是自己之責ᄲᅮᆫ이오然後에政府에셔如何ᄒᆞᆫ方針을指揮ᄒᆞᆯ줄노反想而自慰ᄒᆞ엿든바이라其件이都是眞的이나然而吾儕가剛纔示明ᄒᆞᆷ과如히무라븨이푸氏가其職務를擔任ᄒᆞᆷ에肯意ᄒᆞᆫ거슨自己訓戒가日本立約을順從ᄒᆞ는딘反面ᄒᆞ는如許趣味ᄒᆞᆫ影響은包含차아니ᄒᆞ엿고且氏의任命이原來에俄之本邦에나或戰鬪演劇場에나全無所關ᄒᆞ엿스미本政府에셔決意를將爲變改ᄒᆞ야氏의게訓示ᄒᆞᆷ을堅確히表顯ᄒᆞᆷ에存在ᄒᆞᆷ일너니旣而오무라븨이푸氏代에윗테氏가被任ᄒᆞᆷ은公衆意見을遵ᄒᆞ야施行ᄒᆞᆷ인지日本政府의抗論으로職由ᄒᆞᆷ인지何如間에露國政略의表顯ᄒᆞᆷ은稍有綦重焉ᄒᆞ도다

윗테氏가開仗之初期에反論ᄒᆞᆫ바ᄂᆞᆫ眞的ᄒᆞ거니와雖然이나在於交戰之際ᄒᆞ야些有所聞者ᄒᆞ니俄國이通察事柄ᄒᆞ야一次必將能有爲ᄒᆞᆷ을氏所確信ᄒᆞᆫ거사全然히能爲ᄒᆞᆯ範圍에不外ᄒᆞᆯ지라此理像이交戰之際에已於大英國及南非洲共和諸國之間에早爲顯明ᄒᆞᆷ이若英國政治黨之非戰論之諸人도其事件의合理與否를不關ᄒᆞ고英國이戰場에軍隊를早卽派置ᄒᆞ야犧牲으로義務를自負ᄒᆞ야俾有成就케ᄒᆞᆷ이樞要ᄒᆞ엿스리라고以爲質旨者가多有焉ᄒᆞ엿스니此도亦可爲윗테氏之主見也로다

此等事況에注意ᄒᆞ기에至ᄒᆞ야는吾儕는固當히或然之事에는不敢助言ᄒᆞ고只於能爲之事而已耳라

假令此談判이不得完全ᄒᆞ고且全權委員이不相和洽ᄒᆞᆷ이雖有ᄒᆞᆯ지라도其會合에好結果가未必全然不遂ᄒᆞᆯ줄노假定ᄒᆞᆷ이妥當ᄒᆞᆫ지라或尋常據由가將現ᄒᆞ야更設담判ᄒᆞᆯ基因으로變成ᄒᆞ야再次會合에將來發展ᄒᆞᆷ을回復ᄒᆞ리며尙且此講和證約은全然히兩交戰國間에委賴치못ᄒᆞᆯ지니一個國이或其自國의財貨與領土는固當分與ᄒᆞᆯ려니와至於滿洲나或人韓之措置ᄒᆞ야는日本某某公法記者의所論을據ᄒᆞᆫ진딘大韓은講和담判範圍以外에全在ᄒᆞ다ᄒᆞ나列國이將次與聞ᄒᆞ기를要請ᄒᆞ리니大韓運命에一線之光이必將投照ᄒᆞ리라고吾儕는謹明爲ᄒᆞ노라

官報

●第三千二百十三號　光武九年八月九日

◉宮廷錄事　詔曰命宮內府特進官南廷哲爲太醫院卿八月六日弘文館學士李헌永辭職疏批旨省疏子悉所請依施八月七日

◉敍任及辭令　依願免本官法部主事李完鍾七月二十五日○依願免本官太僕司內乘具明書○任太僕司內乘李容春○任侍從院左御金昌鎭任侍從院右시御具明書以上八月二日○任平리판事嚴柱日○命法部法律起草委員洪在祺以上八月四日○秘書丞洪承斗全金演禧西京豐慶宮參書官楊基薰園丘壇祠祭署令申厚永主殿院電務課主事李丙模依願免本官○任西京豐慶宮參書官李裕模○任園丘壇祠祭署令李起泰○任太僕司主事申厚永○陞叙판任官三等禮式院主事閔肯鎬○典선司主事朴基洪禮式院主事韓晉東陞叙판任官四等○禮式院主事梁起鐸全嚴和永陞叙판任官五等○金종열鄭雲采任秘書丞(給八급俸)平리院판事嚴柱日以上八月五日

外報

●亞洲의英國勢力　新嘉坡스트렛스씨제트新聞을據ᄒᆞᆫ즉亞洲의英國勢力이라題目에記載ᄒᆞ기를中央亞細亞會社公會에參席ᄒᆞ엿든드마스홀딕취라는사ᄅᆞᆷ이該會에셔亞洲의英國勢力이라題曰ᄒᆞᆫ新聞紙를보고言論ᄒᆞ기를自己는亞洲英勢의張大ᄒᆞᆷ을全國英人의思量ᄒᆞ는데셔卓越ᄒᆞᆫ줄노밋는다ᄒᆞ며印度一境에英國政策이第一活發ᄒᆞ니其於進佔土地之事에小無不足之歎이生於若此確策則最素野猛之印度叢中에故英后之榮生이洽似銷費之鮮肉也라一思亞洲英勢則一邊想及俄勢亦是一般而於箇人義理上으로는未免有何異同이나俾阜은是乃亞洲用心之人이라其於未開愚純之邦에俄國政略之擴張은便是發蒙振落이로딩俄之亞洲軍隊가亞洲一邦의轉戰威績ᄒᆞ는攻擊에大損害를被ᄒᆞ야政略이多失其路ᄒᆞ엿거니와英國勢力은天然히堅實ᄒᆞᆷ이明確ᄒᆞᆫ지라然則日本之攻破歐洲敵國事에英之政令이何如ᄒᆞᆯ고阿富汗或俾路芝等邦이其可向英ᄒᆞᆯ尤加親密乎아抑可効顰日本之飛揚乎아彼等이必可詳悉此項利害而向以俄軍이可屬亞軍故每有妄動ᄒᆞ던故態를反省ᄒᆞ야不錯所措ᄒᆞᆯ것이오且同宗教之他國人을比諸異端門之同洲人ᄒᆞ야更切愛親ᄒᆞ니其惡(잽)人을如惡(거카)라ᄒᆞ는人種이라然則其人種競爭이比諸歐亞而ᄒᆞ야在乎同洲間要甚故로미亞洲一邦之軍略의新奇難測ᄒᆞᆷ은驚歎ᄒᆞ나主若英日同盟ᄒᆞ ᄂᆞᆫ不無嫌疑也요且至於印日間ᄒᆞ야는俄已敗於日而又向印度疆峠ᄒᆞ면便是狂犬之行動이니無所可信則其於亞洲에俄를可知也리라

社告

本申報의 創刊ᄒᆞᆫ 月日이 于今一週歲이나 機械와 鑄字가 未具ᄒᆞᆷ으로 二百餘號를 發行ᄒᆞ고 仍爲停刊ᄒᆞᆫ바 旣張而中輟ᄒᆞᆷ은 實所慨然이기 本社에서 思를 勞ᄒᆞ고 費를 [illegible]ᄒᆞ야 今에 諸事가 完備ᄒᆞᆫ디 永遠[illegible]替ᄒᆞᆯ 基礎를 確定ᄒᆞ야 大韓有志人士의 文明智識을 啓發ᄒᆞ고 寰球有國에 耳目을 公同ᄒᆞ기 爲ᄒᆞ야 重刊發行ᄒᆞᄂᆞᆫ바 英文與漢文을 並爲解讀이 未必人皆能之인즉 英漢文合刊이 徒煩無益키로 從玆一變前規ᄒᆞ야 英漢文을 各紙分刊이되 內外時事各報을 一層迅速케ᄒᆞ며 社說의 [illegible]ᄒᆞᆷ은 强禦를 不畏ᄒᆞ며 善惡을 明辨ᄒᆞ야 帝庭에 指佞草의 職責을 [illegible]ᄒᆞ얏스며 時事을 盱衡ᄒᆞ며 昏昧를 提醒ᄒᆞᆷ은 仁人君子의 當日憂世ᄒᆞᄂᆞᆫ 風味를 含有ᄒᆞ야 褒貶予奪之中에 溫厚規箴을 隱然寓之ᄒᆞ야 使有過者로 讀之而[illegible]ᄒᆞ며 無過者로 讀之而勉勵케ᄒᆞ온지니 四方僉君子ᄂᆞᆫ 諒此苦心하야 倍前愛讀하시기를 爲有厚望焉이로라

電報

◉文大演說 (東京電報八月八日午後四時五十九分着)

文部大臣은 先刻에 聯合協會席에서 演說ᄒᆞ기를 開戰以來로 日本이 連戰連勝ᄒᆞᆷ은 極ᄒᆞ얏스나 前途가 尙且遙遠ᄒᆞᆫ지라 國民의 精心氣槩ᄂᆞᆫ 開戰當時와 差異치 못ᄒᆞᆯ것이니 敎育家者ᄂᆞᆫ 此心으로써 國家의 經營에 貢獻하라 하얏더라

◉觀察饗應 (仝上)

[illegible]男은 韓國觀察員閔丙奭一行을 饗應하얏다더라

◉沿海上陸 (八月八日午後一時二十分發)

日本海軍陸戰隊ᄂᆞᆫ 沿海洲도우인에룰스가라、니코라야、[illegible]에 上陸하얏더라

雜報

◉是何忘想 今番觀察員閔泳綺[illegible]尹[illegible]吳諸氏가 日本伊藤侯를 請來ᄒᆞᆯ 計劃으로 馬關到泊後에 伊藤侯의게 遣人暗通ᄒᆞᆫ즉 同侯가 拒絶日林公使와 長谷川司令官에 言托ᄒᆞᆫ대 何爲請我乎아 此是君等의 誤國之失策이라 하고 此事를 韓國某官人處의게 送致ᄒᆞᆷ으로 觀察諸氏가 大失望ᄒᆞ야 進退維谷이라더라

◉悲喜不同 參政沈相薰氏疏遞ᄒᆞᆫ代에 趙秉式氏가 被任하기로 內定이되고 軍大李容翊氏ᄂᆞᆫ 觀察使를 被任ᄒᆞᆫ다더라

◉玄將超遷 玄暎運氏가 有何運動인지 近日에 寵幸이 益益隆重ᄒᆞ야 內大을 被命ᄒᆞᆫ다ᄂᆞᆫ 說이 有하더라

◉度大署理 度支協辦柳正秀氏가 該部大臣署理를 被命하얏더라

◉法部訓令 法部에서 江原道觀察使의게 訓令하얏ᄂᆞᆫ데 貴報告書를 接閱ᄒᆞᆫ즉 京居姜錫斗가 現御[illegible]土宗開敎通帖規則一本하고 來到平康郡하야 四殿位牌를 奉安公廨하며 各坊曲에 設立支會云云인바 固當依部訓禁防之不暇이오되 自部으로 概擧重大句語亦無的確據이기 未知虛托與否하와 姑爲挽留之意로 指飭該郡等因인바 所謂[illegible]者에 藉此行悖之弊은 這間[illegible]事로 有所謂[illegible]飭이거늘 [illegible]禁斷하고 從事煩報ᄂᆞᆫ지 誠甚[illegible]이라 到即嚴飭該郡하야 [illegible]行悖ᄂᆞᆫ 嚴行禁斷하고 所奉四殿位牌ᄂᆞᆫ 祗受奉上하며 所帶會[illegible]與通帖도 一並[illegible]上이되 [illegible]以後로ᄂᆞᆫ 先行禁戢하고 形止를 報來하라 하얏더라

◉海底線不通 [illegible]長崎間海底線이 不通하야 [illegible]三日에 [illegible]尙未開通하얏다더라

◉貪利雜成 [illegible]會의 本意ᄂᆞᆫ 孔孟의 道를 [illegible]扶ᄒᆞᄂᆞᆫ데 會員尹致[illegible]兩氏가 聯[illegible]挾雜ᄒᆞ야 [illegible]一組織ᄒᆞᆫ다 稱託ᄒᆞ고 狠[illegible]受賂ᄒᆞᄂᆞᆫ 故로 會員中尹鎭學洪鍾[illegible]李[illegible]來三氏가 此를 反對ᄒᆞ야 據理責之ᄒᆞ고 退會ᄒᆞ얏더니 尹李兩人이 自己의 愆過를 自知하고 尹洪李三氏의게 遣人ᄒᆞ야 다시 入會ᄒᆞ기를 懇請ᄒᆞ되 三氏ᄂᆞᆫ 堅辭不參ᄒᆞᆫ다하니 尹李兩人의 主見은 [illegible]宗旨가 [illegible]商組織ᄒᆞᄂᆞᆫ데 [illegible]在ᄒᆞᆫ줄로 認ᄒᆞᄂᆞᆫ지 此[illegible]組織에 汲汲하야 因緣受賂ᄒᆞᄂᆞ니 [illegible]ᄒᆞᆫ 事라 云하더라

◉內地雜處 梁山[illegible]에서 內部에 報告하얏스되 [illegible]里에 日本人松尾와 森[illegible]가 來留하야 房屋을 營建하며 株式會社라 稱設하고 內地[illegible]를 典執하오며 又日本人竹內太郞과 村岡彦助ᄂᆞᆫ 邑市中에 做居하야 商店을 開設ᄒᆞᆫ 事를 枚報하얏더라

◉平北雨災 平北觀察使가 內部에 報告하얏스되 管下各郡報告를 次第接准하온즉 陰曆五月二十九日로 븟터 始雨하야 晝以繼夜하고 夜以暴注하야 江川이 擧皆漲溢하고 加之以風雹하야 田畓之汰落覆沙와 禾稼之損傷이 似未免無秋云故 其災結을 從實査報를 다하얏더라

◉監獄視察 警務顧問警務官權[illegible]鳳洙氏와 日本警視一人과 法制局長及屬員一人이 監獄署에 來到하야 罪囚의 情況을 視察하고 仍即歸去하얏다더라

◉內部風波 沿江各洞民千餘名이 墳墓와 家屋과 田土[illegible]失로 昨日內部에 呼訴ᄒᆞᆫ즉 內部大臣이 曉諭曰 汝等의 矜惻ᄒᆞᆫ 情勢을 軍司令部와 日公使에게 交涉ᄒᆞ야 措處ᄒᆞᆯ터인즉 退待하라 하니 衆民이 本事措處之稽援하믈 嫌怨하여 一場大鬧에 光景이 危凜ᄒᆞᆫ지라 日憲兵이 偵探次來到ᄒᆞ니 다가 拔劍叱退코저 하니 衆民이 一層憤激하야 官房琉璃窓을 投石破碎하고 日憲兵의게도 投石하니 憲兵이 該憲隊에 飛告ᄒᆞ야 日兵一隊가 來到鎭壓之際에 衆民中[illegible]根龍安明秀申[illegible]西ᄂᆞᆫ 左耳及左臂를 被傷ᄒᆞ고 內部主事林鶴來ᄂᆞᆫ 雜人避身하다가 左臂가 被傷하여 方今漢城病院서 治療하며 內部大臣은 後門으로 脫出하여 幸得無事하엿다더라

◉洞民被捉 再昨日下午二時量에 日本憲兵幾名이 梨泰院等地屯芝味沙村里五署西氷庫所在洞民十餘名을 捉得하야 明洞軍司令部로 移送하얏다더라

◉軍司令部告示 軍司令部에서 告示內에 左開圖本中朱線內에 包含ᄒᆞᆫ 韓人의 所有土地ᄂᆞᆫ 今番本軍用地로 此를 收用ᄒᆞᆫ 터인즉 相當ᄒᆞᆫ 償金을 韓國內部에 交付하노니 其土地와 家屋과 墳墓와 植物等의 對하야 其[illegible]他處의 移轉하되 若不然則本軍用의 所要의 應하야 臨時措處ᄒᆞᆷ니라 더라

◉警報內部 警務使閔景植氏가 內部의 報告ᄒᆞᆫ 의 臨時治道費[illegible]九千八百五十五元二十錢先受以來하여 治道及種柳栽穖等費도 已用額이 爲五千一百九十六元六十四錢이오 餘額이 爲四千六百五十八元五十六錢이온되 治道一款은 今旣草草竣役이오 塵芥掃除ᄂᆞᆫ 繼續施行ᄒᆞ여야 右餘存額을 行將繼用於掃穖費이온ᄃᆡ 際玆新舊貨交換之時ᄒᆞ여 必有文簿上相妨이옵기 右餘額並을 決交于度支部ᄒᆞ여 以新貨로 換以爲望이라 ᄒᆞ엿더라

◉內部訓令 內部에서 漢城府와 警務廳의 訓飭ᄒᆞ얏ᄂᆞᆫ데 議政府照會내開 今聞以軍用之地를 借與於日陣事로 外居門民이 訴於貴部ᄒᆞ여 輒致惹鬧云ᄒᆞ니 當此農時ᄒᆞ여 窮部民情之失所追이 雖極矜惻이나 軍略上必要ᄒᆞᆫ 地占을 隨機隨用은 係是議定書中一事項也라 其在保持和平之誼의 今不可違越이더러 凡係奠接之方은 自當有從長措處니 姑爲安心[illegible]業하야 毋或浮訛之意로 刻即訓飭[illegible]一曉諭于各洞頭民하야 毋或妄動生梗하며 又或有[illegible]ᄒᆞ여 以致民心之疑懼者어든 這這禁止하여 俾爲解散[illegible]辭하야 防警廳[illegible]이 爲宜等因이기 玆에 [illegible]令하ᄂᆞ니 [illegible]各坊部ᄒᆞᆷ이

◉[illegible]外部 [illegible]公使[illegible]가 外部로 公函ᄒᆞᆫ[illegible]勳院[illegible]來[illegible]勳章[illegible]動紀ᄂᆞᆫ[illegible]야[illegible]便[illegible]이[illegible]하[illegible]

◉美國外部 美公[illegible]氏가 外部의 公函[illegible]國大皇帝陛下께[illegible]오서 高等勳章을 本[illegible]公[illegible]伏[illegible]莫名이이며 [illegible]大臣과 [illegible]諸[illegible]大[illegible]愛[illegible]爲[illegible]謝[illegible]하얏더라

詞林

[illegible]

古塚[illegible]新[illegible] 問士城中[illegible]

酒[illegible]

遊人[illegible]來[illegible] 笑[illegible]流水[illegible]

酒[illegible]

醉臥[illegible] 花[illegible]

花在[illegible]

靑[illegible]生[illegible]

不同題有[illegible]

特別廣告

本申報ᄂᆞᆫ海外電報를卽接ᄒᆞ야機關이靈通ᄒᆞ고內外의深報를敏捷活潑ᄒᆞ도록注意ᄒᆞ오며申報를發送ᄒᆞᄂᆞᆫᄃᆡ迅速信傳ᄒᆞᄂᆞᆫ分傳人의게在ᄒᆞᆷ으로本社에셔平常에諸分傳人의게丁寧告戒ᄒᆞ고申報訓飭ᄒᆞ야毋或媮惰ᄒᆞ게注意ᄒᆞ거니와如或曾有稽忽이라도愛讀僉君子ᄂᆞᆫ密使迅知于本社ᄒᆞ시면該分傳의게誠信稍缺ᄒᆞ도록耳提面命ᄒᆞ고勸督가發生ᄒᆞ도록誨諭ᄒᆞ야必無遲誤ᄒᆞ기로期待ᄒᆞ옵나이다

本社에寄書ᄒᆞ시ᄂᆞᆫ諸君子ᄂᆞᆫ姓名과居住를明確ᄒᆞ게登錄試附ᄒᆞ시와證據가有ᄒᆞᆷ을必要ᄒᆞᆷ이오公衆平和ᄒᆞᆫ秩序를紊亂케ᄒᆞᄂᆞᆫ意와新聞上不緊冗雜ᄒᆞᆫ寄書ᄂᆞᆫ不受ᄒᆞᄂᆞᆫ權利가本社에自在ᄒᆞ오니肯諒ᄒᆞ시옵

大韓每日申報社

雜報

●島設勤業 南門外靑坡以下로[illegible]子山外西山至於龍山[illegible]地라고票木을立ᄒᆞ얏다ᄂᆞᆫ說이[illegible]에已記ᄒᆞ얏거니와[illegible]該地段中[illegible]ᄒᆞ家[illegible]撤移ᄒᆞ라고迫促ᄒᆞᆷ으로該居民等이日昨漢城府에呼訴ᄒᆞᆫ다ᄒᆞ니如何히處辦ᄒᆞᆯᄂᆞᆫ지第看ᄒᆞ련니와傳聞ᄒᆞᆫ바로據ᄒᆞᆫ건ᄃᆡ家屋田園의代價를時勢에不準ᄒᆞ게零星히도不爲出給ᄒᆞᆷ으로人民이[illegible]擾이在卽ᄒᆞ다더라

●三日公事 派警務使申泰休氏가民間에發令ᄒᆞ야十戶內에石明燈一坐式設立ᄒᆞ라ᄒᆞ고且每戶에肥料代金銅貨八錢式收斂ᄒᆞ야淸潔次로各署에申飭ᄒᆞ야督捧ᄒᆞ더니新警務使閔景植氏가視務ᄒᆞᆷ으로五署署長의게更爲申飭ᄒᆞ야石明燈과肥料事를永爲勿施ᄒᆞ라ᄒᆞ얏다ᄒᆞ니高麗公事三日이라ᄒᆞᄂᆞᆫ俚言가適合ᄒᆞ더라

●三警處辦 平北觀察李根豐氏가內部에報告ᄒᆞ되日本警視廳이警務事項細則示明事報告[illegible]訓令內에一依前訓遵施無違하되凡于警務事項은一一顧問ᄒᆞ며且交涉上에務從平和ᄒᆞᆫ事를奉准인바該員이民刑事訴訟裁判과府郡公報指飭ᄒᆞ帷意處辦ᄒᆞ오나旣伏承務從平和之部務이옵기一一無違遵施ᄒᆞᆷ으로報告ᄒᆞ얏더라

●淸館代辦 淸公館館員郜家[illegible]氏가外部에公函하되貴部大臣이美女命案으로照會ᄒᆞᆫ辭意內에淸公使起見이殊屬怪異하다ᄒᆞᆫ句語가稱以非禮貌之說이라하야該照會를外部로繳還ᄒᆞᆷ으로外部에셔所遣派員하야該照會를淸公館으로還納하야日本公及公使滿往復이是爲[illegible]거늘今此書[illegible]이本大臣의게代函ᄒᆞᆷ은亦是非禮라ᄒᆞ며且云하되人與物이孰重고貴使命案에會審ᄒᆞ기不顧ᄒᆞ고청齊의失物追贓ᄒᆞ기만但索ᄒᆞᆫ다ᄒᆞ니此亦法外라고하얏다더라

●轉照日館 宮內府에셔外部에照復ᄒᆞ되昌原人龍山에日人이銅鑛를開採ᄒᆞᄂᆞᆫ事와溫陽溫泉里에所謂日人의蹟齋社를自本府로認許與否를質問ᄒᆞᆫ事ᄂᆞᆫ에對ᄒᆞ야本府에셔ᄂᆞᆫ外國人의게認許ᄒᆞᆫ이本無是事이오니該公館에轉照ᄒᆞ야該日人等으로ᄒᆞ야금卽爲撤去ᄒᆞ기로妥辦케ᄒᆞᆷ이爲要라ᄒᆞ얏더라

●病患預防 近日에流行病이間或發作ᄒᆞᆷ으로醫師셔各署에訓飭ᄒᆞ기를各統首를招致ᄒᆞ야面飭ᄒᆞ되非常病이發生ᄒᆞ거든直其時急[illegible]署ᄒᆞ야預防케ᄒᆞ고醫士一名은內部에請求ᄒᆞ라ᄒᆞ얏더라

●公田請完 [illegible]에서外部에照會ᄒᆞ되[illegible]川郡[illegible]本郡明教社收[illegible]本[illegible]公土로年前該牧場을[illegible]作ᄒᆞ야年年收稅之[illegible]日領事館에셔[illegible]以[illegible]用[illegible]고土價錢紙貨五千[illegible]十餘元을作[illegible]人等處에出給인바[illegible]捧償ᄒᆞ기不敢하고[illegible]在抵抗中云하니徵源監理의게申飭하야日領事에交涉妥辦하야公土를以完케ᄒᆞᆷ이爲要라하얏더라

●公使返喪 故駐英公文[illegible]李漢應氏의遺體[illegible]航到하얏다더라

●館費請撥 [illegible]에報告하되[illegible]館之[illegible]餘元을不撥ᄒᆞᆫ지가爲十朔矣라各債蝟集尺侮가口不可形言而環視列邦에外交官의如是困難이唯我[illegible]이리寘公使館之不撥ᄒᆞᆷ이면不如撤[illegible]라本使가已爲請由가非至一再로되尙未承訓하니殊甚抑菀이라到此事勢하야ᄂᆞᆫ不如早歸則本使가雖知杞分이나以待視察之竣事하야不計准由하고共歸矣리니以此照諒하라하얏더라

●請願內部 江界郡民李廷禧等이內部에請願ᄒᆞ되伏以昨年夏間俄兵之擾에人命과民家被燒中其防禦費延接費五萬餘兩을排斂民結則殘民[illegible]支保이거든況又今春에自日陣으로無公文ᄒᆞ고入牛八百五十隻을不日督納ᄒᆞ니實不敢抗拒ᄒᆞ야農時耕牛를隨求隨應이다爲牛實價中減條與[illegible]費率送費合二十四萬九千七百十五兩을出乃巳故로有土者ᄂᆞᆫ賣其土ᄒᆞ고有家者ᄂᆞᆫ賣其家而[illegible]이고且現今日陣에셔馬五百匹을加求[illegible]로亦以給則錢爲七千五百兩이라右牛馬費合爲二十五萬七千十五兩을哀此殘氓이備無路ᄒᆞ야救苑不暇ᄒᆞ니豈不矜憫ᄒᆞ야伏望[illegible]費도排斂於江界民人者가十六萬兩인ᄃᆡ五萬餘兩은[illegible]ᄒᆞ고餘在十萬五千六百兩은[illegible]民情ᄒᆞ야當給事로呼籲ᄒᆞᆫ지多日이로되該部에셔如何히措處ᄒᆞᆯ런지邊界人民의疾痛이[illegible]ᄒᆞᆫ急호事件을一[illegible]不決ᄒᆞ면政府의識職은[illegible]如ᄒᆞ다ᄒᆞᆯ런[illegible]各報[illegible]셔도此事件으로錄每警告ᄂᆞᆫ不啻라該邊民의事實至急出給을苦待ᄒᆞᆫ다더라

●珍島黙報 珍島郡守가內部에報告하기를木浦領事日本人學士山內一太郞氏와本[illegible]巡이通辯을帶同하고本郡에來到하얏기其리由를問ᄒᆞᆫ즉所答內에外務省指揮를因하야公文을奉承하고貴郡各島의政治得失과民生의弊瘼과土地風俗幷皆視察ᄒᆞ다하얏기玆에報告ᄒᆞᆫ다하얏더라

寄書

經濟界新空氣 井觀

度支部로셔商業會議所의게三百萬元貸與事件으로各新報의揭載에屢登인바度支部에셔如何ᄒᆞᆫ結果로善後事宜를歸決ᄒᆞᆯᄂᆞᆫ지大抵今此의金融界의恐惶間困難이何로因緣ᄒᆞ야生ᄒᆞᆷ인가人人이다辨ᄒᆞᆷ을得ᄒᆞ리라韓國의白銅貨를惡貨之目을爲得ᄒᆞ야不得不一週刷新点醒ᄒᆞᆯ지策을講究ᄒᆞ기에沒沒ᄒᆞᆫ것이當時韓國의理財之責을擔負ᄒᆞᆫ者ㅣ粗笨僨識ᄒᆞ야如此ᄒᆞᆫ大錯을鑄出ᄒᆞᆷ이라今也에其刷新点醒ᄒᆞᆯ方策이猶然自國의利解ᄒᆞᆫ비아니오乃彼乙國의最惡的刷新之方에依賴ᄒᆞᆷ으로生出ᄒᆞᆷ이初也의困難ᄒᆞᆫ狀況이全無ᄒᆞᆷ을期必ᄒᆞ기不能다ᄒᆞ기ᄂᆞᆫ或然ᄒᆞ련이와此事件에對ᄒᆞ야韓人의主去須[illegible]山은不言可證ᄒᆞᆯ지라白貨之實額이幾多에達ᄒᆞᆷ을測荏ᄒᆞᆷ이曾有ᄒᆞᆫ가其在漢城內外의現額이與國局에셔鑄出額에對ᄒᆞ야日의超過ᄒᆞ얏고外方流出ᄒᆞᆫ現額은漢城內外의實額에較ᄒᆞ면倍蓰에不啻ᄒᆞᆯ지라其交換方法을商議ᄒᆞ에甲乙丙의等級으로紛如히調査를加ᄒᆞ야劃給二錢九里의交換擬ᄒᆞ다가乃至交換에不接ᄒᆞ고切斷ᄒᆞᆫ階級이完備ᄒᆞ미漢城內外現在額은甲乙丙의等級에準擬ᄒᆞ기ᄂᆞᆫ幸獲ᄒᆞ려니와十三道各郡에流出ᄒᆞᆫ巨額은甲乙丙의階級에比擬ᄒᆞ기를希望ᄒᆞᆫ者ㅣ絕無而僅有ᄒᆞ기가明若指掌ᄒᆞᆫ지라然而鄕民의所有ᄒᆞᆫ白貨ᄂᆞᆫ切斷出給ᄒᆞᆯ資格에不外ᄒᆞ니則鄕民은有何罪愆ᄒᆞ야獲罪于天인가獲罪于地인가獲罪于國인가其鄕民의現存ᄒᆞᆫ貨가不勞而得이라도恐不當如彼見失이어든況鄕民者ᄂᆞᆫ耿故에服事ᄒᆞ야夏畦에病于ᄒᆞ며男負女戴ᄒᆞ야抱布貿絲ᄒᆞ며鶉形菜色으로辛勤得來ᄒᆞ야[illegible]積ᄒᆞᆫ[illegible]財를撥下貪虐ᄒᆞ고困[illegible]ᄒᆞ고又其餘者ᄂᆞᆫ交換人文에切斷ᄒᆞ야穴明出給ᄒᆞ게되고보며韓人鄕民은其有子遺아今此의商業會議所之挪出也幾多有志闔時病俗之士가蹶起ᄒᆞ야水火[illegible]陷溺ᄒᆞᄂᆞᆫ厄窮을拯援코져ᄒᆞᆷ은[illegible]ᄒᆞ만ᄒᆞ나三百万元之借款이恐不能濟下이고如凍足之放溺ᄒᆞ야暫時救急이니北風이栗烈吹到ᄒᆞ면其原ᄂᆞᆫ不織ᄒᆞ고其潰이[illegible]ᄒᆞ리니孰能禦之리오吾儕의一片婆心으로[illegible]三百万元은厄之ᄒᆞ[illegible]에評論ᄒᆞ야國內全額의[illegible]甲乙丙의階級을[illegible]願貨一錢五[illegible]行ᄒᆞ야此急[illegible]ᄒᆞ로라

野乘

젹션여경쥬

유송진종씨에셔갑나양ᄯᅦ에안
위판인이잇스니셩우효브엽ᄒᆞᆷ
은홍경이효자ᄂᆞᆫ원보라일즉이
쳑유자ᄉᆞ번울예입ᄒᆞ얏다가ᄉᆞ
히극심세되니놀금으로써표를
올려허입ᄒᆞ고고향에도라오니
부인왕씨ᄂᆞᆫ입즉이지취로나히
사십에미만ᄒᆞ고가산이부요ᄒᆞ
나자여간인졈셜류이업기로셔
ᄀᆡ창저과칠웅직산을부인의쇽
하왕문통의게바기여관리케ᄒᆞ
고자긔ᄂᆞᆫ착한일을년이칭ᄒᆞ며
의를집허재물에소활ᄒᆞ야취급
ᄯᅦ도ᄒᆞ니종젼으로지금ᄭᆞ지ᄀᆞᆼ
교변족외에낙난곤궁ᄒᆞᆫ사름을
구재젼활션지무일무지ᄒᆞ기로
사방인시그일홈을모르ᄂᆞᆫ자업
스되순하에사속이묘연홈으로
일야근심ᄒᆞ든차에ᄯᅥᆨ가맛침셩
명시졀이일은지라류자시니질
왕문옹을분부ᄒᆞ야최싱과류과
를갓추어가지고션영에셩소ᄒᆞᆸ
시부인왕씨로더부러산소에엽
ᄒᆞ야제젼ᄒᆞᆯ시류자시무덤압해
지비부복ᄒᆞ야싱각ᄒᆞ되가련ᄒᆞ
다류홍경이여불효유삼ᄒᆞ되무
후위ᄃᆡ라인싱칠십고리희과일
커르니잔싱이진세에불구ᄒᆞ도
다

本社廣告

申報價
一張代金 韓貨五錢
一箇月前納 五十戔
三箇月 一元五十戔
六箇月 二元九十戔
一箇年 五元八十戔
郵稅一部 新貨五里
一箇月 十三戔

廣告料
四号活字十二字詰
每日每英尺一寸에新貨廿五錢
(每日每行에六錢에相當ᄒᆞᆷ)
二周日에 二圓五十錢
(每日每行四錢五里에相當ᄒᆞᆷ)
一箇月에 五圓
(每日每行四錢一里에相當ᄒᆞᆷ)
其期限의長短과字行의多少를依ᄒᆞ야增減홈이有ᄒᆞᆷ
大韓人마다此申報를不得不閱覽ᄒᆞᆯ터이오니廣告出報ᄒᆞ실僉君子ᄂᆞᆫ來臨面議ᄒᆞ시옵

發行兼編輯人 英國人裴說
發行所
京城北署壽進坊齋洞外地法語學校前
大韓每日申報社

第三卷

大韓每日申報
대한매일신보

第二號

月曜及慶節 歲時休日刊

檀君開國四千二百三十八年
箕子元年三千二十七年
大韓開國五百十四年
日本明治三十八年
淸國光緒三十一年
陰曆乙巳七月小十二日癸未

論說

니者는立身之基礎오爲事之綱人이라人苟無信이면觸處決裂ᄒ야跬步를不可行矣니니其所謂가有甚於死故로孔子ㅣ論食與信之輕重ᄒ샤다가以去食存信으로爲戒ᄒ시니人之於信에可니勉乎며可不愼乎아

是以로在上者ㅣ苟能於事誠敬ᄒ며示民以信ᄒ야有所不言이언뎡言則必踐ᄒ며有所不令이언뎡令則必行ᄒ야實心字恤에一以不欺爲務이올진ᄃ民必仰之若天神ᄒ며親之若父母ᄒ야凡於事爲之際에不言而喩가易於運掌이오百令從心이如風偃草ᄒ야縱遇艱難이나可與共濟ᄒ올지니自古明王哲辟과良弼碩輔之遭時艱而終能弘濟ᄒ야措國家於磐泰ᄒ며流聲響於無窮者ㅣ此惟誠信是仗이라豈權謀術數之所可能也리오宋之張詠이治蜀一年에語丁人曰三年에纔做得一箇信字라ᄒ니斯言이可爲後世莅民者의一字符乎인저

奈之何로韓之官人은唯以欺民爲務ᄒ야儼然其言貌와燦然其服飾이外貌觀之ᄒ면眞若可敬可信이로되胸中谿壑이千回百轉ᄒ야屬民之手勢와欺民之機關이重重疊疊히如山無奇ᄒ야朝爲欺之ᄒ며暮又欺之ᄒ야錢財를由是而剝奪ᄒ며生命을由是而結果ᄒ야良田美屋의自作享受이고爾彼萬端가墮我術中不悟다ᄒ야詡詡然自以爲得計이되民志ᄂ如神이라不旋踵而彼無餘ᄒ야某宰之邪曲과某郡之貪抑과桑麻田疇之間에歷歷說去ᄒ야不爽尺寸ᄒ며又或道路間에縱言不顧ᄒ니嗚呼라愚民之不可欺와衆怒之不可犯이蓋如是彰彰然矣라細流之積에必有大決이오十手所指에和氣自傷이니當路諸公의宮具春夢을能復得幾時圓滿일지吾儕ᄂ竊爲諸公悲之ᄒ노라

積年來許多ᄒ民은姑爲勿論ᄒ고第以近日論之컨ᄃ只當自己取寵ᄒ야濫鑄惡貨行用之故로私鑄蜂起ᄒ며物價刁踊ᄒ야貧富俱困케ᄒ니可聊生이고新舊貨交換이亦未ᄒ며允ᄒ야所謂私鑄ᄂ一槪歸諸乾納ᄒ니當初私鑄爛만이職由惡貨濫行이라何與於民事일지突然生此厲階ᄒ야至今爲梗ᄒ니惡貨作俑之數君子ᄂ罔民誤國之責을烏可得免이며

商務會議所에서三百萬元請貸事ᄂ言之라도値此商路閉塞ᄒ고窮情困迫之日ᄒ야爲該部長官者ㅣ苟有仁愛底心이면思所以拯救ᄒ고當行之所不遑이오寧依願許借함이不是異事이되食言而肥를看作護身妙訣ᄒ야遷延一諾이終無實確ᄒ고一進一退之告白과商業所之論駁이如矢亂集ᄒ야莫可適從ᄒ야走如鼠竄에事體掃地ᄒ니未知將以何顔으로要人政黨ᄒ야提拔然作大官呼唱을ᄒ지有異朝廷의實爲此公의準備之語이라

日者沿江諸洞民之向部起鬧로言之라도爲其大臣者ㅣ若能誠信이素著ᄒ야爲民所悅服이면得其一諾을說同千金ᄒ야進退綏急을惟言是從이거늘緣前貨國國民이塗人耳目ᄒ고衆雖無儀을萬口嘲誚인즉一朝에雖欲牢格衆心이나必일알에如油水之不相入故로家宰堂中에起此無前風波ᄒ야致有許多人民의身負兩傷ᄒ고堂堂大臣이未免後門潛逃ᄒ야醜聞이及어傳笑四方ᄒ니此皆目國尚民ᄒ는不正行爲가有以召之이거늘習與性成이라當改不改ᄒ고傾軋欺騙場裏에甘作一箇頭領ᄒ니抑獨何心고

噫라君子ᄂ愛人以德이라ᄒ니貶薄諸公이豈吾儕의所可樂爲리오마ᄂ因此國勢之危殆과民情之遑汲ᄒ야冀或省悟에自不覺信筆張皇이로라

官報

◉第三千二百十四號 光武九年八月十日

◉宮廷錄事 詔曰命宮內府特進官朴定陽爲弘文館學士八月十日○憲兵司令官嚴俊源辭職疏批旨省疏具悉所請依施○軍部協辦嚴柱益辭職疏批旨省疏具悉所請依施以上八月八日

◉叙任及辭令 陞正二品從二品洪承和七月三十日○侍從院左副卿金陞模 禮式院掌禮巾本哥○願免本官○任侍從院左侍御從二品金陞模○任禮式院禮儀五品申奎書以上八月二日

○命弘文館學士宮內府特進官朴定陽○依願免本官秘書監丞沈周澤○任秘書監丞正三品張榮五以上八月七日

◉號外 光武九年八月十日

◉宮廷錄事 議政府議政大臣臨時署理議政府贊政度支部大臣朴齊純辭職疏批旨省疏具悉卿懇曾而悉具任者出於特簡辭必不爲卿其更勿煩提斯速辭府郞宜諒八月九日

◉第三千二百十五號 光武九年八月十一日

•宮廷錄事 禮式院掌禮卿臣李址鎔謹 奏本宮內府 奏本璿源殿正殿以下滲漏處及內齋室覆道蓋瓦修改之節令禮式院擇日擧行事 奏下矣今日官象監推擇則陰曆七月二十二日卯時爲吉云以此日時擧行事知悉何如謹上 奏光武九年八月八日奉 旨依奏○侍從院副卿魚潭辭職疏批旨省疏具悉所請依施八月九日

◉叙任及辭令 命 純明妃練祭時題主官 從二品金完秀○命 純明妃練祭時題主官預差宮內府特進官鄭寅學○秘書監丞張榮玉 仝申性均依願免本官○正三品沈周澤 仝金昇根任秘書監丞○兼任太醫院副卿秘書監丞沈周澤○兼任禮式院掌禮 秘書監丞洪承九 宮內府主事韓秉九 奎章閣主事趙泰玉 仝崔光鎬 典膳司主事安永錫陞叙判任官三等○陞叙判任官五等 主殿院主事高敎明○主殿院電務課主事朴□雨 仝李熙俊 仝洪義煥 仝張□升陞叙判任官四等以上八月八日

外報

◉兩皇會見 本月四日伯林電을據ᄒ즉英皇이德皇을장차會見ᄒ기를希望ᄒᄂᄃ請帖은아직發送치아니ᄒ얏다더라

◉俄皇主戰 華盛頓電을據ᄒ즉俄帝씌셔宣言ᄒ기를敵國이敗亡ᄒ기까지戰爭을繼續ᄒ더이고彊土割讓과償金要求ᄂ不可라ᄒ얏다더라

詞林

天然亭荷花　老石

碧沼停寒玉紅葉映綠波綱凝朝日麗香泛晚風多游戲金鱗出飛揚翠羽洴納涼依水榭逍遙續采蓮歌

豫堂老人評曰綠而密艶而采萬竅玲瓏百節疏通

庚炎　慈齋

炎雲燃火燒長空白雪渾知坐中不到巖寒冰雪滿扇頭能有幾多風

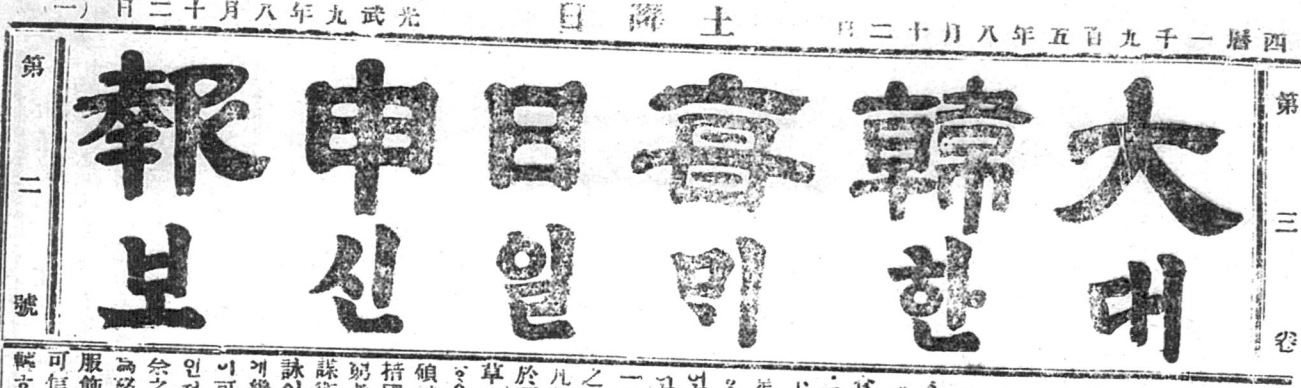

豫堂老人評曰鑄出三伏大炎當如是也其得中空洞其眼大如車輪

社告

本申報의 創刊ᄒᆞᆫ 月日이 于今一週歲이나 機械와 鑄字가 未具ᄒᆞᆷ으로 二百餘號ᄅᆞᆯ 發行ᄒᆞ고 仍爲停刊이라가 旣 [illegible] 中 嘆ᄒᆞᆫ 바 實所 [illegible] 이기 本社에서 思量ᄒᆞ [illegible] 今 [illegible] 가 完備 [illegible] 永遠 [illegible] 定ᄒᆞ [illegible] 大韓有志人士의 文明 [illegible] 은 [illegible] 議 [illegible] 國 [illegible] 聞ᄒᆞ [illegible] 爲ᄒᆞ야 [illegible] 發行ᄒᆞᄂᆞᆫ [illegible] 이 未 [illegible] 刊이 [illegible] 一 [illegible] 規ᄒᆞ [illegible] 內外 [illegible] 說 [illegible] 街 [illegible] 指 [illegible] 의 [illegible] 君子 [illegible] 提 [illegible] 任人君子 [illegible] 有이 [illegible] 之 [illegible] 諒 [illegible] 라

電報

講和條件

(八月十日下後十一時三十五分發)

講和條件은 [illegible] 과 償金十五億元으로 ᄒᆞ고 만이 談判이 不調ᄒᆞ야 [illegible] 繼續되며 將來에 沿海州와 西伯利亞 割讓과 多額償金을 要求ᄒᆞ리라더라

雜報

◎民情庶慰 日昨政府에서 各大臣이 會同ᄒᆞ야 沿江各洞民의 家屋과 墳墓撤毁事件에 對ᄒᆞ야 善後方策을 議論ᄒᆞᆫ다더니 更聞ᄒᆞᆫ즉 上으로 民情을 矜憫ᄒᆞ사 [illegible] 家屋田畓과 墳墓移葬費를 相當히 劃給ᄒᆞᆫ다ᄒᆞ니 [illegible] 恩이 幽明에 普及ᄒᆞ야 江民等의 [illegible] 重日天日이라ᄒᆞ더라

◎警務調查 今番沿江各洞에 毁撤ᄒᆞᆫ 家屋이 一千七百餘戶오 掘移ᄒᆞᆫ 墳塋가 一百十一六千餘塚이라더라

◎日使訪對 日人 [illegible] 氏가 有何緊急事件인지 宮內府에 照會ᄒᆞ야 本月十一日下午에 陛見ᄒᆞᆷ을 請ᄒᆞ얏다니 日本公使의 所奏事가 有ᄒᆞᆫ지 [illegible] 外部大臣과 宮內大臣이 合同商議ᄒᆞ야 上奏ᄒᆞ라ᄒᆞ신 處分을 承ᄒᆞ야 禮式院에서 [illegible] 에 照 [illegible] ᄒᆞ얏다더라

◎在外則會 [illegible] 使 [illegible] 氏ᄂᆞᆫ 本以無才無能ᄒᆞᆫ 一個凡庸人物로 [illegible] 顧이 [illegible] 大 [illegible] 을 [illegible] 揭ᄒᆞᆫ바 [illegible] 別無可紀 [illegible] 擧ᄒᆞ고 [illegible] 人 [illegible] 然 [illegible] 過이더니 一自 [illegible] 으로 許 [illegible] 不 [illegible] 道 [illegible] 야 萬人 [illegible] 이다 或海稅中 [illegible] 好弄이다 貪 [illegible] 行 [illegible] 가 不一而足ᄒᆞ니 卿其 [illegible] 이 漸高ᄒᆞ고 所肚가 極大ᄒᆞ야 此等法外肆貪을 恣意行之인지 抑 [illegible] 在 [illegible] 時則 [illegible] 幾件이 美라 人이 能測知라기

在外則手脚易露ᄒᆞ고 耳目難掩ᄒᆞ야 暴聲이 自然 [illegible] 인지 近聞ᄒᆞᆫ즉 一進會에서 同氏의 [illegible] 函聲明ᄒᆞ야 辭任辭退ᄒᆞ기를 [illegible] 다ᄒᆞ니 [illegible] 其 [illegible] 實 [illegible] 未能 [illegible] 이 어니와 同氏의 前後 [illegible] 殺身 [illegible] 로다

◎學部外 學部에서 外部로 照會 [illegible] 聘限이 [illegible] 行 [illegible] 日公 [illegible] 에 [illegible] 明 [illegible] 다

◎航案未決 [illegible] 不日十一日에 [illegible] 對ᄒᆞ [illegible] 一 [illegible] 使의 [illegible] 對 [illegible] 航行 [illegible] 에 對ᄒᆞ야 迅速 [illegible] ᄒᆞ기로 上奏 [illegible] 더라

◎家科 [illegible] 議 [illegible] 照復ᄒᆞ되 [illegible] 外 [illegible] 合 [illegible] 遠ᄒᆞ야 行 [illegible] 料에 加ᄒᆞ다시 伊時에 相議ᄒᆞᆷ이 爲可다ᄒᆞ얏더라

◎商會請願 商 [illegible] 會議에서 [illegible] 本會議 [illegible] 工 [illegible] 에 [illegible] 槪 [illegible] 進步 [illegible] 로 [illegible] 爲ᄒᆞᆷ이오 本 [illegible] 工部 [illegible] 主務衛門 [illegible] 現今 [illegible] 情ᄒᆞ시ᄂᆞᆫ [illegible] 市上 [illegible] 에 對ᄒᆞ야 貨幣 [illegible] 急於 [illegible] 至於 [illegible] 境이 온 故로 本會議所에서 政府에 向ᄒᆞ야 [illegible] 度支部 [illegible] 對ᄒᆞ야 [illegible] 圓一天一銀行所에 借與ᄒᆞ옵시 [illegible] 限十二個月ᄒᆞ고 [illegible] 通之意 [illegible] 願ᄒᆞ오나 [illegible] 至 [illegible] 에 何 [illegible] 區劃이오니 [illegible] 悒悒ᄒᆞ온지라 現今商業上情況

[illegible]

◎度支 [illegible] 部 [illegible] 度支部에서 [illegible]

◎春 [illegible] 六月二十一日 [illegible] 度支部 [illegible] 氏가 [illegible]

雜報

◉官內事項 全羅北道管下各郡守治蹟

全州權直相 有事能幹無適不宜撫[illegible]民[illegible]外與既得賢於從事田令人而內訓以何故而至於上

南原尹 찬 古家規範名士聲譽高令之習分化過[illegible]以致宗舊而之罷復勢仰厭[illegible]補[illegible]上

古阜李昌與 三處考績一副成邦吏奸莫售 服應明之治民心和平舉懷慈惠之政上

金堤趙 瑒 [illegible]核之[illegible]圖[illegible]心在紹籌而將[illegible]吏緣援爲操[illegible]幣而爲心 正供官非有失上

泰仁[illegible]

扶山朴恒來 [illegible]著[illegible]續[illegible]加諭[illegible]任緝捕四鄰之賊[illegible]明於聽斷一[illegible]在役[illegible]賀上

錦山[illegible]鎬 [illegible]撫綏民[illegible]感獨有兩[illegible]作擾[illegible]民[illegible]得[illegible]者從在六條[illegible]官何當平施上

益山閔泳[illegible] [illegible]撫仁厚之政治欲用[illegible]俗之[illegible]訟[illegible]不費案以偷民[illegible]務上

臨陂李[illegible] 未赴任

金溝閔泳[illegible] 政先祭[illegible]副加額優敷政頌已播於[illegible]民待[illegible]論策[illegible]於備禦賊徒上

咸悅趙東琮 [illegible]任旋[illegible]政[illegible]多將先[illegible]其吏[illegible]可見吏[illegible]且綏督於民納自然待參上

扶安權益相 三月爲政一境歌頌吏莫隱於衣結田其不意瓜願留於觀行帷恐其失上

茂朱[illegible]命根 以干城才爲守牧任殺方督以[illegible]政不猶[illegible]誠門[illegible]於求[illegible]民何援也中

淳昌李[illegible]鎬 未赴任

任實[illegible]杰 誠心圖報意欲辭表國戶布[illegible]三[illegible]志已究於初政壓宮結[illegible]十四意向切於[illegible]上

鎭安[illegible]圭一 [illegible]刷誠切報答[illegible]以防[illegible]路爲吏後者戒頌[illegible]戶[illegible]特減[illegible]亦[illegible]惠之一[illegible]上

珍山徐[illegible] [illegible]聞者績乃見實際政何[illegible]於二載[illegible]胥知戢講約規於一鄕還俗丕變上

萬頃[illegible]寅[illegible] 若識而去意適[illegible]歸離[illegible]境印章之[illegible]送不報帶去公[illegible]尺又之[illegible]還何遲下

龍安[illegible]榮 乃如之人何有乎政過川銅而納稅[illegible]之款捐俸金而殖利使助策改之賀上

高山金仁圭 莅織乃[illegible]民[illegible]日郡[illegible]釋擾而曉[illegible]治市山雜[illegible]之[illegible]識上

沃溝金[illegible]應 爲政廉明與訟公用大[illegible]而[illegible]結尺吏莫售[illegible]招籍俸而助戶[illegible]民皆訟寃上

井邑[illegible]民 古[illegible]遺範良吏治規延[illegible]之[illegible]驗初政之倘廉講[illegible]之[illegible]官[illegible]訟[illegible]學之賁心上

龍潭尹[illegible] 蹈[illegible]之規[illegible]以法廉以聞於初政延譽與當訟已播於一境糴債半減上

雲峰李[illegible]俊 日淺

[illegible]水鄕休[illegible] 未赴任

求禮金元錫 未赴任

◉商議報告 商業會議所에서農部의報告ᄒᆞᆫ內槩에本會議所에서規模組織이尙此未遑이오나團體의成立ᄒᆞᆫ見狀은幾幾ᄒᆞ기爲ᄒᆞ와本會議任員을爲先選定ᄒᆞ야玆以左에報告ᄒᆞ오니照亮爲要라ᄒᆞ얏다더라

左開

議長 金[illegible]永
副議長 郭奎[illegible]
理事 趙鎭[illegible] 韓錫[illegible]
監定議員 韓珽錫
調査員 趙秉[illegible]
調査監督 李秉[illegible]
調査議員 白[illegible]洙 金鼎煥 李君[illegible] 金洙[illegible] 劉[illegible]洪 白完[illegible]
會計員 尹[illegible]鎬
起草委員 洪肯燮
接受議員 廉仲模 朴基元
編譯議員 蔡學[illegible] 尹[illegible]植 崔敬洙 金永河

野叟

적션여경녹 (二)

이제 날부부 가셔산에빅소ᄒᆞᆯ나다ᄅᆞᆫ히에뉘가차자올모슬하되소죠ᄒᆞᆫ것은그만두고누ᄇᆡ봉사ᄅᆞᆯ엇지ᄒᆞᆯ고류자식셩각이이에이르러박셩되곡ᄒᆞᆷ을셰닷지못ᄒᆞ니겻히사ᄅᆞᆷ이다비창ᄒᆞᆷ을이긔지못ᄒᆞ더라왕부인이어진덕이본뒤낫타ᄂᆞᆫ눈물을싯고압ᄒᆞ나와엿자오뒤샹공은비감ᄒᆞ신회를억제ᄒᆞ옵소셔비록연긔고뒤ᄒᆞ오시나근력이강건ᄒᆞ시나첨은비록식죽지못ᄒᆞ나현숙ᄒᆞᆫ부실을구ᄒᆞ야사속을바람이불가ᄒᆞᆷ이업ᄉᆞ오니이다류자식비단ᄒᆞᆷ을마지아니ᄒᆞ다가강잉ᄒᆞ야눈물을거두고가인을분부ᄒᆞ야부인을뫼시고면져ᄃᆞ라가라ᄒᆞ고자긔ᄂᆞᆫ가동약인을다리고차찬ᄒᆡ히ᄒᆞ야풍경을와상ᄒᆞ며집근쳐에거진임르려ᄒᆞᆫ도사ᄅᆞᆷ맛나니ᄎᆞ픠에풍감ᄃᆞᆺ신이라써거ᄂᆞᆯ류자식ᄒᆞᆫ번보ᄆᆡ상ᄂᆞᄂᆞᆫ사ᄅᆞᆷ인즁알ᄆᆡ사속유무ᄅᆞᆯ뭇고자ᄒᆞ야마져집에이르러차ᄅᆞᆯ파ᄒᆞ미류자식도ᄉᆞᄅᆞᆯ뒤ᄒᆞ야삭논ᄃᆞᆺ기ᄅᆞ구ᄒᆞᆫ뒤도셔자셔이한동안살펴보고갈ᄋᆞ되사군의긔싀을뫼오니다만ᄉᆞ속이업슬ᄲᅮᆫ아니라슈한이ᄯᅩᄒᆞᆫ불원ᄒᆞ야됴셔에잇도소이다류자식염ᄒᆡ뒤왈학식이나히회연에죽어도요ᄒᆞᆷ이아니오사속의바ᄅᆞᆷ도져문나헤ᄯᅩᄒᆞᆫ봄속에달을건지려ᄒᆞᆷ파갓ᄒᆞᆫ지라학싱이ᄉᆞᄉᆞ로싱각건뒤싱평에비록큰덕은업ᄉᆞ나제곤부위ᄒᆞ기ᄅᆞᆯ존심ᄒᆞᆫ조이의오리되아지못게라여차ᄒᆞᆫ죄업으로조종의봉사가진멸ᄒᆞ기에이르ᄂᆞᆫ잇가도시미소ᄒᆞ며일오뒤사군이어긔도소이다자고로가웃연자ᄂᆞᆫ원망의패귀라사군의가게가부셤하니엇지낫낫치총찬하며ᄯᅩᄒᆞᆫ일맛ᄒᆞᆫ지다만칩엇살지기ᄅᆞᆯ도라보고공도ᄃᆞ싱각지아니하야뒤두소칭에빅다

으로최려ᄒᆞᆯ제소뎌의군신과인망을일으기ᄂᆞᆫ사군의출로비록착ᄒᆞᆫ일은ᄒᆡᄒᆞ시나증이히봄ᄒᆞ딘고못ᄒᆞᆷ나사군으다단그폐ᄅᆞᆯ아라업시ᄒᆞ시면바야ᄒᆞ로의마ᄒᆞᆫ꼭되이되야다슈다복다남을가히바라어리ᄋᆞᆫ류자식그ᄃᆡᄋᆞ듯고묵묵무언이겻슈하거날도셔이허여작별허고사금도ᄇᆡ지안코곧연이가더니류자식그도ᄉᆞ의말을깁히복응허여ᄃᆞ뫼여져원지산작ᄒᆞᆫ길일ᄒᆡ또사허며ᄯᅩᄒᆞᆫ츈가향의몸롤ᄉᆞ다쳐허여그실상을다답져허고니전왕문은파여려과자인ᄒᆞ롤려ᄋᆡ열이겨칙허고져곡가자ᄒᆞ증변은벽견감허고엄로브터착ᄒᆞ일을더욱힘쓰며라가셩잇셔변경ᄯᅩ의사ᄂᆞᆫ라손니란션빈의자ᄂᆞᆫ극당현유을졔슈ᄒᆞᆫ지라업죽이아듣은청ᄒᆞ나오니소자ᄂᆞᆫ츈광이오나히심ᄉᆞ세가극ᄒᆞ야이고벤ᄒᆞᆫ가세로일시영ᄉᆡᆨ허미쳐자ᄅᆞᆯ잇극고져당허의ᄂᆞᆫ여하여향달리차지못허여우연ᄃᆞ병허여빅약이무효하니리현ᄯᅡ이ᄉᆞᄉᆞ로이지못ᄒᆞᆫ줄알고자셔와츈랑을불러일러왈ᄂᆡ가어려서부터괴롭게공부허여어더환에출ᄉᆡ허여현뒤부에우슈히ᄂᆞ죽어도ᄒᆞᆫ것업사되다만나죽은후에고아파부가의탁ᄒᆞᆯ고이업사니가련허도다입회ᄒᆞᆫ칩유타가문득싱각고이로뒤비도르매낙양ᄯᅩ히전임쳐쥬ᄌᆞᄉᆞ류홍경은당뒤현인쟝ᄌᆞ라자의소지허ᄂᆞᆫ읽ᄒᆞᆷ이변ᄒᆞᆫ에편ᄆᆞᆫ허니가히치ᄌᆞᄂᆞᆫ부탁혈만허다허고ᄃᆞ뒤여츈랑뎡허여필묵ᄒᆞ나ᄉᆞ와붓슬ᄂᆞᆯ고ᄯᅩ

다시자셔칩음ᄒᆞ뒤가온뒤도자ᄉᆞ로뎌부려반면거ᄒᆞ고도업거날이모타온엇지허리오허다가마음에죽가셕가ᄋᆞ니리잇서쳐자ᄅᆞᆯ불러여더ᄋᆞ물을흘ᄂᆞ가져오라허여밧그로나간ᄒᆞ시간을보허고셔면에여다셔금ᄌᆞᄂᆞᆫ쓰디오제리소셔져다야유ᄅᆡ현ᄋᆞ친탁이라ᄊᆞᄋᆞᆫ이하야작ᄊᆡ와츈랑을ᄌᆞ어갑ᄋᆞ되ᄂᆞᆫᄀᆞᆷ의헌고의잇ᄉᆞ니져인쳐ᄌᆞᄌᆞ사로현보라이ᄉᆞ롬이사ᄀᆡ가차날ᄊᆡᄉᆞ못쳐바ᄃᆞ시니의뫼자ᄅᆞᆯ구제하리니문역류ᄲᅧ부의거두이보호야이오그아히ᄂᆞᆫ자시라여죽이거자의업ᄉᆞ히ᄊᆞ더니나히삼십륙세에ᄉᆞ극진재의ᄌᆞ시되야져함을입으면아조로교ᄅᆞᆨ셔명졔하야나의밋지못ᄒᆞ無슈퍼게ᄒᆞᆯ거시오ᄯᅩ부인의대긔잇서지슈원이니심ᄌᆞᆺ녀가에류빅부의보호ᄒᆞᆷ을허인에의지하고ᄯᅩ나죽은후체빈을부구ᄉᆞ에감죠하야류빅부게뵈오후야장하기ᄅᆞᆯ셔서도마하라하고인하야괴운이쇠진하니오호애재라종씨와츈랑이ᄡᅳᆯ곡불ᄉᆞ하고유인을의지하야의금과관을갓초와부구시에권조ᄒᆞᆫ시피ᄒᆞ요속덜어더욱그정상이가련하야극력비례하야칠칠이지난후모ᄌᆞ이인이여간반젼을슈습하야길을ᄶᅥ나ᄎᆞᄎᆞ젼진하야낙양현을바라고가니라

각셜류자ᄉᆞ하로ᄂᆞᆫ젹히셔지에안셔고셔ᄅᆞᆯ보더니홀연보미면길에풍을젹거ᄎᆞ최남루헌모ᄌᆞ두사ᄅᆞᆷ이드러와복디비올하며셔신을올니거늘

特別廣告

本申報는海外電報를直接ᄒᆞ야機關이疏通ᄒᆞ고外報와票報를敏捷活潑ᄒᆞ도록注意ᄒᆞ오며申報發送ᄒᆞ는ᄃᆡ迅速傳ᄒᆞ기는分傳人의게在ᄒᆞᆫ으로本社에서平常에諸分傳人의게丁寧申戒ᄒᆞ고申申訓飭ᄒᆞ야排送敏捷케注意ᄒᆞ거니와如或暫有稽忽이라도愛讀僉君子는密安而知ᄒᆞ시오며ᄒᆞ시면該分傳의게該信相爭ᄒᆞ도록且提閑命ᄒᆞ고勸贊가發生ᄒᆞ도록酬論ᄒᆞ야必無遲誤ᄒᆞ기로期作ᄒᆞ옵나이다

本社에寄書ᄒᆞ시는君子는姓名과居住를明確ᄒᆞ게懸錄添附ᄒᆞ시와證據가有ᄒᆞᆷ을必要ᄒᆞᆷ이오公衆平和ᄒᆞᆫ秩序를紊亂케ᄒᆞ는意와社會上不經荒雜ᄒᆞᆫ寄書는不受ᄒᆞ는權利가本社에自有ᄒᆞ오니肯諒ᄒᆞ시옵

大韓每日申報社

廣告

貿易商 本社는仁川港
日本郵便電信局對面
電話第二百一番地
仁川港 廣昌 洋行
벤넷트合社告白

○鐵路部

○東大門과新門間에來往車는每十分間에運行ᄒᆞᆷ
東大門發初車는午前六時三十分
新門外停車場發初車는午前六時五十五分
東大門發終車는午後九時五十分
新門外停車場發終車는午後十時十五分

○東大門과洪陵間에來往車는每二十分間에運行ᄒᆞᆷ
但自鍾路로東大門에來到ᄒᆞᆫ交替車로聯絡ᄒᆞᆷ
東大門發初車는午前六時五十分
洪陵發 初車는午前七時十分
東大門發終車는午後七時五十分
洪陵發 終車는午後八時十分

○鍾路와龍山間에來往車는每十二分間에運行ᄒᆞᆷ
鍾路發至南大門初車는午前六時四十八分
鍾路發至龍山 初車는午前七時二十四分
南大門發至鍾路初車는午前六時五十六分
龍山發至鍾路 終車는午前七時五十七分
南大門發至鍾路終車는午前十時八分
龍山發至鍾路 終車는午後九時九分

○特別使用車는顧客의方便ᄒᆞᆷ을隨應ᄒᆞ야準給ᄒᆞᆷ
但定價는本社에來臨ᄒᆞ야詢問ᄒᆞ옵

○電燈部

二百五十燭力以內의敷用處에는每個月에定價表가如左ᄒᆞᆷ
○十六燭力燃燈達夜에二圓五十錢
○二十二燭力燃燈達夜에四圓
○五十燭力燃燈達夜에六圓
○一百五十燭力燃燈達夜에十圓
一千二百燭力弧形燈達夜에二十圓
二百五十燭力以上의敷用處에는請求ᄒᆞ면瓦斯計一箇를設給ᄒᆞᆷ
但瓦斯計賃金은每個月에二圓이오瓦斯計測驗表委托定價는作時間每암피아에二錢이옵
瓦斯計設給處에셔每个月文拂金最低額은每個月에二十圓인ᄃᆡ瓦斯計貸金은 据ᄒᆞᆷ
電燈을敷設ᄒᆞ기에請求ᄒᆞ는ᄃᆡ로供給ᄒᆞᆷ
各種連枝掛燈도常時에貯存ᄒᆞ엿ᄉᆞᆸ

本社鐘路電氣會社
韓美電氣會社 告白

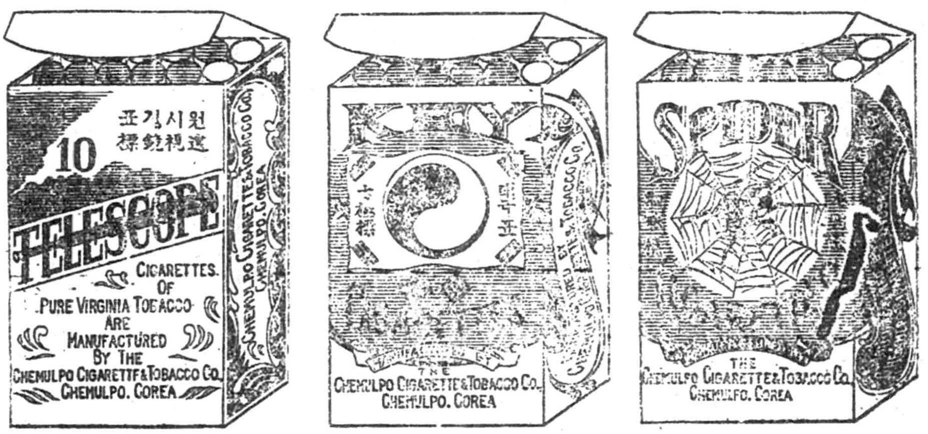

以上三種은上品으로製造ᄒᆞ야衛生上에至極有益ᄒᆞ오니伏請兼人ᄒᆞ고本社에來顧ᄒᆞ심

大韓帝國仁川港
濟物浦紙卷煙及烟草會社

一 鷹標濃結牛乳
一 金印罐詰濃結牛乳
一 無變質氣化乳酪
一 색ᅵ는ᄶᅵ製造變性化牛乳
以上은當港에貯積ᄒᆞ엿ᄉᆞᆸ
美國紐育港셔ᅵ는ᄶᅵ濃結牛유會社
一手代理店 大韓仁川港 世昌洋行

廣告

一 雜貨商
一 貿易商
一 船舶取扱
一 烟草商
一 委託販賣及貨物運送代理業
一 貿易行代商
以上輸入及輸出者
京城 仁川 大昌洋行

本社廣告

申報價
一張代金 新貨五錢
一箇月前納 五十錢
三箇月 一元五十錢
六箇月 二元九十錢
一箇年 五元八十錢
郵稅一部 新貨五里
一箇月 十三錢

廣告料
四号活字十三字詰
每日每英尺一寸에新貨二五錢
(每日行行에六錢에相當ᄒᆞᆷ)
二周日에 二圓五十錢
(每日每行四錢五里에相當ᄒᆞᆷ)
一箇月에 五圓
(每日每行四錢一里에相當ᄒᆞᆷ)
其期限의長短과字行의多少를依ᄒᆞ야增減ᄒᆞᆷ이有ᄒᆞᆷ

大韓人마다此申報를不可不覽ᄒᆞ실터이오니廣告出報ᄒᆞ실僉君子는來臨面議ᄒᆞ시옵

發行兼編輯人 英國人 裵說
發行所
京城北署壽進坊濟洞号外地法語學校內
大韓每日申報社

第二卷

大韓每日申報
대한매일신보

第三號

月曜及慶節
歲時日休刊

檀君開國四千二百三十八年
箕子元年三千二十七年
大韓開國五百十四年
日本明治三十八年
淸國光緖三十一年
陰曆乙巳七月小十三日甲申

論說

此邦貨幣의變改는別無神策이오去益甚滯ᄒᆞ니若欲妥善救弊면非但目賀田氏라雖招天下第一手段이라도必難乃已라韓國에從來未有元貨가實是傷心者이니諸以不得已許用ᄒᆞᄂᆞᆫ公私猥雜ᄒᆞᆫ銅貨와草細貫孔ᄒᆞᆫ葉錢으로爲元貨則便是徒名無實이니原來金銀元貨ᄂᆞᆫ前無現無ᄒᆞ고且無可設之兆ᄒᆞ니惜哉라高等財政을詳論코저ᄒᆞ면紙幅도不足이오書字도不能이어니와幾千貌型을張皇陳設ᄒᆞ노니此乃目賀田氏의自任淸楚ᄒᆞᆫ財政意料에不出ᄒᆞᆯ지라各國에補助貨라稱ᄒᆞᄂᆞᆫ錢幣가均有ᄒᆞᆫ딕該錢幣ᄂᆞᆫ金銀과又치貴重치ᄂᆞᆫ못ᄒᆞ나予受ᄒᆞ기ᄂᆞᆫ一般이니是無他故라錢體의包含ᄒᆞᆫ價値가錢面에印出ᄒᆞᆫ價目과相符ᄒᆞᆫ金銀貨와無碍交通ᄒᆞᄂᆞᆫ然故라是以로英之(소비련)이란金錢이던지美之五元片金錢이던지日之十元片金錢이各自所有ᄒᆞᆫ價値가同一金塊에比ᄒᆞ야幾無差等ᄒᆞ니假令該等金錢을銷鎔ᄒᆞᆯ지라도別無所減也니比乃諸邦金元貨之表準인딕(멕시코)國은有名ᄒᆞᆫ銀元貨之國이니該銀貨가淸國에서無碍予受ᄒᆞᄂᆞᆫ通寶인데該銀錢體價値가與他金錢으로相同故로凡他各種塊片銀價의表准이되ᄂᆞᆫ지라其於金銀元貨之國에도錢面價目보다該體價値가不足되ᄂᆞᆫ補助貨ᄅᆞᆯ發行치안님이아니로딕通國에通寶되야同量純金銀塊와對等貫重ᄒᆞᆫ金銀錢과無碍通用ᄒᆞᄂᆞᆫ故로人民이毫無難御損害之弊어니와近日錢弊情形은前無後無之事라此邦貨幣가錢體價値와錢面價目이相符ᄒᆞᄂᆞᆫ것이旣無ᄒᆞ즉不獲已備用ᄒᆞᆯ貨幣로內地貿易上에ᄂᆞᆫ支供하야왓스나與他國金銀元貨幣로相對ᄒᆞ미即受多端弊害ᄒᆞ니此項弊端은原自西歷千九百一年以來로典圜局에서多大量의白銅貨ᄅᆞᆯ鼓鑄ᄒᆞ야不問錢體價치ᄒᆞ고自官으로錢치ᄅᆞᆯ定ᄒᆞ고且金銀基礎에倚賴ᄒᆞᆷ이無ᄒᆞ야紊亂莫甚터니今日白銅貨價의低落ᄒᆞᆷ이錢面價目에比ᄒᆞ야半額도不及ᄒᆞ얏고其外에日本人私鑄者로因ᄒᆞ야白銅貨가益賤이라至若目賀田氏任務ᄒᆞ야ᄂᆞᆫ通國에現所行用之公私錢이幾許額에至ᄒᆞᆯᄂᆞᆫ지估定키甚難ᄒᆞᆯ지라溯想컨딕向者에大韓政府가目賀田氏의勸提ᄅᆞᆯ因ᄒᆞ야海關稅ᄅᆞᆯ典當ᄒᆞ고日本으로셔三百萬元을借欵ᄒᆞ얏ᄂᆞᆫ딕聞知컨딕該借欵額이尙在日本銀行이라該欵으로金元貨와信用ᄒᆞᆯ만ᄒᆞᆫ補助貨ᄅᆞᆯ排備ᄒᆞᆯ터이라ᄂᆞᆫ딕該額三百萬元으로大槪査定ᄒᆞᆫ現行白銅貨의自一千五百萬元으로至三千萬元되ᄂᆞᆫ것을收還ᄒᆞ려ᄒᆞ니此收還事ᄅᆞᆯ繼續ᄒᆞ려ᄒᆞ면日本銀行이現在以一換二ᄒᆞᄂᆞᆫ新白錢의元位될金貨ᄅᆞᆯ排備前에不得不大韓政府로셔至少ᄒᆞ야도一千萬元은受置ᄒᆞ여야ᄒᆞᆯ지니然則一千万元을何以籌出乎아我們의素知ᄒᆞᄂᆞᆫ바와如히目賀田氏가高名ᄒᆞᆫ財政家면此ᄅᆞᆯ預料ᄒᆞᄂᆞᆫ바ㅣ有ᄒᆞᆯ것이오公衆이氏의意ᄅᆞᆯ體量치못ᄒᆞᆷ을悔ᄒᆞᆯ지니現今困難이目賀田氏의調辦ᄒᆞᆷ을環匝ᄒᆞᆷ이財政家의少不歇肩ᄒᆞᆯ擔任이로다

官報

●號外　光武九年八月十一日

議政府議政大臣臨時署理農商工部大臣朴齊純等辭職疏　批旨省疏具悉卿等之懇悃當各懋乃職協贊●謨共濟國事而至於聯名求去此何爻象亦何義分殊甚慨然要勿爲煩事遣部郞宣諭

八月十一日

○第三千二百十六號光武九年八月十二日

●叙任及辭令　陞叙判任官三等法官養成所敎官丁明섭八月三日○命太醫院卿李懋鎔八月六日○依願免本官秘書監丞金昇根○任秘書監丞申性均○兼任禮式院掌禮秘書監丞申性均

以上八月九日

外報

●日英同盟談　長崎電音을據ᄒᆞᆫ즉今番에德國巡船으로來到ᄒᆞᆫ德國代議士某氏가云ᄒᆞ되總選擧ᄅᆞᆯ控ᄒᆞᆫ英國政界ᄂᆞᆫ頗히多事ᄒᆞ야候補者가日英同盟을標榜ᄒᆞ여選擧區民을遊說ᄒᆞ얏ᄂᆞᆫ딕同盟繼續事가意外에早速히發表ᄒᆞ리라더라

●淸國警察　北京電音을據ᄒᆞᆫ즉淸國皇帝ᄂᆞᆫ北京의警察裁判에統一改良을必要히녀겨從來의五城御史制度局을廢止ᄒᆞ고此ᄅᆞᆯ工巡局에合倂ᄒᆞ야로桐氏로工長官을任ᄒᆞ기로下諭ᄒᆞ얏다더라

●大統領會見　八月六日倫敦電音을據ᄒᆞᆫ즉日露兩國全權委員이오이쓰터灣에到着ᄒᆞ얏ᄂᆞᆫ딕日本全權委員은米國政府의快走船을搭乘ᄒᆞ고大統領루쓰벨트氏ᄅᆞᆯ會見ᄒᆞ얏고會見ᄒᆞᄂᆞᆫ順序ᄂᆞᆫ第一은日本委員으로第二ᄂᆞᆫ露國委員으로ᄒᆞᆫ다더라

●船艦衝突判決　同日同電을據ᄒᆞᆫ즉英國樞密院司法委員이一千九百三年에싸레쓰오푸인듸아号가淸國巡洋艦寰泰号와衝突ᄒᆞᆫ거슨其責任이全혀前者의게有ᄒᆞ다고云ᄒᆞ며上海高等裁判所의判決을是認ᄒᆞ얏다더라

●兩使同權　華盛頓電을據ᄒᆞᆫ즉윗떼氏委任ᄒᆞᆫ全權은小村全權委員과權能이同一ᄒᆞ다더라

●露國全權　八月六日倫敦電을據ᄒᆞᆫ즉露國全權委員윗터氏와前駐日露公使男爵로젠은오이스터베이에서美國大統領을訪問ᄒᆞ얏ᄂᆞᆫ딕前週에日本全權委員小村男爵과駐美日公使高平氏에訪問과同様이라但本日(五日)에外國使節이引見所에서正式으로接見ᄒᆞ기以前에大統領의게敬意ᄅᆞᆯ表ᄒᆞᆷ이오本日引見에順序ᄂᆞᆫ日本全權委員을先接ᄒᆞ기로次定이라더라

●淸人排斥　同日同電을據ᄒᆞᆫ즉華盛頓포쓰트新聞에云ᄒᆞ되淸國은自國人排斥에關ᄒᆞᆫ新條約談辦ᄒᆞ기爲ᄒᆞ야伍廷芳氏ᄅᆞᆯ派遣ᄒᆞᆯ事로美國國務卿의게通知ᄒᆞ얏다더라

詞林

登鷄龍山　竹下生

群山四擁擁朝暉中立眞容聽[illegible]微怪石虎踞龍條躍屛만僧舞鶴將飛高難劍閣難爲比疏則函關莫敢違偶感來頭千歲事萬家花發貫人衣

靑藜生日鼓鑄雄渾絶[illegible]痕結句尤精新有味

而垌雜詠

野樹繁花映夕陽蜂喧蝶駐俱悠揚老梓耕罷閒無事臥對靑山[illegible]息長

度機

終几奇機不可蹤蒼[illegible]日此來樓海天一去無消息空把虛名載赫蹄

北山觀落照

初若紅綃盆底浸漸如寶玉匣中藏消長一理元來驗豈有人間下夜城

社告

本申報의 瓶刊혼月日이于今一週歲이나機械와鑄字가未具홈으로二百餘號를發行ᄒᆞ고仍爲停刊인바旣張而中輟ᄒᆞᆫ거實所慨然이기本社에서思를殫ᄒᆞ고慮를費ᄒᆞ야今에諸事가完備ᄒᆞ미永遠 [illegible] 基礎를確定ᄒᆞ [illegible] 大韓有志人士의文明智識을啓發ᄒᆞ고寰球列國에見聞을 [illegible] 爲ᄒᆞ기爲ᄒᆞ야重刊發行ᄒᆞᄂᆞᆫ [illegible] 必人皆能之인즉英漢文合刊이徒煩無益키로從玆一變前規ᄒᆞ 英文與漢文을亟爲解說이未 [illegible] 中英漢文을各紙分刊이되內外國各報을一層迅速케ᄒᆞ며社說의 [illegible] 營은强禦를不畏ᄒᆞ며善惡을明辨ᄒᆞ야帝庭에指佞草의 [illegible] 質을具ᄒᆞ야ᄉᆞ며時事을盱衡ᄒᆞ며昏昧ᄂᆞᆫ提醒홈은仁人君子의畜日憂世ᄒᆞ [illegible] 味를含有이 [illegible] 褒貶予奪之中에溫厚規箴을 [illegible] 然前之ᄒᆞ야使有過者로讀之 [illegible] 改焉ᄒᆞ며無過者로讀之而勉爲케ᄒᆞ온지니四方僉君子ᄂᆞᆫ諒 [illegible] 心ᄒᆞ야 [illegible] 前愛讀ᄒᆞ시 [illegible] 篤有厚望焉이로라

電報

談判開始

(八月十一日正午十分發)
(同月同日午後十一十分着)

[illegible] 露講和談判委員은九日에第一回會議를開ᄒᆞ고委任狀을交換ᄒᆞ얏다더라

辭拒償金

全上

俄國全權委員은償金支拂을拒絕ᄒᆞ라ᄂᆞᆫ訓令을受ᄒᆞ얏다고傳ᄒᆞ더라

暴風死傷

全上

日本九州鐵道(西谷)峙에서暴風으로긔車가脫線ᄒᆞ이負傷者가三十七名에達ᄒᆞ고美國軍人大尉一人이死亡ᄒᆞ얏다더라

雜報

內訓 [illegible]

內部 [illegible] 에訓令ᄒᆞ얏 [illegible] 犯人ᄒᆞᆫ土地 [illegible] 額으로措給 [illegible] 을亦依民人 [illegible] 地라도道 [illegible] 移埋之處 [illegible] 이니與本部 [illegible] 同爲出往江 [illegible]

[illegible]

外部請議

外部에서 [illegible] 議 [illegible] 法公館 [illegible] 邦ᄒᆞ야 [illegible] 三 [illegible] 라

[illegible]

內照軍部

內部에서軍部에照會ᄒᆞ얏스되頃因廣州府尹尹昌根의報告ᄒᆞ야洋銃十柄彈丸五百發을支撥ᄒᆞᆫ事로有所仰照인바現接長湍郡守尹宗求報告則洋銃三十柄彈丸三千發軍刀六柄을知照軍部ᄒᆞ야支撥等因인바擬近匪徒之猖獗이何尤甚ᄒᆞ고 [illegible] 捕之責이惟 [illegible] 與他 [illegible] 銃丸을 [illegible] 非巡檢之儀形이오니查照後該服裝費及軍刀를量宜劃給爲望이라ᄒᆞ얏더라

長湍報請

長湍郡守任昌宰氏가內部에報告ᄒᆞ얏ᄂᆞᆫ데火賊이處處蜂起ᄒᆞ야民不得安堵ᄒᆞ니防禦之策은斷不可已나直不過自郡設砲이오되亦不敢擅便인바此係民生保護이온즉照亮後銃十柄彈丸一千發을移照軍部ᄒᆞ야支撥케ᄒᆞ고經費一款은 [illegible]

[illegible]

寄書

避니ᄒᆞ [illegible] 某氏行爲면不揣時局之緩急ᄒᆞ고不念全國之陷溺ᄒᆞ니唯我同胞ᄂᆞᆫ視同小人이可라國賊小人이左右有之에 [illegible] 保國ᄒᆞ야本會ᄂᆞᆫ爲民代表ᄒᆞ야一心 [illegible] ᄒᆞ니 僉君子ᄂᆞᆫ照 [illegible] 可想이니以若大府으로도逃走隱避커든庶民情境이야可勝言哉아

[illegible] 韓山郡境內에自 [illegible]

地方通信

[illegible]

雜報

○官廳事項 全羅南道管下牧使郡守治蹟

濟州趙[illegible]桓 日淺

光州趙[illegible]鏞 日淺

羅州閔[illegible]來 檢獄惟愼束薪允[illegible]

[illegible]陽柳[illegible] 屢[illegible]興[illegible]斗邑[illegible]

靈光尹[illegible]榮 曠旣因公民自安

同福金[illegible] 不[illegible]劉

靈巖趙京完 枳匪鶖棲水無魚

高敞李基[illegible] 官[illegible]久[illegible]民[illegible]可

珍[illegible]李[illegible]珪 烜自屛跡民亦息

和順崔[illegible]俊 [illegible]度[illegible]不

寶城李[illegible]昌 莫謂衰邁尙許實

玉果具[illegible] 遲不[illegible]改[illegible]切求

興陽白[illegible]奎 責重分憂治佇盡

谷城宋振玉 日淺

長興李[illegible]鎔 古家有範弊局良

莞島金商[illegible] 日淺

智島洪世泳 官[illegible]行民恐或

咸平朴[illegible]承 誠實[illegible]治奸猾莫

突山[illegible]駿榮 [illegible]少令[illegible]盤

康津姜[illegible]瑞 自以老成勤于懷

海南李[illegible]憲 捐廩獨布檢獄洗

茂長韓[illegible]烈 累縮鄕紱益著其

潭陽金[illegible] 未赴任

務安趙[illegible]主 吏猾可懲民心足

綾州洪[illegible]杓 久違由限其奈章

樂安閔[illegible]鎬 斷斷其心孜孜爲

南平閔[illegible]植 政通四載歌[illegible]

珍島權[illegible]甓 旣聞剩理又明檢

興德[illegible] 未赴任

[illegible]城[illegible] 公[illegible]納民[illegible]

寄書

笑笑生

僕은一畸人也라言貌陋ᄒᆞ며材智下ᄒᆞ야不足以言當世事나然이나家世任韓ᄒᆞ야國之存亡과民之休戚을義不可越視인즉當此禍迫燃眉ᄒᆞ고國將不國之日ᄒᆞ야隱憂永歎이寧有旣也리오竊念韓之致此削弱은職由於但恃隣援ᄒᆞ고不思所以自强故也라幾年來滿廷諸臣이皆以賣國附外ᄒᆞ며諛謟欺蔽로認爲無傷ᄒᆞ야詢及民情則告之以永遠可仗ᄒᆞ며詢及隣援則告之以太平無事ᄒᆞ며朋比傾軋而國步日亂ᄒᆞ며剝割狠藉而民生日困ᄒᆞ며武備不修而爪牙矣論이며財政[illegible]百而血脈先竭ᄒᆞ야凡所病國之[illegible]一無其[illegible]委靡不[illegible]至於此[illegible]智者ᅵ나[illegible]權好謟[illegible]人[illegible]亦[illegible]合生[illegible]라[illegible]國[illegible]大[illegible]在於得人之如何[illegible]으로介[illegible]되[illegible]ᄒᆞ며交[illegible]得免於大國之征[illegible]於[illegible]不思[illegible]亡에[illegible]謂之[illegible]能圖存[illegible]終[illegible]備[illegible]危[illegible]이自[illegible]任[illegible]得人之[illegible]라厥理[illegible]可[illegible]孔子日其人[illegible]其[illegible]ᄒᆞ고蘇人이亡[illegible]政이熄[illegible]以韓之[illegible]用人ᄒᆞ며改[illegible]政治을[illegible]刻[illegible]乎哉아才不[illegible]於[illegible]代[illegible]古[illegible]柄然ᄒᆞ나今[illegible]人材[illegible]之[illegible]이니誠能祛私[illegible]公[illegible]心求之이면未必無幾箇可用底人이니旣得其人이거든委以腹心ᄒᆞ야勿以讒毁間之ᄒᆞ며勿爲搖奪其權ᄒᆞ고專任責成ᄒᆞ야俾圖展其蘊抱ᄒᆞ며且念皇室孤危가莫今日若이라公子王孫이屈指幾人이며況多投閒置散ᄒᆞ야與聞國政이返有遜於尋常臣隣ᄒᆞ니甚非所以鞏固根本ᄒᆞ며尊安皇室之本意인즉皇族中擇其學問已著ᄒᆞ며材諝兼優之人ᄒᆞ야置諸樞要ᄒᆞ야以資啓沃이면其於捍衛皇室과維持人心에庶幾有賴이[illegible]臣이無一[illegible]ᄒᆞ야迄今[illegible]此豈[illegible]太息者而아嘗聞隱居而放言ᄒᆞ고憂世傷俗者之所爲也라ᄒᆞ니僕雖白首沈이나隱憂之切에不能緘默ᄒᆞ야嘔此一副熱血ᄒᆞ야[illegible]諸左右ᄒᆞ니一言而進退之幸甚

野乘

젹션여경녹 (三)

류자석답례ᄒᆞ고일으되현고자이어ᄃᆡ계시며날로ᄃᆡ부러이ᄂᆡ곳에셔아랏던시실로괴이ᄒᆞ지[illegible]어읍ᄂᆞ다츈랑이일어엿자오되소질과모친은일쪽이진즁[illegible]ᄒᆞ엿고소질의션군은리숀이오사ᄂᆞᆫ극양이오모친은강씨오소질의일홈은운쳥이니본ᄅᆡ서울사롬으로변경에우거ᄒᆞ다가진사힝신으로젼당현윤을제비ᄒᆞ여부임ᄒᆞᆫ지일삭이못ᄒᆞ여신고ᄒᆞ옵고부친임종시에유언ᄒᆞ되너ᄒᆞ양류자석릉히너의모자를구졔ᄒᆞ리니너ᄂᆞᆫ유셔를올니라ᄒᆞ옵기로모져불원쳔리ᄒᆞ여ᄒᆞ옵고오ᄒᆞ옵시기를바라나이다ᄒᆞ고셔신을드리거날류자석그셔신을바다보니피봉의옥재리손셔셩낙양은형온류원보친탁이라ᄒᆞ엿ᄂᆞᆫ지라아모리ᄉᆡᆼ각ᄒᆞ여도ᄒᆞᆫ사롬은아지못ᄒᆞ고밋츄어셔신ᄂᆞᆫ떼여본직ᄒᆞᆫ장ᄒᆞᆫ죠희ᄲᅮᆫ니라류자석ᄂᆞᆯ나믈마지아니ᄒᆞ고죄사우샹ᄒᆞ다가심즁에홀연셔다라일으되ᄂᆡ가이졔그연고란말ᄒᆞᆯ것업고져모자로ᄒᆞ야금의시호곳이잇도록험이펼ᄒᆞ다ᄒᆞ고류자석인ᄒᆞ여셔신을거두고츈랑의모자를ᄃᆡᄒᆞ여[illegible]ᄒᆞ더리형이파시나와결의ᄒᆞᆫ친구로영귀ᄒᆞᆫ후슈히맛나볼ᄯᅳᆺᄒᆞ엿더니인을자허ᄃᆞᆫᄒᆞ니가ᄒᆞ다이러고[illegible]

[illegible]너라하로누[illegible]으로더[illegible]러정당에안[illegible]랑이압해와[illegible]에사랑하야왕부인을더[illegible]니가리써자를보귀ᄃᆡ의[illegible]파지[illegible]그가후일에필연크게일[illegible]지라나도져려ᄒᆞ아자하나만잇스면[illegible]무삼여한이잇사리오왕부인이갈아ᄃᆡ쳡이누차상고비현숙ᄒᆞᆫ부실을두심을권ᄒᆞ되상공이불윤ᄒᆞ시나이졔ᄂᆞᆫ경히샹공의사속을위ᄒᆞ야외남ᄒᆞᆯ축실[illegible]구ᄒᆞ오리다자식갈으ᄃᆡ나ᄂᆞᆫ비록만으나부인이아죽쟈연이ᄒᆞ날이우리류ᄂᆞᆫ을싸치지아니ᄒᆞ시면부인이달어지셩ᄒᆞ지못ᄒᆞ리요말리맛쳐미인ᄒᆞ야의당으로나가거날왕부인이경훈ᄯᅳᆺ이이의곳은지라당하에쥬[illegible]셜파를불러사연을이르고[illegible]겸비ᄒᆞ여ᄌᆞ를밧구훈ᄃᆡ결[illegible]

[illegible]ᄂᆞᆫ이[illegible]슈를어더[illegible]와여[illegible]져사람과[illegible]놓소ᄒᆞ[illegible]셕들은이려[illegible]의몸ᄃᆡ괴로운ᄲᅮᆫ아니라슈ᄅᆞᆯ자조여더머기ᄂᆞᆫ[illegible]셔ᄒᆞᆫ건ᄃᆡ사옥둥의게시[illegible]온[illegible]슈가이염쳔의슈족[illegible]오갓ᄎᆞ고불셕[illegible]ᄒᆞ져[illegible]의ᄆᆡ잔ᄒᆞᆫ자도업지아[illegible]무비[illegible]련으로옥슈에[illegible]으로모라뎌지디우ᄆᆞ[illegible]셩셔의[illegible]합은와[illegible]니ᄂᆡ가그죄슈[illegible]라소져갈으ᄃᆡ부쳐[illegible]

特別廣告

本申報는海外電報를卽接ᄒᆞ야機關이靈通ᄒᆞ고外報와探報를敏捷活潑ᄒᆞ도록注意ᄒᆞ오며申報發送ᄒᆞ는ᄃᆡ迅速信傳ᄒᆞ기는分傳人의게在홈으로本社에셔不常에諸分傳人의게丁寧告戒ᄒᆞ고申申調飭ᄒᆞ야毋或歁惰ᄒᆞ게注意ᄒᆞ거니와如或暫有稽忽이라도愛讀僉君子는密使通知ᄒᆞ本社ᄒᆞ시면該分傳의게誠信相孚ᄒᆞ도록耳提面命ᄒᆞ고勒貰가發生ᄒᆞ도록海諭ᄒᆞ야必無遲誤ᄒᆞ기로期待ᄒᆞ옵나이다

本社에寄書ᄒᆞ시는諸君子는姓名과居住를明確ᄒᆞ게謄錄添附ᄒᆞ시와證據가有홈을必要홈。오公衆平和ᄒᆞᆫ秩序를紊亂케ᄒᆞ는意와社會上不經荒雜ᄒᆞᆫ寄書는不受ᄒᆞ는權利가本社에自有ᄒᆞ오니肯諒ᄒᆞ시옵

大韓每日申報社

廣告

貿易商 本社는仁川港
日本郵便電信局對面
電話第二百一番地

仁川港 廣昌 洋行
벤넷트會社告白

○鐵路部

○東大門과新門間에來往車는每十分間에運行홈
東大門과新門間에初車는午前六時三十分
新門外停車場發初車는午前六時五十五分
東大門發終車는午後九時五十分
新門外停車塲發終車는午後十時十五分

○東大門과洪陵間에來往車는每二十分間에運行홈
但自鍾路로東大門에來到ᄒᆞᆫ交替車로聯絡홈
東大門發初車는午前六時五十分
洪陵發　初車는午前七時十分
東大門發終車는午後七時五十分
洪陵發　終車는午後八時十分

○鍾路와龍山間에來往車는每十二分間에運行홈
鍾路發至南大門初車는午前六時四十八分
鍾路發至龍山　初車는午前七時二十四分
南大門發至鍾路初車는午前六時五十六分
龍山發至鍾路　終車는午前七時五十七分
南大門發至鍾路終車는午前十時八分
龍山發至鍾路　終車는午後九時九分

○特別私用車는顧客의方便홈을隨應ᄒᆞ야準給홈
但定價는本社에來臨ᄒᆞ야請問ᄒᆞ옵

○電燈部

二百五十燭力以內의敷用處에는每個月에定價表가如左홈
○十六燭力燃燈達夜에二圓五十錢
○三十二燭力燃燈達夜에四圓
○五十燭力燃燈達夜에六圓
○一百五十燭力燃燈達夜에十圓
一千二百燭力弧形燈達夜에二十圓
二百五十燭力以上의敷用處에는請求ᄒᆞ면瓦斯計一個를設給홈
但瓦斯計賃金은每個月에二圓이오瓦斯計測驗表委托定價는每時間每암피아에二錢이옵
瓦斯計設給處에셔每介月支拂金最低額은每個月에二十圓인ᄃᆡ(瓦斯計賃金은)据홈
電燈을敷設ᄒᆞ기에請求ᄒᆞ는ᄃᆡ로供給홈
各種運技辦燈도常時에貯存ᄒᆞ엿ᄉᆞᆸ

本社鍾路電氣會社
韓美電氣會社 告白

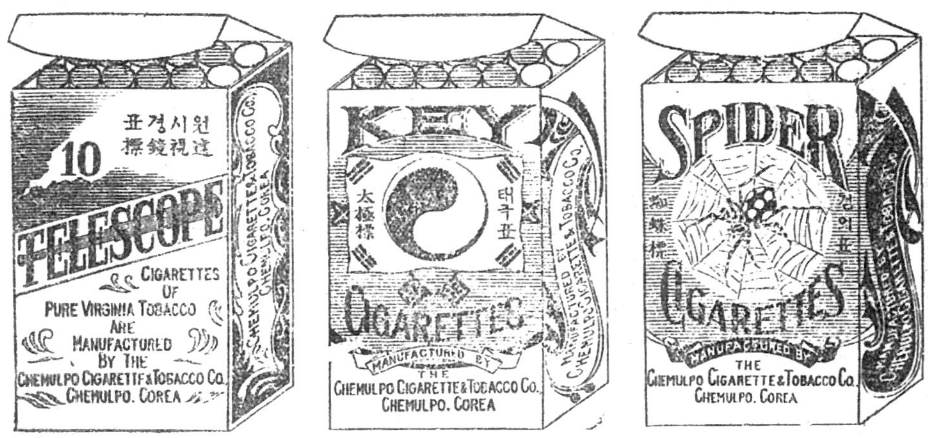

以上三種은上品으로製造ᄒᆞ야衛生上에至極有益ᄒᆞ오니毋論某人ᄒᆞ고本社에來顧ᄒᆞ옵

大韓帝國仁川港
濟物浦紙卷烟及烟草會社

一鷹標罐濃詰牛乳
一金印罐詰濃結牛乳
一無雙家用氣化乳酪
一쌔ㅣ든쓰製造麥芽化合牛乳
以上은常時에貯積ᄒᆞ엿ᄉᆞᆸ
美國紐育港쌔ㅣ든쓰濃結牛유會社
ㅣ手代理店 大韓仁川港
世昌 洋行

廣告

一雜貨商
一貿易商
一船舶取扱
一烟草商
一委托販賣及貨物運送代理業
一貿易石炭商
以上輸人及輸出者
京城 仁川 大昌 洋行

本社廣告

申報價

一張代金	韓貨五錢	
一個月前割		五十戔
三個月		一元五十戔
六個月		二元九十戔
一個年		五元八十戔

郵稅一部 新貨五里
一個月 十三戔

廣告料

四号活字十三字詰每日每英尺一寸에新貨卄五錢
(每日每行에六錢에相當홈)
二周日에 二圓五十錢
(每日每行四錢五里에相當홈)
一個月에 五圓
(每日每行四錢一里에相當홈)
其期限의長短과字行의多少를依ᄒᆞ야增減홈이有홈

大韓人마다此申報를不得不閱覽ᄒᆞ실터이오니廣告出報ᄒᆞ실僉君子는來臨面議ᄒᆞ시옵

發行兼編輯人 英國人裴說
發行所
京城北署壽進坊濟衆院外國法語學校前
大韓每日申報社

第三卷

大韓每日申報
대한매일신보

第四號

月曜及慶節 歲時日休刊

檀君開國四千二百三十八年
箕子元年三千二十七年
大韓開國五百十四年
日本明治三十八年
清國光緒三十一年
陰曆乙巳七月小十五日丙戌

論說

大韓政界事形은實難칙量이라其無常變態를竊心覔査호야其情形을今繼概探호즉노自慰호노니職任中不可容易遷動호軍部大臣도卒然히度支에遷拜호며重要호度支之任도忽然히農商等官에移任호니今日此局에散亂情形을素未慣熟者로當之호면誤錯難解홀지라近者其職位의遷動홈과其遷動의所由를言之컨되現在軍部大臣李容翊氏가不壞觀察使를被命호다호니該被命出外홈은近因李氏가商民의錢政困難을紓救키爲호야度支로서借欵호기若干涉호더니日賀田氏가財政을均自該氏關涉云事로該借欵에多難홈이라前此에李氏가觀察使를榮拜호얏더니今若李氏가不壞觀察使를更任호면不過數日後에ᄂ다시京都에行公홈을見홀거시니氏의去就는難칙홈이오李址鎔氏는參政을榮拜호다호니該氏는其於合同事件에利器라云而五江事도亦在其中이오玄映運氏는現聞컨되軍部를任호니호는되該部를任호數日後에는內部로轉任호다호니玄氏는有權力호親友가東京에多有호다호오其他不甚緊要호運動은推此호야可以칙知홀지라然則大韓政府가雖若不好나爲호야欣慰홀者는大韓政府가自是任便홈나所有不好事形를惟於韓國官吏에게만歸키難홀지라要想컨되韓國이自由에在호면所欲에充足호되로홀지라左右홈으로經營者有홈이渾亂作事에冤寃가되리로다

官報

●號外 光武九年八月十二日

◉宮廷錄事 議政府議政大臣臨時署理農商工部大臣朴齊純等辭職疏 批旨省疏具悉卿等之懇旣有日者面諭且前此旨宣其有諒會而如不聞知一直求去其義何居目下民國事計不可一日虛徐其各亟起視務事遣府郞宣諭 八月十二日

●辭令 禮式院掌禮卿李源逸解臨時署理宮內府大臣事務 八月十二日

●號外 光武九年八月十三日

◉宮廷錄事 議政府議政大臣署理農商工部大臣朴齊純辭職疏 批旨省疏子悉卿懇㝡之際旣不宜言辭而至於再三之瀆圖爲規避則其於道理十分未可卿勿更煩即起視務事遣府郞宣諭○法部大臣李根澤辭職疏 批旨省疏子悉卿懇情私固然卿其勿辭從便往來事遣部郞宣諭 以上八月十二日

◉辭令 法部協辦李準榮 命署理大臣事務 八月十二日

●第三千二百十七號 光武九年八月十四日

◎宮廷錄事 詔曰命從二品閔丙承趙重穆爲宮內府特進官○詔曰命從二品嚴仁榮爲侍從院副卿 以上八月十日

◎部令 度支部令第十號

國庫金運般費支給規程

第一條 收入官吏가國庫金을所屬金庫에輸送홀時는第二條의境遇를除호外에總히其運搬費의實額을支給홈이라

第二條 漕車의便이無호陸路에서舊白銅貨及葉錢을運搬호는時는其順路를懇호야左開比例의金額을支給홈이라

舊白銅貨
每五百元 每十里金十錢

葉錢
每廿五元 每十里每十錢

第三條 國庫金의運搬費는別紙式樣을依호야領受證을調製호야所屬金庫에提出홈이司홈이라

第四條 金庫에서領受證을受호時는其里程金額其他揭載호事項을精密히調査호야正確호者로限호야其金額을支撥홈이司홈이라

前項의領受證은憑考書類로此를整理홈이라

附則

第五條 本規程은光武九年八月十五日브터施行홈이라

第六條 光武五年八月十五日及同九年二月七日馱價에關호本部訓令은本規程施行호는日노廢止홈이라

光武九年七月二十九日
度支部大臣署理度支部協辦 柳正秀

運價領收證

第　號　郡　稅目　年度
納稅　月日　納人
一金　內開
金　車馬　自　至　里數　每十里　定額
金　漕船　自　至　里數　每一里　定額
金　漕車　自　至　里數　每一里　定額
金　自　至　里數
右領收홈
光武　年　月　日
大韓國　金庫座下　領收人

◉敍任及辭令 秘書監丞柳應斗 仝金演禧 仝洪承斗 弘文館侍講任百英 依願免本官○從二品閔丙承 仝趙重穆 命宮內府特進官○命侍從院副卿 從二品嚴仁永○正三品徐肯淳 仝朴奏秉 仝趙설夏 任秘書監丞○任弘文館侍講九品朴海昌○任奉常司典事六品李晉永○解臨時署理禮式院禮式卿事務 農商工部大臣朴齊純○命臨時署理禮式院禮式卿事務 中樞院議長閔種默 以上八月十日○議政府議政大臣臨時署理農商工部大臣朴齊純 八月十一日

●雜事 今八月十一日自午時至酉時灑雨下雨測雨器水深九分同月同日自酉時至亥時灑雨下雨測雨器水深二寸四分

外報

●모로코問題 八月四日倫敦電을據한즉모로코에關한國際議會에對호야詳細호計劃을表示호法國政府의公文書는巴里駐在德國大使에게交付호얏다더라

●同盟繼續 同日同電을據호즉英國下議院에서外務省預算을討議中에在野黨議員의說은一樣으로日英同盟繼續홈을贊成호얏더라

詞林

南宋四姦詠 大口生

權門火엿死灰潮나有賢孫擧宅焚借問相公頭歷日何如皐隸足乘雲格天有閣誰昭德割地□戎自表勳辛苦鍊成一字獄年年新鼓岳王墳 秦檜

錦綢紅帝講堂深喚出佳人擘阮琴只道太師猶有竹蕣玆醜類目無金殘陽杜宇南國萃淺土蘆花北斗沈知否詔書連夜下君王掩面淚霑금 韓적胄

六老門庭四木扶明良慶會愧皐諫可憐恭黙夔巫戌詎解昇聞斧鉞誅餉米艱難資盜賊梅花寂寞怨江湖他年秋雨梧桐夜猶似王孫泣路隅 史彌遠

樊襄邊戰苦難休何事蘭亭勇爵酬生占午間如夢幻死餘三絕乜風流蝙魚腥染苕溪水蟋蟀聲殘葛嶺秋今日木綿庵外路□民猶解唱杭州 □道

社告

本申報의刷刊ᄒᆞᆫ月日이于今一箇歲이나機械와鑄字가未具ᄒᆞᆷ으로二百餘號를發行ᄒᆞ고仍爲停刊ᄒᆞᆫ바旣張而中廢ᄒᆞᄂᆞᆫ디實所慨然이기로本社에셔思를勞ᄒᆞ고慮를費ᄒᆞ야今에諸事가完備ᄒᆞ며永遠持續ᄒᆞᆯ基礎를確定ᄒᆞ야大韓有志人士의文明智識을啓發ᄒᆞ고曁環球各國에見聞을公同ᄒᆞ기爲ᄒᆞ야重刊發行ᄒᆞᄂᆞᆫ바英文與漢文을並爲解讀이未必人皆能之인즉英韓文合刊이從頗無益키로從玆一變前規ᄒᆞ야英漢文을各紙分刊이되內外國各報을一層迅速케ᄒᆞ며社說의於時ᄒᆞᆷ은强硬을不畏ᄒᆞ며善惡을明辨ᄒᆞ야帝庭에指佞草의性質을具ᄒᆞ야스며時事를盱衡ᄒᆞ며昏昧를提醒ᄒᆞᆷ은仁人君子의當日憂世ᄒᆞᄂᆞᆫ風味를含有ᄒᆞ이고貶斥予奪之中에溫厚規箴을隱然寓之ᄒᆞ야使有過者로讀之而改爲ᄒᆞ며無過者로讀之而勉爲케ᄒᆞᆯ지니四方僉君子ᄂᆞᆫ諒此淵源苦心ᄒᆞ야倍前愛讀ᄒᆞ시기ᄅᆞᆯ竊有厚望焉이로라

電報

●外務省着電

八月十一日午後四時卅分發

露國全權委員의委任狀은完全ᄒᆞ고談判에必要ᄒᆞᆫ協議도滿足히協定ᄒᆞᆫ지라日本全權委員은文章으로講和條件을通知ᄒᆞ얏ᄂᆞᆫ디露國委員은並히調査ᄒᆞ야速히文章으로回答을與ᄒᆞᆯ터이더라

이라云ᄒᆞ얏더라

●柴山司令長官報告

八月十三日午前十二時發

露國敗艦파나다號ᄂᆞᆫ八月十一日로브터排水ᄒᆞ기를着手ᄒᆞ야十二日朝에浮上ᄒᆞ얏고十一日에와리야크號을引上ᄒᆞᆫ委員長의게左의勅語가有ᄒᆞ야더라

勅語

昨春以來로汝等이百端을排ᄒᆞ고我海軍이擊破ᄒᆞᆫ와리야크號를引上ᄒᆞ기에從事ᄒᆞ야其目的을達ᄒᆞᆷ을得ᄒᆞ얏스미朕이深히此를嘉尙ᄒᆞ노라ᄒᆞ얏더라

●露國募債 露國은五分利附國債一億루블日貨一元同位를募集 事로決ᄒᆞ얏다ᄂᆞᆫ說이有ᄒᆞ더라

雜報

●關係何多 日昨度支部에서軍部兩廳月給과新貨로減半ᄒᆞ야支撥ᄒᆞᆫ즉各人[illegible]에日不合物價ᄂᆞᆫ刀騰ᄒᆞᆫ디中數로支撥ᄒᆞᄂᆞᆫ것이事不穩當ᄒᆞ다ᄒᆞ야該部官人과一場大鬪ᄒᆞ고不受去ᄒᆞ얏다더라

●求去何故 日昨內部奏任書官玄은氏가本職을請免ᄒᆞ고本報에已揭ᄒᆞ얏거니와其內容을槪聞ᄒᆞᆫ즉該部大臣李址鎔氏가何事件의幹辦을爲ᄒᆞᆷ이든지玄은氏와其他主事一人을[illegible]撥과義州에派遣ᄒᆞ랴ᄒᆞᆫ즉玄은氏가該事件이穩當치안이ᄒᆞᆷ으로認ᄒᆞ야苦辭不往ᄒᆞ고仍爲請免ᄒᆞ얏다더라

●外部電訓 外部에서東萊務安兩監理에게電訓ᄒᆞ기를雖已移任이나姑爲視務ᄒᆞ라ᄒᆞ얏더라

●警使臥病 警務使閔景植氏가數三日前부터病疾이大發ᄒᆞ야視務치못ᄒᆞᆫ다더라

●作難求退 征調月俸ᄂᆞᆫ二十四日에支撥ᄒᆞ더니七月朔月俸은尙未支撥ᄒᆞᆷ으로兵丁巡檢들이多多自退ᄒᆞ며各府官人以下使役等도怨聲이嗷嗷ᄒᆞ다더라

●其志嘉尙 平壤來人의傳說을聞ᄒᆞᆫ즉平壤等地靑年子弟三百餘名이外國遊學次로學費金을自辦ᄒᆞ야本月二十日內로發往ᄒᆞᆫ다더라

●何心刪費 前度支大臣閔泳喆氏가前校應中非常ᄒᆞᆷ은世人의知悉ᄒᆞᄂᆞᆫ바어니와今聞ᄒᆞᆫ즉皇室費中御셔費ᄅᆞᆯ刪去ᄒᆞᆷ으로該部顧問官目賀田氏가該費ᄂᆞᆫ支撥치아니ᄒᆞᆫ즉宮中이騷然ᄒᆞ야目賀田氏의[illegible]支給지아니ᄒᆞᄂᆞᆫ與由ᄅᆞᆯ詰問ᄒᆞᆫ즉同氏가答ᄒᆞ되其給案에初無ᄒᆞ며我間以知之乎아ᄒᆞ얏스니御셔費刪去ᄒᆞᆫ該大臣의心腸은참알슈업다더라

●緣何高飛 掀天動地ᄒᆞ며古氣轉身ᄒᆞ야權位傾奪에巨擘으로著名ᄒᆞᆫ法部大臣李根澤氏ᄂᆞᆫ近日何等件을因ᄒᆞᆷ인지果川鄕第로下去ᄒᆞ얏다니果是功名身退인지抑或故意引退ᄒᆞ야造執朝權ᄒᆞᆯ計劃인지其奧由ᄅᆞᆯ難測이라더라

●傳說果否 北署警務官李應應氏가惑於其妻ᄒᆞ야其老父를驅逐이滋甚ᄒᆞ야衣服飮食을都不供給ᄒᆞᄂᆞᆫ故로其父가怒責ᄒᆞᆫ즉其妻ㅣ不勝羞憤ᄒᆞ야鴉片을吸ᄒᆞ고仍爲自斷ᄒᆞ니其自取浪死ᄒᆞᆷ이他人을怨尤ᄒᆞᆯ바아니거날應應氏가其老父에게復讎ᄒᆞ야不相見ᄒᆞ겟다고永遂ᄒᆞ얏다ᄒᆞ니同氏ᄂᆞᆫ司法ᄒᆞᆫ官人이라尋常民人輩가此等不美ᄒᆞᆫ行爲가有ᄒᆞᆯ지라도懲之治之ᄒᆞ야期於悔改케ᄒᆞᆷ이可커ᄂᆞᆯ況乃躬親犯之인지事甚怪訝이되傳說이若是ᄒᆞ기로姑爲隨聞記載ᄒᆞ노라

●[illegible]國早去 軍大李容翊氏ᄂᆞᆫ本以頑愈으로今番內閣諸公聯名辭疏에參涉키를不願ᄒᆞ고嚴然이壁上觀戰ᄒᆞᄂᆞᆫ態度를抱ᄒᆞ야自己의權柄만永遠保有키로主意를確固히ᄒᆞ다가一進會에서同氏家를派員把守ᄒᆞ야來往人을禁斷ᄒᆞ고陳疏辭職키를勸告ᄒᆞᆫ즉同氏가宮中에避ᄒᆞ야衆多人의公公論議를隻手로抵抗코져ᄒᆞ다니同氏의纖頑ᄒᆞᆫ氣習은[illegible]이되吾儕ᄂᆞᆫ同氏의是事不明ᄒᆞᆷ을深爲慨惜ᄒᆞ노라大抵月滿則虧ᄂᆞᆫ理之常이라故로自古賢俊之士莫가不以[illegible]位盛滿으로爲戒ᄒᆞ야壯年乞身ᄒᆞ며急流勇退者ㅣ比比有之이거ᄂᆞᆯ噫彼李軍大ᄂᆞᆫ北鄙賤之蹤으로目不識丁ᄒᆞ며無一技能이되特以聚斂取寵ᄒᆞ야致身公卿에權位顯赫ᄒᆞ니此蓋頑福也오僥倖也라禍害之來가必不旋踵ᄒᆞᆯ지니宜思早退ᄒᆞ야得保其首領이어ᄂᆞᆯ貪慾이未充에蹲據不動ᄒᆞ야衆怒을視若尋常에欲以隻手抵抗ᄒᆞ니此等悖物은不可以리勢責之나一朝禍起不測에與之俱敗ᄒᆞ야雖欲長卧山下의耕作操命이라도亦不可得矣니吾儕ᄂᆞᆫ同爲同氏悲之ᄒᆞ노라

●三度狼狽 沿江各洞民의家屋田畓地段移遷費八十九萬餘元을度支部에서支撥ᄒᆞᆯ意로內部大臣李址鎔氏가財政顧問官目賀田氏에게請求ᄒᆞ얏더니同氏가拒絶ᄒᆞ고地段價ᄂᆞᆫ日公使의協議가無ᄒᆞ고ᄂᆞᆫ支撥치못ᄒᆞ겟다ᄒᆞ얏더라

●航案確決 沿岸航行一事ᄂᆞᆫ亦一重要問題이기로政府에서新許ᄒᆞᆷ이今幾月日이며時局에有志人士도其如何히結果될ᄂᆞᆫ지拭目注意ᄒᆞᄂᆞᆫ바러니林公使가一直强請ᄒᆞᆷ으로日昨政府會議에設案이妥決되야日間調印ᄒᆞ리라더라

●警務報告 平北觀察使李根豐氏가內部에報告[illegible]慈城厚昌郡由邑城等郡報告를鱗次接准ᄒᆞᆫ즉日陣請求人夫牛鷄與郵[illegible]所用에不辭少錢이[illegible]到底[illegible]ᄒᆞ야[illegible]關聽十[illegible]兵[illegible]指令以送이고玆以報[illegible]査照[illegible]이라ᄒᆞ얏다라

●政府[illegible]本 日昨政府會議에航案은議決되야不日調印ᄒᆞᆯ奏로前項에已揭ᄒᆞ얏더니更聞ᄒᆞᆫ즉該案이姑未確決인ᄃᆡ外大李夏榮氏가徑先調印ᄒᆞᆷ으로政府에셔該大臣의徑先調印ᄒᆞᆷ을令法部로査問定罪事로奏請ᄒᆞ얏다더라

●特被召命 近日政界가大端紛擾ᄒᆞ야現內閣이更立ᄒᆞᆯᄂᆞᆫ지新內閣이組織될ᄂᆞᆫ지忠淸觀察李道宰氏를斯速上京ᄒᆞ라시召命이계셧다ᄒᆞ니國內에無人ᄒᆞᆷ을可知라더라

●此亦技能 東萊開進敎育會會員李圭恒氏가挾雜多端ᄒᆞᆷ으로長谷川司令官이捕捉ᄒᆞ야嚴[illegible]이李氏此機微를探知ᄒᆞ고自現ᄒᆞᆫ즉長谷川氏가自現ᄒᆞᆷ을嘉尙히여겨도로혀[illegible]貸十元을주엇다ᄒᆞ니若傳說과如ᄒᆞ면該氏ᄂᆞᆫ韓國의罪人이라고ᄒᆞ더라

●又設一會 朴圭[illegible]氏가開進敎育會를創設ᄒᆞᆫ다더라

●姜門[illegible] [illegible]洞居ᄒᆞᄂᆞᆫ前承旨姜瑢氏의姿母ᄂᆞᆫ日昨에死去ᄒᆞ얏ᄂᆞᆫ되今日光熙門外華藏寺에셔火葬[illegible]ᄂᆞᆫ되二萬[illegible]數十名[illegible]寺에[illegible]ᄒᆞ얏다ᄒᆞ니現今國勢가財竭荒業이거날[illegible]氏[illegible]有[illegible]人이라고ᄒᆞ더라

●度支外部 度支部에서外部에照會ᄒᆞ야[illegible]各港各年稅錢을[illegible]上年[illegible]徵收ᄒᆞ야三和監理李[illegible]本港이自開港[illegible]公錢中除海關稅[illegible]에調計額이合爲九千九百十一元五十七錢ᄒᆞ와除其收稅ᄒᆞ고[illegible]十外部[illegible]인바今此該港各年稅錢을若納度部[illegible]國庫이온디今見所報가若是丁寧ᄒᆞ니不可以磷岡로責之이옵기玆에仰佈ᄒᆞ니照亮査明ᄒᆞ야使莫重公금으로[illegible]ᄒᆞ게ᄒᆞ라ᄒᆞ얏더라

雜報

法律

詔曰刑法爲政治之必須乃有國之先務也我國典憲未始不備而古今殊制存廢無常民生之犯科愈多有司之疑眩滋深朕甚慨之玆用本之
先王成憲參之外國規例筆爲一王之典命名曰刑法大全頒示中外永垂無窮庶民生知所畏避而有司易於遵奉也嗚呼尙欽哉

光武九年四月二十九日
議政府參政大臣閔泳煥

法律第三號
刑法
第一編
第一章　用法範圍
第一節　本法律施用權限

第一條　本法律은一般人民犯罪者에게施用홈이라

第二條　犯罪ᄒᆞᆫ者가本法律에正罪가無ᄒᆞᆫ境遇에ᄂᆞᆫ引律比附ᄒᆞ야處斷ᄒᆞ되死刑에ᄂᆞᆫ比附홈을得지못홈이라

第三條　本法律律例諸條에首犯을區別ᄒᆞ야特書치아니ᄒᆞᆫ者ᄂᆞᆫ首犯만本律에依ᄒᆞ고從犯은第百三十條의例를依ᄒᆞ야處斷홈이라

第四條　本法律律例諸條에特定ᄒᆞᆫ者ᄂᆞᆫ法例罪例刑例를不拘홈이라

第二節　聽理區域

第五條　勅奏官犯罪者와反逆及國事犯에關ᄒᆞᆫ案件은摠히平理院에서受理홈이다
但各地方에在ᄒᆞᆫ國事犯이關係稍輕ᄒᆞᆫ者ᄂᆞᆫ法部大臣의指令을承ᄒᆞ야各該附近裁判所에서審理홈을得홈이라

第六條　原告와被告가他地方各在ᄒᆞᆫ者ᄂᆞᆫ被告住在ᄒᆞᆫ官司에告訴홈이라
但山訟과田土訟은山在土在官에告訴홈이라

第七條　二人以上이罪를同犯ᄒᆞ얏ᄂᆞᆫ되兩處官司에事發ᄒᆞ야各히拿獲ᄒᆞᆫ時에ᄂᆞᆫ囚의罪가輕ᄒᆞ거든重囚가在ᄒᆞᆫ官으로며囚의數가少ᄒᆞ거든囚가多ᄒᆞᆫ官으로移交ᄒᆞ되囚의數가相等ᄒᆞ거든先發ᄒᆞᆫ官司로移交ᄒᆞ야受理홈이라
若兩處官司의相距가三百里에過ᄒᆞᆫ境遇에ᄂᆞᆫ各히事發ᄒᆞᆫ官司에서受理홈이라

第三節　拘拿反立證格式

第八條　官員犯罪者가勅任官이어든先奏後拿ᄒᆞ고奏任官이어든先拿後奏홈이라
但反逆의罪를犯ᄒᆞᆫ者ᄂᆞᆫ勅任官이라도先拿後奏홈이라

第九條　各官廳官吏나使役을拘拿ᄒᆞᆫ後에ᄂᆞᆫ其緣由를該官廳에知照홈이라

第十條　各地方에셔他地方所居人을拘問ᄒᆞᆯ事가有ᄒᆞᆫ境遇에ᄂᆞᆫ知照ᄒᆞ야拿交홈을要홈이라

第十一條　罪人을審査ᄒᆞᆯ時에罪人의有服親屬이나家長이나雇工이나年八十以上十歲以下나聾啞盲狂의人으로立證을不得홈이라

（未完）

寄書

白華山人

僕은恨人也라書劍無成ᄒᆞ야功名을已忘于懷이고性且懶散이라疎於營產ᄒᆞ야遺落世事ᄒᆞ고作一酒倫인바所居鄕里가又頗僻陋ᄒᆞ야無士友麗澤之益ᄒᆞ며無山水遊觀之娛ᄒᆞ야滿腔鬱鬱을無可以排遣기로決然捨去ᄒᆞ고來遊京師ᄒᆞ야人物之繁富와時事之談論과林巒之淸曠과樓臺之壯麗를槩已飫聞而閱覽이나尤於報館文字에有所酷嗜焉ᄒᆞ야日取皇城韓東等諸報而讀之타가至其指陳利害而爲國家盡言則涕下霑금에梁鴻之五噫自發이고至其誅佞彈惡에辭氣激昂痛快則怒髮이如竹ᄒᆞ야朱雲之尙方劍을可借이며至其奇談異聞과雜以善謔ᄒᆞ야雲烟呑吐에景態萬變則瞻然注目而捧然解頤ᄒᆞ며繼之以載歌載舞ᄒᆞ야不知鷗遊之爲苦와老邁之將至ᄒᆞ니此孰使之而然哉아蓋其色色所論이皷發吾胸中之無聊不平ᄒᆞ야愛之極嗜之甚에自不覺其如是也라狂奴故態를有時自嘲而自笑矣러니近於友人家에得貴社中報而讀之則與前諸報로一致而同調ᄒᆞ야其立言也一直ᄒᆞ며其論事也精ᄒᆞ며察而不流於刻ᄒᆞ며寬而無損於明ᄒᆞ야鑿鑿然是非之辨과勸戒之切이有足以感動人者ᄒᆞ니何足下之多聞博識이至於如是이며誠意勤摯이至於如是乎아況足下ᄂᆞᆫ遠人也라來遊敝邦이未知幾經星霜이나國勢之安危와民生之甘苦와諸俗之醇漓을如觀掌紋에纖悉無遺ᄒᆞ야玲瓏一片靈臺로嘔出千枝光燭ᄒᆞ야警醒我昏昧ᄒᆞ며啓牖我文明ᄒᆞ야惟日孜孜에念玆在玆ᄒᆞ니苟非仁人君子推己及人에存心於兼善이면其何能如是리오昔子夏居於西河而民多興於文學ᄒᆞ니大君子言論所被에民俗之不變과罔利之博大가自顧爾라敢不拜手攢頌에以表敬慕之忱이리오詩에曰靡不有初로되鮮克有終이라ᄒᆞ니願足下ᄂᆞᆫ毋安於小成ᄒᆞ고千斤弩上에益礪厥鋒ᄒᆞ야以幸我民國을禱切盼切ᄒᆞ로라

野乘

져션여경녹　（四）

져죄슈가하마불량헌사롬이업지아니하야만일소우홈이잇스면누되미젹지아니홀가하ᄂᆞ이다비자셔갈ᄋᆞ되ᄋᆡ해말리올흐나옥수를이셩염에관되홈이또훈아니치못하리라하고인하야옥리의게분부허여죄슈의질곡을다벗기고옥중에신쳐케허고옥문만긴이근슈허고음식을쥬라하얏더니슈일이지나매정히칠월초일일이되야옥즁에고사을지ᄂᆡ고옥졸비가쥬찡들포식하밤이들도록침취허여ᄌᆞᄂᆞᆫ사이에죄슈들이다화응하여일졔이쇄약을파쇄허고다다라ᄂᆞᆫ지라날이션후에비로쇼재다르니비자셔비로소소져의말듯지못홈을뉘웃치나잇지못훌지라이사건으로샹사에들이매조졍에쥬되야조졍에ᄂᆞᆫ이죄슈를혈우후이하하야젼슈부실홈론난만되야히도시을되리시로국문정죄하기로비하ᄒᆞ니ᄡᅡ자사녀으로더브러샹경하야되리옥속에취슈ᄒᆞ매소제슈식차쳔을파라봉슈구면으ᄆᆞ옥궁식음을공궤한ᄂᆞ시자식쇠한나에경황ᄒᆞᆫ고로금를바드니인야로근심ᄒᆞ병허여음식을전폐하고하로ᄂᆞᆫ놓ᄌᆞ에게군견하야녀ᄋᆞ를보베인진하믈쳥하야녀ᄋᆞ를붓들고왈니가긔운이막키여금일은분다시쥭을지라누슈문면ᄒᆞ고장탄슈셩에인허여긔진ᄒᆞ니난손소져하날ᄒᆞᆯ불너통곡하며곱옥관인의게아비시체를물워달나고소한되옥관인이또훈가련이여겨즉시젼품하야윤하된지라난손쇼졔비록윤눈물이스나슈식차쳔도다업셔지고부친에시셰를옥문ᄲᅡ게섯리ᄂᆡ여노흐미간장이다사라지고지원극동훈정상을뉘알니오고지호련ᄒᆞ고통곡긔절홀뿐이라가무시셩각ᄒᆞ고이몸훈낫을종으로팔렷스면부친의시체나엄토ᄒᆞ리라ᄒᆞ고피발호곡ᄒᆞ며년로박확ᄒᆞ야몸을자미허기로부으지되니문득한로파나아와사연을뭇거날비소졔사상을일일리고소ᄒᆞ되노파ㅣ또한눈물을흘니고위로허며엳오되소제가훤가너ᄌᆞ론서금일에부친을위허여매음자미허나남의비복을엇지지ᄉᆞ리오낙양류자셔연로무ᄉᆞ홈으로부실을구허야나의게부탁이잇스니소져의의향이엇더허오리가소제갈ᄋᆞ되ᄂᆡ가부친을위ᄒᆞ야비록몸이쥭은들사양훌비잇ᄉᆞ오리가로파ㅣ드되여동힝허여온간ᄉᆞ인을안동허여관과의금유가효와성외봉사의현관허고소져을익송교자의잇와함께나양현으로향허여가니노파ᄂᆞᆫ원리왕부인의부님바셜픽더라슈일만의득달허야셜픽소져를다리고왕부인게뵈ᄋᆞ오미부인이되히허여셩명을무러보고젹결훈쳐소ㅣ졍하야거쳐하게하고잇드날류자셔계죵용이말숨훈되류자셔갈ᄋᆞ되로ㅣ다만두리건되님쟝쳥의무자하야비록편방을두이도맛친니업슈가하미라부인께셔이쳐텹용심하시니또현그녀ᄌᆞ를부르라훈되부인니즉시비ᄌᆞ소져를부르니소져나아와자ᄉᆞ셰져비하거날자셔훈번보고마음의홉오되차녀의의용과동지가결다코하등인이안니라하고문득뭇ᄌᆞ오되네엇더훈집녀ᄌᆞ며무슴사고로몸을자미하려하ᄂᆞᆫ다비ᄌᆞ소제엿ᄌᆞ오되쳔쳡의셩은비오명은단은ㅣ이오변경소민의ᄯᆞᆯ로아비가죽어엄도홀슈업ᄉᆞ와몸을자미하야장사를겨영하엽나니다인하야누슈ㅣ옥안의빗기믈셔닷지못하ᄂᆞᆫ지라류자셔칭음양구하야또싱각고일오되녀가본리신분은ᄂᆞ이지말고나를되하야낫낫치바로말하고은취치말라

特別廣告

本申報는海外電報를卽接호야機關이疏通호고外報와探報를敏捷活潑호도록注意호오며申報發行호는뒤迅速信傳호기는分傳人의게在홈으로本社에서不常에諸分傳人의게丁寧告戒호고申申訓飭호야毋或嬾惰호며注意호거니와如或嘗有積忽이라도愛讀僉君子는密使通知于本社호시면該分傳의게誠信相孚호도록耳提面命호고勸贊가發生호도록誨論호야必無遲誤호기로期待호옵나이다

本社에寄書호시는諸君子는姓名과居住를明確호게懸錄送附호시와證據가有홈을必要홈이오公衆不利호秩序를紊亂케호는意와社會上不經荒雜호寄書는不受호는權利가本社에自有호오니肯諒호시옵

大韓每日申報社

廣告

貿易商 本社는仁川港
日本郵便電信局對面
電話第二百一番地
仁川港 廣昌洋行
벤넷트會社告白

○鐵路部

○東大門과新門間에來往車는每十分間에運行홈
東大門發初車는午前六時三十分
新門外停車場發初車는午前六時五十五分
東大門發終車는午後九時五十分
新門外停車場發終車는午後十時十五分

○東大門과洪陵間에來往車는每二十分間에運行홈
但自鐘路로東大門에來到호交替車로聯絡홈
東大門發初車는午前六時五十分
洪陵發　初車는午前七時十分
東大門發終車는午後七時五十分
洪陵發　終車는午後八時十分

○鐘路와龍山間에來往車는每十二分間에運行홈
鐘路發至南大門初車는午前六時四十八分
鐘路發至龍山　初車는午前七時二十四分
南大門發至鐘路初車는午前六時五十六分
龍山發至鐘路　終車는午前七時五十七分
南大門發至鐘路終車는午前十時八分
龍山發至鐘路　終車는午後九時九分

○特別私用車는願者의方便홈을隨應호야準給홈
但定價는本社에來臨호야請問호옵

○電燈部

二百五十燭力以內의敷用處에는每個月게定價表가如左홈
○十六燭力燃燈達夜에二圓五十錢
○三十二燭力燃燈達夜에四圓
○五十燭力燃燈達夜에六圓
○一百五十燭力燃燈達夜에十圓
一千二百燭力弧形燈達夜에二十圓
二百五十燭力以上의敷用處에는請求호면瓦斯計一箇를設給홈
但瓦斯計賃金은每個月에二圓이오瓦斯計測驗表委托定價는每時間每암피아에二錢이옵
瓦斯計設給處에서每介月支拂金最低額은每個月에二十圓인뒤(瓦斯計貸金은)据홈
電燈을敷設호기에請求호는뒤로供給홈
各種連技辦燈도常時에貯存호엿숩

本社鐘路電氣會社
韓美電氣會社 告白

SPIDER
THE
CHEMULPO CIGARETTES & TOBACCO CO.
CHEMULPO, COREA

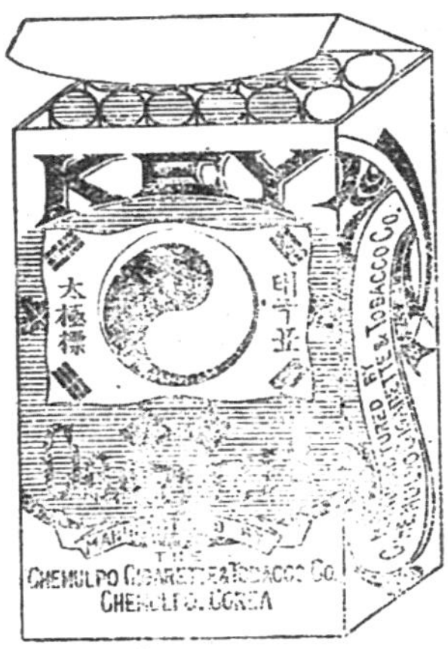

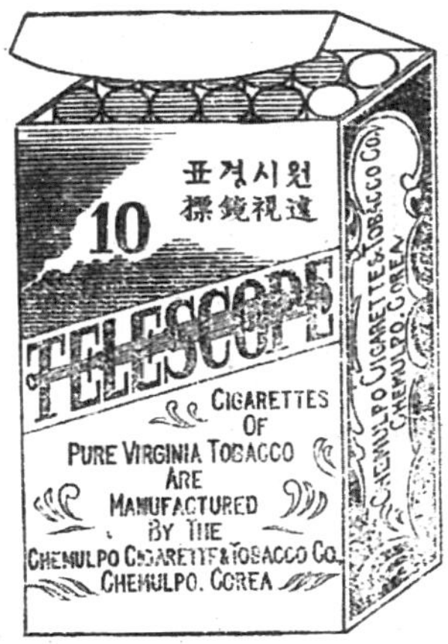

以上三種은本品으로製造호야衛生上에至極有益호오니勿論某人호고社에來顧호옵

大韓帝國仁川港
濟物浦紙卷煙及刻草會社

一鷹標鍊濃詰牛乳
一金印鍊詰濃結牛乳
一無雙家川氣化乳酪
一쌍ㅣ든쓰製造麥芽化合牛乳
以上은常時에貯積호엿숩
美國紐育港쌍ㅣ든쓰濃結牛乳會社
ㅣ手代理店 大韓仁川港 世昌**洋行**

廣告

一雜貨商
一貿易商
一船舶取扱
一煙草商
一委託販賣[illegible]代理業
一貿易周旋商
以上輸入及輸出者
京城 仁川 大昌**洋行**

本社廣告

申報價
[illegible] 代價五錢
[illegible] 五十錢
三個月 一元五十錢
六個月 二元九十錢
一個年 五元八十錢
郵稅一朔 每張五厘
一箇月 十三錢

廣告料
四号活字十三字詰每日每英尺一寸에新貨什五錢
(每日每行에六錢에相當홈)
二周日에 二圓五十錢
(每日每行四錢五里에相當홈)
一箇月에 五圓
(每日每行 [illegible] 當호)
其期限의長短과行의多少를依호야增減홈이有홈

大韓人마다此申報를不得不閱覽호실터이오니廣告出報호실僉君子는來臨面議호시옵

發行兼編輯人 英國人裵說
發行所
京城北署鑄進坊磚洞外國法語學校前
大韓每日申報社

光武九年八月十六日 明治三十八年八月十六日 第三種郵便物認可　水曜日　西曆一千九百五年八月十六日（一）

第三卷

大韓每日申報
대한매일신보

第五號

月曜及慶節時日休刊

檀君開國四千二百三十八年
箕子元年三千二十七年
大韓開國五百十四年
日本明治三十八年
清國光緒三十一年
陰曆乙巳七月小十六日丁亥

論說

客이有問於余曰治天下有法歟아曰無也ㅣ라曰民物之衆과事爲之繁을非法이면其何能統率이리오曰堯舜은忘法ᄒᆞ고湯武ᄂᆞᆫ立法ᄒᆞ니惟當觀爲治之如何라何法之可論이리오客이勃然曰歟余哉져余之所聞於長者則不然ᄒᆞ야二帝三王之道ᄂᆞᆫ一也라ᄒᆞ니何忘法用法之不同이若是오曰法者ᄂᆞᆫ馬之銜勒이오羊豕之牢柵也라銜勒牢柵ᄂᆞᆫ非馬豕之本性이오不得已而用之이니康衢擊壤之民은無煩銜勒牢柵而熙熙皥皥이고自葛之征과牧野之軍은必加銜勒牢柵然後에可以齊整인즉此蓋因時而立法이오道未嘗不同也라然則法也者ᄂᆞᆫ衰世之事오非聖人之本意也니라今夫宇內萬國이梯航玉帛으로紛紛交涉ᄒᆞ야有所謂萬國公法者ᄒᆞ니苟能勉守其法ᄒᆞ야無相踰越이면雖謂天下可以長無事라도誠非過論이로다今乃不然ᄒᆞ야所謂公法이適足爲强橫者之利刃ᄒᆞ야凡所交際之間에利於已則藉此爲說ᄒᆞ고害於已則法外生法ᄒᆞ야弱肉强食ᄂᆞᆫ恣其脅臆ᄒᆞ며脅制侵奪을視若固然ᄒᆞ야倒海移山之權과談天屠龍之辯으로縱橫闔闢에惟利足網ᄒᆞ니天下에何嘗有如是公法乎아如是而有法은不如無法之爲愈로다五霸之先詐力後仁義ᄂᆞᆫ雖聖門之徒에羞爲稱道나然이나猶能恤小扶弱ᄒᆞ며存亡繼絶ᄒᆞ야其仁이足以柔遠이며其義가足以服衆이니視今宇內에轟轟然稱雄ᄒᆞ며赫赫然自大者ㅣ其範圍功烈이豈有能髣髴於此者乎아然則五霸之爲法은湯武之罪人也오今日列强之爲法은五霸之罪人也니라客曰公法之不可恃가誠如子言ᄒᆞ니今日宇內ᄂᆞᆫ終於亂而已乎아曰一治一亂은理之常也니無天地則已어니와亂之已極에豈無一治之理乎哉아夫仁義之於功利에猶大寒後陽春이라和風所煽의萬物融然ᄒᆞ나니必有大聖人者起ᄒᆞ야煦仁行義ᄒᆞ며開誠布信ᄒᆞ야如日中天에建極于宇內면眞法度一立에靡然風從ᄒᆞ야天下可運於掌上ᄒᆞᆯ지니彼區區功利之徒와權謀之術이顧安能軒輊于其間乎아客曰余誠鄙人이라始聞大道ᄒᆞ니如病得藥에茅塞이釋然矣라願其斯言ᄒᆞ야以俟太平之日ᄒᆞ노라

官報

◉號外 光武九年八月十四日

◉宮廷錄事 孝惠殿望祭攝行

彙錄

詔曰懿孝殿望祭遣大臣攝行

以上八月十四日

◉第三千二百十八號 光武九年八月十五日

◉宮廷錄事 度支部大臣署理度支部協辦柳正秀辭職疏

批旨省疏具悉此時斷不可求解卿其勿辭行公

八月十三日

◉敍任及辭令 秘書監丞沈周澤 仝趙설夏 仝朴泰秉 弘文館侍讀朴海昌 厚陵參奉秦秉建 思陵參奉具敦書

依願免本官

正三品洪承斗 仝吳成善 仝韓命錫

任秘書監丞叙奏任官三等

任弘文館侍讀叙奏任官四等

六品任百英

依願免兼任禮式院掌禮 秘書監丞任性均

兼任禮式院掌禮秘書監丞吳成善

兼任太醫院副卿 秘書監丞徐肯淳

任厚陵參奉叙判任官八等 沈유嬪

任思陵參奉叙判任官八等 趙秉均

禮式院贊唱課主事尹尙善 仝郭時鉉 陞叙判任官四等

陞叙判任官五等 主殿院警衛局摠巡李兢淳

以上八月十一日

外報

◉戰爭繼續準備 朝日新聞의八月六日發東京電話에云ᄒᆞ되露日兩國全權委員이會合ᄒᆞᆫ順序가漸開ᄒᆞᆷ에當ᄒᆞ야웟터氏로브터歐露大官들은頻히戰爭이繼續되리라稱ᄒᆞ니虛喝인지政略인지아즉斷言ᄒᆞ기不可ᄒᆞ나可信ᄒᆞᆫ諸種情報를綜合ᄒᆞᆫ즉敵國이近時에諸邦小銃과機關砲並彈藥等을注文ᄒᆞᄂᆞᆫ事을昨今에漸漸加多ᄒᆞ거시實確ᄒᆞᆯ듯ᄒᆞ고且海參威近地ᄂᆞᆫ將來에包圍ᄒᆞᆯ듯ᄒᆞᆷ을危懼ᄒᆞ야三隻碎氷船을陸路로同港에輸送ᄒᆞᆯ랴ᄒᆞ야目下에準備中이라더라

◉兩黨調查會 同日同報에云ᄒᆞ되政友會本部에셔ᄂᆞᆫ明七日午前九時브터日英同盟擴張問題에就ᄒᆞ야外交部會를開ᄒᆞ야其方針을決定ᄒᆞ고事機에依ᄒᆞ야在京代議士摠會를開ᄒᆞ더이라더라

◉露帝親翰 八月五日發倫敦電報를據ᄒᆞᆫ즉美國오이쓰터灣의特派員發電報에云ᄒᆞ되웟터氏와로젠氏兩露國全權은本月（四日）에大統領루쓰벨트氏를訪問ᄒᆞ고웟터氏ᄂᆞᆫ露帝의親翰을大統領씨게捧呈ᄒᆞ얏ᄂᆞᆫ디其書中에露帝ᄂᆞᆫ日本이由出ᄒᆞᆫ講和條件의性質을考慮ᄒᆞ야其承諾ᄒᆞᆯ만ᄒᆞᆫ거신지否인지鑑定ᄒᆞᆯ標準에關ᄒᆞ야帝의所見을明細히記述ᄒᆞ얏더라

◉平和難望 朝日新聞의八月五日發華盛頓電報를據ᄒᆞᆫ즉聖彼得堡에셔ᄂᆞᆫ日本이莫大ᄒᆞᆫ償金을要求ᄒᆞᆯ듯ᄒᆞᆫ싸문에平和의可望이全혀無ᄒᆞᆯ듯하다더라

◉平和有望 同日發포ー트마우쓰談判地電報에ᄂᆞᆫ云하되昨四日에위테氏ᄂᆞᆫ秘密히大統領와面會하얏ᄂᆞᆫ디其消息은難知하나아마平和가有望하다고傳하더라하얏더라

詞林

燕子樓步板上韵

燕子樓前楊柳花楊花燕子夕陽斜燕子飛花花逐燕東風散入萬人家

青藜生評曰如千朵芙蓉臨風弄影綺麗不可言

過善竹橋

東風吹雨草萋萋善竹橋西圃老碑寄語行人休墮淚大臣宜死國危時

東岡晩眺

山光淨似碧芙蓉我欲乘閒訪赤松時有鍾聲雲外出也應寺在最高峯

過西京

從古西京愛治遊佳人才子不知秋錦城綠竹蘭陵酒一日登樓一日舟

華山洞觀瀑布

急沫飛湍勢不禁上臨危石下成潭林間時有淸風起撲面詩人塵土吟

宿靈隱寺見鷲峯雲起

朝看雲起暮猶生觸石隨風自在橫安得結茅淸潤上臥雲吟了披雲耕

社告

◉慶節停刊 本日은開國紀元節이기一日休刊홈

社告

本申報의刱刊ᄒᆞᆫ月日이于今一過歲이나機械와鑄字가未具ᄒᆞᆷ으로二百餘號를發行ᄒᆞ고仍爲停刊인바旣張而中廢ᄒᆞᄂᆞᆫ바實所慨然이기本社에셔思量勞ᄒᆞ고麋金費ᄒᆞ야今에諸事가完備ᄒᆞ며永遠因替ᄒᆞᆯ基礎를確定ᄒᆞ야大韓有志人士의文明智識을啓發ᄒᆞ고寰球各國에見聞을公同ᄒᆞ기爲ᄒᆞ야復刊發行ᄒᆞᄂᆞᆫ바英文與漢文을並爲解說이未必人皆能之인즉英漢文合刊이徒煩無益키로從玆一變前規ᄒᆞ야英漢文을各紙分刊이되內外國各報을一層迅速刊ᄒᆞ며社說의不察ᄒᆞᆷ은强梁을不畏ᄒᆞ며善惡을明辨ᄒᆞ야帝庭에指佞草의性質을具ᄒᆞ야스며時事를昕衡ᄒᆞ며昏昧를提醒ᄒᆞᆷ은仁人君子의苦日憂世하ᄂᆞᆫ風味를含有이고褒貶予奪之中에溫厚規箴을隱然寓之ᄒᆞ야使有過者로讀之而改ᄒᆞ며無過者로讀之而勉焉케ᄒᆞ올지니四方僉君子ᄂᆞᆫ諒此謙膝苦心하야倍前愛讀하시기를竊有厚望焉이로라

雜報

●義王還國 近日風說에義親王殿下께서非久還國ᄒᆞ신다ᄒᆞ니果否ᄂᆞᆫ姑未詳ᄒᆞ나同 殿下께서遊學海外가已經年所ᄒᆞ와學問造詣와事理見解가料必卓越ᄒᆞ실지니今에國步艱虞ᄒᆞ고 皇室孤危ᄒᆞᆫ際를當ᄒᆞ야萬機를仰替ᄒᆞ며百辟를儀望ᄒᆞ시며政界上과民情上에大有裨益하리라고來說人이多多하더라

●譯使疏批 務使閔景植氏疏批에鮮ᄂᆞᆫ勿辭ᄒᆞ고調理行公ᄒᆞ라ᄒᆞ옵셧더라

●內署得人 贊政徐正淳氏ᄂᆞᆫ臨時署理內部大臣事務을被命ᄒᆞ얏더라

●醫署得大 太醫院卿李恩鎔氏ᄂᆞᆫ臨時署理宮內大臣事務을被命ᄒᆞ얏더라

●電課得吉 電務課長李鍾翼氏ᄂᆞᆫ公錢欠逋事로免本官되고正領吉永洙氏가該課長을被任ᄒᆞ얏더라

●軍部有人 副將沈相薰氏ᄂᆞᆫ軍部大臣을被任ᄒᆞ고副將權重顯氏ᄂᆞᆫ贊謀官을被任ᄒᆞ얏더라

●軍相疏遞 軍部大臣李容翊氏疏批에時艱務劇何可求去固請如是軍部之任依施라ᄒᆞ옵셧더라

●三察新任 平南觀察申泰熙氏ᄂᆞᆫ忠北觀察로江原觀察趙鍾弼氏ᄂᆞᆫ平南觀察로副將李容翊氏ᄂᆞᆫ江原觀察로被任ᄒᆞ얏더라

●清館照會 청公使曾廣銓氏가外部에照會ᄒᆞ얏시되接奉我奉天將軍公牒內開에懷仁縣中貴國募民輩가越墾滋事ᄒᆞ니向貴政府查禁等因인바在本大臣이以此案으로歷經照請查禁이되尙不見效ᄒᆞ니請飭沿邊官弁ᄒᆞ야到應查禁ᄒᆞ야毋至生事케ᄒᆞ야以敦隣誼ᄒᆞ라ᄒᆞ얏더라

●聲討揭榜 日昨一進會에셔揭榜ᄒᆞᆫ全文이如左ᄒᆞ니軍大李容翊에前後許多罪狀은擢髮難數라內外國人이已爲同悉이어니와白銅貨를濫鑄ᄒᆞ야病國害民에財政을紊亂케ᄒᆞ고放肆跳梁에無嚴無憚ᄒᆞ기로本會에셔歷次辭職勸告ᄒᆞ되一笑不聽ᄒᆞ더니 皇上陛下께옵서寬容ᄒᆞᆫ罪惡을涵燭ᄒᆞ옵서辭職ᄒᆞ라셔處分이下ᄒᆞ셔도外人을依托ᄒᆞ야橫竪說話로君父를誣罔壓迫ᄒᆞ며 皇太子殿下께奏者言辭도極爲悖慢ᄒᆞ니亘古無雙ᄒᆞᆫ大逆不道라昨日本會에셔派送總代ᄒᆞ야聲罪攻擊ᄒᆞᆫ즉忽爾假托勅命ᄒᆞ고抽身入闕에經宵不出ᄒᆞ니到底行爲가跋扈亘惡이라此賊을不可暫留於朝端故로期於聲討施律ᄒᆞ기로政府에忠告ᄒᆞ오니愛國同胞ᄂᆞᆫ照亮이라ᄒᆞ얏더라

●簿長被命 正三品李達鎔氏ᄂᆞᆫ宗簿司長解任ᄒᆞᆫ代에從二品李載德氏가被命ᄒᆞ엿다더라

●外函日館 外部에셔日公使에公函ᄒᆞ얏시되墨領에哥涸等地에日英兩國人이設拓殖公司ᄒᆞ야誘去我民一千十四名ᄒᆞ야移稼於該地인바淸國所刊文與日報와泊青韓兩國人의所寄函內開에轉賣我民ᄒᆞ야奴隸之ᄒᆞ며虐使之ᄒᆞ야慘不忍聞이라現今世論東西ᄒᆞ고當此進化之世ᄒᆞ야愛惜人自由ᄒᆞ며ᄂᆞᆫ護人生命이거날此次該公司의虐待生靈이悖戾公理ᄒᆞ니如或寫實이거든貴公使ᄂᆞᆫ另加注意에轉飭該會社ᄒᆞ야特加保護ᄒᆞ야俾斯民으로免被苦楚을至以爲盼이라ᄒᆞ엿더라

●寧察又報 平北觀察이內部에報告內開에奉接軍部電飭ᄒᆞ온즉內槪에現有軍務面議事ᄒᆞ니義州郡守申羽均을給由上京等因이옵기該郡守를給由上京이라ᄒᆞ얏더라

●漂費請撥 日公使가外部에公函內槪에北京在留貴部民林昌植이自北京經天津搭沽漂到故로該地總領事가將漂民附搭商船到來ᄒᆞ얏시니該漂費를卽爲支出爲盼이라ᄒᆞ얏더라

●崔李同科 李容翊氏의不法罪狀을一進會에셔揭榜聲討ᄒᆞᆷ은旣載ᄒᆞ얏거니와同氏ᄂᆞᆫ最有名ᄒᆞᆫ罪魁기로不憚煩複ᄒᆞ고一言을更揭ᄒᆞ노니前日元老與各大臣이同氏의凶逆罪狀을聲討ᄒᆞ야聯名伏閤陳疏ᄒᆞᆯ時에도同氏가能히不慌不忙ᄒᆞ고從中斡旋하야畢竟元老와各大臣으로反旋을堅케하얏스니其兩臂千斤之力은實노可畏ᄒᆞᆯ바인즉今番一進會에셔聲討ᄒᆞᆷ니顯效ᄒᆞᆯ奏ᄒᆞᆯ지도不知어니와逆賊은人臣에게極ᄒᆞᆫ罪名인데身帶逆名하고도觀察使華職이依然不離하니逆賊觀察이同氏부터刱始되ᄂᆞᆫ지實로朝家羞恥를爲하야慨歎하며且同氏의許多罪犯中惡貨濫鑄一事가民國間莫大ᄒᆞᆫ損害를貽하야誅有餘罪인즉同惡相濟하든崔錫肇ᄂᆞᆫ晏然留之ᄒᆞᆷ이可ᄒᆞᆯ지同崔氏가容翊氏의鷹犬이되야典圜局에서惡貨鑄出하ᄂᆞᆫ功勞로家極富厚하고宦路大開하야現職開城府尹으로參政을兼祭하니可以頑福이라謂ᄒᆞᆯ지니李氏를聲討하고崔氏ᄂᆞᆫ專恣ᄒᆞ온大段不公ᄒᆞᆫ議論이라고人言이藉藉하다더라

●金報內部 金川郡守柳東昇氏가內部에報告하얏스되開城兵站司令官吉田充親의鐵道工事應役人夫에關ᄒᆞᆫ契約條內開에各部落村長執綱所와各村戶數와一班產備者와二班農民牛馬驢車等物各簿을修送等因인바鐵道工事을不得不應役이오나關係民國大事하야不可自邑擅便이온즉查照措處하라하얏더라

●度照內部 度支部에셔內部에照會하얏스되各港市警務署經費及解送巡檢月給劃換事로貴照會을接准하야該費額을各其署在道支金庫로行將劃撥하깃스오니該月別表을須卽繕送하야以宜支撥케하시고解放巡檢費도更爲明細 付하심이恐宜라하얏더라

●律草求精 昨日爲始하야法律起草委員이一ᄒᆞᆫ法部文書課에會集하야法律 ᄒᆞᆫ에精略을方略을講 ᄒᆞ

●大會商民 商 議所에셔發論하야都下商民、藥鋪와米廛만不論하고其餘各商民은本日白木廛都家에一齊聚集하야商業上諸務와三百萬元借下事을會議ᄒᆞᆫ다더라

●청潔有望 前警務使申泰休氏가城ᄂᆡ各坊里에淸潔法을實施ᄒᆞᆫ다稱하고各戶主에게申飭하야各其戶溝渠上에木板을鋪하며木板上에沙土을鋪케하ᄂᆞᆫ故로貧殘ᄒᆞᆫ主戶덜리該役費辦備에困難하야伊時에怨聲도不少하얏거니와三夏淫水을經ᄒᆞᆯ際에溝渠中水流가木板에壓定ᄒᆞᆷ으로自然壅流되야各家庭房庭階에汎濫衝入하ᄂᆞᆫ故로怨謗이又起이고溝板下에淤泥浮苴等物이充滿하야腐傷臭穢가大蒸하야衛生에大段妨礙되ᄂᆞᆫ申氏의청潔法은從名無實에自歸ᄒᆞᆯ뿐더러返爲損害不淺하다니今聞丸山顧問이各官衙及城內에청潔實施을熱心으로設行ᄒᆞ다니從玆로眞正청潔을得ᄒᆞᆯ가하로라

●金貨封鎖 龍山典圜局에서製造ᄒᆞᆫ半元銀錢十二萬元과赤銅錢六萬餘元은 皇室所用으로該局ᄂᆡ에任留하얏더니度支顧問目賀田氏가日前에該部主事徐廷岳氏를該局에派送하야同銀銅貨를沒數封鎖ᄒᆞᆷ으로宮內府에셔度支部의照會하야其理由를質問ᄒᆞᆫ즉照覆ᄂᆡ에典圜局은度支의附屬이기同貨를封鎖라ᄒᆞ얏더라

●傳聞易誤 北署署長李鴻應氏의倫理上欠缺되ᄂᆞᆫ事件을昨報에隨聞記載ᄒᆞ얏더니同氏가本社에來說ᄒᆞᆷ을聞ᄒᆞᆫ즉全是無根之事이기正誤ᄒᆞᆷ

●尹李辨明 日昨本報在雜報成題下에東亞開進教育會ᄂᆞᆫ本意ᄂᆞᆫ孔孟의道를闡揚ᄒᆞᄂᆞᆫ데合員尹致求李恒兩氏가聯閤挾雜ᄒᆞ야顯禄商을組織ᄒᆞᆫ다藉托ᄒᆞ고浪藉受賂라ᄒᆞ얏더니該氏가本社에送函辨明키로茲에正誤ᄒᆞ노라

雜報

法 律 (續

親免親屬이나他人이라도同居ᄒᆞᆫ者ᄂᆞᆫ亦同홈이라

第四節 罪囚應禁應許條例

第十二條 罪囚가金刃이나傷損或解脫ᄒᆞᆯ만ᄒᆞᆫ器物을帶持ᄒᆞᆷ을禁홈이라

第十三條 流刑에處ᄒᆞᆫ者의家屬이隨從ᄒᆞᆷ을願ᄒᆞᄂᆞᆫ者ᄂᆞᆫ聽許홈이라

第十四條 罪囚의親屬이나家人의入視ᄒᆞᆷ을許ᄒᆞ되二人以上은不許홈이라

但反亂이나殺人을犯ᄒᆞᆫ者ᄂᆞᆫ決案ᄒᆞ기前에入視ᄒᆞᆷ을不許홈이라

第十五條 獄具ᄅᆞᆯ應히施用ᄒᆞᆯ罪囚라도疾病이有ᄒᆞᆫ時ᄂᆞᆫ脫危ᄒᆞ기ᄭᆞ지脫去ᄒᆞᆷ을許홈이라

第五節 期限通規

第十六條 聽訟ᄒᆞᄂᆞᆫ期限은一應詞訟이二十年以內에在ᄒᆞᆫ者로定홈이라

第十七條 捕捉ᄒᆞᄂᆞᆫ期限은左開三種으로區別홈이라

一 犯의人所在處ᄅᆞᆯ確知ᄒᆞᆫ時ᄂᆞᆫ一日以上五日以內로定ᄒᆞ되道遠ᄒᆞᆫ境遇에ᄂᆞᆫ定限을除ᄒᆞᆫ外에每一日八十里로計筭홈이라

一 已獲ᄒᆞᆫ犯人을中道見失ᄒᆞ거나在囚ᄒᆞᆫ罪人을見失 者ᄂᆞᆫ給限一百日ᄒᆞ야逆捕ᄒᆞ되故縱ᄒᆞᆫ者ᄂᆞᆫ捕限을不給홈이라

第十八條 警察官이犯人을拘捕ᄒᆞ야裁判所에移交ᄒᆞᄂᆞᆫ期限은二十四時로定홈이라

第十九條 決獄ᄒᆞᄂᆞᆫ期限은原告와被告와證人과證據物이俱到ᄒᆞᆫ日로始計ᄒᆞ야死罪에ᄂᆞᆫ三十日以內며流役罪에ᄂᆞᆫ二十日以內며禁獄이나笞罪에ᄂᆞᆫ十日以內로定홈이라

但獄情이牽連ᄒᆞ야得已치못ᄒᆞᆫ境遇에ᄂᆞᆫ此限에不在홈이라

第二十條 申訴ᄒᆞᄂᆞᆫ期限은刑事ᄂᆞᆫ宣告後五日以內며民事ᄂᆞᆫ判決後十五日以內로定홈이라

但距遠ᄒᆞᆫ地方에ᄂᆞᆫ期限을除ᄒᆞᆫ外에每一日에八十里로計筭홈이라

第二十一條 刑事에執刑은申訴期限이過ᄒᆞᆫ後로홈이라

第二十二條 民事執行은判決ᄒᆞᄂᆞᆫ日에直行홈이라

第二十三條 免懲戒ᄒᆞᄂᆞᆫ期限은流役刑에ᄂᆞᆫ本刑이終ᄒᆞᆫ日로起筭ᄒᆞ야六個月로定홈이라

第二十四條 罪囚의保放하ᄂᆞᆫ期限은身病에ᄂᆞᆫ脫危하기ᄭᆞ지며隆寒盛暑에ᄂᆞᆫ三十日以下로定홈이라

但親喪에ᄂᆞᆫ十日로定ᄒᆞ되距遠ᄒᆞᆫ地方에ᄂᆞᆫ往還日子ᄅᆞᆯ每日八十里로計筭홈이라

第二十五條 保辜하ᄂᆞᆫ期限은手足이나他物로人을毆傷ᄒᆞᆫ者ᄂᆞᆫ二十日이며刃이나湯火로人을傷ᄒᆞᆫ者ᄂᆞᆫ三十日이며折跌肢體及破骨墮胎ᄒᆞᆫ者ᄂᆞᆫ手足이나他物을勿論하고五十日로定홈이라

但鬪毆로人을傷ᄒᆞᆷ이辜限內에不復지ᄒᆞ고限外에延至하야致死ᄒᆞᆫ情因이眞實ᄒᆞᆫ境遇에ᄂᆞᆫ手足과他物과金刃과湯火傷에ᄂᆞᆫ十日이며折跌肢體와破骨과墮胎에ᄂᆞᆫ二十日을加限홈이라

第二十六條 官員赴任하ᄂᆞᆫ期限은受勅이나受牒ᄒᆞᆫ後十五日以內로定하고發途ᄒᆞᆫ後程里ᄂᆞᆫ每一日八十里로准筭ᄒᆞ되中途에셔疾病이나潦水나衆所共知의事故ᄅᆞᆯ因하야過限된時ᄂᆞᆫ所在官司에告實하야文憑을要求하야該上司에具由報告홈이라

第二十七條 買賣ᄒᆞᆫ後還退하ᄂᆞᆫ期限은田地家舍ᄂᆞᆫ五日이며馬牛驢騾等類ᄂᆞᆫ三日로定홈이라

第二十八條 徵償하ᄂᆞᆫ期限은裁判費用이나損害ᄅᆞᆯ償이나贓物이나公私債錢을各기判決後三十日以內로定ᄒᆞ되若히限내難辦ᄒᆞᆫ境遇에該犯이請願하거든三次展限홈을許하되總히九十日을無過 이라

第二十九條 랍贖하ᄂᆞᆫ期限은宣告後三十日以내로定홈이라

(未完)

日宗生命保險株式會社

生命保險說明書

生命保險云者ᄂᆞᆫ投保者가早死者의遺族을救護ᄒᆞᄂᆞᆫ主旨에基因ᄒᆞ야一國의人士가相集ᄒᆞ야各自若干의金額을醵出ᄒᆞ야[illegible]畜積利殖ᄒᆞ야써萬一之虞ᄅᆞᆯ備ᄒᆞᄂᆞᆫ方法이라嘗聞韓國에自古來로有契之制度ᄒᆞ야盛行於鄕黨之間ᄒᆞ야壽者ㅣ悶其夭死者ᄒᆞ며有餘者ㅣ其補不足之意云ᄒᆞ니此是近於生命保險之義而惟生命保險云者ᄂᆞᆫ其範圍의廣大홈은普히國際에通ᄒᆞ며其組織의精密홈은奧深ᄒᆞᆫ法理와數理에根因ᄒᆞ고契約의方法이各種이기로人人이有其擇所欲之便宜者ᄒᆞ며特히其基礎가鞏固ᄒᆞ고安全ᄒᆞᆫ者이라日本에就ᄒᆞ야ᄂᆞᆫ商法外에保險法業이라ᄒᆞᄂᆞᆫ特別의法律이有ᄒᆞ야營業과契約의方法을規定ᄒᆞ고保險課다ᄒᆞᄂᆞᆫ特別官廳이有ᄒᆞ야會社創設ᄒᆞᆯ時에ᄂᆞᆫ定款約款保險料表營業方法等을精査ᄒᆞ야世上에害가無ᄒᆞᆷ으로認ᄒᆞᆯ時에始爲許可ᄒᆞ고其後每月營業의細情을申明케ᄒᆞ며每年財產의詳態를報告케ᄒᆞ며又隨時吏員을派遣ᄒᆞ야會社의實況을檢査케ᄒᆞᄂᆞᆫ等의政府가頗히嚴重ᄒᆞᆫ監督을爲ᄒᆞ며且極히愼重홈을爲ᄒᆞ야會社로ᄒᆞ야곰欺瞞破產과又ᄂᆞᆫ世間에無害케홈을勸勉ᄒᆞ나니卽生命保險은到底히韓國의死亡契와ᄂᆞᆫ不可同一히語ᄒᆞᆯ者ㅣ나然이나比而言之則生命保險도亦是近於死亡契之一種而其範圍가極廣ᄒᆞ며組織이極完ᄒᆞ고利用이極便ᄒᆞᆫ者ㅣ라謂ᄒᆞ거시며保險會社ᄂᆞᆫ先備多額之資本ᄒᆞ야自成盟主ᄒᆞ며自成中心ᄒᆞ며募集加盟者ᄒᆞ야其團結ᄒᆞ고媒介ᄒᆞ고各自醵出ᄒᆞᆫ金額을[illegible]ᄒᆞ야若加盟者中에死者가有ᄒᆞᆯ時ᄂᆞᆫ若干金額을其遺族의게交付홈으로써職務營業을爲ᄒᆞ나니團集ᄒᆞᆫ加盟者ᄅᆞᆯ被保險者ㅣ라稱ᄒᆞ며各自醵出ᄒᆞᆫ金額을保險料라稱ᄒᆞ며死者와遺族의게交付ᄒᆞᆯ金額을保險金이라稱ᄒᆞ고保險에多少ᄂᆞᆫ預爲契約ᄒᆞᆫ바에據ᄒᆞ며我會社ᄂᆞᆫ在韓國ᄒᆞ야ᄂᆞᆫ一千圓乃至一萬圓의契約에應ᄒᆞ나니보험은預爲受取年齡을定ᄒᆞᆯ時ᄂᆞᆫ被보험者가其年齡에對ᄒᆞ야尙且健全ᄒᆞ야도亦此ᄅᆞᆯ受取홈을得홈이可ᄒᆞ니此ᄅᆞᆯ養老보험이라云ᄒᆞ며我會社가契約ᄒᆞᄂᆞᆫ바ᄂᆞᆫ自四十歲乃至七十歲受取養老보험으로ᄒᆞ나니보험料ᄂᆞᆫ被보험者ㅣ存命中에ᄂᆞᆫ受年年齡에達ᄒᆞ기ᄭᆞ지每年呈納홈을通則으로爲ᄒᆞ나然이나其長期가厭ᄒᆞᆯ時ᄂᆞᆫ二十箇年又ᄂᆞᆫ十取으로短縮ᄒᆞ야呈納홈을得ᄒᆞ나니故每年呈納하ᄂᆞᆫ金額은其보험金多少에因ᄒᆞ야增減이有홈은不待其論이어니와其他加盟時에被보험者의年齡과受取年齡과呈納年限에도等差가有ᄒᆞᆯ지라大抵人世生死의數理와精密算에關ᄒᆞᆫ會社ᄂᆞᆫ貴賤男女ᄅᆞᆯ勿論ᄒᆞ고二十歲乃至六十歲者가身分確實ᄒᆞ고體軀强壯ᄒᆞᆫ者의게加盟을應ᄒᆞ나니年齡에依ᄒᆞ야每年呈納額을定ᄒᆞᄂᆞᆫ者라此ᄂᆞᆫ보험料表外에別노히有ᄒᆞᆫ者이며今欲詳述生命보험之義ᄒᆞ야更擧一例以論ᄒᆞ노니玆有三十歲之一人ᄒᆞ야此ᄅᆞᆯ보험料表에參照ᄒᆞ면四十歲受取四十五歲受取五十歲受取五十五歲受取六十歲受取六十五歲受取七十歲受取等七等受取年齡을撰홈을得ᄒᆞ며又보험料져納期間은十年二十年及滿期三等에定홈을得ᄒᆞ나니假令一人이五十歲受取養老生命보험料滿期져랍을契約ᄒᆞᆫ時에ᄂᆞᆫ보험金額一千圓에對ᄒᆞ야每年져랍ᄒᆞᆯ보험料ᄂᆞᆫ三十六圓三十錢이되며此人이若不幸ᄒᆞ야契約初年에死亡ᄒᆞ며會社에져랍홈은僅히三十六圓三十錢이나會社ᄂᆞᆫ契約에依ᄒᆞ야卽是金額一千圓을被보험者의遺族의게交付ᄒᆞ며此人이다행이契約年齡五十五歲達ᄒᆞ되尙且健康ᄒᆞᆯ時ᄂᆞᆫ會社에져랍홈은二十五回에보험料合計九百七圓五十錢이나會社로브터金額一千을受取홈을得ᄒᆞ나니是ᄂᆞᆫ早死ᄒᆞᆫ時ㅣ多大의利益이有ᄒᆞ고長生의時에도損失이無ᄒᆞ니此非一擧兩全之良法耶故로會社도亦無[illegible]里之損失ᄒᆞ고能爲若是者ᄂᆞᆫ乃ㅣ畜殖利之良法也ㅣ라諸家族之扶養은家長任務나死生ᄂᆞᆫ預期키難ᄒᆞᆫ지라家長이死홈의遺族이飢에困ᄒᆞᆫ者ㅣ比比有之ᄒᆞ니此ᄂᆞᆫ其豫備에怠惰ᄒᆞᆫ故ㅣ라然而此ᄅᆞᆯ備홈은生命보험과如ᄒᆞᆫ者ㅣ無ᄒᆞᆯ지니盖積財殖貨가其道ㅣ不一ᄒᆞ나何種이든지一朝一夕에其目的을達하기不能ᄒᆞᆯ지라 (未完)

特別廣告

本申報ᄂᆞᆫ海外電報를卽接ᄒᆞ야機關이靈通ᄒᆞ고外報와探報를敏捷活潑ᄒᆞ도록注意ᄒᆞ오며申報發賣ᄒᆞᄂᆞᆫ딕迅速信傳ᄒᆞ기ᄂᆞᆫ分傳人의게在ᄒᆞᆷ으로本社에서不常에諸分傳人의게丁寧告戒ᄒᆞ고申申調飭ᄒᆞ야時或踰晴ᄒᆞ게注意ᄒᆞ거니와如或暫有稽忽이라도愛讀僉君子ᄂᆞᆫ密使通知于本社ᄒᆞ시면該分傳의게誠信相孚ᄒᆞ도록耳提面命ᄒᆞ고勸贊가發生ᄒᆞ도록誨論ᄒᆞ야必無遲誤ᄒᆞ기로期待ᄒᆞ옵나이다

本社에寄書ᄒᆞ시ᄂᆞᆫ諸君子ᄂᆞᆫ姓名과居住를明確ᄒᆞ게懸錄送附ᄒᆞ시와證據가有ᄒᆞᆷ을必要ᄒᆞᆷ이오公衆不和ᄒᆞᆫ秩序를문亂케ᄒᆞᄂᆞᆫ意와社會上不經荒雜ᄒᆞᆫ寄書ᄂᆞᆫ不受ᄒᆞᄂᆞᆫ權利가本社에自有ᄒᆞ오니肯諒ᄒᆞ시옵

大韓每日申報社

廣告

貿易商 本社ᄂᆞᆫ仁川港
日本郵便電信局對面
電話第二百一番地

仁川港 廣昌洋行
벤넛트會社告白

○鐵路部

○東大門과新門間에來往車ᄂᆞᆫ每十分間에運行ᄒᆞᆷ
東大門發初車ᄂᆞᆫ午前六時三十分
新門外停車場發初車ᄂᆞᆫ午前六時五十五分
東大門發終車ᄂᆞᆫ午後九時五十分
新門外停車場發終車ᄂᆞᆫ午後十時十五分

○東大門과洪陵間에來往車ᄂᆞᆫ每二十分間에運行ᄒᆞᆷ
但自鐘路로東大門에來到ᄒᆞᆫ交替車로聯絡ᄒᆞᆷ
東大門發初車ᄂᆞᆫ午前六時五十分
洪陵發　初車ᄂᆞᆫ午前七時十分
東大門發終車ᄂᆞᆫ午後七時五十分
洪陵發　終車ᄂᆞᆫ午後八時十分

○鐘路와龍山間에來往車ᄂᆞᆫ每十二分間에運行ᄒᆞᆷ
鐘路發至南大門初車ᄂᆞᆫ午前六時四十八分
鐘路發至龍山　初車ᄂᆞᆫ午前七時二十四分
南大門發至鐘路初車ᄂᆞᆫ午前六時五十六分
龍山發至鐘路　終車ᄂᆞᆫ午前七時五十七分
南大門發至鐘路終車ᄂᆞᆫ午前十時八分
龍山發至鐘路　終車ᄂᆞᆫ午後九時九分

○特別私用車ᄂᆞᆫ顧客의方便ᄒᆞᆷ을隨應ᄒᆞ야準給ᄒᆞᆷ
但定價ᄂᆞᆫ本社에來臨ᄒᆞ야請問ᄒᆞ옵

○電燈部

二百五十燭力以內의敷用處에ᄂᆞᆫ每個月에定價表가如左ᄒᆞᆷ
○十六燭力燃燈達夜에二圓五十錢
○三十二燭力燃燈達夜에四圓
○五十燭力燃燈達夜에六圓
○一百五十燭力燃燈達夜에十圓
一千二百燭力弧形燈達夜에二十圓
二百五十燭力以上의敷用處에ᄂᆞᆫ請求ᄒᆞ면瓦斯計一箇를設給ᄒᆞᆷ
但瓦斯計賃金은每個月에二圓이오瓦斯計測驗表委托定價ᄂᆞᆫ每時間每암피아에二錢이옵
瓦斯計設給處에셔每介月支拂金最低額은每個月에二千圓인딕(瓦斯計貸金은)据ᄒᆞᆷ
電燈을敷設ᄒᆞ기에請求ᄒᆞᄂᆞᆫ딕로供給ᄒᆞᆷ
各種連技辦燈도常時에貯存ᄒᆞ엿ᄉᆞᆸ

本社鐘路電氣會社
韓美電氣會社 告白

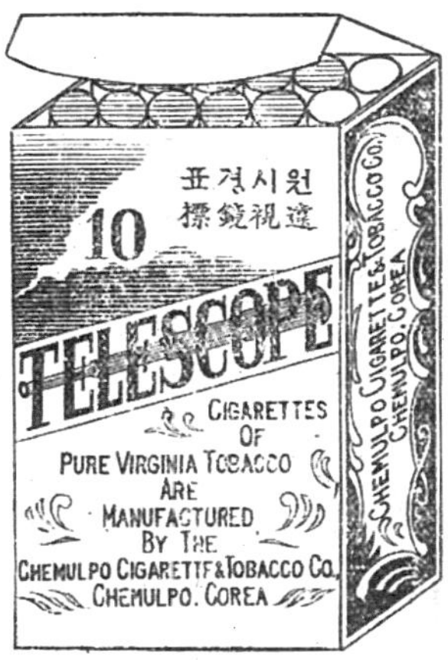

以上三種은上品으로製造ᄒᆞ야衛生上에至極有益ᄒᆞ오니毋論某人ᄒᆞ고本社에來顧ᄒᆞ옵

大韓帝國仁川港
濟物浦紙卷煙及烟草會社

一 鷹標罐濃詰牛乳
一 金印罐詰濃結牛乳
一 無雙家用氣化乳酪
一 쌔ㅣ든쓰ㅣ製造麥芽化合牛乳
以上은常時에貯積ᄒᆞ엿ᄉᆞᆸ
美國紐育港쌔ㅣ든쓰ㅣ濃結牛유會社
ㅣ手代理店川港　大韓仁
世昌 **洋行**

廣告

一 雜貨商
一 貿易商
一 船舶取扱
一 煙草商
一 委托販賣及貨物運送代理業
一 貿易石炭商
以上輸入及輸出者
京城 仁川 大昌 **洋行**

本社廣告

申報價
一張代金　韓貨五錢
一箇月前納　五十戔
三箇月　一元五十戔
六箇月　二元九十戔
一箇年　五元八十戔
郵稅一部　新貨五里
一箇月　十三戔

廣告料
四号活字十三字詰
每日每英尺一寸에新貨廿五錢
(每日每行에六錢에相當ᄒᆞᆷ)
二周日에　二圓五十錢
(每日每行四錢五里에 相當ᄒᆞᆷ)
一箇月에　五圓
(每日每行四錢一里에相當ᄒᆞᆷ)
其期限의長短과字行의多少ㆍ를依ᄒᆞ야增減ᄒᆞᆷ이有ᄒᆞᆷ

大韓人마다此申報를不得不閱覽ᄒᆞ실터이오니廣告出報ᄒᆞ실僉君子ᄂᆞᆫ來臨面議ᄒᆞ시옵

發行兼編輯人　英國人裴說
發　行　所
京城北署崇進坊磚洞号外地法語學校前
大韓每日報申社

第三卷　大韓每日申報　第六號
대한매일신보

月曜及慶節 歲時日休刊

檀君開國四千二百三十八年
箕子元年三千二十七年
大韓開國五百十四年
日本明治三十八年
淸國光緖三十一年
陰曆乙巳七月小十八日己丑

論說

暑極則寒ᄒᆞ고寒極則暑하야屈伸ᄒᆞᄂᆞᆫ天地之順序也라若或不爲迭代하야一於暑而一於寒ᄒᆞ면雖天地億千萬物이皆不得遂其生成而終於消鑠澌盡하야天地도亦幾乎熄矣이니惟治國이亦然ᄒᆞ야文勝則武以濟之ᄒᆞ니武勝則文以矯之ᄒᆞ야迭相爲體에補其欠缺이라야乃可以爲國ᄒᆞᄂᆞ니蓋以聖人之法度로도日之久焉에終不能無弊인즉旣是而極之가豈或樂於紛更而然哉아實出於不得已也이鑑於三代之忠質文에徵意을可見矣로다顧惟我邦은治尙文敎ᄒᆞ야凡所爲治之具가厥初에非不彬彬然可觀이로ᄃᆡ行之五百年自然弊生而至於陵夷ᄒᆞ야末流之禍가至於懦弱에莫可止過하니吁玆國勢之不競우浮文虛禮가實爲之祟라然則當反其道ᄒᆞ야波濤하武ㅣ라야庶可以矯其弊而措諸이나然이니所爲尙武ᄂᆞᆫ非徒戰ᄒᆞ之謂也오移風易俗이最其大關鍵인바大抵簡而覩은武之本領이니自其禮樂刑政으로以至宮室飮食衣服車馬等民國間諸般物事를痛滌舊染ᄒᆞ고一以簡實로爲制ᄒᆞ야磨以歲月에固執而力行之면治敎之丕變이譬如勁風至而淫霧捲ᄒᆞ며絲管歇而卑鼓動ᄒᆞ야積久文弱이不期祛而自祛ᄒᆞ며民氣奮勵에不期武而自武ᄒᆞ야朝無詭僞粉飾之行ᄒᆞ며野多義烈敵愾之風ᄒᆞ야以之居生則勤儉重厚ᄒᆞ며以之戰守則忠實勇敢ᄒᆞ야緩急使用에無所往而不可矣이니其於自强에豈不綽有餘裕哉아或日禮義者ᄂᆞᆫ斯門之大經이오做治之藥石인즉捨禮義而尙武ᄂᆞᆫ非所以求治也라ᄒᆞ니拘儒之見이吁可哂矣로다周之衰也에卒並于秦ᄒᆞ니豈周之禮義가有遜於秦而然歟아徒假禮義之虛名ᄒᆞ고不務其實用故也라今韓亦猶是焉ᄒᆞ야禮失而至於繁ᄒᆞ며義窮而流於詐ᄒᆞ고好逸而不知勞ᄒᆞ며愛侮而不知恥ᄒᆞ야一切委靡에必抵於危亡乃已인즉亟宜革新陋習ᄒᆞ야就於簡질然後에百病이皆瘳ᄒᆞ야眞禮義ㅣ乃可生矣이니今之尙武ᄂᆞᆫ實所以求眞禮義哉져

官報

◉號外　光武九年八月十六日

◉宮廷錄事　外部大臣李夏榮自引疏　批旨省疏具悉卿懇旣有政府奏批不圖又有此爲引卿勿更煩卽起視務事遣部郞宣諭　八月十五日

內部大臣臨時署理中樞院議　徐正淳辭職疏　批旨省具悉　特玆簡畀衰病亦可以勉强卿其勿辭行公事遣部郞宣諭　八月十六日

◉第三千二百十九號　光武九年八月十六日

◉宮廷錄事　詔曰完興□□甲劉□在邇伊日遣秘書丞存問食物令宮內府錢五千兩米三十石十五石眞末五斗淸蜜□輸□　八月十一日

警務使閔景植辭職疏　批旨省疏子悉卿其勿辭調理行公

忠淸北道觀察使李容善辭職疏　批旨省疏子悉所請依施　以上八月十四日

◉叙任及辭令　秘書監丞□命錫　□陵參奉沈□澤　□陵參奉□秉均　齊陵參奉尹宗鉉　永陵參奉李斗魯　依願免本官

任秘書監丞叙奏任官三等　正三品沈□澤

任齊陵參奉叙判任官八等　□子性□

任永陵參奉叙判任官八等　姜弼元

任厚陵參奉叙判任官八等　六品秦柄建

陞叙判任官三等　敦寧院事鄭光杓

依願免兼任太醫院副卿　秘書監丞徐肯淳

任太醫院副卿　秘書監丞沈周赫　以上八月十二日

宮內府□書官金鎔濟　□陵參奉子性□　永陵參奉姜□元　依願免本官

任宮內府參書官叙奏任官四等　正三品奏尙穆

任齊陵參奉叙判任官八等　九品尹宗鉉

任永陵參奉叙判任官八等　六品李斗魯

命全羅北道均田監理　正三品劉연　以上八月十三日

解全羅北道均田監理　正三品劉연

命全羅北道均田監理　從二品林□燮

命□十字社事務員　經理院監□劉□赫　以上八月十四日

◉第三千二百二十號　光武九年八月十七日

◉宮廷錄事　詔曰正三品李達□解□簿司長

詔曰命從二品李載德爲宗簿司長　以上八月十三日

詔曰命平安南道觀察使中泰熙□忠淸北道觀察使江原道觀察使趙鍾弼爲平安南道觀察使陸軍副將李容翊爲江原道觀察使

光武九年八月十四日

內部大臣臨時署理中樞院贊議徐正淳

宮內府大臣勳二等臣李載克謹奏主殿院電務課長李鍾翼所犯公錢數甚夥多致有帝會計室審査局奏本之境挨以法紀萬萬駭然爲先免本官令法部照律徵勘伺候謹上奏

光武九年八月十三日奉

旨依奏

內部□□李鳳來辭職疏　批旨省疏子思不必如是爲引矣卿其勿辭行公

侍從院副卿嚴仁永辭職疏　批旨省疏子悉所請依施　以上八月十五日

◉叙任及辭令　命宗簿司長叙勅任官三等　從二品李載德

任主殿院電務課長叙奏任官二等　陸軍正領吉泳洙

免本官　主殿院電務課長李鍾翼　以上八月十三日

依願免本官　西京豐慶宮參書官李裕模

任西京豐慶宮參書官叙奏任官四等　正三品崔益煥

平安南道觀察使中泰熙　任忠淸北道觀察使叙勅任官三等

江原道觀察使趙鍾弼　任平安南道觀察使叙勅任官二等

任江原道觀察使叙勅任官三等　陸軍副將李容翊　以上八月十四日

外報

◉臨時閣議　八月七日朝日新聞에云ᄒᆞ되本日午前부터首相官邸에셔臨時會議를開ᄒᆞ얏ᄂᆞᆫ듸珍田外務次官도列席ᄒᆞ야講和問題에就ᄒᆞ야審議ᄒᆞ고十一時三十分에散會ᄒᆞ얏다ᄒᆞ얏더라

◉西伯利鐵道　八月八日朝日新報에云ᄒᆞ되聖彼得堡電報通信社ᄂᆞᆫ八月四日에左開公達을宣傳來ᄒᆞ얏더라
西伯利亞鐵道ᄂᆞᆫ本月十四日부터私用貨物運輸ᄅᆞᆯ停止ᄒᆞ고因ᄒᆞ야公衆은舊西伯利亞郵便線路로貨物을發送ᄒᆞ라ᄒᆞ얏다더라

社告

本申報의 刱刊ᄒᆞᆫ 月日이 于今一周歲이나 機械와 鑄字가 未具ᄒᆞᆷ으로 二百餘號를 發行ᄒᆞ고 仍爲停刊인ᄃᆡ 旣張而中輟ᄒᆞᄂᆞᆫ 것이 實所慨然이기 本社에셔 思를 勞ᄒᆞ고 慮를 費ᄒᆞ야 今에 諸事가 完備ᄒᆞᆫ지라 永遠ᄒᆞᆫ 目的을 基礎를 確定ᄒᆞ야 大韓有志人士의 文明智識을 啓發ᄒᆞ고 暨環球各國에 見聞을 公同ᄒᆞ기 爲ᄒᆞ야 重刊發行ᄒᆞᄂᆞᆫ바 英文與漢文을 並爲解讀이 未必人皆能之인즉 英漢文合刊이 徒煩無益키로 從玆一變前規ᄒᆞ야 英漢文을 各紙分刊이 되 內外國各報를 一層搜羅ᄒᆞ며 社說의 公平ᄒᆞᆷ은 强禦를 不畏ᄒᆞ며 善惡을 明辨ᄒᆞ야 帝庭에 指佞草의 性質을 具ᄒᆞ야 스며 時事를 盱衡ᄒᆞ며 昏昧를 提醒ᄒᆞᆷ은 仁人君子의 當日憂世ᄒᆞᄂᆞᆫ 風味를 含有ᄒᆞ이고 褒貶予奪之中에 [illegible]規箴을 隱然寓之ᄒᆞ야 使有過者로 讀之而改焉ᄒᆞ며 無過者로 讀之而勉焉케 ᄒᆞ올지니 四方僉君子ᄂᆞᆫ 諒此滿腔苦心하야 倍前愛讀하시믈 千萬厚望이로라

電報

●媾和尙早 八月十六日午前十時發

露國全權이 日本의 要求를 拒絕ᄒᆞᆷ에 對ᄒᆞ야 當地(華盛頓)新聞은 皆露의 驕慢을 怨ᄒᆞ야 日本의 利害로 打算ᄒᆞ면 媾和의 時機가 尙早ᄒᆞ고 彼ㅣ 戰爭을 繼續ᄒᆞ라ᄒᆞ면 日本의 利益이 될이라고 筆揃ᄒᆞ야 痛論ᄒᆞ얏다더라

●同日同電

東京株式市場은 何等影響이 無ᄒᆞ고 返而騰貴ᄒᆞᆫ 情이 有ᄒᆞ다더라

●全權會議

(八月十六日午后四時發)

十二日에 兩國全權會議에 樺太割讓과 償金問題ᄂᆞᆫ 後廻ᄒᆞ기로 決ᄒᆞ얏ᄂᆞᆫᄃᆡ 談判決裂ᄒᆞᆯ 危機ᄂᆞᆫ 避免ᄒᆞᆷ을 得ᄒᆞ엿더라

●同日同電

日本全權의 講和條件을 發表ᄒᆞᆷ이 如左ᄒᆞᆷ

○戰費賠償
○樺太割讓
○旅順과 大連에 租借地讓與
○一[illegible]까지 鐵道讓與
○抑留露艦引渡
○東洋에 在ᄒᆞᆫ 露國海軍力制限
○樺太以北沿海漁業權
○韓國保護權

원데氏ᄂᆞᆫ 日本要求條件이 過重ᄒᆞᆷ을 宣言ᄒᆞ얏더라

●視察援接

十二日午後에 珍田外務次官外務省高等官은 韓國視察閔丙奭一行과 韓國公使等을 饗接ᄒᆞ엿더라

●講和談判

(同月同日午後九時發)

講和談判은 逐條審議ᄒᆞᄂᆞᆫᄃᆡ 十四日會議에 韓國에 對ᄒᆞᆫ 日本保護權은 大體로 我要求와 如意히 議定ᄒᆞ얏다더라

雜報

●政署疏批 議政署理朴齊純氏疏批에 曰省奏批을 應諒可會이 不必如是爲引이라ᄒᆞ옵셧더라

●法大新任 法大李根澤氏가 疏遞ᄒᆞᆫ 代에 [illegible]官權重顯氏가 被命ᄒᆞ얏더라

●內大疏批 內署徐正淳氏疏批에 特[illegible]인 今[illegible]病을 亦可以勉强이라ᄒᆞ옵셧더라

●夫人受任 夫人會在司內部大臣李址鎔氏夫人貞夫人[illegible]비셔 同氏에 現帶職이 或遞任될가 深慮ᄒᆞ야 幹旋ᄒᆞᆯ 力을 抱ᄒᆞ고 남北里로 日夜奔忙ᄒᆞ다ᄒᆞ니 學問中大人인 故로 [illegible]爲ᄒᆞ야 誠心幹事ᄒᆞ이 [illegible]常女流에 비超過하다고 稱[illegible]이 有ᄒᆞ더라

●私鑄被捉 [illegible]說을 聞ᄒᆞᆫ즉 新白銅貨八萬元을 私鑄ᄒᆞ야 運入ᄒᆞ다가 仁港海關에서 被捉ᄒᆞ얏다더라

●內署期遞 內大署理徐正淳氏ᄂᆞᆫ 期於蹤遞ᄒᆞᆫ다더라

●一進日進 一進會에서 政府奸細輩를 討盡乃已라云ᄒᆞ니 眞正處言이 아닌지

●商會演說 日昨商業會議所에셔 開國紀元節慶祝會를 開設ᄒᆞ고 會長丘鎭泰洪肯燮韓錫振諸氏가 祝賀演說을 畢ᄒᆞᆫ 後에 茶果ㅣ 進ᄒᆞ며 萬歲를 呼ᄒᆞ고 韓錫振氏ᄂᆞᆫ 各商民을 對ᄒᆞ야 各其意見書撰送ᄒᆞ기를 說明ᄒᆞ고 仍卽閉會ᄒᆞ얏다더라

●各館聲明 外部에셔 各公館에 聲明ᄒᆞ얏스되 接我軍部通牒內開十六日은 我繼天紀元節也라 設行禮砲ᄒᆞ야 當慶賀之忱等因이기 玆以聲明ᄒᆞ니 請照亮可也라ᄒᆞ얏더라

●江民入敎 日前內部에셔 呼訴ᄒᆞ다가 被逐ᄒᆞᆫ 五江民人等이 伸冤ᄒᆞᆯ 處ᄂᆞᆫ 無ᄒᆞ고 返爲江外ᄂᆞᆫ 被逐ᄒᆞᆷ으로 依賴無處ᄒᆞ야 該民四千餘名이 耶蘇敎堂에 入參ᄒᆞ고 十字標를 各佩ᄒᆞ얏다더라

●淸國外部 淸公使曾廣銓氏가 外部에 公函ᄒᆞ기를 本邦人在之[illegible]이 在[illegible]命案一事ᄂᆞᆫ 接貴照[illegible]郡守極爲ᄒᆞ야 均經閱悉인바 査不可不特派[illegible]浦領事ᄒᆞ야 [illegible]山郡守로 會審定讞可也라ᄒᆞ얏더라

●一進會白 昨日一進會에셔 揭[illegible]ᄒᆞ얏ᄂᆞᆫᄃᆡ 由[illegible]氏가 前以[illegible]政으로 不勝責任ᄒᆞ야 黜爲咸南觀察ᄒᆞ얏스니 宜乎反求自省이어ᄂᆞᆯ 赴任ᄒᆞᆫ 테 貢鄕充業으로 爲[illegible]先務ᄒᆞ고 雜稅督捧으로 爲應行政ᄒᆞ고 且氏가 素以文學名[illegible]士로 孔夫子畵像分送各郡ᄒᆞ고 大小邑排斂錢을 若物件卜定價ᄒᆞ야 士論이 齋[illegible]ᄒᆞ고 民怨이 沸騰ᄒᆞ너날 氏가 무不知恥ᄒᆞ야 政府[illegible]政을 更圖ᄒᆞ기로 入運動ᄒᆞᆫ다ᄒᆞ니 畢竟大韓生靈을 盡爲魚肉乃已ᄒᆞᆯ 心肚라 惟我二千萬同胞가 決心코 服從치 아니ᄒᆞ깃스니 愛國君子ᄂᆞᆫ 照亮이라ᄒᆞ얏더라

●賢材是誰 近日政府大官中에 名字最著ᄒᆞ 大略十餘人에 不過인바 假令此諸大官으로 皆能職其所職인ᄃᆡ 國勢의 發達과 民生의 困瘁가 必不至於如此이고 若不能職其所職인ᄃᆡ 國之危와 民之困이 責有所歸인즉 廉隅所在에 閉閤思咎ᄒᆞ야 榮途一念을 宜其斷絕이거ᄂᆞᆯ 躁進之心과 欺蔽之習이 愈往愈甚하야 全國內紛紛譏刺ᄂᆞᆫ 是如充耳ᄒᆞ고 政府官爵ᄂᆞᆫ 自己의 所有로 認定ᄒᆞᄂᆞᆫ [illegible]五[illegible]輪代ᄒᆞ니 如傀儡[illegible]戲ᄒᆞ야 此出彼入ᄒᆞ며 彼出此入ᄒᆞ야 令人眼[illegible]ᄒᆞ니 一時自己榮貴ᄂᆞᆫ 可以滿足타 謂ᄒᆞ려니와 國危가 由誰而益甚이며 民困이 由誰而益深인지 靜夜思之에 能不愧然于心乎아 哀哀二千萬同胞가 塗炭中號呼宛轉ᄒᆞ야 政府의 革新과 政治의 改良을 側耳翹足에 惟日望之ᄒᆞᄃᆡ 迄于今寥寥無聞ᄒᆞ더니 今番日公使林權助氏가 人材發[illegible]ᄒᆞᆫ 事件으로 陛見奏請ᄒᆞᆫ다ᄒᆞ니 快乎哉라 豫章良材와 楩楠杞梓가 次第任用ᄒᆞ야 欵器을 復整ᄒᆞ고 [illegible]지 其或舊面目이 更出ᄒᆞ야 一場輪回遞代ᄒᆞᄂᆞᆫ지 若備ᄒᆞᆫ 其如何人材出來와 如何政治施設을 執[illegible]而俟之하노다

●再照外部 淸公使曾廣銓氏가 外部에 照會ᄒᆞ얏스되 在貴邦各口我領事官等을 本大臣이 奏定新派赴任ᄒᆞ니 請訓飭各該官ᄒᆞ야 遇事商辦이 可也라ᄒᆞ얏더라

청官列錄

使署二等參贊官		錢明訓
三等參贊官		吳爾昌
英文繙譯官		黎子詳
商務隨員		王錫庚
隨員		沈炳儒
隨員		楊[illegible]熙
漢城總領事		吳其藻
	隨員	沈明善
	供事	項[illegible]純
仁川正領事		唐思祖
		兼群山
		木浦
	學生	[illegible]承[illegible]
		[illegible]
釜山正領事		兼馬山浦
	學生	錢承[illegible]
[illegible]南副領事		[illegible]光[illegible]
		兼[illegible]
	學生	錢[illegible]
元山副領事		[illegible]
	學生	鐘[illegible]元

●二趙換任 本官趙[illegible]氏ᄂᆞᆫ 特進官[illegible]任ᄒᆞ고 [illegible]二趙[illegible]氏ᄂᆞᆫ 擢調으로 [illegible]任ᄒᆞ더라

●李氏謝請 [illegible]李容[illegible]氏가 一進會에셔 聲討ᄒᆞᆷ을 [illegible]泥峴日人某[illegible]ᄒᆞ니 同氏의 [illegible]天하ᄂᆞᆫ 權威ᄂᆞᆫ 一箇會員의 [illegible]因ᄒᆞ야 畏縮ᄒᆞᆷ은 未必[illegible]中間의 [illegible]運動이 有ᄒᆞᆫ[illegible]더라

●姦婦殺夫 [illegible]鄭業同爲陽川李允[illegible]留接ᄒᆞ다가 李之妻을 和姦ᄒᆞ야 一日은 允及其妻로 一房內同宿타가 夕에 中下毒ᄒᆞ야 李允을 結果ᄒᆞ고 燈火滅落ᄒᆞ야 [illegible]死ᄒᆞ얏시니 其奸婦奸夫[illegible]殺ᄒᆞᆫ이 丁寧ᄒᆞ[illegible]一杳에 終是抵賴ᄒᆞᆫ다 라

●正誤 日昨本報雜報에 [illegible]李同科[illegible]下에 [illegible]字ᄂᆞᆫ 降字을 誤植[illegible]

雜報

法律（續）

但納贖치못ᄒᆞ야本刑에就ᄒᆞ얏다가追後辦納홈을請ᄒᆞ거든納贖日봇터刑期ᄭᆞ지만計算ᄒᆞ야收納홈이라

第三十條 遺失物을得ᄒᆞᆫ時에官에送納ᄒᆞᄂᆞᆫ期限은五日以內며私物이어든官으로셔本主에게追給ᄒᆞᄂᆞᆫ期限은三十日以內로定홈이라

第六節 界限通規

第三十一條 胎室界限은 大皇帝께와 皇太子께와 皇太孫께ᄂᆞᆫ四面三百步며 皇子께ᄂᆞᆫ一百步로定홈이라

第三十二條 墳墓界限은左開와如홈이라

一 宗親一品은四面一百步며二品은九十步며三品은八十步며四品은七十步며五品은六十步며六品은五十步로定홈이라

二 一般官人은一項에依ᄒᆞ야各히一十步를遞減ᄒᆞ고七品以下ᄂᆞᆫ六品과同ᄒᆞ되勅任一等은一品과同ᄒᆞ며二三四等은二品과同ᄒᆞ며奏任은三品과同ᄒᆞ며判任은六品과同ᄒᆞ며實職을未經ᄒᆞ고品階가有ᄒᆞᆫ人은六品과同홈이라

三 宗親公主翁主國舅勳臣庭享功臣文廟從享人死節人淸白吏相臣將臣文衡儒選人及不祧人의嗣孫과勅任官前後三代와奏任官前後兩代와判任官父與子와孝烈人은六品一十步를減홈이라

四 庶人은一十步로定홈이라

五 婦人은夫職을從ᄒᆞ며封贈官은行職과同ᄒᆞ야一項二項三項四項에依홈이라

第七節 名稱分析

第三十三條 尊嚴之地라홈은 大皇帝 大皇太后 皇太后 皇后 皇太子 皇太子妃께並同ᄒᆞ심이라

第三十四條 乘輿車駕와 御라稱홈은 太皇太后 皇太后 皇后 皇太子 皇太子妃께並同홈이라

第三十五條 旨라稱홈은 太皇太后 皇太后 皇后 皇太子令이并論ᄒᆞ심이라

第三十六條 宗親이라稱홈은宗室의襲封[illegible]爵ᄒᆞᆫ人을謂홈이라

第三十七條 大祀라稱홈은 圜丘壇 宗[illegible] 永寧殿 社稷祭를謂홈이오 中祀라稱홈은各 宮 廟 先農 先蠶 雩祀 文宣王廟 關帝廟 歷代[illegible]를謂홈이라

第三十八條 監臨主守라稱홈은監臨ᄒᆞᄂᆞᆫ公[illegible]因ᄒᆞ야本管이나非管 勿論ᄒᆞ고管理홀權이有ᄒᆞᆫ者ᄂᆞᆫ監臨이오主守ᄂᆞᆫ係官ᄒᆞᆫ財物이나獄囚나文簿를掌ᄒᆞᆫ者ᄂᆞᆫ[illegible]이니直宿官이나兩時承差ᄒᆞᆫ者도亦同홈이라

第三十九條 [illegible]官이라稱홈은官等에上되ᄂᆞᆫ者나同等이라도指揮ᄒᆞᆫ權이有ᄒᆞᆫ者를謂홈이라

第四十條 吏典이라稱홈은廷吏巡檢雇員及各地方書記巡校等을謂홈이오使役이라稱홈은使令廳使押牢等을謂홈이라

第四十一條 民人이라稱홈은軍人을除ᄒᆞᆫ外에一般官吏와庶人과使役을謂홈이라

第四十二條 免官이라稱홈은所帶ᄒᆞᆫ本職을奪홈을謂홈이오免役이라稱홈은所帶ᄒᆞᆫ任役을除汰홈을謂홈이라

第四十三條 大逆이라稱홈은宗廟나 陵寢이나尊嚴之地에危害를謀ᄒᆞᆫ者를謂홈이라

第四十四條 謀反이라稱홈은皇室을傾覆ᄒᆞ거나疆土를占據홈을謀ᄒᆞᆫ者를謂홈이라

第四十五條 謀라稱홈은一人或二人以上이密計홈을謂홈이라

第四十六條 衆이라稱홈은三人以上을謂홈이라

第四十七條 故라稱홈은用意恣行홈을謂홈이라

第四十八條 一日이라稱홈은二十四時며一月이라稱홈은三十日이며一年이라稱홈은三百六十日을謂홈이라

第四十九條 一步라稱홈은周尺六尺이며一里라稱홈은三百六十步를謂홈이라

第五十條 同罪라稱홈과准이라稱홈과加라稱홈은幷히死刑에不入ᄒᆞᄂᆞᆫ者를謂홈이라

第五十一條 過失이라稱홈은思慮의不到와耳目의不及으로犯罪홈을謂홈이라

（未完）

日宗生命保險株式會社 生命保險說明書（續）

若中道에身이一朝에不起의事ㅣ有ᄒᆞ면其遺族은如何히爲ᄒᆞᄂᆞᆫ지惟生命보험은一朝에契約이成立ᄒᆞ면遺族은勿論何時ᄒᆞ고保險金額受取ᄒᆞᆯ道가有홈으로써雖夕死라도亦無後顧之慮故로生命保險의目的을爲主ᄒᆞ야保險遺族保護에在ᄒᆞ다ᄒᆞ나其用은決코但此에止홈이아니라年年少許의保險料를呈納ᄒᆞ면身後幾百千圓元의財產을遺給ᄒᆞᄂᆞᆫ方法에由홈으로써葬祭를盛爲ᄒᆞᄂᆞᆫ費用에充ᄒᆞ며支孫에게恒產을遺給ᄒᆞ며敎育慈善等公益의設備를資ᄒᆞᄂᆞᆫ等이니世人의善爲選擇而入ᄒᆞᆯ지라由此而觀之則生命保險은豈非積財之良法也哉아是以로生命保險은西洋各國에셔特爲極益ᄒᆞ야上自王公富豪로下至細民ᄭᆞ지有志者ᄂᆞᆫ生命保險契約에不參ᄒᆞᆫ者ㅣ殆無ᄒᆞᆫ지라現今獨伊墺露各國의君主가皆幾多會社에加盟ᄒᆞ니其契約幾ᄒᆞᆫ바ᄂᆞᆫ百萬圓이되니帝王으로도如此ᄒᆞ거든而況其凡民乎아故로我日本도西洋法을模倣ᄒᆞ야二十餘年前에生命保險會社를始爲創設ᄒᆞ야漸來興隆ᄒᆞ야今日會社의數가數十處오契約金額이亦達數億之多ᄒᆞ얏스며其他에[illegible]有英美等諸國之會社ᄒᆞ야代理店을日本에置ᄒᆞ야日本人民을勸誘홈에從事ᄒᆞᄂᆞᆫ者ㅣ非止一二라日本人民이如此히各國會社에契約ᄒᆞᆫ額이亦爲多大而至若韓國則英美諸國會社가其業을擴張홈이全無ᄒᆞᆯ뿐아니라我日本會社도亦爲韓人의勸誘에勸勉ᄒᆞᆫ者ㅣ無ᄒᆞ니是皆韓國今日의態ᄂᆞᆫ衛生之備와醫務之道ㅣ尙未精ᄒᆞ고特又戶籍之制도頗能明整ᄒᆞ야若韓人을加盟케ᄒᆞ면其自己의不利ᄂᆞᆫ姑舍ᄒᆞ고或他被保險者의不利及ᄒᆞᆯ慮가有ᄒᆞᆫ故ㅣ라然이나我日宗生命保險會社ᄂᆞᆫ特히[illegible]者ㅣ有ᄒᆞ니前者員을派遣ᄒᆞ야韓國實情을精査ᄒᆞ야[illegible]가亦是幾何ㅣ라[illegible]意要ᄒᆞ니[illegible]못홀點이有[illegible]竢其論이어니와大體로[illegible]國人士도亦日本人에同一히生命保險에伴侶ᄒᆞ야加盟케[illegible]도毫無障碍홈을認兒ᄒᆞ고[illegible]今韓日交誼가日加親密ᄒᆞ야韓[illegible]의諸般制度가漸益加善ᄒᆞ야[illegible]日의差異가無ᄒᆞᆷ에至[illegible]지不遠홈은不待智者而自明[illegible]而況生命保險은百年홈[illegible]長者이니斯業에從事ᄒᆞᄂᆞᆫ者ㅣ豫爲事先ᄒᆞ야速히其[illegible]開[illegible]니是乃是我日本日宗生命保險會社에셔韓國人士로ᄒᆞ여곰加盟홈을容易케ᄒᆞ고ᄌᆞᄒᆞᄂᆞᆫ微誠이라ᄒᆞ오니僉君子ᄂᆞᆫ請爲深諒ᄒᆞ야早爲[illegible]步於明鑑ᄒᆞ심을爲望

本會社ᄂᆞᆫ今에韓國人士의加盟홈을勸誘ᄒᆞ고ᄌᆞᄒᆞ야[illegible]門[illegible]助를懇請ᄒᆞ야左와如ᄒᆞᆫ名譽贊助員을推戴ᄒᆞᄂᆞᆫ光榮을得ᄒᆞ얏[illegible]

義陽君 殿下
李址鎔 閣下
閔泳徽 閣下
閔種默 閣下
金嘉鎭 閣下
李允用 閣下
閔泳綺 閣下
李載克 閣下
權重顯 閣下
完

明治三十八年七月十日
東京日本橋區通二丁目六七番地
日宗生命保險株式會社
電話本局一千三番
社長 川合芳次郎
顧問 前農商務省保險課長 [illegible]秀太郎
男爵 小[illegible]武[illegible]
名譽贊助員
村[illegible]公殿下
侯爵 德川[illegible]
公爵 九條道孝
子爵 [illegible]

特別廣告

本申報ᄂᆞᆫ海外電報를卽接ᄒᆞ야機關이靈通ᄒᆞ고外報와採報를敏捷活潑ᄒᆞ도록注意ᄒᆞ오며申報發送ᄒᆞᄂᆞᆫᄃᆡ迅速信傳ᄒᆞ기ᄂᆞᆫ分傳人의게在홈으로本社에셔不常에諸分傳人의게丁寧告戒ᄒᆞ고申申訓飭ᄒᆞ야毋或媮惰ᄒᆞ게注意ᄒᆞ거니와如或暫有積忽이라도愛讀僉君子ᄂᆞᆫ密使通知于本社ᄒᆞ시면該分傳의게誠信相孚ᄒᆞ도록耳提面命ᄒᆞ고勤贊가發生ᄒᆞ도록誨論ᄒᆞ야必無遲誤ᄒᆞ기로期待ᄒᆞᄋᆞᆸᄂᆞ이다

本社에寄書ᄒᆞ시ᄂᆞᆫ諸君子ᄂᆞᆫ姓名과居住를明確ᄒᆞ게懸錄送附ᄒᆞ시와證據가有홈을必要홈이오公衆不和ᄒᆞᆫ秩序를紊亂케ᄒᆞᄂᆞᆫ意와社會上不經荒雜ᄒᆞᆫ寄書ᄂᆞᆫ不受ᄒᆞᄂᆞᆫ權利가本社에自有ᄒᆞ오니肯諒ᄒᆞ시ᄋᆞᆸ

大韓每日申報社

廣告

貿易商 本社ᄂᆞᆫ仁川港
日本郵便電信局對面
電話第二百一番地

仁川港 廣昌洋行
벤넷트會社告白

○鐵路部

○東大門과新門間에來往車ᄂᆞᆫ每十分間에運行홈
東大門發初車ᄂᆞᆫ午前六時三十分
新門外停車場發初車ᄂᆞᆫ午前六時五十五分
東大門發終車ᄂᆞᆫ午後九時五十分
新門外停車塲發終車ᄂᆞᆫ午後十時十五分

○東大門과洪陵間에來往車ᄂᆞᆫ每二十分間에運行홈
但自鍾路로東大門에來到ᄒᆞᆫ交替車로聯絡홈
東大門發初車ᄂᆞᆫ午前六時五十分
洪陵發 初車ᄂᆞᆫ午前七時十分
東大門發終車ᄂᆞᆫ午後七時五十分
洪陵發 終車ᄂᆞᆫ午後八時十分

○鍾路와龍山間에來往車ᄂᆞᆫ每十二分間에運行홈
鍾路發至南大門初車ᄂᆞᆫ午前六時四十八分
鍾路發至龍山 初車ᄂᆞᆫ午前七時二十四分
南大門發至鍾路初車ᄂᆞᆫ午前六時五十六分
龍山發至鍾路 終車ᄂᆞᆫ午前七時五十七分
南大門發至鍾路終車ᄂᆞᆫ午前十時八分
龍山發至鍾路 終車ᄂᆞᆫ午後九時九分

○特別私用車ᄂᆞᆫ顧客의方便홈을隨應ᄒᆞ야準給홈
但定價ᄂᆞᆫ本社에來臨ᄒᆞ야請問ᄒᆞᄋᆞᆸ

○電燈部

二百五十燭力以內의敷用處에ᄂᆞᆫ每個月에定價表가如左홈
○十六燭力燃燈達夜에二圓五十錢
○三十二燭力燃燈達夜에四圓
○五十燭力燃燈達夜에六圓
○一百五十燭力燃燈達夜에十圓
一千二百燭力弧形燈達夜에二十圓
二百五十燭力以上의敷用處에ᄂᆞᆫ請求ᄒᆞ면瓦斯計一箇를設給홈
但瓦斯計賃金은每個月에二圓이오瓦斯計測驗表委托定價ᄂᆞᆫ每時間每암피아에二錢이ᄋᆞᆸ
瓦斯計設給處에셔每介月支拂金最低額은每個月에二十圓인ᄃᆡ(瓦斯計貸金은 据홈
電燈을敷設ᄒᆞ기에請求ᄒᆞᄂᆞᆫᄃᆡ로供給홈
各種達技辦燈도常時에貯存ᄒᆞ엿ᄉᆞᆸ

本社鐘路電氣會社
韓美電氣會社 告白

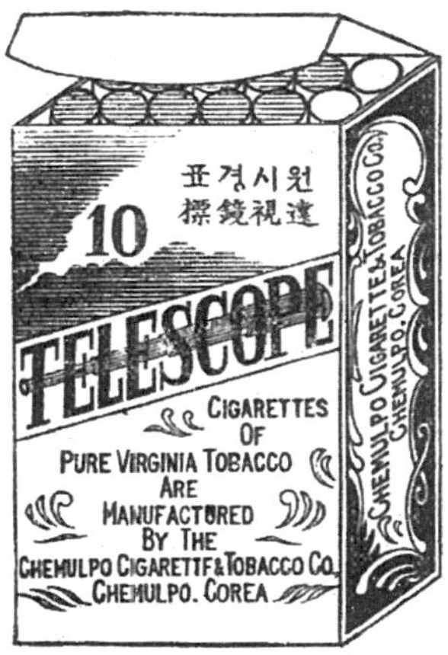

以上三種은上品으로製造ᄒᆞ야衛生上에至極有益ᄒᆞ오니附論某人ᄒᆞ고本社에來願ᄒᆞᄋᆞᆸ

大韓帝國仁川港
濟物浦紙卷煙及烟草會社

一 鷹標罐濃詰牛乳
一 金印罐詰濃結牛乳
一 無雙家用氣化乳酪
一 쏘ㅣ든쓰製造麥芽化合牛乳
以上우常時에貯積ᄒᆞ엿ᄉᆞᆸ
美國紐育港쏘ㅣ든쓰濃結牛유會社
ㅣ手代理店川港 大韓仁 世昌洋行

廣告

一 雜貨商
一 貿易商
一 船舶取扱
一 煙草商
一 委托販賣及貨物運送代理業
一 貿易石炭商
以上輸入及輸出者
京城 仁川 大昌洋行

本社廣告

申報價
一張代金 韓貨五錢
一箇月前納 五十戔
三箇月 一元五十戔
六箇月 二元九十戔
一箇年 五元八十戔
郵稅一部 新貨五里
一箇月 十三戔

廣告料
四号活字十三字詰
每日每英尺一寸에新貨卄五錢
(每日每行에六錢에相當홈)
二周日에 二圓五十錢
(每日每行四錢五里에相當홈
一箇月에 五圓
(每日每行四錢一里에相當홈
其期限의長短과字行의多少를依ᄒᆞ야增減홈이有홈

大韓人마다此申報를不得不閱覽ᄒᆞ실터이오니廣告出報ᄒᆞ실僉君子ᄂᆞᆫ來臨面議ᄒᆞ시ᄋᆞᆸ

發行兼編輯人 英國人裴說
發行所
京城北署壽進坊礴洞号外地法語學校前
大韓每日申報社

第三卷

大韓每日申報
대한매일신보

第七號

月曜及慶節
歲時日休刊

檀君開國四千二百三十八年
箕子元年三千二十七年
大韓開國五百十四年
日本明治三十八年
淸國光緖三十一年
陰曆乙巳七月小十九日庚人

論說

甚矣라奸佞之禍國害民也여今日韓之大官을吾未能識其何狀貌로되其爲人之賢不肖ᄂᆞᆫ聞諸輿論에槪已得之矣라述其所聞ᄒᆞ야以告于世之尙論君子ᄒᆞ노라夫大官者ᄂᆞᆫ材足以任重ᄒᆞ며識足以周物ᄒᆞ며廉足以勵俗ᄒᆞ며明足以斷事ᄒᆞ며夙夜孜孜ᄒᆞ야惟國之利病과民之疾苦를是憂是念이라야乃可以副衆望而任政權이어ᄂᆞᆯ韓之大官則不然ᄒᆞ야論其材識ᄒᆞ면人中之最劣下材오問其所志ᄒᆞ면非貪虐則諂佞이라一生經營이在於溫飽而已오其中文字稍解者ᄂᆞᆫ以別人物로自負ᄒᆞ야傲然自高이나乃是虛文無實이라昏庸貪鄙가一般無異ᄒᆞ야歷數滿朝公卿에無一二可意者이고問其得官來歷ᄒᆞ면門閥也오攀緣也오苞苴也라ᄒᆞ니天下에有如此大官乎아政府如此而國不危ᄒᆞ면民不困은古未嘗有也니吾ㅣ절爲國家惜之ᄒᆞ며且爲生民悲之ᄒᆞ노라嗚呼라今日宇內가是何等時節이완ᄃᆡ用此一群痴宰相ᄒᆞ야主張國柄ᄒᆞ며交涉列强ᄒᆞ니其萬機之紊亂은自是理勢인즉伊來許多問題에做錯有無ᄂᆞᆫ吾不必張皇奏言이되第以近事로觀之컨ᄃᆡ沿江各洞民이家屋田畓墳墓毁撤事로男婦老幼가蒼黃罔措ᄒᆞ야無辜籲天에號呼奔波之狀은言之傷心이고聞者酸鼻인즉爲大官者ㅣ苟有一分人心이면若恫在己에哀矜惻怛ᄒᆞ야救護奠接之方을宜其盡心講究이어ᄂᆞᆯ漢城判尹朴義秉과內部大臣李址鎔兩氏가覥偸本色으로謂此時可乘이라ᄒᆞ야率爾倡言曰不過幾萬圜이면足可以三費了勘이라ᄒᆞ야納媚取悅에要完現在富貴ᄒᆞ니其自爲謀則可矣나獨不念幾千生命이由此一言而濱於死地이며竟乃衆怨如火에禍將難測인즉不顧事體ᄒᆞ고或逃或避ᄒᆞ야貽笑於四方ᄒᆞ니究其行習ᄒᆞ면同一面孔이오同一心腸이라大官之名이豈不可羞乎아幸賴皇上陛下至仁聖德으로　洞察幽明之冤抑ᄒᆞ사三費優劃이乃至七十餘萬元ᄒᆞ니從此江民等이庶幾有生之望이되又何需恩未及에至於江外被逐인즉溝壑이在前ᄒᆞ고憤恨이燒膓ᄒᆞ야徊徨躑躅에無地可歸라於是焉歎政府之無賴ᄒᆞ며痛吾生之不辰ᄒᆞ야哀哀四千餘人이畢竟同日入敎ᄒᆞ야以作依歸之所ᄒᆞ니究厥根委ᄒᆞ면李朴兩氏가實爲之作倆也라此等諂佞害民之徒ᄂᆞᆫ肆諸顯戮ᄒᆞ야與衆共棄ᄒᆞᆷ이乃是刑政之所宜이어ᄂᆞᆯ尙今晏然帶職에一髮不損ᄒᆞ니民之多言을何足怪焉이리오余ᄂᆞᆫ外人也라國之興替와民之肥瘠이都無與焉이로되善善惡惡에木鐸于世ᄂᆞᆫ自是報館之責任이기述其所聞ᄒᆞ야以告于世之尙論君子ᄒᆞ노라

官報

●第三千二百二十一號　光武九年八月十八日

⊙宮廷錄事　詔曰命從二品張泰秀爲侍從院副卿
八月十五日

⊙敍任及辭令　依願免本官
箕子陵參奉朴燾采
命侍從院副卿叙勅任官三等
從二品張泰秀
任箕子陵參奉叙判任官八等
尹昌穆　以上八月十五日

別報

英艦來到便에柏卓安海關稅務司合同事로日本타임쓰新聞에記載ᄒᆞ얏스되現今日韓貨幣通用公行이成就되얏스니朝日新聞에닐으기를海關稅款事件에日韓이同一規程이고且自各外國進口ᄒᆞᄂᆞᆫ各等貨物의稅程도兩國通同ᄒᆞᆷ에歸ᄒᆞᆯ것이오該兩國間互相進出ᄒᆞᄂᆞᆫ商品은應爲免稅ᄒᆞᆯ지니該兩國人民이此事를要爲ᄒᆞ야方在準備中인즉物貨運轉이有ᄒᆞᆯ時에ᄂᆞᆫ問題가生ᄒᆞᆯ거시니그럼으로朝日新聞이思想키를此事를何樣으로變ᄒᆞ며如此變改ᄒᆞᆷ으로韓國財庫의欠縮은何樣으로妥籌ᄒᆞᆯ고外國通商이近者에益益發達ᄒᆞ야關稅가每年에不下百萬圜의巨額이될터이나其中에日本으로서進入ᄒᆞᄂᆞᆫ것이最多ᄒᆞᆯ지오且該新聞에思量키를韓國烟草를摧ᄒᆞ야其利를攫ᄒᆞᆫ다ᄒᆞ니此로因ᄒᆞ야損害를難免ᄒᆞᆯ지오其公同關稅ᄒᆞᄂᆞᆫ事에該新聞의言及ᄒᆞᆷ이輕稅ᄒᆞᆫ韓國製造物이重稅ᄒᆞᆫ日本製造物과爭利ᄒᆞ기甚難ᄒᆞ나其實則彼此一般이라ᄒᆞ얏더라

外報

●首相參內　同日同報에云ᄒᆞ되首相桂太郞氏ᄂᆞᆫ本日午前十一時三十分에臨時閣議散會後에直時參內ᄒᆞ얏다가正午後에退出ᄒᆞ얏다더라

●ㄹ威皇位　八月六日伯林電에云ᄒᆞ되瑞典皇太子ᄂᆞᆫ丹國코펜하겐氏를訪問ᄒᆞ얏ᄂᆞᆫᄃᆡ此事實에依ᄒᆞ야丹國카알親王이ㄹ威皇帝의候補될일이漸次進就될이라고想像ᄒᆞᆫ다ᄒᆞ얏더라

●排美運動　淸國人이排美運動ᄒᆞᄂᆞᆫᄃᆡ關ᄒᆞ야美國大統領은十月十日에臨時議會를召集ᄒᆞ고善後策을協定ᄒᆞᆯ리라고上海에서橫濱에在ᄒᆞᆫ淸人商館에來電ᄒᆞ얏더라

●淸帝反省　北京通信을據ᄒᆞᆫ즉淸國皇帝ᄂᆞᆫ目下에日露媾和問題에就ᄒᆞ야美國이多大히執勞ᄒᆞᄂᆞᆫ感情을損害ᄒᆞᆯ가恐ᄒᆞ야排美運動을中止ᄒᆞ고其國體로解散케ᄒᆞᆫ旨로　北兩洋大臣의게勅諭　下ᄒᆞ셧다云ᄒᆞ얏더라

●講和相賭　橫濱에在ᄒᆞᆫ外國人들이本月十日을爲期ᄒᆞ야日露講和成否의相賭를始作ᄒᆞ얏ᄂᆞᆫᄃᆡ成否의兩說이對等ᄒᆞ얏스되確未成立ᄒᆞ야方相强含ᄒᆞ얏다고云ᄒᆞ더라

雜報

●是何誤解　大東新報第三百八十九號雜報中情何不密題下에英人베이셜氏가主幹發幹하ᄂᆞᆫ每日申報ᄂᆞᆫ一時停報되얏다가自[illegible]日以來로依舊發刊하ᄂᆞᆫᄃᆡ日本을對하야記事中에往往有不好感情故로英國公使朱邇典氏가非常顧慮ᄒᆞᆫ다고對人說話라云云하얏스니本報主旨가正直公平으로認爲義務하며英國公使도直錄에對하야必無間言이라하노라

詞林

東湖雜咏

蒹葭滿地動新凉賈客歸帆白蕩揚今夜月明何處宿白雲渺渺在瀟湘

明沙白石淨無塵一抹虹橋鏡裏開却羨江鷗無拘束乘湖歸去又歸來

遠樹蔥蒼夜寂寥忽看凉月上山腰佳人解惜新秋景起捲細簾弄玉簫

社告

本申報의刱刊ᄒᆞᆫ月日이于今一週歲이나機械와鑄字가未具ᄒᆞᆷ으로二百餘號를發行ᄒᆞ고仍爲停刊이바旣張而中輟ᄒᆞᄂᆞᆫ것이實所慨然이라本社에셔思를勞ᄒᆞ고慮를發ᄒᆞ야今에諸가事完備ᄒᆞᆷ이未追用活字機械를設定ᄒᆞ야大韓有志人士의文明智識은啓發ᄒᆞ고環球各國에見聞을公同ᄒᆞ기爲ᄒᆞ야重刊發行ᄒᆞᄂᆞᆫ바英文與漢文은亟爲解讀이未必人皆能之인즉英漢文合刊이從煩無益키로從玆一變前規ᄒᆞ야英漢文을各紙分刊이되內外國各報을一層迅速ᄒᆞ며社說의與警告은强[illegible]을本見ᄒᆞ며善惡을明辨ᄒᆞ야宿弊에指陳ᄒᆞᄂᆞᆫ의性質을具ᄒᆞ야소며時事을[illegible]衡ᄒᆞ며昏昧을提醒ᄒᆞᆷ은仁人君子의篤目憂世하ᄂᆞᆫ風味를含有이고褒貶予奪之中에溫厚規箴ᄒᆞᆷ을隱然寓之ᄒᆞ야有過者로讀之而改焉ᄒᆞ며無過者로讀之而勉焉케ᄒᆞᆷ을지니四方僉君子ᄂᆞᆫ諒此禍腔苦心하야倍前愛讀하시기를爲有厚望焉이로라

雜報

◉嚴金東遊 禮式院禮式官嚴達煥과前內藏院監督金永振兩氏가東遊ᄒᆞᆫ다ᄂᆞᆫ傳說을聞ᄒᆞᆫ즉其東遊ᄒᆞᄂᆞᆫ目的인즉政界上絕大ᄒᆞᆫ運動을因ᄒᆞᆷ이라ᄒᆞ니兩氏ᄂᆞᆫ當今權貴家로其手腕을一揮ᄒᆞ면翻雲覆雨ᄒᆞᄂᆞᆫ造化力을抱ᄒᆞ얏스니此次東遊之際에무슴保國安民ᄒᆞᆯ大事業을做來ᄒᆞᆯᄂᆞᆫ지不知커니와或今番觀察一行가치妄動의思想이有ᄒᆞᆯ진ᄃᆡ來頭禍福에關係不少ᄒᆞᆯ지니兩氏ᄂᆞᆫ愼乎哉인져

◉中不合相 咸南觀察使申箕善氏의貪濁罪狀을一進會에서聲討ᄒᆞᆷ은一般人民의已所共知어니와同氏의文學與抱ᄒᆞᆫ人多稱譽ᄒᆞ야名宰相이나眞學問이니從前經綸不已이되觀其出處事爲ᄒᆞ면大不相副ᄒᆞ야宦業則曲逆을結托ᄒᆞ야鄙夫의患失之態을呈ᄒᆞ며時章開直言議論이時或有之ᄒᆞ되及其從政에無一實踐ᄒᆞ야愚昧莫甚ᄒᆞ니所謂文學經抱을惟此而知오今又貪嗜이狼藉ᄒᆞ고委政圖得ᄒᆞᄂᆞᆫ運動發露ᄒᆞ야民會에서聲討之境에至ᄒᆞ니前日聲價가一時掃地ᄒᆞᆯ지라吾儕ᄂᆞᆫ同氏를爲ᄒᆞ야愛惜心을不禁ᄒᆞᄂᆞ니早早還歸ᄒᆞ야眞學問을更究ᄒᆞ야他日名宰相되기를勸告ᄒᆞ노라

◉金礦爲弊 公州來信을聞ᄒᆞᆫ즉該郡文峴等地에金礦을新設ᄒᆞ얏ᄂᆞᆫᄃᆡ該礦監某氏가氣勢을憑藉ᄒᆞ고該地民有田畓을不償價値ᄒᆞ고恣意開鑿ᄒᆞ며礦軍數百名의朝夕飯供을不給價錢ᄒᆞ고洞中人民의게勒加卜定ᄒᆞᄂᆞᆫ故로該民等이或飯匱出給ᄒᆞ다가不及ᄒᆞᆫ즉該礦軍이亂行毆打ᄒᆞ며或衝火家屋ᄒᆞ야悖擧惡習이無異火賊이로洞民等이不勝其苦ᄒᆞ야本郡에呼訴ᄒᆞᆫ즉該郡守閔泳會氏가不思禁斷ᄒᆞ고但云官何以措處리오我所不知라ᄒᆞᆫ다ᄒᆞ니人民의疾苦을該官長이不爲顧恤이면何人에게呼訴ᄒᆞᆷ이可ᄒᆞᆯ지此等郡守ᄂᆞᆫ有不如無라고民論이大段ᄒᆞ다니內部에셔ᄂᆞᆫ尙在夢中인지今日民生은貪箇控訴無處라ᄒᆞ더라

◉畿報內部 京畿觀察使鄭周永氏가內部에報告ᄒᆞ얏스되開城府尹崔錫敏報告內槪에本府城堞이東頹西圮ᄒᆞ야或一二間或一四間式不知幾處라將至頹仆에城下居民이必不免頹壓之禍키로怨聲이喧騰이옵고且城門이擧皆滲漏中西小門이尤甚ᄒᆞ야외于脫落ᄒᆞ며椽折瓦落ᄒᆞ야現至陷落之境ᄒᆞ니非但現狀之憂懼라自本府駐在日本司令部로來言ᄒᆞ되人之共同出入之門을如是危殆가大關衛生ᄒᆞ니不日內修葺ᄒᆞ되不然則即爲毁撤ᄒᆞ고修改與否을定日示明等因이기不勝悶沓ᄒᆞ와玆以報告ᄒᆞ니查照後該闕修葺ᄒᆞ라ᄒᆞ얏더라

◉民間論生 商業會議所에서錢幣通融事件으로演究ᄒᆞᆷ은前報에已揭어니와各廛을至于今閉鎖ᄒᆞ고商業上去來가一切斷絕ᄒᆞ야請貸ᄒᆞᆫ三百萬圜歸結되기前에ᄂᆞᆫ仍爲閉市되리라ᄒᆞ니從前物價刁蹬ᄒᆞ야一般人民의資生이極其困難中에又此多日閉市ᄒᆞ야錢荒이比前益甚ᄒᆞ고物價가一層翔貴ᄒᆞᆫ즉當於窮人이어더와貧殘ᄒᆞᆫ人民은餓死乃已라ᄒᆞ더라

◉全南旱報 靈光卄果等郡十一郡은七月二十一日雨澤이不過浥塵이고茂長靈光兩郡은一直亢旱ᄒᆞ야雩祭方行이라더라

◉日使公函 日公使林權助氏가外部에公函ᄒᆞ얏스되巨智部博士가爲礦山調査擴張其事業ᄒᆞ야奉承 大皇帝陛下聖旨ᄒᆞ야礦員門名이今將到ᄒᆞᆫ즉該員等의月俸及食料을通牒農商工部及財政顧問官ᄒᆞ야速定支出ᄒᆞ오되該員等一人則月二十元三人則百元式定이可ᄒᆞ니오月內支出ᄒᆞ야以到日로爲之ᄒᆞ라ᄒᆞ얏더라

◉日函外部 日公使가外部에公函하얏스되德語教師佛耶安氏의續合同一事은與英語教師로同式續聘ᄒᆞᆷ이照准合宜나ᄒᆞ얏더라

◉日函外部 日公使林權助氏가外部에公函ᄒᆞ얏스되日下城津監理李元榮으로承我軍의承認ᄒᆞ야行將赴任而進北軍에隨同ᄒᆞᄂᆞᆫ데李永植이久以城津監理署理視務로與我軍便宜ᄒᆞ야其功勞頗多인즉現下吉州郡守欠員中以該員으로補充ᄒᆞ야任或署理ᄒᆞ야以助我軍行動上便宜을爲盼이라ᄒᆞ얏더라

◉慶南雨災 領南郡守朴逸熙氏가內部에報告ᄒᆞ얏스되去月二十五六日始雨ᄒᆞ야二十七日卯時에大雨驟注ᄒᆞ고二十八日卯時에又作ᄒᆞ야川渠漲溢ᄒᆞ고田畓覆沙ᄒᆞ며家屋漂落無處搬之ᄒᆞ야極涉愁慘이라ᄒᆞ얏더라

◉月俸遲遲 度支部에셔各官廳의七月度月給을覓去ᄒᆞ라歷督하나 皇室費가尙不封進ᄒᆞᆫ理由로未敢受來인ᄃᆡ度支部에셔各該命令書에若過三十日로록覓去치아니하면該金額은國庫로還入ᄒᆞ다ᄒᆞ기로各府部院廳官人岬이左右兩難ᄒᆞ야憂慮中이라하더라

◉駐美報告 駐美公使가外部에報告ᄒᆞ얏스되美國外部照會인즉內構向以파나마運河에設立領事官ᄒᆞ고委任狀二本繕給ᄒᆞ야一致於本國政府ᄒᆞ고一致於파나마政府之意로聲明在案인바在本政府ᄂᆞᆫ以此委改ᄒᆞ야若派領事於該運河則具繕給委任狀一本ᄒᆞ야交付於파나마大統領이可ᄒᆞᆫ等因이기茲更馳報라ᄒᆞ얏더라

◉淸函外部 淸公使曾廣銓氏가外部에公函ᄒᆞ얏스되東監理李應榮이姑留ᄒᆞ야與我領事로其議定[illegible]及境地等事ᄒᆞᆫ바로向日函請인즉乞聲飭該署ᄒᆞ야速辦可也라ᄒᆞ얏더라

◉丁禹投書 丁大華禹龍澤兩氏가內部大臣李址鎔氏의게致書ᄒᆞᆫ全文이如左ᄒᆞ니自古以來人臣之罪孰大於賣君賣國者리오顧此大韓三千里疆內幾[illegible]動植이莫非我 太祖高皇帝勤苦創業之所有也 列聖祖五百餘年涵養化育之所被也設有王莽曹卓秦檜賈似道之輩敢肆恣睢慾於其間哉嗚乎 祖宗之斧鉞自在上天之雷霆莫撓神鬼憤怒必遣陰誅挽近奸細之徒接蹤跡踵蔽天日翻覆山河三角慘淡五江嗚咽愚哉匹夫鼓動胜血欲殲讐賊肉上告二十七代 先王之靈下雪二千萬同胞之魂如斯然後生如斯然後死孰不快哉孰不願也況閤下以 皇室誼親勳戚重臣一躍百僚無非食息於 鴻恩當此艱險傾頹之時思効誠欲報 聖德竭力乃已必死乃已有[illegible]而富不思[illegible]羅[illegible]具完[illegible]六[illegible]定[illegible]在[illegible]國之大[illegible]於閤下之心九天之[illegible]十地無[illegible]而無[illegible]滿死閤下又使[illegible]外[illegible]閤下[illegible]修[illegible]此[illegible]有[illegible]行[illegible]爲[illegible]外兵[illegible]而[illegible]閤下[illegible]逆婦人[illegible]免揚[illegible]矣死亦[illegible]天下日何[illegible]使[illegible]邪[illegible]死[illegible]之[illegible]逆[illegible]閤下之所知[illegible]閤下[illegible]逆節[illegible]在[illegible]都[illegible]將[illegible]門外則魚[illegible]托[illegible]末把終云命在[illegible]刻[illegible]能[illegible]得已以書[illegible]陳非[illegible]知[illegible]矣[illegible]矣幸須閤下[illegible]容自[illegible]捉[illegible]府刑受[illegible]閤下之[illegible]勿爲[illegible]預早[illegible]決焉若[illegible]聽則乃[illegible]尙有餘矣[illegible]北部首[illegible]京[illegible]於市[illegible]閤下之心快歟宜[illegible]終自[illegible]라하얏더라

◉照促欠款 法公使가外部에照會內槪에[illegible]來物理의[illegible]八千餘元을向日受領[illegible]領證이더[illegible]人이[illegible]야所索欠款을[illegible]이[illegible]向該府促催이되尙無如何[illegible]니殊切訝歎[illegible]斯[illegible]以便該人束裝[illegible]라ᄒᆞ얏더라

雜報

法律 (續)

第五十二條　老라稱홈은七十歲以上을謂홈이며幼라稱홈은十五歲以下를謂홈이라

第五十三條　廢疾이라稱홈은聾啞盲狂痴이나身體에一部以上이損ᄒᆞ야動作이如常치못ᄒᆞᆫ者를謂홈이라

第五十四條　贓이라稱홈은犯罪홀時에使用ᄒᆞᆫ物品이나犯罪로因ᄒᆞ야得ᄒᆞᆫ거시나人에取와與홈이皆犯罪가될만ᄒᆞᆫ財物을謂홈이라

第五十五條　申訴라稱홈은嘗下裁判所에不服ᄒᆞᆫ訴頌을上司裁判所에呈訴홈을謂홈이라

第五十六條　執刑이라稱홈은笞罪는決笞며禁獄은監獄에因禁홈이며懲役은役에就홈이며流刑은配所에押付홈이며死刑은絞에處홈을謂홈이라

第五十七條　執行이라稱홈은公有나私有ᄒᆞᆫ財産에干犯이나應償홀義務가有ᄒᆞᆫ人의財産을押收홈을謂홈이라

第五十八條　沒入이라稱홈은贓되는物을收入公用홈을謂홈ㅣ라

第五十九條　비償이라稱홈은過失과損害에應償ᄒᆞᆫ金額을謂홈이라

第六十條　應禁物이라稱홈은軍器彈藥鴉片烟及其他臨時禁制物을謂홈이라

第六十一條　離異라稱홈은妻妾을黜홈을謂홈이라

第六十二條　親屬이라稱홈은本宗과異姓의有服과袒免親을謂홈이니左開와如홈이라

一　斬衰齊衰니斬衰三年에父와長子와妻妾이夫의게와夫의父와齊衰三年에母와嫡母와繼母와收養父母와慈母와妻妾이夫의母와齊衰杖期에嫁母와出母와妻와齊衰不杖期에祖父母와齊衰五月에曾祖父母와齊衰三月에高祖父母를謂홈이오嫡孫이祖父母의承重된時는子의例와同홈이라

二　朞親이니衆子와女와長子妻와長孫과長曾孫과長玄孫과兄弟와姉妹와伯叔父母와姑와姪과姪女와夫의姪과妾이夫의妻와子와己子를謂홈이라

三　大功親이니夫의祖父母와伯叔父母와夫의姪婦와衆子妻와衆孫과姪婦와從兄弟와從姉妹를謂홈이라

四　小功親이니長孫妻와長曾孫妻와長玄孫妻와兄弟妻와從祖父母와大姑와從孫從孫女와堂伯叔父母와堂姑와堂질堂질女와再從兄弟와再從姉妹와外祖父母와外叔과姨母와甥질甥질女와同母異父兄弟姉妹와夫의姑와夫의兄弟及兄弟妻와夫의姉妹와夫從질과夫의從孫從孫女와夫의長孫妻와長曾孫妻와長玄孫妻를謂홈이라

(未完)

保險에關ᄒᆞᆫ名家의演說

楠顧問演說大槪

生은玆에我大日本帝國大韓駐箚全權公使林權助閣下에셔報告코ᄌᆞ홈이有ᄒᆞ니實로官邸에訪問ᄒᆞ야陳述ᄒᆞᆫ事件은有ᄒᆞ얏ᄉᆞ나今日韓國顯貴에列席ᄒᆞᆫ庭所에셔公然이反覆言論코ᄌᆞᄒᆞ노니無他라我日宗生命보험株式會社가此韓에셔事業을着手홈에就ᄒᆞ야 義陽君殿下를始爲泰戴ᄒᆞ고門地輿望이共高ᄒᆞᆫ此國貴顯九名이我社를賛成ᄒᆞ며我社를爲ᄒᆞ야賛助員이리는名稱을公明히承諾하왓나니其氏名은閣下께에已述홈과如하거니와抑我會社가今番韓國에着手홈에至ᄒᆞ은生이此를勸ᄒᆞᆫ바이라然이나此를勸ᄒᆞᆫ意思는大抵生命보험會社는此를營利하는目的으로爲하나其事業은一身一家一國에就하야極히緊要ᄒᆞᆫ事業이오其動機는人人이相助ᄒᆞ는人類의高尙美善ᄒᆞᆫ至情으로봇터發ᄒᆞ는者이라故로公益事業이라云홈도爲可홀지라然이나韓國이此事業을姑未發達ᄒᆞ얏슬뿐아니라日本의同業會社에셔도此事業을實未擴張於韓ᄒᆞᆫ者ᄒᆞ니此乃今日韓日交誼가敎厚를重疊ᄒᆞᆫ際에實是一大缺點也라ᄒᆞ노니故로生은진실로此生命保험專門家이라故로此欠點을補홀義務가有ᄒᆞ며又는會社도亦斯業에從事ᄒᆞ는者이니同樣의義務가有ᄒᆞ다ᄒᆞᆫ지라於是乎生이我會社를勸ᄒᆞ야韓國에着手케ᄒᆞ미라然이나生命보험에는數多條件이有ᄒᆞᆫ故로何國民人이든지輕忽히加盟을勸誘키不能ᄒᆞᆫ지라生이到韓홈은五月中旬이나二箇月이姑未成焉ᄒᆞ얏스나久히韓國에滯在ᄒᆞᆫ各專門家에十分硏究를經ᄒᆞᆫ先輩의韓國事情의敎導을請ᄒᆞ야受得ᄒᆞᆫ其結果가韓國人은生이暮在日本所聞과無異ᄒᆞ야生命保險에不適當ᄒᆞᆫ人民이無홈은確論ᄒᆞᆫ지라故로生은此際에會社를勸ᄒᆞ야大韓國에盡力케ᄒᆞ며一方으로는此國에셔日本事情을精通ᄒᆞ야日本에同情을特ᄒᆞᆫ諸君에게告ᄒᆞ며其助成을請하얏나니(就中金明濟金益昇李晃宇三君이是也ㅣ며)又一方에는重要ᄒᆞᆫ社員醫員一名式呼來ᄒᆞ얏나니卽宮己要造(九州一方을擔負ᄒᆞᆫ西部監督部長)渭繁東(診査監督醫)의兩人이是也ㅣ라其順序가如右ᄒᆞ오며兼ᄒᆞ야其紹介를請ᄒᆞ나니다右는所聞을依ᄒᆞᆫ즉진실노此國에셔事를成코져ᄒᆞ면預先世間에表式이되諸氏의賛成을切望ᄒᆞᆯ지라然이나此는極難ᄒᆞᆫ事이니何國이던지新規에事業은先發者가憤發提시치아니면其成立을不可望焉ᄒᆞᆯ지라然이나我會社가前述과如히有名ᄒᆞᆫ賛助員을推戴ᄒᆞᆫ光榮을得홈은金明濟金益昇兩氏의猶力ᄒᆞ신結果는今不必長告이오나又는名譽賛助員諸君이斯業의文明的事業됨을深賛歡迎ᄒᆞ신好意에在ᄒᆞ며又一은我林公使閣下는勿論ᄒᆞ고顧問官이라던지或은務與官이라던지講師라던지其他多數方面으로盡力ᄒᆞ신諸君에게其效果가專在ᄒᆞ얏다ᄒᆞᆯ즉此亦不矣로다尙又久히韓國에滯在ᄒᆞᆫ諸氏가各種方面에活動하야韓日交誼가今日과如히親密케하샤恩惠라하노니生이此序次를擧하야我林公使閣下前에陳述ᄒᆞ야報告홈은 義陽君殿下를始爲泰戴하며又我會社에名譽賛助員을承諾ᄒᆞ신諸氏에게其厚意를深히感謝홈에在ᄒᆞ며同時에其始末이如假홈을在韓同胞諸君에게報明ᄒᆞ야生과如히其喜를分하기로切願ᄒᆞ며及 義陽君殿下其他名譽賛員諸氏에게林公使閣下로봇터日本人을代表ᄒᆞ야歡喜의謝辭을陳述ᄒᆞ시기切願ᄒᆞᄂᆞᆫ眞意라하나이다

林公使의演說大槩

我는楠君에對하야言하노니韓國에滯在ᄒᆞᆫ지未幾日에事業을爲하옴은詳聞하얏거니와如是히成効을得홈을致賀하오며又義陽君殿下를始爲泰戴하고賛成을賜하오신諸君에게其感意를謹謝하오며保險의事에就하야는諸君이既爲賛成하신後인즉別노히陳述홀必要가無홈으로認하오며又此博愛的事業됨은諸君의已所知之와如하거니와歐米에는元來苟是文明國則此事業之不盛者ㅣ無矣라故此事業의盛衰로써國의文野를測定홈에足하다謂홀者인즉此國의歷歷ᄒᆞᆫ諸君이我國日宗生命保險會社를爲하야名譽賛助員되믈承諾하오샤盛大ᄒᆞ니生으亦大爲感謝하오며同時에更進一步하야其賛助를事業에表顯케하시기를切望云云ᄒᆞ는楠務顧問(前農商外務省保險課長)이韓國事情을視察하기爲하야出張하얏슴際에韓日兩國의大官幷紳商을巴城館에招宴하얏는ᄃᆡ席上에셔林公使及楠顧問의연述ᄒᆞᆫ바를述記홈이라

但誤譯의無홈을保證키難ᄒᆞ니其責은學者가自任ᄒᆞᆯ거시라

日宗生命保險株式會社
西部監督部長
宮己要造 識

野乘

적션여경록 (五)

닉가장차네근심을업시ᄒᆞᆯ도리잇스로라비소졔류쟈사의호의를곰동하야그졔야부친의양양ᄌᆞ사로죄슈를일코왕욱에치폐ᄒᆞᆫᄉᆞ실를낫낫치고소하온ᄃᆡ류ᄌᆞᄉᆞᄃᆡ경실색하고누슈교류하야빅슈에져ᄌᆞ믈새닷지못ᄒᆞ고일오ᄃᆡ가셕허도ᄃᆞ비사군의쳥덕인애홈으로이러현억울한화파를당홈이엇지ᄎᆞ흡지ᄋᆞᆫ니리오소져를ᄃᆡ허여일으되소져는아즉닉집머물고닉장ᄎᆞ존군을위허어길디를구허여안장케허리라하고즉시외당으로나아가가인시겨변양셩에보닉여비사군영구를이운케허더니

特別廣告

本申報는海外電報를郎接호야機關이靈通호고外報와探報를敏捷活潑호도록注意호오며申報發送호는되迅速信傳호기는分傳人의게在홈으로本社에서平常에諸分傳人의게丁寧告戒호고申申訓飭호야毋或嬾惰호게注意호거니와如或暫有稽忽이라도愛讀僉君子는密使逓知于本社호시면該分傳의게誠信相孚호도록耳提面命호고勸贊가發生호도록誨論호야必無遲誤호기로期待호옵나이다

本社에寄書호시는諸君子는姓名과居住를明確호게懸錄決附호시와證據가有홈을必要홈이오公衆平和호秩序를紊亂케호는意와社會上不經荒雜호寄書는不受호는權利가本社에自有호오니肯諒호시옵

大韓每日申報社

廣告

美國博士하루바도氏譯撰

● **大東紀年** 全帙五冊 價新貨貳元定

○本紀年은自我韓開國以來朝野史乘을蒐輯參考호야至于今上陛下卽位三十二年(乙未事變)ᄭᆞ지精詳記載호얏ᄉᆞ오니願覽僉君子는陸續枉購호시옵

發售所 東關罷朝橋越便

博文書林主 朱翰榮 告白

貿易商 本社는仁川港

日本郵便電信局對面

電話第二百一番地

仁川港 廣昌 **洋行**

벤넛트會社告白

○鐵路部

○東大門과新門間에來往車는每十分間에運行홈

東大門發初車는午前六時三十分

新門外停車塲發初車는午前六時五十五分

東大門發終車는午後九時五十分

新門外停車塲發終車는午後十時十五分

○東大門과洪陵間에來往車는每二十分間에運行홈

但自鍾路로東大門에來到혼交替車로聯絡홈

東大門發初車는午前六時五十分

洪陵發 初車는午前七時十分

東大門發終車는午後七時五十分

洪陵發 終車는午後八時十分

○鍾路와龍山間에來往車는每十二分間에運行홈

鍾路發至南大門初車는午前六時四十八分

鍾路發至龍山 初車는午前七時二十四分

南大門發至鍾路初車는午前六時五十六分

龍山發至鍾路 終車는午前七時五十七分

南大門發至鍾路終車는午前十時八分

龍山發至鍾路 終車는午後九時九分

○特別私用車는顧客의方便홈을隨應호야準給홈

但定價는本社에來臨호야請問호옵

○電燈部

二百五十燭力以內의敷用處에는每個月에定價表가如左홈

○十六燭力燃燈達夜에二圓五十錢

○三十二燭力燃燈達夜에四圓

○五十燭力燃燈達夜에六圓

○一百五十燭力燃燈達夜에十圓

一千二百燭力弧形燈達夜에二十圓

二百五十燭力以上의敷用處에는請求호면瓦斯計一箇를設給홈

但瓦斯計賃金은每個月에二圓이오瓦斯計測驗表委托定價는每時間每암피아에二錢이옵

瓦斯計設給處에셔每介月支拂金最低額은每個月에二十圓인듸(瓦斯計貸金은)据홈

電燈을敷設호기에請求호는듸로供給홈

各種連技辦燈도常時에貯存호엿숩

本社鐵路電氣會社
韓美電氣會社 告白

大韓帝國仁川港

濟物浦紙卷煙及烟草會社

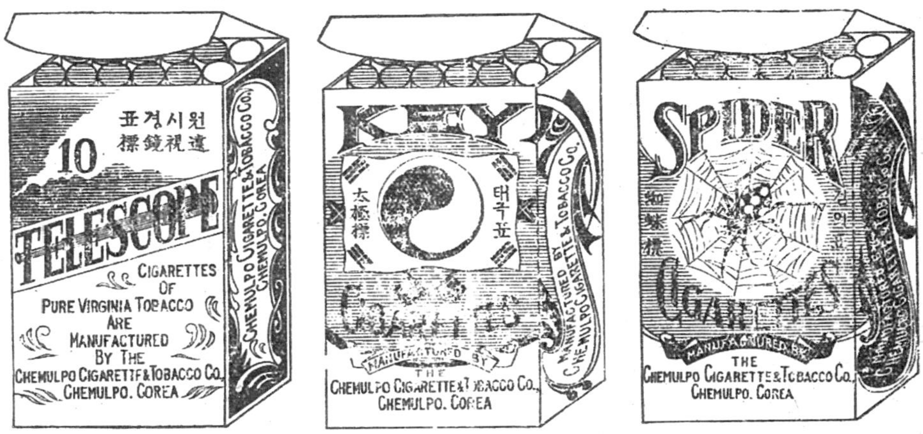

以上三種은上品으로製造호야衛生上에至極有益호오니毋論某人호고本社에來願호옵

一 鷹標罐濃詰牛乳

一 金印罐詰濃結牛乳

一 無雙家用氣化乳酪

一 쌘ㅣ든쓰製造麥芽化合牛乳

以上은常時에貯積호엿숩

美國紐育港쌘ㅣ든쓰濃結牛유會社

一手代理店 大韓仁川港 世昌 **洋行**

廣告

一 雜貨商

一 貿易商

一 船舶取扱

一 煙草商

一 委托販賣及貨物運送代理業

一 貿易石炭商

以上輸入及輸出者

京城 仁川 大昌 **洋行**

本社廣告

申報價

一張代金 韓貨五錢

一箇月前納 五十戔

三箇月 一元五十戔

六箇月 二元九十戔

一箇年 五元八十戔

郵稅一部 新貨五里

一箇月 十三戔

廣告料

四号活字十三字詰每日每英尺一寸에新貨卄五錢(每日每行에六錢에相當홈)

二周日에 二圓五十錢(每日每行四錢五里에相當홈)

一箇月에 五圓(每日每行四錢一里에相當홈)

其期限의長短과字行의多少를依호야增減홈이有홈

大韓人마다此申報를不得不閱覽호실터이오니廣告出報호실僉君子는來臨面議호시옵

發行兼編輯人 英國人裵說

發行所

京城北署壽進坊磚洞号外地法語學校前

大韓每日申報社

第三卷 第八號

大韓每日申報
대한매일신보

月曜及慶節歲時日休刊

檀君開國四千二百三十八年
箕子元年三千二十七年
大韓開國五百十四年
日本明治三十八年
淸國光緖三十一年
陰曆乙巳七月小二十日辛卯

論說

航權請求

凡此要求ᄂᆞᆫ乃是强請也라第論多少邦國中에美國이表而出之ᄒᆞ야其海邊貿易에制限이有ᄒᆞᆷ으로無制限ᄒᆞᆫ英國과其他自由로無碍互市ᄒᆞᄂᆞᆫ各邦人民ᄭᆞ지此國有制限ᄒᆞᆫ港口에至ᄒᆞ야ᄂᆞᆫ其制限을受ᄒᆞᄂᆞᆫ지라何樣勿論ᄒᆞ고此項難事ᄂᆞᆫ(나가모리日本人)計劃과無異ᄒᆞᆫ지라韓國이日本과ᄒᆞᆫ가지로商利를競爭ᄒᆞᆫ形勢가되지못ᄒᆞ고又況此權利를准施ᄒᆞ야多數日本人民이韓國海岸과江河에輻湊ᄒᆞᄂᆞᆫ時에ᄂᆞᆫ事端滋만ᄒᆞᆷ을不免ᄒᆞ야謂辦ᄒᆞ기에韓國政法이不合ᄒᆞᆯ지니절科컨ᄃᆡ만일大端不便ᄒᆞᆫ事端이生ᄒᆞᆷ을免케ᄒᆞ랴면多數日人을韓國遠鄕地方에進入케ᄒᆞᄂᆞᆫ事에關ᄒᆞᆫ諸般案件은一切休案ᄒᆞ얏다가俟韓國政治가進步ᄒᆞ야兩國人民間에所有ᄒᆞᆫ是非爭端을能히商辦無憾ᄒᆞᆯ時에施行ᄒᆞᆷ이未晩ᄒᆞᆯ지오且想컨ᄃᆡ請求ᄂᆞᆫ多ᄒᆞ고補還은無ᄒᆞᆫ듯ᄒᆞ도다該合同에韓國人民에게도日本河川에航行ᄒᆞᄂᆞᆫ權을亦爲准許ᄒᆞ다ᄒᆞ얏스나日本人民은韓國人民이爭利經營ᄒᆞᆷ을韓國에셔던지日本에셔던지無所畏憚ᄒᆞ니但與各他友國이互相同一ᄒᆞᆫ權利를約定ᄒᆞᄂᆞᆫ條件으로同樣ᄒᆞᆯ뿐이라若如所聞則近者所得ᄒᆞᆫ漢城平壤馬山浦元山等地에最好河邊의利益과並此自由航漕ᄒᆞᄂᆞᆫ權利ᄂᆞᆫ便是兩手執餠이로다平壤과其他處事等ᄂᆞᆫ不可詳知어니와惟軍用地로佔入ᄒᆞᆫ漢江沿岸所落基址에만일韓人을除去ᄒᆞ고日本商民所用케認許가되며京江間貿易全權이日人에게讓與ᄒᆞᆷ이될지라此等事들以下尾附ᄒᆞᆫ近日日日新報에說及ᄒᆞᆫ바有ᄒᆞ니

韓國에內地通商이되면內地에外國地、外人日과不同ᄒᆞᆯ지니國政府가此等人을合理ᄒᆞ게管治ᄒᆞᆯ法律이不得不有之나現今韓國이民事를治理ᄒᆞᆯ律法이無ᄒᆞᆫ즉不可不合當ᄒᆞᆫ法律과裁判所를組織ᄒᆞ여야ᄒᆞᆯ지라ᄒᆞ얏스니該新聞에所言이顯然히韓國官吏에게貽惱치아니ᄒᆞᆯ日人과ᄂᆞᆫ不同이라ᄒᆞᆷ을覺得ᄒᆞᆯ지라雖然이나此等爲已之巧說은此項辨論에掛齒ᄒᆞᆯ바아니로라

官報

●號外 光武九年八月十八日

◉宮廷錄事 軍部大臣沈相薰辭職疏

批旨省疏具悉卿懇非徒宿연也此時委畀特尋出常卿其勿辭行公事遣部郞宣諭

八月十七日

●號外 光武九年八月十八日

◉宮廷錄事 詔曰命法部大臣權重顯爲軍部大臣

光武九年八月十八日

議政府議政大臣臨時署理農商工部大臣朴齊純

軍部大臣沈相薰辭職疏

批旨省疏具悉卿懇病旣難强所請依施事遣部郞宣諭

外部大臣李夏榮辭職疏

批旨省疏具悉卿懇必不可許而愈往愈辭其何不孚之至此斷勿更煩卽起視務事遣部郞宣諭

以上八月十八日

◉叙任 法部大臣權重顯任軍部大臣叙勅任官一等

八月十八日

●第三千二百二十二號 光武九年八月十九日

◉宮廷錄事 詔曰日本國陸軍少將勳二等宇佐川一正久駐本邦多有効勞特陞叙勳一等八卦章

光武九年八月十一日

表勳院摠裁臨時署理朴齊純

詔曰命奉常司提調趙秉弼爲宮內府特進官從二品趙重穆爲奉常司提調 八月十六日

奉常司提調李根敎辭職疏

批旨省疏子悉所請依施

八月十七日

依願免本官 秘書監丞申性均

任秘書監丞叙奏任官六等 正三品愼一範

以上八月二十四日

日本國陸軍少將勳二等宇佐川一正 陞叙一勳等賜八卦章

八月十一日

依願免本官 宮內府參書官秦尙穆

正三品金鎔濟 任宮內府參書官兼內任事長課叙奏任官三等 以上八月十五日

秘書監丞吳成善 崇德殿參奉朴文益 箕子陵參奉尹昌穆

依願免本官

命宮內府特進官叙勅任官三等 奉常司提調趙秉弼

命奉常司提調叙勅任官三等 從二品趙重穆

任秘書監丞奏叙任官三等 正三品李驥榮

兼任禮式院掌禮 秘書監丞申性均

李周泳 洪鍾完 任主殿院電務課主事叙判任官六等

任崇德殿參奉叙判任官八等 朴鍾來

任箕子陵參奉叙判任官八等 朴支典 以上八月十六日

東萊監理署主事尹相殷

龍川監理署主事金泰俊

依願免本官

務安監理署主事李奎珩 任東萊監理署主事叙判任官六等

任務安監理署主事叙判任六等 李圭澤

任龍川監理署主事叙判任官六等 金智泰

以上八月十七日

外報

●英國의對淸政策 八月五日로이터電을據ᄒᆞᆫ즉外務省預算議討中에英國下議院에서外務次官과씨伯이說明ᄒᆞ기를本政府ᄂᆞᆫ淸國의共同利益을催進ᄒᆞ기爲ᄒᆞ야法國과共同ᄒᆞ며必要ᄒᆞᆫ事에十分覺知ᄒᆞ야機會와取扱點에此를對等ᄒᆞᆫ基礎로以ᄒᆞ야四川省산도쓰톤谿谷에至ᄒᆞ기ᄭᆞ지揚子江에셔브터合同ᄒᆞ야鐵道를布設ᄒᆞᆫ商議을大略締結ᄒᆞ기로ᄒᆞ고ᄲᅡ아케이條約은鐵山에關ᄒᆞᆫ規定外에此를爲ᄒᆞ야聊無影響ᄒᆞ고上海協定書에規定ᄒᆞᆫ通貨와及其他點은依然ᄒᆞ고德國이山東省에門戶開放의原則을破壞ᄒᆞᆫ證據ᄂᆞᆫ毋히不認ᄒᆞ기로ᄒᆞ얏다더라

詞林

述懷

長松蔭茅屋午枕却生寒病久事還少心淸身亦安壯年曾慕道皿首倚藻官夢能黃粱熟方知斗室寬

月波亭 棄棄生

十載鷗盟此日尋滄波滿地漾輕陰靑袍執與蓑衣爽白屋爭如野艇深驅馬高車非上計枕流漱石是中心誰言詞客貧無賴賣賦堪爲買酒金

白雲樓二首 愚谷子

遲日樓中喚性靈夏雲多白夏山靑心光滿似觀音月身世微如處士星野菜食單瓢舊圃石泉茶品汲新瓶年來已是言詮斷倚檻時時立晩庭

不能一舉作神仙遺洛塵埃道路邊斜日流泉今去去歸花開草舊年年我生自有天生趣愚死何如醉死賢避暑因成兼避世山中事事却飄然

社告

本申報의刱刊ᄒᆞᆫ月日이于今一週歲이나機械와鑄字가未具ᄒᆞᆷ으로二百餘號를發行ᄒᆞ고仍爲停刊인바旣張而中輟ᄒᆞᄂᆞᆫ게實所慨然이기本社에셔思를勞ᄒᆞ고慮를費ᄒᆞ야今에諸가事完備ᄒᆞᆫ바永遠持替ᄒᆞᆯ基礎를確定ᄒᆞ야大韓有志人士의文明智識을啓發ᄒᆞ고暨環球各國에見聞을公同ᄒᆞ기爲ᄒᆞ야重刊發行ᄒᆞᄂᆞᆫ바英文與漢文을並爲解讀이未必人皆能之인즉英漢文合刊이徒煩無益키로從玆一變前規ᄒᆞ야英漢文을各紙分刊이되內外國各事를一層迅速ᄒᆞ며社說의[illegible]ᄒᆞᆷ은强禦를不畏ᄒᆞ며善惡을明辨ᄒᆞ야當庭에指佞草의性質을具ᄒᆞ야스며時事를評衡ᄒᆞ며昏昧를提醒ᄒᆞᆷ은仁人君子의當日憂世하ᄂᆞᆫ風味를含有이고褒貶予奪之中에溫厚規箴을隱然寓之ᄒᆞ야使有過者로讀之而改焉ᄒᆞ며無過者로讀之而勉焉케ᄒᆞᆯ지니四方僉君子ᄂᆞᆫ諒此滿腔苦心하야倍前愛讀하시기를竊有厚望焉이로라

電報

◉講和條件 八月十八日三時四十分發

○第七條合爾賓以南鐵道를讓與ᄒᆞᆯ事

○第八條露國은滿洲橫斷鐵道를軍事에使用치아니ᄒᆞ고日本도旅順線에同樣制限을置ᄒᆞᆯ事를議定ᄒᆞ얏고

○露國은漁業權을讓與ᄒᆞᆯ터이오日本은露國의海軍力制限의要求를放拋ᄒᆞᆯ거시라더라

○逋入露艦處分에就ᄒᆞ야ᄂᆞᆫ仲裁裁判에附ᄒᆞᆯ거시라더라

◉桂相晩餐會 同月同日오前五時發

本日桂首相은韓國視察員及韓國公使를官邸에셔招ᄒᆞ야晩餐會를設ᄒᆞ얏다더라

雜報

◉逃避何多 平壤府에셔日本軍用地段定界時에人民이會集相拒ᄒᆞ미日兵이放砲示威ᄒᆞᆷ으로衆民이以石亂投에該郡官廳ᄭᆞ지破碎하야一場大鬧에至ᄒᆞᆫ즉該郡守李承載氏ᄂᆞᆫ逃避ᄒᆞ얏다고西來人이傳說ᄒᆞ니近來官人의逃走ᄂᆞᆫ例症藥石이라더라

◉德使照會 德公使가警務廳에照會하되本邦人高苹基품開에去六月分에賊漢이入于本人家ᄒᆞ야毆打本人ᄒᆞ고錢三千六百餘元과貨物等屬을拾去라ᄒᆞ니望貴警使ᄂᆞᆫ該犯을到底調捉ᄒᆞ야該物을覓還ᄒᆞ라ᄒᆞ얏더라

◉公察報告 公州觀察使가外部에報告ᄒᆞ얏스되天安郡守報開에熊川留日人岩山이稱以商社長ᄒᆞ고派差鄭德化ᄒᆞ야設庖屠牛ᄒᆞ니此是何部所管인지但以稱有一契約ᄒᆞ니殊甚無據等情ᄒᆞ야據此馳報ᄒᆞ오니卽爲轉照日公館ᄒᆞ야禁斷其散在外郡擅行屠牛之弊를爲望이라ᄒᆞ얏다더라

◉德儲嘉禮 駐德公使가外部에報告內槩에去六月六日德國皇太子嘉禮時에本使로賀儀進參大使之命을承이옵기親書及德國皇太子ᄭᅴ所呈勳章을去六月三日에已爲親呈이옵고六日에進參賀儀이온즉照諒爲望이라하얏더라

◉[illegible]瑣錄 辭讓之心은禮之端也라無辭讓之心이면是乃無禮也니人而無禮면不成其爲人也오若或不當辭而辭之ᄒᆞ야矯飾虛僞ᄒᆞ며欺世瞞人이면是乃奸人也오凶人也니奸凶之人은法所當誅也라然則當辭而不辭와不當辭而辭之가均有罪焉ᄒᆞ니人之於辭受에當百倍審處이거날近日爲大官者ㅣ其未得也엔焦思勞慮에憂形於色ᄒᆞ야言語無味ᄒᆞ며四肢無力ᄒᆞ야千蹊百逕으로期圖必得이다가及其僥倖得成ᄒᆞ야郵報가飛至ᄒᆞ고賀客이臨門則乃返堅臥不起ᄒᆞ야若真無心者然ᄒᆞ며一再辭疏然後에始爲視務ᄒᆞ니或謂克讓이自是美事而然歟아當辭而辭인된雖日三封章이라도得請乃已可也오若係不當사而사之된屑屑煩瀆이近於要君인즉非禮之禮ᄂᆞᆫ非端人의所可爲也오況有意而圖之라가無端巽辭ᄒᆞ니欲誰欺乎아其將欺天乎아此等奸人의躁進之態와虛僞之飾을傍觀者ㅣ莫不鼻笑而唾罵로되彼則處若固然에恬不知恥ᄒᆞ니韓廷大官에凡百事爲ᄂᆞᆫ皆當作如是觀

諡也者ᄂᆞᆫ狀其德也라人苟不德이면諡何爲哉아昔之大官은非賢者면莫居故로生則厚祿而養之ᄒᆞ고死則易名而寵之ᄒᆞ야于以勸勉百辟ᄒᆞ며垂諸後世ᄒᆞ니諡之關重이有如是也어ᄂᆞᆯ挽近朝著紊亂ᄒᆞ야公議不行ᄒᆞ야居於大常者ㅣ不採名實如何ᄒᆞ고惟以阿私爲念ᄒᆞ야曰文曰忠等美諡을視之若茶飯文字ᄒᆞ야擬議不倫에四方이傳笑ᄒᆞ니加華袞於土木에終成偶人이라規規然溢美가顧何益焉고近有數三野人이强論諡法ᄒᆞᄂᆞᆫ되甲曰諡者ᄂᆞᆫ以爵位와門閥로定其品題하나니曾經議政參政曰忠이오高門巨族曰文이니라乙曰諡之格例ᄂᆞᆫ道其生前所長ᄒᆞ나니尋章摘句曰文이오阿諛承順曰忠이니라丙曰諡者ᄂᆞᆫ其增所不足而美之ᄒᆞ나니目不識丁曰文이오病國害民曰忠이라ᄒᆞ니噫此三說이雖近於滑稽나亦足以警世기로並以錄之ᄒᆞ노라

夫人會之有益於民國은非謂他也라存心學問ᄒᆞ야相與儀規磨礱이면雖昏昧女子라도自然見識이高明ᄒᆞ며志氣貞順ᄒᆞ야凡於經理家産ᄒᆞ며導迪子女ᄒᆞ며一切日用事爲之際에能佐其丈夫ᄒᆞ야共其幹旋ᄒᆞᆷ을爲인바近日入會夫人의誰某와多寡ᄂᆞᆫ吾儕之所未詳이어니와傳說을聞ᄒᆞᆫ즉或未解一句學問ᄒᆞ고胥矜踈放이異於前日ᄒᆞ야針刺酒醬等의區區事務ᄂᆞᆫ付諸行雲流水ᄒᆞ야頓然忘却ᄒᆞ고隨伴逐隊에恣其行止ᄒᆞ야無晝無夜에翶翔南北ᄒᆞᆫ다하니該會宗旨의大段違背ᄒᆞᆯ뿐더러苟皆如是不已면見識開明은姑舍하고女人의情做敗産과遊戲無検하ᄂᆞᆫ弊習이設會前에셔返甚ᄒᆞᆯ지니吾儕ᄂᆞᆫ不勝慨惜하로라

◉報請禁礦 昌原郡守가外部에報告ᄒᆞ얏ᄂᆞᆫ되本郡八龍山의日人採鋼一事ᄂᆞᆫ所爲田中當次郎이慶尙金礦監理吳澳善의契約書를持ᄒᆞ고來到採礦이기厲徑力禁에稱以調印之契約ᄒᆞ고終不聽從ᄒᆞ니査照處辦을伏望이라ᄒᆞ얏더라

◉政界一束

○軍大沈相薰氏ᄂᆞᆫ蹠遞ᄒᆞ얏고

○法大權重顯氏ᄂᆞᆫ軍大를任ᄒᆞ얏고

○外大李夏榮氏ᄂᆞᆫ辭蹠進呈ᄒᆞ고山寺淸凉世界에高臥ᄒᆞ야大界上擾攘紅塵을냉笑에付之ᄒᆞ얏고

○法大李根澤氏ᄂᆞᆫ政界에有甚別運動인지川鄕第로서上京ᄒᆞ얏고

○內大李址鎔氏ᄂᆞᆫ近日心神이何如ᄒᆞᆫ지日昨禹氏의龍門一斧로廳當骨격이蹠通되얏슬듯

○遞度大閔泳喆氏ᄂᆞᆫ一自解任以來로종跡을世人이不知하니必是平南民人等과商業會員의聲討를畏縮ᄒᆞ야淸國으로逃走ᄒᆞᆷ이라더라

◉日使陛見 本日下午四時에日本公使를召接ᄒᆞ신다더라

◉內大參禪 內大李址鎔氏ᄂᆞᆫ開齋ᄒᆞ기爲ᄒᆞ야東小門外山寺로出往ᄒᆞ얏다더라

◉蔚報內部 蔚珍郡守尹[illegible]榮氏가內部에報告ᄒᆞ얏스되本郡前洋海上에露艦이爲日人擊破之由ᄂᆞᆫ前已馳報이온바陰六月初八日에日兵六十名과艦長野口鐵彥이越後丸을搭乘ᄒᆞ고自三陟月川으로竹邊浦에來泊ᄒᆞ야洮破ᄒᆞᆫ露國船을將欲拯出인바未知幾日役이오니査明爲望이라ᄒᆞ얏더라

◉忠察電召 忠淸觀察使李道宰氏를日前電召ᄒᆞ옵셧ᄂᆞᆫ디장ᄎᆞ內大를被任ᄒᆞᆫ다더라

◉李邸兵守 江原觀察使ᄂᆞᆫ李容翊氏邸에兵丁三十名을下送ᄒᆞ야領率ᄒᆞ고把守保護ᄒᆞᄂᆞᆫ바人民의不良之變이有ᄒᆞᆯ가預慮ᄒᆞᆷ이라더라

◉靑會義擧 關西의移民의困難ᄒᆞᆷ은世人의共知ᄒᆞᄂᆞᆫ바어니와此事件으로 勅令ᄭᅴ셔特下ᄒᆞ옵고善處方略을特責ᄒᆞ옵셧ᄂᆞᆫ되政府에셔悠泛度日키로靑年會有志人士가政府에長書ᄒᆞ고又於日昨夜에議會에셔大演說會를開ᄒᆞ고該移民措處之方을討論ᄒᆞ얏ᄂᆞᆫ디會員及傍聽諸人이該移民의措處所費로各其義捐金이數百元에至ᄒᆞ고該移民의情形을派員調査前에ᄂᆞᆫ確實키難ᄒᆞ다ᄒᆞ야該地派遣ᄒᆞᆯ調査委員을李節秀朴[illegible]玄兩氏로選定ᄒᆞ고兩氏의旅費金數百元도會員及傍聽人이義捐ᄒᆞ얏다더라

◉正誤 本報第六號雜報欄內各館에明題下繼天紀元節은開國紀元節을誤植ᄒᆞᆷ

雜報

法律 (續)

五 緦麻親이니衆孫妻와衆曾孫과衆玄孫과從兄弟妻와從孫妻와從曾孫妻와從曾祖父母와曾大姑와堂질妻와從曾孫과從曾孫女와再從祖父母와再從大姑와再從叔父母와再從姑와再從질과再從질女와再從孫과再從孫女와三從兄弟ᄌᆞ매와外從兄弟ᄌᆞ매와內外從兄弟ᄌᆞ매와外叔母와甥질妻와妻父母와女婿와外孫과外孫女와外孫妻와姨從兄弟ᄌᆞ매와庶母와乳母와夫의高曾祖父母와夫의從祖父母와夫의大姑와夫의堂伯叔父母와夫의從兄弟와夫의從兄弟妻와夫의從姪婦와夫의再從姪再從姪女와夫의堂姪婦와夫의再從孫과夫의從孫婦와夫의衆孫婦와夫의再從孫女와夫의衆玄孫을謂홈이라

六 無服親이니本宗同五世祖祖免親과異姓의外曾祖父母와外再從兄弟姊妹와從姨母의子와外從姪과姨從질과內從질과妻의祖父母와妻外祖父母와妻의伯叔父母와妻姑와妻兄弟妻와妻질과妻姊妹와外曾孫과姑夫와姊妹夫를謂홈이라

七 同居繼父가子孫이無ᄒᆞ고己의大功親이無혼境遇에는朞年이며子孫이나大功親이兩有혼境遇에는齊衰三月홈이라

八 今不同居繼父는齊衰三月홈이라

第八節 等級區別

第六十三條 官人에對ᄒᆞ야犯罪혼時에遞加ᄒᆞ는等級은勅任奏任判任三等으로區別ᄒᆞ되左開와如홈이라

一 勅任官과從二品以上은三等이며

二 奏任官과六品以上은二等이며

三 判任官과九品以上은一等으로홈이라

第六十四條 親屬이相犯혼時에加減ᄒᆞ는等級은第六十二條例에叅照ᄒᆞ야左開와如홈이라

一 斬衰齊衰親 特例

二 朞親 五等

三 大功親 四等

四 小功親 三等

五 緦麻親 二等

六 無服親 一等

但降服혼境遇에는本服을從홈이라

七 妻는二等이며妾은四等으로論홈이라

八 同居혼繼父와妻妾前夫의子는二等이며先嘗同居라가今不同居ᄒᆞ는者는一等으로論홈이라

九 親屬의妾은尊長이卑幼의妾에나卑幼의妾이尊長에게犯혼境遇에는各히妻보다一等을加減ᄒᆞ고卑幼가尊長의妾에나尊長의妾이卑幼에게犯혼境遇에는各히凡人과同홈이라

十 父祖의妾이嫡子孫에게犯혼境遇에는凡人과同ᄒᆞ고嫡子孫이父祖의妾에게犯혼境遇에는各히二等을加홈이라

十一 袒免以上親이生長各處ᄒᆞ거나經亂失散ᄒᆞ야親屬인줄不知ᄒᆞ고犯罪ᄒᆞᆫ者는凡人과同論홈이라

但本律이應經혼者는本律을從ᄒᆞ야處斷홈이라

第六十五條 屬ᄒᆞᆫ親屬卑幼에依ᄒᆞ야論홈이라

第二編 罪例

第一章 犯罪分析

第一節 犯罪原由

第六十六條 犯罪라홈은國家常典이나人民의通義를違背ᄒᆞ야公益私益이나公權私權을侵害ᄒᆞ나壞亂케홈이라

第六十七條 皇室犯과國事犯과公罪와私罪를左開와如케分홈이라

一 皇室犯은 尊嚴之地에犯罪된者

二 國事犯은政府를傾覆ᄒᆞ거나 國權을壞損홈으로犯罪된者

三 公罪는公事ㅣ에不覺ᄒᆞ고失錯혼者

四 私罪는公事私事를勿論ᄒᆞ고恣意故犯혼者

第六十八條 本章程諸條에揭載혼바罪를犯혼者의情을知ᄒᆞ고告發치아니혼者도犯罪로論홈이라 (未完)

日宗生命保險株式會社 生命保險說明書

● 緒言

本會社는日本商法規定에基因ᄒᆞ야明治二十九年에以資本金三十萬圓으로創立ᄒᆞ야現在保險契約金額이七百萬圓以上에達ᄒᆞ얏쓰며資本金外에準備金이四十餘萬圓이有ᄒᆞ니此는農商務省의嚴格ᄒᆞᆫ監督下에서營業으로成立혼者니라

○保險契約之種類

一 本會社ᄀᆞᆷ保險은被保險者의年齡을依ᄒᆞ야契約期限을定ᄒᆞ야契約ᄒᆞ되被保險者가豫定혼年齡에達ᄒᆞ는時는保險金額을支給ᄒᆞ고若被保險者가期限에達ᄒᆞ기前에死亡ᄒᆞ는時에는被保險者가豫爲指定혼保險金額을受取홀만혼者의게支給홀事

一 一般終身保험이라稱ᄒᆞ는種類는被保險者死亡치아니ᄒᆞ면幾何의齡年至에ᄒᆞ든지保險金額을支給치아니홈은依例ᄒᆞ고保險料도死亡홀時ᄭᆞ지呈納지아니ᄒᆞ면不可혼規定이有홈으로써長壽를預期ᄒᆞ는人의게는頗히不便ᄒᆞ나然이나本會社의七十歲滿期保險이라홈은보험料를終身보험料와同一히ᄒᆞ야以七十歲에達ᄒᆞᆫ時에보험金額을受取ᄒᆞ는利益이有홀事

○ 보험料

二 보험金額一百圓에對ᄒᆞ는보험料分은以年額으로下에揭ᄒᆞ노니此를詳覽홈이可ᄒᆞᆫ事

三 보험料年額을分配ᄒᆞ야呈納홀에는左法를依ᄒᆞ야以보험料를增加홀事

半年分、百分之四

○보험契約之順序

四 보험金額의最低額을金一千圓으로ᄒᆞ고最高額은本會社의形便을依ᄒᆞ야制限홀事

五 本會社에보험을請求홀時에는本會社의定혼보험請求書의用紙에必要ᄒᆞᆫ事項을記入ᄒᆞ야差呈혼後에本會社醫師의診査를受홀事

六 被보험者의年齡은十七歲以上六十歲以下로ᄒᆞ고計年은總히滿一年으로以計算ᄒᆞ되六朔以下는捨棄ᄒᆞ고七朔븟터는一歲로定規홀事

七 本會社로븟터보험料額을通知ᄒᆞ는時에는遲滯치말고보험料를送致홀事

八 보험契約을締結홀時에는左의式樣을依ᄒᆞ야보험證券을調製ᄒᆞ야被보험者의게交付홀事

表面

第何號 生命보험證券

叅錢 印紙 被보험者 何某

보험金何千圓也 (未完)

野乘

적션여경록 (六)

슈일를지녀미가인이비사군의령구를이운ᄒᆞ여득달ᄒᆞᆫ지리류자사령연비셜할쳐소를졍제ᄒᆞ계수리ᄒᆞ고비즈ᄉᆞ머리현윤의령구를마져권안ᄒᆞ고두리이을비셜ᄒᆞ고제물 ᄀᆞᆺ초위차졔위아홀시장싸는춘랑으로더브러리현윤의고여비더히고류즈ᄉᆞ는친히난손소져를다리고비즈사의령연에치젼ᄒᆞ고공수셔셩을갖ᄒᆞ여길디 심히ᄒᆞ여닙원길일로ᄃᆡ일안장ᄒᆞ니라니리구러세월리여류ᄒᆞ여신연게시리되니일일우왕ᄒᆞ인나자사의ᄁᆡ여즈오되세식니임의바겨일ᄉᆞ니비씨여자육와셔천ᄒᆞ시을쳥ᄒᆞ나니다류즈사부인어말을듯고발연변식왈ᄃᆡᄒᆞ여녀즈만커널비사군의쳐덕으로힘은인흠경하는비니잇지그녀즈를졈오히리오류홍경이마음에잇스면샹텽이감응ᄒᆞ시다ᄒᆞ고즘시셩각을돌리여사헌을분부ᄒᆞ여소져부르라ᄒᆞ여다시셜ᄀᆨᄒᆞ고다시소져ᄃᆞ려ᄀᆞᆯ아왈너ᄂᆞᆫ가녀의부친ᄇᆞ더나이놉고또ᄀᆞᄌᆞ자사벼살을지녀여스나녀가ᄌᆞ식이업스매너를슈양혼ᄯᆞᆯ로져하나니나와부인께다시뵈이라소졔확공가져ᄒᆞ여일여나자ᄉᆞ셰복디ᄒᆞ고이로부터더욱신분효경ᄒᆞ더라일일은왕부인이또자ᄉᆞ셰엿즈오ᄃᆡ삭공께서ᄀᆞ위는손오ᄯᆞᆯ로졍ᄒᆞ오시니뭇당이아름다온ᄉᆞ회를턱ᄒᆞ실지라왕문용이샹비ᄒᆞ고으죽지취홀곳을졍치못ᄒᆞ엿ᄉᆞ니녀ᄋᆞ를왕문과졍혼홈이엇더ᄒᆞ오니가자ᄉᆞ미소왈너ᄒᆞ하의지취ᄂᆞᆫ자여홀곳이잇스련이와녀ᄋᆞ의비필졍함은너가주장혼ᄯᅳᆺ이ᄯᅩ로잇스니부인은우려마옵소셔하고류자사죽시길일간택하아

特別廣告

本申報는海外電報를卽接ᄒ야機關이靈通ᄒ고外報와探報를敏捷活潑ᄒ도록注意ᄒ오며申報發送ᄒ는ᄃᆡ迅遞信傳ᄒ기는分傳人의게在홈으로本社에셔平常에諸分傳人의게丁寧告戒ᄒ고申申訓飭ᄒ야毋或踰惰ᄒ게注意ᄒ거니와如或暫有稽忽이리도愛讀僉君子는密使遞知于本社ᄒ시면該分傳의게誠信相孚ᄒ도록고提撕命ᄒ고勤贊가發生ᄒ도록誨論ᄒ야必無遲誤ᄒ기로期待ᄒ옵나이다

本社에寄書ᄒ시는諸君子는姓名과居住를明確ᄒ게懸錄從附ᄒ시와證據가有홈을必要홈이오公衆不和ᄒ秩序를紊亂케ᄒ는意와社會上不經荒雜ᄒ寄書는不受ᄒ는權利가本社에自有ᄒ오니肯諒ᄒ시옵

大韓每日申報社

廣告

美國博士하루바드氏譯撰 全秩五冊 價新貨貳元定

大東紀年

○本紀年은自我韓開國以來朝野史乘을蒐輯參考ᄒ야至于今上陛下卽位三十二年(乙未)事變ᄭ지精詳記載ᄒ얏ᄉ오니願覽僉君子는陸續枉購ᄒ시옵

發售所 東關罷朝橋越便 博文書林主 朱翰榮 告白

貿易商 本社는仁川港 日本郵便電信局對面 電話第二百一番地

仁川港 廣昌洋 벤넷트會社告白

○鐵路部

○東大門과新門間에來往車는每十分間에運行홈
東大門發初車는午前六時三十分
新門外停車場發初車는午前六時五十五分
東大門發終車는午後九時五十分
新門外停車場發終車는午後十時十五分

○東大門과洪陵間에來往車는每二十分間에運行홈
但自鍾路로東大門에來到ᄒ交替車로聯絡홈
東大門發初車는午前六時五十分
洪陵發 初車는午前七時十分
東大門發終車는午後七時五十分
洪陵發 終車는午後八時十分

○鍾路와龍山間에來往車는每十二分間에運行홈
鍾路發至南大門初車는午前六時四十八分
鍾路發至龍山 初車는午前七時二十四分
南大門發至鍾路初車는午前六時五十六分
龍山發至鍾路 終車는午前七時五十七分
南大門發至鍾路終車는午前十時八分
龍山發至鍾路 終車는午後九時九分

○特別私用車는顧客의方便홈을隨應ᄒ야準給홈
但定價는本社에來臨ᄒ야請問ᄒ옵

○電燈部

二百五十燭力以內의敷用處에는每個月에定價表가如左홈
○十六燭力燃燈達夜에二圓五十錢
○三十二燭力燃燈達夜에四圓
○五十燭力燃燈達夜에六圓
○一百五十燭力燃燈達夜에十圓
一千二百燭力弧形燈達夜에二十圓
二百五十燭力以上의敷用處에는請求ᄒ면瓦斯計一箇를設給홈
但瓦斯計賃金은每個月에二圓이오瓦斯計測驗表委托定價는每時間每암피아에二錢이옵
瓦斯計設給處에서每介月支拂金最低額은每個月에二十圓인ᄃᆡ(瓦斯計貸金은)据홈
電燈을敷設ᄒ기에請求ᄒ는ᄃᆡ로供給홈
各種連技辦燈도常時에貯存ᄒ엿ᄉ옵

本社鍾路電氣會社 韓美電氣會社 告白

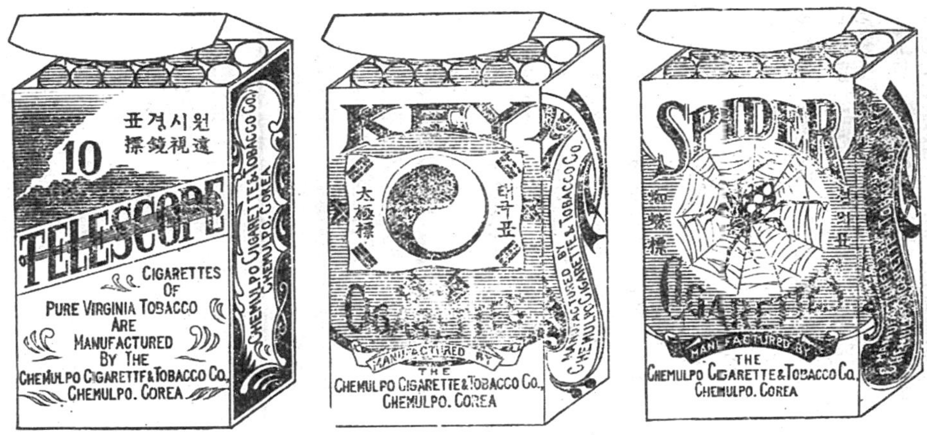

以上三種은上品으로製造ᄒ야衛生上에至極有益ᄒ오니毋論某人ᄒ고本社에來顧ᄒ옵

大韓帝國仁川港 濟物浦紙卷煙及烟草會社

一 鷹標罐詰濃詰牛乳
一 金印罐詰濃結牛乳
一 無雙家用氣化乳酪
一 쎠ㅣ든쓰製造麥芽化合牛乳
以上은常時에貯積ᄒ엿ᄉ옵
美國紐育港쎠ㅣ든쓰濃結牛유會社
一手代理店仁川港 大韓仁 世昌洋行

廣告

一 雜貨商
一 貿易商
一 船舶取扱
一 煙草商
一 委托販賣及貨物運送代理業
一 貿易石炭商
以上輸入及輸出者
京城 仁川 大昌洋行

本社廣告

申報價
一張代金 韓貨五錢
一箇月前納 五十戔
三箇月 一元五十戔
六箇月 二元九十戔
一箇年 五元八十戔
郵稅一部 新貨五里
一箇月 十三戔

廣告料
四号活字十三字詰
每日每英尺一寸에新貨卄五錢
(每日每行에六錢에相當홈)
二周日에 二圓五十錢
(每日每行四錢五里에相當홈)
一箇月에 五圓
(每日每行四錢一里에相當홈)
其期限의長短과字行의多少를依ᄒ야增減홈이有홈

大韓人마다此申報를不得不閱覽ᄒ실터이오니廣告出報ᄒ실僉君子는來臨面議ᄒ시옵

發行兼編輯人 英國人裴說
發行所 京城北署壽進坊僑洞号外地法語學校前 大韓每日申報社

第三卷　第九號

大韓每日申報
대한ᄆᆡ일신보

月曜及慶節歲時休日刊

檀君開國四千二百三十八年
箕子元年三千二十七年
大韓開國五百十四年
日本明治三十八年
淸國光緖三十一年
陰曆乙巳七月小廿二日癸巳

論說

日露媾和談辦

兩國志趣로觀ᄒᆞ건ᄃᆡ和約이洽成치못ᄒᆞᆯ가念慮가업지못ᄒᆞ더니談辦開席에日本全權委員이即爲提出ᄒᆞᆫ條件을엠데웟트氏가拒絶ᄒᆞ닷ᄂᆞᆫ消息을드른즉果然和親을媾成키無望로다前日思想에ᄂᆞᆫ小村男爵이提請ᄒᆞᆯ條欵은日本各新聞上에預陳ᄒᆞᆫ條件보다應當輕ᄒᆞᆯ줄노알아더니오히려新聞上所陳條ᄂᆞᆫ欵后ᄒᆞᆫ지라報舘에所到ᄒᆞᆫ電報에云ᄒᆞᆫ바엠데웟트氏가賠償戰費條와割讓土地件을斷然拒絶ᄒᆞᆯ거스로觀ᄒᆞ던지且所開과又치此請求條件으로小村男爵의게委任ᄒᆞ야小不減除ᄒᆞᆯ뜻을發表ᄒᆞᆷ으로觀ᄒᆞᆫ즉尙且數多箇月戰爭을經ᄒᆞᆫ後에軍務와財政이渴盡ᄒᆞ야兩國或一國之意向이힝然이變ᄒᆞ기前에ᄂᆞᆫ和論을更開ᄒᆞᆯ餘地가尙有ᄒᆞᆫ지라昨夜東京電에小村全權委員이엠데웟트氏의게送ᄒᆞᆫ條件을接收ᄒᆞ야左開ᄒᆞ노니該條件欵이何許官府로셔公布가된거신지ᄂᆞᆫ未確故로是否鄭重ᄒᆞᆫ인지ᄂᆞᆫ難言ᄒᆞᆫ지라

附開

一俄國이日本戰費를비補事오
二日本이樺太島를執留ᄒᆞᆯ事오
三俄國이租借ᄒᆞ얏던遼東半島를日本에讓予ᄒᆞᆯ事오
四各中立國港에留止ᄒᆞᆫ艦俄을一切日本에送渡ᄒᆞᆯ事오
五東洋에駛進ᄒᆞᄂᆞᆫ俄艦隊力을制限ᄒᆞᆯ事오
六樺太島以北沿海에漁採權利를日本에准許ᄒᆞᆯ事오
七日本이韓國保護ᄒᆞᆷ을俄國이認准ᄒᆞᆯ事라

以上各을逐條欵談辦ᄒᆞ얏스려마ᄂᆞᆫ其中에樺太島讓與事ᄂᆞᆫ追後商議ᄒᆞᆫ다ᄒᆞ얏고日本權勢를韓國에特別히施用ᄒᆞ기를諸從ᄒᆞᆫ다ᄒᆞᆫ外에ᄂᆞᆫ其他各條의如何結果된줄은아지못ᄒᆞ거니와蔽一言ᄒᆞ고兩國全權委員이各執已見ᄒᆞᆫ대不出ᄒᆞᆫ즉엠데웟트氏가拒絶ᄒᆞᆷ을可知ᄒᆞᆯ지니如此暫時談辦之景況으로來兆를推見ᄒᆞᆯ진ᄃᆡ戰爭繼續을變改ᄒᆞᆷ이업슬것갓ᄒᆞᆫ거시無他라日本元老等이戰爭에이미得策ᄒᆞᆫ줄노알고尙且主戰派가方針을周旋ᄒᆞᆷ이오또ᄒᆞᆫ戰爭結末을見ᄒᆞ기難ᄒᆞᆫ거시無他라海參威ᄂᆞᆫ旅順攻拔에比ᄒᆞ야同然或尤甚ᄒᆞᆯ터인즉已往旅順攻拔에日本의損失이多大ᄒᆞᆷ으로操束ᄒᆞᄂᆞᆫ意를用ᄒᆞ야海參威ᄂᆞᆫ斷斷코如此急遽히攻擊ᄒᆞᆷ으로拔佔치안일터이미海參威ᄂᆞᆫ周年을支當키ᄂᆞᆫ無慮ᄒᆞᆫ즉於斯之間에軍費가何許高額에至ᄒᆞ고談辦不和ᄂᆞᆫ曲在何邊인지不知커니와一二條之諸從이將次談辦을更開ᄒᆞᆯ機徵ᄂᆞᆫ되ᄂᆞᆫ도다然則有一可問者ᄂᆞᆫ兩敵間에誰先疲困乎아現今所見으로料量컨ᄃᆡ日本戰費ᄂᆞᆫ二億磅에達ᄒᆞ얏다ᄒᆞ고俄國은槪其半額에達ᄒᆞ얏다ᄒᆞ니如此巨額之大戰費를可免ᄒᆞᆯ和談辦을客年初에輕忽이延타ᄒᆞᆫ즉가몬저困ᄒᆞᆯ듯ᄒᆞ도다

官報

●第三千二百二十三號 光武九年八月廿一日

◉宮廷錄事 詔曰命從二品閔泳晚爲奉常提調 八月十七日

宮內府大臣臨時署理太醫院卿臣李愚冕謹奏完興君回甲日遣秘書丞存問事 命下矣何秘書丞進去乎敢奏 光武九年八月十七日奉旨徐肯淳進去

◉叙任及辭令 秘書監丞洪承斗 仝徐肯淳 依願免本官

正三品孔應宣 仝康錫五 任秘書監丞叙奏任官二等 以上八月十二日

秘書監丞孔應宣 仝康錫五 依願免本官

任비書監丞叙奏任官二等 正三品徐肯淳

任비書監丞叙奏任官三等 正三品洪承斗

以上八月十三日

太僕司主事申厚丞 懿陵參奉朴麟和 惠陵參奉李載瓚 依願免本官

命奉常司提調叙勅任官三等 從二品閔泳晚

任太僕司主事叙判任官七等 圜丘壇祠祭署令李起泰 圜丘壇祠祭署參奉南廷七

任 圜丘壇祠祭署令叙判任官七等

任 圜丘壇祠祭署參奉叙判任官八等 洪淳明

任 懿陵參奉叙判任官八等 金炳周

任 惠陵參奉叙判任官八等 尹榮淳

陞叙奏任官二等 主殿院警務官劉承烈 主殿院警衛局長 嚴夏永 主殿院警務官朴潤秀 仝黃信泰 仝金유榮 陞叙奏任官三等

陞叙判任官一等 經理院主事張顯奎

陞叙判任官二等 經理院主事尹道植 內藏司主事劉彰烈 千典植 仝李寅旭 經理院主事安洙定

陞叙判任官三等 經理院主事朴遇用 仝魏一純 仝崔亘澤 仝徐相珍 主殿院警衛局主事崔重植 仝尹泰植

陞叙判任官四等 經理院主事金宗煥 仝洪德柱 仝崔奎煥 仝金殷吉 主殿院主事沈南澤 營繕司主事白鳳彬 陞叙判任官五等

以上八月十日

外報

●청派使節 北京電을據ᄒᆞᆫ즉청國外務部에서政治視察使載澤 載鴻慈 徐世昌 瑞方四人을日美英法德比與義露九箇國에派遣 旨을正式으로右各國公使의게照會ᄒᆞ얏ᄂᆞᆫᄃᆡ翌日에該使節四人은各國公使舘을訪問ᄒᆞ얏다더라

●露使籠絡 八月五日北京電을據ᄒᆞᆫ즉駐淸露國代理公使ᄂᆞᆫ淸國政府가日與美法德露諸國에視察使를派遣 을聞ᄒᆞᆫ以來로要路大官을往訪ᄒᆞ고遣外員을露國에先遣ᄒᆞᆫ後에各國을經ᄒᆞ야最終에日本에至ᄒᆞᆷ이當然ᄒᆞ다申請ᄒᆞ얏스나該廟가旣히決定ᄒᆞᆫ後인고로今更變改ᄒᆞᆯ道가無ᄒᆞ다고拒絶ᄒᆞ되同公使ᄂᆞᆫ尙然種種籠絡手段을講究ᄒᆞᄂᆞᆫ模樣이라더라

●露都主戰論 同日同電을據ᄒᆞᆫ즉聖彼得堡에서ᄂᆞᆫ日本의條件을苛酷히여겨主戰論이再起ᄒᆞ야戰쟁을繼續ᄒᆞᆯ意가有ᄒᆞ다더라

雜報

●李氏被縛 淸料理第一樓前에서完平君李昇應氏子載規가日巡査의게捕縛되얏다ᄂᆞᆫᄃᆡ何事件을因ᄒᆞᆷ인지ᄂᆞᆫ姑未詳이라ᄒᆞ더라

●李家破庫 昨日日本警視與巡査四人이李容翊氏家를把守ᄒᆞ고家中所在貨幣를調査ᄒᆞ기爲ᄒᆞ야庫門을打破ᄒᆞ얏다더라

社告

本申報의創刊ᄒᆞᆫ月日이于今一週歲이나機械와鑄字가未具ᄒᆞᆷ으로二百餘號를發行ᄒᆞ고仍爲停刊인바旣張而□輟ᄒᆞᄂᆞᆫ게實所慨然이기本社에서思를勞ᄒᆞ고慮를費ᄒᆞ야今에諸가事完備ᄒᆞᆷ이永遠不替ᄒᆞᆯ基礎를確定ᄒᆞ야大韓有志人士의文明智識은啓發ᄒᆞ고暨環球有國에見聞을公同ᄒᆞ기爲ᄒᆞ야重刊發行ᄒᆞᄂᆞᆫ바英文與漢文을並爲解讀이未必人皆能之인즉英漢文合刊이徒煩無益ᄒᆞ기로從玆一變前規ᄒᆞ야英漢文을各紙分刊이되內外國各報을一層迅速케ᄒᆞ며社說의褒貶ᄒᆞᆷ은强禦를不畏ᄒᆞ며善惡을明辨ᄒᆞ야帝庭에指佞草의性質을具ᄒᆞ야스며時事을盱衡ᄒᆞ며昏昧을提醒ᄒᆞᆷ은仁人君子의當日憂世ᄒᆞᄂᆞᆫ風味를含有이고褒貶予奪之中에溫厚規箴을隱然寓之ᄒᆞ야使有過者로讀之而改焉ᄒᆞ며無過者로讀之而勉焉케ᄒᆞᆯ지니四方僉君子ᄂᆞᆫ諒此滿腔苦心하야倍前愛하讀시기를竊有厚望焉이로라

電報

●社會組織 八月二十日午前十一時發

國民新聞主筆에山路愛山과諏訪貞吉等의發議로國家社會黨을組織ᄒᆞ야來二十五日에結黨式을擧行ᄒᆞᆯ리이라더라

●講和條件 仝上

露國이樺太割讓과軍費賠償을거說ᄒᆞ면日本은海軍制限과遁竄軍艦引渡의要求를放棄ᄒᆞᆯ깃다ᄂᆞᆫ說이有ᄒᆞ더라

●招待大官 仝오後三時三十分發

韓國視察員閔丙奭一行은二十六日에歸國ᄒᆞᆯ터인ᄃᆡ二十四日에ᄂᆞᆫ伊藤山縣兩侯外에各大臣次官을待招ᄒᆞᆯ터이라더라

●宴待視察 仝上

二十三日에在本陸軍次官이主人이되여韓國視察一行을招ᄒᆞ야午餐會를催ᄒᆞᆯ터이라더라

●以待訓令 仝上

講和談判에就ᄒᆞ야小村全權의게셔訓令을求ᄒᆞ얏ᄂᆞᆫᄃᆡ桂首相及元老間에來往이頻繁ᄒᆞ다더라

●臨時閣議 仝오后十二時發

本日에臨時閣議를開ᄒᆞ고露國에對ᄒᆞᆫ我要求條件은斷코讓步치아니ᄒᆞᆯ事로決定ᄒᆞ얏더라

雜報

●聖詔渙降

詔曰朕之求言而求助懇拳於濟艱致治之術者綸言布告歲不止一再申飭凡百執事實心做去佇見成効朕宵旰勤務不遑一息暇豫而愈復袖手완게轉以懈弛遇有劇焉輒求退去以規避爲能事未聞有一言之可以合於時措而中於施爲者此豈交勉之義哉其或憚於觸忤而含默不言其或以不在其位而不必言其或以位卑而不敢言此言路之枳塞不通而國事之日益非矣勅任官之時原任奏任之在職者各盡言其意見無有所隱無有所諱不用鋪張文辭簡略言其要旨而自政府輯綴以入以補朕聽採擇而用之且方處憂艱轉所急者財政之窘絀也凡係煩費宜亟去之而每當節賀元進供外或有私獻之便成近例者朕寔欲勉止久矣其自今一切勿論

●罪有異同 李容翊崔錫夔兩氏에厥罪惟均ᄒᆞᆷ은前報에已揭ᄒᆞ얏거니와其同罪之中에又有不同者ᄒᆞ니李氏ᄂᆞᆫ張貨濫鑄ᄒᆞᆫ利益을補於國用者多ᄒᆞ고歸於私橐者少ᄒᆞ되崔則不然ᄒᆞ야前後經綸이一出於憑公營私故로幾年以來로聚成巨富ᄒᆞ얏스며且其濫鑄ᄒᆞᆯ計劃이皆從崔氏智囊中出來ᄒᆞ야畢竟害歸國家ᄒᆞ며毒流生靈ᄒᆞ니究其實犯ᄒᆞ면崔浮於李라ᄒᆞ고來言者多ᄒᆞ기로姑爲記載ᄒᆞ거니와內容을詳探ᄒᆞ야更俟後報ᄒᆞᆯ깃노라

●商店半開 昨日商業會議所에서各商店에勸喩ᄒᆞ야今日부터開店ᄒᆞᄂᆞᆫ貌樣이나未免半開半閉이고終是財政이순環되지못ᄒᆞ면商界의困難이愈往愈甚ᄒᆞ야撤閉之境에更至ᄒᆞᆷ을難免이라더라

●西南近狀 平府壤에셔日本軍用地段定界時에人民이會集相拒ᄒᆞᆷ의日兵이放砲示威라ᄒᆞᆷ은前報에已揭ᄒᆞ얏거니와嗣後韓日人民의死傷이殆至數百名이라ᄒᆞ고全南光州郡에셔도民擾가起ᄒᆞ얏다ᄒᆞ니何事件을因ᄒᆞᆫ인지兩處事實을更俟續揭ᄒᆞ랴ᄒᆞ노라

●宏大家役 明洞居尹德榮氏가其家에洋制屋을方張建築ᄒᆞᄂᆞᆫᄃᆡ其西側에他人家數十戶를買得撤毁ᄒᆞ야基址를廣拓ᄒᆞ고自春以來로無日不役ᄒᆞ야該役費錢이已爲二百萬元인ᄃᆡ今年內로ᄂᆞᆫ畢役이無望ᄒᆞᆯ더러木材積置所가非止四五處ᄒᆞ야範圍宏大ᄒᆞᆷ이宮役과髣髴ᄒᆞ다니該氏가曾往海西觀察時에貪饕剝割이極其狠藉ᄒᆞ야居然히南村首富되믄世人의所共知어니와當此公私罄竭ᄒᆞ고時局艱虞ᄒᆞᆫ際에同氏ᄂᆞᆫ國憂民苦ᄅᆞᆯ一切灑然揩去ᄒᆞ고巨額ᄋᆞᆯ劃出ᄒᆞ야如此大役을ᄒᆞᆫ다ᄒᆞ니其氣焰揚揚과樂意陶陶ᄂᆞᆫ可以想像이되其與國同休戚之義에ᄂᆞᆫ大爲欠歉이고且其洋制屋營建ᄒᆞᆫ主見인즉他人의게貸給ᄒᆞᆯ計劃이라ᄒᆞ니以若巨富로有所未盡ᄒᆞ야又欲苟且謀利ᄒᆞᄂᆞᆫ것이前習이尙在라고巷說이藉藉ᄒᆞ더라

●有志竟成 平南成川郡有志士朴相朝氏가熱心으로學費을募集ᄒᆞ야已設學校인바日英語各學課敎育을到底實施ᄒᆞ야將來勃興ᄒᆞᆯ望이有ᄒᆞ다ᄒᆞ니同氏의敎育上誠心幹旋ᄒᆞᆷ은實로可以欽歎ᄒᆞᆯ너라

●廣長可畏 廣長會社主旨ᄂᆞᆫ人民衛生開進에在ᄒᆞᆫ바前警務使申泰休氏가該會主務人으로當其警使在任時에別巡檢을四處로派遣ᄒᆞ야木材商과石材商을招待ᄒᆞ야所用木石을以强制力으로歇價買收ᄒᆞᆷ으로木商石商이損害不少ᄒᆞ야怨聲이藉藉ᄒᆞ엿스니該會幹役에別巡檢이關何이며商賈의營利ᄒᆞᄂᆞᆫ物種을倚勢勒買ᄒᆞᄂᆞᆫ게亦何惡習연지同氏의行爲不正ᄒᆞᆷ은每每如此ᄒᆞ니不足煩責이고且梨峴場市를農圃內로移設ᄒᆞᆫ다稱ᄒᆞ고附近人家三十餘戶을毁撤ᄒᆞᄂᆞᆫᄃᆡ每間四五千兩價値를或以半價로勒買ᄒᆞ야會員과居民間에相持多端ᄒᆞᆯ뿐더러尤有所可駭事件ᄒᆞ니會員洪思鉉氏가該役所近側에在ᄒᆞᆫ四五間되ᄂᆞᆫ民家을初無賣買言論ᄒᆞ고不知不覺에恣意毁撤ᄒᆞᆫ즉其家主ㅣ洪氏을對ᄒᆞ야責之曰莫重國役이라도家主에게知委ᄂᆞᆫ可커니와恣行毁撤은不可ᄒᆞᆫ되此役은未知何役이완ᄃᆡ古今來所無ᄒᆞᆫ行爲를敢行ᄒᆞ니毁撤人家ᄒᆞᆫ罪ᄂᆞᆫ從當裁判措處ᄒᆞ려니와罰金五千元을爲先備來ᄒᆞ라ᄒᆞᆫ즉洪氏가萬端哀乞ᄒᆞ고罰金을依其言償還ᄒᆞᆫ後에僅爲妥帖ᄒᆞ얏다ᄒᆞ니該移市ᄒᆞᄂᆞᆫ事件에弊多大ᄒᆞᆷ을可以推測ᄒᆞᆯ깃다고人言이藉藉ᄒᆞ더라

●自薦可羞 尹邦鉉氏가日本에視察ᄒᆞ며遊學生監督을兼任ᄒᆞ기로方在運動中이라ᄒᆞ니視察과監督이有何妙處ᄒᆞ야自薦力求ᄒᆞᄂᆞᆫ지其主見을不知ᄒᆞᆯ깃다더라

●學費曷推 前咸南觀察使金宗漢氏가其在任時에學校創立ᄒᆞ기爲ᄒᆞ야葉一萬兩을該府에留置ᄒᆞᆫ바遞歸後에該學校가仍爲設立치못ᄒᆞᆷ으로同氏의子奎東氏가該裏由를學部에言托ᄒᆞ야同錢을還推ᄒᆞ랴ᄒᆞᆫ즉該部에셔答ᄒᆞ기를學校創立費로區劃인즉便成公錢이라還推不可라ᄒᆞ고却之ᄒᆞ얏다더라

●人將拭目 今番內閣動搖以來로誰某被選ᄒᆞᆷ은世人의注目ᄒᆞᄂᆞᆫ바이더니趙秉鎬氏ᄂᆞᆫ參政大臣을任ᄒᆞ고朴容大氏ᄂᆞᆫ法部大臣을任ᄒᆞ얏스니兩氏ᄂᆞᆫ皆老成鍊達이라撥雲晴天ᄒᆞᄂᆞᆫ何樣新政治가有ᄒᆞᆯᄂᆞᆫ지其或伴食中書ᄒᆞ야尸素之譏을不免ᄒᆞᆯᄂᆞᆫ지吾儕ᄂᆞᆫ兩氏를爲ᄒᆞ야一抃一賀ᄒᆞ노라

●禮院公函 禮式院에셔各國公領事館에公函ᄒᆞ얏ᄂᆞᆫᄃᆡ陰七月二十五日은恭惟我 大皇帝陛下萬壽聖節이온바敬奉聖旨ᄒᆞ와是日에敦德殿에셔召接ᄒᆞ신다ᄂᆞᆫᄃᆡ上午九時半에ᄂᆞᆫ軍司令部오十時에ᄂᆞᆫ各國公領事及館員이오十時半에ᄂᆞᆫ各顧問及補佐各學校敎師等인ᄃᆡ着大禮服大綬章이라더라

●內大更迭 內大李址鎔氏ᄂᆞᆫ昨日부터任進視務ᄒᆞᆫ다더라

●度照內部 度支部에셔內部에照會ᄒᆞ얏ᄂᆞᆫᄃᆡ貴照會接准內開에慶北觀察使李根澔報告內開에日本警視警部居接所를自縣道堂及鄕廳齋를修理以給이러니今又財政顧問官補佐員伊藤恒藏이來到ᄒᆞ야其事務室을以澄淸閣으로强請ᄒᆞ오나此是五百年來로承流宣化之政廳이라有難擅許인바以此稟處로許借ᄒᆞᆷ이恐合妥宜라ᄒᆞ얏더라

雜報

法律 (續)

第六十九條 本章諸條에揭載호바罪를犯호者의情을知호고藏匿호者와衣糧을資給호야隱避케호者도犯罪로論홈이라

第七十條 人을敎誘호야犯法케호者도犯罪로論홈이라

第二節 二罪以上俱發

第七十一條 一人이二種以上의罪를犯호얏다가同時에告發된者를二罪以上俱發이라홈이라

第七十二條 二種以上의罪를犯호얏는되一罪만先發호야判決을經호야刑期間이나勘後에他一罪가又發되야도二罪以上俱發로論홈이라

第七十三條 告發後宣告前이나宣告後執刑前에同種異種의罪를勿論호고又犯호者도亦히二罪以上俱發로論홈이라

第七十四條 罪를犯호고窺伺避匿홈을爲호야他罪를犯호者도亦히二罪以上俱發로論홈이라

第三節 罪中又犯

第七十五條 刑期間에同種異種의罪를勿論호고又犯호者를罪中又犯이라홈이라

第四節 一罪再犯

第七十六條 所犯호罪가判決을已滿호야勘放호後에同種의罪를再犯호者를一罪再犯이라호고三犯以上도亦히此를依호야論홈이라

第七十七條 赦를遇호야免罪호者가再犯호時는再犯으로論홈을不得홈이라

第五節 二人以上共犯

第七十八條 二人以上이性質의同호罪를共犯호者를二人以上共犯이라호되범人의區別은左開와如홈이라

一 首범

二 從범

第七十九條 罪를共범홀時에造意호者와指揮호者와下手호者이有호면造意호者를首범으로論홈이라

但家人이共범호境遇에는尊長을首범으로論호되若히尊長이年八十以上이나篤疾이거든次尊長을首범으로論호고人에게侵損호者는凡人首從과同論홈이라

第八十條 罪를共범홀時에指揮호者와下手호者이有호면指揮호者를首범으로論홈이라

第八十一條 二人以上이人을共毆호時는下手의重호者이首범이며下手의輕重을嚴得치못홀境遇에는先下手者를首범으로論홈이라

第八十二條 범罪홀情을知호고首범을幇助호者를從범으로論홈이라

第六節 賊盜分類

第八十三條 賊盜는强盜와竊盜와窩主니左開와如홈이라

一 强도는 御庫物이나大祀神御物에偸竊을行호者나强暴호行爲로刦掠호者의類를謂홈이라

二 竊도는監守者가其監守호는錢糧이나物品을私自偸竊호者와監守가아닌人이倉庫에在호錢糧等物을偸절호者와他人의財物을私절호者를謂홈이라

三 窩主는强도나절도나賭技나略人호는情을知호고容接호거나人을敎唆指使호者의類를謂홈이라

第八十四條 准절도는人을恐嚇호거나欺騙하야財를取호者의類를謂홈이라

第七節 범罪時老幼區別

第八十五條 老疾되기前에범호罪가老疾된後에發覺호時와禁獄以上에在호罪범이期限內에老疾된時는幷히老疾로論호고幼小호時에범호罪가長大호後에發覺호時는幼小로論홈이라 (未完)

日宗生命保險株式會社生命保險說明書 (續)

被保險者의 何何

保險金額을受取홀者 何某

保險料

一箇年分 金何圓何十何錢

半箇年分 金何元何十何錢

保險契約日 明治何年何月何日

保險契約滿期 明治何年何月何日

保險料呈納滿期 明治何年何月何日

本會社는前記被保險者와此證券裏面에記載호保險約款에依호야其生命保險契約을締結호나니故로被保險者가保險料呈納滿期에至호기셔지年年히前記의保險料를呈納호되若保險契約滿期以前에被보험者가死亡호는時에는보험金額을前記호者의게支給호나니如此호境遇에當호야는其契約年度後에보험料는此를領受치아니홈

此證券은明治何年何月何日東京本店에서作成호야此를보험者의게交付홈

東京市日本橋區通二丁目六、七、番地

日宗生命보험株式會社

專務取締社長 何某 印

支配人 何某 印

社印

裏面

보험約款

第一條 보험料는毋契約年度（契約年度는自보험契約日로起算호야每一箇年을云홈）即一箇年分을領受홈

但此證券表面에記載호金額에依호야分配호야呈納호는請求를爲홈도得홈

第二條 보험金額을出給홀時와又는破約홀時其他責任準備金을反還호境遇에는其契約年度에屬호未收入보험料가有홀時에는此를收納호고後年度分에前金이有홀時에는此를反還홈

第三條 보험料를呈納홈에就호야는期日後三十日을猶豫期間으로홈

猶豫期間에對호야는一日에一萬分之四의利子를添付呈랍홈

第四條 前條의猶豫期間이過호되오히려呈랍지아니홀時에는第十一條의反還 에相當호金額이此證券表面에記載호보험料額及一日一萬分之四의不下호는利子로限定호야此를貸付金에換算호야보험料의呈랍에充홈

但第十一條의反還金이無호던지又는反還金（貸付金이有홀時에는此를除減호殘額）이少호야도此證券表面에記載호보험料額三箇月分及利子를加호야니홀時에는第五條에依호야處理홈 (未完)

野乘

적션여경녹 (七)

리현윤의으즈츈랑으로녀으난손소저와벽년가우를결졍허고부인과밋딘리족쳑을디허여왈당초에비사군이화환을당허여신고허미그녀의몸을자민허여그부친은장스허려허미늬엇지그불힝흠을인허여작텹허리오룰홍경이차라리조식은업슬지언졍결단코비사군의쳐더과녀은의지효현젼젹을그릇치리오또니질왕운은비록산업을경긔허는지죠가잇스나공후의녀식을비필되기불합혼지라오직나의고인젼당리현윤의영윤은청이지모가쌍젼허고벌열이상적허니진실로요됴숙녀의군자호구라금일에특별이두집아름다운연분을민즈니제공은셔허되엇더라허나잇가공인이일제이이러나지비허여왈사공이지인디덕으런지화흑허신는이디과부합허오니비록츄원슈라도감화치아니허오리가허고찬단홈을마지아니터니류자식의변으로지랑의의식을갓초와츈랑불입피고부인을셜파룬허여금난손소저를청강셩식으로차흰슈십인이옹위허여화문교네셔에엿허여젼안납페를졍례를필허고류자식쳔금장염을차려쥬고또인리죵당을디연으로즐기고날리적물미동반화축게신랑과신부와빈역어슈지낙으로흰의허여침현에류공의지인디덕을가겨홈이골슈에심입하더라잇든날민상에츈랑부부ㅣ일죡이러나장씨계뵈오니강시츈랑부부를다리고류공게나아가빈옵고드듸여삼삭제의폐빅을갓쵸와두집령연에차제허고또삼일을디연하야인리향당으로즐기미다장씨와츈랑부부는일야로분향암축허기를류공의일즉귀즈를두기를발원ᄒᆞ더라일일은류자서흔삼음어드니흘연보미일위관인이미리에오사복두를쓰고손에삼아울쥐고몸에강홍죠복을입고옥디슈옥으로향젼시례허여왈나는양양자사비습이오차위는젹당현유리손이라상제게셔우리두스룹의청츅홈을어엿비너기스나는천하도셩황을봉하시고리공은천됴부판관을봉하옵시고

特別廣告

本申報ᄂᆞᆫ海外電報를即接ᄒᆞ야機關이疏通ᄒᆞ고外報와探報를敏捷活潑ᄒᆞ도록注意ᄒᆞ오미申報發送ᄒᆞᄂᆞᆫᄃᆡ遲延ᄒᆞᆫ便ᄒᆞ기ᄂᆞᆫ分傳人의게在ᄒᆞᆫ으로本社에셔不常에諸分傳人의게丁寧告戒ᄒᆞ며申申訓飭ᄒᆞ야非或檢情ᄒᆞ게注意ᄒᆞ거니와如或暫有稽紹이라도愛讀僉君子ᄂᆞᆫ密使道知ᄒᆞ本社ᄒᆞ시면該分傳의게誠信相爭ᄒᆞ도록되提面命ᄒᆞ고勸贊가發生ᄒᆞ도록誨論ᄒᆞ야必無遲誤ᄒᆞ기로期待ᄒᆞ옵나이다

本社에寄書ᄒᆞ시ᄂᆞᆫ諸君子ᄂᆞᆫ姓名과居住를明確ᄒᆞ게懸錄送附ᄒᆞ시와證據가有ᄒᆞᆷ을必要ᄒᆞᆷ이오公衆不利ᄒᆞᆫ秩序를紊亂케ᄒᆞᄂᆞᆫ意와社會上不經荒雜ᄒᆞᆫ寄書ᄂᆞᆫ不受ᄒᆞᄂᆞᆫ權利가本社에自有ᄒᆞ오니肯諒ᄒᆞ시옵

大韓每日申報社

廣告

美國博士하루바도氏譯撰

大東紀年

全帙五冊 定價新貨貳元

○本紀年은自我韓開國以來朝野史乘을蒐輯參考ᄒᆞ이至于今上陛下即位三十二年(乙未)事變ᄭᆞ지精詳記載ᄒᆞ얏ᄉᆞ오니願覽僉君子ᄂᆞᆫ陸續枉購ᄒᆞ시옵

發售所 東闕罷朝橋越便

博文書林主 朱翰榮 告白

貿易商 本社ᄂᆞᆫ仁川港日本郵便電信局對面電話第二百一番地

仁川港 廣昌洋行 벤넛트會社告白

○鐵路部

○東大門과新門間에來往車ᄂᆞᆫ每十分間에運行ᄒᆞᆷ

東大門發初車ᄂᆞᆫ午前六時三十分

新門外停車場發初車ᄂᆞᆫ午前六時五十五分

東大門發終車ᄂᆞᆫ午後九時五十分

新門外停車場發終車ᄂᆞᆫ午後十時十五分

○東大門과洪陵間에來往車ᄂᆞᆫ每二十分間에運行ᄒᆞᆷ

但自鍾路로東大門에來到ᄒᆞᆫ交替車로聯絡ᄒᆞᆷ

東大門發初車ᄂᆞᆫ午前六時五十分

洪陵發　ᄂᆞᆫ午前七時十分

東大門發終車ᄂᆞᆫ午後七時五十分

洪陵發　終車ᄂᆞᆫ午後八時十分

○鍾路와龍山間에來往車ᄂᆞᆫ每十二分間에運行ᄒᆞᆷ

鍾路發至南大門初車ᄂᆞᆫ午前六時四十八分

鍾路發至龍山　初車ᄂᆞᆫ午前七時二十四分

南大門發至鍾路初車ᄂᆞᆫ午前六時五十六分

龍山發至鍾路　終車ᄂᆞᆫ午前七時五十七分

南大門發至鍾路終車ᄂᆞᆫ午前十時八分

龍山發至鍾路　終車ᄂᆞᆫ午後九時九分

○特別私用車ᄂᆞᆫ顧客의方便ᄒᆞᆷ을隨應ᄒᆞ야準給ᄒᆞᆷ

但定價ᄂᆞᆫ本社에來臨ᄒᆞ야請問ᄒᆞ옵

○電燈部

二百五十燭力以內의敷用處에ᄂᆞᆫ每個月에定價表가如左ᄒᆞᆷ

○十六燭力燃燈達夜에二圓五十錢

○三十二燭力燃燈達夜에四圓

○五十燭力燃燈達夜에六圓

○一百五十燭力燃燈達夜에十圓

一千二百燭力弧形燈達夜에二十圓

二百五十燭力以上의敷用處에ᄂᆞᆫ請求ᄒᆞ면瓦斯計一箇를設給ᄒᆞᆷ

但瓦斯計賃金은每個月에二圓이오瓦斯計測驗表委托定價ᄂᆞᆫ每時間每암피아에二錢이옵

瓦斯計設給處에셔每介月支拂金最低額은每個月에二十圓인ᄃᆡ(瓦斯計貸金은)据ᄒᆞᆷ

電燈을敷設ᄒᆞ기에請求ᄒᆞᄂᆞᆫᄃᆡ로供給ᄒᆞᆷ

各種連技辦燈도常時에貯存ᄒᆞ엿ᄉᆞᆸ

本社鐵路電氣會社 韓美電氣會社 告白

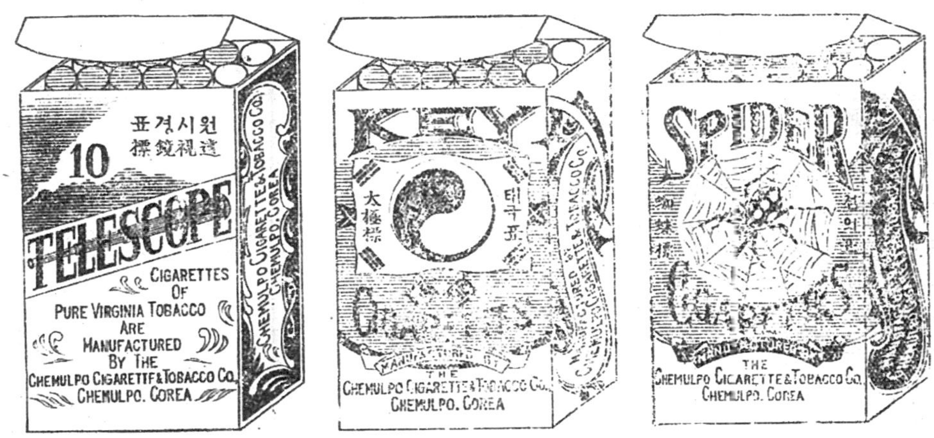

以上三種은上品으로製造ᄒᆞ야衛生上에至極有益ᄒᆞ오니勿論某人ᄒᆞ고本社에來顧ᄒᆞ옵

大韓帝國仁川港 濟物浦紙卷煙及烟草會社

一鷹標罐濃詰牛乳
一金印罐詰濃結牛乳
一無雙家用氣化乳酪
一쎠ㅣ든쓰ㅣ製造麥芽化合牛乳

以上은常時에貯積ᄒᆞ엿ᄉᆞᆸ

美國紐育港쎠ㅣ든쓰ㅣ濃結牛乳會社

一手代理店 大韓仁川港 世昌洋行

廣告

一雜貨商
一貿易商
一船舶取扱
一煙草商
一委托販賣及貨物運送代理業
一貿易石炭商

以上輸入及輸出者

京城 仁川 大昌洋行

本社廣告

申報價

一張代金	韓貨五錢
一箇月前納	五十戔
三箇月	一元五十戔
六箇月	二元九十戔
一箇年	五元八十戔
郵稅一部	新貨五里
一箇月	十三戔

廣告料

四号活字十三字詰

每日每英尺一寸에新貨廿五錢(每日每行에六錢에相當ᄒᆞᆷ)

二周日에 二圓五十錢(每日每行四錢五里계相當ᄒᆞᆷ)

一箇月에 五圓(每日每行四錢一里에相當ᄒᆞᆷ)

其期限의長短과字行의多少를依ᄒᆞ야增減ᄒᆞᆷ이有ᄒᆞᆷ

大韓人마다此申報를不得不閱覽ᄒᆞ실터이오니廣告出報ᄒᆞ실僉君子ᄂᆞᆫ來臨面議ᄒᆞ시옵

發行兼編輯人 英國人裵說

發行所

京城北署壽進坊磚洞号外地法語學校前

大韓每日申報社

光武九年八月二十三日 明治三十八年八月二十三日 第三種郵便物認可　　水曜日　　西曆一千九百五年八月廿三日

第三卷　第十號

大韓每日申報
대한매일신보

月曜及慶節 歲時日休刊

檀君開國四千二百三十八年
箕子元年三千二十七年
大韓開國五百十四年
日本明治三十八年
清國光緒三十一年
陰曆乙巳七月小廿三日甲午

論說

◎時局情形◎

東京各報館의所論을依據ᄒᆞ건ᄃᆡ(已往小村講和使의提出ᄒᆞᆯ條欵을預先發明ᄒᆞᆫ거스로憑據ᄒᆞᆯ지라도該政府意趣를緊密히揣摩ᄒᆞ야發表ᄒᆞᆫ다ᄒᆞᆯ만ᄒᆞᆫ報館이라)日本이韓國에엇디케施行ᄒᆞᆯ主意를定ᄒᆞ얏스니韓國이卽日本保護國이되ᄂᆞᆫ지라保護라ᄂᆞᆫ거시잘되면保護者와被保者가彼此均利ᄒᆞᆯ時가잇거니와만일日本이그러케ᄒᆞ려ᄒᆞ면現在事形보다ᄂᆞᆫ더互相均便ᄒᆞᆯ方法을不可不講이로다目賀田氏의籌畫을言ᄒᆞᆯ진ᄃᆡ韓之全國財權을日本에予ᄒᆞᆷ인ᄃᆡ初次에韓國政府에勉請ᄒᆞ야借欵이分明이될줄노ᄒᆞ야온지多經時日이고該借欵之意ᄂᆞᆫ韓國財政을改整ᄒᆞᆷ이라ᄒᆞ얏ᄂᆞᆫᄃᆡ仍爲縮步ᄒᆞᆷ이目賀田氏를倚信키難ᄒᆞ도다目賀田氏ᄂᆞᆫ該借欵이一新改整에充用키不足ᄒᆞᆯ줄을知與不知間에不出ᄒᆞᆯ지니不知則不勝任이오已知則錯亂者라此等調刪에塞責키難ᄒᆞᆫ거시韓國政府가比前尤難ᄒᆞᆷ이라且以近日新舊錢交換事를目賀田氏의淺短ᄒᆞᆫ處辦으로因ᄒᆞ야貨幣困難이生ᄒᆞᆫ지라現今事勢가兩端間處辦外에ᄂᆞᆫ別無道理ᄒᆞ니不計得失ᄒᆞ고借求ᄒᆞᆫ三百萬額을劃許ᄒᆞ야物情이原形에回復케ᄒᆞ던지不然則交換에充用ᄒᆞᆯ만ᄒᆞᆫ一千五百萬額假量을更爲借辦ᄒᆞ여야ᄒᆞᆯ지라且通信院은日本管轄에屬ᄒᆞ얏고警務廳은日本顧問官과數多巡査가有ᄒᆞ나我們所보서지ᄂᆞᆫ電郵나警察上에別無進步오學部ᄂᆞᆫ顧問官이敎育에發達ᄒᆞᆫ다ᄒᆞᆯ지라도須未可言而但於思想에ᄂᆞᆫ隨機隨便ᄒᆞ야日本敎員額數를增加ᄒᆞ고外國敎員聘傭은減縮ᄒᆞᄌᆞᄂᆞᆫ趣向이니假令外國顧問官과雇傭人을一一罷遣ᄒᆞ면或可謂改正之一事로ᄃᆡ日本人中冗官은免不得之事나所謂改正이自由專利키ᄂᆞᆫ甚難ᄒᆞᆯ지라何樣觀之컨ᄃᆡ日本이韓國에得利로다或在議定書며或在改正事며或在軍用需며或在合同件이라略以言之컨ᄃᆡ諸凡이現樣과又치施行ᄒᆞ야갈지경이면分明ᄒᆞᆫ保護의發表ᄂᆞᆫ難見이리니是都慷歎이로다何時ᄭᅡ지던지戰爭不息ᄒᆞ고兵站未撤時에ᄂᆞᆫ韓國은自主獨立을嘗常言之諸之者에對ᄒᆞ야다시보옵시다ᄒᆞᆯ지니戰後에ᄂᆞᆫ他各國이從容間審次로開門을要ᄒᆞᆯ지라

官報

◎號外 光武九年八月二十日

◎宮廷錄事 詔曰命從二品趙秉鎬爲議政府參政大臣景孝殿提調朴容大爲法部大臣
光武九年八月十九日
議政府議政大臣臨時署理農商工部大臣朴齊純

軍部大臣權重顯辭職疏 批旨省疏具悉卿纔廟算戎務俱是宿諳際玆艱會尤當直前傚去更勿煩辭卽起行公事遣部郞宣諭
八月十九日

◎叙任 從一品趙秉鎬 任議政府參政大臣叙勅任官一等
景孝殿提調朴容大 任法部大臣叙勅任官一等
以上八月十九日

◎號外 光武九年八月二十日

◎宮廷錄事 宮內府大臣臨時署理太醫院卿李愚冕辭職疏 批旨省疏具悉所辭中宮內署理之任依施事遣府郞宣諭
八月二十日

◎第三千二百二十四號 光武九年八月廿二日

◎宮廷錄事 議政府議政大臣臨時署理農商工部大臣臣朴齊純謹
奏取考今月十五日官報則以權承祿付票於光武八年九月十三日元帥府參木矣절伏念此罪人罪名載在獄案尙未斯得輿情迄今沸鬱肆然付票遽爾頒布撰以法紀萬萬痛駭案件爲先勿施軍部前大臣李容翊令陸軍法院查嚴懲辦該犯刻期調捉按律處斷而調査不審之責有難寬恕該課長議政府參書官金叁用施以免官之典臣之朦未覺察亦不勝惶悚待罪之意謹上
奏 光武九年八月十八日奉
旨有所參量者存前特爲安徐卿勿待罪

宮內府特進官趙重穆辭職疏 省疏子悉所請依施
八月十六日

侍從院副卿張泰秀辭職疏 批旨省疏子悉所請依施
八月十九日

◎叙任及辭令 陞嘉義 從二品朴明煥
四月二十五日

秘書監丞徐肯淳 禮式院紀錄課長嚴健永 尙方司理事朴容淑 恭陵參奉洪淳珍 懿陵參奉金炳周 惠陵參奉尹榮淳 順昌園參奉許禎 主殿院電務課主事李周泳 全洪鍾完 依願免本官
任秘書監丞叙奏任官四等 正三品李敏常
任禮式院紀錄課長叙奏任官四等 正三品鄭宣澤
任尙方司理事叙奏任官四等 正三品朴容濟
任恭陵參奉叙判任官八等 李敎海
任懿陵參奉叙判任官八等 六品朴榮喜
任惠陵參奉叙判任官八等 六品李載瓚
任順昌園參奉叙判任官八等 朴鳳珪
主殿院警衛局主事鄭寅健 主殿院警衛局摠巡吳斗泳 陞叙判任官三等
太醫院主事沈泳錫 全朴凱錫 陞叙判任官四等
太醫院主事方啓榮 陞叙判任官五等
以上八月十八日

外報

◎四國同盟 八月十日發倫敦電을據ᄒᆞᆫ즉英國各新聞은法國艦隊를歡迎ᄒᆞ야云ᄒᆞ되英法四國同盟이全是必要ᄒᆞ고因此ᄒᆞ야世界平和가永久보存ᄒᆞ리라ᄒᆞ얏니라

◎法國士官歡迎 同日同電을據ᄒᆞᆫ즉倫敦市街에셔ᄂᆞᆫ本日에法國海軍士官의到着ᄒᆞᆷ에對ᄒᆞ야祝賀ᄒᆞ얏ᄂᆞᆫᄃᆡ公會所。셔ᄂᆞᆫ宴을開催ᄒᆞ얏고各新聞은其社說을法語로發刊ᄒᆞ얏더라

◎英皇訪法艦 同日同電을據ᄒᆞᆫ즉英皇에드와드ᄂᆞᆫ웨일쓰(英西省)君主와外他親王들의陪從으로法國艦隊를縱覽ᄒᆞ신후同國旗艦을訪問ᄒᆞ사該艦司令官水師提督으로더부러午餐을供進ᄒᆞ셧더라

◎德國媾和觀 德國政府에셔ᄂᆞᆫ再三媾和談判의多望ᄒᆞᆫ報告를接ᄒᆞ얏스되日本全權의確固ᄒᆞᆫ態度ᄂᆞᆫ世人이大端이注意를惹起라ᄒᆞ얏더라

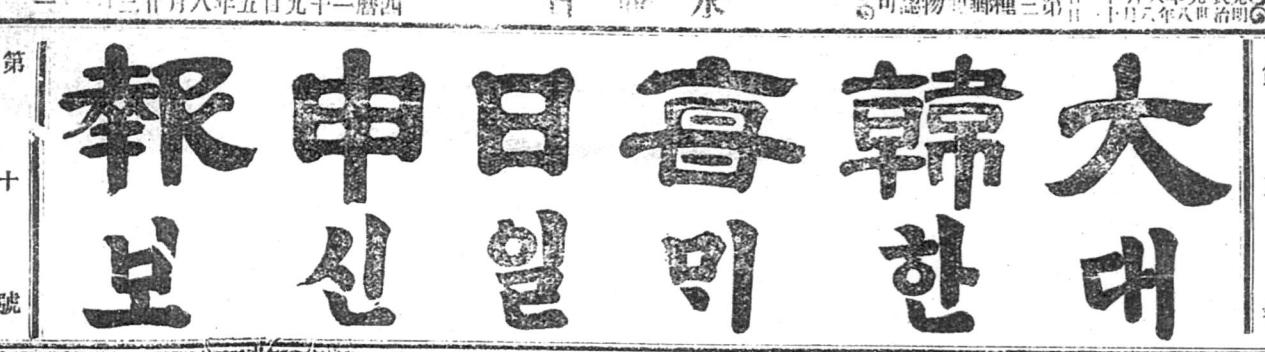

◎媾和不調 八月十二日紐育電을據ᄒᆞᆫ즉十四日次回會見에兩國全權은媾和가不調ᄒᆞᄂᆞᆫᄃᆡ歸ᄒᆞᆯ줄로信ᄒᆞ얏다더라

社告

本申報의刱刊ᄒᆞᆫ月日이于今一週歲이나機械와鉛字가未具ᄒᆞᆷ으로二百餘號를發行ᄒᆞ고仍爲停刊인바旣張而中輟ᄒᆞᄂᆞᆫ게實所慨然이기本社에서思를勞ᄒᆞ고慮를費ᄒᆞ야今에諸가事完備ᄒᆞᆷ이永遠持替ᄒᆞᆯ基礎를確定ᄒᆞ야大韓有志人士의文明智識은啓發ᄒᆞ고寰環球有國에見聞을公同ᄒᆞ기爲ᄒᆞ야重刊發行ᄒᆞᄂᆞᆫ바英文與漢文을並爲解讀이未必人皆能之인즉英漢文合刊이徒煩無益키로從玆一變前規ᄒᆞ야英漢文을各紙分刊이되內外國各報을一層迅速케ᄒᆞ며社說의謇謇ᄒᆞᆷ은强禦를不畏ᄒᆞ며善惡을明辨ᄒᆞ야帝庭에指佞草의性質을具ᄒᆞ야스며時事를盱衡ᄒᆞ며昏昧을提醒ᄒᆞᆷ은仁人君子의藹日憂世하ᄂᆞᆫ風味를含有이고褒貶予奪之中에溫厚規箴을隱然寓之ᄒᆞ야使有過者로讀之而改焉ᄒᆞ며無過者로讀之而勉焉ᄒᆞ올지니四方僉君子ᄂᆞᆫ諒此滿腔苦心ᄒᆞ야倍前愛하讀시기를竊有厚望焉이로라

電報

●大統領協力 八月二十二日오前發

美國大統領은最後努力으로前駐日露公使로젠男爵을招ᄒᆞ야協力ᄒᆞ얏더라

雜報

●農照外部 農部에서外部에照會ᄒᆞ얏스되南廟守直請願內開에南廟後麓에日人이立標一事ᄂᆞᆫ已爲洞燭인바但於京釜鐵道開通式時에暫時借用云矣러니尙今不撤故로往于該會社ᄒᆞ야詰之則答以謂無我公使指揮키로不撤云云等情인즉請照日公使ᄒᆞ야該木標을立卽撤收爲要라ᄒᆞ얏더라

●派遣視察 外部에서布哇와墨西哥에在留ᄒᆞᆫ韓國人民의情形을視察ᄒᆞ기爲ᄒᆞ야外部協辦尹致昊氏를派遣ᄒᆞ기로已經皇上陛下의裁可이온ᄃᆡ該旅費一千元支撥件을度支部에照請ᄒᆞ얏다더라

●日函外部 日公使林權助氏가外部에公函ᄒᆞ되經理院文簿를調査ᄒᆞᆫ즉時在錢이爲二十八萬餘元ᄒᆞ니度支部로輸送ᄒᆞ야新貨로交換ᄒᆞ라ᄒᆞ얏더라

●獻金還下 日昨度支顧問日賀田氏가金五千元을今番 誕辰所用으로進獻ᄒᆞ얏더니自上으로下諭ᄒᆞ옵시기를此是日賀田之所自備乎아度支部之所存乎아對曰度支所存이로소이다然則度支之物을度大가納上은可思어니와日賀田이替爲納上은不可라ᄒᆞ옵시고還下ᄒᆞ옵셧더라

●海察報告 海州觀察使子永祖氏가外部에報告ᄒᆞ얏ᄂᆞᆫᄃᆡ瑞興郡守報告內에開城府駐日兵站官이照會ᄒᆞ되役夫一事로有面商定約ᄒᆞ니請各郡守ᄂᆞᆫ暫枉于本站等因인바滯印章越他道之界가甚涉未安이기茲以報告ᄒᆞ니照亮爲望이라ᄒᆞ얏더라

●政界近況

○內大署理徐正淳氏ᄂᆞᆫ解任ᄒᆞ얏고

○內大李址鎔氏가日昨視務ᄒᆞ얏ᄂᆞᆫᄃᆡ參書官玄 은氏依免ᄒᆞᆫ代에鄭鳳時氏가被任ᄒᆞ고漢城少尹朴承祖氏依免ᄒᆞᆫ代에李卓氏가被任ᄒᆞ얏다ᄒᆞ니曠日廢務之餘에許多公務가必是積滯이거날該二窠叙任이何等急務이완ᄃᆡ急先着手ᄒᆞᆷ이未知穩當이라고

○內大李址鎔氏ᄂᆞᆫ日間宮大로轉任ᄒᆞ고李允用氏가其後任을襲ᄒᆞᆫ다ᄒᆞ고

○十三道警務官은內部에서業已奏差ᄒᆞ야各該道로或有赴任ᄒᆞ얏ᄂᆞᆫᄃᆡ該警官等俸給을支撥ᄒᆞ라고度支部에聲言ᄒᆞ얏더니該部顧問官日賀田氏所答이官職은政府에서奏差ᄒᆞ거니와至於俸給ᄒᆞ야ᄂᆞᆫ本無預算ᄒᆞ니非吾所知라ᄒᆞᆫ다ᄒᆞ니當初叙任時에ᄂᆞᆫ俸給如何를商議ᄒᆞᆫ비업시選庭히叙任ᄒᆞ얏ᄂᆞᆫ지其輕率ᄒᆞᆫ責은何處로歸ᄒᆞᆯᄂᆞᆫ지十三道警官드른可謂不食自飽ᄒᆞᄂᆞᆫ名譽警務官이라고ᄒᆞ더라

○鍾街에何許人인지匿名揭榜ᄒᆞ얏ᄂᆞᆫᄃᆡ其大槪에軍人은國家干城이오人民의藩屛이거날期廢欲撤ᄒᆞ고姦臣이滿朝ᄒᆞ야賣國求業ᄒᆞ야軍與民이盡入塗炭ᄒᆞ니奸細輩를掃欲討滅이라ᄒᆞ얏다지

○新內閣이 萬壽聖節後에ᄂᆞᆫ成立ᄒᆞᆫ다ᄂᆞᆫᄃᆡ少壯人材로組織ᄒᆞ야諸般積滯ᄒᆞᆫ政務를요結케ᄒᆞᆫ다ᄒᆞ니何許人材가君歸에坐ᄒᆞᆯᄂᆞᆫ지人皆拭目待之라더라

○參將에嚴柱益氏ᄂᆞᆫ軍部協辦을被任ᄒᆞ얏고

○濟州島에流配ᄒᆞᆫ金允植氏를特旨로赦免叙用ᄒᆞ신을日本公使가陛見時에奏上ᄒᆞ얏다더라

●商會告示 商業會議所에서各店에告示ᄒᆞᆷ이如左ᄒᆞ니頃聞數日內都下商業家에其業務을或開或閉라ᄒᆞ니開閉ᄂᆞᆫ雖屬自由나現狀이愁慘이오且緣財政之窘絀而然이나其中閉業이면損害尤極ᄒᆞᆯ지니宜亟開業ᄒᆞ야徐圖財政之方力을爲要라ᄒᆞ얏더라

●墨電外部 墨西哥政府에서外部로電報ᄒᆞ얏시되大韓役夫一事로接到貴電閱悉인바對貴政府所傳ᄒᆞᆫ待以奴隸等說이確無根因이라若要探知則可詳詳報於北京外務部ᄒᆞᆯ지니亞細亞役夫等이在墨西哥ᄒᆞ야被優待之事ᄂᆞᆫ已有緊要公報於該部也오駐此日本公使가亦于報貴大臣이라ᄒᆞ얏더라

●公言被謗 徐主事管錫氏에弟倫錫이幾年前에其族叔廷稷氏에게繼后되여三年居喪ᄒᆞ고六年同居인바其畓畝가空然猾惡ᄒᆞ야派門長과符同ᄒᆞ야要爲罷養기로管錫氏가其理不可ᄒᆞᆫ由을歷歷說明ᄒᆞᆫ즉門長言內에宗養은不過以義合者라其不相得ᄒᆞᄂᆞᆫ境遇에罷養이何所不可며且吾宗中罷養이便成已例ᄒᆞ야齊洞相祖氏ᄂᆞᆫ至於幾次罷養ᄒᆞ얏스니倫錫을不可暫刻容留라ᄒᆞ야竟爲逐出인즉管錫氏가勢無奈何ᄒᆞ야忍憤而止러니今於相祖氏之子丙贊之罷養에ᄂᆞᆫ宗議一變ᄒᆞ야謂以悖於倫理에不得不復養이라ᄒᆞ니今日門長은卽前之門長인ᄃᆡ持論之前後不同이大欠公正기로管錫氏가發言于宗中曰論其以義而合이라도倫錫與丙贊이一也오論其不相得이라도倫錫與丙贊이亦一也인즉罷則俱罷ᄒᆞ고復則俱復ᄒᆞᄂᆞᆫ것시事理當然이라ᄒᆞᆫ즉門長이無言可答ᄒᆞ야丙贊氏의復養一款이自然遷延難成ᄒᆞ니彼管錫氏의所言이非不爲正論이로되在丙贊思之ᄒᆞ야ᄂᆞᆫ不能無尤之端이나言旣公正에敢怒而不敢言故로密布陷人之機ᄒᆞ야以間人父子等說로날造流言ᄒᆞᆫ다ᄒᆞ니此世界에ᄂᆞᆫ好人을難見이오公言ᄒᆞ기도甚難이라고傳說이藉播ᄒᆞ더라

●半舊半新 其間皇室費을仍爲封進치못ᄒᆞ얏다더니今聞ᄒᆞᆫ즉折半은舊貨오折半은新貨로日昨納上ᄒᆞ얏다더라

●嚴則無是 日昨本報雜報欄內에嚴金東避問題을隨聞記載ᄒᆞ얏더니嚴達煥氏ᄂᆞᆫ初無是事이다ᄒᆞ기로正誤ᄒᆞ노라

外報

●領事嚴談 上海電을據ᄒᆞᆫ즉淸國商民의排美運動에關ᄒᆞ야美國領事ᄂᆞᆫ道臺에게照會ᄒᆞ기를淸國商人이條約違反ᄒᆞᄂᆞᆫ行爲가有ᄒᆞ면淸國政府에서責任을擔當ᄒᆞᆯ거시라고ᄒᆞ얏ᄂᆞᆫᄃᆡ此條約書의意味ᄂᆞᆫ美淸天津條約에美國人은開港場에서自由로輸入輸出을取引ᄒᆞᄂᆞᆫᄃᆡ淸國政府ᄂᆞᆫ禁止를不得ᄒᆞᆫ다ᄂᆞᆫ文字를解釋ᄒᆞᆷ이라더라

●敵師防備 歐洲方面에셔來到ᄒᆞᆫ情報에云ᄒᆞ되露軍의左翼을迂迴ᄒᆞ기爲ᄒᆞ야吉林方面에셔運動ᄒᆞᄂᆞᆫ日軍의一大軍이繼續前進ᄒᆞᄂᆞᆫ報를接ᄒᆞ고리네뷔이지司令官은本部를引揭ᄒᆞ야吉林으로移ᄒᆞᆫ듯ᄒᆞ고露軍은公主嶺에서伊通州ᄭᆞ지亘ᄒᆞᆫ天然的防禦陣地에工事를急速히ᄒᆞᄂᆞᆫᄃᆡ淸國人一萬四五千名을晝夜로工事에使役ᄒᆞ고將來에至ᄒᆞ야ᄂᆞᆫ此陣地後方에[illegible]道數線을敷設ᄒᆞᆫ다더라

詞林

寄所思 三首

手中[illegible]纖細生香欲寄無因心自傷起挽琵琶鳴一曲恨[illegible]似[illegible]絃長

錦字織愁[illegible]到遲人[illegible]如[illegible]多時[illegible]奇[illegible]情緣何事苦樂如今[illegible]自知

丁寧芳約莫相違日日歸來苦未歸挑盡孤燈無意緒秋風又[illegible]入羅위

雜報

法律 (續)

第八節 未遂犯

第八十六條 罪를犯ᄒᆞ랴ᄒᆞ야陰謀ᄒᆞ고準備까지ᄒᆞ거나其事ᄂᆞᆫ已行ᄒᆞ얏스되其意外의障碍나外錯됨을因ᄒᆞ야犯罪에未及ᄒᆞᆫ者를未遂犯이라홈이라

第九節 不論罪類

第八十七條 守七人을除ᄒᆞᆫ外에人의威脅을抵當치못ᄒᆞ야犯罪된者ᄂᆞᆫ勿論홈이라

第八十八條 水火盜賊과其他意外의變을因ᄒᆞ야回避ᄒᆞ기不能ᄒᆞ거나危難을遭ᄒᆞ야權限內에可히保護ᄒᆞᆯ만ᄒᆞᆫ者를爲ᄒᆞ야犯罪된者ᄂᆞᆫ勿論홈이라

第八十九條 本法律諸條의犯人의情을不知ᄒᆞᆫ者ᄂᆞᆫ勿論홈이라

第九十條 癈疾者의癈疾을因ᄒᆞ야邂逅犯罪ᄒᆞᆫ時ᄂᆞᆫ罪로論치아니홈이라

第九十一條 九十歲以上七歲以下者가犯罪ᄒᆞᆫ時ᄂᆞᆫ罪로論치아니홈이라

第三編 刑例

第一章 刑罰通則

第一節 刑名刑具及獄具

第九十二條 罪를治ᄒᆞᄂᆞᆫ刑은左開二種으로區別홈이라

一 主刑
二 附加刑

第九十三條 主刑은左開五種으로區別홈이라

一 死刑
二 流刑
三 役刑
四 禁獄刑
五 笞刑

第九十四條 死刑은左와如홈이라

一 絞

第九十五條 流刑은島地押付ᄒᆞ야保授홈이니左開十等으로區別홈이라
但逃脫ᄒᆞᆯ慮가有ᄒᆞᆫ境遇에ᄂᆞᆫ該地方禁獄에因禁홈이라

一 終身
二 十五年
三 十年
四 七年
五 五年
六 三年
七 二年半
八 二年
九 一年半
十 一年

第九十六條 役刑은監獄에囚禁ᄒᆞ야役에服케홈이니等數ᄂᆞᆫ第九十五條流刑과同홈이라

第九十七條 禁獄은監獄에囚홈이니左開十等으로區別홈이라

一 十箇月
二 九箇月
三 八箇月
四 七箇月
五 六箇月
六 五箇月
七 四箇月
八 三箇月
九 二箇月
十 一箇月

第九十八條 笞刑은荊小條로臀을打홈이니左開十等으로區別홈이라笞長周尺三尺五寸大頭徑二分七里小頭徑一分七里

一 一百
二 九十
三 八十
四 七十
五 六十
六 五十
七 四十
八 三十
九 二十
十 一十

第九十九條 附加刑은左開二種으로區別홈이라

一 免官 免役
二 沒入

第百條 獄子ᄂᆞᆫ左開六種으로區別ᄒᆞ야適用홈이라

一 枷니項을鎖홈이라長周尺五尺五寸頭濶一尺五寸重二十斤
二 杻니手를鎖홈이라長周尺一尺六寸厚一寸
三 桎이니足을鎖홈이라
四 鐵索이니臂脊을束縛ᄒᆞ야鎖홈이라
五 箠니笞의小ᄒᆞᆫ者로臀을打홈이라
六 革鞭이니脛을打홈이라

第二節 主刑處分

第百一條 主刑은宣告홈이라

第百二條 死刑에處ᄒᆞᆯ者ᄂᆞᆫ宣告後에法部大臣이上奏ᄒᆞ야裁可ᄒᆞ심을奉ᄒᆞᆫ後執刑홈이라

(未完)

日宗生命保險株式會社
生命保險說明書 (續)

第五條 保險料를呈納홈에猶豫期間이過ᄒᆞ되保險料를呈納치아니ᄒᆞᆫ時에ᄂᆞᆫ被保險者가破約의請求를爲홈과如히見做홈

第六條 被보險者가保險의契約을請求ᄒᆞᆯ際에重要ᄒᆞᆫ事件을不告ᄒᆞ거나又ᄂᆞᆫ重要ᄒᆞᆫ事項에就ᄒᆞ야其實을不告ᄒᆞᆫ時에ᄂᆞᆫ保險의契約이無効홈으로認홈

第七條 被保險者가蹤跡을失ᄒᆞ얏다ᄂᆞᆫ裁判所의宣告를受ᄒᆞᆫ時에ᄂᆞᆫ보險의契約은其効를失홈으로認홈
但此會社에셔實로死亡ᄒᆞᆫ者로認ᄒᆞᆫ時에ᄂᆞᆫ此限에不在홈

第八條 左의境遇에就ᄒᆞ야ᄂᆞᆫ本會社ᄂᆞᆫ보險金을支給ᄒᆞᆯ責任이無홈

一 被보險者가自殺、決鬪其他犯罪又ᄂᆞᆫ死刑의執行을由ᄒᆞ야死亡ᄒᆞᆫ時
二 보險金額受을取ᄒᆞᆯ者가故意로被부險者를致死케ᄒᆞᆫ時

第九條 보險契約請求書에記載ᄒᆞᆫ被보험者의年齡에錯誤가有ᄒᆞᆫ時에ᄂᆞᆫ左法에依行홈

一 實際에年齡이本會社보험料表에揭ᄒᆞᆫ年齡의範圍內에不在ᄒᆞᆫ時에ᄂᆞᆫ보험契約無効로홈
二 錯誤의年齡이實際에年齡보담多ᄒᆞᆫ時에ᄂᆞᆫ被보험者의身體를診査ᄒᆞ야年齡이相當홈으로認時에在ᄒᆞ야ᄂᆞᆫ將來의보험料를減少케홈
三 錯誤ᄒᆞᆫ年齡이實際年齡보담少ᄒᆞᆫ時에ᄂᆞᆫ보험料의不足額에一箇年百分之六의利를增收홈
但보험金額을支給ᄒᆞᄂᆞᆫ事由가發生ᄒᆞ기前에此法을爲ᄒᆞᆫ時에ᄂᆞᆫ보험料不足額의以比例로보험金額을減削ᄒᆞ고且보험金額의百分의五을除減홈

第十條 보험契約이無効케된境遇에就ᄒᆞ야ᄂᆞᆫ既收보험料로붓터其十分의二와보험金額의百分之五을除減ᄒᆞ고其殘額을被보험者又ᄂᆞᆫ代理人에게反還홈

第十條 보험契約을解除、失効又ᄂᆞᆫ보험金額을支給ᄒᆞᆯ責任이無ᄒᆞᆫ境遇에就ᄒᆞ야ᄂᆞᆫ責任準備金으로붓터보험金額百分에五를不過ᄒᆞᆫ金額을除減ᄒᆞ고其殘額을被보험者又ᄂᆞᆫ代理人의게反還홈

(未完)

野乘

적션여경녹 (八)

상제게옵셔또공의지인덕을감동하ᄉᆞ삼십연슈한을더하옵시고벼살리일품을더하시고귀ᄌᆞ이인을점지하시니아등이유명이다르나존공의게자녀의인권되믈입어은혜하날과곳ᄉᆞ오니엇지연의를보효하오리가리공이또굴오듸나 공으로더부러교분이업시위종에일지공합으로일편충곡을고ᄒᆞ엿더니공이훈번보시고기연인의하야양셩송사에던듸훈은혜를입습고또숙녀비필아ᄌᆞ의게주시니엇지써훙은의만일이나갑ᄉᆞ오리가이졔형쳐의게유복소녀붕명일곳히복되오리니갑이써갚랑군의출세후비필되기를보하옵나이다공이나를며나리를ᄉᆞᆷ으시나나도또훈공의며나리로갑삽나이다말이맛ᄎᆞ미공슈하고작별하거날류자ᄉᆞ황망이젼별ᄒᆞᆯ시문턱에걸쳐별연이써다르니경히왕부인으로더부러상우에누엇는지라자ᄉᆞ몽사를몰삼하고이상이여기더라이튼날장부인이츈랑으로더부러왕부인씌뵈일식츈랑모지또훈리현윤의현몽훈일이잇셔일일이말습하든ᄎᆞ에왕부인이또훈ᄌᆞ사의몽죠를말ᄉᆞᆷ홈이세ᄉᆞ이졉합하니더욱차탄불이하더라이튼날장씨부인이복즁이이상하며반향을벼개에의지허엿다가삽시군에일녀단싱하미츈랑급피와왕부인게고하니일변으로식음을나ᄋᆞ와장씨를구호하더라이러구러반원이지나미장씨녀ᄋᆞ를안고류빅부와빅모게뵈옵고인하여일홈을봉명이라하니라차셜왕부인나히임의사십셰에홀연이산홈혼음식먹기를즐기고상시에구역이나니일죽싱산치못홈으로리긔인줄몰르나

特別廣告

本申報는海外電報를卽接ᄒᆞ야機關이靈通ᄒᆞ고外報와採報를敏捷活潑ᄒᆞ도록注意ᄒᆞ오며申報[illegible]ᄒᆞ는되迅速信傳ᄒᆞ發[illegible]分[illegible]人의기在ᄒᆞᆫ으기는分[illegible]人의기在ᄒᆞᆫ으로本社에셔[illegible]常에諸分傳人의게丁囑[illegible]成ᄒᆞ코申中訓飭ᄒᆞ야附或嫌惰ᄒᆞ게注意ᄒᆞ거니와如或暫有權怨이라도愛或[illegible]君子는常使通知ᄒᆞ本社ᄒᆞ시면該分傳의게誠信相[illegible]ᄒᆞ도록[illegible]措商命ᄒᆞ고勸贊가發生ᄒᆞ도록誨論ᄒᆞ야必無遲誤ᄒᆞ기로期待ᄒᆞ옵나이다

本社에寄書ᄒᆞ시ᄂᆞᆫ諸君子ᄂᆞᆫ姓名과居住를明確ᄒᆞ게懸錄附ᄒᆞ시와證據가有홈을必要홈이오公衆平和ᄒᆞᆫ秩序를紊亂케ᄒᆞᄂᆞᆫ意와社會上不經荒雜ᄒᆞᆫ寄書ᄂᆞᆫ不受ᄒᆞᄂᆞᆫ權利가本社에自有ᄒᆞ오니肯諒ᄒᆞ시옵

大韓每日申報社

廣告

美國博士하무바도氏譯撰 全帙五冊定價新貨貳元

大東紀年

本紀年은自我韓開國以來朝野史乘을蒐輯參考ᄒᆞ야至于今上陛下卽位三十二年乙未事變ᄭᆞ지精詳記載ᄒᆞ얏ᄉᆞ오니願覽僉君子ᄂᆞᆫ陸續枉購ᄒᆞ시옵

發售所 東闕罷朝橋越便 博文書林主 朱翰榮 告白

貿易商 本社ᄂᆞᆫ仁川港日本郵便電信局對面 電話第二百一番地

仁川港 廣昌洋行

벤넷트會社告白

○鐵路部

○東大門과新門間에來往車ᄂᆞᆫ每十分間에運行홈

東大門發初車ᄂᆞᆫ午前六時三十分

新門外停車場發初車ᄂᆞᆫ午前六時五十五分

東大門發終車ᄂᆞᆫ午後九時五十分

新門外停車場發終車ᄂᆞᆫ午後十時十五分

○東大門과洪陵間에來往車ᄂᆞᆫ每二十分間에運行홈

但自鍾路로東大門에來到ᄒᆞᆫ交替車로聯絡홈

東大門發初車ᄂᆞᆫ午前六時五十分

洪陵發 初車ᄂᆞᆫ午前七時十分

東大門發終車ᄂᆞᆫ午後七時五十分

洪陵發 終車ᄂᆞᆫ午後八時十分

○鍾路와龍山間에來往車ᄂᆞᆫ每十二分間에運行홈

鍾路發至南大門初車ᄂᆞᆫ午前六時四十八分

鍾路發至龍山 初車ᄂᆞᆫ午前七時二十四分

南大門發至鍾路初車ᄂᆞᆫ午前六時五十六分

龍山發至鍾路 終車ᄂᆞᆫ午前七時五十七分

南大門發至鍾路終車ᄂᆞᆫ午前十時八分

龍山發至鍾路 終車ᄂᆞᆫ午後九時九分

○特別私用車ᄂᆞᆫ顧客의方便홈을隨應ᄒᆞ야準給홈

但定價ᄂᆞᆫ本社에來臨ᄒᆞ야請問ᄒᆞ옵

○電燈部

二百五十燭力以內의敷用處에ᄂᆞᆫ每個月에定價表가如左홈

○十六燭力燃燈達夜에二圓五十錢

○三十二燭力燃燈達夜에四圓

○五十燭力燃燈達夜에六圓

○一百五十燭力燃燈達夜에十圓

一千二百燭力弧形燈達夜에二十圓

二百五十燭力以上의敷用處에ᄂᆞᆫ請求ᄒᆞ면瓦斯計一箇를設給홈

但瓦斯計賃金은每個月에二圓이오瓦斯計測驗表委托定價ᄂᆞᆫ每時間每암피아에二錢이옵

瓦斯計設給處에셔每介月支拂金最低額은每個月에二十圓인디(瓦斯計貸金은)据홈

電燈을敷設ᄒᆞ기에請求ᄒᆞᄂᆞᆫ디로供給홈

各種連抜辦燈도常時에貯存ᄒᆞ엿ᄉᆞᆸ

本社鍾路電氣會社

韓美電氣會社 告白

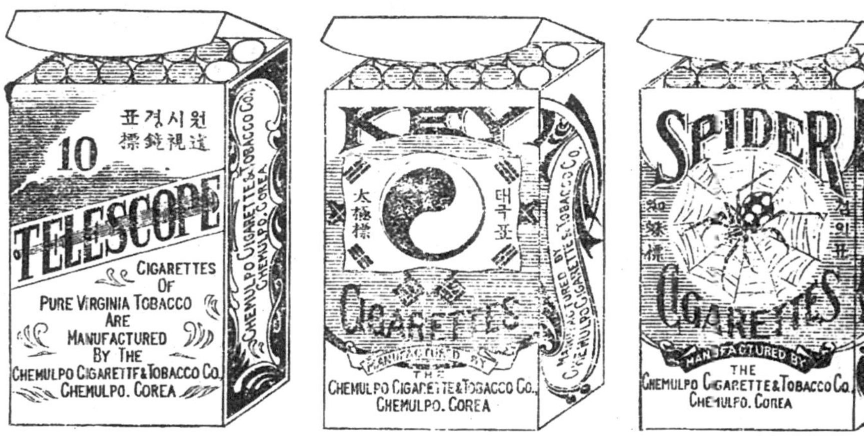

以上三種은上品으로製造ᄒᆞ야衛生上에至極有益ᄒᆞ오니毋論某人ᄒᆞ고本社에來顧ᄒᆞ옵

大韓帝國仁川港 濟物浦紙卷煙及烟草會社

一 鷹標鍊濃詰牛乳

一 金印鍊詰濃結牛乳

一 無雙家用氣化乳酪

一 쌘ᅵ든쓰製造麥芽化合牛乳

以上우常時에貯積ᄒᆞ엿ᄉᆞᆸ

美國紐育港쌘ᅵ든쓰濃結牛乳會社

一手代理店 大韓仁川港 世昌洋行

廣告

一 雜貨商

一 貿易商

一 船舶取扱

一 煙草商

一 委托販賣及貨物運送代理業

一 貿易石炭商

以上輸入及輸出者

京城 仁川 大昌洋行

本社廣告

中報價

一張代金 新貨五錢

一箇月前納 五十戔

三箇月 一元五十戔

六箇月 二元九十戔

一箇年 五元八十戔

郵稅一部 新貨五里

一箇月 十三戔

廣告料

四号活字十三字詰

每日每英尺一寸에新貨廿五錢

(每日每行에六錢에相當홈)

二周日에 二圓五十錢

(每日每行四錢五里에相當홈)

一箇月에 五圓

(每日每行四錢一里에相當홈)

其期限의長短과字行의多少를依ᄒᆞ야增減홈이有홈

大韓人마다此申報를不得不閱覽ᄒᆞ실터이오니廣告出報ᄒᆞ실僉君子ᄂᆞᆫ來臨面議ᄒᆞ시옵

發行兼編輯人 英國人裴說

發行所

京城北署壽進坊磚洞号外地法語學校前

大韓每日申報社

大韓每日申報
대한매일신보

第三卷　第十一號

月曜及慶節時日休刊

檀君開國四千二百三十八年
箕子元年三千二十七年
大韓開國五百十四年
日本明治三十八年
淸國光緒三十一年
陰曆乙巳七月小廿四日乙未

論說

平和談辦

前前號에小村氏委員의全然不減홀請求條件을윗트氏委員이斷然拒絕혼事脈으로媾和가決裂될意味를陳明ᄒᆞ얏더니其後消息을採據혼즉媾和의結實을得見홀듯혼것시這間에有何決定之端을略有可見이로다東京朝日新報通信員의最後電報를據接議혼즉云ᄒᆞ얏스되俄國이樺太島讓與事와戰爭費비償件을不能准施홈은一○顧軍容名譽오二 悬局形露出이오三 惜國體損傷인되日本이樺太島를佔領ᄒᆞ야俄國에不爲還付홀터인즉以此代充ᄒᆞ야東亞에俄之海軍制限은自歸勿論이오以下各條는諸從홀것이니

一○韓國은日本保護下에置ᄒᆞ되邊境에砲臺는設築치못홀事오

二○旅順과滿洲境內에現所日本佔領者는日本에讓與ᄒᆞ고其中所有鐵道도亦爲讓與로되日本이應與淸國商議事오

三○樺太沿海와其他河川等處에漁採權利를日本人民의게准許홀事오

此外에又有略干約件云이라

以上應准各條事로觀홀진디俄國이日後戰爭準備가完實홀時에更爲開仗치못홈으로擔保홀條件은准許치아닐지라是故로日本新聞上에再次戰爭을開論ᄒᆞ야東京日日新聞에兵實主權이란題目으로言論中에測量ᄒᆞᄒᆞ기를現今俄國常備兵이五十萬名이오大砲가一千六百二十四門이라ᄒᆞ며俄皇이出戰將「나인비취」의果敢혼電報와主戰派에活動혼方針을信賴ᄒᆞ야失之東隅나收之桑楡홀大望이滿腦ᄒᆞ얏스니我國請求를所望에難充이오俄國이戰鬪力을益益前進ᄒᆞ기에奔忙不暇혼즉不得不更加一杖酷打ᄒᆞ야「나인비취」로第二節「구로바도긴」을難成ᄒᆞ는外에는俄之銳氣를挫折키無路ᄒᆞ며打俄홀短稚를准備홈이愈速愈好ᄒᆞ고且言俄之勇前홈에勉勵ᄒᆞ는「킬코부」君이如此銳進에從事ᄒᆞ야現今西伯利鐵道每次에運進ᄒᆞ는兵額이千有餘名이라ᄒᆞ얏스니日本兵勢는雖未詳知나近者日本軍界上으로觀測컨딕俄國軍勢와比肩或優等의兵力이아니면對敵지아닐터인즉日後戰爭의壯大홈은歷史上에도稀貴혼事蹟이되리로다

官報

●第三千二百二十五號　光武九年八月廿三日

⊙宮廷錄事　詔曰命陸軍副將權重顯爲參謀官

光武九年八月十四日

軍部大臣陸軍副將李容翊

詔曰命從一品李正魯爲景孝殿提調從二品尹肅榮爲侍從院副卿

八月十九日

⊙敍任及辭令　任侍從武官　陸軍砲兵副領魚　潭

八月十二日

任參謀官　陸軍副將權重顯

八月十四日

命景孝殿提調叙勅任官二等　從二品李正魯

命侍從院副卿叙勅任官三等　從二品尹肅榮

秘書監丞李敏當　禮式院記錄課長鄭宜[illegible]　尙方司理事朴容濟　齊陵參奉尹宗鉉　厚陵參奉秦柄建　恭陵參奉李敎海　翼陵參奉趙一元　溫陵參奉南星熙　依願免本官

任秘書監丞叙奏任官二等　正三品徐肯淳

任禮式院紀錄課長叙奏任官三等　正三品嚴健永

任尙方司理事叙奏任官三等　正三品朴容淑

任　齊陵參奉叙判任官八等　張永令

任　厚陵參奉叙判任官八等　順昌園參奉朴鳳珪

任　恭陵參奉叙判任官八等

任　恭陵參奉叙判任官八等　九品洪淳參

任　翼陵參奉叙判任官八等　趙俊元

任　順昌園參奉叙判任官八等　九品許　禎

任　溫陵參奉叙判任官八等　金潤求

陞叙判任官二等　經理院主事　徐瀾榮

陞叙判任官三等　內藏院主事　金漢永　以上八月十九日

外報

●淸后感謝　淸國西太后띄셔美國大統領이日俄講和事에注意幹旋홈을聞悉ᄒᆞ고公電으로大統領의平和를回復홈에勉力홈을感謝ᄒᆞ얏다더라

●談辦傍聽　美國紐育銀行主人中에三人이俄國媾和委員윗트氏와홈가지로講和談辦에傍聽홈을ᄒᆞ얏다더라

雜報

●南倅大罷　南原郡守尹　瓚氏가到任以後로貪戶를大開ᄒᆞ야自鄕長公刑稅色으로以至於坊長都使令等ᄒᆞ야無端汰去ᄒᆞ고捧賂差出者ㅣ爲萬餘兩이고方在　國服之中에大張妓樂於寺刹ᄒᆞ야恣意荒遊타가稱以宴費錢ᄒᆞ고境內饒民處에勒加收斂이至爲數千金이고革罷已久혼補公契을謂以更爲設行이라ᄒᆞ고春等利錢四千餘兩을出送官隷에督如星火키로農時諸民이多至失耕ᄒᆞ야非但四境內에怨聲이嗷嗷라該邑民數十名이內部에連訴혼다ᄒᆞ니此等蔑禮肆貪ᄒᆞᄂᆞᆫ郡守ᄂᆞᆫ依民訴ᄒᆞ야押上處辦ᄒᆞᄂᆞᆫ게事在當然인되內部에셔何事件을因홈인지尙無確決ᄒᆞ야該民等으로都下에曠留케ᄒᆞ니必是中間有私라고傳說이有ᄒᆞ더라

●何法警察　再昨日남門外張某의長木廛의셔長木을車의輸運하야門□의解下하는딕近處支所巡檢이路中의解卜을다하고該商民張氏를捉去하얏다하니路邊의解卜하야他處로運置홈은自是例事인즉該巡檢이警察上의未鍊혼서或前日私嫌인지不知하것다더라

●自焚可憐　沿江地所在墳墓掘移事에對ᄒᆞ야江民中某氏에十七代繼葬혼墳墓가亦入此中키로同氏가十七墳骸骨을一處에都聚ᄒᆞ야石油로火葬을行혼後에憤然長歎曰爲人子孫ᄒᆞ야祖先墳墓를不能保守ᄒᆞ야至此無前變事ᄒᆞ니生不如死라ᄒᆞ고仍以石油로塗身ᄒᆞ야要爲自焚之際에日韓巡査雜人이見其光景ᄒᆞ고急急救之ᄒᆞ야下만被傷ᄒᆞ고僅免卽死喪命이라ᄒᆞ니同氏에痛念先禍ᄒᆞ야自辦一死ᄂᆞᆫ實出於烈性丈夫의秉彝之天인즉凡在瞻聞에孰不惻然動心而肅然起敬이며況以當時目擊혼日憲兵으로言之라도同氏에激烈혼志氣을自然感服ᄒᆞ야其他江民의墳墓掘移을因此緩督이되얏다ᄒᆞ니仁人之孝感及人이可謂박矣라홀지로다

社告

本社報의剏刊ᄒᆞᆫ月日이于今一週歲이나機械와鑄字가未具ᄒᆞᆷ으로二百餘號를發行ᄒᆞ고仍爲停刊인바旣張而中輟ᄒᆞ미世所慨然이기本社에셔思量ᄒᆞ고慮를費ᄒᆞ야今에諸가事完備ᄒᆞᆷ이永遠ᄒᆞᆯ基礎를確定ᄒᆞ야大韓有志人士의文明智識을啓發ᄒᆞ고暨環球有國에見聞을公同ᄒᆞ기爲ᄒᆞ야重刊發行ᄒᆞᄂᆞᆫ바英文與漢文을並爲解讀이未必人皆能之인즉英漢文合刊이徒煩無益키로從茲一變前規ᄒᆞ야英漢文을各紙分刊이되內外國各報을一層迅速케ᄒᆞ며社說의褒貶은強禦를不畏ᄒᆞ며善惡을明辨ᄒᆞ야帝庭에指佞草의性質을具ᄒᆞ야스며時事을盱衡ᄒᆞ며昏昧을提醒ᄒᆞᆷ은仁人君子의嵩目憂世하ᄂᆞᆫ風味를含有이고褒貶予奪之中에溫厚規箴을隱然寓之ᄒᆞ야有過者로讀之而改焉ᄒᆞ며無過者로讀之而勉焉케ᄒᆞ올지니四方僉君子ᄂᆞᆫ諒此滿腔苦心하야倍前愛하讀시기를竊有厚望焉이로라

電報

●講和條件 (八月二十二日오後五時着) 政友進步兩黨院外者ᄂᆞᆫ會議를開ᄒᆞ고吾人은開戰의目的을達ᄒᆞ기爲ᄒᆞ야我講和全權委員이寸毫라도讓步치아니ᄒᆞᆯ事를望ᄒᆞ기로決議ᄒᆞ얏다더라

●媾和難望 (八月二十二日오後)(十一時五十分發) 日露媾和談判은破裂될듯ᄒᆞ다더라

●拒絶要求 露國皇帝ᄂᆞᆫ戰費비償金及土地割讓의要求의對ᄒᆞ야ᄂᆞᆫ拒絶ᄒᆞ얏ᄂᆞᆫᄃᆡ講和談辦은全然破裂ᄒᆞᆯ줄노思ᄒᆞᆫ다ᄒᆞ얏더라

雜報

●李氏被任 副將李根澤氏ᄂᆞᆫ主殿院卿을被任ᄒᆞ얏다더라

●內大辭令 內部大臣李址鎔氏가警務廳에訓令ᄒᆞ얏스되警察局長金思默으로警務使署理를任ᄒᆞ옵셔시니自今日로積滯文簿를處辦ᄒᆞ라ᄒᆞ얏더라

●元氏陳疏 元用八氏ᄂᆞᆫ本以義兵將柳麟錫氏의聲氣相通ᄒᆞᄂᆞᆫ人인ᄃᆡ日昨排日事件에對ᄒᆞ야陳疏ᄒᆞ고各公館에도亦爲聲明ᄒᆞ얏다ᄂᆞᆫ風說이有ᄒᆞ더라

●內大嚴警 內部大臣李址鎔氏가近日情跡이危險ᄒᆞᆫ로故昨日부터巡檢一名을另派ᄒᆞ야厥家를把守ᄒᆞ고申飭ᄒᆞ되若遇現犯者여든拔劍鎭壓이可也라ᄒᆞ얏다더라

●軍照內部 軍部에셔內部에照會ᄒᆞ얏ᄂᆞᆫᄃᆡ廣州長湍兩郡에銃丸을量宜劃撥事ᄂᆞᆫ非不知兩邑事勢나現無支撥件ᄒᆞ야不得認許ᄒᆞ니以此照亮ᄒᆞ라ᄒᆞ얏더라

●日函外部 日公使가外部에公函ᄒᆞ얏스되接本政府訓令內에沿岸河川航行約定書를二十三日에揭載官報ᄒᆞ야佈示國中이라ᄒᆞ니쳐貴大臣은將該約書ᄒᆞ야亦爲同日揭載官報ᄒᆞ야以爲發表爲盼라ᄒᆞ얏더라

●漢報內部 漢城判尹朴義秉氏가內部에報告ᄒᆞ얏ᄂᆞᆫᄃᆡ現據日領事照會內槪에當居留地의셔日下暑候의惡疫預防法의因ᄒᆞ야當地在留醫士가衛生稗補ᄒᆞᆯ目的으로醫會를組織ᄒᆞ야專以傳染病預防講究中인ᄃᆡ當地ᄂᆞᆫ彼我人雜居ᄒᆞᆷ으로獨於我居留地의衛生法勵行ᄒᆞ야도貴國人間의셔衛生法을不能實施ᄒᆞᄂᆞᆫ境遇의ᄂᆞᆫ決코其目的을不能全ᄒᆞᆯ지니貴判尹은務於衛生法實施ᄒᆞ야彼我人의一般生命을安全取計等因인바當此夏秋節換之時ᄒᆞ야凡係保護衛生之法을不容不另加注意니其措劃方略을査照處辦ᄒᆞ와即賜訓示ᄒᆞ야俾速作復을伏望이라ᄒᆞ얏더라

●外函日館 外部에셔日公館의公函ᄒᆞ얏스되廿一日下오四時頃에本邦人禹龍澤爲名人이在於大臣私邸ᄒᆞ야行悖滋擾之際에行巡憲兵이稱以現行犯ᄒᆞ고拿去ᄒᆞ얏신즉請飭該憲兵隊ᄒᆞ야押付我法司ᄒᆞ야以警其習이可也요本大臣이交理不中ᄒᆞ야致此譏侮ᄒᆞ니不勝愧歎이라ᄒᆞ얏더라

●兩勳俱下 駐箚美國公使館外參書官禮䡄氏ᄂᆞᆫ敍勳三等하야賜八卦章하고德國郵遞參書官辛호氏ᄂᆞᆫ敍勳五等하야賜八卦章하얏더라

●三費了案 內部의셔度支部의照會ᄒᆞ얏ᄂᆞᆫᄃᆡ現行日本軍用地로龍山平壤義州等地段收用의關ᄒᆞ야該三處비償費二十萬元을京城駐箚日本司令部의셔渡來이옵기該金을准數仰交ᄒᆞ니査照後該三處의犯入ᄒᆞᆫ田畓家屋及塚墓移葬費를另加調査ᄒᆞ야隨時均給爲要라ᄒᆞ얏더라

●沿海航路條約書

日韓兩國政府ᄂᆞᆫ韓之國産業을發達ᄒᆞ고貿易을增加케ᄒᆞ기爲ᄒᆞ야韓國沿海及內河에日本船舶의航行케ᄒᆞᆷ必要를認知ᄒᆞ야大日本帝國特命全權公使林權助와大韓帝國外部大臣李夏榮은相當ᄒᆞᆫ委任을各受ᄒᆞ야左開約定을ᄒᆞ노라

第一條 日本國船舶은本約定의規定을依ᄒᆞ야以貿易目的으로韓國沿海及內河의航行ᄒᆞᆯ事를得ᄒᆞᆷ但開港場間의航行은本約定을不由ᄒᆞᆷ

第二條 沿海及內河航行의從事코져ᄒᆞᄂᆞᆫ日本船舶은日本領事館을經由ᄒᆞ야船舶所有者의名稱種類及載量과其航行區域을韓國海關의書呈ᄒᆞ야憑票를受ᄒᆞᆯ事憑票ᄂᆞᆫ受取ᄒᆞᆫ日로爲始ᄒᆞ야三箇年間効力이有ᄒᆞᆯ事

第三條 日本船舶은憑票를受ᄒᆞᆯ時의ᄂᆞᆫ如左金額을韓國海關의付納ᄒᆞᆯ事

百돈以下之西洋制船舶은十五元日本制船舶은十五元百돈以上五百돈以下之西洋船舶은五十元五百돈以上千돈以下之西洋制船舶은一百元千돈以上西洋制船舶은一百五十元

第四條 日本船舶은自由로其航行區域內의航行ᄒᆞᆷ을得ᄒᆞ되但天災及事變이有ᄒᆞᆫ境遇와韓國海關의特許를受ᄒᆞᆫ外의ᄂᆞᆫ韓國領土外의赴ᄒᆞᆷ을不得ᄒᆞᆷ

第五條 日本船舶은航行中의憑標를必携帶ᄒᆞ야韓國海關地方官과地方官이委任ᄒᆞᆫ洞長面長의請求가有ᄒᆞᆫ時ᄂᆞᆫ此를揭示ᄒᆞᆯ事

第六條 日本船舶所有者ᄂᆞᆫ船着場의倉庫建築ᄒᆞᆯ土地를借用ᄒᆞᆯ事를得ᄒᆞᆷ右者ᄂᆞᆫ韓國海關의許可를受ᄒᆞ야沿岸의셔建造準頭ᄒᆞᆯ事를得ᄒᆞᆷ

第七條 日本船舶이本約定의違背ᄒᆞᆫ時의ᄂᆞᆫ韓國海關이事實을調査ᄒᆞ야重犯者ᄂᆞᆫ其憑標를還收ᄒᆞ고下付ᄒᆞᆷ을拒絶ᄒᆞᆯ事를得ᄒᆞᆷ

第八條 日本國船舶이나其乘員이本約定이나其他規定을違反ᄒᆞᆫ지犯罪ᄒᆞᆫ時의ᄂᆞᆫ日本領事館은條約及日本法을依ᄒᆞ야處分ᄒᆞᆷ

第九條 本約定의有効期ᄂᆞᆫ自調印日로起算하야滿十五箇年으로定하고滿期後의ᄂᆞᆫ商議協定ᄒᆞᆷ을得ᄒᆞᆷ但將來 韓國의航海業이發達되면兩國政府ᄂᆞᆫ右期限內라도協議하야約定을改定ᄒᆞᆷ

●全察報告 全北觀察使李勝宇氏가內部의報告ᄒᆞ얏ᄂᆞᆫᄃᆡ鎭安郡의셔日人長谷川雄吉이韓人의계刃傷되얏다ᄂᆞᆫ事件의對ᄒᆞ야日巡査一名이出張事ᄂᆞᆫ非鎭安而乃扶安茁浦地라該日人이以活動寫眞으로今七月日來遊於該浦인바總角六七名이不給錢ᄒᆞ고勒欲觀光키로日人이從中阻當ᄒᆞ니該童等이或以木杖으로打背ᄒᆞ며或以手推胷故로日人이欲其退却ᄒᆞ야拔其環刀揮打ᄒᆞ얏신즉其中金應大爲名兒가誤被其刃ᄒᆞ야頭部及手腕이並爲受傷키로使之各別救療ᄒᆞ고該日人은自群山港日領舘으로押去ᄒᆞ얏신즉未知如何處辦이라ᄒᆞ얏더라

●日照外函 日公使林權助氏가外部에照會ᄒᆞ얏시되前軍大李容翊이濫發蘗貨ᄒᆞ야流毒民間ᄒᆞ고且於軍政改善에多有鼓議ᄒᆞ니貴政府之腐敗가實由該氏之失政이라本使가擬使該氏로退政界矣러니旣任江原觀察則不可無監視라其條件이如左ᄒᆞ니

一於該道日政上에俾勿有涉事

一受由上京時에經本使同意事

一電報書信을勿爲直接交陳事

●外照學部 外部에셔學部에照會ᄒᆞ얏시되法公使照會內開에法語教師馬太乙解聘ᄒᆞᆫ案經閱悉인바請貴政府ᄂᆞᆫ將該員以爲續聘ᄒᆞ야爲盼이라ᄒᆞ며且日公使照會內開에佛語을不可廢止인바該敎師의聘限이在於來年一月ᄒᆞ니待其限滿ᄒᆞ야依英語教師夫嚴致에續聘例ᄒᆞ야續以爲聘을爲盼等因이기玆照會ᄒᆞ니照亮辦理爲要라ᄒᆞ얏더라

雜報

法律 (續)

第百三條 死刑에處ᄒᆞᆯ婦女가懷孕ᄒᆞᆫ時는分만後百日을待ᄒᆞ야執刑ᄒᆞᆷ이라

第百四條 死刑에處ᄒᆞᆫ屍體는其親屬이나故舊가推埋ᄒᆞᆷ을請ᄒᆞ는者이有ᄒᆞᆫ時는出給ᄒᆞ되備禮葬埋ᄒᆞᆷ은不許ᄒᆞᆷ이라

但三日이過ᄒᆞ야도請埋ᄒᆞ는人이無ᄒᆞᆫ境遇에는自官埋葬ᄒᆞ고立木標識ᄒᆞᆷ이라

第百五條 死刑執刑은陰雨未晴ᄒᆞ엿거나晨夜未明ᄒᆞᆫ時에는勿行ᄒᆞᆷ이라

第百六條 絞刑은一般犯罪의死罪에至ᄒᆞᆫ者에게施用ᄒᆞᆷ이라

第百七條 流刑은反亂에死罪를除ᄒᆞᆫ外와官員의公罪로禁獄에過ᄒᆞᆫ罪를犯ᄒᆞᆫ者에게施用ᄒᆞᆷ이라

第百八條 役刑은反亂이나官員의公罪를除ᄒᆞᆫ外에禁獄에過ᄒᆞᆫ罪를犯ᄒᆞᆫ者에게施用ᄒᆞᆷ이라

第百九條 禁獄은笞刑에過ᄒᆞᆫ罪를犯ᄒᆞᆫ者에게施用ᄒᆞᆷ이라

第百十條 笞刑은輕罪에施用ᄒᆞ되婦女에게는姦罪는去衣受刑ᄒᆞ고餘罪는單衣受刑ᄒᆞᆷ이라

第百十一條 役刑에處ᄒᆞᆯ婦女나六十歲以上十五歲以下男子에게는通常定役을免ᄒᆞ고其體力에相當ᄒᆞᆫ役에服케ᄒᆞᆷ이라

第百十二條 特別法院의犯은人宣告ᄒᆞᆫ後에上奏ᄒᆞ야裁可ᄒᆞ심을經ᄒᆞᆫ後에執刑ᄒᆞᆷ이라

第百十三條 勅奏任官被拿와特旨로下付ᄒᆞ신案件은判決後에具由上奏ᄒᆞᆷ이라

第百十四條 平理院과各裁判所에셔公私罪를勿論ᄒᆞ고法律適用上에疑義가生ᄒᆞᆯ時는各該件一切文案을添付ᄒᆞ야法部大臣에게質稟ᄒᆞ야指令을待ᄒᆞ야處決ᄒᆞᆷ이라

第百十五條 平理院과各裁判所에在ᄒᆞᆫ役刑終身以上律에該當ᄒᆞᆯ만ᄒᆞᆫ罪人은宣告ᄒᆞ고申訴期限이經過ᄒᆞᆫ後에法部大臣에게質稟ᄒᆞ야指令을待ᄒᆞ야執刑ᄒᆞᆷ이라

第三節 附加刑處分

第百十六條 附加刑은宣告치아니ᄒᆞᆷ이라

第百十七條 免官과免役은公罪에流役一年以上이나私罪에笞一百以上의罪를犯ᄒᆞᆫ者에게施用ᄒᆞᆷ이라

第百十八條 沒入은一般犯罪에關ᄒᆞᆫ物件을並히官에沒入ᄒᆞᆷ이라

第四節 獄子施用處分

第百十九條 枷와杻은獄囚의重犯이나頑悖强悍ᄒᆞ야逃脫ᄒᆞᆯ慮가有ᄒᆞᆫ者에게施用ᄒᆞᆷ이라

但老幼와婦女에게는施用치못ᄒᆞᆷ이라

第百二十條 鐵索은役刑에處ᄒᆞᆫ者며杻는囚徒에在ᄒᆞᆫ者나罪人을捕捉ᄒᆞᆯ時에逃脫ᄒᆞᆯ慮가有ᄒᆞᆫ에者게施用ᄒᆞᆷ이라

第百二十一條 箠와鞭은民刑事上訊問ᄒᆞ는場에抵賴推諉ᄒᆞ야呑吐不實ᄒᆞᆫ者에게施用ᄒᆞ되左開三項을犯ᄒᆞᆫ者는濫刑으로論ᄒᆞᆷ이라

一 一次三十度에過ᄒᆞᆫ者

二 一日一次에過ᄒᆞᆫ者

三 第百三十九條諸項을除ᄒᆞᆫ外에所犯이有ᄒᆞᆫ老幼와婦女에게施用ᄒᆞᆫ者

第五節 斷罪引律令

第百二十二條 斷罪ᄒᆞᆯ時에條目과律令을引照ᄒᆞ되數事가共條ᄒᆞᆫ境遇에는所犯本罪의該當ᄒᆞᆫ句만摘用ᄒᆞ되摘字만ᄒᆞ고增字는不得ᄒᆞᆷ이라

第六節 公私罪處斷例

第百二十三條 公罪에所犯이有ᄒᆞ되該事務에專任ᄒᆞᆫ者로爲首ᄒᆞ야該案件에連署ᄒᆞᆫ數人이犯人보다責任이輕ᄒᆞ거나官等이上된者는一等을減ᄒᆞ야循次遞減ᄒᆞᆷ이라

第百二十四條 監臨官이公務上에失覺察ᄒᆞᆫ者는該案에關ᄒᆞᆫ犯人에三等을減ᄒᆞᆷ이라

第百二十五條 罪人을處斷ᄒᆞᆯ時에其情狀을酌量ᄒᆞ야可히輕ᄒᆞᆯ者는一等或二等을減ᄒᆞᆷ이라

但本犯이終身以上律에該當ᄒᆞᆫ案件은法部에質稟ᄒᆞ야指令을待ᄒᆞ야處辦ᄒᆞᆷ이라

第百二十六條 罪人을故縱ᄒᆞᆫ者는犯人과同論ᄒᆞᆷ이라

第七節 知情不告及藏匿處斷例 (未完)

日宗生命保險株式會社生命保險說明書 (續)

保險金一百圓에對ᄒᆞ는反還金의例는左와如ᄒᆞᆷ

第十二條 被保險者가死亡ᄒᆞᆫ時오는保險金額을受取ᄒᆞᆯ者가即時本會社에通知ᄒᆞ고又戶籍謄本及醫師의死亡證明書를等因ᄒᆞ야保險金額支給請求書를提出ᄒᆞᆷ

興項과如ᄒᆞᆫ境遇에는本會社는特히必要로認ᄒᆞ는書類의提出을請求ᄒᆞᆷ을得ᄒᆞᆷ

第十三條 保險契約이滿期에達ᄒᆞᆫ時에는被保險者는戶籍謄本을等因ᄒᆞ야保險金額支給請求書를提出ᄒᆞᆷ

第十四條 保險金額은保險金額支給請求書를領受ᄒᆞᆫ日로붓터部便日數를除ᄒᆞ고三十日以內에本店에셔支給ᄒᆞᆷ

但調査ᄒᆞ기爲ᄒᆞ야特히時日을要ᄒᆞᆯ時에는此限에不在ᄒᆞᆷ

第十五條 被保險者及保險金額을受取ᄒᆞᆯ者는本會社의利益分配에參與치못ᄒᆞ는者ㅣ라ᄒᆞᆷ

第十六條 보험證券書相換은金二十戔裏書는金十戔의手數料를領受ᄒᆞᆷ

九 本會社는被보험者가如何職業에從事ᄒᆞ며又如何ᄒᆞᆫ地方에旅行ᄒᆞ드라도보험料를增加치아니ᄒᆞ며又보험金額을減치아니ᄒᆞ는故로此等事件에就ᄒᆞ야는本會社에通知ᄒᆞᆷ을不要ᄒᆞᆯ事

十 被보험者가氏名을變更ᄒᆞ든지又는보험金額을受取ᄒᆞᆯ者를換ᄒᆞᆯ時에는보험證券에裏書를請求ᄒᆞᆷ이可ᄒᆞ며又보험證券을汚損或은紛失ᄒᆞᆫ時에는即時再度交付를請求ᄒᆞᆷ이可ᄒᆞ며其他보험契約請求書에記載ᄒᆞᆫ事項에變更이有ᄒᆞᆫ時에는即時此理由를本會社通知ᄒᆞᆷ이可ᄒᆞᆫ事

보험證券擔보代付金

十一 本會社는被보험者의請求에依ᄒᆞ야보험證券을擔보로ᄒᆞ고貸付金을給ᄒᆞᆷ도有ᄒᆞᆯ事

但一張에五十圓以上으로爲限ᄒᆞᆷ

東京市日本橋區通二丁目六七番地

日宗生命보험株式會社

電話本局一千三十番

社長 川合芳次郎

顧問 前農商務省보험課長 楠太秀郎

顧問 男爵 小澤武雄

名譽贊助員 村雲尼公殿下

候爵 德川茂承

公爵 九條道孝

子爵 仙石政周

(完)

野乘

젹션여경녹 (九)

감히약도쓰지못ᄒᆞ고슈월이또지나매조연틱긔인줄분명이알지라세월이용이ᄒᆞ여거연십삭이되매슌산제구를쥰비ᄒᆞ고잇더니일일은이향이만실ᄒᆞ고션학이요량ᄒᆞ며부인이복즁이잠간불평ᄒᆞ더니반시가미만ᄒᆞ야일ᄀᆡ옥동을탄싱ᄒᆞ니향탕에족시목욕ᄒᆞ야누이고부인을구호ᄒᆞ더라ᄌᆞ사가부인슌산득남ᄒᆞᆷ을보고쳔희무량ᄒᆞ며일문이다깃거ᄒᆞ고사린이다치하ᄒᆞ더라삼칠이지나매아ᄒᆡ더욱미슈목쳥ᄒᆞ고십분긔위ᄒᆞ더라차셜리츈랑이부쳔안장ᄒᆞᆫ후로더욱경에잠심ᄒᆞ여일야로공부에져력ᄒᆞ여류빅부의뜻을보답ᄒᆞ기로쥬의ᄒᆞ고또류자ᄉᆞ의인진ᄒᆞᆷ을입어국자감에입학ᄒᆞ여츈긔국시에관광ᄒᆞ기로졍ᄒᆞ엿더니맛참난손소져의외구졍츄밀의셔신이일은지라원ᄅᆡ소져의외구졍츄밀이셔쳔졀도ᄉᆞ로잇다가슈월젼에ᄂᆡ이ᄒᆞ여츄밀부ᄉᆞ로환경ᄒᆞ야비로소매부양양자사가환란에신고ᄒᆞ고싱녀의소식을사쳐탐문ᄒᆞ여낙양류자사의소식을젹실이듯고소져의부부를마져상경케ᄒᆞᆷ이라당하에츈랑부뷔류자ᄉᆞ게이사연을품고ᄒᆞᆫ딕류공이ᄃᆡ희ᄒᆞ여츈랑부부와장부인과봉명소져를일졔이치ᄒᆡᆼᄒᆞ여경사졍츄밀게로보ᄂᆡ여셩친ᄒᆞ게쥰비ᄒᆞ니장씨와츈랑의부뷔봉명소져로ᄒᆞᆷ게발졍상경ᄒᆞᆯᄉᆡ혼란여싱으로슈년근류자사의은혜로가문이졍즁ᄒᆞ야지ᄂᆡ다가금일경사로향ᄒᆞ매셥셥ᄒᆞᆫ졍회가다시금차마ᄯᅥ나지못ᄒᆞᆯ러라류공이또츈랑부부를ᄃᆡᄒᆞ야지삼부탁ᄒᆞ되너의부뷔이번에가매압길리만리라우리ᄂᆡ외는집에잇셔안락ᄒᆞ니

特別廣告

本申報ᄂᆞᆫ海外電報를創接ᄒᆞ야機關을通ᄒᆞ고外報와探報를敏捷活潑ᄒᆞ도록注意ᄒᆞ오며申報發送ᄒᆞᄂᆞᆫ딕迅速信으기ᄂᆞᆫ分傳人의게在홈으로本社에셔不常에請分傳人의게丁寧告誡ᄒᆞ고申申訓飭ᄒᆞ야或如或惰ᄒᆞ게注意ᄒᆞ거나와如或暫有糟忽이라도發讀效僉子ᄂᆞᆫ該使通知ᄒᆞ本社ᄒᆞ시면該分傳의誠信相當ᄒᆞ도록提面命ᄒᆞ고勤拚가發生ᄒᆞ도록誨論ᄒᆞ야必無遲誤ᄒᆞ기로期待ᄒᆞ옵나이다

本社에寄書ᄒᆞ시ᄂᆞᆫ諸君子ᄂᆞᆫ姓名과居住를明確ᄒᆞ게懸錄ᄒᆞ시와證據가有ᄒᆞ믈을必要홈이오公衆不利ᄒᆞᆫ秩序를紊亂케ᄒᆞᄂᆞᆫ意와社會上不經荒雜ᄒᆞᆫ寄書ᄂᆞᆫ不受ᄒᆞᄂᆞᆫ權利가本社에自有ᄒᆞ오니肯諒ᄒᆞ시옵

大韓每日申報社

廣告

美國博士하루바도氏譯撰

大東紀年

全帙五冊定價新貨貳元

(本紀年은自我韓開國以來朝野史乘을蒐輯參考ᄒᆞ야至于今上陛下卽位三十二年(乙未事變)ᄭᆞ지精詳記載ᄒᆞ얏ᄉᆞ오니願覽僉君子ᄂᆞᆫ陸續枉購ᄒᆞ시옵

發售所 東闕罷朝橋越便

博文書林主 朱翰榮 告白

貿易商 本社ᄂᆞᆫ仁川港

日本郵便電信局對面

電話第二百一番地

仁川港 昌廣 洋行

벤넷트會社告白

○鐵路部

○東大門과新門間에來往車ᄂᆞᆫ每十分間에運行홈

東大門發初車ᄂᆞᆫ午前六時三十分

新門外停車場發初車ᄂᆞᆫ午前六時五十五分

東大門發終車ᄂᆞᆫ午後九時五十分

新門外停車場發終車ᄂᆞᆫ午後十時十五分

○東大門과洪陵間에來往車ᄂᆞᆫ每二十分間에運行홈

但自鍾路로東大門에來到ᄒᆞᆫ交替車로聯絡홈

東大門發初車ᄂᆞᆫ午前六時五十分

洪陵發 初車ᄂᆞᆫ午前七時十分

東大門發終車ᄂᆞᆫ午後七時五十分

洪陵發 終車ᄂᆞᆫ午後八時十分

○鍾路와龍山間에來往車ᄂᆞᆫ每十二分間에運行홈

鍾路發至南大門初車ᄂᆞᆫ午前六時四十八分

鍾路發至龍山 初車ᄂᆞᆫ午前七時二十四分

南大門發至鍾路初車ᄂᆞᆫ午前六時五十六分

龍山發至鍾路 終車ᄂᆞᆫ午前七時五十七分

南大門發至鍾路終車ᄂᆞᆫ午前十時八分

龍山發至鍾路 終車ᄂᆞᆫ午後九時九分

○特別私用車ᄂᆞᆫ顧客의方便홈을隨應ᄒᆞ야準給홈

但定價ᄂᆞᆫ本社에來臨ᄒᆞ야請問ᄒᆞ옵

○電燈部

二百五十燭力以內의敷用處에ᄂᆞᆫ每個月에定價表가如左홈

○十六燭力燃燈達夜에二圓五十錢

○三十二燭力燃燈達夜에四圓

○五十燭力燃燈達夜에六圓

○一百五十燭力燃燈達夜에十圓

一千二百燭力弧形燈達夜에二十圓

二百五十燭力以上의敷用處에ᄂᆞᆫ請求ᄒᆞ면瓦斯計一箇를設給홈

但瓦斯計賃金은每個月에二圓이오瓦斯計測驗表委托定價ᄂᆞᆫ每時間每암피아에二錢이옵

瓦斯計設給處에셔每介月支拂金最低額은每個月에二十圓인딕(瓦斯計賃金은)據홈

電燈을敷設ᄒᆞ기에請求ᄒᆞᄂᆞᆫ딕로供給홈

各種連技辦燈도常時에貯存ᄒᆞ엿ᄉᆞᆸ

本社鍾路電氣會社

韓美電氣會社 告白

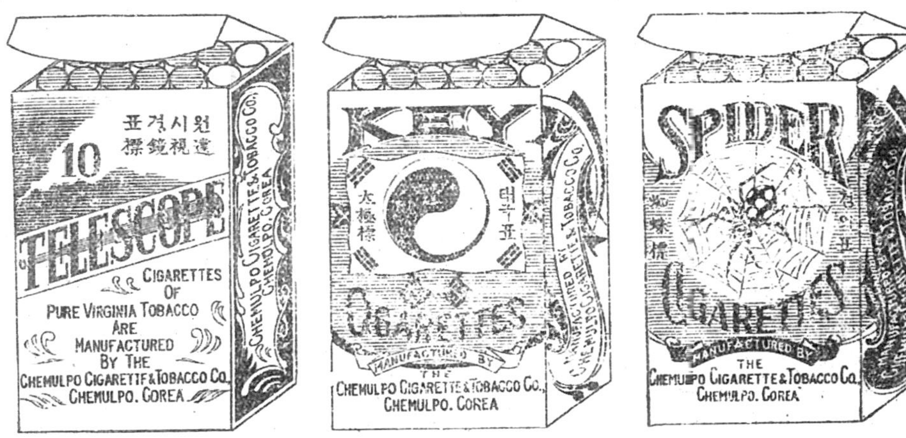

以上三種은上品으로製造ᄒᆞ야衛生上에至極有益ᄒᆞ오니毋論某人ᄒᆞ고本社에來顧ᄒᆞ옵

大韓帝國仁川港

濟物浦紙卷煙及烟草會社

一 鷹標罐濃詰牛乳

一 金印罐詰濃結牛乳

一 無雙家用氣化乳酪

一 쌔ㅣ든쓰製造麥芽化合牛乳

以上은常時에貯積ᄒᆞ엿ᄉᆞᆸ

美國紐育港쌔ㅣ든쓰濃結牛乳會社

一手代理店 大韓仁川港

昌世 洋行

廣告

一 雜貨商

一 貿易商

一 船舶取扱

一 煙草商

一 委托販賣及貨物運送代理業

一 貿易石炭商

以上輸入及輸出者

京城 仁川 大昌 洋行

本社廣告

申報價

一張代金 韓貨五錢

一箇月前納 五十戔

三箇月 一元五十戔

六箇月 二元九十戔

一箇年 五元八十戔

郵稅一部 韓貨五里

一箇月 十五戔

廣告料

四号活字十三字詰每日每英尺一寸에新貨廿五錢

(每日每行에六錢에相當홈)

二周日에 二圓五十錢

(每日每行四錢五里에相當홈)

一箇月에 五圓

(每日每行四錢一里에相當홈)

其期限의長短과字行의多少를依ᄒᆞ야增減홈이有홈

大韓人마다此申報를不可不閱覽ᄒᆞ실터이오니廣告出報ᄒᆞ실僉君子ᄂᆞᆫ來臨面議ᄒᆞ시옵

發行兼編輯人 英國人裵說

發行所 京城北署壽進坊碑洞英外地法語學校前

大韓每日申報社

光武九年八月十日 明治卅八年八月十日 第三種郵便物認可　金曜日　西曆一千九百五年八月廿五日（一）

第三卷　第十二號

大韓每日申報

대한매일신보

月曜及慶節 歲時日休刊

檀君開國四千二百三十八年
箕子元年三千二十七年
大韓開國五百十四年
日本明治三十八年
清國光緒三十一年
陰曆乙巳七月小廿五日丙申

祝萬壽聖節

恭惟
大皇帝陛下纘承丕基繼天立極臨御四十餘年覃恩厚澤普洽八誕日乾夕惕罔或暇逸乃克弘濟艱難式至于今日休凡係圓顱方趾冠帶之類與夫鳥獸草木鱗介之屬莫非涵泳聖化遂其生成如天之德不可名狀値玆萬壽聖節稱兕祝嵩庸表寸忱固臣民之職分不揆僭越拜手稽首獻頌曰

天眷聖德　龍飛九五
旣熾而昌　于前有光
景運昭回　日新月將
聲敎汪洋　煥乎典章
胡不萬年　環球同慶
聖節又周　天保膺謳
金鏡有箴　永膺福履
念玆嘉猷　無疆用休

官報

●號外 光武九年八月二十日

◉宮廷錄事 法部大臣朴容大辭職疏

批旨省疏具悉卿懇有玆特簡必不見許卿其勿辭即爲行公事遣部郞宣諭

八月二十一日

●第三千二百二十六號 光武九年八月廿四日

◉宮廷錄事 詔曰駐箚美國公使館叅書官禮覃襄助交隣頗多敦好特叙勳三等德國郵遞參書官卞호幇助軍樂節奏著効特叙五等各賜八卦章

光武九年八月十七日

表勳摠裁臨時署理朴齊純

宮內府特進官閔丙承辭職疏

批旨省疏具悉卿其勿辭行公

八月二十二日

◉叙任及辭令 宮內府協辦朴鏞和 弘文館經筵官송秉瑢 奎章閣學士李淳翼

陞叙勅任官二等

宮內府特進官南奎熙 仝洪承穆 仝鄭寅學 經理院監督劉臣赫 奉常司提調李輔榮 仝金永典 奉常司長沈相濚 典선司長金大鎭 尙方司長李範喬 營繕司長姜鳳朝 永禧殿提調李鎬爽 洪陵提調沈相萬

叙勅任官三等

宮內府大臣官秘房書官金明濟 侍從院侍從李愚明 仝李鍾華 仝李鍾浩 侍從院庶務課長仝興潤 侍從院奉侍李裕鼎 仝李用善 仝高経翼 仝羅世煥 仝楊濬基 仝李圭淡 秘監郞高鼎柱 仝金在序 仝金鍾관 仝金夏容 奎章閣直學朴嵓東 弘文館시讀朴尙範 仝金南齊 仝潘奎昌 禮式院禮式官朴基駿 仝申泰建 仝趙在升 仝趙在榮 禮式院掌禮李範설 禮式院相禮李秉韶 禮式院掌儀李昌善 禮式院樂師長金宗南 敦寧司長金宅鎭 太醫院典醫李海宰 仝鄭寅鎭 仝蔡東根 仝李鶴浩 仝朴璟夏 仝金炳觀 仝李圭瑛 仝高一鉉 仝金昌有 太醫院製藥司長玄東完 經理院庶務課長吳泰泳 經理院莊園課長趙台基 經理院支應課長崔環亨 經理院技師金宅宗 仝洪昇淵 仝朴鎬秉 奉常可副提調沈遠彬 仝李龍相 仝趙鎭설 仝朴經遠 仝丘演元 仝丘範九 仝安弼ᄒᆞ 仝李舜範 仝鄭承謨 典선司掌선鄭龍煥 仝尹龍植 禮式院右掌禮金錫龍 尙方司織造과長金柱炳 尙方司織造所長金世喬 尙方司技師洪淳康 仝鄭奎煥 仝金世奎 仝李圭한 主殿院庶務과長安永基 主殿院警務官金錫煥 仝李憲淳 仝延時泰 主殿院扈衛局員李裕翼 仝洪龜杓 仝閔丙雲 仝李象哲 仝朴準祥 主殿院電務과技師元熙貞 營선司技師吳允默 仝송啓昌 仝朴鳳陽 太僕司技師朴命根 帝室會計審査局審査官崔鉉達 仝金鎭賢 仝權台鎭 시講院시讀金裕弘 仝朴齊璜 시講院시從官鄭寅獻 同李中承 同洪承範 同李秉哲 同李性植 同李文用 同金璟鎭 同李德柱 親王府贊尉丘忠夏 西京 豐慶宮參書官朴鶴銓 景孝殿尙선金義明 同金圭善 洪陵尙선朴履鎬 시從院右시御尹 무

叙奏任官四等 （未完）

外報

●法員歡迎 英國上下議員等이近者에來到ᄒᆞᆫ法國官員을八月十二日에宴待ᄒᆞ얏더라

●英慰나威 英國親王（에드워드）氏가海陝艦隊를搭乘ᄒᆞ고來九月八日에코펜하겐이란ᄯᅡ에來泊ᄒᆞᆫ다ᄒᆞ며該艦ᄃᆡ가스록홀놈을또訪問ᄒᆞᆫ다ᄂᆞᆫᄃᆡ其事狀은나威失敗ᄒᆞᆫ情況에感情을表ᄒᆞᆷ이라더라

●俄猶交涉 國民新報通信을據ᄒᆞᆫ즉月曜日夜에俄國媾和委員웨르氏가紐育과芝茄古에有名ᄒᆞᆫ猶太銀行員五人ᄒᆞ고交涉이有ᄒᆞ얏ᄂᆞᆫᄃᆡ俄國에셔猶太人을接待ᄒᆞᄂᆞᆫ事를議論ᄒᆞ얏다ᄒᆞᄆᆡ財政所關은無ᄒᆞ다ᄒᆞ나俄國에셔猶太人에自由를不許ᄒᆞᄂᆞᆫ것과갓치無期限ᄒᆞᆫ借欵이請求되리라더라

●提督演說 倫敦通信에云ᄒᆞ얏스되八月十五日에法國艦ᄃᆡ가還國次로發行ᄒᆞᆯ際에該艦提督이臨發에演說ᄒᆞ기를法國艦隊가英國에來ᄒᆞᆷ은英法兩國交誼를自後로더욱親密케ᄒᆞᆷ이라ᄒᆞ고英國이法國艦隊에對ᄒᆞ야厚待ᄒᆞᆷ을甚感ᄒᆞᆷ으로言及ᄒᆞ얏고殖民官報에法國艦隊가英國에往來ᄒᆞᆫ事形에對ᄒᆞ야云ᄒᆞ되德國은英法兩國의親密交際ᄒᆞᆷ으로德國에有何事變일줄은無所念慮도ᄃᆡ不可不火藥을乾燥ᄒᆞ고兵器를淬礪ᄒᆞᆯ슈밧게ᄂᆞᆫ업다고ᄒᆞ얏더라

●英訪德艦 英政의셔德國으로海陝艦隊를派送하야스윈멘드）地名와뉘파와사）에인ᄂᆞᆫ불ᄃᆡ艦隊ᄅᆞᆯ尋訪ᄒᆞᆯ터이라고德政府에認許ᄒᆞᆷ을請ᄒᆞ야더라

●西班飢民 西班牙남方이大歉荒ᄒᆞ야貧民이不勝飢渴ᄒᆞᆷ으로成群作黨하야到處의셔行人의物貨를掠奪ᄒᆞᆫ다[illegible]

●西江鐵道紛議 北京電에云ᄒᆞ되西江鐵路의株主某某의出ᄒᆞᆫ資金一百五十萬元은其實이外國人의資金이라ᄒᆞ야紛議가爭起ᄒᆞᆫ지라督辦大臣李友芬氏ᄂᆞᆫ此로因ᄒᆞ야商務部에電報로辭表를呈ᄒᆞ얏다더라

●商利均霑 俄國이日本의宗主權을韓國의認准ᄒᆞᆷ으로俄國人民은互相均利하ᄂᆞᆫ通商條約의利益을保存ᄒᆞᆫ다더라

●新任水師提督 北京電을據ᄒᆞᆫ즉薩鎭冰氏ᄂᆞᆫ廣東水師提督을新任ᄒᆞ얏다더라

●和蘭內閣 伯林電을據ᄒᆞᆫ즉和蘭內閣은確實히組織이되얏ᄂᆞᆫᄃᆡ미ㅣ스터氏가議政大臣과度支大臣을兼任ᄒᆞ얏다ᄒᆞ라

論說

講和談辨

最近新聞이나電報를披悉컨ᄃᆡ兩國講和使가割讓土地事와賠補戰費件은姑置一邊ᄒᆞ고其次條件을先行商辦ᄒᆞ니此無他故라日本은該二件을決然欲得이고俄國은斷然不從인즉該二件之變通은不可不有니彼此에何樣和協ᄒᆞᆫ約定이되드ᄅᆡ도不然ᄒᆞᆯ것이非但講和委員뿐이라現今此項事件에德國은調處되기를注意ᄒᆞ고英美ᄂᆞᆫ公利되기를主張ᄒᆞ나如此情形이講和事에後日所有ᄒᆞᆯ有力紹介者가比前更多ᄒᆞᆷ을免不得之勢라素稱直言之德國無冠宰相等이近者에確言ᄒᆞ기를法英의親密ᄒᆞᆫ交際가德國에妨害로올目的이된다ᄒᆞ얏스니此ᄂᆞᆫ非謂例格之友誼라近間英法文武高官等의互相往來ᄒᆞᄂᆞᆫ것시兩國間緊密ᄒᆞᆫ協誼를從速締結ᄒᆞ라ᄂᆞᆫ意趣를指明ᄒᆞᆷ이니法英協同이發表ᄒᆞ고日英同盟이就緒되이畢竟四國同盟이儼然成立ᄒᆞᆯ지니俄法이同盟이오日英이同盟이오法英이亦然則四國同盟에俄國이參入이니如此結局之際에ᄂᆞᆫ現今該諸邦注目傍觀者가竟至合成一場戲臺之光景이尤爲壯觀일ᄃᆡ이로다然이나韓國自主와獨立에所關ᄒᆞᆫᄃᆡ로觀ᄒᆞᆯ진ᄃᆡ諸邦이都難無憾ᄒᆞᆯ바요淸國分裂或統制에所關ᄒᆞᆫᄃᆡ로觀ᄒᆞᆯ진ᄃᆡ聯盟이亦難洽成ᄒᆞᆯ바로ᄃᆡ此樣聯盟이完結ᄒᆞ여야凶器를弛息ᄒᆞ고黃海一帶에長久ᄒᆞᆫ和氣가降隆ᄒᆞ리로다德美兩國은不入此中이로ᄃᆡ自國權利를各自確保ᄒᆞᆯ것이니彼此에不無何許協誼之事則其於東洋事에美國은德國의困厄을乘勢치아닐것이오德國은美國의利益을措碍치아닐지라雖然이나滿洲와蒙古에廣占地段事로是非를滋生ᄒᆞ야戰端을釀成ᄒᆞ리로다現今聯盟理由에德ᄂᆞᆫ美가姑爲不參이어니와何如ᄒᆞ든지當今東亞情形으로觀測컨ᄃᆡ究竟에ᄂᆞᆫ應爲無事妥協ᄒᆞ야土地獵夫等의遊獵ᄒᆞᄂᆞᆫ區域이穩當히歸正이되여청國은滿洲를回復韓國은自主를保有ᄒᆞᆯ지라然則若此幸福結局을可日乎干戈之間乎아

電報

●旅順司令長官報告 八月廿三日午後十二時露國驅逐艦시ㅣ록누이號가去二十二日에浮上ᄒᆞ얏다더라

雜報

●禮砲擧行 軍部에서外部에照會ᄒᆞ얏시되恭逢我 萬壽聖節ᄒᆞ와伊日上午十二時에禮砲擧行矣이니以此由로轉照各公館爲要라ᄒᆞ얏더라

●月俸多獘 今春官制變通이乃至二三朔後에實施頒布인바實施後入於減額中ᄒᆞ야落棄者로言之컨ᄃᆡ實施前幾朔月俸은依例受食이거ᄂᆞᆯ目賀田氏ᄂᆞᆫ以官制變通ᄒᆞ든日로起算ᄒᆞ야月俸을不給인즉此等月봉은自至指徵無處이고且以八月度月봉으로言之라도支撥ᄒᆞᄂᆞᆫ元定期限은即昨日이나七月度月봉을歸正後에次第支撥ᄒᆞᆯ터이니這間延타가不知何歲月에라各員情勢ᄂᆞᆫ不可形言이라더라

●民恐罷府 忠남觀察李道宰氏가內部에電報ᄒᆞ얏시되府下農民商民官屬合數千名이謂以本觀察府革罷ᄒᆞ고抱狀入呈ᄒᆞ야京部에請報ᄒᆞ야此府를仍存ᄒᆞᆯ意로呼訴ᄒᆞᄂᆞᆫ바曉喩不散ᄒᆞ고情狀이慘不忍見이온즉何以措處이올지伏俟回電이라ᄒᆞ얏더라

●令何不一 城內各商民들이每於慶節에國旗를各門前에竪立ᄒᆞ야敬意을表ᄒᆞᄂᆞᆫᄃᆡ今番萬壽聖節에ᄂᆞᆫ巡檢이前期指揮ᄒᆞ야每廛에國旗二面式竪立ᄒᆞ라ᄒᆞ기로依指揮ᄒᆞ야二面式辦備ᄒᆞ얏더니今忽以一旗만竪立ᄒᆞᆯ意로指揮ᄒᆞᆫ즉當此錢荒之時ᄒᆞ야一旗價이爲五十餘兩ᄒᆞ니富商은猶矣어니와貧殘ᄒᆞᆫ市民은無端損害가有ᄒᆞ야巡檢의指揮不一ᄒᆞᆷ을在在稱怨ᄒᆞᆫ다더라

●閔청勿許 碧洞居閔弘基氏가農部의청願ᄒᆞ얏ᄃᆡ振威等地農業會社設立ᄒᆞᆫ다ᄂᆞᆫ已有條約인바現聞何許人이以本人의父親名字로僞造ᄒᆞ야圖得認許於本部云키로此意를打電于東京父親旅次하오니望勿認許ᄒᆞ라하얏더라

●鑛學開試 仁港所在臨時軍用鑛道吏員養成所에서去五月日第一回募集ᄒᆞᆫ生徒들이該業務에熱心向學ᄒᆞ야聞見이취長인바昨日부터第一回試驗을開始ᄒᆞ야二十七日ᄭᆞ지設行ᄒᆞ며來九月一日에卒業式을施行ᄒᆞᆫ後의入選ᄒᆞᆫ生徒ᄂᆞᆫ京義鐵道各停車場의派送ᄒᆞ야視務케ᄒᆞ며第二回募集을本月內의亦爲設行ᄒᆞ되만일第二回募集이不足ᄒᆞᆫ境遇에ᄂᆞᆫ다시第三回募集을續行ᄒᆞ야期於備員케ᄒᆞᆫ다ᄂᆞᆫᄃᆡ該業務ᄂᆞᆫ實로年少有志人에게大段有益ᄒᆞᆷ으로應募者ㅣ居多ᄒᆞ다더라

●德使代理 德公使가外部에照會ᄒᆞ얏시되本使가擬于本月二十四日에離發한城ᄒᆞ야向往青島인바往還이爲三週間ᄒᆞᆯ지니其間交涉事宜ᄂᆞᆫ以副領事나爾로臨時代理라ᄒᆞ얏더라

●海察報告 海州觀察具永祖氏가內部에報告ᄒᆞ얏시되現接新溪郡守報告內開에昨年以來로本郡役夫之趨赴於鐵道者ㅣ爲十萬名이요役費之民間斂徵이爲四十萬兩인바現接叢水站阿川組의通牒內開에役夫一百七十名式限一箇月請求인즉當此秋成에民不息肩타가値此募役ᄒᆞ야衆情이沸騰ᄒᆞ니役夫之偏募偏苦가何獨甚於本郡乎아特爲轉報京部ᄒᆞ야交涉日公館ᄒᆞ야限秋成停募等因이기玆據實報告라ᄒᆞ얏더라

●民亦不願 忠北觀察이內部에報告ᄒᆞᆫ內槪에合郡不便事로各郡百姓이相繼起鬧ᄒᆞᆫ다ᄒᆞ니合郡一事ᄂᆞᆫ非徒吏屬不願이라百姓이亦皆不願ᄒᆞᆫ즉畢境騷擾ᄂᆞᆫ勢所難免이라ᄒᆞ얏더라

●出入定界 近日東남兩門에ᄂᆞᆫ出入ᄒᆞᄂᆞᆫ人이各有定路ᄒᆞ야出去人은由門之右邊ᄒᆞ고入來人은左邊ᄒᆞ기로巡檢이指揮ᄒᆞᆫ다ᄒᆞ니出入之際淆雜을免케ᄒᆞᆷ인지往來人을看察ᄒᆞ라ᄂᆞᆫ지主意을難知ᄂᆞ于今ᄒᆞ야ᄂᆞᆫ道路에自由通行이라ᄒᆞ더라

●法參還京 駐法公使舘參書官李鍾[illegible]氏가昨日歸京ᄒᆞ얏다더라

●醫查病人 內部醫師淸水武文氏가與日巡査吾妻孝八氏로各坊里에巡行ᄒᆞ야病人과死亡者數爻를調查ᄒᆞᆫ다더라

●裁判停止 平理院裁判所檢事洪鍾瀚氏가身病으로未得仕進ᄒᆞ야刑事裁判이停止케로許多ᄒᆞᆫ原被告드리曠日逗留ᄒᆞ야稱怨이多多ᄒᆞ다더라

●醫不知藥 日昨日警視가往于廣濟院ᄒᆞ야流行病預防으로淸潔法을實行ᄒᆞ라고所用石炭酸水를多少間持來ᄒᆞ라ᄒᆞᆫ즉該掌主事言內에該藥이腐傷ᄒᆞ야不可用之라ᄒᆞ고拒絕不示故로該警視가即往內部ᄒᆞ야此由를說明ᄒᆞ고該藥을傷不傷間取來爲言ᄒᆞ야以大臣分付로該人取來ᄒᆞ야看審則該藥이無傷이라同警視가言ᄒᆞ되所爲醫師名色이藥之傷不傷을不知ᄒᆞ고何以臨疾投劑乎아近聞誤死者多云ᄒᆞ니此等醫師가誤藥致死ᄂᆞᆫ丁寧無疑라該院醫師與製藥師名色等員을斷當試取云ᄒᆞ니該院에서ᄂᆞᆫ如此ᄒᆞᆫ庸醫師를聚集ᄒᆞ야月俸만糜費ᄒᆞ얏던지試取之境에ᄂᆞᆫ被黜者多必ᄒᆞ깃다더라

●會員被捉 日昨商業會員幾人을日憲兵이捉去ᄒᆞ얏ᄂᆞᆫᄃᆡ其事由ᄂᆞᆫ姑未可詳知라더라

●各官減額 度支顧問目賀田氏가大臣을見ᄒᆞ고言ᄒᆞ야日度支官員이夥多ᄒᆞᆫ즉多少間減額ᄒᆞᆫ다ᄒᆞ니他部도亦然ᄒᆞ야將次官制變通ᄒᆞᆫ後에明年度預算을歸正ᄒᆞᆫ다더라

●合郡催促 日公使林權助氏가內部大臣에게言ᄒᆞ야曰不日合郡ᄒᆞ야新郡守를頒差出ᄒᆞ야秋捧前下送ᄒᆞ라ᄒᆞᆷ으로日間合郡頒布가되리라더라

●不願合郡 慶남各郡吏胥等이擧皆不願合郡ᄒᆞ야上京周旋ᄒᆞ다가莫可奈何키로將欲起鬧이나手無寸錢이라고[illegible]數各歸ᄒᆞ얏다더라

●醉悖被捉 日昨西署草洞酒家에서側髮洋服人一名이酒几十兩에[illegible]外上으로飮之ᄒᆞ고出來ᄒᆞ다가其側에在ᄒᆞᆫ裁縫人을無端히打ᄒᆞ야頭骨이破傷ᄒᆞᆫ지라該支所巡檢의게被捉되야南署로押上ᄒᆞ야兩造對卞ᄒᆞᆫ즉該漢이泥醉ᄒᆞ야不能言語ᄒᆞ고但稱姜[illegible]任의弟라ᄒᆞ며其外ᄂᆞᆫ不答ᄒᆞᄂᆞᆫ고로姑爲拘因ᄒᆞ얏다더라

●報請修理 京畿[illegible]北[illegible]北江各道에서日本警部警視處所修理費를調下ᄒᆞ라고度支部에報告ᄒᆞ얏다더라

●一日停刊 本日은萬壽聖節이기로慶祝ᄒᆞ기爲ᄒᆞ야一日休刊ᄒᆞᆷ

社告

本申報의刱刊ᄒᆞᆫ月日이于今一週歲이나機械와鑄字가未具ᄒᆞᆷ으로二百餘號를發行ᄒᆞ고仍爲停刊인바旣張而中輟ᄒᆞᄂᆞᆫ例[illegible]所慨然이기本社에셔思를勞ᄒᆞ고慮를費ᄒᆞ야今에諸가事完備ᄒᆞᆷ미永遠持[illegible]ᄒᆞᆯ基礎를確定ᄒᆞ야大韓有志人士의文明智識은啓發ᄒᆞ고暨環球有國에見聞을公同ᄒᆞ기爲ᄒᆞ야重刊發行ᄒᆞᄂᆞᆫ바英文與漢文을亚爲解讀이未必人皆能之인즉英漢文合刊이徒煩無益키로從玆一變前規ᄒᆞ야英漢文을各紙分刊이되內外國各報을一層迅速케ᄒᆞ며社說의謇謇ᄒᆞᆷ은强禦를不畏ᄒᆞ며善惡을明辨ᄒᆞ야帝庭에指佞草의性質을具ᄒᆞ야스며時事을盱衡ᄒᆞ며昏昧을提醒ᄒᆞᆷ은仁人君子의蒿目憂世하ᄂᆞᆫ風味를含有이고褒貶予奪之中에溫厚規箴을隱然寓之ᄒᆞ야使有過者로讀之而改焉ᄒᆞ며無過者로讀之而勉焉케ᄒᆞ올지니四方僉君子ᄂᆞᆫ諒此滿腔苦心하야倍前愛하讀시기를竊有厚望焉이로라

雜報

法律 (續)

第百二十七條　罪人의情을知ᄒᆞ고不告ᄒᆞᆫ者와藏匿ᄒᆞᆫ者ᄂᆞᆫ左開에依ᄒᆞ야處斷ᄒᆞᆷ이라

一　凡人은犯人의本律에一等을減ᄒᆞᆷ이라

二　同寮ᄂᆞᆫ犯人의本律에二等을減ᄒᆞᆷ이라

三　親屬은衰服이나大功以上尊長이나外祖父母나妻의父母나夫의兄弟를爲ᄒᆞ엿거든皆勿論ᄒᆞ고大功以上卑幼와小功以下尊長과卑幼어든第六十四條親屬等級에依ᄒᆞ야遞減ᄒᆞᆷ이라

四　雇工이家長을爲ᄒᆞᆫ者도亦히勿論호되家長이雇工을爲ᄒᆞᆫ者ᄂᆞᆫ二等을減ᄒᆞᆷ이라

但反逆을容隱ᄒᆞᆫ者ᄂᆞᆫ此限에不在ᄒᆞᆷ이라

第百二十八條　非理의事나詐僞의事을知ᄒᆞ고上司官이나當該官이聽行ᄒᆞᆫ者ᄂᆞᆫ犯人과同罪ᄒᆞᆷ이라

第八節　二罪以上處斷例

第百二十九條　二罪以上이同時에俱發된境遇에ᄂᆞᆫ其重ᄒᆞᆫ者를從ᄒᆞ야處斷ᄒᆞ고其各等ᄒᆞᆫ者ᄂᆞᆫ從一科斷ᄒᆞᆷ이라

第百三十條　一罪가判決을已經ᄒᆞ야刑期間이나勘放後에他罪가又發ᄒᆞᆫ境遇에ᄂᆞᆫ其相等이나輕ᄒᆞᆫ者ᄂᆞᆫ勿論ᄒᆞ며其重ᄒᆞᆫ者ᄂᆞᆫ更論호되前科ᄒᆞᆫ刑을通算ᄒᆞ야後科ᄒᆞᆫ刑을充ᄒᆞᆷ이라

第百三十一條　告發後宣告前이나宣告後執刑前에罪를又犯ᄒᆞᆫ者ᄂᆞᆫ第百三十條의例를依ᄒᆞ야處斷ᄒᆞᆷ이라

第百三十二條　罪를犯ᄒᆞ고竊伺避匿ᄒᆞᆷ을爲ᄒᆞ야他罪를犯ᄒᆞᆫ者도亦히第百三十條의例를依ᄒᆞ야處斷ᄒᆞᆷ이라

第九節　罪中又犯處斷例

第百三十三條　刑期間에罪를又犯ᄒᆞᆫ時에所犯이前罪보다重ᄒᆞᆫ者ᄂᆞᆫ已經ᄒᆞᆫ刑期를通算ᄒᆞ야所剩ᄒᆞᆫ罪로論호되其相等이나輕ᄒᆞᆫ者ᄂᆞᆫ笞一百을科ᄒᆞ고本刑에仍就ᄒᆞᆷ이라

但禁獄以上罪人이笞罪를又犯ᄒᆞᆫ時ᄂᆞᆫ依律再科ᄒᆞᆷ이라

第十節　一罪再犯處斷例

第百三十四條　一罪를再犯ᄒᆞᆫ者ᄂᆞᆫ本罪에一等을加ᄒᆞ고三犯以上도亦히此를依ᄒᆞ야遞加ᄒᆞᆷ이라

但强盜再犯ᄒᆞᆫ者ᄂᆞᆫ絞며竊盜再犯ᄒᆞᆫ者ᄂᆞᆫ懲役終身이며三犯에至ᄒᆞᆫ者ᄂᆞᆫ絞에處ᄒᆞᆷ이라

第十一節　二人以上共犯處斷例

第百三十五條　從犯은首犯의律에一等을減ᄒᆞᆷ이라

第百三十六條　罪를共犯ᄒᆞᆫ境遇에一人或二人은見獲ᄒᆞ고餘人은在逃ᄒᆞ얏ᄂᆞᆫᄃᆡ見獲者가在逃者를首犯이라稱ᄒᆞ고更히證據가無ᄒᆞ거든從犯으로論決ᄒᆞ고其後에在逃者가被獲ᄒᆞ야前獲者를首犯이라稱ᄒᆞᄂᆞᆫ時ᄂᆞᆫ更히審查ᄒᆞ야得實ᄒᆞ거든前獲者를更히首犯으로論호되前科ᄒᆞᆫ刑期를通算ᄒᆞ야後科ᄒᆞᆫ刑期에充호되前科가笞刑이어든每四度에懲役이나禁獄의一日을計減ᄒᆞᆷ이라

第十二節　未遂범處斷例

第百三十七條　未遂범은左開에依ᄒᆞ야處斷ᄒᆞᆷ이라

一　死刑의罪에ᄂᆞᆫ一等을減ᄒᆞᆷ이라

二　流刑과役刑의罪에ᄂᆞᆫ二等을減ᄒᆞᆷ이라

三　禁獄의罪에ᄂᆞᆫ三等을減ᄒᆞᆷ이라

四　笞의罪에ᄂᆞᆫ四等을減이라

第十三節　免罪及加減處分

第百三十八條　赦典을遇ᄒᆞ야免罪ᄒᆞ거나流役一年以下로減等ᄒᆞᆫ時ᄂᆞᆫ放免ᄒᆞᆷ을得호되減等은本刑에셔各히一等만減ᄒᆞᆷ이라

第百三十九條　赦典을遇ᄒᆞ야免罪나減等ᄒᆞᆫ時에左開에所犯이有ᄒᆞᆫ者ᄂᆞᆫ免罪나減等ᄒᆞᆷ을不得ᄒᆞᆷ이라

一　反亂
二　殺人
三　强도
四　竊도
五　准竊도
六　略人

(未完)

野乘

적션여경록 (十)

너의ᄂᆞᆫ일죽입신양명하야조종을빗닉고문호를창셩케하랴ᄒᆞᆷ랑부뷔빅하직하고인마를ᄀᆞᆺ쵸와길를떠나경사로하너라져셜류공ᄌᆞ의일홈을련우ㅣ라지어날이가고달이가미블셔쳣돌이지닌지라ᄒᆞᆫ로ᄂᆞᆫ유모가련우를안고양랑종운으로더부러이웃에나가노더니종운의나이십팔세에ᄌᆞ못ᄌᆞ식이잇더라이날ᄎᆞ운이유모와갓치시닉가에셔놀다가유모가ᄯᅩᆼ운다러일러왈봄바람너모부니닉드러가ᄋᆞ기옷슬더가져오마허며련우를종운더러안고잇스라허니종운이련우를바다안겨날유모가집의가셔옷파츤의를가지고나온즉공ᄌᆞ련우의우ᄂᆞᆫ소릐가크게나ᄂᆞᆫ지라유모놀ᄂᆞ급피와셔보니종운이ᄎᆞ손으로련우를안고ᄯᅩᄒᆞᆫ손으로련우머리를연허여부비거날유뫼살펴보니공ᄌᆞᄂᆞᆫ그져울기를긋치지아니허고머리가범룰만치부룻던ᄂᆞᆫ지라유모가ᄃᆡ경ᄃᆡ로허여손를들어종운의쌈을치며ᄭᅮ지져왈이년네가ᄋᆞ기를이ᄀᆞᆺ치상허여스니이ᄋᆞ기가엇더ᄒᆞᆫᄋᆞ기줄아ᄂᆞᆫ냐로야게셔칠십싱남허신귀ᄒᆞᆫ아기를네가조심업시이쳐럼닷쳣스니너를로야ᄭᅴ살와죽어보라허고공ᄌᆞ를안고드러가니공ᄌᆞᄂᆞᆫ그져우ᄂᆞᆫ지라종운이일변황겁도허고일변분ᄒᆞᆷ도발허여말ᄃᆡ답허되이늘근도야지ᄀᆞᆺ튼년아네가공ᄌᆞ롤의세허고이쳐럼사람를몹시ᄌᆞ바말허니얼마나ᄃᆞᆺ쳣기로ᄉᆞ람를이ᄀᆞᆺ치잡ᄂᆞᆫ야너ᄂᆞᆫ공ᄌᆞ만밋ᄂᆞᆫ드만은닉워리부더의심허야다칠십늘근이가무삼아들를나을ᄭᅬ뉘아들인지도모르ᄂᆞᆫ것을가지고제쓰ᄂᆞᆫ모양보기실타허고일시분이여말ᄃᆡ답은허얏스나종시황겁허여감히들어오도못허거날유모ᄂᆞᆫ바로도러가자사ᄭᅴ고ᄒᆞᆫᄃᆡ자사갈오ᄃᆡᄋᆞ기의다친것은잠ᄭᅡᆫ나으려니와종운의말이ᄯᅩᄒᆞᆫ이치안은지라칠십에ᄋᆞ들낫다ᄒᆞᆷ이본ᄃᆡ드믄지라그러ᄒᆞ나일시군말ᄃᆡ답ᄒᆞ느라고차서업시ᄒᆞᆫ망영된말을엇지다듣ᄒᆞ리오유모가종운의소위ᄅᆞᆯ미우분하여ᄒᆞᆫ바탕어더마져반죽을가하얏더니자식이쳐럼너그럽게용랍하시ᄂᆞᆫ지라ᄒᆞᆯ슈업셔스ᄉᆞ로공ᄌᆞ를인 ᄂᆡ당으로드러가니다ᄯᅥ날류자사부인으로더부러셔반자시고사랑침실에나아가하인을시겨종유을부르라하니여러종드리헤오ᄃᆡ종운이이제ᄂᆞᆫ죽갯다공ᄌᆞ를그처럼다치고말ᄃᆡ답를그쳐럼막하고젼를엇지ᄒᆞᆯ고허며입변종유을자바글서미가메ᄎᆞ라기ᄎᆞᆯ치ᄯᅳ기종운을ᄌᆞ바드일셔류자식여러로복을다각기재쳐소로보닉고

特別廣告

本申報ᄂᆞᆫ海外電報를卽接ᄒᆞ야機關이靈通ᄒᆞ고外報와探報를敏捷活潑ᄒᆞ도록注意ᄒᆞ오며申報發送ᄒᆞᄂᆞᆫ되迅速信傳ᄒᆞ기ᄂᆞᆫ分傳人의게在ᄒᆞᆷ으로本社에셔時常에諸分傳人의게丁寧告戒ᄒᆞ고申申訓飭ᄒᆞ야毋或輸悄ᄒᆞ게注意ᄒᆞ거니와如或暫有稽忽이라도愛讀僉君子ᄂᆞᆫ密使並知于本社ᄒᆞ시면該分傳의게誠信相孚ᄒᆞ도록耳提面命ᄒᆞ고勸贊가發生ᄒᆞ도록誨論ᄒᆞ야必無遲誤ᄒᆞ기로期待ᄒᆞ옵나이다

本社에寄書ᄒᆞ시ᄂᆞᆫ諸君子ᄂᆞᆫ姓名과居住를明確ᄒᆞ게懸錄並附ᄒᆞ시와證據가有ᄒᆞᆷ을必要ᄒᆞᆷ이오公衆不利와ᄒᆞᆫ秩序를紊亂케ᄒᆞᄂᆞᆫ意와社會上不經荒誕ᄒᆞᆫ寄書ᄂᆞᆫ不受ᄒᆞᄂᆞᆫ權利가本社에自有ᄒᆞ오니肯諒ᄒᆞ시옵

大韓每日申報社

廣告

美國博士하루바드氏譯撰

大東紀年

全帙五冊 價新貨貳元定

○本紀年은自我韓開國以來朝野史乘을蒐輯參考ᄒᆞ야至于今上陛下卽位三十二年(乙未)事變ᄭᆞ지精詳記載ᄒᆞ얏ᄉᆞ오니願覽僉君子ᄂᆞᆫ陸續枉購ᄒᆞ시옵

發售所 東關罷朝橋越便 博文書林主 朱翰榮 告白

貿易商 本社ᄂᆞᆫ仁川港 日本郵便電信局對面 電話第二百一番地

仁川港 廣昌洋行 벤넛트會社告白

○鐵路部

○東大門과新門間에來往車ᄂᆞᆫ每十分間에運行흠

東大門發初車ᄂᆞᆫ午前六時三十分

新門外停車場發初車ᄂᆞᆫ午前六時五十五分

東大門發終車ᄂᆞᆫ午後九時五十分

新門外停車場發終車ᄂᆞᆫ午後十時十五分

○東大門과洪陵間에來往車ᄂᆞᆫ每二十分間에運行흠

但自鍾路로東大門에來到ᄒᆞᆫ交替車로聯絡흠

東大門發初車ᄂᆞᆫ午前六時五十分

洪陵發 初車ᄂᆞᆫ午前七時十分

東大門發終車ᄂᆞᆫ午後七時五十分

洪陵發 終車ᄂᆞᆫ午後八時十分

○鍾路와龍山間에來往車ᄂᆞᆫ每十二分間에運行흠

鍾路發至南大門初車ᄂᆞᆫ午前六時四十八分

鍾路發至龍山 初車ᄂᆞᆫ午前七時二十四分

南大門發至鍾路初車ᄂᆞᆫ午前六時五十六分

龍山發至鍾路 終車ᄂᆞᆫ午前七時五十七分

南大門發至鍾路終車ᄂᆞᆫ午前十時八分

龍山發至鍾路 終車ᄂᆞᆫ午後九時九分

○特別私用車ᄂᆞᆫ顧客의方便ᄒᆞᆷ을隨應ᄒᆞ야準給흠

但定價ᄂᆞᆫ本社에來臨ᄒᆞ야請問ᄒᆞ옵

○電燈部

二百五十燭力以內의敷用處에ᄂᆞᆫ每個月에定價表가如左흠

○十六燭力燃燈達夜에二圓五十錢

○三十二燭力燃燈達夜에四圓

○五十燭力燃燈達夜에六圓

○一百五十燭力燃燈達夜에十圓

一千二百燭力弧形燈達夜에二十圓

二百五十燭力以上의敷用處에ᄂᆞᆫ請求ᄒᆞ면瓦斯計一箇를設給흠

但瓦斯計賃金은每個月에二圓이오瓦斯計測驗表委托定價ᄂᆞᆫ每時間每암피아에二錢이옵

瓦斯計設給處에셔每介月支拂金最低額은每個月에二十圓인되(瓦斯計賃金은)据흠

電燈을敷設ᄒᆞ기에請求ᄒᆞᄂᆞᆫ되로供給흠

各種運技辦燈도常時에貯存ᄒᆞ엿ᄉᆞᆸ

本社鐵路電氣會社 韓美電氣會社 告白

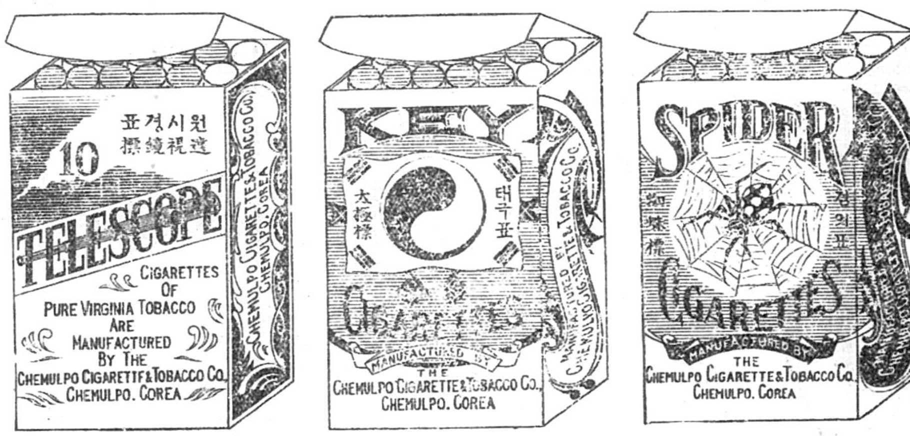

以上三種은上品으로製造ᄒᆞ야衛生上에至極有益ᄒᆞ오니毋論某人ᄒᆞ고本社에來顧ᄒᆞ옵

大韓帝國仁川港 濟物浦紙卷煙及烟草會社

一鷹標罐詰濃結牛乳

一金印罐詰濃結牛乳

一無雙家用氣化乳酪

一썬ㅣ든ᄊᆞ製造麥芽化合牛乳

以上은常時에貯積ᄒᆞ엿ᄉᆞᆸ

美國紐育港썬ㅣ든ᄊᆞ濃結牛유會社

一手代理店 大韓仁川港 世昌洋行

廣告

一雜貨商

一貿易商

一船舶取扱

一煙草商

一委托販賣及貨物運送代理業

一貿易石炭商

以上輸入及輸出者

京城 仁川 大昌洋行

本社廣告

申報價

一張代金 韓貨五錢

一箇月前納 五十錢

三箇月 一元五十錢

六箇月 二元九十錢

一箇年 五元八十錢

郵稅一部 新貨五里 一箇月 十三錢

廣告料

四号活字十三字詰

每日每英尺一寸에新貨廿五錢 (每日每行에六錢에相當흠)

二周日에 二圓五十錢 (每日每行四錢五里에相當흠)

一箇月에 五圓 (每日每行四錢一里에相當흠)

其期限의長短과字行의多少를依ᄒᆞ야增減흠이有흠

大韓人마다此申報를不得不閱覽ᄒᆞ실터이오니廣告出報ᄒᆞ실僉君子ᄂᆞᆫ來臨面議ᄒᆞ시옵

發行兼編輯人 英國人 裵說

發行所 京城北署壽進坊碡洞号外地法語學校前

大韓每日申報社

第三卷

大韓每日申報
대한매일신보

第十三號

月曜及慶節
歲時日休刊

檀君開國四千二百三十八年
箕子元年三千二十七年
大韓開國五百十四年
日本明治三十八年
清國光緖三十一年
陰曆乙巳七月小廿七日戊戌

論說

部落進步

風說에日本이供管妥穩ᄒᆞᆫ方法을擬說ᄒᆞᆫ다ᄒᆞ니實施되기를切願ᄒᆞᄂᆞᆫ바라此等風聞이難保認眞이거니와素所信重ᄒᆞᆫ處로셔得聞ᄒᆞᆫ故로言及ᄒᆞ노니漢京南半址區를日本이中董ᄒᆞᆫ다ᄒᆞᄂᆞᆫᄃᆡ該界限南北은自南山以北으로至大川以南이오東西ᄂᆞᆫ自西城址로至東城址라ᄒᆞ니固所願者ᄂᆞᆫ此項合同之事가穩妥히議定되면非但無碍難之處라韓國官民이部內公共利益을監董ᄒᆞᄂᆞᆫ事에見習이될이라現今漢城內外所在溝渠道路修理之事를置之度外ᄒᆞ야居留人과往來客이싸皆不勝悶然難堪者也라徒梁不成과道路不治가王政之一失이라旱燥之時에ᄂᆞᆫ路上雜沓風塵에開眼無路오溝底堆積穢臭에觸鼻難堪이라가陰雨之時에ᄂᆞᆫ街路가碕硘滯滑ᄒᆞ니可謂韓國에行路難이로다所有急先工役이溝渠를浚濬堅築ᄒᆞ야穢物에壅滯치안ᄒᆞ며道路를完實平治ᄒᆞ야雨水에破落치안케ᄒᆞᆯ것이오中董公司를妥善組織ᄒᆞ야路邊長明燈을照規点火ᄒᆞ며彷徨ᄒᆞᄂᆞᆫ삭정이를驅置一處ᄒᆞ며錯亂ᄒᆞᆫ人力車를成册照管ᄒᆞ며汚穢廁物을照例掃運ᄒᆞᄂᆞᆫ事件을井井方方히進步ᄒᆞᆷ이漢城半南一境에先爲成就ᄒᆞ면其他半境은自然隨此表率施行ᄒᆞᆯ少無可疑者오安於舊習之風氣ᄒᆞ야此項設法을不無多少言令不便者로ᄃᆡ其於公同利益之誼에不可不勉從이나如此ᄒᆞᆫ多利益之中에惟有小小礙難之端ᄒᆞ니一曰現所執業之地段或家屋에間或不便之端을難免이오二曰納稅之論이不無也로ᄃᆡ曩時詔勅을溯查컨ᄃᆡ政府로서支撥ᄒᆞᄂᆞᆫ中董公用之費를部內戶稅로充用ᄒᆞᆯ意로發表在案인즉한城人民의當納之稅가獨免中에在ᄒᆞᆫ貌樣이라何如던지如此中董事務가就緖되면正當ᄒᆞᆫ稅納이准定됨이其於現執產業에無稅納者와或於如此進益에無滋味者의게ᄂᆞᆫ妨害로이여길것又ᄒᆞ나其中에도如此利益을願ᄒᆞᄂᆞᆫ者도잇슬지라因此로日本이於該劃定地界內에善爲實施ᄒᆞ야他處로移舍ᄒᆞ려ᄂᆞᆫ人民의게擔保ᄒᆞ야現享ᄃᆡ로利益을保管ᄒᆞ며規程ᄃᆡ로權利를洽得ᄒᆞ며從前些小嫌碍之端이紅爐点雪이될지라至於境界上에應有ᄒᆞᆯ仲間裁決等事ᄒᆞ야ᄂᆞᆫ不可施行이오各自所願ᄃᆡ로洽足히歸正케ᄒᆞᆯ것시라

官報

●第三千二百二十六號 光武九年八月二十四日 (續)

◉叙任及辭令 叙判任官四等 大極殿別檢李晃奎 太極殿參奉黃業 肇慶廟令송以用 慶基殿令徐讃洙 濬源殿令李麟在 穆淸殿令李容根 德陵令李榮寬 智陵令馬義律 淑陵令康德鎭 義陵令李膺國 純陵令李璉樺 定陵令趙珍鎬 健元陵令任白璐 齊陵令金謹鏞 貞陵令白樂善 厚陵令尹善稷 獻陵令金東鎰 英陵令李敏五 顯陵令朴用國 莊陵令沈相起 思陵令李麟應 光陵令金容周 敬陵令成銓永 昌陵令金海秀 泰陵令金升鉉 宣陵令韓昌履 陵令李範順準 靖릉令李弘來 溫릉令李依鍾 禧릉令權重萬 泰릉令李耆鍾 孝릉令尹敎性 康릉令韓敬履 穆릉令李舜應 章릉영송大鎭 長릉영林炳玉 徽릉영尹宗燮 寧릉영徐相琫 崇릉영沈能友 明릉영朴海斗 翼릉영李閏秀 懿릉영徐仁淳 惠릉영金炳樂 元릉영洪淳奭 弘릉영郭昌鉉 永릉영李載浩 隆릉영金直衡 徤릉영金永台 仁능영金鎭肅 綏능영李祠鳳 景능영韓奎敎 睿능영柳海宗 洪능영洪祐純 昭慶園參奉沈鍾瑞

叙判任官八等

以上七月二十七日

叙勳三等賜八卦章 駐箚美國公使館外參書官 禮覃

叙勳五等賜八卦章 德國郵遞參書官 辛ᄒᆞᆫ

以上八月十七日

侍講院侍從官洪承範 弘文館侍講洪奎昌 禧능參奉洪淳필 溫능參奉金鎭求 厚능參奉朴鳳珪 齊능參奉張永斗 翼능參奉趙俊元 崇德殿參奉朴鍾來 依願免本官

任侍從院侍從官叙奏任官四等 宗廟署영李紹鍾

任弘文館시講叙奏任官四等 秘書監郞金鍾관

任秘書監郞叙奏任官四等 九品朴海昌

任 禧능參奉叙判任官八等 金永柔

任 溫능參奉叙判任官八等 六品南星熙

任 厚능參奉叙判任官八等 六品秦柄建

任 齊능參奉叙判任官八等 九品尹宗鉉

任 翼능參奉叙判任官八等 九品趙一元

任 崇德殿參奉叙判任官八等 九品朴文益

任 宗廟署영叙判任官八等 宗簿司主事張奎焕

任禮式院掌樂課主事丘明根 任宗簿司主事叙判任官六等

任禮式院掌樂課主事叙判任官六等 六品朴容海

九品丘玄增 梁在衡 命宮內府記事員

以上八月二十日

顯능參奉崔永祚 莊능參奉李元榮 宣능參奉尹鎰榮 禧능參奉金永柔 依願免本官

任 顯능參奉叙判任官八等 尹鍾學

任 莊陵參奉叙判任官八等 金英柔

任 宣陵參奉叙判任官八等 尹亨求

任 회陵參奉叙判任官八等 六品洪淳필

洪陵祀丞李瑗夏 任主殿院電務課主事叙判任官四等

任 洪陵祀丞叙判任官八等 六品洪淳範

以上八月廿二日

外報

●兩帝會見 英國皇帝ᄂᆞᆫ墺地利國內一處에서후란쓰、요쇼皇帝와會ᄒᆞᆯ터이오墺帝ᄂᆞᆫ多分答訪이無ᄒᆞ리라고伯林電에云ᄒᆞ얏더라

●英皇瑞典訪問 英國海峽艦隊ᄂᆞᆫ九月八日에丹國고펜하겐에到着ᄒᆞᆯ터인ᄃᆡ英國皇帝도其一艦에乘御ᄒᆞ샤艦隊가彼處에셔瑞典쓰도구호름으로航行ᄒᆞ야同皇帝께셔ᄂᆞᆫ나威分立에關ᄒᆞ야오쓰칼皇帝를慰問ᄒᆞᆯ터이라고伯林電에云ᄒᆞ얏더라

●나威强硬 나威ᄂᆞᆫ悉皆皇位問題에關ᄒᆞᆫ瑞典提議를拒絕ᄒᆞ얏고共和政治의布告가益益非實이라고傾向이有ᄒᆞ더라

●暗殺未遂 亞然丁國에셔一無政府黨員이同國大統領긴다나氏를暗殺코져ᄒᆞ다가目的을未達ᄒᆞ얏다고伯林電에云ᄒᆞ얏더라

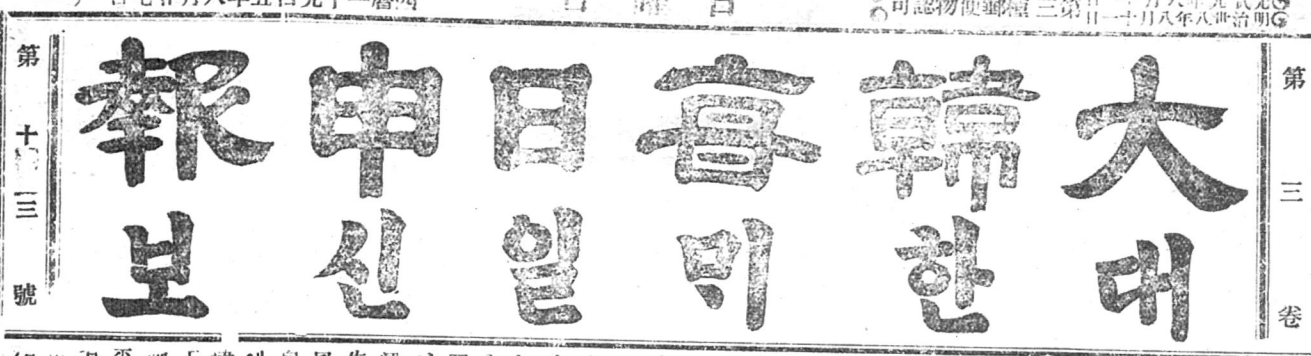

●露國內債 露國에內債募集은全然히失敗에歸ᄒᆞ야一億萬弗에對ᄒᆞ야拾萬弗의應募라云ᄒᆞ나其內容은未詳이더라

社告

本申報의刱刊ᄒᆞᆫ月日이于今一週歲이나機械와鑄字가不具ᄒᆞᆷ으로二百餘號를發行ᄒᆞ고仍爲停刊인바旣張而中輟ᄒᆞᄂᆞᆫ게實所慨然이기本社에셔思를勞ᄒᆞ고慮를費ᄒᆞ야今에諸가事完備ᄒᆞᆷ미永遠[illegible]ᄒᆞᆯ基礎를確定ᄒᆞ야大韓有志人士의文明智識은啓發ᄒᆞ고暨環球有國에見聞을公同ᄒᆞ기爲ᄒᆞ야重刊發行ᄒᆞᄂᆞᆫ바英文與漢文을亟爲解讀이未必人皆能之인즉英漢文合刊이徒煩無益키로從玆一變前規ᄒᆞ야英漢文을各紙分刊이되內外國各報을一層迅速케ᄒᆞ며社說의突[illegible]을不畏ᄒᆞ며善惡을[illegible]性質을[illegible]ᄒᆞ야[illegible]子ᄒᆞ며昏昧을提[illegible]의當日憂世ᄒᆞ[illegible]고褒貶予奪之中에温厚[illegible]隱然[illegible]ᄒᆞ야使[illegible]而改[illegible]ᄒᆞ며無過者[illegible]焉케ᄒᆞ올지니四[illegible]此滿腔苦心하야[illegible]하讀시기를竊有厚望焉이로라

東京電報

◉媾和延期 八月廿四日午後零時發

講和會議ᄂᆞᆫ二十三日에延期ᄒᆞ얏ᄂᆞᆫ디美國大統領은調停委員六人을命ᄒᆞ야折衝調停의任을當케ᄒᆞᆫ다더라

◉拒絕償割 上仝

위트氏ᄂᆞᆫ尙今償金支拂과土地割讓을反對ᄒᆞᆫ다더라

◉平和有望 八月廿四日午[illegible]二時十五分發

講和談判은來二十六日ᄭᆞ지延期되야平和之望이有ᄒᆞ다더라

◉御用船沈沒 七月二十五日午後零時三十分發

御用船긴쇼丸은豊後姬島沖에셔郵船會社汽船과衝突되야沈沒ᄒᆞ얏ᄂᆞᆫ디小掘少佐以下百二十七名은去處가不明ᄒᆞ다더라

◉淸使召還 八月廿五日午後一時發

北京電을據ᄒᆞᆫ즉韓國駐箚淸國公使를召還ᄒᆞ기로決ᄒᆞ얏다더라

雜報

◉[illegible] 再昨日萬壽聖節에內下[illegible]五千兩을本願寺에[illegible]ᄒᆞ심으로各處僧四五十名이[illegible]寺에入來ᄒᆞ야與日本僧으로大設法筵ᄒᆞ야慶祝ᄒᆞ얏더라

◉兵如皂隷 內部大臣李址鎔氏가每於出入時에憲兵二名과巡檢二名을領率ᄒᆞ야路傍人民에게示威ᄒᆞ니憲兵設置ᄒᆞᆫ本意ᄂᆞᆫ兵民間警察ᄒᆞᄂᆞᆫ責任이有ᄒᆞ거날今於大臣轎後에追從ᄒᆞ니便同皂隷라고言ᄒᆞᆫ다더라

◉日函外部 日公使林權助氏가外部에公函ᄒᆞ얏시되木浦我領事[illegible]內開에該地墓軍廳을自洪陵管轄ᄒᆞ야規則[illegible]子及傳令等書類를成給인바査墓軍事業이無關於該洪陵이거날有此越權ᄒᆞ야致有滋弊ᄒᆞ니望卽交韓政府ᄒᆞ야撤回等情이라請査照迅辦이可也라ᄒᆞ얏더라

◉火及其棺 安洞居前參政金奎弘氏가已爲仙去ᄒᆞᆷ은世人의所共知어니와日昨夜深後에北署警務官이行巡ᄒᆞ다가金氏家에火光騰天ᄒᆞᆷ을見ᄒᆞ고卽向該家探問ᄒᆞᆫ즉渾春이睡夢中에在ᄒᆞ기로就起而視之則屍體所在房에셔火起ᄒᆞ야屏帳床卓等物이皆爲灰燼ᄒᆞ고火已及於棺內ᄒᆞ야頭部가燒傷ᄒᆞᆫ지라擧家惶㤼急救ᄒᆞ야僅免火葬ᄒᆞ얏다더라

◉位牌造成 淨土宗支會長을이各邑으로四殿位牌를奉安ᄒᆞᄂᆞᆫ딕倉洞[illegible]舜澤家에셔四十邑位牌을造成ᄒᆞ고其他에도造成ᄒᆞᄂᆞᆫ處所가凡四處라ᄒᆞ더라

◉公文僞造 仁川郡守吳永烈氏가富平兼官으로上京ᄒᆞ얏ᄂᆞᆫ되富平鄕長報告內開에日人이持公文來言曰役夫三千名을十日內募集等待이되當其限日ᄒᆞ야又當來見이라ᄒᆞ기로此由을往訴于近處兵站ᄒᆞᆫ즉該兵站에셔該公文을還爲受置ᄒᆞ고永登浦兵站으로其裏由를詳探ᄒᆞ얏더니答云初無是事라ᄒᆞᆫ즉日人挾雜輩가中間僞造公文이丁寧ᄒᆞᆫ지라兵站言內에前日公文來付ᄒᆞᆫ日人이若爲更來어든執留通奇ᄒᆞ면自本站으로當送人措處라ᄒᆞ얏다더라

◉軍照外部 軍部에셔外部에照會ᄒᆞ얏시되每當慶節ᄒᆞ야禮砲擧行ᄒᆞ[illegible]各館이每患煩瑣ᄒᆞ니自今爲始ᄒᆞ야萬壽千秋開國繼天四慶節에依例禮砲擧行之意로聲明各館爲要라ᄒᆞ얏더라

◉日照外部 仁川港應信廳에셔物品搭卸之際에每與便利인되淨土宗開敎使松岡이與韓人으로同謀ᄒᆞ야[illegible]宮內府得許特權ᄒᆞ고且任尙鎭爲名者가稱以五江之岸에設請負社ᄒᆞ고亦[illegible]宮府特權이라ᄒᆞ니貴我兩國民이必有滋擾之端矣라宮內府ㅣ於此等事에有何相關ᄒᆞ야致此無據之獘인지卽爲撤回可也라ᄒᆞ얏다라

◉政府函復 議政府에셔外部에函復ᄒᆞ얏시되江原觀察李容翊監視一事ᄂᆞᆫ本府ㅣ非行政衙門이오且該事件이係是內部管轄인즉自貴部로直向內部ᄒᆞ야商議妥協爲盼이라ᄒᆞ얏더라

◉兩氏解署 中樞院議官趙秉弼氏ᄂᆞᆫ學部大臣署理를解任ᄒᆞ고法部協辦李準榮氏ᄂᆞᆫ該部大臣署理를解任ᄒᆞ얏다더라

◉風流鮮閒 向日五江民擾事로內部大臣李址鎔氏가越墻逃避러니其翌夜한城判尹朴義秉氏家에셔警務局長崔錫敏氏와大張妓樂ᄒᆞ고佚宕無比ᄒᆞ얏스며且變亂이有ᄒᆞᆯ가恐懼ᄒᆞ야內部에雲梯를預備ᄒᆞ얏다云ᄒᆞ더라

◉好箇參政 金宗한氏가其弟印刷局長榮한氏와李範喬氏를暗囑ᄒᆞ야李址鎔氏를媒人삼고日公館에自服遊說ᄒᆞ야參政大臣圖得ᄒᆞ기로運動中이라ᄒᆞ니近日新政府組織에對ᄒᆞ야一般人民이拭目注意ᄒᆞᆷ은賢材登庸ᄒᆞ기를大旱에望霓ᄒᆞᆷ과如커날金宗한氏ᄂᆞᆫ自來로權門鷹犬이오貪饕卒業으로著名ᄒᆞ야一箇혼名이妓生褒衣라ᄒᆞᄂᆞᆫ福人인즉參政運動이若至完成이라ᄒᆞᆯ진ᄃᆡ國家不幸이오蒼生無[illegible]이라ᄒᆞᆫ다더라

◉漢城七怪 李址鎔李根澤朴義秉金鎭甫柳正秀崔錫敏李範喬諸氏가同死契를設ᄒᆞ고金宗한氏를推薦ᄒᆞ야參政이되게ᄒᆞ고政府新組織을ᄒᆞ랴고南北里로日夜奔走ᄒᆞᆫ다더라

◉蹤跡模糊 江原觀察使李容翊氏ᄂᆞᆫ林公使의一陣霹靂聲을聞ᄒᆞ고宮中에幾日隱匿ᄒᆞ얏다가追後에野津顧問邸로避居ᄒᆞ얏더니近日에不知去向이라ᄒᆞ더라

◉地方制度

近日合道合郡之說이紛紛岐出ᄒᆞ야全國人民이注目ᄒᆞ더니日間에地方制度가將爲發表되ᄂᆞᆫ딕十三道ᄂᆞᆫ八道로三百四十二郡은一百六十二郡으로定ᄒᆞ얏다云ᄒᆞ니其位置가左와如ᄒᆞ더라

◉京畿道 二府十七郡 位置水原

漢城府 仁川府 水原 楊州 廣州 江華喬洞 開城豊德 坡州高陽交河 驪州陰竹 陽智[illegible]利川 安城竹山 振威 陽城 [illegible]通津陽川 始興安山果川 [illegible]根砥平 長湍[illegible] 抱川永平加平 朔寧漣川 [illegible]陽

◉忠淸道 二十四郡 位置公州

公州 忠州 淸州 洪州 [illegible] 泰安瑞山 [illegible]唐津 [illegible]德山 [illegible]浦[illegible]川[illegible]寧庇仁 韓山 舒川 [illegible]山林川 定山靑陽 [illegible]山大興 [illegible]山溫陽新昌 天安稷山平澤 [illegible]懷仁 沃川 懷德 [illegible]永同 報恩靑山 鎭川淸安 全義木川燕岐 [illegible]山延[illegible]陰城 丹陽[illegible]風永春 恩津扶餘石城 [illegible]山[illegible]城鎭岑

◉全羅道 二府十三郡 位置淳昌

務安府 沃溝府 淳昌[illegible] 全州 羅州 光州 濟州大靜 旌義 [illegible]州南平 錦山珍山 鎭安長水 茂朱龍[illegible] 同福[illegible] 順[illegible]光茂長 長城高敞 潭陽昌平 谷城玉果求禮 [illegible]原 雲峯 [illegible]山高山 [illegible]益山 順天光陽麗水 興陽[illegible]安 長城寶城 康津海南 金堤 [illegible]頭 泰仁金溝 興德井邑 扶安古阜珍島 靈岩 [illegible]島 智島

（未完）

雜報

法律 (續)

七 強姦及親屬相姦
八 干犯祖父母父母
九 放火
十 誣告
十一 詐傳制命及增減制書
十二 犯贓
十三 故入人罪
十四 右開諸項의犯人을知情故縱及藏匿

第百四十條 國家의大患을除祛ᄒᆞ얏거나臨陣勝敵ᄒᆞ얏거나不亂服衆ᄒᆞ얏거나回復城池ᄒᆞ얏거나開拓疆土ᄒᆞ야建功ᄒᆞᆫ人이犯罪ᄒᆞᆫ時는死刑에는一等이오流刑이나役刑以下는各히二等을減ᄒᆞᆷ이라

第百四十一條 第百四十條의功을建ᄒᆞᆫ人이建功ᄒᆞ기前에犯ᄒᆞᆫ罪가發覺된時는死刑에二等을減ᄒᆞ고流刑이나役刑以下는免罪ᄒᆞᆷ을得ᄒᆞᆷ이라

但減等이나免罪ᄒᆞᆷ은一次에無過ᄒᆞᆷ이라

第百四十二條 罪를犯ᄒᆞ고自首ᄒᆞᆫ者左開에依ᄒᆞ야處斷ᄒᆞᆷ이

一 發覺ᄒᆞ기前에官에自首ᄒᆞᆫ者는免罪ᄒᆞᆷ이라
二 發覺되고逮捕ᄒᆞ기前에官에自首ᄒᆞᆫ者는二等을減ᄒᆞᆷ이라
三 輕罪가發覺된時에因ᄒᆞ야重罪를自首ᄒᆞᆫ者는其重罪를免ᄒᆞᆷ이라
四 發覺ᄒᆞ야訊問ᄒᆞᄂᆞᆫ場에他罪를自首ᄒᆞᄂᆞᆫ者其他罪를免ᄒᆞᆷ이라
五 人을遣ᄒᆞ야代首ᄒᆞ거나祖父母나父母나子孫이나叔姪이나兄弟나翁婿나外祖父母나外孫이나雇工이首告ᄒᆞ거든亦히犯人이自首ᄒᆞᆷ과同ᄒᆞᆷ이라
六 自首ᄒᆞ야도不實ᄒᆞ거나不盡ᄒᆞᆫ者는不實不盡ᄒᆞᆫ罪만論ᄒᆞ되死에至ᄒᆞᆯ者는一等을減ᄒᆞᆷ이라
七 人이告發코ᄌᆞᄒᆞᆷ을知ᄒᆞ고自首ᄒᆞ거나逃叛ᄒᆞ얏다가自首ᄒᆞᆫ者는二等을減ᄒᆞ고其逃叛ᄒᆞ얏든者가自首는아니ᄒᆞ고本所에還歸ᄒᆞᆫ者는一等을減ᄒᆞᆷ이라
八 共犯ᄒᆞᆫ境遇에發覺ᄒᆞ기前이나逮捕ᄒᆞ기前에自首ᄒᆞ야其共犯ᄒᆞᆫ者를告發逮捕케ᄒᆞᆫ者는一項에依ᄒᆞᆷ이라
九 財産에犯罪로被害ᄒᆞᆫ者에게首服ᄒᆞ고其贓物及損害의半數以上을償還ᄒᆞᆫ者는已行未得財律에依ᄒᆞ야一等을減ᄒᆞ고全數를償還ᄒᆞᆫ者는免罪ᄒᆞᆷ이라

但殺傷人이나犯姦及干犯祖父母나父母나放火의罪를犯ᄒᆞᆫ者나反逆의罪는自首ᄒᆞ야도不減ᄒᆞᆷ이라

第百四十三條 八十歲以上과八歲以上十二歲未滿者가犯罪ᄒᆞᆫ時는本律에二等을減ᄒᆞᆷ이라

第百四十四條 癈疾의人이犯罪ᄒᆞᆫ者는本律에一等을減ᄒᆞᆷ이라

但反逆이나故意殺人ᄒᆞᆫ者는此限에不在ᄒᆞᆷ이라

第百四十五條 癲狂ᄒᆞᆫ者가犯罪ᄒᆞᆫ時는左開에依ᄒᆞ야減等ᄒᆞᆷ이라

一 死刑에 一等
二 流役刑에 二等
三 禁獄刑에 三等
四 笞刑에 四等

但反逆을行ᄒᆞᆫ者는此限에不在ᄒᆞᆷ이라

第百四十六條 官吏의公座署事ᄒᆞᄂᆞᆫ場에所犯이有ᄒᆞᆫ時는第六十三條官人等級에依ᄒᆞ야各히所犯에一等을遞加ᄒᆞ고器用ᄒᆞᆫ者는一等을又加ᄒᆞᆷ이라

第百四十七條 下官이上官의게所犯이有ᄒᆞᆫ時第六十三條官人等級에依ᄒᆞ야ᄒᆞ고上官이下官의게는凡人과同ᄒᆞᆷ이라

第百四十八條 親屬이互相犯罪ᄒᆞᆫ時는第六十四條親屬等級에依ᄒᆞ야尊長이卑幼에게는減ᄒᆞ고卑幼가尊長에게ᄒᆞᆫ는加ᄒᆞᆷ이라

但離異ᄒᆞᆫ妻父母나女婿는凡人과同ᄒᆞᆷ이라

第百四十九條 雇工이家長에게나家長의親屬에게와家長과家長의親屬이雇工에게所犯이有ᄒᆞᆫ時第六十四條親屬等級에依ᄒᆞ야加減ᄒᆞᆷ이라

第百五十條 學徒가受業師에對ᄒᆞ야所犯이有ᄒᆞᆫ時는本律에三等을加ᄒᆞᆷ이라

단臨時敎師는在學時에所犯이有ᄒᆞᆫ者는一等을加ᄒᆞᆷ이라

(完末)

●別別花債 日昨西署十亭居張士俊의子某가有何所用이던지今月晦日推次一萬一千兩於音을襟持ᄒᆞ고要爲典執債之際에適逢其所親崔在淑ᄒᆞ야言及其事則崔曰有可以得債處ᄒᆞ니汝於南署紅門洞內金明玉家에暫留待之ᄒᆞ라ᄒᆞ므로依其言往看則乃是蝟市家貌樣이라不欲留宿ᄒᆞᆫ즉崔哥가再三力勸故로不得已留宿인바得債事가不得如意ᄒᆞ야二日을厥女家에셔空然留宿ᄒᆞ얏스나與厥婆로初無相關之事ᄅᆡ니乃於第三日에崔哥가忽然宣言曰錢一萬一千兩을今雖得出이나汝之花債三千兩과吾之花債四百五十兩과朴相淵의花債四百五十兩과廉昌植의花債一千兩과料理價二千兩과乾食錢五百兩과得債口文二千五百兩合九千九百兩을除之ᄒᆞ면實在가不過一千一百兩이라ᄒᆞᆫ즉張[illegible]ᄒᆞ야憤氣湧出ᄒᆞ나錢與於音은崔哥處에推尋無路로據其事實ᄒᆞ야警務廳에呼訴ᄒᆞ얏다니來頭何樣結果는不知ᄒᆞ거니와假使張哥로厥女에게眞個染情이有ᄒᆞ되도張가의花債는當然ᄒᆞ되諸雜類의花債을都中으로計除ᄒᆞ니張가는本來花債都換主인지此等虛無ᄒᆞᆫ花債와沒經界ᄒᆞᆫ奪錢法은多年花房出入ᄒᆞᆫ人도初聞初見이라ᄒᆞᆫ즉外入도開化가잇는지崔在淑은아마開化後別外入匠이라ᄒᆞ더라

野乘

적션여경록 (十)

다만종운만[illegible]물러두고종운으로하야금[illegible]를결라하니종운이[illegible]욱[illegible]갑하야거우이러니문을[illegible]며정히엇지치죄ᄒᆞᆯ지몰나[illegible]삼속에일[illegible]잰나비뒤놉는ᄃᆞ하더니자셔종운을불러압히ᄀᆞᆺ가이안치고일오ᄃᆡ사람이능히싱육지못ᄒᆞᆷ은남녀교접ᄒᆞᆯ제정력이쇠미하야실상이잇지못ᄒᆞ미라만일정력이약ᄒᆞ면비록늘거도능히싱휵하나니네가ᄌᆞ의말ᄃᆡ답ᄒᆞ느라고칠십늙니가무삼으ᄒᆞᆫ를만드러슬고며다른종자를비러왓드셩드른으헌가보드하는말을심지어세상ᄉᆞ람에의혹이나게ᄒᆞ니이제밤에넘어하야금[illegible]가으들를ᄂᆞᆺ겐나못나게나알게하야네에의심하던[illegible]파ᄀᆞ상ᄉᆞ런석[illegible]및지안케됨의푸러비릴지라하[illegible]이이에족[illegible]리고[illegible]으가동침하고[illegible]리[illegible]면운ᄉᆞ사로나가거자셔ᄀᆞᆺ더다이어르러부인께이날을[illegible]ᄒᆞᆫ다본인은다만우스거운모[illegible]모[illegible]가왓을시켜족운불너[illegible]여[illegible]셕차천을죱비하야관례시겨ᄌᆞᄉᆞ와부인게현신하고인하야별실놀삼으니얼문상하가다질거하며혹우의우안져말허기ᄒᆞ상공이셜식에정경정범으로허더니이번죵운의게는시러ᄂᆞ허더라

차셜죵운이밤에자ᄉᆞ를뫼시고곳잉래허여십삭만에일기옥동을나니부인이급히산모와으희를구원허여향탕에목욕허니누이미홀연문의에ᄉᆞ람이듈네고거마가낙역허며리춘랑이져원급제ᄒᆞ여이쉬풍악을ᄀᆞᆺ츄너어사화를사급ᄒᆞ시미일로쓰유자ᄉᆞ게헌슈ᄒᆞᆷ이라차인이또셔신을올니거ᄂᆞᆯ자셔바라보니그글에허엿스되소질의고아ᄀᆞ부가빅부계의탁허여잔명을보션허미족허거늘빅부의덕으로ᄃᆞ듸여셩명허기에이러ᄉᆞ오니이논다빅부의주신바라이리ᄋᆡᆨ빅주의빅모주긔체후인강허옵시잇가소질이죵간슈유를져ᄒᆞ경셩을펴고져허되동궁에서ᄒᆞ허옵기로아즉청유를못허엿ᄉᆞ와어사허옵신슐를올너빅부게헌슈허옵고또어사허옵신궁화이되는현쳐련우를주어의후에과거ᄒᆞᆫ징죠ᄅᆞᆯ허옵나이나류공이어주와궁화를가지고부인과ᄀᆞᆺ치즐거ᄒᆞ셕공자궁화ᄅᆞᆯ깃거허여궁화를가져머리에ᄯᅩᆺ코취유허더니자셔죵사회답을[illegible]깃분ᄯᅳᆺ슬치ᄒᆞ허고ᄎᆞᄌᆞ탄셩ᄒᆞᆫ말ᄉᆞᆷ고별ᄒᆞ니라광음이여류ᄒᆞ야으헤는지삼칠이지나면실흠을던셕이라ᄒᆞ고자를봉되라ᄒᆞ다현재날로졈졈장셩ᄒᆞ여십분총명ᄒᆞᆫ지라나히유칠세되미어진스승마져옴을바라더라

特別廣告

本申報는海外電報를卽接ᄒᆞ야機關이靈通ᄒᆞ고外報와探報를敏捷活潑ᄒᆞ도록注意ᄒᆞ오며申報發送ᄒᆞᄂᆞᆫ되迅速信傳ᄒᆞ기ᄂᆞᆫ分傳人의게在ᄒᆞᆷ으로本社에셔[illegible]諸分傳人의게[illegible]君子ᄂᆞᆫ[illegible]論ᄒᆞ고[illegible]期待ᄒᆞ옵나이다

本社에寄書ᄒᆞ시ᄂᆞᆫ諸君子ᄂᆞᆫ姓名과居住를明[illegible]懸錄並附ᄒᆞ시와證[illegible]ᄒᆞᆷ을必要ᄒᆞᆷ이오公[illegible]ᄒᆞᆫ秩序를紊亂케ᄒᆞᄂᆞᆫ意思와社會上不經荒雜ᄒᆞᆫ寄書ᄂᆞᆫ不受ᄒᆞᄂᆞᆫ權利가本社에自有ᄒᆞ오니肯諒ᄒᆞ시옵

大韓每日申報社

廣告

東亞開進敎育會ᄂᆞᆫ一國敎育上方針으로人民의學問을開明ᄉᆡ기기로目的을삼고政治上及他人是非上에ᄂᆞᆫ關係가無ᄒᆞ거ᄂᆞᆯ前者에本會를猜忌ᄒᆞᄂᆞᆫ人이構虛날謗ᄒᆞ야本會를顚覆코ᄌᆞᄒᆞᆷ이오니僉君子ᄂᆞᆫ照亮ᄒᆞ시ᄋᆞ

東亞開進敎育會　告白

貿易商　本社ᄂᆞᆫ仁川港
日本郵便電信局對面
電話第二百一番地

仁川港 廣昌洋行
벤넷트會社　告白

○鐵路部

○東大門과新門間에來往車ᄂᆞᆫ每十分間에運行ᄒᆞᆷ
東大門發初車ᄂᆞᆫ午前六時三十分
新門外停車場發初車ᄂᆞᆫ午前六時五十五分
東大門發終車ᄂᆞᆫ午後九時五十分
新門外停車場發終車ᄂᆞᆫ午後一時十五分

○東大門과洪陵間에來往車ᄂᆞᆫ每二十分間에運行ᄒᆞᆷ
但自鐘路로東大門에來到ᄒᆞᆫ交替車로聯絡ᄒᆞᆷ
東大門發初車ᄂᆞᆫ午前六時五十分
洪陵發　初車ᄂᆞᆫ午前七時十分
東大門發終車ᄂᆞᆫ午後七時五十分
洪陵發　終車ᄂᆞᆫ午後八時十分

○鐘路와龍山間에來往車ᄂᆞᆫ每十二分間에運行ᄒᆞᆷ
鐘路發至南大門初車ᄂᆞᆫ午前六時四十八分
鐘路發至龍山　初車ᄂᆞᆫ午前七時二十四分
南大門發至鐘路初車ᄂᆞᆫ午前六時五十六分
龍山發至鐘路　終車ᄂᆞᆫ午前七時五十七分
南大門發至鐘路終車ᄂᆞᆫ午前十時八分
龍山發至鐘路　終車ᄂᆞᆫ午後九時九分

○特別[illegible]用車ᄂᆞᆫ顧客의方便ᄒᆞᆷ을隨應ᄒᆞ야準給ᄒᆞᆷ
但定價ᄂᆞᆫ本社에來臨ᄒᆞ야請問ᄒᆞ옵

○電燈部

二百五十燭力以內의敷用處에ᄂᆞᆫ每個月에定價表가如左ᄒᆞᆷ
○十六燭力燃燈達夜에二圓五十錢
○三十二燭力燃燈達夜에四圓
○五十燭力燃燈達夜에六圓
○一百五十燭力燃燈達夜에十圓
一千二百燭力弧形燈達夜에二十圓
二百五十燭力以上의敷用處에ᄂᆞᆫ請求ᄒᆞ면瓦斯計一個를設給ᄒᆞᆷ
但瓦斯計賃金은每個月에二圓이오瓦斯計測驗表委托定價ᄂᆞᆫ每時間每암피아에二錢이옵
瓦斯計設給處에셔每介月支拂金最低額은每個月에二千圓인되(瓦斯計貸金은)据ᄒᆞᆷ
電燈을敷設ᄒᆞ기에請求ᄒᆞᄂᆞᆫ되로供給ᄒᆞᆷ
各種連技辦燈도常時에貯存ᄒᆞ엿ᄉᆞᆸ

本社鐘路電氣會社
韓美電氣會社　告白

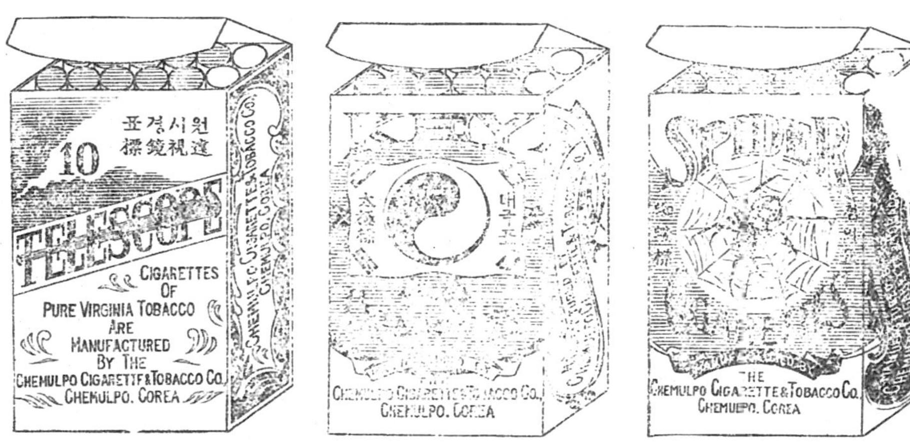

以上三種은上品으로製造ᄒᆞ야衛生上에至極有益ᄒᆞ오니毋論某人ᄒᆞ고本社에來顧ᄒᆞ옵

大韓帝國仁川港
濟物浦紙卷煙及烟草會社

一鷹標罐濃詰牛乳
一金印罐詰濃結牛乳
一撫雙家用氣化乳酪
一쌘ㅣ든쓰製造麥芽化合牛乳
以上은常時에貯積ᄒᆞ엿ᄉᆞᆸ
美國紐育港쌘ㅣ든쓰濃結牛유會社
一手代理店　大韓仁川港　世昌洋行

廣告

一雜貨商
一貿易商
一船舶取扱
一煙草商
一委托販賣及貨物運送代理業
一貿易石炭商
以上輸入及輸出者
京城 仁川 大昌洋行

本社廣告

申報價
一張代金　葉貨五錢
一箇月前納　五十戔
三箇月　一元五十戔
六箇月　二元九十戔
一箇年　五元八十戔
郵稅一部　新貨五里
一箇月　十二戔

廣告料
四号活字十二字詰每日每英尺一寸에新貨廿五錢(每日每行에六錢에相當ᄒᆞᆷ)
二周日에　二圓五十錢(每日每行四錢五里에相當ᄒᆞᆷ)
一箇月에　五圓(每日每行四錢一里에相當ᄒᆞᆷ)
其期限의長短과字行의多少를依ᄒᆞ야增減ᄒᆞᆷ이有ᄒᆞᆷ

大韓人마다此申報를不得不閱覽ᄒᆞ실터이오니廣告出報ᄒᆞ실僉君子ᄂᆞᆫ來臨面議ᄒᆞ시옵

發行兼編輯人　英國人裴說
發行所
京城北署普進坊磚洞号外地法語學校前
大韓每日申報社

第三卷　第十四號

大韓每日申報
대한매일신보

月曜及慶節歲時日休刊

檀君開國四千二百三十八年
箕子元年三千二十七年
大韓開國五百十四年
日本明治三十八年
淸國光緖三十一年
陰曆乙巳七月小廿九日庚子

論說

談辦后聞

俄日媾和談席에議論이膠葛된消息을接據ᄒᆞᆫ건ᄃᆡ談辦이和衷調處에進就키甚難ᄒᆞᆫ거시日本은政界上最有力之黨派가同心協勢ᄒᆞ야所請和欵을一不減讓ᄒᆞ기로極力周章ᄒᆞᆷ이오俄國은御前會議에割地ᄇᆡ償等件을一不准施ᄒᆞ기로同意完決ᄒᆞᆷ이라事已到此則必有紹价者從中設法이나兩國委員間에大海가橫ᄒᆞᆫ듯ᄒᆞ야如此參商之懷를造橋相叙케ᄒᆞᆷ이雖莫難矣이니戰爭之繼續을欲避不得이로다 如此不幸ᄒᆞᆫ局運에至ᄒᆞᆫ즉兩敵之國勢國運이其將何如乎哉아彼此交兵이延幾至多歲月이면以財政之有餘不足으로勢運之如何를判斷ᄒᆞᄂᆞᆫ者될지니毋論俄日ᄒᆞ고外債를籌辦然後에戰事를可言이라俄國內地財源은非不富且大矣로ᄃᆡ內亂과鐵道로因ᄒᆞ야頗涉困急ᄒᆞ고日本은非但不受此等困急이라似有多少進益이나商貿製造等財源을俄에比ᄒᆞ면讓頭아니치못ᄒᆞᆯ지니何如던지內財로ᄂᆞᆫ戰費에非所可論이라然則日本은素守信誼之國이오當路諸公의弘遠ᄒᆞᆫ規模로今日戰爭도愼重히量度ᄒᆞ야軍容과財政을相稱ᄒᆞ게準備ᄒᆞᆯ줄을可知니所以로日本이戰爭을繼續ᄒᆞ기로決策되면財主等이卽地에如一히酬應ᄒᆞᆯ지라故로日本의有力政派가現有何許借欵合同之機微ᄒᆞ니此事ᄂᆞᆫ想必憲政黨에셔提論ᄒᆞ야土地를外國人의게典執ᄒᆞᆷ을准許ᄒᆞᆫ거시라此路가一開ᄒᆞ면此外에鐵道或他等件으로도典質借欵ᄒᆞᆯ이次第間事也니然則日本은兵額의軍費를可得籌辦ᄒᆞ야又要一年之戰爭을繼續ᄒᆞ기ᄂᆞᆫ無難ᄒᆞᆯ거시오俄國財政을若論컨ᄃᆡ雖有國內多少資本家가準備巨大典物ᄒᆞ야供給政府請求나虛無黨과革命派의運動이猖獗ᄒᆞᆷ으로典主等心中에政府地位가何如ᄒᆞᆫ고狐疑ᄒᆞ며典物推還이何如ᄒᆞᆯ고難信ᄒᆞᆯ지라此樣無信之手段을俄國委員윗트氏가現已乘勢弄出ᄒᆞᄂᆞᆫ事端이顯示ᄒᆞ니此事가若能奏効면財政上所關으로ᄂᆞᆫ都無可慮ᄒᆞᆯ지라然而俄國內亂之事情은所聞이多過其實則戰爭에無所大段掣肘ᄒᆞᆯ거이오軍師上行止를若論컨ᄃᆡ某國의族掠之可畏를雖言이오用武上地理를若論컨ᄃᆡ日本은戰地之圖가瞭在掌中이오俄國은僅於前日所據之陳區에나惟有臨時草草之測量而已니在前戰쟁에日本之勝利가亦因此故오兵額上多寡를若言컨ᄃᆡ正一ᄒᆞᆫ數爻ᄂᆞᆫ難測이나俄將나이빗취所帶兵額이六十萬名이라ᄒᆞ니日本兵額이該額에比ᄒᆞ야更多ᄒᆞᆫ줄은丁寧치못ᄒᆞ나俄兵은現今每日에千餘名式進添ᄒᆞᆫ다ᄒᆞᄂᆞᆫᄃᆡ日本之現行動作이俄之添兵보다更多키容易ᄒᆞᆯ거시오且播之不動ᄒᆞᆯ海上權을確佔ᄒᆞ얏ᄂᆞᆫ즉長久히俄之海軍을海參威에押挾ᄒᆞ야活動치못ᄒᆞ게ᄒᆞᆯ거사오滿洲日軍이或有退縮之時라도水陸이相倚ᄒᆞ야如干敗北은遼東과韓國半島에셔支當키가綽綽有餘ᄒᆞ리로다

官報

●第三千二百二十七號 光武九年八月二十五日

◉宮廷錄事 詔曰命陸軍參將嚴柱益爲軍部協辦

光武九年八月二十一日

軍部大臣陸軍副將權重顯

詔曰命陸軍參將嚴俊源爲憲兵司令官

光武九年八月二十二日

軍部大臣陸軍副將權重顯

詔曰命陸軍副將李根澤爲主殿院卿

八月二十二日

詔曰獄囚之趂卽淸理事前後申飭果何如而尙多有淹滯云其或故意延拖日久生奸宜重而輕可釋而重者不無此弊其舞弄之習極爲痛駭而且自夏徂秋潦炎無前犴狴蒸濕易生疾病實所矜憫其令法部陸軍法院不日審査決處可以放釋者放釋老弱則尤可特用寛典一並放釋以示慈恤之至意

光武九年八月二十三日

議政府議政大臣臨時署理農商工部大臣朴齊純

軍部協辦嚴柱益辭職疏

批旨省疏具悉卿其勿辭行公

八月二十日

侍從院副卿尹藎榮辭職疏

批旨省疏具悉所請依施

八月二十三日

◉敍任及辭令 陸正三品 六品李完穉 全金永準

以上七月三十日

任軍部協辦敍勅任官二等 陸軍參將嚴柱益

八月二十一日

補憲兵司令官 陸軍參將嚴俊源

命主殿院卿敍勅任官二等 陸軍副將李根澤

義陵參奉崔永珏 顯陵參奉尹鍾學 莊陵參奉金永栥 敬陵叅奉金璿洙 昌陵參奉李贊榮 宣陵參奉尹亨求 順陵參奉趙觀熙 孝陵參奉李喜範 順康園守奉官禹鎭亨 主殿院電務課主事李瑗夏 依願免本官

任 義陵參奉敍判任官八等 淑陵叅奉朱永欽

任 淑陵參奉敍判任官八等 六品金奎濬 (未完)

外報

●德船被燒 德國滊船퍼라號가石腦油等物을搭載ᄒᆞ고（서마트라）로부터航行ᄒᆞ다가該油箱에셔起火ᄒᆞ야吳淞外에셔燒燼ᄒᆞ얏다ᄂᆞᆫᄃᆡ機關師一名과消防夫三名은燒傷ᄒᆞ고船客三名은致斃ᄒᆞ얏다ᄒᆞ며被傷者ᄂᆞᆫ病院으로擔送ᄒᆞ고該船은方在浮漂中이라더라

●日艦訪英 倫敦電에云風說을聞ᄒᆞᆫ즉日本艦隊가翌年에英國을尋訪ᄒᆞᆫ다ᄒᆞ얏더라

●斥買視察 同電을據ᄒᆞᆫ즉前駐청美國公使에드워드氏가청國에셔美國物貨斥買ᄒᆞᄂᆞᆫ事狀을視察ᄒᆞ기爲ᄒᆞ야特別히청國에派遣ᄒᆞᆷ이되얏다더라

●청拒美貨 美國政府에셔청國人이美國物貨斥買ᄒᆞᄂᆞᆫ事件은嚴肅이못ᄒᆞ리라고宣言ᄒᆞ얏ᄂᆞᆫᄃᆡ上海에셔ᄂᆞᆫ斥買事件에對ᄒᆞ야一心進行ᄒᆞᆯ貌樣이나廣東이나其他地方에셔ᄂᆞᆫ完結치못ᄒᆞᆯ이라더라

●美德擬約 伯林電을據ᄒᆞᆫ즉德國과美國間에互相合同ᄒᆞᄂᆞᆫ商務條約이經議되야完全히準備가되얏다ᄂᆞᆫᄃᆡ其談判은九十月間에開始ᄒᆞᆫ다더라

雜報

●秘丞更代 秘書丞申性均氏代에正三品李完植氏가被任ᄒᆞ얏더라

●水道開工 凡於大都會人衆調密ᄒᆞᆫ地点에衛生上必要ᄒᆞᆷ이飲料水을청潔케ᄒᆞᄂᆞᆫ거시第一要着인바現今慶運宮內消防水道ᄂᆞᆫ既已竣工이기漢城內飲料水道工事을不遠間創設ᄒᆞᆫ다더라

社告

本申報의刱刊ᄒᆞᆫ月日이于今一週歲이나機械와鑄字가未具ᄒᆞᆷ으로二百餘號를發行ᄒᆞ고仍爲停刊인바旣張而中輟ᄒᆞᄂᆞᆫ게實所慨然이기本社에서思를勞ᄒᆞ고慮를費ᄒᆞ야今에諸가事完備ᄒᆞᆷ미永遠바替ᄒᆞᆯ基礎를確定ᄒᆞ야大韓有志人士의文明智識을啓發ᄒᆞ고暨環球有國에見聞을公同ᄒᆞ기爲ᄒᆞ야重刊發行ᄒᆞᄂᆞᆫ바英文與漢文을亚爲解讀이未必人皆能之인즉英漢文合刊이徒煩無益기로從玆一變前規ᄒᆞ야英漢文을各紙分刊이되內外國各報을一層迅速케ᄒᆞ며社說의詧詧ᄒᆞᆷ은强禦를不畏ᄒᆞ며善惡을明辨ᄒᆞ야帝庭에指佞草의性質을具ᄒᆞ아스며時事을盱衡ᄒᆞ며昏昧을提醒ᄒᆞᆷ은仁人君子의蒿目憂世하ᄂᆞᆫ風味를含有이고褒貶予奪之中에溫厚規箴을隱然寓之ᄒᆞ야使有過者로讀之而改焉ᄒᆞ며無過者로讀之而勉焉케ᄒᆞ올지니四方僉君子ᄂᆞᆫ諒此滿腔苦心하야倍前愛하讀시기를竊有厚望焉이로라

東京電報

●有栖川宮歸國　八月二十七日오後六時七分着
歐洲에特派大使로前往ᄒᆞ얏던有栖川宮殿下게서ᄂᆞᆫ昨日에歸國ᄒᆞ얏더라

●交涉中止　上仝
媾和問題同志聯合會에서ᄂᆞᆫ小村全權委員에게對ᄒᆞ야露國은平和의意志가無ᄒᆞ니斷然코交涉을中止ᄒᆞᆯ事를望ᄒᆞᆫ다고打電ᄒᆞ얏고桂總理大臣에게도同樣의決議를送ᄒᆞ얏다더라

●講和談判成立說　上仝
日本은樺太南半部와償金十二億을採ᄒᆞ야和約이成立ᄒᆞᆯ貌樣이有ᄒᆞ다더라

●談判又延期　八月二十八日오前八時十三分發
露帝의訓令이未來ᄒᆞᆷ으로露國使節의請求에依ᄒᆞ야談判은二十八日로延期가되얏다더라

●捕虜비金　上仝
露帝게서捕虜에對ᄒᆞ야서ᄂᆞᆫ多額의金額을支拂ᄒᆞᆷ도辭치아닐줄로訓令ᄒᆞ얏더라

雜報

●度部減額　度支顧問官目賀田氏가該部官弁을減額ᄒᆞᄂᆞᆫ더一等主事를着手코ᄌᆞᄒᆞ다가公議不一ᄒᆞ야閒窠出納局一二課長과量地課長一人合三員을減ᄒᆞ고同氏가言ᄒᆞ되非但度支部라各府部院廳閒窠를一切減額ᄒᆞᄂᆞᆫ게當然ᄒᆞ다ᄒᆞ얏다더라

●日復外部　日公使林權助氏가外部에照復ᄒᆞ얏ᄂᆞᆫ더在墨國韓民受困一事ᄂᆞᆫ貴政府에서無駐外保護之官ᄒᆞ니出外勞動者等이想必有受困之慮기로本使ㅣ已爲忠告ᄒᆞ야以禁防韓民出外이되終不納本使之意見ᄒᆞ니殊以爲憾이로라在墨韓民을囑托我政府保護則當發飭駐墨我公使ᄒᆞ야使另行保護ᄒᆞᆯ지니實爲妥當이라請照亮爲要라ᄒᆞ얏더라

●露探嫌疑者　露探嫌疑者로被捉ᄒᆞ야長崎裁判所에送ᄒᆞ야重罪裁判에付ᄒᆞᆯ大坂人鈴木慶吉은今十七日에元山에서護送ᄒᆞ얏다더라

●四勳八卦　禮式官南彊祐玄百運白時鏞朴基駿四氏ᄂᆞᆫ並叙勳五等ᄒᆞ야各賜八卦章ᄒᆞ얏더라

●學校調査　東亞開進教育會에서五署內公私立學校與家塾을一切調査ᄒᆞ야要爲擴張ᄒᆞᄂᆞᆫ더現方東署에서着手中이라ᄒᆞ니待其畢査ᄒᆞ야何樣擴張ᄒᆞᆷ을續報ᄒᆞ깃로라

●請勿革府　全州儒生崔正奎李琪鎬等百餘名이該府ᄅᆞᆯ勿爲革罷ᄒᆞᆯ意로內部에請願ᄒᆞ얏더라

●秘苑宴會　昨日下午一點에昌德宮秘苑에서宴會을開催ᄒᆞ고宮內大臣과禮式院卿이美國公使及陸軍少將以下士官諸氏을請待宴饗ᄒᆞ얏다더라

●兎倅報告　兎山郡守黃崙秀氏가內部에報告ᄒᆞ얏시되本郡所在梨丘市ᄂᆞᆫ海西一大都會인바峽俗이莫辨官私鑄ᄒᆞ야交易通行이皆是粗劣惡貨이온더一自舊白銅貨交換朝令이頒布된後로商賈絶跡ᄒᆞ며物貨不通ᄒᆞ야于今兩朔에民情이嗷嗷이오며且以公納言之라도以若所在惡貨로ᄂᆞᆫ莫可收납인즉勢甚悶迫이라ᄒᆞ얏더라

●美兵酗悖　日昨下오四時南門外里門洞等地에서美國兵丁七名이酗酒行悖之際에典牲署居金永壽가面上被打ᄒᆞ야流血淋漓ᄒᆞ되傍觀韓人이不能禁止러니日憲兵四名과巡査二名이始爲拔劍追捕ᄒᆞ야其中三名을司令部로押去ᄒᆞ얏더니美國士官一人이該部에前往ᄒᆞ야率去ᄒᆞ얏다더라

●兩使陛見　再昨日曜日下午四時에日本公使林權助氏ᄂᆞᆫ目賀田顧問을帶同ᄒᆞ고美國公使毛艮氏ᄂᆞᆫ同國陸軍少將麥哥多以下士官諸員을帶同ᄒᆞ고陛見ᄒᆞ얏ᄂᆞᆫ더日公使ᄂᆞᆫ新內閣組織에關ᄒᆞ야奏上ᄒᆞ얏다ᄂᆞᆫ傳說이有ᄒᆞ더라

●家價請撥　昨日下오二時에西氷庫等地人民十餘名이漢城判尹에게來訴ᄒᆞ되日人의家舍毁撤ᄒᆞᆷ을停止케ᄒᆞ든지不然則家舍價을出給ᄒᆞ라ᄒᆞᆫ즉明日上오十二時로戶數成冊을持來ᄒᆞ야家舍價推去ᄒᆞ라고曉喩還送ᄒᆞ얏다더라

●農大疏批　農大朴齊純氏疏批에病不必妨於時措이力强則爲可요求退則匪宜라斷無聽從之理이卿勿更煩ᄒᆞ고卽起視務ᄒᆞ라ᄒᆞ옵셔더라

●畿報外部　京畿觀察使鄭周永氏가外部에報告ᄒᆞ얏ᄂᆞᆫ더仁川郡守報告內開에永宗面舊邑松山里去五月分에日人이稱以勸業會社牧馬場ᄒᆞ고立標於該里ᄒᆞ야周回爲十里許요中有民畓數十石落인바此非軍事上用地요日人이遽自立標ᄒᆞ고尙不撤收ᄒᆞ니其意叵測이라轉報外部ᄒᆞ와交涉日館하야速飭撤標等因이기據此馳報라하얏더라

●參政疏遜　參政趙秉鎬氏疏批에시猶辨物이니亦顧何傷而固請如此기로依施라하옵셧더라

●外訓駐法　外部에서駐法公館에訓令ᄒᆞ얏시되駐京法使照會內開에來十月二日로至七日ᄒᆞ야在巴里에都設萬國病會ᄒᆞ니由我大伯理璽天德이董飭該會라請貴政府ᄂᆞᆫ派員參會等因이기着貴公使奏定委員하고玆訓令하니屆期參會可也라하얏더라

再該會청帖一紙及該會節目與委任狀을玆帖付事

●宮照內部　宮內府에서內部에照會ᄒᆞ얏시되貴照會ᄂᆞᆫ閱悉인바本府許礦會同條約을考准則第一條下에自稷山郡東西六十里韓里南北四十里限界爲定ᄒᆞ야人民墳墓所在에切勿犯入事이오니查照轉飭該郡ᄒᆞ라ᄒᆞ얏더라

●農訓仁川　農部에서仁川郡에訓令ᄒᆞ얏시되現接京居玄琦請願內開仁川富平接界普渡津은卽朝夕漲灘之地라現에橋船雖有나行人이每言不便이온바本人이資本鳩聚ᄒᆞ야堤堰新築ᄒᆞ고路貰ᄂᆞᆫ橋船에比ᄒᆞ야略捧ᄒᆞ고堤內ᄂᆞᆫ退鹽起耕코ᄌᆞᄒᆞ니認許等因인바該地段이果係空閑ᄒᆞ야公私無碍이며民或外人干涉이어던依願認許이고東西四隅와長廣尺數圖本을繳來ᄒᆞ야俾便後考라ᄒᆞ얏다라

●姑錄傳說　南來人의傳說을聞ᄒᆞᆫ즉古阜扶安興德茂長高敞金堤六七邑은一進會人에行色이叵測ᄒᆞ야稍饒ᄒᆞᆫ民을如看仇敵ᄒᆞ야不孝不悌라醫債과相避等事로呼來捉去毆打討索이甚於水賊ᄒᆞ니居民이如浮亂離ᄒᆞ야人心이騷擾ᄒᆞ더니路歷全州公州ᄒᆞ니會人行止가不煩不擾ᄒᆞ야愛我生命ᄒᆞ며護我財產ᄒᆞ며且全州會人金昌洙氏ᄂᆞᆫ到處頌聲이오沿路稱善이라江鏡會擾時에此人이挺身出場ᄒᆞ야消弭亂機ᄒᆞ고全州亦擾時도勇進當先ᄒᆞ야保護會人ᄒᆞ고田產을得保라熱心努力으로保護解吏擾ᄒᆞ니全境이賴安이오民人產ᄒᆞ니人皆曰會員什子라ᄒᆞ더니來見京會則四大綱領이並井有條ᄒᆞ야演說則賀금이爽然ᄒᆞ고會規則紀律이肅然이라若使全南會長도金昌洙氏와京會員ᄀᆞᆺ치ᄒᆞ야시면全南人心이一朝安靖하리라하니一會之中에何其南北이형殊하고京鄕이崭異乎아當此之時하야有一痕隙이면外侮가必至하리니愼擇會長하야防微杜漸이一進會義務가되리라더라

雜報

法律（續）

第百五十一條　官吏가非法의行爲를作ᄒᆞᄂᆞᆫᄃᆡ上官의禁止ᄒᆞᄂᆞᆫ命令을不從ᄒᆞᄂᆞᆫ者ᄂᆞᆫ各히本律에一等을加홈이라

第百五十二條　赦典이有홈을聞知ᄒᆞ고故意로犯罪ᄒᆞᆫ者ᄂᆞᆫ本律에一等을加홈이라

第五百十三條　公事에失錯ᄒᆞ고自覺擧ᄒᆞᆫ者ᄂᆞᆫ免罪ᄒᆞ고同寮官吏의同罪ᄒᆞᆫ者ᄂᆞᆫ一人만自覺擧ᄒᆞ야도餘人이幷히免罪홈을得홈이라

但司法官이斷罪ᄒᆞᆯ時에失錯ᄒᆞ야已行論決ᄒᆞᆫ者ᄂᆞᆫ此限에不在홈이라

第百五十四條　官文書를稽滯ᄒᆞ야衆人이同罪ᄒᆞᆯ時에一人이自覺擧ᄒᆞ야餘人이免罪ᄒᆞ야도主任은免罪홈을不得ᄒᆞᄃᆡ主任이自覺擧ᄒᆞ거든二等을減홈이라

第百五十五條　首犯이其身分으로因ᄒᆞ야別히其刑을加重이나減輕이나免罪ᄒᆞᆯ時ᄂᆞᆫ從犯에게ᄂᆞᆫ及홈을不得홈이라

第百六十條　從犯이其身分으로因ᄒᆞ야別히其刑을加重이나輕減이나免罪ᄒᆞᆯ時ᄂᆞᆫ首犯이나其他從犯에게及홈을不得홈이라

第十四節　加減次序

第百五十七條　加ᄒᆞᄂᆞᆫ次序ᄂᆞᆫ所犯本律로自ᄒᆞ야隨等遞加호ᄃᆡ流나役의終身에止ᄒᆞ고減ᄒᆞᄂᆞᆫ次序ᄂᆞᆫ所犯本律로自ᄒᆞ야隨等遞減호ᄃᆡ等이盡ᄒᆞ거든全免홈이라

第十五節　執刑禁限

第百五十八條　刑은裁判宣告ᄒᆞᆫ後가아니면執홈을不得홈이라

第百五十九條　大祀나中祀나國忌나慶節日에ᄂᆞᆫ執刑홈을不得홈이라

第十六節　刑期計算

第百六十條　刑期ᄂᆞᆫ執刑ᄒᆞᆫ日로븟터第四十八條를依ᄒᆞ야計算홈이라

第百六十一條　刑期間에逃走ᄒᆞ얏다가更히就捕ᄒᆞ야本刑에還處ᄒᆞᆫ者ᄂᆞᆫ其在逃ᄒᆞᆫ日數ᄂᆞᆫ刑期에准筭치아니홈이라

第百六十二條　受刑ᄒᆞᆫ初日은時間을勿拘ᄒᆞ고一日로計筭ᄒᆞ며放免ᄒᆞᄂᆞᆫ日은刑期가滿ᄒᆞᆫ翌日로定홈이라

第十七節　徵償處分

第百六十三條　犯人의贓이有ᄒᆞᆫ者ᄂᆞᆫ先追贓後勘罪홈이라

但所犯罪狀이絕悖ᄒᆞ고追贓키難ᄒᆞᆫ境遇에ᄂᆞᆫ先勘罪後追贓홈이라

第百六十四條　贓物의現存ᄒᆞᆫ者ᄂᆞᆫ本色으로追ᄒᆞ고現無ᄒᆞᆫ者ᄂᆞᆫ犯處當時의中等物價로估計ᄒᆞ야追홈이라

第百六十五條　追장ᄒᆞᆫ後에官物은納官ᄒᆞ고私物은給主홈이라

但彼此俱罪의장이나無主ᄒᆞᆫ物은屬公홈이라

第百六十六條　賊장을買得ᄒᆞᆫ者에게ᄂᆞᆫ左開에依ᄒᆞ야追장홈이라

一　官有物은知情不知情을勿論ᄒᆞ고本色으로追納홈이라

二　私有物의動産을不知情ᄒᆞ고買得ᄒᆞ얏ᄂᆞᆫᄃᆡ該賊을捕捉ᄒᆞ기前에確實ᄒᆞᆫ證據로還追ᄒᆞᆯ時ᄂᆞᆫ本主로ᄒᆞ야곰本價의半額을給호ᄃᆡ若該賊을捕捉ᄒᆞ야本價로追徵ᄒᆞ거든該錢을買者와本主에게分半徵還홈이라

（未完）

地方制度（續）

●慶尙道

二府三十三郡　位置大子

東萊府　梁山　機張　昌原府

大子　慶州　晉州　尙州

星州　蔚山　彦陽　延日　長기

영德　寧海　興海　淸河　巨濟

金海　熊川　咸安　漆原　鎭海

固城　泗川　鎭南　河東　昆陽

南海　山淸　咸陽　丹城　密陽

淸道　永川　新寧　慈仁　慶山

河陽　仁同　漆谷　軍威　比安

義城　義興　昌寧　靈山　玄風

宜寧　三嘉　陜川　草溪　高寧

居昌　安義　善山　開寧　金山

知禮　安東　靑松　眞寶　英陽

榮川　禮安　奉化　醴泉　豐基　順興

聞慶　龍宮　咸昌

●黃海道

十三郡　位置海州

海州　黃州　延安　白川　甕津

康翎　長淵　豐川　殷栗　松禾

長連　安岳　信川　文化　載寧

鳳山　瑞興　谷山　新溪　遂安

平山　金川

●江原道

十三郡　位置春川

春川　原州　堤川　江陵　襄陽

洪川　橫城　淮陽　金化　金城　華川

鐵原　平康　伊川　安峽　兎山

高城　杆城　영越　平昌　旌善

蔚珍　三陟　平海　歙谷　通川

楊口　麟蹄

●平安道

二府廿三郡　位置영邊

三和府　平壤府　영邊　安州

肅川　定州　厚昌　慈城

江界　楚山　渭原　昌城　朔州

碧동　龍川　鐵山　宣川　郭山

嘉山　博川　中和　祥原　龜城　泰川

順安　永柔　江西　甑山　咸從

德川　영遠　孟山　熙川　雲山

順川　价川　慈山　成川　陽德　殷山

三登　江東

●咸鏡道

三府十郡　位置北靑

吉州府　德源府　文川　安邊

慶興府　慶源　北靑　洪原　咸興

鏡城　富영　穩城　鍾城　茂山

會영　明川　端川　利原　永興

定平　高原　甲山　三水　長津

野乘

적션여경록（十二）

ᄯᅩ더욱샹뎐의비우허시물감동하야리뎐의교량놋키와험헌길수축허기며빈곤헌사람의양싱송사허는ᄃᆡ음덕을널리힝ᄒᆞ더라

지셜리장원이셔울의유허여졍츄밀부인위씨로더부러사젼졀도ᄉᆞ로셔츄밀부사가되야거경하미다만ᄯᆞᆯ하나이잇스니일홈은소연이라셩질부부를마자부즁에잇스미심분애즁하더라

리쟝원이급제ᄒᆞᆫ후로시강벼살에잇셔주소경연에참예허여깁히황태ᄌᆞ의경허심인바든지십년이되미진종황제봉허시고인종황제즉위하사ᄉᆞ부지은으로더욱우례ᄒᆞ사리은쳥으로례부상셔를제슈하ᄉᆞ엽품에진급허시고류홍경의덕의를감동하사류홍경은원관으로삼급승차하시고례부상셔리을쳥은반년만미룰주시여셩친소분후에복직케하시고저당현윤리손은리부송셔를츄증하고양양ᄌᆞᄉᆞ비습은복직을츄복ᄒᆞ시니리상셔가예궐사고하고장로부인과비부인과봉명소저를ᄒᆞᆷ게경쥬밀의게죡별허고낙양으로ᄒᆞᆼ허여갈ᄉᆡ각지슈령들리영졉ᄒᆞ로쥰비홈이미우굉장허더라

리상셰샹경ᄒᆞᆯᄯᆡ에는오히려약관으로셔도라와션이ᄆᆡ듸신이되고ᄯᅩ나히겨우삼십세라낙양길에관광허는져슈풀ᄀᆞᆺ치다류공의ᄃᆡ덕을칭송ᄒᆞ더라당하에리상셔권이바로류공문하에이르러하마허미류공이향을비셜허고영졉ᄒᆞᆯ셰삼호만세허미장로부인과리상셔와비부인이급의옥ᄃᆡ로봉명소져를다리라　압혜나와비복헌알허여홍은ᄋᆞᆯᄉᆞ례허니류공이양공ᄌᆞ를명허여장로부인과상셔부부를보게허니죵인이다시금듸ᄃᆡ후복ᄒᆞᆫ송허고드듸여어사하시쳐재품을가저비공과리공의분묘에나아가치제소분하고도라오니류공이ᄯᅩ장로부인게말솜허되봉명소져로장공ᄌᆞ뎐우의비를지으니비부인이다시저러엿ᄌᆞ오되외구젼추밀의녀ᄋᆞ현으로버금ᄋᆞ우뎐셕의비필을졍허옵시면소노가츄밀게엿ᄌᆞ와두집연분을맷사이다류공이더욱깃거허더라

이ᄯᆡ에뎐우의년광십오세되미리씨봉명소져로셩혼ᄒᆞ고십삼세에과거허고뎐셕은십ᄉᆞ세에긔사허여현재동방에등과ᄒᆞ니라류공의나히임의팔십이라ᄋᆞ석을졍츄밀의녀ᄋᆞ소현으로남취하야두ᄋᆞ들이각기오자이녀ᄅᆞᆯ두엇더라일일은류공삼에비ᄌᆞᄉᆞ와리천윤이뫼아머ᄆᆡ루욱경의오르시믈고하더니이윽고류공이시사로명이다홈을알고분향졍좌ᄒᆞ여ᄋᆞ모범노인이시인언이졸서ᄒᆞ시니리상셔부뷔친부모갓치심상삼년ᄒᆞ야그은덕을갑프니라이후에리상셔의ᄌᆞ자로외가비씨봉사를밧들게ᄒᆞ야세젼ᄌᆞ손이셰셰상승하야류뎐우논평장사에이르고뎐셕은어사ᄃᆡ부에이르러낙양에세집과환과세덕이면면하야ᄃᆡᄃᆡ부귀하니다류자사의덕으일운비러라예말에일르되젹션지가에필유여경이라ᄒᆞ니세상사ᄅᆞᆷ은이류자ᄉᆞ의일을감홈지어다

（完）

特別廣告

本中報ᄂᆞᆫ海外電報를即接ᄒᆞ야機關이疏通ᄒᆞ고外報와探報를敏捷活潑ᄒᆞ도록注意ᄒᆞ오며中報ᄅᆞᆯ發佈ᄒᆞᄂᆞᆫ딕迅速信傳ᄒᆞ기ᄂᆞᆫ分傳人의게在ᄒᆞᆷ으로本社에셔不常에諸分傳人의게丁寧告戒ᄒᆞ고申申訓飭ᄒᆞ야或怠惰或ᄒᆞ게注意ᄒᆞ거니와如或暫有礙忽이라도愛讀僉君子ᄂᆞᆫ當使之知於本社ᄒᆞ시면該分傳의게該責相孚ᄒᆞ도록ᄒᆞ야提撕命令ᄒᆞ고勸發ᄒᆞ야發生ᄒᆞᆫ病論ᄒᆞ야必無違誤ᄒᆞ기를期待ᄒᆞᆸᄂᆞ이다

本社에寄書ᄒᆞ시ᄂᆞᆫ君子ᄂᆞᆫ姓名과居住를明確ᄒᆞ게懸錄送附ᄒᆞ시와證據가有ᄒᆞᆷ을必要ᄒᆞᆷ이오公衆에利와ᄒᆞᆫ秩序를紊亂케ᄒᆞᄂᆞᆫ意外社會上不經荒誕ᄒᆞᆫ寄書ᄂᆞᆫ不受ᄒᆞᄂᆞᆫ權利가本社에自有ᄒᆞ오니肖諒ᄒᆞ십

大韓每日申報社

廣告

東亞開進教育會ᄂᆞᆫ一切教育上方針으로人民의學問을開明ᄒᆞ기로目的을合ᄒᆞ고政治上及他人是非上에ᄂᆞᆫ關係가無ᄒᆞ거ᄂᆞᆯ前者에本會를猜忌ᄒᆞᄂᆞᆫ人이構虛날誣ᄒᆞ야本會를顚覆코ᄌᆞ홈이오니僉君子ᄂᆞᆫ照亮ᄒᆞ십

東亞開進教育會　告白

貿易商　本社ᄂᆞᆫ仁川港

日本郵便電信局對面

電話第二百一番地

仁川港　廣昌　洋行

벤넷트會社　告白

○鐵路部

○東大門과新門間에來往車ᄂᆞᆫ每十分間에運行홈

東大門發初車ᄂᆞᆫ午前六時三十分

新門外停車場發初車ᄂᆞᆫ午前六時五十五分

東大門發終車ᄂᆞᆫ午後九時五十分

新門外停車場發終車ᄂᆞᆫ午後十時十五分

○東大門과洪陵間에來往車ᄂᆞᆫ每二十分間에運行홈

但自鍾路로東大門에來到ᄒᆞᆫ交替車로聯絡홈

東大門發初車ᄂᆞᆫ午前六時五十分

洪陵發　初車ᄂᆞᆫ午前七時十分

東大門發終車ᄂᆞᆫ午後七時五十分

洪陵發　終車ᄂᆞᆫ午後八時十分

○鍾路와龍山間에來往車ᄂᆞᆫ每十二分間에運行홈

鍾路發至南大門初車ᄂᆞᆫ午前六時四十八分

鍾路發至龍山　初車ᄂᆞᆫ午前七時二十四分

南大門發至鍾路初車ᄂᆞᆫ午前六時五十六分

龍山發至鍾路　終車ᄂᆞᆫ午前七時五十七分

南大門發至鍾路終車ᄂᆞᆫ午前十時八分

龍山發至鍾路　終車ᄂᆞᆫ午後九時九分

○特別私用車ᄂᆞᆫ顧客의方便ᄒᆞᆷ을隨應ᄒᆞ야準給홈

但定價ᄂᆞᆫ本社에來臨ᄒᆞ야請問ᄒᆞᆸ

○電燈部

二百五十燭力以內의敷用處에ᄂᆞᆫ每個月에定價表가如左홈

○十六燭力燃燈達夜에二圓五十錢

○三十二燭力燃燈達夜에四圓

○五十燭力燃燈達夜에六圓

○一百五十燭力燃燈達夜에十圓

一千二百燭力弧形燈達夜에二十圓

二百五十燭力以上의敷用處에ᄂᆞᆫ請求ᄒᆞ면瓦斯計一箇를設給홈

但瓦斯計賃金은每個月에二圓이오瓦斯計測驗表委託定價ᄂᆞᆫ每時間每암피아에二錢이옵

瓦斯計設給處에셔每介月支拂金最低額은每個月에二十圓인딕瓦斯計貸金은除홈

電燈을敷設ᄒᆞ기에請求ᄒᆞᄂᆞᆫ딕로供給홈

各種連技辦燈도常時에貯存ᄒᆞ엿ᄉᆞᆸ

本社鐵路電氣會社

韓美電氣會社　告白

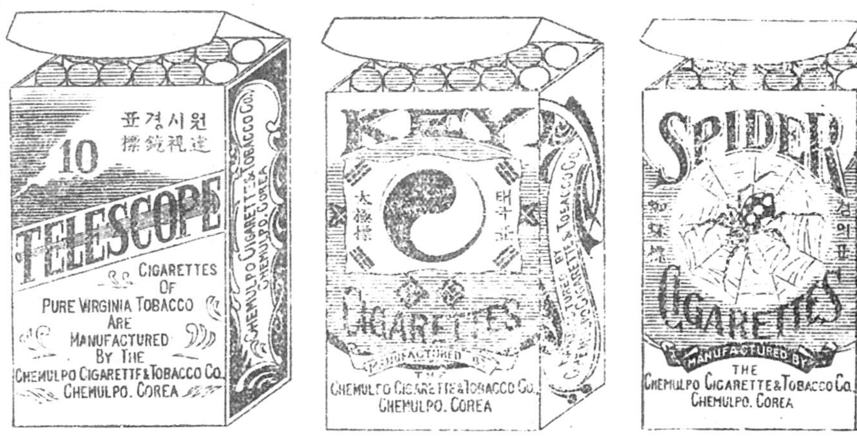

以上三種은上品으로製造ᄒᆞ야衛生上에至極有益ᄒᆞ오니毋論某人ᄒᆞ고本社에來購ᄒᆞ심

大韓帝國仁川港

濟物浦紙卷煙及烟草會社

一鷹標罐詰濃縮牛乳

一金印罐詰濃結牛乳

一無雙家用氣化乳酪

一쌤ㅣ든쓰製造麥芽化合牛乳

以上은常時에貯積ᄒᆞ엿ᄉᆞᆸ

美國紐育港쌤ㅣ든쓰濃結牛乳會社

一手代理店　大韓仁川港　世昌洋行

廣告

一雜貨商

一貿易商

一船舶取扱

一煙草商

一委托販賣及貨物運送代理業

一貿易石炭商

以上輸入及輸出者

京城 仁川　大昌　洋行

本社廣告

申報價

一張代金　韓貨五錢

一箇月前納　五十戔

三箇月　一元五十戔

六箇月　二元九十戔

一箇年　五元八十戔

郵稅一部　新貨五里

一箇月　十二戔

廣告料

四号活字十二字詰

每日每英尺一寸에新貨廿五錢

（每日每行에六錢에相當홈）

二周日에　二圓五十錢

（每日每行四錢五里에相當홈）

一箇月에　五圓

（每日每行四錢一里에相當홈）

其期限의長短과字行의多少를依ᄒᆞ야增減홈이有홈

大韓人마다此申報를不得不閱覽ᄒᆞ실터이오니廣告出報ᄒᆞ실僉君子ᄂᆞᆫ來臨面議ᄒᆞ십

發行兼編輯人　英國人裴說

發行所

京城北署吉進坊磚洞号外地法語學校前

大韓每日申報社

第三卷

大韓每日申報
대한매일신보

第十五號

月曜及慶節時日休刊

檀君開國四千二百三十八年
箕子元年三千二十七年
大韓開國五百十四年
日本明治三十八年
清國光緒三十一年
陰曆乙巳八月大初一日辛丑

論說

大韓內閣情形

近日傳言에航權合同調印事로現內閣이不合히녀여一一辭免흔다ᄒ나現今政界上情形이才德잇고公直ᄒ야家國代表가될만흔政府를組織ᄒ기는此非容易之事라種種日本請求가來到則種種韓國官員이免歸者는非他也라許施則國民之呼冤이可畏ᄒ고不從則日使之責求를難堪故로自然히擔責되는職任을願免홈이라然則日本方針이改運ᄒ기前에는韓國內閣이定立ᄒ기難ᄒ거시愛國派內閣은日本을猜疑ᄒ야朝變夕改ᄒ고日本黨內閣은國民의嫌劾되야作進旋退ᄒ고各派相接ᄒ內閣은各人各心에每事不成ᄒ니勢已如此錯亂而日本之方針所觸에韓政府自治之道가固難順伸이라若其日本方略에所謂爲韓利益之所請者를吾未能詳其然否로되所管大臣이此項事件에相當ᄒ야寧爲觸藩之羝홀지라服從則賣國이指名되고抵抗則性命이是重이고辭退則懦怯이亦愧ᄒ니此外에惟有免此任襲彼職之姑息計也라若其商農等所關利益으론日公使之不可挽回홀請求에國民之衆多怨口를難防이오若其軍畧上所關利益으론議定書之莫能防塞홀要供에自權之虛弱手段이無用이고至若李夏榮之調印航權合同으로被其怨방事ᄒ야도度以情理면其偏不平이고近者軍用所佔漢城義州平壤近處地段之事도不能防止홈을政府에歸咎키는有所不可로되惟有一條路之反對質問者는此等地段이原非軍略上所用으로已經要供之確證이니果是所撰地區가都非軍營과砲臺等所需오但如今日所見之輜重支所와守站所關而已則此項區域軍이中所用材木下陸之處되는樣으로已經要供인즉質問ᄒ야塞口홀지라是以로韓國官憲이公共戴協 皇帝ᄒ고兩邊에不爲忤觸토록折衷調辦홀거시로되韓國政府가이갓치權能妥辦이未有ᄒ故로日本이韓國에向ᄒ야迄今所爲에셔더옥開口홀거시오已經所得ᄒ利益에擴施ᄒ리로다

官報

●第三千二百二十七號 光武九年八月二十五日

◉叙任及辭令 (續)

任顯陵參奉叙判任官八等 六品崔永祚
任莊陵參奉叙判任官八等 九品李元榮
任敬陵參奉叙判任官八等 柳正九
任昌陵參奉叙判任官八等 尹錫遠
任宣陵參奉叙判任官八等 六品尹鎰榮
任順陵參奉叙判任官八等 魚輔善
任孝陵參奉叙判任官八等 송潤玉
任順康園參奉叙判任官八等 朴容泰
陞叙判任官三等 主殿院警衛局摠巡李寅鎔

以上八月二十二日 (完)

●第三千二百二十八號 光武九年八月二十六日

◉宮廷錄事 詔曰命從二品李範仁爲宮內府特進官 詔曰命從二品李喜晋爲侍從院副卿

以上八月二十三日

侍從院副卿李喜晋辭職疏批旨省疏具悉所請依施

八月二十三日

◉叙任及辭令 任陸軍步兵參尉金鳳錫 七月四日

忠청北道觀察府主事南百熙 依願免本官

仝李容國

九品金興植 金益煥 任忠청北道觀察府主事叙判任官六等

以上八月二十日

淑陵參奉金奎潽 敬陵參奉柳正九 昌陵參奉尹錫遠 順陵參奉魚輔善 孝陵參奉송윤玉 順康園守奉官朴容泰 依願免本官

命宮內府特進官叙勅任官三等 從二品李範仁

命侍從院副卿叙勅任官三等 從二品李喜晋

任淑陵參奉叙判任官八等 九品崔永각

任敬陵參奉叙判任官八等 六品金진洙

任昌陵參奉叙判任官八等 六品李贊榮

任順陵參奉叙判任官八等 九品趙觀熙

任孝陵參奉叙判任官八等 六品李喜範

任順康園守奉官叙判任官八等 禹鎭亨

從二品趙鼎允 正三品李泰河 仝劉秉興 仝朴來勳 仝李憲永 仝李承雨 六品張濟英 仝金弘憲 仝權台植 仝丁奎奭 元用奎 仝太義善 命捧租監理

以上八月二十三日

第三千二百二十九號 光武九年八月二十八日

◉宮廷錄事 詔曰命從二品閔亨植爲侍從院副卿

八月二十四日

◉叙任 命侍從院副卿叙勅任官三等 從二品閔亨植

八月二十四日

外報

●英艦出航 八月十五日倫敦電을據ᄒ즉戰鬪艦十一隻과巡洋艦八隻으로成ᄒ英國海峽巡洋艦隊는波羅的에巡航홀次로포쓰마쓰에서出發ᄒ얏더라

●戰機漸熟 八月十六日牛莊發電에云ᄒ되北方戰線에서는戰機가漸熟ᄒ얏ᄒ되一昨日以來로日軍의左翼되는昌圖以北前面一帶에서激烈ᄒ砲聲이起ᄒ며尙今間斷이無히戰鬪를繼續中이라ᄒ더라

●講和談判 日本서는講和談判에對ᄒ야當局者의全權任命以來로文武官드리不少ᄒ야叶露ᄒ는桂總理大臣의게提出ᄒ者만三十餘名에至ᄒ얏다더라

●나瑞分裂 倫敦 예云ᄒ되나威國民一般은投票ᄒ야瑞典과分立홈을可決ᄒ얏더라

●마케두이야問題 歐洲列國은마세돈이야의財政監督者를土耳其政府에通牒ᄒ얏다더라

●나威觀望 나威國은丹國皇族카알親王이나威國王에即位홈에關ᄒ야歐洲列國의意向을觀望ᄒ다더라

●山西擾亂 上海電에云ᄒ되淸國山西省太原府에擾亂이起ᄒ야大官을殺ᄒ얏는디此를鎭壓ᄒ기爲ᄒ야發遣ᄒ官兵은如何ᄒ成行ᄒ얏는지不明ᄒ나同地居民은恂恂ᄒ다는報가有ᄒ더라

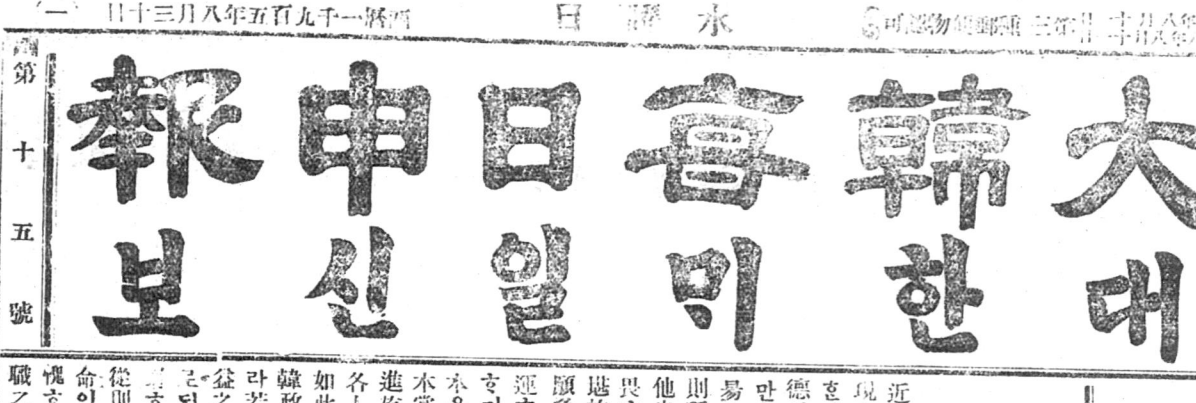

●太后危變 同電에云ᄒ되西太后가夏宮에動駕ᄒ는途上에서暗弒ᄒ라ᄒ든者가有ᄒ야遂不成ᄒ고其嫌疑者는捕捉ᄒ얏다더라

社告

本申報의刱刊ᄒᆞᆫ月日이于今一週歲이나機械와鑄字가未具ᄒᆞᆷ으로二百餘號를發行ᄒᆞ고仍爲停刊인바既張而中輟ᄒᆞᄂᆞᆫ게實所慨然이기本社에셔思를勞ᄒᆞ고慮를費ᄒᆞ야今에諸가事完備ᄒᆞᆷ미永遠無替ᄒᆞᆯ基礎를確定ᄒᆞ야大韓有志人士의文明智識을啓發ᄒᆞ고暨環球有國에見聞을公同ᄒᆞ기爲ᄒᆞ야重刊發行ᄒᆞᄂᆞᆫ바英文與漢文을並爲解讀이未必人皆能之인즉英漢文合刊이徒煩無益키로從玆一變前規ᄒᆞ야英漢文을各紙分刊이되內外國各報을一層迅速케ᄒᆞ며社說의褒貶ᄒᆞᆷ은强禦를不畏ᄒᆞ며善惡을明辨ᄒᆞ야帝庭에指佞草의性質을具ᄒᆞ야스며時事을肝衡ᄒᆞ며昏昧을提醒ᄒᆞᆷ은仁人君子의當日憂世하ᄂᆞᆫ風味를含有이고褒貶予奪之中에温厚規箴을隱然寓之ᄒᆞ야使有過者로讀之而改爲ᄒᆞ며無過者로讀之而勉焉케ᄒᆞ을지니四方僉君子ᄂᆞᆫ諒此滿腔苦心하야倍前愛하讀시기를竊有厚望焉이로라

東京電報

●樺太問題 八月二十八日오后四時發 仝 二十九日오前七時着 日本은樺太全部를領土로取ᄒᆞ고償金은不取ᄒᆞ깃다더라

●捕虜問題 仝上 露國은捕虜給養費를支出ᄒᆞ야落着ᄒᆞ깃다ᄂᆞᆫ說이有ᄒᆞ더라

●視察歸朝 韓國視察員閔丙奭一行은本月三十一日에出發ᄒᆞ야歸朝ᄒᆞᆯ터이라더라

雜報

●參政新任 參政趙秉鎬氏疏遞ᄒᆞᆫ代에韓圭卨氏가被任하얏다하니同氏의高明ᄒᆞᆫ名譽와忠경ᄒᆞᆫ事業을前日에未曾得聞이나幾年養閒之中에講究琢磨하야凡於政治上排鋪에大有所得인지今日은卽國計民事에安危剖判之日인즉同氏가內閣首席에倚하야諸般施措을動合機宜하야上以宸衿을慰하며下以人望을副ᄒᆞᆷ을民皆額手瞻覩하니其責任이實爲重且大矣라其如何施措을吾儕ᄂᆞᆫ執筆俟之하노라

●鍾路尺量 警務廳巡檢二人이何事件을因ᄒᆞᆷ인지鍾路四街與東西後谷을尺量ᄒᆞᆫ다더라

●因費未發 東亞開進教育會主管人李圭恒氏가日本에前往ᄒᆞ야會規를視察ᄒᆞᆫ다ᄂᆞᆫ說은日前各新報에已揭ᄒᆞ얏거니와更聞ᄒᆞᆫ즉盤費를未辦ᄒᆞ야方今憂慮中이라더라

●駐日公館 駐日公使趙民熙氏가外部에電報ᄒᆞ얏ᄂᆞᆫᄃᆡ承電飭ᄒᆞ야仍留視務ᄒᆞ오니經費及俸給을迅速備送ᄒᆞ라ᄒᆞ얏더라

●尹往墨西 外部에셔日本視察尹致昊氏에게電訓ᄒᆞ되布哇及墨西哥에前往ᄒᆞᄂᆞᆫ旅費一千元을第一銀行으로兌換支撥ᄒᆞ니該地에轉往ᄒᆞ야移駐ᄒᆞᆫ我民의情形을視察ᄒᆞ라ᄒᆞ얏더라

●納田圖郡 淸州居李某가一百五十石秋收ᄒᆞᄂᆞᆫ田畓文券을某大臣에게쥬고郡守一窠를請ᄒᆞ얏더니某大臣이依其願請ᄒᆞᆯ줄노應諾ᄒᆞ고于今幾日에終無如何結果ᄒᆞᆫ지라李某가勢無奈何ᄒᆞ야其田畓文券을還爲推覔ᄒᆞ라ᄒᆞ되靳持不給故로方在困難中이라ᄒᆞ니近日에도捧賂賣郡ᄒᆞᄂᆞᆫ惡習이有ᄒᆞᆫ지該李某의田畓文券見奪은丁寧無疑라ᄒᆞ더라

●吳倅善政 江東郡守吳蘅澤氏ᄂᆞᆫ赴任以後로勤儉自持ᄒᆞ며恩威兼行ᄒᆞ야躬巡坊曲에酗酒雜技를一切嚴禁ᄒᆞ며被燒戶를捐俸救恤ᄒᆞ야俾各安堵케ᄒᆞ며每於觀察府來往에只與官倅一名으로徒步往來ᄒᆞᄂᆞᆫ故로其廉白之操를吏民이皆爲稱頌ᄒᆞ야幾十年來初見이라ᄒᆞᆫ다더라

●姓白心黑 宣川前郡守白樂三氏ᄂᆞᆫ到任之初로全事貪虐ᄒᆞ야數朔장錢이至爲數萬金而登諸民狀에即爲 奏免ᄒᆞ고訓令本道에裁判平院則一一落科인데所貪장錢은尙不播給ᄒᆞ고何處의運動인지錢五萬兩을暗暗封留ᄒᆞ고復職을期圖ᄒᆞᆫ다ᄒᆞ니法若如是면民邑莫保라더라

●驅民入教 近日漢城內外人民들이國事日非와外侮日甚ᄒᆞᆷ을目擊ᄒᆞ고依賴無處ᄒᆞ야自然憂懼之心을難堪키로耶蘇教에投入ᄒᆞᄂᆞᆫ者每日五十名以上이라ᄒᆞᆫ즉若此不已ᄒᆞ면不幾年에八城人民이大半이나教徒될이라더라

●內大佛心 內大李址容氏言內에我를遷任ᄒᆞ고署理을差ᄒᆞ야幾朔間內大月俸을計推ᄒᆞ야各員의月銀不足을均排代充ᄒᆞᄂᆞᆫ게爲好라ᄒᆞ니此說이眞說이면大慈大悲菩薩婆가西天에更出이되如此ᄒᆞᆫ慈悲心을趁早用之연덜沿江各洞氏이庶幾生路를得ᄒᆞᆯ거인ᄃᆡ今乃捨大恤小ᄒᆞ니可謂晩覺이라고傳說이有ᄒᆞ다더라

●苟且請俸 內部에셔度支顧問目賀田氏에게請ᄒᆞ되七八朔月俸을是不足間劃給ᄒᆞ면九月度에ᄂᆞᆫ減額ᄒᆞ야均一히俸給ᄒᆞ깃다ᄒᆞᆫ다더라

●寧察報告 寧邊觀察李根豐氏가內部에報告ᄒᆞ얏시되現接定州郡守尹奮榮報告書內開에今夏潦漲은且古罕有라由溪峽川이悍如湍駛ᄒᆞ야本郡境內軍用鐵道가間間被斷ᄒᆞ며處處滯決ᄒᆞ야其所董役赴役에展眉無暇等因이기玆以據實馳報라하얏더라

●李倅處答 昨冬에海西巡察使丁奎會氏가前瑞興郡守李秉勳氏를加結數萬兩ᄒᆞ야偸食ᄒᆞ고民間討索錢이幾千金되ᄂᆞᆫ줄로封罷ᄒᆞ얏더니其間李郡守가請裁ᄒᆞ야屢次裁判ᄒᆞ다가李郡守ᄂᆞᆫ笞四十에處ᄒᆞ야判決이되얏더라

●寧察報告 寧邊觀察使李根豐氏가外部에報告ᄒᆞ얏ᄂᆞᆫᄃᆡ現接楚山郡守報告內開에本郡央土里新島越邊에셔淸匪五百餘名이與日兵으로接戰等因이기玆據實馳報라ᄒᆞ얏더라

●隨聞更錄 日前本報所載家役安大란題下에明洞居尹德榮氏가其址를廣占하야洋製屋을營築ᄒᆞᆫ다ᄒᆞᆷ은更探ᄒᆞᆫ즉卓基衍氏等이合資하야商店을新築ᄒᆞᆷ이오尹氏ᄂᆞᆫ干涉이無타ᄒᆞ기玆에正誤하노라

●銀債遠飛 公立漢城銀行左摠務韓相龍氏가警務廳에請願하얏ᄂᆞᆫᄃᆡ大安洞居布木商金[illegible]薰遠에게所捧債欵銅貨四萬一千六十元五十一錢六里를過期不還ᄒᆞ더니不意昨日暮夜之間에潛自逃躱하야無地覓出키로其由房所在木布等物을行將執賣補害하을지니該物品放賣의公認ᄒᆞᆷ을請하얏더라

●朴商被捉 昨日下午十時에西冰庫三契等地船人朴允發가被酒行悖하야日本軍用鐵道標木幾个을拔出이라가日憲兵에게被捉하야司令部로押去하얏다더라

●學大又難 學部大臣閔泳喆氏ᄂᆞᆫ日前該部에任蒞하얏더니一進會員이質心辭職하기를勸告ᄒᆞᆷ으로無言可答하야更不仕進ᄒᆞᆫ意로再三爲言이라하더니今聞ᄒᆞᆫ즉該部에如前仕進하얏다니前言은戱耳인지下回을觀하야一述하리로다

●警員催送 忠南觀察使李道宰氏가內部에報告하얏ᄂᆞᆫᄃᆡ警官을既已派設則警察事務交涉案件이俱係緊急하니該員을催促下送하며봉給額을亦爲另籌劃撥爲要라하얏더라

外報

●청使所報 北京電에云ᄒᆞ되美國大統領은駐美청國公使梁誠氏에게對ᄒᆞ야日本이要求ᄒᆞᆫ各條件은大略露國이承諾ᄒᆞᆯ터이나五億元以上에상金支出은大端困難ᄒᆞ다云ᄒᆞᆫ旨로同公使가청國外務部에打電ᄒᆞ얏더라

●청官動靜 同電에云하되청國名士[illegible]楊儒方兩氏ᄂᆞᆫ八月十四日에胡橋二氏ᄂᆞᆫ十六日에何事件을帶하고天津으로赴하얏더라

●日使歸國 同電에云하되駐청日本公使內田氏ᄂᆞᆫ十六日에天津으로赴하야[illegible]日에出發歸國하얏더라

●청國經營 同電에云하되山東省에出身大官과及有志者ᄂᆞᆫ近時에[illegible]이鐵道鑛山其他利權을[illegible]ᄒᆞ며청國利害를[illegible]度外하ᄂᆞᆫ妄狀이有ᄒᆞᆷ으로今에ᄂᆞᆫ청國人民이獨自鐵道를敷設ᄒᆞ며鑛山을開掘하기로決定ᄒᆞ얏더라

●粵漢鐵道 張之洞[illegible]等이粵漢鐵道를[illegible]에對ᄒᆞ야[illegible]이困難ᄒᆞᆷ을見하고法國은[illegible]利로[illegible]을[illegible]ᄒᆞ야하[illegible]運動中이라더라

寄書

墨觀子

非國面民이라民實面國이니國者ᄂᆞᆫ民之範圍中一無形之器也라如焰在火ᄒᆞ며如影在形ᄒᆞ야其盛衰存亡이惟係民心之向背如何인바民無愛國心은非民之本然性質也라在上者之過也로다大凡人之相愛가不過結之以恩義ᄒᆞ나니恩義之所鍾은卽愛心之所由生也故로人無不愛其父母者ᄒᆞ며亦無不愛其兄弟妻子者ᄒᆞ니以此推之ᄃᆡ人之相愛相惡을何難知之有哉아今夫韓之於民에非無愛民恤民之政法이로ᄃᆡ徒名而無一實踐ᄒᆞ야內則權奸이滿朝에朋比欺蔽ᄒᆞ야聚歛掊克이無所限制ᄒᆞ며苞苴狼藉가皆出營私ᄒᆞ야萬機叢좌ᄒᆞ며百弊蝟起ᄒᆞ니譬如網羅張於上에鳥獸ㅣ自亂於下ᄒᆞ야四方이蕭然에無安堵樂生底意이고外則觀察守令與派員視察輩가項背相望에恣其割剝ᄒᆞ야錢神貪泉이滔滔皆然ᄒᆞ니哀彼無辜가仳離顚連ᄒᆞ야黃鳥之詩가令人酸鼻이고加以賊警이隨處猖獗ᄒᆞ야民之遭其毒者ㅣ生命財産이有如巫風之烟滅ᄒᆞ야號呼之慘이幾無天日이되政府諸이若聽不人聞ᄒᆞ야任其噬설에莫之或恤ᄒᆞ니盖國之視民을等於草芥故로民之視國이亦如仇讎ᄒᆞ야上下相賊에億万其心ᄒᆞ니恩義한然이今已久矣라愛國之心이何從而生이며不惟民之無愛國心이라所謂官人이無論大小ᄒᆞ고亦皆然焉ᄒᆞ니試論當今之世에誰是憂國忘家者며誰是直言敢諫者며誰是廉白奉公者며誰是伏節死義者오歷數臣工에未見其人이고類皆食其祿而遺其君ᄒᆞ며厚於身而薄於國ᄒᆞ야見國危而肥瘠無關ᄒᆞ며聞國恥而姑嬉自若ᄒᆞ고惟以全軀保妻子로爲其得計ᄒᆞ니天下에有如是之國이며有如是之官人乎아根荄不除면嘉穀이難茂오群小在側이면政教을莫成이니欺負貪虐之徒을一切明正厥辜ᄒᆞ야與民共棄ᄒᆞ며登庸賢材ᄒᆞ고改善政法ᄒᆞ야凡係民之疾苦을無遺蠲除ᄒᆞ야與民廓然一新然後에四境欣欣然同조爲笑ᄒᆞ야愛國之心이油然而生ᄒᆞ고同仇敵愾을庶幾有望이거늘顧乃昏昏睡熟에惟蹈前轍ᄒᆞ야無恃而恃ᄒᆞ며居危忘危ᄒᆞ니噫라天下事ㅣ一誤再誤에莫能多誤이畢竟韓之禍亂을吾未可得以知矣로라

◉同人抱玉

前注書羅인永과前主事吳基鎬가媾和傍聽을不得自由ᄒᆞ고日本에遊覽ᄒᆞ며總理大臣樞密院長叅謀總長貴族院衆議院과伯爵大限重信의게長書ᄒᆞᆫ全文이如左ᄒᆞ니

敬啓者僕等이乃韓國一民이라顧今西歐北美에何往而不得爲民耶아然이나獨區區生欲爲韓國一言者ᄂᆞᆫ誠以天下之公議가有不可泯者也라伏惟閣下其無以韓國人이爲韓國謀로聽之則實爲天下幸甚이라夫聯合東亞ᄒᆞ고扶植黃種은吾人之望於貴國者也라征淸而保我獨立ᄒᆞ고征俄而保我疆土ᄒᆞ니貴國之德於我韓者也라或者以爲日本於我韓에外施相扶之義ᄒᆞ고內定自滅之策ᄒᆞ야其占奪財利ᄒᆞ며侵削國權을必如俄人之取波蘭計ᄒᆞ니恩反爲疑ᄒᆞ며疑極生怨이로ᄃᆡ僕等이獨以爲或者之疑怨이不過皮相細節이오內遺大勢라何以知其然也오盖鼎足之勢가缺一則傾ᄒᆞᄂᆞ니非獨爲我韓憂也라故로肆於再昨年八月十二日에貴政府使栗野公使로提出俄廷之第一條件에曰淸韓兩國之獨立及領土를保全尊重事라ᄒᆞ고又昨年二月八日에小村外務大臣이對各國公使와及內外國新聞記者ᄒᆞ야 （未完

雜報

法律 (續)

三 私有物의動産을不知情ᄒᆞ고買得ᄒᆞ얏ᄂᆞᆫᄃᆡ該賊을捕捉ᄒᆞᆫ後에本主가追還ᄒᆞᆯ時ᄂᆞᆫ該賊에게本價의幾何든지追徵ᄒᆞ거든該錢은買者에게給ᄒᆞ고本物은本主에게還ᄒᆞ며該賊에게價錢을追徵키難ᄒᆞ거든本主가買者에게半價로給ᄒᆞ고本物은追홈이라

四 私有物의動産을知情ᄒᆞ고買得ᄒᆞᆫ者ᄂᆞᆫ本主에게本物만追給홈이라

五 私有物의不動産은本主에게追給ᄒᆞ고本價ᄂᆞᆫ도賣ᄒᆞᆫ者에게追ᄒᆞ야買者에게還給호ᄃᆡ買者가知情ᄒᆞ얏거든屬公홈이라

第百六十七條 賊贓을受寄ᄒᆞᆫ者ᄂᆞᆫ本色으로追홈이라

第百六十八條 凡身死ᄒᆞᆫ者에게ᄂᆞᆫ追贓홈을不得홈이라

但贓의本色이現存ᄒᆞᆫ者ᄂᆞᆫ此를不拘홈이라

第百六十九條 公貨를犯逋ᄒᆞᆫ者ᄂᆞᆫ身死ᄒᆞ야도其家産의執行홈을不得홈이라

第百七十條 公貨債를勿論ᄒᆞ고應償ᄒᆞᆯ者가過限或逃避ᄒᆞᆫ時ᄂᆞᆫ其家産을執行홈이라

第百七十一條 官有物을守監ᄒᆞᆫ者나私有物을受寄ᄒᆞᆫ者가該物을擅賣ᄒᆞ거나費用ᄒᆞ거나安寘不如法ᄒᆞ거나灑凉不以時ᄒᆞ거나發穢不用實ᄒᆞ야破傷損折ᄒᆞᆫ時ᄂᆞᆫ時價를從ᄒᆞ야追비홈이라

但被劫이나意外의變을遭ᄒᆞᆫ境遇에ᄂᆞᆫ追비치아니홈이라

第百七十二條 公有나私有ᄒᆞᆫ不動産을毀損ᄒᆞᆫ者ᄂᆞᆫ故意나過誤를勿論ᄒᆞ고依前修立홈이라

但動産은時價를從ᄒᆞ야追償홈이라

第百七十三條 犯罪로應償ᄒᆞᆯ欵額은左開에依ᄒᆞ야追홈이라

一 過失殺비償　八百四十兩

二 埋葬費　一百兩

三 治療費辜限內每一日　二兩

四 雇工錢一人每一日　一兩四錢

第百七十四條 諸項의應償ᄒᆞᆯ者가納지못ᄒᆞᆫ境遇에ᄂᆞᆫ第百八十二條贖錢定數로折算ᄒᆞ야禁獄이나懲役에處홈이라

第百七十五條 贓物이나비償이나被判費用은數人共犯에係ᄒᆞᆫ時ᄂᆞᆫ共犯人에게分徵홈이라

第百七十六條 犯人의律은加重이나減輕免罪를得ᄒᆞ야도贓物이나비償이나裁判費用은加나減이나免홈을不得홈이라

第百七十七條 禁獄의刑을受ᄒᆞ야官이나役은免치아니ᄒᆞᆯ지라도刑期間에給俸이나給料를國庫에還納홈이라

但納贖ᄒᆞ고視務ᄒᆞᄂᆞᆫ者ᄂᆞᆫ此限에不在홈이라

第十八節 收贖處分

第百七十八條 公罪를犯ᄒᆞᆫ者의刑은收贖홈을得홈이라

第百七十九條 老幼와癈疾과婦女의犯罪ᄂᆞᆫ反亂과殺人을除ᄒᆞᆫ外에收贖홈을得홈이라

第百八十條 私罪ᄂᆞᆫ第百三十九條諸項의所犯을除ᄒᆞᆫ外에流役十五年以下刑은收贖홈을得홈이라

第百八十一條 官人은笞刑에處ᄒᆞᆯ私罪도收贖홈을得홈이라

第百八十二條 贖錢定數ᄂᆞᆫ左開와如홈이라

一 笞刑은一度에　三錢五分

二 禁獄及流刑은一日에　一兩四錢

第百八十三條 應贖ᄒᆞᆯ罪犯이納속지못ᄒᆞᆫ境遇에ᄂᆞᆫ本刑에處ᄒᆞ고應속ᄒᆞᆯ罪犯이이든三十年으로計算홈이라

第百八十四條 笞刑의應속ᄒᆞᆯ者가납속지못ᄒᆞᆫ境遇에ᄂᆞᆫ四度를折算ᄒᆞ야禁獄一日에換處홈이라

第十九節 保放規則

第百八十五條 禁獄以下의罪犯이身病危重ᄒᆞ거나親喪을遭ᄒᆞᆫ時ᄂᆞᆫ信人을立保ᄒᆞ고保放홈을得홈이라 （未完

廣告

特別廣告

本中報ᄂᆞᆫ海外電報를即接ᄒᆞ야機關이靈通ᄒᆞ고外報와探報를敏捷活潑ᄒᆞ도록注意ᄒᆞ오며中報發送ᄒᆞᄂᆞᆫᄃᆡ迅速信傳ᄒᆞ기ᄂᆞᆫ分傳人의게在ᄒᆞᆷ으로本社에셔當告書分傳人의게丁寧ᄒᆞ게或諭中叩訓飭ᄒᆞ야或告成ᄒᆞᆫ게注意ᄒᆞ거니와如或暫有禮忽이라도愛讀僉君子ᄂᆞᆫ諸使ᄒᆞ며知悉本社ᄒᆞ시면該分傳와ᄒᆞᆫ계相爭ᄒᆞ도록提議ᄒᆞ고勸賞ᄒᆞ야必가發生ᄒᆞ야無遺誤ᄒᆞ도록論ᄒᆞ야期待ᄒᆞ옵나이다

本社에寄書ᄒᆞ시ᄂᆞᆫ君子ᄂᆞᆫ姓名과居住를明證ᄒᆞ게懸錄送附ᄒᆞ시와證據가有ᄒᆞᆷ을必要ᄒᆞᆷ이오公衆利와ᄒᆞᆫ秩序를紊亂케ᄒᆞᄂᆞᆫ意와ᄒᆞᆫ倫上不經荒雜ᄒᆞᆫ寄書ᄂᆞᆫ不受ᄒᆞᄂᆞᆫ權利가本社에自有ᄒᆞ오니肯諒ᄒᆞ시옵

大韓每日申報社

廣告

東亞開進敎育會ᄂᆞᆫ一切敎育上方針으로人民의學問을開明시기기로目的을合고政治上及他人是非上에ᄂᆞᆫ關係가無ᄒᆞ거ᄂᆞᆯ商者에本會를猜忌ᄒᆞᄂᆞᆫ人이構虛날謗ᄒᆞ야本會를顚覆코ᄌᆞᄒᆞᆷ이오니僉君子ᄂᆞᆫ照亮ᄒᆞ시옴

東亞開進敎育會 告白

貿易商 本社ᄂᆞᆫ仁川港
日本郵便電信局對面
電話第二百一番地
仁川港 廣昌洋行
벤넛트會社 告白

○鐵路部

○東大門과新門間에來往車ᄂᆞᆫ每十分間에運行ᄒᆞᆷ
東大門發初車ᄂᆞᆫ午前六時三十分
新門外停車場發初車ᄂᆞᆫ午前六時五十五分
東大門發終車ᄂᆞᆫ午後九時五十分
新門外停車場發終車ᄂᆞᆫ午後十時十五分

○東大門과洪陵間에來往車ᄂᆞᆫ每二十分間에運行ᄒᆞᆷ
但自鍾路로東大門에來到ᄒᆞᆫ交替車로聯絡ᄒᆞᆷ
東大門發初車ᄂᆞᆫ午前六時五十分
洪陵發 初車ᄂᆞᆫ午前七時十分
東大門發終車ᄂᆞᆫ午後七時五十分
洪陵發 終車ᄂᆞᆫ午後八時十分

○鍾路와龍山間에來往車ᄂᆞᆫ每十二分間에運行ᄒᆞᆷ
鍾路發至南大門初車ᄂᆞᆫ午前六時四十八分
鍾路發至龍山 初車ᄂᆞᆫ午前七時二十四分
南大門發至鍾路初車ᄂᆞᆫ午前六時五十六分
龍山發至鍾路 終車ᄂᆞᆫ午前七時五十七分
南大門發至鍾路終車ᄂᆞᆫ午前十時八分
龍山發至鍾路 終車ᄂᆞᆫ午後九時九分

○特別私用車ᄂᆞᆫ顧客의方便ᄒᆞᆷ을隨應ᄒᆞ야準給ᄒᆞᆷ
但定價ᄂᆞᆫ本社에來臨ᄒᆞ야詢問ᄒᆞ옵

○電燈部

二百五十燭力以內의敷用處에ᄂᆞᆫ每個月에定價表가如左ᄒᆞᆷ
○十六燭力燃燈達夜에二圓五十錢
○三十二燭力燃燈達夜에四圓
○五十燭力燃燈達夜에六圓
○一百五十燭力燃燈達夜에十圓
一千二百燭力弧形燈達夜에二十圓
二百五十燭力以上의敷用處에ᄂᆞᆫ請求ᄒᆞ면瓦斯計一箇를設給ᄒᆞᆷ
但瓦斯計賃金은每個月에二圓이오瓦斯計測驗表委托定價ᄂᆞᆫ每時間每암피아에二錢이옵
瓦斯計設給處에셔每介月支拂金最低額은每個月에二十圓인ᄃᆡ(瓦斯計貸金은)據ᄒᆞᆷ
電燈을敷設ᄒᆞ기에請求ᄒᆞᄂᆞᆫᄃᆡ로供給ᄒᆞᆷ
各種連技辦燈도常時에貯存ᄒᆞ엿삽

本社鐵路電氣會社
韓美電氣會社 告白

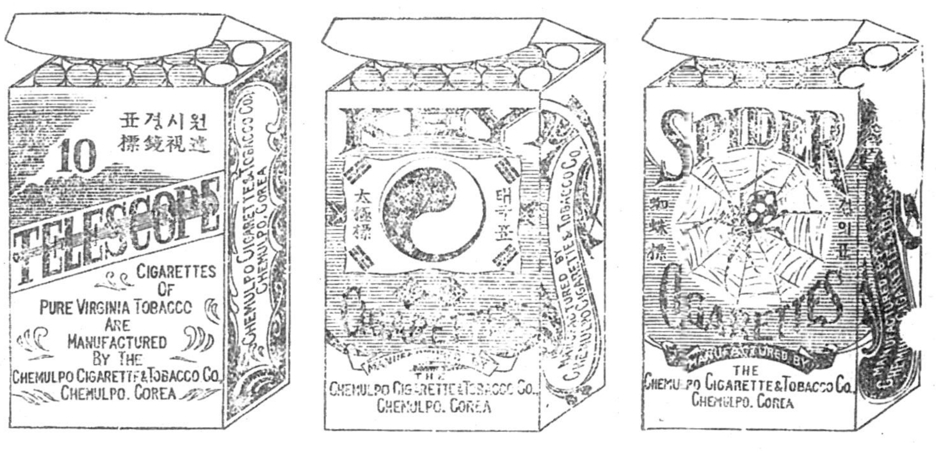

以上三種은上品으로製造ᄒᆞ야衛生上에至極有益ᄒᆞ오니擧論某人ᄒᆞ고本社에來顧ᄒᆞ옵

大韓帝國仁川港
濟物浦紙卷煙及烟草會社

一鷹標罐詰濃詰牛乳
一金印罐詰濃結牛乳
一無雙家用氣化乳酪
一쌘ㅣ든쓰製造麥芽化合牛乳
以上은常時에貯積ᄒᆞ엿삽
美國紐育港쌘ㅣ든쓰濃結牛유會社
一手代理店 大韓仁川港 世昌洋行

廣告

一雜貨商
一貿易商
一船舶取扱
一煙草商
一委托販賣及貨物運送代理業
一貿易石炭商
以上輸入及輸出者
京城 仁川 大昌洋行

本社廣告

中報價
一張代金 韓貨五錢
一箇月前納 五十戔
三箇月 一元五十戔
六箇月 二元九十戔
一箇年 五元八十戔
郵稅一部 新貨五里
一箇月 十三戔

廣告料
四号活字十三字詰
每日每英尺一寸에新貨廿五錢
(每日每行에六錢에相當ᄒᆞᆷ)
二周日에 二圓五十錢
(每日每行四錢五里에相當ᄒᆞᆷ)
一箇月에 五圓
(每日每行四錢一里에相當ᄒᆞᆷ)
其期限의長短과字行의多少를依ᄒᆞ야增減ᄒᆞᆷ이有ᄒᆞᆷ

大韓人마다此中報를不得不閱覽ᄒᆞ실터이오니廣告出報ᄒᆞ실僉君子ᄂᆞᆫ來臨面議ᄒᆞ시옵

發行兼編輯人 英國人裵說
發 行 所
京城北署壽進坊磚洞号外地法部學校前
大韓每日申報社

光武九年八月十日 明治卅八年八月十日 第三種郵便物認可

木曜日

西曆一千九百五年八月三十一日 (一)

第三卷

大韓每日申報
대한매일신보

第十六號

月曜及慶節時日休刊

檀君開國四千二百三十八年
箕子元年三千二十七年
大韓開國五百十四年
日本明治三十八年
淸國光緒三十一年
陰曆乙巳八月大初二日壬人

論說

媾和進就

東京最近新報를因據ᄒᆞᆫ즉俄日和約條欵內에幾件은擬在調處中이어니와太牛緊重件은如意히못되거시日本請求가太重ᄒᆞᆫ中에其后連次勝捷을因ᄒᆞ야尤無厭殺之念이라今日談辦은不成而撤席ᄒᆞ고兩國委員은執見을確言ᄒᆞ고傍在各國은一向히不管ᄒᆞᆷ이都是該緊重之二件故也니和議가當初何樣周旋으로開會가되얏ᄂᆞᆫ지實所未解者也나此ᄂᆞᆫ小村男爵이나웰데윗트氏의各該政府와何許訓飭으로만은相合ᄒᆞᆯ地境에至치못ᄒᆞᆯ거시無疑ᄒᆞᆫ즉兩國委員이美國大統領루스벨트氏의會議를斡旋ᄒᆞ기로提出ᄒᆞᆫ案件을即各允准ᄒᆞᆫ거ᄉᆞᆫ必有別故也라有一日本新聞에所陳ᄒᆞᆫ바로見ᄒᆞᆯ진ᄃᆡ大統領의提醒ᄒᆞᆷ을因ᄒᆞ야開會되려든談辦이洽足히和合되기難ᄒᆞ고兩邊委員이決意相支之際에大統領의擬案이別無觸犯之端而日本이不聽ᄒᆞ얏고且美士모리손氏의周旋ᄒᆞᆫ意見도公直지못ᄒᆞ야日本의左但ᄒᆞᆫ것ᄀᆞᆺ고타임쓰新聞通信員은自想ᄒᆞ기를現今談辦이無効히撤會되나慮地에歸ᄒᆞ지ᄂᆞᆫ아니ᄒᆞᆯ거사更經一回戰爭ᄒᆞ야兩隻志趣가一變ᄒᆞᄂᆞᆫ時에媾和談席을更開ᄒᆞᆯ餘地ᄂᆞᆫ仍存ᄒᆞ다ᄒᆞ얏고尙且日本이會議에不啻無益이라尤其請欵의過度ᄒᆞᆫ思想과비償의允免ᄒᆞᆯ提醒을發表ᄒᆞᆫ듯ᄒᆞᆫ지라그러나東京各新聞紙를閱覽ᄒᆞᆫ즉其中에自外로셔有一衝激之事를웟트氏가乘機ᄒᆞ야外交方針을權變ᄒᆞᆷ을見得ᄒᆞᆯ지니然則會議之和媒ᄂᆞᆫ俄國의所關이오破裂은日本의所關이나美國과各國眼目에ᄂᆞᆫ웟트氏가俄國으론自國進步에確實케ᄒᆞ고日本으론他國勸諭에諸從케ᄒᆞ얏다ᄒᆞᆯ지라互相競爭에曲在何邊은今不可言이나웟트氏가俄俗之秘巧ᄒᆞᆫ手段으로破決ᄒᆞᆫ和議를好樣挽回ᄒᆞᆫ奮ᄀᆞᆯ斷無可疑로다

官報

●號外 光武九年八月廿八日

◉宮廷錄事 詔曰命從一品韓圭설爲議政府參政大臣

光武九年八月二十七日

議政府議政大臣臨時署理農商工部大臣朴齊純

●敍任 從一品韓圭설 任議政府參政大臣敍勅任官一等

八月二十七日

●第三千二百三十號 光武九年八月二十九日

◉敍任及辭令 城津港警務署摠巡吳点模 京畿觀察府主事金丙泰 咸鏡南道觀察府主事申鉉泰 依願免本官

任城津港警務署摠巡敍判任官六等 崔 惪

任京畿觀察府主事敍判任官六等 金復鉉

任咸鏡南道觀察府主事敍判任官六等 申錫定

陞敍判任官四等 江原道觀察府主事李晃翼

陞敍判任官五等 江原道觀察府主事丁元燮

以上八月二十二日

●第三千二百三十一號 光武九年八月三十日

◉敍任及辭令 秘書監丞申性均 依願免本官

任秘書監丞敍奏任官三等 正三品李完鎔

兼任禮式院掌禮 秘書監丞李[illegible]榮

以上八月二十七日

外報

●俄皇反對 倫敦電을據ᄒᆞᆫ즉有名ᄒᆞᆫ社會에所傳이俄皇께셔日本의要求ᄒᆞᄂᆞᆫ것을反對ᄒᆞᄂᆞᆫ有力ᄒᆞᆫ俄國衆論이憲法政治의改善ᄒᆞᆷ으로써認示ᄒᆞ얏더라

●尙未確信 俄羅斯外部大臣子爵람스도푸氏의遞任事ᄂᆞᆫ確信치못ᄒᆞᆫ깃다고倫敦電에記載ᄒᆞ얏더라

●英艦尋訪 英國海峽艦隊가德國빌딍艦隊를尋訪ᄒᆞᄂᆞᆫ路에암스터덤港에到泊ᄒᆞ야該艦長이德艦長官의게饗應ᄒᆞᆫ바되얏더라

●英德私憾 伯林社會新報를據ᄒᆞᆫ즉德國政府에셔昨年十二月에英國을反對ᄒᆞ야開仗ᄒᆞ랴고海軍ᄭᆞ지準備가되얏다더니更聞ᄒᆞᆫ즉英王에드워드氏와德王게사氏間의私爭ᄒᆞᆫ事件이라ᄒᆞ며德國半官報에도該事件에對ᄒᆞ야快히發明ᄒᆞ얏더라

●媾題必變 聖彼得堡報告를據ᄒᆞᆫ즉俄羅斯外部大臣子爵람스도푸氏가遞任되얏다ᄂᆞᆫᄃᆡ媾和談判에또他問題가必然生ᄒᆞ리라더라

●俄兵已練 俄羅斯將軍나인비취氏의報告를據ᄒᆞᆫ즉甚히勇敢ᄒᆞᆫ添兵도敎鍊ᄒᆞ얏고또陣地도完全準備ᄒᆞ얏다더라

●反對法求 摩羅哥政府에셔于今ᄭᆞ지法國의請求를反對ᄒᆞᄂᆞᆫ故로法國政府에셔ᄂᆞᆫ德國大臣及公使의行動을抗拒ᄒᆞᆫ다ᄒᆞ얏더라

●摩羅議成 倫敦電에云ᄒᆞ얏스되摩羅哥會議談辦이着手結果되얏슴으로德國銀行員으로ᄒᆞ야곰五十萬元을借與ᄒᆞ기를提議ᄒᆞ얏다고法國에新聞批評ᄒᆞ얏ᄂᆞᆫᄃᆡ탄가에잇ᄂᆞᆫ德國公館에셔도該條約을調印ᄒᆞ얏다고聲明ᄒᆞ얏더라

●露國新聞强硬 講和會議에關ᄒᆞ야近來의露國新聞紙에說ᄒᆞᆫ바를見ᄒᆞᆫ즉노웨、우미례야新聞을爲始ᄒᆞ야其他諸新聞은云ᄒᆞ되我國에屈辱을與ᄒᆞᄂᆞᆫ條件에同意ᄒᆞᆷ보담ᄎᆞ라리戰爭을繼續ᄒᆞᆯ거시라고稱道하며如何ᄒᆞᆫ事가有ᄒᆞᆯ지라도樺太割讓과償金支拂의要求ᄂᆞᆫ斷然코露國이容認키不能하다고主張하얏더라

雜報

●新貨計算 度支部에셔各部에輪牒하되自今各項經用上錢數를勿以舊貨로懸錄하고一以新貨計算하며各地方에도亦以新貨註明하고切勿有舊貨新貨區別等句語然後에支撥事라하얏더라

●曰退不退 昨日一進會員이又爲來到學部하야該大臣에게質問曰辭職退去事로已有承諾하니緣何今又仕進乎아閔大臣曰間因公故하야未及修疏이나當治疏乞歸라ᄒᆞᆫ즉會員이啞然笑曰與大監言에都無難辭하고隨口答應하니今日之言을又未知眞假라하얏다더라

●有甚運動 前秘書丞金璉植氏ᄂᆞᆫ六月牛囊의性質로乍東乍西ᄒᆞ야点氣轉身ᄒᆞᆷ은世人의共知어니와同氏가近日何計策이有ᄒᆞᆫ지各敎堂에紛忙히出入ᄒᆞ며무ᄉᆞᆷ運動을ᄒᆞᄂᆞᆫ貌樣이라더라

●光察報告 全南觀察朱錫冕氏가內部에報告ᄒᆞ얏시되珍島에日人五味文七이郵便視務所建築基址를請求ᄒᆞ나府郡間難以擅便事ᄂᆞᆫ已爲報告而該郡岡麓下長廣五十尺을今方定標經始이다郡報若是存亘ᄒᆞ니査照指令ᄒᆞ라ᄒᆞ얏더라

社告

本申報의刱刊흔月日이于今一週歲이나機械와鑄字가未具흠으로二百餘號를發行흐고仍爲停刊인바旣張而中輟흐는거實所慨然이기本社에서思를勞흐고慮를費흐야今에該가專完備흠이永遠히發達흘基礎를確定흐야大韓有志人士의文明智識은啓發흐고且環球有國에見聞을公同흐기爲흐야重刊發行흐는바英文與漢文을亞爲解消이未必人皆能之인즉英漢文合刊이徒煩無益키로從茲一變前規흐야英漢文을各紙分刊이되內外國各報을一層迅速케흐며社說의褒貶흠은强禦를不畏흐며善惡을明辨흐야帝庭에指佞草의性質을具흐아스며時事를盱衡흐며昏昧를提醒흠은仁人君子의當日經世하는風味를含有이고褒貶予奪之中에溫厚規箴을隱然寓之흐야使有過者로讀之而改焉흐며無過者로讀之而勉焉케흐을지니四方僉君子는諒此滿腔苦心하야倍前愛하讀시기를竊有厚望焉이로라

東京電報

●連絡開通　八月廿九日午前十一時發

京釜山陽兩鐵道連絡輸送을開始흔다는데來九月十日부터下關釜山間連絡航路를開始흐고鐵道便에大貨物을取扱規定을實施키로흐얏다더라

●滿洽鐵道　上仝

滿洲野戰鐵道提理部에서는近日內에大連奉天及營口間鐵道에一般旅客及手荷物取扱을開始흐야公衆에게大端이便利를與흘터이라더라

●御前會議　仝月仝日오後二時發

昨夜御前會議에서講和에關흔最後條件에就흐야露國이極度서지提議를固執흔즉破和흐는責任은在彼흔지라我는斷然히全權大使를召還흠을命흠이可타決議흐고其趣志를小村全權의게電訓흐얏다더라

●談判又延期　仝月仝日오後四時發

講和談判은二十九日오後三時서지延期흘志로公電을達흐얏다더라

雜報

●義王到日　本月二十八日駐日公使趙民熙氏가外部에電報흐얏는데　義親王殿下게서今日東京에到着흐셧다더라

●日函外部　日公使林權助氏가外部에公函흐얏는데聞仁川港漲灘地中所在法人據來物理所有田段을發給地契之意로已爲發訓於該港監理云흐니如果屬實이면本使는不得同意흘지니訓令을即爲繳收爲要라흐얏더라

●提調更代　奉常提調趙重穆閔泳晚兩氏는蹴遞흐고其代에從二品金完秀氏가被任흐얏더라

●盜亦有術　再昨夜壽橋李振永典當鋪에賊漢九名이鎖門을器械로연고典當物件中輕便者를沒數奪去흐얏는데該物件을蒲席으로束之흐야扛擡以去흐는고로街路人與巡檢이認以運屍흐고不能捕縛흐얏다더라

●李歸有穴　新任江原觀察李容翊氏의去就未分明흠으로各報與街談巷說이紛紛未定흐야或云往上海흐며或云潛伏城內흐며或云羽化登仙이라흐야實可令人捉摸不得이로다昨今間本社所聞으로는疊山萬壑에蟄龍有歸흐도다雖然이나同氏에秘密蹤跡을必欲書之露之흐는거시似涉太甚이로딕許多人의燥燥惘惘을亦不可不慰인즉書之露之를何敢緩也리오天下事不出理外흐야同氣相求는理所固然인바同氏의股肱心腹이劉臣赫은猶屬第二人이오第一椅子는自有其人흐야大小事爲와生死苦樂이可謂二而一也인딕今番同氏가潛歸于第一椅子人處하야將欲別働運動이라는딕該人은非別人이라종유同氏하야濫鑄惡貨하며權奪蔘政하던崔錫麟氏라더라

●加藤續雇　農商工部顧問加藤增雄氏가解雇되고다시宮內府顧問으로續聘흐얏다더라

●視察勳章　日本視察一行中閔泳綺氏에게는一等旭日章趙東潤氏에게는一等瑞寶章을下賜흐옵시고閔丙奭閔商鎬尹致昊三氏는旣往叙勳흠으로今回에는未參이라더라

●金氏被任　從二品金完秀氏는特進官을被任흐얏더라

●公函外部　日公使가外部에公函흐얏는딕城津監理赴任을承認於我軍當局者一事는向以進北軍接應隨員李永植을吉州郡守敍任後에新監理赴任之意로函請在案흐니以此迅辦爲要라흐얏더라

●外照德館　外部에서德公館에照會흐되現接淮陽郡守報告內開에金城堂峴德國鑛所幇辦李宜聃이捉去本郡民安學九及金學魯흐야勒捧고音흐니轉照德公館흐야政飭該所幇辦흐와勿干民事詞訟等情이기據此照會흐니照亮施行爲要라흐얏더라

●將何適從　今番合郡事件이差晚흔然後에內大李址鎔氏의外任奏本하는這間何樣利益이有흔지同氏가南北奔走하야合郡一事가如意히延期될貌樣이라더니一陣落花風이忽地吹來하야留春不得하며送春亦難이라흐니同氏의近日懷緒을實可代憫이라고傳說이有하더라

●倡房妓房　近日某某宰相牌와豪富家子弟들이豆毛浦倡房에서佳妓珍饌으로連日遊蕩흐는딕巡檢輩는往日李內大城北洞事件에喫겁흐야不敢近前흐고但於遠遠地에서反唇而已라고該地近處人이來說흐더라

●一進興旺　當初一進會創設흘時에某某大官들이幾千元式補助흐고송秉畯氏가幾千元을辦備흐야쓴다더니至今會員이四十餘萬名인딕每名下에月捐金十錢式收合흔즉百餘萬兩이라云흐니會員多數와財政에豐足흠을可히致賀흘만흐다고흐더라

●或禁或否　義州市裁判所判事李民溥氏가法部에報告하얏는딕向承本部訓令內開에淨土敎會作梗者를一切嚴禁事이온바今有淨土敎人이揭板於邑底民家하고開會云故로即爲禁止러니本郡駐在日本司令部에서各別保護之意로爲言이온즉若依府訓하야一向禁止면不無相持之慮이기玆以報告하오니査照爲宇이라하얏더라

●寒燈瑣筆

○鴉烟之禍가甚於鴆毒흐니人之死於鴆者는未見其多로되死於鴉者는前後相望흐니鴉毒於鴆이彰彰然明矣인바其爲物也ㅣ色香味間에無一可適於人이되痴蠢沒覺輩가一驟其中에迷不知返흐야肌膚을消鑠흐며精神을枯涸흐야畢竟其性命을自戕自賊흐야夭其天年흐니痴闇甚矣오亦可哀也로다挽近我民이染於淸人흐야衚巷間愛吸者ㅣ寔繁有徒라흐니此若不嚴懲이면末流之禍을不可勝言이거늘所謂巡檢輩가專事循私操縱흐야被捉者는幾箇殘劣人에不過흐고其餘有權有力흐야肆然長吸者는見亦不問에惟意放過흐니此蓋若干銅元이眩其眼孔故也라然則警廳之申禁이民間禍害除防에는毫無實效이고巡檢輩私橐만充肥흘ᄯᅳ름인즉爲警官者ㅣ猛省眼大着力흐야不畏强禦흐고現犯諸民을另爲依律勘處然後에民皆知所畏憚흐야莫大禍源을庶可永杜흘진져

○牛於畜物中에性馴易使흐고能耕田服勞흐며自重致遠흐야人賴其力이非等閒可比故로古人이以濫加宰殺로謂足以干傷和氣라흐며觀於邦典에亦有屠牛之禁이거늘挽近中外各地方에爛만宰殺흐야率皆該皮之出港이不下三十餘萬張흐니目已濫之又濫이고且或牛疫熾行흐야외斃皆空이되猶不知保護顧惜흐고濫宰如前흐니若或其宰牛이漸至極點흐야自家之村에僅存幾角이면未知耕田之勞와負重之任을將以何物代之일지此不可不念흘디러有所駭然者ㅣ近日牛價之致로各庖廚所屠가太半是黃牛犢인즉非徒事所不忍이라大非長養蕃息之本意니諸에서는此等弊習을何不禁斷인지物雖微細나關係則甚大키로隨聞記錄흐야以備有司者에放覽흐노라

書

◉同人抱玉（續）

發表日俄交涉始末大要에曰維持韓國之獨立及領土保全이라ᄒᆞ고又同月十日에天皇陛下宣戰勅書에曰帝國이韓國保全에置重ᄒᆞᆷ이一日의故가아니라此ㅣ兩國累世의關係에因ᄒᆞᆯᄲᅮᆫ더러韓國의存亡이實로帝國安危의所係어ᄂᆞᆯ俄國이淸國에盟約ᄒᆞᆷ과及列國에對ᄒᆞ야累次宣言ᄒᆞᆷ을不拘ᄒᆞ고依然히滿洲를占據ᄒᆞ고其地步를益益鞏固ᄒᆞ야마침ᄂᆡ此를並呑ᄒᆞ라ᄒᆞ니萬若滿洲가俄國領有에歸ᄒᆞ면韓國保全을持支키末由ᄒᆞ고極東平和도希望치못ᄒᆞᆯ지라故로朕이此機에際ᄒᆞ야時局을妥協으로解決ᄒᆞ고平和를永久히維持ᄒᆞ기를期待ᄒᆞ신다ᄒᆞ시고又同月二十三日에韓日議定書第三條에曰大日本帝國政府ᄂᆞᆫ大韓帝國의獨立及領土保全을確實히保證ᄒᆞᆯ事라ᄒᆞ고又三月四日에貴政府에對俄國通牒ᄒᆞ야致列國之辨明書曰元來韓國之獨立과及土地主權之保全ᄂᆞᆫ戰爭之目的이라ᄒᆞ얏스니按此諸條之公佈則貴國之眞心實力이皦然已著ᄒᆞ야維持我獨立과保全我疆土가非獨我韓之確信이라即天下之所共知者也라然而今此征露之役이實爲我韓起見則我韓이亦與師幷力ᄒᆞ야負戈從事於龍灣鶴野之間而打破西比利亞鐵道ᄒᆞ야驅逐烏拉嶺之以外가乃是自衛之策也로ᄃᆡ以我國勢微弱ᄒᆞ야不能助一臂之力ᄒᆞ고却立顧望ᄒᆞ야有忘若功而棄自義故로乃於昨年五月十八日에自我政府로聲明各公館之韓俄絶和勅宣書에有日締結條約과及協定을一體廢罷ᄒᆞ며全然勿施ᄒᆞ고又日大韓政府ᄂᆞᆫ日本이俄國을對ᄒᆞ야宣戰ᄒᆞᆷ이ᄒᆞᆫ又大韓獨立을維持ᄒᆞ고東洋平和를확定ᄒᆞ기에在ᄒᆞᆷ을商量ᄒᆞᆷ의旣往에議定書를成約ᄒᆞ야協力ᄒᆞ야此日本의交戰ᄒᆞᆫ目的을達達ᄒᆞ기便케ᄒᆞᆷ이라ᄒᆞ야以表我同志ᄒᆞ고貴國則殺十餘萬之師ᄒᆞ며費累鉅億之財ᄒᆞ야振義聲於天下ᄒᆞ고操縱權於東洋ᄒᆞ야使世界最雄强之俄國으로水陸全敗ᄒᆞ야勢若破竹ᄒᆞ니非俄人軍略戰術과兵額武器等勢力之不及日本也라其義與不義之不相敵故耳라義則天下向之ᄒᆞ고不義則天下背之ᄒᆞᄂᆞ니今日貴國之大勝利者ᄂᆞᆫ此義也오今日天下之所注視於貴國者도亦此義也라此義者ᄂᆞᆫ謂以韓國保全과東洋平和之目的也어ᄂᆞᆯ但以近來行於韓國者로觀之則恐似乎始終不同은何也오夫樂人之危而利人之亂者ᄂᆞᆫ乃敵國相待之意오非友邦相扶之義而今貴國之所求於我韓者ᄂᆞᆫ不過是剝取利益ᄒᆞ며侵削主權而已오其所勸於韓者도不過是擾擧親密과任用奸小而已라盖議定書成立以後에我全國人民之확信貴政府를拭目而望之ᄒᆞ고屈指以待之者今已二箇年이로ᄃᆡ尙無一忠告於施政改善ᄒᆞ고反以我惡政府로爲利用手段ᄒᆞ야其所求所勸者只止於此則政治之腐敗와國勢之委靡가由是而日甚一日ᄒᆞ니其與第一第三條之趣旨로不亦反乎아（未完）

雜報

法律（續）

第百八十六條　流刑이나役刑에在ᄒᆞᆫ者ᄂᆞᆫ第百三十九條諸項의所犯을除ᄒᆞᆫ外에身病이나親喪에만立保姑放ᄒᆞᆷ을得ᄒᆞᆷ이라

但身病에ᄂᆞᆫ流ᄂᆞᆫ該島地며役은本地方에離ᄒᆞᆷ을不得ᄒᆞᆷ이라

第百八十七條　婦女나七十歲以上十五歲以下의男子와癈疾人의流役十年以下ᄂᆞᆫ隆冬盛暑에도保放ᄒᆞᆷ을得ᄒᆞᆷ이라

但犯罪在逃ᄒᆞ얏든者나第百三十九條諸項의所犯은此限에不在ᄒᆞᆷ이라

第百八十八條　保放ᄒᆞᆫ後에該犯이逃躱ᄒᆞᄂᆞᆫ境遇에ᄂᆞᆫ保人으로刑에抵ᄒᆞ되犯人의罪에二等을減ᄒᆞᆷ이라

第百八十九條　保人은犯人의親屬을勿許ᄒᆞᆷ이라

第四編　律例上

第一章　反亂所干律

第一節　反逆律

第百九十條　大逆을謀ᄒᆞᆫ者ᄂᆞᆫ已遂未遂와首從을不分ᄒᆞ고絞에處ᄒᆞᆷ이라

第百九十一條　謀反을犯ᄒᆞᆫ者ᄂᆞᆫ已遂未遂와首從을不分ᄒᆞ고絞에處ᄒᆞᆷ이라

第百九十二條　反逆을爲ᄒᆞ야左開諸項을犯ᄒᆞᆫ者ᄂᆞᆫ幷히絞에處ᄒᆞᆷ이라

一　事務를擔任ᄒᆞ거나計策을籌劃ᄒᆞᆫ者

二　人衆과兵卒을募集ᄒᆞ거나凶徒를進入케ᄒᆞᆫ者

三　家屋土地金穀船舶軍器其他一應軍需物品을資給ᄒᆞ거나準備ᄒᆞᆫ者

四　家屋土地金穀船舶軍器其他一應軍需物品과道路橋梁森林汽車電線을破毁ᄒᆞ거나燒絶ᄒᆞᆫ者

五　水陸의要害險夷나軍隊의運動이나屯駐ᄒᆞᆫ位置를指示ᄒᆞ거나軍情의機密을漏洩ᄒᆞᆫ者

六　凶徒의間諜을引導ᄒᆞ거나隱匿ᄒᆞ거나自己가暗히凶徒의間諜이된者

七　軍情機密에關ᄒᆞᆫ命令이나公信의遞傳을妨碍ᄒᆞ거나其發送或接受ᄒᆞᄂᆞᆫ職任에有ᄒᆞ야毁棄或隱匿ᄒᆞ거나遲緩或增減ᄒᆞᆫ者

第百九十三條　反逆徒의情을知ᄒᆞ고不首ᄒᆞᆫ者ᄂᆞᆫ流終身에處ᄒᆞᆷ이라

第百九十四條　闕牌에作變ᄒᆞᆫ者ᄂᆞᆫ絞에處ᄒᆞ되誤犯ᄒᆞᆫ者ᄂᆞᆫ一等을減ᄒᆞᆷ이라

第二節　內亂律

第百九十五條　政府를傾覆ᄒᆞ거나其他政事를變更ᄒᆞ기爲ᄒᆞ야亂을作ᄒᆞᆫ者ᄂᆞᆫ絞에處ᄒᆞᆷ이라

第三節　外患律

第百九十六條　外國에潛從ᄒᆞ야本國을搆殺ᄒᆞ거나間諜ᄒᆞ야戰端을起ᄒᆞᄂᆞᆫ者ᄂᆞᆫ首從을不分ᄒᆞ고絞에處ᄒᆞᆷ이라

第百九十七條　戰端을開코져ᄒᆞᆷ交戰間에在ᄒᆞ야左開事를行ᄒᆞᆫ者ᄂᆞᆫ絞에處ᄒᆞᆷ이라

一　敵國의軍隊로ᄒᆞ야吾本國이나同盟國管內에進入케ᄒᆞᆫ者

二　本國이나同盟國의領有ᄒᆞᆫ市邑城池營壘港口倉庫船舶을敵에게交與ᄒᆞᆫ者

三　本國이나同盟國의管內에所在ᄒᆞᆫ人民의私有工廠倉庫船舶을敵에게供給ᄒᆞᆫ者

第百九十八條　敵國을利ᄒᆞ거나本國이나同盟國을害ᄒᆞ기爲ᄒᆞ야第百九十二條左開諸項의所爲를行ᄒᆞᆫ者ᄂᆞᆫ該條에依하야科斷ᄒᆞᆷ이라

第百九十九條　戰端을開코져ᄒᆞᆯ際에나交戰間에在하야本國委任을受하고物品을供給或工作하ᄂᆞᆫ者가故意로違背ᄒᆞᆫ者ᄂᆞᆫ流終身에處ᄒᆞᆷ이라

第四節　國權壞損律

第二百條　外國에投附依賴ᄒᆞ야所犯이有ᄒᆞᆫ者ᄂᆞᆫ左開에依하야處ᄒᆞᆷ이라

一　外國政府에向하야本國保護를暗請ᄒᆞᆫ者ᄂᆞᆫ絞

二　本國秘密情形을外國人에게漏泄ᄒᆞᆫ者ᄂᆞᆫ絞（未完）

◎萬國歷史

第一編　古代史

古代라云ᄒᆞᆷ은東洋諸國及希臘羅馬의歷史니其東洋諸國이라云하ᄂᆞᆫ者ᄂᆞᆫ埃及과巴比崙尼亞와印度及波斯等國의總稱이오東亞諸國大韓日本及支那ᄂᆞᆫ記錄의及하ᄂᆞᆫ바인故로逸하노라

◯第一章　이집트埃及史

이집트埃及은古代諸國中開明의進步가最速하고且歷史의最舊ᄒᆞᆫ者이니蓋此國이每年六七月頃에나일의河水가漲溢하야兩岸을蔽하고及其水退ᄒᆞᆫ後ᄂᆞᆫ粘土를全面에堆積하야土地를肥沃케하ᄂᆞᆫ故로五穀이豐登하야小民一人을丁年되기까지養育하기에四元의金을僅費하니是其人口의繁殖이甚速하고文明의進步도亦著ᄒᆞᆫ所以라埃及의建國은史家諸說이各異하나西曆紀前二千七百年四千六百年前으로써稍信하다하（未完）

廣告

宣川前郡守白樂三氏ᄂᆞᆫ到任之初로全事貪虐ᄒᆞ야數朔經過에至爲數萬金而登訴民狀에即爲發覺ᄒᆞ고調査本道에裁判不院則一一落科인대所貪之錢은尙不播給ᄒᆞ고何處의運動인지錄五萬兩을暗暗封留ᄒᆞ고復職을期圖ᄒᆞᆫ다ᄒᆞ니法若如是면民邑莫保라더라

李善行　金基陞　告白

特別廣告

本申報는海外電報를卽接ᄒᆞ야機關이靈通ᄒᆞ고外報와採報를敏捷活潑ᄒᆞ도록注意ᄒᆞ오며申報發送ᄒᆞ는데迅速信傳ᄒᆞ기는分傳人의게在ᄒᆞᆷ으로本社에서不常에諸分傳人의게丁寧告戒ᄒᆞ고申申訓飭ᄒᆞ야毋或媮惰ᄒᆞ게注意ᄒᆞ거니와如或暫有稽忽이라도愛讀僉君子는密使通知予本社ᄒᆞ시면該分傳의게誠信相孚ᄒᆞ도록耳提面命ᄒᆞ고勸勉가發生ᄒᆞ도록誨諭ᄒᆞ야必無遲誤ᄒᆞ기로期待ᄒᆞ옵나이다

本社에寄書ᄒᆞ시는諸君子는姓名과居住를明確ᄒᆞ게懸錄送附ᄒᆞ시와證據가有ᄒᆞᆷ을必要ᄒᆞᆷ이오公衆과和ᄒᆞᆫ秩序를문亂케ᄒᆞ는意와社會上不經荒雜ᄒᆞᆫ寄書不受ᄒᆞ는權利가本社에自有ᄒᆞ오니肯諒ᄒᆞ시옵

大韓每日申報社

貿易商 本社는仁川港

日本郵便電信局對面

電話第二百一番地

仁川港 廣昌洋行 벤넷트會社 告白

○鐵路部

○東大門과新門間에來往車는每十分間에運行홈

東大門發初車는午前六時三十分

新門外停車場發初車는午前六時五十五分

東大門發終車는午後九時五十分

新門外停車場發終車는午後十時十五分

○東大門과洪陵間에來往車는每二十分間에運行홈

但自鍾路로東大門에來到ᄒᆞᆫ交替車로聯絡홈

東大門發初車는午前六時五十分

洪陵發 初車는午前七時十分

東大門發終車는午後七時五十分

洪陵發 終車는午後八時十分

○鍾路와龍山間에來往車는每十二分間에運行홈

鍾路發至南大門初車는午前六時四十八分

鍾路發至龍山 初車는午前七時二十四分

南大門發至鍾路初車는午前六時五十六分

龍山發至鍾路 終車는午前七時五十七分

南大門發至鍾路終車는午前十時八分

龍山發至鍾路 終車는午後九時九分

○特別私用車는顧客의方便홈을隨應ᄒᆞ야準給홈

但定價는本社에來臨ᄒᆞ야請問ᄒᆞ옵

○電燈部

二百五十燭力以內의敷用處에는每個月에定價表가如左홈

○十六燭力燃燈達夜에二圓五十錢

○三十二燭力燃燈達夜에四圓

○五十燭力燃燈達夜에六圓

○一百五十燭力燃燈達夜에十圓

一千二百燭力弧形燈達夜에二十圓

二百五十燭力以上의敷用處에는請求ᄒᆞ면瓦斯計一箇를設給홈

但瓦斯計賃金은每個月에二圓이오瓦斯計測驗表委托定價는每時間每암피아에二錢이옵

瓦斯計設給處에셔每介月支拂金最低額은每個月에二十圓인디(瓦斯計賃金은)据홈

電燈을敷設ᄒᆞ기에請求ᄒᆞ는디로供給홈

各種達技辦燈도常時에貯存ᄒᆞ엿숩

本社鍾路電氣會社 韓美電氣會社 告白

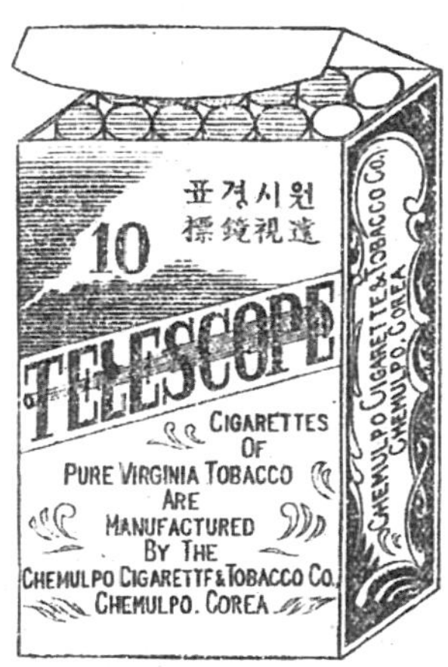

以上三種은上品으로製造ᄒᆞ야衛生上에至極有益ᄒᆞ오니特論某人ᄒᆞ고本社에來顧ᄒᆞ옵

大韓帝國仁川港 濟物浦紙卷煙及烟草會社

一 鷹標罐濃詰牛乳

一 金印罐詰濃結牛乳

一 無雙家用氣化乳酪

一 쌘ㅣ든쓰製造麥芽化合牛乳

以上은常時에貯積ᄒᆞ엿숩

美國紐育港쌘ㅣ든쓰濃結牛유會社

一手代理店 大韓仁川港 世昌洋行

廣告

一 雜貨商

一 貿易商

一 船舶取扱

一 煙草商

一 委托販賣及貨物運送代理業

一 貿易石炭商

以上輸入及輸出者

京城 仁川 大昌洋行

本社廣告

申報價

一張代金	韓貨五錢
一箇月前納	五十戔
三箇月	一元五十戔
六箇月	二元九十戔
一箇年	五元八十戔
郵稅一部	新貨五里
一箇月	十三戔

廣告料

四号活字十三字詰

每日每英尺一寸에新貨廿五錢 (每日每行에六錢에相當홈)

二周日에 二圓五十錢 (每日每行四錢五里에相當홈)

一箇月에 五圓 (每日每行四錢一里에相當홈)

其期限의長短과字行의多少를依ᄒᆞ야增減홈이有홈

大韓人마다此申報를不得不閱覽ᄒᆞ실터이오니廣告出報ᄒᆞ실僉君子는來臨面議ᄒᆞ시옵

發行兼編輯人 英國人裴說

發行所 京城北署壽進坊礄洞号外地法語學校前

大韓每日申報社

第三卷　大韓每日申報　대한매일신보　第十七號

月曜及慶節歲時日休刊

檀君開國四千二百三十八年
箕子元年三千二十七年
大韓開國五百十四年
日本明治三十八年
清國光緒三十一年
陰曆乙巳八月大初三日癸卯

論說

戰地情形

近日歐洲로從ᄒᆞ야東京에來到ᄒᆞ얏다ᄂᆞᆫ報告를日本新聞에刋布ᄒᆞ얏ᄂᆞᆫᄃᆡ該報告에所載ᄒᆞᆫ俄日戰場에兩國兵額數가前日量度ᄒᆞᆫ바와大相不同ᄒᆞᆫ지라그러나該報之是正是誤ᄂᆞᆫ愛讀諸君의自可斟量者故로玆에記載ᄒᆞ노니該報告內에俄國나인빗취將軍의所率兵額은添進ᄒᆞᆫ兵數ᄭᆞ지並ᄒᆞ야都合四十五萬名과大砲一千五百門에不過ᄒᆞ고日本大山司令官의所領兵額五十八萬餘名과大砲一千七百門에達ᄒᆞ기ᄭᆞ지增進되얏다ᄒᆞ엿스며且該報에言及ᄒᆞ얏스되吉林西南方面에留陣ᄒᆞ얏든俄軍이退避ᄒᆞ고該地를日本「가와므라」將軍이佔領ᄒᆞ얏다ᄒᆞ얏ᄂᆞᆫᄃᆡ大山司令官報告에ᄂᆞᆫ都無此項事情이라ᄒᆞ얏스되

本社가他處로셔知悉ᄒᆞᆫ바ᄂᆞᆫ俄國右翼軍은「콜빠쓰」將軍이領率ᄒᆞ야「벤고」西南方面에留陣ᄒᆞᄂᆞᆫᄃᆡ古索軍隊가右邊先鋒이되고左翼軍은「구로밧긴」將軍이領率ᄒᆞ야自「벤고」至「이등초」之要路에留陣ᄒᆞᄂᆞᆫᄃᆡ「러넨카미」軍隊가左邊先鋒이되고中央軍은「빠칸울」將軍이領率ᄒᆞ야「벤고」方面에留陣ᄒᆞᄂᆞᆫᄃᆡ長春에留陣ᄒᆞᄂᆞᆫ強壯ᄒᆞᆫ軍隊가後備軍이되니俄國之進兵路ᄂᆞᆫ自「류쉬칸」至「타올누」北邊之道인듯ᄒᆞᆫ지라

東京朝日新聞에ᄂᆞᆫ云ᄒᆞ얏스되現今滿洲에歐洲로셔進來ᄒᆞᆫ俄國騎兵이概爲二百三十隊而ᄒᆡ騎兵原陣은「링키야신」方面에在ᄒᆞ다ᄒᆞᆫ지라

吉林西南에셔俄兵이退避ᄒᆞ얏다ᄂᆞᆫ事情에關ᄒᆞ야東京日日新聞通信員之所報ᄂᆞᆫ頗有不同ᄒᆞ니ᄒᆡ報에云ᄒᆞᆫ바ᄂᆞᆫ當日에四百名假量되ᄂᆞᆫ俄國步騎兵이大砲四門을携帶ᄒᆞ고「심야옷」方面에셔日軍을向ᄒᆞ야發砲ᄒᆞ다가午後四点鍾許에至ᄒᆞ야退縮ᄒᆞᄂᆞᆫ고로日軍이追奔ᄒᆞ얏ᄂᆞᆫᄃᆡᄒᆡ戰地ᄂᆞᆫ奉天路에海龍城셔西北向으로一百五十里許되ᄂᆞᆫ處라ᄒᆞᆫ지라

歐洲로븟터東京에達ᄒᆞᆫ通信에ᄂᆞᆫ云ᄒᆞ얏스되日本「하졔가와」將軍의領卒ᄒᆞᆫ바十萬名된다ᄂᆞᆫ軍隊가現已豆滿江을渡過ᄒᆞ야俄境에進入이라ᄒᆞ얏스니如此大軍이渡江入俄ᄒᆞᆫ事에他處로셔ᄂᆞᆫ無一的實消息則此亦難信也라

又有一事所言者ᄂᆞᆫ有一電報가俄將軍「나인빗취」氏게로셔俄委員윗트氏에게送致ᄒᆞ얏다ᄂᆞᆫᄃᆡ該電에云ᄒᆞ얏스되軍中形勢好가樣結果之望이有ᄒᆞ니講和가破決되면雌雄을判分ᄒᆞᆯ一大決戰을ᄒᆞ기로準備라ᄒᆞᆫ지라

以上所陳各項事情이可得爲後考案件이니政界上事形을查量ᄒᆞᄂᆞᆫᄃᆡ도不無所助ᄒᆞᆯ거시오時局에惟一大故되ᄂᆞᆫ戰爭結末을觀覽ᄒᆞᆷ에도要緊ᄒᆞᆯ듯ᄒᆞ오

官報

●號外　光武九年八月二十九日

◉宮廷錄事　詔曰明日孝惠殿晝茶禮當自內親行矣勅任官入參

詔曰明日懿孝殿朝上食晝茶禮當自內親行矣勅任官入參

以上八月二十九日

●號外　光武九年八月三十日

●宮廷錄事　太醫院口傳奏曰景孝殿別茶禮親行太子宮親行孝惠殿晝茶禮懿孝殿朝上食晝茶禮親行已有成命而見今日候雨不快霽陰濕乖宜此時觸冒勞動有罪節宣保嗇之方伏乞亟寢成旨千萬顒祝惶恐敢奏

答曰知道

景孝殿遣李特進進去並爲舉行勅任官入參

孝惠殿懿孝殿勅任官入參

八月三十日

●第三千二百三十一號　光武九年八月三十日

◉宮廷錄事　詔曰表勳院參書官勳七等李秉穆技師勳七等吳悌泳各勤厥職並特陞敍勳六等各賜太極章

光武九年八月二十四日

表勳院總裁臨時署理朴齊純

詔曰禮式院禮式官南弼祐玄百運勞有可紀並特敍勳五等各賜太極章禮式官白時鏞朴基駿亦有著勞並特敍勳五等各賜八卦章

光武九年八月二十四日

表勳院總裁臨時署理朴齊純

詔曰日本陸軍少將大谷喜久藏岡外史並特敍勳一等各賜八卦章陸軍軍醫監谷口謙陸軍主計監遠藤愼司並特敍勳一等各賜太極章陸軍大尉生治昭次特敍勳四等賜太極章陸軍中尉神成季吉桑木嚴翁並特敍勳四等各賜八卦章用示親愛之意

光武九年八月二十八日

表勳院總裁臨時署理朴齊純

詔曰神聲陪衛軍兵乾犒饋

詔曰侍衛陪衛與環衛軍兵乾犒饋

以上八月二十八日

詔曰秘書監丞李瓚榮馳詣宗廟景孝殿奉審摘奸以來

八月二十九日

陰曆七月二十九日懿孝殿練祭後

大皇帝陛下百官問安　答曰罔極

皇太子殿下百官問安　答曰知道翌日

大皇帝陛下勅任官問安　答曰罔極

皇太子殿下勅任官問安　答曰知道

奉常司提調趙秉穆辭職疏

批旨省疏具悉所請依施

奉常司提調閔泳晚辭職疏

批旨省疏具悉所請依施

以上八月二十九日

◉敍任　表勳院參書官勳七等李秉穆　表勳院技師勳七等吳悌泳　陞敍勳六等賜太極章

禮式院禮式官南弼祐　仝玄百運　敍勳五等賜太極章

禮式院禮式官白時鏞　仝朴基駿　敍勳五等賜八卦章

（未完）

詞林

贈貴公子　老愁

柳岸花隄漲麯塵明[illegible]輕單一園春鶯[illegible]隊新游沐鸚鵡上籠故解嚬不蕉滅跡連錢馬錦瑟淸歌買笑人千金然諾長安市濟得蒼生幾戶貧

山凡水俗之人日古樂府曾有此操宛似杜陵老人大庇天下底意

寒燈餘談

欲富其國인ᄃᆡ先富其民ᄒᆞᄂᆞ니知工匠之欲善其技에先利其器也라昔에太公이封於齊에敎民極技巧ᄒᆞ야齊冠帶衣履天下ᄒᆞ야卒賴其力에以成霸業ᄒᆞ고秦孝公이務農力穡ᄒᆞ며開阡陌通溝渠ᄒᆞ야以富關中에卒并六國ᄒᆞ니由此觀之ᄒᆞ면農及工商은富民之大經也라民富而後에國富ᄒᆞ고國富則自然兵强이如彼彰彰然이어날今韓則未能焉ᄒᆞ야地多荒蕪而不知開闢ᄒᆞ며歧於商務ᄒᆞ며鈍於工技ᄒᆞ야國內各樣物種이不足以贍給民用故로凡民之被服와好家具等物을太半外購ᄒᆞ야以爲備用ᄒᆞ니非但侈風日盛ᄒᆞ야易流於荒逸이라以有限之錢으로購無限之物ᄒᆞ야率歲民錢之歸於外人이不可以旬數로計則民安得不困이며國安得不貧이리오今夫農商工部之設職也ㅣ訓農勸工ᄒᆞ며開發商務之責이屬玆一部而其如何訓農과如何勸工과如何開發商利를于今十餘載에都無聞焉ᄒᆞ고但於近日에刱設所謂博物會者ᄒᆞ야稱爲勸工然이나此亦依樣胡盧요別無所益이라然則國家之設該部가本爲何所用哉아以愚所料로는該部를分而爲二에另置司農院ᄒᆞ야凡係農務之如蠶桑水輪及新發明農器規制를廣布國內에開發民智ᄒᆞ며勸以實業ᄒᆞ야期有成效이고雖以農商工部로言之라도另選進擇於該事務者ᄒᆞ야爲其長官ᄒᆞ고各地方所產物品之切要於民國所用者를無遺巨細ᄒᆞ고另加檢察ᄒᆞ야其製造之方을另爲提飭ᄒᆞ야變其薄劣鈍滯에皆使精巧新鮮ᄒᆞ며外貨之可以模彷製造者는亦令諸匠으로結社講究ᄒᆞ야隨其有成에俾[illegible]販之利면[illegible]督責而皆[illegible]於從事ᄒᆞ야自然工技日進ᄒᆞ며器用日贍ᄒᆞ야不待外購ᄒᆞ고民可自足ᄒᆞᆯ지니國富而兵强을奚難致也리오

東京電報

●講和成立　八月三十一日午前四時四十分着

詳細ᄒᆞᆫ거슨後報를待ᄒᆞᆯ事라더라

雜報

●警使惠政　巡警務使申泰休氏가衛生에淸潔法을爲ᄒᆞ야五署內各戶에贊補錢을收捧ᄒᆞ얏더니新警使閔景植氏가民弊를憂慮ᄒᆞ야該錢을還而給ᄒᆞ는ᄃᆡ中間作奸을爲慮ᄒᆞ야各署權任을各戶에面給ᄒᆞᆫ다기로各坊居民이藉藉稱頌ᄒᆞᆫ다라

●鴻恩如天　近日風說을聞ᄒᆞᆫ즉梨泰院等地鐵道地段事件으로內部大臣이民情의矜憫ᄒᆞᆷ을大內에泣諫ᄒᆞ얏더니　天恩罔涯ᄒᆞ사東門外滋馬場等地로代土를주신다ᄒᆞ니若如所傳이면許多生靈이溝壑을免ᄒᆞ기다더라

●後來者雅　前判事李經九氏는南村有志者라는ᄃᆡ東亞開進敎育會東署支會長을圖得ᄒᆞ얏는바會中諸員이皆未識面故로議論이沸騰ᄒᆞ야皆曰圖得會長者何樣人고ᄒᆞ며前此有功ᄒᆞᆫ會員들이胥至失望ᄒᆞ야將欲退席ᄒᆞᆯ貌樣이라더라

●稅司解雇　總稅務司柏卓安氏의解雇日字는陽十月晦인바海關에附屬ᄒᆞᆫ主事와其他雇用人數百名이一齊란免된다고人言이紛紜ᄒᆞ다더라

●外大不進　外大李夏榮氏가幾日來一不仕ᄒᆞ니其事由는未詳이되部務積滯ᄒᆞᆷ이可悶이라ᄒᆞ더라

●學照外部　學部에서外部에照會ᄒᆞ얏는ᄃᆡ法語敎師馬太乙續聘一事는行將請議政府故로該續合同擬稿一件을合並照會ᄒᆞ니聯署繳交ᄒᆞ야以便請議케ᄒᆞ라ᄒᆞ얏더라

●日照外部　日公使林權助氏가外部에照會ᄒᆞ얏시되仁川港埋築會社特權을我國民副島가旣爲享有인바所謂李大榮者가以虛僞之名으로旣得埋築權於貴部나實則法部協辦李準榮이니貴大臣의命이也라以現在大官으로干涉於此等商民事業이殊切憾焉이라函飭該港監理ᄒᆞ야副島之特權을使之施行이可也라ᄒᆞ얏더라

●南民不幸　南原郡守尹瓚氏가뢰戶를大闢ᄒᆞ야這間弊端은層生疊出ᄒᆞᆯ더러到任不幾日에先自鄕長公兄稅色으로甚至各坊 坊長及都使令等ᄒᆞ야無故汰去ᄒᆞ고捧賂若干之由累는揭各報館之筆이거니와發題言之라도高會之費를分當ᄒᆞ야化還俗而敬完ᄒᆞ고已罷之契를復設ᄒᆞ야取厥名曰補公之句는非他라即國服之中에與其宗人等으로大張妓樂於寺刹ᄒᆞ야恣意荒遊타가稱以宴費錢ᄒᆞ고分排於境內饒民ᄒᆞ야勒爲收[illegible]이數千金에民情이嗷嗷ᄒᆞ고已罷之補公契를因以公用ᄒᆞ고更爲設施ᄒᆞ야無本和四千金을出武官隸ᄒᆞ야督如星火ᄒᆞ니[illegible]民渙散ᄒᆞ야多至失農에怨聲載路ᄒᆞ니此等變題는實是謬悶이며且新舊官裁判次로押上ᄒᆞ얏다가還爲下去ᄒᆞ얏다니在郡貪虐에剝[illegible]罹慘는明若觀火인즉南民何辜오

●日函外部　日公使가外部에公函ᄒᆞᆫ內開에沿海內航行協定書類布於官報一事는屢請內請인바今貴政府以參政大臣不仕로는少無所關인즉若爲遲延이면必有後日비[illegible]問題之釀成이니請照亮爲盼이라ᄒᆞ얏더라

●以姓爲福　陸軍法院에經年拘囚人嚴柱漢은前親衛二隊下士단이든人인ᄃᆡ爲人이好酒色之徒라與兵丁李春燁으로情意甚密ᄒᆞ더니其時李容翊氏에指使로安南米放賣ᄒᆞ야米價幾千元을信任於李春燁矣러니李哥가該錢을沒數히가지고逃躱ᄒᆞᆫ지라李容翊氏가嚴柱漢을捉囚ᄒᆞ고星火督促ᄒᆞᆫ즉家產什物을沒數賣納ᄒᆞ고도四百元이不足이라李容翊氏가餘錢을畢納ᄒᆞ라고陸軍法院에拘留ᄒᆞᆫ지于今三年이더니去月　大皇帝陛下萬壽聖節에　陛下께옵서各處罪囚에게錢二元式　頒下ᄒᆞ실ᄉᆡ陸軍法院은參將嚴俊源氏을命送頒給케ᄒᆞ셧더니同氏가該院에到ᄒᆞ야罪囚等에게　聖意을布達ᄒᆞ고呼名分給ᄒᆞ더니至於嚴柱漢ᄒᆞ야는同姓之意에憫然之心이發ᄒᆞ야詳問其拘囚裏許後에入奏　天陛ᄒᆞ얏더니寬弘ᄒᆞ신　聖意에憫隱히여기사未納條四百元을報給ᄒᆞ시고家產을如舊　賜送ᄒᆞ시고經理院主事를　叙授ᄒᆞ셧스니嚴柱漢은可謂枯木生花오以姓爲福이라고傳說이有ᄒᆞ더라

●萬郡請學　學部에서萬頃郡에發訓ᄒᆞ되本郡居郭址旭請願內에設立學校ᄒᆞ야敎育人材ᄒᆞᆯ터오나現無設校處이옵더니本郡[illegible]司가今旣空閒ᄒᆞ니以爲借給ᄒᆞ야修理開學等因인바該人之設校敎育이其意甚嘉尙이라本郡公廨一處를即爲認許ᄒᆞ라ᄒᆞ얏더라

●恩寺怪僧　報恩俗離寺에能虎大師라ᄒᆞ는僧이有ᄒᆞᆫᄃᆡ風雲造化翁이라도ᄒᆞ며日誦呪文ᄒᆞ며日行千里ᄒᆞᆫᄃᆡ或說은該學巨魁崔[illegible]月에首弟子라ᄒᆞ더라

外報

●廣東撫臺　차인아、매일新聞을據ᄒᆞᆫ즉청國廣東撫臺는勅論로廢止되야八月五日에其官印을解地ᄒᆞ야該省總督의게交付ᄒᆞ얏는ᄃᆡ該撫臺는此變革을因ᄒᆞ야免職되지아니ᄒᆞ고山西省撫臺로轉任되얏더라

●暹訪日本　暹羅王이日本을暫時尋訪ᄒᆞ기로預定이라는ᄃᆡ暹羅ᄲᅡ리푸리스新報에記載ᄒᆞ기를該國遊二船마하카크리號가航行ᄒᆞᆯ預定이라더라

●和後陞敍　平和가媾成된後에는外國에駐在ᄒᆞᆫ日本各公使中에大槪히陞叙가되고其中에兩三人은大使가되리라더라

●德儲東遊　倫敦電을據ᄒᆞᆫ즉親王윌氏와德國皇太子兩殿下께서日本을尋訪ᄒᆞ신다ᄒᆞ는ᄃᆡ其期限은不數日內라더라

●總督遷任　倫敦電에云ᄒᆞ얏스되印度總督게손氏가遷任되얏다더라

●淸將被捉　淸國高等官人五名이八月四日에러시안이란ᄯᅡ에서日人의게被捉이되얏다는ᄃᆡ即其後、헬빈、으로移囚되얏다ᄒᆞ며其[illegible]狀은日本軍事秘密事情及其他軍需品을俄羅斯에供給ᄒᆞᆷ이라더라

●機關新聞　露國外務大臣람즈돌루프伯의機關新聞쓰는ᄉᆞᄒᆞ되日本의講和條件은遙히豫想에超過ᄒᆞ지　戰費支拂은如何ᄒᆞᆫ程度시지라도協定ᄒᆞᆯ餘地가有ᄒᆞ나東亞에在ᄒᆞᆫ露國海軍力의制限과中立港에셔抑留된露國軍艦交付와樺太割讓은露國에셔到底히同意을不[illegible]ᄒᆞᆯ要求라日本이此等要求를撤回치아니ᄒᆞ면講和會議는玆에斷絶ᄒᆞᆫ거스로認定이可ᄒᆞ다ᄒᆞ얏더라

寄書

◎同人抱玉 (續)

外雖有獨立之名이나內實無自主之權則其獨立之義로不亦反乎아如是則不惟或者之疑怨이라謂之一國人之疑怨이라도亦可矣라公法家所謂無論國之大小ᄒᆞ고無相侵奪他國自主自立之權ᄒᆞ야務使彼此相安이此乃萬國一規而矧玆貴國之於我韓에具親交保持가不與他國可比者乎아竊念貴國이自開戰以來로兵費巨大ᄒᆞ야若捨滿韓이면無處收還ᄒᆞ니其所求索이如果因此則宜即使我로整頓政府ᄒᆞ고撫戢民心然後에伸其義而助其費가亦可也而曰勸告曰顧問이何不一及於此乎아况今媾和之日에凡貴國之措置我韓者有非僕等所敢更議나然이나脫有不如前約則信義之責이必有所歸라貴國이今以斡旋之力과敏活之手로雖能塞天下之口라도豈能服天下之心哉리오心既不服則其口亦難塞矣라然則又未知何等第三國이更以扶韓으로主唱ᄒᆞ야欲効向日日本之好箇的義心也라如第三國者ᄂᆞᆫ非扶韓이라乃滅韓也오非義心이라乃野心也라韓若一裂則唇齒輔車之勢가其將奈何오若此釁이一啓則竊恐東洋風雲이休息無日ᄒᆞ고又恐東洋大局이其或因此而不全也ᄂᆞ而况黃白人種之論이已有所唱者乎이此實有志者之爲天下憂者也라上項所謂無以韓國人이爲韓國謀로聽之者也라伏願閤下ᄂᆞᆫ深加亮燭ᄒᆞ소서僕等今日之行이即我韓二千萬國民之同情也오義務也而래玆媾和結果之日에不敢傲然坐視故로拔涉入貴京이已有日而不敢請謁ᄒᆞ고不拘公格ᄒᆞ고敢陳愚衷而又敢附達六條ᄒᆞ니伏惟閤下ᄂᆞᆫ幸勿以一二個人所告로斥之ᄒᆞ고特加採納焉ᄒᆞ소셔

附六條

一 韓日清三國聯合同盟永保東洋大局事

一 保全韓國獨立主權實踐議定書第三條趣旨事

一 駐韓公舘公使以下幷以公廉剛斷及不與韓官人親面者擇送實踐議定書第一條趣旨事

一 勸告韓廷誅國奸細黨幷即黜斥而以識時賢俊選擧使政治刷新使國民無疑怨事

一 凡韓國人之入日本勿論官人平民所謂運動及紹介之雜類輩隨即逐出以杜私路以重兩國交際事

一 凡日本人之僑居韓國侵越公章及欺國私計者一幷痛禁使韓民各安其業事

(完)

雜報

三 法律 (續)

外國人에게雇兵及公用ᄒᆞᄂᆞᆫ借欵과軍艦의借貸等事를外部와政府의承許를不經ᄒᆞ고擅自主議ᄒᆞ거나或居間通辯ᄒᆞᆫ者ᄂᆞᆫ絞

四 外國情形에無據ᄒᆞᆫ者를將ᄒᆞ야本國에恐動ᄒᆞ고從中挾雜ᄒᆞᄂᆞᆫ者ᄂᆞᆫ絞

五 各國約章內所許地段을除ᄒᆞᆫ外에官有私有의一應田土森林川澤家屋을將ᄒᆞ야外國人에게潜賣ᄒᆞ거나或外國人을附從ᄒᆞ야借名詐認ᄒᆞ거나或借名詐認ᄒᆞᄂᆞᆫ者에게知情故賣ᄒᆞᆫ者ᄂᆞᆫ絞ᄒᆞ고該管官이擅許ᄒᆞᆫ者ᄂᆞᆫ同罪

六 外國人의紹介를因ᄒᆞ야官職을圖得ᄒᆞᆫ者ᄂᆞᆫ懲役終身

七 外國人에게本國法律에關ᄒᆞᆫ事를將ᄒᆞ야呼訴ᄒᆞ며囑托ᄒᆞᆫ者ᄂᆞᆫ懲役十五年

八 外國人에게阿附ᄒᆞ거나憑藉ᄒᆞ야本國人을脅迫或侵害ᄒᆞᆫ者ᄂᆞᆫ懲役十年

但外國에奉　命駐箚ᄒᆞ거나一應任命이有ᄒᆞ거나遊覽及留學ᄒᆞᄂᆞᆫ人이本條諸項의所犯이有ᄒᆞᆫ境遇에ᄂᆞᆫ本罪에一等을加ᄒᆞ되死에入ᄒᆞᆷ이라

第五節　外交所犯律

第二百一條　國際에所犯이有ᄒᆞᆫ者ᄂᆞᆫ左開에依ᄒᆞ야處ᄒᆞᆷ이리

一 本國에在留ᄒᆞᆫ外國皇帝나君主나大統領이나太子의生命이나身體에對하야危害를加ᄒᆞᄂᆞᆫ者ᄂᆞᆫ已遂未遂와首從을不分ᄒᆞ고絞

二 本國에在留ᄒᆞᆫ外國皇帝나君主나大統領이나太子에對ᄒᆞ야侮辱ᄒᆞᆫ者ᄂᆞᆫ流終身이며皇族王族에게侮辱ᄒᆞᆫ者ᄂᆞᆫ流十年

三 本國에在留ᄒᆞᆫ外國官人에對하야所犯이有ᄒᆞᆫ者ᄂᆞᆫ第六十三條官人等級에依하야科斷ᄒᆞᆷ이라

但被害人이나其代表者의告訴가無하면受理치아니ᄒᆞᆷ이라

(未完)

◎萬國歷史

第一編　古代史

爾來로正朔이屢變ᄒᆞ고第四朝에至ᄒᆞ야國勢가大振ᄒᆞ며尖塔의建造도亦此時代의在ᄒᆞ되其後의久치아니ᄒᆞ야王權이衰微ᄒᆞ고群雄이四方에割據ᄒᆞᆫ則國中이大亂ᄒᆞᆫ지라野蠻人「히소스」喜益昭士가아라비야(亞拉比亞)로븟터侵入ᄒᆞ야全國을倂呑ᄒᆞᆷ이是로븟터爭亂이不絕ᄒᆞ더니紀元前一千五百二十七年에國民이奮起ᄒᆞ야「히소스」人을逐ᄒᆞ고其獨立을恢復ᄒᆞᆫ則此時로븟터二三百年間은埃及의最盛ᄒᆞᆫ時代라內에在ᄒᆞ야ᄂᆞᆫ技藝가其步를大進ᄒᆞ고外에在ᄒᆞ야ᄂᆞᆫ武威를四鄰에宣揚ᄒᆞ나然ᄒᆞ나盛ᄒᆞᆫ즉衰ᄒᆞᆷ은理의常이라人民이治安에압ᄒᆞ며侈靡에溢ᄒᆞ야元氣를失ᄒᆞᆷ의國勢가由衰ᄒᆞᆫ지라紀元前五百二十五年에至ᄒᆞ야「퍼시야」(波斯)王「캄비셰스」의滅ᄒᆞᆫ바되고後又「셔리스」(希臘)王「알낙산더」(阿歷山得)의版圖에歸ᄒᆞ더니王이崩ᄒᆞᆫ後에其將「돌노미」(突老美)가據有ᄒᆞ야其歷世子孫이此國에君臨ᄒᆞ다가紀元前三十年에女王「클너오파트라」의世에及ᄒᆞ야國이遂亡ᄒᆞ고「로만」(羅馬)의郡縣되니라

蓋埃及은世襲ᄒᆞᄂᆞᆫ專制王國이나實權은敎僧의手에在ᄒᆞ니此國의古制가其人民을敎僧武士平民의三級으로分ᄒᆞ야敎僧이財産에最富ᄒᆞ며勢力의最强ᄒᆞᆷ이宗敎事務를理ᄒᆞᆯ뿐아니오兼하야醫術法律數學等事도修ᄒᆞ야最上位를占하고其次ᄂᆞᆫ武士니其事ᄂᆞᆫ武術을講習하며戰爭이起ᄒᆞᆫ則兵甲을帶하고王을扈從하야其名을受ᄒᆞᆷ이라國王이敎僧及武士로더부러國土를三分하야其一을各取하고其地面을平民의게分給하야其秋穫의五分一을收하니平民은農工商等人으로一切政權을有치 하고又土地私有치못하야

(未完)

野乘

西江月　朱希眞

日日深杯酒滿　朝朝小圃花開　自歌自舞自開懷　且喜無拘無礙　靑史幾番春夢　紅塵多少奇材　不須計較與安排　領取而今現在

이글은 송나라 쥬희진의 지은바라 말하되 인싱의 공명과 부귀가 하날이 졍ᄒᆞᆫ 슈가 잇스니 부질업시 담방거릴비 아니오 당장에 제 처지되로 쾌활 하리만큼 지니여 가ᄂᆞᆫ것이 올타 ᄒᆞᆷ이라 시험 ᄒᆞ야 보건ᄃᆡ 지나간 녜와 오ᄂᆞᆫ이졔의 이십삼ᄃᆡ 사긔중 사오쳔년 간에 허다ᄒᆞᆫ 영웅호걸 들이 오직히 가음열 시분들 마음 되로 가음열수 잇스며 오직히 귀ᄒᆞ고 시분들 마음ᄃᆡ로 귀ᄒᆞ야 졀슈 잇슴ᄂᆞᆫ잇가 가사 만권시셔를 다릭은 팔두문장 으로 의마쳔언 긴ᄂᆞᆫ글로도 세상에 쓰이여 보지 못하면 그지엿 글 써도 ᄒᆞᆫ조희 조각이 고쵸장 항아리 복 하기에 맛당 ᄒᆞ고 놋도 삼략 달통 하고 빅보쳔량 능히ᄒᆞ도 ᄆᆡ다리출신 하나못 으더ᄒᆞᆫ지 허다 ᄒᆞ고 엇디 ᄒᆞᆫ 어디셔고 꼿싱기고 희미ᄒᆞ고 분슈업시 슈ᄆᆡᆨ분편 어로ᄂᆞᆫ분 원통으로 싱긴 반편 쑴 되ᄂᆞᆫ 분네의게도 하날이 복을 모스딘로 한가루 담아부어 문회이 무잇신재 글날리 길기가 둑겁이 쇠랑지 만곰 기니 쓰른이 허디도 되과 쵸시 성균진ᄉᆞ 황감급졔 알성장원 싸니면서 들날린재 진ᄉᆞ위 세를 만낫다 ᄒᆞ시 운슈 세엿다 ᄒᆞᆯ는지 팔ᄌᆞ가 됴와라 ᄒᆞᆯ는지 속담에 일너시되 팔자사오ᄂᆞᆫ 놈은 황금도을 픽여 너니셔 귀굴니가 ᄒᆞᆫ독이 가득 허엿더라고 젼허ᄂᆞᆫ 말리 엇시ᄋᆞᆫ치 아니 허리요

完未

特別廣告

本申報는海外電報를卽接ᄒᆞ야機關이靈通ᄒᆞ고外報와探報를敏捷活潑ᄒᆞ도록注意ᄒᆞ오며中報發送ᄒᆞ는되迅速을專ᄒᆞ기는分傳人의게在ᄒᆞᆷ으로本社에서不當에諸分傳人의게丁寧告戒ᄒᆞ고中申訓飭ᄒᆞ야바或婚情ᄒᆞ게注意ᄒᆞ거니와如或暫有橫忽이라도愛讀敍君子는密使遞知子本社ᄒᆞ시면該分傳의게誠信相爭ᄒᆞ도록以提面命ᄒᆞ고勸贊가發生ᄒᆞ도록誨論ᄒᆞ야必無遲誤ᄒᆞ기로期待ᄒᆞ옵나이다

本社에寄書ᄒᆞ시는君子는姓名과居住를明確ᄒᆞ게懸錄或附ᄒᆞ시와證據가有ᄒᆞᆷ을必要ᄒᆞᆷ이오公衆不和와ᄒᆞᆫ秩序를紊亂케ᄒᆞ는意와社會上不經荒雜ᄒᆞᆫ寄書는自不受ᄒᆞ는權利가本社에有ᄒᆞ오니肯諒ᄒᆞ시옵

大韓每日申報社

宣川前郡守白樂三氏는到任之初로令事貪虐ᄒᆞ야數朔[illegible]이至爲數萬金而發諸民狀에卽爲奏免ᄒᆞ고調查本道에裁判平院則一一落科인데所貪之錢은尙不播給ᄒᆞ고何處의運動인지錢五萬兩을暗暗封留ᄒᆞ고復職을期圖ᄒᆞᆫ다ᄒᆞ니法若如是면民邑莫保라더라

○鐵路部

○東大門과新門間에來往車는每十分間에運行ᄒᆞᆷ
東大門發初車는午前六時三十分
新門外停車場發初車는午前六時五十五分
東大門發終車는午後九時五十分
新門外停車場發終車는午後十時十五分

○東大門과洪陵間에來往車는每二十分間에運行ᄒᆞᆷ
但自鍾路로東大門에來到ᄒᆞᆫ交替車로聯絡ᄒᆞᆷ
東大門發初車는午前六時五十分
洪陵發 初車는午前七時十分
東大門發終車는午後七時五十分
洪陵發 終車는午後八時十分

○鍾路와龍山間에來往車는每十二分間에運行ᄒᆞᆷ
鍾路發至南大門初車는午前六時四十八分
鍾路發至龍山 初車는午前七時二十四分
南大門發至鍾路初車는午前六時五十六分
龍山發至鍾路 終車는午前七時五十七分
南大門發至鍾路終車는午前十時八分
龍山發至鍾路 終車는午後九時九分

○特別私用車는顧客의方便ᄒᆞᆷ을隨應ᄒᆞ야準給ᄒᆞᆷ
但定價는本社에來臨ᄒᆞ야請問ᄒᆞ옵

○電燈部

二百五十燭力以內의敷用處에는每個月에定價表가如左ᄒᆞᆷ
○十六燭力燃燈達夜에二圓五十錢
○三十二燭力燃燈達夜에四圓
○五十燭力燃燈達夜에六圓
○一百五十燭力燃燈達夜에十圓
一千二百燭力弧形燈達夜에二十圓
二百五十燭力以上의敷用處에는請求ᄒᆞ면瓦斯計一箇를設給ᄒᆞᆷ
但瓦斯計賃金은每個月에二圓이오瓦斯計測驗表委托定價는每時間每암피아에二錢이옵
瓦斯計設給處에서每介月支拂金最低額은每個月에二十圓인딕(瓦斯計賃金은)據ᄒᆞᆷ
電燈을敷設ᄒᆞ기에請求ᄒᆞ는딕로供給ᄒᆞᆷ
各種連技辦燈도常時에貯存ᄒᆞ엿숩

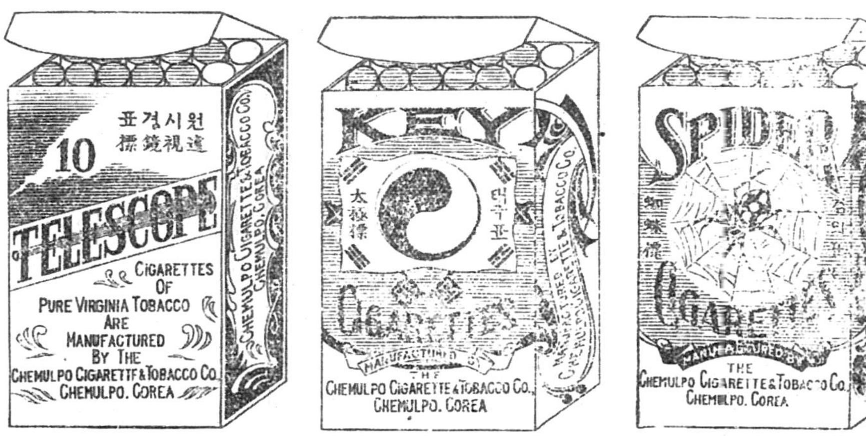

本社廣告

申報價
一張代金 新貨五錢
一箇月前銀 五十戔
三箇月 一元五十戔
六箇月 二元九十戔
一箇年 五元八十戔
郵稅一部 新貨五里
一箇月 十三戔

廣告料
四号活字十三字詰
每日每英尺ㅣ寸에新貨廿五錢
(每日每行에六錢에相當ᄒᆞᆷ)
二周日에 二圓五十錢
(每日每行四錢五里에相當ᄒᆞᆷ)
一箇月에 五圓
(每日每行四錢一里에相當ᄒᆞᆷ)
其期限의長短과字行의多少를依ᄒᆞ야增減ᄒᆞᆷ이有ᄒᆞᆷ
大韓人마다此申報를不得不閱覽ᄒᆞ실터이오니廣告出報ᄒᆞ실僉君子는來臨面議ᄒᆞ시옵

發行兼編輯人 英國人裵說
發行所
京城北署壽進坊礦洞号外地法語學校前
大韓每日申報社

第三卷

大韓每日申報

대한매일신보

第十八號

月曜及慶節 歲時日休刊

檀君開國四千二百三十八年
箕子元年三千二十七年
大韓開國五百十四年
日本明治三十八年
清國光緒三十一年
陰曆乙巳八月大初三日甲辰

寄書

民會者는衰世之事也라苟其聖人在上에朝廷淸明호며群有司ㅣ各職其職호야庶績成凝호고中外無井며爲其民者ㅣ惟當安堵守分호며含哺鼓腹호야仰戴之不暇라顧何敢與論國政호며私立徒黨호야以速僭越之誅也리오必其小人進用호고世値昏亂호야政散法弛에公議在下ㅣ로不得已民相爲會에論事論政호야相廷之職을民乃代之호니故로曰民會者는衰世之事也라호노라

雖然이나民之難抱才猷호고埋沒草野호야不得見用者ㅣ値此爲亂之際에志在救時호야會其同志에慷慨言論을如東漢黨人之自相標榜호야指時政之得失호며濟生靈於淪溺호며以之扶植食放호며以之激厲貪濁호야團成一體에支傾廈而障狂瀾이면是固出於忠愛라無所不可者矣로다

若或不然호야淸濁을不分호고專以聚黨爲務호며忠奸을不計호고但以擅恣爲心호야所愛則有過而不問호며所惡則無事而興謗호야外托會名호고內實營私호야褒貶予奪호야視其苞苴호며凌侮殘弱을看作茶飯호며置民國於忘域호며逐勢利而占便호야口出君子之言호고身蹈市井之態이면此乃馬遷所謂盜跖之在於民間者也라民會之名을烏足尙哉리오

今夫韓國之民會가亦已繁矣라一進會憲政硏究會東亞開進敎育會靑年敎育會耶蘇敎會天主敎會淨土宗敎會等諸會가各立門戶에四面對峙호야紛紛演說이殆無虛日호니莊叟所稱道術이爲天下裂者ㅣ正謂此也라且論議之孰高孰底와宗旨之孰淺孰深과會員之孰多孰寡을吾未可得以詳矣로되大槪論之컨딘俱是有志於講義談道호야扶國安民者인즉河南之月旦와東林之請議와申韓之刑名과莊老之齊物이可謂兼而有之矣라聯丕並駕에秩然前進호야各各遂其擴張이면全國內林林蔥蔥이隨其聲氣臭味而各受利益호야鬱如春氣一動에群世之靑紅綠白이各呈其華彩호지니民智之開發과一國之文明이惟在乎此一著矣敢라不額手三祝에以望其有成乎哉아

官報

◉第三千二百三十一號　光武九年八月三十日

◉叙任（續）
日本國陸軍少將　大谷喜久藏
全國陸軍少將　長岡外史
叙勳一等賜八卦章
日本國陸軍軍醫　谷口謙
全國陸軍主計監　遠藤愼司
叙勳二等賜太極章
日本國陸軍大尉　生治昭次
叙勳四等賜太極章
全國陸軍中尉　神成季吉
全國陸軍中尉　桑木嚴翼
以上八月二十四日（完）

◉號外　光武九年八月三十一日

◉宮廷錄事　章十臣韓圭卨辭職疏
批旨省疏具悉卿懇起復從政非徒自有已例也念到於公國艱극之會則此時情私有未暇顧矣卿勿更煩卽爲行公事遣府郞宣諭
以上八月三十一日

◉第三千二百三十三號　光武九年九月一日

◉宮廷錄事　詔曰命從二品金完秀爲宮內府特進官
八月二十八日

詔曰
練主都監堂郞以下
魂殿享官以下
園所守衛官以下別單書入
詔曰奉審閣臣入侍
詔曰命宮內府特進官閔丙承爲奉常司提調
詔曰命從二品金晩秀爲奉常司提調
以上八月二十九日
令日奉審春坊入對

◉叙任及辭令　解慶尙北道種痘事務委員　李世容
江原道種痘事務委員　吳鍾善
命慶尙北道種痘事務委員
命江原道種痘事務委員　九品　李世容
依願免本官　慶尙北道觀察府主事李宗鎬
任慶尙北道觀察府主事叙判任官六等　李翊善
免懲戒　東萊港前摠巡張壽澤
右는該員이身爲頭領호야巡檢을不能慰撫호고反致渙散흠으로免本官호얏더니追究情跡에容有可恕이기免懲戒
以上八月二十六日
命宮內部特進官叙勅任官三等　從二品金晩秀
八月二十八日
宮內府特進官閔丙承　從二品金晩秀　命奉常司提調叙任官三等
八月二十九日

外報

◉日士回還　日本治療隊軍士二十二名이俄羅斯에서放釋이되야本月二十三日에德國滊船을搭乘호고還歸호얏는디其事實은俄國의俘囚호얏든軍士라더라

◉墺皇開議　墺國 皇帝께서(이슐)이란따에서內閣大臣을招集호야御前會議를開호얏더라

雜報

◉廟入軍用　南門外桃洞에讓寧大君別廟가有호야四百餘年守護호더니今番에入於軍用地故로　讓寧大君子孫과其附近人士들로所重自別홈을싱각호고大端紛論中이라더라

◉江蔘絶種　春川來人의說話를聞호즉世界蔘種中好品은我國蔘이오我韓蔘種中良品은江蔘인디近年에松種을移種於江界道러니今年은松種이病敗가만흔고로江種께傳染호야不蒸흔紅蔘이되야셔今年은江蔘이絶種之境이라더라

詞林

憫時　老愁

昔聞杞國憂天傾今見蘇鷄棨講冰　民脂民膏義取宮闕爵賣官無不能　爲國聚斂多鴻匠黨有盜臣頌騰　西京土木妙籌策比屋可封至治嘗　郭況金穴擬密勿鄧氏銅山托股肱　十械經營防民口木棒政略逞模稜　防民之口甚防川一決懷山又襄陵仁心仁聞又仁政外樣觀之堯舜勝　黯然腐敗非一日匹離於今擧不勝　忽聞鑿頓乾坤手敎器漏船身擔膺　一入宗禮門以來每見田獵化爲鷹　以暴易暴不愈死吸鍼如蟆難可憑　步步引人迷白猿螢螢逐臭甚蒼蠅　其人其器比汎濫雖청易過最可憎豈其然乎殆不然十藏蓄憤思一澎　人必自侮而侮朝暫暮楚合膺懲　來頭病癖知多少盡爲預蓍蜜陀僧

豫堂老人曰杞憂之深預調蜜陀僧其於醫國大手讀一頭地該諧可愛滑稽可警

雜報

●參政疏批　參政韓圭卨氏疏批에起復從政이非徒自有已例也라念到於公國艱虞之會則此時情私를有不暇顧矣라卿勿更煩ᄒᆞ되卽爲行公ᄒᆞ라ᄒᆞ옵셧더라

●內大疏批　內部大臣李址鎔氏疏批에方此艱會而求解가已非休戚與共之義也라卿勿煩辭ᄒᆞ고卽爲視務ᄒᆞ라ᄒᆞ옵셧더라

●特進轉任　特進官趙秉式氏는弘文學士를被任ᄒᆞ고正一品朴定陽氏는特進官을被任ᄒᆞ얏더라

●學大疏批　學部大臣閔泳喆氏疏批에作育人材가要在久任責成이니豈宜遽解리오卿勿更辭ᄒᆞ고益究敎務ᄒᆞ라ᄒᆞ옵셧더라

●抱冤呼哭　昨日平理院門前에서何許一人이呼天痛哭ᄒᆞ는ᄃᆡ傍人이其裏由을問ᄒᆞᆫ즉本以忠淸道居民인ᄃᆡ其弟가隣居송哥에게被殺ᄒᆞᆷ으로今五月에上京ᄒᆞ야平理院과法部에呼訴ᄒᆞ되尙未伸冤이라고號痛ᄒᆞ는情形을慘不忍見이라ᄒᆞ니此等人命之獄을何不公決審斷ᄒᆞ야使此還土殘喘으로客地曠留ᄒᆞ며道路呼哭ᄒᆞ는지雖以論之컨ᄃᆡ各郡邑에有冤未伸者ㅣ未必此一人인즉司法官弁은土木偶人인지蝎心腸인지徒糜月俸ᄒᆞ고紊亂法律ᄒᆞᆷ이極可痛恨이라고街說이有ᄒᆞ더라

●稍稍還官　近日合郡之說이盛行ᄒᆞᆷ으로在京ᄒᆞᆫ各郡守令이望氣逗留하며獵官ᄒᆞ는多錢客들도徘徊觀望ᄒᆞ야某窠酌定과幾萬於音을欲吐不吐하고悠悠度日ᄒᆞᆫ다더니合郡事件이還爲廢止ᄒᆞᆫ다ᄒᆞᆷ의在京守令들이稍稍還任ᄒᆞᆯ뿐아니라獵官者들도口味가更生하야某窠幾萬等說이南北村間에稍稍喧傳하다더라

●和議多岐　近日媾和事件에對하야或云將成하며或云已成이라하야傳說이不一인바本社에서는該媾和條件이完成ᄒᆞᆫ公報는未接인바方執筆以待하노라

●秋風一鷹來

近自海外로有一種喜消息ᄒᆞ니流寓布哇之韓國民이聞自國之宗主權이一墮於日本之勢力範圍中ᄒᆞ고痛心嘔血ᄒᆞ야特發總代二人ᄒᆞ며鳩聚資斧千元ᄒᆞ야航往華盛頓ᄒᆞ야周旋于媾和談判之場ᄒᆞ야力扶國權之意로懇乞於美國大統領ᄒᆞ되大統領이欣然承認ᄒᆞ야繕給招待劵ᄒᆞ야紹介於호스마오스談判地云ᄒᆞ니

其周旋之如何와效果之與否는姑未聞知로되其謀는人也오其成은天也다設令不成其效果라도令人起色에不覺熱淚汪然이로다

嗚呼라環東土三千里疆域이方在戊酉混淪之運ᄒᆞ야群陰剝極에冷陸이寥寥ᄒᆞ고風雨荊榛에昏衢ㅣ冥冥이라胚胎其土ᄒᆞ며煦濡其風氣者ㅣ一種是皮軟骨弱耳聾口噤之二千萬生息者이날豈意此中에有此鍾出特性之人也哉아

假使有其人이라도在厚其世祿하며海山其國恩者에或有其人이오廣居安宅하야垂裕子孫者에或有其人이오汲汲功利하야急於進就者에或有其人은理所固然이어니와萬里殊域에去國離鄕者ㅣ誠有是心은抑豈非理外也리오

況乎流寓之民이去父母之國ᄒᆞ고寄一縷之命於萬里殊域之外者ㅣ豈樂爲之也리오厭苦於專制之烈ᄒᆞ며殊死於剝割之毒ᄒᆞ야俯仰無恃하고死生無賴하야飛絮斷蓬이飄泊於天涯하야勞動食力에千辛萬苦者ㅣ安得不喪其天良이리오마는幸有此愛國誠存國心者는誠是韓國人物之所不見이니

此是不可不研究之一疑問也로되揆以愚見컨댄非他故焉이라點染乎歐美之風氣하야挽回其自由之權而合成一團體也라故로自知國民之義務而愛國之誠과存國之心이油然而奮發하야乃有前往北美之擧也로다

嘗聞能天이오不能人也라하니事之成與不成은姑得第二指어니와以韓國之産으로有此美擧則韓國之光輝가亦足以炳耀於宇宙矣오非止於此라將來韓國旺興之福利와文明之幸運이從此而大進發矣리니非獨爲布哇流民讚頌이라抑足爲韓國讚賀也로다

然則韓國之安土生息者ㅣ得無愧於此哉리오마는此亦漸染其歐美之風氣하야挽回自由之權而爲一團體則二千萬人民이皆爲死國之人矣리니何不善導其民而共守其國고

●酒後時談　北村某宰相家에서數三有志官人이對飮叙話이다가一人曰新參政某氏가能有爲乎아一人曰彼亦局中手段이라惡能有爲리오近日爲大臣者ㅣ在其閑居無事時則國之利病과民之休戚을辨論痛快ᄒᆞ며指陳無諱ᄒᆞ야眞若一朝當軸ᄒᆞ면可以行其素志ᄒᆞ며隨事諫諍ᄒᆞ야補袞職而庇蒼生이로되及其千呼萬喚에始得出脚則所處所言이十不副一ᄒᆞ야或顧瞻前後에媚人을如三日新婦ᄒᆞ고或但闒茸過에處事를如四面春風ᄒᆞ야回觀前日所言컨ᄃᆡ不啻若兩截人ᄒᆞ니此無他也라中無所養ᄒᆞ고徒飾其外를如趙括之談兵이다가猝當職務則利害가怵其心ᄒᆞ고禍福이驅於後ᄒᆞ야失其故步ᄒᆞ고跟蹤徊徊ᄒᆞ야未免小草遠志之譏ᄒᆞ니現今政界上에此等人物이滔滔皆然인즉新參政도亦此局中手段이라其能有爲를吾斯之未信이로라

又一人曰新參政之有爲與否는今不可預論이로되其人品也ㅣ較諸現存各大臣이면優劣輕重이果何如乎哉아一人曰人固未易知로되參政科後ᄒᆞ면必不相遠ᄒᆞᆯ지니第以同氏往績으로論之컨댄壯衛使十年에碌碌無事業可稱者ᄒᆞ니其素乏強硬ᄒᆞ고隨世浮沈은推此想像이고況今民國間事務繁夥와交涉紛紜이大非前日樣子인즉同氏의政界施措가他大臣에逍過ᄒᆞᆷ을未可必矣나至於從容供職ᄒᆞ며畏愼人言ᄒᆞ야挾雜等事에不染ᄒᆞ기는不可與現在某某大臣으로同科其論ᄒᆞ리라고一場暢論ᄒᆞ얏다더라

●閑話

今日媾和問題는非徒兩戰國에關係深重이라國於東洋者에게均是莫大問題이기로凡厥有志人士가其成與未成을爭以先睹로爲快ᄒᆞ야每於新聞館文字上에有媾和等句語면目光이如炬에看來看去ᄒᆞ야其成이有望則喜眉玲롱ᄒᆞ고議或不協則憂形于色ᄒᆞ야望望然惟恐其或至破裂ᄒᆞ니蓋平和를樂見ᄒᆞ며凶器를惡用ᄒᆞᆷ은自是人情之常也ㅣ어니와況和議一裂이면惟韓與淸이偏中其害ᄒᆞ야刼後生靈이息肩無日ᄒᆞ며沿邊疆域이幾安無期ᄒᆞᆯ지니和議之遄完을安得不渴望而俟也哉아雖然이나有一言于此ᄒᆞ니列強之或和或戰이隨其時勢利害而變幻難測ᄒᆞ야忽而構釁ᄒᆞ며忽而締好ᄒᆞ고俄然靑天白日이頃刻에風暴雨ᄒᆞ야不以寒盟으로爲恥ᄒᆞ고惟利是趨ᄒᆞ며惟慾是肆ᄒᆞ니今日媾和가縱曰完全이나安知他日變臉에重尋干戈며況露之崛強無厭은天下之所共知라羞[illegible]武之興敗ᄒᆞ고思孟明之一奮ᄒᆞ야收合餘燼에張頤而南下면其爲淸韓之憂가益如今日ᄒᆞᆯ지니凡我同胞는勿以其和與未和로爲所憂喜ᄒᆞ고奮發我精神ᄒᆞ며開發我政治ᄒᆞ며練我兵甲ᄒᆞ며裕我財賦ᄒᆞ야汲汲然自修自強을當如敵臨境上ᄒᆞ고憂在燃眉ᄒᆞ야內政脩明ᄒᆞ야以圖長進이면庶幾衆心이成城ᄒᆞ고上天이佑ᄒᆞ야獨立基礎를可以永保요若或狃於不和에不思備豫ᄒᆞ고因循頹惰를一蹈覆轍이면從前積弱亦昧는理勢固然이라爲我禍가未必一露이惟我同胞는其勉乎哉저

●見義弟悖　趙慶濟爲名者는河橋居前觀察使趙慶[illegible]氏의弟也라慶濟이性本不良하야浮浪悖類와符同하야其兄의北洞在畓秋收六十餘石落을僞造文券放賣하고又使不知何許漢으로假稱渠兒之子라하고其兄의家舍文券을僞造하야外國人에게放賣하다가中間綻露되야漢城府에捉囚된즉其兄慶[illegible]氏가聞其事實하고[illegible]許[illegible]하며[illegible]給價還[illegible]하고慶濟를亦卽放釋이더니慶濟이終不改過하야三角山下麓森山宇內에在ᄒᆞᆫ其兄의[illegible]을日人處에潛賣ᄒᆞᆫ바[illegible]日人이非徒該松林을斫伐이라[illegible]內을統以立標하야今方[illegible]故로慶濟氏가我國法[illegible]日本事館에呈訴하얏더니昨日[illegible]에서捉囚慶濟하야[illegible]實을[illegible]ᄒᆞᆫ즉供招內에松林價는[illegible]之子李[illegible]가[illegible]食ᄒᆞᆫ故로監獄署에移囚하얏다더라

雜報

法律（續）

四 外國人이趨見ᄒᆞᆯ時에通辯하ᄂᆞᆫ人이言辭ᄅᆞᆯ故意變幻ᄒᆞᆫ者ᄂᆞᆫ懲役五年ᄒᆞ되關係重大ᄒᆞᆫ者ᄂᆞᆫ絞며各官廳에ᄂᆞᆫ懲役三年

五 外國에附從ᄒᆞ야同盟國을謀害ᄒᆞᆫ者ᄂᆞᆫ流十五年

六 二項三項五項의所爲로戰端을開케ᄒᆞᆫ者ᄂᆞᆫ絞

第二章 職權所干律

第一節 制書有違律

第二百二條 制書ᄅᆞᆯ承ᄒᆞ고施行ᄒᆞᆯ바에違ᄒᆞᆫ者ᄂᆞᆫ笞一百에處ᄒᆞᆷ이라

第二百三條 制書ᄅᆞᆯ奉ᄒᆞ고稽緩ᄒᆞᆫ者ᄂᆞᆫ一日에笞五十ᄒᆞ되每一日에一等을加ᄒᆞ야笞一百에止ᄒᆞᆷ이라

第二百四條 制書ᄅᆞᆯ奉行ᄒᆞᆯ時에 旨意ᄅᆞᆯ失錯ᄒᆞᆫ者ᄂᆞᆫ笞七十에處ᄒᆞᆷ이라

第二百五條 制書ᄅᆞᆯ書頒ᄒᆞᆯ時에錯誤ᄒᆞᆷ이有ᄒᆞᆫ者ᄂᆞᆫ笞一百에處ᄒᆞᆷ이라

第二節 享祀錯誤律

第二百六條 祭享日期ᄅᆞᆯ豫先告示치아니ᄒᆞᆫ者ᄂᆞᆫ笞五十이며因ᄒᆞ야行祀ᄅᆞᆯ失誤케ᄒᆞᆫ者와告示ᄅᆞᆯ已承ᄒᆞ고行祀ᄅᆞᆯ失誤ᄒᆞᆫ者ᄂᆞᆫ幷히笞一百에處ᄒᆞᆷ이라

第二百七條 祀典에載在ᄒᆞ야應히致祭ᄒᆞᆯ神祇에祭期ᄅᆞᆯ失誤ᄒᆞᆫ者ᄂᆞᆫ笞一百에處ᄒᆞᆷ이라

第二百八條 緦麻以上喪이有ᄒᆞᆷ을知ᄒᆞ고祭官으로差遣ᄒᆞᆫ者와有喪ᄒᆞᆷ을自言치아니ᄒᆞᆫ者ᄂᆞᆫ笞一十에處ᄒᆞᆷ이라

第二百九條 誓戒ᄅᆞᆯ已受ᄒᆞ고左開行爲ᄅᆞᆯ犯ᄒᆞᆫ者ᄂᆞᆫ幷히笞三十에處ᄒᆞᆷ이라

一 弔喪問疾ᄒᆞᆫ者

二 刑殺文書ᄅᆞᆯ判署ᄒᆞᆫ者

三 宴筵에參預ᄒᆞᆫ者

四 散齋ᄅᆞᆯ淨室에셔不宿ᄒᆞᆫ者

五 致齋ᄅᆞᆯ本所에셔不宿ᄒᆞᆫ者

第二百十條 誓戒ᄅᆞᆯ受ᄒᆞ거나祭禮ᄅᆞᆯ行ᄒᆞᆯ時에錯誤ᄒᆞᆫ者ᄂᆞᆫ幷히笞一十에處ᄒᆞᆷ이라

第二百十一條 祭物에關ᄒᆞ야所犯이有ᄒᆞᆫ者ᄂᆞᆫ左開에依ᄒᆞ야處ᄒᆞᆷ이라

一 祭祀의物品과器具ᄅᆞᆯ應히看品ᄒᆞᆯ者가親審치아니ᄒᆞᆫ者ᄂᆞᆫ笞二十

二 牲牢玉帛黍稷等屬을如法지아니ᄒᆞᆫ者ᄂᆞᆫ笞五十

三 一器에缺少ᄒᆞᆫ者ᄂᆞᆫ笞八十

四 一器ᄅᆞᆯ全缺ᄒᆞᆫ者ᄂᆞᆫ笞一百

五 祭物看守에謹愼치못ᄒᆞ야偸竊을被ᄒᆞ거나畜產의侵犯에至케ᄒᆞᆫ者ᄂᆞᆫ流一年

六 器皿이不潔ᄒᆞᆫ者ᄂᆞᆫ笞五十

七 犧牲餵養ᄒᆞᆷ을如法지아니ᄒᆞ야瘦損에致ᄒᆞᆫ者ᄂᆞᆫ一頭에笞四十ᄒᆞ되每一頭에一等을加ᄒᆞ야笞八十에止ᄒᆞ고因ᄒᆞ야死에致ᄒᆞ거나放失ᄒᆞᆫ者ᄂᆞᆫ一頭에笞五十ᄒᆞ되每一頭에一等을加ᄒᆞ야笞九十에止ᄒᆞᆷ이라

第三節 朝賀及一應行禮失錯律

第二百十二條 朝賀에進參ᄒᆞ거나詔書ᄅᆞᆯ迎接ᄒᆞᆯ時에所司가預先告示치아니ᄒᆞᆫ者와告示ᄅᆞᆯ已承ᄒᆞ고失誤ᄒᆞᆫ者ᄂᆞᆫ幷히笞四十에處ᄒᆞᆷ이라

第四節 奏褫違錯律

第二百十三條 犯罪ᄒᆞᆫ者의應히奏聞ᄒᆞᆯ者ᄅᆞᆯ奏聞치아니ᄒᆞᆫ者ᄂᆞᆫ笞一百이며論功ᄒᆞᆯ者의應히奏請ᄒᆞᆯ者ᄅᆞᆯ奏請치아니ᄒᆞᆫ者ᄂᆞᆫ流一年이며其餘應奏ᄒᆞᆯ事ᄅᆞᆯ不奏ᄒᆞᆫ者ᄂᆞᆫ笞八十이며上司에應報ᄒᆞᆯ事ᄅᆞᆯ不報ᄒᆞᆫ者ᄂᆞᆫ笞四十에處ᄒᆞᆷ이라

（未完）

◎萬國歷史

（續）

第一編 古代史

此三級이世傳ᄒᆞᄂᆞᆫ家風으로父子가相繼ᄒᆞ야變改치못ᄒᆞᆫ則奇材異能이有ᄒᆞ야도上級에昇進ᄒᆞᄂᆞᆫ階梯가無ᄒᆞᆫ故로人民의競爭心이自消ᄒᆞ야其國家의衰頹ᄒᆞᆫ一大源因을成ᄒᆞ며且宗敎도其始에ᄂᆞᆫ高尙ᄒᆞᆫ風이稍有ᄒᆞ더니後漸腐朽ᄒᆞ야猿묘臨牛等을崇拜ᄒᆞ기에至ᄒᆞ야其人心의卑居을愈致ᄒᆞ니라

埃及의美術中可히稱道ᄒᆞᆯ者ᄂᆞᆫ建築術이니宏大ᄒᆞ기로有名ᄒᆞᆫ塔中最大ᄒᆞᆫ者ᄂᆞᆫ其高가四百八十尺이오其底가七百六十四尺이며一石의重量이千六百돈에過ᄒᆞᆫ지라十萬人을役ᄒᆞ야三十星霜을經ᄒᆞ고其工을畢ᄒᆞ다ᄒᆞ니此實專制國君의威로成就ᄒᆞᆫ遺物이나當時의土地가豐饒ᄒᆞ야人民이衣食에窮困치아니ᄒᆞ든事實도推想ᄒᆞ기에亦足ᄒᆞ며雕刻及繪畵의術은尙且極粗ᄒᆞᆫ中에彩色의施用은敎僧의一ᄒᆞᆫ法이有ᄒᆞ야技術家로도其戒ᄅᆞᆯ破ᄒᆞ고自己의意匠을逞ᄒᆞᆷ을不許ᄒᆞ니其步의不進ᄒᆞᆷ이無怪ᄒᆞ도다學問에至ᄒᆞ야ᄂᆞᆫ其門戶가稍高ᄒᆞ야天文學幾何學醫術等事에少通ᄒᆞ니此國의文字ᄂᆞᆫ本來象文字ᄅᆞᆯ用ᄒᆞ얏시나伊來의變化로今에至ᄒᆞ야ᄂᆞᆫ其跡을全失ᄒᆞᆫ지라要ᄒᆞ건ᄃᆡ埃及의文明은一時에其步ᄅᆞᆯ大進ᄒᆞ다가敎僧의專橫을由ᄒᆞ야十分發達치못ᄒᆞ고其度가皆退ᄒᆞ야써今日의衰頹에及ᄒᆞᆷ이로다

第二章 「베벨노니아」（巴比崙尼亞）及「앗셰리아」（阿西利亞）史

「틔구리쇼」（去久利士）河及「유흐렛즈」（猶厚禮朱）河의南岸은土地가肥沃ᄒᆞᆫ故로此地方에古昔으로부터人口가滋息ᄒᆞᆫ則「가듸야」（加耳特亞）巴比崙尼亞及阿西利亞의三國이相繼ᄒᆞ야起ᄒᆞ니加耳特亞의一名은前巴比崙尼亞라紀元前二千三百年頃에님로드（林老道）라ᄒᆞᄂᆞᆫ者가國을建ᄒᆞ야其京城을베벨논（파比崙）地에定ᄒᆞ고其後千餘年을經ᄒᆞ야阿西利亞人의게滅ᄒᆞᆫ바되니阿西利亞人이加耳特亞ᄅᆞᆯ旣滅ᄒᆞ고其都ᄅᆞᆯ「니니브」（尼尼府）에定ᄒᆞᆷ이極히强盛ᄒᆞ야近傍諸國을征服ᄒᆞ며埃及지도其版圖內에入ᄒᆞ얏시나反亂이常不絶ᄒᆞ고紀元前六百二十五年에메듸아（梅太）人의入寇ᄒᆞᄂᆞᆫ際에當ᄒᆞ야ᄂᆞᆫ加耳特亞人이舊日의仇怨으로馬太人과合ᄒᆞ야阿西利亞의京城너니府ᄅᆞᆯ陷ᄒᆞ고其國을遂滅ᄒᆞ니加耳特亞王國이是에至ᄒᆞ야其舊業을復興ᄒᆞᆷ이後파比崙니亞라稱ᄒᆞ고（네부갓네즈）王의時에至ᄒᆞ야隆盛이其極에達ᄒᆞᆫ則其京城파比崙은樓臺의壯麗ᄒᆞᆷ이人의觀瞻을眩耀ᄒᆞ야今日世界上第一雄壯ᄒᆞᆫ大都會英京倫敦보다도五倍가加大ᄒᆞ다云ᄒᆞ나然ᄒᆞ나其後數十年을不出ᄒᆞ야波斯人의滅ᄒᆞᆷ이되則파比崙市의繁華가雪消雲散ᄒᆞ야宮殿朝市의荒墟廢址에鳥鵲의啾조와狐狸의徘徊로巴國의景況이蕭瑟慘담ᄒᆞ니行人過客이麥秀의感歎을不勝ᄒᆞᄂᆞᄯᆞ름이더라

（未完）

野乘

（二）

도트러 팔ᄌᆞ 마련 하야 쥬던 하날님 이라던지 조물쥬 이라던지 숨신졔왕 이라던지 그마련 하던분의 업드려치두지 잣바라 치던지 의향 가ᄂᆞᆫ디로 싱각 도ᄂᆞᆫ디로 디디로 견디여 불것이라 그럼으로 나의친구 오언ㅣ가 지은글에 일너스되

造化小兒無定據 翻來覆去 倒橫直竪 眼見定 如許僧

이라 하얏고 朱晦庵先生이 ᄯᅩᄒᆞᆫ 詞가잇스되

誰不願黃金屋 誰不願千鍾粟 算五行 不是這般題目 枉使心機閒計較 兒孫自有兒孫福

이라하고 蘇東坡老人이 亦有詞 云하되

蝸角虛名 蠅頭微利 算來著甚乾忙 事皆前定 誰弱又誰强

고ᄒᆞᆫ 미여러셔실립네 오락 가락 ᄒᆞᆫ 말ᄉᆞᆷ이 그 ᄯᅳᆺ기 도시 셰간에 일흠날 일과 기혼인에 그다기 미두몰신하야 꼭이마르ᄂᆡ 구ᄒᆞᆫ디도 여리치도 엄즘고 말즘이 부리지비 ᄃᆡ번 디도 겸린 묘리가 잇스리오 하엿스니 이럿케 만하고 보면 분 무 가 겸젹허다 던지 지 긔 가 과인 ᄒᆞ다딘지 간 판 이ᄒᆞᆫ츄 허다던지 다만 하ᄂᆞᆯ님이 ᄒᆞᆫ 붓삿헤 휘둘러 ᄂᆡ쎠리신 결졍으로만 말미아ᄆᆞᆷ이라 하고 보면 모롬지기 장ᄉᆞ도 경영ᄒᆞᆯ 묘리가 이디잇스며 싱애도 아모죠록 잘 허고자 ᄒᆞᆯ ᄉᆞ닭이 어ᄃᆡ 잇ᄉᆞ며 다만 하날이 버려쥬시기만 기다리고 사롬으로 하야금 아모조록 진취ᄒᆞᆯ 싱각이 쇠퇴허고 근자ᄒᆞᆯ 사업 낟타ᄒᆞᆫ디로

（未完）

特別廣告

本申報ᄂᆞᆫ海外電報를卽接ᄒᆞ야機關이靈通ᄒᆞ고外報와探報를이敏捷活潑ᄒᆞ도록注意ᄒᆞ오며申報發送ᄒᆞᄂᆞᆫᄃᆡ迅速信傳ᄒᆞ기ᄂᆞᆫ分傳人으ᄅᆡ在홈으로本社에셔不常에諸分傳人의게丁寧告戒ᄒᆞ고申申訓飭ᄒᆞ야毋或婾惰ᄒᆞ게注意ᄒᆞ거니와或如暫有稽忽이라도愛讀僉君子ᄂᆞᆫ密使ᄒᆞ知ᄒᆞ게本社ᄒᆞ시면該分傳의게誠信相孚ᄒᆞ도록耳提面命ᄒᆞ고勸懲ᄒᆞ가發生ᄒᆞ도록誨諭ᄒᆞ야必無遲誤ᄒᆞ기로期待ᄒᆞ옵나이다

本社에寄書ᄒᆞ시ᄂᆞᆫ諸君子ᄂᆞᆫ姓名과居住를明確ᄒᆞ게懸錄ᄒᆞ시와證據가有ᄒᆞ홈을必要ᄒᆞ이오公衆不利와ᄒᆞᆫ秩序를紊亂케ᄒᆞᄂᆞᆫ意와社會上不經荒誕ᄒᆞᆫ寄書ᄂᆞᆫ不受ᄒᆞᄂᆞᆫ權利가本社에自有ᄒᆞ오니肯諒ᄒᆞ시옵

大韓每日申報社

宣川前郡守白樂三氏ᄂᆞᆫ到任之初로今事貪虐ᄒᆞ야數朔轄錢이至爲數萬金而發訴民狀에卽爲奏免ᄒᆞ고訓査本道에裁判不院則一一落科인ᄃᆡ所貪贓錢은尙不播給ᄒᆞ고何處의運動인지錢五萬兩을暗暗封留ᄒᆞ고復職을期圖ᄒᆞᆫ다ᄒᆞ니法若如是면民邑莫保라더라

李善行
金基睦 告白

貿易商
本社ᄂᆞᆫ仁川港
日本郵便電信局對面
電話第二百一番地
仁川港 廣昌 **洋行**
벤넷트會社 告白

○鐵路部

○東大門과新門間에來往車ᄂᆞᆫ每十分間에運行홈
東大門發初車ᄂᆞᆫ午前六時三十分
新門外停車場發初車ᄂᆞᆫ午前六時五十五分
東大門發終車ᄂᆞᆫ午後九時五十分
新門外停車場發終車ᄂᆞᆫ午後十時十五分

○東大門과洪陵間에來往車ᄂᆞᆫ每二十分間에運行홈
但自鍾路로東大門에來到ᄒᆞᆫ交替車로聯絡홈
東大門發初車ᄂᆞᆫ午前六時五十分
洪陵發　初車ᄂᆞᆫ午前七時十分
東大門發終車ᄂᆞᆫ午後七時五十分
洪陵發　終車ᄂᆞᆫ午後八時十分

○鍾路와龍山間에來往車ᄂᆞᆫ每十二分間에運行홈
鍾路發至南大門初車ᄂᆞᆫ午前六時四十八分
鍾路發至龍山　初車ᄂᆞᆫ午前七時二十四分
南大門發至鍾路初車ᄂᆞᆫ午前六時五十六分
龍山發至鍾路　終車ᄂᆞᆫ午前七時五十七分
南大門發至鍾路終車ᄂᆞᆫ午前十時八分
龍山發至鍾路　終車ᄂᆞᆫ午後九時九分

○特別私用車ᄂᆞᆫ顧客의方便홈을隨應ᄒᆞ야準給홈
但定價ᄂᆞᆫ本社에來臨ᄒᆞ야請問ᄒᆞ옵

○電燈部

二百五十燭力以內의敷用處에ᄂᆞᆫ每個月에定價表가如左홈
○十六燭力燃燈達夜에二圓五十錢
○三十二燭力燃燈達夜에四圓
○五十燭力燃燈達夜에六圓
○一百五十燭力燃燈達夜에十圓
一千二百燭力弧形燈達夜에二十圓
二百五十燭力以上의敷用處에ᄂᆞᆫ請求ᄒᆞ면瓦斯計一箇를設給홈
但瓦斯計貸金은每個月에二圓이오瓦斯計測驗表委托定價ᄂᆞᆫ每時間每암페아에二錢이옵
瓦斯計設給處에셔每介月支拂金最低額은每個月에二十圓인ᄃᆡ(瓦斯計貸金은)据홈
電燈을敷設ᄒᆞ기에請求ᄒᆞᄂᆞᆫᄃᆡ로供給홈
各種連技辦燈도常時에貯存ᄒᆞ엿삽

本社鐵路電氣會社
韓美電氣會社 告白

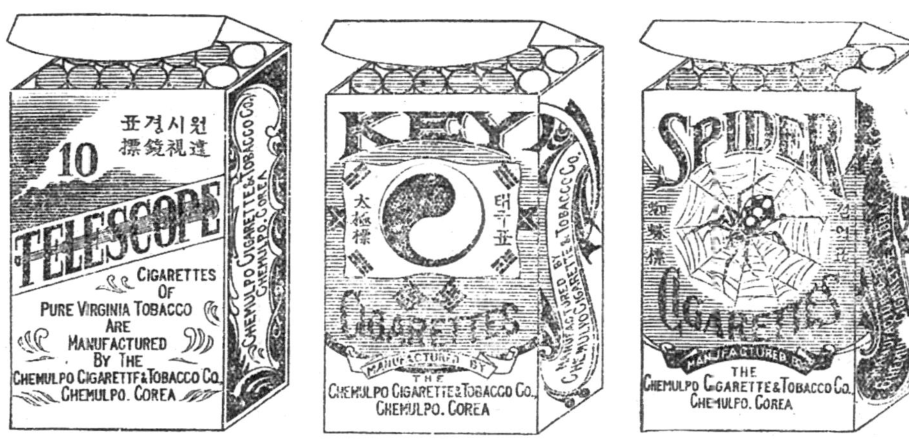

以上三種은上品으로製造ᄒᆞ야衛生上에至極有益ᄒᆞ오니毋論某人ᄒᆞ고本社에來顧ᄒᆞ옵

大韓帝國仁川港
濟物浦紙卷煙及烟草會社

一 鷹標罐濃詰牛乳
一 金印罐詰濃結牛乳
一 無雙家用氣化乳酪
一 쌔ᅵ든쓰製造麥芽化合牛乳
以上은常時에貯積ᄒᆞ엿삽
美國紐育港쌔ᅵ든쓰濃結牛乳會社
一手代理店　大韓仁川港　世昌洋行

廣告

一 雜貨商
一 貿易商
一 船舶取扱
一 烟草商
一 委托販賣及貨物運送代理業
一 貿易仲買商
以上輸入及輸出者
京城 仁川 大昌 **洋行**

本社廣告

申報價
一張代金　韓貨五錢
一箇月前納　五十戔
三箇月　一元五十戔
六箇月　二元九十戔
一箇年　五元八十戔
郵稅一部　新貨五里
一箇月　十三戔

廣告料
四号活字十三字詰
每日每英尺ᅵ寸에新貨卄五錢
(每日每行에六錢에相當홈)
二周日에　二圓五十錢
(每日每行四錢五里에相當홈)
一箇月에　五圓
(每日每行四錢一里에相當홈)
其期限의長短과字行의多少를依ᄒᆞ야增減홈이有홈

大韓人마다此申報를不讀不閱覽ᄒᆞ실티이오니廣告出報ᄒᆞ실僉君子ᄂᆞᆫ來臨面議ᄒᆞ시옵

發行兼編輯人　英國人裴說
發　行　所
京城北署壽進坊礴洞以外地法語學校前
大韓每日申報社

光武九年八月十一日 明治三十八年八月十一日 第三種郵便物認可　日曜日　西曆一千九百五年九月三日 (一)

第三卷　第十九號

大韓每日申報
대한매일신보

月曜及慶節時日休刊

檀君開國四千二百三十八年
箕子元年三千二十七年
大韓開國五百十四年
日本明治三十八年
淸國光緖三十一年
陰曆乙巳八月大初五日乙巳

論說

嗚呼라國之不國이今已久矣라其幾幾千에殆同兒戲ᄒᆞ며財政枵然에乏隔歲之儲ᄒᆞ며諸般器用이無一可恃ᄒᆞ며規模法令이一切蕩弛ᄒᆞ야凡所爲國之具가無所往而不病ᄒᆞ니雖欲與列强으로並驅齊肩이라도形勢之不侔가顯如觀火ᄒᆞ야不可得以望矣이此等大節目은姑置勿論이어니와至若小事細務之在我掌握ᄒᆞ야一號令一揮動에可以勸定者을經年度歲에抛若相望ᄒᆞ야不顧邦本之動搖ᄒᆞ며不念生民之困苦ᄒᆞ고전然視人而甘於尸素ᄒᆞ야惟其一身之煖飽와滿腹之貪壑을是求是營에不以爲恥ᄒᆞ니甚矣라國之無人也여可謂痛哭者也로다

粵自甲午以後로四方賊警이日以滋蔓ᄒᆞ야邑報民訴가逐日雪片般來呈ᄒᆞ니苟於其時에用意左捕된殘區區之徒가卽一狗鼠喘이오癬疥微彼疾이라叱라一加에氣魄이遁藏ᄒᆞ야手之所觸의自可撲滅이어날滿朝肉食이相對如土木偶人ᄒᆞ야一籌莫展而任地猖ㅣᄒᆞ야涓涓不塞에今至滔天ᄒᆞ니溯其源委컨ᄃᆡ誰執其咎일지現今徒黨이已廣에白晝公行ᄒᆞ야近自轂轂之下로遠至四境之內에無處不有ᄒᆞ고無日不起ᄒᆞ야大則攻城掠市ᄒᆞ며大則打家刼舍ᄒᆞ야焚蕩之慘과殺越之禍가在在皆然에甚於兵燹ᄒᆞ니哀彼赤子가何辜于天고司其責任者ㅣ苟有一分人心이면哀矜惻怛을若恫在己ᄒᆞ야忘寢廢餐而思所以拯救ᄂᆞᆫ固其宜也어ᄂᆞᆯ所謂拯救之策이不過五家統申明과左捕官設置等陳腐說話ᄒᆞ니巍巍政事堂이爲養此等人物建立歟아

第以五家統言之컨ᄃᆡ此乃古之連伍法也라其爲制也ㅣ非不要且美矣로ᄃᆡ時有古今ᄒᆞ고勢有緩急ᄒᆞ야不可以一槪行之也ㅣ明矣어ᄂᆞᆯ規規然援此爲說ᄒᆞ야認爲妙策ᄒᆞ니其不達時宜ᄒᆞ고弊箒自珍이良可哂也오且以左捕官으로言之라도該官之巡行은一時雖周오匪類ㅣ出沒은四處無定ᄒᆞ야每聞警報ᄒᆞ고馳往探之則賊已去遠에緩不及事이고徒使列邑으로疲於供億하니此等左捕가有何所益고然則以堂堂千乘之國으로一箇萑苻之盜을左捕無策ᄒᆞ야許多生靈이盡劉乃已니此可使聞於隣國乎아古訓에有之ᄒᆞ되朝廷之大盜을不去ᄒᆞ면閭巷之小寇을難滅이라ᄒᆞ니吾於今日亦云이로다

官報

●第三千二百三十四號　光武九年九月二日

◉宮廷錄事　詔曰秘書監丞洪承斗李鍾榮分詣社稷奉審摘奸仍詣受香諮處奉審摘奸來

八月三十一日

宮內府大臣勳二等臣李載克謹奏卽伏聞秘書監卿金思轍所奏則懿孝殿練主奉安時櫝臺礙趾不待令致勤下詢揆以事體萬萬惶悚事當該監造官請推矣莫重櫝臺요趾不待令以致秘書監卿口奏之境揆諸事體不可仍置當該監造官爲先免本官令法部拘拿懲辦何如謹上奏

光武九年八月三十日奉

旨爲先拘拿懲辦

宮內府大臣勳二等臣李載克謹奏今此山川壇三角山白嶽山木覓山漢江節祭史官當爲監祭而秘書監郞朴海昌入直金夏容金在序高鼎柱山川壇木覓山漢江監祭進三角山白嶽山無進去之人以大祝奉常司典事金秉도權差秘書監郞使之監祭何如謹上奏

光武九年八月三十一日奉

旨依奏

宮內府特進官趙秉式辭職疏

批旨省疏具悉卿其勿辭行公

弘文館學士朴定陽辭職疏

批旨省疏具悉所辭中弘文學士之任依施

宮內府特進官鄭寅學辭職疏

批旨省疏具悉所請依施

以上八月三十一日

◉辭令　解忠淸南北道金礦監理　陰城郡守朴準설

八月　十日

◉部令　軍部令第二號

工事都給及物品購買規程

第一條　軍部及各部隊의所要ᄒᆞᆫ工事와物品購買及修理製作等「兵器彈藥에關ᄒᆞᆫ物을除ᄒᆞᆷ이라」에關ᄒᆞᆫ契約은經理局長이此를擔任ᄒᆞᆷ이라 但京城以外에在ᄒᆞᆫ各部隊에셔ᄂᆞᆫ該部隊長이契約을擔任ᄒᆞᆷ이라

(未完)

外報

●法規新定　上海電을據ᄒᆞᆫ즉駐淸美公使가淸國政府에提議ᄒᆞ기를美國에셔淸國人排斥ᄒᆞᄂᆞᆫ規例를改定ᄒᆞ야美國에留住ᄒᆞᆫ淸國學生과旅行者와商賈等을前보다厚待ᄒᆞ고또海關官員等이淸國人을對ᄒᆞ야不穩ᄒᆞᆫ行動을ᄒᆞ던法規ᄂᆞᆫ廢止된다더라

●巨大日艦　日本義勇艦隊第一艦의容量은二千五百돈이오其速力은二十一海里에達하며其價額은十二萬元에達ᄒᆞᄂᆞᆫ데該艦隊가大坂商船會社로셔軍十運洪ᄒᆞᆫ牢約이成立되얏더라

●山東紛擾　天津新聞을據ᄒᆞᆫ즉山東省通信에云ᄒᆞ니該省에셔德國人을抗拒ᄒᆞ야起擾ᄒᆞ야徒步軍의結黨이猖獗ᄒᆞ야陰曆八月十八日로爲期ᄒᆞ고每戶에壯丁軍一名排出ᄒᆞ고其經費ᄂᆞᆫ公衆捐醵으로支用ᄒᆞ기로確證ᄒᆞ얏다ᄂᆞᆫ傳說이有ᄒᆞ다ᄒᆞ얏더라

●海線擴張　日本新聞을據ᄒᆞᆫ즉北海道宗谷에셔부터樺太島고사고프及露領沿海洲알넥산드로보쓰크ᄭᆞ지海底線을敷設ᄒᆞ얏다더라

●北極探檢隊　香港데일니、프리쓰新聞에接到ᄒᆞᆫ電報를據ᄒᆞᆫ즉시글나氏의北極探檢隊의人員들이現出ᄒᆞ야 다 救極되얏다더라

雜報

●毁家呈訴　日昨筆洞墨洞治峴鑄洞等地의셔日本人이來到하야不問曲直하고人家를毁撤하라ᄂᆞᆫ故로該四洞民이한城府의呼訴하랴ᄒᆞᆫ다더라

●商人多窘　小廣橋書冊廛하ᄂᆞᆫ韓農成이가錢荒之致로數百萬兩欠逋되야去晦日의逃躱하얏ᄂᆞᆫ데其外各처布木廛三四十처도擧皆支撑無路하야不日閉市之境이라더라

●草商狼狽　昨年에南草가凶年이기로商利家에셔南草를多數貿置ᄒᆞ얏더니今年則草農이大登ᄒᆞᆷ으로前日貿草商들이落心千萬이라더라

東京電報

◉講和起草　八月三十一日오後六時二十五分發

日本은데니손의며露國은말템쓰의며講和條約起草를諾ᄒᆞ얏고一週間後에ᄂᆞᆫ彼我調印을見ᄒᆞᆯ事를得ᄒᆞ깃고其時ᄭᆞ지ᄂᆞᆫ休戰치아니ᄒᆞᆫ다더라

◉講和條件　九月一日오後十一時着

講和條件은樺太島ᄂᆞᆫ北緯五十度로境界를숨아日本에割讓ᄒᆞ고共히兵備를不設ᄒᆞᆯ事

◉不置兵備　韓國北境에셔도露國과接界ᄒᆞᆫ處ᄂᆞᆫ是亦互相히兵備를不置ᄒᆞᆯ事

◉捕虜비償金　捕虜비償金은一億五千萬元으로ᄒᆞᆯ事

◉沿海漁業　沿海州의漁業權은日露가同一ᄒᆞᆫ權利를有ᄒᆞᆯ等事ㅣ더라

雜報

◉恩及罪囚　日昨　詔勅을下ᄒᆞ사京司各處와十三道裁判所에罪囚들을減等者ᄂᆞᆫ減等ᄒᆞ고放釋者ᄂᆞᆫ放釋ᄒᆞ라신故로方在現在放釋中인ᄃᆡ昨日陸軍法院門前에罪囚의親戚들이如雲聚集ᄒᆞ야　萬歲를呼ᄒᆞᄂᆞᆫᄃᆡ未決囚들은窓隙으로出覗ᄒᆞ고落淚ᄒᆞ드라더라

◉咸寧殿成　咸寧殿이回祿之變을經ᄒᆞᆫ後　漱玉軒으로、移御ᄒᆞ옵셧더니現今咸寧殿이落成됨으로日間　還御ᄒᆞ옵신다더라

◉開尹上京　開城府尹崔錫肇氏가何許公務를帶ᄒᆞ고昨日에入城ᄒᆞ얏다더라

◉起復何損　嶺南儒生姜夏馨氏가政府에上書ᄒᆞ야參政大臣의起復行公ᄒᆞᆷ이不可라ᄒᆞ얏다니天下之義理無窮ᄒᆞ야不可以一人의所見으로斷其可否어니와大抵起復之不可ᄒᆞᆫ者ᄂᆞᆫ爲其害於義也나然이나凡爲人臣者ᄂᆞᆫ國而忘家ᄂᆞᆫ是乃義之大經이오況値艱虞溢目ᄒᆞ야　皇上이宵旰勤於上ᄒᆞ시며生民이望治於下ᄒᆞ야安危存亡이間不容髮ᄒᆞ니置我私計ᄒᆞ고蹶然而起ᄒᆞ야與吾君吾民으로共其休戚이於義에可乎아抑或難於釋衰에越紼從ᄒᆞ야毅然抗命이於義에可乎아同室有急에被髮纓冠而救之ᄂᆞᆫ聖人所許인즉目今國勢之岌業과生民之塗炭이豈徒同室之可比歟아稱曰義雖可起라도才寡識短ᄒᆞ야不可膺命云爾면容有可說이로되區區以釋衰持難ᄒᆞ야妄議大事ᄒᆞ니拘儒曲見이不直一文이거ᄂᆞᆯ世或以韓琦所謂非盛德事一句로演以爲說ᄒᆞ야堂堂正義을要爲沮撓ᄒᆞ니體統之紊亂이眞爲此輩而言也라ᄒᆞ노라

◉勇敢巡檢　昨日下오十一時에水閤橋等地에行止殊常ᄒᆞᆫ數三漢을南門巡檢白樂允이與其件由巡檢으로追ᄒᆞᆫ즉捕際의幾漢은先爲逃躱ᄒᆞ고李泰仁一漢을欲爲捕縛ᄒᆞᆫ즉該漢이立於水閤橋川中ᄒᆞ야拔劍揮之ᄒᆞᄂᆞᆫ지라巡檢이亦拔劍敵之ᄒᆞ야其左腕을斫ᄒᆞ고捉獲ᄒᆞ야査問則同黨六人이初次의行賊於松坡場ᄒᆞ고去月三十日夜의南門內李彰夏家典鋪를掠奪ᄒᆞ고南門外停車場에서錢二十元을奪取ᄒᆞᆷ을一一自服ᄒᆞ얏더라

◉各戶調査　現日日本司令部로各署內家屋을行將調査ᄒᆞᆯ터인ᄃᆡ各坊統首에게預先知委ᄒᆞᆯ意로警務廳에서各署의申飭ᄒᆞ얏더라

◉毁家治道　日本人治道役所에서山林洞等地人家를每戶에毁撤費五元式出給ᄒᆞ고方張毁撤中이라더라

◉兩銀會話　昨日上오十二時에日本第一銀行所長壽[illegible]吉氏와漢城銀行所員韓相龍氏와其他社員三十餘人이東大門外開運寺에會集ᄒᆞ야新貨交換遲緩事를相議ᄒᆞ얏다더라

◉美使代理　美公使가外部에照會ᄒᆞ얏스되本大臣이今日發向烟台ᄒᆞ야留駐幾日還館ᄒᆞᆯ터인ᄃᆡ所有交涉事宜ᄂᆞᆫ暫令本館總領事巴德으로代理ᄒᆞ니청査照라ᄒᆞ얏더라

◉美使照會　美公使가外部에照會ᄒᆞ얏ᄂᆞᆫᄃᆡ本邦女人閔發가住仁川牛角洞인바宮內府所關電話竿을堅立於該家後러니向被風雨顚仆ᄒᆞᆷ으로更爲移立於該家庭前ᄒᆞ야甚爲妨碍云ᄒᆞ니知照該管府ᄒᆞ야移立該竿이可也라ᄒᆞ얏더라

◉言亦有理　日前本報雜報欄內有甚運動題下에金璉植氏가各敎會中出入ᄒᆞ다ᄂᆞᆫ說은更聞ᄒᆞᆫ즉同氏가慶南巡察使時事件으로平理院에拘拿된지已近一朔인즉敎會出入이實無其路라ᄒᆞ더라

◉巡檢行悖　北署巡檢朴源甚가被酒如泥ᄒᆞ고街路上에拔劍揮之ᄒᆞ야東署彌阿里居李春三의右臂를斫傷ᄒᆞ얏다니此等狂悖ᄒᆞᆫ巡檢을人民保護ᄒᆞᆫ다고用之ᄒᆞᄂᆞᆫ지該署長은可謂昏溺이라고街說이有ᄒᆞ더라

◉駐日電報　駐日公使가外部에電報ᄒᆞ얏ᄂᆞᆫᄃᆡ尹致昊氏ᄂᆞᆫ去月二十日에出發布哇ᄒᆞ얏ᄂᆞᆫᄃᆡ旅費가不足ᄒᆞ며趙東潤等五人은三十日午後에發還ᄒᆞ며閔丙奭閔泳綺等六人은三十一日오後에發還이라더라

◉平監報告　平壤監理가外部에報告ᄒᆞ얏ᄂᆞᆫᄃᆡ日人岡部子爵及前參領鄭觀朝等請願內에本市ᄂᆞᆫ係是關西中心大都府라設施電燈及電氣鐵道之必要故로本人等이擬設電氣等務ᄒᆞ며且於飮料에亦有不潔故로升設給水事務ᄒᆞ기玆以請願ᄒᆞ니照亮認許等情인바自本署로有難擅許ᄒᆞ오니査照處ᄂᆞᆫ伏望이라ᄒᆞ얏더라

◉天竺請願　楊州道峯山天竺寺僧侶[illegible]察이가內部의請願ᄒᆞ얏ᄂᆞᆫᄃᆡ東小門外藥寺僧善仁이虛傳大臣分付ᄒᆞ고巡檢을率同ᄒᆞ야多率徒黨ᄒᆞ고勒毁草幕ᄒᆞ야盡輸木材而去ᄒᆞ얏시니嚴飭警務廳ᄒᆞ와該僧善仁과符同ᄒᆞᆫ巡檢을捉致嚴懲ᄒᆞ고草幕을使之如前修理를伏望이라ᄒᆞ얏더라

◉秋燈聽潮錄

方今新內閣을組織ᄒᆞᆯ計劃으로參政大臣을新任ᄒᆞ얏ᄂᆞᆫ가舊內閣을斥逐ᄒᆞᆯ方針으로參政大臣을新任ᄒᆞ얏ᄂᆞᆫ가新任參政大臣이不日入閣ᄒᆞᆫ다ᄂᆞᆫ傳說이籍籍ᄒᆞ되吾人의淺見에ᄂᆞᆫ參政大臣이賢明才智가果有ᄒᆞᆯ지면率先히出脚키를不肯ᄒᆞᆯ時代이라ᄒᆞ노라

何許인고新內閣을善良히組織ᄒᆞᆯ지면靑年的學問的으로器量才局이超絕ᄒᆞᆫ新面目人物로登庸ᄒᆞ여야年久腐敗ᄒᆞᆫ舊政府에瓦斯를消滌ᄒᆞ고文明ᄒᆞᆫ新空氣를吸取ᄒᆞᆯ지,인ᄃᆡ如斯ᄒᆞᆫ人物이當日舊政府에何許色으로着目詔笑ᄒᆞᄂᆞᆫ賤丈夫와如히多數키ᄂᆞᆫ期必키不能ᄒᆞᆯ거이니百般이나思量ᄒᆞ야도宿臣士大夫家에幾人이有ᄒᆞᆫ지外國游學生에幾人이有ᄒᆞᆫ지草野에隱伏ᄒᆞ야時覩에注意ᄒᆞᄂᆞᆫ志士에幾人이有ᄒᆞᆫ지不知ᄒᆞ되假令可用ᄒᆞᆯ人物이有ᄒᆞ다ᄒᆞ야도知何ᄒᆞᆫ權限力으로一塊壤에良玉이包藏ᄒᆞᆷ을知得ᄒᆞ며如何ᄒᆞᆫ大腕力으로千尺修綆을垂ᄒᆞ야一潮에汲引ᄒᆞᆫ다謂ᄒᆞ리오當政府를歷歷可數인ᄃᆡ金枝玉葉에皇室懿親을斥逐ᄒᆞᆯ가天日을撼動ᄒᆞᄂᆞᆫ椒房權戚을斥逐ᄒᆞᆯ가外人頤使ᄒᆞᄂᆞᆫ鷹犬의功績이有ᄒᆞᆫ勢客을斥逐ᄒᆞᆯ가金力을揮動ᄒᆞ야天地를翻覆ᄒᆞ고黨羽를樹張ᄒᆞ야威福을盜弄ᄒᆞᄂᆞᆫ巨室를斥逐ᄒᆞᆯ가四面으로顧省ᄒᆞ야도一指를染키極難ᄒᆞᆫ形勢이라新內閣도組織키不能ᄒᆞ며舊政府도斥逐키不能ᄒᆞ면內閣首席에出張ᄒᆞ야何件事業을新發明ᄒᆞᆯᄂᆞᆫ지縱然危急ᄒᆞᆫ國家를扶持ᄒᆞ며困悴ᄒᆞᆫ生靈을救濟키ᄂᆞᆫ下分擔任키不能ᄒᆞᆯ지라도自家名譽를苟苟保全ᄒᆞᆯ方策인들豈有ᄒᆞᆯ가요

新任參政大臣이何等의才智德望이有ᄒᆞ야果然[illegible]과加ᄒᆞ며何等의勇慾關節이有ᄒᆞ야危破當과如ᄒᆞᆫ는지不知ᄒᆞ거니와當今形勢ᄂᆞᆫ如斯ᄒᆞᆫ英雄手段이不足ᄒᆞ며今日韓國에新內閣人物을求ᄒᆞ면潮의猛勢와如히進ᄒᆞ며舊政府汚穢를大潮의[illegible]掃除ᄒᆞ기를希望ᄒᆞ리오請컨ᄃᆡ兩眼光線을放ᄒᆞ야國家形勢를試觀ᄒᆞᆯ지어다風景은不殊언마ᄂᆞᆫ山河ᄂᆞᆫ異ᄒᆞᆷ이엇지慨嘆ᄒᆞᆯ바一掬熱淚를不禁ᄒᆞ리오此時가何時오內閣首班의然凝坐ᄒᆞ야且避縮語를左右隱忍ᄒᆞ야兩班女의醜態를不有ᄒᆞ며官中長策은內親外附ᄒᆞ야一斷者의賤習을使用ᄒᆞ야一國을顚覆케ᄒᆞᆫ前轍을改革키不能ᄒᆞ시면無用히一身을潔ᄒᆞ며小節을拘ᄒᆞ야一步地를不出ᄒᆞ야名節을保全ᄒᆞᆫ다ᄒᆞᆫ不可ᄒᆞᆯ지라此當頭ᄒᆞ야ㅣ엇지十分猶豫ᄒᆞ야니ᄒᆞᆯ리오

一穗秋燈의万感이叢集ᄒᆞᆫᄃᆡ[illegible]上風淸을從中의猛聽ᄒᆞ고秋燈聽潮錄을記述ᄒᆞ야新任參政大臣의出處困窮ᄒᆞᆷ을警省ᄒᆞ야ᄂᆞ라

雜報

法律 (續)

第二百十四條 應히上奏홀事를已奏호고 裁下호심을待치아니코擅行훈者는笞一百이며上司에應報홀事를報호고回報를待치아니코徑行훈者는笞四十에處홈이라

第二百十五條 上書나奏事홀時에錯誤호야公事에有害훈者는笞六十이며上司에申報호는디錯誤훈者는笞四十에處홈이라

但錯誤훈文案이事에無害훈者는勿論홈이라

第二百十六條 奏事나上書에御諱나廟諱를誤犯훈者는笞八十이며其餘文書에는笞四十이며名字를作호는디觸犯훈者는笞一百에處홈이라

第二百十七條 司法官이赦典을奉호야罪囚를審錄홀時에放훈者와應減훈者를 奏本이나報告에漏脫호거나未放훈者와未減훈者를誤錄훈者는笞一百에處홈이라

第五節 直守違背律

第二百十八條 官吏나使役이職役에無故히擅離훈者는笞四十에處홈이라

第二百十九條 官吏나使役이應直不直호거나應宿不宿훈者는笞二十에處홈이라

第二百二十條 壇 廟 社 殿 宮 陵 園 墓와 闕內의官役이第二百十八條第二百十九條의所爲를犯훈者는各其本條에二等을加홈이라

第二百二十一條 把守호는者가信地를擅離훈者는左開에依호야處홈이라

一 闕門에는笞一百

二 京城門에는笞九十

三 各處信地에는笞五十

第二百二十二條 壇 廟 社 殿 宮 陵 園 墓와 闕內의直守호는者나倉庫나罪囚를監守호는者가火起홈을見호고所守를離훈者는笞一百에處홈이라

第二百二十三條 應히官物을監守호거나罪囚를看守호거나其他把守호는者를私自代替훈者나被代훈者는幷히笞四十에處홈이라

第二百二十四條 把守나警察호는時에睡호거나醉호야事務를不省훈者는笞五十에處홈이라

第二百二十五條 宮禁에把守호는者가第二百二十二條第二百二十四條의所爲를犯훈者는各其本條에二等을加홈이라

第六節 厭避職役律

第二百二十六條 官吏나使役이承差나在任에事를臨호야託故호거나稱病호고圖避호거나避難就易훈者는笞四十이며重事에는笞八十에處호고因호야在逃호거나故自傷殘훈者는笞一百에處홈이라

第二百二十七條 守令이印章을上司에投호고徑歸훈者는笞一百에處홈이라

第二百二十八條 幸行時에車駕를隨從훈者가違期不到호거나已從호고도先回還훈者는一日에笞四十호되每三日에一等을加호야笞一百에止홈이라

但中道에서逃훈者는流終身에處홈이라

第二百二十九條 職役을被任호야受勅或受牒훈後에託故호고視務치아니훈者는一日에笞二十호되每十日에一等을加호야笞五十에止호고仍卽視務케홈이라

第二百三十條 官醫가病人의請救홈을厭怕호야卽히診察치아니훈者는笞五十이며因호야病人이死에至훈者는笞一百에處홈이라

第七節 交替有違律

第二百三十一條 官吏나使役이直所에在호야替直호는時에面交치아니훈者는笞二十에處홈이라

第二百三十二條 官員이被任훈後發途期限을違背호거나發途호고도赴任期限을過훈者는幷히一日에笞一十호되每十日에一等을加호야笞八十에止호고仍令卽發케홈이라

第二百三十三條 官員이遞任훈境遇에代官이到任호거든其所掌호얏든戶口錢糧刑名等各項文簿를指掌호되虛案明白치아니훈者는笞八十이며十日이過호도록傳掌치아니하거나任所에離치아니훈者는一日에笞一十호되每十日에一等을加호야笞六十에正홈이라.

但風雨水나賊盜나疾病이나喪故를因호야前進치못호야所在官司의文憑이的確훈時에는勿論홈이라

(未完)

◎萬國歷史

第一編 古代史 (續)

阿西利亞人은雕刻을善호며衆鑄鍍金轆轤等術도知호고又水道及隧道의法을解호며其他日用技術에通치못훈者가少호고파比崙尼人은建築術에長호며且才學에秀호야古代의學問은其淵源이皆此國에서發호니就中에天文學數學은其進이最早호야前파比崙尼亞의時로봇터晝夜平分의期를已知호고且日時計를製호야時間을測훈지라阿歷山得大王이東征호든時에此國의一千九百三年前天象觀測훈遺牒을發見호다云호니蓋此國의地方이平原의曠漠홈으로雲霧가稀少호야夜間인즉一天이澄청훈故로星宿를觀測호기에便훈然故라云호더라此三國의政體는皆世襲훈專制王國이오宗敎는多神敎를奉호고日用호는文字는三角形이니今日學士文人의解得호는字가三百에近호다云호더라

第三章 「히브루」(希富累)史

此國民은元來居處를不定훈牧畜者러니紀元前千三百二十年頃에「가나안」(佳나安)의地에國을定호고千年前後에「싸빗드」(多比道)及「솔로만」(率老滿)等의明君이繼出호야一時는其威를振호얏나不久에式微훈則或他國의隷屬되며或獨立國되기도호다가紀元前六十三年에羅馬의大將「폼페」(布音蔽)의게亾호미其叛亂이無常호야都府는燒失호고人民은四方에奔散호니라

文學技術商業은皆發達치못호고惟宗敎의思想만高明훈域에上達호야今世에舊約全書라稱호는耶蘇法이卽希富累人의經典이라其政體는初則敎僧이天神의意를奉行호야萬事를處置훈다홈으로神政이라謂호더니其後에王政으로變호니라

(未完)

野乘

(二)

도라갈밧게 다른 도리가 이딕 잇스오리가 여러분은 청컨디 이러훈 의심 나는입에 먹우 싱각좀 허여 보옵소서 가사 사룸의 집에 자식을 나흐미 게어르고 못싱긴 깃은 그팔자가 지극히 천혈로 돕릴상 하고 물키저 마련이 한푼엇치도 업시 싱긴것은 그 팔즈가 금직이 궁허깃다고 결딩허면 됴흘듯 허외다 마는 도라 보건딕 이것은 덧덧훈 리처오 스스로 문득 그선약 현 불조 지우 군만 다니놋코 눈 감쪽 홀사이에 부 귀 공 명 이 우박 쏘다지듯 것잡을슈업시 사룸의 의사 바깃헤 터럭끗만치도 오량에 닷치안코 셤속에 버셔 지는일이 하도 만스오니 여러분을삼적 달속 말고 자셔이드러 보옵소서

네두 한 사룸이 잇스니 성은 김가요 일홈은 유후ㅣ니 터디로 안진 장수션동모로 시경쥼 스룸이되야 절머셔 봇터 한습허기들 앗참이면 셔벽 일즉ㅎ즉 니러 나고 져역이면 밥이 깁허 늣게늣게 자슴 자서 견가지 싱각 자만가지 셰산이 디 부원밧게는 착슈히 아니 홈으ㅌ 인연 잇혀 이러 구러집인 상필이 추초로 편안무스훈 경도에 달하야 가눈지라 이런으로 동니스룸이 다 김장조라 부르디라 김장조가 날로 부르런이 산업을 다스리 한상 ㅅ요훈 밤잠 업슨써에 가만이 한 싱각을 어디로오디 니가 지분을 니손에 만저 본것으로 헤아리량이면 남산이 놉다홀수가 업사딕 지금에 소존자가 손흐아 세일 만흐빗비 더되지 아니허엿고 또 잣단바스락 은즈는 자연이 스기 쉬우니

特別廣告

本申報ᄂᆞᆫ海外電報ᄅᆞᆯ卽接ᄒᆞ야機關이靈通ᄒᆞ고外報와探報ᄅᆞᆯ敏捷活潑ᄒᆞ도록注意ᄒᆞ오며申報發送ᄒᆞᄂᆞᆫ되迅速信傳ᄒᆞ기ᄂᆞᆫ分傳人의게在홈으로本社에셔不常에諸分傳人의게了寧告戒ᄒᆞ고中中訓飭ᄒᆞ야毋或嫁惰ᄒᆞ게注意ᄒᆞ거니와如或暫有積忽이라도愛識僉有子ᄂᆞᆫ密使通知子本社ᄒᆞ시면該分傳의게誠信相孚ᄒᆞ도록과提留命ᄒᆞ고勤贊가發生ᄒᆞ도록諭論ᄒᆞ야必無遲誤ᄒᆞ기로期待ᄒᆞ옵나이다

本社에寄書ᄒᆞ시ᄂᆞᆫ諸君子ᄂᆞᆫ姓名과居住ᄅᆞᆯ明確ᄒᆞ게懸錄附ᄒᆞ시와證據가有利홈을必要홈이오公衆不利ᄒᆞᆫ秩序ᄅᆞᆯ紊亂케ᄒᆞᄂᆞᆫ意와社會上不經荒雜ᄒᆞᆫ寄書ᄂᆞᆫ不受ᄒᆞᄂᆞᆫ權利가本社에自有ᄒᆞ오니肯諒ᄒᆞ시옵

大韓每日申報社

宣川前郡守白樂三氏ᄂᆞᆫ到任之初로夤事貪虐ᄒᆞ야斂刷贓錢이至爲數萬金而發訴民狀에卽爲奏免ᄒᆞ고訓査本道에裁判不院則一一落科인데所貪贓錢은尙不播給ᄒᆞ고何處의運動인지錢五萬兩을暗暗封留ᄒᆞ고復職을期圖ᄒᆞᆫ다ᄒᆞ니法若如是면民邑莫保라ᄒᆞ더라

李善行
金基睦　告白

貿易商
本社ᄂᆞᆫ仁川港日本郵便電信局對面電話第二百一番地
仁川港 廣昌洋行
벤넛트會社　告白

○鐵路部

○東大門과新門間에來往車ᄂᆞᆫ每十分間에運行홈
東大門發初車ᄂᆞᆫ午前六時三十分
新門外停車場發初車ᄂᆞᆫ午前六時五十五分
東大門發終車ᄂᆞᆫ午後九時五十分
新門外停車場發終車ᄂᆞᆫ午後十時十五分

○東大門과洪陵間에來往車ᄂᆞᆫ每二十分間에運行홈
但自鍾路로東大門에來到ᄒᆞᆫ交替車로聯絡홈
東大門發初車ᄂᆞᆫ午前六時五十分
洪陵發　初車ᄂᆞᆫ午前七時十分
東大門發終車ᄂᆞᆫ午後七時五十分
洪陵發　終車ᄂᆞᆫ午後八時十分

○鍾路와龍山間에來往車ᄂᆞᆫ每十二分間에運行홈
鍾路發至南大門初車ᄂᆞᆫ午前六時四十八分
鍾路發至龍山　初車ᄂᆞᆫ午前七時二十四分
南大門發至鍾路初車ᄂᆞᆫ午前六時五十六分
龍山發至鍾路　終車ᄂᆞᆫ午前七時五十七分
南大門發至鍾路終車ᄂᆞᆫ午前十時八分
龍山發至鍾路　終車ᄂᆞᆫ午後九時九分

○特別私用車ᄂᆞᆫ顧客의方便홈을隨應ᄒᆞ야準給홈
但定價ᄂᆞᆫ本社에來臨ᄒᆞ야詢問ᄒᆞ옵

○電燈部

二百五十燭力以內의敷用處에ᄂᆞᆫ每個月에定價表가如左홈
○十六燭力燃燈達夜에二圓五十錢
○三十二燭力燃燈達夜에四圓
○五十燭力燃燈達夜에六圓
○一百五十燭力燃燈達夜에十圓
一千二百燭力弧形燈達夜에二十圓
二百五十燭力以上의敷用處에ᄂᆞᆫ請求ᄒᆞ면瓦斯計一箇를設給홈
但瓦斯計賃金은每個月에二圓이오瓦斯計測驗表委托定價ᄂᆞᆫ每時間每암페아에二錢이옵
瓦斯計設給處에셔每介月支拂金最低額은每個月에二十圓인되「瓦斯計賃金은」據홈
電燈을敷設ᄒᆞ기에請求ᄒᆞᄂᆞᆫ되로供給홈
各種連技辦燈도常時에貯存ᄒᆞ엿숩

本社鍾路電氣會社
韓美電氣會社　告白

一鷹標罐濃詰牛乳
一金印罐詰濃結牛乳
一無雙家用氣化乳酪
一쌔ㅣ든쓰ㅣ製造麥芽化合牛乳
以上은常時에貯積ᄒᆞ엿숩
美國紐育港쌔ㅣ든쓰ㅣ濃結牛유會社
一手代理店　大韓仁川港　世昌洋行

大韓帝國仁川港
濟物浦紙卷煙及烟草會社

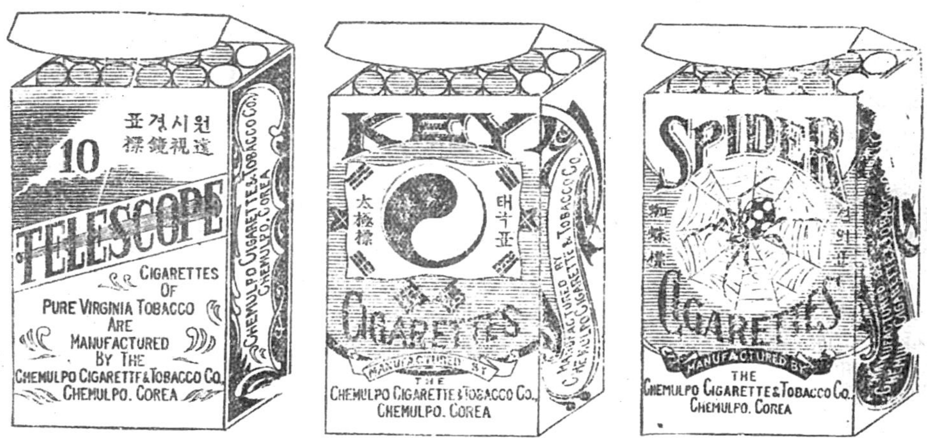

以上三種은上品으로製造ᄒᆞ야衛生上에至極有益ᄒᆞ오니毋論某人ᄒᆞ고本社에來願ᄒᆞ옵

廣告

一雜貨商
一貿易商
一船舶取扱
一烟草商
一委托販賣及貨物運送代理業
一貿易石炭商
以上輸入及輸出者
京城 仁川 大昌洋行

本社廣告

申報價
一張代金　韓貨五錢
一箇月前納　五十戔
三箇月　一元五十戔
六箇月　二元九十戔
一箇年　五元八十戔
郵稅一部　新貨五里
一箇月　十三戔

廣告料
四号活字十三字詰每日每英尺一寸에新貨廿五錢
（每日每行에六錢에相當홈）
二周日에　二圓五十錢
（每日每行四錢五里에相當홈）
一箇月에　五圓
（每日每行四錢一里에相當홈）
其期限의長短과字行의多少를依ᄒᆞ야增減홈이有홈

大韓人마다此申報를不得不閱覽ᄒᆞ실터이오니廣告出報ᄒᆞ실僉君子ᄂᆞᆫ來臨面議ᄒᆞ시옵

發行兼編輯人　英國人裴說
發行所
京城北署西部進坊徽洞外地法語學校前
大韓每日申報社

第三卷

大韓每日申報
대한매일신보

第二十號

月曜及慶節 時日休刊

檀君開國四千二百三十八年
箕子元年三千二十七年
大韓開國五百十四年
日本明治三十八年
清國光緒三十一年
陰曆乙巳八月大初七日丁未

論說

日昨風雨가連三宵不解ᄒᆞ야道無行人ᄒᆞ고門無剝啄ᄒᆞ야窮居光景이轉益悽凉이라瘦妻ㅣ셜桂炊玉에相對一飽ᄒᆞ고風窓殘燈之下에取床頭書ᄒᆞ야披閱三兩葉라가仍又昏昏思睡ᄒᆞ야曲肱而臥矣러니忽聞門外에人語喧聒ᄒᆞ야久而不息커날心甚驚怪ᄒᆞ야徐起攝衣하고尋聲而往看則乃是余之西隣에一座院宇가極其宏傑ᄒᆞ야儼如王侯第宅인ᄃᆡ幾年來ㅣ不加修治ᄒᆞ야滿目荒凉之中에又被今番風雨가十分猛烈ᄒᆞ야朱欄綠窓과粉墻畫壁이隨處滲漏에無一完存ᄒᆞ며梁頹而歸燕이失巢ᄒᆞ고竈癈而亂鼃ㅣ爭鳴ᄒᆞ야顚覆之患이凜若在卽이라同室諸人이半夜蒼黃ᄒᆞ야或歎或弔에所見이愁慘이어ᄂᆞᆯ余亦竦然ᄒᆞ야揖主人而問之曰何爲至於是乎아主人이喟然良久에曰言之에祇可傷心이로다吾本承世基業ᄒᆞ고生長綺紈ᄒᆞ야世所謂利害得失을漠然不以經意ᄒᆞ고惟日所事가在於讀書談道ᄒᆞ며好善樂施而已오至於治産營業等事ᄒᆞ야ᄂᆞᆫ惟門客與奴僕幾人을是任是聽이더니關鍵이太弛ᄒᆞ고所任이非人이라歛散出納이全沒規模ᄒᆞ며欺負偸竊이罔有紀極ᄒᆞ야幾處田庄이已至荒廢ᄒᆞ며許多金帛이盡歸消융ᄒᆞ야家中百事가紛如亂麻이고況玆傳來之屋宇을視同弁髦而一任頹敗ᄒᆞ야使我追遑에不安厥居ᄒᆞ니回想前日繁華컨ᄃᆡ不覺潸然涕下라此輩之罪惡은更僕難數이어니와咎實在吾라悔亦無及이로라余ㅣ慰之曰盛衰存亡이轉環無常ᄒᆞ니今日之困阨은天所以玉成吾子也라將來無窮之福利가安知不造端乎今日이리오마ᄂᆞᆫ但反噬之門客과不令之奴僕을一味信任은取敗之道也니其廓然屛斥을宜不俟終日이오若乃屋宇之重修ᄒᆞ야ᄂᆞᆫ事極重大라非良匠이면不可니吾子其有意乎哉아主人曰吾嘗爲其重修ᄒᆞ야使彼門客로僕輩로遍于城內에廣求良匠이러니及其來也인返爲毁瓦劃墁ᄒᆞ야傾危之態가甚於前日키로于今幾年에不知幾番招匠ᄒᆞ며幾番營修로되所謂匠石이同然一色ᄒᆞ야徒貪其直ᄒᆞ고無一實效ᄒᆞ니誰爲良匠과誰爲庸匠을其將何術以辨之오여余曰夫良匠者ᄂᆞᆫ千門萬戶가自在其胷中이라巧奪公輸ᄒᆞ며智侔神工ᄒᆞ야連雲大廈와接天層樓을造次結子而不爽尺寸ᄒᆞ며揮其斤斧則盤根錯節이一時冰解ᄒᆞ고定其繩墨則拳曲擁腫이皆如矢直ᄒᆞ야新子重修을莫不如意ᄒᆞ며勞高功多ᄒᆞᄃᆡ不爭其直ᄒᆞᄂᆞ니公必欲求ᄒᆞᆫᄃᆡ何患無인이리오主人이莞爾而笑ᄒᆞ고呼酒勸여曰子姑休矣어다吾當徐思之ᄒᆞ리라酒過數巡에여ㅣ不勝慨然하야從以歌之曰屋將攉兮여當誅非耶아僕與客이로다誰是良匠兮여佩神斧而持玉尺이로다變而莫可售兮여中心鬱其難釋이로다危乎殆乎여風雨ㅣ有時乎迫이로다歌竟而歸ᄒᆡ悵風이滿袖

官報

●第三千二百三十五號　光武九年九月四日

◉宮廷錄事　詔曰美國人高仁勞著勤幹特叙勳五等賜太極章
光武九年八月二十九日
表勳院摠裁臨時署理朴齊純

詔曰命宮內府特進官趙秉式爲弘文館學士正一品朴定陽爲宮內府特進官
以上八月三十一日

◉叙任及辭令　陞六級俸
中樞院主事吳圭桓
叙勳五等賜太極章　美國人高仁
以上八月二十九日

命弘文館學士叙勅任官二等
宮內府特進官趙秉式
命宮內府特進官叙勅任官一等
正一品朴定陽
命收租官　正三品金學濟
命經理院技手叙判任官七等
六品金弘南
慶興殿令徐讃洙　濬源殿參奉金昌烈　齊陵參奉尹宗鉉
依願免本官
任慶基殿令叙判任官八等
慶基殿參奉金泰鉉
任慶基殿參奉叙判任官八等
肇慶廟參奉鄭在鵬
任肇慶廟參奉叙判任官八等
李愚賢
任濬源殿參奉叙判任官八等
金景式
任齊陵參奉叙判任官八等
韓景錫
以上八月三十一日

●第三千二百三十四號　光武九年九月二日

◉部令　軍部令第三號

工事擢給及物品購買規程(續)

第二條　光武九年議政府令第三號「以下ᄂᆞᆫ單히議政府令第三號라稱ᄒᆞᆷ」第一條第七의境遇「五百圜에過치아니ᄒᆞᆫ工事又ᄂᆞᆫ物品의買入과借入의契約을爲ᄒᆞᆯ時」에在ᄒᆞ야ᄂᆞᆫ工事被服糧米馬糧에係ᄒᆞᆫ者를除ᄒᆞᆫ外에各部隊長이其契約을擔任ᄒᆞᆷ이라

第三條　兵器彈藥의購買及其製造修理에要ᄒᆞᆯ物件의購買修理等에契約은軍器廠長이擔任ᄒᆞᆷ이라

第四條　議政府令第三號第一條第四「特殊의物質又ᄂᆞᆫ特別使用에係ᄒᆞᆷ을因ᄒᆞ야生產製造의處所ᄂᆞᆫ生產者와製造者로셔直接으로物品의買入을要ᄒᆞᆯ時」에依ᄒᆞ야隨意契約에依ᄒᆞᆷ을得ᄒᆞᆯ物品은左와如ᄒᆞᆷ이라

一　銃砲及彈藥의造에要ᄒᆞᆫ特種의性質과特別使用의目的이有ᄒᆞᆫ材料、石炭類

(未完)

詞林

躑躅行　老愁

君不見漢南狂客禹龍澤一腔熱血沸輪囷　又不見蹈海魯連恥帝秦世事無關守且屯　躑躅復躑躅其義醇乎醇　曉爾圓顱方趾禹龍澤以身殉國曰成仁　力其勵氣張膽吐孤憤血淚縱橫訴蒼旻　威武不能屈强禦不能馴　飛書勸勉激揚將曰仁曰義陳諄諄　驪檄歐米乘槎客存亡繼絕勸國賓　嗟爾含齒戴髮禹龍澤効顰未蔑傲古人　躑躅復躑躅兮我在歎不辰　怪怪奇奇姓禹爲不是易東血亂身　身與國俱滅不忝乃祖爲人臣　志士爲俘虜吾著志士論　吁嗟今之世準擬今世遊　歷數爾之所遭欺徂爾之誓言不足喜血訥　更僕爾之際遇歟得衛之惡言不足怒且嘲　侮乃待之以凶奴歟其意頗有倫　人之受侮出自侮欲止其侮早自新　捨此不治徒譽寧所以目爾爲失眞　我今停杯一問之禹生發狂非失眞　狂來一狂復一狂狂奴故態狂生嗔　山凡水俗之人曰此等風騷將以質諸右史氏

雜報

●夢責波蘭人

滿天風雨에大讀波蘭史라가至於波蘭之亡은非露國人이亾之라即波蘭人自亡之句語ᄒᆞ야油然悲感ᄒᆞ야洒一掬淚ᄒᆞ고乃以一大白으로諒其執筆者러니夜至半에夢見一夥人衆이啾啾而哭ᄒᆞ고煩寃於余曰波蘭之亡은爲波蘭之人者ㅣ慟切風泉이어날開爲日之以波蘭人自亡ᄒᆞ야以貽千秋之羞也오

余ㅣ慨然而解之曰公等이是波蘭人乎아畧述數言而告之ᄒᆞ리니君其聽之ᄒᆞ라

當初俄女皇의特楚嗣位也에虎狼之참涎이淋漓於波蘭ᄒᆞ야遣使講好ᄒᆞ고密使金帛ᄒᆞ야交結宮掖ᄒᆞ고賂遺大臣ᄒᆞ니波廷大臣이莫不服從ᄒᆞ야潛啓其釁ᄒᆞ야首倡亡國之창鬼ᄒᆞ니此非波人之自亡乎아

카特林이深結心腹之波人婁多斯啓로潛圖嗣位ᄒᆞ야與普密約ᄒᆞ야稱爲保護ᄒᆞ고示以威武ᄒᆞ야納而爲君이로ᄃᆡ全國臣民이無一人敢言者ᄒᆞ니此非波人之自亡乎아

土國이深有援助波國之意어날露甚猜忌ᄒᆞ야稱以不和ᄒᆞ고構釁開戰일셰波人이舉皆向露ᄒᆞ야土兵이竟至狼貝ᄒᆞ고波國이遂失援助ᄒᆞ니此非波人之自亡乎아

波人之設議會也에露使辨伯寧이監督會員ᄒᆞ야鉗其言權ᄒᆞ니會長賴其末利는先爲附露而立會ᄒᆞ야計復國權이라가至此大悟曰我爲로僕이라ᄒᆞ고竟不能脫其羈絆ᄒᆞ니此非波人之自亡乎아

羅馬教皇使者及天主教長鎖底格이演說於會場ᄒᆞ야議論懇切ᄒᆞ니露使ㅣ亦不能屈이로되波之인士ㅣ黯昧冥頑ᄒᆞ야不能成團體ᄒᆞ고反讐其教徒ᄒᆞ야公議遂沮ᄒᆞ니此非波인之自亡乎아

露使ㅣ執其沮議直諫於王前者數十인ᄒᆞ야遣戍於東鄙ᄒᆞ고因宣示曰方使波國으로獲其利益이어늘此曹橫議ᄒᆞ야致此妨害ᄒᆞ니流於遠方ᄒᆞ야以正憲刑이라ᄒᆞ야늘波인이大喪其氣ᄒᆞ야駸駸然馴服ᄒᆞ야全國이噤口ᄒᆞ니此非波인之自亡乎아

露使ㅣ權勢益盛하야波之爵紳을或致恩賞하며或開宴享하며或勸華職하니滿廷인物이無敢忤逆오又或尋釁恐喝하야搖動官職이면苞金公行하야百般媚諛하니一朝傾向에王權虛位而已라此非波인之自亡乎아

波인이亂設會場하고互相紛紜이라가增定一官하야名曰議部라하고每開會時에露兵이圍繞恫喝일셔議士ㅣ承其指揮하야約定波王月銀하고其下大小臣工祿서롤定其新章하야或增或奪이로ᄃᆡ大臣百工은爭圖祿位하고一無憂國者하니此非波인之自亡乎아

此時廷臣이皆露國之命者라唯露國之有益者는聽其頤使하고削弱自國하야日益斷喪하니此非波인之自亡乎아

波王이受露國之操束하야不敢自專이오但以王之不陸者로拜其官員하야掣肘諸事하니此非波인之自亡乎아

將分其土地일시命其耆民會班하녀攝其兵威하야乃爲署給하니此非波인之自亡乎아

版圖其土地하며入籍其인口어늘波王이不敢一言抗拒하고從其俄命하야以保全身家로爲姑息計라가竟至歸命하니此非波인之自亡乎아

至若一朝縱兵하야魚肉其生靈하며俘虜其國君하며丘墟其版圖하야는雖非파人之自爲로되先其未然之日하며及其可爲之勢하야君臣上下不能自修自强하고惜然坐失하니豈不可日과人之自亡乎아至於路人하야는天與也라豈不取之리오

一夥人衆이聽罷에啼然無語이라가一人이拍掌呵呵日如今見之컨ᄃᆡ自亡其國者ㅣ非獨我波蘭人而已니與之同歸호리라ᄒᆞ고踉蹌而去어늘乃驚悟之ᄒᆞ니秋燈如水ᄒᆞ고風雨不息이러라

●農大署理　農商工部協辦玄暎運氏는該部署理大臣事務을被命ᄒᆞ얏더라

●各學開學　各學校에셔四日前븟터開學ᄒᆞ는ᄃᆡ德語敎師佛耶安氏는韓德兩國交際上에德語가無害으로尤極發憤ᄒᆞ야學徒에게書冊等件을頒給ᄒᆞ고一場演說ᄒᆞ야受業을懇切히勸勉ᄒᆞᆫ다더라

●曠官何多　全北觀察李勝宇氏가內部에報告ᄒᆞ얏는ᄃᆡ守宰之由限也와新差後到任也ㅣ莫越程限은法意卽然이거늘現今貨幣交換과公納董督과許多邑務가如非主倅면其所葛藤이將至尾大之慮이온바扶安咸悅珍山臨陂鎭安南原泰仁萬頃各郡守가無難遠期ᄒᆞ야多月曠官ᄒᆞ니言及法綱에極涉駭歎이라査照後即爲催促下送을爲望이라ᄒᆞ얏더라

●南路管理　警務廳에셔南大門道路管理件이如左ᄒᆞ니

一 軌道邊에商品의陳列을禁ᄒᆞ야北便家屋으로三間에不過홀事

二 道路中央에支械와其他物品을置홈과及交通에妨害될者을禁홀事

三 水閣橋上에出店을禁홀事

四 南大門街路에는右側으로往來케홀事

五 門內左右에廣告其他揭示을禁홀事

六 門內의彷徨佇立홈을禁홀事

七 電車는門十間以外에停立케홀事

八 商品陳列區域은南大門으로大觀亭後角四街ᄭ지로홀事

●美人義金　墨西哥柳哥垣에셔韓國人民이奴隷로虐待밧는事에對ᄒᆞ야尙洞靑年會에셔義捐金을收合ᄒᆞ고實地情形을調査ᄒᆞ기爲ᄒᆞ야朴長현李範壽兩氏를摠代로定ᄒᆞ야派遣ᄒᆞ는事는本報에旣載ᄒᆞ얏거니와該事務에對ᄒᆞ야韓美電氣會社事務員스미드씨가紙貨十元을捐助ᄒᆞ얏는ᄃᆡ該會員들이一齊히스미드씨의感謝ᄒᆞᆫ意를致賀ᄒᆞ얏다더라

●社園折木　再昨夜風雨에社稷壇後園古木이十餘株가부러져셔直所廨舍를破壞ᄒᆞᆫ고로守直ᄒᆞ는令이미우慌慌이지너엿다더라

●後勝於前　警務使閔景植氏가身病으로東門外에셔治療ᄒᆞ다가四日븟터行公ᄒᆞ는ᄃᆡ前警使의行令을一切廢止ᄒᆞᆫ고로警察上事務가極其簡約ᄒᆞ야別無行政이라ᄒᆞ는ᄃᆡ前警使申氏의昧事沒覺ᄒᆞ고도空然히發動ᄒᆞ야擾民케ᄒᆞᆫ것보다는寧히簡約行政ᄒᆞ는게民情上에穩便ᄒᆞ다고街說이有ᄒᆞ더라

●會各有派　各處禮拜堂에셔各其會名을分立ᄒᆞ얏는ᄃᆡ貞洞은懿法會尙洞은靑年會蓮洞은國民敎育會로爲定ᄒᆞ고韓國大小官民이自願入會ᄒᆞ야敎務와時事를討論ᄒᆞ는ᄃᆡ國民敎育會堂은注洞前女學校로移定ᄒᆞ고該會長은養陽君李載覺氏로選定ᄒᆞ얏다더라

●梨院毀家　梨泰院等地人家五十四戶를日本鐵道役所에셔現方毀撤ᄒᆞ는ᄃᆡ와家每間에當錢八百五十兩草家每間에五百兩式計給ᄒᆞᆫ다더라

●捕賊受賞　日前水閣橋邊에서賊漢李某仁을捕捉ᄒᆞᆫ巡檢白樂潤에게施賞舊貨十五元ᄒᆞ고其外協助ᄒᆞᆫ巡檢에게는各二元五十錢式施賞ᄒᆞ얏다더라

●官吏減額　各部府院廳에經費與月俸이三朔條가不足한고로區處無路ᄒᆞ야主事와雇員을□人式減額ᄒᆞ기로任年久勤慢調査中이라더라

●同技異罪　武官學校正校李章璘氏가該學校尉官의月銀幾百元을往十里某家雜技局에셔沒數見失ᄒᆞᆫ지라該尉官들이此事를聞知ᄒᆞ고舉皆忿怒ᄒᆞ야伴時雜技ᄒᆞ던人을該校之庫中에捉囚ᄒᆞ고李氏에見失錢을還推ᄒᆞ라ᄒᆞ는ᄃᆡ韓篇技局에셔得錢ᄒᆞᆫ者는無非悖戾인고로還推容易ᄒᆞ나當局ᄒᆞ야其中不貧ᄒᆞᆫ人으로捉囚ᄒᆞ얏다ᄒᆞ니若論設技之罪ᄒᆞ면官인이甚於平民이거늘彼則晏然ᄒᆞ고此乃私囚ᄒᆞ니所謂開明이指此等事而言ᄒᆞᆷ인지學校之中에는王法이不行이라고稱說者多ᄒᆞ다더라

●[illegible]免　農大朴齊純氏[illegible]冊에[illegible]請院勅ᄒᆞ고病實難强ᄒᆞ니所辭中本職與議政署理之任을依施라ᄒᆞ엿더라

●[illegible]相請　各坊里에十家作統ᄒᆞ야一統에長明燈一介式立ᄒᆞ야庶民의夜行을便케ᄒᆞ고盜賊의蹤跡을現露케ᄒᆞ인바諸路回環處에는一燈이十家를照ᄒᆞ기不能ᄒᆞᆷ으로統首가油價를收斂ᄒᆞᆫ時에는家家相請曰燈光은一点도不見ᄒᆞ고油價만徵出ᄒᆞᆫ다고相詰ᄒᆞ는者ㅣ多多ᄒᆞ다더라

●霖雨損稼　日昨風雨는可謂近年內罕睹라江流之泛濫과田渠之潰決과樹木之倒植과墻垣之頹壓이驗於聽聞에不啻狼藉ᄒᆞ니各地方에禾稼損傷이夥甚必至인즉爲民事誠可悶憫이라ᄒᆞ더라

雜報

○司法

接准議政府議政大臣臨時署理農商工部大臣朴齊純照會內開本月二十三日

詔曰獄囚之迹即淸理事前後申飭果何如而尙多有掩滯云其或故意延타日久生奸宜重而輕可輕而重者不無此弊其舞弄之習極爲痛駭而且自夏徂秋潦炎無前犴狴蒸濕易生疾病實所矜悶其令法部陸軍法院反亂殺人强盜竊盜强奸與符同外人情理切害者六犯及公逋罪人外勿論已決未決特用寬典一幷放釋以示慈恤之至意事

命下矣玆照會等因欽奉

詔勅臣部所管陸軍法院罪囚中放釋者姓名罪名別紙開具之意로軍部大臣이上奏ᄒᆞ와奉

旨依奏

別紙

已決囚中可合放釋

役終身罪人 僞造印信罪 李仁培
役終身罪인 投入毒藥於食品罪 李元京
役十年罪인 承隊長命令往捉主僧時搜取寺物罪 趙用國
役十年罪인 刃傷下士罪 崔鉉敎
懲役十年罪인 恐嚇取財罪 韓應洙
役七年罪인 毆傷日憲兵罪 柳基彦
役三年罪인 捕去上官罪 金奉斗
役二年半罪인 討索民財罪 金演학
懲役二年半罪人 毁破公物罪 金東根
懲役二年半罪人 毁破公物罪 朴順根
懲役二年罪人 越空 闌墻罪 金龍伊
役二年罪人 毆上官罪 金德守
懲役二年罪人 越空 闌墻罪 金東植
役一年半罪人 毆憲兵罪 朴仲先
役一年半罪人 毆憲兵罪 李德俊
役一年半罪人 毆憲兵罪 鄭今用
役一年半罪人 輸賣雅烟罪 池貴同
役一年半罪人 典執軍物罪 金萬燁
役一年罪人 典賣軍物罪 吳昌云
役一年罪인 典執軍物罪 沈乙正
役一年최인 逃脫軍伍최 鄭元益
役一年죄인 逃脫軍伍죄 方漢淸
懲役一年죄인 詐稱父喪죄 張辰淳
役一年죄인 逃脫軍伍죄 徐相俊
役一年죄인 逃脫軍伍죄 韓永西
懲役一年죄인 逃脫軍伍죄 姜永順
刃傷인죄 韓聖根
監禁二年죄인 吸雅烟죄
禁獄八箇月죄인 恐嚇取財죄 朴東植

(未完)

●農照經院 農部에서經理院에照會ᄒᆞ얏시되本部所管度量衡製造檢定所가在於龍山堂峴이온바工務方殿에庫舍不敷ᄒᆞ야數多造成物品을積置處가不足이옵고基址狹小ᄒᆞ와建築이末由이온지라貴院所管田二日耕이該所東北에在인바可合補用이옵기該田圖形에另加朱線ᄒᆞ야玆에照會ᄒᆞ오니査照後該田을依前例收賭讓與이던지又或從時價賣渡하시던지兩端間指一示明ᄒᆞᆯ事라하얏다더라

●旗亦有弊 南來人의所傳을聞ᄒᆞᆫ즉各郡將校名色이八掛國旗를多數히持ᄒᆞ고各面各洞에無論大小商業家ᄒᆞ고終日에委濁酒一盃라도賣ᄒᆞ면謂以商業이라ᄒᆞ야其所居之土窟與否는不計ᄒᆞ고國旗一面式排給ᄒᆞ며每旗價錢則銅貨七元十錢으로勒捧ᄒᆞ니愚蠢村氓이不知此物이何物이며何處用之오ᄒᆞᆫ즉將校가言ᄒᆞ되每於慶節名日에揭於門首ᄒᆞ라民皆曰名日은可知로되慶節은何月何日이며此旗價가何其多焉이며窮僻土窟이라도一不漏過ᄒᆞ니此等微細事는何其分明이며若是乎아敎化가若是傳播ᄒᆞ면雖蚩蠢之氓이라도庶幾乎堯舜之民이라ᄒᆞ며相與鼻笑ᄒᆞ나如此窮極浚民之經綸을何人이做出인지不知어니와郡守官屬輩의事役虐과殘劣ᄒᆞᆫ人民의難保ᄒᆞᆫ情形을推此可見이라ᄒᆞ더라

●醫師受侮 日昨廣濟院에東署總巡과日本警部와日醫師와淸潔所委員이來到ᄒᆞ야洋藥品을調査ᄒᆞ고日醫師가方文을題出ᄒᆞ야洋藥房醫師皮秉俊氏를對ᄒᆞ야曰此方此藥을調製ᄒᆞ라ᄒᆞᆫ즉皮氏가如法製之ᄒᆞ니該醫師가唯唯點頭ᄒᆞ고在傍ᄒᆞᆫ洋藥房奏任醫師名色으로月前에陞三品ᄒᆞᆫ崔某의玉圈을指ᄒᆞ면셔嘲曰圈則好矣라ᄒᆞ며至於漢藥則無所究査ᄒᆞ고院屬官弁與雇員等數爻를一一錄去인바無論洋韓藥價ᄒᆞ고度支顧問目賀田氏가一不劃給이라ᄒᆞ니該院이將次組織이될는지革罷가될는지不知ᄒᆞ깃스되所謂醫師와製藥師爲名人이全昧醫方藥而ᄒᆞ고徒掛其名ᄒᆞ야月俸만偸食ᄒᆞ다가畢竟外人의게서지受侮不少ᄒᆞ니豈特一醫人의受侮리오官方淆雜이實可寒心이라고ᄒᆞ더라

●是何義兵 忠北觀察署理張駿遠氏가內部의報告하얏시되管下丹陽郡守朴初陽의報告을據ᄒᆞᆫ즉本郡北一面槐谷里洞任所報內의陰七月二十四日午間의有人이率兵近百人하고自永春으로來住梅浦而倡言義擧라하四고쳐把守하며各洞砲手을募集ᄒᆞᆯ야ᄒᆞᆫ즉皆爲驚駭逃走故로自彼所로使兵持砲에大張威勢하야仍爲勒執하고翌日朝後의還向于永春地이다이온바事甚驚駭하와即爲刱遣探偵이온즉果如所報等因이기玆以馳報하니照亮伏望이라하얏더라

聾者奇夢

北村大安洞近地에有一老聾이勢甚貧窶하야日出則往于鍾路營業하고日入則歸休其家하야日以爲常이러니幾日前偶然昤病하야恍忽精神이似夢非夢之際에有一大漢이自空飛下하야手扶其腦에如風般驅去기로隨行良久에到着一處하야定덩看之則乃一公府模樣인데十大王이列坐其上하고又有崔判官이라稱號하는官員이烏帽象笏로侍立其傍이다가問老聾姓名하고檢閱生死簿曰汝之陽界命限이尙遠하니放爲出去하라聾이乃知其爲閻府하고對崔判官ᄒᆞ야無數稱謝後에繼以請曰旣到此ᄒᆞ하얏시니願一觀覽諸處사노라判官曰諾다聾이淬勵精神하야鐵關火坑等諸般險惡處와紫府蓮花臺의極樂世界를次第觀覽타가轉到一座大獄ᄒᆞ야向裏邊探看則陰風이習習ᄒᆞ고腥臭觸鼻ᄒᆞ되幾箇老者가容貌憔悴ᄒᆞ며呻吟痛楚하고坐於其中이다가見聾之來ᄒᆞ고招而近前曰吾等은金判書李政丞閔大臣趙協辦也라生前富貴榮華가非不足也로되到此許多惡境을一口難說인즉此莫非因果報應이라悔之無及이어니와吾等이有一言相托하니君必牢記하야歸傳于吾等子孫하라하면서一人曰吾之罪案은在世時兩班行惡인즉吾子孫에게부터付托ᄒᆞ야兩班을쇠옹두리우리듯말나ᄒᆞ소一人曰吾之罪는某人의田畓과財産을勒奪事而已라該田畓所出과財産利益을未盡食之하고遭此無上困苦하니歸語吾子ᄒᆞ야該田畓財産을本主에게當場還給ᄒᆞ여주소일인曰吾以大官으로負國害民ᄒᆞ며可使吾傾軋ᄒᆞ며賂遺를貪ᄒᆞ다가神目如電ᄒᆞ야今至絶路無餘인즉閻府에는請囑을嚴禁이오私情이無有ᄒᆞ야畢竟에는풍都獄囚를在所難免이라此事情을吾家에細傳ᄒᆞ야家産을斥賣ᄒᆞ되永興寺나淨土寺에極盡히設齋ᄒᆞ야冥福招薦케ᄒᆞ야주소로諸言을聽來에自然心膽이凍然ᄒᆞ야急急謝哀ᄒᆞᆯ際에傍有一女子하야斫衣跣足으로血痕이滿面ᄒᆞ되招手而言曰여乃太平洞裏在名宰ᄒᆞᆫ娼家로셔張三李四를삭갓도만이써고豪富家子弟들을등골도만이빠여紛壞綺窓에自ᄒᆞ歡舞長千蔵러니一朝에至此하야百難을經過하니悔心도測量업고죄惡을難贖이라吾女에게言及하와부터蝸甫질다시말고濁酒장ᄉᆞ나하여먹게番付托ᄒᆞ옵롭亦惟惟應諾ᄒᆞ고欲尋回路타가欠伸而覺ᄒᆞ니乃是一夢인데所過光景이歷歷在目中ᄒᆞ야事甚奇異기로其所親에게傳播하야該洞近地에一件話柄이되얏다더라

發行兼編輯人　英國人裵說

發行所

京城北署西進坊磚洞号外地法語學校前

大韓每日申報社

第三卷

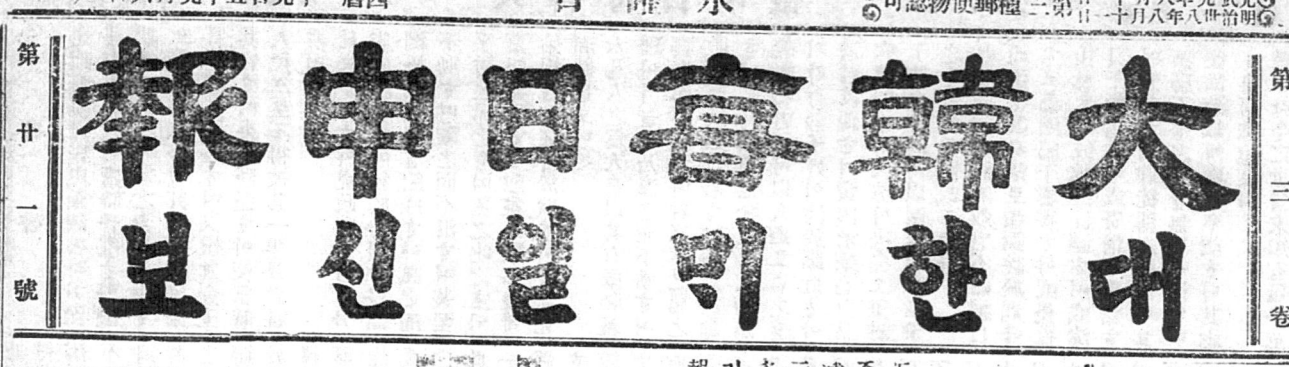

大韓每日申報
대한매일신보

第廿一號

月曜及慶節時日休刊

檀君開國四千二百三十八年
箕子元年三千二十七年
大韓開國五百十四年
日本明治三十八年
清國光緒三十一年
陰曆乙巳八月大初八日戊申

論說

對平和日本論報

近者日本諸新報의照謄을據흔즉媾和約欵에日本要求가若爲減省이면日本之許多怨恨을表示흔者ㅣ多有흐니其中一은即흐지新報를引謄흠이라該新報가探聞其談辦初度結果흐고論報如左흐얏스니

第一 某某條件을日本이必定次로提示矣러니俄國이列國의對此論非를引出코져흐야縱有發論이나列國은擧皆對日好意인고로向彼發論흐야反對흠이確然有說흐니如彼事는只一些少奇遇라無所負於日本全權之籌策矣오

第二日本의對韓優權은雖曰認이나該國自主權은尙有餘存則亦爲後患이오

第三 滿洲에셔互相撤兵을約定云則俄國이放棄滿洲時에日本도亦不可駐兵矣리니如此事理로觀之컨딕俄兵復南을日本이何以能禁止오且滿洲北京에既得俄權을必不放棄흠은不言自解니日本이何以能强迫고

第四 以東淸鐵道言之라도흠이實南線은雖曰讓渡于日이나北線은尙無如何約定則此는使俄有後日擋權이니由此詳審則我國冒險利가漸此零落흠이昭然矣며況又俄國之不義要求를許認則特以言之면彼之点得은未至制限이오俄之外交는一無効力이라我之勝戰이非羞而何오但安危之望은此等西來電信이盡是虛傳이오似今渺茫之際에尙可有所望之一線光明矣러니現探四方所播同一公報則兩全權이一次入於謙讓退步之地면日本所求가亦一次更爲公正흐며更爲減削흠이宛然表明흐니如此謙讓이何等好箇安慰於我等激烈心傷乎아既爲減削이 其大難容이어늘又將有幾箇減下耶아日本이用盡二十億元之戰費흐며流彼十萬餘軍之實血(滿洲平原ㅣ)흐얏신즉此獨殘害而已라今日은即我國人民이滿足이妥協흘方便에確立決意흘時라흐엿는지라蓋日本은後日을惆心흠이라日本이自言 지를如此흐리니

如右條約이何以能證明其永久平和흘지曉得키甚難토다欲築砲壘於合爾賓흐야以防南下乎아駐兵於樺太흐야以拒海蔘威及(ㅁ뮤어 地名)乎아此等計策에는經用이雖甚夥多흐나效果가未免必少흘거시오海蔘威之割讓이足以保證其長久之計는人人所知어날此件이一不現形於提議뿐더러該地砲臺의毀撤도尙不聞知흐얏고但一保證件은東洋俄軍力은制限흠이니此條之不得要領은必爲豫度이어니와償金問題가亦有所闕흐니若使俄國으로後來幾年間에不得出戰費흐도록巨欵을償還케決定흐면後日事勢가尙可安易어날此問題가緣何而至於戰費而已오此必容易於決算이라然則後日平和를保證흘條件은未免極少이고已爲交付우俄使흔幾箇條件을何樣觀之런지似是無益이니但日本所望은自國代表人이確執强硬規矩흐야提出約欵을斷不減省흘而已로다

官報

◎號外
光武九年九月四日

◎宮廷錄事 詔曰現今國事岌業而奪情起復自有已例議政府參政大臣韓圭卨即起視務
光武九年八月二十七日
軍部大臣權重顯

◎辭令 農商工部協辦玄暎運命署理大臣事務
九月二日

◎第三千二百三十六號 光武九年九月五日

◎宮廷錄事 宮內府特進官李範仁辭職疏批旨省疏具悉所請依施
九月二日

◎叙任及辭令 齊陵參奉睦𩇢錫 禧陵參奉洪淳필 孝陵參奉李喜範 崇德殿參奉朴文益依願免本官

任齊陵參奉叙判任官八等 九品尹宗鉉
任禧陵參奉叙判任官八等 金元직
任孝陵參奉叙判任官八等 沈能文
任崇德殿參奉叙判任官八等 朴雲澤

以上九月一日

◎部令 軍部令第三號

工事都給及物品購買規程(續)

二 火藥의製造及火具에要흔特種의性質과特別使用의目的이有흔材料

三 鎔解爐用의耐火煉瓦及감와가製造場所에有限흔者

四 銃砲及火藥의製造에要흔特種의性質과特別使用의目的이有흔工具

五 步工兵科에屬흔器具及材料가特種의性質과特別使用의目的이有흔者

第五條 契約擔任官은標本「見樣模本」을定흐야物品의購買修理製作等의契約을成立흐고必要가有흔時는공給者로하야금更히同一흔標本을出케흠이라

契約擔任官이物品공給者로흐야금需用흘各部隊에直接納付케흘必要가有흔時는契約書에標本을添付흐야當該部隊에送흐고檢査흔後此를受領케흠을得흠이라

(未完)

外報

◎封港不得 上海諸新聞에記載흔바를據흔즉日本海軍의封港흠을不拘흐고一團漁船은露領沿海洲 니콜나이 베쓰크港(알넥산드로보쓰크之北部)에入흐야船貨를皆下陸흐얏다더라

◎船員放釋 日本官報를據흔즉八月二十六日에美國漁船오쓰트닐니아號의船長及乘組員五十七人은日本海軍用漁船으로橫須賀橫濱에押到흐야該人等의說諾을受흔後에放釋흐야美國總領事의게引渡흐얏다더라

◎摩洛哥問題 후에쥬駐箚法國公使는摩洛哥國王의게向흐야알졔리아酋長放還及其비償金支拂에關흐야强흔要求를提出흐얏고又法國은摩洛哥國王을戒飭흐기爲흐야알졔리아境上與摩洛哥一處港에셔示威運動흘計劃이라더라

◎靑島船渠 淸國膠洲灣에在흔靑島港의浮動船渠는竣工흐야無事 水되얏다더라

◎東阿騷亂 德領東部阿非利加에셔土民이騷亂흠에就흐야德國東亞艦隊中의데지쓰號와후셰아도엘兩號를同地로向흐야出發흠을命흐얏다더라

寄書

余讀秦漢以來史乘諸書라가至其志士義人이遭時昏亂ᄒᆞ야泯默然無一事一言之表見于世ᄒᆞ고委身於草野以死者ᄒᆞ야ᄂᆞᆫ未嘗不悲其不遇ᄒᆞ며又恨其金玉其音ᄒᆞ며果於隱遁ᄒᆞ야使當時人民으로不得被其一半分效益矣러니

比來京師ᄒᆞ야見政府大官者가駕於諂諛ᄒᆞ며狂於勢利ᄒᆞ야顚倒紛亂이罔有紀極ᄒᆞ야諷之而不動ᄒᆞ며譏之而不沮ᄒᆞ며甚至乎討之斥之ᄒᆞ며罵之叱之호ᄃᆡ褎如充耳ᄒᆞ야愈益도跟然後에始知古人之甘於默默이非無見而然也로다

大凡人之爲人은以其有廉恥義理이거ᄂᆞᆯ今乃諷之而不動ᄒᆞ며譏之而不沮ᄒᆞ며討之斥之罵之叱之而恬然自若ᄒᆞ야不以爲意ᄒᆞ니是乃無義無恥인즉人苟無義無恥면不可以人道로責之ᄒᆯ지라百惡千奸이浹於膓肚ᄒᆞ야遺君後親ᄒᆞ며賣國求榮은自是次第間事ㅣ니大防이決矣오秉彛ㅣ蔑矣라尙可以區區言語로爭之ᄒᆞ야冀其悔改乎哉아

既知其言之而無效ᄒᆫ不如緘口而退ᄒᆞ야全其身故로指銅駝於荊극ᄒᆞ고慕鴻鵠于雲霄ᄒᆞ야或長往山林ᄒᆞ며或放跡江湖ᄒᆞ며或沈冥于麯얼ᄒᆞ며或寄情于書籍ᄒᆞ며或藏于屠肆徒博之中ᄒᆞ야其無聊不平之氣을無以一泄ᄒᆞ야優哉游哉에聊以卒歲ᄒᆞ니其志ㅣ良可悲也로라

嗟呼라今之世에未知有幾千萬志士와幾千萬義人이로되旣不得其位ᄒᆞ야無所用於世則潦倒落拓이意必如上所論이고又其不幸之甚者ᄂᆞᆫ家無儋石ᄒᆞ고一身難保ᄒᆞ야枯項黃馘에至死窮苦ᄒᆞ야縱有通天之學問과經世之才猷야華國之文章과懸河之辯說과奪人之勇敢이라도竟歸於草木同腐ᄒᆞ야終身抹살ᄒᆞ고後世無聞ᄒᆞ니天之生人이本無厚薄이되只緣時政之能治與不能治ᄒᆞ야使此等可用之材로未免於空生一世ᄒᆞ고使全國林蔥之民으로無望於得霑其澤ᄒᆞ니此豈非二千萬同胞가爲之同聲一哭者乎아

雖然이나利害得喪이互相倚伏ᄒᆞ야若或屈於前이면必有伸於後ᄒᆞᄂᆞ니今之不遇者ᄂᆞᆫ雖飽經生前之困苦라도石歷笋出에死有餘香ᄒᆞ야來頭千萬歲에令譽ㅣ長流ᄒᆞ며芳名이不沫이되今所謂高官大爵에揚揚得得者ᄂᆞᆫ非徒當日之擯斥譏罵가四面朋興이라來頭千萬世之筆誅口案이嚴於斧鉞ᄒᆞ야雖其游魂殘魄이라도亦當泚顙於冥冥ᄒᆯ지니以彼易此컨ᄃᆡ其榮辱得失이其不較然遠甚乎아

且有一言于此ᄒᆞ니今之世ᄂᆞᆫ非古之世之可比也라宇內之文明이大開ᄒᆞ고天下之公議가自在ᄒᆞ야畢竟無善不彰ᄒᆞ며無惡不敗ᄒᆞ니維一個韋布와編戶殘氓이라도苟有利國利民之策이면著書而行之라도無妨이오出位而獻之라도無妨이요結社開會而大演說之라도亦所無妨인즉膠守舊見ᄒᆞ고顧瞻其昏亂之政府ᄒᆞ야有懷而不言ᄒᆞ며旣言而不盡은非但國民之義務에大段欠点이라亦是天下之公議에決非所容이니凡我同胞之有志於時事者ᄂᆞᆫ勿以政府之治亂으로有所進退ᄒᆞ고硬着脊梁에益加奮勵ᄒᆞ야使已傾之器와垂敗之局으로秩然整理ᄒᆞ야得有辭於天下萬世ᄒᆞᆷ을執筆而俟之ᄒᆞ노라

雜報

●臥犢復起 近日某處에隱身不現ᄒᆞ던李容翊氏가幾萬元을가지고運動ᄒᆞᆫ다ᄂᆞᆫᄃᆡ日來로숨쉴空氣穴을어덧ᄂᆞᆫ지東西兩方으로將欲擧頭이되利害를未定ᄒᆞ야左顧右盼ᄒᆞᆫ다더라

●刋播善書 前判尹朴昌善金炳淳金重培李承日諸氏가永嘉權重顯氏의選輯ᄒᆞᆫ바功過新格이라ᄒᆞᄂᆞᆫ勸善懲惡ᄒᆞ기에金鑑玉尺갓흔新書를繙印廣布ᄒᆞᆫ다ᄒᆞ니諸氏의功德을人多銘謝ᄒᆞᆫ다더라

●藥價續聞 日昨雜報欄內에廣濟院藥價를度支顧問目賀田氏가一不劃給이라ᄂᆞᆫ事에對ᄒᆞ야更聞ᄒᆞᆫ즉該院에서明細書를初不擧報ᄒᆞᆷ으로支撥치아니미요無緣이不撥ᄒᆞᆷ은안이라더라

●生前朔望 楊州下道面月山里某氏家에寡母寡婦가相依資生ᄒᆞᄂᆞᆫᄃᆡ시母가年過七十ᄒᆞ미其子婦가시母의年邁ᄒᆞᆷ을恨ᄒᆞ야曰死後에비록萬般珍羞로祭祀를밧ᄂᆞᆫ덜生前에一器飯과一孟羹으로供養ᄒᆞᆷ만갓지못ᄒᆞ다하고每月朔望이면東西變通ᄒᆞ야果子와肉種으로極盡奉養ᄒᆞᄂᆞᆫ고로隣里가다孝婦라稱頌ᄒᆞᆫ다니禮式院에서ᄂᆞᆫ多錢客의孝烈만褒揚ᄒᆞ고如此ᄒᆞᆫ眞孝婦ᄂᆞᆫ不問ᄒᆞᆫ다고鄕說이有ᄒᆞ다더라

●抱倅報告 抱川郡守李海盛氏가內部에報告ᄒᆞ얏ᄂᆞᆫᄃᆡ本郡境內炭橋와萬世橋中橋ᄂᆞᆫ係是通北大路之橋이온ᄃᆡ今陰七月二十九日霖雨에俱爲漂去ᄒᆞ야自兵站部로셔不日成橋之意로星火督促故로提飭該里則役事浩大ᄒᆞ고木材難求ᄒᆞ야民欲離散ᄒᆞ니該兩橋修築費를從厚劃給ᄒᆞ야補其損害를伏望이라ᄒᆞ얏더라

●抱倅又報 抱川郡守報告內에陰八月初一日本郡西面間禮峴地에何許賊漢十餘名이白晝突出ᄒᆞ야稱以積城甘嶽山活貧黨ᄒᆞ고過去行人三十餘名을次第結縛ᄒᆞ고如干財物與衣服을沒數奪去云故로申飭巡校ᄒᆞ야使之跟探이오나以若殘邑巡校로難期弋獲ᄒᆞ겟더러不勝悶迫ᄒᆞ와玆以報告라ᄒᆞ얏더라

●視察到釜 視察員閔丙奭氏等一行이今五日에釜山에到着ᄒᆞᆫ다더라

●參政出仕 新任參政大臣韓圭설氏가今明日에登閣視務ᄒᆞᆫ다더라

●崔勢益張 開城府尹崔錫璇氏가前後李容翊을指囑ᄒᆞ야流毒生民ᄒᆞᆷ은本報에已揭어니와同氏가近日上京ᄒᆞ야李容翊氏의權威을一身에兼有ᄒᆞᆷ으로賓客이영門ᄒᆞ며氣焰이大張인ᄃᆡ尙今ᄭᅡ지李容翊氏의秘密運動은崔氏가謀主되야無不干涉ᄒᆞ며參政도專管監督인즉將來許多ᄒᆞᆫ挾雜은不見是圖어니와世人의李容翊氏을憎惡ᄒᆞᆷ은惡貨濫鑄等事가最其巨大罪案이나李氏ᄂᆞᆫ可謂因人得罪라고도ᄒᆞᆯ러니와至於崔氏ᄒᆞ야ᄂᆞᆫ百般敎사ᄒᆞ고千般籠絡ᄒᆞ야百千萬惡貨風波로國勢을動搖케ᄒᆞ며諸路生靈을機穽에陷케ᄒᆞ얏스즉論情定罪ᄒᆞ면崔大而李小ᄒᆞ고崔重而李輕이昭如觀火이거ᄂᆞᆯ李則屢經聲討에今雖潛伏이나崔則日益揚揚ᄒᆞ야家益富而權益重ᄒᆞ고惡貨爲弊로民國間逍遙ᄒᆞᆷ을닝笑看之ᄒᆞ야有若無關ᄒᆞ니世無公道ᄂᆞᆫ於此可見이라고人言이狼藉ᄒᆞ더라

●鳳去花老 近日詩洞等地賞花室에外入匠이가稀少ᄒᆞᆫ故로乾達들이言ᄒᆞ기를貨幣較正後에ᄂᆞᆫ[illegible]거린돈은勿施되고鳳거린돈을行用ᄒᆞᆫ다더니近日에財數가불안당이라閒錢이던지鳳錢이던지一分도不來ᄒᆞ고前日에단이던人鳳도아니오니龍鳳이다飛上天인가ᄒᆞ더由泰休氏에德澤으로一處에몰려와셔싱벼락맛ᄂᆞᆫ模樣이라고仰天呵呵ᄒᆞ더다더라

●內訓咸察 內部에서咸南觀察使使의게訓令ᄒᆞ얏ᄂᆞᆫᄃᆡ現接電報譯文則洪原郡民廉是鏞의所犯罪가有關法律이거날先機逃躱ᄒᆞ고連累者를逮捕이다ᄒᆞ기로玆以訓令ᄒᆞ니該犯을刻期詗捉ᄒᆞ야并與連累人으로押付裁判所ᄒᆞ고詳査所犯ᄒᆞ야修報法部事라ᄒᆞ얏더라

●農照度部 農部에서度支에照會ᄒᆞ얏시되度量衡器製造與設所需用ᄒᆞᆯ流動資金을支撥事로已有照會在案이온바井上借金還償이方在致督이오며新造物品准備가亦係時急이온즉該額十萬元을不日支撥ᄒᆞ와以完工役이라ᄒᆞ얏더라

詞林

放談行　豫堂

崎嶇罔測淨口業卿曰不言護身符上滿說文九千義相懌悅言爲談乎令夕何夕月在西有酒滑我無酒沽爪聞媾和談判席珠槃玉敦入道蘇兵氣消爲日月光大廸同春定紆謨懸知天下唯至誠參暗贊化育同蒲盧瘖聾跛躄同聲作嗚啞曉卿競懽呼三緘金人忽蹶起進擬今宵一都命仁心仁聞美民主乾綱坤軸隻手扶昭事上帝愼厥修生生世世豚魚孚今我不樂更何時百道狼烟靜不虞有容在客來謂我人非草偏忘憂自主獨立忍可忘國權忽焉一萍浮金飲李醉太憨生魯躝韓蒸何理由余聞斯言斂衽作聽我藐藐信無尤國必自伐人伐之何待隣人越俎謀魯躝韓蒸誠無賴乃其玉成在此警操心於危慮患深然後獨立乃可求其亡其亡繫苞桑同胞兄弟睡醒不

山凡水俗之人曰一場說法如聞鈞天廣樂耳可得聞不可摹索

雜報

●農部公函 農商工部에서 京釜鐵道株式會社摠裁古市公威氏의게 公函內開에 貴公牘을 接准인바 停車場區域內에는 鐵道營業에 關係가 有ᄒᆞᆫ 商業과 鐵道從事員에 物資供給ᄒᆞᆯ 商業을 許ᄒᆞ다ᄒᆞᆷ은 誠是訝惑也오 南大門停車場附近에 在ᄒᆞᆫ 地段件에 就ᄒᆞ야는 既自我公使館交涉中이니 此際에 至急히 協定ᄒᆞ라ᄒᆞ심은 尤不近理也라 夫停車場用地는 貴我合同條約에 明有收用之名目而況貴國鐵道法規에도 亦無此例여날 既自貴會社로 濫定停車場用地者는 含有商民住居地而然也니 據何以無防限之商業者로 混設於停車場區域內ᄒᆞ야 欲占我政府之無代價無徵稅而供給土地乎아 苟欲要之면 該商民之占地는 必宜租借也니 不可與鐵道營業地로 同認者也오 京釜二百七十餘里之用地는 專屬於貴我間交涉之事而至於南大門停車場用地ᄒᆞ야는 以其一時紛議之所生으로 自貴會社로 請仲裁於貴公使館ᄒᆞ야 於再昨年九月二十五日에 我代表者與貴公使가 立會現場ᄒᆞ야 協定調印ᄒᆞ고 所謂移轉地者는 即爲賣下於人民處ᄒᆞ야 該金額을 補用於貴會社家屋移轉費之事는 貴我間所共諒也여날 又自貴會社로 無關於停車場之地를 稱以停車場必要而又無使用之名目ᄒᆞ고 不由我代表而越請於貴公使ᄒᆞ야 目消協約而煩案國際ᄒᆞ니 對於交隣ᄒᆞ야 是可爲哉며 不要該所有者之協商而自斷不當之價金ᄒᆞ야 壓請領受而欲占基地ᄒᆞ니 對於人民ᄒᆞ야 是可忍哉아 惟 貴摠裁는 顧念敦睦之誼ᄒᆞ고 取諸公平論ᄒᆞ시와 停車場區域內商業은 尅日協議妥定ᄒᆞ고 三角坪內電氣精米所及移轉地內亂石雜土를 斯速撤去ᄒᆞ야 以便該所有者之使用케 하심을 爲要라 하얏다더라

〇司法 (續)

禁獄八箇月죄인 千强奭 恐嚇取財죄
禁獄二箇月죄인 李奉基 和奸죄
共三十인

未決囚中可合放釋秩

權泰哲 前鎭衛第六聯第二大隊長 營舍新建時算外加用죄
金龜鉉 鎭衛第五大隊中隊長 徑放匪徒죄
朴莊和 前鎭衛第三聯第三六隊附 以討索民財被告
金斗鉉 前鎭衛第四聯第二大隊附 以討索民財被告
金一卿 前鎭衛第四聯第三大隊附 干預民事죄
金承厚 鎭衛第七大隊附 使兵丁行打民인죄
閔肯鎬 鎭衛第五大隊正校 誤聞之說告及隊長죄
朴枝馨 前鎭衛第四聯第三大隊副校 被誘於民인脅同討財죄
朴典實 鎭衛第三大隊兵 妄發銃砲傷인죄
李興甲 軍樂隊兵 因渠妻被奸毁破犯인家産죄
李永浩 鎭衛第三大隊兵 行打民인죄
池鍾浩 鎭衛第三大隊兵 行打民인죄
文杜完 侍衛第一聯第二大隊兵 逃脫軍伍죄
崔致貞 鎭衛第七大隊兵 承上官命令行打民인죄
共十四인
以上八月三十一日
(完)

●秘苑宴會 昨日下午一時에 昌德宮秘苑內에서 軍部大臣權重顯氏가 主席이 되야 日本軍司令部와 公使館員과 佐世保軍港司令長官海軍中將鮫島氏以下新到軍人諸氏를 請邀ᄒᆞ야 오餐會를 開催ᄒᆞ얏더라

●靈倅不顯 靈巖郡守趙東完氏는 本以娼家에 妙童이오 戱臺에 蕩客으로 藉藉名價가 人人耳朶에 錚鳴ᄒᆞᆫ人인ᄃᆡ 百里分憂을 居然膺命ᄒᆞ야 南州烟花에 五馬馳下ᄒᆞ더니 近日治蹟을 聞ᄒᆞᆫ즉 晝夜酒筵은 孔公二十九日醉를 模範ᄒᆞ고 留戀紅裙은 謝安石의 東山携妓을 泪慕하며 山寺江亭에 流連行樂은 白樂天杜牧之의 逸興을 不讓ᄒᆞ니 邑務民情에 明察公正ᄒᆞᆷ은 推此可想인즉 此等善治守令은 特히 內部에서 加上之上褒題ᄒᆞ여 其他守令을 勸勉ᄒᆞ며 頹廢ᄒᆞᆫ 法綱을 刷新ᄒᆞᆷ이 當然ᄒᆞ다고 南民이 來說키로 隨聞記載ᄒᆞ노라

●李氏立標 昨日上오六時에 日人一名과 韓人四名이 圓峴前麓에 立標一介而書之ᄒᆞ얏스되 法部協辦李準榮之地라ᄒᆞ고 四方五間假量開役ᄒᆞᄂᆞᆫᄃᆡ 韓人役夫ᄂᆞᆫ 巡檢이 捉去ᄒᆞ얏다더라

●外照度部 外部에서 度支部에 照會ᄒᆞ얏ᄂᆞᆫᄃᆡ 德奧公使館參書官閔象鉉回國費紙貨一千一百六十六元六十六錢을 札飭海關ᄒᆞ야 迅速劃撥이라ᄒᆞ더라

●農照度部 農商工部에서 度支部에 照會ᄒᆞ얏ᄂᆞᆫᄃᆡ 京釜鐵道地段價一萬六千六百六十五元九十戔을 自該會社로 貸該額의 利子金을 貴部預算中에 已爲立欵이온바 本上半期條四百九十九元十七戔八里ᄂᆞᆫ 勢將及今渡拂이오니 即行支撥事라ᄒᆞ얏더라

●淚將如海

哭招　穉梧樵夫

駐英公使代理李參書 漢膺 誠切御李緣靳識荆如余圭蓽之夫自堪分우耕樵羨君廊廟之士久勤勞우原隰既承揀畀使徃倫敦有激憂憤溘然無知既星交之不返取義尸諫忽焉永逝即泉臺之有光世之녕心者若曰世襲軒冕者尙惜煖衣飽肉幸得權寵者尤計指鹿謂馬執句者輒曰憂時而營私外交者皆是賣國而謀身君胡獨不就衆而混俗自斷乎棄부骨於極西東海之高躅首陽之餓魂余日性賦於貞亮而所懷有的識ᄒᆞ乎時勢而苟命何補自知吾言之無嘉其乃丕惆而成疾況玆天下四方譎姦漸見國姓二字難保寧將吾身之祭祭歸見列聖於泉壤之下不與亂賊之汶汶俱被困虜於塗炭之時出處雖殊應訪長沙汨羅而同歸終命相背期覓伯嚭似道而誅戮以若偸生小輩詎能多容粗啄嗚呼哀哉魂兮歸來反故居些像設君室靜閒安些高堂邃宇檻層軒些魂兮歸來西方不祥些累萬里滄波彷徬無依些殊風易土불可以久淫些魂兮歸來志人共招些故國后土護魄是寧些歸來歸來其불暫止些

野乘 (四)

니가 별로이 방법을 싱각하이 번리밧은 돈과 장ᄉᆞ하야 리츌난 지물을 나날이 다달이 예산하야 용도이외에 십분에 구분으란 본젼으로 승총허고 십분지일분으란 젼젼푼푼이 알들살들이 못두져 거리여 은자 일빅양즁이 되거던 소친ᄒᆞᆫ 은방에 가셔 노긴여ᄒᆞᆫ덩어리롤 만드되 덜미에 궁글 한나 ᄯᅮ러 쥬홍당ᄉᆞ 딕구팔사즐을 ᄭᅦ여 닉머리맛턱궤 밋바닥에 유물로 삼아 젼가지보로 누리게 만다러 밤이고 낫이고 일업는ᄯᅢ면 나우을 닉여놋고 얼으고 만지며 두굿겨 ᄉᆞ랑허고 귀즁히 여기여 밤이되면 실토록 만져보고야 잠을자고 식벽에 잠이셔여 버리허라 나가기젼에 또만져보고 어르다가 나가니 이러구러 한두달 일이년이 지나는 동안에 엿두고 못두젹거려 일빅양즁식 되는큰 은덩어리를 만드러 모흔것이 합허여 삼십륙기가되야는지라 이후로 김장ᄌᆞ가 집안에 들면 그은덩어리를 사랑허고 만지다가 집밧게 나가면 여상부즈련이 버러드리되 다시는

1057

特別廣告

本申報는海外電報를卽接ᄒ야機關이靈通ᄒ고外報와採輯을敏捷活潑ᄒ도록注意ᄒ오며申報發送ᄒ는ᄃᆡ迅速信傳ᄒ기는分傳人의게在홈으로本社에셔不常에諸分傳人의게丁寧告戒ᄒ고申申訓飭ᄒ야毋或踰惰ᄒ게注意ᄒ거니와如或暫有稽忽이라도愛讀僉君子는密使通知于本社ᄒ시면該分傳의게誠信相孚ᄒ도록耳提面命ᄒ고勸贊가發生ᄒ도록護論ᄒ야必無遲誤ᄒ기로期待ᄒ옵나이다

本社에寄書ᄒ시는諸君子는姓名과居住를明確ᄒ게懸錄送附ᄒ시와證據가有홈을必要홈이오公衆不利와ᄒ秩序를紊亂케ᄒ는意외社會上不經荒雜ᄒ寄書는不受ᄒ는權利가本社에自有ᄒ오니肯諒ᄒ시옴

大韓每日申報社

○鐵路部

○東大門과新門間에來往車는每十分間에運行홈

東大門發初車는午前六時三十分

新門外停車場發初車는午前六時五十五分

東大門發終車는午後九時五十分

新門外停車場發終車는午後十時十五分

○東大門과洪陵間에來往車는每二十分間에運行홈

但自鍾路로東大門에來到ᄒᆞᆫ交替車로聯絡홈

東大門發初車는午前六時五十分

洪陵發　初車는午前七時十分

東大門發終車는午後七時五十分

洪陵發　終車는午後八時十分

○鍾路와龍山間에來往車는每十二分間에運行홈

鍾路發至南大門初車는午前六時四十八分

鍾路發至龍山　初車는午前七時二十四分

南大門發至鍾路初車는午前六時五十六分

龍山發至鍾路　終車는午前七時五十七分

南大門發至鍾路終車는午前十時八分

龍山發至鍾路　終車는午後九時九分

○特別私用車는顧客의方便홈을隨應ᄒ야準給홈

但定價는本社에來臨ᄒ야請問ᄒ옵

○電燈部

二百五十燭力以內의敷用處에는每個月에定價表가如左홈

○十六燭力燃燈達夜에二圓五十錢

○三十二燭力燃燈達夜에四圓

○五十燭力燃燈達夜에六圓

○一百五十燭力燃燈達夜에十圓

一千二百燭力弧形燈達夜에二十圓

二百五十燭力以上의敷用處에는請求ᄒ면瓦斯計一箇를設給홈

但瓦斯計賃金은每個月에二圓이오瓦斯計測驗表委托定價는每時間每암피아에二錢이옵

瓦斯計設給處에셔每介月支拂金最低額은每個月에二十圓인ᄃᆡ(瓦斯計貸金은)据홈

電燈을敷設ᄒ기에請求ᄒ는ᄃᆡ로供給홈

各種連技辦燈도常時에貯存ᄒ엿삽

本社鍾路電氣會社

韓美電氣會社 告白

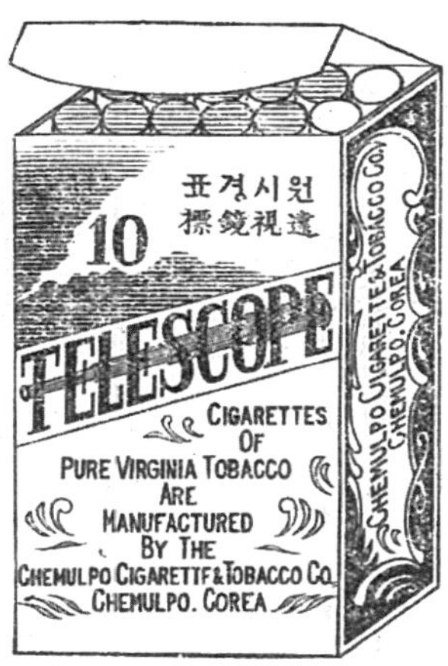

以上三種은上品으로製造ᄒ야衛生上에至極有益ᄒ오니毋論某人ᄒ고本社에來顧ᄒ옵

大韓帝國仁川港

濟物浦紙卷煙及烟草會社

本社廣告

申報價

一張代金　韓貨五錢

一箇月前納　五十戔

三箇月　一元五十戔

六箇月　二元九十戔

一箇年　五元八十戔

郵稅一部　新貨五里

一箇月　十三戔

廣告料

四号活字十三字詰

每日每英尺ㅣ寸에新貨廿五錢

(每日每行에六錢에相當홈)

二周日에　二圓五十錢

(每日每行四錢五里에相當홈)

一箇月에　五圓

(每日每行四錢一里에相當홈

其期限의長短과字行의多少를依ᄒ야增減홈이有홈

大韓人마다此申報를不得不閱覽ᄒ실터이오니廣告出報ᄒ실僉君子는來臨面議ᄒ시옵

發行兼編輯人　英國人裴說

發行所

京城北署壽進坊磚洞号外抛語學校前

大韓每日申報社

第三卷

大韓每日申報
대한매일신보

第廿二號

月曜及慶節 歲時日休刊

檀君開國四千二百三十八年
箕子元年三千二百二十七年
大韓開國五百十四年
日本明治三十八年
清國光緒三十一年
陰曆乙巳八月大初九日己酉

論說

論平和約款

不和議定이完結調印以前에ᄂᆞᆫ不宜休戰이란電信이已爲到達이나戰爭結局은畢竟確然矣라兩軍이非重大事端이면不復交戰ᄒᆞ리니滿洲平原에更無流血은推此可想이로다我等은從軍所報外에別無他見인즉何國兵卒이對不和通知ᄒᆞ야尤欣尤喜ᄒᆞᆯ지難可設言이되日軍은間多必要勝戰이니休息於衽計寢牀이自然適意ᄒᆞ려니와露軍은間經逼迫이殆至頻繁ᄒᆞ얏스니今日所望은戰局이繼續ᄒᆞ야復讎機會를企待ᄒᆞᆷ에在ᄒᆞᆯ거시며何樣言之던지兩軍의感覺ᄒᆞᆯ거ᄉᆞᆫ諸般罵擾警報가浸息後에ᄂᆞᆫ自國人民이感賀其戰局之畢이어ᄂᆞᆯ

日本增稅ᄂᆞᆫ知是重且大焉인바砂糖專賣之設備가困悴下民의錢袋를業已罄渴ᄒᆞᆷ은其政府之所熟思어니와俄國內形은不和早決을累疊論評而已며以戰局效果言之컨ᄃᆡ談辦地通信이若果確然이면

日本所得은小不下於開戰前所求오俄國은自家賢良元老의認非ᄒᆞ던苛虐行政의棄却ᄒᆞ기를因ᄒᆞ야受其强逼而已며若關東地契가入于日手면該國이置海軍於旅順根據ᄒᆞ야威令于黃海及大連灣ᄒᆞ리니東清鐵道之端이依其日本掌握ᄒᆞ야必作極東商務都會之地ᄂᆞᆫ斷不可疑오北海道繁殖與否를較計면樺太島全部를割讓하더라도日本이農商間厚生을不ᄒᆞ得ᄒᆞ리니此ᄂᆞᆫ日國移住人民이崇尙熱候ᄒᆞᆷ인즉但此島ᄂᆞᆫ日露間軍略上得失이로다且以財款言之면日本이旣費十五億圓이라俘虜費一億五千萬圓所得外에別無他償은姑未聞確報이되近者俄帝가此問題에宣言ᄒᆞᆷ과外他顯然兆候가伊藤후爵의商量에歸向ᄒᆞ얏스니別無他償이若至事實이면日本의頗多絕望은欲避不得이라然이나此等任責을不可歸之우政府오但公衆의勇奮과忠愛를鼓動ᄒᆞᄂᆞᆫ本意를包容ᄒᆞ고無不稱善ᄒᆞ던新聞主筆에歸之이로다

官報

●第三千二百三十七號 光武九年九月六日

◎敍任及辭令

度支部主事金夔鉉 仝吳明煥 仝李載根 仝金顯靖 免本官
右ᄂᆞᆫ該員等이所掌事務가專屬開款ᄒᆞ야請願辭職ᄒᆞᆯ意로屢度訓칙에抗拒不遵이기是로以ᄒᆞ야免本官

依願免本官 度支部主事卞志항

以上八月三十一日

肇慶廟參奉李惪賢 慶基殿參奉鄭在鵬 厚陵叅奉秦柄建 禧陵參奉金元埴 孝陵參奉沈能文 崇德殿參奉朴雲澤 依願免本官

任肇慶廟參奉敍判任官八等 朴商奎
任慶基殿參奉敍判任官八等 李東鎬
任厚陵參奉敍判任官八等 金時龜
任禧陵叅奉敍判任官八等 六品洪淳필
任孝陵參奉敍判任官八等 六品李喜範
任崇德殿參奉敍判任官八等 九品朴文益

以上九月二日

肇慶廟參奉朴商奎 慶基殿參奉李東鎬 厚陵參奉金時龜 順陵參奉趙觀熙 永陵參奉李斗魯 箕子陵參奉李준雨 依願免本官

任肇慶廟參奉敍判任官八等 九品李惪賢
任慶基殿參奉敍判任官八等 九品鄭在鵬
任厚陵參奉敍判任官八等 六品秦柄建
任順陵參奉敍判任官八等 鄭晳基
任永陵參奉敍判任官八等 韓相益
任箕子陵參奉敍判任官八等 許奎煥

兪胤煥 張濟億 李啓弘 趙鍊 命收租委員

以上九月三日

◎部令

軍部令第三號

工事都給及物品購買規程(續)

第六條 經理局長은各部隊의所要ᄒᆞᆫ糧米馬糧의需用額을槪筭ᄒᆞ야購買ᄒᆞ고實際需用에臨ᄒᆞ야各部隊로하야금時時의所要額을受領케ᄒᆞᆷ이라 但演習行軍等際에出張地에在ᄒᆞ야所要ᄒᆞᄂᆞᆫ糧米糧馬은各部隊에셔直接購買ᄒᆞᆷ을得ᄒᆞᆷ이라

附則

第七條 本部令은光武九年九月一日노븟터施行ᄒᆞᆷ이라

光武九年八月三十一日

軍部大臣 權重顯

◎度支部令第十二號

金庫所管區域에關ᄒᆞᆫ件

第一條 中央金庫及支金庫의所管區域은別表와如ᄒᆞᆷ이라

第二條 各地方新舊公錢은區域을從ᄒᆞ야收入官吏가所管金庫에納付ᄒᆞᆷ이라 但人民直納區域은人民으로所管金庫에直納케ᄒᆞᆷ이라

第三條 各地方官廳에應用費額은所管金庫에셔支出ᄒᆞᆷ이라

附則

第四條 本令은八月十五日로븟터施行ᄒᆞᆯ이라

光武九年八月十四日

度支部大臣署理 度支部協辦 柳正秀

外報

●摩洛哥關係 德國首相뷰로公은摩洛哥問題에關ᄒᆞ야法國에提出ᄒᆞᆯ回答을起草ᄒᆞ기爲ᄒᆞ야夏期休業을同國놀델니島에셔費ᄒᆞ얏ᄂᆞᆫᄃᆡ公은說曰摩洛哥에在ᄒᆞᆫ外國의諸權利에關ᄒᆞ야ᄂᆞᆫ諸般事件에德法兩國이常常히協同一致ᄒᆞ야行動ᄒᆞᆷ이可라ᄒᆞ얏더라

●瑞나兩國 나威國은瑞典國과分離獨立ᄒᆞᄂᆞᆫ態度를取ᄒᆞᆷ에ᄂᆞᆫ不係ᄒᆞ고同國과永久同盟을締結ᄒᆞᆯ事를申出하얏더라

●德國殖民 德國首相뷰로公은殖民地에關ᄒᆞᆫ問題를調査ᄒᆞᆯ旨로當局官吏의게命令ᄒᆞ얏ᄂᆞᆫᄃᆡ西南阿非利ᄭᅡ事件에던지東部阿非利加事件에던지就ᄒᆞ야ᄂᆞᆫ議會를召集ᄒᆞᄂᆞᆫ事ᄂᆞᆫ無ᄒᆞᆯ거시라ᄒᆞ얏고殖民局長쓰류벨氏ᄂᆞᆫ殖民地行政에關ᄒᆞᆫ新組織을整理ᄒᆞ기爲하야夏期休業地에셔召還되얏더라

●總督意見 美國貨物를賣買하지안ᄂᆞᆫ結果로上海商人等은非常ᄒᆞᆫ損害를蒙ᄒᆞᆫ다ᄂᆞᆫ事를督袁世凱氏의게呼訴ᄒᆞᆫ즉同總督은此를禁止ᄒᆞᆯ意見으로政府에提出하얏더라

雜報

●成李新任　賛議李鍾健氏ᄂᆞᆫ經理院卿을被任ᄒᆞ고正三品成岐運氏ᄂᆞᆫ賛議를被任ᄒᆞ얏더라

●三氏被任　從二品李明翔氏ᄂᆞᆫ秘書丞으로特進官趙秉翊氏ᄂᆞᆫ奉常提調로從二品金晩秀氏ᄂᆞᆫ特進官을被任ᄒᆞ얏더라

●委員說明　宮內府에셔內部에照復ᄒᆞ얏ᄂᆞᆫᄃᆡ貴照會를接准ᄒᆞ와即經翻飭于經理院矣러니即接該院報告書則內開에該委員金教冕을招致查問則所告內에上年九月三十日에本人이該郡金鑛委員을蒙差ᄒᆞ옵고設鑛次로本院訓令을到付于該郡則日本人岡田與三郎과青木與三郎等이稱以釜山港大倉組主人中山希賢의所送이라ᄒᆞ고多率役夫에一邊建屋而開採ᄒᆞ며萬端沮戲이옵기問其事由則所答이大韓政府에셔特有日本人認許條約云云故로如其所言이면認許條約과開鑛訓令과定稅等에可票信蹟을必須要見이온즉該日人等이本院訓令을威脅勒奪ᄒᆞ며本委員을毆之逐之ᄒᆞ오니勢無奈何ᄒᆞ와罔夜上來ᄒᆞ야修報封履이온ᄃᆡ該金鑛을本員이暗賣於日人之意로現有浮說이狠藉ᄒᆞ옵기不勝悚惶ᄒᆞ와玆以仰請ᄒᆞᄂᆞ니該岡田青木兩人이該金鑛을如何買得之理由와本院訓令을威脅勒奪與否와本員毆逐事狀을移照外部ᄒᆞ야嚴覈得情伏望云云ᄒᆞ기玆에照復ᄒᆞ오니照亮轉칙爲要라더라

●挾雜被捉　內部에셔法部에照會ᄒᆞ얏ᄂᆞᆫᄃᆡ昌原銅鑛을賣渡外人之其時委員金威燮과所謂圖得認許之吳漢善을并令拘拿라ᄒᆞ얏더라

●去哉柏公　柏卓安氏大ᄂᆞᆫ韓國風土에羈留ᄒᆞᆫ지于今十回星霜이라萬里故國에日夜歸夢이天高馬肥ᄒᆞᆫ時候를當ᄒᆞ야엇지ᄂᆞ魚蓴菜을思想치아니ᄒᆞ리오今回合同期滿ᄒᆞ야解届將歸ᄒᆞᆫ다ᄒᆞ니星星ᄒᆞᆫ白髮이海外殊域에健全을保有ᄒᆞ야歸去來辭를唱ᄒᆞ고一片孤帆이天際滄溟에浩然長歸ᄒᆞ야家庭團欒으로晩年에頤養ᄒᆞ얏스면吾儕ᄂᆞᆫ公의滿圓ᄒᆞᆫ福慶을祝手攢賀ᄒᆞ려니와韓國事를思想ᄒᆞᆯ지면黯黯ᄒᆞᆫ悲懷를不禁ᄒᆞᆯ지도다公이度支顧問으로財政을保管ᄒᆞ야內帑에國府를無犯ᄒᆞ며商界에金融을活通ᄒᆞ야度支金局에分毫를樽節ᄒᆞ며錙銖를蓄積ᄒᆞ야外債를淸帳ᄒᆞ고公益을成筭ᄒᆞ야天下에名譽를播傳ᄒᆞ며一國에功業이隆盛ᄒᆞ얏고總稅務司로移任ᄒᆞ야海關을掌握ᄒᆞᆷ의鉅大ᄒᆞᆫ算帳을毫分縷析ᄒᆞ며浩繁ᄒᆞᆫ財簿을左升右除ᄒᆞ야萬國商業에關係가至綱ᄒᆞ며十港商岸에至公ᄒᆞ야光明正大ᄒᆞᆫ心法과周密愼詳ᄒᆞᆫ規模ᄂᆞᆫ環球世界에膾頌ᄒᆞᆫ人物이라今也에去矣로다韓國에切迫ᄒᆞᆫ事情으론合同을繼續ᄒᆞᆯ思想이誰人懇切치아니ᄒᆞ리오마ᄂᆞᆫ時勢去矣라君亦去矣니後來者ᅵ應當君의規模를準範ᄒᆞ며心法을典型ᄒᆞ야危急存亡에瀕ᄒᆞᆫ韓國을維持ᄒᆞ얏스면君의去後라도君이現在ᄒᆞᆷ과差異가不有ᄒᆞ야韓國君臣上下가遺憾이無ᄒᆞ려니와不然이면君의淸德을懷想ᄒᆞ야隨波頹瀾을竪立ᄒᆞᆯ지라도韓國事ᄂᆞᆫ悲觀에念이有ᄒᆞᆯ가竊恐ᄒᆞ노니君은去ᄒᆞ야도吾人은後日을俟ᄒᆞ야月朝를更評ᄒᆞ리라

●役夫困狀　肅川郡守署理永柔郡守朴容觀氏가內部에報告ᄒᆞ얏ᄂᆞᆫᄃᆡ肅川郡境內鐵道役夫를人民이猶患難堪이거날越境安州地赴役이民夫每日一百五十名　至今兩朔에民不堪當이다訴稱不已ᄒᆞ오니顧此民情이何等困難이리오悶迫之由를玆又仰報ᄒᆞ오니別般交涉於日公館ᄒᆞ야安州地赴役에肅川役夫之責應一欵은即令탈免이라ᄒᆞ얏더라

●旗價有定　各邑各坊里商業家에國旗一面式卜定ᄒᆞᄂᆞᆫ事件을更聞ᄒᆞᆫ즉京中에國旗行賣所가有ᄒᆞ야各地方所用國旗를一贈發賣ᄒᆞᄂᆞᆫᄃᆡ每旗價則惡貨行用處ᄂᆞᆫ一元四十錢이오葉行用處ᄂᆞᆫ葉三兩五錢式이라더라

●禹母夜哭　昨夜에明洞日本司令部門前에셔禹龍澤氏母夫人이龍澤氏를부르며痛哭ᄒᆞ다가日憲兵의게驅逐되야還歸ᄒᆞᄂᆞᆫᄃᆡ路傍觀光者들이裏由ᄂᆞᆫ不知ᄒᆞ나老人에情狀을보고慘酷히녀기드라더라

●員役何歸　日前議政府에셔員役을減額ᄒᆞᄂᆞᆫᄃᆡ多年服役ᄒᆞ던員役을空手出送ᄒᆞ기섭섭다ᄒᆞ야經費中으로每名에數百兩式쥬어보냇ᄂᆞᆫᄃᆡ派派이酒家로가셔盡醉ᄒᆞ고如痴如狂ᄒᆞᆫ辭說이可觀이라고太息ᄒᆞ더라

●天佐綜明　天安郡守金用來氏가部內에謄告ᄒᆞ얏ᄂᆞᆫᄃᆡ本郡一進會支會長金振龜公函內開에現今陳荒處와新起畓과防築處를尺量事로弊所會員을多擇各面ᄒᆞ야同時出送이기玆에仰佈ᄒᆞ니以此件으로飛飭面任ᄒᆞ와使民安志케ᄒᆞ시고會員宿食等節을自該洞中으로指揮ᄒᆞ시되若或有悖習ᄒᆞ와不遵官令ᄒᆞ고不接待會員이면自弊所로措處ᄒᆞ올터이니照亮ᄒᆞ오셔官民間齟齬之弊가無케ᄒᆞ심을望要等因인바答函ᄒᆞ옵기를今此尺量事ᄂᆞᆫ想有爲民除害로ᄃᆡ既無府部訓飭ᄒᆞ니勢難指揮오且宿食等節ᄒᆞ야ᄂᆞᆫ雖一器飯과空舍之歷旅라도不無民言이니有難擅行이라擧報上部ᄒᆞ야待指令指揮爲計라ᄒᆞ옵고且會員이私錢을使用케ᄒᆞᆯ意로有所來言故로答以未承部令즉不可許施라ᄒᆞ오니三三五五人이更相詰來曰公州즉揭榜府下ᄒᆞ야使之通用而何獨本郡에不用私錢云而至有悖說이온바尺地도莫非率土오新墾도亦有其主어ᄂᆞᆯ初無府部訓飭ᄒᆞ고亦無該主請願而會員之欲爲尺量이有何所據이오며就食民間이其果爲公乎잇가未知其妥當이오며度支所不用之私錢을使民行用則以此所捧公錢으로將納之何處이오며會員往接次로公廨一處를亦要許借이오나不可自郡擅便이다온즉會員之三條가俱不穩當故로玆以謄告ᄒᆞ오니查照指飭伏望이라더라

●議論可觀　近日羅客드리店舍에滯雨ᄒᆞ야鬱懷를이기지못ᄒᆞ야衣巾을典ᄒᆞ고酒肴를沽ᄒᆞ야各各一大白을飮ᄒᆞᆫ後에病者의셤語갓치時事를論ᄒᆞᄂᆞᆫᄃᆡ甲曰嶺南接長郭鍾錫氏가오셔야政府를바로잡지

乙曰接長接長接長이卜筮ᄂᆞᆫ잘ᄒᆞ고律詩도몃首ᄒᆞ지마ᄂᆞᆫ政府일도잘ᄒᆞᆯ지年前에暫時왓다가參贊어디ᄒᆞ고잘잡싸졋지

甲曰新參政韓氏가行公ᄒᆞ면政府組織이着實이되리라ᄒᆞ니此言이虛說이되지아니ᄒᆞᆯ지

乙曰新參政舊參政勿論ᄒᆞ고韓國宰相은臥料宰相이라來頭行政이엇더ᄒᆞᆯ지甲曰政府組織이잘되면吾儕도한몫ᄅᆞᆼ이세어볼가

乙曰許위氏가無實狀ᄒᆞ고大談은잘ᄒᆞ지만은上來ᄒᆞ엿사면吾韓의게ᄂᆞᆫ一臂之力될듯하지

甲曰否否不然타許參贊이虛參贊이라何足恃也리오李裕寅氏가占術도能ᄒᆞᆯ뿐더러鎭寧君과단쪽이라此氏가上來ᄒᆞ얏시면눈면王事라도단번에어더ᄒᆞᆯ터지만

乙曰嶺　官人外에ᄂᆞᆫ可恃處가無ᄒᆞᆯ가甲曰求仕ᄒᆞᄌᆞ면內大李址鎔氏에게못ᄂᆞᆫ게조치마ᄂᆞᆫ銅臭를너머안다데乙曰近日에ᄂᆞᆫ否改過ᄒᆞᄂᆞᆫ貌樣이니ᄒᆞᆫ日間에가서볼가

●聖恩獨遲　現今海關雇聘人員이李當契約之滿期하야不日解任而　韓皇陛下게압셔特念其勤勞하사優數히償與金을下賜하옵신다니該員等의惶感은尤極難形이고且各官廳外國人雇聘으로言之라도解雇後에各隨其効勞하야償金을隨其等級頒賜이되至於電報司雇聘人하야ᄂᆞᆫ解雇後에尙未蒙如何恩典云하니効勞로言之라도電司之劇務가浮於海關하고年限之多가亦至十稔이어ᄂᆞᆯ賞典之獨無가殊甚有憾인즉以愚所料로ᄂᆞᆫ必是中間人이不爲提奏하야致此偏厚偏薄이오決非韓皇陛下之聖意라하노라

詞林

秋夜　凡山

夜色秋光共一欄庭滿瀟瀟衣
團誰家一笛吹殘蟋蟀在空山
月寒

井觀日夜吟方高與坡仙遊承
天寺時相彷彿

秋天　井觀

朝來爽氣在西山良士開襟吉行
顏一院孤花留客醉萬里明月送
君還遙陽木落鳴征馬龍雲飛
放白한笑拍洪涯卿中天憤
琴可瞬機

山月水俗之人日寬存風
露涸迴從之之意

寄書

媾和를傍聽ᄒᆞ고獨立을鞏固케ᄒᆞᆷ

夫日俄開仗은日本이欲制俄之貪暴無厭而永保東洋平和之意로費巨億之財ᄒᆞ고與百萬之師而聲稱大義於天下故로能得毆美之同情ᄒᆞ야始聯砲艦於仁川黃海之間而已有太平洋之海權ᄒᆞ고列陣壘於龍灣遼東之野而確領合爾賓以南之大陸ᄒᆞ니其士師之勇敢은不啻東亞黃種之所大驚大快者也라抑亦白人之所讚賞不已者也니其於同種交隣之地에何快如之며何福如之아然이於日本에有全勝之理는實由乎興師를以義與和也오於露國에必百敗之由는不外乎滅義與暴也니勝敗之關乎義與不義가顧不重且大乎故로本人等도素以愚妄之質로不量前頭之如何結局ᄒᆞ고但感義之一字ᄒᆞ야去年二月分에與李儁李玄錫諸人으로著同志勸告文一萬張ᄒᆞ야廣佈國中而設赤十字會ᄒᆞ고募集義捐ᄒᆞ야救恤隣邦傷夷之兵而以表同情計矣러니被我官吏之侵禁ᄒᆞ야累月禁錮타가竟受重笞以免後에未遂初志ᄒᆞ고不得已三人이各出十元ᄒᆞ야寄附日本赤十字病院ᄒᆞ야略表義理上感情而止矣러니逮今日俄談判之日ᄒᆞ야日本이一直以義自處則其大德大義는實天下萬古歷史上所罕有而雖愚婦愚夫라도咸頌其德義之盛而願耕於其國也어날奈之何首尾相違ᄒᆞ고始終異轍ᄒᆞ야一則背日清下關條約與日英同盟之趣旨ᄒᆞ고一則違日皇陛下宣戰勅書中大旨與小村外部大臣之發表日俄交涉始末于列邦中維持韓國獨立說而今乃反置韓國於日本保護下之云者猥藉於往復電文與新聞紙上ᄒᆞ니日本則於列邦에先唱平和而後蔑義ᄒᆞ고我韓則於日本에始表同情而今反訝惑者는非一人一國之私情이오實世界列邦之以公以義者也라故로美領布哇島에서勞動ᄒᆞᄂᆞᆫ我韓移民이鳩合義捐一千元ᄒᆞ고公薦尹炳球氏而特定摠代ᄒᆞ야派遣우談判地而媾和를傍聽ᄒᆞ고我韓獨立을鞏固코자하니噫라尹氏則年前에曾經本會會長이年未滿三十ᄒᆞ고身不五尺餘라背以負三千里疆土ᄒᆞ고舌則代二千萬人口而涉海陸萬里ᄒᆞ야赴華京懇乞於美國大統領ᄒᆞ니大統領이欣然承諾ᄒᆞ야繕給招待劵ᄒᆞ고紹介於호스마오스談判地ᄒᆞ니此行此事는實我韓四千年初有之大擧而全國維持之大關鍵也然擧國之存亡을豈能率爾擔着于斯一箇人之肩乎아今我大小人民은快悟前日之非ᄒᆞ야勿爲怨尤隣國ᄒᆞ고歸咎政府而踐行箇人之義務則外侮를自可免矣라所以本會에셔不顧傍人之或笑或侮ᄒᆞ고今募捐助金三百五十元ᄒᆞ야換送于北美合衆國傍聽之地ᄒᆞ야以表一般國民之寸誠ᄒᆞ니願我同胞는勿謂時已晩局已誤ᄒᆞ고益當奮然前進而齊聲齊力則今或不叶이나安知異日에復有談判之事乎리요

光武九年九月二日

尙洞靑年會書記鄭淳萬 敬函

雜報

●賊反荷杖 河橋居金義信氏의親山이東小門外에在ᄒᆞᆫ듸冶洞居李在鳳이가其親葬을金氏親山腦後에暗埋ᄒᆞ다가該山行巡巡檢에게見捉ᄒᆞᆫ즉稱有內部訓令ᄒᆞ야欲以만過라가追後與金義信으로對質之場에奸狀이發露되야該偸塚을自手卽掘ᄒᆞ고該巡檢이仍率原被告ᄒᆞ고往東署裁判ᄒᆞᄂᆞᆫ듸假稱內部訓令ᄒᆞᆷ과暗埋他人塚腦後가違背警務章程ᄒᆞᆷ을李氏가一一自服ᄒᆞ야自掘白骨을不日移埋他處ᄒᆞᆯ줄노斷斷爲言이더니百般運動ᄒᆞ야新聞上에구誣該巡檢ᄒᆞ고渠之親山을厥地에仍葬치못ᄒᆞ면金義信의親山도亦使自掘乃已라고四面請囑ᄒᆞᆫ다ᄒᆞ니此等挾勢凌弱ᄒᆞ며暗葬反怒ᄒᆞᄂᆞᆫ惡習은別般懲辦ᄒᆞᄂᆞᆫ게法理當然이라고傳說이有ᄒᆞ더라

秋郊農談

○連日風雨에禾稼가太半損傷ᄒᆞ야前日에穰穰ᄒᆞ던豐登聲이一朝에許多農夫口中에呻吟聲이되ᄂᆞᆫ지라西郊等地에老農幾人드리歎荒을預慮ᄒᆞ야相與談論ᄒᆞᆷ을來傳人이有ᄒᆞ기로隨聞亞載ᄒᆞ노라

○嗟我婦子가霑體塗足ᄒᆞ며揮汗把鋤ᄒᆞ야許多辛苦를經過ᄒᆞ며肌餒을强忍ᄒᆞ야日夜所望이稲事有秋에在ᄒᆞᆫ바僥倖으로三農이順成ᄒᆞ야稌秔黍稷이穎栗可愛키로鼓腹一飽을庶幾望之러니忽地風雨가無前猛獰ᄒᆞ야無東無西히盡被傷損이라野色이玄悴ᄒᆞ고豐聲이烏有ᄒᆞ야九仞之山이一簣에功虧ᄒᆞ니一群痴宰相이陰陽을調和치모ᄒᆞᆷ인지一番風雨에幾百萬生命이必至溝壑ᄒᆞᆯ지로다

○設或年形이豐登ᄒᆞ야도如虎如狼ᄒᆞᆫ官吏의誅求下에糊口圖生이其勢ㅣ茫然ᄒᆞᆫ듸무삼연의鐵道役費收歛은日日還生ᄒᆞ야摘釜嚮甑ᄒᆞ야도充納無期ᄒᆞ니萬一歉年이면十室九空은尙矣勿論ᄒᆞ고餓莩相枕ᄒᆞ야到處北邙山이될지로다

○秋收가設或良稔ᄒᆞᆯ지라도錢政이나循環되면貧富相資ᄒᆞ고商利開通ᄒᆞ야苟且支活이庶可有望이되貨幣較正이出末無期ᄒᆞ니人心之騷動과錢情之渴汲이貨幣較正前보단十倍나太甚ᄒᆞ야一分借貸ㅣ道理업고半分商業이望斷ᄒᆞ니束手沒策이ᄒᆞᆯ지貨幣較正頭痛일세

○甲午以後擾攘ᄒᆞ되大幸連年豐稔ᄒᆞ야仰事俯育ᄒᆞ얏더니時運所關인지歉황이可慮ᄒᆞᆫ즉人之將死에廉恥를何顧리오火賊이나싸라갈지義兵이나싸라갈지社倉穀과合錄米를邑邑에作上ᄒᆞ야陳穀이全無ᄒᆞ니賑恤을設行ᄒᆞᆫ들何穀으로充數ᄒᆞᆯ지

●子不當殺 北署字內에淫婦가有하야其新生兒를壓殺ᄒᆞᆫ變이有하기로該署所在日本警部가報告하얏ᄂᆞᆫ듸方自警廳으로其誰家女子를調査中이라더라

●勉以忠義 日前淳妃께셔諸嚴氏을對ᄒᆞ야曰汝等이致身富貴ᄒᆞ야腰金頂玉ᄒᆞᆷ이罔非國攸賜인즉各別치躬守分하야一心供職하며効忠報國하ᄂᆞᆫ거이道理當然이라고諄諄告戒하셧더라

●外廓調査 北署花開洞三정洞等地十字橋等地人家中에外廓이有ᄒᆞᆫ戶ᄂᆞᆫ日本步兵下士二名이一一調査以去하얏다더라

●當禁則禁 南署長柳冀亮氏가警廳에報告ᄒᆞᆫ內槩에南山一牌驚巖等地에日人小田柿가曾堅標木定界인바現今該標木이在於京城公園地定界內則該日人之立標ᄂᆞᆫ自歸勿論이어니와今番風雨에所顚松木十四株을該小田市가尙稱自巳標木內所有라하고業巳斫伐故로卽欲禁止ᄒᆞᆫ즉終不聽從니기作言우日本警察所則亦云自該所로難以歸決云하니査照後轉照外部하와交涉妥辦하라하얏더라

●火發成狂 議政府祿事金仁榮이가年至六旬인듸眷率은許多ᄒᆞ고至極貧寒ᄒᆞᆫ中에今番減額에政府祿事ᄂᆞᆫ一幷除汰하민命맥이쓰너지고又當錢荒之時하야借貸無路키로朝不食夕不食ᄒᆞ야木石不當이라心火로成病ᄒᆞ야譫語如狂ᄒᆞᆫ다니其情勢ᄂᆞᆫ眞實可憐이라하더라

●善哉言乎 北杜有知覺ᄒᆞᆫ宰相ᄒᆞᆫ분이言ᄒᆞ기를開化가若實이될지경이면下人되ᄂᆞᆫ사람도엽고月給줄돈도업슬터인즉所謂貞夫人이니淑夫人이니趂時밥지어먹고井臼之役을本業ᄒᆞᄂᆞᆫ거시上策이라고ᄒᆞ드라니貞夫人과淑夫人의措處ᄂᆞᆫ若是ᄒᆞ려니와令監大監은四人轎長烟竹에前後別陪와數多隨廳이來來穩當ᄒᆞᆯ지可謂貴人則明이라고ᄒᆞ더라

●度量衡頒布 農部에셔各部에輪牒하얏시되度量衡을一體改良ᄒᆞᆯ事로法律規則을已經奏裁頒布하얏삽고升斗尺衡의新製實施가在邇이옵기各國度量衡法比較二紙를送交하오니貴部大臣協辦께轉呈하시고本國文度量衡法冊을伴送하니貴部奏任官以上每員各一冊式分配케ᄒᆞᆯ意로現承本部大臣署理指敎하야竝仰佈하라하얏더라

◉部令　度支部令第十四號

共同倉庫會社章程

第一章　總則

第一條　共同倉庫會社ᄂᆞᆫ度支部大臣의監督을受ᄒᆞ야一般公衆을爲ᄒᆞ야物品을倉庫에保管하고且金融의便利를圖謀ᄒᆞᆷ으로爲業ᄒᆞᆷ이라

會社ᄂᆞᆫ度支部大臣의認許를受하야輸入順序未完의貨物을藏置ᄒᆞᆷ을爲하야保稅창庫에關ᄒᆞᆫ業務를營ᄒᆞᆷ을得ᄒᆞᆷ이라

第二條　會社ᄂᆞᆫ定款으로資本金其他設立에關ᄒᆞᆫ必要事項을定하야度支部大臣의認許를受ᄒᆞᆷ을要하고其變更ᄒᆞᆯ場遇에도亦同ᄒᆞᆷ이라（未完）

特別廣告

本申報ᄂᆞᆫ海外電報를卽接ᄒᆞ야機關이靈通ᄒᆞ고外報와探報를敏捷活潑ᄒᆞ도록注意ᄒᆞ오며申報發送ᄒᆞᄂᆞᆫᄃᆡ迅速信傳ᄒᆞ기ᄂᆞᆫ分傳人의게在홈으로本社에셔不常에諸分傳人의게丁寧告戒ᄒᆞ고申申訓飭ᄒᆞ야毋或婾惰ᄒᆞ게注意ᄒᆞ거니와如或暫有稽忽이라도愛讀僉君子ᄂᆞᆫ密使通知于本社ᄒᆞ시면該分傳의게誠信相孚ᄒᆞ도록耳提面命ᄒᆞ고勸贊가發生ᄒᆞ도록誨論ᄒᆞ야必無遲誤ᄒᆞ기로期待ᄒᆞᆸ나이다

本社에寄書ᄒᆞ시ᄂᆞᆫ諸君子ᄂᆞᆫ姓名과居住를明確ᄒᆞ게懸錄送附ᄒᆞ시와證據가有홈을必要홈이오公衆不利와ᄒᆞᆫ秩序를紊亂케ᄒᆞᄂᆞᆫ意와社會上不經荒雜ᄒᆞᆫ寄書ᄂᆞᆫ不受ᄒᆞᄂᆞᆫ權利가本社에自有ᄒᆞ오니肯諒ᄒᆞ시옵

大韓每日申報社

龍仁山城里居金聖學이가本是근근이農업自셩ᄒᆞ여먹ᄉᆞ온ᄃᆡ畓六斗落과家垈田幾斗落을장만ᄒᆞ엿다가근리에家勢가不如意ᄒᆞ와他人의게팔고그田畓作人노르ᄉᆞᆯᄒᆞᄂᆞᆫᄃᆡ再從金交觀이가浮浪ᄒᆞ야이구차현六寸을미양침칙ᄒᆞ다가근ᄌᆞ에ᄂᆞᆫ심ᄒᆞ여田畓마지기를탈취ᄒᆞ라고혹他處의外國人의게위조文書ᄒᆞ고판단말이잇ᄉᆞ온즉일도되지못ᄒᆞᆫ일일뿐더러ᄂᆡ가作人조차ᄯᅥ러질터이외다무론內外國人ᄒᆞ고勿爲간셥ᄒᆞ옵셔후회업도록ᄒᆞ시오

龍仁居　金聖學　告白

大東紀年 全秩五冊 定價新貨二元
美國博士訖法氏譯撰
皇城廣通橋高濟弘書舖發兌

○鐵路部

○東大門과新門間에來往車ᄂᆞᆫ每十分間에運行홈
東大門發初車ᄂᆞᆫ午前六時三十分
新門外停車場發初車ᄂᆞᆫ午前六時五十五分
東大門發終車ᄂᆞᆫ午後九時五十分
新門外停車場發終車ᄂᆞᆫ午後十時十五分

○東大門과洪陵間에來往車ᄂᆞᆫ每二十分間에運行홈
但自鍾路로東大門에來到ᄒᆞᆫ交替車로聯絡홈
東大門發初車ᄂᆞᆫ午前六時五十分
洪陵發　初車ᄂᆞᆫ午前七時十分
東大門發終車ᄂᆞᆫ午後七時五十分
洪陵發　終車ᄂᆞᆫ午後八時十分

○鍾路와龍山間에來往車ᄂᆞᆫ每十二分間에運行홈
鍾路發至南大門初車ᄂᆞᆫ午前六時四十八分
鍾路發至龍山　初車ᄂᆞᆫ午前七時二十四分
南大門發至鍾路初車ᄂᆞᆫ午前六時五十六分
龍山發至鍾路　終車ᄂᆞᆫ午前七時五十七分
南大門發至鍾路終車ᄂᆞᆫ午前十時八分
龍山發至鍾路　終車ᄂᆞᆫ午後九時九分

○特別私用車ᄂᆞᆫ顧客의方便홈을隨應ᄒᆞ야準給홈
但定價ᄂᆞᆫ本社에來臨ᄒᆞ야請問ᄒᆞ옴

○電燈部

二百五十燭力以內의敷用處에ᄂᆞᆫ每個月에定價表가如左홈
○十六燭力燃燈達夜에二圓五十錢
○三十二燭力燃燈達夜에四圓
○五十燭力燃燈達夜에六圓
○一百五十燭力燃燈達夜에十圓
一千二百燭力弧形燈達夜에二十圓
二百五十燭力以上의敷用處에ᄂᆞᆫ請求ᄒᆞ면瓦斯計一箇를設給홈
但瓦斯計賃金은每個月에二圓이오瓦斯計測驗表委托定價ᄂᆞᆫ每時間每암피아에二錢이옴
瓦斯計設給處에셔每介月支拂金最低額은每個月에二十圓인ᄃᆡ(瓦斯計貸金은)据홈
電燈을敷設ᄒᆞ기에請求ᄒᆞᄂᆞᆫᄃᆡ로供給홈
各種連技辦燈도常時에貯存ᄒᆞ엿ᄉᆞᆸ

本社鐘路電氣會社
韓美電氣會社　告白

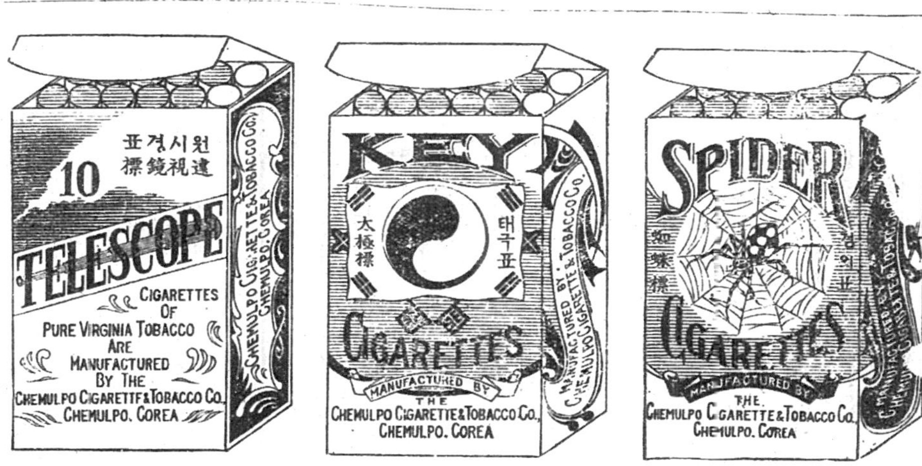

以上三種은上品으로製造ᄒᆞ야衛生上에至極有益ᄒᆞ오니毋論某人ᄒᆞ고本社에來顧ᄒᆞ옵

大韓帝國仁川港
濟物浦紙卷煙及烟草會社

一鷹標罐濃詰牛乳
一金印罐詰濃結牛乳
一無雙家川氣化乳酪
一쌧ㅣ든쓰製造麥芽化合牛乳
以上은常時에貯積ᄒᆞ엿ᄉᆞᆸ
美國紐育港쌧ㅣ든쓰濃結牛乳會社
一手代理店　大韓仁川港　世昌洋行

廣告

一雜貨商
一貿易商
一船舶取扱
一煙草商
一委托販賣及貨物運送代理業
一貿易石炭商
以上輸入及輸出者
京城 仁川　大昌洋行

本社廣告

申報價
一張代金　韓貨五錢
一箇月前納　五十戔
三箇月　一元五十戔
六箇月　二元九十戔
一箇年　五元八十戔
郵稅一部　新貨五里
一箇月　十三戔

廣告料
四号活字十三字詰
每日每英尺 一
(每日每行에六錢에相當홈)
二周日에　二圓五十錢
(每日每行四錢五里에相當홈)
一箇月에　五圓
(每日每行四錢一里에相當홈)
其期限의長短과字行의多少를依ᄒᆞ야增減홈이有홈
大韓人마다此申報를不得不閱覽ᄒᆞ실터이오니廣告出報ᄒᆞ실僉君子ᄂᆞᆫ來臨面議ᄒᆞ시옴

發行兼編輯人　英國人裴說
發行所
京城北署壽進坊碑洞号外地法語學校前
大韓每日申報社

第三卷

大韓每日申報
대한매일신보

第廿三號

月曜及慶節 歲時日休刊

檀君開國四千二百三十八年
箕子元年三千二十七年
大韓開國五百十四年
日本明治三十八年
淸國光緒三十一年
陰曆乙巳八月大初十日庚戌白露

論說

余於讀書堂前에爲其樊圃ᄒᆞ야種楊十許株矣러니年久成林ᄒᆞ야其大各十圍인바其爲木也ㅣ蟲粗擁腫ᄒᆞ며液漏而臭甚ᄒᆞ야之에不可以充棟이오斫之에不可以爲薪이고頑根이四布에穿階而侵園ᄒᆞ야幾畝佳蔬가皆至見棄이고亂枝繁葉이蔽遮于堂之四隅ᄒᆞ야中天月色과胡暮山景을如隔屛障에無由觀覽ᄒᆞ더러

烟濛濛而袖帙이盡濕ᄒᆞ며藤垂垂而出入이多礙ᄒᆞ며鳥雀이聒其上에華胥之午夢을難成이오螻蟻ㅣ聚其下에雅集之盃盤이易汚ᄒᆞ니種種其妨於事害於物을難以盡述故로家人이嗔其無用ᄒᆞ며隣里가嘲以長惡이고行路之過於此者ㅣ亦莫不指黙嗟歎ᄒᆞ야以謂不去此林이면堂必廢矣라ᄒᆞ되

根株旣大에斧斤을莫施키로計無所出ᄒᆞ야因循置之러니日昨風雨가忽地大作ᄒᆞ야勢如海翻에屋瓦皆飛키로余乃心驚魂慴에伏枕而臥라가及夫天明에開戶視之則十餘株楊木이爲雨所撲ᄒᆞ며爲風所감ᄒᆞ야盡數拔出而僵在地上이라傷枝敗葉이紛披狼藉ᄒᆞ야宛然如戰場一敗에旌旗倒盡인ᄃᆡ

鳥雀之啾喧과螻蟻之汚穢와垂藤之散亂과濛烟之侵濕이悅若前塵ᄒᆞ야索然無存이고庭ㅣ除空濶에光景이倏變ᄒᆞ야月娟娟而入窓ᄒᆞ고山窈窈而呈顔ᄒᆞ야四顧如意에心目頓醒ᄒᆞ니卽一別有天地오草堂이自此有顔色也라家人與隣里가共相歡喜ᄒᆞ야坐余于堂上ᄒᆞ고酌酒而賀之어늘

余擧酒對衆而言曰快則快矣로되不能無慨然于心者ᄒᆞ노라夫以草木之無心으로猶爲人所憎惡ᄒᆞ야必欲其除去而後에乃已者ᄂᆞᆫ非他也라以其無用이로妨於有用故也니況以不肖之人物로盤據要津에壅閉聰明ᄒᆞ며布其黨羽하야濁亂朝著ᄒᆞ며縱其貪虐ᄒᆞ야妨國害民이면其爲人所憎惡가豈直如彼楊木之比也리오必將身殲家敗而禍流子孫ᄒᆞ며播惡名於靑史ᄒᆞ야萬世莫洗ᄒᆞᆯ지니可不懼哉며可不戒哉아

語曰根深者ᄂᆞᆫ難拔之라ᄒᆞ며又曰惡貫罪盈이면天必誅之라ᄒᆞ니凡今朝廷之貪權樂勢ᄒᆞ며蔽聰誤國ᄒᆞ야縱慾而不顧後ᄒᆞ며躁進而不知止ᄒᆞ며百般造惡而恬然自安者ㅣ吾恐一夜風雨가拔其根而披其枝也ᄒᆞ노라

官報

第三千二百三十八號 光武九年九月八日

◉宮廷錄事 詔曰命宮內府特進官金完秀爲奉常司提調正二品李根敎爲禮式院掌禮卿

九月四日

◉府令 宮內府令第一號

貯蓄金規程

第一條 宮內府大小職員은每朔俸給中幾分을貯蓄게ᄒᆞᆷ이라

第二條 貯蓄의關ᄒᆞᆫ標準諸般規程은光武九年七月四日議政府令第二號를適用ᄒᆞᆷ이라

但雇員은此限에不在ᄒᆞᆷ이라

附則

第三條 本規程은光武九年七月一日로브터施行ᄒᆞᆷ이라

光武九年九月四日

宮內府大臣勳二等李載克

◉敍任及辭令 宮內府特進官尹用求

命永興郡黑石里

太祖高皇帝誕降舊里碑文

御製陰記書寫官

五月十日

陞七級俸 農商工部技手李鳳載

九月一日

命奉常司提調敍勅任官三等

宮內府特進官金完秀

命禮式院掌禮卿敍勅任官二等

正二品李根敎

以上九月四日

外報

◉金城丸沈沒 去月二十二日오後五時半에門司를發ᄒᆞ야東方으로航行ᄒᆞ든金城丸은오後十時에豐後姬島冲에셔神戶로븟터來ᄒᆞᆫ日本郵便會社雇用英國긔船과랄놓號와衝突ᄒᆞ야僅히三分間에沈沒ᄒᆞ얏ᄂᆞᆫᄃᆡ該船에乘組ᄒᆞᆫ小州少佐以下百二十七名은行衛가不明ᄒᆞ고과랄놓號의損傷은輕微ᄒᆞ고遭難者二十四名을救助ᄒᆞ야其中에十九名은其時에適値ᄒᆞᆫ英國긔船플드마우쓰號에移乘케ᄒᆞ야廿三日에門司港에入去ᄒᆞ얏ᄂᆞᆫᄃᆡ松田少尉ᄂᆞᆫ重傷ᄒᆞᆷ으로移乘치못ᄒᆞ고軍醫一名과卒三名을率ᄒᆞ고과랄놓號로神戶에引還ᄒᆞ얏더라

◉奉天將軍奏議 北京電에云호ᄃᆡ奉天將軍趙爾巽氏가提出ᄒᆞᆫ奏議의要意를據ᄒᆞᆫ즉向後에政府에셔發布ᄒᆞᆯ法製를由ᄒᆞ야各省에實施케ᄒᆞᆫ事ᄂᆞᆫ事實에困難ᄒᆞᆯ뿐不啻라弊害도亦多ᄒᆞᆯ거시東三省(奉天、吉林、黑龍江謂之)에先試ᄒᆞ야施行케ᄒᆞᆫ後에漸加斟酌ᄒᆞ야普及各省케ᄒᆞᆷ을希望ᄒᆞᆫ다ᄒᆞ얏ᄂᆞᆫᄃᆡ 兩陛下(청帝及西太后)ᄂᆞᆫ此議를大端히嘉納하사先히地方自治制를試布하라고히將軍의게 諭示하셧고近日에此의對ᄒᆞᆫ公式의上諭를下하실터이라더라

◉旅順整理 旅順口鎭守府司令部에셔ᄂᆞᆫ獨立以來로從事ᄒᆞ던整理事業도漸次進就되야旣已戰利艦四艘를引上ᄒᆞ얏고尙且九月셔지ᄂᆞᆫ레또븨이잔號與포베이다號兩艘를引上ᄒᆞ야終了ᄒᆞᆯ豫定이오又ᄂᆞᆫ戰利品庫分과工場과其他建築物修繕等도太半結了되야來十一月中에ᄂᆞᆫ一般整理가完了되리라더라

◉청廷歸淑觀 北京外交界推測을據ᄒᆞᆫ즉청國政府ᄂᆞᆫ講和締結요後에直時日本에大官을派遣하야滿洲問題의協議를遂成ᄒᆞᆯ事로內定되얏더라

◉德美通商 德美兩國間에互相通商條約을締結ᄒᆞᆯ터인ᄃᆡ目準備를旣成하얏ᄂᆞᆫᄃᆡ但其商議ᄂᆞᆫ本年秋에開始하리라더라

雜報

◉俸費俱困 平壤監리申大均氏가外部에報告하얏ᄂᆞᆫᄃᆡ八月俸給及經費를尙不劃下하야他人處代借及署則月俸을尙今未撥하야告願自退키로姑留挽執이오나必至渙散乃已오니卽爲劃撥이라하얏더라

詞林

塞上曲

遙水遼山道路長扶桑東望海天長風霜一片연然石旭日高昇我武揚　右戰勝國

攀雲大聲屹北洋奇士縣波關彛長纓脚女嬲須防蹴詰戎遂심悔遲强　右戰敗國

井觀日日露兩國耀兵于滿韓之間者是霜再易更改其實皆無實益不如退而修德

雜報

●奉勅請願 漢城判尹朴義秉氏가內部에報告ᄒᆞ얏ᄂᆞᆫᄃᆡ現接法部協辦李準榮의請願內開에西署所在閭峴下金華ᄂᆞᆫ自來空閑이온바本人이該山에家屋結구ᄒᆞ고各色樹木培養試驗地로爲定之意로既承 處分ᄒᆞ와現擬經始이온즉該處를認可ᄒᆞ시와俾便成就等因이온바該金華一山이原係官有오且該山이高聳城西ᄒᆞ와實爲皇闕眺觀이온즉有難擅許이오나現以奉承 處分之意로有此請願ᄒᆞ오니查照指令이라ᄒᆞ얏더라

●同功一體 宮協朴鏞和와學協李根湘兩氏가同時蹝遞ᄒᆞ얏ᄂᆞᆫ데다시贊議를同時被任ᄒᆞ얏더니

●閑協新任 李容善氏ᄂᆞᆫ宮協을被任ᄒᆞ고李相卨氏ᄂᆞᆫ學協을被任ᄒᆞ얏더라

●參政受勅 新參政韓圭卨氏가六日에受勅登筵ᄒᆞ야諸般國事에委靡ᄒᆞᆷ을泣奏ᄒᆞ야심으로滿城人士가大暑後청風갓치新政治를想望ᄒᆞᆫ다니此大臣에今日責任이可謂重且大矣ᄒᆞᆯ지로다

●不如早還 政府에셔日公使의忠告을因ᄒᆞ야新政府을組織ᄒᆞᆫ다ᄂᆞᆫᄃᆡ現存ᄒᆞᆫ大中官十五人을改遞ᄒᆞ고可堪人으로另爲選用이되若又無效면在外人을召還ᄒᆞ야組織ᄒᆞ기로預定이라더라

●何事不然 北村年高德重ᄒᆞ고行列이分明ᄒᆞ고積年抑鬱人으로初仕調用ᄒᆞ며其中末陛六人은陞六ᄒᆞ라신 處分을下ᄒᆞ옵셧다ᄒᆞᆫ즉一視之下에 皇恩을均霑케ᄒᆞᆷ이聖意對揚ᄒᆞᄂᆞᆫ本意이거ᄂᆞᆯ權貴家들이自己의子婿나姻戚을抑鬱이라冒稱ᄒᆞ야 天陛에誣奏ᄒᆞᆫ다고巷說이紛紛ᄒᆞ다더라

●强督請願 度支部出納局廢止ᄒᆞᆫ다고大臣이該主事에게請願ᄒᆞ라고督促訓令ᄒᆞᆫ다니是何事理乎아局既廢止則官弁淘汰ᄂᆞᆫ自然底事이거ᄂᆞᆯ屢促請願이公法에有之乎아習慣에在之乎아柳正秀氏ᄂᆞᆫ前日人望이剛明無私라稱ᄒᆞ더니今番事로觀之ᄒᆞ면何以爲剛明이라고ᄒᆞᄂᆞᆫ者ㅣ만타더라

●必是蕭墻 再昨夜에寺洞居外部參書官金聖基氏家에賊漢이潛入房內ᄒᆞ야懷中時計一箇와電車票와銀錢幾元을偸取ᄒᆞ고其餘列置ᄒᆞᆫ文房諸具及衣服等物은一無付去ᄒᆞ니分明是蕭墻內人에所爲라ᄒᆞ더라

●家契정換 漢城判尹이內部에報告ᄒᆞ얏시되日本人森安吉과其外七名의買收ᄒᆞᆫ家契十一枚換給事와美國人高佛安賓時旭의在西署盤松坊及龍山等地韓人에게買有ᄒᆞᆫ家屋十一座를청換新契事와法國人據來物理의買有ᄒᆞᆫ西署盤松坊家屋一座을亦청換新契事를各該領事에게照會ᄒᆞ야該家主等의賣買的確ᄒᆞᆷ을證明ᄒᆞᆫ청願書를聯付仰報ᄒᆞ오니查照指令ᄒᆞ라ᄒᆞ얏더라

●孰是孰非 平理院裁判長李漢英氏와首班判事李圭桓氏가本是意不相合인ᄃᆡ日前東萊民訴訟事件에對ᄒᆞ야李判事가題判ᄒᆞ얏다나李裁長이謂以挾雜ᄒᆞ고擬理責之ᄒᆞ며更爲背題ᄒᆞᆷ으로李判事ᄂᆞᆫ近日에仕進치안이ᄒᆞᆫ다더라

●堂有賊舖主人 西署에서近日賊贓罪人을多捉ᄒᆞᆫ바皆是典當舖主人이라皆稱曖昧ᄒᆞ야本廳에紛紛呼訴ᄒᆞᆫ다더라

●新設商會 李謙來洪鍾萱李鉉相金教宣諸氏가大東商會設立ᄒᆞᆯ目的으로農商工部에請願承認ᄒᆞ얏ᄂᆞᆫᄃᆡ會長은閔泳煥氏오副會長은玄暎運氏라ᄒᆞ며銀行을兼設ᄒᆞᆯ計劃이有ᄒᆞ야度支部에도請願하얏다더라

●觀察郡守何用 日本警視가各觀察府에下去ᄒᆞᆷ은世人의已知어니와大丘府日警視ᄂᆞᆫ該觀察使李根호氏의行政을嚴行監督ᄒᆞ야訓指令을同行處辦ᄒᆞ고同席調印ᄒᆞᆷ으로李觀察이不勝其困ᄒᆞ야移任次上京ᄒᆞ얏더니事不如意ᄒᆞ야日間에還府ᄒᆞᆫ다ᄒᆞ니日後에設或善治觀察과義治守令이有ᄒᆞ야도今日과如ᄒᆞᆯ진ᄃᆡ是乃一屋二主요一羊九牧이라事必掣肘ᄒᆞ야成績을難望ᄒᆞᆯ터인즉如此觀察郡守ᄂᆞᆫ不如不置라고鄕說이多有ᄒᆞ다더라

●暢會佳節 法部參書官李冕宇警務官權鳳洙等諸氏가發起ᄒᆞ야外國留學生中卒業人을今月二十四日에東門外新興寺로會同ᄒᆞᆫ다ᄂᆞᆫᄃᆡ會費ᄂᆞᆫ每人에一元五十錢式으로預定이라ᄂᆞᆫᄃᆡ其趣旨ᄂᆞᆫ姑未詳知라더라

●西賊何多 昨日上오二時西署尾洞朴元甫家에賊漢이突入ᄒᆞ야鍮器及衣服等屬을竊取以去라ᄒᆞᄂᆞᆫᄃᆡ該地附近에近日賊患이太甚ᄒᆞᆷ은該署警察이疎忽莫甚ᄒᆞᆫ셔닭이라고傳說이多多ᄒᆞ더라

●猥請穢役 警務使代辦警務局長金思默氏가內部에報告ᄒᆞ얏ᄂᆞᆫᄃᆡ五署內掃穢役夫月料八月條當撥額이爲二百三十二元五十七錢九里이옵기玆以報明ᄒᆞ오니查照後에出給命令書를修送爲望이라ᄒᆞ얏더라

●倡義何爲 永春郡守署理堤川郡守安必용氏報告內에陰歷七月二十六日倡義所將卒砲軍三十餘名과從事數十人이來到本郡ᄒᆞ야一日留處於吏廳而召募外村砲軍十餘名ᄒᆞ고翌日에向往于寧越郡이라ᄒᆞ얏더라

●會旨振勵 基督靑年教育會主旨ᄂᆞᆫ世人의德育과智育과體育으로公益을是圖ᄒᆞᆷ이어ᄂᆞᆯ近日京鄕各地에如此ᄒᆞᆫ主旨를誤解ᄒᆞ고或靑年會라或會員이라稱ᄒᆞ고人民의訴訟等과外他事에干預ᄒᆞᆷ이多有ᄒᆞ다ᄒᆞ기로今日에基督靑年教育會에서諸牧師들과會員들이大會糾正ᄒᆞ야本會의主旨를全國에布告ᄒᆞ야教規를振肅케ᄒᆞ고悖行을嚴懲ᄒᆞ기로開會ᄒᆞᆫ다ᄒᆞ니우리ᄂᆞᆫ此言을聞ᄒᆞ고其會中을對ᄒᆞ야鳴謝ᄒᆞ고同胞를爲ᄒᆞ야自戢ᄒᆞᆷ을勸勉ᄒᆞ노라

●淸使熱心 淸公使曾廣銓氏가人民教育에熱心ᄒᆞ야該館內에韓日英學校을設立ᄒᆞ고教師를聘延ᄒᆞ야各該國語學을教習ᄒᆞ며漢文을亦爲分課教授케ᄒᆞᄂᆞᆫᄃᆡ開學日子ᄂᆞᆫ陰歷本月十六日이라더라

●不纏足會 現今日本東京에留學하ᄂᆞᆫ청國女人이幾至六十餘名인ᄃᆡ纏足지아니ᄒᆞᄂᆞᆫ會를設ᄒᆞ고時時로演壇에登ᄒᆞ야纏足ᄒᆞᄂᆞᆫ惡習을說明ᄒᆞ고其演說를新聞上에記載ᄒᆞ야청國報知에게보낸다하니청國之文明發端에對ᄒᆞ야不纏足一事가十分必要ᄒᆞᆫ問題인즉該女子에設會ᄒᆞᆫ宗旨ᄂᆞᆫ可以稱謝ᄒᆞᆯ만ᄒᆞ더라

●問罪當然 昨日一進會에서崔[illegible]氏를招來ᄒᆞ야前日에李容翊氏를嗾囑ᄒᆞ야惡貨濫鑄ᄒᆞᆫ罪狀과近日에窩藏李氏ᄒᆞ야逆腸運動ᄒᆞᄂᆞᆫ惡習을逐條詰問ᄒᆞ고其現帶職을免ᄒᆞ기를勸告ᄒᆞ얏다ᄒᆞ니同氏ᄂᆞᆫ即一流毒四方ᄒᆞᆫ巨奸大惡이라聲明厥罪ᄒᆞ야與衆共棄ᄒᆞᄂᆞᆫ게法例에當然이요民心을可慰ᄒᆞᆯ지니此日此擧를孰曰不可리오마ᄂᆞᆫ同氏가解職閒居ᄒᆞ야一富家翁이되야秋月春風에花柳聲樂으로餘年을安享ᄒᆞᄂᆞᆫ게亦是去神仙不遠이기ᄂᆞᆫ즉吾儕所見으로ᄂᆞᆫ古人所謂福善禍淫이란句語가開化世界에ᄂᆞᆫ全然無效라ᄒᆞ노라

●隋城風雨 京畿觀察使가內部에報告ᄒᆞ얏ᄂᆞᆫᄃᆡ陰八月初四日夜에風雨大作ᄒᆞ야本府城內外禁山字內松木及上下柳川柳木이或拔根或折傷者ㅣ爲三百餘株則誠一災變이라ᄒᆞ얏더라

●安倅報災 安城郡守가內部에報告ᄒᆞ얏ᄂᆞᆫᄃᆡ陰八月初三日中時爲始ᄒᆞ야疾風暴雨가連綿三日타가聲作兵勢而所過에無不殘滅ᄒᆞ야田畓之各種이殆若馬踏之場이고人家之毁傷은十有過半ᄒᆞ야民情이愁慘이라ᄒᆞ얏더라

●教員起復 永興郡公立小學校學徒趙南龍等이學部에請願ᄒᆞ얏ᄂᆞᆫᄃᆡ本校創建以來로校務가未得就緖이온ᄃᆡ幸得教員韓炳洙氏가列校熟手로庶幾有擴張之望이옵더니夏期放學歸覲之路에巧遭親喪ᄒᆞ와請免帶職ᄒᆞ오니此誠本校에大不幸也[illegible]然이나官員起復은新憲所在이옵기玆敢齊유ᄒᆞ오니使即起復赴職ᄒᆞ와此한熱ᄒᆞᆫ教員을不失케ᄒᆞ심을爲望이라ᄒᆞ얏더라

●一落再落 金益贊金益慶兩人이山坂事件으로中署에서平理院에起送ᄒᆞ야受幸質下다가益慶이가理屈落科ᄒᆞ얏더니有何裏由인지警務廳補佐官[illegible]氏와中署警部土方氏가六日平理院에前往ᄒᆞ야다시開庭審辦ᄒᆞᄂᆞᆫᄃᆡ金益慶이가又至落科ᄒᆞ얏다니一事兩審이未知何故라더라

●隨錄傳說 日昨青寧橋地居ᄒᆞᄂᆞᆫ黃化守家에日本憲兵이來到ᄒᆞ야該家什物을封標留置後에黃某를捉去于南門內司令部라ᄒᆞ니何事件을因ᄒᆞᆷ인지未詳이라더라

雜報

●農部에셔十三道訓令
我國幅圓이瀕三面之海ᄒᆞ고無百里之野ᄒᆞ야邑多峽邑ᄒᆞ며村多山村ᄒᆞ야雖至於沿江近海之郡이라도蕆然而起者ᄂᆞᆫ嶺也오㟁然而走者ᄂᆞᆫ陵也오僾然而峙者ᄂᆞᆫ峴也라若使養之以藪ᄒᆞ고栽之以木ᄒᆞ야望之蔚然菀密이면可以防皐이오可以理財ᄒᆞ야成一富民國之大源이기前後申飭이不啻申複이거날官則視若文具ᄒᆞ고民則罔念法意ᄒᆞ야斧斤亂入에擧皆童탁ᄒᆞ니豈不慨然이리오各郡所在ᄒᆞᆫ官有之山과封山及黃腸山과無主之山은亂斫恣伐이尤無忌憚ᄒᆞ야使此天然寶藏으로至爲廢閣ᄒᆞ니自本部로講究文明國種樹之良法ᄒᆞ야方欲實施이온즉管下各郡官有與無主山를區別山名ᄒᆞ야定其境界ᄒᆞ고無一遺漏ᄒᆞ야修成冊上送ᄒᆞ며無論公私山ᄒᆞ고外國之人이無難斫去이되民莫摟錄ᄒᆞ고官不報來ᄒᆞ야怨聲載路에在在入聞ᄒᆞ니如有其弊어든隨即馳報ᄒᆞ야以爲交涉禁止케ᄒᆞᆷ을爲ᄒᆞ야玆에訓令이라더라

○司法
現接平理院檢事李[illegible]洪報告書內開頃因廣州府尹尹昌根訴狀南原郡守尹瓚有刑事上質查事行將拿致之際該員今爲自現故仍因本院玆以報告矣該員係是現帶奏任官故依刑法大全第八條ᄒᆞ야法部大臣이上奏ᄒᆞ와奉
旨依奏
八月二十六日

部　令

●度支部令第十四號　續
第三條　會社ᄂᆞᆫ株式會社의組織으로ᄒᆞᆷ이라

第二章　重役

第四條　會社에社長一名及理事二名以上監事一名以上을置ᄒᆞᆷ이라
第五條　社長은會社를代表하기라
社長及理事ᄂᆞᆫ定款의規定을隨하야會社의業務를處理하미라
監事ᄂᆞᆫ會社의業務를監査하미라
第六條　社長理事及監事ᄂᆞᆫ株主中으로度支部大臣이此를命하고其任期ᄂᆞᆫ三箇年乃至五箇年으로하미라

第三章　營業

第七條　會社左開業務를營ᄒᆞᆷ이라
一　商品其他의物件을倉庫에保管ᄒᆞᆯ事
二　其保管ᄒᆞᆫ物件에對하야金融을ᄒᆞᆯ事
第八條　前條外隨其形便ᄒᆞ야運送의居間周旋과海關查驗의代理周旋과物品賣買의居間興成ᄒᆞᆷ을得ᄒᆞᆷ이라

第四章　任置證券

第九條　會社ᄂᆞᆫ寄託者의請求를因ᄒᆞ야寄託品의任置證을發行ᄒᆞᆷ을要ᄒᆞᆷ이라
第十條　任置證券에ᄂᆞᆫ左開事項及番號를記載ᄒᆞᆷ을要ᄒᆞᆷ이라
一　物品의種類品質數量及其包裝의種類個數并記號
二　寄託者의姓名又ᄂᆞᆫ商號及居住
三　保管의處所
四　保管料
五　保管의期間
六　物品을保險에付ᄒᆞᆯ境遇에ᄂᆞᆫ保險金額期間及保險者의商號
七　發行의年月日
第十一條　會社가任置證券을發行ᄒᆞᆫ境遇에ᄂᆞᆫ其文簿에前條의事項을記載ᄒᆞᆷ을要ᄒᆞᆷ但其寄託品의全部又ᄂᆞᆫ一部를出庫ᄒᆞᆫ境遇에ᄂᆞᆫ其出을記載ᄒᆞ미可ᄒᆞᆷ이라
第十二條　任置證券은寄託品의代替證券이니其讓與와典執은寄託品의讓與又ᄂᆞᆫ典執ᄒᆞᆷ과同一ᄒᆞᆫ效力이有ᄒᆞᄂᆞ니證券의裏書를ᄒᆞ고讓與와典執ᄒᆞᆷ을得ᄒᆞᆷ이라
第十三條　任置證券의所持人은營業時間內ᄂᆞᆫ勿論何時ᄒᆞ고寄託品의查驗과鑑色의摘出을求ᄒᆞ며又ᄂᆞᆫ其保存에必要ᄒᆞᆫ措處ᄒᆞᆷ을得ᄒᆞᆷ이라
第十四條　任置證券의所持人은此로換替를아니ᄒᆞ면寄託品의出庫를請求ᄒᆞᆷ을得지못ᄒᆞᆷ이라

第五章　政府의監督及補助

第十五條　度支部大臣은會社의業務를監督ᄒᆞᆷ을爲ᄒᆞ야監理官을置ᄒᆞᆷ이라
第十六條　會社ᄂᆞᆫ度支部大臣의命令을隨ᄒᆞ야其營業의形便及計算에關ᄒᆞᆫ報告書를提出ᄒᆞ미可ᄒᆞᆷ이라
第十七條　度支部大臣은會社의營業上法令又ᄂᆞᆫ定款에背反ᄒᆞ거나公益을害ᄒᆞᆯ事件이有ᄒᆞᆷ을認ᄒᆞᆯ時에ᄂᆞᆫ此를制止ᄒᆞᆷ이可ᄒᆞᆷ이라
第十八條　倉庫의建築構造並營業의方法에關ᄒᆞ야ᄂᆞᆫ度支部大臣의認可를受ᄒᆞᆷ을要ᄒᆞᆷ이라
第十九條　政府ᄂᆞᆫ會社에對ᄒᆞ야相當ᄒᆞᆫ條件으로補助金을交付ᄒᆞ거나一定ᄒᆞᆫ年限을限ᄒᆞ야相當ᄒᆞᆫ配當金(分排金)을補助ᄒᆞᆯ事가有ᄒᆞᆷ이라

第六章　附則

第二十條　度支部大臣은設立委員을置ᄒᆞ야會社의設立에關ᄒᆞᆫ一切事務를處理케ᄒᆞᆷ이라
第二十一條　設立委員은定款을依ᄒᆞ야度支部大臣의認許를受ᄒᆞᆫ後株主를募集ᄒᆞᆷ이라

光武九年八月四日
度支部大臣署理
度支部協辦　柳正秀
(完)

●謄報檄文　忠北觀察署理忠州郡守張駿遠氏가內部에報告ᄒᆞ얏ᄂᆞᆫᄃᆡ丹陽郡北面鄉約所로來到ᄒᆞᆫ義兵檄告文을謄本報告而本文段은係是所送於鄉約所故로還送于該所라ᄒᆞ얏더라
倡義生元容八에檄告文이左와如ᄒᆞ니
○殲盡逆徒讎夷ᄒᆞ고成此豐功盛烈이니如是盡[illegible]布告之後에若有昧義岐貳之人이면必伏黨與之先誅ᄒᆞ고斷無毫分之容私ᄒᆞ리니宜各惕念ᄒᆞ야毋貽噬臍케ᄒᆞ라ᄒᆞ얏더라

●청設鹽會　仁川港居朴奎[illegible]洪善柄兩氏가農部에청願ᄒᆞ얏ᄂᆞᆫᄃᆡ本人等이資本을鳩聚ᄒᆞ와本港에淸鹽會社를設立ᄒᆞ야商業上發達키爲하와玆에청願하오니特爲認許라ᄒᆞ얏ᄂᆞᆫᄃᆡ其規則이左와如ᄒᆞ더라
一資本은一股에一百元으로定ᄒᆞᆯ事
一上納은每年六臘月兩等에二十五元을納上本部ᄒᆞᆯ事
一任名은社長副社長財務會計로定ᄒᆞᆯ事
一淸鹽賣買時에居間이口文을或有濫捧之弊즉一切禁斷事
一本社ᄂᆞᆫ仁港에設立ᄒᆞᆯ事

●緣何圖形　日本後備隊軍曹木松株太郎氏가西署公解及各坊里大家를圖形ᄒᆞ얏다더라

●照交稅金　度支部에셔外部에報會하얏ᄂᆞᆫᄃᆡ三和港年年各稅上納事로業經照請計交而東萊務安昌原沃溝各年年稅를自該各署로直랍貴部이어날尙不越交하니殊切遺憾이라청即送交爲要라하얏더라

●國民激仰　今月五日에東京電報를據ᄒᆞᆫ則本日日比公園(東京)에셔國民大會를開하고今番媾和條約破棄하기를決意하얏ᄂᆞᆫᄃᆡ非常ᄒᆞᆫ大盛會를作하얏고空前ᄒᆞᆫ大紛亂을極하얏다하고其後某處傳說를據ᄒᆞᆫ즉此事로因하야一般國民이內務省과外務省其他國民新聞社ᄭᆞ지毀破或放火라云하나確報를俟하야更報하깃노라

野乘

(五)

운이 일빅양 되도록 모이지 아니ᄒᆞ고 아들 사형제를 나하 기르미 유광이 임염ᄒᆞ고 셰월이 덧업셔 김장ᄌᆞ의 연치가 칠십되는 졍원초일일 싱신을 당ᄒᆞᆫ지라 사형제 아들의 네쌍부부ㅣ 그모부인과 샹의ᄒᆞ고 크게 잔ᄎᆡ를 차리고 산진이착에 팔진셩찬을 거록ᄒᆞ게 차리고 일가친쳑과 ᄂᆡ외권당이며 친구빗임과 인리향당을 다 쳥ᄒᆞ고 사형제 ᄂᆡ외부부ㅣ 금슐잔의 졔졔창창ᄒᆞᆷ을 보ᄆᆡ 평일과 달라더욱 마음에 깃거워 네아들 부부를 ᄃᆡᄒᆞ여 말ᄉᆞᆷ ᄒᆞ되 ᄂᆡ가 상쳔니 도으심을 입어 일싱에 근로ᄒᆞᆷ으로 집안살림도 요족ᄒᆞ고 너희 사형제가 ᄂᆡ미슉셩ᄒᆞ여 가도가 찬연가관ᄒᆞᆫ지라 허물며 ᄂᆡ가나히 칠십에 셔산에 걸린히빗과 갓ᄒᆞᆫ지라 ᄂᆡ가평싱에 젹구ᄒᆞ여 모ᄒᆞᆫ 은뭉어리가 삼십륙만가

特別廣告

本申報ᄂᆞᆫ海外電報를卽接ᄒᆞ야機關이靈通ᄒᆞ고外報와探報를敏捷活潑ᄒᆞ도록注意ᄒᆞ오며申報發送ᄒᆞᄂᆞᆫᄃᆡ迅速信傳ᄒᆞ기ᄂᆞᆫ分傳人의게在홈으로本社에셔不常에諸分傳人의게丁寧告戒ᄒᆞ고申申訓飭ᄒᆞ야毋或婾惰ᄒᆞ게注意ᄒᆞ거니와如或暫有積怨이라도愛讀僉君子ᄂᆞᆫ密使亦知于本社ᄒᆞ시면該分傳의게誠信相孚ᄒᆞ도록耳提面命ᄒᆞ고勤贊가發生ᄒᆞ도록誨論ᄒᆞ야必無遲誤ᄒᆞ기로期待ᄒᆞᄋᆞᆸ나이다

本社에寄書ᄒᆞ시ᄂᆞᆫ諸君子ᄂᆞᆫ姓名과居住를明確ᄒᆞ게懇錄送附ᄒᆞ시와證據가有홈을必要홈이오公衆平和ᄒᆞ秩序를紊亂케ᄒᆞᄂᆞᆫ意와社會上不經荒雜ᄒᆞᆫ寄書ᄂᆞᆫ不受ᄒᆞᄂᆞᆫ權利가本社에自有ᄒᆞ오니肯諒ᄒᆞ시ᄋᆞᆸ

大韓每日申報社

廣告

貿易商 本社ᄂᆞᆫ仁川港
日本郵便電信局對面
電話第二百一番地

仁川港 廣昌洋行
벤넷트會社告白

大東紀年 全秩五册 定價新貨二元
美國博士訖法氏譯撰
皇城廣通橋高濟弘書舖發兌

○鐵路部

○東大門과新門間에來往車ᄂᆞᆫ每十分間에運行홈
東大門發初車ᄂᆞᆫ午前六時三十分
新門外停車場發初車ᄂᆞᆫ午前六時五十五分
東大門發終車ᄂᆞᆫ午後九時五十分
新門外停車場發終車ᄂᆞᆫ午後十時十五分

○東大門과洪陵間에來往車ᄂᆞᆫ每二十分間에運行홈
但自鍾路로東大門에來到ᄒᆞᆫ交替車로聯絡홈
東大門發初車ᄂᆞᆫ午前六時五十分
洪陵發 初車ᄂᆞᆫ午前七時十分
東大門發終車ᄂᆞᆫ午後七時五十分
洪陵發 終車ᄂᆞᆫ午後八時十分

○鍾路와龍山間에來往車ᄂᆞᆫ每十二分間에運行홈
鍾路發至南大門初車ᄂᆞᆫ午前六時四十八分
鍾路發至龍山 初車ᄂᆞᆫ午前七時二十四分
南大門發至鍾路初車ᄂᆞᆫ午前六時五十六分
龍山發至鍾路. 終車ᄂᆞᆫ午前七時五十七分
南大門發至鍾路終車ᄂᆞᆫ午前十時八分
龍山發至鍾路 終車ᄂᆞᆫ午後九時九分

○特別私用車ᄂᆞᆫ顧客의方便홈을隨應ᄒᆞ야準給홈
但定價ᄂᆞᆫ本社에來臨ᄒᆞ야請問ᄒᆞᆸ

○電燈部

二百五十燭力以內의敷用處에ᄂᆞᆫ每個月에定價表가如左홈
○十六燭力燃燈達夜에二圓五十錢
○三十二燭力燃燈達夜에四圓
○五十燭力燃燈達夜에六圓
○一百五十燭力燃燈達夜에十圓
一千二百燭力弧形燈達夜에二十圓
二百五十燭力以上의敷用處에ᄂᆞᆫ請求ᄒᆞ면瓦斯計一箇를設給홈
但瓦斯計賃金은每個月에二圓이오瓦斯計測驗表委托定價ᄂᆞᆫ每時間每암피아에二錢이ᄋᆞᆸ
瓦斯計設給處에셔每介月支拂金最低額은每個月에二十圓인ᄃᆡ(瓦斯計賃金은)據홈
電燈을敷設ᄒᆞ기에請求ᄒᆞᄂᆞᆫᄃᆡ로供給홈
各種連技辦燈도常時에貯存ᄒᆞ엿ᄉᆞᆸ

本社鍾路電氣會社
韓美電氣會社 告白

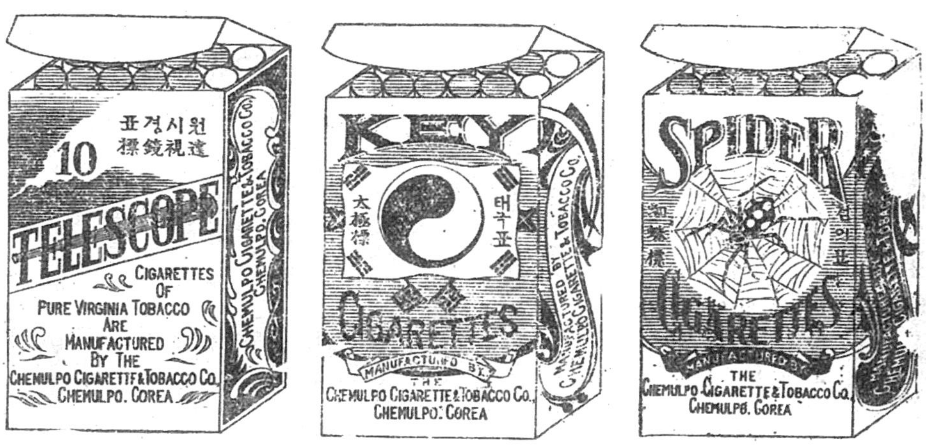

以上三種은上品으로製造ᄒᆞ야衛生上에至極有益ᄒᆞ오니時論某人ᄒᆞ고本社에來顧ᄒᆞᆸ

濟物浦紙卷煙及烟草會社
大韓帝國仁川港

一 鷹標罐濃詰牛乳
一 金印罐詰濃結牛乳
一 無雙家用氣化乳酪
一 쌘ㅣ든쓰製造麥芽化合牛乳
以上은常時에貯積ᄒᆞ엿ᄉᆞᆸ
美國紐育港쌘ㅣ든쓰濃結牛乳會社
一手代理店 大韓仁川港 世昌洋行

廣告

一 雜貨商
一 貿易商
一 船舶取扱
一 煙草商
一 委托販賣及貨物運送代理業
一 貿易石炭商
以上輸入及輸出者
京城 仁川 大昌洋行

本社廣告

申報價
一張代金 韓貨五錢
一箇月前納 五十戔
三箇月 一元五十戔
六箇月 二元九十戔
一箇年 五元八十戔
郵稅一部 新貨五里
一箇月 十三戔

廣告料
四号活字十三字詰
每日每英尺一寸에新貨卄五錢
(每日每行에六錢에相當홈)
二周日에 二圓五十錢
(每日每行四錢五里에相當홈)
一箇月에 五圓
(每日每行四錢一里에相當홈)
其期限의長短과字行의多少를依ᄒᆞ야增減홈이有홈
大韓人마다此申報를不得不閱覽ᄒᆞ실터이오니廣告出報ᄒᆞ실僉君子ᄂᆞᆫ來臨面議ᄒᆞ시ᄋᆞᆸ

發行兼編輯人 英國人裵說
發行所
京城北署壽進坊罔洞号外地法語學校前
大韓每日申報社

第三卷

大韓每日申報
대한미일신보

第廿四號

月曜及慶節休日 一歲時刊

檀君開國四千二百三十八年
箕子元年三千二十七年
大韓開國五百十四年
日本明治三十八年
清國光緖三十一年
陰曆乙巳八月大十一日辛亥

論說

有田人借耕

或來言曰新參政韓圭卨氏가受勅行公홈으로滿城有志者들니翹首側耳ᄒᆞ야新政治期待ᄒᆞ기를謝東山이已起ᄒᆞ고裴晉公아史[?]홈과如ᄒᆞ니多士에顒望을果能副之乎아

曰何樣才識과何樣鋪置을吾儕가有難窺測이되今之政府를外面취看ᄒᆞ면事務에繁髮홈을可以形言키難ᄒᆞ나實際를細究ᄒᆞᆫ즉着手處이別無ᄒᆞ니今日政府는可以閑局冷官이라謂홀지로나何以然也오國之大事는在戎與財인ᄃᆡ軍額의減定이妥案已久ᄒᆞ고貨幣子正과甚至各郡稅錢猜据가皆是擔任이有歸ᄒᆞ니政府는一箇傍觀人의不過이고鐵道와電線과郵遞等事務가亦一國之大政이로되南北東西에縱橫ᄒᆞᆫ鐵道와亘ᄒᆞᆫ電線과絡繹ᄒᆞᆫ郵遞가毫髮이라도政府上에主權이不在ᄒᆞ며內岸航行과龍山平壤義州等軍用地、借與는前人之述이已備라到今別商量이無用이고至若警察事務와學規研究ᄒᆞ야도亦皆顧問官이在焉ᄒᆞ야其規則을遵ᄒᆞ며節制를從홀지니譬諸컨ᄃᆡ有田借人ᄒᆞ고其耕種의如何와收稼에如何를旹後에觀之ᄒᆞ야袖手仰成홈과如ᄒᆞᆫ즉今日政府을閑局冷官이라謂홈이實로過論이아니로다

曰然則參政에所當責任은將烏乎在焉고曰宮禁을肅淸ᄒᆞ며百僚를策勵ᄒᆞ며借啣과苞苴을杜塞ᄒᆞᄂᆞᆫ寥寥數三事件에在ᄒᆞ나其實效有無를亦有未可知者ᄒᆞ니强硬ᄒᆞᆫ手段과堅確ᄒᆞᆫ誠力으로發憤忘食ᄒᆞ야匪躬謇諤이면庶幾手幾分을救得홀지로되若又未能ᄒᆞ야阿諛承順으로爲忠ᄒᆞ며請托施行으로爲務ᄒᆞ야隨群逐隊에寵祿을苟保이면徒費光陰ᄒᆞ고一籌를莫展홀지니只恐先生袖手歸之句을吾爲新參政誦之ᄒᆞ노라

雖然이나新參政에宿德重望과聖天子에特簡委毗로明良相濟ᄒᆞ며綱擧目張ᄒᆞ야國勢의岌業과民生에困苦을廓然刷新이意必有日홀지니四方有志人士는少安毋躁ᄒᆞ야凄風苦雨之餘에一片新月光을共看而賀之홀지여다

官報

●第三千二百三十九號 光武九年九月八日

◉宮廷錄事 詔曰命中樞院贊議李鍾健爲經理院卿從二品李明翔爲秘書監丞

詔曰命宮內特進官趙秉翊爲奉常司提調從二品金晚秀爲宮內府特進官

以上九月五日

詔曰命正二品成岐運爲中樞院贊議

光武九年九月五日 軍部大臣權重顯

軍部大臣陸軍副將臣權重顯謹奏陸軍幼年學校餉官陸軍一等軍司吳義善各官月俸趑不頒給任實於餉室下士致使多數犯逋揆諸軍紀不可仍實免本官懲戒該正校李章緖移送法院使之照法懲辦何如謹 奏

光武九年九月五日奉

旨依奏

軍部大臣陸軍副將臣權重顯謹奏鎭衛步兵第七大隊附陸軍步兵副尉鄭海英補職半載初不赴隊揆諸軍紀不可仍實免官懲戒何如謹 奏

光武九年九月九日奉

旨依奏

奉常司提調金晚秀辭職疏

批旨省疏具悉所辭中奉常提調之任依施

◉敍任及辭令 任中樞院贊議敍勅任官二等 正二品成岐運

秘書監李丞完鍾 智陵參奉秦尙翊 淑陵參奉李淳永 和陵參奉金處龍 齊陵參奉尹宗鉉 厚陵參奉秦柄建 主殿院主事盧仁德 依願免本官

命經理院卿敍勅任官二等 中樞院贊議李鍾健

命秘書監丞敍勅任官三等 從二品李明翔

命奉常司提調敍勅任官三等 宮內府特進官趙秉翊

命宮內府特進官敍勅任官三等 從二品金晚秀

任智陵參奉敍判任官八等 九品朴用植

任淑陵參奉敍判任官八等 張箕龍

任和陵參奉敍判任官八等 九品朱鍾翊

任齊陵參奉敍判任官八等 李喆淵

任齊陵參奉敍判任官八等 韓祖契

禮式院掌樂課主事李承鉉

任主殿院主事敍判任官四等

任禮式院掌樂課主事敍判任官五等 六品盧仁德

陸軍幼年學校餉官陸軍一等軍司吳義善 鎭衛步兵第七大隊陸軍步兵副尉鄭海英 免本官

軍部經理局第一課長陸軍三等司計白應濬 陸軍研成學校附陸軍步兵副尉丘惠夏 侍衛步兵第一聯隊第一大隊附陸軍步兵副尉李興均 命休職

軍部軍務局騎兵과長陸軍騎兵副領李泰來

軍部軍務局步兵과員陸軍步兵正尉河允亨

陸軍研成學校附陸軍騎兵正尉朴文秉

陸軍研成學校附陸軍步兵參尉權重翼

陸軍武官學校學徒隊附陸軍步兵副尉崔正協

陸軍幼年學校學徒隊附陸軍步兵參尉李範緖

陸軍憲兵隊區隊長陸軍憲兵副尉丘重完

(未完)

公報

●休戰條約

九月八日日本公使館着電

九月一日에日露全權間에締結ᄒᆞᆫ休戰條約은九月七日에東京에서發表ᄒᆞ얏ᄂᆞᆫᄃᆡ條文에譯言이如左ᄒᆞ더라

第一條　滿洲並豆滿江方面에在ᄒᆞᆫ兩國軍隊間에一定ᄒᆞᆫ距離(區劃地域)를定홀事

第二條　兩交戰國의一邊海軍은他一邊에領土或占領地를砲擊홈은不得홀事

第三條　海上의捕獲은休戰ᄒᆞ기爲ᄒᆞ야停止홀事

第四條　休戰期限中에增援兵을戰場에派遣홈을不得홀事 本國에서ᄂᆞᆫ此를奉天以北에露國에서ᄂᆞᆫ合同賓以南에遣홈을不得홀事

第五條　兩國陸海軍司令官은前數條規定을從ᄒᆞ야兩邊이合意ᄒᆞᆫ後에休戰條件을決定홀事

第六條　兩國政府ᄂᆞᆫ本議定書를實施ᄒᆞ기爲ᄒᆞ야講和條約調印後에速히其司令官의게命令을發홀事

東京電報

●國民紛亂 九月七日오前十時五十四分發

東京市深川下谷二警察署ᄂᆞᆫ國民의暴動으로爲ᄒᆞ야被燒ᄒᆞ얏고各派出所의或被燒或破毁ᄒᆞᆫ거시無數ᄒᆞ고深川區에셔ᄂᆞᆫ學校ᄭᆞ지被燒ᄒᆞ얏고淺草區에셔도派出所가燒失ᄒᆞᆯ際에民家四十餘戶가延燒ᄒᆞ고人民의死傷者ㅣ八十名에及ᄒᆞ얏다더라

●勅諭亂民 同月同日오後六時發

佐久間衛戍總督은緊急勅令을依ᄒᆞ야各이非行을速止ᄒᆞ야靜肅을回復ᄒᆞ되若解散民制止의命令을不從ᄒᆞ면兵器로以ᄒᆞᆯ事로告諭ᄒᆞ얏더라

●講和談辦調印 七日오後一時着

講和談判은五日에調印을結요ᄒᆞ얏다더라

●休戰條約成立 同月同日오後二時發

露國은合爾賓以南에日本은奉天以北에增援兵을ᄒᆞᆯ事를不得ᄒᆞ고海軍은日露兩國이共히破擊ᄒᆞᆯ事를不得ᄒᆞᆷ

以上은九月五日로實施ᄒᆞᆯ事

●戒嚴令發布 同月同日오後十一時發

昨夜半에日本政府에셔ᄂᆞᆫ東京市內及傍近五郡에戒嚴令一部를發布ᄒᆞ야時機에以ᄒᆞ야退去를命ᄒᆞ고新聞及雜誌의發行ᄒᆞᆷ을停止케ᄒᆞ얏더라

雜報

●人材何在 新參政이政府組織에關ᄒᆞ야上奏ᄒᆞᆷ은已報어니와 皇上게옵셔可以登用ᄒᆞᆯ人材를書納ᄒᆞ라심으로新參政이方在默會敲椎中이라ᄂᆞᆫ뒤七日下午三時게 奉承處分ᄒᆞ야日公使를訪問ᄒᆞ얏다더라

●奏本在邇 內部에셔郡守棄闕을日間奏本ᄒᆞᆫ다ᄂᆞᆫ뒤今番은긔여코至精公道ᄒᆞ야多錢客은箇箇黜退ᄒᆞ고多才多藝多德人은期期登庸하깃ᄯᅡ고內大가大言特言ᄒᆞᆫ다더라

●全國鼎沸 駐日公使趙民熙氏가外部로公電ᄒᆞᆫ內開에媾和事件을因ᄒᆞ야政府를攻擊ᄒᆞ고日本全國이鼎沸의狀態가有ᄒᆞ다ᄒᆞ얏더라

●疑萬雲煙 近日數多ᄒᆞᆫ白銅貨을京城에셔北關等地로運送되얏다ᄒᆞ니何許商賈人의循環ᄒᆞᄂᆞᆫ計劃에出來ᄒᆞᆷ인지或是物貨貿易을爲ᄒᆞᆷ인지裏由를難測이라고街說이有ᄒᆞ더라

●議定有人 贊議高永喜氏ᄂᆞᆫ帝室制度整理局議定官을被命ᄒᆞ얏더라

●南山松兮 今番風雨에南山松木數百株가拔出되야警部南署에셔踏查ᄒᆞ얏ᄂᆞᆫ뒤其中樓柱木은重建所로輸入ᄒᆞ고其餘小松은自該署로分給인뒤至於巡檢ᄒᆞ야도幾駄式持去ᄒᆞ얏다더라

●二人同心 朴鏞和李根湘兩氏가日前에 天陛에上奏ᄒᆞ기를新任參政韓圭卨氏를倚任ᄒᆞ시면臣等은不能奉職이라고一時辭退ᄒᆞ얏다ᄂᆞᆫ說이有ᄒᆞ다더라

●民必驚怪 近日淨土宗教敎員一人이楊州上道面住梧谷李虎榮氏家願堂에가셔設會說法ᄒᆞᄂᆞᆫ뒤近洞人民들이大驚小怪ᄒᆞ야무삼挾雜이ᄯᅩ난아보다고注目ᄒᆞ며物論이大段沸騰ᄒᆞ더라더라

●非新伊舊 近日風說을聞ᄒᆞᆫ즉今番政府新組織에內大外大度大及李根澤氏ᄂᆞᆫ仍用ᄒᆞ기로確定되얏다ᄒᆞ니吾儕의思想에도世間에三頭六臂人이無ᄒᆞᆫ즉此四氏에게별로超過ᄒᆞᆯ人材가無ᄒᆞᆯ듯ᄒᆞ더니今聞이如此ᄒᆞ니天下人에所見約同을可知어니와新組織을更以舊組織으로聲明ᄒᆞᆷ이若題될듯ᄒᆞ도다

●其一則難 近日一進會에셔誤國ᄒᆞᆫ官人을退去ᄒᆞ라고勸告ᄒᆞ야每日에一人式往見ᄒᆞ고催促ᄒᆞᄂᆞᆫ바第一에閔泳喆氏第二에吉永洙氏第三에崔錫敏氏第四에朴鏞和氏第五에李載克氏인뒤他人은不知ᄒᆞ깃시되至於崔錫敏氏ᄒᆞ야ᄂᆞᆫ會員에게見黜은決斷코順受치아니ᄒᆞ리라고傳說者有ᄒᆞ더라

●賊漢被捉 內部에大子觀察府로訓令ᄒᆞ얏ᄂᆞᆫ뒤現接電報譯文則火賊四名이被捉ᄒᆞ얏ᄂᆞᆫ뒤該犯中에日本人을殺害ᄒᆞᆫ者이有ᄒᆞ다ᄒᆞ니犯人을自裁判所로押致ᄒᆞ야其行凶等節를查覈得情ᄒᆞ야修報法部라ᄒᆞ얏더라

●人牛俱困 平北觀察使李根豐氏가內部에報告ᄒᆞ얏ᄂᆞᆫ뒤管下各郡所報를接准ᄒᆞ와人夫牛馬責應을一一左開이올거니와盖此責應이以其軍事上急務로自郡遵行을不容少緩이오나時方秋殷에民情이可悶ᄒᆞ니查照伏望이라ᄒᆞ얏더라

渭原	牛八十隻	鷄三百首
楚山	牛四百隻	
江界	牛三百隻	
厚昌	牛馬二百五十隻	
嘉山	人夫三百名	
昌城	負卜五十二駄	
雲山	人夫二百五十名	

●報請修理 江原觀察使趙鍾弼氏가內部에報告ᄒᆞ얏ᄂᆞᆫ뒤春川郡日本警部의居處所修理之費四百十五兩은已有報告而追後來到ᄒᆞᆫ巡查居處所修理所入의土木役과塗排等各項費가爲一百九十五兩二戔이온즉兩次修理費가合計六百十兩二戔을移照度部ᄒᆞ와卽爲劃下라ᄒᆞ얏더라

●入處政堂 寧越郡守의報告內開에本郡巡校廳에來留ᄒᆞ얏든日本憲兵隊가本郡衙舍政堂을修理入處라ᄒᆞ얏더라

●汝打吾打 日昨一進會總代廉仲模尹定植兩氏가宮大李載克氏家의前往ᄒᆞ야辭職ᄒᆞ기를勸告ᄒᆞ얏더니宮大所答이吾欲辭職이久矣로되貴會勸告를因ᄒᆞ야ᄂᆞᆫ決不當辭職이라貴會에셔吾輩의不善處을聲明ᄒᆞ야辭職勸告ᄒᆞ나吾輩도貴會가國家事의有益ᄒᆞᆷ을未見ᄒᆞ야신즉國事上에無益ᄒᆞ기ᄂᆞᆫ彼此一般이라ᄒᆞ고닉落退送ᄒᆞ얏다더라

●警使사進 警務使閔泳植氏ᄂᆞᆫ八日븟터仕進ᄒᆞ야더라

●調查何意 七日上午十時에日本陸軍步兵中尉毛利萬太郎이兵丁五名과通譯二名을率ᄒᆞ고東湖麻浦龍山等地에外廊이有ᄒᆞᆫ人家을調查以去ᄒᆞ얏다더라

●沮戱正供 長淵郡守朴始淳氏의報告內에度支部所納漁墟藿均役海稅ᄂᆞᆫ甲辰秋等在條四百六十五兩은業已准納이오며今春等條段은一進會人이稱以雜稅革罷ᄒᆞ고自春至今에勒奪官令ᄒᆞ며驅逐稅監而多般沮戱이온바此非雜稅也라乃是正供之意로屢度曉飭이오되會人이遍行村邑ᄒᆞ야謂有革罷之 詔勅이라ᄒᆞ야挽近消薄之民心에添爲煽惑則万無收捧充納之道ᄒᆞ니查照處分이라ᄒᆞ얏더라

●請示函式 永柔郡守朴容觀氏가內部에報告ᄒᆞ얏ᄂᆞᆫ뒤近日觀察府警視가民人의訴狀을據ᄒᆞ야外郡人民을發巡檢推捉ᄒᆞᄂᆞᆫ事도有ᄒᆞ고訴訟案件을審查報來ᄒᆞ라ᄂᆞᆫ事도有ᄒᆞ온뒤其所回報之條規를未能曉解ᄒᆞ와這間幾許次往復을姑以公函施行ᄒᆞ아오나日後에又有警視處所送文牒이면以報以照間에以何公文爲之이올지查照示明이라ᄒᆞ얏더라

●江民恤金 七日未時量에陸軍正領李泰來砲兵隊參領朴承秉兩氏가西氷庫에前往ᄒᆞ야軍用地에犯入ᄒᆞᆫ家戶五十一戶에恤金을分給ᄒᆞᄂᆞᆫ뒤瓦家每戶에銅貨四十元草家每戶에二十元式出給ᄒᆞ얏다더라

●或合或否 一說에ᄂᆞᆫ合郡事件을韓參政이日公使와交涉ᄒᆞ야勿施되엿다ᄒᆞ며一說에ᄂᆞᆫ昨日政府에셔韓參政이農協을對ᄒᆞ야曰某處에셔合郡督促이非難ᄒᆞ고秋捧이在邇ᄒᆞᆫ즉合郡一事를不得不頒布乃已이되後弊를其將奈何오ᄒᆞ고一場討論ᄒᆞ엿다니爲說이各自不同ᄒᆞ야合與不合를始難測度이라ᄒᆞ더라

●死因虛荒 北署閔淵居某也가夫婦同居ᄒᆞᄂᆞᆫ뒤日昨其妻가出入ᄒᆞᆫ時에所親人이來言ᄒᆞ기를汝之妻에出入이尋常ᄒᆞᆫ隣家尋訪ᄒᆞᆷ이안니라偸漢ᄒᆞᄂᆞᆫ滋味가有ᄒᆞ야出入貌樣인즉汝須禁之ᄒᆞ라某也가聞言忿忿ᄒᆞ다가待其妻回來ᄒᆞ야一一言及ᄒᆞ니妻以初無是事로百端發明ᄒᆞ되某也가終不信聽曰汝若行淫이면吾當羞死라ᄒᆞ고暮夜間에鴉烟을吸ᄒᆞ고致死ᄒᆞᆫ지라自警廳으로此事를聞知ᄒᆞ고方在行檢中이라ᄒᆞ니人之死於女色이古今에多有로뒤此人之死ᄂᆞᆫ死因無名이라謂之死於色則傷寒증과陰虛증이안니민謂之不死於色則其妻에淫奔을因ᄒᆞᆷ이라然則死於色과不死於色이俱非可執實因인즉檢案中에以虛荒死로開錄ᄒᆞᄂᆞᆫ게十分合當이라ᄒᆞ더라

雜報

●野談摭錄

各郡所報로參攷라도今番暴風暴雨ᄂᆞᆫ眞箇罕有之變인바韓之國史野乘을大槪領畧컨ᄃᆡ暴風大風所有之時에ᄂᆞᆫ不論時之早晩ᄒᆞ고民國間에不利ᄒᆞᆫ事件이每有ᄒᆞ얏다ᄒᆞ니日昨暴風雨가무삼災徵이될넌지瑞徵이될넌지不知ᄒᆞ깃시되當此國步艱業之際ᄒᆞ야凡厥有位의恐懼修省은所不可已인즉제발닦좀활쪽ᄒᆡ시오

當局者이던지求仕者이던지言必稱積仕勤苦라ᄒᆞ되其裏許를得聞ᄒᆞᆫ즉誠可捧腹이로다少年時에筮仕ᄒᆞ고無聲無臭이ᄒᆞᆫ十年經過ᄒᆞ면積仕라稱ᄒᆞ고無一才能ᄒᆞ며無一幹事ᄒᆞ고도南北村權貴家에날ᄃᆡ령이나着實이ᄒᆞ면勤苦라稱ᄒᆞ니此等法規로用人ᄒᆞᆯ진ᄃᆡ年少ᄒᆞᆫ人과出入질기지안난人은通天之學識이有ᄒᆞ야도積仕勤苦秩에ᄶᅵ여볼슈莫可奈何될지니此法規가良法規될지

士之相見時에或拜或揖ᄒᆞ야庸示敬意ᄂᆞᆫ自是古禮ᄲᅮᆫ더러揖禮之不可不習은先正이亦皆爲言이거ᄂᆞᆯ今與外人交際ᄒᆞᆯ際에ᄂᆞᆫ不用吾禮ᄒᆞ야揖而敬之ᄒᆞ고한갓外人에俯仰을隨ᄒᆞ야ᄃᆡ강이ᄭᅩᆺ떡ᄒᆞᄂᆞᆫ게拜도안이오揖도안이오別別禮文이라貌樣이可笑ᄒᆞ니ᄭᅩᆺ떡이禮文그만두고揖으로施行ᄒᆞᄂᆞᆫ게엇더ᄒᆞᆯ지

●仁港八月朔各國人戶口調査

日人	戶摠一千九百五十五戶	人口万二千百八十五口
清人	戶摠二百三十七戶	人口一千九口
法人	六戶	八口
德人	七戶	十九口
美人	三戶	六口
英人	十二戶	二十八口
希臘人	二戶	一口
義人	一戶	一口

●司法

本年八月二十三日

詔曰獄囚之趁卽淸理事前後申飭果何如而尙多有淹滯云其或故意延拖日久生奸宜重而輕可輕而重者不無此弊其舞弄之習極爲痛駭而且自夏徂秋潦炎無前奸猝蒸濕易生疾病實所矜悶其令法部陸軍法院反亂殺人强盜竊盜强奸與符同外人情理切害者六犯及公逋罪人外勿論已未決特用寬典一幷放釋以示惻恤之至意事

命下矣欽奉

詔勅臣部所管陸軍法院已未決囚放釋者旣經

奏蒙

裁下而流配罪人之放釋者姓名罪名別紙開具之意로軍部大臣이上

奏ᄒᆞ와奉

旨依奏

別紙

流配罪人放釋秩

流一年罪人　丘兌熙　毆上官罪

流一年罪人　吳相默　部下作閙不能鎭壓罪

共二人

九月五日

●我莫他合　江原道三陟郡民金佐榮等請願內槪에本郡이處在海邊이오나以地形으로論之ᄒᆞ면全郡이擧皆山峽이온바南北이爲二百四十餘里오東西가爲一百二十里이고沿海一路에若無邑治면變爲賊窟ᄒᆞ야民難支保ᄂᆞᆫ明若觀火ᄒᆞᆯ지라際此各新聞及傳說을得聞하온즉各道合和之際에本郡을移屬於他郡云云이오니伏未知朝家處分之如何이오되附近他郡은可合於本郡이언뎡本郡은不可移屬他郡이옵기玆敢齊訴ᄒᆞ오니洞燭後另施措處을伏望이라ᄒᆞ얏더라

●全北測量　全北觀察李勝宇氏가內部에報告ᄒᆞ얏시되日本測量學士水野武行과池田游龜夫가率日本人五名及韓人三名ᄒᆞ고自群港至全州道路橋梁을測量後當日辰時量에到于府下留連이라ᄒᆞ얏더라

●奚但二氏　日昨一進會에셔嚴俊源李容復兩氏에게會員을派遣ᄒᆞ야忠告ᄒᆞ기을椒房至親으로宮中에無常出入ᄒᆞᄂᆞᆫ게有碍耳目ᄒᆞ니切勿出入ᄒᆞ라ᄒᆞ얏다니其諄諄忠告가非不善也로되今日宮中에無所職務ᄒᆞ고空然待　命者ㅣ群逐逐에獨其영廷ᄒᆞ니出入當禁이非獨二氏라고來言ᄒᆞᄂᆞᆫ人이有ᄒᆞ더라

●法律

第八節　職律　（續）

第二百三十四條　車駕儀仗內에牲畜을衝入케ᄒᆞᆫ者ᄂᆞᆫ笞八十이며　闕門에衝入케ᄒᆞᆫ者ᄂᆞᆫ笞一百에處ᄒᆞᆷ이라

第二百三十五條　闕을應鎖不鎖ᄒᆞᆫ者ᄂᆞᆫ懲役十五年이며非時에擅開閉ᄒᆞᆫ者ᄂᆞᆫ絞에處ᄒᆞ되空闕門에ᄂᆞᆫ各히五等을減ᄒᆞ고　國丘壇　太廟　殿宮山陵의應閉ᄒᆞᆯ門에ᄂᆞᆫ各히三等을減ᄒᆞ고　太社에ᄂᆞᆫ四等을減ᄒᆞᆷ이라

第二百三十六條　京城門을應鎖不鎖ᄒᆞᆫ者ᄂᆞᆫ笞八十이며非時開閉ᄒᆞᆫ者ᄂᆞᆫ笞一百이며各處城門에ᄂᆞᆫ各히一等을減ᄒᆞᆷ이라

（未完）

野乘　六

스잇너 니가 젼가지보로 단드러 ᄌᆞᆨ황당ᄉᆞ 뒤구팔ᄉᆞ ᄉᆞᆫ을셰여 ᄐᆡ궤속에 감초워 잇ᄂᆞ니 니가장차 길일양신을 가리여 너의 사형제의게 미미하 아휘낫치식 분지허여 젼가지보로 누리게 허리라 네 아들도 십분깃버허고 쳔쳑향당들도 흠션치 아니리 업더라 이날 김장ᄌᆞㅣ 네 아들 네 며나리의 혼슈 허는술리 만취허여 날이져물ᄆᆡ 잔치를 파허고 김장ᄌᆞㅣ ᄌᆞ긔침방에 나아가 누어 취ᄒᆞᆫ 눈이 몽농허여 도호히 바라보다가 은궤압해 나아가 문을 열고 손으로 만져보고 ᄒᆞᄒᆞ 허허 ᄒᆞᆫ번웃고 문을닷고 침소에 나아갈ᄉᆡ 잠이 의히드지 못허여 다ᄆᆞᆷ 침상압해 ᄉᆞᄅᆞᆷ이 힝동허는 발잣최가 나는지라 마음에 도젹이 잇는가 사몽비몽 졍신을 수습허여 슐펴볼시 방장밧겻히 사롬이여러히 압흐로 나아오는듯 서로 거름을 사양허는듯 상압해 등불은 은은이 희미 허게 발근ᄃᆡ 머리를 드러 살펴보니 셜흔여셧 장뷔 몸에 불근요ᄃᆡ를 ᄯᅴ고 일제이 몸을굽푸려 압흐로 나아와 녜를 베푸러 갈ᄋᆞᄃᆡ 우리형제 삼십륙인이 하날님게서 파졍허여 어르신네게 명령을 듯게허심으로 어르신네게셔 저의등을 과도허 사랑 허옵셔 편안이 두시옵고 사역도 시기지 아이허옵시고 진즁허고 익즁허신지 여러히가 되온바 명명ᄒᆞᆫ 텬슈가 장ᄎᆞ 찻ᄉᆞ오ᄂᆞ 져희등이 어르신네의 사랑 허심을 못니 권권하야 어르신네 귀텬허신후 갈곳은 다시 차자갈ᄊᆡ 하얏ᄉᆞᆸ니 지금 듯ᄉᆞ오미 어르신네 게옵셔 장ᄎᆞ 우리들로 하야금 모든랑군의게 난화 사역케하옵시니 우리들이 랑군으로 더부러 원리연분이 업ᄉᆞ온고로 이에와 하직을 고하옵나니다 우리들이 어르신네게 몸을의탁 ᄒᆞᆫ지 하도 오리미 연연ᄒᆞᆫᄯᅳᆺ써나는 회포를 이기지 못하오나 우리들을 보십고지 림상현써 집으로 가오니 어르신네 계셔는 련만 보즁허옵ᄉᆞ셔 연분이 조금 남아ᄉᆞ오니 일후 ᄒᆞᆫ번다시 뵈옵기쉽니다허 말이 맛치미 일제이 몸을 도리여 다라나는지라 김장ᄌᆞㅣ 홀련 닭우는소리에 ᄭᆡ다라 ᄒᆞᆫ번 놀나믄 업어 급히이러 상에 ᄂᆡ려 신도차자 신지못ᄒᆞ고 버션발로 ᄯᅩᄎᆞ갈시 멀리바라보미 ᄒᆡᆫ옷입은 여러ᄉᆞᄅᆞᆷ이 ᄇᆡᆨ문밧게 나가 물별갓치 가거늘 김장ᄌᆞ ᄯᅩ차가기에 급ᄒᆞ야 방 문지방에 발이 것치여 너머져 삼연 놀나ᄭᆡ니 이에 남편 가지에 ᄒᆞᆫ ᄭᅮᆷ이라 급히이러나

特別廣告

本申報ᄂᆞᆫ海外電報를卽接ᄒᆞ야機關이靈通ᄒᆞ고外報와探報를敏捷詰談ᄒᆞ고[illegible]注意ᄒᆞ오며申報ᄒᆞᄂᆞᆫ딕迅速信傳ᄒᆞ으[illegible]人의常에在ᄒᆞᆷ諸分[illegible]本社에셔丁寧告[illegible]本人의訓意ᄒᆞ거나或[illegible]中에注意ᄒᆞ야讀如[illegible]有稽總이라도知子愛本社[illegible]暫有ᄒᆞᄂᆞᆫ密使라[illegible]若ᄒᆞ면該分傳ᄒᆞᆫ[illegible]相勸ᄒᆞ야贊가發生ᄒᆞ[illegible]論ᄒᆞ야必無遲誤ᄒᆞ기로期待ᄒᆞᄋᆞᆸᄂᆞ이다

本社에寄書ᄒᆞ시ᄂᆞᆫ諸君子ᄂᆞᆫ姓名과居住를明確ᄒᆞ게懸錄送附ᄒᆞ시와證據가有ᄒᆞᆷ을必要홈이오公衆不和ᄒᆞᆫ秩序를紊亂케ᄒᆞᄂᆞᆫ意와社會上不經荒雜ᄒᆞᆫ寄書ᄂᆞᆫ不受ᄒᆞᄂᆞᆫ權利가本社에自有ᄒᆞ오니肯諒ᄒᆞ시ᄋᆞᆸ

大韓每日申報社

廣告

貿易商 本社ᄂᆞᆫ仁川港 日本郵便電信局對面 電話第二百一番地

仁川港 廣昌洋行

벤넷트會社告白

大東紀年 全秩五冊 定價新貨二元

美國博士訖法氏譯撰

皇城廣通橋高濟弘書舖發兌

○鐵路部

○東大門과新門間에來往車ᄂᆞᆫ每十分間에運行홈

東大門發初車ᄂᆞᆫ午前六時三十分

新門外停車場發初車ᄂᆞᆫ午前六時五十五分

東大門發終車ᄂᆞᆫ午後九時五十分

新門外停車場發終車ᄂᆞᆫ午後十時十五分

○東大門과洪陵間에來往車ᄂᆞᆫ每二十分間에運行홈

但自鍾路로東大門에來到ᄒᆞᆫ交替車로聯絡홈

東大門發初車ᄂᆞᆫ午前六時五十分

洪陵發 初車ᄂᆞᆫ午前七時十分

東大門發終車ᄂᆞᆫ午後七時五十分

洪陵發 終車ᄂᆞᆫ午後八時十分

○鍾路와龍山間에來往車ᄂᆞᆫ每十二分間에運行홈

鍾路發至南大門初車ᄂᆞᆫ午前六時四十八分

鍾路發至龍山 初車ᄂᆞᆫ午前七時二十四分

南大門發至鍾路初車ᄂᆞᆫ午前六時五十六分

龍山發至鍾路 終車ᄂᆞᆫ午前七時五十七分

南大門發至鍾路終車ᄂᆞᆫ午前十時八分

龍山發至鍾路 終車ᄂᆞᆫ午後九時九分

○特別私用車ᄂᆞᆫ顧客의方便ᄒᆞᆷ을隨應ᄒᆞ야準給홈

但定價ᄂᆞᆫ本社에來臨ᄒᆞ야請問ᄒᆞᄋᆞᆸ

○電燈部

二百五十燭力以內의敷用處에ᄂᆞᆫ每個月에定價表가如左홈

○十六燭力燃燈達夜에二圓五十錢

○三十二燭力燃燈達夜에四圓

○五十燭力燃燈達夜에六圓

○一百五十燭力燃燈達夜에十圓

一千二百燭力弧形燈達夜에二十圓

二百五十燭力以上의敷用處에ᄂᆞᆫ請求ᄒᆞ면瓦斯計一箇를設給홈

但瓦斯計賃金은每個月에二圓이오瓦斯計測驗表委托定價ᄂᆞᆫ每時間每암페아에二錢이ᄋᆞ

瓦斯計設給處에셔每介月支拂金最低額은每個月에二千圓인딕(瓦斯計貸金은)据홈

電燈을敷設ᄒᆞ기에請求ᄒᆞᄂᆞᆫ딕로供給홈

各種連技辦燈도常時에貯存ᄒᆞ엿ᄉᆞᆸ

本社鐵路電氣合社

韓美電氣會社 告白

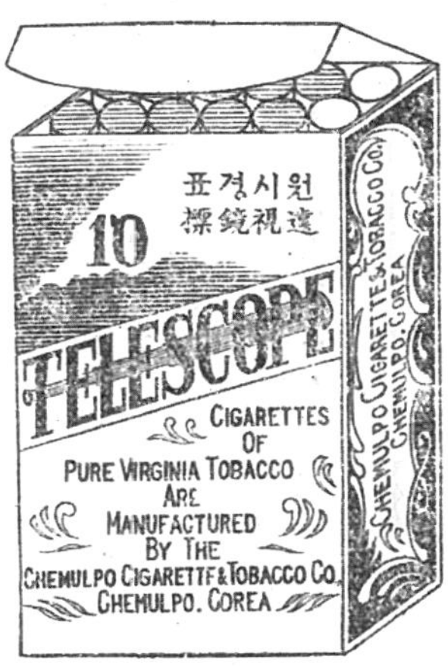

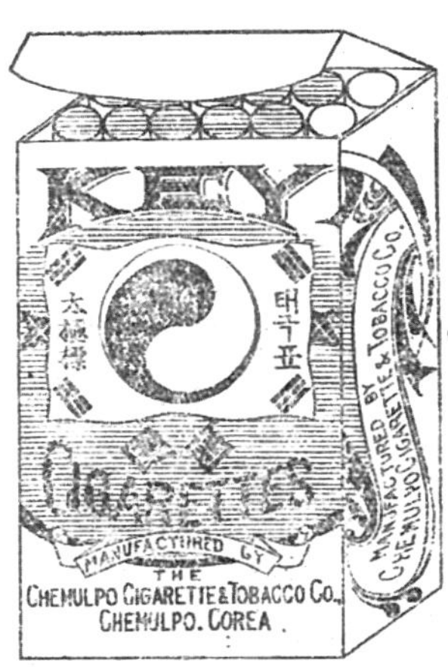

以上三種은上品으로製造ᄒᆞ야衛生上에至極有益ᄒᆞ오니毋論某人ᄒᆞ고本社에來顧ᄒᆞᄋᆞᆸ

大韓帝國仁川港

濟物浦紙卷煙及烟草會社

一鷹標鑵詰濃詰牛乳、

一金印鑵詰濃結牛乳

一無雙家用氣化乳酪

一쎠ㅣ든쓰製造麥芽化合牛乳

以上은常時에貯積ᄒᆞ엿ᄉᆞᆸ

美國紐育港쎠ㅣ든쓰濃結牛유會社

一手代理店 大韓仁川港 世昌洋行

廣告

一雜貨商

一貿易商

一船舶取扱

一煙草商

一委托販賣及貨物運送代理業

一貿易石炭商

以上輸入及輸出者

京城 仁川 大昌洋行

本社廣告

申報價

一張代金 韓貨五錢

一箇月前納 五十戔

三箇月 一元五十戔

六箇月 二元九十戔

一箇年 五元八十戔

郵稅一部 韓貨五里

一箇月 十三戔

廣告料

四号活字十三字詰

每行每英尺一寸에新貨卄五錢

(每日每行에六錢에相當홈)

二周日에 二圓五十錢

(每日每行四錢五里에相當홈)

一箇月에 五圓

(每日每行四錢一里에相當홈)

其期限의長短과字行의多少를依ᄒᆞ야增減홈이有홈

大韓人마다此申報를不得不閱覽ᄒᆞᆯ실터이오니廣告出報ᄒᆞ실僉君子ᄂᆞᆫ來臨面議ᄒᆞ시ᄋᆞᆸ

發行兼編輯人 英國人裴說

發行所 京城北署[illegible]進坊[illegible]洞外地法語學校前

大韓每日申報社

◎光武九年八月十一日 明治卅八年八月十一日 第三種郵便物認可◎　日曜日　西曆一千九百五年九月十日（一）

第三卷

大韓每日申報
대한매일신보

第廿五號

月曜及慶節 歲時日休刊

箕子開國四千二百三十八年
箕子元年三千二十七年
大韓開國五百十四年
日本明治三十八年
淸國光緖三十一年
陰曆乙巳八月大十二日壬子

論說

交戰間韓國形便

戰爭之際에新聞陳述이頗有言論之定限ᄒ야不得自由ᄒᄂ니此乃爲我等奇數로다蓋ㅣ律은本無其則이어니와ᄂ有[illegible]라[illegible]附라故로가日本軍法之下에셔憋懋悄悄ᄒᆷ이ㅣ至證年ᄒ엿마該官憲의一片主意가假在乎而我煩悶故로本社續刊之務ᄂ[illegible]ᄒ야[illegible]良後見則奴之如[illegible]見矣[illegible]此[illegible]端은不由於英文未[illegible]이ㅣ必作予言其日本位地於韓國얏셔韓日關係를今欲談話ᄒ노니今日은宜告[illegible]之後에何所畏憚이리오蓋日本이韓國地段을先自購買ᄒ에必構軍事上要用은實不過托辭며長谷川大將도亦因商業前途ᄒ야總務地位에雖有홈이ᄒ다猶且韓國에有一變貿ᄒ니此Ⅱ日賀田顧問이라此人派遣의事實도日延好意를可測이니我韓所料에ᄂ其爲人이ㅣ自容猶의分錢도尙不能經顧이一人이雖甚明哲이나不可居乎重要職責이어ᄂ늘事之虛實은尙未必然이되方今爲ᄂ旅行ᄒ[illegible]辦이此·을行政官으로丈任ᄒ야ᄂ뜻ᄒᆞᆫ文에調印ᄒ야對此還酬的用定을得云이라此人이今에不就于樂職이나尹致昊氏의發行이似此理로다

戰局이今旣告成矣니前日撰定ᄒᆞᆫ바[illegible]이似是無用이라這間認得ᄒᆞᆫ諸般利權을還附于韓國ᄒ기에不失其時어다第一件은二月에締結ᄒᆞᆫ議定約款이니伊後日本이一[illegible]較計此條ᄒ고但以此關係于經過所得인즉其時量測은此果爲互相親愛ᄒᄂ同等議定이언마ᄂ奈之何占得地段之計에日實을[illegible]明ᄒ얏ᄂ뇨戰旣休止라韓國內日本軍用的事ᄂ[illegible]諒悉홈이不長矣리니休戰公約가[illegible]後에ᄂ韓國이對日本ᄒ야軍力上撰拔ᄒᆞᆫ諸條의還附를要求홀權限이有ᄒ리라

官報

◉第三千二百四十號 光武九年九月九日

◉宮廷錄事 詔曰參政大臣受勳當親授ᄒ
詔曰命從二品李容善爲宮內府協辦
以上九月六日
詔曰命正二品朴鏞和李根湘爲中樞院贊議

光武九年九月七日
議政府參政大臣韓圭卨
宮內府大臣勳一等臣李載克
奏
璿源殿正殿[illegible] 修改處修改
改之[illegible]少[illegible]令禮式院擇日
擧行何如謹上
奏
旨依奏
光武九年九月六日奉

◉敍任及辭令
陸正二品[illegible] 從二品朴鏞和
陸正二品[illegible] 從二品李[illegible]
以上七月二十日
命[illegible]宮內府[illegible]叙勅任官二等 從二品李容善
秘書監丞[illegible]榮 齊陵參奉李[illegible]
請[illegible] [illegible]韓相契 顯陵參奉崔[illegible]
依願免本官
任秘書監丞叙奏任官三等 正三品金民鎬
兼任[illegible]式院[illegible]禮 秘書監丞洪[illegible]
任齊陵參奉叙判任官八等 九品尹琮鉉
任[illegible]陵參奉叙判任官八等 金元璋
任[illegible]陵參奉叙判任官八等 尹秉緯
以上九月六日
正一品朴鏞和
正二品李根湘
任中樞院贊議叙勅任官二等
九月七日

◉第三千二百[illegible]九號 光武九年九月八日
◉叙任及辭令
鎭衛步兵[illegible]附陸軍騎兵副尉李(今
敎相
鎭衛步兵第一大隊附陸軍步兵副尉金顯暎
鎭衛步兵第二大隊中隊長陸軍步兵正尉李守鳳
鎭衛步兵第三大隊附陸軍步兵副尉[illegible]承
鎭衛步兵第三大隊附陸軍步兵參尉尹致內
鎭衛步兵第四大隊中隊長陸軍正尉[illegible]植
鎭衛步兵第五大隊附陸軍副尉[illegible]在鎬
免本官
任[illegible]步兵正領 陸軍騎兵副領李[illegible]
陸軍步兵參領兪鎭형
陸軍騎兵正尉朴文秉
任陸軍騎兵副領(未完)

外報

◉希臘人叛亂 倫敦電을據ᄒᆞᆫ즉마케[illegible]니아에서ᄂ革命黨中에希臘人의反亂이再發ᄒᆷ에因ᄒ야土耳其政府에서ᄂ레지우후에步兵三大隊를召集ᄒ얏더라

◉歐米連絡電線 歐羅巴大陸과亞美利加大陸을連絡ᄒᆞᆯ電線架設에對ᄒᆞᆫ計劃은目下美國에서調査中인대其預定計劃을從ᄒ건대[illegible]設ᄒᆞᆫ北美電線을延長ᄒ야알나쓰카와西伯里亞를經由ᄒᄂ電線을架設ᄒᆷ인대아마不遠에其實行을決ᄒᆯ이라더라

◉英艦荷蘭 英國艦隊ᄂ荷蘭海에서熱誠에歡迎을受하고目下에에쓰뿌졔그港을訪問하얏다더라

◉東阿反亂 德領東阿非利加에擾亂이新起하얏ᄂ대巡洋艦二隻을支那海에서同方面으로急派하얏고同時에本國에서도增遣하얏다더라

◉輸送力改良 露國遞信大臣쎄일꼬푸公은西伯利亞橫斷鐵道에輸送力을改良ᄒ기爲하야視察旅行次로發程하얏다더라

◉德國示威 德國東阿非利加의新[illegible]論에就하야기일에在ᄒᆞᆫ第一海軍步兵大隊의動員을命하야八月二十八日에쭈리에써트에서出港하얏더라

◉美國名士遊歷 美國近信을據ᄒᆞᆫ즉[illegible]뻐모구라트黨의一領首로歷次大統領候補를爭하든有名ᄒᆞᆫ政治家演說家뿌라이안氏ᄂ日에夫人을携ᄒ고日本에遊歷ᄒᆞᆫ다ᄂ오ᄂ北鐵道會社社長힐氏도遊ᄒᆫ다더라

◉蒙古防備 近來에淸國이蒙古邊[illegible]의防備에關ᄒ야漸次注意ᄒᄂ事ᄂ亦是淸國近[illegible]에特別注意ᄒᆞᆯ重要件이라現聞ᄒᆞᆫ즉淸國[illegible]府에셔ᄂ內蒙古地方에嚴飭하야練兵自衛하야邊疆을嚴防하기爲하야旣爲庫倫과烏里雅蘇台와科布多各處의將軍과大臣의게電飭하얏다하나然이나蒙古邊疆이露國의强壓을受홈이已久하엿스며其勢力이至今에堅牢하야拔去키難ᄒᆞᆯ지라一片[illegible]으로以하야其蠶食之禍를防하면淸國의幸福이라더라

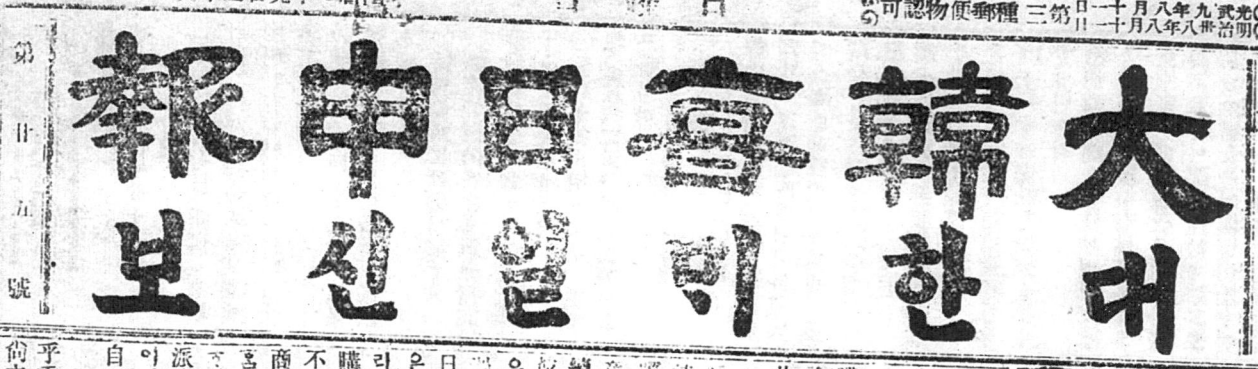

東京電報

●**暴徒格鬪** 九月八日午前十一時廿五分發

○昨朝（九月七日）新宿（東京市內）에서는警察과暴徒間에格鬪가有하야死傷이合計五十名이라더라

○淺草區、今戶、傍近에서는暴徒卽死가三이오負傷者ㅣ無數하다더라

○警官側에는死傷이無하고

○暴徒가市內에在한數介所耶蘇敎會堂을燒却하고街鐵電車十八台를燒却하얏고

○發行을停止된新聞은、萬朝報、社交、二六、과人民等의各社라더라

雜報

●**虛實難知** 江原觀察使李容翊氏蹤遁함은旣報어니와同氏가上海로前往이라고風說이猥藉하니果然인시下回을觀하야續하리로다

●**大設慶宴** 再昨日外部大臣李夏榮氏가生辰宴을大設하얏는딕該部官人과諸他賓客이경門充戶하야宏壯한景光을呈하얏다더라

●**切齒頌德** 近日秋雨가支離하되前警務使申泰休氏事業으로家家門前에盖板한溝渠가漲滿不泄하야沈竈產蛙하는고로滿城內婦女들이槌胷切齒하면서申泰休氏의澤을晝夜稱頌한다더라

●**初無是說** 草溪郡民李采壽等이草溪高靈兩郡을陜川에合附事件에對하야內部에請願하기를高陜兩郡을草溪에合附하야달나한바指令內廟堂之上에姑無合郡之說하니切勿煩聒하고各歸安業하라하얏더라

●**請撥俸給** 忠南觀察李道宰氏가內部에報告하얏는딕本府警務署警務官崔麟容이가日語와交涉에한熟하와到任以後에實心做務이온바名雖設官이나初無撥俸하와每於交接에覗同名譽하야自爾受侮이오며且該員則決意去就이오나本府現狀이非此莫可이옵기姑爲挽止하옵고玆以報告하오니查照하오셔該俸給額을無滯劃撥이라하얏더라

●**教人血誠** 大韓耶蘇教人들이國勢에岌業한事와生命財產에自有權을深慮하야逐日禮拜하며敎課書을多數刋出하야別般方針으로世界에注目處을作定하리라하더라

●**家口調查** 五署內家戶間數와人口을日本司令部에서憲兵을派送하야戶戶이調查할터인딕某家을勿論하고卽入內庭할터이니大韓人民은驚駭치말나고我韓巡檢이北村等地로단이며家家曉諭하더라더라

●**湯價十倍** 溫陽溫水을日人이干涉前에는每一名湯價이五錢에不過하더니至今은新舊湯을修改하고每人에二十五錢을責出하는故로利益이比前十倍되고其附近處土地도侵漁之獘가不無함으로民怨이藉藉하다더라

●**雨亦支離** 月初風雨에京鄕間人家頹敗과禾稼傷損이極其狼藉하야愁歎之聲이道路相續이더니一週未滿에又此暴霔하야連晝夜不止하니今秋穡事는判棄을可慮라爲念國計民事하야憂憂을不勝하노라

●**三署俸費** 外部에서度支部에通牒하얏는딕、慶興、平壤、義州、三監理署俸給經費를支出於地方支金庫之意로旣承貴照而出給命令書를玆繕送하니盖印於該書繳交하시와俾便付送于該各署하야領受右額케하시믈至要라하얏더라

義兵消息

近日所謂義兵이라名稱하는者ㅣ이忠清北道에서猖厥하야山棚獵戶를招募하며輕儒관士를會同하며浮浪失業等破落戶를集合하야或三九十名이蜂屯蟻聚하며或六七十名이蝗飛蝟集하야其名을義라하되其目的은鄕村에突入하야錢穀을討索하며閭里에橫行하야銃劍을搜奪한다하니外樣觀之컨딘不安黨과酷肖한一搭影이라此是國家의一亂萌이오生民의一禍擘이라謂하깃도다

凡於所謂義兵이라는義字는其名義를研究하야도解得하기難하도다可據할義를據하야義旗를堅立하며義旗를糾列할지면天下의義士가響應함도得할거이오世上의義理를扶持함도可하거날此等義兵은何樣名目이라稱할는지

原任義兵大將柳寅錫은斥倭斥洋이라고所謂義兵을倡起하야一國을騷亂하며萬姓을蹂害하야畢竟殊域에潛蹤하다가今春에抱川某氏를拜見하고心胷을披開하거날一言拒絶함이無聊히提川으로向往하얏다云하더니

向日朴昔汝者는竹山安城等地에徒黨을嘯聚하고李範壽者는楊根呂州等地에人命殺害함이軍部에서副尉金箕元氏를命令하야一小隊를率領하고巡探한則所謂水原義兵이一無影響이라하더니

近日忠北觀察使署理張駿遠氏의報告가疊至함을據하야元容八의檄文을飛傳하얏다함은本紙에已佈어니와更히秘密를偵探한則李裕寅은嶺南窩窟을煽動하고奇參衍은湖南사滓를攪擾하야黨羽가日益繁衍하야三南에聯絡하얏다하며

且一說은前義魁盧興奎가與某大官과密勿한謀議가有하다하니的否는未知로딕何等根柢가有한模樣이라假令此輩의機關이有하면可謂不識時宜하는蠢動物이라

清國義和團을不見하얏는가其時外人壓制를歷苦하야熱腔을鼓動하얏다할지라도天下의干戈를喚起하야全淸宇宙를顚覆할번하고四億의비銀을徵出함의一國이虛瘁하야스니此를訂案으로見할진딕前鑑이不遠한지라

所謂排外運動은國家生靈을危亡케하는催命符이라東頹西圮하는傾廈를搖動하며万孔千瘡漏舟를穿鑿함과如함만不啻라所謂義兵이라는鬼怪輩들도陷穽을自掘하며網羅에自罹하는催命符이니國家을危亡에先하야此輩를可吊하깃도다此輩를爲하야一言을贈하노니各其歸家安業하야實心을興奮하며實力을修養하야愛國憂民하는國民義務를實地로하는義字를服膺하야生靈을保全하고國家를進興케할事業光輝를勸告하노라

●**判決罰金** 德國公使가外部에照會하얏는딕本國買利咨吉之女가與貴國兵弁으로爭詰一事는由我大審院判決에懲該女를罰金七十五元及裁判費하되如不能辦出該金之境遇에는處以監禁十日로妥結也라爲此備文照會하니請查照可也라하얏더라

●**外復德館** 外部에서德公館에照復하얏는딕買利咨吉之女의處罰一事는業經行文我軍部하니請查照可也라하얏더라

●**捕費請撥** 全北礪山郡守兼戢捕官朴恒來氏가內部에報告한內開에自上年三月로郡守가兼掌戢捕事務하와分掌山郡十餘邑이온즉區域之濶遠과賊警之禁防이專在於十餘箇巡校廳使이온바月料則巡校四元廳使二元을不容不施事로報部指令內依洞當知照度支이옵더니度支部所報甲辰結錢中該識察費三千四百八十兩을修報內部之意로有所來正이옵기玆報告하니特爲移照度支部하야該欵을計減케하라하얏더라

政界一束

法大朴容大氏는疏遞하고特進官을被命하얏고

江原觀察使李容翊氏와學大閔泳喆氏는幷蹤遞하얏고

贊議李容泰氏는臨時署理學大事務를被命하얏고

法辦李準榮氏는署理大臣事務를被命하얏고

協辦玄暎運氏는蹤批에卿其勿辭往省하얏고

平察趙鍾弼氏는春察로移任하고前農大朴齊純氏는平察을被任하다더라

●**政界謾錄**

上下不同閣格중에四君子湯이

洪流大川潰決處에一拳士가無效이고

健牛大猪屠割場에中細針을何用이며

鞞鼓鉦鑼聒雜中에洋琴琵琶금無味하고

千谿百逕艱苦時에一部荊극搖之不動

滿天雨風漢濃中에一股烟霧加添하고

鶴長鳧短較計處에斥안拾飛可笑이고

琪花瑤草爛만地에怪石數箇可觀이고

絕代佳人對坐席에薄色男子無妨이라

雜報

籌燈餘筆

狐狸ᄂᆞᆫ物之微者로ᄃᆡ狐死首丘가尙有不忘本之意이거ᄂᆞᆯ胡爲乎今之人은背本附外ᄒᆞ며賣國鬻君을視同茶飯에不以爲恥ᄒᆞ니此眞狐狸之不若也라噫라狐狸不若而或坐於廟堂ᄒᆞ고或橫於閭里ᄒᆞ야手握權柄에作威作福ᄒᆞ니其於國에何哉며其於民에何哉오

六國之際와南宋之際에背本附外ᄒᆞ며賣國鬻君者ㅣ實繁有徒로ᄃᆡ其言論之橫發과計劃之詭譎과文辭之雕飾이皆足以欺世盜名ᄒᆞ야眩人耳目이러니今之此流ᄂᆞᆫ粥粥然無一才能ᄒᆞ야文辭之有無ᄂᆞᆫ尙矣勿論ᄒᆞ고言論也計劃也ㅣ最出人下이되

徒爲金圓之奴隸ᄒᆞ야賣國求榮ᄒᆞ며附外藉勢을認以爲得策ᄒᆞ니此乃狗彘中狗彘也라縱爲外人之心腹이나返爲外人之所鄙ᄒᆞ야趙孟之所貴을趙孟이能賤之가必得有日이거ᄂᆞᆯ彼乃不悟ᄒᆞ고栩栩然自處以英雄豪傑ᄒᆞ야교於其妻子朋友ᄒᆞ니可哀乎哉ㄴ져

所貴乎士者ᄂᆞᆫ貴其廉恥義理之異於賤流인ᄃᆡ今之所謂士者ㅣ不務飭躬自修ᄒᆞ야藉稿待沽ᄒᆞ고紛紛然權門是趨ᄒᆞ며勢交是攀ᄒᆞ야脅肩諂笑와搖尾乞憐ᄒᆞᄂᆞᆫ諸般醜陋之行은使其傍觀者로足以胃翻而心嘔이며

又或乍親乍疎而東西反覆ᄒᆞ야有恩而不知報ᄒᆞ며背理而任其慾ᄒᆞ야士子之名이掃地無餘ᄒᆞ니究其行爲컨ᄃᆡ與彼人盡夫蝎甫로別無異同이거ᄂᆞᆯ世或彼之艷慕而賤視蝎甫ᄒᆞ야至於罵之唾之而不欲與之同坐ᄒᆞ니此等心昏如漆之徒ᄂᆞᆫ吾亦罵之唾之而不欲與之同坐ᄒᆞ노라

遊學外國은爲其眞理與學을精究精解ᄒᆞ야以之潤身ᄒᆞ며以之措諸政事인ᄃᆡ今之以遊學으로著名者ㅣ稍解其言語文字則謂以能事已畢이라ᄒᆞ야低視一世에傲然自大ᄒᆞ며世亦指以爲別人物ᄒᆞ야所至에輒以上賓으로待之ᄒᆞ나

觀其實際컨ᄃᆡ別無可取ᄒᆞ야太半如鸚鵡之能言而已인즉藉令任職이면不過充於一箇舌人이오且其爲人之輕環浮薄이十居七八ᄒᆞ야使具眼者로觀之ᄒᆞ며不待一鳴而可辨其下乘駑骨이거ᄂᆞᆯ或至卿相ᄒᆞ며或列淸要ᄒᆞ야氣焰이爀赫ᄒᆞ고名譽ㅣ藉藉ᄒᆞ니嗚呼라士之遇不遇가顧時勢之何如耳라豈賢不肖之可論乎哉아

世皆言西人之治國이已趂於神聖之域ᄒᆞ니一事一務을必爲模範西法然後에可以爲國이라ᄒᆞ니此言이固善矣로되今夫西醫之方藥이非不神且聖矣로되試之於東人에或效或否者ᄂᆞᆫ蓋其風土飮食之所異에膓胃氣血이隨以不同故也라

然則治國與治病ᄒᆞ야山川之夷險과人衆之多寡와風俗之所尙와財賦之所出을必須精査明辨ᄒᆞ야隨勢而利導라야乃可有成이오若或不然ᄒᆞ야一一泥於西法而不知變通이면勢如方枘에알알乎其難矣乎인져

●花房奇聞　日昨某酒家에셔蝎甫牌長으로有名ᄒᆞᆫ三兩人이呼酒而飮之라가幾盃後에豪興이大發ᄒᆞ야相與諧謔ᄒᆞᄂᆞᆫᄃᆡ其言이頗有滋味ᄒᆞ드라고來傳키에記載ᄒᆞ노라

近來花債規則이異常孟浪ᄒᆞ야初合時花債가假令一元이면再次ᄂᆞᆫ幾倍나加添되야無限量이라ᄒᆞᆫ즉滋味로論之ᄒᆞᆯ지경이면初次滋미가再次에셔逕勝ᄒᆞᆯ테인즉初次花債를듬숙이떼여먹고再次에ᄂᆞᆫ次次減數ᄒᆞ야쥬ᄂᆞᆫ거시經界當然ᄒᆞᆫᄃᆡ痢疾症勢貌樣으로初輕後重ᄒᆞ니如此規則은花房新編中에아마誤錄이지

年前에花房에셔賣買零星ᄒᆞ야자미부칠것이無ᄒᆞᆯ뿐더러上海物色이미우繁華하고花房賣買도大段興旺타ᄒᆞ기로蝎甫두어명領率하고上海곳더니物情이쓸쓸ᄒᆞ야一分賣買도업너보지못ᄒᆞ고幾朔間留連浮費만잔득지고回還하얏신즉갈보도未開化ᄒᆞᆫ연고인지

●宣諭旅費　黃海道宣諭使李秉勳氏가內部에報告하얏시되昨年七月에宣諭書一度와印章一顆을賚附訓令하노니周行列郡하야邑弊民瘼을昭詳馳報하며該旅費ᄂᆞᆫ所到各郡에請求支用하라신本部訓令을承准發程하와周行列郡에未及遍行道內而宣諭之啣을旋蒙奏減이옵기印章은今爲賚納이오며旅費貺用明細書를粘報하오니該旅費二百九十九元을轉照度支部하시와各其郡公錢中劃減케홈을伏望이라하얏더라

●宣懲其習　全南觀察使朱錫冕氏가內部에報告ᄒᆞ얏ᄂᆞᆫᄃᆡ管下各郡曠官之由ᄂᆞᆫ業已修報이을거니와此時地方之賊警與騷訛가動多不虞之慮뿐더러公錢之督刷와新頒稅則之實施가雖使郡守로各盡其職이라도恐或不暇온況其署理乎아所以公務積滯ᄒᆞ고民弊가滋長ᄒᆞ와將莫可收拾之郡이非一非再ᄒᆞ오니査照後受由未之還智島靈光長城光陽玉果等郡이오未赴任之興德과曠闕之綾州寶城等郡守를幷爲處分ᄒᆞ야錄存公牘라ᄒᆞ얏더라

●報請措處　平昌郡守張復圭氏가內部에報告ᄒᆞ얏ᄂᆞᆫᄃᆡ陰七月二十一日本郡一進會長張基元公函內에今日爲始ᄒᆞ야陳荒處調査成冊次로評議員을派送各面이온즉以此照亮ᄒᆞ시고更加忠國愛民之誠ᄒᆞ시와令飭於各面ᄒᆞ시와調査之際에一無防碍之弊이옵고其助 皇室之地를維希敬要等因ᄒᆞ와玆以報告ᄒᆞ오니査照ᄒᆞ시와如何措處를特爲處分이라ᄒᆞ얏더라

●教員請陞　楊州郡公立小學校學徒李邦鏞이學部에請願하얏ᄂᆞᆫᄃᆡ本校教員許煥이一自受任以後로歸臥於抱川本第ᄒᆞ야都不視務하고每月月銀推去時에一次到校而已온즉如今開明之世에豈有不事其事而祿其祿者乎아副教員崔圭錫이其學其教가優矣勤矣라雖値三夏放學時라도初不放學하고孜孜勸勉故로學徒聞風而來하야廢校成樣이온바竊伏念有功者位高하며有勞者祿厚ᄂᆞᆫ當然底事인ᄃᆡ許員之勤勞가在於崔之上而位則下焉하니特爲陞副而任其首하와以爲責成其業하심을伏望이라하얏더라

●法律　（續）

第八節　濫職律

第二百三十七條　官吏가上司에게由暇를得ᄒᆞ고無故히歸期를稽緩ᄒᆞᆫ者ᄂᆞᆫ一日에笞一十호ᄃᆡ每三日에一等을加ᄒᆞ야笞八十에止홈이라

第二百三十八條　勅命을奉ᄒᆞ거나上官의命을承ᄒᆞ고出使ᄒᆞ야期限이過ᄒᆞ도록無故히回還치아니ᄒᆞᆫ者ᄂᆞᆫ笞四十이며回還後三日內에復命치아니ᄒᆞᆫ者ᄂᆞᆫ笞五十호ᄃᆡ每三日에一等을加ᄒᆞ야笞一百에止ᄒᆞ고還現치아니ᄒᆞᆫ者ᄂᆞᆫ笞四十호ᄃᆡ每三日에一等을加ᄒᆞ야笞八十에止홈이라

第二百三十九條　牧馬ᄒᆞᄂᆞᆫ官員이나使役이應히調習ᄒᆞᆯ官馬를調習치아니ᄒᆞᆫ者ᄂᆞᆫ一匹에笞二十호ᄃᆡ每五匹에一等을加하야笞八十에止홈이라

第二百四十條　報告나行移하ᄂᆞᆫ公文에印章을具鈐치아니ᄒᆞᆫ者ᄂᆞᆫ笞四十이며全히不用ᄒᆞᆫ者ᄂᆞᆫ笞六十에處호ᄃᆡ因하야重事에妨碍된者ᄂᆞᆫ笞一百에處홈이라

第二百四十一條　獄舍를淨潔ᄭᅦ아니ᄒᆞᆫ者ᄂᆞᆫ笞二十이며堅完케아니하거나修葺치아니ᄒᆞᆫ者ᄂᆞᆫ笞四十에處홈이라

第二百四十二條　道路나橋梁이沮礙하거나損壞ᄒᆞᆫ境遇에應히修理ᄒᆞᆯ者가修理치아니ᄒᆞᆫ者ᄂᆞᆫ笞三十이며橋梁이나津船을應히造置ᄒᆞᆯ境遇에造置치아니ᄒᆞᆫ者ᄂᆞᆫ一等을加홈이라

第九節　瀆職律

第二百四十三條　牧民의官이貪饕와殘虐ᄒᆞᆫ所爲를行하야良民의聚黨作擾홈에至ᄒᆞᆫ者ᄂᆞᆫ懲役終身에處하며因하야城池를失陷ᄒᆞᆫ者ᄂᆞᆫ絞에處홈이라

第二百四十四條　近侍ᄒᆞᄂᆞᆫ官員이機密重事를人의게漏洩ᄒᆞᆫ者ᄂᆞᆫ流終身이며輕事에ᄂᆞᆫ笞一百에處홈이라

第二百四十五條　官員이公務를視ᄒᆞᆯ時에公座의셔署事치아니ᄒᆞᆫ者ᄂᆞᆫ一日에笞一十호ᄃᆡ每三日에一等을加하야笞八十에止홈이라

第二百四十六條　官員이所屬의職役을差遣ᄒᆞᆯ時에公平치아니ᄒᆞᆫ者ᄂᆞᆫ笞二十호ᄃᆡ每五人에一等을加하야笞六十에止홈이라

但應히放回ᄒᆞᆯ者를稽留ᄒᆞᆫ者ᄂᆞᆫ一日에笞十호ᄃᆡ每三日에一等을加하야笞五十에止홈이라

（未完）

特別廣告

本申報ᄂᆞᆫ海外電報를卽接ᄒᆞ야機關이靈通ᄒᆞ고外報와探報를敏捷活潑ᄒᆞ도록注意ᄒᆞ오며中報發送ᄒᆞᄂᆞᆫ데迅速信傳ᄒᆞ기ᄂᆞᆫ全傳人의게在ᄒᆞᆷ으로本社에서平告에諸分傳人의게丁寧告戒ᄒᆞ고申申訓飭ᄒᆞ야毋或逾惰ᄒᆞ게注意ᄒᆞ거니와如或暫有積總이라도愛讀僉君子ᄂᆞᆫ密使此知子本社ᄒᆞ시면該分傳의게誠信根究ᄒᆞ도록耳提面命ᄒᆞ고勸贊가發生ᄒᆞ도록誨論ᄒᆞ야必無遲誤ᄒᆞ기로期待ᄒᆞ옵나이다

本社에寄書ᄒᆞ시ᄂᆞᆫ諸君子ᄂᆞᆫ姓名과居住를明確ᄒᆞ게懸錄送附ᄒᆞ시와證據가有ᄒᆞᄂᆞᆫ必要ᄒᆞᆷ이오公衆平和ᄒᆞᆫ秩序를紊亂케ᄒᆞᄂᆞᆫ意와社會上不經荒雜ᄒᆞᆫ書書ᄂᆞᆫ不受ᄒᆞᄂᆞᆫ權利가本社에自有ᄒᆞ오니肯諒ᄒᆞ시옵

大韓每日申報社

廣告

貿易商 本社ᄂᆞᆫ仁川港

日本郵便電信局對面

電話第二百一番地

仁川港 廣昌洋行

벤넛트會社告白

大東紀年 全秩五册 定價新貨二元

美國博士訖法氏譯撰

皇城廣通橋高濟弘書舖發兌

○鐵路部

○東大門과新門間에來往車ᄂᆞᆫ每十分間에運行홈

東大門發初車ᄂᆞᆫ午前六時三十分

新門外停車場發初車ᄂᆞᆫ午前六時五十五分

東大門發終車ᄂᆞᆫ午後九時五十分

新門外停車場發終車ᄂᆞᆫ午後十時十五分

○東大門과洪陵間에來往車ᄂᆞᆫ每二十分間에運行홈

但自鍾路로東大門에來到ᄒᆞᆫ交替車로聯絡홈

東大門發初車ᄂᆞᆫ午前六時五十分

洪陵發 初車ᄂᆞᆫ午前七時十分

東大門發終車ᄂᆞᆫ午後七時五十分

洪陵發 終車ᄂᆞᆫ午後八時十分

○鍾路와龍山間에來往車ᄂᆞᆫ每十二分間에運行홈

鍾路發至南大門初車ᄂᆞᆫ午前六時四十八分

鍾路發至龍山 初車ᄂᆞᆫ午前七時二十四分

南大門發至鍾路初車ᄂᆞᆫ午前六時五十六分

龍山發至鍾路 終車ᄂᆞᆫ午前七時五十七分

南大門發至鍾路終車ᄂᆞᆫ午前十時八分

龍山發至鍾路 終車ᄂᆞᆫ午後九時九分

○特別私用車ᄂᆞᆫ顧客의方便ᄒᆞᆷ을隨應ᄒᆞ야準給홈

但定價ᄂᆞᆫ本社에來臨ᄒᆞ야請問ᄒᆞ옵

○電燈部

二百五十燭力以內의敷用處게ᄂᆞᆫ每個月에定價表가如左홈

○十六燭力燃燈達夜에二圓五十錢

○三十二燭力燃燈達夜에四圓

○五十燭力燃燈達夜에六圓

○一百五十燭力燃燈達夜에十圓

一千二百燭力弧形燈達夜에二十圓

二百五十燭力以上의敷用處에ᄂᆞᆫ請求ᄒᆞ면瓦斯計一箇를設給홈

但瓦斯計賃金은每個月에二圓이오瓦斯計測驗表委托定價ᄂᆞᆫ每時間每암피아에二錢이옵

瓦斯計設給處에셔每介月支拂金最低額은每個月에二十圓인듸(瓦斯計賃金은)据홈

電燈을敷設ᄒᆞ기에請求ᄒᆞᄂᆞᆫ듸로供給홈

各種連技辦登도常時에貯存ᄒᆞ엿슴

本社鐘路電氣會社

韓美電氣會社 告白

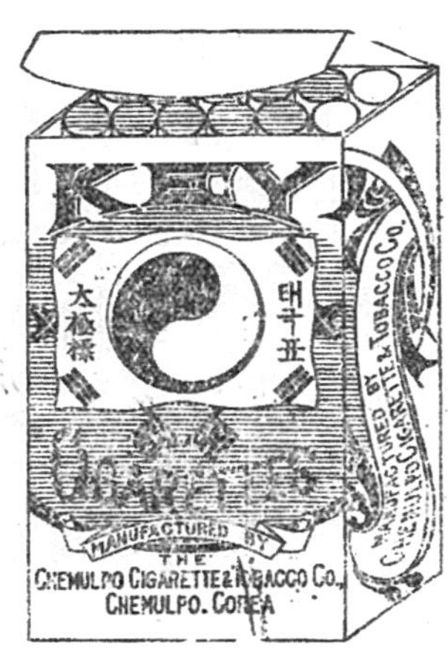

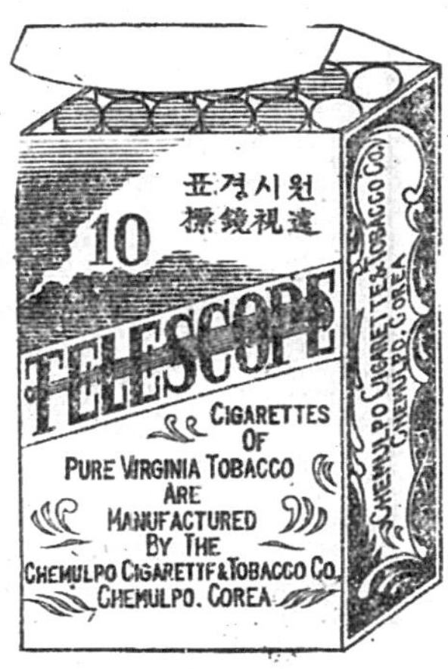

以上三種은上品으로製造ᄒᆞ야衛生上에至極有益ᄒᆞ오니毋論某人ᄒᆞ고本社에來顧ᄒᆞ옵

大韓帝國仁川港

濟物浦紙卷煙及烟草會社

一 鷹標罐濃詰牛乳

一 金印罐詰濃結牛乳

一 撫雙家用氣化乳酪

一 쏘ㅣ든쓰製造麥芽化合牛乳

以上은常時에貯積ᄒᆞ엿슴

美國紐育港쏘ㅣ든쓰濃結牛유會社

一手代理店 大韓仁川港 世昌洋行

廣告

一 雜貨商

一 貿易商

一 船舶取扱

一 煙草商

一 委托販賣及貨物運送代理業

一 貿易石炭商

以上輸入及輸出者

京城 仁川 大昌洋行

本社廣告

申報價

一張代金 新貨五錢

一箇月前納、 五十戔

三箇月 一元五十戔

六箇月 二元九十戔

一箇年 五元八十戔

郵稅一部 新貨五里

一箇月 十三戔

廣告料

四号活字十三字詰

每日每英尺一寸에新貨廿五錢

(每日每行에六錢에相當홈)

二周日에 二圓五十錢

(每日每行四錢五里에 相當홈)

一箇月에 五圓

(每日每行四錢一里에相當홈)

其期限의長短과字行의多少를依ᄒᆞ야增減홈이有홈

大韓人마다此申報를不得不閱覽ᄒᆞ실터이오니廣告出報ᄒᆞ실僉君子ᄂᆞᆫ來臨面議ᄒᆞ시옵

發行兼編輯人 英國人裵說

發行所

京城北署罄進坊礦洞号外地法語學校前

大韓每日申報社

光武九年八月十一日 明治卅八年八月十一日 第三種郵便物認可

火曜日

西曆一千九百五年九月十二日 (一)

第三卷 第廿六號

大韓每日申報

대한매일신보

月曜及慶節 歲時日休刊

檀君開國四千二百三十八年
箕子元年三千二十七年
大韓開國五百十四年
日本明治三十八年
淸國光緒三十一年
陰曆乙巳八月大十四日甲人

論說

東京紛擾

外洋電信으로前兆되는媾和約欵이日本의게惠澤이라고東京諸新聞이無心히表明홈을摘拔ᄒᆞ야日昨本報에揭載ᄒᆞ얏거니와我輩所料에는戰時報舘에如彼孜孜ᄒᆞ던記筆이使民悅服ᄒᆞ고使民激怒게ᄒᆞ는兩枝를包含홈을日本政府가今可認悉이로다若其和約이本社通信과類似ᄒᆞᆯ진ᄃᆡ日本의怨聲은確然可測이니盖其國民이自誇之意가生홈은不由於武備之可讚이라豈在乎抵敵一等國之才能이며且其新聞은公衆忠愛와士卒奮發을極度에維持ᄒᆞᆯ目的에要請홈이되얏더니該社의披閱ᄒᆞᆫ近日通告가日本의締結條約이過於公正홈을顯露홈이公衆責意를該社가專擔ᄒᆞ얏도다

日本國民이必至激烈은本紙上에豫爲揭示ᄒᆞ얏거니와其首相이不諳於民心ᄒᆞᆫ지라現今政治가士林의愛悅을漸失ᄒᆞ며國民全部는對此和約之不公ᄒᆞ야官僚失責이露國主戰派와比准無異홈을實認ᄒᆞ는도다

現無日本書信이고且其電報는經其檢察이分明홈으로近日漢城에對此風說은可信而不可確認인바大東新報는東京戒嚴令의頒布를接受ᄒᆞ얏고本社는據一通知則內外部(大臣의家舍)와國民報舘이方在火災中이라ᄒᆞ얏고

且大韓日報는東京에無前大擾와九月五日國民이團會ᄒᆞ야小村男爵의調印ᄒᆞᆫ和約을破棄ᄒᆞ기로約定홈을揭報ᄒᆞ얏더라、

日本警察이如彼良美施設인즉如此禍亂을崩動에셔除去ᄒᆞᆯ지은人民의自度ᄒᆞ는비나猶可注目ᄒᆞᆯ거슨日本이在於世人眼目以來로迄今求容을維支ᄒᆞ는平民이如此變態홈은今是初見이로다

官報

●第三千二百四十一號 光武九年九月十一日

◎宮廷錄事 詔曰駐箚外國之我國名譽領事俱多勤勞不可無示意紐約總領事施大빈夏寶爾格總領事梅耶天津總領事伊集院彦吉烟台領事業國麟武劃領事禮雍並特敍勳三等各賜八卦章倫敦領事摩賡桑港領事實時旭並特敍勳四等各賜八卦章

光武九年九月四日

表勳院總裁臨時署理朴齊純

詔曰日本海軍中將뇨島員規特敍勳一等賜太極章海軍少佐櫻정井眞淸特敍勳三等賜八卦章以表親愛之意

光武九年九月五日

表勳院總裁臨時署理朴齊純

詔曰命從二品李相설爲學部協辦

光武九年九月六日

學部大臣陸軍副將勳一等閔泳喆

中樞院贊議尹雄烈辭職疏

批旨省疏具悉職非甚劇而不可言私卿其勿辭行公

九月七日

◎敍任及辭令 依願免本官

黃海道觀察府主事鄭憲容

任黃海道觀察府主事敍判任官六等 鄭昌基

以上八月二十六日

咸鏡南道觀察府主事李種龜

仝 朱璋謙

依願免本官

朴星煥 金達洙

任咸鏡南道觀察府主事敍判任官六等

以上九月一日

駐箚紐約名譽總領事 施大빈

駐箚夏寶爾格名譽總領事 梅耶

駐箚天津名譽總領事 伊集院彦吉

駐箚烟台名譽領事 業國麟

駐箚武劃名예領事 禮雍

敍勳三等賜八卦章

駐箚倫敦名예總領事 摩賡

駐찰桑港名예領事 實時旭

敍勳四等賜八卦章

以上九月四日

敍勳一等賜太極章

日本國海軍中將 뇨島員規

敍勳三等賜八卦章

日本國海軍少佐 櫻井眞청

陞敍判任官五等

東萊港警務署總巡劉鎭世

陞敍判任官五等

江原道觀察府主事李東根

以上九月五日

任學部協辦敍勅任官二等 從二品李相설

秘書監丞金民鏞 仝沈周澤

純陵參奉魏禎昱 厚陵參奉金元培 顯陵參奉尹秉絢 穆陵參奉柳暢根 東明王陵參奉柱昌典 依願免本官

任秘書監丞叙奏任官三等 正三品李鼈榮

仝 正三品申政均

兼任太醫院副卿 秘書監丞徐肯淳

任純陵參奉叙判任官八等 金哲濟

任厚陵參奉叙判任官八等 六品秦柄建

任顯陵參奉叙判任官八等 六品崔永祚

任穆陵參奉叙判任官八等 송謙淳

任東明王陵參奉叙判任官八等 趙賢均

命帝室制度整理局議定官 中樞院贊議高永喜

命平安北道收租委員 六品金鳳훈

九品兪允煥 仝張濟億 仝李啓弘 仝趙鍊

解收租委員

陞七給俸 軍部主事咸承□

以上九月七日

外報

●旅順閉塞船 今春으로旅順港內에在ᄒᆞ야船艦引揚에從事ᄒᆞ다가八月二十七日門司港에歸着ᄒᆞᆫ某氏의談話를據ᄒᆞᆫ즉港口에沈沒ᄒᆞᆫ閉塞船에對ᄒᆞ야水路에妨害될幾個所를破壞ᄒᆞ얏스며패레쓰커트號와如ᄒᆞᆫ大艦이라도出港홈이無慮ᄒᆞ리라ᄒᆞ더라

●智利大統領 智利國前大統領エ트氏가去月末에日本佐世保에셔門司港을通過ᄒᆞ야廣島로向往ᄒᆞ얏다더라

●樺太民政署 日本에셔樺太島에民政署本部를알넥산드로후쓰키에實ᄒᆞ고尙此支署를골쓰골푸及루이코푸二箇所에設置ᄒᆞᆫ다더라

●張家口鐵道 張家口鐵道는去七月末日부터起工ᄒᆞᆯ터인ᄃᆡ淸廷에셔는張家口의軍費를嚴히ᄒᆞ기爲ᄒᆞ야宣化에駐찰ᄒᆞᆫ張軍門을該地에派遣ᄒᆞᆯ議가有ᄒᆞ더라

●山東鐵道 淸國山東鐵道의本年度利益은昨年度에比ᄒᆞ면四千餘萬兩이增進되얏더라

●西班牙結婚 西班牙國皇帝알후온소陛下는今番에英國某公主와御結婚이約定되야來年三四月頃에同國首府에셔盛大ᄒᆞᆫ大禮를擧行ᄒᆞᆯ터이라더라

東京電報

●議院請求　九月九日午後二時七分發
衆議院에셔ᄂᆞᆫ委員六名을選定ᄒᆞ야桂總理大臣을訪問ᄒᆞ고內務大臣과警視總監의臨席ᄒᆞᆷ을請求ᄒᆞ얏더라
以上은東京에셔人心이激仰ᄒᆞᆷ으로生ᄒᆞᆫ暴動事件으로爲ᄒᆞᆷ이라

●政進兩黨決議（轉載不許）　九月十日午後零時十分發
政友會及進步兩黨幷爲地方支部에셔ᄂᆞᆫ今回東京에셔起ᄒᆞᆫ騷擾ᄂᆞᆫ專혀政府의責任이니自爲反省ᄒᆞᆯ거시라고決議ᄒᆞ얏더라

●臨時議會解散豫期　上仝
來十日中旬頃에開會ᄒᆞᆯ臨時議會ᄂᆞᆫ政府를反對ᄒᆞᆯ議論이百出ᄒᆞ야議場에騷擾도思想ᄒᆞᆯ거시오終乃에解散을覩ᄒᆞᆯ줄로豫期ᄒᆞ더라

●警視總監後任　九月十一日오前十時發
安達警視總監은依願免官ᄒᆞ고其後任者ᄂᆞᆫ長野縣知事關氏가任命ᄒᆞ얏더라

●內務大臣辭表呈出　九月十一日오後零時五十三分發
芳川內務大臣은暴徒騷擾의戒嚴令을執行ᄒᆞ든當日븟터辭表를呈出ᄒᆞ고尙今蟄居中이라더라

外報

●元老談論
日本高明ᄒᆞᆫ元老大臣大隈重信伯이今番不和條件談辦時에談論ᄒᆞ기를日淸交戰後에我日本이於韓國에有所特權이거ᄂᆞᆯ俄國이以悲野之心으로似爲未諳特權之在於日本ᄒᆞ고內說韓皇ᄒᆞ고侵害韓國之獨立ᄒᆞ니此實日俄開仗之原因也라現今以不和條件으로ᄂᆞᆫ俄國於韓國에前習을不悛ᄒᆞ고行爲가往日과如ᄒᆞ야도不可防禦之道라ᄒᆞ얏고今番不相談辦之地에셔以韓國事件으로要求ᄒᆞᆫ韓國皇室獨立과韓國政府를彼此毫不侵權之意로俄國全權委員웟트氏가業已承認이오不和調印以後에ᄂᆞᆫ俄國이於韓國에森林金礦魚採等各樣의前日所有權限을確實히自應照舊回復이라ᄒᆞ얏더라

寄書

南啓泰生

日俄戰爭之平和克復은人道之慘禍를可戢이오國際之缺裂을可完이니係是世界之同情希望也어ᄂᆞᆯ況乎兩交戰國國民이豈可不爲大慶幸大祝賀也리오마ᄂᆞᆫ據日昨兩交個戰國消息則俄國人民이以樺太南部割讓事로大有不穩之心ᄒᆞ야紛議大起云ᄒᆞ며日本人民이以媾和條件之無實效로怨방政府ᄒᆞ야全國이如鼎沸云ᄒᆞ니兩國國民之紛議가皆愛其自國而奮發其衷誠也어ᄂᆞᆯ惟韓國은所謂宗主權이歸於日本之保護下라ᄒᆞ야揭佈於各國新聞紙上이로ᄃᆡ惟韓全國이緘口結舌ᄒᆞ야寥寥無聲ᄒᆞ니惟根國民之無愛國心也더니惟布哇流寓民幾人과國內靑年會幾人이不泯天彝之性ᄒᆞ야痛其自國之受人保護ᄒᆞ고或周旋傍聽ᄒᆞ며或陳述於演說ᄒᆞ고或慨惋於書函ᄒᆞ야瀝盡滿腔熱血ᄒᆞ니果非徒使自國之面目而叫叫양양ᄒᆞ야有遺於世界上公議也라其立言發論이無非明確公明之一大旨也어ᄂᆞᆯ某新聞所論에有曰一部人士가提起荒唐無稽之說이라ᄒᆞ고又曰護言悖語가不足博信於天下라ᄒᆞ니恐非公正之論也로다當初馬關條約에大書曰韓國獨立確定而墨痕未乾ᄒᆞ야今置保護之下則切恐馬關條約이自歸休紙也오日俄開戰時日本天皇陛下宣戰書에大書曰韓國獨立維持而今置之保護之下則切恐宣戰詔勅이自歸休紙也오日韓議定書에大書曰韓國獨立保証而今置保護之下則恐切定書가自歸休紙也니據此三者ᄒᆞ야ᄂᆞᆫ日本之寒盟이非但失信於韓國이라抑亦大失信於世界者어ᄂᆞᆯ豈可曰荒唐無稽之說이며又豈可曰護言悖語가不足博信於天下者乎아非但爲韓國寒心이라爲此論者寒心이오非徒爲此論者寒心이라大爲日本國寒心也로다日本이若不食其言하며不失其信ᄒᆞ야始以開仗之義하며終以結局之義ᄒᆞ야卓然立於東洋之中이면韓國이當此危急存亡之秋ᄒᆞ야遑遑不暇乎使日本之高義ᄒᆞ며感荷日本之大信하며靠若日本之强力하며悅服日本之忠告ᄂᆞᆫ必不待勸誘而出於中心ᄒᆞ야莫之爲而自然感應이理之當也어ᄂᆞᆯ今也中道改路ᄒᆞ야肆然失信하니韓國之民이有雖欲信之인들豈可得乎아且有不可究者ᄒᆞ니以韓國置於保護下之條件으로爲媾和談判之第一義ᄒᆞ야乞其俄國之承認ᄒᆞ니假令日本이以戰勝之武威로韓國을保護則保護之ᄒᆞ고獨立之가在乎日本之自主張也어ᄂᆞᆯ區區提出於媾和之條件ᄒᆞ야乞其俄之承認을若東淸鐵道與樺太南部然ᄒᆞ니韓國이既非俄國之所有物則日本之懇乞承認은大損日本之體面也니非徒韓國人之不信日本이라切恐爲世界人之笑柄일새ᄒᆞ노니切爲日本不取也ᄒᆞ노라韓國之民이雖係事勢ᄒᆞ야不能奮然이나發於明確公正之言者ㅣ理俱於萬國之公法ᄒᆞ며旨達於天下之公議者를歸之황唐無稽之說이라하며又曰警言悖語가不足博信於天下者ᄂᆞᆫ恐非公明之言也니不敢吾一人之草草提論이라必有一世界至公無私之正論矣리니今姑閣筆而待之ᄒᆞ노라

雜報

●都監幷設　洪陵을遷陵ᄒᆞ시라고日前에相換官을　命招ᄒᆞ사擇日凡節을　下詢ᄒᆞ옵셧ᄂᆞᆫ디　嘉禮와遷陵兩都監을幷爲磨鍊되리라더라

新內閣組織

新組織一事로世人에注目이非常하더니今其組織이如左인바或說에ᄂᆞᆫ다시一回變幻이有하리라하니波浪快定하기를待ᄒᆞ야續報ᄒᆞᆯ야ᄒᆞ노라

學部大臣　李址鎔
法部大臣　李夏榮
農部大臣　趙同熙
內部大臣　尹用求
外部大臣　閔泳煥

●視察入城　日本에前往ᄒᆞ얏든視察一行은昨日入城ᄒᆞ얏다더라

●宮禁肅淸　宮內府奏本에以宮禁肅淸事로　詔旨屢降이되出入猥雜之弊가尙未盡祛ᄒᆞ니警衛之不嚴을此若仍置則法令之解弛가將不知至於何境이라該局長을爲先施以重譴責ᄒᆞ야仍令戴罪舉行事로奏　旨依奏

●日債典券　近日에錢政이大段遑汲ᄒᆞᆫ所致로泥峴日典舖에五署內家券典當이每日數百張式오ᄂᆞᆫ고로居間人들이步步忙忙ᄒᆞᆫ디이갓치數朔을經過ᄒᆞ면韓人의家券은沒數히日債典當으로가리라고街說이喧藉ᄒᆞ더라

●眞耶戱耶　新組織各大臣中에學大內大農大諸氏가次第로辭疏를進呈ᄒᆞᆫ다ᄂᆞᆫᄃᆡ其中學大李址鎔氏ᄂᆞᆫ無論某大臣ᄒᆞ고更不拘名ᄒᆞᆫ意로勇決宣言ᄒᆞ얏다더라

●面議公納　度支部에셔內部에照會ᄒᆞ얏ᄂᆞᆫᄃᆡ現今各郡守上京者가爲五十人인ᄃᆡ來十六日上오十時에一齊來會本部ᄒᆞ야公納에順序規則을面議케ᄒᆞᆯ事라더라

●提調新任　從二品閔京鎬氏ᄂᆞᆫ奉常提調를被任ᄒᆞ얏더라

●殿卿疏批　主殿院卿李根澤氏自引疏批에不必如是爲引이니卿ᄒᆞ勿辭行公ᄒᆞ고益勉禁束之責ᄒᆞ라ᄒᆞ옵셧더라

●曲有所歸　日前本報에揭載ᄒᆞᆫ平理院裁長李漢英氏와首班判事李圭桓氏가相持ᄒᆞᆫ事端을更探ᄒᆞᆫ즉東萊港民訴狀에對ᄒᆞ야首班判事가指令ᄒᆞ기를該港裁判所로從理決處ᄒᆞ라ᄒᆞ얏더니裁長이該指令을交周ᄒᆞ고於理不當이라ᄒᆞᆫ고로判事言內에外方民訴에對質치못ᄒᆞ야是非難分者ᄂᆞᆫ該地方裁判所로決處케하미自是例有事요况裁判所職權이自在ᄒᆞᆫ되如是越權爭詰이理所不可라ᄒᆞᆷ이요挾雜等說은初無是事라더라

●速成教育　前侍衛三隊參領閔用基氏가本隊士卒에朦昧ᄒᆞᆷ을可惜여겨算學과軍律을一心教育ᄒᆞ미厭初에ᄂᆞᆫ士卒드리미우厭苦ᄒᆞ더니至今은數千軍兵이大夢을快醒ᄒᆞᆫ듯ᄒᆞ야參領의誠心教育ᄒᆞᆷ을無不稱頌ᄒᆞ며無識ᄒᆞᆫ兵丁이一名도無ᄒᆞ다ᄒᆞ니該參領에教育은可謂速成科라ᄒᆞ더라

雜報

●警廳告示

由來庖肆가初無一定基地ᄒᆞ고隨意開設於人家稠雜處ᄒᆞ야以致腥穢難堪ᄒᆞ며亦無病獸檢査之法ᄒᆞ야肉質美惡을茫雜難辨ᄒᆞ며且於肉種販賣之際에散掛露眞ᄒᆞ야當時則塵芥飛入ᄒᆞ고夏節에蠅蚋群集ᄒᆞ야見之醜鄙ᄒᆞ고食則受病ᄒᆞᄂᆞ니豈非大害衛生乎아從玆以往으로另究方法ᄒᆞ야務圖淸潔이기로玆以條列告示ᄒᆞ노니屠獸及賣肉爲業ᄒᆞᄂᆞᆫ人民은咸須知悉ᄒᆞ야一遵施行홈이爲宜事

左開

一 屠獸場은官設立ᄒᆞ야自用파販賣를不問ᄒᆞ고牛羊猪를屠殺ᄒᆞᄂᆞᆫ處所니外他處所에셔ᄂᆞᆫ一切屠殺홈을不得홈

一 屠殺홀獸類ᄂᆞᆫ總히屠獸場檢査員의檢査를受홈이可홈

一 屠殺ᄒᆞᆫ獸肉이라도檢印을不ᄒᆞᆫ者ᄂᆞᆫ場外에持出홈을不得홈

一 檢査員이病獸又ᄂᆞᆫ肉質이不良ᄒᆞᆫ으로認홀時ᄂᆞᆫ屠殺或은販賣를禁止ᄒᆞ고其病獸ᄂᆞᆫ角이나前蹄에禁字를烙印홈

一 屠殺禁止에關ᄒᆞᆫ病獸及販賣禁止에關ᄒᆞᆫ生肉臟等에ᄂᆞᆫ[illegible]ᄂᆞᆫ方法에從홈이可홈

一 病獸의角이나前蹄에烙印은 病獸의健康에復ᄒᆞᆫ後에更히檢査를經치아니면此를消除홈을不得홈

一 病獸를讓渡或은其飼養地를轉홀時ᄂᆞᆫ三日以內에屠獸場檢査員에게口報又ᄂᆞᆫ書式으로써呈告홈이可홈

一 販賣禁의肉及內臟의處寘ᄂᆞᆫ檢査員의指揮에從홈이可홈

一 屠殺手數料ᄂᆞᆫ屠獸의種別에依ᄒᆞ야其額을定ᄒᆞ야屠슈場門前에揭示홈

一 슈肉販賣營業을爲코져ᄒᆞᄂᆞᆫ者ᄂᆞᆫ住所氏名年齡營業의處所及販賣肉類의種類를具ᄒᆞ야開業前日ᄭᆞ지爲限ᄒᆞ야其所轄警務署에呈告홈이可홈

一 슈肉販賣營業者ᄂᆞᆫ店頭易見處에左記樣式木板을揭示홈이可홈

幅一尺長二尺五寸　슈肉販賣營業

何署何坊何統何戶何某

一 슈肉販賣營業者가犬肉을販賣ᄒᆞ며又ᄂᆞᆫ牛육販賣營業者로셔馬육을販賣홈을不得홈

一 슈육은運搬中은勿論이어니와其店鋪內에寘홀境遇라도覆蓋가有ᄒᆞᆫ容器에盛ᄒᆞ며又ᄂᆞᆫ當適ᄒᆞᆫ被包를爲홈이可홈

一 슈육販買營業者ᄂᆞᆫ슈육運搬者로ᄒᆞ야곰슈육運搬時에左式樣의票木을携帶케홈이可홈

幅二寸五分長三寸五分

何署何坊何洞何統何戶

又ᄂᆞᆫ何某男雇人何某何年

一 슈육판賣營業者의店鋪內ᄂᆞᆫ勿論이어니와運搬中이라도其容器及運搬器를恒常청潔케保持홈이可홈

一 警察官吏又슈의ᄂᆞᆫ店鋪內에셔나或은運搬中에셔슈육의檢査를爲홈도有ᄒᆞ니라

一 슈육판賣營業者廢業又ᄂᆞᆫ死亡홀時ᄂᆞᆫ五日以內에其旨를所轄警務署에呈告ᄒᆞᆷ이可홈

一 本則을犯ᄒᆞᆫ者ᄂᆞᆫ三日以下의拘留又ᄂᆞᆫ十度以下의笞刑에處홈

一 警務廳은本條例에犯者에對ᄒᆞ야前條處罰外에情狀에依ᄒᆞ야營業의停止又ᄂᆞᆫ禁止를命홈을得홈

一 本則施行日은告示로써此를定홈

一 本條例施行前에現今슈육판賣營業을爲ᄒᆞᄂᆞᆫ者ᄂᆞᆫ本則施行日로부터五日以內에所轄警務署에呈告홈이可홈

薑蕎琴說

薑蕎居士ㅣ閒居無聊ᄒᆞ야焚香操琴而彈[illegible]操[illegible]ᄒᆞ고已而오散步庭中ᄒᆞ야汲淸泉而洗桐ᄒᆞ며履蒼苔而[illegible]鶴이라가身倦神疲ᄒᆞ야歸休于廬白之堂이러니有一山客이長揖而就坐라가[illegible]然問曰政治를當以何術로改善고

居士笑曰余非政治家[illegible]라政治之如何而改善을固所未知어니와子何問之之遽也오客曰現今國危民困이已到極頂ᄒᆞ야[illegible]生之望治如가渴似撈이되滿廷肉食이迷亂顚倒ᄒᆞ야日深一日에刷新無日ᄒᆞ니此誠危急存亡之秋也라吾子飽讀古人書에必有胸中權衡이니試一言之ᄒᆞ야以開茅塞ᄒᆞ라

居士ㅣ曰世之治亂은非余의所敢妄論이나余之所知者ᄂᆞᆫ琴也라請以琴論ᄒᆞ노라夫琴之爲器也ㅣ律有淸濁이象乎陰陽ᄒᆞ며絃有大小가法乎君臣ᄒᆞ야其和ㅣ可以養性情이오其妙ㅣ可以通神明ᄒᆞ니君子之所珍이오청廟之雅樂이라必其節奏按拍을合於規度ᄒᆞ며長短疾徐가無相奪倫이라야五音이斯諧ᄒᆞ고八風이順序ᄒᆞ야工奪造化에可以蹌鳥슈而出江魚이되若乃巴유下俚之調와桑박淫靡之[illegible]ᄒᆞ야ᄂᆞᆫ琴之所戒也라反道悖義에不祥이莫甚ᄒᆞ야適足以蕩人心志오敗人家國이니政治도亦猶是也라君明而臣直ᄒᆞ며上合而下行ᄒᆞ야威儀法度와賞罰予奪을一出於正에無所邪曲이라야庶績이咸凝ᄒᆞ고百祥이湊臻ᄒᆞ야至治之化를乃可議焉이오其或耽於荒逸ᄒᆞ야廢棄萬機ᄒᆞ며欺詐成習에上下相賊ᄒᆞ야民散而不知恤ᄒᆞ며禍至而不思備면其所危亡을可跂而待矣리니乃理勢之昭昭라何待余言而知之리오

客曰吾子之言이非不辨且博矣로되目下擾攘日甚ᄒᆞ고外侮還至ᄒᆞ야整理之方을不可以常理로斷之니可奈何乎哉아

居士曰陋哉라子之見也여守成與戡亂이其揆ᄂᆞᆫ一也라常理之外에更有何樣道理리오旣以琴論ᄒᆞ니請畢其說ᄒᆞ노라蓋琴雖小藝나有文有武ᄒᆞ며有剛有柔而五音之屬이各有其功用ᄒᆞ야청商以引之則其音이高潔청越에鸞嘯而鶴唳ᄒᆞ야使人鄙吝之心이自祛이고變徵以奏之則其音이嗚咽慷慨ᄒᆞ야壯士悲歌而怒髮이衝冠ᄒᆞ며操角以振之則其音이락厲奮發ᄒᆞ야風雨交鬪而滄海翻覆ᄒᆞᄂᆞ니于以時事擾攘으로思所以救之된澄청官方而用人惟材ᄒᆞ야汚之徒를一切屛斥ᄒᆞ며哀矜惻怛而固結民心ᄒᆞ야勉以忠義에咸使知親上死長ᄒᆞ며鍊兵繕甲而以節戰鬪ᄒᆞ야奮我威武에和彼不義之侵侮면其於戡亂에綽有餘裕이거늘不務如此ᄒᆞ고徒尋理外之方策ᄒᆞ니子誠妄人이라安知治亂之由也리오客이惕然謝之ᄒᆞ고退而記其言ᄒᆞ야以警世之處於廟堂者러라

法律 (續)

第二百四十七條　公差官吏가官畜産이나車船에隨身衣仗外와私物을駄載ᄒᆞᆫ者ᄂᆞᆫ笞四十에處홈이라

第二百四十八條　官員이所屬ᄒᆞᆫ使役이나監工ᄒᆞᄂᆞᆫ官吏가工匠을在家私役ᄒᆞᆫ者ᄂᆞᆫ一人에笞四十호되每三人에一等을加ᄒᆞ야笞八十에止ᄒᆞ고雇工錢을計日追給홈이라

第二百四十九條　公事를囑託ᄒᆞᆫ者ᄂᆞᆫ左開에依ᄒᆞ야處홈이라

一 曲法으로囑託ᄒᆞ야未施行ᄒᆞᆫ者ᄂᆞᆫ笞五十이며施行ᄒᆞᆫ者ᄂᆞᆫ笞一百에處홈이라

二 囑託ᄒᆞᆫ事를已施行ᄒᆞ야枉ᄒᆞᆫ바이[illegible]ᄒᆞ거던他人이나親屬을爲ᄒᆞ야囑託ᄒᆞᆫ者ᄂᆞᆫ官吏의罪에三等을減ᄒᆞ고已事로自囑ᄒᆞᆫ者ᄂᆞᆫ本罪에一等을加홈이라

三 監臨이囑託ᄒᆞᆫ者ᄂᆞᆫ已施行未施行을勿論ᄒᆞ고笞一百이며枉ᄒᆞᆫ바이重ᄒᆞᆫ者ᄂᆞᆫ第二百二十八條故出入人罪律에依호되懲役終身에止홈이라

四 受財ᄒᆞ야囑託이重ᄒᆞᆫ者ᄂᆞᆫ幷히計贓ᄒᆞ야[illegible]百二十一條枉法律로論홈이라

第二百五十條　官吏가[illegible]으로囑託ᄒᆞᄂᆞᆫ事를聽許ᄒᆞᆫ者ᄂᆞᆫ笞五十이며施行ᄒᆞᆫ者ᄂᆞᆫ笞一百이며枉ᄒᆞᆫ바이[illegible]ᄒᆞᆫ者ᄂᆞᆫ第二百二十八條故出入人律에依호되懲役終身에止ᄒᆞ고受財ᄒᆞ야[illegible]ᄒᆞᆫ者ᄂᆞᆫ計贓ᄒᆞ야第六百三十一條枉法律로論홈이라

第二百五十一條　地方에在ᄒᆞᆫ官員이民을私役ᄒᆞ어나公私行을勿論ᄒᆞ고所經地方에셔公私行裝의擔負를民人에게強役ᄒᆞ거나雇役ᄒᆞ고雇錢을不給ᄒᆞᆫ者ᄂᆞᆫ一名에笞四十호되每[illegible]에一等을加ᄒᆞ야笞一百에止ᄒᆞ고雇工錢을計日追給홈이라 (未完)

特別廣告

本申報ᄂᆞᆫ海外電報를即接ᄒᆞ야機關이靈通ᄒᆞ고外報와撰報들이敏捷活潑ᄒᆞ도록注意ᄒᆞ오며申報發送ᄒᆞᄂᆞᆫ데迅速信傳ᄒᆞ기ᄂᆞᆫ分傳人의在ᄒᆞᆷ으로本社에서平常에諸分傳人의게丁寧告戒ᄒᆞ고申申訓飭ᄒᆞ야毋或嫌惰ᄒᆞ게注意ᄒᆞ거니와如或暫有積忽이다가愛讀僉君子ᄂᆞᆫ密使遞知于本社ᄒᆞ시면該分傳의게誠信相孚ᄒᆞ도록耳提面命ᄒᆞ고勤贊가發生ᄒᆞ도록誨論ᄒᆞ야必無遲誤ᄒᆞ기로期待ᄒᆞᆸᄂᆞ이다

本社에寄書ᄒᆞ시ᄂᆞᆫ諸君子ᄂᆞᆫ姓名과居住를明確ᄒᆞ게懸錄送附ᄒᆞ시와證據가有ᄒᆞᆷ을必要ᄒᆞᆷ이오公衆平和ᄒᆞᆫ秩序를紊亂케ᄒᆞᄂᆞᆫ意와社會上不經荒雜ᄒᆞᆫ寄書ᄂᆞᆫ不受ᄒᆞᄂᆞᆫ權利가本社에自有ᄒᆞ오니肯諒ᄒᆞ십

大韓每日申報社

廣告

貿易商 本社ᄂᆞᆫ仁川港日本郵便電信局對面電話第二百一番地

仁川港 廣昌 洋行

벤넷三合社告白

大東紀年 全秩五冊 定價新貨二元

美國博士訖法氏譯撰

皇城廣通橋高濟弘書鋪發兌

○鐵路部

○東大門과新門間에來往車ᄂᆞᆫ每十分間에運行ᄒᆞᆷ

東大門發初車ᄂᆞᆫ午前六時三十分

新門外停車場發初車ᄂᆞᆫ午前六時五十五分

東大門發終車ᄂᆞᆫ午後九時五十分

新門外停車場發終車ᄂᆞᆫ午後十時十五分

○東大門과洪陵間에來往車ᄂᆞᆫ每二十分間에運行ᄒᆞᆷ

但自鍾路로東大門에來到ᄒᆞᆫ交替車로聯絡ᄒᆞᆷ

東大門發初車ᄂᆞᆫ午前六時五十分

洪陵發　初車ᄂᆞᆫ午前七時十分

東大門發終車ᄂᆞᆫ午後七時五十分

洪陵發　終車ᄂᆞᆫ午後八時十分

○鍾路와龍山間에來往車ᄂᆞᆫ每十二分間에運行ᄒᆞᆷ

鍾路發至南大門初車ᄂᆞᆫ午前六時四十八分

鍾路發至龍山　初車ᄂᆞᆫ午前七時二十四分

南大門發至鍾路初車ᄂᆞᆫ午前六時五十六分

龍山發至鍾路　終車ᄂᆞᆫ午前七時五十七分

南大門發至鍾路終車ᄂᆞᆫ午前十時八分

龍山發至鍾路　終車ᄂᆞᆫ午後九時九分

○特別私用車ᄂᆞᆫ顧客의方便ᄒᆞᆷ을隨應ᄒᆞ야準給ᄒᆞᆷ

但定價ᄂᆞᆫ本社에來臨ᄒᆞ야請問ᄒᆞ옵

○電燈部

二百五十燭力以內의敷用處에ᄂᆞᆫ每個月에定價表가如左ᄒᆞᆷ

○十六燭力燃燈達夜에二圓五十錢

○三十二燭力燃燈達夜에四圓

○五十燭力燃燈達夜에六圓

○一百五十燭力燃燈達夜에十圓

一千二百燭力弧形燈達夜에二十圓

二百五十燭力以上의敷用處에ᄂᆞᆫ請求ᄒᆞ면瓦斯計一箇를設給ᄒᆞᆷ

但瓦斯計賃金은每個月에二圓이오瓦斯計測驗表委托定價ᄂᆞᆫ每時間每암피아에二錢이옵

瓦斯計設給處에서每个月支拂金最低額은每個月에二十圓인ᄃᆡ(瓦斯計貸金은)据ᄒᆞᆷ

電燈을敷設ᄒᆞ기에請求ᄒᆞᄂᆞᆫᄃᆡ로供給ᄒᆞᆷ

各種達技辦燈도常時에貯存ᄒᆞ엿ᄉᆞᆸ

本社鐵路電氣會社

韓美電氣會社 告白

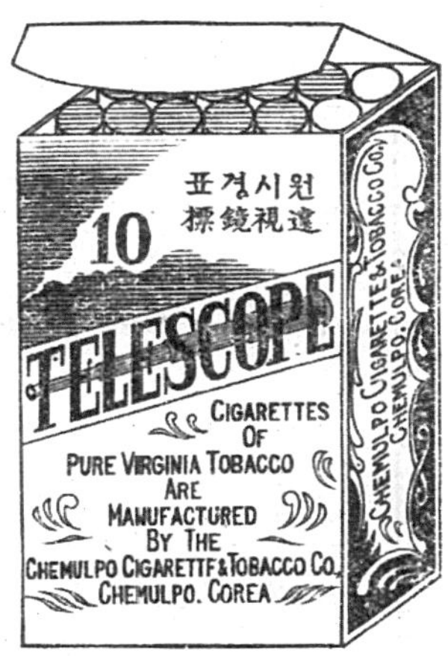

以上三種은上品으로製造ᄒᆞ야衛生上에至極有益ᄒᆞ오니毋論某人ᄒᆞ고本社에來願ᄒᆞ옵

大韓帝國仁川港

濟物浦紙卷煙及烟草會社

一鷹標罐濃詰牛乳

一金印罐詰濃結牛乳

一無雙家用氣化乳酪

一쌔ㅣ든쓰製造麥芽化合牛乳

以上은常時에貯積ᄒᆞ엿ᄉᆞᆸ

美國紐育港쌔ㅣ든쓰濃結牛乳會社

一手代理店　大韓仁川港　世昌洋行

廣告

一雜貨商

一貿易商

一船舶取扱

一煙草商

一委托販賣及貨物運送代理業

一貿易石炭商

以上輸入及輸出者

京城 仁川 大昌 洋行

本社廣告

申報價

一張代金　韓貨五錢

一箇月前納　五十戔

三箇月　一元五十戔

六箇月　二元九十戔

一箇年　五元八十戔

郵稅一部　新貨五里

一箇月　十三戔

廣告料

四号活字十三字詰

每日每英尺一寸에新貨廿五戔

(每日每行에六錢에相當ᄒᆞᆷ)

二周日에　二圓五十錢

(每日每行四錢五里에相當ᄒᆞᆷ)

一箇月에　五圓

(每日每行四錢一里에相當ᄒᆞᆷ)

其期限의長短과字行의多少를依ᄒᆞ야增減ᄒᆞᆷ이有ᄒᆞᆷ

大韓人마다此申報를不得不閱覽ᄒᆞ실터이오니廣告出報ᄒᆞ실僉君子ᄂᆞᆫ來臨面議ᄒᆞ시옵

發行兼編輯人　英國人裴說

發行所

京城北署壽進坊磚洞号外地法語學校前

大韓每日申報社

大韓每日申報

대한매일신보

第三卷 第卄七號

月曜及慶節 歲時日休刊

檀君開國四千二百三十八年
箕子元年三千二十七年
大韓開國五百十四年
日本明治三十八年
清國光緒三十一年
陰曆乙巳八月大十五日乙卯

論說

日本起 撰

本社今夕所報ᄂᆞᆫ是甚紛擾的性質인바此等暴行者가以其愚蠢意思로有何成功일지ᄂᆞᆫ未可信이로ᄃᆡ今此行動이日本公衆意見인즉可謂重要關係라某處某失計를可以默認이며

一般國民이成就에過越還報를希望홈이되얏다가如彼重多ᄒᆞᆫ流血과積金을消費ᄒᆞ고略少還贖을得ᄒᆞ미對其法令ᄒᆞ야吐出忿氣홈을昭然可見이로다

此若至彈壓緘口면我輩ᄂᆞᆫ認之以依例ᄒᆞ리니日本의戰時所爲와갓치用壓制壓民之國은亦以壓制止民홈이라

且日本은如此暴動에常用極力彈壓ᄒᆞ야事端이侵息ᄒᆞ기ᄭᆞ지ᄂᆞᆫ公衆의實義와自由를不顧ᄒᆞᄂᆞ니是故로國民의可歎情形은依例之事로다

蓋其國民이戰爭의歸向及進就와戰局繼續에日本力量을錯認홈이되얏ᄉᆞᆫ즉對此小村全權之華盛頓條約ᄒᆞ야量之以度外홈은不足怪意며

其政府ᄂᆞᆫ取欲便利於士卒及稅金之徵募ᄒᆞ야多數誘引的報告를播傳ᄒᆞᆫ지라由此人民이自國兵卒의莫强홈과財政의累年支報홈을深信ᄒᆞ며戰畢後에ᄂᆞᆫ所經苦難에對ᄒᆞ야必有巨欵상金홀줄을確認ᄒᆞ얏더니

是何怪常之事오如此夥多血痕金塊를費用而成功은乃至空殼이오며即時人民이起問ᄒᆞ되欺我者ㅣ誰오홈이니民旣欺矣어니와其責은難可決이라對其戰勢ᄒᆞ야無不讚導ᄒᆞᆫ責의幾分은歸于政府오重大ᄒᆞᆫ在於報館이오最大ᄒᆞᆫ國民未曉에自因ᄒᆞ얏도다

第平和約欵이落下於日本公衆所望ᄒᆞ얏슬ᄯᅥᄉᆞᆫ欲避不得이어니와士卒及財政이不足ᄒᆞᆫ時라도國民의奮發이政府의經營을成就ᄒᆞ기에本質됨이[illegible]鑑矣니

現今執權者의似或後悔ᄂᆞᆫ世界上에如彼讚賞된忠愛熱心의自國人民을幾許更費ᄒᆞ기를冒險ᄒᆞ더리도置其結局于人民篤信ᄒᆞᄒᆞ야益發繼戰치못홈이로라

官報

●第三千二百四十二號 光武九年九月十二日

◉宮廷錄事 詔曰命從一品朴容大爲宮內府特進官

九月七日

禮式院掌禮卿臣李根敎謹
奏因宮內府
奏本
璿源殿東半間滲漏處修改之節不容少緩令禮式院擇日擧行事
奏下矣令日官金東杓推擇則陰曆八月十七日丙時爲吉云以此日時擧行事知委何如謹上
奏
光武九年七日奉
旨依奏

宮內府大臣勳二等臣李載克謹
奏禮式院禮式官金祚鉉太醫院典醫洪哲普俱在居憂中而復期已滿矣並起復視務何如謹上
奏
光武九年九月八日奉
旨依奏

江原道觀察使李容翊辭職疏
批旨省疏具悉所請依施

九月八日

命宮內府特進官敍勅任官一等
從一品朴容大
給三級俸
中樞院贊議成岐運
中樞院贊議朴鏞和 仝李根湘
給四級俸
學部大臣陸軍副將李址鎔
命臨時署理侍從武官長事務
以上九月十日

●第三千二百三十九號 光武九年九月八日

◉敍任及辭令 (속)

任陸軍憲兵正尉
陸軍步兵正尉河允弘
任陸軍步兵正尉
陸軍步兵副尉李容汶
任陸軍騎兵副尉
陸軍憲兵副尉趙重完
任陸軍步兵副尉

(未完)

外報

●露蒙關係 露國은二三蒙古王을籠絡하야鐵道敷設과鑛山採掘에權利를淸帝께請求케하고其資金은露國에셔貸與하기를運動中이라더라

●西藏探檢 多年西藏探檢을志望하든日本人寺本氏ᄂᆞᆫ蒙古方面에셔西藏을無事히經過하야印度로前往하얏다더라

●凶牙利兵用語 墺太利皇帝ᄂᆞᆫ凶牙利問題에關하야各內閣大臣과會議를開하얏ᄂᆞᆫᄃᆡ同皇帝ᄂᆞᆫ凶牙利軍隊에德國語를兵用語로維持ᄒᆞᆯ事를贊成하얏더라

●新噴火山 사모아에셔新噴火山이大破裂을起하얏ᄂᆞᆫᄃᆡ土人들은此火山이若此危險홈을一毫도豫期치못하얏다더라

●露獨新通商 伯林電을據ᄒᆞᆫ즉露國政府ᄂᆞᆫ露獨新通商條約을一千九百六年三月一日로施行하기로布告하얏더라

雜報

●財政監督 度支顧問目賀田氏가內部에照會하되本部에監督司를置하고一般財務行政의監司의關ᄒᆞᆫ事項을司掌케하며又整理司를置하고一般財務行政整理의管ᄒᆞᆫ事項을司掌케하며官房은一切庶務를司掌하긧기玆의申報하니照亮爲要라하얏더라

●民驚合郡 咸南觀察使가ᄂᆡ部의電報하기를府下人民이聞合郡之說하고驚動騷擾하야咸千聚會의呼訴不已하며曉[illegible]不散하니極爲悶帝이라合郡與否를印爲回示하라하얏더라

●浪疑合郡 內部에셔警務廳에務訓ᄒᆞ얏ᄂᆞᆫᄃᆡ現承議政府電話內開에近以合郡事로風說이頗傳ᄒᆞ고甚至有揭載新聞者라야各地方吏民等이稱以等訴ᄒᆞ고留連都下者가數甚夥多에疑意가太[illegible]하고巷議가紛紜하니事甚慨然이라自內部로飛飭警廳하야多派巡檢ᄒᆞ야五署內旅閣에來留하ᄂᆞᆫ各地方吏民等을曉之以無稽하야合郡一事ᄂᆞᆫ切勿疑慮하고各歸安業케하라하얏더라

●一醉佳節 今日은中元佳節이라蔽野黃雲은禾稻已熟하고一輪皓魄은中天의高懸인ᄃᆡ松餠之餠과新稻之酒가家家[illegible]하야昇平氣象을呈하며西郊秋草의紛紛ᄒᆞᆫ上墳人은感情을抱하얏스니樂中有悲하고悲中有樂은可謂[illegible]이라[illegible]今我不樂이면日月其除니陶然一醉하야以酬佳節은韻人達士의不可已事라하노라

●海溢爲災 連次暴風雨을經過ᄒᆞᆫ後의各地方人民의被害ᄒᆞᆫ은有難殫記이나第一爲甚하기ᄂᆞᆫ忠南沿海處洪州瑞山泰安等地의海水汎溢하야家屋田畓의損害가固有餘地하야生民의失巢환散과禾稼의已判凶歉이慘不忍見이라하더라

雜報

政界叢談

近日搢紳中生靈이政治紊亂에深憤ᄒᆞ야厭苦心과怨恨心이已深ᄒᆞ야內閣新組織을非常히注視ᄒᆞ나國權을快히回復ᄒᆞ기前에ᄂᆞᆫ雖使管葛當之라도左右牽掣ᄒᆞ야大有爲ᄂᆞᆫ不能이고僅僅守職奉公에不過ᄒᆞᆯ지오然此新組織이非新非舊에遲滑同流ᄒᆞ야天外之奇峯突立과如ᄒᆞᆫ新閣員處가無ᄒᆞᆫ즉비록번然出脚ᄒᆞ야組織行公이라도其淵無質ᄒᆞᆷ을斷然可知ᄒᆞᆯ지로다

外大閔泳煥氏ᄂᆞᆫ過人ᄒᆞᆫ見識과救時幹局은吾儕所料로ᄂᆞᆫ未可侯焉이로되痛念時艱ᄒᆞ야知無不言ᄒᆞ며硬直之態와公正之氣로朝綱을提絜ᄒᆞ며責任을勉守ᄒᆞ야前後言論이差强人意ᄒᆞ니貴僑戚畹中翹楚오雞群之一鶴이라廷紳이皆能如此ᄒᆞ면庶幾有賴이되居職未久에每被傾陷而去之ᄂᆞᆫ더러況衆楚咻之에一薛居州에何哉아

內大尹用求氏ᄂᆞᆫ生長富貴ᄒᆞ고早歷華顯이되芬華習氣를一點不染ᄒᆞ야淸修之志節과愷悌之風韻이紈扇上寒林雪山과髣髴ᄒᆞ며況其見識이聰悟ᄒᆞ야時務를默會ᄒᆞ며賦性이忠孝ᄒᆞ야乃心王室이되世路汚濁에夢魂이已冷ᄒᆞ고碧山幽居에因緣을永結ᄒᆞ야雖以致之가似無其涉ᄒᆞ니使我蒼生으로空抱安石不起之歎이고

法大趙同熙氏ᄂᆞᆫ往日權貴叢中에擅場ᄒᆞ든一臣手也라執政에[illegible]達ᄒᆞ며文翰이稍優ᄒᆞ야年少聲望가赫赫藉藉ᄒᆞ얏신즉今日龍爭虎鬪班中에一座椅子를占據ᄒᆞ며其孰優孰劣未를可輕論이되鄕山滋味가腸胃에已痼ᄒᆞ야出而膺命을亦未可望이로다

去而不去

李容翊氏ᄂᆞᆫ一世雌黃을厭惡ᄒᆞ야종跡이閃忽ᄒᆞᆷ이九疑山光이眉上에徵聚ᄒᆞ도다軍部大臣을遞闕ᄒᆞ고江原觀察을移拜ᄒᆞ야日使의監視ᄒᆞᆫ다ᄒᆞᆷ을恐怖ᄒᆞᄂᆞᆫ지何等秘密機關을運動ᄒᆞᄂᆞᆫ지初次에法國으로向往ᄒᆞ얏다ᄒᆞ고再次에俄館에隱避ᄒᆞ얏다ᄒᆞ며三次淸國木船을搭乘ᄒᆞ고上海로向航ᄒᆞ다가大風雨를遭ᄒᆞ야衛海威에到着ᄒᆞ얏다ᄒᆞ더니近日所聞에ᄂᆞᆫ京城附近에畏約隱躱ᄒᆞ얏다ᄒᆞ니藏頭隱尾ᄒᆞ야鱗甲爪牙를或露不露ᄒᆞᄂᆞᆫ雲中龍과如ᄒᆞ도다

噫라氏의傑驁頑梗ᄒᆞᆷ이軟骨柔腸은不是로되北鄙蹤蹤으로龍이百寮에冠ᄒᆞ며權이一國을傾ᄒᆞ니可謂曠古ᄒᆞᆫ際遇라秦孝의商鞅과齊桓의管仲이라도此에過타ᄒᆞ기不能ᄒᆞ니如此ᄒᆞᆫ風雲際遇를乘ᄒᆞ야一功一業을建ᄒᆞ야竹帛의光輝를垂키ᄂᆞᆫ尙矣어니와反히禍를國家에貽ᄒᆞ며毒을生靈에流ᄒᆞ야全國에圓顱方趾ᄒᆞᆫ者ᄂᆞᆫ其肉을食코ᄌᆞ아니ᄒᆞᆯ者ㅣ無ᄒᆞ니其明證을槩言ᄒᆞᆯ진ᄃᆡ往年獨立協會에셔殺코ᄌᆞᄒᆞ얏스며其次에元老大臣이殺코ᄌᆞᄒᆞ얏스며今回에一進會員이殺코ᄌᆞᄒᆞ야自盡키를勸告ᄒᆞ얏스니由此觀之컨ᄃᆡ此人의罪大惡極ᄒᆞᆷ은吾言을不待ᄒᆞ고昭然이可質ᄒᆞᆯ지라

國恩이如山如海ᄒᆞᆷ이涓埃의圖報ᄂᆞᆫ夢想에도無ᄒᆞ고聚斂의一盜臣을作ᄒᆞ야上으로聖德을累ᄒᆞ며下으로民害를貽ᄒᆞᆷ은其無가義一大罪이오全國이殺코ᄌᆞᄒᆞ되靦然히樞要를掌握ᄒᆞ다가急地窘步에至ᄒᆞ면鼠의抱頭ᄒᆞᆷ과如ᄒᆞ며狗의搖尾ᄒᆞᆷ과如ᄒᆞ야苟苟圖生ᄒᆞ야今日에延至ᄒᆞ얏스니其無恥ᄒᆞᆷ이二大罪이오現今全國人民의함함殊死ᄒᆞᄂᆞᆫ禍烈어果然誰의作俑을根因ᄒᆞ야塗炭에陷溺ᄒᆞ얏ᄂᆞᆫ뇨靦然이別人面目을做ᄒᆞ야榮職에蹈冒코ᄌᆞᄒᆞ니其無廉이三大罪이라此三案大罪를兼備ᄒᆞᆫ者掀天動日ᄒᆞᄂᆞᆫ勢燄을保有ᄒᆞ야三十年頑福을幸延ᄒᆞᆷ은實로國家의不幸이라엇지斯人의罪案만誅ᄒᆞᆯ뿐이리오

此人이位地를去ᄒᆞ얏다ᄒᆞ되其桀狗跖犬이要路에羅列ᄒᆞ야心腹을應ᄒᆞ며氣脈을通ᄒᆞᄂᆞᆫ者ㅣ前日內藏院의劉臣赫과典圜局의崔錫璧와開城蔘政의李建赫과金鑛의趙鼎允과驛屯土의朴來勛者等이依舊히聲勢를蹈藉ᄒᆞ야日下機關을運動ᄒᆞ야禍를國家에貽ᄒᆞ며毒을生靈에流ᄒᆞᄂᆞᆫ창鬼ᄂᆞᆫ幾箇李容翊이無恙存在ᄒᆞᆷ을不知ᄒᆞᆫ깃스니等身李容翊의去ᄒᆞᆷ을何關이리오此輩의禍燄毒烈을不除ᄒᆞᆯ지면國이丘墟를成ᄒᆞ며民이噍類가無ᄒᆞᆷ을計日ᄒᆞ야可目ᄒᆞᆯ것시니幸히國家生靈을爲ᄒᆞ야禍害를除去ᄒᆞᆯ者ᄂᆞᆫ未知其誰인자

●各大疏批　外大閔泳煥氏疏批에其於外務에未可曰不知而今非言病之時也니卿勿爲煩ᄒᆞ고卽起視務ᄒᆞ라ᄒᆞ옵시며內大尹用求氏疏批에今時異於平昔之時ᄒᆞ니固不可說病이오矧於特簡에豈容言私라오卿勿更煩ᄒᆞ고卽起行公ᄒᆞ라ᄒᆞ옵시며學部李址鎔氏疏批에事務稍簡於前職ᄒᆞ니安用求解리오卿勿更煩ᄒᆞ고卽爲行公ᄒᆞ라ᄒᆞ옵시며法大李夏榮氏疏批에特此委畀니不宜逡巡이라卿其勿辭ᄒᆞ고卽起行公ᄒᆞ라ᄒᆞ옵셧더라

●又遷法協　法協李準榮氏ᄂᆞᆫ疏遞되고其代에從二品李相卨氏가被任ᄒᆞ얏더라

●視察復命　回還日本視察一行이再昨日入城ᄒᆞ야仍卽詣闕復命ᄒᆞ얏다더라

●橫禁宜懲　日前風雨中에梨峴等地에曳衰ᄒᆞᆫ人이人力車를乘坐ᄒᆞ얏더니該坊巡檢이謂以喪人乘車가法例에有違라ᄒᆞ야引車夫를捉去ᄒᆞ얏다니避雨乘車가異於常時ᄲᅮᆫ더러喪人之素轎乘行은慣於俗習ᄒᆞ야不以爲言ᄒᆞ고獨於人力車에禁之ᄒᆞ니車與轎가有何異同이며且無상人乘轎之俗이라도自由乘車가本無可禁이거ᄂᆞᆯ捉去車夫ᄒᆞ야勒加禁止ᄒᆞ니此等悖惡之巡檢을若不另懲이면空然惹鬧將不知何境이라고傳說이有ᄒᆞ더라

●東倅報災　東萊郡守元有常氏가內部에報告ᄒᆞ얏ᄂᆞᆫᄃᆡ今夏雨水가閼川連綿以後로境內人家頹壓이爲二百四十四戶오田畓及川이爲五千七百三十六斗地오浦落이爲六百九十九斗地오覆沙가爲二千二百八十七斗地오堤堰潰決이爲一萬二千四百五十四把이옵기這這成冊上送ᄒᆞ오니特軫民情ᄒᆞ야另賜恤典ᄒᆞ라ᄒᆞ얏더라

●義兵鎭壓　軍部에셔內部에照會ᄒᆞ얏시되貴報接准內開에丹陽永春等地에藉稱義兵ᄒᆞ고嘯聚徒黨ᄒᆞ야自丹陽郡으로轉向寧越等地ᄒᆞ니飛飭附近鎭隊ᄒᆞ야剋期逐捕等因이온바頃接原州鎭衛隊報內에寧越等地義兵作弊事로派兵巡哨云云이온즉似應鎭壓이옵고本部에셔爲其鎭壓此等急警하야已有鎭衛別則頒布者하니各部各隊가自當隨勢相援이라ᄒᆞ얏더라

●惡貨安用　定山郡守蔡龍臣氏가度支部報告ᄒᆞᆫ內槪에今秋戶錢收捧이卽在斯今而白銅貨交換事務를方張實施ᄒᆞ고公錢을輸納于金庫之意로章程이申嚴ᄒᆞ온바本郡則民間通行之錢이新貨ᄂᆞᆫ初不流行ᄒᆞ고盡是舊貨이온中舊貨中正錢은百無一分ᄒᆞ고畢皆惡貨이온즉公錢을何以收捧이올지查照指令ᄒᆞ라ᄒᆞ얏더라

●大耐官職　內大尹用求氏ᄂᆞᆫ被任以後에門庭이蕭然하야無賀客인ᄃᆡ엇ᄯᅥᄒᆞᆫ求仕에밋친사람이造門而賀之하고仍請曰大監이內大를하다ᄭᅵ시니郡守一窠를別般下念하시오ᄒᆞᆫ즉同氏가不交一言하고但笑而不答하더라니同氏가若至行公이면大耐官職하리라고來說者有하더라

●賊供可駭　大子警務官張根氏報告內에八月二十五日에火賊李萬哲金潤必二漢을捉得於大子錫齋洞與梅谷洞이옵고火賊中逃伊李行伊姜日三朴用等四漢을捉得於大子上守南洞皮칠谷伊彦面儿院等地이온바各各所供內에其行賊時或十數成群ᄒᆞ며或三四十作黨ᄒᆞ야各持銃鎗刀棒ᄒᆞ고白晝威嚇과暮夜穿踰ᄒᆞ야橫奪與偸出錢財가至爲千百萬之多이옵고其他米穀等物은不可勝數이오며至於殺傷日人一名이다節節承服이옵기玆以報告ᄒᆞ오니鑑燭裁示ᄒᆞ심을伏望이라ᄒᆞ얏더라

●墮車重傷　十一日下午八時에京口橋居金永遠子十四歲兒가電車에서墮落ᄒᆞ야　傷을被ᄒᆞ얏다더라

◎本日은仲元佳節이기停刊홈

雜報

交涉事項

約定書

韓日兩國政府ᄂᆞᆫ韓國産業이發達ᄒᆞ고貿易이增進케홈을爲ᄒᆞ야韓國沿海及內河에日本國船舶이航行케ᄒᆞᄂᆞᆫ必要를認ᄒᆞ야大韓帝國外部大臣李夏榮及大日本帝國特命全權公使林權助ᄂᆞᆫ各相當ᄒᆞᆫ委任을承有ᄒᆞ야左開條項을約定홈

第一條　日本國船舶은本約定의規定에從ᄒᆞ야貿易의目的으로韓國沿海及內河를航行홈을得홈但開港場間航行은本約定의依ᄒᆞᄂᆞᆫ限에在치아니홀事

第二條　沿海及內河航行에從事자ᄒᆞᄂᆞᆫ日本國船舶은日本國領事官을經ᄒᆞ야船舶所有者의氏名及住所船舶의名稱種類及載量併某船行區域을韓國海關에告ᄒᆞ야准單을受홀事

准單을受ᄒᆞᄂᆞᆫ日로붓터一個年間을限ᄒᆞ야効力을有홀事

第三條　日本國船舶은准單을受ᄒᆞᄂᆞᆫ其時에左開金額을韓國海關에納入홀事

百돈以下西洋式船舶　拾伍圜

日本式船舶　拾伍圜

百돈以上五百돈以下西洋式船舶　五十圜

五百돈以上千돈以下西洋式船舶　壹百圜

千돈以上西洋式船舶　壹百伍拾圜

第四條　日本國船舶은自由로其航行區域內를航行홈을得홈

但天災와事變에由ᄒᆞᆫ境遇及韓國海關의特許를受ᄒᆞᄂᆞᆫ境遇外에ᄂᆞᆫ韓國領土外에前往홈을得치못홀事

第五條　日本國船舶은航行中은准單을必帶ᄒᆞ야韓國海關地方官或地方官이委任ᄒᆞᆫ洞長或村長의要求가有ᄒᆞᄂᆞᆫ時에ᄂᆞᆫ何時라도提示홀事

第六條　日本國船舶所有者ᄂᆞᆫ船着處所에셔倉庫만建築ᄒᆞ기爲ᄒᆞ야土地借用홈을得홀事又該所有者ᄂᆞᆫ韓國海關의認可를受ᄒᆞ야沿岸에셔埠頭를築造홈을得홀事

第七條　日本國船舶으로本約定에違反ᄒᆞᄂᆞᆫ時에ᄂᆞᆫ韓國海關은事實을調査ᄒᆞ야其情이重ᄒᆞᆫ者에對ᄒᆞ야准單을還納케ᄒᆞ며又其交附를拒止홈을得홀事

第八條　日本國船若船其船員이本約定과其他條約의規定에違反ᄒᆞ며又罪를犯ᄒᆞᄂᆞᆫ時에ᄂᆞᆫ日本國領事官은條約及日本國法으로處辦홀事

第九條　本約定의有効期限은調印日로起筭ᄒᆞ야滿十五個年으로定ᄒᆞ되期限滿了後에ᄂᆞᆫ更議協定홈을得홀事

但將來韓國의航行業이發達ᄒᆞᆫ時에ᄂᆞᆫ兩國政府ᄂᆞᆫ右期限內라도協議後更히約定홈이有홀事

光武九年八月十三日　外部大臣李夏榮

明治三十八年八月十三日　特命全權公使林權助

以上八月二十三日

◉韓人檄文

去月에朴敏直氏가日本商業會議所와其他知名各人에게檄文을發送ᄒᆞ얏ᄂᆞᆫᄃᆡ右檄文을接受ᄒᆞᆫ德島商業會議所에셔ᄂᆞᆫ去二日에當地日本人商業會議所에左開ᄒᆞᆫ照會를送ᄒᆞ얏더라

拜啓陳者韓國朴敏直에게셔商業救濟問題와及日本軍用地收用問題에對ᄒᆞ야我政府에셔派遣ᄒᆞᆫ目賀田顧問의行動을攻擊ᄒᆞ고尙且軍用地收用에關ᄒᆞᆫ取扱을非毁ᄒᆞᄂᆞᆫ狀況을詳記ᄒᆞ야大段히同情을表示ᄒᆞᄂᆞᆫᄃᆡ一箇韓人의飛檄으로以ᄒᆞ야足히憑信키難ᄒᆞ나韓人의言과如홀진ᄃᆡ我邦에셔韓半島에利權을扶植홈에對ᄒᆞ야韓民의感情을阻害ᄒᆞ야不測ᄒᆞᆫ禍害를惹起홀恐懼가無홈을保치못홀지라故로如上問題에關ᄒᆞᆫ事實을調査ᄒᆞ야對韓經營策에關ᄒᆞ야講究홀만ᄒᆞᆫ事件으로認知ᄒᆞ오니其事實를如何히調査ᄒᆞᆫ後에教示ᄒᆞ시믈爲望아라ᄒᆞ얏더라

◉博請橋費

博川郡守崔商翼氏가內部에報告하얏시되安州駐隊日本司令官이屢次公函하되本郡楓浦兩處에兵馬來往이津船不利하니修築架橋하야以便行過이다이옵기事不獲已하야自陰曆二月二十九日로爲始하야募集人夫를每日或四五十名式或七八十名式하야至于五月十五日의僅爲畢役이온바應役人夫가合爲五千餘名이요所入物力이爲二千三百九十一兩零이옵기先成件記하와往議于司令部이온즉該物力을自郡辦出이爲可라하옵기以若殘郡으로辦出夥數가萬萬無路之意로重複說去이오되竟不聽施이옵기日後憑考次司令官章을捺受以來이옵고本郡公錢中의爲先나用하오며玆以報告하니査照歸正爲望이라하얏더라

法律（續）

第二百五十二條　憑標를憑히給與홀人을給與치아니ᄒᆞ거나應히給與치못홀人을給與ᄒᆞᆫ者ᄂᆞᆫ笞一百에處홈이라

但應히給與치못홀人을給與ᄒᆞ야渡海에至ᄒᆞᆫ者ᄂᆞᆫ懲役三年에處홈이라

第十節　遞信違犯律

第二百五十三條　遞信夫나其他使役이公文이나私書를帶傳ᄒᆞᄂᆞᆫᄃᆡ所犯이有ᄒᆞᆫ者ᄂᆞᆫ左開에依ᄒᆞ야處홈이라

一　公文을無故히稽遲ᄒᆞᆫ者ᄂᆞᆫ一日에笞二十호ᄃᆡ每一日에一等을加ᄒᆞ야笞五十에止ᄒᆞ고誤傳ᄒᆞᆫ者ᄂᆞᆫ一角에笞一十호ᄃᆡ每一角에一等을加ᄒᆞ야笞三十에止홈이라

二　一項의所爲로公事를債誤홈에致ᄒᆞ거나事件이時急ᄒᆞᆫ者ᄂᆞᆫ日字와角數를勿論ᄒᆞ고笞八十

三　帶傳ᄒᆞᄂᆞᆫ公文을磨擦ᄒᆞ야封皮가壞裂홈에至ᄒᆞᆫ者ᄂᆞᆫ一角에笞一十호ᄃᆡ每三角에一等을加ᄒᆞ야笞四十에止홈이라

四　帶傳ᄒᆞᄂᆞᆫ公文을沈匿ᄒᆞ거나內片이坼動홈에致ᄒᆞᆫ者ᄂᆞᆫ一角에笞五十호ᄃᆡ每一角에一等을加ᄒᆞ야笞八十에止ᄒᆞ고機密文書에ᄂᆞᆫ角數를不拘ᄒᆞ고笞一百

五　帶傳ᄒᆞᄂᆞᆫ私書를積ᄒᆞᆫ者ᄂᆞᆫ一日에笞一十호ᄃᆡ每一日에一等을加ᄒᆞ야笞三十에止ᄒᆞ고封皮가壞裂ᄒᆞ거나沈匿이나坼動ᄒᆞᆫ者ᄂᆞᆫ各히三項四項에依ᄒᆞ야科斷홈이라

第十一節　接報不決律

第二百五十四條　應히決行홀公文을無故히稽遲ᄒᆞᆫ者ᄂᆞᆫ一日에笞一十호ᄃᆡ每三日에一等을加ᄒᆞ야笞四十에止홈이라

第二百五十五條　第三百三十四條一項二項의事로請求홈을接ᄒᆞ고即히施行치아니ᄒᆞᆫ者ᄂᆞᆫ一日에笞一十호ᄃᆡ每一日에一等을加ᄒᆞ야笞四十에止홈이라

第十二節　傳送輸納有違律

第二百五十六條　吏典이나使役이承差ᄒᆞ야官物이나囚徒를領送ᄒᆞᄂᆞᆫ境過에親行치아니ᄒᆞ고人을雇ᄒᆞ거나人에게寄ᄒᆞ야領送ᄒᆞᆫ者ᄂᆞᆫ笞六十이며同差人이自相替送ᄒᆞᆫ者ᄂᆞᆫ笞四十에處홈이라

第二百五十七條　官物과囚徒와畜産을領送홀境遇에稽留ᄒᆞ거나期限이有ᄒᆞᆫ時에違誤ᄒᆞᆫ者ᄂᆞᆫ一日에笞二十호ᄃᆡ每三日에一等을加하야笞一百에止호ᄃᆡ臨敵하야軍機에誤케ᄒᆞᆫ者ᄂᆞᆫ絞에處홈이라

第二百五十八條　官物을輸納ᄒᆞᄂᆞᆫᄃᆡ職役이有ᄒᆞᆫ人員으로押領케호ᄃᆡ他人으로代輸ᄒᆞᆫ者ᄂᆞᆫ笞四十에處홈이라

第二百五十九條　御賜하신物品을使臣이親傳치아니ᄒᆞ고他人에게轉付하야給與ᄒᆞᆫ者ᄂᆞᆫ笞一百에處홈이라

第十三節　文書符信遺失律

第二百六十條　制書와璽寶와符驗을遺失ᄒᆞᆫ者ᄂᆞᆫ懲役二年半의處홈이라

但三十日닉의得見ᄒᆞᆫ者ᄂᆞᆫ三等을減홈이라

第二百六十一條　各官司印을遺失ᄒᆞᆫ者ᄂᆞᆫ懲役二年이오信章符繊等類와文書의ᄂᆞᆫ笞七十호ᄃᆡ因하야囚徒나錢糧

（未完）

特別廣告

本申報ᄂᆞᆫ海外電報를卽接ᄒᆞ야機關이靈通ᄒᆞ고外報와探報를敏捷活潑ᄒᆞ도록注意ᄒᆞ오며申報發送ᄒᆞᄂᆞᆫ디迅速傳信ᄒᆞ기ᄂᆞᆫ分傳人의게在홈으로本社에셔不常에諸分傳人의게丁寧告戒ᄒᆞ고申申訓飭ᄒᆞ야毋或嬾惰ᄒᆞ게注意ᄒᆞ거니와如或暫有積忽이라도愛讀僉君子ᄂᆞᆫ密使通知于本社ᄒᆞ시면該分傳의게誠信相孚ᄒᆞ도록耳提面命ᄒᆞ고勅勉가發生ᄒᆞ도록誨論ᄒᆞ야必無遲誤ᄒᆞ기로期待ᄒᆞ옵나이다

本社에寄書ᄒᆞ시ᄂᆞᆫ君子ᄂᆞᆫ姓名과居住를明確ᄒᆞ게懸錄送附ᄒᆞ시와證據가有홈을必要홈이오公衆平和혼秩序를문亂케ᄒᆞᄂᆞᆫ意와社會上不經荒雜혼寄書ᄂᆞᆫ不受ᄒᆞᄂᆞᆫ權利가本社에自有ᄒᆞ오니照亮ᄒᆞ시옵

大韓每日申報社

廣告

貿易商 本社ᄂᆞᆫ仁川港
日本郵便電信局對面
電話第二百一番地

仁川港 廣昌洋行

번넛트會社告白

大東紀年 全秩五册 定價新貨二元

美國博士訖法氏譯撰

皇城廣通橋高濟弘書舖發兌

○鐵路部

○東大門과新門間에來往車ᄂᆞᆫ每十分間에運行홈

東大門發初車ᄂᆞᆫ午前六時三十分

新門外停車場發初車ᄂᆞᆫ午前六時五十五分

東大門發終車ᄂᆞᆫ午後九時五十分

新門外停車場發終車ᄂᆞᆫ午後十時十五分

○東大門과洪陵間에來往車ᄂᆞᆫ每二十分間에運行홈

但自鍾路로東大門에來到혼交替車로聯絡홈

東大門發初車ᄂᆞᆫ午前六時五十分

洪陵發 初車ᄂᆞᆫ午前七時十分

東大門發終車ᄂᆞᆫ午後七時五十分

洪陵發 終車ᄂᆞᆫ午後八時十分

○鍾路와龍山間에來往車ᄂᆞᆫ每十二分間에運行홈

鍾路發至南大門初車ᄂᆞᆫ午前六時四十八分

鍾路發至龍山 初車ᄂᆞᆫ午前七時二十四分

南大門發至鍾路初車ᄂᆞᆫ午前六時五十六分

龍山發至鍾路 終車ᄂᆞᆫ午前七時五十七分

南大門發至鍾路終車ᄂᆞᆫ午前十時八分

龍山發至鍾路、終車ᄂᆞᆫ午後九時九分

○特別私用車ᄂᆞᆫ顧客의方便홈을隨應ᄒᆞ야準給홈

但定價ᄂᆞᆫ本社에來臨ᄒᆞ야請問ᄒᆞ옵

○電燈部

二百五十燭力以內의敷用處에ᄂᆞᆫ每個月에定價表가如左홈

○十六燭力燃燈達夜에二圓五十錢

○三十二燭力燃燈達夜에四圓

○五十燭力燃燈達夜에六圓

○一百五十燭力燃燈達夜에十圓

一千二百燭力弧形燈達夜에二十圓

二百五十燭力以上의敷用處에ᄂᆞᆫ請求ᄒᆞ면瓦斯計一箇를設給홈

但瓦斯計賃金은每個月에二圓이오瓦斯計測驗表委托定價ᄂᆞᆫ每時間每암페아에二錢이옵

瓦斯計設給處에셔每介月支拂金最低額은每個月에二十圓인디(瓦斯計賃金은)揃홈

電燈을敷設ᄒᆞ기에請求ᄒᆞᄂᆞᆫ디로供給홈

各種達技辦燈도常時에貯存ᄒᆞ엿숩

本社鐵路電氣會社

韓美電氣會社 告白

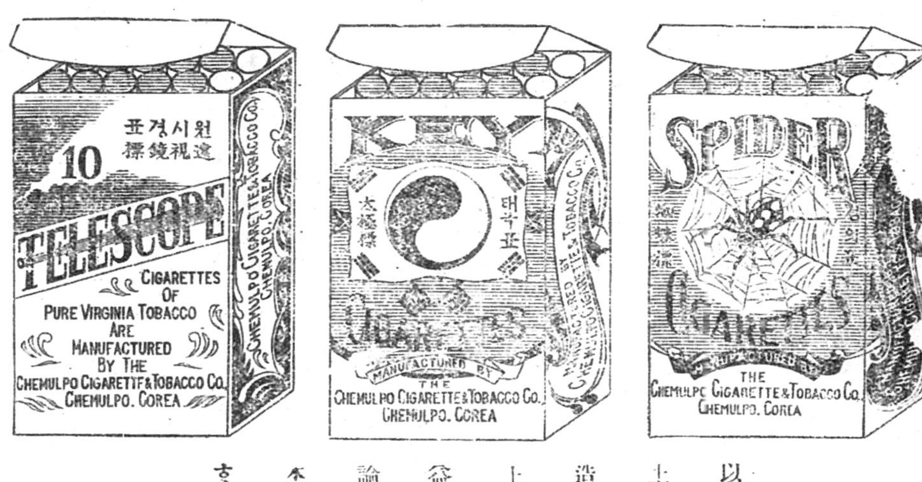

以上三種은上品으로製造ᄒᆞ야衛生上에至極有益ᄒᆞ오니批論某人ᄒᆞ고本社에來願ᄒᆞ오

大韓帝國仁川港

濟物浦紙卷煙及烟草會社

一 鷹標罐濃詰牛乳

一 金印罐詰濃結牛乳

一 無雙家用氣化乳酪

一 쌘ㅣ든쓰製造麥芽化合牛乳

以上은常時에貯積ᄒᆞ엿숩

美國紐育港쌘ㅣ든쓰濃結牛유會社

一手代理店 大韓仁川港 世昌洋行

廣告

一 雜貨商

一 貿易商

一 船舶取扱

一 煙草商

一 委托販賣及貨物運送代理業

一 貿易石炭商

以上輸入及輸出者

京城 仁川 大昌洋行

本社廣告

申報價

一張代金 韓貨五錢

一箇月兩朔 五十戔

三箇月 一元五十戔

六箇月 二元九十戔

一箇年 五元八十戔

郵稅一部 新貨五里

一箇月 十三戔

廣告料

四号活字十二字詰

每日每英尺一寸에新貨廿五里

(每日每行에六錢에相當홈)

二周日에 二圓五十錢

(每日每行四錢五里에相當홈)

一箇月에 五圓

(每日每行四錢一里에相當홈)

其期限의長短과字行의多少를依ᄒᆞ야增減홈이有홈

大韓人마다此申報를不得不閱覽ᄒᆞ실터이오니廣告出報ᄒᆞ실僉君子ᄂᆞᆫ來臨面議ᄒᆞ시옵

發行兼編輯人 英國人裴說

發行所

京城北署諸進坊磚洞号外地法語學校前

大韓每日申報社

第三卷　第卄八號

大韓每日申報
대한매일신보

月曜及慶節

歲時日休刋

檀君開國四千二百三十八年
箕子元年三千二十七年
大韓開國五百十四年
日本明治三十八年
淸國光緖三十一年
陰曆乙巳八月大十七日丁巳

論說

日本內形

日國內可哀暴動이或可寢息이나彼等이現行政治를連續反抗홀거슨幾乎昭然이니雖有議員之稱備나其實은內閣大臣과元老世臣이組織議會ᄒᆞ야朋黨主謀로與爲一致ᄒᆞᄂᆞᆫ裏頭政治를現用홈을一國民議員이致其同意之前에事多處決ᄒᆞ야今此交戰以前ᄭᆞ지會議一期에不許傍聽而行이러니

至於交戰以後ᄒᆞ야ᄂᆞᆫ向其議員ᄒᆞ야必要於徵募ᄒᆞᆫ事件ᄭᆞ지만商議홈을槪聞矣則密議幾分이必爲要用於戰端前後矣라然이나如此行政이果未至極度인지

今或聞之ᄒᆞᆫ近日起擾反抗이大爲關係를顯然證明이로다其人民이向言政府ᄒᆞ되開戰以後에效果가至於所望홈을深信ᄒᆞᆫ바되엿더니今忽結和에其條約이政府의適用을因ᄒᆞ야惟求是應ᄒᆞᆫ生命財産의損失를還償ᄒᆞ기에太甚落下ᄒᆞ니

我等은如此和約에不可同意라請連續戰局이라ᄒᆞ얏신즉伊時政府ᄂᆞᆫ雖如此和約이라도繼戰之計에寧可取者라고必答矣어니와其人民이日本軍力財政을以莫强無敵으로被欺或自欺홈은其怪難測이로다

至于近日ᄒᆞ야ᄂᆞᆫ政府에셔許其人民ᄒᆞ야觀其兩雄之戰勢ᄒᆞ야絶和繼戰홈에有一嚴重關係홈을使之曉解케홈이良策이될줄을似或實認ᄒᆞᆫ지라事旣至此에其政府ᄂᆞᆫ國內爭訌이過大於現當景色ᄒᆞᆯ줄을自知ᄒᆞ얏스며其國民은負債巳重이고貧窮者ᄂᆞᆫ要其所居之地로다禍不單行이라今年秋事가巳至判決而非常日氣가尙今ᄒᆞ依則凶年을可懼오許多家族이失其活計之人則悲恨冬節이將不幸於日本은確然無疑이로다

對露復讎가未至究結이며勝戰效果가旣至剝奪이며宗族朋友之失을可歎이며歎年之災와增稅之弊를當面ᄒᆞ엿신즉愚ᄂᆞᆫ恐人民이無計可圖요但非認政府ᄒᆞ야도亦不得要義리라

蓋患難之時에ᄂᆞᆫ官民이當一般並立이어날現此日本은于此少望인즉如此可哀之事局은政府秘密政行의全責이로다

官報

●號外　光武九年九月十二日

◉辭令　解署理大臣事務
度支部協辦柳正秀
九月十一日

●第三千二百四十三號　光武九年九月十三日

◉宮廷錄事　詔曰平安南道觀察使趙鍾弼爲江原道觀察使贊謀官朴齊純爲平安南道觀察使
光武九年九月八日
內部大臣陸軍副將勳一等李址鎔

詔曰命宮內府特進官南奎熙爲奉常司提調
九月九日

詔曰命從二品閔京鎬爲奉常司提調
九月十日

軍部大臣陸軍副將臣權重顯謹奏前陸軍步兵參尉金英祿前鎭衛第六聯隊第二大隊小隊長在任時以他人職事干預事免本官懲戒矣追究情跡容有可恕免懲戒何如謹
奏
光武九年九月八日奉
旨依奏

宮內府大臣勳二等臣李載克謹奏以肅청 宮禁事
詔旨屢降自臣府申飭亦非止一再而比日以來出入淆雜之弊尙未盡袪究其所失職由於警衛之不嚴也此若仍置則法令之解弛將不知至於何境ᄒᆞᆯ局長爲先施以重譴責仍令戢罪擧行倍萬團束臣亦職在統率不能以時操飭致此紊亂不勝惶恐之地謹上
奏
光武九年九月九日奉
旨依奏另加申飭可也

主殿院卿李根澤自劾疏
批旨省疏具悉不必如是爲引卿其勿辭行公益免禁束之責
奉常司提調趙秉翊辭職疏
批旨省疏具悉所依請施
以上九月十日
部學協辦李相설辭職疏
批旨省疏具悉所請依施
九月十一日

◉敍任及辭令　陞三級俸
議政府主事玄昇奎
議政府主事金寬鎭　仝閔泳均
仝李鵬增　仝李冑性
陞七級俸　(未完)

●第三千二百三十九號　光武九年九月八日

◉敍任及辭令　(令)
陸軍騎兵副尉李鳳緖
補軍部軍務局步兵課長
陸軍步兵正領李䄉來
補軍部軍務局騎兵課長
陸軍騎兵參領兪鎭형
補軍部軍務局步兵課員
陸軍步兵副尉李鳳緖
補陸軍研成學校附
陸軍步兵參尉金相설
補陸軍武官學校學徒隊附
陸軍步兵副尉金顯駿
補陸軍幼年學校敎官
陸軍一等軍司任炯準
補侍衛步兵第一聯隊第一大隊附
陸軍步兵參尉李範緖
補陸軍憲兵隊區隊長
陸軍憲兵正尉河允홍
補陸軍騎兵隊附
陸軍긔兵副위趙重元
補鎭衛步兵第一大隊副尉
陸軍步兵副위權重協
補鎭衛步兵第一大隊附
陸軍步兵參위尹致병
補鎭衛步兵第二大隊中隊長
陸軍步兵正위閔仲植
補鎭衛步兵第三大隊附
陸軍步兵副위李敎祖
補鎭衛步兵第三大隊附
陸軍步兵副위景在鎬
補鎭衛步兵第三大隊附
陸軍步兵參尉權重翼
補鎭衛步兵第四大隊中隊長
陸軍步兵正尉李守鳳
補鎭衛步兵第五大隊附
陸軍步兵副尉張基浹
補鎭衛步兵第七大隊附
陸軍步兵副尉梁在昱
補陸軍騎兵隊中隊長
陸軍긔兵參領朴秉文
以上九月五日

外報

●奉天革新　北京電을據ᄒᆞᆫ즉奉天將軍趙爾巽氏가奉天府에在ᄒᆞᆫ從來官衙를廢合ᄒᆞ고老朽官吏를罷免ᄒᆞ야革新之擧를實行ᄒᆞᆫ다더라

●媾和後聞　日露兩國全權이會見以來로去月二十九日에最終會見ᄭᆞ지妥當談判日數ᄂᆞᆫ大略二十開이며其兩全權의會見度數ᄂᆞᆫ日本全權이講和條件을提示ᄒᆞᆫ以來에前後九次를會見ᄒᆞ야至於終了ᄒᆞ얏다ᄒᆞ고
日露兩軍의滿洲撤退期ᄂᆞᆫ自調印日로十八個月內에終了ᄒᆞ게다ᄒᆞ얏고
兩國이滿洲에셔撤兵ᄒᆞᆫ後에ᄂᆞᆫ東淸鐵道守備ᄒᆞ기爲ᄒᆞ야每一基米突處에五人式配置ᄒᆞᆫ다ᄒᆞ얏더라

東京電報

九月十二日午後三時三十分發

●三笠沈沒 昨十一日오前零時三十分頃에佐世保軍港에경泊훈三笠艦은火災가起ᄒᆞ야彈藥庫가爆發ᄒᆞ야終乃海底에沈沒하얏ᄂᆞᆫᄃᆡ死상及行衛불明이五百九十九名이라더라

●古市歸日 九月三十日오後七時六分發 京釜鐵道總裁古市氏ᄂᆞᆫ昨十三日오前九時三十分에無事歸京하얏더라

●暴亂負상 上仝 東京에서暴徒動亂에負상훈者이警官에四百七十一名이오人民側에부상者ᄂᆞᆫ五百五十八名이라더라

公報

●三笠沈沒詳報 (仝月十二日오後五時三十五分發) 今十二日오前九時ᄭᆞ지到着훈諸報告를綜合훈즉軍艦三笠은十一日오前零時三十分에其大檣附近에서火災가起하야ᄂᆞᆫᄃᆡ불移時에在港各聯船艇及陸上의諸團隊의派遣훈防火隊가集合하야其助力을得홈으로消防에努力하얏스나其火元이深大하야容易히消滅키불能훈中同一時三十分에其後部彈藥庫의一部에点火하야爆發을生홈으로浸水가尤甚하얏고同二時三十分至하야船底가海底에膠着하얏ᄂᆞᆫᄃᆡ火지의原因은艦休을浮하야其損害의模樣을精査치아니ᄒᆞ면判明히知하기難하나直時審査委員을設하고其調査에着手하얏ᄂᆞᆫᄃᆡ右遭難에因하야死상者及行衛불明者가如左하더라

三笠 死亡士官一準士官一
生死不明士官以上五
下士卒二百二十五
重傷士官二、准士官二、
輕傷士官三、
輕重傷불明士官以上六
下士卒百九十三
艦艇 微상사官一下사졸一
敷島 生死불明下士卒九
重傷士官一、下士卒九
경傷下士卒二十三
朝日 生死불明下士卒一
重傷下士卒三
경傷下士卒十一
富士 生死不明下士卒三
重傷사官一下ᄉᆞ卒四
輕傷下ᄉᆞ卒十二
笠置 경傷下士卒四
龍田 生死불明士官一
下士卒三
重傷下士卒三
경傷下士卒六
日本丸 生死불明下士卒一
重傷士官一下士卒五
輕傷下士卒五
台北丸 生死불明下士卒二
重傷下사卒一
경傷下士卒五
村雨 경傷下士卒二
微傷下士一下士卒一
旅順丸 경傷下士卒八
佐世保港務部 死亡下士졸一
船頭二生死불明下士졸一
重傷下士졸二舟夫二경重
傷불明士官一准士官一
下士졸八舟夫十二船頭三
合計五百九十九名

雜報

●永倅報災 永柔郡守朴容觀氏가內部에報告ᄒᆞ얏시되本郡各農形을周察則多月連雨ᄒᆞ야各穀이本不豐登인바本月初四日夜에雨忽霍下ᄒᆞ고暴風이大作ᄒᆞ야已熟之黍粟早稻ᄂᆞᆫ幾半搖落ᄒᆞ고方穗之晩稻와起花之豆太와結顆之木花ᄂᆞᆫ俱多撲傷ᄒᆞ야田畓各穀이大爲受損에將未免告歉ᄒᆞ니言念穡事에불勝憫然이라ᄒᆞ얏더라

●外大疏遞 外大閔泳煥氏ᄂᆞᆫ疏遞ᄒᆞ고侍從武官長을被任ᄒᆞ얏고贊議官閔種默氏가臨時署理大臣事務를被命ᄒᆞ얏더라

●兩氏長書 前主事李浵洪俊설兩氏가日本에前往ᄒᆞ야駐韓日本公使와長谷川大將과目賀田顧問에對ᄒᆞ야日本政府에長書를提呈ᄒᆞ얏다云ᄒᆞ니其內容을探得ᄒᆞ야續報ᄒᆞ깃노라

●還任武官長 外大閔泳煥氏가被任屬耳에旋至歸遞ᄒᆞ고武官長을還任ᄒᆞ얏시니其後襲任者ᄂᆞᆫ何樣高明正直人이有ᄒᆞᆯ지不知어니와同氏가不偏不倚ᄒᆞ고峭然獨立ᄒᆞ야凡於論議之際에回互假借ᄒᆞᄂᆞᆫ醜態가絕無훈고로一種仇嫉之類가隨事傾陷이已非一日인즉其旋拜旋遞ᄂᆞᆫ固其宜也이고風雨如晦나公議猶在ᄒᆞ야同氏의山斗聲譽ᄂᆞᆫ將因此而益彰ᄒᆞᆯ지니區區外相之見遞을可賀而不可吊也로라

●善倅被參 宮內府參書官金鎔濟氏代에善山郡守朴龍勳氏가被任ᄒᆞ얏더라

桃源政府

今以韓之政府로爲論이不一ᄒᆞ야或歸之以土木偶人ᄒᆞ며或責之以諂詐貪饕ᄒᆞ며或誅之以賣國附外ᄒᆞ야囂囂然持論之士가不勝其繁인바此皆有所見而言인즉其題評之孰爲切合과孰爲未瑩을有不可得以輕斷이되余則特爲韓之政府ᄒᆞ야揭一句贅辭曰此世界中武陵桃源이라ᄒᆞ노라

何以言之오世人之慕神仙而不能學者ᄂᆞᆫ事務가絆其身ᄒᆞ며憂慮가煎其心ᄒᆞ야墮於塵網而未能迢脫故也라若有憂而不以爲憂ᄒᆞ며有事而不以爲事면是與無憂無事로同矣이人苟無憂無事면販夫乞兒도皆可以立地成仙인바現今韓之時觀이十分愁慘ᄒᆞ야四郊多누ᄒᆞ며萬機如麻ᄒᆞ야危亡之禍가迫於燃眉ᄒᆞ니處於政府者ㅣ苟能憂其憂而事其事된食不暇寢不遑은尙屬歇后語也憔憔焉憧憧然焦思彈慮ᄒᆞ며鞠躬盡瘁ᄒᆞ야期於斃而後已者ᄂᆞᆫ事變道理의所不可已이거날竊觀今日大官之擧動컨ᄃᆡ泰然若無事之日ᄒᆞ야脫略事務而趣有餘閒ᄒᆞ며追逐南北而遊嬉不輟ᄒᆞ야華堂綺饌과高車鮮裝으로영영意氣가樂其所樂이고至於國之安危와民之疾苦ᄒᆞ야ᄂᆞᆫ拋若相忘에不以介意ᄒᆞ며或有問之者則曰非我之所能爲也라何庸煩惱리오ᄒᆞ니莊叟所謂入水不濡ᄒᆞ며入火不焦者ㅣ或指此等人而言인지憂不憂事不事ᄒᆞᄂᆞᆫ迢然狀態가去神仙不遠키로韓之政府ᄂᆞᆫ此世界中桃源이라ᄒᆞ노라

●黃報建堂 黃州郡守가內部에報告ᄒᆞ얏ᄂᆞᆫᄃᆡ陰六月二十二日夜風雨에本郡館宇左側東別堂八楹六間이沒爲頹壓이온바今若如舊重建이면以四五萬兩으로難以遽議이온즉姑以單間修理이라도亦不下萬餘金預算이라ᄒᆞ얏더라

●返打巡檢 南署司著洞李鍾玉家廊下에서設局雜技ᄒᆞᄂᆞᆫᄃᆡ毛橋支所巡檢金泰鉉崔成元涇人이同爲捕人則技徒四五名이環坐設局이라가一時突出ᄒᆞ야裂破服裝ᄒᆞ며無數亂打ᄒᆞ고挽其腎囊ᄒᆞ야幾至死境矣러니該洞民이幸爲出聲來救ᄒᆞ야得免於死境이고使洞民으로幷力追捕ᄒᆞ야技徒中吳道連一名을僅爲捉去ᄒᆞ고其餘漢은皆至漏網이라더라

●開墾請願 北署白雲洞居ᄒᆞᄂᆞᆫ金嘉鎭氏가農部에請願內槪에開阡陌ᄒᆞ며務耕作ᄒᆞ야野無陳荒이農之大本이오니京畿始興永登浦富平[illegible]所在荒蕪坪一처와慶尙道晉州宜寧咸安三邑舊涯倉所在황蕪坪一처를堤防築開墾ᄒᆞ깃ᄉᆞ오니特爲認許ᄒᆞ시고此意를亦爲知委於該郡이라ᄒᆞ얏더라

●水災彙報 曩時風雨가十分猛영홈으로[illegible]方災報가不一而足이러니日昨水災가尤有甚於曩時ᄒᆞ니實是幾十年內에創睹之災也라各地方禾稼卒痒은不待其報而宛如目睹ᄒᆞ야隨處蹂躪之狀과各家號呼之聲은寔可慘不忍見ᄒᆞᆯ지니値此艱險之日ᄒᆞ야又至歉荒에民不粒食이면國步之一倍艱難은勢所必至인즉政府諸公은無或如前泄泄ᄒᆞ고另加恐修省懼ᄒᆞ야行政之闕失을剋期改新ᄒᆞ며賑資之有無을百方預算ᄒᆞ야以答天譴ᄒᆞ며以紓民困ᄒᆞ야庸圖維持國步를竊有厚望焉이로라

城內家屋滲漏와墻垣頹壓은可謂無家不有며無人不遭인즉當此錢貴之際에修繕等費가大非容易ᄲᅮᆫ더러數週淫霖에商旅阻絕ᄒᆞ며各樣物品이格外翔貴ᄒᆞ야貧戶殘民의困苦愁歎을不可盡述이고城內各橋上에水高一丈ᄒᆞ야川邊各戶에財産之被損과獸畜之撈沒이十居七八이고最可驚駭者ᄂᆞᆫ男女之被溺致死가不下於十許人이라ᄒᆞ니以此推之ᄒᆞ면各地方沿川依浦處에此等慘禍가在在然矣니良可悚然이로다

雜報

●司法　陸軍參將權重奭拘拿之由業經奏下而即接陸軍法院理事太明軾質稟書第二百五十五號內開頃接平理院照會以温陽温井事案逞奸酬金窮覈事被告權重奭審査則供稱逞奸酬金必有與受之人誰某之與受指名質辦云一直不服而與平理院押交之에宗錫質稟査一如前供故其逞奸酬金確據有無示明之意照探於宮內府矣現接該覆內槪逞奸酬金一欵旣因傳說之入聞者而此不可不另査根因故自平理院及貴院一次審辦者也及其審査之場若無確據則宜無可論至於温泉基址使에宗錫納供擔着逐條禁止無至違越等因准該에宗錫還交平理院使之辦理其所謂逞奸酬金之初無確據　宮內府照覆若是而確則被告之於地案不可以有罪恩量被告權重奭即行放免何如云矣依質稟放免何如之意로軍部大臣이上奏ᄒᆞ와奉旨依奏

八月二十二日

前鎭衛第五聯隊第一大隊長陸軍步兵參領朴善斌拘拿之由業經奏下而即接陸軍法院長陸軍參領[illegible]泰伏質稟書第二百六十六條內開承准部訓令內開前鎭衛第五聯隊第一大隊長陸軍步兵參領朴善斌該大隊長在任時營舍修理及新設費葬外加用條及前鎭衛第三聯隊第三大隊長在任時慶州郡公貨犯用條徵捧事已有所訓飭而히員之慶州郡나用錢一萬五千五百八十四兩八錢九分已自度支部出尺下送旅費零條三百十八兩現納軍部則不必更論原州隊役費나用條係是公用徵捧一欵實之事等因被告之營舍修理時葬外加用自有當律而被告之被因在於本年四月二十七日則欽奉本年八月二十三日　赦典免罪放釋恐爲妥當云矣依質稟處辦何如之意로軍部大臣이上奏ᄒᆞ와奉旨依奏

九月四日

●同人斷金　仁川郡守吳永烈氏와同港監理劉燦氏가連肚同謀ᄒᆞ야應信廳募軍一事에多少挾雜之端이有ᄒᆞᆷ으로該郡留鄕等이惡其不正ᄒᆞ야論駁이大起ᄒᆞᆫ즉劉燦氏가心甚愧怍ᄒᆞ야受由上京이러니該事件이尙不妥案ᄒᆞ야人言이喧藉ᄒᆞ기로不敢下去ᄒᆞ고更請一朔由限ᄒᆞ야在京觀望ᄒᆞᆫ다더라

◎怨府警使　前警務使申泰休氏는不計民之利害와事之當否ᄒᆞ고凡事를擬行新奇ᄒᆞ야自已名譽만要求ᄒᆞ는人인줄은世人의共知ᄒᆞ는바어니와溝渠上鋪板一事로言之ᄒᆞ와도公事上에毫無所益ᄒᆞ고但於人民에게損害不少키로民皆不顧ᄒᆞ되狂妄所使로勒加設行ᄒᆞ야民財消耗가不知幾千萬圓이고夏月以來로雨水連綿ᄒᆞᆫᄃᆡ每經一番雨水則泥沙가充滿板底ᄒᆞ야壅流不通而隨處汎溢ᄒᆞ야各戶被害를一言難盡뿐더러近日雨水에尤爲漲滿ᄒᆞ야無論南北里ᄒᆞ고堂軒突竈[illegible]에溝渠水之射入爲弊는明是板蓋鋪設ᄒᆞ야壅流不通之所致인즉各戶之夥多ᄒᆞᆫ損害와難堪ᄒᆞᆫ情况은都是申氏之作俑이라고萬口同聲에皆曰可誅라ᄒᆞ니論其民間流弊ᄒᆞ면崔錫肇氏에惡貨濫鑄로別無異同이라하더라

●函撥月俸　日公使林權助氏가內大의게公函ᄒᆞ얏는ᄃᆡ敬啓陳은警務顧問所屬職員規程의依ᄒᆞ야通譯官의備聘되야外務省警部渡邊鷹次郞은本月一日브터帝國政府의許可를受ᄒᆞ고執務ᄒᆞ얏스니同日브터月俸日貨金二百十五元及官舍費二十五元을支給ᄒᆞ고本件에對ᄒᆞ야는度支部大臣及財政顧問이協議ᄒᆞ왓기玆에通牒이라ᄒᆞ얏더라

●有何協議　外部顧問補佐員沿野氏가日前에日本으로渡韓視務ᄒᆞ는ᄃᆡ渡日ᄒᆞᆫ事狀을略聞ᄒᆞᆫ즉英日同盟續約中에韓國에對ᄒᆞ야有何協議事件云ᄒᆞ니確報를俟ᄒᆞ야更揭ᄒᆞ깃노라

●宜有褒賞　東署에셔警務廳에報告ᄒᆞ얏는ᄃᆡ蓮花坊居ᄒᆞ는吳取根의三歲男兒가川渠에失足ᄒᆞ야流於二橋川中ᄒᆞ얏는ᄃᆡ隣居李順柱氏가捨死救出ᄒᆞ얏ᄉᆞ오니特爲褒賞이라ᄒᆞ얏더라

法律 (續)

이錯亂케ᄒᆞᆫ者는笞八十에處ᄒᆞᆷ이라

但三十日內에得見ᄒᆞᆫ者는三等을減ᄒᆞᆷ이라

第十四節　擅權律

第二百六十二條　應히朝見ᄒᆞᆯ人을託故留難ᄒᆞ거나恣意阻당ᄒᆞᆫ者는流十年이며因ᄒᆞ야機密大事를失錯케ᄒᆞᆫ者는絞에處ᄒᆞᆷ이라

第二百六十三條　上官이屬官을職務의不當ᄒᆞᆫ事를服行케ᄒᆞ야該員의公務에妨害케ᄒᆞᆫ者는笞四十에處ᄒᆞᆷ이라

第二百六十四條　豪勢를藉ᄒᆞ야人民을凌虐ᄒᆞᆫ者는懲役三年에處ᄒᆞᆷ이라

第十五節　服舍違式律

第二百六十五條　房舍나車服이나器用等物을違式ᄒᆞ야僭用ᄒᆞᆫ者는笞一百에處ᄒᆞ고禁物을僭用ᄒᆞᆫ者는懲役三年에處ᄒᆞᆷ이라

第十六節　越權律

第二百六十六條　司法官이아인ᄃᆡ訴訟을受理ᄒᆞ는者는笞一百에處ᄒᆞᆷ이라

第二百六十七條　勅命을奉ᄒᆞ거나上司의命令을承ᄒᆞ고地方에在ᄒᆞᆫ官員이他事나他人의職事를干預ᄒᆞᆫ者와罷閒官吏나平民이官事를干預ᄒᆞ거나寫發ᄒᆞ는文案을結攬ᄒᆞ거나官府를把持ᄒᆞ야公事를債誤케ᄒᆞ거나民에게貽害ᄒᆞᆫ者는幷히懲役一年에處호ᄃᆡ因ᄒᆞ야所犯이有ᄒᆞᆫ者는各히本罪에一等을加ᄒᆞᆷ이라

第二百六十八條　監臨主守가一應官物을印封ᄒᆞ얏는ᄃᆡ同寮가原封官을不由ᄒᆞ고擅開ᄒᆞᆫ者는笞六十에處ᄒᆞᆷ이라

第十七節　選擧及委任違犯律

第二百六十九條　上官이選擧ᄒᆞ는章程을不踐ᄒᆞ고職役의有闕ᄒᆞᆷ을擅自補ᄒᆞ거나額外濫充ᄒᆞᆫ者는一人에笞一百호ᄃᆡ每一人에一等을加ᄒᆞ야懲役三年에正ᄒᆞ고受財ᄒᆞ야罪이重ᄒᆞᆫ者는第六百三十一條枉法律로論ᄒᆞ고被擧人은一等을減ᄒᆞᆷ이라

但事務가繁劇ᄒᆞᆫ境遇에臨時雇用ᄒᆞᆫ者는勿論ᄒᆞᆷ이라

第二百七十條　免官ᄒᆞᆫ人을免懲戒ᄒᆞ기前에擧用ᄒᆞᆫ者는笞四十에處ᄒᆞᆷ이라

第二百七十一條　官吏를應히擧用ᄒᆞᆯ權이有ᄒᆞᆫ者가事務를擔任치못ᄒᆞᆯ者를擧用ᄒᆞᆫ者는笞八十호ᄃᆡ每二人에一等을加ᄒᆞ야笞一百에止ᄒᆞᆷ이라

第二百七十二條　官吏나學徒를試取ᄒᆞᆯ時에用奸이有ᄒᆞᆫ者는一人에笞八十호ᄃᆡ　二人에一等을加ᄒᆞ야笞一百에止ᄒᆞ고應試ᄒᆞ던人을勿用ᄒᆞᆷ이라

第二百七十三條　下司에職員有闕ᄒᆞᆷ을上司에報치아니ᄒᆞ고擅自委人代辦케ᄒᆞᆫ者는笞四十에處ᄒᆞᆷ이라

但公務가要急ᄒᆞᆫ境遇에는委人代辦ᄒᆞ고繼卽報告ᄒᆞᆷ이라

第三章　斷獄及訴訟所干律

第一章　訴訟違犯律

第二百七十四條　訟訴ᄒᆞ는ᄃᆡ本管司法官에게由치아니ᄒᆞ고上司에越訴ᄒᆞᆫ者는笞五十에處ᄒᆞᆷ이라

第二百七十五條　訴寃ᄒᆞᆫ다稱ᄒᆞ고　蹕路擊징ᄒᆞ거나登山擧火ᄒᆞᆫ者는禁獄五　月에處ᄒᆞᆷ이라

第二百七十六條　事件이細微ᄒᆞ야該管官司에셔聽理ᄒᆞᆯ만ᄒᆞᆫ者를冒濫히上言ᄒᆞᆫ者는笞八十이며誣罔ᄒᆞᆫ者는懲役三年에處ᄒᆞᆷ이라

第二百七十七條　依法斷決ᄒᆞ야寃枉ᄒᆞᆷ이無ᄒᆞᆫ事나遇赦ᄒᆞ야宥免ᄒᆞᆫ事나其他非리의事로起訴ᄒᆞ는者는笞一百에處ᄒᆞᆷ이라

未完

●南樓祈晴　近日雨水가太甚ᄒᆞᆷ으로今日崇禮門樓에셔祈晴祭을設行ᄒᆞᆫ다더라

特別廣告

本申報と海外電報를卽接ᄒᆞ야機關이靈通ᄒᆞ고外報와探報를敦捷活發ᄒᆞ도록注意ᄒᆞ오며申報를發送ᄒᆞᄂᆞᆫ되迅速信傳ᄒᆞ기と分傳人의게在ᄒᆞᆷ으로本社에셔不常에諸分傳人의게丁寧告戒ᄒᆞ고申申訓飭ᄒᆞ야毋或嬾惰ᄒᆞ게注意ᄒᆞ거니와或如暫有稽忽이라도愛讀僉君子と密使該分傳의게知于本社ᄒᆞ시면該分傳의게誠信相孚ᄒᆞ도록耳提面命ᄒᆞ고勸贊가發生ᄒᆞ도록至誨論ᄒᆞ야必無遲誤ᄒᆞ기로期待ᄒᆞ옵나이다

本社에寄書ᄒᆞ시と諸君子と姓名과居住를明確ᄒᆞ게錄送附ᄒᆞ시와證據가有ᄒᆞᆷ을必要ᄒᆞᆷ이오公衆平和와秩序를문亂케ᄒᆞと意와社會上不經荒雜ᄒᆞᆫ寄書と不受ᄒᆞと權利가本社에自有ᄒᆞ오니肯諒ᄒᆞ시옵

大韓每日申報社

廣告

貿易商　本社と仁川港
日本郵便電信局對面
電話第二百一番地

仁川港 廣昌 洋行
벤넷트會社告白

大東紀年　全秩五册　定價新貨二元
美國博士訖法氏譯撰
皇城廣通橋高濟弘書鋪發兌

○鐵路部

○東大門과新門間에來往車と每十分間에運行ᄒᆞᆷ
東大門發初車と午前六時三十分
新門外停車場發初車と午前六時五十五分
東大門發終車と午後九時五十分
新門外停車場發終車と午後十時十五分
○東大門과洪陵間에來往車と每二十分間에運行ᄒᆞᆷ
但自鍾路로東大門에來到ᄒᆞᆫ交替車로聯絡ᄒᆞᆷ
東大門發初車と午前六時五十分
洪陵發　初車と午前七時十分
東大門發終車と午後七時五十分
洪陵發　終車と午後八時十分
○鍾路와龍山間에來往車と每十二分間에運行ᄒᆞᆷ
鍾路發至南大門初車と午前六時四十八分
鍾路發至龍山　初車と午前七時二十四分
南大門發至鍾路初車と午前六時五十六分
龍山發至鍾路　終車と午前七時五十七分
南大門發至鍾路終車と午前十時八分
龍山發至鍾路　終車と午後九時九分
○特別私用車と顧客의方便ᄒᆞᆷ을隨應ᄒᆞ야準給ᄒᆞᆷ
但定價と本社에來臨ᄒᆞ야請問ᄒᆞ옵

○電燈部

二百五十燭力以內의敷用處에と每個月에定價表가如左ᄒᆞᆷ
○十六燭力燃燈達夜에二圓五十錢
○三十二燭力燃燈達夜에四圓
○五十燭力燃燈達夜에六圓
○一百五十燭力燃燈達夜에十圓
一千二百燭力弧形燈達夜에二十圓
二百五十燭力以上의敷用處에と請求ᄒᆞ면瓦斯計一箇를設給ᄒᆞᆷ
但瓦斯計賃金은每個月에二圓이오瓦斯計測驗表委托定價と每時間每암피아에二錢이옵
瓦斯計設給處에셔每介月支拂金最低額은每個月에二十圓인디(瓦斯計貸金은)据ᄒᆞᆷ
電燈을敷設ᄒᆞ기에請求ᄒᆞと되로供給ᄒᆞᆷ
各種連技辦燈도常時에貯存ᄒᆞ엿삽

本社鐵路電氣會社
韓美電氣會社 告白

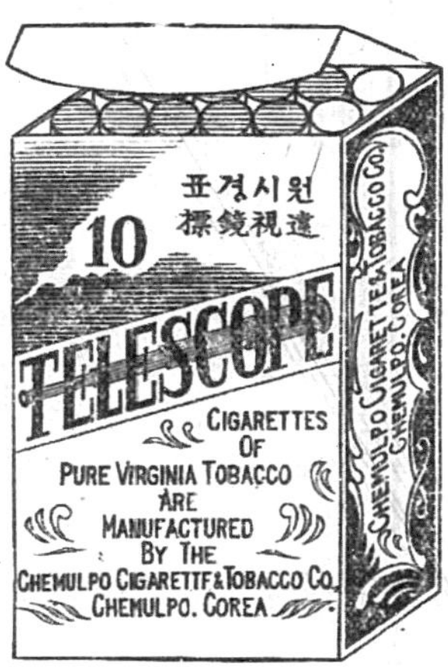

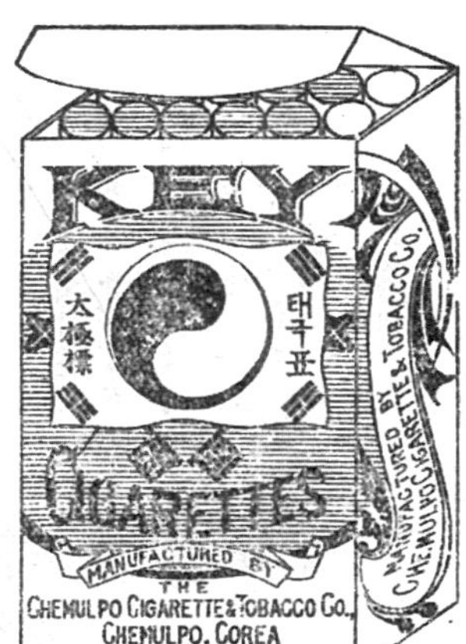

以上三種은上品으로製造ᄒᆞ야衛生上에至極有益ᄒᆞ오니毋論某人ᄒᆞ고本社에來願ᄒᆞ옵

大韓帝國仁川港
濟物浦紙卷煙及烟草會社

一鷹標鑵濃詰牛乳
一金印鑵詰濃結牛乳
一無雙家用氣化乳酪
一쌔ㅣ든쓰製造麥芽化合牛乳
以上은常時에貯積ᄒᆞ엿삽
美國紐育港쌔ㅣ든쓰濃結牛유會社
一手代理店　大韓仁川港　世昌洋行

廣告

一雜貨商
一貿易商
一船舶取扱
一煙草商
一委托販賣及貨物運送代理業
一貿易石炭商
以上輸入及輸出者
京城 仁川 大昌 洋行

本社廣告

申報價
一張代金　韓貨五錢
一箇月前納　五十戔
三箇月　一元五十戔
六箇月　二元九十戔
一箇年　五元八十戔
郵稅一部　新貨五里
一箇月　十三戔

廣告料
四号活字十三字詰
每日每英尺一寸에新貨廿五錢
(每日每行에六錢에相當ᄒᆞᆷ)
二周日에　二圓五十錢
(每日每行四錢五里에相當ᄒᆞᆷ)
一箇月에　五圓
(每日每行四錢一里에相當ᄒᆞᆷ)
其期限의長短과字行의多少를依ᄒᆞ야增減ᄒᆞᆷ이有ᄒᆞᆷ

大韓人마다此申報를不得不閱覽ᄒᆞ실터이오니廣告出報ᄒᆞ실僉君子と來臨面議ᄒᆞ시옵

發行兼編輯人　英國人裵說
發行所
京城北署崇進坊礴洞另外地法語學校前
大韓每日申報社

第三卷

大韓每日申報
대한매일신보

第卄九號

月曜及慶節 歲時日休刊

檀君開國四千二百三十八年
箕子元年三千二十七年
大韓開國五百十四年
日本明治三十八年
淸國光緖三十一年
陰曆乙巳八月大十八日戊午

論說

警論

日本之占有韓國이今已久矣라其間韓民의因此變革을今可問之니繁昌日民이波奔浸入ᄒᆞ야自意行動을已爲目擊인바日人이一次冒其擾亂則彼之所得은若非擅行法律이면政治軍事에敏速補益ᄒᆞᆷ이로다

韓人의게銘心ᄒᆞᆯ거슨現今日民이取其善良意思ᄒᆞ야自國政府의退行ᄒᆞᆷ을篤信ᄒᆞᆷ을幸知ᄒᆞᆷ이니此乃重要注目之課요使其韓人으로國民常權을足以保護ᄒᆞᆯ行政의維持를希望케ᄒᆞᆯ거슨自然之理어니와

衆皆安樂이되ᄂᆞᆫ我獨被拳打足踢ᄒᆞ야痛切難堪을無處可訴이니是何故也오ᄒᆞᄂᆞᆫ問題가必也發出일ᄲᅮᆫ더러果是方今發出이多有其機라請以形喩ᄒᆞ리니

今有一人ᄒᆞ야無所强勁反抗이고毆打羞辱을欲爲甘受則如此賤待가宜其無平아寧可有也아此下兩計中一件이라도取用以前에ᄂᆞᆫ其人情形을不能改善矣리니

第一은其人이必當反意後에對其傍觀而依其律法ᄒᆞ야說其不然ᄒᆞᆯ거시오第二ᄂᆞᆫ其人이乃至無望之域後에始覺ᄒᆞ야自持法義而向其毆打者ᄒᆞ야辨論호ᄃᆡ待我以合宜면亦爲利益於爾리라ᄒᆞᆯ거시라

韓國之於日本에待遇者ㅣ有三ᄒᆞ니第一은設立法庭ᄒᆞ야兩國人民의權限을同等以制ᄒᆞᆯ거시요第二ᄂᆞᆫ日本이置韓國於不均之域ᄒᆞ야一切拘束ᄒᆞᄂᆞᆫ行爲를定限ᄒᆞᆯ거시요第三은仍置現今局樣ᄒᆞ야以待含怨之暴發이라

三項之間에有所難處면今日行動이亦爲一計ᄒᆞᆯ지此可爲疑問而愚見에ᄂᆞᆫ爲此之擧ㅣ果有實據ᄒᆞ니近年韓國에衆多會民之起擾가爲其不平之初擧오近據所報則會民이復興인바未過幾週에新會組織이遍滿國內而稱號ᄂᆞᆫ青年會오意思ᄂᆞᆫ政治的이라救韓人於日本不法動取가似是會意之綱領이나向其日國難言者ᄂᆞᆫ如此反抗을彼可威力으로止之로되

韓國民之結合이至于極度면恐害日本沾益은期必之事로다且日民이自由散居에未有分域ᄒᆞ니難以世界上最善注意로도如此人民을警察保護키ᄂᆞᆫ果是不能이거날請般許與에韓國警率이已至太甚ᄒᆞ얏스니國內數多日民의不法行爲를若其官憲이不肯禁止施罰이어ᄂᆞᆯ韓國은說其不然ᄒᆞ기에非止言辭ᄒᆞᆯ時機가宛然指明ᄒᆞᄂᆞᆫ도다

官報

◎第三千二百四十三號　光武九年九月十三日

◎敍任及辭令 (속)

中樞院參書官李元和
陞七級俸

以上九月一日

任江原道觀察使敍勅任官三等　平安南道觀察使豆鍾弼
任平安南道觀察使敍勅任官三等　贊謀官朴齊純

前陸軍步兵參尉金英祿
免懲戒

任陸軍步兵參尉　金英祿

軍部教育局教務課員陸軍步兵參領　鄭寅煥

軍部參謀局第二課員陸軍步兵正尉　申宇永

鎭衛步兵第二大隊醫官陸軍三等軍醫　金性集
免本職

陸軍研成學校附陸軍步兵參尉　丁奎鳳
命休職

任陸軍二等司計　陸軍步兵副領申佐均

陸軍研成學校附陸軍步兵參尉　洪淳正

侍衛步兵第一聯隊第一大隊附陸軍步兵參尉　崔大永

任陸軍步兵副尉

任陸軍三等軍醫　醫學校教官金相健

補軍部經理局第一課長　陸軍二等司計申佐均

補軍部參謀局第二課員　陸軍步兵參領鄭寅煥

補軍部教育局教務課員　陸軍步兵正尉申宇永

陸軍步兵參尉金定鉉　全金英祿
補陸軍研成學校附

補鎭衛步兵第二大隊醫官　陸軍三等軍醫金相健

補鎭衛步兵第六大隊醫官　陸軍三等軍醫金性集

以上九月八日

◎號外　光武九年九月十四日

◎宮廷錄事　詔曰命陸軍副將閔泳煥爲侍從武官長

光武九年九月十三日　議政府參政韓圭卨

外部大臣閔泳煥辭職疏

批旨省疏具悉卿懇申籲不止卿或不能體朕特簡之本意歟情實既如是所請依施事遣部郞宣諭

九月十三日

◎敍任及辭令

任侍從武官長　陸軍副將閔泳煥

命臨時署理外部大臣事務　中樞院議長閔種默

以上九月十三日

◎號外　光武九年九月十四日

◎宮廷錄事　禮式院掌禮卿臣李根教謹奏秋序已深霖雨不霽言念穡事誠極悶然祈晴之祭不容少緩四門禜祭不卜日今陰曆八月十七日設行三日而止事知悉何如謹上奏

光武〃年九月十三日奉旨依奏

外報

◎亞剌比亞騷擾　亞剌比亞國이예멘에騷擾ᄂᆞᆫ시아라바시아로依ᄒᆞ야鎭壓이되얏다더라

◎引揚艦到着　向者에旅順口에서引揚ᄒᆞᆫ戰利軍艦阿蘇(舊名바이얀)은舞鶴軍港에安着ᄒᆞ얏다더라

◎土帝弑殺企圖　土耳其皇帝를弑殺ᄒᆞ기를陰謀ᄒᆞᆫ알메니아人數名은捕縛되얏다더라

◎鐵良陞任　同電을據ᄒᆞᆫ즉淸國大官鐵良氏가政務大臣을任ᄒᆞ얏다더라

◎函館丸坐礁　函館電을據ᄒᆞᆫ즉函館丸이去月二十七日에岩手縣野田崎에서坐礁ᄒᆞ얏ᄂᆞᆫᄃᆡ乘客은無事라ᄒᆞ얏더라

◎宏壯暴風　香港電을據ᄒᆞᆫ즉十四日夜에上海에서暴風이大起ᄒᆞ야小艇等은頗多히損害를被ᄒᆞ고輪船等은幸히損害을免ᄒᆞ얏고淸國小艇으로生業ᄒᆞᄂᆞᆫ船夫等은死傷이甚夥多ᄒᆞ고上海港內에海水가汎濫ᄒᆞ야同夜에官舍一座가浮漂ᄒᆞ얏다더라

◎橫濱又亂　東京電을據ᄒᆞᆫ즉十三日에橫濱에서또暴徒가大起ᄒᆞ야交番所四十五個處를衝火ᄒᆞ얏고神奈川縣知事가東京에馳往ᄒᆞ야衛戍總督佐久間氏와密議ᄒᆞᆫ後臨時滊車로二箇中隊兵을送ᄒᆞ야警戒鎭定ᄒᆞ얏다더라

雜報

●此其本色　近日李根澤。氏ᄂᆞᆫ무삼秘密事件이有ᄒᆞᆫ지李夏榮。氏와李址鎔。氏家에莫夜會話가極其秘密ᄒᆞ야崔錫敏。俞鎭贊兩氏外에ᄂᆞᆫ其裏由를別無知者ᄒᆞ며韓參政은閔泳韶와相從이甚密ᄒᆞ야達夜會話ᄒᆞᆫ다니大抵三李의喪失奔競과許多汚雜ᄒᆞᆫ行爲ᄂᆞᆫ十手所指오萬口所謗인즉其雜雜遂遂ᄒᆞ야同惡相濟ᄒᆞᆷ이自是伎倆이라無足怪者로ᄃᆡ韓參政은名以新組織匠手ᄒᆞ고昔與黑癡沒覺者流로秘密相從ᄒᆞ니此亦一套面孔이라有何高論之可聽이며有何定見之可論이리오畢竟以往日之本色으로阿諛取容ᄒᆞ며浮沈媚世ᄒᆞᆯ決可知矣리니吁此三千里疆土에塞爲大官者ㅣ只有此等人物인지長夜만만ᄒᆞ야無時可曉라고物論이喧藉ᄒᆞ다더라

●願滌政府　今番雨水에家屋頹壓과禾稼損傷과人畜渰死等許多慘酷之狀은難以枚擧이되其中에亦有一件快事ᄒᆞ니各戶各街에陳陳停畜ᄒᆞᆫ汚穢物이一切淨盡ᄒᆞ야變成淸凉境界ᄒᆞ니快莫快於此者也라安得萬斛銀河ᄒᆞ야快滌政府上奸肚貪腸을如今番雨水之淨盡汚穢ᄒᆞᆯ지敢言而不可望이라고街談이有ᄒᆞ더라

●外訓齋藤　外部에서布哇名譽領事齋藤등氏에게發訓하되移民視察次로前往하ᄂᆞᆫ尹致昊의旅費五百元을正銀貨로換付하니到即墨西哥로推送하라하얏더라

●學費請撥　駐日公使趙民熙氏가學部에電報하되遊學生經費를先貸於商民處하얏ᄂᆞᆫᄃᆡ其所報償이日時爲急하니即速支撥하라하얏더라

●善男善女

嚮昔之夜에月色은如晝ᄒᆞ고凉露ᄂᆞᆫ洗暑ᄒᆞ야衢街蕩蕩에遊塵이不動ᄒᆞᆫᄃᆡ校洞四街等地에셔某某大官의別室三人이携手聯袂而與一蕩情男子로步出玩月ᄒᆞᄂᆞᆫ바

睍其儀容則略施粉공而淡掃蛾眉ᄒᆞ야빙婷直立에光輝動人ᄒᆞ며擡身徐進에步履이輕영ᄒᆞ고風吹羅衣에향澤微聞이라

路傍觀者가心醉魂消ᄒᆞ야疑其廣寒仙娥가下遊人間터니問諸丫환ᄒᆞ야始知其從何而來ᄒᆞ고嘖嘖歎賞에讚不容口ᄒᆞ더라ᄂᆞᆫᄃᆡ

蓋其別室之稱은不是眞姓名이라別室以上之一層加尊ᄒᆞᆫ地位이고其品職則或貞或淑이며其學問은婦人會中의著名ᄒᆞᄂᆞᆫ頭領이라

大抵韓之俗習이僻陋太甚ᄒᆞ야無論貴賤女人ᄒᆞ고不出門外一步地로視爲美規ᄒᆞ야滿城中多少朱門에不知鎖却幾箇션姸이라가

現今文明이日進ᄒᆞ고風氣大開ᄒᆞ기로各坊里貴婦人ᄃᆞ리皆知社會之可設과學問之爲貴와運動之有益ᄒᆞ고時於女紅之暇에招반呼朋而步月臨風ᄒᆞ야以慰其湮寂ᄒᆞ며以暢其心目ᄒᆞ니

蓋幾百年來初有之盛事也니此豈徒該婦人之志願所致리오必其丈夫者ㅣ從容誘掖ᄒᆞ야有以成之也라傳에曰宜室之所를好國人이慕之라ᄒᆞ니

從此韓之俗習이庶幾一變而善男子善女人이功果圓滿에必歸天國ᄒᆞ야來世福祿을有不可量矣리니敢不欽也며亦可賀也로다

●兩大署理　內部李鳳來氏ᄂᆞᆫ署理大臣事務를被命ᄒᆞ고農商玄暎運氏ᄂᆞᆫ解署理大臣事務ᄒᆞ고其代에贊議成岐運氏가臨時署理農大事務를被命ᄒᆞ얏더라

●男女同胎　日昨西學峴劉某家에셔其妻가分만ᄒᆞ얏ᄂᆞᆫᄃᆡ一胎에一女二男을得ᄒᆞ얏다더라

●怨必有因　天安郡守金用來氏ᄂᆞᆫ內大李址鎔氏私人으로該郡守을圖得ᄒᆞᆫ바其子之妻남尹氏을該邑底城村에撤移케ᄒᆞ고作爲心腹ᄒᆞ야凡干公事을相議處決ᄒᆞ되不拘事之曲直ᄒᆞ고專以捧賂爲務ᄒᆞ기로民怨이有ᄒᆞ다더라

●捐助學費　今回日本視察進東潤氏ᄂᆞᆫ東京遊學生一人에八元以上錢을補助하고閔泳綺閔商鎬閔丙奭三氏도亦爲補助하얏다더라

●司令陛見　再昨下오四時에日本軍司令官長谷川氏가士官二人을帶同하고　陛見하얏다더라

●勒加禁建　長기郡守任昌宰氏가內部에報告ᄒᆞ얏스되陰六月二十七日申時量에日本輪船一隻이北面南川洞前津에來泊인바載來ᄒᆞᆫ家材木을無數下陸ᄒᆞ고橫行閭里ᄒᆞ야農무이失節ᄒᆞ고婦女停路이다고로即爲遣吏探問　日人陸海軍經理局建築科出張員吉原勉의載來ᄒᆞᆫ家材木을移運於該洞後麓ᄒᆞ야設役云故로招來談辦則答以該國軍用物防守家屋을因該國政府關飭ᄒᆞ야來設이다이오며要見其公文則初不出示이온바通商租界外無公文營建을自邑으로有難擅許ᄒᆞ기로玆報告라ᄒᆞ얏더라

●金鷄一唱

人以眇然一身으로處於天地間이如太倉之一粒ᄒᆞ야不足以有輕重이로ᄃᆡ苟能蹈義秉忠ᄒᆞ야充其天彛之戶이면發爲言論而日星이光輝ᄒᆞ며垂諸事業而岳峙海涵ᄒᆞ며著之文章而珠映劍立ᄒᆞ야其功效之盛이可以參天地而育萬物ᄒᆞᆯ지니

然則爲士者ㅣ但患忠義之不足이라豈有忠義轍然而終於未彰者乎아現今韓之士氣가委靡已甚ᄒᆞ야目擊奸凶之徒가充滿朝著ᄒᆞ야賣國鬻君을視同奕기호되

不敢出一言ᄒᆞ야聲其罪而討之ᄒᆞ며雖其稍有志氣者라도不過背面歎息ᄒᆞ야作楚囚狀態而已則環顧國內에可謂虛無人이로다

惟一青年會가高其壇場而持論慷慨ᄒᆞ야痛國勢之不競ᄒᆞ며念同胞之無辜ᄒᆞ야孜孜然以扶危濟困으로作爲四字符기로柳哥坦移住民之虐待情形을要爲視察ᄒᆞ야收合義金而派遣委員이고

又恐國權之或至墜失ᄒᆞ야言語文字之間에痛切辨明이令人感激而嘔出一副腔血에散作萬枝光燭ᄒᆞ야要爲提醒一世에借之大道ᄒᆞ니

譬如金鷄一唱而天下皆晨이라其志也ㅣ苦ᄒᆞ며其義也ㅣ高ᄒᆞ야庶幾民國維持가權輿乎此이며充其天彛而成其效果을亦可於此會見之矣리니凡保國願方趾冠帶之類가孰敢不投袂奮起ᄒᆞ야趨下風而樂其成也哉아

僕雖窮於世나胸中에猶有一段不磨之氣ᄒᆞ야景慕此會가固非一日터니籌燈秋雨에偶然有感于心ᄒᆞ기로書此金鷄一唱ᄒᆞ야庸代他日相見之贊ᄒᆞ노라

●好箇大臣

內大尹。用。求。氏가無意行公ᄒᆞᆷ으로閔丙漢氏가署理를被任ᄒᆞ얏다ᄒᆞ니署理ᄂᆞᆫ正任大臣과有異ᄒᆞ야不擇賢否ᄒᆞ며不分청濁ᄒᆞ고如是調用이라도國計民事上에無所妨焉일진ᄃᆡ可云幸矣로ᄃᆡ知其不然者면此亦一位大臣이라使此貪饕之輩로一日居職이면有一日之害ᄒᆞᆯ지니加此新組織이豈不爲民之所笑乎아蓋此閔。丙。漢。氏ᄂᆞᆫ無一才能而鄙悖莫甚ᄒᆞᆫ一介劍奪手也라往日義州府尹在任時에峻刑苛法으로勒奪民財가至爲屢百萬兩ᄒᆞ야閭境怨방이今猶不息이고頃以內大署理로納賂循私가罔有紀極ᄒᆞ야竟有莫本勿施之擧ᄒᆞ얏스니前鑑昭昭에其人之廣六行를一言可知이거날今又任之以銓衡ᄒᆞ야恣其跳량케ᄒᆞ깃시되公道之愈益掃地ᄂᆞᆫ推此可悉인즉所謂新組織之實效ᄂᆞᆫ飛去斜陽風이라고輿論이紛紛ᄒᆞ다더라

●破災調査　今番雨水後에恤典處分을特下하ᄉᆞ醫務廳에셔五署內破屋頹墻을巡檢이以繩尺으로間數調査ᄒᆞᆫ다더라

●兩巡俱惡　西署巡檢千東完은屎尿桶價를幻弄타가至於罷免逐出하고同署巡檢鄭承三은商民處에拔劍行悖ᄒᆞᆷ으로民怨이狼藉하야相顧而言하되人民保護하ᄂᆞᆫ本意와不能檢束하ᄂᆞᆫ過失을該署長이都不聞知乎아ᄒᆞᆫ다더라

●僅獲一賊　十二日下午九時에南署巡檢崔明煥이猛然聞呼賊之聲ᄒᆞ고急往于中署東谷李熙鎭家門前則賊漢三名이揮劍突出故로欲爲捕捉타가反受該賊之劍ᄒᆞ야巡檢之左腕이被傷ᄒᆞ고寡不敵衆하야漸至無奈之際에幸逢中署巡檢金鳳漢等三人하야合力追捕而追至長橋等地하야僅獲一名하얏다더라

●諸使邀餞　十四日下오八時에伊太利公館에셔日本公使館員과청公使比國公使館員諸氏를請邀宴會하얏다더라

雜報

●官民問答 十四日一進會評議長송秉畯評議員廉仰模尹定植三民가政府에進ㅎ야參政大臣韓圭卨氏에게質問曰閣下가迨此時局岌業之秋ㅎ야 皇上陛下特簡으로委畀甚重ㅎ시니閣下가上答天恩ㅎ시고下濟蒼生ㅎ실方策을研究熟嫻ㅎ신잇가

參政曰才拙恩重ㅎ니不勝悚悳이라但在其位ㅎ야는務盡職分爲主ㅎ노라

總代曰今日揆地의急先務가正朝廷以正百官ㅎ며正百官以正萬民이오니正朝廷之道는肅清宮禁然後에朝廷이正ㅎ고百官이正ㅎ리니此是第一大事件也니期屬實施ㅎ소서

參政曰近日 詔勅이屢下ㅎ사고宮內府에셔警衛局長을奏本論罰ㅅ지ㅎ얏시니此豈非肅清之實施乎아

總代曰然이나此不過外飾이오非實施也라雜輩與走卒과各朝官의跟隨等이防閑이無ㅎ게出入闕門도嚴禁ㅎ려니와此乃細節이라

近日宮內府參書官參理官과禮式院主事等許多冗官이無非卜筮命課堪輿幻術詭異滑稽之徒라此輩가藉托宮內府官人ㅎ고造拔爭進ㅎ야朝夕으로綴殿陛ㅎ야誑罔眩惑이無所不至ㅎ니大官은反不得昵近 耿光ㅎ야暇隙이라其可曰國有紀綱乎아此等冗官을一并沙汰ㅎ야淆雜類가迸跡ㅎ然後에야朝廷이正ㅎ고百官이正ㅎ야四方이風動ㅎ리이다

參政曰當稟陳前席ㅎ야期圖實施ㅎ리라

總代曰現地方情形이尤極困難ㅎ야民生塗炭이時日可悶이온거시究其根由ㅎ면觀察郡守가專事肥己에不恤民情故로浸浸然至於垂亡也라古昔盛時에八道方伯이能宣治平之化어날挽近貪汚彌滿之時에害民賊一[illegible]加[illegible]도亦云過矣어든況加增五箇賊ㅎ야一道之內에或分東西ㅎ며或割南北ㅎ야剝割生靈이千百其端이오今當改革之際ㅎ야其爲觀察之任이各以泥舊習貫으로固執行任ㅎ야使黎民으로不得進開明之域케ㅎ니似此方伯은不可任他時日이니即以八道로換舊例施行ㅎ고亟選廉直ㅎ야使之句宣 聖德케ㅎ소서

參政曰當稟徹實施ㅎ리라

總代曰各部大臣이被命ㅎ신지多日에又復如前陳疏ㅎ고不爲出仕ㅎ시니此時가何時완듸例讓外飾으로遷延日月乎아閣下가一般力勸ㅎ야卽速視務케ㅎ시고切勿越視ㅎ소서

參政曰言甚切當ㅎ도다總代가告退ㅎ서參政이欣然曰官有行政權ㅎ고民有協贊權ㅎ니期於官民相合ㅎ야共濟國事ㅎ기를切望이라ㅎ얏더라

●捕幕漂去 日昨暴雨에東署永禧殿前長慶橋支所巡捕幕과其附近에在ㅎ典當舖一座가并爲漂流ㅎ얏다더라

●大賓將到 美國大統領의令孃氏와陸軍卿코빈氏가這間日本에遊覽ㅎ고比律賓、新嘉坡、香港、上海、北京諸處를歷覽ㅎ고來十九日頃에韓國에到着ㅎ다ㅎ야宮中에서接待ㅎ節次를準備中이라더라

●報請指飭 江原道杆城郡守李奎氏가內部에報告ㅎ얏는듸韓國通信事務引繼委員長池田十三郎公函內開에一新刊日韓通信機關合同紀念郵票는定額三錢과本紀念郵票는明治三十八年七月一日부터各地郵便局所에서售賣ㅎ이오本紀念郵票는韓日兩國內發着ㅎ는郵便에無碍通用ㅎ을得ㅎ고且淸國內日本郵局所在地에發着ㅎ는郵便에도使用ㅎ을得ㅎ이오本紀念郵票는萬國聯合郵便에는使用ㅎ을得지못ㅎ이오一韓國郵票及葉書明治三十八年六月三十日로爲限ㅎ고售賣廢止ㅎ이라ㅎ고日韓通信業飭合同紀念郵票一枚를送呈하온바今此郵票規則이初無府郡之訓飭이온바其所遵行이恐未知何如이올지査照指令이라ㅎ얏더라

●是亦義士 日昨統內蓮洞近處에서川流汎濫ㅎ듸一小兒가失足漂流안즉其父母가扣胷號哭하야莫知所爲之際에適有過去南草商이見其慘狀하고急往救出ㅎ지라兒之父母가爲其酬恩하야洋木幾疋과錢幾千兩을出給ㅎ즉南草商이拒絕不受ㅎ으로隣居諸人이嘖嘖稱譽하더라더라

●金庫定官 農에部셔度支部에照會內槪에貴部所管收入金을官吏中一人을收入官吏로定하야人民에納金을領收하야金庫로送랍케홈이事理에便合하오니其收入에種類及收入官의可合人官職姓名을懸錄送交하시면本部에셔는其必要홈을査覈ㅎ後亦當認准通知ㅎ깃스니該通知를接受ㅎ後收入官吏된牒紙를交付等因이오再開若或有非其收入官吏而領受歲入金이거나抑或以收入官吏로違越成規而授受現金者면各依事理하야難免懲罰이오니以此辭意로各官에게佈告服勤케ㅎ니고亦即示明等因이온바此를査ㅎ야收入稅類와收入官吏의官職姓名을別紙에區別送交ㅎ오며且將貴照辭意ㅎ야均佈各官ㅎ옵고玆에照復事라ㅎ얏더라

左開

農商工部所管　金種類

典舖稅　金鑛稅

收入官吏의官職姓名

參書官　朴熙陽

●隨聞正誤 日昨本報有何協議題下에日英同盟約中에韓國에對하야有何協議事件句語는確係無根이기正誤홈

○司法

接准平理院裁判長李漢英報告書內開被告李晳鎬案件由檢事公訴審理則被告砥平郡守在任時本年陰曆四月望間觀察府總延命次上京仍留不發亦不還官洽滿一朔五月初二日該郡賊變大起無罪人命被殺者至九人而不即還官鎭壓其事實證被告陳供自服明白被告李晳鎬照刑法大全第二百十八條官吏나使役이職役에無故히擅離ㅎ者律第二百二十六條官吏나使役이在任時에事를臨ㅎ야託故ㅎ거나圖避ㅎ者重事律第百十九條二罪以上이同時에俱發된境遇에는其重ㅎ者를從ㅎ야處斷律處笞八十玆以報告云矣히犯李晳鎬依히院所擬律處斷放送之意로法部大臣署理가上奏ㅎ와奉旨依奏

八月十七日

法律 (續)

第二百七十八條 告官ㅎ犯罪를互相私和ㅎ거나私和케ㅎ者는并히犯人의罪에二等을減ㅎ되笞五十에止홈이라 但受財ㅎ야贓이重ㅎ者는計贓ㅎ야第六百三十一條坐律로論홈이라

第二百七十九條 自己訴冤을除ㅎ外에本管官이나吏典使役이該上官이나部民이該管官을告訴ㅎ者는笞一百이며他人을陰囑ㅎ야發狀ㅎ者도同論호되該事案은聽理치아니홈이라

第二百八十條 告訴ㅎ다稱ㅎ고聚衆ㅎ야本管官司를挾制ㅎ者는懲役十五年이며他官司에는一等을減ㅎ고因ㅎ야人을傷ㅎ거나官物을毁破ㅎ者는懲役終身이며人을殺ㅎ者는絞에處이라 但官吏의貪虐을因ㅎ야起閙ㅎ者는本條에依ㅎ야各히一等을減홈이라

第二百八十一條 山訟을見屈ㅎ야掘移ㅎ기로納고ㅎ後에逃匿ㅎ者는笞一百에處ㅎ고該塚은自官掘移홈이라

第二百八十二條 民事訴訟에落科ㅎ야納고ㅎ고逃避ㅎ者는笞一百에處홈이라

第二節 親屬相告律

第二百八十三條 尊長이나卑幼가相告ㅎ者는左開에依ㅎ야處홈이라

一 祖父母父母나夫나夫의祖父母父母에게는懲役三年

二 朞親尊長이나外祖父母에게는笞一百

三 大功親에는笞九十

四 小功親에는笞八十

五 緦麻親에는笞七十

六 袒免親에는笞五十

七 夫의朞親以下에는夫가告홈과同ㅎ고袒免親에는凡人과同홈이라

八 雇工이家長이나家長妻에는懲役二年半이며家長의緦麻以上親에는本條二項三項四項五項에依ㅎ야各히一等을減홈이라

九 被告ㅎ祖父母父母나夫의祖父母父母는并同自首免罪ㅎ고朞親大功尊長과外祖父母와妻의父母는本罪에四等이며小功과緦麻는本罪에三等을減홈이라

特別廣告

本申報는海外電報를即接ᄒᆞ야機關이靈通ᄒᆞ고外報와採報를敏捷活潑ᄒᆞ도록注意ᄒᆞ오며申報發送ᄒᆞᄂᆞᆫ되迅速便ᄒᆞ기ᄂᆞᆫ分傳人의게在홈으로本社에서平常에諸分傳人의게丁寧告戒ᄒᆞ고申申訓飭ᄒᆞ야毋或懶惰ᄒᆞ게注意ᄒᆞ거니와如或暫有積忽이라도愛讀僉君子ᄂᆞᆫ密使通知于本社ᄒᆞ시면該分傳의게誠信相孚ᄒᆞ도록耳提面命ᄒᆞ고勸贊가發生ᄒᆞ도록誨論ᄒᆞ야必無遲誤ᄒᆞ기로期待ᄒᆞ옵나이다

本社에寄書ᄒᆞ시ᄂᆞᆫ諸君子ᄂᆞᆫ姓名과居住를明確ᄒᆞ게懸錄送附ᄒᆞ시와證據가有홈을必要홈이오公衆平和와秩序를紊亂케ᄒᆞᄂᆞᆫ意와社會上不經荒雜ᄒᆞᆫ寄書ᄂᆞᆫ自不受ᄒᆞᄂᆞᆫ權利가本社에有ᄒᆞ오니肯諒ᄒᆞ시옵

大韓每日申報社

廣告

貿易商

本社ᄂᆞᆫ仁川港日本郵便電信局對面 電話第二百一番地

仁川港 廣昌洋行 벤녓트會社告白

一進會告白

本會에서今十六日下午一時에獨立館에演說會를開ᄒᆞ고傍聽을許ᄒᆞ오니僉君子ᄂᆞᆫ來臨ᄒᆞ시오

光武九年九月十四日 雨則停退

演說問題 辯士左開

皇室尊重論 廉仲模

國家興廢論 洪肯燮

政府責任論 송秉畯

○鐵路部

○東大門과新門間에來往車ᄂᆞᆫ每十分間에運行ᄒᆞ

東大門發初車ᄂᆞᆫ午前六時三十分

新門外停車場發初車ᄂᆞᆫ午前六時五十五分

東大門發終車ᄂᆞᆫ午後九時五十分

新門外停車場發終車ᄂᆞᆫ午後十時一五分

○東大門과洪陵間에來往車ᄂᆞᆫ每二十分間에運行홈

但自鍾路로東大門에來到ᄒᆞᆫ交替車로聯絡홈

東大門發初車ᄂᆞᆫ午前六時五十分

洪陵發 初車ᄂᆞᆫ午前七時十分

東大門發終車ᄂᆞᆫ午後七時五十分

洪陵發 終車ᄂᆞᆫ午後八時十分

○鍾路와龍山間에來往車ᄂᆞᆫ每十二分間에運行홈

鍾路發至南大門初車ᄂᆞᆫ午前六時四十八分

鍾路發至龍山 初車ᄂᆞᆫ午前七時二十四分

南大門發至鍾路初車ᄂᆞᆫ午前六時五十六分

龍山發至鍾路 終車ᄂᆞᆫ午前七時五十七分

南大門發至鍾路終車ᄂᆞᆫ午前十時八分

龍山發至鍾路 終車ᄂᆞᆫ午後九時九分

○特別私用車ᄂᆞᆫ顧客의方便홈을隨應ᄒᆞ야準給홈

但定價ᄂᆞᆫ本社에來臨ᄒᆞ야請問ᄒᆞ옵

○電燈部

二百五十燭力以內의敷用處에ᄂᆞᆫ每個月에定價表가如左홈

○十六燭力燃燈達夜에二圓五十錢

○三十二燭力燃燈達夜에四圓

○五十燭力燃燈達夜에六圓

○一百五十燭力燃燈達夜에十圓

一千二百燭力弧形燈達夜에二十圓

二百五十燭力以上의敷用處에ᄂᆞᆫ請求ᄒᆞ면瓦斯計一箇를設給홈

但瓦斯計賃金은每個月에二圓이오瓦斯計測驗表委托定價ᄂᆞᆫ每時間每암피아에二錢이옵

瓦斯計設給處에셔每介月支拂金最低額은每個月에二十圓인딕(瓦斯計賃金은)据홈

電燈을敷設ᄒᆞ기에請求ᄒᆞᄂᆞᆫ딕로供給홈

各種連枝掛燈도常時에貯存ᄒᆞ엿솝

本社鍾路電氣會社

韓美電氣會社 告白

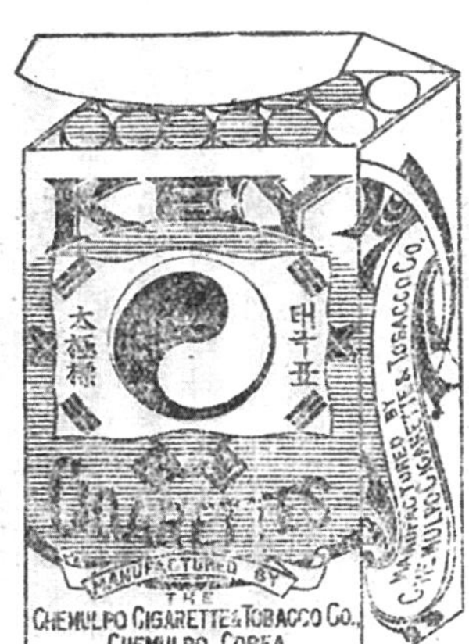

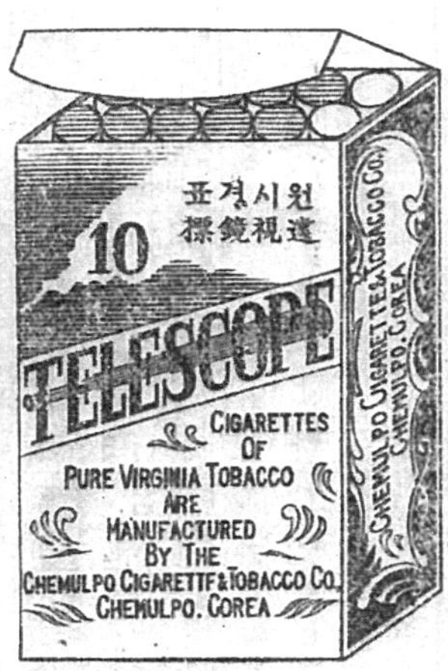

以上三種은上品으로製造ᄒᆞ야衛生上에至極有益ᄒᆞ오니毋論某人ᄒᆞ고本社에來顧ᄒᆞ옵

大韓帝國仁川港

濟物浦紙卷煙及烟草會社

一 鷹標罐濃詰牛乳

一 金印罐詰濃結牛乳

一 無雙家用氣化乳酪

一 쏘ㅣ든쓰製造麥芽化合牛乳

以上은常時에貯積ᄒᆞ엿솝

美國紐育港쏘ㅣ든쓰濃結牛유會社

一手代理店 大韓仁川港 世昌洋行

廣告

一 雜貨商

一 貿易商

一 船舶取扱

一 煙草商

一 委托販賣及貨物運送代理業

一 貿易行棧商

以上輸入及輸出者

京城 仁川港 大昌洋行

本社廣告

申報價

一張代金 新貨五錢

一箇月前金 五十戔

三箇月 一元五十戔

六箇月 二元九十戔

一箇年 五元八十戔

郵稅一部 新貨五里

一箇月 十三戔

廣告料

四号活字十三字詰

每日每英尺一寸에新貨廿五錢

(每日每行에六錢에相當홈)

二周日에 二圓五十錢

(每日每行四錢五里에相當홈)

一箇月에 五圓

(每日每行四錢一里에相當홈)

其期限의長短과字行의多少를依ᄒᆞ야增減홈이有홈

大韓人마다此申報를不得不閱覽ᄒᆞ실터이오니廣告出報ᄒᆞ실僉君子ᄂᆞᆫ來臨面議ᄒᆞ시옵

發行兼編輯人 英國人裵說

發行所 京城北署壽進坊碑洞号外地法語學校前

大韓每日申報社

第三卷 第三十號

大韓每日申報
대한매일신보

月曜及慶節時日休刊

檀君開國四千二百三十八年
箕子元年三千二十七年
大韓開國五百十四年
日本明治三十八年
淸國光緒三十一年
陰曆乙巳八月大十九日己未

論說

韓國位地

大隈伯爵의談話를日昨本報別項에揭載ᄒᆞ얏거니와日本이韓國에서交戰前政務의復設ᄒᆞᆯ거슬陳述ᄒᆞᆯ지라

此ᄂᆞᆫ日本之於韓國에軍政優勢의承認을表明ᄒᆞᆷ에不遲ᄒᆞᆫ즉韓國은依舊獨立이確然ᄒᆞᆷ의日本要求의拒絕或承認을惟其任意自由ᄒᆞᆯ지라然則戰時任責된韓國內日本政務의誤錯됨을可期改正이로다

東西報舘이日本寬大를無不大讚이로되至於韓國ᄒᆞ야ᄂᆞᆫ失此感情일ᄉᆡᄒᆞ노니韓人中에爲日本信友者ㅣ一人도未有ᄒᆞᆷ은果是確報요斷無異見이라全國民을擧皆抗逆ᄒᆞ엿도다

開戰初親睦定約의繼行을照探ᄒᆞ면日本之貪欲과韓國之忍耐를奇之理之ᄒᆞ노니日本之謀畧을不必一一盡計라도抗逆韓國全民之證은確然不待說明이나

土地家屋을稱軍用自買ᄒᆞ얏스니此其一也요頒布軍律ᄒᆞ야不爲故犯者를執刑殺之ᄒᆞ얏스니此亦一也며勸장一進會民ᄒᆞ야強勸 皇上ᄒᆞ얏스니使官民激怒요因財政顧問之不擧行爲ᄒᆞ야錢弊가混亂ᄒᆞ얏스니商民之感情을全失이며

且日本之提議要請에不用苛酷壓迫而得認者ᄂᆞᆫ一不可見이로다大山岩元帥가祭天陵寢를必當撤重이란宣告ᄂᆞᆫ電達於世界ᄒᆞ고猶且(여도이)新報에張言記載이되韓人墳墓를拙塹陵辱ᄒᆞᆫ거슨一不電告ᄒᆞ얏도다

此ᄂᆞᆫ日本의幾乎得之ᄒᆞ얏던位地를說明ᄒᆞ기에帮助ᄒᆞᆷ이라日本外態ᄂᆞᆫ斷不可掩이여날可講之事ᄂᆞᆫ發電이고其他ᄂᆞᆫ不然ᄒᆞ며

尙且奇怪ᄒᆞᆫ거슨日使人播傳於世界ᄒᆞᆫ同報를同國記筆이以外報照謄ᄒᆞ니由是로日本이報何히自國及世界를欺瞞ᄒᆞᆷ을可見이라此等報舘이曾未有之언마ᄂᆞᆫ今皆然矣로다

臨事實大를不得不然이니故로日本之於韓國에行事가不是勝者之於敗敵인줄을確認ᄒᆞ라고對日政府控訴ᄒᆞ노니不至晩時어다

日本이韓國에서多數課計를改良ᄒᆞ라면尙有一期어니와日本이明於韓國에取其指揮者之位地라가勸告之位에도不當至之ᄒᆞᆫ거슨是何理由요

官報

●號外 光武九年九月十五日

◎辭令 內部協辦李鳳來
命署理大臣事務
九月十日

農商工部協辦玄暎運
解署理大臣事務
中樞院贊議成岐運
命臨時署理農商工部大臣事務
以上九月十四日

●第三千二百四十六號 光武九年九月十六日

◎宮廷錄事 詔曰侖從二品李相설爲法部協辦
光武九年九月十一日
法部大臣李夏榮

◉叙任及辭令 忠淸南道觀察府主事權恒善 京畿觀察府主事車喜均 忠淸北道觀察府主事金益漢
依願免本官
任忠淸南道觀察府主事叙判任官六等 九品韓達仁
任京畿觀察府主事叙判任官六等 朴熙成
平安南道觀察府主事陰在억
任忠淸北道觀察府主事叙判任官一等
任平安南道觀察府主事叙判任官六等 白永基
以上九月八日
免懲戒 六品柳海鵬
依願免本官 順昌郡參奉許禎
任法部協辦叙勅任官二等 從二品李相설
以上九月十一日
法部協辦李相설
給四級俸
陸軍硏成學校教官兼教成隊附陸軍步兵副尉韓鳳會
侍衛步兵第一聯隊第三大隊副官陸軍步兵副尉李敏斗
鎭衛步兵第二大隊副官陸軍步兵副尉吳英根
免本職
陸軍步兵副尉吳英根
補陸軍硏成學校教官兼教成隊附
陸軍步兵副尉韓鳳會
補侍衛步兵第一聯隊第三大隊副官
陸軍步兵副尉李敏斗
補鎭衛步兵第二大隊副官
陸軍步兵參尉孫殷永 仝李萬變
任陸軍步兵副尉
以上九月十二日
宮內府參書官金鎔濟
西京 豐慶宮參書官崔益煥
依願免本官
任 宮內府參書官叙奏任官四等 善山郡守朴龍勳
任西京 豐慶宮參書官叙奏任官四等 正三品韓鼎烈
十三日

外報

●스밀나드른騷擾 스밀나에서騷擾가起ᄒᆞ야某某國領事ᄂᆞᆫ軍艦派遣을請求ᄒᆞ얏더라

●對韓集의猝變說 日本에서政進兩黨의領袖가外交問題로以ᄒᆞ야桂首相에게警告ᄒᆞᆯ時에桂首相이答ᄒᆞ야日外交問題ᄂᆞᆫ決코掛念ᄒᆞᆯ거시無ᄒᆞ고特히韓國에對ᄒᆞ야ᄂᆞᆫ其根本된方針으로施設ᄒᆞᆯ야ᄂᆞᆫ計劃이라ᄒᆞ고其計劃案의大略을 此ᄂᆞᆫ期於히成功ᄒᆞ깃다ᄒᆞᆫ故로兩派의領袖等도事實노信ᄒᆞ얏더니講和談判이開始ᄒᆞᆫ以後로露國의拒絕를受ᄒᆞ야昨今對韓政策의方針이猝變ᄒᆞᆯ야ᄂᆞᆫ傾向이有ᄒᆞᆫ의此內情을探知ᄒᆞᆫ諸人이深히憂慮ᄒᆞᆫ다더라

●調印後光景 노두電을據ᄒᆞᆫ즉今月六日午後四時에포쓰마으스造船所에서祝砲를放ᄒᆞ야講和條約의調印됨을報ᄒᆞ며各國國旗를擧ᄒᆞ야祝意를表ᄒᆞ얏고小村全權과위트全權間에懇篤ᄒᆞᆫ祝辭를交換ᄒᆞ야今後露日兩國이友邦되기를希望ᄒᆞᆫ다ᄒᆞ고互相握手ᄒᆞ얏다더라

●全權罹病 로이테電을據ᄒᆞᆫ즉日本全權委員小村男爵은內臟病에罹ᄒᆞ야紐育에在ᄒᆞᆫ一切招待ᄂᆞᆫ延期ᄒᆞ고歸朝ᄒᆞᆯ期日이未定ᄒᆞ기로高平全權이代身歸朝ᄒᆞ야凡百事件을復命ᄒᆞᆫ다더라

●內債募集 東京電을據ᄒᆞᆫ즉日本에서講和條約批準을待ᄒᆞ야緊急勅令이나或臨時議會의協贊을經ᄒᆞ야戰后의諸般經費로三億乃至四億萬의內債를募集ᄒᆞᆯ計劃이라ᄂᆞᆫ說이有ᄒᆞ다더라

●引揚有望 同電에依ᄒᆞᆫ즉日昨轟沈ᄒᆞᆫ三笠艦은十分히引揚ᄒᆞᆯ所望이有ᄒᆞ고上甲板과下甲板間에大損傷이無ᄒᆞ며目下武器其他를引揚中이라더라

外報

◎日露講和條約

倫敦電을據ᄒᆞᆫ즉法國으로브터新聞에發表ᄒᆞᆫ講和條約이如左ᄒᆞ더라

第一條 日露兩國及兩國人民間에平和와友誼를回復ᄒᆞᆷ事

第二條 露國은政治上軍事上經濟上에日本이韓國에셔傑越ᄒᆞᆫ權利를有ᄒᆞᆫ事를承認ᄒᆞ고日本이自有必要ᄒᆞᆫ境遇에韓國政府와協約ᄒᆞ야韓國에셔行ᄒᆞᄂᆞᆫ바指導保護監理ᄒᆞᄂᆞᆫ行動에對ᄒᆞ야妨害치아니ᄒᆞᆷ事

露國臣民及露國利益은於韓國에日本과國土均一ᄒᆞᆫ待遇를受ᄒᆞᆷ事

第三條 日露兩國兵은自滿洲로同時撤退ᄒᆞ고現下에擁有ᄒᆞᆫ바私人及會社의權利ᄂᆞᆫ依然有効ᄒᆞᆷ事

第四條 旅順口大連及附近土地與海面에對ᄒᆞ야露國이有ᄒᆞᆫ바租借權은全然히日本에讓與ᄒᆞᆷ事

露國臣民의財産及權利ᄂᆞᆫ保護를受ᄒᆞ며尊重케ᄒᆞᆷ事

第五條 日露兩國은兩國民에對等待遇를許ᄒᆞ야滿洲貿易開發ᄒᆞ기爲ᄒᆞ야行ᄒᆞᄂᆞᆫ바手段에妨害를不加ᄒᆞᆯ事로互相誓約ᄒᆞᆷ

第六條 滿洲鐵道ᄂᆞᆫ寬城子(長春)停車場으로爲境界ᄒᆞ야此를日露兩國間에分割ᄒᆞ야兩國이此線을商業上에使用ᄒᆞᆯ깃고露國은其所有部分에關ᄒᆞᆫ鐵道建設條約을依ᄒᆞ야旣自淸國으로獲得ᄒᆞᆫ一切權利를保有ᄒᆞ고日本은其所有鐵道에供給ᄒᆞᄂᆞᆫ炭礦을獲得ᄒᆞᆫ事

日露兩國이共히其鐵道通行土地에셔所生凡事를處理ᄒᆞᄂᆞᆫ自治가有ᄒᆞᆫ事

第七條 日露兩國에셔寬城子以南之接續線建設ᄒᆞᆷ을計劃ᄒᆞᆫ事

第八條 右鐵道의各部分은兩方車량의拘碍가無ᄒᆞ며通過ᄒᆞᆷ日時으로써經營ᄒᆞᆯ事

第九條 露國은北緯五十度에至ᄒᆞ기ᄭᆞ지樺太島의南部를日本에割讓ᄒᆞ고兩國이宗谷海峽及韃靼海峽에셔互相通行ᄒᆞᄂᆞᆫ自由를享有ᄒᆞᆫ事

第十條 南部樺太에在ᄒᆞᆫ露國臣民의位置ᄂᆞᆫ既定ᄒᆞᆷ과如ᄒᆞ고露國殖民은自有自在ᄒᆞ야國籍을不變ᄒᆞ고殘留ᄒᆞᆯ權利가有ᄒᆞ고日本은露國人民中罪囚를對ᄒᆞ야退去케ᄒᆞᆯ事를得ᄒᆞᆷ

第十一條 露國은日本海하고쓰子海베링海에在ᄒᆞᆫ露國領海內에셔日本에讓與ᄒᆞᆫ漁業權에關ᄒᆞ야其協約을商量ᄒᆞᆯ事를努力ᄒᆞᆷ

第十二條 日露兩國은兩國間에旣已通用ᄒᆞ든通商條約을再次有効ᄒᆞᆯ事를承諾ᄒᆞ고兩國이共히最惠國의條款을有ᄒᆞᆫ事

第十三條 捕虜ᄂᆞᆫ兩國이互相交換ᄒᆞ고此에必須ᄒᆞᆫ給養費額을償與ᄒᆞᆯ깃고其請求書ᄂᆞᆫ兩國이制作ᄒᆞᆷ을要ᄒᆞᆷ

第十四條 約條ᄂᆞᆫ英法兩國語로써記述ᄒᆞ야日本은以英文으로爲正本ᄒᆞ고露國은以法文으로爲正本ᄒᆞᆫ事

第十五條 本條約은調印後五十日內에兩主權者를依ᄒᆞ야批准交換ᄒᆞᆯ지라

●청皇詔旨 香港電을據ᄒᆞᆫ즉청國皇帝ᄯᅴ셔斥貨事件에對ᄒᆞ아詔書를降ᄒᆞ얏ᄂᆞᆫᄃᆡ斥貨商人을遍歷ᄒᆞ라ᄒᆞ얏다더라

東京電報

◉內大引責 九月十五日오後一時卄分發

貴族院議員二條基弘外十數名이桂總理大臣을訪ᄒᆞ고芳川內務大臣을引責ᄒᆞᆷ을求ᄒᆞᄂᆞᆫ件에就ᄒᆞ야政府에出ᄒᆞ야協議中이라더라

◎休戰命令 昨日滿洲軍에休戰命令을下ᄒᆞ얏다더라

●鐵道買戾議起 同月十五日오後五時三十分發

昨十四日北京發電을據ᄒᆞᆫ즉청廷에셔ᄂᆞᆫ東청鐵道買戾ᄒᆞᄂᆞᆫ件에就ᄒᆞ야協議中인ᄃᆡ其資金은鐵道를擔保로ᄒᆞ야美國에셔借入ᄒᆞᆫ다云ᄒᆞ고或은關稅를改革ᄒᆞ야其除餘金으로支拂ᄒᆞᆫ다云ᄒᆞ더라

雜報

●彩雲東歸 美國大統領令孃루스벨트、아리스孃이與其陸軍卿코번氏로來十九日頃에到韓一事ᄂᆞᆫ昨報에已揭어니와同氏ᄂᆞᆫ世界一等國之貴主라地位에堂堂ᄒᆞᆷ과威儀에煒煒ᄒᆞᆷ은不須多論이고重溟을涉ᄒᆞ며列國을經ᄒᆞ야周遊觀風ᄒᆞᆷ은非徒女流中의罕有라抑亦男子輩에所難이오不但一時奇事라實爲千古快談ᄒᆞᆯ지니道凡ᄒᆞᆫ志槩와散朗ᄒᆞᆫ姿質과淵邃ᄒᆞᆫ學問은不待接其芳論而可以測知인즉其香車所住와淸晒所被에山川之增耀와草木之含榮은姑置勿論이고詞人墨客은爭獻頌而識喜ᄒᆞ며善女賢원은競買絲而繡面이오其來如明 이出海ᄒᆞ고其去如閒雲이遊天ᄒᆞ야藉藉芳名이長在於六洲之間ᄒᆞᆯ지니曷不猗哉며曷不盛哉아今又道里云遠에不憚勞苦ᄒᆞ고爰擧玉趾ᄒᆞ야賁然來韓ᄒᆞ니其友邦을寵綏ᄒᆞ며交誼를敦密케ᄒᆞᄂᆞᆫ仁愛之心과寬大之風은求之今古에鮮有儔匹이라其僕從戾境之日에國旗를懸ᄒᆞ며禮砲를擧ᄒᆞ며兵丁之護衛와儀仗之優待와一般官民의出郊歡迎은自不必說이어니와、韓皇陛下ᄭᅦ옵셔優비玉帛으로隆其禮遇ᄒᆞ며適館授餐을盡其款曲ᄒᆞ야以成兩國之好ᄒᆞ며以樂嘉賓之心은禮固然矣라宜宜踈虞ᄒᆞᆯ지로다

●再度薙髮 宮內大臣李載克氏가前日日本視察時에薙髮이다가回還後仍卽長髮ᄒᆞ얏더니今番美國大統領令孃氏來韓時에迎接委員으로다시薙髮ᄒᆞᆫ다더라

●特薦一韓 鏡城兵站司令部司令官陸軍步兵中佐官國正順氏가內部에電報ᄒᆞᆫ內槩에開城府下任ᄒᆞᄂᆞᆫ從二品韓敎祚은敎育을勤ᄒᆞ고知勢務ᄒᆞ고我國言語를通ᄒᆞ고軍務에勉勵ᄒᆞ니時勢에適當ᄒᆞᆫ人物인즉今番咸鏡北道改正時에府尹이나郡守나任命ᄒᆞ시라고煩瀆ᄒᆞ옵니다此只軍務上에便利ᄲᅮᆫ아니라將來兩國에도利益이온즉特히希望ᄒᆞ옵니다其人品與其他詳細之件은軍部參謀局長權泰益에게下問ᄒᆞ시기를望ᄒᆞᆷ

●誰任其咎 宣川民李晉行이가前郡守白樂三의게見奪錢을還推次로上京ᄒᆞ야及其裁判場에白雖落科나錢不卽報인즉客地셔府이極爲悶迫ᄒᆞ기로不得已還行타가中路客死ᄒᆞ니哀此李魂은生未雪冤ᄒᆞ고死亦慘빈이라爲其字牧者獨不愧於心乎아此等畧倖ᄂᆞᆫ合置重辟이라고傳셜者ㅣ有ᄒᆞ더라

●兩氏免官 政府奏本에副將李容翊이身帶軍任ᄒᆞ고擅自出境ᄒᆞ얏스며表勳院總裁閔丙奭은何所奏事不實ᄒᆞ야壞損事體ᄒᆞᆷ으로並爲免本官ᄒᆞ얏더라

●禮數優渥 來十九日頃에到韓ᄒᆞᄂᆞᆫ美國大統領令孃氏에旅館은敦德殿으로定ᄒᆞ고其餘隨件諸人은該國公使館或眞洞孫擇嫭邸로定ᄒᆞᆫ다더라

●應試頗多 武官學徒를方以五十人試取ᄒᆞᄂᆞᆫᄃᆡ其應試者ᄂᆞᆫ千餘名에至ᄒᆞ얏다더라

●黃鶴一去 內大臣□明求氏隨批에半執如此ᄒᆞ니未日其必陞之세와나所謂佐施다ᄒᆞ옵ᄂᆞᆫᄃᆡ同氏의戀國之誠과發世之心으로區區擬議이非其本意이되病之難強이라辭命未由ᄒᆞ야一蹶再蹶에浩然賦歸ᄒᆞ니黃鶴이一去에幾時復來일지故山風物이繼可肥돈이나全國生靈이係渴望이니同氏의長往忘世恐非分義之所安이라古人所謂身處江湖로되心懸魏闕을同氏가宜爲拳拳服膺ᄒᆞ야嘉謨嘉猷로有時啓沃ᄒᆞ야以救斯民於塗炭을切切顯祝ᄒᆞ노라

●學費請撥 平南觀察署理李承載氏가學部에報告ᄒᆞᆫ內槩에本府公立小學校七月朔補助金三十元을以平壤郡公錢中推給於該學校이고至於八九兩朔하와도度支訓이尙不下來ᄒᆞ와該校經費을未爲支撥이옵기玆에報告하오니移照度支하와自八月至十二月五朔補助金四百五十元을以附 支金庫로劃下케하시와俾爲逐朔支撥하라하얏다더라

●空然取死 寧越堤川等地에서猖獗ᄒᆞᄂᆞᆫ義兵을勦捕ᄒᆞ기爲ᄒᆞ야軍部大臣이奏本承 裁ᄒᆞ야鎭衛五隊尉官一員이士卒五十名을領率前往ᄒᆞ얏다더라

●東京電報

(九月十六日午前)(十一時四十分發)

에往ᄒᆞ얏ᄂᆞᆫᄃᆡ同氏ᄂᆞᆫ橫濱에셔直히歸國ᄒᆞ고東京의ᄂᆞᆫ不至ᄒᆞ

◎美國陸軍卿歸國

院議長은本日에歡迎次로橫濱

寄

前侍御趙重吉謹再拜上書于政府僉位大臣閣下伏以入其境ᄒᆞ야不辱其大夫라ᄒᆞ며不ᄉᆞ其位어던不謀其政이라ᄒᆞ시니此ᄂᆞᆫ賢良이輔國ᄒᆞ야各盡其道之謂也라上下臣僚가務盡其情則國之治安은可爲萬全이라何待人言乎잇가

邇今我國은在位之臣이各徇目下之已利ᄒᆞ고各營心頭之젼肉ᄒᆞ야國事日非에危急이當眉ᄒᆞ고强隣이壓境에存亡이迫頭ᄒᆞ되恬恬袖手ᄒᆞ야便視秦瘠ᄒᆞ고滔滔貪慾ᄒᆞ야不知鄙陋ᄒᆞ고揚揚爭權ᄒᆞ야阿附外人ᄒᆞ고區區肥已ᄒᆞ야不避賣君賣國之惡名ᄒᆞ니嗚乎痛矣라是何不思之甚哉며亦何無恥之甚哉오

此時此事를不視不聞이是爲自已之幸而無用耳目이與人同備ᄒᆞ니眼광所觸과耳朶所穿을以天賦之人性으로ᄂᆞᆫ憤血沸腔에不忍見不搥聞也ᄒᆞ야敢此數條仰達ᄒᆞ오니政府諸公은不棄人微言ᄒᆞ고不責觸忤하고細細垂察焉

以今宇內之勢로言之則日俄干兵에日之連捷과俄之連敗ᄂᆞᆫ其故何居오日은乃平和之義師也오俄ᄂᆞᆫ乃貪侮之요兵也라義勝요敗ᄂᆞᆫ是天理之固然而日本之大義平和를天下撫贊에何其壯也러니

及夫媾和之約에以我大韓之堂堂獨立을唱道以保護하니是何意外之說也오此ᄂᆞᆫ背馳前義하고假義瞞世也로다事關不義에宇內喧傳호되獨我政府諸公은恬然不聞하고泰然自若하야불欲開天下人之交涉하고불欲免天下人之恥笑하니

儻或有神機妙算而然乎아倘或有挽回天心之術而然乎아倘或畏銃劍之死而然乎아倘或惜抑取財實而然乎아倘或戀妻子而然乎잇가覆巢에無完卵이니國若불泰平이면去將焉歸오

大凡人生이受肉身於父母하고受靈魂於上天하야生於世ᄂᆞᆫ是自然之天理也오死於忠은是當然之人事也라孝當竭力이오忠則盡命이라하니古今歷史에龍逢比干之忠과秦檜史彌之惡을萬古人言에如何贊之며如何誅之오以此觀之하면有咎而生이불如無咎而死也로다

萬國歷史에獨立國保護之說은不見不聞이러니我大韓이以三千里疆域과二千萬人口로自守自强이有何所不及而反受日本之保護乎며若受保護之名이면焉有獨立之義乎아以此唱道者ᄂᆞᆫ誤解甚大라鼎立東洋에韓日이唇齒어날我韓이若失自主之權이면一足이缺也라곤足雖行이오唇亡齒寒을期日可待也오

又有所大理之可畏者하니齊之田橫은只一壯士로되其所屬五百이同日同死에島樹가亦同死어든況我二千萬同胞며三千里疆土리오아불畏此而輒先唱道者ᄂᆞᆫ豈불愚且患哉며現今媾和已成에戰爭이休息하니軍用之借與를불日要還이是當然之事이온즉

伏願亟今聲明於各公館하고交涉於萬國公法하야所謂保護之名을繳之하야以固獨立之基하고兵站設置와軍用地借與을以要撤還하야無失國體之重하시며　未完

雜報

●鹽商大訴　鹽商金斗源이가日人處에鹽價未推事ᄂᆞᆫ世人의共知어니와日前에呼訴次向往外部이다가路逢日公使하야質問曰吾之鹽價을何불推給하고乃以恤金給之하니是何道理乎아日使唯唯而去어늘斗源이仍往外部하야見外大言曰鹽價之至今未推ᄂᆞᆫ實由於外部에셔불爲着意交涉故也라畢竟鹽價未推之日은即吾之死日이나吾不可獨死오必與沮遏吾事人으로同死乃已라고하얏더라

●公費나充　忠南觀察使李道宰氏가內部에報告ᄒᆞᆫ內開에本觀察府ᄂᆞᆫ自設始以後로和於慶節祝賀時에國旗之又掛와外人交涉時에交椅等物之排置를初不磨鍊故로本觀察到任之後에從略排用ᄒᆞ오며因度支部令ᄒᆞ와各樣書式을詳明曉解次主事書記各一人을該部에上送ᄒᆞ옵ᄂᆞᆫᄃᆡ旅費所入金額을補充無路ᄒᆞ옵고自本年一月以後로驛旅費ᄂᆞᆫ因部訓減削ᄒᆞ고物價ᄂᆞᆫ比前倍ᄉᆞᄒᆞ와諸般公費를不得停廢ᄒᆞ야逐月加用이數甚不少ᄒᆞ온지라現當刷新之時ᄒᆞ와加不趁今矯整이오면由來久項을還充沒策이오니就本年度本府第一項俸給中觀察使之已遞任未赴任之間餘額三百四十兩八錢으로나補該欸이恐未知何如이올지査照指令ᄒᆞ라ᄒᆞ얏더라

●經費請撥　龍川監理尹[illegible]求氏가外部에報告ᄒᆞᆫ內開에本港警務署本年度經費一千二兩期條七百十六元을支撥告警에總巡이方在闕供ᄒᆞ고巡檢이或有逃避ᄒᆞᆯ더러且無居接之處ᄒᆞ와方爲棲屑於民ᄒᆞ오니其戶昌披가倘復如何오言念事勢에俱極悶迫이오니査照後本署經費을特爲支撥ᄒᆞ라ᄒᆞ얏더라

政界叢話

女之幽閒貞靜하야事一而待終者ᄂᆞᆫ人必謂之佳女也요東家食西家宿之兩袒女ᄂᆞᆫ人必謂之賤女也니今有人於此하야欲求佳女而乃求於兩袒女叢中이면雖婦孺라도亦知其爲狂妄人也리라

今所謂政府組織이亦猶是焉하니韓之大官아無論現任與在外者하고불爲兩袒女者ㅣ不過若而人인즉欲求忠경公直於此輩中이면雖經百回ᄊ陰이라도必無成矣이거날乃曰組織組織하고擔任其責ᄒᆞ야奔走南北者ㅣ有之ᄒᆞ니彼亦兩袒女之流亞歟인져

辱之以狗彘而불怒하며叱之以狐狸而불慍은決非人情이로ᄃᆡ今所謂大官者ㅣ返能之하니此豈眞無怒無慍而然也리오旣知其爲狗彘하며爲狐爲狸則雖怒且慍이라도無益於事인즉寧爲依前蹤摭하야諸鄙汚等事를惟意行之하야以快狗彘狐狸之本分하ᄂᆞᆫ게斯爲得策이로다大揮項盖頭하고堅忍不去하야惟貪進是務ᄒᆞ니吁此人乎여倘可以人理로責之乎아漆叟曰哀莫哀於心死라ᄒᆞ니此輩之心死ㅣ 久矣라若其心死면雖欲爲狗爲彘ᄒᆞ며爲狐爲狸라도亦不可得以久矣리니其可哀乎哉인져

法律（續）

十一 尊長이卑幼를告ᄒᆞᆫ者ᄂᆞᆫ勿論ᄒᆞ되被告ᄒᆞᆫ卑幼가朞親과大功과女婿ᄂᆞᆫ幷同自首免罪ᄒᆞ고小功과緦麻ᄂᆞᆫ本罪에三等을減ᄒᆞᆷ이라

但反逆을犯ᄒᆞ얏거나第百三十九條二項에罪犯을窩藏ᄒᆞᆫ者ᄂᆞᆫ此限에不在ᄒᆞᆷ이라

第三節　誣告律

第二百八十四條　人을禁獄以下의로誣罪告ᄒᆞᆫ者ᄂᆞᆫ所誣ᄒᆞᆫ罪에二等이며流나役에ᄂᆞᆫ三等을加ᄒᆞ되懲役終身에止ᄒᆞ고死罪로誣告ᄒᆞ야被誣ᄒᆞᆫ人이已決ᄒᆞᆫ者ᄂᆞᆫ絞이며未決ᄒᆞᆫ者ᄂᆞᆫ懲役終身이며反逆을誣告ᄒᆞᆫ者ᄂᆞᆫ已決未決을勿論ᄒᆞ고絞에處ᄒᆞᆷ이라

第二百八十五條　被誣ᄒᆞᆫ人이詐冒不實ᄒᆞ야誣告ᄒᆞᆫ人을反誣ᄒᆞᆫ者ᄂᆞᆫ所誣ᄒᆞᆫ罪로論ᄒᆞ고誣告ᄒᆞᆫ人은本罪만坐ᄒᆞᆷ이라

第二百八十六條　二事以上을告ᄒᆞ얏ᄂᆞᆫᄃᆡ重事ᄂᆞᆫ告實ᄒᆞ고輕事ᄂᆞᆫ招虛ᄒᆞ거나二事가罪等ᄒᆞᆫᄃᆡ一事를告實ᄒᆞᆫ者ᄂᆞᆫ皆免罪ᄒᆞ되若輕事ᄂᆞᆫ告實ᄒᆞ고重事ᄂᆞᆫ招虛ᄒᆞ거나或一事를告ᄒᆞᄂᆞᆫᄃᆡ輕을誣ᄒᆞ야重케ᄒᆞᆫ者와二人以上을告ᄒᆞᄂᆞᆫᄃᆡ一人만告實ᄒᆞᆷ이有ᄒᆞᆫ時ᄂᆞᆫ幷히所剩罪로反坐ᄒᆞ되若已決이어든剩罪에全抵ᄒᆞ고未決이어든笞ᄂᆞᆫ收贖ᄒᆞ고禁獄이나流와役은每一等에笞二十으로ᄡᅥ算ᄒᆞ야笞一百에止ᄒᆞᆷ이라

第二百八十七條　本管上官이나該地方官을死罪로誣告ᄒᆞᆫ者ᄂᆞᆫ已決未決을勿論ᄒᆞ고幷히絞에處ᄒᆞᆷ이라

第二百八十八條　祖父母父母나夫나夫의祖父母父母를誣告ᄒᆞᆫ者ᄂᆞᆫ已決未決과輕重을勿論ᄒᆞ고絞며朞親以下尊長에ᄂᆞᆫ第六十四親屬等級을依ᄒᆞ야所誣ᄒᆞᆫ罪에遞加ᄒᆞ고卑幼를무告ᄒᆞᆫ者ᄂᆞᆫ朞親에ᄂᆞᆫ所무ᄒᆞᆫ罪에三等이며大功에ᄂᆞᆫ二等이며小功緦麻에ᄂᆞᆫ一等을減ᄒᆞ고袒免親은不減ᄒᆞᆷ이라

但子孫이나外孫이나子孫의妻妾이나已의妾이나雇工을무告ᄒᆞᆫ者ᄂᆞᆫ幷히勿論ᄒᆞᆷ이라

夫가妻를무告ᄒᆞ거나妻가妾을무告ᄒᆞᆫ者ᄂᆞᆫ所무ᄒᆞᆫ罪에三等을減ᄒᆞ고妾이妻에게ᄂᆞᆫ一等을加ᄒᆞᆷ이라

第二百八十九條　姓名을隱匿ᄒᆞᆫ文書를揭ᄒᆞ거나投ᄒᆞ야國事나政府를방論ᄒᆞ거나人의罪를告ᄒᆞᆫ者ᄂᆞᆫ懲役終身에處ᄒᆞᆷ이라　未完

特別廣告

本申報ᄂᆞᆫ海外電報를卽接ᄒᆞ야機關이靈通ᄒᆞ고外報와探報를敏捷活潑ᄒᆞ도록注意ᄒᆞ오며申報發送ᄒᆞᄂᆞᆫ뒤迅遲信傳ᄒᆞ기ᄂᆞᆫ分傳人의게在ᄒᆞᆷ으로本社에셔不常에諸分傳人의게丁嚀告戒ᄒᆞ고申申訓飭ᄒᆞ야毋或嬾惰ᄒᆞ게注意ᄒᆞ거니와如或暫有稽忽이라도愛讀僉君子ᄂᆞᆫ密使之知于本社ᄒᆞ시면該分傳의게誠信相孚ᄒᆞ도록耳提面命ᄒᆞ고勤贊가發生ᄒᆞ도록誨論ᄒᆞ야必無遲誤ᄒᆞ기로期待ᄒᆞ오나이다

本社에寄書ᄒᆞ시ᄂᆞᆫ諸君子ᄂᆞᆫ姓名과居住를明瞭ᄒᆞ게懸錄ᄒᆞ시와證據가有ᄒᆞᆷ을必要ᄒᆞᆷ이오公衆平和ᄒᆞᆫ秩序를紊亂케ᄒᆞᄂᆞᆫ意와社會上不經荒雜ᄒᆞᆫ寄書ᄂᆞᆫ不受ᄒᆞᄂᆞᆫ權利가本社에自有ᄒᆞ오니肯諒ᄒᆞ시옵

大韓每日申報社

廣告

大東紀年 全秩五册 定價新貨二元

美國博士訖法氏譯撰

皇城廣通橋高濟弘書舖發兌

貿易商　本社ᄂᆞᆫ仁川港

日本郵便電信局對面

電話第二百一番地

仁川港 廣昌 洋行

벤너르會社告白

○鐵路部

○東大門과新門間에來往車ᄂᆞᆫ每十分間에運行ᄒᆞᆷ

東大門發初車ᄂᆞᆫ午前六時三十分

新門外停車場發初車ᄂᆞᆫ午前六時五十五分

東大門發終車ᄂᆞᆫ午後九時五十分

新門外停車場發終車ᄂᆞᆫ午後十時十五分

○東大門과洪陵間에來往車ᄂᆞᆫ每二十分間에運行ᄒᆞᆷ

但自鍾路로東大門에來到ᄒᆞᆫ交替車로聯絡ᄒᆞᆷ

東大門發初車ᄂᆞᆫ午前六時五十分

洪陵發　初車ᄂᆞᆫ午前七時十分

東大門發終車ᄂᆞᆫ午後七時五十分

洪陵發　終車ᄂᆞᆫ午後八時十分

○鍾路와龍山間에來往車ᄂᆞᆫ每十二分間에運行ᄒᆞᆷ

鍾路發至南大門初車ᄂᆞᆫ午前六時四十八分

鍾路發至龍山　初車ᄂᆞᆫ午前七時二十四分

南大門發至鍾路初車ᄂᆞᆫ午前六時五十六分

龍山發至鍾路　終車ᄂᆞᆫ午前七時五十七分

南大門發至鍾路終車ᄂᆞᆫ午前十時八分

龍山發至鍾路　終車ᄂᆞᆫ午後九時九分

○特別私用車ᄂᆞᆫ顧客의方便ᄒᆞᆷ을隨應ᄒᆞ야準給ᄒᆞᆷ

但定價ᄂᆞᆫ本社에來臨ᄒᆞ야請問ᄒᆞ옵

○電燈部

二百五十燭力以內의敷用處에ᄂᆞᆫ每個月에定價表가如左ᄒᆞᆷ

○十六燭力燃燈達夜에二圓五十錢

○三十二燭力燃燈達夜에四圓

○五十燭力燃燈達夜에六圓

○一百五十燭力燃燈達夜에十圓

一千二百燭力弧形燈達夜에二十圓

二百五十燭力以上의敷用處에ᄂᆞᆫ請求ᄒᆞ면瓦斯計一箇를設給ᄒᆞᆷ

但瓦斯計賃金은每個月에二圓이오瓦斯計測驗表ᄂᆞᆫ委托定價ᄂᆞᆫ每時間每암페아에二錢이옴

瓦斯計設給處에셔每介月支拂金最低額은每個月에二十圓인딕(「瓦斯計貸金은」)据ᄒᆞᆷ

電燈을敷設ᄒᆞ기에請求ᄒᆞᄂᆞᆫ뒤로供給ᄒᆞᆷ

各種連技辦燈도常時에貯存ᄒᆞ엿슴

本社鐵路電氣會社

韓美電氣會社 告白

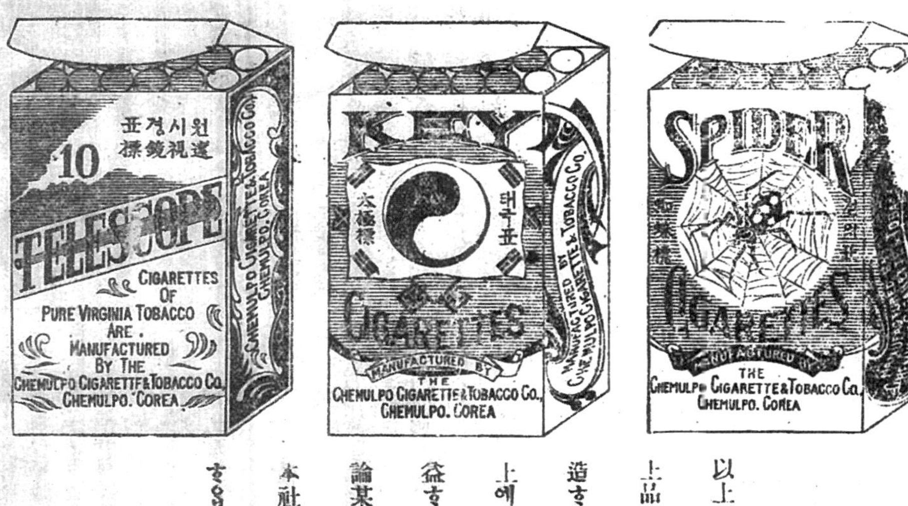

以上三種은上品으로製造ᄒᆞ야衛生上에至極有益ᄒᆞ오니毋論某人ᄒᆞ고本社에來顧ᄒᆞ옵

大韓帝國仁川港

濟物浦紙卷煙及烟草會社

一 鷹標罐濃詰牛乳

一 金印罐詰濃結牛乳

一 [illegible]家用氣化乳酪

一 쌔ㅣ든쓰製造麥芽化合牛乳

以上은常時에貯積ᄒᆞ엿슴

美國紐育港쌔ㅣ든쓰濃結牛乳會社

一手代理店　大韓仁川港　世昌洋行

廣告

一 雜貨商

一 貿易商

一 船舶取扱

一 煙草商

一 委托販賣及貨物運送代理業

一 貿易石炭商

以上輸入及輸出者

京城 仁川 [illegible] 洋行

本社廣告

申報價

一張代金　韓貨五錢

一箇月前入　五十錢

三箇月　一元五十錢

六箇月　二元九十錢

一箇年　五元八十錢

郵稅一部　韓貨五里

一箇月　十三錢

廣告料

四号活字十三字詰

每日每英尺一寸에新貨卄五錢

(每日每行에六錢가相當ᄒᆞᆷ)

二周日에　二圓五十錢

(每日每行四錢五里에相當ᄒᆞᆷ)

一箇月에　五圓

(每日每行四錢一里에相當ᄒᆞᆷ)

其期限의長短과字行의多少를依ᄒᆞ야增減ᄒᆞᆷ이有ᄒᆞᆷ

大韓人마다此申報를不得不閱覽ᄒᆞ실터이오니廣告出報ᄒᆞ실僉君子ᄂᆞᆫ來臨面議ᄒᆞ시옵

發行兼編輯人　英國人裵說

發行所

京城[illegible]號外法語學校前

大韓每日申報社

光武九年八月廿八日 明治卅八年八月十一日 第三種郵便物認可　　火曜日　　西曆一千九百五年九月十九日(一)

第三卷

大韓每日申報
대한매일신보

第三十一號

月曜及慶節 歲時日休刊

檀君開國四千二百三十八年
箕子元年三千二十七年
大韓開國五百十四年
日本明治三十八年
清國光緒三十一年
陰曆乙巳八月大廿一日辛酉

論說

興味日軍公報

客月十六日에日軍本部에셔公報ᄒᆞᆷ이如左ᄒᆞ니

本月十四日早朝에敵步兵一大隊와騎兵二小隊가野戰砲八門과機關砲六門을携持ᄒᆞ고에붙니타(地名 附近(찬둥北方畧三里)我陣地를襲擊하얏스나此를即爲擊退ᄒᆞ얏고我被傷은止兵卒一人이며敵軍死傷은至三十五人云이러라

請更考此案ᄒᆞ노니設有士卒一千五百人ᄒᆞ야携其野砲八門及機砲六門ᄒᆞ고敵其多少日軍이면極少ᄒᆞ더리도每人每銃이各發一丸은推以可知之事여ᄂᆞᆯ全軍射擊之結果가乃至日兵一人被傷이오며不嗜殺人은人之本性이오極貴者ᄂᆞᆫ生命이라殘忍血色을誰能願見이라오마ᄂᆞᆫ對此一人被傷ᄒᆞ야ᄂᆞᆫ果有不滿之意로다

愚嘗聞之ᄒᆞᆫᄃᆡ兵은死地也여ᄂᆞᆯ今以一千五百人之兵額으로果有殘傷之意ᄒᆞ야襲擊敵壘而致其一人被傷이면是ᄂᆞᆫ決非死地라愚ᄂᆞᆫ不可曰此乃無害니日軍本部가爲此弄我故로不得已明言其不然ᄒᆞ노라

俄土交戰에高索克兵一人之被殺이已爲雖減極少之數여ᄂᆞᆯ現今日本이乃作如此結彙ᄒᆞ니此後戰局에一無死傷이란報告ᄂᆞᆫ不足怪之ᄒᆞ려니와被傷一人所在가數尺之內에俄兵의彈丸이一介라도過去ᄒᆞᆷ은可驚之事로다以勢觀之면

俄軍死傷이至於三十五人而即爲退去란同報ᄂᆞᆫ불可불論非ᄒᆞ리니無論某人ᄒᆞ고觀光이면俄軍이爲其親誼ᄒᆞ야尋訪日軍일ᄉᆡ發其砲火ᄂᆞᆫ乃是禮也여ᄂᆞᆯ偶致一人被傷ᄒᆞ얏스니此是불意之事라故로俄國은必送吊詞矣리니三十五人之死傷은只是俄軍之自取라고設辨ᄒᆞ야以慰日軍ᄒᆞᆷ을可悉이라孰불願見此書之送呈이리오

且滿洲日軍을欲爲愛顧ᄒᆞ노니其所報가如左ᄒᆞᆫ지라

自同地旋旆ᄒᆞᆫ日官憲이傳言ᄒᆞᆫᄃᆡ俄軍三萬人이留屯於랄노(地名)ᄒᆞᆷ으로本月五日에彼我間衝突이有ᄒᆞ얏ᄂᆞᆫᄃᆡ日下士一員이불知去處라ᄒᆞ얏스니

戰略上些少課報ᄂᆞᆫ依例之事어니와至此ᄒᆞ야ᄂᆞᆫ果是關念處라此實難信이니若非戲臺妖物이면三萬俄兵注目之前에一個日下士가能何走乎아非徒是然이라

觀其民事면荒唐불謹이必自某處出이로다其參謀本部에셔宜乎問之ᄂᆞᆫ兩軍靜肅相對之際에一箇下士를失於何處乎아ᄒᆞᆯ서시오若要警察이면一人失形을必當搜得 矣리니 誠是齊 人이여

官報

●號外 光武九年九月十六日

◉宮廷錄事 議政府參政大臣臣韓圭卨謹

奏即聞表勳院摠裁閔丙奭有所

奏事불實以致壞損事體此불可以無懲爲先免本官令法部照律勘處何如謹上

奏

光武九年九月十四日奉

旨依奏

議政府參政大臣臣韓圭卨謹

奏陸軍副將李容翊身帶軍任擅自出境揆以紀律불可仍寘爲先免官懲戒何如謹上

奏

光武九年九月十四日奉

旨依奏

◉辭令 表勳院摠裁閔丙奭
陸軍副將李容翊 免本官
以上九月十四日

●第三千二百四十七號 光武九年九月十八日

◉叙任及辭令 任陸軍三等獸醫 陶在喜
補陸軍憲兵隊醫官
陸軍三等獸醫 陶在喜
以上九月十四日

外報

●各國軍艦 極東의各港에各軍艦이定泊ᄒᆞ얏ᄂᆞᆫᄃᆡ其位置가如左ᄒᆞ니

英國
橫濱에 一隻
衛海衛에 十七隻
上海에 四隻
楊子江게 四隻
廈門에 一隻
香港에 三隻
廣東에 二隻
海中에 一隻

美國
烟台에 九隻
上海에 一隻
香海에 七隻
馬來에 十五隻이니
砲艦이오
海中에 二隻

法國
楊子江에 二隻
海封에 五隻
加隆에 四隻
西貢에 十七隻이니
戰鬪艦이오ᄯᅩ頗多
ᄒᆞᆫ砲艦이有ᄒᆞ고
海中에 二隻

德國
膠洲灣에 六隻
烟台에 一隻
楊子江에 二隻
廣東에 一隻
海中에 一隻

清國
烟台에 一隻
上海에 五隻
楊子江에 十一隻
福州에 二隻
海中에 二척

墺地利
膠洲灣에 一척

伊太利
海中에 一척

●戰利浮上 旅順口港內에沈沒ᄒᆞᆫ戰艦利船쇄이아號ᄂᆞᆫ八月二十九日午前에부레아號ᄂᆞᆫ同日午後에共히浮上ᄒᆞ얏ᄂᆞᆫᄃᆡ兩船이共하 돈數가九百十九돈이라더라

●勇敢間諜 歐洲來報를據ᄒᆞᆫ즉吉林發電에如左ᄒᆞᆫ報道가有ᄒᆞ다더라

日本人間諜은吉林市 의大火藥庫를爆發ᄒᆞ려ᄒᆞ야銃斂으로步哨를刺殺ᄒᆞ고點火藥ᄭᆞ지準備ᄒᆞ얏스나俄國巡視에게發見ᄒᆞᆫ바되야捕捉되얏ᄂᆞᆫᄃᆡ內一名은捕縛ᄒᆞᆯ際에抵抗ᄒᆞᆫ써문에當場에被殺ᄒᆞ얏고他三名은簡單ᄒᆞᆫ訊問을受ᄒᆞᆫ後에死刑에處ᄒᆞ얏다더라

●兩全權觀盃 本月五日談判地포쓰마우쓰來電에云ᄒᆞᄃᆡ講和條約調印을終ᄒᆞ미露國全權로젠男은英語로平和成立祝詞및會議中日本全權의好意를謝ᄒᆞᄂᆞᆫ辭를述ᄒᆞ고次에日本全權小村男도亦是英語로의찰을述ᄒᆞ고一同히祝盃를擧ᄒᆞ얏ᄂᆞᆫᄃᆡ當日에列席ᄒᆞᆫ이ᄂᆞᆫ全權隨員諸인與外他돌후긴艦長及포쓰마우쓰市長이라더라

東京電報

◉內務大臣辭表裁可　九月十六日오後四時廿分發　芳川內務大臣은官民衝突騷擾件에就ᄒᆞ야引責中이러니本日에依願免本官이되고當時內에農商務大臣이兼攝ᄒᆞ게된다더라

雜報

政界叢話

幷用求閔泳煥兩氏ᄂᆞᆫ一則雅望이非常이고一則剛直이有素ᄒᆞ야國家之委界와士民之顒望을庶可以副焉이되被任未幾日에旋至見遞ᄒᆞ고其餘舊人은巍然自在ᄒᆞ니

試論今日組織컨ᄃᆡ衣不厭新이오人不厭舊라ᄒᆞᆯᄂᆞᆫ지파之揚之에擁批在前이라ᄒᆞᆯᄂᆞᆫ지其月亘之如何를有雜耀議어ᄂᆞᆯ此出彼入에有如轉燈ᄒᆞ니悠悠組織이何時可了일지

列國之官人은隨其所學而任之ᄒᆞ야長於兵事者ᄂᆞᆫ置諸軍部ᄒᆞ며長於政治者ᄂᆞᆫ置諸度支ᄒᆞ며長於學務工務商務農務者ᄂᆞᆫ亦各以其類而任之이고自非通材博識이면諸般職任을鮮能歷試이거날

韓則不然ᄒᆞ야昨日內部之官이今日移在軍部ᄒᆞ고今日度支之任이明日選于學部ᄒᆞ며至於農務商務工務ᄒᆞ야도亦皆爲然ᄒᆞ야以一人而歷試諸職을擧皆能焉ᄒᆞ니以此論之ᄒᆞ면天下之通材博識이莫如韓之官人之多也로다

內閣舊組織이若係未善이면舊人은一切幷斥ᄒᆞ고另用新人이可也요如其不然者ᄃᆡ仍舊置之ᄒᆞ야無徒紛更이可矣어날每以組織一事로聽聞之聳動이喧喧양양ᄒᆞ야有若別箇人物이將從天而降이라가及其終也ᄒᆞ야ᄂᆞᆫ不過是舊蠹障上에略加一二点新墨ᄒᆞ야目之以新組織이라ᄒᆞ고旅又雨霽雲收에慣面峯만이依舊次第出來이고未見其半点新面目ᄒᆞ니此等組織法은吾不知其何如耳로다

大抵政界組織은去奸進正之稱인즉非士類之宗匠이면莫可擬論인바盖其宗匠云者ᄂᆞᆫ志節이卓然ᄒᆞ며出處正大ᄒᆞ야副於公議ᄒᆞ고協於輿望者를謂ᄒᆞᆷ이니

今日組織擔任ᄒᆞᄂᆞᆫ韓圭卨氏가可以士類宗匠이라謂ᄒᆞᆯ지其材識之如何와志節之如何ᄂᆞᆫ姑置勿論ᄒᆞ고第以出處一節로觀之컨ᄃᆡ質諸公議而首肯者ㅣ少ᄒᆞ며驗于輿望而鼻笑者ㅣ多ᄒᆞ니其本이亂而末治者鮮矣라同氏ᄂᆞᆫ念之哉인져

李根澔李根湘兩氏ᄂᆞᆫ其狡譎ᄒᆞᆫ膓肚와貪濫ᄒᆞᆫ習氣ᄂᆞᆫ可謂難弟難兄이라阿兄의操弄威權ᄒᆞ며爲奪民財ᄒᆞ야世人이皆欲食其肉而寢其皮ᄒᆞᆷ을爲其弟者가毫不懲戒ᄒᆞ고塤지迭唱而日益跳踉ᄒᆞ야植黨營私에罔勢一日以斷喪ᄒᆞ며東西反覆에奸謀ㅣ無所不至ᄒᆞ얏더러以其庸姿劣見으로常思盤據要津ᄒᆞ야輿情이咸憤ᄒᆞ며萬目이睢盱ᄒᆞ니天理昭昭에其能久保首領이며雖其貪虐之財産이라도悖入悖出ᄒᆞ야歸於漁父之所得을斷然可知인즉噫라甘爲小人之行爲者ㅣ未知其終有何益일지

噫彼朴鏞和氏ᄂᆞᆫ論其品質컨ᄃᆡ一個舌人에不過인즉驟致顯秩ᄒᆞ야氣焰赫赫ᄒᆞᆷ이決是頑福이라ᄒᆞᆯ지어날弗能反省ᄒᆞ고愈爲縱恣ᄒᆞ야援醜件而蚯蚓盤結ᄒᆞ며懷奸策而蝙蝠行藏타가事竟大謬ᄒᆞ야自速其禍ᄒᆞ니福過災生이實로同氏의着題語될지로다

◉飢鳥可憎

國之言路ᄂᆞᆫ猶病之藥石이라國而廢言路ᄃᆡ終必無國이오病而棄藥名인ᄃᆡ必斃於病은理固昭昭에不待智者而可知키로

在昔明王哲辟이莫不以言路通塞으로爲治亂之要領ᄒᆞ며逮于韓朝에神聖이相繼ᄒᆞ사置諫憲兩司而任全國之言責ᄒᆞ와勸獎士氣ᄒᆞ며倚重喉司ᄒᆞᄂᆞᆫ良法美規가卓越乎千古ᄒᆞ니

凡居是職者ㅣ厲其風裁而匪躬謇諤ᄒᆞ야有事必言ᄒᆞ며有言必盡ᄒᆞ야皆以不稱其職으로爲恥ᄒᆞ며不伸公議로爲懼이고其或國有重大案件이면該司發端에擧國이和之ᄒᆞ야蹈白刃冒雷霆而百折不撓ᄒᆞ야期使義理之正으로不至於陵夷頹隳케ᄒᆞ니此所以紀綱幷然而奸慝이不作ᄒᆞ며朝野淸明而庶績이咸熙ᄒᆞ야保有幾百年昇平이더니近日中樞院은前日之兩司가合而爲一이오全國之言責이幷萃于此ᄒᆞ야

其職也ㅣ要ᄒᆞ며其任也ㅣ專ᄒᆞ나値玆國家多難之際ᄒᆞ야宜其朝拜官而夕獻言則雖一日十疏ᄒᆞ며一事十陳이라도據今時勢에未有不可이거날

旅進旋退에相率而恬嬉ᄒᆞ야飢烏寒蟬이적然無聲ᄒᆞ니其意所居를未可知也로다吾君不能而無意於一言歟아强禦可畏而牢閉其喙歟아只戀俸金而救其妻子歟아抑或世已治平ᄒᆞ야無言可言이며無事可事而然歟아

知而不言이면是乃不敬이오不知而不言이면是謂無能이니不敬者ᄂᆞᆫ人臣之極罪오無能者ᄂᆞᆫ該職之當去인즉有一於此에其將何辭而解之일지噫라今日之國勢를言之傷心이로다强隣肆侮而國權이墜矣오奸凶滿朝而腹心이病矣오名器汚褻而朝綱이廢矣오官吏剝割而生民이困矣오盜賊公行而威令이弛矣오苞苴是崇面廉恥ㅣ喪矣라

凡所危亂之形이至於此極ᄒᆞ야縱使局外人觀之라도猶皆骨驚肉飛ᄒᆞ야不覺其言之自脫於口이온況其有言責者ㅣ顧名思義가比他逈別인즉奮身直前而爲國人倡ᄒᆞ야隨事指陳에圖所以匡救ᄂᆞᆫ天理人情之所不可已이거날

所謂樞院이便成一箇無名色之空院ᄒᆞ야一切責任을付諸冷眼ᄒᆞ고空然聚集에徒作養閒之坊ᄒᆞ니未知其所供者何職이며所幹者何務인지人之無廉과官之無謂가至於韓之樞院而極矣로다嗚呼라有此等官府ᄒᆞ며祿此等人物ᄒᆞ니國之所以不振歟인져

◉朴又被拘　朴鏞和氏가무含事件을因ᄒᆞᆷ인지再昨日憲兵部에셔引致ᄒᆞ엿다더라

◉學相蹤遞　學部大臣李址鎔氏ᄂᆞᆫ蹤遞ᄒᆞ얏더라

◉總裁新任　特進官朴定陽氏ᄂᆞᆫ表勳院總裁를被命ᄒᆞ얏더라

◉詔書幷放　放逐鄕里罪人金敎先方泳柱金亨燮金義善諸氏ᄂᆞᆫ幷放되얏더라

◉聖諭不允　參政韓圭卨氏疏批에政府攝理廟務ᄒᆞ야克濟時艱이라豈欲暫止於膺命而已리오斷勿更煩ᄒᆞ고卽起視務라ᄒᆞ셧더라

◉子盜母死　警務顧問丸山氏가內部에公函ᄒᆞ얏ᄂᆞᆫᄃᆡ咸興에在ᄒᆞᆫ鈴木補佐官의報告內에當部警務廳巡檢韓在乾이本年二月二十日頃에竊盜一名을逮捕ᄒᆞᆷ을依ᄒᆞ야該犯人을魏山洞出張所로押送ᄒᆞ얏더니該犯人之母가其子竊盜之名을恥ᄒᆞ야服毒致死ᄒᆞᆷ으로同村民輩가該犯人을私自逃走나然이나出張巡檢韓在乾에게錢三百兩을贈賄ᄒᆞ고放送ᄒᆞᆫ事를當地憲兵隊에셔知ᄒᆞ고通知를接ᄒᆞ야先月二日에右巡檢韓在乾을訊問ᄒᆞᆫ즉三百兩을果爲收賄自服故로觀察使와協議ᄒᆞ야該巡檢을直爲免職入獄ᄒᆞ고一개月을經過ᄒᆞ되收贖金을消盡弗納ᄒᆞ고且無親戚故舊之捐助ᄒᆞ야責納無計故로笞四十에處ᄒᆞ야嚴重執行云云照亮爲要라ᄒᆞ얏더라

◉四氏特進　正二品南廷哲李裕寅趙定熙從二品李貞烈諸氏ᄂᆞᆫ特進官을被任ᄒᆞ얏더라

◉奏本在遲　內部大臣은疏遞ᄒᆞ고各郡秋捧은迫頭ᄒᆞᆷ으로該部協辦李鳳來氏가十八棄郡守를奏本ᄒᆞᆫ다ᄂᆞᆫᄃᆡ至極公道하리라고南北村舊勳들이唾手待期ᄒᆞᆫ다더라

外報

◉南露叛亂　倫敦電을據ᄒᆞᆫ즉高加索地方叛亂으로因ᄒᆞ야바크石油業(南 高加索石油礦은其産出이美國石油를壓頭ᄒᆞᄂᆞᆫ勢가有ᄒᆞ고日本에탕크石油라稱ᄒᆞ야輸入되ᄂᆞᆫ바) ᄂᆞᆫ事實上으로全滅에歸ᄒᆞ얏고其損害의高ᄂᆞᆫ十億푸랑크(四億元)以上에達ᄒᆞ얏고數千名職工이殺戮되얏더라英法兩國의資本家도非常ᄒᆞᆫ損害를被ᄒᆞ얏고暴動은引續ᄒᆞ야가며今에同地方은全々히無政府의狀態에陷ᄒᆞ야暴掠이盛行ᄒᆞ고韃靼人은尙就히石유井을發銃燒燬ᄒᆞᆫ다더라

◉法國陸軍演習　法國秋季陸軍大演習은부루겔將軍總監下에셔擧行ᄒᆞ고演習後에將軍은外國武官을招待ᄒᆞ야晩餐會를開ᄒᆞ고其席上에서차주후이氏가法國陸軍萬歲를祝ᄒᆞ얏더라

寄書

且以薦人任職으로言之則居視其所親ᄒᆞ며 :: 視其所擧ᄂᆞᆫ古人有云而當此國步艱難之際ᄒᆞ야現帶職員에未聞竭忠輔國而濟生靈於塗炭之美聲ᄒᆞ고欺君上과剝割生民之醜行이紛題新聞ᄒᆞ고登諸民訴호ᄃᆡ一未聞警勵懲創之快報ᄒᆞ니此果多容情之所致歟아樂包苴之所掩乎아如此則自修自强을從何得之乎잇가弊到劇處ᄒᆞ야甚至有外使之勸告ᄒᆞ니其所勸告가似近友誼ᄒᆞ나病國禍胎ᄂᆞᆫ必倍於前日也라

何者오朝諛於俄ᄒᆞ고暮附於日ᄒᆞ야斂於挾禩ᄒᆞ고巧於영色之之輩가內懷肥己之私慾ᄒᆞ고紛走路歧에利도三寸之巧舌ᄒᆞ야不顧國體之損傷ᄒᆞ고不知外人之指笑而糊塗遊說에口涎이如蜜ᄒᆞ니人非權度也라豈料長短輕重而使不見欺乎아

邇來勸告出仕者不知其數로ᄃᆡ尙未聞一事成効於國政ᄒᆞ니此亦籠絡權勢ᄒᆞ고銷耗月銀之徒也라又況樂人之樂ᄒᆞ고憂人之憂者鮮亦罕矣라官職免任이何等關重而豈待外人之勸告哉아人之品性이未有不是者也라法之以信則隨之以信ᄒᆞ고法之以索則隨之以索ᄒᆞ니人之信與不信과忠與不忠이在於國法與不法과賞與不賞也라禽獸도尙能馴之온況乎人哉아區區非仁이오察察非明이니擇人之說이反生弊端이라以能知能온人之常事而料度

諸公之請컨ᄃᆡ何必擇以後에得宜乎아雖粗知事君之道者와略知莅民之體者라도用以任之ᄒᆞ며嚴立國綱ᄒᆞ야各試其識에略犯禁限이거든守與勿失ᄒᆞ고免之黜之ᄒᆞ며誅之烹之ᄒᆞ야無一毫容私之政이면惜其身命者焉能陷不忠不義之誅哉아

邦憲이不爲不嚴이오人心이不爲不順이어만은存位之官이不知正心之道ᄒᆞ며不知盡職之義ᄒᆞ야不能遵守에容情私貸之所致故也라法若不立이면龔黃之良吏라도必不敷於政治也라一善에無賞ᄒᆞ고一惡에無懲ᄒᆞ며耳善에無賞ᄒᆞ고再惡에無罰이면心兮本虛라應物無跡ᄒᆞ야末由之惡이反不知至於何境也니亂世奸雄과治世能臣이良以此也라

然則現今之務가都在法之立與不立과賞之施與不施也니賞罰이適當이면何憂世之無人이며何憂國之不治哉아今日之貪汚가明日之良吏ᄂᆞᆫ不外乎此也니願不善哉며願不善哉아另加査照采用ᄒᆞ시와以存自守自强之義를千萬伏望　(完)

雜報

論賣國黨心事

或이問호ᄃᆡ今에韓國物議를觀ᄒᆞᆫ則萬口一談이皆指某某官紳을賣國黨으로指斥唾罵ᄒᆞ니此ᄂᆞᆫ萬代難洗之惡名이라大抵一般國人이共有彝性에各其自國自愛之心이有ᄒᆞᆯ터이오至若大官ᄒᆞ야ᄂᆞᆫ或皇族의懿親이오或世家의元老오或當局의重臣이오或非常ᄒᆞᆫ寵遇로써心腹手足之臣이된者니비록其身을碎ᄒᆞ고其骨를粉ᄒᆞᆯ지라도國恩의萬一를報答ᄒᆞ기難ᄒᆞ거날엇지四千年祖國을將ᄒᆞ야他人의게賣與코져ᄒᆞᆯ心事가有ᄒᆞ리오비록豺狼蛇蝮之性이라도決弗爲此니今에此等惡名으로써彼의身上에加ᄒᆞᆷ은殆히人情에弗近ᄒᆞᆫ事로다

余曰子ᄂᆞᆫ弗讀波蘭史乎아彼波蘭賣國黨이皆世家貴族이라推原其心ᄒᆞ면엇지賣國의惡行을欲爲ᄒᆞᆯ者리오但一身保慾으로由ᄒᆞ야或其爵位를保全코져ᄒᆞ며或其勢力을불失코져ᄒᆞ야外인을依賴藉援ᄒᆞ고或其恇怯ᄒᆞ야外인의威嚇을恐ᄒᆞ며或其愚昧ᄒᆞ야外인의광誘를被ᄒᆞᆷ으로其心은賣國이하니로ᄃᆡ其跡은賣國의陷ᄒᆞᆯ지라

千秋萬世에誰가波蘭賣國黨을唾罵치아니ᄒᆞ리오大抵外人을可히公으로써交ᄒᆞ고可히私로써狎지못ᄒᆞᆯ者오其心을可히均得이오其力을可히偏藉치못ᄒᆞᆯ者니彼外인이自己의所利가아니면엇지我의私를爲ᄒᆞ야援助ᄒᆞᆯ理가有ᄒᆞ리오

彼가我를援助ᄒᆞᆫ다ᄒᆞᆷ은곳我의國을奪코져ᄒᆞᆷ이어날此由를弗悟ᄒᆞ니愚哉愚哉라今에韓國官紳을觀ᄒᆞ면彼波蘭賣國黨보다尤有甚焉ᄒᆞ니何也오波蘭貴族은始則外인의力을借ᄒᆞ야自己私權을保코져ᄒᆞ다가及見其行動이有불利於國家ᄒᆞ야ᄂᆞᆫ悔悟憤恨ᄒᆞᆫ者有ᄒᆞ거날韓國官紳은至于今ᄭᆞ지此等悔悟의態狀가絕無하고尙此阿附依賴로써日夜奔忙하니此ᄂᆞᆫ波蘭賣國黨의罪인이라尙何言哉리오만일天運循環하야國權을回復하ᄂᆞᆫ日에ᄂᆞᆫ此輩가王法에伏誅를불免ᄒᆞᆯ터이오脫有불幸ᄒᆞ야國家가弗保ᄒᆞᄂᆞᆫ境遇에ᄂᆞᆫ또ᄒᆞᆫ俘虜充役을弗免하리니可憐하고可哀하다韓國官紳이여

●合郡虛說　內部에셔各道에發訓ᄒᆞᆫ內槩에夫地方之制ᄂᆞᆫ有國之大關也라若當改正之時則先自政府로提議奏裁하고亦自本部로發訓隨行이거날地方各郡에現無分合하야政府에無議決之案하고本郡에無訓飭之事而外方吏民이何據何准인지謂以合郡하야吏恐役業之失所하고民稱移附之불便하야胥動浮訛에인心이滋惑이다하니苟有地方官이諭此事理하야破其疑端이면何難底定而爲其守令하야亦持然疑하니言念及此에殊甚槪歎이라玆以發訓하노니到即訓飭管下各府郡하야以此訓辭로眞언번謄하야揭付坊曲하고這這曉諭하야使各安業케하고至於各郡守가或因請由하야過限불到하며或以受任하고過限불赴하야事務가積滯而越視하며弊瘼이層生而불念하니其在事體에寧불乖當가在京守令은已自本部로催促下送이거니와管下各郡中에如有逾巡불還이거나過限불赴之郡守이거든無或容私하고一一修報하면即當奏免하야以懲來頭하리니准此施行하라하얏더라

●督刷貪贓　貪贓民財ᄒᆞᆫ諸氏를還懲ᄒᆞᆯ事로法部에셔平理院으로訓飭ᄒᆞ야督刷ᄒᆞᆯ計劃이라ᄂᆞᆫᄃᆡ諸氏가左와如ᄒᆞ더라

柳承榮　尹璁　金允蘭
金基洙　兪果煥　趙夔夏
兪起濬　曹有承　徐在淳
李斗淵　柳錫𦙍　丁裕섭
李泰稙　黃鎭菊　洪鍾宇
李軒卿　白樂三　閔龍鎬
金奎鍊　金甲洙　張榮翼
慶옥　金世基　李容敎
朴炳瑩

●畿內雨蕃　今番雨水가太爲불均하야自京城으로南至木川하며西至坡州東至加平以內ᄂᆞᆫ或汎漲或薄浸이고其外地方은或靡灑或全無点滴하야農形이無所受損하얏스니爲民事萬幸이라하더라

●轉賞南漢　宮內府에셔內部로照會ᄒᆞᆫ內開에美國大統領令孃氏가今十九日到京이온바留館時遊覽次專往南漢山城預定니옵기玆仰佈하니照亮轉飭廣州郡하야道路及接待處所를精潔修補하야俾無臨時窘艱爲要라하얏더라

●法律　(續)

第二百九十條　詞訟을教唆ᄒᆞᆫ者와訴狀을代作ᄒᆞᄂᆞᆫᄃᆡ情罪를增減ᄒᆞ야무告에至ᄒᆞᆫ者ᄂᆞᆫ犯人의罪와同ᄒᆞᆷ이라

但人이愚昧ᄒᆞ야能히伸冤치못ᄒᆞᆫ境遇에ᄂᆞᆫ從實敎導ᄒᆞ거나訴狀書寫에故意로增減ᄒᆞᆷ이無ᄒᆞᆫ者ᄂᆞᆫ幷히勿論ᄒᆞᆷ이라

第二百九十一條　贓를受ᄒᆞ고人을무告ᄒᆞᆫ者ᄂᆞᆫ自己가무告ᄒᆞᆫ律로同論ᄒᆞ고受財ᄒᆞ야贓이重ᄒᆞᆫ者ᄂᆞᆫ第六百三十一條枉法枉律로論ᄒᆞᆷ이라

第二百九十二條　獄囚가已經服罪ᄒᆞ야寃枉ᄒᆞᆫ바이本無ᄒᆞᆫᄃᆡ囚의親屬이寃枉ᄒᆞ다詐稱ᄒᆞ고妄訴ᄒᆞᆫ者ᄂᆞᆫ囚의罪에三等을減호ᄃᆡ笞一百에止ᄒᆞ고若히囚가服罪ᄒᆞ고刑에就ᄒᆞᆫ後에冤枉ᄒᆞ다自稱ᄒᆞ고其原問官吏를구무ᄒᆞᆫ者ᄂᆞᆫ所무ᄒᆞᆫ罪에三等을加ᄒᆞᆷ이라

第四節　干犯罪囚律

第二百九十三條　獄官이나使役이金刃이나他物이可히自殺이나枷鎖諸具를解脫ᄒᆞᆯ만ᄒᆞᆫ器具를罪囚에게與ᄒᆞᆫ者ᄂᆞᆫ笞一百이며因ᄒᆞ야自傷ᄒᆞ거나或傷人ᄒᆞᆷ에致ᄒᆞᆫ者ᄂᆞᆫ幷히懲役一年이며囚가自殺ᄒᆞᆫ者ᄂᆞᆫ懲役二年이며在逃ᄒᆞᆫ者ᄂᆞᆫ該囚의罪에反抵호ᄃᆡ懲役十五年에止ᄒᆞ고囚가反獄이나殺人에致ᄒᆞᆫ者ᄂᆞᆫ懲役終身에處ᄒᆞ고在逃ᄒᆞᆫ囚를斷罪ᄒᆞ기前에他人이捕得ᄒᆞ거나自首ᄒᆞᆫ者ᄂᆞᆫ各히一等을減ᄒᆞ고自已가捕得ᄒᆞᆫ者ᄂᆞᆫ二等을減ᄒᆞᆷ이라

但囚의親屬이나雇工이나或常人이囚에게與ᄒᆞᆫ者ᄂᆞᆫ各히一等을減ᄒᆞᆷ이라　(未完)

特別廣告

本申報ᄂᆞᆫ海外電報를卽接ᄒᆞ야機關이靈通ᄒᆞ고外報와探報를敏捷活潑ᄒᆞ도록注意ᄒᆞ오며申報發送ᄒᆞᄂᆞᆫ되迅速信傳ᄒᆞ기ᄂᆞᆫ分傳人의게在ᄒᆞᆷ으로本社게서平常게諸分傳人의게丁寧告戒ᄒᆞ고申申訓飭ᄒᆞ야毋或踰惰ᄒᆞ게注意ᄒᆞ거나와或如暫有稽忽이라도愛讀僉君子ᄂᆞᆫ密使通知于本社ᄒᆞ시면該分傳의게誠信相孚ᄒᆞ도록耳提面命ᄒᆞ고勤贊가發生ᄒᆞ도록誨諭ᄒᆞ야必無遲誤ᄒᆞ기로期待ᄒᆞ옵나이다

本社에寄書ᄒᆞ시ᄂᆞᆫ諸君子ᄂᆞᆫ姓名과居住를明確ᄒᆞ게懸錄逆附ᄒᆞ시와證據가有ᄒᆞᆷ을必要ᄒᆞᆷ이오公衆平和ᄒᆞᆫ秩序를紊亂케ᄒᆞᄂᆞᆫ意와社會上不經荒雜ᄒᆞᆫ寄書ᄂᆞᆫ不受ᄒᆞᄂᆞᆫ權利가本社에自有ᄒᆞ오니肯諒ᄒᆞ시옵

大韓每日申報社

廣告

大東紀年 全秩五冊 定價新貨二元

美國博士訖法氏譯撰

皇城廣通橋高濟弘書鋪發兌

貿易商 本社ᄂᆞᆫ仁川港

日本郵便電信局對面

電話第二百一番地

仁川港 廣昌 洋行

벤넛드會社告白

○鐵路部

○東大門과新門間에來往車ᄂᆞᆫ每十分間에運行홈

東大門發初車ᄂᆞᆫ午前六時三十分

新門外停車場發初車ᄂᆞᆫ午前六時五十五分

東大門發終車ᄂᆞᆫ午後九時五十分

新門外停車場發終車ᄂᆞᆫ午後十時十五分

○東大門과洪陵間에來往車ᄂᆞᆫ每二十分間에運行홈

但自鍾路로東大門이來到ᄒᆞᆫ交替車로聯絡홈

東大門發初車ᄂᆞᆫ午前六時五十分

洪陵發 初車ᄂᆞᆫ午前七時十分

東大門發終車ᄂᆞᆫ午後七時五十分

洪陵發 終車ᄂᆞᆫ午後八時十分

○鍾路와龍山間에來往車ᄂᆞᆫ每十二分間에運行홈

鍾路發至南大門初車ᄂᆞᆫ午前六時四十八分

鍾路發至龍山 初車ᄂᆞᆫ午前七時二十四分

南大門發至鍾路初車ᄂᆞᆫ午前六時五十六分

龍山發至鍾路 終車ᄂᆞᆫ午前七時五十七分

南大門發至鍾路終車ᄂᆞᆫ午前十時八分

龍山發至鍾路 終車ᄂᆞᆫ午後九時九分

○特別私用車ᄂᆞᆫ顧客의方便홈을隨應ᄒᆞ야準給홈

但定價ᄂᆞᆫ本社에來臨ᄒᆞ야請問ᄒᆞ옵

○電燈部

二百五十燭力以內의敷用處에ᄂᆞᆫ每個月에定價表가如左홈

○十六燭力燃燈達夜에二圓五十錢

○三十二燭力燃燈達夜에四圓

○五十燭力燃燈達夜에六圓

○一百五十燭力燃燈達夜에十圓

一千二百燭力弧形燈達夜에二十圓

二百五十燭力以上의敷用處에ᄂᆞᆫ請求ᄒᆞ면瓦斯計一箇를設給홈

但瓦斯計賃金은每個月에二圓이오瓦斯計測驗表委托定價ᄂᆞᆫ每時間每암피아에二錢이옵

瓦斯計設給處에셔每介月支拂金最低額은每個月에二十圓인디(瓦斯計貸金은)据홈

電燈을敷設ᄒᆞ기에請求ᄒᆞᄂᆞᆫ되로供給홈

各種連技辦燈도常時에貯存ᄒᆞ엿숩

本社鐵路電氣會社

韓美電氣會社 告白

以上三種은上品으로製造ᄒᆞ야衛生上에至極有益ᄒᆞ오니毋論某人ᄒᆞ고本社에來顧ᄒᆞ옵

大韓帝國仁川港

濟物浦紙卷煙及烟草會社

一 鷹標罐濃詰牛乳

一 金印罐詰濃結牛乳

一 無雙家用氣化乳酪

一 쌘ㅣ든쓰製造麥芽化合牛乳

以上은常時에貯積ᄒᆞ엿숩

美國紐育港쌘ㅣ든쓰濃結牛유會社

一手代理店 大韓仁川港 世昌洋行

廣告

一 雜貨商

一 貿易商

一 船舶取扱

一 煙草商

一 委托販賣及貨物運送代理業

一 貿易石炭商

以上輸入及輸出者

京城 仁川 大昌 洋行

本社廣告

申報價

一張代金 韓貨五錢

一箇月前納 五十戔

三箇月 一元五十戔

六箇月 二元九十戔

一箇年 五元八十戔

郵稅一部 新貨五里

一箇月 十三戔

廣告料

四号活字十三字詰

每日每英尺一寸에新貨廿五錢(每日每行에六錢에相當홈)

二周日에 二圓五十錢(每日每行四錢五里에相當홈)

一箇月에 五圓(每日每行四錢一里에相當홈)

其期限의長短과字行의多少를依ᄒᆞ야增減홈이有홈

大韓人마다此申報를不得不閱覽ᄒᆞ실터이오니廣告出報ᄒᆞ실僉君子ᄂᆞᆫ來臨面議ᄒᆞ시옵

發行兼編輯人 英國人裴說

發行所

京城北署壽進坊磚洞号外地法語學校前

大韓每日申報社

第三卷

大韓每日申報
대한매일신보

第三十二號

月曜及慶節時日休刊

檀君開國四千二百三十八年
箕子元年三千二十七年
大韓開國五百十四年
日本明治三十八年
淸國光緒三十一年
陰曆乙巳八月大廿二日壬戌

論說

戰後景況

旗艦三笠號의不幸被燒는一世論意를自然喚出ᄒᆞ려니와日本의現當ᄒᆞᆫ諸般災害中에亦參其一이라고或可測之며尙復有層巒憲難일ᄉᆡ或可恐也로다

近日排和暴動은更無來電則沸騰民心이以至寢息을可認이되旅順奉天之役에셔死亡軍卒의實數는曾不公布ᄒᆞᆫ지라如此夥多ᄒᆞᆫ生命遺失의慘담報告를布諸人民이면其時鼎沸民情은或ᄒᆞᆯ其理로다

庶可慰民心者는年形也여날近者烈風暴雨의異災가亦至日本인지는姑無所報나十分可期라往者日氣로推度이면日本은雖未有如此乖候라도尙未期樂歲여든況乎我等所聞風雨가降災于日本이면慘凶年事는業已決矣리니河岸之頹破와平野之覆沙는可推之事요禾黍結實之時候는今已晚矣리라

事果如右면日民之不能得樂生은彼必自度ᄒᆞ리니怒其政府處事之無效ᄒᆞ며嘆其賦稅之久支ᄒᆞ며憂其農形之無望ᄒᆞ야難保之勢를民或唱導ᄒᆞᆯ가亦可懼也로다

今有人於此ᄒᆞ야一被不美之名이면其後他人之過를亦皆歸之于其人ᄒᆞᆷ은係是依例라故로對此三笠號之偶然不幸과天氣之自然不順ᄒᆞ야도政府는猶恐難免其責이니向其釀生國步之不幸者ᄒᆞ야人民의怨恨嫌惡이丁寧히增益되리라

且確然豫期者는新學青年이爲其官欲ᄒᆞ야使其人民으로政府辭職을堅執ᄒᆞ리니可謂難言者는際玆戰後ᄒᆞ야當局諸大臣을卽爲遞任이면外務上에必有重要關係라日本新報中에有志者는旣解此案ᄒᆞ얏는ᄃᆡ

外債上公意가日本人의播傳ᄒᆞᆫ追從的報告를因ᄒᆞ야大有進就之漸ᄒᆞ얏더니至于近日ᄒᆞ야는如右公意가對此前日所報ᄒᆞ야以虛張疑之ᄒᆞᆯ가恐懼ᄒᆞ얏더라

日本의戰後方略을認得ᄒᆞᆯ야ᄒᆞᆫ즉土地와鐵道의獲得ᄒᆞᆫ거시興利上에不能奏速效ᄒᆞᆯ거슬必當存心이라樺大島가頗是有望之處나北海道未開情形을推究ᄒᆞ면寒冷之地에日民進益은實是誤解요

東淸鐵道와遼東租借로言之라도若不費用巨欵이면發達을難期니以此觀之면日本之將失外債信用은欲避不得이라然則日本이所獲一方을將欲發展ᄒᆞ야他一帶를賣渡ᄒᆞ기에不外ᄒᆞ리라

官報

●第三千二百四十八號 光武九年九月十九日

◉宮廷錄事 詔曰日本侍從武官陸軍中佐伊등瀨平特叙勳三等賜太極章庸示親愛之意

光武九年九月十一日

表勳院 裁臨時署理朴齊純

詔曰命宮內府特進官朴鳳柱爲社稷署提調

社稷署提調朴容大爲宮內府特進官

九月十五日

法部協辦李相설辭職疏

批旨省疏具悉不必如是言辭卽爲行公

九月十六日

◉叙任及辭令 日本國侍從武官陸軍中佐伊등瀨平

叙勳三等賜太極章

九月十一日

學部大臣陸軍副將李址鎔

解臨時署理侍從武官長事務

宮內府參書官朴龍勳

主殿院電務課主事朴潤培

社稷署令張吉相

依願免本官

正三品金鎔濟

任宮內府參書官兼任內事課長叙奏任官三等

任社稷署令叙判任官六等

主殿院主事崔 昌

任主殿院主事叙判任官六等

敦寧司主事趙範九

任敦寧司主事叙判任官六等

宗廟署令徐廷弼

任宗廟署令叙判任官四等

六品張吉相

任和陵參奉叙判任官八等

九品朱鍾翊

任敬陵參奉叙判任官八等

六品金晉洙

命社稷署提調叙勅任官三等

宮內府特進官朴鳳柱

命宮內府特進官叙勅任官一等

社稷署提調朴容大

以上九月十五日

外報

●太后御病 九月五日北京電을據ᄒᆞᆫ즉淸國西太后씌셔病患이有ᄒᆞ다더라

●公使換任 維羅納電을據ᄒᆞᆫ즉丁抹에駐箚ᄒᆞᆫ俄公使이풀스키는丁抹에專權公使를被任ᄒᆞ고同國에駐箚ᄒᆞᆫ德公使는俄國에專權公使를被任ᄒᆞ얏더라

●非常地震 倫敦電을據ᄒᆞᆫ즉포스마우스(地名)에셔地震이大動ᄒᆞ야家屋等이搖動ᄒᆞ얏스나別노이損害는無ᄒᆞ다더라

●地震大發 倫敦電을據ᄒᆞᆫ즉伊太利南方캘나뿌리아(地名)에地震이大發ᄒᆞ야三百四十七名이致死ᄒᆞ고十餘市都와村落이破碎되얏더라

●露德同盟 美國桑港來電에云ᄒᆞᆫᄃᆡ倫敦의流言을據ᄒᆞᆫ즉露德兩國은日英同盟을對抗ᄒᆞ기爲ᄒᆞ야秘密同盟을結ᄒᆞ얏다云ᄒᆞ더라

●講和祝賀 伯林電에云ᄒᆞᆫᄃᆡ媾和成立의報를聞ᄒᆞ고德國皇帝는日本皇帝게對ᄒᆞ야親히祝賀電報를贈ᄒᆞ얏다더라

●德英法關係 德國首相뷰로公은마뎬바뎬溫泉에赴ᄒᆞ얏는ᄃᆡ此는德國이英法에對ᄒᆞᆫ關係가目下에圓滿ᄒᆞᆷ을足以爲證ᄒᆞ기에可信ᄒᆞ리라더라

●運河閉塞 橫濱에航行ᄒᆞ던英國滊船차장號는蘇士運河를通過ᄒᆞ다가火災에罹ᄒᆞᆫ때문에該運河의交通은閉止되얏더라

●粤漢鐵道 北京電을據ᄒᆞᆫ즉淸國政府는粤漢鐵道贖約에就ᄒᆞ야其間收贖六百四十餘萬兩支拂에對ᄒᆞ야廣東湖南湖北三省을合倂ᄒᆞ야僅히三百五十萬兩을調達ᄒᆞᆫ模樣인고로審議ᄒᆞᆫ結果로英國에셔三百萬兩을借入ᄒᆞ게되야其約束이調印되얏더라

●東三省經營 淸國政府는日俄媾和가成立됨으로東三省撤收와善後策에就ᄒᆞ야計畫中인ᄃᆡ善後經營費約四千萬兩을英國에셔借入ᄒᆞ기로ᄒᆞ야英國公使사토氏가外務部間에妥議ᄒᆞ야進行中이라더라

●津鎭鐵道 津鎭鐵道廢約에就ᄒᆞ야淸國政府에셔는又英國公使와交涉ᄒᆞ는ᄃᆡ英公使가鎭鐵道를英德兩國이關係ᄒᆞᆫ인즉先히德國과交涉ᄒᆞ야德國이承諾ᄒᆞ면毋論異議가無ᄒᆞ리라고照會ᄒᆞ얏더라

東京電報

●歡迎設備 九月十八日午前十時十五分發

在日本韓國公使館員은本日宮內省에前往호야美國貴賓알니스孃이韓國에來遊홈에對호야歡迎設備에就호야聞호얏다더라

外報

●日英同盟評 德國諸新聞은日英同盟新協約에關호야極히靜肅호態度를示호고同協約은平和의保障이됨을信호얏더라

●露國新外債 倫敦來報를據호즉五千萬磅의露國公債는아마德法兩國에서募集호리라호얏더라

雜報

●新組織이非組織說 有鄕客數人이淹於旅館에頃值霖雨가支離호니鬱鬱不堪호야望晴을如戰局之望不和라가偶然說話가時事를提及호지라甲曰近日韓參政이內閣에入홈이政府新組織의機關이크게世人의注目호바되더니曾未幾日에閔泳煥氏는外大를辭免호고井用求氏는內大를疏遞호고趙同熙氏는堅臥不出호니今日新組織이또호非組織이로다

乙曰李址鎔氏가內大를還任之說이有호데甲曰氏의平生卒業은雜技一能이오當局行政은實官一事라學相을任홈이人이謂호되雜技教育을잘호리라하더니만일內大를還任호면官僚警實의開路는되깃네

乙曰李根澔氏도무삼秘密運動이有호다云호데甲曰氏의巧猾手段과貪虐行政은物情의大不服이르다

乙曰閔泳韶氏도起復之說이有호데甲曰氏도曾任學相홀時에教育一事는全然抛置호고但副教員을善賣홀뿐일네

噫라新進有爲에人才는登用之說이絕無호고但如斯호人物로政府를組織호다호니엇지政治改善에期望이有호리오

吾輩가何歲月에나政府에確實호新組織을得見호리오호고乃呼童酌酒호야痛飮而歌曰滾草紛其盈室兮여捨蘭芷於道傍이로다麒麟伏于鹽車兮여彼乙駘之揚揚이로다嗟樯傾而楫摧兮여胡天一箇村工之相將고哀哉同胞여其將胥淪於風濤之茫茫이로다於天蒼天아胡不矜斯憫斯而措諸安康고호고歌결에復飮호니相笑相泣호야傍若無人이러라

●三大新命 平南觀察使朴齊純氏는外大로李完用氏는學大로李址鎔氏는內大를被命호얏는데昨日下午四時日使 陛見時에三氏도一齊受勅호다더라

●美孃抵關 美國大統領令孃이昨日正오十二時에到仁호야別車를搭坐호고下오四時에入城호며本日正오十二時에 陛見호고仍爲御陪食호다는데隨員諸人도同時에 陛見호다더라

●聯旗同情 今番美賓歡迎에對호야美韓兩國旗를聯掛호는바警廳日本補佐官은民挮를爲慮호야美旗는置之無妨이라호되一般人民이歡迎호는敬意를表示코ᄌ호야一齊히聯掛호얏다더라

●橋梁修理 追崇儀軌都監提調朴定陽氏가內部에照會호얏는데 健元陵 綏陵龜石與下碑石을自映風亭으로搬運於陵所가萬萬時急而所經道路에橋梁이擧皆汰落호야不能通涉호니照亮後히路橋梁與隱溝를一一星火修治호야以爲無弊移運이라호얏더라

●民情可悶 平北觀察使李根豐氏가內部에報告호얏는데管下楚山郡報를接准호즉內槀에本月九日酉時量에俄兵一百餘名이自江界滿浦境으로渡江호야來到渭原郡十里許地이다이옵더니亥時量에並淸匪九百餘名云云호와另探次로即發校卒호고自日本守備隊로防守次派送이姑未鎭心之際에又有此等之說호야嗷嗷奔走는實所矜悶이올고連接江界郡報則陰八月六日에賊匪三百餘名이自古之洞으로踰於丑巨千峴호야到于皇城通溝라其翌七日에運去介之洞等因이온바玆에謄호오니查照爲望이라호얏더라

●藥價請給 慶北種繖所委員楊重發氏가內部에報告호되內開에日前의財務官이本所藥價若干收入金을封留於本郡호고不爲出給事는已有所報이온바尙無指令而當此節日에不啻百事之窘路이라絕火幾日에衛生은姑捨호고該員等이幾至死境故로更玆修報호오니查照後藥價를依前收用케호든지月俸을依區別表施行케호든지兩端間即爲劃正호심을爲望이라호얏더라

政界漫錄

內閣組織은良覺支離로다數年以來로凡幾度組織이며幾番改善이되十二天閑에蕭蕭然長鳴者ㅣ只是戀豆之乙馬와債轅之劣駒而已오一匹駿馬는姑捨호고駿骨도未見호니其或所求者ㅣ款段下乘而無意於買駿歟아如其不然이면天下에豈眞無馬리오噫라詭遇獲禽之徒가執策而臨之호니駿馬所以不至歟인져

事極必變은理之常也인바吁此組織이已到極處호니其或有奇偉人物이出而膺命을如旱極而雨至호며夜久而月上호야使一般人民으로充然心慰호며爽然神醒케홀는지

生靈之渴塵이今已久矣오國勢之傾危가亦已甚矣인즉組織擔任家이苟有眞治底心이면번然改善이只在一擧手一瞬目之間이거날如戲如嘲에徒名無實호니彼其之子여抑獨何心고

回文織錦圖는其文理也ㅣ首尾相接호며交項接肩호야一板幾個字가回回然循環不已호니今此組織이殆與此圖髣髴矣라名之以回文組織이可乎아

天孫機上에雲錦之煌煌은可以充於華袞이오製錦之美材와尙경之懿德이世不乏人에可以列於從政이언마는胡爲乎任其組織者ㅣ不取眞錦이고惟敗絮殘緝之是求是取인지

●要掘寃鑛 前銅鑛監理金瑗氏는李容翊氏의聚斂使喚호던人으로前日銅鑛을監홈은即一人民의寃鑛을掘홈이어늘內藏院卿李鍾健氏가該金氏의게捧賂萬兩호고다시金鑛監理를差任호다호니兩李에行爲가前後一轍이라고人言이有호더라

●木價 新報 閔泳徽氏惠堂時에廣州烏谷鄭基浩氏에屢百ᄉ禁養子木數萬株을傳以防命호고盡數斫伐호얏는데其時中間소介人은金奭鎭氏가로鄭基浩가不勝憤寃호야金氏의不法行爲을屢訴法司라가四載拘囚에仍爲病死이고其子가繼續呼訴타가亦以杖毒致死호니此盖權威所壓에至於斯境이기로基浩氏의夫人이擧訴漢裁호고又呈平理院호야金奭鎭氏가理屈落科호야錢一萬五千兩報給홀意로判決이丁寧이거늘仍不報給호야白首病婦가每日該院門前에來待呼寃이되該院官弁이都不用意推給호니其裏由을難測이라고傳說者ㅣ有호더라

●學協新任 從二品李準榮氏는學部協辦을被任호얏다더라

●欲發還停 度支部에서交換호白銅貨를典圜局에封留호얏더니日前에仁港으로輸送次停車場ᄭ지出來호얏다가何事件을因홈인지典圜局으로還爲輸入호얏다더라

●礦稅貢納 農部에서陰城郡守朴準성氏에게發訓호되內槀에礦務之貽弊民間과有損田土를亦不當不念이로되公課收入에礦稅가係是正供이오且貴郡守가據實屢報故로南土不許之地을依訓發호야次第開礦인바左開各郡礦稅를一自開採以後로這這收納이되如或遲延이면難免生梗호리니諒悉호라하얏더라

●美賓환迎儀式 美國令孃氏下陸後乘黃色四人轎호고步兵半小隊와警務廳摠巡四人은乘馬前導호며摠巡兩人步兵半小隊는在後護從호며其餘護從官人은幷着大禮服令양氏自停車場으로至賓館時에警務廳巡檢이各道路左右의羅、警衛호며摠巡四人은率權任六인과巡檢七十人호고自新門外로至惇德殿하야左右排立警備호며警務官一인은騎馬하고排立警備를監督하며騎兵隊士官一人이領率騎兵十五名하고경奉太極旗而前導하며其通常出入時에는摠巡兩人과憲兵二人은各乘馬前導하며摠巡兩人과憲兵二人은各乘馬在後護從이고進宮時와及離京時에는護從節次가一與入京時로同一하다더라

雜報

●遊覽長人見識

人之見識이局於所處ᄒᆞ야處於山林者ᄂᆞᆫ有山林之見識ᄒᆞ며處於江湖者ᄂᆞᆫ有江湖之見識ᄒᆞ며處於城市都會者ᄂᆞᆫ有城市都會之見識ᄒᆞ야若或捨而之他則凡於事爲酬接之際에未免生疎ᄒᆞᄂᆞ니此豈非局於所處ᄒᆞ야見識이未周而然歟아

今夫讀書之士ㅣ學究天人ᄒᆞ며識通古今ᄒᆞ야聽其議論則영天地千事萬物이畢羅於胷中ᄒᆞ야歷歷指陳을如觀掌紋이되及其出而莅事ᄒᆞ며動而接物이면顚側失錯에怳如兩截人者ᄂᆞᆫ何也오空言이異於實踐ᄒᆞ고十聞이不如一見故也니라

然則人之年壽ᄂᆞᆫ有限호리見識은無窮ᄒᆞ니必須廣加遊覽ᄒᆞ야天地之博大와河海之浩渺와山嶽之奇險과人物之繁多와鳥獸草木昆虫等千彙萬狀可驚可喜之事을躬親歷之ᄒᆞ며默加體驗ᄒᆞ야俱爲收藏于方寸之間然後에如金百鍊而見識이自高ᄒᆞ야破百年之睡夢ᄒᆞ며臨大事而無疑ᄒᆞ야其宏偉文明之效果가與世之硁硁窮經而坐談於牖下者로不可同日語矣니人之於遊覽에其可忽諸아

仲尼ㅣ轍環天下ᄒᆞ야資其博識ᄒᆞ시며馬遷이壯遊山川ᄒᆞ야成其文章이나此猶亞細亞區域以內인즉以今思之컨딕不足爲奇이고

彼西人者一大舶巨艦으로遨遊於六洲ᄒᆞ야無遠不到ᄒᆞ며無細不探ᄒᆞ야其學問之精邃와志氣之堅確과商業之發達이亦奪多賴遊覽之力인즉凡居此世界者一苟有意於時務된遊覽之不可廢也ㅣ審矣어날

韓人則不然ᄒᆞ야惰其筋骸ᄒᆞ며痼其志慮ᄒᆞ야寧爲坐飢十日이언정羞其擲柴運水ᄒᆞ며寧爲坐讀萬券이언정겁於出門遠遊ᄒᆞ야悠悠送生而不做一事一業者ㅣ滔滔然皆是ᄒᆞ니

以此俗習과以此志氣로較看於西人컨딕不啻醯鷄之於곤鵬인즉國勢之瀕危와民生之受困과學問之不進과商利之不發이實是自招라何足怪焉이리오

今此美國貴賓之來遊ᄂᆞᆫ可謂巾국丈夫也라涉盡重溟而周覽列國ᄒᆞ야閱寒暑於殊方ᄒᆞ며勞形骸於旅食이고買其餘勇ᄒᆞ야又此渡韓ᄒᆞ니其力於遊覽ᄒᆞ야以廣見식이如此之切且深矣라凡厥韓之人士ᄂᆞᆫ於其歡迎之際에庶幾知愧也哉인져

●聞極慘惻　三嘉郡守金永雲가氏內部에報告하얏는딕今年雨水가挽近罕有하와川浦也覆沙也ㅣ無面無之而本月二日風雨柳田洞송俊伯家舍가忽遭後山之崩落하야沒入房內하야二男一女는被壓即死하고庭除二女는奄奄垂死故로死者掩埋費와幾死者救療費는每名十兩式自郡公錢中으로爲先支給하고玆以報告라하얏더라

●西道測量　楚山郡守趙應顯氏가內部에報告하얏는딕日本陸地測量手德永續等十一인이自山雲郡境來到本郡하와척量地形云이옵기問其公文有無則雖無公文이나我等이因大日本大本營直轄臨時측量部長陸軍步兵中佐依田正忠의命令하야韓國平安北道全部를측量이다玆에報告라하얏더라

●特賜勳章　日本侍從武官陸軍中佐伊藤潊平氏의게特叙勳三等賜太極章하시고庸示親愛之誼라하옵셧더라

●咸南水災　咸南觀察使申箕善氏가內部에報告하얏는딕管下各郡所報를連接호즉上月十五日以後霖雨가一直連綿하야大小川渠가無不漲溢而山野各穀이舉皆受損하야難望有秋이다이오며定平段은民家頹圮가十七戶요水洸이二百三十二家요人命致死가四名이祈晴祭를不卜日設行이다이온바家戶漂頹와인命致死가聞極驚慘이라하얏더라

●各道修治　美國貴賓入京時에自新門으로至黃土峴하고自黃土峴으로北至光化門하며東至罷朝橋하고自罷朝橋로東至興仁門하며北至昌德宮前하야各道路修治費二千八百元을內部에셔度支部로請求하얏더니顧問目賀田氏가具數交太過홈을言하얏다더라

●義兵漸熾　江原觀察使鍾趙強氏報告內開에即接정善郡守報告內에本月二日原州居元容八이稱以義兵大將하고先通倡義檄告文이고率砲軍二百餘名而來往本郡하야所在砲軍無遺召募等因인바寧越郡始入時에數止一百二三十名云矣러니不過幾日에已至二百餘名之多하니現有熾盛之勢하야易致擾擾之獘기로 玆以報告라 하얏더라

●猝當毁撤　南署屯芝味方厚巖居民等이內部에呼訴하얏는딕矣等所居洞은初不犯入於軍用地段故로幸望安業터니不意今者軍用道路를移設於本洞이고民等十七戶를刻即毁撤하와扶老携稺하고林間에露宿하며扶擕提籠하고路上에棲屑하니疾痛窮阨이豈有甚於此哉잇가家屋價値를徃訴于漢城府이온즉終不計給하와民情이尤極困難故로仰訴하오니特察情勢하와家屋價値를立即推給하시며軍用標木外道路左右에民有地段를即爲認許하시와各自結屋하야幸保殘生을伏望이라하얏더라

●奉安殿牌　晉州郡守가內部에報告하얏는딕淨土教會長安榮浩가奉 殿牌御眞下來云하고公廨一處를請求하니何以爲之乎하얏더라

●緣何圖形　廣濟院長代辦禹用鼎氏가닉部에報告하얏는딕本月十五日下오三時量에日本醫師청水武文과警部渡邊勇次郎과닉務省傳染病預防研究所書記吉澤環三인이日本木手三名과通譯劉漢性一인을帶同하고本院所管種두支所에來하야左右廣長을注摘圖形하옵고同下오四時量에本院에來到하야닉로房之長廣과外로門之左右를昭詳注摘圖形이去하오니未知緣何이온지事係訝惑하와玆에報告라하얏더라

●閔氏流配　法部에서 奏勅ᄒᆞ야閔丙奭를流三年에照律ᄒᆞ얏다더라

●法律（續）

第二百九十四條　死罪를自服ᄒᆞᆫ罪囚가親戚이나故舊로ᄒᆞ야곰己를殺ᄒᆞ거나或人을雇ᄒᆞ야殺ᄒᆞᆫ者ᄂᆞᆫ親故나下手ᄒᆞᆫ人을各히本殺傷律에依ᄒᆞ야二等을減ᄒᆞ고若因가自服ᄒᆞ고도要囑이無ᄒᆞᆫ딕殺傷ᄒᆞ거나要囑이雖有ᄒᆞ나服招ᄒᆞ기前에輒殺傷ᄒᆞᆫ者ᄂᆞᆫ各히本殺傷律에依ᄒᆞ야科斷ᄒᆞᆷ이라但因의子孫이祖父母나父母를爲ᄒᆞ얏거나雇工이家長을爲ᄒᆞᆫ者ᄂᆞᆫ并히絞에處ᄒᆞᆷ이라

第二百九十五條　罪因를暴行으로刼奪ᄒᆞᆫ者ᄂᆞᆫ因得未得因를勿論ᄒᆞ고懲戒終身에處ᄒᆞ딕死因를刼放ᄒᆞ거나獄門을扣破ᄒᆞᆫ者ᄂᆞᆫ絞에處ᄒᆞᆷ이라

第二百九十六條　罪因를竊放ᄒᆞ야逃走케ᄒᆞᆫ者ᄂᆞᆫ因의罪와同ᄒᆞ되死罪에ᄂᆞᆫ一等을減ᄒᆞ고因ᄒᆞ야傷人ᄒᆞᆫ者ᄂᆞᆫ第五百十一條鬪毆傷人律에依ᄒᆞ야三等을加ᄒᆞᆷ이라

第二百九十七條　官司에셔追捕ᄒᆞᄂᆞᆫ罪人을中道에셔刼奪ᄒᆞᆫ者ᄂᆞᆫ懲役十五年에處ᄒᆞ되因ᄒᆞ야傷人ᄒᆞᆫ者ᄂᆞᆫ懲役終身에處ᄒᆞ고殺人ᄒᆞᆫ者ᄂᆞᆫ第四百七十九條鬪毆殺人律에依ᄒᆞ야處斷ᄒᆞ고聚衆ᄒᆞ야十人以上에至ᄒᆞᆫ者ᄂᆞᆫ傷人不傷人을勿論ᄒᆞ고首犯은絞에處ᄒᆞ고從犯의下手ᄒᆞᆫ者ᄂᆞᆫ懲役終身에處ᄒᆞ고餘人은并히笞一百에處ᄒᆞᆷ이라

第五節　犯人及證人謀免裁判律

第二百九十八條　裁判ᄒᆞᄂᆞᆫ場에原告나被告가無故히延타ᄒᆞ야赴時就訟치아니ᄒᆞᄂᆞᆫ者와民刑事를勿論ᄒᆞ고裁判上에作證ᄒᆞ야가臨時謀免ᄒᆞᄂᆞᆫ者ᄂᆞᆫ并히笞六十에處ᄒᆞᆷ이라

第二百九十九條　犯罪ᄒᆞᆫ者가裁判에就ᄒᆞᆷ을圖免ᄒᆞ야 自傷殘ᄒᆞᆫ者ᄂᆞᆫ笞一百이며詐死ᄒᆞᆫ者ᄂᆞᆫ懲役三年이며雇債를受ᄒᆞ고犯인을爲ᄒᆞ야犯人을傷殘ᄒᆞᆫ者ᄂᆞᆫ犯人과同罪ᄒᆞ고因ᄒᆞ야死에致케ᄒᆞᆫ者ᄂᆞᆫ懲役終身에處ᄒᆞᆷ이라

第六節　僞證律

第三百條　罪囚의證佐人이司法官을對ᄒᆞ야實情을不言ᄒᆞ고誣證을故行ᄒᆞ거나外國인裁判上에通辯人이傳譯ᄒᆞᆷ을不實ᄒᆞ야罪로出入이有케ᄒᆞᆫ境遇에ᄂᆞᆫ證좌人은罪人의刑에二等을減ᄒᆞ고通辯人은罪인의刑과同論ᄒᆞᆷ이라

第七節　罪中犯罪律

第三百一條　罪인이逃走ᄒᆞᆯ時에追捕ᄒᆞᄂᆞᆫ인을抗拒ᄒᆞᆫ者ᄂᆞᆫ本罪에二等을加ᄒᆞ고追捕ᄒᆞᄂᆞᆫ인을毆ᄒᆞᆫ者ᄂᆞᆫ一等을又加ᄒᆞ되毆傷ᄒᆞᆷ이本罪보다重ᄒᆞᆫ者ᄂᆞᆫ第五百十一條鬪毆傷인律에依ᄒᆞ야二等을加ᄒᆞᆷ이라

（未完）

特別廣告

本申報ᄂᆞᆫ海外電報를卽接ᄒᆞ야機關이靈通ᄒᆞ고外報와探報를敏捷活潑ᄒᆞ도록注意ᄒᆞ오며申報發送ᄒᆞᄂᆞᆫ되迅速信傳ᄒᆞ기ᄂᆞᆫ分傳人의게在ᄒᆞᆷ으로本社에셔平常에諸分傳人의게丁寧告戒ᄒᆞ고申申訓飭ᄒᆞ야毋或媮惰ᄒᆞ게注意ᄒᆞ거나와如或暫有積怨이라도愛讀僉君子ᄂᆞᆫ蜜使逋知ᄒᆞ本社ᄒᆞ시면該分傳의게誠信相孚ᄒᆞ도록耳提面命ᄒᆞ고勤贊가發生ᄒᆞ도록誨論ᄒᆞ야必無遲誤ᄒᆞ기로期待ᄒᆞ옵나이다

本社에寄書ᄒᆞ시ᄂᆞᆫ諸君子ᄂᆞᆫ姓名과居住를明確ᄒᆞ게懸錄送附ᄒᆞ시와證據가有ᄒᆞᆷ을必要ᄒᆞᆷ이오公衆平和ᄒᆞᆫ秩序를紊亂케ᄒᆞᄂᆞᆫ意와社會上不經荒雜ᄒᆞᆫ寄書ᄂᆞᆫ不受ᄒᆞᄂᆞᆫ權利가本社에自有ᄒᆞ오니肯諒ᄒᆞ시옵

大韓每日申報社

廣告

貿易商　本社ᄂᆞᆫ仁川港

日本郵便電信局對面

電話第二百一番地

仁川港 廣昌 **洋行**

벤넷트會社告白

○鐵路部

○東大門과新門間에來往車ᄂᆞᆫ每十分間에運行ᄒᆞᆷ

東大門發初車ᄂᆞᆫ午前六時三十分

新門外停車場發初車ᄂᆞᆫ午前六時五十五分

東大門發終車ᄂᆞᆫ午後九時五十分

新門外停車場發終車ᄂᆞᆫ午後十時十五分

○東大門과洪陵間에來往車ᄂᆞᆫ每二十分間에運行ᄒᆞᆷ

但自鍾路로東大門에來到ᄒᆞᆫ交替車로聯絡ᄒᆞᆷ

東大門發初車ᄂᆞᆫ午前六時五十分

洪陵發　初車ᄂᆞᆫ午前七時十分

東大門發終車ᄂᆞᆫ午後七時五十分

洪陵發　終車ᄂᆞᆫ午後八時十分

○鍾路와龍山間에來往車ᄂᆞᆫ每十二分間에運行ᄒᆞᆷ

鍾路發至南大門初車ᄂᆞᆫ午前六時四十八分

鍾路發至龍山　初車ᄂᆞᆫ午前七時二十四分

南大門發至鍾路初車ᄂᆞᆫ午前六時五十六分

龍山發至鍾路　終車ᄂᆞᆫ午前七時五十七分

南大門發至鍾路終車ᄂᆞᆫ午前十時八分

龍山發至鍾路　終車ᄂᆞᆫ午後九時九分

○特別私用車ᄂᆞᆫ顧客의方便ᄒᆞᆷ을隨應ᄒᆞ야準給ᄒᆞᆷ

但定價ᄂᆞᆫ本社에來臨ᄒᆞ야請問ᄒᆞ옵

○電燈部

二百五十燭力以內의敷用處에ᄂᆞᆫ每個月에定價表가如左ᄒᆞᆷ

○十六燭力燃燈達夜에二圓五十錢

○三十二燭力燃燈達夜에四圓

○五十燭力燃燈達夜에六圓

○一百五十燭力燃燈達夜에十圓

一千二百燭力弧形燈達夜에二十圓

二百五十燭力以上의敷用處에ᄂᆞᆫ請求ᄒᆞ면瓦斯計一箇를設給ᄒᆞᆷ

但瓦斯計賃金은每個月에二圓이오瓦斯計測驗表委托定價ᄂᆞᆫ每時間每암피아에二錢이옵

瓦斯計設給處에셔每介月支拂金最低額은每個月에二十圓인ᄃᆡ(瓦斯計貸金은)据ᄒᆞᆷ

電燈을敷設ᄒᆞ기에請求ᄒᆞᄂᆞᆫᄃᆡ로供給ᄒᆞᆷ

各種連技辦燈도常時에貯存ᄒᆞ엿ᄉᆞᆸ

本社鍾路電氣會社

韓美電氣會社 告白

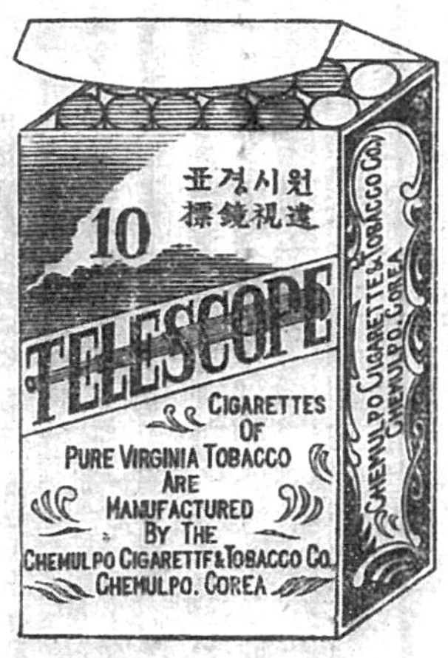

以上三種은上品으로製造ᄒᆞ야衛生上에至極有益ᄒᆞ오니毋論某人ᄒᆞ고本社에來顧ᄒᆞ옵

大韓帝國仁川港

濟物浦紙卷煙及烟草會社

一鷹標罐濃詰牛乳

一金印罐詰濃結牛乳

一無雙家用氣化乳酪

一쌘ㅣ든쓰製造麥芽化合牛乳

以上은常時에貯積ᄒᆞ엿ᄉᆞᆸ

美國紐育港쌘ㅣ든쓰濃結牛유會社

一手代理店　大韓仁川港　世昌洋行

廣告

一雜貨商

一貿易商

一船舶取扱

一煙草商

一委托販賣及貨物運送代理業

一貿易石炭商

以上輸入及輸出者

京城 仁川 大昌 **洋行**

本社廣告

申報價

一張代金　韓貨五錢

一箇月前納　五十戔

三箇月　一元五十戔

六箇月　二元九十戔

一箇年　五元八十戔

郵稅一部　新貨五里

一箇月　十三戔

廣告料

四号活字十三字詰

每日每英尺一寸에新貨廿五錢

(每日每行에六錢에相當ᄒᆞᆷ)

二周日에　二圓五十錢

(每日每行四錢五里에相當ᄒᆞᆷ)

一箇月에　五圓

(每日每行四錢一里에相當ᄒᆞᆷ)

其期限의長短과字行의多少를依ᄒᆞ야增減ᄒᆞᆷ이有ᄒᆞᆷ

大韓人마다此申報를不得不閱覽ᄒᆞ실터이오니廣告出報ᄒᆞ실僉君子ᄂᆞᆫ來臨面議ᄒᆞ시옵

發行兼編輯人　英國人裵說

發行所

京城北署壽進坊磚洞号外地法語學校前

大韓每日申報社

第三卷　第三十三號

大韓每日申報
대한매일신보

月曜及慶節歲時日休刊

檀君開國四千二百三十八年
箕子元年三千二十七年
大韓開國五百十四年
日本明治三十八年
淸國光緖三十一年
陰曆乙巳八月大廿三日癸亥

論說

日本이將何以爲之

媾和條約이已經調印이오休戰命令을已傳於大山巖元帥ᄒᆞ야使之卽爲踐行ᄒᆞ엿ᄉᆞ즉韓國內에頒布ᄒᆞᆫ軍令軍律도早速還收ᄒᆞ기를顒望ᄒᆞ노니至於皇城ᄒᆞ야ᄂᆞᆫ此等律令이都無所用이로ᄃᆡ惟其韓人公會를拘束ᄒᆞ기에必要ᄒᆞ엿도다

占土軍略을撤還ᄒᆞᆷ과通信機關을還附ᄒᆞᆷ에對ᄒᆞ야不勝喜悅이며警廳度支及外部에多數顧問雇傭等을不意廢約ᄒᆞᆯ거ᄉᆞᆫ日本이對其韓政府外人聘用ᄒᆞ야先行其例로다

止其壓迫이면韓國은不復聽從ᄒᆞᆯ거시오日本의强迫行爲ᄂᆞᆫ更不得恕容ᄒᆞ리니(마렌)의揭報ᄒᆞᆫ平和約欵으로觀之면今日對韓日權이若無韓政府認許면不得擅行ᄒᆞᆷ에不外ᄒᆞᆫ지라受其强過이已爲長遠ᄒᆞ엿스나韓人이認之以尋常ᄒᆞᆯ지ᄂᆞᆫ今姑未然이로다

所經戰役의重要關係가及於韓國ᄒᆞᆷ은日戶가增益됨이라戰端十八個月에侵入散居ᄒᆞ엿스니如此人民을不得不處置라不然이면弊端을難免이오

且韓人役夫를自四方募求ᄒᆞ고自國民은不能使用於苦役ᄒᆞ얏스나可以諷詠者ᄂᆞᆫ非是勞동役夫라實是路傍에漂泊ᄒᆞᄂᆞᆫ行商輩와國內에遊歷ᄒᆞᄂᆞᆫ謀利者流로다戰畢後에事至整頓이면此等行商謀利輩의營業도自然停止矣리라

且韓國內에日本鐵道工役과港場事務가因資金缺乏ᄒᆞ야似或停止矣리니自國民衆을若不適宜撤還이면此地起擾가重大於本土呼庚之歎ᄒᆞᆯ지라如此滋蔓을置之度外ᄒᆞᆷ은是甚可歎이나日本政府ᄂᆞᆫ自負其責이로다

韓國及滿洲를視察ᄒᆞᆫ諸人이一致ᄒᆞ되日本軍事行動은可譏이되所居地方에行政試用은甚慝이라ᄒᆞ얏고且有名ᄒᆞᆫ記筆이日本政治를刻薄多慾ᄒᆞᆫ蚕食之計라고說明ᄒᆞ얏스니此地居人은此說明의適宜ᄒᆞᆷ을可知이로다

近日大隈伯이指明ᄒᆞ되對韓政策을戰時前과變異케ᄒᆞᆷ이和約中에包含ᄒᆞ얏다ᄒᆞ니此必ᄂᆞᆫ意其政略之將過於今日이라人若强奪一元이면伊後一錢求乞에도不能見成效ᄒᆞ나니故로日本의最善政策은公私間謀利輩를一齊撤還ᄒᆞ며諸般運動을卽爲廢棄ᄒᆞᆯ것

官報

●號外 光武九年九月十九日

◉宮廷錄事 詔曰命平安南道觀察使朴齊純爲外部大臣陸軍副將李址鎔爲內部大臣正二品李完用爲學部大臣

光武九年九月十八日

軍部大臣權重顯

法部大臣李夏榮辭職疏

批旨省疏具悉卿懇何若是爲辭殊非所期也勿復致煩卽起視務事遣部郞宣諭

九月十八日

◉叙任 平安南道觀察使朴齊純 任外部大臣叙勅任官一等

陸軍副將李址鎔 任內部大臣叙勅任官一等

正二品李完用 任學部大臣叙勅任官一等

以上九月十八日

●第三千二百四十九號 光武九年九月二十日

◉宮廷錄事 詔曰命宮內府特進官朴定陽爲表勳院總裁

光武九年九月十六日

議政府參政大臣韓圭卨

詔曰放逐鄕里罪人金敎先方泳柱金享燮金義善竝放

光武九年九月十六日

議政府參政大臣韓圭卨

◉叙任及辭令 任表勳院總裁 宮內府特進官朴定陽

依願免兼任禮式院掌禮 秘書監丞申政均

正二品南廷哲 正二品李裕寅

命宮內府特進官叙勅任官一等

正二品趙定熙 命宮內府特進官叙勅任官二等

從二品李貞烈 命宮內府特進官叙勅任官三等

秘書監丞洪承斗 兼任禮式院掌禮

正三品申政均 任奎章閣直閣叙奏任官四等

六品李胤榮 任禮式院禮式官叙奏任官四等

以上九月十六日

茂朱郡守 趙命根
瑞興郡守 吳昌祚
甕津郡守 金興圭
龍川郡守 尹容求
熙川郡守 吳學善

右ᄂᆞᆫ히員等이本年度春夏等殿最에治蹟居中이기是以로一箇月減俸에處ᄒᆞᄂᆞᆫ事

漣川郡守 李宜植
務安郡守 趙晉奎
烏歙郡守 李基奭
草溪郡守 申泰哲
熊川郡守 尹형옥
長淵郡守 朴始淳
三水郡守 李敏重
長津郡守 李鍾瑢
文川郡守 丁裕燮
高原郡守 朴淇昊

右ᄂᆞᆫ히員等이本年度春夏等殿最에治蹟居中이기是以로譴責에處ᄒᆞᄂᆞᆫ事

(以上九月十六日 內部)

外報

●露債請求 維也納電을據ᄒᆞᆫ則俄國政府에서法德兩政府에國債 千万留를請求ᄒᆞ얏더라

●病報可怕 倫敦電에日德國軍隊中에서傳染病이將起ᄒᆞᆫ光占이有하다더라

●預防爲善 華盛頓電報를據ᄒᆞᆫ즉現今日本占領ᄒᆞᆫ듸엘워(地名)에傳染病이流行ᄒᆞᆫ다더라

●日船[illegible]沈 東京電을據ᄒᆞᆫ즉日昨上海近地에서暴風이大起ᄒᆞᆯ際에日本輪船이或沈沒도ᄒᆞ고或破碎도ᄒᆞ얏ᄂᆞᆫᄃᆡ피절늬(一千二百六十톤)우셩(地名에流沒하고싸산마루ᄂᆞᆫ甑南浦에서沈沒ᄒᆞ고아사히마루도甑南浦에서沈沒ᄒᆞ얏더라

●德國虎列剌 九月八日德國公報를據ᄒᆞᆫ즉西普魯西及포젠諸州에서虎列剌病(俗稱怪疾)이發生ᄒᆞ얏고又漢堡에서도病者一名이有ᄒᆞ야當局者ᄂᆞᆫ警戒에不怠ᄒᆞ며患者ᄂᆞᆫ總히隔離케ᄒᆞ고醫師數名을特派ᄒᆞ얏ᄂᆞᆫᄃᆡ但不遠에撲滅될可望이有ᄒᆞ다더라

●文部省新設 北京電을據ᄒᆞᆫ즉淸國은日本制度를倣ᄒᆞ야文部省을設置ᄒᆞᆫ다더라

●官職賣買 同電을據ᄒᆞᆫ즉淸國으財政整理의目 으로直隷四川外數省에서官職을賣買ᄒᆞ기로ᄒᆞ얏다더라

●漢人採用 同電을據ᄒᆞᆫ즉蒙古西藏兩國에서ᄂᆞᆫ武官을限ᄒᆞ야漢人도採用ᄒᆞ기로決定ᄒᆞ얏다더라

雜報

●宮大叙勳　詔曰宮大李載克이恪勤在職에勞績이可紀ᄒ니特陞叙勳一等ᄒ야賜八卦章ᄒ라ᄒ옵셧더라

●禮卿遞代　議長閔泳默氏疏批에病既難强ᄒ니所辭中禮式卿署卿은依施라ᄒ옵셧ᄂᆞᆫᄃᆡ其代에贊議李䄷湘氏가臨時署理禮式卿事務을被任ᄒ얏더라

●貴孃入城彙報　再昨日韓國에서禮式院副卿閔院各課長漢城判尹宮內協辦憲兵司令官警務使及宮內府官吏等諸氏가歡迎次로停車場에來待ᄒ얏고美國大統領令孃엘늬쓰氏가下午六時半에特別列車로新門外停車場에到着ᄒ야仍爲入城ᄒ얏ᄂᆞᆫᄃᆡ韓國官民에一般歡迎ᄒᄂᆞᆫ景況은實로罕有ᄒᆫ盛事를呈ᄒ얏고停車場前後左右에人城人海에肩摩轂擊은自不必說이고沿街各戶에韓美兩國旗ᄂᆞᆫ迎風飄揚ᄒ고滿地燈光은如月照耀ᄒᆫᄃᆡ靜肅ᄒᆫ兵衛와요亮ᄒᆫ鼓吹ᄂᆞᆫ前導後擁ᄒ야齊齊整整ᄒᆫᄃᆡ令양所乘黃轎子와隨員所坐靑轎子合十座이爛其如雲에次第動行ᄒ얏고令孃은돈德殿에暫入이라가旋爲出來ᄒ야美公館에歇宿ᄒ고其餘隨伴은貞洞孫擇孃邸에歇泊ᄒ얏고昨日十二時에陛見ᄒ고下午二時에韓廷各大官을會見ᄒ고下오三時半에乘電車ᄒ고京城內外를遊覽ᄒ며各陵寢에禮見ᄒ고陸軍兵式을觀覽ᄒ고正오에ᄂᆞᆫ韓國婦人會에臨席ᄒ고午後에ᄂᆞᆫ美國公館에서園遊會를開催ᄒ고二十二日正오에ᄂᆞᆫ昌德宮에서義陽君李載覺氏가午餐宴을開供ᄒ고下오에宮中에서晩餐을開催ᄒ고南漢景致를觀覽ᄒ고該府에仍爲止宿ᄒ다가其翌에還京ᄒ고貴양엘늬쓰留京時에韓廷에서禮式院官吏와宮內府官吏ᄂᆞᆫ應接次로主殿院警務官摠巡各一人과巡檢六人은保護次로軍部에서ᄂᆞᆫ副尉一員이兵丁半小隊를派送ᄒ얏고貴양엘늬쓰가美公館에入ᄒᆯ時에韓國耶蘇教人六十餘人이美國公館前에서萬歲를三呼ᄒ얏고貴양엘늬쓰搭乘ᄒᆫ船은合衆國戰鬪艦오하요라더라

●牙倅美績　忠南牙山郡守李秉協氏ᄂᆞᆫ三載莅郡에一心圖治ᄒ야鞭扑不用而正供이無愆ᄒ며口案公直而民訟이自息ᄒ야赫赫之譽가溢於闔境ᄒ며又爲損廩一千五百兩ᄒ야補助享費故로士林이觀感에募集萬餘金ᄒ야逐年補享키로該郡人民이無不稱訟이라ᄒ더라

●公守被囚　平理院檢事李根洪氏가法部에報告ᄒ얏ᄂᆞᆫᄃᆡ頃接本川前郡守朴昌彬告訴ᄒ야公州郡守閔泳會有審查事ᄒ야押上來到故로仍囚本院이라더라

●政界管見

再昨日新任三大臣은本報에已揭어니와政界組織은眞可言之齒酸이로다今日組織之權이何手에在ᄒᆫ지ᄂᆞᆫ不知ᄒ깃시되此三大臣을認以賢者而用之歟아知其不肖而用之歟아認以賢者也된壓試無效에全國之怨방이不息이요知其不肖也된値玆多難에大官之尸素를當念이거날公議을不恤ᄒ며國危을不計ᄒ고汲汲引出ᄒ야要津에列置ᄒ니奸諛을進ᄒ며黨與을植ᄒ야自已營私만暗攙鋪布ᄒᆷ은瞭然히指掌홈과如ᄒᆫ지라此等組織이毫髮利益은姑捨ᄒ고但其危亂을助成ᄒ니民將何賴며國將何保일지甚矣라其不仁也여朴齊純氏ᄂᆞᆫ去而復來ᄒ야不憚煩焉ᄒ니昨日之去ᄂᆞᆫ何所見也며今日之來ᄂᆞᆫ何所聞也인지第以曩時航行事件으로言之컨ᄃᆡ國之政案에苟或不利不便者ㅣ有之면身爲議政ᄒ야雖犯顔苦諫이라도可也오面折廷爭이라도可矣어날依違兩間ᄒ며顧瞻局促ᄒ야轅下駒의狀態을作ᄒ다가及其事機가怱迫ᄒ고調印이已成인즉願乃委罪他人하야欲以粉飾其面ᄒ니計雖狡矣나人孰不知리요文字稍解ᄂᆞᆫ縱其所長이나臨事之際에何樣事件을更爲做出일지此等疲軟之人은縱有千百이라도無所補於國權回復이고李完用氏ᄂᆞᆫ貪饕反覆이自是成性이라前以全北觀察로剝奪頗甚케民言이今猶喧藉ᄒ고繡衣李承旭에게多錢貨을白地橫侵ᄒ야締結權宦而陷人縲絏이다가畢竟理屈ᄒ야其奸을莫售ᄒ얏스니行爲若此에大官이何當이며且其謟詐則有之로되學問則蔑如ᄒ야阿兄阿弟에鄙汚莫甚ᄒᆷ은世人之題評이不啻較然이거늘敎育人材之職을遽此委任ᄒ니公耶私耶아其所從來者迷矣로다韓之銓衡所歸ᄂᆞᆫ非李址鎔氏而其誰오瞻之在彼러니忽然在此ᄒ야變幻玲瓏은姑捨是焉ᄒ고同氏ᄂᆞᆫ販賣場中에第一手也라賣國이已慣에賣爵은卽其餘事이고現今合郡姑停而奏本이蘊藉ᄒ야這間無數滋味ᄂᆞᆫ必其山高水深인즉同氏에揚揚得홈이尤在於此이되只是蜜蜂生涯에採花奔忙이誰家口中物을費心經紀홀ᄂᆞᆫ지同氏의來頭結果如何를活着眼註明ᄒ야世人에觀覽을供ᄒ깃노라

●禮相往來　曩時度支顧問目賀田氏가在京ᄒᆫ各郡守을度支部로招集하야事務을商論하고若干酒果接待가有하얏던지再昨日該守令들이同氏을邀請하야宴會를開設하얏ᄂᆞᆫᄃᆡ每人에宴會費五元式分排되얏다더라

●此報何多　伊川郡鄕長송興奎氏가內部에報告ᄒ얏ᄂᆞᆫᄃᆡ自黃海道平山駐日本兵站에서軍用鐵道役夫各五十名式三十日出役次로日人及通辭等이來到ᄒ야方今募集에甚爲督促이온바窮峽殘氓이春間鐵道之役에全廢耕種ᄒ고若干耕耘之穀은盡入於今番風災ᄒ야仳離渙散이不見是圖즉正供收捧이預切伏悶이오며況自春以後로尙此空官하야民無依賴에奠接이沒策하오니查照處分이라더라

●經費報請　沃溝監理金敎獻氏가內部에報告ᄒ얏ᄂᆞᆫᄃᆡ本港警務署俸費一月二月條ᄂᆞᆫ劃來支給ᄒ얏삽거니와三月以後條ᄂᆞᆫ尙未劃下ᄒ와解送巡檢之課日請發이已極困隘이고新定員額도多月空役에種種告退ᄒ오니任其告退면便同無署오欲其空役이면亦將何辭이올지俸給支撥이萬萬着急이올뿐더러他柴油紙墨諸般廳費ᄂᆞᆫ亦以何欵需用乎잇가該署情形을難以形達이옵기總巡河天泓을起送ᄒ와事實를面稟케ᄒ옵고玆에報告ᄒ오니查照後照促度支部ᄒ오서三月以後條를卽爲劃撥아라ᄒ얏다더라

●俱報諸弊　平北觀察使李根豐氏가內部에報告ᄒᆫ內槩에管下博川郡守崔商翼報告를接准內開今初七日日人山川詩一郞이因憲兵部指揮ᄒ야招去鄕長矣러니所言內斫伐松木을不日內曳運ᄒ니人夫五百名牛二十隻을如數募送케ᄒ고又自司令部로楓浦架橋가爲漲所圮ᄒ니更加修築ᄒ야以便兵馬來往케ᄒ고橋梁費所入은自該部로擔當ᄒ고人夫每日四五十名式責立ᄒ오니値此秋穫之時ᄒ야農民之貽害甚多이오며安州兵站軍曹橋本淸之助來到新舊兩津ᄒ야民戶幾何와井水幾處와公廨幾間과道路形便을昭詳錄去라이오며海接邊郡報則陰本月十五日日本大尉一人小尉二人이率步兵一百十三名ᄒ고來到ᄒ야或借民家而宿ᄒ며或投公廨而止ᄒ야尙未知轉向何處等因이기玆以報告라ᄒ얏더라

●靑會討論　再昨夜에里門洞靑年會에서討論會를開設ᄒ얏ᄂᆞᆫᄃᆡ바問題則敎化업시富强ᄒ면必有其禍라고各其主意을繼續討論ᄒᄂᆞᆫᄃᆡ其中에十五六歲된童子이時務에節節適當ᄒ고滋미잇ᄂᆞᆫ演說을一場暢論ᄒ기로會員與傍聽諸人이鼓掌稱善ᄒ얏다더라

●初無證據　日昨本報第三十一號督刷貪官이란題下諸人中咸興居韓昌植爲名人이初無證據ᄒᆫ事로呼訴平理院ᄒ얏다가追悔爽實ᄒ고怯於自罪ᄒ야謝過請願ᄒ고仍卽逃還ᄒ얏다고正誤를要ᄒ기로玆에更報ᄒ노라

東京電報

露帝ᄂᆞᆫ萬國平和會議開催홀日

九月廿日오前十一時發

寄書

朴喜潤

敬啓者夫忠臣義士ㅣ雖或湮沒於當世而千載之下에必有筆褒ᄒᆞ며亂臣賊子ㅣ雖不見討於當時而百世之後에不免筆誅ᄂᆞᆫ即古史氏之筆法也라

苟不秉至明而明大義ᄒᆞ며通事理而識時務者면其孰能之리오然而其著述者ㅣ往往不喜人窺와與其襲珍ᄒᆞ야以私於家而不欲鋟梓ᄒᆞ야以公於世ᄒᆞ니此豈非有欠於至公至義之道乎哉아至若今之新聞記者ᄒᆞ야ᄂᆞᆫ旣無史氏之言責而公正自持ᄒᆞ며雍容自處ᄒᆞ야以天下之重으로爲已任而見惑不回하며臨難不苟ᄒᆞ야提議有理하며叙事得當ᄒᆞ야筆削之際에忠臣義士가不至湮沒於當世ᄒᆞ며亂臣逆子亦皆見討於當時ᄒᆞ니於不偉乎며亦不快哉아

其他國之富强과民之利益과政令之得失과風俗之向背와人物之臧否와世道之汚隆을莫不講究討論而誠正格致之工과修齊治平之道가實不外乎是라然則其功이返有難於古之史氏也라凡我의新聞記者ㅣ非止一二而惟獨貴社新聞이能奮發志氣ᄒᆞ며恢張公道ᄒᆞ야有善而無不著ᄒᆞ며有惡而無所諱ᄒᆞ야使忠者로益懷ᄒᆞ며逆者로有愧ᄒᆞ야彬彬然有想望之風彩ᄒᆞ니在剝之上九에碩果不食이其此之謂歟인저

惟望貴社僉君子ᄂᆞᆫ留心於忠逆之分하며勸懲黜陟을終始不渝ᄒᆞ면庶乎廟堂之上에不設諫官而可以出納喉舌이오暗室之中에不置燃燈而可以闢明耳目矣리니何憂進步之不文明乎아切爲執事者抃賀健祝耳로라生이旅食皇城이于今十年而不在其位에難謀其政이나然이나日對貴報所論에擊節之歎이自有ᄒᆞᆫ中故로敢此妄陳愚見ᄒᆞ니惟觀其志而恕其僭焉

雜報

●大東衛生社

秦學冑李肯萬氏等十一人이內部에請願ᄒᆞᆫ內槩에城市大都에人民의居接이稠密ᄒᆞ니一曰衛生을注意ᄒᆞᆯ거ᄉᆞᆫ世界開明國에普通方法이오其他教育及諸般安寧居生이人道에常事이온바漢城五署內에各洞區域을分排ᄒᆞ야前日作統法과外國市場例를依倣ᄒᆞ야稠密ᄒᆞᆫ規模를定ᄒᆞ고櫛比ᄒᆞᆫ閭閻고林蔥ᄒᆞᆫ人民의便利居處ᄒᆞ기爲ᄒᆞ야本人等이發起ᄒᆞ고若干條例를左開仰請ᄒᆞ니特爲認許ᄒᆞ야俾即實施伏望이라ᄒᆞ얏더라

左開

第一條　本社ᄂᆞᆫ大東衛生社라名하고摠區域所ᄂᆞᆫ京城에置ᄒᆞᆯ事

第二條　事務權限은人民의居接과衛生에關ᄒᆞᆫ諸般便利ᄒᆞᆫ方針을研究ᄒᆞᆯ事

第三條　區域所를五署에分置ᄒᆞ고任員을定ᄒᆞ야事務를分掌ᄒᆞᆯ事

第四條　諸區域內管轄이如左ᄒᆞᆷ

一　淸潔事
一　建築事
一　點燈事
一　火災消防事
一　賊警을準備事
一　學校를刱立事
一　圖書館을設立事
一　窮民養生送死를救恤事
一　避病院을設立事
一　各種藝妓管轄事
一　各項役夫管轄事

第五條　本所經費ᄂᆞᆫ區域內에서若干收用事

第六條　上項諸般事務組織에關하야官廳에建議及意見을表示ᄒᆞᆯ事

第七條　本役所에景況及統計를調査發表事

第八條　官廳에委托을因하야役場에關ᄒᆞᆫ監定人이나叅考인을推薦ᄒᆞᆯ事

第九條　關係人의請求를因하야役場에關ᄒᆞᆫ紛議를仲裁ᄒᆞᆯ事

第十條　未盡條件은追後增補事

右大東衛生社에立旨가出於仁愛하고條例가極其精確하야若得趂時成主이면其功利之普及과權限之包含이人民衛生上에纖悉無遺하야大有關係하니惟願會中諸大인은勉乎哉인저

胡不遄歸

大典郡白月山은公州居ᄒᆞᄂᆞᆫ尹漲植家屢百年守護先塋인ᄃᆡ山下居趙藏應이가此山松楸數千兩價値를偸賣ᄒᆞᆫ故로尹氏가該郡의往訴ᄒᆞᆫ즉郡守李錫珪가不計曲直ᄒᆞ고尹訴를置之落科ᄒᆞ야尹氏가府院으로出費上訴케ᄒᆞ니是誰之過며火賊이一人家에入ᄒᆞ야農粮十二石을沒數掠奪ᄒᆞ야該隣光市民을給ᄒᆞᆫ즉該民이此穀食不食을問於郡守러니李錫珪니題辭ᄒᆞ되衆所共知니似無後慮라ᄒᆞ며使之饟食이러니伊後巡校等이該民을結賁ᄒᆞ되火賊所奪隣人殘穀을即歸本主ㅣ可也而反圖認許而沒食ᄒᆞ니甚於火賊이라ᄒᆞ야如是數次討索케ᄒᆞ니是誰之過며該郡守가又有何過失ᄒᆞ야出新聞인지在京大典人之奴子를發差猛捉ᄒᆞ야新聞所出를査覈ᄒᆞᆯ際에靑陽俞主事가大談ᄒᆞ여日吾所記載나然이나毫無誣구ᄒᆞᆫᄃᆡ無故被捉인들이俞氏게對ᄒᆞ야將差等에게見奪ᄒᆞᆫ足債酒價幾百兩을徵推코자ᄒᆞ니是誰之過오如此郡守ᄂᆞᆫ速速退去ᄒᆞ야弗有貽弊於生命財産이여다

●因雞失官

平壤監理署理金薰氏報告ᄂᆡ槪에即接本市摠巡洪炳殷請願書ᄂᆡ에本員이家雞二首를今月十五日의見失이온바其翌曉頭의婢輩가覓雞次로徃于隣洞하야未詳之鷄를稱以自雞하고推來後의其失鷄之女인을反爲亂打捉囚이옵다가傷處危重의衆民이共動하니今員이以何面目으로帶任行公乎잇가爲先免官하고報于上部하야照律懲辦之地等因이오며繼接一進支會長金晉鐸公函內摠巡洪炳殷이가鷄二首을見失이라고其婢輩가往見隣家金道亨之鷄하고無端持去러니鷄見奪之主인女가追後往言則該女을返爲亂打하야嚴囚警廳後의亂杖周牢로勒공爲賊하야其曖昧之狀을呼訴이옵기自弊會로調査事實則洪炳殷의良民捕捉을自服其罪이고被傷之女인則慘酷形狀이危在死境故로玆公函等因이기玆報告하니照査處辦이라하얏더라

●法律（續）

第三百二條　盜賊의所爲를行ᄒᆞᆯ時에拒捕ᄒᆞᆫ者ᄂᆞᆫ不得財어든不得財律에二等을加ᄒᆞ고已得財어든已得財律에三等을加호ᄃᆡ死刑에入ᄒᆞᆷ이라

但因ᄒᆞ야人을傷ᄒᆞ거나殺ᄒᆞᆫ者ᄂᆞᆫ幷히絞에處ᄒᆞᆷ이라

第三百三條　禁獄이나流나懲役의各히限內에逃ᄒᆞᆫ者ᄂᆞᆫ笞一百에處ᄒᆞ야本刑에仍就호ᄃᆡ已過ᄒᆞᆫ刑과在逃ᄒᆞᆫ月日은幷히准筭치아니ᄒᆞ고信地에未到ᄒᆞ야中途에서在逃ᄒᆞᆫ者도亦同ᄒᆞᆷ이라

第三百四條　罪囚가監外에擅出ᄒᆞ거나枷鎖를自解ᄒᆞᆫ者ᄂᆞᆫ笞三十이며因ᄒᆞ야在逃ᄒᆞᆫ者ᄂᆞᆫ本刑에二等을加ᄒᆞ고他囚를竊放ᄒᆞᆫ者ᄂᆞᆫ該囚의罪와同ᄒᆞ며該囚의罪가本刑보다輕ᄒᆞ거든本刑에二等을加호ᄃᆡ懲役終身에止ᄒᆞᆷ이라

但監內에서暴行脅迫의所爲로在逃ᄒᆞᆫ者ᄂᆞᆫ首從을不分ᄒᆞ고幷히絞에處ᄒᆞᆷ이라

第三百五條　罪囚가平人을誣指ᄒᆞᆫ者ᄂᆞᆫ第二百八十四條第二百八十五條誣告律에依ᄒᆞ야科斷ᄒᆞᆷ이라

第八節　罪人追捕有違律

第三百六條　罪人을追捕ᄒᆞᆯ時에推故不行ᄒᆞ거나罪人의所在處를知ᄒᆞ고不捕ᄒᆞᆫ者ᄂᆞᆫ罪人의刑에一等을減ᄒᆞ고受財不捕ᄒᆞᆫ者ᄂᆞᆫ罪人의刑에全抵ᄒᆞᆷ이라

但衆罪人中에一半以上을捕得ᄒᆞ거나一半에不及ᄒᆞ야도重罪人을捕得ᄒᆞ거나罪人이已死或自首ᄒᆞᆫ者ᄂᆞᆫ幷히免罪호ᄃᆡ受財ᄒᆞᆫ者ᄂᆞᆫ罪人의刑에二等을減ᄒᆞ고贓이重ᄒᆞᆫ者ᄂᆞᆫ第六百三十一條枉法律로論ᄒᆞᆷ이라

第三百七條　罪人을追捕ᄒᆞᆯ時에持杖拒捕ᄒᆞᄂᆞᆫ犯人을格殺ᄒᆞ거나逃走ᄒᆞᄂᆞᆫ囚徒를逐ᄒᆞ다가殺ᄒᆞ거나囚가窘迫ᄒᆞ야自殺ᄒᆞᆫ者ᄂᆞᆫ幷히勿論ᄒᆞᆷ이라

特別廣告

本申報ᄂᆞᆫ海外電報를卽接ᄒᆞ야機關이靈通ᄒᆞ고外報와探報를敏捷活潑ᄒᆞ도록注意ᄒᆞ오며申報發送ᄒᆞᄂᆞᆫ되迅速信傳ᄒᆞ기ᄂᆞᆫ分傳人의게在ᄒᆞᆷ으로本社에셔平常에諸分傳人의게丁寧告戒ᄒᆞ고申申訓飭ᄒᆞ야毋或嬾惰ᄒᆞ게注意ᄒᆞ거니와如或暫有稽忽이라도愛讀僉君子ᄂᆞᆫ諮使通知于本社ᄒᆞ시면該分傳의게誠信相孚ᄒᆞ도록耳提面命ᄒᆞ고勸贊가發生ᄒᆞ도록誨諭ᄒᆞ야必無遲誤ᄒᆞ기로期待ᄒᆞ옵나이다

本社에寄書ᄒᆞ시ᄂᆞᆫ諸君子ᄂᆞᆫ姓名과居住를明確ᄒᆞ게懸錄送附ᄒᆞ시와證據가有ᄒᆞᆷ을必要ᄒᆞᆷ이오公衆平和ᄒᆞᆫ秩序를紊亂케ᄒᆞᄂᆞᆫ意와社會上不經荒雜ᄒᆞᆫ寄書ᄂᆞᆫ不受ᄒᆞᄂᆞᆫ權利가本社에自有ᄒᆞ오니肯諒ᄒᆞ시옵

大韓每日申報社

廣告

貿易商 本社ᄂᆞᆫ仁川港

日本郵便電信局對面

電話第二百一番地

仁川港 廣昌洋行

벤넷트會社告白

○鐵路部

○東大門과新門間에來往車ᄂᆞᆫ每十分間에運行ᄒᆞᆷ

東大門發初車ᄂᆞᆫ午前六時三十分

新門外停車塲發初車ᄂᆞᆫ午前六時五十五分

東大門發終車ᄂᆞᆫ午後九時五十分

新門外停車塲發終車ᄂᆞᆫ午後十時十五分

○東大門과洪陵間에來往車ᄂᆞᆫ每二十分間에運行ᄒᆞᆷ

但自鍾路로東大門에來到ᄒᆞᆫ交替車로聯絡ᄒᆞᆷ

東大門發初車ᄂᆞᆫ午前六時五十分

洪陵發 初車ᄂᆞᆫ午前七時十分

東大門發終車ᄂᆞᆫ午後七時五十分

洪陵發 終車ᄂᆞᆫ午後八時十分

○鍾路와龍山間에來往車ᄂᆞᆫ每十二分間에運行ᄒᆞᆷ

鍾路發至南大門初車ᄂᆞᆫ午前六時四十八分

鍾路發至龍山 初車ᄂᆞᆫ午前七時二十四分

南大門發至鍾路初車ᄂᆞᆫ午前六時五十六分

龍山發至鍾路 終車ᄂᆞᆫ午前七時五十七分

南大門發至鍾路終車ᄂᆞᆫ午前十時八分

龍山發至鍾路 終車ᄂᆞᆫ午後九時九分

○特別私用車ᄂᆞᆫ顧客의方便ᄒᆞᆷ을隨應ᄒᆞ야準給ᄒᆞᆷ

但定價ᄂᆞᆫ本社에來臨ᄒᆞ야請問ᄒᆞ옵

○電燈部

二百五十燭力以內의數用處에ᄂᆞᆫ每個月에定價表가如左ᄒᆞᆷ

○十六燭力燃燈達夜에二圓五十錢

○三十二燭力燃燈達夜에四圓

○五十燭力燃燈達夜에六圓

○一百五十燭力燃燈達夜에十圓

一千二百燭力弧形燈達夜에二十圓

二百五十燭力以上의數用處에ᄂᆞᆫ請求ᄒᆞ면瓦斯計一箇를設給ᄒᆞᆷ

但瓦斯計賃金은每個月에二圓이오瓦斯計測驗表委托定價ᄂᆞᆫ每時間每암피아에二錢이옵

瓦斯計設給處에셔每介月支拂金最低額은每個月에二十圓인되(瓦斯計貸金은)据ᄒᆞᆷ

電燈을敷設ᄒᆞ기에請求ᄒᆞᄂᆞᆫ되로供給ᄒᆞᆷ

各種連技辦燈도常時에貯存ᄒᆞ엿ᄉᆞᆸ

本社鐘路電氣會社

韓美電氣會社 告白

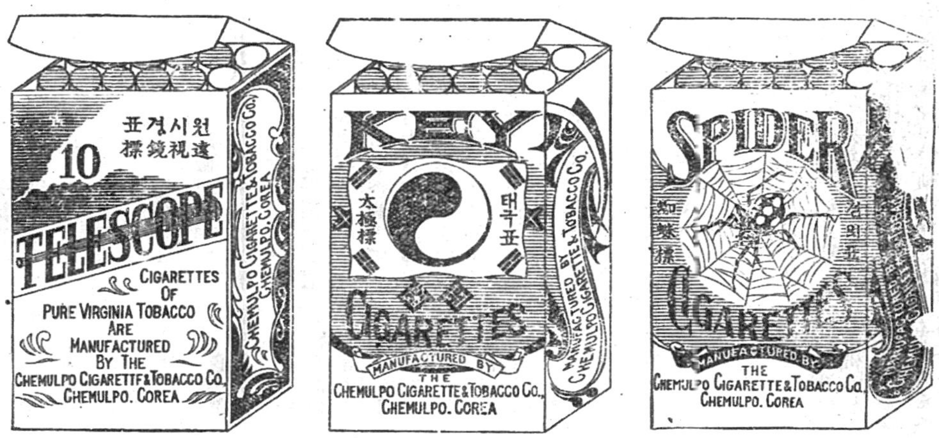

以上三種은上品으로製造ᄒᆞ야衛生上에至極有益ᄒᆞ오니毋論某人ᄒᆞ고本社에來顧ᄒᆞ옵

大韓帝國仁川港

濟物浦紙卷煙及烟草會社

一鷹標罐濃詰牛乳

一金印罐詰濃結牛乳

一無雙家用氣化乳酪

一쏘ㅣ든쓰製造麥芽化合牛乳

以上은常時에貯積ᄒᆞ엿ᄉᆞᆸ

美國紐育港쏘ㅣ든쓰濃結牛유會社

一手代理店 大韓仁川港 世昌洋行

廣告

一雜貨商

一貿易商

一船舶取扱

一煙草商

一委托販賣及貨物運送代理業

一貿易石炭商

以上[illegible]入又輸出者

京城 仁川 大昌洋行

本社廣告

申報價

一張代金 葉貨五錢

一箇月前納 五十戔

三箇月 一元五十戔

六箇月 二元九十戔

一箇年 五元八十戔

郵稅一部 新貨五里

一箇月 十三戔

廣告料

四号活字十三字詰

每日每英尺一寸에新貨廿五錢

(每日每行에六錢에相當ᄒᆞᆷ)

二周日에 二圓五十錢

(每日每行四錢五里에相當ᄒᆞᆷ)

一箇月에 五圓

(每日每行四錢一里에相當ᄒᆞᆷ)

其期限의長短과字行의多少를依ᄒᆞ야增減ᄒᆞᆷ이有ᄒᆞᆷ

大韓人마다此申報를不得不閱覽ᄒᆞ실터이오니廣告出報ᄒᆞ실僉君子ᄂᆞᆫ來臨面議ᄒᆞ시옵

發行兼編輯人 英國人裵說

發行所 京城北署壽進坊礴洞号外地法語學校前

大韓每日申報社

第三卷

大韓每日申報
대한매일신보

第三十四號

月曜及慶節休日時刊

檀君開國四千二百三十八年
箕子元年三千二十七年
大韓開國五百十四年
日本明治三十八年
淸國光緖三十一年
陰曆乙巳八月大廿四日甲子

論說

令娘嘉賓

美國大統領루스벨트氏의令娘과海軍大將득레인氏와陸軍副將고빈氏와及其一行이來遊漢城ᄒᆞ니韓國士女가並呼歡聲이로다今此尋訪이不由政界오但因友誼인즉은想是例定이나韓人이如此歡迎ᄒᆞᆷ은彼來貴賓이隣國의代表人일ᄲᅮᆫ더러該國은吾人前途에大有致力ᄒᆞᆯ거시十分無疑ᄒᆞᆷ이라今日韓國은對其人民ᄒᆞ야確然政權과智能官僚와做事黨派가自有ᄒᆞ야實非昏暗인즉을表示ᄒᆞ기에際此好機ᄒᆞᆷ을欣悅ᄒᆞᄂᆞᆫ도다

元來韓國은隣邦日本과不同ᄒᆞ야不用外飾이어ᄂᆞᆯ至于此日ᄒᆞ야ᄂᆞᆫ滿城家戶가韓美國旗를交又高掛ᄒᆞ야以表敬意ᄒᆞ니可謂驚怪之事로다

特秀我賓의住韓光陰이不過五箇日을先自量度ᄒᆞ얏더니到今可信ᄒᆞᆯ거슨更延幾日ᄒᆞᆯ거시오禮接節次도多少變更ᄒᆞᆯ라인ᄃᆡ其傳說이如左ᄒᆞ더라

二十日午正에ᄂᆞᆫ 皇上ᄭᅴ陛見後에卽就御前陪食하얏쓰며其次에ᄂᆞᆫ韓國大官과接見ᄒᆞ고更其隨員一行이 陛見하얏쓰며同日엔更無別宴이나令孃은美館에셔晩餐을ᄒᆞ얏더라

二十一日에ᄂᆞᆫ韓國貴婦人들이令孃을設宴邀請ᄒᆞᆯ터인ᄃᆡ據其韓國禮節ᄒᆞ야其時會賓은不外乎女人ᄒᆞᆯ거시오尙且隨從도擧皆同類라ᄒᆞ며同日下오에ᄂᆞᆫ美公使가開催園遊會ᄒᆞᆯ터인ᄃᆡ帝國軍樂을屆期暢和ᄒᆞᆯ터이더라

至于翌日ᄒᆞ야ᄂᆞᆫ留期未定故로禮接도未詳이나東闕苑遊가必有ᄒᆞᆯ터이오且何日에던지令娘은各國使臣을一次接見ᄒᆞᆯ터이며發行前日에ᄂᆞᆫ 皇上ᄭᅴ셔特請令娘設餐ᄒᆞ실터인ᄃᆡ其時엔 皇帝 皇太子 英親王만臨御ᄒᆞ시고屛却左右ᄒᆞ시리라더라

雨歇雲散에天氣淡泊ᄒᆞ니我賓遊歷이正是好時오漢城四顧에佳麗山水ᄂᆞᆫ足以供快活興味로다今此歡迎이將爲貴情遠念은不必更論이어니와果是韓民은不尙外飾ᄒᆞ고但純粹眞實矣니對此賓接ᄒᆞ야必有顔色이리라

官報

●第三千二百五十號 光武九年九月二十一日

◉叙任及辭令

陞四級俸 議政府主事池逸燦
陞三級俸 中樞院主事尹永權
以上九月一日
穆陵叅奉李달鎔
崇德殿參奉朴道寬
依願免本官
任穆陵參奉叙判任官八等 崇陵參奉李載瓚
任崇陵參奉叙判任官八等 六品柳錫根
任崇德殿參奉叙判任官八等 九品朴文益
以上九月十六日
京畿觀察府主事朴熙成
黃海道觀察府主事鄭昌基
平安南道觀察府主事白永基
依願免本官
任京畿觀察府主事叙判任官六等 咸元燮
任黃海道觀察府主事叙判任官六等 黃南秀
陸軍硏成學校附陸軍步兵正尉 全冕朝
鎭衛步兵第七大隊中隊長陸軍步兵正尉 金興麒
陸軍硏成學校敎官陸軍步兵副尉 韓相德
陸軍騎兵中隊附陸軍騎兵副尉 趙重完
陸軍幼年學校學徒隊附陸軍騎兵參尉 閔丙玉
免本職
任陸軍步兵副尉 陸軍騎兵副尉趙重完
陸軍步兵參尉李重寅
任陸軍步共副尉 仝金定鉉 仝吳胄泳
陸軍三等軍司朴齊浩
任陸軍二等軍司 仝 盧順松
補陸軍硏成學校附 陸軍步兵正尉金興麒
補鎭衛步兵第七大隊中長 陸軍步兵正尉全冕朝
補陸軍硏成學校敎官 陸軍步兵副尉趙重完
補陸軍幼年學校學徒隊附 陸軍步兵副尉韓相德
補陸軍騎中大隊長附 陸軍騎兵參尉閔丙玉
以上九月十八日

外報

●滿洲의善後策　淸國에셔平和克復後에滿洲를善後ᄒᆞᆯ方策을如左히上奏ᄒᆞᆫ者有ᄒᆞ다ᄂᆞᆫᄃᆡ

第一條　日本兵이自滿洲로撤退ᄒᆞᆫ後에ᄂᆞᆫ優勢ᄒᆞᆫ淸國兵을滿洲에派駐ᄒᆞ야未來攻擊을防禦ᄒᆞᆯ事

第二條　滿洲에셔日本軍政施行을廢止ᄒᆞᆯ時期를協定ᄒᆞᆯ事

第三條　滿洲開放에關ᄒᆞ야協商ᄒᆞᆯ事

第四條　東淸鐵道를日本에讓與ᄒᆞᄂᆞᆫ事에關ᄒᆞ야協商ᄒᆞᆯ事

第五條　露國租借地의處分法에關ᄒᆞ야協商ᄒᆞᆯ事

第六條　滿洲에新行政을設施ᄒᆞᆯ事

右建言書에添附ᄒᆞ야馬賊鎭定ᄒᆞᄂᆞᆫ補助權를日本에依賴ᄒᆞᆯ事를上奏ᄒᆞ얏다더라

●休戰條約　日露兩軍休戰條件協定員이今月十三日오前十時에沙河、沙河子에셔會見ᄒᆞ고同日오後七時二十分에休戰條件議定書를調印ᄒᆞ얏ᄂᆞᆫᄃᆡ其議定書ᄂᆞᆫ左開條로成立되얏다더라

第一條　滿洲全部에셔戰鬪를中止ᄒᆞᆯ事

第二條　本議定書와交換ᄒᆞᄂᆞᆫ바圖面에示ᄒᆞᆫ日露兩軍之第一線의中間으로써離隔地帶를作ᄒᆞᆯ事

第三條　兩軍에各般關係가有ᄒᆞᆫ者ᄂᆞᆫ何如ᄒᆞᆫ口實을設ᄒᆞᆯ지라도離隔地帶에入ᄒᆞᆷ을不許ᄒᆞᆯ事

第四條　自雙廟子로至沙河間道路로써兩軍의共由道路를作ᄒᆞᆯ事

第五條　本議定書ᄂᆞᆫ明治三十八年九月十六日露曆九月二日正오로브터效力이有ᄒᆞᆯ事

●德妃懷妊　伯林電을據ᄒᆞᆫ즉德國皇帝ᄭᅴ셔(고부리스)에셔談話ᄒᆞ되同國皇太子妃은懷妊ᄒᆞ엿다더라

●車客死傷　倫敦電을據ᄒᆞᆫ즉紐育에셔乘客을滿載ᄒᆞᆫ一列車가脫線ᄒᆞ얏ᄂᆞᆫᄃᆡ其中一輪은高架線으로市中에墜落ᄒᆞ야死者十名이오負傷者三十名이라더라

●德紙評述　伯林電을據ᄒᆞᆫ즉德國新聞紙ᄂᆞᆫ(東京今回騷擾ᄂᆞᆫ日本國이平和締結時에示ᄒᆞᆫ熟慮에對ᄒᆞᄂᆞᆫ同情을害ᄒᆞᄂᆞᆫ者아니오又日本政府가內政에對ᄒᆞᄂᆞᆫ信用을失ᄒᆞᆫ者아니라)고論述ᄒᆞ얏다더라

雜報

鬱島問題

昨日에大東報를閱호則鬱島盛況이라는題下에曰日本海中에豐饒로有名호鬱陵島는自日本人開拓以後로其各般狀況이關歲發達호고日人戶口가每月增加라호얏스니

余는此問題를對홈이實로韓國山川을爲호야悲吊를不堪호노라

夫鬱陵島는韓國三陟郡中에在호야古所謂于山國이니自新羅時로入于版圖호者라

輿誌로觀호던지歷史로觀호던지原係韓國領土오其官吏는韓國政府에서授호者오其人民은韓國版籍에載호者이거날

今에日人이該島로日本海中에在호다호며日本人이開拓호얏다호니是는儼然히該島를日本의原有地로揭載호것인則韓人이엇지此를對호야恬然看過호고默無一言호리오

設或日本이弱肉强食에行爲로써韓國에疆土와利益을次第占領호야惟意所欲호나他事件은오히려幾回提出과幾回抗議를經過호더니

鬱島事件은初無一言半辭라가一朝에忽然히日本原有地로써聲明호니甚히可駭可歎홀事로다

余가韓國弊俗을觀호니或人民中에巧譎挾雜之輩가他人의田土를奪코져호면假劵을做出호야法官을欺罔호는者가有호더니

今에鬱島盛況이라호는題目이此等手段과恰如호지라原來地誌歷史에舊文劵이自在호나勢力壓制之下에假劵으로得勝호는事가有호則吾儕가世界眼目에共公호證據를發明호기爲호야一場辨論호거니와

韓國山川은如斯히無主之物이되얏는가他人이占取호되一個說話를不費호고逞其所欲호니可憐호다韓國山川이여

●一退一進　參政大臣韓圭설氏가期於跳遞홀터인ᄃᆡ其後任은內部大臣李址鎔氏가兼任參政호리라는說이有호더라

●美賓遊覽　美國令孃과其隨員諸人이청國人通辯을다리고塔洞軍樂隊와公園址를玩賞호얏다더라

●警訓良好　警務廳에서五署에發訓호內槪에諸般警察을務圖實施호야以旨以訓이旣申且複이되未見進就호고返益解弛호니茲曷故爲고泥於痼習而然歟아歸之無奈而然歟아此際何時며所掌何事오顧名思義에先自愧忸이며繼切慨歎이라槪擧其最急者而言之컨ᄃᆡ賊盜漸熾호야白晝搶刼과暮夜偸竊이無日不有호며其他暗吸鴉烟과設局賭技와欺虐騙財와蔑法犯分과酗酒爭鬪와衛生妨害와交通障礙와道路淆亂等許多劇弊를指不勝摟로되所謂該掌巡檢輩는耳無聞目無睹호야恬不爲意호고惟其專心所事는執捉賭技호야乾沒賭錢호며圖得巡山호야因事求索호며時往寺刹호야無端侵討호며家舍建築에執탈售奸之惡習이種種相仍호야聽聞이駭怪하고怨방이狼藉하며無緣曠員과全廢行巡과擅離信地와稱病規避者가滔滔如是하야朝諭暮飭이莫可警성하며亦有使酒行悖하야互相敺打者하니此而因循이면雖經幾十年이라도焉有警務刷新之期아思不獲已하야從玆以往으로罰將從重하야痛行懲創하리니責在管率은無容更議어니와以下官吏를加倍嚴束하야就其否臧據其任하며行巳不正者는切勿容私하고這這摘發하야指的擧報홈이爲宜事라하얏더라

●調査何用　漆原郡守李裕璇氏가內部의報告하얏는ᄃᆡ卽接馬山港日警部境益太郞公函則境內戶數人口와面洞名與公稅名目年額을調査以給云云하와待指令擧行次로玆의報告라더라

●惡貨滔滔　博川郡守崔商翼氏가內部에報告하얏는ᄃᆡ本郡秋冬等所納一萬四千餘兩을陰七月初에民間發令하와雖欲收捧이오나平安北道內行用舊白銅貨가擧皆惡貨오千百兩중의도難見正貨一分이온즉以此收捧이오면支金庫에何以交換이올지査照指令이라더라

●賊縛遞夫　晉州在任谷川補佐官補가丸山顧問에게報告혼內槪에郵便局晉州出張所遞送人趙泰連이郵便物遞送次馬山局向往途중에本月二日於石嶺에서馬山局遞送人과邂會호야同所一軒家에同宿호더니夜半에火賊二名이携銃侵入호야遞送人二名을縛往于附近山중호야該黨十餘名이遞送夫를樹에縛호고火賊偵察人이라호야至翌曉에解放호얏다더라

●壽則多辱　安山鄕第에開養호는沈元老舜澤氏는年今九旬에位至大臣이오富有萬石이나年前에其賢胤의慘境을見호고其幼孫과一令愛로慕境相依호더니昨年에其婿郞이又至長逝호즉令愛의情境을尤極可憐히역이더니日前에또호仙去호지라世人이言호기를壽則多辱이라호다더라

●外署新任　閔種默氏는解臨時署理外大事務이고其代에朴鏞和氏가臨時署理外大事務를被任호얏더라

●四勳幷叙　詔曰軍部協辦嚴柱益歷試勞적에允宜褒賞호니特叙勳二等호야賜八卦章호고宮內府參書官金鎔濟는勞有可紀호며禮式官李起鉉과表勳院技師金禹植이俱有恪勤厥職之勞호니幷特叙勳五等호야各賜八卦章호라호옵셧더라

政界續叙

韓之政界組織은置之勿復道가可矣로다一群奸佞之徒가往日得官도賣國附外故也요今日得官도亦賣國附外故也인즉苟其新組織을要行호며好人物을求用홀진ᄃᆡ

如彼奸佞之徒는一切括之別之호며屛之斥之호야勿留半點査滓호고另用一隊人이라야雲捲霧霽而境界淸凉호야國事를可爲요公議를可副요衆疑를可釋이거날

今乃不然호야所謂新組織이依然舊面目인즉籍使此輩로昔非而今是며前惡而後善이라도理之所在에人必不信이거든

况舊習을難化요宿奸이已痼호야誤國病氏은愈往愈甚홀지니徒事紛更이不滿一笑라此等組織은置之勿復道可矣로다

●美商渡韓　目下日本遊歷中에在호美國豪商하리만氏는今回韓國을視察호기爲호야來二十日에日本을出發홀豫定인ᄃᆡ此에關호야郵船會社에新備호第三오하요號를購入호기로決定호얏슴으로自今半個月間은同船의鎭南浦行은中止홀터이라더라

●設營風說　再昨日에日本人二名이平服으로南署봇골다리로부터大山林洞等地를尺量호는ᄃᆡ或說은南村에駐호日本守備隊에서統內新營으로通路호다호며조근봇골다리草家一座는先已毁撤호얏는ᄃᆡ其附近居民드리紛紛히疑慮호다더라

東京電報

●第二回國民大會

九月廿日오後七時廿七分發

第二回國民大會는上野公園에서開會호얏는ᄃᆡ來會者一三百有餘人이오如左히決議호고無事散會하얏더라

吾人은閣臣을引責홈과條約을破毁홈을期혼다하얏더라

外報

●和約破棄電報　本月九日오後에日本大分縣非講和同盟會에서는松田衆議院長의게左開電報를送호얏는ᄃᆡ云

講和條約은宣戰大詔를悖호고國民意思를反호야國之存立을危케호는者로認호오니適當處置홈을爲望이라호얏더라

又同夜에佐世保市民大會에서衆議院에左開電報를送達호얏는ᄃᆡ云

現講和條約을破棄호기를期圖호고現講和條約을贊同호內閣員及元老는速히裁處호야上下에게謝罪호기로決議호고貴院議院은速히現內閣員을彈劾호기를求혼다호얏더라

此外에同日富山市民大會와松山市民大會와群馬縣民大會와札幌十一州各新聞記者大會와門司非講和大會와福山非講和大會와佐賀縣新聞社會合과豐橋非講和大會와靜岡縣民大會와彦根非講和演說會에서皆是上同호趣意로決議호얏고

又十一日에大阪에서開호非講和全國大會에各地方市民大會에서代表者或有志者를派遣호야出席케호얏더라

雜報

愛人者人亦愛之

今夫宇內各國이紛然交涉而憧憧往來ᄒᆞ야講之以隣誼ᄒᆞ며待之以禮歡ᄒᆞ며申之以約誓ᄒᆞ며定之以租界ᄒᆞ야此疆彼界에互相錯居ᄒᆞ며慶吊哀樂을無不關通ᄒᆞ니可謂四海一家而無所間焉이로ᄃᆡ大小强弱之計較와利害禍福之牽制와權謀欺騙之相傾이自然生於其間而害於其交ᄒᆞ야外親而內疎ᄒᆞ며陽扶而陰擠者ㅣ滔滔皆然ᄒᆞ기로天下ㅣ常至於多事ᄒᆞ야非我圖彼則彼乃謀我ᄒᆞ며非甲剪乙則乙亦窺甲ᄒᆞ야譬如十百龍蛇가攪做一團ᄒᆞ야顚倒上下에莫知其止泊之如何ᄒᆞ니今之天下ㅣ何其亂也오是로以ᄒᆞ야樽俎談笑之間에干戈ㅣ藏焉ᄒᆞ며筐篚玉帛之中에風雨ㅣ之隨ᄒᆞ야仁愛絶而猜疑ㅣ起ᄒᆞ며義理廢而威力이勝ᄒᆞ야惴惴然各有宗社生民之憂ᄒᆞ니環顧列國컨ᄃᆡ免於此者ㅣ能有幾焉고권惟美國이處在絶遠ᄒᆞ야縱與歐亞로門庭이各殊나其政也優優ᄒᆞ며其俗也熙熙ᄒᆞ고民殷物阜ᄒᆞ며百度煥然ᄒᆞ야富强之效가冠於天下로ᄃᆡ藹然歛其氣焰而不爲自大ᄒᆞ야以恃强侮弱으로爲羞ᄒᆞ며以恤災善隣으로爲心ᄒᆞ야操信義之大經에示平和於一世ᄒᆞ니甚盛德也오茂盛德也로다傳에曰無德不도라ᄒᆞ며又曰愛人者ᄂᆞᆫ人亦愛之라ᄒᆞ니由是焉列邦人士가心誠悅之ᄒᆞ야仰之若景雲瑞日ᄒᆞ며敬之若祥麟威鳳ᄒᆞ야環球同聲에無有間言ᄒᆞ니可見其綏遠得衆이在德不在强而美之昌運을將不可量矣로다

噫라世之愚夫가特其有尺寸之長ᄒᆞ고侮人迫人而自狀其德者ᄂᆞᆫ是乃跖之徒也라縱得快志於一時나必失天下之心ᄒᆞ야其强이易弱이오其勢ㅣ易竭ᄒᆞᆯ지니嗚呼라其亦不思之甚哉ㄴ저

●同賓異例　今番美賓接待費二萬元을宮內府에서度支部에請求하얏더니顧問目賀田氏가斬持하기로該府에서質問하여日曩時日本恭博親王殿下渡韓時에接待費를度支部로劃用하얏스니今番接待費도依此例出給하라ᄒᆞᆫ즉同氏言內에同親王殿下ᄂᆞᆫ因公游韓ᄒᆞᆫ인즉接待費를公貨중劃用하ᄂᆞᆫ게事理當然하되今番美 令孃은私行이라一例公貨로劃用이不可라하고不爲出給ᄒᆞᆷ으로不得已皇室費중에서一萬元을取用하얏다더라

●質報條例　平北觀察使李根豐氏가內部의報告하얏ᄂᆞᆫᄃᆡ本部訓令內開의各道警務顧問補佐官을配寘하고警察의關ᄒᆞᆫ事項을左開發訓하니補佐官의게協議交辦하야敏活事等因이온바左開事項을一遵條例協議則補佐官이別錄十四條하야以此謄訓各郡云니온바該別錄條例를待指令擧行次로質稟이라더라

左開

一　國事犯의關ᄒᆞᆫ事
二　凶徒嘯聚의關ᄒᆞᆫ事
三　殺人及强盜의關ᄒᆞᆫ事
四　大盜橫行의關ᄒᆞᆫ事
五　警察上死傷의關ᄒᆞᆫ事
六　妖言을放하야人心을狂惑하고利를圖ᄒᆞᆫ者의關ᄒᆞᆫ事
七　行政上新施設의關ᄒᆞᆫ事
八　外國人의關ᄒᆞᆫ事
九　災害의關ᄒᆞᆫ事
十　往來通信妨害의關ᄒᆞᆫ事
十一　土地森林의處分及開墾의關ᄒᆞᆫ事
十二　漁獵採藻의關ᄒᆞᆫ事
十三　傳染病의關ᄒᆞᆫ事
十四　前項外重要로思料ᄒᆞᆫ事

●閔氏將起　方今居憂ᄒᆞᄂᆞᆫ閔泳韶氏가學部大臣을任ᄒᆞ야起服行公ᄒᆞ리라ᄂᆞᆫ說이有ᄒᆞ더라

●兩人免官　警務使閔景植氏가內部에報告ᄒᆞ얏ᄂᆞᆫᄃᆡ本廳警務官康鎭祜免官報告가今爲三箇月이옵고徐熙淳依免報告가亦爲二箇月이온ᄃᆡ尙未 奏裁而頒布이온즉或因未及 奏裁而然이온지非但事務相妨이라恐於公體有欠이옵기玆以報告ᄒᆞ오니照亮裁處라ᄒᆞ얏더라

●鎭電內部　鎭南郡警務署의셔內部로電報하얏ᄂᆞᆫᄃᆡ支庫委員이現無財政顧問信文하야命令書를姑不出給하니即速妥辦伏望이라하얏더라

●府案錄給　江原觀察조鍾弼氏報告內槪의本道警視警部가各郡戶數人口總數와土産物種과自本府거列邑程道를昭詳錄給之意로屢有面飭인즉其在交涉의不可설然키로以府存案所載者로即爲錄去케하고玆報告라하얏더라

●其或誤耶　昨日新聞雜報欄內의要掘寃礦이란題下의事實를更聞ᄒᆞᆫ즉內藏院卿李鍾健氏가新任後로各任員중의公錢所逋者를明査收刷이되如有愆納者면免任督捧이라하ᄂᆞᆫᄃᆡ銅礦監理金璟은所關公錢이數甚夥多ᄒᆞᆫ故로方在督刷중인ᄃᆡ金礦監理를捧賂差任之說은傳者의誤矣라더라

●役夫被銃　平北觀察李根豐氏가內部에報告ᄒᆞᆫ內槪에嘉山郡守崔載浩報告接准則陰七月二十四日本郡嶺林里鎭道赴役人夫三名이日人處에中銃重傷云故로躬往嶺林監部ᄒᆞ야中銃如何를次第摘奸則龜城郡民韓四珍左脚腕에被六穴砲中傷ᄒᆞ와丸在肉裏ᄒᆞ고左臂碑에亦被棒打重傷ᄒᆞ며李允浩ᄂᆞᆫ右脚腕中傷ᄒᆞ야丸在肉裏ᄒᆞ고許石煥은左脚被銃故로郡守가對監部日人ᄒᆞ야問其裏由則答云人夫之三時食供及休息이自有時間ᄒᆞ야一依呼角施行이거날今此龜城人夫ᄂᆞᆫ不勤役事ᄒᆞ고無時吸烟故로監役日人이責其懶惰則二百餘名人夫가一番呼唱에一時會同키로或恐見害ᄒᆞ야偶然放銃이러니至於三人중丸인바以此事安州憲兵과何日浦憲兵이要來調査ᄒᆞ니未知其措處之如何이오나三名人夫之一時중銃者事涉未安ᄒᆞ니據實報告等因인바該監部日人之放銃傷人이誠不妥當故로以此知函于安州司令部ᄒᆞ오며玆以報告라ᄒᆞ얏더라

●通貨催刷　通信院에서法部에照會ᄒᆞ얏ᄂᆞᆫᄃᆡ奬院所管公貨欠逋各員을飭由當該管裁判所ᄒᆞ야拿致督刷事로前後照請이積累在案이온바其在共濟에自貴部飭辦이諒必緊嚴이시고由裁判所遲辦이宜其認寘ᄒᆞ야均無泛間에第期청刷在即이옵더니距意諸多逋欸이積愈月歲에未有刷至者ᄒᆞ와致此勘簿差誤ᄒᆞ니竊想各該裁判所로果得行督如法일진ᄃᆡ安有這般延타之理라오至於幾許已刷者ᄒᆞ야ᄂᆞᆫ趁宜隨送이事合妥當이옵거날奈之何耽延遲送ᄒᆞ야難免淹留之歎ᄒᆞ오니爲念刷務에殊屬타訝라刷合之爲急이非惟公例之爲然이온지라現當本府勘簿之秋ᄒᆞ야勢難容緩이오며且有國庫見促이頗形頻急ᄒᆞ야청勘乃已가時日爲急이옵기玆에仰照ᄒᆞ오니査照行飭各該裁判所ᄒᆞ시와各該逋欸을剋日行督에無容寬緩如昔ᄒᆞ야期圖청刷이옵고已刷者ᄂᆞᆫ次先送來ᄒᆞ야俾免再誤勘簿之期라ᄒᆞ얏더라

●法律　（續）

但已就拘執ᄒᆞ거나拒捕치아니ᄒᆞᆫ者를傷ᄒᆞᆫ者ᄂᆞᆫ各히第五百十一條鬪毆傷人律에依ᄒᆞ고殺ᄒᆞᆫ者ᄂᆞᆫ絞刑에處ᄒᆞ되罪人의本犯이死刑에該當ᄒᆞᆫ者를擅殺ᄒᆞᆫ者ᄂᆞᆫ笞一百에處홈이라

第九節　罪인移受有違律

第三百八條　應히他官司에移交ᄒᆞᆯ犯인을移交치아니ᄒᆞᆫ者ᄂᆞᆫ一日에笞一十호되每三日에一等을加하야笞六十의止홈이라

第三百九條　犯人이나干連이他官司에在ᄒᆞᆫ時ᄂᆞᆫ直照ᄒᆞ야引致호되該當官司가文書를接到ᄒᆞᆫ後로三日內에拿交치아니ᄒᆞᆫ者ᄂᆞᆫ笞二十호되每一日에一等을加ᄒᆞ야笞六十에止홈이라

第三百十條　他官司에서照例ᄒᆞ야移交ᄒᆞᄂᆞᆫ罪人을推故不受ᄒᆞᄂᆞᆫ者ᄂᆞᆫ第三百十八條諸項에依ᄒᆞ야科斷홈이라

第三百十一條　司法官이罪囚를照例移交ᄒᆞᆯ時에重囚를輕囚在ᄒᆞᆫ官司로나多囚를囚小ᄒᆞᆫ官司로나囚數가相等ᄒᆞ되先發ᄒᆞᆫ官司에서後發ᄒᆞᆫ官司로나兩司의相거가三百里에過ᄒᆞᆫ되로移交ᄒᆞᆫ者ᄂᆞᆫ笞五十에處홈이라

第十節　失囚律

第三百十二條　囚徒를失ᄒᆞ거나故縱ᄒᆞᆫ者ᄂᆞᆫ左開에依ᄒᆞ야處홈이라

一　罪囚를監守ᄒᆞ다가執刑ᄒᆞ기前에不覺ᄒᆞ고失ᄒᆞᆫ境遇에ᄂᆞᆫ使役은囚의罪에二等을減ᄒᆞ고囚가反獄在逃ᄒᆞᆫ境遇에ᄂᆞᆫ二等을又減호되吏典은使役의罪에各히二等을減ᄒᆞ고司獄官은吏典의罪에二等을減홈이라

特別廣告

本申報ᄂᆞᆫ海外電報를卽受ᄒᆞ야機關이靈通ᄒᆞ고外報와探報를敏捷活潑ᄒᆞ도록注意ᄒᆞ오며申報發送ᄒᆞᄂᆞᆫ디迅速信傳ᄒᆞ기ᄂᆞᆫ分傳人의게在ᄒᆞᆷ으로本社에서不常에諸分傳人의게丁寧告戒ᄒᆞ고申申訓飭ᄒᆞ야毋或懶惰ᄒᆞ게注意ᄒᆞ거니와如或暫有稽忽이라도愛讀僉君子ᄂᆞᆫ特使通知于本社ᄒᆞ시면該分傳의게誡信相学ᄒᆞ도록耳提面命ᄒᆞ고勸贊가發生ᄒᆞ도록誨論ᄒᆞ야必無遲誤ᄒᆞ기로期待ᄒᆞ옵나이다

本社에寄書ᄒᆞ시ᄂᆞᆫ諸君子ᄂᆞᆫ姓名과居住를明確ᄒᆞ게懸錄送附ᄒᆞ시와證據가有ᄒᆞᆷ을必要ᄒᆞᆷ이오公衆平和ᄒᆞᆫ秩序를紊亂케ᄒᆞᄂᆞᆫ意와社會上不經荒雜ᄒᆞᆫ寄書ᄂᆞᆫ不受ᄒᆞᄂᆞᆫ權利가本社에自有ᄒᆞ오니肯諒ᄒᆞ시옵

大韓每日申報社

廣告

貿易商 本社ᄂᆞᆫ仁川港
日本郵便電信局對面
電話第二百一番地

仁川港 廣昌洋行
벤넷도會社告白

○鐵路部

○東太門과新門間에來往車ᄂᆞᆫ每十分間에運行ᄒᆞᆷ
東大門發初車ᄂᆞᆫ午前六時三十分
新門外停車塲發初車ᄂᆞᆫ午前六時五十五分
東大門發終車ᄂᆞᆫ午後九時五十分
新門外停車塲發終車ᄂᆞᆫ午後十時十五分

○東大門과洪陵間에來往車ᄂᆞᆫ每二十分間에運行ᄒᆞᆷ
但自鍾路로東大門에來到ᄒᆞᆫ交替車로聯絡ᄒᆞᆷ
東大門發初車ᄂᆞᆫ午前六時五十分
洪陵發　初車ᄂᆞᆫ午前七時十分
東大門發終車ᄂᆞᆫ午後七時五十分
洪陵發　終車ᄂᆞᆫ午後八時十分

○鍾路와龍山間에來往車ᄂᆞᆫ每十二分間에運行ᄒᆞᆷ
鍾路發至南大門初車ᄂᆞᆫ午前六時四十八分
鍾路發至龍山　初車ᄂᆞᆫ午前七時二十四分
南大門發至鍾路初車ᄂᆞᆫ午前六時五十六分
龍山發至鍾路　終車ᄂᆞᆫ午前七時五十七分
南大門發至鍾路終車ᄂᆞᆫ午前十時八分
龍山發至鍾路　終車ᄂᆞᆫ午後九時九分

○特別私用車ᄂᆞᆫ顧客의方便ᄒᆞᆷ을隨應ᄒᆞ야準給ᄒᆞᆷ
但定價ᄂᆞᆫ本社에來臨ᄒᆞ야請問ᄒᆞ옵

○電燈部

二百五十燭力以內의燉用處에ᄂᆞᆫ每個月에定價表가如左ᄒᆞᆷ
○十六燭力燃燈達夜에二圓五十錢
○三十二燭力燃燈達夜에四圓
○五十燭力燃燈達夜에六圓
○一百五十燭力燃燈達夜에十圓
一千二百燭力弧形燈達夜에二十圓
二百五十燭力以上의燉用處에ᄂᆞᆫ請求ᄒᆞ면瓦斯計一箇를設給ᄒᆞᆷ
但瓦斯計賃金은每個月에二圓이오瓦斯計測驗表委托定價ᄂᆞᆫ每時間每암피아에二錢이옵
瓦斯計設給處에셔每介月支拂金最低額은每個月에二十圓인디(瓦斯計貸金은)据ᄒᆞᆷ
電燈을敷設ᄒᆞ기에請求ᄒᆞᄂᆞᆫ디로供給ᄒᆞᆷ
各種連技辦燈도常時에貯存ᄒᆞ엿슴

本社鍾路電氣會社
韓美電氣會社 告白

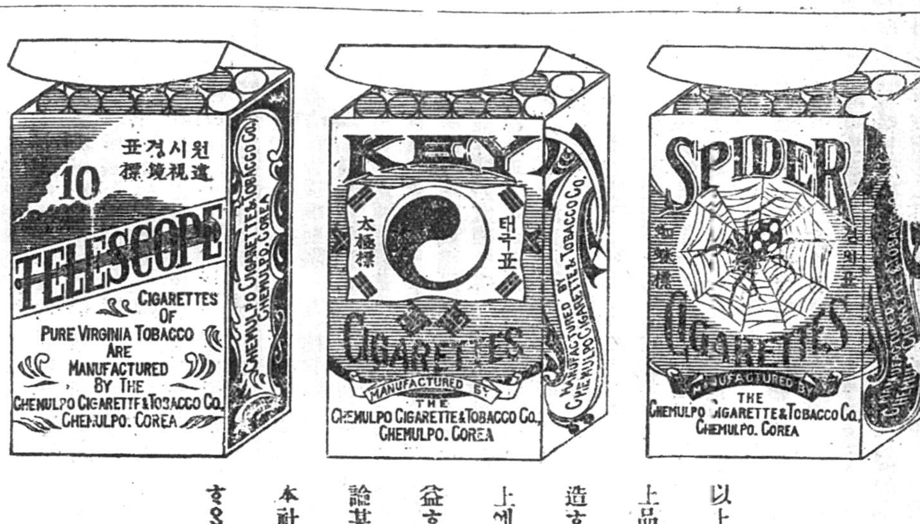

以上三種은上品으로製造ᄒᆞ야衛生上에至極有益ᄒᆞ오니毋論某人ᄒᆞ고本社에來顧ᄒᆞ옵

大韓帝國仁川港
濟物浦紙卷煙及烟草會社

一鷹標罐濃詰牛乳
一金印罐詰濃結牛乳
一無雙家用氣化乳酪
一쟈ᅵ듣쓰製造麥芽化合牛乳
以上은常時에貯積ᄒᆞ엿슴
美國紐育港쟈ᅵ듣쓰濃結牛乳會社
一手代理店 大韓仁川港 世昌洋行

廣告

一雜貨商
一貿易商
一船舶取扱
一煙草商
一委托販賣及貨物運送代理業
一貿易石炭商
以上輸入及輸出者
京城 仁川 大昌洋行

本社廣告

申報價
一張代金　銅貨五錢
一箇月前納　五十戔
三箇月　一元五十戔
六箇月　二元九十戔
一箇年　五元八十戔
郵稅一部　新貨五里
一箇月　十三戔

廣告料
四号活字十三字詰
每日每英尺一寸에新貨廿五錢
(每日每行에六錢에相當ᄒᆞᆷ)
二周日에　二圓五十錢
(每日每行四錢五里에相當ᄒᆞᆷ)
一箇月에　五圓
(每日每行四錢一里에相當ᄒᆞᆷ)
其期限의長短과字行의多少를依ᄒᆞ야增減ᄒᆞᆷ이有ᄒᆞᆷ

大韓人마다此申報를不得不閱覽ᄒᆞ실터이오니廣告出報ᄒᆞ실僉君子ᄂᆞᆫ來臨面議ᄒᆞ시옵

發行兼編輯人　英國人裴說
發行所
京城北署壽進坊礴洞号外地法語學校前
大韓每日申報社

第二卷

大韓每日申報
대한매일신보

第三十五號

月曜及慶節
歲時日休刊

檀君開國四千二百三十八年
箕子元年三千二十七年
大韓開國五百十四年
日本明治三十八年
淸國光緖三十一年
陰曆乙巳八月大廿五日乙丑

論說

財政慘狀

現今韓國情形을玫察ᄒᆞ건ᄃᆡ悲慘ᄒᆞᆫ景象이日甚一日ᄒᆞᆫ者ᄂᆞᆫ財政一欵이라 夫國의財政은人의血맥이니人은血맥이絶ᄒᆞ면卽斃ᄒᆞ고國은財政이竭ᄒᆞ면必亡ᄒᆞᄂᆞ니 今韓國上下內外間에內帑이던지國庫이던지社會上營業이던지人民間與受이던지一切罄竭ᄒᆞ고到底否塞ᄒᆞ야血맥이不通ᄒᆞ고氣息이奄奄ᄒᆞ니實로可危ᄒᆞ고可憐ᄒᆞ도다

蓋其舊貨ᄂᆞᆫ已爲沒收ᄒᆞ고新貨ᄂᆞᆫ尙未流行ᄒᆞᆫ故로韓國財政이愈益困難ᄒᆞᆫ바니만일此를良好ᄒᆞᆫ方法으로急急히施措ᄒᆞ야救濟치아니ᄒᆞ면大韓全國人民의命運을一個人의手段으로斷絶케ᄒᆞᄂᆞᆫ者니其責任擔負가誰의게在ᄒᆞᆫ요ᄒᆞ면곳財政整理로自任ᄒᆞᆫ目賀田顧問의게在ᄒᆞᆫ지라 該顧問의身分은日本身分이나職分은韓國職分이니以若文明本旨로當官盡職이固其義務所在오古人이云ᄒᆞ되食人之食者ᄂᆞᆫ死人之事라ᄒᆞ니 該顧問의月俸이卽韓國人民의勤力耕作ᄒᆞᆫ租稅中으로出ᄒᆞᆫ者니 今韓國人民이如斯ᄒᆞᆫ悲境에墜陷ᄒᆞᆫ것을越視不救ᄒᆞ면決코人道上에忍爲ᄒᆞᆯ者가아니오以名譽關係로言之라도天下之耳目이自在ᄒᆞ니何可不顧念이리오 該顧問이旣以韓國財政整理로自己肩上에擔着ᄒᆞ얏슨즉韓國人民의生死機關이皆其手腕에在ᄒᆞ니宜其好個方針이自有定筭이어니와吾輩ᄂᆞᆫ目下慘狀에對ᄒᆞ야實有不忍不言者故로一般期望之情을申申發表ᄒᆞ노라

官報

●第三千二百五十一號 光武九年九月二十二日

◉宮廷錄事

詔曰命從二品李準榮爲學部協辦

光武九年九月十一日

學部大臣臨時署理中樞院贊議陸軍副將　李容泰

詔曰勳章之制未爲不備然而至於內勳尙今未遑矣玆增設瑞鳳章一種分爲六等盖其名義取諸古來宮中禮裝鳳凰冠也內外命婦中如有勳勞者亦當用是表章并各欽哉

光武九年九月十九日

表勳院總裁勳一等朴定陽

詔曰宮內府大臣勳二等李載克恪勤厥職勞績優異特陞敍勳一等賜八卦章

光武九年九月十九日

表勳院總裁勳一等朴定陽

詔曰日本國陸軍中佐木下忠信久駐本邦勞績可紀特叙勳三等賜太極章

光武九年九月十九日

表勳院總裁勳一等朴定陽

禮式院掌禮卿臣李根敎謹奏榮祭設行後積雨收霽日候晴朗當有報謝之節四門報謝祭擇日設行何如謹上奏

光武九年九月十八日奉旨依奏

禮式院掌禮卿臣李根敎謹奏四門榮祭報謝擇日設行事奏下矣吉日令日官金東杓推擇則陰曆八月二十九日爲吉云以此日設行事知委何如謹上奏

光武九年九月十九日奉旨依奏

◉叙任及辭令

從二品李準榮
任學部協辦叙勅任官二等
九月十一日

申漢甫
任主殿院電務課主事叙判任官八等
九月十五日

主殿院電務課主事申漢甫
依願免本官
九月十六日

宮內府大臣勳二等李載克
陞叙勳一等賜八卦章
日本國陸軍中佐木下忠信
叙勳三等賜太極章

西京 豐慶宮參書官韓鼎烈
弘文館侍講朴尙範
奉常司主事鄭[illegible]
營繕司主事白鳳彬
全羅南道觀察府主事金瓚濟
依願免本官

禮式院禮式官金祚鉉
依願免兼任文書課長

正三品李喆思
任 西京 豐慶宮參書官叙奏任官四等

正三品韓相鶴
任 奎章閣待制叙奏任官四等

奉常司典事 辛泳學
任弘文館侍講叙奏任官四等

六品朴尙範
任奉常司主事叙判任官四等

九品趙善九
任奉常司典事叙判任官四等

主殿院主事劉時赫
任營繕司主事叙判任官六等

白鴻彬
任主殿院主事叙判任官七等

禮式院禮式官白時鏞
兼任文書課長

九品申漢甫
命典膳司膳部

李德基　申學均　全元一
李永根　崔昌奎　吳得洙
吳弼常
命典膳司膳手

免懲戒

六品李忠寧
安商在
任全羅南道觀察府主事叙判任官六等

以上九月十九日

外報

●是何說耶　日本福島縣人中島庄次郞이現時立憲政體가於家에有害無益ᄒᆞᆫ則차라리此를廢止ᄒᆞ야專制政治로復歸ᄒᆞᆷ만莫如ᄒᆞ다ᄒᆞ야此를請願次로今番에上京ᄒᆞ얏다더라

●改革進就　北京電을據ᄒᆞᆫ즉淸廷에서科擧를廢ᄒᆞᆫ故로各省의學士監으로ᄒᆞ야금學校에試驗을掌케ᄒᆞ고又奉天府丞을廢ᄒᆞ야奉天府尹으로ᄒᆞ고趙爾巽氏로其事務를管理케ᄒᆞᆫ다더라

●極東守備　歐洲來報에云ᄒᆞ되俄國이日俄兩國의平和가成立ᄒᆞᆫ後에ᄂᆞᆫ滿洲에서撤兵ᄒᆞ고又極東에派送ᄒᆞᆫ部隊中에서小不下三十萬名의守備兵을後貝加爾와沿海州에駐屯ᄒᆞᆯ計劃이라더라

●露紙攻擊　倫敦電을據ᄒᆞᆫ즉露國우레미야新聞은今回講和條約을露國으로ᄒᆞ야금海上出入門을全失케ᄒᆞᆫ者라ᄒᆞ야尙今攻擊中이라더라

●英皇慰電　同電을據ᄒᆞᆫ즉日本戰鬪艦三笠號遭難之際에東鄕大將의危難을得免ᄒᆞᆫ事에對ᄒᆞ야英國全體가滿足ᄒᆞᆫ意를表ᄒᆞ얏고右遭難에對ᄒᆞ야英國皇帝及同國海軍은慰問ᄒᆞᄂᆞᆫ電報를發ᄒᆞ얏더라

●淸帝救恤　淸國皇帝西太后兩陛下게서ᄂᆞᆫ上海附近의洪水慘狀을聞ᄒᆞ시고本月九日에救恤金三萬兩을下賜ᄒᆞ셧더라

外報

●警廳廢止決議 大阪每日新聞을據ᄒᆞᆫ즉東京辯護士一團의二十日會ᄂᆞᆫ本月九日에總會를開ᄒᆞ고理가히決議ᄒᆞ고實行委員數名을選定ᄒᆞ얏더라
警視廳을廢止ᄒᆞ야東京府下의警察權을知事의게隷屬케ᄒᆞᆯ事라더라

●上院召集 東京市擾亂에就ᄒᆞ야ᄂᆞᆫ到處에셔當局者의措置를詰難ᄒᆞᄂᆞᆫ聲勢가大盛ᄒᆞᆫᄃᆡ貴族院에셔도土曜會를首唱하야政府의失政을難詰하며爲先內務大臣을處決ᄒᆞᆷ을催促하기爲ᄒᆞ야本月十一日頃에同院에셔各派의交涉會를開ᄒᆞ얏다더라

●貨幣流通高 日本大藏省에셔調査ᄒᆞᆫ昨年度末(本年三月)에正貨及紙幣의流通高ᄂᆞᆫ如左ᄒᆞ다더라
正貨一億六百卄五萬二百十一圓○紙幣二億五千百卄萬二千四百七十九圓○合計三億五千七百四十五萬二千六百九十圓인ᄃᆡ內에國庫在高二千六百三十一萬百四十一圓을除ᄒᆞ고差引市場流通高ᄂᆞᆫ三億三千百十四萬二千五百四十九圓인ᄃᆡ十年前卽卄九年三月에比ᄒᆞ면合計에셔九千八百七十七萬八千二百九十七圓이市場流通高에셔八千百八十五萬七千三百卄四圓이增加되얏더라

●稀有大會 日本大阪에셔非媾和全國大會를擧行ᄒᆞ기로發表ᄒᆞᆷ이國民의公憤이大發ᄒᆞ야翕然相應ᄒᆞ야全國이各市町을代表ᄒᆞ며或은箇人의資格으로來會를申請ᄒᆞᄂᆞᆫ者頗多ᄒᆞᆫᄃᆡ昨日ᄭᆞ지에確定된者만하여도三府十六縣인ᄃᆡ卽東京、京都、兵庫、和歌山、奈良、三重、愛知、靜岡、岐阜、滋賀、岡山、廣島、香川、愛媛、福岡、大分、佐賀、長崎等인ᄃᆡ尙且外他地方에셔도開會ᄒᆞ기ᄭᆞ지馳參ᄒᆞᆯ者이過多ᄒᆞᆯ거시오政治問題에就ᄒᆞ야如斯히多數ᄒᆞᆫ地方人士의聚會ᄒᆞᆷ은近來에稀有ᄒᆞᆫ事이라더라

●法摩和解 法國과摩洛哥國間에發生ᄒᆞᆫ葛藤은法國側에셔因徒釋放ᄒᆞᆫ때문에今則改善이되얏다더라

●俄國降將 俄國皇帝ᄂᆞᆫ日本에降服ᄒᆞᆫ俄國艦隊司令官네보가도ᄒᆞ將官及降服艦니골나이一世와아부라기신과셰니야부인과아리올各艦長도官職을創奪ᄒᆞᄂᆞᆫ上諭를下ᄒᆞ시고其他降服將校ᄂᆞᆫ軍法會議에附ᄒᆞᆫ다더라

●伊藤嘆息 日本에셔政客이近來에伊藤博文氏를訪見ᄒᆞ고時事를問ᄒᆞᆫ즉同氏가講和事件에對ᄒᆞ야ᄂᆞᆫ一言도不發ᄒᆞ고戒嚴令事件에對ᄒᆞ야ᄂᆞᆫ痛歎不已ᄒᆞ되曰日本이于今世界에得ᄒᆞᆫ同情이今番當局者의措處를因ᄒᆞ야無效되지라此際에當局者가斷然히悔悟改悛치아니하면政府가畢竟自滅ᄒᆞᆷ을難免ᄒᆞ리라더라

●俄國批准期 俄國講和全權委員우트氏가來月十二日에紐育에셔發行ᄒᆞᆯ貌樣인故로無事急行ᄒᆞ면十日間에俄都의到着ᄒᆞᆯ지라然則俄廷에셔他事件이生치아니ᄒᆞ면本月二十一二頃에講和條約을正式으로批准ᄒᆞᆯ預定이라더라

雜報

●苦霖八歎

人事에最難堪이莫如憤鬱未泄이오天氣에最乖常이莫如苦霖不開인ᄃᆡ今日韓人의憤鬱未泄ᄒᆞᆷ이有同於苦霖不開기로幾萬同胞가其無聊不平之氣을無地可寫ᄒᆞ야苦霖八歎으로發爲歌謠이기悲其志而隨聞記載如左ᄒᆞ노라

吁嘻乎苦霖不開여政界陰翳何時晴고大官은營營ᄒᆞ고小官은昏昏ᄒᆞ야何人手裏로國權이潛移인지萬機兮決裂이고若生分愁歎이라堂堂千乘國이奈之何日居月諸에自由不得고

吁嘻乎苦림不開여賣國奸黨이何紛紛고其身이已榮이며其祿이已厚ᄒᆞ니國家ㅣ何負於渠輩완ᄃᆡ百般狐媚와千般粉飾이但是賣國附外想이라今日에錯一事ᄒᆞ고明日에讓一權ᄒᆞ야馴成三千里江山이色慘담이로다吁嘻乎可奈何오寄語多少有志人ᄒᆞ노니聚精會神에倣箇三尺劍ᄒᆞ야時來斬佞臣頭ᄒᆞ세

吁嘻乎苦림不開여貨幣子正人이借問何大臣고錢路一塞에如太行山難攀이라商況兮阻絕이며物價兮日翔ᄒᆞ니誰生厲階ᄒᆞ야至今爲梗고赤子無辜을大臣이應亦知니胡爲乎陷此機정ᄒᆞ야莫之或恤고秋風처陰翳翳ᄒᆞ니無衣無食이라將何以卒歲오

우회乎苦림不開여沿江各洞民이扶老携幼呑聲哭을生無家屋이라去將安歸오匪虎匪兕언만率彼曠野로다

嗟嗟白餘萬白骨이已成路傍灰다孤魂時與夢相接호ᄃᆡ覺來淚如泉을欲說朴李官人ᄒᆞ면甞先塞이라華堂錦衾에正酣眠ᄒᆞ리

우회乎苦림不開여義州平壤軍用地에毁家失田이凡幾人고去年耕田ᄒᆞ야妻子僅免飢러니今來無田無畓飢奈何오

聞道滿洲烽烟이今已息인ᄃᆡ奈何乎軍用地段은猶如昨고莫怨天ᄒᆞ고但尤人ᄒᆞ라廟堂如今坐奔鬣이니라

우회乎苦림不開여厥初惡貨行用을誰作俑고督稅令甲이數於霜이나惡貨不捧이면新貨을從何出고賣盡殘産ᄒᆞ고凍餒塡壑은固不敢恤이나得見一分新貨ᄂᆞᆫ難於上靑天이라우회乎可奈何오

可憐泣向屋中妻을有情血肉身上에無情ᄒᆞᆫ官府鞭扑이로다願生無錢無稅國ᄒᆞ야脫此火坑ᄒᆞ고夫婦長快活ᄒᆞᆯ가哀哀苦衷情을政府一知不知야

우회乎苦림不開여鐵道工役이幾時畢고철其泣矣라廢耕失業이여力盡筋枯ᄒᆞᆫᄃᆡ猶未得休息이로다秦人半死長城窟이何意今日에來在身上일지天胡不仁고古今其歎이로다

昨宵來幾得歸家一宿인ᄃᆡ厳令이又下ᄒᆞ야募集丁壯ᄒᆞ니習矣富人은代錢防納이것마ᄂᆞᆫ哀此貧窶可奈何오含涕出門에妻子色凄凉이로다

우회乎苦림不開여埋沒草野에幾箇有志人고囊裏一篇治安策을時不利兮여無由獻北闕이지攀龍附鳳이儘是有命가至今紆靑두紫가盡俗子이며聞說秉銓人이又是拜錢的李大官人일세우회乎可奈何오孰貴孰賤을都付相忘ᄒᆞ며此是彼非을一切休問ᄒᆞ고江風山月에遨遊自在ᄒᆞᆷ이亦一吾儕의經濟策될지

●蘇戶調査 日前에日本士官一人과兵丁三名이蘇島에前往ᄒᆞ야外廊이有ᄒᆞᆫ人戶五十餘座을調査ᄒᆞ얏다더라

●從船輸入 日昨仁川滊車로輪船의從船一隻을搭來ᄒᆞ야新門外法國人安禮伯氏家로輸去ᄒᆞᄂᆞᆫᄃᆡ役夫二十四名이運去ᄒᆞ얏다더라

●錢荒詩價 近者에秘書丞借卿을京鄕間에錢者ᄃᆞ리爭頭ᄒᆞᄂᆞᆫ故로其間十五六萬兩式바다셔宮內大臣의私庫을充ᄒᆞ더니近日에錢荒所致로自願者稀少ᄒᆞ야十萬兩엿셔도獵得ᄒᆞᆫ다고全羅道富人ᄃᆞ리價歇處을奔走하覓得ᄒᆞᄂᆞᆫ貌樣이라고北村居ᄒᆞᄂᆞᆫ獵官居間人이某處에셔言ᄒᆞ더라더라

●賊逃未捉 全州在加藤補佐官이丸山顧問에게報告ᄒᆞ얏ᄂᆞᆫᄃᆡ昨七日全州郡三禮前舊金山里民家에強盜侵入ᄒᆞ야財物을奪取라ᄒᆞ기로其寶을査ᄒᆞ기爲ᄒᆞ야八日에巡檢一名을該處에派遣探知則去四日夜三禮前舊金山里白字李成玉家에賊漢二名이携劍突入ᄒᆞ야強奪金錢ᄒᆞ야成卞之父ᄂᆞᆫ脅迫被傷ᄒᆞ고唐木三疋白木三疋廠布二疋葉錢三十五兩을強奪ᄒᆞ고高山郡方面으로逃走ᄒᆞ얏다ᄂᆞᆫᄃᆡ爲日時經過故로其蹤跡을失ᄒᆞᆫ바方在調査中이라ᄒᆞ얏더라

辭疏一束

○參政韓圭卨氏疏批에省疏具悉卿懇이라汲汲然直前擔去에他未暇顧ᄂᆞᆫ是卿今日義諦也니大何歷煩至此오卽起視務事로遣部郎宣諭라ᄒᆞ옵시며

○內大李址鎔氏疏批에今玆復授以是任이官可諒會於當界之至意니勿爲更煩ᄒᆞ고卽起行公하라ᄒᆞ옵시며

○農大署理成岐運氏疏批에省疏具悉이라本職이初非甚劇이니疾恙을有不必言이라卿其勿辭行公事로遣部郎宣喩라ᄒᆞ옵셧더라

●授印徑歸 江原觀察使權鍾弼氏가內部에報告ᄒᆞ얏ᄂᆞᆫᄃᆡ衰年七旬에奏抱身病더니去益添劇ᄒᆞ와所帶觀察使印章各一顆裁判所印章各一顆地契監督印章各一顆을當日傳授于春川郡守李明來處ᄒᆞ고仍卽離發이오며未蒙許遞에遽先登程이不勝悚惶이라ᄒᆞ얏더라

雜報

學部만習

近日에聞ᄒᆞᆫ즉中學校에敎師ᄂᆞᆫ四人이오學員은只有一箇人이라ᄒᆞ니此亦世界萬古에未曾有ᄒᆞᆫ變怪로다

大抵邦國에文化가㭗進ᄒᆞ면學員의聚集은日益衆多ᄒᆞ고敎師의材料ᄂᆞᆫ日益不足ᄒᆞ거날今에韓國은一切相反ᄒᆞ니大可驚嘆이로다

年來學部情形을觀ᄒᆞᆫ즉所謂學部ᄂᆞᆫ賣官의主義로設置ᄒᆞᆫ者요敎育目的으로設置ᄒᆞᆫ者ᄂᆞᆫ아니라

每常學校가成立ᄒᆞ기前에無數ᄒᆞᆫ敎官이紛紛而出ᄒᆞ고學校가未有ᄒᆞᆫ地方에도無數ᄒᆞᆫ敎員이日日叙任ᄒᆞ고

또許多ᄒᆞᆫ博士借啣이皆該部大臣의飯饌材料라謂ᄒᆞ니噫라如斯ᄒᆞᆫ野만의惡習으로大臣이되고協辦이되고局長과敎長이되야敎育實事ᄂᆞᆫ專不注意ᄒᆞ고但賣官牟利로日夜爲事ᄒᆞ니如此만風之下에靑年子弟가受其敎育ᄒᆞ면또ᄒᆞᆫ學政主務者에만習을效則ᄒᆞ야反히天然的良心을喪失ᄒᆞ리니可不念哉아

想像컨ᄃᆡ文明敎化의有志ᄒᆞᆫ靑年子弟가엇지牟利만習을行ᄒᆞᄂᆞᆫ官人의게敎育을樂受ᄒᆞᆯ이오然則中學校의學員空乏이此를由ᄒᆞᆷ이로다

篝燈瑣筆

北村某舍廊에서幾箇時色中人이對飮詼諧ᄒᆞ다가甲이乙을責ᄒᆞ야曰子之行爲를觀컨ᄃᆡ兩班이안니로다

乙曰子何言之失也오若曰吾之行爲가人이안니라ᄒᆞ면吾必愧而謝之로ᄃᆡ今曰兩班이아니라ᄒᆞ니兩班云者ᄂᆞᆫ門閥之別名에不過ᄒᆞᆫ者라於人之賢不肖에ᄂᆞᆫ毫無關係ᄒᆞ니吾ㅣ何愧之有哉며何怒之有也리오

大抵天生烝民에貴賤貧富가如飄花之墜茵落溷ᄒᆞ야適然而已오原無定分인즉人生於世에惟當盡其爲人之道니能盡人之道면天爵이在我에不貴而自貴ᄒᆞ야非外物軒冕의所可得以輕重이오不能盡人之道면雖堯舜之子와文武之孫이라도一瞬目之間에轉以爲賤ᄒᆞᆯ지니況韓之區區兩班乎哉아甲曰兩班이아니고도亦有能盡人之道者乎아

乙이啞然笑曰子誠韓之兩班의見識也로다韓之兩班行爲를槩一言之ᄒᆞ리라生長綺紈ᄒᆞ야不知哀不知樂ᄒᆞ며物態人情을昧然不知ᄒᆞ야但以逸成性ᄒᆞ며且其世襲爵祿ᄒᆞ야呼唱이在意ᄒᆞ며隨從이如雲키로倚勢而凌弱과自尊而侮人은卽其伎倆이고雖其貧而無位者라도具此性格則皆然ᄒᆞ야言必稱吾先之道德이如此ᄒᆞ고勳業이如此라ᄒᆞ야詡詡然自誇自讚ᄒᆞ나니假令其先之道德勳業이巍巍赫赫이라도渠若不肖된適足爲忝先이라何可恃此而自大乎며吾嘗觀於近日事컨ᄃᆡ前後處於廟堂者無非巨家苗裔而罔上附外ᄒᆞ며諂詐貪汚가殆無所不至ᄒᆞ야名義俱상ᄒᆞ며廉恥掃如者ㅣ十居八九ᄒᆞ니此可謂能盡人之道乎아以此論之컨ᄃᆡ其行爲之鄙穢가返有甚於初無地閥者어ᄂᆞᆯ子尙不悟ᄒᆞ고托以兩班自高ᄒᆞ니子之不能盡人之道을可知리니子誠愚人이라何足與論이리오

甲이低頭沈吟曰有是哉라吾當摘去兩班ᄒᆞ고請與子로學其盡人之道ᄒᆞ리라

●江民捕捉　昨日上午十時에日憲兵二名이出往西氷庫ᄒᆞ야居民十四名을捕縛ᄒᆞ야捉去于南門內司令部云而其裏許ᄂᆞᆫ未知라ᄒᆞ더라

●美國士卒　昨日上午十時에仁川汽車入來時에美國水軍士官四人과兵丁十三名이入城ᄒᆞᄒᆞ얏다더라

●美館宴會　再昨日下午五時에美國公館에서宴會ᄒᆞ얏ᄂᆞᆫᄃᆡ該國大統領令孃一行과日本公領事同夫人及隨員五人尉官十五人과淸國公使與隨員二人과法國公使及隨員三人과德國公使及隨員二人과利太利公使가來參ᄒᆞ야大張軍樂ᄒᆞ고放砲遨遊ᄒᆞ다가下오七時에罷宴ᄒᆞ얏다더라

●此人又來　李根澤氏가將次農大被任ᄒᆞ리라ᄂᆞᆫ說이有ᄒᆞ다ᄒᆞ니同氏의不正行爲ᄂᆞᆫ添人耳目ᄒᆞ야雖婦孺輿ᄃᆡ라도皆知其貪鄙人인즉使之退歸鄕里에杜門省愆ᄒᆞ야俾全其首領이是乃國家終始之恩澤이어날高官顯爵을有闕輒補ᄒᆞ야有若褒其罪而長其惡焉ᄒᆞ니蠢玆無知之冒廉貪進은固不足責備이되在朝家事體에所失이甚大인즉官方이安得不淆亂이며公議가安得不沸騰이리오況名以新組織而只用此等奸黨ᄒᆞ고不求名流高人이면必至於棟撓榱覆而國隨以斃ᄒᆞᆯ지니誰秉國柄에致此紛紛고可謂長太息者也로다

●日使照請　日公使가外部에照會ᄒᆞᆫ內槪에李容翊이今留法國ᄒᆞᆷ이非緣公事요實是私行인즉自貴部로電報法國政府ᄒᆞ야使李容翊으로切勿干預公事케ᄒᆞ라ᄒᆞ얏더라

●旅費加請　外部에서度支에照會ᄒᆞᆫ內槪에墨西哥移民視察委員尹致昊에旅費不足을更請、美貨三百元ᄒᆞ니卽爲支撥ᄒᆞ라ᄒᆞ얏더라

●報請署費　忠北觀察使署理張駿遠氏가內部에報告ᄒᆞᆫ內槩에本府警務署各年流來加下錢與各人所逋條로難以支保之狀은業已屢報이을건과摠巡李根培犯逋與私貸五百二十五兩과可興兵站所捉去時所用費四百十七兩九錢五分이오林觀杓犯逋至爲一千五百六十五兩九錢四分이오며其餘流來加下條各인犯逋合爲四千七百二十五兩二錢九分이ᄅᆞ至今年度經費中無麵이온바現今摠巡巡檢月俸與廳費及罪囚費가沒有出處ᄒᆞ야犯逋各人이家在京城에莫可刷捧者을左開報告ᄒᆞ오니査後年來加下條ᄂᆞᆫ某樣措處ᄒᆞ와照忠州郡公錢中劃下이고犯逋各人은自本部로幷卽捉囚督捧ᄒᆞ야以充公貸ᄒᆞ며亦保殘署케ᄒᆞ라ᄒᆞ얏더라

●何言可信　本申報第二十八號雜報欄內에仁川吳永烈氏와同港監理劉燦氏가應信廳募軍一事에多少挾雜之端이有ᄒᆞ다ᄒᆞᆷ은更聞ᄒᆞᆫ즉本郡守ᄂᆞᆫ與監理로本無交誼오同港事件의無所干涉이라더라

●遊賞續報

○昨日昌德宮園遊會를開催ᄒᆞ얏ᄂᆞᆫᄃᆡ美國令孃은困惱ᄒᆞᆷ을因ᄒᆞ야參席치못ᄒᆞ얏고隨員諸인만進參ᄒᆞ얏스며昨夕에ᄂᆞᆫ美國公館에서宴饗을開ᄒᆞ얏ᄂᆞᆫᄃᆡ多數ᄒᆞᆫ妓女를招ᄒᆞ야劍舞等諸般玩具를呈ᄒᆞ얏고

○本日오正에ᄂᆞᆫ日本公館에서오餐會를開催ᄒᆞ며오後에ᄂᆞᆫ洪陵에禮拜ᄒᆞᆯ터이오夕間에ᄂᆞᆫ德公館에서晩餐會를開設ᄒᆞᆫ다더라

●法律 (續)

但司獄官이罪囚를親히逐一點檢ᄒᆞ야枷鎖杻를加法케ᄒᆞ고牢囚ᄒᆞᆫ文狀을使役에게責取ᄒᆞᆫ者ᄂᆞᆫ勿論ᄒᆞᆷ이라

二　執刑前罪囚를押解ᄒᆞ다가中途에서不覺ᄒᆞ고失ᄒᆞᆫ境遇에ᄂᆞᆫ使役이나吏典이나押解官을幷히一項例에依ᄒᆞ야科斷ᄒᆞᆷ이라

三　執刑ᄒᆞᆫ後罪囚를監守ᄒᆞ거나押解ᄒᆞ다가不覺ᄒᆞᆫ境遇에ᄂᆞᆫ使役은一名에笞六十ᄒᆞ되每一名에一等을加ᄒᆞ야笞一百에止ᄒᆞ고吏典은一名에笞五十ᄒᆞ되每一名에一等을加ᄒᆞ야笞九十에止ᄒᆞ고司獄官이나押解官은一名에笞三十ᄒᆞ되每一名一等을加ᄒᆞ야笞七十에止ᄒᆞᆷ이라

四　執刑前後를勿論ᄒᆞ고押解ᄒᆞᆯ時에發遣ᄒᆞᄂᆞᆫ官이枷杻ᄒᆞᆷ을不如法ᄒᆞ야즁途에서解脫在逃ᄒᆞᆷ에致ᄒᆞᆫ者ᄂᆞᆫ押解ᄒᆞ던使役의罪와同ᄒᆞᆷ이라

五　司法官이第十九條決獄期限을無故히ᄃᆞ過ᄒᆞ다가罪囚를失ᄒᆞᆫ者ᄂᆞᆫ囚의罪에一等을減ᄒᆞ고司獄官이나吏典使役은一項에依ᄒᆞ야各히一等을減ᄒᆞᆷ이라

(未完)

東京電報

●媾和條約破棄上奏書 九月廿二日午前十時發

戶水博士外 五博士는 講和條約破棄의上奏書를奉呈ᄒ얏더라

●北航獲捕 九月廿二日오後六時十五分發

北遣艦隊의巡洋艦은樺太沿岸航回中에其北端에서米國漁船을捕獲ᄒ얏다더라

●沈沒艦引揚 上仝

過般來引揚工事中이든레따부이잔號는昨日에引揚하얏다더라

●小村發程 九月廿三日오前十時三十五分發

小村講和全權委員은病痾快癒하야來廿六日에紐育에서發하야歸途에就하얏다더라

雜報

●申論鬱島問題

向日本社에서鬱島問題의對ᄒ야公論을維持ᄒ는義務로써旣爲說破ᄒ얏거니와韓國政府大官이던지一般社會人民이던지만일此等重大ᄒ事件에關ᄒ야不敢出聲ᄒ면是는祖宗疆土을無視ᄒ는者니엇지愛國ᄒ는臣民이라謂ᄒ리오側聽屢日에尙此寥寥ᄒ故로又復申論ᄒ노라

按公法會通에曰兩國이於某處荒地에占居部落ᄒ야辨界未定에若無江河山嶺이爲限이면應於居中畫界라ᄒ고又曰兩國이以江河爲界ᄒ야其中洲嶼가若無條約明言이면必歸相近之國管轄이라ᄒ고如適在水之中央ᄒ면均分이爲是라ᄒ얏거늘況此島는韓國의二十一故都之一이라自新羅至今數千年에係在韓國版圖ᄒ것이歷史와地誌에不啻班班可攷인ᄃᆡ今彼大東記者가肆然書之曰鬱島가日本海中에在ᄒ다ᄒ며日人이開拓ᄒ얏다ᄒ니是는該島를日本의固有ᄒ物件으로聲明ᄒ者니雖其韓人을侮蔑ᄒ는氣習으로出ᄒ者나엇지世界에公眼을瞞過ᄒ리오日本이韓人을對ᄒ야恒言ᄒ되友邦의敦密ᄒ義務로實心忠告ᄒ다ᄒ며領土保全은確實保證ᄒ다ᄒ니其義가甚高ᄒ지라韓國上下間에誰가不信코져ᄒ리오만은但日本의蠶食之計가種種現發ᄒ야言行이違反ᄒ니韓人이亦有心腸ᄒ면豈無感情이리오至若此島事件ᄒ야는韓國政府와社會間에宜乎彼의謬妄ᄒ揭載을詰責ᄒ야使即正誤가可也오公法을據ᄒ야各國에聲明ᄒ고談判歸正홈이可也라ᄒ노라

●三六漸進 農大署理成岐運氏와法大李夏榮氏는昨日爲始仕進ᄒ고學大李完用氏는明日爲始仕進홀預定이라더라

●辛莫大焉 本申報第十八號雜報欄內廟入軍用題下에南門外桃洞所在讓寧大君廟宇가開用地段中에犯入홈은追後探單則傳者誤矣라더라

●菜亦一根 城內各戶所用菘菜가蠶島所産이居多ᄒᄃᆡ今秋則雨水太甚홈으로全不立種處過半ᄒ야每馱價値이八元以上에至ᄒ리라더라

●風流巡檢 近日南署詩洞等地賞花室에서許多ᄒ蝸角乾達들이歌曲工夫에熱心ᄒ야[illegible]先生을請坐ᄒ고長調短曲과雜音妙결이家家狼藉ᄒᄃᆡ該坊巡檢들은皆是愛唱好色之徒인지禁斷은姑捨ᄒ고妓窟로視務ᄒ다니渠雖項壯士라도色界上에는無奈何라고ᄒ더라

●二倅相訴 平理院에서木川前郡守朴正彬氏告訴를因하야公州郡守閔泳會氏를拘拿對質審辦하는바該事實인즉甲辰結錢中二十六萬餘兩이朴郡守名下에懸錄되얏스나其實인즉閔郡守에所當이過半이라고互相推諉하야方在相持中이라더라

●尹氏熱心 憲政硏究會長尹孝定氏가該會成立하기爲ᄒ야南北村有志人士를熱心勸勉하야會員이數百人에至하얏는ᄃᆡ來頭一大社會를成홀이라더라

●虎食獨子 永平郡嘉鷄洞에三代獨子十九歲童이有하야其老母와相依居生하더니日昨登山採樵하다가爲虎所害홈으로其母가晝夜呼哭하야至於失性하얏다더라

●平南風雨 平南觀察署理李承載氏가內部에報告ᄒ얏는ᄃᆡ陰八月初四日間에永柔平壤成川江東[illegible]等地에烈風暴雨가連夜大作ᄒ야江川이漲溢ᄒ고田畓各穀이俱爲受損ᄒ야將未免告凶ᄒ니言念稼事民情ᄒ면不勝悚悶이라ᄒ얏더라

●郡守奏本預備說

內大李址鎔氏의官爵鬻賣ᄒ는慣例的手段은人皆預知ᄒ는바이現方郡守奏本에預備者가有ᄒᄃᆡ最其狼藉ᄒ者는三個人이라

俞鎭贊氏는原來李內大에雜技親舊로第一膠漆이라日前에李內大가蒼岩寺에出往ᄒ야消暢홀時에俞氏가酒色娛樂之費를皆其擔當ᄒ고晝夜侍側ᄒ야恭手執子弟之禮홈으로一等郡守를擬任ᄒ고李鍾夏氏는年前平安道視察로[illegible]殺害ᄒ고民財를攫取ᄒ니南北[illegible]人民이無不欲食其肉ᄒ거날金力이甚強ᄒ야一等郡守를擬任ᄒ고鄭海雲氏도또ᄒ李內大의磨肌알슴者라熙川郡守를擬望ᄒ는ᄃᆡ鄭氏가向人大談曰熙川은武班家에서世傳ᄒ든地라兩班이엇지熙川郡守를爲之ᄒ리오ᄒ얏다더라

●未知其[illegible] 居留日本人이韓人과訴訟事에對ᄒ야韓國訴願印札貿用ᄒ理由가無ᄒ다ᄒ야自今以後는日人의公私用印札紙를行用事로日領事가決裁에거交涉이有하고此等訴狀이多有홈으로其退與不退를有難擅便ᄒ야漢判이法部에質稟이有ᄒ얏다더라

●平野遊覽 全北觀察使金勝氏報告內에本府財政顧問平野氏與次와通譯李鍾殷主事一人이沿海郡遊覽次로陰八月十八日發向群港이라ᄒ얏더라

外報

●海軍休戰協約 昨日오前當海軍官舍着電

休戰에關ᄒ日露議定書第五條에基ᄒ야休戰의條件을決定ᄒ기爲ᄒ야東鄕聯合艦隊司令長官의代表者島村海軍少將은艦隊一部를率ᄒ야九月十八日에露國代表者예선海軍少將이率ᄒ艦隊ᄒ고羅津浦港外에서會見ᄒ야如左히海上休戰地域을協定ᄒ얏더라

海上休戰地域確定에關ᄒ協約書

各艦隊總指令官으로代表者되야相當ᄒ委任을受ᄒ고下에署名ᄒ島村海軍少將及예선海軍少將은如左히協約ᄒ얏다더라

交戰國의海岸을沿ᄒ야左의海岸에使用을區劃ᄒ니即界線은(로지라노와후)角에서起ᄒ야東南二百三十海里를走ᄒ야北緯四十二度東經百三十六度의地点、北緯四十六度東經百四十度의地点、北緯四十一度東經百四十八度의地点、北緯五十度東經百四十一度二十三分의地点、北緯五十一度四十八分東經百四十一度二十三分의地点을連結ᄒ거선ᄃᆡ自此로北위五十三度二十七分東經百四十一度二十七分의地点에至ᄒ間宮海峽의最狹部는中立地帶로ᄒ고界線은再히北위五十三度二十七分東經百四十一度二十七分半의地点에起ᄒ야北위五十六度東經百四十八度의地点、北위五十六度東經百四十八度의地点을經ᄒ야占守海峽의中央地点을過ᄒ야北위五十度五十分의巨等圈에合ᄒ間宮海峽의最狹部는中立地帶로ᄒ며

兩交戰國의海軍은互相前記의界線을越홈을不許ᄒ며此決議는署名ᄒ當日봇터實施ᄒ고休戰期間은其效力을有홈이라

各代表者는此議定書에署名ᄒ야此를證홈이라

西暦千九百五年九月十九日

島村海軍小將

예선海軍小將 (自署)

又右協定外에간찰가半島의住民糧食에窮乏ᄒ고今後二週間後에海上交通이杜絕ᄒ야餓死홈으로써此를救濟ᄒ기爲ᄒ야人道에基ᄒ야至急히糧食과日用品을搭載ᄒ運送船一隻을浦鹽에서비도로ᄒ부로ᄫᆞ스ᄏᆞ港에送홈을許可ᄒ기를예선少將이切願ᄒ니時日切迫ᄒ엿더島村海軍少將은特히通航免狀을與ᄒ야承諾ᄒ얏다더라

外報

●病報可怕　日本大阪에傳染病이流行ᄒᆞᆫ다더라

●銀店諸員　俄청銀行支店이ᄂᆞᆫ은更聞하얏ᄂᆞᆫᄃᆡ總務ᄭᅳᆯ닉커氏와코클뉴스키氏와에드싸氏와오러취아스諸氏가視務ᄒᆞᆫ다더라

●外債募集　렌보新聞을據ᄒᆞᆫ즉日本政府에셔二億元을英美兩國에借欵하ᄂᆞᆫᄃᆡ保證物은樺太島南部라하며此風說이東京市場에셔九月十四日에傳播하얏더라

●捕虜將運　德國輪船호헨솔넌（船名）이香港에셔十四日長崎에到泊하얏ᄂᆞᆫᄃᆡ其目的은俄國捕虜者를運去ᄒᆞᆯ러이오ᄯᅩ二三隻도運去하ᄂᆞᆫᄃᆡ從事ᄒᆞᆫ다더라

●善會捐助　日本全權委員小村男爵이慈善會社에一萬元을捐助하얏더라

雜報

●卜居續問

余嘗有幽憂之疾ᄒᆞ야家居靜攝이러니適有賣卦先生이過於門前커늘邀入而坐定에屈大夫에卜居故事을依ᄒᆞ야余之行藏을問ᄒᆞᆫᄃᆡ先生曰行藏을何可揲시而決之라오吾嘗日出而呼於道에人之有所疑者ㅣ皆叩而稽之키로吾ㅣ閱人이多矣요聞人之所論諸事가亦多矣라請爲子述之ᄒᆞ리니擇其可者而行之何如오余曰先生之言이甚善이로다

先生曰人生斯世에其樂이莫如富溢이오求富之術은莫與商賈ᄒᆞ니子能勿憚勞苦而爲之歟아

曰富者ᄂᆞᆫ人之所欲이오商賈가且非賤業이로ᄃᆡ近因國之財政이痼塞ᄒᆞ야爲商賈者ㅣ或敗或逃에擧皆失利라ᄒᆞ니更思其他ᄒᆞ라

先生曰農者ᄂᆞᆫ民之大本也라飢寒을可禦니子其有意乎아曰韓之農規가未立ᄒᆞ야灌漑耕種이皆不得如法인즉恐其徒勞而無得ᄒᆞᆯ더러近因軍用事件ᄒᆞ야結民處排斂이日繁ᄒᆞ고且以新舊貨相持로稅納之爲弊을一言難盡ᄒᆞ니吾不願也ᄒᆞ노라

先生曰蟬蛻濁世而遯于雲林ᄒᆞ야求碩人之과軸ᄒᆞ며玩赤城之烟霞ᄒᆞ야逍遙送生이不亦樂乎아

曰道不行而身無求된士之所歸가非江湖則山林이로되現今國權이陵夷ᄒᆞ며外侮遝至ᄒᆞ야宗社ㅣ有累卵之危ᄒᆞ며生民이無回蘇之期ᄒᆞ니凡厥居於是邦者ㅣ非獨官人이라雖匹夫編氓이로다與有責焉인즉長往忘世而獨善其身은非여之志也로라

先生曰觀子之志氣ᄒᆞ니非庸愚人也라吾今詣于執政ᄒᆞ야豐子之俸祿ᄒᆞ며官子而任以職務ᄒᆞ야俾展其志가可乎曰學未成而求進이면必難至焉이오時不利而强仕면祇取辱焉ᄒᆞ나니語其學則未成이요論其時則不利라今所云云이決非至計이고且因人而干祿은余之所羞인즉願勿復道ᄒᆞ고請新其說ᄒᆞ노라

先生曰然則子於行藏에何所求爲고吾說이窮矣라願聞子之所志ᄒᆞ노라

曰所貴乎士者ᄂᆞᆫ以其有志節也라志節이俱虧된無所貴於爲士오且古人이不云者아窮當益堅이오老當益壯이라ᄒᆞ니環堵之室과藜藿之食으로任我澹泊에樂而忘老ᄒᆞ며有時乎科頭箕踞ᄒᆞ고濁酒放歌ᄒᆞ야俯仰天地에瀟脅中之磊落이是余之所嗜也요際遇風雲而爲帝者師ᄒᆞ야運籌帷幄에鋪置密勿ᄒᆞ야誅滿朝之奸佞ᄒᆞ며羅天下之俊乂ᄒᆞ야整國步於將顚ᄒᆞ며救氏生於倒懸이是亦여之所欲也라屈伸行藏에非人所强이요爲龍爲蠖이在於得時ᄒᆞ니先生이其將謂我何오蓍闡蓍通神明ᄒᆞ야人之吉凶得失을可以前知라ᄒᆞ니幸勿吝焉ᄒᆞ고明以敎我ᄒᆞ라

先生이啞然笑曰子之所〻正矣요所欲者大矣라有志必成이니何患無時리요筮理渺茫ᄒᆞ야問之無益이라ᄒᆞ고整衿藏蓍에揖여而去러라

●截路築墻　海關總稅務司柏卓安氏가昭義門外冶洞民家를旣爲買置矣라가方在毁撤開基而該洞中道路를幷爲築墻則人民通路가極難ᄒᆞ야西署摠巡李思殷이交涉其無理則該稅務司言內에該　ᄂᆞᆫ吾旣買收則道路防築與否를非警廳之相關이요人民通路則自他變通이라ᄒᆞᆫ다더라

●山守報告　慶南山청郡守李啓泰氏가報告ᄒᆞ얏ᄂᆞᆫᄃᆡ本月二日요時量에始雨ᄒᆞ야三日晡時乃止이온바蓋此非時風雨가偏甚於穧穗之時인즉統論一境에其所상稼가洽爲十分之四요且各里家戶之漂頹가合爲二十六戶요田畓成川이爲六百八十三斗五升地이온바打算成川之元結則實爲三十六結九十負一束也라田結은國計攸關이오나亦係民寃이온즉帷伏俟處分이오며漂頹家戶ᄂᆞᆫ其所結子가萬無道理故로郡守가爲先捐廩賙恤ᄒᆞ와期圖奠接이오되經刼民情이極甚矜悶이온즉恤金을一一頒下ᄒᆞ시고乙巳納秋戶錢은特爲달給이라ᄒᆞ얏더라

●日兵向청　平北觀察李根豐氏가內部에報告ᄒᆞ얏ᄂᆞᆫᄃᆡ即接管下楚山郡守鄭應顯報告則日陣後備步兵第五十五聯隊二大隊長渡邊桃溪가領率步兵二百五十名ᄒᆞ고本月一日에自碧동境到郡ᄒᆞ야留一日後發向청國界分山溝門子地而請求卜馱牛馬六十九匹을亦爲酬應이라ᄒᆞ얏더라

●私占地段　西署警務官李熹珪氏가警廳에報告하얏ᄂᆞᆫᄃᆡ本署管內圓峴等地에法協李準榮이無認許立標木을拔入本署事로業已報告而自該家로更立標木하고爲其諸塚主ᄂᆞᆫ該塚을今晦日內移葬事云矣키로該立標裏由를査探於漢府則初無認許故로該標木을爲先拔入本署하고玆에報告라하얏더라

●法律（續）

六　囚徒를故縱ᄒᆞᆫ者ᄂᆞᆫ囚의罪와同ᄒᆞ되斷罪하기前의自已나他인이捕得하거나囚가自首或已死ᄒᆞᆫ境遇의ᄂᆞᆫ二等을減하고受財하야贓이重ᄒᆞᆫ者ᄂᆞᆫ第六百三十一條枉法律로論홈이라

七　不覺하고失ᄒᆞᆫ囚徒를第十七條二項期限內에自已나他인이捕得하거나囚가已死ᄒᆞ거나囚徒가刼囚ᄒᆞ야力이能敵지못ᄒᆞᆫ境遇에ᄂᆞᆫ幷히免罪홈이라

第三百十三條　人民이官令이나隣里가公同ᄒᆞ야逢授ᄒᆞᆫ犯人을不覺하고失ᄒᆞᆫ者ᄂᆞᆫ犯人의罪에五等을減ᄒᆞ고故縱ᄒᆞᆫ者ᄂᆞᆫ犯인과同論호되死에ᄂᆞᆫ不入ᄒᆞ고受財ᄒᆞ야贓이重ᄒᆞᆫ者ᄂᆞᆫ第六百三十一條枉法律로論홈이라但自已나他인이捕得ᄒᆞ거나犯인이自首或已死ᄒᆞᆫ境遇에ᄂᆞᆫ勿論호되要財故縱ᄒᆞᆫ者ᄂᆞᆫ依律科斷홈이라

第十一節　聽理違犯律

第三百十四條　司法官이匿名書를受理ᄒᆞᆫ者ᄂᆞᆫ笞一百에處홈이라

第三百十五條　期限이過ᄒᆞᆫ詞訟을聽理ᄒᆞᆫ者ᄂᆞᆫ笞四十에處하고受財ᄒᆞᆫ者ᄂᆞᆫ計贓ᄒᆞ야該事가曲하거든第六百三十一條枉法律로며直하거든不枉法律에依하야科斷홈이라

第三百十六條　司法官이自己親屬이나雇工이나婚姻家나受業師나讎嫌이曾有ᄒᆞᆫ인의訴訟을受理ᄒᆞᆫ者ᄂᆞᆫ笞四十에處홈이라

第三百十七條　司法官이罪囚를推ᄒᆞᆯ時의第十一條立証式을違ᄒᆞᆫ者ᄂᆞᆫ笞五十에處홈이라

第三百十八條　司法官이應히受理ᄒᆞᆯ訴狀을受理치아니ᄒᆞᆫ者ᄂᆞᆫ左에依ᄒᆞ야處홈이라

一　反亂의告擧를即히受理치아니ᄒᆞ거나諜捕치아니ᄒᆞᆫ者ᄂᆞᆫ流五年에處ᄒᆞ되因하야衆을聚하야亂을作홈의致ᄒᆞᆫ者ᄂᆞᆫ流終身이며城池를攻陷하거나인民을刼掠홈에致ᄒᆞᆫ者ᄂᆞᆫ絞

二　親屬은毆打나殺死ᄒᆞᆫ告擧를受理치아니ᄒᆞᆫ者ᄂᆞᆫ笞一百

三　殺人이나强盜를告擧하ᄂᆞᆫᄃᆡ受理치아니ᄒᆞᆫ者ᄂᆞᆫ笞九十

四　鬪毆婚姻田宅山頌等事의訴頌을受理치아니ᄒᆞᆫ者ᄂᆞᆫ各히犯人의罪에二等을減호되笞八十에止홈이라

五　婚姻田宅이나其他訴頌이民事에만止ᄒᆞᆫ者를受理치아니ᄒᆞᆫ者ᄂᆞᆫ笞三十

（未完）

特別廣告

本申報ᄂᆞᆫ海外電報를卽接ᄒᆞ야機關이靈通ᄒᆞ고外報와探報를敏捷活潑ᄒᆞ도록注意ᄒᆞ오며申報發送ᄒᆞᄂᆞᆫ되迅速信傳ᄒᆞ기ᄂᆞᆫ分傳人의게在ᄒᆞᆷ으로本社에셔不常에諸分傳人의게丁寧告戒ᄒᆞ고申申訓飭ᄒᆞ야毋或嬾惰ᄒᆞ게注意ᄒᆞ거니와如或暫有稽忽이다도愛讀僉君子ᄂᆞᆫ諮使此知于本社ᄒᆞ시면該分傳의게誠信相孚ᄒᆞ도록耳提面命ᄒᆞ고勤贊가發生ᄒᆞ도록誨論ᄒᆞ야必無遲誤ᄒᆞ기로期待ᄒᆞᆸ나이다

本社에寄書ᄒᆞ시ᄂᆞᆫ諸君子ᄂᆞᆫ姓名과居住를明確ᄒᆞ게懸錄送附ᄒᆞ시와證據가有ᄒᆞᆷ을必要ᄒᆞᆷ이오公衆不和ᄒᆞᆫ秩序를紊亂케ᄒᆞᄂᆞᆫ意와社會上不緊荒雜ᄒᆞᆫ寄書ᄂᆞᆫ不受ᄒᆞᄂᆞᆫ權利가本社에自有ᄒᆞ오니肯諒ᄒᆞ시ᄋᆞᆸ

大韓每日申報社

○鐵路部

○東大門과新門間에來往車ᄂᆞᆫ每十分間에運行ᄒᆞᆷ
東大門發初車ᄂᆞᆫ午前六時三十分
新門外停車塲發初車ᄂᆞᆫ午前六時五十五分
東大門發終車ᄂᆞᆫ午後九時五十分
新門外停車塲發終車ᄂᆞᆫ午後十時十五分

○東大門과洪陵間에來往車ᄂᆞᆫ每二十分間에運行ᄒᆞᆷ
但自鍾路로東大門에來到ᄒᆞᆫ交替車로聯絡ᄒᆞᆷ
東大門發初車ᄂᆞᆫ午前六時五十分
洪陵發 初車ᄂᆞᆫ午前七時十分
東大門發終車ᄂᆞᆫ午後七時五十分
洪陵發 終車ᄂᆞᆫ午後八時十分

○鍾路와龍山間에來往車ᄂᆞᆫ每十二分間에運行ᄒᆞᆷ
鍾路發至南大門初車ᄂᆞᆫ午前六時四十八分
鍾路發至龍山 初車ᄂᆞᆫ午前七時二十四分
南大門發至鍾路初車ᄂᆞᆫ午前六時五十六分
龍山發至鍾路 終車ᄂᆞᆫ午前七時五十七分
南大門發至鍾路終車ᄂᆞᆫ午前十時八分
龍山發至鍾路 終車ᄂᆞᆫ午後九時九分

○特別私用車ᄂᆞᆫ顧客의方便ᄒᆞᆷ을隨應ᄒᆞ야準給ᄒᆞᆷ
但定價ᄂᆞᆫ本社에來臨ᄒᆞ야請問ᄒᆞᆸ

○電燈部

二百五十燭力以內의敷用處에ᄂᆞᆫ每個月에定價表가如左ᄒᆞᆷ
○十六燭力燃燈達夜에二圓五十錢
○三十二燭力燃燈達夜에四圓
○五十燭力燃燈達夜에六圓
○一百五十燭力燃燈達夜에十圓
一千二百燭力弧形燈達夜에二十圓
二百五十燭力以上의敷用處에ᄂᆞᆫ請求ᄒᆞ면瓦斯計一箇를設給ᄒᆞᆷ
但瓦斯計賃金은每個月에二圓이오瓦斯計測驗表委托定價ᄂᆞᆫ每時間每암피아에二錢이옵
瓦斯計設給處에셔每介月支拂金最低額은每個月에二十圓인듸(瓦斯計賃金은)据ᄒᆞᆷ
電燈을敷設ᄒᆞ기에請求ᄒᆞᄂᆞᆫ듸로供給ᄒᆞᆷ
各種連技辦燈도常時에貯存ᄒᆞ엿ᄉᆞᆸ

本社鐵路電氣會社
韓美電氣會社 告白

本社廣告

申報價
一張代金 韓貨五錢
一箇月前納 五十戔
三箇月 一元五十戔
六箇月 二元九十戔
一箇年 五元八十戔
郵稅一部 新貨五里
一箇月 十二戔

廣告料
四号活字十三字詰每日每英尺一寸에新貨廿五錢
(每日每行에六錢에相當ᄒᆞᆷ)
二周日에 二圓五十錢
(每日每行四錢五里에相當ᄒᆞᆷ)
一箇月에 五圓
(每日每行四錢一里에相當ᄒᆞᆷ)
共期限의長短과字行의多少를依ᄒᆞ야增減ᄒᆞᆷ이有ᄒᆞᆷ

大韓人마다此申報를不得不閱覽ᄒᆞ실터이오니廣告出報ᄒᆞ실僉君子ᄂᆞᆫ來臨面議ᄒᆞ시ᄋᆞᆸ

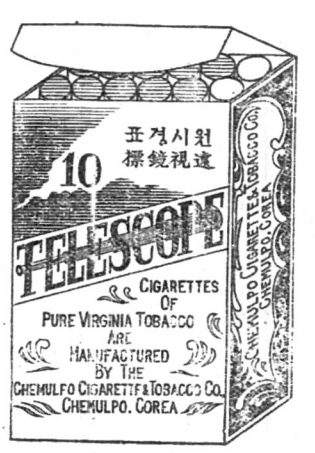

發行兼編輯人 英國人裴說
發行所 京城北署壽進坊磚洞号外地法語學校前
大韓每日申報社

第三卷

大韓每日申報
대한매일신보

第三十[illegible]號

月曜及慶節休日時刊

檀君開國四千二百三十八年
箕子元年三千二十七年
大韓開國五百十四年
日本明治三十八年
淸國光緖三十一年
陰曆乙巳八月大廿八日戊辰

論說

辯論之非

因平和約欵ᄒᆞ야韓國內에日本行動을多少變更ᄒᆞᆯ것은日人도或有量度者ㅣ로ᄃᆡ戰時行政을欲爲繼續者ㅣ比比有之ᄒᆞ니擧而言之면日本新聞이李容翊의汎彼上海ᄒᆞ야露國公使及韓國逃難者와會見事實은如左評論ᄒᆞ얏더라

李容翊은漢城內俄黨을代表ᄒᆞᆫ이오且

皇帝게셔不察時局而尙愛露國ᄒᆞ시니若此不已면將負忠勸이라韓國이若實踐獨立이면人民感慰어니와似是不然이로다

韓之獨立을不可置於俄之結黨이오且日本이如此密計을不可寬恕ᄒᆞᆯ것ᄉᆞ露國戰塲이必至復崩이며我國勉勵가將歸虛地ᄒᆞᆯ거시라我國의利益과平和의利益을爲ᄒᆞ야要使韓人曈矇이라ᄒᆞ얏스며

月前同報에且云ᄒᆞ얏스되韓國擧動을亦可疑也라ᄒᆞ얏스니此是日本新報라對自國政府ᄒᆞ야ᄂᆞᆫ可以聳其觀聽이어니와以愚所見으로ᄂᆞᆫ韓國에實無附俄者則彼必指其排日黨派니但知其一이오未知其二ᄒᆞᆷ을可知로다

韓人之憎日愛露가其意存焉ᄒᆞ니乙未事變은未知何人之計로ᄃᆡ其時 韓皇播遷이止於俄館일뿐더러自露日開戰以來로噫彼弱韓이多受困迫於日人及一進會ᄒᆞ얏스니

俄使駐韓之日이非不所思오伊人早還을亦可希也ㅣ로다長森氏計策으로붓터通信引繼와航海條約과軍用地段의諸般見奪을推想ᄒᆞ면日人은雖曰交誼나韓人은認之以苛酷不公ᄒᆞ리니

韓人之憎惡日本은自然之情이오且際此寂寞受困之時ᄒᆞ야以望外使之登音이何足怪也리오若日本이固執其强暴政策이면利反爲害ᄒᆞᆷ을確然可知로다

向者日本大捷之效果가使其韓人으로對其日本行爲ᄒᆞ야不能拒逆ᄒᆞᆫ것슨愚亦知悉이며伊時日本의自由處決은不可使人으로信聽而忖度이나

極言之라도聽俊人民은必生敵意리니當此日本排和騷亂ᄒᆞ야幾許人民이傾耳聽之ᄒᆞᆷ을余所喜見이로다

日昨電報를據ᄒᆞᆫ즉日本下議院에셔擇定委員ᄒᆞ야韓國內日本의確正位地를講求斷定키를請求ᄒᆞ얏스니此實注目ㅣ處라多數誤錯을必爲廢止ᄒᆞ려니와知此定法以後에ᄂᆞᆫ此地日本의合當ᄒᆞᆫ位地를報告ᄒᆞᆫ委員이歷覽是國ᄒᆞᆷ을余將樂觀ᄒᆞ리라

官報

◉第三千二百五十三號 光武九年九月二十五日

◉叙任及辭令

西京 豐慶宮參書官李思喆
　秘書監丞中政均
依願免本官
任西京 豐慶宮參書官叙奏任官四等 正三品崔益煥
任秘書監丞叙奏任官三等 正三品金天洙
贈正二品資憲大夫內部大臣 故戶曹正郎鄭之産
以上九月二十日
依願免兼任禮式院掌禮 秘書監丞洪承斗
兼任禮式院掌禮 秘書監丞金天洙
解文獻備考續纂委員 正三品鄭寅時
命文獻備考續纂委員 六品鄭崙秀
以上九月二十一日

東京電報

◉林公使意見書 九月廿四日午前十時五十分發

林駐韓公使ᄂᆞᆫ對韓經營을完全케ᄒᆞ기에ᄂᆞᆫ日韓保護條約을締結ᄒᆞ야外交之事ᄂᆞᆫ總히日本에委任케ᄒᆞᆯ外에슈엽다고ᄒᆞ야長文意見書를提出ᄒᆞ얏다더라

外報

◉淸國特使 淸國皇族鎭國將軍載澤公은徐世昌紹英其昌隨員三十餘名을率ᄒᆞ고本月十五日에北京을出發ᄒᆞ야日本에前往ᄒᆞᆫ다ᄂᆞᆫ電報가有ᄒᆞ고一行은天津에셔兩日을宿泊ᄒᆞ고上海에셔三日을宿泊ᄒᆞᆯ豫定이라ᄒᆞ며歐美各國에派遣ᄒᆞᆯ各士官도同時에北京을出發ᄒᆞ야上海ᄭᆞ지同行ᄒᆞ고同地에셔ᄂᆞᆫ各方面으로分派ᄒᆞᆯ터이라더라

◉南露慘狀 露國高加索洲바크의騷亂은旣히增殖軍隊가到着ᄒᆞᆷ으로漸次秩序를回復ᄒᆞᆫ다ᄒᆞ얏ᄂᆞᆫᄃᆡ

高加索州슈사市에셔數千人이飢餓에瀕ᄒᆞ야死屍가累累ᄒᆞ얏다ᄒᆞ고

달단人及알메니아人의爭鬪ᄂᆞᆫ數日間을間斷업시繼續ᄒᆞ야旣히死傷者數千名이各市街에橫ᄒᆞ얏다ᄒᆞ고

바크州石油井이破壞ᄒᆞ기ᄯᅢ문에露人은皆蒸溜用炭을購入ᄒᆞ야液體燃料에代用ᄒᆞᆫ다ᄒᆞ고바크州의石油井은今日ᄭᆞ지燒棄ᄒᆞᆫ거시三千에達ᄒᆞ고勞動者ᄂᆞᆫ饑餓에切迫ᄒᆞᆫ다더라

◉鐵道毁壞 倫敦電을據ᄒᆞᆫ즉뻬갤湖에俄國이新築ᄒᆞᆫ鐵道가破碎되얏다더라

◉染病旋止 倫敦電을據ᄒᆞᆫ즉英國通商口岸과타인港에傳染病이流行ᄒᆞ얏더니現今에傳染病에對ᄒᆞ야防禦ᄒᆞᄂᆞᆫ方法이甚하神効ᄒᆞᆷ으로止ᄒᆞ얏ᄂᆞᆫᄃᆡ其病源은以上英國通商港口에德國商船이碇泊ᄒᆞᆯ時에傳染되야暫時流行되얏더라

◉채담沈沒 倫敦電을據ᄒᆞᆫ즉채담(船名)이沈沒ᄒᆞ야尙今蘇士運河을防익ᄒᆞ야航路을不通ᄒᆞ고郵遞物이던지船員이皆蘇士地狹으로通行ᄒᆞ나航海하기爲하야채담을引出코ᄌᆞ하나長아十九킬노미터스나되ᄂᆞᆫ故로引出치못하게되ᄆᆞ로爆裂藥使用하야浮上케ᄒᆞᆯ터이라ᄂᆞᆫᄃᆡ運輸하기爲하야三週日을費ᄒᆞᆫ다더라

◉暴風損害 上海電을據ᄒᆞᆫ즉上海에셔日昨暴風의損失額이一千六百萬兩이요픅텅과충밍(청國地名)에셔人命損傷의合計가十二萬名이라더라

◉捕獲輪船 俄日開仗以後로日本이輪船五十六隻을捕獲하얏ᄂᆞᆫᄃᆡ其船中十隻은放解가되얏고二十餘隻은充公하야現今日本셔使用하고又二隻은現今日本高等獲品裁判所에셔裁判中이요其餘ᄂᆞᆫ平和가已結하야도將行連續裁判結定ᄒᆞᆯ터이요近者에墺地利國輪船이其捕獲中에在하다더라

◉大使遞任 駐英淸國大使唐소儀氏ᄂᆞᆫ辭職ᄒᆞ고目下 國에駐在ᄒᆞᆫ特使汪大燮氏가其後任을被命ᄒᆞ얏다더라

寄書

大韓十三道儒生金東弼金錫恒曹世煥玄鶴表崔秉明金斗源宋鍾潤李鼎源等二十六人이各國公館에公函ᄒᆞᆫ全文이如左ᄒᆞ더라

[illegible]之義가持論而旣公則雖[illegible]之謂謗이라도亦同邦國之[illegible]로吳氏作萬國公法曰此法이用於歐洲나歐洲가不能私라ᄒᆞ야天下共之ᄒᆞ고又公法紀綱之論第二十五章에[illegible]ᄒᆞ되一國之人이聚居一方에[illegible]文ᄒᆞᆫ雖同이나而無通行法紀者는[illegible]接公法에不得謂之爲國이오如或被人欺陵侗執이면他國이亦可代爲聲明ᄒᆞ야公法之義에從中干預ᄒᆞ야以爲保護라ᄒᆞ얏스니

故로鄙等之於日本에見被欺陵[illegible]押者를逐樣枚擧ᄒᆞ니細細垂亮焉ᄒᆞ소셔

一曰設銀行券ᄒᆞ야勒受條約ᄒᆞ고于今行用에民膏枯渴ᄒᆞ고

二曰勒領顧問ᄒᆞ야擅便各部ᄒᆞ니各返爲主며手足이難措ᄒᆞ고

三曰[illegible]奪通信에被害全局ᄒᆞ야取捨無便에營利擄掠ᄒᆞ고

四曰軍略威脅에毁人據墓ᄒᆞ고殺人庄土ᄒᆞ니死骨暴露에生命[illegible]離ᄒᆞ고尤加炮刑에濫殺人命ᄒᆞ니所經地方에鷄犬無聞ᄒᆞ고

五曰全國警察을任意管轄ᄒᆞ야驅逐元老ᄒᆞ고捉囚義士ᄒᆞ야酷且施刑이非百非千이오

六曰京義[illegible]道를來開勒敷ᄒᆞ야賴借公議ᄒᆞ고暴行獸心ᄒᆞ니哉路嗷嗷에怨聲蒼蒼이오

七曰租界外地에築壘雜處ᄒᆞ야有主土地를勒買盜食ᄒᆞ고

八曰山林川澤을縱民起墾하고念有不足하야礦産漁業을欲爲兼呑하야百般詰難하고

九曰國庫金額을藉托交換하고操縱財政에市門累撤하야商業無餘하고

十曰干預內政에外托忠告하고內幻奸細하야盡奪柄權에蠶食毫利하고

十一曰援其張習하야期圖代理하고摠領外涉하야防遏隣誼ᄒᆞ고

十二曰勒執借款이三百萬元으로聽点九港호되金不分貸ᄒᆞ고

十三曰驅迫役夫에稱曰雇用호되給無分費하니苦楚景況은目不忍見허고

十四曰彼之强暴를諱괴粧飾허야揚載新報에矜布世界허고行我惡習은一一掩蔽하야不通外隣허고彼效暴俄허야欲如波蘭허니

鄙方災業이難保朝夕이라言念及此에難以枚函이요二千萬生靈이痛哭이라彼之行爲가如此不法허 其在見聞이宜乎一言이어날胡至今日로록寧無半辭오

大抵軍旅는需用占踞라도不和克復이면繳還撤歸는西歐列邦이通行規例오니

惟望閣下는權執交涉허고察辦是非허시니幸勿傍觀허시고據公齊議허야取決可否면公議所在에孰不仰服이리오

若不如是면 貴何注意로駐箚於此오鄙等이齊先替函허오니大同議辦을 照亮千萬흠

光武九年九月 日

雜報

●漢城通信

駐韓日公使가對韓經營을完全ᄒᆞ기爲ᄒᆞ야保護條例를韓政府와締結ᄒᆞ미必要ᄒᆞ다本政府의提몬ᄒᆞ엿나ᄒᆞ니其結果는預料키難ᄒᆞ거니와日本이往時淸國과馬關約을締ᄒᆞᆯ에韓國獨立을聲明ᄒᆞ얏 其後露國과開戰時의도韓國獨立을妨碍ᄒᆞᆫ다ᄒᆞ야義旅를擧ᄒᆞᆫ는意로皇勅을宣ᄒᆞ며今次露日媾和ᄒᆞᆫ는時에도韓國獨立을訂約ᄒᆞ얏스니日本의信義는世界에明知ᄒᆞᆫ는비라今爲國約과皇勅을違反ᄒᆞ야列邦게雌黃을起ᄒᆞᆯ理가無ᄒᆞ고韓政府로論ᄒᆞ야도隣誼를自棄ᄒᆞ며國辱을自取하야保護二字를締約ᄒᆞᆫ은雖騃叟狂童이나必不應爲이어니와或童叟不及ᄒᆞᆫ人이鄙陋ᄒᆞᆫ思想으로他人에게媚悅를納ᄒᆞ고自己位寵을固코져ᄒᆞ야靦然히行ᄒᆞ면天必誅之오神必극之ᄒᆞ리니當局者와人民은十分儆省ᄒᆞᆯ지어다

●勅內下賜 日昨 詔勅으로勳勞가有ᄒᆞᆫ命婦에게瑞鳳章을頒賜하실處分이계셧더니爲先慶善宮淳妃에게 下賜하옵셧다더라

●遊學之會 日昨日本에셔遊學하든諸氏들이其樂會를設하얏는ᄃᆡ趣旨는團體요目的은敎懷요至於政府事件하야는一言도演說이無하얏다더라

●通譯作獘 高陽郡守朴周憲氏가內部에報告하얏는ᄃᆡ本郡境內鐵道役所에東萊釜山等地之民이稱以役夫하고應雇於役所者ㅣ皆朝聚夕散之輩로出入無常ᄒᆞ이作弊民間之通譯李甲伊와役夫朴春化朴用采等을非爲拘留하고緣由報告하니移照日館하와李甲伊段은使之解雇하야幷與兩役夫로照律懲辦케하야以爲警衆保民之地를伏望이라하얏더라

●長橋賊警 再昨日에長橋川邊某氏家에賊漢이白晝突入하야鍮器等物을偸竊하다가綻露되야行巡하는巡檢의게被捉하얏다더라

●學徒運動 再昨日에南村倭將臺에셔日本各學徒들이大運動을하얏는ᄃᆡ美賓一行도來觀하고韓國人士도玩賞者ㅣ如雲하얏다더라

●自砲被傷 二十四日의何許日人一名이持六穴砲허고日領事館前路로過去허다가砲忽自放허여該日인이被傷허여幾至殆境而日巡査가扶護以去허엿다더라

●美孃遊賞 二十四日下오六時에美國令孃이與美國人八名과大韓憲兵三名으로騎馬由西小門出라가自新門入城허엿다더라

警告大韓全國人民

大凡天地間에有生之類가皆其生活을要求ᄒᆞ는ᄃᆡ人은動物之靈이라엇지生活方針을思想치못ᄒᆞ리오

現今時代는國家權利가他人掌握에歸ᄒᆞᆫ는日에는人民의財産과生命을不保ᄒᆞ나니

彼波蘭末年史를觀ᄒᆞ라波蘭이原來歐洲에有名ᄒᆞᆫ邦國으로政權은外人의勢力을依賴ᄒᆞ고國民은政治를冷淡看過ᄒᆞ다가俄人의게吞噬ᄒᆞᆫ바되야全國人民이萬里沙막에俘虜之鬼를作ᄒᆞ야種族이滅絶ᄒᆞ얏스니

何國人民이던지其國을不保ᄒᆞ면如此ᄒᆞᆫ慘酷境遇를不免ᄒᆞ는지라今에大韓人民의遺値ᄒᆞᆫ는何ᄒᆞᆫ요祖先의白骨이一朝飄散ᄒᆞ얏스니子孫된者가엇지痛恨心이無ᄒᆞ며家屋과田土와財産이次第被奪ᄒᆞ야父母妻子가棲遑失所ᄒᆞ니將次何處에依ᄒᆞ야圖存코ᄌᆞᄒᆞᄂᆞ뇨

目下所遭가如此커는日後慘狀우當至何境고思之念之ᄒᆞ라만일四千年祖國을不保ᄒᆞ면二千萬人民이擧皆他人의奴隸를作ᄒᆞ리니

將次何歲月에國家의權力을回復ᄒᆞ고人民의奴隸贖良을能爲ᄒᆞᆯ깃는가時哉時哉라此時를ᄎᆞ過ᄒᆞ면畢竟可爲ᄒᆞᆯ時機가無ᄒᆞ리로다

大抵邦國이其文弱委靡ᄒᆞᆫ積弊를承ᄒᆞ고隣强의壓伏侵害를當ᄒᆞ면現時人民이不幸ᄒᆞᆫ厄運中에生ᄒᆞᆫ者라비록偸安苟活코ᄌᆞᄒᆞᆫ덜得乎아

窮途單路에更無他岐라不得不萬死一生之計를勇決ᄒᆞ야國權을回復ᄒᆞᆫ然後에야子孫이永久히榮華를享有ᄒᆞ리니彼法國의革命戰爭과美國의獨立戰爭과日本의維新事蹟을觀ᄒᆞ라

其時戰爭ᄒᆞ든光景을想像ᄒᆞ면全國天地에屍山이疊疊ᄒᆞ고血海가汪汪ᄒᆞᆫ지라今其國家의威權이赫赫ᄒᆞ고人民의榮華가堂堂ᄒᆞᆫ者는皆其國民이前日에는肝腦塗地ᄒᆞᆫ功效라

一時冒險ᄒᆞ야萬世의利益을ᄒᆞ고一身을犧牲ᄒᆞ야萬民을救活ᄒᆞᆯ事業을論ᄒᆞ면其利害輕重이豈不瞭然가

今에大韓人民이前古未有ᄒᆞᆫ厄會를當ᄒᆞ야依然히因循姑息으로爲事ᄒᆞ고勇往敢死之氣가不爲奮發ᄒᆞ면

四千年祖國에權力을回復之期가無ᄒᆞᆯ것시오二千萬人民의奴隸贖良ᄒᆞᆯ時機가無ᄒᆞ리니惟願大韓人民은各其子孫의萬代榮華를保存ᄒᆞ기爲ᄒᆞ야

現在肉身의生死를輕視ᄒᆞ고一體團結ᄒᆞ야合力齊進ᄒᆞ면誤國奸黨을除去ᄒᆞ기는反手之間이오外人의强迫壓制도不受ᄒᆞᆯ能力이自生ᄒᆞ야世世子孫이他人의奴隸를免ᄒᆞ려니와

만일諸般社會人民이畏難趑趄ᄒᆞ야一死를不決ᄒᆞ면將次種族이滅絶ᄒᆞᆫ는悲境에陷落ᄒᆞ리니危乎殆哉로다

●農形稍蘇 近者風雨의年形損害로風說이喧動허더니近日諸路所聞을更聞ᄒᆞᆫ즉禾稼가不至大段受傷허여少康豊歲가되리라ᄒᆞ니爲民幸이라허더라

雜報

●屬舍何多 水標橋堂內柏卓安氏家ᄂᆞᆫ通信事務引繼委員部의付屬舍가되엿더라

●所雜者多 法部에셔內部에照會ᄒᆞ얏시되現接平北裁判所判事李根豐報告內槪에本府日警部坂東與次郞이對本判事ᄒᆞ야曰該員이非但補佐於警務라凡於人民訴訟과斷獄執刑에도顧問補佐가云是職權內라ᄒᆞ오나本所에셔旣未承上部指飭而警部之言이如是ᄒᆞ오니一應民事與刑獄處斷을亦爲顧問이올지[illegible]照諭伏望等因인바貴部에셔日本警務補佐雇聘條約에一應刑[illegible]是顧問을受ᄒᆞᆫ다ᄂᆞᆫ何[illegible]該條約을詳[illegible]에仰照[illegible]라ᄒᆞ얏더라 [illegible]觀察使署理[illegible]地方裁判[illegible]이주命令의[illegible]

[illegible]

●法固然矣 日間內部에셔奏本ᄒᆞ야章程違越ᄒᆞᆫ各郡守를譴責하리라ᄂᆞᆫᄃᆡ其姓名이如左하더라

寧越郡守金善圭가請由弗得回指하고民騷罪屑에不思安戢之策하고先於民而輕動하여有若謀避者然하여投印隣郡하고經先擅移ᄒᆞᆷ은故犯章程에極爲駭歎이기重譴責에處ᄒᆞᆯ事

寶城郡守李海昌은不待許由하고擅移境內ᄒᆞᆷ이事涉駭妄이고

安岳郡守金容岳이不待府由하고擅自發行이有違事體이고

平昌郡守張鴻植이不待回指하고經先擅ᄒᆞ이有違章程이고

●黍酒鹿脯 未峽居하ᄂᆞᆫ士人金教承氏가求仕次로上京하얏ᄂᆞᆫᄃᆡ家勢赤貧하기로黍米酒一瓶과鹿脯一抜을携來하야權門勢家에最要穴을차자此酒肴로紹介之資을作하라하되城內에[illegible]知가別無하야緊穴探得ᄒᆞᆯ計[illegible]이[illegible]含으로慨慨度日하더니何[illegible]友人이言하기를宮大를[illegible]仕ᄒᆞᆯ거시오內大를쥬면[illegible]ᄂᆞᆫ갈ᄃᆡ업다ᄒᆞᆫ즉金氏[illegible]에 論某處하고直接으로지間接ᄒᆞ다가ᄂᆞᆫ酒肴만中間에서일ᄎᆞ實效를難ᄒᆞ이라ᄒᆞ면거親實ᄒᆞᆫ친子로四面訪求하ᄂᆞᆫ되該酒肴가長霖을經하고旅店[illegible]에十日包面하야畢竟變味[illegible]가有하니萬一此境에至하[illegible]金氏에狼狽ᄂᆞᆫ千金見失이나一般歎惜 心은不禁허리라더라

●進退何據 夫大臣者ᄂᆞᆫ百辟之儀表오萬民之具瞻이라其進辭受退之際에國家之犂黨이係焉키로無德業이면不可以爲大臣이오無志節이면不可以爲大臣이요無見識이면不可以爲大臣이니

無論世之治亂ᄒᆞ고非其材而居據此位ᄒᆞ야得免於罪戾者ㅣ未嘗有也라近日韓參政圭卨氏가蹶然而起ᄒᆞ야釋褒癖命ᄒᆞ니其因何勸告와抱何主見은固未可得以測知이되

其進也銳ᄒᆞ며其氣也猛ᄒᆞ야似有驚天動地之一場快擧키로凡厥注意於時觀者ㅣ莫不延頸竦肩ᄒᆞ야以先睹로爲快러니

竟乃歛若無跡ᄒᆞ며密若無言ᄒᆞ야寥寥黃扉에唾意가正濃타가末乃以一紙辭疏로作爲突貲之資ᄒᆞ야一身之廉隅ᄂᆞᆫ姑捨ᄒᆞ고國體之損失을全不顧惜ᄒᆞ니

大臣之事業이止於此也며大臣之見識이當如是也며此等志[illegible]이可以爲百辟儀表而萬民具瞻乎아不量力而出來면是乃躁進이요有所畏而不爲면斯謂患失이니

躁進은非正人之所爲오患失은乃鄙夫之狀態라左右揣量에未見其可이며且念同氏가旣去能有所爲則宜其決然釋位를不俟終日이거날

一辭 而仍蹲ᄒᆞ야如有所待者然ᄒᆞ니其或羞前之失ᄒᆞ야猛着眼硬着力에欲以收之桑榆歟아抑或係戀於俸金ᄒᆞ야悠悠伴食是圖歟아於斯二者에必有一焉ᄒᆞᆯ지니更俟來頭ᄒᆞ야當與世人으로共其批評ᄒᆞᆯ것노라

●李氏跋扈 李準榮氏가新門外圓峴等地에家屋建築ᄒᆞᆯ計劃으로

勅教를奉承이라고漢城府에請願타가不得承認ᄒᆞᆷ과同氏가該地에所立標木을自西署警所로拔入ᄒᆞ얏더니再次立標ᄒᆞᆷ은世人의共知어니와同氏에爲人之如何ᄂᆞᆫ固所未知이되位至協辦ᄒᆞ야在於大官之列인즉事體道理가宜與凡有民異인바該地에家屋建築이係是闕內에有逼이라하니設或厥初에不知而奏請이라도及夫漢府請願에可以洞悉無餘인즉怵然驚懼ᄒᆞ야不敢生意ᄂᆞᆫ自是正當道理이거ᄂᆞᆯ不由承認ᄒᆞ고侮視警所ᄒᆞ야已拔之標木을無難更立ᄒᆞ고附近所在諸壕을限日督掘ᄒᆞ야依然如公家重役하니以么麼一 로無憚無嚴이何敢乃爾오此非徒[illegible]無公法이라實所以欺罔天聽이니阿兄之氣焰이雖大나朝家之斧鉞이尙在라手所指에終能無事일지挽近時局이未整하고綱紀가陵夷키도奸細之徒가謂此ᄒᆞᆯ可乘이라하야此等惡習이接踵而起하니世道至此에實寒心이라고巷說이喧藉하다더라

●郵費移交 通信院의셔農部에照會ᄒᆞᆫ內槪에光武四年三月以前郵遞事業費未支撥條三千五十八元九十錢을送交하라하엿더라

●商況會論 二十二日의一進會員與商民二百餘名이獨立館의會集하야商路錢政之融通의對하여互相論議하엿다더라

外報

●露軍祝盃 倫敦電을據ᄒᆞᆫ즉滿洲露軍은平和立成됨을歡喜ᄒᆞ야軍中到處에美國大統領을爲ᄒᆞ야祝盃를擧ᄒᆞ얏고今後滿洲露兵은其本國形勢를顧慮ᄒᆞ야滿洲에永久在留ᄒᆞ기를希望ᄒᆞᄂᆞᆫ者有ᄒᆞ다더라

●日本巨額 日俄開戰以後에日本國民의負擔이更히增加ᄒᆞ야特別稅等이永久稅가되더라도尙且國庫의歲入이不足ᄒᆞᆷ을難ᄒᆞ거니와今에日俄戰爭의結果로日本國民이負擔ᄒᆞᆯ者를槪算ᄒᆞ면內國債四億八千萬元에對ᄒᆞᆫ一個年利子二千六百萬元及外國債利子三千九百二十四萬七[illegible]餘元과每年戰死傷者에對ᄒᆞ야支ᄒᆞᆯ金額及其遺族扶助料等三四千萬元을合ᄒᆞ면畧一億元에達ᄒᆞᆯ거시오又戰後經營으로國內各種事業의施設費와遼東의經營費와樺太南部에經營費와韓國의經營費等도亦一億元以上에ᄒᆞᆯ거시니此에每年經常費를合ᄒᆞ면此等金額이巨額에達ᄒᆞ리라더라

●全權讚賞 俄國全權委員위三氏ᄂᆞᆫ九月十二日華盛敦府에往赴ᄒᆞ야華盛敦墓所에進拜ᄒᆞ고巧言令色으로初見者와如ᄒᆞᆫ態度를作ᄒᆞ야華盛敦의偉大ᄒᆞᆷ을賛誉ᄒᆞ며美國이美國된者ᄂᆞᆫ此人이有ᄒᆞᆫ故이라ᄒᆞ야美國의偉大ᄒᆞᆷ을激賞ᄒᆞ니此是美國의同情을恢復코ᄌᆞᄒᆞᄂᆞᆫ術策이라더라

●兩界定線 樺太北緯五十度의線으로俄日兩國의境界線을作ᄒᆞᆷ에關ᄒᆞ야講和議定書가批準되면露領高等司 官이參會ᄒᆞ야其處理法을實行ᄒᆞᆫ다더라

特別廣告

本申報ᄂᆞᆫ海外電報를卽接ᄒᆞ야機關이靈通ᄒᆞ고外報와探報를敏捷活潑ᄒᆞ도록注意ᄒᆞ오며申報發送ᄒᆞᄂᆞᆫ디迅速信傳ᄒᆞ기ᄂᆞᆫ分傳人의게在ᄒᆞᆷ으로本社에셔平常에諸分傳人의게丁寧告戒ᄒᆞ고申申訓飭ᄒᆞ야毋或婾惰ᄒᆞ게注意ᄒᆞ거니와如或暫有積忽이라도愛讀僉君子ᄂᆞᆫ密使通知于本社ᄒᆞ시면該分傳의게誠信相孚ᄒᆞ도록耳提面命ᄒᆞ고勸贊가發生ᄒᆞ도록誨論ᄒᆞ야必無遲誤ᄒᆞ기로期待ᄒᆞ옵나이다

本社에寄書ᄒᆞ시ᄂᆞᆫ諸君子ᄂᆞᆫ姓名과居住를明確ᄒᆞ게懸錄送附ᄒᆞ시와證據가有ᄒᆞᆷ을必要ᄒᆞᆷ이오公衆平和ᄒᆞᆫ秩序를紊亂케ᄒᆞᄂᆞᆫ意外와社會上不經荒雜ᄒᆞᆫ寄書ᄂᆞᆫ自不受ᄒᆞᄂᆞᆫ權利가本社에有ᄒᆞ오니肯諒ᄒᆞ시옵

大韓每日申報社

○鐵路部

○東大門과新門間에來往車ᄂᆞᆫ每十分間에運行ᄒᆞᆷ

東大門發初車ᄂᆞᆫ午前六時三十分

新門外停車塲發初車ᄂᆞᆫ午前六時五十五分

東大門發終車ᄂᆞᆫ午後九時五十分

新門外停車塲發終車ᄂᆞᆫ午後十時十五分

○東大門과洪陵間에來往車ᄂᆞᆫ每二十分間에運行ᄒᆞᆷ

但自鍾路로東大門에來到ᄒᆞᆫ交替車로聯絡ᄒᆞᆷ

東大門發初車ᄂᆞᆫ午前六時五十分

洪陵發 初車ᄂᆞᆫ午前七時十分

東大門發終車ᄂᆞᆫ午後七時五十分

洪陵發 終車ᄂᆞᆫ午後八時十分

○鍾路와龍山間에來往車ᄂᆞᆫ每十二分間에運行ᄒᆞᆷ

鍾路發至南大門初車ᄂᆞᆫ午前六時四十八分

鍾路發至龍山 初車ᄂᆞᆫ午前七時二十四分

南大門發至鍾路初車ᄂᆞᆫ午前六時五十六分

龍山發至鍾路 終車ᄂᆞᆫ午前七時五十七分

南大門發至鍾路終車ᄂᆞᆫ午前十時八分

龍山發至鍾路 終車ᄂᆞᆫ午後九時九分

○特別私用車ᄂᆞᆫ顧客의方便ᄒᆞᆷ을隨應ᄒᆞ야準給ᄒᆞᆷ

但定價ᄂᆞᆫ本社에來臨ᄒᆞ야請問ᄒᆞ옵

○電燈部

二百五十燭力以內의敷用處에ᄂᆞᆫ每個月에定價表가如左ᄒᆞᆷ

○十六燭力燃燈達夜에二圓五十錢

○三十二燭力燃燈達夜에四圓

○五十燭力燃燈達夜에六圓

○一百五十燭力燃燈達夜에十圓

一千二百燭力弧形燈達夜에二十圓

二百五十燭力以上의敷用處에ᄂᆞᆫ請求ᄒᆞ면瓦斯計一箇를設給ᄒᆞᆷ

但瓦斯計賃金은每個月에二圓이오瓦斯計測驗表委托定價ᄂᆞᆫ每時間每암피아에二錢이옵

瓦斯計設給處에셔每介月支拂金最低額은每個月에二十圓인듸(瓦斯計賃金은)据ᄒᆞᆷ

電燈을敷設ᄒᆞ기에請求ᄒᆞᄂᆞᆫ듸로供給ᄒᆞᆷ

各種連技辦燈도常時에貯存ᄒᆞ엿솝

本社鍾路電氣會社

韓美電氣會社 告白

本社廣告

申報價

	韓貨
一張代金	五錢
一箇月前納	五十戔
三箇月	一元五十戔
六箇月	二元九十戔
一箇年	五元八十戔

郵稅一部 新貨五里

一箇月 十三戔

廣告料

四号活字十三字詰

每日每英尺一寸에新貨廿五錢

(每日每行에六錢에相當ᄒᆞᆷ)

二周日에 二圓五十錢

(每日每行四錢五里에相當ᄒᆞᆷ)

一箇月에 五圓

(每日每行四錢一里에相當ᄒᆞᆷ)

其期限의長短과字行의多少를依ᄒᆞ야增減ᄒᆞᆷ이有ᄒᆞᆷ

大韓人마다此申報를不得不閱覽ᄒᆞ실터이오니廣告出報ᄒᆞ실僉君子ᄂᆞᆫ來臨面議ᄒᆞ시옵

發行兼編輯人 英國人裵說

發行所 京城北署壽進坊磚洞号外地法語學校前

大韓每日申報社

第三卷

大韓每日申報
대한ᄆᆡ일신보

第三十八號

月曜及慶節歲時日休刊

檀君開國四千二百三十八年
箕子元年三千二十七年
大韓開國五百十四年
日本明治三十八年
淸國光緒三十一年
陰曆乙巳八月大廿九日己巳

論說

平和上韓國關係

畢竟成立된媾和條約을思料컨된至於韓國後運하야는談辦初回에似是議定矣니大凡韓國이因此戰端하야所過事實을略陳爲閱覽件이로다

日本이自宣戰以來로駐軍力於韓國하야自占覇權하얏스니我等의信賴되는萬國定規와中立一例를破裂하건더無論何國하고若宣交鋒이면其他列強은各守自國一隅하야當其交戰兩國으로不得侵入케하나니況今日本도亦一交戰國이어날軍需를無端收用이고且軍令之下에欲作永久享有之方이로다

露日和約이似是成立於歐亞列強之認准則對此內容하야는更無一言可辯이오隨其宛結하야實踐而已라雖然이나不可泛視홀一種事端이有하니無他라際茲未久召還駐兵之時하야軍用上權利及地段을占有홈이니韓國內日本所得權限及地段이實出於强迫이라長谷川大將이久留此地爲長官하야通常外交方略으론斷不可謀홀事業을軍令威嚇으로成就하얏스니多出於軍用이되特如顧問設置와航海合同은決非軍事며且此等條件을韓國이順理聽從인지는意慮不到之地로다後日說話홀多端事가有혼더擧皆日本이偏黨된約款을强結次로廣占軍用홈을表明홀거시며韓國現形은露日和約의全篇과關係列邦의追後行事를企待홀外에別無他計로라

官報

◉第三千二百五十四號 光武九年九月二十六日

◉宮廷錄事

禮式院掌禮卿臣李根教謹奏因從一品鄭洛鎔上疏批旨有令禮式院稟處之命矣取見其疏辭則以爲學自端廟朝伏節秉義不二所事者有若三相臣生死六臣與七賢臣而右相忠莊公臣鄭苯卽三相臣之一而其子之遠乃七賢臣之一也之產就學本精洧學夙著中司馬歷試縣宰官至戶曹正郞癸酉忠莊受禍于光陽謫所之產承祖父旨事母至孝自號逋臣晦跡公州光廟受禪之初屢徵其孝而累徵不就及丙子六臣禍作轉徙孤子或去或漁常吟採薇歌以寓悲慶賦上王御製子規詞丁丑上王昇遐北向慟哭設壇于東鶴寺負饋탄誠服喪三年已而仍與金時習等六人共祭于寺之招魂閣正廟朝命祔享七賢于東鶴書院弘齋全書之莊陵配食錄列傳及上王服喪錄招魂閣祭官錄生六臣集錦城大君實記曹尙治實記東鶴記蹟可以昭其徽之矣忠節如彼其卓絕孝行如彼其篤摯而贈이之節惠之渥尙未及焉豈以湖之人士至今歔欷而傷하也伏願下臣此章于有司亟議故正郞臣鄭之產贈旌不祧之典云矣故戶曹正郞臣鄭之產之忠之孝合有褒揚之恩特施贈秩旌閭之典以示曠感之意恐合事宜臣院不可擅便伏候上裁而贈職之節令宮內府稟處何如謹上奏

光武九年九月二十日奉旨依所奏施行

◉叙任及辭令

平壤市警務署摠巡洪炳殷

右는平壤監理署理의報告를據호즉該員이以無罪良民으로抑歸於白晝之賊이라호얏기是以로免本官

京畿觀察府主事咸元燮
咸鏡南道觀察府主事金寅鈴
依願免本官

任平壤市警務署摠巡叙判任官六等 九品朴承喜
任京畿觀察府主事叙判任官六等 尹豐鉉
任咸鏡南道觀察府主事叙判任官六等 權在經

秘書監丞李驥榮
弘文館侍講金鍾관
奉常司典事趙善九
依願免本官

任秘書監丞叙奏任官三等 正三品李宗洙
任弘文館侍講叙奏任官四等 奉常司主事朴尙範
任奉常司主事叙判任官四等 奉常司典事李晉永
六品金顯관 全邊奎昌
任奉常司典事叙判任官四等

以上九月二十二日

外報

◉玉音鄭重 北京電을據호즉西太后가아리스孃이謁見時에鄭重호言辭로謝意를表호고日貴孃이不遠千里而來호야弊邦을有光케호니貴國에信賴호는厚誼가自此로一層親深홀지라願貴孃은此意를將호야貴國婦人諸氏의게轉喩호기를望호다호셧더라

◉立憲制度 北京電을據호즉淸國皇帝게셔都察院을議院으로改定호고立憲制度를刱立홀目的으로御史八十名을試驗호後에日本早稻田大學校速成科에入學케호리라더라

◉西太后親電 北京電을據호즉本月一日에駐美淸國公使梁誠氏의게셔俄日講和는日本皇帝가綏東大局의平和를顧念호샤俄國에讓步호야和局을結케호시며俄國皇帝는特喜호샤講和를承認호시니此는偏是美國大統領루쓰펠트氏의盡力斡旋홈에由홈이라由是로東三省은停戰되야實노淸國幸福이至大호오니我陛下게셔는宸衿을安舒호심을伏冀호노라는旨意로電奏호얏더니西太后게셔는非常히喜悅호샤美國大統領의調停호심을深히感謝호고日本皇帝陛下의高德을美호야卽刻에命을下호샤日本皇帝陛下와美國大統領의게感謝호親電을賜호얏더라

◉日本大使館 伯林電을據호즉德國新聞紙는日本이廿國中昇進호結果로在伯林公使館을大使館으로호기를期待호다더라

東京電

◉三笠艦原因 九月二十五日午后十二時五分發

三笠艦沈沒의原因은아즉不明하나排水호지三箇月에浮上하야戰鬪航海에念慮가無하리라더라

◉청國大使遭難 청國五大臣이北京을發홀際에爆烈彈을滊車내에投호者有하야卽死三名이오載澤과徐世昌은微傷하고紹英은輕傷하고餞別하든伍廷芳은微傷하얏다라

寄書

李圭爽

敬啓者大凡人之作事也에先知其心也오應行者身也라身雖可欺나心何可欺리오能於欺人者不可自欺也로다欺心이即欺天也니焉能求福于天乎아

生은固見이孤陋ᄒᆞ야不知時勢之如何ᄒᆞ고鼾睡沈着ᄒᆞ야便作井蛙之小天더니年來에愛新聞之奇觀ᄒᆞ야遊心懲見ᄒᆞ니足有發茅塞之膓이나反求商量則或有不其然之歎也라

人言之怨懟와新聞之記題가與相背馳에有差千里也로다何者오日本之秉和를常目於新聞ᄒᆞ고日本之威迫을常聞於公論ᄒᆞ니是何矛盾之甚哉오孰是孰非를自判不得ᄒᆞ야疑訝이時眉ᄒᆞ고餐樓가嚥心더니日來得貴社新刋ᄒᆞ야奉以閱之則正正之論이溢於全幅ᄒᆞ고堂堂之辭가滿於欄內ᄒᆞ야使奸者로喪膽ᄒᆞ고使愚者로開情ᄒᆞ니閣下正論은可謂天地正性也로나仰天에無愧오俯地에無愧오對人에亦無愧也라

然而我大韓에有四宿人焉ᄒᆞ니

一則乃斑闌宿者也니承襲父兄之餘蔭而如剃坐堂ᄒᆞ야彈指도不得自由ᄒᆞ고大呼此來之聲ᄒᆞ야假借隷從之力然後에動止爲之ᄒᆞ야驕逸成性ᄒᆞ고怠慢成習ᄒᆞ니如此人生이旣有孝親忠君之義哉아

一則乃書帷宿者也니詩曰賦曰에空負惜寸陰之聖訓ᄒᆞ며禮也義也에虛擲拜昌言之聖言ᄒᆞ고垢領을稱儉ᄒᆞ며屈膝을謂學ᄒᆞ니胸無一計ᄂᆞᆫ推此可知오臨事不製ᄂᆞᆫ由此可度이라如此腐儒가焉有濟安之策乎며

一則是青樓宿者也니妖態女色은使令左右ᄒᆞ고淫邪惡音은浪排前發ᄒᆞ야乾坤이不老할덧哉月이待人할덧心魂飄蕩에醉生夢死ᄒᆞ니如此人生이焉有全軀之策乎며

一則乃金庫宿者也니回念人生之空手來去ᄒᆞ며如雲之隨風聚散而居官者雖陷身於不忠不義ᄒᆞ나不奪ᄒᆞ야ᄂᆞᆫ不厭ᄒᆞ며爲民者雖浸漁於不睦不和ᄒᆞ나亦不奪ᄒᆞ야ᄂᆞᆫ不厭ᄒᆞ니人之征利가胡至此極고石崇之金谷과秦檜之賊名이如鏡對面ᄒᆞ되不照不鏡ᄒᆞ니如此人生이焉有爲國盡忠之誠哉아

此四宿之處ᄂᆞᆫ若欲攙睡셩夢則雖霹靂之威라도不可動此宿이오雖桑海之飜이라도不能셩此夢이거날邇來破睡셩夢者或有之ᄒᆞ야同胞受侮를救濟於萬里之域外ᄒᆞ고國家危機를演說於青年之會中ᄒᆞ니

四宿寂沈之中에有此美擧가伊誰之力也며伊誰之功也오乃日本人之力也며日本人之功也로다我大韓二千萬同胞之셩夢破睡가期在朝暮ᄒᆞ니

若破睡振起則古之項籍은乃漢高祖之上將이오今之日本은非我大韓之小將乎아以此反求에反有感於日本而歷人利巳ᄂᆞᆫ子古有鑑이오欺心欺天은神必厭之ᄒᆞ리니不在多言이언아와伏惟閣下以受天之性으로秉無私之筆ᄒᆞ샤有始有終ᄒᆞ셔使我同胞之未破睡夢者로連셩與起케ᄒᆞ시믈伏望

雜報

●玉牒入安 慶州郡守尹泌奎氏報告內部에陰八月十三日到付 英親王宮公事內開에現今該郡佛國寺ᄂᆞᆫ即 大內願堂擲建告功이라玆에 玉牒奉安次로命送前秘書丞嚴公燮ᄒᆞ니到郡之日에一一奉 勅ᄒᆞ야依章程惕念敎是故로仍即知委於佛國寺僧ᄒᆞ야使之奉安이라ᄒᆞ얏더라

●蔘價緩給 松都今年蔘政을槪聞ᄒᆞᆫ즉監採官劉臣爀氏錫李建瀛三氏가圃主에게指揮ᄒᆞ되蔘則先爲入用ᄒᆞ고價錢則追後受去ᄒᆞ라ᄒᆞᆫ즉圃主等所言인즉價錢을直給치아니ᄒᆞ면蔘不可給이라ᄒᆞ야方在相持中이라더라

●自當如是 織造所長金世番氏ᄂᆞᆫ起復視務ᄒᆞᆫ다더라

●鎭海設電 慶南鎭海郡守鄭海入氏報告內開에本月十九日日本通信技手上阪傳之進及屬員十二人이本道觀察使訓令을帶持ᄒᆞ고自晉州府로抵到本郡ᄒᆞ야電線을架設ᄒᆞ오며本郡至馬山浦ᄭ지所經處標木을閒閒立着이라ᄒᆞ얏더라

●安倅未安 平南觀察署理李承載氏가內部에報告ᄒᆞ얏ᄂᆞᆫ되即接安州郡守劉 猛所報內本郡所在平南門樓가營建已久에原是頹圮矣러니今夏霖雨에上下層棟이朽敗摧折ᄒᆞ야行人過客이間之興驚이온바撤下材瓦ᄒᆞ야俾免彼我人의傷之意로日本兵站部에措告가屢至ᄒᆞ야方今毁撤等因이온바城闉所重이與他有別ᄒᆞ니雖有日陣之勸告나何不報府而有此擅毁인지該郡守의經庭之責은方今機辭論題ᄒᆞ오며玆에報告라ᄒᆞ얏더라

●家契聯報 漢城判尹朴義秉氏가內部에報告ᄒᆞᆫ內槩에日人藤田庄三郞外八名買收家契十七枚와法國保護丹國人彌僊斯의西署養生坊倉洞買有家屋一座請願新契一事로各其國領事館照會接准ᄒᆞ와各該主의賣買的確ᄒᆞᆫ證明請願書聯附仰請查照指令ᄒᆞ라ᄒᆞ얏더라

警告大韓全國人民 二

然則大韓人民은現時光景을不覩ᄒᆞᄂᆞᆫ가土地와財産의强奪을被ᄒᆞᆷ과人命의慘殺을當ᄒᆞᆫ것시聽聞에錯ᄒᆞ야令人鼻酸이라噫라巨浸이橫溢에何處不沒이며烈火가燎原에何物不燋이리오

今日에估一地方ᄒᆞ고明日에占一地方ᄒᆞ면三千里疆域이將次片土의餘存이無ᄒᆞᆯ것시오今日에害一人ᄒᆞ고明日에害一人ᄒᆞ면二千萬人種이畢竟一箇人도其慘殺을免ᄒᆞᆯ者가無ᄒᆞᆯ것시오設或幸而得存者라도不過是最下等奴隷가되야自國의言語로敢히酬酌지못ᄒᆞ고自國의文字를敢히學習지못ᄒᆞ고一身生死를不能自由ᄒᆞ리니世上天下에엇지如許히可憐ᄒᆞᆫ人類가有ᄒᆞ리오

夫大韓人民은原來神聖後裔로禮義를崇尙ᄒᆞ야三綱五倫의規模ᄂᆞᆫ實로世界萬國에第一이라今日에至ᄒᆞ야反히殊音異俗ᄒᆞᆫ人類의게奴隷가되니豈不痛哭이리오

余가大韓의由來敎化를觀ᄒᆞ니士子의修身工夫ᄂᆞᆫ具備ᄒᆞ나利用厚生의實業은缺乏ᄒᆞ고人民의愛親敬長ᄒᆞᄂᆞᆫ美俗은足稱이나愛國ᄒᆞᄂᆞᆫ熱心이全無ᄒᆞᆫ지라利用厚生의實業이缺乏ᄒᆞᆫ故로公私貧瘁가達於極項ᄒᆞ고愛國ᄒᆞᄂᆞᆫ熱心이全無ᄒᆞᆫ故로團體가不成ᄒᆞ야國力이虛弱이라所以權利가日縮ᄒᆞ고疆土가日蹙ᄒᆞᆷ의人民의生命이또ᄒᆞᆫ他人의魚肉을不免ᄒᆞ니

痛哭痛哭이라奈何奈何오余가獨居深念ᄒᆞ야大韓二千萬生靈을爲ᄒᆞ야一條生路를指示코져ᄒᆞ노니一般人民은幸勿如風過耳ᄒᆞ고留心諦聽ᄒᆞ라

●月銀請撥 務安監理韓永源氏가度支에報告ᄒᆞᆫ內開에本港警務署經費와解放巡檢五十人月給을自三月至五月合三朔條와原額巡檢의菜色號飢가目不忍見에必至渙散이온즉斯速下送ᄒᆞ라ᄒᆞ얏더라

●巡檢例債 內部에셔京畿觀察府에發訓ᄒᆞᆫ內開에現到振威郡守白南奎函稱內開에本官이以檢案審查事로自畿府로定巡檢押上之時에該巡檢洪在宗이謂以例債ᄒᆞ고首書記處에葉錢一百兩을討索去以等因을查ᄒᆞ니身爲巡檢ᄒᆞ야恣行不法이所犯非輕ᄒᆞ야聞甚痛歎이라玆以訓令ᄒᆞ니到即該巡檢에實犯을查明報來라ᄒᆞ얏더라

●修廨請費 平南觀察署理李承載氏가內部에報告ᄒᆞᆫ內槩에本府警署公廨가多有破傷ᄒᆞ야雖欲修葺이나現今物價高騰ᄒᆞ와未遑重修이옵더니去六月分日本警視部到府時에無他公廨ᄒᆞ야以該署各房으로修理居接ᄒᆞ야온바略略支用之費가乃爲二千四百五十八兩九戔五分귀로玆以明細書仰報ᄒᆞ오니查照後移照度支部ᄒᆞ와平壤公錢中劃下計撥케ᄒᆞ라ᄒᆞ얏더라

●監理乖法 務安港總巡李錫根報告內槩에本港監理韓永源에對ᄒᆞ야事實大槩ᄂᆞᆫ已報이올거과本港南橋洞領座劉亨燮等報狀을接准ᄒᆞ야飮毒致死之金南得之妻시父金甫汝를即爲拿引이온바監理가帶同港民幾人ᄒᆞ고直入警署ᄒᆞ야金甫汝ᄂᆞᆫ不問一言에即爲放送ᄒᆞ고使監理署主事로來拘封印取去ᄒᆞ고謹報本員於本部이오나人命橫死로據洞報拿致其父가有所非法乎아第念金甫汝ᄂᆞᆫ即上年에監理가以女人醜行事로連訟於本夫ᄒᆞ야廢務待決時舍主人也라以此契誼之親密로欲掩其橫死之跡ᄒᆞ야至此瞞報之叵測이오니查照後移照于法部ᄒᆞ와押上監理ᄒᆞ야不法行爲之在彼在此를一場裁判之地를伏望이라ᄒᆞ얏더라

外報

●摩洛哥騷亂　摩洛哥國단질附近의셔各種族의爭鬪가有ᄒᆞ야라이주릐라稱ᄒᆞ는匪徒（라이수리라는거슨摩洛哥山間에潛伏ᄒᆞ야歷歷히暴行을逞ᄒᆞ는賊徒）가안졔라族을攻擊ᄒᆞ얏더라

●摩國讓步　法國과摩洛哥間의紛議는大概落着되얏난ᄃᆡ摩洛哥는德國特派使節닷뗀바쑤와伯의勸告로因ᄒᆞ야法國에讓步ᄒᆞ얏더라

●呂宋怪疾　最近報를據ᄒᆞᆫ즉마녤나（卽呂송）에虎列剌病이約四週間前에發生ᄒᆞᆫ以來로蔓延이頗速ᄒᆞ야現今에는一日에十二人乃至十四人의死亡者가出ᄒᆞ난ᄃᆡ發生之初에는土人間에만되얏더니一週間前브터는歐洲人에도同病에罹ᄒᆞᆫ者가有ᄒᆞᆫᄃᆡ幸히歐洲人에는아직死亡者가不出ᄒᆞ고目下에嚴重히豫防中이라더라

雜報

●閔氏照律　被告閔丙奭本年六月分日本國視察承　命後入對時以外國人交際로有所　奏事라가渡日本時交涉生踈하야不得遂行其事實은證被告陳供明白이라以所不能行之事로妄陳於　至尊하니難逭不實之律이기로被告閔丙奭을照刑法大全第三百四十六條　奏事ᄒᆞᆯ時에詐不以實ᄒᆞᆫ者律에依하야流三年에處하기로平理院에서宣告하얏더라

●懸旗停止　美國令孃入城時懸旗가已至多日ᄒᆞ니幷爲撤止事로警廳에셔各坊曲에曉喩하얏다더라

●閔邸小宴　昨日下오八時에美國公使及隨員三人이西小門外蛤洞副將閔泳煥氏家에셔閔商鎬趙東潤兩氏와宴會하얏더라

●促會禁斷　昌原監理가內部에電報하얏는ᄃᆡ巨濟郡에守禦組制會社를詳探則一進會협迫發令이오니趨會로申飭禁斷을伏望이라하얏더라

●葬地勿禁　宮內府에셔內部에照會ᄒᆞᆫ內槪에結城郡居前主事金完鎭祖墳이在於馬塲里하더니該址가入於　園所垓字內故로業經掘移하야現方新占於公州反浦面佛巖而勿禁入葬之意로准其請願하야稟承　處分하와玆에仰佈하오니照亮後一依賜牌例하야訓飭該府하야使之認眞施行하라하얏더라

●民情可矜　仁川監理劉燦氏가外部에報告하얏는ᄃᆡ本港典洞民家四十八戶가軍用地段範圍內에犯入하야現今鐵道監部에셔家戶를毁撤하는故로該地人民의請願ᄒᆞᆫ바에監部에셔家屋價金을依例出給하고地段을需用하나猝地에數百人口가移接ᄒᆞᆯ處所가無하니特念民情하야經理院所屬花島에四十八戶를建築하야居住安業케하라하니照亮後移照該院하야俾爲認許케하라하얏더라

●露兵越來　平北觀察李根豐氏報告內槪에即接江界郡守徐廷珠報告則俄兵三百餘名이自本郡古之洞으로出來ᄒᆞ야到于黃城之由는已爲報告이온바陰八月十日에俄兵百餘名이渡江ᄒᆞ야登山瞭望而餘黨幾百名은屯聚彼邊ᄒᆞ야聲言渡江이옵더니十一日夜二更에俄兵馬軍二名이越來于高山折嶺外里ᄒᆞ야日人有無를詳細探問後一名은下往渭原境而黃城所在俄兵은不知其數이옵기隊郡이相議ᄒᆞ와自隊로派兵于水下鄕地ᄒᆞ와轉向高山坊ᄒᆞ고自郡으로別送偵探于曲阿坊이옵더니探校回內梨峴站俄兵이踰過梨嶺之路에逢着慈城來日人二名ᄒᆞ야所騎馬二匹及本郡馱卜馬二匹를盡爲奪去ᄒᆞ고本郡馬夫一名은被銃幾死ᄒᆞ고日人二名中一名은被捉而俄兵이仍踰麻田嶺ᄒᆞ야往于慈城境이라ᄒᆞ오고今番俄兵過路에各面之牛馬財産等被奪이想必浩多等因이온바戒嚴防守之節은各別團束하고嗣後情形은連探馳報之意로指令以送하고玆以報告라하얏더라

●美賓遊覽　昨日下오五時에美國令孃一行十人이巡檢二人憲兵三人을帶同하고遊覽次로惠化門外城北洞閔泳煥氏亭子에出去라가七時에入城하얏다더라

●白晝何盜　昨日上오四時量에長橋前侍從禹恒鼎氏家에賊漢一名이踰墻돌入하야纈掩二件銀匙箸二件新婦月子與青紅裝珮物三作을幷爲盜去하얏다더라

●兩氏陛見　昨日下오四時에는長谷川大將이　陛見ᄒᆞ고同五時에는日公使林權助氏가陛見하얏더라

芳魂可誅

南村詩洞等地當花室에一少娥가有ᄒᆞ되品性이温良ᄒᆞ고姿容이端潔ᄒᆞ야名雖娼家者流나風塵中狀態가絶無ᄒᆞ야其娼屛에失身ᄒᆞᆷ을常自憾恨ᄒᆞ되女子에身分으로解脫之道가茫然ᄒᆞ야來者去者를勉强酬接ᄒᆞ나每於歌前舞後와獨夜靜窓에暗淚를不禁ᄒᆞ며愁腸이千結ᄒᆞ야無情光陰을歎息中에虛度ᄒᆞ더니千萬夢外에豪遊一男子를遇着ᄒᆞ야幾日相從에兩情歡洽은自不必說이고同居ᄒᆞᆯ思想으로贖身錢二萬兩을快許備給ᄒᆞ는지라該女가歡天喜地ᄒᆞ야其夫에게本事顚末을告之ᄒᆞ야曰吾與子로多年同居ᄒᆞ야情誼不淺ᄒᆞ나但繁華塲裏에如是終老는非吾願也라子今許以贖身이면吾之志願을可遂에德矣大焉이오子亦得錢ᄒᆞ야從他芳緣을可結ᄒᆞᆯ지니彼此得宜而機會를難失ᄒᆞ니子其圖之ᄒᆞ라厥夫가嫌其錢少ᄒᆞ야冷語로答之ᄒᆞ고落落然無意키로其後에再三言之ᄒᆞ되終是不聽ᄒᆞ는지라女乃泣而言曰吾之哀懇이屢矣로ᄃᆡ子終不許ᄒᆞ니吾無奈何어니와吾之生也ㅣ不如死之久矣라就子之前에寧爲自盡ᄒᆞ야以忘吾憂하리라厥夫가愈益怒之ᄒᆞ야不交一言ᄒᆞ고出門而去어ᄂᆞᆯ女心이一屆悲憤ᄒᆞ야平日從遊ᄒᆞ던諸女伴을一齊招集ᄒᆞ야酒行數巡에語其情實ᄒᆞ고相與永訣ᄒᆞᆫ즉坐中이皆謂然ᄒᆞ야半信半疑ᄒᆞ나憫其情勞ᄒᆞ야以好言慰之ᄒᆞ고各爲散去러니其夜에鴉烟을吸ᄒᆞ고芳魂이上天ᄒᆞᆫ지라諸女伴이或出義金ᄒᆞ고或助斂具ᄒᆞ야再昨日에門外로送葬ᄒᆞ는ᄃᆡ無數ᄒᆞᆫ乾達은轜車를擁護ᄒᆞ고十行粉黛는前導後從ᄒᆞ야哀怨悽惻이如悲親戚ᄒᆞ며泉臺永別이傷心銷骨ᄒᆞ야半歎半哭으로酹酒招魂ᄒᆞ는光景은可以一時奇談을供ᄒᆞᆯ깃더라

本記者曰尙氣節而忘生快志ᄂᆞᆫ本無男女貴賤之殊인바此女也ㅣ失身娼家ᄒᆞ야痛結三生ᄒᆞ야薄命之恨을無可地訴라가幸其情人이相濟ᄒᆞ야脫身有路而劣夫障害에好事를難諧則其恨也轉深이며其生也益苦라對厥夫而直說ᄒᆞ며招諸伴而相訣ᄒᆞ고從容自辦一死ᄒᆞ야以明其志ᄒᆞ니此固女流中烈丈夫也라世有好事者ᄒᆞ면義娼傳을當作於今日이고所謂厥夫ᄂᆞᆫ難於相離ᄒᆞ야不許其去ᄒᆞᆫ事ᄂᆞᆫ雖有謨나情亦可恕로ᄃᆡ滿腔貪氣가先於義理ᄒᆞ야挽此錢樹에要索高價키로其懇이屢切ᄒᆞ되其聽愈漠타가鬼瞰其室而禍逐心生ᄒᆞ야畢竟花飛玉碎가因此而起ᄒᆞ니過而至死는縱非可擬나究其所爲컨ᄃᆡ不可無懲이라ᄒᆞ노라

特別廣告

本申報ᄂᆞᆫ海外電報를即接ᄒᆞ야機關이靈通ᄒᆞ고外報와探報를敏捷活潑ᄒᆞ도록注意ᄒᆞ오며申報發送ᄒᆞᄂᆞᆫᄃᆡ迅速傳信ᄒᆞ기ᄂᆞᆫ分傳人의게在흠으로本社에서平常에諸分傳人의게丁寧告戒ᄒᆞ고申申訓飭ᄒᆞ야毋或媮惰ᄒᆞ게注意ᄒᆞ거니와如或暫有積忽이라도愛讀僉君子ᄂᆞᆫ密使通知于本社ᄒᆞ시면該分傳의게誠信相孚ᄒᆞ도록耳提面命ᄒᆞ고勤贊가發生ᄒᆞ도록誨諭ᄒᆞ야必無遲誤ᄒᆞ기로期待ᄒᆞ옵나이다

本社에寄書ᄒᆞ시ᄂᆞᆫ諸君子ᄂᆞᆫ姓名과居住를明確ᄒᆞ게懸錄送附ᄒᆞ시와證據가有홈을必要홈이오公衆平和ᄒᆞᆫ秩序를紊亂케ᄒᆞᄂᆞᆫ意와社會上不經荒雜ᄒᆞᆫ寄書ᄂᆞᆫ不受ᄒᆞᄂᆞᆫ權利가本社에自有ᄒᆞ오니肯諒ᄒᆞ시옵

大韓每日申報社

廣告

貿易商　本社ᄂᆞᆫ仁川港
日本郵便電信局對面
電話第二百一番地

仁川港　廣昌　洋行
벤넛三會社告白

○鐵路部

○東大門과新門間에來往車ᄂᆞᆫ每十分間에運行홈
東大門發初車ᄂᆞᆫ午前六時三十分
新門外停車場發初車ᄂᆞᆫ午前六時五十五分
東大門發終車ᄂᆞᆫ午後九時五十分
新門外停車場發終車ᄂᆞᆫ午後十時十五分

○東大門과洪陵間에來往車ᄂᆞᆫ每二十一分間에運行홈
但自鍾路로東大門에來到ᄒᆞᆫ交替車로聯絡홈
東大門發初車ᄂᆞᆫ午前六時五十分
洪陵發　初車ᄂᆞᆫ午前七時十分
東大門發終車ᄂᆞᆫ午後七時五十分
洪陵發　終車ᄂᆞᆫ午後八時十分

○鍾路와龍山間에來往車ᄂᆞᆫ每十二分間에運行홈
鍾路發至南大門初車ᄂᆞᆫ午前六時四十八分
鍾路發至龍山　初車ᄂᆞᆫ午前七時二十四分
南大門發至鍾路初車ᄂᆞᆫ午前六時五十六分
龍山發至鍾路　終車ᄂᆞᆫ午前七時五十七分
南大門發至鍾路終車ᄂᆞᆫ午前十時八分
龍山發至鍾路　終車ᄂᆞᆫ午後九時九分

○特別私用車ᄂᆞᆫ顧客의方便홈을隨應ᄒᆞ야準給홈
但定價ᄂᆞᆫ本社에來臨ᄒᆞ야請問ᄒᆞ옵

○電燈部

二百五十燭力以內의敷用處에ᄂᆞᆫ每個月에定價表가如左홈
○十六燭力燃燈達夜에二圓五十錢
○三十二燭力燃燈達夜에四圓
○五十燭力燃燈達夜에六圓
○一百五十燭力燃燈達夜에十圓
一千二百燭力弧形燈達夜에二十圓
二百五十燭力以上의敷用處에ᄂᆞᆫ請求ᄒᆞ면瓦斯計一箇를設給홈
但瓦斯計賃金은每個月에二圓이오瓦斯計測驗表委托定價ᄂᆞᆫ每時間每암피아에二錢이옵
瓦斯計設給處에셔每介月支拂金最低額은每個月에二十圓인ᄃᆡ(瓦斯計貸金은)据홈
電燈을敷設ᄒᆞ기에請求ᄒᆞᄂᆞᆫᄃᆡ로供給홈
各種連技辦燈도常時에貯存ᄒᆞ엿ᄉᆞᆸ

本社鍾路電氣會社
韓美電氣會社　告白

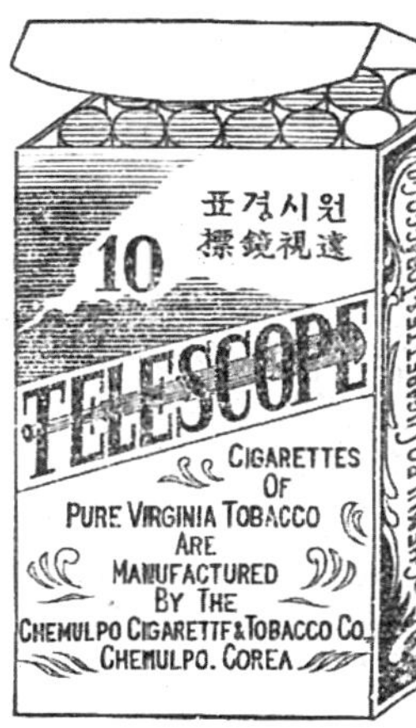

以上三種은上品으로製造ᄒᆞ야衛生上에至極有益ᄒᆞ오니毋論某人ᄒᆞ고本社에來顧ᄒᆞ옵

大韓帝國仁川港
濟物浦紙卷煙及烟草會社

一鷹標罐濃詰牛乳
一金印罐詰濃結牛乳
一無雙家用氣化乳酪
一뽀ㅣ든쓰製造麥芽化合牛乳
以上은常時에貯積ᄒᆞ엿ᄉᆞᆸ
美國紐育港뽀ㅣ든쓰濃結牛유會社
一手代理店　大韓仁川港　世昌洋行

廣告

一雜貨商
一貿易商
一船舶取扱
一煙草商
一委托販賣及貨物運送代理業
一貿易仲買商
以上輸入及輸出者
京城 仁川　大昌　洋行

本社廣告

申報價
一張代金　韓貨五錢
一箇月前納　五十錢
三箇月　一元五十錢
六箇月　二元九十錢
一箇年　五元八十錢
郵稅一部　新貨五里
一箇月　十三錢

廣告料
四号活字十三字詰
每日每英尺一寸에新貨廿五錢
(每日每行에六錢에相當홈)
二周日에　二圓五十錢
(每日每行四錢五里에相當홈)
一箇月에　五圓
(每日每行四錢一里에相當홈)
其期限의長短과字行의多少를依ᄒᆞ야增減홈이有홈

大韓人마다此申報를不得不閱覽ᄒᆞ실터이오니廣告出報ᄒᆞ실僉君子ᄂᆞᆫ來臨面議ᄒᆞ시옵

發行兼編輯人　英國人裵說
發行所
京城北署薪進坊礪洞号外地法語學校前
大韓每日申報社

第三卷　第三十九號

大韓每日申報
대한매일신보

月曜及慶節 歲時日休刊

檀君開國四千二百三十八年
箕子元年三千二十七年
大韓開國五百十四年
日本明治三十八年
清國光緒三十一年
陰曆乙巳八月大三十日丙午

論說

辨大東記者見陋

去日曜大東新報에一條論文을記載ᄒᆞ얏ᄂᆞᆫᄃᆡ其意味가去週間本社各報를評論ᄒᆞᆫ거시나新聞例範으로言之면此實衝擊之報로다同論의幾乎二欄은凌罵之說노編成ᄒᆞ얏스니日本以外에ᄂᆞᆫ何等法律노던지可起言端이오一欄의三分一쯤은本社의確然駁論을專意ᄒᆞᆫ지라其凌罵之說이非因錯誤요實是故意인고로記者가今將說辨ᄒᆞ노니

第一論辨ᄒᆞᆯ거ᄉᆞᆫ其人詰駁이本報의何許句話를特擧直言ᄒᆞᆷ은本有ᄒᆞ고本社方策을統論ᄒᆞᆫ緣由라

本社의往往抗論ᄒᆞᆫ度支顧問目賀田氏의事爲ᄂᆞᆫ智或有失인지同氏가貯置三百萬元ᄒᆞ야韓貨整理를着手하얏ᄂᆞᆫᄃᆡ及其效果아야ᄂᆞᆫ財政이蕩竭이고且以三百萬元論之라도漢城內募集이非難之事여날同氏가勸誘政府하야從日本借入에以海關擔保ᄒᆞᆫ此等經歷이라

大東은對此設言하기를年前柏卓安氏도及其始也에ᄂᆞᆫ未免其怨이어니와今此目賀田氏ᄂᆞᆫ被其不悅이將輕於柏卓安氏之時리라하엿스니記者ᄂᆞᆫ思之以不然이언마ᄂᆞᆫ大東이如此說明하니無可奈何로다

本報가指明하기를韓國內에外인의土地占有權은今尙早矣니現今借地法이未至精密이며且韓國은內外民間爭端을適宜處辨ᄒᆞᆯ法律이尙今未備ᄒᆞᆫ즉一年六箇月間에日本인의斷自擅行하고不顧如右弊端ᄒᆞᆷ은後日愚亂을自招ᄒᆞᆷ이라하엿더니大東이無端對話ᄒᆞ기를現今日民의波瀾渡來를大韓申報記載나其라誰某라도莫之能禦리라ᄒᆞ얏스니大東記者ᄂᆞᆫ本報此題를一次更讀ᄒᆞᆯ지어다未嘗非鑿論이지

且本紙上에揭報ᄒᆞᆫ有名軍用之下에先買地段이란問題를大東이評論ᄒᆞ되開戰後條約의效力으로ᄂᆞᆫ日本이韓國地段을無贖收用이未有不可로ᄃᆡ特用好意ᄒᆞ야出給二十萬元이라하얏스니

事或然矣나然이나戰旣畢矣니軍用이不長矣리라近者內部大臣의言說이留置其鐵條하야將欲還償이라하니日本이費重價而買得ᄒᆞᆫ韓土를韓國에引渡하기에將要幾許歲月일지余將觀之ᄒᆞ리라

大東浮論은今姑閣筆하고欲觀其文辭하노니今此聽明記筆이橫濱인力車荷夫의言辭를包含하얏도다彼稱本報記者ᄒᆞ되面白心黑에野만이며英產而非英인이라하고且云ᄒᆞ되本社의記筆書板은將至焚燒破碎요仍爲停刊이라하얏스니

觀此說明컨ᄃᆡ悅有而習에一進會之氣미가宛然하도다本社의記筆書板이若至焚碎면有誰感賀ᄂᆞᆫ可以量度이어니와ᄃᆡ東은本記者의遠矣不現ᄒᆞᆷ을幸望하리라日인之多於世인을余未可信則此地衆多代表者를對韓不好안으로만日本인이維支키를亦未可信이며

且日本이與凡無異ᄒᆞᄃᆡ求取每物에過於多欲ᄒᆞᆷ은余近信認ᄒᆞ야不猶豫而說話矣러니今日大東所言에表明其推測이로다彼驚怪評論에且云ᄒᆞ되本社가何許强權의捐助를依賴ᄒᆞ던지不然이면日本의게賣却되기를希望ᄒᆞ야發刊ᄒᆞᆷ이라ᄒᆞ얏스니此等巧說은不可表辭對言이로ᄃᆡ余能確說ᄒᆞᆯ거ᄉᆞᆫ本報가公正論駁을爲主ᄒᆞᆷ으로無人捐補어니와若如大東方策이런들必得日人補助ᄒᆞ얏깃도다

多我日人公正親友의게向言ᄒᆞ노니投其汚泥에染濁이可畏라大東報에不美句話를閱讀ᄒᆞᆫ僉員은或不覽本報이나如此新聞이日本主義를不美케ᄒᆞᄂᆞᆫ도다

本報ᄂᆞᆫ務圖公公之義ᄒᆞᆷ으로戰時日本의此地行政을斷言不公하엿거니와至于今日하야ᄂᆞᆫ此政之能行이將不過幾日이라我韓의漳日辯論ᄒᆞᆫᄃᆡ로返轉ᄒᆞᆯ지니何必威嚇이리오寧可和解지日人之無害心은余所稔知라

若如評論하야孔方이爲我目的이면捐補錄에日人이居右됨을可云이로다然이나孔方은非我目的이니擧語言之면記者가在於朝陽靜穩之ᄒᆞᆯ時보다今日에ᄂᆞᆫ尤爲貧寒ᄒᆞᆷ이可嘆이로다

處於報館ᄒᆞᆫ者ㅣ論議上에是非蹈宿은不務하고角口凌罵를徒尙ᄒᆞᆷ은文明國인의樂爲ᄒᆞᆯ비아니로ᄃᆡ大東記者와如ᄒᆞᆫ인에게ᄂᆞᆫ불可全然緘默하깃기로大略言之하노라

官報

◎第三千二百五十五號　光武九年九月二十七日

◎宮廷錄事

宮內府大臣勳一等臣李載克
謹
奏長湍郡所在
麗王景陵第三陵陵上修改事畢後遣秘書丞致祭事
命이矣何秘書丞進去乎敢
奏
光武九年九月二十四日奉
旨徐相薰進去
宮內府大臣勳一等臣李載克
謹
奏開城府所在麗朝
定宗安陵峴第二陵月老洞第一陵第二陵七陵洞第四陵
睿宗裕陵
忠定王聰陵
恭愍王玄陵
魯國公主正陵陵上修改事畢後
遣秘書丞致祭事
命下矣何秘書丞進去乎敢
奏
光武九年九月二十四日奉
旨金鍾達孫庚鉉進去

◎叙任及辭令

監秘書丞洪承斗
秘書監丞李宗洙
黃海道觀察府主事申洛均
依願免本官
任秘書監丞叙奏任官三等　正三品朴鼎壽
　正三品辛在一
禮式院禮式官玄百
陞叙奏任官二等
任黃海道觀察府主事叙判任官六等　鄭在華
以上九月二十三日
奉常司副提調鄭承謨
秘書監丞辛在一
秘書監丞金天
秘書監丞朴鼎
順昌園參奉許　楨
依願免本官
任奉常司副提調叙奏任官四等　正三品金璟中
兼任禮式院掌禮　秘書監丞李明翔
任秘書監丞叙奏任官三等　正三品徐相薰
　正三品金鍾達
　正三品孫庚鉉
任順昌園參奉叙判任官八等　閔泳瑀
以上九月二十四日
（未完）

雜報

貨幣續論

甞聞韓之財政이本來未贍ᄒ야雜費冒部之臣으로量入爲出ᄒ야[illegible]待宜다도[illegible]貨에易致其弊이거날今措置之做錯이不時其多ᄒ야血脈이一指에觸處生弁ᄒ야財況之困迫과民生之艱苦가日甚一日에慘不忍聞ᄒ니苟究厥由컨대誰執其咎오

大抵借欵云者ᄂ借人之所有ᄒ야充我之所用인즉苟不能充我所用ᄒ며救我所急인ᄃ無所事於借欵也니此個道理를雖三尺童子라도皆可以曉然易知이거늘

日人에게借得ᄒ三百萬圓은不交一文ᄒ고但以空紙로締約ᄒ얏다니未知其本爲何用이且使何人으로ᄒ야用인지此等借欵은實所初見이라有心之過ᄒ야無心誤之歟아歸諸無心則只是之不若이오謂以有心則不忠之極矣로다

雖以新貨造成으로言之라도鑄之局이自在ᄒ며所用器械諸具가自在ᄒ며工匠員役等이自在인즉

無論其費少ᄒ고自我造成이綽有餘裕이거날無端委諸他人ᄒ야毁舍器械를歸諸廢物ᄒ고錢條疾徐를仰人鼻息ᄒ니謀之不臧이孰甚於此也며

且以新舊貨交換으로言之라도當初惡貨之行用이自是政府之失者인즉論其惡貨與官鑄ᄒ고國內行用之數를統同假量後에

限其折半ᄒ야新貨를措備ᄒ고舊二新一로定爲規例ᄒ야舊貨則一切以公랍으로收入이고仍即新貨行用이면

民無損害ᄒ야怨탄이可以不作이요新舊相接ᄒ야經費가亦可無關ᄒ더러商路ㅣ依舊通融ᄒ며物價ㅣ不至踴貴ᄒ야萬全之效를居然可奏이거날

計不出此ᄒ고徒事紛更ᄒ야貨品之等級을如分涇渭之流ᄒ며交換之遲ᄂ가殆若旱天之雨ᄒ야令不便利而四方이여騷이고錢不循環而萬姓이愁歎ᄒ야式至今日에病在難起ᄒ니如是救弊ᄂ不如不爲이며

且以各郡結戶錢으로言之라도苟使其上랍遲滯된守令擇任이第一良方이요若其不然이면或派員于該郡ᄒ며或另責于觀察ᄒ야多方督之가不患無術이거날

今乃專委于日本辨部ᄒ야使各該郡으로輸送于他[illegible]庫케ᄒ니外方行用은盡是惡貨라以該地所捧으로用於該地則可矣로되移以라랍은決難行矣리니空加督責이不滿一哂이로다

況國之經費贍給ᄒᄂ計劃이商利發達에不過인즉選任材能之士ᄒ야各郡結錢을使之管掌ᄒ야從長與販이면平歲收入을固不可量矣어날權利則讓與別人ᄒ고只抱空殼而愁其財絀ᄒ니夢耶醉耶아抑獨何心고

大抵財賦者ᄂ國之大政이라其於措處之方에一或有失이면關係甚大인ᄃ今其前後비繆가如彼猥雜ᄒ니國弊而民困이是誰之過也오

此等理財之臣은死有餘罪이거ᄂᆯ刑章이不加ᄒ며祿位不替ᄒ야揚揚朝端에恣其跳랑ᄒ니國之無法이於斯極矣라此所以爲隣國之所侮인저

○○○○○○○○警告大韓全國人民　三

然則大韓二千萬生靈의生活門路를何處可覓고現今時代ᄂ各國政治가皆革新時代라大韓도一回革新을不行ᄒ면人民의生活福祉를永久不得ᄒ지라

此時ᄂ即大韓人民의人鬼關이니政治가維新文明ᄒ면人民이他國人類와갓치同等地位를占ᄒ거시오政治가仍久不變ᄒ면人民이皆地獄下에陷落ᄒ야永無超脫之期ᄒ야

非但現在身命之不保라世世子孫이波蘭遺種과米洲紅人이될지니此를思想ᄒ면寧其現在身命을抛擲ᄒ야子孫의生活基礎를樹立홀이로다

大抵天生斯人의原是平等이오人生斯世에各有自由之權이어ᄂᆯ大韓人民은何故로不等原理를不思ᄒ고自由之權을自棄ᄒ야官吏의不法虐政을甘受ᄒ다가

또今日에至ᄒ야外人의壓制를慘被ᄒᄂ노世界人民이各其天賦之權이有ᄒ거ᄂᆯ何獨大韓人民은天賦之權이無ᄒ노此ᄂ知識이蒙昧ᄒ야天理의本原을全然히覺知치못ᄒ緣故라

平等原理를推側ᄒ면彼亦人이오我亦人이라何故로他人의虐待를甘受ᄒ며自由主義를確執ᄒ면엇지我이固有ᄒ權利를他人의게讓與ᄒ리오

彼政府奸黨은不過六七個人이오全國人民은二千萬이라以二千萬之衆으로無知無勇ᄒ六七個人의貪虐을除去치　ᄒ니何其劣弱之甚也오

人民의劣弱이如是ᄒ니엇지外人의呑噬를得免ᄒ리오彼美國獨立基礎ᄂ專히人民의自由主義로成立ᄒ者니今에美國獨立戰爭時에發布ᄒ檄文大旨를觀ᄒ지라도

足하人民에固有ᄒ天賦法則을指示ᄒ지라其檄文大畧에曰古理이云ᄒ되人類ᄂ均히同等이라上天은一視同仁ᄒ사生命과自由의權利를萬民의게各各界與ᄒ시니

此權利ᄂ自由가棄ᄒ바아니오他人도奪치못ᄒ나니아럼으로政府와人民이一體團結ᄒ야國家를以成ᄒ다가

萬一政府가天理와人心을不順ᄒ고暴虐ᄒ政事가有ᄒ면ᄇ制를廢ᄒ고新政府를創設ᄒ나니此ᄂ古今에通義오人事의常經이라또人情은事　가太迫지아니ᄒ면改革을不肯ᄒ거니와萬一禍害가自身에及ᄒ야謀避치못ᄒ境遇에ᄂ不得不舊弊를一掃ᄒ고新政을圖ᄒ야民生을以安케ᄒ리라ᄒ엿스니

惟願大韓人民도平等原理와自由主義를覺知ᄒ고執守ᄒ야個人의　血로써社會團體를固結ᄒ야革新開明의事業을建立ᄒ然後에야生活福祉를始得ᄒ리니捨此以外ᄂ更無他策이라ᄒ노라

●兩大新任　昨日詔勅을下ᄒ샤軍大權重顯으로爲農大ᄒ고主殿院卿李根澔로爲軍大ᄒ옵셧더라

●玄氏逐里　政府奏本에玄暎運이行已麤率ᄒ고語多無倫ᄒ니令法部拘拿懲辦事로奉旨依奏放逐鄕里ᄒ얏더라

●李氏何辨　李舜夏氏가年前平安道觀察로人命殺害와民財攫取等事를向日本報中發現홈으로李氏가反ᄒ此를구誣라謂ᄒ야ᄂ고發明ᄒ얏스니同氏의貪虐行爲ᄂ擧世所知라以成川郡柳哥事로言之라도謂有舅婦間奸淫之事라ᄒ야奪其財產ᄒ니柳哥ᄂ冤痛自死ᄒ고其姑與婦가亦皆自縊ᄒ얏스니此非殺人奪財而何오其라南北道饒民之無罪被奪이不可勝數라西民之痛恨怨罵가暗藉一世ᄒ니李氏가如此ᄒ惡行이有ᄒ고反謂被誣라ᄒ니何不自諒之甚也오

●無鼻無目　南門外蓮池前巡檢支所後에南門內汚穢之物을逐日輸出而積如丘山ᄒ야惡臭가大發ᄒ되該所巡檢이不與禁斷ᄒ고至於洞裏小路와窮家門前에ᄂ若干屎芥만有하야도衛生에大段妨礙라ᄒ고威脅捉去之弊種種有之ᄒ니該巡檢警察事務에慣熟ᄒ야그러ᄒ지無鼻無目ᄒ야그러ᄒ지當禁者ᄂ不禁하고殘民威脅하기에만熱心ᄒ다고街說이有하다더라

●舊貨何用　忠南石城郡守吳根善氏가內部에報告ᄒ얏스되本郡新舊結戶錢은自八月十五日爲始ᄒ야輸納于群港支金庫之意로今有度支訓이오바近以錢弊로新舊收刷를暫爲停閣而今因訓飭ᄒ야務將督納이오나本郡이以斗小之邑으로初無場市ᄒ고民間交易을往于他邑市而恩津地江鏡論山兩市ᄂ以湖中巨市로[illegible]在附近豈豈村氓이何能知其惡貨與正鑄乎아市間白銅貨爲名者ᄂ許多年來例爲行用之致로居民이持物化銅者非其惡貨면民無以措辦이오邑無以收刷故로自白銅貨行用之後로民間刷錢을莫可直納于支部이고布給差人ᄒ야使之上納이온ᄃ니今此支金庫上납은略捧直납之際에自無着人이을고市上行用은俱是正鑄라도支金庫上납之際에自不持辦之弊은況是惡貨로莫可擬論이오며收刷之場에各民之艱辦所납錢을職在字牧ᄒ야謂其惡貨而退却ᄒ고强索正貨며顧此行政이며所進亦礙退亦礙이오며民情이嗷嗷ᄒ야誠極悶然이온즉何以舉行이올지査照指令이라ᄒ얏더라

●亦一事業　前學大閔泳喆氏가宦海의風退ᄒ고江湖에高臥ᄒ야閒中日月을送ᄒᄂ되國勢을憂慮ᄒ야人民을發達ᄒ고教育의裨益홀書籍을印布홀次로巨欵을鳩聚ᄒ고有志人士를會同ᄒ야商舖設施ᄒ다ᄒ니亦一救時홀事業이라더라

外報

●上諭開港　淸國皇帝陛下ᄂᆞᆫ山東開港에關ᄒᆞ야如左ᄒᆞᆫ上諭를發ᄒᆞ엿더라
　山東省은土地廣大ᄒᆞ고物産이盛多ᄒᆞ나民情이姑未發達ᄒᆞ니速히各處에開港場을倣ᄒᆞ야通商을盛大케ᄒᆞ고各國과利益을共享ᄒᆞ라
右에關ᄒᆞ야外部商部의各大臣及袁世凱趙爾巽等이協力ᄒᆞ야以期實效케ᄒᆞᄂᆞᆫ中이라더라

●俄帝旅行　伯林電을據ᄒᆞᆫ즉俄國皇帝及皇后ᄂᆞᆫ五日間爲限ᄒᆞ고芬蘭海岸에旅行ᄒᆞᆯ豫定이라더라

●義艦來東　倫敦電을據ᄒᆞᆫ즉俄國義勇艦隊ᄂᆞᆫ再次東洋勤務를開始ᄒᆞᄂᆞᆫ데該隊中一艦船이今月二十日에長崎와浦鹽斯德으로向ᄒᆞ야出航次로西非利亞에運送ᄒᆞᆯ多數ᄒᆞᆫ搭載ᄒᆞᆫ다ᄒᆞ엿더라

●滿洲解放　北京電을據ᄒᆞᆫ즉淸國皇帝게서ᄂᆞᆫ商務部上奏를依ᄒᆞ야滿洲商業을發達ᄒᆞᆯ政策으로門戶開放을行ᄒᆞ기로決定ᄒᆞ고外務、商務兩部와總督袁世凱將軍趙爾巽等에게商議決定ᄒᆞ라신勅語가下ᄒᆞ셧다더라

●摩洛가問題　曩者에아비시니아에特派使節이되얏고其後에摩洛가駐箚公使를任ᄒᆞ얏든[illegible]젼博士ᄂᆞᆫ法國首相루부에이氏와協約ᄒᆞ기爲ᄒᆞ야巴里斯에向ᄒᆞ야出發ᄒᆞ얏ᄂᆞᆫ데同公使出發前에獨國首相뷸로公은駐德法國大使쎈올氏와더부러長時間會談ᄒᆞ얏다더라

●廢約調印　北京電을據ᄒᆞᆫ즉粵漢鐵道廢約은美國政府와調印을畢ᄒᆞ얏다ᄂᆞᆫ電報가本月十日에駐美公使梁誠氏의게서外務部에到達ᄒᆞ얏다더라

●非講和大會　本月十一日에日本大阪에서開設ᄒᆞᆷ은前報에已揭ᄒᆞ얏거니와十二日에發刊ᄒᆞᆫ大阪每日新聞에記載ᄒᆞᆫ바를據ᄒᆞᆫ즉云ᄒᆞ되屈辱的講和條約을破棄ᄒᆞ기로慨然而起ᄒᆞᆫ非講和全國大會ᄂᆞᆫ昨日午後零時三十分에中之島公會堂에서開ᄒᆞ얏ᄂᆞᆫ데熱憤ᄒᆞᆫ幾萬幾千의人人은早히九時十時頃붓터聚至ᄒᆞ야人群雲集ᄒᆞ고肩摩轂擊ᄒᆞ야如手雪崩히押入場內ᄒᆞ니場內場外와階上階下에殆無寸隙ᄒᆞ게密密集合ᄒᆞ얏ᄂᆞᆫ데國內二府二十一縣代表者가數百名이오府下各市各郡有志者等은其數가實不下於六七千인이라熱中ᄒᆞᆫ幾千聽衆은壇上에坐ᄒᆞᆫ者도有ᄒᆞ며椅子에倚ᄒᆞᆫ者도有ᄒᆞ며樓上에起立ᄒᆞᆫ者도有ᄒᆞ고場外에ᄂᆞᆫ幾重人垣을作ᄒᆞ얏고公會堂은滿溢ᄒᆞ얏스미國民의強烈ᄒᆞᆫ熱誠을於此足見矣로다十二時二十分에轟然ᄒᆞᆫ號砲가起ᄒᆞᆷ의同時에場內一隅에서ᄂᆞᆫ哀極ᄒᆞᆫ悲歌를奏ᄒᆞ며刹나松村敏夫氏의소介로山田喜之助氏가壇上에立ᄒᆞᆷ의聽衆의歡呼ᄂᆞᆫ萬雷之落ᄒᆞᆷ과如ᄒᆞᆫ지라山田氏ᄂᆞᆫ一次打卓後에悲憤ᄒᆞᆫ語氣로開會ᄒᆞᄂᆞᆫ辭意를談述ᄒᆞ야屈辱된事實은如何히ᄒᆞ던지取消치못ᄒᆞᆯ지니我等愛國士ᄂᆞᆫ斷然코此屈辱的條約을破棄ᄒᆞ기를不可不期圖ᄒᆞᆷ으로於此에全國大會를開ᄒᆞᆷ에至ᄒᆞ얏다ᄂᆞᆫ始末을告ᄒᆞᆷ의其烈烈ᄒᆞᆫ言辭와激越ᄒᆞᆫ調音이聽衆으로ᄒᆞ야곰亂狂拍手ᄒᆞ야其聲이動堂ᄒᆞ고次에河野廣中氏ᄂᆞᆫ推薦되야議長席에就ᄒᆞ야美髯豐頰에偉大體軀로謹嚴히起立ᄒᆞᆷ의再次喝采爭起ᄒᆞ고日野國明氏로決議案을朗讀케ᄒᆞ얏더라
其宣言에曰
　勝於戰爭ᄒᆞ고敗於外交ᄒᆞ니今日之講和條約은失戰勝之效果ᄒᆞ고伏將來之禍亂者也라公憤勃發ᄒᆞ야唱道破棄에而以非立憲的暴力으로壓抑之ᄒᆞ야至於輦轂之下에釀生奇變ᄒᆞ야外則毁損帝國之光榮ᄒᆞ고內則破壞憲政之精神ᄒᆞ니一國之危殆가莫甚於今日이라因開全國大會ᄒᆞ야如左決議ᄒᆞᆷ
其決議에曰
　屈辱的和約을破棄ᄒᆞ며閣臣을免黜ᄒᆞᆷ을望ᄒᆞᆷ
萬衆이拍手ᄒᆞ야一廳可決되고無事閉會ᄒᆞ얏더라

●海軍經費　倫敦電을據ᄒᆞᆫ즉俄國에서每年海軍經費五百萬磅을支出ᄒᆞ기로決定ᄒᆞ얏다더라

●威海衛問題　英國에서威海衛를占據ᄒᆞᆫ事件이俄國이旅順口를租借ᄒᆞᆫ事件과關係됨은世人이稔知ᄒᆞᄂᆞᆫ바어니와今에日本이旅順口를占有ᄒᆞᆫ故로英國에서當然히威海衛를拋棄ᄒᆞᆯ터이로되昨今貌樣으로ᄂᆞᆫ英國政府에서容易히拋棄ᄒᆞᆯ貌樣이無ᄒᆞ고又英國에서東洋에派遣ᄒᆞᆫ公領事等과有力ᄒᆞᆫ同國民等도拋기ᄒᆞᆷ을不肯ᄒᆞᆷ으로日本에서此事件으로未久에淸國에對ᄒᆞ야交涉을開始ᄒᆞ리라더라

●土民反亂　德國殖民地南西阿非利加에서土民의反亂이起ᄒᆞᆷ으로德國의損害가生命에ᄂᆞᆫ死者千百名及負傷者五百十名이오金額에ᄂᆞᆫ一億二千五百萬元에達ᄒᆞ얏다더라

●英國艦隊　上海電을據ᄒᆞᆫ즉目下威海衛에在ᄒᆞᆫ英國艦隊가來十月初旬頃에日本으로發往ᄒᆞ리라ᄂᆞᆫ報가有ᄒᆞᆫ데此ᄂᆞᆫ英國艦隊가俄日戰爭及英日同盟擴張以後의初인즉日本官民의歡迎을受ᄒᆞᆯ이라더라

雜報

●玄氏放還　農協玄暎運氏가日本憲兵隊에十餘日이나拘引하얏더니再昨下오八時에放還이되얏다더라

●仁監內移　仁川監理劉燦氏가侍從院侍從을被任하얏고河相驥氏가其後任을襲ᄒᆞᆫ다더라

●義塾可賀　藥峴私立溫粹義塾을李教憲氏가刱立ᄒᆞᆫ지于今十箇月에課程이俱備하고教師가熱心하야學徒가日增ᄒᆞᆷ으로將來發達之望이有하다하니教師諸氏를爲하야可賀ᄒᆞᆯ만하거니와該教師인즉李教憲송忠源송鍾完金裕萬諸氏라더라

●各門設祭　昨日下오七時에各門城樓에서無祀祭를設行하얏다더라

●眞佛出世　駱洞淸國監務寺ᄂᆞᆫ日光菩薩을尊尙ᄒᆞᄂᆞᆫ寺刹인되其宗旨ᄂᆞᆫ貧困ᄒᆞᆫ人을救恤ᄒᆞ며鴉片癮을中ᄒᆞᆫ人은藥物을給ᄒᆞ야其毒을除케ᄒᆞᆫ다고[illegible]揚ᄒᆞᄂᆞᆫ人이多ᄒᆞ더라

●壇室請建　京畿觀察使鄭周永氏報告內槪에利川郡守所報를接准ᄒᆞᆫ즉陰八月六日大雨暴霪에雪峯山社稷壇이頹圮ᄒᆞ고且城隍神室이年來滲漏ᄒᆞ야其所建築이時時爲罔故로精略打算ᄒᆞᆫ즉合爲一千一百元ᄒᆞ니轉報劃下等因이옵기玆以報告ᄒᆞ니査照卽爲劃下ᄒᆞ와俾爲建設之地라ᄒᆞ얏더라

●楚倅報警　楚山郡守趙應顯氏報告內槪에俄匪渡江하야入渭原郡之由ᄂᆞᆫ已有所報이올건과江界郡分駐日本인이治送屈夫金泰益하야當日到本郡키로招問露匪進退則陰八月十一日에數百騎露兵이與騎步淸匪百餘名으로來宿於旅周院時에韓인斷髮者四名을隨逢殺之ᄒᆞ고十二日에由麻洞等地하야踰許實嶺니라하오며日隊發兵하야散操於渭原把撥嶺之事로郡底居民이荷擔罔措ᄂᆞᆫ果是傷弓之鳥오扶携奔走ᄂᆞᆫ爲其保身之計이오니手無器械之類를불忍禁止하와任其自爲하니實所憫欸이오며本郡이處於沿邊하와非徒露匪出沒이라불時淸匪가比比有侵掠이되空手인民이불能防禦하오니江界鎭衛隊撤還洋銃二十柄具彈丸許下하와以備防禦之策을伏望이라하얏더라

●日人酗酒　再昨日阜洞等地에서日人一名이被酒行悖하ᄂᆞᆫ故로其坊曲巡檢이曉喩護送하얏다더라

廣告

東署東門外仁昌坊장위契十二統八戶商民鄭漢周家에今二十六日夜에逢賊ᄒᆞ와錢數千兩과典執ᄒᆞᆫ家券三張을見失ᄒᆞ얏삽ᄂᆞᆫ데本洞十一統八戶金範伊家券과本洞十一統三戶젼ᄌᆞ근소이家券과本洞六統六戶李昌善이家券을見失ᄒᆞ와삽기로廣告ᄒᆞ오니內外國人은切勿相關ᄒᆞᆷ

鄭漢周　白

失物廣告

本月十九日下오六時瀛車自仁港上京時에鎖子에洋文으로（NEWLANDS）라刻字ᄒᆞᆫ鰐魚皮手袋一箇를遺失ᄒᆞ얏스니誰某든지拾得하얏거든京城美國公使館으로來傳하시면紙貨拾元으로厚謝하깃삽

漢城內에各實業家에서不動産과貨物은洽滿ᄒᆞ나貨幣가窒滯ᄒᆞ기로借用條를木及越渡ᄒᆞ기로債主에게猛督을不耐ᄒᆞ고日復日閉市逃躱ᄒᆞ기로商界情況을爲念ᄒᆞ야該各報條를今晦부터三箇月을退定ᄒᆞ기로商業會議所에서會議決定ᄒᆞ얏사오니僉君子ᄂᆞᆫ照亮ᄒᆞ시옵

京城商業會議所　告白

特別廣告

本申報ᄂᆞᆫ海外電報를即接ᄒᆞ야機關이靈通ᄒᆞ고外報와探報를敏捷活潑ᄒᆞ도록注意ᄒᆞ오며申報發送ᄒᆞᄂᆞᆫᄃᆡ迅速信傳ᄒᆞ기ᄂᆞᆫ分傳人의게在ᄒᆞᆷ으로本社에셔平常에諸分傳人의게丁寧告戒ᄒᆞ고申申訓飭ᄒᆞ야毋或嬾惰ᄒᆞ게注意ᄒᆞ거니와如或暫有稽忽이라도愛讀僉君子ᄂᆞᆫ密使通知于本社ᄒᆞ시면該分傳의게誠信相孚ᄒᆞ도록耳提面命ᄒᆞ고勤贄가發生ᄒᆞ도록謹論ᄒᆞ야必無遲誤ᄒᆞ기로期待ᄒᆞ옵나이다

本社에寄書ᄒᆞ시ᄂᆞᆫ諸君子ᄂᆞᆫ姓名과居住를明確ᄒᆞ게懸錄送附ᄒᆞ시와證據가有ᄒᆞᆷ을必要ᄒᆞᆷ이오公衆平和ᄒᆞᆫ秩序를紊亂케ᄒᆞᄂᆞᆫ意와社會上不經荒雜ᄒᆞᆫ寄書ᄂᆞᆫ不受ᄒᆞᄂᆞᆫ權利가本社에自有ᄒᆞ오니肯諒ᄒᆞ시옵

大韓每日申報社

廣告

貿易商 本社ᄂᆞᆫ仁川港
日本郵便電信局對面
電話第二百一番地

仁川港 廣昌洋行

벤넛트會社告白

○鐵路部

○東大門과新門間에來往車ᄂᆞᆫ每十分間에運行홈
東大門發初車ᄂᆞᆫ午前六時三十分
新門外停車場發初車ᄂᆞᆫ午前六時五十五分
東大門發終車ᄂᆞᆫ午後九時五十分
新門外停車場發終車ᄂᆞᆫ午後十時十五分

○東大門과洪陵間에來往車ᄂᆞᆫ每二十分間에運行홈
但自鍾路로東大門에來到ᄒᆞᆫ交替車로聯絡홈
東大門發初車ᄂᆞᆫ午前六時五十分
洪陵發 初車ᄂᆞᆫ午前七時十分
東大門發終車ᄂᆞᆫ午後七時五十分
洪陵發 終車ᄂᆞᆫ午後八時十分

○鍾路와龍山間에來往車ᄂᆞᆫ每十二分間에運行홈
鍾路發至南大門初車ᄂᆞᆫ午前六時四十八分
鍾路發至龍山 初車ᄂᆞᆫ午前七時二十四分
南大門發至鍾路初車ᄂᆞᆫ午前六時五十六分
龍山發至鍾路 終車ᄂᆞᆫ午前七時五十七分
南大門發至鍾路終車ᄂᆞᆫ午前十時八分
龍山發至鍾路 終車ᄂᆞᆫ午後九時九分

○特別私用車ᄂᆞᆫ顧客의方便ᄒᆞᆷ을隨應ᄒᆞ야準給홈
但定價ᄂᆞᆫ本社에來臨ᄒᆞ야請問ᄒᆞ옵

○電燈部

二百五十燭力以內의敷用處에ᄂᆞᆫ每個月에定價表가如左홈
○十六燭力燃燈達夜에二圓五十錢
○三十二燭力燃燈達夜에四圓
○五十燭力燃燈達夜에六圓
○一百五十燭力燃燈達夜에十圓
一千二百燭力弧形燈達夜에二十圓
二百五十燭力以上의敷用處에ᄂᆞᆫ請求ᄒᆞ면瓦斯計一箇를設給홈
但瓦斯計賃金은每個月에二圓이오瓦斯計測驗表委托定價ᄂᆞᆫ每時間每암피아에二錢이옵
瓦斯計設給處에셔每介月支拂金最低額은每個月에二十圓인ᄃᆡ(瓦斯計貸金은)据홈
電燈을敷設ᄒᆞ기에請求ᄒᆞᄂᆞᆫᄃᆡ給홈로供
各種連技辦燈도常時에貯存ᄒᆞ엿ᄉᆞᆸ

本社鐘路電氣會社
韓美電氣會社 告白

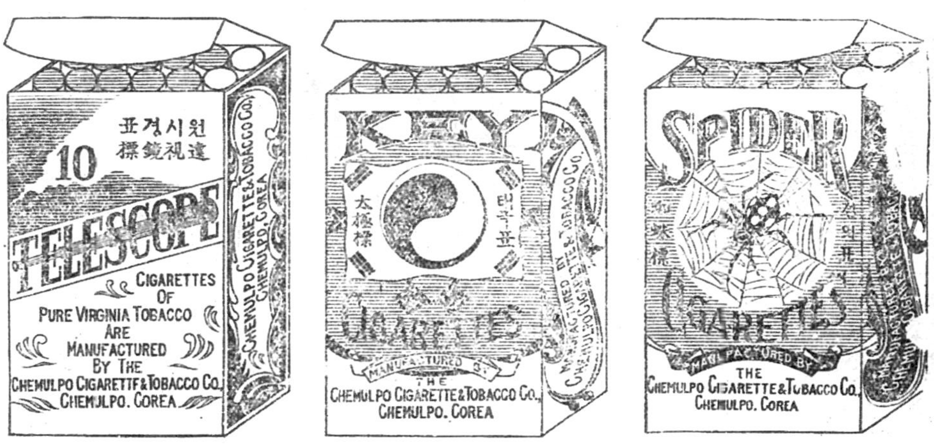

以上三種은上品으로製造ᄒᆞ야衛生上에至極有益ᄒᆞ오니毋論某人ᄒᆞ고本社에來顧ᄒᆞ옵

大韓帝國仁川港
濟物浦紙卷煙及烟草會社

一鷹標罐濃詰牛乳
一金印罐詰濃結牛乳
一無雙家用氣化乳酪
一ᄲᅥㅣ든쓰製造麥芽化合牛乳
以上은常時에貯積ᄒᆞ엿ᄉᆞᆸ
美國紐育港ᄲᅥㅣ든쓰濃結牛유會社
一手代理店 大韓仁川港 世昌洋行

廣告

一雜貨商
一貿易商
一船舶取扱
一煙草商
一委托販賣及貨物運送代理業
一貿易石炭商
以上輸入及輸出者
京城仁川 大昌洋行

本社廣告

申報價
一張代金 韓貨五錢
一箇月前納 五十戔
三箇月 一元五十戔
六箇月 二元九十戔
一箇年 五元八十戔
郵稅一部 新貨五里
一箇月 十三戔

廣告料
四号活字十三字詰
每日每英尺一寸에新貨廿五錢
(每日每行에六錢에相當홈)
二周日에 二圓五十錢
(每日每行四錢五里에相當홈)
一箇月에 五圓
(每日每行四錢一里에相當홈)
其期限의長短과字行의多少를依ᄒᆞ야增減홈이有홈

大韓人마다此申報를不得不閱覽ᄒᆞ실터이오니廣告出報ᄒᆞ실僉君子ᄂᆞᆫ來臨面議ᄒᆞ시옵

發行兼編輯人 英國人裴說
發行所
京城北署壽進坊磚洞外地法語學校前
大韓每日申報社

第三卷　第四十號

大韓每日申報

대한ᄆᆡ일신보

月曜及慶節
歲時日休刊

檀君開國四千二百三十八年
箕子元年三千二十七年
大韓開國五百十四年
日本明治三十八年
清國光緒三十一年
陰曆乙巳九月小一日丁未

論說

新提議

媾和公報가尙今不到ᄒᆞᆷ은未解其理로다近日編成된休戰條約은即爲公布로ᄃᆡ至於和約ᄒᆞ야ᄂᆞᆫ大同小異ᄒᆞᆫ私報만據見ᄒᆞᆫ지라

特以韓國觀之면所報約款이甚是不確ᄒᆞ니韓國內에日本軍略及政治의優權을露國이承認云則是何意思며是何包容인지余所願知며

韓皇陛下씌셔도或欲知悉이로다試欲問之ᄒᆞ노니

一其日以何로謂之軍略及政治之優權也오

其二日置諸韓國命運於露日結定耶아

愚輩所見에ᄂᆞᆫ濠太利及比律賓도與此同一ᄒᆞᆫ理由로畢竟添入於該契約矣리니因此問題ᄒᆞᆫ倫敦時報의好意ᄅᆞᆯ愛讀本報ᄒᆞ시ᄂᆞᆫ僉員의게傳達ᄒᆞ기에豈不快哉리오

余等忖度에所謂軍略優權은韓國內日本駐軍을露不反對ᄒᆞᆷ이오其他列邦도日本軍兵이善修行爲면不必反對ᄒᆞᆷ이로ᄃᆡ至於政治優權ᄒᆞ야ᄂᆞᆫ誘惑이滋甚ᄒᆞ니此是高等句語라初見에ᄂᆞᆫ奇異ᄒᆞ되欲究其實이면自爲全然無意로라

韓國은依前獨立帝國인즉政府ᄂᆞᆫ自爲韓國政府오設使日本代表者가不穩之事ᄅᆞᆯ督促於政府라도過其不應이면日本이將何以爲之乎아用其軍略優權ᄒᆞ야派兵韓國乎아若或至此면將敵何人乎아言念及此에忽作歸謬法이로다

然則宛然昭著者ᄂᆞᆫ露國이對其日本ᄒᆞ야韓政府에勸告提議ᄒᆞᆷ을承認ᄒᆞ얏스나固其獨立ᄒᆞ야此等勸告提議ᄅᆞᆯ使之實行케ᄒᆞᄂᆞᆫ權限은日本의게一不承認ᄒᆞ얏스니特以言之면日本이韓國에서恐喝陰謀로但取可得之物外에不出ᄒᆞ도다

本記者ㅣ對此確證을得見ᄒᆞ얏스니此ᄂᆞᆫ即近者日公使가政府에提議ᄒᆞ야韓國全幅內에日民居留及土地所有權을圖得코져ᄒᆞᆷ이라

日民이土地ᄅᆞᆯ買有ᄒᆞᆯ터인즉長森(나가모리)氏의計策과ᄂᆞᆫ小異ᄒᆞ나特以觀之면廢疾이一般이로다日本이自國內에外人士占有ᄅᆞᆯ若不弛禁이면今此事件을不能以互相均衡知之요百爾思之라도此若至奏効면最大利益을傷害ᄒᆞ며韓國獨立을威嚇ᄒᆞᆯ거ᄉᆞᆫ確然無疑며且今此方略이土地ᄅᆞᆯ取에前日未有ᄒᆞᆫ赤赤紀元을起頭ᄒᆞ리라

從此로日人冒險者流ᄂᆞᆫ業已加勢ᄒᆞ얏슬거시오雖難이目前에繼起하리니韓日人間에爭訟決은習慣이多於法律이며且國土地所有權이極爲不密ᄒᆞ니韓日間紛擾事端은確然可知라如此紛爭은世界上最善注意로도決處키極難ᄒᆞ리로다先此勉勵ᄒᆞᆯ거ᄉᆞᆫ韓國全民을適宜指導ᄒᆞ야生活上權限을確定ᄒᆞ야彼此爭端을妥協辨決케ᄒᆞᆯ거시어ᄂᆞᆯ日本이與其顧問等으로至于今日토록不此之爲ᄒᆞ얏스며尙且可觀ᄒᆞᆯ거ᄉᆞᆫ日人이欲買土地ᄒᆞ야試運權力이며其交涉이常歸責主滿意ᄒᆞ얏슨즉

是以로愚ᄂᆞᆫ觀此提議以危險質ᄒᆞ노니使此韓國不平으로至於極端ᄒᆞ며且使既怒人民으로以至激熱케하기ᄂᆞᆫ計不善出이로다

記者ㅣ爲此論文以表示者ᄂᆞᆫ露日和約을今乃知悉토록如此無聞ᄒᆞᆷ은日本이對此韓國ᄒᆞ야以權力提要求코져ᄒᆞᆷ이니然즉韓人은各提議의利害價値ᄅᆞᆯ明확判決ᄒᆞᆯ지어다判決其價値면今此終末提議가大爲不利니當至拒絶하리로다

官報

●第三千二百五十五號　光武九年九月二十七日

◉敍任及辭令　續

給四級俸　學部協辦李準榮

九月二十五日

元山港裁判所判事申珩模

右ᄂᆞᆫ該　이罪囚監禁을不能圖束ᄒᆞ야以致多囚逃失ᄒᆞ얏기是以譴責事

法官養成所敎官曹世煥

右ᄂᆞᆫ法官養成所長金洛憲의報告書ᄅᆞᆯ據ᄒᆞᆫ즉該員이受由過限ᄒᆞᆷ이其在職務에不無怠慢이라ᄒᆞ얏기是로以ᄒᆞ야譴責事

以上九月二十三日　法部

◉第三千二百五十六號　光武九年九月廿八日

◉宮廷錄事

軍部大臣陸軍副將臣權重顯謹奏前陸軍步兵參領朴善斌前以衛第三聯隊第三大隊長在任時挪犯公貨事免官懲辦矣追究情跡合有參恕免懲戒何如謹奏

光武九年九月二十三日奉旨依奏

宮內府大臣勳一等臣李載克謹奏因禮式院掌禮卿奏本批旨內令宮內府兼掌禮三人權差使之分詣擧行事命下矣兼掌禮三人權差之意謹上奏

光武九年九二月十五日奉旨依奏

宮內府大臣勳一等臣李載克謹奏尙方司織造所長金世喬方在居憂中而復期巳滿矣依例起復視務何如謹上奏

光武九年九月二十五日

旨依奏

◉敍任及辭令

免懲戒
前陸軍步兵參領朴善斌

任陸軍步兵參領　六品朴善斌

任陸軍騎兵副尉
陸軍騎兵參尉李殷相

陸軍步兵參領朴善斌
仝　柳玩

補陸軍硏成學校附

以上九月二十三日

陞敍判任官四等
通信院主事尹泰榮

九月二十四日

奉常司副提調趙漢元
通信院參書官尹吉善
農商工部參書官朴熙陽

命兼任禮式院掌禮
秘書監丞金鎭達　仝孫庚鉉
仝徐相薰　順康園守奉官承鎭亨　仝千兢植　順昌園參奉閔泳우

依願免本官
正三品洪承[illegible]　仝[illegible]榮
仝趙陽夏

任秘書監丞敍奏任官三等
沈容澤　金龍河　安永植

任主殿院電務課主事敍判任官七等
盧德恩　朴容澤

任　順康園守奉官敍判任官八等

任　順昌園參奉敍判任官八等
九品許　禎

解平安南道種痘事務委員
康柱瑚

命平安南道種痘事務委員
姜文榮

(未完)

寄書

嶺左宜春田夫

敬啓者凡人之性이稟於天ᄒᆞ야好善而惡惡ᄒᆞ고向義而恥非ᄂᆞᆫ天下皆然이라僕之所居鄕曲에有一皤腹力穡之翁ᄒᆞ야有子四孩ᄒᆞ고有田八頃이라

良耜今今에不違天時ᄒᆞ고嘉禾穎穎에奄觀銍刈ᄒᆞ야雖値水旱饑饉이라도不阿容於接隣之豪富러니星霜이屢換ᄒᆞ고家規가漸頹ᄒᆞ야四孫長成之地에各尙其色ᄒᆞ야逞慾窮奢ᄒᆞ더러重之以各自溺於所聞所見之惡海ᄒᆞ야日皐水漲에頭昏頗沒而却忘其身ᄒᆞ고自謂安樂ᄒᆞ니

嗚乎痛哉라以何惡海로至此沈沒고長男은耗閣之海오二男은屈膝之海오三男은尙術之海오四男은蕩性之海也라四面黑霧ᄂᆞᆫ咫尺을莫辨이오百陣狂風은寸步를不得이어날短篙朽檣으로不知其所之ᄒᆞ고靑氈八頃을抛任於赤脚ᄒᆞ니

慨彼沃土가乃荒乃蕪ᄒᆞ야將至無秋之境ᄒᆞ니雖欲祈福인덜天豈顧念哉아抑又可痛者ᄂᆞᆫ八頃四隣에東隣은烏三木이오西隣은鷄七金이오南隣은雉九章이오北隣은燕一頑이라

四隣之中에惟獨三木이覬覦該田之將蕪ᄒᆞ고釀出蝕邊之奸計ᄒᆞ야數年耕食에八頃이漸縮이되田主四人은畏彼毒烏之利嘴ᄒᆞ야甘作病虎之瞌睡ᄒᆞ니交壤之風이於是乎掃如ᄒᆞ고隣耕之義가於是乎熄如커날九章은姑雖未辨이나一頑은胡爲袖手오

洌彼三金이여以天賦之性으로守農隣之誼ᄒᆞ야對彼三木而歷加訶嘖에證之以讓畔之語ᄒᆞ니渠亦受天之人性也라豈不畏於義理之談鋒이며豈敢違於公正之筆鋒哉아卽失厥土를推還本主ᄒᆞ고果出於鷄七金正正之論과堂堂之義也라

於斯時也에田主四人이始覺昏夢ᄒᆞ야躬執耒耜ᄒᆞ고處畎親耕ᄒᆞ야勤力肯子ᄒᆞ니歲時穰穰에田祖降福이라仁天이在上ᄒᆞ사不寧此家로다然則如非三木之困逼이면一向泊沒於惡海ᄒᆞ야回棹無日터니

幸遇七金之順風ᄒᆞ야渡得彼岸ᄒᆞ니第觀今日之形便컨ᄃᆡ惡惡者ᄂᆞᆫ四人이오恥非者三木이오向義者ᄂᆞᆫ七金也니伏願

閣下ᄂᆞᆫ留意於此ᄒᆞ오셔有始有終ᄒᆞ와使遐邇耳目으로以竦翹足而望焉

雜報

●七守促還 晋州觀察使가內部로電報ᄒᆞᆫ內槩에管下各郡이空官之致로民情事務가不無壅滯之弊ᄒᆞ니泗川居昌宜寧梁山熊川陝川機張諸郡守를罔夜下送을伏望이라ᄒᆞ얏더라

●江民可憐 漢城判尹朴義秉氏가內部에報告ᄒᆞ얏ᄂᆞᆫᄃᆡ現下日本軍用地道路線及鐵道線犯入ᄒᆞᆫ家屋에居住ᄒᆞᆫ一般人民等의請願書를一切據査ᄒᆞᆫ즉該民人等의失巢彷徨ᄒᆞ고扶携呼泣ᄒᆞ며懸崖亂樹之間과溪澗川畝上에幾死垂盡之狀은耳目所不忍睹聞이온바現此訴求移轉之地가係是 園墓位田과驛土官地라有難擅許이옵기該民等請願書를玆以聯附仰報ᄒᆞ오니査照ᄒᆞ신後各該官衙에行文另借ᄒᆞ야特許移轉ᄒᆞ와使此失所民人으로得以建築依接케ᄒᆞ라ᄒᆞ얏더라

●鏡察勸送 內部에서長谷川大將에게公函ᄒᆞᆫ內開에咸北地方이距京路遠ᄒᆞ고民俗愚昧ᄒᆞ야觀察郡守가一日曠官이면民有其害이온바現任觀察任原鎬ᄂᆞᆫ前績이優異ᄒᆞ고持身廉明ᄒᆞᆫ바叙任已久에尙不赴任ᄒᆞ야公務多滯ᄒᆞ고民情이顒望하오며日況貴兵站交涉事件에關係가有ᄒᆞᆫ고로今將促送ᄒᆞ깃삽기玆以仰佈하오니該觀察에게商確ᄒᆞᆯ事가有ᄒᆞ거든卽爲妥議ᄒᆞ오셔俾卽赴任케ᄒᆞ심을爲望이라ᄒᆞ얏더라

●八勳幷叙 詔勅을特下ᄒᆞ사陪從武官長趙東潤은恂勤持身ᄒᆞ며彈竭厥職이오駐法公使閔泳瓚은持節外洋에得樂著勞이고度支大臣閔泳綺ᄂᆞᆫ旣有從年之勞ᄒᆞ며且多歷試之績ᄒᆞ니幷特叙勳一等ᄒᆞ고贊議李根湘은屢試勤務에允宜褒賞ᄒᆞ니特叙勳二等ᄒᆞ야各賜八卦章ᄒᆞ며禮式課長高羲敬은克勤交務이고尙方理事朴容淑은益嘉從年之勞니幷特賜太極章ᄒᆞ며禮式官中東健醫務官黃信緣ᄂᆞᆫ俱有勤勞ᄒᆞ니幷特叙勳五等賜八卦章ᄒᆞ라ᄒᆞ옵셧더라

●敎寧新任 弘文學士趙秉式氏ᄂᆞᆫ判敎寧을被命ᄒᆞ얏더라

●四氏轉任 宮協李容善氏ᄂᆞᆫ農協으로警務使閔景植氏ᄂᆞᆫ宮協으로警察局長金思默氏ᄂᆞᆫ警務使로少尹朴承祖氏ᄂᆞᆫ警察局長을被任ᄒᆞ얏더라

韓國은將由耶蘇新敎而立

余가嘗讀中東戰記에曰朝鮮一點生氣가耶蘇敎會에在ᄒᆞ다ᄒᆞ더니伊今觀之ᄒᆞ니信然이로다

夫一往一來ᄒᆞ고一屈一伸ᄒᆞ야滿則招損ᄒᆞ고盛極必衰ᄂᆞᆫ天地間自然之理也라

是以로萬事萬物이皆新舊相承ᄒᆞ야與時消長ᄒᆞ나니道德之敎가雖是無形之物이나또ᄒᆞᆫ相伸消長이有ᄒᆞᆫ지라

大韓은原來自國으로由ᄒᆞ야特出ᄒᆞᆫ宗敎가未有ᄒᆞᆷ의儒敎ᄂᆞᆫ自支나而來ᄒᆞ고佛敎ᄂᆞᆫ 印度而來ᄒᆞ야

由新羅至高麗ᄂᆞᆫ佛敎를崇拜ᄒᆞ고本朝五百年은儒敎를尊尙하니方其佛敎之興也에將相豪傑之才가皆佛敎中出來ᄒᆞ야國家를扶植ᄒᆞ고

方其儒敎之興也에名賢碩士가皆儒敎中養成ᄒᆞ야國家를扶植ᄒᆞ더니及其盛極而衰也에ᄂᆞᆫ佛敎之弊ᄂᆞᆫ流於淫佚ᄒᆞ고儒敎之弊ᄂᆞᆫ流於浮華ᄒᆞ니

此ᄂᆞᆫ天道의運行과人事의變遷이循環不已ᄒᆞᄂᆞᆫ所以라自耶蘇新敎가流入韓土以來로儒敎之士가極力排斥ᄒᆞ고公卿大人은視若塵土ᄒᆞ나天將興之에誰能遏之리오

今其漸次增進之象이實有勃勃興起之勢라始也에下等人民이官吏의侵漁를不堪ᄒᆞ야敎會를信賴ᄒᆞ다가

今也에ᄂᆞᆫ外人의虐待가非常ᄒᆞᆷ으로敎會를依歸ᄒᆞ니此ᄂᆞᆫ天地間大運所驅라謂ᄒᆞᆯ지라今에敎會中人品을觀ᄒᆞᆫ즉靑年有志와熱血有爲之才가他敎人의比較ᄒᆞᆯ비아니오

또信敎之民은天然的愛國心과同胞相愛에團聚力과特然自立ᄒᆞ야他人의게不服ᄒᆞᄂᆞᆫ意想이有ᄒᆞ니實로無形之强이隱然以成ᄒᆞᆯ지故로曰韓國은將次耶蘇新敎로由ᄒᆞ야自立ᄒᆞ리라ᄒᆞ노라

外報

●人屋俱傷 華盛頓 을據ᄒᆞᆫ즉美國유뇌온타운에所在ᄒᆞᆫ火藥舍에서火藥이爆發ᄒᆞ야十座家屋이破傷ᄒᆞ고人命의損傷이夥多ᄒᆞ얏더라

●德兵發程 倫敦電을據ᄒᆞᆫ즉德國輪船코에써ᄂᆞᆫ德兵二百三十名을搭載ᄒᆞ고포트세이드(地名)에서샐나감으로發程ᄒᆞ얏더라

●東淸鐵道 北京電을據ᄒᆞᆫ즉淸國政府에서日本서占領ᄒᆞᆫ東淸鐵道를還買ᄒᆞ기로決定ᄒᆞ얏ᄂᆞᆫᄃᆡ法國政府에公債를注文ᄒᆞᆫ다더라

●衝突死傷 九月十四日夜에大阪에서電車와馬車二箇가馬車鐵路에衝突ᄒᆞ야馬車一座가被傷ᄒᆞ고二人이壓死ᄒᆞ고四人이重傷ᄒᆞ고三人이微傷ᄒᆞ얏ᄂᆞᆫ되其源因은掌車手의注意아니ᄒᆞᆷ이라더라

●美派海員 美國海軍省에서極東에水雷艇五隻과無數ᄒᆞᆫ海員을派送ᄒᆞ얏ᄂᆞᆫᄃᆡ其目的은카밧트에軍實을完全키爲ᄒᆞᆷ이오또ᄒᆞᆫ援助兵을增派ᄒᆞᆫ다ᄂᆞᆫ說이有ᄒᆞ다더라

●染病流行 俄德兩國地境에傳染病이歐洲로移行ᄒᆞ야힙써(地名)서지盛行ᄒᆞᆫ다더라

●德國抗議 德國政府好意로馬洛奇事件에關ᄒᆞ야近近히和約을成立ᄒᆞᆯ터인ᄃᆡ法國諸新聞의態度가不善ᄒᆞᆷ으로德國政府ᄂᆞᆫ是에關ᄒᆞ야公然히法國政府에게抗議를提出ᄒᆞ얏다더라

●全權看德 本月十九日伯林電을據ᄒᆞᆫ즉俄國講和全權위트氏ᄂᆞᆫ歸國途次에伯林에到着ᄒᆞᆯ터인ᄃᆡ其時에德國皇帝의陛見ᄒᆞᆯ터이라더라

●征軍凱還期 滿洲에出征ᄒᆞᆫ日本軍隊의休戰條約이締結되故로該條約의批准完了를待ᄒᆞ야直時班師回軍을行ᄒᆞᆯ터인ᄃᆡ十月下旬이나或은十一月上旬에輸送을開始ᄒᆞ리라더라

●內閣辭職說 日本에서俄日戰局에直接關係가有ᄒᆞᆫ二三大臣은講和問題에對ᄒᆞᆫ國論이歸一ᄒᆞᆷ과戰後財政이困難ᄒᆞᆷ을察ᄒᆞ고辭職ᄒᆞᆯ야ᄂᆞᆫ意가有ᄒᆞ야이믜首相에셔지其內意를明言ᄒᆞ얏다ᄂᆞᆫ說이有ᄒᆞᆫᄃᆡ內閣에셔ᄂᆞᆫ昨今英日同盟新協約의發表와講和에附屬ᄒᆞᆫ諸問題[illegible]을急히決定ᄒᆞᆫ야ᄂᆞᆫ貌樣인즉必是議會開設時에總辭職되리라더라

東京電報

●日英新協約

九月二十五日發 仝二十六日着

本日東京에서發表ᄒᆞᆫ日英同盟條約의全文이如左ᄒᆞ더라

協約全文

日本政府와及大英國(英)政府ᄂᆞᆫ一千九百二年一月三十日에兩國政府間에締結ᄒᆞᆫ協約을以新約款으로代ᄒᆞᆯ事를希望ᄒᆞᆷ

一 東亞及印度地域에셔全局之平和를確保ᄒᆞᆯ事

二 淸帝國의獨立及領土保全과淸國에在ᄒᆞᆫ商工業에對ᄒᆞᄂᆞᆫ機會均等ᄒᆞᆫ主義를확보ᄒᆞ야써淸國에在ᄒᆞᆫ列國之共通利益을維持ᄒᆞᆯ事

三 東亞及印度地域에셔兩締盟國의領土權을보持ᄒᆞ고該地域에셔兩締盟國의特權의利益을防護ᄒᆞᆯ事를目的삼아條件을協定홈이라

第一條 日本國이나大英國에셔本協約全文에記述ᄒᆞᆫ權利及利益內에何國이危殆에迫ᄒᆞᄂᆞᆫ者ㅣ有ᄒᆞᆷ을見ᄒᆞᆫ時에ᄂᆞᆫ兩國政府가互相間에隔意가無ᄒᆞ게通告ᄒᆞ야其侵害를被ᄒᆞᆫ바權利나利益을擁護ᄒᆞ기爲ᄒᆞ야行ᄒᆞᆯ바措置를共同計圖ᄒᆞᆯ事

第二條 兩제盟國中一國이挑發ᄒᆞᆫ事ㅣ無ᄒᆞ고他一國이나或은數箇國의攻擊을受하거나또一國이나或은數箇國의侵略的行動을受홈으로由하야該제盟國에셔本協約文의記述ᄒᆞᆫ바其領土權이나特權利益을防護하기爲하야交戰ᄒᆞᆷ의至ᄒᆞᆫ時의ᄂᆞᆫ前記ᄒᆞᆫ攻擊이나侵略行前아何處에發生ᄒᆞᆷ을不問ᄒᆞ고直赴ᄒᆞ야同盟國을援助ᄒᆞ야協力戰鬪ᄒᆞ고講和時에도亦兩國意見이合ᄒᆞᆫ然後에實行ᄒᆞᆯ事

第三條 日本國은韓國에셔政治上軍事上급經濟上의卓越ᄒᆞᆫ利益을有ᄒᆞᆷ으로以ᄒᆞ야大英國은日本國이該利益을擁護增進케ᄒᆞ기爲ᄒᆞ야正當必要ᄒᆞᆫ줄노認定ᄒᆞᄂᆞᆫ指導監理급保護의措置를韓國에셔行ᄒᆞᄂᆞᆫ權利를承認ᄒᆞᆷ

但該措置가常히列國之商工業을對ᄒᆞᄂᆞᆫ機會均等主意에不反ᄒᆞᆷ을要ᄒᆞᆷ

第四條 大英國은印度國境의安全에係ᄒᆞᆫ各般事項에對ᄒᆞ야特殊利益을有ᄒᆞᆷ으로以ᄒᆞ야日本國은前記國境附近에셔大英國이其印度領地를擁護ᄒᆞ기爲ᄒᆞ야必要ᄒᆞᆫ다고認定ᄒᆞᄂᆞᆫ措置를行ᄒᆞᄂᆞᆫ權利를承認ᄒᆞᆷ

第五條 兩締同盟中何國이든지互相協議를不經ᄒᆞ고他國과本協約前支에記述ᄒᆞᆫ目的을障害ᄒᆞᄂᆞᆫ別約을不爲ᄒᆞᆯ事를約定ᄒᆞᆷ

第六條 現時露日戰爭에對하야ᄂᆞᆫ大英國은嚴正中立을維持ᄒᆞ고若他一國이나或은數箇國이日本國을對ᄒᆞ야交戰에加ᄒᆞᄂᆞᆫ時에ᄂᆞᆫ大英國은日本國을援助ᄒᆞ야共力戰鬪ᄒᆞ고講和에도亦兩國이合意ᄒᆞᆫ後에實行ᄒᆞᆯ事

第七條 兩同盟國中一國이本協約에規定ᄒᆞᆫ境遇에際ᄒᆞᆫ他一國에兵力援助를與ᄒᆞᄂᆞᆫ條約及該援助를實行ᄒᆞᄂᆞᆫ方法은兩제盟國陸海軍當局者가協定하깃고又該當局者ᄂᆞᆫ互相利益問題에關하야互相間에隔意가無하게隨意協議ᄒᆞᆯ事

第八條 本協約은第六條規定과抵觸이無ᄒᆞᆷ을限하고調印日로爲始하야直爲實施하야十箇年間效力이有하고右十箇年의終요ᄒᆞᆷ의至하ᄂᆞᆫ十二箇月前의兩제盟國中何一國의셔든지本協約廢止ᄒᆞᆯ意를通知치아니ᄒᆞᆫ時의ᄂᆞᆫ兩제盟國中一國이廢止ᄒᆞᆯ意를表示ᄒᆞᆫ當日로붓터一箇年ᄭᆞ지繼續하야效力이有ᄒᆞᆷ然이나右終요期日의至하야同盟國中一國이戰爭中의現在ᄒᆞᆫ時의ᄂᆞᆫ此同盟이講和成立을見하기ᄭᆞ지繼續ᄒᆞᆯ事

右證據하기爲하야各其政府의委任을受하야本協約의記名調印ᄒᆞᆷ

一千九百五年八月十二日倫敦의셔本書二通을作ᄒᆞᆷ

大英駐箚日本國皇帝陛下의特命全權公使 林董 印

大英國皇帝陛下의外務大臣 란스따운 印

●日英同盟

九月二十七日午后二時發

日英新同盟은本日에發表ᄒᆞ얏ᄂᆞᆫᄃᆡ其內容은全然ᄒᆞᆫ攻守同盟으로ᄒᆞ야印度의保全과支나帝國의保全幷其共通及特殊의利益을維持ᄒᆞᆷ에在ᄒᆞ고有效期ᄂᆞᆫ十年이라더라

雜報

●洪陵禮拜 昨日下오四時의美國令孃一行八人이東門外洪陵의前往하야 陵上의禮拜하고局內를周覽後同六時의入城하얏ᄂᆞᆫᄃᆡ摠巡四人憲兵四人이騎馬護從하얏다더라

●一任一解 軍部協辦閔柱益氏ᄂᆞᆫ臨時署理大臣事務를被任하고農商工部協辦成岐運氏ᄂᆞᆫ臨時署理大臣事務를解任하얏다더라

●美孃將發 禮式院의셔農部의照會ᄒᆞᆫ內槪의美國大統領令孃아本月二十九日發向釜山ᄒᆞᆯ터아니同日八時의特別車一양을預備하라하얏더라

●義兵彈壓 江原觀察府主事丁元燮氏가內部主事에게照會ᄒᆞᆫ內開에洪川郡瑞石面儉山里等地에稱以義兵者二百名入來之由ᄂᆞᆫ繼已仰照이올거니와連接該郡守金榮鎭報告內槪에義兵二百餘名이陰本月二十日夜에留宿儉山里하고其翌二十一日에纔到十里許豐巖里而呼稱五百名ᄒᆞ고轉向化村面君業里이다이올고繼接江陵郡守朴承彦報告書則近日寧越平昌旌善等地에何許民人等이稱以義兵하고屢百成群ᄒᆞ야自村至邑에行弊多端ᄒᆞᆷ으로民難支保이다이옵고或者ᄂᆞᆫ犯向於本郡嶺西大和地云ᄒᆞ니彼人所到에不無生弊인즉旣知生弊에莫可坐受이온고로境內砲軍을募集邑底ᄒᆞ야多備防守ᄒᆞ오며更即行文于原州鎭衛隊ᄒᆞ야派兵彈壓케ᄒᆞ옵고玆에仰照ᄒᆞ오니照亮轉稟本大臣爲要라ᄒᆞ얏더라

大冬將居

日者潦水快ᄒᆞ고天高風凄ᄒᆞ야居然暮秋景光이라기枕無眠ᄒᆞ야曉起而望之에山川은寥廓ᄒᆞ고白露ᄂᆞᆫ如霜ᄒᆞᆫᄃᆡ凡厥草木이去華而就實ᄒᆞ야矯矯然皆有特立之態어날

余ㅣ覽之喟然에不能無感于心也로라夫人之於世에幸逢昇平ᄒᆞ야長于逸樂이라가及其時事擾攘而閱歷風霜이면如物之經夏而當秋ᄒᆞ야浮虛自祛而志氣自然堅勁ᄒᆞᄂᆞ니

此乃物理人事에不得不然也라若或人經憂難而一於安逸ᄒᆞ며物 秋序而不改其芬華면反常悖理에不祥이孰大焉ᄒᆞ고

第今韓之危亂이已到極處ᄒᆞ야生民之困於塗炭과閱歷風霜이非不多且久矣로되居侘忘危ᄒᆞ며無挾而恃ᄒᆞ야朝紳䋈恬嬉如昔에坦然無憂色ᄒᆞ고黎庶則閉戶睡熟에만然不省ᄒᆞ야

滿地懷疑之中에坐待一斧不試而龍門이自坼하니天下의安有是理리오九仞之塔이始於築基하고驥기之躑躅이不如뇌馬之분迅이니

韓之今日은即猛着精神之時요勉立事功之會也라上下戮力하며擧國이團體하야今日의整一政하며明日의姿一事하야念玆在家의固執而力行之면衆之所欲의百度漸擧하야弘濟艱難을庶幾有望이어니와

若復人各一心而因循頹惰하야苟安於目下捱過면轉眄之間의大冬이將居하야冰海雪山의萬木이僵死ᄒᆞᆯ지니成敗利鈍이正在今日이라惟韓之人士ᄂᆞᆫ勗之哉인져

特別廣告

本申報ᄂᆞᆫ海外電報를接ᄒᆞ야機關이靈通ᄒᆞ고外報와探報를敏捷活潑ᄒᆞ게ᄒᆞ도록注意ᄒᆞ오며申報ᄒᆞ야發送ᄒᆞᄂᆞᆫ디迅速信傳ᄒᆞᆷ으기ᄂᆞᆫ分傳人의게在ᄒᆞᆫ故로本社에셔不常에諸分傳人의게叮嚀告戒ᄒᆞ고申申訓飭ᄒᆞ야毋或踰惰ᄒᆞ게注意ᄒᆞ거니와如或暫有積怨이라도愛讀ᄒᆞ시ᄂᆞᆫ君子ᄂᆞᆫ密使通知于本社ᄒᆞ시면該分傳의게誠信相孚ᄒᆞ도록耳提面命ᄒᆞ고勸贊ᄒᆞ야發生ᄒᆞ도록護論ᄒᆞ야必無遲誤ᄒᆞ기로期待ᄒᆞ옵나이다

本社에寄書ᄒᆞ시ᄂᆞᆫ諸君子ᄂᆞᆫ姓名과居住를明確ᄒᆞ게懸錄送附ᄒᆞ시와證據가有ᄒᆞᆷ을必要ᄒᆞᆷ이오公衆平和ᄒᆞᆫ秩序를紊亂케ᄒᆞᄂᆞᆫ意와社會上不經荒雜ᄒᆞᆫ寄書ᄂᆞᆫ不受ᄒᆞᄂᆞᆫ權利가本社에自有ᄒᆞ오니肯諒ᄒᆞ시옵

大韓每日申報社

廣告

貿易商　本社ᄂᆞᆫ仁川港
日本郵便電信局對面
電話第二百一番地

仁川港 廣昌洋
벤넛르會社告白

○鐵路部

○東大門과新門間에來往車ᄂᆞᆫ每十分間에運行홈
東大門發初車ᄂᆞᆫ午前六時三十分
新門外停車場發初車ᄂᆞᆫ午前六時五十五分
東大門發終車ᄂᆞᆫ午後九時五十分
新門外停車場發終車ᄂᆞᆫ午後十時十五分
○東大門과洪陵間에來往車ᄂᆞᆫ每二十分間에運行홈
但自鍾路로東大門에來到ᄒᆞᆫ交替車로聯絡홈
東大門發初車ᄂᆞᆫ午前六時五十分
洪陵發　初車ᄂᆞᆫ午前七時十分
東大門發終車ᄂᆞᆫ午後七時五十分
洪陵發　終車ᄂᆞᆫ午後八時十分
○鍾路와龍山間에來往車ᄂᆞᆫ每十二分間에運行홈
鍾路發至南大門初車ᄂᆞᆫ午前六時四十八分
鍾路發至龍山　初車ᄂᆞᆫ午前七時二十四分
南大門發至鍾路初車ᄂᆞᆫ午前六時五十六分
龍山發至鍾路　終車ᄂᆞᆫ午前七時五十七分
南大門發至鍾路終車ᄂᆞᆫ午前十時八分
龍山發至鍾路　終車ᄂᆞᆫ午後九時九分
○特別私用車ᄂᆞᆫ顧客의方便ᄒᆞᆷ을隨應ᄒᆞ야準給홈
但定價ᄂᆞᆫ本社에來臨ᄒᆞ야請問ᄒᆞ옵

○電燈部

二百五十燭力以內의敷用處에ᄂᆞᆫ每個月에定價表가如左홈
○十六燭力燃燈達夜에二圓五十錢
○三十二燭力燃燈達夜에四圓
○五十燭力燃燈達夜에六圓
○一百五十燭力燃燈達夜에十圓
一千二百燭力弧形燈達夜에二十圓
二百五十燭力以上의敷用處에ᄂᆞᆫ請求ᄒᆞ면瓦斯計一箇를設給홈
但瓦斯計賃金은每個月에二圓이오瓦斯計測驗表委托定價ᄂᆞᆫ每時間每암피아에二錢이옵
瓦斯計設給處에셔每介月收拂金最低額은每個月에二十圓인ᄃᆡ(瓦斯計貸金은)据홈
電燈을敷設ᄒᆞ기에請求ᄒᆞᄂᆞᆫᄃᆡ給홈로供各種連技辦燈도常時에貯存ᄒᆞ엿삽

本社鍾路電氣會社
韓美電氣會社　告白

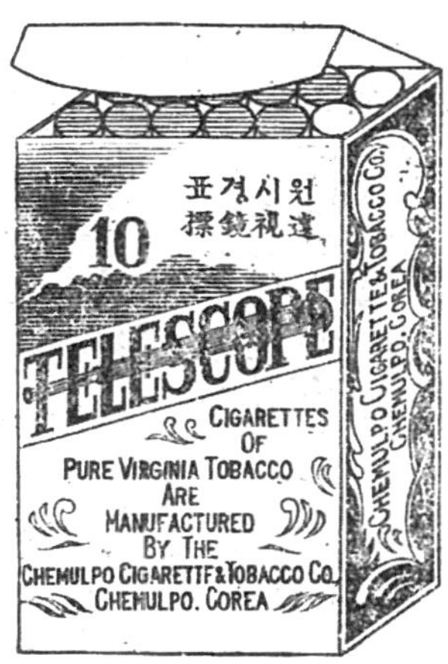

以上三種은上品으로製造ᄒᆞ야衛生上에至極有益ᄒᆞ오니毋論某人ᄒᆞ고本社에來顧ᄒᆞ옵

大韓帝國仁川港
濟物浦紙卷煙及烟草會社

一鷹標罐詰濃詰牛乳
一金印罐詰濃結牛乳
一無雙家用氣化乳酪
一쌍ㅣ든쓰製造麥芽化合牛乳
以上은常時에貯積ᄒᆞ엿삽
美國紐育港쌍ㅣ든쓰濃結牛乳會社
一手代理店　大韓仁川港　世昌洋行

廣告

一雜貨商
一貿易商
一船舶取扱
一煙草商
一委托販賣及貨物運送代理業
一貿易[illegible]商
以上輸入及輸出業
京城 仁川 大昌洋行

本社廣告

申報價
一張代金　韓貨五錢
一箇月前納　五十戔
三箇月　一元五十戔
六箇月　二元九十戔
一箇年　五元八十戔
郵稅一部　新貨五里
一箇月　十三戔

廣告料
四号活字十三字詰
每日每英尺一寸에新貨廿五戔
(每日每行에六錢에相當홈
二周日에　二圓五十錢
(每日每行四錢五里에相當홈
一箇月에　五圓
(每日每行四錢一里에相當홈
其期限의長短과字行의多少를依ᄒᆞ야增減홈이有홈

大韓人마다此申報를不得不閱覽ᄒᆞ실터이오니廣告出報ᄒᆞ실僉君子ᄂᆞᆫ來臨面議ᄒᆞ시옵

發行兼編輯人　英國人裵說
發行所
京城北署壽進坊磚洞号外地法語學校前
大韓每日申報社

第三卷

大韓每日申報
대한매일신보

第四十一號

月曜及慶節歲時日休刊

檀君開國四千二百三十八年
箕子元年三千二百二十七年
大韓開國五百十四年
日本明治三十八年
淸國光緒三十一年
陰曆乙巳九月小二日壬申

論說

請議保護

現今韓日峙立之勢를欲爲商量則心神이頗多混亂이로다淸國時人도韓在日護를意定ᄒᆞ며近者日本新報ᄂᆞᆫ記載ᄒᆞ되雖相約批准以後라도露國之於韓國에必無交際ᄒᆞᆯ것ᄉᆞᆫ開戰之初에韓政府가廢其交約ᄒᆞᆫ緣由라ᄒᆞ얏스나爾來和約을暫時泛見則不至如此니是ᄂᆞᆫ日本之於此國에欲望所見이어니와

且日本之緣韓國提議가止於軍畧政治優權ᄒᆞᆷ은昭然可見而俄國이對此承認ᄒᆞᆫ지라不得韓政府之同心協力이면所謂政治優權은必不見寸效오

且如此事勢를實認無疑ᄒᆞᆷ은駐京日公使가本政府에斷望意見書를提出如此ᄒᆞᆷ이니若不時設保護於韓國ᄒᆞ야全管其外交方畧이면此半島內에日本長久계劃이已指無望云이러라

林權助氏가果是明見이니日本計劃은盡是害韓利日의目的이라韓政府가若得拒絕之計면如此計策을似必不許인바同氏의先見은日本新聞과不同아오俄國이因其批約結果ᄒᆞ야將自設外交官于漢城ᄒᆞᆯ거시며且俄國이一次堅守外交於此地며他邦도亦應ᄒᆞᆯ이니日本優權은將歸無用ᄒᆞᆯ거시라

欲以此優權爲有効면日本은韓國政府及人民의好意를維支ᄒᆞᆯ거시어날所經十八個月間에對此行政이全然遠矣失望이오且其長策은韓廷官吏의腐敗無能을說話ᄒᆞ기에不過ᄒᆞ얏스나其人民은不公苛酷ᄒᆞᆫ同盟國手下에셔도尙且傷心痛論ᄒᆞ니不能被如此說話로다

假令日本이用最末手段ᄒᆞ야宣其保護라도韓國이反拒면計將安出고日本이將強迫實施乎아此地列強使節의態度ᄂᆞᆫ將何如乎아對此要求ᄒᆞ야媾和條欵을計筭ᄒᆞ며戰端을再取ᄒᆞᆯ張論이或其無耶아愚亦然之로다

然則林權助氏가送議書于東京之日에此事之不能을非不確知로ᄃᆡ爲此者ᄂᆞᆫ韓國內日本計劃이後日挫折됨에責任을拒코져ᄒᆞᆷ인줄量定ᄒᆞᆯ것도다

多般細小事機가林公使의韓國內日本政策에不得一致ᄒᆞᆷ을證服ᄒᆞ나若此事實이면後日責任을讓渡于此政策指揮人ᄒᆞᆷ이惟其正義也歟인져

官報

●第三千二百五十六號 光武九年九月二十八日

◎敍任及辭令 續

免本官 城津港警務署摠巡洪秉台

右ᄂᆞᆫ該員이敍任四朔에尙不赴任ᄒᆞᆷ은以挨事體에不可仍寘이기是以로免本官

任城津港警務署摠巡敍判任官六等 崔昌郁

以上九月二十五日

依願免本 龍川監理署主事金智泰

任龍川監理署主事敍判任官六等 李璇珪

以上九月二十六日

●號外 光武九年九月廿八日

◎敍任

陞正二品 從二品金完秀

陞嘉義 守園官李海昌

陞正三品 奉常司主事鄭현

陞正三品 奎章閣直閣朴益東

陞敍判任官二等 主殿院警衛局摠巡李寅裕

陞敍判任官三等 主殿院警衛局摠巡金學信

以上八月二十九日

●第三千二百五十七號 光武九年九月二十九日

◎宮廷錄事

議政府叅政大臣韓圭卨謹奏農商工部協辦玄暎運行己麤率語多無倫此不可仍寘爲先免本官令法部拘拿懲辦何如謹上奏

光武九年九月二十六日奉旨依奏放逐鄕里

◎敍任及辭令

秘書監丞趙陽夏 侍從院侍從金聲遠 仝 李鍾浩

依願免本官

任秘書監丞敍奏任官三等 正三品金南輯

太僕司主事李起泰 仁川監理劉燦

任侍從院侍從敍奏任官四等

任太僕司主事敍判任官八等 尙方司主事韓鼎基

任尙方司主事敍判任官八等 桂賢

任敬陵叅奉敍判任官八等 李秉性

任東陵叅奉敍判任官八等 李健儀

六品千競植 仝 禹鎭亨

任順康園守奉官敍判任官八等

免本官 農商工部協辦玄暎運

以上九月二十六日

外報

●義國地震 義太利가라부리아州瑞西里島에셔地震이激烈ᄒᆞ야卽死ᄒᆞᆫ者二百四十七人이라더라

●德艦危險 德國軍艦시아드라號ᄂᆞᆫ再次新嘉坡近海二十里地點에셔極히危險ᄒᆞᆫ境過를當ᄒᆞ얏다더라

●撤兵順序 講和條約의批准交換을畢ᄒᆞᆫ同時에日本政府에셔ᄂᆞᆫ滿洲撤兵에着手ᄒᆞᆯ터인ᄃᆡ其順序ᄂᆞᆫ戰地鐵道輸送의便否와運送船에乘馬搭載便否와內地撿疫의事情과出征時期의遲速等을斟酌ᄒᆞ야逐次引揚ᄒᆞᆷ을命ᄒᆞᆯ더이라더라

●鐵道守備隊 日本셔ᄂᆞᆫ平和成立後에滿洲鐵道守備를行ᄒᆞ一基路米突에十五人式配置ᄒᆞᆯ터인데同國守備隊本營은旅順或大連租借地域內에置ᄒᆞ고此ᄅᆞ에셔交代ᄒᆞ야派遣ᄒᆞᆯ터이라더라

●露國守備軍 歐洲情報를據ᄒᆞᆫ즉露日兩國間平和成立後에ᄂᆞᆫ露國은滿洲에셔撤兵ᄒᆞᆫ同時에極東에派遣ᄒᆞᆫ部隊中에셔後貝加爾와沿海州에少不下三十萬의守備兵을駐屯케ᄒᆞᆯ計畫이라ᄒᆞ니果然이면東洋의禍亂은遂根絕을不得ᄒᆞ리라고其軍事專門家가語ᄒᆞ더라더라

●奉呈條約 東京電에云ᄒᆞ되俄國全權委員윗트氏ᄂᆞᆫ彼得堡에着到ᄒᆞ야俄皇의平和條約을奉呈ᄒᆞ얏다더라

●小村歸期 東京電을據ᄒᆞᆫ즉小村男爵은身病이漸愈ᄒᆞ야本月二十六日에뵌쿠버로(地名)發向ᄒᆞ고日本을回還ᄒᆞᆯ터인ᄃᆡ醫士一人과看病人一名이帶同歸國ᄒᆞᆫ다더라

●聯盟締結 倫敦電을據ᄒᆞᆫ즉瑞典諸威에셔十月十日에國會를開ᄒᆞᄂᆞᆫᄃᆡ其目的은쉘스티드에聯盟을締結ᄒᆞᆯ事이라더라

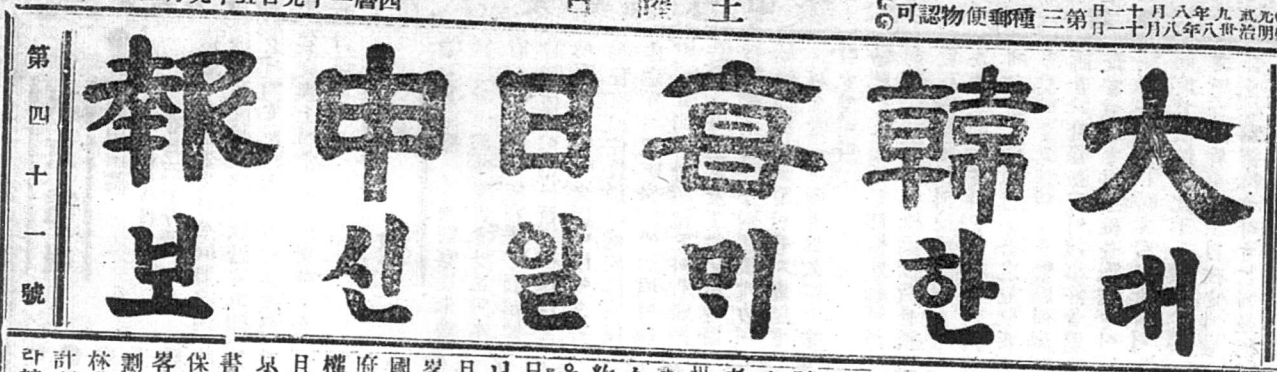

●世界列艦 世界上艦隊가戰鬪艦이二百五十隻이오巡洋艦이四百十一隻이오砲艦이一千二百五十五隻이오水雷艇이一千六百隻을包含ᄒᆞ얏다더라

東京電報

●日英同盟輿論（九月廿八日오後零時三十分發）這般에締結發表ᄒᆞᆫ日英同盟은內地各新聞에셔盛히歡迎ᄒᆞ고印度에對ᄒᆞᄂᆞᆫ日本國에義務ᄂᆞᆫ利益交換上에當然ᄒᆞᆫ結果라云ᄒᆞᆫ다더라

雜報

●費請撥　全南觀察使朱錫冕氏가內部에報告ᄒᆞ얏ᄂᆞᆫᄃᆡ本府警務顧問補佐官廨接公廨修葺時所入이爲一百二十四兩ᄒᆞ야府經費中에先爲나用이오나補佐官補佐員通譯補佐員所住兩處所가現經風雨에墻垣이頹圮ᄒᆞ고門宇가顚覆ᄒᆞ야行將修葺이온바土木及工役之費을槪行算摘則限一千兩然後에方可始役而從何劃用이올지査照ᄒᆞ오셔該費一千兩을爲先劃下ᄒᆞ라ᄒᆞ얏더라

●警官失禮　日昨楊州郡守洪泰潤氏가東門外橋梁役費를紙貨로劃給ᄒᆞᄂᆞᆫᄃᆡ使喚旗手가청人에게換用ᄒᆞ랴ᄒᆞᆫ즉청人言內에此是私造라日來吾之見欺者多矣라ᄒᆞ고該旗手를警廳에擧訴ᄒᆞᆫ지라警務官이該事件을質査ᄒᆞ기爲ᄒᆞ야巡檢을派送ᄒᆞ야洪泰潤氏를招待ᄒᆞ라ᄒᆞ얏더니同氏가憤然曰此事를質査ᄒᆞ랴ᄒᆞ면吾之幹事人도自在ᄒᆞ거날吾를必爲招待ᄒᆞ라ᄒᆞᄂᆞᆫ게是何道理오ᄒᆞᆫ즉警官이自知失禮ᄒᆞ고同氏家下人을招去ᄒᆞ얏다더라

●美賓陛見　再昨日上오十二時에美國令孃과美公使隨員二人女人三名이漱玉軒에同時陛見ᄒᆞ고下오一時出來ᄒᆞ야三時에帶同美德兩公使ᄒᆞ고新門外遊賞ᄒᆞ고七時에入城ᄒᆞ얏더라

●警使視務　新任警務使金思默氏가昨日上오七時에受勅ᄒᆞ고當日爲始ᄒᆞ야仕進ᄒᆞ얏다더라

●一會又立　長通坊帽谷五十三統七戶金文鴻家에具敎生命保險會社臨時事務所가되야再昨日下午四時에該會總裁以下事務員中會長金在金總務洪鍾萱兩氏及會員十五人이演說ᄒᆞ얏다더라

●居間路狹　近日錢荒所致로南北村借卿ᄒᆞᆫ人이稀少홈으로居間挾雜輩ᄃᆞ리自歎不已ᄒᆞᆫ다더라

●青年義擧　尙洞青年會에셔墨西哥移住民視察委員李朴兩氏를派遣ᄒᆞ얏더니兩氏가上海에到着이라가李氏ᄂᆞᆫ 恙이發ᄒᆞ야還來ᄒᆞ고朴氏인즉香港으로前往ᄒᆞ야次次前進ᄒᆞᆯ計劃인ᄃᆡ所持旅費가大段不足ᄒᆞᆯ慮가有ᄒᆞ야亦爲還來홈으로昨日通常會를開ᄒᆞ고義捐金을다시募集ᄒᆞ기로發論ᄒᆞ얏다ᄂᆞᆫᄃᆡ會員도濟濟ᄒᆞ고傍聽人도千餘名에至ᄒᆞ얏다더라

●毁家調査　昨日上오九時에日警部增田彰氏及巡査一人과漢城主事盧載淵氏가西氷庫普光里等地에前往ᄒᆞ야鐵道所入毁撤家屋을調査ᄒᆞ얏다더라

●惡習當禁　南村朴井洞에一箇青孀이有ᄒᆞ야數朔前改嫁ᄒᆞ얏ᄂᆞᆫᄃᆡ厥夫가許久出他未還홈으로乾達名不知孫哥가厥女를勒奪ᄒᆞ야娼家에賣食ᄒᆞ라고百般做計ᄒᆞ기로厥女之老母가大段憂慮ᄒᆞ야四面懇乞ᄒᆞᆫ다니此等亂類ᄂᆞᆫ警廳에셔別般懲治홈이當然ᄒᆞ다더라

●敎官齊退　各學校敎官에月俸을七月以來로仍無支撥인바其裏由인즉各敎官에日俸等級이變更되야往日六級이八級되고五級이七級되야每人二급을減定홈으로相持未決ᄒᆞ야至于今闕俸ᄒᆞ얏더니日昨該部에셔各敎官을齊會詢議之際에該大臣李完用氏言內에現今財政이困難所致로有此減俸之擧ᄒᆞ니准此施行이無妨이라ᄒᆞᆫ즉諸人이憤怒曰厥初에詔勅으로規定ᄒᆞᆫ俸給을擅行減定이事所未知라ᄒᆞ고一齊히請免ᄒᆞ얏다더라

●加藤解雇　外部에셔農部에照覆ᄒᆞᆫ內槩에貴部顧問加藤增雄氏解雇ᄂᆞᆫ日公舘에聲明이라ᄒᆞ얏더라

●監督俸給　水輪院廢止後에該院監督大江卓氏解雇俸給과手當正額支給事로日公使에公函을因ᄒᆞ야宮內府에셔農商工部로照會ᄒᆞ얏더라

●庖肆還付　前濟用司所管各道庖肆를農商工部로還付ᄒᆞᄂᆞᆫ事에對ᄒᆞ야宮內府에셔該部로照會ᄒᆞ얏더라

●主旨書謄報　漢城判尹朴義秉氏가內部로報ᄒᆞᆫ內槪에現接日公使函稱內開에南大門外軍用地收用의件에關ᄒᆞ야一種의誤解홈을恐ᄒᆞ와別紙에主旨書를差出ᄒᆞ얏기閱覽ᄒᆞ시게申進ᄒᆞᆫ다ᄂᆞᆫ等因前來이옵기該主旨書를謄附仰報ᄒᆞ오니査照ᄒᆞ심을爲望이라ᄒᆞ얏더라

●鹿茸闕進　經理院卿李鍾健氏가內部에照會ᄒᆞᆫ內槪에進上鹿茸封進之節을旣爲專任於江原道觀察使ᄒᆞ야自該府로排定於所産各郡ᄒᆞ야使之貿納케ᄒᆞ온바現接該觀察使所報則排定各郡中原州金化鐵原寧越四郡이全不貿納이라ᄒᆞ고竟至闕納ᄒᆞ오니 進上所重이何等혀別而如是闕納ᄒᆞ야以致久縮定數ᄒᆞ니揆以事體에極涉駭歎이라照亮奏稟ᄒᆞ시와該觀察使ᄂᆞᆫ施以重譴責ᄒᆞ고四郡守ᄂᆞᆫ施以一箇月減俸ᄒᆞ시믈爲望이라ᄒᆞ얏더라

●刷逋撫策　全南觀察朱錫冕氏가內部에報告ᄒᆞ얏시되管下各郡守가許久曠官에公務積滯ᄒᆞ고民弊滋長之由ᄂᆞᆫ業已歷報이온건과現以舊逋公錢督刷와新頒稅則實施事로度支部訓令이比到申飭ᄒᆞ니其所奉行은均不可少緩인바未赴任之郡守와受由之郡守ᄂᆞᆫ有甚觀望ᄒᆞ야茫無莅郡之動靜인지新稅則之頒施ᄂᆞᆫ尙矣勿論이고舊公납之欠逋가無郡無之而統筭道內則爲百餘萬兩이過半爲吏逋라旣所督刷를不爲不嚴이로되所謂逋吏輩가專事逃躱ᄒᆞᆯ더러擧皆懸鶉에殆同括龜ᄒᆞ야其命은易斷而該逋ᄂᆞᆫ雖捧이온즉排徵與蕩減之外에ᄂᆞᆫ更無清勘之方이옵기玆報告ᄒᆞ오니査照後各郡守를催促下送ᄒᆞ고刷逋一欵은另定別規ᄒᆞ야俾免愆滯生梗케ᄒᆞ라ᄒᆞ얏더라

漆臺謾錄

凡人有疾에雖諸症이交作이라도一灸丹田氣海면百豚이皆蘇ᄒᆞᄂᆞ니萬金良方이不外乎此인바國之政府ᄂᆞᆫ人之丹田氣海也라

政府ㅣ一整이면萬機自整ᄒᆞ야其餘細節目은庶可迎刃自解이되若其政府未整也ᄃᆞᆫ雖過百年이라도決無可治之日이니蔽日浮雲이何時快捲일지

毁人之室이固是惡人이로되非我自毁면孰敢毁之리오鴟鴞之詩가…可傷心이라政府諸公은蓋爲念諸아

人之以苟安으로爲心者ᄂᆞᆫ欲以安樂其生前이로ᄃᆡ其生未畢而禍必先至ᄒᆞᄂᆞ니苟安을安可恃也리오普天下有智人은切莫以苟安爲心이어다

天下事ㅣ一誤再誤에不可多誤인ᄃᆡ幾年來ㅣ所誤亦多矣라若又一着加誤면斂手推枰ᄒᆞ고莫可爲也리니諸公乎여雨將屋頹라張目加炬ᄒᆞᆯ지어다

天下之窮無歸者ᄂᆞᆫ賣國之人이是也라國人이怒之ᄒᆞ고敵人이賤之ᄒᆞ니天地雖博이나將安所歸오普天下有心人은愼勿爲賣國人ᄒᆞᆯ지어다

尋常一飯도猶思其報오執鞭而棄其事ᄂᆞᆫ不祥이莫大인ᄃᆡ國之恩이已重이오君之寵이已厚요父母之邦을可念인즉苟或辜負면殃豈不作가彼瑣瑣之徒ᄂᆞᆫ固不足掛齒로되獨爲他田蘇石家ᄒᆞ야惜之ᄒᆞ노라

●痘司移住　慶洞十七統九戶種痘司ᄂᆞᆫ濟衆院으로移去ᄒᆞ고該司에ᄂᆞᆫ東署警務部渡邊勇次郞이來住ᄒᆞᆫ다더라

●遞信有關　再昨日下오三時에日本領事舘書記生大浦氏가稱以日本遞信省關遊地ᄒᆞ고璇泊洞等地自宮內府公園地로下至禁衛營倉庫까지標木堅立ᄒᆞ얏다더라

●義兵漸熾　洪川郡守金榮鎭氏報告를據ᄒᆞᆫ즉陰本月十九日本郡瑞石面儉山里에義兵三百餘名이自江陵寧越等地로來到ᄒᆞ야勢甚張大ᄒᆞ고民心騷動이오나殘郡弱兵이防禦沒策이라ᄒᆞ얏더라

●事甚可駭　江華府尹署理[illegible]桐郡守李圭白氏告를據ᄒᆞᆫ즉本府北寺面山伊浦陰八月初四日風雨에大中小船二十六隻이片片破碎ᄒᆞ고出海商船一隻과市船兩隻이海中致敗ᄒᆞ야船格三十餘名이終無痕跡이오며淺戶覆壓者爲十九戶이오니十九戶戶布를特爲蠲減ᄒᆞ고三十名恤典을亦爲施給ᄒᆞ야以示朝家優典伏望이라ᄒᆞ얏더라

●流配全南　法部에셔全南觀察府에訓令ᄒᆞ얏시되特旨流三年罪人閔丙頊을定配于管下智島郡古群山ᄒᆞ야主事一人使令一名巡檢一人聽使一名使之押去ᄒᆞ니到配另加圍束ᄒᆞ야毋至踈漏ᄒᆞ라ᄒᆞ얏더라

外報

●清露經略　露國政府는千七百二十七年에청國과締結ᄒᆞᆫ恰克圖條約을改正코ᄌᆞᄒᆞ야駐청代理公使로ᄒᆞ야곰청國政府에內密로强硬히請議ᄒᆞ얏다ᄂᆞᆫ딕其主要條項은청國은蒙古 伊犂 新疆에셔露國에通商貿易의擴張鐵道鑛山의自由敷設開掘의權을與ᄒᆞᆯ同時에年年히露領에셔北京에至ᄒᆞ기ᄭᆞ지貿易隊商의人數를倍加ᄒᆞᆯ事와警護兵員의自由來往을許可ᄒᆞ기로ᄒᆞᆫ다ᄒᆞ니全혀청國蒙古邊界에對ᄒᆞᆫ最近의警衛를破壞ᄒᆞ고主ᄒᆞ야몬저청國의蒙古鐵道及庫倫 恰克圖開放의行爲를防遏ᄒᆞ기爲ᄒᆞᆫ事로觀察ᄒᆞᆫ다더라

●義隊回復　俄國義勇艦隊가昨年以來로非常ᄒᆞᆫ損害를被ᄒᆞ야船舶도太半이나減少ᄒᆞ얏ᄂᆞᆫ딕今番에同國政府와協議ᄒᆞᆫ後에經費三千萬留로써其勢力을回復ᄒᆞ기로決定ᄒᆞ얏더라

●御前會議　倫敦電을據ᄒᆞᆫ즉俄國御前會議에셔新海軍을建設ᄒᆞ기爲ᄒᆞ야二千萬磅을支出ᄒᆞ기로決定ᄒᆞ얏더라

●英皇觀兵　英國皇帝陛下가蘇格蘭巡遊中에今月十八日에엔바라府에셔蘇格蘭義勇兵三萬八千名의觀兵式을行ᄒᆞ셧다더라

●英國官吏俸給　로구만雜誌에報ᄒᆞᆫ바를據ᄒᆞᆫ즉英國官吏의俸給規則이千八百三十一年以來로變更홈이無ᄒᆞ고目下官吏의數ᄂᆞᆫ六十二오官吏의年俸은一百五十萬五千八百十元이니其中年俸의最多額(大臣)은五萬元(大臣中에도小額의年俸을給ᄒᆞᄂᆞᆫ者가有ᄒᆞ니라)最小額(判任官)은三千三百四十元이오總理大臣은年俸을給ᄒᆞᄂᆞᆫ規定이無ᄒᆞ고恒常大臣을兼任ᄒᆞ야他大臣과同一ᄒᆞᆫ年俸을給ᄒᆞ고協辦及樞密院顧問官은大槩二萬元이라더라

●御前會議　北京電을據ᄒᆞᆫ즉本月一日에西太后의召命으로各大臣이參內ᄒᆞ야御前會議를開ᄒᆞ얏ᄂᆞᆫ딕慶親王이上奏ᄒᆞ야曰日本皇帝ᄂᆞᆫ今回에俄國媾和홈에對ᄒᆞ야極히寬大ᄒᆞᆫ要求를提出ᄒᆞ얏스니此ᄂᆞᆫ實노日本皇帝게셔世界文明의大君主됨으로由홈이라是故로我國에對ᄒᆞ야도亦大義를顧念ᄒᆞ사我滿洲의自主權을認홈이無疑ᄒᆞ오니故로此際에我國은速히日本과滿洲에關ᄒᆞᆫ條約의商議締結等을明確히홈이緊要ᄒᆞ다ᄒᆞᆫ즉西太后ᄂᆞᆫ此를嘉람ᄒᆞ시고各大臣도皆是贊同ᄒᆞ얏더라

●俄使籠絡　同電을據ᄒᆞᆫ즉청國은戰爭으로因ᄒᆞ야滿洲에셔被害ᄒᆞᆫ人民四萬人에對ᄒᆞ야損害비償金을二千萬兩으로계算ᄒᆞ야俄國에要求ᄒᆞᆯ터이더니俄國代理公使의게籠絡홈이되야急히勿施가되얏다더라

●新艦進水　美國戰鬪艦버몬트ᄂᆞᆫ포스으리버造船廠에셔巳爲竣工되야九月六日부터航海ᄒᆞᆫ다더라

●地震彙報　괼랍쓔리아에셔地震이大發ᄒᆞ야人命損傷은旣報ᄒᆞ얏거니와更聞ᄒᆞᆫ즉當時地震發動之際에五千餘名이死ᄒᆞ고失親失家者ㅣ五萬餘名인딕其當地ᄂᆞᆫ一大廣原의墓地를作ᄒᆞ고村家ᄂᆞᆫ掃拭ᄒᆞ야一大淸潔의原野를一朝에成ᄒᆞ얏고又其如社ᄒᆞᆫ人民이滊車前에亂聚ᄒᆞ야屍身을轉運홈을哀求ᄒᆞᄂᆞᆫ模樣은慘不忍視ᄒᆞ깃더라

雜報

●此又租借　珍島郡守權重冕氏가內部에報告ᄒᆞ얏ᄂᆞᆫ딕本郡城內日人郵遞視務員五味富作이來言ᄒᆞ되主務之外에凡於開導風俗ᄒᆞ고交通利益等節에不可不及今着力인바本郡各浦中에若碧波津素浦鹿津等處에ᄂᆞᆫ行將運迎定期滊船ᄒᆞ야以便商旅來往과物産出入과郵遞通涉인즉各其口岸上에租借基址ᄒᆞ야建設廠屋이時急事務이다이온바本郡이係是不通商口이온즉理宜拒截이오되地方職權에左右不當擅便이옵기據實報告ᄒᆞ오니照亮裁處라ᄒᆞ얏더라

●江亭大宴　再昨日에龍山見一亭에셔閔泳喆氏大夫人回甲宴을設ᄒᆞᆫ바晝則韓之大官을接待ᄒᆞ고夜則外國官弁을請邀ᄒᆞ얏ᄂᆞᆫ딕華麗ᄒᆞᆫ鋪陳과猥雜ᄒᆞᆫ盃盤은近來宴會中第一이아라고ᄒᆞ더라

●民情悚然　近日에日本司令部에셔別視察들이商民又치平服으로晝夜四散警察홈으로閭巷人民드리大段悚懼히지닌다더라

法律 續

六　本條諸項의所犯이阿私로由ᄒᆞᆫ者ᄂᆞᆫ各히一等을加하고受財하야贓이重ᄒᆞᆫ者ᄂᆞᆫ第六百三十一條枉法律로論홈이라

第三百十九條　司法官이權限內에審應ᄒᆞᆯ訴狀을他官司에推故轉委ᄒᆞᆫ者ᄂᆞᆫ第三百十八條諸項에依하야科斷홈이라

第十二節　決罰違犯律

第三百二十條　司法官이罪人을決罰이나栲訊하ᄂᆞᆫ場에非受刑處를打하거나應히受刑ᄒᆞᆯ處라도大杖으로打ᄒᆞᆫ者ᄂᆞᆫ笞四十이며因하야死에致ᄒᆞᆫ者ᄂᆞᆫ懲役三年에處홈이라

第三百二十一條　法外의刑具를施用하야折傷以上에至ᄒᆞᆫ者ᄂᆞᆫ第五百十一條鬪傷人律에依하고死에致ᄒᆞᆫ者ᄂᆞᆫ懲役終身에處하고埋葬費를依例追給호딕受財하야贓이重ᄒᆞᆫ者ᄂᆞᆫ第六百三十一條枉法律로論홈이라

但應히受刑ᄒᆞᆯ處를依法決打하거나贓狀과証佐가明白ᄒᆞᆫ딕一向抵賴하ᄂᆞᆫ境遇에依法栲訊하다가邂逅致死하거나自盡ᄒᆞᆫ者ᄂᆞᆫ幷히勿論홈이라

第三百二十二條　司法官이罪人을決罰이나栲訊ᄒᆞᆯ時에定數外에濫用ᄒᆞᆫ者ᄂᆞᆫ笞七十이며因하야內損以上에至ᄒᆞᆫ者ᄂᆞᆫ第五百十一條鬪傷人律에依하야處斷호딕懲役三年에止홈이라

但必殺ᄒᆞᆯ計로刑을濫用하야致死케ᄒᆞᆫ者ᄂᆞᆫ絞에處홈이라

第三百二十三條　司獄官이役丁을雇人代替케ᄒᆞᆫ者ᄂᆞᆫ笞五十에處하고役丁과雇人은各히一等을減홈이라

(未完)

●歌亦悲壯●

近日에幾箇有志人들이時事를憤歎ᄒᆞ야歌謠一篇을作ᄒᆞ야本社에寄來ᄒᆞ얏ᄂᆞᆫ딕調雖俚俗이나其志則可悲기로記載如左ᄒᆞ노라

嗚呼우리同胞드라
長夜昏衢濛矓中에
醉夢을좀ᄭᆡ셔여
我歌一曲드러보소
流涕痛哭기지업고
撫膺長嘆하일업다
海東一隅文明國이
太祖高皇帝基業으로
衣冠文物典章法度
箕子千年遺風이오
禮義廉恥孝悌忠臣
古聖賢에遺訓이라
小中華라이르기ᄂᆞᆫ
君子國이有名터니
嗚呼痛哉甲오後에
싀衰道微可知로다
三綱五倫斁絶ᄒᆞ고
三尺王法不振ᄒᆞ니
親小人遠賢臣은
國之興亡그안인가
亂臣賊子奸細輩ᄂᆞᆫ
聖主何代無之리오
우리 聖主仁慈ᄒᆞ사
親賢遠小ᄒᆞ셧것만
浮雲又치擁蔽日月
潛竄國土寒心ᄒᆞ다
五百年우리宗社
누가잇셔安保ᄒᆞ며
三千里우리疆土
누가잇셔回復ᄒᆞ며

(未完)

特別廣告

本申報ᄂᆞᆫ海外電報를卽接ᄒᆞ야機關이靈通ᄒᆞ고外報와探報를敏捷活潑ᄒᆞ도록注意ᄒᆞ오며申報發送ᄒᆞᄂᆞᆫ디迅速信傳ᄒᆞ기ᄂᆞᆫ分傳人의게在ᄒᆞᆷ으로本社에셔平常에諸分傳人의게丁寧告戒ᄒᆞ고申申訓飭ᄒᆞ야毋或媮惰ᄒᆞ게注意ᄒᆞ거니와如或暫有積怨이라도愛讀僉君子ᄂᆞᆫ密使通知于本社ᄒᆞ시면該分傳의게誡信相孚ᄒᆞ도록耳提面命ᄒᆞ고勸贊가發生ᄒᆞ도록誨論ᄒᆞ야必無遲誤ᄒᆞ기로期待ᄒᆞ옵나이다

本社에寄書ᄒᆞ시ᄂᆞᆫ諸君子ᄂᆞᆫ姓名과居住를明確ᄒᆞ게懸錄送附ᄒᆞ시와證據가有ᄒᆞᆷ을必要ᄒᆞᆷ이오公衆平和ᄒᆞᆫ秩序를紊亂케ᄒᆞᄂᆞᆫ意와社會上不經荒雜ᄒᆞᆫ寄書ᄂᆞᆫ自不受ᄒᆞᄂᆞᆫ權利가本社에有ᄒᆞ오니肯諒ᄒᆞ시옵

大韓每日申報社

廣告

貿易商 本社ᄂᆞᆫ仁川港

日本郵便電信局對面

電話第二百一番地

仁川港 廣昌 洋行

벤녓드會社告白

○鐵路部

○東大門과新門間에來往車ᄂᆞᆫ每十分間에運行ᄒᆞᆷ

東大門發初車ᄂᆞᆫ午前六時三十分

新門外停車場發初車ᄂᆞᆫ午前六時五十五分

東大門發終車ᄂᆞᆫ午後九時五十分

新門外停車場發終車ᄂᆞᆫ午後十時十五分

○東大門과洪陵間에來往車ᄂᆞᆫ每二十分間에運行ᄒᆞᆷ

但自鍾路로東大門에來到ᄒᆞᆫ交替車로聯絡ᄒᆞᆷ

東大門發初車ᄂᆞᆫ午前六時五十分

洪陵發 初車ᄂᆞᆫ午前七時十分

東大門發終車ᄂᆞᆫ午後七時五十分

洪陵發 終車ᄂᆞᆫ午後八時十分

○鍾路와龍山間에來往車ᄂᆞᆫ每十二分間에運行ᄒᆞᆷ

鍾路發至南大門初車ᄂᆞᆫ午前六時四十八分

鍾路發至龍山 初車ᄂᆞᆫ午前七時二十四分

南大門發至鍾路初車ᄂᆞᆫ午前六時五十六分

龍山發至鍾路 終車ᄂᆞᆫ午前七時五十七分

南大門發至鍾路終車ᄂᆞᆫ午前十時八分

龍山發至鍾路 終車ᄂᆞᆫ午後九時九分

○特別私用車ᄂᆞᆫ顧客의方便ᄒᆞᆷ을隨應ᄒᆞ야準給ᄒᆞᆷ

但定價ᄂᆞᆫ本社에來臨ᄒᆞ야請問ᄒᆞ옵

○電燈部

二百五十燭力以內의數用處에ᄂᆞᆫ每個月에定價表가如左ᄒᆞᆷ

○十六燭力燃燈達夜에二圓五十錢

○三十二燭力燃燈達夜에四圓

○五十燭力燃燈達夜에六圓

○一百五十燭力燃燈達夜에十圓

一千二百燭力弧形燈達夜에二十圓

二百五十燭力以上의數用處에ᄂᆞᆫ請求ᄒᆞ면瓦斯計一箇를設給ᄒᆞᆷ

但瓦斯計賃金은每個月에二圓이오瓦斯計測驗表委托定價ᄂᆞᆫ每時間每암페아에二錢이옵

瓦斯計設給處에셔每介月支拂金最低額은每個月에二十圓인ᄃᆡ(瓦斯計貸金은)据ᄒᆞᆷ

電燈을敷設ᄒᆞ기에請求ᄒᆞᄂᆞᆫᄃᆡ給ᄒᆞᆷ로供各種連技辦燈도常時에貯存ᄒᆞ엿ᄉᆞᆸ

本社鐵路電氣會社

韓美電氣會社 告白

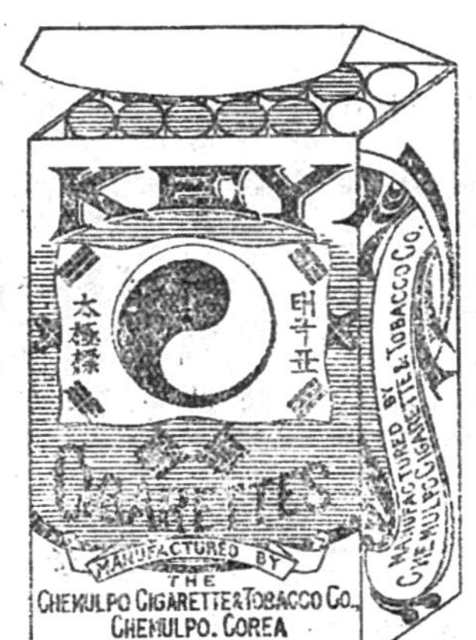

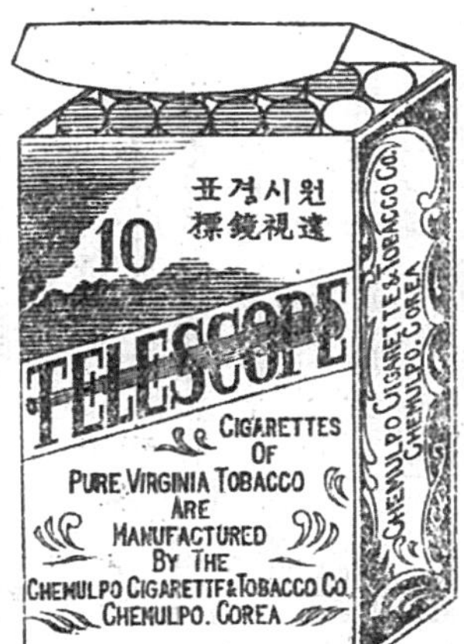

以上三種은上品으로製造ᄒᆞ야衛生上에至極有益ᄒᆞ오니毋論某人ᄒᆞ고本社에來顧ᄒᆞ옵

大韓帝國仁川港

濟物浦紙卷煙及烟草會社

一鷹標罐濃詰牛乳 [illegible]

一金印罐詰濃結牛乳 [illegible]

一無雙家用氣化乳酪 [illegible]

一색ᅵ든쓰製造麥芽化合牛乳 [illegible]

以上은常時에貯積ᄒᆞ엿ᄉᆞᆸ

美國紐育港색ᅵ든쓰濃結牛乳會社 [illegible]

一手代理店 大韓仁川港 世昌洋行 [illegible]

廣告

一雜貨商

一貿易商

一船舶取扱

一煙草商

一委托販賣及貨物運送代理業

一貿易石炭商

以上輸入及輸出者

京城 仁川 大昌 洋行

本社廣告

申報價

一張代金 新貨五錢

一箇月前納 五十戔

三箇月 一元五十戔

六箇月 二元九十戔

一箇年 五元八十戔

郵稅一部 新貨五里

一箇月 十二戔

廣告料

四号活字十二字詰每日每英尺一寸에新貨廿五錢

(每日每行에六錢에相當ᄒᆞᆷ)

二周日에 二圓五十錢

(每日每行四錢五里에相當ᄒᆞᆷ)

一箇月에 五圓

(每日每行四錢一里에相當ᄒᆞᆷ)

其期限의長短과字行의多少를依ᄒᆞ야增減ᄒᆞᆷ이有ᄒᆞᆷ

大韓人마다此申報를不得不閱覽ᄒᆞ실터이오니廣告出報ᄒᆞ실僉君子ᄂᆞᆫ來臨面議ᄒᆞ시옵

發行兼編輯人 英國人裴說

發行所

京城北署壽進坊磚洞号外地法語學校前

大韓每日申報社

第三卷

大韓每日申報
대한매일신보

第四十二號

月曜及慶節休刊

檀君開國四千二百三十八年
箕子元年三千二十七年
大韓開國五百十四年
日本明治三十八年
清國光緒三十一年
陰曆乙巳九月小三日癸酉

論說

學林欠事

國之隆替는在於人材多寡ᄒ고人材多寡는係學校之興廢키로古之明王이莫不置庠序學校ᄒ야以教育人材로爲致治之要領ᄒ니觀於載籍에槪可知矣요挽近歐米列邦이尤爲專力於學問ᄒ야其全國內建學이多至於不可勝數而無學不存ᄒ며亦爲無人不學ᄒ야自兵農工商으로以至天文地誌法律算計醫藥等諸科을精求力踐에透其蘊奧ᄒ야曠前絶後之識과神驚鬼泣之技가皆從此中出來ᄒ야民國間凡所爲用이無一不備ᄒ며無一不精ᄒ니此所以橫於天下而莫之能禦이거늘惟獨韓則不然ᄒ야俗習之所尙이不過浮文繁禮等古人之糟粕이라博而寡要ᄒ며虛而無實ᄒ야民俗之鄙野와國勢之陵夷가職由乎此이되痼於耳目ᄒ며染於膓胃ᄒ야人或勸以改之則愈加鴟張ᄒ야固守壁壘ᄒ야其或語及于新學則大驚小怪에斥之以亂賊ᄒ야父詔其子ᄒ며兄喩其弟ᄒ야不欲與之往來러니比年以來로稍稍開牖ᄒ야披一世之惡霧ᄒ며吸千口之清風ᄒ야從事於新學問者ㅣ日添月增키로戴欣載悅에祝其有成ᄒ야以爲韓之一線陽氣가實在於此러니昨聞各學校學員이因教官之請願齊退ᄒ야旣無其師則質疑無處라ᄒ야其所有書籍을一齊還納于學部ᄒ고至於撤業이라ᄒ니吁亦異哉라奚至於斯也요該部에有大臣焉ᄒ고有局長焉ᄒ니苟能悉心幹旋ᄒ며相機善處ᄒ면教官之請願齊退가必無是理오學員之一時撤業이亦未必有焉이로되以言乎月俸則不念詔勅之規定ᄒ고只爲歸重於增減ᄒ야謂以無傷에要藉衆口이고以言乎書籍還納則兼其價高而視人如芥ᄒ야不出一言慰撫ᄒ고返加無分激怒ᄒ니彼教官與學員이俱是疲軟無腸이如今日大官者則已어니와皆能浸潰於學問ᄒ야立志行已을諒不苟日인즉豈肯甘心受侮ᄒ야默然而已哉아義之所在에相繼請退ᄒ니究其裏由ᄒ면伊誰之過오善此教育多士ᄒ며作成人材는古之司徒之職也라其所關重이형出尋常ᄒ니居是職者ㅣ必其望實이俱隆ᄒ며文學이兼優ᄒ야德足以服人이며才足以華國이라야乃可以修擧職務ᄒ야底於成績인바念此職務가亦非高遠難行이라嚴立學規而導率有方ᄒ야各該皐比之任을另選博雅有文ᄒ며曉習時務者ᄒ야以副群髦之望ᄒ며廣購其書籍ᄒ며拮据其學費ᄒ야以便其意肄業케ᄒ며凡於生徒募集과工課試取之際에亦皆恢公無私而黜陟得宜라야誠意孚格에四方이風動ᄒ야菁莪之化를指日可見이거늘今或粗率貪鄙之人이覗然冒據ᄒ야教育導率等事는付諸度外ᄒ고但以苟保祿位로爲其長策ᄒ야以致諸弊蝟起而多士解體ᄒ니乃如之人은固不欲切切索言이되所可惜者는木鐸一世ᄒ며胚胎文明ᄒ民國之莫大業務가轉敗於中塗ᄒ고衰垂於半飛ᄒ야將未免昏衢만만而荊榛이依舊ᄒᆯ지니爲國家惜焉이오爲生民惜焉ᄒ노라

官報

●第三千二百五十八號 光武九年九月三十日

◉宮廷錄事

詔曰命警務使閔景植爲宮內府協辦

詔曰命弘文館學士趙秉式爲判敦寧司事從一品趙慶鎬爲弘文館學士

以上九月二十七日

判敦寧司事金奭鎭辭職疏批旨省疏具悉所請依施

九月二十七日

◉叙任及辭令

鎭衛步兵第二大隊長陸軍步兵參領白南信
陸軍武官學校學徒隊中隊長陸軍步兵正尉徐英錫
命休職

免本職 陸軍研成學校教官陸軍步兵參領朴晶煥

任陸軍步兵副領 陸軍步兵參領白南信

補鎭衛步兵第二隊長 陸軍步兵參領朴晶煥

以上九月二十五日

秘書監丞徐肯淳
弘文館侍講辛泳學
侍從院侍從李起ᄒᆞ
尙方司主事崔桂賢
敬陵參奉李秉性
貞陵參奉李健儀
依願免本官

命判敦寧司事叙勅任官二等 弘文館學士趙秉式

命弘文館學士叙勅任官二等 從一品趙慶鎬

命宮內府協辦叙勅任官二等 警務使閔景植

任秘書監丞叙奏任官三等 正三品鄭현

任弘文館侍講叙奏任官四等 九品趙善九

兼任太醫院副卿 秘書監丞洪承斗

任侍從院侍從叙奏任官三等 正三品金聲遠

任經理院技師叙奏任官四等 正三品李鍾浩

任尙方司主事叙判任官四等 宗簿司主事金思重

任宗簿司主事叙判任官二等 六品李起泰

任敬陵參奉叙判任官八等 六品金진洙

任惠陵參奉叙判任官八等 圜丘壇祠祭署參奉洪淳明

任圜丘壇祠祭署參奉叙判任官八等 九品李玩求

任咸鏡北道邊界警務署摠巡叙判任官四等 忠淸南道觀察府摠巡金世鎭

任忠淸南道觀察府摠巡叙判任官六等 九品鄭光鉉

以上九月二十七日

陞叙判任官四等 通信院主事李基昌

九月二十八日

外報

●印度軍事鐵道 英領印度가이발山道에셔阿富汗斯坦에通ᄒ는鐵道工事는早速히工事에着手ᄒ얏다더라

●韓清學生取締 日本文部省에셔는去月十三日에木場次官以下各局長과各視察官과其他高等官一同이大臣室에會合ᄒ야韓清留學生의取締規則에就ᄒ야協議ᄒ얏더라

●俘虜總數 八月末에調査홈을據ᄒᆫ즉日本에收容된露國俘虜의總數는七萬一千二百七十二人이라더라

雜報

●康亦敢言 日昨一進會에서康洪大氏를청來하야詰之曰子之闕內出入이不甚穩當하니下鄕安靜하라ᄒᆞᆫ즉康曰人者有自由하니下鄕與否ᄂᆞᆫ吾當審處요且以論之컨ᄃᆡ罪영天下ᄂᆞᆫ彼此一般이라我爲官人하야生民을爲하야安堵奠接케ᄒᆞᆷ을不能하고貴會則二十萬員이라稱하되江民에白骨을掘하며家屋을毁하며田地를攀하야衆心嗷嗷之時에民之生命財産上에何無一言乎아然則此會之爲人所使ᄂᆞᆫ可知오二千萬同胞에게不利ᄒᆞᆷ은可知라ᄒᆞᆫ즉該會所答은政府에서已爲准許라하고康氏에下鄕하기만勸告하얏다더라

●會請賓 國民敎育會에서本月三十日下午二時에略備茶果ᄒᆞ야各府部院勅奏任官을請邀ᄒᆞᆫ다더라

●石炭願採 慶州居金鳳洙가農部에請願ᄒᆞ되慶州與蔚山兩郡이爲犬牙相制之隣境而兩郡之間에曾有石炭苗發現處ᄒᆞ야自數十年以來로至有幾箇人試採者而徒費財力ᄒᆞ고未見實地ᄒᆞ야仍作廢棄之物者良用慨歎이니特爲認許後兩郡訓令及細則章程一度을幷成給ᄒᆞ라ᄒᆞ얏더라

●金礦還 木川郡守南啓錫氏報告內槪에本郡南面加德采坪中谷等地의金礦開採事로旣承本部訓令ᄒᆞ야躬行踏驗이온즉該金礦이自稷山郡으로正南五十里이고且宮內府合同條約中界限以外故로該地所住日人森宗七과談辦後以書交涉於稷山郡保德院會社主務日人葛原益吉ᄒᆞ야竟爲封廢則爲民事萬幸이라ᄒᆞ얏더라

●牙倅報災 忠南牙山郡守李秉協氏報告를據ᄒᆞᆫ즉陰八月初四日에暴雨ᄒᆞ고영風大作ᄒᆞ야晝以繼夜之際에急潮適漲ᄒᆞ야勢若巨浸ᄒᆞᆫ지라被溢之人家與禾稼이便成河伯之府庫러니水雖退나鹹鹵隨生ᄒᆞ야滿野穀形이變靑爲赤에全沒有秋之望ᄒᆞ고人戶ᄂᆞᆫ漂流而只有遺墟ᄒᆞ야幾千生靈이將至溝壑之境이다고로別遣耳目ᄒᆞ야使之尺量摘奸이온즉堤堰潰決이爲五百八十把오田畓浸鹵가一百十二石三斗落에結爲四十四結八十五負九束이오人家漂頹가爲六十四戶이오니査照ᄒᆞ와以此事狀으로轉照于度支部ᄒᆞ와蠲稅減布之典을特蒙ᄒᆞ야以恤渰死之民케ᄒᆞ라ᄒᆞ얏더라

●民事下獄 法部에셔平理院에發訓ᄒᆞᆫ內槪에現閱本部主事南吉熙의게抵到ᄒᆞᆫ貴院主事金敎賢의通牒則民事拘留成冊中에申畢奎李世鎭成輔永下에以監獄下囚로懸錄ᄒᆞ얏스니査此申畢奎等三人이係民事被訴者어ᄂᆞᆯ至於下囚監獄ᄒᆞᆷ은據何規程인지殊甚訝惑이라其委折를卽爲報明ᄒᆞᆯ事로玆에訓令이라ᄒᆞ얏더라

●督員當懲 木川郡守南啓錫氏가內部에報告ᄒᆞᆫ內槪에本郡葛田面幷川市에一進支會長趙映淳이率會員ᄒᆞ고留接于市民李圭택家이온바該市地稅名目은卽客舍直一年料賴者也요巡校輩入役年久에得差稅監者也라此非近年剏有之事요設市以後由來之規則不可以無名雜稅로爲言이온ᄃᆡ該會員之所度勒告의期欲革罷而莫知事實에有若角勝者存ᄒᆞ니若聽其勸告면使役諸人이勢將渙散이온고로牢執不撓而事勢不得已然矣라李圭택爲名者有若所恃하야庇肆相鬨과市人毆打가在在入聞이옵기方欲一次査問之際에該會摠代黃致舜이入來公堂에擧措乖當이오며官若有推捉李圭택之令이면是ᄂᆞᆫ使本會로不得留接於厥家이니公事一遍을借給하라하기로此非擅便之意로爲答이오며官屬中退業閒散者와市民之愚頑行悖者와人家之私犯分者를切勿使入會之意로亦有勸告於該會이오나此輩ᄂᆞᆫ最不率敎之人이라不識該會目的하고今日入會에明日行悖ᄒᆞ니隨聞隨現에期於捉懲은斷不可已矣니査照伏望이라ᄒᆞ얏더라

前議官鄭之讓李圭奭兩氏가政府에上書ᄒᆞᆫ全文이如左ᄒᆞ니

今國家之勢方病大瘇ᄒᆞ야屈伸을難强ᄒᆞ고呼吸을莫通ᄒᆞ야大患이當眉ᄒᆞ니嗚乎痛哉라此病之根이始自何部而至於遑遑然難醫之境乎잇가究其脈則出自股肱ᄒᆞ니股肱은是亘至之苗裔오世祿之公卿이라在初忠君愛國之誠은儒敎爲宗ᄒᆞ야有道德有學問者를選登朝端ᄒᆞ니奕奕文明이여邦幾千里에古昔治隆을庶可鑑矣러니末流百奸이雜出其間ᄒᆞ야某之子某之孫과錢多者粟多者면目不識丁이라도冒濫청卿ᄒᆞ며濫授要職ᄒᆞ니嗚乎痛哉라此豈非股肱之生病乎며法律刑典은以國家之大寶로爲政治之明鑑이어ᄂᆞᆯ近何以背棄法典而第一은權利오其次ᄂᆞᆫ賄賂로平理가不平理ᄒᆞ니國旣弛綱이라人何信法가嗚呼痛哉라此豈非股肱之生病乎며文武兼備ᄂᆞᆫ國家兩全之策으로國初軍人이無非公卿之子姪이며鄕曲之俊秀而其來日久에凌蔑軍人ᄒᆞ야由是之故로全國軍人이虛張文具ᄒᆞ야徒充名額ᄒᆞ고不能奮武ᄒᆞ야以至今日之受侮ᄒᆞ니嗚呼痛哉라此豈非股肱之生病乎며誇張四色ᄒᆞ야蕭墻之內에만蜀이相分ᄒᆞ고侵虐白姓ᄒᆞ야同胞之中에劍戟을相尋ᄒᆞ니嗚呼痛哉라此豈非股肱之生病乎며專昧經濟之方畧ᄒᆞ고徒懷大官之爲貴ᄒᆞ야惟意逞慢ᄒᆞ고以我歷制之野慾으로厭他勝己之忠直ᄒᆞ야蠹國病民ᄒᆞ야自成罪孼ᄒᆞ니嗚呼痛哉라此豈非股肱之生病乎며官職選任이何等審愼而不擇賢良方正ᄒᆞ고貪饕之輩와奸細之徒를謂之門人而捧賂操縱ᄒᆞ야行此不法不義ᄒᆞ니其害焉歸아嗚呼痛哉라此豈非股肱之生病乎며所謂守宰者로言之라도百里分憂에萬一圖報가惟在撫安邦本이어ᄂᆞᆯ莅民之日에不念圖報ᄒᆞ고剝割人血ᄒᆞ며刮剔土皮ᄒᆞ야所入之物을期欲拔本타가或値民擾而反爲再任周旋ᄒᆞ며或犯正刑而至於欠逋上納ᄒᆞ니嗚呼痛哉라此豈非股肱之生病乎며有物有稅ᄂᆞᆫ列國常例어ᄂᆞᆯ夫何我國은一物疊稅와無名雜斂을認若常典ᄒᆞ니商賈不旺ᄒᆞ야公私窘絀ᄒᆞ고衆怨이沸騰ᄒᆞ되知而不禁타가竟被一進會之拘制ᄒᆞ니嗚呼痛哉라此豈非股肱之生病乎며所謂役鬼使神과借力遁甲奇奇怪怪等妖邪之輩가爲何等補國之緊關而締結徒黨ᄒᆞ야壅蔽天聰ᄒᆞ며瀆褻淫祀ᄒᆞ야靡費[illegible]金ᄒᆞ며濫明榮職ᄒᆞ니嗚呼痛哉라此豈非股肱之生病乎며 (未完)

外報

●秋季大演習 十月中에擧行ᄒᆞᆯ淸國北洋常備軍秋季大演習은三大分으로하야袁世凱氏ᄂᆞᆫ中軍元帥가되고鐵良氏ᄂᆞᆫ左軍元帥가되고徐世昌氏ᄂᆞᆫ右軍元帥가될터인ᄃᆡ西太后와청帝兩宮게서도保定에行幸ᄒᆞ사親히閱覽ᄒᆞᆫ다더라

●醇親王留學 청廷에서ᄂᆞᆫ近者에近親皇族中王公을外國에留學식히게ᄒᆞᆷ을奏上하얏ᄂᆞᆫᄃᆡ醇親王은兩宮게進謁하고德國에留ᄒᆞ야武備專門學을研究ᄒᆞ기를自請ᄒᆞᆫ즉兩宮게셔ᄂᆞᆫ此를頗히嘉奬ᄒᆞ셧다더라

●噴火與地震 베쓰비어쓰及스트롱볼니兩火山은同時에噴火를始作ᄒᆞ얏고가라부리아州에서ᄂᆞᆫ强烈ᄒᆞᆫ地震이有ᄒᆞ야人命損害가夥多ᄒᆞ얏다더라

●露國變亂 南露카크에셔ᄂᆞᆫ戰爭이日夜에不止ᄒᆞ며露國諸州에饑饉이有ᄒᆞᆫ結果로政府에셔ᄂᆞᆫ三千六百萬留를救助ᄒᆞᆯ必要가有ᄒᆞ다더라

●美德關稅 美國大統領루쓰벨트氏ᄂᆞᆫ駐美德國大使스펙크휘레쓰델ᄂᆞᆫ베루이男의게明言ᄒᆞ야曰정글네인關稅法에關ᄒᆞ야美國은德國이希望ᄒᆞᄂᆞᆫ讓步에應ᄒᆞ기不能ᄒᆞ다ᄒᆞ며則德國議會ᄂᆞᆫ美國에對하야最惠國條款을許치아니ᄒᆞᆷ이나但議會에셔其態度를改善ᄒᆞᆷ을希望ᄒᆞ다ᄒᆞ얏다더라

●電請派兵 北京電을據ᄒᆞᆫ즉庫倫大臣이守備次로兵士三百名을增派ᄒᆞ라고청廷에電請ᄒᆞ얏더라

●極東軍備 倫敦電을據ᄒᆞᆫ즉俄都에셔明言ᄒᆞᆫ바를據ᄒᆞᆫ즉俄軍이滿洲에셔撤退ᄒᆞᄂᆞᆫ者ᄂᆞᆫ一部分이오多數軍隊ᄂᆞᆫ支나國境에留寘ᄒᆞ고各軍團에衛成ᄒᆞ며黑龍江沿岸의各處로編制ᄒᆞᆫ다더라

●公使轉任 北京電을據ᄒᆞᆫ즉청國李鴻章의子李經邁氏ᄂᆞᆫ駐奧公使를被任ᄒᆞ고駐奧청公使楊晟氏ᄂᆞᆫ駐德公使로轉任ᄒᆞ고駐德청公使蔭昌氏ᄂᆞᆫ歸國을被命ᄒᆞ얏다더라

寄書

謙齋生

昨日에學部의慘況을倘忍言ᄒᆞ리오七八百名幼年學員이各其敎課書冊을還呈ᄒᆞ고一場演說에繼以痛哭ᄒᆞ며鍾路街上에서總角과初笠이齊會演說ᄒᆞ니國民敎育會員은皆憤氣塡胸ᄒᆞ야怒拳이打地에不覺濺血ᄒᆞ고其他許多人衆에切齒痛罵가皆該部大臣과參預ᄒᆞᆫ身上에歸ᄒᆞ니當場交象이暗無天日이라

大抵敎育은國家의第一急務라文明 國은全國稅入의太半之額을敎育之費로用作ᄒᆞ고或國財가不贍ᄒᆞ면雖借欵於他國이라도其費를不惜ᄒᆞᄂᆞᆫ지라韓國學校가自來零星홈의經費所需가亦係少額이라敎育을興旺코ᄌᆞᄒᆞ면學校增設을益加勉勵가可也어ᄂᆞᆯ敎官의俸給減額과待遇輕蔑이出於何計오

是는敎育 事를一切廢滅코ᄌᆞᄒᆞᄂᆞᆫ主義라人之用心이胡至於此오李完用氏ᄂᆞᆫ原來賣國之名을帶有혼ᄌᆞ라諂附外人ᄒᆞ야固其權位가是其伎倆일시且爲大臣ᄒᆞ야土木偶人과ᄀᆞᆺ치惟彼參預官의指使를是順是從ᄒᆞ야如此亡國之事를恣行不顧ᄒᆞ니尙何言哉며

樊原坦氏ᄂᆞᆫ久膺韓廷之延聘ᄒᆞ야顧務於中學校者幾年矣오爲預於學部事務가又兩年矣라職分所在와名擧所關을顧念ᄒᆞ면宜乎一心忠告ᄒᆞ고十分勉力ᄒᆞ야學務를擴張홀지니엇지如斯혼殘忍刻薄의事를冷眼看過ᄒᆞ나고大可謂悉이로다

又以敎科書言之라도民史韓國의蒙學敎科가太不緊切혼지라今에此를改良코ᄌᆞᄒᆞ면本國의由來性質과風俗의適宜를斟量ᄒᆞ며他國의蒙學의模를參互折衷ᄒᆞ야簡而易知ᄒᆞ고信而易從케ᄒᆞ야以爲初學之科程이면豈不盡善盡美리오

乃今에日語와日文으로蒙學의最先敎科를作ᄒᆞ얏스니其主意所在를未可知也로다韓國兒孩들에게日語와日文으로最初先入之學이되게ᄒᆞ고自國精神은全然消滅케홈인지然則韓國前途가將次波蘭과同歸홀지니念及於此ᄒᆞ면悲憤痛석이曷有其極이리오

現今學校가旣爲閉鎖ᄒᆞ얏슨즉學部는畢竟廢止가될넌지不知ᄒᆞ거니와且韓國人士가如此혼慘酷行政을依賴ᄒᆞ다가는將次焚坑之患을不免ᄒᆞ리니各其自家精神을收拾ᄒᆞ야一般人民社會中에서私塾을擴張ᄒᆞ며諸般學務를自由發達ᄒᆞ야아모조록文明혼人類가되야自由權利를回復ᄒᆞ기로十分顒望ᄒᆞ노라

計

民이一齊來集홈을奏聞혼다

雜報

◉秋期禮式 明日下오二点鐘에皇城基督靑年會에서秋期開會禮式을行혼다는ᄃᆡ會長奇一氏가開會ᄒᆞᆫ旨와將來의各行敎育方針을何如히擴張홀거술말숨ᄒᆞ고學部大臣이出席ᄒᆞ야敎育上勸勉을홀터이라는ᄃᆡ諸會

◉兩疏批旨 軍大李根澤氏疏批에此時忝寄을病何暇言고卿其勿辭行公이라ᄒᆞ옵시며贊議朴鏞和氏疏批에冈請如此ᄒᆞ니所辭中外部署理之任은依施라ᄒᆞ옵셧더라

◉又辭署卿 軍大李根澤氏ᄂᆞᆫ臨時署理主殿院卿事務를被命ᄒᆞ얏더라

◉公園調査 漢城判尹朴義秉氏가內部에報告ᄒᆞ얏시되頃於南山一半部分에以京城公園地로植立標木ᄒᆞ야表示界限事ᄂᆞᆫ業經報告ᄒᆞ옵고伊時派員하야與日領館所派巡査로會同立標하야表明定界이온바近又接准日領事聲稱內에京城公園地에劃定界限을不容不另派妥員하야更詳調定後貴我之間에明示票界하고嚴禁犯越홈이事甚妥當이란等語이옵기更派妥員하야該署長과與日館員으로會同前往하야行査該地하고標定票界하다가至墨洞老人亭越麓하야劃示一區하되從此至某ᄂᆞᆫ即我遞信省에서與貴政府로交涉혼結果로因하야認許를 有云이오나本府에서政府命令을承准하기前에ᄂᆞᆫ果難擅許홈으로互相詰駁타가該調査ᄂᆞᆯ中止하고竟自各歸혼旨로本府派員의所明홈을據准하와玆에仰報하오니査照後本件에關하야日本公使와交涉辦理혼結果何如를照探于政府하시와詳賜訓示하야俾便妥商케하심을爲要라하얏더라

◉度衡比較 農部에서各道에訓令혼內槪에度量衡을一新改良홀事로法律을已經 奏裁頒布하얏고升斗尺衡에新製實物期限이在於十一月一日이온바各地方은隨其遠近하야勢將次 延期이오나預先閱覽하시기爲하야度量法冊과各國度量衡比較表二紙를下送하오니右二冊二紙ᄂᆞᆫ 貴府留存하옵고其餘ᄂᆞᆫ管下各郡에一冊式分送하야使之飭民閱覽하야俾無不知케하라하얏더라

◉支線勿許 外部에서農部에照會혼內槪에現接日公使公函則京釜京義鐵道間支線始役을勿爲認許事로業經照會在案而現聞湖南에有支線設始事云하니何郡何人을昭詳示明等因이기玆照會하니照亮爲要라하얏더라

◉學資換送 學部에서駐日公使趙民熙氏에게發訓하얏시되官費生學資金九月至十一月三箇月條四千元을撥交而其內兌換費十二元除하고實額三千九百八十八元第一銀行회票를玆以付交하오니照亮査推하야分排支撥하라하얏더라

◉旅費不撥 外部協辦尹致昊氏ᄂᆞᆫ移民視察事로發向布哇而旅費不足額三百元을度支部에又爲청撥하얏더니尙不支撥故로至今ᄭᆞ지逗留布哇하고墨西哥에未能轉往혼다더라

◉退期三朔 漢城判尹朴義秉氏가農部에報告혼內槪에商業會議員金基永等請願內槪自今으로各商民債帳之報償一款을限三朔停退之意로會議可否取決後玆以청願하니照亮認准等因이온바査照示明伏望이라하얏더라

◉司 法

現接平理院檢事李根洪報告書內開前시講鄭顯載醉酒如泥突入人家與主人相詰反打巡檢以至重傷事已自警務廳押到而該員曾經 奏任官故拘因本院玆以報告云矣該員係是曾經 奏任官故依刑法大全第八條ᄒᆞ야法部大臣署理가上奏ᄒᆞ와旨依奏

現接平理院檢事李根洪報告書內門承准部訓令始興郡守金漢睦振威郡守白南奎行將拘拿之際該員今爲自現故仍囚本院玆以報告云矣該員俱係現帶 奏任 故依刑法大全第八條ᄒᆞ야法部大臣署理가上奏ᄒᆞ와奉旨依奏

現接平理院檢事李根洪報告書內開宣川民桂鸞秀等訴狀宣川郡守白樂三行拿致之際該員自現就囚故拘囚本院玆에告云矣該員係是曾經 奏任官故依刑法大全第八條ᄒᆞ야法部大臣署理가上奏ᄒᆞ와奉旨依奏

(未完)

◉歌亦悲壯◉ 續

二千萬우리同胞
누가잇서扶護홀가
어와우리同胞드라
寒心ᄒᆞ고可憐ᄒᆞ다
五百年漢陽基地
거의거의見失되고
十三道山林川澤
要地마다認許ᄒᆞ고
京釜京義兩鐵道ᄂᆞᆫ
軍用地로許與ᄒᆞ고
金銀銅鐵陸物產을
所請ᄃᆡ로許給ᄒᆞ고
毁人墓掘人塚을
無所忌憚爲之ᄒᆞ고
國內財商民戶을
交換次로見失ᄒᆞ고
毁家ᄒᆞ여逐出ᄒᆞ니
男負女戴어ᄃᆡ가며
累代墳墓督掘ᄒᆞ니
어느山川에移葬홀가
火葬이나ᄒᆞᆫ다ᄒᆞ니
차마엇지ᄒᆞᆯ일이며
病于布哇자은農事
軍用地에太半서失
無依無托우리人生
顚于溝壑免홀손가

(未完)

特別廣告

本申報ᄂᆞᆫ海外電報를即接ᄒᆞ야機關이靈通ᄒᆞ고外報와採報를敏捷活潑ᄒᆞ도록注意ᄒᆞ오며申報發送ᄒᆞᄂᆞᆫᄃᆡ迅速信傳ᄒᆞ기ᄂᆞᆫ分傳人의게在ᄒᆞᆷ으로本社에셔平常에諸分傳人의게丁寧告戒ᄒᆞ고申申訓飭ᄒᆞ야毋或婾惰ᄒᆞ게注意ᄒᆞ거니와如或暫有積忽이라도愛讀僉君子ᄂᆞᆫ密使通知于本社ᄒᆞ시면該分傳의게誠信相孚ᄒᆞ도록提面命誨ᄒᆞ고勤贊가發生ᄒᆞ도록論ᄒᆞ야必無遲誤ᄒᆞ기로期待ᄒᆞ옵나이다

本社에寄書ᄒᆞ시ᄂᆞᆫ諸君子ᄂᆞᆫ姓名과居住를明確ᄒᆞ게懸錄送附ᄒᆞ시와證據가有ᄒᆞᆷ을必要ᄒᆞᆷ이오公衆平和ᄒᆞᆫ秩序를紊亂케ᄒᆞᄂᆞᆫ意와社會上不經荒雜ᄒᆞᆫ寄書ᄂᆞᆫ自不受ᄒᆞᄂᆞᆫ權利가本社에有ᄒᆞ오니肯諒ᄒᆞ시옵

大韓每日申報社

廣告

貿易商 本社ᄂᆞᆫ仁川港
日本郵便電信局對面
電話第二百一番地

仁川港 廣昌 洋行
변넛트會社告白

○鐵路部

○東大門과新門間에來往車ᄂᆞᆫ每十分間에運行ᄒᆞᆷ
東大門發初車ᄂᆞᆫ午前六時三十分
新門外停車場發初車ᄂᆞᆫ午前六時五十五分
東大門發終車ᄂᆞᆫ午後九時五十分
新門外停車場發終車ᄂᆞᆫ午後十時十五分

○東大門과洪陵間에來往車ᄂᆞᆫ每二十分間에運行ᄒᆞᆷ
但自鍾路로東大門에來到ᄒᆞᆫ交替車로聯絡ᄒᆞᆷ
東大門發初車ᄂᆞᆫ午前六時五十分
洪陵發 初車ᄂᆞᆫ午前七時十分
東大門發終車ᄂᆞᆫ午後七時五十分
洪陵發 終車ᄂᆞᆫ午後八時十分

○鍾路와龍山間에來往車ᄂᆞᆫ每十二分間에運行ᄒᆞᆷ
鍾路發至南大門初車ᄂᆞᆫ午前六時四十八分
鍾路發至龍山 初車ᄂᆞᆫ午前七時二十四分
南大門發至鍾路初車ᄂᆞᆫ午前六時五十六分
龍山發至鍾路 終車ᄂᆞᆫ午前七時五十七分
南大門發至鍾路終車ᄂᆞᆫ午前十時八分
龍山發至鍾路 終車ᄂᆞᆫ午後九時九分

○特別私用車ᄂᆞᆫ顧客의方便ᄒᆞᆷ을隨應ᄒᆞ야準給ᄒᆞᆷ
但定價ᄂᆞᆫ本社에來臨ᄒᆞ야請問ᄒᆞ옵

○電燈部

二百五十燭力以內의敷用處에ᄂᆞᆫ每個月에定價表가如左ᄒᆞᆷ
○十六燭力燃燈達夜에二圓五十錢
○三十二燭力燃燈達夜에四圓
○五十燭力燃燈達夜에六圓
○一百五十燭力燃燈達夜에十圓
一千二百燭力弧形燈達夜에二十圓
二百五十燭力以上의敷用處에ᄂᆞᆫ請求ᄒᆞ면瓦斯計一箇를設給ᄒᆞᆷ
但瓦斯計賃金은每個月에二圓이오瓦斯計測驗表委托定價ᄂᆞᆫ每時間每암피아에二錢이옵
瓦斯計設給處에셔每介月支拂金最低額은每個月에二十圓인ᄃᆡ(瓦斯計貸金은)据ᄒᆞᆷ
電燈을敷設ᄒᆞ기에請求ᄒᆞᄂᆞᆫᄃᆡ給ᄒᆞᆷ으로供
各種連技辦燈도常時에貯存ᄒᆞ엿ᄉᆞᆸ

本社鍾路電氣會社
韓美電氣會社 告白

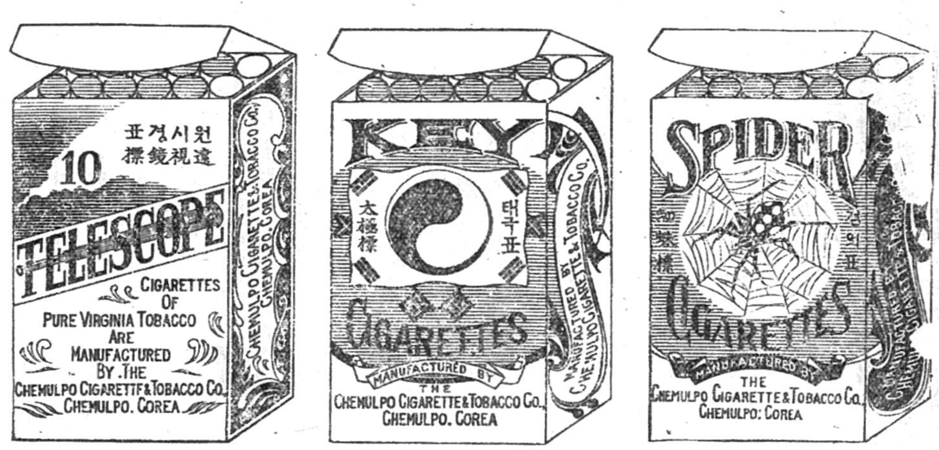

以上三種은上品으로製造ᄒᆞ야衛生上에至極有益ᄒᆞ오니毋論某人ᄒᆞ고本社에來顧ᄒᆞ옵

大韓帝國仁川港
濟物浦紙卷煙及烟草會社

一 鷹標罐濃詰牛乳
一 金印罐詰濃結牛乳
一 無雙家用氣化乳酪
一 쏘ㅣ든쓰製造麥芽化合牛乳
以上은常時에貯積ᄒᆞ엿ᄉᆞᆸ
美國紐育港쏘ㅣ든쓰濃結牛유會社
一手代理店 大韓仁川港 世昌洋行

廣告

一 雜貨商
一 貿易商
一 船舶取扱
一 煙草商
一 委托販賣及貨物運送代理業
一 貿易石炭商
以上輸入及輸出者
京城 仁川 大昌洋行

本社廣告

申報價

一張代金 韓貨五錢
一箇月前納 五十戔
三箇月 一元五十戔
六箇月 二元九十戔
一箇年 五元八十戔
郵稅一部 新貨五里
一箇月 十三戔

廣告料

四号活字十三字詰
每日每英尺一寸에新貨廿五錢
(每日每行에六錢에相當ᄒᆞᆷ)
二周日에 二圓五十錢
(每日每行四錢五里에相當ᄒᆞᆷ)
一箇月에 五圜
(每日每行四錢一里에相當ᄒᆞᆷ)
其期限의長短과字行의多少를依ᄒᆞ야增減ᄒᆞᆷ이有ᄒᆞᆷ
大韓人마다此申報를不得不閱覽ᄒᆞ실터이오니廣告出報ᄒᆞ실僉君子ᄂᆞᆫ來臨面議ᄒᆞ시옵

發行兼編輯人 英國人裴說
發 行 所
京城北署壽進坊磚洞号外地法語學校前
大韓每日申報社

第三卷 第四十三號

大韓每日申報
대한매일신보

月曜及慶節 歲時日休刊

檀君開國四千二百三十八年
箕子元年三千二十七年
大韓開國五百十四年
日本明治三十八年
淸國光緖三十一年
陰曆乙巳九月小五日乙亥

論說

和約締結之理由

近日東京에排和騷動은實是愚蠢所致라甚不穩當이니一世非認은猶可勿論이되俄國은認此以戲弄ᄒᆞ리라空然張言을却置度外면小村男爵의調印和約이對日本之所能得ᄒᆞ야甚是適宜니蓋戰役은無財政이면不可謀라日本이似至此境故로命小村大臣ᄒᆞ야特減其要求ᄒᆞᆷ이니若現今政府가負債已重이오且自覺其外債之不能復得이면將至成功者ㅣ何者오宜乎深思로되戰役效果가大爲落下於人民量度ᄒᆞ얏신즉戰局實報ᄂᆞᆫ政府에셔雖可掩置矣어니와至於韓國獨立과俄兵撤歸ᄒᆞ야도似是亦然이라歷其嚴肅檢察ᄒᆞᆫ新聞唱導를因ᄒᆞ야放肆之心이生ᄒᆞᆫ人民은可責政府로다日本開戰이民心所發인즘은確然無疑인즉雖失望之事라도多少紛擧ᄒᆞᆷ이有何妨焉이리오自初失計가出於西伯利亞鐵道之虛置인바同鐵道破壞ᄂᆞᆫ卽日水戰役의第一籌策이어날熟知此線路之人이言及於余호ᄃᆡ日本의對此失謀ᄂᆞᆫ不能解言이라ᄒᆞ얏고其次ᄂᆞᆫ出於旅順圍擊之許久歲月이니以六月定限陷落이延至一年ᄒᆞᆫ것도亦因鐵道破壞之失錯이어니와若日本密探이奏其實效러면旅順獲得에萬人이足矣오且其征服이頗甚輕易ᄒᆞ얏깃도다乃大大和이馳到奉天之日에部下兵卒이七萬五千人이오且旅順港前에死傷略算이亦至七萬五千人則合計면十五萬人이라足以於諸路分攻이니若使此兵으로編成大陣이런덜日兵은入於合爾賓之日이已久ᄒᆞ얏슬거시오俄軍은近日告成된海參威防衛를如彼精微設備ᄒᆞ기에不得其時ᄒᆞ얏스리라此皆直因於鐵道破棄之不如意니遺間日軍은必見自勢之無望이오且軍務省에셔ᄂᆞᆫ海參威之堅固가太過於旅順ᄒᆞᆷ을認得ᄒᆞ얏스니幾億財産과幾萬生命을更輸于戰場ᄒᆞᆯ거슨不得已之勢어날日本政府의料得은財政을不可復募오軍兵을不得更備라由是로如此事情下에能得ᄒᆞᆯ最好約然을締結ᄒᆞ야克復平和ᄒᆞᆷ이果是適宜ᄒᆞ얏도다日本公衆의見이怨此不足結果ᄒᆞ야曰創戰役과羞恥和約의責任을歸之于政府ᄒᆞ야督促退免ᄒᆞ니暫對之見이면彼有義理나彼當有記念之事ᄒᆞ니觀其形勢면小大不同이오鐵道破毁가終歸虛勞ᄒᆞᆷ을觀之면力固有限이오킬코프親王이擴張權力ᄒᆞᆷ에意外效果가反作原因於混亂ᄒᆞᆷ을觀之면非固不可以速成어던況乎要緊ᄒᆞᆫ俄國內亂도似將至失望於日本者哉아是故로日本政府의務圖繼戰도未有不可라ᄒᆞᆷ은成就有望ᄒᆞᆷ이오今日結和도亦云可也라ᄒᆞᆷ은此係難避ᄒᆞᆷ이니라豈其然也리오忠義人民을欺避ᄒᆞᆫ責任은自有ᄒᆞ나政府도亦其人民의自誇之心이生ᄒᆞ야繼續戰局을昨今間에無意히唱道ᄒᆞᄂᆞᆫ事勢를知悉ᄒᆞ얏도다蓋政府ᄂᆞᆫ當見信於人民ᄒᆞ고且其戰局이一無拘礙ᄒᆞ야至於宛結ᄒᆞᆯ거슬使民信之케ᄒᆞᆷ보다反形以告之ᄒᆞ야使分懸念케ᄒᆞᆯ거시니雖如此라도人民이生命財政을供給ᄒᆞ기에小不失熱心ᄒᆞ얏슬거슨可以量度이어니와且今外國資本家도通行甘言으로畝蔽치안코但價値의形勢를精密히審決ᄒᆞ얏ᄂᆞ니라

雜報

政界警鐘

凡厥仕於朝者ㅣ其職이愈高에其責이愈大ᄒᆞ야一事一政이或至差謬면國之禍害와民之疾苦가捷於影響에忽焉而至ᄒᆞ야身被惡名而萬世取譏ᄒᆞᄂᆞ니是以로古之賢者ᄂᆞᆫ量力而仕ᄒᆞ야學未成則不仕ᄒᆞ며時未可則不仕ᄒᆞ며言不用計不聽則不任이고其或不得已祿仕된辭高而就卑ᄒᆞ야雖抱關擊柝이라도不以爲羞ᄒᆞ야不敢以身으로爲誤國誤民之犧牲이러니胡爲乎今之人은一藝를不修ᄒᆞ며一丁을不識ᄒᆞ고도侈心則皆有ᄒᆞ야晝夜所營이在於高官大爵이라가及夫僥倖得成이면時勢之如何와事理之得失을都不較計ᄒᆞ고直冒而前ᄒᆞ야視民國을如已敗之弈碁ᄒᆞ야任其亂着에毫不顧惜하고畢竟事機大誤則曰非我也라數也라하며靦然後進하야必欲無國無民而後에乃已하니嗚呼라淸事가縱爲若人之得계나爲其民國이不亦難乎아或者天不悔禍하야生下此等人而진此邦國歟아其意를誠難칭斯로다噫라韓之時事를尙忍言哉아一誤再誤而不可幾誤하야律手繫足에動彈不得하며血焦骨削而滿身風攣하야惴惴然僅存一髮氣息하니其生其死가直一翻覆手間이거날幾箇庸醫가猶爲擾秩奮進하야環守而不去하니未知其萠蘆裏에藏着何樣壞藥인지誠懼也며誠可可怕也로다嗚呼라一念이苟善이면百罪를可贖이오昨非而今是ᄂᆞᆫ人所當想인더러亡羊補牢가時雖已晚이나猶有愈於束手待亡이니念皇室之孤立하며顧民生之無辜하야恐懼戒愼을如奉盤水하며同寅協恭하야救得幾分이면非徒身免於僇辱而令譽를可取라宗社生靈이亦有賴焉ᄒᆞᆯ지니不審政府諸大人은其將何居焉고

外報

◎布哇月落 美國하와이도大學校의天文學校教授박카링氏가說云ᄒᆞ되博士저ㅣ쥐쓰원氏의說를據ᄒᆞᆫ즉地球의廻轉ᄒᆞᄂᆞᆫ速力은千九百年以前과今日을比較ᄒᆞ면十分之一秒쯤遲緩ᄒᆞ여졋다ᄂᆞᆫ것인ᄃᆡ此地球의廻轉ᄒᆞᄂᆞᆫ速力이至今보담三時間쯤速ᄒᆞ던太古적에ᄂᆞᆫ月과地球가同體러니地球가廻轉ᄒᆞᄂᆞᆫ速度를減ᄒᆞᆫ同時에因ᄒᆞ야引力을減ᄒᆞ야月과地球가遂爲分離ᄒᆞᆷ이오又兩者가合體ᄒᆞ얏든時代에ᄂᆞᆫ月은美洲大陸과南極을接續ᄒᆞ얏든大陸이러니地球와分離ᄒᆞᆯ時에其一部分은太平洋中에落去ᄒᆞ얏ᄂᆞᆫᄃᆡ其落去ᄒᆞᆫ部分은則今之布哇國也라然而月之噴火口와布哇之噴火口가全然同形ᄒᆞ야兩皆形凹ᄒᆞ고又月에ᄂᆞᆫ生物이有ᄒᆞ다云云ᄒᆞ얏더라

東京電報

◎露紙反論 十月一日오後一時五十七分發

露國新聞은英日同盟에對하야大히敵意를包含하얏더라

◎廣島火災 十月二日오前十時五十分發

昨日廣島練兵場馬糧廠附場에火災ᄂᆞᆫ其損害가五百萬圓에越하얏다云하고火災原因은放火에凝ᄒᆞᆷ이라더라

◎美孃歸程

過日來韓國에來遊中이든美國令孃一行은昨一日오前에門司에着하야橫濱으로直向하얏더라

雜報

諸般社會를對ᄒᆞ야教育을勸告ᄒᆞᆷ이라

嗚呼라今大韓形勢를觀念ᄒᆞ면元氣血脈이殆히斷ᄒᆞ고手足運動이無一自由ᄒᆞ니世界萬古에國勢가如此ᄒᆞ고滅치아니ᄒᆞᆫ者가有ᄒᆞᆯ가

全國二千萬人民이擧皆盲聾과天痴가아니면宜乎氣短膽寒이오不止於痛哭流涕로다未知케라大韓人民은國家의存亡이自己에關係이無ᄒᆞᆫ줄로認知ᄒᆞᄂᆞᆫ가

現今時代ᄂᆞᆫ古昔과不同ᄒᆞ야國家가不存ᄒᆞ면人民이先亡ᄒᆞ나니萬一國家가危殆ᄒᆞ면一般人民의田土와財産은誰人의所有가되며世世子孫은誰人의奴隷가되며自身의生死ᄂᆞᆫ誰人의게委任ᄒᆞᆯ가此를思想ᄒᆞ면엇지身命을足惜ᄒᆞ리오

然ᄒᆞ나環顧一世에誰가能히此大運을挽回ᄒᆞᆯ者ㅣ뇨政府上人物은庸碌之輩가아니면罪惡이巳著ᄒᆞᆫ者라固無可望이오至若外人ᄒᆞ야ᄂᆞᆫ專히此國의權利를奪取코져ᄒᆞᄂᆞᆫ者니

萬若政府를期望ᄒᆞᄂᆞᆫ者면可笑ᄒᆞᆫ愚見이오外人을依賴ᄒᆞᄂᆞᆫ者면賣國賊의惡名을不免ᄒᆞᆯ者라然則大韓의一線生脈이何處에在ᄒᆞ뇨ᄒᆞ면곳人民社會에在ᄒᆞ다謂ᄒᆞᆯ지라

現時大韓國中에諸般社會人員을槪算ᄒᆞ면大約爲百餘萬衆이라彼歐洲에ᄂᆞᆫ六十人이獨立ᄒᆞᆫ者도有ᄒᆞ고三百人이獨立ᄒᆞᆫ者도有ᄒᆞ니

若以許般社會에百餘萬衆으로團體를團結ᄒᆞ야愛國熱心이萬折不回ᄒᆞ면엇지獨立의基礎를不成ᄒᆞ리오

今에諸般社會를爲ᄒᆞ야計ᄒᆞ건딕모히急急勉勵ᄒᆞᆯ者ᄂᆞᆫ教育一事니但以言語文字로만曰教育教育이라謂치말고各其實心實力으로私塾을擴張ᄒᆞ되財産이有ᄒᆞᆫ者ᄂᆞᆫ補助를不惜ᄒᆞ고風力이有ᄒᆞᆫ者ᄂᆞᆫ周旋을極盡ᄒᆞ야諸般教育이日新又新ᄒᆞ면不過幾年에國中靑年子弟幾百萬名의知識이發達ᄒᆞ고實業이增進ᄒᆞ면其勃然興起之勢를孰能禦之리오

彼歐洲諸國은尙矣라最近ᄒᆞᆫ日本의與隆ᄒᆞᆫ實効로써觀ᄒᆞ면自維新以來로不過三十年에突然히莫強之國을成立ᄒᆞ얏스니此ᄂᆞᆫ莫非教育之功이라

大韓도또ᄒᆞᆫ如斯히教育을振起ᄒᆞ면非常ᄒᆞᆫ功効가出於意想之外ᄒᆞ리니惟願諸般社會ᄂᆞᆫ教育一事가곳二千萬衆의生活方針으로確知ᄒᆞ야殫厥心力ᄒᆞ야曠圖擴張ᄒᆞᆯ지어다

◎宴待美賓 韓國에遊覽ᄒᆞᄂᆞᆫ美國富豪하리만氏ᄂᆞᆫ昨日에韓國商業家에셔同氏를上賓으로待ᄒᆞ야敬意를表ᄒᆞ기로宴會를開催하얏다더라

◎可謂高會 昨日國民教育會에셔開會演說ᄒᆞᆷ은別行揭載와如ᄒᆞ거니와同日新門外法人馬典旅館으로親睦會를開ᄒᆞ고禮式節次를整頓設行ᄒᆞᄂᆞᆫ데副會長金貞植氏ᄂᆞᆫ開會祈禱ᄒᆞ고會長李源兢氏ᄂᆞᆫ親睦會趣旨를說明ᄒᆞ고金德基氏ᄂᆞᆫ來賓으로答辭ᄒᆞ고俞星濬氏ᄂᆞᆫ國民의教育會趣旨를演說ᄒᆞ고李完用權重顯兩氏ᄂᆞᆫ該會會務의擴張ᄒᆞᆷ을演說ᄒᆞ고高義益氏ᄂᆞᆫ閉會祈禱ᄒᆞᆫ後에茶果禮를行ᄒᆞ고歡樂ᄒᆞᆫ情을表ᄒᆞᆫ後下午六時에散歸ᄒᆞ얏다더라

◎毁城作路 平南觀察署理李承載氏가內部에報告ᄒᆞᆫ槪에現接日本兵站司令官照會則今此大軍이當地通過ᄒᆞᆫ或宿營之際에軍事行動上必要가有ᄒᆞ야自大同門側으로至浦門側城壁上道路를築ᄒᆞᆫ云云等因인바莫重保障을毁作新路가事甚驚悚키로與經交涉이오되無諸軍用에終不回意ᄒᆞ니實難自下措處이온즉查照後稟照外部ᄒᆞ와卽爲交涉措處ᄒᆞ라ᄒᆞ얏더라

◎元氏被獲 自稱義兵大將ᄒᆞ던元容八을原州鎭衛隊尉官與一進會員이合力捕獲ᄒᆞ얏ᄂᆞᆫ데元容八은日內에事旣到此ᄒᆞ니速速押付于京城駐箚日本司令部ᄒᆞ라고高聲叫罵ᄒᆞ얏다ᄂᆞᆫ惡說이有ᄒᆞ더라

◎會報發刊 國民教育會臨時會長金貞植氏가該會會報를自十月爲始發刊廣佈之意로農部에請願ᄒᆞ얏더라

◎叙勳一束

詔曰久駐本邦之日本少將新井有貫은特叙勳一等ᄒᆞ고海軍大佐大田盛實은特叙勳二等ᄒᆞ고海軍主計少監關根福祿과海軍造船少監柴岡喜一郞은特叙勳三等ᄒᆞ고海軍大軍醫白井官太郞과半田新造와海軍造船大技士廣瀨昇次郞과海軍技師結城先太ᄂᆞᆫ幷特叙勳四等各賜八卦章以示親愛之意라ᄒᆞ오시고詔曰今次來到之日本赤十字社常議員陸軍二等軍醫正山上兼善은特叙勳三等賜太極章以示紀念之意라ᄒᆞ옵셧더라

◎勸告無力 牙山郡守李秉協氏가當初得郡이勸告中에出來라ᄂᆞᆫ데近日上京하야雄邑을圖得ᄒᆞ야하나從前錢財하고도不如意하야日間遞官ᄒᆞᆫ다ᄂᆞᆫ說이有하더라

◎其義可獎 平南觀察署理李承載氏報告를據ᄒᆞᆫ즉安州郡民人鄭永奎等訴狀內開에以爲本郡이年年旱蝗之餘에又値甲辰搶攘하야셔俱空하고家家한領에 益蠭擊하며人人餓 에仳離塡壑者ㅣ前後相속之際에及至本年春二月本郡士人金周鳳이傾廩而周急하며賣庄而賑飢ᄒᆞ고此又不足하야貿穀于淸國地方하야夏四月載船而回하야散米與民에保活數百餘戶生靈而生等은俱是賑口之民故로爲報活命之德하야玆以仰 하오니將此辭轉報京部하야俾褒褒獎之典等因이온바金氏之傾家救荒이詢美且義之擧也라數百名生靈이賴此得活하니事固嘉尙이오志亦可獎이오니查照後特下賞典하라하얏더라

◎何其壯哉 開城府尹崔錫肇氏夫人에親母夫人이月前長逝ᄒᆞ얏ᄂᆞᆫ데其冥路超薦ᄒᆞ기를爲ᄒᆞ야처處巫家에致誠費가屢千元에至ᄒᆞ고東門外山寺에셔設齋ᄒᆞᆫ所費가極其宏大ᄒᆞ야綢緞錢米等諸物이數千元價値가되다ᄒᆞ니同氏에富溢ᄒᆞᆷ은世人의共知어니와此等無益之費를如是濫用ᄒᆞᄂᆞᆫ게惜福ᄒᆞᄂᆞᆫ道理가아니라고巷說이有ᄒᆞ더라

◎奏本中止 內部署理大臣李鳳來氏가郡守奏本十三窠와□轉幾窠를日間奏本ᄒᆞᆫ다더니何事件을因ᄒᆞᆷ인지姑爲中止ᄒᆞᆫ說이有ᄒᆞ다더라

◎事或相左 李□夏氏가平安道察使로人命殺害와民財攫奪이다ᄒᆞ고世人이譏議ᄒᆞ기로日昨本報에揭載ᄒᆞ얏더니同氏가前後文牒을帶來ᄒᆞ야辨明ᄒᆞᆷ을聞ᄒᆞᆫ즉傳說과不無相左ᄒᆞ기로更布ᄒᆞᆷ

◎軍大疏批 軍大李根澤氏疏批에克念委畀之意에誼宜固辭至此리오其勿更煩ᄒᆞ고卽起視務라하옵셧더라

◎四氏新命 侍從副卿閔亨植氏ᄂᆞᆫ特進官으로特進官李貞烈氏ᄂᆞᆫ侍從副卿으로贊議李根湘氏ᄂᆞᆫ禮式卿으로贊議朴鏞和氏ᄂᆞᆫ警査局長을被命하얏다더라

◎軍協署理 軍協嚴柱益氏ᄂᆞᆫ데臣署理事務를解任하얏더라

◎史庫奉審 詔曰史庫ᄂᆞᆫ卽國家文獻이라金匱石室之藏이在焉하니其所重이형別矣되今番無前之風雨에或불無顏圮滲漏之慮니其令禮院及秘書監官員으로前往各史庫하야奉審以來라하옵셧더라

◎歉歲可慮 近畿諸處農形을聞ᄒᆞᆫ즉向日風雨에受損ᄒᆞ야太半空殼뿐더라近日來로萎黃色이又起ᄒᆞ야近於歉年키로農家憂色을不可形言이라더라

◎醉者尉官 南村□□色酒家에셔平服日人三名과韓國參尉三人이各設一席하고飮酒하ᄂᆞᆫ데尉官드리主人蝎甫와談笑戲謔이爛만ᄒᆞᆫ즉日人이相視而笑曰大韓軍人은娼家所用에ᄂᆞᆫ合當하나斷非戰場所用이라하되尉官들이其言語을未解하야如前戲謔ᄒᆞᆷ기로日人이避去하얏ᄂᆞᆫ데在傍ᄒᆞᆫ日語能解者들이該尉官의持身불正하야日人에계嘲笑을被ᄒᆞᆷ을罵하더라더라

寄書 （續）

隣國視察은即交濟上當行底事而還國之未滿幾月에又復視察이華蔓不絕ᄒᆞ되終無一事成效於國家ᄒᆞ니明是視察員이圖得自己權利上運動也라因私費國ᄒᆞ니嗚乎痛哉라此豈非股肱之生病乎며

政府官爵은國家之公器어ᄂᆞᆯ認若自己所有ᄒᆞ야此出彼入에互相輪代ᄒᆞ니假使政治가日新ᄒᆞ고百姓이安堵ᄒᆞ면出入輪代ᄅᆞᆯ敢無閭巷之怨懟로되國事가愈往愈圮ᄒᆞ고

百姓이漸蹶塗炭ᄒᆞ니是何祟也며是何變也오二千萬同胞가歲爲歸咎於政府ᄒᆞ

嗚乎痛哉라此豈非股肱之生病乎며際此六洲混同之世ᄒᆞ야務存自修自强之義而倍萬淸謹持心이라도猶慮方策之虧欠이온況此民之所好ᄅᆞᆯ惡之ᄒᆞ고民之所惡ᄅᆞᆯ好之ᄒᆞ야阿附外人而致此病上添病ᄒᆞ니

嗚乎痛哉라此豈非股肱之生病乎며輪代大官이伺察 聖意ᄒᆞ고東西運動ᄒᆞ야幸得大官이면叙任初頭에輒呈辭疏ᄒᆞ니此ᄂᆞᆫ敢試 天意乎잇가瞞過世人乎잇가剖肝之揣計也며中途에或有難處之端이면外假辭疏ᄒᆞ고內乞勿批ᄒᆞ니二心所在에致何公平고

嗚乎痛哉라此豈非股肱之生病乎며外人之要求ᄅᆞᆯ可以聽許者ᄂᆞᆫ許之ᄒᆞ고不可聽許者ᄂᆞᆫ雖當刀鋸之肉泥라도不可聽許ᄂᆞᆫ何者오一則 祖宗締啓之彊域으로我

聖上遵守之鴻業也오二則世食國祿ᄒᆞ고報答 天恩之忠義어ᄂᆞᆯ媚諛外人ᄒᆞ야捏於調印을惟恐不及ᄒᆞ니嗚乎痛哉라此豈非股肱之生病乎잇가餘外許多病件은不可一一擧達이어니와

抱此重病ᄒᆞ고何以甦生고盖此股괭之病이深入全國筋骨ᄒᆞ야現在浸淪之中ᄒᆞ니此時此病은何藥이確當인지藥不瞑眩이면厥疾이不瘳라瞑眩之藥이即在朝暮어ᄂᆞᆯ何不慰此重病而收拾精神이리오生當爲二千萬同胞之罪人이라死何面目으로仰對先王祖宗在天之靈乎잇가筋骨之袪病은都在移風易俗이오移風易俗은惟在股괭之袪病이오股괭之袪病은先正其心이니浸沒ᄒᆞᆫ舊謬ᄅᆞᆯ一向不悛ᄒᆞ야心有所不存則無以檢其身也라雖食息之間이라도先正其心然後에扁鵲이在我ᄒᆞ고藥石이在我矣리니正其心袪其節이爲急先務故로敢此伏達ᄒᆞ오니涵燭幸甚焉

（完）

外報

●陸軍연習　伯林電을據ᄒᆞᆫ즉德國에서陸軍大연習을和蘭國境에서擧行ᄒᆞᄂᆞᆫ데其練兵場에英國皇后陛下게셔臨場ᄒᆞᄂᆞᆫ故로德國에서特別히敬意ᄅᆞᆯ表ᄒᆞᆯ意로軍隊에傳令ᄒᆞ얏다더라

●陸軍大련習　청國에서今年秋季에北洋의陸軍大련習을擧行ᄒᆞᆯ터이기로練兵廳에서各國大련習의章程을參酌ᄒᆞ야頗히進步ᄒᆞᆫ條規ᄅᆞᆯ設ᄒᆞ얏ᄂᆞᆫ데련習中에接待所ᄅᆞᆯ設ᄒᆞ야各國文武官及各省에서派送ᄒᆞᆫ人員以外新聞記者ᄭᆞ지도相當ᄒᆞᆫ便宜ᄅᆞᆯ與ᄒᆞ야兩軍布置의形狀等을說明ᄒᆞ고又別히檢閱所ᄅᆞᆯ設ᄒᆞ야機密에關ᄒᆞᆫ事ᄂᆞᆫ一切發表ᄒᆞᆷ을不許ᄒᆞᆯ方針이라더라

雜報

●青坡宴會　再昨日下午三時에日本公領事長谷川大將英美德淸四公使及警務顧問官과韓國大官諸氏와軍樂隊士官四人과該隊兵三十名이青坡居住度支顧問目賀田氏家에서宴會ᄒᆞ고下午六時에罷宴ᄒᆞ얏다더라

●學徒質問　昨日上午十時에各學校生徒가一齊會集ᄒᆞ야選遣摠代于學部ᄒᆞ야該大臣에게質問ᄒᆞ야曰各教官月俸을數日內籌爲措處爲教矣러니尙無如何措處之消息ᄒᆞ니是曷故焉고ᄒᆞᆫ즉學大臣內에以此事로照會度支ᄒᆞ야要其筭外支用而姑無回復ᄒᆞ니待其回復ᄒᆞ야當爲歸正矣니退俟ᄒᆞ라ᄒᆞ야다더라

●賴有此會　日昨國民教育會에서開會하고會長李源競氏가該會趣旨說明하니如左하더라

文明之原意가首在教育이오教育原意가在於基督教인바試觀今日各國皆以上帝極世救靈하며愛人如已히심으로職掌宗教故로基督教ㅣ幾握全地子教育權하야文化日進이如風潮하니即世界人類에自由釋放之時代也어ᄂᆞᆯ我國이尙無教育故로以至今日此境하니嗚呼라亡羊補牢가雖云晩矣나羨魚結網이猶賢乎已니

所以國民教育會ㅣ創設也라設會一年에幸蒙同志贊成하야至于今日始有親睦之擧하니何榮加之리오

今日此會員은不論教內教外하고悉有國民之義務라되抵國民教育을非一人一已之私게오乃全國萬民之責任이니

其責任何在乎則教育青年子弟ᄂᆞᆫ責在其父兄이오教育方針如何云ᄒᆞᆫ즉人人箇箇가皆知其自由釋放之公權而復原公權之道ᄂᆞᆫ惟

皇上帝ㅣ降衷下民하야以自由平等之恒性이已괴然則今日教育急務ᄂᆞᆫ專在於是라普願我되官諸公으로以及平民하야凡我同胞ᄂᆞᆫ基督教新舊約眞理ᄅᆞᆯ講明하시오

來賓

李允用　李完用　權重顯
閔種默　閔泳喆　閔泳敎
李夏榮　李準榮　李寅榮
金思轍　朴箕陽　閔衡植
李根洪　李建鎬　李相설
張世基　安鍾惠　權重奭
康洪ᄃᆡ　趙漢根　金得鍊
李 긔　金重煥　姜華錫
呂圭亨　俞鎭贊

申ᄃᆡ均諸氏오紳士會員이近數百名이라더라

●鑛道保證　慶南金海郡守李徙善報告ᄅᆞᆯ據ᄒᆞᆫ즉馬山浦鑛道班長西田萬治의照會ᄅᆞᆯ接准ᄒᆞᆫ즉內概馬山浦三浪津間軍用鐵道停車場增收用地本郡管下臺進ᄌᆞ里로至新永里ᄒᆞ야一萬六千零十三坪을別紙圖面以送ᄒᆞ니右地段을大日本軍用鐵道用地로承認ᄒᆞ야賣買讓與을嚴禁保證ᄒᆞᆯ事로捺本郡守印章以送ᄒᆞ라고方爲立促ᄒᆞ오나地段讓與가事係大體더러況此捺印保證一款은尤不敢擅便ᄒᆞ오니査照指令이라ᄒᆞ얏더라

●歌亦悲壯●　續

錢路도끈어지고
取貸도막혀신이
士農工商失業名가
누ᄅᆞᆯ바라ᄉᆞ잔말가
國運이否塞ᄒᆞᆫ뎔
이러케否塞ᄒᆞ며
時運이不幸ᄒᆞᆫ뎔
이다지不幸ᄒᆞᆫ가
千萬古에未聞이오
千萬古에未見이라
이라시뉘타시뇨
政府大官타시로다
先王에구든基業
政府大官巳物인가
私自幻弄무삼일고
春秋斧鉞免ᄒᆞᆯ손가
賣國之賊그안이며
亡國之臣이안인가
一國에賊臣되이
朝端에엇지셔며
先王에罪人되이
地下엔덜엇지가며
萬民에積冤하니
天殃인덜免ᄒᆞᆯ손가

（未完）

特別廣告

本申報는海外電報를即接ᄒᆞ야機關에通ᄒᆞ고外報와探報를敏捷活潑ᄒᆞ도록注意ᄒᆞ오며申報發送ᄒᆞᄂᆞᆫ디迅速信傳ᄒᆞ기ᄂᆞᆫ分傳人의게在ᄒᆞᆷ으로本社에셔平常에諸分傳人의게丁寧告戒ᄒᆞ고申申訓飭ᄒᆞ야毋或媮惰ᄒᆞ게注意ᄒᆞ거나와如或暫有積怨이라도愛讀僉君子ᄂᆞᆫ密使適知于本社ᄒᆞ시면該分傳의게誠信相孚ᄒᆞ도록耳提面命ᄒᆞ고勸贊가發生ᄒᆞ도록誨論ᄒᆞ야必無遲誤ᄒᆞ기로期待ᄒᆞᄋᆞᆸᄂᆞ이다

本社에寄書ᄒᆞ시ᄂᆞᆫ諸君子ᄂᆞᆫ姓名과居住를明確ᄒᆞ게懸錄送附ᄒᆞ시와證據가有ᄒᆞᆷ을必要ᄒᆞᆷ이오公衆平和와ᄒᆞᆫ秩序를紊亂케ᄒᆞᄂᆞᆫ意와社會上不經荒雜ᄒᆞᆫ寄書ᄂᆞᆫ不受ᄒᆞᄂᆞᆫ權利가本社에自有ᄒᆞ오니肯諒ᄒᆞ시ᄋᆞᆸ

大韓每日申報社

廣告

貿易商 本社ᄂᆞᆫ仁川港日本郵便電信局對面電話第二百一番地

仁川港 廣昌洋行

벤넛트合社告白

○鐵路部

○東大門과新門間에來往車ᄂᆞᆫ每十分間에運行ᄒᆞᆷ
東大門發初車ᄂᆞᆫ午前六時三十分
新門外停車場發初車ᄂᆞᆫ午前六時五十五分
東大門發終車ᄂᆞᆫ午後九時五十分
新門外停車場發終車ᄂᆞᆫ午後十時十五分

○東大門과洪陵間에來往車ᄂᆞᆫ每二十分間에運行ᄒᆞᆷ
但自鍾路로東大門에來到ᄒᆞᆫ交替車로聯絡ᄒᆞᆷ
東大門發初車ᄂᆞᆫ午前六時五十分
洪陵發　初車ᄂᆞᆫ午前七時十分
東大門發終車ᄂᆞᆫ午後七時五十分
洪陵發　終車ᄂᆞᆫ午後八時十分

○鍾路와龍山間에來往車ᄂᆞᆫ每十二分間에運行ᄒᆞᆷ
鍾路發至南大門初車ᄂᆞᆫ午前六時四十八分
鍾路發至龍山　初車ᄂᆞᆫ午前七時二十四分
南大門發至鍾路初車ᄂᆞᆫ午前六時五十六分
龍山發至鍾路　終車ᄂᆞᆫ午前七時五十七分
南大門發至鍾路終車ᄂᆞᆫ午前十時八分
龍山發至鍾路　終車ᄂᆞᆫ午後九時九分

○特別私用車ᄂᆞᆫ顧客의方便ᄒᆞᆷ을隨應ᄒᆞ야準給ᄒᆞᆷ
但定價ᄂᆞᆫ本社에來臨ᄒᆞ야請問ᄒᆞᄋᆞᆸ

○電燈部

二百五十燭力以內의敷用處에ᄂᆞᆫ每個月에定價表가如左ᄒᆞᆷ
○十六燭力燃燈達夜에二圓五十錢
○三十二燭力燃燈達夜에四圓
○五十燭力燃燈達夜에六圓
○一百五十燭力燃燈達夜에十圓
一千二百燭力弧形燈達夜에二十圓
二百五十燭力以上의敷用處에ᄂᆞᆫ請求ᄒᆞ면瓦斯計一箇를設給ᄒᆞᆷ
但瓦斯計賃金은每個月에二圓이오瓦斯計測驗表委托定價ᄂᆞᆫ每時間每암피아에二錢이옵
瓦斯計設給處에셔每介月支拂金最低額은每個月에二十圓인ᄃᆡ(瓦斯計賃金은)据ᄒᆞᆷ
電燈을敷設ᄒᆞ기에請求ᄒᆞᄂᆞᆫᄃᆡ給ᄒᆞᆷ로供各種連技辦燈도常時에貯存ᄒᆞ엿ᄉᆞᆸ

本社鐘路電氣會社
韓美電氣會社 告白

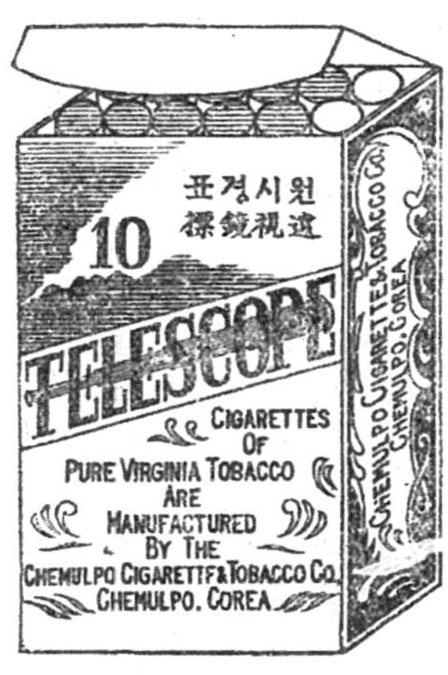

以上三種은上品으로製造ᄒᆞ야衛生上에至極有益ᄒᆞ오니毋論某人ᄒᆞ고本社에來願ᄒᆞᄋᆞᆸ

大韓帝國仁川港
濟物浦紙卷煙及烟草會社

一 鷹標罐濃詰牛乳
一 金印罐詰濃結牛乳
一 無變家用氣化乳酪
一 쌔ㅣ든쓰製造麥芽化合牛乳
以上은常時에貯積ᄒᆞ엿ᄉᆞᆸ
美國紐育港쌔ㅣ든쓰濃結牛乳會社
一手代理店　大韓仁川港　世昌洋行

廣告

一 雜貨商
一 貿易商
一 船舶取扱
一 煙草商
一 委托販賣及貨物運送代理業
一 貿易石炭商
以上輸入及輸出者

京城 仁川 大昌洋行

本社廣告

申報價

一張代金　韓貨五錢
一箇月前納　五十戔
三箇月　一元五十戔
六箇月　二元九十戔
一箇年　五元八十戔
郵稅一部　新貨五里
一箇月　十五戔

廣告料

四号活字十三字詰每日每英尺一寸에新貨廿五錢(每日每行에六錢에相當ᄒᆞᆷ)
二周日에　二圓五十錢(每日每行四錢五里에相當ᄒᆞᆷ)
一箇月에　五圓(每日每行四錢一里에相當ᄒᆞᆷ)
其期限의長短과字行의多少를依ᄒᆞ야增減ᄒᆞᆷ이有ᄒᆞᆷ
大韓人마다此申報를不得不閱覽ᄒᆞ실터이오니廣告出報ᄒᆞ실僉君子ᄂᆞᆫ來臨面議ᄒᆞ시ᄋᆞᆸ

發行兼編輯人　英國人裵說
發行所
京城北署壽進坊磚洞号外地法語學校前
大韓每日申報社

第三卷

大韓每日申報
대한매일신보

第四十四號

月曜及慶節時日休刊

檀君開國四千二百三十八年
箕子元年三千二十七年
大韓開國五百十四年
日本明治三十八年
淸國光緖三十一年
陰曆乙巳九月小六日丙子

論說

海關變更

若無意外事면韓國海關이從今一朔後에歸于日本管轄ᄒᆞ리니十月晦日에ᄂᆞᆫ柏卓安氏가讓務於財政顧問目賀田氏ᄒᆞᆯ거시오

其他淸國으로從來ᄒᆞᆫ雇傭人員等도亦將還帆于淸國ᄒᆞ리로다如此解約이出於直接壓力인지ᄂᆞᆫ非所測量이오

猶且目賀田氏도韓國公務를多年勤實服役ᄒᆞ던諸人은自己手下에仍留ᄒᆞ기를希望ᄒᆞ나柏卓安氏가至于今日토록專管稅務ᄒᆞ야事業進益과航行便利에務圖經營ᄒᆞᆷ으로能使成效여날

理財才能이良有前鑑ᄒᆞ고且其經營이不過空理ᄒᆞᆫ日人管下에肯許浪遊ᄒᆞᆯᄂᆞᆫ지斷不能望이로다

亞細亞에英國利益의廣大ᄒᆞᆷ을商量ᄒᆞ면柏卓安氏의棄權ᄒᆞᆷ을因ᄒᆞ야損失될거ᄉᆞᆫ可以些少計之나

然이나正直英人은世界各處에英國利益이因以被害ᄒᆞᆯ거ᄉᆞᆯ悵歎不已ᄒᆞ고

且住韓英人은此地利益이全然歸虛ᄒᆞᆫ影響을因ᄒᆞ야不能禁抑寃ᄒᆞ리니因此報償이亦有斟酌이나不過暫時慰撫而已로다

他邦商民의利益도因此變更ᄒᆞ야卒然受苦ᄒᆞᆯ지ᄂᆞᆫ未可指言이니開港景況이似將不下於現今이오且其日人이自國稅務에自示能幹ᄒᆞᆷ이라

然이나ᄯᅩ 亦近有多少不平之端ᄒᆞ니此係戰品輸運이오且到着物品의促急配達은因其增稅ᄒᆞᆷ이니自今以往으로ᄂᆞᆫ彼或有變更이로다

韓國內日本陰謀가日人以外에何許外人을對ᄒᆞ야與其便宜ᄒᆞᆯ지ᄂᆞᆫ無人可測이어니와惟其日本産物이世界上最歇에居ᄒᆞᆯ거ᄉᆞᆫ必見ᄒᆞ리니

仁川商業을凋殘케ᄒᆞ고釜山을繁昌케ᄒᆞᆷ은鐵道收金의進益을歷行ᄒᆞᆷ이라諸般疑懼가至於一無所顧면事將至何境을由此可測이로다

白銅貨問題에劣拙經驗이韓國商利를使之損失케ᄒᆞᆫ目賀田氏가有此稅務重權ᄒᆞᆷ은我等의게도大端不便을移交ᄒᆞᆯ形態며韓國稅源이漸次入于日管ᄒᆞᆷ은觀之면柏卓安氏의韓國利益을增進ᄒᆞᄂᆞᆫ計策이固着될ᄂᆞᆫ지不能望이로다

官報

◉第三千二百五十九號 光武九年十月二日

◉宮廷錄事

詔曰久駐本邦之日本海軍少將新井有貫特叙勳一等海軍大佐大田盛 特叙勳二等海軍主計少監關根福祿海軍造船小監柴岡喜一郞幷特叙勳三等海軍大軍醫白井官太郞牛입新造海軍造船大技士廣瀨동次郞海軍技師結城先太幷特叙勳四等各賜八卦章以示親愛之意

光武九年九月十六日
表勳院總裁臨時署理議定官朴齊純

詔曰今次來到之日本赤十字社常議員陸軍二等軍醫正山上兼善特叙勳三等賜太極章以示紀念之意

光武九年九月十六日
表勳院總裁臨時署理議定官朴齊純

詔曰陪從武官長勳二等趙東潤恂勤持身殫竭厥職駐箚法國特命全權公使勳二等閔泳瓚持節外洋欽著勞幷特叙勳一等中樞院贊議勳三等李根湘屢試勤務允宜褒嘉陞叙勳二等各賜八卦章

光武九年九月二十一日
表勳院總裁勳一等朴定陽

詔曰度支部大臣勳二等閔泳綺旣有往年之勞且多歷試之績特陞叙勳一等賜八卦章禮式院禮式課長勳三等高羲敬克勤交務尙方司理事勳五等朴容淑益著往年之勞幷特賜太極章宮內府祕書官南廷奎頗多勤勞特叙勳五等賜太極章禮式院禮式官申泰建警衛院警務官黃信泰俱有勤勞幷特叙勳五等各賜八卦章

光武九年九月二十一日
表勳院總裁勳一等朴定陽

詔曰命宮內府協辦李容善爲農商工部協辦

光武九年九月二十六日
農商工部大臣臨時署理中樞院贊議成岐運

詔曰命警務廳警察局長金思默爲警務使漢城府少尹朴承祖爲警務廳警察局長

光武九年九月二十七日
內部大臣署理內部協辦李鳳來

◉叙任及辭令

日本國海軍少將新井有實
叙勳一等賜八卦章
日本國海軍大佐大田盛實
叙勳二等賜八卦章
日本國海軍主計少監關根福祿
日本國海軍造船少監柴岡喜一郞
叙勳三等賜八卦章
日本國海軍大軍醫白井官太郞
日本國海軍大軍醫牛입新造
日本國海軍造船大技士廣瀨동次郞
日本國海軍技師結城先太
叙勳四等賜八卦章
日本國赤十字社常議員陸軍二等軍醫正山上兼善
叙勳三等賜太極章
以上九月十六日

外報

◉淸日態度 北京電을據ᄒᆞᆫ즉滿洲將軍趙爾巽氏ᄂᆞᆫ九月十二日에淸廷에密電ᄒᆞ되淸國에셔日本에向ᄒᆞ야滿洲의日兵撤退日子를質問ᄒᆞ며又兩交戰國에對ᄒᆞ야損害비償金을要求ᄒᆞᄌᆞ고某御史ᄂᆞᆫ上奏ᄒᆞ기를日本으俄日講和에讓步ᄒᆞᆷ이반다시他日淸國에其報酬를請求코져ᄒᆞᆷ인즉今에此에對ᄒᆞ야準備ᄒᆞᆷ必要가有ᄒᆞ다ᄒᆞ얏ᄂᆞᆫ데西太后가大以爲然ᄒᆞ야袁世凱氏와今番列國에派送ᄒᆞᆫ諸大臣을命ᄒᆞ야審議케ᄒᆞ얏더라

◉奉天損害 日俄兩國이淸國東三省으로써戰爭을成ᄒᆞᆫ故로該地方住民의被害가莫甚ᄒᆞᆫ流離轉徙의慘狀을實로名狀키不能ᄒᆞ다ᄒᆞ야淸國政府에셔兩交戰國에對ᄒᆞ야損害비償을請求次로本月에東三省各將軍에電訓ᄒᆞ야損害를調査ᄒᆞᆫ後에迅速히報告ᄒᆞ라ᄒᆞ얏더니奉天將軍趙爾巽氏가調査ᄒᆞ야報告ᄒᆞ얏다ᄂᆞᆫ데其槪算이産業上損害ᄂᆞᆫ略二萬兩이오砲煙彈丸間에死傷ᄒᆞᆫ者ᄂᆞᆫ約二萬人이라ᄒᆞ고尙且黑龍吉林二省에셔ᄂᆞᆫ아즉報告가無ᄒᆞ나必是奉天省의損害에不下ᄒᆞ리라더라

◉日廷의森林經營 日本政府에셔平和克復後에北韓方面의森林伐採事業을經營ᄒᆞ야其利益을今後對韓經營費에充ᄒᆞᆯ터인ᄃᆡ目下에頻頻히調査中이라더라

雜報

妄言何較

本報發刊以來로凡諸內外情形을不憚人之是非흐고依直證去는自是報館之職務요非有愛憎而然인즉心之精微를庶幾有世人之定評이되一種浮雜之徒가不顧自家之行爲如何흐고只以辱人誣人으로作爲伎倆흐니殊可哂也로다

近見日本人所發刊漢城大東大韓等報則搖감本報가靡所不至而竟乃以內協李鳳來氏가銅貨一千元을捐助本報館樣으로空然弄舌흐니此言을可做된何言을不做라오其前後妄誕이類皆如此흐니固不足掛齒相較而世人所稱此三報之好做妄言이果係的確이라흐노라

●內協勸退　再昨日下오一時에一進會總代尹定植等二人이內部에前往흐야署리大臣李鳳來氏를對흐야辭職흐기를剴告흐얏더니該大臣所答에我有退意흐야封章이已久흐니人民의進退는　上意에在흐고會員의勸告흘비안인즉今因貴會勸告흐야는청退흠이不可라흐얏다더라

●放前청由　富平郡守成輔永氏가內部에청願흐되本官以保寧公錢吏逋未勘으로在平리院拘拿中이오나既非躬犯故로保放後還官視務러니平리院에서民事上錯誤흔事에□查흔다흐고牢囚監獄이淹至三四朔이온되現承催促還官之命흐니事甚切迫이온즉査照흐오셔該院決放前給由爲望이라흐얏더라

●美會未果　再昨日商業會議所에서美國人흐리만氏에게送人흐야同日오正에新門外停車場店舍로會見흐기를懇請受諾흐얏더니同氏가其前日에目賀田氏宴會의進參흐얏다가歸來後微恙이有흠으로踐約赴會치못흐고其書記官을代送흐야商會諸人에게謝意를說明흐야彼此係戀흠을表示흐얏다더라

●敎費請加　學部에서度支로照會흔內開에漢語學校敎師社方域氏를延聘흐야合同을業已經議奏裁이온바該敎師의言稱을據흔즉薪水金一百十元이果難徑用이기十元을加흐야一百二十元으로更定흐얏기該合同에付票定額흐기로청議書를件交흐오니照亮協署흐와以便經議라흐얏더라

●美使遊覽　再昨日下오五時에美公使與領事가隨員一人과女人五名을帶同흐고東門外洪陵內外局을遊覽흐얏더라

●巡檢減額　警務廳巡檢을減其額數흐고增其月俸흐야使之盡心服役케흔다는데該減額者大略二百名이오其支所配도亦將變更흘터이라더라

●觀察疏批　江原觀察趙鍾弼氏疏批에莅握未久흐니何可求解리오卿其勿煩益勉觀察之責이라흐옵셧더라

○學源大開　國民敎育會에셔親睦會를盛開흠은日前에已爲揭載흐얏거니와一般紳商에捐補흠을槪聞흔즉閔泳喆氏는新貨千圜이오李允用氏는五百圜이오外他各大官과有志흔紳士더리出力흐야多數에至흐얏다흐니其敎育을爲흐야千圜五百圜을不惜義助흠은實로國民을發達코져흠이라吾儕는十分攢頌흐는바이어니와國民敎育會에셔도百倍注意흐야學源을旁達흐며民智를日進흐야大韓基礎를確立흘줄認흐노라

辨政教異同

客이有問於余曰敎與政이不同乎曰異之則各有其歸흐고合之則自無不同이니라客曰何爲其然也오

曰今夫敎人之宗旨는人受上天之賦畀흐야得以爲人則守死向道而物吾與善흐야以報上帝之恩흐며以盡在我之職而已요至於治國行政等事흐야는有所不暇요亦其所不屑이라흐니此乃敎與政이分而爲二로되

惟民與國이相爲表裏흐야禍福存亡이均在相干인즉國無政이면民不可以居生이요民無敎면國不可以導率이니

譬如舟之在水흐야水多風浪則舟不可行矣요舟失柁檣則水不能載矣니然則國之無政을民安可坐視며民之無敎를國安可默然가

必須推其有흐야以救其無흐며施其長흐야以補其短은理勢之所不免인즉若使敎人者로謂以無國之民則已어니와如其不然이면政敎一致와民國共濟를更何疑焉고

客이灑然起立曰道義無窮에人不可以自足이로다今子之言이足以破吾之聾케흐니當書諸紳而識之호리라

●支所多廢　近日에警務廳에셔巡檢을多數減額흠으로五署內各坊曲支所가間間廢止되얏다더라

●邑屬憤激　近日金川郡近地一進會員이該郡에來到흐야邑中何事件을參涉흐얏던지邑屬이憤激흐야會員과相鬪之際에會員數人이被傷흐얏는데被傷人은松都居人이라흐며其時相鬪흔奴令輩는擧皆逃避흐고無辜흔吏胥幾人이方在困難中이고該郡守는上京흐얏다더라

●任郡勸告　外部에셔內部에照會흐얏시되頃接駐京日公使來函槪稱城津監理不在中接應官隨員李永植이一時代辦監理職務인바其處理公務上事項을當可承認이오至於補佐吉州郡守或署理案件흐야도固無異議로되但地方官之任命을移牒內部後處理가可也키로客月十四日申陳趣意흐고今又通報於內部大臣흐니亦由貴部勸告內部흐야俾爲斷速落着爲盼等因이기准此仰佈흐니迅速辦理흐며隨卽示明이라흐얏더라

●印費請撥　法部에셔度支에照會흔內槪에刑法大全을行將印刊而該印刷費가初無立算이온즉不得不奬部本年度算定經費中挪用乃已이오나以旅費中三百六十元을換算於第二項第二目第三節印刷費흐시고該費額을卽爲支撥흐시믈爲흐야玆에照會흐오니照亮承認이라흐얏더라

●島民可矜　平南觀察署理李承載氏報告를據흔즉平壤羊角島는在大同江下流而已於昨年에鎭道一線이直貫該島中흐야居民이自多受損이온바現接鎭道建築班長照會이온즉羊角島敷設線路가初非鎭橋요卽不過臨時木橋則今欲更設鐵橋흐너該島民家二十戶을急速移轉흐라흐온바當此秋穡未畢之時흐야如是促毀흐니近民之地에豈非難愼乎아且該島民家가不過爲四十餘戶而今若毀移二十戶則餘戶之民이必難安堵이니因此島民之嗷嗷情狀을慘不忍見키로屢爲交涉於該建築班長이되終不回意흐고一向促移흐나不勝悶迫흐와玆以據實報告흐오니查照後知照外部흐와使之交涉措辦之地라흐얏더라

●學大勸退　昨日下午二時에一進會總代尹定植廉仲模等三人이學部에前往흐야該大臣의辭職을勸告흐얏다더라

●圖費作奸　聖蹟圖事務所有司 在憲이警廳에請願흔內槪에國之宗敎는世界同然이온바本人이以夫子後孫으로청國에多年周遊흐와聖　圖를幸奉東還흐야圖役을刱始三年에聖蹟圖二百七十帙을告成흐와　大內에進上흐고太學에奉安흐고學部訓令으로各道各郡校宮에奉安흐얏스온즉多士의展誠은至矣이오나各項所費가數甚夥多而措劃無路흐와該補助金額을大小郡分等흐야一等郡에葉三百五十兩二等郡에三百兩三等郡에二百五十兩四等郡에二百兩式定數이고派送有司於各道흐야自觀察府訓飭各郡而收捧이옵더니黃海道派送有司李鍾寅이海州等十二郡에或一百五十兩或六百兩式排捧云흐니該有司에從中作奸흐야濫捧額이葉二千五百五十兩이라照亮後該有司李鍾寅과보證人金永富를幷爲捉囚흐고刻期督捧흐야出給十二郡흐와以謝海西之民케흐심을伏望이라흐얏더라

●農器輸入　學部에셔度支에照會흐얏시되本部所管農商工學校에農業課를設始흐온바該課所用器械等物을日本國商會로購來이온기物品名目을左開照會흐오니照亮흐오셔海關으로知飭免稅輸入케흐라흐얏더라

●經先保證　黃海觀察其永祖氏報告를據흔즉接准平山郡守洪應祖報告內槪에現에瑞興地新幕留駐都監部日人通譯島本勝之進이到本郡爲言흐되平山郡汗浦停車場土城에犯入흔家舍價墳墓移葬費를自監部直撥이다家主塚主姓名列錄示明흐고對郡守保證票請求흐기로錄名民人等招待查問後에成給等因인바該郡守之自官成証은似涉格外이오나查照爲望이라흐얏더라

外報

●露國鋪道　露都通信을據혼즉露國遞信省에서는非常히堅固혼一千一百三十六箇의新鋪道機關車를注文하기로決하얏고又同省은黑龍江北岸을沿하야쓰트레젠쓰크에서하바로후쓰크々지鐵道를敷設하야海參威와歐羅巴를連絡홀第二鋪道線路를敷設홀計劃인디其敷設費는一千八百八十萬六千二百五十磅으로豫算이라더라

●軍功調査　日本셔는不久에明治三十七八年戰役의軍功을調査하야發表홀이라는所聞이有하더라

●和約批准順序　露日平和條約正文을兩國全權이携帶하고各其本國에歸還하야親히批准을奏請하야御批准을畢了後에는日本側에서는此를東京駐箚法國公使의게通知하고露國側에서는聖彼得堡駐箚美國大使의게通知하야如斯히批准交換을完了홀順序이라더라

●瑞나分離　瑞典及나威兩國의分離問題에就하야는一致하야가는모양이나然이나或要塞之武備를撤退홈에就하야는아즉決定을未見하얏고此問題에就하야나威는歐洲列國에呼訴홈이有하고瑞典은陸海軍을改修혼다더라

●德瑞通商　德國及瑞典兩國은新通商條約을協定하기爲하야去月十一日에스독크홀음市에서協議를開하얏더라

●德美新通商　德美兩國은來十一月頃에新通商條約에關하야協議홀運이至하얏다더라

●停止新聞　日本에서時局에關혼言論이政府忌諱에抵觸되야其發刊을停止혼者東京에서新聞雜誌가幷九個處오其他地方에서十三箇處이니合計二十二箇處이라더라

●兩縣開放　淸國政府에서는湖北巡撫의奏請을因하야湖南省의湘潭常德을開放홀事로議決하야裁可를經하얏더라

●列國會議　摩洛哥에關혼列國會議開催地問題는近者에決定되야西班牙의가지주에서開會홀터이라더라

●義皇救恤　義太利皇帝빅톨엠마누엘陛下는震災地를巡遊하사救恤品을分配하얏더라

雜報

昨歲日本會社中에善隣協會를發起코저혼者가有하니其主旨를見혼즉蓋一種正義之論이라韓國人士가此에對하야讚揚혼文字가有하니또혼正義에相感혼者라此는兩國正義人士에言論인故로爲之發表홈의其全文이如左하니

君子之心 公而大 貪人之心 私而小 極其公而大者則天地相似也 極其私而小者則禽獸弗若也 彼禽獸 亦知愛其族類 人而不如者 縱於利慾故耳 人之智巧 遠於禽獸故 其肆利慾 亦有甚焉 竊天下之所欲而專之於己則其貽害于人 流毒于世者 必干天之怒致天之罰矣 瘠人而肥我 我則幸利矣 彼爲之瘠者 豈不嫉我乎 奴人而主我 我則自尊矣 彼爲之奴者 豈不仇我乎 嫉我者多 仇我者衆 以致兄弟之親 亦不保其友誼 及其勢日孤而時又變則其專利之厚者 其爲禍也益深 歷稽古今 吾未見貪之爲福也 君子之存心也 愛物而不專愛己 治己而兼謀治人 本諸誠信 行以公平 所推者廣 所及者遠 愛人之效 人亦愛之 安人之效 人亦安之 其德不孤 其勢亦固 建無窮之基 亦有無窮之聞 履信思順 天必佑之 歷稽古今 吾未見善之不福也 是故私天下之利者 必先天下而受其禍 公天下之利者 必與天下而享福 由其公私之別而禍福之機 捷於影響矣 今讀日士善隣協會主旨書 竊有所犁然者 蓋其主旨 以爲日本舊時文化 自華韓而來則其德不可諼也 値此黃白競爭之秋 我東亞三國 有輔車脣齒勢 尤宜親睦維持 而我既先學於歐美矣 將其各種學問文字 譯布兩隣 資其見聞 進其敎育可也 夫爲此會者 非君子乎 吾以其言 得其爲人矣 蓋講舊德而不忘者信也 對時局而修隣睦者智也 推己之學而思博於人者善也 信則其與人也 不貳矣 智則其籌大局也不錯矣 善則推之天下而有裕矣 以此措之 寧有不孚者乎 噫今之世界 穰往熙來者 滔滔是瘠人肥我 奴人主我之心也 強己弱人 智己愚人之術也 雖然以吾東亞三國而或出於是則隣家之失火 及於自家必矣 不惟違背德義 其爲得失之關係 亦復灼然明甚 而蔽於慾者 不之察矣 貪於小者 莫之顧矣 古今之禍 吾同種者 必由於是耳 如使此會主旨 定爲今日大同 公言則對見吾三國之人 猜疑頓釋 臭味相合 携手同歸 文明之域 不被一種之虐 其爲福利 孰大於是 使吾三國終不克維持其大勢而有缺裂之患則竊恐後之人 以此言之不行 爲無窮之恨也

●司法 續

現接平理院檢事李根洪報告書內開前郡守林鎭東以蔘圃貿買事被訴於金某故現白警務廳拿到而該員이曾經奏任官故拘因本院玆報告云矣該員係是曾經奏任官故依刑法大全第八條하야法部大臣署理가上奏하와奉旨依奏

現接平理院檢事李根洪報告書內開現接濟州郡居金孝鎭訴狀濟州牧檢事試補黃鎭菊行將拿致之際該員自現就囚而現帶奏任官故仍因本院玆以報告云矣該員係是現帶 奏任官故依刑法大全第八條하야法部大臣署理가上奏하와奉旨依奏

現接平理院檢事李根洪報告書內開安城前郡守李膺鍾在任時春秋等剩戶及勒捧債錢事因民訴業已拿囚玆報告云矣該員係是曾經 奏任官故依刑法大全第八條하야法部大臣署리가上奏하와奉旨依奏

接准平리院裁判長李漢英報告書內開被告鄭헌案件由檢事公訴審리則被告在任奉常司主事懿孝殿練主奉安時以監造官擧行而因雨방沱檟臺禱趑不待令致勤下詢萬萬惶悚其事實證被告陳供明白被告鄭헌照刑法大全第二百六條祭享日期告示를已承하고行祀를失誤혼者律處答一百玆以告云矣該犯鄭헌依院所擬律以辦之意로法部大臣署리가上奏하와奉旨依奏

(未完)

●歎亦悲壯● 續

外人에受侮키는
開明못혼타시로다
外人에所請이야
所請되로다들을가
奏之求도無已커던
쥬는거슬마다할가
天下萬古歷代中에
이런變이또잇는가
政府大官手段으로
基業은쥴지연졍
二千萬우리同胞
血心이야써서쥴가
이血心이웃던마음
天賦彝性싱긴몸에
葵藿갓치傾日心
草風갓치向日心
半洋山田橫島에
五百義士忠心이오
莒卽墨兩城民이
返齊舊士하던마음
越나라會稽山에
臥薪嘗膽하던마음
이마음을가지며는
天下萬事못할손가
瑞士國聯合國은
世界上에小國이되
英美法德四大國이
不敢侵犯한다하니

廣告

特別廣告

本申報ᄂᆞᆫ海外電報를即接ᄒᆞ야機關이靈通ᄒᆞ고外報와探報를敏捷活潑ᄒᆞ도록注意ᄒᆞ오며申報ᄅᆞᆯ發送ᄒᆞᄂᆞᆫ딕迅速傳ᄒᆞ기ᄂᆞᆫ分傳人의게在ᄒᆞᆷ으로本社에셔平常에諸分傳人의게丁寧告戒ᄒᆞ고申申訓飭ᄒᆞ야毋或媮惰ᄒᆞ게注意ᄒᆞ거니와如或暫有稽忽이라도愛讀僉君子ᄂᆞᆫ密使通知于本社ᄒᆞ시면該分傳의게誠信相孚ᄒᆞ도록耳提面命ᄒᆞ고勤贊가發生ᄒᆞ도록誨論ᄒᆞ야必無遲誤ᄒᆞ기로期待ᄒᆞ옵나이다

本社에寄書ᄒᆞ시ᄂᆞᆫ諸君子ᄂᆞᆫ姓名과居住를明確ᄒᆞ게懸錄送附ᄒᆞ시와證據가有ᄒᆞᆷ을必要ᄒᆞᆷ이오公衆平和ᄒᆞᆫ秩序를紊亂케ᄒᆞᄂᆞᆫ意와社會上不經荒雜ᄒᆞᆫ寄書ᄂᆞᆫ不受ᄒᆞᄂᆞᆫ權利가本社에自有ᄒᆞ오니肯諒ᄒᆞ시옵

大韓每日申報社

廣告

貿易商 本社ᄂᆞᆫ仁川港

日本郵便電信局對面

電話第二百一番地

仁川港 廣昌 洋行

벤녓三會社告白

○鐵路部

○東大門과新門間에來往車ᄂᆞᆫ每十分間에運行ᄒᆞᆷ

東大門發初車ᄂᆞᆫ午前六時三十分

新門外停車塲發初車ᄂᆞᆫ午前六時五十五分

東大門發終車ᄂᆞᆫ午後九時五十分

新門外停車塲發終車ᄂᆞᆫ午後十時十五分

○東大門과洪陵間이來往車ᄂᆞᆫ每二十分間에運行ᄒᆞᆷ

但自鍾路로東大門에來到ᄒᆞᆫ交替車로聯絡ᄒᆞᆷ

東大門發初車ᄂᆞᆫ午前六時五十分

洪陵發 初車ᄂᆞᆫ午前七時十分

東大門發終車ᄂᆞᆫ午後七時五十分

洪陵發 終車ᄂᆞᆫ午後八時十分

○鍾路와龍山間에來往車ᄂᆞᆫ每十二分間에運行ᄒᆞᆷ

鍾路發至南大門初車ᄂᆞᆫ午前六時四十八分

鍾路發至龍山 初車ᄂᆞᆫ午前七時二十四分

南大門發至鍾路初車ᄂᆞᆫ午前六時五十六分

龍山發至鍾路 終車ᄂᆞᆫ午前七時五十七分

南大門發至鍾路終車ᄂᆞᆫ午前十時八分

龍山發至鍾路 終車ᄂᆞᆫ午後九時九分

○特別私用車ᄂᆞᆫ顧客의方便ᄒᆞᆷ을隨應ᄒᆞ야準給ᄒᆞᆷ

但定價ᄂᆞᆫ本社에來臨ᄒᆞ야請問ᄒᆞ옵

○電燈部

二百五十燭力以內의敷用處에ᄂᆞᆫ每個月에定價表가如左ᄒᆞᆷ

○十六燭力燃燈達夜에二圓五十錢

○三十二燭力燃燈達夜에四圓

○五十燭力燃燈達夜에六圓

○一百五十燭力燃燈達夜에十圓

一千二百燭力弧形燈達夜에二十圓

二百五十燭力以上의敷用處에ᄂᆞᆫ請求ᄒᆞ면瓦斯計一箇를設給ᄒᆞᆷ

但瓦斯計賃金은每個月에二圓이오瓦斯計測驗表委托定價ᄂᆞᆫ每時間每암피아에二錢이옵

瓦斯計設給處에셔每介月支拂金最低額은每個月에二十圓인듸(瓦斯計賃金은)据ᄒᆞᆷ

電燈을敷設ᄒᆞ기에請求ᄒᆞᄂᆞᆫ듸給ᄒᆞᆷ로供各種連技辦燈도常時에貯存ᄒᆞ엿ᄉᆞᆸ

本社鍾路電氣會社

韓美電氣會社 告白

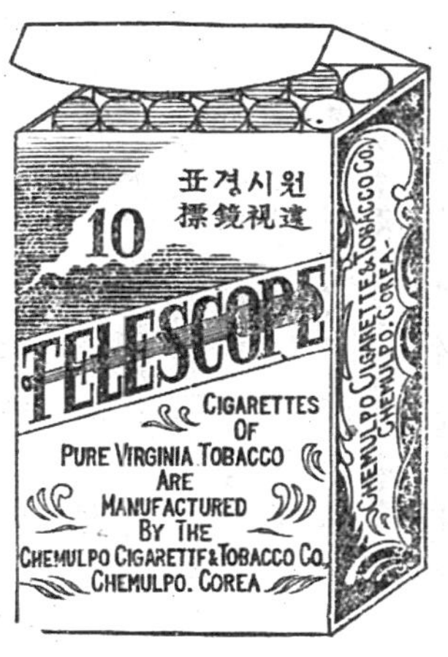

以上三種은上品으로製造ᄒᆞ야衛生上에至極有益ᄒᆞ오니毋論某人ᄒᆞ고本社에來願ᄒᆞ옵

大韓帝國仁川港

濟物浦紙卷烟及烟草會社

一 鷹標罐濃詰牛乳

一 金印罐詰濃結牛乳

一 無雙家用氣化乳酪

一 쌔ㅣ든쓰製造麥芽化合牛乳

以上은常時에貯積ᄒᆞ엿ᄉᆞᆸ

美國紐育港쌔ㅣ든쓰濃結牛유會社

一手代理店 大韓仁川港 世昌洋行

廣告

一 雜貨商

一 貿易商

一 船舶取扱

一 煙草商

一 委托販賣及貨物運送代理業

一 貿易石炭商

以上輸入及輸出者

京城 仁川 大昌 洋行

本社廣告

中報價

一張代金 韓貨五錢

一箇月前納 五十戔

三箇月 一元五十戔

六箇月 二元九十戔

一箇年 五元八十戔

郵稅一部 新貨五里

一箇月 十三戔

廣告料

四号活字十三字詰

每日每英尺一寸에新貨廿五錢

(每日每行에六錢에相當ᄒᆞᆷ)

二周日에 二圓五十錢

(每日每行四錢五里에相當ᄒᆞᆷ)

一箇月에 五圓

(每日每行四錢一里에相當ᄒᆞᆷ)

其期限의長短과字行의多少를依ᄒᆞ야增減ᄒᆞᆷ이有ᄒᆞᆷ

大韓人마다此申報를不得不閱覽ᄒᆞ실터이오니廣告出報ᄒᆞ실僉君子ᄂᆞᆫ來臨面議ᄒᆞ시옵

發行兼編輯人 英國人裴說

發行所

京城北署新進坊磚洞号外地法語學校前

大韓每日申報社

光武九年八月十一日 明治卅八年八月十一日 第三種郵便物認可　　木曜日　　西曆一千九百五年十月五日　（一）

大韓每日申報
대한매일신보

第三卷　第四十五號

歲時日休刊 月曜及慶節

檀君開國四千二百三十八年
箕子元年三千二十七年
大韓開國五百十四年
日本明治三十八年
清國光緒三十一年
陰曆乙巳九月小七日丁丑

論說

論蒙學教科

向日本報에揭載호寄書中에學校閉鎖로因호야新定호蒙學敎科의槪意를提論호者有호니此는教育上精神的機關이라決不可尋常看過이기로玆又更論호야韓國教育家議論의可否如何를取호야決코져호노라

大抵教育에第一緊要호者는蒙學敎科니今에文明各國의學規는男女六歲에皆入小學호고其敎科冊子는皆物名과繪畵를合호야簡便易知호方法으로兒孩를授讀호니所以로人無不學호고學無不就호야文化의增進홈이草木이時雨에滋長홈과如호지라

由來로韓國蒙學之科는周興嗣의千字文과朴世茂의童蒙先習과曾先之의史略과江少微의通鑑節要와唐音絶句와古文前集等書로以호니以千字言之호면讀宙如屋호고讀宿如睡가是何文義며以史畧言之호면天皇地皇의木德火德이是何事實이며童蒙先習은倫敎를發明호얏스나蒙幼의難解홀句語가有호고通鑑節要는卷帙이太多호야一二年間에卒業홀바아니오唐音絶句와古文前集은多是詩酒放浪說話니此는蒙養之功에無益有損호者라

是以로自七八歲로至十五六에費却八九年工夫로되含糊朦朧호야實無所得이라가積至數十年호야童習白紛호然後에方能略通經史호고使用文字호니此其爲學이豈不難哉아

夫以韓土靈淑之氣와人民詳明之品으로至于今日호야文化의發達이不勝其遲遲는無他라惟其難解호書籍과不緊호工夫로써全國人民의幼年歲月을虛送케호緣故니此規를不改호면教育에對호야諸般方法을[illegible]홀지라도民智가終無開發之日이오文化가必無增進之期라此를改良홈이엇지最急最要호急務가아니리오實로一日이라도玩게치못홀者나至若日語와日文으로蒙學敎科를編成호者는韓國에適宜호敎科方針이라謂치못호리로다

現今六洲相通호고萬邦交涉之日에世界各國의言語文字를皆可學之者오況韓日兩國은上下人民이朝夕與處호고步武相接之地라互相間言語文字를豈可不學이리오然호나俚語小兒로호야금先히他國言文을學習케호면曉解가甚難호야文化의發達이尤極遲遲홀뿐더러全國蒙幼의先入之學이惟是他國言文이면一般人民의腦髓는專히他國精神뿐이오自國精神은全然히消滅홀境遇에至호리니此其關係가果何如哉아

大抵他國言文은決不合於尋常小學科니高等小學科나普通科나一個科程을作홀거시오尋常小學科는本國性質의適合호것을斟量호며各國規模의良好호것을參酌호야國漢文을交用호고繪畵를合호야簡便易知호冊子로써全國蒙幼의게一致敎科書를裁定홈이可호다호노라

官報

◉第三千二百五十九號　光武九年十月二日

◉敍任及辭令　續

陪從武官長勳二等趙東潤
駐箚法國特命全權公使勳二等閔泳瓚
陞敍勳一等賜八卦章
陞敍勳二等賜八卦章　中樞院賛議勳三等李根湘
陞敍勳一等賜八卦章　度支部大臣勳二等閔泳綺
禮式院禮式과長勳三等高義敬
尙方司理事勳五等朴容淑
賜太極章
敍勳五等賜太極章　宮內府參書官南廷奎
禮式院禮式官申泰建
敍勳五等賜八卦章　警衛院警務官黃信泰
以上九月卄一日
任農商工部協辦敍勅任官二等　宮內府協辦李容善
給四級俸　農商工部協辦李容善
以上九月二十六日
慶基殿祭奉鄭在鵬
崇德殿祭奉朴文益
依願免本官
任慶基殿參奉敍判任官八等　崔寬植
任崇德殿祭奉敍判任官八等　朴勝夏
任警務使敍勅任官二等　警務廳警察局長金思默
任警務廳警察局長敍勅任官三等　漢城府少尹朴承祖
以上九月二十八日
免本官　法部主事沈亨澤
右는該員이規避公事호야肆然請願홈은事體所當이기免本官
◉九月二十九日

◉第三千二百六十一號　光武九年十月四日

◉宮廷錄事

詔曰史庫即國家文獻金櫃石室之藏在焉其所重형別矣今當無前之風雨或不無頹圮滲濕之慮其令禮院及秘書監官員前往各史庫奉審以來

詔曰命中樞院賛議李根湘爲禮式院禮式卿中樞院賛議朴鏞和爲帝室會計審査局長

詔曰命侍從院副卿閔亨植爲宮內府特進官宮內府特進官李貞烈爲侍從院副卿

以上十月一日

◉敍任及辭令

命禮式院禮式卿敍勅任官二等　中樞院賛議李根湘
命帝室會計審査局長敍勅任官二等　中樞院賛議朴鏞和
命宮內府特進官敍勅任官三等　侍從院副卿閔亨植
命侍從院副卿敍勅任官三等　宮內府特進官李貞烈
命韓美電氣會社檢察委員　趙민增
以上十月一日

外報

◉爆發續聞　北京電을據호즉向日에清國遣外大臣을對호야爆發彈을投호事件은其犯科者의蹤跡은尙今不明호고폭彈을被호야即死호者中에該大臣의隨員인듯호屍身이有호더니追後更査호즉非隨員이라該犯者ㅣ라호고同日遣外大臣을送別호는大官中에各親王과軍機大臣과外部大臣等은一人도停車場에來到호者ㅣ無호얏는뒤其理許는自前日來로何許警戒가有호야避之不出호바ㅣ라호얏더라

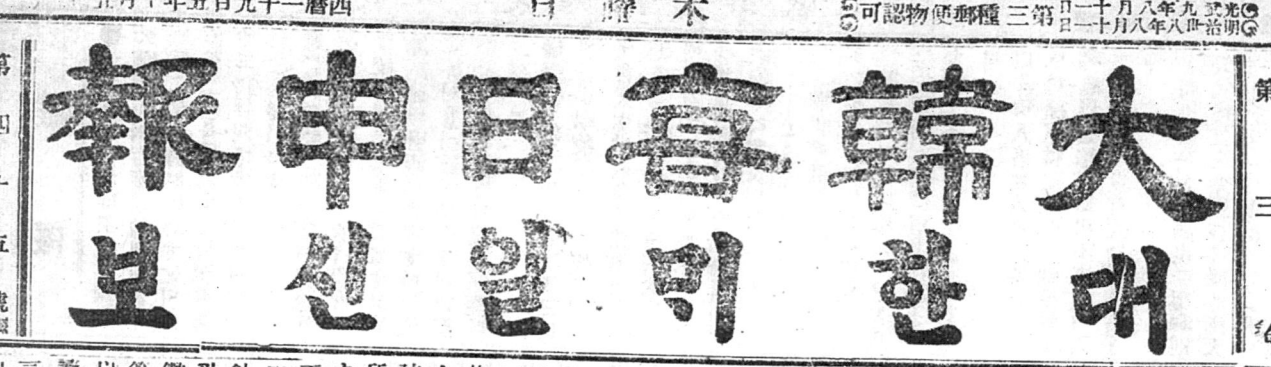

◉希斐絶交　倫敦電을據호즉希臘國과斐麻尼亞國間에國交斷絶호야兩國公使는各自首府로業已撤還이라호얏더라

雜報

●一大變怪　日昨孔德里國太公墓所不滿百步之地에所謂平壤兵丁者이肆然犯葬ᄒᆞᄂᆞᆫᄃᆡ山直輩三名을毆打ᄒᆞ야皆至重傷ᄒᆞ고仍爲封墳逃去라ᄒᆞ니寔一世之大變이라ᄒᆞ더라

●農課設始　學部에셔警廳에發訓ᄒᆞᆫ內槪에本部所管農商工學校에셔農業課를設始ᄒᆞ고實地試驗場을纛島로定ᄒᆞ야行將定界이옵기玆에訓令ᄒᆞ니知飭該島支所巡檢ᄒᆞ야使之保護라ᄒᆞ얏더라

●學徒連會　再昨日下오三時에各小學校學徒들이學部門前에會集ᄒᆞ야敎員俸給措處을質問ᄒᆞᆫ즉該大臣言內에兩次度支에照會ᄒᆞ얏스나尙無示復ᄒᆞᆫ즉待其回照ᄒᆞ야當有措處ᄒᆞᆯ지니退俟ᄒᆞ라ᄒᆞ얏더라

警世箴訣

天下事ㅣ不過信義而已矣라惟信與義라야可以服人이니若乃懸牛頭而賣馬脯면其所欺者ㅣ少矣오不能欺者ㅣ必衆矣리라

以詐待人者ᄂᆞᆫ人亦以詐待之ᄒᆞᄂᆞ니種荳得荳ᄒᆞ며種棘生棘ᄒᆞ야恩恩怨怨이報果不爽이니天下之利益이豈有大於信義者乎아

專利僨成은古之語也라專利則失衆이오失衆則四隣離心而天下不服ᄒᆞᆯ지니縱得一時之利나何可長也리오

力小圖大ᄂᆞᆫ是乃妄人也라事必無成而取困之道也니易에曰負且乘이면致寇至라ᄒᆞ니此之謂也인져

其識이未高면其量이隨以小ᄒᆞᄂᆞ니識高者ᄂᆞᆫ能見於未形ᄒᆞ야捨禍而取福ᄒᆞ며功成而無後憂이되量小者ᄂᆞᆫ反是ᄒᆞ야強其所不可強ᄒᆞ며圖其所不可圖ᄒᆞ야矻矻終年而終於無功ᄒᆞᄂᆞ니此世識高者ㅣ能幾人고

識量之大小가物亦有焉이라蚌鷸은量少ᄒᆞ야終遺漁父之獲ᄒᆞ고鯤鵬은識高ᄒᆞ야能成雲霄之遊ᄒᆞ니蚌鷸之爲蚌鷸과鯤鵬之爲鯤鵬이皆有定分이라孰能強之리오

●掘江請願　南署豆毛坊龍淵掘江會社員李宗夏等이農部에請願ᄒᆞ얏ᄂᆞᆫᄃᆡ本坊豆湖龍淵之水ᄂᆞᆫ源自江陵五臺山ᄒᆞ야歷數三百里州郡而至于京江ᄒᆞ야注入于西海故로商賈船舶이無難往來ᄒᆞ옵더니不意數十年前으로豆湖之水가中間兩派而流ᄒᆞ고兼以覆沙淺灘ᄒᆞ고中有陰城巖所阻ᄒᆞ야商船이頻數致敗ᄒᆞ며船路가極爲險難ᄒᆞ옵기로閭其損害ᄒᆞ고欲保生命ᄒᆞ야該兩派之水를一則塞一則竣ᄒᆞ야俾便船路次로組織會社ᄒᆞ고鳩聚資金五千餘元而募役夫等으로四朔竣掘ᄒᆞ옵ᄂᆞᆫᄃᆡ豆湖與東水鐵里居民等이自願赴役ᄒᆞ니期於船路快通ᄒᆞᆫ後에來往船物主處에若干收稅ᄒᆞ야還充掘費ᄒᆞᆷ을特爲許施ᄒᆞ라ᄒᆞ얏더라

●再電促賣　三和郡守가內部에電報ᄒᆞᆫ內槪에本가海邊所在소셤을南港司令官이期欲願買ᄒᆞ야不可強抑인즉何以措處이올지立俟回電이라ᄒᆞ며又電內에昨電소셤事로催促이甚急ᄒᆞ니伏望處分이라ᄒᆞ얏더라

●會民討財　平北觀察李根豐氏報告를據ᄒᆞᆫ즉管下熙川郡民金昌周等이一進會民李珍順等의縛民討財事에對ᄒᆞ야調査成冊修報狀指令內開에查報ᄂᆞᆫ閱悉인바該會民之勒奪民財가數甚夥多ᄒᆞ니究其行爲에不勝駭惡이라固當別般嚴處이되各該民與平民이平和相保之意로各目奪을旣已還給本主ᄒᆞ고會民其納供云則不無參量이나亦不可全恕니該侵奪行悖ᄒᆞᆫ會民等을分輕重懲勵放送ᄒᆞ야以杜後弊ᄒᆞ며木推條及推托携貳之錢은這這窮覈ᄒᆞ야還給各該民後形止馳報事等因이온바被告會民等을自府庭으로一一捉懲則許多其數에反爲貽弊故로未査與携貳條ᄂᆞᆫ窮覈還給該民之意로發訓該郡矣러니京會幹事員尹吉炳이到該郡時에原被告等公私推를査問妥正後平民會民이互相和好息鬧이오니査照爲望이라ᄒᆞ얏더라

●賊魁在京　京畿觀察使鄭周永氏가內部에報告ᄒᆞ얏시되本部秘訓을奉准ᄒᆞᆫ즉現接警務顧問補佐官報告則水原郡梧井面安陽場에셔火賊凶器携帶ᄒᆞᆫ者를逮捕ᄒᆞᆫ바一名은脫走ᄒᆞᆷ을發砲ᄒᆞ야左足이被銃ᄒᆞᆫ지라彼等所供이首魁ᄂᆞᆫ京居金洛九者요其黨類八人이라ᄒᆞ니今此所報에魁首金洛九와日其黨類가既云在京ᄒᆞ니其居住容疤을現捉賊漢에게明的取供ᄒᆞ야一一調捉ᄒᆞᆯ等因이온바此是鎭衛隊押交賊漢朴甲用朴斗文이온ᄃᆡ該兩漢處에業已一一捧招이온즉同黨中居在京城者三名이니使警廳으로不日調捉爲望이라ᄒᆞ얏더라

●校費請撥　學部에셔度支에照會ᄒᆞᆫ內槪에弊部所管日語學校에雜務ᄂᆞᆫ日本人漱谷道文으로行將雇聘이옵ᄂᆞᆫᄃᆡ該員月俸을自九月로起ᄒᆞ야至十二月每朔四十元式合一百六十元을該校敎師田中玄黃의諸給中家屋貰二百四十元中으로支撥爲要라ᄒᆞ얏더라

●憲會選長　三昨日院洞憲政研究會에셔通常會를開設ᄒᆞ고評議長尹孝定氏가該會主旨를演說ᄒᆞᆫ後에會長은金宗漢氏로副會長은李重夏氏로選定ᄒᆞ얏더라

●敎員退校의事由　各小學校敎員俸給事를聞ᄒᆞᆫ즉自七月以後로數三朔俸給을未下ᄒᆞᆫ故로敎員等이學部會計課長李海德氏의게一次質問ᄒᆞᆫ즉答曰小學校俸給額이不足ᄒᆞ니本級되로差下ᄒᆞᆯ道가無ᄒᆞ다ᄒᆞᆷ의敎員이學部에質稟書를呈ᄒᆞ되會計課長所言은如斯ᄒᆞ나 勅令比較表가昭載ᄒᆞᆫ즉本級에有違ᄒᆞ면卽違越 勅令이라義不可受라ᄒᆞ얏ᄂᆞᆫᄃᆡ九月終에學部에셔敎員을一齊進部케ᄒᆞ야曉諭ᄒᆞ되財政이窘絀ᄒᆞ니諸員의俸給을減削出給코자ᄒᆞ나事體ᄂᆞᆫ아니로다ᄒᆞᆫᄃᆡ敎員이答辭ᄒᆞ기를各部判任은比較表를依ᄒᆞ야出給ᄒᆞ얏ᄂᆞᆫᄃᆡ惟獨敎員만三十元은二十元이오二十五元과二十元은十五元으로減給減俸ᄒᆞ시리요此ᄂᆞᆫ 勅令을違越ᄒᆞᆷ인즉義不可受ᄒᆞᆯ뿐아니라敎員에關ᄒᆞ야ᄂᆞᆫ算外支出이라도可ᄒᆞ거날此ᄂᆞᆫ事敎育을輕視ᄒᆞᆷ이라ᄒᆞ고一齊決退ᄒᆞᆫ즉學部에셔ᄂᆞᆫ公言을強壓키難ᄒᆞ야泯默ᄒᆞᆯ뿐이라敎員이學徒를對ᄒᆞ야事由로布諭ᄒᆞ고餞別退校ᄒᆞ얏더니學徒가自意會集ᄒᆞ야學部에齊進ᄒᆞ야敎育休止의悶迫ᄒᆞᆷ을告ᄒᆞ얏슨즉엇지敎員에過失이라謂ᄒᆞ리오ᄒᆞ더라

●警規申明　法部에셔警務廳에訓令ᄒᆞᆫ內槪에漢城裁判所檢事報告書를據准ᄒᆞᆫ즉刑事上議調에對ᄒᆞ야令狀을警務官에게執行ᄒᆞ게ᄒᆞ고又被告人을引致ᄒᆞ게ᄒᆞᄂᆞᆫ事를得ᄒᆞ와司法警察官에게命令ᄒᆞᆷ은檢事職制第十五條에載ᄒᆞ온바本所刑事上에時急秘調事가有ᄒᆞᆫ즉罪人姓名露出키가慮有漏泄之弊ᄲᅮᆫ더라又或現行犯에對ᄒᆞ야時刻을淹留키難ᄒᆞᆫ境遇도每多ᄒᆞ옵기如此ᄒᆞᆫ事境에對ᄒᆞ야ᄂᆞᆫ警務廳에卽爲公函ᄒᆞ와從便利派來別巡檢ᄒᆞ야命令을受케ᄒᆞᆷ이自來規例이거날近日에自警廳으로一公函을認准ᄒᆞ야巡檢을派送ᄒᆞᆷ이踈忽ᄒᆞ와不爲施行ᄒᆞ온즉檢事가司法警察에게命令ᄒᆞᄂᆞᆫ定章에對ᄒᆞ야警廳에셔不遵ᄒᆞᆫ權限이毫無이온ᄃᆡ以公函謂疎忽이未知正當이오며時急ᄒᆞᆫ境遇에ᄂᆞᆫ雖卽地招來命令이라도亦是權限內事이거날豈可謂之疎忽乎잇가此를由ᄒᆞ야事務에妨碍ᄒᆞᆷ이不一ᄒᆞ온즉不容不齒弊乃已오며且以公牒으로罪人引致ᄒᆞ라拿引狀을送交ᄒᆞ온즉每多淹滯ᄒᆞ와未卽押致ᄒᆞ온즉此議由於不得直行節制之責이옵기玆에報告等因인바査此刑事上案件에罪人捕捕를要以迅速ᄒᆞ고務以秘密이라도每患泄機漏失이온況露其姓名ᄒᆞ며揚其事實則奸譎之輩가窺探晦跡ᄒᆞ야無期徵緝이라該所之爲其秘調ᄒᆞ야請派別巡檢이事勢固然이고亦以此自來成規이다즉貴廳에宜無不遵之理어날何今忽抵諸ᄒᆞ야致此頹ᄂᆞᆫ지殊甚訝惑이라關抜以後로ᄂᆞᆫ請求派檢이거든勿滯派遣ᄒᆞ야俾無公務ㅏ妨害가爲宜라ᄒᆞ얏더다

●實砲試射　日本後備步兵第二十四聯隊에셔內部로公函ᄒᆞᆫ內槪에來九日午前十時부터北漢濟院附近紙略圖의位置에셔機關砲實단射擊을行ᄒᆞ오니同日午前七時부터午後四時지지其間은危險預防ᄒᆞ기爲ᄒᆞ야同地附近人民에게訓飭ᄒᆞ야往來禁止ᄒᆞ라ᄒᆞ얏더라

●美人遊宮　再昨日下오四時에美國人九名이女人六名을帶同ᄒᆞ고慶德宮에遊覽ᄒᆞ얏다더라

外報

●日本起債 倫敦電을據ᄒᆞᆫ즉日本政府에셔法國政府에國債을注文ᄒᆞᆯ터인ᄃᆡ利子ᄂᆞᆫ甚薄ᄒᆞ야利子甚厚ᄒᆞᆫ外債을報償ᄒᆞᆯ計劃이라더라

●채담浮上 채담이蘇士에沈沒ᄒᆞ야航路가已不通行ᄒᆞᆷ은揭載ᄒᆞ얏거니와更聞ᄒᆞᆫ즉來木曜日에ᄂᆞᆫ浮上ᄒᆞᆯ터이라더라

●俄兵增派 倫敦電을據ᄒᆞᆫ즉俄國兵이土耳其斯坦에今在屯陣ᄒᆞ얏ᄂᆞᆫᄃᆡ또援助兵을增派ᄒᆞᆯ터이오또ᄒᆞᆫ波斯에도加勢ᄒᆞᆫ다더라

●歸市預期 日本全權委員小村男爵은뉴우욕에셔去月卄七日에發向ᄒᆞ야本月二日에비코버에下陸ᄒᆞᆫ터이오本月十六日에橫濱에到泊ᄒᆞᆯ豫定이라더라

●全權病愈 華盛電을據ᄒᆞᆫ즉日本全權委員小村男爵의病勢ᄂᆞᆫ完全히愈ᄒᆞ얏더라

●或駐或撤 倫敦電을據ᄒᆞᆫ즉滿洲에屯置ᄒᆞᆫ俄兵을將撤ᄒᆞᆯ터어라ᄂᆞᆫᄃᆡ若干隊兵은ᄂᆡ머沿江郡境에屯置ᄒᆞᆯ터이라더라

●英國國防策 倫敦電을據ᄒᆞᆫ즉英國이新嘉坡에셔一修船渠會社를買收ᄒᆞ얏ᄂᆞᆫᄃᆡ此ᄂᆞᆫ同國海軍大臣의提案으로職由ᄒᆞᆫ바ㅣ니新嘉坡에海軍根據地를設立ᄒᆞᆫ事實은英日新協約을依ᄒᆞ야防衛策을實施ᄒᆞᄂᆞᆫ바ㅣ라고傳說이有ᄒᆞ더라

●最後通牒 倫敦電을據ᄒᆞᆫ즉曩日에土耳其國이세르비아國境을侵害ᄒᆞᆫ事件으로最後通牒을土耳其國에送致ᄒᆞ야該事件에有關係ᄒᆞᆫ官吏를免職ᄒᆞᆯ事와政府가謝罪ᄒᆞᆫ事와損金비償ᄒᆞᆯ事를請求ᄒᆞ얏ᄂᆞᆫᄃᆡ若不聽從ᄒᆞ면復讐手段을反ᄒᆞᆯ이라ᄒᆞ얏다더라

●宏壯演習 淸國練兵所에셔ᄂᆞᆫ近來未曾有의大演習을擧行ᄒᆞᆯ터이라ᄂᆞᆫᄃᆡ此計畫은總兵員六鎭即日本六師國이오兵員總數ᄂᆞᆫ八萬餘名인ᄃᆡ三鎭으로써守備隊를合ᄒᆞ고三鎭으로써攻擊隊를作ᄒᆞᄂᆞᆫᄃᆡ一隊ᄂᆞᆫ直隷總督袁世凱가率ᄒᆞ고一隊ᄂᆞᆫ軍機大臣署理鐵侍郎이率ᄒᆞ얏ᄂᆞᆫᄃᆡ山東省의德州를中心으로ᄒᆞ야兩軍의會戰地로ᄒᆞ며袁世凱ᄂᆞᆫ此三鎭을率ᄒᆞᆫ外에北洋督練處總辦提調以下의各員을率ᄒᆞ야參謀部를作ᄒᆞ고鐵侍郎은練兵處軍政、軍司、軍學三部의正副使及諸科監督을率ᄒᆞ야參謀部를成ᄒᆞ며糧餉、軍機、軍醫等各部의準備ᄂᆞᆫ總히兩軍交戰之時와同一ᄒᆞ고其中不備ᄒᆞᆫ事ᄂᆞᆫ速히講成ᄒᆞᆯ方法이라ᄒᆞ며又其費用에關ᄒᆞ야ᄂᆞᆫ砲의總數가三百二十四門이오砲彈이二萬五千七百二十發인ᄃᆡ一發價文이八兩內外가됨으로此合計가二十萬七千三百六十兩이오步騎兵의小銃은總數가六萬挺인ᄃᆡ彈丸이三千萬發이라費用은百二十萬兩이니即銃砲彈丸費로만百四十萬兩이오其他地雷火電線等의費用을合算ᄒᆞ면合計가二百萬兩以上이라더라

●滿洲開放 淸國政府ᄂᆞᆫ俄日講和條件에滿洲開放事件이有ᄒᆞᆷ으로日美俄駐箚公使의게電訓ᄒᆞ야此에對ᄒᆞ야同情과贊政府에셔滿洲開放을自望ᄒᆞᄂᆞᆫ旨意로各政府에宣言케ᄒᆞ얏더라

●瑞나關係 分離된瑞典나威兩國國際位置ᄂᆞᆫ再次動搖를始ᄒᆞ야兩國代表者ᄂᆞᆫ去九月十三日에德國칼쓰밧트溫泉場에셔會見ᄒᆞ얏다더라

●鐵遠架橋 世界의最難工事로知ᄒᆞ던英領阿非利加縱貫鐵道中에잔베지川(南北잔베지를分界ᄒᆞᆫ巨流)의빅토리아大瀑布에架ᄒᆞᄂᆞᆫ鐵道橋ᄂᆞᆫ去九月十二日에開通되얏더라

雜報

●銃刀請撥 陽川郡守安종植氏報告를據ᄒᆞᆫ즉本郡境內에往往有賊警하야或持銃劍하고三五成羣하야東閃西忽하고搶劫孤村하며至有白晝剝奪之境이오나郡校等은手無寸鐵하ᄂᆞᆫ勢弗能勤捕이오니査照後移照軍部하와軍刀五柄洋총五柄딘丸三百發을趁速撥給하야俾爲勤捕라하얏더라

●埋예不愼 北署警務官李德應氏報告를據ᄒᆞᆫ즉本署管內翠雲亭前田畔에何許死兒를棄在라하옵기前往檢查則確是孤子貧民이使屍軍輩로埋其死兒而該屍軍니爲其便速하야暗棄於該地無疑니오나該犯에不良之習은有難仍寘키로別般識형니라하얏다더라

●會號改定 寄署帽谷第五十三統七戶에셔其敎生命保險會를設立ᄒᆞᆷ은本報에已揭어니와該會를開敎保生으로改號ᄒᆞ얏ᄂᆞᆫᄃᆡ其趣旨全文이如左ᄒᆞ더라

不敎不化不化不治是故今古天下民莫不以其敎化之者也國莫不以其敎治之者也瞻彼列邦各以其敎化之顯有治效者多矣吁我東亞同文之國其疆土也不爲不大其人衆也不爲不多其書籍也不爲不備其在混沌之中尙爾不覺者莫究推移獨立基礎無人輩固噫若使三千里坤方二千萬同胞晝宵講究同心協力民國大事務盡永保則吾東形勢可庶幾矣奈之何反失自由胡至此極敎久必變變則必通大運循環 聖德隆盛旣承宗主儒敎之勅盖有年矣際玆有賴先進之開明刱乎幸因同志之詢議協設一會名之曰開敎保生會即將此意布告西方惟願有志同胞一心團合勿負主旨負我皇室於磐泰之安垂我宗敎於宇宙之大濟我生命於無窮之地千萬仰祝

●司法 續

巨濟前郡守權重勛拘拿之由業經奏下而接准平理院檢事李根洪報告書內開承准部訓令被告權重勛案件審査則慶尙南道巡察使金璉植別紙開錄奏下者巨濟郡守權重勛如掌小島全事剝奪入已贓錢爲六萬餘兩按察次將向該郡則知機避身云云被告供稱署官三戰恤窮賙貧觸戶救斃一無貪饕剝奪之事同金璉植質査則贓錢數爻雖有風聞記錄旣在召還後故未能按察査覈條列贓記初無修報知機避身亦未詳知遽爾登奏難免錯誤云云被告權重勛實無擬辦之證跡則行放免玆以報告云矣該員旣無所犯故准報放免之意로法部大臣署理가上奏ᄒᆞ와奉旨依奏

金川前郡守金顯泰拘拿之由業經奏下而接准平理院檢事李根洪報告書內開承准部訓令被告金顯泰案件審査則該員金川郡守在仕時以出自商賈全昧吏治何使兼郡徵夾路費該道巡察使丁奎會論辭奏免而昨年陰曆七月分署理平山郡守時適値日軍北進修繕道路諸般役費支辦未由爲念民情不得排斂仍解署理追後自日兵站請求於度支部磨勘云故與丁奎會對質照査無餘矣凡臨民爲政惟考其當時之臧否不必究其出處之如何出自商賈不關案餘外無他所犯即行放免玆以報告云矣該員旣無所犯故准報放免之意로法部大臣署理가上奏ᄒᆞ와奉旨依奏

以上九月十一日 (未完)

●歌亦悲壯● 續

一團成體ᄒᆞᆫ民心
强國인들웃지ᄒᆞᆯ가
二千萬우리同胞
이마음을구지직혀
雨露中에生ᄒᆞᆫ몸이
忠義로죽어보세
人生一年싱각ᄒᆞ면
살날이몃날인고
憂愁恨嘆災殃苦
이ᄯᅢ에셔더ᄒᆞᆫ손가
疾苦中에辱된몸이
一世上에羞恥로다
義理上에成事ᄒᆞ면
千萬古에堂堂ᄒᆞ니
滿腔血墨쏘더다가
細細寃情그려내여
一片丹心두글ᄶᅡ를
一言으로廣佈ᄒᆞ니
어와우리同胞들아
어셔밧비ᄭᆡ을셔여
同心合力極盡ᄒᆞ여
아모조록開明ᄒᆞ세
三千疆土復舊ᄒᆞ고
億兆蒼生건져니여
社稷을安保ᄒᆞ고
皇室를扶護ᄒᆞ여
大韓乾坤磐石갓치
光武日月堯舜갓차
文明之國다시되여
同樂太平ᄒᆞ여보세

美洞仁義禮智家 成樂元 李敦和 禹範振

特別廣告

本申報ᄂᆞᆫ海外電報를卽接ᄒᆞ야機關이靈通ᄒᆞ고外報와探報를敏捷活潑ᄒᆞ도록注意ᄒᆞ오며申報發送ᄒᆞᄂᆞᆫ되迅速傳ᄒᆞ기ᄂᆞᆫ分傳ᄒᆞᄂᆞᆫ人의게在홈으로本社에셔平常에諸分傳人의게丁寧告戒ᄒᆞ고申申訓飭ᄒᆞ야毋或踰惰ᄒᆞ게注意ᄒᆞ거니와如或暫有稽忽이라도愛讀僉君子ᄂᆞᆫ密使通知于本社ᄒᆞ시면該分傳의게誠信相孚ᄒᆞ도록耳提面命ᄒᆞ고勸贊가發生ᄒᆞ도록誨論ᄒᆞ야必無遲誤ᄒᆞ기로期待ᄒᆞ옵나이다

本社에寄書ᄒᆞ시ᄂᆞᆫ諸君子ᄂᆞᆫ姓名과居住를明確ᄒᆞ게懸錄送附ᄒᆞ시와證據가有홈을必要홈이오公衆平和와ᄒᆞᆫ秩序를문亂케ᄒᆞᄂᆞᆫ意와社會上不經荒雜ᄒᆞᆫ寄書ᄂᆞᆫ不受ᄒᆞᄂᆞᆫ權利가本社에自有ᄒᆞ오니肯諒ᄒᆞ시옵

大韓每日申報社

○鐵路部

○東大門과新門間에來往車ᄂᆞᆫ每十分間에運行홈
東大門發初車ᄂᆞᆫ午前六時三十分
新門外停車場發初車ᄂᆞᆫ午前六時五十五分
東大門發終車ᄂᆞᆫ午後九時五十分
新門外停車場發終車ᄂᆞᆫ午後十時十五分

○東大門과洪陵間에來往車ᄂᆞᆫ每二十分間에運行홈
但自鍾路로東大門에來到ᄒᆞᆫ交替車로聯絡홈
東大門發初車ᄂᆞᆫ午前六時五十分
洪陵發 初車ᄂᆞᆫ午前七時十分
東大門發終車ᄂᆞᆫ午後七時五十分
洪陵發 終車ᄂᆞᆫ午後八時十分

○鍾路와龍山間에來往車ᄂᆞᆫ每十二分間에運行홈
鍾路發至南大門初車ᄂᆞᆫ午前六時四十八分
鍾路發至龍山 初車ᄂᆞᆫ午前七時二十四分
南大門發至鍾路初車ᄂᆞᆫ午前六時五十六分
龍山發至鍾路 終車ᄂᆞᆫ午前七時五十七分
南大門發至鍾路終車ᄂᆞᆫ午前十時八分
龍山發至鍾路 終車ᄂᆞᆫ午後九時九分

○特別私用車ᄂᆞᆫ顧客의方便홈을隨應ᄒᆞ야準給홈
但定價ᄂᆞᆫ本社에來臨ᄒᆞ야請問ᄒᆞ옵

○電燈部

二百五十燭力以內의敷用處에ᄂᆞᆫ每個月에定價表가如左홈
○十六燭力燃燈達夜에二圓五十錢
○三十二燭力燃燈達夜에四圓
○五十燭力燃燈達夜에六圓
○一百五十燭力燃燈達夜에十圓
一千二百燭力弧形燈達夜에二十圓
二百五十燭力以上의敷用處에ᄂᆞᆫ請求ᄒᆞ면瓦斯計一箇를設給홈
但瓦斯計賃金은每個月에二圓이오瓦斯計測驗表委托定價ᄂᆞᆫ每時間每암페아에二錢이옵
瓦斯計設給處에셔每介月支拂金最低額은每個月에二十圓인되(瓦斯計賃金은)据홈
電燈을敷設ᄒᆞ기에請求ᄒᆞᄂᆞᆫ되給홈로供各種連技辦燈도常時에貯存ᄒᆞ엿숩

本社鍾路電氣會社
韓美電氣會社 告白

本社廣告

申報價
一張代金 韓貨五錢
一箇月前納 五十錢
三箇月 一元五十錢
六箇月 二元九十錢
一箇年 五元八十錢
郵稅一部 新貨五里
一箇月 十三錢

廣告料
四号活字十三字詰
每日每英尺一寸에新貨廿五錢
(每日每行에六錢에相當홈)
二周日에 二圓五十錢
(每日每行四錢五里에相當홈)
一箇月에 五圓
(每日每行四錢一里에相當홈)
其期限의長短과字行의多少를依ᄒᆞ야增減홈이有홈

大韓人마다此申報를不得不閱覽ᄒᆞ실터이오니廣告出報ᄒᆞ실僉君子ᄂᆞᆫ來臨面議ᄒᆞ시옵

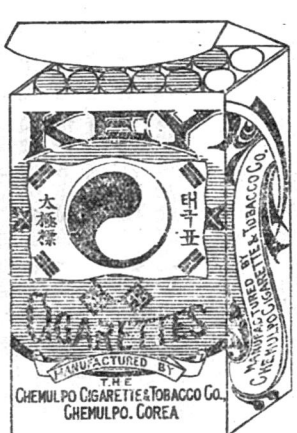

發行兼編輯人 英國人裴說
發 行 所
京城北署壽進坊磚洞号外地法語學校前
大韓每日申報社

第三卷　　第四十六號

大韓每日申報

대한매일신보

月曜及慶節歲時日休刊

檀君開國四千二百三十八年
箕子元年三千二十七年
大韓開國五百十四年
日本明治三十八年
淸國光緒三十一年
陰曆乙巳九月小八日戊人

論說

人當自信이[illegible]

現今時代는勢力競爭之時[illegible]家의地位와人種의等[illegible]勢力의强弱으로決定이되나니所謂道德原理와公法條例와文明本旨가公衆의讚美를得ᄒᆞ기는足ᄒᆞ나

畢竟勢力으로競爭ᄒᆞ는境遇에는德義上言論이每常屈而不伸ᄒᆞ니可勝慨哉아是故로今之時代는雖兄弟間이라도各其自立之力이如何ᄒᆞᆷ을自信ᄒᆞᆯ것시오一毫라도他人의勢力은可히信賴치못ᄒᆞᆯ지라今以韓日關係로言之ᄒᆞ면幷處同洲ᄒᆞ야只隔一葦ᄒᆞ니

千數年間交涉이頻繁ᄒᆞ고文物制度가互相關通ᄒᆞᆫ지라是以로兩國間言語文字가必曰友邦이라ᄒᆞ며曰兄弟之國이라ᄒᆞ며曰同種之人이라ᄒᆞᆷ이非但名義上稱謂라

實로輔車唇齒의緊接機關이有ᄒᆞᆫ者라自幾年以來로日本이恒常韓人을對ᄒᆞ야曰文明進步를開導ᄒᆞ리라ᄒᆞ며施政改善을忠告ᄒᆞ리라ᄒᆞ며獨立領土를保証ᄒᆞ리라ᄒᆞ니韓人이固當信賴ᄒᆞᆯ만ᄒᆞ고況俄日開仗之始에宣戰詔勅이韓國獨立을擁護ᄒᆞ기로各國에聲明ᄒᆞ얏스니

非但韓人이信之라世界各國이亦當信之矣러니兩年間許多交涉을觀ᄒᆞᆫ則一切韓人의感情을貫收ᄒᆞᆯ뿐더러其計筭의得失은未知如何로되

且嘗聞之ᄒᆞ니日本의對韓政略言論이三種에分ᄒᆞᆫ지라第一은曰倂呑說이니一般軍人과政客이主張ᄒᆞᆫ다ᄒᆞ고第二는曰保護說이니現時當局者의議論이라ᄒᆞ고第三은曰同盟說이니正義人士等의提倡ᄒᆞᆷ이라ᄒᆞ니

第一說은曰韓人은暗愚ᄒᆞ야不可曉也니若有時機可乘이거나名義可據이거든倂呑이可也라ᄒᆞ고

第二說은曰韓人을猶可敎也니諸般政治를保護監督ᄒᆞ되彼若抵抗이면一擧而倂呑아未爲晩也라ᄒᆞ고

第三說은曰韓日親密이其來久矣오況我天皇陛下의宣戰詔勅이韓國獨立을擁護ᄒᆞ기로聲明ᄒᆞ얏스니同盟을固結ᄒᆞᆷ이可ᄒᆞᆫ지라

今에當局者의意見을挽回키難ᄒᆞ나將次는我等의先見을歎服之日이有ᄒᆞ리라ᄒᆞ니

盖第三說이寔出於德義上公論者오日日後事狀이果不出於此等先見ᄒᆞᆯ넌지姑未可知어니와現에는彼第一第二說을勝치못ᄒᆞᆯ지라今에韓人을爲ᄒᆞ야計ᄒᆞᆫ건ᄃᆡ日本黨派의言論如何를不問ᄒᆞ고惟當自信而已라ᄒᆞ노니

若使韓國으로政治가革新ᄒᆞ고民智가發達ᄒᆞ야自立之力이有餘ᄒᆞ면彼第一說의目的이變ᄒᆞ야第三說과同一ᄒᆞᆯ것이오萬若政治가一向腐敗ᄒᆞ고民智가一直固陋ᄒᆞ야自立之力이全無ᄒᆞ면彼第三說의主義도第一說을居從ᄒᆞᆯ리니故로曰人當自信이오不可信人이라ᄒᆞ노라

官報

●第三千二百六十號　光武九年十月三日

●部令

度支部令第十五號

從來商民之間에於音手票者가流通ᄒᆞ야雖供商業金融之便이나因襲爲久에遂生一種弊端ᄒᆞ야濫爲發給에至於融通之具ᄒᆞ는지라是以로一朝流通之道가澁滯ᄒᆞ야現金之推次를當ᄒᆞᆫ즉內無換給之準備ᄒᆞ고外無商品之擔保ᄒᆞ야撤鎖廛舖ᄒᆞ고停止支發ᄒᆞ야以至惹起一般遑急ᄒᆞ니是則實由於規律이不嚴重而商民이不重信用也라故로玆爲約束手形(應交憑票)條例及手形組合條例를頒布ᄒᆞ고以設所關流通之規律ᄒᆞ야同時에欲與適當保護故로商民等은能體此意ᄒᆞ고信用을重之ᄒᆞ야手形濫發之弊에不陷ᄒᆞᆷ이爲要ᄒᆞᆯ지라

約束手形은商民에셔商品을買收ᄒᆞ고一定ᄒᆞᆫ期限後에其價金支撥의契約ᄒᆞᆯ境遇等에用之ᄒᆞᄂᆞ니專혀商業의便宜를爲ᄒᆞ야爲其目的인故로濫爲發行ᄒᆞᆯ거시아니라

已往發行된元과兩으로金額을示明ᄒᆞᆫ於音과手票ᄂᆞᆫ此時當者에게서其期限에至ᄒᆞᆫ者는互相交換淸帳ᄒᆞ거ᄂᆞ彼此妥商後에本令에依ᄒᆞᆫ約束手形에更正ᄒᆞᆷ을期圖ᄒᆞᆷ이可ᄒᆞᆯ지라

約束手形(應交憑票)條例

第一章　總則

第一條　約束手形은財産과信用을基礎삼아發行ᄒᆞᄂᆞᆫ거시니商業上便利에供ᄒᆞᆷ으로目的ᄒᆞᆷ이라

第二條　約束手形의金額을圜과圜으로示之ᄒᆞ고光武五年勅令第四號貨幣條例에定ᄒᆞᆫ貨幣나同一ᄒᆞᆫ品位量目形體를有ᄒᆞᆫ日本通貨或兌換券及銀行券으로써支撥ᄒᆞᆯ거시오舊貨幣及葉錢으로써支撥ᄒᆞᆷ은得치못ᄒᆞᆷ이라

但本令施行前에發行ᄒᆞᆫ舊貨幣와葉錢으로써計筭ᄒᆞᆫ於音手票ᄂᆞᆫ當者의合意로써實物로其債務를完償ᄒᆞ거나本令에依ᄒᆞᆫ約束手形으로써此를更正ᄒᆞᆷ을得ᄒᆞᆷ이라

第三條　約束手形用紙는政府에서製之ᄒᆞᆷ이라

第四條　約束手形에商品其他의物件을附屬ᄒᆞ야擔保ᄒᆞᆫ境遇에는手形上의權利者는其物件에對ᄒᆞ야優先權을有ᄒᆞᆷ或有其物件을處置ᄒᆞ드ᄅᆡ도手形上의債務를完償치못ᄒᆞᆯ時에는其不足額은手形上의債務者가連帶ᄒᆞ야擔保ᄒᆞᆫ者라하미라

(未完)

外報

●德人被殺　倫敦電을據ᄒᆞᆫ즉德人一名이쳥國沙市地에셔何許凶漢의殺害를被ᄒᆞᆫ故로德國領事가쳥國政府를問ᄒᆞ야其殺害의原因을說明ᄒᆞ라쳥求ᄒᆞ얏다더라

●俄軍動靜　九月二十三日倫敦電을據ᄒᆞᆫ즉滿洲俄軍은僅히一部分만撤退ᄒᆞ고數個軍團은依然히쳥俄境上에存留ᄒᆞ리라ᄂᆞᆫ風說이聖彼得堡에傳播ᄒᆞᆫ다더라

●銀行家活動　德國帝國銀行亞細亞銀行、伯林銀行、其他德國中第一流銀行家는一大團體를組織ᄒᆞ야東洋全部의無論何事業ᄒᆞ고有望事業에注其資金ᄒᆞᆯ次로委員포ー만氏가近日東京에來留ᄒᆞ야駐日德公使와同件ᄒᆞ야日本各元老大官을訪問ᄒᆞ고銀行設立에助力ᄒᆞᆷ을請求ᄒᆞ얏고其本店은上海에置ᄒᆞ고橫濱에쳐銀行을買收ᄒᆞ야百萬元資金으로支店을設立ᄒᆞᆫ나ᄒᆞ더라

東京電報

●條約得決 十月四日오後二時三十分發

露日講和條約은本月四日에樞密院에御諮詢하사異議가無히可決되얏더라

●社費청貸 十月四日오後四時三十五分着

關西鐵道會社와英國資本家間에一千萬圓以上二千萬圓以內를貸借ᄒᆞᆯ約이成立되이더라

雜報

●義捐不同 前內大李容泰氏가國民教育會를爲ᄒᆞ야金千圓을該會에傾產義捐ᄒᆞ얏다니同氏의教育上熱心은誠是可敬可賀어니와他氏들도李氏의熱誠을效則ᄒᆞᆯ지경이면國民教育의發達을指日可見ᄒᆞᆯ깃다고人皆稱揚ᄒᆞᄂᆞᆫ되軍大李根澤氏ᄂᆞᆫ百圓을捐助ᄒᆞ얏다니該氏에家勢가近來貧寒ᄒᆞᆷ인지或該氏가吸取力은越大ᄒᆞ되捐出力은不足ᄒᆞᆷ인지不知ᄒᆞᆫ깃다고巷說이有ᄒᆞ다더라

●內相添病 內部大臣李址鎔氏가近日에傷寒病으로方在調理中인되其添症된裏由언즉再疏奏呈ᄒᆞᆷ이于今七八日의優批을尙未奉承ᄒᆞ야一倍焦燥키로自然添就ᄒᆞ얏다더라

●可笑勸告 金敬仁氏ᄂᆞᆫ稱以東學摠攝ᄒᆞ고日本觀察官을圖差ᄒᆞ야民間에貪虐狼藉ᄒᆞᆷ은世人의所共知어날何許善心人이內大에게勸告ᄒᆞ야송氏을郡守一窠差出ᄒᆞ기로牢約되얏다ᄒᆞ니此等不公ᄒᆞᆫ勸告ᄂᆞᆫ裏由를難測이라고傳說者有ᄒᆞ더라

●終靳教俸 度支部에셔學部에照復ᄒᆞᆫ內槪에貴部所管各學校教官以下俸給不足額挪移事로荐承貴照이온바預算中移欵은弊部所未得承認이기로玆에仰復ᄒᆞ오니照亮爲要라ᄒᆞ얏더라

今日眞可惜

嗚呼라韓之今日은即一存亡之機也라不到今日則人心之思治가未必如是切至요若過今日則雖欲救此危亂이나勢無及矣리니存亦今日이오亡亦今日이라君臣上下가苟能一心同德ᄒᆞ야孜孜然以存社稷保生民으로爲念이면庶幾人心奮發而挽弱爲強ᄒᆞ야回桑榆之殘陽ᄒᆞ며繫滄海之孤帆이不是難也어날甚矣라其難悟也여因循玩愒가愈甚이라任賢使能을尙何可論이며民之困極에萬口愁怨ᄒᆞ야曷喪之謠가騰於四境ᄒᆞ며兵備撥而捍衛零星ᄒᆞ며財政竭而血脉이已枯ᄒᆞ며盜賊橫而焚掠이四起ᄒᆞ야凡所亡國之形이日深一日ᄒᆞ니不審何恃何待而如是坦然無憂歟아其或天助是望而陰援是待歟아不修其屋이면風雨必敗오不耕其田이면樂歲를難見이니苟無自修自強之策인된天何望焉이며隣何賴焉가嗚呼라匹夫困阨에猶思奮發이온況以三千里疆域으로甘心受制于人ᄒᆞ야日居月諸而不務圖存ᄒᆞ니何其愚之甚也오大抵天下事ㅣ未有久持而不決者인즉若釋今不治면禍害之轉迫이瞭如燭照而龜計ᄒᆞᆯ지니凡係韓之臣民ᄒᆞ야不能有爲於今日이면豈可曰具人心乎哉아雖然이나不爲先整政府면決無可爲之勢오整齊政府之策은在於選得其人인즉舉國人士가合辭公薦ᄒᆞ야幾箇可用人材를舉而任之ᄒᆞ야蔚然爲國楨幹에弼亮左右然後에政令이出一ᄒᆞ고衆心이服從ᄒᆞ야中興之業을乃可擬焉이요若不先整政府而徒治枝葉이면雖日改善이나吾未之信焉ᄒᆞ노라

●館費請撥 駐日公使가外部로電報ᄒᆞᆫ內槪에商民處貸用之一千元의報償이時急하니即速支撥하라하얏더라

●牛島請買 三和郡守李鍾煥氏報告를據ᄒᆞᆫ즉港口租界十里以外土地房屋을外人이購買一欵을一切禁斷事로著爲定式而屢承訓飭이올션과現今本郡甑南港駐劄日本司令官이本郡大下坊古水營浦前津所在臥牛島를期欲願買故昨已電報에未蒙指一處分而自司令部로限十年定約許賣之意로日三催促이나以若殘郡부淺으로難以低昂하니査照伏望이라하얏더라

●自然廢務 平南觀察使署理李承載氏報告를據ᄒᆞᆫ즉本府形便이自經兵燹으로日益蕭索ᄒᆞ야成樣無望이고惡貨之害가輻湊本省ᄒᆞ야萬萬憂悶之中에目下鼓鑄支吾者ᄂᆞᆫ即府屬輩가飢寒所到에不能自保ᄒᆞ야俱願退去가非止一再이옵더니忽於今二十七日에本府書記使令使令輩가合辭請退에散而四之ᄒᆞ야荒涼空府에只餘二三主事이온바目下交象이極爲駭然ᄒᆞ와不獲已廢務라ᄒᆞ얏더라

●新婦何走 近日宗橋金氏家에셔婚禮過行ᄒᆞ고新婦를率來ᄒᆞ얏더니其翌日에不知去處키로方在尋覓중이라더라

●歸國風說 駐韓日公使林權助氏가事務打合ᄒᆞ기爲ᄒᆞ야本月중旬에歸國ᄒᆞᆫ다ᄂᆞᆫ風說이有ᄒᆞ더라

●巨欵買亭 內大李址鎔氏가龍山所在柏卓安氏의亭子를四十萬元으로決價買得ᄒᆞ얏다더라

●電費請撥 各處電報費를尙不支給ᄒᆞ야困難莫甚ᄒᆞ니即爲支撥ᄒᆞ라고外部에셔度支로照會ᄒᆞ얏더라

●白骨火葬 近日鷺梁等地에셔軍用地를治道ᄒᆞ고無主塚의白骨을收聚ᄒᆞ야石油를灌之ᄒᆞ야火葬ᄒᆞᄂᆞᆫ되其臭穢甚毒ᄒᆞᆯᄲᅮᆫ더러光景이大段慘酷ᄒᆞ다더라

●武校試取 陸軍武官學校에셔向日初選ᄒᆞᆫ學徒을昨日에比較試取ᄒᆞ얏다더라

●關係奔競 宮內府秘書課主事尹應村氏가再昨日의死ᄒᆞ얏ᄂᆞᆫ되該課塡代ᄒᆞ야고該府에셔方在擇人ᄒᆞᆫ인되奔競이大段ᄒᆞ야畢竟學家所奪되리라ᄒᆞ더라

●賭技作弊 日昨竹洞等地에셔日人三名이携一木板하고該木板上에劃定一二三四字하야시니即日人에게賭技所用인바誘引韓之愚民하야相與賭技之際에障勸이莫甚하고作弊多端ᄒᆞᆷ으로日巡查가該日人等을拿爲捉去하얏다더라

外報

●總督請願 淸國新報를據ᄒᆞᆫ즉푸킨總督이政府에請願ᄒᆞ되同軍隊中外人을解雇ᄒᆞ기로陳述ᄒᆞ얏더라

●美船到日 合衆國轉運艦쇄만은美兵七百名을搭載ᄒᆞ고呂송으로航海ᄒᆞ다가去月二十一日에日本長崎에到着ᄒᆞ얏다더라

●協約公佈 東京電을據ᄒᆞᆫ즉日英新協約書ᄂᆞᆫ既爲東京에公佈ᄒᆞ얏ᄂᆞᆫ되各新聞에셔此約書에對ᄒᆞ야歡喜ᄒᆞᆫ다더라

●鐵道重成 俄國遞信省大臣킬코프氏ᄂᆞᆫ西比利亞鐵道를査調ᄒᆞᆫ後에來二年內로鐵道를畫成ᄒᆞ기爲ᄒᆞ야鐵道所用에諸般物貨를輸入ᄒᆞ기로決定ᄒᆞ얏다더라

●大佐自宛 天津에駐在ᄒᆞᆫ俄國陸軍大佐오코로니코푸氏ᄂᆞᆫ公錢을誤用ᄒᆞ고淸國北京電報社에五千弗을負債ᄒᆞ고自宛ᄒᆞ얏다ᄂᆞᆫ風說이有ᄒᆞ더라

●破和上奏 今月二十六日日本進步黨院外者數十名이連署ᄒᆞ야講和破棄에關ᄒᆞᆫ上奏文을捧呈ᄒᆞ얏더라

●廢止凱旋式 營口電을據ᄒᆞᆫ즉日本軍中에北方先進軍隊ᄂᆞᆫ目下引還을準備中에在ᄒᆞᆫ데其引還之際에盛大ᄒᆞᆫ凱旋式을依例舉行ᄒᆞᆯ더이로되講和條約을見ᄒᆞ고其式을廢止ᄒᆞ얏다더라

●淸政抗議 天津電을據ᄒᆞᆫ즉淸國政府에셔露日兩國이滿洲撤兵期限을講和調印後十八箇月內로制定ᄒᆞᆫ事ᄂᆞᆫ過於與久ᄒᆞ다ᄒᆞ고露日兩國이鐵道守備兵을配置ᄒᆞᆷ은淸國이同意키不能ᄒᆞᆫ意로該兩國政府에聲明ᄒᆞ기로決定ᄒᆞ얏다더라

●駐淸日使召還 日本政府에셔遼東租借地經營事와及其他事件으로淸國政府와交涉ᄒᆞᆯ必要가有ᄒᆞ야近近히駐淸日公使를召還ᄒᆞ야諸般事를協議ᄒᆞᆯ터인되同公使가來月中旬에歸國ᄒᆞ리라더라

●請願上奏文 日本에셔去月以來로于今ᄭᆞ지日皇ᄭᅴ奉呈ᄒᆞᆫ請願上奏文이皆講和問題에關ᄒᆞᆫ者니多히媾和條件이非ᄒᆞ다ᄒᆞ얏ᄂᆞᆫ되其中琦玉縣에셔奉呈ᄒᆞᆫ上奏文은一日이라도速히平和克復ᄒᆞᆷ을希望ᄒᆞ고今番媾和條約이滿足ᄒᆞ다ᄒᆞ얏더라

●俄艦整備 向二十四日에美國御用船사만號ᄂᆞᆫ歸國兵七百名을搭載ᄒᆞ고馬尼剌를發ᄒᆞ야長崎에寄港ᄒᆞ얏ᄂᆞᆫ되同船의所報를據ᄒᆞᆫ즉馬尼剌港에緊留ᄒᆞᆫ俄艦三隻은必是太平洋艦隊에編入ᄒᆞ야來冬季에ᄂᆞᆫ長崎에寄港ᄒᆞᆯ더이라더라

東京電報

土方伯爵及雨宮敬次郎一行은 林公使는本日에(五日)一時歸 李容翊氏는昨日(四日)香港에 伊太利公使毛樂高氏는十七日

[illegible]

十月五日오前十一時三十五分發

●日使歸國

●李氏著香

英國公使朱邇典氏는近日에又

寄書

呑空子

曾經大臣中에罪惡貫영ᄒᆞ야斷不容貸ᄒᆞᆯ人이多有ᄒᆞ나其中最著明證者를論ᄒᆞᆯ진ᄃᆡ金嘉鎭의五箇罪狀을逐條略擧하노라

金嘉鎭은甲午以前에稍有聲譽ᄒᆞ야甲오改革際會에廟堂에有議事之權터니翌年乙未四月에各部官制가實施됨의金嘉鎭으로初以爲農商大臣ᄒᆞ야馳其牌命ᄒᆞᆫ지라闡明富源은自農商工礦이善爲發達이라야可謂農商工部之設部ᄒᆞᆫ本意어날金嘉鎭이農大丞命以後로熱心事業은尙矣勿論ᄒᆞ고暗生肥己之慾ᄒᆞ야該部礦山局所捧稅金을付同下僚하야認作巨物ᄒᆞᆫ지未幾에奸狀이顯露하야法部大臣張博이가拘拿免官하고按法懲贓코ᄌᆞ하야監獄에牢囚閱月라가

大皇帝陛下ᄭᅴ셔俄館播遷ᄒᆞ신後幸蒙　大赦之詔ᄒᆞ야旋即蒙放된지라尊重正供稅金을私自偸弄ᄒᆞ니其罪가一也오

黃海觀察在任四五年間에壓迫人民ᄒᆞ고剝奪民財ᄒᆞ야一道生靈이陷入塗炭ᄒᆞ니其罪가二也오

中樞院副議長在任三四年間에名擧議官賣食ᄒᆞᆫ數가殆至七八千名인바外國으로比ᄒᆞ면我中樞院은即上議院이오議官은即議員이라一應政務를演討可否ᄒᆞ야詢同一致라야通過政府ᄒᆞ는法規는乃是該院之所係官制規程이거날如斯重任을私自擅賣ᄒᆞ야外而多貢巨庄ᄒᆞ야秋獲이萬餘石이오內而營建別墅ᄒᆞ야其宏傑制度가無比　宮闕ᄲᅮᆫ더러放辟奢侈가無所不爲하야其濫而已極하니其罪가三也오

（未完）

雜報

●門長不公　徐相祖氏率養子丙贊을相祖氏가罷養ᄒᆞᆫ事件에對ᄒᆞ야其門長臣輔氏가日前上言ᄒᆞ야復養處分을承有ᄒᆞᆷ은世人의共知어니와先此徐門中에有一件不公底事ᄒᆞ니徐廷稷氏가身死而無後키로自門中發論族子倫錫으로立後ᄒᆞ야三年居喪ᄒᆞ고其養母를六年侍養인바其養母가空然不喜倫錫ᄒᆞ야欲爲罷養인즉門長臣輔氏가趨勢和應ᄒᆞ야揚言曰養母가養子는不過是以義合者인ᄃᆡ今其養母가欲爲罷養則是乃義絶이니倫錫을不可留置라ᄒᆞ고即爲逐出ᄒᆞ얏더니今於丙贊之罷養則左袒上言ᄒᆞ야期圖復養ᄒᆞ니均是罷養而一逐一復이豈不異哉아以義理言之컨ᄃᆡ倫錫은居喪三年에父子之倫이大定이요丙贊은初無居憂等事ᄲᅮᆫ더러况其養父가親爲罷遣인즉彼重此輕이昭然難誣인즉假使臣輔氏로要爲復양周旋인ᄃᆡ倫錫丙贊를一體擧論이可也요如其不然이면都置之可也어날一擧一遺가是何義理乎아倫錫則以義合者요丙贊則獨非以義合者乎아倫錫罷出後에繼其後者는終是族子로되丙贊則不然ᄒᆞ야相祖氏所生子二人이如龍如虎ᄒᆞ야完然自在ᄒᆞ니以此論之컨ᄃᆡ倫錫所遭는十分冤抑而丙贊則無可無不可로ᄃᆡ門長所見이如是倒置者는何也오倫錫之孤子은雖侮視而無傷이고於相祖氏則有所宿嫌ᄒᆞ야有此格外扶抑之不公行爲ᄒᆞ니臣輔氏에門長之名이可羞요班閥之稱이可惜이라고巷說이喧藉ᄒᆞ다더라

●敎官遞任　武官學校敎官玄東軾氏代에分敎官尹泰殷氏가任ᄒᆞ고幼年學校敎官尹泰應氏代에前主事李範穎氏가任ᄒᆞ얏더라

●領事任解　宮內府祕書官南廷奎氏는摠領事를兼任ᄒᆞ얏고度支主事朴容九、外部主事金爽永、電務主事鄭泰應諸氏는兼任副領事官을解任ᄒᆞ얏더라

●姜氏陞任　駐法公使館書記生姜泰鉉氏는駐英公使館參書官으로陞任ᄒᆞ얏더라

●非新伊舊　駐日公使館隨員河相驥氏가仁川監理를任ᄒᆞ얏다ᄒᆞ니河氏外예는乏人을可知라고傳說이有ᄒᆞ더라

●惡塚即掘　孔德里　國太公墓所近側에何許漢이犯葬ᄒᆞᆷ은昨報에已揭하얏거니와該漢은令警廳으로期於詷捉하야照律處辦하고該塚은即刻掘移하라신勅旨를下하옵셧더라

●因何立旗　再昨日下오三時에　綏陵園案山鉢伊峯에平服日人二名이來到하야何幹事를爲ᄒᆞᆷ인지白旗一介를竪立하얏다더라

●乳女可矜　再昨日에宮協閔景植氏家中門內에何許人니新生女兒를入置하얏는ᄃᆡ其衣衿上에去陰八月初五日生이라書塡인바目右家로招致該坊巡檢하야出付其新兒故로該巡檢이亦爲率置於中署內人家하얏다더라

●巡檢減額　警務廳에셔內部로報告ᄒᆞᆫ內槩에本廳權任이五十五人中十三人과巡檢一千인즁一百五十八人을并以難堪其任하고不勤事務秩로試驗除免이오며遞來罷免及自退者가一百三十四人이온즉現存權任及巡檢額이七百五十인이온바待其學徒成就하야如數充額計料라하얏더라

●納入告知　議政府官報課에셔收捧ᄒᆞ는官報價를曾自該課로收入國庫矣러니自本年度支部令第五號歲入歲出處理順序頒佈以後로該價額을該課에셔收捧치안코議政府歲入徵收官이納入告知書를納人에게交付ᄒᆞ야納人이金庫에直납ᄒᆞ기로定ᄒᆞ야납入告知書를行將發行ᄒᆞᆯ터이라더라

●谷倅報災　谷城郡守宋振玉氏가內部에報告ᄒᆞᆫ內槪에陰曆七月初五日大雨暴注ᄒᆞ야山址村落과溪邊民戶가爲頹壓而漂流者三十七戶이온ᄃᆡ京此無依之殘民이幾乎塡壑ᄒᆞ니恤金之頒下와戶布之減給이晷刻爲急이라ᄒᆞ얏더라

●敎師續請　德語敎師佛耶安續合同請議書를聯署ᄒᆞ야繳交ᄒᆞ니照亮查收爲要라ᄒᆞ얏더라

●商會청尹　昨日上오十一時에廣橋南路中央銀行地에서臨時商業會議를開設ᄒᆞ고選定摠代하야漢城判尹을청邀하얏더라

●捕賊受賞　中署東谷張吉相家에投書索錢ᄒᆞ는賊黨朴昌守를巡檢崔奎福韓泰鎭이登時捕捉인바賊盜捕捉이巡檢의當行職責이나暮夜索錢을非此別警이면不可捉得이오三夜譏察之熱心을不可無賞이라ᄒᆞ야自警廳으로賞貨八元을兩巡檢에게賞給ᄒᆞ얏더라

●敎官不服　昨日上오八時에學部大臣이會同各學校敎官하야仍奮視務하라曉喩ᄒᆞᆫ즉敎官諸氏言內에學校는異於他處하야言不顧行이면何以敎育後進乎아하고并爲退去하얏다더라

●司法　續

現接議政府叅政韓圭卨照會內開本月十四日本叅政大臣謹

奏即聞表勳院摠裁閔丙奭有所

奏事不實以致壞損事體此不可以無懲爲先免本官令法部照律勘處何如謹上

奏奉

旨依奏

命下矣玆照會照亮欽遵等因准此該閔丙奭行將拿致而係是曾經　勅任官故依刑法大全第八條ᄒᆞ야法部大臣이上

奏ᄒᆞ와奉

旨依奏

九月二十二日

現接平理院檢事李根洪報告書內開頃接木川前郡守朴正彬告訴公州郡守閔泳會有審查事押上來到故仍因本院玆報告云矣該員係是現帶　奏任官故依刑法大全第八條ᄒᆞ야法部大臣이

上

奏ᄒᆞ와奉

旨依奏

現接平理院檢事李根洪報告書內開前議官李禧榮有欺騙事自漢城府裁判所押交故仍因本院玆以報告云矣該員係是曾經　奏任官故依刑法大全第八條ᄒᆞ야法部大臣이上

奏ᄒᆞ와奉

旨依奏

現接平理院檢事李根洪報告書內開前議官崔益煥被訴於前韓山郡守黃用性自警務廳押交仍因本院玆以報告云矣該員係是曾經　奏任官故依刑法大全第八條ᄒᆞ야法部大臣이上

奏ᄒᆞ와奉

旨依奏

現接平理院檢事李根洪報告書內開現接金致鳳告訴伊川郡守朴基鉉自本院押到仍因玆以告云矣該員係是現帶　奏任官故依刑法大全第八條ᄒᆞ야法部大臣이上

奏ᄒᆞ와奉

旨依奏

上九月二十三日

廣告

特別廣告

本申報ᄂᆞᆫ海外電報를卽接ᄒᆞ야機關이靈通ᄒᆞ고外報와探報를敏捷活潑ᄒᆞ도록注意ᄒᆞ오며申報發送ᄒᆞᄂᆞᆫ디迅速傳ᄒᆞ기ᄂᆞᆫ分傳人의게在홈으로本社에셔平常에諸分傳人의게丁寧告戒ᄒᆞ고申申訓飭ᄒᆞ야毋或嬾惰ᄒᆞ게注意ᄒᆞ거니와如或暫有積怨이라도愛讀僉君子ᄂᆞᆫ密使通知本社ᄒᆞ시면該分傳의게誠信相孚ᄒᆞ도록耳提面命ᄒᆞ고勸贊가發生ᄒᆞ도록誨論ᄒᆞ야必無遲誤ᄒᆞ기로期待ᄒᆞ옵나이다

本社에寄書ᄒᆞ시ᄂᆞᆫ諸君子ᄂᆞᆫ姓名과居住를明確ᄒᆞ게懸錄送附ᄒᆞ시와證據가有홈을必要홈이오公衆平和ᄒᆞᆫ秩序를紊亂케ᄒᆞᄂᆞᆫ意와社會上不經荒雜ᄒᆞᆫ寄書ᄂᆞᆫ自不受ᄒᆞᄂᆞᆫ權利가本社에有ᄒᆞ오니肯諒ᄒᆞ시옵

大韓每日申報社

廣告

貿易商 本社ᄂᆞᆫ仁川港
日本郵便電信局對面
電話第二百一番地

仁川港 廣昌洋行
벤넷트會社告白

○鐵路部

○東大門과新門間에來往車ᄂᆞᆫ每十分間에運行홈
東大門發初車ᄂᆞᆫ午前六時三十分
新門外停車場發初車ᄂᆞᆫ午前六時五十五分
東大門發終車ᄂᆞᆫ午後九時五十分
新門外停車場發終車ᄂᆞᆫ午後十時十五分
○東大門과洪陵間에來往車ᄂᆞᆫ每二十分間에運行홈
但自鍾路로東大門에來到ᄒᆞᆫ交替車로聯絡홈
東大門發初車ᄂᆞᆫ午前六時五十分
洪陵發　初車ᄂᆞᆫ午前七時十分
東大門發終車ᄂᆞᆫ午後七時五十分
洪陵發　終車ᄂᆞᆫ午後八時十分
○鍾路와龍山間에來往車ᄂᆞᆫ每十二分間에運行홈
鍾路發至南大門初車ᄂᆞᆫ午前六時四十八分
鍾路發至龍山　初車ᄂᆞᆫ午前七時二十四分
南大門發至鍾路初車ᄂᆞᆫ午前六時五十六分
龍山發至鍾路　終車ᄂᆞᆫ午前七時五十七分
南大門發至鍾路終車ᄂᆞᆫ午前十時八分
龍山發至鍾路　終車ᄂᆞᆫ午後九時九分
○特別私用車ᄂᆞᆫ顧客의方便홈을隨應ᄒᆞ야準給홈
但定價ᄂᆞᆫ本社에來臨ᄒᆞ야請問ᄒᆞ옵

○電燈部

二百五十燭力以內의敷用處에ᄂᆞᆫ每個月에定價表가如左홈
○十六燭力燃燈達夜에二圓五十錢
○三十二燭力燃燈達夜에四圓
○五十燭力燃燈達夜에六圓
○一百五十燭力燃燈達夜에十圓
一千二百燭力弧形燈達夜에二十圓
二百五十燭力以上의敷用處에ᄂᆞᆫ請求ᄒᆞ면瓦斯計一箇를設給홈
但瓦斯計賃金은每個月에二圓이오瓦斯計測驗表委托定價ᄂᆞᆫ每時間每암피아에二錢이옵
瓦斯計設給處에셔每介月支拂金最低額은每個月에二十圓인ᄃᆡ(瓦斯計貸金은)据홈
電燈을敷設ᄒᆞ기에請求ᄒᆞᄂᆞᆫᄃᆡ給홈로供各種運技辦燈도常時에貯存ᄒᆞ엿ᄉᆞᆸ

本社鍾路電氣會社
韓美電氣會社 告白

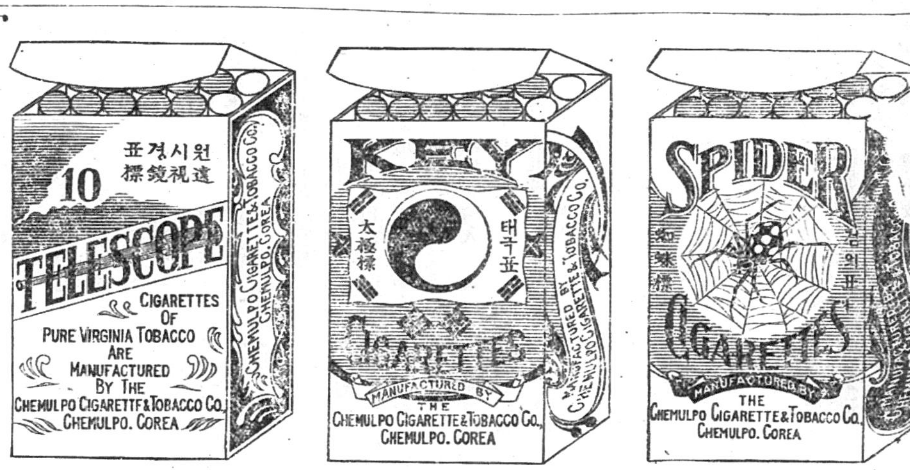

以上三種은上品으로製造ᄒᆞ야衛生上에至極有益ᄒᆞ오니毋論某人ᄒᆞ고本社에來顧ᄒᆞ옵

大韓帝國仁川港
濟物浦紙卷煙及烟草會社

一鷹標罐濃詰牛乳
一金印罐詰濃結牛乳
一無雙家用氣化乳酪
一쌔ㅣ든쓰製造麥芽化合牛乳
以上은常時에貯積ᄒᆞ엿ᄉᆞᆸ
美國紐育港쌔ㅣ든쓰濃結牛유會社
一手代理店　大韓仁川港　世昌洋行

廣告

一雜貨商
一貿易商
一船舶取扱
一煙草商
一委托販賣及貨物運送代理業
一貿易石炭商
以上輸入及輸出者
京城 仁川 大昌洋行

本社廣告

申報價
一張代金　新貨五錢
一箇月前納　五十戔
三箇月　一元五十戔
六箇月　二元九十戔
一箇年　五元八十戔
郵稅一部　新貨五里
一箇月　十三戔

廣告料
四号活字十三字詰
每日每英尺一寸에新貨廿五錢
(每日每行에六錢에相當홈)
二周日에　二圓五十錢
(每日每行四錢五里에相當홈)
一箇月에　五圓
(每日每行四錢一里에相當홈)
其期限의長短과字行의多少를依ᄒᆞ야增減홈이有홈

大韓人마다此申報를不得不閱覽ᄒᆞ실터이오니廣告出報ᄒᆞ실僉君子ᄂᆞᆫ來臨面議ᄒᆞ시옵

發行兼編輯人　英國人裴說
發行所
京城北署壽進坊磚洞号外地法語學校前
大韓每日申報社

第三卷　　第四十七號

大韓每日申報
대한매일신보

月曜日及慶節歲時休刊

檀君開國四千二百三十八年
箕子元年三千二十七年
大韓開國五百十四年
日本明治三十八年
淸國光緒三十一年
陰曆乙巳九月小九日己卯

論說

日本對韓政策

古之善謀國者ᄂᆞᆫ樹德을務ᄒᆞ고網利ᄅᆞᆯ不務ᄒᆞᄂᆞ니樹德則得衆ᄒᆞ고網利則多怨이라得衆則天下ㅣ歸仁ᄒᆞ야其强이無敵이오多怨則四隣이離心ᄒᆞ야其勢ㅣ易孤ᄒᆞᆯ지니優劣得失을何難知也리오

今夫日之於韓에威武ㅣ非不揚矣오權利가非不多矣로ᄃᆡ所可惜者ᄂᆞᆫ方針이失宜ᄒᆞ야人心이不服이로다

第其與露開仗也에東洋平和ᄅᆞᆯ維持ᄒᆞᆯ旨意로詔勅을渙發ᄒᆞ야各國에聲明ᄒᆞ고義聲이天下에震耀ᄒᆞ니

當是時也ᄒᆞ야韓之塗炭中民이欣欣然以手加額曰庶幾我政府을忠告ᄒᆞ며我政治ᄅᆞᆯ革新ᄒᆞ야國際ᄅᆞᆯ致睦ᄒᆞ며生民을拯濟ᄒᆞ리라ᄒᆞ야惟日望之ᄅᆞᆯ大旱에雲霓와如ᄒᆞ니

苟於此際에人心을撫順ᄒᆞ야誤國宵小輩을一切屛黜ᄒᆞ며政權可任ᄒᆞᆯ人材ᄅᆞᆯ另爲引用ᄒᆞ야弊政을一新ᄒᆞ며衆心을慰悅케ᄒᆞ얏시면五霸之功이不是過矣라凡厥韓之人士가其信義ᄅᆞᆯ感服ᄒᆞ며恩德을仰戴ᄒᆞ야雖人百其身이라도期期必報ᄒᆞᆯ지니

然則韓日交誼ᄂᆞᆫ一致無間ᄒᆞ야蘇張之辯이라도必不能離焉이오晉楚之威라도亦不能撓焉ᄒᆞ야韓之財賦ᄂᆞᆫ日廷之外府오韓之人民은日廷之前茅되야輔車之勢ᄅᆞᆯ牢不可破오莫大ᄒᆞᆫ利益이不求而自至ᄒᆞᆯ지어ᄂᆞᆯ

惜乎라其所見者小ᄒᆞ야軍旅纔合ᄒᆞ고勝敗未分ᄒᆞ야셔網利之心이勃勃然出來ᄒᆞ야山林川澤과三面漁業等事ᄅᆞᆯ慌忙着手ᄒᆞ야猶恐或後ᄒᆞ니何其示人不廣이며

又其各府顧問과借欵締約과電郵占領과軍用地段買收와內岸航行等事이次第出來ᄒᆞ야輿情이大拂ᄒᆞ며

移住ᄒᆞᆫ日民等은四處에서紛挐ᄒᆞ고滿朝ᄒᆞᆫ奸細輩ᄂᆞᆫ腹心으로利用ᄒᆞ며敢言讜議之士ᄂᆞᆫ其身을錮ᄒᆞ며其口ᄅᆞᆯ箝ᄒᆞ야無忠告改善之實ᄒᆞ고有脅制侵奪之害ᄒᆞ야全國困難이倍於前日ᄒᆞ니

吁此韓之人士가賴力은姑捨ᄒᆞ고失望이莫甚이라强者ᄂᆞᆫ憤怒ᄒᆞ고弱者ᄂᆞᆫ歎息ᄒᆞ야愛日之心이索然ᄒᆞ고憾情의論이轉生ᄒᆞ니苟究厥由ᄒᆞ면孰使之而然也오

大抵信義者ᄂᆞᆫ謀國之大經이라信義一虧면匹夫도尙不可屈也니全韓之權利을可奪이라도二千萬衆心을安可奪也며

況韓之獨立을日廷에倡之ᄒᆞ고東洋平和ᄅᆞᆯ日廷이任之라가卒乃其疆土ᄅᆞᆯ侵占ᄒᆞ며權利ᄅᆞᆯ攘奪이면其於天下之失信에何哉며天下之公議에何哉아

不知커라日廷之劃此計者ㅣ誰也오其不思也ㅣ甚矣로다親仁善隣은國之福也오存亡繼絶은義之大也니

及今反省而悔其前失하야信義로爲重하며善隣으로爲心하야對韓政策을悅然易轍이면其所感服者ㅣ豈惟韓人이리오將天下人이同聲讚美ᄒᆞ려니와

如其不然하야文過而遂非ᄅᆞᆯ視爲長策하며友邦之危亂을認以已利ᄒᆞ야匡救ᄅᆞᆯ不務ᄒᆞ고攫慾을是肆ᄒᆞ면人心所去에天亦厭之ᄒᆞᆯ지니日廷之爲禍爲福을吾不可得以知也로다

官報

第三千二百六十三號　光武九年十月六日

◉宮廷錄事

禮式院禮式卿臣李根教謹奏因正二品徐臣輔等上疏批旨倫彝一定不可改易而擧宗公議又可見矣令禮式院另爲判付成案之命矣依疏辭從一品徐相祖繼後子丙贊巳定之倫毋得改易事立案成給之意謹上奏

光武九年十月三日奉旨依奏

◉敍任及辭令

依願免本官　務安港警務署摠巡李錫根

昌原港警務署摠巡梁允煥

任務安港警務署摠巡敍判任官六等

任昌原港警務署摠巡敍判任官六等　九品李錫根

以上十月二日

依願免本官　秘書監丞金鎭達

弘文館侍讀李善永

任秘書監丞敍奏任官三等　正三品李啓弼

任弘文館侍讀敍奏任官四等　六品辛泳學

以上十月三日

●部令

度支部令第十五號　續

第五條　本令을依ᄒᆞ야約束手形을發行ᄒᆞᄂᆞᆫ者ᄂᆞᆫ手形組合條例ᄅᆞᆯ依ᄒᆞ야組織ᄒᆞᆫ手形組合員을限ᄒᆞᆷ이라

第二章　約束手形의振出(發給)

第六條　約束手形에ᄂᆞᆫ左開事項을記載ᄒᆞ야振出人이此에記名捺印ᄒᆞᆷ을要ᄒᆞᆷ이라

一　一定ᄒᆞᆫ金額
二　領受人의姓名或商號
三　單純ᄒᆞᆫ支撥의約束
四　振出의年月日
五　確定된支撥期日
六　振出人의居住地
七　支撥處所

第七條　振出人은期日前에其支撥處所에支撥資金을留置ᄒᆞ거나其支撥準備의約束이有ᄒᆞᆷ을要ᄒᆞᆷ이라

第三章　約束手形의裏書(後面保證記名)

第八條　約束手形은裏書ᄅᆞᆯ依ᄒᆞ야此ᄅᆞᆯ讓與ᄒᆞᆷ을得ᄒᆞᆷ이라

第九條　裏書ᄂᆞᆫ約束手形에讓受人의姓名或商號或裏書의年月日을記載ᄒᆞ야讓受人이記名捺印ᄒᆞᆷ으로定作ᄒᆞᆷ이라

未完

外報

●俄國준備　俄國에서今番陸軍省과獨立ᄒᆞᆫ參謀本部의組織을聞ᄒᆞᆫ즉其職員은日本公館附武官을曾經ᄒᆞᆫ者로任ᄒᆞ고又曾時日本에遊歷ᄒᆞᆫ軍人及日本事情을通曉ᄒᆞᄂᆞᆫ軍人만採用ᄒᆞ야速히日本을報復ᄒᆞᆯ준備에着手ᄒᆞᆫ다더라

●一件注目　우잇데氏ᄂᆞᆫ近間에獨일皇帝ᄅᆞᆯ謁見ᄒᆞᆫ다ᄂᆞᆫᄃᆡ우잇데之派ᄂᆞᆫ兼하야獨일을勸하야英國에反抗코ᄌᆞ持論하ᄂᆞᆫ者인故로此謁見이政治上에極히緊要ᄒᆞᆫ一事件됨을人皆認識ᄒᆞᆷ이라더라

●陰謀發覺　露領芬蘭헐싱훌쓰의官憲은同地짜롬쓰타르에輸入ᄒᆞᆫ旋條銃五千挺을押收ᄒᆞ얏고次에ᄂᆞᆫ同銃의運送船一隻이暴發ᄒᆞ야船員이慘死ᄒᆞ얏다더라

東京電報

●英艦將泊　十月四日오後七時四十分發
英國艦隊가碇泊할目的으로以하야長崎及佐世保外二箇所의港灣수을解除할더이라더라

●美孃觀覽　十月五日오前八時十分發
아리쓰令孃一行은本日에橫濱에着하야仍即入京하야一兩日內에는日光山勝景을觀覽하고來四日에出發하야歸國할途에就할豫定이라더라

寄書

一粟子

夫新聞者는世界의耳目을開悟케하며人生의知識을發達케하는第一緊要物事라萬國의情形과時局變態와朝政의得失과人事의善惡과天道의災祥과地利의要害와民生의休戚과官人의進退와教育의方針과製造의品質과商業의利害와物價의高歇之類ㅣ

凡天地間萬事萬變之情態가日日星霰於一紙上하니其有益於世者을何可勝言이리오是故로文明之人은謂하되寧闕一日食이언정新聞閱覽을不可一日或廢라하니

夫以三寸之管으로秉天下之言權하야其行于世者ㅣ有廣佈之力하고其感於人者ㅣ有久遠之效하니其爲責也ㅣ豈不重哉아自非通明博洽之學識과公平正直之主見과強硬牢確之手段이면固不足以執報館之筆하야論天下之事로다

若其立言發論이或出於愛憎之私하고或由於偏黨之習하야變換曲直하고眩亂是非하야欲誣世界之公眼者는不惟不足以取信於人이라適足以買公衆之憤怒而已니可不愼哉아僕은樗櫟散材오管여陋識으로一生眼目이不離於黑洞洞世界者러니現自各報館之創立으로日得新聞數紙하야解此胷中之煩悶하나或其偏黨之習으로立言發論이不由於公正者면輒有憤懣不平者存이라

近者貴社申報之出로每一玩讀에不覺拍案叫快하노니蓋閣下가既處無偏無黨之地하야以其公平正直之主見으로奮其強硬牢確之手段이니果是警世之木鐸이오橫流之砥柱라凡天下公心之人이孰不愛之重之리오或其嘵嘵者流가厭惡其正直하고畏憚其強硬하야有多少侵撓沮害之態하나是只自損其名譽而已니有何可損於貴社之面目乎아惟閣下는勉之勉之어다

雜報

●四氏交代　掌禮卿李根敎氏가疏遞한代에正二品南廷哲氏가被任하고典션司長金大鎭氏는太僕司長으로轉任하고其代에正三品洪鍾억氏가被任하얏더라

●內大優批　內大李址鎔氏疏批에勉之彌切하되辭之愈力하니既非所宜라決不聽許할지니無徒爲煩하고即起視務하라하옵셧더라

●內相高臥　內大李址鎔氏가優批를奉承함은別行에已揭하얏거니와更聞흔즉同氏가近日奏本時請囑等說을甚히厭苦하야奏本을徑呈後에行公할主意로다시封章하고堅臥不起할計劃이라더라

●龍倅就理　平北龍川郡守尹容求氏가該郡金英旭獄事로平理院에서押致하얏더라

●日兵行悖　昨日下午四時에山林洞林春植家에日本兵丁黑木惠四郎이突入하야該挾戶居송雲甫妻崔姓女를以短鎗揮之하야頭腦三處가被傷하야至於危境之際에日黨兵曹長諸畜喜八이適過其門前타가登時捉去하얏더라

●兩勳幷擧　詔曰特進官勳一等閔泳徽와表勳院總裁勳一等朴定陽이凡厥猷爲를已試幹當하니并特賜太極章하라하옵셧더라

●日人行悖　再昨日下오三時에水標橋南川邊에셔日人이自轉車을跨行이다가韓人柴商의柴馱와相觸하야至於墮地한즉該日人이柴商의丫杖을奪取하야無數亂打하는故로傍觀諸人이憤不自勝하되所謂韓國巡檢은不敢一言터니小學校學徒十餘名이適過其前하다가一齊奮往하야該日人을欲打한즉該日人이自行車을急馳하야逃走하얏다더라

●不忘舊物　淳妃게오셔榮貴하시기前에隣居하든老婆金氏가有하야與其穉子로艱苦生活함을聞하시고其情境을矜惻이여기사錢十萬兩을下賜하시기로該金氏가感恩鏤骨하야千歲를呼하三라더라

●誤羅天羅　松都居林鎭東氏는舊日富民으로今至蕩敗無餘인바自己의蔘圃을該府居金容實處에放賣하고價錢은日後推尋次手標로바닷더니金氏가不良之心이發하야于今幾年에分文不給하얏는디林氏가日本人吉田에게所報紙貨千餘元이有하야督促如火키로不得已金氏處所推標을出給하야使之往推러니金氏는自來挾富有勢한人이라日인과무슨運動이잇셧든지林氏을外선과符同挾雜한다하고平理院에捉囚한바裁判長以下로至於使令ㄱ지라도林氏의寃抑을非日不知로되在囚幾日에一次裁判이無하고但爲拘留하니其裏面을難測이라고巷說이有하다더라

●京畿江民　昨日下오二時에屯芝味居民四十餘名이以軍用地犯入毁撤家屋價出給事로內部門前에會集하야呼訴하얏다더라

●毁城毁家　平察署理李承載氏報告를據한즉自大同門側으로至南門側하야毁下作路之由는前已報告而該城첩附近之民家五十八戶을自日兵站司令部로謂以犯城築室하고亦促毁移하와該民等이入庭呼訴에其情狀을慘不忍見이옵기불勝悶迫하와玆以報告하오니查照하오서即爲知照外部하시와俾爲交涉措處하라하얏더라

●無俸視務　各學校에서本日爲始하야開學한다는디其事實인즉各教官言內에當初月俸을奉勅規定함인즉到今有減은義所弗當이라依前日規定하야逐朔頒給이다가來頭弗足한境遇에는幾朔이던지闕俸視務하는게返爲道理上妥當이라하기로學部에서姑依其說하야勸使開學하얏다더라

●西島新法　政府에셔西間島에移住民保護事로一進會請願書를內部에移照한이如左하니

一　西間島民長은大韓帝國政府에셔大韓國國民代者一進會에請願을依하야認准特派함

二　西間島民長은該島內에住한大韓帝國人民男女에生命財產을保護하야大韓帝國國家教化에服從케함

三　西間島民長은一進會에指揮監督을直接으로進行함

四　西間島民長은大韓帝國人男女에僑等이니該人民을總轄하는權限이有함

五　西間島內에居住하는大韓帝國人男女는該民長에總管하는權限內에服從하는義務가有함

六　民長은居民의戶口調查와帳籍을收하야昭詳繕報함

七　民長은殖產興業에方針을圖謀勸勉하며教育進步에發達하기를專掌함

八　民事訴訟은習慣에依하야從公議取決함刑事에重大事件이生할時에는附近大韓帝國官廳으로民長이照會歸決함

九　民事가韓清兩國人民에關係가生할時에는習慣에依하야協商妥決함

十　刑事가韓清兩國人民에關係가生할時에는習慣에依하야准行하되民長이監定參與權이有함但重要事件은兩國政府로歸重함

十一　島內居住하는大韓帝國人民은戶錢과應役에服從함

十二　戶錢은大韓帝國政府에서原定한法에依하야春秋로分等排納함

十三　戶錢은大韓帝國國庫로收入하되該島帝國人民에教育과民長에薪水家屋及其他經費를扣除함

西間島地界

義州朔州昌城碧동四郡越邊則清國安東縣寬甸縣等地至太平哨自鴨綠江廣二百餘里長四百餘里

楚山渭原江界越邊則清國懷仁縣通化縣新兵堡輯安而自鴨綠江至新兵堡廣五百餘里長三百餘里

慈城厚昌三水甲山四郡越邊則清國臨江縣湯河等地而自鴨綠江至湯河西大嶺廣八百餘里長九百餘里

廣合一千五百餘里

長合一千八百餘里

東京電報
하얏는되市內에는每戶에日英國旗를交叉하야歡迎하는意를
●山座歸京　仝上
露日講和談判에就하야小村全權
●日使歸國　仝上
駐韓林公使는來十一日頃의出

英國東洋艦隊은昨夜神戶에着 … 못하얏더라

… 은昨夜歸京하얏더라

… 週間으로豫定이라더라

寄書 (續)

呑空子

年前에見玄暎運之寵幸ᄒᆞ고其貞夫人裴氏의게爪牙沈憲澤을暗自紹介ᄒᆞ야以誼男妹로結約ᄒᆞ야稱呼妹氏ᄒᆞ고每夜訪見ᄒᆞᄂᆞᆫ所大慾은即更圖大臣을苟苟營得일ᄉᆡ

及其爲外部署理大臣ᄒᆞ야行公未幾에所爲者가必報其睚怨ᄒᆞ야罔念國體ᄒᆞ고外交上에失宜ᄒᆞᆷ이不尠ᄒᆞ다가轉任農商大臣ᄒᆞ야自己狎客을爲ᄒᆞ야該部參書官趙秉健을不顧十餘年久勤ᄒᆞ고以秘書丞으로周旋移拜ᄒᆞ고以其客孫永吉노作窠叙任ᄒᆞ니其藉口塞責ᄒᆞᄂᆞᆫ手段으로以私廢公ᄒᆞ니其罪가四也오

又於稱慶禮式儀節准備時에以園遊會委員長으로農商所와演慶堂修葺等節에役費中中間挾雜이數至夥多니거날無厭之慾이尙且不滿ᄒᆞ야甚至以內部技師沈宜碩之役所浩大之事로使之監董케ᄒᆞ고中間傾軋이無常ᄒᆞ야壓迫이無所不至ᄒᆞ니該員이不堪其苦ᄒᆞ야所以로白雲洞別墅之建子材木及諸般准備를一切擔任營造ᄒᆞ얏스니雖出於不得已行也나被奪巨額之沈宜碩은有何罪乎아是亦還公爲私也니其罪가五也라

噫라此人之前有聲譽가至此壞損은姑捨勿論ᄒᆞ고今日國勢가因此而覆之境ᄒᆞ니其罪狀은不必贅論이어니와此等人物을更不叙用然後에야恢復之望일가ᄒᆞ노라　完

外報

●俄德密約　近刊倫敦포스트도新聞을據ᄒᆞᆫ즉英國外務省은俄德兩國間에秘密協約이成立되야今方調印되라ᄒᆞᆷ을探聞ᄒᆞ얏ᄂᆞᆫᄃᆡ該協約의內容은全部가極東에關ᄒᆞᄂᆞᆫ者ㅣ라ᄒᆞ니姑未明白ᄒᆞ나要ᄒᆞ건ᄃᆡ英日新條約에對抗ᄒᆞᆷ이깃고其結果로吾人은楊子江流域에在ᄒᆞᆫ德國商業의侵略的活動을見ᄒᆞᆯ듯하다云云ᄒᆞ얏더라

●捕虜輸送　近着ᄒᆞᆫ美國新聞을據ᄒᆞᆫ즉俄國과因緣이不淺ᄒᆞᆫ漢堡亞米利加滊船會社ᄂᆞᆫ德國某親王의斡旋을因ᄒᆞ야在日本捕虜俄國人輸送ᄒᆞᆯ大契約을俄國政府와締結ᄒᆞ얏다ᄂᆞᆫᄃᆡ其船費ᄂᆞᆫ每一人에對하야八十二弗半式이라더라

●共和大會　德國社會共和黨은「이예나」에大會를開催ᄒᆞ고普通選擧案이沮害될境遇에ᄂᆞᆫ一般的同盟罷工을唱導ᄒᆞᄌᆞᄂᆞᆫ同黨首領의動議ᄂᆞᆫ可決되얏다더라

●駐兵三十萬　워예우레미야新聞을據ᄒᆞᆫ즉俄國은極東에在ᄒᆞ야日本과接觸ᄒᆞᆷ과及其覇權維持ᄒᆞᆯ目的으로最尠ᄒᆞ야도三十萬의銃刃을不得不常實ᄒᆞ깃合으로現總督指揮官리네윗지將軍은太守의名目으로極東에仍留ᄒᆞ야其海陸軍을總理ᄒᆞᆷ이라더라

●바구地騷擾　伯林電을據ᄒᆞᆫ즉俄國政府가바구地에서多數軍隊를集合ᄒᆞ야戒嚴令을布ᄒᆞ얏ᄂᆞᆫᄃᆡ其騷擾로由ᄒᆞ야금작석지被害ᄒᆞᆫ者가아메니야人이五百西十八名이오달단人이四名이라더라

●談辦開始　北京電을據ᄒᆞᆫ즉쳥帝씌셔滿洲善後策事件으로天津에談辦을開ᄒᆞ야日本과商議ᄒᆞ라ᄂᆞᆫ上諭를下ᄒᆞ얏ᄂᆞᆫᄃᆡ先是에周馥氏等이使臣을日本에派送ᄒᆞᆷ을主唱ᄒᆞ야大官等이贊成ᄒᆞᄂᆞᆫ模樣이러니不意에外務部와袁世凱氏가其交涉事務를任ᄒᆞ기로內定ᄒᆞ얏더라

●政進兩黨　日本進步黨에셔媾和問題에對ᄒᆞ야政友會態度의如何ᄒᆞᆷ을不拘ᄒᆞ고强硬히猛進ᄒᆞ야ᄒᆞ나獨立으로運動ᄒᆞᆷ이大勢에無效ᄒᆞᆷ을察ᄒᆞ고政友會를作伴ᄒᆞ라ᄒᆞ야諸般斡旋ᄒᆞᆷ이有ᄒᆞ더니今에ᄂᆞᆫ政友會의態度도漸次强硬ᄒᆞ라ᄒᆞᆷ으로急히大會를開ᄒᆞ야政府와肉迫ᄒᆞᆯ次로昨今準備中이라더라

●淸國抗議　華盛頓電을據ᄒᆞᆫ즉淸國에셔俄日兩國의滿洲撤兵期限이遲緩ᄒᆞᆫ事와日我兩國鐵道保護로一岐路米突에護衛兵十五名式排置ᄒᆞᄂᆞᆫ事에對ᄒᆞ야抗議를提出ᄒᆞ얏다더라

●松方內閣說　日本에셔戰後經營의最大難題가財政問題인故로財政에特別ᄒᆞᆫ伎倆이有ᄒᆞᆫ松方伯爵으로ᄒᆞ야곰內閣을組織ᄒᆞ기外에ᄂᆞᆫ他道가要無ᄒᆞ나松方伯爵이因病不起ᄒᆞ리라ᄒᆞ야頗히失望ᄒᆞᄂᆞᆫ者가多ᄒᆞ다더라

●墺흥危機　흥牙利各派聯合委員의領袖ᄂᆞᆫ쓰위지、인도랏시ㅣ、앗보니ㅣ스、생휘곳우스等인ᄃᆡ彼等은墺國皇帝에因하야甚冷淡이引見을發하얏ᄂᆞᆫᄃᆡ其際에皇帝를對하야最後의通告를朗讀하얏ᄂᆞᆫ지라회見은弗過五分間이라하얏더라

ᄲᅧᄯᅳ비스도(흥國首府)에셔來ᄒᆞᆫ報를據ᄒᆞᆫ즉흥牙利인이墺國에對ᄒᆞᆫ感情은甚히弗快之度를高ᄒᆞᆷ에至하고或은騷亂을惹起ᄒᆞᆯ虞慮가有하다더라

●西訪獨일　西班牙皇帝알후온소陛下ᄂᆞᆫ來十一月六日伯林에來遊ᄒᆞᆫ다더라

雜報

●電飾治道　自東門外로至東九陵하야所經諸處道路橋梁修治하야　健元陵龜石輸運之節을便利케ᄒᆞᆯ事로大廳에셔內部에照話하얏더라

●內閣轉任說　學大李完用氏ᄂᆞᆫ軍ᄃᆡ로法ᄃᆡ李夏榮氏ᄂᆞᆫ外ᄃᆡ로外ᄃᆡ朴齊純氏ᄂᆞᆫ學ᄃᆡ로　ᄃᆡ權重顯氏ᄂᆞᆫ法ᄃᆡ로轉任ᄒᆞᆫ다ᄂᆞᆫ說이有하더라

●言路廣開　議政府에셔內部에照會하얏ᄂᆞᆫᄃᆡ本年八月十九日에勅任官之時原任奏任之在職者各盡言其意見하야自政府綴輯以入事로　詔勅揭頒이將近數朔에尙未有一言應旨하니其在對揚　聖意之道에切弗勝萬萬惶悚키로玆에仰佈하오니照亮遵施라하얏더라

●聖恩如天　法部에셔平漢兩裁에發訓ᄒᆞᆫ內槪에　欽奉八月二十三日　詔勅하와貴所所管已決囚放釋者와未決囚中放釋件은本月五日에上　奏하왓더니奉　旨依奏事　命下矣시온바到即左開인犯에게　聖旨布諭後放釋하고形止를報來ᄒᆞᆯ事로玆에訓令이라하얏더라

平院已決囚十名
　未決囚十九名
漢裁已決囚卄名
　未決囚三十四名

●建屋認許　李夏榮氏가閑峴等地에弗由公認하고家屋建築事를九月二十六日本報에揭載하얏더니內部와漢城府에셔特히認許ᄒᆞᆫ文字를同氏가持來辨明하기로玆揭ᄒᆞᆷ

●司法 (續)

接准平理院裁判長李琦英報告書內開被告鄭顯載案件由檢事公訴審理則被告來留於京城壽洞地而因故人招邀被酒歸來誤入人家竟被該主詰責之際坊近巡檢執捉故昏醉不醒中似爲毆打而警廳對質時該巡檢面部有ᄂᆞᆫ有痕損之事實被告陳供明白被告鄭顯載照刑法大全第五百十一條手足으로毆人ᄒᆞ야成傷ᄒᆞᆫ者律第六百七十四條街路人家에서使酒ᄒᆞᆫ者律同第百二十九條二罪以上이同時에俱發된境遇에ᄂᆞᆫ其重ᄒᆞᆫ者를從ᄒᆞ야科斷律處笞一百玆以報告云矣該犯鄭顯載依該院所擬律處辦之意로法部大臣이上
奏ᄒᆞ와奉
旨依奏

光武九年七月二十二日各裁判所處刑罪人　奏本
判付內金德順僧德元更爲審查事
命下矣欽奉
聖旨更查報來之意訓飭于平理院及全羅北道裁判所矣現接平理院裁判長李漢英報告書內開被告金德順案件由檢事公訴審理則被告昨年陰曆九月分與元弘淳乘夜入主家金參尉內庭偸衣件鍮器及當錢五十兩衣件鍮器捧價當錢三百兩與元哥分半用之同月分與元哥入松峴李參判家偸取器物捧價四百兩分半用之同月分與元哥往尹承旨家偸取衣服及白米二斗米則被告自用其餘諸物出債當錢三百五十兩分半用之同年七月分又同往具參領家偸取衣件出債當錢四百兩分半用之又於九月分同往磚洞閔家偸取衣件出債當錢百兩分半用之同月分同往壁洞三間家偸取油鞋及衣件鍮器等物捧價當錢三百七十五兩分半用之同月分獨入其主趙主事家偸取當錢一百兩給元哥宕市一部捧價當錢一百二十五兩被告自用同月分往松峴金洗馬家偸取衣服一包與執出債當錢六百兩一百二十五兩元哥取用四百七十五兩被告自用其事實証被告陳供自服明白以金參尉趙主事雖稱主家一時寄寓於廊底則不可以雇工論之피告金德順照刑法大全第五百九十五條三百以上四百兩內未滿律處懲役一年旣承擬辦報來之部訓令故玆報告云矣該犯金德順依該院所擬律處辦之意로法部大臣이上
奏하와奉
旨依奏

未完

特別廣告

本申報ᄂᆞᆫ海外電報를即接ᄒᆞ야機關에靈通ᄒᆞ고外報와探報를敏捷活潑ᄒᆞ도록注意ᄒᆞ오며申報發送ᄒᆞᄂᆞᆫ딕迅速信傳ᄒᆞᄂᆞᆫ分傳人의게在ᄒᆞᆷ으로本社에셔平常에諸分傳人의게丁寧告戒ᄒᆞ고申申訓飭ᄒᆞ야母或如前ᄒᆞ게注意ᄒᆞ거니와或惰暫有積忽이라도愛讀僉君子ᄂᆞᆫ密使通知ᄒᆞ시면本社에셔該分傳의게誠信相孚ᄒᆞ도록耳提面命ᄒᆞ고勸贊가發生ᄒᆞ도록護論ᄒᆞ야必無遲誤ᄒᆞ기로期待ᄒᆞ옵나이다

本社에寄書ᄒᆞ시ᄂᆞᆫ諸君子ᄂᆞᆫ姓名과居住를明確ᄒᆞ게懸錄送附ᄒᆞ시와證據가有ᄒᆞᆷ을必要ᄒᆞᆷ이오公平和ᄒᆞᆫ秩序를紊亂케ᄒᆞᄂᆞᆫ意와社會上不經荒誕ᄒᆞᆫ寄書ᄂᆞᆫ不受ᄒᆞᄂᆞᆫ權利가本社에自有ᄒᆞ오니肯諒ᄒᆞ시옵

大韓每日申報社

鐵路部

○東大門과新門間에來往車ᄂᆞᆫ每十分間에運行ᄒᆞᆷ
東大門發初車ᄂᆞᆫ午前六時三十分
新門外停車場發初車ᄂᆞᆫ午前六時五十五分
東大門發終車ᄂᆞᆫ午後九時五十分
新門外停車場發終車ᄂᆞᆫ午後十時十五分

○東大門과洪陵間에來往車ᄂᆞᆫ每二十分間에運行ᄒᆞᆷ
但自鍾路로東大門에來到ᄒᆞᆫ交替車로聯絡ᄒᆞᆷ
東大門發初車ᄂᆞᆫ午前六時五十分
洪陵發 初車ᄂᆞᆫ午前七時十分
東大門發終車ᄂᆞᆫ午後七時五十分
洪陵發 終車ᄂᆞᆫ午後八時十分

○鍾路와龍山間에來往車ᄂᆞᆫ每十二分間에運行ᄒᆞᆷ
鍾路發至南大門初車ᄂᆞᆫ午前六時四十八分
鍾路發至龍山 初車ᄂᆞᆫ午前七時二十四分
南大門發至鍾路初車ᄂᆞᆫ午前六時五十六分
龍山發至鍾路 終車ᄂᆞᆫ午前七時五十七分
南大門發至鍾路終車ᄂᆞᆫ午前十時八分
龍山發至鍾路 終車ᄂᆞᆫ午後九時九分

○特別私用車ᄂᆞᆫ顧客의方便ᄒᆞᆷ을隨應ᄒᆞ야準給ᄒᆞᆷ
但定價ᄂᆞᆫ本社에來臨ᄒᆞ야請問ᄒᆞ옵

○電燈部

二百五十燭力以內의敷用處에ᄂᆞᆫ每個月에定價表가如左ᄒᆞᆷ
○十六燭力燃燈達夜에二圓五十錢
○三十二燭力燃燈達夜에四圓
○五十燭力燃燈達夜에六圓
○一百五十燭力燃燈達夜에十圓
一千二百燭力弧形燈達夜에二十圓
二百五十燭力以上의敷用處에ᄂᆞᆫ請求ᄒᆞ면瓦斯計一箇를設給ᄒᆞᆷ
但瓦斯計賃金은每個月에二圓이오瓦斯計測驗表委托定價ᄂᆞᆫ每時間每암피아에二錢이옵
瓦斯計設給處에셔每介月支拂金最低額은每個月에二十圓인딕(瓦斯計貸金은)据ᄒᆞᆷ
電燈을敷設ᄒᆞ기에請求ᄒᆞᄂᆞᆫ딕給ᄒᆞᆷ으로供
各種運技辦燈도常時에貯存ᄒᆞ엿솝

本社鐘路電氣會社
韓美電氣會社 告白

本社廣告

申報價
一張代金 韓貨五錢
一箇月前納 五十戔
三箇月 一元五十戔
六箇月 二元九十戔
一箇年 五元八十戔
郵稅一部 新貨五里
一箇月 十三戔

廣告料
四号活字十三字詰
每日每英尺一寸에新貨廿五錢
(每日每行에六錢에相當ᄒᆞᆷ)
二周日에 二圓五十錢
(每日每行四錢五里에相當ᄒᆞᆷ)
一箇月에 五圓
(每日每行四錢一里에相當ᄒᆞᆷ)
其期限의長短과字行의多少를依ᄒᆞ야增減ᄒᆞᆷ이有ᄒᆞᆷ

大韓人마다此申報를不得不閱覽ᄒᆞᆯ실터이오니廣告出報ᄒᆞ실僉君子ᄂᆞᆫ來臨面議ᄒᆞ시옵

發行兼編輯人 英國人裵說
發行所
京城北署壽進坊磚洞号外地法語學校前
大韓每日申報社

光武九年八月十一日 明治卅八年八月十一日 第三種郵便物認可　日曜日　西曆一千九百五年十月八日 (一)

第三卷　第四十八號

大韓每日申報
대한매일신보

月曜及慶節日休刊

檀君開國四千二百三十八年
箕子元年三千二十七年
大韓開國五百十四年
日本明治三十八年
清國光緒三十一年
陰曆乙巳九月小十日庚辰

論說

戒遊食者

余가大韓風俗을觀ᄒᆞ니通同人情이事業上에勞筋苦力ᄒᆞ기를不喜ᄒᆞ고懶惰自逸ᄒᆞ야遊衣遊食을圖謀ᄒᆞᄂᆞᆫ者가多ᄒᆞ니此ᄂᆞᆫ累世昇平에安逸成習之弊라貪詐之心이由是而滋長ᄒᆞ고紛競之風이由是而盛行ᄒᆞ야以至世道壞敗ᄒᆞ며國力이虛弱ᄒᆞ며民産이凋殘ᄒᆞ야遑遑汲汲ᄒᆞᆫ情狀이日甚一日ᄒᆞ고値此非常艱虞之會ᄒᆞ얏스되殆히目無所見ᄒᆞ고耳無所聞者와如ᄒᆞ야自暇自逸이依然如故ᄒᆞ고一般事業이振興發達ᄒᆞᆯ兆候가全無ᄒᆞ니엇지人民의生活을企圖ᄒᆞ며國家의安泰를希望ᄒᆞ리오

此等優遊恬嬉之習을不爲痛改ᄒᆞ면溝壑以外ᄂᆞᆫ更無他路라余가此를深히憫惜ᄒᆞ야人生職務의大綱을提論ᄒᆞ야勸勉之忱을表ᄒᆞ노라

大凡天地間에生長ᄒᆞᆫ人類가各其職務가有ᄒᆞ니此ᄂᆞᆫ至仁至大ᄒᆞ신上天이均一히畀與ᄒᆞ신者라

以官人言之ᄒᆞ면政治家와法律家가有ᄒᆞ야總理ᄒᆞᄂᆞᆫ地位에居ᄒᆞ며裁判ᄒᆞ야勸懲의責任으로一切事爲을指揮ᄒᆞᄂᆞᆫ者가有ᄒᆞ고士子가되야道德과文章에用力ᄒᆞᄂᆞᆫ者도有ᄒᆞ고農夫가되야春耕秋穫을爲業ᄒᆞᄂᆞᆫ者도有ᄒᆞ고商賈가되야貿易興利을經營ᄒᆞᄂᆞᆫ者도有ᄒᆞ고工匠이되야製造工場에日夜奔走ᄒᆞᄂᆞᆫ者도有ᄒᆞ고兵家가되야軍務에參謀ᄒᆞᄂᆞᆫ者도有ᄒᆞ고醫家가되야衛生의專力ᄒᆞᄂᆞᆫ者도有ᄒᆞ고紡績家가되야蚕桑의注意ᄒᆞᄂᆞᆫ者有ᄒᆞ고牧者가되야六畜을養育ᄒᆞᄂᆞᆫ者도有ᄒᆞ고

其他諸般技術을學習ᄒᆞ야職業의從事ᄒᆞᄂᆞᆫ者가許多ᄒᆞᆫ데各其自己身上에適當ᄒᆞᆫ것을擇ᄒᆞ야守分做去ᄒᆞᄂᆞᆫ것시吾人의義務오至於勞動之役으로生涯을삼아朝夕에休暇가업시汨沒ᄒᆞ야汗出沾背ᄒᆞᄂᆞᆫ者도또ᄒᆞᆫ天理人事에穩當ᄒᆞᆫ職務라大抵人之事務가勞心者와勞力者가有ᄒᆞ니萬一運其心思ᄒᆞ야發蹤指示ᄒᆞᄂᆞᆫ者만有ᄒᆞ면엇지人事을備ᄒᆞ며國體를成ᄒᆞ리오彼富强ᄒᆞᆫ一等國을試觀ᄒᆞ라每日工役之場에營營逐逐ᄒᆞᄂᆞᆫ者不可勝筭이니人民된者가엇지勞力의職務를不肯ᄒᆞ리오

諺에有之ᄒᆞ니曰苦者ᄂᆞᆫ樂之種子라ᄒᆞ얏스니故로一箇人의勤勞로써全家가飽腹ᄒᆞᄂᆞᆫ지라邦國에ᄂᆞᆫ工役ᄒᆞᄂᆞᆫ者가衆多ᄒᆞ여야自然히富國이되리니

萬民의幸福이곳國家의幸福이오國家의幸福이곳萬民의幸福이라大凡人生이事務中에長在ᄒᆞ면憂愁思慮가减ᄒᆞ고筋力이康健ᄒᆞ나니

無論貧富ᄒᆞ고四肢을勿惰ᄒᆞ야肉體의活生을自甘ᄒᆞᄂᆞᆫ者가天理에不悖ᄒᆞ고人道에適合ᄒᆞ다謂ᄒᆞᆯ지니萬一勤勞의從事를厭避ᄒᆞ고遊衣遊食을圖謀ᄒᆞᄂᆞᆫ者ᄂᆞᆫ國家의最甚ᄒᆞᆫ蟊賊이라

余ᄂᆞᆫ將次大韓國內에工役者의多寡로써國家의興替를占卜코져ᄒᆞ노니凡厥人民은幸勿泛聽ᄒᆞ고身體을勤勞ᄒᆞ야事業을振興ᄒᆞᆯ지어다

官報

◎第三千二百六十四號　光武九年十月七日

◎宮廷錄事

詔曰命正二品南廷哲爲禮式院掌禮卿宮內府特進官閔亨植爲奉常司提調侍從院副卿李貞烈爲宮內府特進官從二品朴弼遠爲侍從院副卿

十月四日

◎叙任及辭令

法部主事南吉熙
法部主事權重萬
法部主事柳甲秀
平理院主事李溶儀

陸五級俸
漢城裁判所主事李秀京

陸六級俸
平理院主事李周歡
漢城裁判所主事金 奎

陸七級俸
以上八月一日

陸三級俸
軍部主事李輪相
九月一十八日

陸軍法院主事白南杓
陸軍法院主事申鉉國

陸六給俸
十月三日

慶基殿參奉具秉喜
厚陵參奉金技형
義陵參奉朱永欽
泰陵參奉李載光
徽陵參奉韓鷟源

依願免本官

命禮式院掌禮卿叙勅任官二等　正二品南廷哲
命奉常司提調叙勅任官三等　宮內府特進官閔亨植
命宮內府特進官叙勅任官三等　侍從院副卿李貞烈
命侍從院副卿叙勅任官三等　從二品朴弼遠
任慶基殿參奉叙判任官八等　九品鄭在鵬
任厚陵參奉叙判任官八等　六品秦柄建
任義陵參奉叙判任官八等　崔致林
任泰陵參奉叙判任官八等　李用泰
任徽陵參奉叙判任官八等　鄭宗源

以上十月四日

外報

●會議開會　日本에서臨時議會의開會與否에就ᄒᆞ야世說이頗히紛紛ᄒᆞ나小村全權委員의歸朝期가確定ᄒᆞ고桂首相과政黨領袖의公約도有ᄒᆞᆫ則來十一月中旬에開會ᄒᆞ기로決定ᄒᆞ얏다ᄂᆞᆫ디本年通常議會에提出ᄒᆞᆯ預筭編에方針을變更ᄒᆞᆫ者도不少ᄒᆞ고又法律諸案에도講究ᄒᆞᆯ重要問題도有ᄒᆞᆫ則來十二月下旬에議員을召集ᄒᆞ고來年一月에開院式을擧行ᄒᆞᆯ貌樣이라더라

●交通競爭　俄國에서長春以南의東淸鐵道와一大商港으로怙恃ᄒᆞ던大連灣을日本에見奪ᄒᆞᆷ을遺憾히녀겨日本이獲得ᄒᆞᆫ者를無用의物을成케ᄒᆞᆯ目的으로歐洲에서東亞에至ᄒᆞᄂᆞᆫ旅客物貨를海蔘威에聚集ᄒᆞ기로ᄒᆞ고俄都及海蔘威間의滊車를直通케ᄒᆞᆫ後에海蔘威에서長崎와上海와美國等地에航路를開ᄒᆞ리라더라

●盛大觀覽式　十月晦日間에日本東京灣에서盛大ᄒᆞᆫ海軍觀覽式을行ᄒᆞᆫ다더라

●寄送金子　十七日下加福里福地(美國地名)居留ᄒᆞᄂᆞᆫ청商等이斥買委員에게三千圓을付送ᄒᆞ라고俄청銀行에交付ᄒᆞ얏다더라

●召還公使　청國政府에서駐청日本公使가北京官民間에人心을蒐失ᄒᆞ야相適치못ᄒᆞᆫ事가頗多ᄒᆞᆷ으로召還ᄒᆞᆷ을請求ᄒᆞ얏다ᄂᆞᆫ風說이狼藉ᄒᆞ더라

東京電報

● 政友會決議　十月六日오後七時三十五分發

政友會八個縣은外交失態에就ᄒᆞ야政府의責任을問ᄒᆞ기로決議ᄒᆞ얏더라

● 商業會決議及祝賀會　仝上

全國商業會議所連合會는日露講和條項은國民의期待ᄒᆞᆷ을反違ᄒᆞᆫ約款이라고決議ᄒᆞ얏고終場에日英新同盟祝賀會를開ᄒᆞ고中野會頭의의찰을繼ᄒᆞ야英國公使는前日英同盟은不幸히他國으로因ᄒᆞ야不和를破케되얏더니更히强固히되얏스니世界는不和로爲ᄒᆞ야祝賀ᄒᆞᆯ만ᄒᆞ다고演說ᄒᆞ얏더라

雜報

● 打固惡習　日昨南門內에셔何許人이靑根商이呼債太過라ᄒᆞ고集亂打ᄒᆞᆫ故로該坊巡檢이捕縛以去ᄒᆞ얏다더라

● 家號改定　水標橋北川邊柏卓安氏에買收家이通信司屬舍가되얏더니日昨붓터韓國駐箚軍司令部第十號官舍가되얏다더라

● 因何尺量　日昨에日人二名이何事件을因ᄒᆞᆷ인지自泥峴四街로明洞과銅峴等地를尺量ᄒᆞ더라더라

● 學徒越加　中學校에教官은四人이오學徒는一人으로本報에揭佈ᄒᆞ얏더니該教官의言을聞ᄒᆞᆫ즉教官은內外國教師幷ᄒᆞ야七人이오學徒는記簿上에八十一人이라고ᄒᆞ더라

● 闕直減俸　日前直閣申性均闕直事로有所重譴責而未幾日에又爲闕直云ᄒᆞ니五日減俸事로宮內大臣이上　奏ᄒᆞ야奉旨依奏라ᄒᆞ옵셧더라

● 二氏新任　農協李容善氏는平南觀察使를被任ᄒᆞ고正領吳普泳氏는農協을被命ᄒᆞ얏더라

● 依勢逐學　學部에셔永興郡에發訓ᄒᆞ얏시되貴郡公立小學校教員韓炳洙報告를接准ᄒᆞᆫ즉現今會員이憑勢合同ᄒᆞ야新設語學也에今初十日로逐出本校學徒ᄒᆞ고奪入房舍이다이며又一說은語學小學이幷行不悖이다이온즉語學도亦是時務之急先이오許多公廨之中에獨以本校所로如是執言이抑何心術이오며雖或幷立則勢不兩便일더러本校之渙散은指日可期이오니查照後別般嚴飭于本郡ᄒᆞ와使之各立ᄒᆞ야俾無渙散之地伏望等因인바以新設語學校之致로該校가竟至逐出之境云ᄒᆞ니漢文與語學이雖是有異나其所教育은亦是一般이거날豈有如此一悖擧乎아聞不勝慨歎이기玆以訓令ᄒᆞ니使本校로依前安接ᄒᆞ야另加教育케ᄒᆞ고語學校招致該校主務ᄒᆞ야商確後公廨中一處로設校ᄒᆞ야各守教育케ᄒᆞᆷ이爲可라

再語學은乃是教育이거날以學逐學이是何惡習이며又況現今會員이憑勢合同ᄒᆞ야有此悖擧라ᄒᆞ니以會員論之라도教育之地에不無共公贊勸이거날堂堂公校를竟至逐出ᄒᆞ니寧不痛歎이리오該會員은一邊曉喩其不法ᄒᆞ며語學校主務員은懲其惡習ᄒᆞ야更無如是之弊케ᄒᆞ고形止를報明이爲可라ᄒᆞ얏더라

● 內大視務　內大李址鎔氏는昨日에受勅ᄒᆞ고本日爲始ᄒᆞ야視務ᄒᆞᆫ나더라

● 幸得救蘇　再昨日麻浦洗心亭居留英人柏卓安氏家雇傭廚房에셔何許淸人一名이結項垂死之際에該家留石工等이覺知解結而淸國總巡王同福이來到診察後에率去ᄒᆞ얏다더라

● 日將陛見　再昨日下오五時에長谷川大將이漱玉軒에陛見ᄒᆞ얏다더라

● 僞券圖郡　忠南全義郡居鄭憲采가同郡居任昌宰의家垈田庄을僞造文券ᄒᆞ야納于國洞李內大址鎔氏家而欲圖守令之說을任昌宰가得聞ᄒᆞ고上京ᄒᆞ야問于李內大則果有是事인ᄃᆡ鄭哥는逃避不現ᄒᆞᆫ다더라

● 牛島請借　三和郡守가內部에電報ᄒᆞᆫ內槪에牛島事로向承訓飭하야自監理署로報外部러니回電內에訓飭本郡하야直報內部事等因이온바司令官言內에若不賣則限十年借得植木云而日三최促하니賣借間即爲下示하라하얏더라

● 兩倅請免　機張郡守林承學氏가內部에請願ᄒᆞᆫ內槪에猥以不才로至荷分憂之任하니揆以微質에誠難奉行키로玆에請願하오니查照奏免之地라하얏시며通津郡守李普鉉氏에請願辭意도同一ᄒᆞᆫ바兩氏請免ᄒᆞᆷ은雄邑陞遷ᄒᆞᆯ計劃이라고ᄒᆞᆫ다더라

● 慈倅報告　慈城郡守尹東翰氏報告를據ᄒᆞᆫ즉九月十一日에慈下浦越邊淸國三頭洞으로出來何許軍兵二百餘名이謂以日本締ᄒᆞ고留鎭於大水地台則該地居청人이扶老携幼ᄒᆞ고避禍越來키로該面民人이驚怯逃散더니其翌十二日에日本締二百餘名이爲聞俄兵上來之說ᄒᆞ고下往花皮甸子라가窺其俄兵之來到ᄒᆞ야沒數伏兵於江口타가一齊射擊에俄兵三兵이被銃致傷하고餘黨은退屯於大地台러니翌十三日에奪執俄邊所住청人槽桶하고越來銀城民家하야奪取財産하고秣馬禾田而一夜止宿타가翌十四日俄兵百餘名이各騎馬하고蹂躪田穀而來到官衙하야徵討供饋하며各持兵器하고詷探日人形跡하며家家遍行하야刧掠討産하고日人의藏置ᄒᆞᆫ보卜을一併搜出하야地形圖畵等物은持去하고不緊者는幷即燒火하고日人去住蹤跡을詳必確知니無隱指的하라하나乘夜逃避에罔昧去處ᄒᆞᆷ으로回答하얏다더라

● 報請恤金　仁川郡永宗面禮增浦에셔船格等은沒者가五十七名이오中船漁船八隻이致敗而屍體는一未拯出이라고該郡守吳永烈氏가恤金을內部에報請하얏더라

● 三氏任勳　表勳院에셔法部에照會하얏는ᄃᆡ勳章條例第六章內에勳章이有ᄒᆞᆫ者가重罪輕罪刑에處ᄒᆞᆫ者와輕禁錮及免官될만ᄒᆞᆫ宣告以下의刑에處ᄒᆞᆫ者는裁判長官이法部大臣或軍部大臣을經由하야宣告와其情狀을本總裁에게通知ᄒᆞᆯ事云云이온바流三年罪人閔丙奭과放逐鄕里罪人玄暎運과免官ᄒᆞᆫ李容翊諸員의事由를尙無確示하와該員等勳章遞奪을擧行이難便하기로玆以仰佈하오니照亮하오셔依條例通知라하얏는ᄃᆡ法部에셔答照하기를閔丙奭은渡日本時에以所不能行之事로妄陳於至尊之前故로照刑法大全第三百四十六條奏事를許不以實ᄒᆞᆫ者律하야處役三年之意로上　奏하얏더니換以流配하라하옵셧고玄暎運은行已麤率하고語多無倫事로自政府上奏하와放逐鄕里하고李容翊免官은自政府로直行奏免者則無關於弊部라하얏더라

● 自願傍聽　昨日平理院門前에셔一進會員四人이某氏裁判인지는不知하깃스되裁判時傍聽ᄒᆞᆯ야다가該裁判이未果하야空還하얏다더라

● 老病請願　江原道觀察使趙鍾弼氏가老病으로觀察難堪하야日前에辭職疏를奉呈하얏는ᄃᆡ尙未承批ᄒᆞᆷ으로方在悶鬱ᄒᆞᆫ中이라리라

● 會員討財　全北裁判所判事報告內에井邑一進會支會長朴仁秀가民間에討索錢財事로十箇月監禁으로照律宣告하얏다더라

● 部　令

度支部令第十五號　續

第十條　約束手形의所持人은裏書를依ᄒᆞ야約束手形의典執을ᄒᆞ거나其收捧의委任ᄒᆞᆷ을得ᄒᆞ나니如此境遇에는裏書에其目的을附記ᄒᆞᆷ을要ᄒᆞᆷ이라

前項의境遇에는被裏書人은同一ᄒᆞᆫ目的으로써更히裏書ᄒᆞᆷ을要ᄒᆞᆷ이라

第十一條　裏書가有ᄒᆞᆫ約束手形의所持人은其裏書가連續치아니ᄒᆞ면其權利를行ᄒᆞᆷ을得치못ᄒᆞᆷ이라

第四章　約束手形의支撥

第十二條　約束手形의所持人은其支撥期日이나滿期後五日內에約束手形을明示ᄒᆞ야其支撥을要求ᄒᆞᆷ이라

第十三條　支撥은約束手形과相換치아니ᄒᆞ면此를行ᄒᆞᆷ이不可ᄒᆞ고支撥을ᄒᆞ는者는所持人으로ᄒᆞ야곰約束手形에其支撥을受ᄒᆞᆫ旨를記載케ᄒᆞ며且此에記名捺印케ᄒᆞᆷ을得ᄒᆞᆷ이라

第五章　償還의請求

第十四條　振出人이約束手形의支撥을아니ᄒᆞᆯ時에는所持人은其前者에對ᄒᆞ야償還의請求ᄒᆞᆷ을得ᄒᆞᆷ이라

(未完)

寄書

懡慨生

大凡顧問을雇聘ᄒᆞᄂᆞᆫ것슨該府의諸般事務를顧問ᄒᆞ면就緖의方針을講究ᄒᆞ야成績의効驗이有ᄒᆞᆫ故로每年의四五千元의巨金을費用ᄒᆞ고外國의博識ᄒᆞᆫ文士을招聘ᄒᆞᆷ이어날

我韓은甲午以後로各部에顧問을設치아니ᄒᆞᆷ이無ᄒᆞ되一件事도講究ᄒᆞ야國務가成就ᄒᆞ얏다ᄒᆞᆷ은少不得聞이고다만俸給만他國顧問보다幾百元式夥多케消用ᄒᆞ며

尤中近來學部에셔ᄂᆞᆫ顧問도아니오叅與官을設置ᄒᆞ야諸般事務의叅商케ᄒᆞ얏스되雇聘ᄒᆞᆫ지半箇年이已踰ᄒᆞ되教育上에一件事도興旺方針을講究ᄒᆞ야實行ᄒᆞᆷ은姑舍ᄒᆞ고

冗官을除汰코ᄌᆞᄒᆞᆷ인지濫費를減省코ᄌᆞᄒᆞᆷ인지今次俸給改定時에各部府院은 勅令을從ᄒᆞ야比較表로準行ᄒᆞ얏스ᄂᆞ오작

學部에셔ᄂᆞᆫ教育官의俸給을減省코ᄌᆞ 勅令도不遵ᄒᆞ고十年間効勞ᄒᆞᆫ人員의等級을降任코ᄌᆞᄒᆞ야

教育官이一齊辭職ᄒᆞ민學員等도受業ᄒᆞᆯ곳지無ᄒᆞ야擧皆渙散ᄒᆞ야道路에彷徨케ᄒᆞ니크게慨嘆ᄒᆞᆯ者이로다

外國에셔教育者를待接ᄒᆞᆷ을得聞ᄒᆞᆫ즉假令學徒의父兄이千元의資本으로商業ᄒᆞ면그利益의折半은곳教育者의産業을삼ᄂᆞᆫ지라

故로教育者의게各色物産을遺餽아니ᄒᆞᆷ이無ᄒᆞᆷ에博物館은即教育者의家中에有ᄒᆞ다云ᄒᆞᄂᆞ니

大凡教育者ᄂᆞᆫ一年三百六十餘日노論之ᄒᆞ면一晝夜二十四時에그寢息間外에ᄂᆞᆫ教育上에從事ᄒᆞᄂᆞᆫ거시라授業時間이一週間에二十七八箇時이나此時外에ᄂᆞᆫ教育方針을講究ᄒᆞ야期코從長敎授ᄒᆞ여야成効가必有ᄒᆞᄂᆞ니

萬若教育者의俸給이至薄ᄒᆞ면其産業이艱困ᄒᆞᆯ지라然ᄒᆞ면授業時間이나應ᄒᆞ야다만教授ᄒᆞ고餘暇에ᄂᆞᆫ其他産業의汨沒ᄒᆞᆯ지니

엇지教育上에盡心ᄒᆞ리오且용官을除汰코ᄌᆞᄒᆞᆯ진ᄃᆡ教育者의成績을考察ᄒᆞ야黜陟ᄒᆞᆷ은可커니와그俸給은減額ᄒᆞ고等給을降任ᄒᆞᆷ은決코良策은아니오도리혀妨害가될지라

是可謂參與官의初政이라ᄒᆞᆯᄂᆞᆫ지現今形便으로論之ᄒᆞ면國家財政이窘絀ᄒᆞᆫ則省費ᄒᆞᆷ이良策일듯ᄒᆞ나永遠ᄒᆞᆫ事狀을講究ᄒᆞ면크게有害無益ᄒᆞᆯ지라

全國文明의基礎ᄂᆞᆫ徒在於教育興旺이오且용官으로論ᄒᆞ면教育者ᄂᆞᆫ다師範에셔文明ᄒᆞᆫ教育을受學ᄒᆞᆫ人員이오十年間을教育上의從事ᄒᆞᆫ者이라

近日용官이라云者ᄂᆞᆫ事務을堪當치못ᄒᆞ거나學問의全昧ᄒᆞᆫ者이니教育者의용官이엇지有ᄒᆞ며濫費로言ᄒᆞ야도國家의急先務되ᄂᆞᆫ教育費를濫費라ᄒᆞ며年年이進就ᄒᆞᄂᆞᆫ學徒의學力을檢査ᄒᆞ면人民의게利益될을可知이니엇지濫費라稱ᄒᆞ리오愚見으로想論ᄒᆞᆯ진ᄃᆡ

叅與官의學識도推知ᄒᆞᆯ깃고그處事ᄒᆞᆷ도由此可度인즉我韓에서雇聘ᄒᆞ여야學政에利益이無ᄒᆞ고다만國財만消用ᄒᆞᆯ지니廉防이有ᄒᆞᆫ文明國人物노엇지羞恥가아니리오일즉이辭退ᄒᆞ야韓國學務를病들이지말면幸甚幸甚

外報

●怪疾流行　청國델렝은現今日本이占領ᄒᆞᆫ바인ᄃᆡ當地에怪疾이流行ᄒᆞᆫ다더라

●貴孃呈機　美國루수벨트아리스令孃은日本皇后陛下게美製有名ᄒᆞᆫ裁縫針機를上呈ᄒᆞ얏다더라

●瑞諾平和　獨逸가ㅣ루스밧드溫泉場에開ᄒᆞᆫ瑞典諾威兩國委員의議會ᄂᆞᆫ平和的協定이되게되얏ᄂᆞᆫᄃᆡ議定書ᄂᆞᆫ來週에右兩國首府에셔公布ᄒᆞᆫ다더라

●英海軍經劃　英國政府ᄂᆞᆫ新嘉坡의판존、파갈船渠會社를買收ᄒᆞᆫ後에引속ᄒᆞ야同地에廣大ᄒᆞᆫ海軍根據地를設立ᄒᆞ야東洋의（지부로루다）로ᄒᆞ야써他國이日英同盟에對항치못ᄒᆞ도록ᄒᆞᆫ다더라

●印度巨橋　印度쟌지스ᄂᆞᆫ一大江이圍繞ᄒᆞ얏스니廣이一英里요南半部ᄂᆞᆫ廣이二百尺인ᄃᆡ此에巨大ᄒᆞᆫ橋를着手竣工ᄒᆞ얏다ᄂᆞᆫᄃᆡ其橋高가九十尺以上이라더라

●將設支店　德國銀行에셔東洋銀行支店을設立ᄒᆞᆯ計劃으로橫濱에俄淸銀行所를三十萬元에講買ᄒᆞ고即將開務ᄒᆞ려고日本大藏大臣에게請願ᄒᆞ얏더라

●平和爲貴　華盛頓電을據ᄒᆞᆫ즉瑞典라威兩國大使가新條約을締結ᄒᆞ얏ᄂᆞᆫᄃᆡ其大旨ᄂᆞᆫ砲臺를廢止ᄒᆞ고兩國間에ᄂᆞᆫ恒常中立을保守ᄒᆞ기로約定ᄒᆞ얏더라

●高加索虐殺　高加索달靼人의神聖軍은數百名男女小兒를虐殺ᄒᆞ얏다더라

●法王之大使　羅馬法王廳에셔ᄂᆞᆫ메인僧正오一콘녤氏를大使로日本에派遣ᄒᆞᆫ다더라

●德皇宣言　德國皇帝ᄶᅴ셔ᄂᆞᆫ고부렌쥬에셔데나미야人의게對ᄒᆞ야德國은內政에ᄂᆞᆫ國民心을一致ᄒᆞ고對外政策에ᄂᆞᆫ強硬精神으로以ᄒᆞ야平和的事業의世界文明誘導의天職을不可不完全케ᄒᆞᆯ깃다고言述ᄒᆞ얏더라

●一部分撤兵　倫敦電을據ᄒᆞᆫ즉彼得堡에셔報道ᄒᆞ기를俄國이滿洲에셔一部分만撤兵ᄒᆞ리라ᄒᆞᄂᆞᆫᄃᆡ軍隊數隊가이믜淸國國境으로發向ᄒᆞ얏더라

●蘇士尙不通　蘇士運河ᄂᆞᆫ尙今十九吉路米突餘가封鎖되얏ᄂᆞᆫᄃᆡ沈沒ᄒᆞᆫ滊船차잠號ᄂᆞᆫ浮揚ᄒᆞ기到底히不能ᄒᆞ고同船에ᄂᆞᆫ싸이나마이트（爆裂藥彈之元質）를積載ᄒᆞ얏슴으로此를除去ᄒᆞ기ᄭᆞ지運河交通은三週間에全然杜絶ᄒᆞ게되야郵便及旅客은運河間을陸行ᄒᆞᆫ다더라（蘇士와포ㅡ드써이드間에鐵道가有ᄒᆞᆷ）

●墺國危機　墺國皇帝ᄂᆞᆫ匈牙人의要求ᄒᆞᆫ軍制變更을拒絶ᄒᆞ야危機에瀕ᄒᆞ얏다더라

雜報

●司法　續

接准平理院裁判長李漢英報告書內開被告金漢睦白南圭案件由檢事公訴案理則金漢睦供稱在任始興郡守以龍仁部水眞面豐德川文一順獄事初檢官行査時正犯趙永萬拘囚使令廳矣鎖匠朴哥절取在逃白南圭供稱以該獄事覆檢官行査也檢案實因以被打後因病致死懸錄而初檢再査俱以被打歸正獄既決案則被告書塡實因不啻自歸失錯被告誤解法文義意自服其事實被告等陳供明白被告金漢睦罪案論之使吏校鎖匠巾嚴監守則曾非疎漏失覺鎖匠절而同逃則無異反獄在逃宜有分別論斷被告金漢睦照刑法大全第三百十一條一項罪囚를監守하다가執刑하기前에不覺하고失ᄒᆞᆫ境遇에ᄂᆞᆫ使役은囚의罪에二等을減하고囚가反獄在逃ᄒᆞᆫ境遇에ᄂᆞᆫ二等을又減ᄒᆞ되吏典은使役의罪에各히二等을減하고司獄官은吏典의罪에二等을減律同第百七條流刑은官員의公罪로禁獄에過ᄒᆞᆫ者에게施用文處流二年被告白南圭照同律第三百四十五條三項官吏나使彼이行檢에失錯ᄒᆞᆫ者律處笞七十玆報告云矣該犯金漢睦白南圭並依該院所擬律處辦之意로法部大臣上奏하와奉
旨依奏

以上九月二十六日

表勳院前摠裁閔丙奭拘拿之由業經
奏下而現接平理院檢事李根洪報告書內開今承部訓令表勳院前摠裁閔丙奭將行拿致之際該員自現就囚之意로法部大臣이
上
奏하와奉
旨依奏

九月二十六日

接准平理院裁判長李한英報告書內開被告閔丙奭案件由檢事公訴審理則被告本年六月分日本國視察承
命後入對時以外國人交際有所奏事然渡日本時交際生疎不得遂行其事實證被告陳공明白以所不能行之事妄陳於
至尊難逭不實之律被告閔丙奭照刑法大全第三百四十六條奏事ᄒᆞᆯ時에詐不以實ᄒᆞᆫ者律處懲役三年云矣該犯閔丙奭依該院所擬律處辦之意로法部大臣이
上
奏하와奉
旨換以流配

九月二十七日

廣告

本人이陰九月三十日推次明信號於晋二千兩票를見失ᄒᆞ얏스니誰某던지拾得ᄒᆞ거든休紙施行ᄒᆞ시옵

尹珪善　告白

特別廣告

本申報ᄂᆞᆫ海外電報를即接ᄒᆞ야機關이靈通ᄒᆞ고外報와探報를敏捷活潑ᄒᆞ도록注意ᄒᆞ오며申報發送ᄒᆞᄂᆞᆫ디迅速信傳ᄒᆞ기ᄂᆞᆫ分傳人의게在ᄒᆞᆷ으로本社에셔平常에諸分傳人의게丁寧告戒ᄒᆞ고申申諭飭ᄒᆞ야毋或嬾惰ᄒᆞ게注意ᄒᆞ거니와如或暫有稽絶이라도愛讀僉君子ᄂᆞᆫ該使通知于本社ᄒᆞ시면該分傳의게誠信相令ᄒᆞ도록耳提面命ᄒᆞ고勤贊가發生ᄒᆞ도록諭ᄒᆞ야必無遲誤ᄒᆞ기를期待ᄒᆞ읍나이다

本社에寄書ᄒᆞ시ᄂᆞᆫ諸君子ᄂᆞᆫ姓名과居住를明確ᄒᆞ게懸錄送附ᄒᆞ시와證據가有ᄒᆞᆷ을必要ᄒᆞᆷ이오公衆平和와ᄒᆞᆫ秩序를紊亂케ᄒᆞᄂᆞᆫ意와社會上不經荒雜ᄒᆞᆫ寄書ᄂᆞᆫ不受ᄒᆞᄂᆞᆫ權利가本社에自有ᄒᆞ오니肯諒ᄒᆞ시옵

大韓每日申報社

廣告

貿易商 本社ᄂᆞᆫ仁川港
日本郵便電信局對面
電話第二百一番地
仁川港 廣昌洋行
벤넛트會社告白

○鐵路部

○東大門과新門間에來往車ᄂᆞᆫ每十分間에運行홈
東大門發初車ᄂᆞᆫ午前六時三十分
新門外停車場發初車ᄂᆞᆫ午前六時五十五分
東大門發終車ᄂᆞᆫ午後九時五十分
新門外停車場發終車ᄂᆞᆫ午後十時十五分

○東大門과洪陵間에來往車ᄂᆞᆫ每二十分間에運行홈
但自鍾路로東大門에來到ᄒᆞᆫ交替車로聯絡홈
東大門發初車ᄂᆞᆫ午前六時五十分
洪陵發 初車ᄂᆞᆫ午前七時十分
東大門發終車ᄂᆞᆫ午後七時五十分
洪陵發 終車ᄂᆞᆫ午後八時十分

○鍾路와龍山間에來往車ᄂᆞᆫ每十二分間에運行홈
鍾路發至南大門初車ᄂᆞᆫ午前六時四十八分
鍾路發至龍山 初車ᄂᆞᆫ午前七時二十四分
南大門發至鍾路初車ᄂᆞᆫ午前六時五十六分
龍山發至鍾路 終車ᄂᆞᆫ午前七時五十七分
南大門發至鍾路終車ᄂᆞᆫ午前十時八分
龍山發至鍾路 終車ᄂᆞᆫ午後九時九分

○特別私用車ᄂᆞᆫ顧客의方便ᄒᆞᆷ을隨應ᄒᆞ야準給홈
但定價ᄂᆞᆫ本社에來臨ᄒᆞ야請問ᄒᆞ옵

○電燈部

二百五十燭力以內의敷用處에ᄂᆞᆫ每個月에定價表가如左홈
○十六燭力燃燈達夜에二圓五十錢
○三十二燭力燃燈達夜에四圓
○五十燭力燃燈達夜에六圓
○一百五十燭力燃燈達夜에十圓
一千二百燭力弧形燈達夜에二十圓
二百五十燭力以上의敷用處에ᄂᆞᆫ請求ᄒᆞ면瓦斯計一箇를設給홈
但瓦斯計賃金은每個月에二圓이오瓦斯計測驗表委托定價ᄂᆞᆫ每時間每암피아에二錢이옵
瓦斯計設給處에셔每介月支拂金最低額은每個月에二十圓인티(瓦斯計賃金은)据홈
電燈을敷設ᄒᆞ기에請求ᄒᆞᄂᆞᆫ디給홈로供
各種連技辦燈도常時에貯存ᄒᆞ엿솝

本社鍾路電氣會社
韓美電氣會社 告白

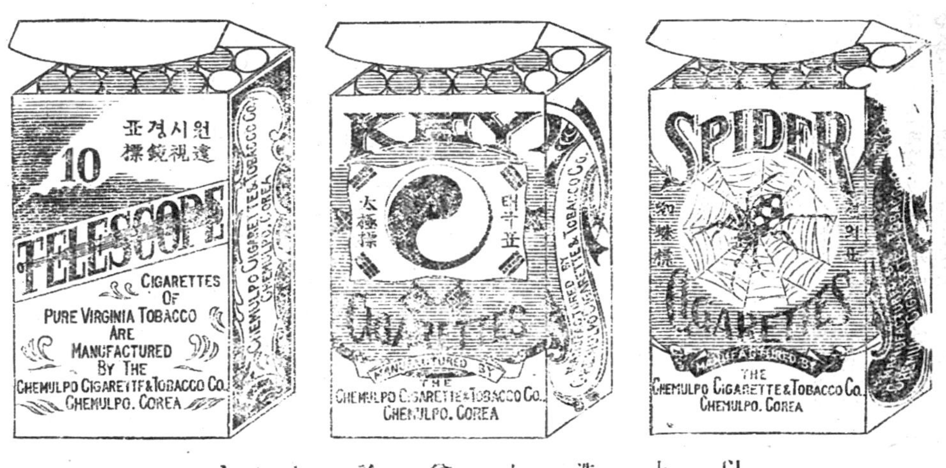

以上三種은上品으로製造ᄒᆞ야衛生上에至極有益ᄒᆞ오니毋論某人ᄒᆞ고本社에來顧ᄒᆞ옵

大韓帝國仁川港
濟物浦紙卷煙及烟草會社

一鷹標罐濃詰牛乳
一金印罐詰濃結牛乳
一無雙家用氣化乳酪
一쌔ㅣ든쓰製造麥芽化合牛乳
以上은常時에貯積ᄒᆞ엿솝
美國紐育港쌔ㅣ든쓰濃結牛유會社
一手代理店 大韓仁川港 世昌洋行

廣告

一雜貨商
一貿易商
一船舶取扱
一煙草商
一委託販賣及貨物運送代理業
一貿易石炭商
以上輸入及輸出者
京城 仁川 大昌洋行

本社廣告

申報價
一張代金 新貨五錢
一箇月前期 五十戔
三箇月 一元五十戔
六箇月 二元九十戔
一箇年 五元八十戔
郵稅一部 新貨五里
一箇月 十五戔

廣告料
四号活字十三字詰
每日每英尺一寸에新貨卅五錢
(每日每行에六錢에相當홈)
二周日에 二圓五十錢
(每日每行四錢五里에相當홈)
一箇月에 五圓
(每日每行四錢一里에相當홈)
其期限의長短과字行의多少를依ᄒᆞ야增減홈이有홈

大韓人마다此申報를不得不閱覽ᄒᆞ실터이오니廣告出報ᄒᆞ실僉君子ᄂᆞᆫ來臨面議ᄒᆞ시옵

發行兼編輯人 英國人裵說
發行所 京城北署壽進坊碑洞号外地法語學校前
大韓每日申報社

第三卷

大韓每日申報
대한매일신보

第四十九號

月曜及慶節時日休刊

檀君開國四千二百三十八年
箕子元年三千二十七年
大韓開國五百十四年
日本明治三十八年
淸國光緖三十一年
陰曆乙巳九月小十二日辛巳

論說

何無一言應旨오

本年八月十九日에 詔勅이渙降ᄒᆞ사勅任官之時原任과奏任官之在職者ᄂᆞᆫ各盡言其意見ᄒᆞ야自政府로綴輯以入事로十行綸綍이丁寧懇惻ᄒᆞ시거ᄂᆞᆯ將近數朔에尙未有一言應旨者故로政府에셔其在對揚 聖意之道에不勝萬萬惶悚이라ᄒᆞ야照會內部ᄒᆞ야遵施케ᄒᆞ라하얏스니大言路의通塞은治亂攸關인故로自古願治之主가莫不大開言路ᄒᆞ고廣攬群策ᄒᆞ야施于庶政이면天下之善이皆其善也오天下之才가皆其才也니天下之事가寧有不理者乎아是以로古者에諫官이無ᄒᆞ고大臣은朝夕納誨ᄒᆞ야以盡啓沃之責ᄒᆞ며官士庶僚ᄂᆞᆫ因事進言ᄒᆞ야俾無朝政之闕失ᄒᆞ며樂師ᄂᆞᆫ誦詩以諷ᄒᆞ며工人은執藝以諫ᄒᆞ며瞽夫御者가亦皆進箴ᄒᆞ니此所以言無不達ᄒᆞ고策無或遺ᄒᆞ야天工이無曠ᄒᆞ고庶績이咸凝ᄒᆞᄂᆞᆫ者라然而暴君暗主ᄂᆞᆫ傲然自聖ᄒᆞ야謂人莫已若ᄒᆞᄂᆞᆫ지라以獨智爲明ᄒᆞ고以獨斷爲能ᄒᆞ야直言을오聞ᄒᆞ고衆議를不采ᄒᆞ야以爲天下之權이專在於上이라ᄒᆞ나實不知ᄃᆡ權이陰移於宵小近習之輩라秕政虐歛이流毒四海ᄒᆞ야萬姓이怨咨ᄒᆞ고盜賊이蜂起ᄒᆞ야非常之變과不測之禍가如伏火於積薪之中하되宮闈之內ᄂᆞᆫ晏若太平이라가及其禍發之日에蒼黃狼狽ᄒᆞ야末如之何者ᄂᆞᆫ言路가閉塞ᄒᆞ야下情이不達ᄒᆞᆫ緣故라方今韓皇陛下ᄭᅴ옵셔艱大之業을纘承ᄒᆞ사宵旰憂勤ᄒᆞ사一念求治가無不用極ᄒᆞ시나如斯히非常ᄒᆞᆫ艱局을遭遇ᄒᆞ시ᄆᆡ國危가日甚ᄒᆞ고民困이日棘이라丙枕이靡安ᄒᆞ시고淵衷이深切ᄒᆞ사求言之意가亶由至誠ᄒᆞ시니此ᄂᆞᆫ大韓의轉危爲安ᄒᆞᆯ一大期會어ᄂᆞᆯ數月之頃에寥寥然無一言應旨者ᄒᆞ니未知케라凡厥官人은對此時機ᄒᆞ야渺無一策而然歟아以爲言之無益이라ᄒᆞ야泯默看過歟아如其胷無一策인ᄃᆡ濫叨官職ᄒᆞ고虛糜俸給이豈曰人臣之義며若以言之無益으로泯默看過인ᄃᆡ辜負 聖旨ᄒᆞ야不思對揚者ㅣ亦豈人臣之義乎아嗚呼라時虞가如此ᄒᆞ고國危가如此ᄒᆞ되ᄃᆡ小官僚中에奮不顧ᄒᆞ고 皇上求治之念이若是惻怛ᄒᆞ사諭使人人盡言하사ᄃᆡ又無一人應旨者ᄂᆞᆫ何也오求之臣分에萬無是理이기로余ᄂᆞᆫ日日側耳하야朝陽之鳳을佇乎有聞이로다

官報

◉第三千二百六十五號 光武九年十月九日

◉宮廷錄事

詔曰正三品洪鍾억解太僕司長

詔曰命典션司長金大鎭爲太僕司長正三品洪鍾억爲典션司長

以上十月五日

禮式院掌禮院卿臣南廷哲謹奏連有相値奬忠壇祭擇日設行事命下矣令日官金東杓推擇則陰曆九月二十一日爲吉云以此日設行何如謹上奏

光武九年十月五日奉旨依奏

◉敍任及辭令

陞敍判任官一等 表勳院主事李秉穆

陞敍判任官三等 外國語學校副敎官趙元奎

以上光武六年六月四日

命茂山郡臨時郵遞主事 李相珍

命厚昌郡臨時郵遞主事 劉基錫

命蕭川郡臨時郵遞主事 金鼎模

命奉化郡臨時郵遞主事 琴秉憙

命咸興郡臨時郵遞主事 韓有은

命會寧郡臨時郵遞主事 金元經

命定平郡臨時郵遞主事 韓慶履

以上五月二日

任仁川監理敍奏任官一等 駐箚日本公使隨員河相驥

任駐箚法國公使館三等參書官敍奏任官五等 駐箚法國公使館書記生姜泰顯

兼任總領事官 宮內府參書官南廷奎

領事官徐丙珪·領事官金敎碩

解領事官

外國語學校敎官金漢奎

解兼任領事官

度支部主事朴容九

外部主事金奭永

漢城電報司主事鄭䝱應

解兼任副領事官

以上十月四日

典션司長金大鎭

命太僕司長敍勅任官三等

正三品洪鍾억

命典션司長敍勅任官三等

尙方司織造課主事崔崙源·

尙方司織造課主事高興奎

尙方司織造課技手林 젼

尙方司織造課技手韓相奭

尙方司織造課技手玄 운

尙方司織造課技手朴斗煥

尙方司織造課技手李基純

尙方司織造課技手朴鎭榮

任駐箚法國公使館書記生敍判任官六等 李起韶

十月六日

外報

◉海參防禦 聖彼得堡에셔發行ᄒᆞᄂᆞᆫ라쓰븨一도치크新聞의記載ᄒᆞᆫ바를據ᄒᆞᆫ즉海參威要塞에ᄂᆞᆫ八萬五千兵과砲二百門이有ᄒᆞᆫᄃᆡ一門에一千發砲彈를備ᄒᆞ얏고又小銃用彈藥四億萬發를有ᄒᆞ야二年間攻圍를可堪ᄒᆞᆯ너시오海面을面ᄒᆞ야ᄂᆞᆫ七大砲台와三十四小砲台가有ᄒᆞ니皆重砲를備ᄒᆞ얏고又背面에有ᄒᆞᆫ砲台總數ᄂᆞᆫ二百인ᄃᆡ若日本軍이此를攻圍ᄒᆞ랴면少不下卄萬兵을不可不用ᄒᆞ리라고云云ᄒᆞ얏더라

◉文大辭職 日本久保田文部大臣은大學敎授處分問題에關ᄒᆞ야桂總理大臣及其他此를包圍ᄒᆞᆫ頑固黨과意見이異ᄒᆞ야進退窮迫ᄒᆞ미斷然히辭職ᄒᆞᆫ다ᄂᆞᆫ所聞이有ᄒᆞᆫᄃᆡ或一說를依ᄒᆞᆫ즉同大臣도桂總理와進退를同히하야決斷코辭職ᄒᆞ리라云ᄒᆞ더라

◉薩派明言 薩州出身의大臣及屬僚諸氏ᄂᆞᆫ警視廳廢止事件으로以ᄒᆞ야國家의非常ᄒᆞᆫ事라ᄒᆞ야若議會에셔廢止課를提出ᄒᆞ야此를涌ᄒᆞᆯ時에ᄂᆞᆫ斷然히解散식히깃다고明言ᄒᆞ얏ᄂᆞᆫᄃᆡ要컨ᄃᆡ此問題ᄂᆞᆫ幾多波瀾을起ᄒᆞᆯ지로다

東京電報

●英艦歡迎 十月八日오後零時二十分發

昨七日神戶市에서英日同盟祝賀를爲ᄒᆞ야來訪ᄒᆞᆫ英國艦隊歡迎會가有ᄒᆞᆫ딕式場에서服部兵庫縣知事ᄂᆞᆫ英國皇帝萬歲를三唱ᄒᆞ고又노엘英國海軍大將은日本天皇陛下萬歲를唱ᄒᆞ고米艦艦隊長은英日兩國의友誼를祝ᄒᆞᄂᆞᆫ旨로一場演說을ᄒᆞ고夜에至ᄒᆞ야ᄂᆞᆫ更히縣廳內에서夜會를盛大히開催ᄒᆞ얏ᄂᆞᆫ딕因ᄒᆞ야神戶市及其近村에서ᄂᆞᆫ祭禮와如ᄒᆞᆫ狀樣을現出ᄒᆞ얏다더라

●戰利艦浮上 十月八日오後五時卄五分發

旅順戰利艦가이다마구ᄂᆞᆫ七日에又無事히浮上ᄒᆞ얏다더라

●捕拿船隻 上仝

日本北艦隊ᄂᆞᆫ七日에對馬沖附近에서獨逸船及노루유船을捕拿ᄒᆞ얏다더라

雜報

靈鳥辭 九章

或云烏者ᄂᆞᆫ靈鳥也라能知人之吉凶善惡ᄒᆞ야預以告之ᄒᆞ되但人自不識이라ᄒᆞᄂᆞᆫ바今夫高見明識之士가切於憂世ᄒᆞ야有時乎放言警告而世或莫之察焉ᄒᆞ니此可謂人中之靈ㅣ烏로近有人이作靈烏辭九章ᄒᆞ야以寄本社인바其志也ㅣ哀ᄒᆞ며其辭也ㅣ婉ᄒᆞ야可以感發人心ㅣ로揭載如左ᄒᆞ노라

告惡告惡告其惡이여試問此城中에幾箇慧心人고如今萬事를筭來筭去컨딕禍福이豈無因가秋風欲雨暗東天ᄒᆞᆫ딕柴門을大開ᄒᆞ고滿室正高眠이로다

告惡告惡告其惡이여政吞誠良이何其惡고中書件食은許多疲軟이오麟閣錄勳이半是輕薄이로다

傷心復傷心이여股肱을將何托고喬木世家를且莫說하라滿腔裏黑思想에豈有半点熱血가

告악告악告其악이여終日啼啼에有誰憐此오 至尊憂勤九重闕이언만나無一個義士야擔當國事오 念此 帝室孤危ᄒᆞ면鐵人도亦應驚淚리라吁嗟乎公子王孫賢良者幾人고願言輔政ᄒᆞ야慰此萬民ᄒᆞ쇼

告惡告惡告其惡이여官吏貪虐이何時歇고生憎豺狼徒이當道에恣嚵셜이라不計肥的瘦的ᄒᆞ고均作下喉物이로다

哀哀赤子元無辜언만生逢不辰이라개其長吁로다却羨鷺鷥鳥가隨意飮啄在江湖

告惡告惡告其惡이여四方賊黨이何紛고生紛民莫大禍가最是綠林黨이라一聲哨角에東家殺越西家焚ᄒᆞ니魂魄兒逝去ᄒᆞ고妻孥泣相分이로다

哀此窮부殘産이盡出於勞骨苦근인딕何期一朝에化作風頭雲가無家無食可奈何오呼天天不聞이로다

告惡告惡告其惡이여勸賊安民은國之大政이어만廟堂如今에未聞此命令이지養兵十年竟何用고但見朝暮街上鑼皷競이로다賊捕官尤何論가各郡巡行에徒致供億繁일세巳焉哉라天實爲之시니今日之民은盡爲火賊下中魂이로다

告惡告惡告其惡이여國雖舊나學校를安可廢아世路今來에昏昏如晦ᄒᆞ되一枝光燭이在此何在오寄語學員須自愛ᄒᆞ쇼民皆富學問이면其國이必無對니孰弱孰强이豈有定形가盛衰由來로迭相代이라生憎他家富子弟輩ᄂᆞᆫ遊衣遊食에空作輕薄態로다

告惡告惡告其惡이여民情何事轉遑遑고一自國權移動으로又添雪上霜이라百般困難이千般淒凉이로다

田宅은漸歸外人ᄒᆞ고財政은已至膏肓ᄒᆞ야嗟我生靈이濱死亡이언만政治改善은昔如石沈大洋이로다

告惡告악告其악이여民不堪命이라胥將仳離ᄒᆞ니國勢無餘地를政府知不知아

莫棄民莫棄民ᄒᆞ라民惟邦本은胡不思오飛來飛去漢水濱에江山은依舊ᄒᆞ되人事ㅣ非復昔時로다

●公使新任

現今駐韓되英國公使朱邇典氏가遞歸하면駐청英國公使館一等參書官코샌氏가辦理公使로來韓ᄒᆞᆫ다더라

●巡檢悖習 日昨黃昏에廟洞等地에서何許韓國巡檢이酒醉如泥ᄒᆞ고近坊商民老少를勿論ᄒᆞ고狂言亂話에傍若無人하야觀光人드리云하되如此巡檢은不如無之에反有妨害라ᄒᆞᄂᆞᆫ딕該署長官된者ᄂᆞᆫ不聞인지不勝慨歎이라더라

●內外轉任 從二品閔泳敦氏ᄂᆞᆫ江原道觀察使를被任ᄒᆞ얏고農商學校長洪禹觀氏ᄂᆞᆫ韓美電氣會社檢察官을解任ᄒᆞ얏고掌禮卿南廷哲氏ᄂᆞᆫ特進官으로轉任ᄒᆞ얏고趙定熙氏가後任을襲ᄒᆞ얏고春察趙鍾弼氏ᄂᆞᆫ疏遞ᄒᆞ얏더라

●重陽佳會 權重奭氏等某某官人이去九日에妓女와酒肴를盛大히ᄒᆞ고川獵次로龍山等地로出去ᄒᆞᄂᆞᆫ딕從者가如雲ᄒᆞ다니現今內外時局이如是危急ᄒᆞᆷ은思치아니ᄒᆞ고重陽佳節은虛過키難ᄒᆞᆫ貌樣이라고ᄒᆞ더라

忠告內相

內部大臣李址鎔氏가間者에連次辭職疏를奉呈ᄒᆞ더니 宸眷이隆摯ᄒᆞ사優批가鄭重ᄒᆞ시니該大臣이再昨日부터仕進視務ᄒᆞᄂᆞᆫ딕郡守奏本을數日內로決處ᄒᆞᆫ다ᄒᆞ니余가該大臣의行政을對ᄒᆞ야十分期望이深切ᄒᆞᆫ故로一般忠告의情을表ᄒᆞ노니該大臣은思之念之어다夫官爵은國家의公器라無論內外官職ᄒᆞ고人才를公選ᄒᆞ야各當其任케ᄒᆞᆫ然後에百度惟貞ᄒᆞ고庶績이咸熙ᄒᆞ야國以之治ᄒᆞ고民以之安ᄒᆞᆯ것이오況地方官吏ᄂᆞᆫ尤是近民之職이라苟非其人이면民受其殃ᄒᆞ고民ㅣ其殃이면國隨以亡ᄒᆞ나니其爲安危之關係가果如何耶아嗚呼라今日國勢가凜若綴旒ᄒᆞ고生民의陷於塗炭者ᄂᆞᆫ地方官吏의貪饕剝割로由ᄒᆞ고地方官吏의貪饕剝割은主務大臣의官爵販賣로由ᄒᆞᆫ지라大抵官爵販賣ᄂᆞᆫ歷代亂亡之轍이라東漢은西苑을開ᄒᆞ야爵을賣ᄒᆞᆷ으로以ᄒᆞ야黃巾之亂이起ᄒᆞ고西晉은私門을緣ᄒᆞ야官을賣ᄒᆞᆷ으로以ᄒᆞ야五胡之禍를召ᄒᆞ고唐은債帥의授로써藩鎭의跋扈를致ᄒᆞ고송은羨餘의獻으로써官吏의貪風을釀成ᄒᆞ고明之季世에市人이滿朝ᄒᆞᆫ故로流寇가만延ᄒᆞ야社稷이丘墟ᄒᆞ얏스니歷數古今에官을賣ᄒᆞ고國이不亡ᄒᆞᆫ者ㅣ未有ᄒᆞᆫ지라今에該大臣은 皇室懿親으로써第一重要ᄒᆞᆫ銓選柄을握ᄒᆞ얏스니將次人才를公選ᄒᆞ야輿論을恰當케ᄒᆞᆯ넌지若其害國肥己ᄒᆞ던前日악習으로奏本이一出에醜說이狼藉ᄒᆞᆯ넌지만일自家一身과 宗社生靈의輕重이何如ᄒᆞᆫ것을思量ᄒᆞ거나貪의累名과公正의美譽가其榮辱이何如ᄒᆞᆫ것을比較ᄒᆞ면宜乎務極其公正ᄒᆞ야一毫私意를不容ᄒᆞᆯ지라萬若該大臣이前日慣例的手段을更히使用ᄒᆞ야國運을益危케ᄒᆞ면生爲負國之臣이오死爲負國之鬼ᄒᆞ야千秋萬世에악名이不泯ᄒᆞ리니可不念哉며可不愼哉아

●無非악貨 西來傳說을得聞ᄒᆞᆫ즉信川郡境內에所用錢幣가擧皆악貨ㅣ로今年秋捧結稅를不可不收捧인딕因此不捧하고新貨가通融ㅣ를待하ᄂᆞᆫ樣인딕該郡守가捧不捧間甚是困難中이라더라

●暴徒行悖 義兵將元容八被捉後에義兵餘黨이東西섬忽에散合無常하야不無犯境之慮하야巡檢을密派하야行跡殊常之人을跟探하ᄂᆞᆫ딕陰八月卄三日賊黨四十餘名이自嶺南地로突入寧越郡ᄂᆡ하야各持器械하고揮劍放銃에攔入民家하야攘奪財産하며强刼婦女라가行向該郡南面等地하야所經各處에行暴無雙하고又前往忠淸道永春等地라고江原觀察府에巡이京部에報告ᄒᆞ얏더라

●情境可矜 坡州郡守韓弘洙氏가內部에報告하얏ᄂᆞᆫ딕龍山鐵道監部通牒을據ᄒᆞᆫ즉內槪에交河郡金城里鐵道를方以修築이온딕役夫每日五百名式募送赴役하야以爲改築等因本年春夏間高陽內洞鐵道修築時에도本郡役夫屢千名을陸續募送하야境內人民이因此嗷嗷이거날今此河役所에又若知委하야使之赴役이면此非本郡境應役이오每於他邑境赴役이實所悶然이올ᄲᅮᆫ더러設欲另飭이라도民必不應이올기로由此報하오니特軫民情하사今番交河部役夫ᄂᆞᆫ務爲裁處라하얏더라

●商路便利 蘇士에沈沒ᄒᆞᆫ船담은火曜日에爆發藥으로三片에破碎ᄒᆞ얏다ᄂᆞᆫᄃᆡ其時에運士東岸은六百尺距離가崩壞ᄒᆞ고其西岸은破壞處가無ᄒᆞ며又其水潛人이浚水器를使用ᄒᆞ야其爛碎物을淸潔히斥棄ᄒᆞ얏스며貨物도十日內로運行ᄒᆞ게되얏더라

雜報

荒說可增

近日某某報에各國公使가撤歸ᄒᆞᆫ다고云云一事를據ᄒᆞ야事實如何를査探ᄒᆞᆫ즉專屬浮浪뿐不是라何等妄雜之輩가做出爲此無禮荒誕之說ᄒᆞ야世人으로ᄒᆞ야금眩惑케ᄒᆞ기로本社에셔爲先義國摠領事官의歸國ᄒᆞᄂᆞᆫ時外部에照會ᄒᆞᆫ全文을得ᄒᆞ야左에記載ᄒᆞ야世人의眩惑ᄒᆞᆷ을解케ᄒᆞ노라

照會第九十九號

ᄃᆡ義欽命駐箚漢城辦理公使ᄃᆡ臣兼摠領事官毛樂高爲照會事照得本公使現奉本政府准暇還國玆擬本月十六日離韓한城本公使還任之前所有交涉事宜暫쳥駐韓英國公使代行辦理玆庸備文照會貴ᄃᆡ신쳥煩査照須至照會者右照會ᄃᆡ韓外部ᄃᆡ臣朴齊純閣下一千九百零五年十月五日

照會第一百號

ᄃᆡ義欽命駐箚漢城辦理公使ᄃᆡ臣兼摠領事官毛樂高爲照會事日盡自應道還稅事但伊時不與斂眷同歸玆擬偕同夫人辭陛相應備文照會貴ᄃᆡ臣쳥煩査照轉將此由入奏 示陛見日時俾便本公使偕同進宮望切施行須至照會者右照會ᄃᆡ韓外部ᄃᆡ臣朴齊純閣下

一千九百零五年十月五日

●郡守豐窠 昨日에內部ᄃᆡ臣李址鎔氏가郡守窠本을奏早하ᄂᆞᆫᄃᆡ現窠가七十餘郡이라더라

●良宵佳話 宮大李載克氏가日昨夜風淸月朗之時에秋興을不堪ᄒᆞ야數三知己之友로第一樓에登ᄒᆞ야呼酒閒話ᄒᆞᄂᆞᆫᄃᆡ其淸閒ᄒᆞᆫ趣興이可謂良宵佳話라더라

●果是美擧 ᄃᆡ韓赤十字社病院에셔本院設備가今至完具ᄒᆞ얏스니自本月十五日爲始ᄒᆞ야施療키로該施療票五十張을付呈ᄒᆞ니隨時配給于貧民之傷病者ᄒᆞ야以便來請救療하라ᄒᆞ고該院長李載覺氏가各部에公函ᄒᆞ얏더라

●不無斯業 平壤監理가農部에報告ᄒᆞᆫ內開에本市居留日人子爵岡部長職과百瀨廣之助와松井民治와佐佐木芳松四人이與我民鄭觀朝李鳳柱金濚庚三人으로聯名請願內開에平壤은近來人口가增加ᄒᆞ고日商工業의發達이逐日繁盛ᄒᆞᄂᆞᆫᄃᆡ아즉電氣鐵道及電燈其他電氣應向에不無妨礙故로本人等이其業을率先經營ᄒᆞ야玆에請願ᄒᆞ오니右營業을特許伏望等因이온바內外國人이聯名請願이오나認許實施ᄂᆞᆫ自本署로有難擅便이오나査照指令이라더라

●雲母苗發 中署帽洞居劉洪氏等이農部에請願ᄒᆞ얏ᄂᆞᆫᄃᆡ本人等이注意於礦業ᄒᆞ와遍踏各道이다가今於忠南公州郡石藏里空閒之處에僅得雲母苗發現ᄒᆞ와行將開採而此雖藥種이나不可無認許故로請願ᄒᆞ오니特爲訓令于該郡ᄒᆞ야以便開採라ᄒᆞ얏더라

○官廳事項

度支部에셔請議ᄒᆞᆫ議政府所管郵稅及官報費增額一千一百八十圜과中樞院移接修理費四百二十二圜과內部醫務局顧問處所修理費及物品准備費四百三十七圜七十六錢과漢城府文官服裝費七百六十元과東萊監理署使价迎接費一千圜과地方派駐財務官以下各項費二萬一千七百六圜과我國漂民救還費一百三十七圜七十二錢과政府財政顧問附西尾守行俸給及家셰一千二百八十八圜七十一錢과政府財政顧問補助員所居鍾峴長洞家舍修繕費六千五百六十六圜五十錢과外部顧問官須集雲同補佐官沼野安太郞因公前往日本旅費八百十圜과軍部顧問補佐官正松林鎭二郞俸給及家셰一千八百六十圜을預備金制日可라ᄒᆞ심

十月五日

●部令

度支部令第十五號 續

第十五條 支撥人이手形金額의支撥을아니ᄒᆞᆯ境遇에所持人이前條의請求를ᄒᆞ고져ᄒᆞᆯ時ᄂᆞᆫ卽爲償還케ᄒᆞ고져ᄒᆞᄂᆞᆫ者에對ᄒᆞ야手形金額及滿期日後의利子를償還ᄒᆞᆯ意로請求書를發ᄒᆞᆷ을要ᄒᆞᆷ이라

第十六條 裏書人이其後者로븟터前條의通知를受ᄒᆞᆯ時ᄂᆞᆫ前者에對ᄒᆞ야更히償還의請求ᄒᆞᆷ을得ᄒᆞᆷ이라

前項의境遇에ᄂᆞᆫ裏書人은償還케ᄒᆞ고져ᄒᆞᄂᆞᆫ者에對ᄒᆞ야自己가通知를受ᄒᆞᆫ日의翌日內로償還請求의通知를發ᄒᆞᆷ을要ᄒᆞᆷ이라

光武九年九月三十日 度支部大臣閔泳綺

度支部令第十六號

手形組合條例

第一條 手形組合은商業의德義를重之ᄒᆞ며手形의信用을維持ᄒᆞ야且約束手形條例에遵由ᄒᆞᆷ으로爲其目的ᄒᆞᆷ이라

第二條 手形組合을組지ᄒᆞ고져ᄒᆞᆯ時ᄂᆞᆫ度支部大臣의認可를受ᄒᆞᆷ을要ᄒᆞᆷ이라

第三條 新로加入ᄒᆞᆷ을願ᄒᆞᄂᆞᆫ者가有ᄒᆞᆯ時에ᄂᆞᆫ手形組合은其身上을調査ᄒᆞ야相當ᄒᆞᆫ資產이有之ᄒᆞ고確實ᄒᆞᆷ을認ᄒᆞᆫ

ᄒᆞᄂᆞᆫ者가有ᄒᆞᆯ時ᄂᆞᆫ此를除名ᄒᆞᆷ이라

第五條 組合員의加入과除名을ᄒᆞᆫ者有之ᄒᆞᆯ時ᄂᆞᆫ其時마다度支部大臣에報來ᄒᆞ고速히新聞紙로公告ᄒᆞᆷ이 ᄒᆞᆷ이라

第六條 手形組合은左의權限을有ᄒᆞᆷ

一 組合員의發行ᄒᆞᆫ手形의所持人의申托을依ᄒᆞ야其收捧을ᄒᆞᆯ事

二 手形의交換互劃ᄒᆞᆯ事

三 手形에關ᄒᆞᆫ生梗이有ᄒᆞᆯ時ᄂᆞᆫ當者의申托을依ᄒᆞ야妥協케ᄒᆞ며又ᄂᆞᆫ辨決ᄒᆞ야權利保護의順序를行ᄒᆞᆯ事

四 商業上에關ᄒᆞᆫ事項을調査審議ᄒᆞᆯ事

五 組合員의加名及除名을決議ᄒᆞᆯ事

第七條 手形組合에左開職員을置ᄒᆞᆷ이라

一 組合長 一名

二 評議員 三名

前項外에度支部에셔監督ᄒᆞ기爲ᄒᆞ야隨時派員ᄒᆞ야組合事務를調査ᄒᆞᆯ事

第八條 組合長及評議員은組合中의選擧를依ᄒᆞ야度支部大臣의認可를受ᄒᆞᆷ이可ᄒᆞᆷ이라

第九條 組合長은常務를專行ᄒᆞ야手形에關ᄒᆞᆫ生梗의妥協審決과組合員의加名除名其他常務以外의事項은總히評議員會의決議를依ᄒᆞᆷ이라

評議에協同ᄒᆞᆯ事

第十一條 手形組合의細則은組合에셔此를制定ᄒᆞ야度支部大臣의認可를受ᄒᆞᆷ이可ᄒᆞᆷ이라

光武九年九月三十日

度支部大臣閔泳綺

(完)

廣告

特別廣告

本申報는海外電報를即接ᄒᆞ야機關이靈通ᄒᆞ고外報와探報를敏捷活潑ᄒᆞ도록注意ᄒᆞ오며申報發送ᄒᆞ는딕迅速信傳ᄒᆞ기는分傳人의게在홈으로本社에서平常에諸分傳人의게丁寧告戒ᄒᆞ고申申訓飭ᄒᆞ야毋或婾情ᄒᆞ게注遺ᄒᆞᆫ거니와如或暫有穢忽이라도愛讀僉君子는密使逆知ᄒᆞ시면該分傳의게誠信相学ᄒᆞ도록耳提面命ᄒᆞ고勤贊가發生ᄒᆞ도록誨論ᄒᆞ야必無遲誤ᄒᆞ기로期待ᄒᆞ읍나이다.

本社에寄書ᄒᆞ시는諸君子는姓名과居住를明確ᄒᆞ게懸錄送附ᄒᆞ시와證據가有홈을必要홈이오公衆平和흔秩序를紊亂케ᄒᆞ는意와社會上不經荒雜흔寄書는不受ᄒᆞ는權利가本社에自有ᄒᆞ오니肯諒ᄒᆞ시읍

大韓每日申報社

廣告

貿易商 本社는仁川港
日本郵便電信局對面
電話第二百一番地
仁川港 廣昌 洋行

○鐵路部

○東大門과新門間에來往車는每十分間에運行홈
東大門發初車는午前六時三十分
新門外停車場發初車는午前六時五十五分
東大門發終車는午後九時五十分
新門外停車場發終車는午後十時十五分
○東大門과洪陵間에來往車는每二十分間에運行홈
但自鍾路로東大門에來到흔交替車로聯絡홈
東大門發初車는午前六時五十分
洪陵發 初車는午前七時十分
東大門發終車는午後七時五十分
洪陵發 終車는午後八時十分
○鍾路와龍山間에來往車는每十二分間에運行홈
鍾路發至南大門初車는午前六時四十八分
鍾路發至龍山 初車는午前七時二十四分
南大門發至鍾路初車는午前六時五十六分
龍山發至鍾路 終車는午前七時五十七分
南大門發至鍾路終車는午前十時八分
龍山發至鍾路 終車는午後九時九分
○特別私用車는顧客의方便홈을隨應ᄒᆞ야準給홈
但定價는本社에來臨ᄒᆞ야請問ᄒᆞ읍

○電燈部

二百五十燭力以內의敷用處에는每個月에定價表가如左홈
○十六燭力燃燈達夜에二圓五十錢
○三十二燭力燃燈達夜에四圓
○五十燭力燃燈達夜에六圓
○一百五十燭力燃燈達夜에十圓
一千二百燭力弧形燈達夜에二十圓
二百五十燭力以上의敷用處에는請求ᄒᆞ면瓦斯計一箇를設給홈
但瓦斯計賃金은每個月에二圓이오瓦斯計測驗表委托定價는每時間每암피아에二錢이읍
瓦斯計設給處에서每介月支拂金最低額은每個月에二十圓인딕(瓦斯計貸金은)据홈
電燈을敷設ᄒᆞ기에請求ᄒᆞ는딕給홈로供
各種連技辦燈도常時에貯存ᄒᆞ엿삽

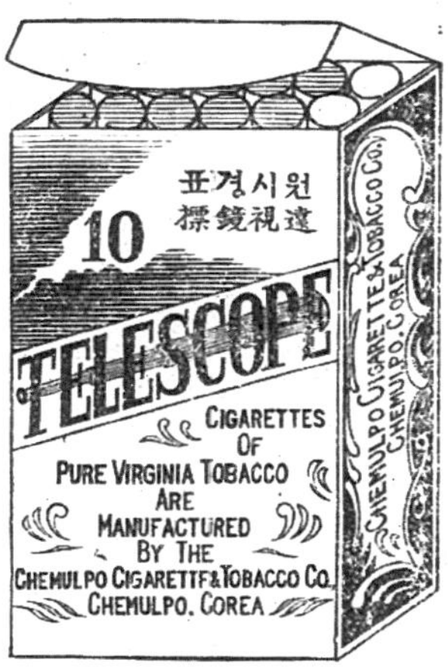

以上三種은上品으로製造ᄒᆞ야衛生上에至極有益ᄒᆞ오니毋論某人ᄒᆞ고本社에來顧ᄒᆞ읍

大韓帝國仁川港
濟物浦紙卷煙及烟草會社

一 鷹標罐濃詰牛乳
一 金印罐詰濃結牛乳
一 無雙家用氣化乳酪
一 쌘ㅣ든쓰製造麥芽化合牛乳

廣告

一 雜貨商
一 貿易商
一 船舶取扱
一 煙草商
一 委托販賣及貨物運送代理業
一 貿易石炭商
以上輸入及輸出者
京城 仁川 大昌 洋行

本社廣告

申報價
一張代金 韓貨五錢
一箇月前納 五十戔
三箇月 一元五十戔
六箇月 二元九十戔
一箇年 五元八十戔
郵稅一部 新貨五里
一箇月 十三戔

廣告料
四号活字十三字詰
每日每英尺一寸에新貨廿五錢
(每日每行에六錢에相當홈
二周日에 二圓五十錢
(每日每行四錢五里에相當홈
一箇月에 五圓
(每日每行[illegible]에相當홈
其期限의長短과字行의多少를依ᄒᆞ야增減홈이有홈
大韓人마다此申報를不得不閱覽ᄒᆞ실터이오니廣告出報ᄒᆞ실僉君子는來臨面議ᄒᆞ시읍

發行兼編輯人 [illegible]

第三卷

大韓每日申報
대한미일신보

第五十號

月曜及慶節
歲時日休刊

檀君開國四千二百三十八年
箕子元年三千二百二十七年
大韓開國五百十四年
日本明治三十八年
淸國光緖三十一年
陰曆乙巳九月小十三日壬午

論說

日本 筆誅

日本內務省次官珍田氏의近日談話가遠失安心이니同氏가商業家一人의게向言호ᄃᆡ世界注意가韓國과滿洲로引向ᄒᆞ니日本定意를今日現示ᄒᆞᆷ이非計라ᄒᆞ얏더라

至于是日도록正當希望은韓國內日本의諸般行事中에如軍用地占領가實非東京政府之所許요若或所許라도因於誤決ᄒᆞᆷ인즉覺破之日에는必至讓退ᄒᆞᆯ가ᄒᆞ얏더니如此希望도不過今日而已로다

記者所見에는韓國니日本事爲가將不至公然的成立이어날地段獲取를公務上에註解ᄒᆞ얏스니此는軍事上行動이不由武官ᄒᆞᆷ을可測이라盖其剝奪이雖曰軍用必要나日廷他部의利益에實係ᄒᆞᆷ을確信ᄒᆞᆯ깃도다

記者所見이以至精密ᄒᆞᆷ은地方을鼓動ᄒᆞ는日人新報를據ᄒᆞᆷ이니向者該報가向本紙ᄒᆞ야誤說汚料를滿載ᄒᆞ얏는ᄃᆡ若非同類면不能答辨이이니와去土曜日에大韓日報가用靑墨發刊ᄒᆞ야城니全區에無償播傳인바若彼陋紙가本報의社員과購覽僉位를愚迷ᄒᆞ다說明ᄒᆞ얏고本社의未陳句語를反抗繼述ᄒᆞ얏스니現今日本行事를如此寬恕ᄒᆞᆷ은十年以前에日向韓國ᄒᆞ야太甚親愛故也歟아

到今ᄒᆞ야는日本이現行政策을欲爲固執인즉韓國과他外人의權利가官職謀求者와土地獲取輩의手下에셔將受多數辛苦矣리니列邦의重要意見을不能引致면不能免此ᄒᆞᆯ가恐怖ᄒᆞ노라

近且有强奪前兆ᄒᆞ니此는卽一百五十萬元借欵事로宮內府를壓迫ᄒᆞᆷ이라推究前績이면此乃韓人棺槨에更加一釘ᄒᆞᆷ을可信이며

日公使의今次歸國이亦有理會ᄒᆞ니同氏離京間에는萩原書記官이依例視務ᄒᆞ는지라該氏는謀略이常小ᄒᆞ니因其自然ᄒᆞᆷ인지或因不順反抗인지未知로ᄃᆡ

羽翼이已成ᄒᆞᆫ重任公使로提議키는不合ᄒᆞᆫ지라年少此人이諸般功効에或中或否ᄒᆞ얏스니年前法國借欵棄約에는成効ᄒᆞ얏스되未有令譽ᄒᆞᆫ長森氏의計策을試運ᄒᆞᆷ에는韓人의特効反抗을旣遇ᄒᆞ야신즉際今機會ᄒᆞ야駐外韓公使를撤還ᄒᆞ며韓國外務는東京에셔交涉ᄒᆞᆷ을獲得ᄒᆞ기에無碍宛成키不得ᄒᆞ리로다

此半島니에日本効果를便利케ᄒᆞᆷ은此乃一計요其次는大韓每日申報社를移定ᄒᆞᆷ이나至此ᄒᆞ야는本記者願始反論ᄒᆞ노라

日人報筆이本紙의試挑激發ᄒᆞᆷ을連續證明ᄒᆞ거니와閱覽本報ᄒᆞ시는僉員은本記者!暴動之原因을常庸慨歎ᄒᆞᆷ을可以諒悉이라若違濶大意量이면事或以强迫就成ᄒᆞ느니

由是愚見은今日危急之秋에韓國令名이被其難醫之傷ᄒᆞ며日本이握權ᄒᆞ기에助力하는口實을圖得ᄒᆞᆯ事爲가發起ᄒᆞᆯ줄認得矣라何樣起擲던지日本兵權을難免이오韓國政府는日本武力政官으로卒然替代矣리니韓國이當其難堪之艱棘이나姑無如何措處로다

官報

第三千二百六十五號 光武九年十月九日

◎宮廷錄事

禮式院掌禮卿臣南廷哲謹奏卽接全羅南道觀察使朱錫冕報告書則以爲陰曆八月初五日行羅州郡錦城山秋祭獻官羅州郡守閔泳采所報內大祝因潦水未及代以鄕儒擧行云大祝昌平郡守張復圭所報內大祝進參次自郡發行中路休宿終宵之雨朝益瀑霆川渠大漲勉强就涉怒濤所激擔者輒仆幸因傍救艱辛回渡雨連下而小益漲果未進參云都預差務安郡守趙晉奎報告內承祭官差定之訓令冒雨發行到于羅州沙光津潦水大漲風浪危險難可渡涉未得進參云潦水巨漲江川汎濫雖以人力通涉勢所固然而例祭事體愼重致此未參不勝悚悶云矣有國祀典何等至重而今此羅州錦城山祭大祝與祭官都預差俱未待令有此替行之擧雖因無前之風雨不可專責於人力而事體終涉未安當該大祝昌平郡守張復圭施以重譴責祭官都預差務安郡守趙晉奎施以譴責之典何如謹上奏

光武九年十月五日奉

旨事勢固然特用寬典竝施以重譴責

第三千二百六十六號 光武九年十月十日

◎宮廷錄事

詔曰命農商工部協辦李容善爲平安南道觀察使

光武九年十月六日

內部大臣署理內部協辦李鳳來

詔曰命陸軍正領吳普泳爲農商工部協辦

光武九年十月六日

農商工部大臣陸軍副將權重顯

宮內府大臣勳一等臣李載克謹奏玆日前奎章閣直閣中性均閣直事有所重譴責而未幾日又爲閣直云入直法意何等審愼而如是無難梅涉駭歎施以五日減俸何如謹上奏

光武九年十月六日奉

旨依奏

◎敍任及辭令

陸軍武官學校敎官玄東軾
陸軍幼年學校敎官尹秀殷
依願免本官

前敎官尹秀殷
任陸軍武官學校敎官敍奏任官四等

前主事李[illegible]龜
任陸軍幼年學校敎官敍奏任官四等

以上十月四日

農商工部協辦李容善
任平安南道觀察使敍勅任官三等

陸軍正領吳普泳
任農商工部協辦敍勅任官三等

以上十月六日

農商工部前參書官李一相
免懲戒

右該員初無請由闕月曠職雖緣實病不可容恕是以免本官矣追究情跡容有可恕故免懲戒事

十月七日

鎭衛步兵第四大隊中隊長陸軍步兵正尉權友燮

右는該員이違越職權ᄒᆞᆫ은有損軍規이기是로以ᄒᆞ야二週日重謹愼에處ᄒᆞᆫ事

十月六日 軍部

雜報

●政界近信 內部參書官玄 은氏代에慈山郡守鄭鳳時氏가任ᄒᆞ얏고 警務官金熙淳氏ᄂᆞᆫ依願免本官ᄒᆞ얏고 正三品李 탁氏ᄂᆞᆫ漢城少尹을任ᄒᆞ얏고 警務官康鍾諴氏ᄂᆞᆫ免官ᄒᆞ얏고 奎章閣學士李淳翼氏ᄂᆞᆫ特進官으로副將閔泳喆氏ᄂᆞᆫ奎章閣學士을被命ᄒᆞ얏고 從二品洪承憲氏ᄂᆞᆫ特旨로免懲戒ᄒᆞ얏고 公州閔泳會竹山李源商德山李純應綾州洪鳳杓井山李秉協高原鄭寅燮海美李完鍾鐵山白樂亨保寧任百鎔恩津金商基諸氏ᄂᆞᆫ殿最居下되얏고 定平金容培禮安趙珏熙懷仁金世濟臨陂송鍾冕平昌張鴻植濟州李秉璣三水李敬直安山沈相瑜諸氏ᄂᆞᆫ依願免本官ᄒᆞ얏더라

新任郡守

竹山南延冕 懷仁金商五
三水尹 무 鍾城李永植
濟州鄭 喬 錦山鄭寅獻
綾州朴龍勳 黃州朴文敎
高原李建宇 玉果李虎榮
定平尹秉憲 果川金東鎰
牙山李晃永 江華安學柱
吉州金曆讃 水原李完鎔

●奏本又見 昨日內部에서郡守二十窠를又爲奏本ᄒᆞ얏다더라

●宜懲其習 近日에電車運車手等이女人이乘車ᄒᆞ면無禮淫亂之說로雄唱雖和ᄒᆞ야行止가亞當ᄒᆞ고下車乘車ᄒᆞᆯ時라도官廚等級으로恭慢이別有ᄒᆞᆫ行爲가有ᄒᆞ다니該會社에서ᄂᆞᆫ如此ᄒᆞᆫ人은特別注目嚴懲ᄒᆞᆷ이當然이라고ᄒᆞ더라

●草價至歇 今年은南草가豐登ᄒᆞᆫ故로近日南門內場市에서上草一抱에四十戔中草에三十戔下에二十戔이라더라

●菩薩再現 廣州柴商李德化가北里安主事家의柴木을駄來ᄒᆞ고幾糊式細音ᄒᆞᄂᆞᆫ덕舊貨四十元을그릇新白銅貨四十元을쥬엇더니바다가지고東門內에서物貨를交換ᄒᆞ다가新貨를覺知ᄒᆞ고도로와서二十元을本主에게傳ᄒᆞ얏다ᄒᆞ니近日人心에ᄂᆞᆫ可謂菩薩人이再現ᄒᆞ얏다고云ᄒᆞ더라

●藉會行悖 南來人의傳說을據ᄒᆞᆫ즉忠淸南道燕岐郡一進會會員權德居金相俊과청州居裵哥兩人은素是悖流로敢入會員ᄒᆞ야行悖無雙이온덕燕岐郡內居下吏禹善昌將校尹相哲兩人이亦是悖類有名者也라初不側髮ᄒᆞᆫ덕亦稱一進會員ᄒᆞ고金裵禹尹四人이合心協力에萬端作弊가非討索民間이면卽酗酒行惡이오行客路人을無端詰難ᄒᆞ며邑屬村民을任意毆打ᄒᆞ고窮凶極惡에無所不至則附近人民이畏之如虎ᄒᆞ고遠之如鬼ᄒᆞ야莫敢誰何라一境이嗷嗷에反甚於忠觀察貪守令之塗炭也라ᄒᆞ니該會趣旨가何等嚴正이완덕藉托會員ᄒᆞ고行悖如此ᄒᆞ니該會에서探聞ᄒᆞᆯ場遇에ᄂᆞᆫ非徒黜會員外라宜有嚴懲이라고ᄒᆞ더라

●民情切迫 日本軍用馬糧收集所監督技師阿久澤寅이鎭南浦兵站司令官古橋喜七郞에公函을帶來ᄒᆞ고軍用馬糧乾草一萬八千貫을陰九月二十五日內備給之意로現方董飭이온바此係軍事上所用者則宜卽備納而當此秋穫에民情之嗷嗷가實所可悶이올뿐不是라如斗小邑에多數乾草之請求를實難酬應ᄒᆞ니其在交際之誼에不勝悶然이라고信川郡守李容弼氏報告를海察具永祖氏가京部에轉報ᄒᆞ얏더라

宗敎改革이爲政治改革之原因

盖窃歐米諸國의政治改革ᄒᆞᆫ原因을溯究ᄒᆞ건ᄃᆡ其宗敎改革으로由ᄒᆞ엿스니然則世界人心을感化케ᄒᆞᄂᆞᆫ効力이宗敎에셔敏速ᄒᆞᆫ者가無ᄒᆞ고

天地를圈圍ᄒᆞᄂᆞᆫ力量이宗敎에셔加大ᄒᆞᆫ者가無ᄒᆞ도다原來歐洲의羅馬舊敎ᄂᆞᆫ品格과階級의名義를主張ᄒᆞᄂᆞᆫ故로

帝王과官紳은써ᄒᆞ되自己의所有ᄒᆞᆫ神權은上天이特別히賜與ᄒᆞ신者니人民이敢히抵抗不服ᄒᆞᄂᆞᆫ者가有ᄒᆞ면必然天罰을受ᄒᆞᆫ다ᄒᆞ고

其人民은舊敎風習中에生長ᄒᆞ야在上者의壓制羈勒을當然히甘受ᄒᆞᆯ者로認知ᄒᆞ더니

及夫在上者의怙勢作威가罔有紀極ᄒᆞ고在下者의屈伏寃抑이不可形言ᄒᆞᆯ境遇에達ᄒᆞ야ᄂᆞᆫ窮則必變ᄒᆞ고變則必通이라

耶蘇新敎가出ᄒᆞ야平等과自由의主義를倡論ᄒᆞ니其始也에舊敎徒의虐待를不堪ᄒᆞ다가

新敎徒의堅執不回ᄒᆞᄂᆞᆫ力量으로써漸漸人心을感化ᄒᆞ야自由風氣를養成ᄒᆞ니此議가一轉ᄒᆞ야英國의改革이되고再轉ᄒᆞ야

美國이獨立을成ᄒᆞ고三轉ᄒᆞ야法國의革新이되고其他諸國이被其薰染ᄒᆞ야改其政治ᄒᆞᆷ으로普天之下가煥然히新世界를成ᄒᆞᆫ지라

大抵邦國은人民之積이라人民이有自立之權然後에邦國이亦有自立之權이니人民의知識이發達치못ᄒᆞ면엇지

自立之權이有ᄒᆞ리오余가韓國人民의性質을觀ᄒᆞ니舊來習慣으로依賴心이太重ᄒᆞ고自立的思想이全無ᄒᆞ니此ᄂᆞᆫ天理에本源을窮究치못ᄒᆞᆷ으로

天賦ᄒᆞᆫ權利가自家身上에因有ᄒᆞᆫ것을覺知치못ᄒᆞᆷ이라明明上天이一視同仁ᄒᆞ사生命과自由의權利를世界人民의게各各畀與ᄒᆞ시니

此ᄂᆞᆫ自已가棄ᄒᆞᆯ비아니오他人이ᄯᅩᄒᆞᆫ奪치못ᄒᆞᆯ者어날彼他人이此權利를侵奪ᄒᆞᆷ은곳自已가拋棄ᄒᆞᆫ緣故라

惟獨大韓人民은엇지上天의畀與ᄒᆞ신權利를不得ᄒᆞ얏스리오神聖ᄒᆞᆫ宗敎中에平等과自由主義를體念勿失ᄒᆞ야

天賦ᄒᆞ신固有權을各其克復ᄒᆞ면國家의自立之權을維持키不難ᄒᆞ리니一般人民은念之勉之ᄒᆞ라

●宜禁此弊 光州郡守趙漢錄氏가內部에電報ᄒᆞᆫ內槪에淨土宗敎會長高晉洙가奉四殿位牌ᄒᆞ고來到本郡ᄒᆞ야欲爲奉安而公私家間에累無可合處ᄒᆞ니處分回示라ᄒᆞ더라

●半減渙散 東萊港에서ᄂᆞᆫ巡檢月給을半減ᄒᆞ야擧皆渙散ᄒᆞᆫ다고該港監理의電報가來ᄒᆞ얏더라

●病老辭職 警務顧警務官李時榮嚴錫祐兩氏가俱以年老且病ᄒᆞ야不能堪任키로請願書를提呈ᄒᆞ얏더라

●萊港報請 東萊港警務署今年度自三月至八月六朔各項經費預算不足金額이一千七百四十四圓五十錢을卽爲支撥ᄒᆞ라고該港監理李懋榮氏가京部에報告ᄒᆞ얏더라

●旅費請撥 忠南前巡察李時宰氏가昨冬巡察列邑時旅費三千三十四兩을支撥ᄒᆞ라고內部에請願ᄒᆞ얏더라

●內相公正 ᄂᆡ部大臣李址鎔氏가日昨夜에門人을對ᄒᆞ야曰今番奏本은不可不至正公道로ᄒᆞ여야世人이我가銅臭를除却ᄒᆞᆷ을知케ᄒᆞᆯ지라ᄒᆞ얏스즉今番奏本의新選郡守ᄂᆞᆫ必是公正廉直人이라고ᄒᆞ더라

●靑年可惜 安山郡守沈相瑜氏가月前에上京ᄒᆞ야其兄相翊氏家에셔以病呻吟ᄒᆞ다가日昨에奄然死去ᄒᆞ니該氏의靑年夭逝가實所矜憐이더라

●窮覈情節 法部에셔軍部照會를因ᄒᆞ야平理院에訓令ᄒᆞ얏ᄂᆞᆫ덕江原道匪魁元容八을自原州鎭衛隊로現爲捉得押上이온바該犯이係是普通裁判所罪犯이기該犯元容八을押交等因인바 査此該元容八을下囚監獄ᄒᆞ얏스니到卽所犯情節을覈底窮覈ᄒᆞ야擬律報告라ᄒᆞ얏더라

再原州鎭衛隊에셔元容八의供案이如左ᄒᆞ더라

問汝矣籍稱倡義之名ᄒᆞ고出沒鄕閭ᄒᆞ며符同悖類ᄒᆞ야上遺國家ᄒᆞ고下擾民情ᄒᆞ야殘邑窮村에寄衣討食云ᄒᆞ니名雖爲義나無異匪類라所謂中軍先鋒左右翼名色은誰也며所率砲手가幾許며這間所犯節을無敢隱諱ᄒᆞ고從實直招事

供矣身이素以五百年培養之澤으로當此日人之跋扈我全國ᄒᆞ야雖尺寸之童이라도不無奮歎故로忠義所到에欲以上扶國家之危急ᄒᆞ고下保生靈之意不顧身命에以尊華討賊으로爲主意ᄒᆞ야募聚兵ᄒᆞ야斥日國之凶獗ᄒᆞ고欲見三千里疆土라가至於被捉ᄒᆞ니趁卽押送于日本司令部ᄒᆞ야對林權助長谷川後에中心之積意則死無餘恨이오所謂中軍先鋒左右翼은初無磨鍊이오所帶砲軍은一百五十名인덕寄衣ᄂᆞᆫ初無是事오寄食民間은果有其然이라더라

外報

●長谷對林　韓國京城에셔米國의熱心이日日昂升홈의人人이一種之感이有ᄒᆞ고況且露國公使도亦不遠에入城ᄒᆞ야昔日의暗鬪를再演코져홀際에當ᄒᆞ야軍司令部와公使舘과圭角이나서步調를不一케홈은可歎之事이라

○近者에李容翊의軍務大臣에推擧됨은公使舘에셔는知치못ᄒᆞᆫ바이오長谷川大將의專斷ᄒᆞᆫ바이라會往븟터公使舘側에셔反對가有홈을知홈으로써大將은事後에報告ᄒᆞ야軍務大臣은吾의盟轄內이니安意ᄒᆞ라고通知ᄒᆞ얏더라

○玄暎運은平生에公使舘의使役ᄒᆞᄂᆞᆫ바인ᄃᆡ貞夫人의宮中에對ᄒᆞᆫ勢力은能히公使舘의使役을ᄒᆞᆫ效로因홈이라

○然而李容翊은去日에被逐ᄒᆞ야遂逃法國ᄒᆞ고玄暎運도亦是憲兵司令部에셔被逐ᄒᆞ얏다고日本東京調査通信에記載ᄒᆞ얏더라

●企業家失望　日本人으로企業의希望을抱ᄒᆞ고渡韓ᄒᆞᄂᆞᆫ者太半이나日本政府의對韓策이不確定홈에對ᄒᆞ야頗히其前途를疑慮ᄒᆞ야去就를決홈에苦心ᄒᆞᄂᆞᆫᄃᆡ現今에林公使等의게對ᄒᆞ야其成行을質問ᄒᆞᄂᆞᆫ者가不少ᄒᆞᆯ거시오皆是日本當局者의無方針홈을憤慈ᄒᆞᆫ다고云ᄒᆞ더라

●請求原本　北京新聞에云ᄒᆞ얏ᄂᆞᆫᄃᆡ淸廷에셔露日兩政府에平和條約의原本書를請求ᄒᆞ얏더니日廷에셔駐淸公使를經ᄒᆞ야答ᄒᆞ얏ᄂᆞᆫᄃᆡ平和條約原本書를御批前에ᄂᆞᆫ不能付達이라ᄒᆞ얏더라

●淸艦尋訪　日本報를據ᄒᆞᆫ즉淸國艦隊水師提督써져라드氏ᄂᆞᆫ橫濱에本月六日에到着ᄒᆞ야長崎를尋訪ᄒᆞᆫ다ᄂᆞᆫᄃᆡ其艦隊에包含ᄒᆞᆫ軍艦이뜨의덤旗艦과인드로메다와호쥬와슈를네지와아스터레아와써ᄂᆡ벤듀어와水雷艇六隻(破損艇)이라더라

●氣候一變　크라이넬博士ᄂᆞᆫ每百年에一地方의氣候가變化홈을論하야日本年부터歐洲의氣候ᄂᆞᆫ一般히溫度를增ᄒᆞ야將來百年間은歐洲ᄂᆞᆫ好氣候의大陸이되리라고云ᄒᆞ얏더라

●韓國基督教國　日本及朝鮮傳道監督하리쓰醫士가親히韓國을視察ᄒᆞ고近日에日本에歸去ᄒᆞ야他人의게語ᄒᆞ야日韓國은不遠에基督教國이될터이라近日에受洗ᄒᆞ고入會ᄒᆞᆫ者上下勿論ᄒᆞ고不知其數라ᄒᆞ얏다더라

●歡迎大使　倫敦電을據ᄒᆞᆫ즉俄國全權大使가昨日彼得堡에得達ᄒᆞ얏ᄂᆞᆫᄃᆡ該國人民이熱心歡迎ᄒᆞ얏더라

●淸廷抗議　淸國政府ᄂᆞᆫ華盛頓政府에對ᄒᆞ야今回의不和條約에露日兩國兵의滿洲撤退期限을十八個月로協定ᄒᆞᆫ事에對ᄒᆞ야抗議를提出ᄒᆞ고九箇月間이라도充分ᄒᆞ다ᄒᆞ얏스니右에對ᄒᆞ야日本은十二箇月을可ᄒᆞ다ᄒᆞ고露國도亦此를贊成ᄒᆞ얏다ᄒᆞ며淸國은ᄯᅩ鐵道守備兵에對ᄒᆞ야도反對ᄒᆞᆫ다더라

●俄國新內閣　노ー워ー우레미야新聞及루쓰스兩新聞의所報를據ᄒᆞᆫ즉俄國윗데氏가內閣議長을任命홀터이오該內閣이議員選擧時ᄭᆞ지ᄂᆞᆫ必爲成立이라ᄒᆞ얏고루쓰스報ᄂᆞᆫ該新內閣員을如左列擧ᄒᆞ얏더라

內閣議長　윗데
度支大臣　로마노후
法部大臣　노리쎄
外部大臣　람스도로후
農部大臣　스호므리노후
陸軍大臣　리지겔
海軍大臣　싸구레후
學部大臣　쓰루벳고이
教務院總裁　두레메데스

●滿洲俄兵　歐洲電에云ᄒᆞ되俄國이滿洲에三十萬大兵을駐屯ᄒᆞ리라고報ᄒᆞ얏ᄂᆞᆫᄃᆡ日本軍事當局에셔ᄂᆞᆫ此를解ᄒᆞ야日俄國은正直히鐵道守備隊만滿洲에留屯ᄒᆞ고撤兵ᄒᆞ지아니ᄒᆞ려니와此三十萬兵은沿海州其他西伯利亞에도留屯홀總數요滿洲에ᄂᆞᆫ鐵道守備隊外에若干을駐屯ᄒᆞ리라ᄒᆞ고尙且俄國은極東總督府를浦鹽斯德에設置ᄒᆞ고리네윗ᄃᆡ將軍을總督으로新任ᄒᆞ야玆에駐在케ᄒᆞ야浦鹽斯德海軍의諸般設備를增大ᄒᆞ리니北韓과如홈도自然其壓迫을受ᄒᆞᆯ깃슴으로日本도此에相當ᄒᆞᆫ警戒를不怠ᄒᆞ라라고說話ᄒᆞ얏다더라

雜報

●懿法演說　本日下오七時半에韓國紳士李範壽氏가皇城貞洞基督教懿法會에셔演說會를開하고諸會員이一諸히來臨홈을希望ᄒᆞᆫ다더라

●又一彰信　中署典洞居金鼎煥氏等이布木商業을團體結社하야外國物貨를直行輸入ᄒᆞ고商路利益을期圖發達홀事로彰信社를組織하기爲ᄒᆞ야商業會議所取決ᄒᆞᆫ報告書를粘連ᄒᆞ야農部에請願ᄒᆞ얏더라

●試取多士　學部에셔本月十二日에成均舘儒生의優等試取를學科規則第五欵第十八條年終試驗例에依하야考藝ᄒᆞᆫ다더라

●測量開會　日昨下오에蠶島李善景家에셔醫務顧問丸山重俊學部參與官幣原坦同補佐員上村正巳度支顧問目賀田種太郞農學教師赤壁次郞諸氏가桑業시驗場測量事로開會하얏더라

●賊有古風　日昨長水橋西邊청人楊錫光商店에賊漢이自屋上으로撤瓦틈入하야該店所有洋木賓禱等件을竊取以去하얏다더라

●英舘宴會　再昨日下오八時에청日德義各公使가同夫人하고英國公舘에셔宴會를開催하얏ᄂᆞᆫᄃᆡ十一時에罷會하얏더라

●巫女被捉　擊缶祈禱하든所謂李姓巫女가被捉於西署하얏더라

●是何注意　西署新橋下東邊徑路가雖非大路나自前으로人民이通行之路인ᄃᆡ今自停車場으로該路을木柵鐵網하야人民이不得通行ᄒᆞᆫ다더라

●家契換請　日本人蟻生十郞外二人의買收ᄒᆞᆫ家契三枚와法國人馬太乙唐買有家契청換事로各該領事가漢城府에照會하얏더라

○司法

接准議政府照會內開本月二十三日

詔曰獄囚之趂即청理事前後申飭果何如而尙多有淹滯云其或故意延타日久生奸宜重而輕可輕而重者不無此弊其舞弄之習極爲痛駭而且自夏徂秋潦炎無前犴狴蒸濕易生疾病實所矜閔其令法部陸軍法院反亂殺人强盜竊盜强奸與符同外人請理切害者六犯及公遣罪人外勿論已未決特用寬典一幷放釋以示慈恤之至意事

命下矣玆照會等因欽奉

詔勅白臣部訓飭平理院及各裁判所矣平理院及漢城裁判所先爲報來故已決囚中放釋者與未決囚中放釋件別紙開具之意로法部大臣이上奏ᄒᆞ와奉

旨依奏

未完

廣告

特別廣告

本申報는海外電報를卽抜ᄒᆞ야機關이靈通ᄒᆞ고外報와探報를敏捷活潑ᄒᆞ도록注意ᄒᆞ오며申報發送ᄒᆞ는ᄃᆡ迅速信傳ᄒᆞ기는分傳人의게在ᄒᆞᆷ으로本社에셔平常에諸分傳人의게丁寧告戒ᄒᆞ고申申訓飭ᄒᆞ야毋或媮惰ᄒᆞ게注意ᄒᆞ거나와如或暫有稽忽이라도愛讀僉君子는密使通知于本社ᄒᆞ시면該分傳의게誠信相孚ᄒᆞ도록耳提面命誨고勤贊가發生ᄒᆞ도록ᄒᆞ論ᄒᆞ야必無遲誤ᄒᆞ기로期待ᄒᆞᄋᆞᆸ나이다

本社에寄書ᄒᆞ시는諸君子는姓名과居住를明確ᄒᆞ게懸錄送附ᄒᆞ시와證據가有ᄒᆞᆷ을必要ᄒᆞᆷ이오公衆平和ᄒᆞᆫ秩序를紊亂케ᄒᆞ는意와社會上不經荒雜ᄒᆞᆫ寄書는不受ᄒᆞ는權利가本社에自有ᄒᆞ오니肯諒ᄒᆞ시ᄋᆞᆸ

大韓每日申報社

廣告

貿易商 本社는仁川港
日本郵便電信局對面
電話第二百一番地

仁川港 廣昌洋行

벤낫드會社告白

○鐵路部

○東大門과新門間에來往車는每十分間에運行홈
東大門發初車는午前六時三十分
新門外停車場發初車는午前六時五十五分
東大門發終車는午後九時五十分
新門外停車場發終車는午後十時十五分

○東大門과洪陵間에來往車는每二十分間에運行홈
但自鍾路로東大門에來到ᄒᆞᆫ交替車로聯絡홈
東大門發初車는午前六時五十分
洪陵發 初車는午前七時十分
東大門發終車는午後七時五十分
洪陵發 終車는午後八時十分

○鍾路와龍山間에來往車는每十二分間에運行홈
鍾路發至南大門初車는午前六時四十八分
鍾路發至龍山 初車는午前七時二十四分
南大門發至鍾路初車는午前六時五十六分
龍山發至鍾路 終車는午前七時五十七分
南大門發至鍾路終車는午前十時八分
龍山發至鍾路 終車는午後九時九分

○特別私用車는顧客의方便ᄒᆞᆷ을隨應ᄒᆞ야準給홈
但定價는本社에來臨ᄒᆞ야請問ᄒᆞᄋᆞᆸ

○電燈部

二百五十燭力以內의敷用處에는每個月에定價表가如左홈
○十六燭力燃燈達夜에二圓五十錢
○三十二燭力燃燈達夜에四圓
○五十燭力燃燈達夜에六圓
○一百五十燭力燃燈達夜에十圓
一千二百燭力弧形燈達夜에二十圓
二百五十燭力以上의敷用處에는請求ᄒᆞ면瓦斯計一箇를設給홈
但瓦斯計賃金은每個月에二圓이오瓦斯計測驗表委托定價는每時間每암피아에二錢이ᄋᆞᆸ
瓦斯計設給處에셔每介月支拂金最低額은每個月에二十圓인ᄃᆡ(瓦斯計貸金은)据홈
電燈을敷設ᄒᆞ기에請求ᄒᆞ는ᄃᆡ給홈로供
各種連技辦燈도常時에貯存ᄒᆞ엿ᄉᆞᆸ

本社鍾路電氣會社
韓美電氣會社 告白

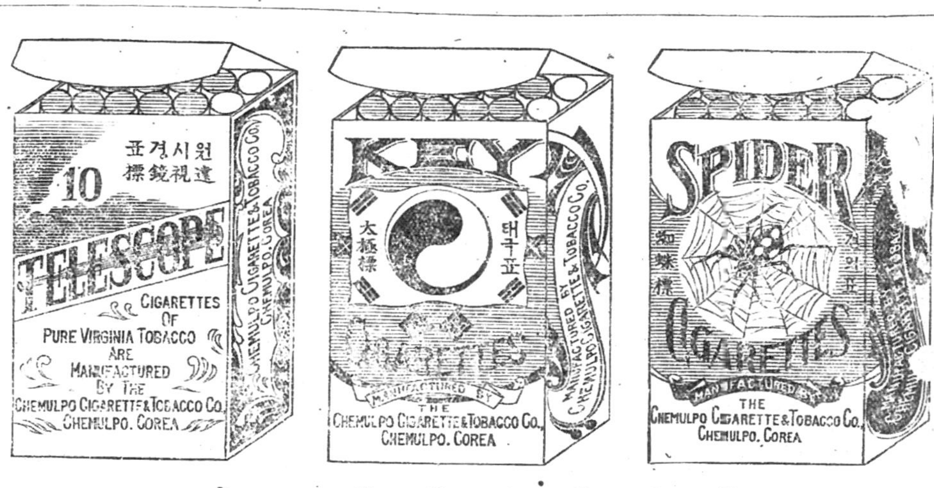

以上三種은上品으로製造ᄒᆞ야衛生上에至極有益ᄒᆞ오니毋論某人ᄒᆞ고本社에來願ᄒᆞᆸ

大韓帝國仁川港
濟物浦紙卷煙及烟草會社

一鷹標罐詰濃詰牛乳
一金印罐詰濃結牛乳
一無雙家用氣化乳酪
一뽀ㅣ든쓰製造麥芽化合牛乳
以上은常時에貯積ᄒᆞ엿ᄉᆞᆸ
美國紐育港뽀ㅣ든쓰濃結牛유會社
一手代理店 大韓仁川港 世昌洋行

廣告

一雜貨商
一貿易商
一船舶取扱
一煙草商
一委托販賣及貨物運送代理業
一貿易石炭商
以上輸入及輸出者
京城 仁川 大昌洋行

本社廣告

申報價
一張代金 韓貨五錢
一箇月前納 五十戔
三箇月 一元五十戔
六箇月 二元九十戔
一箇年 五元八十戔
郵稅一部 新貨五里
一箇月 十三戔

廣告料
四号活字十三字詰
每日每英尺一寸에新貨廿五錢
(每日每行에六錢에相當홈
二周日에 二圓五十錢
(每日每行四錢五里에相當홈
一箇月에 五圓
(每日每行四錢一里에相當홈
其期限의長短과字行의多少를依ᄒᆞ야增減홈이有홈
大韓人마다此申報를不得不閱覽ᄒᆞᆯ터이오니廣告出報ᄒᆞ실僉君子는來臨面議ᄒᆞ시ᄋᆞᆸ

發行兼編輯人 英國人裴說
發行所
京城北署壽進坊磚洞号外地法語學校前
大韓每日申報社

第三卷

大韓每日申報

대한ᄆᆡ일신보

第五十一號

月曜及慶節 歲時日休刊

檀君開國四千二百三十八年
箕子元年三千二十七年
大韓開國五百十四年
日本明治三十八年
淸國光緖三十一年
陰曆乙巳九月小十四日癸未

論說

書籍이爲開發民智之指南

方今世界列國의情形을觀察ᄒᆞ건ᄃᆡ彼開明富强ᄒᆞᆫ國民은皆愛國熱心이有ᄒᆞ야國家事를自己事로擔着ᄒᆞ야活潑進取ᄒᆞ기로爲主ᄒᆞᆷ이어若其自國의權力이他國의對ᄒᆞ야一步라도退讓ᄒᆞ게되면全國人民이憤發激動ᄒᆞ야寧其身命을拋擲ᄒᆞᆯ지언졍國家權力은他人에게不讓ᄒᆞ기로人民의義務를삼ᄂᆞ니此ᄂᆞᆫ無他라知識이開明ᄒᆞ야國家榮辱이곳自己榮辱됨을認知ᄒᆞᄂᆞᆫ緣故라

今에大韓人民은此日를當ᄒᆞ야果然何如ᄒᆞᆫ境遇에臨迫ᄒᆞ얏ᄂᆞ뇨他人의奴隸와獸畜이되미卽目下必至之勢라奴隸가되면鞭笞下에苦役을避치못ᄒᆞᆯ거시오獸畜이되면刀俎上에宰割을逃치못ᄒᆞᆯ지니此를思想ᄒᆞ면엇지食이甘ᄒᆞ며寢이穩ᄒᆞ리오아모조록身命을不顧ᄒᆞ고團體를固結ᄒᆞ야國運을挽回ᄒᆞᆯ거시어ᄂᆞᆯ至今ᄭᆞ지視天夢夢ᄒᆞ야天痴와ᄀᆞ치一慮를不發ᄒᆞ고一事를不做ᄒᆞ야來頭身世가將次何境에陷落ᄒᆞᆯ거슬思量치못ᄒᆞ니此ᄂᆞᆫ無他라知識이閉錮ᄒᆞ야國家存亡이自己에相關이無ᄒᆞᆫ줄로認知ᄒᆞᆷ이라然則大韓人民으로ᄒᆞ야곰愛國熱心을養成코져ᄒᆞ면民智를開牖ᄒᆞᆷ에在ᄒᆞ고民智를開牖코져ᄒᆞᆯ진ᄃᆡ書籍이緊要ᄒᆞᆫ지라目今大韓國中에諸般社會가稍稍成立ᄒᆞ얏스니其發起倡立ᄒᆞᆫ人員은皆有志者라各其社會中에셔一般會員을愛國熱心으로一致養成코져ᄒᆞ면先히東西各國近世史記와有名ᄒᆞᆫ人物의事蹟과各種學業의文字를或國漢文을交用ᄒᆞ야譯述ᄒᆞ며或純國文으로以ᄒᆞ며或小說로以ᄒᆞ며或歌謠로以ᄒᆞ야曉解ᄒᆞ기를便易케ᄒᆞ며感觸ᄒᆞ기를深切케ᄒᆞ야一般會員이던지其他人民이던지廣爲授讀ᄒᆞ야作業之暇에或朗讀ᄒᆞ며或討論ᄒᆞ야其滋味를得ᄒᆞ게ᄒᆞ면不過十種內外間에感化力이滋長ᄒᆞ야知識의開發도되고愛國熱心이一致奮發ᄒᆞ야一等開明ᄒᆞᆫ人類가되리니諸般社會ᄂᆞᆫ此事에注意勉力ᄒᆞᆷ을十分切望ᄒᆞ노라

官報

◉第三千二百六十七號 光武九年十月十一日

◎宮廷錄事

詔曰侍從院卿勳一等閔泳徽表勳院摠裁勳一等朴定陽凡厥猷爲已試幹當並特賜太極章

光武九年十月七日

表勳院摠裁 一等朴定陽

詔曰命從二品閔泳敎爲江原道觀察使

光武九年十月五日

內部大臣署理內部協辦李鳳來

詔曰命禮式院掌禮卿南廷哲爲宮內府特進官宮內府特進官趙定熙爲禮式院掌禮卿

十月八日

軍部大臣陸軍副將臣李根澤謹奏前陸軍叅尉金教先金義善全亨變方泳柱等名出獄案今旣掛罪蒙放前陸軍參尉趙允熙毆打上官事免本官前陸軍參尉吳相默部下作鬧不能鎭壓事免本官矣追究情跡容有可恕該員等免懲戒案謹此具奏

光武九年十月六日奉

旨依奏

江原道觀察使趙鍾弼辭職疏批旨省疏具悉所請依施

十月七日

◎叙任及辭令

侍從院卿勳一等閔泳徽
表勳院摠裁勳一等朴定陽
賜太極章

陞五級俸 議政府主事李容圭

以上十月五日

前陸軍砲兵參尉金教先
前陸軍騎兵叅尉金義善
前陸軍步兵參尉金亨變
仝 方泳柱
仝 趙允熙
仝 吳相默

免懲戒

任陸軍砲兵參尉 金教先
任陸軍騎兵參尉 金義善
任陸軍步兵參尉 金亨變 方泳柱 趙允熙 吳相默

黃海道觀察府主事吳在升
平安南道觀察府主事朴俊喆
依願免本官

任黃海道觀察府主事叙判任官六等 趙宗鎬
任平安南道觀察府主事叙判任官六等 張翊遠
任主殿院電務課主事叙判任官八等 趙重鎰

以上十月六日

西京豐慶宮參書官朴鶴銓
主殿院電務課主事丘重鎰
任西京豐慶宮參書官叙奏任官四等 正三品梁在川
解韓美電氣會社檢察官 農商工學校長洪禹觀
任江原道觀察使叙勅任官三等 從二品閔泳敎

以上十月七日

命宮內府特進官叙勅任官一等 禮式院掌禮卿南廷哲
命禮式院掌禮卿叙勅任官二等 宮內府特進官丘定熙
依願免本官 秘書監丞李啓弼
任秘書監丞叙奏任官三等 正三品金永準
命分秘書監丞 正三品李啓弼

以上十月八日

解平安南道種痘事務委員 金時鉉
命平安南道種痘事務委員 李然浩
給四級俸 農商工部協辦吳晉泳

以上十月九日

外報

◎露國窺瞰 九月廿五日淸國外部에來着ᄒᆞᆫ바駐露淸公使胡惟德의電報를據ᄒᆞᆫ즉近者露領무란地方에暴徒가起ᄒᆞ얏ᄂᆞᆫ데露國이該地方暴徒鎭壓及治安維持로爲口實ᄒᆞ야派遣大兵ᄒᆞ야淸國地方伊犁를窺覬ᄒᆞᆯ虞慮가有ᄒᆞ니至急히塔爾巴合臺科布多를使便事將軍及伊犁將軍으로講其防禦之策ᄒᆞ라ᄒᆞ얏고又曩日에自新疆將軍으로送電ᄒᆞ야曰目下露國이新疆與伊犁之北境에大兵을駐屯ᄒᆞ고土民을籠絡ᄒᆞ야氣맥을相通ᄒᆞ니勢甚危急이라然이나新疆巡撫ᄂᆞᆫ無能無爲ᄒᆞ니新任將軍張甲을至急起送ᄒᆞ고右兩地方에軍費가欠乏ᄒᆞ니한速撥送ᄒᆞ라ᄒᆞ얏다더라

◎淸設法校 淸廷에셔各省에法律學校를設立ᄒᆞ야三大部에分ᄒᆞ야次序히十八箇月을卒業昇等ᄒᆞᆫ後에即任法官之任ᄒᆞ고或은法律專門學校에入ᄒᆞ야完全히法律을卒業식힐經倫이有ᄒᆞ다더라

東京電報

● 英艦歡迎會 十月十日오前十時廿八分發

去八日京都市에셔英國太平洋艦隊歡迎會를一切日本式으로開催ᄒᆞ얏ᄂᆞᆫ데其裝飾品은諸般器具가美術品을用ᄒᆞ얏스며來賓一同은一齊盛裝ᄒᆞ여겻고夜半에至ᄒᆞ야도散會치아니ᄒᆞ얏더라

九日에ᄂᆞᆫ노ー얼大將이內外紳士貴族을[illegible]에招致ᄒᆞ야饗應ᄒᆞ얏더라

雜報

●[illegible]內部 漢城判尹朴[illegible]柔氏가內部[illegible]ᄒᆞ되現接[illegible]署[illegible]李鼎[illegible]報[illegible]奉信坊[illegible]後[illegible]址에[illegible]十二[illegible]子軍의東署[illegible]願연東署[illegible]左[illegible]址에[illegible]인바該[illegible]址社稷 皇城及 廟殿逼近及單寞이라內外[illegible]難造許이오나[illegible]定界限ᄒᆞ고定給歲[illegible]이오면[illegible]段을可以[illegible]이오使民起[illegible]居가[illegible]이오니[illegible]ᄒᆞ오셔[illegible]라

● 封章定日 [illegible]에셔三[illegible]以[illegible]十三日封進ᄒᆞ기로酌定ᄒᆞ얏다더라

● 學[illegible]鎭川 [illegible]에셔鎭川郡에訓[illegible]李相煥等의設校興學ᄒᆞᆷ다ᄒᆞᆫ이極爲嘉尙ᄒᆞ니本郡公廨中可合校舍之一處를借交ᄒᆞ야使之設學에作成人才케ᄒᆞ라ᄒᆞ얏다더라

\# \# \# \#

政界續報

○從二品李基東氏ᄂᆞᆫ特旨로免懲戒ᄒᆞ얏고

○警務官李時榮氏依願免本官ᄒᆞ얏고

○高原前郡守劉秉律公州前郡守豆準熙杆城前郡守申觀熙楊根前郡守李範錫咸昌前郡守金基洙江西前郡守安洪鎔諸氏ᄂᆞᆫ免懲戒ᄒᆞ얏고

○平理院檢事李根洪氏ᄂᆞᆫ農商協辦을被命ᄒᆞ얏고農商協辦普[illegible]氏ᄂᆞᆫ[illegible]遞ᄒᆞ얏더라

新任郡守

城津高源[illegible] 始興金宗[illegible]
[illegible]城尹奎燮 不昌金台鎰
茂山[illegible] [illegible]
扶餘李大亨 藍浦徐丙[illegible]
安山李丙學 保寧申[illegible]求
恩津李敏馥 [illegible]
定平尹秉憲 [illegible]
機張洪在網 淸州[illegible]
德山金澤基 [illegible]

● 三度參本 昨日內部에셔[illegible]郡守二十葉을還[illegible]ᄒᆞ얏다더라

● [illegible]櫝還珠 近日에鄕民의風說을聞ᄒᆞᆫ즉各郡結戶錢을各港金庫로收捧ᄒᆞ야日人이將次貿米ᄒᆞᆯ計劃이라ᄒᆞ니苟如此說이면是乃買櫝而還其珠也라在日人則可謂利莫利矣로되値此歉年ᄒᆞ야韓民之領합粮食은勢所必至니爲韓民者ㅣ不亦難哉아大凡儲積備荒은國之大政이거날今乃儲積은姑捨ᄒᆞ고返助外人之資本ᄒᆞ야耗泄我穀物ᄒᆞ며侵奪我商利ᄒᆞ야致使許多生靈으로無食無業에溝壑顚連케ᄒᆞ니肉食之無謀가至於此甚이라雖萬口沸騰ᄒᆞ며千手指罵나政府其將何辭오ᄒᆞ더라

● 御寶假造 宮內府에셔法部에照會ᄒᆞ되現接咸南觀察使申箕善報告則洪原郡守申祐均報告內開에自北靑憲兵隊及本郡守備隊로本郡廉是鏞이見疑於[illegible]探ᄒᆞ야調捉搜家之際에假造ᄒᆞᆫ 勅命之寶一顆와宮內府印一顆와宮內府大臣之章一顆가露出故로自北靑隊取去이오며是鏞은在逃未捉等因이온바御寶假造가罪犯凶逆이라係是無前之變故로廉是鏞은使之散兩訓捕ᄒᆞ고該[illegible]與印章三顆ᄂᆞᆫ事當[illegible]納于府이오기照會該隊ᄒᆞ와要其出[illegible]이옵더니該照復內에現品을當地憲兵隊에셔一時押收이다가元山憲兵隊로旣已回送이라ᄒᆞ온바又爲照會于元山憲兵隊이옵더니該照復內에在京城憲兵隊長許에回送等因이온바該廉是鏞은自本裁判所로期於捉得ᄒᆞ야報法部照律計料ᄒᆞ오며玆에報告ᄒᆞ오니該品三顆를自府로往京日憲兵隊에交涉推入爲要等因을准査ᄒᆞ온즉犯科之廉是鏞은不容不照律懲勵이거날該郡所報가稱以在逃ᄒᆞ니揆以事體에良庸慨嘆이라照亮ᄒᆞ오셔先卽訓飭于該郡ᄒᆞ야期於捉致依律ᄒᆞ시고該假造三品은交涉於日憲兵隊ᄒᆞ시와卽爲推入送交라ᄒᆞ얏더라

秋夜歎

秋月皎皎兮여秋風瑟瑟이로다[illegible]寒空兮여鴻鴈이오吟庭除兮여蟋蟀이로다玉宇저영兮여夜未央이로다霜黃兮여梧碧ᄒᆞ고菊秀兮여蘭芳이로다嗟遠客之悲秋兮여悄對寒燈에眠成不로다有時乎仰屋而長吁兮여或涕焉而沾纓이로다所思者伊何며所歎者伊何오終省轉젼萬念多로다東洋天地에戰雲이已收ᄒᆞ고和局이告成이라載戢干戈여可期太平이어날何杞憂之獨自[illegible]情고嗟噫라人被錦繡ᄒᆞ되我獨乏於短褐ᄒᆞ고人飫粱肉ᄒᆞ되我不得其糟糠ᄒᆞ야無[illegible]無[illegible]이며[illegible]何救於死亡고噫我二千萬同胞兄弟ᄂᆞᆫ何辜于天而獨罹非常之殃ᄒᆞ야便作釜中之遊魚ᄒᆞ고不殊閘中之羔羊고被驅使於鋒路者ᄂᆞᆫ不但受其鞭箠라甚或至於殘傷이라生命을旣委於人ᄒᆞ니耕耘을何望가累世白骨이蕤化石油之爐ᄒᆞ니六[illegible]何暇論於家屋與田庄가何天災之荐臻ᄒᆞ야風雨가不時ᄒᆞ고稼穡이卒痒이라來頭奴隷之辱은猶屬緩聲이요目下溝壑之患이迫於垂眉라又値貨幣之變更ᄒᆞ야其不蕩産而敗業者幾希로다嗟我二千萬同胞兄弟ᄂᆞᆫ窮途單路에更無他歧로다彼喬木世家綺紈子弟ᄂᆞᆫ依然貪榮冒利之如醉如狂이라剝我同胞之膏血ᄒᆞ야崇其堂宇ᄒᆞ고廣其田園ᄒᆞ고擁회妾而翱翔이로다噫彼之痴여鵲之巢而鳩之居를如之何勿思오嗟我二千萬同胞兄弟ᄂᆞᆫ何獨不蒙于上帝之憫思오秋天如水秋夜闌ᄒᆞ니我有長歌空自嗟라

外報

● 露國募債 슈레짓시에、짜이토웅新聞에報導를據ᄒᆞᆫ즉米國銀行은四億萬留의露債를三分利로引受ᄒᆞ얏다ᄂᆞᆫ確報를得ᄒᆞ얏다더라

● 露國凶作 東京로이터電을據ᄒᆞᆫ즉[illegible]의本年凶作을因ᄒᆞ야政府에셔ᄂᆞᆫ三千六百萬留의出金을要ᄒᆞᆫ다더라

● 國債[illegible] 日本大藏省最近調査ᄒᆞᆫ[illegible]의金額은九億六千九百二十八萬八千百四十元인데其內譯은如左ᄒᆞ더라

固定的	
內藏寮	三二 四〇八 三四〇元
日本銀行	六八 四三四 六八六元
羅災救助基金	一六 八八四 五八八元
預金部及償金	四八 八九九 七〇〇元
各自預部金購入保管	六 二三八 五五〇元
華族世襲財産	二 二六五 〇五〇元
日本赤十字社	五 九二五 二〇〇元
計	一九一 〇五六 一一四元
流動的	
正金銀行	二一 〇九六 〇九七元
北海道拓植銀行	七五 四〇〇元
農工銀行	三 四三三 二〇〇元
臺灣銀行	二 四五五 七七〇元
日本興業銀行	三 五九二 五二五元
日本勸業銀行	六二〇 〇〇〇元
普通銀行	五三 一八 五五元
計	八一 六〇一 八五五元
所在不明	六九六 六三〇 九六七元
計	九六九 二八八 一四〇元

● [illegible]以繼戰 巴里즈나루新聞의所載를據ᄒᆞᆫ즉德國皇帝가向者露帝와會見時에德帝가露帝를勸告ᄒᆞ야曰歐洲不和ᄂᆞᆫ[illegible]維持ᄒᆞ거시니日本과[illegible]爭을繼續ᄒᆞᆷ만不如ᄒᆞ고財政上에도[illegible]國이助力ᄒᆞᆷ을不辭ᄒᆞ고至於[illegible]政改革ᄒᆞ야ᄂᆞᆫ勝戰[illegible]이[illegible]時에實行ᄒᆞᆷ이可ᄒᆞ다ᄒᆞ얏다라

雜報

一私字足以鑑戒

甚矣라私字之禍人家國이여韓之衰替가豈一朝一夕之故哉아攷諸史乘與輿人所傳컨ᄃᆡ其所從來ㅣ遠矣로다

往在中葉之世에神聖이相繼ᄒ고賢俊이盈朝ᄒ야士皆尙節을砥礪ᄒ며法度를遵守ᄒ며文學道義가彬彬然可觀ᄒ야

無論官之大小ᄒ고其材가아니면其職에不居ᄒ기로有官者ㅣ風彩儼然ᄒ야皆能犯顔諫諍ᄒ며國家大臣者ㅣ國家治亂을視爲已任ᄒ야臨事匡輔에鞠躬盡瘁ᄒ며

中外百執事가亦皆洞洞然任務에熱心ᄒ야苟或其職을不稱이면惟悔恐懼를若撻于市ᄒ야不以人數로自處ᄒ며

反或干謁請托ᄒᄂ陋習이有之ᄒ야至於現發之境에ᄂ編黨이賤之ᄒ며公議에見棄ᄒ야榮途中餘望이斷絕ᄒ기로奸佞之徒가自然屛息ᄒ며

大小官人에日夜講究策勵홈이惟是國務를共濟ᄒ며民生을安保ᄒᄂ되不外ᄒ기로上下孚格ᄒ며綱紀이修擧ᄒ야幾百年昇平을所以享有러니

粵自百許年以來로綱紀陵夷ᄒ고戚畹이秉政ᄒ야凡百官爲가純然私意中出來ᄒ야人材登用은爲治之大關鍵이거날

有地閥者ᄂ目不識丁ᄒ며行已叵測ᄒ며甚至於病風喪性이라도輪回淸卿과各曹顯職과雄藩鉅邑을不步踏去에視以當然ᄒ고

寒微者ᄂ雖有通天之學과曠世之才라도寸祿을莫霑ᄒ며一命을是靳ᄒ니用人若此에國何能安全이며

朱門之家에ᄂ公法이不行ᄒ야苞苴絡繹이殆乎成市ᄒ며奢侈僭濫을任其所欲이고生民箝制를如驅羊豕ᄒ며威福擅恣가[illegible]叢ᄒ야

凡其訟詞黜陟과詞訟裁決를不由事理ᄒ고惟氣勢有無와苞苴多寡를是視ᄒ야

無勢者ᄂ一罪를不犯이되禍害立至ᄒ고有勢者ᄂ百惡이具備ᄒ되橫行을如前ᄒ니

第此刑政의失序와是非의倒置를究其源委ᄒ면一箇私字爲祟也라可不懼哉며不戒哉아

自是厥後로古俗이無存ᄒ고諂風이大作ᄒ야廟堂之上에議論直言이寥寥無聞ᄒ고閭巷之間에趨勢躁進이滔滔皆是터니

迄至于今에餘波愈濶ᄒ야所謂官人者ㅣ阿諛迎合之外에無一伎倆ᄒ야義理邊說은半句不講ᄒ고賣國賣君을無所不至ᄒ며

所謂士者ㅣ學問을不務ᄒ며操行을不修ᄒ고舐痔吮癰을作爲求仕之捷徑ᄒ야搖尾乞憐이今人代態ᄒ니

世道人心이至於此極이라國權回復을安可望焉이며政治改革을亦何論焉가

噫라人能勇決인되天下事를皆可爲矣오國勢之所由至此를亦可歷歷鑑戒인즉在廷臣僚ᄂ痛加悔責ᄒ야祛私恢公이면如月生魄ᄒ며如鏡斯磨ᄒ야凡於政治에無所往而不公하야維新之業을庶幾可圖ᄒ지니余必曰韓之復興은斷在於一箇公字하노라

○司法

別紙

平理院

已決囚放釋秩

李永仁　亂言罪　役三年
李興祿　徵慶園犯松罪　役三年
鄭士順　誣證罪　役二年
孫昌逸　誣告罪　役十五年
金顯甫　掘塚圖屍罪　役十五年
方漢永　吸鴉烟罪　監禁二年
李哲鎬　擅離職役罪　笞八十
尹益炳　曲法囑託未施行罪　笞五十
安永重　罵辱命使臣罪　笞一百
李秉勳　劫留盜贓罪　笞四十

以上合十名

未決囚放釋秩

金禹川　凌辱大官
鄭錫範　非理訴官
金璉植　被訴封罷郡守
鄭恒俊　指嗾商民歐傷本管官長
鄭恒讚　私債勒徵
李舜範　妄蹤
孫龍永　越訴
姜大安　僞牒
朴齊斌　被訴封罷郡守
金均興　詐稱　啓下
梁川煥　詐稱　啓下
劉秉澈　被稱　啓下
丁奎台　被訴封罷郡守
李夏變　越訴
李淵天　吸鴉烟
洪祐晳　被訴封罷郡守
崔在璘　僞牒
李源洛　冒入
閔龍鎬　詐欺騙財

以上十九名

漢城裁判所

已決囚放釋秩

崔敬心　僞造印信罪　役五年
金敎升　僞造印信罪　役十年
李在燦　위造印信從罪　役七年
李在玩　위造印信從罪　役七年
韓德洙　위幣知情行使罪　役五年
崔昌烈　刃傷人罪　役二年
[illegible]植　和賣人罪　役三年
李光培　和賣人從罪　役二年半
長允卜　和賣人從罪　役二年半
金致西　위造銅貨從罪　役終身
朱[illegible]鳳　吸鴉烟罪　監禁三年
金福男　吸鴉烟罪　監禁三年
劉聖明　吸鴉烟罪　監禁二年
呂[illegible]基　吸아烟罪　監禁二年
李用汲　吸아烟罪　監禁二年
徐元용　吸아烟罪　監禁三年
송敎憲　吸아烟罪　監禁二年半
蔡完俊　吸아烟罪　監禁二年
張仁基　위造銅貨設械未行罪　役十五年
姜先日　위造銅貨設械未行罪　役十五年
張仁淳　詐稱官差捕人罪　役三年
朴鎭赫　위造印信罪　役終身
金命濟　金위造罪　役十五年
高仁國　歐傷人罪　禁獄五個月
洪在仁　和賣人罪　役二年
金尙鎭　위造銅貨從罪　役終身

已上合二十六名

●官廳事項

忠淸南道管下郡守治蹟

公州郡守閔泳會　質本諄愿이이나事多糊塗라非不欲廉이나無以了債라下

洪州郡守李敎奭　素著茂績에特簡雄府라循聲籍적ᄒ니부屋安堵라上

泰安郡守兪致稷　周知民隱에治如烹鮮이오嚴束吏奸에明若燃犀라上

天安郡守金用來　古之良吏를今見其人이라臨事明斷에恢有游刃이오細心周察에絕無瞖부라上

溫陽郡守權重億　恬雅其操오雍容爲治라田蕪莫賦ᄒ라邑曠可悶이라上

韓山郡守尹錫龜　心切願治로되事或昧例라中

舒川郡守閔健植　聽理綜明에聲譽藹蔚이라官其易云歸哉오民則如恐失之라上

大興郡守李錫珪　廚典著績에衆口播頌이라雖因官而乞免이나日奈輿情之惜去아上

沔川郡守李喬永　素績久已雷灌에初政果見風生이라以若利器로合試大局이라上

太完

特別廣告

本申報ᄂᆞᆫ海外電報를印接ᄒᆞ야機關이靈通ᄒᆞ고外報와探報를敏捷活潑ᄒᆞ도록注意ᄒᆞ오며申報發送ᄒᆞᄂᆞᆫᄃᆡ迅速信傳ᄒᆞ기ᄂᆞᆫ分傳人의게在ᄒᆞᆷ으로本社에셔平常에諸分傳人의게丁寧告戒ᄒᆞ고申申訓飭ᄒᆞ야毋或踰惰ᄒᆞ게注意ᄒᆞ거니와如或暫有積忽이라도愛讀僉君子ᄂᆞᆫ密使通知于本社ᄒᆞ시면該分傳의게誠信相孚ᄒᆞ도록耳提面命ᄒᆞ고勤贊가發生ᄒᆞ도록誨諭ᄒᆞ야必無遲誤ᄒᆞ기로期待ᄒᆞ옵나이다

本社에寄書ᄒᆞ시ᄂᆞᆫ諸君子ᄂᆞᆫ姓名과居住를明確ᄒᆞ게懸錄送附ᄒᆞ시와證據가有ᄒᆞᆷ을必要ᄒᆞᆷ이오公衆平和ᄒᆞᆫ秩序를紊亂케ᄒᆞᄂᆞᆫ意와社會上不經荒雜ᄒᆞᆫ寄書ᄂᆞᆫ不受ᄒᆞᄂᆞᆫ權利가本社에自有ᄒᆞ오니肯諒ᄒᆞ시옵

大韓每日申報社

廣告

貿易商 本社ᄂᆞᆫ仁川港

日本郵便電信局對面

電話第二百一番地

仁川港 廣昌 洋行

벤넷드會社告白

○鐵路部

○東大門과新門間에來往車ᄂᆞᆫ每十分間에運行ᄒᆞᆷ

東大門發初車ᄂᆞᆫ午前六時三十分

新門外停車場發初車ᄂᆞᆫ午前六時五十五分

東大門發終車ᄂᆞᆫ午後九時五十分

新門外停車場發終車ᄂᆞᆫ午後十時十五分

○東大門과洪陵間에來往車ᄂᆞᆫ每二十分間에運行ᄒᆞᆷ

但自鍾路로東大門에來到ᄒᆞᆫ交替車로聯絡ᄒᆞᆷ

東大門發初車ᄂᆞᆫ午前六時五十分

洪陵發 初車ᄂᆞᆫ午前七時十分

東大門發終車ᄂᆞᆫ午後七時五十分

洪陵發 終車ᄂᆞᆫ午後八時十分

○鍾路와龍山間에來往車ᄂᆞᆫ每十二分間에運行ᄒᆞᆷ

鍾路發至南大門初車ᄂᆞᆫ午前六時四十八分

鍾路發至龍山 初車ᄂᆞᆫ午前七時二十四分

南大門發至鍾路初車ᄂᆞᆫ午前六時五十六分

龍山發至鍾路 終車ᄂᆞᆫ午前七時五十七分

南大門發至鍾路終車ᄂᆞᆫ午前十時八分

龍山發至鍾路 終車ᄂᆞᆫ午後九時九分

○特別私用車ᄂᆞᆫ顧客의方便ᄒᆞᆷ을隨應ᄒᆞ야準給ᄒᆞᆷ

但定價ᄂᆞᆫ本社에來臨ᄒᆞ야請問ᄒᆞ옵

○電燈部

二百五十燭力以內의敷用處에ᄂᆞᆫ每個月에定價表가如左ᄒᆞᆷ

○十六燭力燃燈達夜에二圓五十錢

○三十二燭力燃燈達夜에四圓

○五十燭力燃燈達夜에六圓

○一百五十燭力燃燈達夜에十圓

一千二百燭力弧形燈達夜에二十圓

二百五十燭力以上의敷用處에ᄂᆞᆫ請求ᄒᆞ면瓦斯計一箇를設給ᄒᆞᆷ

但瓦斯計賃金은每個月에二圓이오瓦斯計測驗表委托定價ᄂᆞᆫ每時間每암피아에二錢이옵

瓦斯計設給處에셔每介月支拂金最低額은每個月에二十圓인ᄃᆡ(瓦斯計貸金은)据ᄒᆞᆷ

電燈을敷設ᄒᆞ기에請求ᄒᆞᄂᆞᆫᄃᆡ給ᄒᆞᆷ로供各種連技辦燈도常時에貯存ᄒᆞ엿ᄉᆞᆸ

本社鍾路電氣會社

韓美電氣會社 告白

以上三種은上品으로製造ᄒᆞ야衛生上에至極有益ᄒᆞ오니毋論某人ᄒᆞ고本社에來顧ᄒᆞ옵

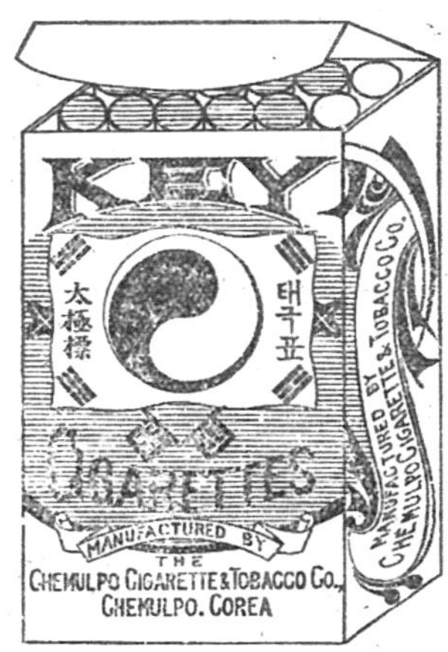

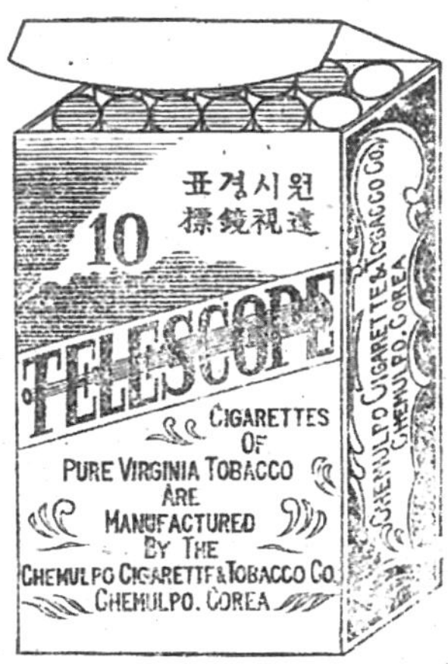

大韓帝國仁川港

濟物浦紙卷煙及烟草會社

一 鷹標罐濃詰牛乳

一 金印罐詰濃結牛乳

一 無雙家用氣化乳酪

一 쎄-든쓰製造麥芽化合牛乳

以上은常時에貯積ᄒᆞ엿ᄉᆞᆸ

美國紐育港쎄-든쓰濃結牛유會社

一手代理店 大韓仁川港 世昌洋行

廣告

一 雜貨商

一 貿易商

一 船舶取扱

一 煙草商

一 委托販賣及貨物運送代理業

一 貿易石炭商

以上輸入及輸出者

京城 仁川 大昌 洋行

本社廣告

申報價

一張代金 韓貨五錢

一箇月前納 五十戔

三箇月 一元五十戔

六箇月 二元九十戔

一箇年 五元八十戔

郵稅一部 新貨五里

一箇月 十三戔

廣告料

四号活字十三字詰

每日每英尺一寸에新貨廿五錢

(每日每行에六錢에相當ᄒᆞᆷ)

二周日에 二圓五十錢

(每日每行四錢五里에相當ᄒᆞᆷ)

一箇月에 五圓

(每日每行四錢一里에相當ᄒᆞᆷ)

其期限의長短과字行의多少를依ᄒᆞ야增減ᄒᆞᆷ이有ᄒᆞᆷ

大韓人마다此申報를不得不閱覽ᄒᆞ실터이오니廣告出報ᄒᆞ실僉君子ᄂᆞᆫ來臨面議ᄒᆞ시옵

發行兼編輯人 英國人裴說

發行所

京城北署壽進坊礦洞号外地法語學校前

大韓每日申報社

第三卷

大韓每日申報
대한매일신보

第五十二號

月曜及慶節時日休刊

檀君開國四千二百三十八年
箕子元年三千二十七年
大韓開國五百十四年
日本明治三十八年
淸國光緖三十一年
陰曆乙巳九月小十五日甲申

論說

忍而待時

大韓國貧的ᄒᆞᆫ情形의關ᄒᆞ야許多誤解ᄒᆞᆫ者가起ᄒᆞ니盖大韓에關ᄒᆞ야露日兩國全權委員間에合同ᄒᆞ야公然成立된媾和條約의惟一段頗甚不完全ᄒᆞᆫ概略만으로以ᄒᆞᆷ에實由ᄒᆞᆷ이오且吾儕가確信ᄒᆞᄂᆞᆫ바大韓이軍旅施政之下에在ᄒᆞ얏슬時에强成ᄒᆞᆫ韓日間諸協約의眞實ᄒᆞᆫ價格에對ᄒᆞ야셔도錯想ᄒᆞᆷ이有ᄒᆞᆷ이職由ᄒᆞᆫ지라吾儕ᄂᆞᆫ熟思之ᄒᆞ야此를强成이라고謂ᄒᆞ노니大韓이甘心ᄒᆞ야日本顧問官들을雇聘ᄒᆞ기로約定ᄒᆞ얏다고可히稱托지못ᄒᆞᆯ지라此事日에就ᄒᆞ야何許協約이던지記入ᄒᆞᆫ것이업시每常彼等의게職務를授與ᄒᆞᆷ을豈肯情願ᄒᆞ얏스리오其他親誼的助成的協議가又有ᄒᆞᆷ이由是로軍用地段先買權이遂成ᄒᆞ얏스니若大韓이此事端에早已勝筭이有ᄒᆞ얏든덜淸國이滿洲에셔行ᄒᆞ든事件과如히中立으로自守ᄒᆞᆷ을願치아니ᄒᆞ얏슬거스로ᄂᆞᆫ推想치못ᄒᆞ리로다日本代表者의現今目的은日本이大韓與列國間에外交關係를管理ᄒᆞᆷ을占得ᄒᆞ기로大皇帝陛下ᄭᅴ셔奏請蒙允코져ᄒᆞᆷ이니日本이此事件을延滯치안코뎌山코ᄌᆞᄒᆞᆷ이燥急히ᄒᆞᄂᆞᆫ거슬解明케ᄒᆞ랴면露日條約中大韓에關ᄒᆞᆫ條款에露國譯文을引證ᄒᆞᆷ이必要ᄒᆞ니其譯文이如左ᄒᆞ더라第二條에云ᄒᆞ되露國大皇帝陛下ᄂᆞᆫ日本이大韓에셔政治上軍事上經濟上目的에偏重ᄒᆞᆫ關係가有ᄒᆞᆷ을承認ᄒᆞ고日本이韓日議定書를依ᄒᆞ야大韓에셔必要로認定ᄒᆞᆯ其管理指導監督의如何ᄒᆞᆫ方略이던지露國이妨害치안키로約定ᄒᆞ고但露國臣民及事業은諸列國에一例로均等ᄒᆞᆫ地位를得ᄒᆞᆯ事라ᄒᆞ얏더라此ᄂᆞᆫ媾和條約이批准된後에ᄂᆞᆫ日本이大韓政府에承諾을受ᄒᆞᆯ方略만但取ᄒᆞᆯ거슬十分明白히指明ᄒᆞᆯ지라此承諾은若大韓이與列國으로諸般直接交涉이杜絶되면取得ᄒᆞᆯ기太甚容易ᄒᆞᆯ지니故로日本이懇懃이現內閣을挾黨ᄒᆞᆷ은곳皇上陛下ᄭᅴ셔盤泰安寧을遂果ᄒᆞ옵시기前과列國이其不公不義ᄒᆞᆫ呑食之計를反對爭論ᄒᆞᆯ機會를得ᄒᆞ야平和兆候가牢定되기前에此方略을遂行코져ᄒᆞ야懸念在在ᄒᆞᆫ所以라由是吾儕ᄂᆞᆫ大韓이卽今危急之秋에方至ᄒᆞᆯ줄노會得ᄒᆞ노니何者오媾和條約批准以前에日本에許與ᄒᆞᆫ諸般特許權이批准交換以後에ᄂᆞᆫ無効히될ᄂᆞᆫ지確知키毫無ᄒᆞᆷ이라故로將后即刻에日本이何如ᄒᆞᆫ强索을請ᄒᆞ드리도其件을參酌ᄒᆞ기를懇請ᄒᆞ야該協約의全文을通知ᄒᆞ기ᄭᆞ지延期ᄒᆞ면外他列國으로ᄒᆞ야其强索이能히幾許久에支柱ᄒᆞᆯᄂᆞᆫ지可見에至ᄒᆞ도록大韓은自守謹愼ᄒᆞ며自秉公正ᄒᆞ야期有兩全ᄒᆞᆷ이可ᄒᆞᆫ줄노吾儕ᄂᆞᆫ熟想ᄒᆞ며目今에日本이若是燥急히誇示ᄒᆞᆷ은其專恣ᄒᆞᆷ으로써將來大韓에有益ᄒᆞᆯ機徵가生來ᄒᆞᆯ前兆라ᄒᆞ노라

官報

●第三千二百六十七號 光武九年十月十一日

◉宮廷錄事

詔曰命奎章閣學士李淳翼爲宮內府特進官陸軍副將閔泳喆爲奎章閣學士

詔曰命淸州郡守李命宰爲宮內府特進官

以上十月九日

議政府參政大臣臣韓圭卨內部大臣臣李址鎔謹奏即見忠淸南道觀察使李道宰本年度春夏等殿最報告書則扶餘郡守閔尙鎬以半載胡爲曠官百弊必將無邑爲目矣宜寘下考而寘諸中考其在嚴明殿最之意豈容若是該道觀察使李道宰施以譴責之典扶餘郡守閔尙鎬免本官何如謹上奏

光武九年十月九日奉旨依奏

◉叙任及辭令

警務廳警務官徐熙淳
定平郡守金容培
懷仁郡守金世濟
平昌郡守張鴻植
三水郡守李敏重
禮安郡守趙珪熙
臨陂郡守宋鍾冕
淸州郡守李重翼
安山郡守沈相瑜
依願免本官

警務廳警務官康鍾祐
免本官
右ᄂᆞᆫ警務使申泰休의報告書를據ᄒᆞᆫ즉該員이職在會計課長之任ᄒᆞ야物品購造에有所受財ᄒᆞ야以至綻露公眼이라ᄒᆞ얏삽기
免本官

黃州郡守趙胤熙
免本官
右ᄂᆞᆫ該員이二載曠官에尙不赴任ᄒᆞᆷ은挨以事體에不可仍寘이옵기免本官

玉果郡守具源謨
免本官
右ᄂᆞᆫ全羅南道觀察使朱錫冕의本年度春夏等殿最報告書를據ᄒᆞ온즉該員을寘諸中考ᄒᆞ온지라前後居中이宜寘下考이옵기
免本官

始興郡守金漢睦
免本官
右ᄂᆞᆫ法部大臣照會를據ᄒᆞ온즉該員이以龍仁郡檢獄時正犯失因事로旣處流二年이온바所帶之職을合行奏免이라ᄒᆞ얏기
免本官

吉州郡守李翼鎬
鍾城郡守朱晳濬
茂山郡守池昌翰
免本官
右ᄂᆞᆫ該員等이初不赴部ᄒᆞ고無緣曠官ᄒᆞᆷ은挨以事體에不可仍寘이옵기免本官

未完

外報

●德帝好意 巴里에ᄂᆞᆫ新聞의彼得堡通信員의所報를據ᄒᆞᆫ즉露國이新軍艦을製造ᄒᆞᄂᆞᆫ事에對ᄒᆞ야德國皇帝가通告ᄒᆞ되德國케루造船所를使用ᄒᆞ야該軍艦等을製造ᄒᆞ라ᄒᆞ얏다더라

●新政難成 賀加利의政畧이漸次不穩ᄒᆞ야新政府組織이不能ᄒᆞ게되얏더라

●俄國義勇 류터電을據ᄒᆞᆫ즉俄國義勇船等이九月十七日에東洋을向ᄒᆞ고航海中이며其他船等드빌닉되보스톡에셔發向ᄒᆞ얏스나日本에捕虜ᄒᆞᄂᆞᆫ權限이廢止ᄒᆞ기를待ᄒᆞ야航海을施行ᄒᆞᆫ다더라

●大使陞任 俄國全權大使윗트氏ᄂᆞᆫ同國皇帝勅敎로因ᄒᆞ야伯爵을陞等ᄒᆞ얏다더라

東京電報

●英艦觀艦式 十月十一日오前十時五分發 過日來訪中英國太平洋艦隊의觀艦式은來二十三日로內定ᄒᆞ얏더라

●嫌疑者搜家 上仝 河野廣仲氏ᄂᆞᆫ暴動事件의嫌疑로家宅搜索을受ᄒᆞ얏다더라

雜報

●行悖宜懲 高陽一山里鐵道停車場役所日人尾崎政吉之通辭李甲伊가依賴外人ᄒᆞ고恣行不法에行惡搶奪이罔有紀極이라知照日公館ᄒᆞ와卽爲解雇ᄒᆞ야以便勘罪라고該郡報告을因ᄒᆞ야內部에셔外部에轉照ᄒᆞ얏더라

●早霜捽稼 西來近信을據ᄒᆞᆫ즉白川郡은陰去月廿八日金川郡은同月二十九日平山郡은同月三十日長湍郡本月二日永柔郡同月三日에霜降되야晩稻之發穗者가結實에損害가多ᄒᆞ다더라

●自願應役 日本北進軍輸送應役이極其浩大하야人民이困中에在ᄒᆞᆫᄃᆡ十三府一進會支會摠會長李容九氏와京會評議員諸氏가咸鏡南北各郡會長이會員三千餘人을團聚하야自鏡城으로至富寧郡청津獐項等地一百餘里에自願應役하야韓國에義務를顯케홈이더라

●熟是熟非 長興郡守李章鎔氏가以前任永川時公錢未納事로補充無路ᄒᆞ야林河永處에所捧條로充納ᄒᆞᆯ意로度支部에請願ᄒᆞ얏ᄂᆞᆫᄃᆡ林氏處所捧者가係是雜技債라고該部大臣은바다셔補充하랴ᄒᆞ고該部司稅局長은不應ᄒᆞᆫ다더라

政界近聞

○洪鍾억氏ᄂᆞᆫ典饍司長을解任ᄒᆞ얏고

○特進官李淳翼氏ᄂᆞᆫ弘文館學士로從二品姜斗欽氏ᄂᆞᆫ侍從副卿으로[illegible]司長金大鎭氏ᄂᆞᆫ典饍司長[illegible]로正三品洪鍾억氏ᄂᆞᆫ太僕司[illegible]으로被任ᄒᆞ얏고

○務安監理李懋榮氏와東萊監理韓永源氏ᄂᆞᆫ相換이되얏고

○弘文館學士趙慶鎬侍從副卿朴弼遠兩氏ᄂᆞᆫ疏遞ᄒᆞ얏고

⊙平南觀察李容善氏疏批에今茲特畀不當言辭ㅣ니卿其勿煩ᄒᆞ고卽速登程이라ᄒᆞ옵셧더라

●據律當免 忠청南道燕岐郡西面栗里에寡居ᄒᆞᄂᆞᆫ林召史가有ᄒᆞᆫᄃᆡ隣洞居尹支童이가年纔二十一歲總角으로率其同黨ᄒᆞ고林召史를劫縛以去코져ᄒᆞᆫ즉該林召史가揮鋤ᄒᆞ야尹童을致斃케홈으로遂成獄案ᄒᆞ얏ᄂᆞᆫᄃᆡ正犯林召史ᄂᆞᆫ自該道裁判所로刑法大全第八十八條危難를遭ᄒᆞ야權限內에可히保護ᄒᆞᆯ만ᄒᆞᆫ者를爲ᄒᆞ야犯罪된者ᄂᆞᆫ勿論律에照ᄒᆞ야放免ᄒᆞ얏다더라

●平倅善治 東來人의傳說를聞ᄒᆞᆫ즉平康郡守金禎潤氏가本郡의莅任以後로實心做治ᄒᆞ야躬行境內ᄒᆞ야窮民을調査捐施ᄒᆞ고民家에産故가有ᄒᆞ면米藿을出給홈으로民稱其惠ᄒᆞᆫ다더라

●何待其請 忠南觀察李道宰氏가內部에報告ᄒᆞ얏ᄂᆞᆫᄃᆡ管下公州德山牙山恩津海美寧保等六郡郡守의治績居下之由ᄂᆞᆫ已爲報告이옵건과現에新稅開捧이在卽하고舊納收捧이一時爲急이올ᄲᅮᆫ더러各處賊警이踵至하야諸般情形이果係迫急이온즉際當此時하야各該郡守之擇送을若非其人이면弊敗殘局이將至末如이오며又若遲緩이오면無民無邑이옵기上項各郡守를別差下送이라더라

●豈有是理 學部會計課長李海德小學校長沈承弼中學教官申大永柳春熙書記金哲洙諸氏와其他人員幷十三四人을다請願ᄒᆞ라고該部參與官이勸告ᄒᆞ얏다더라

●築費請撥 京畿觀察使鄭周永氏가內部에報告ᄒᆞ되本部主事洪鴨觀이가本府主事羅基貞의게通牒書를接閱ᄒᆞᆫ즉內開에貴府警務官桐原彦吉의請求ᄒᆞᆫ便所新設과炊事場新築과事務室修築及鋪陳疊費見積書를現接인바行將請撥於度支이기로自府報明ᄒᆞ라신大臣旬教를玆에通牒이온바該事務室炊事場便所修繕을審筭物力이온즉該員所報가正當ᄒᆞ온지라該費二百十五元五錢을卽爲支撥ᄒᆞ고且本使與該使每日有應接之事이온ᄃᆡ會見處所의二間分閤과鋪陳床卓煖爐等屬을幷爲新備然後에冬日應接을可以經過이다온所入費가爲一百二十八元二十錢故로玆에粘報ᄒᆞ오니右費合三百四十三元二十五錢을不日準撥이라ᄒᆞ얏더라

●韓人은獨無熱血가 德相俾思麥이嘗曰余의所知ᄂᆞᆫ오작赤血과黑鐵이라ᄒᆞ얏스니現今時代ᄂᆞᆫ赤血과黑鐵의力이아니면其國이無ᄒᆞᆯ거시오其國이無ᄒᆞ면其民이ᄯᅩᄒᆞᆫ滅絶ᄒᆞᄂᆞ니此ᄂᆞᆫ剖判以來로未曾有ᄒᆞᆫ變局이라如此ᄒᆞᆫ變局을當ᄒᆞ야其國을維持코ᄌᆞᄒᆞ며其民을保全코ᄌᆞᄒᆞ면오작赤血과黑鐵의力을藉ᄒᆞᆯ지라今에熱血力을試論ᄒᆞ노니現世界에霸權을握執ᄒᆞᄂᆞᆫ者와獨立自主ᄂᆞᆫ國이悉皆其國人民의熱血이沸騰ᄒᆞᆫ効力이라大抵萬物이皆熱力으로生ᄒᆞᄂᆞ니熱力이有ᄒᆞ야諸天이生ᄒᆞ고熱力이有ᄒᆞ야太陽이生하고太陽은熱의最極ᄒᆞᆫ者라能히地를生ᄒᆞ고萬物을生ᄒᆞ며其光熱을被ᄒᆞᆫ者ᄂᆞᆫ發生치아님이無ᄒᆞ며地球에도ᄯᅩᄒᆞᆫ熱力이有ᄒᆞ야全體에充滿ᄒᆞᆫ者가皆熱汴인故로能히運轉不息ᄒᆞᄂᆞᆫ지라今에醫者가有ᄒᆞ야人生의壽夭長短을診視ᄒᆞ랴면반다시其命門火의衰旺을察ᄒᆞ야火가衰ᄒᆞ면死期가將至ᄒᆞᆫ다ᄒᆞᄂᆞ니至哉라此言이여故로大凡物이熱ᄒᆞ면生ᄒᆞ고熱ᄒᆞ면榮ᄒᆞ고熱ᄒᆞ면漲ᄒᆞ고熱ᄒᆞ면運動ᄒᆞᄂᆞᆫ거시오不熱ᄒᆞ면닝ᄒᆞ고닝ᄒᆞ면縮ᄒᆞ고縮ᄒᆞ면枯ᄒᆞ고枯ᄒᆞ면乾ᄒᆞ고乾ᄒᆞ면天死홈은自然ᄒᆞᆫ理라人의事業이亦然ᄒᆞ니自古로能히大事를辦ᄒᆞ고大業을成ᄒᆞᄂᆞᆫ者가皆熱力이有ᄒᆞ야成就ᄒᆞᆫ지라世界歷史에烈士와志士와義士와仁人이誰가熱血人이아니리오故로其成就의大小가其熱力의多少를從ᄒᆞ야分ᄒᆞᄂᆞ니만일事業이微ᄒᆞᆫ者ᄂᆞᆫ心力이弱ᄒᆞᆫ者오心力이弱ᄒᆞᆫ者ᄂᆞᆫ熱力이滅ᄒᆞᆫ故라만일其人의熱力이一大火團과如ᄒᆞ면無物不灼ᄒᆞᆯ거시오太陽과如ᄒᆞ면無處不照ᄒᆞ고無物不燒ᄒᆞᆯ지라今에大韓人民은如此ᄒᆞᆫ時局을遭ᄒᆞ고如此ᄒᆞᆫ悲境의迫ᄒᆞ얏스되依然히熟睡甘眠者와如ᄒᆞ야一指을不動ᄒᆞ고一事을不擧ᄒᆞ니是ᄂᆞᆫ人之命門의火가衰ᄒᆞ고닝ᄒᆞ고枯ᄒᆞ고縮ᄒᆞ고乾ᄒᆞ야將且危亡을不免ᄒᆞᆯ지라然則世界人類가皆有熱血이어ᄂᆞᆯ何獨韓人은熱血이無ᄒᆞ리오此ᄂᆞᆫ風氣가未開ᄒᆞ고人智가未達ᄒᆞ야人人이其心力을培養치못ᄒᆞᆫ緣故라惟願大韓人民은將次危亡之患을救코ᄌᆞᄒᆞᆯ진ᄃᆡ오작心力을激勵ᄒᆞ며心力을增長ᄒᆞ야全國二千萬衆이一大熱火團을凝結ᄒᆞ야國家을維持ᄒᆞ며箇人의生活保全케ᄒᆞᆯ지어다

●是何變怪 南門內司畜洞居ᄒᆞᄂᆞᆫ李化淳의子가名은在德이오年十一歲라日前에出遊不還故로自該家로尋覓ᄒᆞᆫ즉南水門外厚岩地에셔該兒가刃刺를被ᄒᆞ야死ᄒᆞ얏ᄂᆞᆫᄃᆡ兩手足에刀[illegible]之痕이ᄒᆞ니何許凶暴漢이何故로此幼穉兒를刺殺ᄒᆞ얏ᄂᆞᆫ지其由로莫詰이오其情狀의慘酷은人皆鼻酸이라ᄒᆞ더라

●自引陳疏 警務使金思默氏가警察이進取치못홈을自引ᄒᆞ야辭職疏를奉呈하얏더라

●賊何不仁 南陽大阜面訖串洞李容錫家에水賊六名이突入하야李氏를捉致於渠之船上하고錢五萬兩을討徵이온즉貧村周旋이猝地無路하야僅以四千兩辦給則五萬兩을沒數辦出이라야無事라ᄒᆞ고結縛周牢에幾至[illegible]境則其子四五兄弟가酒肴柴粮을供給哀乞이오나賊類ᄂᆞᆫ小不動念하고尤復肆毒亂打則李氏之次子가目不忍見하야自願代罰矣러니李氏之次子를縛懸於船頭하고周[illegible]亂打하야其夜에殺而投江이라하니雖曰賊類나豈有如是慘惡영悖며該郡花梁鎭에賊船이乘汐水來泊하야盧順根을執捉浮海어날居民이喫驚於賊船之或入하야登山瞭望에晝以繼夜하야小無喘息之日이라하니此等絶凶極惡之徒를若不勦除면生民이將何安堵오別般詗捉하기를望ᄒᆞᆫ다더라

●不幸當之 各部官吏俸給預筭額이不足하야或有先減處而法部ᄂᆞᆫ現今有闕勿補闕額이參書官一人主事二人故로一人만減額하ᄂᆞᆫᄃᆡ該部主事李寅承氏가入於減額秩이라더라

外報

●極東計劃 俄國이外國人의手를借ᄒᆞ야再次極東에計劃을擴張코ᄌᆞᄒᆞᄂᆞᆫ形跡이近來各地에多數히顯著ᄒᆞᆫ中日本에讓與ᄒᆞᆫ東淸鐵道을無用物에歸케ᄒᆞ기爲ᄒᆞ야歐羅巴와亞細亞의鐵道連絡를浦鹽斯德에由케ᄒᆞ며東京과彼得堡의直通連絡의航路를開ᄒᆞ야浦鹽斯德에셔日本內地及韓國各港과上海香港에多數滊船을出發ᄒᆞᆯ計劃이有ᄒᆞᆫ딕投資者ᄂᆞᆫ俄國補助金을依賴ᄒᆞ야浦鹽의군스루베스南會와긴스푸루구德國滊船業者等의希望者가多有ᄒᆞ다더라

●薩閥內閣 日本薩州出身中最히不平鬱勃ᄒᆞᆫ高島章之助、西德次郎、山資紀、三氏ᄂᆞᆫ現內閣을破壞ᄒᆞ고純然ᄒᆞᆫ薩閥內閣을組織ᄒᆞ랴고昨今奔走中이라더라

●賜勳表功 에드와드王이小村男爵에게一等邁吉聖趙之(勳章의名이니頭等勳章이라)을特賜ᄒᆞ고一等빅토리(此亦勳章의名)을하야시男爵에게特賜ᄒᆞ얏ᄂᆞᆫ딕今番英日新協約締結ᄒᆞᆫ딕對ᄒᆞ야其功績을表ᄒᆞᆷ이라더라

●請求私權 華盛頓電을據ᄒᆞᆫ즉法政에셔美政에請求ᄒᆞ얏ᄂᆞᆫ딕美國베네슈엘나에法國海底電線會社에私權을承認ᄒᆞ라ᄒᆞ얏더라

●紅國動搖 九月廿七日伯林電을據ᄒᆞᆫ즉紅牙利國에重大ᄒᆞᆫ政事的動搖가起ᄒᆞ야內閣組織은大端困難ᄒᆞ다더라

●利源調查 日本農商務省은戰後에滿洲의利源을調查ᄒᆞ기爲ᄒᆞ야書記官山脅春樹、商工局技師山口務、莊司市太郞、農務局技師加賀辰四郞諸氏以下全員五十人一行을本月初旬에出發ᄒᆞ야滿洲에渡航케ᄒᆞᆫ다더라

●旅順別約 英日新同盟第七條를依ᄒᆞ야旅順口軍備를該當局者間에曾前之策에戰關ᄒᆞᆫ別條約을協定ᄒᆞᆫ다ᄒᆞ얏더라

●法國痛憤 倫敦電을據ᄒᆞᆫ즉露國全權위데氏가向日에法國이日露戰爭中에露國을冷待ᄒᆞᆷ이얏다痛罵ᄒᆞᆫ事와露德이近接ᄒᆞᆷ은必然之結果라ᄒᆞᆫ事에對ᄒᆞ야法國一般이痛憤之氣가有ᄒᆞ다ᄒᆞ얏더라

●俄兵排置 日俄媾和條約에滿洲鐵道守備兵으로一岐路米突에十五人式排置ᄒᆞ게된故로俄國이滿洲里에셔ᄲᅡ라니자나合爾賓에셔兵長ᄭᅡ지合計千七百七十岐路米突에二萬六千五百餘名의守備兵을置ᄒᆞᆷ을得ᄒᆞ나然ᄒᆞ나俄兵이守備兵外에變服ᄒᆞᆫ軍隊若干名을滿洲에留置ᄒᆞᆯ거시오此ᄂᆞᆫ合爾賓과齊齊合爾와海拉爾等地에分駐케ᄒᆞ리라더라

●德國雇人 德國京城에電氣會社에雇用人等이日綸을增發ᄒᆞ기로請願ᄒᆞ되同會社에셔日給도增加치아니ᄒᆞ고雇人一萬一千名을解雇ᄒᆞ얏더라

雜報

●快哉張氏 中署警務官張孝根氏가慨歎時局하고警察無効와官吏尸素를一場痛論하고仍爲청願辭職하얏더라

●是亦輪卿 近日에農協을從二品에借啣棄가된貌樣인지農協이또見遞되고李鳳魯氏가ᄒᆞᆫ다더라

●寧察報告 平北觀察李根豐氏가內部에報告하얏ᄂᆞᆫ딕本府警務顧問官補佐官補가稱以稅簿를亦爲顧問之意로有所上部訓飭이나各郡結戶文簿를要청錄給하니何以爲之오查照指令이라더라

●礦山看審 日本人農商務技師伊木常誠鈴木四郞이與同徒者二名으로持外部訓令하고來가到本郡하야礦山形便을看審하고人口와戶總을詳問後에仍向木川이라고天安郡守金用來氏內部에報告하얏더라

●願覽原草 大韓日報電報欄內에俄國이淸國國境에多數兵員을駐箚케하라하ᄂᆞᆫ內容은若軍隊가歸國하면不平黨에投入念慮가有ᄒᆞᆷ으로此를淸國國境에置하야淸國을威赫코ᄌᆞᄒᆞᆷ이在ᄒᆞᆫ다고揭載ᄒᆞᆫ바本記者ᄂᆞᆫ此電報辭意가有所難解者하니大韓日報ᄂᆞᆫ原文을更提ᄒᆞᆷ이조흘듯

●三朔支撥 度支部에學部官吏俸給을自七月至九月三朔條를支撥하얏더라

●無案可考 高原郡에ᄂᆞᆫ昨年夏間에酷被俄兵燒蕩之禍하야公廨各處가一無餘存에應用各樣法例文字가盡入灰燼하야按法之際에無以參考하야該郡守가甚是困難이라더라

○司法 (續)

未決囚放釋秩

李姓女	姜姓女獄事干證		
吉永實	欺편	崔翼相	欺편
高漢春	欺편	金泳根	欺편
全雲鶴	欺편		
李參汝	再嫁女息		
黃世福	欺편	金光允	毆打
李姓女	祈禱		
姜春文	詐欺取財		
申鉉基	欺편	尹慶雲	欺편
송鍾淳	罷養	金基敬	誣告
秋龍雲	誘引	延姓女	誘引
송姓女	祈禱	朴奉俊	誘引
朴姓女	유引	林萬龍	유引
金永淑	欺편	盧哲禹	欺편
金順明	詐欺取財		
尹士元	欺편		
李正億	故縱罪囚		
李柱永	欺편	金秀完	毆打
李玄珪	罷養	李晚珪	犯奸
李景林	僞証	楊平心	誣告
金致五	誣告	安鳳鎬	欺편

以上三十四名

以上十月五日

(未完)

●官廳事項 (續)

忠淸南道管下郡守治蹟

瑞山郡守李年夏 里謠則災去福來요民情焉渴飮飢食이라上

德山郡守李純應 四載莅郡에半屬曠官이라來諳豈盡無擾리오再來共或有覥下

林川郡守金甲淳 □歷遷已極榮耀ᄒᆞ니每事宜加審愼이라中

文義郡守徐丙益 金蠖防弊ᄒᆞ고木牌收糴이라四年爲政에一境無事라上

燕岐郡守趙用熙 老鍊之手가臨事坦然이요循良之績이閭境晏如라上

木川郡守南啓錫 從理剖決이오實心撫字라上

全義郡守權泰容 旣剛且明에克公而廉이라軌傍之百弊乃祛ᄒᆞ니孚及外人이오市上之雜稅盡革ᄒᆞ니惠此商旅라鷲棘可惜에驥步莫展이라上

平澤郡守吳홍默 聽重雖曰無傷이나氣衰宜戒在得이라中

牙山郡守李秉協 官旣昧事에冊又滋弊라下

新昌郡守鄭泰魯 年少明敏에吏憚民懷라上

唐津郡守洪蘭裕 孰謂少年고惜屑殘局이라繕廨捐俸에民樂爲助ᄒᆞ고差任却賂에吏服其廉이라上

禮山郡守李範紹 赴任屬耳에隨事盡心이라上

結城郡守金善五 民皆頌廉에政宣濟猛이라上

藍浦郡守李奭宰 公例當避에歷經丏解라臧否가自有公議ᄒᆞ니高下를豈敢私評가

庇仁郡守尹秉求 幾莅旋曠에无咎无譽라上

淝山郡守閔泳설 休論旣往ᄒᆞ고宜圖厥終이라中

扶餘郡守閔商鎬 人固慈善이오政亦寬和라半載를胡爲曠官고百癸가必將無邑이라中

(未完)

廣告

本社에서各種敎課書及書籍雜誌月報譜牒通文廣告卒業證書領受證名帖等印刷營業ᄒᆞᆷ은旣爲廣佈이오나今般家屋을重建ᄒᆞ고活版의諸具와各種活字及輪廓과電氣版與石版을一層擴張ᄒᆞ오니有志하신 僉君子ᄂᆞᆫ枉臨請購ᄒᆞ심을務望

現今大韓誌再刊發售所如左

鍾路大東書市

東闕罷朝橋越邊朱翰榮冊肆

中署布屛下南邊金相萬冊肆

美洞博文社社長河相驥

摠務吳台煥 告白

安東郡守沈理燮氏가下車以後에特察民隱ᄒᆞ야一心做治에民皆安堵ᄒᆞ야咸曰陽春이復回라ᄒᆞ고家家頌德ᄒᆞ야村村木碑에頌聲載路矣러니不意에一進會員이以何含嫌으로子날於內部ᄒᆞ야如此郡守ᄂᆞᆫ更勿下送之意로明言云ᄒᆞ니豈有如許義理乎아生等이有甚緊關ᄒᆞ야方今留京이라가聞此不義ᄒᆞ고不勝奮冤ᄒᆞ와玆以廣告하오니 僉君子ᄂᆞᆫ照亮ᄒᆞ시옵

安東民李憲求

權麟鎬

權重益 等 告白

特別廣告

本申報ᄂᆞᆫ海外電報ᄅᆞᆯ即接ᄒᆞ야機關이靈通ᄒᆞ고外報와探報ᄅᆞᆯ敏捷活潑ᄒᆞ도록注意ᄒᆞ오며申報發送ᄒᆞᄂᆞᆫᄃᆡ迅速信傳ᄒᆞ기ᄂᆞᆫ分傳人의게在ᄒᆞᆷ으로本社에셔平常에諸分傳人의게丁寧告戒ᄒᆞ고申申訓飭ᄒᆞ야毋或嬾惰ᄒᆞ게注意ᄒᆞ거니와如或暫有稽忽이라도愛讀僉君子ᄂᆞᆫ密使通知于本社ᄒᆞ시면該分傳의게誠信相孚ᄒᆞ도록耳提面命ᄒᆞ고勤贊가發生ᄒᆞ도록誨論ᄒᆞ야必無遲誤ᄒᆞ기로期待ᄒᆞᄋᆞᆸᄂᆞ이다

本社에寄書ᄒᆞ시ᄂᆞᆫ諸君子ᄂᆞᆫ姓名과居住ᄅᆞᆯ明確ᄒᆞ게懸錄送附ᄒᆞ시와證據가有ᄒᆞᆷ을必要ᄒᆞᆷ이오公衆平和ᄒᆞᆫ秩序ᄅᆞᆯ紊亂케ᄒᆞᄂᆞᆫ意와社會上不經荒雜ᄒᆞᆫ寄書ᄂᆞᆫ不受ᄒᆞᄂᆞᆫ權利가本社에自有ᄒᆞ오니肯諒ᄒᆞ시ᄋᆞᆸ

大韓每日申報社

廣告

貿易商 本社ᄂᆞᆫ仁川港
日本郵便電信局對面
電話第二百一番地
仁川港 廣昌洋行
벤넷트會社告白

○鐵路部

○東大門과新門間에來往車ᄂᆞᆫ每十分間에運行ᄒᆞᆷ
東大門發初車ᄂᆞᆫ午前六時三十分
新門外停車場發初車ᄂᆞᆫ午前六時五十五分
東大門發終車ᄂᆞᆫ午後九時五十分
新門外停車場發終車ᄂᆞᆫ午後十時十五分

○東大門과洪陵間에來往車ᄂᆞᆫ每二十分間에運行ᄒᆞᆷ
但自鍾路로東大門에來到ᄒᆞᆫ交替車로聯絡ᄒᆞᆷ
東大門發初車ᄂᆞᆫ午前六時五十分
洪陵發 初車ᄂᆞᆫ午前七時十分
東大門發終車ᄂᆞᆫ午後七時五十分
洪陵發 終車ᄂᆞᆫ午後八時十分

○鍾路와龍山間에來往車ᄂᆞᆫ每十二分間에運行ᄒᆞᆷ
鍾路發至南大門初車ᄂᆞᆫ午前六時四十八分
鍾路發至龍山 初車ᄂᆞᆫ午前七時二十四分
南大門發至鍾路初車ᄂᆞᆫ午前六時五十六分
龍山發至鍾路 終車ᄂᆞᆫ午前七時五十七分
南大門發至鍾路終車ᄂᆞᆫ午前十時八分
龍山發至鍾路 終車ᄂᆞᆫ午後九時九分

○特別私用車ᄂᆞᆫ顧客의方便ᄒᆞᆷ을隨應ᄒᆞ야準給ᄒᆞᆷ
但定價ᄂᆞᆫ本社에來臨ᄒᆞ야請問ᄒᆞᄋᆞᆸ

○電燈部

二百五十燭力以內의敷用處에ᄂᆞᆫ每個月에定價表가如左ᄒᆞᆷ
○十六燭力燃燈達夜에二圓五十錢
○三十二燭力燃燈達夜에四圓
○五十燭力燃燈達夜에六圓
○一百五十燭力燃燈達夜에十圓
一千二百燭力弧形燈達夜에二十圓
二百五十燭力以上의敷用處에ᄂᆞᆫ請求ᄒᆞ면瓦斯計一箇ᄅᆞᆯ設給ᄒᆞᆷ
但瓦斯計賃金은每個月에二圓이오瓦斯計測驗表委託定價ᄂᆞᆫ每時間每암피아에二錢이ᄋᆞᆸ
瓦斯計設給處에셔每介月支拂金最低額은每個月에二十圓인ᄃᆡ(瓦斯計貸金은)据ᄒᆞᆷ
電燈을敷設ᄒᆞ기에請求ᄒᆞᄂᆞᆫᄃᆡ給ᄒᆞᆷ로供
各種連技辦燈도常時에貯存ᄒᆞ엿ᄉᆞᆸ

本社鍾路電氣會社
韓美電氣會社 告白

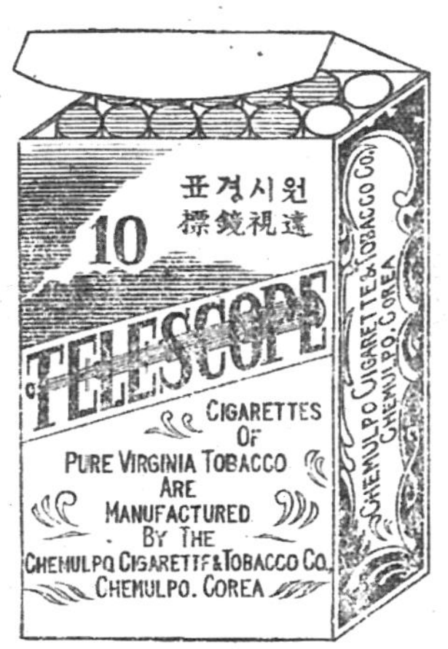

以上三種은上品으로製造ᄒᆞ야衛生上에至極有益ᄒᆞ오니毋論某人ᄒᆞ고本社에來顧ᄒᆞᄋᆞᆸ

大韓帝國仁川港
濟物浦紙卷煙及烟草會社

一 鷹標罐濃詰牛乳
一 金印罐詰濃結牛乳
一 無雙家用氣化乳酪
一 쌔ㅣ든쓰製造麥芽化合牛乳
以上은常時에貯積ᄒᆞ엿ᄉᆞᆸ
美國紐育港쌔ㅣ든쓰濃結牛乳會社
一手代理店 大韓仁川港 世昌洋行

廣告

一 雜貨商
一 貿易商
一 船舶取扱
一 煙草商
一 委托販賣及貨物運送代理業
一 貿易石炭商
以上輸入及輸出者
京城仁川 大昌洋行

本社廣告

申報價

一張代金	韓貨五錢	
一箇月前納		五十戔
三箇月		一元五十戔
六箇月		二元九十戔
一箇年		五元八十戔

郵稅一部 新貨五里
一箇月 十三戔

廣告料
四号活字十三字詰
每日每英尺一寸에新貨廿五錢
(每日每行에六錢에相當ᄒᆞᆷ)
二周日에 二圓五十錢
(每日每行四錢五里에相當ᄒᆞᆷ)
一箇月에 五圓
(每日每行四錢一里에相當ᄒᆞᆷ)
其期限의長短과字行의多少ᄅᆞᆯ依ᄒᆞ야增減ᄒᆞᆷ이有ᄒᆞᆷ

大韓人마다此申報ᄅᆞᆯ不得不閱覽ᄒᆞ실터이오니廣告出報ᄒᆞ실僉君子ᄂᆞᆫ來臨面議ᄒᆞ시ᄋᆞᆸ

發行兼編輯人 英國人裴說
發行所
京城北署壽進坊礦洞号外地法語學校前
大韓每日申報社

第三卷

大韓每日申報
대한매일신보

第五十三號

月曜及慶節歲時日休刊

檀君開國四千二百三十八年
箕子元年三千二十七年
大韓開國五百十四年
日本明治三十八年
淸國光緖三十一年
陰曆乙巳九月小十六日乙酉

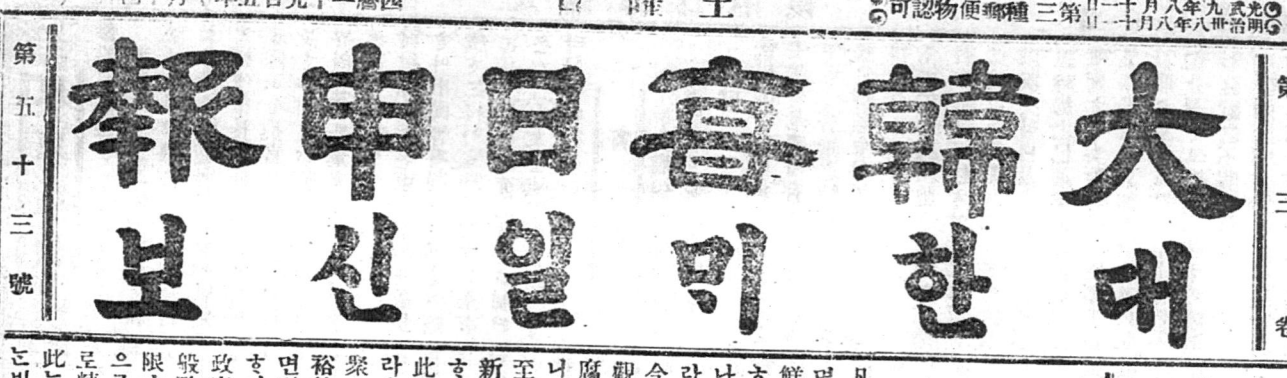

論說

社會精神

凡物之理가舊ᄒᆞ면老ᄒᆞ고新ᄒᆞ면壯ᄒᆞ며舊ᄒᆞ면腐ᄒᆞ고新ᄒᆞ면鮮ᄒᆞ며舊ᄒᆞ면板ᄒᆞ고新ᄒᆞ면活ᄒᆞ며舊ᄒᆞ면滯ᄒᆞ고新ᄒᆞ면通ᄒᆞᄂᆞ니此ᄂᆞᆫ天地의自然ᄒᆞᆫ原理라

今에大韓政府와社會의情形을觀ᄒᆞ니政府ᄂᆞᆫ舊習의弊로써老腐板滯ᄒᆞ다謂ᄒᆞ기도無怪ᄒᆞ거니와

至若諸般社會ᄒᆞ야ᄂᆞᆫ皆新發起新成立ᄒᆞᆫ者라何故로壯鮮活通ᄒᆞᄂᆞᆫ精神을不見ᄒᆞᆯ깃ᄂᆞᆫ요

此ᄂᆞᆫ一般社員이深思硏究ᄒᆞᆯ者라大凡人之精神이專一ᄒᆞᆫ데凝聚ᄒᆞ면聰明이倍常ᄒᆞ야動力이裕餘ᄒᆞ고精神汗만ᄒᆞᆫ데費用ᄒᆞ면聰明이耗散ᄒᆞ야動力이缺乏ᄒᆞᄂᆞ니

政府ᄂᆞᆫ原來少數ᄒᆞᆫ人員으로諸般政務를總轄ᄒᆞᆫ故로精神이有限ᄒᆞ되人民社會ᄂᆞᆫ多數ᄒᆞᆫ人員으로各其專一ᄒᆞᆫ業務가有ᄒᆞᆫ故로精神이無限ᄒᆞ니

此ᄂᆞᆫ社會力이國家를富强케ᄒᆞᄂᆞᆫ비라彼文明各國의社會를觀ᄒᆞ라天文을達코져ᄒᆞ면天文學會가有ᄒᆞ고地理를攷코져ᄒᆞ면地理學會가有ᄒᆞ고

諸般礦學會와農學會와商學會와工學會와史學會等이有ᄒᆞ야各其社員의知識과學問을合ᄒᆞ야專門講求ᄒᆞᄂᆞᆫ故로能히事事를新闢ᄒᆞ야精微ᄒᆞ고靈妙ᄒᆞᆫ거슬無不透得收用ᄒᆞᄂᆞᆫ지라

今大韓國中에諸般社會가各其主旨目的이有ᄒᆞ나宗敎會와商業會를除ᄒᆞᆫ外에ᄂᆞᆫ實學上의專一ᄒᆞᆫ規模가完備타謂치못ᄒᆞᆯ지니所以로壯鮮活通ᄒᆞᄂᆞᆫ新精神이아즉社會으로生出치못ᄒᆞᄂᆞᆫ지不知ᄒᆞ거니와

余ᄂᆞᆫ諸般社會中에서新學問에卒業ᄒᆞᆫ者를得ᄒᆞ야各其專門學業會規模를組成ᄒᆞ야一般人士의專一ᄒᆞᆫ精神을培養ᄒᆞᆷ으로十分企望ᄒᆞ노라

官報

◉第三千二百六十九號 光武九年十月十三日

◉敍任及辭令 (續)

奎章閣學士李淳翼
命宮內府特進官敍勅任官一等
陸軍副將閔泳喆
命奎章閣學士兼任侍講院日講
院日講官敍勅任官二等
淸州郡守李命宰
命宮內府特進官敍勅任官三等
正三品李奎儀
任秘書監丞敍奏任官三等
正三品洪性友
任秘書監丞敍奏任官三等
秘書監丞洪性友
兼任太醫院副卿
陸軍正尉申慶均
任侍從院左侍御敍奏任官四等
正三品韓昌敎
任侍從院右侍御敍奏任官四等
昌陵參奉李贊榮
任시講院시從官敍奏任官四等
正三品李倬
任漢城府少尹敍奏任官六等
慈山郡守鄭鳳時
任內部參書官敍奏任官四等
尙州郡守安學柱
任江華府尹敍奏任官二等
健陵令金東鎰
任果川郡守敍奏任官六等
從二品李完鎔
任水原郡守敍奏任官一等
從二品李虎榮
任玉果郡守敍奏任官五等
시從院右시御尹무
任三水郡守敍奏任官六等
六品李冕永
任牙山郡守敍奏任官六等
六品李永植
任鍾城郡守敍奏任官六等
前郡守鄭喬
任濟州郡守敍奏任官六等
시從院左시御金商模
任吉州郡守敍奏任官一等
景孝殿祀丞金商五
任懷仁郡守敍奏任官六等
內部主事南廷晃
任竹山郡守敍奏任官五等
시講院시從官鄭寅獻
任鐵山郡守敍奏任官六等
六品朴龍勳
任綾州郡守敍奏任官六等
六品李建宇
任萬頃郡守敍奏任官六等
陸軍參領朴元敎
任黃州郡守敍奏任官三等
以上十月九日

◉第三千二百六十九號 光武九年十月十三日

◉宮廷錄事

詔曰從二品李基東特免懲戒
光武九年十月十日
議政府參政大臣 韓圭설

詔曰命平理院檢事李根洪爲農商工部協辦
光武九年十月十日
農商工部大臣陸軍副將權重顯

◉敍任及辭令

平理院檢事李根洪辭職疏
批旨省疏具悉卿其勿辭行公
農商工部協辦吳晉泳辭職疏
批旨省疏具悉所請依施
以上十月十日
解駐箚法國
駐箚法國公使館參書官金明秀
命駐箚英國
公使館參書官金明秀
漢城師範學校副敎官安宅重
中學校敎官申大永
農商工學校敎官玄국
農商工學校敎官金澤吉
依願免本官
以上十月九日
秘書監丞李奎儀
和陵參奉金顯相
醫學校書記出龍圭
商農工學校敎官卜志庠
江原道觀察府公立小學校敎員
申宰均
平壤郡公立小學校敎員金基宗
官立小學校敎員兼任小學校長
沈承鼎
官立小學校敎員兼任小學校長
鄭春熙
依願免本官
任秘書監丞敍奏任官三等
正三品洪承斗
任農商工部協辦勅任官二等
平理院檢事李根洪
官立小學校敎員金啓明
任江原道觀察府公立小學校敎員敍判任官五級
官立小學校敎員朱定均
任豐德郡公立小學校敎員敍判任官七급
官立小學校敎員宋榮商
任平壤郡公立小學校敎員敍判任官五級
陞五級俸 外部主事尹昌鉉
陞六級俸 外部主事黃祐燦
陞七給俸 外部主事申泰淳
以上十月十日

外報

◉俄德密約締結說 桑港子로니굴新聞이去九月五日英國發電을揭載ᄒᆞ야日포스도新聞의倫敦通信員이談話ᄒᆞᆫ바를據ᄒᆞᆫ즉該通信員이俄德間秘密條約이님의調印됨을得聞ᄒᆞ얏다더라

◉東淸鐵道 청國政府ᄂᆞᆫ東청鐵道를買受코ᄌᆞᄒᆞᄂᆞᆫ意가有ᄒᆞ되法國이此에要ᄒᆞᄂᆞᆫ外債를應ᄒᆞ라ᄒᆞ야政府에셔專히청國과交涉中이라더라

東京電報

●英艦歡迎會 十月十二日오後四時卄分發 英艦隊員半數는本日에東京日比谷公園歡迎場에入ᄒᆞ야席定ᄒᆞᆫ後에市長이演說ᄒᆞ고繼ᄒᆞ야艦隊司令長官노-엘大將이演說ᄒᆞ야曰日本帝國의進步는世界의聲價를集ᄒᆞᆫ者이오可驚ᄒᆞᆯ事實이라고ᄒᆞ얏고同艦隊水兵은東京市內에散步ᄒᆞ야市民等과同히手踊ᄒᆞ며嬉戱ᄒᆞᄂᆞᆫ樣이家族과如ᄒᆞ고全市는且英國旗로充滿ᄒᆞ얏고明日은本日未來ᄒᆞᆫ他半數를招待ᄒᆞᆯ터이라더라

寄書

前主事吳周爀은謹齋沐上書于議政府參政大臣閣下ᄒᆞ노이다

伏以閣下ᄂᆞᆫ以目下國勢로謂之安乎아危乎아存乎아亡乎아閣下ㅣ 膺擧之特簡ᄒᆞ시며憂民國之將顚ᄒᆞ야不拘禮節ᄒᆞ고起復於草土之中ᄒᆞ니凡我二千萬同胞之顒望이屹然若中流之砥柱ᄒᆞ야庶幾可以有爲於世라皆側耳拭目ᄒᆞ야歡欣以俟矣러니及夫登筵之日에不思時局之已誤ᄒᆞ고復踏前日之擧習ᄒᆞ야奏除各部大臣者ㅣ以某判書로爲某部大臣ᄒᆞ고以某贊政으로爲某部大臣則彼皆不顧分義ᄒᆞ고援例呈疏ᄒᆞ야將匿形藏蹤之不暇ᄒᆞ니雖未知某判書某贊政이果無其才而然耶아實未能堪其任而然耶아其心所在를尤不可揣也라閣下之事가其亦僨誤狼狽者ㅣ大矣로다今日何日이며此時何時오何必區區於資格秩級而不爲隨才授職ᄒᆞ야以謀其政ᄒᆞ고乃反日與對頭於政府者ᄂᆞᆫ卽賣國之內部大臣李址鎔과法部大臣李夏榮과學部大臣李完用과賊國之軍部大臣李根澤과病國之度支大臣閔泳綺와農部大臣權重顯과外部大臣朴齊純而兀然獨坐於首席ᄒᆞ니如是而能盡今日擔ᄃᆡ之責任乎아以閣下之喪으로反而思閣下之身ᄒᆞ면亦必有進退兩難之歎矣라且以前日勅任官之時原任과奏任官之在職者ㅣ各盡其意見ᄒᆞ야自政府綴輯以入事를詔勅之未有應者로閣下ㅣ又照飭各部而期於對揚遵施ᄒᆞ니所謂二千萬人民之中에都無意見而必於勅任官之時原任과奏任官之在職者而有意見乎아是聖詔之前日已下者則閣下가何不奏破近日進疏定限之章程而徒思遜順諂媚也오閣下之棄衰服做相業者ㅣ果止於斯而已乎아假使無論某人ᄒᆞ고不無可言而雖或有扶國濟民之意見이라도終歸於文具ᄂᆞᆫ一也라上旣以文字而責下則下何必以文字對上乎아夫國之所以爲國은實在乎君臣上下之共公團體故로廣開言路而從長收用者가最先機關也라

國君曰可라ᄒᆞ면宰相曰弗可라ᄒᆞ고國君曰弗可라ᄒᆞ면宰相曰可라ᄒᆞ고宰相曰可라ᄒᆞ면國民曰弗可라ᄒᆞ고宰相曰弗可라ᄒᆞ면國民曰可라ᄒᆞ야一國之可輿可를必取諸國民之公議而裁決者ᄂᆞᆫ豈以在下之民而敢抗於在上之宰相乎며豈以在下之宰相而敢抗於至尊之國君乎아易에曰天地交泰라ᄒᆞ니豈以地之卑而在上ᄒᆞ고天之尊而在下者로爲泰乎아

(未完)

雜報

●閔氏到配 流三年定配罪人閔丙奭氏ᄂᆞᆫ本月十四日에押到ᄒᆞ얏다고智島郡公報가京部에來ᄒᆞ얏더라

●緣何禁止 近日來로儒生等이 皇后揀擇疏廳에서三次修疏ᄒᆞᆫ다더니昨日에禁止가되야治疏人들이散去ᄒᆞ얏더라

●有罪難逭 日前에十一歲兒李化淳의子在德이가厚岩下에서被刺慘死ᄒᆞᆫ事ᄂᆞᆫ已揭어니와其根因을更探ᄒᆞᆫ즉該兒의所謂義叔되ᄂᆞᆫ놈이家內에서不美之行을ᄒᆞ다가其兒의게見覺이되야셔其兒을誘引ᄒᆞ야到于窮僻處ᄒᆞ야如此ᄒᆞᆫ無前凶惡을行ᄒᆞ얏ᄂᆞᆫᄃᆡ方在査實중이라ᄒᆞ니警察의神奇ᄒᆞᆷ을可知라더라

●演場修基 再昨日下오四時에內南山一牌靑龍亭後麓通路에日本人山村與田兩人이立木ᄒᆞ고周圍鐵網ᄒᆞ얏ᄂᆞᆫᄃᆡ同時에日兵十餘名이來到該地ᄒᆞ야日後에散烏陣演習次로修基而去라더라

●兩氏新任 秘書丞李會甭鄭鉉兩氏代에正三品林炳恒李鼎來兩氏가被任ᄒᆞ얏더라

●馬隊移營 前馬隊營은局於何處인지統內陸軍武官學校엽담을트고門을新建ᄒᆞ고馬隊가合設ᄒᆞᆫ다더라

●識時貿易 今年에菁根이이歉凶됨을知ᄒᆞ고梨峴居卞主事ᄂᆞᆫ錢十五萬兩을가지고黃海道等地로西門外金泰植氏ᄂᆞᆫ錢十萬兩을가지고公州等地로各其菁根과白菜를貿易次로下去ᄒᆞ얏더라

●此報何多 鳳山黃州兩郡鎭道赴役人夫가尙未竣訖ᄒᆞ야領害民情이將至換散之境이온ᄃᆡ今此鎭南浦駐在日本兵站司令部公函을據ᄒᆞ야本郡告示內今番軍用馬草를每戶五束式磨勘分排而必以鉢根草로束束以一丈一尺之索ᄒᆞ야火速輸納이되若以雜草이거나或以貫乾이면非徒必致生梗이라ᄒᆞ온바鉢根草ᄂᆞᆫ本是罕有而又此節晩즉雖一月刈之라도難成一束이온ᄃᆡ定限督責이不有餘地ᄒᆞ야實難聊生이오니轉報京部ᄒᆞ와特爲還寢等因이온바就役之人夫가尙未竣事而以其軍用馬草로又爲督納則民情之遑汲은勢所必然이라事關外國交涉ᄒᆞ와不可疎虞이오되郡報民訴가逐日還至則其在察隱之地에誠極悶然ᄒᆞ와玆에據實報告ᄒᆞ오니査照後知照日公館ᄒᆞ야特爲還寢ᄒᆞ와使此衆民으로安堵資生이라고載寧郡民人閔孝植等의訴求를因ᄒᆞ와海察具永祖氏가京部에報告ᄒᆞ얏다더라

●祝融肆災 順天郡先面大興里에서去陰七月頃에失火ᄒᆞ야七戶가被燒ᄒᆞ고黃田面德癸里에서十戶가連燒ᄒᆞ얏다더라

●不如結網 鎭原郡守高運河氏가以該郡萬人契事件으로上京ᄒᆞ야他窠을圖得ᄒᆞ랴고四處運動이더니近日奏本에未參ᄒᆞᆫ지라該氏가不勝愁鬱ᄒᆞ야幾乎生病이라더라

●兩氏依免 振威郵遞司長朴勝輯과通信院技師金澈榮兩氏가依願免本官ᄒᆞ얏더라

●警使承批 警務使金思默氏疏批에其於是務亦宜諳鍊이니爾其勿辭察職이라ᄒᆞ옵셧더라

●注意何處 近日通信院에서各方各郡에臨時郵遞主事를多數差出ᄒᆞᆫ다니電郵兩司를移屬於引繼ᄒᆞᆫ後에有何所用外인지官人만差出ᄒᆞᄂᆞᆫ지該院總辦의職務ᄂᆞᆫ止此而已지不勝慨歎이라고云하더라

●酷被巨災 順天郡境內에酷被去番風雨之災ᄒᆞ야田畓損害와家舍飄漂와鹽釜海船漁箭破傷等을逐條成冊ᄒᆞ얏ᄂᆞᆫᄃᆡ成川畓이三千七百十七斗一升落結一百五十八結六十五貟九束 覆沙二千八百四斗八升落結一百三十五結十三貟八束 田四百六十八斗一升落結十六結十九貟二束 消融畓九千一百二斗八升落結三百七十五結二十八貟二束 海鹹畓二千三百六斗六升落結百二結十一結五十貟四束 鹽釜破傷二十六坐 漁船破傷十[illegible]隻 魚箭破傷三十處 坐筒八庫이라고該郡守李禹珪氏가京部에報ᄒᆞ얏더라

●農訓密郡 金鑛檢察에李康稙이가密陽郡에前往ᄒᆞ야砂金을開採이되稅金은每箇月礦夫四十名에每名七分式合二兩八戔으로定이되一朔稅金中一百二十元爲先納上이고收捧은每箇月一次式納上이되家屋墳墓田畓五十步에勿爲犯採이고此鑛을外國人의게典當ᄒᆞ거나權賣ᄒᆞᄂᆞᆫ事가有ᄒᆞ면議認ᄒᆞ와訓令을作爲廢止ᄒᆞ리니幷爲知悉이고開鑛日字를趂即報明ᄒᆞ라고農部에서該郡에訓飭ᄒᆞ얏더라

●忠察報告 忠南觀察使李道宰氏의報告을據ᄒᆞᆫ즉本府經費每年度預算額을府下公州郡結錢중에서總計先劃ᄒᆞ와按月支用은便成年例이온바六年度會計書記金魯彦이當年條중欠逋가一萬五百兩에一千五百兩을蕩其家産而充납이온즉實逋가爲九千兩이온ᄃᆡ杖囚督납之外에無他方略故로至於押上京部에還囚府獄이옵고書記李謙鎭의當납이亦爲三千兩이옵기捉入查問즉所告內에前觀察使李恒儀於八年度預算額중挪用條라ᄒᆞ옵기歷督不送이오니自本府로有難强迫이온바經費之算이自有定額이온ᄃᆡ刷充無日이온즉特爲移照度支部ᄒᆞ와上項兩條一萬二千兩을某樣措劃ᄒᆞ오셔以濟一府來頭三四朔經用이라ᄒᆞ얏더라

外報

●兵士自殺 日本金澤豫備病院에入院中에工兵一等卒某ᄂᆞᆫ屈辱的媾和條約을憤慨히녁여自殺ᄒᆞ얏다더라

●互惠條約 某所着電을據ᄒᆞᆫ즉米國紐育商業會議所에셔ᄂᆞᆫ露德法互惠條約을加入ᄒᆞᆫ다ᄒᆞ얏더라

●日淸協商會議 露日兩國間에締結된平和條約의結果로淸國은滿洲問題에關ᄒᆞ야日本과種種協商ᄒᆞᆯ바이不可無ᄒᆞᆯ要로認ᄒᆞ야日淸協商會議의開會提案을決ᄒᆞ얏ᄂᆞᆫᄃᆡ慶親王은나桐氏가日本官憲間에好平이有ᄒᆞᆫ故로同氏를協商委員에推擧ᄒᆞ얏다고近着ᄒᆞᆫ南淸ᄯᅢ일니、ᄶᅥ一날에遊道ᄒᆞ얏더라

●火山活動 義太利地震은尙今不歇ᄒᆞ야每日繼續ᄒᆞ야小震이有ᄒᆞᆫᄃᆡ日本公使ᄂᆞᆫ吊問ᄒᆞᄂᆞᆫ意를表ᄒᆞ얏더라

뵈쓰뵈어쓰(쭘페이에在ᄒᆞᆫ有名ᄒᆞᆫ火山)及쓰트롬볼니(네이풀港入口之島에在ᄒᆞᆷ)諸火山은又爲噴火ᄒᆞ야뵈쓰뵈이쓰登山鐵道ᄂᆞᆫ火石을因ᄒᆞ야埋藏되얏고에트나山(씨쓸니島에在ᄒᆞᆫ)은尙然沈靜ᄒᆞᆫ다더라

●釐金廢止問題 駐淸日本公使內田氏ᄂᆞᆫ釐金廢止及貨幣改革問題에關ᄒᆞ야英國公使와協同ᄒᆞ야淸廷에運動ᄒᆞᆫ다고東亞로이드에記載ᄒᆞ얏더라

●煙草益金 日本煙草專賣局의本年八月中利益金은一百三十萬元에不過ᄒᆞ나自九月以後로ᄂᆞᆫ每月三百萬元以上을收得ᄒᆞᆯ所望이有ᄒᆞᆫ즉來年三月三十日々지에ᄂᆞᆫ豫算額三千二百萬元以上의益金을確實히收得ᄒᆞᆯ깃다더라

●三國同盟說 桑港電을據ᄒᆞᆫ즉伊太利가東亞셔英日同盟과對抗ᄒᆞᆯ次로俄德兩國과結合ᄒᆞᆷ을希望ᄒᆞᆫ다더라

●放送刺客 淸國新聞을據ᄒᆞᆫ즉去八月二十四日에一刺客이袁總督第에入ᄒᆞ얏다가其目的을未達ᄒᆞ고宿衛兵에게生擒된지라袁總督이此事를聞ᄒᆞ고親히訊問ᄒᆞ야他人으로ᄒᆞ야금不知케ᄒᆞ얏ᄂᆞᆫᄃᆡ其幕下等이該刺客을嚴刑에處ᄒᆞᆷ을主張ᄒᆞ나袁總督이此言을不聽ᄒᆞ고幾日後에後門으로放送ᄒᆞ얏더라

雜報

●自用이不如薦賢

凡所謀國之道가不過乎利害得失而已矣라如此而利된不如此之害를可知也오如彼而失인된不如彼則得을亦可知矣니利害得失이較若劃一ᄒᆞ야人人이可得以知之인바今夫韓之危亂이由於無政無法은人所皆知인즉旣知其病源之在此인된亟宜反其道ᄒᆞ야修政立法而矯之이거날竊觀內府動靜컨된不進不退ᄒᆞ며如醉如夢ᄒᆞ야無一政之改圖와一事之振作ᄒᆞ야擧國志士가言之而不加察ᄒᆞ며許多困民이哭之而不知恤ᄒᆞ고惟是默然而已오恬然而已인즉不審諸公이眞在夢中歟아覺而尙帶夢中痴想ᄒᆞ야若墮霧中歟아其或政法이無關ᄒᆞ야人之言을不足聽施歟아其或政法之外에別有可仗之奇策歟아其或屋已傾矣오舟已破矣라無可奈何而然歟아眞可令人猜着不得이로다若謂之政法無關인 全國內紛紜怨독을昭不可掩也오若謂之別有奇策인된神助鬼護之外에似無他箇近理요若謂之無可奈何된君父之病에不思醫藥ᄒᆞ고付諸天命은大不敬也라歷論三者에無一其可ᄒᆞ니諸公之袖手蹲坐가其或係戀於倖金歟아其或曰非我也면無人可任國事라ᄒᆞ야逡巡而未去歟아噫嘻라未可知也로다堂燕之樂은識者에所歎이요大木之標에其傷이必多ᄒᆞ나니不幸國事大去면諸公이安得晏然이며且今全國人民이皆知政府之終不可開悟ᄒᆞ고望斷心死에與國相忘ᄒᆞ야言者不復有言ᄒᆞ며哭者不遑其哭ᄒᆞ야狠然視國而胥懷離散ᄒᆞ니夫言至於無ᄒᆞ며哭至於無哭인된其憾恨愁毒之心이必有深於肆言而痛哭者矣라民情如此而其國安全은古未嘗有也니諸公이能無怵然于心者乎아蓋嘗聞之컨된自用者ᄂᆞᆫ無遠慮ᄒᆞ고薦賢者ᄂᆞᆫ受上賞이라ᄒᆞ니諸公이苟意乎存國인된和衷協力을如共推一車ᄒᆞ야愼厥運轉而期於偕之坦道이되才或有所未逮어든公薦幾箇賢者而合辭聯請ᄒᆞ야讓以薦賢에一擧廣績이면他日民國之得全이未必非諸公之所倡이라令擧로可取요上賞을可受ᄒᆞᆯ지니較諸今之默默招방권된榮辱得失이奚啻天淵乎哉아

秋夜歎 (續)

秋夜長秋夜長
一輪皓月滿天下
月色不分坤東西
人情奈何有苦樂
東家歡笑西家泣
哭聲笑聲引我愁
初更看月仍不眠
二更看星又無寐
三更看河正不眠
四更看天獨不寐
虫語啣啣喧四壁
玉露처처冷寒宵
吁嗟乎洞庭一鴈高叫處
正是愁人不寐時
東海近傳平和約
務農息兵樂天下
胡爲乎中夜仰天共發嘆
야出心中無限火
起看中天星河傾
萬籟無風玉宇高
鶴嘯江山五百年
神聖英武相傳來
嗟呼廟모久無良
主辱臣死爲虛語
前春東風遍入旭日章
萬乘帝城大愓旗
轟雷마震驚天地
廟堂相公日日睡

●正誤 昨日本報第五十二號論說중露日條約第二條內에(韓日議定書를依)의七字를删去ᄒᆞ고以(大韓政府와連結)七字로更植홈

●官廳事項 (續)

忠淸南道管下郡守治績

靑陽郡守李敎承 租稱自諒에可귀廉雅라上

定山郡守蔡龍臣 勤孜奉公에易得民이라上

■城郡守吳根濬 第觀來績에姑無苛評이라上

魯城郡守李宗烈 將多前績이亶在新政이라上

恩津郡守金商甚 尤甚樂局에宜諫良才라妓樂之遊를罔念過音ᄒᆞ고吏鄕之賂ᄂᆞᆫ其奈添請아下

懷德郡守趙貝濬 莫曰初手ᄒᆞ라皆其實心이라鎭路息奨ᄒᆞ니役徒遵約ᄒᆞ고鈴庭少事ᄒᆞ니農民安業이라上

海美郡守李寶鐘 受侮孔多ᄒᆞ니自反可知라下

稷山郡守郭찬 惟其文雅에何有政事리오上

連山郡守李鍾哲 大體固多善處ᄒᆞ니小節不須細究라上

保寧郡守任百濬 過於慈善에近乎羅軟이라吏無所憚케民受其弊라下

鎭岑郡守鄭斋永 綜詳做治에謹愼成規라上

오川郡守李丙默 非無善績이나但欠曠職이라中

濟州牧管下郡守治蹟

濟州郡守李鍾彙 未赴任

大靜郡守南萬里、明達事物惠適吏民上

旌義郡守蔡洙康 曠不妨務治尙銳意上

以上九年度春夏等

廣告

本社에서各種敎課書及書籍雜誌月報請牒通文廣告卒業証書領受証名帖等印刷營業ᄒᆞᆷ은旣爲廣佈이오나今般家屋을重建ᄒᆞ고活版의諸具와各種活字及輪廓과電氣版與石版을一層擴張하오니有志하신 僉君子ᄂᆞᆫ枉臨請購ᄒᆞ심을務望

現今大韓誌再刊發售所如左

鍾路大東書市
東關能朝橋越邊朱翰榮冊肆
中署布屛下南邊金相萬冊肆

美洞博文社社長河相驥
擔務吳台煥 告白

安東郡守沈理燮氏가下車以後에特察民隱ᄒᆞ야一心做治에民皆安堵ᄒᆞ야咸曰陽春이復回라ᄒᆞ고家家頌德ᄒᆞ야村村木碑에頌聲載路矣러니不意에一進會員이以何含嫌으로子날於內部ᄒᆞ야如此郡守ᄂᆞᆫ更勿下送之意로明言云ᄒᆞ니豈有如許義理乎아生等이有此緊關ᄒᆞ야方今留京이라가聞此不義ᄒᆞ고不勝奮冤ᄒᆞ와玆以廣告하오니 僉君子ᄂᆞᆫ照亮ᄒᆞ시옵

安東民李憲求
權麟鎬
權重益 等 告白

特別廣告

本申報ᄂᆞᆫ海外電報를卽接ᄒᆞ야機關이靈通ᄒᆞ고外報와探報ᄅᆞᆯ敏捷活潑ᄒᆞ도록注意ᄒᆞ오며申報發送ᄒᆞᄂᆞᆫ되迅速信傳ᄒᆞ기ᄂᆞᆫ分傳人의게在ᄒᆞᆷ으로本社에셔平常에諸分傳人의게丁寧告戒ᄒᆞ고申申訓飭ᄒᆞ야毋或嬾惰ᄒᆞ게注意ᄒᆞ거니와如或暫有稽忽이라도愛讀僉君子ᄂᆞᆫ審使通知于本社ᄒᆞ시면該分傳의게誠信相孚ᄒᆞ도록耳提面命ᄒᆞ고勤贊가發生ᄒᆞ도록誨論ᄒᆞ야必無遲誤ᄒᆞ기로期待ᄒᆞᆸᄂᆞ이다

本社에寄書ᄒᆞ시ᄂᆞᆫ諸君子ᄂᆞᆫ姓名과居住ᄅᆞᆯ明確ᄒᆞ게懸錄送附ᄒᆞ시와證據가有ᄒᆞᆷ을必要ᄒᆞᆷ이오公衆平和ᄒᆞᆫ秩序ᄅᆞᆯ紊亂케ᄒᆞᄂᆞᆫ意와社會上不經荒雜ᄒᆞᆫ寄書ᄂᆞᆫ不受ᄒᆞᄂᆞᆫ權利가本社에自有ᄒᆞ오니肯諒ᄒᆞ시ᄋᆞᆸ

大韓每日申報社

廣告

貿易商 本社ᄂᆞᆫ仁川港日本郵便電信局對面

電話第二百一番地

仁川港 廣昌洋行

벤넷트合社告白

○鐵路部

○東大門과新門間에來往車ᄂᆞᆫ每十分間에運行홈

東大門發初車ᄂᆞᆫ午前六時三十分

新門外停車場發初車ᄂᆞᆫ午前六時五十五分

東大門發終車ᄂᆞᆫ午後九時五十分

新門外停車場發終車ᄂᆞᆫ午後十時十五分

○東大門과洪陵間에來往車ᄂᆞᆫ每二十分間에運行홈

但自鍾路로東大門에來到ᄒᆞᆫ交替車로聯絡홈

東大門發初車ᄂᆞᆫ午前六時五十分

洪陵發 初車ᄂᆞᆫ午前七時十分

東大門發終車ᄂᆞᆫ午後七時五十分

洪陵發 終車ᄂᆞᆫ午後八時十分

○鍾路와龍山間에來往車ᄂᆞᆫ每十二分間에運行홈

鍾路發至南大門初車ᄂᆞᆫ午前六時四十八分

鍾路發至龍山 初車ᄂᆞᆫ午前七時二十四分

南大門發至鍾路初車ᄂᆞᆫ午前六時五十六分

龍山發至鍾路 終車ᄂᆞᆫ午前七時五十七分

南大門發至鍾路終車ᄂᆞᆫ午前十時八分

龍山發至鍾路 終車ᄂᆞᆫ午後九時九分

○特別私用車ᄂᆞᆫ顧客의方便ᄒᆞᆷ을隨應ᄒᆞ야準給홈

但定價ᄂᆞᆫ本社에來臨ᄒᆞ야請問ᄒᆞᆸ

○電燈部

二百五十燭力以內의敷用處에ᄂᆞᆫ每個月에定價表가如左홈

○十六燭力燃燈達夜에二圓五十錢

○三十二燭力燃燈達夜에四圓

○五十燭力燃燈達夜에六圓

○一百五十燭力燃燈達夜에十圓

一千二百燭力弧形燈達夜에二十圓

二百五十燭力以上의敷用處에ᄂᆞᆫ請求ᄒᆞ면瓦斯計一箇ᄅᆞᆯ設給홈

但瓦斯計賃金은每個月에二圓이오瓦斯計測驗表委托定價ᄂᆞᆫ每時間每암피아에二錢이ᄋᆞᆸ

瓦斯計設給處에셔每介月支拂金最低額은每個月에二十圓인듸(瓦斯計貸金은)据홈

電燈을敷設ᄒᆞ기에請求ᄒᆞᄂᆞᆫ듸給홈로供

各種連技辦燈도常時에貯存ᄒᆞ엿ᄉᆞᆸ

本社鐘路電氣會社

韓美電氣會社 告白

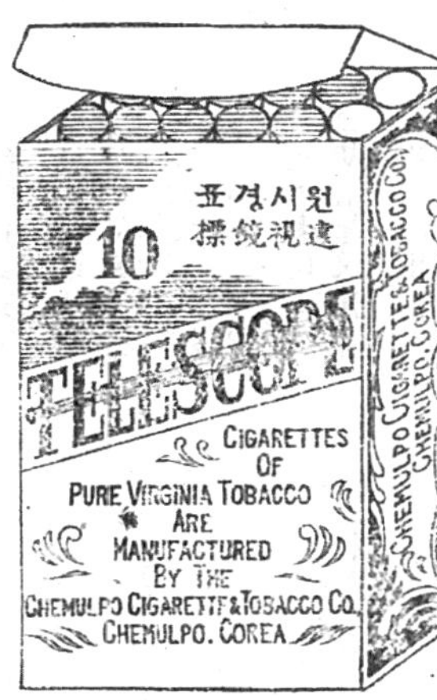

以上三種은上品으로製造ᄒᆞ야衛生上에至極有益ᄒᆞ오니毋論某人ᄒᆞ고本社에來願ᄒᆞᆸ

大韓帝國仁川港

濟物浦紙卷煙及烟草會社

一鷹標罐濃詰牛乳

一金剛罐詰濃結牛乳

一無雙家用氣化乳酪

一쏘ㅣ든쓰製造麥芽化合牛乳

以上은常時에貯積ᄒᆞ엿ᄉᆞᆸ

美國紐育港쏘ㅣ든쓰濃結牛乳會社

一手代理店 大韓仁川港 世昌洋行

廣告

一雜貨商

一貿易商

一船舶取扱

一煙草商

一委托販賣及貨物運送代理業

一貿易石炭商

以上輸入及輸出者

京城 仁川 大昌洋行

本社廣告

申報價

一張代金 韓貨五錢

一箇月前納 五十錢

三箇月 一元五十錢

六箇月 二元九十錢

一箇年 五元八十錢

郵稅一部 新貨五里

一箇月 十五錢

廣告科

四号活字十三字詰

每日每英尺一寸에新貨五[illegible]

(每日每行에六錢에相當홈)

二周日에 二圓五十錢

(每日每行四錢五里에相當홈)

一箇月에 五圓

(每日每行四錢一里에相當홈)

其期限의長短과字行의多少ᄅᆞᆯ依ᄒᆞ야增減홈이有홈

大韓人마다此申報ᄅᆞᆯ不得不閱覽ᄒᆞᆯ실터이오니廣告出報ᄒᆞ실僉君子ᄂᆞᆫ來臨面議ᄒᆞ시ᄋᆞᆸ

發行兼編輯人 英國人裴說

發行所

京城北署壽進坊𣳾洞号外地法語學校前

大韓每日申報社

第三卷

大韓每日申報
대한미일신보

第五十四號

月曜及慶節 時日休刊

檀君開國四千二百三十八年
箕子元年三千二十七年
大韓開國五百十四年
日本明治三十八年
清國光緖三十一年
陰曆乙巳九月小十七日丙戌

論說

日本及韓和條件

日本에或有叛亂흔아日然ᄒᆞ다近日東京에서暴動首唱者의住處搜探을觀之ᄒᆞ면現任政官은今此媾和條約의失望됨을因ᄒᆞ야自然發起흔줄노觀測지안코

但是組織改革之起因이오惟以不滿和約으로聲言흠은不過稱名인줄을認定ᄒᆞᄂᆞᆫ지라東京戒嚴令이尙今不弛ᄒᆞ고責罪律文을方今按據흠이니此ᄂᆞᆫ政府官憲이來頭暴亂을顧慮흠이로다

十有一年前日淸交戰後에日本이備遊版動흠을今日史編에閱覽ᄒᆞ면悉인바當時戰役이演捷奏功이언마ᄂᆞᆫ三國勸告之下에未免遼東을還附ᄒᆞ야使其日本으로還作叢林居住ᄒᆞ얏스니伊日成功이止此而已어니와今日戰效도對此近似或同一흠을未能質言이로다

日本의治民政策이甚爲完結ᄒᆞ야如干亂機ᄂᆞᆫ能用密計處決이어니와至于近日暴動ᄒᆞ야ᄂᆞᆫ其所豫定或自然을何足掛念이리오

但締約以後에未有受安慰흠이實所顧慮여날日本政府ᄂᆞᆫ不此之ᄒᆞ고但急喘을少緩코저ᄒᆞᄂᆞᆫ貌樣이現흘뿐더러猶且和約正文을遲緩未布ᄒᆞ며[illegible]期會를遷延未遂흠은對其인民ᄒᆞ야尤爲不好흔所報가有흠으로政府가畏憚其露出흠인줄確然可測이라不快之情을欲爲避免ᄒᆞ야如此遲延[illegible]흠으正是日延之遲요

且其人民은對此日事端ᄒᆞ야似欲決末矣니政府ᄂᆞᆫ不平之日을延타ᄒᆞᄂᆞᆫ디로害源이隨以深矣리라

見有其機ᄒᆞ니日日新報가日本雜誌를照騰흔欄內에和約上韓國關係의語尾를因흔政府次序에一無障碍ᄒᆞᆷ을信愛ᄒᆞ며歐府의[illegible]綴흔을[illegible]ᄒᆞ야或有所失일ᄉᆞ論及ᄒᆞ얏더라

再昨本報에記載흔和約譯文이我等畧度에ᄂᆞᆫ必無異意리니果若信然이면俄國承認이日本之與韓連結行動에不過ᄒᆞ니然中如此保護가緣何不能至於宣布흘理由가明確充滿ᄒᆞ고設使宣布라도決至廢棄ᄒᆞ야自歸無效之言ᄒᆞ리로다

日本內에快樂和睦之인은對韓此策[illegible]ᄒᆞ야於焉間에成其戰[illegible]得其安慰ᄒᆞ니如此[illegible]絶ᄒᆞ야[illegible]已熟之末오日本도[illegible]地ᄒᆞ[illegible]力으로取其可得之物[illegible]過흠[illegible]自[illegible]ᄒᆞᄂᆞᆫ時에ᄂᆞᆫ[illegible]의紛爭이復起ᄒᆞ리니諸般인民이有誰當責ᄒᆞ將欲[illegible]ᄒᆞ야隨致叛亂이리니請望其浸息이어다

官報

◎第三千七十號 光武九年十月十四日

◎宮廷錄事

詔曰從二品洪承憲特免懲戒

光武九年十月九日

議政府參政大臣韓圭卨

詔曰命宮內府特進官李淳翼爲弘文館學士從二品姜斗秋爲侍從院副卿

詔曰命太僕司長金大鎭爲典선司長正三品洪鍾억爲太僕司長

以上十月十二日

弘文館學士趙慶鎬辭職疏

旨省疏具悉所請依施

平安南道觀察使李容善辭職疏

旨省疏具悉今玆特畀不當言辭卿其勿煩卽速登途

侍從院副卿朴弼遠辭職疏

批旨省疏具悉所辭侍從副卿之依施

以上十月十一日

◎敍任及辭令

特免懲戒 從二品洪承憲

解兼任忠淸北道裁判所判事 忠淸北道前觀察使李容善

解兼任平安南道裁判所判事 平安南道前觀察使申泰熙

解兼任江原道裁判所判事 江原道前觀察使[illegible]鍾弼

解兼任仁川港裁判所判事 仁川前監理劉燦

命兼任忠淸北道裁判所判事 忠淸北道觀察使申泰熙

命兼任平安南道裁判所判事 平安南道觀察使李容善

命兼任江原道裁判所判事 江原道觀察使閔泳敦

命兼任仁川港裁判所判事 仁川監理河相驥

以上十月九日

機張郡守林[illegible]學
通津郡守李普鉉
警務廳警務官李時榮
依願免本官

任保寧郡守敍奏任官六等 正三品申奭求

任安山郡守敍奏任官四等 藍浦郡守李奭宰

任恩津郡守敍奏任官六等 正三品李敏復

任藍浦郡守敍奏任官五等 內部主事徐相勛

任청州郡守敍奏任官四等 槐山郡守閔泳殷

任始興郡守敍奏任官六等 六品金宗國

任慈山郡守敍奏任官五等 正三品洪淳九

任槐山郡守敍奏任官六等 六品張紀淵

任定平郡守敍奏任官六等 正四品尹秉[illegible]

任尙州郡守敍奏任官一等

任機張郡守敍奏任官六等 正三品俞鎭贊

任德山郡守敍奏任官六等 六品洪在奎

任扶餘郡守敍奏任官六等 正三品[illegible]

任臨陂郡守敍奏任官五等 六品李大鍾

任城津郡守敍奏任官六等 正三品尹奎燮

任平昌郡守敍奏任官六等 平安南道觀察府主事高源植

任茂山郡守敍奏任官六等 正三品[illegible]台錫

六品權泰珩

秘書監丞李源榮
西京豐慶宮參書官金[illegible]
依願免本官

解文獻備考纂輯所委員

命弘文館學士敍勅任官二等 金澤榮

命侍從院副卿敍勅任官三等 宮內府特進官李淳翼

命典선司長敍勅任官三等 從二品姜斗秋

命太僕司長敍勅任官三等 太僕司長金大鎭

任秘書監丞敍奏任官三等 正三品洪鍾억

任西京豐慶宮參書官敍奏任官四等 正三品李會雨

命文獻備考纂輯所委員 正三品姜在喜

任務安監理敍奏任官二等 農商工部主事宋儀憲

任東萊監理敍奏任官三等 東萊監理韓永源

正三品李懋衆

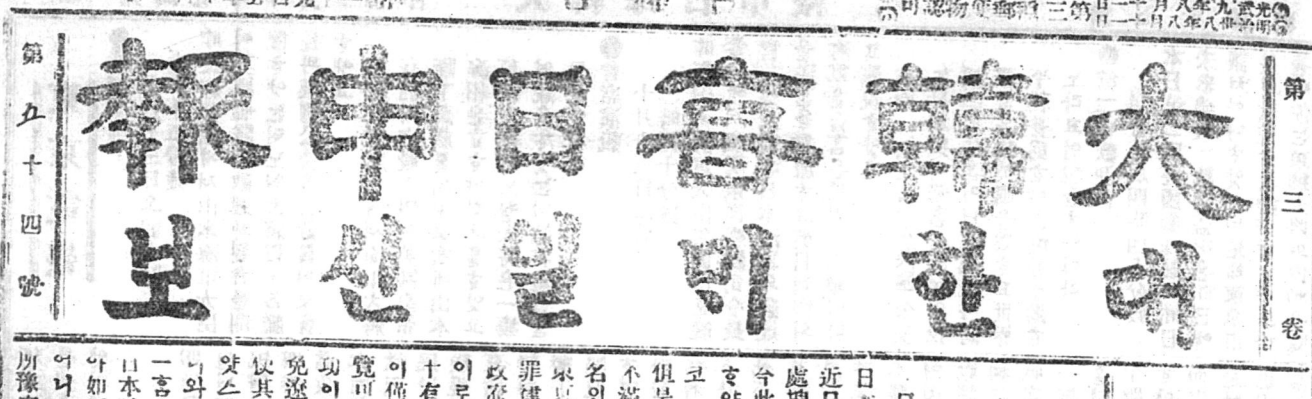

以上十月十一日

東京電報

●晩餐開催　十月十三日午前十時三十五分發

昨夜紅葉館에셔山本海軍大臣이英國艦隊員歡迎晩餐會를開催ᄒᆞ얏ᄂᆞᆫᄃᆡ노웰大將以下各艦長과英國公使等百餘員이來會ᄒᆞ얏고

右晩餐會席上에셔海軍大將有栖川宮殿下ᄭᅴ셔英國皇帝陛下萬歲를唱ᄒᆞ고次에山本海相은立ᄒᆞ야인ᄉᆞ를ᄒᆞ얏고英國公使及노웰大將은一場연說을ᄒᆞ얏ᄂᆞᆫᄃᆡ頗히盛會를呈ᄒᆞ얏더라

●會席演說　十月十三日午后○時四十分發

昨夜山本海軍大臣의開催ᄒᆞᆫ晩餐會에셔英國東洋艦隊司令長官노엘大將은日本海軍의發達을遂ᄒᆞᆷ을敬服ᄒᆞ고英日兩國의海軍을合ᄒᆞᆷ은世界一大勢이라고演說ᄒᆞ얏고

右同一席上에셔英國公使ᄂᆞᆫ日本兵에强ᄒᆞᆷ을國民의後援으로依ᄒᆞᆷ이니此國民과同盟ᄒᆞᆷ은我英國을爲ᄒᆞ고世界平和를爲ᄒᆞ야喜悅를不勘ᄒᆞ노라고연說을ᄒᆞ얏더라

●第二會歡迎會　同日午后四時四十分發

本日第二回英國艦隊員(昨日未發半數)歡迎盛況은昨日에讓치아니ᄒᆞ얏ᄂᆞᆫᄃᆡ尾崎東京市長의歡迎ᄒᆞᄂᆞᆫ辭가有ᄒᆞ얏고다垩中佐ᄂᆞᆫ東鄕大將의偉勳을嘆稱ᄒᆞ고英國도日本勢力의感化를受ᄒᆞᆯ日이有ᄒᆞ리라고연說ᄒᆞ얏더라

寄書

即指民志達上而君德下孚之謂也니反是則爲否라君猶天也오民猶地也오宰相者ᄂᆞᆫ居중ᄒᆞ야四時行令之吏也니推此而可知爲政之道라書曰民惟邦本이니本固邦寧이라ᄒᆞ고又曰民之所欲天必從之라ᄒᆞ고又曰大畏于民岩이라ᄒᆞ니居上御下가亦不艱難乎아哀我國民이于今幾年에拘束不解而永作外人之奴隸則抑快於閣下之心乎아言之到此에直欲嘔血而死也로다以若外交論之ᄒᆞ면往在俄日交戰之際에謂修同盟之約而其云施政改善忠告容者를深思極究則惟我君臣上下가生不可以對外人於世界오死不可以見　先王於地下라其時主盟調印之址鋒이尙今假息於覆載之間ᄒᆞ야連帶樞要ᄒᆞ야洋洋自得ᄒᆞ야罪上添罪를指不勝數라自是厥後로噫彼盟隣이因緣幹旋ᄒᆞ야憑藉軍威ᄒᆞ고勒請而强認者가俱是關係國權利益民產이非一非再라今則交戰之國이已成平和ᄒᆞ니請皆一一推還ᄒᆞ야毋至國亡民散之境ᄒᆞᆯ지어다生雖無似나粗有忠君愛國之誠ᄒᆞ야近以此等事로投書於日使而尙未有復ᄒᆞ니固知其非不若是나然이나其所忮惋則何可量也리오閣下果知何樣禍機包藏於外人之腸肚而若是遠巡拒過也오不思王蠋之義而欲爲馮道之徒耶아雖今日이라도尙未爲晩이니伏願閣下ᄂᆞᆫ蕩滌舊染之汚ᄒᆞ고亟圖刷新之策ᄒᆞ야扶我宗祊於垂亡之地ᄒᆞ고奠我國民於已散之境을千萬幸甚　完

雜報

●海察新任　黃海觀察具永祖氏ᄂᆞᆫ贊議를任ᄒᆞ고贊議高永喜氏ᄂᆞᆫ黃海觀察使를被命ᄒᆞ얏더라

●趙氏判事　法部參書官趙經九氏ᄂᆞᆫ裁判所首班判事를任ᄒᆞ얏더라

●秘書遞任　秘書丞林炳恒李鼎來洪性友三氏代에正三品李肇榮鄭鉉侍從李鼎明三氏가任ᄒᆞ얏더라

●法官雙免　平理院判事嚴柱日裁判所檢事試補李邦協兩氏ᄂᆞᆫ幷依願免本官ᄒᆞ얏더라

●仁天雨露　智島郡流三年罪人閔丙奭氏ᄂᆞᆫ　詔勅으로放送ᄒᆞᆸ셧더라

●賊漢被捉　日昨에廟洞大路邊銀房에在ᄒᆞᆫ兒이가銀房門을鎖ᄒᆞ고渠家로還歸之際에何許賊漢이突入ᄒᆞ야該兒의所持ᄒᆞᆫ庫房開金을奪取ᄒᆞ라ᄒᆞᆯᄌᆞᆨ該兒가言詰ᄒᆞᆯ時에該坊巡檢이來到ᄒᆞ야厥漢을捕縛ᄒᆞ고開金을推給ᄒᆞ얏다더라

●休官何多　漢城裁判所首班판事李鍾聖檢事試補李邦協主事金昌烱金埈氏等四人을減額勿補ᄒᆞ기로決定되얏더라

●韓美合設　毛橋居尹昌錫長洞居訖法兩氏가農部에청願ᄒᆞ얏ᄂᆞᆫᄃᆡ本人等이京城南門外에庫舍를建築ᄒᆞ고會社를組織ᄒᆞ야定欵을後錄청願ᄒᆞ오니即爲認可라더라

一會社目的은物貨寄托을應ᄒᆞ야此를保管ᄒᆞ며貸庫에業과保管物貨의保險의業을營爲ᄒᆞᆷ

一會社의名稱은韓美協同倉庫會社로ᄒᆞᆷ

一會社의本店은京城南大門外盤石坊蓮花契에置ᄒᆞᆷ

一會社의資金은五萬圜으로ᄒᆞᆷ

●學資請撥　駐日韓國公使趙民熙氏가學部에報告ᄒᆞ얏ᄂᆞᆫᄃᆡ九月朔學資金을請撥ᄒᆞ옵고更不得債支撥이기를日望이러니九月朔이亦已當終ᄒᆞ야도亦無回指故로忍恥冒廉ᄒᆞ고日本商人에게懇乞得債支給이온즉八月朔學資中得債條三百五元九十一錢及九十二個朔利子二十一元三十二錢과九月朔學資金額一千三百二十五元得債條及同十月朔利子四十六元三十七錢五里를迅速支下ᄒᆞ시와克日償淸케ᄒᆞ시고本月學資一千三百二十五元을亦一切兌送ᄒᆞ심을預先伏望이오며每朔學資를月終二十六日에外務省政務局에서領收ᄒᆞ야東京部로轉送ᄒᆞᄂᆞᆫ確定限日에若不撥來ᄒᆞ면外務省에서先爲支給ᄒᆞᆯ깃다ᄒᆞ오니十月朔부터나學資를得債送交ᄒᆞᆷ이無케ᄒᆞ시면外人의譏笑를可免ᄒᆞ올ᄲᅮᆫ더러館債如山ᄒᆞ야日夜深憂ᄒᆞᄂᆞᆫ中學債에添憂를可免ᄒᆞᆯ깃삽기玆에報告ᄒᆞ오니上項合金三千二十三元七十錢五里를即速支撥이라더라

●參政輪照　參政大臣韓圭卨氏가各部에照會ᄒᆞ얏ᄂᆞᆫᄃᆡ本年五月一日에貴部所屬判任官中有闕이거든銓考及第人으로叙任케ᄒᆞᆯ事로已經照會在案이온바伊後多月에尙未實施ᄒᆞ니切非收用之本意이옵기向於議席에銓考及第人을各官廳主事定員에多寡를隨ᄒᆞ야分排收用ᄒᆞᆯ意로僉議一致ᄒᆞ와玆以照佈ᄒᆞ오니照亮施行ᄒᆞᆷ事

左開主事定員額

議政府十四人表勳院二人合十六人　外部十九人　內部三十二人漢城府五人警務廳十人合四十七人　度支五十七人　軍部三十人陸軍法院九人武官學校三人幼年學校二人軍器廠三人合四十七人　法部十五人平理院十八人漢裁七人合三十二人　學部十一人　農商工部二十二人　中樞院四人

部府院廳分排人員

議政府　洪鍾佑尹弘植二人

外部　李相元一人

內部　高丙斗洪承駿송之憲李始厚洪在麗五人

度支部　金怡鉉禤秉圭李鳳鍾金元祐盧鎰崔榮玖六人

軍部　金秉璡金相益李大容權純翊許敏五人

法部　沈魯旭安東洙金完鎭彰鍾獻四人

學部　李允熙金公植二人

農商工部李鍾恒柳吉秀吳永田三人

中樞院　李敏甲一人

●綿種廣佈　農部에셔全南觀察에게訓飭ᄒᆞᆫ內槪에現接日公使公函內本國綿花種子과比諸大韓綿種이면其所出利益이倍多이日本綿花會社員春野芳藏이歸於羅州郡伏岩面草場에廣佈綿種於右郡ᄒᆞ야以期兩國人民之利益ᄒᆞ고試驗取種이되該場每年所收柴價ᄂᆞᆫ該日人이該場主에게依數還給ᄒᆞ고約定年限이過ᄒᆞᆫ後에ᄂᆞᆫ該場을還歸本主로發訓該道爲要라ᄒᆞ니貴觀察使ᄂᆞᆫ以此意로發訓于該郡ᄒᆞ야使之另飭後場主ᄒᆞ고凡關綿種廣佈一欵은從該會社員所청ᄒᆞ야訓飭于管下綿產各郡ᄒᆞ야以便農業發達이라더라

●函指原處　內部에셔通信書記官池田十三郎氏에게函復ᄒᆞᆫ內開에貴函을接閱ᄒᆞ온즉通信所用修理公事에對ᄒᆞ야電간木을京畿忠淸全羅慶尙平安各道에셔所用ᄒᆞᆯ터이니訓飭各道等因인바此非弊部所關이니函問於通信院捴辦을爲盼라ᄒᆞ얏더라

●儒生榜目　成均館儒生을시取ᄒᆞ야經學科合시榜目이如左ᄒᆞᆷ

송仁憲　朴先陽　李章穮　吳忠植　李彰夏　李承설　閔璣植　辛在克　徐萬弼　合九인이라더라

外報

●條約批准 本月十三日東京電을據ᄒᆞᆫ즉講和條約은旣已批准되야帝國政府에서는法國公使를經由ᄒᆞ야俄國에通告ᄒᆞᆯ터이나露國에서는尙今何等通知도無ᄒᆞ다더라

●交換發表 同電을據ᄒᆞᆫ즉日本皇帝의御批准書는華盛頓에送致ᄒᆞ야高平公使와虜全男爵間에俄帝의批准書와交換ᄒᆞᆯ터인ᄃᆡ其期日은本月二十日頃에在ᄒᆞᆯ깃고條約全文의公表는交換後에在ᄒᆞᆯ터이오條約締結後五十日期限이今月二十四日에滿期되는故로二十四日內로는交換發表가되리라ᄒᆞ더라

●滿洲還付 上海타임쓰에記載ᄒᆞ야曰日本이滿洲를還付ᄒᆞᆷ은已定ᄒᆞᆫ事實인ᄃᆡ如何히還付ᄒᆞᆯ方法에至ᄒᆞ야는日本政府는淸國政府의請求가有ᄒᆞᆷ을不拘ᄒᆞ고小村男이歸朝ᄒᆞᆫ後에는返ᄒᆞᆯ써름이라ᄒᆞ며又一說에는日本政府는間接으로淸政府에對ᄒᆞ야三億萬元의費用을要求ᄒᆞ얏다더라

●滿洲開放 淸國政府는左開場所를商業으로爲ᄒᆞ야開放ᄒᆞᆯ旨로公示ᄒᆞ얏다더라

奉天 吉林 安東 普蘭店
齊齊哈爾 琿春 大東溝

●淸國交涉 淸國政府는北滿地方에對ᄒᆞᆫ輸入港으로海蔘威港開放ᄒᆞ라는交涉을露國과同始ᄒᆞ얏더라

●怪疾愈息 普露斯에怪疾이漸次愈息ᄒᆞᆫ다더라

●法艦尋訪 長崎新報에電報의云ᄒᆞᆫᄃᆡ法國艦隊가本月晦間에기야오코후에尋訪ᄒᆞᆯ터이라더라

●演習失錯 日本報를據ᄒᆞᆫ즉日本야기요시村에서九月十八日에爆彈이裂破ᄒᆞ얏는ᄃᆡ其源因은시무노세기地에서日兵들이大砲를演習ᄒᆞ다가彈丸이爆發ᄒᆞ야砲兵二名이卽死ᄒᆞ고四名은重傷을被ᄒᆞ얏더라

●潮漲致死 마샬島에서高潮時에海水가汎溢ᄒᆞ야一百二十人이溺死ᄒᆞ얏다더라

●開通苦待 本月五日發ᄒᆞᆫ倫敦電을據ᄒᆞᆫ즉포트제드에서輪船二十七隻이蘇士運河開通ᄒᆞ기를苦待ᄒᆞᆫ다더라

●海底電線 米國商業太平洋海底電線會社는橫濱麻尼刺間幷上海麻尼刺間海底電線을設置ᄒᆞᆯ計畫中인ᄃᆡ日本政府는其承諾을與ᄒᆞ얏다云ᄒᆞ더라

●法德協約 倫敦電을據ᄒᆞᆫ즉法德兩國이摩落哥의特權에對ᄒᆞ야相詰ᄒᆞ얏다가法德兩國이互相協議ᄒᆞ야該兩國이新協約을定ᄒᆞ고德廷에서摩落에特權을法國에承認ᄒᆞ얏다ᄒᆞ며其協約의調印事는校正ᄒᆞᆯ써ᄭᆞ지延期ᄒᆞᆫ다더라

●特賜紅鷲 웰늬암皇帝께셔大十字紅鷲(勳名)을俄國全權大使윗트氏에게特賜ᄒᆞ얏더라

●郵遞將撤 日本報를據ᄒᆞᆫ즉滿洲에日本野戰郵遞局은行將撤歸ᄒᆞᆯ터이오旅順口와ᄃᆡ랜에郵遞社는仍置ᄒᆞᆫ나더라

●法艦破碎 倫敦電을據ᄒᆞᆫ즉安南東京灣에去二月봇터繫留ᄒᆞ얏든法國巡洋艦셀늬號는二片에碎破ᄒᆞ얏는ᄃᆡ其價値는一億스털링이라더라

●俄法調印 維也納電을據ᄒᆞᆫ즉俄法通商條約을彼得堡에서調印ᄒᆞ얏더라

●提督被議官 同電을據ᄒᆞᆫ즉德國水師提督본커에스터氏는普羅士上議院의議官을被任ᄒᆞ얏더라

●土殺教人 華盛頓電을據ᄒᆞᆫ즉土耳其人民이메세돈이아에서耶蘇教人을暴殺ᄒᆞ얏스니該國官人이鎭壓ᄒᆞᆯ計劃을思想치아니ᄒᆞᆫ다더라

雜報

時間當惜

人生百年之間에事業을成就ᄒᆞ야草木同腐를免코져ᄒᆞᆯ진ᄃᆡ一時間을萬金과ᄀᆞ치惜ᄒᆞᆯ리로다

古人이云ᄒᆞ되

聖人은寸陰을惜ᄒᆞ시니衆人은맛당이分陰을惜ᄒᆞᆯ리라ᄒᆞ엿스니此言이念念不忘ᄒᆞᆯ지라만일此時에不爲ᄒᆞ야도後時가有ᄒᆞ다謂ᄒᆞ며

今日不爲ᄒᆞ야도來日이有ᄒᆞ다謂ᄒᆞ면無情歲月이忙若流波ᄒᆞ야一新를放過ᄒᆞ면一年之害가有ᄒᆞ고一日을放過ᄒᆞ면十年之害가有ᄒᆞᄂᆞ니

白首枯落ᄒᆞ야窮廬悲歎이復何及矣리오由是觀之ᄒᆞ면吾人懷中에佩ᄒᆞᆫ時計와房中에置ᄒᆞᆫ掛鍾과坐鍾과警時鍾이緊要ᄒᆞᆫ實物이라

一晝夜를二十四時로分ᄒᆞ야上오幾時라ᄒᆞ며下오幾時라ᄒᆞ야二十四時가一日을成ᄒᆞ고一時間에分針은六十分이오刻針은六十刻或六十番으로回轉ᄒᆞᄂᆞ니

此를對ᄒᆞ면日月이如流ᄒᆞ야歲不我延ᄒᆞ는光景을足히惕然儆念ᄒᆞᆯ지라凡百君子는時計와時鍾을一箇玩好之物로認知치몰고

我를警醒케ᄒᆞ는師友로待遇ᄒᆞ야學業에從事ᄒᆞ던지政務에任職ᄒᆞ니던지農業과工業과商業이며其他百般事業에職務가有ᄒᆞᆫ이는時計와時鍾을恒常顧念ᄒᆞ야時間을放過치말고事業을振興ᄒᆞᆯ지어다

何況大韓今日形便이他人은一步를進ᄒᆞ거든我는百步를進ᄒᆞ며他人은十步를進ᄒᆞ거던我는千步를進ᄒᆞ여야收拾桑楡ᄒᆞᆯ萬一之望이有ᄒᆞᆯ거시오

若其前日에安逸習慣이一向沈痼ᄒᆞ야奮發振勵의步취가未有ᄒᆞ면來頭慘酷ᄒᆞᆫ境遇를實不可問이니然則時間當惜이라ᄒᆞ는四字가實노大韓人士의게第一頂針이라ᄒᆞ노라

●醫徒시選 日昨에醫務廳에서醫務學徒三十名을시選ᄒᆞ얏는ᄃᆡ應시者가數百인에至ᄒᆞ다더라

●亦是惠典 自今朔爲始ᄒᆞ야巡檢處에以食費로新貨一元式磨鍊ᄒᆞ얏더라

●訓勉復習 學部에서師範學校에訓令ᄒᆞ얏는ᄃᆡ貴校學員之造詣夙就有成云ᄒᆞ니聞甚可尙이라修業年限은雖未准期나不可無獎拔之擧ᄒᆞ야特爲卒業시驗ᄒᆞᆯ깃기兹以訓令ᄒᆞ니照亮後使諸學員으로復習케ᄒᆞᆷ이爲宜라하얏더라

●古來色鬪 昨日上오四時에廣橋等地에서大宮켬인與新宮켬인等數百名이一戰을作ᄒᆞ얏ᄂᆞᆫᄃᆡ其根因인즉必是色界上外立長이의ᄊᆞ홈이라는ᄃᆡ巡檢이禁止ᄒᆞ얏더라

●趙氏䟽槪 特進官趙秉式氏가自劾䟽를奉呈ᄒᆞ얏는ᄃᆡ其槪意를得聞ᄒᆞᆫ즉臣之子黃州郡守됴胤熙曠官事는昨年에遭內艱喪上京ᄒᆞ고其後起服被命而自內部로遞官之令이有ᄒᆞ나又以臣之老衰로不忍離去하야至有多日曠務矣러니內部大臣李址鎔至有上奏免官이온즉一則臣之罪오二則臣之罪라하얏더라

●慶節休報

本日은日曜日인故로依例休刊ᄒᆞ거니와本日이또繼天紀元慶節인故로頌祝ᄒᆞ기爲ᄒᆞ야再明日火曜日에도停刊ᄒᆞ고其翌日水曜日봇터發刊ᄒᆞ오니愛讀 僉君子는照亮ᄒᆞᆷ

●一大運動 昨日上오八時에日語學校學徒百餘名이東小門外三仙坪에서大運動會를擧行하얏더라

特別廣告

本申報ᄂᆞᆫ海外電報를郵接ᄒᆞ야機關이疏通ᄒᆞ고外報와探報를敏捷活潑ᄒᆞ도록注意ᄒᆞ오며申報發送ᄒᆞᄂᆞᆫ되迅速信傳ᄒᆞ기ᄂᆞᆫ分傳人의계在ᄒᆞᆷ으로本社에서平常에諸分傳人의계丁寧告戒ᄒᆞ고申申調飭ᄒᆞ야ᄒᆞ或餘情ᄒᆞ계注意ᄒᆞ거나와如或暫有稽忽이라도愛讀僉君子ᄂᆞᆫ審俾通知子本社ᄒᆞ시면該分傳의계誠信相勉ᄒᆞ도록耳提面命ᄒᆞ고勤贊가發生ᄒᆞ도록諦餘ᄒᆞ야必無遲誤ᄒᆞ기도期行ᄒᆞᄋᆞᆸ나이다

本社에發賣ᄒᆞ시ᄂᆞᆫ諸君子ᄂᆞᆫ姓名과居住를明記ᄒᆞ계驗錄送附ᄒᆞ시와證據가有ᄒᆞᆷ을必要ᄒᆞᆷ이오公衆平和ᄒᆞᆫ款[illegible]은勸계ᄒᆞᄂᆞᆫ意와[illegible]ᄂᆞᆫ[illegible]社에[illegible]自[illegible]ᄋᆞᆸ

大韓每日申報社[illegible]

廣告

貿易商 本社ᄂᆞᆫ仁川港
日本郵便電信局前
電話第二百一番地
仁川港 廣昌洋行
뻔넷트商社告白

○鐵路部

○東大門과新門間에來往車ᄂᆞᆫ每十分間에運行ᄒᆞᆷ
東大門發初車ᄂᆞᆫ午前六時三十分
新門外停車塲發初車ᄂᆞᆫ午前六時五十五分
東大門發終車ᄂᆞᆫ午後九時五十五分
新門外停車塲發終車ᄂᆞᆫ午後十時十五分

○東大門과洪陵間에來往車ᄂᆞᆫ每二十分間에運行ᄒᆞᆷ
但自鍾路로東大門에來到ᄒᆞᆫ交替車로聯絡ᄒᆞᆷ
東大門發初車ᄂᆞᆫ午前六時五十分
洪陵發 初車ᄂᆞᆫ午前七時十分
東大門發終車ᄂᆞᆫ午後七時五十分
洪陵發 終車ᄂᆞᆫ午後八時十分

○鍾路와龍山間에來往車ᄂᆞᆫ每十二分間에運行ᄒᆞᆷ
鍾路發至南大門初車ᄂᆞᆫ午前六時四十八分
鍾路發至龍山 初車ᄂᆞᆫ午前七時二十四分
南大門發至鍾路[illegible]ᄂᆞᆫ午前六時五十六分
龍山發至鍾路[illegible]ᄂᆞᆫ午前七時五十七分
[illegible]ᄂᆞᆫ午前十時八分
龍山發至鍾路 終車ᄂᆞᆫ午後九時九分

○[illegible]

[illegible]ᄒᆞᆷ을隨應ᄒᆞ야準給ᄒᆞᆷ
[illegible]야請問ᄒᆞᄋᆞᆸ
[illegible]에ᄂᆞᆫ每個月에定價表가如左ᄒᆞᆷ
[illegible]五十錢
[illegible]圓
[illegible]圓
[illegible]에十圓
一千二[illegible]에二十圓
[illegible]에ᄂᆞᆫ請求ᄒᆞ면瓦斯計一個를設
[illegible]二圓이오瓦斯計測驗表委托定價
[illegible]이옵
瓦斯計[illegible]에[illegible]月支拂金最低額은每個月에二十
[illegible]瓦斯計[illegible]를據ᄒᆞᆷ
[illegible]請求ᄒᆞ면되給ᄒᆞᆷ로供
各種[illegible]常時에貯存ᄒᆞ엿ᄉᆞᆸ

本社鐵路電氣會社
韓美電氣會社 告白

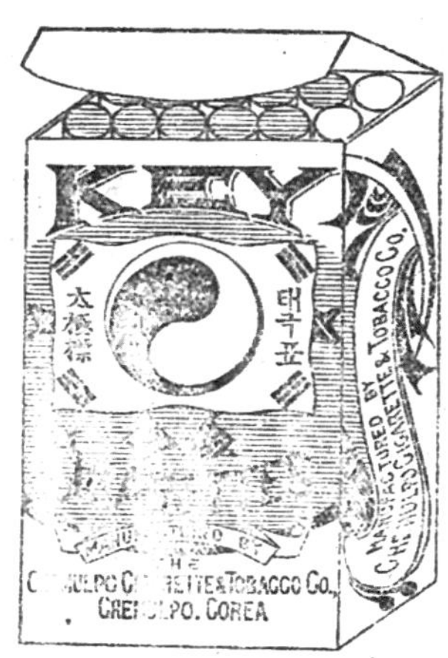

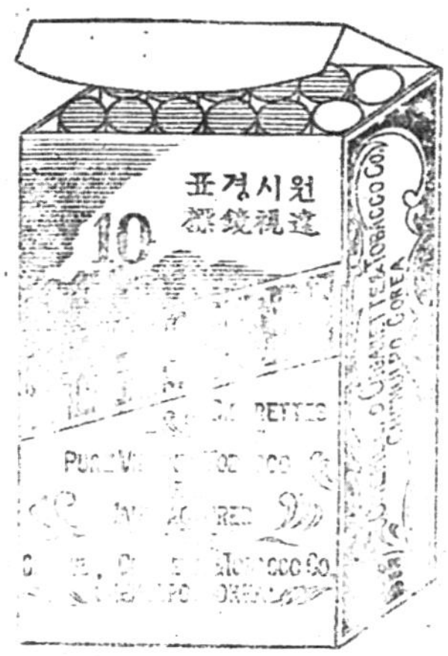

以上三種은上品으로製造ᄒᆞ야衛生上에至極有益ᄒᆞ오니毋論某人ᄒᆞ고本社에來顧ᄒᆞᄋᆞᆸ

大韓帝國仁川港
濟物浦紙卷煙及烟草[illegible]社

一鷹標罐濃詰牛乳
一金印罐詰濃結牛乳
一無糖家用氣化乳[illegible]
一뻐ㅣ든쓰製造[illegible]化[illegible]牛乳
以上은常時에貯積ᄒᆞ엿ᄉᆞᆸ
美國紐育港뻐ㅣ든쓰濃結牛유會社
一手代理店 大韓仁川港 世昌洋行

廣告

一雜貨商
一貿易商
一船舶取扱
一煙草商
一委托販賣及貨物運送代理業
一貿易石炭商
以上輸入及輸出者
京城 仁川 大昌洋行

本社廣告

申報價
一張代金 韓貨五錢
一箇月前納 五十戔
三箇月 一元五十戔
六箇月 二元九十戔
一箇年 五元八十戔
郵稅一部 新貨五里
一箇月 十三戔

廣告料
四号活字十三字詰
每日每英尺一寸에新貨廿五錢
(每日每行에六錢에相當ᄒᆞᆷ)
二周日에 二圓五十錢
(每日每行四錢五里에相當ᄒᆞᆷ)
一箇月에 五圓
(每日每行四錢一里에相當ᄒᆞᆷ)
其期限의長短과字行의多少를依ᄒᆞ야增減ᄒᆞᆷ이有ᄒᆞᆷ

大韓人마다此申報를不得不閱覽ᄒᆞ실터이오니廣告出報ᄒᆞ실僉君子ᄂᆞᆫ來臨面議ᄒᆞ시ᄋᆞᆸ

發行兼編輯人 英國人裵說
發行所
京城北署壽進坊洞号外地法語學校前
大韓每日申報社

第三卷

大韓每日申報
대한매일신보

第五十五號

月曜及慶節
歲時日休刊

檀君開國四千二百三十八年
箕子元年三千二十七年
大韓開國五百十四年
日本明治三十八年
淸國光緖三十一年
陰曆乙巳九月小二十日己丑

論說

韓日關係

最近日本新報를披讀ᄒᆞ미和約正文이今月十一日에公佈될줄信正홈을認悉ᄒᆞ깃스니此果事實이면早晩間今日에ᄂᆞᆫ可接特別電信이라韓國에關係되ᄂᆞᆫ條件正文을熱心企待ᄒᆞ노니此ᄂᆞᆫ韓國自治權이懸於此條文字ᄒᆞᆫ緣由也로다日本政府의形勢와人民의性質이借問何如오若其條欵이此地日本擅權을有何種認許면即爲全有專擅ᄒᆞ야英俄之意ᄂᆞᆫ未可豫測이로되外他列强이說其不然ᄒᆞ기예丁寧無疑홈을未暇顧慮ᄒᆞ리로다東京某報가日本之保護韓國에美國之承諾을陳述ᄒᆞ얏스니此若有效實報면推此可度ᄒᆞᆯ거시亦有ᄒᆞ니其外列邦은尙不認許홈이昭然이라然이나此等報導를擧皆不可准信矣니漢城公館에英義撤還又ᄒᆞᆫ妄說이或有홈이로다

林公使와長谷川大將이旋旆東京홈은韓國內日本永久利益의維支定式을幇助整理코ᄌᆞ홈이나政府方略이止於單設保護면必要를見키難實ᄒᆞ리니余輩의全局所見은韓國關係에別有獨立意義오且意思本源은即是懇願이라觀其風勢에草偃一方ᄒᆞ니若日本이各國承認을得ᄒᆞ기에不用巨大消費면本報推論이必爲確證ᄒᆞᆯ줄深信ᄒᆞ노라

既到此境이면日本이往者當行을反省홈이必有其日ᄒᆞ리니一年有半載에韓國內日本權力이常保宛全ᄒᆞ얏슨즉撫慰政策을試用ᄒᆞ야政府改善의實心勵精과人民利益의永久維支홈을對ᄒᆞ야分明希望을擧示ᄒᆞ얏더면與韓政府連結의短句가將不知缺點이어날今日에是乃欠点이로다

但政閣混亂이有所要用故로因以置之ᄒᆞ얏스니此ᄂᆞᆫ混亂政閣이라야日本干涉을恕容홈을爲홈이라

時事新報揭論에韓國內日本順序의不幸困難홈은勢力之定限이太甚ᄒᆞᆫ所由라ᄒᆞ얏스니此實罔然之錄로다

權力機會가間槖有餘홈은是實無疑언마ᄂᆞᆫ但運用於日本專利ᄒᆞᆫ所致也哉인저小貪大失이定有其理ᄒᆞ니貪大者ㅣ豈能並取小利而成之리오

官報

第三千二百七十一號 光武九年十月十六日

◎宮廷錄事

警務使金思默辭職疏

批旨省疏具悉其於是務亦宜諳鍊爾其勿辭察職

十月十二日

◎叙任及辭令

公州郡守閔泳會
德山郡守李純應
牙山郡守李秉協
海美郡守李寬鍾
保寧郡守任百溶
恩津郡守金商基
竹山郡守李源商
綾州郡守洪鳳杓
萬頃郡守鄭寅羲
鎭山郡守白樂亨

免本官

右ᄂᆞᆫ各該道觀察使의本年度春夏等殿最報告書를據ᄒᆞ온즉該員等이治蹟居下ᄒᆞ얏삽기免本官

十月九日

軍部副官補陸軍步兵副尉 金應善
軍部軍務局騎兵課員陸軍騎兵正尉 李起元
軍部軍務局步兵課員陸軍步兵副尉 李鳳緖
陸軍武官學校學徒隊附陸軍步兵副尉 李甲
陸軍幼年學校副官補陸軍騎兵副尉 朴榮喆
陸軍騎兵中隊附陸軍騎兵副尉 尹致晟

免本職

陸軍步兵副尉金應善
陸軍步兵副尉李甲
陸軍긔兵正尉李起元

任陸軍步兵正尉

陸軍긔兵副尉尹致晟
陸軍긔兵副尉朴榮喆

任陸軍긔兵正尉

陸軍步兵副위李鳳緖

任陸軍긔兵副위

陸軍步兵正위金應善

補軍部副官

陸軍步兵正위李起元

補軍部軍務官步兵課員

陸軍긔兵正위尹致晟

補軍部軍務局긔兵課員

陸軍步兵正위李甲

補陸軍武官學校學徒隊中隊長

陸軍긔兵正위朴榮喆

補陸軍幼年學校副官

陸軍긔兵副위李鳳緖

補陸軍긔兵中隊附

以上十月十日

陸軍步兵正領吳普泳

任侍從武官

內部叅書官禹用鼎

陞叙奏任官二等

以上十月十一日

西京豐慶宮叅書官姜在喜
秘書丞李會雨
秘書丞鄭 헌
京畿觀察府主事李冕珪
全羅北道觀察府主事金최헌

依願免本官

六品朴鶴銓

任西京豐慶宮叅書官叙奏任官四等

正三品林炳恒
正三品李鼎來

任秘書監丞叙奏任官三等

九品申喜均

任京畿觀察府主事叙判任官六等

權咨大

任全羅北道觀察府主事叙判任官六等

漢城府公立小學校教員金敎熙

任官立小學校教員叙判任官八級

官立小學校教員송淳형

任漢城公立小學校教員叙判任官七級

忠淸南道觀察府公立小學校教員徐廷徽
平安南道觀察府公立小學校教員崔聖澤
東萊港公立小學校教員金慶淵
慶尙北道觀察府公立小學校教員李東鉉

任官立小學校教員叙判任官八級

外報

◎英儲巡遊 英國皇太子同妃兩殿下ᄂᆞᆫ本月二十一日에軍艦리나온號로(세노아)에셔出發ᄒᆞ야十一月九日에孟買에到着ᄒᆞᆯ실預定인ᄃᆡ日本에來遊ᄒᆞ게되면其到着期日은十二月末頃에在ᄒᆞᆯ이라더라

◎俄參遊歷 倫敦電을據ᄒᆞᆫ즉俄國叅謀官쿨스노푸氏ᄂᆞᆫ西藏을遊歷ᄒᆞ고彼得堡에回還ᄒᆞ야大言ᄒᆞᄃᆡ달네이나마地에獨立을保守ᄒᆞ고英國의權限을轉移케ᄒᆞᆯ것이라ᄒᆞ더라

東京電報

●日使歸還　十月十五日午前十時五十七分發
林公使는本日午前九時三十分에新柳驛에着ᄒᆞ얏더라

●米船拿捕　仝上
昨日宗谷海峽에서米國漁船이日本軍艦에게拿捕되얏더라

●美紳滯日　仝上
米國共和黨首領은昨夜에橫濱에着ᄒᆞ얏고日本에滯在日數는二週間으로豫定이라더라

●全權歸京　仝上
露日講和全權委員小村公使는本日午後七時에歸京ᄒᆞ얏는ᄃᆡ病氣가快愈健全ᄒᆞ다더라

●歡迎謝意　十月十五日午後四時四十八分發
英國艦隊歡待ᄒᆞᆫ通知는倫敦市民을滿足히ᄒᆞ야各新聞紙는日本好意를感謝ᄒᆞ얏더라

●批準通告　仝上
講和條約은昨日에批准을完了ᄒᆞ야美國駐箚公使에게打電ᄒᆞ야美國政府를經ᄒᆞ야露國에通告ᄒᆞ얏고日本에서는來十七日頃에發表ᄒᆞᆫ다더라

●全權參內　十月十六日午後三時發
小村全權公使는本日午後四時에着京ᄒᆞ얏는ᄃᆡ憲兵과巡査의警戒가最嚴ᄒᆞ얏고出迎人等은不少ᄒᆞ얏고着後에即爲參內ᄒᆞ얏다더라

雜報

●軍大疏批　軍大李根澤氏疏批에既不可顧私亦豈宜幷解리오所辭中贊議與公使之任은依施라ᄒᆞ옵셧더라

●視若尋常　近日平理院에서辦檢事가或遞任도ᄒᆞ고或有何拘碍인지任進이如前치못ᄒᆞᆷ으로訴訟等事가因此延拖ᄒᆞ야遐鄕人民이旅費만虛擲ᄒᆞ기로怨聲이藉藉ᄒᆞ더라

●自取其禍　南來人의傳說을聞ᄒᆞᆫ즉近日忠淸慶尙兩道間에橫行ᄒᆞ는所謂義兵인즉東學黨과無異ᄒᆞᆫ지라咀文을口誦ᄒᆞ며村村傳道ᄒᆞ기로年前東徒餘黨드리響應ㅣ多ᄒᆞ다더라

●勉哉諸公

主憂臣辱은自是亘萬古之分義인바今九重之憂勤이已深이요外侮之恥羞ㅣ日至ᄒᆞ야滿目危困之狀을更僕難數ᄒᆞ니此正臣子에國而忘家ᄒᆞ야不遑啓處之時也어날爲大官者ㅣ主憂를不以爲憂ᄒᆞ며國恥를不以爲恥ᄒᆞ야相顧恬嬉에無意匡救ᄒᆞ니分義之掃地가奚至於此極이며且其自己之力量材識과國事之利害得失을都不較計ᄒᆞ고盤據要津ᄒᆞ야凡係交涉之有害無益者라도事到手裏에曲意聽副ᄒᆞ야以爲納媚取悅之資ᄒᆞ니不知其間에已壞了多少國事어니와若於此際에更誤一着이면全局을可覆이요萬事大去될지니人雖無良이나何必如是然後에始可快於心歟아噫라人生斯世에所可勉守而垂諸不朽가惟其忠義一事요至於勢利芬華ᄒᆞ야는即一泡沫幻影也라轉晒成陳ᄒᆞ야不可以長久把玩인즉薄於忠義ᄒᆞ고溺於勢利가元是爲喪心之歸ᄲᅮᆫ더러況今國事가不幸而蹉跌則今日大官이他日人之奴隷는尙矣勿論ᄒᆞ고全國之怨방과諸隣之譏誚가必於諸公身上에一時萃集ᄒᆞᆯ지니將以何顔으로立於世間이며縱有良田華屋이나亦豈能晏然受用乎아噫라往者는莫追언뎡來者를可勉이요疾風之際에勁草을可見이니惟諸公은硬着脊梁ᄒᆞ고生死不貳ᄒᆞ야存社稷安生靈으로爲念이면固善之善也오如其未能也
된
捧身早退ᄒᆞ고讓于賢者ᄒᆞ야以幸民國이抑亦計之得也니擇一而處ᄒᆞ야毋徒爲千古罪人이是所望於諸公也로라

●義擾猖궐　丹陽淸風堤川永春等地에義擾가猖궐ᄒᆞ야忠察署理가內部에電報ᄒᆞ야軍部에移照派兵鎭壓이라더라

●勇於私鬪　慶州郡守尹泳奎氏가京部에報告ᄒᆞ얏는ᄃᆡ郡守가與駐隊로所管各殊ᄒᆞ야別無相關之事즉宜無相持之端而本郡內南面飛只洞分月名下稅錢五百餘兩은乃是駐隊餉所下士金振鎔所納條云故로招問來歷次送校於渠之家矣러니金振鎔은偃然在家ᄒᆞ야若無中隊長之令則不可自往郡庭云故로仍又送校ᄒᆞ야招入公庭ᄒᆞ야即使辨納其言辭之頑悍과動作之駭悖는已無可言而忽地喧聲動天에四五十軍兵이排撻攔入ᄒᆞ야擁奪金振鎔ᄒᆞ고或拔軍刀ᄒᆞ며或揮革帶ᄒᆞ야亂行刷校를無數毆打에危悍莫甚ᄒᆞ야欲圖一縷之命而蒼黃投入于東軒上房則無數兵卒이亦爲突入ᄒᆞ야又至毆曳之境ᄒᆞ고在傍吏校를逢輒亂打ᄒᆞ야無不重傷ᄒᆞ니當時光景이無異掩殺之亂兵而似此極變은前所未聞이라盖兵者는以其勤於王事에死於國戰之故로其所待遇를不比尋常而若是悖理蔑義之事는何可以兵而恣行이며亦何可以兵而任置乎아以金振鎔言之라도國稅之經歲不納이即渠罪案이오自官督납이亦係應行之政矣라暗招兵丁ᄒᆞ야以致駭瞠之擧ᄒᆞ니公錢을何以勘刷며官令을無可施行이라懲一而勵百은都在上部處分이오며以該隊로言之면軍制規則이豈有如是駭瞠之事이오며吏校之被打는無異郡守之所遭ᄒᆞ니另加參商處分이라더라

●懿法開會　來水曜日은懿法會의通常會日인ᄃᆡ保護女會의第六度紀念日을適値ᄒᆞ야下午六時로七時半ᄭᆞ지는女會에서貞洞教會堂에視務ᄒᆞ고其後七時半에懿法會를開ᄒᆞᆫ다는ᄃᆡ會員이下午六時에來臨ᄒᆞ기를希望ᄒᆞᆫ다더라

●緣何搜探　中署居開城府尹崔錫肇崔廷柱兩氏家에西署警部一人巡査三人洋服日人一人과該署巡檢一人이來到ᄒᆞ야諸般文簿를搜探以去라더라

●是何抗拮　京畿觀察府警務署摠巡金龍鎭氏가京部에報告ᄒᆞ얏는ᄃᆡ本府私立日語學校教長日人三輪政一이가有何所營인지家屋을建築於南門內貢邊簷下이온바此非但公有地로論之라城門簷下에無難建設이已無定界이옵기派送巡檢ᄒᆞ야挽留禁斷이온즉藉托空閒之地ᄒᆞ고一直抗拒始役이오나擅難措處ᄒᆞ오니査照伏望이라더라

●原監免官　昌原監理玄學杓氏가韓日平和秩序에有所妨害而其他不法行爲가有ᄒᆞ다고日公使가彈劾免官되얏고外部參書官[illegible]戢益氏가該監理를被任ᄒᆞ고其代는朴慶陽氏가襲任ᄒᆞ얏더라

●懿會演說　本月十八日水曜下午七時半에韓國名士洪在祺氏가皇城貞洞基督教懿法會에서宗教와律法의關係로今日급업ᄒᆞᆫ情形의何如히措處ᄒᆞ여야ᄒᆞᆯ거시며中心의方針을何如히堅執ᄒᆞ여야될거시라고一場演說을ᄒᆞᆫ다더라

●民情矜惻　頃以日本軍用道路線及鐵道線에犯入毁撤ᄒᆞᆫ家屋에居住ᄒᆞ던一般人民等이園墓位田과驛地官地에請願移轉ᄒᆞᆫ一事로業經報告이오나尙未承如何訓指ᄒᆞ와該民人等의課日號訴ᄒᆞ는情況을不忍聞覩이온바現又葛月里厚岩等地에居住ᄒᆞ던李景順申億錫等이經理院所管驛土에移轉建築ᄒᆞᆯ意로有所請願이옵기該請願書를幷此聯附仰報ᄒᆞ오니査照後該管官衙에行文另飭ᄒᆞ야特許移轉케ᄒᆞ시와使此失所民人으로殆此成冬之前에得以建築奠接事라고漢判朴義秉氏가內部에報告ᄒᆞ얏더라

●痘員難當　平北觀察李根豊氏가京部에報告ᄒᆞᆫ內開에種痘事務委員李命彦所報를接准ᄒᆞᆫ즉今年度先六朔施痘區別表를第當依規則修報이오되各郡이一經擾攘之餘에人民이東西奔竄에不遑他事이온中一進會民은雜稅派員革罷中에本員이亦在此中이다胥動浮訛ᄒᆞ야初無許員自薦之類ᄒᆞ와雖爲施術이나所收金額이即不過四百六十兩而尙不收捧이오니嚴飭各郡ᄒᆞ야以爲實施之地等因이온바民不願官두ᄒᆞ고郡不禁私術ᄒᆞ야幾箇官두이옵기知飭管下各郡ᄒᆞ야期圖實施케ᄒᆞ오며玆에報告라더라

●令不可信　前此에는各處神堂을廢止ᄒᆞ며巫覡을嚴禁ᄒᆞ며寺刹에女人行禱를禁斷ᄒᆞ더니近日에는此等訓令이自歸解弛ᄒᆞ야神堂이며寺刹이며巫覡의祈禱마皆復舊習ᄒᆞ얏다더라

●役費劃送　內部土木課長尹晉錫氏가警務廳會計課長權봉洙氏의게照會ᄒᆞᆫ內槪에儲慶宮前路土橋二處崩頹者를自本部로早已修理ᄒᆞ니該役費를請撥於度支部則今年度治道費餘額으로當廳에서盡數劃去ᄒᆞ야無額請撥故로該役費明細書를粘聯照會ᄒᆞ니該費額七十一圜七十一錢을卽爲送交라ᄒᆞ얏더라

外報

●保護權之實質 媾和談判及英日同盟을因ᄒᆞ야韓國에對ᄒᆞᆫ日本保護權이確認되얏ᄂᆞᆫᄃᆡ今後에日本은韓國에對ᄒᆞ야自由行動을執得코져ᄒᆞᆷ과如히速忙ᄒᆞ다ᄒᆞᆷ은大誤也라 英國이日本을爲ᄒᆞ야韓國에許ᄒᆞᆫ거슨恰然히自國이埃及에셔ᄒᆞᆷ과同樣으로ᄒᆞᆯ거시라고云ᄒᆞᆫ默契이라 埃及을保護ᄒᆞᆫ英國은此를因ᄒᆞ야何等實益을得ᄒᆞ얏ᄂᆞᆫ가其五十年間의經營은證ᄒᆞᆫ바何事가有ᄒᆞ얏ᄂᆞᆫ가ᄒᆞᆯ양이면單히軍事上일에止ᄒᆞ얏ᄉᆞ니即印度及濠州에兵을送ᄒᆞᆯ時에最迅速容易ᄒᆞᆫ通路를得ᄒᆞᆫ一條件에不過ᄒᆞ고其他事件에ᄂᆞᆫ各國이皆均等히利益을得ᄒᆞᆫ지라 現今에ᄂᆞᆫ商業上關係에ᄂᆞᆫ德國이英國보담優ᄒᆞᆫ利益을埃及에셔得ᄒᆞ니英國은埃及의善政을爲ᄒᆞ야種種苦心ᄒᆞᆫ結果가其獲得ᄒᆞᆫ거슨商業上에不在ᄒᆞ고單히軍事上而已라 然則日本이 國에對ᄒᆞᆫ今後事ᄂᆞᆫ埃及의實例를依ᄒᆞ야推考ᄒᆞᆯ거시니其保權으로因ᄒᆞ야何等利益도得ᄒᆞᆯ것又치思惟ᄒᆞᆷ은大誤也라고東京調査通信에述ᄒᆞ얏더라

●政友會會合 本月五日午前十時부터政友會領袖等은其本部에參集ᄒᆞ야對韓問題及北部經營問題에關ᄒᆞ야疑議ᄒᆞ얏다더라

●官制改革 淸國政府에셔晳前以來에計劃ᄒᆞᄂᆞᆫ官制改革案의內容을聞ᄒᆞᆫ즉各省에理財司掌刑司 警察司 外交司四司를設置ᄒᆞ야此를巡撫가統轄케ᄒᆞ고其下에知縣을置ᄒᆞ고其下에親民官即鄕官을置ᄒᆞ고其他冗官을陶汰ᄒᆞᆫ다더라

●美孃交際 美國某雜誌記者의統計ᄒᆞᆫ바를據ᄒᆞᆫ즉去月에韓國에來遊ᄒᆞ얏든美國大統領令孃아리ᄉᆞ孃의交際繁劇ᄒᆞᆷ은非常ᄒᆞᆫ者인ᄃᆡ向時만遊前十五箇月의統計를見ᄒᆞᆫ즉晩餐會에出席ᄒᆞᆷ이四百零三回오舞踏會에臨席ᄒᆞᆷ이三百餘回오假裝會에出席ᄒᆞᆷ이三百五十餘會오茶話會에出席ᄒᆞᆷ이六百八十回오友人을訪問ᄒᆞᆷ이一千七百餘回오待女郞을ᄒᆞᆫ事가六回오握手ᄒᆞᆫ事가實로三萬二千回以上에達ᄒᆞ얏ᄂᆞᆫᄃᆡ但히接吻ᄒᆞᆫ數ᄂᆞᆫ不明ᄒᆞ다더라

●小村山座 小村外相은歸朝ᄒᆞᆫ後에外交始末을仔細히報告ᄒᆞ고其結末을了ᄒᆞᆫ後에ᄂᆞᆫ斷然ᄒᆞᆫ勇退ᄒᆞᆯ決心으로次次處決ᄒᆞᆯ터인ᄃᆡ此와同時에山座政務局長도進退를共히ᄒᆞᆯ決心인故로氏ᄂᆞᆫ隱潤ᄒᆞ얏셔도尙然參事官이局長代理를아마解任되지아니ᄒᆞ리니畢竟同局長은外交問題件에就ᄒᆞ야多少繁忙을未免ᄒᆞᆯ거시오尙然同局長의辭退消息에셔出來ᄒᆞᆫ者이라고ᄒᆞᄂᆞᆫ說이有ᄒᆞ더라

雜報

愛國性質

現今世界列强을觀ᄒᆞᆫ건ᄃᆡ皆其全國人民이愛國ᄒᆞᄂᆞᆫ性質이有ᄒᆞ야國事를自己의事로擔着ᄒᆞ며國權을自己의權으로重視ᄒᆞ며國恥를曰自己의恥라ᄒᆞ며國榮을曰自己의榮이라ᄒᆞ야其國을富코져ᄒᆞ며其國을强코져ᄒᆞᆷ이一般性質이오一般義務라 今에大韓人民은何故로國家思想이甚히冷淡ᄒᆞᆫ요玆大韓國을將ᄒᆞ야誰의國이라ᄒᆞᄂᆞᆫ고 但히 君上의國으로만謂치못ᄒᆞᆯ것이오官紳의國으로만謂치못ᄒᆞᆯ지라 萬一國家가不保ᄒᆞ면人民은將次何處로往ᄒᆞ야圖存ᄒᆞᆯ고土地도他人의所有가될거시오財産도他人의所有가될러니와自身의生命도ᄯᅩᄒᆞᆫ自意로主管치못ᄒᆞᆯ지니國을愛치아니ᄒᆞᄂᆞᆫ者ᄂᆞᆫ곳其身을愛치못ᄒᆞᄂᆞᆫ者니라未知케라大韓人民은平日官吏의虐政을久苦ᄒᆞᆷ으로써官人을對ᄒᆞ야嫉視之心이有ᄒᆞ야然ᄒᆞᆫ가 此ᄂᆞᆫ不然ᄒᆞᆫ거시兄弟鬩于墻이나外禦其侮라ᄒᆞ얏ᄉᆞ니今日를當ᄒᆞ야엇지前日嫌恨으로써國家의急을不顧ᄒᆞ리오 噫라其民이無ᄒᆞ면其國이無ᄒᆞᆯ거시오其國이無ᄒᆞ면其民이無ᄒᆞᆯ지니 試思ᄒᆞ라大韓一國은二千萬同胞의國이아닌가其民이愛國ᄒᆞᄂᆞᆫ性質이無ᄒᆞ면곳人民이無ᄒᆞᆫ國이니他人이엇지此를取치아니ᄒᆞ리오 萬若其國이亡ᄒᆞ면곳其民의罪라 然則其國을愛ᄒᆞᆫ다ᄒᆞᆷ은其國을富强코져ᄒᆞᆷ이니 其國을富强코져ᄒᆞ면衆智와衆力으로以ᄒᆞᆯ지니一二人의愛國이十百人의愛國을當치못ᄒᆞ고十百人의愛國이千萬人의愛國을當치못ᄒᆞᆷ은其理가瞭然ᄒᆞᆫ지라 現今時代ᄂᆞᆫ智力競爭之世라力莫强於衆力이오智莫大於衆智니 社會가아니면衆力을聯合지못ᄒᆞ고敎育이아니면衆智가發達치못ᄒᆞᄂᆞ니 是故로世界列强이皆社會의聯合과敎育의發達로써國家의權利를充ᄒᆞ고人民의生活을安全케ᄒᆞᄂᆞᆫ지라 大韓人士도아모조록社會를聯合ᄒᆞ야團體를固結ᄒᆞ며敎育을擴張ᄒᆞ야知識을增進케ᄒᆞᄂᆞᆫ거시愛國ᄒᆞᄂᆞᆫ實地事業이오ᄯᅩ德相俾思麥이有言ᄒᆞ되余의所知ᄂᆞᆫ赤血과黑鐵뿐이라ᄒᆞ얏ᄉᆞ니現今時代ᄂᆞᆫ赤血과黑鐵의力이아니면能히國家를維持치못ᄒᆞ고人民을保全치못ᄒᆞᄂᆞ니大韓風氣가如斯히委靡不振ᄒᆞ다가ᄂᆞᆫ畢竟疆土ᄂᆞᆫ他人의佔奪를被ᄒᆞ깃고種族은將次滅絶之懼을不免ᄒᆞ리니可不念哉며可不患哉아 幸히赤血과黑鐵의目的으로써一種特性을養成ᄒᆞ면愛國ᄒᆞᄂᆞᆫ人民이되리니公으로ᄂᆞᆫ國權을可히回復ᄒᆞᆯ거시오私로ᄂᆞᆫ生命을可히 圖存ᄒᆞᆯ지니勉之勉之ᄒᆞ라

秋夜歎 (續)

明明傾甕만一新
買得姮娥嫣然笑
江湖多錢遊冶郞
呼朋搏飮宰相樓
剝奪同胞生靈財
峻宇高堂夜抱妓
妓言身被蕩子欺
懷中環珮無所有
宰相欣然得意時
空名帖子亦榮耀
何處多錢多福郞
昨夜縛得印如斗
試看司法獄中苦
十載不知因所由
試看天下同胞寃
網羅布列何罪辜
國家利害寘度外
徒貽九重宵旰憂
九重天子仁且聖
丹鳳啣下恤民詔
滿朝肉食視夢夢
三尺王章久不施
强賓擇主世所惡
大東時局今何如
奸僕背主和强賓
日日欺主沽小利
朝許門前田萬頃
暮許闕後果千樹
許者有罪受不廉
嗟呼主人仁賢尙無語
於皇上天孔且昭
慧性在上亦有爲
一傳福音警一世
同胞昔日文明士
一聞咸就天父前
再行泣訴赤子苦
聖靈充滿万民智
吁嗟呼聖靈猶未滿至苦其奈何
大街物貨久未通
世人不見孔方氏
富者撤市醫爲業
貧者其奈何
朝携一文錢
欲充三日枵然飢
十步九顚往酒市
品質麤惡主人叱
我家金玉何所用
大道不見典鋪旗
秋風颯颯秋衣凉
妻子飢臥不能杵
吁嗟呼五江十二洞中諸同胞
天高霜冷何處歸
引臂라腰伸吟語
剪我傷刃軍刀

(未完)

特別廣告

本申報ᄂᆫ每外電報를卽接ᄒ야機關이靈通ᄒ고外報와探報를敏捷活潑ᄒ도록注意ᄒ오며申報發送ᄒᄂᆫ딕迅速信傳ᄒ기ᄂᆫ分傳人의게在ᄒᆷ으로本社에셔平常에諸分傳人의게丁寧告戒ᄒ고申申訓飭ᄒ야毋或踰惰ᄒ게注意ᄒ거니와如或暫有積怨이라도愛讀僉君子ᄂᆫ密使通知子本社ᄒ시면該分傳의게誠信相孚ᄒ도록耳提面命ᄒ고勤贄가發生ᄒ도록誨論ᄒ야必無遲誤ᄒ기로期待ᄒ옵나이다

本社에寄書ᄒ시ᄂᆫ諸君子ᄂᆫ姓名과居住를明確ᄒ게懸錄送附ᄒ시와證據가有ᄒᆷ을必要ᄒᆷ이오公衆平和와ᄒᆫ秩序를紊亂케ᄒᄂᆫ意外社會上不經荒雜ᄒᆫ寄書ᄂᆫ不受ᄒᄂᆫ權利가本社에自有ᄒ오니肯諒ᄒ옵

大韓每日申報社

廣告

貿易商 本社ᄂᆫ仁川港
日本郵便電信局對面
電話第二百一番地

仁川港 廣昌 洋行
벤넷트會社告白

○鐵路部

○東大門과新門間에來往車ᄂᆫ每十分間에運行ᄒᆷ
東大門發初車ᄂᆫ午前六時三十分
新門外停車塲發初車ᄂᆫ午前六時五十五分
東大門發終車ᄂᆫ午後九時五十分
新門外停車塲發終車ᄂᆫ午後十時十五分

○東大門과洪陵間에來往車ᄂᆫ每二十分間에運行ᄒᆷ
但自鍾路로東大門에來到ᄒᆫ交替車로聯絡ᄒᆷ
東大門發初車ᄂᆫ午前六時五十分
洪陵發　初車ᄂᆫ午前七時十分
東大門發終車ᄂᆫ午後七時五十分
洪陵發　終車ᄂᆫ午後八時十分

○鍾路와龍山間에來往車ᄂᆫ每十二分間에運行ᄒᆷ
鍾路發至南大門初車ᄂᆫ午前六時四十八分
鍾路發至龍山　初車ᄂᆫ午前七時二十四分
南大門發至鍾路初車ᄂᆫ午前六時五十六分
龍山發至鍾路　終車ᄂᆫ午前七時五十七分
南大門發至鍾路終車ᄂᆫ午前十時八分
龍山發至鍾路　終車ᄂᆫ午後九時九分

○特別私用車ᄂᆫ顧客의方便ᄒᆷ을隨應ᄒ야準給ᄒᆷ
但定價ᄂᆫ本社에來臨ᄒ야請問ᄒ옵

○電燈部

二百五十燭力以內의敷用處에ᄂᆫ每個月에定價表가如左ᄒᆷ
○十六燭力燃燈達夜에二圓五十錢
○三十二燭力燃燈達夜에四圓
○五十燭力燃燈達夜에六圓
○一百五十燭力燃燈達夜에十圓
一千二百燭力弧形燈達夜에二十圓
二百五十燭力以上의敷用處에ᄂᆫ請求ᄒ면瓦斯計一箇를設給ᄒᆷ
但瓦斯計賃金은每個月에二圓이오瓦斯計測驗表委托定價ᄂᆫ每時間每암피아에二錢이옵
瓦斯計設給處에셔每介月支拂金最低額은每個月에二十圓인딕(瓦斯計賃金은)据ᄒᆷ
電燈을敷設ᄒ기에請求ᄒᄂᆫ딕給ᄒᆷ로供各種連技辦燈도常時에貯存ᄒ엿숩

本社鐵路電氣會社
韓美電氣會社 告白

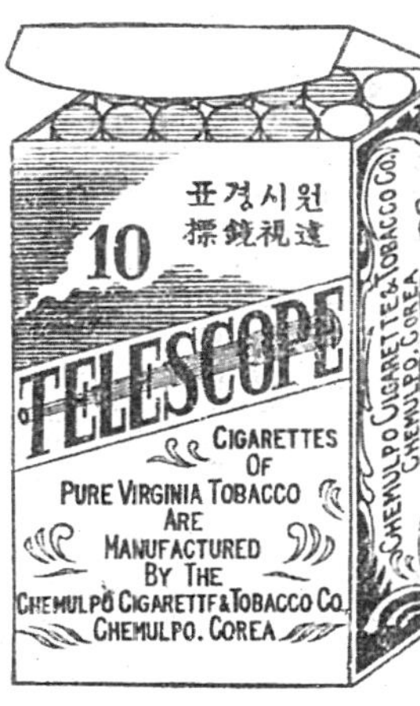

以上三種은上品으로製造ᄒ야衛生上에至極有益ᄒ오니毋論某人ᄒ고本社에來顧ᄒ옵

大韓帝國仁川港
濟物浦紙卷煙及烟草會社

一 鷹標罐濃詰牛乳
一 金印罐詰濃結牛乳
一 無雙家用氣化乳酪
一 쏘ㅣ든쓰製造麥芽化合牛乳
以上은常時에貯積ᄒ엿숩
美國紐育港쏘ㅣ든쓰濃結牛유會社
一手代理店 大韓仁川港 世昌洋行

廣告

一 雜貨商
一 貿易商
一 船舶取扱
一 煙草商
一 委托販賣及貨物運送代理業
一 貿易石炭商
以上輸入及輸出者
京城 仁川 大昌 洋行

本社廣告

申報價
一張代金 新貨五錢
一箇月前納 五十戔
三箇月 一元五十戔
六箇月 二元九十戔
一箇年 五元八十戔
郵稅一部 新貨五里
一箇月 十三戔

廣告料
四号活字十三字詰每日每英尺一寸에新貨卄五錢
(每日每行에六錢에相當ᄒᆷ)
二周日에 二圓五十錢
(每日每行四錢五里에相當ᄒᆷ)
一箇月에 五圓
(每日每行四錢一里에相當ᄒᆷ)
其期限의長短과字行의多少를依ᄒ야增減ᄒᆷ이有ᄒᆷ
大韓人마다此申報를不得不閱覽ᄒ실터이오니廣告出報ᄒ실僉君子ᄂᆫ來臨面議ᄒ시옵

發行兼編輯人 英國人裴說
發行所
京城北署壽進坊磚洞号外地法語學校前
大韓每日申報社

第三卷 第五十六號

大韓每日申報
대한매일신보

月曜及慶節 歲時日休刊

檀君開國四千二百三十八年
箕子元年三千二十七年
大韓開國五百十四年
日本明治三十八年
清國光緒三十一年
陰曆乙巳九月小二十一日庚人

論說

告大韓有志者

大抵國家의自立은國民의團體力을藉ᄒᆞ야基礎가되ᄂᆞᆫ것이오國民의團體ᄂᆞᆫ國中有志者ᄅᆞᆯ因ᄒᆞ야起點이되ᄂᆞ니大韓三千里江山과二千萬人衆의엇지慷慨有志者가僅少라謂ᄒᆞ리오마ᄂᆞᆫ國權이日墜ᄒᆞ고國士가日賤ᄒᆞ야人民의生活은將次不可形言ᄒᆞᆯ悲境에陷落ᄒᆞᆯ깃스되誰가能히此ᄅᆞᆯ挽回ᄒᆞᆯᄂᆞᆫ지期望이渺然ᄒᆞ도다國家興衰가雖曰天命이나實由人事所致라人事가完全無缺ᄒᆞ면天命이ᄯᅩᄒᆞᆫ長久無窮ᄒᆞᄂᆞ니此ᄂᆞᆫ有志者의血誠擔着ᄒᆞᆯ者라大抵實地上事業이아니면空言憂憤이無救於國이니雖千痛哭萬太息인들何益之有리오噫라大韓有志者ᄂᆞᆫ아모죠록民國의關ᄒᆞᆫ實地事業을竭力振興ᄒᆞ라人之事爲가如天之造化ᄒᆞ야不可預度者가多ᄒᆞ니其始也에發端이甚微ᄒᆞ나其終也에收効가甚大ᄒᆞᆫ者가往往而是라

彼普魯士國人得賴賜(姓名)와事業을觀ᄒᆞ면크게奇異ᄒᆞ고宏偉ᄒᆞ도다盖普國이西曆十八世紀中에旣挫於奧ᄒᆞ고連敗於法ᄒᆞ야備受凌虐이垂六十年之久라得賴賜ᄂᆞᆫ一貧窶ᄒᆞᆫ人民의子라自幼로磨銅師ᄅᆞᆯ經ᄒᆞ야鑽鐵製造ᄅᆞᆯ學習ᄒᆞ더니年이十九歲에其師ᄅᆞᆯ辭ᄒᆞ고他國에適ᄒᆞ야手藝로써口食을圖謀코져ᄒᆞᆯ시行ᄒᆞ야節拿(地名)地方에至ᄒᆞ니時ᄂᆞᆫ普法交戰之餘라普師가敗績ᄒᆞ야屍積如山ᄒᆞ고血流成河ᄒᆞᆫ者ᄂᆞᆫ皆普國將卒이라得賴賜가傷心慘目ᄒᆞ야淚落을不禁이라가道上에서一銃을拾得ᄒᆞ야審視ᄒᆞ고又喟然歎曰我國將士가如此ᄒᆞᆫ鈍器ᄅᆞᆯ持ᄒᆞ고彼拿坡崙部下에挾持利器ᄒᆞᆫ精兵을對敵ᄒᆞ니是ᄂᆞᆫ以卵擊石과不異ᄒᆞ도다我의製鎖業을移ᄒᆞ야新銃을製造ᄒᆞ되法人의兵器보다更益精利케ᄒᆞ면我國이可히法人을勝ᄒᆞᆯ이라ᄒᆞ고直히法京巴黎로往ᄒᆞ니是時에法皇拿坡崙이瑞士國人包狸(姓名)ᄅᆞᆯ雇用ᄒᆞ야設廠鑄銃ᄒᆞᄂᆞᆫ지라得賴賜가遂入其廠ᄒᆞ야使命을供ᄒᆞ니包狸가愛其靈敏ᄒᆞ야謂之曰我今新式銃을製造ᄒᆞᆯ시後膛의藥彈을納入케ᄒᆞᆯ지니此銃이若成ᄒᆞ면舊銃은盡爲棄物ᄒᆞ리라ᄒᆞᆫ디得賴賜가日夜籌思ᄒᆞ야其法을研究ᄒᆞ야歷二十年之久에其靈捷之妙가毫髮無憾ᄒᆞᆫ지라於是還國ᄒᆞ야納于普廷ᄒᆞ니普國軍人이皆謂大適於用이라普廷에서巨金을撥ᄒᆞ야大廠을設ᄒᆞ고新式銃을多鑄ᄒᆞ니맛참ᄂᆡ一戰ᄒᆞ야奧ᄅᆞᆯ勝ᄒᆞ고再戰ᄒᆞ야法을破ᄒᆞ고되듸여德意志聯邦의盟主가되야普國威名이世界에赫赫ᄒᆞᆫ은實로得賴賜의功이라彼於其時에不過十九歲幼年이오其所造之業은ᄯᅩᄒᆞᆫ卑瑣ᄒᆞᆫ手藝라但其國家思想이忠憤激烈ᄒᆞᆫ故로古今에非常ᄒᆞᆫ奇功을成立ᄒᆞ얏스니可畏哉라有志者여無權無位無力ᄒᆞ더라도能히弱國을强케ᄒᆞ고强國을弱케ᄒᆞᄂᆞᆫ手段이有ᄒᆞᄂᆞ니라惟願大韓人士ᄂᆞᆫ此等有志者에事業을觀感倣則ᄒᆞ야民國의關ᄒᆞᆫ實地事業을專心研究ᄒᆞ고竭力成就ᄒᆞ면非常之功效가出於營想之外ᄒᆞᆯ리니可不勉哉아彼一箇銅工의事業을不觀ᄒᆞᄂᆞᆫ가噫라大韓有志者여

官報

◉第三千二百七十一號 光武九年十月十六日

◉叙任及辭令 (속)

李然浩
解平安南道種痘事務委員
俞台濬
命平安南道種痘事務委員
內部主事吳禧善
內部主事柳成烈
內部主事金台應
內部主事李升釆
內部主事李興雨
陞三級俸
以上十月十二日

◉第三千二百七十二號 光武九年十月十七日

◉宮廷錄事

詔曰全羅南道智島郡古群山流三年罪人閔丙奭放
光武九年十月十三日
學部大臣李完用
詔曰命黃海道觀察使具永祖爲中樞院贊議
光武九年十月十三日
學部大臣李完用
詔曰命中樞院贊議高永喜爲黃海道觀察使
光武九年十月十三日
內部大臣陸軍副將勳一等李址鎔
禮式院掌禮卿臣趙定熙謹奏今此
懿孝殿祥祭日諱依歷代典禮當有
皇帝
皇太子
皇貴妃文武百官致癸之禮矣依例磨鍊擧行乎敢奏
光武九年十月十三日奉
旨以親奠酌磨鍊
東宮親進香皇貴妃進香磨鍊宮內府議政府亦以進香爲之

◉叙任及辭令

前教官柳基德 李鍾殷
金泰翊 金東臣
任度支府主事叙判任官七級
七月二十二日
金應杓 九品尹昌烈
任警務廳主事叙判任官七級
九月八日
依願免本官
警務廳主事成圭運
任警務廳主事叙判任官八級
九品李喜轍
以上九月十八日
依願免本官
陸軍幼年學校敎官張憲根
十月十日
通信院技師金澈榮
振威郵遞司長朴勝轍
依願免本官
十月十二日

外報

◉兩公使의親任官 日本에서近日에駐英日公使林董氏와駐美日公使高平小五郎氏에게特히親任官待遇를賜ᄒᆞᆫ다ᄂᆞᆫ說이有ᄒᆞ더라

◉恤兵金品 該管調查를據ᄒᆞᆫ즉昨年開戰以來로媾和談判終了ᄒᆞ기ᄭᆞ지內外人의寄送ᄒᆞᆫ陸軍恤兵金品總額은百六十四萬二千四百九十六元七十錢八里인ᄃᆡ內에恤兵金寄送額은百二十一萬六百八十五元五十二錢一里이오恤兵寄贈品評價金額은四十三萬一千八百十一元十八錢七里라더라

東京電報

●不利克復詔勅 十月十七日午前九時五十五分發
日本皇帝ᄭᅴ셔昨夜半에詔勅을發表ᄒᆞ얏ᄂᆞᆫᄃᆡ
帝國의威武와光榮을發揚ᄒᆞᆷ은皇祖의威靈을據ᄒᆞᆷ이나然이나文武臣僚의職務에忠ᄒᆞᆷ과億兆民庶의奉公에勇敢ᄒᆞᆫ비아님이아니라今者에露國이舊盟을繼ᄒᆞ야帝國의友邦이되얏스니善隣의誼를修ᄒᆞ고更히親交를加ᄒᆞᆷ을期ᄒᆞ라ᄒᆞ얏더라
右外에陸海軍軍人에게도優渥ᄒᆞᆫ詔勅을發ᄒᆞ얏고
寺內陸軍大臣은陸軍軍人의게清浦內務大臣은各府縣에訓示를發ᄒᆞ얏고
陸軍大臣訓示中에ᄂᆞᆫ講和條約의不滿之論에傾耳치勿ᄒᆞ라ᄒᆞ얏더라

●媾和條約發表 仝上
講和條約이發表되얏ᄂᆞᆫᄃᆡ七左條와追加二條ᄂᆞᆫ(電文不明)과異ᄒᆞᆷ이無ᄒᆞ더라

寄書

前主事吳周赫氏가日公館에寄書ᄒᆞᆫ全文이如左ᄒᆞ니
凡天下之事ㅣ有義理焉ᄒᆞ며有經緯焉ᄒᆞ니所謂義理者ᄂᆞᆫ天理之當然이오經緯者ᄂᆞᆫ人事之分明이니閣下亦有所講求於平日則不待不佞之警告而想多默筭折衷이나然이나故爲此借義理蔑經緯之行爲於弊邦者ᄂᆞᆫ非他라必認以弊邦之人이無智慮昧學問而然也ㅣ니噫라惟我二千萬同胞가豈可人人無識이며箇箇沒覺而遭此無限暴虐於貴國乎아種種有不世之才가非不今嘆於今日之事而第觀動靜之如何者ᄂᆞᆫ固知貴國行動以若小兒戱也라請言之ᄒᆞ리라貴國之爲東洋平和及爲弊邦扶植之論이似是發於友邦相扶之義理而自有識으로觀之則已有先見之明矣라往復平陂가固是大定之理則翻覆窮通이豈無倘來之事乎아貴國之當初與俄開仗者ㅣ眞箇是爲平和及扶植則今日之行이與前日之言으로萬萬相反은何也오礦產海業과森林川澤과財政警務와外交代辦과沿岸航行이非交戰時所關而藉威勒奪ᄒᆞ고軍權鐵路와郵遞電司와軍用地段이是作戰時要請而何不還之於休戰之後오此乃講和於敵國而侵奪我盟鄰이니倘所謂假途滅虢者非耶아且以弊邦之財政窘絀로外若與同休戚而汰減冗官ᄒᆞ야以補不贍이라ᄒᆞ고架設顧問警部警視諸般無用名目而厚請其月給ᄒᆞ니此等財錢은果出於何處乎며某也度支顧問目賀田之獨擅錢政에借欵幻弄者와學部顧問幣原坦之稱爲教育에都無實施者와軍部顧問野津之自主兵權에勒減額數者와其外關係國權與利益民生者를條條節節에攫挈無遺則都是有弊而無効라何不趁此時這這歸正乎아 (未完)

雜報

●可謂美事 漢城五署內에各商業家에셔當此新舊貨交換之際ᄒᆞ야貨幣가壅滯ᄒᆞᆷ의債償을未及越渡ᄒᆞ기로債主에게猛督을不耐ᄒᆞ야日復日閉市逃躱ᄒᆞᆫ즉商界情況을爲念ᄒᆞ야諸般報償을自今晦로三箇月을退定ᄒᆞ기로會議決定ᄒᆞ얏더라

●郡奏三度 昨日內部에셔郡守奏本을奉呈ᄒᆞ얏더라

●閔氏着京 智島郡古羣山에流配되얏던閔丙奭氏ᄂᆞᆫ再昨下午四時에入城ᄒᆞ얏더라

●沈氏安穩 忠淸申泰熙氏가內部에電報ᄒᆞ얏ᄂᆞᆫᄃᆡ本使가昨日에到任ᄒᆞ얏ᄂᆞᆫᄃᆡ義兵의게被捉ᄒᆞ얏던沈參政이還家ᄒᆞ얏고丹陽報內에義魁鄭海卿을自原州隊로捕捉ᄒᆞ고餘黨은解散ᄒᆞ얏다더라

●清商行悖 西小門內居청國人張茂林이該洞居尹姓女을推倒于石上ᄒᆞ야頭部가破傷故로청巡査處에게押付ᄒᆞᆫ事로西署警務官李憲珪氏가該廳에報告ᄒᆞ얏더라

●師徒遊覽 再昨下午二時에日本高等小學校敎師一人이學徒二十五人을領率ᄒᆞ고昌德宮에遊覽ᄒᆞ얏더라

●報防礦弊 溫陽郡守權重億氏가農商工部에報告ᄒᆞᆫ內槪에以金礦開採事로檢察李在洛을前往幹事케ᄒᆞ니到即許採에該稅金督納과礦務를隨即幫助ᄒᆞ라신訓令을奉准이온바本郡이人多地狹에少無開曠處ᄒᆞ옵고四野黃色에實無開礦之地ᄒᆞ야爲念民情에果難許採라ᄒᆞ얏더라

●法師속聘 學部에셔法語敎師馬太乙을行將속聘ᄒᆞᆯ事로外部에照會ᄒᆞ얏더라

●涉有何干 開城府尹崔錫肇崔廷柱兩氏家에西署警部와巡査가來ᄒᆞ야文簿를搜探以去라ᄒᆞᆷ은昨報에已揭ᄒᆞ얏거니와前典圜局技手李某와崔廷柱兩人은元來崔錫肇氏의心腹으로多年造幣에從事ᄒᆞᆫ者라李某가以造幣小機械가顯露되야日本憲兵隊에被捉이已有多日인ᄃᆡ與兩崔로有何干涉인지搜探之時에崔錫肇家에셔ᄂᆞᆫ雜煙機械一副가顯出되고崔廷柱家에셔ᄂᆞᆫ鉛一塊가顯出되얏ᄂᆞᆫᄃᆡ崔氏家에鉛塊가顯出됨으로甚是疑慮中이라고途說이有ᄒᆞ더라

●韓獨疲弊
曩者露日開仗에宣戰詔下ᄒᆞ야陸海軍將이次第韓境에出來ᄒᆞ며韓之官民이其接應에奔疲ᄒᆞ야
鐵道之敷設과橋梁之架設과人夫牛馬之募集과館舍食料之備待에晝夜遑遑ᄒᆞ야全國이騷然ᄒᆞ며
西北邊界에戰塵이時漲ᄒᆞ고匪擾가日至ᄒᆞ야慘殺之禍와焚掠之變이無處不被에安堵者ㅣ無幾ᄒᆞ야
西北數千里地에氣象이蕭然이되在上者ㅣ無暇顧恤其民ᄒᆞ며爲民者ㅣ不敢辭其勞苦ᄒᆞ야式至于今에一心應副者ᄂᆞᆫ只望其早早凱旋ᄒᆞ야東洋平和를維持ᄒᆞ면韓之安全은自在其中ᄒᆞ기로上下期待가實在于此矣러니
現今媾和條欵이批准已畢ᄒᆞ야滿洲之野에風雲이頓息ᄒᆞ고太平之洋에波浪이不驚이라向來龍戰虎鬪에許多擾攘之狀이便同潦水歸壑ᄒᆞ야不復可見인즉韓之勞民이訖可少休요韓之疲弊을宜思回蘇ᄒᆞ야戰勝之樂과平和之福을一般享受가事固當然이거날
怯餘民生이轉徙ᄒᆞ야一朝無家無田者ㅣ不知爲幾千萬人이요應役也ㅣ如前ᄒᆞ며離散也ㅣ相속ᄒᆞ야苦海茫茫에彼岸을難見이고
以言乎疆土則或權辭占領ᄒᆞ며或限年請求ᄒᆞ며或論價買收ᄒᆞ야島嶼園林山雀等屬이觸處無全에民情이蒼黃이고
以言乎政治則但聞改善題目이되未見一事實施ᄒᆞ야官方之紊亂이如玆ᄒᆞ며財政之紕繆ㅣ返甚ᄒᆞ며兵士ᄂᆞᆫ無擴張之望ᄒᆞ고學校ᄂᆞᆫ有不振之憂ᄒᆞ며權奸之跳踉이有加ᄒᆞ고公議之杜絕이已除ᄒᆞ야凡所爲治之具가有退無進ᄒᆞ니
然則東洋이雖云平和나獨此韓之平和ᄂᆞᆫ可謂河淸無日이니譬如滿堂歡欣에一人이向隅悲哭이라其於公同平和之義에豈非當思者乎아

●修道急務 漢判朴義秉氏가內部에報告ᄒᆞ얏ᄂᆞᆫᄃᆡ現據美國人元杜尤控稱內槪에本人住屋이在於南門外城堞下而該城堞이頹圮橫於公衆通行之路즉致治衛生에寔一欠欵이라所以로歷向該坊巡檢ᄒᆞ야說明其行道之難便이나竟未見其實施ᄒᆞ니玆請迅辦措處等因이요며繼接韓美電氣會社監務長代表者魚利函稱新門外德公館新築役城築一面頹積道邊ᄒᆞ야該建屋處에不能做役而移置土石을不必遲緩이니即速訓飭移石治路ᄒᆞ야使此建築急務를勿滯妨工等因이옵기幷此仰報ᄒᆞ오니查照後另飭該管ᄒᆞ야右城頹圮壞ᄒᆞᆫ土石의塞截ᄒᆞᆫ道路을一幷修治ᄒᆞ야俾免外國人等의造相督請이라ᄒᆞ얏더라

●警廳訓飭 由來各洞人民之所居房屋或墻壁을新築及修理時에各其取土ᄒᆞ야掘鑿道路而用之ᄒᆞ고及其塡充ᄒᆞ야ᄂᆞᆫ以塵芥等物로僅僅塡補ᄒᆞ야以致通行汚陷ᄒᆞ야通行上障碍가不尠하고且其家中에積實塵芥하야以備塡充之用ᄒᆞ기로惡臭漏室하야淸潔法施行上에도亦不無妨害ᄒᆞ니此不容不嚴處禁斷인바苟究民情則四山防禁이已有成規하야不得擅掘貧士故로勢不得已取土於道路하야自成慣習이니另自本署로其洞附近地에無碍處一區式擇定許給하야使營作之民으로準許其隨用掘取하고道路鑿掘之弊ᄂᆞᆫ一切嚴禁事라하얏더라

●緊急社告

本社創設以來로新聞代金을每月初三日內에先納으로收入ᄒᆞ던바ᄂᆞᆫ自初로購覽ᄒᆞ시ᄂᆞᆫ僉君子가擧皆知悉이온바自本年八月再刊以來로代金收合이延至晦間이옵더니到今本社經費가窘絀之歎이有ᄒᆞᆫ기로本月條ᄂᆞᆫ不日內로收合ᄒᆞ여야可히支過ᄒᆞᆯ터이오來十一月爲始ᄒᆞ야ᄂᆞᆫ一朔條를十五日內로送交ᄒᆞ시와連속發刊케ᄒᆞ야愛讀 僉君子의閱覽을供ᄒᆞ기로切盼ᄒᆞᆷ

大韓每日申報社 告白

外報

●日軍撤退 日本에서滿洲軍中鎮道沿線의便利ᄒᆞᆫ地域에在ᄒᆞᆫ者와出征日字가已久ᄒᆞᆫ者를最先撤還ᄒᆞᆯ豫定이라然ᄒᆞ나特히後備部隊ᄂᆞᆫ不得已ᄒᆞᆫ任務를有ᄒᆞᆫ者外에ᄂᆞᆫ最先撤還케ᄒᆞᆯ方針이라더라

●殖民經營 大阪每日新聞을據ᄒᆞᆫ즉現今日本政府內有力者等이此際에殖民省을新設ᄒᆞ야臺灣과朝鮮滿洲及樺太의殖民과其他諸般事를經營ᄒᆞᆷ이必要ᄒᆞᆷ을說ᄒᆞᄂᆞᆫ者가有ᄒᆞ다더라

●外務情形 日本媾和全權委員小村壽太郞氏가歸朝後에媾和談辦의顚末을日皇의上奏ᄒᆞ고即時辭退ᄒᆞ라ᄂᆞᆫ意가有ᄒᆞᆫ貌樣이로ᄃᆡ俄國과通商條約을締結ᄒᆞᄂᆞᆫ事와韓國의外交를刷新ᄒᆞᄂᆞᆫ事와清國과滿洲問題를協議ᄒᆞᄂᆞᆫ事ᄂᆞᆫ小村氏以外他人에게委任키難ᄒᆞᆫ政務가有ᄒᆞ고又此等事의交涉은多히英日新協約과關係되야英國과妥帖ᄒᆞᆷ을必要ᄒᆞᆷ가有ᄒᆞᆷ으로小村氏의後任指目되ᄂᆞᆫ駐英日公使도尙且倫敦에在ᄒᆞ야小村氏와不可不相應ᄒᆞᆯ事勢가有ᄒᆞᆫ지라故로此等政務가稍히結稍ᄒᆞᆫ後에야駐英日公使를召還ᄒᆞ야於是에外相이更迭ᄒᆞ야英美俄德法五大强國에ᄂᆞᆫ全權大使를簡派ᄒᆞ리라더라

●清國抗議 清國은日本政府에對ᄒᆞ야十八箇月駐兵과鎮道守備兵存置의兩件에關ᄒᆞ야抗議를申出ᄒᆞ얏ᄂᆞᆫᄃᆡ日本政府ᄂᆞᆫ媾和條約批准前에ᄂᆞᆫ此抗議를答ᄒᆞ기不能ᄒᆞ다고答弁ᄒᆞᆫ지라思컨ᄃᆡ批准交換後에ᄂᆞᆫ更히第二抗議를ᄒᆞ리라고東亞로이터電에云ᄒᆞ얏더라

●日英條約 英國外相람쓰다운卿은露京駐箚英國大使써하ㅣ징氏의手를經ᄒᆞ야左開通知를露國政府에致送ᄒᆞ얏더라 英國은露國이日英條約으로ᄒᆞ야極東에利害干係를有ᄒᆞᆫ各列强에毫毛도關係가無ᄒᆞᆫ世界的一機關인줄노認ᄒᆞᆷ을期待ᄒᆞ며第三條의朝鮮問題에關ᄒᆞ야ᄂᆞᆫ英國政府ᄂᆞᆫ此條約을始終平和로目的을삼아不可爭ᄒᆞᆯ權利와利益을保護ᄒᆞ기에任ᄒᆞᆫ者인ᄃᆡ何國이던지異議가無ᄒᆞᆷ으로ᄒᆞ야露國政府ᄂᆞᆫ切諒其意ᄒᆞ야本條約을是認ᄒᆞ기를期待ᄒᆞ며英國政府ᄂᆞᆫ本條約의締結은現下의戰爭을終了ᄒᆞᆷ에就ᄒᆞ야利가無ᄒᆞᆷ이아니오且未來의世界的平和에貢獻ᄒᆞᆯ만ᄒᆞᆫ者로確信ᄒᆞᆫ다ᄒᆞ얏더라

●法國對極東策 法國議會에서外國及殖民地狀況調查委員에데、샤네루氏ᄂᆞᆫ其委員會에서調查ᄒᆞᆫ對清經營決議案을首相루ㅣ뷔에ㅣ氏에게提出ᄒᆞ얏ᄂᆞᆫᄃᆡ其要領은英國과協同盡力ᄒᆞᆷ이可ᄒᆞ다ᄒᆞᆷ이오其條項은如左ᄒᆞ더라

第一 法國은商業條約을協定ᄒᆞᆫ目的으로更히清國과接近ᄒᆞᆯ事

第二 法國은청國鎮道制度를設ᄒᆞᆷ에對ᄒᆞ야行動을共同히ᄒᆞ기爲ᄒᆞ야英國과協定을締結ᄒᆞᆯ事

第三 清國及極東에在ᄒᆞᆫ英法의利益을謀計ᄒᆞ기爲ᄒᆞ야一新團體를組織ᄒᆞᆯ事

第四 印度支나와日本間에在ᄒᆞᆫ直接通商條約을締結ᄒᆞ고日本과親密ᄒᆞᆫ經濟的關係를開始ᄒᆞᆯ事

第五 暹羅를勸告ᄒᆞ야메나무谷의防備를解ᄒᆞ고同地를中立地를作ᄒᆞᆯ事를英國과協同盡力ᄒᆞᆯ事

第六 暹羅로ᄒᆞ야곰同國阿片을無稅로輸入ᄒᆞᄂᆞᆫ法國權利를承認케ᄒᆞᆯ事

雜報

●據律常絞 向者南門外厚岩셔在德이가被殺ᄒᆞᆫ事ᄂᆞᆫ日昨에檢尸ᄒᆞ얏ᄂᆞᆫᄃᆡ該犯을今月晦間에處絞ᄒᆞᆫ다더라

●快哉此行 學部編輯局委員金澤榮氏ᄂᆞᆫ本是文學家로著名ᄒᆞᆫ人이라近者에청國翰林家에請邀가되야所帶職任을辭免ᄒᆞ고率眷渡청ᄒᆞ얏더라

●菁根多來 近日에黃海道金川平山等地로셔商民드리菁根을多數輸來ᄒᆞ야京江에到泊ᄒᆞ얏ᄂᆞᆫᄃᆡ每馱에八元式放賣ᄒᆞᆫ다더라

●初何心고 坡州郡臨津長山兩鎮津夫位士ᄂᆞᆫ年久浦落ᄒᆞ야今至人無土無之境而昨年秋에交河郡守尹夔燮氏가以坡州郡守署理로謂以秋捧例錢이라ᄒᆞ고新捧結錢中五百六十元을持去ᄒᆞ얏ᄂᆞᆫᄃᆡ其後原任郡守韓弘洙氏가責其無理ᄒᆞ고督還其錢則尹氏가因此挾憾ᄒᆞ야右錢을寧납於度支언뎡不可還交坡郡이라ᄒᆞ야該兩鎮津夫位士結中由來免稅者를拔官民間隱結潛食樣으로據報度支部而方在部郡相持中인故로該兩鎮民人四五十名이齊訴次로裹足上京하얏더라

秋夜歎 (續)

地方官吏在其前
相笑視以秦人肥
滿野禾稼將收後
何家明月能紊絢
中央鬼語啾啾下
平生行舟遊江湖
在世原無作宿業
白骨不免火坑苦
西天慈悲觀世音
聞聲雖苦不見來
月下小孀一聲泣
吾家阿郎青春死
墳草未宿身且火
何年洗得此冤苦
吁嗟乎江神河伯有何怨
濛濛注下一月雨
禾稼白且枯
一家八口何所收
一聲痛哭一聲歎
半夜秋氣何蕭蕭
壁上寒劍冷如霜
爲得斷我不平氣
起看萬戶燈影暗
正是世人昏寐時
恨無夫子之木鐸
聲聲警起一世睡
吁嗟乎午夜熟睡何所有
其將見周公論大道
其所效希夷先生千日睡
又將效南陽草堂日遲遲
夢中譫語何所益
醫者皆云氣血虛
我自發歎空起立
於焉驚起傍人睡
怒起向余罵
如何不寐又警我
中夜瞻天空自語
正是瘋癲白痴者
滾往枕下做一夢
利財得官占吉兆
余聞此語一笑起
子夜鍾聲聲入耳
四隣猶不覺
余將待海雞一聲天下曉
吁嗟呼吁嗟呼秋夜長
將一片心禱我大主宰

(完)

特別廣告

本申報ᄂᆞᆫ海外電報를卽接ᄒᆞ야機關이靈通ᄒᆞ고外報와探報를敏捷活潑ᄒᆞ도록注意ᄒᆞ오며申報發送ᄒᆞᄂᆞᆫ딕迅速信傳ᄒᆞ기ᄂᆞᆫ分傳人의게在ᄒᆞᆷ으로本社에셔不常에諸分傳人의게丁寧告戒ᄒᆞ고申申訓飭ᄒᆞ야毋或媮惰ᄒᆞ게注意ᄒᆞ거니와如或暫有稽忽이라도愛讀僉君子ᄂᆞᆫ密使通知于本社ᄒᆞ시면該分傳의게誠信相孚ᄒᆞ도록耳提面命ᄒᆞ고勤贊가發生ᄒᆞ도록誨論ᄒᆞ야必無遲誤ᄒᆞ기로期待ᄒᆞ옵나이다

本社에寄書ᄒᆞ시ᄂᆞᆫ諸君子ᄂᆞᆫ姓名과居住를明確ᄒᆞ게懸錄送附ᄒᆞ시와證據가有ᄒᆞᆷ을必要ᄒᆞᆷ이오公衆平和ᄒᆞᆫ秩序를紊亂케ᄒᆞᄂᆞᆫ意와社會上不經荒雜ᄒᆞᆫ寄書ᄂᆞᆫ不受ᄒᆞᄂᆞᆫ權利가本社에自有ᄒᆞ오니肯諒ᄒᆞ시옵

大韓每日申報社

廣告

貿易商　本社ᄂᆞᆫ仁川港
日本郵便電信局對面
電話第二百一番地

仁川港　廣昌洋行
벤넷르合社告白

○鐵路部

○東大門과新門間에來往車ᄂᆞᆫ每十分間에運行ᄒᆞᆷ
東大門發初車ᄂᆞᆫ午前六時三十分
新門外停車場發初車ᄂᆞᆫ午前六時五十五分
東大門發終車ᄂᆞᆫ午後九時五十分
新門外停車場發終車ᄂᆞᆫ午後十時十五分

○東大門과洪陵間에來往車ᄂᆞᆫ每二十分間에運行ᄒᆞᆷ
但自鍾路로東大門에來到ᄒᆞᆫ交替車로聯絡ᄒᆞᆷ
東大門發初車ᄂᆞᆫ午前六時五十分
洪陵發　初車ᄂᆞᆫ午前七時十分
東大門發終車ᄂᆞᆫ午後七時五十分
洪陵發　終車ᄂᆞᆫ午後八時十分

○鍾路와龍山間에來往車ᄂᆞᆫ每十二分間에運行ᄒᆞᆷ
鍾路發至南大門初車ᄂᆞᆫ午前六時四十八分
鍾路發至龍山　初車ᄂᆞᆫ午前七時二十四分
南大門發至鍾路初車ᄂᆞᆫ午前六時五十六分
龍山發至鍾路　終車ᄂᆞᆫ午前七時五十七分
南大門發至鍾路終車ᄂᆞᆫ午前十時八分
龍山發至鍾路　終車ᄂᆞᆫ午後九時九分

○特別私用車ᄂᆞᆫ顧客의方便ᄒᆞᆷ을隨應ᄒᆞ야準給ᄒᆞᆷ
但定價ᄂᆞᆫ本社에來臨ᄒᆞ야請問ᄒᆞ옵

○電燈部

二百五十燭力以內의敷用處에ᄂᆞᆫ每個月에定價表가如左ᄒᆞᆷ
○十六燭力燃燈達夜에二圓五十錢
○三十二燭力燃燈達夜에四圓
○五十燭力燃燈達夜에六圓
○一百五十燭力燃燈達夜에十圓
一千二百燭力弧形燈達夜에二十圓
二百五十燭力以上의敷用處에ᄂᆞᆫ請求ᄒᆞ면瓦斯計一個를設給ᄒᆞᆷ
但瓦斯計賃金은每個月에二圓이오瓦斯計測驗表委托定價ᄂᆞᆫ每時間每암피아에二錢이옵
瓦斯計設給處에셔每介月支拂金最低額은每個月에二十圓인딕(瓦斯計貸金은)据ᄒᆞᆷ
電燈을敷設ᄒᆞ기에請求ᄒᆞᄂᆞᆫ딕給ᄒᆞᆷ으로供各種連技辦燈도常時에貯存ᄒᆞ엿슴

本社鍾路電氣會社
韓美電氣會社　告白

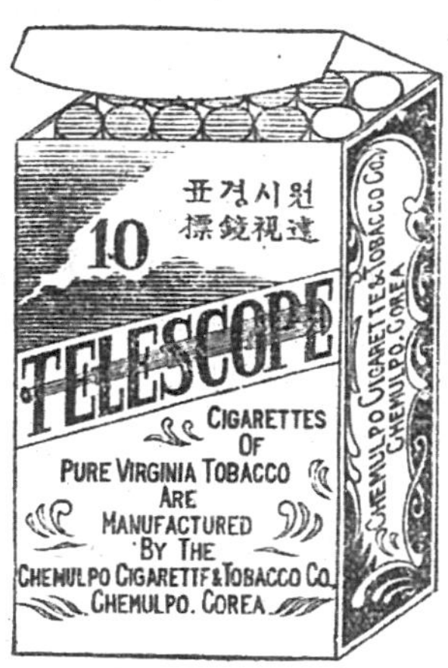

以上三種은上品으로製造ᄒᆞ야衛生上에至極有益ᄒᆞ오니毋論某人ᄒᆞ고本社에來顧ᄒᆞ옵

大韓帝國仁川港
濟物浦紙卷煙及烟草會社

一鷹標罐濃詰牛乳
一金印罐詰濃結牛乳
一無雙家用氣化乳酪
一쌔ㅣ든쓰製造麥芽化合牛乳
以上은常時에貯積ᄒᆞ엿슴
美國紐育港쌔ㅣ든쓰濃結牛유會社
一手代理店　大韓仁川港　世昌洋行

廣告

一雜貨商
一貿易商
一船舶取扱
一煙草商
一委托販賣及貨物運送代理業
一貿易石炭商
以上輸入及輸出者
京城 仁川　大昌洋行

本社廣告

申報價
一張代金　韓貨五錢
一箇月前納　五十戔
三箇月　一元五十戔
六箇月　二元九十戔
一箇年　五元八十戔
郵稅一部　新貨五里
一箇月　十三戔

廣告料
四号活字十三字詰
每日每英尺一寸에新貨廿五錢(每日每行에六錢에相當ᄒᆞᆷ)
二周日에　二圓五十錢(每日每行四錢五里에相當ᄒᆞᆷ)
一箇月에　五圓(每日每行四錢一里에相當ᄒᆞᆷ)
其期限의長短과字行의多少를依ᄒᆞ야增減ᄒᆞᆷ이有ᄒᆞᆷ
大韓人마다此申報를不得不閱覽ᄒᆞ실터이오니廣告出報ᄒᆞ실僉君子ᄂᆞᆫ來臨面議ᄒᆞ시옵

發行兼編輯人　英國人裵說
發行所　京城北署壽進坊礪洞号外地法語學校前
大韓每日申報社

第三卷

大韓每日申報

대한매일신보

第五十七號

月曜及慶節歲時日休刊

檀君開國四千二百三十八年
箕子元年三千二十七年
大韓開國五百十四年
日本明治三十八年
淸國光緖三十一年
陰曆乙巳九月小二十二日辛卯

論說

●猶●豫●未●決●

政閣機關된國民新聞과其他東京諸報를詳細閱覽ᄒᆞᆫ즉駐韓公使林權助氏의請求ᄒᆞᆫ即擴保護于韓國ᄒᆞ야將自擔其外務交涉이란提議를將不諾從이니

國民新聞이林公使의請議와韓日間에將速結新協約이라ᄂᆞᆫ東京風說을對論홈인듯ᄒᆞᆫ概要에云ᄒᆞ얏스되韓日間理會가既至圓滿ᄒᆞ얏스니何等擴充이實非必要오亦非所望이라ᄒᆞ얏더라余果與此同解나然이나國民所報ᄂᆞᆫ未熟葡萄를既至味酸이라ᄒᆞᄂᆞᆫ名談과無異ᄒᆞ도다

日本計劃의至於何如홈을人欲知之乎아此等計劃이若不至自有韓國이면不能施設이니由是觀之면日本이於此에取를不能擴張홀줄自知ᄒᆞ얏스즉彼所設計가亦有廢棄홀거슬斷言ᄒᆞ노라

日本之往者設計를推想이면此地自由手段을獲得ᄒᆞᆫ以後에ᄂᆞᆫ此其所要求가至於何境而止홀거슬得見키不能홀지라恒久琢磨면堅石도不能支라ᄒᆞᆫ古語를回想ᄒᆞ노니

此皆出於許與라고彼可稱之홀거슨韓國內日本의最大範圍를認許者ᄂᆞᆫ英國이是也라홀지라故로英日協約에日本이韓國內利益을保護增進코ᄌᆞᄒᆞ야指導管理擁護의方略을取行홈을承認ᄒᆞᆫ句語를擧以言之ᄒᆞ노니日本이取其韓國通信機關홈도亦在此內耶아以此謂之管理乎아此乃增進日本利益之管理乎아若曰此乃條約之意義면該約欵이不要多言이요但一言以結之矣리니(韓國內某事某物이던지日本이隨其所欲以取之홈을英國이承諾홈)이라ᄒᆞ얏스리라

盖指導管理擁護의文字를引用홈은此地日本權力에何等定限을包含홈이니

近者日本行動이此定限內에量度될인지知了키를苦望ᄒᆞ노라名雖軍用이나實是商業인지地段占取도在於限內耶아通信引繼와航海條約도亦居限內耶아此等事業이擧皆出於大韓政府之許讓이라고彼可強言이리니名或然矣나有一記憶ᄒᆞ니日本公使ᄂᆞᆫ較有軍力ᄒᆞ고列邦使節우高倘其中立ᄒᆞ얏스니此時韓皇陛下ᄭᅴ셔[illegible]商議시리오若日本이[illegible]利를還渡ᄒᆞ더리도韓國이[illegible]面不納이면日本順序의正直公平을可信이며日本計劃이不能就緒之緒에對ᄒᆞ야喜心之幾을廢棄ᄒᆞ려니와爲此以前에ᄂᆞᆫ不然ᄒᆞ리로다

官報

◉第三千二百七十二號 光武九年月十七日

◉敍任及辭令 (속)

秘書監丞洪性友
仝 林炳恒
仝 李鼎來
帝室會計審査局主事申錫龍

依願免本官
正三品李驥榮 仝鄭 헌
侍從院侍從李愚明

任秘書監丞敍奏任官三等
兼任禮式院掌禮
秘書監丞鄭 헌

任帝室會計審査局主事叙判任官三等
主殿院主事鄭完福

任主殿院主事叙判任官六等
六品申錫龍

任中樞院贊議叙勅任官二等
黃海道觀察使具永祖

任黃海道觀察使叙勅任官三等
中樞院議官高永喜

以上十月十三日

依願免本官
成均館博士李百榮
仝 趙仁元
仝 金容植
송仁憲 朴先陽 李章稙

任成均館博士叙判任官八級
以上十月十四日

◉第三千二百七十三號 光武九年十月十八日

◉敍任及辭令

漢城裁判所首班判事李鍾[illegible]
平理院判事嚴柱日
漢城裁判所檢事試補李邦協

依願免本官

任漢城裁判所首班判事叙奏任官一等
法部參書官[illegible]經九

以上十月十三日

秘書監丞洪承斗
兼任太醫院副卿

警務廳摠巡李翔稙
法部主事李寅承
平理院主事李命稙
仝 洪淳七
漢城裁判所主事金昌烈
仝 金 奎
仝 金良濟
平理院主事李周敬

依願免本官

任警務廳摠巡叙判任官七급
李悌憲

任平理院主事叙判任官六급
九品金良濟

任漢城裁判所主事叙判任官七급
九品李周敬

以上十月十四日

任侍從院侍從叙奏任官三等
秘書監丞李愚明

兼任內大臣秘書官
侍從院시從李愚明

任秘書監丞叙奏任官三等
正三品李奭鍾

依願免本官
成均館博士송仁憲
仝 朴先陽
仝 李章稙

以上十月十五日

依願免本官
[illegible] 李彰夏 李承설

任成均館博士叙判任官八級
十月十六日

外報

◉美艦坐礁 日本船大安丸이今月三日朝一時半에豐後姬島를航行中에美艦시선야지號가暗礁에坐홈을發見ᄒᆞ얏ᄂᆞᆫ디該艦을救濟ᄒᆞ기에爲ᄒᆞ야自吳軍港으로救助船을派遣ᄒᆞᆫ다더라

◉勳功等級 日本政府에서今回戰役에從事ᄒᆞᆫ陸軍將卒의勳功論定홈을左開四種等級으로區分ᄒᆞᆫ다더라

一 殊勳 甲 乙
二 勳功 甲 乙 丙 丁
三 勳勞 甲 乙 丙
四 功勞 甲 乙

◉列國海軍力 露日戰爭後에各國現在軍艦돈數ᄂᆞᆫ如左ᄒᆞ니

英國 一、三九五、〇〇〇돈
德國 四四一、〇〇〇
義國 二五四、〇〇〇
露國 二二四、〇〇〇
美國 三一六、〇〇〇
法國 六〇三、〇〇〇
日本 二五二、〇〇〇

◉撰擧法改正 和蘭國務大臣데메이스터氏ᄂᆞᆫ撰擧法을改正홀거시라고聲言ᄒᆞ얏다더라

東京電報

●首相邸晩餐 一月一八日午前十時十分發

昨夜桂首相邸에셔英國艦隊司令長官以下를招待ᄒᆞ야晩餐會를開催ᄒᆞ얏ᄂᆞᆫᄃᆡ席上에셔노엘大將은日本에來ᄒᆞ야感歎을不堪흠은武士의性質이라고言述ᄒᆞ고一同히 盡歡ᄒᆞ고散會ᄒᆞ얏더라

●伯邸招待會 仝上

昨日에大隈伯爵邸에셔도노엘大將以下를招待ᄒᆞ야盛ᄒᆞᆫ宴會를開催ᄒᆞ얏ᄂᆞᆫᄃᆡ賓客이皆滿足을表ᄒᆞ고散解ᄒᆞ얏더라

●日皇詔勅又下 仝上

卿等이愼重事를從ᄒᆞ야其妥締ᄒᆞᆫ바ᄂᆞᆫ、、의旨에添ᄒᆞ얏고交戰의目的을貫徹흠에足ᄒᆞ다云云ᄒᆞ얏더라

●大將凱旋 仝上

東鄕海軍大將은敷島、朝日、以下十四艦을率ᄒᆞ고伊勢灣에在ᄒᆞ더니本日勅命을依ᄒᆞ야伊勢太廟에參拜ᄒᆞ고十九日에東京灣으로向ᄒᆞ야凱旋ᄒᆞᆫ다더라

●將官陞任 仝上

仝日午后五時五十分發

大島中將(義正)은大將에昇任ᄒᆞ고松永小將은中將에昇任ᄒᆞ얏더라

●外大解任 仝上

小村全權公使ᄂᆞᆫ外務大臣이되고桂總理大臣의外務大臣兼任은解ᄒᆞ얏더라

雜報

◉大詔渙發

詔曰士民之擧義稱兵古或有之如非內강外寇國境擾攘之時則其名不正近日東南諸邑所謂義兵在在嘯聚其勢猖厥念彼所擧者何義究斯形跡職不過匪徒之變稱哀我良懦何以聊生其令軍部陸속派兵期圖不日勦除如有該黨中先被威脅自新又或有平民設계擒獲者隨其輕重別般施賞事令內部措辭行會于各府郡其有觀察司令之不能彈壓任其滋蔓者令法部拘拿定罪ᄒᆞ라ᄒᆞ오셧더라

●大詔 又降

詔曰爲治之道用人爲先試問今日之國家治乎否乎大小官僚果皆得人乎否乎其自政府另究方畧凡百內外官吏益加愼擇賢則登用否則陶汰期有刷新之實效其各體此至意毋或怠忽ᄒᆞ라ᄒᆞ옵셧더라

●農協新任 從二品李根洪氏ᄂᆞᆫ平理院檢事를任ᄒᆞ얏고辦理公使李範九氏ᄂᆞᆫ農部協辦을任ᄒᆞ얏더라

●法官轉任 裁判所判事李鍾林氏ᄂᆞᆫ法部參書官을任ᄒᆞ얏더라

●敦寧新任 正三品李禹珪氏ᄂᆞᆫ敦寧司長을任ᄒᆞ얏더라

●電務其人 典醫李圭영氏ᄂᆞᆫ電務課長을任ᄒᆞ얏고六品裴碩鍾氏ᄂᆞᆫ典醫를任ᄒᆞ얏더라

●新任郡守

同福金宅鎭 高敞張命相
仁川李恰和 珍山金環中
茂長徐相環 三和韓敬烈
寧海慶光國 三嘉閔明植
大興鄭煥悳 鍾德金永雲
禮安李康吾 尙州吉永洙
善山俞鎭贊 公州吳鼎善
中和申大均 海美閔泳熙
固城李普鉉 順天鄭寅國
海州李昌翼 古阜鄭龍基
通津金炳旭 金山林承學

資格用人

原夫國家之用人이猶匠石之用木이라大則大用ᄒᆞ고小則小用ᄒᆞ야凡其任官授職에惟材是視라야有蘊抱者ᄂᆞᆫ得以展驥ᄒᆞ고無實學者ᄂᆞᆫ不敢濫竽ᄒᆞ야朝著ㅣ自然澄淸ᄒᆞ며庶績이自然修擧ᄒᆞ야民蒙其澤이요國可賴安이거날今韓之用人은一以資格高下로定其制限ᄒᆞ야無其資格者ᄂᆞᆫ縱有兼人之識과拔萃之才라도高官顯爵을瞠乎不敢望焉이고雖以言事로論之라도亦有資格之制限ᄒᆞ야閭巷草布와下位屈沈者ᄂᆞᆫ縱有葵藿之丹忱과金玉之良箴이라도終其身不敢一言効忠ᄒᆞᄂᆞ니假使朝多賢士ᄒᆞ고野無遺才ᄒᆞ야爲治之具가無一闕漏라도用人之術과求言之道를固不當若是狹隘이거날論人則擧朝空虛ᄒᆞ고論時則百度陵夷ᄒᆞ야國之存亡이隔如一紙ᄒᆞ니縱爲側席待賢ᄒᆞ며寤寐求言ᄒᆞ야革舊圖新을惟日孜孜라도弘濟斯艱을有未可知얼더러所謂其資格者ᄂᆞᆫ某卿을曾經ᄒᆞ며某脊를曾帶ᄒᆞ야頭上에銀纓驄巾이오耳邊에玉環金圈인즉今日此等儀章은公家輿ᄃᆡ와市井無賴도皆能有之요目昧一丁ᄒᆞ고腹無寸見者도亦皆得之ᄒᆞ니以此資格으로定爲用人之制限ᄒᆞ야不分賢愚ᄒᆞ며不問僞術ᄒᆞ고昏昏만만에如長夜乾坤ᄒᆞ니此可爲太息者也로다竊聞世治則賢者在上ᄒᆞ며不肖者在下ᄒᆞ고世亂則反是라ᄒᆞ니今之爲公爲卿ᄒᆞ야資格이高於朝端ᄒᆞ고氣焰이震於國內者ㅣ忠亮廉直이果有幾人이며且言路杜絶은不祥이莫大인바有資格者ᄂᆞᆫ可言而不言ᄒᆞ야甘心尸素ᄒᆞ며無資格者ᄂᆞᆫ欲言而不敢言ᄒᆞ야徒抱杞憂ᄒᆞᄂᆞ니以此論之ᄒᆞ면全國二千萬人衆에無一人可言者矣라爲規如此에其何能國이리오政府諸公은試熟思之어다

●漸進開明 再昨日政府에셔會議를開ᄒᆞ얏ᄂᆞᆫᄃᆡ現在官吏ᄂᆞᆫ擧皆剃髮ᄒᆞ고一般人民의服色은深靑黑色으로ᄒᆞ고軟綠色과白衣ᄂᆞᆫ一切禁止ᄒᆞ기로決議ᄒᆞ얏다더라

●惜別開宴 總稅務司柏卓安氏ᄂᆞᆫ今回에該任을辭하고歸國하ᄂᆞᆫᄃᆡ昨日上午十一時別車로英美法淸各公使와美國人七、西洋法人四、英人五、淸人十、夫人十五、韓國官人은宮大李載克閔泳麟高羲敬宮內參書官金容濟諸氏와韓國軍樂隊士官二人과兵丁二十五名이下仁하얏ᄂᆞᆫᄃᆡ惜別次로仁港에셔船遊會를開催하얏더라

●可謂尸素 日昨漢城府裁判所門前에셔江原道居金召史란女人이山訟事로呈訴ᄒᆞᆫ지累月에左托右稱하고終無如何決處키로該女人이不勝忿寃하야該訴狀을裂破하고泣血下鄕이라하니所謂法官棒은給만圖食하고所事何事인지

●試取調用 師範學校優等生드를日間試取하야敎官으로調用ᄒᆞᆫ다더라

●豈不太鹹 金珏鉉氏ᄂᆞᆫ水原郡守로在任時에該郡海邊鹽幕稅로徵食錢이數十萬兩이라該鹽夫數十名이呼訴次로日昨에上京하얏다더라

●緣何捉去 日昨北署紫橋等地에居內시金重煥氏를日本憲兵이捉去하얏더라

●美使遊覽 再昨下午一時에美公使와隨員二人이景福宮에遊覽하얏더라

●罪當被捉 李行一爲名者가典圜局機械를偸賣事로警廳에被捉하얏더라

●照撥俸金 農商工學校敎師久野末五郞의俸給一百八十元과家屋세二十元을依請支撥하라고學部에셔度支로照會하얏더라

●宜有褒賞 沃溝監理金敎獻氏가學部에報告하얏ᄂᆞᆫᄃᆡ現接本港尋常高等小學校長野田武治公函內開에本校學徒李義用의品行學力이幷皆優等하야可合褒賞이니卽卽褒賞하야使實民子弟로觀而顧榮樂業爲希等因이온바玆에報告하니査照하와使該學徒李義用을亟施褒賞이라더라

●新建會社 麻浦에日本人三山豐의家屋을信成合名會社에셔買收하야該家를毁撤하고該社를建築ᄒᆞᆫ다더라

●自意結搆 鐵道監部通辭趙東敏이가孔德里興禮洞軍用鐵道用餘地에冰庫四十間을初無認許하고結搆ᄒᆞᆫ事로警廳에셔漢城府로轉照하얏더라

●是何道理 再昨下午에日本人十餘名이松川長二郞의屍身을自西小門으로擔入하ᄂᆞᆫᄃᆡ該支所巡檢이盡力防禁하되終不聽從하고反爲毆打에抑勒擔入하얏더라

●詳査認許 議政府에셔內部에照復하얏ᄂᆞᆫᄃᆡ漢城判尹朴義秉의報告를據ᄒᆞᆫ貴照會內槪에墨洞老人亭越麗一區를自貴府로果有交涉認許이온지卽爲示明等因이온바准査하니此事에關하야獎府에셔ᄂᆞᆫ初無認許이온ᄃᆡ彼遞信省에셔我政府로交涉하야認許를承 有云者事甚誑惑하와玆庸仰佈하오니照亮後認許本末을更爲交涉하야的確文字를詳査騰報ᄒᆞᆯ意로指飭한城府를爲要라하얏더라

●緊急 **社告**

本社創設以來로新聞代金을每月初三日內에先納으로收入ᄒᆞ던바ᄂᆞᆫ自初로購覽ᄒᆞ시ᄂᆞᆫ僉君子가擧皆知悉이온바自本年八月再刊以來로代金收合이延至晦間이옵더니到今本社經費가窘絀之歎이有ᄒᆞ기로本月條ᄂᆞᆫ不日內로收合ᄒᆞ여야可히支過ᄒᆞᆯ터이오來十一月爲始ᄒᆞ야ᄂᆞᆫ一朔條를十五日內로送交ᄒᆞ시와連속發刊케ᄒᆞ야愛讀 僉君子의閱覽을供ᄒᆞ기로切盼ᄒᆷ

大韓每日申報社 告白

外報

●日儲陞進 日本皇太子殿下ᄂᆞᆫ來月天長節에陸軍少將及海軍少將으로陞進될터이라ᄒᆞ더라

●宴場準備 日本宮中에서今年天長節에ᄂᆞᆫ特別히大宴을開ᄒᆞ고內外臣을召待ᄒᆞᆯ터인ᄃᆡ宴會場을擴張ᄒᆞᆯ準備中이라ᄒᆞ더라

●姑未提出 駐英淸國公使ᄂᆞᆫ政府의訓飭에對ᄒᆞ야答云ᄒᆞ되英國政治家中에ᄂᆞᆫ威海衛撤退問題를唱議ᄒᆞᄂᆞᆫ者가有ᄒᆞ나閣議에ᄂᆞᆫ姑未提出ᄒᆞ얏다더라

●募債交涉 日本政府에서倫敦駐在高橋日銀副總裁의게訓令ᄒᆞ야外債募集事로交涉中인ᄃᆡ其結果가頗히良好ᄒᆞ야英美德法四國에서四千萬磅을三十年으로爲限ᄒᆞ고年利四朱로募集ᄒᆞᆫ다더라

寄書 續

尤可痛者ᄂᆞᆫ稱以忠告施政改善ᄒᆞ고締結弊政府宵小奸細賣國之賊輩ᄒᆞ야操弄政柄ᄒᆞ고眩亂國體ᄒᆞ니是果萬國公法之交隣本誼耶아 間或有有志者ㅣ鼓動腔血에論辨是非則輒捉之囚之에逆跡噤舌ᄒᆞ야使不得行其自由之權ᄒᆞ니曾謂閣下ㅣ以文明國人으로行此無理壓制之事於鄰國之人民乎아 今觀乎 條約之揭載外 者ᄒᆞ니軍費비償을不敢抗求於俄國而必以對弊政策으로苟苟營營ᄒᆞ니抑將不能責비於俄而反欲橫討於弊耶邦아其日宗主權이며優越權이며擁政勸告를確實承認等說이何關於與俄約和而每每提出乎아 以我獨立之堂堂帝國으로爲其臣民者ㅣ雖粉身碎骨이나誓不從之矣니若爾則其所謂義勇之聲이果安在哉오然則國貴之義勇二字ᄂᆞᆫ必以見制於强而行惡於弱者로謂之耶아 從前所謂條約書며認許件이란者ᄂᆞᆫ一切蔽置ᄒᆞ고伊今爲始ᄒᆞ야更定貴我兩國之條約ᄒᆞ되斯速捲甲而撤退ᄒᆞ야凡關係我國權者ᄂᆞᆫ還付我政府ᄒᆞ고利益我民生者ᄂᆞᆫ歸屬我自主則東洋之平和를庶幾可卜이오弊邦之獨立은斷當自强이오貴國之義聲은尙有餘望이어니와如其不然而一向頑愎則黃種之互相殘害와弊邦之抵死不屈과貴國之自取亂亡은明若觀火ㅣ니 竊恐貴國之禍不在於外而在於蕭墻之內ᄒᆞ노니此其借以義理之名而敗於經緯之蔑矣라惟閣下ᄂᆞᆫ熟思之를爲盼ᄒᆞ노다

雜報

●古市公函 京釜鐵道株式會社總裁古市公威氏가農部에公函ᄒᆞᆫ內槪에停車場域內에서鐵道에關係가有ᄒᆞᆫ商業과鐵道從事員에物資를供給ᄒᆞᆫ商業을許諾ᄒᆞᆷ과及南大門停車場附近地段事件으로本年九月九日出付ᄒᆞ신貴照會의趣旨를謹悉이오며右ᄂᆞᆫ別記와如ᄒᆞ옵기玆에照會라ᄒᆞ얏ᄂᆞᆫᄃᆡ

一停車場驛內에서鐵道에關係를有ᄒᆞᆫ商業과鐵道從事員에物資를供給ᄒᆞᆯ商業을許諾ᄒᆞᆷ은目下狀에不得ᄒᆞᆫ態事勢옵고

一南大門停車場附近地段事ᄂᆞᆫ元來弊社ᄂᆞᆫ明治三十三年四月에南大門停車場用地로十一萬坪餘를請求ᄒᆞ얏더니前鐵道院에서承認ᄒᆞ시와弊社로會同ᄒᆞ야用地境界를定ᄒᆞ고其境界의地段은賣買의禁止를發令ᄒᆞᆷ도不拘ᄒᆞ고其使用地收用ᄒᆞᆯ時에至ᄒᆞ야同院에서用地를減削ᄒᆞ도록談判을屢接ᄒᆞ야現今에用地를收用ᄒᆞ얏숩더니同院에서ᄂᆞᆫ移轉地及三角地라稱ᄒᆞᄂᆞᆫ地段을人民에게買收ᄒᆞᆫ것도人民에게更히下與ᄒᆞ기에至ᄒᆞᄂᆞᆫ故로弊社ᄂᆞᆫ更히人民에게下與된內定地代價에幾分을加ᄒᆞ야弊社에還下ᄒᆞ시기를屢度協議ᄒᆞ얏사오니要便을未得ᄒᆞ고畢竟我公使館에서貴政府에交涉ᄒᆞ게됨으로其經過ᄒᆞᆫ事實은照諒ᄒᆞ실뜻ᄒᆞ오며決斷코無故히我公使館에서交涉ᄒᆞᆷ이아니오不當ᄒᆞᆫ代金으로無理히買收ᄒᆞᆷ이아니오니本事件은先日照會로照亮ᄒᆞ신ᄃᆡ로我公使館과協定ᄒᆞ심을爲望이라하얏더라

歷史槩要

本社에서最히期望ᄒᆞᄂᆞᆫ者ᄂᆞᆫ韓國人士의知識을開發코져ᄒᆞᆷ인ᄃᆡ知識의開發은歷史가緊要ᄒᆞ니 蓋其興亡得失之蹟이可鑑可戒ᄒᆞᆫ者가瞭然具在ᄒᆞᆫ故라就中失政亡國ᄒᆞᆫ事蹟이더욱人心을感觸케ᄒᆞᄂᆞᆫ効力이有ᄒᆞᆫ故로今에波蘭末年史의大槪를逐日摘取ᄒᆞ야本報紙尾에揭載ᄒᆞ노니購覽ᄒᆞ시ᄂᆞᆫ僉位ᄂᆞᆫ連續閱讀ᄒᆞᆯ지어다

波蘭末年史序

邇來百餘年間에世人이다波蘭國의分裂됨을哀憐ᄒᆞ야俄西亞의專橫無厭ᄒᆞᆫ貪慾과普魯士의反覆無信ᄒᆞᆫ詭計와墺地利의利慾是就ᄒᆞᆫ行爲를忿怒唾罵ᄒᆞ며또英法等歐洲諸國이冷談看過ᄒᆞ야救難濟急ᄒᆞᄂᆞᆫ高義가無ᄒᆞᆷ을譏刺責難ᄒᆞ되至於波蘭人ᄒᆞ야ᄂᆞᆫ其不忠不義ᄒᆞ다가亡國ᄒᆞᆫ罪를苛責深誅ᄒᆞᄂᆞᆫ者ㅣ無ᄒᆞ니 ᄂᆞᆫ當時慘毒ᄒᆞᆫ事情을見ᄒᆞ고容恕ᄒᆞᄂᆞᆫ厚意라

然ᄒᆞ나波蘭國은波蘭人이自 ᄒᆞᆷ이오露普墺三國이亡케ᄒᆞᆷ은아니라大抵邦國은반다시自伐ᄒᆞᆫ後에人이伐ᄒᆞᄂᆞ니向者에波蘭國으로ᄒᆞ여곰可乘ᄒᆞᆯ機隙이無ᄒᆞ엿던들彼三國의虎視之威와狼噬之計가비록耽耽ᄒᆞ나何處를從ᄒᆞ야下手ᄒᆞ리오

嗚呼라波蘭臣民이其罪를免치못ᄒᆞ리로다外國은可交이언뎡可恃치못ᄒᆞ며可親이언뎡可賴치못ᄒᆞᄂᆞ니

故로一國政治ᄂᆞᆫ自 權利로儼然獨立ᄒᆞ야外人容喙를勿許ᄒᆞ며至外於交政略ᄒᆞ야ᄂᆞᆫ莊嚴ᄒᆞᆫ主義와愼重ᄒᆞᆫ手段으로頗偏ᄒᆞᆫ嫌을避ᄒᆞ야親며依ᄒᆞᆯ念을斷ᄒᆞ야與國의懽心을均得ᄒᆞᆫ然後에國家의獨立을始保ᄒᆞᆯ거시어ᄂᆞᆯ噫라波蘭人은其계가此에不出ᄒᆞ얏도다

（未完）

廣告

特別廣告

本申報と海外電報를直接ᄒᆞ야機關이靈通ᄒᆞ고外報와探報를敏捷活潑ᄒᆞ도록注意ᄒᆞ오며申報發送ᄒᆞ는되迅速信傳ᄒᆞ기는分傳人의게在ᄒᆞᆷ으로本社에서不常에諸分傳人의게丁寧告戒ᄒᆞ고申申訓飭ᄒᆞ야毋或嬌惰ᄒᆞ게注意ᄒᆞ거니와如或暫有積忽이라도愛讀僉君子는密使通知于本社ᄒᆞ시면該分傳의게誠信相孚ᄒᆞ도록耳提面命ᄒᆞ고勤贊가發生ᄒᆞ도록諭論ᄒᆞ야必無遲誤ᄒᆞ기로期待ᄒᆞ옵나이다

本社에寄書ᄒᆞ시는諸君子는姓名과居住를明確ᄒᆞ게懸錄送附ᄒᆞ시와證據가有ᄒᆞᆷ을必要ᄒᆞᆷ이오公衆不利ᄒᆞᆫ秩序를紊亂케ᄒᆞ는意와社會上不經荒雜ᄒᆞᆫ寄書는不受ᄒᆞ는權利가本社에自有ᄒᆞ오니肯諒ᄒᆞ시옵

大韓每日申報社

廣告

貿易商 本社と仁川港 日本郵便電信局對面 電話第二百一番地

仁川港 廣昌洋行

벤녕드會社告白

○鐵路部

○東大門과新門間에來往車는每十分間에運行ᄒᆞᆷ

東大門發初車는午前六時三十分

新門外停車場發初車는午前六時五十五分

東大門發終車는午後九時五十分

新門外停車場發終車는午後十時十五分

○東大門과洪陵間에來往車는每二十分間에運行ᄒᆞᆷ

但自鍾路로東大門에來到ᄒᆞᆫ交替車로聯絡ᄒᆞᆷ

東大門發初車는午前六時五十分

洪陵發 初車는午前七時十分

東大門發終車는午後七時五十分

洪陵發 終車는午後八時十分

○鍾路와龍山間에來往車는每十二分間에運行ᄒᆞᆷ

鍾路發至南大門初車는午前六時四十八分

鍾路發至龍山 初車는午前七時二十四分

南大門發至鍾路初車는午前六時五十六分

龍山發至鍾路 終車는午前七時五十七分

南大門發至鍾路終車는午前十時八分

龍山發至鍾路 終車는午後九時九分

○特別私用車는顧客의方便ᄒᆞᆷ을隨應ᄒᆞ야準給ᄒᆞᆷ

但定價는本社에來臨ᄒᆞ야請問ᄒᆞ옵

○電燈部

二百五十燭力以內의敷用處에는每個月에定價表가如左ᄒᆞᆷ

○十六燭力燃燈達夜에二圓五十錢

○三十二燭力燃燈達夜에四圓

○五十燭力燃燈達夜에六圓

○一百五十燭力燃燈達夜에十圓

一千二百燭力弧形燈達夜에二十圓

二百五十燭力以上의敷用處에는請求ᄒᆞ면瓦斯計一個를設給ᄒᆞᆷ

但瓦斯計賃金은每個月에二圓이오瓦斯計測驗表委托定價는每時間每암피아에二錢이옵

瓦斯計設給處에셔每介月支拂金最低額은每個月에二十圓인디(瓦斯計賃金은)据ᄒᆞᆷ

電燈을敷設ᄒᆞ기에請求ᄒᆞ는디給ᄒᆞᆷ로供各種達技辦燈도常時에貯存ᄒᆞ엿ᄉᆞᆸ

本社鍾路電氣會社

韓美電氣會社告白

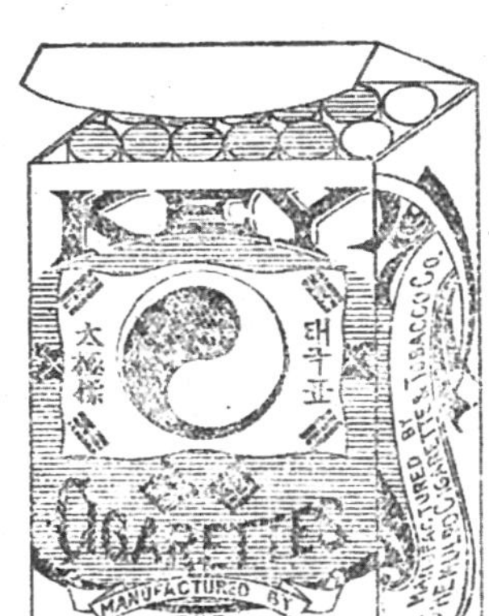

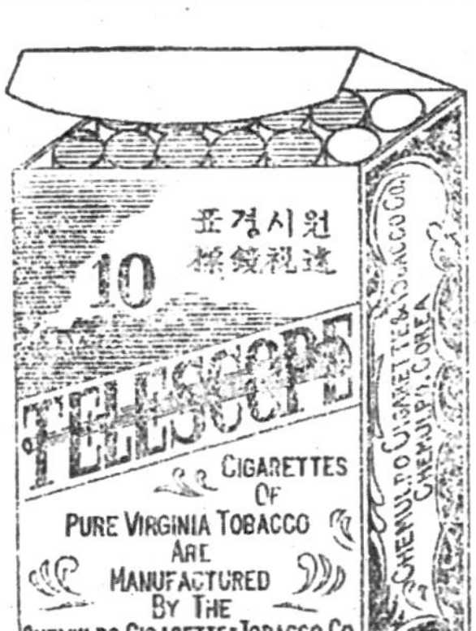

以上三種은上品으로製造ᄒᆞ야衛生上에至極有益ᄒᆞ오니無論某人ᄒᆞ고本社에來顧ᄒᆞ옵

大韓帝國仁川港

濟物浦紙卷煙及烟草會社

一鷹標罐濃詰牛乳

一金印罐詰濃結牛乳

一無雙家用氣化乳酪

一뽀ㅣ든쓰製造麥芽化合牛乳

以上은常時에貯積ᄒᆞ엿ᄉᆞᆸ

美國紐育港뽀ㅣ든쓰濃結牛乳會社

一手代理店 大韓仁川港 世昌洋行

廣告

一雜貨商

一貿易商

一船舶取扱

一煙草商

一委託販賣及貨物運送代理店

一貿易石炭商

以上輸入及輸出者

京城 仁川 大昌洋行

本社廣告

申報價

一張代金 韓貨五錢

一箇月前納 五十錢

三箇月 一元五十錢

六箇月 二元九十錢

一箇年 五元八十錢

郵稅一部 新貨五里

一箇月 十三錢

廣告料

四號活字十三字詰每日每英尺一寸에新貨廿五錢

(每日每行에六錢에相當ᄒᆞᆷ)

二周日에 二圓五十錢

(每日每行四錢五里에相當ᄒᆞᆷ)

一箇月에 五圓

(每日每行四錢一里에相當ᄒᆞᆷ)

其期限의長短과字行의多少를依ᄒᆞ야增減ᄒᆞᆷ이有ᄒᆞᆷ

大韓人마다此申報를不得不閱覽ᄒᆞ실터이오니廣告出報ᄒᆞ실僉君子는來臨面議ᄒᆞ시옵

發行兼編輯人 英國人裵說

發行所

京城北署壽進坊磚洞号外地法語學校前

大韓每日申報社

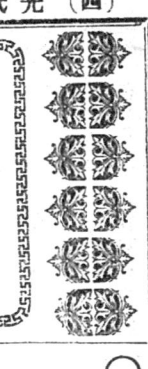

第三卷

大韓每日申報
대한매일신보

第五十八號

月曜及慶節 休日時 休刊

檀君開國四千二百三十八年
箕子元年三千二十七年
大韓開國五百十四年
日本明治三十八年
淸國光緖三十一年
陰曆乙巳九月小二十三日壬辰

論說

韓廷大官은對揚 聖旨어다

韓皇陛下게옵서聰明睿智ᄒᆞ신 聖姿로中興改新의運會를當ᄒᆞ시와現時艱虞를弘濟ᄒᆞ시고無疆ᄒᆞᆫ基命을建立코져ᄒᆞ실ᄉᆡ日昨에 詔勅을渙降ᄒᆞᄉᆞ臣僚를責勉ᄒᆞ시니若曰爲治之道ᄂᆞᆫ用人爲先이라試問今日之國家인ᄃᆡ治乎아否乎아大小官僚가果皆得人乎아否乎아 政府ᄂᆞᆫ另究方略ᄒᆞ야凡內外官吏를益加愼擇ᄒᆞ야賢則登用ᄒᆞ고否則陶汰ᄒᆞ야期有刷新之實效ᄒᆞ고其各體此至意ᄒᆞ야無或怠忽이라ᄒᆞ옵셧ᄉᆞ니 政府諸公아豈乎精白其心ᄒᆞ야對揚休命ᄒᆞᆯ것이오吾儕도變散莊誦에不勝感悅ᄒᆞ야實로太平萬歲에頌祝이有ᄒᆞ도다 大抵國家의自立은人才를專藉ᄒᆞᄂᆞᆫ故로古人이云ᄒᆞ되國有一人ᄒᆞ면其國이不亡이라ᄒᆞ얏ᄉᆞ니 東洋古史로觀ᄒᆞ더라도春秋時에鄭國의微弱으로晉楚兩强之間에介在ᄒᆞ야無歲不被其兵威러니子産이爲政에治民以惠ᄒᆞ고交隣以禮ᄒᆞ니 雖以晉楚之暴로도不敢以無禮加之ᄒᆞ얏고歐洲近世史로觀ᄒᆞ면意大利가中衰之運을値ᄒᆞ야疆土ᄂᆞᆫ他國의占奪을被ᄒᆞ야四分五裂이되고 人民은困於虐政ᄒᆞ야近百年을水深火熱之中의在ᄒᆞ야國勢가垂於危亡ᄒᆞ야殆不可支러니嘉富候一人이出ᄒᆞ야盡忠竭智ᄒᆞ야能히興衰撥亂의功業을建立ᄒᆞᆷ으로 意大利가儼然ᄒᆞᆫ一强國을成ᄒᆞ얏ᄉᆞ니今에大韓의情形이비록積衰沈痼ᄒᆞ야挽回振起키難ᄒᆞᆫ듯ᄒᆞ나 古今에無不可爲之時라苟得其人ᄒᆞ야內治를更新ᄒᆞ고外交를莊重케ᄒᆞ야內로人民을悅服케ᄒᆞᄂᆞᆫ實惠가行ᄒᆞ고外로 各國의改觀ᄒᆞᄂᆞᆫ實效가有케ᄒᆞ면變弱爲强이特轉移間事라ᄒᆞ노니惟願韓廷大官은思賢如渴ᄒᆞ시ᄂᆞᆫ 聖旨를實心對揚ᄒᆞ야實才實德과新進有爲의人才를薦擢登用ᄒᆞ야國運을回泰ᄒᆞ고蒼生을復活케ᄒᆞ기로切切顒望ᄒᆞ노라

官報

●第三千二百七十四號 光武九年十月十九日

◉叙任及辭令

陞五級俸 表勳院技師金禹植

十月三日

任經理院技師叙奏任官三等 侍從院侍從金聲遠

任侍從院侍從叙奏任官四等 經理院技師李鍾浩

陞四級俸 平理院主事金雨均

以上十月十三日

依願免本官 景孝殿令金鼎鎭

仁川監理署主事李宇榮

奉常司副提調趙藻元

農商工部叅書官朴熙陽

解兼任禮式院掌禮 景孝殿祀丞金商堯

任景孝殿令叙判任官六等 仁陵叅奉李相七

任景孝殿祀丞叙判任官八等 六品金憲鎭

任仁陵參奉叙判任官八等 前教官鄭元朝

任仁川監理署主事叙判任官六等 農商工部主事朴承健

仝 柳錫鳳

仝 鄭允謙

陞六級俸

以上十月十六日

給四級俸 農商工部協辦李根洪

十月十七日

●第三千二百七十五號 光武九年十月二十日

◉宮廷錄事

詔曰英國法國義國海軍一行替駐本邦不可無紀念英國海軍正尉趙雲斯弼立斯路宇里法國海軍大尉高路大義國海軍正尉畢道訥吳乃德葛南甫徐端儀幷特叙勳四等各賜太極章法國海軍中尉祥岡檀吳乙甫幷特叙勳四等各賜八卦章少尉杜陽特叙勳五等賜太極章

光武九年十月十四日

表勳院總裁勳一等朴定陽

詔曰宮內府女醫師英國人曲柳意歷試醫工之精明特叙勳四等賜八卦章

光武九年十月十四日

表勳院總裁勳一等朴定陽

詔曰命從二品金思衡爲侍從院副卿

十月十七日

表勳院總裁勳一等臣朴定陽謹奏勳一等閔丙奭李容翊勳二等玄暎運俱以免官事詔下奏謹依勳章條例第六章第一條該員等所佩勳章及外國勳佩用准狀幷與還奪何如謹奏

光武九年十月十二日奉

旨依奏

侍從院副卿姜斗欽辭職疏批旨省疏具悉所請依施

十月十七日

◉叙任及辭令

法官養成所教官丁明燮

陞五級俸 法部主事劉重烈

仝 安致潤

陞四급俸 平理院主事李重赫

陞六급俸 平理院主事金教翼

陞七급俸 漢城裁判所主事吳炳益

以上十月九日

漢城裁判所首班判事趙經九給二급俸

十月十三日

英國海軍正尉趙雲斯

仝 弼立斯

仝 路宇里

法國海軍大尉高路大

義國海軍正尉畢道訥

仝 吳乃德

仝 葛南甫

仝 徐端儀

叙勳四等賜太極章

法國海軍中尉祥岡檀

法國海軍中尉吳乙甫

叙勳四等賜八卦章

法國海軍小尉杜陽

叙勳五等賜太極章

宮內府女醫師英國人曲柳意

叙勳四等賜八卦章

以上十月十四日

學部參書官李海德

依願免本官

昌原監理玄擧杓

免本官

右ᄂᆞᆫ該員의諸多劣跡이外使公函에臚列明確이기是以免本官

外部參書官李載益

任昌原監理叙奏任官四等

正三品朴慶陽

任外部參書官叙奏任官三等

以上十月十六日

東京電報

●戰利艦浮上　十月十八日午後五時三十分發

沈沒ᄒᆞᆫ俄艦 포비예다號ᄂᆞᆫ昨日에無事히浮上ᄒᆞ얏더라

●大觀艦式　十月十九日午前十時五十六分發

觀艦式은來二十三日에擧行ᄒᆞᄂᆞᆫ디其區域은羽根田沖에셔橫濱防波堤에셔二海里되ᄂᆞᆫ沖々지七列노ᄒᆞ고英國艦隊ᄂᆞᆫ二列노ᄒᆞ야別노外方에延ᄒᆞ고橫幅은三海里에及ᄒᆞ며全艦列의週圍ᄂᆞᆫ十六海里에亘ᄒᆞᆫ다더라

●凱旋祝賀會　來二十四日에東京上野公園을式場으로定ᄒᆞ고凱旋祝賀會를開催ᄒᆞᆫ다더라

雜報

●爭詰雙捺　財務官이稅簿財政事로各郡發訓狀에本使와雙書姓名을捺章ᄒᆞᄌᆞ爭詰ᄒᆞ오니施行與否를卽示ᄒᆞ라고大丘觀察이京部에電報ᄒᆞ얏더라

●花債巨額　西署新村林卓洙가警廳에請願ᄒᆞ얏ᄂᆞᆫ디本人의弟興慶이가年今十六歲에方在編髮ᄒᆞ엿더니本有喉病ᄒᆞ야不出門外이옵더니不意鄰洞居被告에姜浩鎭夫妻가本以酒商으로誘引本弟ᄒᆞ야紙幣一百四十五元과韓貨八元을稱以花債見奪ᄒᆞ니豈有如此悖習乎아姜浩鎭夫妻를提致懲習ᄒᆞ시고督捧右錢ᄒᆞ야以若殘氓으로無至白失이라ᄒᆞ얏더라

●街談一叢

現今全國人民의愁怨방訕이式日喧藉ᄒᆞ되當局者ᄂᆞᆫ漠然若無聞焉ᄒᆞ니謂之無政府라도可矣로되至於某民之財産饒富와某人之納賂請囑과某職之如何圖得ᄒᆞ야ᄂᆞᆫ耳長三尺에悅如神聽ᄒᆞ며國憂民苦ᄂᆞᆫ이不勝其繁ᄒᆞ되未聞一人이抗議直言ᄒᆞ니謂之啞政府라도可矣로되及其固寵營私之計와病國害民底事ᄒᆞ야ᄂᆞᆫ舌如利錐ᄒᆞ야觸處善入ᄒᆞ니其半聾半啞ᄒᆞᄂᆞᆫ症候가半身風과相似인즉謂之風政府라ᄒᆞᆯᄂᆞᆫ지

幾月前度支에셔新舊貨交換事로定期發訓ᄒᆞ얏ᄂᆞᆫ디至于今日ᄒᆞ야舊貨도不知何處去오新貨ᄂᆞᆫ見面者甚少ᄒᆞ야商路不通ᄒᆞ고民不聊生ᄒᆞ니謂之未開貨라ᄒᆞᆯᄂᆞᆫ지

各郡上納期限은論定ᄒᆞ고爲貨措處ᄂᆞᆫ尙此寥寥ᄒᆞ야守令憫燥와民情의遑汲이如沸如羹ᄒᆞ다니謂之長沸軍令이라ᄒᆞᆯᄂᆞᆫ지

●尹氏疏槩　前秘書丞尹兢周氏疏辭를得聞ᄒᆞᆫ즉今番英日協約第三條의韓日兩國間關係를大同會辦이라云云ᄒᆞ얏더라

●滊車傷人　昨日上午에仁川輪車入來時에新門外停車場에셔役夫金順元이가方爲掘土라가被轢於該車轍ᄒᆞ야手脚이並皆截斷ᄒᆞ얏더라

●訴勿加俸　再昨下午에各坊庖肆主人等이庖肆票價加捧事를勿施ᄒᆞ라고經理院에呼訴ᄒᆞ얏더라

●移場農圃　廣長會社에셔梨峴場市를農圃로移設ᄒᆞ라고該田에開基新築ᄒᆞ더니再昨爲始ᄒᆞ야菁根商與雜貨商等이先次移去ᄒᆞ얏더라

●万國平和何時成

萬國平和ᄂᆞᆫ固萬國之莫大ᄒᆞᆫ慶幸也라凡厥舟車之所通과霜露之所墜에苟能一致平和면其功利之浩大ᄒᆞᆷ이將與天地로同量이라

兵戈之氣가銷爲日月之光ᄒᆞ며營壘之地가化作絃誦之所ᄒᆞ야凡係圓顱方趾之類가咸可得全其生ᄒᆞ야免於慘殺之禍ᄒᆞᆯ지니其爲幸福이孰大於是也며梯航玉帛으로交際款洽ᄒᆞ며四海之內에誼同一家ᄒᆞ야大平歌謠를可期永世ᄒᆞᆯ지니其爲國家生民之利를亦安能盡述乎哉아

雖然이나天下之弱肉强食이今已久矣라義理絶而威力이勝ᄒᆞ며道德亡而功利ㅣ盛ᄒᆞ야苟有所利於己者면寒盟失義而肆其攘奪者ㅣ滔滔皆然ᄒᆞ니縱有力量威德이拔乎等夷나主盟諸國ᄒᆞ야完此巨大問題가是豈容易可談底事리어

況今天下列强之日夜注目이在於淸國ᄒᆞ야或狡焉思逞ᄒᆞ며或隱然思扶ᄒᆞ며或蠶食不已ᄒᆞ며鴟張轉甚ᄒᆞ야其各各狀態之不同은有不可毛擧이되風雲之變幻이於是乎在ᄒᆞ며交際之離合이於是乎在ᄒᆞ야環視침침에俟其釁隙ᄒᆞ니天下事ㅣ未有久持而不決者矣라其結果如何가遠不過數十年ᄒᆞᆯ지니淸之大勢가未有結果之前에ᄂᆞᆫ非徒萬國平和를莫可擬論이라雖東洋平和라도亦難全成ᄒᆞᆯ지라

畢竟其孰勝孰敗와孰存孰亡을有不可知이되茫茫地球에風雨一無時可霽ᄒᆞ야長使吾儕로未免有哀時之淚ᄒᆞ니悲夫로다

●主山開基　英國人巨烈이稱云病院結構ᄒᆞ고本郡主山左邊民田을買得ᄒᆞ야現方開基ᄒᆞ오니何以措處ᄒᆞ올지伏候回敎라고晉州郡守가內部에電報ᄒᆞ얏더라

●晉民呼寃　慶南晉州郡西六里居民河楨明等六人이以一土兩稅가極爲寃抑事로漱玉軒闕門外에셔伏地唱寃ᄒᆞᆫ다더라

●九氏免懲戒　前郡守林鏞炫崔璇鎬安永重尹益炳李秉勳金顯泰張漢基李晳鎬金漢睦諸氏ᄂᆞᆫ幷免懲戒ᄒᆞ얏더라

●從便往來　江原觀察閔泳敦氏疏批에諒出特寄情勢亦可念卿其勿辭從便往來라ᄒᆞ옵셧더라

●黃解崔任　濟州牧裁判所檢事試補黃鍾菊氏ᄂᆞᆫ解任ᄒᆞ고濟州牧主事崔元淳氏가任ᄒᆞ얏더라

●二氏轉任　尙方司長李範喬氏ᄂᆞᆫ太僕司長을轉任ᄒᆞ얏고洪鍾억氏ᄂᆞᆫ尙方司長을任ᄒᆞ얏더라

●衣制更定　議政府에셔內部에照會ᄒᆞᆫ內槪에近來服着之純用淡色이本非舊制오侈靡之風이因此而漸長인즉宜思崇儉省費之策이니自本月二十六日로爲始ᄒᆞ야無論官民ᄒᆞ고公私服着上下衣袴를必用靑黑紺紫等深色ᄒᆞᆯ意로訓飭于警務廳漢城府ᄒᆞ야預爲告示坊曲ᄒᆞ야無或有一民不知之弊케ᄒᆞ며亦卽電訓各觀察ᄒᆞ야使之飛飭各府郡ᄒᆞ야一一准行ᄒᆞ야無有異同케ᄒᆞ되自光武十年一月一日以後로ᄂᆞᆫ凡白色及淡色衣服을一切禁斷ᄒᆞᆷ이妥當키로玆에照會ᄒᆞ니照亮施行事라ᄒᆞ얏더라

●會長函辭

本月初에憲政研究會에셔通常會를開ᄒᆞ고金宗한氏로會長을投標選定ᄒᆞ얏ᄂᆞᆫ디同氏가辭函을會該에送ᄒᆞᆫ全文이如左ᄒᆞᆷ

敬啓者鄙以固陋寡聞으로何足預論政於治之大要哉아然而際此地球露形ᄒᆞ고萬國交通ᄒᆞ야列邦之政體가各自不同ᄒᆞ되要之則無過三種ᄒᆞ야或以專制ᄒᆞ며或以君憲ᄒᆞ며或以民約ᄒᆞ니皆因其國之由來慣例及當時之君民關係而定之者也라故로於此三種政體之內에도其憲法成文이國國不一ᄒᆞ야佛未必摸擬於米ᄒᆞ며日未必全倣于英이라其大意則要不過上無專恣ᄒᆞ며下得自由ᄒᆞ야以全其國人之生活目的而已니者何오錦繡ᄂᆞᆫ雖鮮이나不適於勞動之體ᄒᆞ고金革이雖强이나不合於閨閤之用이니故로善爲政者ᄂᆞᆫ必因時改良而亦必不離於慣例者ㅣ良有以也라我東洋諸國之從古立政이無非出於君主之體오亦莫有關和之憲ᄒᆞ야定其制限則曾無君憲之名而業行君憲之實矣라然則現時之東洋은斷不可民約擬治오今世人類之於自由權利에殆與生命同惜則亦不可以仍舊壓抑故로　(未完)

●賊한被捉　日昨奬忠壇致祭時에別巡檢이賊한一名을捕獲ᄒᆞ얏ᄂᆞᆫ디多日跟捕ᄒᆞ든者라ᄒᆞ더라

●庖稅刷랍　農部에셔全北觀察李勝宇氏에게訓令ᄒᆞ얏ᄂᆞᆫ디庖肆稅金은乃是奏裁規則ᄒᆞ야定爲國庫正額이殆近十年이거ᄂᆞᆯ所謂會民이妄行沮戲云ᄒᆞ니言念所習에殊切駭痛이나民昧例를宜先曉諭라到卽准此告示ᄒᆞ야亦爲轉飭各郡ᄒᆞ고所有庖稅를一一督刷ᄒᆞ야不日來納케ᄒᆞᆯ事라ᄒᆞ얏더라

●法照內部　法部에셔內部에照會ᄒᆞ얏ᄂᆞᆫ디德川郡致死人朴完植獄事에价川郡守李相俊遠郡守張敎遠殷山郡守張憲根이職在檢官ᄒᆞ야該獄을混稱衆民共打ᄒᆞ고必曰從無別이라ᄒᆞ야以致疑案ᄒᆞ니其在審克之道에苟能十分着念ᄒᆞ야屢加硏覈이면胡至於斯乎아該三員은不可無警이니照亮이라더라

◉緊急社告

本社創設以來로新聞代金을每月初三日內에先納으로收入ᄒᆞ던바ᄂᆞᆫ自初로購覽ᄒᆞ시ᄂᆞᆫ僉君子가舉皆知悉이온바自本年八月再刋以來로代金收合이延至晦間이옵더니到今本社經費가窘絀之歎이有ᄒᆞ기로本月條ᄂᆞᆫ不日內로收合ᄒᆞ여야可히支過ᄒᆞᆯ터이오來十一月爲始ᄒᆞ야ᄂᆞᆫ一朔條를十五日內로送交ᄒᆞ시와連속發刋케ᄒᆞ야愛讀 僉君子의閱覽을供ᄒᆞ기로切盼홈

大韓每日申報社 白告

外報

●佛淸交涉 北京電을據ᄒᆞᆫ즉淸國政府에셔日露講和에關ᄒᆞᆫ疑惑은今尙不解ᄒᆞ야日本이露國에向ᄒᆞ야讓步ᄒᆞ고其所失者를淸國에求코져ᄒᆞᄂᆞᆫ結果로終乃東三省의利權에影響을及ᄒᆞ리라고豫想ᄒᆞ야恐怖ᄒᆞᆷ이不少ᄒᆞᆫᄃᆡ法國公使쥬바이유氏ᄂᆞᆫ此機를乘ᄒᆞ야特히東淸鐵道에關ᄒᆞ야淸國政府에助言ᄒᆞᆷ이緊切ᄒᆞᆫ지라其助言의內容은淸國으로ᄒᆞ야곰東淸鐵道를買還케ᄒᆞ고其費用은佛國에셔貸與ᄒᆞᆫ다고云ᄒᆞ얏다ᄒᆞ나其事實은尙爲未詳ᄒᆞ되何如間此交涉事件에關ᄒᆞ야慶親王은伍廷芳을식여法國公使와審議ᄒᆞᄂᆞᆫ事ᄂᆞᆫ的實ᄒᆞ다더라

●滿洲開放 淸國政府ᄂᆞᆫ東三省의開放을緊急議案으로ᄒᆞ야旣히其審査를終ᄒᆞ얏ᄂᆞᆫᄃᆡ曾往日淸及英淸條約에決定ᄒᆞᆷ과如히奉天 安東縣及大東溝를開市ᄒᆞ고其外에吉林省의吉林 寧古塔 渾春과黑龍江省의呼蘭城 齊齊合爾 愛훈를開市ᄒᆞ기로內決ᄒᆞ얏더라

●開放交涉 淸國은前記ᄒᆞᆷ과如히東三省을開放ᄒᆞ고同時에一方으로ᄂᆞᆫ駐露公使胡惟德의게電訓ᄒᆞ야露國政府에對ᄒᆞ야露國은海參威의開放을實行ᄒᆞ야通商港으로ᄒᆞ기를交涉ᄒᆞ게ᄒᆞ얏더라

●世界만遊 北美洲加奈多靑年會幹事로三十七箇年을現職에在ᄒᆞᆫ와이뎐ᄂᆞᆫ솔氏ᄂᆞᆫ本年에七十歲의高齡에當ᄒᆞ얏스나其意가氣靑年과如히今回에世界만遊ᄒᆞ기로思ᄒᆞ고過般에東京에來到ᄒᆞ야數週間滯在ᄒᆞᆯ터이라더라

●露國日本取調委員 露國莫斯科、비이찌、뷔드、모쓰또이新聞의報導ᄒᆞᆫ바를據ᄒᆞᆫ즉莫斯科倶樂部에셔ᄂᆞᆫ平和克復後에日本의實相을調査ᄒᆞᆯ事로決議ᄒᆞ고五名의委員을東京에派送ᄒᆞᆯ터이라더라

雜報

○司法

前議官李禧榮拘拿之由業經奏下而現接平理院檢事李根洪報告書內開李禧榮自漢城裁判所押到故與其告訴人秋柏燁質査則該案係是民事而無所犯罪故卽行放免玆報告云矣該李禧榮准報放免之意로法部大臣이上奏ᄒᆞ와奉旨依奏

公州前郡守閔泳會拘拿之由業經奏下而現接平理院檢事李根洪報告書內因木川前郡守朴正彬告訴以公州郡公納愆滯事該閔泳會拿致審査則初無所犯卽行放免玆報告云矣該閔泳會准報放免之意로法部大臣이上奏ᄒᆞ와奉旨依奏

以上十月十四日

시衛步兵第一聯隊第三大隊附陸軍步兵參尉張圭炯拘拿之由業經奏下而卽接陸軍法院長陸軍參將申泰休質稟書第二百九十九號內開被告張圭炯案件由理事公訴審理則供稱矣身鄕第在高陽郡幸洲而客月風雨所損家舍頹圮將欲修理每歎材木之無有矣本隊兵丁金玄植卽近洞居者而來言矣身曰今番潦水時漂來材木價廉今可買實云故矣身出給銅貨六十元付托於該兵及本隊兵金光善上月十七日出番之路該兵等往買柱木火木二百三十九介任置該洞初無憑藉大隊之事云質查於該兵金玄植金光善則供稱上官使事矣等往買漂下木事給錢六十元故往方浦江邊所在木依上官命令以本隊見失木爲言任置於該洞民處而此則不爲給錢洞民家所在流下木四株給錢廿六元買置云被告則藉托本隊火木之說一直不服其事實由被告陳供及本部訓令兵丁金玄植等質辨明確矣被告買置漂下木之意旣爲給錢該兵則不可以擅取擬論然以私事使喚隊兵難逭當律被告張圭炯照陸軍法律第二百二十六條軍人이其部下를自已私事로使喚ᄒᆞᆫ者一人律處笞四十何如云矣依質稟處辦之意로軍部大臣이上奏ᄒᆞ와奉旨依奏

歷史槪要

波蘭末年史序　續

今夫波蘭國勢를論ᄒᆞᆫ건ᄃᆡ其土地의廣大ᄒᆞᆷ과人民의衆多ᄒᆞᆷ과物産의富饒ᄒᆞᆷ이歐洲諸强國中에讓頭치아니ᄒᆞ고또兵馬의强盛ᄒᆞᆷ이足히一時에稱雄ᄒᆞᆯ지거날其立國ᄒᆞᆫ制度가偏黨에弊를養成ᄒᆞ며其偏黨의習氣가外國을招引ᄒᆞ얏스니大抵宇內列國을環顧ᄒᆞᆫ건ᄃᆡ每每히內國政治上異論으로甲乙是非에偏黨이不無ᄒᆞ나外國에對ᄒᆞᆫ즉鬩墻小忿을相捨ᄒᆞ고協同一致ᄒᆞ야衆心이成城ᄒᆞᄂᆞᆫ故로비록外勢가逼壓ᄒᆞᆯ지라도蹉跌之患이無ᄒᆞ거날波蘭의偏黨은不然ᄒᆞ야外國에藉援치못ᄒᆞ면內國에執權치못ᄒᆞᄂᆞᆫ故로因ᄒᆞ야其爭奪ᄒᆞᄂᆞᆫ私計가國家의大器를輕視ᄒᆞ기에至ᄒᆞ니此ᄂᆞᆫ曷故로致然ᄒᆞᆷ인고波蘭國王室에原有ᄒᆞᆫ君王世襲制를廢止ᄒᆞ고外國으로셔人君을迎立ᄒᆞᄂᆞᆫ지라이럼으로甲國을向ᄒᆞ야迎코져ᄒᆞᄂᆞᆫ者ᄂᆞᆫ其援을甲國에竊求ᄒᆞ고乙國을向ᄒᆞ야迎코져ᄒᆞᄂᆞᆫ者ᄂᆞᆫ其心을乙國에潛通ᄒᆞ니彼甲乙外國은此를乘ᄒᆞ야或賄賂로써波蘭人心을收拾ᄒᆞ며或干戈로써波蘭國論을壓伏ᄒᆞ야畢竟外國의게受制ᄒᆞᆷ을不免ᄒᆞ니此ᄂᆞᆫ人君을他國으로셔迎立ᄒᆞ다가國家를衰頹ᄒᆞᄂᆞᆫ一原因이오또波蘭國會ᄂᆞᆫ元來多數可決ᄒᆞᄂᆞᆫ法을不立ᄒᆞ고全數히認可ᄒᆞᆷ을求ᄒᆞᄂᆞᆫ故로비록忠臣烈士가良法美規를陳코져ᄒᆞᆯ지라도不忠悖亂者一人만其間에介在ᄒᆞ야或外國에愛賂ᄒᆞ며或私慾에因循ᄒᆞ야沮過之議를發ᄒᆞ면곳滿堂議員의苦心經營ᄒᆞ던政策이一時에다泡花幻影에歸ᄒᆞ니此ᄂᆞᆫ其國會가不善ᄒᆞ야國家를衰頹케ᄒᆞᄂᆞᆫ二原因이오

未完

廣告

特別廣告

本申報ᄂᆞᆫ海外電報를卽接ᄒᆞ야機關이電通ᄒᆞ고外報와探報를敏捷活潑ᄒᆞ도록注意ᄒᆞ오며申報發送ᄒᆞᄂᆞᆫᄃᆡ迅速信傳ᄒᆞ기ᄂᆞᆫ分傳人의게在ᄒᆞᆷ으로本社에셔平常에諸分傳人의게丁寧告戒ᄒᆞ고申申訓飭ᄒᆞ야毋或嬾惰ᄒᆞ게注意ᄒᆞ거니와如或暫有積忽이라도愛讀僉君子ᄂᆞᆫ密使通知子本社ᄒᆞ시면該分傳의게誠信相孚ᄒᆞ도록耳提面命ᄒᆞ고勸贊가發生ᄒᆞ도록諭論ᄒᆞ야必無遲誤ᄒᆞ기로期待ᄒᆞ읍나이다

本社에寄書ᄒᆞ시ᄂᆞᆫ諸君子ᄂᆞᆫ姓名과居住를明確ᄒᆞ게懸錄送附ᄒᆞ시와證據가有ᄒᆞᆷ을必要ᄒᆞᆷ이오公衆平和ᄒᆞᆫ秩序를紊亂케ᄒᆞᄂᆞᆫ意와社會上不經荒雜ᄒᆞᆫ寄書ᄂᆞᆫ不受ᄒᆞᄂᆞᆫ權利가本社에自有ᄒᆞ오니肯諒ᄒᆞ시ᄋᆞᆸ

大韓每日申報社

廣告

貿易商　本社ᄂᆞᆫ仁川港
日本郵便電信局對面
電話第二百一番地
仁川港 廣昌 **洋行**
벤넷트合社告白

○鐵路部

○東大門과新門間에來往車ᄂᆞᆫ每十分間에運行ᄒᆞᆷ
東大門發初車ᄂᆞᆫ午前六時三十分
新門外停車場發初車ᄂᆞᆫ午前六時五十五分
東大門發終車ᄂᆞᆫ午後九時五十分
新門外停車場發終車ᄂᆞᆫ午後十時十五分

○東大門과洪陵間에來往車ᄂᆞᆫ每二十分間에運行ᄒᆞᆷ
但自鍾路로東大門에來到ᄒᆞᆫ交替車로聯絡ᄒᆞᆷ
東大門發初車ᄂᆞᆫ午前六時五十分
洪陵發　初車ᄂᆞᆫ午前七時十分
東大門發終車ᄂᆞᆫ午後七時五十分
洪陵發　終車ᄂᆞᆫ午後八時十分

○鍾路와龍山間에來往車ᄂᆞᆫ每十二分間에運行ᄒᆞᆷ
鍾路發至南大門初車ᄂᆞᆫ午前六時四十八分
鍾路發至龍山　初車ᄂᆞᆫ午前七時二十四分
南大門發至鍾路初車ᄂᆞᆫ午前六時五十六分
龍山發至鍾路　終車ᄂᆞᆫ午前七時五十七分
南大門發至鍾路終車ᄂᆞᆫ午前十時八分
龍山發至鍾路　終車ᄂᆞᆫ午後九時九分

○特別私用車ᄂᆞᆫ顧客의方便ᄒᆞᆷ을隨應ᄒᆞ야準給ᄒᆞᆷ
但定價ᄂᆞᆫ本社에來臨ᄒᆞ야請問ᄒᆞᄋᆞᆸ

○電燈部

二百五十燭力以內의敷用處에ᄂᆞᆫ每個月에定價表가如左ᄒᆞᆷ
○十六燭力燃燈達夜에二圓五十錢
○三十二燭力燃燈達夜에四圓
○五十燭力燃燈達夜에六圓
○一百五十燭力燃燈達夜에十圓
一千二百燭力弧形燈達夜에二十圓
二百五十燭力以上의敷用處에ᄂᆞᆫ請求ᄒᆞ면瓦斯計一箇를設給ᄒᆞᆷ
但瓦斯計賃金은每個月에二圓이오瓦斯計測驗表委托定價ᄂᆞᆫ每時間每암피아에二錢이옵
瓦斯計設給處에셔每介月支拂金最低額은每個月에二十圓인ᄃᆡ(瓦斯計賃金은)据ᄒᆞᆷ
電燈을敷設ᄒᆞ기에請求ᄒᆞᄂᆞᆫᄃᆡ給ᄒᆞᆷ로供
各種連技辦燈도常時에貯存ᄒᆞ엿ᄉᆞᆸ

本社鍾路電氣會社
韓美電氣會社 告白

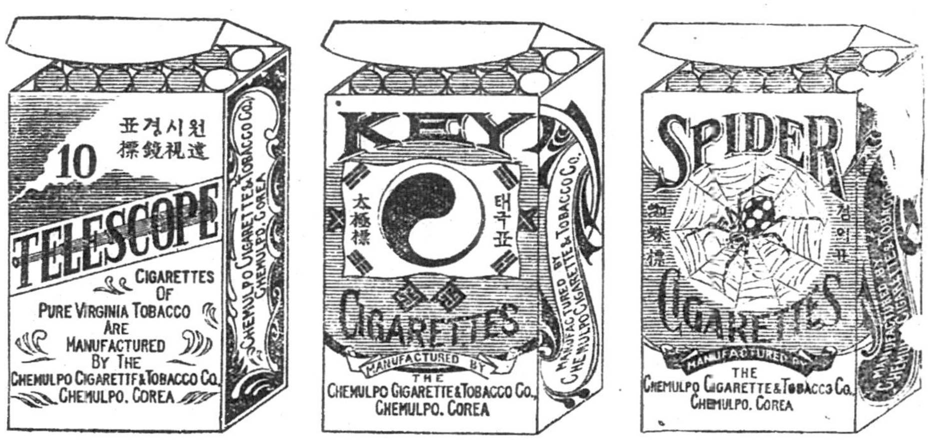

以上三種은上品으로製造ᄒᆞ야衛生上에至極有益ᄒᆞ오니毋論某人ᄒᆞ고本社에來顧ᄒᆞᄋᆞᆸ

大韓帝國仁川港
濟物浦紙卷煙及烟草會社

一鷹標罐濃詰牛乳
一金印罐詰濃結牛乳
一無雙家用氣化乳酪
一쌔ㅣ든쓰製造麥芽化合牛乳
以上은常時에貯積ᄒᆞ엿ᄉᆞᆸ
美國紐育港쌔ㅣ든쓰濃結牛乳會社
一手代理店　大韓仁川港　世昌洋行

廣告

一雜貨商
一貿易商
一船舶取扱
一煙草商
一委托販賣及貨物運送代理業
一貿易[illegible]商
以上輸入及輸出者
京城 仁川 大昌 **洋行**

本社廣告

申報價
一張代金　韓貨五錢
一箇月前納　五十戔
三箇月　一元五十戔
六箇月　二元九十戔
一箇年　五元八十戔
郵稅一部　新貨五里
一箇月　十三戔

廣告料
四号活字十三字詰
每日每英尺一寸에新貨廿五錢
(每日每行에六錢에相當ᄒᆞᆷ
二周日에　二圓五十錢
(每日每行四錢五里에相當ᄒᆞᆷ
一箇月에　五圓
(每日每行四錢一里에相當ᄒᆞᆷ
其期限의長短과字行의多少를依ᄒᆞ야增減ᄒᆞᆷ이有ᄒᆞᆷ

大韓人마다此申報를不得不閱覽ᄒᆞ실터이오니廣告出報ᄒᆞ실僉君子ᄂᆞᆫ來臨面議ᄒᆞ시ᄋᆞᆸ

發行兼編輯人　英國人裵說
發行所
京城北署壽進坊碑洞号外地法語學校前
大韓每日申報社

第三卷

大韓每日申報
대한매일신보

第五十九號

月曜及慶節 時日休刊

檀君開國四千二百三十八年
箕子元年三千二十七年
大韓開國五百十四年
日本明治三十八年
淸國光緖三十一年
陰曆乙巳九月小二十四日癸巳

論說

敎育의要務

現今政府가國步進益과弊瘼改良에不得用力ᄒᆞᆷ은實非驚怪之事나尙可恨歎이로다若有人이當溺水之危면思其所以救生命以外에他何顧焉이리오今有與此一般事情ᄒᆞ니皇上陛下씌셔와忠良閣臣이日本之要求를專力抗拒ᄒᆞ니改良要務를奚暇에念及哉아期望키不能이라是以로余輩ᄂᆞᆫ韓國地位가顯赫成立ᄒᆞ며諸般紛擾風說이掃除無餘ᄒᆞᆯ日字를屈指以待ᄒᆞ노니至于其日ᄒᆞ야ᄂᆞᆫ時急改良에政府注意를有何敢忽이리오韓國을言必稱腐敗未進이라ᄒᆞᆷ은已成習慣이라如此實據가雖或有之라도以此謂之全然實情은亦無意義니韓國人民이盖以文學爲主ᄒᆞ야敏於工課ᄒᆞᆷ과敎育順序의今日進就를觀之면國民發達을於此可信이오官人中誰某가使民愚蠢ᄒᆞ야得其便利於服役코저ᄒᆞᄂᆞᆫ注意를有之ᄒᆞ나開明邊論議上에此不過些少反抗이라未免自反退縮ᄒᆞ얏도다

諸般改良에敎育이最先이니政化刑法을修正ᄒᆞᆷ이豈非急務리오然이나未有可堪之人ᄒᆞ야導之以適宜면世界上最善法律이라도將歸無效라是故로中央政權이能當其職이오置其適合顧問이면一擧에能見進就ᄒᆞᄂᆞ니據實言之면通信事務의擴張이是也라至於農商工業之發達과全國財源之利用과都市景況之開進ᄒᆞ야ᄂᆞᆫ多數學習鍊熟之人員을收用後에야可期之事로다以其才能及誠學으로言之면韓國之於日本에雖一分이라도爲後됨을未信이니韓國이四十年前에日本의始圖維新ᄒᆞᆷ과ᄀᆞᆺ치自今日始起면隣邦開進과同等되은不待幾年이오將居其右를亦可期也니衝突地位에居ᄒᆞᆫ國勢가付不得和平이나然이나若以如此國勢로幾箇列强의게通商要点을能作ᄒᆞ면此等列强이使其他邦으로不得厭服케ᄒᆞᆷ은可以確信이니日本은戰術을專事하야累萬人命財政을費用하얏거니와韓國은酬勞之賞이加多ᄒᆞᆫ農商工發達에力量及財源을全用ᄒᆞᆯ지여다學識과工作과信用이國民進就에密勿之計니如右事業을分與敎授하ᄂᆞᆫ學政이韓國을現今幾局에셔興起하야文明國班伍에參與케ᄒᆞᆷ急先要務로다

官報

●第三千二百七十五號 光武九年十月二十日

㊀叙任及辭令

從二品金思衡
命侍從院副卿叙勅任官三等
秘書監丞鄭헌
西京豐慶宮叅書官崔益煥
成均館博士吳忠植
仝 李彰夏
仝 李承셥
官立小學校敎員朴晶東
仝 金鳳鎭
仝 鄭崙源
依願免本官
禮式院禮式官李起鉉
侍從院侍從劉燦
任秘書監丞叙奏任官三等
正三品李起鎭
任禮式院禮式官叙奏任官四等
任侍從院侍從叙奏任官四等
齊陵令金謹鏞
任西京豐慶宮叅書官叙奏任官四等
正二品廉弘鎭
解咸鏡南北道各礦監理
六品李柱健
命咸鏡南北道各礦監理
閔璣植 辛在克 徐萬弼
任成均館博士叙判任官八級
仁川郡公立小學校敎員金洪秀
安山郡仝 金健植
六品鄭崙源
任官立小學校敎員叙判任官八급
給三급俸 中樞院賛議具永祖
給四급俸 外部主事方大榮
給四급俸 仝 邊杓正
給七級俸 仝 尹學榮
給七級俸 仝 趙重健
軍部副官陸軍步兵叅領申昌熙
軍部軍務局步兵課員仝 趙重萬
軍部敎育局敎務課員仝 正尉尹明秀
陸軍研成學校附仝 叅領閔泳幸
시衛步兵第一聯隊副官仝 正尉趙寧奎
仝第三大隊長 仝 叅領閔用基
陸軍武官學校學徒隊附
陸軍砲兵副尉 朴斗機
鎭衛步兵第四大隊長
陸軍步兵叅領李範七
免本職
陸軍研成學校敎官兼敎成隊中隊長仝正尉 柳哲永
仝武官學校學徒隊附兼幼年學校 官柳東說
陸軍騎兵副尉
免本職兼職
仝敎官陸軍步兵正尉韓相鳳
命休職
免本官
仝叅尉金世中
仝正尉趙[illegible]奎
任陸軍步兵叅領 仝 韓弼相
陸軍砲兵正尉鄭禹昌
任陸軍砲兵叅領
仝 副尉朴斗榮
任陸軍砲兵正尉
陸軍騎兵副尉柳東說
任陸軍騎兵正위
陸軍憲兵副위李完儀
任陸軍步兵正위
陸軍二等軍醫李昇鉉
任陸軍一等軍醫
陸軍步兵叅領丘寧奎
補軍部副官
仝 閔用基
補軍部軍務局步兵課員
仝 李範七
補軍部敎育局敎務課員
仝 丘重萬
補시衛步兵第一聯隊第三大隊長
仝 申昌熙
補鎭衛步兵第四大隊長
仝 閔泳幸
補陸軍研成學校敎官
陸軍步兵正위柳哲永
補시衛步兵第一聯隊副官
仝 尹明秀
補陸軍研成學校敎官兼敎成隊中隊長
陸軍砲兵正위朴斗榮
補陸軍武官學校敎官
陸軍騎兵正위柳東說
補陸軍幼年學校敎官
陸軍砲兵正위南[illegible]
補陸軍研成學校附
陸軍步兵副위李完儀
以上十月十七日

東京電報

●大廟御行 十月十九日午後四時十五分發
日本天皇陛下ᄭᅴ셔ᄂᆞᆫ不日에伊勢에御行ᄒᆞ사大廟에參拜ᄒᆞ신다더라

●外大賜勳 十月二十日午前十時十五分發
露國外務大臣람쓰돌부氏ᄂᆞᆫ講和談判의功으로依ᄒᆞ야一等勳章을授ᄒᆞ얏더라

●日皇詔勅又下 仝上
旅順港의日本戰利艦引上에對ᄒᆞ야柴山司令長官에게優渥ᄒᆞᆫ勅語를賜ᄒᆞ셧다더라

雜報

●稅簿報來 北觀察李根豐氏가京部에報告ᄒᆞ얏ᄂᆞᆫᄃᆡ財務官山田周藏이來到本府하와面稱內에九年度各郡結戶徵收額과已爲支撥上납額과民間未收額을依此式樣報來하며各郡中每坊每里結戶徵收表를亦依此式樣報來하며本年度秋等公錢徵收未畢額을陰曆九十兩朔을分하야適宜ᄒᆞᆫ時日로人民의게납入告知書를預先知委ᄒᆞ야實俾無違之意로發訓各郡事等因이옵기上項兩件事를幷與式樣으로措辭發訓이온건과凡於租稅徵收也에畢未畢이都在於觀府之董察이나專委於本府ᄒᆞ오니其在擧行에誠甚悶然ᄒᆞ와玆에報告라ᄒᆞ얏더라

●鷄既鳴矣 瞿瞿生
鷄既鳴矣嗟我農夫여履霜出野ᄒᆞ니曉風割부로다是刈是穫ᄒᆞ니我稼既同이로다彼肉食者ᄂᆞᆫ華堂邃兮여錦衾煖ᄒᆞ니日高三丈睡猶濃이로다鷄既鳴矣라勞動之民이여觸冒風霜ᄒᆞ니葛衣懸鶉이로다晨往工場ᄒᆞ야呵手執役이라彼紈袴子ᄂᆞᆫ匣窓疊屏에俾晝作夜ᄒᆞ야齁齁鼾息이로다鷄既鳴矣라帷時賈人은夙不暇穩ᄒᆞ고飯不以辰ᄒᆞ야或侵晨而出市ᄒᆞ고或待朝而開廛이라帷貴公子ᄂᆞᆫ錦帳裏繡氈上에擁姬妾而甘眠이로다鷄既鳴矣라東方明矣로라聽其人聲ᄒᆞ니如雷如霆ᄒᆞ고趨事赴功은疾於流星이오若乃從軍遠征之士ᄂᆞᆫ冒突鋒鏑ᄒᆞ고棄擲骸骨於沙漠荒野之濱ᄒᆞ야奮揚國威ᄒᆞ고報答君恩이어ᄂᆞᆯ何獨大韓人士ᄂᆞᆫ依然在黑甛鄕裏ᄒᆞ야爲聾爲瞿復爲痺오與豺虎而作鄰ᄒᆞ야恃以自安ᄒᆞ니可憐亦可哀라嗚呼時已晏矣오勢已迫矣니大韓人士ᄂᆞᆫ起哉起哉ㄴ저

●達察病報 慶北觀察使가病不視務하야公事掣碍가許多하와不勝悶鬱하야不得已大丘郡守로署理視務케ᄒᆞᆫ다고內部에電報ᄒᆞ얏다더라

●藥水神效 平南江東郡西面詳田下佛洞에一樊水가新生하얏ᄂᆞᆫᄃᆡ勿論何等病人하고此水를飮하면神效를見하ᄂᆞᆫ故로遠近人赴飮者每日增加ᄒᆞᆫ다더라

●忠電待回 忠察이內部에電報하얏ᄂᆞᆫᄃᆡ本府所住日本電信所長與警部言內에可與軍用電信을將移設於府下하니公廨에無可合處하야請借民家하니何以措處오即爲回電이라하얏더라

●會長函辭 (續)
先進之日本이變其專制之治而行君憲之政ᄒᆞ니君憲者ᄂᆞᆫ蓋以一人으로握最高主權ᄒᆞ야以全帝室之無上尊榮ᄒᆞ며且以議士로許參政之權ᄒᆞ야欲保民人之自由範圍者則此實折衷於專制民約之間者也라然則上全下保ᄒᆞ야國以永寧이非此伊何오不免於大勢之已迫ᄒᆞ야以若淸露專制之皇室로도已圖君憲之制ᄒᆞ야以防民約之論則今此貴會趣旨之研究君憲而以待欽定이實合於今日政友之事業矣라非意本月三日에恭接委員專來ᄒᆞ야示之以會長推選投標成蹟票及會函一度ᄒᆞ야知本員이以多票被選ᄒᆞ고且承勉之以從速出席ᄒᆞ니 (未完)

●敎師請解 中學校敎師美國人訖法氏ᄂᆞᆫ身病이有타ᄒᆞ고解雇ᄒᆞᆷ을請願ᄒᆞ얏다더라

●德師續聘 學部에셔外部에照會ᄒᆞ얏ᄂᆞᆫᄃᆡ德語學校敎師佛耶安슈聘事로請議政府ᄒᆞ와奏蒙制可事로現承政府指令ᄒᆞ얏ᄉᆞᆸ기該合同四件을仰送ᄒᆞ오니由貴部捺章後轉致德公館ᄒᆞ야幷與該敎師로署押케ᄒᆞ라ᄒᆞ얏더라

●仁民齊訴 日昨에仁川居民六七百名이上京ᄒᆞ야以該港與洞所在家屋毀撤事에對ᄒᆞ야民有地로ᄒᆞ여달나고宮內大臣李載克氏의게等訴ᄒᆞᆫ즉該氏言內에奏稟 天陛ᄒᆞ야歸正以給이라더라

●錫明效勞 慶北警務署警務官張宇根氏가內部에報告ᄒᆞ얏ᄂᆞᆫᄃᆡ本官이受由上京時에以總巡具鍾鳴으로署理視務이올더니其於還署之日에就考伊間視務上實蹟이온즉僞造紙幣八百元査實次에元山女捉囚也와捕盜取招後現贓物還出給本主等諸般事務가多有效勞之實著故로玆에報告라ᄒᆞ얏더라

●是何妄想 全羅道高敞居金議官이란人이錦衣還鄕ᄒᆞᆯ計로該邑郡守를圖得ᄒᆞ면셔頒布前에治行凡節을準備ᄒᆞ다가分撥에該郡守가他人이됨을見ᄒᆞ고落膽傷神ᄒᆞ드라니今番郡守奏本이擇人塡差ᄒᆞᆷ을不知ᄒᆞ고如此히前日惡習을敢爲ᄒᆞ니該人은可謂風癲人이라고ᄒᆞ더라

●李氏定律 平理院에셔法部에질稟ᄒᆞᆫ內開에被告李世稙案件申檢事公訴審理則被告以濟州島流終身罪人逃躱入與京日本人狎川芳義松木茂平岩本善治毛利部寅壽等關於全國財産締結二十三件條約奏시金漢宗司謁劉命均亦爲參知其事實證被告陳供明白渠雖曰確非私自締約이나初無政府認准ᄒᆞ니未免爲壞損國權이니라纔有膽草之受授가未及調印交換에事屬未遂나被告李世직은照刑法大全第二百條五項各國約章內所許地段을除ᄒᆞᆫ外에官私有의一應田土森林川澤家屋을將ᄒᆞ야外國人을附從ᄒᆞ야借名私認ᄒᆞᆫ者律同第一百三十七條一項死罪에ᄂᆞᆫ一等을減ᄒᆞᆷ이라又同第百三十三條刑期間에罪를又犯ᄒᆞᆫ時에所犯이相等ᄒᆞᆫ者ᄂᆞᆫ笞一百을科ᄒᆞ고本刑에仍就ᄒᆞᆷ이라又科笞一百處流終身何如粘聯該書類玆以질稟査照指令이라ᄒᆞ얏더라

●시從遞任 시從副卿金恩衛氏ᄂᆞᆫ辭遞ᄒᆞ고從二品閔英鎬氏가被任하얏더라

●灌入江水 西署社洞居尹撤植氏等이農部에請願하얏ᄂᆞᆫᄃᆡ本人等이資本金을収相鳩聚하야會社를組織하고鎭灌機械를設備하야晉州城內外居民四千餘戶의食料水源南江을使之灌入하야以爲便利케하을次로趣旨書를帖呈하오니准此認許라하얏더라

●不必露名
日昨雲峴街上에셔大官某氏가人力車를乘ᄒᆞ고校洞等地로向往ᄒᆞᄂᆞᆫ바大燈籠은前導ᄒᆞ고數三下隸ᄂᆞᆫ後從ᄒᆞ야行色이極大光輝ᄒᆞᆫ지라路傍何許一人이忽然吼聲如雷ᄒᆞ야呼之曰彼去何漢이완ᄃᆡ敢作如是氣焰고好箇三千里江山을此輩가已蠹壞了ᄒᆞ고却自揚揚氣得ᄒᆞ야輕帶美服으로翠車夸擁ᄒᆞ야夸耀道路ᄒᆞ니此漢을可殺이라ᄒᆞ며凜凜然若將向前인즉나大官者이聽罷에不敢一言ᄒᆞ고催其車夫ᄒᆞ야疾驅而去ᄒᆞ얏ᄂᆞᆫᄃᆡ子時路傍觀者이或笑或歎ᄒᆞ야其論이不一ᄒᆞᆫᄃᆡ其笑則曰近日此等大官이時事에十分傾危ᄒᆞᆷ을目擊ᄒᆞ고도一番直諫과半点獻策은姑捨ᄒᆞ고外勢를憑藉하야榮寵을圖得하며政令을濁亂하야生民을困苦케ᄒᆞᄂᆞᆫ許多惡習을思ᄒᆞ다ᄃᆡ雖千斬萬戮이라도猶有餘罪이거날每於其出入之際에車光이奪目ᄒᆞ며僕夫四擁ᄒᆞ고意氣軒軒하야傲睨自若하ᄂᆞᆫ醜態를見之하면自然怒從心起하고氣湧如山하야直欲殺却一人하야以洩吾憤이로ᄃᆡ猶恨膽氣未固하야不能辦此러니幸於今夜에被ㅅ士之罵倒하야抱頭鼠竄하ᄂᆞᆫ光景을躬親目之하니胸中이豁然하야幾多年鬱鬱不平이庶幾減得一半이라하며其歎者則曰人能以忠義로爲心하야表裏洞然에無纖毫邪曲하야仰不愧天하며俯不怍人이면自然志強而身立하야千萬人吾往之氣를可以見矣요如其不然ᄒᆞ야惡事를多造ᄒᆞ며惡心을多畜타가及其綻露之日에ᄂᆞᆫ對人忸怩ᄒᆞ야其氣가餒ᄒᆞ며其辭이雖ᄒᆞ며其顏이赤ᄒᆞ야不能一辭辨明ᄒᆞᄂᆞ니今者某大官之避去가亦是其罪를自知ᄒᆞ야義理之言을不敢相抗ᄒᆞᆷ인즉大官이如此ᄒᆞ니國事ㅣ誠可寒心이라ᄒᆞ고相與一場討論ᄒᆞ얏다더라

社告

◉緊急 社告

本社創設以來로新聞代金을每月初三日內에先納으로收入ᄒᆞ던바ᄂᆞᆫ自初로購覽ᄒᆞ시ᄂᆞᆫ僉君子가擧皆知悉이온바自本年八月再刊以來로代金收合이延至晦間이옵더니到今本社經費가窘絀之歎이有ᄒᆞ기로本月條ᄂᆞᆫ不日內로收合ᄒᆞ여야可히支過ᄒᆞᆯ터이오來十一月爲始ᄒᆞ야ᄂᆞᆫ一朔條를十五日內로送交ᄒᆞ시와連속發刊케ᄒᆞ야愛讀 僉君子의閱覽을供ᄒᆞ기로切盼홈

大韓每日申報社 白告

外報

●清國衣服改良 近來清國官憲間에衣服改良의議가有ᄒᆞ야去日에其會議를開ᄒᆞ얏ᄂᆞᆫᄃᆡ集會者中에七分은改良을贊成ᄒᆞ고二分은贊否를不言ᄒᆞ고其餘一分의士人만反對ᄒᆞ얏다云ᄒᆞ더라

●波斯國王 英日同盟이擴張홈의急히波斯國王은露國에遊行ᄒᆞ기를思ᄒᆞ야近近發程ᄒᆞᆫ다ᄂᆞᆫᄃᆡ 右에就ᄒᆞ야德國雜誌에히오ㅣᄂᆞᆫ政府上에重要히視ᄒᆞᆯ事件이라고云ᄒᆞ얏더라

●主戰派不平 九月에發行ᄒᆞᆫ德國雜誌에히오에記術ᄒᆞᆫ바를據ᄒᆞᆫ즉露國全權委員윗트氏가日本이要求ᄒᆞᆫ樺太半部의割讓을同意ᄒᆞᆫ거슨外交의失策이라윗트氏가一層强硬ᄒᆞ얏드면日本은樺太의全部를棄ᄒᆞ얏슬거시라고主戰派ᄂᆞᆫ윗트氏를攻擊ᄒᆞ얏다더라

●祝電答電 平和克復에就ᄒᆞ야法國大統領이露帝ᄭᅴ送致ᄒᆞᆫ祝電은如左ᄒᆞ니 陛下의賢明으로依ᄒᆞ야實現ᄒᆞᆫ世界의一大出來事에對ᄒᆞ야余ᄂᆞᆫ陛下의게滿腹祝賀를表ᄒᆞ며露國과同盟ᄒᆞᆫ法은英雄的行動의優卓ᄒᆞᆫ戰爭을十分光榮ᄒᆞᆫ平和에依ᄒᆞ야終事홈을見ᄒᆞ고不勝歡喜ᄒᆞᆫ다ᄒᆞ얏더라 是에對ᄒᆞ야露帝ᄂᆞᆫ冷然히如左答電ᄒᆞ얏ᄂᆞᆫᄃᆡ 閣下昨日電報에言明ᄒᆞᆫ感情은朕히快히녀이ᄂᆞᆫ바라玆에是를附ᄒᆞ노라ᄒᆞ얏더라

雜報

○司法

陸軍步兵參尉金世中拘拿之由業經奏下而即接陸軍法院長陸軍參將申泰休質稟書第三百號內開被告金世中案件由理事公訴審理則供稱本月三日與禮陽副正李載規前主事趙慶徹往淸人料理家飮酒計價之際李載規與淸人相詰質判次往청巡査處轉到警務中署而矣身與趙主事隨入該署見其질辯後署長欲囚李載規故矣身言於署長曰李載規是禮陽副正且係軍人則不可因也署長歸之亂民使下隷幷爲逐出則下隷牽趙主事仆地又欲執矣身之衿故矣身以手揮打該下隷而其時矣身雖飮酒不至於醉云然招質該署使令盧春成則供稱其時裁判之場署長使矣等出送穰人故矣等使之出去則被告拳打左眼胞但不至成傷云云事實由被告陳供及本部訓令中署使令質辨明確矣被告雖曰不爲使酒醉酒欄入句語旣著訓辭且酒後毆人則使酒與行毆之科俱難免當律被告金世中照刑法大全第五百十一條一項手足으로毆人에야不成傷ᄒᆞᆫ者笞三十律第六百七十四條街路나人家에使酒ᄒᆞᆫ者笞一百이며公堂에ᄂᆞᆫ一等을加文禁獄一箇月律依陸軍法律第百三十五條數罪가同時에俱發ᄒᆞᆫ時ᄂᆞᆫ其最重ᄒᆞᆫ者를從ᄒᆞ야處斷文處禁獄一箇月何如云矣依質稟處辦何如之意로軍部大臣이上奏ᄒᆞ와奉旨依奏

以上十月十七日

歷史纂要

波蘭末年史序 續

또波蘭國中에公共ᄒᆞᆫ政法이不有ᄒᆞ고오작貴族이官爵을世守ᄒᆞ며平民은政治에干與ᄒᆞᄂᆞᆫ權이無ᄒᆞᆫ故로國勢가强盛치못ᄒᆞᆯᄲᅮᆫ아니라至於國家安危存亡이라도平民은少不動念ᄒᆞ야貴族에禍福이平民의게相關이無ᄒᆞᆫ故로波蘭은곳貴族의國이오全國人民의國은아니라此ᄂᆞᆫ貴族과平民의等分이太甚ᄒᆞ야國家를衰頹케ᄒᆞᄂᆞᆫ三原因이라大抵此三原因은곳波蘭의亡國ᄒᆞᆫ大槪니其實을言ᄒᆞ면國王을尤홈도不可ᄒᆞ고國會를咎홈도不可ᄒᆞ며또平民도苛責치못ᄒᆞᆯ거시오오작貴族을痛罵홈이可ᄒᆞᆯ지라假令國王을外國으로셔迎立ᄒᆞᆯ지라도外援을勿藉ᄒᆞ고內勢를協同ᄒᆞ면可ᄒᆞᆯ거시오國會에全數認可를主ᄒᆞᆫ다ᄒᆞᆯ지라도其不利홈을知ᄒᆞ든區區ᄒᆞᆫ黨論에勿泥ᄒᆞ고愛國ᄒᆞᄂᆞᆫ眞心으로改革을行ᄒᆞ면可ᄒᆞᆯ지니此ᄂᆞᆫ當時貴族의責이오平民의與知ᄒᆞᆯ비아니라然則其歸罪處와執給者를何人이라謂홈이可ᄒᆞᆯ고此ᄂᆞᆫ此人이此罪를難免이오

未完

廣告

特別廣告

本申報는海外電報를卽接ᄒᆞ야機關이靈通ᄒᆞ고外報와探報를敏捷活潑ᄒᆞ도록注意ᄒᆞ오며申報發送ᄒᆞ는되迅速信傳ᄒᆞ기는分傳人의게在ᄒᆞᆷ으로本社에서平常에諸分傳人의게丁寧告戒ᄒᆞ고申申訓飭ᄒᆞ야母或婾惰ᄒᆞ게注意ᄒᆞ거니와如或暫有積忽이라도愛讀僉君子는密使通知于本社ᄒᆞ시면該分傳의게誠信相孚ᄒᆞ도록耳提面命ᄒᆞ고勤贊가發生ᄒᆞ도록誨論ᄒᆞ야必無遲誤ᄒᆞ기로期待ᄒᆞ읍나이다

本社에寄書ᄒᆞ시는諸君子는姓名과居住를明確ᄒᆞ게懸錄送附ᄒᆞ시와證據가有ᄒᆞᆷ을必要ᄒᆞᆷ이오公衆平和ᄒᆞᆫ秩序를紊亂케ᄒᆞ는意와社會上不經荒雜ᄒᆞᆫ寄書는不受ᄒᆞ는權利가本社에自有ᄒᆞ오니肯諒ᄒᆞ시읍

大韓每日申報社

廣告

本監理支學約氏가莅玆未幾에化被一港ᄒᆞ야至有銘碑頌德이어니와今春에鎭道地段事로本港農民이金聖初를代表로定ᄒᆞ야京部에呼訴ᄒᆞ고畢竟在官을下送ᄒᆞ야歸正된後로其間四五朔諸民의浮費가數甚夥然ᄒᆞ야必報乃已故로農民等이自外排斂四千八百兩ᄒᆞ야僅報京鄕各債러니何許奸人이謾囑日憲部ᄒᆞ야多月未決이더니意外에監理見遞ᄒᆞ엿스ᄂᆞᆫ排斂事ᄂᆞᆫ自官으로本無相關이기如是辨明ᄒᆞ오니內外僉君子ᄂᆞᆫ照亮爲要

昌原港民朴元淑金泰鎬等告白

○鐵路部

○東大門과新門間에來往車는每十分間에運行홈

東大門發初車는午前六時三十分

新門外停車場發初車는午前六時五十五分

東大門發終車는午後九時五十分

新門外停車場發終車는午後十時十五分

○東大門과洪陵間에來往車는每二十分間에運行홈

但自鍾路로東大門에來到ᄒᆞᆫ交替車로聯絡홈

東大門發初車는午前六時五十分

東大門發終車는午後七時五十分

洪陵發　初車는午前七時十分

洪陵發　終車는午後八時十分

○鍾路와龍山間에來往車는每十二分間에運行홈

鍾路發至南大門初車는午前六時四十八分

鍾路發至龍山　初車는午前七時二十四分

南大門發至鍾路初車는午前六時五十六分

龍山發至鍾路　終車는午前七時五十七分

南大門發至鍾路終車는午前十時八分

龍山發至鍾路　終車는午後九時九分

○特別私用車는顧客의方便ᄒᆞᆷ을隨應ᄒᆞ야準給홈

但定價는本社에來臨ᄒᆞ야請問ᄒᆞ옵

○電燈部

二百五十燭力以內의敷用處에는每個月에定價表가如左홈

○十六燭力燃燈達夜에二圓五十錢

○三十二燭力燃燈達夜에四圓

○五十燭力燃燈達夜에六圓

○一百五十燭力燃燈達夜에十圓

一千二百燭力弧形燈達夜에二十圓

二百五十燭力以上의敷用處에는請求ᄒᆞ면瓦斯計一箇를設給홈

但瓦斯計賃金은每個月에二圓이오瓦斯計測驗表委托定價는每時間每암페아에二錢이옵

瓦斯計設給處에서每介月支拂金最低額은每個月에二十圓인되(瓦斯計貸金은)据홈

電燈을敷設ᄒᆞ기에請求ᄒᆞ는되給홈로供各種連技瓣燈도常時에貯存ᄒᆞ엿슴

本社鐵路電氣會社

韓美電氣會社　告白

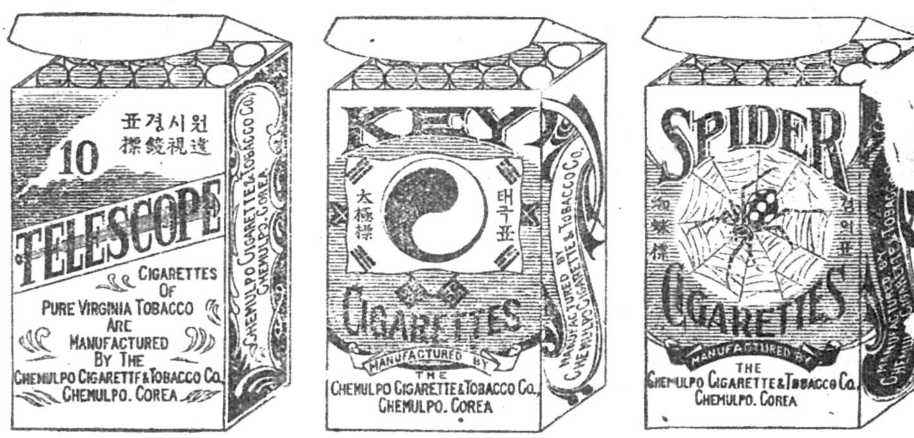

遠視鏡標
10
TELESCOPE
CIGARETTES OF PURE VIRGINIA TOBACCO ARE MANUFACTURED BY THE
CHEMULPO CIGARETTE & TOBACCO CO. CHEMULPO. COREA
KEY
太極標
태극표
CIGARETTES
MANUFACTURED BY THE
CHEMULPO CIGARETTE & TOBACCO CO. CHEMULPO. COREA
SPIDER
CIGARETTES
MANUFACTURED BY THE
CHEMULPO CIGARETTE & TOBACCO CO. CHEMULPO. COREA

以上三種은上品으로製造ᄒᆞ야衛生上에至極有益ᄒᆞ오니毋論某人ᄒᆞ고本社에來顧ᄒᆞ옵

大韓帝國仁川港

濟物浦紙卷煙及烟草會社

一鷹標罐濃詰牛乳

一金印罐詰濃結牛乳

一無雙家用氣化乳酪

一보ㅣ든쓰製造麥芽化合牛乳

以上은常時에貯積ᄒᆞ엿슴

美國紐育港보ㅣ든쓰濃結牛乳會社

一手代理店　大韓仁川港　世昌洋行

廣告

一雜貨商

一貿易商

一船舶取扱

一煙草商

一委托販賣及貨物運送代理業

一貿易石炭商

以上輸入及輸出者

京城 仁川　大昌洋行

本社廣告

申報價

一張代金　韓貨五錢

一箇月前納　五十戔

三箇月　一元五十戔

六箇月　二元九十戔

一箇年　五元八十戔

郵稅一部　新貨五里

一箇月　十三戔

廣告料

四号活字十三字詰

每日每英尺一寸에新貨廿五錢

(每日每行에六錢에相當홈)

二周日에　二圜五十錢

(每日每行四錢五里에相當홈)

一箇月에　五圜

(每日每行四錢一里에相當홈)

其期限의長短과字行의多少를依ᄒᆞ야增減홈이有홈

大韓人마다此申報를不得不閱覽ᄒᆞ실터이오니廣告出報ᄒᆞ실僉君子는來臨面議ᄒᆞ시옵

發行兼編輯人　英國人裵說

發行所

京城北署壽進坊禮洞号外地法語學校前

大韓每日申報社

光武九年八月十一日 明治卅八年八月十一日 第三種郵便物認可　　火曜日　　西曆一千九百五年十月卄四日　(一)

第三卷　**大韓每日申報**　第六十號

대한매일신보

月曜及慶節歲時日休刊

檀君開國四千二百三十八年
箕子元年三千二十七年
大韓開國五百十四年
日本明治三十八年
清國光緒三十一年
陰曆乙巳九月小二十六日乙未

論說

韓日形勢

閱覽東京諸報컨ᄃᆡ各自以韓國事로記述홈이可謂言之長也어니와及其終也ᄒᆞ야ᄂᆞᆫ此地起擾를引用辨論홈이라然이나其感覺意見이因於些少事端홈을可以實認이로다

如時事新報ᄂᆞᆫ此等起擾가必是

皇帝陛下의默然助力이라도賴得홈이라云ᄒᆞᄂᆞᆫ孟浪無根之說을固執張論ᄒᆞ되

皇帝게如此事端으로運動ᄒᆞᄂᆞᆫ閣臣誰某와進益改善上에日本提議를隨機反抗之人은劇烈黜斥이可也라ᄒᆞ얏고且同報가現居東京ᄒᆞᄂᆞᆫ林權助氏와面오홈을記載ᄒᆞ얏스니如右意見이必從林氏轉照홈인줄可信이며且林氏가列强使節의將離漢城을唱導ᄒᆞᄂᆞᆫ風說은消除ᄒᆞ되列使의後日有用을玉壺揷花에比之ᄒᆞ며假使의不復駐韓을自信ᄒᆞ야發言ᄒᆞ되今日韓國은日本附庸됨이隱然ᄒᆞᆫ지라事實干涉上에無用形式을認而許之홈은實是虛誕政略이라ᄒᆞ얏더라

至此末句ᄒᆞ야ᄂᆞᆫ其意未詳ᄒᆞ니所謂虛誕政略은俄國之命差公使를意之乎아日本之許俄命使를意之乎아若意日本인된俄國之命差公使를日本이何以拒之乎리오

韓國外交를移去于東京ᄒᆞᆯ거스로但爲其計라是以로本記者ᄂᆞᆫ如右提言을無心聽之ᄒᆞ얏노라雖然이나日本이如此請求를强行키無計라

皇帝게新協約을迫請키不能ᄒᆞᆯ지니上項所言과如히不致同情ᄒᆞᄂᆞᆫ韓廷忠告之人을劇烈黜斥ᄒᆞᆫ後에

皇帝게셔孤立ᄒᆞ시면至于此日ᄒᆞ야ᄂᆞᆫ列邦에게表言ᄒᆞ기를滿朝一致를不允ᄒᆞ시ᄂᆞᆫ專制라고ᄒᆞ려홈이나此計之今不可成이十分無疑홈은何者오近日內務省次官珍田氏의注意ᄒᆞᆫ과如히世界眼目이卽此一隅로注向홈이로다

官報

●第三千二百七十六號　光武九年十月卄日一

◉宮廷錄事

詔曰命辦理公使李範九爲農商工部協辦

光武九年十月十八日

農商工部大臣陸軍副將權重顯等

農商工部協辦李根洪辭職疏

批旨省疏具悉所請依施

十月十八日

◉敍任及辭令

黃海道觀察府主事趙宗鎬
平安南道觀察府主事張翊遠
依願免本官

任黃海道觀察府主事敍判任官六等　金時洙

任平安南道觀察府主事敍判任官六等　安秉泰

免本官　全羅南道種痘事務委員鄭一采

右ᄂᆞᆫ該員이施術收入金을隨棒乾沒ᄒᆞ고施術支用明細書를尙不報明이기免本官

命全羅南道種痘事務委員　柳寅羲

解濟州牧種痘事務委員安宅秀

命濟州牧種痘事務委員朴聖一

內部主事柳基纘　仝趙완九

陞三급俸

內部主事安基宅　仝扈根錫

仝　趙載鳳

陞四급俸

內部主事李增翼　仝曹秉楠

仝　沈夏慶　仝林鶴來

陞五급俸

以上十月十六日

秘書監丞李起鉉

西京　豐慶宮參書官金謹鏞

宗簿司主事李起泰

依願免本官

任秘書監丞敍奏任官三等　正三品鄭 헌

兼任禮式院掌禮　秘書監丞李奭鍾

任敦寧司長敍奏任官四等　正三品李禹珪

任主殿院電務課長敍奏任官四等　太醫院典醫李圭영

任太醫院典醫敍奏任官四等　六品裵碩鍾

任奉常司副提調敍奏任官四等　正三品李濟承

任西京　豐慶宮參書官敍奏任官四等　正三品崔益煥

任宗簿司主事敍判任官四等　太僕司主事金準植

任太僕司主事敍判任官六等　六品金益東

任農商工部協辦敍勅任官二等　辦理公使李範九

解兼任法部法律起草委員　漢城裁判所首班判事趙經九

命兼任法部法律起草委員　法部參書官李冕宇

以上十月十八日

外報

●端郡王末路　義和團의唱主로一時聯合軍을驚動ᄒᆞᆫ端郡王도至今은西安에셔不遠ᄒᆞᆫ小都村에佗住ᄒᆞᄂᆞᆫᄃᆡ老雄의末路가落日의黯와如ᄒᆞ야近者에ᄂᆞᆫ朝夕의計活도不自由ᄒᆞ야隱密히其子葵鏵의게申托ᄒᆞ얏스ᄂᆞᆫ西太后의怒가尙今不釋ᄒᆞ야當年의蒙塵은偏히端郡王의所爲ㅣ因홈이라고激語을不堪ᄒᆞ시마ᄒᆞᆯ일업서겨우慶親王과其他의게計請ᄒᆞ야密密히五千兩을收集ᄒᆞ야送付ᄒᆞ얏다더라

●卄世紀之謀　美國紐育센新聞에記載ᄒᆞᆫ바를據ᄒᆞᆫ즉博士루이쓰씨ㅣ만氏ᄂᆞᆫ云ᄒᆞ되談判地포쓰마우쓰의平和ᄂᆞᆫ是二十世紀之謀라此平和ᄂᆞᆫ非平和요休戰已而라余ᄂᆞᆫ日露兩軍을視察ᄒᆞᆫ즉兩軍의士氣가盛旺ᄒᆞ야決戰이無ᄒᆞᆫ平和에在ᄒᆞ야一生에手不執刃ᄒᆞ고忍耐ᄒᆞᄂᆞᆫ者가아니오況且余ᄂᆞᆫ로마노후家의性格을確知ᄒᆞᄂᆞᆫ비라

로마노후家의家憲的意志ᄂᆞᆫ一度占領ᄒᆞ엿든土地를他國에被奪ᄒᆞ고忍任ᄒᆞᄂᆞᆫ者이아니오加之에露國은타다녤에西으로閉ᄒᆞ얏고北에ᄂᆞᆫ冰으로鎖ᄒᆞ얏고東으로發展ᄒᆞ려ᄒᆞ든거슨歐洲政權의一大變化가有ᄒᆞ얏스미露國은東方에其國土를擴張ᄒᆞ야出口를求ᄒᆞᄂᆞᆫ政策을不可廢ᄒᆞᆯ거시오日本도自巳의門前에露國이展出홈을不忍見ᄒᆞᆯ지니由是로今에僅히人道的의名目으로締結된平和ᄂᆞᆫ一時休戰이라고云ᄒᆞᆯ거시오余ᄂᆞᆫ過失인줄노確信ᄒᆞ노라ᄒᆞ얏다더라

●河里萬氏報告　今番에韓淸兩國與日本에漫遊ᄒᆞᄂᆞᆫ河里萬氏ᄂᆞᆫ合衆國에셔比律賓에一時急設ᄒᆞᆯ여ᄒᆞᄂᆞᆫ鐵道經營의視察을陸軍省에셔委賴를受ᄒᆞ얏ᄂᆞᆫᄃᆡ其結果로同經營의有望홈과並開業即日븟터利益이有ᄒᆞᆯ거슬諒ᄒᆞ야此를陸軍卿다후트氏의게報告ᄒᆞᆯ터이라ᄂᆞᆫ內意로其親近者의게漏說ᄒᆞ얏다더라

●罕有회婚禮　法國뵐쥬村에結婚後七十五歲의婚式을祝ᄒᆞᆫ夫婦가有ᄒᆞᆫᄃᆡ夫ᄂᆞᆫ百歲요妻ᄂᆞᆫ九十歲라緣婚式銀婚式金婚式金剛石婚式鋏婚式을다지ᄂᆡ엿고此ᄂᆞᆫ白金婚式이라고云홈이至當ᄒᆞ다고近著ᄒᆞᆫ漢堡通信이라ᄂᆞᆫ新聞에記載ᄒᆞ얏더라

東京電報

●兩將會見 十月廿一日午后零時發 昨夜에東鄕大將은神奈川縣知事의夜會에臨ᄒᆞ야노엘大將과會見ᄒᆞ얏더라

●美爺招待 昨夜에東京市는美國政黨首領부라이안氏를招待ᄒᆞ얏는ᄃᆡ席上에셔氏는日本에來ᄒᆞ야其進步를驚ᄒᆞ얏스며歸國後에는日本을紹介ᄒᆞ야親交를厚케ᄒᆞ기를期ᄒᆞ노라고演述ᄒᆞ얏더라

●參列船艦 來廿三日東京灣에셔擧行ᄒᆞ는大觀艦式에參列艦船은聯合艦隊의全部와戰利艦及戰役中에警備又特別件務에從事ᄒᆞ든艦船總數인ᄃᆡ其盛觀은可想ᄒᆞ리라ᄒᆞ얏더라

●露帝宣言 仝二時四十二分發 露帝는平和回復에就ᄒᆞ야詔勅을發하얏는ᄃᆡ既히日本과友邦이되얏스니善隣의誼를全케ᄒᆞ라는議를宣言ᄒᆞ얏더라

●林公使謁見 林駐韓公使는本日에參內ᄒᆞ야天皇陛下게拜謁ᄒᆞ얏더라

●海相祝賀會 二十二日午前○時發 山本海軍大臣은二十四日에東鄕大將以下를水交社에셔招待하야祝賀會를催ᄒᆞᆯ터인ᄃᆡ當日은朝野의紳士約一千名이出席ᄒᆞᆯ터이더라

●英將歡迎會 昨夜에當地實業家들리노엘大將以下를歌舞伎座에셔招待하야歡迎會를開하얏는ᄃᆡ노엘大將은每日如斯히熱心懇切ᄒᆞᆫ待遇를受하야感謝ᄒᆞᆫ辭意를不知하깃고同盟의前途가多望ᄒᆞᆷ을確信하노라고演說하얏다더라

●東鄕凱旋 十月廿二日午後二時發 東鄕大將及各勇將비후는今朝에凱旋ᄒᆞ얏는ᄃᆡ朝野內外의人士其他出迎人이無數ᄒᆞ야新橋驛停車場에셔宮城에至ᄒᆞ기ᄭᆞ지道路는人으로以ᄒᆞ야埋ᄒᆞ얏고市民이歡呼ᄒᆞ야其馬車에近着코져ᄒᆞ얏는ᄃᆡ盛况名狀이라더라

●勅語又下 十月廿二日午后六時三十分發 卿의率ᄒᆞᆫ艦隊는空前ᄒᆞᆫ偉功을奏ᄒᆞ얏스미今에親히戰况을聞ᄒᆞ고忠烈을思ᄒᆞᆷ이更深하노라ᄒᆞ섯더라

雜報

成吝於財而敗其子者　休休子

休休子ㅣ所居之鄕에有韓氏翁者ᄒᆞ니尙衣節食ᄒᆞ고勞筋苦力ᄒᆞ야以致家業이稍饒ᄒᆞ니門前千頃田이오屋後千樹果라衣食之餘에歲入之數가足以納公稅而裕私用ᄒᆞ고足以供祭祀而享賓客이라有子八人ᄒᆞ야充衎堂宇에亦皆如龍如虎ᄒᆞ니親戚鄕黨이無不稱羨其多福이라

雖然이나翁於其子에不留心於教育ᄒᆞ야任其遊敖放逸ᄒᆞ거날休休子가屢爲之勸告曰子ㅣ欲以多積厚藏으로爲子孫計者는不思之甚이라古人이曰遺子黃金滿영이不如教子一經이라ᄒᆞ니教子以義方ᄒᆞ야弗納於邪ᄒᆞ고授以經史ᄒᆞ야歸其知識ᄒᆞ고養其德性ᄒᆞ면大則可以需用於國ᄒᆞ야立身揚名이오小則可以謹飭操守ᄒᆞ야勿墜家業이어날若任其飽食煖衣에逸居無教면頑悖奢傲가習與性成ᄒᆞ야覆敗家業ᄒᆞ고殆絕宗祀가勢所必至라

設塾置師가力非不能이니何不爲此오翁이非不以其言爲然ᄒᆞ나但惜財가太甚ᄒᆞ야設塾置師之經費를不欲自辦이라因循未果에致令其子로優遊閒寂ᄒᆞ야虛送歲月케ᄒᆞ더니畢竟蠢蠢無識之致로遊蕩於酒色賭技之場ᄒᆞ야不出數年에千金之産이歸於水泡ᄒᆞ니翁之晚年身世가遂陷於貧困이라乃咄咄自歎曰我若從休休子之言ᄒᆞ야教誨兒輩를極其專力ᄒᆞ얏스면吾家事가豈至於此리오今雖悔之나可謂噬제無及이로다ᄒᆞ얏스니

凡世之爲人父兄者는視此爲戒ᄒᆞ야幸無以金錢으로爲貽後之計ᄒᆞ고捐財設塾하야教育子弟가實無窮之利益이라하노라

●從公妥決 法部에셔平理院에訓令ᄒᆞᆫ內槩에漢城居趙輔國秉式代言人前主事盧秉洸이石城郡居李俊甫姜舉化等에對ᄒᆞᆫ畓訟事件으로既經貴院判決ᄒᆞ고不服仰訴이기自部로訓査該道矣러니今既査道ᄒᆞ얏기로該所報告與該郡査案을并爲送交ᄒᆞ니自貴院으로更加另査ᄒᆞ야從公妥決後報來하라하얏더라

●催送郡守 平北觀察李根豐氏가內部에報告ᄒᆞ니槩에管下各郡守催促下送之意로屢有所仰報而本道는異於他省하와鴨綠一帶에邊警이頻有하고沿路各郡에鐵道를敷設하니防禦之備와請求之應의郡守는不可一日曠官而鐵山昌城은叙任未赴하고泰川龜城龍川은因事上京에尙不還任하고宣川은免官未差하니凡於公務之掣碍와邑勢民情之猥狽는尙矣勿論하고且況財務官이來到本府하야秋冬等結戶錢을來十二月前으로無遺畢刷이다이오니其所上納을前期收刷然後에야於邑에可無生梗之端이옵기玆에報告하오니上項六郡守를催促下送이라하얏더라

●坐席未穩 大丘觀察使李根浩氏가遞任ᄒᆞᆫ다더라

●郵便不通 咸鏡北道慶興及鏡城等地에俄兵이駐屯ᄒᆞ고또郵便事務를開치못ᄒᆞᆷ으로郵便을送達ᄒᆞᆯ길업슨즉不得已ᄒᆞ야出付人의게還付ᄒᆞᆯ밧게업다더라

●軍協疏遞 軍部協辦嚴柱益氏는疏遞ᄒᆞ엿다더라

●何不嚴懲 慶尙道大子等地에有一巫女ᄒᆞ니自稱命마마ᄒᆞ며就吉避凶ᄒᆞ는奇術이有타ᄒᆞ고近地富豪人을誘引ᄒᆞ야數萬金財産을편取ᄒᆞ얏다니此等妖物은可謂편人取財律에合當ᄒᆞ다더라

●言則是也 忠南天安郡守金用來氏가內部에報告ᄒᆞ얏는ᄃᆡ大新聞은世界現象과大小事實를記載ᄒᆞ야政治得失과經濟學術를無不評論하고人民의智識을發達ᄒᆞ고孤陋ᄒᆞᆫ耳目을開明케ᄒᆞ니此非但讀者之비益이라足爲列邦之龜鑑이다온日本大阪市每日新聞을本年九月一日爲始ᄒᆞ야本郡에到着ᄒᆞ온즉時宜에適合ᄒᆞ야文明을可期이오되第伏念日國文을既非人人曉解而今此新聞에日漢文字相雜ᄒᆞ야視而不見ᄒᆞ고讀之不得則有何비益而開發民智이오며不購文義則即一休紙也라人豈肯購哉리요此新聞을以漢文與我國文으로繙繹然後에可以購讀이오不然則停止가爲宜이오니査照後每日新聞社에公函ᄒᆞ오셔日本國文을勿用ᄒᆞ고한文과我國文으로刊行케ᄒᆞ시와休紙購買ᄒᆞ는弊가無케ᄒᆞᆷ을爲望이라ᄒᆞ얏더라

●處事乖當 京畿觀察鄭周永氏가內部에報告ᄒᆞᆫ內槪에仁川郡儒生李在淵等의聯單을據하와該郡小申島를李秀哲李秉周兩人이受出宮許文蹟하야紙幣三千元에暗賣於日人之狀을該郡守吳永烈이가知而不報하고府飭捉囚者를報稱保放하니該郡守之處事가極爲乖當矣라照法遵辦하야推還其島라하얏더라

●詗捉賊한 內部에서京畿觀察에게訓令ᄒᆞᆫ內槪에現接警報則貴管下南陽郡花梁浦와大阜面老串洞에海賊이聚來하야居民을捉去하야多數ᄒᆞᆫ金錢을强奪하며甚至殺越人命이다하니聞極驚駭라茲에發訓하니到即刻期譏詗이되海賊의出沒水陸에其浮浪섬忽은如非方法이면難可捉得이니另加董飭하야別般跟捕하고即爲報來하라하얏더라

●會長函辭 (續) 未暇以言會之推擧非人으로自慊ᄒᆞ고即欲趁走爲恭ᄒᆞ야以圖與有榮於國家萬年之幸福而顧以衰朽之질로已遂斂退之志ᄒᆞ야杜門養病이奄成痼癖ᄒᆞ야實無以趁攝於諸君子之後ᄒᆞ고識鹿學이亦無以仰補于諸君子之事ᄒᆞ야會長之任을簞難承膺故로玆以仰佈ᄒᆞ니惟祈諸君子는深亮此意ᄒᆞ고克許卸任ᄒᆞ야以完會務ᄒᆞ며以完病情을不任盼望 完

讀者曰不知者는雖欲行之而不能ᄒᆞ고知者는固宜行之而不欲行ᄒᆞ야知政이如金氏로도只事托病謙退ᄒᆞ고全無慨然澄淸之志ᄒᆞ니然則韓國之衰微는某將誰與振興고切爲憲會諸員ᄒᆞ야同下一掬寒淚ᄒᆞ노라

●緊急社告

本社創設以來로新聞代金을每月初三日內에先納으로收入ᄒᆞ던바ᄂᆞᆫ自初로購覽ᄒᆞ시ᄂᆞᆫ僉君子가擧皆知悉이온바自本年八月再刋以來로代金收合이延至晦間이옵더니到今本社經費가窘絀之歎이有ᄒᆞ기로本月條ᄂᆞᆫ不日內로收合ᄒᆞ여야可히支過ᄒᆞᆯ터이오來十一月爲始ᄒᆞ야ᄂᆞᆫ一朔條를十五日內로送交ᄒᆞ시와連속發刋케ᄒᆞ야愛讀 僉君子의閱覽을供ᄒᆞ기로切盼홈

大韓每日申報社 白告

外報

●清武官往德 清國政府ᄂᆞᆫ德國觀兵式에參列ᄒᆞ기爲ᄒᆞ야 叅將 正領 參領 海軍司令官等을派遣ᄒᆞᆫ다더라

●米國陸軍擴張 美國政府ᄂᆞᆫ今日ᄭᆞ지常備軍이六萬人이러니今회에新法令으로十萬人에增加ᄒᆞ얏슴을不拘ᄒᆞ고今회에又二十五萬人의常備兵을置ᄒᆞᆯ터인ᄃᆡ右會議ᄂᆞᆫ未久에開ᄒᆞᆯ거시오大統領과陸軍卿다후트兩氏가一致ᄒᆞ야此目的의實行ᄒᆞᆷ을期ᄒᆞᆫ다더라

●日本滅亡論 뷔베ᅳ다라ᄒᆞᄂᆞᆫ德國人은名譽가終ᄒᆞᆫ日本이란一書를公著ᄒᆞ야日本은平和成立과共히勢力을失ᄒᆞ야遂爲滅亡ᄒᆞ리라고論ᄒᆞ얏다十月十三日發行ᄒᆞᆫ東京調査通信에云ᄒᆞ얏더라

●可笑喰虫男 清國青島에在ᄒᆞᆫ德國人某ᄂᆞᆫ虫을喰ᄒᆞ야觀覽料를取得ᄒᆞᄂᆞᆫᄃᆡ一疋虫을喰ᄒᆞᄂᆞᆫᄃᆡ三十仙의報酬를受ᄒᆞ며虫을三十秒間口中에留ᄒᆞ얏다가喰ᄒᆞᆯ석ᄂᆞᆫ五十仙을要求ᄒᆞ며蝴과蜘蛛ᄂᆞᆫ一疋에五十仙以下로ᄂᆞᆫ喰지아니ᄒᆞ며巨大ᄒᆞᆫ蜘蛛를食ᄒᆞᄂᆞᆫᄃᆡᄂᆞᆫ一疋에一兩銀을受ᄒᆞᆫ나云ᄒᆞ니可笑異怪ᄒᆞᆫ男子도有ᄒᆞ다더라

●令孃結婚書 美國大統領令孃알니쓰孃子가陸軍卿다후트氏와ᄒᆞᆷᄭᅴ쇼로에셔술루王의招待에應ᄒᆞ얏슬時에該令孃은該王의게셔多數ᄒᆞᆫ進物을受ᄒᆞ얏고宴會를終ᄒᆞᆫ後에수루王은公式으로結婚書를送ᄒᆞ얏ᄂᆞᆫᄃᆡ朕의國民은貴孃을愛ᄒᆞ야貴孃이永히此地에止ᄒᆞ기를望ᄒᆞᄂᆞᆫ故로朕은貴孃과結婚ᄒᆞ기를望ᄒᆞ노라ᄒᆞ얏더라 알니쓰孃은大驚ᄒᆞ야辭讓ᄒᆞ고僅히得避ᄒᆞ얏ᄂᆞᆫᄃᆡ其境形은將來의夫될롱월드氏가有ᄒᆞᆷ으로迭塞ᄒᆞ얏다더라

雜報

●平壤郡報 平壤郡守李承載氏가內部에電報ᄒᆞᆫ內개에日兵이到郡ᄒᆞ야聯隊長은東軒에入處라ᄒᆞ얏더라

●巡檢渙散 德源港總巡이內部에電報ᄒᆞᆫ內개에巡檢月給을半減키로一齊渙散ᄒᆞ야不得安集ᄒᆞ니何以措處오伏竢處分이라ᄒᆞ얏더라

●遂察電稟 大丘觀察李根澔氏가內部에電報ᄒᆞᆫ內개에郡守褒貶을本使가病中에不得修報ᄒᆞ오니病差修報ᄒᆞᆯ지署理로使之修報ᄒᆞ을지電稟ᄒᆞ얏더라

歷史纂要

波蘭末年史序 續

또其時에波蘭에도明君賢臣이間出ᄒᆞ야改革之政을勵行코져ᄒᆞᆯ時도豈無ᄒᆞ리오만은此ᄂᆞᆫ或露后의陰慘ᄒᆞᆫ計策으로其功을沮戲ᄒᆞ며或朝廷에岐異ᄒᆞᆫ黨議로其事를中止ᄒᆞ야畢竟荏苒間에苟且ᄒᆞᆫ方策과姑息ᄒᆞᄂᆞᆫ風氣로澆季世運을自作ᄒᆞ고또外國에干涉이日加月甚ᄒᆞ야國內에ᄂᆞᆫ賣國黨愛國黨에分派를生ᄒᆞ니所謂賣國黨은露西亞의賄賂를甘ᄒᆞ며威嚇을恐ᄒᆞ야오작其頤指氣使ᄒᆞᆫ바되니萬一其心을推原ᄒᆞ면賣國코자ᄒᆞᆷ은아니나其跡은即賣國이오愛國黨은忠義慷慨ᄒᆞᆫ氣節로露西亞의專橫ᄒᆞᆷ을憤ᄒᆞ야力量을不顧ᄒᆞ고其無道ᄒᆞᆷ을抵抗ᄒᆞ다가慘毒ᄒᆞᆫ禍를被ᄒᆞ니其功은不成ᄒᆞ얏스나其心은愛國이라大抵露西亞가萬端으로波蘭政治를干涉ᄒᆞ야其國王을自巳籠中物과ᄀᆞᆺ치拘束ᄒᆞ며其國에忠臣烈士를誅戮竄逐ᄒᆞ야國政改革을防遏ᄒᆞ고陰險ᄒᆞᆫ詐計와狂誘ᄒᆞᆫ詭術로波蘭의國事를日非ᄒᆞᄂᆞᆫ慝境에陷落케ᄒᆞ니此ᄂᆞᆫ非他라波蘭國의富強ᄒᆞᆷ은곳露西亞의利가아니며또波蘭人의知識이發達ᄒᆞ면其呑噬ᄒᆞᄂᆞᆫ凶圖를得售치못ᄒᆞᆯ지라이럼으로當時波蘭人中에其見識이及此ᄒᆞ야忠勇ᄒᆞᆫ義性과剛毅ᄒᆞᆫ膽略으로黨與를糾合ᄒᆞ야其國의衰運을挽回코자ᄒᆞᆫ者가不無ᄒᆞᆫ들奈何ᄒᆞ리오國王은庸暗ᄒᆞᆫ中에懦懦ᄒᆞ고또其性이反覆無信ᄒᆞ야

未完

○司法

欽奉本年八月二十三日詔勅平理院及漢城裁判所所管已決囚中放釋者與未決囚中放釋件已經奏下繼自各裁判所次第報來而咸鏡北道裁判所仁川港釜山港元山港昌原港城津港龍川港平壤市義州市裁判所幷無放釋者只有京畿忠清南北道全羅南北道慶尙北道黃海道平安南北道裁判所務安港三和港沃溝港裁判所已決囚中放釋者與未決囚中放釋者故別紙開具之意로法部大臣이上奏ᄒᆞ와奉旨依奏

別紙

京畿裁判所

已決囚放釋秩

金三돌	掘塚罪	役一年半
柳亨根	掘塚罪	役十年
鄭致元	掘塚罪	役七年
李德永	掘塚罪	役十年
朴鼎九	掘塚罪	役十年
林容玉	掘塚罪	役十年
洪顯元	掘塚罪	役十年
申[illegible]	掘塚罪	役一年
崔[illegible]	掘塚罪	役二年
金明秀	掘塚罪	役二年半
徐士元	掘塚罪	役二年
林千吉	掘塚罪	役二年
尹熙說	掘塚罪	役三年
宋根植	勒葬罪	役三年
韓赫東	掘塚罪	役二年半
李起龍	掘塚罪	役二年半
洪承旭	掘塚罪	役三年
朴光釗	失囚罪	役七年
裴仲鉉	失囚罪	役五年

已上合十九名

未決囚放釋秩

方吉卜 失囚
李元吉 失囚

已上合二名

未完

廣告

特別廣告

本申報ᄂᆞᆫ海外電報를即接ᄒᆞ야機關이通ᄒᆞ고外報와探報를敏捷活潑ᄒᆞ도록注意ᄒᆞ오며申報發送ᄒᆞᄂᆞᆫ되迅速信傳ᄒᆞ기ᄂᆞᆫ分傳人의게在ᄒᆞᆷ으로本社에서平常에諸分傳人의게丁寧告戒ᄒᆞ고申申訓飭ᄒᆞ야毋或婾惰ᄒᆞ게注意ᄒᆞ거니와如或暫有稽忽이라도愛讀僉君子ᄂᆞᆫ密使通知本社ᄒᆞ시면該分傳의게誠信相孚ᄒᆞ도록耳提面命ᄒᆞ고勸贊가發生ᄒᆞ도록誨諭ᄒᆞ야必無遲誤ᄒᆞ기로期待ᄒᆞ옵나이다

本社에寄書ᄒᆞ시ᄂᆞᆫ諸君子ᄂᆞᆫ姓名과居住를明確ᄒᆞ게懸錄ᄒᆞ시와證據가有ᄒᆞ게ᄒᆞᆷ을必要ᄒᆞᆷ이오公衆平和ᄒᆞᆫ秩序를紊亂케ᄒᆞᄂᆞᆫ意와社會上不經荒雜ᄒᆞᆫ寄書ᄂᆞᆫ自不受ᄒᆞᄂᆞᆫ權利가本社에有ᄒᆞ오니肯諒ᄒᆞ시옵

大韓每日申報社

廣告

貿易商 本社ᄂᆞᆫ仁川港
日本郵便電信局對面
電話第二百一番地

仁川港 廣昌 洋行

변넛三合社告白

○鐵路部

○東大門과新門間에來往車ᄂᆞᆫ每十分間에運行홈

東大門發初車ᄂᆞᆫ午前六時三十分

新門外停車場發初車ᄂᆞᆫ午前六時五十五分

東大門發終車ᄂᆞᆫ午後九時五十分

新門外停車場發終車ᄂᆞᆫ午後十時十五分

○東大門과洪陵間에來往車ᄂᆞᆫ每二一分間에運行홈

但自鍾路로東大門에來到ᄒᆞᆫ交替車로聯絡홈

東大門發初車ᄂᆞᆫ午前六時五十分

洪陵發 初車ᄂᆞᆫ午前七時十分

東大門發終車ᄂᆞᆫ午後七時五十分

洪陵發 終車ᄂᆞᆫ午後八時十分

○鍾路와龍山間에來往車ᄂᆞᆫ每十二分間에運行홈

鍾路發至南大門初車ᄂᆞᆫ午前六時四十八分

鍾路發至龍山 初車ᄂᆞᆫ午前七時二十四分

南大門發至鍾路初車ᄂᆞᆫ午前六時五十六分

龍山發至鍾路 終車ᄂᆞᆫ午前七時五十七分

南大門發至鍾路終車ᄂᆞᆫ午前十時八分

龍山發至鍾路 終車ᄂᆞᆫ午後九時九分

○特別私用車ᄂᆞᆫ顧客의方便ᄒᆞᆷ을隨應ᄒᆞ야準給홈

但定價ᄂᆞᆫ本社에來臨ᄒᆞ야請問ᄒᆞ옵

○電燈部

二百五十燭力以內의敷用處에ᄂᆞᆫ每個月에定價表가如左홈

○十六燭力燃燈達夜에二圓五十錢

○三十二燭力燃燈達夜에四圓

○五十燭力燃燈達夜에六圓

○一百五十燭力燃燈達夜에十圓

一千二百燭力弧形燈達夜에二十圓

二百五十燭力以上의敷用處에ᄂᆞᆫ請求ᄒᆞ면瓦斯計一箇를設給홈

但瓦斯計貸金은每個月에二圓이오瓦斯計測驗表委托定價ᄂᆞᆫ每時間每암피아에二錢이옵

瓦斯計設給處에서每介月支拂金最低額은每個月에二十圓인듸(瓦斯計貸金은)据홈

電燈을敷設ᄒᆞ기에請求ᄒᆞᄂᆞᆫ듸給홈로供

各種連技𨰝燈도常時에貯存ᄒᆞ엿슴

本社鐵路電氣會社

韓美電氣會社 告白

大韓帝國仁川港

濟物浦紙卷煙及烟草會社

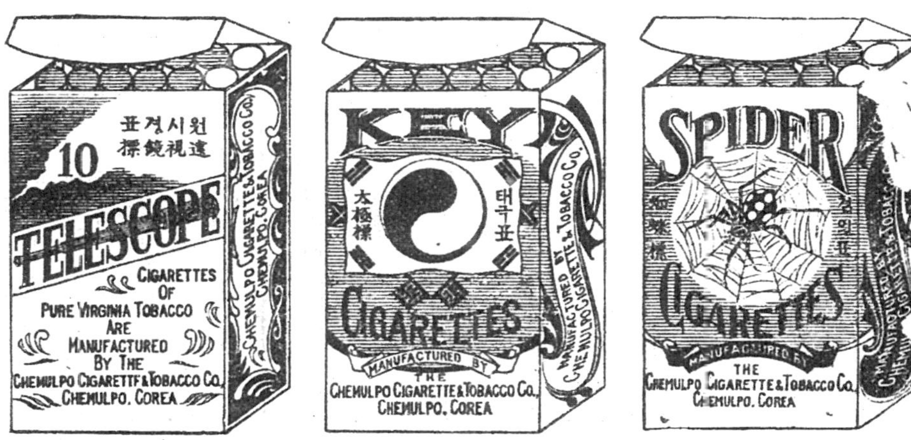

以上三種은上品으로製造ᄒᆞ야衛生上에至極有益ᄒᆞ오니毋論某人ᄒᆞ고本社에來顧ᄒᆞ옵

一鷹標罐濃詰牛乳
一金印罐詰濃結牛乳
一無雙家用氣化乳酪
一쏘ㅣ듼쓰製造麥芽化合牛乳

以上은常時에貯積ᄒᆞ엿슴

美國紐育港쏘ㅣ듼쓰濃結牛乳會社

一手代理店 大韓仁川港 世昌洋行

廣告

一雜貨商
一貿易商
一船舶取扱
一煙草商
一委托販賣及貨物運送代理業
一貿易石炭商

以上輸入及輸出者

京城 仁川 大昌 洋行

本社廣告

申報價

一張代金 韓貨五錢

一箇月前納 五十戔

三箇月 一元五十戔

六箇月 二元九十戔

一箇年 五元八十戔

郵稅一部 新貨五里

一箇月 十三戔

廣告料

四号活字十三字詰

每日每英尺一寸에新貨廿五錢

(每日每行에六錢에相當홈

二周日에 二圓五十錢

(每日每行四錢五里에相當홈

一箇月에 五圓

(每日每行四錢一里에相當홈

其期限의長短과字行의多少를依ᄒᆞ야增減홈이有홈

大韓人마다此申報를不得不閱覽ᄒᆞ실터이오니廣告出報ᄒᆞ실僉君子ᄂᆞᆫ來臨面議ᄒᆞ시옵

發行兼編輯人 英國人裴說

發行所

京城北署巷進坊磚洞号外地法語學校前

大韓每日申報社

(一) 西曆一千九百五年十月廿五日 水曜日 光武九年八月十一日 明治卅八年八月十一日 第三種郵便物認可

第三卷 第六十一號

大韓每日申報
대한매일신보

月曜及慶節歲時日休刊

檀君開國四千二百三十八年
箕子元年三千二十七年
大韓開國五百十四年
日本明治三十八年
淸國光緖三十一年
陰曆乙巳九月小二十七日丙申

論說

合羣則强

現今環球大陸億兆蒼生中에命途의最窮薄者가誰오ᄒᆞ면曰弱國人民이오生活의最困難者가誰오ᄒᆞ면曰弱國人民이니今之時代ᄂᆞᆫ弱肉强食之世라强國人民이弱國人民을如何히待遇ᄒᆞ나뇨奴使之ᄒᆞᆯᄲᅮᆫ이오鞭韃之ᄒᆞᆯᄲᅮᆫ이오甚ᄒᆞ면魚肉之ᄒᆞᆯᄲᅮᆫ이니慘矣慘矣라爲之奈何오是故로人民의開明ᄒᆞᆫ者ᄂᆞᆫ皆熱心愛國ᄒᆞ야一般主義가身命이爲輕ᄒᆞ고國權이爲重ᄒᆞᆷ은非他라만일國家가不保ᄒᆞ면人民이先亡ᄒᆞᆷ을深知遠慮ᄒᆞᆷ이라然則當此之時ᄒᆞ야弱國人民된者가設或忠義之心이亦無ᄒᆞ나自己의身世를顧念ᄒᆞ면宜乎愛國之心이憤發ᄒᆞᆯ리로다盖國之强弱은彊土大小에不在ᄒᆞ고專히人心離合에在ᄒᆞ니億兆離心이不如十臣同德者ㅣ豈不信哉아

今에韓國의積弱ᄒᆞᆫ形勢를挽回코져ᄒᆞᆯ진ᄃᆡ오작全國二千萬衆에心力을聯合ᄒᆞ야團體를凝結ᄒᆞ면變弱爲强이固轉移間事라

凡天下之物이孤立則危ᄒᆞ고合群則强은自然之勢라牛馬駝象이비록龐大ᄒᆞ나人能役之ᄂᆞᆫ能히合群을成치못ᄒᆞᆷ이오蜂蟻가비록眇小ᄒᆞ나人或畏之ᄂᆞᆫ能히合群을成ᄒᆞᆷ이라一縷ᄂᆞᆫ易斷ᄒᆞ나千萬縷를組合ᄒᆞ야巨絙을成ᄒᆞ면誰能斷之며一矢ᄂᆞᆫ易折ᄒᆞ나數百矢를總合ᄒᆞ야一束을成ᄒᆞ면誰能折之리오

今에韓國이雖이弱ᄒᆞ나二千萬人民이合心同力ᄒᆞ면諸般事業에雖難之事가無ᄒᆞᆯ것이오折衝禦侮에勃然莫禦之勢가有ᄒᆞ려니와만일合羣力이아니면畢竟强國의魚肉을不免ᄒᆞ리니此由를不知ᄒᆞᄂᆞᆫ가何故로愛國保種의思想이一向冷淡ᄒᆞ뇨同室濟焚ᄒᆞ고同舟遭溺ᄒᆞ야엇지袖手傍觀之態를作ᄒᆞ리오惟願大韓人民은思之又之어다

官報

◉第三千二百七十七號 光武九年十月廿三日

◉宮廷錄事

詔曰正三品洪鍾억解太僕司長

詔曰命尙方司長李範喬爲太僕司長正三品洪鍾억爲尙方司長

以上十月十九日

江原道觀察使閔泳斅辭職疏

批旨省疏具悉諒出特寄情勢亦可念卿其勿辭從便往來

十月十九日

◉敍任及辭令

免懲戒 正三品李瑢載

右該員旣已流配蒙宥久矣故免懲戒

十月十四日

仁川郡守吳永烈
泰川郡守趙鼎允
尙州郡守兪鎭贊
高敞郡守李基奭
順天郡守李禹圭
三嘉郡守李鍾煥
大興郡守李錫珪
興德郡守閔明植
金山郡守金炳旭
同福郡守金祺中
中和郡守金應龍
漆谷郡守劉膺烈

依願免本官

正三品吳鼎善
任公州郡守敍奏任官六等 主殿院電務課長吉永洙
任尙州郡守敍奏任官二等 正三品兪鎭贊
任會山郡守敍奏任官一等 海州郡守鄭寅國
任順天郡守敍奏任官五等 古阜郡守李昌翼
任海州郡守敍奏任官四等 正三品鄭龍基
任古阜郡守敍奏任官六等 敦寧司長金宅鎭
任同福郡守敍奏任官一等 平壤監理申大均
任中和郡守敍奏任官四等 茂長郡守韓啓烈
任三和郡守敍奏任官六等 珍山郡守徐相環
任茂長郡守敍奏任官五等 奉常司副提調金璟中
任珍山郡守敍奏任官六等 正三品鄭煥惠
任大興郡守敍奏任官六等 六品張命相
任高敞郡守敍奏任官六等 六品閔泳熙
任海美郡守敍奏任官六等 寧海郡守李喆和
任仁川郡守敍奏任官六等 正三品慶光國
任寧海郡守敍奏任官六等 正三品金炳旭
任通津郡守敍奏任官六等 正三品林承學
任金山郡守敍奏任官四等 固城郡守李康準
任禮安郡守敍奏任官六等 正三品李晋鉉
任固城郡守敍奏任官六等 三嘉郡守金永寔
任興德郡守敍奏任官五等 前郡守閔明穉
任三嘉郡守敍奏任官六等 務安前監理李懋榮
解兼任務安港裁判所判事 東萊前監理韓永源
解兼任釜山港裁判所判事 務安監理韓永源
命兼任務安港裁判所判事 東萊監理李懋榮
命兼任釜山港裁判所判事 漢城裁判所判事李鍾林
任法部參書官敍奏任官四等 前博士安廷[illegible]
任法部主事敍判任官七級 法部參書官李鍾林
給七級俸

以上十月十八日

依願免本官 惠陵參奉洪淳明
命太僕司長敍勅任官三等 尙方司長李範喬
命尙方司長敍勅任官三等 正三品洪鍾억
圜丘壇祠祭署參奉李定求
任東陵參奉敍判任官八等
任圜丘壇祠祭署參奉敍判任官八等 洪淳璟

以上十月十九日

外報

◉復線工事 西比利亞鐵道復線工事ᄂᆞᆫ可決되얏다더라

◉淸廷懸賞 北京停車場에셔太臣을暗殺ᄒᆞ려ᄂᆞᆫ者를捕縛ᄒᆞ기爲ᄒᆞ야如左히懸賞ᄒᆞ얏더라

一 凶行者를捕ᄒᆞᆫ者ᄂᆞᆫ三萬弗
一 其犯者를捕ᄒᆞᆫ者ᄂᆞᆫ二萬弗
一 本件을搜索ᄒᆞᆫ價를與ᄒᆞᆫ者ᄂᆞᆫ一萬弗

◉兩使勸告 十月十五日北京電을据ᄒᆞᆫ즉數日前에駐淸法德兩公使가淸國外務府에屢爲委訪ᄒᆞ얏ᄂᆞᆫᄃᆡ法公使ᄂᆞᆫ該國東洋鐵道를還買ᄒᆞ라ᄒᆞ고德使ᄂᆞᆫ日淸間緊要事件으로各各勸告ᄒᆞ얏다더라

東京電報

●大觀艦式 十月二十三日午後三時四十分發

本日東京灣에셔擧行ᄒᆞᆫ大觀式에內親王各皇族各姬宮이皆叅觀ᄒᆞ얏고叅列艦數ᄂᆞᆫ二百餘隻이오英美兩國軍艦도亦是叅加ᄒᆞ얏ᄂᆞᆫᄃᆡ東鄕大將이統率ᄒᆞ얏고東宮殿下ᄂᆞᆫ總叅謀長의資格으로御乘艦ᄒᆞ시고大元帥陛下ᄭᅴ셔御親覽ᄒᆞ옵신後에無事히空前大式을終ᄒᆞ얏더라

●觀艦式에勅語 十月二十三日午後七時四十分發

朕이親히凱旋艦隊를閱ᄒᆞᆯ軍容이整ᄒᆞ며士氣가振ᄒᆞᆷ을喜悅ᄒᆞ노라ᄒᆞ셧ᄂᆞᆫᄃᆡ右勅語에對ᄒᆞ야聯合艦隊司令長官東鄕大將은嚴肅히奉答ᄒᆞ얏다더라

寄書

論保護國性質 苦心子

保護國이라ᄒᆞᄂᆞᆫ文字ᄂᆞᆫ元來歐洲의用語를近年에日本人이漢文으로飜譯ᄒᆞᆫ것인ᄃᆡ其意味ᄂᆞᆫ一强國이一弱國을保助와護ᄒᆞᆫ다ᄂᆞᆫ것을謂ᄒᆞᆷ이나其實은文明國이野蠻國及半開國을自國의政治權力下에漸移漸置ᄒᆞᄂᆞᆫ政略이라

且夫一强國이一弱國을保護ᄒᆞᄂᆞᆫ原因이有三ᄒᆞ니一은弱國에對ᄒᆞ야利害關係를有ᄒᆞᆫ列强國이各各自國의利益을維持ᄒᆞᄂᆞᆫ必要로써一國이該弱國을兼併ᄒᆞᄂᆞᆫ것을豫防ᄒᆞ고列國均勢를恒久保有코져ᄒᆞ야列强이互相協議ᄒᆞ야該弱國을一强國의保護權下에置ᄒᆞᄂᆞᆫ것이오二ᄂᆞᆫ一弱國이國力이微弱ᄒᆞ야獨立으로其國家를維持ᄒᆞ기難ᄒᆞ야强國의保護를賴ᄒᆞ야其國家生存을保全ᄒᆞᄂᆞᆫ것이오三은所謂文明國이一약國을併呑ᄒᆞᆯ目的으로爲先自國의保護權下에置ᄒᆞ고漸次其權力을擴張ᄒᆞ야畢竟에ᄂᆞᆫ其領土ᄭᆞ지略奪ᄒᆞᄂᆞᆫ것시라是를總括而論之컨ᄃᆡ第一에屬ᄒᆞᄂᆞᆫ被保護國은完全ᄒᆞᆫ主權을有ᄒᆞ지못ᄒᆞᆷ으로國步의發達은雖可期也나列國의確證이有ᄒᆞᆷ으로써該保護國이雖有併呑之心이나其目的을達ᄒᆞ기不能ᄒᆞ고第二에屬ᄒᆞᄂᆞᆫ被保護國과第三에屬ᄒᆞᄂᆞᆫ被보護國은列國의보證이充分치못ᄒᆞᆫ故로該보護의地位에立ᄒᆞᆫ强國이如何ᄒᆞᆫ壓制干涉과如何ᄒᆞᆫ政治方略을施ᄒᆞ더라도救濟之道가無ᄒᆞᆯᄲᅮᆫ아니라往往亡國의慘毒을不免이라보護國被보護國의關係가如此重大ᄒᆞᆫ故로甲國이乙國을보護權下에置코져ᄒᆞ면爲先世界列國의容認을得ᄒᆞᄂᆞᆫ것시一大要件이라假令甲乙兩國間에보護條欵을約定ᄒᆞ더라도列强이各各自國利益을擁護ᄒᆞ기爲ᄒᆞ야該條約을容認ᄒᆞ지아니ᄒᆞ면該條約은無效에必歸ᄒᆞᄂᆞᆫ것이라先例를列擧ᄒᆞᆯ건ᄃᆡ西歷一千八百十五年巴里條約上에列國이互相協議ᄒᆞ야「아이오니안」列島를英國보護權下에置ᄒᆞ고英獨墺俄의調印ᄒᆞᆫ憲法을適用ᄒᆞᄂᆞᆫ一合衆國을組成ᄒᆞ얏고同一千八百五十六年巴里條約에歐洲列强의보證으로「루마니아」國을土耳其보護下에置ᄒᆞᆫ等事라此外에또一大條件은甲國이乙國을보護權下에置ᄒᆞᆯ時에ᄂᆞᆫ반ᄃᆞ시乙國과條約을定ᄒᆞ야보護國의權利範圍와被보護國의義務範圍를確定ᄒᆞ야兩國이此條欵에依ᄒᆞ야各各其權限을守ᄒᆞ야셔로踰越치못ᄒᆞᄂᆞᆫ定例라故로甲國이乙國을自國의보호權下에置ᄒᆞ라면乙國과協議ᄒᆞ야其承諾을得ᄒᆞᆯ것이오可히威脅치못ᄒᆞᆯ것이라萬若威力으로恐喝ᄒᆞ야該權을得ᄒᆞ면是ᄂᆞᆫ侵略手段이오보호形式이아니라

嗚呼라不意今者에我韓이不幸ᄒᆞ야此보호國種類中에包含ᄒᆞ야諸文明國人의硏究題目이되얏스니可痛可哀로다爲我國民ᄒᆞ야孰不滴十行之血淚哉아曩者에英日兩國이東洋平和를維持ᄒᆞᆯ目的으로同盟을締結ᄒᆞ고我韓國을日本보호國으로的定ᄒᆞ얏스나我韓國民은此條約이將來我韓獨立上에如何ᄒᆞᆫ影響이有ᄒᆞᆫ것과此條約이世界列强의公認으로出ᄒᆞᆫ與否와此條約이國際公法上에正當ᄒᆞᆫ理由가有ᄒᆞᆫ與否와此條約이我韓國을拘束ᄒᆞᆯ效力의有無와此條約의表面性質及裏面性質을不可不硏究라此等問題를解決하라면先決問題가有ᄒᆞ도다是則何也오

(未完)

雜報

●營舍移接 陸軍幼年學校를北一營으로移接ᄒᆞ얏다더라

●馬廐建築 再昨日下午에日本士官一人이率兵一名工夫二名ᄒᆞ고來到豆毛浦等地ᄒᆞ야馬廐를建造次로陸軍副將[illegible]東[illegible]氏의亭子附近栗田所有各種을幷爲拔去之意로申飭以去라ᄒᆞ얏더라

●是何災變 龍川郡守尹鎔求氏가內部에報告ᄒᆞᆫ內槪에本郡鎭西面薪島에陰九月三日下午에雷霆이忽自西北面而起ᄒᆞ야雹災가二時亂下에田畓各穀이至於赤地ᄒᆞ오니百餘戶所居之民이今將流離ᄒᆞ니極甚可悶이라ᄒᆞ얏더라

●趙訟必伸 輔國趙秉式氏의石城畓訟事로平理院에旣經裁판時不照伸訴ᄒᆞᆷ으로法部에셔使之該道로査報更판케ᄒᆞᆷ은日昨本報에揭載ᄒᆞ얏거니와該査報辭槩를得聞ᄒᆞᆫ즉起墾三十年에三成量案ᄒᆞ야陳與畓이俱成鐵案이요文券量案이昭然無餘라ᄒᆞ얏스니前日平理院裁決이既屬枉理이나據此査報에今可로該査報件을移付平理院ᄒᆞ야更爲公決報明ᄒᆞ라ᄒᆞᆷ은前日誤決ᄒᆞᆷ을伸明辦結케ᄒᆞᆷ이라더라

●政府輪牒 再昨日에議政府에셔各部에通牒ᄒᆞ얏ᄂᆞᆫᄃᆡ現有商確ᄒᆞ니各部大臣은明日下午二時에政府로齊會ᄒᆞ라ᄒᆞ얏더라

●然則有弊 海州郡民李相薰鄭勳交等이內部에電報ᄒᆞᆫ內槪에本道觀察使가巫[illegible] 聖愈하야莅玆八朔에惠遍一省이라가非意遞遷ᄒᆞ야民皆惜去ᄒᆞ고本郡守ᄂᆞᆫ察隱無遺에交涉有術ᄒᆞ야闔境安堵에皆歌來暮ᄒᆞ야決然思去에如赤失乳ᄒᆞ니上奏處分ᄒᆞ시와於府於郡에咸滋借恂之願이라ᄒᆞ얏더라

●函陳免官 外部에셔內部에照會ᄒᆞᆫ內槩에駐京日本代理公使萩原守一氏의照會內開에鏡城郡守沈憲澤이虛報貴政府ᄒᆞ야紊亂官紀ᄒᆞ고甚有妨害軍政施行ᄒᆞ야是以師團長이招致該守於會寧ᄒᆞ야收其印章之時에送納空筐ᄒᆞ야擬欺軍政ᄒᆞ니執行官等行爲가寔屬不勘ᄒᆞ야因以免官ᄒᆞ고擬以監禁之意로接有大谷駐箚軍叅謀長의申陳等因ᄒᆞ야玆에照會라ᄒᆞ얏더라

●試取學生 昨日學部에셔日本東京에遊學生塡闕次로學生七人을爲先試取ᄒᆞᄂᆞᆫᄃᆡ應試人員의數爻ᄂᆞᆫ殆至百餘名이라더라

●參政兼將 參政大臣韓圭卨氏ᄂᆞᆫ再昨夜에陸軍副將을被命ᄒᆞ얏더라

●是何擧措 外部에셔學部에照會ᄒᆞᆫ內槪에經理院照會를玆接ᄒᆞᆫ즉現接高德智等所訴則矣等이以本院所管牧馬場所在農國田土를多年耕作이옵고菁根進上이온즉矣等之生計ᄂᆞᆫ猶爲少事이옵고沈菹所供이極爲緊重이온바日昨에農商學校라稱ᄒᆞ고日本人이來到本坪ᄒᆞ와竪立旗竿ᄒᆞ고謂以此土에明春爲始ᄒᆞ야占領農桑矣리니以此知悉云云則照亮措處伏望等因을准査ᄒᆞ온즉該土가係是御供菜蔬種植之田ᄒᆞ야所重향別이온거날今此日本人이謂以農桑ᄒᆞ고有此相持ᄒᆞ오니是何委折이온지其在事理不勝駭嘆이옵기玆庸仰佈ᄒᆞ오니照亮後轉照日公館ᄒᆞ와該日人干涉之端은另査禁斷ᄒᆞ고立標을亦卽拔去케ᄒᆞ시와以完公土爲要等因인바農商學校ᄂᆞᆫ應係貴部句管이온즉該增設備가果屬該校所需인지照亮示復ᄒᆞ라ᄒᆞ얏더라

●匪魁被捉 忠北觀察申泰[illegible]氏가內部에報告ᄒᆞᆫ內槩에現接丹陽郡守報告즉陰曆九月初八日에何許五六人이稱以義兵從事ᄒᆞ고突然入邑ᄒᆞ야首巡校書記與鄕長을爲先捉去于東面長林留住所拘留ᄒᆞ고各面所在砲手를發令募集이온ᄃᆡ其頭領은卽永春德谷鄭雲慶이오所募砲軍與民軍이殆近數百名이온바至於十三日에移住于邑內公廨而十五日戌時에原州鎭衛隊兵三十名이放銃突入則所謂義兵은各自逃散이옵고其頭領鄭雲慶은竟爲被捉ᄒᆞ야押向于永春之境云玆에報告ᄒᆞ오니派兵一欵은姑在參量如何라ᄒᆞ얏더라

緊急 **社告**

本社創設以來로新聞代金을每月初三日內에先納으로收入ᄒᆞ던바ᄂᆞᆫ自初로購覽ᄒᆞ시ᄂᆞᆫ僉君子가擧皆知悉ᄒᆞ시온바自本年八月再刊以來로代金收合이延至晦間이옵더니到今本社經費가窘絀之歎이有ᄒᆞᆯ기로本月條ᄂᆞᆫ不日內로收合ᄒᆞ여야可히支過ᄒᆞᆯ터이오來十一月爲始ᄒᆞ야ᄂᆞᆫ一朔條를十五日內로送交ᄒᆞ시와連續發刊ᄒᆞ야僉君子의閱覽을供ᄒᆞ기로切盼홈

大韓每日申報社 白告

外報

●電氣死刑器 近頃에發見ᄒᆞᆫ바電氣死刑執行은頗히危險ᄒᆞ야罪人에게多大ᄒᆞᆫ苦痛을與ᄒᆞᄂᆞᆫ事實이有ᄒᆞᆷ으로此電氣死刑器ᄂᆞᆫ改良ᄒᆞᆯ터이라더라

●日蝕觀測 八月三十日에日蝕을測觀ᄒᆞ기爲ᄒᆞ야中外學術輕氣球會ᄂᆞᆫ西班牙에서數十箇輕氣球를飛揚ᄒᆞ얏ᄂᆞᆫ디其成績이頗히壯ᄒᆞ더라더라

●輸送次序 數十萬軍隊를一時에凱旋ᄒᆞ기ᄂᆞᆫ容易치못ᄒᆞᆫ事로當局者ᄂᆞᆫ苦心講究ᄒᆞ야檢疫의方法과運輸의順序等諸般事項에其調査를已了ᄒᆞ얏다ᄂᆞᆫ디該方針은期於히軍隊를急速撤回ᄒᆞ야其交通上商工上에影響을不及케ᄒᆞᆷ目的이오該凱旋의命令은本月十九日에傳達되야爲先韓國守備隊를凱旋케ᄒᆞ고其次에北韓各部隊오其次에滿洲軍各部隊를凱旋케ᄒᆞᆯ順序라더라

一韓國守備隊ᄂᆞᆫ自十月十九日頃으로輸送開始ᄒᆞ고
二北韓各隊部ᄂᆞᆫ自十月二十四日頃으로輸送開始ᄒᆞ고
三滿洲各部隊ᄂᆞᆫ自十月二十七日頃으로輸送開始ᄒᆞ다더다

雜報

○司法

忠淸南道裁判所
已決囚放釋秩
李五植 掘塚罪 役十五年
尹鳳炳 掘塚罪 役十年
張鼎煥 掘塚罪 役十年
朴準相 掘塚罪 役三年
閔贊相 掘塚罪 役三年
閔應孝 暗葬罪 役一年
丁用西 賭技罪 禁獄七箇月
金卜乭 僞造文書未遂罪 役一年
金敏濟 掘塚罪 役三年
李文先 知情誘人爲妻罪 役一年半
黃明三 誣證罪 役三年
已上合十一名
未決囚放釋秩
趙영鎭 討財未遂
趙熙天 討財未遂
朴用順 討財未遂
金雲淸 討財未遂
金德日 土地潛賣隨從
已上合五名

沃溝港裁判所
已決囚放釋秩無乎
未決囚放釋秩
李春吉 毆人破屋
已上一名

忠淸北道裁判所
已決囚放釋秩
鄭仁基 誣證罪 役二年
柳在三 誣證罪 役二年
柳必先 誣證罪 役二年
金基元 誣證罪 役二年
已上合四名
未決囚放釋秩無乎

全羅南道裁判所
已決囚放釋秩
朴道守 掘塚陷屍罪 役七年
朴萬有 掘塚罪 役三年
朴均應 掘塚罪 役一年
魯漢根 暗葬罪 役一年
이上合四名
未決囚放釋秩無乎

全羅北道裁判所
已決囚放釋秩
李洛진 僞造印信罪 役十年
이上一名
未決囚放釋秩無乎

慶尙北道裁判所
已決囚放釋秩
李景云 僞造印信罪 役七年
禹慶成 毁棄死屍罪 役終身
이上合二名
未決囚放釋秩
裵東俊 僞券得債
李學守 위券得債
李性云 위券得債
都興鎬 毆打
都景俊 毆打
都柔奎 毆打
朴仁宅 위造文券隨從
梁敬守 위造文券隨從
已上合八名
未完

歷史摘要

波蘭末年史序 (續)

國家의重을不顧ᄒᆞ고自己一身에私計만是慮ᄒᆞᄂᆞᆫ지라一朝에改革黨에氣焰이盛ᄒᆞ면其言을嘉納ᄒᆞᄂᆞᆫ듯ᄒᆞ다가또露公使術中에墮ᄒᆞ야改革黨이自己의게不利ᄒᆞᆯ가恐ᄒᆞ야狐疑猶豫ᄒᆞ고甚至於露公使의力을潛乞ᄒᆞ야自己에忠義諸臣을殺戮殆盡ᄒᆞ며또朝廷諸臣中에忘國小人輩ᄂᆞᆫ國王에風旨를承ᄒᆞ며露公使에威力을恐ᄒᆞ야諂附阿從ᄒᆞ야改革黨誅滅ᄒᆞ기를是務ᄒᆞ니嗚呼라然ᄒᆞ고不亡코져ᄒᆞᆫ들得乎아然이나及其露公使의專橫이漸極ᄒᆞᆫ後에야朽敗ᄒᆞᆫ波蘭政府도비로소疑懼之念을懷ᄒᆞ고左右에與國을環顧ᄒᆞ야救護者를望ᄒᆞ니此時普魯士王은또ᄒᆞᆫ奸雄이라波蘭土地를垂涎ᄒᆞᆫ이旣久ᄒᆞ되無隙可乘ᄒᆞᆷ을恨ᄒᆞ더니今에波蘭人의跟蹈ᄒᆞᆫ事機를見ᄒᆞ고奸凶ᄒᆞᆫ暗計로其改革을助成ᄒᆞ며露國에不法ᄒᆞᆷ을防絶ᄒᆞ다稱ᄒᆞ고條約을成ᄒᆞ거ᄂᆞᆯ波蘭人은深謀遠慮가無ᄒᆞ고外國을輕信ᄒᆞᄂᆞᆫ지라이럼으로普王의援助를大喜ᄒᆞ야大旱에甘雨를得ᄒᆞᆫ듯露國에異議를排斥ᄒᆞ며政府에改革을斷行ᄒᆞ니此ᄂᆞᆫ前門에虎를進ᄒᆞ고後門에狼을迎ᄒᆞᆷ이라其可憐ᄒᆞᆷ이엇지彈記ᄒᆞ리오至此ᄒᆞ야泰山갓치信仰ᄒᆞ던普國王이도로혀露西亞와密約을定ᄒᆞ고墺地利를勸誘ᄒᆞ야波蘭分割ᄒᆞᄂᆞᆫ陰謀가始成ᄒᆞ엿도다

未完

廣告

特別廣告

本申報는海外電[illegible] 採訪와機關이廣遠[illegible] 外報와探報를敏捷[illegible] ᄒᆞ도록注意ᄒᆞ오며[illegible] 發表ᄒᆞ니迅速信[illegible] 기는分傳人의게在홈으로本社에서平常에諸分傳人의게丁寧告戒ᄒᆞ[illegible] 申申訓飭ᄒᆞ야[illegible] [illegible]有ᄒᆞ거나[illegible] 暫有遺[illegible]이라도[illegible] 君子는密使[illegible] ᄒᆞ시면該分傳의게[illegible] 相ᄒᆞ도록提[illegible] 고勸貸가發生ᄒᆞ도[illegible] 論ᄒᆞ야必無遲誤ᄒᆞ기[illegible] 期待ᄒᆞ옵나이다

本社에寄書ᄒᆞ시는君子는姓名과居住를明記ᄒᆞ[illegible] 懸錄送附ᄒᆞ시와證據가有[illegible] 홈을必要홈이오公衆의和[illegible] ᄒᆞᆫ秩序를紊亂케ᄒᆞ는意外 社會上不經荒雜ᄒᆞᆫ寄書는 不受ᄒᆞ는權利가本社에 有ᄒᆞ오니肯諒ᄒᆞ시옵

大韓每日申報社

廣告

貿易商 本社는仁川港 日本郵便電信局對面 電話第二百一番地

仁川港 廣昌洋行

벤넷드會社告白

○鐵路部

○東大門과新門間에來往車는每十分間에運行홈

東大門發初車는午前六時三十分

新門外停車場發初車는午前六時五十五分

東大門發終車는午後九時五十分

新門外停車場發終車는午後十時十五分

○東大門과洪陵間에來往車는每二十分間에運行홈

但自鐘路로東大門에來到ᄒᆞᆫ交替車로聯絡홈

東大門發初車는午前六時五十分

洪陵發 初車는午前七時十分

東大門發終車는午後七時五十分

洪陵發 終車는午後八時十分

○鐘路와龍山間에來往車는每十二分間에運行홈

鐘路發至南大門初車는午前六時四十八分

鐘路發至龍山 初車는午前七時二十四分

南大門發至鐘路初車는午前六時五十六分

龍山發至鐘路 終車는午前七時五十七分

南大門發至鐘路終車는午前十時八分

龍山發至鐘路 終車는午後九時九分

○特別私用車는顧客의方便홈을隨應ᄒᆞ야準給홈

但定價는本社에來臨ᄒᆞ야請問ᄒᆞ옵

○電燈部

二百五十燭力以內의敷用處에는每個月에定價表가如左홈

○十六燭力燃燈達夜에二圓五十錢

○三十二燭力燃燈達夜에四圓

○五十燭力燃燈達夜에六圓

○一百五十燭力燃燈達夜에十圓

一千二百燭力弧形燈達夜에二十圓

二百五十燭力以上의敷用處에는請求ᄒᆞ면瓦斯計一箇를設給홈

但瓦斯計賃金은每個月에二圓이오瓦斯計測驗表委托定價는每時間每암페아에二錢이옵

瓦斯計設給處에서每介月支拂金最低額은每個月에二十圓인딕(瓦斯計貸金은)据홈

電燈을敷設ᄒᆞ기에請求ᄒᆞ는딕給홈로供

各種連技辦燈도常時에貯存ᄒᆞ엿ᄉᆞᆸ

本社鐵路電氣會社

韓美電氣會社 告白

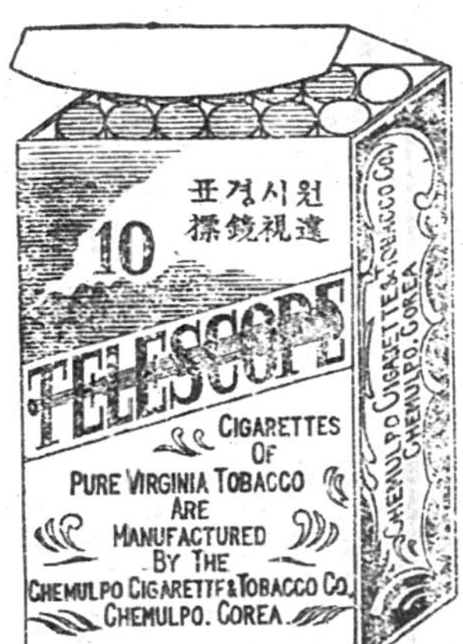

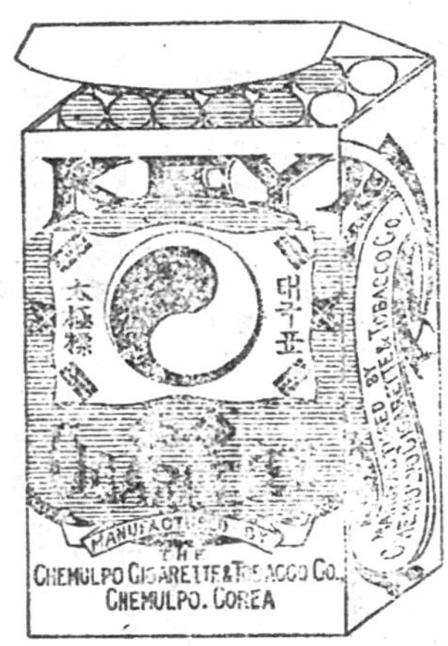

以上三種은上品으로製造ᄒᆞ야衛生上에至極有益ᄒᆞ오니毋論某人ᄒᆞ고本社에來顧ᄒᆞ옵

大韓帝國仁川港

濟物浦紙卷煙及烟草會社

一 鷹標罐濃詰牛乳

一 金印罐詰濃結牛乳

一 無糖家用氣化乳酪

一 쎄ㅣ든쓰製造麥芽化合牛乳

以上은常時에貯積ᄒᆞ엿ᄉᆞᆸ

美國紐育港쎄ㅣ든쓰濃結牛유會社

一手代理店 大韓仁川港 世昌洋行

廣告

一 雜貨商

一 貿易商

一 [illegible]取扱

一 煙草商

一 委託販賣及貨物[illegible]代理業

一 貿易代辦商

以上[illegible]人[illegible]目[illegible]

京城 仁川 大昌洋行

本社廣告

申報價

一張代金	新貨五錢
一箇月前納	五十戔
三箇月	一元五十戔
六箇月	二元九十戔
一箇年	五元八十戔
郵稅一部	新貨五里
一箇月	十三戔

廣告料

四号活字十三字詰

每日每英尺一寸에新貨廿五錢

(每日每行에六錢에相當홈)

二周日에 二圓五十錢

(每日每行四錢五里에相當홈)

一箇月에 五圓

(每日每行四錢一里에相當홈)

其期限의長短과字行의多少를依ᄒᆞ야增減홈이有홈

大韓人마다此申報를不得不閱覽ᄒᆞ실터이오니廣告出報ᄒᆞ실僉君子는來臨面議ᄒᆞ시옵

發行兼編輯人 英國人裵說

發行所

京城北署壽進坊礦洞号外地法語學校前

大韓每日申報社

第三卷

大韓每日申報
대한매일신보

第六十二號

月曜及慶節歲時日休刊

檀君開國四千二百三十八年
箕子元年三千二十七年
大韓開國五百十四年
日本明治三十八年
淸國光緖三十一年
陰曆乙巳九月小二十八日丁酉

論說

媾和約 歟

近日東京發刊을得覽ᄒᆞᆫ즉韓國에關係되ᄂᆞᆫ露日約條가向者漢城活板所에揭報와一致ᄒᆞ도다

東京獨立報館의先導되ᄂᆞᆫ時事及朝日兩報를據ᄒᆞᆫ즉對其和約ᄒᆞ야不滿之意를陳述홈이頗多ᄒᆞ고且韓俄間新關係에開路됨을存意ᄒᆞ얏스니本記者도此報와同意ᄒᆞᆯ지라林公使의量度ᄒᆞᆫ바露國公使를更派于韓國이似是不然이오亦非必要라홈은緣何理由인지實難解得이로다

該約第二條를解釋ᄒᆞ면俄國은日本이此地에셔何許方略을取行홈에同意ᄒᆞ되日本人民의得利가他國人民에셔不過홈을備具ᄒᆞ얏슨즉是以言之면日本이自國人民을爲ᄒᆞ야格外利權을取得키不可홈이라此條가包其兩意홈은確然無疑ᄒᆞ니此兩意가因俄國之取捨ᄒᆞ야無限紛爭을惹起ᄒᆞᆯ지로다

漢城活板所의每週記報가本記者의說明ᄒᆞᄂᆞᆫ바外人屆備等을以日人交替홈은均衡政界에違犯이라ᄒᆞᄂᆞᆫ意見을深究ᄒᆞ얏스나如此辨論이未變本意ᄒᆞᆯ지라

假令言之면韓國政府가全國內에遍行ᄒᆞᄂᆞᆫ日本礦學者의게被其勸誘ᄒᆞᆯ지라彼等이良處를探得以後에ᄂᆞᆫ要其認許ᄒᆞ야圖其利益ᄒᆞᆯ지라若俄國이日本과正同ᄒᆞᆫ待遇를享受ᄒᆞ랴면日本人民과同一ᄒᆞᆫ合宜及便利를稽考ᄒᆞ리니礦務에日人만特用ᄒᆞ고ᄂᆞᆫ均勢를維支키不能ᄒᆞ라로다

其他各部도與此同一ᄒᆞ야部院之幾乎全體가乃作日本顧問官之執務ᄒᆞᆫ지라其下衆員을自日本供給홈이確然ᄒᆞ니未過幾日에日本優越權이與其均等政略으로相和홈을不能得見ᄒᆞᆯ거슨該約兩句에相反홈이如下ᄒᆞᆫ所以也로다

(第二條俄帝國政府ᄂᆞᆫ日本이韓國에셔政治軍事及經濟上에優越ᄒᆞᆫ利益이有홈을公認홈으로日本帝國政府가可히必要로認ᄒᆞ야韓國內에셔指導保護及管理의措處를行ᄒᆞ면妨害或干涉을不事홈

韓國內에俄國臣民은列邦臣民과正同待遇를受ᄒᆞ리니即最惠國臣民과同等에置홈事)

官報

●第三千二百七十八號 光武九年十月卄四日

◉宮廷錄事

詔曰命從二品李根洪爲平理院檢事

光武九年十月十八日 法部大臣李夏榮

詔曰命從二品閔英鎬爲侍從院副卿

十月二十日

●勅令

勅令第四十二號

貨幣條例中改正件

光武五年勅令第四 貨幣條例第三條左開中銀貨幣二十錢次項에「十錢」二字를添入ᄒᆞ고赤銅貨幣一錢은青銅貨幣一錢으로改正ᄒᆞ며次項에「半錢」二字를添入ᄒᆞ고第四條左開中補助銀貨欄內二十錢欄次에十錢一欄을左갓치添入ᄒᆞ며補助赤貨欄은刪去ᄒᆞ고補助靑銅貨一錢과半錢二欄을左갓치添入ᄒᆞ며第六條及第七條中赤貨幣ᄂᆞᆫ幷以靑銅貨幣로改正홈이라

十錢式樣은略홈이라
經曲尺 五分八里
量目 七分一里八毛八 二구라무六九五五
合性 純銀八百分 參和銅二百分

補助靑銅貨
一錢式樣은略홈이라
經曲尺 九分二里
量目 一錢九分○○八 七구라무一二八○
合性 銅九百五十分 亞鉛十分 錫四十分

半錢式樣은略홈이라
經曲尺 七分二里
量目 九分五里○四 三구라무五六四○
合性 銅九百五十分 亞鉛十分 錫四十分

光武九年十月二十日
御押 御璽 奉
勅 議政府參政大臣韓圭卨
度支部大臣閔泳綺

勅令第四十三號
度支部官制中改正件

本年勅令第十九號度支部官制第十條中技手ᄂᆞᆫ下에十人으로定員六字를刪去ᄒᆞ고隨時增減四字를添入홈이라

光武九年十月二十日
御押 御璽 奉
勅 議政府參政大臣韓圭卨
度支府大臣閔泳綺

◉叙任及辭令

陸軍研成學校繙譯官白潤珪
任陸軍幼年學校敎官叙奏任官四等

陸軍幼年學校主事洪淳模
任陸軍研成學校繙譯官叙奏任官四等

前教官嚴憲根
任陸軍幼年學校敎官叙奏任官四等

以上十月十七日

依願免本官 昌原監理署主事安鍾진
任昌原監理署主事叙判任官六等 前主事南相七

陸軍幼年學校教官梁基洪
任陸軍幼年學校主事叙判任官八級
李敏[illegible]
任陸軍幼年學校教官叙判任官八級

任平理院檢事叙勅任官三等 從二品李根洪
給六급俸 平理院檢事李根洪

以上十月十八日

免本官 濟州牧裁判所檢事試補黃鎭菊
右該ᄂᆞᆫ身爲法官犯贓被訴以至今四多月挨以事體不可仍置是以免本官

濟州牧主事崔元淳
任濟州牧裁判所檢事試補叙奏任官四

以上十月十九日

命侍從院副卿叙勅任官三等 從二品閔英鎬

未完

外報

●平和不調 陸軍의强홈으로大評辦이有ᄒᆞᆫ德國이歲余征戰을試ᄒᆞ얏써도決勝키不能ᄒᆞ얏던홋덴도一트人과ᄒᆞᆫ戰爭은首領모렌가氏와德國軍間에ᄂᆞᆫ近者에平和條約을交涉ᄒᆞ나德國人외另出ᄒᆞᆫ條件은홋덴도一트人의名譽를傷홈으로斷然히談辦을中止홈에至ᄒᆞ얏다더라

●英露協商 波斯問題에關ᄒᆞ야英露兩國은協商ᄒᆞᄂᆞᆫ디法國도其議論에共參ᄒᆞᆫ다고탄新聞에報ᄒᆞ야ᄂᆞᆫ디此와同時에英國은東洋問題에就ᄒᆞ야法國과協議ᄒᆞ얏다더라

東京電報

●大歡迎會 十月二十四日午後四時十五分發

東京市에서熱誠의意를表ᄒᆞ야海軍의凱旋者를上野公園에歡迎ᄒᆞᄂᆞᆫ宴을排設ᄒᆞ야東鄕大將以下二百餘名을接待ᄒᆞ얏ᄂᆞᆫᄃᆡ其他來會ᄒᆞᆫ者가多數ᄒᆞᆫ雜ᄒᆞ야負傷者를不計其數라더라

●園遊會

山本海軍大臣과伊東軍令部長이主席이되야現今水交社란데서園遊會를排設ᄒᆞ얏ᄂᆞᆫᄃᆡ出席者가二千餘名이오노엘大將은東鄕大將의偉勳을受ᄒᆞ고萬歲를唱ᄒᆞ얏스며東鄕大將은答謝ᄒᆞᆫ後에散會ᄒᆞ얏다더라

寄書

論保護國性質 哲心子

第一은此條約이以前韓日兩國間에締結ᄒᆞᆫ條約과衝突의有無를辯駁ᄒᆞᆯ것이오第二ᄂᆞᆫ此條約이東亞平和를保障ᄒᆞᄂᆞᆫ必要로爲ᄒᆞ야世界列國의容認으로出ᄒᆞᆫ與否를論決ᄒᆞᆷ에在ᄒᆞᆷ이라爲先韓日議定書를闡譏ᄒᆞᆷ에

其三條에曰大日本帝國政府ᄂᆞᆫ大韓帝國의獨立과領土를確證ᄒᆞ다ᄒᆞ얏고ᄯᅩ同五條에兩國政府ᄂᆞᆫ彼此間同意를得치아니ᄒᆞ고後日本條約主義에違反ᄒᆞᄂᆞᆫ條約을第三國과締結ᄒᆞ지못ᄒᆞᆫ다ᄒᆞ얏ᄂᆞᆫᄃᆡ今番世界에發布ᄒᆞᆫ日同英盟第三條를見ᄒᆞᆫ즉我韓國을日本保護權下에置ᄒᆞᆫ다云ᄒᆞ고數十年來로日本이唱導ᄒᆞ던韓國獨立四字ᄂᆞᆫ出版者의錯誤로由ᄒᆞ야脫字가되엿ᄂᆞᆫ지披讀再三에有處가無ᄒᆞ니何其前後之對韓政策이如此相距乎아

我韓國民은此에對ᄒᆞ야日本政府에其條約之解釋을請求ᄒᆞ노라今日國際公法이弱國에對ᄒᆞ야ᄂᆞᆫ保障ᄒᆞᄂᆞᆫ權力이極微ᄒᆞ다고云ᄒᆞᄂᆞᆫ大抵條約은非常ᄒᆞᆫ例外를除ᄒᆞᆫ以外에ᄂᆞᆫ兩締約國이어ᄃᆡᄭᆞ지라도

該條約을遵守ᄒᆞᆯ大義務가有ᄒᆞᆫ지라若强國이弱國과一個條約을結定ᄒᆞ고其實行與否를任自爲之ᄒᆞ야無所忌憚이면此世界에在ᄒᆞᆫ弱小國은其國의生存을保ᄒᆞᆯ者가一無ᄒᆞ고ᄯᅩ宇宙間에一日이라도泰 ᄒᆞᆯ期가無ᄒᆞ도다然이나

今日歐洲列强間에介在ᄒᆞᆫ白耳義厥洛哥等國이其國家의生存을安全維持ᄒᆞᄂᆞᆫ것은非他라列强이各各其條約을遵守ᄒᆞᆷ으로由ᄒᆞᆷ이라若列强이其條約을無視ᄒᆞ고自由活動을行ᄒᆞ얏스면엇지今日ᄭᆞ지此等國이其國家의名義를保有ᄒᆞ리오

日本國은有史以來로我韓과親密ᄒᆞᆫ關係가有ᄒᆞᆯ뿐아니라去甲午戰役으로論之ᄒᆞ더라도我韓에同情을表ᄒᆞᆫ것은世界列國이明知ᄒᆞᄂᆞᆫ바오ᄯᅩ十數年來로我韓獨立을世界列國에對ᄒᆞ야保證ᄒᆞ던國이어날何其施恩未畢ᄒᆞ고中途에서對韓政策을變改ᄒᆞᄂᆞ뇨以前에日本國이我韓에對ᄒᆞ야如何ᄒᆞᆫ好意를表ᄒᆞ얏더라도

自今以後로我韓獨立의重大를無視ᄒᆞ면我國民은決코默從ᄒᆞᆯ理由가無ᄒᆞᆯ뿐아니라抗拒ᄒᆞᆯ餘地가有ᄒᆞ도다況且今番日英同盟第三條ᄂᆞᆫ韓日議定書大旨와相距가天壤之間에在ᄒᆞ니我韓國이雖曰微弱이나如此ᄒᆞᆫ條約을容認ᄒᆞᆯ理가엇지有ᄒᆞ리오ᄯᅩ日英同盟은東洋平和를維持ᄒᆞᆯ目的으로出ᄒᆞᆷ이오

（未完）

雜報

●宜懲悖習 西署警務官李憲珪가警廳에報告ᄒᆞ얏ᄂᆞᆫᄃᆡ本月二十三日下午八時에大貞洞支所巡檢張景浩가酗酒行悖罪人一名을捉來之際에英公館屬傭人韓昌植與該公館旗手三四名이突出亂打ᄒᆞ고反爲捉去于英公館門前之時에幸賴把守兵丁等之救護ᄒᆞ야纔爲推身이나所着肩蔽ᄂᆞᆫ裂破無餘ᄒᆞ고洋鞋繩令은不知何落이오니該漢은期於捉來이다이기查調事實之際에英國人一名이率旗手一名ᄒᆞ고來到率去라ᄒᆞ오니該漢이藉勢外國ᄒᆞ고行悖於官吏則爲其警吏者不得警察이오니轉照外部ᄒᆞ시와交涉懲辦事라ᄒᆞ얏더라

●催送曠官 忠北觀察申泰熙氏가內部에報告ᄒᆞ얏ᄂᆞᆫᄃᆡ現今義兵之猖獗과賊盜之恣橫이無處無之ᄒᆞ오며秋務方殷ᄒᆞ니結稅之作伕와正供情刷가俱係急務여날管下各郡郡守가閱月曠官ᄒᆞ고邑事民情을置諸度外가究以分憂에萬萬駭歎故로該曠官之丹陽郡守朴初陽永春郡守趙錫晉淸州郡守金一鉉懷仁郡守全世濟를左開報告ᄒᆞ니定日下送ᄒᆞ야俾即還任케ᄒᆞ라ᄒᆞ얏더라

●三氏叙勳 贊議閔泳奎徐正淳兩氏ᄂᆞᆫ恪勤厥職에効勞亦多ᄒᆞ니幷特叙勳二等ᄒᆞ고正領李熙斗氏ᄂᆞᆫ勞有可紀特叙勳三等各賜八卦章ᄒᆞ라ᄒᆞ옵셧더라

●捕縛義兵 再昨下午四時에日本憲兵四名이韓人六名을稱云義兵ᄒᆞ고捕縛ᄒᆞ야鳥銃四柄을幷ᄒᆞ야自光熙門으로入來ᄒᆞ야南門內司令部로갓다더라

●技師轉任 電務技師朴容圭氏ᄂᆞᆫ經理院技師로掌饍尹龍植氏ᄂᆞᆫ電務技師로經理院技師金幹遠氏ᄂᆞᆫ掌饍으로轉任ᄒᆞ얏다더라

●李氏定配 流終身罪人李世稙氏ᄂᆞᆫ完島郡楸子島로發配가되더라

●衛生官制 陸軍衛生院官制를得聞ᄒᆞᆫ즉院長一人醫官三人藥製官二人調護長三人이라더라

●鳴冤被囚 再昨下午九時에韓重載가무슨冤抑인지鳴勉次로南山蠶頭에擧烽ᄒᆞ얏더니警廳에被囚ᄒᆞ얏더라

●一產三胎 西署東嶺洞金召史家에屬傭李姓女가一胎에三男女를順만ᄒᆞ얏다더라

●賊之小者 日昨夜農圃居李士秀의七歲孫女가長衣一件을持去라가賊漢에게見奪ᄒᆞ얏다더라

●觸車致傷 再昨下午에中署摠巡李鴻來氏가人力車를乘ᄒᆞ고宗橋等地로過去ᄒᆞᄂᆞᆫᄃᆡ十三歲兒李龍胤이가左股를觸傷ᄒᆞ야內部醫士及日本醫師가前往看檢ᄒᆞ얏더라

●議案槩開 再昨政府에서會議ᄒᆞᆫ다ᄒᆞᆷ은已爲揭載어니와議案을槩開ᄒᆞᆫ즉議政府會議規則第十條下에政府諸臣之會議可否를不拘ᄒᆞ고 皇帝陛下獨斷處理一款은刪去ᄒᆞ고軍國大事를必咨詢于中樞院ᄒᆞ야取其可否決行ᄒᆞᆯ事로議決ᄒᆞ얏다더라

●匪魁押上 昨日下午一時에原州隊兵丁二名이匪魁鄭雲慶을軍部로押上ᄒᆞ얏더라

●皇恩如天 再昨下午에正領李泰來ᄒᆞᆫ判朴義秉兩氏가勅令을奉承ᄒᆞ고西氷庫普光里等地에出去ᄒᆞ야該地의鐵道에犯入ᄒᆞᆫ民家八十一戶에瓦家ᄂᆞᆫ每間에四十元草家ᄂᆞᆫ每間二十元式으로頒給ᄒᆞ얏다더라

●似涉無事 海州에居留ᄒᆞᄂᆞᆫ日本人摠代식송等이本道觀察使仍任ᄒᆞᆯ事로內部에電請ᄒᆞ얏더라

●失銜彷徨 平壤觀察使가內部에電報ᄒᆞᆫ內槪에日本軍隊가日間到着ᄒᆞᆯ터이니本府各公廨及宣化堂을沒數借給ᄒᆞ라ᄒᆞ기에觀察事務所를彷徨未定ᄒᆞ야立俟回電이라ᄒᆞ얏더라

●修理橋梁 한判朴義秉氏가內部에報告ᄒᆞᆫ內槪에現接日領事照會內槪에龍山本道를橫絶ᄒᆞ야萬里倉方面으로流出ᄒᆞᄂᆞᆫ水道의架橋가昨日水害에其大部分이墜落ᄒᆞ야一般人馬交通이最多危險ᄒᆞ야至急修繕ᄒᆞᆷ必要가有ᄒᆞ거니該道路ᄂᆞᆫ當地及龍山을聯絡ᄒᆞᆫ道路인즉即以官費로另爲繕ᄒᆞ야一般交通上安寧을保全케ᄒᆞ고我軍隊에셔最爲不便ᄒᆞᆷ으로急速修繕ᄒᆞᆷ을要ᄒᆞ오니諒知後相當措處等因이온바另飭該管ᄒᆞ시와右圮壞ᄒᆞᆫ橋梁諸處을即速修繕ᄒᆞ라ᄒᆞ얏더라

●妃宮祥菲 本月二十五日은皇太子妃祥菲시기로宮中에서祭禮를擧行ᄒᆞ고政府大小官吏ᄂᆞᆫ公服으로進參ᄒᆞ야ᄂᆞᆫᄃᆡ本日붓터ᄂᆞᆫ大少臣民이擧指易ᄒᆞᆫ다더라

詞林

倣古詩比體 明庵生

蜘蛛網絲ᄒᆞ니風引飛虫이로다設箔江中ᄒᆞ니潮來于香ᄒᆞ야維魚維充이로다 比也

蜘蛛吐徽ᄒᆞ니風引虫飛로다設箔于磯ᄒᆞ니潮不時違ᄒᆞ야維魚鮮飛로다 比也

蛛網空濶ᄒᆞ니飛虫遂括이로다設箔而闕ᄒᆞ니潮退則渴ᄒᆞ야維魚不得脫이로다 比也

蜘蛛三章

緊急 社告

本社創設以來로新聞代金을每月初三日內에先納으로收入ᄒᆞ던바ᄂᆞᆫ自初로購覽ᄒᆞ시ᄂᆞᆫ僉君子가擧皆知悉이온바自本年八月再刊以來로代金收合이延至晦間이옵더니到今本社經費가窘絀之歎이有ᄒᆞᆫ기로本月條ᄂᆞᆫ不日內로收合ᄒᆞ여야可히支過ᄒᆞᆯ터이오來十一月爲始ᄒᆞ야ᄂᆞᆫ一朔條를十五日內로送交ᄒᆞ시와速速發刊ᄒᆞ야購覽ᄒᆞ시ᄂᆞᆫ僉君子의閱覽을供ᄒᆞ기로切盼홈

大韓每日申報社 告白

外報

●日本凶作 農商務省에서ᄂᆞᆫ其後에天候가回復ᄒᆞ야第二回米作에豫想은第一回에比ᄒᆞ면百萬石은增加ᄒᆞ얏ᄂᆞᆫᄃᆡ四千百萬石의豫想으로ᄂᆞᆫ平年作에比ᄒᆞ면三百二十一萬石減收의豫想이라더라

●滿洲損亡論 聖彼得堡웨드모쓰치이(露國新聞)은英人윌니암쓰데드氏滿洲損亡論을揭ᄒᆞ얏ᄂᆞᆫᄃᆡ曰露國의立憲議會에開會ᄂᆞᆫ二十箇滿州를先홈보담도尙然有利ᄒᆞ다ᄒᆞ얏더라

●윗데氏問答 露國媾和談判全權委員윗데氏가法國新聞마탄記者를訪ᄒᆞ얏ᄂᆞᆫᄃᆡ同記者云露日이全盟ᄒᆞ면如何오質問홈에對ᄒᆞ야윗데氏答曰露日全盟이甚히可ᄒᆞ나然이나今은其時期가아니니全盟보담協商이或可ᄒᆞ다

全記者云英佛日協商의運動이有ᄒᆞ니高見에如何오

윗데氏曰是ᄂᆞᆫ甚可ᄒᆞ니余의게權能이有ᄒᆞ면此三國協商을爲ᄒᆞ야努力ᄒᆞᆯ터이오余ᄂᆞᆫ三國協商은露國을利케ᄒᆞᆷ이多ᄒᆞᆫ거시라ᄒᆞ노라

記者云露法全盟에就ᄒᆞ야ᄂᆞᆫ如何오

윗데氏曰法國은此年終ᄭᆞ지ᄂᆞᆫ全盟의大利가發見ᄒᆞ리라ᄒᆞ얏다더라

●伊藤渡韓 日本에서顧問遣派以來로韓國治蹟을不足見홀ᄲᅮᆫ더러往往히韓人의反抗과農民을招홈이不少ᄒᆞᆫᄃᆡ何如間에戰爭中은軍政을布ᄒᆞ야其反抗을鎭壓ᄒᆞ얏거니와平和克復后에ᄂᆞᆫ軍政을不可不撤ᄒᆞᆯ것신즉其反抗은更히揚擧ᄒᆞᆷ을不免ᄒᆞᆯ지라現今에江原道地方에셔ᄂᆞᆫ非日本黨이黨與를聚ᄒᆞ야橫行ᄒᆞᆫ다云ᄒᆞᆷ은合歡ᄒᆞᆫ顧問을線統ᄒᆞᆫ人物이無ᄒᆞᆷ이라此等行動은皆各人思想이어니와政令은區區往往히朝改夕變을不免ᄒᆞᆫ거심으로以ᄒᆞ야伊藤侯ᄂᆞᆫ此際에渡韓ᄒᆞ야其統帥의任을當ᄒᆞ야一大成蹟을擧見ᄒᆞ라ᄂᆞᆫ心算이有ᄒᆞ다더라

雜報

○司法

黃海道裁判所
已決囚放釋秩
林致守 掘塚罪 役十五年
申益秀 掘塚罪 役五年
任賢相 掘塚罪 役三年
崔鎭國 掘塚罪 役三年
已上合四名
未決囚放釋秩
裵正三 插木人塚
金斗瞻 毆打叔母
已上合二名

平安南道裁判所
已決囚放釋秩
俞弘海 掘塚罪 役十五年
金珍起 掘塚罪 役十五年
李俊化 掘塚罪 役十年
洪龍燮 僞造印信從罪 役終身
李惠文 掘塚罪 役終身
已上合五名
未決囚放釋秩無乎

平安北道裁判所
已決囚放釋秩
金信俊 掘塚罪 役十年
元天汝 僞造印信罪 役終身
許伯連 僞造印信罪 役終身
金尙文 誣告罪 役七年
已上合四名
未決囚放釋秩
朴承玉 僞印賣渡
金元福 誣告
已上合二名

務安港裁判所
已決囚放釋秩
車毛好 刃傷人罪 役一年半
李時伯 討索島民罪 役三年
已上合二名
未決囚放釋秩
李明西 募軍起擾狀頭
已上一名

三和港裁判所
已決囚放釋秩
林陽浩 吸鴉烟罪 監禁二年
已上一名
未決囚放釋秩無乎
以上十月十七日 完

歷史集要

波蘭末年史序 續

此를從ᄒᆞ야波蘭의疆土가日蹙ᄒᆞ고亂黨이日滋ᄒᆞ다가彼露普墺三國의同盟分割時를當ᄒᆞ야輿地版圖上에波蘭國名號를抹除ᄒᆞ얏스니彼昏昧自亡ᄒᆞᆫ國王은安樂公의身世로露國京城에俘鬼가되고私計爭ᄒᆞ든權貴들은亡國臣의殘命으로異域絶塞에充役ᄒᆞ며豈豈ᄒᆞᆫ人民은其仇讎되ᄂᆞᆫ三國에分隷ᄒᆞ니噫라偏黨의禍가此에極ᄒᆞ도다

外國을媚信ᄒᆞᄂᆞᆫ者ᄂᆞᆫ其國에不利홈이오私計로外援을藉依ᄒᆞᄂᆞᆫ者가尤甚ᄒᆞ니今此波蘭의滅亡홈도其國內에露國黨과普國黨이有ᄒᆞ야露普를引入홈이라波蘭人이波蘭國事를營ᄒᆞᆯ진ᄃᆡ波蘭國을爲홈이니此ᄂᆞᆫ波蘭黨이라稱홈은可커니와外國黨이된者ᄂᆞᆫ忘其本홈이어ᄂᆞᆯ畢竟은外國黨의名義로私黨의力을保存코져ᄒᆞ다가其國을亡케ᄒᆞᄂᆞᆫᄃᆡ至ᄒᆞ니其國이亡ᄒᆞ고其黨이何處에得存ᄒᆞ리오故로國家를欲保ᄒᆞᄂᆞᆫ者ᄂᆞᆫ設或朋黨을相結ᄒᆞᆯ지라도外國力을依賴ᄒᆞᄂᆞᆫ者ᄂᆞᆫ一은곳其國을自賣홈이오一은곳其身을自戕홈이니試思ᄒᆞᆯ지어다大抵外國이需求ᄒᆞᄂᆞᆫ利端이無ᄒᆞ면엇지其國에黨與援助ᄒᆞᆯ理由가有ᄒᆞ리오波蘭의覆轍을觀ᄒᆞᆯ지어다此理가極히昭然ᄒᆞ니故로曰波蘭國은波蘭人이自亡홈이오露普墺三國이亡케홈은아니라ᄒᆞ노라

●실화보젹탄이라 희동야인

어화우리동포들아 오늘날풍세가사납소 풍세가사나온가온데 붉이러낫소 붉이러낫소 쳔간광하다타져가오 우리동포들은 잠을세고잠을세야 이러나오 이러나오 쳔간광하다타지면 우리동포어데가서거쳐ᄒᆞ고 또붉이러는가온데 도적놈왔소 도적놈왔소 금은옥백다가져가네 우리동포 이러나오 이러나오 여간지산몰슈견실하면 우리동포엇지살고 엇지살고 이폐나오 이러나오 불도ᄭᅳ고 도적놈도 막아보세 어화우리동포들아

廣告

特別廣告

本申報ᄂᆞᆫ海外電報를卽接ᄒᆞ야機關이靈通ᄒᆞ고外報와探報를敏捷活潑ᄒᆞ도록注意ᄒᆞ오며申報發送ᄒᆞᄂᆞᆫ딕迅速信傳ᄒᆞ기ᄂᆞᆫ分傳人의게在ᄒᆞᆷ으로本社에셔平常에諸分傳人의게丁寧告戒ᄒᆞ고申申訓飭ᄒᆞ야毋或蹄惰ᄒᆞ게注意ᄒᆞ거니와如或暫有稽忽이라도愛讀僉君子ᄂᆞᆫ密使通知于本社ᄒᆞ시면該分傳의게誠信相孚ᄒᆞ도록耳提面命ᄒᆞ고勤實가發生ᄒᆞ도록誨諭ᄒᆞ야必無遲誤ᄒᆞ기로期待ᄒᆞ옵나이다

本社에寄書ᄒᆞ시ᄂᆞᆫ諸君子ᄂᆞᆫ姓名과居住를明確ᄒᆞ게懸錄送附ᄒᆞ시와證據가有ᄒᆞᆷ을必要ᄒᆞᆷ이오公衆平和ᄒᆞᆫ秩序를紊亂케ᄒᆞᄂᆞᆫ意와社會上不經荒雜ᄒᆞᆫ寄書ᄂᆞᆫ不受ᄒᆞᄂᆞᆫ權利가本社에自有ᄒᆞ오니肯諒ᄒᆞ시옵

大韓每日申報社

廣告

貿易商 本社ᄂᆞᆫ仁川港
日本郵便電信局對面
電話第二百一番地

仁川港 廣昌洋行
멘넛트合社告白

鐵路部

○東大門과新門間에來往車ᄂᆞᆫ每十分間에運行홈
東大門發初車ᄂᆞᆫ午前六時三十分
新門外停車場發初車ᄂᆞᆫ午前六時五十五分
東大門發終車ᄂᆞᆫ午後九時五十分
新門外停車場發終車ᄂᆞᆫ午後十時十五分

○東大門과洪陵間에來往車ᄂᆞᆫ每二十分間에運行홈
但自鍾路로東大門에來到ᄒᆞᆫ交番車로聯絡홈
東大門發初車ᄂᆞᆫ午前六時五十分
洪陵發 初車ᄂᆞᆫ午前七時十分
東大門發終車ᄂᆞᆫ午後七時五十分
洪陵發 終車ᄂᆞᆫ午後八時十分

○鍾路와龍山間에來往車ᄂᆞᆫ每十二分間에運行홈
鍾路發至南大門初車ᄂᆞᆫ午前六時四十八分
鍾路發至龍山 初車ᄂᆞᆫ午前七時二十四分
南大門發至鍾路初車ᄂᆞᆫ午前六時五十六分
龍山發至鍾路 終車ᄂᆞᆫ午前七時五十七分
南大門發至鍾路終車ᄂᆞᆫ午前十時八分
龍山發至鍾路 終車ᄂᆞᆫ午後九時九分

○特別私用車ᄂᆞᆫ顧客의方便ᄒᆞᆷ을隨應ᄒᆞ야準給홈
但定價ᄂᆞᆫ本社에來臨ᄒᆞ야請問ᄒᆞ옵

○電燈部

二百五十燭力以內의數用處에ᄂᆞᆫ每個月에定價表가如左홈
○十六燭力燃燈達夜에二圜五十錢
○三十二燭力燃燈達夜에四圜
○五十燭力燃燈達夜에六圜
○一百五十燭力燃燈達夜에十圜
一千二百燭力弧形燈達夜에二十圜
二百五十燭力以上의數用處에ᄂᆞᆫ請求ᄒᆞ면瓦斯計一箇를設給홈
但瓦斯計貸金은每個月에二圜이오瓦斯計測驗表委托定價ᄂᆞᆫ每時間每암페아에二錢이옴
瓦斯計設給處에셔每介月支拂金額은每個月에二十圜인ᄃᆡ(瓦斯計貸金은)据홈
電燈을敷設ᄒᆞ기에請求ᄒᆞᄂᆞᆫᄃᆡ給홈로供
各種運技辦燈도常時에貯存ᄒᆞ엿숩

本社鍾路電氣會社
韓美電氣會社 告白

以上三種은上品으로製造ᄒᆞ야衛生上에至極有益ᄒᆞ오니毋論某人ᄒᆞ고本廠에來購ᄒᆞ옵

大韓帝國仁川港
濟物浦紙卷煙及烟草會社

一 鷹標罐濃詰牛乳
一 金印罐詰濃結牛乳
一 無雙家用氣化乳酪
一 쌘ㅡ든쓰製造麥芽化合牛乳
以上은常時에貯積ᄒᆞ엿숩
美國紐育港쌘ㅡ든쓰濃結牛乳會社
一手代理店 大韓仁川港 世昌洋行

廣告

一 雜貨商
一 貿易商
一 船舶取扱
一 煙草商
一 委托販賣及貨物運送代理業
一 貿易汽船商
以上輸入及輸出者
京城 仁川 大昌洋行

本社廣告

申報價
一張代金 韓貨五錢
一箇月前納 五十錢
三箇月 一元五十錢
六箇月 二元九十錢
一箇年 五元八十錢
郵稅一部 新貨五里
一箇月 十三錢

廣告料
四号活字十三字詰
每日每英尺一寸에新貨廿五錢
(每日每行에六錢에相當홈
二周日에 二圜五十錢
(每日每行四錢五里에相當홈
一箇月에 五圜
(每日每行四錢一里에相當홈
其期限의長短과字行의多少를依ᄒᆞ야增減ᄒᆞᆷ이有홈

大韓人마다此申報를不得不閱覽ᄒᆞ실터이오니廣告出報ᄒᆞ실僉君子ᄂᆞᆫ來臨面議ᄒᆞ시옵

發行兼編輯人 英國人裵說
發行所
京城北署壽進坊碑洞号外地法語學校前
大韓每日申報社

第三卷

大韓每日申報
대한매일신보

第六十三號

月曜及慶節歲時日休刊

檀君開國四千二百三十八年
箕子元年三千二十七年
大韓開國五百十四年
日本明治三十八年
淸國光緖三十一年
陰曆乙巳九月小二十九日戊戌

論說

獨立名實

天下之事가名實而已라其實이完全ᄒᆞᆫ然後에其名이또ᄒᆞᆫ完全ᄒᆞᄂᆞ니實者ᄂᆞᆫ根幹이오名者ᄂᆞᆫ花葉이라若其根幹이不固ᄒᆞ면花葉이必瘁라今에大韓獨立을論ᄒᆞ면甲午戰役에日人이大韓獨立으로써條欵을特定ᄒᆞ야世界에聲明ᄒᆞ얏고露日開仗之始에도大韓獨立을保全ᄒᆞ기로各國에公佈聲言ᄒᆞ얏신즉大韓의獨立名義가十分完固ᄒᆞᆷ은確信無疑ᄒᆞ더니至于今日ᄒᆞ야十餘年倡導ᄒᆞ던獨立名義를一朝에撓改ᄒᆞᆫ다ᄂᆞᆫ說이有ᄒᆞ니自巳가倡導ᄒᆞ던것을自手로抹除ᄒᆞᆯ理由가必無ᄒᆞ나韓人이此에對ᄒᆞ야또ᄒᆞᆫ自反自勉ᄒᆞᆯ者가有ᄒᆞ니設使日人으로友邦獨立을終始扶植ᄒᆞᆫ다ᄒᆞ더ᄅᆡ도韓人의自立之實이無ᄒᆞ면其獨立ᄒᆞᆫ者를他人만仰恃치못ᄒᆞᆯ지라泰西人의恒言이有ᄒᆞ되國家가自立之權이有ᄒᆞᆷ은人民의自立之權이有ᄒᆞᆷ으로由ᄒᆞ고人民의自立之權이有ᄒᆞᆷ은自立之志와自立之行이有ᄒᆞᆷ으로由ᄒᆞᆫ다ᄒᆞ얏스니人民이自立을不思ᄒᆞ고國家가能히自立ᄒᆞᆫ者가未有ᄒᆞᆫ것시오人民이自立을專力ᄒᆞ고國家가自立지못ᄒᆞᆫ者ㅣ未有ᄒᆞᆫ지라余ᄂᆞᆫ大韓人民이아모조록自立之志를確立ᄒᆞ고自立之行을勉勵ᄒᆞ야國家獨立之實을完全鞏固케ᄒᆞᆷ을十分務望ᄒᆞ노라

官報

◉第三千二百七十八號 光武九年十月廿四日

◉叙任及辭令 (續)

依願免本官　太僕司主事閔晦植

任太僕司主事叙判任官六等　敎寧司主事徐廷弼

任敎寧司主事叙判任官六等　社稷署令崔秉昌

任社稷署令叙判任官六等　禧陵參奉洪淳必

任禧陵參奉叙判任官八等　金容益

任主殿院電務課主事叙判任官七等　李晉奎

陞四級俸　內部參書官張用鼎

給七級俸　內部參書官鄭鳳時

以上十月二十日

外國語學校副敎官崔恒錫

仝　兪鍾華

依願免本官

十月二十一日 (完)

◉第三千二百七十九號 光武九年十月廿五日

◉宮廷錄事

內部大臣陸軍副將勳一等臣李址鎔謹奏各道殿最限內修報卽莫越之規而現今慶尙北道觀察使李根主註任四朔各頁等殿最尙不報來揆以章程不可無警施以譴責之典何如謹上奏

光武九年十月二十日奉旨依奏

軍部協辦權柱益辭職疏批旨省疏具悉所請依施

◉叙任及辭令

內部主事鄭錫駿　仝沈弘澤

仝金圭洛　仝金會炳七

陞五級俸　內部主事金泰洛

內部技手洪淳龜

陞六級俸

以上十月十七日

陞正三品　六品高翊柱

十月十八日

慶尙北道觀察府警務署警務官張宇根

警務廳摠巡黃鍾復

任警務廳警務官叙奏任官四等

任警務廳摠巡叙判任官七級　金明煥

以上十月十九日

主殿院電務課主事李晉奎

侍從院左侍御崔翼鈞

依願免本官

任侍從院左시御叙判任官七等　李碩權

以上十月二十一日

依願免兼任　奎章閣直學士

奉常司提調南奎熙

依願免本官　시從院左시御李碩權

任시從院左사御叙判任官四等　尙方司主事李址書

任奎章閣直學士叙奏任官四等　從二品閔內承

任尙方司主事叙判任官六等　敎寧司主事崔秉昌

任敎寧司主事叙판任官六等　主殿院主事趙範九

任主殿院主事叙판任官二等　六品崔翼鈞

以上十月二十二日

依願免本官　東萊監理署主事李奎珩

任東萊監理署主事叙任官六等　趙鍾元

以上十月二十三日

外報

●英國웨일쓰親王　日本同盟國에웨일쓰親王은昨二十二日에(세누아)에서싸ㅣ우號란軍艦을乘ᄒᆞ고印度에先着ᄒᆞᆫ後日本에來遊ᄒᆞ얏ᄂᆞᆫ데英國에도와ㅣ르王上陛下께서ᄂᆞᆫ日本天皇陛下께高貴ᄒᆞᆫ勳章을進呈ᄒᆞ시고右軍艦에도勳章을下賜ᄒᆞ셧다더라

●墺國地震　去月望間에墺國치롤州에서兩度地震이有ᄒᆞ얏더라

●南阿洪水　南阿非利加喜望角英國殖民地간쯔쓰流域에서洪水가有ᄒᆞ야數千에이굴이浸水되얏더라

●智利前大統領　日本에滯在ᄒᆞ든智利前大統領온三氏ᄂᆞᆫ歐洲로向往ᄒᆞ얏다더라

●平和確定　瑞典나威間의係爭談判온平和解決에確定되얏다ᄂᆞᆫ公報가有ᄒᆞ얏더라

●露國海軍再興　露國海軍再與計劃案은特年五百萬磅(五千萬圓)의經費를支用ᄒᆞ야此에着手ᄒᆞ기로決定ᄒᆞ얏다더라

●奉天將軍　奉天將軍趙爾巽氏ᄂᆞᆫ北京政府에左開請議를ᄒᆞ얏ᄂᆞᆫ더民政署은必要치아니홈으로金州海城蓋平旅順等에日本民政署를廢止ᄒᆞ미必要라ᄒᆞ고仝時에租借年限은三十六年으로홈이可타ᄒᆞ얏더라

●白耳義의婚利　武勒薩白國京都에서ᄂᆞᆫ米國의成功을祝賀ᄒᆞ얏다ᄂᆞᆫ데米國은文明의中央은今日世界에不有ᄒᆞ고華盛頓이라稱ᄒᆞ며白國에駐在ᄒᆞᆫ英公使ᄂᆞᆫ英國이日本을讓步를ᄒᆞ여쓰ᄂᆞᆫ英國이라稱ᄒᆞ며武勒薩에서도一般히露國파同情을아니ᄒᆞ고도리여露國이外交上始初와一勝을得ᄒᆞᆫ지會猜忌ᄒᆞ다ᄒᆞ며滿洲軍人이歸路ᄒᆞ면必然히革命ᄒᆞ깃다고評論ᄒᆞ얏다더라

●諸威國王候補　倫敦電을據ᄒᆞᆫ즉諸威國은近日國王을選定ᄒᆞᄂᆞᆫ中인ᄃᆡ丁抹의자루스ㅣ親王이其候補가된다더라

寄書 (續)

論保護國性質 苦心子

帝國主義를貫徹ᄒᆞ라ᄂᆞᆫ것시아인즉엇지我韓의獨立基礎를動撓ᄒᆞᆯ바가有ᄒᆞ다云ᄒᆞ리오世界列强의形局과今日我韓의位置를觀察ᄒᆞ더라도我韓을一强國의保護에任ᄒᆞᄂᆞᆫ것보담獨立基礎를鞏固케ᄒᆞ야歐米列國이亞東에對ᄒᆞᄂᆞᆫ勞力均一ᄒᆞᆫ關係와利害均霑主義에適大ᄒᆞᆫ保障이될줄로斷定ᄒᆞ노라

然則今番英日同盟第三條ᄂᆞᆫ只不過於兩國間의約而韓日議定書主意에違反ᄒᆞ고且世界列國이東洋平和를維持ᄒᆞᄂᆞᆫ데必要ᄒᆞᆫ條件이라고公言ᄒᆞᆫ것시아닌즉我韓國家ᄂᆞᆫ此約을決不可承認이라고論定ᄒᆞ노라

嗟乎哀哉라此等侮辱을招ᄒᆞᆫ者가是誰之過오世界列國의公評과又치我韓政府大官은徒思自己之利欲ᄒᆞ고上不顧 聖旨之如何ᄒᆞ며下不顧人民之如何ᄒᆞ야外人이라고ᄒᆞ면其命聽從을惟恐不及ᄒᆞ야諂諛阿媚로一大手段을合ᄒᆞ야各各自己의地位를保存ᄒᆞᄂᆞᆫ데汲汲ᄒᆞ고國家存亡에ᄂᆞᆫ少不關念이라.

諸般不利條約을他國과締結ᄒᆞ야今日之結果를致ᄒᆞ얏도다且夫條約이라ᄒᆞᄂᆞᆫ것은一朝에締結ᄒᆞ면其形勢이百年에及ᄒᆞᄂᆞᆫ것을不知乎아忠告權이漸長ᄒᆞ야保護權이되고保護權이漸長ᄒᆞ야何權이될ᄂᆞᆫ지熟思熟思어다

今番英日同盟의發布와俄日媾和批准의結果로日本國이我韓에對ᄒᆞ야必是韓日議定書改正論을唱導ᄒᆞ리니其時를當ᄒᆞ야現政府가如何ᄒᆞᆫ決心으로日本에對ᄒᆞᆯᄂᆞᆫ지 存亡의關係가有ᄒᆞᆫ

我國民은拭目而待見ᄒᆞ노라政府諸公아國民之言을聽而不聞ᄒᆞ고我韓獨立에危殆ᄒᆞᆫ條約을結ᄒᆞ야國家百年之計를誤ᄒᆞ면如何面目으로二千萬同胞의게對ᄒᆞ며如何面目으로 聖上의龍顏을對ᄒᆞ리오勵氣斂精ᄒᆞ야此難局을處理ᄒᆞ기希望ᄒᆞ며又我韓國民은徒勿憂憤ᄒᆞ고善後之策을深思ᄒᆞ야以前날國不振ᄒᆞ던精神을一切勇捨ᄒᆞ고活發進取ᄒᆞᄂᆞᆫ氣象으로此難局에當ᄒᆞ야爲國竭力ᄒᆞ야傾頹ᄒᆞᆫ獨立基礎를磐石又치鞏固케ᄒᆞ야此等보護之說이更不侵入ᄒᆞ도록勉哉勉哉어다 (完)

雜報

◉驛屯稅官 正三品白元圭氏ᄂᆞᆫ全羅南北道驛屯土舊未納督捧官을被任ᄒᆞ얏더라

◉閔氏免懲 從一品閔丙奭氏ᄂᆞᆫ特免懲戒ᄒᆞ얏더라

◉民情可念 忠北靑山郡守蔡任戡捕官宋熙完氏가內部에報告ᄒᆞ얏ᄂᆞᆫ데現今稱以義兵之類가本道鄰近地方에在在團結ᄒᆞ야셩忽叵測이다聲聞이日至ᄒᆞ야民邑이自致騷擾이오니所謂其義ᄂᆞᆫ未知何據이오나今若一任其滋蔓이면將不知至於何樣擾亂이온즉其所防禦之策과戡捕之方을有難自斷戡捕ᄒᆞ야玆에質稟ᄒᆞ오니査照後措處方略을亟爲指令이라ᄒᆞ얏더라

◉無署彷徨 義州市警署摠巡朴泰純氏가內部에報告ᄒᆞᆫ內槪에設署以後로建築費를備不支撥ᄒᆞ와民家一處를于今借居ᄒᆞ야昌皮難堪ᄒᆞᆫ온巳爲洞爛無餘이온바懲役罪人을無處監獄이옵고家主驅迫이時日漸至ᄒᆞ와晷刻難堪이온故로又欲借他ᄒᆞ야移接伏計나亦不容易ᄒᆞ와將至路上彷徨之境이옵기玆以報告ᄒᆞ오니轉照度部ᄒᆞ와建築費額을不日劃撥ᄒᆞ시와俾便奠接이라ᄒᆞ얏더라

◉測量出士 度支主事李源綺氏가鐵道에犯入ᄒᆞᆫ田土를測量ᄒᆞᆯ次로出去ᄒᆞ얏더라

◉匪徒猖獗 江原觀察署理李明來氏가內部에報告ᄒᆞ얏ᄂᆞᆫ데麟蹄洪川兩郡에屯集匪徒가去益猖獗에居民이將至渙散之境이온즉爲民事極이爲悶歎이라ᄒᆞ얏더라

甲乙耦談

甲乙二客이旅館에耦坐ᄒᆞ야談話가有ᄒᆞ니甲曰今我韓에現狀은國勢가甚히危殆ᄒᆞ고人民이極히困難ᄒᆞ나將來ᄂᆞᆫ必然興旺ᄒᆞ리로다

乙曰其理由를可聞乎아甲曰我韓에賣國之輩가多ᄒᆞ니今에ᄂᆞᆫ비록國家의禍가되나將來에ᄂᆞᆫ人民의福이되리로다

乙曰賣國之輩가國家의禍가된다ᄒᆞᆷ은可커니와人民의福이된다ᄒᆞᆷ은大不可ᄒᆞ도다甲曰子ᄂᆞᆫ支那人의所著世說을不覩ᄒᆞ얏ᄂᆞᆫ가

諸송之末에秦檜라ᄒᆞᄂᆞᆫ奸臣이有ᄒᆞ야賣國專寵ᄒᆞᆷ으로趙송의宗社를丘墟케ᄒᆞ얏더니

其死後에輪回受生ᄒᆞᄂᆞᆫ데娼妓가되기를三回요牛畜이되기를九回라末梢에ᄂᆞᆫ霹靂이降ᄒᆞ야其魂을滅ᄒᆞ고

牛畜이文字가有ᄒᆞ되秦檜라ᄒᆞ고又曰三妓九牛라ᄒᆞ얏스니彼가一時賣國之罪로後生永刧에如此ᄒᆞᆫ至苦至辱ᄒᆞᆫ報復을受ᄒᆞ얏스나

娼妓와牛畜이또ᄒᆞᆫ世上에不可無者라妓之爲物은天下男子의情慾을慰解ᄒᆞᆷ으로金錢이自産ᄒᆞ야其名曰錢樹라謂ᄒᆞᄂᆞᆫ것이오

牛之爲畜은其力으로써人民의勞役을代ᄒᆞ야農作과輸運에功效가甚多ᄒᆞ고其肉은人의食料中第一佳品이오其皮과其角이皆人生의需用을供給ᄒᆞᄂᆞᆫ者라現今我韓에賣國之輩ᄂᆞᆫ不知爲幾箇秦檜라此輩가死後에ᄂᆞᆫ其輪回生世에娼妓가될者도無限ᄒᆞ고牛畜이될者도無數ᄒᆞ리니

好箇錢樹ᄂᆞᆫ處處有之요農作과輸運에服勞ᄒᆞᆯ者도多多産出ᄒᆞ리니此ᄂᆞᆫ我韓이將來에ᄂᆞᆫ興旺之兆라ᄒᆞ노라

乙이大笑曰其然가豈其然乎아ᄒᆞ고呼童酌酒ᄒᆞ야相與痛飮而起ᄒᆞ더라

◉內訓各道 內部에서各道에訓令ᄒᆞᆫ內槪에義兵彈壓事로今此 詔勅이若是截嚴ᄒᆞ시고凡爲官吏者敢不對揚이며凡爲民人者敢不感服이리오厥或該黨中悔禍自新者ᄂᆞᆫ奉許免罪ᄒᆞ고又或平民中設計捕納者ᄂᆞᆫ 奏施賞與ᄒᆞ며如有觀察郡守之不能彈壓者면斷當奏免論警矣리니可不戒愼이며可不悚懍이리오玆以奉 勅訓令ᄒᆞ니到卽飛飭管下各郡ᄒᆞ야 詔勅內辭意를眞諺飜謄에揭付通街店市ᄒᆞ야俾無一民不知之弊ᄒᆞ며亦無一民妄動之擧ᄒᆞ라ᄒᆞ얏더라

◉家價呼訴 忠北觀察이內部에電報ᄒᆞ얏ᄂᆞᆫ데可興店電司를不願松設于公廨ᄒᆞ고民家에以朔貰日貨一元으로移接이온데該民이棲屑道路에呼寃이日至ᄒᆞ오니依時價ᄒᆞ와一千元을出給ᄒᆞ오미何如라고ᄒᆞ얏더라

◉貨幣說弊 全北觀察李勝宇氏가內部에報告ᄒᆞ얏ᄂᆞᆫ데今當月終에將以支撥俸給而本府財政顧問之論이當給舊貨二元ᄌᆞ를以新貨一元五十錢支撥이라ᄒᆞ니較巳例見減이爲二兩五錢也라此雖以新貨行用之地에爲念群情ᄒᆞ야反爲加給五十錢이라ᄒᆞ니府下各郡에此無新貨之通行ᄒᆞ고將以由來行用之舊貨葉錢으로支撥者를謂行新式ᄒᆞ고爲邑減給則此所謂徒其名而無其實이니究其事理에當乎아否乎아以本使부淺之見으로ᄂᆞᆫ限新貨通融行用之前에ᄂᆞᆫ以舊貨로依前支撥이恐合事宜이오니査照處分이라ᄒᆞ얏더라

◉勸以剃髮 法部大臣李夏榮氏가其部僚에對ᄒᆞ야髮을剃ᄒᆞ고衣를黑ᄒᆞ며戰慄을勿若ᄒᆞᆷ이非徒政府令飭을是奉然不是라個人의身上에도誇是便利라고一場勸勉ᄒᆞ얏다더라

◉將有新令 警務廳에서新定ᄒᆞᆫ數三事件을日間發令ᄒᆞᆫ다ᄂᆞᆫ說이有ᄒᆞ더라

◉烏土採掘 忠北靑山郡守송熙完氏가內部에報告ᄒᆞ얏ᄂᆞᆫ데京居運輸會社摠務員徐午淳이가謂以奉有公文ᄒᆞ고多數募軍與巡檢一名ᄒᆞ고來到本郡南面店洞前川邊田壟之間ᄒᆞ야採掘烏土二百石을涉伊[illegible]田千黃潤秋風會社이옵고且犯[illegible]田十에將爲民獘이다故로躬往看審則徐午淳은已爲上京ᄒᆞ고只有幹事役夫ᄒᆞ야無公文憑採三百二十八石은抑何事理이오며潜[illegible]現露後本部에請願ᄒᆞ야奉有訓令인즉何不更來開採ᄒᆞᆯᄂᆞᆫ지不勝訝惑이라ᄒᆞ얏더라

◉匪押魁交 軍部에셔法部에照會ᄒᆞᆫ內槪에忠北丹陽郡匪魁鄭雲慶을自原州鎭衞隊로押上于軍部이온바該犯이係是普通裁判所罪犯이옵기玆以押交ᄒᆞ니照亮辦理ᄒᆞ라ᄒᆞ얏더라

◉請掘金礦 慶北奉化郡居金尙圭等이農部에請願ᄒᆞ얏스되鳩聚資金ᄒᆞ와華陽郡金礦을採掘興利코져ᄒᆞ오니特爲認許을伏望이라ᄒᆞ얏더라

◉緊急社告

本社創設以來로新聞代金을每月初三日內에先納으로收入ᄒᆞ던바는自初로購覽ᄒᆞ시는僉君子가擧皆知悉이온바自本年八月再刋以來로代金收合이延至晦間이옵더니到今本社經費가窘絀之歎이有ᄒᆞᆫ기로本月條는不日內로收合ᄒᆞ여야可히支過ᄒᆞᆯ터이오來十一月爲始ᄒᆞ야는一朔條를十五日內로送交ᄒᆞ시와連續發刋케ᄒᆞ야愛讀 僉君子의閱覽을供ᄒᆞ기로切盼홈

大韓每日申報社 白告

外報

●領袖突死 俄國穩和改革派의領袖(쓰루베도고이)氏는莫斯科大學紛擾事件에關ᄒᆞ야聖彼得堡에셔ᄯᅩ府特別調査委員에게悲痛慷慨ᄒᆞᆫ演說을ᄒᆞ고其演說이方了코져ᄒᆞᆯ際에突然히死去ᄒᆞ얏다더라

●俄人向庫倫 北京電을據ᄒᆞᆫ즉俄國將校技師學生等은刺麻僧三名을領率ᄒᆞ고去十四日에蒙古地方礦山調査及達賴刺麻와會見ᄒᆞ기爲ᄒᆞ야北京을出發ᄒᆞ야庫倫으로向往ᄒᆞ얏더라

●滿州奇觀 平和條約ᄒᆞᆫ後로길로메ㅣ도루에鐵道守備兵을十五人式留置ᄒᆞ얏는ᄃᆡ露國側守備兵의數는適當開戰時와同一ᄒᆞᆫ兵數로有奇觀을左開홈

滿州합爾賓寬子城 一一七二吉路米突
하루빈쌰굴낸재나야 五四七吉路米突
合計一千七百十九吉路米突
右露國側

寬城子 七〇五吉路米突
大連
大石橋 二二吉路米突
營口
合計七百二十七吉路米突
右日本側

是故로露國의駐兵數는二萬五千七百九十五人이오日本은一萬〇八百九十五人이라此外露國은極東에左히兵數가有홈을可知라

百二十八箇步兵大隊
三十五箇騎兵中隊
六十二箇砲兵中隊
砲 四百六十八門

且北淸事變前에는左와如홈

三十二箇步兵大隊
二十九個騎兵中隊
十四箇砲兵中隊

●爪哇砂糖 爪哇의砂糖은世界市場에注意大引ᄒᆞ얏다가비로소本年收穫은實히八百五十萬빗구루라더라 빗구루는約六十一기로구람이라

雜俎

●秋園晩步

黃花浥露ᄒᆞ고白柳迎霜이로다ᄃᆡ徑이轉深ᄒᆞ니恍入天台之山이오石橋가橫空ᄒᆞ니疑遊若耶之溪로다

澗流는琮琤碎石齒ᄒᆞ고楓葉은翻翻帶夕陽이로다吟興이未已ᄒᆞ고畵意가無窮이로나

秋草蒙茸蛩語冷이오秋天空濶鴈聲高로다萬景이鮮麗ᄒᆞ니爽我衿抱로다

一斗酒幾篇詩가亦足以酬佳景而暢幽情이로다

君不見東洋天地戰雲收ᄒᆞᆫ다美京談判에和局成이로다北陸戈矛는斂鋒鍔이오東方旗鼓는振聲輝로다

亞歐自此로無戰聲ᄒᆞ니子千大衆이享升平이로다

夫何吾黨之士는抱杞憂而遑遑고東邊日出西邊雨는天造無私亦有情이로다

南宮歎管北宮愁는人生哀樂이不相侔로다秋園散步에獨自語ᄒᆞ니殆如醉而如狂이로다

○司法

接准平理院裁判長李漢英質稟書內開被告李世稙案件由檢事公訴㪅理則被告以濟州島流終身罪人逃躱入京與日本人鉀川芳義松本茂平岩本善治毛利部寅壽等關於全國財産締結二十三件條約奉侍金漢宗司謁劉命均亦爲叅知其事實証被告陳供明白渠雖曰確非私自締結初無謄草之受授未及誂印交換事屬未遂被告李世稙照刑法大典第二百條五項各國約章內所許地段을除ᄒᆞᆫ外에官有私有의一應田土森林川澤家屋을將ᄒᆞ야外國人을附從ᄒᆞ야借名私賣ᄒᆞᆫ者律同第百三十七條未遂犯은死刑의罪에는一等을減文同第百三十三條刑期間에罪를又犯ᄒᆞᆫ時에所犯이相等ᄒᆞᆫ者는笞一百을科ᄒᆞ고本刑에仍就文科笞一百處流終身何如云奏該犯李世稙依該院所擬律處辦之意로法部大臣이上

奏ᄒᆞ와奉

旨依奏

十月二十一日

歷史槪要

波蘭末年史序 續

拒今百年前ᄭᆞ지는波蘭版圖가西北은發特海에抵ᄒᆞ고東南은黑海近傍에至ᄒᆞ니人口는一千五百萬이오其國土의廣大홈이露國의之次가되야歐洲五大國이라도匹敵지못ᄒᆞ며ᄯᅩ氣候가溫和ᄒᆞ고地味가膏腴ᄒᆞ며産이富饒ᄒᆞ고大河가國內에貫通ᄒᆞ야運輸가便利ᄒᆞ고兵馬가精强ᄒᆞ야歐洲에稱雄ᄒᆞ더니

其後에國力이漸漸疲弊ᄒᆞ야他國의干涉을受ᄒᆞ다가畢竟滅ᄒᆞ는禍를不免ᄒᆞᆫ지라此原因은三大端이有ᄒᆞ니

第一은國王을公選홈이오第二는外國에干涉을受홈이오第三은人民이政權이無ᄒᆞ야國家를愛護치아니홈이라

第一은國王을公選홈으로써波蘭滅亡에第一原因이라홈은何故오大抵波蘭이厥初에는國王을世襲ᄒᆞ더니西曆一千五百七十年代로브터國王公選ᄒᆞ는制를建ᄒᆞ며

ᄯᅩ其國에王ᄒᆞ는者를自國에셔選치아니ᄒᆞ고外國에選ᄒᆞ는故로甲派의貴族은法蘭西로써王을迎코져ᄒᆞ면곳法蘭西에傾心ᄒᆞ야其援助를求ᄒᆞ며乙派의貴族은獨逸國으로써王을迎코져ᄒᆞ면獨逸國에通情ᄒᆞ야其援助를求ᄒᆞ고ᄯᅩ假令兩派의貴族이露西亞를依ᄒᆞ면丁派의貴族은瑞典을藉ᄒᆞ니이럼으로

黨派가分岐ᄒᆞ야互相軋轢ᄒᆞ는際에ᄯᅩ外國에賄賂를甘啗ᄒᆞ야私利로써王을選ᄒᆞ는故로外國의干涉을招ᄒᆞ야其恐嚇과欺瞞을受ᄒᆞ다가맛침ᄂᆡ其倂呑을被ᄒᆞ니此國王公選이波蘭滅亡에第一原因이라ᄒᆞ며

(未完)

廣告

特別廣告

本申報는海外電報를即接ᄒᆞ야權關에서傳通ᄒᆞ고外報와探報를敏捷活潑ᄒᆞ도록注意ᄒᆞ오며申報發送ᄒᆞ는ᄃᆡ迅速ᄒᆞ도록信傳ᄒᆞ기는分傳人의게在ᄒᆞᆷ으로本社에서不常에諸分傳人의게了告ᄒᆞ야告戒ᄒᆞ고申申訓飭ᄒᆞ거나或如或情ᄒᆞ게注意ᄒᆞ거니와或暫有稽怨이라도愛讀君子는該使通知ᄒᆞ시면本社ᄒᆞ야該分傳의게誠信相孚ᄒᆞ도록提商ᄒᆞ고勤贊가發生ᄒᆞ도록命誨ᄒᆞ야必無遲誤ᄒᆞ기로論ᄒᆞ야期待ᄒᆞ옵나이다

本社에寄書ᄒᆞ시는諸君子는姓名과居住를明確ᄒᆞ게懸錄送附ᄒᆞ시와證據가有ᄒᆞᆷ을必要ᄒᆞᆷ이오公衆平和와ᄒᆞᆫ秩序를紊亂케ᄒᆞ는意와社會上不穩荒雜ᄒᆞᆫ寄書는自不受ᄒᆞ는權利가本社에有ᄒᆞ오니肯諒ᄒᆞ심

大韓每日申報社

廣告

貿易商 本社는仁川港
日本郵便電信局對面
電話第二百一番地

仁川港 廣昌 洋行

변넛드會社告白

○鐵路部

○東大門과新門間에來往車는每十分間에運行홈
東大門發初車는午前六時三十分
新門外停車場發初車는午前六時五十五分
東大門發終車는午後九時五十分
新門外停車場發終車는午後十時十五分

○東大門과洪陵間에來往車는每二十分間에運行홈
但自鍾路로東大門에來到ᄒᆞᆫ交替車로聯絡홈
東大門發初車는午前六時五十分
洪陵發 初車는午前七時十分
東大門發終車는午後七時五十分
洪陵發 終車는午後八時十分

○鍾路와龍山間에來往車는每十二分間에運行홈
鍾路發至南大門初車는午前六時四十八分
鍾路發至龍山 初車는午前七時二十四分
南大門發至鍾路初車는午前六時五十六分
龍山發至鍾路 終車는午前七時五十七分
南大門發至鍾路終車는午前十時八分
龍山發至鍾路 終車는午後九時九分

○特別私用車는顧客의方便ᄒᆞᆷ을隨應ᄒᆞ야準給홈
但定價는本社에來臨ᄒᆞ야詢問ᄒᆞ옵

○電燈部

二百五十燭力以內의數用處에는每個月에定價表가如左홈
○十六燭力燃燈達夜에二圓五十錢
○三十二燭力燃燈達夜에四圓
○五十燭力燃燈達夜에六圓
○一百五十燭力燃燈達夜에十圓
一千二百燭力弧形燈達夜에二十圓
二百五十燭力以上의數用處에는請求ᄒᆞ면瓦斯計一個를設給홈
但瓦斯計賃金은每個月에二圓이오瓦斯計測驗表委托定價는每時間每압피아에二錢이옵
瓦斯計設給處에서每介月支拂金最低額은每個月에二十圓인ᄃᆡ(瓦斯計賃金은)除홈
電燈을敷設ᄒᆞ기에請求ᄒᆞ는ᄃᆡ給홈도供
各種遞技據燈도當時에貯存ᄒᆞ엿숩

本社鐵路電氣會社
韓美電氣會社 告白

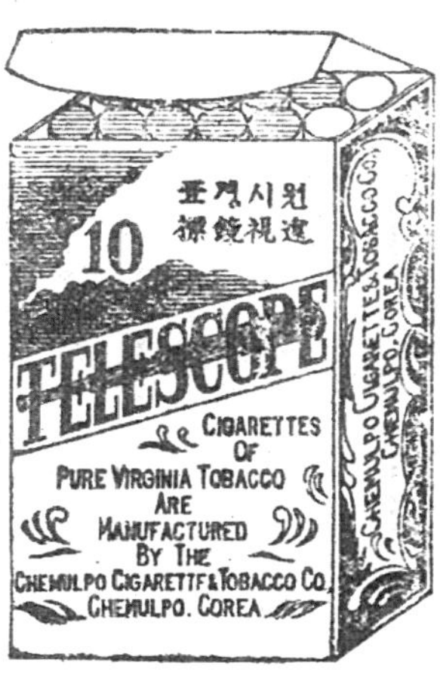

以上三種은上品으로製造ᄒᆞ야衛生上에至極有益ᄒᆞ오니購論某人ᄒᆞ고本社에來購ᄒᆞ옵

大韓帝國仁川港
濟物浦紙卷烟及烟草會社

一 鷹標罐詰凝結牛乳
一 金印罐詰凝結牛乳
一 無糖家用氣化乳酪
一 쎄ㅣ든쓰製造麥芽化合牛乳
以上은當時에貯積ᄒᆞ엿숩
美國紐育港쎄ㅣ든쓰凝結牛乳會社
一手代理店 大韓仁川港 世昌洋行

廣告

一. 雜貨商
一 貿易商
一 船舶取扱
一 煙草商
一 委托販賣及貨物運送代理業
一 貿易…商
以上輸入及輸出品
京城 仁川 大昌 洋行

本社廣告

申報價
一張代金 錢貨五錢
一箇月前納 五十錢
三箇月 一元五十錢
六箇月 二元九十錢
一箇年 五元八十錢
郵稅一部 新貨五里
一箇月 十五戔

廣告料
四号活字十三字詰
每日每段尺一寸에…五錢
(每日每行에六錢에相當홈)
二週日에 二圓五十錢
(每日每行四錢五厘에相當홈)
一箇月에 五圓
(每日每行四錢一厘에相當홈)
其期限의長短과字行의多少를依ᄒᆞ야增減홈이有홈
大韓人마다此申報를不得不閱覽ᄒᆞ실터이오니廣告出報ᄒᆞ실僉君子는來臨面議ᄒᆞ시옵

發行兼編輯人 英國人 裵說
發行所 京城北署壽進坊轉洞号外地法語學校前
大韓每日申報社

第三卷　　第六十四號

大韓每日申報
대한매일신보

月曜及慶節
歲時日休刊

檀君開國四千二百三十八年
箕子元年三千二十七年
大韓開國五百十四年
日本明治三十八年
淸國光緖三十一年
陰曆乙巳十月大初一日己亥

論說

錢荒甚於穀荒

或이有問於記者ᄒᆞ야日現今韓國內에錢荒과穀황의害가一時並至ᄒᆞ얏스니二者之害가孰爲甚焉고

記者曰哀哉라韓民이여今日에所遭ᄒᆞᆫ慘狀은果然目不忍視요口不忍言이로다大抵生人之類가穀이無ᄒᆞ야도死ᄒᆞ고錢이無ᄒᆞ야도死ᄒᆞ나穀황의害ᄂᆞᆫ天災의偶然ᄒᆞᆫ者라偏被ᄒᆞᆫ處도有ᄒᆞ고不被ᄒᆞᆫ處도有ᄒᆞ며貧者ᄂᆞᆫ飢ᄒᆞ되富者ᄂᆞᆫ得食ᄒᆞ며此處가황ᄒᆞ고彼處가稔ᄒᆞ면移民移粟ᄒᆞᄂᆞᆫ方便도有ᄒᆞ거니와錢황의害ᄂᆞᆫ人事의不善으로出ᄒᆞᆷ이라無論彼此ᄒᆞ고不被ᄒᆞᆫ處가無ᄒᆞ며無論貧富ᄒᆞ고不受ᄒᆞᆫ者가無ᄒᆞ며一國之內에交通ᄒᆞᆯ方便이全無ᄒᆞ니此ᄂᆞᆫ錢황의害가穀황보다甚ᄒᆞ도다今以漢城內外와各處都會市場으로觀之ᄒᆞ면舊貨ᄂᆞᆫ漸盡ᄒᆞ고新貨ᄂᆞᆫ稀少라無論大小商賈ᄒᆞ고擧皆閉廛撤業ᄒᆞ얏스니大抵實業資生者ᄂᆞᆫ一日이라도廢業ᄒᆞ면一年之害가有ᄒᆞ거날今韓國商民의狼狽ᄂᆞᆫ幾箇月을經ᄒᆞ야도愈往愈甚ᄒᆞ야回蘇ᄒᆞᆯ期望이渺然ᄒᆞ니此ᄂᆞᆫ全國商民이盡劉ᄒᆞᆯ景況이오當此公納收捧之期ᄒᆞ야韓國中에平安南北道와黃海道와忠淸南北道ᄂᆞᆫ都是丙種惡貨뿐이오甲乙兩種의貨ᄂᆞᆫ絕無ᄒᆞᆫ지라其民이何處에서貨幣를得ᄒᆞ야公納을輸充ᄒᆞ리오此ᄂᆞᆫ全國農民이盡劉ᄒᆞᆯ景況이오其他大小人民間에與受가杜絕ᄒᆞ고典舖가俱撤ᄒᆞ니無論實業與不實業ᄒᆞ고韓國人民은擧皆溝壑以外에更無他路라當初惡貨鑄出은出於何處오此ᄂᆞᆫ韓人이無不盡悉ᄒᆞᄂᆞᆫ비요財政整理라稱ᄒᆞ고全國人民을待遇ᄒᆞᄂᆞᆫ主義도韓人이無不盡悉ᄒᆞᄂᆞᆫ비라ᄯᅩ貨幣變更之際를當ᄒᆞ야政府에셔ᄂᆞᆫ其害를擔任치안코專히人民만如此ᄒᆞᆫ毒害를受케ᄒᆞᆷ이엇지文明政治의所爲리오財政整理에責이有ᄒᆞᆫ者ᄂᆞᆫ錢항의害를急急히矯求ᄒᆞᆯ方針을講行치아니ᄒᆞ면如何ᄒᆞᆫ影響이生出ᄒᆞᆯᄂᆞᆫ지此ᄂᆞᆫ吾所難測이로다

官報

●第三千二百八十一號 光武九年十月廿七日

◎宮廷錄事

詔曰惟察惟法其審克之者聽獄之大要也其或延타未決掩抑含細使一夫不獲者有關於政敎而以申申提飭者而犴狴秋冷尤可矜惻其令法部軍部各該裁判所閱實諸囚適其輕重情적之可合減等與放釋者卽日疏斷無得留滯若其老弱則宜從帷恤幷特放釋以示惻怛黎庶導迎和氣之意

光武九年十月二十二日
議政府參政大臣韓圭설

詔曰命宮內府特進官金晩秀爲侍從院副卿

十月二十四日

侍從院副卿閔泳鎬辭職疏批旨省疏具悉所請依施

十月二十四日

◎敍任及辭令

命休職 鎭衛步兵第六大隊長 陸軍步兵參領朴元敎

十月九日

免本職 軍部軍務局醫務課員 補陸軍二等軍醫李昇鉉

補軍部軍務局醫務課員 陸軍一等軍醫李昇鉉

以上十月十七日

任陸軍步兵參領 前領官金宗源

十月二十二日

依願免本官 秘書監丞洪承과 侍講院侍從官李文用 社稷署叅奉李誠弼

依願免兼任禮式院掌禮 秘書監丞李奭鍾

任秘書監丞敍奏任官一等 正三品金珏鉉

任侍講院시從官敍奏任官四等 宗廟署令張吉相

兼任太醫院副卿 秘書監丞李奭鍾

兼任禮式院掌禮 秘書監丞李璧榮

任經理院技師敍奏任官三等 主殿院電務課技師朴容圭

任主殿院電務課技師敍奏任官四等 典饍司掌饍尹龍植

任典饍司掌饍敍奏任官三等 經理院技師金聲遠

任宗廟署令敍判任官四等 六品李文用

任社稷署參奉敍判任官八等 李恩방

免懲戒 九品李海正

命시從院副卿敍勅任官三等 宮內府特進官金晩秀

以上十月二十四日

依願免本官 務安監理署主事李圭澤

任務安監理署主事敍判任官六等 卞錫均

以上十月二十五日

外報

●張之洞外資借入 張之洞이廣漢鐵道回復을爲ᄒᆞ야外資借入ᄒᆞᆷ은旣報와如히十日三香港發信에ᄒᆞ얏스되香港政廳市會ᄂᆞᆫ鐵道를爲ᄒᆞ야一百萬磅募集案을正式에可決ᄒᆞᆷ을布告ᄒᆞ얏더라

●暹羅天長節 暹羅國皇帝의天長節은今二十一日이라더라

●佛國과東京紛擾 佛國[illegible]組合은頻頻히在東京英國敎會의危害ᄒᆞᆷ은申報ᄒᆞ얏거니와此危機를免ᄒᆞᆫ거슨獨히東鄕大將이가도리ᄒᆞ구敎에歸依ᄒᆞ야該會를保護ᄒᆞ얏다더라

●歐州와東京繁擾 東京擾亂은獲히日本非十의狂暴的愛國心과市長議員等이媾和에對ᄒᆞ야不平히相會ᄒᆞ야起ᄒᆞᆫ거시라고云ᄒᆞ더라

●淸國國庫準備金調査 慶親王及鐵良은御命으로國庫現在銀錢正貨를調査ᄒᆞᆷ이總計가百六十萬테ㅣ루되 定이나六이나此內에百五十萬테ㅣ루로써新設銀行의準備金에充補ᄒᆞ리라더라

●排英運動 德國은露佛로더브러英國運動에着手ᄒᆞᆫ다ᄂᆞᆫ說가有ᄒᆞ되但德國政府ᄂᆞᆫ取消ᄒᆞᆷ에[illegible]ᄒᆞᆫ다더라

●北京政府에서揭公使에訓令 去日北京曝發事件은在日本革命黨에關係가잇다고嫌疑ᄒᆞ야北京政府에서東京에駐在ᄒᆞᆫ揭公使에게訓令ᄒᆞ야秘密히三人을捕縛ᄒᆞ라고ᄒᆞᄂᆞᆫ風評이잇다더라

●日本駐在露公使ᄂᆞᆫ誰오 九月二十八日에倫敦모一만졋스가報에ᄒᆞ엿스되平和後東京에駐箚ᄒᆞᆯ만ᄒᆞᆫ露國全權公使ᄂᆞᆫ써쓰마시스에參加ᄒᆞᆫ書記官고로스뉴즈니氏가되리라더라

東京電報

●紅葉館晚餐會　十月二十六日午後六時十分發
大隈伯氏가本日紅葉館으로駐韓林公使를請ᄒ야晚餐會를開設ᄒ다더라

●凱旋祝賀會　仝上
東京市에實業團軆는本日(二十六日)日比谷公園에서凱旋總會를開設ᄒ는ᄃ會人이無慮五萬名이나되다더라

寄書

起幼學一夜謹齋沐上書于
議政府大臣閣下伏以閣下ㅣ以今日局으로謂之如何며以我國形으로爲之如何而遽然復하고
聖上之特簡하고發國務之相筵하고愈日度月에終未有贊一奇出一策而鎭日仕進에與賣國賊輩로聚首煩舌하야期欲同歸於檢락之流하니國事僨敗는已極無言而
閣下之事도其亦哀且矜也오進而爲亡國之大夫하고退而爲名教之罪人이니閣下之出脚을尤未可曉也로소이다
閣下若有匡扶之經綸인ᄃ固當試可之靡暇오如其不然이면何乃外幹ᄂ旋에圖得參政하고旁계曲徑으로貪饕權利오果或恥不得與於賊國之班而然歟아抑亦難於三年而欲爲短喪之計歟아請論之호리이다財政者는民國之膏血而專奪於外人之握ᄒ니何以聊生而國何以扶支며軍權者는國家之防禦而盡歸於外人之手하고警察者는警民之昧하며察民之隱而全擔於外人之肩하니國民之無所依靠而盜賊之從而滋熾也오交際者는凡在友邦之各守信義하고互相援救而代辦以外人之手則自國之自滅은亦可痛也오其外民國關係에公私權利를見失於戰時者ㅣ指不勝루라固當逐條收還이是乃今日國務之責任이어날終焉置之勿問은何也ㅣ며乃反有甚於此者하니即保護說也ㅣ라此我臣民의不忍聞不忍言而肆然發著於日英之改盟하고繼以揭載於ᄂ外之新報而該盟書之到我外部者를繳還日館하고照詰英使는可謂得盡其義라　未完

雜報

○無非困難　全北觀察使가內部에電報ᄒ內槪에俸給支撥事로四次電稟하얏더니何無回示이온지財政官은顧問官의電報로施行코자하여大段困督이되本使則不有部訓이면無以施行이라하얏고巡檢書記等은新貨例로支撥ᄒ다聞하고皆爲告退하니一府爻像이萬萬時急하오니伏望回電이라하얏더라

●一場鏖戰　陰九月二十一日黃昏時에義兵二百餘名이豐基郡에馳到ᄒ야各處公廨와邑底店幕에各定下處ᄒ고夕飯四百餘床을星火督促이옵더니至二更量ᄒ야江原道原州鎭衛隊兵丁二十五名이追後直到ᄒ야圍立發砲에所謂義兵은散四潰走ᄒ고一郡이驚遑ᄒ야男女老弱이顚仆山野ᄒ고東軒各處에丸如雨下ᄒ야罔知收措ᄒ야該郡守가率數三吏校ᄒ고登樓呼唱ᄒ야止息砲響ᄒ얏는ᄃ鄕民一名이被丸ᄒ고湖西義兵一名이亦爲傷丸ᄒ야生死未判이라고該郡守가京部에報告ᄒ얏더라

●務用靑黑　議政府에서先次照會는繳還ᄒ고다시內部에照會ᄒ얏는ᄃ自本月二十六日爲始ᄒ야無論官民ᄒ고公私服着上下衣裕를務用靑黑紺紫等深色ᄒ을意로訓飭于警務廳漢城府ᄒ야揭爲告示坊曲ᄒ야無或有一民不知之弊케ᄒ며亦即電訓觀察하야使之飛飭各府郡하야一一准行케홈이妥當하기로玆에照會라하얏더라

●臨時憲會　憲政研究會에서本月三十一日下午二時에新任會長副會長出席及會務必要를因하야桂洞金明濟氏家로臨時會를開設ᄒ다더라

●간木請求　全羅南道光州郡守蔣漢鏞氏가內部에報告ᄒ內槩에日本通信技手坪井藤次郞이來到本郡하와自本郡으로晉州府로至하야電線을設하는ᄃ所立電간木請求事는已爲電報하야尙未承回電하와方在悶鬱이올건과自本郡으로和順郡所入電木이爲一百三十餘株이다該日人請求가日益切要이온즉此不得不許給乃已이오나該木價與輸運費를將何措處이올지査照指令하라하얏더라

●請願採石　平壤郡居金斗燮等이農部에請願ᄒ內槪에本人等이年前에留學於日本하야採礦冶金學科를卒業而還國이온바昨年十一月分에平安南道平壤郡林原坊上輿部甲永明寺間官有地에서石材를發見試掘하온즉果是良好하온ᄃ日人納富爲名者가稱云前平壤郡守彭翰周所認許라하고無難採掘하오니此等礦産을歸於外人之恣意開採가係是法禁이오本人等은旣爲礦産等所學故로玆以請願하오니稅金은依章程납上ᄒ겟더이니右石材ᄎ掘權을許可라하얏더라

●警察登程　全北觀察李勝宇氏內部에報告ᄒ內槩에本府警察補佐加藤正典이警察各郡次로率巡檢一人通辯一人하고本月十九日에自本府로發行하얏다더라

●度量衡實施　農部에서本年三月法律第一號度量衡法을依ᄒ야新製造度量衡器를來十一月一日로爲始ᄒ야先自漢城及仁川港에서實施ᄒ다더라

●請換家契　漢判朴義秉氏가內部에報告ᄒ內槪에日本人林田良十外四名의買收ᄒ家契九枚를新券換給事로該領事의照會를接准하와仰稟하오니査照指令하라하얏더라

●溫粹義塾　藥峴溫粹義塾에서熱心教育ᄒ다ᄒ은本社에서已爲熟聞ᄒ비나近日에該塾의教育上熱心으로學員이日日增加ᄒ다니該塾을對하야感謝ᄒ意를表하노라

●一進迎接　再昨下午十一時에長谷川司令官及士官十一人과十三道一進總會長李容九氏가自京釜鐵車로入城ᄒ얏는ᄃ一進會員二百餘名이出城迎接ᄒ얏다더라

●緣何溺死　再昨下午五時에明洞等地居留ᄒ는日本人一名이身邊에一塊石을帶懷ᄒ고南小洞街井中에投入ᄒ야仍即致斃ᄒ지라其親兄이與日巡査로來到該井ᄒ야拯出運去ᄒ얏는ᄃ該溺死ᄒ日人은毛利太藏이라더라

●雜術被捉　日昨西湖等地에서神祀祈禱等雜術로欺騙民財ᄒ든朱奉熙金學順等을西署에서捉上警廳ᄒ야論罪定律次로漢城裁判所로越送ᄒ얏더라

●警廳新規　警務廳에서新定規則數三件을日間發布ᄒ다ᄒ은已揭前報어니와其內容을探得ᄒ즉規則이如左ᄒ

一 兒童이道路上에群戲와球擲錢吸烟等事을曉飭切禁ᄒ事

一 牛馬車等의交通妨碍를常常注意하야期於整理ᄒ事

一 人車及自行車의當夜懸燈을申飭ᄒ事

一 道上往來之際에執手聯行하야有碍他人通行者을曉諭禁止ᄒ事

一 道上或街隅에偶有外國人의酬語爭辯等稍異之事면來往之人이圍匝觀光하야以致障碍交通하며自取羞侮하니此等愚蚩之習을一切痛禁ᄒ事

一 五歲以下穉兒는勿令獨出街路ᄒ고必使看後人으로扶持同行케ᄒ事

已上諸條을不啻屢次이로되該管巡檢이認若茶飯하야迄未見效하니自今以後로는當立規律하야ᄐ以爲常에期於實施케하라하얏더라

●切勿聽施　內部에서慶北觀察使의게電訓ᄒ얏는ᄃ度支大臣公文에該部顧問官이既無聯署之例則觀察公文에出張補佐官聯署는係是格外니切勿聽施ᄒ라ᄒ얏더라

●銃丸請求　江原道麟蹄郡守尹龜榮氏가內部에報告ᄒ內槪에本郡內匪徒猖獗之由는已爲報明이온바本月十七日發遣砲手에設計鉤獲하야追至春川郡麒麟面上畓里하야擒獲渠魁朴在根等六名과山砲二十二名을捉來이옵기渠魁는一幷嚴囚하며山砲等은皆以勸入으로情願歸農이옵기十分曉飭에奪機械放送이다該黨이尙在於江陵洪川橫城寧越平昌堤川等地하야與安東郡匪유로相聯이다이이온즉不可以今日之姑息으로釋慮이옵기本郡砲手等을另加團飭ᄒ오며玆에報告하오니査照後洋銃二十柄과彈丸二千發을劃下送하라하얏더라

◉緊急社告

本社創設以來로新聞代金을每月初三日內에先納으로收入ᄒᆞ던바ᄂᆞᆫ自初로購覽ᄒᆞ시ᄂᆞᆫ僉君子가擧皆知悉이온바自本年八月再刊以來로代金收合이延至晦間이옵더니到今本社經費가窘絀之款이有ᄒᆞ기로本月條ᄂᆞᆫ不日內로收合ᄒᆞ여야可히支過ᄒᆞᆯ터이오來十一月爲始ᄒᆞ야ᄂᆞᆫ一朔條ᄅᆞᆯ十五日內로送交ᄒᆞ시와連속發刊케ᄒᆞ야愛讀 僉君子의閱覽을供ᄒᆞ기로切盼홈

大韓每日申報社 白告

外報

●法國新聞世論 오로루에云ᄒᆞ되日本의讓步ᄂᆞᆫ世界에東洋人은慾漲ᄒᆞᆯ가感念ᄒᆞ야打破ᄒᆞᆫ것ᄉᆞ로써天下에平和好例을與ᄒᆞᆫ것과如ᄒᆞᆫ즉將來慾을爲ᄒᆞ야戰ᄒᆞᆯ者少에至ᄒᆞ리라더라

●佛紙惡罵 ᄯᅵ로야에云ᄒᆞ되日本讓步ᄂᆞᆫ人道에不有ᄒᆞ고全혀財政上에閉口가될지라平和ᄂᆞᆫ日本에取ᄒᆞ야否와應이無ᄒᆞᆷ에必要된은其條件의證明이될지라더라

●警務學生 北京電報를據ᄒᆞᆫ즉淸國政府에서警務衙門을新設ᄒᆞ고日本에留學ᄒᆞᆫ警務學堂卒業生數名을招還ᄒᆞ얏고更히高等警務를學習ᄒᆞ기爲ᄒᆞ야留學生十餘名을選拔ᄒᆞ얏다더라

●軍備擴張 上海모닝포스도新聞의通信員이報ᄒᆞᆫ바를據ᄒᆞᆫ즉駐德淸公使가本國으로召還되야陸軍司令官을任ᄒᆞ리라ᄒᆞ고尙且淸國에서軍政을改革ᄒᆞ야二十師團을設置ᄒᆞ고各師團에步兵四箇聯隊와騎兵一箇聯隊와此에相當ᄒᆞᆫ砲工兵을排置ᄒᆞ고各兵卒의服務年限을九箇年으로定ᄒᆞᆯ터이라ᄒᆞ니然則淸國에셔五箇年後에ᄂᆞᆫ五十萬精兵을得ᄒᆞᆯ것이다더라

●俄使着上海 駐淸露國公使포고지로후氏ᄂᆞᆫ去十九日에獨逸郵船지뎬號를乘ᄒᆞ고上海에到着ᄒᆞ얏다더라

●露國蒙古着服 北京十日發信에云ᄒᆞ되露國領事館은露淸銀行에서二萬데ㅣ루及一萬弗을二回에引出ᄒᆞ고公使館은武官中十六名學生을附ᄒᆞ야蒙古에送致ᄒᆞ야此等諸人을가르싼及셋쓰호를通過ᄒᆞ고오루삭에至ᄒᆞ야礦山探檢ᄒᆞᆯ터이라더라

●匪擾鎭靜 二十日北京電을據ᄒᆞᆫ즉一時廣東及湖南附近에셔彌蔓ᄒᆞ야勢甚猖獗ᄒᆞ든廣西匪亂은總督岑春헌氏가年前赴任ᄒᆞᆫ以來로掃蕩漸次減勢ᄒᆞ야今月에至ᄒᆞ야ᄂᆞᆫ全혀鎭靜되얏다더라

●英儲登程 英國皇太子우엘스親王同妃兩殿下ᄂᆞᆫ去十九日에印度旅行의道에就ᄒᆞ얏더라

雜錄

各國憲法異同論 某報譯述

憲法者ᄂᆞᆫ國家一切法律根本의大典이라故로凡國家大典에屬ᄒᆞᆫ者ᄂᆞᆫ專制政體던지立憲政體던지共和政體던지無論ᄒᆞ고皆可히憲法이라稱ᄒᆞ깃스나近日政治家의通稱은오작議院이有ᄒᆞᆫ國에서所定ᄒᆞᆫ國典을憲法이라稱ᄒᆞᄂᆞ니다

第一章 政體

政體의種類를昔人이비록多種에分ᄒᆞ얏스나然ᄒᆞ나今日各國으로按ᄒᆞᆫ건ᄃᆡ君主와共和國二大類에分ᄒᆞᆯᄯᅳ름이라其中君主國內에ᄯᅩ分ᄒᆞ야專制君主와立憲君主의二小類가되니但其名에就ᄒᆞ야言ᄒᆞᆫ즉共和國이立憲國으로더부러同類치안코其實에就ᄒᆞ야言則今日共和國이皆議院이有ᄒᆞᆫ國이라故로通稱ᄒᆞ야立憲政體라ᄒᆞᆯ지라도不可ᄒᆞᆷ이無ᄒᆞᆯ지니故로此書所述은專히立憲君主國과共和國을就ᄒᆞ야論ᄒᆞ고專制君主國은不與ᄒᆞᄂᆞ니라

全世界上에立憲君主國과共和國等이其名稱은雖同ᄒᆞ나其國內實情에至ᄒᆞ야ᄂᆞᆫ各國이皆不同ᄒᆞ니其君主政府에權力이若何ᄒᆞ며國會에權力이若何ᄒᆞ며人民에權力이若何ᄒᆞᆫ것이互相大小强弱의異가有ᄒᆞ니라

憲政의始祖ᄂᆞᆫ英國이是라英人이七百年前에專制政府가已有ᄒᆞ얏고漸變ᄒᆞ야立憲政體가되니비록其後에變故가屢生ᄒᆞ야或轉ᄒᆞ야專制가될ᄃᆞᆺᄒᆞ며或轉ᄒᆞ야共和가될ᄃᆞᆺᄒᆞᆷ으로波瀾의起伏이幾歷年을經ᄒᆞ얏스되맛ᄎᆞᆷ내能히無恙ᄒᆞ야써今日에至ᄒᆞ여한갓舊物을不失ᄒᆞᆯ뿐아니라ᄯᅩ能히立憲政體로ᄒᆞ야곰益加進步ᄒᆞ야完全無缺ᄒᆞᆫ憲政을成ᄒᆞ니라 未完

歷史彙要

波蘭末年史 續

第二外國의干涉을受ᄒᆞᆷ으로써波蘭滅亡의第二原因이라ᄒᆞᆷ은何哉오初에波蘭王悟佳가瑞典土地를呑噬코져ᄒᆞᆯ식其國王의年少ᄒᆞᆷ을侮ᄒᆞ야露國에彼得大帝와同盟襲擊ᄒᆞ니其年少ᄒᆞᆫ瑞王은곳有名ᄒᆞᆫ察斯王이라露波兩軍을大破ᄒᆞ고ᄯᅩ波蘭을逼ᄒᆞ야城下盟을結ᄒᆞ며悟佳王을廢ᄒᆞ고斯久眞斯耆를立ᄒᆞ얏더니其後十餘年에彼得大帝가瑞典을破ᄒᆞ고悟佳를援ᄒᆞ야波蘭王位에復登케ᄒᆞ고憲兵을波蘭에置ᄒᆞ며ᄯᅩ波蘭軍制를變更ᄒᆞ야原有ᄒᆞᆫ十萬兵額을減ᄒᆞ야다만二萬人을養케ᄒᆞ고ᄯᅩ昏愚ᄒᆞᆫ悟佳王을借手ᄒᆞ야波蘭併呑ᄒᆞᆯ計策을行ᄒᆞ니此ᄂᆞᆫ곳露國의野心을逞ᄒᆞᄂᆞᆫ始라是後로其威權을恣肆ᄒᆞ야波王으로써自家籠中物을作ᄒᆞ며佳太鄰女皇時에至ᄒᆞ야ᄂᆞᆫ露人의威力이益盛ᄒᆞ야波蘭國은獨立ᄒᆞᆫ다ᄂᆞᆫ空名만有ᄒᆞ고其實은露國에屬國이오其國王은一地方官과ᄀᆞᆺ치待遇ᄒᆞ며ᄯᅩ波蘭內外에憲兵數萬을置ᄒᆞ고武力으로써國王을恐嚇ᄒᆞ며國會를壓服ᄒᆞ야愛國義士를西伯利亞地方에遠竄ᄒᆞ며無辜ᄒᆞᆫ人民을酷刑屠殺ᄒᆞ야如此ᄒᆞᆫ지數年間에併呑ᄒᆞᆯ勢가大有ᄒᆞ거날普魯士國厚禮와益大十이其事情을深察ᄒᆞ고露國이波蘭을獨呑ᄒᆞᆯ가恐ᄒᆞ야이에墺地利國皇帝에世厚를說ᄒᆞ야普墺露三國이聯盟ᄒᆞ고波蘭에地方一部를分割ᄒᆞ니此ᄂᆞᆫ波蘭에第一回分割이오其第一회分割ᄒᆞᆫ後에露國은依然히波蘭의主權을執ᄒᆞ야忠義人士를一網打盡ᄒᆞ고將且全國을併呑코져ᄒᆞᆯ식此時에普國의厚禮와益大王은謝世ᄒᆞ고其嗣越利嚴王이ᄯᅩᄒᆞᆫ奸譎ᄒᆞᆫ計策으로露國과合ᄒᆞ야ᄯᅩ各其波蘭地方을分割ᄒᆞ니此ᄂᆞᆫ波蘭의第二회分割이오 未完

特別廣告

本申報ᄂᆞᆫ海外電報를卽接ᄒᆞ야機關이貫通ᄒᆞ고外報와探報를敏捷活潑ᄒᆞ도록注意ᄒᆞ오며申報發送ᄒᆞᄂᆞᆫ되迅速傳信ᄒᆞ기ᄂᆞᆫ分傳人의게在ᄒᆞᆷ으로本社에서平常에諸分傳人의게丁寧告戒ᄒᆞ고申申訓飭ᄒᆞ야持或諭情ᄒᆞ게法違ᄒᆞ거나와知或暫有權忽에따도愛讀僉君子ᄂᆞᆫ密使近知子誠社ᄒᆞ시면該分傳의게信相學ᄒᆞ도록耳提面命ᄒᆞ고勤贊가發生ᄒᆞ도록諄諭ᄒᆞ야必無遲誤ᄒᆞ기로期待ᄒᆞ옵나이다

本社에寄書ᄒᆞ시ᄂᆞᆫ諸君子ᄂᆞᆫ姓名과居住를明確ᄒᆞ게懸錄送附ᄒᆞ시와證據가有ᄒᆞᆷ을必要ᄒᆞᆷ이오公衆平和ᄒᆞᆫ秩序를紊亂케ᄒᆞᄂᆞᆫ意와社會上不經荒雜ᄒᆞᆫ寄書ᄂᆞᆫ自不受ᄒᆞᄂᆞᆫ權利가本社에有ᄒᆞ오니肯諒ᄒᆞ시옵

大韓每日申報社

廣告

貿易商 本社ᄂᆞᆫ仁川港

日本郵便電信局對面

電話第二百一番地

仁川港 廣昌洋行

벤넛트會社告白

○鐵路部

○東大門과新門間에來往車ᄂᆞᆫ每十分間에運行ᄒᆞᆷ

東大門發初車ᄂᆞᆫ午前六時三十分

新門外停車場發初車ᄂᆞᆫ午前六時五十五分

東大門發終車ᄂᆞᆫ午後九時五十分

新門外停車場發終車ᄂᆞᆫ午後十時十五分

○東大門과洪陵間에來往車ᄂᆞᆫ每二十分間에運行ᄒᆞᆷ

但自鍾路로東大門에來到ᄒᆞᆫ交替車로聯絡ᄒᆞᆷ

東大門發初車ᄂᆞᆫ午前六時五十分

洪陵發 初車ᄂᆞᆫ午前七時十分

東大門發終車ᄂᆞᆫ午後七時五十分

洪陵發 終車ᄂᆞᆫ午後八時十分

○鍾路와龍山間에來往車ᄂᆞᆫ每十二分間에運行ᄒᆞᆷ

鍾路發至南大門初車ᄂᆞᆫ午前六時四十八分

鍾路發至龍山 初車ᄂᆞᆫ午前七時二十四分

南大門發至鍾路初車ᄂᆞᆫ午前六時五十六分

龍山發至鍾路 終車ᄂᆞᆫ午前七時五十七分

南大門發至鍾路終車ᄂᆞᆫ午前十時八分

龍山發至鍾路 終車ᄂᆞᆫ午後九時九分

○特別私用車ᄂᆞᆫ顧客의方便ᄒᆞᆷ을隨應ᄒᆞ야準給ᄒᆞᆷ

但定價ᄂᆞᆫ本社에來臨ᄒᆞ야請問ᄒᆞ옵

○電燈部

二百五十燭力以內의數用處에ᄂᆞᆫ每個月에定價表가如左ᄒᆞᆷ

○十六燭力燃燈達夜에二圓五十錢

○三十二燭力燃燈達夜에四圓

○五十燭力燃燈達夜에六圓

○一百五十燭力燃燈達夜에十圓

一千二百燭力弧形燈達夜에二十圓

二百五十燭力以上의數用處에ᄂᆞᆫ請求ᄒᆞ면瓦斯計一箇를設給ᄒᆞᆷ

但瓦斯計賃金은每個月에二圜이오瓦斯計測驗表委托定價ᄂᆞᆫ每時間每암피아에二錢이옵

瓦斯計設給處에서每介月支拂金最低額은每個月에二十圜인ᄃᆡ(瓦斯計貸金은)据ᄒᆞᆷ

電燈을敷設ᄒᆞ기에請求ᄒᆞᄂᆞᆫᄃᆡ給ᄒᆞᆷ으로供各種連技辦燈도常時에貯存ᄒᆞ엿슴

本社鐵路電氣會社

韓美電氣會社 告白

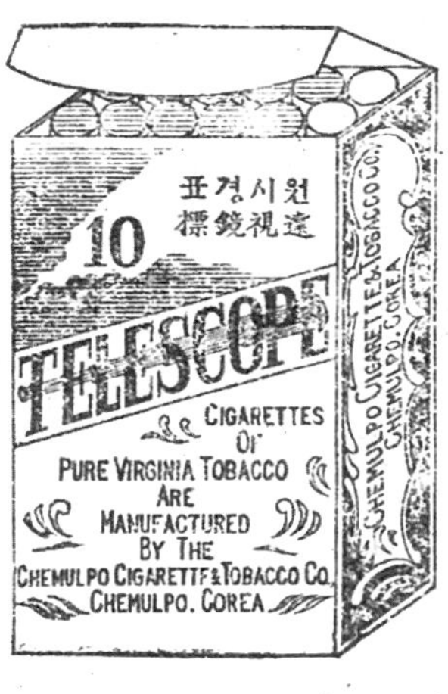

以上三種은上品으로製造ᄒᆞ야衛生上에至極有益ᄒᆞ오니勿論某人ᄒᆞ고本社에來顧ᄒᆞ옵

大韓帝國仁川港

濟物浦紙卷煙及烟草會社

一鷹標罐詰濃結牛乳

一金印罐詰濃結牛乳

一無鬚家用氣化乳酪

一쏘ㅣ든쓰製造麥芽化合牛乳

以上은常時에貯積ᄒᆞ엿슴

美國紐育港쏘ㅣ든쓰濃結牛乳會社

一手代理店 大韓仁川港 世昌洋行

廣告

一雜貨商

一貿易商

一船舶取扱

一煙草商

一委托販賣及貨物運送代理業

一貿易石炭商

以上輸入及[illegible]

京城 仁川 [illegible]

本社廣告

申報價

一張代金 [illegible]

一箇月前金 [illegible]

三箇月 [illegible]

六箇月 [illegible]

一箇年 [illegible]

郵稅一部 [illegible]

一箇月 [illegible]

廣告料

四号活字十三字詰每日每項尺一寸[illegible]

(每日每行에六錢[illegible]

二周日에 二圓五十錢

(每日每行四錢五里에相當ᄒᆞᆷ)

一箇月에 五圓

(每日每行四錢一里에相當ᄒᆞᆷ)

其期限의長短과字行의多少를依ᄒᆞ야增減ᄒᆞᆷ이有ᄒᆞᆷ

大韓人마다此申報를不得不閱覽ᄒᆞᆯ터이오니廣告出報ᄒᆞ실僉君子ᄂᆞᆫ來臨面議ᄒᆞ시옵

發行兼編輯人 英國人 裵說

發行所

京城北署壽進坊磚洞今外地法語學校前

大韓每日申報社

第三卷

大韓每日申報

대한매일신보

第六十五號

月曜及慶節歲時休日刊

檀君開國四千二百三十八年
箕子元年三千二十七年
大韓開國五百十四年
日本明治三十八年
淸國光緖三十一年
陰曆乙巳十月大初二日辛丑

論說

地段棄絕

不幸ᄒᆞᆫ韓國의實情이日本新報上에記載되얏ᄂᆞ니雖略陳이나尚可愛覽이라日本에有一雜誌인바其所實心公正은不待辯論이어니와該誌가ᄯᅢ비드프리셔(人名)의陳述ᄒᆞᆫ韓國內地段棄絕의豫防問題를揭載叙論ᄒᆞ엿ᄂᆞᆫ日定約이軍用地点을因急이라ᄒᆞ야收用홈에不適ᄒᆞᆷ을指明ᄒᆞ엿스나此ᄂᆞᆫ本者의常慶堅執ᄒᆞ던事實이로다該誌所述이如左ᄒᆞ니

此時第一問題ᄂᆞᆫ即日本이因於軍用ᄒᆞ야韓國內何許地段을要請ᄒᆞ기에正義가或有耶아홈이라프리셔氏ᄂᆞᆫ量之以爲論이어니와

本記員은未至如此確信이나開戰之始에日本이請結韓日議定홈은其所行動을宛證홈에止홀뿐이라該議定件을若要知悉인ᄃᆡ如下ᄒᆞ니

第三國의侵害나或內亂을因ᄒᆞ야大韓帝國의皇室安寧或領土保全에危險이有ᄒᆞᆫ境遇에ᄂᆞᆫ大日本帝國은如此危險을擺蔽ᄒᆞ기爲ᄒᆞ야敏速措置를取홀지며然而

大韓帝國은大日本帝國이如右措置를成就ᄒᆞ기에十分便宜를與홀事요且大日本政府ᄂᆞᆫ前項目的을達ᄒᆞ기爲ᄒᆞ야軍略上必要地点을臨機收用홈을得홀事

此條全體ᄂᆞᆫ引喩的句語로編成홈이分明ᄒᆞ니第三國의侵害나或內亂을因ᄒᆞ야大韓帝國의皇室或領土의危險이有ᄒᆞᆫ境遇로論之ᄒᆞᆫ現今時局이侵害之危를未免이라稱之홈은可커니와內地起擾를因ᄒᆞ야

皇室安寧에危險이有ᄒᆞᆫ境遇에ᄂᆞᆫ不至ᄒᆞ얏슴ᄲᅮᆫ더러無論其人ᄒᆞ고此條約이使其日本으로軍用地段을永久占領ᄒᆞᄂᆞᆫ

如此權限이有케ᄒᆞᆫ줄上疊度ᄒᆞᆫ者ㅣ甚少ᄒᆞᆯ지며且其約文原意가危險經過後에ᄂᆞᆫ臨時收用ᄒᆞ얏던軍略上地点을還附韓國홈이로다

雖然이나該約第三條에日本이韓國의獨立及領土保全을確實히保證ᄒᆞ얏스니韓國을擁護ᄒᆞᄂᆞᆫ目的으로土地占領이永久홀지라以此責任으로眞實保護를包含ᄒᆞ얏고所謂獨立及領土保證은乃作無効矣니日本正義가從此爲始라人雖說其不然이라도將歸虛地ᄒᆞ리로다ᄒᆞ얏더라

此雜誌의辯論이地段占取ᄂᆞᆫ條約正義요日本官憲이給其償金홈은是乃懦弱인줄稱託ᄒᆞ얏스니日本注意를確然可測홀거슨軍略上請求가至失ᄒᆞ면宜價賣收라고爭辯코져홈이나本記者ᄂᆞᆫ如此地段을運用上에向意라도ᄒᆞ얏ᄂᆞᆫ지不得已信이라京城附近에向日所取가擧皆商務上要占됨을累與指明ᄒᆞ얏고實非軍用인줄우斷無細小疑慮어니와如此說其不然ᄒᆞ야給價買收라回答홀將受ᄒᆞ리로다

日本契約에信用이乏小홈을驗以論之ᄒᆞ노니余輩를有所評論이면甘受彈劾ᄒᆞ려니와世界同情을得ᄒᆞ기에如彼要用되던韓帝國의獨立及領土保全을違背保護ᄒᆞᆫ壯言重諾을今旣違犯ᄒᆞ엿고且欲廢棄ᄒᆞ니如此日本을各國이豈能信之乎아

官報

●第三千二百八十二號 光武九年十月廿八日

⊙宮廷錄事

詔曰中樞院贊議勳三等閔泳奎徐正淳恪勤厥職敍亦多幷特陞敍勳二等陸軍正領勳四等ᄒᆞ熙와有可紀特陞敍勳三等各賜八卦章

光武九年十月二十四日

表勳院總裁勳一等朴定陽

詔曰從一品閔丙奭特免懲戒

光武九年十月二十五日

議政府參政大臣韓圭卨

●勅令

勅令第四十四號

議政府官制中改正件

本年勅令第八號議政府官制第八條左開條項次에(第九條議政府에셔經議ᄒᆞᆫ軍國重要事項과法律勅令制定廢止或改正에關ᄒᆞᆫ事項은中樞院에諮詢ᄒᆞ야其議를經ᄒᆞᆫ後에上奏홈이라)五十五字를添入ᄒᆞ고第九條第十條第十一條第十二條ᄂᆞᆫ排次改正홈이라

光武九年十月二十四日

御押 御璽 奉

勅 議政府參政大臣韓圭卨

外部大臣朴齊純
內部大臣李址鎔
度支部大臣閔泳綺
軍部大臣李根澤
法部大臣李夏榮
學部大臣李完用
農商工部大臣權重顯

勅令第四十五號

議政府會議規程中改正件

本年勅令第三十三號議政府會議規程第十條中會議下(에決定ᄒᆞᆫ議案을裁可ᄒᆞ실 聖旨가有ᄒᆞ시면可라ᄒᆞᆫ類題多少를不拘ᄒᆞ고裁可ᄒᆞ시ᄂᆞᆫ權이有ᄒᆞ시고抑或該)四十四字를刪去홈이라

光武九年十月二十四日

御押 御璽 奉

勅 議政府參政大臣韓圭卨

外部大臣朴齊純
內部大臣李址鎔
度支部大臣閔泳綺
軍部大臣李根澤
法部大臣李夏榮
學部大臣李完用
農商工部大臣權重顯

勅令第四十六號

中樞院官制中改正件

本年勅令第十二號中樞院官制第一條第一項諮詢ᄒᆞᄂᆞᆫ下에(軍國重要事項과)七字를添入ᄒᆞ고第十條ᄂᆞᆫ刪去ᄒᆞ야(第十條議政府로셔諮詢ᄒᆞᄂᆞᆫ事項에對ᄒᆞ야衆論博採홀要ᄒᆞᄂᆞᆫ時ᄂᆞᆫ議長이原任議政大臣參政大臣各部大臣과曾經議長副議長贊議와協辦의曾經과現任人에게會同收議홈을得홈이라)七十七字로改正홈이라

御押 御璽 奉

勅 議政府參政大臣韓圭卨

外報

●黑海防備 土耳其國은露國이憤恚홈을不拘ᄒᆞ고포쓰포러쓰海峽에新要塞의築造를繼續施行ᄒᆞᆫ다더라

●莫斯科鐵道不通 二十三日倫敦電을據ᄒᆞᆫ즉莫斯科에셔鐵道同盟罷工으로各線의運輸ᄒᆞ얏든運輸業은全혀停止가되얏다더라

●英艦隊提督更迭 二十三日倫敦電을據ᄒᆞᆫ즉英國海軍中將무아氏ᄂᆞᆫ노ㅣ에루大將의後를襲ᄒᆞ야英國支那艦隊司令長官이되얏다더라

東京電報

●兩殿下歡迎 十月二十七日午後一時二十分發

東伏見宮依仁親王殿下와伏見若宮博恭王殿下게셔御凱旋ᄒᆞ는ᄃᆡ歡迎者가頗히多數ᄒᆞ다더라

●露國狀態不穩 仝日午後五時二十分發

露國首相위듸氏와通信大臣지루로氏는露都에셔鐵道同盟罷工에對ᄒᆞ야極力히其鎭靜을辛苦ᄒᆞ는ᄃᆡ其狀態가益益不穩ᄒᆞ야各種의同盟罷工은全國에만延ᄒᆞ야如干商業이全혀杜絶ᄒᆞ는ᄃᆡ至ᄒᆞ얏다더라

●芝濱離宮御宴後聞 日本天皇陛下게셔本日東鄕聯合艦隊司令長官以下千五百名을濱離宮에召하사御宴을賜하셧는ᄃᆡ御宴을終하시고陛下게셔親히將校等을招하사御杯를賜하셧더라

寄書 (속)

凡我臣民이孰不欣然이리오만은然而日俄媾和條約第二欵之辭意가亦指此等諸說ᄒᆞ니此條約之與我交涉與否는雖未聞知而我已斷和於俄則俄之何如措辭於與日和約은不必介介於俄ㅣ나然이나不能不卞明於日本矣라

何以言之오旣有朝英之舊約ᄒᆞ고且有韓日之新盟則英日之改訂同盟에特擧韓於第三欵而顯與第四欵之印度로對幷擧ᄒᆞ니是는平等韓英日之我韓이反與印度同歸而平等韓英日之英日이優然自處於我韓之優等ᄒᆞ니是는曲不在我韓而在於日英이라宜其駁辨質正於英日이可也오俄之斷和之由於俄日之交戰而俄非斷我라我是斷俄而姑未今和則我必責非於俄而第候來頭之如何어니와日本은旣與俄今和之地에奚爲置我韓於其下等歟오是는曲不在於我韓與俄而在於日本ᄒᆞ니爲我韓人者ㅣ即當抗力反對에期於歸正이可也오以日本言之라도曾與俄交戰之時與我韓으로確定獨立保全之信約而今與俄今和之日에反欲置我韓於保護指導監理等這般地位歟오其示背盟約蔑信義於世界는不言可知어니와以我堂堂獨立帝國으로一朝에歐人於他人之膝下則惟我君臣上下生何以抗顔對人於世上이며死何以歸見先王先祖於地下乎잇가言之及此에罔知攸措라痛哭流涕長太息之語도即平常例道也로소이다 未完

雜報

●別單 詔下 再昨日에魂殿享官以下와園所守侍及園官以下別單書入ᄒᆞ라ᄒᆞ셧더라

●斷髮議決 再昨政府에셔參政大臣이主席ᄒᆞ고各部大臣이會同ᄒᆞ야斷髮一欵으로開議ᄒᆞ얏는ᄃᆡ僉議循同ᄒᆞ야皆曰可라ᄒᆞ고各其部下官吏을勸以斷髮ᄒᆞ기로決定되얏는ᄃᆡ惟獨農部大臣權重顯氏가不可라ᄒᆞ나日間上 奏稟裁ᄒᆞᆫ다는說이有ᄒᆞ더라

●避賊移宅 安山鄕第에閒養ᄒᆞ는沈議官舜澤氏는近日에見盜가財產을攫奪ᄒᆞᆯ疑端가有ᄒᆞ야水原觀察府內로將次移家ᄒᆞᆫ다더라

●秦氏起復 禮式院禮式官秦學新氏는起復視務ᄒᆞ얏더라

●礦監任遞 六品李柱健氏는咸鏡南北道各礦監理를解任ᄒᆞ고正三品廉弘鎭氏가被任ᄒᆞ얏더라

●收租委員 從二品方義居氏는平安南北道收租委員을被任ᄒᆞ얏더라

●赤十字社 官制에社長一人副社長一人醫員三人藥劑師一人藥局助手三人會計一人看護婦長一人看護婦五人通譯二人이라더라

●學員試取 再昨으로始ᄒᆞ야師範學校學徒의卒業을試取次로學部大臣이該校에前往試取한다더라

●春察登程 春川觀察使閔泳致氏는到任次로昨日에發程ᄒᆞ얏더라

●學員斷髮 再昨興化學校에셔學徒들이一齊히斷髮ᄒᆞ얏는ᄃᆡ或網巾을裂破ᄒᆞ야日後矢誓ᄒᆞ얏더라

●移接監署 三和港摠巡李昌善氏가內部에報告ᄒᆞᆫ內槪에駐港日本司令官이日本守備隊兵丁限二百名이十月二十五日爲始ᄒᆞ야來留警署云故로率巡檢ᄒᆞ고移接于監理署視務라ᄒᆞ얏다더라

●勸處公廨 大丘郡守金漢鼎氏가內部에報告ᄒᆞᆫ內槪에本郡梅竹軒及鄕長所稅捧所通引廳을日本憲兵隊에셔移駐請求事로前已報告矣러니回指日該憲兵이旣有駐接處인즉不可許施다ᄒᆞ온바郡守가往見日憲兵少尉ᄒᆞ고不必移駐之意로備盡說明ᄒᆞ오나終不聽從ᄒᆞ고一邊修葺에方欲入處이온즉査照處分이라ᄒᆞ얏더라

●城材設院 安州郡守劉猛氏가內部에報告ᄒᆞᆫ內槪에本郡舘宇中大廳과平南門과小東門이年久頹圮러니日陣勸告를因ᄒᆞ야毁撤之由는已爲修報이건과自日陣으로上項材와石擇其稍完者ᄒᆞ야郡北之楓浦江과城南之新川江에責民夫作橋ᄒᆞ며郡西之高阜上에瞭望亭五間을建築하며東隅僻靜處에設立病院九間하며餘存木은引거作板하야日語學校及病院에門窓抹樓等所用이옵고城內外設廁十一處라하얏더라

●照可平擾 軍部에셔內部에照會ᄒᆞᆫ內槪에貴照會를接ᄒᆞᆫ內開에忠清北道丹陽延風堤川永春等地에義擾猖獗이誠甚緊慮이오니飛飭于鎭衛隊ᄒᆞ야派兵亟勤等因이온바該附近匪徒鎭壓事로已飭原州隊兵ᄒᆞ얏신즉照可平靖이옵기玆以仰復이라ᄒᆞ얏더라

●技師遊覽 青山郡守宋熙完氏가內部에報告ᄒᆞᆫ內槪에日本農商務技師中村彦과技手騎山森三郎等四人이去月二十九日에遊歷次로帶持外部訓令ᄒᆞ고自永春郡으로來到本郡이다가發向于報恩郡ᄒᆞ고本礦山監督署理扶理西圭次郞과岡田英夫等四名은陰九月十日에自報恩郡으로來到本郡이다가轉向于黃澗郡이라ᄒᆞ얏더라

●李氏被縛 前禮式院參理官李起鉉氏가留學ᄒᆞᆫ다自托하나其實은韓國獨立에關하야무슴秘密運動ᄒᆞᆯ事로英國에渡航코져하야仁港으로發程하얏더니日昨同氏가日本憲兵의게捕縛되야京城駐在憲兵隊로押送되얏는ᄃᆡ何等重大嫌疑가有하다는傳說이有하더라

●匪擾鎭壓 忠北觀察使申泰熙氏가內部에報告ᄒᆞᆫ內槪에卽接管下報恩郡報즉今陰九月十九日에稱以義兵者三四十名이自清州青川等地로來留于本郡接界華陽洞이다ᄒᆞ고繼接清風郡報즉陰九月二十四日에自倡義所로別砲五十名을以今二十六日에來待于忠州水村留住所之意로傳令于本郡公兄處이온즉何以措處이올지誠切悶然이라ᄒᆞ온바兩郡報警이東西幷至故로原州清州兩處鎭衛隊에急走照會ᄒᆞ와使之鎭壓케ᄒᆞ오며嗣後情形을隨즉馳報伏計라ᄒᆞ얏더라

山僧驚歎

雪岳山中에一老僧이有ᄒᆞ니名日智圓이라年이八歲에出家入山ᄒᆞ야足跡이城市에不及ᄒᆞᆫ者가七十年이라平生念誦은玉樞實經이니驅逐魔鬼에最有效力ᄒᆞᆷ으로智圓의所棲ᄒᆞᆫ近地에는山魈林魔가自皆屛跡이라智圓이藉此伎倆ᄒᆞ고世間惡魔을驅逐ᄒᆞ고善神을保護ᄒᆞ야衆生의게功德을表顯코져ᄒᆞ야錫杖을徐飛ᄒᆞ고楊州道峯寺에至ᄒᆞ야一宿을經ᄒᆞ고萬丈峰에登陟ᄒᆞ야帝城을眺望ᄒᆞ고乃大歎曰漢城中惡魔가何其多ᄒᆞ뇨彼靑絲轎子에黃金服裝이煇煌燦爛ᄒᆞ고別陪騶從이左右擁衛者는皆食民鬼니衆人의膏血을刮取ᄒᆞ야其身을肥澤ᄒᆞᆫ故로其力이悍毒ᄒᆞ고滄海東風에輪船鐵車가陸續而來者는皆食國鬼니全國의精神을吸收ᄒᆞ야其慾을充足ᄒᆞᆫ故로其智가靈敏ᄒᆞ고其力이偉大라吾가一部實經으로써天下惡魔를一切驅除코져ᄒᆞ얏더니彼食民鬼가食國鬼를창導ᄒᆞ야互相糾結에肆毒이日甚ᄒᆞ니此는衆生의一大刧運이라烈火가方熾에誰能撲滅이며狂瀾이既倒에誰能防遏고嗟乎憐哉라誰가將次大慈大悲之力으로써濟我衆生於刀山劍水之中也오吾聞道家之言에曰飄風이不終日이오驟雨가不終朝라ᄒᆞ니惡果가既熟ᄒᆞ면必然自落이라吾將俟之라ᄒᆞ고因復入雪岳山ᄒᆞ얏다더라

緊急 社告

本社創設以來로新聞代金을每月初三日內에先納으로收入ᄒᆞ던바ᄂᆞᆫ自初로購覽ᄒᆞ시ᄂᆞᆫ僉君子가擧皆知悉이온바自本年八月再刊以來로代金收合이延至晦間이옵더니到今本社經費가窘絀之歎이有ᄒᆞ기로本月條ᄂᆞᆫ不日內로收合ᄒᆞ여야可히支過ᄒᆞᆯ터이오來十一月爲始ᄒᆞ야ᄂᆞᆫ一朔條를十五日內로送交ᄒᆞ시와連속發刊ᄒᆞ야愛讀 僉君子의閱覽을供ᄒᆞ기로切盼ᄒᆞᆷ

大韓每日申報社 白告

外報

●佛領北阿地震 二十三日倫敦電을據ᄒᆞᆫ즉阿弗利加지유니스海岸에地震이有ᄒᆞ야마예ᄯᅢ아港人民이目下戶外에서避難ᄒᆞᆫ다더라

●高密에獨兵撤退期 二十四日上海電을據ᄒᆞᆫ즉獨國水兵이膠洲灣高密市에서靑島로引揚ᄒᆞᆷ은明年부터開始가됨으로淸國에서ᄂᆞᆫ山東省靜平을爲ᄒᆞ야右水兵引揚後山東鐵道에警察上保護를ᄒᆞ라ᄂᆞᆫ命令을發ᄒᆞ얏다더라

●艦隊編成復舊 二十四日東京電報를據ᄒᆞᆫ즉 日本凱旋艦隊ᄂᆞᆫ明日公衆縱覽을終ᄒᆞ고戰時編成을解ᄒᆞ야常備艦隊와第一第二豫備艦隊를編成ᄒᆞ야各各所屬鎭守府로歸還ᄒᆞᆫ다더라

●新造二大巡洋艦 近着ᄒᆞᆫ東京報를據ᄒᆞᆫ즉日本臨時軍事費로ᄡᅥ建造中一等巡洋艦筑波、生駒二隻에셔筑波ᄂᆞᆫ十二月二十三日에進水式을擧ᄒᆞ고又生駒進水式은明春二月인데其돈數ᄂᆞᆫ一萬三千五百餘돈이라더라

●清帝被拘說 北京電을據ᄒᆞᆫ즉曩日北京停車場에서爆發彈의事變이有ᄒᆞᆷ의西太后가危險의虞가有ᄒᆞ다ᄒᆞ야皇帝ᄭᅴ促ᄒᆞ야本月十日에猝然히頤和園으로還啓ᄒᆞ얏더니十三日夜九時頃에西太后가皇帝를召ᄒᆞ야面責ᄒᆞ기를汝ᄂᆞᆫ今番事變에推測ᄒᆞᆷ이無ᄒᆞ고皇帝ᄭᅴ셔驚의戰를ᄒᆞ야一言도不發ᄒᆞ고適其時警衛兵六名이排闥出現ᄒᆞᆫ지라西太后가氣色이愈益不平ᄒᆞ야嚴命ᄒᆞ야曰汝ᄂᆞᆫ姑且謹愼ᄒᆞ라ᄒᆞᆷ의警衛兵이即時皇帝를擁ᄒᆞ야皇極殿挾室로入ᄒᆞ얏ᄂᆞᆫ데該室은房이一箇所와窓一箇所만有ᄒᆞ며四側으로鐵柵을繞ᄒᆞ고房門에ᄂᆞᆫ兵士四名이交代守直ᄒᆞ며房中에ᄂᆞᆫ一箇寢床만有ᄒᆞ고食物와其他物品은自外供給ᄒᆞ며運動도西太后의許可가無ᄒᆞ면自由로運動키不能ᄒᆞ야如此悲慘ᄒᆞᆫ境遇에至ᄒᆞᆫ故로皇帝ᄭᅴ셔昨今에ᄂᆞᆫ殆히狂亂의模樣으로時時高聲을發ᄒᆞ야憤怒의情을示ᄒᆞ얏다ᄒᆞᄂᆞᆫ데此ᄂᆞᆫ宮廷의秘密事인故로十分知悉ᄒᆞᄂᆞᆫ者가無ᄒᆞ더니袁世凱氏가此密報를接ᄒᆞ고但涕淚가滂沱와如ᄒᆞᆯᄲᅮᆫ이라ᄒᆞᆫ지라然而近日皇帝不豫의上諭가下ᄒᆞᆯ것이오又來月의萬壽節도皇極殿에서擧行치아니ᄒᆞ고儀鸞殿에서擧行ᄒᆞ리라더라

雜報

●地方局長 內部地方局長吳相圭氏ᄂᆞᆫ遞任ᄒᆞ고會計局長李容復氏가被任ᄒᆞᆫ다더라

歷史槩要

波蘭末年史 續

此後에도露國은其苛刻ᄒᆞᆫ政을波蘭에行ᄒᆞ며普墺兩國이ᄯᅩᄒᆞᆫ其一臠肉을共담코져ᄒᆞ니然則波蘭의危狀은風前燈보다甚ᄒᆞᆫ지라此時를當ᄒᆞ야비록高[illegible]斯古等又ᄂᆞᆫ愛國忠誠者가畢生心力을竭盡ᄒᆞ되能히恢復치못ᄒᆞ고畢竟三國에呑滅ᄒᆞᆫ바되야第三四分割ᄒᆞᆫ後波蘭이곳滅亡ᄒᆞ니此ᄂᆞᆫ外國에干涉을受ᄒᆞᆷ으로ᄡᅥ波蘭滅亡에第二原因이라謂ᄒᆞ며

第三人民의政權이無ᄒᆞᆷ으로ᄡᅥ波蘭滅亡의第三原因이라ᄒᆞᆷ은何故오波蘭은國王을公選ᄒᆞᄂᆞᆫ制라國會ᄂᆞᆫ雖有ᄒᆞ나其實은公選ᄒᆞᄂᆞᆫ權을貴族이專擅ᄒᆞ고人民은與知치못ᄒᆞ며ᄯᅩ國會라ᄒᆞᆷ도貴族幾人이自意開設ᄒᆞᆷ이오人民은參預가毫無ᄒᆞᆫ지라이럼으로人民은國家를他人의物갓치視ᄒᆞ야興亡存廢가於我에無關이라ᄒᆞ야向者波蘭盛時에外國을征服ᄒᆞᆷ이其嘉ᄒᆞᄂᆞᆫ者도貴族ᄲᅮᆫ이오其衰運을當ᄒᆞ야外侮를受ᄒᆞᆷ이憂ᄒᆞᄂᆞᆫ者도貴族ᄲᅮᆫ이며至於人民ᄒᆞ야ᄂᆞᆫ毫末도喜憂ᄒᆞᄂᆞᆫ者ㅣ無ᄒᆞ니大抵內治外交에一臂之力이라도助成코져ᄒᆞᄂᆞᆫ者ᄂᆞᆫ다國家의枝葉되ᄂᆞᆫ貴族이오其根抵本幹되ᄂᆞᆫ人民은相關이毫無ᄒᆞᆫ故로國家의基礎가自然薄弱ᄒᆞ거날이제蛇虎豺狼又ᄂᆞᆫ敵國을當코져ᄒᆞ니엇지其政略이敏捷ᄒᆞ고軍事가統合ᄒᆞ리오此ᄂᆞᆫ人民의政權이無ᄒᆞᆷ으로ᄡᅥ波蘭滅亡에第三原因이라謂ᄒᆞᄂᆞᆫ비라

大抵波蘭은國王公選制로ᄡᅥ朋黨이傾軋ᄒᆞ야合心치못ᄒᆞ며暴虐無道ᄒᆞᆫ外國과接攘ᄒᆞ야其干涉을被ᄒᆞ며貴族이跋扈ᄒᆞ야人民은政權에參預치못ᄒᆞ게ᄒᆞ다가畢竟此三者를因ᄒᆞ야覆滅ᄒᆞᄂᆞᆫ禍를不免ᄒᆞ얏스니我人은맛당히此를鑑戒ᄒᆞ야國民의合心을謀ᄒᆞ고外國의干涉을不啓ᄒᆞᆷ이可ᄒᆞ리로다 未完

향긱담화

우시싱

모쳐를지나다가슈숨향긱이모혀담화ᄒᆞᄂᆞᆫ말를둘은즉한사람이가로되지금세계ᄂᆞᆫ츙휘황챤란ᄒᆞᆫ세계라우리들의고루ᄒᆞᆫ소견으로ᄂᆞᆫ엇더타형언ᄒᆞᆯ슈업거니와만국통상약조ᄒᆞ야티셔각국사ᄅᆞᆷ들은쳔만리를지척으로만리타국나와셔도거쳐범ᄇᆡᆨ의복졔도문명국인괴상이오언어힝동쳐신범절ᄌᆞ유권리비양ᄒᆞ야약ᄒᆞᆫ티도아죠업시텬지간에오유ᄒᆞ야학문으로업울숨고신의로근본숨아익국지심사람마다잇것마ᄂᆞᆫ우리대한졍부관리학문이무엇인지신의가누엇인지익국이무엇인지도모지불계ᄒᆞ고복즁에가득ᄒᆞᆫ경륜리욕일관ᄲᅮᆫ아로다박탈민재독ᄒᆞᆫ졍ᄉᆞ싱령이어육이오괴군망상ᄒᆞᆫ죄명죽은들써글손가되시협판되각령감귀밋히옥과조금관ᄌᆞ와각식으로저은젼복식슐되를미고보니물식은조커니와창우하쳔복식이오스린교인력거에구종별배옹위ᄒᆞ야젼후로벽졔ᄒᆞ니괴구ᄂᆞᆫ장커니와외국인의슈치로다관찰군슈셔임ᄒᆞᆯ제정치학문못지인ᄒᆞ문벌이ᄂᆞ셰교이니돌녀가며차출ᄒᆞᄂᆞ불학무식하등인물ᄯᅩᆫ을밧고믹미ᄒᆞ야부임ᄒᆞᆫ후힝졍ᄒᆞ면누죄평민착슈ᄒᆞ고횡셜슈셜가진죄명빗가지로얼거ᄂᆡ여ᄉᆞ갈의독ᄒᆞᆫ히와시랑의모진소ᄅᆡ호령이츄상갓고악형이무쌍ᄒᆞᆫ죽어ᄂᆞ셔은어둔빅셩일루잔명보존ᄎᆞ로상평면하평면파가장즙물방미ᄒᆞ야긔쳐량긔만량에간신히달신ᄒᆞ니 未完

廣告

特別廣告

本申報ᄂᆞᆫ海外電報를訂購ᄒᆞ야機關이靈通ᄒᆞ고外報와探報를敏捷活潑ᄒᆞ도록注意ᄒᆞ오며申報發送ᄒᆞᄂᆞᆫ뒤迅速信傳ᄒᆞ기ᄂᆞᆫ分傳人의게在ᄒᆞᆷ으로本社에서平常에諸分傳人의게丁寧戒飭ᄒᆞ고申申訓飭ᄒᆞ야或嬾惰ᄒᆞ게注意ᄒᆞ거니와如或有稽忽이라도愛讀僉君子ᄂᆞᆫ密使知予本社ᄒᆞ시면該分傳의게誠信相孚ᄒᆞ도록耳提面會ᄒᆞ고勸懲ᄒᆞ야弊가發生ᄒᆞ도록會論ᄒᆞ야必無遲誤ᄒᆞ기로期待ᄒᆞ옵나이다

本社에寄書ᄒᆞ시ᄂᆞᆫ諸君子ᄂᆞᆫ姓名과居住를明確ᄒᆞ게懸錄送附ᄒᆞ시와證據가有ᄒᆞᆷ을必要ᄒᆞᆷ이오公衆平和와秩序를紊亂케ᄒᆞᄂᆞᆫ意와ᄒᆞᆫ社會上不緊荒雜ᄒᆞᆫ寄書ᄂᆞᆫ自不受ᄒᆞᄂᆞᆫ權利가本社에有ᄒᆞ오니肯諒ᄒᆞ시옵

大韓每日申報社

廣告

貿易商 本社ᄂᆞᆫ仁川港
日本郵便電信局對面
電話第二百一番地

仁川港 廣昌洋行

벤닛르會社告白

○鐵路部

○東大門과新門間에來往車ᄂᆞᆫ每十分間에運行ᄒᆞᆷ
東大門發初車ᄂᆞᆫ午前六時三十分
新門外停車場發初車ᄂᆞᆫ午前六時五十五分
東大門發終車ᄂᆞᆫ午後九時五十分
新門外停車場發終車ᄂᆞᆫ午後十時十五分

○東大門과洪陵間에來往車ᄂᆞᆫ每二十分間에運行ᄒᆞᆷ
但自鍾路로東大門에來到ᄒᆞᆫ交替車로聯絡ᄒᆞᆷ
東大門發初車ᄂᆞᆫ午前六時五十分
洪陵發 初車ᄂᆞᆫ午前七時十分
東大門發終車ᄂᆞᆫ午後七時五十分
洪陵發 終車ᄂᆞᆫ午後八時十分

○鍾路와龍山間에來往車ᄂᆞᆫ每十二分間에運行ᄒᆞᆷ
鍾路發至南大門初車ᄂᆞᆫ午前六時四十八分
鍾路發至龍山 初車ᄂᆞᆫ午前七時二十四分
南大門發至鍾路初車ᄂᆞᆫ午前六時五十六分
龍山發至鍾路 終車ᄂᆞᆫ午前七時五十七分
南大門發至鍾路終車ᄂᆞᆫ午前十時八分
龍山發至鍾路 終車ᄂᆞᆫ午後九時九分

○特別私用車ᄂᆞᆫ顧客의方便ᄒᆞᆷ을隨應ᄒᆞ야應給ᄒᆞᆷ
但定價ᄂᆞᆫ本社에來臨ᄒᆞ야請問ᄒᆞ옵

○電燈部

二百五十燭力以內의數用處에ᄂᆞᆫ每個月에定價表가如左ᄒᆞᆷ
○十六燭力燃燈達夜에二圓五十錢
○三十二燭力燃燈達夜에四圓
○五十燭力燃燈達夜에六圓
○一百五十燭力燃燈達夜에十圓
一千二百燭力弧形燈達夜에二十圓
二百五十燭力以上의數用處에ᄂᆞᆫ請求ᄒᆞ면瓦斯計一箇룰設給ᄒᆞᆷ
但瓦斯計賃金은每個月에二圓이오瓦斯計測驗表委托定價ᄂᆞᆫ每時間每암피아에二錢이옵
瓦斯計設給處에서每介月支拂金最低額은每個月에二十圓인티(瓦斯計賃金은)据ᄒᆞᆷ
電燈을敷設ᄒᆞ기에請求ᄒᆞᄂᆞᆫ디給ᄒᆞᆷ로供各種連技掛燈도常時에貯存ᄒᆞ엿숩

本社鐵路電氣會社
韓美電氣會社 告白

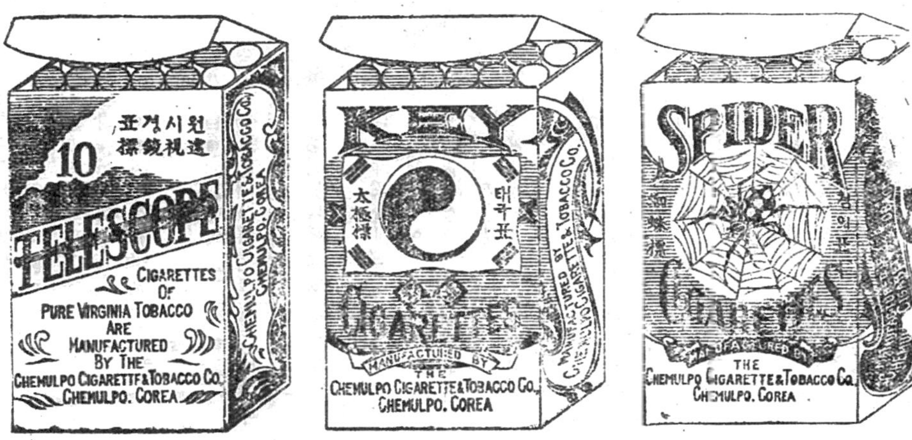

以上三種은上品으로製造ᄒᆞ야衛生上에至極有益ᄒᆞ오니勿論某人ᄒᆞ고本社에來顧ᄒᆞ옵

大韓帝國仁川港
濟物浦紙卷烟及烟草會社

一鷹標罐濃結牛乳
一金印罐詰濃結牛乳
一無雙家用氣化乳酪
一뫼ㅣ듼쓰製造麥芽化合牛乳
以上은常時에貯積ᄒᆞ엿숩
美國紐育港뫼ㅣ듼쓰濃結牛유會社
一手代理店 大韓仁川港 世昌洋行

廣告

一雜貨商
一貿易商
一船舶取扱
一烟草商
一委托販賣及貨物運送代理業
一貿易石炭商
以上輸入及輸出者
京城仁川 大昌洋行

本社廣告

申報價
一張代金 韓貨五錢
一箇月前納 五十戔
三箇月 一元五十戔
六箇月 二元九十戔
一箇年 五元八十戔
郵稅一部 新貨五里
一箇月 十三戔

廣告料
四号活字十三字詰每日每英尺一寸에新貨廿五錢(每日每行에六錢에相當ᄒᆞᆷ)
二周日에 二圓五十錢(每日每行四錢五里에相當ᄒᆞᆷ)
一箇月에 五圓(每日每行四錢一里에相當ᄒᆞᆷ)
其期限의長短과字行의多少를依ᄒᆞ야增減ᄒᆞᆷ이有ᄒᆞᆷ

大韓人마다此申報를不得不閱覽ᄒᆞ실터이오니廣告出報ᄒᆞ실僉君子ᄂᆞᆫ來臨面議ᄒᆞ시옵

發行兼編輯人 英國人裴說
發行所 京城北署普通坊病院号外地技語學校前
大韓每日申報社

第三卷　第六十六號

大韓每日申報
대한매일신보

月曜及慶節 歲時日休刊

檀君開國四千二百三十八年
箕子元年三千二十七年
大韓開國五百十四年
日本明治三十八年
淸國光緖三十一年
陰曆乙巳十月大初四日癸卯

論說

勸告商會

夫商業은實業中最大ᄒ者오또現今時代는商利競爭之世라無論何國ᄒ고商業이興旺ᄒ야商權이擴張ᄒ면人權과國權이發展ᄒ고

만일商業이不旺ᄒ야商權이不張ᄒ면人權과國權이또ᄒ墜失ᄒᄂ니此는歷史에瞭然ᄒ者라

今에大韓을觀ᄒ건되物品의産出도殷富라홀거이오海陸交通에貿易도便利라ᄒ깃스나

但往古幾千年은閉關鎖港之國이라車不行於域中ᄒ고舟不通於海外ᄒ야百物이生於其中ᄒ아消於其中ᄒ니商業의發達은固無可論이오

또由來規模가民國이關ᄒ重大之責은專히士大夫의게在ᄒ고經商實業之民은初無相關이라但히一身一家之計로區區謀利홀뿐이오

國家를爲ᄒ야身名을顯達ᄒ고事業을樹立홈은職分內事가아니니엇지人才가發現ᄒ고商業이進步ᄒ리오

現今時代는前日과不同ᄒ야風氣가稍開ᄒ고人智가漸廣ᄒ니大韓商業家도宜乎他國商業家의規模를效則ᄒ야社會上聯合力을固結ᄒ야全國利權을維持홀지라

於是乎商業會가創立ᄒ얏스니此는民國의重要ᄒ基礎라吾輩는該會組織이十分就緖ᄒ기를希望ᄒ는故로大綱을擧ᄒ야勸勉을表ᄒ노니

一日主旨發越이니該會諸氏은大旬을顧念ᄒ야全國商業을互相維持ᄒ기로目的을숨아前日에一切民國事를士大夫의게讓步ᄒ던陋習을改革ᄒ고人權과國權을各其負擔홀지니

彼英國商業史를觀ᄒ라五印度를管轄ᄒ며支나香港을占領홈것이莫非商會之功이오遍地球海岸에英國威權이獨占優越者는皆商會之力이라

彼香港에儼然ᄒ銅像이日光이셤셤ᄒ야廣東을注視ᄒ는者는商會首領義律이니世界上에經商業家가此를觀ᄒ면또ᄒ足히奮發ᄒ리로다

一日商務敎育이니該會는何如히經紀ᄒ던지商業學校를建立ᄒ야商業의有志者를敎育ᄒ되先히普通諸學으로以ᄒ고畢業ᄒ면商業專門學에進ᄒ야商業理學과商業史學과商業地學과商業法學等으로써人才를培養ᄒ면商務의發達이他人의게不讓ᄒ리니該會員은맛당이此를籌思홀지어다

官報

◉第三千二百八十二號 光武九年十月廿八日

◉叙任及辭令 (續)

中樞院贊議勳三等閔泳奎
中樞院贊議勳三等徐正淳
陞叙勳二等賜八卦章.
陸軍正領勳四等李熙斗
陞叙勳三等賜八卦章
以上十月二十四日
特免徵戒 從一品閔丙奭
十月二十五日

◉第三千二百八十三號 光武九年十月三十日

◉宮廷錄事

詔曰命平理院裁判長陸軍正領李漢英爲陸軍叅將
光武九年十月二十二日
議政府參政大臣韓圭卨
詔曰命奉常司提調南圭熙爲宮內府特進官奉常司長沈相漢爲奉常司提調尙方司長洪鍾億爲奉常司長秘書監丞李明翔爲尙方司長
十月二十五日
宮內府特進官李貞烈辭職疏
批旨省疏具悉所請依施
十月二十六日

◉叙任及辭令

任陸軍叅將　平理院裁判長陸軍正領李漢英

十月二十二日
軍部敎育局敎務課員陸軍步兵叅領李範七
陸軍武官學校敎官陸軍步兵正尉洪秉壽
陸軍硏成學校附陸軍步兵正尉尹錫祜
仝　參尉李乭儀
鎭衛步兵第三大隊中隊長陸軍步兵正尉朴容俊
仝　李象宇
鎭衛步兵第三大隊副官陸軍步兵副尉羅　鎬
鎭衛步兵第五大隊長陸軍步兵參領金演耆
免本職
陸軍硏成學校敎官兼敎成隊附陸軍步兵副尉林在德
仝　宋禹榮
免本職兼職
陸軍步兵副尉林在德
仝　羅　鎬
任陸軍步兵正尉
任陸軍步兵副尉
陸軍步兵叅尉李乭儀
補軍部敎育局敎務課員
陸軍步兵叅領金演耆
補鎭衛步兵第五大隊長
陸軍步兵叅領李範七
陸軍步兵正尉尹錫祜
仝　羅　鎬
補鎭衛步兵第三大隊中隊長
補鎭衛步兵第三大隊副官
陸軍步兵副尉李乭儀
補陸軍武官學校敎官
陸軍步兵正위林在德
陸軍步兵正위李象宇
仝　洪秉壽
仝　朴容俊
補陸軍硏成學校附
陸軍步兵副위宋禹榮
陸軍步兵叅위金亨燮
補陸軍武官學校學徒隊附
補陸軍幼年學校學徒隊附
陸軍騎兵叅위金養善
以上十月二十三日
黃海道觀察府主事金時洙
江原道觀察府主事李昇洙
依願免本官
任黃海道觀察府主事叙判任官六等　李愈宰
廣濟院製藥師李應遠
廣濟院書記金澈周
仝　徐凡淳
陞五級俸
任慶尙南道觀察府主事叙判任六等　金敏鉉
任江原道觀察府主事叙判任官六等　九品劉鍾國
以上十月二十四日
未完

外報

◉韓國駐在官　韓國駐箚日本公使館은撤廢ᄒ後駐在官을林權助氏外에他人이된다ᄂ듸井上馨氏란說도有ᄒ며福島少將이란說도有ᄒ며後藤新平氏란說도有ᄒ며長谷川將軍을依然히駐屯軍司令官으로써駐在官을兼ᄒ야其下에外交家的官을置ᄒ야輔助홈이可타ᄂ說도有ᄒ야方今決定中이라더라

◉艦隊의縱覽과宴會　橫濱灣에서凱旋聯合艦隊ᄂ今明兩日間에公衆縱覽을許ᄒ고又今夕은英國艦隊乘組員等을請ᄒ야宴會를開設ᄒ다더라

東京電報

●稅關長後任 十月廿八日午前十時十五分發

總稅務司색라운氏는辭任홈으로後任은大阪稅關長[illegible]氏가ᄒ얏다더라

●同盟罷工終息 十月二十八日午後二時五十八分發

露國同盟罷工은漸漸蔓延ᄒ야「도레보ㅡ」總督이露都에統治權을掌握ᄒ얏다ᄒ나必竟江河革命은不成ᄒ리라더라

●新任總理 仝上

우잇트氏는總理大臣에任命이되얏다며官報에發表ᄒ얏다더라

●御賜宴 十月二十八日午後五時五十分發

日本皇太子殿下게셔本日東鄕大將以下各艦隊組將校와大本營部員等千三百名을芝離宮으로召ᄒ사御宴을賜ᄒ셧다더라

●驅逐艦進水式 十月二十九日午前十時五十三分發

驅逐艦朝風은神戶에셔進水式을擧行ᄒ얏다더라

●東北地方凶作 仝上

東北地方이凶作되야各地方官과有志家等이韓國米其他外米輸入홈을協議中이라더라

●露帝의避危險 十月二十九日午後五時七分發

露都에셔同盟罷工者가倍一猖厥ᄒ야露帝는危險을避ᄒ야뻬다로一에趣ᄒᆫ親兵으로護衛ᄒ고露都에外國人은衛戍總督으로레보ㅡ氏의保護를受ᄒ얏다ᄂᆞᆫ되모스고ㅡ기여후가루코후의形勢가頗히重大ᄒ다더라

寄書 (續)

當此危急存亡之秋ᄒ야閣下與當局諸公으로晦効死濱壽之不暇어ᄂᆞᆯ不此之爲ᄒ고乃反逐於賣國之賤豎ᄒ야官職之奏本也에不免與儈之同流ᄒ고衣制之變改也에欲作儞人之先倡ᄒ니

嗚呼悲夫라自古亡國이非不由於賣官鬻獄이나賣官則不藝未用故로政治가不明ᄒ고鬻獄則請賜이必施故로法律이不行ᄒ나니閣下何不回既倒之狂瀾而駸駸然沈溺其中ᄒ며民産之足不足이有何關於衣色之黑白而欲區區改定於此際乎아此則國是定ᄒᆫ然後事오非危亂中急務니伏願閣下ᄂᆞᆫ悅然而覺ᄒ시고翻然而改ᄒ샤殲厥亡國之巨魁ᄒ야以正邦憲ᄒ고舊染汚俗을咸與維新ᄒ야使我三千里疆土와二千萬生命으로五百年 宗社로ᄒ야得保有則實萬世无疆之休오閣下도其亦永有辭於天下後世矣리이니生不勝區區瀝血仰顙之至로소이다 完

雜報

●財顧到府 全南觀察使朱錫冕氏가內部에報告ᄒᆫ內槪에本府財政顧問附井上雅二와度支部主事宋台觀이日憲兵一名을帶同ᄒ고十月二十二日에本府에來到라ᄒ얏더라

●責雞斃人 高陽郡守朴周憲氏가報告ᄒᆫ內開에本月二十六日本郡鐵道事務阿川組所屬日人海田伊太郎等五名이本郡梅花亭里居民宣敎升處에勒責淫雞이다가計不入量打踢宣敎升ᄒ야乃爲致斃ᄒᆫ지라轉照于日公館ᄒ시와該犯等을使之調押ᄒ야에按法懲辦ᄒ와俾申幽冤이라ᄒ얏더라

●訟不平理 石城地畓訟事로趙輔國秉式氏家에서平理院該決홈을不服ᄒ야伸訴홈으로法部에서該道查報를據ᄒ야事實이旣至如此ᄒ니更爲公決報來하라ᄒ고平理院에訓飭公決케홈은已揭本報어니와更探ᄒᆫ즉該院에서不顧查報與事實如何ᄒ고藉其前決ᄒ야將欲防報云ᄒ니但掩其前決不公ᄒᆫ自罪에不出이나大小訟理에寧有是例리오爲其法官者任其平理之責ᄒ야乃至一次라도意必從平公決홈이可ᄒ거날何若當平孔決인지況其大官家에文卷照然과追奪自在ᄒᆫ處訟이如此ᄒ니其他民訟에無理冤屈者多홈을不問可知라고非說이有ᄒ다더라

●美兵酗酒 再昨下午에美兵一名이酒醉如泥ᄒ고皇壇等地에서韓人朴元植을毆打ᄒᄂᆞᆫ것을平服日人二名이目覩하다가該美兵을毆打하얏다더라

●徐氏辦理 正三品徐彰輔氏ᄂᆞᆫ辦理公使를被任ᄒ얏다더라

●幸而得免 昨日上午一時에光熙門內石橋布木廛吳龍浩家에賊漢五名이突入ᄒ야收拾什物之際에行巡巡檢이呼角會集ᄒᆫ故로該賊盜들이亦突砲를連放하고一幷散去하얏다더라

●侍御輪[illegible] 從二品鄭鼎允氏ᄂᆞᆫ侍從副卿을被任ᄒ얏더라

●閔氏復將 從一品閔丙奭氏ᄂᆞᆫ陸軍副將을被命ᄒ얏더라

●驛屯督捧 正三品張容汲氏ᄂᆞᆫ慶尙南北道驛屯各年未收督捧官을被任ᄒ얏더라

●賣淫娼樓 烟台來人의傳說을得聞ᄒᆫ즉該地에韓國娼妓들이靑樓二處를設立ᄒ고汙만히賣淫ᄒᄂᆞᆫ되韓國의羞恥가不無ᄒ니該地駐在韓國領事의게禁斷ᄒ믈申飭홈이可타고ᄒ더라

●大將陸見 再昨下午二時에長谷川大將이士官三十一人과騎兵十六人을帶同 陸見ᄒ얏더라

●兎不角雞不毛 有甲乙二客이同處旅館ᄒ야酒酣以往에偶然說話가時事를提起ᄒ니甲曰近日所謂政府組織이라ᄒ며曰施政改善이라ᄒᄂᆞᆫ問題ᄂᆞᆫ何處에勸告인지何人의運動인지別般人物을不見ᄒ깃고奸猾ᄒ令을不聞이오但國勢ᄂᆞᆫ日於危險ᄒ고人民은日益困難홀ᄲᅮᆫ일네

乙曰人誰無過리오改之爲善이니今日大官中에奸細輩라ᄒ며貪鄙夫라ᄒᄂᆞᆫ者도如此ᄒᆫ時局을當ᄒ야國家가不保ᄒ면自巳도滅亡홀事機를料度홀터이니엇지改過遷善ᄒ야竭忠報國홀心事가無ᄒ리오

甲이大笑曰自古及今에君子ᄂᆞᆫ或變ᄒ야小人이된者가有ᄒ거니와小人이變ᄒ야君子가된者ᄂᆞᆫ絶無ᄒᆫ지라天下之物이原質이有ᄒᆫ然後에文彩가生ᄒ나니兎가엇지角을生ᄒ며雞가엇지毛를生ᄒ리오目今某某大官中에奸細輩라貪鄙夫라ᄒᄂᆞᆫ者가其資稟을言ᄒ면先天的獷化오其學識을言ᄒ면目不識丁者라平生積慣은賣官이아니면賣國이니在於今日ᄒ야蟠據要津홈은外人의利用件을作홀ᄲᅮᆫ이나外人의利用件이되ᄂᆞᆫ者가엇지自國에利ᄒ리오噫라三千里疆土와二千萬人民도不幸ᄒ거니와渠輩身世도可憐ᄒ고可哀ᄒ다ᄒ더라

●西民含冤 前宣川郡守白樂三之不法行爲로旣發民訴에至爲冤官ᄒᆫ事由ᄂᆞᆫ已爲記載어니와所討ᄒᆫ民財葉八千九百餘兩中二千餘兩은査庭還推ᄒ며其餘五千八百餘兩은尙此不推ᄒ야猶在未決中인되遠道殘民이跋涉道路에情狀이可矜이라該氏ᄂᆞᆫ以若未決이罪人으로何處運動인지復職을方圖ᄒ며就令該氏의게推錢次來訴民李先行之冤이未伸도實難免이온況且錢不給而官欲圖ᄒ야肆毒於民人者不勝憤痛ᄒ야政府와書와法部訴狀과平理院請裁가遂日還至라더라

●地方電報 寗邊관察使가內部에電報하얏ᄂᆞᆫ되日本守備隊處所ᄂᆞᆫ許給于通信局이라하고宣化堂과外他公廨로入處키로困督이太甚하니下答伏望이라하얏고

○忠州관察使가內部에電報하얏ᄂᆞᆫ되今二一九日申時에日兵七十名이駐라하얏더라

●匪宿過境 忠北觀察使申泰熙氏가報告ᄒᆫ內槪에卽接懷仁郡鄕長報告則陰九月二十四日酉時量에稱以義兵하고四十餘名이各持銃劍하고本郡에到着하야直入吏廳에仍爲留宿하온바酒食草鞋와紙筆等을使之責應이고無數作弊이오나追捕其從次處自淸州鎭衛隊로過來云云이고其翌日黎明에向去報恩等地이오며其謂敎通은揭付于街壁이오데聞自淸州隊로想應追捕홀듯하오나該隊之追捕如何와該徒之解散與否를隨其探來馳報라하얏더라

●請要郡衙 軍部에서內部에照會ᄒᆫ內槪에現接海州駐隊叅隊長民尹元植電報則北還日兵一중隊가現到本州하야將爲留連인바該兵店司令官要請本駐隊하야以爲居接云而其在交隣之誼에不容不許施則該駐隊將卒은勢將移接于타地然後에可免棲屑이온데本郡內衙與薇民黨과現駐日兵居之書記廳及內衙行廊幷庫舍二間을借渡于該隊則可以容接이니刻卽電報于該道관察使하야俾卽讓與케하라하얏더라

社告

本社創設以來로新聞代金을每月初三日內에先納으로收入호던바는僉君子가擧皆知悉이온바自本年八月再刊以來로代金收合이延至兩朔이옵더니到今本社經費가窘絀之歎이有호기로本月條는不日內로收合호여야可히支過올터이오來十一月爲始호야는一朔條를十五日內로送交호시와續續購刊호야購覽호시는僉君子의回覽호심을伏望호오며盼홈

大韓每日申報社 白

外報

●英國艦隊의歎賞 東京電을據혼즉昨日大觀艦式을參觀호든英國艦隊乘組員等이日本艦例秩序가一般히整頓됨을感嘆호고軍艦에數三隻은英國에觀艦式이라도日本과不同타호며大小艦艇에成혼御召艦과供奉艦一體의進退動作은진실노可히誇혼만호다호며總히露國艦隊에는不可比較라호고今次戰捷혼것도偶然치아니라고感歎호얏다호더라

●駐白公使新任 北京電을據혼즉李盛鐸氏는白耳義駐箚公使을任호얏다더라

●露國海軍再興計畫 東京電을據혼즉露國政府는今後七箇年間每年七千五百萬留式合計五億二千五百萬留를支出호야戰鬪艦十六隻、巡洋艦十二隻과驅逐艦水雷艇等을建造홀計畫을定혼다더라

●英艦派弗利加行 倫敦電을據혼즉英國巡洋艦빠스후이래도號는계우다로向호야단찌아를出發호얏는딕其目的은모로쓰고土民으로호야捕捉된英國士官에關혼確實報道를採홈이라더라

●日淸交涉 東京電을據혼즉日露講和條約에關聯혼日淸間의交涉은東京에셔兩國委員會見上을協定혼다는說이有호되斯는談判進行上에不便이不少라호야北京에셔會見홀일노決定호고又俄國委員은內田公使가當此호야內定호얏다더라

●陸軍大中將新任 日本宮中에셔左와如히親任으로호얏다는되

陸軍中將從三位勳一等功三級男爵 大島義昌 任陸軍大將

陸軍少將從四位勳二等功四級 松永正敏 任陸軍中將

●日露兩國駐箚公使 日露가平和克復홈으로近者兩國의全權公使를任命호는되露國에셔는前公使로ㅣ센氏가來任호고日本에셔도栗野公使가復任혼다더라

●마세또니야問題 伯林電을據혼즉마세또니야財政問題에關호야列國公使는土耳古皇帝에財政監督委員의承認을得홈으로拜謁홈을要求호얏다가若其皇帝가拒絕호게되면사로니기에軍艦을送호야示威運動을홀計이라더라

歷史輯要

○波蘭末年史 續

西曆一千七百三十三年에僭往王二世가崩호고其子가繼位호니日僭王三世라王의才德은其父보다도로혀庸劣호고露國의力으로王位를得호야其保護를受호는故로在位時에露人이더욱跋扈조梁호야波蘭國의主權을掌握호더라西曆一千七百六十三年에僭往王三世가崩호고自後一年間은波蘭國이依然히無政府혼境遇에陷호야驕擾가太甚호니此時에波蘭貴族間에兩黨이有호야一은日代議政治黨이니領首는羅開逸이오其意는現在혼代議政治를維持호자호고又一은日獨裁政治黨이니領首는史道理오其意는波蘭此弊의弊害를考察호야獨裁政治로變更호고從來弊를一洗호자호야代議政治黨과獨裁政治黨의紛爭이如此혼中에또宗敎의爭論이起호다가天主敎의勢力이漸漸增加호야向者一千七百三十六年에는되되여國會를通過호야天主敎徒는國家公務와其他重要事件을參與호고此外基督新敎等은猶太人과又치社會下流에沈淪호야至今ᄭ지三十年을經호야도宗敎의爭論이日增月加호니此時獨裁政治黨은天主敎를信奉호고代議政治黨은우基督新敎를信奉홀시基督新敎의主旨는信敎호는自由權을許홈이可타호더라是時에舊例를循호야新王을選擧홀시獨裁政治黨과代議政治黨이各其自黨中으로君主를選擧코져호야競爭을日事호다가獨裁政治黨은露國의威力을乞호니露國女皇二世는機智가特出혼者라即時派兵호야獨裁政治黨을援호야斯他尼士羅伯爵을選호야波蘭王位에昇호니王은本來露國女皇의寵愛호든臣이오獨裁政治당史道理의親戚이라今에露女皇이波蘭을任意操縱코져호야其位에置홈이니王의在位時에波蘭이露西亞와普魯士와墺地利三國에分割혼바되야本境에는殲滅호는禍를被호더라 未完

●향긱담화 우시싱 속

부모쳐즈를리기걸일조에되고보니원입글슈길혼한온욕식기욕심각호나합제로민든경쳐어되가호소호며호소호들쓴되잇나그런고로직당에도두입호고의병이라조칭호야셩군작당횡힝호니셩쥬에셔근심호스 조칙을나라시고효유안무호라신들간신이만죠호니셩쥬의깁흔근심더러날자누가잇나한심코이달을스기름지고조흔강토습쳔리와슌호고어진빅셩이쳔만어당당대한즈쥬호야독립국이못되손가간흘혼모모되관져혼몸의영욕으로외국인을부동호야토지를허급호며한민을구축호녀강토는졈어가고인민은도단이라인민을모라다가화젹당에너허쥬고국권을쌔아셔다외국인을맛겨가며부귀를도모호니인민이업게되면나라아엇지되며나라이업게되면부귀를엇지홀가그런쥴각못호는지망국되죄즈취호니가셕코가통이라일셩장탄에한숨쉬니또한스람가로딕나라의홍망셩쇠는천시와국운이라인력으로홀바리오

우리나라가금명편사룸으로비유호면방병된종병이들어편쟉이란의로다그죄를의론호면관민이일반이라

정부를조직호야시정이션못호기는쥬부디신칙임이오사회를창립호야열심단체못호기는인민의칙임인즉왈시왈비말을발고곤히돈죰셰여가며셔정신놀가다듬어

시왈부왈강산풍월그만더져발여교군이명국신학문을열심으로연구호여니졍울발졔호면외의모물면호리니 未完

廣告

特別廣告

本申報ᄂᆞᆫ海外電報를即接ᄒᆞ야機關이靈通ᄒᆞ고外報와探報를敏捷活潑ᄒᆞ도록注意ᄒᆞ오며申報發送ᄒᆞᄂᆞᆫ딕迅速信傳ᄒᆞ기ᄂᆞᆫ分傳人의게在ᄒᆞᆷ으로本社에셔平常에諸分傳人의게叮嚀告戒ᄒᆞ고申申訓飭ᄒᆞ야毋或嬾惰ᄒᆞ게注意ᄒᆞ거니와如或暫有稽忽이라도愛讀僉君子ᄂᆞᆫ密使通知于本社ᄒᆞ시면該分傳의게誠信相孚ᄒᆞ도록耳提面命ᄒᆞ고勸贊가發生ᄒᆞ도록誨諭ᄒᆞ야必無遲誤ᄒᆞ도록期待ᄒᆞᆸᄂᆞ이다

本社에寄書ᄒᆞ시ᄂᆞᆫ諸君子ᄂᆞᆫ姓名과居住를明確ᄒᆞ게懸錄送附ᄒᆞ시와證據가有ᄒᆞᆷ을必要ᄒᆞᆷ이오公衆平和와秩序를紊亂케ᄒᆞᄂᆞᆫ意外社會上不經荒雜ᄒᆞᆫ寄書ᄂᆞᆫ不受ᄒᆞᄂᆞᆫ權利가本社에自有ᄒᆞ오니肯諒ᄒᆞ십

大韓每日申報社

廣告

貿易商 本社ᄂᆞᆫ仁川港

日本郵便電信局對面

電話第二百一番地

仁川港 廣昌 洋行

멘넛트會社告白

○鐵路部

○東大門과新門間에來往車ᄂᆞᆫ每十分間에運行ᄒᆞᆷ

東大門發初車ᄂᆞᆫ午前六時三十分

新門外停車場發初車ᄂᆞᆫ午前六時五十五分

東大門發終車ᄂᆞᆫ午後九時五十分

新門外停車場發終車ᄂᆞᆫ午後十時十五分

○東大門과洪陵間에來往車ᄂᆞᆫ每二十分間에運行ᄒᆞᆷ

但自鍾路로東大門에來到ᄒᆞᆫ交替車로聯絡ᄒᆞᆷ

東大門發初車ᄂᆞᆫ午前六時五十分

洪陵發 初車ᄂᆞᆫ午前七時十分

東大門發終車ᄂᆞᆫ午後七時五十分

洪陵發 終車ᄂᆞᆫ午後八時十分

○鍾路와龍山間에來往車ᄂᆞᆫ每十二分間에運行ᄒᆞᆷ

鍾路發至南大門初車ᄂᆞᆫ午前六時四十八分

鍾路發至龍山 初車ᄂᆞᆫ午前七時二十四分

南大門發至鍾路初車ᄂᆞᆫ午前六時五十六分

龍山發至鍾路 終車ᄂᆞᆫ午前七時五十七分

南大門發至鍾路終車ᄂᆞᆫ午前十時八分

龍山發至鍾路 終車ᄂᆞᆫ午後九時九分

○特別私用車ᄂᆞᆫ顧客의方便ᄒᆞᆷ을隨應ᄒᆞ야準給ᄒᆞᆷ

但定價ᄂᆞᆫ本社에來臨ᄒᆞ야請問ᄒᆞᆸ

○電燈部

二百五十燭力以內의敷用處에ᄂᆞᆫ每個月에定價表가如左ᄒᆞᆷ

○十六燭力燃燈達夜에二圓五十錢

○三十二燭力燃燈達夜에四圓

○五十燭力燃燈達夜에六圓

○一百五十燭力燃燈達夜에十圓

一千二百燭力弧形燈達夜에二十圓

二百五十燭力以上의敷用處에ᄂᆞᆫ請求ᄒᆞ면瓦斯計一個를設給ᄒᆞᆷ

但瓦斯計賃金은每個月에二圓이오瓦斯計測驗表委托定價ᄂᆞᆫ每時間每암피아에二錢이옵

瓦斯計設給處에셔每介月支拂金最低額은每個月에二十圓인딕(瓦斯計貸金은)据ᄒᆞᆷ

電燈을敷設ᄒᆞ기에請求ᄒᆞᄂᆞᆫ딕給ᄒᆞᆷ로供

各種連技辦燈도當時에貯存ᄒᆞ엿ᄉᆞᆸ

本社鐵路電氣會社

韓美電氣會社 告白

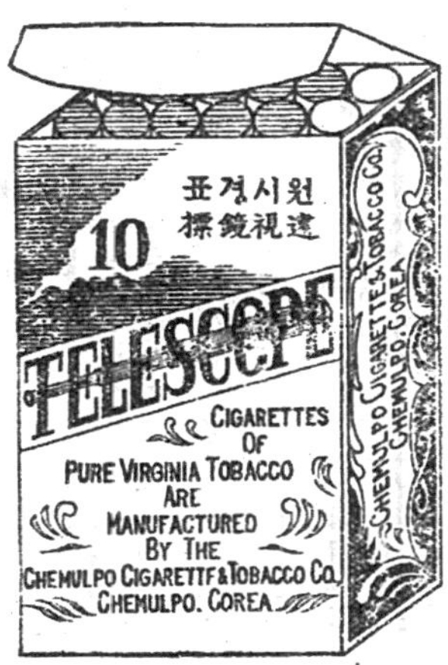

以上三種은上品으로製造ᄒᆞ야衛生上에至極有益ᄒᆞ오니毋論某人ᄒᆞ고本社에來顧ᄒᆞᆸ

濟物浦紙卷煙及烟草會社

大韓帝國仁川港

一鷹標罐濃詰牛乳

一金印罐詰濃結牛乳

一無雙家用氣化乳酪

一쏘ㅣ든쓰製造麥芽化合牛乳

以上은當時에貯積ᄒᆞ엿ᄉᆞᆸ

美國紐育港쏘ㅣ든쓰濃結牛乳會社

一手代理店 大韓仁川港 世昌洋行

廣告

一雜貨商

一貿易商

一船舶取扱

一煙草商

一委托販賣及貨物運送代理業

一貿易行棧商

以上輸入及輸出者

京城 仁川 大昌 洋行

本社廣告

申報價

一張代金 韓貨五錢

一箇月前期 五十戔

三箇月 一元五十戔

六箇月 二元九十戔

一箇年 五元八十戔

郵稅一部 新貨五里

一箇月 十二戔

廣告料

四號活字十三字詰

每日每英尺一寸에新貨廿五錢

(每日每行에六錢에相當ᄒᆞᆷ)

二周日에 二圓五十錢

(每日每行四錢五里에相當ᄒᆞᆷ)

一箇月에 五圓

(每日每行四錢一里에相當ᄒᆞᆷ)

其期限의長短과字行의多少ᄅᆞᆯ依ᄒᆞ야增減ᄒᆞᆷ이有ᄒᆞᆷ

大韓人마다此申報를不得不閱覽ᄒᆞᆯ실딕이오니廣告出報ᄒᆞ실僉君子ᄂᆞᆫ來臨面議ᄒᆞ십

發行兼編輯人 英國人裴說

發行所 京城北署壽進坊石洞外地法語學校前

大韓每日申報社

第三卷

大韓每日申報
대한매일신보

第六十七號

月曜及慶節
歲時日休刊

檀君開國四千二百三十八年
耶穌降生一千九百五年 [sic: 基子元年三千二十七年]
大韓開國五百十四年
日本明治三十八年
淸國光緖三十一年
陰曆乙巳十月大初五日甲辰

論說

韓民可以有爲

泰西人이던지日本人이던지大韓에久遊ᄒ야人民의性質을熟知ᄒ고또大韓을爲ᄒ야公言ᄒᄂ者ᄂ皆曰大韓人民이可愛라ᄒ며又曰諸路中에西道人民은活潑勇進ᄒᄂ氣象이有ᄒ고北道人民은剛毅堅忍ᄒᄂ性質이有ᄒ니最可有爲라ᄒ나韓當局者가如此ᄒᆫ人民으로써開明發達에引進치못ᄒᆷ은實로可惜타云ᄒᄂ者가種種有之ᄒ니

記者ᄂ此等言論에對ᄒ야大韓前途의期望이實有ᄒ기로因ᄒ야當局諸公을警醒코져ᄒ노니從來大韓官人의由來弊習이人民을壓伏ᄒ고虐待ᄒᆷ이곳國家의根本을戕賊ᄒᆫ者라

爲一不幸ᄒ야國家를維持치못ᄒᄂ境遇에至ᄒ면大韓官人이世界公論에非責을受ᄒᆷ이波蘭貴族과如ᄒ야曰大韓之亡은大韓貴族의罪라ᄒᆯ것이오決코人民의게分謗치못ᄒᆯ지라

今에大韓官人이平日行爲를反省ᄒ면人民을何如히待遇ᄒ얏ᄂ뇨奴隷로蔑視ᄒ고犧牲으로剝食을삼이라畢竟人民의게報復을受ᄒᄂ日이면크게可畏ᄒᆯ뿐不是라將來遷徙充役之苦를誰의게辭ᄒ리오

비록國家를輕視ᄒ고人民을忘却ᄒ더리도自家身世를顧念ᄒ면엇지惕然警覺ᄒᆯ者가無ᄒ리오自今으로一切徇私蔑公ᄒ야舊習病民ᄒ던惡習을痛改淨盡ᄒ고

오작慕民敎民에義務로써日夜勉力ᄒ야開明發達에引進ᄒ야生活福祉를均一享有ᄒᆷ을十分企望ᄒ거니와

또大韓人民을向ᄒ야勸勉ᄒ자면今日時局을當ᄒ야萬般方針을思量ᄒ야도生活門路ᄂ오작敎育一事라西道의活潑勇進과北道에剛毅堅忍ᄒᄂ性質로敎育을振起ᄒ야次第로全國에擴張이되면

他國人이韓國人民을對ᄒ야可謂有爲라ᄒᄂᆫ言을不悖ᄒᆯ지니엇지前途에萬幸이아니리오

官報

◉第三千二百八十三號 光武九年十月三十日

◉叙任及辭令（續）

奉常司提調南奎熙
命宮內府特進官叙勅任官三等
奉常司長沈相璸
命奉常司提調叙勅任官三等
尙方司長洪鍾억
命奉常司長叙勅任官三等
秘書監丞李明翔
命尙方司長叙勅任官三等
正三品洪在鳳
任秘書監丞叙奏任官三等
命金推□北道驛屯賭未納督捧官
正三品丁元圭
以上十月二十五日
解咸鏡南北道各礦監理
六品李柱健
命咸鏡南北道各礦監理
正三品龐弘鎭
命平安南道收租委員
從二品方興周
任陸軍副將 從一品閔丙奭
以上十月二十六日

◉第三千二百八十四號 光武九年十月三十一日

◉法律

法律第四號

公貨欠逋人處斷例中改正件

本年法律第三號公貨欠逋人處斷例第六條奏任官이어든下에「刑律名例第二十八條」九字를刪去ᄒ고「刑法大典第八條」七字를添入ᄒ며第九條第一項該管官은下에「坐贓致罪」四字를刪去ᄒ고「刑法大典第六百三十一條坐贓」十三字를添入ᄒᆷ이라

光武九年十月二十七日

御押 御璽 奉

勅 議政府參政大臣韓圭卨

法部大臣李夏榮

◉叙任及辭令

農商工部技手李駿九
任農商工部主事叙判任官六級
九月二十九日
黃海道前觀察使具永祖
解兼任黃海道裁判所判事
黃海道觀察使高永喜
命兼任黃海道裁判所判事
以上十月二十四日
秘書監丞金珏鉉
秘書監丞李鍾
依願免本官
正三品洪性友
正三品許萬鍾
任秘書監丞叙奏任官三等
秘書監丞洪性友
兼任太醫院副卿
任土殿院電務課主事叙判任官八等
崇陵參奉李康增
成均館博士閔瓚植
成均館博士李存克
依願免本官
李晉用
任成均館博士叙判任官八級
鄭鎬默
以上十月二十八日

外報

◉遭難者歸還 日本新聞을據ᄒᆫ즉肥後葦北郡水俣村의帆船明神丸船頭日高金太郎氏가家族三名과同船ᄒ야營口로歸航ᄒᄂᆫ데金州灣沖에셔浮流水雷艇에觸ᄒ야船體가壞ᄒ야長日우即死ᄒ고三名은支나船에救ᄒ야昨日當地에歸着ᄒ얏다더라

◉華族學校設立 北京電을據ᄒᆫ즉淸國皇帝ᄂᆫ練兵處의上奏을採用ᄒ야華族學校을設置ᄒᆯ만ᄒᆫ事라ᄒ고上諭을發ᄒ야王公大臣子弟의就學을奬勵ᄒ얏다더라

◉普國商相更迭 普國商務大臣시요루레루氏의辭職은許施가되고西普魯士總督페루부리유쓰子氏가其職을하얏다더라

◉露帝詔勅 露國皇帝의今相克復에關ᄒᆫ詔勅에ᄒ얏스되露國은日本과深厚ᄒᆫ隣交을不可不修라ᄒ고또露國은日本國에友邦이될지니고特히記ᄒ얏니더라

詞林

秋風行

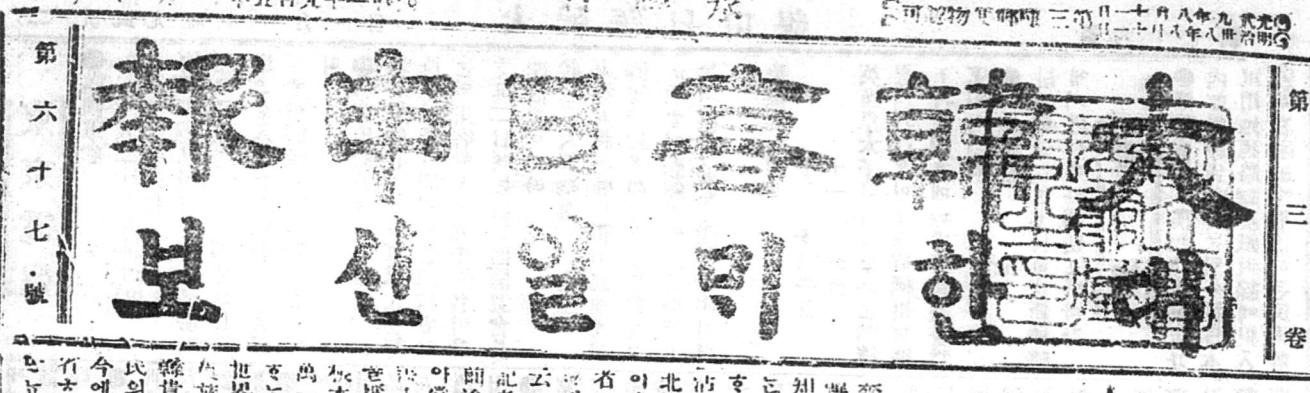

秋風怒吹碧海立
長鯨飮海百川泣
可憐東南錦繡一原隰
萬草年年哭群蟄
吁嗟此勢閱三千年
幾閱闊舒與秦急
虎狼十百戴冤居
驅策齊民膏血吸
膏血吸民不給
愁雲複原野
群龍紛繞壞
群龍兮群龍
何情之太忍兮
坐視吾民困幽縶
百年將隨苦寒死
松柏不受冰霜折
松柏兮松柏今非其時
空逍遙乎淸泉與白石

東京電報

●露國軍艦 十月三十日午前十時 二十七分發

露國軍艦보가자투號는捕虜가됨으로其乘員을移케호고長崎港으로入호는디艦內不潔홈이甚호야醫校消氣를鎖洗혼다더라

●岩崎氏園遊會 仝上

岩崎男爵은凱旋海軍軍人을招待호야昨日園遊會를開設호얏는디主客會人이五千餘名이라호고二日에는第二回園遊會를開設혼다더라

●東鄕大將祭典 仝上

東鄕大將은昨日靑山墓地에서海軍死歿者의祭典을開設호고流涕호며悲痛혼祭詞를浪讀호는디參拜者는感泣不止라더라

●英儲來日 十一月二十日午前 十一時十分發

英國皇太子의日本來遊는戰捷祝賀의爲홈이오又有栖川宮殿下의訪問혼데對호야答禮를爲홈이라더라

●日使歸任 仝上

駐韓林公使는本日東京新橋驛에서發行호야歸任호다더라

雜報

●修報成冊 漢判朴義秉氏가內部에報告하얏는디今番日本軍用地道路線及鐵道線에犯入毁撤혼家屋에居住하든民人等에게移轉料를業已支撥이옵기該家屋을成冊修報라하얏더라

●要請斗升 學部에서農部에照會혼內槪에貴部新製斗升衡尺을弊部所管農商工學校實地試驗에切要가有호니各二件式照交호라호얏더라

●費額請要 學部에서度支部에照會혼內槪에弊部所管高等小學校敎師室修繕費와該校費品을從略打算홈이爲五百四十五元八十二錢五里이오니該費額을會議에提出호와預算外支出호라호얏더라

●聲稱忠告 全南觀察使朱錫冕氏가農部에報告혼內槪에現接木浦日領事若松兎三郞이本年五月分에綿花를播種於南平等地之意로照請而其協會員이來到迫節故로卽其時에電以報于政府及內部호와未承如何之處辦에由所以日迫者는已無餘地而況今求至於各地호니租界之約章은自在이나領事則藉有該國之決定호고通商興隆과農事試驗之一欵호고兼之以荒蕪地로發達綿花栽種호야以爲兩國民利益이乃是目沖急務로聲稱忠告호고要求迫促에禁止不得이바關係非輕호니事雖擅便이오나理無欲이나勢難堪當호오니査照後函下特飭호시되苟無相當處分之方이거든移照內部호야本職을奏免호라호얏더라

●顧問詰責 內部會計局에서明年度醫務顧預算을趁不打算成額事로醫務顧問丸山重俊氏가該部會計局長以下官吏를大段詰責호얏다더니該會計局長李容復氏가辭職請願호얏다호고該部官吏의仕進汗만호야公務積滯홈으로仕進時間을午前十時로下午四時서지定호고此後如或不勤者면譴責或罷免호되連三日無故不進者는斷當免官혼다더라

行路難

近日街上小兒드리行路難新腔調를連呼而歌之호는디辭甚凄切호야世路의崎嶇와人事의艱苦를可以想見호깃기記載如左호노라

行路難八闋

老農老農凡莫然호소農家艱苦를政府縱不知나世人이皆憐憫이니一邊是兵燹擾擾호고一邊是賊警紛紛혼데辛苦苦호야耕得成幾畝禾穀터니奈何無前風雨에水田은全無收호고旱田이亦被傷호야濺堤이屈호되倉廩이告空호니東家災西家愁리其何以卒歲아行路難歌正悲여農家艱貧可涕로다

柴木商柴木商이여柴駄幾何오賣却一駄柴호야僅得數升米라歸與山妻로共炊食호되雞幾二唱에又早起來호야驅牛渡漢江이로다人生衣食艱難事라朝渡漢江호고暮渡漢江호야一年三百六十日을長在道上過호니牛跡看穿이라人亦勞止로다行路難歌正悲여柴木商을安可爲哉아

南北村人力車는日夜何馳突고一步二步에自然骨汗出來인데乘坐人員은猶嫌其去遲로다幾過一二程에肚裏已饑了라幾椀濁酒數杯에所得扉錢이已消了十分六七이제可憐夏雨冬雪夜에車를佇立호야望行人의來呼喚이지勸爾努力多聚錢호라引車人이終爲乘車人호는世世萬車이나有印板分定가行路難歌正悲여車夫身世는不及權門에廐上馬로다

未完

●美使餞士 再昨上午美國士官一人이擔銃兵二十六名을領率호고歸國次로京仁鐵車를乘호고下仁호얏는디該國公使毛民氏는該士官一行을餞別호기爲하야永登浦서지作伴호얏다가下午一時에入城호얏더라

●日兵分處 去二十八日下午五時에日本士官十四人과兵丁一百三十六名과馬一百五十六匹이渡來하야漢江等地民家에分處하얏다더라

●日兵講佛 日昨日本士官三人과兵丁二百六名과馬九十一匹이元興寺與附近民家에分處하얏다더라

●薪金更定 政府에서學部에指令혼內槪에韓語敎師社方域이薪金을以一百二十元으로更定하고附票原合同事로上奏裁下라하얏더라

政界一束

○判敦寧趙秉式氏는奎章閣學士를被命하얏고

○副將閔泳喆氏는判敦寧을被命하얏고

○經理院卿李鍾健氏疏批에有未可以病求解니卿其勿辭行公하라하셧고

○平理院裁判長李漢英氏疏批에不必言辭니仍爲行公하라하셧더라

●度照各部 度支部에서各部에輪照혼內槪에光武十年度預算書를迅速送交之意로屢經照會在案이온바延타時日하야尙不繕送하야調査日期는迫頭하갯습기玆更仰照하오니來十一月四日內로繕交하시와俾便調査케하시되若又過期면此乃貴部에無要求로認定하야自弊紙로隨意製撚作箕하깃스오니照亮이라하얏더라

●平壤近信 平南觀察署理永柔郡守朴容觀氏가內部에報告혼內槪에十月二十六七日頃에日本軍師團長과軍醫部長과馬步兵約二千餘名이入據于本府城內이온디大同館에設師團部하고師團長이入處하얏고平壤郡衙에는設聯隊部하야聯隊長이入處하얏고本府醫署에는設軍醫部하고軍醫長이入處이옵고其餘兵士는各民家屋에分數入處而今明日間의軍行이又爲多數到着이라하얏더라

●醫員配置 內部의셔醫務顧問補佐員을醫務本廳及各署에各五人式配置하얏는데其月銀은或四十二元或四十元或三十七元或三十五元이라더라

●參政斷髮 參政大臣韓圭卨氏가再昨日에完整케斷行홈은今日부터仕進홀理由라더라

●郡守將奏 傳說을得聞혼즉內部에서日間郡守三十員을奏本혼다더라

●催促電答 全北觀察이內部에電報혼內槪에府郡雜給減額事로已爲電稟에何時回示이오며下屬渙散을何以爲之하올지回示하라하얏더라

●訓飭勸匪 內部에서各道에訓飭혼內槪에現聞各道各郡에所謂義兵의流弊가將至倡獗하야假名煽動이有妨治安뿐더러徒黨所過에便成亂離하야人民의被害損失이必至難保이거날自郡으로其戢捕方法을何不講究이며其所警察官도亦無探報하야部亦駭然하니言念及此에極駭歎이라玆庸訓令하니到卽日圖力策하야其魁黨은剋期勸獲하며黨與는警官하야隨其情狀하야從卽勦滅하야無至疎虞케하라하얏더라

●船費請撥 內部에서度支部에照會혼內槪에春川郡境內三津船改造費二百四十六元을本年度各郡土木費中支撥이라하얏더라

●海觀發程 再昨日에黃海觀察使高永喜氏가赴任次로發程하얏다더라

◉ 緊急 社告

本社創設以來로新聞代金을每月初三日內에先納으로收入ᄒᆞ던바ᄂᆞᆫ日初로購覽ᄒᆞ시ᄂᆞᆫ僉君子가擧皆知悉ᄒᆞ시온바ㅣ어니와本年八月再刊以來로代金收合이延至晦間이옵더니到今本社經費가窘絀之歎이有ᄒᆞ기로本月條ᄂᆞᆫ不日內로收合ᄒᆞ여야可히支過ᄒᆞᆯ터이오來十一月爲始ᄒᆞ야ᄂᆞᆫ一朔條를十五日內로送交ᄒᆞ시와連續發刊ᄒᆞ야愛讀ᄒᆞ시ᄂᆞᆫ僉君子의閱覽을供ᄒᆞ기로切盼홈

大韓每日申報社 白告

外報

●內閣會議 日本桂首相이各大臣과珍田次官柴田翰長一木法制局長官과永田町首相邸에서閣議를始ᄒᆞ야內外政務를協議ᄒᆞ더라

●露軍이評日軍 奉天以來로大山元帥가政府의指揮를受ᄒᆞ야九月間이나活動치아니홈은大過失行이라是以로露軍의前哨兵이日本兵에對ᄒᆞ야云ᄒᆞ되汝等은子로써긴에서勝戰ᄒᆞᆫ것도露國滿州軍을勝戰타못ᄒᆞ리라고罵ᄒᆞ되日本兵은一語를不知라沈默ᄒᆞ고射擊지아니홈은日本陸軍이外務省의國事에依ᄒᆞ야다만威勢만示行ᄒᆞ얏다더라

●遞信省會議 近日에日本大浦遞相은田次官以下各局長을官房으로招集ᄒᆞ야豫算上에關ᄒᆞᆫ事項을打算ᄒᆞᆫ다더라

雜報

●各國憲法異同論 續

第二章行政立法司法之三權

行政과立法과司法의三權이鼎立ᄒᆞ야不相侵軼ᄒᆞ야써政府의專恣를防ᄒᆞ고人民의自由를保ᄒᆞ니此說이法國碩學士孟的斯鳩로붓터始倡ᄒᆞ니孟氏가外로英國政治의情形을察ᄒᆞ며內로學治의公理로써參互ᄒᆞᆫ故로其說이드듸여後人의莫易ᄒᆞᆫ바된지라今日에凡立憲國은반다시三大權을分立ᄒᆞ야行政權은政府大臣이君主를補佐ᄒᆞ야掌ᄒᆞ고立法權은君主가國會로더부러同掌ᄒᆞ고司法權은法院이君主의命을承ᄒᆞ야掌ᄒᆞ니三權이皆君主의게統一ᄒᆞᆫ지라雖然이나其實際ᄂᆞᆫ不能盡然ᄒᆞ니英國의巴力門은國會政府大臣을黜陟ᄒᆞᄂᆞᆫ權이有ᄒᆞ니蓋行政과立法의二權이全히國會之手에歸ᄒᆞᆫ지라故로英國之諺에曰國會之權은無事不可爲라男變女와女化男이아니면不做ᄒᆞᆯ者가無ᄒᆞ다ᄒᆞ나觀此ᄒᆞ면其權力의大를可知오오작司法權은法院에歸ᄒᆞ니라 未完

秋風感歌 步虛子

近日來金風은蕭瑟ᄒᆞ고玉露ᄂᆞᆫ澄淸ᄒᆞᆫ데四顧丹楓은凋殘ᄒᆞ야非點ᄒᆞ고一群紅葉은江岸이奇絶이라滿腔裏無聊感慨之思를陶寫無處ᄒᆞ기로數三同志가飄然筇屐으로白岳山頂에試一放目ᄒᆞ니漢江上下에無邊烟霞ᄂᆞᆫ心目이爽豁ᄒᆞ고五闕三街에車馬紅塵은繁華氣像이宛然如昨ᄒᆞ나時局에艱楚와人民에困苦를居然想來ᄒᆞ되十行熱淚가隨風自下홈을不禁ᄒᆞ깃도다江山이非不險이며宮室이非不壯麗며人民이非不秀雅로되奈之何政治를不修ᄒᆞ고逸豫를是肆ᄒᆞ야多少國權이外人掌握에全歸ᄒᆞ얏스니一片錦繡城地에許多人民이監禁中生活과勞繁ᄒᆞᆯ지라畏首畏尾ᄒᆞ고觸處牽掣ᄒᆞ야人人이慘淡色이오家家에愁歎聲인즉江山風物이雖云美好ᄒᆞ나奚暇에展眉ᄒᆞ야逸樂을供取ᄒᆞ며景을玩賞ᄒᆞᆯ지人事의變遷은古今常例이되興亡盛衰가不能無ᄒᆞᆷ은人情에自然이나昔時와今日을細思ᄒᆞ면豈非其中에亂을仔細思量ᄒᆞ면王公宰相의淸談誤國은猶屬一等人物이라所謂今之士大夫ᄂᆞᆫ半何其間이蔑如ᄒᆞ고도貪食으로一套成性ᄒᆞ야立朝事業은門閥을藉勢ᄒᆞ며生民을壓制ᄒᆞ며田宅을廣置ᄒᆞ며姬妾奴僕을侈華ᄒᆞᄂᆞᆫ되不過이고 未完

歷史槪要

波蘭末年史 續

西曆一千七百六七十年間은波蘭이獨立이라稱ᄒᆞ나其實은露國의屬國이라露國公使가曰波蘭王은吾家所立이오또其廢立ᄒᆞᄂᆞᆫ權은我手中에在ᄒᆞ다ᄒᆞ야波蘭王을逼迫ᄒᆞ고二萬餘名露兵을國內各地에散布ᄒᆞ야號令이一出ᄒᆞ면곳全國을蹂躪ᄒᆞᆯ勢가有ᄒᆞ며時에波蘭各州에尊奉ᄒᆞᄂᆞᆫ宗敎가各異ᄒᆞ고其中勢力이最有ᄒᆞᆫ者ᄂᆞᆫ天主敎오其次ᄂᆞᆫ希臘敎니希臘敎ᄂᆞᆫ露國力을得ᄒᆞᆫ者라此二敎에信徒ᄂᆞᆫ官職에登庸ᄒᆞ고其他諸般特權을享有ᄒᆞ야意氣가軒昂ᄒᆞ되惟獨基督新敎에至ᄒᆞ야ᄂᆞᆫ異敎徒라稱ᄒᆞ야蔑視ᄒᆞ고前王時에ᄂᆞᆫ其應有ᄒᆞᆫ政權ᄭᆞ지奪ᄒᆞ얏스나오히려軍人의服役홈과代議士를選擧ᄒᆞᄂᆞᆫ兩件權利가有ᄒᆞ더니一千七百六十六年國會時에天主敎가此僅存ᄒᆞᆫ權利도다剝奪ᄒᆞᄂᆞᆫ지라이에新敎徒가其處置를失當ᄒᆞ다ᄒᆞ야其權利回復ᄒᆞᆯ事를哀乞ᄒᆞᆫ되國會에서其請을不從ᄒᆞ고또請願書를破裂ᄒᆞ야慢侮가太甚ᄒᆞ거날新敎徒가더욱不平ᄒᆞ야請願書를更呈ᄒᆞ니國會에다시不答ᄒᆞ고所請之一笑홈뿐이라新敎徒가크게憤怒ᄒᆞ야國家의利害ᄂᆞᆫ不顧ᄒᆞ고오작自黨에權利를求코져ᄒᆞ야이에露國에派使ᄒᆞ야其庇蔭을乞借ᄒᆞ야自此로波蘭이滅亡ᄒᆞ니嗟呼라他邦을視ᄒᆞ다가黨門黨의禍가如此ᄒᆞ니엇지鑑戒가아니ᄒᆞ리오

● 향직담화 속

우시싱

정부대과밋지말고사룸마다협을써서디하여국천하년에반셕것치굿게홈은인민의칙임이라아모타슬말지어다또하사룸갓치ᄒᆞᆫ말 변명ᄒᆞ여가로디나라흥망은천시와국운에잇다ᄒᆞ니지공무ᄉᆞ하아닙이천ᄒᆞ만국각찰ᄒᆞᄉᆞ의종이업스시니어이우리디한만국운이쇠힛슴가천시국운허언이오국가를망ᄒᆞᆫ죄ᄂᆞᆫ관민이일반이라ᄒᆞ니구미각국날은세계립헌졍치공화졍치슝상ᄒᆞᄂᆞᆫ문명국은빅셩이크다ᄒᆞ되우리나라ᄂᆞᆫ압제졍치디소ᄉᆞ물론ᄒᆞ고소위졍부디세리갈뵈던지못되던지마음디로시힝ᄒᆞ야빅셩은거니와챵조졍에벼살ᄒᆞ고한마을에녹을먹ᄂᆞᆫ관리도작위가낫게되면흉슈에비록장조방졔갈량의도략이잇서도쓴디업서한마디못ᄒᆞ야한마디ᄒᆞ지인아무엇이무엇인지전연이모르거든함을며졍권이업ᄂᆞᆫ빅셩이야일너무엇ᄒᆞ리 未完

特別廣告

本申報ᄂᆞᆫ海外電報를朗讀ᄒᆞ야機關이靈通ᄒᆞ고外報와探報를敏捷活潑ᄒᆞ도록注意ᄒᆞ오며申報發送ᄒᆞᄂᆞᆫᄃᆡ迅速傳ᄒᆞ기ᄂᆞᆫ分傳人의게在ᄒᆞᆷ으로本社에서平常에諸分傳人의게丁寧告戒ᄒᆞ고申申訓飭ᄒᆞ야毋或嬾惰ᄒᆞ게注意ᄒᆞ거니와如或暫有積忽이라도愛讀僉君子ᄂᆞᆫ密使通知于本社ᄒᆞ시면該分傳의게誠信相孚ᄒᆞ도록耳提面命ᄒᆞ고勸懲가發生ᄒᆞ도록諄諄論ᄒᆞ야必無遺誤ᄒᆞ기로期待ᄒᆞ옵나이다

本社에寄書ᄒᆞ시ᄂᆞᆫ諸君子ᄂᆞᆫ姓名과居住를明確ᄒᆞ게懸錄或附ᄒᆞ시와證據가有ᄒᆞᆷ을必要ᄒᆞᆷ이오公衆平和와ᄒᆞᆫ秩序를紊亂케ᄒᆞᄂᆞᆫ意와社會上不便ᄒᆞᆫ事端ᄒᆞᆫ寄書ᄂᆞᆫ不受ᄒᆞᄂᆞᆫᄃᆡ가本社에自有ᄒᆞ오니肯諒ᄒᆞ시옵

大韓每日申報社

廣告

貿易商 本社ᄂᆞᆫ仁川港
日本郵便電信局對面
電話第二百一番地
仁川港 廣昌洋行
벤넷드合社告白

○鐵路部

○東大門과新門間에來往車ᄂᆞᆫ每十分間에運行ᄒᆞᆷ
東大門發初車ᄂᆞᆫ午前六時三十分
新門外停車場發初車ᄂᆞᆫ午前六時五十五分
東大門發終車ᄂᆞᆫ午後九時五十分
新門外停車場發終車ᄂᆞᆫ午後十時十五分

○東大門과洪陵間에來往車ᄂᆞᆫ每二十分間에運行ᄒᆞᆷ
但自鍾路로東大門에來到ᄒᆞᆫ交替車로聯絡ᄒᆞᆷ
東大門發初車ᄂᆞᆫ午前六時五十分
洪陵發 初車ᄂᆞᆫ午前七時十分
東大門發終車ᄂᆞᆫ午後七時五十分
洪陵發 終車ᄂᆞᆫ午後八時十分

○鍾路와龍山間에來往車ᄂᆞᆫ每十二分間에運行ᄒᆞᆷ
鍾路發至南大門初車ᄂᆞᆫ午前六時四十八分
鍾路發至龍山 初車ᄂᆞᆫ午前七時二十四分
南大門發至鍾路初車ᄂᆞᆫ午前六時五十六分
龍山發至鍾路 終車ᄂᆞᆫ午前七時五十七分
南大門發至鍾路終車ᄂᆞᆫ午前十時八分
龍山發至鍾路 終車ᄂᆞᆫ午後九時九分

○特別私用車ᄂᆞᆫ顧客의方便ᄒᆞᆷ을隨應ᄒᆞ야準給ᄒᆞᆷ
但定價ᄂᆞᆫ本社에來臨ᄒᆞ야請問ᄒᆞ옵

○電燈部

二百五十燭力以內의敷用處에ᄂᆞᆫ每個月에定價表가如左ᄒᆞᆷ
○十六燭力燃燈達夜에二圜五十錢
○三十二燭力燃燈達夜에四圜
○五十燭力燃燈達夜에六圜
○一百五十燭力燃燈達夜에十圜
一千二百燭力弧形燈達夜에二十圜
二百五十燭力以上의敷用處에ᄂᆞᆫ請求ᄒᆞ면瓦斯計一個를設給ᄒᆞᆷ
但瓦斯計賃金은每個月에二圜이오瓦斯計測驗表委托定價ᄂᆞᆫ每時間每암피아에二錢이옵
瓦斯計設給處에서每介月支拂金最低額은每個月에二十圜인ᄃᆡ(瓦斯計賃金은除ᄒᆞᆷ
電燈을敷設ᄒᆞ기에請求ᄒᆞᄂᆞᆫᄃᆡ給ᄒᆞᆷ로供
各種連技辦燈도常時에貯存ᄒᆞ엿습

本社鍾路電氣會社
韓美電氣會社 告白

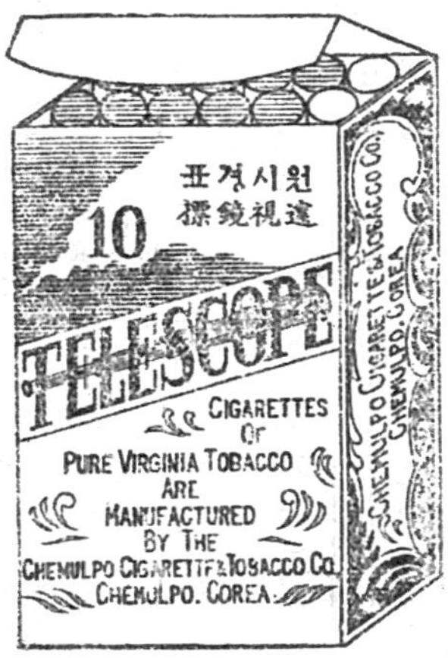

以上三種은上品으로製造ᄒᆞ야衛生上에至極有益ᄒᆞ오니毋論某人ᄒᆞ고本社에來顧ᄒᆞ옵

大韓帝國仁川港
濟物浦紙卷煙及烟草會社

一膠標飾漂記의乳
一金印罐詰濃結牛乳
一無雙家用氣化乳酪
一쎈ㅣ듼쓰製造麥芽化合牛乳
以上은常時에貯積ᄒᆞ엿습
美國紐育港쎈ㅣ듼쓰濃結牛乳會社
一手代理店 大韓仁川港 世昌洋行

廣告

一雜貨商
一貿易商
一船舶取扱
一煙草商
一委托販賣及貨物運送代理業
一貿易石炭商
以上輸入及輸出者
京城 仁川 大昌洋行

本社廣告

中報價

一張代金 新貨五錢
一箇月前納 五十錢
三箇月 一元五十錢
六箇月 二元九十錢
一箇年 五元八十錢

郵稅一部 新貨五里
一箇月 十三錢

廣告料

四号活字十三字詰每日每英尺一寸에新貨廿五錢(每日每行에六錢에相當홈
二周日에 二圜五十錢(每日每行四錢五里에相當홈
一箇月에 五圜(每日每行四錢一里에相當홈
其期限의長短과字行의多少를依ᄒᆞ야增減ᄒᆞᆷ이有ᄒᆞᆷ

大韓人마다此申報를不詳不閱覽ᄒᆞ실터이오니廣告出報ᄒᆞ실僉君子ᄂᆞᆫ來臨面議ᄒᆞ시옵

發行兼編輯人 英國人裵說
發行所
京城北署壽進坊罔洞外法語學校前
大韓每日申報社

第三卷　　第六十八號

大韓每日申報
대한매일신보

月曜及慶節歲時休日休刊

檀君開國四千二百三十八年
箕子元年三千二十七年
大韓開國五百十四年
日本明治三十八年
淸國光緖三十一年
陰曆乙巳十月大初六日乙巳

論說

空談何益

近日大韓人士가 國勢日危하고 國權이 日削홈을 見하고 憤慨憤慨홈을 無에 發설하야 或外國公舘에 投書하야 其政索을 抗詰하며 或自國政府에 長書하야 其失政을 論責하는 文字가 積成發軸이오 汗牛充棟이라 雖然이나 外人이 見此에 置之一笑而已오 政府가 見此에 歸諸休紙而已라 毫無裨益於民國이오 但速自己之禍하니 不亦可哀哉아

至於江原忠淸慶尙諸道之間에 所謂義兵云者는 其首倡은 曰孔孟程朱之學者오 其言은 曰復讎討賊之義라하나 其行爲는 無異土匪之類라 嘯聚無賴하야 섬忽山谷이라가 竟致外兵之소討하니

其所謂扶國云者는 反히 辱國이오 救民云者는 反히 殃民이오 誦法聖賢云者는 反히 聖賢의 義理를 汚辱케 홈이니 不亦可痛哉아

吾輩는 此等人士의 心跡을 推原하면 非不是忠憤憂國哉나 但其識見이 固陋홈으로 中하야 此에 至하얏도다 大抵人之發達이 由於立志하는 故로 古今英傑의 匠出來者나 然이나 其志가 徒立하고 知識이 不及하면 其擧가 ...하고 故로 人之學問은 東西를 論하고 ... 爲最初用工處라

今에 大韓人士가 眞正으로 愛國血誠이 有하거던 맛당히 世界에 知識을 廣求하야 政治와 法律과 經濟等學으로써 自家의 見을 爲明케 하고 學校와 社會와 著述로 衆民의 知覺을 開發케 하고 當局者를 對하면 至誠懇惻으로써 感動케 하고 外人을 對하면 言論氣節이 可畏可敬홀 然後에 言語文字도 亦有實效라

乃以一種頑固之癖으로 徒懷激烈之志하야 隻手로써 狂瀾을 障遏하고 一紙談으로써 大勢를 挽回코저하니 俗諺에 謂홀바 怒而축石에 徒傷其足이로다

蓋大韓學者의 空談的氣習이 其來已久하니 自三百年前으로 一大學問家가 尊華攘夷四字로써 傳授心法을 삼으니 始則擧國이 靡然從之하고 久則結而成習하야 牢不可破라 至于今日ㅅ지 世界新學은 視同仇敵하며 新聞雜紙를 儀詞不齒하고 但히 空談義理로써 徒黨을 號召하야 曰彼外國之學은 皆邪說이오 我黨의 所守義理는 一線陽脈이라 陽無可盡之理이라하니 乃鄕曲幼年子弟는 沒識한 者가 此言을 習聞하고 崇信하야 從者如雲하니 所以로 義兵之擾가 緣此而厥起하고 其他一般人士의 因循不化가 亦由於此하니 然則大韓이 尙此遲緩於開明發達者는 卽三百年來로 空談的義理가 無窮한 病根이 된 緣故라

大韓人士는 今日時局을 當하얏스니 宜乎惕然反省하야 一切空談的惡習을 痛自斷絶하고 實理上新學問을 從事하야 扶國活民의 實相事業을 勉圖홀지어다

官報

◉第三千一百八十五號　光武九年十一月一日

◉宮廷錄事

詔曰命侍從院副卿金晚秀爲宮內府特進官從二品趙鼎允爲侍從院副卿

十月二十八日

表勳院總裁勳一等臣朴定陽謹奏前陸軍副將閔丙奭旣有免黜戒事

詔下矣該員之遐奪勳記勳章及外國勳佩用准狀幷爲還收使之依前佩用何如謹奏

光武九年十月二十六日奉旨依奏

◉敍任及辭令

依願免本官
平安南道觀察府主事安秉燦
任平安南道觀察府主事敍判任官六等　李鍾?

以上十月二十四日

秘書監丞許萬鍾
奎章閣直學士閔丙奭
主殿院事務課主事李秉夏
仝　李康杜
忠淸南道觀察府主事徐丙詔
江原道觀察府主事卜龍鎭
全羅南道觀察府主事李商在

依願免本官

命宮內府特進官敍勅任官三等　侍從院副卿金晚秀
命侍從院副卿敍勅任官三等　從二　趙鼎允
任秘書監丞敍奏任官三等　正三品洪承斗
任奎章閣直學士敍奏任官三等　從二品俞鎭弼
任主殿院電務課主事敍判任官八等　慶基殿參奉朴一?
任慶基殿參奉敍判任官八等　九品鄭鵬任
命慶尙北道驛屯各年未收督刷官　正三品崔容淑
任平安北道觀察府主事敍判任官六等　李元鎬
任平安南道觀察府主事敍判任官六等　閔仲鎬
任忠淸南道관察府主事敍判任官六等　金永近
任江原道관察府主事敍判任官六等　九品李宜春
任全羅北道관察府主事敍判任官六等　仝　金基英

以上十月二十八日

主殿院事務課主事朴一根
... 許　禎
依願免本官
... 敍判任官八等
... 參奉李恩방
任 ... 敍判任官八等　九品許　積

以上十月二十九日

外報

◉露國公債　伯林新聞에 호얏스되 露國公債은 十二億萬留로 第一 ... 外特別國債金 一億二千一百萬留外 ... 兵費 二億留合計 二十億留로 確立호얏는데 此二十億留에 五分利를 ... 債호게되면 十年間을 行호야 二億二千萬留를 不可不拂홀 ... 으로호야 二十年間 露國에 各一人이 每歲三留半을 不可不拂이라 是已로 露國男子各一人二十年間 七十留의 貯蓄을 ... 이라더라

◉德法對 ... 二十五日的林 ... 德國과 法國에서 모로쓰고의 會議順序에 關호야 모로쓰고 國王에게 向하야 同文公書를 提出하얏는데 右國王은 其 내容에 對호야 同意로 期待호얏다더라

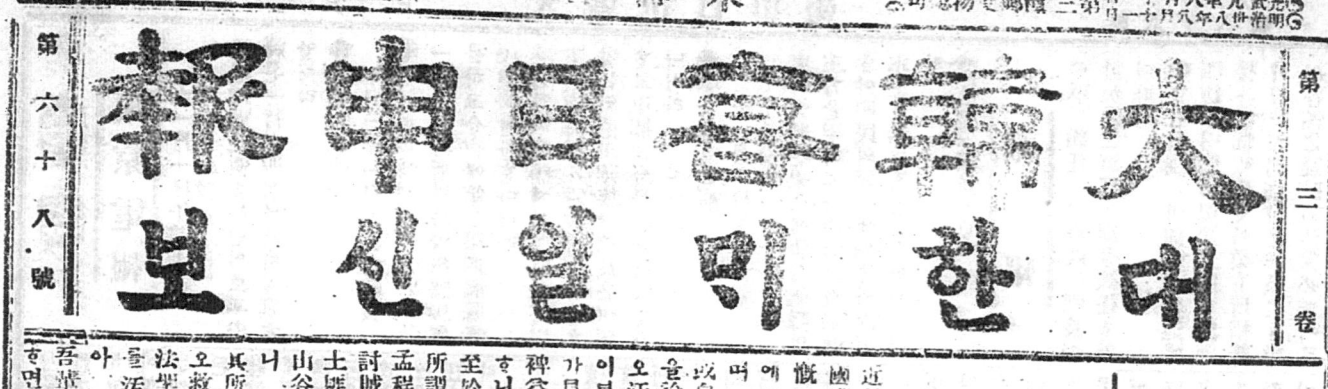

◉假裝巡洋艦解裝　戰時에 特別호 任務를 호던 假裝巡洋艦은 凱旋式을 舉호 後에 乘組員을 解散호고 備砲도 取除호고 所屬鎭守府에 復歸케 호더라

東京電報

十一月一日午前十一時四十分發

露國捕虜受領委員단이로후中將은一行十四名과共ᄒᆞ야着京ᄒᆞ얏더라

● 凱旋海軍驩迎 十月三十一日午前十時發

昨日紅葉館에서東鄉大將이第一第二艦隊所屬將校의慰勞會를ᄒᆞ고今夜에第三第四艦隊將校慰勞會를ᄒᆞᆫ다더라

昨日華族會館에서東鄉大將以下凱旋海軍各將校驩迎會를ᄒᆞ얏ᄂᆞᆫ듸德川華族會館長은祝詞ᄒᆞ고東鄉司令長官은答謝ᄒᆞ얏다더라

● 聯合艦隊巡航 十一月一日午前十時五十分發

東鄉大將은未久에聯合艦隊의主力을率하고全國沿岸을巡航ᄒᆞ야國民의同情에對ᄒᆞ야海軍志想을涵養ᄒᆞᆷ을資ᄒᆞᆯ터이라더라

● 捕虜受領員着京

雜報

● 軍部新任 平理院判事長李한英氏ᄂᆞᆫ軍部協辦을被任ᄒᆞ얏더라

● 宜有是訓 내部에서各道에訓飭ᄒᆞᆫ내槪에以淨土宗으로連接各府郡報告ᄒᆞ야業有所措飭이되苟無別飭이면該員之作弊와各郡之疑眩이難保必無키로玆以訓令ᄒᆞ니到卽飛飭管下各郡ᄒᆞ야位牌ᄂᆞᆫ奉安于附近寺刹ᄒᆞ고該員을亦使住接于該寺ᄒᆞ야俾爲布敎勸善케하되公廨ᄂᆞᆫ切勿借與ᄒᆞ며如有藉重作弊어든一切嚴禁이고事關鉅弊에郡雖遠斷者ᄂᆞᆫ自府로隨輕重勘處ᄒᆞᆯ事라ᄒᆞ얏더라

● 酗酒被打 再昨夜에冶峴酒店에서一尉官이被酒行悖ᄒᆞᄂᆞᆫ故로읏더募軍갓흔者이無數亂打ᄒᆞ고逃避ᄒᆞᆫ지라該尉官은狂人과갓치仰空嗚呼하더라더라

行路 雜숙

權門求仕問幾人고求仕之難이眞箇半白髮이로다費了百回星霜ᄒᆞ고千般納媚ᄒᆞ야纔得他一言題諾이지奏本消息何遲遲오屈指待期에有時來半信半疑터니及到癸ᄒᆞ山來에何知前日應諾이化作南柯一夢가莫誇門閥好ᄒᆞ며莫誇才華多하라如今太上英雄은多少客이로다任로雜歌正悲여噫吳作空手求仕인ᄒᆞ라

錢客且休說ᄒᆞ소多錢安能皆中鵠가一等郡幾萬兩에魚音催促이急如霹靂火엳세故是生憎居間인ᄂᆞᆫ口辯舌로百計ᄒᆞ인이라終歲尋龍타가誤落假穴ᄒᆞ야功名은姑捨ᄒᆞ고返ᄂᆞᆫ醫務齋中에셔ᄒᆞ니可憐產業이花消乙乾風流라行ᄅ雜歌正悲여多錢客ᄋᆞ사가亦豈容易리오

可憐哉賣卜先生이여一杖南北里에走漏幾家門前고一卦不得售ᄒᆞ면一日不得食이라街上小兒且莫笑ᄒᆞ라問數聲中에暗淚一掬이로다邵康節과梅占과焦氏易林野鶴集을皆已精通이연마ᄂᆞᆫ命宮이奇薄이라一生飢寒可奈何오行로雜歌正悲여賣卜生涯眞可憐이로다

詩洞賞花室은世人皆謂生金穴이지一自財政困難으로可惜此金穴도亦是枯塞이라無人尋到陽臺雲인데無風味乾送盃盤에空廢요連宵眠이로다試問財政何時通고如干衣裳은盡歸他典鋪ᄒᆞ고外上花債ᄂᆞᆫ徒添煩惱心臟열세行ᄅ雜歌正悲여蝸角三年에無一屋이로다

京山多少僧가人은且念佛ᄒᆞ고聽我行로雜歌一曲하라空門百年皆虛妄이라食素斷肉이有何好處오形骸如枯木死灰이나半點靈通이杳然無驗ᄒᆞ니阿彌陀을何時見이며極樂世界를何時到ᄒᆞᆯ지雪탕寒眠에雲水行乞하야虛費白光陰이豈無셥悔아行로雜歌正悲여浙羅門中에誤衆生이로다

● 湖民冤情 南來人에傳說을聞ᄒᆞᆫ즉今羅南道咸平郡居鄭致德爲名인이浮浪蕩産하고其宗가五寸姪寅休의畓十斗落을僞賣코ᄌᆞᄒᆞ더니不意今者에日인二名과通辯一名과巡檢一名과驛使一名이持木浦理事廳訓令하고捉去鄭寅休之叔經朝ᄒᆞ야牢囚獄中이러니翌日에日인이간入罪囚間ᄒᆞ야威喝鄭氏曰鄭致德處에有所捧이라ᄒᆞ고勒捧數千元票紙ᄒᆞ얏ᄉᆞ니此ᄂᆞᆫ該港監理가日인과符同ᄒᆞ야鄭氏의財産을奪食코ᄌᆞᄒᆞᄂᆞᆫ事라ᄒᆞ더라

● 會長出席 再昨日桂洞金明濟氏가에셔憲政研究會臨時會를開하고會長金宗한氏와副會長李重夏氏가幷爲出席ᄒᆞ얏ᄂᆞᆫ듸會長이憲政要義를大略說明ᄒᆞ기를國가를成立케ᄒᆞ기ᄂᆞᆫ先爲基礎를確立ᄒᆞᆯ케오基礎ᄂᆞᆫ卽憲政이니憲政이不立하면敎育과刑法과軍旅와農商等百般爲治之具가비록着ᄒᆞ되가無ᄒᆞ다하얏고李副會長氏ᄂᆞᆫ惟我王府에金科玉條가憲法之名이難無하나其實은憲法에暗合하ᄂᆞᆫ者ㅣ甚多하니今日憲法은外來ᄒᆞᆫ別件物事로認做ᄒᆞᆯ거시아니라다만國朝古典을恢復하고各國成例를參互하되國民이各各知其思想으로憲法을硏究ᄒᆞᆫ然後에야可히憲法가基礎를確立ᄒᆞ다하얏더라

● 是何道理 梨峴居하ᄂᆞᆫ金德元이란者이其二寸의戈塵旅閣을折半을分하고狂言妄說로酗辱하ᄂᆞᆫ故로該坊巡檢이捕縛하야갓다더라

● 雉髮勸諭 參政韓圭卨氏가日前獄에在囚가後에卽爲雉髮하고左右少인을勸諭하야다더라

● 一進習樂 竹洞一進會事務所에서昨日下오三時부터妓樂을私習하ᄂᆞᆫ듸其目的은外國인交接ᄒᆞᆯ時에所用이라더라

● 孤兒院創立 日本인松尾英史氏가今番韓國에渡來하야無告無親의孤兒와貧窮病者를救護收養하며兼且男女의相當ᄒᆞᆫ普通敎育을授與하기爲하야所謂韓國博愛孤兒院을京城에設立하기로方今周旋中이라ᄂᆞᆫ듸該事業은實施文明的慈善家의贊助力으로歐美日本等國에도多有ᄒᆞᆫ바어날今我韓ᄂᆞᆫ地에在하야如斯慈善의事業이稍稍營起ᄒᆞᆷ은實로인民社會를爲ᄒᆞ야攢賀ᄒᆞᆯ만ᄒᆞᆫ데其規則이如左하더라

第一目的 天下無告ᄒᆞᆫ孤兒等을救濟하야其父母와又치敎養ᄒᆞᆯ目的이오

第二施療 漸次本院이擴張되면施藥及療院을併置ᄒᆞ야貧窮病者를救助ᄒᆞ며

第三位置 韓國京城에設置하며

第四入원退원 本원에收用ᄒᆞᆯ孤兒ᄂᆞᆫ六歲以上十二歲未滿者를入원케하고成年以上에達하야自活兒立ᄒᆞᆯ만ᄒᆞᆫ者ᄂᆞᆫ退원獨立케ᄒᆞ며

第五養育 在院兒ᄂᆞᆫ一가族과如히做ᄒᆞ고偏頗偏重ᄒᆞᆯ弊가업시가族制에依ᄒᆞ야養育ᄒᆞ며

第六敎育 學齡에弗達ᄒᆞᆫ者ᄂᆞᆫ幼稚園에서授敎ᄒᆞ고敎育ᄒᆞᆯ學齡에達ᄒᆞᆫ者ᄂᆞᆫ院내學校에서普通敎育을授ᄒᆞ고成年에至ᄒᆞᆫ者ᄂᆞᆫ上급學校에서修學케ᄒᆞ며

第七實業 學業의余暇男子에ᄂᆞᆫ相當ᄒᆞᆫ實業을授케ᄒᆞ고女子에ᄂᆞᆫ裁縫術을授케ᄒᆞ며

第八維持 天下有志者의寄附金品으로써維持ᄒᆞ며

第九基本金 本院基本財産은金五萬元으로募集ᄒᆞ며

第十基本金保管 本院의基本金은確實ᄒᆞᆫ銀行에任置ᄒᆞ야利殖ᄒᆞᆯ計ᄒᆞ며

第十一贊助員 名譽贊助員名望地位가有ᄒᆞᆫ인으로本院의成立에助力ᄒᆞᆫ인과又金一百圓以上寄贈인特別贊助員本院設立에付著ᄒᆞᆫ功績이有ᄒᆞᆫ인과又金五十圓以上寄贈ᄒᆞᆫ贊助員年金二圓을贈ᄒᆞᄂᆞᆫ인과又一時金十圓을寄贈ᄒᆞᆫ인으로ᄒᆞ며

第十二報告 每月一回韓國博愛孤兒院新報를發刊ᄒᆞ야院況을一般히報告홈

緊急 社告

本社創設以來로新聞代金을每月初三日內에先納으로收入ᄒᆞ던바ᄂᆞᆫ自初로購覽ᄒᆞ시ᄂᆞᆫ僉君子가擧皆知悉이온바自本年八月再刊以來로代金收合이延至晦間이옵더니到今本社經費가窘絀之歎이有ᄒᆞ기로本月條ᄂᆞᆫ不日內로收合ᄒᆞ여야可히支過ᄒᆞᆯ터이오來十一月爲始ᄒᆞ야ᄂᆞᆫ一朔條를十五日內로送交ᄒᆞ시와連續發刊케ᄒᆞ야愛讀 僉君子의閱覽을供ᄒᆞ기로切盼홈

大韓每日申報社 白告

外報

●聯合艦隊復務 橫濱沖에集合ᄒᆞ던一百七十餘隻日本艦艇은本日도ᄯᅩ昨日과同樣ᄒᆞᆫ列次을行ᄒᆞ야盛飾을施ᄒᆞ고夜間에ᄂᆞᆫ滿艦電飾을ᄒᆞᆯ터인ᄃᆡ明日은列次을解ᄒᆞ고各隊其任務로復歸ᄒᆞ다ᄂᆞᆫᄃᆡ차차一週日만過ᄒᆞ면東京灣내와附近ᄒᆞᆫ各港에寄泊ᄒᆞ리라더라

●昨年歐米의書籍出版 歐米에서昨年에新著하야出版ᄒᆞᆫ書籍이左와如ᄒᆞᆫᄃᆡ

英國 八千三百八十一部
米國 七千八百五十六部
法國 一萬二千二百六十一部
伊太利 九千九百七十五部
和蘭 二千八百三十七部
德國 二萬七千六百八十六部

其他諸國을合ᄒᆞ면世界書籍이昨年中으로十萬部나新著가되얏다더라

●農會議決 日本全國農事大會에서建議案이左와如히決ᄒᆞ얏ᄂᆞᆫᄃᆡ

一 國本培養案을一層擴張ᄒᆞᆯ事를政府에要求ᄒᆞ야實施ᄒᆞᆯ事
二 穀物檢査에關ᄒᆞᆫ法律案을制定發布ᄒᆞᆯ事를建議ᄒᆞᆯ事
三 高等農林學校의增設ᄒᆞᆯ事를政府에要求ᄒᆞᆯ事
四 高等小學校女生徒에ᄂᆞᆫ土地狀況을依하야農業科를敎課하되養蠶法을重要科目으로教授ᄒᆞ기를建議ᄒᆞᆫ事
五 現在地方官制中에部技師와技手를置ᄒᆞ다ᄂᆞᆫ一項을追加ᄒᆞ기로主務省에建議ᄒᆞᆯ事
六 農況에不良ᄒᆞᆫ地方을對ᄒᆞ야實地調査와救濟方針을決行ᄒᆞᆯ事
七 雀鳥捕獲만狩獵法을不依ᄒᆞᆯ지라도其他獵者ᄂᆞᆫ無或越法ᄒᆞᆷ을建議ᄒᆞᆯ事

雜報

●陸軍衛生院官制

第一條 陸軍衛生院은陸軍人의疾病治療와軍隊의衛生事務一部를管理ᄒᆞᆷ이라

第二條 陸軍衛生院에左開職員을置ᄒᆞᆷ이라

院長 一人 三等軍醫長
醫官 三人 一二三等軍醫
藥劑官 二人 一二三等
調護長 三人 一二三等
計九人

第三條 院長은軍部大臣에管轄에屬하야所屬官吏를統率ᄒᆞ며院내一般事務를掌ᄒᆞᆷ이라

第四條 醫官은院長의指揮를承하야院내衛生事務衛生教育疾病治療及各項文簿記註保存의從事ᄒᆞᆷ이라

第五條 藥劑官은院長의指揮를承하며醫官의指導를遵ᄒᆞ야各種藥品의製造及出入ᄒᆞᄂᆞᆫ事를掌ᄒᆞᆷ이라

第六條 調護長及調護手ᄂᆞᆫ上官의命令을承하야事務에服ᄒᆞᆷ이라

第七條 本院에調護手十名人을實하야各兵科各隊兵卒로ᄡᅥ此에充ᄒᆞᆷ이라

第八條 本令은頒布日로부터施行ᄒᆞᆷ이라

第九條 光武七年勅令第二號陸軍衛生院官制ᄂᆞᆫ廢止ᄒᆞᆷ이라

第十條 本院의職員은現今間京城各兵科各隊附軍醫及下士로兼務ᄒᆞᆷ이라

歷史槪要

波蘭末年史 (續)

露國女皇佳太隣이新教徒의請助ᄒᆞᆷ을見하고더ᄃᆡ욱喜ᄒᆞ야日 이今에야波蘭을併吞ᄒᆞᆯ勢가成하얏다ᄒᆞ고곳露國에駐箚ᄒᆞᆫ波蘭公使를命ᄒᆞ야新教徒의請願을許可라ᄒᆞ며ᄯᅩ威脅하야日朕이此言을不從하면朕이다시措處ᄒᆞᆯ事가有ᄒᆞ다ᄒᆞ고ᄯᅩ臥蘇府에駐箚ᄒᆞᆫ露國公使를命ᄒᆞ야波蘭國會에向ᄒᆞ야新教徒의請願을許可ᄒᆞ라ᄒᆞ야日我女皇陛下의聖意ᄂᆞᆫ希臘教든지基督新教든지다舊來特權을恢復코ᄌᆞ하시니國이萬一抗拒ᄒᆞ면我陛下ㅣ셔서不得已用兵ᄒᆞ리라ᄒᆞ더라

露國女皇佳太隣은普魯士國陸軍正領安活士公의女니容姿嬋姸ᄒᆞᆷ과才能의卓絶ᄒᆞᆷ으로十六歲에露國皇太子妃가되얏다가皇太子가即位ᄒᆞᆷ의佳太隣이皇后位에登ᄒᆞ야곳夫帝를廢ᄒᆞ고女皇位에登하야寵臣吳老厚로ᄒᆞ야금廢帝를弑하라ᄒᆞ니吳老厚가毒酒를廢帝의게進ᄒᆞ거날帝가酒盃를ᄯᅡ에擲ᄒᆞ니老厚ㅣ手巾으로ᄡᅥ縊弑하고其後三十四年間에女皇이政令을專ᄒᆞ야波蘭을ᄯᅩ分ᄒᆞ고武威를揚하며波蘭을滅하고土耳其를征服하야四隣을懼하나其智略은古今女士中에無雙이라其奸黠도ᄯᅩᄒᆞᆫ罕有ᄒᆞ야ᄒᆞᆫ士에殿組誹謗ᄒᆞ나女皇에比하면곳淑婦인이라ᄒᆞ기더라

未完

風感歌 步虛子 (續)

君有過而不諫하며國有恥而不恬하야晝夜經綸이全無保妻子而已인즉可謂朝無一人이오俸金廳費가盡是奴顔婢膝이라國安得不貽며民安得不困가嗚呼라國權을未復하며國事뒤去이면全國臣民이皆爲他인奴隸ᄒᆞᆯ지니南北村有名華屋은何인이入處ᄒᆞ며各地方膏腴庄土ᄂᆞᆫ何인이耕作ᄒᆞ며積年金錢은何인이使用이며婢姸姬妾은何인과伴眠이며伶俐노僕은何인에게使喚되지 僻陬一城中이譬如燕雀處堂ᄒᆞ야可哀可悲이거날彼方謝謝然自得ᄒᆞ야奔競을是務ᄒᆞ며奢侈을是崇ᄒᆞ야萬世를拔之思想이有하니嗚呼라彼之愚歟아我之安歟아불可得以知也로다

古來高人達士이胸中에磊落之氣을鬱鬱未셜ᄒᆞ야或放浪遠遊ᄒᆞ며或登高發歎ᄒᆞᆷ이歷史上에비一이되今日吾儕에感慨懷緖이新ᄒᆞ야對泣다空然相似하니秋氣로感而然歟아義務之自然如是歟아以吾問吾에亦불可得以知也로다臨歸에呼酒하야相與石上에對飮하가一壺而歌之曰[illegible]流樂週兮여太覺[illegible]로萬世[illegible]兮여風氣易悲[illegible]諸衆國政兮여[illegible]紛如其來로다殆乎殆乎여[illegible]日에雲을無인ᄂᆞᆫ掃間로다歌終而歸에夕陽已鳴이러라 完

廣告

特別廣告

本社에서電報部[illegible]外國[illegible]電通ᄒ고[illegible]報[illegible]活潑ᄒ며申報ᄒ[illegible]迅速[illegible]傳信[illegible]傳ᄒ[illegible]在ᄒ오니[illegible]諸分으로[illegible]本社에서[illegible]傳[illegible]人의[illegible]或如[illegible]或情ᄒ고[illegible]誠[illegible]信[illegible]知[illegible]子[illegible]設分傳의[illegible]發生ᄒ도[illegible]必無[illegible]期待ᄒ옵나이다

本社에서[illegible]ᄒ시ᄂ諸君子ᄂ姓名과居住[illegible]記ᄒ여[illegible]證[illegible]가有ᄒ시와公業이[illegible]不和ᄒ기[illegible]ᄒ오ᄂ意와[illegible]寄ᄒᄂ[illegible]社에自[illegible]ᄒ옵

大韓[illegible]報社

廣告

貿易商 本社ᄂ仁川港
日本郵便電信局對面
電話第二百一番地

仁川港 昌廣 洋行

[illegible]社告白

○鐵路部

○東大門과新門間에來往車ᄂ每十分間에[illegible]ᄒ옴
東大門發初車ᄂ午前六時三十分
新門外停車塲發初車ᄂ午前六時五十五分
東大門發終車ᄂ午後九時五十分
新門外停車塲發終車ᄂ午後十時十五分

○東大門과洪陵間에來往車ᄂ每二十分間에[illegible]行홈
但自鍾路로東大門에來到ᄒ交替車로聯絡홈
東大門發初車ᄂ午前六時五十分
洪陵發 初車ᄂ午前七時十分
東大門發終車ᄂ午後七時五十分
洪陵發 終車ᄂ午後八時十分

○鍾路와龍山間에來往車ᄂ每十二分間에[illegible]行홈
鍾路發至南大門初車ᄂ午前六時四十八分
鍾路發至龍山 初車ᄂ午前七時二十四分
南大門發至鍾路初車ᄂ午前六時五十[illegible]分
龍山發至鍾路 終車ᄂ午前七時五十七分
南大門發至鍾路終車ᄂ午前十時八分
龍山發至鍾路 終車ᄂ午後九時九分

○特別私用車ᄂ顧客의方便홈을隨應ᄒ야[illegible]
但定價ᄂ本社에來臨ᄒ야請問ᄒ옴

○電燈部

二百五十燭力以內의敷用處에ᄂ每個月에[illegible]
○十六燭力燃燈達夜에二圓五十錢
○三十二燭力燃燈達夜에四圓
○五十燭力燃燈達夜에六圓
○一百五十燭力燃燈達夜에十圓
一千二百燭力弧形燈達夜에二十圓
二百五十燭力以上의敷用處에ᄂ請求ᄒ면瓦斯計一[illegible]設給홈
但瓦斯計賃金은每個月에二圓이오瓦斯計測驗表[illegible]定價ᄂ每時間每압피아에二錢이옴
瓦斯計設給處에서每介月支拂金最低額은每個月에二十圓인듸(瓦斯計貸金은)据홈
電燈을敷設ᄒ기에請求ᄒᄂ듸給홈로供各種連技辦燈도常時에貯存ᄒ엿숩

本社鐵路電氣會社
韓美電氣會社 告白

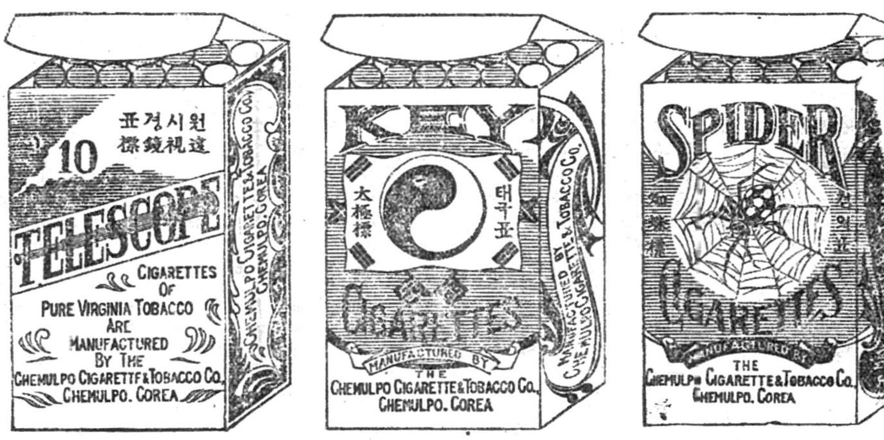

표경시원
標鏡視遠
10
TELESCOPE
CIGARETTES OF PURE VIRGINIA TOBACCO ARE MANUFACTURED BY THE
CHEMULPO CIGARETTE & TOBACCO CO. CHEMULPO. COREA
KEY
태극표
太極標
CIGARETTES
MANUFACTURED BY THE
CHEMULPO CIGARETTE & TOBACCO CO. CHEMULPO. COREA
SPIDER
CIGARETTES
MANUFACTURED BY THE
CHEMULPO CIGARETTE & TOBACCO CO. CHEMULPO. COREA

以上三種은上品으로製造ᄒ야衛生上에至極有益ᄒ오니[illegible]論某人ᄒ고本社에來顧ᄒ옵

大韓帝國仁川港
濟物浦紙卷煙及烟草會社

一 鷹標罐濃詰牛乳
一 金印罐詰濃結牛乳
一 無糖[illegible]用氣化乳酪
一 썬ㅣ든쓰製造麥芽化合牛乳
以上은常時에貯積ᄒ엿숩
美國紐育港썬ㅣ든쓰濃結牛乳會社
一手代理店 大韓仁川港 世昌洋行

廣告

[illegible]
一 貿易商
一 [illegible]箱取扱
一 煙草商
一 [illegible]販賣及貨物運送代理業
一 [illegible]石炭商
以上ᄂ[illegible]入及[illegible]者
仁川昌大 洋行

本社廣告

申報價
一張代金 [illegible]五錢
一箇月前納 五十錢
三箇月 一元五十錢
六箇月 二元九十錢
一箇年 五元八十錢
郵稅一部 新貨五里
一箇月 十三錢

廣告料
四號活字十[illegible]
每日[illegible]
(每日每行에六錢에相當홈)
二周日에 二圓五十錢
(每日每行兩錢五里에相當홈)
一箇月에 五圓
(每日每行兩錢一里에相當홈)
其期限이[illegible]과字行의多少를依ᄒ야增減홈이有홈

大韓人아[illegible]報를不得不閱覽ᄒ실터이오니廣告出報ᄒ실僉君子ᄂ來臨面議ᄒ시옵

發行兼編輯人 英國人裵說
發行所
京城北署[illegible]坊[illegible]外地法語學校前
大韓每日申報社

第三卷

大韓每日申報

대한매일신보

第六十九號

月曜及慶節歲時日休刊

檀君開國四千二百三十八年
箕子元年三千二十七年
大韓開國五百十四年
日本明治三十八年
淸國光緖三十一年
陰曆乙巳十月大初七日丙午

論說

國家의 性質과 精神

夫國家의 性質과 精神은 天造ᄒᆞᆫ 有機體가 아님으로 其盛衰ㅣ一定之期는 不有ᄒᆞ나 또ᄒᆞᆫ 人類의 生育으로 더부러 相似ᄒᆞᆫ 形狀이 有ᄒᆞ도다

大抵人類의 生育이 幼弱壯老의 四時가 有ᄒᆞ니 其性質과 精神이 此四時의 期限을 隨ᄒᆞ야 殊異ᄒᆞᆫ 비 有ᄒᆞᆫ지라 國家도 亦然ᄒᆞ야 稚時와 壯大時와 衰老時의 變遷이 有홈으로 一般政治와 教道와 風俗의 關ᄒᆞᆫ 性질과 精神이 不同ᄒᆞᆫ 者가 有ᄒᆞ니 萬若其衰老에 至ᄒᆞ면 반다시 腐敗ᄒᆞ고 腐敗ᄒᆞ면 반다시 革新홈이니 此는 古今不易之理라 今에 大韓國의 性질과 精神을 관察ᄒᆞ면 開國以來政治의 醇美와 教道의 隆昌과 風俗의 淳厚홈이 可謂世界上有道之國이라 ᄒᆞ나 到今現狀이 님의 老境에 至ᄒᆞ야 殆히 腐敗ᄒᆞᆫ지라 此腐敗ᄒᆞᆫ 것을 變ᄒᆞ야 精良ᄒᆞᆫ 데 至코ᄌᆞ ᄒᆞ면 맛당히 政治를 新케 ᄒᆞ며 教道를 新케 ᄒᆞ며 風俗을 新케 ᄒᆞ야 今日形勢에 別種性질과 別種精神이 有ᄒᆞ야 完全ᄒᆞ여야 國가 歷年이 悠久無疆ᄒᆞᆯ지라 然ᄒᆞ나 各國의 歷史를 觀홈이 往往革故鼎新之際에 紛亂ᄒᆞ고 困難ᄒᆞᆫ 過程을 經ᄒᆞ야 니른 者ㅣ 無ᄒᆞ니 此亦固然之勢라 故로 知此之際를 當ᄒᆞ야 堅忍ᄒᆞᆫ 性질과 活潑ᄒᆞᆫ 精神이 아니면 能히 大勢를 挽回ᄒᆞ고 大局을 整頓치 못ᄒᆞ나니 今에 堅忍ᄒᆞᆫ 性질과 活潑ᄒᆞᆫ 精神을 培養코저 ᄒᆞᆯ진ᄃᆡ 世界各國의 新文化를 吐納ᄒᆞ며 新氣運을 吸入지 아니ᄒᆞ면 不能이니 教道이든지 政法이든지 各種學問이든지 斟酌擇ᄒᆞ야 國新을 日ᄒᆞ 勉勵ᄒᆞ야 國가의 性질과 精神을 日新又日新케 ᄒᆞ기를 十分希望ᄒᆞ노라

官報

◎第三千二百八十六號 光武九年十一月二日

◎宮廷錄事

詔曰勅記官觀授癸

詔曰命判敎導司事趙秉式爲奎章閣學士陸軍副將閔泳喆爲判敎導司事

以上十月三十日

奎章閣學士閔泳喆辭職疏

批旨省疏具悉所請依施

總理院卿李鍾健辭職疏

批旨省疏具悉有未可以病求解卿其勿辭行公

以上十月三十日

◎叙任及辭令

陸軍研成學校教官陸軍步兵參領李基玉

陸軍研成學校附陸軍步兵副尉朴永祚

陸軍武官學校教官陸軍步兵正尉金甫鉉

鎭衛步兵第六大隊餉官陸軍二等軍司盧文環

鎭衛步兵第七大隊餉官陸軍二等軍司金斗錫

陸軍步兵騎中隊附陸軍騎兵副尉李興緒

免本職

陸軍騎兵副尉李鳳緒

陸軍二等軍司金斗錫

任陸軍正尉

陸軍步兵參尉李基玉

仝 金寅鉉

仝 金鴻南

仝 張貞根

任陸軍步兵副尉

任陸軍二等軍司

陸軍步兵副尉朴永祚

陸軍步兵副尉崔洛周

陸軍步兵正尉金斗錫

仝 金重鉉

補陸軍研成學校附

補陸軍武官學校教官

陸軍步兵正위李鳳緒

陸軍步兵副위李基玉

補陸軍研成學校教官兼教成隊

附

補陸軍研成學校教官補兼教成隊附 陸軍步兵參위方泳柱

補陸군研成學校教官補 陸군砲兵參위金教先

補鎭衛步兵第六大隊餉官 陸군二等군司朴永祚

補鎭衛步兵第七大隊餉官 陸군二等군司盧文環

以上十月二十七日

任咸鏡南道觀察府主事敍判任官六等 林鍾夢

解慶尙北道種痘事務委員 吳善

命慶尙北道種痘事務委員 내部廣濟院技手金顯泰

任내部廣濟院技手敍判任官六급 九品吳鍾善

醫務局醫務官黃鍾復

醫務局醫務官張宇根

給八級俸

解平安南道種痘事務委員全洪燮

命平安南道種痘事務委員元永義

陞五級俸 군部主事太應柱

陞六級俸 군部主事崔한柱

군部主事太錫昌

仝 崔泰信

仝 白鳳圭

仝 金相元

仝 安基貨

仝 朴海競

仝 崔永鎬

仝 閔弘植

陞七級俸

以上十月三十日

外報

◎駐德國大使 二十四日伯林電을 據ᄒᆞᆫ즉 現彼得堡에 駐箚大使온아루후엔스레 색엔伯은 本職을 辭ᄒᆞ고 黑鷲高等勳章을 授ᄒᆞ얏다ᄒᆞ고 伯의 後任은 既報ᄒᆞ얏거니와 곳쓰벤하ㅣ겐에 駐箚公使ᄒᆞᆫ은쇼엔氏가 되얏다더라

◎露太公의 憤氣 露國皇帝의 叔父우ㅣ지미루 아레기산또로우이쓰지太公은 기리루太公의 放逐에 反對홈으로 憤氣를 發ᄒᆞ고 기리루太公과 우이삭드리야니 觀主로 고부루히에서 居住ᄒᆞ나더라

◎英露協商幹旋 무스新聞의 ᄒᆞ얏스되 駐英露國大使벤쎤또루후伯은 英露協商을 爲ᄒᆞ야 政府와 協議ᄒᆞᆫ 次로 暫日間休暇를 得ᄒᆞ니더라

◎英國의 使館 東京에 駐在ᄒᆞᆫ 英國公使館은 近日에 大使館이 된다더라

◎英紙의 對德論調 二十六日伯林電을 據ᄒᆞᆫ즉 英倫敎떼ㅣ리ㅣ메레쑤라후新聞은 德國에 對ᄒᆞᆫ 調和의 態度를 執ᄒᆞᆫ 言論으로 揭載ᄒᆞ얏다ᄒᆞ는ᄃᆡ 其言論은 英國外務省의 意向을 代表홈이라더라

◎日俄公使會見 二十六日北京電을 據ᄒᆞᆫ즉 駐淸俄國公使ㅣ 고지로후氏는 歸任ᄒᆞ얏는ᄃᆡ 本日午後에 內田公使를 訪問ᄒᆞᆫ다더라

雜報

◉日皇誕日 本日은日本皇帝 天長節인故로長谷川大將이祝賀次로軍隊送迎을爲하야同日 오前十時에軍司令部內에國遊 會를開催하기로內外國紳士를 청邀하엿다더라

◉臨時新任 經理院卿李鍾건 氏는疏遞하고副將沈相薰氏가 繼任하얏더라

◉裁長何人 參將權杜益氏는 平理院裁判長을新任하얏더 라

◉斷髮不一 近日各部大臣中 에斷髮아니한人이惟有參政大 臣韓圭卨學部大臣李完用兩氏 더니右兩氏가又於再昨日에幷 皆剃髮出仕則閣臣之斷髮은今 已一致가되얏스나然而中에頭 髮가依然如舊한者尚有數人云 이라더라

◉熱心奉公 내部主事金台應 氏는從사於該部者殆近十年에 始終如一히熱心執務하야寒暑 를不避하고時限을不斷하고事 務를專擔하야猶恐不及하는故 로諸案드리無不稱誦하니該氏 는不平閑仕之獘를免할만하다더 라

◉査簿巡道 全北觀察이내部 에報告하되獘府財務顧問平野 與次가率通譯李鍾殷하고各 郡稅簿調査次로十月二十五 日에發往鎭安等地라하얏더 라

◉청要橋費 永平郡守徐相鶴 氏가내部에報告하되十月八日 暴雨에本郡梁文橋沈沒之由는 已爲報告而同月二十一日에自 鐵原郡日兵站所로訓有司令部 訓令하고該橋를限三日내起工 하야北韓運兵케修築하라하며 又要兩商故로不得已方發往該 兵站會見이오나昨年修橋費도 尙未發支하야木手等청願이 日至이온데又此更築하오면황 歲民情이必從嗷嗷하야流離乃 已이오니豈非悶迫者乎아將修 築與否를何以措處이올지該所 入費가一千七百六十九兩五戔 을劃下하라하얏더라

◉戰服賣祛 再昨夜에有戰服 人이泥峴等地로過去하는데人 力車軍一名이被酒하고戰服人 을辱하야詰問日汝輩가韓國强 士를다買食하고번적번적하는 戰服을엇얼이고누구를속이라 고어디로가느뇨하고遮路狠逐 하매其人이默默히回避하얏다 더라

◉兵站廢止 日本軍事上必要 로京城의兵站部를設置하얏더 니今番其必要가無함으로廢하 야昨日부터閉鎖하얏다더라

◉日兵行悖 再昨夜에河樋川 邊에서日兵一이泥醉하야民幽 찬장ㅅ을亂打酗酒하는故로傍 觀人들이日本憲兵을招하얏다간 사이에逃避하얏다더라

◉另飭警務 내部에서各道各 港에訓令하되警務는國家에대 政이라治平을助하며開進을步 하야人世의安寧에妨害함과社 會의損傷을除過하야인民의 福祉와安康에關한事項은皆其 職의責任이라行政上은便宜處 置로화患과凶害를未發에坊하 하야인民을與安에陷케함이 요司法上은已發한罪犯을搜索 하며捕詰하야인民의患을除 除함인즉警察職務가法制와秩 序와平穩의되엿에在함이어날 作自十年來로地方警察을設置 가名存實無하얏거니와現今補 佐官을置하고警務를刷新하 야行將刷新하는際에當하야一 直因循함은決코不可한지라茲 庸訓飭하니凡爾警務官은新 하야務從…에디另加巡檢하 야街市坊港에周行巡察하야行 政司法上에十分注意하야務케하 며一切警察에關한事件을隨時報 하야每件十日으로來報하라하얏다더 라

◉婚姻設宴 ...橋...館에 ...朴昌俠氏가...入婿하는 ...老...回甲이 되...明年인디...라하고 日前昨日에六十잔치를하는데 내外賓客을請邀하고宴會를開 하얏는데금世에는稀한일이 라고稱頌이藉藉하다더라

◉馬蹄行令 본...巡檢이各 市民에曉諭하되日國旗 를交叉하라하니民의게韓旗 는...하야從已히揭하려니와 日本國旗야何罪에必揭하리오 如此한行令이有하면警廳에서 一二日前期指揮하야辦巡之際 가無케하미妥當하거날不此之 爲하고臨時發令하야以前日歷 制之惡習으로만하기로懲嗟之 弊이분無하다더라

◉調査稅簿 十月二十八日에 度支部財政顧問補佐官佐藤藤 좌와度支主事金璉垣이一帶 府하야部의觀察府輪훈令하고巡 行江原道각郡하야稅項一々 調査하야稅簿査検次로來到洪川 郡이니내部에報告하얏다더 라

◉警□□究 東萊監理가報告 하되日本警署署長巡 査千이赴任한例에詳般相務 가輒觀을拚하야條件을變率하되 語에諭하야賠蓰外인이非至 一再이나其稍辭日語로 余交涉而易하와尙此含忍이 더니屈經飭하야終불준하고 交涉多端에日生 聽行하기茲以報告하오니査 照後交涉하야戒飭하라하얏더라

◉農學試場 內部에서漢城府 에訓令하얏는데今에農部에서 農商工學校附屬農事試驗場을 建築附近地에創設하는데最地 도擇하야돈이고立票定하이기 訪問훈令하니四亮左附방肆 를貴賤署名으로揭付設하니하 야어民의게咸須知悉케함이爲 하라하얏다더라

左에방文

此票내地는官立農商工學校附 屬農事試驗場을소아國旗을揷 進할計劃으로土地所有者의게 도相當한代價를施與하도록 學部에서措處할터이니民인들 은安堵하야以待處辦할事라하 야더라

◉淸匪掠奪 平北觀察李根豐 氏가내部에報告하되貴管下慈 城郡守尹...翰의報告한즉槪에 本郡상十四日...邊境等地에 청匪百一餘名이...城里하 야財産牛馬와我인창去之由는 已爲報告이올건과詳探彼邊하 形하고我인査檢次로巡檢崔 京喜를另爲派送이온더니聽 니彼邊淸匪이捉去我인二十 三名에尙今屯聚於該溝하야我 인二名뿐금才還歸하고二十一 인은一向拘留에必有乘時犯越 之慮而巡哨日兵은覘彼賊匪之 動靜하고自料兵勢之單弱하야 避彎上往于三十里許之地則邊 境疎虞는此爲甚이올다온바 自本里로招募民丁에發砲防備 이오나無一兵刃에束手守禦가 極涉少然이더라目若淸之兒 으로彼匪犯越은雖未디及이오 나내城一隊은我入砲에預先 備禦等因이오니殆此匪悶忽 之時에不容疎虞하와發令각面 에招募民砲하와以爲陰雨이을 見과彼匪猖獗하야越境 捉民이日比有之하니邊民情 이誠切可悶이라況冬氷在卽에 我境則既撤兵砲하고匪徒는少 無顧忌이온즉向於分隊所用銃 丸이撤還之江陵兵丁을還置派 送하該匪하야以備不虞가恐未 知何如이올지査照를望이라 하얏더라

◉蹈舞宴會 본月六日에청公 使曾廣銓氏가蹈舞會를設公館 내에開하고內外國紳士를宴 待하기로請帖을發送하얏 더라

◉李氏辭院 ...院贊議李根 相氏는...辭職上疏하얏다 는說이有하다더라

◉...發闕 ...參政大臣韓圭卨 氏가...一次上奏 以來로...漸至屏跡而...候官이 라도知其...政府...不論 ...이라더라

◉此報何多 夫新聞者는現今 世界政...弗揭載하야 使讀覽인으로見聞博洽하고 智識이開發케하우바日本의阪 行日聞이本年九月爲始하야 본郡에來到하니此新聞이日韓 文으로相雜措語하야視而弗知 文意하야但見紙墨이森하고 字行이縱橫에講究弗하야抛 置床上하니便一休紙也라査照 後公函於대而行日新聞社하야 以我國文與한文으로翻譯行 하야使之曉解라하얏더라

◉易又易 平北富인吳學波氏 의子熙元이가紙貨八九十元을 帶携上京하야部를圖하次 로南北里有勢力가至方在運動 중이라더라

◉誰聽所稟 法部協辦李相설 氏는稱贊으로平壤郡守李承載 氏를薦進하므로韓...하얏다더 라

緊急社告

本社創設以來로新聞代金을每月初三日內에先納으로收入ᄒᆞ던바ᄂᆞᆫ內初로購覽ᄒᆞ시ᄂᆞᆫ僉君子가擧皆知悉이온바自本年八月再刊以來로代金收合이延至瞞間이옵더니到今本社經費가窘絀之歎이有ᄒᆞ기로本月條ᄂᆞᆫ不日內로收合ᄒᆞ여야可히支過ᄒᆞᆯ터이오來十一月爲始ᄒᆞ야ᄂᆞᆫ一朔條를十五日內로送交ᄒᆞ시와連속發刊케ᄒᆞ야愛讀 僉君子의閱覽을供ᄒᆞ기로切盼홈

大韓每日申報社 白告

外報

◎袁總督 袁世凱氏ᄂᆞᆫ來三十一日에日本에來ᄒᆞ야萬壽節을經ᄒᆞ고歸津ᄒᆞᆯ터이라더라

◉日英帝의御親交 桑寬을據ᄒᆞᆫ奇內致의公表에ᄒᆞ얏스되英皇帝의從二皇弟곤노-ᄐᆞ公아ᄅᆞ사-親王 英國皇帝의命을奉承ᄒᆞ고東京으로赴來ᄒᆞ야日本皇帝께가-다-勳章을捧呈ᄒᆞᆫ다ᄂᆞᆫ데此가-다-勳章은千三百三十四年에에드와-드第三世의御業계係ᄒᆞ던主가각國帝王과皇族의게贈與ᄒᆞ던勳章이라더라

◉桂小村兩相訪問 桂首相과小村外相은二十八日午前九에伊藤侯를訪問ᄒᆞ고何事인지協議ᄒᆞ얏다더라

◉全權使用品賣却 日露平和條約의調印에用ᄒᆞ던卓子ᄂᆞᆫ約四百元이오又兩國全權의使用ᄒᆞᆫ一의子四脚은각個約八十元式賣却ᄒᆞ얏다고米國新聞에記報ᄒᆞ얏다더라

◉德國의對淸態度 德國은從來山東에셔큰利權을擴張ᄒᆞᆯ計劃에熱心ᄒᆞᆷ이라고風說이有ᄒᆞᆫ데近來가種種報道ᄒᆞ얏스되德國에ᄂᆞᆫ高密히陸戰隊를靑島로引揚하야鐵道의保護를淸국에依托ᄒᆞ고또山東각地에經營ᄒᆞ던郵便事務ᄂᆞᆫ拋棄ᄒᆞ야淸국에依賴ᄒᆞᆯ야ᄉᆞ고그ᄲᅮᆫ아니라公使館護衛兵과此外北淸一帶에有ᄒᆞᆫ軍兵을總히撤去ᄒᆞᆫ다ᄂᆞᆫ說이有ᄒᆞ다ᄂᆞᆫ데此等說에對ᄒᆞ야如何ᄒᆞᆫ點意인지弗知나從來德국의態度ᄂᆞᆫ顧見異想홈이잇지아니라ᄒᆞᆯ슈업다더라

雜報

◉譌言 近日한城中一種譌言이傳播ᄒᆞ야日日ᄉᆞ兵丁이自由行動이有ᄒᆞ리라홈으로一大恐慌이生ᄒᆞ야或其家婦女를移避ᄒᆞ며或防備를ᄒᆞᆫ다ᄒᆞ니何等雜流輩가此恐慌을做出이며民이何故로如此ᄒᆞᆫ譌言에疑懼를不免ᄒᆞᄂᆞᆫ고以若文明국軍律로不法行動이必無ᄒᆞᆷ은確然可信이라ᄒᆞ노라

◉擧皆購敗 近日내한城新舊貨交換에關ᄒᆞ야財困難이非常ᄒᆞᆷ으로倒閉購敗ᄒᆞᆫ民이一十餘인이라ᄂᆞᆫ데其북及時救면勿論誰某하고購敗ᄒᆞ지니政府에셔ᄂᆞᆫ一디激烈危險인줄不知하ᄂᆞᆫ지

各國憲法異同論 (續)

其餘歐洲大陸의各國이또ᄒᆞᆫ近古以來에次第로將次專制를變ᄒᆞ야立憲을成코져ᄒᆞ더니不幸히君主와貴族의게壓制ᄒᆞᆫ비되야其收効가能히英國에比치못ᄒᆞᆫ지라於是에民力을由ᄒᆞ야激力이生ᄒᆞ니民이愈甚ᄒᆞᆫ則激이愈甚ᄒᆞᆫ지라西曆十七世紀末에至ᄒᆞ야法國民變이大起ᄒᆞ야王室을최毁ᄒᆞ고共和之政을行ᄒᆞ더니其後에拿破侖의帝政이되야또王국이되얏더니其次轉變ᄒᆞ야靡爛을弗堪ᄒᆞ고其餘각국이또ᄒᆞᆫ相繼騷亂ᄒᆞ야政變가頻變ᄒᆞ니各각국의政의成就가數十年에不過ᄒᆞ니라英국의政ᄂᆞᆫ弗然ᄒᆞ야近古以來로부터각국의디驗에갓시인코能히次第進步ᄒᆞ야繼장增ᄒᆞ고또각국의新式은나學問議論을用ᄒᆞ야成ᄒᆞ고英국의憲法은實際上으로由ᄒᆞ야進ᄒᆞᆫ故로相常他국보다英인이但常他국에憲法을指目ᄒᆞ야日紙上憲法이라ᄒᆞ니其力量에薄弱홈을笑홈이라

其政之국은歐洲에在ᄒᆞᆫ奇俄羅斯와土耳其를除ᄒᆞᆫ外에ᄂᆞᆫ其餘각국이皆是오亞洲에在ᄒᆞᆫ者ᄂᆞᆫ日本이是니土以其ᄂᆞᆫ十餘年前騷亂之際를當하야曾一憲法을布하고議院을設하얏더니後에맛참ᄂᆡ중止하고至금은仍하야專制국이되리

◉大韓赤十字社規則

第一條 본社ᄂᆞᆫ 皇帝陛下의至尊至仁ᄒᆞ신保護에依ᄒᆞ야成立하고於困을傷病者를救護ᄒᆞ기로目的을爲홈이라 天災或事變에際ᄒᆞ야其傷病者도救護홈이라

第二條 本社ᄂᆞᆫ通常職員外에總裁一인을實하되皇族중으로勅命하야社務를統轄케하고副總裁一인事務官一인을實ᄒᆞ야其事務를補좌케홈이라

第三條 본社ᄂᆞᆫ西曆一千八百六十三年十月西瑞國제네화府에開設ᄒᆞᆫ萬國會議議決과西曆一千八百六十四年八月該府에셔締結ᄒᆞᆫ約과關聯ᄒᆞᆫ條規의主旨를從홈이리

第四條 본社ᄂᆞᆫ白질赤十字로記章을作홈이라

第五條 본社ᄂᆞᆫ前條를依ᄒᆞᆫ外에聽ᄒᆞ야一般傷病者의特別ᄒᆞᆫ所願을從ᄒᆞ야診治療와病室借與ᄒᆞ기를和홈이라

第六條 본社ᄂᆞᆫ一般公衆의衛生上에備ᄒᆞ야對ᄒᆞᆫ諸詢에答ᄒᆞ고兼ᄒᆞ야衛生에關ᄒᆞᆫ實務에從事홈을得홈이라

第七條 본社經費ᄂᆞᆫ左와如홈이라

一 帝室의恩賜金
二 篤志가의寄附
三 본社業務에서生ᄒᆞᄂᆞᆫ特別收入金

第八條 本社에左開職員을實홈이라

一 社長 一인
二 副社장 一인
三 醫員 三인
　一인은宮내府官員이兼任홈이라
四 藥劑師 一인
五 藥局助手 三인
六 會計 一인
七 看護副장 一인
八 看護婦 五인
九 通譯 二인

但醫員以下ᄂᆞᆫ必要를應ᄒᆞ야增減홈을得홈이라

第九條 社장은總裁에隷屬ᄒᆞ야社務를管理ᄒᆞ고其他諸職員을指揮監督홈이라

第十條 본社내規ᄂᆞᆫ社장이定홈이라

第十一條 副社장은社장을補佐ᄒᆞ고社장이有故時에ᄂᆞᆫ其事務를代行홈이라

第十二條 第一條의救療患者ᄂᆞᆫ본社에서施行ᄒᆞᄂᆞᆫ治療票를携持ᄒᆞᆫ者에게限홈이라

第十三條 第五條의一般患者ᄂᆞᆫ본社에서定ᄒᆞᆫ診察料와藥價와病室借與料等을前納ᄒᆞᆫ者로限홈이라

第十四條 本社ᄂᆞᆫ京城에姑置홈이라

第十五條 本令은頒布日로부터施行홈이라

廣告

特別廣告

本申報는 [illegible]電報를 卽接하야 [illegible]通하고 外報도 [illegible]捷活潑하고 [illegible]申報에 發表하는 디 迅速信傳하기는 分傳人의게 在宮으로 本社에서 平常에 諸分傳人의게 [illegible]告戒하고 申報調節[illegible]하야 或愉或惰하거나 [illegible]도 [illegible]如或 [illegible]知 [illegible]分傳[illegible]의게 [illegible]信하며 [illegible]發生하거든 [illegible]期 [illegible]論하야 必無遺誤하도록 期待하오니 [illegible]

本社에 寄書하시는 諸君子는 姓名과 住所를 明確히 記錄하야 附하시야 證據가 有케 하심이 必要하오 公衆에 [illegible]하는 意와 [illegible] 上不[illegible] 荒雜한 寄書는 [illegible] 社에 [illegible] 有하오니 [illegible]하시옵

大韓每日申報社 告白

廣告

前日 訪余世界名字 以作祥知 舊照亮홈 今作祥 告白

貿易商 本社는 仁川港

日本郵便電信局對面

電話第二百一番地

仁川港 廣昌 洋行

[illegible] 社告白

○鐵路部

○東大門과 新門間에 來往車는 每十分間에 運行홈

東大門發初車는 午前六時三十分

新門外停車場發初車는 午前六時五十五分

東大門發終車는 午後九時五十分

新門外停車場發終車는 午後十時十五分

○東大門과 洪陵間에 來往車는 每二十分間에 運行홈

但自鍾路로 東大門에 來到호 交替車로 聯絡홈

東大門發初車는 午前六時五十分

洪陵發 初車는 午前七時十分

東大門發終車는 午後七時五十分

洪陵發 終車는 午後八時十分

○鍾路와 龍山間에 來往車는 每十二分間에 運行홈

鍾路發至南大門初車는 午前六時四十八分

鍾路發至龍山 初車는 午前七時二十四分

南大門發至鍾路初車는 午前六時五十六分

龍山發至鍾路 終車는 午前七時五十七分

南大門發至鍾路終車는 午前十時八分

龍山發至鍾路 終車는 午後九時九分

○特別私用車는 [illegible]와 方便宜홈을 隨應하야 給홈

但定價는 本社에 來臨하야 請問하옵

○電燈部

二百五十燭力以內의 數用處에는 每個月에 定價[illegible]

○十六燭力燃燈達夜에 二圓五十錢

○三十二燭力燃燈達夜에 四圓

○五十燭力燃燈達夜에 六圓

○一百五十燭力燃燈達夜에 十圓

一千二百燭力弧形燈達夜에 二十圓

二百五十燭力以上의 數用處에는 請求하면 瓦斯計一個를 設給홈

但瓦斯計賃金은 每個月에 二圓이오 瓦斯計測驗表委托定價는 每時間每암피아에 二錢이온

瓦斯計設給處에서 每朔月支拂金最低額은 每個月에 二十圓인디 瓦斯計貸金은 拂홈

電燈을 敷設하기에 請求하는 디 給홈로 供

各種運技器械도 常時에 貯存하엿숩

本社鐵路電氣會社

韓美電氣會社 告白

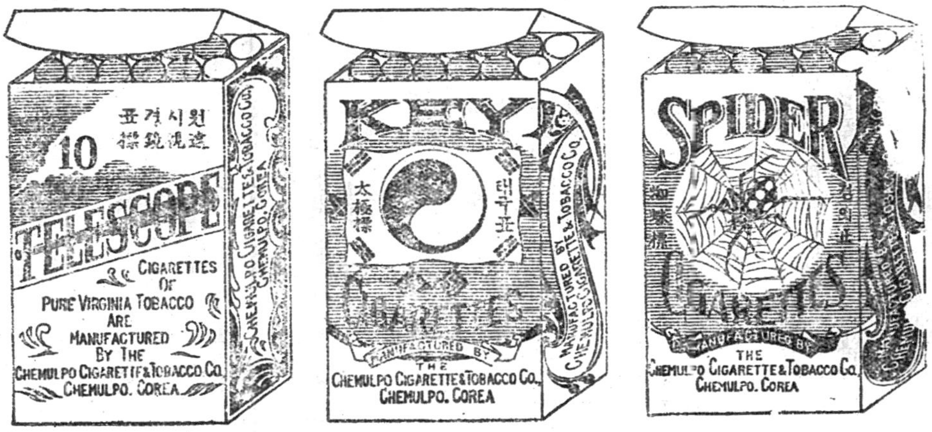

以上三種은 上品으로 製造하야 衛生上에 至極有益하오니 毋論某人하고 本社에 來顧하옵

大韓帝國仁川港

濟物浦紙卷煙及烟草會社

一 鷹標 飾濾誥牛乳

一 金印罐詰濃結牛乳

一 無雙 [illegible]川氣化乳酪

一 쌘ㅣ든쓰製造麥芽化合牛乳

以上은 常時에 貯積하엿숩

美國紐育港 쌘ㅣ든쓰濃結牛乳會社

一手代理店 大韓仁川港 世昌洋行

廣告

一 雜貨商

一 貿易商

一 船舶取扱

一 煙草商

一 委托販賣及貨物運送代理業

一 貿易石炭商

以上輸入及輸出者

京城 仁川 大昌 洋行

本社廣告

申報價

一張代金 新貨五錢

一箇月前納 五十錢

三箇月 一元五十錢

六箇月 二元九十錢

一箇年 五元八十錢

郵稅一部 新貨五里

一箇月 十三錢

廣告料

四号活字十三字詰

每日每英尺一寸에 新貨十五錢

(每日每行에 六錢에 相當함)

二周日에 二圓五十錢

(每日每行四錢五里에 相當함)

一箇月에 五圓

(每日每行四錢一里에 相當홈)

其期限의 長短과 字行의 多少를 依하야 增減홈이 有홈

大韓人마다 此申報를 不得不閱覽하실터이오니 廣告出報하실 僉君子는 來臨商議하시옵

發行兼編輯人 英國人 裴說

發行所 京城北署壽進坊典洞外地段新聞社

大韓每日申報社

第三卷 第七十號

大韓每日申報
대한매일신보

月曜及慶節 歲時日休刊

檀君開國四千二百三十八年
箕子元年三千二十七年
大韓開國五百十四年
日本明治三十八年
淸國光緖三十一年
陰曆乙巳十月大初九日戊申

論說

斷髮可否

現今大韓形便을觀ᄒᆞᆫ즉凡革舊刷新之事에關ᄒᆞᆫ一事二事에오즉進步ᄒᆞ기로爲主ᄒᆞᆷ이可ᄒᆞᆯ지라設或拘碍難便ᄒᆞᆫ者가有ᄒᆞᆯ지라도今日事勢가此等拘碍로因ᄒᆞ야新政을不行치못ᄒᆞᆯ지라만일如干拘碍之端으로由ᄒᆞ야刷新之政을不能斷行ᄒᆞ면國運을挽回키難ᄒᆞ고人民을保全키不能ᄒᆞ리니엇지小者에關ᄒᆞ야大者를不擧ᄒᆞ리오今에斷髮一欵으로言ᄒᆞᆯ진ᄃᆡ自數十年來로韓國輿論이終不歸一이라或曰身體髮膚는受之父母라豈可毁傷이며先王禮制를豈可變改리오ᄒᆞ니此亦無怪라大抵人情風俗이習之已久者는雖微行細節이라도有難遽讓繼通키든況身體髮膚에所屬이며五百年遺來之舊習을一朝에欲剪而去之ᄒᆞ면宜乎人情에違拂ᄒᆞ고風俗에乖忤ᄒᆞᆯ지라雖然이나以活眼觀之ᄒᆞ면普天之下에頭髮形式이各自不同ᄒᆞ나東洋古俗은束髮爲飾이오西洋은斷髮取便이오南洋群島는被髮之俗이라假使東洋에셔立敎之初에斷髮取便으로成俗이되얏스면誰가不可ᄒᆞ라오以大韓言之라도檀君時代에는編髮盖首ᄒᆞ고箕子以後로束髮之制가始有ᄒᆞ얏고高麗之末에元制를從ᄒᆞ야斷발ᄒᆞᆫ者가百有餘年이오入于本朝ᄒᆞ야衣冠文物을一遵明制ᄒᆞᆷ으로束발爲飾ᄒᆞᆫ지라一國之內에頭발形式이隨時變改ᄒᆞ얏스니況四海萬國之俗乎아現今時代는人身上에衛生과事爲上에取便을爲主ᄒᆞ나니엇지斷발을不可라ᄒᆞ리오或은曰開明進步가在於政治之改良과學問之求新이니豈在於頭발之斷否리오ᄒᆞ니其言이似然ᄒᆞ나天下가之事裏面을變코져外面으로붓터始ᄒᆞ나니外面을能히變치못ᄒᆞ는者가엇지裏面을能히變ᄒᆞ리오今에大韓人民이開明進步에銳意熱心이有ᄒᆞ면身命도不惜ᄒᆞᆯ거늘一撮之髮을寧可濡忍不斷ᄒᆞ리오一國之內에頭발形式이各自不同ᄒᆞᆫ것이亦可駭異라前此에는軍人과警官外交官만斷발ᄒᆞ얏고至于近日ᄒᆞ야는現在官吏만斷발케ᄒᆞᆫ다ᄒᆞ나此는行政上에一規模가아니오人心上同一進取가아니라大抵今之時代는人身의衛生과事爲의便利를圖謀ᄒᆞ기로爲主ᄒᆞᆫ즉無論官吏人民ᄒᆞ고一切斷발이可ᄒᆞ다ᄒᆞ노라

官報

◉第三千二百八十七號 光武九年十一月三日

◉敍任及辭令

任辦理公使敍勅任官四等 正三品徐彰輔
十月二十八日
解兼任昌原港裁判所判事 昌原前監理玄學杓
命兼任昌原港裁判所判事 昌原監理李載益
以上十月三十日
依願免本官 秘書監丞洪承斗
任秘書監丞敍奏任官三等 正三品鄭丙鉉
經理院主事李敏錫
任宮內府調査課主事敍判任官六等
禮式院掌樂課主事盧仁德
任經理院主事敍判任官六等
九品方敎喜
任禮式院掌樂課主事敍判任官四等
學部主事趙重國
陞七級俸
六品朴稚祥 李潤甲
任官立小學校敎員敍判任官八級 九品朴榮龍
任稷山郡公立小學校敎員敍判任官八等
內部廣濟院醫師李在鳳
內部廣濟院醫師韓宇
內部廣濟院醫師皮秉俊
陞四급俸
內部廣濟院醫師權泰完
內部廣濟院製藥師金相燮
陞五급俸
以上十一月三十日

◉第三千二百八十八號 光武九年十一月四日

◉宮廷錄事

詔曰命陸軍副將沈相薰爲經理院卿
十一月一日
詔曰命法部協辦李相卨爲議政府參贊
光武九年十一月二日
議政府參政大臣韓圭卨
宮內府大臣勳一等臣李載克
謹
奏卽伏見禮式院
奏本則故戶曹正郞鄭之產之忠孝合有褒揚之
恩
贈職之典令宮內府稟處事
奏下矣鄭之產之忠孝若是卓異則似當特施正二品
贈職之典而係干
恩典臣府不敢擅便
上裁何如謹上
奏
光武九年九月二十日奉
旨依所奏施行
宮內府大臣勳一等臣李載克
謹
奏故戶曹正郞鄭之產 特施正二品
贈職之典事
奏下矣
贈職案謹上
奏
光武九年九月二十日奉
旨依奏

◉敍任及辭令

陸軍副將沈相薰
命經理院卿敍勅任官二等
以上十一月一日
法部協辦李相卨
任議政府參贊敍勅任官二
十一月二日

外報

◉露將歸國 廿七日上海電을據ᄒᆞᆫ즉露艦아스고리트에乘坐ᄒᆞ던露將다이든스데인氏는本日오데사니얀號를乘ᄒᆞ고歸國ᄒᆞᆫ다더라

◉土帝拒絶 伯林電을據ᄒᆞᆫ즉마게드니야에셔財政監督權에關ᄒᆞᆫ新提議를爲ᄒᆞ야君士坦丁堡에駐箚列國大使는土耳古皇帝에對ᄒᆞ야聯合諾見을要請ᄒᆞ되皇帝는此를拒絶ᄒᆞ얏다더라

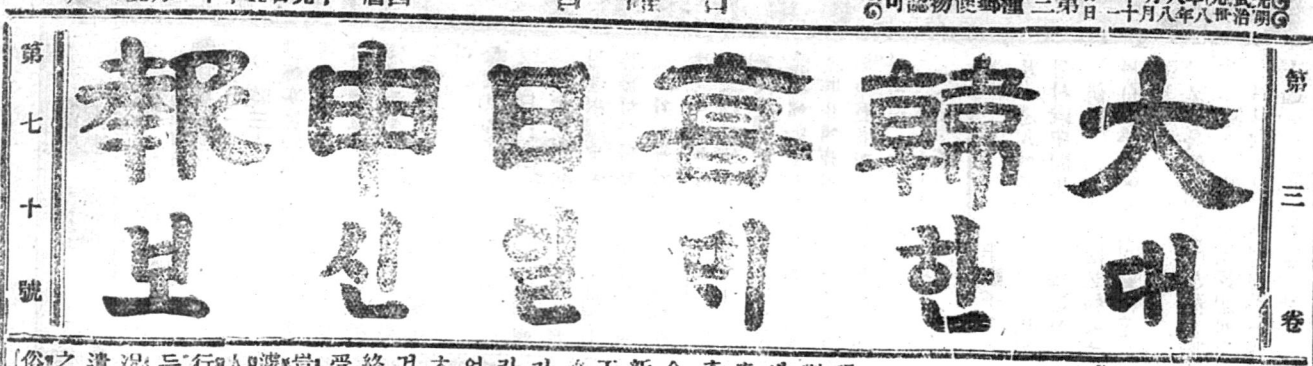

◉長春以南鐵道管理 東京電을據ᄒᆞᆫ즉日本에셔長春以南의鐵道는차차臺灣鐵道와如히其監督修繕과關東總督府手下에歸케ᄒᆞ고大本營存立中에運輸通信總監部에管理로ᄒᆞ야參謀本部의管理에附屬ᄒᆞ고關東總督府의諸般施設을一同히ᄒᆞᆫ다는ᄃᆡ今에비로소同總督의權內에入ᄒᆞᆯ더이라더라

東京電報

●伊藤候爵渡韓 十一月二日午前十一時三十分發

伊藤侯는韓國에對ᄒ야重要ᄒᆫ談判의使命을蒙ᄒ야都築馨六村田陸軍井上海軍兩少將과韓國에渡來ᄒᆫ다는ᄃᆡ其滯在日數는一箇月內로豫定이되얏다더라

●東京各新聞痛論 仝上

東京日日 時事 每日諸新聞에輸入米稅廢止홈으로痛切ᄒᆫ意見을揭載ᄒ고大隈伯은此稅金을廢치아니ᄒ면韓國貿易上에關係가有ᄒᆯ뿐아니라盛大를期難ᄒ겟다고明言ᄒ얏다더라

●米國公使夜會 仝上

米國公使는東鄕大將以下凱旋將校에對ᄒ야歡迎의意表홈으로昨夜에夜會를開設ᄒ얏다는ᄃᆡ來賓者가三百餘名이나되얏다더라

寄書

半醒子

凡今之人이不幸産業이本無이된지或中間災害을因緣홈이여飢寒이切身ᄒ고困苦特甚ᄒ야百尺竿頭에生活이頓無ᄒᆫ境遇에 不모목勉强忍耐ᄒ야苟且圖生은非也라自家妄想에自見歎ᄒ고將來豐饒와一時安逸을希望心이有홈이라

만일自家에命運을前知ᄒ는方術이有ᄒ야終其身飢寒ᄒ며終其身困苦ᄒ야此生百年에一分餘望이無홈을對鏡과如히恍然見得ᄒᆯ진ᄃᆡ 차라리早自홈然ᄒ야一瞑而萬事不知ᄒᆯ決斷心이人必皆有ᄒᆯ지니然則古生今來에許多ᄒᆫ飢寒困苦人에區區圖生은自家妄想에自가이見欺ᄒ는緣故라謂ᄒᆯ지로다

雖然이나今日大韓인民에前途를論之컨ᄃᆡ他인의奴隸됨을對鏡과如히恍然見得ᄒᆯ지요他인의奴隸된以後에는無雙艱楚와無上困苦之狀을對鏡과如히亦可恍然見得ᄒᆯ지니 哀哉韓民이며悲哉韓民이여室가ㅣ雖存이나寧處不得ᄒᆯ거시오田土ㅣ雖有하나耕作難便ᄒᆯ거시요 百千萬事이皆至束縛하야囹圄中의罪囚生活과恰似ᄒᆯ지니此生百年의安逸ᄒᆯ餘望은姑捨하고 子子孫孫이苦海無邊하야諸毒을備受하고與死爲伍ᄒᆯ터인즉思之의自然戰慄이오言之의足可傷心이로다

韓民의品賦良好는外인의베讓頭ᄒᆯ게別無허건마는但意力成習허고風霜을未經ᄒ야愛國心과決斷心이不足故 奴隸之恥辱을甘受ᄒ야千尋火坑의逝將淪落ᄒᆯ터이니豈不痛惜이며豈不可憐가

前頭爻象을不知則已어니와今其諸般險惡을對鏡과如히可以恍然前知이거날何滋味를戀ᄒ며何時節을待ᄒ야決斷心이不發ᄒ는지 其或各其妄想에各其見欺ᄒ야空然이來頭安逸을期望心이有ᄒ는지痴政府와一般見識으로沁沁度日ᄒ야甘心亡國ᄒ는褒를不知ᄒᆫ깃도다

等是亡國인ᄃᆡ차라리斷頭決腹而死언뎡타인의노隸되기를不願홈은血性男兒의所宜同然인즉 嗟我二千萬同胞가其心을齊一하며其力을團合하야文明進步를汲汲講究ᄒ며非리外侮를저辨正하며獨立國權을斷斷回復하여야 國民義務에庶可無憾이오天下萬世에亦可有辭ᄒᆯ지니嗟我同胞는其勗哉어다

雜報

●日兵揮劒 再昨夜에梨峴色酒家에서日兵이入來ᄒ야女主人을對ᄒ야戲謔淫亂ᄒ는故로酒家女가對應치아니ᄒᆫ지라日兵이佩刀를揮ᄒ며無數亂打홈의其景光이大端騷擾ᄒ얏다더라

●大商閉市 梨峴居劉世煥氏가本以富商으로錢循環이阻絕홈을因ᄒ야日前부터閉市ᄒ얏더니日本人幾名이來到ᄒ야多數物件을沒數히運去ᄒ얏다더라

●回思禱天 西教라면切憎하든前視察安鍾悳氏가무ᄉ局外思想이有ᄒᆫ지日前부터天主를呼ᄒ며誠心으로祈禱ᄒᆫ다더라

●注目新裁長 近日에遞任된平니院裁判長李한英氏在任時에諸般罪囚을多數保放ᄒ얏더니忽然見遞된지라該罪囚들이落心ᄒ며嚴裁長을또ᄒᆫ注目ᄒᆫ다더라

●辭議叙用 年前에越獄逃躱ᄒᆫ徐相大는日本北軍接應官으로北方民인의게實惠가頗有ᄒᆫ즉褒賞이불可無ᄒ니免徵戒ᄒ고叙用ᄒᆯ意로뇌部大臣李址鎔氏가政府에請議ᄒ얏다더라

●西署賊警 再昨日下午七時量에西署餘慶坊亭子洞等地李召史가에賊한一人이暗入ᄒ야衣服等物을奪取以去라더라

●呼訴妥帖 西江等地駐在日兵이謂以租包春精時塵埃飄揚ᄒ고禁其春米키로各旅閣主人等이妨害於生業上이라ᄒ야呼訴于西湖警務分署ᄒ야交涉於該隊ᄒ야仍爲妥帖ᄒ얏다더라

●遷轉實多 내部의셔昨日奏本을奉呈ᄒ얏다는ᄃᆡ내槩를得聞ᄒᆫ즉現窠는불可四五郡인ᄃᆡ遷轉니近數十窠라더라

●내會任免 내部會計局長李容復氏請願辭免代의該部參書官鄭鳳時氏가叙任ᄒ고鄭봉時代의該部主事柳成烈氏가叙任ᄒᆯ事로내部大臣이政府의請議ᄒᆫ다더라

●賊徒猖獗 忠南觀察李道宰氏가내部에報告ᄒ되挽近以來로各地方에賊警이到處猖獗ᄒ와黑夜偸竊白晝攘奪은猶屬居後오殺越人命과焚刼閭里와搶掠州郡이前後相繼이온바槪論目下情形則燕岐邑底에有强奪强姦허고新昌等地에有殺害人命허고石城附近에有官行被刼之事허고德山等地에公州陸隊兵一人墓地逢賊數十名ᄒ야竟至被殺이다方有告急ᄒ와現行査覈이온바若因循而置之면際茲稅捧이在卽허와公貨는無典守之道이옵고生民財産은亦無可保之方이라自本部로移照軍部ᄒ시와公州隊兵三十名을派撥ᄒ야以爲勦壓賊警이라ᄒ얏더라

●奉牌借解 谷山郡守李偕氏니部에報告ᄒ되平山居閔元植等이稱以淨土宗會하고位牌를陪奉ᄒ고本郡에來到ᄒ와許借公廨에一邊奉安ᄒ고一邊設會云이온바本郡所存公廨가俱爲頹破ᄒ야許借無處이옵고莫重闕牌를奉安旅舍가滿心惶懍허와即爲奉安於東軒허오며以設會事言之허면民不願入허고以入會事言之허면每名所捧錢이爲葉十餘兩이온즉到今設會云者必也煽惑人衆하야抑入其會ᄒ며勒捧厥錢은弗見是圖이온즉苟如是坦면哀此荒歲民情이果難成樣이오니査照後閔元植을即爲召還허와俾保荒歲民生之地라허엿더라

●耳加痛懲 再昨日南壯洞等地의셔何許平服日人三名이突入民가허여一場起鬧ᄒᆯ際의該가主가往請巡檢以來則二名은越墻逃走허고一名은捕捉查問則係是韓人으로幻服作弊홈이라仍即警廳으로捉去허엿다더라

●必有陰證 度大閔泳綺氏는本이無名下材와不直一文으로만近官方이淆亂홈을因ᄒ야大臣에冒處홈은世人의共知어니와政治가何件物인지財政이何事件인지全然沒覺ᄒ고도財政整리上의醺綵主務ᄒ야畢竟無限病弊를醞釀出來ᄒ야中外幾百萬生靈이魚肉되게ᄒ니非리行政으로一民을傷害ᄒ며一民을困迫허야도誤政陷民ᄒ는罪案이必有거든況此幾百萬生靈을死地의擠陷허얏스니其惡腸을究之허면何辟의當處ᄒᆯ는지不知ᄒ깃스되祿位를久保하야萬姓에脂膏中出來ᄒ는俸金을糜費허고勳章이連加허니萬姓傷害허는勳勞인지此等無廉恥허고誤國殃民ᄒ는人은顯戮을倖免허면陰證이必有허리라고街說이紛紛허다더라

●外照清館 外部에서내部에照會허되部管下開城潛採蔘包之清國人三名을知查淸公館按律審辦一事는當經行文청公館이오 照亮이라허엿더라

●日兵仔發 忠北觀察使가내部의電報허되十月三十日의日兵一百六十餘名이來到허여兩日留宿허고五十餘名은今發向내社郡허고其餘는入處于府廨公廨라하얏더라

◉社告◎

昨日은機械를修改홈을因허여一日停刊ᄒ얏사오니愛讀僉君子는照亮ᄒ시옵

外報

◉戰艦火災　露國戰鬪艦구니아스보데무긴(先者에叛逆을ᄒᆞᆯ야던)은오데쓰사에셔火災을當ᄒᆞ야破壞 되얏다ᄂᆞᆫ데其原因은아마放火ᄒᆞ얏나보다더라

◉竄入露艦出港　上海電을據ᄒᆞᆫ즉露國領事가上海道臺에對ᄒᆞ야야스고루트外에竄入露艦은十一月一日에當港에셔出發ᄒᆞ야淸國으로向ᄒᆞᆫ다ᄂᆞᆫ報告를ᄒᆞ얏다더라

雜報

山人說夢　采藥翁

東峽中에一老人이有ᄒᆞ니每年에入山採藥ᄒᆞ야各種良材를得ᄒᆞ면반다시漢城中에來ᄒᆞ야得錢以歸ᄒᆞ니如是者ㅣ五十餘年이라

今年秋에城中一處藥鋪에至ᄒᆞ야一宵를止宿ᄒᆞ고謂其主人曰余가入山採藥ᄒᆞ면伐草爲幕ᄒᆞ야寢處其中ᄒᆞ고擇日致誠于山神ᄒᆞ야其冥佑를蒙ᄒᆞ면一身도無恙ᄒᆞ고靈藥을多得이라

昨今兩年에余가漢城에來ᄒᆞ야我國人民의悲慘ᄒᆞᆫ情況을見ᄒᆞᆷ의涕淚가自落ᄒᆞᄂᆞᆫ지라來頭形便을推測ᄒᆞ니全國인種이必皆滅絶乃已라天地間에如此ᄒᆞᆫ世變이豈有ᄒᆞ리오所以로

今年入山時에山神의祈禱ᄒᆞ야曰大韓인民은盡皆殆亡이로소이다軍用地로因ᄒᆞ야墳墓를盡掘ᄒᆞ니禍及白骨이오家屋을毁撤하니인皆露處이옵고鐵路之役에農業을全廢ᄒᆞ고奔走應募ᄒᆞ되鞭笞가亂下ᄒᆞ니雇金을何望이리오

況他國下等인類가遍滿國中ᄒᆞ야和我雜類ᄒᆞ야奪인庄土ᄒᆞ며奪인財産ᄒᆞ되毆打迫脅이罔有紀極이오且値貨幣之變更ᄒᆞ야舊貨ᄂᆞᆫ漸盡ᄒᆞ고新貨ᄂᆞᆫ難得이라全國商民이擧皆撤市閉業ᄒᆞ며無論貧富ᄒᆞ고與受가阻絶ᄒᆞ니此ᄂᆞᆫ我데韓四千年來에未有ᄒᆞᆫ厄運이로소이다

惟願名山尊神은亟降冥佑ᄒᆞ야活我百姓ᄒᆞ옵소셔ᄒᆞ얏더니其夕에山神이現夢曰汝雖愚民이나엇지데韓國民의罪를不知ᄒᆞᄂᆞ냐

데韓國인은自來타國인을依賴ᄒᆞ기로性질이된者라데抵自國政治ᄂᆞᆫ自國인이經營ᄒᆞᆯ것이어ᄂᆞᆯ韓인은不然ᄒᆞ야幾年以來로所謂開化政治를隣邦인의指導가有ᄒᆞᆯ가希望ᄒᆞ얏스니是其愚蚩之甚也오

昨年日俄開戰之時에日本師旅가入城ᄒᆞ니男女老幼가塡道懽迎ᄒᆞ고軍需의供億과輸運의代勞를不由勉强ᄒᆞ고如恐不及ᄒᆞ니此ᄂᆞᆫ韓國인情이日本을對ᄒᆞ야國가를扶植ᄒᆞ고인民을濟活ᄒᆞᄂᆞᆫ仁心善政이有ᄒᆞᆯ줄로泰山갓치信仰ᄒᆞᆷ이라

及其行動을견ᄒᆞᆫ則施政改善은渺無影響이오但國權을佔奪ᄒᆞ며利益을擭取ᄒᆞ며인民을殘害케ᄒᆞᆯ뿐이라

於是乎韓인이前者에錯信ᄒᆞᆷ을姑悟ᄒᆞ얏쓰니愚哉愚哉라迷術로써其身을自待ᄒᆞ고仁義로써타인을望ᄒᆞ니安得不敗리오

今日에비록타國人의魚肉이될지라도

自作之孽이니獲罪於天이면無所禱也라惟我岳瀆之神이雖欲救之나天之降罰을孰能違之리오

汝其以此로告ㅣ百姓ᄒᆞ면應當自知其罪ᄒᆞ리라　乃확然以覺ᄒᆞ니汗出沾衣　云ᄒᆞ더라

各國憲法是同論　속

各國의凡政黨習氣가有ᄒᆞᆫ國은其國會의權力이또ᄒᆞᆫ强ᄒᆞ되ᄒᆞ니能히行政官을壓倒ᄒᆞᆯ뿐이아니오또ᄒᆞᆫ時時로罷히黜陟ᄒᆞ나니

奧地利와德意志와日耳曼의各邦은政黨習氣가無ᄒᆞᆫ國인즉是에反ᄒᆞ더라美國은비록共和政體나其行政데權은實로데統領의掌握의歸ᄒᆞ고

其政府데臣은데統領이任意로黜陟ᄒᆞ니盖行政官의權力이歐黨習氣가有ᄒᆞᆫ國의比ᄒᆞ면反히加ᄒᆞ더라

孟的斯鳩가又云ᄒᆞ되行政權은即行法權이라後世學者가此語를多誦ᄒᆞ고各國憲法이또ᄒᆞᆫ引用ᄒᆞᄂᆞᆫ者ㅣ多ᄒᆞ니是ᄂᆞᆫ前者의君主와政府의專恣ᄒᆞᆷ을懲ᄒᆞ여

其權力을裁抑코져ᄒᆞᄂᆞᆫ故로謂ᄒᆞ되君主와政府의직은但當國會의셔所議ᄒᆞᆫ法律를奉行ᄒᆞᆯ뿐이라ᄒᆞ니此ㅣ有爲ᄒᆞ야發ᄒᆞᆫ者라

平心論之ᄒᆞ면國가의政務ᄂᆞᆫ決코法律만執行ᄒᆞᆷ으로可히其責을盡ᄒᆞᆷ이라謂치못ᄒᆞᆯ지라故로近世學者가此語의非를辨ᄒᆞᆫ者가頗有ᄒᆞ니라

又康士湯竟과弗耶等諸碩學은國가의權力을分別ᄒᆞ야四데權를삼으되行政權으로써最重을삼고行政權下에隷ᄒᆞᆫ者ᄂᆞᆫ立法과司法과兵馬에三데權이有ᄒᆞ다ᄒᆞ니

從來三權鼎立之說은皆謂ᄒᆞ되兵馬權이行政權中에包含ᄒᆞᆫ것시라ᄒᆞ나兵馬權에性질이行政權으로더부러有異ᄒᆞ니康氏와弗氏의說이不爲無견허도다

未完

波蘭末年史　續

此時에斯他尼斯羅王은비록露國에立ᄒᆞᆫ비나元來天主教人이라露國을反對코ᄌᆞᄒᆞ야天主教主教와밋元老中에新教를憎惡ᄒᆞᄂᆞᆫ者를召集ᄒᆞ야會議ᄒᆞ라ᄒᆞ니

此人等은나王의後援이라太半이나露國의勸告ᄂᆞᆫ不從ᄒᆞ깃다ᄒᆞ거날王이大悅ᄒᆞ야露公使의게答ᄒᆞ되朕은神聖ᄒᆞᆫ天主教를保護코ᄌᆞᄒᆞ야

他教를不得不箝制ᄒᆞᆯ지라이럼으로貴諭를採納지못ᄒᆞ노라ᄒᆞ고이에十月六日로써國會를開ᄒᆞ며天主教의主教瞿羅古로ᄒᆞ야금天主教를保護ᄒᆞᄂᆞᆫ意見을演說ᄒᆞ고또基督新教徒의請願은許施치아니ᄒᆞᆫ다ᄒᆞ며又曰此新敎徒ᄂᆞᆫ本國에法을背叛ᄒᆞ고外國의援을청求ᄒᆞ니此ᄂᆞᆫ刑法으로써擬問ᄒᆞᆷ이可ᄒᆞ다ᄒᆞ니

滿場議員이自比法令의苛刻을不思ᄒᆞ고다萬口同聲ᄒᆞ야天主教主教의言을從ᄒᆞᄂᆞᆫ지라이의新教徒의청願을退却ᄒᆞ고露國의干涉을拒絶ᄒᆞ엿더라

如此히波蘭國會ᄂᆞᆫ露國을反對ᄒᆞ니露國公使가詭計를運ᄒᆞ야基督新教徒를ᄹᅡ誘ᄒᆞ야曰此時ᄂᆞᆫ足下等이羈絆을脫棄ᄒᆞᆯ時節이라ᄒᆞᆫ데新教徒羅固逸黨이露公使의甘言에惑ᄒᆞ야其非를覺悟치못ᄒᆞ며是時에露國心腹이되야其奸策을助力ᄒᆞᄂᆞᆫ者ᄂᆞᆫ保道士具라此인은本ᄂᆡ天主教徒러니

수에新教徒의一寡居美인의게迷惑ᄒᆞ야新教徒를爲ᄒᆞ야臥蘇府에서첩첩ᄒᆞᆫ口舌을一弄ᄒᆞ면誠心眞意로愛國者라도往往히其說을喜ᄒᆞ야

曰我等에主意ᄂᆞᆫ既失ᄒᆞᆫ自由權을恢復ᄒᆞ고民望업ᄂᆞᆫ國王을廢ᄒᆞᄂᆞᆫ데在ᄒᆞ나然則弗得弗露國援助를假借ᄒᆞ깃다ᄒᆞ더라

未完

特別廣告

本申報는海外電報를由接ᄒᆞ야機關이發達ᄒᆞ고外報와探報를拔提摘ᄒᆞ야ᄒᆞ도록注意ᄒᆞ오며申報發送ᄒᆞ는ᄃᆡ迅速信傳ᄒᆞ기는分傳人의게在흠으로本社에셔平常에諸分傳人의게丁寧告戒ᄒᆞ고申申訓飭ᄒᆞ야毋或愉惰ᄒᆞ게注意ᄒᆞ거니와如或萬有積忽이라도愛讀僉君子는密使通知于本社ᄒᆞ시면該分傳의게誠信相孚ᄒᆞ도록耳提面命ᄒᆞ고勸贊가發生ᄒᆞ도록誨諭ᄒᆞ야必無遲誤ᄒᆞ기로期待ᄒᆞ옵나이다

本社에寄書ᄒᆞ시는諸君子는姓名과居住를明確ᄒᆞ게懸錄送附ᄒᆞ시와證據가有흠을必要흠이오公衆平和흔秩序를紊亂케ᄒᆞ는意와社會上不經荒雜흔寄書는不受ᄒᆞ는權利가本社에自有ᄒᆞ오니肯諒ᄒᆞ시옵

大韓每日申報社

廣告

前察訪金世顯名字改以佳祥知舊間照亮흠

余佳祥 告白

貿易商 本社는仁川港
日本郵便電信局對面
電話第二百一番地

仁川港 廣昌洋行

벤넷트會社告白

○鐵路部

○東大門과新門間에來往車는每十分間에運行흠

東大門發初車는午前六時三十分
新門外停車場發初車는午前六時五十五分
東大門發終車는午後九時五十分
新門外停車場發終車는午後十時十五分

○東大門과洪陵間에來往車는每二十分間에運行흠
但自鐘路로東大門에來到흔交替車로聯絡흠

東大門發初車는午前六時五十分
洪陵發 初車는午前七時十分
東大門發終車는午後七時五十分
洪陵發 終車는午後八時十分

○鐘路와龍山間에來往車는每十二分間에運行흠

鐘路發至南大門初車는午前六時四十八分
鐘路發至龍山 初車는午前七時二十四分
南大門發至鐘路初車는午前六時五十六分
龍山發至鐘路 終車는午前七時五十七分
南大門發至鐘路終車는午前十時八分
龍山發至鐘路 終車는午後九時九分

○特別私用車는顧客의方便흠을隨應ᄒᆞ야準給흠
但定價는本社에來臨ᄒᆞ야請問ᄒᆞ옵

○電燈部

二百五十燭力以內의數用處에는每個月에定價表가如左흠

○十六燭力燃燈達夜에二圓五十錢
○三十二燭力燃燈達夜에四圓
○五十燭力燃燈達夜에六圓
一百五十燭力燃燈達夜에十圓
一千二百燭力弧形燈達夜에二十圓

二百五十燭力以上의數用處에는請求ᄒᆞ면瓦斯計一箇를設給흠

但瓦斯計賃金은每個月에二圓이오瓦斯計測驗表委托定價는每時間每암페아에二錢이옵

瓦斯計設給處에셔每介月支拂金最低額은每個月에二十圓인ᄃᆡ(瓦斯計賃金은)据흠

電燈을敷設ᄒᆞ기에請求ᄒᆞ는ᄃᆡ給흠로供各種達技辦燈도常時에貯存ᄒᆞ엿ᄉᆞᆸ

本社鐵路電氣會社
韓美電氣會社 告白

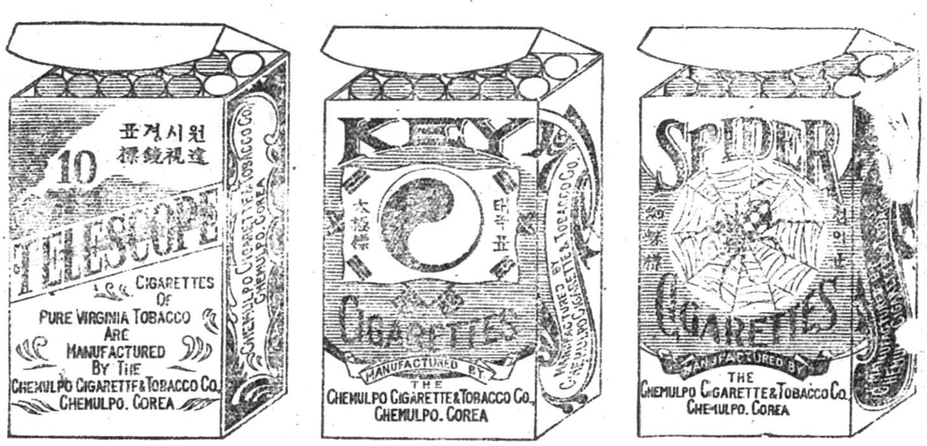

以上三種은上品으로製ᄒᆞᆫ衛生上에至極有益ᄒᆞ오니毋論某人ᄒᆞ고本社에來願ᄒᆞ옵

大韓帝國仁川港
濟物浦紙卷煙及烟草會社

一 鷹標罐濃詰牛乳
一 金印罐詰濃結牛乳
一 無雙家用氣化乳酪
一 쌔ㅣ든쓰製造麥芽化合牛乳

以上은常時에貯積ᄒᆞ엿ᄉᆞᆸ

美國紐育港쌔ㅣ든쓰濃結牛乳會社
一手代理店 大韓仁川港 世昌洋行

廣告

一 雜貨商
一 貿易商
一 船舶取扱
一 煙草商
一 委托販賣及貨物運送代理業
一 貿易石炭商

以上輸入及輸出者

京城仁川 大昌洋行

本社廣告

申報價

一張代金 韓貨五錢
一箇月前納 五十戔
三箇月 一元五十戔
六箇月 二元九十戔
一箇年 五元八十戔
郵稅一部 新貨五里 一箇月 十三戔

廣告料

四号活字十三字詰每日每英尺一寸에新貨卄五錢(每日每行에六錢에相當흠)
二周日에 二圓五十錢(每日每行四錢五里에相當흠)
一箇月에 五圓(每日每行四錢一里에相當흠)
其期限의長短과字行의多少를依ᄒᆞ야增減흠이有흠

大韓人마다此申報를不得不閱覽ᄒᆞ실터이오니廣告出報ᄒᆞ실僉君子는來臨面議ᄒᆞ시옵

發行兼編輯人 英國人裴說
發行所 京城北署壽進坊碍洞号外地法語學校前
大韓每日申報社

光武九年十一月七日 明治卅八年十一月七日 第三種郵便物認可 火曜日 西曆一千九百五年十一月七日 (一)

第三卷 第七十一號

大韓每日申報
대한매일신보

月曜及慶節歲時日休刊

檀君開國四千二百三十八年
箕子元年三千二十七年
大韓開國五百十四年
日本明治三十八年
清國光緒三十一年
陰曆乙巳十月大十一日庚戌

論說

國民義務

噫라大韓國民은思之念之어다方今大韓國二千萬衆의生命이擧皆悲慘ᄒᆞᆫ境遇에臨迫ᄒᆞ얏스나官人의貪私之習도改革ᄒᆞ얏ᄂᆞᆫ지不知ᄒᆞ깃고外人의侵虐之習弊ᄂᆞᆫ日益滋甚ᄒᆞᆫ듯ᄒᆞ니將若之何오

然則大韓人民이自保自謀ᄒᆞ기外에ᄂᆞᆫ更無他策이로다大凡人이生於天地間ᄒᆞ면各其應得ᄒᆞᆫ權利가有ᄒᆞ고應盡ᄒᆞᆯ職分이有ᄒᆞ니

權利ᄂᆞᆫ何오人人이其安全을自保ᄒᆞᆷ이오職分은何오人人이其安全을自謀ᄒᆞᆷ이니是故로國民된者가其安全을自保自謀치안코

專히在上者의게委托ᄒᆞ면國民의當然ᄒᆞᆫ義務를自棄ᄒᆞᆷ이라此를人子의게譬ᄒᆞ건ᄃᆡ其孩提之時를當ᄒᆞ야ᄂᆞᆫ

起居飮食을皆父母의게仰賴ᄒᆞ거니와長成ᄒᆞ면맛당히自主自立을思念ᄒᆞᆯ지니若其終身토록父母만依仰ᄒᆞ고自主自立을不思ᄒᆞ면

非但不孝오不成人子라ᄒᆞᆯ지니國民도亦然ᄒᆞ야其生命의安全을自保自謀치못ᄒᆞ면엇지國民이라謂ᄒᆞ리오

何況如此히危急ᄒᆞᆫ時를當ᄒᆞ야만일孩提의狀態로在上者만依仰ᄒᆞ다가ᄂᆞᆫ畢竟自滅ᄒᆞᆯ悲境을不免ᄒᆞ리니아모조록學問과事業을勉勵ᄒᆞ야

生命의安全을自保自謀ᄒᆞᆯ것이라今에大韓國民으로ᄒᆞ야곰一心奮發ᄒᆞ야開明事業에日就月將ᄒᆞ면

仁天도感應ᄒᆞ사救濟ᄒᆞ실것이오世界公論에도應當挾助ᄒᆞᄂᆞᆫ者가有ᄒᆞ리니엇지生活福祉를不得ᄒᆞ리오

此ᄂᆞᆫ確然可信ᄒᆞᆯ者ㅣ니幸勿汎聽ᄒᆞ고各其本分의義務를極盡히ᄒᆞᆯ지어다

官報

●第三千二百八十九號 光武九年十一月六日

◉宮廷錄事

詔曰命平理院裁判長陸軍叅將李漢英爲軍部協辦

光武九年十月三十一日

軍部大臣陸軍副將李根澤

詔曰命秘書監卿金思轍爲太醫院卿正二品李愚冕爲秘書監卿平壤郡守李承載爲宮內府特進官從二品韓鎭稷爲侍從院副卿

以上十一月二日

宮내府大臣勳一等臣李載克

謹奏差祭所重何等審愼而今日景孝殿別茶禮獻官李衡塡差以致錯謬之境事體所在誠極駭완不審差祭之當該掌禮洪鍾억令法部照律懲勘何如謹上奏

光武九年十一月二日

旨依奏

●敍任及辭令

平理院裁判長陸軍叅將李漢英 任軍部協辦敍勅任官二等

十月三十一日

秘書監卿金思轍 命太醫院卿敍勅任官二等

正二品李愚冕 命秘書監卿敍勅任官二等

平壤郡守李承載 命宮內府特進官敍勅任官三等

從二品韓鎭稷 命侍從院副卿敍勅任官三等

李又榮 任度支部技手敍判任官七級

以上十一月二日

价川郡守李相俊 寧遠郡守張教遠 殷山郡守張憲根

右ᄂᆞᆫ法部大臣照會를據ᄒᆞᆫ즉該員等이德川郡檢査時에職在査檢ᄒᆞ야首從無別ᄒᆞ야以致疑案ᄒᆞ니其在靖克之道에不可無警이라ᄒᆞ얏기是以로幷譴責에處ᄒᆞᄂᆞᆫ事

十一月二日 內部

外報

●露國總理大臣 우잇트伯의露國總理大臣을任命ᄒᆞ야다ᄒᆞᆷ은今에公表에낫나더라

●露國內亂益益猖厥 露國에셔同盟罷業의騷擾가引속猖厥ᄒᆞ야聖彼得堡總督뜨레뽀후將軍은衛戍司令權을授ᄒᆞ야嚴令施行ᄒᆞᆫ다ᄂᆞᆫᄃᆡ全혀革命은不起라더라

●德帝行幸 二十七日伯林電을據ᄒᆞᆫ즉德國皇帝ᄂᆞᆫ近트레쓰덴에行幸이잇다더라

●德帝演說 伯林에셔擧行ᄒᆞ던故元帥모루도제伯建像除幕式與行에德國皇帝의一場演說에ᄒᆞ엿스되世界에對ᄒᆞᆫ國際的地位가危重ᄒᆞᆫ거시라고指摘ᄒᆞ얏다더라

●各艦艇의所屬軍港 二十八日東京電報를據ᄒᆞᆫ즉日本各艦艇은十月初에所屬鎭守府로凱旋ᄒᆞᆫ다ᄂᆞᆫᄃᆡ其所屬港은左와如ᄒᆞᆫ데

○佐世保。敷島、笠置、出雲、磐手、須磨、松島、秋津洲、鳥海、磐城、壹岐、沖島、旭島、雷、漣、東雲、夕霧 陽炎 叢雲 不知火 薄雲

○吳。富士 龍田 常盤 淺間 明石 千代田 春日 宇治 築紫 赤城 嚴島

○舞鶴。千歲 新高 千早 對馬 日進 摩耶 潮 白雲 村雨 朝霧

○橫須賀。朝日 音羽 浪速 高千穗 秘泉 扶桑 鎭遠 橋立 春雨 雷電 曉 有明 吹雪 霰

●俘虜引渡區分人數 十八日東京電

露國俘虜의引渡ᄒᆞᆷ은露國政府에셔特別委員을任命치아니ᄒᆞᆷ으로써引渡와受領의期日은其尙未定인데引渡ᄂᆞᆫ既報와如히橫濱 神戶 長崎 三地로ᄒᆞ얏ᄂᆞᆫᄃᆡ其區分人數ᄂᆞᆫ左와如ᄒᆞ되

橫濱에셔引渡ᄒᆞᆯ人員은將校三百六十二名 下士卒一萬七千八百十五名 計一萬八千百七十七名이오

神戶에셔引渡ᄒᆞᆯ人員은將校九百二十六名 下士卒三萬八千百五十名 計三萬九千六百七十六名이오

長崎에셔引渡ᄒᆞᆯ人員은將校百五十一名 下士卒一萬四千八十二名 計一萬四千二百三十三名이라더라

●南米大富源 南米大陸은其廣袤가七百餘萬方里이오其人은거진四千萬人에過ᄒᆞ고其土味가豐饒ᄒᆞ며氣候도溫帶地에屬ᄒᆞ야農牧의產이富ᄒᆞᆯ뿐더러또其連亘ᄒᆞᆫ山脈은金礦의利ᄒᆞᆷ이頗히多ᄒᆞ야其富ᄒᆞᆷ은北米에比ᄒᆞ야도遜色이無ᄒᆞᆷ을見ᄒᆞᆯ지라이럼으로써世界視線에均一히此中에其富源도亦漸漸開發에至ᄒᆞ면北米와繁盛ᄒᆞᆷ을競ᄒᆞᆯ日이決코不遠타云ᄒᆞ더라

東京電報

●遣淸大使 十一月三日午後五時二十分發

小村外務大臣及內田公使는共히遣淸大使로決定ᄒᆞ야來六日頃에淸國에派遣ᄒᆞᆯ터이라더라

●外相招待會 仝上

小村外務大臣은本夜七時브터其官邸에서元老各大臣及各國公使를招待ᄒᆞ고九時브터는公使館員其他三百名을招待ᄒᆞᆫ다ᄒᆞ얏더라

●勅語與奉答 仝四日午前十一時發

昨日日本皇帝天長節御宴에天皇陛下詔曰此佳辰을際ᄒᆞ야平和를克復ᄒᆞ고祝宴을俱享ᄒᆞᆷ은內外臣僚、[illegible]히嘉尙이역이ᄂᆞᆫ바라ᄒᆞ셧고白耳義國公使ᄂᆞᆫ日本皇帝陛下의人道를重히역이신高尙ᄒᆞᆫ平和ᄂᆞᆫ多大ᄒᆞᆫ光彩를發輝ᄒᆞ얏다고奉答ᄒᆞ얏더라

●外相邸盛況 仝上

昨夜小村外相官邸에서開催ᄒᆞᆫ夜會ᄂᆞᆫ露國捕虜御受委員다니로후少將及羅馬法王使節오ㅣ곤넬氏도出席ᄒᆞ야和氣가滿堂ᄒᆞ얏더라

●北韓軍凱旋 仝上

北韓軍司令部ᄂᆞᆫ今日午後一時에新橋에着ᄒᆞ얏다ᄒᆞ얏더라

雜報

●抑何心腸 某會에서日前에開會就決ᄒᆞ얏다ᄂᆞᆫ案件에重要事件이包含ᄒᆞ얏다ᄂᆞᆫᄃᆡ其大槪要領을得聞ᄒᆞᆫ바를據ᄒᆞᆫ즉現今日本이韓國을對ᄒᆞ야日英協約과및日露戰後平和約欵의問題에韓國에셔우越地位를自占ᄒᆞ얏다ᄒᆞᆷ으로韓政府를威嚇恐喝ᄒᆞ야保護國됨을自國으로ᄒᆞ야금承認ᄒᆞ도록要挾ᄒᆞᄂᆞᆫ事件에對ᄒᆞ야韓國政界ᄂᆞᆫ何等腐敗ᄂᆞᆫ自不免其責이나現況을槪覽ᄒᆞᆫ즉自手鈴認치아니ᄒᆞᆯ려ᄒᆞᆷ으로事多棘手ᄒᆞᆫ지라於是에敏滑ᄒᆞᆫ手段을暗黑中操弄ᄒᆞ야自樹立ᄒᆞᆫ鉛刀一割을嘗試ᄒᆞᆯ시창導가前驅ᄒᆞ야日政府의保護下監督됨을自求ᄒᆞ게決定시겟다ᄒᆞᄂᆞᆫᄃᆡ就中反對人이三四人以外에擧皆一致ᄒᆞ얏다ᄒᆞ니是豈忍爲之事리오確報를待ᄒᆞ노라

●爲父請願 會寧郡守金在淵의子濬龍氏가內部에請願ᄒᆞ되本人의父가敘任屢朔에戰事未畢ᄒᆞᆷ을因ᄒᆞ야不得赴任이러니本部의促令을屢蒙ᄒᆞ와不得已發程ᄒᆞ야中途滯留가今至八朔에日本司令部許可를因ᄒᆞ야纔到吉州라가前月에赴任次로到于會寧則該郡駐在日本參謀長이京司令部文蹟이無有라ᄒᆞ고使不得到任케ᄒᆞ고卽爲逐送ᄒᆞ니不得已ᄒᆞ야吉州에還到ᄒᆞ와姑爲留在ᄒᆞ고本人이陪父同行이라가罔夜上來ᄒᆞ와所由를玆以請願ᄒᆞ니卽爲交涉于日本司令部ᄒᆞ와使卽赴任視務케ᄒᆞ라ᄒᆞ얏더라

●熱心可愛 平北富人吳熙元氏가郡守를圖得ᄒᆞᆯ次로熱力家에運動ᄒᆞᆫ다ᄒᆞᆷ은日昨本報에揭載ᄒᆞ얏ᄂᆞᆫᄃᆡ其內容을得聞ᄒᆞᆫ즉同氏ᄂᆞᆫ往昔龍川郡守를曾經ᄒᆞ얏고今番上京은其子의學問으로爲主ᄒᆞᆷ이오仕宦上에ᄂᆞᆫ係念이毫無ᄒᆞ고新式上事業에熱心ᄒᆞᄂᆞᆫ人이라고ᄒᆞ더라

●賊嗜卷烟 再昨日下오十一時에東署廟洞等地李允敬雜貨商店에賊漢一名이暗入ᄒᆞ야卷烟七箱子와鎖子等屬을竊去라ᄒᆞ더라

●危殆哉 西湖倉前里等地南永三의六歲兒가瀑白次로洋灰水를買置ᄒᆞ얏더니該兒가飮下ᄒᆞ야已至死境이라ᄒᆞ더라

●報明不然 忠北觀察이內部에電報ᄒᆞ되日兵이往于堤川郡ᄒᆞ야以砲軍募集義兵事로該郡守與首書記를捉縛去ᄒᆞ온 其時에該郡守ᄂᆞᆫ萬東廟祭官인즉爲空官時라勤募事ᄂᆞᆫ其黙昧라ᄒᆞ얏더라

●函請禁敎 外部에서內部에照會ᄒᆞ되駐京美國公使의照會를據ᄒᆞᆫ즉內開에照得貴國人中에未經認許而冒用皇城基督敎靑年會名稱者不容不禁止ᄒᆞ야以保護該會故玆庸函請于貴內部大臣胎呈該函을幷行備文照會ᄒᆞ니貴大臣은請煩査照貫神ᄒᆞ야轉致該函爲要等因이옵기幷附來函ᄒᆞ야玆以照會ᄒᆞ니照亮辦理ᄒᆞ야隨卽賜覆이라ᄒᆞ얏더라

●未知確否 李根湘氏의近日顯達ᄒᆞᆷ은世人의共知어니와近日同氏가 尊嚴之地에奏稟ᄒᆞ기를第三國에무슴秘密運動을行ᄒᆞ면國家에大段利益ᄒᆞᆯ줄로奏請ᄒᆞ나事涉不可ᄒᆞᆷ으로久久히允許치아니ᄒᆞ옵신즉同氏가再三力請ᄒᆞ야畢竟李起鉉氏를起送ᄒᆞ기로周旋ᄒᆞ고及其李氏臨發時에該 機를某處에暗通ᄒᆞ야李氏가被挽되얏다ᄒᆞ니眞箇傳說과如ᄒᆞᆫ질ᄃᆡ同氏에設계反覆ᄒᆞ야罔 上誤國ᄒᆞᆷ은罪通于天이라莫戮猶輕이거날恩寵이不衰ᄒᆞ고祿位를長帶ᄒᆞ야阿兄阿弟가第一勳臣으로藉藉ᄒᆞ니韓國之不競이職由於此라ᄒᆞ고巷說이喧藉ᄒᆞ기隨聞揭載ᄒᆞ노라

●郡守俟差 全州觀察使가內部에電報ᄒᆞ되泰仁郡守를未差ᄒᆞ니未知使何人視務라ᄒᆞ얏더라

●要청種痘 咸鏡南道種두委員李智淳氏가내部에報告ᄒᆞ되現接德源郡守李鍾完照會則日人이稱以博愛醫員ᄒᆞ고來住郡下ᄒᆞ야小兒牛두를自主施術次로持日領事認可狀ᄒᆞ고要청發訓各面故로莫可勤許ᄒᆞ야訓示于各面則從今以後로ᄂᆞᆫ牛두施術은必有日人主張이다이온바玆敢仰報ᄒᆞ오니査照措處라ᄒᆞ얏더라

●列邑災報 公州觀察李道宰氏가내部에報告ᄒᆞ되各郡報告[illegible]온上月八日에如卵ᄒᆞᆫ飛雹이急時暴下ᄒᆞ고沔川平澤은十日에雨雹이挾風亂打ᄒᆞ고稷山은十一日에雨雹暴霆ᄒᆞ고靑陽洪州보寧結城비仁舒川等郡은二十日氷雪이三四時間ᄎᆔ下ᄒᆞ야禾稻黃落에甚至於靑菘ᄭᅡ지蹂躪ᄒᆞ니職在爲民에聞甚驚駭라ᄒᆞ얏더라

●禁防假會 내部에서各道에訓令ᄒᆞ되基督敎靑年會ᄂᆞᆫ素以開明目的으로只設漢城一處ᄒᆞ야切시之戒와雕琢之工이與他형異ᄒᆞ야稱譽於一世인바初無支會於各郡이어날近聞無賴雜類가稱以靑年會ᄒᆞ고出沒外方에損其會譽ᄒᆞ니事甚駭歎이고其怪悖之習가藉藉入聞이기玆以訓令ᄒᆞ니到卽嚴飭管下各郡ᄒᆞ야假稱靑年會員者ᄂᆞᆫ一切嚴戢ᄒᆞ야俾杜弊源이라ᄒᆞ얏더라

●日使迎接 此次日本國慰問日使伊藤侯爵이本月八日量에將到釜山港이온바該日使上京時所乘ᄒᆞᆫ御車一양을本月七日第一番列車가自京發向釜山時에본院官인幾員이祇迎前往우釜港ᄒᆞ야預先等待ᄒᆞ깃ᄉᆞ오며該日使隨員等一行이上來時에ᄂᆞᆫ御用거一양外에特別거一양과荷物거一양合三양을不容不預防應用이옵기玆通牒ᄒᆞ니將此事由ᄒᆞ야預卽通知우京釜鐵道會社ᄒᆞ야俾使之趁期准備케ᄒᆞ시와毋至貽誤케ᄒᆞ고該[illegible]차費를卽行通知ᄒᆞ시와俾便支出交付ᄒᆞᆯ事로禮式院의셔農部의照會ᄒᆞ얏다더라

●日兵到郡 寧邊郡守尹寧求氏가내部의報告ᄒᆞᆫ니槪의본郡留住守備隊長이奈紋吉은率步兵二十九名而十月二十九日의轉往安州ᄒᆞ고陸軍步兵少尉ᄃᆡ桶榮太郞은率步兵七十三名ᄒᆞ고來接守備隊ᄒᆞ얏더라

●日隊分解 平北觀察李根豊氏가내部에報告ᄒᆞ되本府駐日本守備隊와郵便局處所를各以公廨로業已許借入處에無所相礙矣러니忽於今者에守備隊가換駐也에郵便局은幷電報司ᄒᆞ야移接우守備隊處所ᄒᆞ고守備隊ᄂᆞᆫ移接우宣化堂이라이온바宣化堂은非此尊常公廨와且不有政府命令之前에ᄂᆞᆫ不可許施之意로據理談辦이오나終不聽施ᄒᆞ오니蓋以形便言之ᄒᆞ오면寧邊郡衙舍ᄂᆞᆫ以憲兵隊分遣所로入處ᄒᆞ고내衙及巡檢廳은以守備隊兵宿舍로預定ᄒᆞ고前日郵遞所ᄂᆞᆫ以郵便局處所移定ᄒᆞ고無他餘閒公廨이온ᄃᆡ今ᄌᆞ守備隊로有此移定宣化堂之議ᄒᆞ야困督이甚ᄒᆞ오니査照指令ᄒᆞ라ᄒᆞ얏더라

●合軍討匪 報恩郡守金基潤氏가內部의報告ᄒᆞ되今陰曆九月二十五日에所謂義魁金東周가率渠從黨五十餘名ᄒᆞ고자懷仁郡으로弗意의犯入於본郡邑下咫尺之地이온바其勢慌瞠故로본郡守가領率砲兵ᄒᆞ고臨敵防禦之際의戢捕官靑山郡守송熙完이率兵來到ᄒᆞ고번郡俗離山寺僧軍이繼到ᄒᆞ야合勢射擊의刻卽奔潰故로連加追ᄒᆞᆫ에仍爲逃散ᄒᆞ얏ᄉᆞ오니査照를伏望이라ᄒᆞ얏더라

緊急 社告

本社創設以來로新聞代金을每月初三日內에先納으로收入ᄒᆞ던바ᄂᆞᆫ自初로購覽ᄒᆞ시ᄂᆞᆫ僉君子가擧皆知悉이온바自本年八月再刋以來로代金收合이延至晦間이옵더니到今本社經費가窘絀之歎이有ᄒᆞ기로本月條ᄂᆞᆫ不日內로收合ᄒᆞ여야可히支過ᄒᆞᆯ터이오來十一月爲始ᄒᆞ야ᄂᆞᆫ一朔條를十五日內로送交ᄒᆞ시와連속發刋케ᄒᆞ야愛讀 僉君子의閱覽을供ᄒᆞ기로切盼ᄒᆞᆷ

大韓每日申報社 告白

外報

●陸海軍人에下賜金 日본皇帝天長節에陸海軍人을一同히十萬圓을下賜ᄒᆞ엿다더라

●伊藤大使行程 伊등大使ᄂᆞᆫ來五日오後에發行ᄒᆞᄂᆞᆫᄃᆡ該國軍艦須磨艦을搭乘ᄒᆞ고護衛艦은盤手艦으로釜山에着ᄒᆞ야同所에서京釜鐵道特別列車를乘ᄒᆞ고入京ᄒᆞᆫ다더라

雜報

●有所思 瞿瞿生

十月風高ᄒᆞ니天地始肅이로다長安一片月에萬戶擣衣聲이로다 嗟哉瞿瞿子가沈吟有所思로다向渠何所思오所思在同胞로다噫嗟乎大韓物情살펴보니可憐ᄒᆞ고可憫ᄒᆞ다 勳戚世臣故家大族 某先正의子孫이오某相公의後裔로다國恩도隆深ᄒᆞ고處地도高貴ᄒᆞᆫ것마ᄂᆞᆫ謔浪笑敖虛送歲月ᄒᆞ고奢安逸平生習慣 兩班二字가득ᄒᆞ니學問工 듣ᄃᆡ업네土木偶人公卿되니國家休戚엇지알가 政府大官擧動보소自家權利紛競일셰官衙居間所長이오諂附外人能事로다時局이如此ᄒᆞ고艱危가如此ᄒᆞᆫᄃᆡ身家經營ᄲᅳᆫ이로다 高臺廣室萬年之계 美姬교妾一生之樂 誤國奸臣亡國大夫許多題目遺臭萬年이로다 山林學者行跡보소曰孔曰孟程曰朱ᄒᆞ나時勢形便全然不知經濟籌策實無所存 持平執義經筵官이極功名大成就오國家興亡相關업네權門出入求仕者ᄂᆞᆫ奴顔婢膝可憎ᄒᆞ다出六加資晝夜酩酊이오郡守奏本到處探問ᄒᆞ니民憂國계夢外로다豪家子弟風流郞은生來不讀半行書라骨牌花鬪消日이오娼妓坊料理店에日야追逐ᄲᅳᆫ이로다衣冠도鮮明ᄒᆞ고意氣도軒昂ᄒᆞ나禽心獸行難免일셰 吁嗟乎全國物情이如此ᄒᆞ니文明歲月茫然ᄒᆞ다文明歲月茫然ᄒᆞ니哀哉二千萬同胞兄弟ᄂᆞᆫ何以聊生고長야만만曙日遲ᄒᆞ니倚枕전轉夢不成이라噫哉吾黨二三子ᄂᆞᆫ想應同此一般情이로다

●陋俗當禁

韓國人士이凡於行動事爲에浮虛無實ᄒᆞᆷ은不可枚論이어니와最其可笑者ᄂᆞᆫ金玉ᄒᆞᆫ官人出入時에背後一二人式長隨不多ᄒᆞᆷ은天下萬國中에初見ᄒᆞᄂᆞᆫ陋俗이로다凡人이或年老氣衰ᄒᆞ야獨行爲難이거나或遠程冒險ᄒᆞ야不可無件인즉隨者시者가勢必有之이되此則不然ᄒᆞ야其年也ㅣ膂力方剛이고其往也ㅣ隣里過從이되시者從者가必於背後立者이라야謂之行世ㅣ分明이라ᄒᆞ며謂之貌樣이有矣라ᄒᆞ야若或此等隨從이未具면不肯出門者有之ᄒᆞ며或金玉之下에單身出入者를見ᄒᆞ면謂之無識이라ᄒᆞ며謂之常態라ᄒᆞ야甚者ᄂᆞᆫ치點譏罵ᄒᆞ니此何惡習이며所謂長烟竹과大草匣을隨從者가例爲携行라가其官人이堂上에談話ᄒᆞᄂᆞᆫ境遇 인즉隨從者ᄂᆞᆫ長草匣만携持惟謹ᄒᆞ고門外에竟日惘立ᄒᆞ니天生烝民에皆有職業이거날此隨從者ᄂᆞᆫ終其身烟竹草匣携持ᄒᆞᄂᆞᆫ게天生職業이며其官人으로言之라도長竹草匣携持ᄒᆞᆷ을爲ᄒᆞ야遊衣遊食ᄒᆞᄂᆞᆫ一二人을背後에常時隨着케ᄒᆞ니其遊衣遊食ᄒᆞᄂᆞᆫ所以ᄂᆞᆫ從何出來인지 韓國官人은金玉品秩만어더ᄒᆞ면隨從一二人에衣食費를依例俸給ᄒᆞᄂᆞᆫ지其裏由를不知ᄒᆞᆯ것도다 大抵國之富强ᄒᆞᄂᆞᆫ本源이節儉에在ᄒᆞ고節儉ᄒᆞᄂᆞᆫ俗習을官人이躬先行之라야民皆效則ᄒᆞ야遊衣遊食ᄒᆞᄂᆞᆫ惡習이自然除去ᄒᆞᄂᆞ니以此論之ᄒᆞ면韓之官人背後에烟竹草匣携持ᄒᆞᄂᆞᆫ隨從者를一切禁斷然後에節儉을漸可望矣오遊衣遊食ᄒᆞᄂᆞᆫ惡習과官人의교逸之行을可變이고 未完

歷史槪要

○波蘭末年史 續

是時에波蘭王이租稅와陸軍에關ᄒᆞᆫ議案을國會에提出ᄒᆞᆯ시其前日에滿場決議法을廢ᄒᆞ고多數決議를定ᄒᆞ니大抵此改革이善良치아님은아니로되王이見事不明ᄒᆞ야時機를已誤ᄒᆞ야신즉如此ᄒᆞᆫ良法이라도施行치못ᄒᆞᆯᄲᅳᆫ아니라도로혀議員의憤怒心을激起ᄒᆞ니此ᄂᆞᆫ議員이全히舊習을喜ᄒᆞ고其新코져아니ᄒᆞᆷ이라이럼으로前日에最熱心으로王을順從ᄒᆞ던黨羽도一朝에新政黨과聯合ᄒᆞ며露國女皇伽太隣은波蘭朝廷을逼迫ᄒᆞ고因ᄒᆞ야波蘭屯駐兵二萬外四萬을增加ᄒᆞ야氣勢를益張ᄒᆞ며또新政徒ᄂᆞᆫ西曆一千七百六十七年에七倫地에集合ᄒᆞ야政府反對ᄒᆞᄂᆞᆫ同盟을結ᄒᆞᆯ시至於小兒와婦人ᄭᆞ지脅迫ᄒᆞ야其姓名을同盟書中에着入케ᄒᆞ더라然ᄒᆞ나其數가겨우五百七十二人이니此ᄂᆞᆫ다露國을黨ᄒᆞ야本國을害ᄒᆞᄂᆞᆫ惡人이라 未完

●향ᄀᆡᆨ담화 우시ᄉᆡᆼ 속

우리나라미약ᄒᆞᆫ것은ᄃᆡ신이라협판이라ᄒᆞᄂᆞᆫ사ᄅᆞᆷ슈단으로만든것시지그지ᄎᆞ국장이니과쟝이니ᄒᆞᄂᆞᆫ스ᄅᆞᆷᄃᆡ신협판입ᄯᅡ라ᄒᆞᄂᆞᆫᄃᆡᄒᆞᆯᄲᅳᆫ인즉ᄌᆞ유언권조곰업고ᄉᆞ환나나다름업셔가련ᄒᆞ기측량업네 남의나라사ᄅᆞᆷ들른ᄌᆞ긔돈ᄉᆞ들여가며문명졍치발달코ᄌᆞ각국을유람ᄒᆞ야지식을길러도ᄒᆞ고우리나라관인들른려비를쥬어가며외국졔도시찰ᄒᆞ라파송ᄒᆞ면아모ᄉᆡᆼ각도시업고갓다왓다ᄒᆞᄂᆞᆫ것이직책으로아ᄂᆞᆫ모양가소ᄒᆞ고ᄎᆞᆷ탄토다그런것들은일쥭죽지도아니ᄒᆞ며ᄯᅩ한사ᄅᆞᆷ가로ᄃᆡ여보시오글ᄌᆞ지각업ᄂᆞᆫ말마시오그사ᄅᆞᆷ들이쥭게되면여ᄃᆡ로갈듯ᄒᆞ오필연ᄶᅡᆼ속으로갈터이지ᄶᅡᆼ속은ᄃᆡ부라ᄒᆞ고ᄃᆡ부ᄂᆞᆫ렴나국이라ᄒᆞᄂᆡ그런간셰비를달려가며ᄃᆡ한국은힝복ᄒᆞ려니와렴나국은우리모양될터인즉달여갈리만무ᄒᆞ지렴르국졍부사람들리우리나르뎡부사람의식견으로아지마오그러면그사람들은쟝셩불ᄉᆞ허게춍긔막히고통곡ᄒᆞᆯ일이로다ᄒᆞ며일쟝담화가모다시국이잘못되여가믈한탄ᄒᆞᄂᆞᆫ말이더라 完

廣告

特別廣告

本申報는海外號를卽接ᄒᆞ야機關이靈通ᄒᆞ고外報와探報를敏捷活潑ᄒᆞ도록注意ᄒᆞ오며申報ᄒᆞᆫ發送ᄒᆞᄂᆞᆫ되迅速히傳ᄒᆞ기ᄂᆞᆫ分傳人의게在ᄒᆞᆷ으로本社에셔平常에諸分傳人의게丁寧히告戒ᄒᆞ고申申訓飭ᄒᆞ야毋或愉惰ᄒᆞ게注意ᄒᆞ거니와如或暫有稽忽이라도愛讀僉君子ᄂᆞᆫ當使通知于本社ᄒᆞ시면該分傳의게誠信相孚ᄒᆞ도록耳提面命ᄒᆞ고勸贊가發生ᄒᆞ도록許論ᄒᆞ야必無遲誤ᄒᆞ기로期待ᄒᆞ옵나이다

本社에寄書ᄒᆞ시ᄂᆞᆫ諸君子ᄂᆞᆫ姓名과居住를明確ᄒᆞ게懸錄送附ᄒᆞ시와證據가有ᄒᆞᆷ을必要ᄒᆞᆷ이오公衆平和ᄒᆞᆫ秩序를紊亂케ᄒᆞᄂᆞᆫ意와社會上不經荒雜ᄒᆞᆫ寄書ᄂᆞᆫ自不受ᄒᆞᄂᆞᆫ機則가ᄒᆞ社에有ᄒᆞ오니ᄒᆞ시옵

大韓每日申報社

廣告

前察訪金世顯名字改以住祥知舊間照亮ᄒᆞᆷ

金住祥 告白

貿易商 本社ᄂᆞᆫ仁川港

日本郵便電信局對面

電話第二百一番地

仁川港 廣昌 洋行

벤넷트會社告白

○鐵路部

○東大門과新門間에來往車ᄂᆞᆫ每十分間에運行ᄒᆞᆷ

東大門發初車ᄂᆞᆫ午前六時三十分

新門外停車場發初車ᄂᆞᆫ午前六時五十五分

東大門發終車ᄂᆞᆫ午後九時五十分

新門外停車場發終車ᄂᆞᆫ午後十時十五分

○東大門과洪陵間에來往車ᄂᆞᆫ每二十分間에運行ᄒᆞᆷ

但自鍾路로東大門에來到ᄒᆞᆫ交替車로聯絡ᄒᆞᆷ

東大門發初車ᄂᆞᆫ午前六時五十分

洪陵發 初車ᄂᆞᆫ午前七時十分

東大門發終車ᄂᆞᆫ午後七時五十分

洪陵發 終車ᄂᆞᆫ午後八時十分

○鍾路와龍山間에來往車ᄂᆞᆫ每十二分間에運行ᄒᆞᆷ

鍾路發至南大門初車ᄂᆞᆫ午前六時四十八分

鍾路發至龍山 初車ᄂᆞᆫ午前七時二十四分

南大門發至鍾路初車ᄂᆞᆫ午前六時五十六分

龍山發至鍾路 終車ᄂᆞᆫ午前七時五十七分

南大門發至鍾路終車ᄂᆞᆫ午前十時八分

龍山發至鍾路 終車ᄂᆞᆫ午後九時九分

○特別私用車ᄂᆞᆫ顧客의方便ᄒᆞᆷ을隨應ᄒᆞ야準給ᄒᆞᆷ

但定價ᄂᆞᆫ本社에來臨ᄒᆞ야請問ᄒᆞ옵

○電燈部

二百五十燭力以內의敷用處에ᄂᆞᆫ每個月에定價表가如左ᄒᆞᆷ

○十六燭力燃燈達夜에二圓五十錢

○三十二燭力燃燈達夜에四圓

○五十燭力燃燈達夜에六圓

○一百五十燭力燃燈達夜에十圓

一千二百燭力弧形燈達夜에二十圓

二百五十燭力以上의敷用處에ᄂᆞᆫ請求ᄒᆞ면瓦斯計一箇를設給ᄒᆞᆷ

但瓦斯計賃金은每個月에二圓이오瓦斯計測驗表委托定價ᄂᆞᆫ每時間每암피아에二錢이옴

瓦斯計設給處에셔每介月支拂金最低額은每個月에二十圓인딕(瓦斯計賃金은)据ᄒᆞᆷ

電燈을敷設ᄒᆞ기에請求ᄒᆞᄂᆞᆫ딕給ᄒᆞᆷ로供各種連技辦燈도常時에貯存ᄒᆞ엿솝

本社鍾路電氣會社

韓美電氣會社 告白

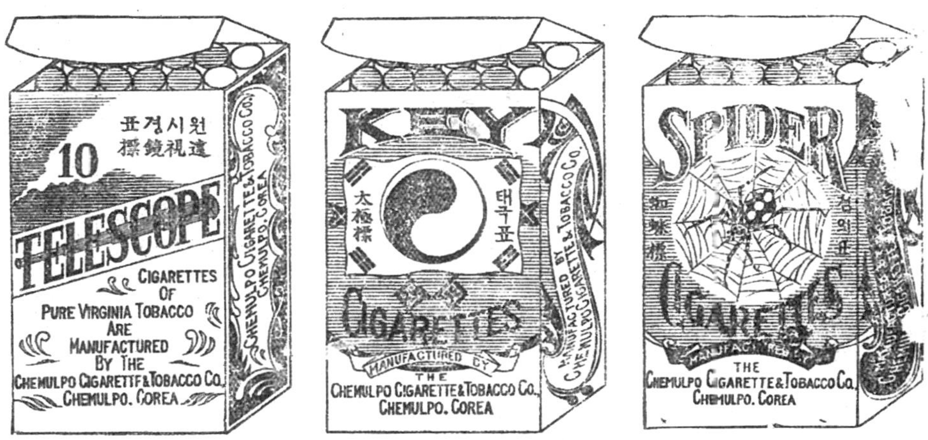

以上三種은上品으로製造ᄒᆞ야衛生上에至極有益ᄒᆞ오니毋論某人ᄒᆞ고本社에來顧ᄒᆞ옵

大韓帝國仁川港

濟物浦紙卷煙及烟草會社

一 鷹標罐濃詰牛乳

一 金印罐詰濃結牛乳

一 無雙家用氣化乳酪

一 쌔ㅣ든쓰製造麥芽化合牛乳

以上은常時에貯積ᄒᆞ엿솝

美國紐育港쌔ㅣ든쓰濃結牛유會社

一手代理店 大韓仁川港 世昌洋行

廣告

一 雜貨商

一 貿易商

一 船舶取扱

一 煙草商

一 委托販賣及貨物運送代理業

一 貿易石炭商

以上輸入及輸出者

京城 仁川 大昌洋行

本社廣告

申報價

一張代金 韓貨五錢

一箇月前納 五十戔

三箇月 一元五十戔

六箇月 二元九十戔

一箇年 五元八十戔

郵稅一部 新貨五里

一箇月 十三戔

廣告料

四号活字十三字詰每日每英尺一寸에新貨廿五錢(每日每行에六錢에相當ᄒᆞᆷ)

二周日에 二圓五十錢(每日每行四錢五里에相當ᄒᆞᆷ)

一箇月에 五圓(每日每行四錢一里에相當ᄒᆞᆷ)

其期限의長短과字行의多少를依ᄒᆞ야增減ᄒᆞᆷ이有ᄒᆞᆷ

大韓人마다此申報를不得不閱覽ᄒᆞ실터이오니廣告出報ᄒᆞ실僉君子ᄂᆞᆫ來臨面議ᄒᆞ시옵

發行兼編輯人 英國人裵說

發行所 京城北署壽進坊礴洞号外地法語學校前

大韓每日申報社

光武九年八月十一日 明治卅八年八月十一日 第三種郵便物認可 水曜日 西曆一千九百五年十一月八日 (一)

第三卷 第七十二號

大韓每日申報

대한매일신보

月曜及慶節 歲時休日刊

檀君開國四千二百三十八年
箕子元年三千二十七年
大韓開國五百十四年
日本明治三十八年
清國光緖三十一年
陰曆乙巳十月大十二日申亥

論說

驅使韓人이甚於牛馬

近日黃海平安兩道地方人民의嗷嗷怨咨가愈益狠藉ᄒᆞ야足히天地之氣를感傷ᄒᆞᆯ지니實로至慘至悲ᄒᆞ도다大抵人類中에最賤者ᄂᆞᆫ奴隷로ᄃᆡ오히려眠食을自由ᄒᆞ거날

今에韓民은日人의驅使를被ᄒᆞᆷ이眠食을自由치못ᄒᆞ니奴隷보다尤賤ᄒᆞᆫ者오獸畜中에最多服勞者ᄂᆞᆫ牛馬로ᄃᆡ오히려休息ᄒᆞᄂᆞᆫ暇隙이有ᄒᆞ거날

今에韓民이日人의게服役ᄒᆞᆷ은暫時休息을不得ᄒᆞ니牛馬보다尤勞ᄒᆞᆫ者니世界上에엇지如此히可憐可悲ᄒᆞᆫ者가有ᄒᆞ리오其事實을言之ᄒᆞ면自昨年以來로鐵路修築과軍需輸運과家屋營造ᄒᆞᄂᆞᆫ諸般工役에該道人民을勒募使役ᄒᆞ되所謂雇錢은一日所給이二十五錢에不過ᄒᆞᆫ則食費도不足ᄒᆞ고

各村各里에셔募軍發送之役ᄂᆞᆫ千百兩으로計ᄒᆞᄂᆞᆫ지라就中黃州兼二浦等地에셔ᄂᆞᆫ韓民을驅使ᄒᆞ되晝役夜役에暫不許息이라ᄒᆞ니

牛馬도夜則休息ᄒᆞ거날韓民은牛馬와同視를不得ᄒᆞ니此엇지人類의能히堪耐ᄒᆞᆯ바리오

또慶尙道地方에ᄂᆞᆫ日本下等人類가道內에遍滿ᄒᆞ야韓人中無賴之輩를締結ᄒᆞ여村里中稍有財産者를無難拯去ᄒᆞ야曰汝姪處에所推가有ᄒᆞ다ᄒᆞ며汝弟處에所推가有ᄒᆞ다ᄒᆞᄂᆞᆫ僞標로써打之縛之에期於徵出ᄒᆞᄂᆞᆫ故로緣此蕩産者가不知其數로ᄃᆡ該地方官吏가敢히自國人民을爲ᄒᆞ야伸理치못ᄒᆞ니哀此韓民은大地間無所控告者라此等慘狀으로써推看ᄒᆞ면不出數十年에韓人種族이殆將盡滅ᄒᆞ리니

凡爲韓人者가苟有心性ᄒᆞ면엇지食을甘ᄒᆞ며睡를着ᄒᆞ리오譬컨ᄃᆡ同里에火災가有ᄒᆞᆫᄃᆡ姑先不被ᄒᆞᆫ者가曰吾家無恙이면足矣라하고

或曰救火者가我一個人의有無로損益업다ᄒᆞ고互相推諉ᄒᆞ야人人如是ᄒᆞ면無一人救火者니一里家舍가盡燒乃已라

今에大韓國人이姑先日人의虐待를不被ᄒᆞᆫ者가曰我則倖免이면足矣라ᄒᆞ고或曰此ᄂᆞᆫ全國關係라我一箇人의心力으로何足爲有無리오ᄒᆞ고互相恬視ᄒᆞ야人人如是ᄒᆞ면竟無一人救難者니

全國人民이其有能獨保安全者乎아大韓人民은試思ᄒᆞ라韓인과日인이其手耳足目과心志性情은一也어날韓인은何故로凌虐을受ᄒᆞ고日인은何故로壓制를行ᄒᆞ나뇨하면

國의强弱이不同ᄒᆞᆫ所致니國이弱ᄒᆞ야도如此ᄒᆞᆫ虐待를受ᄒᆞ거든단일國이亡ᄒᆞ면何如ᄒᆞᆫ虐待를受ᄒᆞᆯ지ᄂᆞᆫ가國家의權利ᄂᆞᆫ即人民의權利오國家의命運은即人民의命運이라

故로其國이他國과同等이된然後에야其民이他民과同等이되나니大韓人民이此等慘狀을免코져ᄒᆞ면오직國權을維持ᄒᆞᆯ데在ᄒᆞ니아모죠록愛國血誠으로同心奮發ᄒᆞ고同力扶起ᄒᆞ야國權을回復ᄒᆞ고民命을保全ᄒᆞ기로十分盡力ᄒᆞᆯ지어다

如其不能이면二千萬同胞가擧皆牛馬와如히驅使를被ᄒᆞ고宰割를當ᄒᆞ리니目下現狀을不見ᄒᆞᄂᆞᆫ가嗚呼라其念之哉며勉之哉ᅌᅵ져

官報

●第三千二百九十號 光武九年十一月七日

◎宮廷錄事

詔曰命陸軍參將嚴柱益爲平理院裁判長

光武九年十一月一日 法部大臣李夏榮

議政府參政大臣臣韓圭卨內部大臣臣李址鎔謹奏咸鏡北道介在兵爭之所府郡空蕩人民奔波之中即伏聞前郡守徐相大挺身奮往懷유之方交濟之策단罷竭力效勞特多合有示意而現在法部未決案中不敢擅便何以爲之敢奏

光武九年十一月二日奉

旨不無參恕特爲分揀

平理院裁判長嚴柱益辭職疏

批旨省疏具悉要在廉明不必言辭即爲行公

●敍任及辭令

十一月三日

農商工部主事李駿九

陞五級俸

十一月十六日

陸軍參將嚴柱益

任平理院裁判長敍勅任官二等

十一月一日

秘書院丞洪承斗

圜丘壇祠祭署令鄭宅朝

依願免本官

正三品崔讚淳

任秘書監丞敍奏任官三等

齊陵令李依鍾

任圜丘壇祠祭署令敍判任官五等

主殿院電務課主事李□俊

任齊陵令敍判任官八等

奉常司主事鄭哲永

任主殿院電務課主事敍判任官六等

六品鄭宅朝

任奉常司主事敍判任官七等

以上十一月三日

農商工部技手張聖和

陞六級俸

十一月四日

度支部主事沈翼鎭

右ᄂᆞᆫ該員이不遵命令ᄒᆞ고歸先退仕ᄒᆞᆷ이有違事體이기로以ᄒᆞ야譴責事

十一月四日 度支部

外報

●帝立憲制決 倫敦電을據ᄒᆞᆫ즉俄國皇帝은現今發布된完全치못ᄒᆞᆫ憲法으로國勢不穩ᄒᆞᆷ을察하고從來眞正ᄒᆞᆫ立憲政治를設定하고總理大臣우잇데으로行擧하라고決定하얏다더라

●露國反亂 南露하루고후州에셔重大ᄒᆞᆫ反亂이起ᄒᆞ얏다더라

●政費節減說 日本大藏省某大臣의談을聞ᄒᆞᆫ즉政府ᄂᆞᆫ戰後大經營을ᄒᆞᆷ에自然히歲出預加를免치못ᄒᆞᆯ狀態가되ᄂᆞᆫ지라政府에셔今回戰役에對ᄒᆞ야其節約ᄒᆞᆫ全額이一億圓은되ᄂᆞᆫ模樣으로잇스나其餘加減에ᄂᆞᆫ一般政費를十分節約ᄒᆞᆯ外에ᄂᆞᆫ無ᄒᆞᆷ으로써當局者ᄂᆞᆫ十分細心注意ᄒᆞ야節約ᄒᆞᆷ을得ᄒᆞ야國債償還金을充ᄒᆞᆯ方針을ᄒᆞ얏다더라

●次期米國大統領候補者 米國出람尙書시요우氏은次期의大統領候補者가됨으로明年二月後에辭職ᄒᆞ기로決定되얏다더라

東京電報

●摠裁渡韓 十一月五日午後六時四十二分發

京釜鐵道摠裁古市氏는今月五日午後六時에新橋에셔出發ᄒᆞ야渡韓次로登途ᄒᆞ얏다더라

●露國革命慘劇 十一月六日午前十時三十分發

露國오뎃사에셔는革命의慘劇이尙今繼續ᄒᆞ야暴黨徒가警察官의加勢를借ᄒᆞ야猶太人의家族을殺戮ᄒᆞ야死者無數ᄒᆞ고病院에在ᄒᆞᆫ負傷者는五千五百名이라더라

●大使升任 十一月六日午後六時發

英國駐箚日本公使館을大使館으로ᄒᆞ고林公使는英國駐箚日本大使로升任ᄒᆞ기로決定ᄒᆞ엿더라

雜報

●是何悖妄 法部刑事局長尹性普氏가平理院判事李秉和氏의게對ᄒᆞ야三年前訴訟判決上에誤決ᄒᆞᆫ事이有ᄒᆞᆷ으로該落科人의妻가方今懷刃에誓欲刺殺ᄒᆞ이라ᄒᆞᆫ즉李判事가聞此說話ᄒᆞ고心이骨冷ᄒᆞᆷ을不覺ᄒᆞ야暗思前日所爲則切無是事故로法部에請願ᄒᆞ야尹局長으로方在判中이라ᄒᆞ니做作無根之說ᄒᆞ야以至裁判之境ᄒᆞ니尹氏의行爲輕妄은推此可知라더라

●憑公行惡 笠洞에셔布木商ᄒᆞ는白仁汝氏가近日錢政窘艱ᄒᆞᆫ之致로방낫는ᄃᆡ所捧內外各人들이白氏의無辜히蕩敗ᄒᆞᆷ을矜念이알고各其所推를折半假量으로妥帖ᄒᆞ얏는ᄃᆡ其中宮內府檢査課長洪正燮氏는近十年無欠히去來ᄒᆞ다가邊條餘存가六萬兩假量인ᄃᆡ此條도勢必折半辭勸ᄒᆞᆯ터인ᄃᆡ洪氏가暗生叵測之慾ᄒᆞ야宮大李載克氏의게請囑ᄒᆞ야以宮內府公錢樣으로白氏를漢城府로捉囚督捧ᄒᆞ는바該府首班判事趙經九氏가此案을査ᄒᆞ니確係私相去來者오實非公錢이라不可不該洪正燮으로頭質後에야事必歸正이라고照覆ᄒᆞ얏다니趙判事의據公審査는可히攢祝ᄒᆞᆯ事오洪正燮의以私托公ᄒᆞ야藉勢行悖는世인이莫不唾罵라더라

●日兵到府 全北觀察使李勝宇氏가內部에報告ᄒᆞ되日本陸軍步兵大尉村井文太郞이가率兵七十八人ᄒᆞ고本月一日午時에來到府下ᄒᆞ야先自西門外日本商民家로各各分置라ᄒᆞ얏더라

●禁斷建築 外部에셔內部에照會ᄒᆞ되水原南門內日本人設校禁斷事는已據該觀察報辭ᄒᆞ와知飭仁川監理ᄒᆞ야該領事의게交涉ᄒᆞ야禁斷케ᄒᆞ얏고安城郡市場에外人建築一事는一切交涉禁止케ᄒᆞ얏스니照亮爲要라ᄒᆞ얏더라

●賊警最多 西署社洞金召史家에賊漢五名이突入ᄒᆞ야銀屬與衣服等物을奪去ᄒᆞ고同署餘慶坊武橋酒商嚴文植家에賊漢五名이各持銃劍ᄒᆞ고越墻闖入ᄒᆞ야白銅貨八千餘兩과銀指環銀釵貝物等屬을奪去ᄒᆞ얏다ᄒᆞ니西署字內에賊警이甚ᄒᆞᆫ貌樣인즉該署警官드른不知ᄒᆞ는지所를建築이라하더라

●會員作弊 忠北永同郡守崔英根氏가內部에報告ᄒᆞ되本郡北面와村里居金鎭洙와沃川居申福休로禁養相訟事로本郡留在金星泳이稱以一進會員ᄒᆞ고中民의指囑을甘聽ᄒᆞ고摠代三人을發送ᄒᆞ야突入金民家內庭ᄒᆞ야逢人輒打ᄒᆞ고金鎭洙의七十老叔을驅曳於數里許ᄒᆞ니其時威勢는可謂閻府鬼卒이라年老人은放送ᄒᆞ고少壯人을代捉ᄒᆞᆯ意로歷歷懇乞에鎭洙之弟與四寸을押去于靑山會所이다有所急告故로將羅을發送ᄒᆞ야被捉民兩與摠代三인을一幷待令이러니會員이自言ᄒᆞ되捉治는素無規則이라ᄒᆞ고無難率去이오며南面鳥洞居姜允欽所訴內에去六月分에會長全戴樹金星泳等이本인의兄弟을捉去ᄒᆞ야爭婚事로執罪이거날不然之端을無數說明이오나二千兩錢을納上之意로執警批ᄒᆞ고至於臀笞楚之境ᄒᆞ니威脅과苦楚을不勝ᄒᆞ와死中救生之計로九百兩錢을僅爲辦得ᄒᆞ야給于會所ᄒᆞ고艱辛回命이다ᄒᆞ오며千萬里居張文浩와北面禾里居裵錫命等이供以錢財見奪ᄒᆞᆫ즉爲該錢을推給之意로呼訴이옵기捉入金星泳ᄒᆞ야一一對質則一無所錯이기此等悖類를仍以置之면末流之獘가必至難過故로捉囚郡獄ᄒᆞ오니査照後依律懲辦이라ᄒᆞ얏더라

●建築準備 安石里駐在日軍大隊長○翁助氏가廣興倉穀圯基址에馬糧積置庫舍及炊飯處所를建築이라하더라

●政界近信

○特進官李命宰氏는奉常提調를被任ᄒᆞ얏고

○從二品閔衡植氏는法部協辦을任命ᄒᆞ얏고

○太僕司長李範喬氏는辦理公使를兼任ᄒᆞ얏고

○善山郡守俞鎭贊氏는辦理公使를解任ᄒᆞ얏고

○奉常提調閔亨植平理院檢事李根洪兩氏는幷疏辭하얏고

○法部參書官金洛憲氏等이協辦令相션仍任事疏批에已遞ᄒᆞᆫ니不可擧論이라自可各盡其責矣라하옵셧더라

●餘波尙動 忠州郡守張駿遠氏가內部에報告ᄒᆞᆫ內槪에本郡險山面道基等地에自丹陽地로原州鎭衛隊에게被逐ᄒᆞᆫ義兵約二百餘名이更爲둔聚ᄒᆞ야或四五名式面內에周行ᄒᆞ면셔繼續募兵者가至於百餘名이온ᄃᆡ原州鎭衛隊가追往鎭壓ᄒᆞ야縱云解散이나聚散無常의行爲難치이기로別遣巡校ᄒᆞ야使之偵探後에更當馳報라ᄒᆞ얏더라

●民情易搖 忠北觀察申泰熙氏報告內槪에延豐郡保安所任日인이來到該郡ᄒᆞ야家戶人口를逐戶打算하며第次號數를仍揭門壁하야民情이騷動하니誠切憂悶이다有所該郡守公報라하얏더라

●日兵到春 春川郡守李晥來氏가內部에報告ᄒᆞᆫ內槪에本月三日日本陸軍步兵大尉西岡美啓及中尉織田小尉池田虎松水上龜三이率兵一百九十名과騎馬三匹과卜馬一百匹하고抵到本郡ᄒᆞ기로各公廨兵丁幕에使之留宿이라하얏더라

●奏本未完 日前郡守奏本을內大李址鎔氏가政府會議에提出ᄒᆞᆷ은已爲揭載어니와其奏本情況을得聞ᄒᆞᆫ즉各郡守之現闕與遷轉窠가合爲二十八인ᄃᆡ此秋捧ᄒᆞ야其守令을若爲遷轉이면結錢拮据에自多妨害이다學大李完用氏가反對ᄒᆞ기로遷轉十三窠는削去ᄒᆞ고只以現闕十五과로經議後에要其參政之簽署則參政韓圭卨氏가又有不可者二三과기로奏本一節이仍爲留案이라더라

●廨와補殿 慶南巨濟郡守尹相佑氏가내部에報告ᄒᆞ되八月二十四日宮내府訓令內開의鎭南龍華寺에祝聖殿을現方新建인ᄃᆡ와材의輸運이每患不便이라本郡所在前永登鎭公廨가頹圮無餘ᄒᆞ야只存十數間則와子移用이旣有已例ᄒᆞ고事甚便宜기로玆庸訓令ᄒᆞ니到則准此另飭施行하야使之移運入用事等因이온바該永登鎭廢廨와子를取以補用於本郡各公廨修葺之意로修報承認而今此祝聖殿所用이重且향別故로幷此郡廨所補之와子를察數撤付於該寺任持僧徒라ᄒᆞ얏더라

●師範學校榜 官立漢城師範學校第七回卒業榜이左와如ᄒᆞ더라

李潤甲 已上一人優等

安東洙 韓觀植 金元祐

尹秉哲 吉昇奎 劉漢[illegible]

尹定老 洪在明 李始[illegible]

南宮璧 [illegible] 鄭來英

金演培 李相鳳 金鍾喆

安鍾烈 鄭範時 李道載

鄭泰憲 韓東說 李喆周

李茂年

已上二十二인及第

●平北情形 平安北道渭原郡守曹斗煥氏가내部의報告ᄒᆞ되本郡處在邊域ᄒᆞ야每多賊警故로曾設邊衛ᄒᆞ야年來兵有駐隊하고郡設砲社ᄒᆞ야隨機防禦라가今皆廢止ᄒᆞ와沿江上下百有餘里에蕩然無碍ᄒᆞ니賊何憚而不侵이며民何恃而不恐이리오十月旬間에俄淸匪百餘名이忽地江則沿路居民이聞風解散ᄒᆞ고至於城내가空허여凡五六百間에一夜三四次警動허여風唳之鶴을鎭定이沒策이라가淸匪가幸不入本境民、還集이오나大抵長江一帶가合氷乃不陸十許里之間也라現今俄兵敗殘與淸匪餘黨이出沒無常허오니若至合氷則越江劫掠이勢所必然이니轉照軍部허와自本郡隊社로移置於江界허고銃丸中洋銃三十柄彈丸一千五百發를使之卽撥허여以備不虞라허엿더라

◉緊急社告

本社創設以來로新聞代金을每月初三日內에先納으로收入ᄒᆞ던마ᄂᆞᆫ自初로購覽ᄒᆞ시ᄂᆞᆫ僉君子가畢皆知悉이온바自本年八月再刋以來로代金收合이延至海間이옵더니到今本社經費가窘絀之歎이有ᄒᆞ기로本月條ᄂᆞᆫ不日內로收合ᄒᆞ여야可히支過ᄒᆞᆯ터이오來十一月爲始ᄒᆞ야ᄂᆞᆫ一朔[illegible]十日內로送交ᄒᆞ시와[illegible]刊ᄭᆡᄒᆞ야愛讀 君子의閱覽을供ᄒᆞ기로切盼홈

大韓每日申報社 白告

外報

◉輕氣球日食觀測記 空中에서日食觀測을試ᄒᆞᆯ目的으로英人스베사ㅣ氏(日本에만遊ᄒᆞ던人)ᄂᆞᆫ去八月三十日에他一人同乘者와共히右炭와斯의充滿ᄒᆞᆫ四萬五千立方尺輕氣球우예라號를乘ᄒᆞ고上昇ᄒᆞ얏다ᄂᆞᆫ左의紀行을倫敦타님쓰新聞에公佈ᄒᆞ얏다ᄂᆞᆫ딕十二時半에昇騰을開始ᄒᆞ야十二時四十分에雲上의雲間을通ᄒᆞ야太陽을觀ᄒᆞᆫ즉新月形이되더라當時에二千尺高를上ᄒᆞ얏ᄂᆞᆫ딕ᄯᅩ引속ᄒᆞ야昇騰ᄒᆞᆫ즉忽然히雲이多出ᄒᆞ야日光을遮ᄒᆞᄂᆞᆫ데數分間에三千尺高에達홈인太陽은頭上에잇ᄂᆞᆫ딕雲에妨홈이되야陰陰ᄒᆞ더라 其時輕氣球ᄂᆞᆫ昇騰하기가能치못하야十分間을費하고砂一百量을投棄하고再히昇騰을繼속하야一時五分前에四 五百尺高에達하얏ᄂᆞᆫ딕此時에充分ᄒᆞᆫ日食의貌樣을觀得홈으로써第一의寫眞을撮影하고一時부터仝二十分ᄭᆞ지ᄂᆞᆫ쉬지아니하고아무防害업시觀測홈을定時間에ᄒᆞᆫ번식寫眞을撮影하고一時三十分에六千尺高에達하얏ᄂᆞᆫ딕雲은皆眼下에잇고光線은너무激烈하야携帶ᄒᆞᆫ暗色眼鏡으로써보ᄂᆞᆫ딕太陽을正視하기가能치못하야暗色眼鏡에依하야重ᄒᆞᆫ此難을免하고寫眞을撮影홈을繼속하얏ᄂᆞᆫ딕此際에光線이尤甚하야前面에油燈을塗ᄒᆞᆫ硝子로覆하얏다더라 日食은一時二十四分에終홈으로써一分後부터下降을開始하야雲間을通過하얏ᄂᆞᆫ딕其間에雪片을降하고二時에至하야三千尺高에下降하고드딕여七時間半만에겨우地上에達ᄒᆞ얏다云ᄒᆞ더다

雜報

◉內大封章 內大李址鎔氏ᄂᆞᆫ今番各郡守奏本에多有異論하야不得安定홈으로懷情이不無ᄒᆞ야昨日에辭䟽를奉呈하고誓不欲更爲奏本이라더라

◉再窮則變 연雀之無知라도其舊巢를過去ᄒᆞᆯ時에ᄂᆞᆫ猶爲不能忘情ᄒᆞ야飛鳴旋繞타가久而後에乃去ᄒᆞᄂᆞ니況民之於國에幾世奠居ᄒᆞ며幾世樂生ᄒᆞ야先王遺澤이浹其肌髓인즉設或季世苛政에不堪其苦라도及其危亡之境ᄒᆞ야ᄂᆞᆫ憤慨傷痛ᄒᆞ야欲其存而懼其亡은理인情之所自然이니인雖木石强膓이나豈有不同情者乎아 近聞兩湖等地有志인民들이外侮의日甚과時局의罔措홈을悲憤歎惜ᄒᆞ야相與叙論曰群小滿朝ᄒᆞ고政亂이已久ᄒᆞ야宗社大計ᄂᆞᆫ度外抛置ᄒᆞ고速禍之사端과苟安之方策만是圖是行타가及夫今日에大勢已傾ᄒᆞ니幾百萬生靈이將何依賴일지傷心痛骨이一言難盡이되雖然이나不避艱險ᄒᆞ고百方圖存은爲民之義務오秉彝之常情인즉昏濁ᄒᆞᆫ政府ᄂᆞᆫ勿復倚望하고諸道인民이一齊教中에投入하야團體를結成이면强隣威力으로國權은盡奪ᄒᆞᆯ지라도不可奪者ᄂᆞᆫ全國內인心인즉幾十教訓하며幾年淬礪하야待時而動이必有其日ᄒᆞᆯ지니我同胞ᄂᆞᆫ毋違此槩라하야一邊幾許인은教籍에掛名하고諸道인民이次第投教ᄒᆞᆯ計劃이라하니其이可悲오其情이可惻이나血性男兒에强項不屈하ᄂᆞᆫ志氣가自當如是ᄒᆞᆯ지니二千萬衆이苟能一心成城이며將來國權同復이何難之有也리오噫라政府上肉食者ᄂᆞᆫ此說를或得聞하얏ᄂᆞᆫ지苟有一分인心이면愧死無地라將何顔으로政府上에假處하야此인民을相對ᄒᆞᆯᄂᆞᆫ지韓之大官에顔厚ᄂᆞᆫ可謂十重鐵甲이며단일諸道인民이一齊入教하야團體를結成하면政府大官은將[illegible]何[illegible]行하며貪虐를肆ᄒᆞᆯᄂᆞᆫ지此消息은實是政府大官의一炸[illegible]처[illegible]하노라

◉陋俗當禁 續

尤所可憎者ᄂᆞᆫ所謂門客이니所求仕人이니南北村權貴家에逐日呈面ᄒᆞ야許多醜陋ᄒᆞᆫ狀態ᄂᆞᆫ姑置勿論ᄒᆞ고主人과別로緊說話이無ᄒᆞ면서도入定僧의行習인지守直軍의後身인지坐席上에支移貼坐ᄒᆞ야此客彼客에口腹만望見ᄒᆞ면서座擾ᄃᆞ不計ᄒᆞ며體面도不顧ᄒᆞ야雖終日이라도相守不離ᄒᆞ야主人이設或他客에게緊關酬酌이有ᄒᆞ되도發口ᄒᆞᆯ暇隙을不得ᄒᆞ며來客이亦是此人에久坐不去홈을因ᄒᆞ야彷徨乘間ᄒᆞ다가畢竟一言을莫出ᄒᆞ고至於空還ᄒᆞᄂᆞᆫ者頻頻有之ᄒᆞ니於主於客에게見忤ᄒᆞ야自巳所求事에도十分妨害되련ᄂᆞᆫ猶然不悟ᄒᆞ고此等醜態를抱ᄒᆞ야主人에게가장親切無間ᄒᆞᆫ貌樣을뵈ᄒᆞ야納婿取悅코즈ᄒᆞ나到處에有名客만되야殺風景을未免ᄒᆞᆯ지니從玆以往으로ᄂᆞᆫ權貴人席上에久坐不去ᄒᆞᄂᆞᆫ陋習과逐日呈面ᄒᆞ야諂諛ᄒᆞᄂᆞᆫ[illegible]를一切除去ᄒᆞ고各其學問을修ᄒᆞ며名譽를守ᄒᆞ야權貴人이自然屈已來訪케ᄒᆞᄂᆞᆫ게士習에穩當ᄒᆞ고世人에嘲誚를得免ᄒᆞᆯ지니南北里[illegible]客與求仕人들은其念之哉인저 未完

歷史槪要

◯波蘭末年史 續

이에露公使의股肱되ᄂᆞᆫ保道斯其가一論을創하야羅周逸黨을鼓動하니一은國王이新教徒苛虐홈을抗拒ᄒᆞᆯ事요一은王을從하야其不公不平ᄒᆞᆫ法을行하ᄂᆞᆫ史道理黨을撲滅ᄒᆞᆯ事라此言이一出홈의인民이響應하ᄂᆞᆫ者一時에六萬인에至하ᄂᆞᆫ지라 이에同盟誓約을結하고爲先總理大臣을選擧ᄒᆞᆯ시露國女皇의命을假하야其領袖羅周逸을選하라하더라 此時에露公使煒仁이同盟의名簿를波蘭王의게示하야曰此를看하라吾가陛下의主인이니陛下ᄂᆞᆫ每事를順從하여야王位를保全ᄒᆞ리라허니 噫라其無禮홈이亦甚하도다이에波蘭王이其地位의危殆홈을知하고每事를退讓하니彼跋扈無禮ᄒᆞᆫ煒仁도王을哀憐하야廢位一事ᄂᆞᆫ아즉置之허더라 吁라彼경率無知허고誤國害身허ᄂᆞᆫ同盟黨이今에야비로소露國奸계에被瞞홈을 ᄒᆞ얏도다然이나업의誤着ᄒᆞᆫ殘局을收拾ᄒᆞᆯ時運이已過ᄒᆞ얏스니奈何奈何오 此時露國兵一隊가羅淡의陣ᄒᆞ고陸軍正領이羅周逸을保護ᄒᆞ야會議席에至ᄒᆞ며날羅周逸이初期에ᄂᆞᆫ露國을依賴하야新教徒의寃枉ᄒᆞᆫ情을[illegible]코즈ᄒᆞ얏더니今에至ᄒᆞ야비로소露國이乘機奪國홈을知ᄒᆞ고後悔莫及이리 完

特別廣告

本申報と海外電報를即接さ야幾個이疏通さ고外報와探報를敏捷活潑さ도록注意さ오며申報發送さと되迅速信傳さ기と分傳人의게在홈으로本社에서平常에諸分傳人의게丁寧告戒さ고申申訓飭さ야毋或嬾惰さ게注意さ거나와如或暫有稽緩이라도要讀僉君子と密使通知于本社さ시면該分傳의게誠信相孚さ도록耳提面命さ고勤實가發生さ도록講論さ야必無遲誤さ기로期待さ옵나이다

本社에寄書さ시と諸君子と姓名과居住를明確さ게懸錄送附さ시와證據가有홈을必要홈이오公衆平和흔秩序를紊亂케さと意와社會上不經荒雜흔寄書と不受さと權利가本社에自有さ오니肯諒さ시옵

大韓每日申報社

○鐵路部

○東大門과新門間에來往車と每十分間에運行홈
東大門發初車と午前六時三十分
新門外停車場發初車と午前六時五十五分
東大門發終車と午後九時五十分
新門外停車場發終車と午後十時十五分

○東大門과洪陵間에來往車と每二十分間에運行홈
但自鍾路로東大門에來到흔交替車로聯絡홈
東大門發初車と午前六時五十分
洪陵發 初車と午前七時十分
東大門發終車と午後七時五十分
洪陵發 終車と午後八時十分

○鍾路와龍山間에來往車と每十二分間에運行홈
鍾路發至南大門初車と午前六時四十八分
鍾路發至龍山 初車と午前七時二十四分
南大門發至鍾路初車と午前六時五十六分
龍山發至鍾路 終車と午前七時五十七分
南大門發至鍾路終車と午前十時八分
龍山發至鍾路 終車と午後九時九分

○特別私用車と顧客의方便흠을隨應さ야準給홈
但定價と本社에來臨さ야請問さ옵

○電燈部

二百五十燭力以內의敷用處에と每個月에定價表가如左홈
○十六燭力燃燈達夜에二圓五十錢
○三十二燭力燃燈達夜에四圓
○五十燭力燃燈達夜에六圓
○一百五十燭力燃燈達夜에十圓
一千二百燭力弧形燈達夜에二十圓
二百五十燭力以上의敷用處에と請求さ면瓦斯計一箇를設給홈
但瓦斯計賃金은每個月에二圓이오瓦斯計測驗表委託定價と每時間每암피아에二錢이옵
瓦斯計設給處에서每介月支拂金最低額은每個月에二十圓인되(瓦斯計賃金은)据홈
電燈을敷設さ기에請求さと되給홈로供
各種連技辦燈도常時에貯存さ엿습

本社鍾路電氣會社
韓美電氣會社 告白

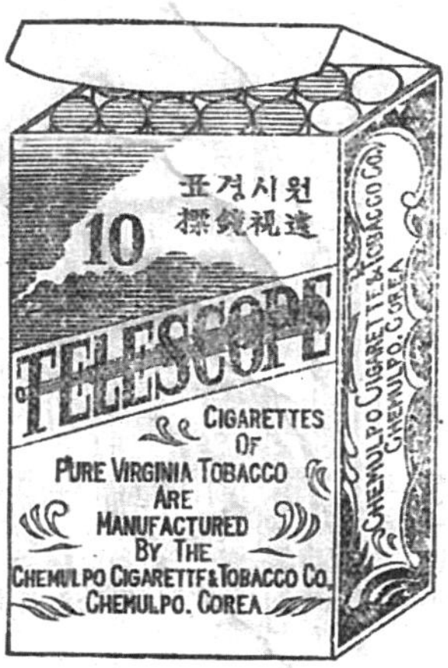

本社廣告

申報價
一張代金 韓貨五錢
一箇月前納 五十錢
三箇月 一元五十錢
六箇月 二元九十錢
一箇年 五元八十錢
郵稅一部 新貨五里
一箇月 十三錢

廣告料
四号活字十三字詰
每日每英尺一寸에新貨廿五錢
(每日每行에六錢에相當홈)
二周日에 二圓五十錢
(每日每行四錢五里에相當홈)
一箇月에 五圓
(每日每行四錢一里에相當홈)
其期限의長短과字行의多少를依さ야增減홈이有홈

大韓人마다此申報를不得不閱覽さ실터이오니廣告出報さ실僉君子と來臨面議さ시옵

發行兼編輯人　英國人裵說
發行所
京城北署壽進坊碑洞号外地法語學校前
大韓每日申報社

光武九年八月十一日 明治三十八年八月十二日 第三種郵便物認可　木曜日　西曆一千九百五年十一月九日 (一)

第三卷　第七十三號

大韓每日申報

대한매일신보

月曜及慶節
歲時日休刊

檀君開國四千二百三十八年
箕子元年三千二十七年
大韓開國五百十四年
日本明治三十八年
淸國光緖三十一年
陰曆乙巳十月大十三日壬子

◉本社祝辭◉

本日寔惟我大英國大君主兼膺五印度皇帝陛下誕彌之辰 凡厥內外臣僚 曁一般人民 莫不懽흔躍벤 萬歲之呼 洋溢遠邇 九如之祝 曠絕古今 天地神人 無不悅豫 昆虫草木 亦皆和樂 我英國四萬里世界 擧在歡聲協氣之中 猗歟盛矣 절伏惟念我陛下 嚴恭寅畏 保泰持盈 纘累葉之熙洽 德業日新 扶大局之平和 令聞방達 允宜自天申命 可期受祿無疆 小臣 滯在東洋 瞻仰宸極 ᄅᆡ玆虹流之令辰 曷任오번之微忱 謹拜手稽首而頌曰

赫赫我英 哲后相承
光于四國 日新厥德
無競維烈 受祿于天
順帝之則 時萬時億
赫赫一章

明明我后 履滿持盛
纘承丕基 惟日孜孜
率土之濱 天其申休
罔不懽綏 萬壽無期
明明二章

虹流令辰 四方來賀
渢渢응응 自西自東
雲輿霞蔚 日升月恒
至治之隆 百福攸同
虹流三章

官報

●號外 光武九年十一月七日

◎宮廷錄事

辜恩臣郭鍾錫言事疏

批旨省疏具悉卿懇向者宣諭亟欲諮訪國家急切安危之事及今未果可勝悵歎兩度所論見之可以開發朕心而坐談竟不若面陳之詳卽爲上來用副側席翹企之思筵卿夫豈言辭事遣地方官傳諭

十一月五日

●第三千二百九十一號 光武九年十一月八日

◎宮廷錄事

禮式院禮式卿臣趙定熙謹奏卽接長湍郡守尹宗求報告書則以爲陰曆八月二十二日本郡所奉麗朝肅宗第二陵第三陵守護軍鄭學西所告內未知何日何許賊漢毁破陵上云故聞甚驚悚卽爲馳進看審則第二陵上南方毁破周回以山尺爲一尺二寸第三陵上南方毁破周回爲一尺二寸深丈爲一尺五寸矣作變之한刻期譏捕而修改之節未難擅便卽爲奏稟擧行之地伏望云矣守護之地有此無前之變聞極驚駭作[illegible]之한刻期詗捉照法勘處有달處修改之節令地方官從便擧行旣有已例今亦依此擧行事分付何如謹上奏

光武九年十一月四日奉

旨前代陵寢有此無前之變不勝驚歎該犯不日詗捉照律嚴繩修改之節依已例令地方官斯速擧行修改事畢後遣秘書丞致祭

奎章閣學士趙秉式辭職疏

批旨省疏具悉卿其勿辭行公

十一月五日

●叙任及辭令

免本官 警務廳摠巡高濟允

右該員이職在西署摠巡之任ᄒᆞ야以其私怨으로 笞平民ᄒᆞᆷ은殊涉濫越이기是以로免本官

任警務廳摠巡叙判任官七級 徐紀淳

以上十月三十日

外報

●德國海軍稅 德國은海軍擴張을爲ᄒᆞᆷ으로增稅ᄒᆞ야煙草에約五千萬元과麥酒에約三千萬元을徵收ᄒᆞᆷ에決定ᄒᆞ얏다더라

●次官會議 三十一日午前九時에日本各省次官은永田町首相邸에參集ᄒᆞ야其所管事務에因ᄒᆞ야打筭會를開ᄒᆞ고十一時에散會ᄒᆞ얏는ᄃᆡ當日에例前과如히柴田翰長과一木法刑局長官等도叅邸ᄒᆞ얏다더라

●伊東西兩男爵訪問 伊東代治와西德二郞兩男爵은三十一日午前에伊藤侯를訪問ᄒᆞ얏다더라

●政友會合 三十一日午前十時에日本松田杉田改野長各場加藤等은各領袖를始ᄒᆞ는ᄃᆡ在京議士二十餘名이其本部에叅集ᄒᆞ야對議會策과福島宮省과岩主等各縣의凶歉의救濟方法을協議ᄒᆞ고結局調査와實地見聞上調査委員의設置ᄒᆞᆯ事件을議論ᄒᆞ얏다더라

●大藏省豫筭會議 三十一日午前十時에日本曾根大藏大臣은各局課長等을官房으로召集ᄒᆞ야豫筭案에對ᄒᆞ야協議ᄒᆞ얏다더라

●東京衛戍總督會議 三十一日午前九時에佐久間總督이비로서陸軍省各幕僚長과岡叅謀次長과關警視總監과倉富檢事長等을其本部에集ᄒᆞ야定例會議를開ᄒᆞ고市內外文書其他新聞社雜志의取締事項에對ᄒᆞᆫ諸般을打筭ᄒᆞ얏다더라

雜報

各國憲法異同論 續

第三章 國會의權力과選擧議員의權利

古代國會는體裁가完備치못ᄒᆞ야分ᄒᆞ야數院이된者도有ᄒᆞ고오작一院을置ᄒᆞᆫ者도有ᄒᆞ더니今日은日耳曼數小邦과瑞士數小邦이오작一院을置ᄒᆞᆫ外에는其餘各國이다上下二院이有ᄒᆞ니盖兩院을幷置ᄒᆞᆷ의其益이甚多라所以로議事의疏漏를防ᄒᆞ야鄭重綿密ᄒᆞ고또能히進步와保守兩당의宗旨로ᄒᆞ야곰其平均을保ᄒᆞᄂᆞ니盖上院의員을保守黨이每多ᄒᆞ고下院의員은進步黨이每多ᄒᆞ니라上院의制度가各國이不同ᄒᆞᆫ지라英國은全히王族과貴族과高等敎士로充ᄒᆞᄂᆞ니族內에世襲者도有ᄒᆞ고選擧者도有ᄒᆞ야普國과日耳曼各邦으로더부러其制가互有小異ᄒᆞᆫ지라然ᄒᆞ나다王族과貴族과高等敎士과國事에有功ᄒᆞ고學術에有功ᄒᆞᆫ者와田產을富有ᄒᆞᆫ者와大學에代表者와大都會에代表者로써充ᄒᆞᄂᆞ니意大利와西班牙와葡萄牙가大畧相同ᄒᆞ고比利時와和蘭과瑞典과연國은少異ᄒᆞ야上院員이納稅多者를獨重ᄒᆞ야其數가他類보다每多ᄒᆞ고나威의制ᄂᆞᆫ下院議員이選擧旣定ᄒᆞᆷ의其四分之一을選拔ᄒᆞ야써上院議員을삼나니라

●警備到底 近日各坊內賊警이大熾故로爲其戢捕ᄒᆞ야各署出番巡檢을會合ᄒᆞ야限天明番巡察ᄒᆞ며各署在勤日本警部與巡查도亦爲輪回巡察ᄒᆞᆫ다더라

東京電報

●滿軍凱旋 十一月七日午後四時五十六分發

滿洲軍總司令部ᄂᆞᆫ來月中旬에凱旋ᄒᆞᆯ預定이라더라

雜報

○歎韓國事業之難興

天下之事業이創於有志ᄒᆞ고成於有力ᄒᆞᄂᆞ니有其志ᄒᆞ고無其力ᄒᆞ면徒言而已矣오有其力ᄒᆞ되無其志ᄒᆞ면不思而已矣라今에大韓人心을觀ᄒᆞ니有志者와有力者가無ᄒᆞᆫ거시아니로ᄃᆡ但有志者ᄂᆞᆫ雖汲汲於事業ᄒᆞ나皆其無力者오其有力者ᄂᆞᆫ初不留意於事業이라所以로國之前途가略無起色ᄒᆞ니可勝歎哉아彼歐米文明之俗을觀ᄒᆞ면富有財産者가皆好行善擧ᄒᆞ야凡學校와藏書樓와醫院과製造廠等이皆富貴有力者의慈善心으로設立ᄒᆞᆫ者가叓不勝書라

今擧其一二言之ᄒᆞ면美國의格尼基ᄂᆞᆫ獨力으로藏書樓一千三百五十二所를建設ᄒᆞ되美洲로붓터他洲에遍及ᄒᆞ고英國에加內及은家計가素乏ᄒᆞᆫ者로其製鐵術로由ᄒᆞ야居積致富ᄒᆞᆫ지라一大製造廠을開設ᄒᆞ야每日工匠二萬人을用ᄒᆞᄂᆞ니一時無業者와工藝者가皆賴而全活ᄒᆞ고又其恒言에曰有財者가其財를善用코져ᄒᆞ면製造局과醫院과義學等事를建立ᄒᆞ되만일辦理不善之慮가有ᄒᆞ거든義書庫를設置ᄒᆞ야萬卷緊要之書를儲藏ᄒᆞ야有志好學者의閱讀을資ᄒᆞᆷ이最好ᄒᆞᆫ方法이라若富貴者가獨享其利코자ᄒᆞ거나留置ᄒᆞ야欲爲子孫計者ᄂᆞᆫ文明國人民의行事가아니라하얏스니

是故로英國名相格蘭敦氏가加內及의言을擧하야富民을勸諭하야其産業中十分의一分을出하야製造會社를設立케하니所以로英國이三十年間에通國産업이前日에比較하면三四倍를加하얏스니此ᄂᆞᆫ富人의好行善擧하ᄂᆞᆫ效力으로國家의富强을增進케ᄒᆞᆷ이若是其宏大ᄒᆞᆫ지라

大抵國家의權利ᄂᆞᆫ即人民의權利라國民된者가但其一身一家의私計만爲하고公公利益을不爲經營하면國家가不保하ᄂᆞᆫ境遇에至하리니國家가不保하면自身의所有ᄒᆞᆫ財産을能히保守하깃ᄂᆞᆫ가또一身富貴가不過目前小利라事業上名譽의比較하면其大小優劣이不可同日而語요또積財하야以爲子孫計者ᄂᆞᆫ尤爲非계라使其子孫으로學問이有하야能히自立ᄒᆞᆯ만하면雖無資財나可以自立이오若其子孫이不學無識하고操行不謹하면所遺財産이反히其凶奢侈之行을助成허리니是ᄂᆞᆫ도로혀禍孼로써子孫의게遺ᄒᆞᄂᆞᆫ者라噫라今日大韓形勢가其危急이何如오田園亭榭와錦繡金玉을獨能保有ᄒᆞᆯ方針이有ᄒᆞᆯ가竊爲之계컨ᄃᆡ莫如各隨其力ᄒᆞ야公共利益에關ᄒᆞᆫ事業을樂爲成就ᄒᆞ야人才의育成과國權의維持를企圖ᄒᆞᆷ이實是公私의俱幸이라ᄒᆞ노라

●兩氏依免 度支技師李泰膺沃溝電報司長李濟健兩氏ᄂᆞᆫ依願免官ᄒᆞ얏더라

●校長任免 兼任外國語學校長劉燦氏代仁川監理河相驥氏가兼任ᄒᆞ얏더라

●三氏免懲 前郡守李奎會張榮翼權重勳諸氏ᄂᆞᆫ幷免懲戒ᄒᆞ얏더라

●平監新任 從二品金應龍氏ᄂᆞᆫ平壤監理를被任ᄒᆞ얏더라

●內部官吏遞任 內部會計局長李容復氏代에叅書官鄭鳳時氏가被任ᄒᆞ고主事柳成烈氏ᄂᆞᆫ參書官을被任ᄒᆞ얏더라

●騎馬前導 警廳에서軍部에報告ᄒᆞᆫ內開에每於各國親王或大使着京時에警務官一員摠巡四員이乘馬迎送ᄒᆞᆷ이已有前例하와馬匹則借用於貴部所管騎兵隊이온바今此伊藤大使入來期限이在於本日인즉照亮指飭하와該隊하야俱鞍馬五匹을趁期牽送ᄒᆞ라ᄒᆞ얏더라

●減俸渙散 京畿觀察使鄭周永氏가內部에報告ᄒᆞ되本部訓令을奉准ᄒᆞ와七月年後六朔本府屬隷雜給見減事로已爲修補에尙未承如何之指令이온바書記等十名이一并退去ᄒᆞ고使令使傭之告退가亦爲過半ᄒᆞ야報告訓令을無以終繕ᄒᆞ고民事刑事에使喚無人ᄒᆞ야許多事務가不廢自廢이오니誠甚悶歎ᄒᆞ니別般措劃ᄒᆞ라ᄒᆞ얏더라

●度量衡實施 平式院臨檢員日人掘對熙次郞이率通詞金丙植ᄒᆞ고度量衡實施次麻浦等地에前往ᄒᆞ야穀物旅閣及米廛造米商家와布木廛藥局典當鋪를調査以去라더라

●德館作路 한城判尹朴義秉氏가內部에報告하되現以新門外新建德公館作路修治一事로德領事의照稱을接准하와自本府로派員하야與該館員으로會同開査하온즉自大平洞後路로沿城堞以南ᄒᆞᆫ一條公路를至新門ᄭᆞ지因舊修築하야豁然平坦케廣約三間으로測量이온바雖無毁撤民家之弊ᄂᆞᆫ城堞圮壞에間間修葺과地面傾仄의一切治平하ᄂᆞᆫ凡其工役이勢必巨大이옵기玆以仰報하오니査照하신後函飭該管하시와右德館作路를遵章修治라하얏더라

●檢査郡稅 結城郡守金善五氏가內部에報告하되政府財政顧問附佐藤藤佐와主事金東垣이度支部訓令을等因ᄒᆞᆫ本道觀察府訓令을賫持ᄒᆞ고去月三十日에自洪州到本郡ᄒᆞ야田結戶口와海稅爬肆와驛屯各土와物産各種과甲오以後結戶兩稅納未納을一一調査ᄒᆞ고轉向오山郡이라ᄒᆞ얏더라

●倉材移用 日本陸軍大隊長천翁助가馬粮庫舍建築ᄒᆞ기爲ᄒᆞ야龍山廣興倉毁撤ᄒᆞᆫ材木移用事로該警務分署에現方交涉中이라더라

●康郡獄案 法部에서內部에照復하되黃海道康翎郡崔致化致命案件을頃接該道裁判所判事報告ᄒᆞ야外部에行文ᄒᆞ야該犯日人用中仁平合田森手等을按律懲辦케ᄒᆞᆯ事로使之交涉于駐京日公館ᄒᆞ얏스니照亮爲要라ᄒᆞ얏더라

●鏡倅押上 鏡城郡守沈憲澤氏ᄂᆞᆫ軍事行動에有何奸僞이던지附俄당으로指目되여日憲兵이現方京城으로押上ᄒᆞᆫ다더라

●摠巡促送 平南觀察署理永柔郡守朴容觀氏가內部에報告ᄒᆞ얏스되本府摠巡金燦淵이以其警察職權으로交涉技場ᄒᆞ야至於民訴ᄒᆞ니損事體에不可一日仍循置之키로已有仰報이온바此時警察事務가比前繁劇ᄒᆞ와如非可堪人이면難以擧行ᄒᆞ오니警務熟人으로更爲叙任ᄒᆞ야不日下送ᄒᆞ라ᄒᆞ얏더라

●洪倅擧賢 洪原郡守申佑均氏가內部에報告ᄒᆞ되收用人才自是體國第一急務而矧際艱虞之時ᄒᆞ와勅命之降懇惻乎求賢則其在字牧之職에悉得無咨諏之擧乎아莅郡以來로採訪如渴ᄒᆞ와得一士焉ᄒᆞ니韓錫準이是其人也라素以畿輔士族으로落北이오才爲六世오以世以文翰相承ᄒᆞ여食貧如常ᄒᆞ고至錫奎之身ᄒᆞ야自其解語ᄒᆞ고能辨別物理ᄒᆞ야有奇異之稱터니及其成童에博治群書ᄒᆞ고通曉古今事變ᄒᆞ며發達時勢機務ᄒᆞ야方此年才三十에負抱經濟之望이大噪於郡邑之間일ᄉᆡ頃上一書于觀察府ᄒᆞ야備論當世更張之策則有北之士가未有能出其右者而關境多士之稟이亦或日還至故로以此馳韓우上府而猶恐擧賢不先에終抵蔽賢之誅ᄒᆞ와玆以馳告ᄒᆞ오니査照後如此需世合用茂才를亟徵升聞ᄒᆞ시와列우議治班而不官棄置於遐裔之地라ᄒᆞ얏더라

●郡守敬禮 內部에서京釜鐵道沿路各郡에昨日電訓ᄒᆞ기를今番日本特派大使伊藤候氏가本月八日下오六時에釜山港에到着ᄒᆞᆯ터이니各郡郡守가出境迎接에叩頭敬禮케ᄒᆞ라신勅敎를奉承ᄒᆞ얏스니各別擧行히라ᄒᆞ얏더라

●移塲塔洞 南門內塲市가移設ᄒᆞᆫ다ᄒᆞᆷ은世人이共知어니와該塲이塔洞公園地로移設ᄒᆞᆫ다ᄂᆞᆫ듸菁根商드리爲先來集ᄒᆞ얏더라

●語多相左 日昨本報雜報欄內에笠洞白仁汝氏와內藏司檢査課長洪正燮氏와相關債帳事를다시探聞ᄒᆞᆫ즉洪氏의所推가分明是 宮內府公錢이라ᄒᆞ기更布ᄒᆞᆷ

◎社告

本日은我大英國 大皇帝 陛下의誕辰이시기로本社에서慶祝ᄒᆞ기爲ᄒᆞ야一日停刊ᄒᆞ오니僉君子ᄂᆞᆫ照亮ᄒᆞ시옵

東京電報

노ㅣ도公은來年一月中旬의日本에來ᄒᆞᆯ事를決定하얏ᄂᆞᆫᄃᆡ其

◉緊急 **社告**

本社創設以來로新聞代金을每月初三日內에先納으로收入ᄒᆞ던바ᄂᆞᆫ自初로購覽ᄒᆞ시ᄂᆞᆫ僉君子가擧皆知悉이온바自本年八月再刊以來로代金收合이延至晦間이옵더니到今本社經費가窘絀之歎이有ᄒᆞᆯ기로本月條ᄂᆞᆫ不日內로收合ᄒᆞ여야可히支過ᄒᆞᆯ터이오來十一月爲始ᄒᆞ야ᄂᆞᆫ一朔條를十五日內로送交ᄒᆞ시와連속發刊케ᄒᆞ야愛讀 僉君子의閱覽을供ᄒᆞ기로切盼흠

大韓每日申報社 告白

雜報

●刑賞爲治之本 國有綱紀ᄒᆞ고公議恢張ᄒᆞ야刑其所當刑ᄒᆞ며賞其所當賞ᄒᆞ야凡於行政之際에痛袪私意ᄒᆞ고一以法으로斷之ᄒᆞ면令甲之森嚴에如秋霜烈日之不可狎ᄒᆞ야四方이風動ᄒᆞ며衆皆知畏ᄒᆞ야不肖者ㅣ不敢濫竽售用ᄒᆞ며賢良者ㅣ自然拔茅彙征ᄒᆞ야庶績之凝과治化之成을可以垂拱而致之어늘今韓則未能焉ᄒᆞ야元來用人을不分賢愚ᄒᆞ며不問材合何職ᄒᆞ고惟以攀緣有無로行其黜陟ᄒᆞᆯ뿐더러及其任官授職也에假令某事課而某務분ᄒᆞ며某臟著而某罪彰ᄒᆞ야公議所在에昭不可揜이라도畢竟一刑이不加ᄒᆞ고晏然自在ᄒᆞ야美官顯爵이萃于其身ᄒᆞ며勳章褒典이紛然相繼ᄒᆞ야揚揚之態가浮於前日ᄒᆞ며設或有薄譴微罰이라도不旋踵而滌宥ᄒᆞ야殆若一時戱案ᄒᆞ니刑賞之失實이苟至於如此ᄒᆞᆫ되何所畏憚而重於犯科哉아大抵富貴榮寵은人之大慾所存인즉既知其犯科而無刑이면妨公營私ᄒᆞ며貪饕剝割이卽一茶飯常事라人孰不爲리오所以朝廷之上에 類盤據ᄒᆞ며輦轂之下에群奸이充滿ᄒᆞ야大則賣國ᄒᆞ고小則害民ᄒᆞ야可驚可駭之無前惡習이日滋月長에莫可止遏ᄒᆞ니究其致此之由ᄒᆞ면刑賞之倒置가實爲之祟也라涓涓不塞에乃至滔天ᄒᆞ야危亡之形이迫在朝夕이되尙不改絃ᄒᆞ고惟蹈前轍ᄒᆞ니豈非長太息者乎며且念九重深嚴之地에所與朝夕詢諮者가罔非國家重事이거날事無巨細緊歇ᄒᆞ고動輒洩漏ᄒᆞ야播諸四方에民皆鼻笑ᄒᆞ니以此觀之컨ᄃᆡ所謂近侍諸臣者ㅣ非但淺見短識이不足與有爲라畢懷二心ᄒᆞ야關通外人을亦可以瞭然知得이거날猶且信之任之ᄒᆞ야視同股肱ᄒᆞ나嗚呼라韓之危亂이其將罔涯ㄴ인져

●賊警日甚 日昨下오十二時墨井橋梁隅三家에賊黨四名이各持棒子與單刀ᄒᆞ고越墻闖入ᄒᆞ야銀屬與貝物等屬幾千金價値를奪去라ᄒᆞ니該署巡檢은夜則行巡치안코日寒如此ᄒᆞ니拱手穩坐인지 詳言이藉藉ᄒᆞ다더라

●祝융爲災 平安南道觀察使署理永柔郡守朴容觀氏가內部의報告ᄒᆞ되卽接殷山郡鄕長報告則陰曆九月初四日丑時量에本郡館宇正殿에偶然起火故로聚會邑民ᄒᆞ야盡力救火이되風從火勢ᄒᆞ고人不近前ᄒᆞ여闕牌殿牌ᄂᆞᆫ奉安于鄕憲堂이오나弗得救火而沒數燒燼이오니萬萬惶悚等因이온바館所宇重이何等嚴이致此回祿之報이온지聞弗勝驚悚ᄒᆞ와該郡鄕長及首書記客舍直을一幷捉致ᄒᆞ여失火根因을嚴覈報來之意로方訓飭于該郡署리成川郡守ᄒᆞ오며玆以報告라ᄒᆞ엿더라

●捕匪凱旋 麟蹄郡守尹龜榮氏가內部에報告ᄒᆞᆫ內開에本月十六日夜半에匪徒二十六名이犯入于北面元通里ᄒᆞ와逼迫人民에禍機甚急云故로發遣砲手ᄒᆞ야巨魁江陵蓬坪里居李光祿朴鳳巢를設計擒獲ᄒᆞ야一幷嚴囚ᄒᆞ고南面楡木亭等地出沒匪類六十餘名은聞本郡募砲之奇ᄒᆞ고逃去于東面院基里ᄒᆞ야招集散당云故更派砲手ᄒᆞ야期於追捕除根케ᄒᆞ얏더니突入賊陣에先奪機械ᄒᆞ고執捉巨魁四한ᄒᆞ야餘당이沒數歸順ᄒᆞ야凱旋本郡이기諸般形止를行將枚擧更報라ᄒᆞ얏더라

●疑捉射人 昨日下午오三時量에西小門外翰林洞等地에서不知何許人이斷髮平服으로被酒大醉ᄒᆞ야路傍에睡倒ᄒᆞ야不省人事ᄒᆞᄂᆞᆫᄃᆡ錢物所儲木俗가其傍에在ᄒᆞᆫ지라附近支所巡檢이行巡之際에此光景을見ᄒᆞ고洞民諸人의게言之曰此人이冷地에醉睡라가生病도可慮요且其錢俗見失도容易ᄒᆞ니아모조록此人을移臥於交番所前ᄒᆞ야待其酒醒睡覺後送之가爲可라ᄒᆞ야厥漢을强爲挾起ᄒᆞ야交番所前으로牽徃之際에厥漢이忽自懷中으로出六穴砲ᄒᆞ야向射巡檢ᄒᆞᄂᆞᆫ바幸其巡檢이免於中丸ᄒᆞᆫ지라洞中諸民과幷力ᄒᆞ야厥漢을西署로押付ᄒᆞ얏다ᄂᆞᆫᄃᆡ觀光諸人言內에此漢은明是賊黨이라酒醒後忽見巡檢이隨後ᄒᆞᆷ을認以被着ᄒᆞ고心懷恇㤼ᄒᆞ야敢發砲丸ᄒᆞᆷ이요若非賊類면六穴砲를何爲帶持ᄒᆞ며且於白晝大道에射人何心고其爲賊類分明이라ᄒᆞ다더라

●歲亦告歉 今年農形이雨水之浸不浸과暴風之被不被가判然不同ᄒᆞ야其免於風雨損害處ᄂᆞᆫ可以少康之歲라謂ᄒᆞᆯ지나三南等地大野穀産處에水浸風損이種種爲甚ᄒᆞ야較諸昨年所收컨ᄃᆡ洽爲減半이라ᄒᆞ니穀物之翔貴가已是可憂ᄋᆞᆫ더러到處財政이壅遏ᄒᆞ고民無春貸ᄒᆞ야艱楚窮迫之狀이無可形言이라ᄒᆞᆫ즉哀此群生이卒歲無望ᄒᆞ야仳離顚連이勢所必至인즉政府諸公은其濟活之方을或爲念及이며或爲講究ᄒᆞᄂᆞᆫ지岌岌哉國務여漏船上幾百萬生靈이無所依賴ᄒᆞ야將至胥淪於死亡이니其亦可哀也哉ㄴ져

歷史槪要

波蘭末年史 續

이에其位를退코져ᄒᆞᆫᄃᆡ正領이不聽ᄒᆞ고곳懷中에서一通約條書를出ᄒᆞ야曰此ᄂᆞᆫ女皇陛下ᄭᅴ셔足下等을命ᄒᆞ야行ᄒᆞ라ᄒᆞ심이니今에엇지位를辭ᄒᆞ면

또此約을見ᄒᆞ라ᄒᆞ거날同盟黨이急히披讀ᄒᆞ니其書中에ᄒᆞ얏스되同盟黨의特權을恢復ᄒᆞ라

또此外에

第一은波蘭王의게臣節을斷ᄒᆞ고第二ᄂᆞᆫ佳太隣의干涉ᄒᆞᄂᆞᆫ權利를承諾ᄒᆞ라ᄒᆞ얏더니同盟黨이그제야大驚失色ᄒᆞ고面面相顧ᄒᆞ야良久에一言도不發ᄒᆞ니露國正領이더욱脅迫ᄒᆞ야卽地에決定을催促ᄒᆞ거날同盟黨이其奸策에見中ᄒᆞᆷ을悔悟ᄒᆞ고크게忿怒ᄒᆞ야차라리同盟黨은解散ᄒᆞᆯ지언뎡決斷코女皇의命을不從ᄒᆞ리라ᄒᆞᆫᄃᆡ

黨員一百七十八人中에露國女皇의命을從ᄒᆞᄂᆞᆫ者가겨우六人이라露國正領이이에保護ᄒᆞᆫ다稱ᄒᆞ고同盟黨을다拘囚ᄒᆞ고公使犨仁의命令을待ᄒᆞ더라

翌日에露國正領이波蘭同盟黨이集會ᄒᆞᆫ堂前에砲臺를築ᄒᆞ고其中六人을呼出ᄒᆞ야露國女皇의命論書에調印ᄒᆞ라ᄒᆞ셔兵卒로ᄒᆞ야금砲臺傍邊에火繩을準備ᄒᆞ야

萬若一言이라도依違ᄒᆞ면곳轟擊ᄒᆞᆯ勢를示ᄒᆞ니保道士具와其他당員이다威勢를懼ᄒᆞ야各其印을調ᄒᆞ고羅周逸은總理大臣을任ᄒᆞ니此ᄂᆞᆫ다露國正領의囊中物이라

未完

廣告

特別廣告

本申報ᄂᆞᆫ海外電報를自接ᄒᆞ야機關이靈通ᄒᆞ고外報와探報를敏捷活潑ᄒᆞ도록注意ᄒᆞ오며申報ᄒᆞ發送ᄒᆞᄂᆞᆫ데迅速信傳ᄒᆞ기ᄂᆞᆫ分傳人의게在ᄒᆞᆷ으로本社에서平常에諸分傳人의게丁寧告戒ᄒᆞ고申申訓飭ᄒᆞ야毋或愉惰ᄒᆞ게注意ᄒᆞ거니와如或暫有積忽이라도愛讀僉君子ᄂᆞᆫ密使通知子本社ᄒᆞ시면該分傳의게誠信相孚ᄒᆞ도록耳提面命ᄒᆞ고勸贊가發生ᄒᆞ도록誨諭ᄒᆞ야必無遲誤ᄒᆞ기로期待ᄒᆞ옵나이다

本社에寄書ᄒᆞ시ᄂᆞᆫ諸君子ᄂᆞᆫ姓名과居住를明確ᄒᆞ게懸錄送附ᄒᆞ시와證據가有ᄒᆞᆷ을必要ᄒᆞᆷ이오公衆平和ᄒᆞᆫ秩序를紊亂ᄒᆞ게ᄒᆞᄂᆞᆫ意와社會上不經荒雜ᄒᆞᆫ寄書ᄂᆞᆫ不受ᄒᆞᄂᆞᆫ權利가本社에自有ᄒᆞ오니肯諒ᄒᆞ시옵

大韓每日申報社

貿易商 本社ᄂᆞᆫ仁川港
日本郵便電信局對面
電話第二百一番地
仁川港 廣昌 洋行
벤넷드會社告白

○鐵路部

○東大門과新門間에來往車ᄂᆞᆫ每十分間에運行홈
東大門發初車ᄂᆞᆫ午前六時三十分
新門外停車場發初車ᄂᆞᆫ午前六時五十五分
東大門發終車ᄂᆞᆫ午後九時五十分
新門外停車場發終車ᄂᆞᆫ午後十時十五分

○東大門과洪陵間에來往車ᄂᆞᆫ每二十分間에運行홈
但自鍾路로東大門에來到ᄒᆞᆫ交替車로聯絡홈
東大門發初車ᄂᆞᆫ午前六時五十分
洪陵發 初車ᄂᆞᆫ午前七時十分
東大門發終車ᄂᆞᆫ午後七時五十分
洪陵發 終車ᄂᆞᆫ午後八時十分

○鍾路와龍山間에來往車ᄂᆞᆫ每十二分間에運行홈
鍾路發至南大門初車ᄂᆞᆫ午前六時四十八分
鍾路發至龍山 初車ᄂᆞᆫ午前七時二十四分
南大門發至鍾路初車ᄂᆞᆫ午前六時五十六分
龍山發至鍾路 終車ᄂᆞᆫ午前七時五十七分
南大門發至鍾路終車ᄂᆞᆫ午前十時八分
龍山發至鍾路 終車ᄂᆞᆫ午後九時九分

○特別私用車ᄂᆞᆫ顧客의方便홈을隨應ᄒᆞ야準給홈
但定價ᄂᆞᆫ本社에來臨ᄒᆞ야請問ᄒᆞ옵

○電燈部

二百五十燭力以內의敷用處에ᄂᆞᆫ每個月에定價表가如左홈
○十六燭力燃燈達夜에二圓五十錢
○三十二燭力燃燈達夜에四圓
○五十燭力燃燈達夜에六圓
○一百五十燭力燃燈達夜에十圓
一千二百燭力弧形燈達夜에二十圓
二百五十燭力以上의敷用處에ᄂᆞᆫ請求ᄒᆞ면瓦斯計一箇를設給홈
但瓦斯計賃金은每個月에二圓이오瓦斯計測驗表委托定價ᄂᆞᆫ每時間每암피아에二錢이옵
瓦斯計設給處에서每介月支拂金最低額은每個月에二十圓인ᄃᆡ(瓦斯計貸金은)据홈
電燈을敷設ᄒᆞ기에請求ᄒᆞᄂᆞᆫᄃᆡ給홈로供
各種連技辦燈도常時에貯存ᄒᆞ엿삽

本社鐘路電氣會社
韓美電氣會社 告白

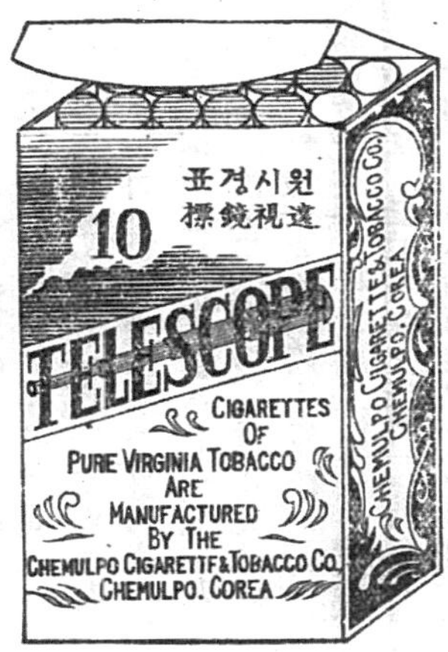

以上三種은上品으로製造ᄒᆞ야衛生上에至極有益ᄒᆞ오니毋論某人ᄒᆞ고本社에來顧ᄒᆞ옵

大韓帝國仁川港
濟物浦紙卷煙及烟草會社

一鷹標罐濃詰牛乳
一金印罐詰濃結牛乳
一無雙家用氣化乳酪
一쌔ㅣ든쓰製造麥芽化合牛乳
以上은常時에貯積ᄒᆞ엿삽
美國紐育港쌔ㅣ든쓰濃結牛유會社
一手代理店 大韓仁川港 世昌洋行

廣告

一雜貨商
一貿易商
一船舶取扱
一煙草商
一委托販賣及貨物運送代理業
一貿易石炭商
以上輸入及輸出者
京城 仁川 大昌 洋行

本社廣告

申報價
一張代金 韓貨五錢
一箇月前納 五十戔
三箇月 一元五十戔
六箇月 二元九十戔
一箇年 五元八十戔
郵稅一部 新貨五里
一箇月 十三戔

廣告料
四号活字十三字詰
每日每英尺一寸에新貨廿五錢
(每日每行에六錢에相當홈
二周日에 二圓五十錢
(每日每行四錢五里에相當홈
一箇月에 五圓
(每日每行四錢一里에相當홈
其期限의長短과字行의多少를依ᄒᆞ야增減홈이有홈

大韓人마다此申報를不得不閱覽ᄒᆞ실터이오니廣告出報ᄒᆞ실僉君子ᄂᆞᆫ來臨面議ᄒᆞ시옵

發行兼編輯人 英國人裴說
發行所
京城北署壽進坊礴洞号外地法語學校前
大韓每日申報社

光武九年八月十一日 明治卅八年八月十一日 第三種郵便物認可 土曜日 西曆一千九百五年十一月十一日

第三卷

大韓每日申報

대한매일신보

第七十四號

月曜及慶節時休日刊

檀君開國四千二百三十八年
箕子元年三千二十七年
大韓開國五百十四年
日本明治三十八年
淸國光緖三十一年
陰曆乙巳十月大十五日甲人

論說

伊藤侯

日本元老伊藤侯의派遣을因ᄒᆞ야日本이韓國을指揮ᄒᆞ기에未久ᄒᆞᆷ이宛然ᄒᆞ거니와保護宣布가日本新聞의唱導와如히單設에不過ᄒᆞᆯ진ᄃᆡ所謂保護가不待今日이오已至宛成ᄒᆞ얏슬거슬覽察ᄒᆞᆷ이已經累日이로라

何樣觀之컨ᄃᆡ別有危機ᄒᆞ니今日伊藤侯之來韓이使此韓國으로自請保護케ᄒᆞ려ᄂᆞᆫ지ᄂᆞᆫ意所不到로ᄃᆡ此日此行이但爲飄風인지ᄂᆞᆫ亦不可信이니有何注意를確然可測이로다

此實韓國之危機나伊藤侯의提議가出於意外節儉ᄒᆞᆯ거산丁寧無疑나此猶日本權限에過度ᄒᆞᆷ을取得코ᄌᆞᄒᆞᆷ이니若不然이면何用遠涉之勞리오

雖然이나其所請求가必止于節儉故로本記者ㅣ願擧警論於此際ᄒᆞ노라 別有危機云者ᄂᆞᆫ大韓皇帝와及其輔弼諸臣이日本의게全屬되기를不爲固執ᄒᆞᆷ에對ᄒᆞ야豪俠範圍에必陷ᄒᆞᆯ거시니一邊으로ᄂᆞᆫ獨立의實證을接受ᄒᆞᆯ터이ᄂᆞ一邊으로ᄂᆞᆫ獨立의假托을亦取ᄒᆞ리로다

余ㅣ推察이以至明哲ᄒᆞ야所謂保護가歸于虛地면日本이依然辨明次로何許契約上에此를抛棄ᄒᆞᆯ지라以事實上言之면韓國이宜作契約이니

韓國은日本의게決筭을請求ᄒᆞᆯ지라伊등侯의게韓國獨立을更勿異言ᄒᆞᆯ不變確證과韓國內日本計劃의眞實槪略을要請ᄒᆞ야以杜後弊케ᄒᆞᆯ거시로다

日本이獲得ᄒᆞᆫ諸般認許의京義鐵路ᄂᆞᆫ報酬가必有ᄒᆞᆯ거시오通信機關은本主의게還附ᄒᆞᆷ이合宜ᄒᆞ며尙且顧問官等의職分도定限ᄒᆞ기를要求ᄒᆞᆯ지라

目賀田氏와如ᄒᆞᆫ顧問官은近自專擅ᄒᆞ야一國財政을隨其所欲而處理ᄒᆞ고一無定筭ᄒᆞ니其人을本以顧問官으로聘用ᄒᆞ얏스니顧問分位를遵守ᄒᆞᆷ이妥當ᄒᆞ고

若或徒費給料면卽爲廢免이可也로다現今韓國이實非日本이라如右請求를必當提出ᄒᆞ리니이등侯ㅣ此를感覺辨別ᄒᆞᆯ줄吾儕ᄂᆞᆫ深信ᄒᆞ노라

官報

●第三千二百九十二號 光武九年十一月九日

◉宮廷錄事

詔曰命宮內府特進官李命宰爲奉常司提調

十一月六日

詔曰善山郡守俞鎭贊解辦理公使

光武九年十一月六日 外部大臣朴齊純

詔曰命太僕司長李範喬兼任辦理公使

光武九年十一月六日 外部大臣朴齊純

●叙任及辭令

陞七級俸 表勳院技師辛純默

表勳院技手馬駿經

表勳院技手朴容淵

陞五級俸

陞七級俸 表勳院技手安昌善

東萊港警務署摠巡金準千

免本官

右ᄂᆞᆫ東萊監理李榧榮의報告書를據ᄒᆞᆫ즉該員이赴任四朔에動輒做錯ᄒᆞ고語多詭譎ᄒᆞ야貽羞外人이라ᄒᆞ얏기免本官

務安港摠巡梁兌煥

任東萊港警務署摠巡叙判任官六等

任務安港警務署摠巡叙判任官六等

九品洪性郁

以上十一月五日

太僕司長李範喬

兼任辦理公使

給四級俸平理院裁判長嚴柱益

以上十一月六日

●第三千二百九十三號 光武九年十一月十日

◉叙任及辭令

從二品閔衡植

任法部協辦叙勅任官二等

十一月六日

內部會計局長李容復

龍川監理署主事李大榮

城津監理署主事沈鍾禹

依願免本官

通信院叅書官尹吉善

解禮式院兼掌禮

內藏司出納課長嚴柱承

陞叙奏任官二等

主殿院庶務課長安永基

陞叙奏任官三等

內部叅書官鄭鳳時

任內部會計局長叙奏任官二等

內部主事柳成烈

任內部叅書官叙奏任官四等

突山郡守馬駿榮

陞叙奏任官二等

和順郡守崔홍俊

陞叙奏任官四等

海南郡守李容愚

陞叙奏任官四等

未完

外報

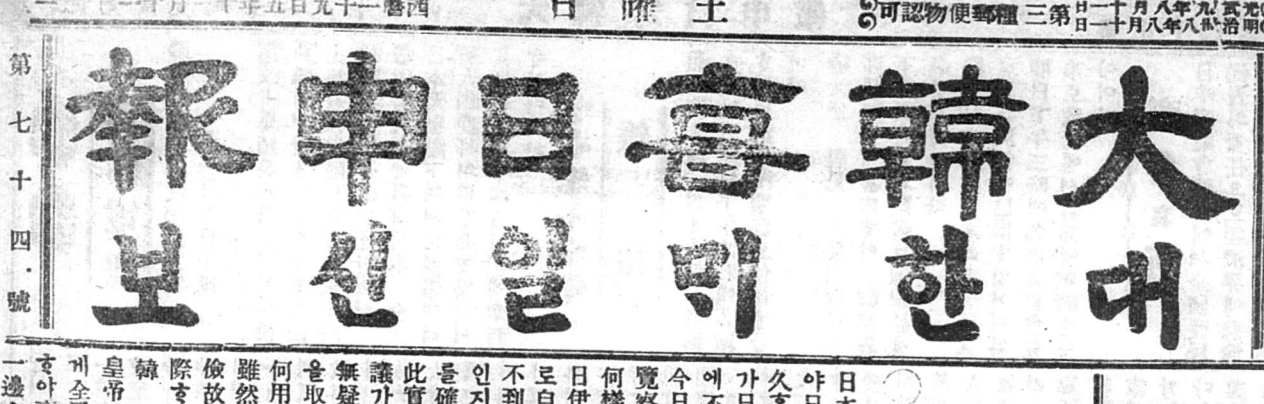

●米國評論에小村男 其六尺以上으로二百斤體量이有ᄒᆞᆫ露國總理大臣우잇트氏傍에立ᄒᆞ야僅히五尺쯤된一見婦人과如ᄒᆞᆫ小村男을觀ᄒᆞ면人人이必然코露國과日本의地圖를對照ᄒᆞᆷ과如히知ᄒᆞ리로다小村男은頗히禮儀에慣ᄒᆞ고如大치아니ᄒᆞ나其胷에如何ᄒᆞᆫ거시有ᄒᆞᆷ을보ㅣ쓰마스에셔아모도偵察키難ᄒᆞᆫ處라ᄒᆞ던日本外務大臣小村男은實노東洋人의性質을代表者도되고ᄯᅩ一種哲學者도될지라에마루린의曖諱者가無ᄒᆞ면人皆小村男의巧ᄒᆞᆷ을記憶ᄒᆞ야英永諸學者의語를引用ᄒᆞ리로다ᄯᅩ반다시三嘆이잇쓰되小村男은스도아學者的沈着이有ᄒᆞᆫ數學的精細眼이有ᄒᆞ고ᄯᅩ遺漏가無ᄒᆞᆫ論理思想이有ᄒᆞᆫ此男을世人의眼으로不可解ᄒᆞᆯ人物이될과如히思ᄒᆞ야尙能人은못ᄒᆞ리라고ᄒᆞᄂᆞᆫ所云이될지라然則如何히ᄒᆞ여야男의胷壁을突ᄒᆞ야其胷中의秘密ᄒᆞᆷ을探ᄒᆞᆯᄂᆞᆫ지是ᄂᆞᆫ全혀不能ᄒᆞᆫ事요男의微笑ᄂᆞᆫ實노不可思議로다小村男等은보ㅣ쓰마스會議에셔露人의게對待ᄒᆞᆷ에差ᄒᆞᆫ遜色을顯치아니ᄒᆞ고其心意活動力의驚ᄒᆞᆯ만ᄒᆞᆷ을示ᄒᆞ얏스나亞細亞人은아직外交上의權變에慣치못ᄒᆞᆷ으로써露國全權이國際法의細事에涌曉치못ᄒᆞᆷ으로ᄒᆞ야露國全權等은마루덴스博士의指導로數日國際法의慣習先例를引用ᄒᆞ야小村男等의主張을弁駁ᄒᆞ얏다ᄒᆞᆫ즉小村男等도露國全權等에政治家技倆에感服ᄒᆞᆯ거시요露國全權은ᄯᅩ小村男等의實力을認識ᄒᆞ고全權의一人은云ᄒᆞ되日本全權의心意ᄂᆞᆫ實노偉大ᄒᆞ야眞正ᄒᆞᆫ政治家의紳士라ᄒᆞᆷ이適合ᄒᆞ다고ᄒᆞ얏다더라

東京電報

●韓國帝室의牧場撰定官 十一月八日午後六時三十分發

藤波主馬頭은本日(八日)午後新橋에서發ᄒᆞ야渡ᄒᆞ얏고新山主馬寮技師隨行官으로來ᄒᆞ야韓國의牧場을撰定ᄒᆞᆫ다더라

●伊勢大廟參拜御日取 仝上

日本天皇陛下씌셔ᄂᆞᆫ曩者에라勢大廟參拜의旨를布ᄒᆞ얏더니其日取ᄂᆞᆫ來十四五日頃에幸行ᄒᆞ신다더라

雜報

●大使入城 日本大使이藤博文氏ᄂᆞᆫ再昨日下午六時에入城ᄒᆞ야貞洞孫澤孃邸로住接ᄒᆞ얏더라

●大使陛見 大使이藤侯ᄂᆞᆫ昨日正午에參內ᄒᆞ야韓皇陛下씌謁見ᄒᆞ고御書及御贈品을奉呈ᄒᆞ얏다더라

●大官會見 日本리藤大使入京ᄒᆞᆷ은別行에已揭ᄒᆞ얏거니와昨日下午三時에各部大官會見事로政府에서各部에電話ᄒᆞ얏다더라

商會哀訴

日昨商業會議所에서全國商民代表의責任으로經濟界에悲慘을爲ᄒᆞ야其矯救方畧을講究臚列ᄒᆞ야政府에呈上ᄒᆞ엿스니盖近日金融機關이一切錮塞ᄒᆞᆷ으로一般商民이閉廛撤肆ᄒᆞ고倒產敗業者ㅣ在在皆然에無日無之라吾儕가其慘酷ᄒᆞᆫ情況을對ᄒᆞ야數次本報上에略費言說ᄒᆞ얏거니와今日商業會의哀籲之擧를見ᄒᆞᆫ則又不能泯默이로다盖韓國財政의紊亂ᄒᆞᆫ原因은當初無制限에白銅貨를濫發ᄒᆞᆷ은李容翊崔錫肇等이作俑이오私鑄惡貨가多自外來ᄒᆞ야遍行國中ᄒᆞ거날政府가此를恬視ᄒᆞ야無碍通用케하니所以로惡貨가輻湊於諸道ᄒᆞ야嶺南一省以外에ᄂᆞᆫ便成惡貨世界오無一分正貨라所謂官吏가如此秕政을行ᄒᆞ다가至于今日ᄒᆞ야惡貨損害를專歸於民ᄒᆞ니此ᄂᆞᆫ闇黑政府가生民의魚肉之患을不顧ᄒᆞᆷ이오一自目賀田顧問이財政에着手ᄒᆞᆷ으로交換方法이大不完全ᄒᆞ야舊貨의收鎖만有ᄒᆞ고新貨의發行은稀少ᄒᆞ니於是乎國中貨泉이枯渴無餘ᄒᆞᆫ지라嗚呼라川澤이既涸이면魚族이自盡이오貨源이斷絶이면人民이自死라古今天下에엇지如此ᄒᆞᆫ殘忍慘毒의行政이有ᄒᆞ리오韓廷大官과財政을專擔ᄒᆞᆫ顧問은試思ᄒᆞ라人民이無ᄒᆞ야도國家가有ᄒᆞᆯ깃ᄂᆞᆫ가所謂財政整理가如水益深ᄒᆞ고如火益熱이로다今此矯救方略이出於國民之輿論ᄒᆞ얏스니韓廷大官이든지度支顧問이든지文明政治의主見으로人民을待遇ᄒᆞ면宜乎民論을採用ᄒᆞᆯ것이오또全國人民의生命을故意斷絶코ᄌᆞᄒᆞᄂᆞᆫ者가아니면急急矯救를實行ᄒᆞᆯ지니吾輩ᄂᆞᆫ拭目而待之ᄒᆞ노라

●全察請遞 全北觀察李勝宇氏ᄂᆞᆫ辭職疏를奉呈ᄒᆞ얏다더라

●買參被捉 開城府에서官參을潛買輸運ᄒᆞ다가日本官憲의게現發되야被捉ᄒᆞᆫ清人等이五六名인ᄃᆡ日巡查가昨日警務廳으로押上ᄒᆞ얏다더라

會長答辭

國民敎育會에서一進會會長尹始炳氏의宣言書發佈ᄒᆞᆫᄃᆡ對ᄒᆞ야答函을繕送ᄒᆞᆷ이如左ᄒᆞᆷ으로玆에其函辭의全文을揭載ᄒᆞ거니와東西洋法家博士와具眼人의게就質ᄒᆞ노라

敬覆者接到貴函幷別紙宣言書均已閱悉本會主旨原不許與聞政治而此係國民大問題故不敢泯默玆將一言仰佈祈即涵諒先年日淸之戰盖爲我獨立起義此次日露之戰亦爲我扶植獨立則我當感義敦信親仁善隣諒亦日本之所深望於我者也今貴會不此之圖乃以攄其保護四字遽然宣言何其不思之甚也況以民會恐無代國外交之權且惟日本方伸大義於天下必不藉貴會之言而失其信義於國際幸加三思遄此幷頌 大安

●學員增募 學部에서官立漢城師範學員을增募ᄒᆞᄂᆞᆫᄃᆡ學員의年齡은二十二歲以上으로三十歲以下오本月二十七日內로試取ᄒᆞᆫ다더라

●要請農費 農商工部에서度支部에照會ᄒᆞ되農事를改良ᄒᆞ야實業을發達ᄒᆞᆷ은國民의利益이라全羅道地方中木浦榮山浦羅州光州及自防浦五箇所에日本栽培協會理事가棉花採種場을設寘ᄒᆞ야成績이既已良好ᄒᆞᆫ故로自明年爲始ᄒᆞ야全羅南道地方에三十箇所種子圃를設立ᄒᆞ고米國棉花種子를栽培ᄒᆞ야本國民人으로傳習興旺케ᄒᆞᆯ事로據日本公使公函ᄒᆞ야已與貴大臣이在政府會席ᄒᆞ얏기日本公使公函及該場費用預算書를玆以送交ᄒᆞ니照亮後明年度臨時로預算中에編入ᄒᆞ야事務擴張에俾無窘跲之歎이라ᄒᆞ얏더라

經常費臨時費總計四萬八百元

●軍用標碍行 日俄交戰時에日本軍人이行用ᄒᆞ던軍用標가至今은日人銀行에서交換을不許ᄒᆞ니韓人이此軍用標로由ᄒᆞ야狼狽ᄒᆞᆫ者가多有ᄒᆞ다더라

●副將頒布 叅政大臣韓圭卨氏ᄂᆞᆫ陸軍副將을昇任ᄒᆞ얏다ᄒᆞᆷ은本報에已載러니再昨에야頒布가되얏더라

●別單書入 重建都監都提調以下別單書入ᄒᆞ라ᄒᆞ옵셧더라

●調查委員 正三品李裕植氏ᄂᆞᆫ宮內府文簿調查委員을解任ᄒᆞ고六品南廷建氏가被任ᄒᆞ얏더라

●退却宣言書 一進會에서所謂宣言書를皇城基督敎靑年會에送致ᄒᆞ얏더니該會에서一進會에答ᄒᆞ기를本會ᄂᆞᆫ一般靑年을敎育ᄒᆞᆷ과敦睦케ᄒᆞᄂᆞᆫ主旨로組織成會ᄒᆞ와政界上事務에ᄂᆞᆫ初無干涉이온나貴宣言書ᄂᆞᆫ係是時局政界上大關鍵이온즉領收ᄒᆞᆷ이萬萬不可라ᄒᆞ고該書를繳還ᄒᆞ얏더라

●義兵蜂起 大丘觀察署理金漢鼎氏가內部로報告ᄒᆞ기를管下榮川郡報를接ᄒᆞᆫ즉陰曆九月十四日에境外義兵三百名이自安東郡으로來投於本郡梧麓洞ᄒᆞ야鼓動班民에期欲擧事則知事鄕民이聚首發려之際에同月十大日申時量에義兵一百五十名이建旗帶兵ᄒᆞ고不時入邑ᄒᆞ야夕飯을責備於郡民ᄒᆞ며軍需錢二千兩을捉致首書記而督納이라가發向順興ᄒᆞ고問於火賊四五十名이假稱義兵ᄒᆞ고入郡搶奪을無所顧忌ᄒᆞ야以義以賊으로民莫支保라ᄒᆞ며豐基郡報를據ᄒᆞᆫ즉賊警防禦次로直報軍部ᄒᆞ야安東隊火砲五十柄을認受矣러니陰九月十八日에湖西義兵二十二名이來到本郡ᄒᆞ야捉入吏校而責納火砲이다ᄒᆞ며奉化郡報에ᄂᆞᆫ江原道義兵四五百名이留駐於安東郡春陽乃城等地ᄒᆞ야檄文及曉告ᄂᆞᆫ一進會書를入送于本郡校中故로一謄本報告라ᄒᆞᆫ바背俗難化之類가借號託跡하야去益熾盛하니其所勦戢之方을有難踈만이라하얏더라

三人踏歌

再昨日은即大英國大皇帝陛下萬壽聖節인고로本社社員들이慶祝ᄒᆞ기爲ᄒᆞ야國旗를高懸ᄒᆞ고茶果와酒醴로盡日祝賀ᄒᆞ다가日暮後宴會를撤ᄒᆞᆷ이月色이滿地ᄒᆞ고人影이散亂ᄒᆞᆫᄃᆡ門前에有人이行歌相答ᄒᆞᄂᆞᆫ지라其歌聲이抑揚頓挫ᄒᆞ야眞個是如怨如訴ᄒᆞ고如泣如號ᄒᆞ야君萬悽愴ᄒᆞ고凜慄悱恨ᄒᆞ야人으로ᄒᆞ야곰庚子山의哀江南賦를讀ᄒᆞᆷ과宋玉의九招를聞ᄒᆞᆫ듯ᄒᆞ야涕淚가漣如ᄒᆞ고離恨이綿綿ᄒᆞᆷ을惹起ᄒᆞᄂᆞᆫ지라於是에余가愀然正衿ᄒᆞ고其歌를細聽ᄒᆞᆫ즉社友ㅣ其歌腔을濡毫寫出ᄒᆞ니其歌에曰호ᄃᆡ

毋寧殺我아不死何爲오永苦地獄在此로다
快殺快殺快一死ㅣ면永樂天堂即此로다
我歌斯唱不我欺라此心不決將何待오
我國我民非我誰오國民義務在此로다
我歌斯唱和答ᄒᆞ야此心一決在此로다
快快殺我快殺我ㅣ라我之一死快死ㅣ로다

其人이歌罷에俯首而泣ᄒᆞ고仰天而噓氣ᄒᆞ니星月이爲之失彩ᄒᆞ고白鷗이嘶丘于天空矣러라

◉緊急 社告

本社創設以來로新聞代金을每月初三日內에先納으로收入ᄒᆞ던바ᄂᆞᆫ自初로購覽ᄒᆞ시ᄂᆞᆫ僉君子가擧皆知悉이온바自本年八月再刋以來로代金收合이延至晦間이옵더니到今本社經費가窘絀之歎이有ᄒᆞ기로本月條ᄂᆞᆫ不日內로收合ᄒᆞ여야可히支過ᄒᆞᆯ터이오來十一月爲始ᄒᆞ야ᄂᆞᆫ一朔條를十五日內로送交ᄒᆞ시와連속發刋케ᄒᆞ야愛讀 僉君子의閱覽을供ᄒᆞ기로切盼ᄒᆞᆷ

大韓每日申報社 白告

雜報

大韓十三道儒生金東弼氏等이伊藤侯에게長書ᄒᆞᆷ이如左하더라

大凡交隣國有道信義已而矣博考歷史莫不以信義而交之亦莫不以失信義而爭之近世之萬國公法亦以信義爲一部關鍵況獘邦之於 貴國壤地相接航海一葦人種同矣人文同矣而處於東洋一局有輔車脣齒之勢其所守信義而務和好與他國逈異守信義而務和好則東洋可保失信義而背和好則東洋難保

此貴國大東合邦錄已是先見之明也獘何敢贅說於此哉是以貴國徃在甲午日淸之役有馬關之約第一欵曰朝鮮國自主獨立兩國認明不可毫有侵越又大書曰韓國獨立確定

又於昨年日俄開仗宣戰書曰韓國獨立維特又於日本對俄國國際公法違返通牒列國辨明書第一條必稱鞏固韓國獨立保全支나領土而不失西洲之同情日本素無野心云耳

此數條之約已公佈于天下明如日星信如金石此貴國非爲我韓而然也爲念東洋之勢立此明確之信誓故鄙國於昨年貴國兵之入都也男女歡欣庶望東洋之支保矣

約書之墨痕未乾貴國代表人林權助之行爲大非東洋平和之本意欲和東洋之勢而先咈東洋之心鄙國雖小亦足爲東洋掩齒之吾鄙國人心之不順輿論之분鬱切非東洋之福

鄙等此言非直爲我邦切爲大東不勝腔血之熱略陳林權助悖理行爲之最大者爲切惟 閣下乃貴國之元老勳臣東洋之重望所負熟諳東洋之勢必非鄙等之比則庶可諒採焉

自日俄開仗以後京義鐵路稱以軍用恣意勒設及其役夫之募聚也勒募於列郡歐之鞭打民田民畓之近於鐵道之傍者植票勒奪怨聲徹天

干預內政謂之忠告與其所私奪其所不同動之兵威內以各部大臣外而各郡之敍任無事不參勒置顧問于各部使本部官人不得自由

度支顧問官目賀田則令國財政括奪無餘稱以新舊貨交換而新不交而舊已盡國脈將絕商民擾亂人心危懼交象愁慘

各府郡之結稅任自查調勒捧八域民心擧皆離散憤血撐肚怨聲四起警務廳顧問官則盡奪本國人所帶之識幷以貴國人塡代五署各置視察使本國人不得調察都下賊警蹤起則視若尋常焉

江郊植標何關於軍用而毁人家無幾千戶掘人塚不知爲幾萬塚奪人田不知爲幾千頃

未完

◉商業會議所貨幣矯救方策（一）

惟我朝貨幣制度가挽近四十餘年間에當百錢及小錢當五錢의制度變革이一再에不止ᄒᆞ야因此而人民이損害를蒙ᄒᆞᆫ者가每有ᄒᆞ야ᄉᆞᆫ則國民으로ᄒᆞ야곰通貨에對ᄒᆞ야恒常不安의念을不絕케ᄒᆞ며

今此財政整釐로븟터發布實施ᄒᆞᆫ白銅貨交換上으로因ᄒᆞ야一大恐慌을惹起ᄒᆞᆷ에遂至ᄒᆞᆷ은決코其原因이不無ᄒᆞᆫ지라

政府ᄂᆞᆫ光武九年六月二十四日度支部令第一號舊白銅貨交換件發布ᄒᆞᆫ것을參照ᄒᆞᆫ건ᄃᆡ

第三條舊白銅貨ᄂᆞᆫ品位量目印像形體에可得準正貨者ᄂᆞᆫ每箇에對ᄒᆞ야金二錢五里比價에新貨로交換ᄒᆞᆷ이可ᄒᆞᆷ前條에合當치아니ᄒᆞᆫ不正白銅貨ᄂᆞᆫ每箇에對ᄒᆞ야金一錢比例로政府에서買收ᄒᆞᆷ

右收를希望치아니ᄒᆞᄂᆞᆫ者에對ᄒᆞ야ᄂᆞᆫ政府에셔切斷ᄒᆞ야此를還付ᄒᆞ되但形質이麤粗ᄒᆞ야貨幣로認定키難ᄒᆞᆫ者ᄂᆞᆫ買收치아니ᄒᆞᆷ

又開國五百三年七月公布貨幣發行章程을依ᄒᆞᆫ건ᄃᆡ

第一條新式貨幣ᄂᆞᆫ分爲四種ᄒᆞ니一曰銀이오二曰銅이오三曰赤銅이오四曰黃銅이라

第三條貨幣ᄂᆞᆫ分爲五等ᄒᆞ니最低位ᄂᆞᆫ一分이爲黃銅이오其次ᄂᆞᆫ五分이爲赤銅이오其次ᄂᆞᆫ二錢五分이爲白銅이오其次ᄂᆞᆫ一兩及五兩이爲銀이라

凡何國을勿論ᄒᆞ고文明으로써自任ᄒᆞᄂᆞᆫ各國의貨幣史를參照ᄒᆞᆫ건ᄃᆡ或惡貨를濫行前蹟이不無ᄒᆞ되其整理方法은惡貨로븟터發生ᄒᆞᆫ損害ᄂᆞᆫ每樣國家에서負擔ᄒᆞ고

其財政行用上에漸次整理ᄒᆞᄂᆞᆫ方法을講究ᄒᆞ야人民을不害ᄒᆞᄂᆞᆫ道를求ᄒᆞᄂᆞᆫ거시에不止ᄒᆞ나니

曾來直接으로人民에게만損害를歸케하고國家ᄂᆞᆫ不關이라ᄒᆞᆷ은目睹치못ᄒᆞᆯ뿐아니라

◉捐金慕聖 載寧郡守가內部에報告ᄒᆞ되本郡居金鳳薰이今番聖蹟圖奉安時各項所費葉千兩을自擔辦出이寔出於仰慕聖道之誠心이오니特施褒奬이라하얏더라

◉校不合教會堂 懿法會夜學校長梁弘默氏가學部에請願ᄒᆞ되本校를貞洞基督教會堂에設立ᄒᆞ얏더니西洋宣教師의言內에會堂에設校가事不穩當이라ᄒᆞ기姑爲停學이오니水下洞小學校를特爲許借하야以爲夜學이라ᄒᆞ얏더라

歷史槪要

○波蘭末年史 續

波蘭王은其國事가日非ᄒᆞᆷ을知ᄒᆞ고身謀를自爲코져ᄒᆞ야露公使의意를一從ᄒᆞ며各黨派도如此ᄒᆞ고摠理大臣羅周逸도其束縛됨이곳一獄中囚徒를不免ᄒᆞ니

自此로露使燁仁은波蘭國에獨裁君主라每事를任意自行ᄒᆞ며또國會議員의選擧를干涉ᄒᆞ고一通書를作ᄒᆞ야議員으로ᄒᆞ야곰記名捺印케ᄒᆞᆷ시其文이如左ᄒᆞ니曰我等은親히名을記ᄒᆞ며印을捺ᄒᆞ고露西亞女皇陛下의全權大使燁仁의게左開ᄒᆞᆫ數事를誓ᄒᆞ노라

第一元老大臣과代議士와外國公使와밋其他何人이던지燁仁公이國會에提出ᄒᆞᆫ意見을反對ᄒᆞ거나밋不服ᄒᆞᄂᆞᆫ者ᄂᆞᆫ我等이交際를絕ᄒᆞᆯ事

第二凡前項人等과ᄂᆞᆫ一切言語도交接지아니ᄒᆞᄂᆞᆫ事第三無論何事ᄒᆞ고地方의諸貴族이命ᄒᆞ거나勸勉ᄒᆞᄂᆞᆫ事件은一切國會에提出ᄒᆞ지아니ᄒᆞᄂᆞᆫ事

第四一切露國全權大使의意見을抗逆아니ᄒᆞᄂᆞᆫ事第五萬一此誓約을違背ᄒᆞᄂᆞᆫ事가有ᄒᆞ면或貴族의稱號를剝奪ᄒᆞ던지財産을沒收ᄒᆞ던지死刑에處ᄒᆞ던지其他如何ᄒᆞᆫ罰에處ᄒᆞ던지

一切露國全權大使의命令을從ᄒᆞᆷ이可ᄒᆞᆫ事波蘭이此約을結ᄒᆞ니甚ᄒᆞ다露西亞의專橫이여波蘭國의衰頹가至此ᄒᆞ니噫라朋黨의忘公徇私ᄒᆞᄂᆞᆫ禍가畢竟其國을亡ᄒᆞ도다

未完

特別廣告

本申報는海外電報를直接ᄒᆞ야機關이靈通ᄒᆞ고外報와探報를敏捷活潑ᄒᆞ도록注意ᄒᆞ오며申報發送ᄒᆞᄂᆞᆫ뒤迅速信傳ᄒᆞ기ᄂᆞᆫ分傳人의게在홈으로本社에서平常에諸分傳人의게丁寧告戒ᄒᆞ고申申訓飭ᄒᆞ야毋或嬾惰ᄒᆞ게注意ᄒᆞ거니와如或暫有積怨이라도愛讀僉君子ᄂᆞᆫ密使通知于本社ᄒᆞ시면該分傳의게誠信相孚ᄒᆞ도록耳提面命ᄒᆞ고勸贊ᄒᆞ야發生ᄒᆞ도록誨論ᄒᆞ야必無遲誤ᄒᆞ기로期待ᄒᆞ옵나이다

本社에寄書ᄒᆞ시ᄂᆞᆫ諸君子ᄂᆞᆫ姓名과居住를明確ᄒᆞ게懸錄送附ᄒᆞ시와證據가有ᄒᆞ홈을必要홈이오公衆平和ᄒᆞᆫ秩序를紊亂케ᄒᆞᄂᆞᆫ意와社會上不經荒雜ᄒᆞᆫ寄書ᄂᆞᆫ不受ᄒᆞᄂᆞᆫ權利가本社에自有ᄒᆞ오니肯諒ᄒᆞ시옵

大韓每日申報社

貿易商 本社ᄂᆞᆫ仁川港

日本郵便電信局對面

電話第二百一番地

仁川港 廣昌 **洋行**

벤넷드會社告白

○鐵路部

○東六門과新門間에來往車ᄂᆞᆫ每十分間에運行홈

東大門發初車ᄂᆞᆫ午前六時三十分

新門外停車場發初車ᄂᆞᆫ午前六時五十五分

東大門發終車ᄂᆞᆫ午後九時五十分

新門外停車場發終車ᄂᆞᆫ午後十時十五分

○東大門과洪陵間에來往車ᄂᆞᆫ每二十分間에運行홈

但自鍾路로東大門에來到ᄒᆞᆫ交替車로聯絡홈

東大門發初車ᄂᆞᆫ午前六時五十分

洪陵發 初車ᄂᆞᆫ午前七時十分

東大門發終車ᄂᆞᆫ午後七時五十分

洪陵發 終車ᄂᆞᆫ午後八時十分

○鍾路와龍山間에來往車ᄂᆞᆫ每十二分間에運行홈

鍾路發至南大門初車ᄂᆞᆫ午前六時四十八分

鍾路發至龍山 初車ᄂᆞᆫ午前七時二十四分

南大門發至鍾路初車ᄂᆞᆫ午前六時五十六分

龍山發至鍾路 終車ᄂᆞᆫ午前七時五十七分

南大門發至鍾路終車ᄂᆞᆫ午前十時八分

龍山發至鍾路 終車ᄂᆞᆫ午後九時九分

○特別私用車ᄂᆞᆫ顧客의方便ᄒᆞᆷ을隨應ᄒᆞ야準給홈

但定價ᄂᆞᆫ本社에來臨ᄒᆞ야請問ᄒᆞ옵

○電燈部

二百五十燭力以內의敷用處에ᄂᆞᆫ每個月에定價表가如左홈

○十六燭力燃燈達夜에二圓五十錢

○三十二燭力燃燈達夜에四圓

○五十燭力燃燈達夜에六圓

○一百五十燭力燃燈達夜에十圓

一千二百燭力弧形燈達夜에二十圓

二百五十燭力以上의敷用處에ᄂᆞᆫ請求ᄒᆞ면瓦斯計一箇를設給홈

但瓦斯計賃金은每個月에二圓이오瓦斯計測驗表委托定價ᄂᆞᆫ每時間每암피아에二錢이옵

瓦斯計設給處에서每介月支拂金最低額은每個月에二十圓인뒤(瓦斯計賃金은)据홈

電燈을敷設ᄒᆞ기에請求ᄒᆞᄂᆞᆫ뒤給홈로供各種連技𢷤燈도常時에貯存ᄒᆞ엿ᄉᆞᆸ

本社鐵路電氣會社

韓美電氣會社 告白

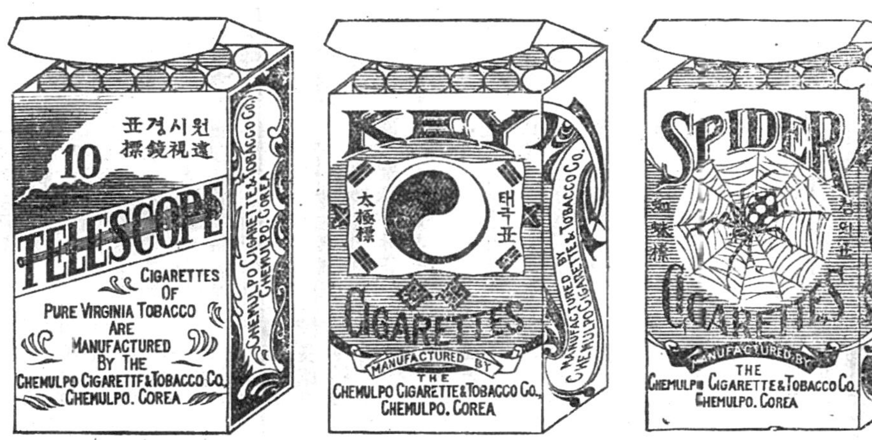

以上三種은上品으로製造ᄒᆞ야衛生上에至極有益ᄒᆞ오니毋論某人ᄒᆞ고本社에來願ᄒᆞ옵

大韓帝國仁川港

濟物浦紙卷煙及烟草會社

一鷹標罐濃詰牛乳

一金印罐詰濃結牛乳

一無雙家用氣化乳酪

一쌔ㅣ든쓰製造麥芽化合牛乳

以上은常時에貯積ᄒᆞ엿ᄉᆞᆸ

美國紐育港쌔ㅣ든쓰濃結牛乳會社

一手代理店 大韓仁川港 世昌洋行

廣告

一雜貨商

一貿易商

一船舶取扱

一煙草商

一委托販賣及貨物運送代理業

一貿易石炭商

以上輸入及輸出者

京城 仁川 大昌 **洋行**

本社廣告

申報價

一張代金	韓貨五錢
一箇月前納	五十戔
三箇月	一元五十戔
六箇月	二元九十戔
一箇年	五元八十戔

郵稅一部 新貨五里

一箇月 十三戔

廣告料

四号活字十三字詰

每日每英尺一寸에新貨廿五錢

(每日每行에六錢에相當홈

二周日에 二圓五十錢

(每日每行四錢五里에 相當홈

一箇月에 五圓

(每日每行四錢一里에相當홈

其期限의長短과字行의多少를依ᄒᆞ야增減홈이有홈

大韓人마다此申報를不得不閱覽ᄒᆞ실터이오니廣告出報ᄒᆞ실僉君子ᄂᆞᆫ來臨面議ᄒᆞ시옵

發行兼編輯人 英國人裴說

發行所

京城北署壽進坊磚洞号外地法語學校前

大韓每日申報社

第三卷

大韓每日申報
대한매일신보

第七十五號

月曜及慶節歲時日休刊

檀君開國四千二百三十八年
箕子元年三千二十七年
大韓開國五百十四年
日本明治三十八年
淸國光緖三十一年
陰曆乙巳十月大十六日乙卯

論說

新朝新聞

新朝新聞者ᄂᆞᆫ美領布哇地方에流寓ᄒᆞᆫ韓人中有志諸氏의發起刋行ᄒᆞᄂᆞᆫ者라年來韓民이此地에移住ᄒᆞᆫ者가七八千人인ᄃᆡ種種所傳이曰愛國熱心이有ᄒᆞ다ᄒᆞ며曰宗敎를崇信ᄒᆞ야團體를完成ᄒᆞ얏다ᄒᆞ며曰學校를私立ᄒᆞ야子弟를敎育ᄒᆞᆫ다ᄒᆞ더니

今에ᄯᅩ開明發達의事業으로報館을創立ᄒᆞ얏스니豈不異哉아夫此七千人者가皆流離漂泊ᄒᆞ야越海歷萬里에勞動食力으로千辛萬苦中에僅保生活者라糊口以外에ᄂᆞᆫ更히餘力이他事에可及ᄒᆞᆯ者가無ᄒᆞᆯ깃거ᄂᆞᆯ能히祖國을不忘ᄒᆞ야忠愛心으로團結을成ᄒᆞ고信敎自由와學校敎育과新聞刋布가相繼而興ᄒᆞ니此ᄂᆞᆫ韓國內地人民의所不及者라

此韓國內地에二千萬衆으로ᄒᆞ야금彼布哇에移住ᄒᆞᆫ人民과如히愛國熱心으로諸般事業을爭相樹立ᄒᆞ면韓國之興을指日可待로다

雖然이나此內地人民은宿睡長眠이依然不醒ᄒᆞ야雖其生活이裕足ᄒᆞ고勢力이優餘ᄒᆞᆫ者라도公共事業에注意勉力ᄒᆞᄂᆞᆫ者가未有ᄒᆞ고滔滔是求田問舍之人이오獵言趨勢之輩오營私挾雜之習이라

以此觀之ᄒᆞ면實上愛國ᄒᆞᄂᆞᆫ人民이라謂치못ᄒᆞᆯ깃ᄂᆞᆫ故로外人의壓制凌侮日益滋甚ᄒᆞ야肆然指斥ᄒᆞ야曰其地를占奪ᄒᆞ야도可ᄒᆞ고其民을奴使ᄒᆞ야도可ᄒᆞ다ᄒᆞ니

如此ᄒᆞᆫ恥辱을受ᄒᆞ고如此ᄒᆞᆫ危險을當ᄒᆞ얏스되奮發激起ᄒᆞᄂᆞᆫ狀態가無ᄒᆞ니其故ᄂᆞᆫ何也오大抵人情이生於憂患이오死於安樂이라

同一韓國人民이로ᄃᆡ此內地人民은猶是安逸習慣으로心力이柔軟ᄒᆞ고身體가疲弱ᄒᆞ야비록危急ᄒᆞᆫ境遇에臨迫ᄒᆞ야로ᄃᆡ수振動을不能ᄒᆞ고

彼海外流民은皆憂患困頓之餘에志氣가堅剛ᄒᆞ고文明風敎가自然濡染ᄒᆞᆫ者도有ᄒᆞ고ᄯᅩ天地間에無國之民은何處에往ᄒᆞ던지容接지못ᄒᆞᄂᆞᆫ形便을目睹ᄒᆞᆫ지라

所以로愛國熱心이若是奮發ᄒᆞ야開明事業이特然發出於百難之中者오其性質이內地人民보다尤勝ᄒᆞᆫ者가아니라

然則人之心力所到에天下事가豈有不可做者리오但愚誠意之不足이오莫曰財不足ᄒᆞ며力不足ᄒᆞ라彼布哇流民의事業을不觀ᄒᆞᄂᆞᆫ가

竊願ᄒᆞᆫ건ᄃᆡ韓國內地에一般人民도此를觀感ᄒᆞ야諸般開明的事業을竭力振起ᄒᆞ야國家의獨立基礎를鞏固케ᄒᆞ며同胞의生命福祉를完全케ᄒᆞᆯ지니

如其不能ᄒᆞ면畢竟無國之民이되야茫茫海陸에容接이無地ᄒᆞ리니豈不憐哉며豈不悲哉아

彼海外流民은其國을愛ᄒᆞ야아모조록文明事業에專力ᄒᆞ야世界上에完全ᄒᆞᆫ大韓國民으로自立코저ᄒᆞ거ᄂᆞᆯ惟此內地에土着ᄒᆞᆫ人民은反히其國을忘ᄒᆞ야頑迷情態가依然弗改ᄒᆞ고文明事業에全不留意ᄒᆞ야他人의奴隷와牛馬를甘作ᄒᆞ고獨立國民의地位를保全ᄒᆞᆯ思想이全無ᄒᆞ니匪鶉匪鳶이어니上戾于天가匪전匪유어니潛逃于淵가思之念之ᄒᆞ라

官報

●第三千二百九十三號 光武九年十一月十日

⦿敍任及辭令

右ᄂᆞᆫ全羅南道觀察使朱錫冕의報告書를據ᄒᆞᆫ즉突山郡守馬駿榮은聽訟焉剖決如流ᄒᆞ고檢獄焉其知若神이오며督刷에吏莫售奸이오戢捕에盜自屛跡이라ᄒᆞ오며和順郡守崔홍俊은治先救弊에民懷其德이오訟卽發奸에吏服其明이라ᄒᆞ오며海南郡守李容愚ᄂᆞᆫ戢捕威信ᄒᆞ니盜賊遠遁ᄒᆞ고捐俸六千ᄒᆞ야均減戶布이온즉此等郡守ᄂᆞᆫ不可無褒典이라ᄒᆞ얏숩기幷陞一等

仁川監理署主事南麟熙
任龍川監理署主事叙判任官一等

三和監理署主事李甯轍
任城津監理署主事叙判任官六等

前主事沈鍾禹
任三和監理署主事叙判任官六等

昌原監理署主事金在學
任仁川監理署主事叙判任官六等

沃溝監理署主事金演敎
任昌原監理署主事叙判任官四等

任沃溝監理署主事叙判任官六等
송璟老

仁川監理署主事徐弘淳
免本官
右ᄂᆞᆫ該員이職務上에錯誤ᄒᆞᆷ이有ᄒᆞ기是以免本官

任仁川監理署主事叙判任官六等
前主事姜泰膺

從二品金應龍
任平壤監理叙奏任官二等

九品崔載鎭
任副領事官叙奏任官六等

仁川前監理劉燦
依願免兼任外國語學支校長

仁川監理河相驥
兼任外國語學支校長

以上十一月七日

議政府叅政大臣韓圭卨
任陸軍副將

平理院主事朴有觀
陞四級俸

以上十一月八日

法部主事柳遠聲
右該員이身爲入直ᄒᆞ야公有物을不覺被盜ᄒᆞᆷ은職務上에踈忽ᄒᆞᆷ이라是以로譴責事

江原道裁判所前判事趙鏞弼
慶尙南道裁判所判事閔泳璇
右ᄂᆞᆫ該員等이本年八月二十三日赦典 詔勅을欽奉發訓이已經屢朔에因徒成冊을尙不報來ᄒᆞ니事體所在에極涉稽緩이라是以로重譴責에處ᄒᆞᆫ事

以上十一月八日 法部

外報

●直隷省의各兵撤退 倫敦電에云하되伯林에서發表ᄒᆞᆫ報道를據ᄒᆞᆫ즉日本이直隷省에서公使館保護兵以外에ᄂᆞᆫ總히撤兵ᄒᆞᆷ을贊成하ᄂᆞᆫ意로德國에回答하얏더라

●官民傾向 北京電을據ᄒᆞᆫ즉淸國官民等이外國人의旣得ᄒᆞᆫ礦山及鐵道를買收하고又外人이該權利의請求를一切拒絕하라ᄂᆞᆫ傾向이有하니如此做去하면將來淸國과列國의膠葛事件이生ᄒᆞᆯ模樣이有하더라

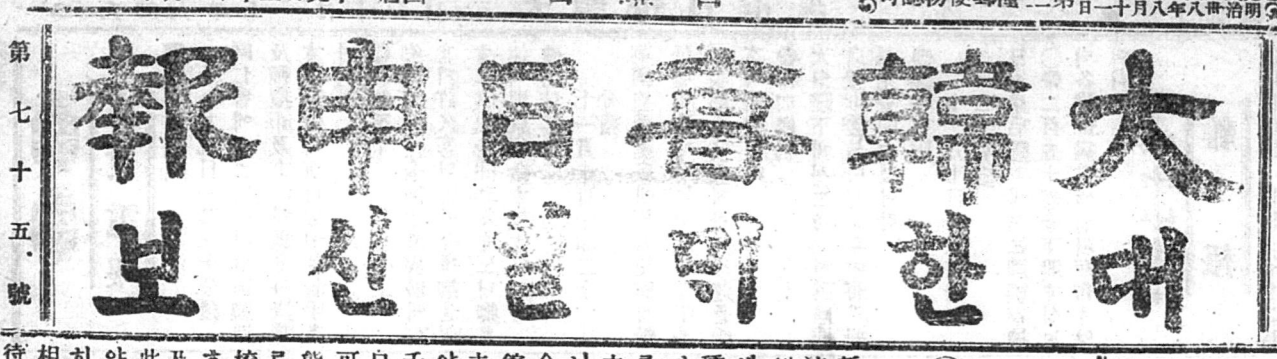

●財政困難 日本政府에서戰後에巨億國債를籌還ᄒᆞᆯ터인故로其財源事로財務當局者及世間實業家가頗히焦心ᄒᆞᄂᆞᆫᄃᆡ近聞ᄒᆞᆫ즉大藏省當局者가釀酒一業을自官管業ᄒᆞ자ᄂᆞᆫ議를唱ᄒᆞ다더라

東京電報

●同仁會決議
十一月九日一時三十分發
同仁會에서ᄂᆞᆫ韓國의痘苗製造及種痘布及方法에就ᄒᆞ야決議ᄒᆞ고至急히實行ᄒᆞ기로着手ᄒᆞ다더라

●勅語又下　仝上
卿等이重任을帶ᄒᆞ고異域에在ᄒᆞᆫ지許久ᄒᆞᆷ이朕이今에卿을親ᄒᆞ고戰況을聞코ᄌᆞᄒᆞ노니卿은速히凱旋復命ᄒᆞ라ᄒᆞ얏더라

●勅使參向
十一月十日午前三十分發
英國皇帝誕辰에同大使館에勅使를差遣ᄒᆞ얏ᄂᆞᆫᄃᆡ此ᄂᆞᆫ今年븟터英國大使館에만此優遇를受ᄒᆞᆷ이되얏더라

●特別賜謁　仝上
天皇陛下게셔ᄂᆞᆫ特別히露國捕虜受取委員다닐노후中將의케謁見을賜ᄒᆞ셧더라

●綳帶下賜
十一月十日午後五時三十分發
日本皇后陛下게셔ᄂᆞᆫ御製綳○帶二百五十卷을下賜ᄒᆞ셧ᄂᆞᆫᄃᆡ各豫備病院에임의配布ᄒᆞ얏더라

雜報

●政府會議　昨日上午十二時에參政大臣韓圭卨氏가各部大臣을會同하야議政府臨時會를開設하얏다더라

●日兵交替　黃州郡守朴元敎氏가內部에報告ᄒᆞ되本郡留駐日本兵站司令支部長杉浦秀之介ᄂᆞᆫ十月二十九日에領卒四十名卒하고發向本國하얏고從北日兵中隊長水號部源과小隊長二員이兵卒二百五十名을領率하읍고同月二十八日에來到하와本郡衙舍與各公廨에交替仍駐라하얏더라

●學費促報　學部에서楚山郡守趙應顯氏에게指令ᄒᆞᆫ內槪에貴報告書를據ᄒᆞᆫ즉貴郡守之講究設校와衆民之捐義補助ᄂᆞᆫ極爲嘉幸이나設校之初에財政이贍足이라야乃可永久維持이니財政之如何와學校之資格을昭詳報明ᄒᆞ야以爲准施事라ᄒᆞ얏더라

●特施賞金　巡檢송鍾茂朴弼容張重鉉等이捕劇賊은極庸嘉尙이라하야警務廳에서特給賞金各十元하고幷陞一等하얏다더라

●宏大卜姓　近日에內大李址鎔氏가四十萬兩으로一妙妓를買得하야卜妾하얏더니其原任別室에게逢怒하야一塲風波에新備ᄒᆞᆫ家產等物이粉碎되얏다니該戰事之媾和與否ᄂᆞᆫ부知하깃사되年來政界에擅塲하야家極富厚ᄒᆞᆷ은인所皆知어니와四十萬買一妾이誠一宏傑ᄒᆞᆫ事業샏더러價高如此하니該妓도貞正絕代佳인인줄可以想像하깃다고街說이喧藉ᄒᆞᆫ다더라

●西天活佛　西來人의傳說을聞ᄒᆞᆫ즉平安道殷山英人所採金礦會社長홀노우氏와書記소좌ᄉᆞ氏가韓國에在ᄒᆞᆫ지多年의韓人을熱心庇護ᄒᆞ야該郡之人이安堵樂業ᄒᆞᄂᆞᆫ故로其厚意를表ᄒᆞ야고不忘碑를竪立ᄒᆞ얏다더라

●度量衡措處失當

同律度量衡은古今政治家에繆國制民之要務인ᄃᆡ韓之度量衡은家殊而戶異ᄒᆞ야全國內無劃一之制故로凡於日用에未免牴오ᄒᆞ니

法規之脫略과民俗之鄙野가莫此爲甚이라其所釐正을宜不俟終日이되凡所令甲之革舊布新에民隱之關係如何ᄅᆞᆯ不可不念이니

爛加籌度ᄒᆞ며愼始慮終ᄒᆞ야期使民不擾而事得成이라야是乃爲政之本意인즉今此度量衡을量其所頒府郡之數ᄒᆞ야

每府郡에各一枚式造成頒布ᄒᆞ고其新制行用期限을確定曉諭ᄒᆞ오되舊時所用者ᄂᆞᆫ一切毁破ᄒᆞ고依新制各須趂限措備이되如有慢不率敎者면必置重辟之意로措辭嚴訓ᄒᆞ야府飭于郡ᄒᆞ며郡飭于各面各里ᄒᆞ야三令五申에另加關束이면

新制之斷行이較然如立幟ᄒᆞ야民莫敢違而事可有濟이거날捨此良策而不用하고空自幾年來로或借外債ᄒᆞ며或雇外匠ᄒᆞ야造成無限之數에費盡許多金錢이已是可笑샏더러雖以頒布로言之라도初無何樣主戶에何樣發賣等說이다가

忽地巡檢與外人이紛然查戶ᄒᆞ며促其買去ᄒᆞ야督責之急이不留晷刻ᄒᆞ니是何事體이며

且以發賣로論之라도物則薄劣ᄒᆞ야無久遠可用之勢ᄒᆞ고價則較諸平常貿買컨ᄃᆡ幾至비蓰ᄒᆞ야民皆咨怨ᄒᆞ니

朝家之當初主見이出於藉此征利ᄒᆞ고불在於導民立法인지事之불正이奚至於此이며

且宇內各國之度量衡이未必一樣雷同인즉韓之度量衡은宜用韓之規制ᄒᆞᆯ지라

度之長短과量之大小와衡之輕重을參酌新舊而損益得宜하야順民心而便民用이十分正當이거날

今以民之耳目에素所生踈者로猝然加之日必此行用이라하니非徒其使用之際에民多불便이라無端捨我故步하고强效他嚬이抑亦何心고

盖比度量衡之改正이論以政務컨ᄃᆡ불過是一件小節目也라稍解事리者로當之면一瞬目에可以從容措處이거날

經營幾年에猶如是做錯ᄒᆞ야枉費巨欵而歸害生民ᄒᆞ니불審該事件之措處方略을政府大官이初불經議而然歟아

若불然則政府之空無人은自可想像ᄒᆞᆯ지라以此等인物로當此等時節ᄒᆞ야列强之交涉을應對ᄒᆞ며獨立之政權을責任하니無怪乎國步日蹙而外侮層生이로다噫라韓之政府百事를當以度量衡措處로作爲撮影觀之가其可乎哉인저

●三災俱入　今年諸路穀形이擧皆不登인즉民之糊口를將何所恃며諸路財政이一槪枯涸인즉民之日用을從何以辦이며兼且菁根白菜等物々지無而稀貴ᄒᆞ야貧窶之家에得食無路ᄒᆞ니此時何時오三災俱發이라從此窮부裏에桑根을咬ᄒᆞᄂᆞᆫ生活도亦不可得ᄒᆞᆯ지니天胡不仁ᄒᆞ사降此饑饉이시며人謀不臧ᄒᆞ야復使財政如此ᄒᆞ니嗟我同胞에苦苦衷情을將於何處呼訴ᄒᆞᆯ지無辜就死가眞正可悲로다幾千萬人의呻吟聲과歎息聲이今做了一聲霹靂ᄒᆞ야政府席上에轟轟然猛振ᄒᆞ얏스면這箇睡夢的大官들이一時驚醒ᄒᆞ야賑貸救活之方을庶幾講究ᄒᆞ리라고街上遊談者들이相與一塲酬酌ᄒᆞ더라더라

●技徒可憎　再昨夜尙洞靑年會에서ᄂᆞᆫ會員千餘名이國家禍機燃眉ᄒᆞᆷ을憤慨ᄒᆞ야至於相扶痛哭ᄒᆞ얏ᄂᆞᆫᄃᆡ技徒諸人은特何性質이완ᄃᆡ恬坐此局하야骨牌花鬪만ᄒᆞ면서國變ᄂᆞᆫ越視ᄒᆞ니人의形體를持ᄒᆞᆫ거시倫불愧乎아狗彘ᄂᆞᆫ物之至愚蠢者로되人將捕之에戰慄悲號하ᄂᆞᆫ狀態가有하거든況今全國人民의禍厄이尋常被捉에比ᄒᆞᆯ바아니거날技局에沈溺하야冥然불省하니此等인은眞是狗彘之불若이라如是警告後에一向불悛이면其誰某姓을名行當揭載하야惡習을懲討ᄒᆞᆯ거시니其各戒之哉ㅣ저

●三人歌 (속)
又一人이踏其後而和之曰八道江山우리나라四千年來우리基業二千萬衆우리人口愛國精神日月갓고獨立氣象山岳갓다우리同胞決心ᄒᆞ고文明富强速進ᄒᆞ세어허萬歲어허萬歲우리帝國萬萬歲라其歌聲이悲憤壯烈ᄒᆞ야行雲이凝而不流ᄒᆞ고木葉이亂下空庭이더니

又一人이披衿拂袖而답其歌曰八道江山우리나라그뉘라셔侵犯ᄒᆞᆯ고四千年來우리基業그뉘라셔쎄앗스리三千萬衆우리人口그뉘라셔蔑視ᄒᆞᆯ가斂戟도무서워말고水火도避치마라어서가자어서가자獨立길로어서가자歌罷에三人이忽而大哭忽而大笑如狂如醉ᄒᆞ야不可以捉摹猜擬ᄒᆞᆯ너라

余가黯然而思ᄒᆞ고冲然而擬之曰有是哉라韓人이여諺에有之ᄒᆞ니木不着不着이라ᄒᆞᆷ이其是之謂歟아雖然이나此等人이類乎失志落拓者ᄒᆞ야似無關乎時局之得失이나匹夫匹婦로不得其所ᄂᆞᆫ聖人이不爲也니使人類로慨然有思乎沈淪其家國ᄒᆞ야發乎咨嗟詠歎之餘者ㅣ면其誰與歸리오其誰與歸리오鄒孟氏曰爲叢驅雀者ᄂᆞᆫ鸇也오爲淵驅魚者ᄂᆞᆫ獺也ㅣ라ᄒᆞ니我社ᄂᆞᆫ今之日自伐其國者ᄂᆞᆫ韓政府也오自毁鉗爲奴者ᄂᆞᆫ韓之會也ㅣ라吁라

◎緊急社告

本社創設以來로新聞代金을每月初三日內에先納으로收入ᄒᆞ던바는自初로購覽ᄒᆞ시는僉君子가舉皆知悉이온바自本年八月再刋以來로代金收合이延至晦間이옵더니到今本社經費가窘絀之歎이有ᄒᆞ기로本月條는不日內로收合ᄒᆞ여야可히支過ᄒᆞᆯ터이오來十一月爲始ᄒᆞ야는一朔條를十五日內로送交ᄒᆞ시와連속發刋ᄒᆞ야愛讀 僉君子의閲覽을供ᄒᆞ기로切盼ᄒᆞᆷ

大韓每日申報社 告白

雜報

東京에滯留ᄒᆞᆫ李沂羅寅永吳基鎬諸氏가日本特派大使伊藤侯에게長書ᄒᆞᆫ全文이如左ᄒᆞ니

敬啓者竊聞 閣下以特派大使啣 命出韓嗚呼我韓其將從此而亡乎夫我韓不幸而接近於貴國尤不幸而又遭値於 閣下天乎天乎不祚我韓果至是耶伏念閣ᄒᆞ外托維持之名內懷吸取之計使其自滅徐起而收之者固其平生長策而今日之出亦不過是好 其言辭行 其陰謀 而已耳我韓奸細之輩出入宮禁壅蔽宸聽者亦自不少而又以 閣下操縱於兩間其位則友邦之侯爵也其名則近世之政家也而其聲音笑貌有足以傾人也則吾知 閣下之計其必獲施矣然孟子曰作俑者其無後蓋惡其象人而從於死耳今我韓雖小顧其人口亦不下二千萬而皆有血肉性命決非芻偶之比也而舉不免於 閣下之手則其流離凍餒呼號疾痛之狀果何如哉吾恐 閣下其不有人禍必有天殃也殺一不辜而得天下古人猶有不爲者 閣下未知此義然殺二千萬人而得一彈丸地其利害甚顯然矣奈何奈何或者謂人各爲其主計則善矣子不可過之甚也噫何其愚耶今日韓兩國唇齒輔車勢必相須韓亡則日居其次天下所共知而列强之窺其隙者彌滿六洲矣日之於我韓猶兄弟也於英美猶朋友也自戕其兄弟而猶望朋友之善我則天下無是理也英美同盟其可足恃乎故僕等之言非獨爲我韓計亦爲貴國計也非獨爲 貴國計亦爲東洋計也惟乞 閣下無棄芻蕘之說以求桑楡之收則幸甚幸甚肅此仍頌崇寧

光武九年十一月三日

◎牛山義塾

西署西江坊에셔年前에牛山學校가有ᄒᆞ야譽髦의啓沃ᄒᆞᆫ實力이不尠ᄒᆞ더니校舍가未定ᄒᆞᆷ으로多月停學이다가近今에該坊內有志人士가子弟의教育이失墜ᄒᆞᆷ을慨歎ᄒᆞ야牛山義塾을重刱ᄒᆞ고教師를延聘ᄒᆞ야教育에從事ᄒᆞᄂᆞᆫᄃᆡ學徒가六七十人에達ᄒᆞ야學業에趨向ᄒᆞᄂᆞᆫ誠力이父兄의勸奬ᄒᆞᆷ과子弟의勤工ᄒᆞᆷ이實로罕有ᄒᆞ며其學校의維持ᄒᆞᄂᆞᆫ方法을槩聞ᄒᆞᆫ즉如左ᄒᆞ더라

牛山義塾을維持培養ᄒᆞ기爲ᄒᆞ야牛山義塾贊成俱樂部를組織ᄒᆞ고義金을募集ᄒᆞ야每月利息의收入으로經費를支撥케ᄒᆞ야비록物換星移ᄒᆞ드라도此學校ᄂᆞᆫ永久勿替ᄒᆞ리라더라

◎花室亦冷

南署詩洞等地貰花室은自來風流繁華로有名ᄒᆞᆫ別世界인ᄃᆡ其間 國[illegible]야長歌短謳로任情跌蕩ᄒᆞ야得ᄒᆞ얏스나到今ᄒᆞ야ᄂᆞᆫ前日未足ᄒᆞᆫ蕩情을晝夜暢會ᄒᆞ련마ᄂᆞᆫ財政이엇더케困難ᄒᆞ던지兩北村冶遊郞들이採花ᄒᆞᆯ蘂興이索然ᄒᆞ야絕跡不來키로花室이冷落ᄒᆞ고歌喉生塵ᄒᆞ야幾雙蛾眉가古寺裏念佛姿의貌樣인즉財政上에ᄂᆞᆫ風流佳人도無用이라고ᄒᆞᆫ다더라

◎商業會議所貨幣矯救方策（二）

人民에權利利益을尊重ᄒᆞᆷ은文明에第一要義라近來日本貨幣史를見ᄒᆞᆯ지라도明治政府ᄂᆞᆫ金銀副本位制를施行ᄒᆞ고更히明治三十年에金本位制를改定ᄒᆞ얏스며其間弗換紙幣（即惡貨）를發行ᄒᆞ야經濟界를攪亂케ᄒᆞ고財政을紊亂케ᄒᆞ야該弗換紙幣ᄂᆞᆫ銀貨一圓에對ᄒᆞ야紙貨二圓의市價를生ᄒᆞᆷ에至ᄒᆞ나然ᄒᆞ나其整理方法은惡貨ᄂᆞᆫ漸次政府에셔收納燒却ᄒᆞ나니所謂切棄法으로써整리를完成ᄒᆞ야銀貨紙貨의差로從ᄒᆞ야生ᄒᆞᄂᆞᆫ損害ᄂᆞᆫ國家의셔負擔ᄒᆞᆫ지라且其金本位制制定ᄒᆞᆫ當時를見ᄒᆞ건ᄃᆡ舊制ᄂᆞᆫ金一銀十六의比價러니新制ᄂᆞᆫ金一銀三十二의比價로써標準을合ᄒᆞᆫ즉舊貨十圓은新貨五圓實價에相當ᄒᆞᆫᄃᆡ法令에ᄂᆞᆫ舊貨十圓은新貨十圓이라定ᄒᆞ야本位貨의重數（量目）을貨十圓金貨四錢四分强（四관四分强）을新貨ᄂᆞᆫ二錢二（二관二分强）으로制定ᄒᆞ니呼價에ᄂᆞᆫ別노差等이無ᄒᆞ나實價에ᄂᆞᆫ差等이有ᄒᆞ게ᄒᆞᄂᆞᆫ法을講究지ᄒᆞᆫ라是ᄂᆞᆫ前者에惡貨로從ᄒᆞ야生ᄒᆞᄂᆞᆫ損害를當然히國家가負擔ᄒᆞᆯ義務가有ᄒᆞᆯ뿐아니라若夫紙貨市價를標準하야法律로써交換을强行ᄒᆞᆷ은爲政基元에背反되야輿論은如此ᄒᆞᆫ弗法에服從치아니하ᄂᆞᆫ所以오且如하制定치아니하면인民으로하야금弗安의念을生케하야經濟界를攪亂하며商業去來上에諸般證券等이一般變革ᄒᆞᆷ을難免하야一大事를惹起ᄒᆞᆯ念慮가有ᄒᆞᆫ所以라是ᄂᆞᆫ文明國의貨幣整理法에當然ᄒᆞᆫ施設이라

舊白銅貨ᄂᆞᆫ前頃의章程을依하야發行된者라故로五兩銀貨箇（一圓重數七戔一分七里六毛即日本七관一分七里六毛）에對하야白銅貨二十個에相當ᄒᆞᆫ者를市價에如何를弗問ᄒᆞᆷ新貨幣章程에比價허여

歷史槩要

波蘭末年史 續

西曆一千七百六十七年十月五日에波蘭이國會를開ᄒᆞᆯ새露使燁仁이開會前數日에各教人과밋其他露國을抵抗ᄒᆞᄂᆞᆫ諸人을會集ᄒᆞ야曉諭曰凡何人을勿論ᄒᆞ고自已意見을固執ᄒᆞ야猥妄이抗拒ᄒᆞᄂᆞᆫ者ᄂᆞᆫ後悔를不免ᄒᆞ리라ᄒᆞ고몬저立法委員을設置ᄒᆞᆯ라ᄒᆞ니此委員은다露國의指揮를受코져ᄒᆞᄂᆞᆫ者이라밋開會를當ᄒᆞ야天主教主教瞿羅古ㅣ其事理에不當ᄒᆞᆷ과壓制에太甚ᄒᆞᆷ을論責ᄒᆞ니他議員도또ᄒᆞᆫ此를繼ᄒᆞ야其議案을反對ᄒᆞᄂᆞᆫ지라燁仁이크게怒ᄒᆞ야다其人을捕ᄒᆞ야西伯尼亞에遷謫ᄒᆞ더라露國이此等愛國士를兵卒로押領ᄒᆞ야波蘭國境外에出送ᄒᆞᆯ새其殘忍苛酷ᄒᆞᆷ이言語로交接도不許ᄒᆞ고또仵太降女皇은勅旨를下ᄒᆞ야曰爾等이萬一前日에性氣를變ᄒᆞ야露國命令을遵奉ᄒᆞ면다시無罪放免ᄒᆞ리라ᄒᆞ더라然이나義士의鐵石肝膽이엇지其節操를變ᄒᆞ리오이에前說를固執ᄒᆞ고또露國女皇의命令이不可ᄒᆞᆷ을斥論ᄒᆞ며此時波蘭人民은忿怒ᄒᆞ야다露國을切齒痛恨ᄒᆞ고元老와밋代議士ᄂᆞᆫ波蘭王面前에至ᄒᆞ야露國의不法을痛論ᄒᆞ고各其意見을上奏ᄒᆞ나王은恬然히憤慨ᄒᆞᆫ意가毫無ᄒᆞ고다만先王朝의例式教書를調査ᄒᆞ야踐阼慶筵에排設物品을計畫ᄒᆞ다가이윽고日露國의게其緣由를往問ᄒᆞ라ᄒᆞ거날元老等이不得已ᄒᆞ야露國公使館에至ᄒᆞ야王의命을傳ᄒᆞᆫᄃᆡ公使가儼然히答ᄒᆞ야曰今番事ᄂᆞᆫ다만女皇陛下의命을承ᄒᆞᆯ뿐이요

未完

特別廣告

本申報는海外電報를郎後ᄒᆞ야機關이靈通ᄒᆞ고外報와探報를敏捷活潑ᄒᆞ도록注意ᄒᆞ오며申報發送ᄒᆞ는딕迅速信傳ᄒᆞ기는分傳人의게在ᄒᆞᆷ으로本社에셔平常에諸分傳人의게丁寧告戒ᄒᆞ고申申訓飭ᄒᆞ야毋或媮惰ᄒᆞ게注意ᄒᆞ거니와如或暫有稽忽이라도愛讀僉君子는密便通知于本社ᄒᆞ시면該分傳의게誠信相孚ᄒᆞ도록耳提面命ᄒᆞ고勸贊가發生ᄒᆞ도록譴論ᄒᆞ야必無遲誤ᄒᆞ기로期待ᄒᆞ옵나이다

本社에寄書ᄒᆞ시는諸君子는姓名과居住를明確ᄒᆞ게懸錄送附ᄒᆞ시와證據가有ᄒᆞᆷ을必要ᄒᆞᆷ이오公衆平和ᄒᆞᆫ秩序를紊亂케ᄒᆞ는意와社會上不經荒雜ᄒᆞᆫ寄書는不受ᄒᆞ는權利가本社에自有ᄒᆞ오니肯諒ᄒᆞ시옵

大韓每日申報社

廣告

正三品吳奎煥改名繕龍知舊問照亮ᄒᆞᆷ

吳繕龍 告白

貿易商 本社는仁川港

日本郵便電信局對面

電話第二百一番地

仁川港 廣昌洋行

벤넷트會社告白

○鐵路部

○東大門과新門間에來往車는每十分間에運行ᄒᆞᆷ

東大門發初車는午前六時三十分

新門外停車塲發初車는午前六時五十五分

東大門發終車는午後九時五十分

新門外停車塲發終車는午後十時十五分

○東大門과洪陵間에來往車는每二十分間에運行

但自鍾路로東大門에來到ᄒᆞᆫ交替車로聯絡ᄒᆞᆷ

東大門發初車는午前六時五十分

洪陵發　初車는午前七時十分

東大門發終車는午後七時五十分

洪陵發　終車는午後八時十分

○鍾路와龍山間에來往車는每十二分間에運行ᄒᆞᆷ

鍾路發至南大門初車는午前六時四十八分

鍾路發至龍山　初車는午前七時二十四分

南大門發至鍾路初車는午前六時五十六分

龍山發至鍾路　終車는午前七時五十七分

南大門發至鍾路終車는午前十時八分

龍山發至鍾路　終車는午後九時九分

○特別私用車는顧客의方便ᄒᆞᆷ을隨應ᄒᆞ야準給ᄒᆞᆷ

但定價는本社에來臨ᄒᆞ야請問ᄒᆞ옵

○電燈部

二百五十燭力以內의敷用處에는每個月에定價表가如左ᄒᆞᆷ

○十六燭力燃燈達夜에二圓五十錢

○三十二燭力燃燈達夜에四圓

○五十燭力燃燈達夜에六圓

○一百五十燭力燃燈達夜에十圓

一千二百燭力弧形燈達夜에二十圓

二百五十燭力以上의敷用處에는請求ᄒᆞ면瓦斯計一個를設給ᄒᆞᆷ

但瓦斯計賃金은每個月에二圓이오瓦斯計測驗表委托定價는每時間每암피아에二錢이옵

瓦斯計設給處에셔每介月支拂金最低額은每個月에二十圓인딕(瓦斯計貸金은)据ᄒᆞᆷ

電燈을敷設ᄒᆞ기에請求ᄒᆞ는딕給ᄒᆞᆷ로供各種連技辦燈도常時에貯存ᄒᆞ엿ᄉᆞᆸ

本社鍾路電氣會社

韓美電氣會社 告白

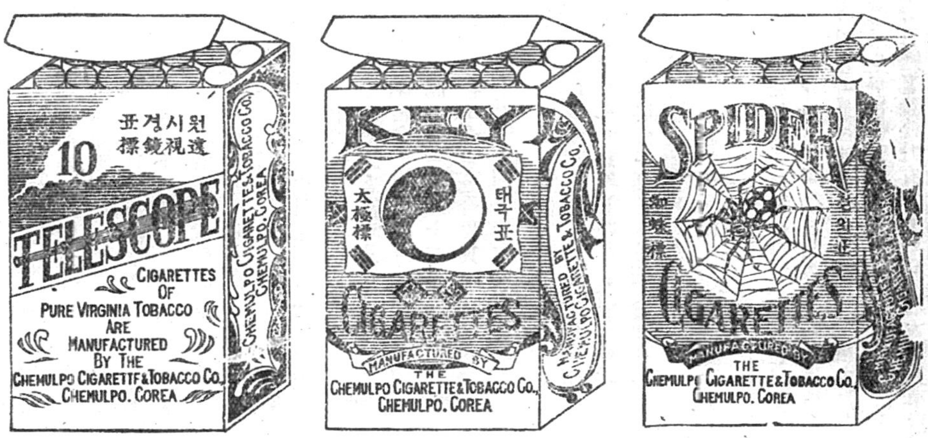

以上三種은上品으로製造ᄒᆞ야衛生上에至極有益ᄒᆞ오니毋論某人ᄒᆞ고本社에來顧ᄒᆞ옵

大韓帝國仁川港

濟物浦紙卷煙及烟草會社

一 鷹標罐濃詰牛乳

一 金印罐詰濃結牛乳

一 無雙家用氣化乳酪

一 쌔ㅣ든쓰製造麥芽化合牛乳

以上은常時에貯積ᄒᆞ엿ᄉᆞᆸ

美國紐育港쌔ㅣ든쓰濃結牛유會社

一手代理店　大韓仁川港　世昌洋行

廣告

一 雜貨商

一 貿易商

一 船舶取扱

一 煙草商

一 委托販賣及貨物運送代理業

一 貿易石炭商

以上輸入及輸出者

京城 仁川 大昌洋行

本社廣告

申報價

一張代金　韓貨五錢

一箇月前納　五十戔

三箇月　一元五十戔

六箇月　二元九十戔

一箇年　五元八十戔

郵稅一部　新貨五里

一箇月　十三戔

廣告料

四号活字十三字詰

每日每英尺一寸에新貨廿五錢

(每日每行에六錢에相當ᄒᆞᆷ)

二周日에　二圓五十錢

(每日每行四錢五里에相當ᄒᆞᆷ)

一箇月에　五圓

(每日每行四錢一里에相當ᄒᆞᆷ)

其期限의長短과字行의多少를依ᄒᆞ야增減ᄒᆞᆷ이有ᄒᆞᆷ

大韓人마다此申報를不得不閱覽ᄒᆞ실터이오니廣告出報ᄒᆞ실僉君子는來臨面議ᄒᆞ시옵

發行兼編輯人　英國人裵說

發行所

京城北署壽進坊礦洞号外地法語學校前

大韓每日申報社

第三卷

大韓每日申報
대한매일신보

第七十六號

月曜及慶節歲時日休刊

檀君開國四千二百三十八年
箕子元年三千二十七年
大韓開國五百十四年
日本明治三十八年
淸國光緖三十一年
陰曆乙巳十月大十八日丁巳

論說

長書

大韓十三道人民代表者의陳述ᄒᆞᆫ長書가伊藤侯의商量을得ᄒᆞᆯ줄深信ᄒᆞ노라本記者ㅣ每欲評論日本이나多受難堪之責ᄒᆞ야遺感이不無ᄒᆞ거니와今此伊藤貴侯의韓國遊行이諸般事端을調査코져ᄒᆞᆫ진된言過우實ᄒᆞᆫ證據를未得ᄒᆞᆯ거시오且本報ᄂᆞᆫ意外患難과諸般惡弊를公正論辨ᄒᆞᆷ에止ᄒᆞ얏노라

擧證言之면賂物授受의事端을因ᄒᆞ야駐韓日本高等官에게도歸咎ᄒᆞᆷ이比比有之오且今日長書에更爲序述ᄒᆞ얏거니와如此事狀에對ᄒᆞ야ᄂᆞᆫ

本報가常庸泯默ᄒᆞ얏스니此ᄂᆞᆫ爲其難得確證이나然이나賂物之習을比他獘瘼이면猶不足論인緣由로다

伊藤侯가對此韓民ᄒᆞ야諸般威嚇恐喝이自今停止ᄒᆞ리라고說明ᄒᆞᆯ기를余輩ᄂᆞᆫ希望ᄒᆞ노니一進會의本原及閱歷을推究면此地日本權力의如何醜陋ᄒᆞᆷ을足以證明ᄒᆞ리로다

二十有一月에此地自由手段의結果가韓人中에一無日本親友ᄒᆞᆷ에止ᄒᆞ얏스니此甚不幸之事로다然이나改還之日이今猶其時니

若日本이棄其已欲ᄒᆞ야開戰初議定書의實義를韓人과如히諒解ᄒᆞ면兩相滿足ᄒᆞᆯ敦睦之誼가從今始生ᄒᆞᆯ理會가尙存ᄒᆞ니

韓國이從日本學習ᄒᆞᆯ거시多有ᄒᆞᆷ을自覺ᄒᆞ며且其安全이關於强隣親約인줄도亦爲諒解ᄒᆞᆷ이로다然이나前日締約ᄒᆞᆫ兩相助力ᄒᆞᄂᆞᆫ約款을今日과如히利用ᄒᆞᆫ진된韓國

皇帝게셔更用信心우日本ᄒᆞ실ᄂᆞᆫ지望之甚難이라韓國人民의深信되ᄂᆞᆫ伊藤侯가追勢愛日派의宣言을無偏聽悉이면兩帝國에恒久大利될理會가即起ᄒᆞ리로다

官報

●第三千二百九十四號 光武九年十一月十一日

●法律

法律第五號

辯護士法

第一條 辯護士ᄂᆞᆫ民事當事者나刑事被告人의委任을依ᄒᆞ야通常裁判所에셔代人의行爲와辯護權을行ᄒᆞᆷ이라

特別法規에因ᄒᆞ야特別裁判所에셔其職務를行ᄒᆞᆷ도得ᄒᆞᆷ이라

第二條 변護士ᄂᆞᆫ法部大臣의認可를受ᄒᆞ되左開條件의一이有ᄒᆞᆷ을要ᄒᆞᆷ이라

一 변護士試驗에及第ᄒᆞᆫ者

一 변護士試驗委員을經ᄒᆞᆫ者

一 平理院及漢城裁判所에滿二箇年以上을繼속ᄒᆞ야判檢事의職務를行ᄒᆞᆫ者

第三條 前條를具備ᄒᆞᆫ者라도平素의行爲가변護士되ᄂᆞᆫ品格에欠缺이有ᄒᆞᆫ時ᄂᆞᆫ法部大臣은此를認可치아니ᄒᆞᆷ을得ᄒᆞᆷ이라

第四條 변護士ᄂᆞᆫ官吏를兼ᄒᆞᆷ을不得ᄒᆞ되但官廳의臨時事務의委任을受ᄒᆞᆷ은此限에不在ᄒᆞᆷ이라

第五條 左에揭ᄒᆞᆫ者ᄂᆞᆫ변護士됨을不得ᄒᆞᆷ이라

第一 僞造證受賂誣告竊盜强盜欺편犯贓에關ᄒᆞᆫ罪를犯ᄒᆞᆫ者

第二 懲役一年以上과流刑一年以上의罪를犯ᄒᆞ야處刑ᄒᆞᆫ者但公罪나過失罪를犯ᄒᆞ야復權ᄒᆞᆫ時ᄂᆞᆫ此限에不在ᄒᆞᆷ이라

第三 破産의宣告를受ᄒᆞᆫ者

第六條 변護士ᄂᆞᆫ변護士名簿에記錄ᄒᆞᆷ을要ᄒᆞᆷ이라

第七條 변護士名簿ᄂᆞᆫ法部及各裁判所에備置ᄒᆞᆷ이라

第八條 변護士名簿의記錄을請ᄒᆞᄂᆞᆫ者ᄂᆞᆫ法部大臣의게請求書를提呈ᄒᆞᆷ이可ᄒᆞᆷ이라

記錄請求書에ᄂᆞᆫ第二條乃至第五條의四項의關ᄒᆞᆫ證明書를添附ᄒᆞᆷ이可ᄒᆞᆷ이라

第九條 記錄을請求ᄒᆞᄂᆞᆫ者ᄂᆞᆫ記錄手數料十圜을納付ᄒᆞᆷ이可ᄒᆞᆷ이라

他地方裁判所에移錄을行ᄒᆞᄂᆞᆫ時ᄂᆞᆫ手數料五圜을納付ᄒᆞᆷ이可ᄒᆞᆷ이라

第十條 記錄에關ᄒᆞᆫ規則은法部大臣이定ᄒᆞᆷ이라

第十一條 변護士의職權은左와如ᄒᆞᆷ이라

一 委托ᄒᆞᆫ當事者의利益을爲ᄒᆞ야 변論을行ᄒᆞᄂᆞᆫ事

二 訴訟書類를閱覽ᄒᆞ며謄寫ᄒᆞᆷ을得ᄒᆞᄂᆞᆫ事

三 裁判에對ᄒᆞ야法律上意見을陳述ᄒᆞᄂᆞᆫ事

四 委托ᄒᆞᆫ當事者의同意를得ᄒᆞ야申訴及訴願을行ᄒᆞᄂᆞᆫ事

五 何時라도委托ᄒᆞᆫ刑事被告人과面會ᄒᆞᆷ을得ᄒᆞᄂᆞᆫ事

第十二條 변護士ᄂᆞᆫ民事刑事에關ᄒᆞ야委托을受ᄒᆞᆫ時ᄂᆞᆫ民事當事者와刑事被告人이其事件에對ᄒᆞ야特別ᄒᆞᆫ證明이無ᄒᆞᆫ境遇에ᄂᆞᆫ其訴訟全部委托을受ᄒᆞᆷ으로看做ᄒᆞᆷ이라

未完

外報

●强促借欵 芝罘日日新聞英字報에揭載ᄒᆞᆫ바를據ᄒᆞᆫ즉目賀田顧問이韓國政府를强迫ᄒᆞ야日本에셔五百萬元借欵을得ᄒᆞ게ᄒᆞ랴ᄂᆞᆫ되만일此를拒絶ᄒᆞᆫ진되日本國에對ᄒᆞ야侮辱을與ᄒᆞᆷ이된다ᄒᆞ얏더라

●國債券發行 日本政府에셔軍隊撤退費에充ᄒᆞ기爲ᄒᆞ야內國債를募集ᄒᆞ랴ᄒᆞ나目下經濟界가募集키弗能ᄒᆞᆫ事情이有ᄒᆞᆷ으로大藏省劵은數次發行ᄒᆞ기로決定ᄒᆞ얏ᄂᆞᆫ되該証劵은于今其償退期限이大槪三箇月이러니今番에六箇月或八箇月노改定ᄒᆞᆫ다더라

●直隷撤兵 淸國直隷省의撤兵에關ᄒᆞ야英國政府도旣히獨逸의提議에基因ᄒᆞ야在淸公使에게訓令하든今日에英國新聞紙中獨逸政府를對ᄒᆞ야攻擊을加ᄒᆞᆫ者ㅣ有하드ᄅᆡ도獨逸은多히注意를弗掛이라더라

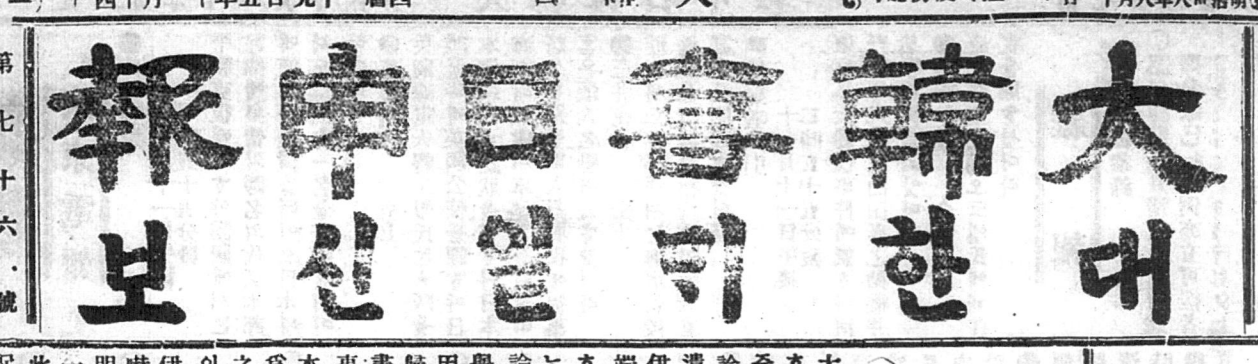

●上海外人 四日上海電을據ᄒᆞᆫ즉同地居留하ᄂᆞᆫ外國人의總數가一萬千四百九十七人內에英國人이三千七百十四名 日本人二千百五十七名 葡萄牙國人三百二十九名 美國人九百九十一名 德國人七百八十五名 法國人三百九十三名 俄國인三百五十三인이라더라

東京電報

●使節差遣 十一月十一日午後一時五十九分發

平和克復에就ᄒᆞ야露國에셔ᄂᆞᆫ近間에皇帝의御名의代로本邦에使節을差遣ᄒᆞᆯ터이오日本에셔도皇族內一名을差遣ᄒᆞᆯ터이라더라

●英將謝辭 仝上

英國海軍大將노웰氏ᄂᆞᆫ大阪을離ᄒᆞᆯ時에英國公使를經ᄒᆞ야日本官民의게謝狀을寄ᄒᆞ야日本海軍의技能이卓越ᄒᆞᆷ을賞ᄒᆞ며將來를期ᄒᆞᆯ軍人과戰役에從事ᄒᆞᆷ은最大名譽라云ᄒᆞ얏더라

●三井夜會 仝上

昨夜에三井家에셔ᄂᆞᆫ海軍將校全體를無漏히招待ᄒᆞ야盛大ᄒᆞᆫ宴會를開催ᄒᆞ얏더라

●嫌疑者拘引 十一月十一日午後、二時五十五分發

東京暴徒紛擾事件에就ᄒᆞ야河野廣仲太竹貫山田喜之助櫻井某等이拘引되얏더라

●御賜午餐 仝上

羅馬法皇使節오코넬氏에게午餐을賜ᄒᆞ셧더라

雜報

●詔書恭錄

○詔曰祥期隔月情理尤何可堪抑我家已行之例亦有可援者[illegible]夕上옵시고

○詔曰今陰曆十月二十日當親行奠酌禮于 懿孝殿祭文親撰以下矣라ᄒᆞ옵시고

○詔曰今陰曆十月二十日東宮亦當親行奠酌禮于 懿孝殿祭文製下矣라ᄒᆞ옵셧더라

●政界近信

○參政大臣韓圭卨氏ᄂᆞᆫ曾有可紀之勞亦居敍勳一等ᄒᆞ고憲兵司令官嚴俊源氏ᄂᆞᆫ已試勤幹尤有勞勣特敍勳二等各賜八卦章ᄒᆞ라ᄒᆞ옵시고

○判敦寧閔泳喆氏ᄂᆞᆫ全北觀察使를被命ᄒᆞ얏고

○奎章閣學士趙秉式氏ᄂᆞᆫ判敦寧으로正二品李容泰氏ᄂᆞᆫ奎章閣學士를被任ᄒᆞ얏더라

○贊議李容泰全北觀察李勝宇兩氏ᄂᆞᆫ並蹴遞ᄒᆞ얏더라

●俄國公使 韓國京城에駐箚俄國公使館은俄日平和克復以來로即時修繕ᄒᆞ기에着手ᄒᆞ야新公使를派遣ᄒᆞᆯ테인ᄃᆡ俄國政府에셔ᄂᆞᆫ戰爭前에京城外交界에振腕하던前公使巴禹路厚氏로再次公使로任命ᄒᆞ야六週間內에 韓國에赴任ᄒᆞᆯ터이라더라

●俄人始着 日昨九日相模丸便으로法語敎師馬太乙氏와同路하야俄國人도로퓨쓰키氏가淸國芝罘로셔仁港에着하야即時入京하얏다더라

●顧問照會 政府財政顧問目賀[illegible]太郎氏[illegible]用地에비償支撥事에關ᄒᆞ야ᄂᆞᆫ已爲貴部에셔磨鍊中에在ᄒᆞᆷ을不疑ᄒᆞ나爲先該地域內에在ᄒᆞᆫ家屋墳墓田畓等收用된物件에實數를調査ᄒᆞ야비償金額의預算을定ᄒᆞᆯ計劃으로本部에셔ᄂᆞᆫ在平壤財務官의게右調査를命令ᄒᆞ고尙且田畓은特히技手를派送ᄒᆞ야測量에從事케ᄒᆞ얏기貴部에셔各其關係郡守의게訓令ᄒᆞ야協力調査에勉焉케ᄒᆞ심을爲要라ᄒᆞ얏더라

●戢捕請費 慶北義興郡守兼任戢捕官趙秉瑜氏가內部에報告ᄒᆞ되戢捕官旅費를內地旅費細則을依ᄒᆞ야公錢中支用後報明事로載在事用中이온바自光武八年十月十二日以後로至本年八月十八日所用戢捕費二千三十兩五戔明細書를粘報하오니査照後移照度支하야本郡甲辰結戶錢中計除ᄒᆞᆯ事라하얏더라

○大韓十三道儒生金東弼氏等이伊藤侯에게長書ᄒᆞᆫ이如左하더라 續

江民以是呼冤于內部則貴國憲兵揮劍亂打被傷者不知爲幾許人哭聲四起天日無光平壤義州仁港等地亦皆若是不通岸航行只不過商務之攫利藉以軍用迫請調印電郵兩司又爲勒奪奄作自己之官方凡以軍用稱托者則今休戰之後事宜還付本國而永作已有三道之漁採迫請認行人命死者幾人勒驅本國民人一千十宅原野之勒占指不勝摟而挾以兵威上脅我君父下脅我人民視若無人或有有志於東洋全局者以明其不然之端將蹴上우君父ᄒᆞ고獻우政府則便稱之軍略上妨害與皆捉之因之一品大臣與紳士之被捉在囚者歷歷可數今於休戰之後有何軍略之可藉乎此於鉗一國之人民以行其不法慾也使本國內怨國無賴之徒倡起一進會名色京鄕騷擾作弊無雙托以爲民議作爲虎前之창導近以保護國之說倡起背約之論各社之新聞亦載雖未知眞的與否所謂林權助符同我政府之二三奸細要以爲自己之功歸國雖小誓不受此等壓制而況前日之信約自在者乎鄙等以此積憤在中每欲一呼於貴國之主務大臣而海路絕遠尙此飮恨者久矣此非鄙等之言乃一國之公議也非一國之公議乃東洋之和議也上陳諸條之虐待抑可謂務悅人心乎否乎鄙等自聞閣下渡韓之奇聚首相謂曰此乃東洋全局支保之期會也代表一國輿論敢此枚陳焉伏願閣下詳覽一統特念東洋維持之勢鞏日和好之誼凡於林權助法外之行雖有目前挾雜韙之利益切非兩國長遠之利也一切夢改務悅一國之心則此非鄙邦之幸也乃東洋之大幸也閣下其 完

[illegible]一進會所謂宣言書에對ᄒᆞ야民人에게告示ᄒᆞᆫ事案을業已僉意詢同ᄒᆞ야貴大臣게셔도亦爲妥協이시기告示ᄒᆞᆯ要旨를左開照會ᄒᆞ오니以此照亮ᄒᆞ시고刻卽訓飭우漢城府警務廳及各觀察府ᄒᆞ오셔一一告示우中外各坊曲ᄒᆞ야使民으로知所趨向ᄒᆞ야毋至誑誤疑眩케ᄒᆞ심을爲要

告示文

近日一進會所謂宣言書者가措辭橫竪ᄒᆞ고立論狂悖ᄒᆞ야有非民人之所敢言者矣라由是而與論이駭喤ᄒᆞ고浮訛胥動ᄒᆞ니興言及是에深爲痛惋이라固當徹底査究이되第念會民도素性이忠愛ᄒᆞ니斯豈本心이리오必由於執迷誤解ᄒᆞ야致有此擧이기玆庸告示ᄒᆞ니大小民人은咸須悉知ᄒᆞ야破除疑團ᄒᆞᆷ이可ᄒᆞᆯ事이라

●警顧質問 丸山顧問이政府告示文에對ᄒᆞ야內部로質問ᄒᆞ기를告示中斯豈本心이란것시其本心之如何를何以料量인지先問於該會ᄒᆞ야其本心與否를知ᄒᆞᆫ後에發令이爲要오若該會가多數聲言즉將何以處之오하고該告示ᄂᆞᆫ承認키難하다하얏다더라

●恐有所歸

昔에江乙이餓死어날其母哭之曰相公이殺我子라ᄒᆞ얏스니盖當局者의政治得失은곳全國人民의生死關係니其責任之重이果宜如何哉아近日漢城中[illegible]亦有似此者ᄒᆞ니實로至慘至悲ᄒᆞ도다記者ㅣ於昨日路上에見一婦人이盤坐於地ᄒᆞ야呼哭不已ᄒᆞ니其貌樣은賤家婦女가아니라來人去客이爲之留住ᄒᆞ야怪而憐之ᄒᆞ야問其所以哭之者ᄒᆞᆫᄃᆡ婦人이曰吾家不炊가已過數日이라膝下幼稚가皆當餓死故로所有衣服件을作典得債ᄒᆞ야兒輩을救活次로漏問於典舖數十處ᄒᆞ되皆以錢荒之致로不能執典給債라今將空手歸家에何忍見兒輩之死狀이며吾亦飢乏ᄒᆞ야行步를不能이로이다于時諸人等이各其囊中所有를傾ᄒᆞ야一元을得ᄒᆞᆫ지라遂給於婦人ᄒᆞ야使之歸家謀炊케ᄒᆞ고諸人이相視而嘆曰此非他人之事오即吾輩所遭之事로다、一自貨幣變更ᄒᆞ야金融이閉塞ᄒᆞ니貧窮者가先死ᄒᆞᆯ터이오至於富商大賈들도亦皆閉廛撤市ᄒᆞ야倒產敗業者ㅣ不知其數인즉所謂饒民도畢竟生活을不得ᄒᆞ리니使我同胞로至於此極者ᄂᆞᆫ誰也오ᄒᆞ면곳財政整理로自任ᄒᆞᆫ者의手段이아닌가孟子曰殺人以政與刃이無以異也라ᄒᆞ시니慘矣慘矣오毒哉毒哉라惟我同胞ᄂᆞᆫ何辜于天[illegible]ᄒᆞ고相與[illegible]噫라今日錢荒[illegible]오不由天[illegible]餓死亡之[illegible]慘狀을或有[illegible]之ᄒᆞ라

◉緊急 社告

本社創設以來로新聞代金을每月初三日內에先納으로收入ᄒᆞ던바ᄂᆞᆫ自初로購覽ᄒᆞ시ᄂᆞᆫ僉君子가擧皆知悉이온바自本年八月再刊以來로代金收合이延至晦間이옵더니到今本社經費가窘絀之歎이有ᄒᆞᆫ기로本月條ᄂᆞᆫ不日內로收合ᄒᆞ여야可히支過ᄒᆞᆯ터이오來十一月爲始ᄒᆞ야ᄂᆞᆫ一朔條를十五日內로送交ᄒᆞ시와連續發刊케ᄒᆞ야愛讀 僉君子의閱覽을供ᄒᆞ기로切盼홈

大韓每日申報社 白告

雜報

東京에滯留ᄒᆞᆫ李沂羅寅永吳基鎬氏等이 日本皇帝陛下의上疏ᄒᆞᆫ全文이如左ᄒᆞ니

伏以交戰國之和約已成凱旋軍之禮式又擧疏人賚民亦皆贊誦而況外臣等生在友邦唇齒輔車勢必相須者乎

懽抃之餘請以一言叫閽以瀆陛下之採取焉夫韓日兩國俱處東洋其居則猶隣里也其人則猶兄弟也而近世白人流涎東亞其勢之來莫可沮遏雖以我韓之弱小其有所恃而無恐者徒以貴國在焉故

甲午之倡我韓獨立者貴國也甲辰之證我韓獨立者亦貴國也滿洲開仗之日天下稱爲義戰一克于旅順再捷于奉天旗鼓所向勇氣百倍此所以獲全勝也

本年八月媾和之時外臣等自臣以爲戰勝則易怠功成則易驕其爲我韓關係者甚大義不敢坐視故駕海東赴亦嘗以一書備陳於政府諸人而待命于玆以數月矣及觀約書所公表者則其曰政事事上軍事上經濟上卓絶利益等句語似與獨立之義多所違背然此或出於使敵人斷望之計則猶有可自解者而至若近日保護國之說謄傳報紙

遂致我韓人民之憂鬱憤懣反德而爲怨翻恩而作仇則外臣等以爲此非陛下之意何也謹按甲午八月一日勅書曰朝鮮本我所啓誘以伍亞歐列强甘爲自主國明矣而淸國屬邦視之陰유陽昧干涉內政

朕據明治十五年條約出兵備變更欲使朝鮮免禍亂於永遠保治安於將來以維持東洋全局之平和云云

甲辰二月十日勅書曰帝國之於韓國保全其置重者非一日之故韓國存亡實係帝國安危而俄國不拘盟約占據滿洲倂此欲吞若滿洲歸俄國領有則韓國保全未由支持極東平和亦不可希望故朕際此機妥協時局云云

蓋此兩勅同歸一義昭如日星信如金石旣已傳布於天下耳目者也昔人亦謂匹夫猶不食言況萬乘乎故外臣等則曰近日事有非陛下之意者也

歷觀古今德與力迭相消長德勝力則治力勝德則亂此天地之常道而竊念陛下聖神文武臨御三九有八年致國於富强蔚然爲東洋之霸主者豈有他術哉

直以其未嘗失信義於天下故伏乞陛下必以戰勝功成爲戒又以東亞黃種爲念而使我韓獨立與之鼎足而居則非徒我韓之幸亦貴國之幸亦天下之幸也外臣等無任屛營祈懇之地謹昧死以聞

●爲制不一 現今一般官民에衣制를靑黑色으로糾正홈은可謂時措에允合타하려니와至於薙髮一事ᄒᆞ야ᄂᆞᆫ無論官民ᄒᆞ고或薙或否ᄒᆞ야班駁不一ᄒᆞ니其或貴賤等級으로爲之歟아抑或任其自由歟아法制之不一이滋惑莫甚이로다第以貴賤等級으로論之ᄒᆞᆯ진ᄃᆡ官人은可薙언졍平民은不必薙이거날今於平民中에薙者亦多ᄲᅮᆫ더러或官高ᄒᆞ되不薙ᄒᆞ며官卑而亦薙ᄒᆞ니其無等級이明矣오且以自由로論之ᄒᆞᆯ진ᄃᆡ雖官高一品이라도不欲薙則不치可矣어날 勅奏以上官은必치之論이又起ᄒᆞ니其非自由ㅣ亦審矣라質諸等級而無稽ᄒᆞ며歸諸自由而未準ᄒᆞ야東西衡決에莫可捉摸ᄒᆞ니天下에有如是法制乎아小事도猶然如此인즉臨他安危大計ᄒᆞ야迷亂顚倒而無所定見은因其宜也라고巷說이有ᄒᆞ다더라

●木商不義 近日東郊等地에木商爲業者이有ᄒᆞ야其隣居同件을誘之曰吾今北山에往ᄒᆞ야伐木以來ᄒᆞᆯ計劃인바君之荳田이其下에在ᄒᆞ야往來之路에不得不該田中으로徑過ᄒᆞᆯ터인즉如干害穀을勿惜ᄒᆞ고君其許之ᄒᆞ면日後에當有厚謝라ᄒᆞᆫ즉隣件이平日好誼를想念ᄒᆞ야荳田中往來를快諾ᄒᆞ며伐木之際에도不彈勞苦ᄒᆞ고悉心助役ᄒᆞ얏더니及其木役이告訖ᄒᆞᆫ後에該田의許多損害와助役ᄒᆞᆫ不少勤勞를一半分報酬ᄒᆞ기ᄂᆞᆫ姑捨ᄒᆞ고借庭入室ᄒᆞᄂᆞᆫ惡習으로隣件을返爲侮視ᄒᆞ야該荳田을設計勒買코져ᄒᆞ기로隣件이其見欺홈을悔恨ᄒᆞ며遠近居民들도木商의不義行爲를擧皆憎惡ᄒᆞᆫ다ᄂᆞᆫᄃᆡ木商輩에貪心과惡習이自來如此ᄒᆞ다고傳說이有ᄒᆞ더라

●商業會議所貨幣矯救方策 (三)

現時英國倫敦銀塊市價一(온스)에對ᄒᆞ야二十八片內外로써換筭ᄒᆞ면舊貨五兩은金九十錢弱의實價를有홈으로白銅貨一箇ᄂᆞᆫ四錢八里五毛에法貨를有ᄒᆞᆫ者라

然而白銅貨流通以來로纔十二年間에白銅貨가對日貨에比價를徵ᄒᆞᆯ지라도或高下不無홈은아니로ᄃᆡ恒常一定ᄒᆞᆫ順序를持保ᄒᆞ야經濟作用으로븟터即補助貨發行額增加를從ᄒᆞ고

且日本商人이需供如何에關ᄒᆞ야公差를生홈에弗過ᄒᆞ야挽近四五個年間에惡貨密輸入과갓치低落의差를生ᄒᆞ야白銅貨一圓에對ᄒᆞ야日貨五六十錢의比價를現出ᄒᆞ니

若彼惡貨의密輸入이無ᄒᆞ얏스면經濟의作用上으로從來ᄒᆞ來ᄒᆞᄂᆞᆫ公差ᄲᅮᆫ이오相當ᄒᆞᆫ比價ᄂᆞᆫ保持ᄒᆞᆯ事가分明ᄒᆞᆫ지라惡貨의密輸入은相當ᄒᆞᆫ實價가有ᄒᆞᆫ韓貨로ᄒᆞ야금

公共히其差를對生케ᄒᆞᆫ者라然而貨幣整理의聲이市場에喧傳ᄒᆞ고其內容에官鑄私鑄의別이有ᄒᆞ다唱導ᄒᆞᆫ際와昨年露日開戰以來에

其某日本大商인은不正白銅貨를大瀛船에滿載ᄒᆞ야數回平安道方面에揚使用ᄒᆞ니此說이傳佈홈이通貨의對ᄒᆞᆫ弗安의念慮가만生ᄒᆞ야國民의方向을迷惑케홈으로

日貨一圓에對ᄒᆞ야白銅貨二圓五六十錢의差를生케ᄒᆞ고平壤地方에셔ᄂᆞᆫ三圓內外의大差를惹起케ᄒᆞ니

歷史槩要

波蘭末年史 續

他人의聞問을不要ᄒᆞᆫ다ᄒᆞ고又曰渠等이我女皇의聖旨를抗拒ᄒᆞᄂᆞᆫ故로得罪ᄒᆞ얏스니國會事務가確定ᄒᆞ기前에ᄂᆞᆫ放免치못ᄒᆞ리라ᄒᆞ고

또恐喝曰諸君이만일此後에도立法委員設置ᄒᆞᄂᆞᆫ事를反對ᄒᆞ면無論何人ᄒᆞ고다死刑에處ᄒᆞ야臥蘇府ᄂᆞᆫ流血場이되리라ᄒᆞ더라

未幾에國會를再開ᄒᆞᆯ서羅周逸이國會에領袖되야露國의提出案을議論코져ᄒᆞ나附從者가甚少ᄒᆞᆫ지라이에

露國公使下令ᄒᆞ야元老와代議士中에委員六十名을選ᄒᆞ야宗敎와法律과政治와邊境과밋特權에關ᄒᆞᄂᆞᆫ制度를撰定ᄒᆞ고그撰定ᄒᆞᆫ後에ᄂᆞᆫ國會에送ᄒᆞ야

國會ᄂᆞᆫ다만承諾ᄒᆞᄂᆞᆫ權만有ᄒᆞ고또委員等은露國公使의許可가無ᄒᆞ면關席지못ᄒᆞ리라ᄒᆞ니自此로燁仁의權力이더욱熾盛ᄒᆞ야波蘭의萬機를專斷ᄒᆞ고賞罰黜陟이其掌中에在ᄒᆞᆫ지라波蘭王은오작彼의命令을奉承ᄒᆞ고百萬諂媚ᄒᆞ야其愛憐顧恤을求ᄒᆞᆯᄲᅮᆫ이러라

此後에委員會를露公使館과밋新敎敎長宅에輪回開設ᄒᆞ야爲先新敎徒의氣勢를壯케ᄒᆞ고新敎國의諸公使로臨席ᄒᆞ야各其意見을陳述ᄒᆞ라ᄒᆞ고

未完

特別廣告

本申報ᄂᆞᆫ海外電報를卽接ᄒᆞ야機關이靈通ᄒᆞ고外報와探報를敏捷活潑ᄒᆞ도록注意ᄒᆞ오며申報ᄒᆞ야發送ᄒᆞᄂᆞᆫ디迅速信傳ᄒᆞ기ᄂᆞᆫ分傳人의게在ᄒᆞᆷ으로本社에셔平常에諸分傳人의게丁寧告戒ᄒᆞ고申申訓飭ᄒᆞ야母或媮惰ᄒᆞ게注意ᄒᆞ거니와如或暫有稽忽이라도愛讀僉君子ᄂᆞᆫ密使通知于本社ᄒᆞ시면該分傳의게誠信相孚ᄒᆞ도록耳提面命ᄒᆞ고勸贊가發生ᄒᆞ도록誨諭ᄒᆞ야必無遲誤ᄒᆞ기로期待ᄒᆞ옵나이다

本社에寄書ᄒᆞ시ᄂᆞᆫ諸君子ᄂᆞᆫ姓名과居住를明確ᄒᆞ게懸錄送附ᄒᆞ시와證據가有ᄒᆞᆷ을必要ᄒᆞᆷ이오公衆平和와ᄒᆞᆫ秩序를紊亂케ᄒᆞᄂᆞᆫ意와社會上不經荒雜ᄒᆞᆫ寄書ᄂᆞᆫ自不受ᄒᆞᄂᆞᆫ權利가本社에有ᄒᆞ오니肯諒ᄒᆞ시옵

大韓每日申報社

廣告

貿易商 本社ᄂᆞᆫ仁川港
日本郵便電信局對面
電話第二百一番地
仁川港 廣昌 洋行
벤넛트會社告白

○鐵路部

○東大門과新門間에來往車ᄂᆞᆫ每十分間에運行ᄒᆞᆷ
東大門發初車ᄂᆞᆫ午前六時三十分
新門外停車場發初車ᄂᆞᆫ午前六時五十五分
東大門發終車ᄂᆞᆫ午後九時五十分
新門外停車場發終車ᄂᆞᆫ午後十時十五分

○東大門과洪陵間에來往車ᄂᆞᆫ每二十分間에運行ᄒᆞᆷ
但自鍾路로東大門에來到ᄒᆞᆫ交替車로聯絡ᄒᆞᆷ
東大門發初車ᄂᆞᆫ午前六時五十分
洪陵發 初車ᄂᆞᆫ午前七時十分
東大門發終車ᄂᆞᆫ午後七時五十分
洪陵發 終車ᄂᆞᆫ午後八時十分

○鍾路와龍山間에來往車ᄂᆞᆫ每十二分間에運行ᄒᆞᆷ
鍾路發至南大門初車ᄂᆞᆫ午前六時四十八分
鍾路發至龍山 初車ᄂᆞᆫ午前七時二十四分
南大門發至鍾路初車ᄂᆞᆫ午前六時五十六分
龍山發至鍾路 終車ᄂᆞᆫ午前七時五十七分
南大門發至鍾路終車ᄂᆞᆫ午前十時八分
龍山發至鍾路 終車ᄂᆞᆫ午後九時九分

○特別私用車ᄂᆞᆫ顧客의方便ᄒᆞᆷ을隨應ᄒᆞ야準給ᄒᆞᆷ
但定價ᄂᆞᆫ本社에來臨ᄒᆞ야請問ᄒᆞ옵

○電燈部

二百五十燭力以內의敷用處에ᄂᆞᆫ每個月에定價表가如左ᄒᆞᆷ
○十六燭力燃燈達夜에二圓五十錢
○三十二燭力燃燈達夜에四圓
○五十燭力燃燈達夜에六圓
○一百五十燭力燃燈達夜에十圓
一千二百燭力弧形燈達夜에二十圓
二百五十燭力以上의敷用處에ᄂᆞᆫ請求ᄒᆞ면瓦斯計一箇를設給ᄒᆞᆷ
但瓦斯計賃金은每個月에二圓이오瓦斯計測驗表委托定價ᄂᆞᆫ每時間每암피아에二錢이옵
瓦斯計設給處에셔每介月支拂金最低額은每個月에二十圓인듸(瓦斯計貸金은)据ᄒᆞᆷ
電燈을敷設ᄒᆞ기에請求ᄒᆞᄂᆞᆫ듸給ᄒᆞᆷ로供各種連技辦燈도常時에貯存ᄒᆞ엿삽

本社鐵路電氣會社
韓美電氣會社 告白

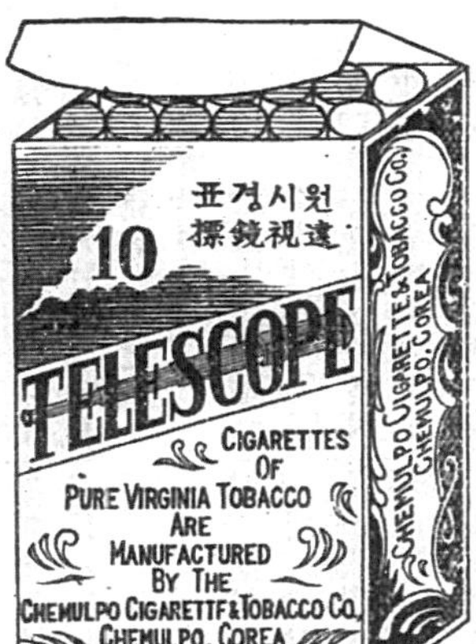

以上三種은上品으로製造ᄒᆞ야衛生上에至極有益ᄒᆞ오니毋論某人ᄒᆞ고本社에來顧ᄒᆞ옵

大韓帝國仁川港
濟物浦紙卷煙及烟草會社

一 鷹標罐濃詰牛乳
一 金印罐詰濃結牛乳
一 無雙家用氣化乳酪
一 쎠ㅣ든쓰製造麥芽化合牛乳
以上온常時에貯積ᄒᆞ엿삽
美國紐育港쎠ㅣ든쓰濃結牛유會社
一手代理店 大韓仁川港 世昌洋行

廣告

一 雜貨商
一 貿易商
一 船舶取扱
一 煙草商
一 委托販賣及貨物運送代理業
一 貿易石炭商
以上輸入及輸出者
京城 仁川 大昌 洋行

本社廣告

申報價
一張代金 韓貨五錢
一箇月前納 五十戔
三箇月 一元五十戔
六箇月 二元九十戔
一箇年 五元八十戔
郵稅一部 新貨五里
一箇月 十三戔

廣告料
四号活字十三字詰
每日每英尺一寸에新貨廿五錢
(每日每行에六錢에相當ᄒᆞᆷ
二周日에 二圓五十錢
(每日每行四錢五里에相當ᄒᆞᆷ
一箇月에 五圓
(每日每行四錢一里에相當ᄒᆞᆷ
其期限의長短과字行의多少를依ᄒᆞ야增減ᄒᆞᆷ이有ᄒᆞᆷ
大韓人마다此申報를不得不閱覽ᄒᆞ실터이오니廣告出報ᄒᆞ실僉君子ᄂᆞᆫ來臨面議ᄒᆞ시옵

發行兼編輯人 英國人裴說
發行所
京城北署壽進坊礪洞号外地法語學校前
大韓每日申報社

第三卷

大韓每日申報
대한매일신보

第七十七號

月曜及慶節歲時日休刊

檀君開國四千二百三十八年
箕子元年三千二十七年
大韓開國五百十四年
日本明治三十八年
淸國光緖三十一年
陰曆乙巳十月大十九日戊午

論說

論軍律

今既戰畢之後여날韓國內頒布軍律은依然繼續ᄒᆞ니是豈日本之對韓好意耶아此邦을待之以敵國은義所不當인바

日本官憲에게深諒될거슨因軍律之名ᄒᆞ야日人行悖가無日無之오由是韓人이多被慘殺ᄒᆞ얏스니是爲日本之大失令名홈이라

至如元山港馬山浦ᄒᆞ야ᄂᆞᆫ今在案壘中이니所謂軍律을猶或可恕어니와至如漢城ᄒᆞ야ᄂᆞᆫ斷不可恕로다

且漢城內에派駐ᄒᆞᆫ日本憲兵及巡査로言之면干犯禁止로與以爲證이나其實은不然이오地方新聞에此等警報가頗少홈은本社以外各報館이與皆受其日人檢察ᄒᆞᄂᆞᆫ緣由로다

且以一進會論之면該會組織은日人所使라韓日間政界罪犯者의指揮ᄒᆞᄂᆞᆫ結果오所謂會員은東學餘黨과從事煽動ᄒᆞᄂᆞᆫ者流라

日本武官及憲兵의恩助를依賴ᄒᆞ야到處에人民을壓迫ᄒᆞ며官吏를拒逆ᄒᆞ니近日韓國에地方騷擾의原因도此等行爲로起端홈이常多ᄒᆞ도다

日本向意에貽其獘害ᄒᆞ고擇友之方에可嘆之事ᄂᆞᆫ現今韓內閣에日本受職者三名이有ᄒᆞ야日本憲兵의保護를受홈이니

此被居官을日人以外에有誰願之리오以愚觀之컨ᄃᆡ日本이實行ᄒᆞ기에合宜ᄒᆞᆫ너술姑未料度ᄒᆞ얏도다

日本下民도虐待韓人ᄒᆞ기를認之以常例ᄒᆞ고附日輩를强置于政閣ᄒᆞ고附日亂類를許之以自由行動이라

由是로韓人이欲爲反對ᄒᆞ니其所反對가合於義而公正이어날即以軍律處刑ᄒᆞᄂᆞᆫ도다

貴絶惡於未萌이今尙其時니附日官僚를使之辭免ᄒᆞ고一進會를置之于日本保護外ᄒᆞ고使其日本居留民으로彼之於此에實是外客이오斷非戰勝者며且兩帝國間에更加敦睦홈이是乃長策인줄를知悉케ᄒᆞᆯ지여다

官報

●第三千二百九十四號 光武九年十一月十一日

●法律 續

第十三條 변護士ᄂᆞᆫ正當ᄒᆞᆫ理由를證明치아니ᄒᆞ면裁判所의命ᄒᆞᄂᆞᆫ職務를辭홈을不得홈이라

第十四條 辯護士ᄂᆞᆫ左開ᄒᆞᆫ訴訟事件에對ᄒᆞ야其職務를行홈을不得홈이라

一 訴訟當事者雙方의協議를受ᄒᆞ야此를贊助ᄒᆞ거나又其委任을受ᄒᆞᄂᆞᆫ事件

二 判事檢事在職中에管理ᄒᆞᆫ事件

三 仲裁契約을依ᄒᆞ야仲裁人으로管理ᄒᆞᄂᆞᆫ事件

第十五條 刑事에關ᄒᆞ야役刑五年以上의罪의相當홈으로思惟ᄒᆞᄂᆞᆫ境遇에刑事被告人이辯護士를選定치아니ᄒᆞᆫ時ᄂᆞᆫ裁判所가職權으로써選定홈을得홈이라

第十六條 변護士ᄂᆞᆫ訴訟當事者의委托ᄒᆞᆫ事項에對ᄒᆞ야秘密을守ᄒᆞᄂᆞᆫ責이有홈이라

第十七條 변護士ᄂᆞᆫ係爭權利를買收홈을不得홈이라

第十八條 변護士ᄂᆞᆫ訴訟事件의委任을承諾지아니ᄒᆞᆫ時ᄂᆞᆫ速히其旨를委任者에게通홈이可ᄒᆞ되若通知를懈怠홈에因ᄒᆞ야生ᄒᆞᆫ損害ᄂᆞᆫ其責을擔負홈이라

第十九條 刑事案件에對ᄒᆞ야豫審을經ᄒᆞ기前에ᄂᆞᆫ辯護홈을弗得홈이라

第二十條 변護士ᄂᆞᆫ所管裁判所所在地에事務所를定ᄒᆞ고此를法部에報告홈이可홈이라

第二十一條 辨護士ᄂᆞᆫ京城內에辨護士會를設立홈이可홈이라各地方裁判所에ᄂᆞᆫ辨護士支會를設立홈이可홈이라

第二十二條 辨護士會ᄂᆞᆫ法部大臣의監督을受홈이라

第二十三條 辨護士會에會長과副會長을置홈을得홈이라

第二十四條 辨호士會ᄂᆞᆫ便宜를因하야議事員을置홈을得홈이라

第二十五條 辨호士會ᄂᆞᆫ每年定期摠會와臨時摠會를開홈을得홈이라

第二十六條 辨호士會ᄂᆞᆫ會則을定하야法部大臣의認可를受홈이可홈이라

第二十七條 辨호士ᄂᆞᆫ辨호士會에參入지아니하면其職務를行홈을弗得홈이라

未完

外報

●滿洲總督府撤還期 日本에셔遼東에設置ᄒᆞᆫ滿洲總督府ᄂᆞᆫ來月에撤還ᄒᆞᆯ滿洲軍總司令部를代ᄒᆞ야撤兵期限中撤兵及守備兵等滿洲의軍務를掌ᄒᆞ얏ᄂᆞᆫ되右期限內라도日俄兩國이撤兵을畢了ᄒᆞ며守備事件이歸定되야遼東以外의滿洲를淸國에還附ᄒᆞ고滿洲의港市를列國에開放홈에至ᄒᆞ면該總督府를日本의遼東租借地內로撤還ᄒᆞ리라더라

●大使年俸 英國政府ᄂᆞᆫ今番日本駐箚英國特命全權公使마구도나루도氏를大使로昇任되얏ᄂᆞᆫ되從來로全權公使ᄂᆞᆫ年俸五萬圓을受ᄒᆞ얏더니今番에大使로昇任되얏슴의十四五萬圓의年俸을受ᄒᆞᆯ이라ᄂᆞᆫ되又同氏ᄂᆞᆫ本國에셔公式의通牒을受홈과同時에盛大ᄒᆞᆫ披露式을行ᄒᆞᆫ다더라

●貿易機關 北京電을據ᄒᆞᆫ즉俄國은伊犂新疆貿易의機關으로各都會에俄淸銀行의支店을設立ᄒᆞᆯ것과又居留地經營에着手ᄒᆞ얏다더라

●俄國赦典 俄國의大赦ᄂᆞᆫ帝位에對ᄒᆞ야犯ᄒᆞᆫ十月三十日ᄭᅡ지犯罪의全部及革命主義秘密結社에關係ᄒᆞᆫ罪에도及ᄒᆞ얏다더라

●英美和好 倫敦電을據ᄒᆞᆫ즉英國皇帝侍從武官海軍少將팟던ᄲᅢ구親王은三日間滯在ᄒᆞ얏더니大統領루스벨트氏ᄂᆞᆫ盛大ᄒᆞᆫ禮로大統領官舍에迎接하얏ᄂᆞᆫ되親王은英國皇帝의親書를大統領씌贈呈하얏다더라

●山西危險 七日發北京電을據ᄒᆞᆫ즉排美運動의結果로山西에셔ᄂᆞᆫ排外熱心이大起하야形勢가危險ᄒᆞᆫ되山西巡撫ᄂᆞᆫ美國政府에셔淸國人上陸禁止條例를改正치아니ᄒᆞ면將來의大事를生하깃다고上奏하고各國公使等은同地에셔外國人保호를要求하얏더라

東京電報

◉金子男送別會 十四日午後三時着
金子男爵은昨夜(十二日夜)에
美國公使의送別會를開하고同
男爵은一塲찰의를하고次에美
國公使은美日國際上에就하야
有益ᄒᆞᆫ演說을하얏다더라

◉日儲ㅣ伊勢大廟參拜 仝上
日本皇太子殿下은天皇陛下리
勢大廟御參拜御還行의後續하
야大廟에御參拜를하셧다더라

◉伊勢行幸供奉員 仝上
伊勢行幸의供奉員은桂 淸浦
兩大臣外二十五名과其他御倍
從山縣元帥陸海軍大臣等이라
더라
陛下의御發輦은向已報道하얏
거니와十四日午前에新橋에서
發하사明十五日午後에이勢山
田에御着ᄒᆞᆯ豫定이라더라

雜報

◉政無始終이면不如無政
今夫農夫之治田이自于耜擧趾
와播種耘苗로以至實영實栗ᄒᆞ
며是刈是穫ᄒᆞ야一其心力而有
初有終이라야勤苦之餘에乃克
奏功이오
如或勇於其始ᄒᆞ야耕種雖勤이
나灌漑耘穫를都不如法ᄒᆞ고嬉
遊度日ᄒᆞ야望其自成이면良田
沃壤이變爲薄瘠ᄒᆞ야一粒無得
에飢愁將至ᄒᆞᆯ지니

爲政이亦猶是矣라一事一務를
循序而進ᄒᆞ야法無浮文而惟其
實踐ᄒᆞ며令不虛發而必責其成
이라야日積月累에庶績이咸凝
ᄒᆞ야致治之效를乃可見矣어
날
今觀韓政之施措컨ᄃᆡ良法美規
가非曰全無로ᄃᆡ但有其初ᄒᆞ고
未見克終ᄒᆞ야一暴十寒이竟歸
虛影ᄒᆞ니凡於國計民事에迄無
寸進을何足怪焉이리오
第其農桑勸課와森林養成은民
國間大政이기로水輪等新發明
農器와植桑養蚕與公私山植木
等事을頒布經紀가已經幾年이
되
田野之未闢이依然如前日ᄒᆞ며
蚕桑之效果가絶無而僅有ᄒᆞ며
錦繡之岡만이無處不童濯ᄒᆞ야
有識者ㅣ往往指點歎惜ᄒᆞ니其
故는何也오
此蓋有司之官이初無定見ᄒᆞ야
一令之後에仍爲抛置키로萬金
良方을民亦冷視ᄒᆞ야不究其利
ᄒᆞ며不思着手ᄒᆞ니無火之釜에
炊何自熟고上下恬嬉가良足慨
也로다
非徒農桑森林이爲然이라凡可
以有補於民國者를伊來收議擬
設이非止一事로되
或纔行而中輟ᄒᆞ며或日久則自
寢ᄒᆞ야卓然成績에爲世稱道者
ㅣ顧無一焉ᄒᆞ니終日談龍호ᄃᆡ
未嘗一饗ᄒᆞ며滿屋貯錦이라도
未着一絲면終於凍餒而已矣라
有何益哉아
國勢之委靡과民業之不振이未
嘗不由於此인즉從今改絃易轍
ᄒᆞ야凡係當行事件을徹頭徹尾
而確加的量ᄒᆞ야不爲則已어니
와爲之必力ᄒᆞ며
勿務其繁ᄒᆞ며勿望其速ᄒᆞ고歷
以歲月에繫繫做去면數節之後
에迎刃自解ᄒᆞ야利益發達이必
有其日ᄒᆞᆯ지니此與徒飾文具而
矻矻無成으로不可同日語也라
政府諸公은其念之哉인저

◉禮卿交代 掌禮卿趙定熙氏
는特進官을被任하고特進官金
完秀氏는掌禮卿을被任하얏더
라

◉恩波浩蕩 日昨 詔旨를下
하사放逐鄕里罪人金永韶兪錫
求玄暎運三人을特放하옵셧더
라

◉檢判互換 平理院判事李圭
桓氏는檢事로檢事李建鎬氏는
判事로轉任하얏다더라

◉寧察促答 平安北道觀察使
가內部에電報하되東亞開進會
公函到府ᄒᆞᆷ을各郡謄飭與否를
即答伏望이라하얏더라

幼學盧瑛鉉이政府에呈書가
如左하니
伏以政府者는 皇室之興亡이
關焉ᄒᆞ고人民之休戚이係焉ᄒᆞ
나니論道經邦則內治가修ᄒᆞ고
披誠佈信則外交가親이로되如
或反是면匡君救民之策이蔑如
而無政府之責을烏得免乎야
若至無政府之境이면即亡國之
大夫라以何面目으로歸見
先王先祖於地下乎잇가竊伏念
現狀컨ᄃᆡ宗祊必至綴旒之危ᄒᆞ
고生靈難免滅種之患이온즉
雖愚夫愚婦라도無不流涕痛哭
이어든況莅廟堂之上ᄒᆞ야
之偏恩ᄒᆞ며食君之祿
가
日本之於我韓에依之
勢ᄒᆞ며媿之以心腹之
午에倡我獨立ᄒᆞ며用
獨立ᄒᆞ야公使則勸
顧問則擔任補佐ᄒᆞ니
矣오交道極矣어늘
惟我政府는以爭寵으로爲事ᄒᆞ
고以剝民으로爲能ᄒᆞ야假軍이
臨境에不思征討ᄒᆞ고淸匪가越
江에不能禁戢ᄒᆞ며義兵이猖獗
에不用斬除之策ᄒᆞ고會民이弊
衍에不行矯救之方ᄒᆞ오니
國力이去益衰靡ᄒᆞ고國交가尤
雖親密이라然則保護之約이安
得不挿於媾和之席이며保護之
說이安得不載於報館之紙리오
雖然이나
日皇陛下仁慈如天地ᄒᆞ시고信
義如日星ᄒᆞ시사使伊藤侯로特
派大使ᄒᆞ야
第一은俄日開仗以來에日本軍
事行動에對ᄒᆞ야多大ᄒᆞᆫ便宜를
與ᄒᆞ얏슴으로感謝ᄒᆞᆫ意志를表
ᄒᆞ이오
第二는交戰中에我韓에서屢次
祝賀大使를派遣ᄒᆞ얏스나兵馬
공忽ᄒᆞ야回禮를表치못ᄒᆞ얏스
매答禮를表ᄒᆞ기爲ᄒᆞᆷ인즉
此是友邦之好誼라爲我韓臣民
者便若涸轍之望斗水ᄒᆞ며死病
之待良藥이어날 未完

◉竟至被拿 平理院判事李秉
和刑事局長尹性普兩氏間相持
事件은前報에已揭어니와該事
件을因ᄒᆞᆷ인지尹性普氏가日昨
理院卿沈相薰
長으로平理院
ᄂᆞᆫ副社長으로叅
植玩氏는事務長으로正三
朴永大氏는事務官으로劉
性氏는敎官으로被任하얏다
더라

◉匪徒押上 江原道裁判所判
事閔泳斅氏가法部에報告ᄒᆞᆫ內
槪에原州鎭衛隊照會를據ᄒᆞᆫ즉
近日所謂義擾中捕捉者七名을
同爲押囚於原州郡獄中이더니
現承軍部指飭하야越送于貴裁
判所等因이기該罪人姜大俊徐
弘允姜奉連權丙眞金百萬韓用
鳳李丙文等七名을幷即嚴囚繫
務藝하오니照亮裁處라하얏더
라

◉紅賊又來 平北觀察使李根
豐氏가內部에報告ᄒᆞᆫ內槪에管
下厚昌郡守李載植報告를據ᄒᆞᆫ
즉紅衣賊四百餘名이屯聚於越
邊而就中六十餘名이乘舟渡江
하야捉去我民二十三人이온바
一人則被打致死하고五人은該
賊이以富人金丙喆押來之意로
爲先放還하고其餘十九名은萬
無生還之道하고衆民이懷惻移
散이다이온바附近鎭衛隊에知
照戒嚴하며嗣後形止를連續馳
報ᄒᆞᆯ意로指令以送이라하얏더
라

◉却之廓如 日昨憲政研究會
에서一進會로覆函ᄒᆞᆫ內槩에本
會主義는期圖君治憲政之總攬
主權하며欲遂全國人民之獨立
志望而已라至於貴會宣言書內
開云云은決非本會之所敢與聞
而所敢忍道者也오領土及獨立
之關係는韓日之約款이昭在하
야兩國이信守하고列邦이認証
하니今於貴會之宣言에我國民
之精神은皆知有魯連海之在前
故로茲將來書繳還ᄒᆞ니請加三
思라하얏더라

◉雲外寒蒲
人之器量이其類ㅣ不一ᄒᆞ야有
天地之氣ᄒᆞ며有江海之量ᄒᆞ며
有斗筲之量ᄒᆞ야器大則難窮이
요器小則易영ᄒᆞ나니
今夫富有萬鍾ᄒᆞ며貴至一品이
되謙遜自持ᄒᆞ야惟道義是尙者
는天地之量과江海之量也라其
進을不可量也로되
至若貧賤之徒가一朝에驟得若
干勢力과若干金錢이면昂然自
大ᄒᆞ야肆其强橫者는斗筲之量
也라器小易영ᄒᆞ야行當招損이
니厥理自然에惟具眼者라야見
之리라
愛人者는人亦愛之ᄒᆞ며侮人者
는人亦侮之ᄒᆞ며欺人者는人亦
欺之ᄒᆞ야報應이不爽에以其類
至ᄒᆞ나니
種玉得玉ᄒᆞ며種棘生棘이莫非
自家手裏에造下的禍福이라世
間有心人은愼無作侮人欺人行
이어다
短綆이不可以汲深이오小器이
不可以致遠이니力小而圖大면
安能善後며福則飛物이오蚌是
潛類라
一長一短이似有間焉이로ᄃᆡ相
持而就擒은同一無異ᄒᆞ니勢之
長短이元無補於存亡이리라

◎緊急 社告

本社創設以來로新聞代金을每月初三日內에先納으로收入ᄒᆞ던바는自初로購覽ᄒᆞ시는僉君子가擧皆知悉이온바自本年八月再刋以來로代金收合이延至晦間이옵더니到今本社經費가窘絀之歎이有ᄒᆞ기로本月條는不日內로收合ᄒᆞ여야可히支過ᄒᆞᆯ터이오來十一月爲始ᄒᆞ야는一朔條를十五日內로送交ᄒᆞ시와連속發刋케ᄒᆞ야覽讀 僉君子의閱覽을供ᄒᆞ기로切盼ᄒᆞᆷ

大韓每日申報社 白告

雜報

●大韓俱樂部覆函

敬啓者第讀來書ᄒᆞ니此乃國家之大關頭也로다其曰日之於韓에切力周旋이라ᄒᆞ고又曰出於義俠이라ᄒᆞ며韓之於日에信義로交友邦이라ᄒᆞ고又曰誠意로對同盟이라ᄒᆞ니

莫非適切之言이라此不待貴會의有言後知得이로다然이나其日外交之權을寧委任于友邦政府ᄒᆞ야依其力保維國權이라ᄒᆞ며

內治之事를不必徒用庸人이라寧擇先進顧問ᄒᆞ야除祛弊政에以進民福이라ᄒᆞ니內治外交를並自抛棄ᄒᆞ고焉有保維國權ᄒᆞ며以進民福者乎아

況又據其保護ᄒᆞ야維持國家獨立이라ᄒᆞ니讀至于此에尤不覺髮竪背洽이로다貴所云誠意對同盟ᄒᆞ며信義交友邦이止在於自束自縛ᄒᆞ야請其保護者哉아

貴會가常以四大綱領扶持로爲主唱터니一朝에胡至有此擧也오此非徒與敝部主義로一切相反이라正與全國民主義로大所違背者也로다

且貴會가擧全國之大權ᄒᆞ야豈有左右宣言之權乎며設或有是權이라도所謂宣言書者는自有體裁ᄒᆞ야

不背國是ᄒᆞ며不背公義ᄒᆞ며不背人道ᄒᆞ며不損國體然後에乃可立言宣布어날今此來書主旨는決非爲大韓國民者의所可道所可聞이라是以繳遠이오其在貴會ᄒᆞ야切爲慨惜이라亟謫自惜ᄒᆞ노라不識

●請要炭礦 觀峴居黃翼淵氏가農部에請願하되鳳山洞仙嶺에石炭礦ᄎᆡ掘會社를認許ᄒᆞᆷ을請願하얏다더라

●是豈道理 日昨一進會에서政府告示文辭意에對하야總代三人을派遣하야參政大臣에게質問하얏고其告示文을摘去하야漢城判尹에게도質問하얏다더라

●請認斑玉礦 南署棗洞居崔鶴來等이農部에請願ᄒᆞ되全羅南道珍島郡에本有石玉所産이온바俗名花斑石이라初無公私間句管ᄒᆞ야各處工匠輩가任自採掘에亦無分錢定稅이고只不過該近官吏之酬應貢物인즉本人等이今에資本을辦備ᄒᆞ고便利ᄒᆞᆫ機械를買收ᄒᆞ야欲爲設礦營業ᄒᆞ오니該礦은付屬本部ᄒᆞ고稅金每年二百元式酌定ᄒᆞ야上納ᄒᆞᆯ터오니特爲認許라ᄒᆞ얏더라

●義甚精羅 日昨皇城基督教懿法會에서一進會에覆函ᄒᆞᆫ內概에拱接貴函所別紙宣言書則當此民心疑懼之日倡言國是所當一杯曈眼說罷然顧此本會素以播傳眞道教育後進爲宗旨而至於政界上可否不敢容一喙說然至若我韓獨立曾年日淸之戰特出於爲我獨立之擧値玆露日之役亦扶植我獨立之義我韓涵育之恩孰不感心且天下萬邦所共洞悉者也貴會宣言書中有依其指導擔其保護之說殊甚滋惑指導之下焉有國權保護之下豈有獨立此一大欺恐是僉尊之誤算也更加深究焉貴宣言書玆庸繳還이라ᄒᆞ얏더라

●物輕義重 布哇에移駐ᄒᆞᆫ韓人林姓者가金十元을韓政府에寄送ᄒᆞᆫ槪意를得聞ᄒᆞᆫ즉自政府로派遣外協尹致昊氏하야幾萬里海外垂死之人民을慰問하니光榮이莫大에無以奉答키로農場屠錢餘在金十元을奉呈하오니幸勿以物小爲嫌하고補用於國用之萬一을伏望이라ᄒᆞ얏는ᄃᆡ外部에서度支로照會하고該金十元을國庫로收入하얏다더라

●商業會議所貨幣燃救方策 (四)

是는政府의施政如何의關ᄒᆞ야經濟作用上이紊亂ᄒᆞᆷ은叓論을弗待ᄒᆞᆯ지라우금貨幣整理及施行法의弗合理ᄒᆞᆷ을勿論ᄒᆞ고政府의反省을仰請ᄒᆞ압나이다

一夫財政整理라ᄒᆞ는句語의精神은經濟界로ᄒᆞ야금不安ᄒᆞᆫ念을除去케ᄒᆞ야人民을傷失차안코國利를損傷ᄒᆞᆷ이無ᄒᆞ도록經濟의調和를圖謀ᄒᆞ야一國進運之途를講究ᄒᆞᆯ지니惡貨整理는各國史에財政行用上漸次收納ᄒᆞ는法을模本ᄒᆞ야本位貨와幷行케ᄒᆞ되其法으로因ᄒᆞ야生ᄒᆞ는損害는國家가負擔ᄒᆞ고日本貨幣史도亦然ᄒᆞᆫ지라

我國貨幣整理와갓치一片法令으로만發行ᄒᆞ면서最低市價를標準ᄒᆞᆫ는交換으로人民의게强行ᄒᆞ는不法의整理ᄒᆞ는精神에背反ᄒᆞᆯ뿐아니라當然히國家가負擔ᄒᆞᆯ債務를强迫手段으로個人의歸케ᄒᆞ는暴虐은文明政界第 要義에容許치안는비라故로惡貨中으로生ᄒᆞᆫ國民損害에對ᄒᆞ야는國家가相當ᄒᆞᆫ方法으로써救濟ᄒᆞ는責任이有ᄒᆞᆯ거시오

二政府에서舊白銅貨交換規定에不正舊白銅貨는每箇에對ᄒᆞ야金一錢으로써買收ᄒᆞᆫ다ᄒᆞ얏스니政府에서稱ᄒᆞ는不正白銅貨가我國通貨에存在ᄒᆞᆷ은內外國民의均히公認ᄒᆞ는바이라

然이나政府는通用을禁止ᄒᆞ거나或은使用者에對ᄒᆞ야法으로罰ᄒᆞᆫ形跡이一無ᄒᆞᆯ뿐아니라公納金도政府가收受ᄒᆞᆷ은天下가共認ᄒᆞ는바이오

又重之昨春俄日開戰以來로日本政府經營에係關ᄒᆞᆫ京義鐵路及京釜鐵路와其他經營에對ᄒᆞ야我國民에支拂ᄒᆞ는諸物貨代金及勞力貨를白銅貨로써支給ᄒᆞ고

其間弗正貨云云에對ᄒᆞ야는何等處置가無ᄒᆞᆯ뿐아니라國民이弗正貨로認知ᄒᆞ고受랍을弗肯하면當該官이曰是는政府가發行ᄒᆞᆫ것시이늘엇지弗受ᄒᆞᆯ理가有ᄒᆞ리오ᄒᆞ고

歷史槩要

波蘭末年史 續

十一月十九日에其議를決案ᄒᆞ니自此로新敎貴族이天主敎貴族과갓치同等權을得ᄒᆞ고其次에는憲法改正案을決ᄒᆞ야滿場決議ᄒᆞ는舊弊를恢復ᄒᆞ고

此外에如干新法을定ᄒᆞ야改革ᄒᆞᆫ다는名을要求ᄒᆞ고委員會가旣終ᄒᆞᆷ에國會를召集ᄒᆞ야其決議ᄒᆞᆫ案에批準ᄒᆞ라ᄒᆞ니議員이다忿慨ᄒᆞ야來會ᄒᆞ는者ㅣ少ᄒᆞ고

비록露國黨이라도畢竟來者가無幾ᄒᆞ야五箇月을延라ᄒᆞ다가三月五日에至ᄒᆞ야一事도弗成ᄒᆞ고國會가解散ᄒᆞ더라此時에露國의橫暴가日甚一日ᄒᆞ니波蘭의命運이곳露公使燁仁의一擧手一投足間에在ᄒᆞ더니然이나波蘭人의獨立ᄒᆞᆯ精神이全히滅絶치아니ᄒᆞ고

憂國하는義士가同志를糾集하야國運挽回ᄒᆞᆯ策을講究ᄒᆞ니其領袖의矩維新이瞿羅古의志를繼하야百折弗回하는지라

露公使가捕拿코자하거날矩羅新이곳蹤跡을藏하고秘密히黨을結ᄒᆞᆯ식或醫師衣服을분裝하며或農夫車箱에隱載하야虎口를僅脫하고

外國에周行하야土耳基國에援助를求하다가또墺地利와法蘭西의局外中立을請하며또普露士陸軍의服裝을着하고波蘭境內에來往하야

義士를糾合하니露國兵卒도其眞假를弗分하더라

未完

特別廣告

本日로브터 海外電報를 接ᄒᆞ야 [illegible] 適ᄒᆞ고 外報와 [illegible] 敏捷 [illegible] ᄒᆞ온 [illegible] 發送ᄒᆞᄂᆞᆫ디 迅速傳信ᄒᆞ기는 分傳人의게 在ᄒᆞ으로 本社에셔 平常에 諸分傳人의 [illegible] 申 [illegible] ᄒᆞ고 或 [illegible] ᄒᆞ게 注意ᄒᆞ거니와 或 [illegible] 暫有 [illegible] ᄒᆞᆯ도 [illegible] 君子ᄂᆞᆫ [illegible] 知 [illegible] ᄒᆞ시면 該分傳의게 [illegible] 相孚ᄒᆞ도록 提撕ᄒᆞ며 勤[illegible]가 發生ᄒᆞ도록 論ᄒᆞ야 必無遲誤ᄒᆞ기로 期待ᄒᆞᆸᄂᆞ이다

本社에 寄書ᄒᆞ시ᄂᆞᆫ 君子ᄂᆞᆫ 姓名과 居住를 明確ᄒᆞ게 懸錄送附ᄒᆞ시와 證據가 有ᄒᆞᆷ을 必要ᄒᆞᆷ이오 公衆平和ᄒᆞᄂᆞᆫ 意와 [illegible] 失序를 [illegible] ᄒᆞᄂᆞᆫ 書ᄂᆞᆫ 社會上不 [illegible] 不受ᄒᆞᄂᆞᆫ 權利가 本社에 自有ᄒᆞ오니 肯諒ᄒᆞ시ᄋᆞᆸ

大韓每日申報社

廣告

貿易商 本社ᄂᆞᆫ 仁川港 日本郵便電信局對面 電話第二百一番地

仁川港 廣昌洋行

멘넷트合社告白

○鐵路部

○東大門과 新門間에 來往車ᄂᆞᆫ 每十分間에 運行ᄒᆞᆷ

東大門發初車ᄂᆞᆫ 午前六時三十分

新門外停車塲發初車ᄂᆞᆫ 午前六時五十五分

東大門發終車ᄂᆞᆫ 午後九時五十分

新門外停車塲發終車ᄂᆞᆫ 午後十時十五分

○東大門과 洪陵間에 來往車ᄂᆞᆫ 每二十分間에 運行ᄒᆞᆷ

但 自鐘路로 東大門에 來到ᄒᆞᆫ 交替車로 聯絡ᄒᆞᆷ

東大門發初車ᄂᆞᆫ 午前六時五十分

洪陵發 初車ᄂᆞᆫ 午前七時十分

東大門發終車ᄂᆞᆫ 午後七時五十分

洪陵發 終車ᄂᆞᆫ 午後八時十分

○鐘路와 龍山間에 來往車ᄂᆞᆫ 每十二分間에 運行ᄒᆞᆷ

鐘路發至南大門 初車ᄂᆞᆫ 午前六時四十八分

鐘路發至龍山 初車ᄂᆞᆫ 午前七時二十四分

南大門發至鐘路 初車ᄂᆞᆫ 午前六時五十六分

龍山發至鐘路 終車ᄂᆞᆫ 午前七時五十七分

南大門發至鐘路 終車ᄂᆞᆫ 午前十時八分

龍山發至鐘路 終車ᄂᆞᆫ 午後九時九分

○特別私用車ᄂᆞᆫ 顧客의 方便ᄒᆞᆷ을 隨應ᄒᆞ야 準給ᄒᆞᆷ

但 定價ᄂᆞᆫ 本社에 來臨ᄒᆞ야 請問ᄒᆞᆸ

○電燈部

二百五十燭力以內의 敷用處에ᄂᆞᆫ 每個月에 定價表가 如左ᄒᆞᆷ

○十六燭力燃燈達夜에 二圓五十錢

○三十二燭力燃燈達夜에 四圓

○五十燭力燃燈達夜에 六圓

○一百五十燭力燃燈達夜에 十圓

一千二百燭力弧形燈達夜에 二十圓

二百五十燭力以上의 敷用處에ᄂᆞᆫ 請求ᄒᆞ면 瓦斯計一箇를 設給ᄒᆞᆷ

但 瓦斯計賃金은 每個月에 二圓이오 瓦斯計測驗表委托定價ᄂᆞᆫ 每時間每암피아에 二錢이옵

瓦斯計設給處에셔 每介月支拂金最低額은 每個月에 二十圓인디(瓦斯計貸金은)据ᄒᆞᆷ

電燈을 敷設ᄒᆞ기에 請求ᄒᆞᄂᆞᆫ디 給ᄒᆞᆷ로 供 各種連技辦燈도 常時에 貯存ᄒᆞ엿ᄉᆞᆸ

本社鐵路電氣會社

韓美電氣會社 告白

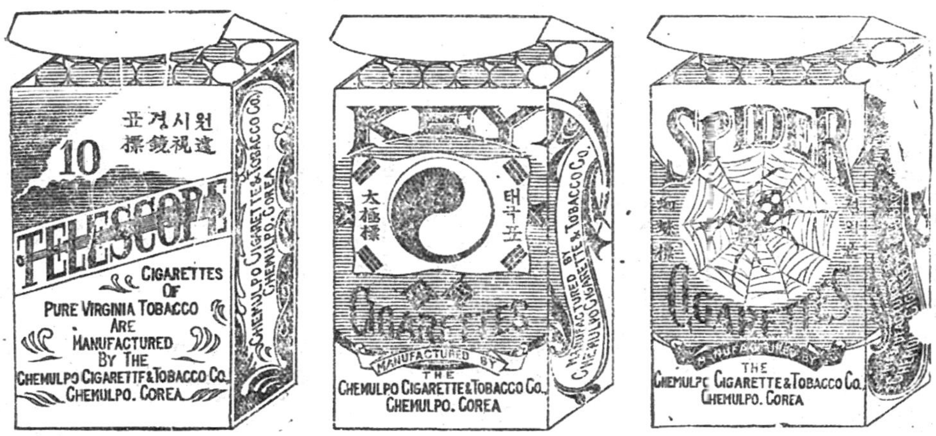

以上三種은 上品으로 製造ᄒᆞ야 衛生上에 至極有益ᄒᆞ오니 毋論某人ᄒᆞ고 本社에 來顧ᄒᆞᆸ

大韓帝國仁川港 濟物浦紙卷煙及烟草會社

一 鷹標罐濃詰牛乳

一 金印罐詰濃結牛乳

一 無雙家用氣化乳酪

一 쏘ㅣ든쓰製造麥芽化合牛乳

以上은 常時에 貯積ᄒᆞ엿ᄉᆞᆸ

美國紐育港 쏘ㅣ든쓰濃結牛유會社

一手代理店 大韓仁川港 世昌洋行

廣告

一 雜貨商

一 貿易商

一 船舶取扱

一 煙草商

一 委托販賣及貨物運送代理業

一 貿易石炭商

以上輸入及輸出者

京城 仁川 大昌洋行

本社廣告

申報價

一張代金 韓貨五錢

一箇月前納 五十戔

三箇月 一元五十戔

六箇月 二元九十戔

一箇年 五元八十戔

郵稅一部 新貨五里

一箇月 十三戔

廣告料

四号活字十三字詰

每日每行英尺一寸에 新貨廿五錢

(每日每行에 六錢에 相當ᄒᆞᆷ)

二週日에 二圓五十錢

(每日每行四錢五里에 相當ᄒᆞᆷ)

一箇月에 五圓

(每日每行四錢一里에 相當ᄒᆞᆷ)

其期限의 長短과 字行의 多少를 依ᄒᆞ야 增減ᄒᆞᆷ이 有ᄒᆞᆷ

大韓人마다 此申報를 不得不閱覽ᄒᆞ실터이오니 廣告出報ᄒᆞ실 僉君子ᄂᆞᆫ 來臨面議ᄒᆞ시ᄋᆞᆸ

發行兼編輯人 英國人裵說

發行所 京城北署暑進坊磚洞号外地法語學校前

大韓每日申報社

光武九年 明治三十八年八月十一日 第三種郵便物認可　　木曜日　　西曆一千九百五年十一月十六日 (一)

第三卷　　第七十八號

大韓每日申報
대한매일신보

月曜及慶節 歲時日休刊

檀君開國四千二百三十八年
箕子元年三千二十七年
大韓開國五百十四年
日本明治三十八年
淸國光緖三十一年
陰曆乙巳十月大二十日巳未

論說

遊獵會

近聞傳說에有一提議ᄒᆞ니過去經營보다功効가應多ᄒᆞᆯ지라其提議方針이尙今未完矣니其結果與否ᄂᆞᆫ依例未確이나若其主意가堅固成立이면成就之道에必無阻碍ᄒᆞ리로다

其提議件은非他라萬國遊獵會를創設ᄒᆞ야其本部를置之于漢城ᄒᆞᆷ이니此ᄂᆞᆫ韓國民士과居留外人의會遊所로適用ᄒᆞᆷ에만不止라

遊覽者를待遇ᄒᆞ기에必要ᄒᆞ니遊獵與否ᄂᆞᆫ勿論이되逗留此國之遠긱이從便乘輿ᄒᆞ리로다

因露日戰局ᄒᆞ야大韓이著名于一世矣니此地尋訪者가年年增加ᄒᆞᆯ거ᄂᆞᆫ十分無疑오且其遊訪諸人의消費金이國民歲入에一大財源이니

設便宜于諸客ᄒᆞ야使之流連於國內케ᄒᆞᆷ이可ᄒᆞ도다今以日本觀之면遊覽者의費金을夥多收入ᄒᆞ나니

如此良遊諸人이來訪韓國이면韓國도幾乎百萬金額을收用ᄒᆞᆯ지라若欲完遂此計면款賓을供之以便宜ᄒᆞᆯ것시니

韓國內興味處를知悉ᄒᆞᄂᆞᆫ外인이尙今稀少ᄒᆞᆫ지라此會의第一向意ᄒᆞᆯ거ᄂᆞᆫ各地要点에探報員을擇定ᄒᆞ야編輯各報ᄒᆞ야遊獵及遊歷者로便覽케ᄒᆞᆫ後에使之尋訪各處케ᄒᆞᆯ지어다

此會經營이甚美ᄒᆞ야弗勞而成大効ᄒᆞᆯ지라如此計策이地方救助를得ᄒᆞ면政府贊成이無疑ᄒᆞ니

曾有如此設備ᄒᆞᆫ邦國은開進됨이明確ᄒᆞᆫ所致也라韓國之技藝及工作이如彼凋殘ᄒᆞᆷ에對ᄒᆞ야大有興起ᄒᆞᆯ거시오韓國인民도模倣諸客ᄒᆞ야增進學識ᄒᆞ리니大韓은自然有利ᄒᆞ리로다

余輩ᄂᆞᆫ如右經營을本邦인士가熱心贊助ᄒᆞ기를希望ᄒᆞᆷ으로愛讀僉員에게略陳其由ᄒᆞ야此會가至于完成케ᄒᆞ노라

官報

●第三千二百九十四號　光武九年十一月十一日

●法律　令

第二十八條　辯護士會會則에ᄂᆞᆫ會長副會長議事員等選擧職務員及其總會議事會議事에關ᄒᆞᆫ規程과辯護士의風紀를維持ᄒᆞᆯ規程과幷其謝金酬勞金에關ᄒᆞᆫ規程과其他會務處理에必要ᄒᆞᆫ規程을設立ᄒᆞᆷ이可ᄒᆞᆷ이라

第二十九條　辯護士會ᄂᆞᆫ左開事項外에論議ᄒᆞᆷ을不得ᄒᆞᆷ이라

一　法律命令과又辨護士會會則에規定ᄒᆞᆫ事項

二　法部大臣과又裁判所에서諮議ᄒᆞᄂᆞᆫ事項

三　司法上이나或辨護士의利害에關ᄒᆞ야法部大臣과裁判所에建議ᄒᆞᆯ事項

第三十條　法部大臣은辨護士會의會場에臨席ᄒᆞᆷ을得ᄒᆞ며又會議의結果를報告케ᄒᆞᆷ을得ᄒᆞᆷ이라

第三十一條　辨護士會의會議가法律命令及辨護士會會則에違背ᄒᆞᆷ이有ᄒᆞᆫ時ᄂᆞᆫ法部大臣은其議決을無效케ᄒᆞ며又其議事를停止케ᄒᆞᆷ을得ᄒᆞᆷ이라

第三十二條　辨護士가此法律과又辨護士會會則에違背ᄒᆞᆫ所爲가有ᄒᆞᆫ時ᄂᆞᆫ會長은議事員會와又總會의決議로懲戒를求ᄒᆞ기爲ᄒᆞ야法部大臣의게報告ᄒᆞᆷ이可ᄒᆞᆷ이라　完

●第三千二百九十七號　光武九年十一月十五日

◉宮廷錄事

詔曰命奎章閣學士趙秉式爲判敎寧司事正二品李容泰爲奎章閣學士

十一月十二日

從二品李敬夏等言事疏批旨省疏具悉疏辭令禮式院稟處

全羅北道觀察使李勝宇辭職疏批旨省疏具悉所請依施

以上十一月十一日

●叙任及辭令

平壤前監理申大均　解兼任平壤市裁判所判事

平壤監理金應龍　命兼任平壤市裁判所判事

十一月十日

典선司掌선金聲遠　任經理院技師叙奏任官三等

經理院技師朴容圭　任典선司掌선叙奏任官三等

以上十一月十一日

解營繕司委員　從二品李宗雲

奎章閣學士趙秉式　命判敎寧司事叙勅任官二等

正二品李容泰　命奎章閣學士兼任侍講院日講官叙勅任官二等

任營繕司技師叙奏任官二等　從二品李宗雲

以上十一月十四日

外報

●新疆警戒　俄國公使ᄂᆞᆫ淸國政府에對ᄒᆞ야近來北京에서風說은俄國이伊犂祿爾에軍隊를進케ᄒᆞᆫ다傳言ᄒᆞ니右ᄂᆞᆫ全혀事實에無根이오但同地方에ᄂᆞᆫ回會敎徒一集合ᄒᆞ야外人을迫害ᄒᆞᆷ과有ᄒᆞ나淸國官憲은彈壓ᄒᆞᄂᆞᆫ狀態가無ᄒᆞ고若如此히經過ᄒᆞ면俄國이自行으로軍隊를進ᄒᆞ야其商人을保護ᄒᆞ기에必要됨을通告ᄒᆞ얏ᄂᆞᆫᄃᆡ此에依ᄒᆞ야淸國政府ᄂᆞᆫ伊犂將軍及新疆巡撫에게對ᄒᆞ야速히回會敎徒의蠢動을彈壓ᄒᆞ야俄人으로邊境을窺隙ᄒᆞᆯ口實을得ᄒᆞᆷ이不可ᄒᆞ다고電訓ᄒᆞ얏다더라

●日俄의使命特派　現今平和가克復ᄒᆞᆫ故로俄國에서ᄂᆞᆫ特使를日本에派送ᄒᆞᆯ터이오日本皇室에서도皇族一名을俄國에派送ᄒᆞᆫ다더라

●膠州撤兵　山東巡撫楊士驤氏ᄂᆞᆫ膠州灣總督젠소룬氏와山東撤兵에關ᄒᆞ야協約五箇條件을締結ᄒᆞ얏ᄂᆞᆫᄃᆡ其內容인즉高密은調印ᄒᆞᆫ後六箇月以內膠州ᄂᆞᆫ來年正月中에擧皆全部를靑島ᄭᆞ지引揚ᄒᆞ고同時에淸國兵을派遣ᄒᆞ야租借地附近及鐵道守備에充ᄒᆞᆯ事　高密地方에兵舍ᄂᆞᆫ淸國政府에서買收ᄒᆞ야德청語學校를設立ᄒᆞᆯ事等이오撤退兵은應當本國으로引揚ᄒᆞᆯ이라더라

雜報

●美人演說　美國人ᄲᅥ라얀氏ᄂᆞᆫ往日該國에서大統領候補者로有名譽ᄒᆞᆫ人인ᄃᆡ再昨日到韓ᄒᆞ야今日下午에萬國靑年會에前往ᄒᆞ야一場演說ᄒᆞ고明日發程ᄒᆞ야청國天津으로向往ᄒᆞᆯ깃다더라

●逐臣新啣　副將閔丙奭氏ᄂᆞᆫ特進官을被命ᄒᆞ얏더라

東京電報

●遣淸大使隨員 十一月十四日午后零時五分發

小村遣淸大使의隨員으로福島正氏가本日에被命ᄒᆞ얏더라

●御警衛艦 仝上

瓜步司令長官은陛下의御警衛로艦隊를率ᄒᆞ고伊勢灣으로向ᄒᆞ얏더라

●將官昇進 仝上

柴山中將鯨島中將은海軍大將으로昇進ᄒᆞ얏더라

●天皇發程 十一月十四日午后一時十分發

天皇陛下께셔ᄂᆞᆫ龍顔이和暢히皇宮을出內ᄒᆞ사新橋驛으로作路ᄒᆞ셧ᄂᆞᆫᄃᆡ皇族들과文武百官의奉送을受ᄒᆞ시고伊勢廟로向ᄒᆞ셧더라

奉送者ᄂᆞᆫ朝鮮의庶民이無數盛會ᄒᆞ얏다더라

雜報

新聞源流

新聞은何國에셔創ᄒᆞ고歐洲各國에셔創ᄒᆞ얏고何代에始ᄒᆞ고거今四百年前에始ᄒᆞ얏ᄂᆞᆫᄃᆡ蓋君民上下間에情意壅蔽ᄒᆞᆷ을深慮ᄒᆞ야設ᄒᆞᆫ者니即東洋古昔時代에誹방之木과太師之詩와申聞之鼓의意趣와恰如ᄒᆞᆫ지라其初也에無關緊要者를登載ᄒᆞ더니漸次緊要各事를登載ᄒᆞ고久之오分門別類ᄒᆞ야新聞이益廣ᄒᆞ니上而君相의政績과下而士庶의學業을無不採訪周備ᄒᆞ니곳管城子를借ᄒᆞ야警世之木鐸을숨ᄂᆞᆫ즉實로敎化의助가되고또隣國往來엔交波之事가有ᄒᆞ고貨物交易엔通商之事가有ᄒᆞ며民人爭訟엔案牘之事가有ᄒᆞ고學校開設엔敎育之事가有ᄒᆞ니新聞報館이設行ᄒᆞᆷ으로부터凡電線可通之處에ᄂᆞᆫ一日中에各國新聞을無不盡知ᄒᆞ고또衆人之事만由此可知ᄒᆞᆯ뿐이아니라即各國興衰之機가隱微未露ᄒᆞᆫ者도一經報館ᄒᆞ야其軍政國事를將ᄒᆞ야揭而論之ᄒᆞ면人民의從違가由此而定ᄒᆞ고近來新學이日出ᄒᆞ야軍械와輪船의製造가益臻精巧ᄒᆞᆫ者도皆新聞을由ᄒᆞ야見識을增ᄒᆞ고此外各國商貨價値起落도數萬里外消息을一日之內에坐而致之ᄒᆞ니足跡이不出戶庭ᄒᆞ야도普天之下에利弊損益을皆可自執其權이라是以로歐洲各國에新聞報館이在在林立ᄒᆞ고每日發售가數千萬張에達ᄒᆞ니其無人不購覽을可以想見이라今에大韓의興旺ᄒᆞᆯ前途도將次新聞의發達로써推占코져ᄒᆞ노라

●監理新任 務安監理韓永源氏ᄂᆞᆫ總領事官을被任ᄒᆞ고其代에正三品韓昌洙氏가被任ᄒᆞ얏더라

●權倅姑恕 法部에셔全北觀察의게發訓ᄒᆞᆫ內槪에貴報告를接准ᄒᆞᆫ즉以全州郡守權直相押上防報事로致承譴責之警ᄒᆞ오니悚忸之地에固弗敢更事煩瀆이다인바以該郡守權直相으로言之면被訴會民事ᄂᆞᆫ未査之前에罪証雖知나旣被民訴ᄒᆞ야至發拿令인즉宜卽就現ᄒᆞ야以辨曲直이어ᄂᆞᆯ佯若弗知ᄒᆞ고百計幹旋ᄒᆞ야謀免裁判ᄒᆞ니罪上添罪에尤難寬假라衆民起鬧를雖有調停之功ᄒᆞ고外兵入來예弗無接應之勢나擧此功勞ᄒᆞ야弗服民訴를却之可乎아弗得拘拿로置之可乎아法意所存에必問乃已이되國課攸重이與他逈異ᄒᆞ니稅政畢刷後에弗待更飭ᄒᆞ고趂卽押上ᄒᆞ야以便質査케ᄒᆞᆷ이可ᄒᆞ기로玆以訓令ᄒᆞ니依此施行이라ᄒᆞ얏더라

●新任郡守 再昨日各郡守奏本裁可ᄒᆞᆷ이如左ᄒᆞ더라

鏡城徐相大 寧越李昌鉉 泰川李秉膺 康津張鳳煥 成川趙鼎允 漆谷崔鉉達 寶城尹錫禎 平壤李重玉 富平李海昌 懷仁洪祐純 德源權重續 오川李甲承 華川鄭海運 光州洪蘭裕

●曠官催促 海州觀察高永喜氏가內部에報告ᄒᆞ되管下鳳山郡守玄興燮載寧郡守秦熙晟兎山郡守黃崙秀殷栗郡守鄭元謨安岳郡守金容岳金川郡守柳升東長連郡守金炳夔康翎郡守閔泳格延安郡守李容九文化郡守徐丙壽受由上京ᄒᆞ야尙不還官ᄒᆞ고豐川郡守趙重觀海州郡守李正翼俱爲叙任ᄒᆞ고亦不赴任ᄒᆞ니幷令催促下送하라하얏더라

●俱是義憤 坡村學堂에셔一進會宣言書를보고其辭意를大段不可이여여美國教師諸人에所言則該書片을火中에投入하던지지碎하야바리깃다하ᄂᆞᆫ바를韓國教師들리繳還하ᄂᆞᆫ거시可라하야繳還하얏다더라

●宜屍檢驗 內部에셔京畿觀察使의게訓令ᄒᆞ되現接高陽郡守朴周陽報告書內槪에本郡鎭道事務河川組所屬日本人海田伊大郞等五名이本郡梅花亭里居宜致升處에討奪畜鷄이다가竟不入量則打踢致升ᄒᆞ야仍爲致死이다ᄒᆞ고屍親弟宜致福의所訴를因ᄒᆞ야自郡으로檢驗後緣由을報告ᄒᆞ오니仍爲轉照ᄒᆞ와該犯等을按律處辦等因을査ᄒᆞ니人命致死가關極緊駭라獄情至重ᄒᆞ고案係外人ᄒᆞ니在法審愼이기로該郡報를謄本粘付ᄒᆞ야玆以訓令ᄒᆞ니到卽另行査明ᄒᆞ야卽報法部ᄒᆞ고査案을錄來라ᄒᆞ얏더라

●外部照復 外部에셔內部에照復하되慈城江界淸匪越江滋擾一事로接准貴照會하와行文淸館하야使卽勤除케하옵고玆에照復하오니照亮이라하얏더라

●漆料請賞 漢城判尹朴義秉氏가內部에報告하되本府建築費及家舍價三萬六千四十五元九十三錢六里을曾有所仰報이던과自度支部로經議 奏下ᄒᆞᆷ이上年十一月四日官報에已爲揭佈이온ᄃᆡ本部出給命令書를尙未領受하와以致簿案之迄今未勘ᄒᆞᆷ이極涉悚悶이오니査照後右欵項의出給命令書를卽爲納交하야俾速勘簿라하얏더라

●度復內部 度支部에셔內部에照復하되稷山郡日本郵便局出張所長中村嘉太郞이該郡成歡驛廢官舍基址를立標修築處認許與否를卽速示明事로貴照會接准이온바該官舍廢基를依協約借與ᄒᆞᆯ事로指飭 該郡이오니照亮이라하얏더라

●又一鐵道 湖南鐵道會社總務長徐相淳氏가農部에請願하되本會社에셔湖南鐵道를燕岐鳥致院에셔恩津江鏡까지土工着手次로技師를不日派送하깃기玆以請願하오니査照後該沿路燕岐公州魯山連山恩津各郡에訓飭하와地段犯界를定將吏하야本社派員과眼同調査케ᄒᆞᆷ을爲望이라하얏더라

●安倅請免 安州郡守劉猛氏, 內部에請願ᄒᆞᆫ內槪에本職은긔風賤類와昧韋布종으로蒙國恩하야到官五朔에夙夜矍懼하야思所以圖報이오나才蔑學淺하야上難可以對揚聖旨오下難可以慰悅民情이라冒廉蹲踞가去益悚懍故로玆以請願하니所帶郡守之任을特爲奏免하야以便公私라하얏더라

●馬廐廣設 南門外桃洞白允濟菜田과金振元李秉均等菜田에日本砲兵隊馬廐合三百四十五間을結構하얏다더라

●農書頒佈 農商工部에셔京居金一濟請願을因하야其自備利出ᄒᆞᆫ農政新編冊子를發達케ᄒᆞᆯ意로發訓十三道하얏더라

●桑價責納 農商工部에셔京畿觀察府에發訓ᄒᆞᆫ內槪에貴管下各郡桑苗價를依數捧上事로訓飭이已經月餘에尙弗收納하니此何委折인지到卽飛飭各郡하야弗日督납이되毋或遲緩케하고至於桑苗枯損者하야ᄂᆞᆫ愚蠢ᄒᆞᆫ民인이弗念朝家之巨費하고且弗圖農業之發展하야初弗着意栽培故로以致如此하니其在民習에極爲駭歎이라該價額를寧有減額之理也리오以此意로亦卽嚴飭于各郡이라하얏더라

●是何悖類 內部에셔江原觀察使의게訓令ᄒᆞ되現接警報則貴管下通川郡書記金東喆이가該郡居一進會員朴興弼이其家에不在ᄒᆞᆷ을乘ᄒᆞ야其妻를強奸ᄒᆞ고且其家財物을勒奪ᄒᆞᆫ지라該會員이聞知此事ᄒᆞ고其不法을詰責ᄒᆞᆫ즉金反含怨ᄒᆞ야該會를嫌視ᄒᆞ든與他三名을同謀ᄒᆞ야朴興弼을亂打ᄒᆞ야身體가創傷을被ᄒᆞ고且傍觀者數名을與朴同情이라謂ᄒᆞ고暴行을加ᄒᆞ얏다ᄒᆞ니據此査金東喆의所犯이絕悖에罪關當律ᄒᆞ니聞極駭然이라玆에命飭ᄒᆞ니到卽金東喆과其同謀暴行者를一并拿致ᄒᆞ야嚴査報來ᄒᆞ라ᄒᆞ얏더라

社告 緊急

◉本社創設以來로新聞代金을每月初三日內에先納으로收入ᄒᆞ던바ᄂᆞᆫ自初로購覽ᄒᆞ시ᄂᆞᆫ僉君子가擧皆知悉이온바自本年八月再刋以來로代金收合이延至晦間이옵더니到今本社經費가窘絀之歎이有ᄒᆞ기로本月條ᄂᆞᆫ不日內로收合ᄒᆞ여야可히支過ᄒᆞᆯ터이오來十一月爲始ᄒᆞ야ᄂᆞᆫ一朔條를十五日內로送交ᄒᆞ시와連續發刋케ᄒᆞ야愛讀 僉君子의閱覽을供ᄒᆞ기로切盼ᄒᆞᆷ

大韓每日申報社 白告

雜報

幼學盧瑛鉉이政府에呈書가如左ᄒᆞ니 續

夫何一進會宣言書一幅이橫竪說去ᄒᆞ야喪其廉恥ᄒᆞ고失其義理ᄒᆞ야曰公使撤還에委任于友邦이라ᄒᆞ고曰獨立保護에依據其指導라ᄒᆞ니譬小固不可以敵大오弱固不可以抗强ᄒᆞ야受大者之威脅ᄒᆞ며遭强者之勒迫이라도其在保護二字ᄂᆞᆫ戴天履地에粗具人性이면耳可得聞이언졍口不可道이로ᄃᆡ皇室尊嚴을置之一進會之目的者ㅣ發此絶悖極凶之語ᄒᆞ야欲爲依賴外國ᄒᆞ고欲爲眩惑人心ᄒᆞ야致使 皇威隆而國權輕ᄒᆞ며天理斁而人道絶ᄒᆞ니賣主之張松을復見이오乞和之秦檜가更生이라究厥凶녕이면千斬萬戮에猶有餘罪이거날側耳數日에尙不聞政府措處之如何ᄒᆞ오니此宣言書가果合於時局而然歟아反歸於狂言而然歟아以無君之凶腸으로倡賣國之妖論ᄒᆞ니合於時局而聽之가非也오曰冒稱國民之代表ᄒᆞ고戕害皇室之獨立ᄒᆞ니歸之狂言而置之가亦非라渠之所謂國民代表者를自政府認之耶아自國民許之耶아設或見欺於皇室尊重之趣旨ᄒᆞ야政府에認之ᄒᆞ고國民이許之라도如其言行이不符면斥之可也오誅之可也이온ᄃᆡ宣言 書ᄂᆞᆫ即國之亂臣이오家之賊子라豈可晷刻容貸於覆載之間乎잇가茲敢大聲疾呼ᄒᆞ오니伏乞亟開政府會議ᄒᆞ고所謂一進會長尹始炳과評議長宋秉畯을付諸司敗ᄒᆞ야懸首於通衢ᄒᆞ야以謝天下ᄒᆞ시면皇室를可以尊嚴이오政府가可以免責이오生靈이可以安保요外交가可以親密이오法綱이可以申明이오亂臣이可以慴伏이오니細細垂察焉ᄒᆞ소서 完

●毁城作路 平安南道觀察使署理朴容觀氏가內部報告ᄒᆞ되自大同門側으로至南門側城壁ᄒᆞ야自日本兵站으로毁下作路之由ᄂᆞᆫ厥有所據報이올건과現今大同門外甕城을亦爲毁下ᄒᆞ고且城下民戶四家를並爲促毁ᄒᆞ야該民等이呼訴不已이온바莫重城壁之毁坦이已極驚歎而當此寒節ᄒᆞ야多民之棲屑情狀을慘不忍見이라ᄒᆞ얏더라

●農員請願 農業會社社員金潤爀氏가農部에請願ᄒᆞ되南署水鐵幕新村에有後峯山ᄒᆞ니臨江石國이起爲一山이라近日外國人이自意浮石ᄒᆞ야隨處放賣ᄒᆞ니山石이化爲貨泉이온즉使作無主之物이라豈有是理乎잇가此地가雖非農地나本社請願이似有越俎之嫌이나歸之民有然後에可以保存이니該山之石開採權을特爲認許ᄒᆞ야一以保民有之物ᄒᆞ고一以益國庫稅金이라ᄒᆞ얏더라

●商業會議所貨幣矯救方策（五）

威嚇的으로使用ᄒᆞᆫ例가非一非再ᄒᆞ니事實上으로論ᄒᆞᆯ지라도政府ᄂᆞᆫ所謂弗正貨로ᄒᆞ야금正貨됨을公認ᄒᆞᆷ은實노證明이되ᄂᆞᆫ지라若政府가相當條規로弗正貨를預防ᄒᆞᆯ責任을盡力ᄒᆞᆫ蹤跡이有ᄒᆞ거나文明國의條規를照鑑하야違背치아니하얏스면曷敢法律노써弗正貨買를受ᄒᆞᆷ이라ᄂᆞᆫ制定이有하리오法律로써不正貨買受ᄒᆞ믈制定ᄒᆞᆷ은即政府가公認ᄒᆞᆫ事實을自白ᄒᆞᆫ者이니如此ᄒᆞᆯ진ᄃᆡ政府에서稱ᄒᆞᄂᆞᆫ不正貨ᄂᆞᆫ純然ᄒᆞᆫ法貨가될ᄲᅮᆫ아니라韓日兩國政府가共히正貨로公認ᄒᆞᆫ바어날然而政府ᄂᆞᆫ更히不正貨의稱으로轉轉授受ᄒᆞᆫ個人에게損害를歸케ᄒᆞ니其不法不合理ᄒᆞᆫ暴虐은國民이戰慄ᄒᆞᆷ이當百錢小錢當五錢의通用禁止令과同ᄒᆞᆫ政令으로知ᄒᆞᄂᆞᆫ바오方今地方에流通ᄒᆞᄂᆞᆫ通貨ᄂᆞᆫ取ᄒᆞ야政府가稱ᄒᆞᄂᆞᆫ不正貨니如此虐政이尙此遂行ᄒᆞ오면人民이蒙ᄒᆞᄂᆞᆫ損害가幾許될을不知ᄒᆞ며因ᄒᆞ야如何ᄒᆞᆫ事變을胚胎ᄒᆞᆯᄂᆞᆫ지도莫測ᄒᆞᆯ지니政府各國貨幣史에鑑ᄒᆞ며我國狀況에照ᄒᆞ야施行ᄒᆞᆯ바有ᄒᆞ니法律을修正ᄒᆞ야正貨와均一ᄒᆞᆫ制로써民으로ᄒᆞ야금不法으로由ᄒᆞ야蒙ᄒᆞᆫ損害를免케ᄒᆞᄂᆞᆫ거시爲政에明白ᄒᆞᆫ主旨오

三政府ᄂᆞᆫ舊白銅貨交換規則을六月二十四日部令으로六月二十九日官報에發誡公布ᄒᆞ야翌七月一日부터實施ᄒᆞ니凡文明國에서法律公布ᄒᆞᄂᆞᆫ慣例ᄂᆞᆫ緊急을要ᄒᆞᄂᆞᆫ件에限ᄒᆞ야公布日로施行ᄒᆞᆷ이有ᄒᆞ나然而遠近에應ᄒᆞ야施行期限을制定ᄒᆞᄂᆞ니況如此公布ᄂᆞᆫ急迫을要치안ᄂᆞᆫ法律이오又重之國民休戚에關ᄒᆞᆫ大問題에對ᄒᆞ야ᄂᆞᆫ假令專制時代라도諮問府로ᄒᆞ야금愼重이審議盡力ᄒᆞ야公布ᄒᆞᆫ後에相當時日을與ᄒᆞ야諭告諭示ᄒᆞ야民으로ᄒᆞ야금明知케ᄒᆞᄂᆞᆫ것이法之精神이오爲政者가德義上에當然ᄒᆞᆫ責務라

歷史槩要

波蘭末年史 續

是時에布老斯耆라ᄒᆞᄂᆞᆫ者ᄂᆞᆫ元來瞿羅古와親近ᄒᆞᆫ人아라然이나同盟黨의會員이되얏더니露公使煒仁이其爲人을輕侮ᄒᆞ고또自己의黨이라ᄒᆞ야介意치아니ᄒᆞ더니其後에瞿羅古와同心ᄒᆞᆷ을見ᄒᆞ고비로소疑忌ᄒᆞ다가一日은布老斯耆가露使를見ᄒᆞᆯ서帽子를不脫ᄒᆞ얏더니露使ㅣ더욱怒ᄒᆞ야其無禮ᄒᆞᆷ을大責ᄒᆞ거날布老斯耆가此辱을受ᄒᆞ고愛國ᄒᆞᄂᆞᆫ熱心이更熾ᄒᆞ야露使를驅逐코저ᄒᆞᆯ서隊蘇府諸貴族과同謀ᄒᆞ야兵力을借ᄒᆞ며또錢穀을鳩聚ᄒᆞ고靡哲이라ᄒᆞᄂᆞᆫ人은全國의同志를糾合코저ᄒᆞ야四方에周遊ᄒᆞ고布老斯耆ᄂᆞᆫ其三子一族과갓치西曆一千七百六十八年二月二十九日에第一回集會를開ᄒᆞ야露國의羈絆을脫ᄒᆞᆯ方法을議ᄒᆞᆯ서加盟ᄒᆞᄂᆞᆫ者三百名이러니未幾에其數가八千人에至ᄒᆞᄂᆞᆫ지라이에土耳其와索遜尼와○○에使者를送ᄒᆞ야同志를募ᄒᆞ더라 未完

廣告

特別廣告

本申報는海外電報를卽接호야機關에電通호고外報와探報를敏捷活潑호도록注意호오며申報發送호는디迅速傳信호기는分傳人의게在홈으로本社에셔平常에諸分傳人의게丁寧告戒호고申申訓飭호야毋或踰惰호게注意호거니와如或暫有稽忽이라도愛讀僉君子는密使通知于本社호시면該分傳의게誠信相孚호도록耳提面命호고勤實가發生호도록誨諭호야必無遲誤호기로期待호옵나이다

本社에寄書호시는諸君子는姓名과居住를明確호게懸錄送附호시와證據가有홈을必要홈이오公衆平和호秩序를문亂케호는意와社會上不經荒雜호寄書는不受호는權利가本社에自有호오니肯諒호시옵

大韓每日申報社

○鐵路部

○東大門과新門間에來往車는每十分間에運行홈

東大門發初車는午前六時三十分
新門外停車塲發初車는午前六時五十五分
東大門發終車는午後九時五十分
新門外停車塲發終車는午後十時十五分

○東大門과洪陵間에來往車는每二十分間에運行홈
但自鍾路로東大門에來到호交替車로聯絡홈

東大門發初車는午前六時五十分
洪陵發 初車는午前七時十分
東大門發終車는午後七時五十分
洪陵發 終車는午後八時十分

○鍾路와龍山間에來往車는每十二分間에運行홈

鍾路發至南大門初車는午前六時四十八分
鍾路發至龍山 初車는午前七時二十四分
南大門發至鍾路初車는午前六時五十六分
龍山發至鍾路 終車는午前七時五十七分
南大門發至鍾路終車는午前十時八分
龍山發至鍾路 終車는午後九時九分

○特別私用車는顧客의方便홈을隨應호야準給홈
但定價는本社에來臨호야請問호옵

○電燈部

二百五十燭力以內의敷用處에는每個月에定價表가如左홈

○十六燭力燃燈達夜에二圓五十錢
○三十二燭力燃燈達夜에四圓
○五十燭力燃燈達夜에六圓
○一百五十燭力燃燈達夜에十圓
一千二百燭力弧形燈達夜에二十圓

二百五十燭力以上의敷用處에는請求호면瓦斯計一箇를設給홈

但瓦斯計賃金은每個月에二圓이오瓦斯計測驗表委托定價는每時間每암피아에二錢이옵
瓦斯計設給處에셔每个月支拂金最低額은每個月에二十圓인딕(瓦斯計貸金은)据홈

電燈을敷設호기에請求호는딕給홈로供
各種連技辦燈도常時에貯存호엿숩

本社鐵路電氣會社
韓美電氣會社 告白

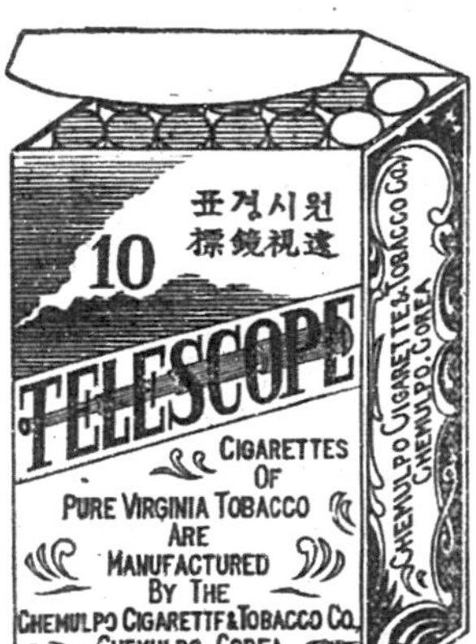

以上三種은上品으로製造호야衛生上에至極有益호오니毋論某人호고本社에來願호옵

大韓帝國仁川港
濟物浦紙卷煙及烟草會社

一 鷹標罐濃詰牛乳
一 金印罐詰濃結牛乳
一 無雙家用氣化乳酪
一 쌧ㅣ듣쓰製造麥芽化合牛乳

以上은常時에貯積호엿숩

美國紐育港쌧ㅣ듣쓰濃結牛유會社
一手代理店 大韓仁川港 世昌洋行

廣告

一 雜貨商
一 貿易商
一 船舶取扱
一 煙草商
一 委托販賣及貨物運送代理業
一 貿易石炭商
以上輸入及輸出者

京城 仁川 大昌洋行

本社廣告

申報價

一張代金 韓貨五錢
一箇月前納 五十戔
三箇月 一元五十戔
六箇月 二元九十戔
一箇年 五元八十戔
郵稅一部 新貨五里
一箇月 十三戔

廣告料

四号活字十三字詰
每日每英尺一寸에新貨卄五錢
(每日每行에六錢에相當홈)
二周日에 二圓五十錢
(每日每行四錢五里에相當홈)
一箇月에 五圓
(每日每行四錢一里에相當홈)
其期限의長短과字行의多少를依호야增減홈이有홈

大韓人마다此申報를不得不閱覽호실터이오니廣告出報호실僉君子는來臨面議호시옵

發行兼編輯人 英國人裵說
發行所
京城北署壽進坊礪洞号外地法語學校前
大韓每日申報社

第三卷

大韓每日申報
대한매일신보

第七十九號

月曜及慶節歲時日休刊

檀君開國四千二百三十八年
箕子元年三千二十七年
大韓開國五百十四年
日本明治三十八年
淸國光緖三十一年
陰曆乙巳十月大二十一日庚申

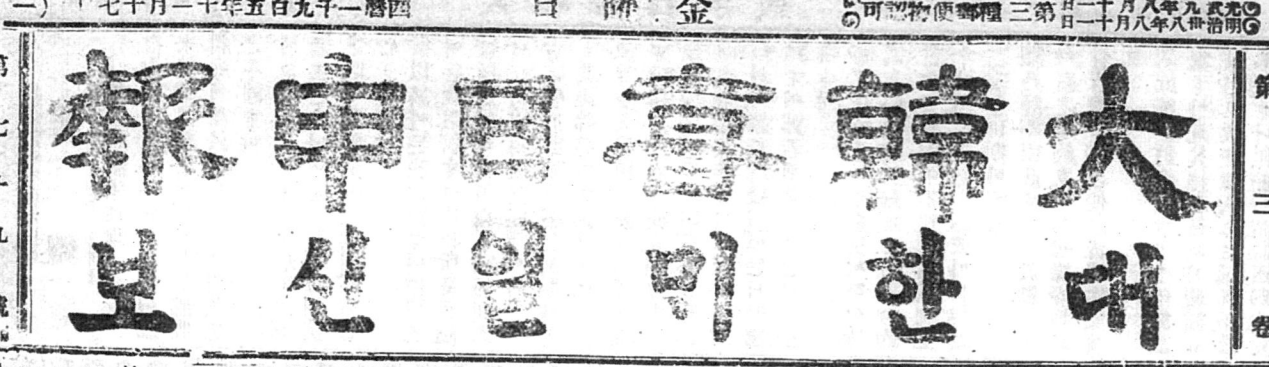

論說

論日本報館

近探報導컨ᄃᆡ日本國會를來月二十六日에召集云ᄒᆞ니日本之困難이尙今未正ᄒᆞᆷ을可以意之라國會例式을繼行이면新年休暇가卽臨ᄒᆞ리니公衆事務를一月十日以前에ᄂᆞᆫ似不得擧議ᄒᆞ리로다

余竊量度에第當其時ᄒᆞ야困難이將始ᄒᆞᆯ것ᄉᆞᆫ日本人民이未免愚痴ᄒᆞᆷ을自覺ᄒᆞᆯ거시니因其戰役ᄒᆞ야大利을希望ᄒᆞ얏다가和約不滿이分明ᄒᆞᆷ의怨恨而已로다若日本報館이政府計策의預先擧示를不欲試圖면誑惑이不無ᄒᆞ니

戰爭之際에無不讚揚ᄒᆞ야使其人民으로敢有虛望케ᄒᆞ얏다가其後失望之日에直責을冒當ᄒᆞᆯ訓鑑이有ᄒᆞᆷ이로다

過去戰效를因ᄒᆞ야韓淸兩國과協定ᄒᆞᆯ理由를近日報紙上에向日戰時筆法과同一히ᄒᆞᄂᆞᆫ도다

近聞日政府가報館規律을比前變更ᄒᆞ기에熟思云이나果至就緖ᄒᆞᆯᄂᆞᆫ지孰能質言이리오日本戰功이如彼宏大ᄒᆞ얏스나後有障碍ᄒᆞ야變作極小어니와

今日伊藤小村兩使節도合宜整理를取ᄒᆞ면乃至成功ᄒᆞᆯ줄을可信云이되事實上으로觀之면一部分成功도不可確信이어날

日本新聞이與韓淸交涉上에强硬을辨論ᄒᆞ되對此兩國ᄒᆞᆫ態度가到今變幻云ᄒᆞ니

日本變態ᄂᆞᆫ可恐이나然이나日本이當初宣言ᄒᆞ기를韓國獨立及安全과還附滿洲于淸國ᄒᆞ기를爲ᄒᆞ야開戰ᄒᆞᆷ이라ᄒᆞ얏ᄂᆞᆫ지라

今日兩大使節이此宣言에過越ᄒᆞᆫ것슬圖得코져ᄒᆞᆷ이나韓淸兩國이對此認許ᄒᆞᆯ理由ᄂᆞᆫ世界에未所有로다

似或有威脅이나然이나列强或日本이復入戰局을亦不可無疑니如此威脅은不過草率이라必無功效矣리니

事實이如此則兩大使ㅣ或有所得이라도以外交手段知之ᄂᆞᆫ可커니와若以戰效稱之면日本新聞이兩大使를道之以不公ᄒᆞᆷ이로다

日本報館이政府諸大臣을不潔케ᄒᆞᄂᆞᆫ目的이似有ᄒᆞ니因此目的ᄒᆞ야國民을失宜케引導ᄒᆞ며國民의最大利益을破棄ᄒᆞᄂᆞᆫ도다

官報

●第三千二百九十八號 光武九年十一月十六日

◎宮廷錄事

詔曰命判敦寧司事閔泳喆爲全羅北道觀察使

光武九年十一月十二日 內部大臣陸軍副將勳一等 李址鎔

詔曰命正三品洪祐晳爲秘書監丞

詔曰命禮式院掌禮卿趙定熙爲宮內府特進官宮內府特進官金完秀爲禮式院掌禮卿

以上十一月十三日

詔曰放逐鄕里罪人金永韶金錫求支賧運幷放

光武九年十一月十三日 議政府參政大臣韓圭卨

●叙任及辭令

任醫務局總巡叙判任官七級 九品俞鎭明

十一月十日

任全羅北道觀察使叙勅任官三等 判敦寧司事閔泳喆

十一月十二日

秘書監丞洪承斗
秘書監丞李肇榮
弘文館侍講辛泳學
尙方司主事金思重
依願免本官

命秘書監丞叙勅任官三等 正三品洪祐晳

命宮內府特進官叙勅任官二等 禮式院掌禮卿趙定熙

命禮式院掌禮卿叙勅任官二等 宮內府特進官金完秀

任弘文館侍講叙奏任官四等 六品金明濬

任尙方司主事叙判任官六等 太僕司主事金益東

任太僕司主事叙判任官六等 宗簿司主事李鼎薰

任宗簿司主事叙判任官四等 六品金思重

黃海道觀察府前摠巡崔庚章

免懲戒

右ᄂᆞᆫ該員이摠巡在任時에侵虐平民ᄒᆞ야騷擾村閭라ᄒᆞᆷ으로免本官ᄒᆞ얏더니追究情跡에容有可恕이기로懲戒

以上十一月十三日

沃溝監理署主事宋璟老
平壤監理署主事金 薰
依願免本官

任沃溝監理署主事叙判任官五等 東萊監理署主事金瑞圭

任東萊監理署主事叙判任官六等 前書記生鄭喆永

城津監理署主事李轍重 陞叙判任官五等

三和監理署主事沈鍾禹 陞叙判任官五等

駐箚淸國公使館書記生金均禎 陞叙判任官三等

任平壤監理署主事叙判任官六等 吳春根

以上十一月十四日

外報

●寄贈品課稅 美國大統領令孃이各國遊覽ᄒᆞᄂᆞᆫ途次에諸方에셔贈與ᄒᆞᆫ寄贈品이不知其數인ᄃᆡ此次에歸國着港之際에稅關에셔此를十二萬元의元價라ᄒᆞ야一定ᄒᆞᆫ稅를科ᄒᆞᆷ이無端히一大問題가되얏ᄂᆞᆫ지라課稅局長쇼氏의意見은此品은本是令孃의私有品이나各國에셔其大統領의令孃인意味로以ᄒᆞ야寄贈ᄒᆞᆫ것인故로卽國交的의意義를存ᄒᆞ야純然ᄒᆞᆫ私有品으로見做ᄒᆞᆷ이不可ᄒᆞ고便히純然ᄒᆞᆫ私有品이라ᄒᆞᆯ지라도此ᄂᆞᆫ寄贈ᄒᆞᆫ外國人의厚意를尊敬ᄒᆞ야稅를科치아니ᄒᆞᆷ이穩當ᄒᆞ다고言ᄒᆞ얏ᄂᆞᆫᄃᆡ稅關吏가一次此를課ᄒᆞᆯ야ᄒᆞ다가反히上官의게被叱ᄒᆞᆷ을目ᄒᆞ고大統領은可課稅論을主張ᄒᆞ야目下에有趣ᄒᆞᆫ大問題가되야尙今疑件이되얏더니後에大統領은遂히科稅ᄒᆞᆯ事로命令ᄒᆞ얏다더라

●電話機發明者 一千八百六十一年에伯林郵便局에奉職ᄒᆞ던필닙 나이쓰氏가電話發明者인ᄃᆡ美人벨氏가라이쓰氏의發明案을依ᄒᆞ야組立ᄒᆞ얏다고云ᄒᆞ나近者에至ᄒᆞ야法國數學士챠레쓰 부세유氏가一千八百五十四年九月十四日에完全ᄒᆞᆫ組立을ᄒᆞ얏다고法國은主張ᄒᆞᆷ의其眞的發明者ᄂᆞᆫ誰某인지尙未能確定이라더라

●露國帝室慶事 去年七月三十日에露國皇帝ᄂᆞᆫ蘭闈之間에愛兒를與ᄒᆞ섯ᄂᆞᆫᄃᆡ此次에又有慶事ᄒᆞ다고傳ᄒᆞᄂᆞᆫ지라卽皇后陛下의侍臣들이宮殿內에入ᄒᆞ얏다ᄒᆞ니既已御懷妊ᄒᆞᆫ事이無疑ᄒᆞ다ᄒᆞ얏더라

雜報

●日露關係在韓

自古戰爭之事와交涉之方이或未免權謀雜用이나畢竟其成敗得失이在於義利之如何오善惡之不同ᄒᆞ야善而行義者ᄂᆞᆫ勝ᄒᆞ고惡而貪利者ᄂᆞᆫ亡ᄒᆞ나니是以로兩敵相抗之際와諸隣交搆之間에常宜存心于此ᄒᆞ야彼以暴여든我以寬ᄒᆞ며彼以詐여든我以信ᄒᆞ야用我所長而制彼所短이라야可以不戰而屈人이요可以得成其霸業이니古之善於謀國ᄒᆞ며長於制勝者ㅣ其經綸範圍가何嘗不由於此哉아今夫大韓國이介在日露之間ᄒᆞ야擧足左右에便有輕重ᄒᆞ니以此論之컨ᄃᆡ韓固日露成敗之樞也라關係非輕이오交涉을宜愼인즉露若虐韓ㅣ어든日能惠韓ᄒᆞ며露若剪韓이어든日能全韓ᄒᆞ야彼之所爲를一切相反이라야韓之人心이翕然歸順ᄒᆞ야不待約誓而交密ᄒᆞ며不煩求索而利至ᄒᆞ야輔車之勢ㅣ團成이요磐泰之安을可期이거날顧乃計不出此ᄒᆞ고急於網利ᄒᆞ야露之所約ᄒᆞᆫ長白鴨綠等地森林斫伐一事ᄂᆞᆫ使之汲汲毁案ᄒᆞ고不旋踵而許多請求가十倍於該案ᄒᆞ야凡其攙奪脅制가視露有甚키로致使韓人으로議其不公不正ᄒᆞ니從前所謂韓國獨立安全等說이豈不有羞乎哉아大抵莫重者ᄂᆞᆫ信義오難得者人心인ᄃᆡ我實無信而禁人交涉ᄒᆞ야必曰絶彼而親我라ᄒᆞ며我乃不義而厭人反抗ᄒᆞ야必曰順我而無違라ᄒᆞ면其於人情事理에豈不遠矣乎아

嗚呼라察其小者ᄂᆞᆫ暗於大ᄒᆞ고圖其近者ᄂᆞᆫ遺於大ᄒᆞ나니顧今日露關係之在於韓者如彼이거날不務益敦隣誼ᄒᆞ며固結人心ᄒᆞ야以爲日後之地이고規規然以近功小利로存於胷中ᄒᆞ야自剪其藩蔽而莫之反省ᄒᆞ니東洋全局이永久平和則已어니와若其不然이면日韓之交ㅣ未固ᄒᆞ야害將無窮ᄒᆞᆯ지니其無遠慮가奚至此焉고雖曰日廷之多賢이나吾斯之未信ᄒᆞ노라

●大使陛見 再昨日下午三時에日本伊藤大使ᄂᆞᆫ韓皇陛下ᄭᅴ陛見ᄒᆞ야同七時에退闕ᄒᆞ얏ᄂᆞᆫᄃᆡ奏稟ᄒᆞᆫ內容은詳報를待ᄒᆞ노라

●請邀大官 昨日에伊藤侯ᄂᆞᆫ韓國各部大官을該大使館으로請邀ᄒᆞ얏다더라

●金氏兼任 正三品金台植氏ᄂᆞᆫ平安南北道金礦監理로檢察官을兼ᄒᆞ얏더라

●姜氏叅書 前主事姜雲燮氏ᄂᆞᆫ公使館參書官을被任ᄒᆞ얏더라

●商會呈書 昨日韓國京城商業會議所에셔趙彰漢氏을總代로撰定ᄒᆞ야現今財政困難ᄒᆞᆫ狀態와救濟方策을幷ᄒᆞ야伊藤大使에게提呈ᄒᆞ얏다더라

●儒生義擧 昨日大韓諸道儒生等이上疏次로伏閤ᄒᆞᆫ다더라

●自願退會 一進會에셔所謂宣言書刊布ᄒᆞᆫ後로良心이有ᄒᆞᆫ人은自願退會가日日增多ᄒᆞᆫ다고云ᄒᆞ더라

●校費入算 學部에셔度支部에照會ᄒᆞ되獎部所管農商工學校附屬農事試驗場所用本年度經費를算外支出事로業已仰照ᄒᆞ이온바該敎師의掌中書를據ᄒᆞᆫ즉該經費中에耕馬四所代金與草料費幷一千一百元을來十年度에該試驗場豫算額中移越支用이다이옵기玆에仰佈ᄒᆞ오니照亮ᄒᆞ와以便支用이라ᄒᆞ얏더라

●龍山建廐 龍山印刷局前基地에日本軍隊馬廐一百八間을建築ᄒᆞ얏다더라

●沈印韓受 咸北觀察府摠巡李應圭氏가內部에報告하되現에會寧郡所住接應官兼署理觀察使徐相大因日本軍隊參謀部指揮하야派使邊界巡檢으로押去鏡城郡守沈憲澤이옵더니有何事端이온지該參謀長이解其印章하와接應副官前査辦韓奎錫으로授爲鏡城郡守印官이옵고亦使憲兵으로眼同該郡守하와還到府下이옵더니一日滯留에向洛次로發行獨津이온바當此府郡之空虛에如是事件을弗可速報이옵기玆에報告하오니査照라하얏더라

●似是風說 日昨에金東弼氏等數人이被捉되얏다ᄒᆞᆷ은風說에近ᄒᆞ다더라

●有勞分간 內部에셔法部에照會하되本年十一月二日議政府叅政大臣과本大臣이謹奏咸鏡北道介在兵爭之所府郡空蕩과人民奔波之中에卽伏聞前郡守徐相大의挺身獨往하야懷綏之方과交濟之策에彈誠竭力하야效勞特命에合有本意而現在法部未決案中이와弗敢擅便이기何以爲之敢奏奉 旨弗無[illegible]恕하니特爲分간이시옵玆以仰佈하니照亮欽遵이라하얏더라

●書籍이急於學校

國內에學校를廣設ᄒᆞ며外國에遊學을派遣ᄒᆞ야써人才를育成ᄒᆞᆷ이文明의基礎가되고時務의要点이됨은不俟再論이어니와伊今大韓現狀에對ᄒᆞ야精細ᄒᆞᆫ方針으로攷察ᄒᆞᆫ건ᄃᆡ오히려緩ᄒᆞ고急ᄒᆞᆫ者가아니오偏ᄒᆞ고수치못ᄒᆞᆫ者라ᄒᆞ노니何以言之오凡入學校者ᄂᆞᆫ必須成童以下者로次第等級을按ᄒᆞ야敎ᄒᆞᆯ지니十箇年을不經ᄒᆞ면卒業을不能ᄒᆞᆯ거시오外國에遊學ᄒᆞᄂᆞᆫ者도亦然ᄒᆞ니此十箇年間에內政은日益腐爛ᄒᆞ고外侮ᄂᆞᆫ日益滋甚ᄒᆞᆫᄃᆡ學校의生徒와外國에遊學生은尙屬植松求蔭이더러既往에出洋遊學ᄒᆞ야畢業而歸ᄒᆞᆫ者도拔擢收用이亦無幾人ᄒᆞ니國家에셔奬勸鼓舞ᄒᆞᄂᆞᆫ方法이임이完全치못ᄒᆞ얏고또現在學校에入學生徒가猶是零星ᄒᆞᆫ지라論國外에遊學은年費가浩大ᄒᆞ니寒士가能任ᄒᆞᆯ비아니오現設學校ᄂᆞᆫ學課가粗成ᄒᆞ니自三十歲以上으로夙工於漢學者ᄂᆞᆫ皆不肯就焉이라然則國中貧寒之士와三十歲以上은皆成棄材니比十箇年內에ᄂᆞᆫ全國人才가政治와經濟와法律上에適用ᄒᆞᆯ者가既往出洋遊學ᄒᆞ야卒業而歸ᄒᆞᆫ者一若箇人外에ᄂᆞᆫ別無可取ᄒᆞ니將若之何오然則現在三十歲以上으로夙工於漢字者가其數甚多ᄒᆞ니此等은年格이不合於學校召集이오又不能自備資斧ᄒᆞ야造學外國이라此等學生으로ᄒᆞ야금時務에適用之才를養成코져ᄒᆞ면泰西各國과東洋日本의新學問書籍을廣爲譯出刊布ᄒᆞ야素有夙工於漢學者로ᄒᆞ야금無不閱覽케ᄒᆞ야廣其智識ᄒᆞ고增其才力ᄒᆞ면不出數年ᄒᆞ야時務에適用ᄒᆞᆯ者를可以多得이니政府의當局者와社會의有力者ᄂᆞᆫ新書籍譯刊의事業을亟圖擴張ᄒᆞᆯ지어다

●豈有其리 槐山郡守張紀淵氏가內部에報告하되陰曆十月一日에日本陸軍步兵小尉澤山壽三郞과憲兵曹兵岩崎熙와兵卒七十餘名이自淸州鐵路로來到本郡하와請借公廨與市民家屋而留宿하고兵卒等柴油鷄卵價을一弗給與하오니將何以措處이올지事甚難便니라하야더라

●尹氏處答 法部刑事局長尹性普平理院檢事李秉和兩氏가被拿됨은本報에已揭어니와尹性普氏ᄂᆞᆫ笞五十에宣告하얏ᄂᆞᆫᄃᆡ受贖放送이라더라

●秘密議案 昨日은懿孝殿公故로各部大官드리進參後에政府에齊會하야何事件인지爛議하얏다ᄂᆞᆫᄃᆡ議案이甚是秘密하다더라

●財政救濟案의件

現今韓國商界上情況의困難이極項에達ᄒᆞᆷ으로京城商業會議所에셔財政救濟ᄒᆞᆯ方策을講究ᄒᆞ야政府에呈上ᄒᆞᆫ草件은已爲逐號揭載ᄒᆞ얏거니와今又正本이來到ᄒᆞ얏기로玆又繼佈ᄒᆞ노니幸今財政整理의責이有ᄒᆞᆫ者ᄂᆞᆫ此意見을采聽하야亟圖救濟하야垂死幾絶ᄒᆞᆫ民命을救濟하기를十分企望하노라

●反弗如童 再昨日에各小學校學徒三百餘名이聚集하야一進會에摠代을派遣하야所謂宣言書의趣旨를質問하얏ᄂᆞᆫᄃᆡ該會에셔該學徒을一一치夾室로誘引하야打之逆之하야指使人을招出하라고勒受其拱招一軸ᄒᆞᆫ夜該會會員十餘人이該學徒를領到于學部하야一塲論斷하얏고其時該部大臣이弗在하야未得面着이나以凌辱之說로無數鬧喧以去라더라

●傳播辨明書 日昨下午六時에舒川居張志學氏가蘇島漢江等地에來到하야一進會宣言書에對하야其辨明書를民間에撒傳하얏다더라

◉緊急社告

本社創設以來로新聞代金을每月初三日內에先納으로收入ᄒᆞ던바ᄂᆞᆫ自初로購覽ᄒᆞ시ᄂᆞᆫ僉君子가擧皆知悉이온바自本年八月再刋以來로代金收合이延至晦間이옵더니到今本社經費가窘絀之歎이有ᄒᆞ기로本月條ᄂᆞᆫ不日內로收合ᄒᆞ여야可히支過ᄒᆞᆯ터이오來十一月爲始ᄒᆞ야ᄂᆞᆫ一朔條ᄅᆞᆯ十五日內로送交ᄒᆞ시와連속發刋케ᄒᆞ야愛讀　僉君子의閱覽을供ᄒᆞ기로切盼홈

大韓每日申報社　告白

寄書

蕘說　亭齋生

余ㅣ年方十六에讀詩傳左傳等書라가暇閱每日申報ᄒᆞ야粗解時局形勢ᄒᆞ고졀以爲申報ᄅᆞᆯ士民이不可不閱이오不惟士民之不可不閱이라當路大官이宜乎務覽이오不惟大官이宜乎務覽이라我聖上丙枕之側에宜乎使御로誦讀也라ᄒᆞ노니何以言之오昔에周公이作七月篇ᄒᆞ야使瞽矇으로朝夕諷誦ᄒᆞ야欲成王이知民生之疾苦와稼穡之艱難케ᄒᆞ시고師曠이語晋侯曰天生民而立之君ᄒᆞ시史爲書ᄒᆞ며瞽爲詩ᄒᆞ며工誦箴諫ᄒᆞ며大夫ㅣ規誨ᄒᆞ며士ㅣ傳言ᄒᆞ며庶人이방ᄒᆞ며商旅于市ᄒᆞ며百工이獻藝ᄒᆞᄂᆞᆫ故로夏書에曰遒人이以木鐸으로循於路ᄒᆞ되官師ㅣ相規ᄒᆞ며工執藝事ᄒᆞ야以諫이라ᄒᆞ야正月孟春에於是乎有之ᄒᆞ니諫失常也오鄭人이遊于鄕校ᄒᆞ야以論執政之得失ᄒᆞᆯ시人이有欲毁其校者어ᄂᆞᆯ子産이曰夫人이朝夕退而遊焉ᄒᆞ야議執政之善否일식其所善者ᄂᆞᆫ吾則行之ᄒᆞ고其所惡者ᄂᆞᆫ吾則改之ᄒᆞ니是吾師也라若之何毁之리오ᄒᆞ니由是觀之컨듸自三代以來로哲辟賢相이未有不樂取於人ᄒᆞ야以爲善也며觀於民ᄒᆞ야有以審爲政之得失也라現今歐米諸國에自君相以下로莫不閱覽新報ᄒᆞ야以知列國之政規民風ᄒᆞ고且採其國之輿論衆議ᄒᆞ야去其惡而用其善ᄒᆞ야革其舊而從其新ᄒᆞ야政化文明이如彼蒸蒸日進ᄒᆞ니然則新報之有關於治敎가豈曰小補之哉아我韓新聞이種種非一이언마ᄂᆞᆫ其惟愛독者ᄂᆞᆫ閭巷士庶而已오政府大官은厭聞其指斥之說ᄒᆞ야請之詬辱이라ᄒᆞ고一不披閱ᄒᆞ니其孤陋頑固之習이孰有甚於此者乎아上無道揆ᄒᆞ며下無法守ᄒᆞ야國勢之岌業孤危가亶由於此也라古有瞽御之箴ᄒᆞ니今於宮中에承史閣臣之日侍宮中者每日에以各種新聞으로誦독於皇帝陛下之側ᄒᆞ야以備天聽케ᄒᆞ시고政府諸公이日日仕進會坐ᄒᆞ야先觀各種新報然後에次第視務則庶乎其有補於今日之急務라ᄒᆞ노니顧以稚年管見으로雖未敢揣測時務之如何이나以今日　宮中府中에各種新報之不可不觀으로略陳蕘說ᄒᆞ노니未知允合於當務之爲急否也아

記者ㅣ曰大韓國中에聰俊秀異者가往往有之ᄒᆞ더니右蕘說一篇이以若十六歲幼年으로其造詣가如此ᄒᆞ니其前進을不可量이라特爲揭載ᄒᆞ야以供內外國僉君子之閱覽ᄒᆞ노라

雜報

◉商業會議所貨幣整救方策（五）

我國은行政組織의秩序가不整ᄒᆞ며加之交通이不便ᄒᆞ고人文이未發ᄒᆞᆷ으로由ᄒᆞ야一官報一二新聞으로全國人民의게周知케ᄒᆞ기不能ᄒᆞᆫ現狀이有ᄒᆞ고且官民間의意志가不通ᄒᆞ야民은恒常通貨의不安ᄒᆞᆫ念이有ᄒᆞᆫ國狀에對ᄒᆞ야一回라도論示諭告ᄅᆞᆯ不爲ᄒᆞ고實施ᄒᆞ기前前日에人民은專혀購讀치아니ᄒᆞᄂᆞᆫ官報로써公布ᄒᆞ며更히六月二十四日度支部令을六月二十九日官報에登載ᄒᆞᆫ것을見ᄒᆞᆯ지라도政府가民을欺瞞ᄒᆞᆫ事實이分明ᄒᆞ니爲政의根本을全失ᄒᆞᆷ은天下의公論이自在ᄒᆞᆫ지라是ᄂᆞᆫ政府가人民을不識疑惑中에寘ᄒᆞ야經濟界를攪亂케ᄒᆞ며商賈로ᄒᆞ야곰破産ᄒᆞᄂᆞᆫ淵池에浸沒케ᄒᆞᆷ이니是ᄂᆞᆫ盲人을欺瞞ᄒᆞ야熱湯을呑케ᄒᆞᆷ과如ᄒᆞᆷ이니其暴虐惡政은可히譬ᄒᆞᆯ바ㅣ無ᄒᆞᆫ지라然則政府ᄂᆞᆫ相當ᄒᆞᆫ方法으로써恐慌ᄒᆞᆫ愁境에浸溺ᄒᆞᆫ商賈를救濟ᄒᆞᆯ方法을講究ᄒᆞᆷ이當然ᄒᆞᆫ責務오

（四　政府의光武九年六月二十四日度支部令第四號及第五號金庫事務處理順序及歲入歲出處理順序를公布ᄒᆞ야中央金庫及支金庫十個所를定ᄒᆞ되第一銀行各支店出張所로掌理ᄒᆞᆷ을命ᄒᆞ얏스니我國이雖小나十三道三百四十二郡에播在ᄒᆞᆫ錢貨를엇시如此히一方僻處에在ᄒᆞᆫ小數의出張所로財政의運用과經濟界의調和를得ᄒᆞ리오

未完

◉소경과안즘방이문답

일젼에엇더ᄒᆞᆫ소경ᄒᆞᆫ아이막되를ᄯᅮ덕거리고모쳐망건가가압ᄒᆞ로지나가ᄂᆞᆫ듸그곳에셔망건일ᄒᆞᄂᆞᆫ안즘방이가그소경을불너갈오듸여보게그동안엇지ᄒᆞ여오리갓나지못ᄒᆞ엿나

소경이듸답ᄒᆞ되즈연그럿케되엇네마ᄂᆞᆫ그동안술이나잘먹엇나

여보게아모말말게말ᄒᆞ며ᄂᆡ가막히네술을먹기ᄂᆞᆫ커니와술먹ᄂᆞᆫ사ᄅᆞᆷ의입도구경치못ᄒᆞ엿네젼일에ᄂᆞᆫ가로상에술먹고쥬졍ᄒᆞᄂᆞᆫ쟈도만터니근일에ᄂᆞᆫ별노엇어볼슈업데아마후쥬죄인으로잡혀갈가두려ᄒᆞᆷ인지아니돈이극귀ᄒᆞ여그럿치신화ᄒᆞᆫ푼어더보기ᄂᆞᆫ하ᄂᆞᆯ에별ᄯᅡ기오구화죠차구경ᄒᆞᆯ슈업스니어ᄂᆞ결을에술먹을슈잇스며먹ᄂᆞᆫ들취ᄒᆞᆯ슈잇겟나그젼에ᄂᆞᆫᄂᆡ가문슈소리를질으고도라다니면이집져집에셔불너들려하로모버러도숨ᄉᆞ십량이더니근일에ᄂᆞᆫ다리에가릐토시가셔도록다녀도숨ᄉᆞ푼을구경치못ᄒᆞ니참살슈업셔

자네ᄂᆞᆫ그러치나도이왕에ᄂᆞᆫ망건이숨ᄀᆡ만맛ᄒᆞ도미일ᄉᆞ오십량오륙십량을버러고기도ᄉᆞ먹고술도먹엇더니

근일당ᄒᆞ여ᄂᆞᆫ돈도귀ᄒᆞᆯᄲᅮᆫ아니라며라ᄉᆡᆨᄂᆞᆫᄉᆞᄅᆞᆷ만어셔졔각금망건을파라먹으려드ᄂᆞᆫ새닭에싱이업셔죽겟네

그말말게즈네나나ᄂᆞᆫ고만두고우리보담십십비잘벌고잘쓰던듸상고들도젼문을닷친다도망을ᄒᆞᆫ다ᄒᆞ니돈은참귀ᄒᆞᆫ가보데

미완

廣告

特別廣告

本申報는海外電報를卽接ᄒᆞ야機關이靈通ᄒᆞ고外報와探報를敏捷活潑ᄒᆞ도록注意ᄒᆞ오며申報發送ᄒᆞ는딕迅速信傳ᄒᆞ기는分傳人의게在ᄒᆞᆷ으로本社에셔平常에諸分傳人의게丁寧告戒ᄒᆞ고申申訓飭ᄒᆞ야毋或媮惰ᄒᆞ게注意ᄒᆞ거니와如或暫有稽愆이라도愛讀僉君子는當便通知于本社ᄒᆞ시면該分傳의게誠信相孚ᄒᆞ도록耳提面命ᄒᆞ고勸賞가發生ᄒᆞ도록誘諭ᄒᆞ야必無遲誤ᄒᆞ기로期待ᄒᆞᄋᆞ나이다

本社에寄稿ᄒᆞ시는君子는姓名과居住를明確ᄒᆞ게懸錄送附ᄒᆞ시와證據가有ᄒᆞᆷ을必要ᄒᆞᆷ이오公衆平和를害ᄒᆞᆫ秩序를紊亂케ᄒᆞ는意와社會上不穩ᄒᆞᆫ寄書ᄂᆞᆫ自不受ᄒᆞ는權利가本社에有ᄒᆞ오니肯諒ᄒᆞ시옵

大韓每日申報社

廣告

貿易商 本社는仁川港
日本郵便電信局對面
電話第二百一番地
仁川港 昌廣 洋行
벤넷트會社告白

○鐵路部

○東大門과新門間에來往車는每十分間에運行ᄒᆞᆷ
東大門發初車는午前六時三十分
新門外停車塲發初車는午前六時五十五分
東大門發終車는午後九時五十分
新門外停車塲發終車는午後十時十五分
○東大門과洪陵間에來往車는每二十分間에運行ᄒᆞᆷ
但自鍾路로東大門에來到ᄒᆞᆫ交替車로聯絡ᄒᆞᆷ
東大門發初車는午前六時五十分
洪陵發 初車는午前七時十分
東大門發終車는午後七時五十分
洪陵發 終車는午後八時十分
○鍾路와龍山間에來往車는每十二分間에運行ᄒᆞᆷ
鍾路發至南大門初車는午前六時四十八分
鍾路發至龍山 初車는午前七時二十四分
南大門發至鍾路初車는午前六時五十六分
龍山發至鍾路 終車는午前七時五十七分
南大門發至鍾路終車는午前十時八分
龍山發至鍾路 終車는午後九時九分
○特別私用車는願客의方便ᄒᆞᆷ을隨應ᄒᆞ야準給ᄒᆞᆷ
但定價는本社에來臨ᄒᆞ야請問ᄒᆞ옵

○電燈部

二百五十燭力以內의敷用處에는每個月에定價表가如左ᄒᆞᆷ
○十六燭力燃燈達夜에二圓五十錢
○三十二燭力燃燈達夜에四圓
○五十燭力燃燈達夜에六圓
○一百五十燭力燃燈達夜에十圓
一千二百燭力弧形燈達夜에二十圓
二百五十燭力以上의敷用處에는請求ᄒᆞ면瓦斯計一個를設給ᄒᆞᆷ
但瓦斯計賃金은每個月에二圓이오瓦斯計測驗表委托定價는每時間每암피아에二錢이옵
瓦斯計設給處에셔每介月支拂金最低額은每個月에二十圓인딕(瓦斯計貸金은)据ᄒᆞᆷ
電燈을敷設ᄒᆞ기에請求ᄒᆞ는딕給ᄒᆞᆷ로供各種連技辦燈도常時에貯存ᄒᆞ엿숩

本社鐵路電氣會社
韓美電氣會社 告白

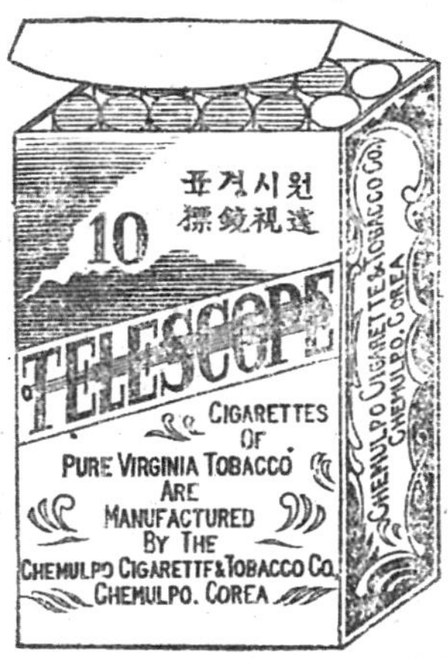

以上三種은上品으로製造ᄒᆞ야衛生上에至極有益ᄒᆞ오니毋論某人ᄒᆞ고本社에來顧ᄒᆞ옵

大韓帝國仁川港
濟物浦紙卷煙及烟草會社

一 鷹標罐濃詰牛乳
一 金印罐詰濃結牛乳
一 無雙家用氣化乳酪
一 쌘ㅣ든쓰製造麥芽化合牛乳
以上은常時에貯積ᄒᆞ엿숩
美國紐育港쌘ㅣ든쓰濃結牛유會社
一手代理店 大韓仁川港 世昌洋行

廣告

一 雜貨商
一 貿易商
一 船舶取扱
一 烟草商
一 委托販賣及貨物運送代理業
一 貿易石炭商
以上輸入及輸出者
京城 仁川 大昌 洋行

本社廣告

申報價
一張代金 韓貨五錢
一箇月前納 五十戔
三箇月 一元五十戔
六箇月 二元九十戔
一箇年 五元八十戔
郵稅一部 新貨五里
一箇月 十三戔

廣告料
四号活字十三字詰
每日每英尺一寸에新貨廿五錢
(每日每行에六錢에相當ᄒᆞᆷ)
二周日에 二圓五十錢
(每日每行四錢五里에相當ᄒᆞᆷ)
一箇月에 五圓
(每日每行四錢一里에相當ᄒᆞᆷ)
其期限의長短과字行의多少를依ᄒᆞ야增減ᄒᆞᆷ이有ᄒᆞᆷ

大韓人마다此申報를不得不閱覽ᄒᆞ실터이오니廣告出報ᄒᆞ실僉君子는來臨面議ᄒᆞ시옵

發行兼編輯人 英國人 裵說
發 行 所
京城北署壽進坊磚洞号外地法語學校前
大韓每日申報社

第八十號

大韓每日申報

대한매일신보

發

月曜及慶節
歲時日休刊

檀君開國四千二百三十八年
箕子元年三千二十七年
大韓開國五百十四年
日本明治三十八年
淸國光緖三十一年
陰曆乙巳十月大二十二日辛酉

論說

保護提議

伊藤侯의此行이宴會以外에別無他計가分明ᄒᆞᆫ듯ᄒᆞ나諸般禮式이旣畢後에ᄂᆞᆫ伊藤貴使가日本의經營ᄒᆞᄂᆞᆫ바政略을公然發言ᄒᆞ리니 日本諸報館이確然揭論ᄒᆞ며韓國愚民이一般畏忌ᄒᆞᄂᆞᆫ保護意思가尙今未消ᄒᆞ나 韓人恐怖가竟至未歇이면排日思想이繼起ᄒᆞ리니當此境遇ᄒᆞ야ᄂᆞᆫ韓國에利益되ᄂᆞᆫ提議라도日本請求ᄂᆞᆫ未免ᄒᆞ리로다 本報가向日에韓國社會之振興을諷詠ᄒᆞ얏더니近者行動을觀之則可謂驚歎이라追勢韙一進會의宣言書를 韓國各會가如出一口히反抗인바東京大學校의卒業生들리組織ᄒᆞᆫ大韓俱樂部도尙今反對ᄒᆞ얏도다 日本諸報館과政府機關된國民新聞의進言提議가果無智略이니若日本이此國治政의認許를獲得ᄒᆞ얏스면保護提議가有何必要리오 因此提議之說ᄒᆞ야兩爲가有ᄒᆞ니日本이列强認准을不得ᄒᆞ얏던지或得認准이라도有時失敗를可度이라以此觀之컨ᄃᆡ所謂保護宣布ᄂᆞᆫ非要領而無智計로다 日本이韓國及世界眼目의疾視를欲免인된自國向意를敦睦示홀거시오能使韓日兼悅케ᄒᆞ기를其亦有難인줄을余亦知之나信實이爲上策인줄은確然ᄒᆞ도다

官報

●第三千二百九十九號 光武九年十一月十七日

◉宮廷錄事

詔曰德國人男爵巨里盧特敍勳三等賜八卦章比國人도부시特敍勳三等賜太極章以示親愛之意
光武九年十月二十九日 表勳院總裁勳一等朴定陽

詔曰命平理院判事李圭桓爲平理院檢事平理院檢事李建鎬爲平理院判事
光武九年十一月十三日 法部大臣李夏榮

詔曰命陸軍副將閔丙奭爲宮內府特進官
十一月十四日

●敍任及辭令

德國人男爵巨里盧 敍勳三等賜八卦章
比國人도부시 敍勳三等賜太極章
以上十月二十九日

平理院判事李圭桓 任平理院檢事敍勅任官三等
平理院檢事李建鎬 任平理院判事敍勅任官三等
以上十一月十三日

陸軍副將閔丙奭 命宮內府特進官敍勅任官一等
奎章閣直學士俞鎭弼 依願免本官
正三品李錫替 任秘書監丞敍奏任官三等
從二品閔泳晚 任奎章閣直學士敍奏任官二等
正三品劉膺烈 任帝室會計審查局審查官敍奏任官四等
務安監理韓永源 任總領事官敍奏任官一等
正三品韓昌洙 任務安監理敍奏任官二等
以上十一月十四日

平理院檢事李圭桓 給六級俸
平理院判事李建鎬 給六級俸
以上十一月十五日

●部令

法部令第三號

辯護士試驗規則

第一條 辯護士試驗은每年一回式行ᄒᆞ되其日子ᄂᆞᆫ法部大臣이定ᄒᆞ야二箇月前에官報로써公告홈이라

第二條 辯護士試驗을受코저ᄒᆞᄂᆞᆫ者ᄂᆞᆫ帝國男子의滿二十五歲以上된者가左開資格의一이有홈을要홈이라

一 帝國이나外國의法律或政治專門學校에셔卒業ᄒᆞᆫ者

一 各裁判所의專任判事或檢事로在職이一箇年을經ᄒᆞᆫ者

一 平理院及漢城裁判所의主事로在職이繼續ᄒᆞ야四箇年에滿ᄒᆞᆫ者但法部或平理院이나漢城裁判所間에互相轉任ᄒᆞᆫ者ᄂᆞᆫ在職이繼續홈으로看做홈이라

第三條 試驗委員長은法部勅任官中으로委員은帝國이나外國의法律學校에셔三箇年以上修習ᄒᆞᆫ卒業証이有ᄒᆞᆫ者와專任判事나檢事로繼續在職이滿三箇年以上者로每試驗時에法部大臣이命홈이라

시驗委員의附屬書記ᄂᆞᆫ法部主事中으로每시驗時에法部大臣이指定홈이라

第四條 시驗委員은七人以下로定홈이라

第五條 시驗委員長은委員을監督ᄒᆞ고시驗에關ᄒᆞᆫ一般事務를處理홈이라

第六條 시驗委員은百圜以內의手當金을給與ᄒᆞ고시驗委員의附屬書記ᄂᆞᆫ十五以內의手當金을給與홈이라

第七條 辯護士法第五條에該當ᄒᆞᆫ者ᄂᆞᆫ시驗을受홈을不得홈이라

第八條 시驗志願者ᄂᆞᆫ其請願書에左의證書를添附ᄒᆞ야法部檢查課를經由ᄒᆞᆫ後시驗委員長에게提呈홈이可홈이라

一 履歷書

二 辯護士法第五條第二項의但書에該當ᄒᆞᆫ者ㅣ復權이有ᄒᆞᆫ時ᄂᆞᆫ其證明書

未完

外報

●最大新聞社 世界最大新聞社ᄂᆞᆫ北米合衆國紐育타임쓰社라고誰人이던지無不擧論이어니와同社ᄂᆞᆫ三十一層에四方十一萬六千三百四十九尺되ᄂᆞᆫ敷地를有ᄒᆞᆫ宏大ᄒᆞᆫ者인ᄃᆡ近者에英領蘇格蘭地에新設ᄒᆞᆫ슈콧트민新聞社ᄂᆞᆫ遙히紐育타임쓰社를凌駕ᄒᆞ야層數ᄂᆞᆫ僅히十三層이로되建築이宏張ᄒᆞ고敷地ᄂᆞᆫ四方二十萬一千七百八十七尺이라ᄒᆞ니即타임쓰社의約四倍이라더라

●兩帝再會合 德國新聞을據ᄒᆞᆫ즉露帝ᄂᆞᆫ德帝의게다름쓰타트에셔招待ᄒᆞ얏다ᄂᆞᆫ說이有ᄒᆞ더라

●人造金剛石 월니암 구루구쓰氏ᄂᆞᆫ糖炭과純鐵을電熱로溶解ᄒᆞ면金剛石과恰似ᄒᆞᆫ小結晶體가된다고演說ᄒᆞ얏ᄂᆞᆫᄃᆡ但此의成効與不成効ᄂᆞᆫ熱度의加減으로된다ᄒᆞ며右理論上에决코非不可能ᄒᆞᆫ事이라고끌넛세짜이룽新聞에記述ᄒᆞ얏더라

東京電報

●總司令官奉答　十一月十五日午後六時五分發

臣이任務를終홈에際호야優渥호大命을拜호오미恐懼를不堪호오며來二十五日에凱旋의途에就호야聖旨를奉副호기를期호읍나이다云호얏더라

●天皇御着輦　仝上

日本天皇陛下게셔는伊勢太廟에御參拜호시기爲호야御發輦호ᄉ本日에(十五日)無事히山田에御着輦호셧다호얏더라

●御參拜御日取　十一月十六日午後○時四十分發

天皇陛下게셔는昨夕에御無事히伊勢山田에御着호사本日午前에行宮에셔御出門호사外宮에御參拜호시고明十七日은內宮에御參拜호신다더라

●全國敬意　仝上

日本全國官省 學校 會社等은今回에 天皇陛下씌셔平和克復홈을伊勢太廟에御報告호시기爲호야御參拜호심에就호야敬意를奉表호기爲호야明十七日에臨時休業호다더라

雜報

●勅語嚴正。三昨日伊藤大使가陛見時에奏請호內容을聞호則重大호要求가四件이有호니

一皇城內에總監一人을寘호事

一各港口에總監一人을寘호事

一外交를日本東京으로移寘홀事

一外交에關호야日本의承認을得지못호면第三國과締約을得치못홀事인뒤

韓皇陛下게옵셔韓國獨立을重念호시와正大호義理로拒絶호신즉이藤大使가再三强請호되强硬호신 勅語로不允호셧다더라

●大使館會議 昨日上午十一時에參政大臣以下各部大臣들리이藤大使館으로齊會하야重大事件을爛議하얏다더라

●殉國意決 參政大臣韓圭卨氏와外大朴齊純氏와農大權重顯氏가此次重大호要求件에對호야誓死不從호기로相扶痛哭호고韓參政은家人의게永訣ㅅ지호얏다니三大臣의殉國호는忠義가凜若秋霜홈으로聞者ㅣ無不感泣호다더라

●幾百萬生靈不如一顧問 所貴乎政府會議者는國之安危와民之肥瘠을時加協商호야從長幹旋키를爲홈인바近日財政閉塞홈을因호야中外許多生靈이溝壑在前호爻象을宜無不知인즉拯濟之方을凍餒未甚前에汲汲議處호는게政府上當然底責任이거날側耳厯日에絶無聞焉호니其日民之生死가無關於我라호는지旣議之案을糾正澄貸호야民之情境을愛莫助之라호는지只是默默度日이豈不慨哉아當初貨幣救正홀如何方策이約欵中에必有所載인즉該方策이本是未善일진뒤遂行홀理由가無홀거시오만일該方策에有違호야致此困難홀진뒤違背호事實을擔任호顧問에게繫誠去호야隨罪糾正을宜早決行이거늘反對도不爲호고糾正도亦無호야幾百萬生民에枯死는寧爲忍視홀지언뎡一顧問官에手段을不敢觸忤誥辨호니是豈爲國爲民호는本意리오噫噫라生民脂膏로養得此等大官호야畢竟其奸刃諂鉞에遭此慘毒호니嗟呼冤哉라今日韓民이여幾箇賣國之贓의手中餓鬼를未免호깃다고街說巷說가逐日紛紛호다더라

●各勳幷叙 日昨 詔勳을下호사總稅務司英國人柏卓安氏는特陞叙勳一等賜太極章稅務司英國人洪瑪斯阿滋本偉克非法國人羅保得義國人別里尼幷特叙勳三等頭等幇辦英國人戴福森參高律代라稅務司英國人合鑒阿蔘德國人馬仕卜幷特叙勳四等頭等幇辦日本人原茂加藤太郞幷特叙勳五等이船廳義國人補이五里德國人滿野만英國人富禮地司美富幷特叙勳六等各賜八卦章호얏더라

●兩氏新任 正三品丁奎章氏는奉常副提調로從二品李種聖氏는[illegible]院制事로被任호얏더라

●是何貌樣 農商工部技手李相衍氏는該部에儲寘호얏든栗島國에서送交호斗衡尺을暗取典賣호事件이現露되야警務廳에捉囚되얏더라

●殊常見捉 日昨中署寺洞支所巡檢金根植氏가巡視之際에李殷悅이何許보裏를携持過去호는딕其色이殊常홈으로問其裏보裹所在物則李誠이該보를擲地逃走하거날該巡檢이呼角追捉하야幷上警廳하얏는딕該보內에는鍮大也洋鞋酒盤女鞋等屬이라더라

大韓十三道儒約所에서一進會宣言書에對호야辨明書가如左호니

凡我三千里內頂天踵地者莫非我 聖上之赤子而不幸生此國步危亂之際以臣民誠義之不足雖不能匡扶我 國家拯濟我生民置天下於磐泰之安然於褒之熱血按住不得無人不寒心痛哭而相謂曰我國獨立之權何以鞏固 皇室何以保護每見外人壓制凌踏自不覽髮竪膽掉實無晷刻苟生之心近日又有一節保護國之說渠以巧猾惟知法外悖說播之新聞欲爲嘗시之計此乃我國臣民不忍聞不忍道也此言一出哀我二千萬同胞未知作誰家之奴隷死無其日生無其地寧其國殉於鋒鏑之下誓不受此等凌侮之辱所謂一進會名色渠亦以大韓化囿之物甘作彼人之鷹犬肆然以保護之說宣言于全國準備彼人藉口之資彼以人面人心胡至此極苟究其心逆節已萌切非我大韓臣子也春秋曰亂臣賊子人人得以誅之今之公法曰逆徒請他國干預者尤有不合之이稽之於古參之於今不容暫貸於覆載之間者以我國之臣民豈忍共處而對背國之逆徒乎아茲以卞明公佈我大韓一域是及于天下各國以明其本國之逆伏願地球內 僉君子照亮焉

●無罪必放 再昨日下午三時에高陽駐在日本兵站所兵丁二名이該郡居孫德柱를捕縛入城이라하얏더라

●鐵請砲丸 近日賊警이各處有之하야所持機械는擧皆六穴砲也라戢捕官吏도機械를未得不准備然後에强盜之凶器를可之抵敵이니六穴砲限五柄을具彈丸支撥하라고中署警務官張孝根氏가該廳에報告하얏더라

●延聘著押 學部에서外部에照會하되漢語學校敎師朴方城의延聘請議書를業經奏裁制可하야現承政府指令하얏기該合同四件을玆以件交하니照亮하읍셔貴部로捺章後에轉致淸國公館하시와幷與該敎師著押하야俾各存案케하시고一件만還擲爲要라하얏더라

●請認漁採 德源郡元山居商民金元一李光國等이請願하되咸南沿海等地에北魚漁業을近來外人主張하야海邊漁戶의産業이凋殘하야反爲外人之屆傭이온즉莫重正供이緣此零星故ㄹ本人等이憤慨하온心을發하야略干資本을鳩合하야精利호機械로北魚어採를擴張하오면正供을可完이오民業을可興이오니特爲認准하와어戶의妨害之弊가無케하시믈伏望이라하얏더라

●緣何溺井 本月十一에東署於義洞居李載俊의溺井홈을出力拯出하야乃至救命호該署巡檢宋寬植氏를警廳에서一元金으로施賞하얏다더라

●內照外部 內部에서外部에照會하되現接開城府政課內警報則夢賊淸人을捉得하야審査호바其現贓이非徒確據라所犯이强盜에關하야取調書와證據品錄을修報하며該淸人等을送致淸館이다하나此를准하야該事件一切書類를左에粘付郵照하니査照하시와淸領事館에備文知照하야韓淸條約을依하야按律審辦케하심을爲要該淸人等姓名은禹掌재牟學連徐洛零楊潤軒王士玉高崑山蘇子海等云이라하얏더라

緊急 社告

本社創設以來로新聞代金을每月初三日內에先納으로收入ᄒᆞ던바ᄂᆞᆫ自初로購覽ᄒᆞ시ᄂᆞᆫ僉君子가擧皆知悉이온바自本年八月再刋以來로代金收合이延至晦間이옵더니到今本社經費가窘絀之歎이有ᄒᆞ기로本月條ᄂᆞᆫ不日內로收合ᄒᆞ여야可히支過ᄒᆞᆯ터이오來十一月爲始ᄒᆞ야ᄂᆞᆫ一朔條를十五日內로送交ᄒᆞ시와連속發刋케ᄒᆞ야愛讀 僉君子의閱覽을供ᄒᆞ기로切盼흠

大韓每日申報社 白告

雜報

英國倫敦博物院書樓記

夫國家의盛衰가何常之有리오蕞爾小邦도幡然振興ᄒᆞᆫ者有ᄒᆞ고巍峨大國도忽焉頹敗ᄒᆞᆫ者가有ᄒᆞ니其故ᄂᆞᆫ何也오人才의得失로由ᄒᆞᄂᆞᆫ지라

普天之下에何處無才리오培植如何에在ᄒᆞ니培植之法은學問을必資ᄒᆞ고學問의增進은講讀으로써其知識을開發ᄒᆞᆯ지니益人知識의緊要ᄒᆞᆫ書籍은寒士의能히容易購讀ᄒᆞᆯ者가아니니故로書樓의設立이더욱培植人才의要務라

近世各國書樓가列若繁星ᄒᆞ나英國倫敦博物院의書樓로써巨擘을合ᄂᆞ니其制를觀ᄒᆞᆫ건ᄃᆡ其項이圓形을作ᄒᆞ야縱廣이各十有四丈이라大地之上에羅馬大廟의殿을除ᄒᆞᆫ外ᄂᆞᆫ此樓로써第一을稱ᄒᆞᄂᆞᆫ지라

樓內圓頂下에圓墻을作ᄒᆞ고墻內에格式을作ᄒᆞ고格之內ᄂᆞᆫ藏書之櫝이라藏書의極高ᄒᆞᆫ處ᄂᆞᆫ有階可登ᄒᆞ니周圍가다一律인故로取之甚便ᄒᆞ고樓內書籍은任人涉獵ᄒᆞ되오작借出을不准ᄒᆞᄂᆞᆫ지라

格下의隨便可閱之書가二萬劵이오格上所藏은各國語言文字와一切實學要務等書와各月報一共히五萬劵이라

其圓頂의製ᄂᆞᆫ雕鏤가精巧ᄒᆞ야金銀으로써施ᄒᆞ고各樣彩繪가皆淡色으로써着ᄒᆞᆫ故로樓內光輝가燦爛陸離ᄒᆞ야人의眼目을照耀ᄒᆞ고

樓內에長卓十九張과小卓十六張을排置ᄒᆞ야足히三百餘人의坐次를敷列ᄒᆞ고西曆一千八百五十四年으로붓터비로소婦女入觀을許ᄒᆞᆫ故로또兩卓을特設ᄒᆞ야婦女의坐次를準備ᄒᆞ고此二卓外에도또ᄒᆞᆫ隨便而坐ᄒᆞᆷ을許ᄒᆞᆫ지라每長卓之上에立板을中設ᄒᆞ야對坐之人으로ᄒᆞ야곰兩不相視ᄒᆞ야專心閱讀케ᄒᆞ고其與會를撓敗ᄒᆞᄂᆞᆫ바가無ᄒᆞ도록ᄒᆞᆷ이라

樓內의式은本屬圓形ᄒᆞ야車輪과如ᄒᆞ고長卓의設은車輪의輻과如ᄒᆞᄃᆡ卓의製ᄂᆞᆫ首低而尾高ᄒᆞ니비록閱者滿堂ᄒᆞ나初入其門ᄒᆞ야취視ᄒᆞ면人의多ᄒᆞᆷ을不見ᄒᆞᄂᆞᆫ지라

屋之中에圓櫃를置ᄒᆞ고書의題目三百劵으로써其上에陳列ᄒᆞ야使人으로檢視를便利케ᄒᆞ니此櫃ᄂᆞᆫ車의軸과如ᄒᆞ야各櫃이俱得相接ᄒᆞᆫ故로置諸左右와如ᄒᆞᆫ지라

圓櫃內에極中之處가總管書樓人의坐位가되니비록閱書者가三百餘人이라도實로擧目悉數ᄒᆞ기不難ᄒᆞᆫ지라

未完

商業會議所貨幣救方策 (七)

設令該規定은文明制度上適法의主旨라稱ᄒᆞᆯ지라도我國의經濟事情과流來慣習에相照ᄒᆞ면實行上疑問이될뿐아니라一般經濟上에偉大ᄒᆞᆫ恐慌을惹起ᄒᆞᆯ念慮가有ᄒᆞ니我國租稅徵收法은甲午改革時錢納改定以來로各郡에收納된國庫金을信用이有ᄒᆞᆫ商民及士民의게輸送을付托ᄒᆞ야

其付托을受ᄒᆞᆫ者ᄂᆞᆫ他商民으로ᄒᆞ야곰該金을流通ᄒᆞ야其郡에셔産出ᄒᆞᄂᆞᆫ物産을買收케ᄒᆞ야附近의需用地及京城에輸送ᄒᆞ야現金으로相換ᄒᆞ며

或은政府의出給命令書等으로相換ᄒᆞ야써納上ᄒᆞ니即一種의遞發魚驗作用을依ᄒᆞ야續轉ᄒᆞ야自然히經濟上의調和를維持ᄒᆞᆷ이各國舊制度와其揆가殆同ᄒᆞᆫ지라

其間에多少弊害가不無ᄒᆞᆷ은아니로ᄃᆡ此ᄂᆞᆫ其制度의不備ᄒᆞᆷ으로從ᄒᆞ야難免ᄒᆞᄂᆞᆫ者ㅣ라然而今回發令에依ᄒᆞᆫ건ᄃᆡ金庫의設置가無ᄒᆞᆫ地方의國庫金은收入官吏의게現金으로〻支金庫에收入ᄒᆞᆷ이라規定ᄒᆞ얏스니

未完

歷史槩要

波蘭末年史 續

露使燁仁이愛國黨의動靜을聞ᄒᆞ고大怒ᄒᆞ야發令ᄒᆞ야愛國黨을誅戮ᄒᆞ라ᄒᆞ더니此時土耳其國이居中調停코자ᄒᆞ고또露國의撤兵치아니ᄒᆞᆷ을責ᄒᆞᆫᄃᆡ燁仁이그제야自過를發明코자ᄒᆞ야銷聲匿跡ᄒᆞ야愛國黨의處刑事를還收ᄒᆞ거날嗚呼라愚迷ᄒᆞᆫ波蘭王은愛國黨의忠心을不知ᄒᆞ고도로혀自身에有害ᄒᆞᆯ가恐ᄒᆞ야露公使의게哀乞ᄒᆞ야露兵을依舊히駐屯ᄒᆞ라ᄒᆞ고또怯懦ᄒᆞᆫ元老大臣等도또ᄒᆞᆫ露國에保護를請ᄒᆞ야愛國黨鎭撫ᄒᆞᄂᆞᆫ力을乞ᄒᆞ니

露公使大喜ᄒᆞ야이에波王에言을濕藉ᄒᆞ야士國을謝辭ᄒᆞ고露兵으로ᄒᆞ야금愛國黨을追討ᄒᆞ며또波蘭人民을命ᄒᆞ야愛國黨과聯絡ᄒᆞᆷ을禁ᄒᆞ니

自此로愛國黨과露兵의戰鬪가不絕ᄒᆞ야愛國黨이每樣得勝ᄒᆞ고布老斯書ᄂᆞᆫ더욱部下兵을激勵ᄒᆞ야銳氣를鼓舞ᄒᆞ며忠義를憤發케ᄒᆞ더라

未完

소경과안즘방이문답 속

그려치만아모것도아니ᄒᆞ고젼복이나입고뒤짐이나지고남북촌지상의집으로만도라다이ᄂᆞᆫ사ᄅᆞᆷ들은무엇을먹고ᄉᆞᄂᆞᆫ지우리갓하야셔ᄂᆞᆫ돈업스면ᄭᅳᆨ죽을네

이사ᄅᆞᆷ그런괘ᄉᆞ의말허지말소그ᄉᆞᄅᆞᆷ들이공연이다이ᄂᆞᆫ쥴아나모다곡절이잇셔단인다네

그러면협잡속이지협잡도한두가지오하로잇흘이지일년슴빅륙십일에날구장쳔무슨협잡이그리만단말인가필연것흔번번허나

속은셩이가버셔버셔ᄒᆞᆯ터인즉대문에나올ᄯᅢ에ᄯᅳ림허고가리침곤도올니ᄂᆞᆫ거ᄉᆞᆫ속담에이른바닝슈마시고니슈시ᄂᆞᆫ모양이지

안일세그런협잡질허라단이ᄂᆞᆫ사ᄅᆞᆷ들은비포와경륜이ᄯᅡ로잇셔어ᄃᆡ던지가면남의비위를잘맛초와입을열면소진이구변이오쇠를니면진평이묘비가잇ᄂᆞᆫ듯ᄒᆞ야

긔인편지일등이오쥬사참ᄉᆞ시긴다고긔쳔량긔만량을ᄲᅢ앗ᄂᆞᆫ날은도독놈에계집갓치먹셩죠케잘먹으며죠ᄌᆞ룡이헌창쓰듯보기죠케잘쓰고지ᄂᆞᆫ다네

그런게야근일에마쥬ᄉᆞ젼참봉도그런협잡비에슈단으로된것이지

이ᄉᆞᄅᆞᆷ시럽순말작작허게속담에상말노ᄭᅵ가돈이만으면멍첨지라ᄒᆞᆫ다ᄂᆞᆫ말은혹잇지마ᄂᆞᆫ마쥬ᄉᆞ젼참봉이란말은금시초문일세

미완

廣告

特別廣告

本申報ᄂᆞᆫ海外電報를卽接ᄒᆞ야機關이靈通ᄒᆞ고外報와探報를敏捷活潑ᄒᆞ도록注意ᄒᆞ오며申報發送ᄒᆞᄂᆞᆫ디迅速信傳ᄒᆞ기ᄂᆞᆫ分傳人의게在ᄒᆞᆷ으로本社에셔平常에諸分傳人의게丁寧告戒ᄒᆞ고申申訓飭ᄒᆞ야怠惰或ᄒᆞᆫ가ᄒᆞ거니와如或暫有稽忽이라도愛讀僉君子ᄂᆞᆫ逕使通知于本社ᄒᆞ시면該分傳의게誠信相孚ᄒᆞ도록耳提面命ᄒᆞ고勤贊가發生ᄒᆞ도록誨諭ᄒᆞ야必無遲誤ᄒᆞ기로期待ᄒᆞᄋᆞᆸᄂᆞ이다

本社에寄書ᄒᆞ시ᄂᆞᆫ諸君子ᄂᆞᆫ姓名과居住를明確ᄒᆞ게懸錄逕附ᄒᆞ시와證據가有ᄒᆞᆷ을必要ᄒᆞᆷ이오公衆平和와秩序를紊亂케ᄒᆞᄂᆞᆫ意外社會上不經荒雜ᄒᆞᆫ寄書ᄂᆞᆫ不受ᄒᆞᄂᆞᆫ權利가本社에自有ᄒᆞ오니肯諒ᄒᆞ시ᄋᆞᆸ

大韓每日申報社

○鐵路部

○東大門과新門間에來往車ᄂᆞᆫ每十分間에運行ᄒᆞᆷ

東大門發初車ᄂᆞᆫ午前六時三十分

新門外停車場發初車ᄂᆞᆫ午前六時五十五分

東大門發終車ᄂᆞᆫ午後九時五十分

新門外停車場發終車ᄂᆞᆫ午後十時十五分

○東大門과洪陵間에來往車ᄂᆞᆫ每二十分間에運行ᄒᆞᆷ

但自鍾路로東大門에來到ᄒᆞᆫ交替車로聯絡ᄒᆞᆷ

東大門發初車ᄂᆞᆫ午前六時五十分

洪陵發 初車ᄂᆞᆫ午前七時十分

東大門發終車ᄂᆞᆫ午後七時五十分

洪陵發 終車ᄂᆞᆫ午後八時十分

○鍾路와龍山間에來往車ᄂᆞᆫ每十二分間에運行ᄒᆞᆷ

鍾路發至南大門初車ᄂᆞᆫ午前六時四十八分

鍾路發至龍山 初車ᄂᆞᆫ午前七時二十四分

南大門發至鍾路初車ᄂᆞᆫ午前六時五十六分

龍山發至鍾路 終車ᄂᆞᆫ午前七時五十七分

南大門發至鍾路終車ᄂᆞᆫ午前十時八分

龍山發至鍾路 終車ᄂᆞᆫ午後九時九分

○特別私用車ᄂᆞᆫ顧客의方便ᄒᆞᆷ을隨應ᄒᆞ야準給ᄒᆞᆷ

但定價ᄂᆞᆫ本社에來臨ᄒᆞ야請問ᄒᆞᆸ

○電燈部

二百五十燭力以內의敷用處에ᄂᆞᆫ每個月에定價表가如左ᄒᆞᆷ

○十六燭力燃燈達夜에二圓五十錢

○三十二燭力燃燈達夜에四圓

○五十燭力燃燈達夜에六圓

○一百五十燭力燃燈達夜에十圓

一千二百燭力弧形燈達夜에二十圓

二百五十燭力以上의敷用處에ᄂᆞᆫ請求ᄒᆞ면瓦斯計一個를設給ᄒᆞᆷ

但瓦斯計賃金은每個月에二圓이오瓦斯計測驗表委托定價ᄂᆞᆫ每時間每암페아에二錢이옴

瓦斯計設給處에셔每介月支拂金最低額은每個月에二十圓인디(瓦斯計賃金은)据ᄒᆞᆷ

電燈을敷設ᄒᆞ기에請求ᄒᆞᄂᆞᆫ디給ᄒᆞᆷ로供各種連技辦燈도常時에貯存ᄒᆞ엿ᄉᆞᆸ

本社鍾路電氣會社

韓美電氣會社 告白

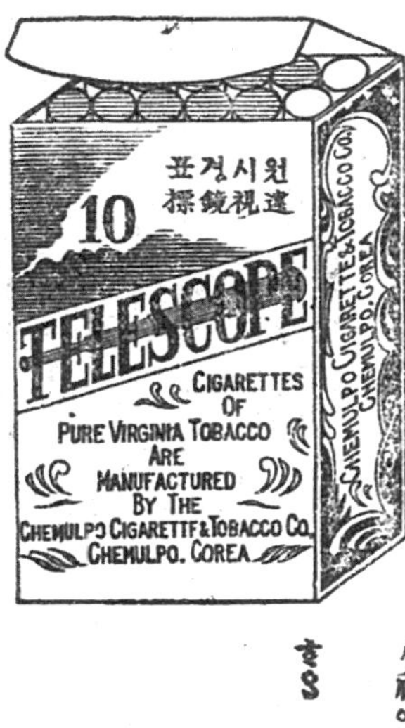

以上三種은上品으로製造ᄒᆞ야衛生上에至極有益ᄒᆞ오니毋論某人ᄒᆞ고本社에來顧ᄒᆞ심

大韓帝國仁川港

濟物浦紙卷煙及烟草會社

一 鷹標罐濃詰牛乳
一 金印罐詰濃結牛乳
一 無變家用氣化乳酪
一 뽀ㅣ든쓰製造麥芽化合牛乳

以上은常時에貯積ᄒᆞ엿ᄉᆞᆸ

美國紐育港뽀ㅣ든쓰濃結牛乳會社

一手代理店 大韓仁川港 世昌洋行

廣告

一 雜貨商
一 貿易商
一 船舶取扱
一 煙草商
一 委托販賣及貨物運送代理
一 貿易石炭商

以上輸入及輸出者

京城 仁川 大昌洋行

本社廣告

申報價

一張代金 韓貨五錢
一箇月前納 五十戔
三箇月 一元五十戔
六箇月 二元九十戔
一箇年 五元八十戔
郵稅一部 新貨五里
一箇月 十三戔

廣告料

四号活字十三字詰每日每英尺一寸에新貨廿五錢

(每日每行에六錢에相當ᄒᆞᆷ)

二周日에 二圓五十錢
(每日每行四錢五里에相當ᄒᆞᆷ)

一箇月에 五圓
(每日每行四錢一里에相當ᄒᆞᆷ)

其期限의長短과字行의多少를依ᄒᆞ야增減ᄒᆞᆷ이有ᄒᆞᆷ

大韓人마다此申報를不得不閱覽ᄒᆞ실터이오니廣告出報ᄒᆞ실僉君子ᄂᆞᆫ來臨面議ᄒᆞ시옴

發行兼編輯人 英國人裵說
發行所 京城北署壽進坊磚洞号外地法語學校前
大韓每日申報社

第三卷

大韓每日申報

대한매일신보

第八十一號

月曜及慶節歲時日休刊

檀君開國四千二百三十八年
箕子元年三千二十七年
大韓開國五百十四年
日本明治三十八年
淸國光緖三十一年
陰曆乙巳十月大二十三日壬戌

論說

活民是急。

近日商業會議所에서財政困難을救濟ᄒᆞᆯ方略을陳述ᄒᆞ야政府에呈上ᄒᆞ얏ᄂᆞᆫ딕尙今如何ᄒᆞᆫ措處가有ᄒᆞᆷ을未聞ᄒᆞ니尤極慨歎이로다未知케라韓廷大官은時局의艱棘으로由ᄒᆞ야有所不遑而然歟아抑今日財政權이專혀目賀田顧問의게在ᄒᆞᆫ故로莫敢着手而然歟아且聞ᄒᆞ니商會員들이數次政府에進ᄒᆞ야該案實施ᄅᆞᆯ懇請則政府에셔措處ᄒᆞᆯ答辭가無ᄒᆞᆯ不啻라該冊子도初不閱覽이라ᄒᆞ니此ᄂᆞᆫ人民의生命機關의對ᄒᆞ야恬視ᄒᆞᆷ을不免이라大抵貨幣가融通ᄒᆞᆫ然後에人民의生活을始得ᄒᆞᆯ것이오人民이生活을得ᄒᆞᆫ然後에國家가有ᄒᆞ거날現今漢城經濟界에危險ᄒᆞ고悲慘ᄒᆞᆫ狀況은目不忍視오口難盡述이라一般商民의閉廛撤肆가無日無之ᄒᆞ고貧富間與受가杜絶ᄒᆞ야餓死之嘆이在在聒耳ᄒᆞ고至於外國商民ㅅ지撤業者多ᄒᆞ니此ᄂᆞᆫ財政整理의不善으로由ᄒᆞᆫ者이거날尙此固執已見ᄒᆞ야救濟ᄒᆞᆯ方略을漠然無視ᄒᆞ니其主意所在가人民의生命을故意勦絶코져ᄒᆞᄂᆞᆫ者라嗚呼라天之生民은欲其全活이어날今에如斯히慘毒ᄒᆞᆫ患害를人民의게貽ᄒᆞ고冤呼가徹天ᄒᆞ되若不聞知ᄒᆞ니吁亦何心고天意人心에少有覩念이거든此財政救濟ᄒᆞᆯ方策을急急實施ᄒᆞᆯ지어다

官報

◎第三千三百號 光武九年十一月十八日

◎敍任及辭令

秘書監丞李錫替
主殿院主事崔翼彰
鏡城郡守沈悳澤
懷仁郡守金商五
오川郡守李丙默
德源郡守李鍾完
光州郡守趙漢鏞
寧越郡守金善圭
熙川郡守吳學善
富平郡守成輔永
華川郡守任軒宰
星州郡守南宮억
依願免本官

任秘書監丞敍奏任官三等 正三品李暻榮
兼任太醫院副卿 秘書監丞李暻榮
兼任禮式院掌禮 秘書監丞鄭헌
任主殿院主事敍判任官四等 侍從院左侍御李址善
任侍從院左侍御敍判任官七等 九品李碩璀
以上十一月十四日

免懲戒 杆城前郡守徐相大
右ᄂᆞᆫ該員이杆城郡守任在時에乾鳳寺僧錢討索事로照律免官ᄒᆞ얏숩더니該員이咸鏡北道兵爭時를際ᄒᆞ야挺身奔往ᄒᆞ야撫綏人民ᄒᆞ야效勞特多이기自臣部로上奏ᄒᆞ야不無參恕特爲分揀事奉旨ᄒᆞ얏숩기免懲戒

任富平郡守敍奏任官五等 寶城郡守李海昌
任懷仁郡守敍奏任官五等 洪陵令洪祐純
任오川郡守敍奏任官四等 시講院시從官李甲承
任光州郡守敍奏任官六等 唐津郡守洪蘭裕
任漆谷郡守敍奏任官四等 帝室會計審查局審查官崔鉉達
任平壤郡守敍奏任官四等 度支部參書官李重玉
任實城郡守敍奏任官六等 從二品尹錫祺
任唐津郡守敍奏任官六等 六品張鳳煥
任寧越郡守敍奏任官六等 六品李昌夏
任華川郡守敍奏任官六等 六品鄭海運
任德源郡守敍奏任官六等 慶興監理權重瓚
任鏡城郡守敍奏任官六等 前郡守徐相大
任成川郡守敍奏任官一等 從二品趙鼎允
任泰川郡守敍奏任官四等 正三品李秉膺
主殿院電務課主事姜雲燮
濟州牧主事李有珽
依願免本官
命平安南北道金礦監理兼檢察官 正三品金台植
任濟州牧主事敍判任官六等 李孜榮
任公使館三等參書官敍奏任官六等 前主事姜雲燮
給四級俸
內部會計局長鄭鳳時
給七級俸 內部參書官柳成烈
以上十一月十五日

外報

◎上海水道引受 漢江에水道쟈뎐마세손會社의引受ᄒᆞᆷ은張之洞과交涉中이라ᄒᆞᄂᆞᆫ딕쟈뎐우香港에셔發記ᄒᆞ야會社를組織ᄒᆞᆫ거신딕張之洞이自初로長을管理ᄒᆞ야爲先英國居留地에水道를시放하고支라人의居住地域에도及ᄒᆞᆯ야고하ᄂᆞᆫ딕目下交涉을進行中이라云하더라

◎淸國金貨新鑄計畫 淸國收稅局長은近日衙門을建白하야新히金貨를鑄造ᄒᆞᆫ다ᄂᆞᆫ딕此ᄂᆞᆫ銅貨及銀貨流通을改良하야且各省別途의幣政을一定ᄒᆞᆯ야ᄂᆞᆫ딕新金貨ᄂᆞᆫ一箇에二十元의價値이된다ᄂᆞᆫ딕英國公使사도우氏도亦本國政府에此事를報告하얏고또北京政府에셔爲先此事를사ᄒᆞᆷ으로金貨本位라ᄒᆞᄂᆞᆫ計畫ᄒᆞᆫ다더라

雜報

◎原察報災 江原觀察使閔泳敦氏가內部에報告ᄒᆞ얏스되道內各郡雨澤農形을考閱於郡報ᄒᆞ온즉今陰曆八月三日四日之雨가一連灌下ᄒᆞ야使成近年罕有之災而喆聆所及에極爲驚慘이다自其郡으로渰死人漂流戶及田畓被災數를修報이기先玆左錄報告ᄒᆞ니恤金을依典則頒下라ᄒᆞ얏다더라

江陵郡 漂戶一百九十九戶 渰死十一名 沙汰戶五十三戶 壓死人四十名
三陟郡 漂戶二百八戶 頹戶三十九戶 渰死二十一名
蔚珍郡 漂頹戶二十五戶 渰死人 名
杆城郡 漂頹戶三百五十五戶 壓死人七十一名
襄陽郡 並頹戶二百六戶 壓死人三十二名
高城郡 並頹戶一百三十戶 壓死人四十名
通川郡 並頹戶七十戶 壓死人十一名이라더라

東京電報

◉獨、佛、公使館昇格 十一月十七日午後六時三十分發

獨、佛、政府에서駐日公使館을大使館으로홈旨로布告가來ㅎ얏다더라

◉露國內暴徒 仝上

浦鹽斯德에서暴徒가起ㅎ얏는듸市街戰이劇烈ㅎ야其慘狀이痛甚ㅎ다더라

雜報

◉新條約成立 再昨日午后二時부터伊藤大使와林公使와長谷川大將이憲兵을率ㅎ고入闕ㅎ야參政以下各大臣과新條約을協議ㅎ는듸伊藤少將은日憲兵이各門을把守ㅎ고또御榻咫尺에攔入ㅎ지라該議案에對ㅎ야韓參政은否字로ㅎ고其他各大臣은可字로ㅎ야成立이되얏다는듸 韓皇陛下의聖意는該條約을決不准許ㅎ시기로確定이신듸各大臣의慌惚으로 聖慈을恐動ㅎ야此境에在ㅎ얏는듸 韓皇陛下씌서淚를下ㅎ시고宗社生靈을爲ㅎ사上天에祈禱ㅎ셧다더라

◉參政流配 參政大臣韓圭卨氏는宮禁咫尺擧措失當爲先免本官流三年定配하라고 詔勅이下ㅎ셧더라

◉參政新任 全北觀察使閔泳喆氏는參政大臣을被命ㅎ얏더라

◉警使新任 警務使金思默氏가疏遞ㅎ고參領具完喜氏가被任ㅎ얏더라

◉聲聞于天

大韓全國에基督敎人의京鄕에잇는信徒가屢十萬에達ㅎ얏는듸其國家의沈淪滅亡之境에陷入ㅎ믈悲悼感傷ㅎ고社會의零落凋殘홈을憂慮ㅎ야長老會와浸禮會와美美會에서公同ㅎ聯合會를團結ㅎ야祈大全智全能ㅎ옵신造物主大主宰永命의上旨로獨一無二ㅎ시고上帝耶和華께爲國祈禱를虔恭至誠으로日日設行ㅎ다는듸其日日誦禱ㅎ는全文이如左ㅎ더라

爲國祈禱文

至今우리大韓이苦難中에잇는形便을우리同胞가다아는바어니와耶蘇를밋는兄弟姉妹中에도或은自己가잘못ㅎ야이地境에이른줄은셔닷지못ㅎ고다른사롬만怨望ㅎ니이난뎔生覺홈이오或은말ㅎ기를우리의敬神ㅎ나라가ㅎ날에잇슨즉肉身의나라는別로히相關업다ㅎ니이도뎔生覺홈이오或은말ㅎ기를이런苦難을當ㅎ야엇지가만이안젓스리오ㅎ고血氣를참지못ㅎ야紛히나아가자ㅎ니이도뎔生覺홈인즉다하나님의뜻에合當치못훈것이라그런즉이苦難에든허물이어듸잇다ㅎ리오다른듸잇지안코다하나님을밋고求ㅎ지아니ㅎ는듸잇나니大抵우리나라사롬이邪神偶像을崇奉ㅎ고惡毒훈일만行ㅎ며하나님의쥬신바기름진싸와礦産과日用萬物을感謝훈마음으로밧아適當히쓰지아니ㅎ고또하나님압헤福을求ㅎ자아니훈자닭인즉主날밋는우리는舊約씨에先知者耶利米와以賽亞와但以理의祈禱로以色列과猶太國이救援어든것갓치大韓도救援엇기를ㅎ나님압헤祈禱ㅎ옵세다 祈禱時間은每日申時(午後三時와四時)오 祈禱文이如左ㅎ니

萬王의王이신하나님이시여우리韓國이罪惡으로沈淪에드럿스믹오직하나님밧게빌듸업사와우리가一時에祈禱ㅎ오나韓國을불상히넉이사耶利米와以賽亞와但以理의自己나라를爲ㅎ야懇求홈을드르심갓치韓國을救援ㅎ사全國人民으로自己罪를悔改ㅎ고다天國百姓이되여나라이하나님의永遠훈保護를밧아地球上에獨立國이確實케ㅎ야쥬심을耶穌의일홈으로비옵나니다

記者ㅣ曰이團體의結合되야이祈禱의大旨를想像ㅎ건듸其惻恒悱愴ㅎ辭意가凡有血氣훈자ㅣ感情이相同홀지라傳에曰鶴鳴于九皐에聲聞于天이라ㅎ니大韓帝國君臣上下一體人民은念玆在玆ㅎ야勉之哉어다

祈禱會의此爲國祈禱ㅎ는衍義를本祈禱의成蹟을更探ㅎ야續續出報홀터이니韓國人士는其一心으로敬恭寅畏ㅎ야靜聽無譁홈

◉何不還官 本壤觀察李容善氏가內部에報告ㅎ되管下中和陽德慈川肅川三和等五郡이多月空官에邑事民情이時日爲急이오니拜命依任ㅎ야不日下送이라ㅎ얏다더라

◉失衙棲屑 寧邊觀察李根豐氏가內部에報告ㅎ되日本守備隊兵이寧邊郡觀德堂及巡檢에修理入處而所入費가爲三百二十兩八戔五分이온고로該郡守報告를因ㅎ야修成冊上送이오며且有問者는現今日本馬兵二十名이又爲來到ㅎ야欲占宣化堂이온바多般交涉ㅎ야終不讓與則裁判課室에入處훈故로該課主事及書記는方爲彷徨이라ㅎ얏더라

◉臧涕渙散 城津監理李元[illegible]氏가內部에報告ㅎ되本署이赴任以後로另察本港警署情況이온즉一自月俸減算以後로一朔給四元錢이不過鄕葉二十兩인즉一身衣食도猶爲不足이온奚暇에注意於奉公視務리오十名巡檢이擧皆自退渙散ㅎ와巡察調探과生民保護凡係警務가將至廢境이오니査照後指飭ㅎ라ㅎ얏더라

◉內會東電 日前에商業會員裡敎淳氏等이日本東京에往ㅎ야總理大臣과大藏大臣을交涉ㅎ고現時韓國의貨幣가枯渴ㅎ야民情의悲慘훈情況을面陳홈으로日本內閣에서駐韓伊藤大使의게電報ㅎ야其救濟ㅎ略의實施를周旋ㅎ라ㅎ얏다더라

◉江民可憐 東幕麻浦等地에居民들이擧皆旅閣資業ㅎ는바現今租包出納이最繁ㅎ야左輪右應의寘簡是眼鼻莫開中에朝夕으로居接ㅎ든舍廊을勢所强ㅎ야日兵宿舍로借與ㅎ고所謂主人은詣에臭를失훈模樣과如히在外栖屑ㅎ야十分困難ㅎ더니幾至失業之境이라고該洞民情이嗷嗷ㅎ다더라

◉財關民死

世之爲士者ㅣ學問을不習不修ㅎ는獨善其身만爲홈이아니라幸히他日從政ㅎ는境遇에는所學을展布ㅎ야許多蒼生으로其利益을蒙케홈이어날近日所謂大官은一學을不修ㅎ며一事를未解ㅎ고도由運을穿ㅎ며轉輾呈ㅎ야百方千計로要津에冒據ㅎ니這般黑洞洞ㅎ心中에所抱經綸이只是貪饕營私에不過홈은人皆了然可知어니와最其可痛可恨者는凡於國務大問題에醜然參席ㅎ야該案件之可曰否를無難容喙ㅎ야利害得失를맏然不省ㅎ고도曰禍國害民之事를頃刻做出ㅎ니此等像의風魔的大官手裏에誤了許多國務ㅎ며壞了許多民命이豈非大可痛恨者乎아第以近日所經으로言之컨듸沿江各洞與平壤義州等軍用地案件에李朴兩人이從中作倆ㅎ야生民에毁家出離와白骨暴露와田土還失이不知爲幾千萬人ㅎ야該地方千餘里에怨聲이如沸ㅎ니此實無前虐政이라不忍聞不忍見이되度大閔泳綺氏所爲에較看컨듸禍波의險惡과害刃의慘毒이猶爲不及은何也오蓋此錢幣는一時虐炎酷熱이當空襲來와如ㅎ야十三道生民이無人可避ㅎ며無人可支ㅎ야許多商賈上人에破業倒産은且置勿論ㅎ고凡厥蒼生人民이一金得見이難於上天키로思恨婦歎이載於道路ㅎ야到處에饑饉慘酷이盈編ㅎ와一般인즉將來天氣栗烈ㅎ時候를當ㅎ면凍餒死亡이在在皆然홀지니一夫에塡于溝壑도猶可矜惻이어든況此幾百萬無辜赤子ㅣ財政荒績의根由로相率就死ㅎ니以梃與刃이均是殺人이라主務大臣은其將安於心乎아一分羞惡心이有ㅎ진듸淸夜自思에愧汗이被面홀지니闕下에泥首請罪ㅎ야以謝天下ㅎ는게義所當然이거날倚然該部에假處ㅎ야大臣貌像으로自處ㅎ니其無人心은可知라豈不可哀乎哉아現今宇內各國에此等救弊法이亦曾有之인지據依ㅎ閣臣閒은是柳稚之士라ㅎ니必有其說ㅎ리로다

◉日兵示威 再昨日부터多數日兵이大砲를携ㅎ고城內各處와 宮闕近地에往來ㅎ고또昨日부터各大臣家에把守ㅎ야戒嚴ㅎ는行動이有ㅎ더라

雨次投火 昨日上午三時量

雜報

◉部令

法部令第三號

辯護士試驗規則 續

第九條 試驗志願者ᄂᆞᆫ試驗手數料로五圜을請願書提呈ᄒᆞᄂᆞᆫ時에納付ᄒᆞᆷ이可ᄒᆞᆷ이라 試驗手數料ᄂᆞᆫ請願書를取下ᄒᆞ거나又試驗을不受ᄒᆞᄂᆞᆫ時라도此를還付치아니ᄒᆞᆷ이라

第十條 시驗은筆記와口述의二種으로定ᄒᆞᆷ이라

筆記시驗은民法民事訴訟法刑法刑事訴訟商法과政法國際公法國際私法의各科目으로施行ᄒᆞᆷ이라

口述시驗은民法民事訴訟法刑法刑事訴訟法의各科目으로施行ᄒᆞᆷ이라

第十一條 筆記시驗과口述시驗은法部에셔行ᄒᆞᆷ이라

第十二條 筆記시驗에合格ᄒᆞᆫ者ㅣ아니면口述시驗을行ᄒᆞᆷ을不得ᄒᆞᆷ이라

第十三條 시驗에關ᄒᆞᆫ細則은每시驗時에시驗委員이議定ᄒᆞᆷ이라

第十四條 시驗委員長은시驗의成績과及第者의姓名을法部大臣에게報告ᄒᆞᆷ이可ᄒᆞᆷ이라

第十五條 시驗及第者의姓名은官報로公告ᄒᆞᆷ이라

第十六條 시驗及第者에게ᄂᆞᆫ시驗委員의證明을因ᄒᆞ야委員이及第證書를授與ᄒᆞᆷ이라

第十七條 시驗請願書及履歷書와及第證書의書式은左와如ᄒᆞᆷ이라

書式

시驗請願書

用紙ᄂᆞᆫ法部公用紙

住地

姓名

生年月日

本人이辯護士시驗을受코져ᄒᆞ와別紙履歷書及證明書를添附提呈ᄒᆞ나이다

年月日 姓名 印

辯護士시驗委員長姓名 閣下

未完

◉商業會議所貨幣救方策 (八)

然則全國의徵稅金(卽通貨)은僅僅十一箇所의本金庫及支金庫에集積ᄒᆞᆷ에至ᄒᆞ야地方一帶金融의切迫을招ᄒᆞᆷ은分明ᄒᆞᆫ者ㅣ라若夫第一銀行과我國商民의去來上關係를密接케ᄒᆞ면多少間調和ᄒᆞᆯ道理가無ᄒᆞᆷ은아니로ᄃᆡ아즉如此ᄒᆞᆫ關係가存在ᄒᆞᆷ을不見ᄒᆞᆯ뿐아니라去來慣習과金融方法은日本金融事情과相殊ᄒᆞᆷ이大有ᄒᆞᆫ故로一朝에其道를求ᄒᆞᆷ은極히難事오且交通의不便은文明의銀行制度를利用키不能ᄒᆞᆫ障害가有ᄒᆞᆷ을推想컨ᄃᆡ該法은地方의經濟를攪亂ᄒᆞ고恐慌을惹起ᄒᆞᆷ이觀火보다分明ᄒᆞᆯ지로다

近來日本明治政府의治蹟에徵ᄒᆞᆯ지라도銀行의設備가姑未完全ᄒᆞ고交通이不便ᄒᆞᆫ期間에ᄂᆞᆫ國庫金收랍順序ᄂᆞᆫ各郡及全國樞要地에信用이有ᄒᆞᆫ人民에게換錢方法을命ᄒᆞ야換錢作用으로써國庫에收랍ᄒᆞᄂᆞᆫ方法을取ᄒᆞ야經濟界의調和를維持ᄒᆞ기에勉力ᄒᆞᆫ지라

◉歷史槪要

波蘭末年史 續

旣而오干과밋元老ᄂᆞᆫ다主見이無ᄒᆞᆫ者라또忽然히露國을忿恨ᄒᆞ고愛國黨과結合코자ᄒᆞ야睦羅老로써使者를삼아愛國黨中에送ᄒᆞ니此人도또ᄒᆞᆫ忠心이有ᄒᆞᆫ人이라其志가愛國당과同ᄒᆞ나아직其당의眞心爲國ᄒᆞᆷ을的知치못ᄒᆞᄂᆞᆫ故로每樣其動靜을親視코자ᄒᆞ더니今에使者의任을當ᄒᆞᆷ이心中深喜ᄒᆞ야自思ᄒᆞ되萬一此당이能히國家를恢復ᄒᆞᆯ진ᄃᆡ我ㅣ맛당이王을勸諫ᄒᆞ야同謀ᄒᆞᆯ것이오또萬一兵力이弱ᄒᆞ야大事를不成ᄒᆞᆯ지라도我ㅣ心力을竭盡ᄒᆞ야其無辜誅戮을免케ᄒᆞ리라ᄒᆞ고王을陛辭ᄒᆞᆯ서王이密諭ᄒᆞ야曰朕은露國의羈絆을脫코져心이最切ᄒᆞ니卿은此意를愛國당의게信囑ᄒᆞ라ᄒᆞ며또元老等도愛國당의愛國이라ᄒᆞᄂᆞᆫ認可狀을與ᄒᆞ야其忠誠을嘉尙ᄒᆞ고違法ᄒᆞᄂᆞᆫ叛徒의惡名을昭雪케ᄒᆞ더라

此時에露國女皇이太隣이公使燁仁의게命ᄒᆞ야曰愛國黨은곳露國과波蘭王의叛賊이라萬一波蘭이露兵과合ᄒᆞ야愛國黨을追討치아니ᄒᆞ면朕이大兵을擧ᄒᆞ야波蘭을蹂躪ᄒᆞ리라ᄒᆞ고곳燁仁으로ᄒᆞ야금露兵七聯隊와高加索兵七千人을發ᄒᆞ야愛國黨의根據地巴阿를襲擊ᄒᆞ야焚掠殺戮ᄒᆞ니其狀은慘不忍見이러라此時에布老斯者의三子가戰沒ᄒᆞ거ᄂᆞᆯ布老斯者ㅣ此報를聞ᄒᆞ고神色이自若曰少兒輩가國事에死ᄒᆞ얏스니我心이慰滿ᄒᆞ도다ᄒᆞ며

此時波蘭王의使者睦羅老ᄂᆞᆫ王命을承ᄒᆞ야愛國黨과結合코자ᄒᆞ얏더니今에露兵이猝然히愛國黨을攻殺ᄒᆞᆷ의其形跡이愛國黨을欺○ᄒᆞ고露國을陰助ᄒᆞᆷ과如ᄒᆞᆫ지라이예隊戮府에回ᄒᆞ야王의게復命曰今番事ᄂᆞᆫ臣이忍言치못ᄒᆞᆯ지라臣은外國에避身ᄒᆞ야後事를謀ᄒᆞ리라ᄒᆞ고法蘭西에往ᄒᆞ야救援을請ᄒᆞ더라

此時露國의暴虐은益甚ᄒᆞ나愛國黨의數ᄂᆞᆫ日加ᄒᆞ야伯爵趙洸은住利時亞에셔義士를糾合ᄒᆞ니全國內가다響應ᄒᆞ야露國人을憎惡辱罵치아니ᄒᆞᄂᆞᆫ者가無ᄒᆞ며王의侍從臣楮孱老ᄂᆞᆫ至誠忠實ᄒᆞᆫ人이라至是ᄒᆞ야露公使를襲捕ᄒᆞᆯ計策을王의게暗奏ᄒᆞᆫᄃᆡ王이또ᄒᆞᆫ默許ᄒᆞ더니其事가不成ᄒᆞ고發覺되야亡命ᄒᆞ더라

未完

◉소경과안즘방이문답 속

자ᄂᆡ는공연이남다려시렵다허지말게ᄌᆞᄂᆡ는눈이멀어보지는못ᄒᆞᆫ다ᄒᆞ거니와소문조ᄎᆞ못들엇단말인가

자ᄂᆡ말ᄒᆞᆫ바멍쳠지는김셩의멍쳠지오나의말ᄒᆞᆫ바마쥬ᄉᆞ젼착봇는사ᄅᆞᆷ의마쥬ᄉᆞ젼착봉이라일젼관보에게지되엿다데이사ᄅᆞᆷ자네는다리가병신이라허되듣나다이면셔소문은셀니가위시골안즌방이가셔울죠졍공론ᄒᆞᆫ다는말이자ᄂᆡ게ᄭᅢᆨ맛쳣듯네

고

층이상ᄒᆞᆫ일세상에ᄯᅡ아지금갓치져황ᄒᆞᆫᄯᅢ에도군슈쥬본이된다허며ᄉᆞ면에두리왕허는소리에귀가압ᄒᆞ니이럿케귀ᄒᆞᆫ돈을일이량도아니오멧만량멧쳔원을돌녀ᄂᆡ는것보면참돈이제갈량이라허되그사ᄅᆞᆷ들도졔갈량이지

그러나져러나큰일낫셔파출군슈를죠졍에셔것흐로는퇴차ᄒᆞ아보낸다고허여도그사ᄅᆞᆷ이그ᄉᆞ람갓ᄒᆞ여이젼에는빅셩들이선졍불망비를셰우더니지금은악졍불망비가셔게되얏슨즉사ᄅᆞᆷ마다불망비한아식은다엇을모양이지

참군리는관찰군슈의불망비는거리거리만히셧데선치를허여도비를셰고불치를허여도비를셰며선졍을ᄒᆞᆫ자도원류악졍을ᄒᆞᆫ자도원류허니그셈판은ᄎᆞᆷ알슈업서

그무엇이알슈업나선졍을허던지악졍을허던지빅셩들이잇지못ᄒᆞᆯ일은한가진즉이럿던져럿턴불망비는일반이오불치를허던지선치를허던지원류ᄒᆞᆷ은이사람이나져사람이나일반인즉우군사람의게는이왕만히먹엇슨즉다시더먹힐것업거니와서로서사람오게되면또먹으려고허를둘너가진악져다ᄒᆞᆯ터이니도몟쳔량씩앗기랴면죽을고싱다ᄒᆞᆫ다네불치허는자의월류는서로오는ᄌᆞ를두려ᄒᆞᆷ이오선치허는ᄌᆞ의월류는참이셕허여ᄒᆞᆷ인즉이리도원류져리도원류는일반이지무어시알슈업서

미완

特別廣告

本日報ᄂᆞᆫ海外電報를即接ᄒᆞ야機關이靈通ᄒᆞ고外報와探報를敏捷話撥ᄒᆞ도록注意ᄒᆞ오며申報發送ᄒᆞᄂᆞᆫ뒤迅速信傳ᄒᆞ기ᄂᆞᆫ分傳人의게在ᄒᆞᆷ으로本社에셔平常에諸分傳人의게丁寧告戒ᄒᆞ고申申訓飭ᄒᆞ야毋或渝惰ᄒᆞ게注意ᄒᆞ거나와如或暫有禮總이라도愛讀ᄒᆞ君子ᄂᆞᆫ術使通知于於社ᄒᆞ시면該分傳의게誠信相爭ᄒᆞ도록耳提面命ᄒᆞ고勸贊가發生ᄒᆞ도록諄餘ᄒᆞ야必無遲誤ᄒᆞ기로期待ᄒᆞᄋᆞᆸᄂᆞ이다

本社에寄書ᄒᆞ시ᄂᆞᆫ諸君子ᄂᆞᆫ姓名과居住를明瞭ᄒᆞ게錄送附ᄒᆞ시와證據가有ᄒᆞ게ᄒᆞᆷ을必要ᄒᆞᆷ이오公衆平和ᄒᆞᆫ秩序를紊亂케ᄒᆞᄂᆞᆫ意와社會上不經荒雜ᄒᆞᆫ寄書ᄂᆞᆫ不受ᄒᆞᄂᆞᆫ權利가本社에自有ᄒᆞ오니肯諒ᄒᆞ시ᄋᆞᆸ

大韓每日申報社

廣告

貿易商 本社ᄂᆞᆫ仁川港
日本郵便電信局對面
電話第二百一番地
仁川港 廣昌洋行
멘넛트會社告白

○鐵路部

○東大門과新門間에來往車ᄂᆞᆫ每十分間에運行ᄒᆞᆷ
東大門發初車ᄂᆞᆫ午前六時三十分
新門外停車場發初車ᄂᆞᆫ午前六時五十五分
東大門發終車ᄂᆞᆫ午後九時五十分
新門外停車場發終車ᄂᆞᆫ午後十時十五分

○東大門과洪陵間에來往車ᄂᆞᆫ每二十分間에運行ᄒᆞᆷ
但自鐘路로東大門에來到ᄒᆞᆫ交替車로聯絡ᄒᆞᆷ
東大門發初車ᄂᆞᆫ午前六時五十分
洪陵發 初車ᄂᆞᆫ午前七時十分
東大門發終車ᄂᆞᆫ午後七時五十分
洪陵發 終車ᄂᆞᆫ午後八時十分

○鐘路와龍山間에來往車ᄂᆞᆫ每十二分間에運行ᄒᆞᆷ
鐘路發至南大門初車ᄂᆞᆫ午前六時四十八分
鐘路發至龍山 初車ᄂᆞᆫ午前七時二十四分
南大門發至鐘路初車ᄂᆞᆫ午前六時五十六分
龍山發至鐘路 終車ᄂᆞᆫ午前七時五十七分
南大門發至鐘路終車ᄂᆞᆫ午前十時八分
龍山發至鐘路 終車ᄂᆞᆫ午後九時九分

○特別私用車ᄂᆞᆫ顧客의方便ᄒᆞᆷ을隨應ᄒᆞ야準給ᄒᆞᆷ
但定價ᄂᆞᆫ本社에來臨ᄒᆞ야請問ᄒᆞᄋᆞᆸ

○電燈部

二百五十燭力以內의敷用處에ᄂᆞᆫ每個月에定價表가如左ᄒᆞᆷ
○十六燭力燃燈達夜에二圓五十錢
○三十二燭力燃燈達夜에四圓
○五十燭力燃燈達夜에六圓
○一百五十燭力燃燈達夜에十圓
一千二百燭力弧形燈達夜에二十圓
二百五十燭力以上의敷用處에ᄂᆞᆫ請求ᄒᆞ면瓦斯計一箇를設給ᄒᆞᆷ
但瓦斯計賃金은每個月에二圓이오瓦斯計測驗表委托定價ᄂᆞᆫ每時間每암피아에二錢이옴
瓦斯計設給處에서每介月支拂金最低額은每個月에二十圓인ᄃᆡ(瓦斯計貸金은)据ᄒᆞᆷ
電燈을敷設ᄒᆞ기에請求ᄒᆞᄂᆞᆫᄃᆡ給ᄒᆞᆷ로供
各種連技辦燈도常時에貯存ᄒᆞ엿ᄉᆞᆸ

本社鐘路電氣會社
韓美電氣會社 告白

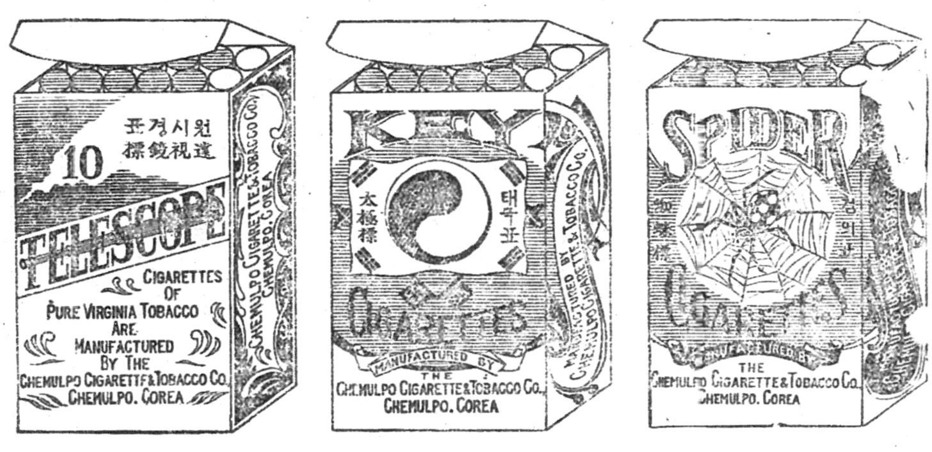

以上三種은上品으로製造ᄒᆞ야衛生上에至極有益ᄒᆞ오니毋論某人ᄒᆞ고本社에來顧ᄒᆞᄋᆞᆸ

大韓帝國仁川港
濟物浦紙卷煙及烟草會社

一 鷹標罐濃詰牛乳
一 金印罐詰濃結牛乳
一 無雙家用氣化乳酪
一 쏘ㅣ든쓰製造麥芽化合牛乳
以上은常時에貯積ᄒᆞ엿ᄉᆞᆸ
美國紐育港쏘ㅣ든쓰濃結牛乳會社
一手代理店 大韓仁川港 世昌洋行

廣告

一 雜貨商
一 貿易商
一 船舶取扱
一 煙草商
一 委託販賣及貨物運送代理業
一 貿易石炭商
以上輸入及輸出者
京城 仁川 大昌洋行

本社廣告

申報價
一張代金 韓貨五錢
一箇月前金 五十錢
三箇月 一元五十錢
六箇月 二元九十錢
一箇年 五元八十錢
郵稅一部 新貨五里
一箇月 十三錢

廣告料
四号活字十三字詰每日每英尺一寸에新貨卄五錢
(每日每行에六錢에相當ᄒᆞᆷ)
二周日에 二圓五十錢
(每日每行四錢五里에相當ᄒᆞᆷ)
一箇月에 五圓
(每日每行四錢一里에相當ᄒᆞᆷ)
其期限의長短과字行의多少를依ᄒᆞ야增減ᄒᆞᆷ이有ᄒᆞᆷ

大韓人마다此申報를不得不閱覽ᄒᆞ실터이오니廣告出執ᄒᆞ실僉君子ᄂᆞᆫ來臨面議ᄒᆞ시ᄋᆞᆸ

發行兼編輯人 英國人裴說
發行所
京城北署壽進坊齊洞号外地法語學校前
大韓每日申報社

第三卷　大韓每日申報 대한미일신보　第八十二號

月曜及慶節歲時日休刊

檀君開國四千二百三十八年
箕子元年三千二十七年
大韓開國五百十四年
日本明治三十八年
清國光緖三十一年
陰曆乙巳十月二十五日甲子

論說

皇城義務

昨日皇城記者가日韓新條約에對ᄒᆞ야 韓皇陛下ᄭᅴ옵셔伊藤大使의强請을正大明確된斥絶ᄒᆞ신勅語와 多數日兵이欄入宮闕ᄒᆞ야至逼於龍榻咫尺ᄒᆞ야示威脅迫의行動과伊藤大使가韓廷大官을恐喝도ᄒᆞ며誘說도ᄒᆞ야諸般强壓의手段과 韓參政이該條約에不爲捺章ᄒᆞᆫ事와各大臣의欺負君父ᄒᆞ고喪失國權ᄒᆞᆫ罪를據事直書ᄒᆞ며 또該條約이 皇上陛下ᄭᅴ서不允ᄒᆞ신事오參政大臣이不爲捺章ᄒᆞᆫ者니必然無效ᄒᆞ리라ᄂᆞᆫ說도揭載ᄒᆞ고 또該社記者가此報를發佈ᄒᆞ면必有所遭ᄒᆞᆯ事狀도預先揣度ᄒᆞ고不由檢査에早朝傳播ᄒᆞ고坐而待變ᄒᆞ더니 果然日本巡査等이來到ᄒᆞ야該社長張志淵氏를捉去ᄒᆞ고該報를停刊케ᄒᆞ얏스니嗚呼라皇城記者ᄂᆞᆫ但該社義務를不失ᄒᆞᆯ뿐이아니라 實로大韓全國社會臣民의代表가되야光明正直ᄒᆞᆫ義理를世界에發顯ᄒᆞ리로다

至若放聲大哭이라ᄂᆞᆫ論說一篇은凡爲大韓臣民者가無不[illegible]痛哭이어니와世界各國의凡有公心正義者ᄂᆞᆫ皆當爲之慨忿痛惋ᄒᆞ리니 嗚呼라皇城記者之筆은可與日月爭光이로다

雜報

大韓十三道儒約所에셔上疏ᄒᆞᆫ全文이如左ᄒᆞ니

伏以嗚呼痛矣며自來至此五百年宗社將何以奉之二千萬生民將何以使之 皇上陛下亦將稅駕于何地乎思之痛極臆壅哽咽不知所云臣等於日前以日人壓制凌侮我國之危急情狀疏陳顚末同十三道儒生進伏于 闕門之外未及登徹 疏首前秘書監丞臣李奭鎬其疏下李建奭趙載明盧瑛鉉趙性燦爲日憲兵之所捉去白日大道以禮服朝官爲衆牽拿都下觀者莫不憤惋風雪中且見奪之疏章則莫取 徵號彼惡知之臣等之所慣憐而措蒞者也又於再昨日臣等尤不勝憤激抱章詣 闕天門阻關未得奉入彷徨道路血淚沾衿 君臣之義如父子之恩而如是阻遠尤所痛恨者也

○伏聞今二十一日夜日人所謂五條之約是何無前之變怪也始以新聞記載而試之道途傳說其漸久矣故臣等之所憂慮盡獻于政府敢欲疏陳于 天陛者也今此五件之約則乃一國永亡之機也 皇上曰不可政府主務之參政大臣曰不可國民皆曰不可從中贊可之大臣則烏可曰 陛下之臣而政府大官乎以可否調印言之旣 陛下之所不 允則敢設大臣之可否調印已極乖當設有 陛下之强許旣畀民心之不從則亦不可擅行者也况曰未經 奏本哉可之勒調印蹟案何敢稱以成立廣布于世乎彼人之小無忌憚非但蔑視我韓即藐視天下者也不待韓人之說而庶有傍觀列國之斟量矣至於我國之賣國賊則書可書否之際形跡已露外部大臣朴齊純以交際之主務大臣雖緣壓制俯首歸印烏可免賣國之目乎其餘諸大臣始作彼人之倀導釀成今日之禍逆節竟露於書可之席靦然無恥胡忍至此

此皆 列聖祖及 皇上陛下之逆臣萬民之罪人也 王章所在焉逭常律此若仍置三千里疆域非復 大韓之有矣 陛下將欲置 宗廟社稷於何地使萬億赤子淪作誰家之奴隷語及于此不覺血熱膽도

伏願 陛下將不顧我 宗社生靈則已若欲保 宗社臨兆民則亟先 命下于司敗上陳書可諸賊斬首藁街以慰民心繼又 命照各館另設大同議辦以廣天下之公議以保我 列聖朝世守之基 宗社幸甚臣民幸甚臣等無任云云

●社長被捉 皇城新聞社長張志淵氏ᄂᆞᆫ昨日該報中에韓日新條約의顚末과時局의顚覆된事에對ᄒᆞ야痛歎ᄒᆞᆫ論說을記載ᄒᆞ얏더니昨日上午五時에日本巡視와巡査가該社에來到ᄒᆞ야該社長을捉致ᄒᆞ야警務廳에拘囚ᄒᆞ얏고該報館은日本巡査가把守ᄒᆞ야來往人을禁止ᄒᆞ기로該報가不得已停刊되얏다더라

●回睨爲笑 日昨何許人이過夜珠峴타가見蹈舞者ᄒᆞ고問其理由즉日再昨에開新條約之說ᄒᆞ고幾乎失性ᄒᆞ야終夜痛哭터니今에更聞ᄒᆞᆫ즉該條約에捺印은幾個賣國賊에不過ᄒᆞ고大韓皇上陛下ᄭᅴ옵셔와參政韓圭卨氏ᄂᆞᆫ自初拒絶ᄒᆞ야對ᄒᆞ옵셧다기로抃躍之喜ᄒᆞ와蹈舞ᄒᆞᆫ다ᄒᆞᆷ의傍觀者드ᄅᆞ이如雲喝采ᄒᆞ고亦皆蹈舞ᄒᆞ얏다더라

外報

●瑞西公使館 瑞西ᄂᆞᆫ今回公使館을東京에設置ᄒᆞ기로決定ᄒᆞ얏다더라

●米國火災損害 米國最近六年에火災損害가無慮十億弗以上이라더라

●議會召集令發表 日本帝國議會召集令發表에異說이區區ᄒᆞᆷ이有ᄒᆞ나政府에서此에對ᄒᆞ야內議를되略決定ᄒᆞᆫ다ᄂᆞᆫ데차來七日에定例閣議에서決定ᄒᆞ야上奏ᄒᆞᆫ다ᄂᆞᆫ데週間九日에ᄂᆞᆫ發表ᄒᆞᆯ일노確定ᄒᆞ얏다더라

●進步黨의政務調査 今日本進步黨에大倉 大石 鳩山 箕浦 加藤 竹村等外二十餘名代議士ᄂᆞᆫ其本部에參集ᄒᆞ야東北地方凶作救濟後策의出張員報告를聞ᄒᆞ고行動ᄒᆞᆯ일을決ᄒᆞᆫ外에米輸入稅全廢에提案ᄒᆞᆯ意見을提出ᄒᆞ고且滿韓問題에因ᄒᆞ야當局에對ᄒᆞ야過誤가無ᄒᆞᆷ으로期ᄒᆞᆫ方針을議了ᄒᆞ고尙議會에提出ᄒᆞᄂᆞᆫ彈議案에因ᄒᆞ야爲先協議ᄒᆞᆯ일노決定ᄒᆞ얏다더라

●政府大連公開決定 遼東우日本租借地로되事實노ᄒᆞ야大連은日本政府의自由港內에過ᄒᆞᆫ즉政府ᄂᆞᆫ近近此를公開遼商港으로ᄒᆞ야日本各國에領事館을設置ᄒᆞ게許可ᄒᆞᆫ다더라

●對淸雜貨貿易 對淸雜貨貿易은今日에旣히數千萬元에至ᄒᆞᆫ다ᄂᆞᆫ데更役內地의製造工業을發達ᄒᆞ야金融交通의諸機關을設備ᄒᆞ며同時其內地에侵入ᄒᆞ야淸人의需給及嗜好情況을察ᄒᆞ고日本雜貨의輸出을計ᄒᆞ[illegible]然然히政[illegible]元에違ᄒᆞᆷ은困難ᄒᆞᆫ지라殊히綿布와지及日常의雜貨貿易은[illegible]一輸選에[illegible]會ᄒᆞᆷ으로써今後一層擴張ᄒᆞᆯ方法에[illegible]許雜貨[illegible]의前途가有望이될지라더라

東京電報

◎赤十社總會開會 十一月廿日午前六時發

二十一日에赤十社總會를開ᄒᆞᄂᆞᆫᄃᆡ會者가無慮十萬九千餘名이나되다더라

◎露國騷動 仝上

[illegible]쓰저의罪中에叛亂者가起ᄒᆞ야將校四十名을慘殺ᄒᆞ얏다더라

◎捕虜輸送 仝上

露國捕虜輸送에長崎에서不穩ᄒᆞᆫ擧動이有ᄒᆞ야日本巡洋艦가船中에서警戒中이라더라

◎乘船危險 仝上

로셋도우연스기乘船은甚히不穩ᄒᆞᆫ擧動이有ᄒᆞ야危險이되리라더라

雜報

前參政大臣韓圭卨氏가未遞任前에上奏ᄒᆞᆫ全文이如左ᄒᆞ니

以今日新約事臣與諸大臣違日會席詢謀僉曰不可且於大使會見及公使見之時亦無異論矣及到當席議決度支大臣閔泳綺法部大臣李夏榮曰否其餘諸大臣以爲改正本文則當從可議遂至改正而可決外部大臣朴齊純身爲主務大臣前後日否竟因言辭之徵遂以至調印實誤國事又以他大臣言之其所謂改正者臣於其時爲彼人所執拘在他所終未得見揆諸國體萬萬駭然外部大臣朴齊純爲先免本官令法部照律懲勵其餘散論改正之諸大臣亦不能强塞致此無前之擧泯首待罪之意敢奏

◎辭疏何心 內法度支農五部大臣이日昨辭疏를奉呈ᄒᆞ야優批를承ᄒᆞ얏다니諸氏에當初出來를有誰勸告ᄒᆞ얏던지百方으로聞其出來ᄒᆞ야謀了一番大事ᄒᆞ고ᄂᆞᆫ仍即請退ᄒᆞ니抑亦何心고諸氏에進退ᄒᆞᄂᆞᆫ計劃은實難解得이라고巷說이有ᄒᆞ다더라

◎心死甚於身死

夫心者ᄂᆞᆫ一身之主宰요萬事之樞衛이라湛然方寸에衆理具焉ᄒᆞ니能存而養之ᄒᆞ야充其所受於天者면凡於行止語默에皆得其正ᄒᆞ야當仁而仁ᄒᆞ며當義而義ᄒᆞ며當怒而怒ᄒᆞ며當喜而喜ᄒᆞ야身不失命名ᄒᆞ며役世에免小人之歸어니와若或蔽於私慾而喪其本然ᄒᆞ야行止語默에一切反常ᄒᆞ며奸濫悖戾를無所不造ᄒᆞ야爲臣而不忠ᄒᆞ며爲子而不孝ᄒᆞ며凡所倫序가皆失其正이면是乃心死也라心苟死矣된所餘軀殼은不過是一箇冥然土木이니雖其言笑視聽이像於他人이나其生猶死라何以齒諸人數中也리오嗚呼라人至於不齒人數면狗彘也요魑魅也라縱有華堂歌舞에食前方丈과祿厚萬鍾ᄒᆞ며錦繡千車라도狗彘之生活이오魑魅之遊戲니其誰榮之며其誰羨之리오是以로仁人志士ᄂᆞᆫ所勉者義理오所守者氣節이라寧爲殺身成仁ᄒᆞ야以扶世教ᄒᆞ며以立人紀언뎡不以私慾으로昧其一髮ᄒᆞ야臨事에無苟免之行ᄒᆞ며受恥에無偸生之念이로身雖死而志不奪ᄒᆞ며名已朽而名猶彰ᄒᆞ야照耀史籍에流芳無窮ᄒᆞᄂᆞ니世之酣爵貪祿ᄒᆞ야偸生怕死而面面遺君親者ᄂᆞᆫ聞此風에庶幾知愧哉ᄂᆞᆫ져

◎度照內部 度支部에서內部로通牒하되傲部所管醫務局廣濟院所用藥及物品準備費四百二十七元七十六錢과漢城府文官罷免費七百六十元을預備金中支出事로會議를經ᄒᆞᆫ後上奏하야制曰可라하신議政府指令이來到이기別紙款項을調製하야茲以照會라하얏더라

◎宣堂借居 江原觀察使閔泳徽氏가報告ᄒᆞ되內閣에日本軍隊가來駐本府之由ᄂᆞᆫ幾已馳報이옵거니와大尉西岡美路가居處狹隘ᄒᆞ야難以容接이다ᄒᆞ야借間韶閣이올지不獲已以本使所居之宣化堂으로借與ᄒᆞ고韶閣은本使가姑爲修理居接ᄒᆞ오니照亮爲要라ᄒᆞ얏더라

◎航行初錨 鎭南郡守朴逸憲氏가內部에報告ᄒᆞᆫ內開에十一月八日日本輪船第一宮津丸一隻이來泊郡城前浦故로卽爲探問該船主三木六郞과醫船長西浦宗太郎所告內에自今爲始ᄒᆞ야本郡及馬山釜港間每月十回式定期航行等節이온바査此內地航行契約은姑未承訓이온즉事係稍有에不敢擅便ᄒᆞ오니査照指敎라ᄒᆞ얏더라

◎條來條去 楚山郡守趙應顯氏報告에日本駐軍步兵中尉新井巳之助가率兵六十九名ᄒᆞ고本月四日到郡ᄒᆞ야五日에率五十名ᄒᆞ고向往江界이옵고十九名은仍留라ᄒᆞ얏더라

◎搭護影絶 日昨某路上에搭護衣를着行ᄒᆞᄂᆞᆫ人員은日憲兵이裂破誚辱ᄒᆞᄂᆞᆫ故로搭護着行人이稀疎ᄒᆞ다더라

◎官慾憤 師範學校教官金亨浩李相益兩氏ᄂᆞᆫ睦第區測量을觀察ᄒᆞ야教育에擬致ᄒᆞ기로請願退去ᄒᆞ얏다더라

◎電線新設 同福郡守署理和順郡守金泓俊氏報告內槪에陰曆九月初十日日本人十餘名이電線立標木來到ᄒᆞ야只立標抹而自本郡西邊周路時로東至雲安二十里地而所立標木이爲一百三十七株라ᄒᆞ더라

◎學徒可歎 日語學校에서學徒諸人이時局決裂ᄒᆞᆷ에憤激ᄒᆞ야日語學習을不肯키로一齊閉學ᄒᆞ얏다더라

◎林氏被拘 三昨日에安門部에有一白衣人이高聲대呼曰吾欲入政府ᄒᆞ야所謂대臣輩를面質코져ᄒᆞ노니渠輩가五百年宗社를一朝에丘허케ᄒᆞ니此輩를豈可暑刻容貸於天地之間乎아ᄒᆞ더니其時日本巡視가來到ᄒᆞ야其人을捉去移囚於警署ᄒᆞ고問其緣由則其人이答曰一則政府대官이宗社를顚覆ᄒᆞᆫ罪오一則日賀川顧問이財政을枯渴케ᄒᆞ야生民을魚肉케ᄒᆞᆫ事를質問코져ᄒᆞᆷ이라ᄒᆞ니其人의姓名은林詩潤이라더라

◎驛長行悖 內部에셔京畿觀察의게訓令ᄒᆞ되現接載寧下果川郡東面七洞民人李南淵等의訴稱本人等이京釜鐵道軍浦停車場附近에居住이온바該驛長이稱以鐵道守護라ᄒᆞ고各洞人夫를輪回替役ᄒᆞ야守護ᄒᆞᄂᆞᆫ故捨하고前驛長의家舍私役을每日作爲하고一分金不給ᄒᆞ더러又重之以强惡虐待가無所不至故로本人等이不勝苛政하와往訴于水原警部이온즉日本警部言內에인夫出役을勿爲如前하라하온ᄃᆡ前驛長은遞歸하고新驛長은公明之인이라雖無虐待나鐵道守護가司令舍令飭이不敢擅便云하오니된바道에호로言之하면前驛長의私事勸役과諸般虐待ᄂᆞᆫ是何經緯며各停車場에雇夫自辛이거나奈何로有産民이을勤役虐待하야流離失散之境이옵기不勝抑冤等因이거날豈可以其他人民으로甚至勤役虐待ᄒᆞ야所謂驛長輩의從中作弊인즉當此秋務方劇에民情可悶이니라到卽另飭嚴節하야人民이失業呼冤하는弊가無케하라하얏더라

◎原察報告 江原觀察閔泳徽氏가內部에報告ᄒᆞ되卽接麟蹄郡守尹龜榮報告內開에本月三日申時量에京城郵便局監理部長勝原邦樞와憲兵曹長吉田龜藏及憲兵二人通訓一人이通信事務와匪徒形便을査探次自杆城郡地로來到本郡ᄒᆞ와在匪徒等을搜査ᄒᆞ고其匪徒所帶鳥銃一挺을看品次帶去이다이오며鐵原郡守高羲悳報告內開에陰曆十月一日日兵一百四十名이北[illegible]之濟縣由面向往金化하고初三日日兵二十二名과初四日五十五名이自釜山界로上京하야轉向永平이다이오며金化郡守千世顯報告內開에十月二十九日日本守備隊隊長三員下十六人兵丁七十名이自京下來하야本郡民店營後於留駐하고長與兵丁은其翌三十日에發行上京이다이옵기茲에報告하오니照亮을爲望이라하얏더라

◎鎭日新路 全羅北道礪山郡守朴恒來氏가內部에報告하되陰曆十月初七日에日本守備隊兵三十二名이自全州直路로來到本郡하야十七名은發往忠南連山郡이옵고十五名은派駐本郡이온바本郡自來凋殘하와他公廨之可以容接處가無故로以巡校廳과吏廳으로使之居處하오니吏校之失所棲屑이切爲可悶뿐더러該廳之窓戶을一新修理하고獄一間도亦爲新建하며郡內道路ᄂᆞᆫ謂以屈曲하고直作新路之意로請求方急하오니吏校兩廳修理及建獄之費ᄂᆞᆫ算其支用하와將爲報聞試料이을건와若改作新路면公私畓土가必勢多毁이옵기憂悶緣由로玆以[illegible]하라하얏더라

雜報

◎外商撤店

近日에泥峴日人의商店도錢荒所致로數三店이撤廢ᄒᆞ얏다ᄒᆞ니大抵錢荒의毒害가엇지韓國人民의게만偏被ᄒᆞ리오

錢路가枯渴ᄒᆞ면物品의貿易이稀少ᄒᆞ야無論內外ᄒᆞ고商業이一般衰退ᄒᆞ리니韓商이撤廢ᄒᆞ면外商도또ᄒᆞᆫ獨自保存을得지못ᄒᆞᆯ지라

今日經濟界로ᄒᆞ야금此境에至케ᄒᆞᆫ者ᄂᆞᆫ韓國人民우秋毫도顧念이無ᄒᆞ야悲慘ᄒᆞᆫ地境에擠陷ᄒᆞᆷ이라ᄒᆞᆯ여니와

外國商民도從此廢業ᄒᆞᆯ事勢를不顧ᄒᆞᄂᆞᆫ가財政整理者에主意를果然莫測이로다

大抵行政之責은人民을濟活ᄒᆞᆷ이是其先務이거날今에內外國民으로ᄒᆞ야금擧皆廢業케ᄒᆞ고乃曰財政整理의必行이라ᄒᆞ니古今天下에엇지慘害人民ᄒᆞᄂᆞᆫ行政으로써良好ᄒᆞᆫ方策이라謂ᄒᆞᆯ者가有ᄒᆞᆯ이오

臨다川이竭ᄒᆞ면魚가死ᄒᆞ고貨가竭ᄒᆞ면人이宛ᄒᆞᆯ지니今에川源을壅遏ᄒᆞ야使之乾涸케ᄒᆞ고猶此向人大談曰吾가養魚을善히ᄒᆞᆫ다ᄒᆞ면엇지大悖大謬ᄒᆞᆫ事가아니리오幸或思之ᄒᆞ야焦急히救濟ᄒᆞᆯ方略을實施ᄒᆞᆯ진저

◎部令

法部令第三號

辯護士試驗規則 續

履歷書 用紙ᄂᆞᆫ法部公用紙

住地

姓名

年月日

學事

一何年何月에何地何學校에셔何學을修ᄒᆞ얏거나又何學科를卒業ᄒᆞᆫ類

一何年何月에何官公私立學校에셔何學科를卒業ᄒᆞᆫ證書謄本의類

職業

一何年何月로何年何月ᄭᆞ지何官廳의官吏나何學校敎授를經ᄒᆞᆫ類

賞罰

一何年何月에某賞을受ᄒᆞ며某罰을被ᄒᆞᆫ類

姓名 印

年月日

第號及第證書

姓名

右人이辯護士試驗에合格ᄒᆞ얏기玆에及第證書를授與ᄒᆞᆷ이라

年月日

辯護士試驗委員長姓名 印

印

附則

第十八條 本令은頒布日노봇터施行ᄒᆞᆷ이라

法部令第四號

辯護士名簿記錄規則

法部大臣李夏榮

第一條 辯護士名簿에記錄을請求ᄒᆞᄂᆞᆫ者ᄂᆞᆫ記錄請求書에辯護士法第九條의手數料를添納付ᄒᆞᆷ이可ᄒᆞᆷ이라移錄을行ᄒᆞᄂᆞᆫ時도亦同ᄒᆞᆷ이라

第二條 法部檢查課ᄂᆞᆫ記錄請求書를係理ᄒᆞᆫ時ᄂᆞᆫ辯護士法第二條乃至第五條의條件을調查ᄒᆞ야法部大臣에게提呈홈이라

各地方裁判所ᄂᆞᆫ移錄請求書를受理移錄ᄒᆞᆫ後法部大臣에게報告ᄒᆞᆷ이라

第三條 辯護士名簿記錄의繳銷ᄂᆞᆫ左開境遇에法部大臣의命令을因ᄒᆞ야檢查課에셔行ᄒᆞᆷ이라

一 本辯護士의請求가有ᄒᆞᆫ時

二 辯護士의死亡과或除名을因ᄒᆞ야辯護士會會長의報告가有ᄒᆞᆫ時

三 辯護士法第五條의事由를因ᄒᆞ야受訴裁判所檢事의報告가有ᄒᆞᆫ時

第五條 辯護士名簿에ᄂᆞᆫ左開諸件을記入ᄒᆞᆷ이可ᄒᆞᆷ이라

一 辯護士의姓名及年齡

二 記錄의年月日

三 辯護士會參入의年月日

四 事務所

五 懲戒

第六條 法部檢查課ᄂᆞᆫ辯護士名簿에記錄을行ᄒᆞᆫ時ᄂᆞᆫ其記錄의番號及年月日을大臣에게稟告ᄒᆞ고本人或事務所에通知ᄒᆞᆷ이可ᄒᆞᆷ이라

記錄을繳銷ᄒᆞᄂᆞᆫ時도亦同ᄒᆞᆷ의라

第七條 辯護士名簿에記錄을行ᄒᆞᆫ時와繳銷를行ᄒᆞᄂᆞᆫ時ᄂᆞᆫ法部大臣은官報로써公告ᄒᆞᆷ이라

第八條 辯護士會會長은辯護士會에參入ᄒᆞᆫ者의姓名及參入의年月日을所屬裁判所에屆出ᄒᆞᆷ이라

附則

第九條 本令은頒布日로봇터施行ᄒᆞᆷ이라

光武九年十一月十四日

法部大臣李夏榮

完

◎商業會議所貨幣救方策 (九)

然而我政府ᄂᆞᆫ오즉文明의制度를襲用ᄒᆞᆷ에만汲汲ᄒᆞ고各國의事蹟을不鑑ᄒᆞ며自國의國況及慣習을不顧ᄒᆞ야禍의及ᄒᆞᆷ이偉대ᄒᆞᆷ을考慮치아니ᄒᆞ고該令을頒布實施ᄒᆞ야經濟界를紊亂케ᄒᆞ니政府ᄂᆞᆫ深諒再思ᄒᆞ야該令을修正ᄒᆞ야各郡及全國樞要地에信用이有ᄒᆞᆫ商民及士民의團體金融理를命ᄒᆞ야經濟界의調和維持方法을講究ᄒᆞᆷ이妥當ᄒᆞᆯ지로다

惟我國財政整理ᄂᆞᆫ急務中의最急務라故로通貨를整理ᄒᆞ며經濟界의保安을維持ᄒᆞ야將來의進運發達을圖謀ᄒᆞᆯ必要가有ᄒᆞᆷ은吾人이夙認識ᄒᆞ야一時라도迅速ᄒᆞ기를切願ᄒᆞᄂᆞᆫ바ㅣ라

然而今次財政整理ᄂᆞᆫ悲哉라以上에論ᄒᆞᆷ과又치名實이相件치못ᄒᆞ야民을囊括ᄒᆞᆷ이幾許될을不知ᄒᆞ야其國을集ᄒᆞ야焦土에歸ᄒᆞᆷ을唾手ᄒᆞ고司見ᄒᆞᆷ에遂至케ᄒᆞ니

如此ᄒᆞ면其所謂整理ᄂᆞᆫ寧其整리가無ᄒᆞᆷ에不若ᄒᆞ야反히其舊制가民을益ᄒᆞᆷ이有ᄒᆞᆷ을信ᄒᆞ노니若政府가各國의事蹟을鑑ᄒᆞ며我國의情況을參照ᄒᆞ야過를悔ᄒᆞ며非를改치아니ᄒᆞ면吾人은人民의權利로該整理法의中止撤廢를要請ᄒᆞᆯ지니

是則如此ᄒᆞᆫ暴虐政令에對ᄒᆞ야自衛防護上에免치못ᄒᆞᆯ惟一方針이되으天下公論이自在하야明決하ᄂᆞᆫ바ㅣ라

◎소경과안즘방이문답 (속)

벼슬인지쳥을친지허게되면공명도공명이거니와쳣지ᄂᆞᆫ츙군이국이오둘지ᄂᆞᆫ위부모보쳐ᄌᆞᄒᆞᆯ경륜인ᄃᆡ돈냥들이고ᄒᆞ게드면

벼슬을ᄉᆞᄂᆞᆫ것이라그벼슬ᄉᆞ가지고들인돈ᄲᅢ이려ᄒᆞ며박랄민지아니코ᄂᆞᆫᄒᆞᆯ슈업스리니빅셩은나라의근본이라근본을흔들며나라이위ᄐᆡᄒᆞᆫ즉

두국병이역젹이오만구일담칭원소리ᄉᆞ랏셔도죡은모양이니ᄉᆞᄅᆞᆷ은못ᄒᆞᆷ바라그러말허고보면가위불가ᄉᆞ문어타인일세

그런지져런지관찰군슈노릇도점점ᄌᆞ미업나보데탐학으로늘근슈단ᄒᆞ고ᄂᆞᆫ십지마ᄂᆞᆫᄉᆞ면에결니ᄂᆞᆫ일만하모ᄒᆞ나보데

그즁에도조금낫다ᄒᆞᄂᆞᆫ쟈도잇지마ᄂᆞᆫ언필칭디방관리탐학훈다ᄒᆞ니가위일불이솔륙동일네

디방관더리만잘못ᄒᆞ다ᄒᆞᆯ것아니지대관결젹부터선네들이도을밧고파라먹ᄂᆞᆫᄭᆞ닭인즉졍부터선이식키ᄂᆞᆫ것아닌가가위상탁하부정일세

관찰이나군슈이나디방에보니기ᄂᆞᆫ쳣지ᄂᆞᆫ치민이오둘지ᄂᆞᆫ보세인데

지금은엇더케된셈판인지빅셩을두다려가며돈빼셔먹ᄂᆞᆫ거시치민으로아니다ᄉᆞ릴치ᄌᆞᄂᆞᆫ두다릴치ᄌᆞ로알고

세락을독봉ᄒᆞ야국고에ᄂᆞᆫ상랍지안코ᄌᆞ긔네ᄇᆡ속에너허밤이니못세리ᄂᆞᆫ

못ᄌᆞᄂᆞᆫ솜킥못ᄌᆞ로야ᄂᆞᆫ모양이니당초에글ᄌᆞ를잘못비운라선지

미완

特別廣告

本社에셔海外電報를郎
接ᄒᆞ야機關이疏通ᄒᆞ고
外報와探報를敏捷活潑
ᄒᆞ도록注意ᄒᆞ오며申報
發送ᄒᆞᄂᆞᆫᄃᆡ迅速信傳ᄒᆞ
기ᄂᆞᆫ分傳人의게在ᄒᆞᆷ으
로本社에셔平常에諸分
傳人의訓飭ᄒᆞ야母或惰
申由ᄒᆞ게注意ᄒᆞ거니와或
暫有稽忽이라도愛讀ᄒᆞ시ᄂᆞᆫ
君子ᄂᆞᆫ醫使知之ᄒᆞ시면
ᄒᆞ시면該分傳人의게
相全ᄒᆞ도록耳提面命ᄒᆞ
고勸贊가發生ᄒᆞ도록
論ᄒᆞ야必無遲誤ᄒᆞ기로
期待ᄒᆞ오나이다

本社에寄書ᄒᆞ시ᄂᆞᆫ君子
ᄂᆞᆫ姓名과居住를明白ᄒᆞ게
懸錄送附ᄒᆞ시와證據가有
ᄒᆞᆷ을必要ᄒᆞᆷ이오公衆平和와
ᄒᆞᆫ秩序를紊亂케ᄒᆞᄂᆞᆫ意와
社會上不經荒雜ᄒᆞᆫ寄書ᄂᆞᆫ
不受ᄒᆞᄂᆞᆫ權利가本社에自
有ᄒᆞ오니肯諒ᄒᆞ시옵

大韓每日申報社

○鐵路部

○東大門과新門間에來往車ᄂᆞᆫ每十分間에運行홈
東大門發初車ᄂᆞᆫ午前六時三十分
新門外停車場發初車ᄂᆞᆫ午前六時五十五分
東大門發終車ᄂᆞᆫ午後九時五十分
新門外停車場發終車ᄂᆞᆫ午後十時十五分

○東大門과洪陵間에來往車ᄂᆞᆫ每二十分間에運行홈
但自鍾路로東大門에來到ᄒᆞᆫ交替車로聯絡홈
東大門發初車ᄂᆞᆫ午前六時五十分
洪陵發 初車ᄂᆞᆫ午前七時十分
東大門發終車ᄂᆞᆫ午後七時五十分
洪陵發 終車ᄂᆞᆫ午後八時十分

○鍾路와龍山間에來往車ᄂᆞᆫ每十二分間에運行홈
鍾路發至南大門初車ᄂᆞᆫ午前六時四十八分
鍾路發至龍山 初車ᄂᆞᆫ午前七時二十四分
南大門發至鍾路初車ᄂᆞᆫ午前六時五十六分
龍山發至鍾路 終車ᄂᆞᆫ午前七時五十七分
南大門發至鍾路終車ᄂᆞᆫ午前十時八分
龍山發至鍾路 終車ᄂᆞᆫ午後九時九分

○特別私用車ᄂᆞᆫ顧客의方便홈을隨應ᄒᆞ야準給홈
但定價ᄂᆞᆫ本社에來臨ᄒᆞ야請問ᄒᆞ옵

○電燈部

二百五十燭力以內의敷用處에ᄂᆞᆫ每個月에定價表가如左홈
○十六燭力燃燈達夜에二圓五十錢
○三十二燭力燃燈達夜에四圓
○五十燭力燃燈達夜에六圓
○一百五十燭力燃燈達夜에十圓
一千二百燭力弧形燈達夜에二十圓
二百五十燭力以上의敷用處에ᄂᆞᆫ請求ᄒᆞ면瓦斯計一箇를設給홈
但瓦斯計貸金은每個月에二圓이오瓦斯計測驗表委托定價ᄂᆞᆫ每時間每암피아에二錢이옴
瓦斯計設給處에셔每个月支拂金最低額은每個月에二十圓인ᄃᆡ(瓦斯計貸金은)据홈
電燈을敷設ᄒᆞ기에請求ᄒᆞᄂᆞᆫᄃᆡ給홈로供
各種連技辦燈도常時에貯存ᄒᆞ엿ᄉᆞᆸ

本社鐵路電氣會社
韓美電氣會社 告白

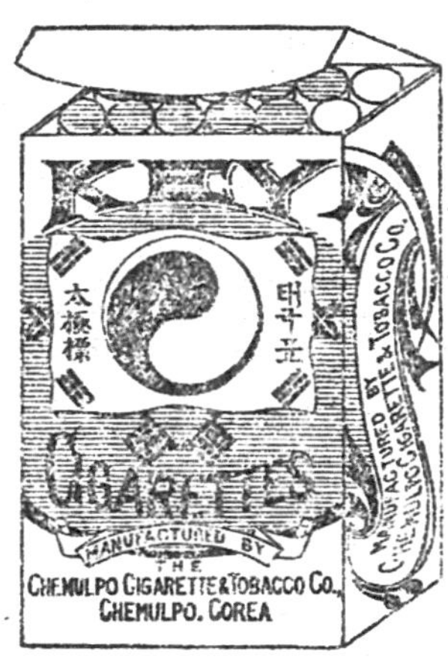

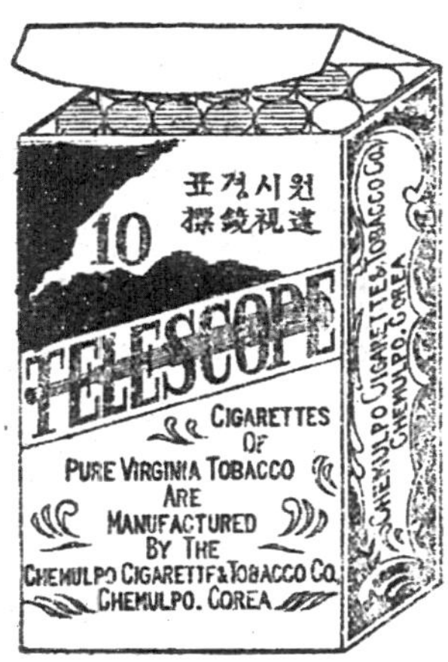

以上三種은上品으로製造ᄒᆞ야衛生上에至極有益ᄒᆞ오니毋論某人ᄒᆞ고本社에來臨ᄒᆞ옵

大韓帝國仁川港
濟物浦紙卷煙及烟草會社

一鷹標罐濃詰牛乳
一金印罐詰濃結牛乳
一無糖家用氣化乳酪
一쏘ー든쓰製造麥芽化合牛乳
以上은常時에貯積ᄒᆞ엿ᄉᆞᆸ
美國紐育港쏘ー든쓰濃結牛乳會社
一手代理店 大韓仁川港 世昌洋行

廣告

一雜貨商
一貿易商
一船舶取扱
一煙草商
一委托販賣及貨物運送代理業
一貿易石炭商
以上營業을經營홈

京城 仁川 大昌 洋行

本社廣告

申報價
一張代金 葉貨五錢
一箇月前金 五十戔
三箇月 一元五十戔
六箇月 二元九十戔
一箇年 五元八十戔
郵稅一部 每張五厘
一箇月 十三戔

廣告料
四号活字十三字詰
每日每英尺一寸에新貨廿五錢
(每日每行에六錢에相當홈)
二周日에 二圓五十錢
(每日每行四錢五厘에相當홈)
一箇月에 五圓
(每日每行四錢一厘에相當홈)
其期限의長短과字行의多少를依ᄒᆞ야增減홈이有홈

大韓人마다此申報를不得不閱覽ᄒᆞ실터이오니廣告出報ᄒᆞ실僉君子ᄂᆞᆫ來臨面議ᄒᆞ시옵

發行兼編輯人 英國人裴說
發行所
京城北署壽進坊磚洞외法語學校前
大韓每日申報社

光武九年十一月二十二日 明治卅八年十一月二十二日 第三種郵便物認可　水曜日　西曆一千九百五年十一月二十二日 (一)

大韓每日申報
대한매일신보

第三卷　第八十三號

月曜及慶節歲時日休刊

檀君開國四千二百三十八年
箕子元年三千二十七年
大韓開國五百十四年
日本明治三十八年
淸國光緖三十一年
陰曆乙巳十月大二十六日乙丑

論說

危哉韓日關係

大日韓兩國이倂處東洋ᄒᆞ야輔車相依之勢가有홈은三尺童子도亦皆知之라日雖强矣나孤立則危ᄒᆞ고韓雖□也나韓亡則東亞之大局이裂矣니其爲關係가果何如哉아

所以로日人이韓人을對ᄒᆞ면言必稱文明을開導ᄒᆞᆫ다ᄒᆞ며獨立을扶植ᄒᆞᆫ다ᄒᆞ며東洋에平和를維持ᄒᆞᆫ다ᄒᆞ고韓人도ᄯᅩᄒᆞᆫ時局을觀念ᄒᆞ야不得不同洲同種之國과兄弟갓치親愛ᄒᆞ며唇齒갓치相援ᄒᆞᆯ지라ᄒᆞ더니昨年日露開戰之始에日師가入境ᄒᆞ니韓國男女老幼가爭相懽迎ᄒᆞ고諸般軍需輸運之役을亦皆忘勞酬應ᄒᆞ얏스니此ᄂᆞᆫ各國之人이來留韓士者ㅣ擧皆目覩ᄒᆞᆫ바라日本이果於此際에施政改善을實心忠告ᄒᆞ며文明進步를實心勸導ᄒᆞ얏스면韓人之心悅誠服이大旱에甘雨를逢ᄒᆞᆫ者와如ᄒᆞ리니兩國友誼의敦密을誰能間之리오日本이不此之爲ᄒᆞ고急急着手者ᄂᆞᆫ全國에利益을攫取ᄒᆞ며一切權勢를次第佔有ᄒᆞ며奸細를利用ᄒᆞ고正直을深去ᄒᆞ며國民의家屋과土地를勒收强取ᄒᆞ며甚至慘殺人命도無所顧忌ᄒᆞ며財政을枯渴케ᄒᆞ니生脈이頓絶ᄒᆞ고學務를減縮케ᄒᆞ니敎育이益頹라此諸般行動을觀ᄒᆞ면倂呑之計가陰行乎其間이라韓人이雖懦弱이나엇지憾情이不生ᄒᆞ며熱血이不沸ᄒᆞ리오然ᄒᆞ나此次伊藤大使가啣命渡韓홈의韓人이尙有餘望ᄒᆞ야額手以迎曰此公之來에前日政策이庶有變乎아ᄒᆞ얏더니猝然五條約의强請이有ᄒᆞ니韓皇陛下씌옵셔旣以大義로峻却ᄒᆞ시고政府諸僚가誓死不從ᄒᆞ고一般紳士가抗言不已ᄒᆞ니此豈可以武力으로强服者乎아乃有率兵入闕ᄒᆞ야脅成要盟之事ᄒᆞ니韓國이雖小나其衆이二千萬이라二千萬衆이擧皆不服이면其將縱其兵威ᄒᆞ야盡行屠戮乎아當此之時ᄒᆞ야日本之一擧手一搖足이皆在世界列强之注視中이어날如此行動이果爲得策乎아嗚呼日韓之關係여危哉危哉로다

官報

●官報號外 光武九年十一月二十日

○宮廷錄事

宮內府特進官李根命乞降處分箚

批旨省箚具悉卿懇夫以老成耋艾之忱何宜有是言而亦豈無斟量者存乎卿其諒之事遣秘書郞傳諭

十一月十九日

●第三千三百二號 光武九年十一月廿一日

⊙宮廷錄事

詔曰命侍從院副卿趙南升爲秘書監丞從二品徐相喬爲侍從院副卿

十一月十七日

詔曰命陸軍參領具宗喜爲警務使

光武九年十一月十七日
內部大臣陸軍副將勳一等 李址鎔

警務使金思默辭職疏

批旨省疏具悉所請依施

十一月十七日

議政府參贊李相卨辭職疏

批旨省疏具悉卿其勿辭行公

十一月十八日

●敍任及辭令

侍從院副卿趙南升 命秘書監丞敍勅任官三等

從二品徐相喬 命侍從院副卿敍勅任官三等

秘書監丞李璨榮 秘書監丞趙漢元 弘文館侍講金明濬 依願免本官

正三品李斗鍾 任秘書監丞敍奏任官三等

六品辛泳學 任弘文館侍講敍奏任官四等

秘書監丞朴勝鳳 兼任禮式院掌禮

秘書監丞金商[illegible] 兼任太醫院少卿

陸軍參領具宗喜 任警務使敍勅任官二等

以上十一月十七日

雜報

●對時談陣

傳에曰要盟은無信이라ᄒᆞ니盖盟也者ᄂᆞᆫ出於彼此之意肯心合ᄒᆞ야締其好也어날今乃要之而成ᄒᆞ니其非意肯心合인ᄃᆡ其無信也ㅣ固宜은況其脅之迫之가有甚於要之者乎아盟而無信이면不如無盟故로或昨盟而今渝ᄒᆞ며或朝盟而暮違ᄒᆞ야紛紛然欺詐相尙而信義掃如ᄒᆞ니此等盟約은如畫脂鏤冰ᄒᆞ야水無可恃이거날今或不修信義而勒求盟約ᄒᆞ야要以藉口於來頭나天下之公議를終難欺矣리니但見其拙而未見其益이며軍志에曰攻城이不如攻心이라ᄒᆞ니盖其城은可得이언뎡其心은不可奪故也라得城而未得其心이면其得이易失而終歸於無得而已矣리니規規然徒以得城으로爲喜者ᄂᆞᆫ是乃買櫝還珠之類也라其愚ㅣ不亦甚哉아

外報

●戒嚴令解除期 內務高官某氏의商談ᄒᆞᆫ바를據ᄒᆞᆫ즉戒嚴令解除ᄂᆞᆫ數數閣議에討究ᄒᆞᆯ지라作友後抵首과首相間에協議ᄒᆞ야對淸協商이終了ᄒᆞᆫ後를當ᄒᆞ야解除를行ᄒᆞ기로決ᄒᆞ얏다더라

●馬政局新設 日本政府ᄂᆞᆫ本邦에서産ᄒᆞᄂᆞᆫ馬匹改良의目的으로써馬政局을設置ᄒᆞᆯ議가有ᄒᆞ야旣히委員으로其調査를完了ᄒᆞ야成案이되얏다ᄂᆞᆫᄃᆡ今期議會에同案提出된ᄂᆡ容을聞ᄒᆞᆫ즉本邦百五十萬의馬匹은十七箇年間될거신ᄃᆡ全部ᄂᆞᆫ世界中[illegible]適ᄒᆞᆫ墺太利匈牙利馬의種類으로有ᄒᆞ야全國適切ᄒᆞᆫ場所에牧場을設ᄒᆞ야年年若干種馬를輸入ᄒᆞ고此에要ᄒᆞᆫ經費ᄂᆞᆫ總額二千萬圓이오每年百二三萬圓式을支出ᄒᆞᆯ方針을定ᄒᆞ얏다더라

●日本人은아리얀人乎 德國人某氏가日本語와아리얀語와類似ᄒᆞᆫ즉日本人은아리얀人이라고日德雜誌에揭ᄒᆞ얏다더라

●獨逸大使ᄂᆞᆫ誰乎 日德雜誌에ᄒᆞ얏스되來年一月에目下北京駐在ᄒᆞᆫ德國公使뭇쓰쓰온시와루쓰엔스타이레男은日本大使를任ᄒᆞ리라ᄂᆞᆫ說이有ᄒᆞ다더라

●露國에德國人의數 露國에德國人의數ᄂᆞᆫ目下一百七十九萬○四百八十九人이나되다더라

東京電報

●赤十社 令旨下 十一月二十日午後一時十五分發

東京에서本日開設ᄒᆞᄂᆞᆫ赤十社總會에 皇后陛下게서令旨를賜ᄒᆞ은昨年來로時局에際ᄒᆞ야能히救護의効를奏ᄒᆞᆷ이滿足ᄒᆞᆷ이라ᄒᆞ더라

●露國捕虜暴動鎭靜官出張 仝上

輸送ᄒᆞᄂᆞᆫ露國捕虜가長崎港碇泊中인ᄃᆡ不穩ᄒᆞᆫ狀이有ᄒᆞᆷ은既報ᄒᆞ얏거니와其暴徒를鎭靜ᄒᆞ기爲ᄒᆞ야捕虜受領委員다니로후氏ᄂᆞᆫ長崎로出張ᄒᆞ얏다더라

●坂谷次官兼任 仝上

坂谷大藏次官은國債整理局長의兼任을命ᄒᆞ얏다더라

雜報

新條約締結ᄒᆞᆫ內容은日昨本報紙上에大略掲載ᄒᆞ얏거니와伊時偵探中日韓新聞의所載顚末이昭詳키로該全文을如左更掲ᄒᆞᆷ

本月十日下午七時에日本大使伊藤博文氏가京釜鐵道列車로搭乘入城ᄒᆞ야直時賓館(孫擇孃邸)으로入城ᄒᆞ얏ᄂᆞᆫᄃᆡ翌日上午十二時에 皇上陛下게 陛見ᄒᆞ고日皇陛下의親書를奉呈ᄒᆞ얏ᄂᆞᆫᄃᆡ其親書의槪意ᄂᆞᆫ如左ᄒᆞ다ᄒᆞ니

朕이東洋平和를維持ᄒᆞ기爲ᄒᆞ야大使를特派ᄒᆞ노니大使의指揮를一從ᄒᆞ야措處ᄒᆞ소서ᄒᆞ고又曰國防의防禦ᄂᆞᆫ朕이鞏固케ᄒᆞᆯ지오皇室의安寧도朕이保証ᄒᆞᆫ다ᄂᆞᆫ意味로ᄒᆞ얏다더라

十四日에伊藤氏가仁港으로下往하얏다가翌十五日에歸來ᄒᆞ야下午三時에日館書記官國分象太郞과帝室審査局長朴鏞和氏로共히 陛見ᄒᆞᆯ시伊藤氏가三大條件을提出ᄒᆞ야上奏要請ᄒᆞᆷ이如左ᄒᆞ다ᄒᆞ니

一은外部를廢止ᄒᆞ고外交部를日本東京에設置ᄒᆞ고一切外交權을日本에委託ᄒᆞᆯ事

二ᄂᆞᆫ京城에派駐ᄒᆞᄂᆞᆫ公使를統監이라改稱ᄒᆞᆯ事

三은漢城及各港場에領事를理事로改稱ᄒᆞᆯ事

伊藤氏가右記三條를 皇上陛下게勸許ᄒᆞ심을固請ᄒᆞᆫᄃᆡ 陛下게서下答ᄒᆞ신 聖勅이如左ᄒᆞ다ᄒᆞ니

上曰朕이近日에以保護條約等說로各新聞에喧傳ᄒᆞᆷ을聞ᄒᆞ얏스나朕은貴國皇帝의宣戰詔勅中韓國獨立을扶植ᄒᆞᆫ다ᄂᆞᆫ句語와及韓日議定書에獨立保証이란說을據信ᄒᆞᆷ으로此等傳言을信聽치아니ᄒᆞ얏고且今番에使臣이使命을啣來ᄒᆞ기로또ᄒᆞᆫ大段歡幸히여기엿더니此件等條을要求ᄒᆞᆷ은實노千萬意外라엇지平日에期望ᄒᆞ던바리오ᄒᆞ신ᄃᆡ

未完

●薄譴旋宥 前參政韓圭卨氏ᄂᆞᆫ流三年에處ᄒᆞᆷ은前報에已掲ᄒᆞ얏거니와今聞ᄒᆞᆫ즉赦宥하옵시ᄂᆞᆫ恩澤을蒙하얏다더라

●緣何逃躱 經理院監督金永振氏ᄂᆞᆫ何事件을因ᄒᆞᆫ인지忽地避身하얏다더라

●因病請免 通津郡守金炳旭氏ᄂᆞᆫ身病이猝發하야難以赴任키로內部에請願免官하얏다더라

●東監來電 東萊監理가電報內部ᄒᆞᆫ內開에本港漁基事ᄂᆞᆫ向已電達經理院派員當初不來欽承部飭本部派員實爲放置更無餘基下答伏望이다ᄒᆞ얏더라

●賊警尙甚 寧海郡守尹寧求氏가內部에報告ᄒᆞ되本郡八鳥面石城里永岬店에賊黨五六名이各持鳥銃環刀하고與燭突入ᄒᆞ야所存物貨를偸去이온바견失之物을一一成件記하야粘付報告라하얏더라

●錢影雜見

近日漢城의現狀이貧窮ᄒᆞᆫ人民은錢影을難見이라他人의게推貸도杜絕ᄒᆞ고營業도無ᄒᆞ니桂玉이難於上天ᄒᆞ야糊口ᄒᆞᆷ을莫繼ᄒᆞᆫ則皆濟竭之餘에濟ᄒᆞᆯ지라其情狀이實로慘不忍見이어니와稍히貲産이裕足ᄒᆞᆫ者라도到今ᄒᆞ야ᄂᆞᆫ엇더케錢貨ᄒᆞ던지百兩錢을措辦이無路ᄒᆞ야其家에如干田畓과業器皿이며書冊什物等을放賣ᄒᆞᆯ여ᄒᆞ야도買者가絕無ᄒᆞ고典當ᄒᆞᆯ여ᄒᆞ야도各處典當局이皆金櫃空空ᄒᆞ야典當은잡지안코典當物만ᄎᆞ자갈아ᄒᆞ니物件이有ᄒᆞ야도典當도작필슈업스니日甚思之ᄒᆞ야도生活이萬無ᄒᆞ다ᄂᆞᆫ怨聲이徹天ᄒᆞ니蔽一言曰全國人民이與皆宛亡乃已라是以로巷說이日益沸騰ᄒᆞ야曰使此無辜生靈으로至於此極者ㅣ誰也오曰此政整理ᄒᆞ기藉稱ᄒᆞ고慘害人民ᄒᆞ야勸絕國맥코져ᄒᆞᄂᆞᆫ者의手段이아닌가ᄒᆞ더라

●寄書 金成集

昔日에有一拉買者ᄒᆞ니天性이獪猾ᄒᆞ러라一日은其父ㅣ持一製金器ᄒᆞ야與之拉買而誡之曰此器ᄂᆞᆫ即我家之遺來物也ㅣ라今에我ㅣ[illegible]ᄒᆞ야不得長守ᄒᆞ야欲傳找子而勿失祖宗之物ᄒᆞ노니雖造次之間이라도切勿忘漏ᄒᆞ고傳之子孫ᄒᆞ야勿忘我祖宗遺意ᄒᆞ라ᄒᆞ고因而病死러라其隣洞에有一友ᄒᆞ야家業稍富라每與拉買로互相尋訪ᄒᆞ야其交極密터라其人은曾知此物在於拉買家ᄒᆞ고常貪其物而欲取之ᄒᆞ되不得其計러니見拉買之家勢稍貧ᄒᆞ고往說拉買曰我ㅣ今見汝之家貧ᄒᆞ고小許金錢을與ᄒᆞ노니補用窘急ᄒᆞ라ᄒᆞᆫᄃᆡ拉買ㅣ感謝러라其後에又來說曰汝之貧窮가漸至極度ᄒᆞ니我不忍見ᄒᆞ야爲之謀忠ᄒᆞ노니汝家所有金器를與我ᄒᆞ면我以千金으로償還ᄒᆞ야以補汝貧ᄒᆞ리니極施此計ᄒᆞ라ᄒᆞ거날拉買ㅣ拒而謝之ᄒᆞᆫᄃᆡ其友ㅣ大怒ᄒᆞ야威脅尤甚이어날拉買大責曰與汝親密이非比兄弟어날今見汝之行動이非前日之交也ㅣ로다聖書에云ᄒᆞ되宜於凡事를順我父母ᄒᆞ니若逆父母면天必怒之ㅅ니라違父母面天不悅이시면罪不能避라ᄒᆞ시니今此金器ᄂᆞᆫ我家祖宗之物이라今若許汝면非徒父母之逆이라天必不悅이시니我ㅣ寧死而已언정不敢許汝라ᄒᆞᆫᄃᆡ其友ㅣ勢不能已ᄒᆞ야謙過而歸ᄒᆞ니라

詳解曰天生斯民與之天性ᄒᆞ고盡具職也有人道之始生一家ᄒᆞ고一家之始而有一國之名者ᄂᆞᆫ此天性之盡職而勿[illegible]天下之正不何不期也

●不許賣島 海州觀察使高永喜氏가內部에報告ᄒᆞ되即接豐川郡守署理殷栗郡守尹鎭圭報告內槪에本郡席島草位合致成冊ᄒᆞ야[illegible]去月分에海營[illegible]ᄒᆞ온즉日本司令官이下來本郡席島ᄒᆞ야官立洞以西로與柴場을放賣爲言故로尋常置之左러니今月二十日에別遣通詞ᄒᆞ야堅爲定價放賣云이오나自下歸正이實是難斷事ᄋᆡᆼ因이온바外人之欲買島ᄂᆞᆫ가實非料外이더러當初放賣爲之時에何不趁報하고置諸度外이다가擧音通詞之更來請買也에始乃發狀이온즉究厥島民之所爲ᄒᆞ면極涉可歎이옵기玆以[illegible]告하오니以此移照于三和港司令部하와更無侵漁하야以安島民케하시옵伏望等因이옵기玆以報告하오니査照爲望이라하얏더라

●會書還送 平南觀察使李容善氏가內部에報告ᄒᆞᆫ內開에京城一進會宣言書一張이來到本府이온바爲國關係之事ᄅᆞᆯ不可忍默受置이옵기玆以粘報上送이라ᄒᆞ얏더라

●別巡詐罷 黃海道觀察使任高永喜氏가內部에報告ᄒᆞᆫ內開에本觀察使莅任之初에遍訪道內列邑ᄒᆞᆫ즉生民之困瘁와列邑之凋殘을不可勝數而府之別巡檢과郡之別巡校ᄂᆞᆫ即不一[illegible]由於[illegible]侵虐黎庶ᄒᆞ고[illegible]而締結[illegible]ᄒᆞ야[illegible]至ᄒᆞ야[illegible]之[illegible]於衛生戢盜而返[illegible]之[illegible]於[illegible]之弊이옵기自府로[illegible]別巡檢ᄒᆞ고戢盜之方을另飭各坊ᄒᆞ야作統巡[illegible]ᄒᆞ야[illegible]이라ᄒᆞ얏더라

●殘民疵斂 成川郡守崔某柱氏가內部에報告ᄒᆞ되[illegible]報告ᄒᆞ온즉[illegible]郡守令部公文ᄒᆞ와該郡鐵道人夫每日五十名式自陰八月初五日爲始赴役ᄒᆞ야[illegible]價錢分給次로本郡戶[illegible]戶에五兩式收斂之由ᄂᆞᆫ業已修報이옵건과鐵道之役은于今一二三朔에尙未告訖ᄒᆞ고已收之錢은今既告竭故로招會[illegible]ᄒᆞ야爛商公議즉各面各戶에更加五兩之意로詢謀亦同이오나當此歉荒之年하와已斂五兩하고又斂五兩이實是難行之事라하얏더라

寄書

金成集

嗟我同胞아痛哉悲哉라我大韓獨立이여何故로今日此境에至ᄒᆞ얏ᄂᆞᆫ고天이作歟아人이作歟아頃刻之間에韓日之新條約이竟爲成立ᄒᆞ니

我大韓四千年基業과五百年宗社를傾覆케ᄒᆞ니頭를何天에戴ᄒᆞ며足을何地에立ᄒᆞᆯ고中外가知失父母ᄒᆞ야罔知所措ᄒᆞ고呼天叩地ᄒᆞᆫ들有何益哉리오

嗟我同胞아痛哉悲哉라我大韓獨立이여堂堂我皇城新聞社主가卒至橫被云ᄒᆞ니有何損于日本이며有何益于我韓乎아吐納春秋筆舌ᄒᆞ며分晳日韓形便而已어날有何憾意ᄒᆞ야致有今日之擧措乎아憤哉痛哉라以若日本開明之人으로胡至此極고

嗟我同胞아我大韓獨立은其熟思之어다履霜至冰이皆非一朝一夕之故ㅣ니惟我臣民이自取其孽也ㅣ로다內治外交를極修其道이런덜今此境遇를何爲而至哉리오

惟我同胞ᄂᆞᆫ고弁精神ᄒᆞ야實施善後良策ᄒᆞ야以樹我將來獨立克復之基ᄒᆞ면豈非我韓之幸福哉아勉哉勉哉어다

嗟我大韓帝國二千萬同胞ᄂᆞᆫ迷夢을喚起ᄒᆞ야到此地頭에發憤忘食ᄒᆞ고作之不已ᄒᆞ며進步無量ᄒᆞ야解體를團束ᄒᆞ고實心做去ᄒᆞ야一步라도他人의게讓頭치말고迷夢을喚起ᄒᆞ면尙未晩矣니嗟我同胞아

雜報

●警官請免　警察局長朴承祖氏ᄂᆞᆫ再昨日辭疏ᄒᆞ야期圖遞任ᄒᆞ다더라

●學校付設　慶尙南道觀察府公立小學校敎員尹弼求氏가學部에報告ᄒᆞ되現接東萊開進敎育會本道支會文學課事務長李宅燦의公函ᄒᆞ온즉內開에昨日評議席에셔敎育時急務에對ᄒᆞ야提議ᄒᆞᄂᆞᆫ듸本會團結이不得ᄒᆞᆷ을以ᄒᆞ야設校方便이困難ᄒᆞ니財政興旺ᄒᆞ기前에ᄂᆞᆫ左開七條를本公立小學校에付設ᄒᆞ야生徒의時務科를敎授케ᄒᆞ기로評議提出ᄒᆞ고玆에公函ᄒᆞ니査照後與弊會로幷爲實施ᄒᆞ야敎育을發達케ᄒᆞ시믈敬要等因該會之勸告가寔出於開明目的이옵고本校之敎育興旺이亦莫愈於此이오나其於奉公之道에不可擅便케玆에報告이오니照亮이라ᄒᆞ얏더라

一城內外各私塾敎師及生徒姓名居住年齡을詳細成錄以來ᄒᆞᆯ事

一各私塾은甘固陋習을除去ᄒᆞ기爲ᄒᆞ야爲先以本道府公立小學校分課場을命名ᄒᆞᆯ事

一各分課場組織等節과敎授方法은本公立小學校敎師中으로擔任施措ᄒᆞᆯ事

一各分課場漢文敎師月料及諸般費用等節은各其塾으로仍舊施行케ᄒᆞ고時務科ᄂᆞᆫ本公立小學校에셔隨宜處辦ᄒᆞᆯ事

一本會財政興旺ᄒᆞ기前에ᄂᆞᆫ時務敎師及漢文敎師를只以名譽員으로擇用ᄒᆞᆯ事

一各分課장敎務興旺ᄒᆞ기爲ᄒᆞ야自本會로爲先幾員金式捐助ᄒᆞᆯ事

一許多細則은本公立小學校敎師의指揮監督을承케ᄒᆞᆯ事

●商業會議所貨幣整理方策（十）

幸히政府가深諒ᄒᆞ야人民을傷치아니ᄒᆞ고國利를損치아니ᄒᆞᄂᆞᆫ道를講ᄒᆞ야人民을務ᄒᆞ고國家富强의源泉를顧慮ᄒᆞ며國家의當然이負擔ᄒᆞᆯ者를從有ᄒᆞ야民害를釀치아니ᄒᆞᆷ으로爲主ᄒᆞ야써財政을整리ᄒᆞ야名實이倂行케ᄒᆞ고好結果를奏케ᄒᆞ고져ᄒᆞ면吾人은喜促躍發成ᄒᆞ며相衷協同ᄒᆞ야其責에任ᄒᆞᆷ을望ᄒᆞᄂᆞᆫ故로政府ᄂᆞᆫ十分反省ᄒᆞ야國家의將來를顧慮ᄒᆞ고左開의方法을採納ᄒᆞ야써百世의基礎를講究ᄒᆞᆷ을切望ᄒᆞ노이다

改善方法

第一政府ᄂᆞᆫ相當ᄒᆞᆫ資金을民間에信用이有ᄒᆞᆫ商工及農民의게連帶責任으로써貸下ᄒᆞᆯ事

但償還ᄒᆞᄂᆞᆫ期限은五箇年으로据置ᄒᆞ얏다가後十箇年間에年賦로써償還ᄒᆞ되無利子로ᄒᆞ며其貸下ᄒᆞᄂᆞᆫ團體ᄂᆞᆫ京城各道의其地域經濟事情을應ᄒᆞ야各五團體以下로制限ᄒᆞᆯ事

理由（一二）에論ᄒᆞᆷ과如히當然히國家가負擔ᄒᆞᆯ者를人民負擔에歸케ᄒᆞᆷ이오又政府의欺瞞的行動으로븟터大恐慌을惹起케ᄒᆞᆷ으로써國家ᄂᆞᆫ當히此에對ᄒᆞ야其救의責이不可不有ᄒᆞᆫ理由라

第二政府ᄂᆞᆫ度支部令第一號를修正ᄒᆞ며第二條前項에合當치아니ᄒᆞᆫ不正舊白銅貨云云以下條文을刪除ᄒᆞᆯ事

理由（二）에論明ᄒᆞᆷ을依ᄒᆞᆷ이라

未完

歷史摘要

波蘭末年史　續

格來者의密計가發覺ᄒᆞᆫ後로븟터燁仁이더욱愛國黨을攻擊ᄒᆞ니趙洸이其兵이單少ᄒᆞ야衆寡不敵을知ᄒᆞ고土耳其에逃走ᄒᆞ더高加索兵은波蘭의多事之時를乘ᄒᆞ야到處에殘酷을大肆ᄒᆞ니此ᄂᆞᆫ露國政府에指揮라

加老斯者가趙洸의敗軍을糾集코져ᄒᆞ야暫間波阿를離ᄒᆞ야佳利時亞에往ᄒᆞ얏더니露軍이곳巴阿를襲擊ᄒᆞ야城이幾陷ᄒᆞᆫ지라

然이나衆心이成城ᄒᆞ야屹然不動ᄒᆞ며ᄯᅩ露兵의大砲가破裂ᄒᆞ야도로혀自己陣中을蹂躪ᄒᆞ야殺傷이甚多ᄒᆞ거날愛國黨이望見ᄒᆞ고大喜曰此ᄂᆞᆫ天神이陰佑ᄒᆞ야露人을罰ᄒᆞᆷ이라勇氣가百倍러니

不久에其中에異論이起ᄒᆞ야畢竟拒敵지못ᄒᆞ고數日間에壁擺城陷ᄒᆞ야愛國黨一千二百人이露國의게被虜ᄒᆞ니라

此時愛國黨이到處蜂起ᄒᆞ야俱濫古城으로써國黨에集合地를삼고四十二日間敵兵을防禦ᄒᆞ더라

未完

●소경과안즘방이문답　속

안일세엽려서부터보고듯은가장지학이지속담에이르바시오ᄂᆞᆫ듸듸곱ᄉᆞ등이ᄋ 콩심은데콩나고팟심은데팟난다ᄒᆞ이그와가치쳐빅ᄒᆞᆫ장인에셔쳐빅ᄒᆞᆫ조손이나고닭하히든집에셔닭하ᄒᆞᆫ조손이잇나니그런고로효조문에셔츙신이난다ᄒᆞᆷ이라엇지글조를작모비왓다ᄒᆞ리오

그도그러치마ᄂᆞᆫ가장지학이라ᄂᆞᆫ말은요ᄉᆞᄒᆞ무괴ᄒᆞᆫ말이나되되곱ᄉᆞ등이라ᄂᆞᆫ말은과격의말일세ᄌᆞ네ᄂᆞᆫ조식을나으며안즘방이나코나ᄂᆞᆫ눈먼놈나키나모다저되게잇지그리게말일세사ᄅᆞᆷ은교육ᄎᆞ기에잇ᄂᆞ니교육을잘못ᄒᆞ면부랑픽듀되고교육을찰ᄒᆞ면현인군ᄌᆞ되지라그교육의관계가엇더타ᄒᆞ겟ᄂᆞᆫ가

이사ᄅᆞᆷ교육인지무엇인지ᄶᅩ른히길게보ᄂᆡ고입에셔바람들이며쓸듸업ᄂᆞᆫ말그만두고돈시나잇거든술이나하자먹세

여보게이사ᄅᆞᆷ자ᄂᆡ커니와오비가ᄉᆞ책일세그적에ᄂᆞᆫ아모리구ᄎᆞᄒᆞ여도쥬먼이에도랴써ᄂᆡ남이업더니지금은ᄆᆡ복하자리못ᄒᆞ고치셩하자리모맛차츰도귀ᄒᆞ야모살겟네

미완

廣告

特別廣告

本申報는海外電報를創
接ᄒᆞ이機關이電通ᄒᆞ고
外雜와探報를敏捷話激
ᄒᆞ도록注意ᄒᆞ오며中報
發ᄒᆞ는되迅速信傳ᄒᆞ
기는分傳人의게在ᄒᆞ으
로本社에셔平常에諸分
傳人의게丁寧告戒ᄒᆞ
申中訓所ᄒᆞ야母或ᄒᆞ고
ᄒᆞ게有ᄒᆞ거나愛驗情
數有注密約에라도子知成
諸子는譏使通知ᄒᆞ의[illegible]
ᄒᆞ시면ᄃᆞ分傳의기余
相從ᄒᆞ라務耳提面社
고勤ᄒᆞ發生ᄒᆞ도名前
論ᄒᆞ아必無運誤ᄒᆞ기로
期ᄒᆞ[illegible]이다

本社에[illegible]ᄒᆞ시는君子
는姓名과[illegible]有ᄒᆞ
懸錄ᄒᆞ[illegible]이시와相
ᄒᆞ[illegible]이오公證ᄒᆞ不ᄒᆞ는
ᄒᆞ[illegible]本社에[illegible]自
行ᄒᆞ오니[illegible]

大韓每日申報社

廣告

貿易商 本社는仁川港
日本郵便電信局對面
電話第二百一番地
仁川港 大昌洋行
벽년드우社告白

○鐵路部

○東大門과新門間에來往車는每十分間에運行홈
東大門發初車는午前六時三十分
新門外停車場發初車는午前六時五十五分
東大門發終車는午後九時五十分
新門外停車場發終車는午後十時十五分
○東大門과洪陵間에來往車는每二十分間에運行홈
但自鍾路로東大門에來到ᄒᆞᆫ交替車로聯絡홈
東大門發初車는午前六時五十分
洪陵發 初車는午前七時十分
東大門發終車는午後七時五十分
洪陵發 終車는午後八時十分
○鍾路와龍山間에來往車는每十二分間에運行홈
鍾路發至南大門初車는午前六時四十八分
鍾路發至龍山 初車는午前七時二十四分
南大門發至鍾路初車는午前六時五十六分
龍山發至鍾路 終車는午前七時五十七分
南大門發至鍾路終車는午前十時八分
龍山發至鍾路 終車는午後九時九分
○特別貸用車는願ᄒᆞ시는의方便홈을隨應ᄒᆞ야供給홈
但定價는本社에來臨ᄒᆞ야請問ᄒᆞ시옴

○電燈部

二百五十燭力以內의數用處에는每個月에定價表에依ᄒᆞ
○十六燭力燃燈達夜에二圓五十錢
○三十二燭力燃燈達夜에四圓
○五十燭力燃燈達夜에六圓
○一百五十燭力燃燈達夜에十圓
一千二百燭力弧形燈達夜에二十圓
二百五十燭力以上의數用處에는請求ᄒᆞ면瓦斯計一箇를設
給홈
但瓦斯計賃金은每個月에二圓이오瓦斯計測驗表委托定價
는每時間每암피아에二錢이옴
瓦斯計設給處에셔每介月支拂金最低額은每個月에二十
圓인ᄃᆡ(瓦斯計貸金은)据홈
電燈을敷設ᄒᆞ기에請求ᄒᆞ는ᄃᆡ給홈로供
各種運技辦燈도常時에貯存ᄒᆞ엿ᄉᆞᆸ

本社鐵路電氣會社
韓美電氣會社 告白

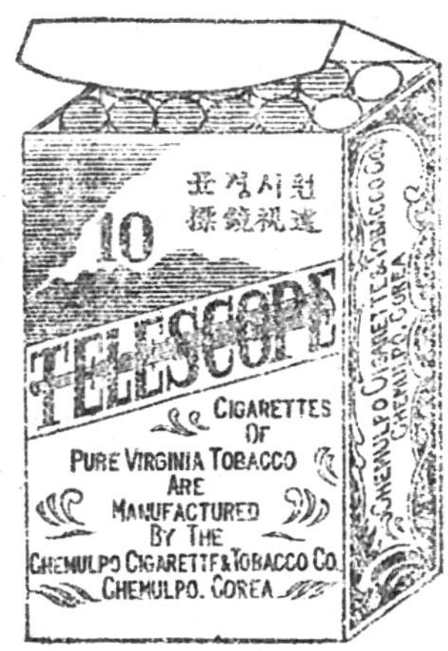

以上三種은
上品으로製
造ᄒᆞ야衛生
上에至極有
益ᄒᆞ오니僉
諸彙人ᄒᆞ고
本號에來購
ᄒᆞ옵

大韓帝國仁川港
濟物浦紙卷煙及烟草會社

一鷹標罐濃詰牛乳
一金印罐詰濃結牛乳
一無雙家用氣化乳酪
一쌔ㅣ든쓰製造麥芽化合牛乳
以上은常時에貯積ᄒᆞ엿ᄉᆞᆸ
美國紐育港쌔ㅣ든쓰濃結牛乳會社
一手代理店 大韓仁川港 世昌洋行

廣告

一雜貨商
一貿易商
一船舶取扱
一煙草商
一委託販賣及貨物運送代辦ᄒᆞ
一貿易代辦商
以上營業을擴張ᄒᆞ옵
京城 仁川 大昌洋行

本社廣告

申報價
一張代金 엽전五錢
一個月前金 五十錢
三個月 一元五十錢
六個月 二元九十錢
一個年 五元八十錢
郵稅一部 엽전五厘
一個月 十二錢

廣告料
四號活字十三字詰
(每日每行에六錢에相當홈)
每日每英尺一寸[illegible]
二週日에 二圓五十錢
(每日每行四錢五里에相當홈)
一個月에 五圓
(每日每行四錢一里에相當홈
其期限의長短과字行의多少
를依ᄒᆞ야增減홈이有홈

大韓人마다此申報를不得不閱
覽ᄒᆞ실터이오니廣告出報ᄒᆞ실
僉君子는來臨面議ᄒᆞ시옵

發行兼編輯人 英國人裴說
發行所
京城北署壽進坊礴洞号外國法語學校前
大韓每日申報社

光武九年八月十二日 明治三十八年八月十一日 第三種郵便物認可　木曜日　西曆一千九百五年十一月二十三日 (一)

第三卷

大韓每日申報
대한매일신보

第八十四號

月曜及慶節 歲時休日刊

檀君開國四千二百三十八年
箕子元年三千二十七年
大韓開國五百十四年
日本明治三十八年
淸國光緖三十一年
陰曆乙巳十月二十七日丙人

論說

歎有君無臣

年來韓國社會上士民間에一般輿論이皆政府大官을指斥譏罵曰亡國之臣이오賣國之賊이라ᄒ야萬口喧聒에一辭雷同ᄒ니

余嘗駭惑ᄒ야以爲韓廷臣僚가豈至如是之甚이리오彼士民間輿論은特其喚事見非ᄒ을見ᄒ고痛恨忿激ᄒ야其刺口論事가或出於過當인가ᄒ얏더니至于今日ᄒ야眞相이畢露ᄒ니果然有君無臣之嘆이有ᄒ도다

大韓은原來貴族의國이라世臣官爵ᄒ고世服國政ᄒ야曰老論曰少論曰南人曰北人이라ᄒᄂ四色以外의人은皆無國家之責者오此四色中에尤其柄握權勢ᄒ야薰灼一國者ᄂ宗室과戚里兩家니

然則國家興亡之責이專히宗室과戚里와及四色中世家에在ᄒ지라嗚呼라國運이不幸ᄒ야禍患이屢作ᄒ니世受國恩ᄒ야義共休戚之臣이어지殉難盡節之義가無ᄒ리오

往在乙未八月之變에死節之臣이僅有李耕稙洪啓薰兩氏而已오餘皆貪生苟活ᄒ고冒進榮塗ᄒ야靦然無恥者러니此次新條約問題에對ᄒ야

皇帝陛下게옵셔國家의獨立을重念ᄒ시와大義正理로써嚴辭峻斥ᄒ셧거날所謂政府大官은終始抗言ᄒ야雖被拘執之辱이나堅拒不從者ᄂ惟是韓參政一人而已라

其餘各大官은皆逡巡畏縮ᄒ야依違可否ᄒ고以此莫大之變로辱貽君父ᄒ니是可曰同心同德之臣乎아

彼李址鎔李根澤李完用은皆奸細之徒오貪饕之類라但知有身ᄒ고不知有國者니賣君國을固甘心爲之者오朴齊純李夏榮은雖是不學無術ᄒ고庸才無能이라도惟有忠義之心ᄒ야能書可字이거날

意彼朴齊純權重顯은稍解文字ᄒ야平日所談이假以忠義氣節로爲重이더니値此莫重莫大之事件ᄒ야一則以主務而致其大做錯ᄒ고一則以當局而不能挽回其失墜ᄒ니

彼將何面目으로歸瞻 天顏ᄒ며對其國民乎아且其日後就木에亦以何顏으로見 先王先祖乎아嗚呼 宗社生靈之憂가獨在於 皇上一人ᄒ니此ᄂ世界各國之人이亦皆爲之惻歎不已者로다

雜報

議政府參贊李相卨氏疏本이如左ᄒ니

伏以臣於昨曉政府伏聞諸大臣與日本締結約款章至調印以謂天下事無復奈何退歸私第只切痛泣務圖自靖陳疏 丐免矣今聞該約尙未經 奏准云臣滿心慰幸以謂國家之計猶有可爲也夫該約 准亦亡不准亦亡也如等亡焉則無寧決志 殉社斷行牢拒不負我
列祖列宗付畀
陛下之重也伏願
聖明亟依前參政大臣臣韓圭卨所上奏本凡從可決之諸大臣一幷黜斥克正邦憲更擇朝臣之可爲者另行交涉嚴辭斥絕焉乎天下萬世有以知聖心之攸存也不然臣雖萬被誅戮不願與此賣國之賊幷立於一朝也
陛下若以臣言爲非須斬臣而以謝諸賊以臣言爲是須斬諸賊而以謝國民焉臣 言至此不知所云

● 疏批一束

判敦寧司事趙秉式辭職疏
批旨省疏子悉衰癃尙可以力强卿其勿辭行公

侍從院卿閔泳徽辭職疏
批旨省疏子悉病可良已卿其勿辭行公

秘書監卿李愚冕言事疏
批旨省疏子悉已諭於大臣爾批矣

陸軍法院長申泰休辭職疏
批旨省疏子悉此時决不可言去卿其勿辭行公

軍部協辦李漢英辭職疏
批旨省疏子悉詎宜此際求解卿其勿辭行公

外部協辦尹致昊辭職疏
批旨省疏子悉艱虞方劇豈可求去卿其勿辭行公

帝室稽査局長朴鏞和辭職疏
批旨省疏子具言之爲是夫則不可卿其勿辭行公

議政府參贊李相卨言事疏
批旨省疏子悉旣有大臣爾批庶可諒爾卿其勿辭行公

以上十一月二十日

外報

● 露國觀艦式 떼데루스부루구發信에ᄒ엿스되露國皇帝가九月二十三日에도란수르에서觀艦式을行ᄒ더軍艦은
이무뻬라도루아례기떼데산라세
빠무야르스소와
아도니라루유루니로우
三隻뿐이라露帝가今昔의感言을不勝ᄒ얏다더라

● 日本法政大學校友茶話會 學校內에서第十七回校友茶話會를開設ᄒ얏다더라

● 三笠艦과類似ᄒ英國過去艦船의損害 佐世保에서日本三笠艦과如ᄒ不幸ᄒ던英國艦船의損害ᄂ左와如ᄒ

一千八百年 구린샤루로루트號
(八百七十人死亡)

一千九百二年 로야시요지號
(三百五十人死亡)

一千九百三年 우이구도리야
(三百八十人死亡)

● 騷動에對ᄒ物品保險 露國大藏省府務課ᄂ目下露國에在ᄒᄂ國民騷擾로物品損害에對ᄒ保險問題에關ᄒ야保險業者의會合을促ᄒ엿더ᄂ디保險業者ᄂ此際大保險에關ᄒ決議를爲ᄒ야五箇保險會社를英國과交涉ᄒ야滿足ᄒ回答을得ᄒ으로、敦에委員을派ᄒ얏다ᄒ고德國保險業에서도倫敦에露國委員의意見을聞ᄒ터이라더라

● 露國極東駐兵 露國의極東으로引上ᄒᄂ兵數ᄂ六箇軍團이요餘存ᄒ兵數ᄂ三十五萬人이라ᄒᄂ디此此歸露ᄒᄂ軍團은左와如ᄒ

第一軍團 떼-데루스뿌루구
第四軍團 신스리
第八軍團 오뎃싸
第十軍團 가루고우
第十六軍團 우이데뿌스구
第十七軍團 오스가우

上記駐兵中에步兵員數ᄂ三十二萬二千人이오砲數ᄂ一千四百門이오리-네우이지將軍은極東總督으로잇다云ᄒ더라

雜報

新條約請締內容은日昨本報紙上에大略揭載ᄒᆞ얏거니와伊時情探中皇城新聞의所載顚末이昭詳키로該全文을如左更揭ᄒᆞᆷ 續

伊藤大使가猶固請不已ᄒᆞ야曰此는外臣의自意가아니오實노本政府의命令을奉來ᄒᆞᆷ이더러此事를認許ᄒᆞ시면兩國의安福이오東洋의平和를永遠維持ᄒᆞᆯ거이니速히認許ᄒᆞ옵소셔ᄒᆞ거날

上曰朕의祖宗以來로立國規模가凡國家의重大事件이有ᄒᆞᆯ時는政府大小官吏와及時原任大臣과外至儒賢ᄭᆞ지도諮詢ᄒᆞᆫ後에야決處ᄒᆞ고且國內紳士人民의與論ᄭᆞ지도採訪施行ᄒᆞᄂᆞᆫ遺例가自在ᄒᆞᆷ으로朕이自意로擅斷치못ᄒᆞ깃노라ᄒᆞ신ᄃᆡ

伊藤大使가復奏曰人民의傾議는兵力으로도鎭服ᄒᆞ려니와陛下계셔兩交誼를爲念ᄒᆞ사敢히處分ᄒᆞ옵소셔

上曰此條를認許ᄒᆞ면卽亡國과一般이니朕은寧宗社에殉ᄒᆞᆯ지언졍決코認許치못ᄒᆞ리라ᄒᆞ옵시고四五時間을費ᄒᆞᆫ後辭出ᄒᆞ얏ᄂᆞᆫᄃᆡ

翌十六日下午三時參政以下各大臣과經理院卿沈相薰氏를大使館으로招請ᄒᆞ야又此三條件을提出ᄒᆞ고面면히懇請ᄒᆞ되各大臣이皆不可라ᄒᆞ고移時로독諮辨ᄒᆞ다가夜深後에罷歸ᄒᆞ야直時詣闕上奏ᄒᆞ얏고이日에朴外대는日公館으로招청하야右條를要청ᄒᆞ얏다ᄒᆞ고

翌十七日下午二時에는또日公使林權助氏가各대臣을該館으로招청ᄒᆞ야右條를懇切히要求하되一齊히反對하고定拒ᄒᆞᆫ즉林公使가御前會議를開하라고勸告하거ᄂᆞᆯ參政以下諸대臣이一齊辭歸入闕ᄒᆞᆫ즉林公使도從後隨來하더니諸대臣이直時御前會議를開하고右條를議論ᄒᆞᆯ시諸대臣이皆否字로反對ᄒᆞᆫ지라林公使가此景況을傍見하더니未幾에忽然日兵이多數入闕하야漱玉軒 도陛限咫尺에重重圍立ᄒᆞᆷ이銃桶과如하고銃刀가森列ᄒᆞᆫᄃᆡ內政府及宮中에日兵이森立하며長谷川대將과伊藤대使도一時來到하야該條件의否決됨을聞하고更히會 하라고迫청하나韓參政이牢執弗可라ᄒᆞᆫ즉伊使가參政의手를握하고萬般懇청ᄒᆞ되固執弗聽ᄒᆞᆫᄃᆡ伊使가李宮대를招청하야陛見을청차되該時에　未完

槐安探報

一前參政韓圭卨氏는廿夜에强硬反對ᄒᆞᆫ餘烈이尙不解ᄒᆞ야私邸에退臥中이나憂國之淚를不禁ᄒᆞᆫ다지

一內大臣李址鎔氏는其夜議席에奮拳大談曰年前議定書도吾手에出ᄒᆞ얏거니와其時에는條約이締成ᄒᆞᆯ줄를吾已預測ᄒᆞ얏신즉今於此約上에書可字는無辨更議라ᄒᆞ드라니前後賣國ᄒᆞᄂᆞᆫ勤勞가此人이第一等인즉將次무삼動作을得ᄒᆞᆯ는지

一外大朴齊純氏는常初韓參政과約誓ᄒᆞ기를만일事在危迫ᄒᆞ면蓮池中에投印ᄒᆞ깃다더니及其協議時엔印章을預先准하야至調印하얏스니甘綱繆固謀는昭不可掩키로人皆欲寢皮食肉하거니와天理不爽에陰誅已加하야去夜에忽然死去라하니其得免於顯戮이亦可恨也라지

一軍대李根澤氏는阿母阿弟가僞被恩寵더니竟成一場一대勳功하니此是國恩報答하는義務인지同氏가偵探前後數三十萬金을受取하고宮中府中에秘密事項을無漏探報하다는說이海外에서傳播하니前日警衛院摠管으로서全國人民의財產을攫奪하고今又海外金ᄭᆞ지如此吸收하니其咽喉의大ᄒᆞᆷ을可知라지

一學대李完用氏는百方運動으로該職을圖得하얏다가貪生하야一箇可字로大事를傾陷하고功成身退하랴는지鄕第下去하기로決定이라지

一法대李夏榮氏는前日是是非非는都頭說하고今番議席에特書否字ᄒᆞ야忠義之氣를ᄂᆞ겸이라從前權家로自負하고言必稱忠義하도狗彘며는觀此人所操하면能羞愧死의지

一度대閔泳綺氏는財政에僨誤하야陷民於溝壑ᄒᆞᆫ罪過는人所共知어니와昔終約決議에否字를書하얏다니此一着이可贖前愆이라同氏에一直勉於忠義를顯祝ᄒᆞᆫ다지

一農대權重顯氏는粉飾外貌ᄒᆞ고專意附外는卽其肚皮裏杜子也라其불忠불義는何待書可字而知之일지

一宮대李載克氏는外人에게暗昵密附ᄒᆞ여中外動靜을伺察通報ᄒᆞᆫ다니宗親之名이可憤이라지

一參贊李相卨氏는今番韓日新條約事件에對ᄒᆞ여지切憤痛ᄒᆞᆫ辭意로治疏上奏ᄒᆞᆷ으로內外國人니皆其中경을稱譽ᄒᆞᆫ다니可謂[illegible]個千金이라지

一新任憲兵司令官權重顯氏는占氣轉身ᄒᆞ여翩翩佳手라緊運의攀附ᄒᆞ여該任을圖得ᄒᆞ고猶爲불足ᄒᆞ여勳章을圖得次로方在運動中이라지

●正憲大夫朴箕陽上疏

伏以臣比年以來저代病頓不知戶庭外事數日之間略聞共傳說則日本公使以約條新定事會于政府威逼備至而上深惟宗社大計不賜准許參政韓圭卨執不從諸大臣或有書否字者噫彼主務大臣朴齊純符同外人持人外部之印交錚以給之而參政則拘置他所都不見知云渠以世家大族偏叨恩遇位至大官不思報效乃於半夜之間不稟 上裁不採輿論祖宗威靈於乃五百餘年基業三千餘里疆土一朝雙手付與外人而不少留難自古以來亂臣賊子何代無之而豈有如此賊者乎凡我國中戴髮含齒者孰不欲手刃之臠之而臣不幸與此賊同宗隴西之恥尤倍他人以他大臣言之不思力拒一聯書可究其心膓則一而二二而一也而至於主務大臣尤切痛心也玆敢冒昧出位之誅疾聲仰籲伏乞 聖明亟加奮發乾斷將此賣國諸賊不延晷刻明正典刑更爲 勅差外部大臣聲明其由擯斥不許則危者可安亡者可存內而中外臣民外而天下各國皆當知 聖心之攸在也臣伏聞라約之決自政府上稟 聖旨下諮政府詢謀僉同然後外部擧印以成信蹟今者 聖旨未下參政不爲贊從而只以賊臣所掌之印劫勒以去不可爲憑信之具卽繳還之則自有道理而存亡所係時日爲急特垂淵燭俯允陳請國家幸甚天下幸甚云云

●胎塊宰相

北村磚洞等地에一箇姓閔的胎塊相이有ᄒᆞᆫᄃᆡ日昨에向人言ᄒᆞ기를今番韓日新協約事件에不齊相이外部에居ᄒᆞ지아니ᄒᆞ얏더든國事가愈益罔涯ᄒᆞ얏쓰리라ᄒᆞ드라니所謂平齊는朴齊純의別號也라朴於今番事件에逆節이昭著ᄒᆞ우萬口爭言이어날獨此閔胎塊ᄂᆞᆫ稱道不已ᄒᆞ니其亦怙逆之黨派乎ㄴ져閔非別人이라曾於甲午六月事變時에來候ᄒᆞᄂᆞᆫ大官으로闕門外砲聲을聞ᄒᆞ고不顧君父而鄕第로逃走ᄒᆞᆫ者인즉今其發言이如此ᄒᆞᆷ이無足怪焉이라고傳說이有ᄒᆞ더라

●樂部會議

韓國貞洞(유니온클럽)外國人聯合俱樂部의셔去二十日夜의諸會員이會同ᄒᆞ여韓日新條約의對ᄒᆞ여爛商協議ᄒᆞ엿다ᄂᆞᆫᄃᆡ其內容은次報의揭載ᄒᆞ깃로라.

●社長抗辨

再昨日에日本巡査가皇城新聞社長張志淵氏를捉去하야警務廳에拘囚하얏더니警廳顧問이該新聞을由檢査ᄒᆞ고擅自發行하야治安을妨害케하는요ᄒᆞᆫ되同社長이抗辨曰所謂治安妨害는吾所不知라되抵國이有ᄒᆞᆫ然後에治安與否가有ᄒᆞᆯ것시니今既無國矣라治安을何論가吾가秉筆七八年에世上의公論을主張하다가今日國家가업서지게되關係로實노豈可不據事直書하야使我國民知之며試觀하라吾所記가有一言不實ᄒᆞᆫ가所謂治安妨害는日本治安의妨害가有ᄒᆞᆯ다ᄒᆞᆷ이나ᄒᆞᆫ되該顧問이默默無言하고仍爲更囚라하얏더라

●年少偸義

法部主事安秉瓚氏는年少ᄒᆞᆫ人인ᄃᆡ該部에請願ᄒᆞᆫ內에曰得聞ᄒᆞᆫ즉今日韓國이內政外交를旣不得自由ᄒᆞᆯ진ᄃᆡ可以無國이라謂ᄒᆞᆯ지라到今祿位猶貪ᄒᆞᆷ이作人之奴隸와無異ᄒᆞᆫ즉本官이爲人之奴隸ᄒᆞᆯ지언졍不願作亡國官而作則奴ᄒᆞ기로玆에請免이라하엿스니奇哉라此人이여忠義可獎이라하더라

雜報

●錢影難見

近日漢城의現狀이貧窮ᄒᆞᆫ人民은錢影을難見이라他人의게推貸도杜絶ᄒᆞ고資業도元無ᄒᆞ니桂玉이難於上天ᄒᆞ야朝夕을莫継ᄒᆞᆫ者ㅣ皆溝壑之急에瀕ᄒᆞᆫ지라其情狀이實로慘不忍見이어니와稍히貲產이裕足ᄒᆞᆫ者라도如今ᄒᆞ야는엇더케錢銀을던지百兩錢을措辦이無路ᄒᆞ야其家에如干비畜産棐器皿이며書冊什物等을放賣ᄒᆞ야도買者가絶無ᄒᆞ고典當ᄒᆞ려ᄒᆞ야도各處典當局이皆令櫃空ᄒᆞ야典當은잡지안코典當物만ᄎᆞ자가라ᄒᆞ니物件이有ᄒᆞ야도典當도잡필수업스니百口思之ᄒᆞ야도生活이萬無ᄒᆞ다는怨聲이衝天ᄒᆞ니蔽一言曰全國人民이皆將死亡乃已라是以로衆說이日益沸騰ᄒᆞ야曰使此無辜生靈으로至於此極者ㅣ誰也오日財政整理를藉稱ᄒᆞ고慘害人民ᄒᆞ야斷絶國脈코져ᄒᆞ는者의手段이아닌가ᄒᆞ더라

●産業會議所貨幣矯救方策 十一

第三政府는內國債를發行ᄒᆞ되其額數는一千五百萬圜에制限ᄒᆞ고其利子는年百分五以上으로定ᄒᆞ고償還期限은五箇年을据置ᄒᆞ야以後十五箇年間에償還ᄒᆞ는法을制定ᄒᆞᆯ事

理由第一次第二의財源에對ᄒᆞ야必要ᄒᆞᆫ所以라

第四政府는國立銀行法을制定ᄒᆞ야政府監督下에置ᄒᆞ고內國債及此貨를準備로ᄒᆞ야銀行券發行ᄒᆞ는法을制定ᄒᆞᆯ事

但銀行이貸付ᄒᆞ는利子는百圜에對ᄒᆞ야日步五錢以下로制限ᄒᆞᆯ事

理由第一貸下金을民으로ᄒᆞ야금其德澤을均一케ᄒᆞ고져ᄒᆞᆷ이라

第五政府는度支部令第四號及第五號를修正ᄒᆞ여各郡及全國樞要地에前項國立銀行이나又信用이有ᄒᆞᆫ個人民의게國庫金取扱ᄒᆞ믈命ᄒᆞᆯ事

但其方法은我國慣習을參照ᄒᆞ여改善方法을講究ᄒᆞᆯ事

理由(四)의論明ᄒᆞᆷ을依ᄒᆞᆷ이라

第六政府는以上各項에對ᄒᆞ여施政方法은我國의民意를采納ᄒᆞ며諸問題를議ᄒᆞ여慣習을弗破ᄒᆞ고文明의法으로至善至美히ᄒᆞ여一点의遺憾이無케ᄒᆞᆯ事

第七政府는以上各項整理의方法이確立ᄒᆞ는ᄃᆡ至ᄒᆞ는期限間는財政整理의名目中貨幣條例의關ᄒᆞᆫ一切法令을一時中止ᄒᆞᆯ事

吾人은玆의民意를建白ᄒᆞ야政府의反省을求ᄒᆞ나니願컨ᄃᆡ惟我聖朝의遺制를鑑ᄒᆞ고世界各國의文明制度를參照ᄒᆞ야施政改善의名實을完全케ᄒᆞ여二千萬同胞로ᄒᆞ여금永遠의福址를향受케ᄒᆞ심伏望ᄒᆞᆸ 完

●英人同情

英語學校教師부란돈氏가本日教育上熱心ᄒᆞᆷ은世人에共知ᄒᆞ는바어니와日昨韓日新條約事件이生出ᄒᆞᆫ後로該校教官與學徒들이來者少ᄒᆞ고불來者一多ᄒᆞᆫ지라同氏가慨演說曰其來者의主見은國雖危敗나學問上에愈益勉力ᄒᆞ야文明이日進ᄒᆞ면來頭國權回復이當有其期라ᄒᆞᆷ이오불來者의主意는大勢已去ᄒᆞ얏스니學問을비록成就ᄒᆞᆫ들無所可用이라ᄒᆞ야無心上學ᄒᆞᆷ이니來者와불來者의主旨가皆出於忠義情激이라吾無憾焉이어니와至若韓國今日所遭ᄒᆞ야는覊絆者라도猶爲髮竪體粟이라ᄒᆞ고仍慨泣下키로學徒諸人이其師情을相感ᄒᆞᆷ을亦皆感泣ᄒᆞ얏다더라

記者ㅣ曰天下之情은一也라此次條約事에日人의强迫을制다韓人의屈抑冤抑을凡此世界之人이凡有德義之心者면誰가韓國을爲ᄒᆞ여慨憤哀惜지아니ᄒᆞ리오此英國教師는韓人教育의熱心ᄒᆞᆷ은아모조록韓國의文化를發達케ᄒᆞ며國勢를鞏固케ᄒᆞ고져ᄒᆞᆷ이러니今日韓國이如此悲境에沈淪ᄒᆞ엿스니엇지德義上慨ᄒᆞᆫ涕淚를禁ᄒᆞ리오

歷史槩要

波蘭末年史 續

時에土耳其에昭毛浦太守紫高巴佳는달달人이라露西亞를仇視ᄒᆞ더니波蘭愛國黨이露兵의게敗ᄒᆞ야土耳其境內에逃避ᄒᆞ거날露兵이追入ᄒᆞ야土國巴多府城을燒ᄒᆞ며人民을屠戮ᄒᆞ는지라紫高巴佳가其事를土耳其皇帝의게馳報ᄒᆞᆫᄃᆡ土帝가土京에駐箚ᄒᆞᆫ露國公使를召ᄒᆞ야露國의不法을責ᄒᆞ고西曆一千七百六十八年冬에土耳其이다달軍을合ᄒᆞ야露國新塞爾亞에入ᄒᆞ야三萬五千人을擒獲ᄒᆞ니愛國黨이此報를聞ᄒᆞ고勇氣가百倍오布老[illegible]者는波蘭에歸ᄒᆞ야恢復을謀ᄒᆞ다가露軍의捕獲ᄒᆞᆫ바되얏더라然이나其黨에勇氣가오히려不挫ᄒᆞ며제朱亞尼亞의愛國黨領袖卜伯은人民을聚集ᄒᆞ야露土가開戰ᄒᆞ거든곳擧事코져ᄒᆞ더라 未完

●소경과안즘방이문답

속이ᄉᆞ룸ᄯᅩ소리말게지금판셰를감아니보면지화니문명이니ᄒᆞᆫ다고머리는잘덜싹나보데마는속에는젼판완고의구습이가득ᄒᆞ여것흐로는엇지지명진취의ᄯᅳᆺ이잇는듯ᄒᆞ나실상은잠을ᄭᆡ지못ᄒᆞ여길에다이는자들이말쟝코를골고단이니비유컨ᄃᆡ고목남기겻흔성ᄒᆞ나속은좀이먹어늘어가는모양이라참것지화라ᄒᆞᆯ만ᄒᆞ여니망건싱의만죠잔ᄒᆞ여갈ᄲᅮᆫ이오죠금별슈는업슬터이되자니복슐에는관계치아녀ᄒᆞ리

남화나는말ᄒᆞ지말게즈니는듯지도무ᄒᆞ여니지금경무쳥에서무당과판슈를엄금ᄒᆞᆫ다네그 당은ᄉᆞ지빈히가멀졍ᄒᆞ여아무려도관계치안커니와우리뉴갈머른소경놈은아모것도ᄒᆞᆯ슈업고다만빅유바겨일고점치는슈밧게업스니닉가니싱각ᄒᆞ여도ᄯᅡᆨ죽엇지다른계칙업슴네

여보게아모의금ᄒᆞᆫ다ᄒᆞ되ᄭᅫ고ᄅᆞ잘덜마ᄒᆞ나보데사ᄅᆞᆷ마다잠을ᄭᆡ여졍신이잇게드면경무쳥에서아모리ᄭᅵ일고굿ᄒᆞ라고권ᄒᆞ여도안이ᄒᆞᆯ터이지마는지금ᄒᆞᆫ몽즁에잇는사ᄅᆞᆷ들이야아모리금ᄒᆞ기로서니되말인가노야듣음말이지마는즈네빅운식이는업서져야나라이흥왕ᄒᆞᆯ터일세

나ᄉᆞ람나의말은시근쥭먹기갓치잘ᄒᆞ네그러케ᄒᆞᆯ말리ᄯᅡ즈니빅운싱이는무어시유죠ᄒᆞᆫ가나의빅운바경문과복슐은비말이라도ᄎᆞᆨᄉᆞ나ᄒᆞ고길흉이나판단ᄒᆞᆫ다ᄒᆞ지마는그망건갓ᄒᆞᆫ것무엇ᄒᆞ나 미완

特別廣告

本日報ᄂᆞᆫ海外電報를卽接ᄒᆞ야機關이靈通ᄒᆞ고外報와探報를敏捷活潑ᄒᆞ도록注意ᄒᆞ오며申報發送ᄒᆞᄂᆞᆫᄃᆡ迅速信傳ᄒᆞ기ᄂᆞᆫ分傳人의게在ᄒᆞᆷ으로本社에셔平常에諸分傳人의게丁寧告戒ᄒᆞ고申申訓飭ᄒᆞ야毋或愉惰ᄒᆞ게注意ᄒᆞ거니와如或晳有稽忽이라도愛讀僉君子ᄂᆞᆫ密使知于本社ᄒᆞ시면該分傳의게誠信相孚ᄒᆞ도록耳提面命ᄒᆞ고勸懲가發生ᄒᆞ도록誨諭ᄒᆞ야必無遲誤ᄒᆞ기로期待ᄒᆞ옵나이다

本社에寄書ᄒᆞ시ᄂᆞᆫ諸君子ᄂᆞᆫ姓名과居住를明確ᄒᆞ게懸錄ᄒᆞ고送附ᄒᆞ시와證據가有ᄒᆞᆷ을必要ᄒᆞᆷ이오公衆平和ᄒᆞᆫ秩序를紊亂케ᄒᆞᄂᆞᆫ意와社會上不經荒雜ᄒᆞᆫ寄書ᄂᆞᆫ自不受ᄒᆞᄂᆞᆫ權利가本社에有ᄒᆞ오니肯諒ᄒᆞ시옵

大韓每日申報社

廣告

貿易商 本社ᄂᆞᆫ仁川港
日本郵便電信局對面
電話第二百一番地
仁川港 廣昌洋行
벤넷트仲社告白

○鐵路部

○東大門과新門間에來往車ᄂᆞᆫ每十分間에運行ᄒᆞᆷ
東大門發初車ᄂᆞᆫ午前六時三十分
新門外停車場發初車ᄂᆞᆫ午前六時五十五分
東大門發終車ᄂᆞᆫ午後九時五十分
新門外停車場發終車ᄂᆞᆫ午後十時十五分

○東大門과洪陵間에來往車ᄂᆞᆫ每二十分間에運行ᄒᆞᆷ
但自鍾路로東大門에來到ᄒᆞᆫ交替車로聯絡ᄒᆞᆷ
東大門發初車ᄂᆞᆫ午前六時五十分
洪陵發 初車ᄂᆞᆫ午前七時十分
東大門發終車ᄂᆞᆫ午後七時五十分
洪陵發 終車ᄂᆞᆫ午後八時十分

○鍾路와龍山間에來往車ᄂᆞᆫ每十二分間에運行ᄒᆞᆷ
鍾路發至南大門初車ᄂᆞᆫ午前六時四十八分
鍾路發至龍山 初車ᄂᆞᆫ午前七時二十四分
南大門發至鍾路初車ᄂᆞᆫ午前六時五十六分
龍山發至鍾路 終車ᄂᆞᆫ午前七時五十七分
南大門發至鍾路終車ᄂᆞᆫ午前十時八分
龍山發至鍾路 終車ᄂᆞᆫ午後九時九分

○特別私用車ᄂᆞᆫ顧客의方便ᄒᆞᆷ을隨應ᄒᆞ야準給ᄒᆞᆷ
但定價ᄂᆞᆫ本社에來臨ᄒᆞ야請問ᄒᆞ옵

○電燈部

二百五十燭力以內의敷用處에ᄂᆞᆫ每個月에定價가如左ᄒᆞᆷ
○十六燭力燃燈達夜에二圓五十錢
○三十二燭力燃燈達夜에四圓
○五十燭力燃燈達夜에六圓
○一百五十燭力燃燈達夜에十圓
一千二百燭力弧形燈達夜에二十圓
二百五十燭力以上의敷用處에ᄂᆞᆫ請求ᄒᆞ면瓦斯計一個를設給ᄒᆞᆷ
但瓦斯計貸金은每個月에二圓이오瓦斯計測驗表委托定價ᄂᆞᆫ每時間每암피아에二錢이옴
瓦斯計設給處에셔每介月支拂金最低額은每個月에二十圓인ᄃᆡ(瓦斯計貸金은)据ᄒᆞᆷ
電燈을敷設ᄒᆞ기에請求ᄒᆞᄂᆞᆫᄃᆡ給ᄒᆞᆷ로供
各種連技辦燈도常時에貯存ᄒᆞ엿ᄉᆞᆸ

本社鐵路電氣會社
韓美電氣會社 告白

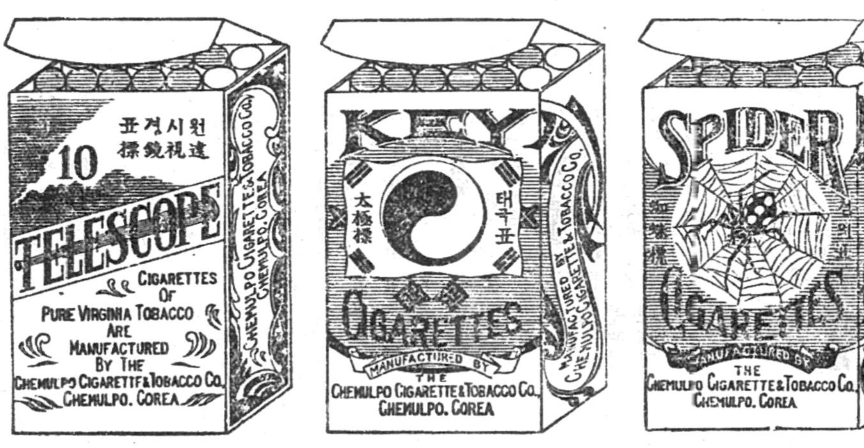

以上三種은上品으로製造ᄒᆞ야衛生上에至極有益ᄒᆞ오니毋論某人ᄒᆞ고本社에來購ᄒᆞ옵

大韓帝國仁川港
濟物浦紙卷煙及烟草會社

一 鷹標罐濃詰牛乳
一 金印罐詰濃結牛乳
一 無雙家用氣化乳酪
一 쌔―든쓰製造麥芽化合牛乳
以上은常時에貯積ᄒᆞ엿ᄉᆞᆸ
美國紐育港쌔―든쓰濃結牛유會社
一手代理店 大韓仁川港 世昌洋行

廣告

一 雜貨商
一 貿易商
一 船舶取扱
一 煙草商
一 委托販賣及貨物運送代理業
一 貿易石炭商
以上輸入及輸出者
京城 仁川 大昌洋行

本社廣告

申報價
一張代金 韓貨五錢
一個月前納 五十錢
三個月 一元五十錢
六個月 二元九十錢
一個年 五元八十錢
郵稅一部 韓貨五里
一個月 十三錢

廣告料
四号活字十三字詰
每日每英尺一寸에新貨廿五錢
(每日每行에六錢에相當ᄒᆞᆷ)
二週日에 二圓五十錢
(每日每行四錢五里에相當ᄒᆞᆷ)
一個月에 五圓
(每日每行四錢一里에相當ᄒᆞᆷ
其期限의長短과字行의多少를依ᄒᆞ야增減ᄒᆞᆷ이有ᄒᆞᆷ

大韓人이다此申報를不得不閱覽ᄒᆞ실터이오니廣告出報ᄒᆞ실僉君子ᄂᆞᆫ來臨面議ᄒᆞ시옵

發行兼編輯人 英國人裴說
發行所
京城北署壽進坊時洞号外地法語學校前
大韓每日申報社

第三卷

大韓每日申報
대한매일신보

第八十五號

月曜及慶節 歲時日休刊

檀君開國四千二百三十八年
箕子元年三千二十七年
大韓開國五百十四年
日本明治三十八年
淸國光緖三十一年
陰曆乙巳十月大二十八日丁卯

論說

外飾成人

去金曜夜半에日本이提其要求허야外部捺印을圖得허기에運用허던方略을詳細허니日本緊急情形이

이樣候를유過허야如彼處置게흠을可以確認이어니와이藤貴候가列邦政官中에서獲得흔高名에此甚弗美之舉나

日本이過勞戰效를揭示以前에는國會議員의會集을恐怖흠이니由是로이藤候가陰密結黨과謀行事허야自己令譽를弗顧흠이明確흐도다

古語에云病莫에無所弗試라하니此果明言其日本今日行動이로다然이나타列强이詳聞此事면或謂此以正義흘는지亦一問題라

雖日本同盟之英國이라도脅迫手段을尙今反抗하나니英國의廉潔元老가去金曜夜行動을同意흘는지難可信이로다

外部대臣이日本要求를期必反對하기로斷定하야弗携印信云하니顧問官의保佐員이投其印信干闕內흠은是何義務乎아且

日兵之犯闕은是乃前例乎아日本은自己國民에反抗을勝服흐기에必以如此方略을이라印信을如彼取來하고調印을如彼打押하니如此約款의效力은何弗免異議흘너시오此條約批准要請에도必用如彼之策矣라니此約之全無效力은已無可疑어니와列邦의一致順從을豈能得之리오

非特止此而已라日本이自國의令名과開明上位置를拋棄하얏스니尙且日本이弗能謀得흘거슬俄國에讓與흘時에는以質되彌之하얏스나所謂實利가今安在哉오

日本性質의無常을可知할니與強國對立之時와與弱隣交涉之日에其能不同이라日本人民이自國政府를牽引흠으로政府는人民의反動을許避하기에盡力하다가

日本之本色이自然露出이니由是列邦이日本의勇武實되를不信흘거시오且前日에爲人欺蔽하야熱心贊揚흠보다後日反是尤多흘거손本報가預言흐노라然則日本은宜不失時而止之어다

雜報

●疏批一束

外部대臣朴齊純辭職疏

批旨省疏具悉向懇豈宜遽此求去卿其勿辭行公事 進部 郎宜諭

軍部대臣李根澤辭職疏

批旨省疏具悉前批已諭弗負有此中煩勿爲更提即起視務事 進部郎官諭

正二品[illegible]箕陽言事疏

批旨省疏具悉정約之規未納弗然而亦有所斟量者矣라

社稷署提調朴鳳杜言事疏

批旨省疏具悉運往[illegible]然之批宜亦見之矣

營繕司長姜鳳朝辭職疏

批旨省疏具悉此時有[illegible]必欲辭矣

弘文館前侍讀姜遠馨言事疏

批旨省疏具悉言日諸臣亦無弗斟量亦等勿煩

●警告大韓人士

天道ㅣ好還이오世運이不常이라窮陰劇寒에陽春이必回흘지狂風甚雨에晴明이復生흐나니惟願大韓人士는勿挫其志氣흐고益勵其自强흘지

現今大韓國權이他人에게全歸흘境遇에滔흠으로現狀을觀흔즉家家哭泣之態오人人愁歎之聲이나徒然如此에竟有何益이리오

自今이라도大韓人士가益益奮發흐야學問이增進흐고事業이振興흐면엇지國權을回復之日이無흐리오人ㅅ가向善흐면天心이悔禍하야今日危機가變하야他日幸福이되는者가有하니

此는讀書明理之士가宜乎確知흘바어니와且夫所謂志士者는一切成敗利鈍이不撓其心하야九死而不變하고萬折而不回하야必成其所志하나니

만일一時摧折로써가自挫抑하야不能更奮하면足히志士라謂치못흘지라記者遽請커딕近世歐洲一箇名人의行蹟으로써大韓人士를爲하야提誦하노니知許흔男子의志事를觀感하고效則하야自强自立을益圖하라

近世意大利國에瑪治이라하는烈士가有하니

貧家子라自幼로卓犖不羈허야談兵評劍을好하더니及長에航海之術을講하야周遊四方하여五洲의形勢를察視흠이大有所悟라

當時에專橫하는暴政을深惡하야自由를擴張허며羅馬法王의軍權을敗黃허며專國의干涉을斷絶허며意대利의一統을成흐으로써終身事業을삼고저흘석

未完

●法官養成所教官臣丁明燮等疏本

伏以臣等卽一介孤之賤流猥蒙洪恩濫列於簪纓末班惟日所思者只在乎各盡其職圖報涓埃而敢與論於 朝廷大事乎然尙以我

聖天子敎化中生成之物稍具秉性粗解義理之爲何等事故從於史冊中或有奸凶之徒誤其國事處未嘗不掩卷廢讀詬罵其人之不忠矣

豈意誤國之徒出於今日乎輿言及此不覺痛哭而繼之以髮竪膽도不能自巳하愚忱所激弗揣僭越敢此瀝血披肝呼籲於

天陛之下伏願 聖明勿以人賤而棄言

備賜[illegible]還焉今所謂政府대臣者亦是 陛下之臣子也乃祖乃父而非

祖宗朝生成之物也耶日以忠於君忠於國弗啻爲仙家之常談而至以堂堂 帝國之威權輕然而許於他人哉夫國之所以爲國者名義而已矣名義一去則

陛下事去矣臣伏聞本月十七日夜所謂政府諸臣者稱外人之威脅擁蔽

聖朝至有條約之成立云所謂條約者果爲尊 皇權振 國威而成耶少有損於威權獨弗免誤蹈之誅

況以威權全讓者哉天下焉有以外交權讓於他人而能獨立之國乎外交之權一移而獨立之名亦隨而去矣

陛下將何以與列强幷立乎且基業者

祖宗之基業也威權者 陛下之威權也立廢二三亂政之徒焉敢議可於該條約擅許外人哉今此條約議可之臣非徒 陛下之誠臣也乃

祖宗之賊臣也二千萬인民之仇讎也伏乞

天地父母廓揮乾斷以此條約議可之諸臣下付司敗以正邦憲竝所謂條約繳而消之而宣布於中外以示條約之無效焉

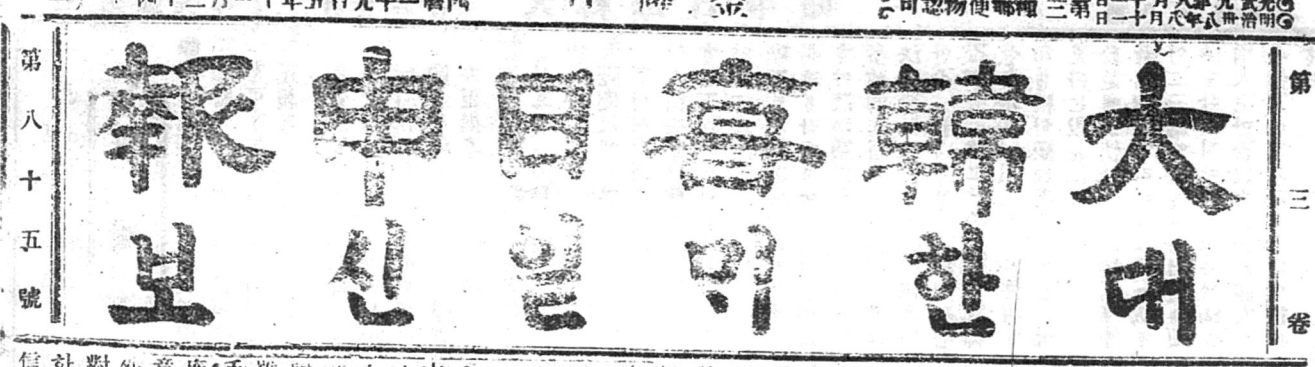

宗社幸甚人民幸甚

雜報

◎可否正誤 昨日本報論說中閔泳綺李夏榮兩氏가能書可字ᄒᆞᆫ可字ᄂᆞᆫ否字의誤植이기玆에正誤홈

新條約請締內容은日昨本報紙上에大畧揭載ᄒᆞ얏거니와伊時情探中皇城新聞의所載顚末이昭詳키로該全文을如左更揭홈 (續)

陛下게셔咽喉의患候로苦痛ᄒᆞ옵심으로 陛見을謝却ᄒᆞ신ᄃᆡ伊使가 天陛咫尺에셔奏請謁見ᄒᆞ되 陛下게셔拒絕ᄒᆞ사曰不必要見이오出去ᄒᆞ야政府大臣과協議ᄒᆞ라下諭ᄒᆞ신ᄃᆡ伊使가退出ᄒᆞ야又若請曰 陛下게셔協議ᄒᆞ라ᄒᆞ시니更ᄒᆞ開議ᄒᆞ라ᄒᆞ고政府主事를招致ᄒᆞ야該條議件을更書ᄒᆞ라ᄒᆞᆫᄃᆡ參政韓圭卨氏ᄂᆞᆫ一直反對ᄒᆞ고法大李夏榮度大閔泳綺兩大臣만否字를書ᄒᆞ고外大朴齊純은否字를書ᄒᆞ고其否字下에註脚을更書ᄒᆞ야曰萬若右條件의字句를稍히變改홀境遇에ᄂᆞᆫ認准ᄒᆞᆫ다ᄂᆞᆫ說을記ᄒᆞᆫ지라

於是에伊使가發論曰然則條件을當變改ᄒᆞ리라ᄒᆞ고筆을執ᄒᆞ야二三處에塗以ᄒᆞ더니直時更議ᄒᆞ라ᄒᆞᆫ지라參政以外에法度兩大臣만否決ᄒᆞ고其餘諸大臣은皆可라ᄒᆞᆫ지라韓參政이起身ᄒᆞ야 陛下씌謁見코져ᄒᆞ되不得入ᄒᆞ고夾室에投入ᄒᆞᆫ則已而오林原書記와日兵及日巡査等이踏至ᄒᆞ야韓參政을擁去ᄒᆞ야漱玉軒前夾房에拘置ᄒᆞ고日兵及曹長士官等이左右把守ᄒᆞ더니伊使가入來ᄒᆞ야又百端으로懇請ᄒᆞ다가或威嚇으로恐喝ᄒᆞ며或甘言으로誘說ᄒᆞ되韓參政은終始不聽ᄒᆞ고正色對曰我ᄂᆞᆫ以身殉國ᄒᆞᆯ드라도決코此條ᄂᆞᆫ認准치못ᄒᆞ깃다ᄒᆞᆫ즉伊使가怒曰萬若 陛下의 勅命으로許ᄒᆞ라ᄒᆞ야도不從ᄒᆞ깃ᄂᆞ냐參政曰此事에對ᄒᆞ야ᄂᆞᆫ勅命도不從ᄒᆞ리라ᄒᆞᆫᄃᆡ伊使가大怒曰然則不忠之臣이라ᄒᆞ고退去ᄒᆞ야셔宮大李載克氏를招請ᄒᆞ야使之 天陛에上奏ᄒᆞ야曰參政이勅命도不從ᄒᆞᆫ다ᄒᆞ니是ᄂᆞᆫ不忠之臣이라直時免官ᄒᆞ소셔ᄒᆞ고또朴外大를命ᄒᆞ야外部의印을持來ᄒᆞ라ᄒᆞ야參政의不捺章은無關이라ᄒᆞ고其餘外大臣만捺章ᄒᆞ얏스니其條件이凡五箇條라ᄂᆞᆫᄃᆡ如左ᄒᆞ니

韓日兩國이東亞大勢를鑑ᄒᆞ기爲ᄒᆞ야盟約을比訂秘密홀事

韓國外交事務를擴張ᄒᆞ기爲ᄒᆞ야東京에外交部를直ᄒᆞ고外交에關ᄒᆞᆫ事項은一切管轄홀事

韓國京城에統監을置ᄒᆞ야外交事務를監督홀事

韓國各港外國人必要之地에領事를代ᄒᆞ야理事를置홀事

韓國皇室의尊嚴保全홀事

未完

◎勸告議政 再昨夜에某處勸告가來ᄒᆞ야外大朴齊純氏ᄂᆞᆫ議政署理를被命ᄒᆞ얏다더라

◎軍大疏槪 日昨軍大權重顯氏가上疏ᄒᆞᆫ槪意를得聞ᄒᆞᆫ즉今番新條約辭意가極其貫卒ᄒᆞ야決案이되지못홀줄로上奏ᄒᆞ얏다더라

◎死者復甦 日昨本社探報中에ᄂᆞᆫ外大朴齊純氏가死去ᄒᆞ얏다더니再昨夜某處勸告를因ᄒᆞ야恩命을更蒙ᄒᆞ얏다니該氏ᄂᆞᆫ必試回生散이라더라

◎稍敍有人 北村某大官에夫人이近日國家事가沈淪됨을悲傷타가其夫의伏節死義못홈을大責ᄒᆞ고滿腔熱血을難抑ᄒᆞ야一場呼天痛哭ᄒᆞ얏다ᄒᆞ니如此夫人은可以巾幗丈夫라謂홀지라幾箇賣國賊은此夫人의風節을聞ᄒᆞ면所幾知愧홀이라고來說이有ᄒᆞ더라

◎癸賊被盜 昨日上午二時頃에東署典農里居崔斯鏞이蔣根을放賣ᄒᆞ고還家之路에到于昌坊峴等地러니賊漢五名이突出ᄒᆞ야所持金十元을强奪ᄒᆞ얏다더라

◎社舍失火 再昨日下午六時量에藥峴東山洞所在京釜鐵道會社家에셔失火ᄒᆞ야四十間假量이나燒燼ᄒᆞ얏다더라

◎將軍將到 再昨日下午二時에日本步兵特務曹長林信次郎이西湖等地에來到ᄒᆞ야謂以日本太田將軍이來巡ᄒᆞᆫ다고道路塵芥와溝渠汚穢物을一倂掃除홀意로申飭하얏다더라

◎教長辭免 學部編輯局長兼外國語學校長李鍾泰氏ᄂᆞᆫ請願辭職하얏다더라

◎石子何來 再昨日上午九時에伊藤大使가水原等地觀覽하기爲하야電車를搭坐하고下去하ᄂᆞᆫ路次에安陽境近處에暫時停車하얏더니忽然數塊石子가自外投入하야窓이破碎되고伊藤大使ᄂᆞᆫ[illegible]으로過하야免於觸傷하고同日下午七時에回京하얏다더라

◎議參疏

近日에條約事가起홈으로부터大韓一般紳士의慷慨激切ᄒᆞᆫ文字가紛紛並出ᄒᆞ니皆忠愛臣의熱血義膽으로由ᄒᆞ야出ᄒᆞᆫ者나就中新聞에[illegible]辭意懇惻ᄒᆞ야若之의令人으로嗚咽歔欷下者ᄂᆞᆫ現議政府參贊李相卨氏의疏가是라

氏ᄂᆞᆫ原來大韓學問의第一流니性이絕倫ᄒᆞ고造詣가深篤ᄒᆞ야東西學問을悉皆曉研精ᄒᆞ고又性理文章과政治法律算術等學에皆其富有之ᄒᆞᆫ바라由是로聲譽가藉甚ᄒᆞ야韓人의輿論이皆曰此人이若居廊廟之上이면文明政治를可以做得이라ᄒᆞ니此ᄂᆞᆫ各國人士의來留韓土者가亦皆共聞ᄒᆞᆫ바러니今年에韓皇陛下씌옵서擢授法部協辦ᄒᆞ시니物議가翕然稱之ᄒᆞ더니未幾에陞爲議政府參贊이라今番新締ᄒᆞᆫ事件이起ᄒᆞᆫ인즉不得預於大官會議之席ᄒᆞ니斷斷孤忠이無他可效일ᄉᆡ乃陳一疏ᄒᆞ야仰贊 聖旨ᄒᆞ니首尾不過數百言이라其大槪가有曰該條約이未經奏準ᄒᆞ얏스니國家事가尙有可爲之望이로소이다나準亦亡이오不準亦亡이니等是亡耳론決死殉社ᄒᆞ사以無負 列祖列宗付畀之重ᄒᆞ옵소서ᄒᆞ얏스니自古로人臣이値國家危亂之會ᄒᆞ야盡言不諱者何限이리오만은至以殉社之義로告于其君者ㅣ果有之否乎아如斯ᄒᆞᆫ大忠大義ᄂᆞᆫ獨於李參贊에見之ᄒᆞ깃오만일 韓皇陛下의明斷ᄒᆞ신聖斷이아니시면엇지如斯忠言을納聞ᄒᆞ시리오其結辭의曰如以臣言爲非신된願斬臣以謝諸賊ᄒᆞ시고如以臣言爲是신된願斬諸賊ᄒᆞ야以謝臣民ᄒᆞ소셔ᄒᆞ얏스니其辭意의凜凜홈이不啻若秋霜이로다余가讀而讀之에不勝欽嘆홈이기로昨報에爲之揭載ᄒᆞ고又此讚揚ᄒᆞ야告于內外國人士ᄒᆞ노라

◎用詐ㆍ如行義

人雖善於狂人者라도右手로揖讓ᄒᆞ며左手로指罵ᄒᆞ면셔語之曰此乃敬人之禮也라ᄒᆞ면人必以狂悖로目之홀지어날今夫日本之於韓國에一邊則日隣誼를愈益敦密케ᄒᆞᆫ다ᄒᆞ며一邊則兵威로勒約을成立코ᄌᆞᄒᆞ니蓋用威勒約과交誼敦密ᄒᆞᄂᆞᆫ게善惡不同이截如黑白인즉韓人이雖愚昧나其肯信聽이며且日新條約이成立되면韓國에利益이不少ᄒᆞᆫ貌樣으로敗衍爲說이나名以獨立國ᄒᆞ고外交權을他人에게聽命ᄒᆞᄂᆞᆫ境遇에ᄂᆞᆫ其非獨立을可知오其獨立을不能홀뿐아니라[illegible]他人掌握에全歸ᄒᆞ면雖三尺童子라도皆可以知홀지니韓國二千萬人衆으로一[illegible]不及홀지年前擴張漁采各種請求案을無提出홀時에ᄂᆞᆫ必曰此案이成立되면韓國에도利益이不少라ᄒᆞ되及其該案이成立後에利益은始捨ᄒᆞ고弊害만延至ᄒᆞ니如是ᄒᆞ기凡幾度矣라人不可再欺이어날[illegible]可用乎아大抵器不正則事不順ᄒᆞ며事不順則人心이不服ᄒᆞ며人心이不服則雖有一時兵力이나[illegible]百出ᄒᆞ야難久享이니明이라今若使其作事를須要ᄒᆞ야兵力ᄒᆞ야一朝에作爲合倂則[illegible]어니와若其不然者면[illegible]的言語와物制的手段으로友邦期欲倂呑ᄒᆞᄂᆞᆫ게自己德義에損失이[illegible]니亟宜反省ᄒᆞ야隣誼를[illegible]ᄒᆞ며人心을收拾홀지어다

◎淸國斷髮許可 北京警務에셔天津警務所屬[illegible]丁의服裝을一度를改良홀뿐아니라其斷髮을實行케ᄒᆞ얏ᄂᆞᆫᄃᆡ更自淸廷에셔도[illegible]行하야研究를爲ᄒᆞ야海外에派遣ᄒᆞᄂᆞᆫ委員우皆用洋裝斷髮케ᄒᆞ얏다더라

雜報

● 錢影難見

近日漢城의現狀이貧窶ᄒᆞᆫ人民은錢影을難見이라他人의게推貸도杜絕ᄒᆞ고資業도元無ᄒᆞ니桂玉이難於上天ᄒᆞ야朝夕을供繼ᄒᆞᆫ者皆溝壑之急에瀕ᄒᆞ엿시라其情狀이實로慘不忍見이어니와稍히貲產이裕足ᄒᆞᆫ者라도계今ᄒᆞ야ᄂᆞᆫ엇더케錢艱ᄒᆞᆫ던지百兩錢을措辦이無路ᄒᆞ야比家에如干田畓產業器皿이며書冊什物等을放賣ᄒᆞ야도買者가絕無ᄒᆞ고典當ᄒᆞ여ᄒᆞ야도各處典當局이皆金櫃이空ᄒᆞ야典當을잡지안코典當物만ᄎᆞ자가라ᄒᆞ니物主이가ᄒᆞ야도典當도잡필수업스니百爾思之ᄒᆞ야도生活이萬無ᄒᆞ다ᄂᆞᆫ怨聲이가大ᄒᆞ니蔽一言曰全國人民이與皆死亡乃已리是以로巷說이日益沸騰ᄒᆞ야曰使此無辜生靈으로至於此極者ㅣ誰也오曰財政整理를藉稱ᄒᆞ고慘害人民ᄒᆞ야斷絕國脈코저ᄒᆞᄂᆞᆫ者의手段이아닌가ᄒᆞ더라

● 胡不溢死

憲政研究會員尹孝定氏가七星板과草席과木板의쓰字를各대官의게送致ᄒᆞᄂᆞᆫ데爲先原任議政대臣李根命氏와表勳院總裁朴定陽氏와輔國閔泳韶氏의게傳致ᄒᆞ얏스니其木板에ᄂᆞᆫ書曰爾忘韓之滅亡耶아爾忘主辱而臣死耶아茫茫寰宇에爾將安歸오하야壁上에揭看하라하얏다더라

● 淸帝外遊說

自法京으로電來ᄒᆞᆫ報道를據ᄒᆞᆫ즉淸國皇帝게서不遠에歐羅巴에遊歷ᄒᆞᆯ意思이有ᄒᆞ다ᄒᆞ얏더라

● 高崎俘入京

日本高崎收容所에在ᄒᆞᆫ俄國俘擄將校幾名은三四日中에見物求景次로入京ᄒᆞᆫ다더라

● 宮大宣慰

日昨에藤田使이水原下去ᄒᆞᄂᆞᆫ車中에서石塊投入ᄒᆞᆷ을因ᄒᆞ야喫驚ᄒᆞᆫ事由ᄂᆞᆫ別行에已揭어니와宮內府李載克氏가勅教를奉承ᄒᆞ고日前에所駐旅館에往慰ᄒᆞ얏다더라

● 有何事案

再昨夜에政府大事가奉承處分ᄒᆞ야各대官에게電話로指揮ᄒᆞ되雖有實病이라도明日政府로一齊來會ᄒᆞ라하얏다더라

歷史摘要

波蘭末年史 續

西曆一千七百六十九年에露土가다시開戰ᄒᆞ야土軍이不利ᄒᆞ니露兵이乘勝追擊ᄒᆞ다가未幾에土軍이回軍反擊ᄒᆞ고또波蘭愛國黨이助戰ᄒᆞ야勝負가互有ᄒᆞ더니이윽고土耳其兵三十萬이洪多比亞에進ᄒᆞ야將次露國을向ᄒᆞ거ᄂᆞᆯ愛國黨布祿斯者가土軍總과結約하야攻守同盟을定ᄒᆞ얏더니已而오土軍이大敗ᄒᆞ야業高巴住ᄂᆞᆫ死ᄒᆞ고毛多般智가其任을代ᄒᆞ야波蘭人을寬待ᄒᆞ고露軍을擊退ᄒᆞ더니後에다시되敗ᄒᆞ니愛國당이크게疑懼ᄒᆞ야失望落膽ᄒᆞ더라然이나志士ᄂᆞᆫ오히려一黨을結ᄒᆞ고地方에在ᄒᆞᆫ同志者等이十二月初旬으로此星維따게會ᄒᆞ야朴伯을波蘭總理ㅣ로兼陸軍元帥를삼더라此際에波蘭王은雖在하나依然히一土木偶人이오其部下七千兵은親衛隊가되야王室을守備ᄒᆞᆯ만ᄒᆞᆯ뿐이오露使燁仁은露國에返ᄒᆞ얏스나具政略은오히려舊ㅣ惡獎가存하고波蘭政府黨은完然히局外中立하야露土兩國에勝敗를傍觀ᄒᆞᆯ뿐이라是年冬에露兵이寒氣를避하야波蘭에歸ᄒᆞ고露國에新任公使發高士ᄂᆞᆫ七十老人이라性氣가稍히和緩하야波蘭愛國黨을發酷지아니하고다만置之一邊하야相關치아니하며此時에愛國義士等은長久ᄒᆞᆫ戰爭에艱困ᄒᆞᆫ景像과辛苦ᄒᆞᆫ經歷으로十之八九ᄂᆞᆫ野獸갓치驅逐이되고罪人갓치虐待되야流離하ᄂᆞᆫ者가不知其數니其可憐이極ᄒᆞᆫ지라 未完

● 소경과안즘방이문답 속

안일세망건이라ᄒᆞᄂᆞᆫ것은례의지국의관으로서왕의고풍이ᄂᆞ일죠에업지못ᄒᆞᆯ것이지싹현말만이ᄒᆞ네ᄌᆞ닉얏가ᄒᆞ던말은엇지ᄒᆞ명에의취가잇ᄂᆞᆫ듯ᄒᆞ더니지금말은우부에말일세참다지기일이오미지기이로다

그간건의폐단을대강이르리라 사ᄅᆞᆷ의머리ᄂᆞᆫ가히졍신든쥬면이라ᄒᆞᆯ터인데그졍신쥬면이를잔득졸나미여혈믹이ᄌᆞ연활동을모ᄒᆞ게ᄒᆞ니졍신에유히무익이오아모의밧분일이잇ᄂᆞᆫ자라도망건을쓰ᄌᆞ면몃시간을허비ᄒᆞ니ᄉᆞ업에유히무익이오ᄉᆞ치ᄒᆞᄂᆞᆫ자ᄂᆞᆫ고ᄒᆞᆫ인모라곱술이라ᄒᆞᄂᆞᆫ것으로만드러쓰고보면그망건의체격맛ᄃᆡ갓과의복이며탕건ᄭᆞ지곱게ᄒᆞ나ᄂᆞᆫ졔상에유희무익이오간란ᄒᆞᆫ자ᄂᆞᆫ구멍이ᄯᅮ러진것을깁지도못ᄒᆞ되아니쓸슈업서쓰고보며츄루ᄒᆞᆷ이막심ᄒᆞ여속담에일우바망건이희여지ᄂᆞᆫ셕ᄉᆞ이라도ᄭᅵ난ᄒᆞ여보인다ᄒᆞ니외모에도유히무익이라

그허다폐단을엇지다말ᄒᆞ리오마ᄂᆞᆫ이젹에면죠가망건을ᄂᆡ여우리나라사ᄅᆞᆷ들을쓰일ᄯᅢ에사ᄅᆞᆷ의머리에김싱의털을붓치란다고ᄒᆞᆫᄉᆞ모피ᄒᆞ다가긔혀이쓰엿ᄂᆞᆫ데기후몃ᄇᆡᆨ년후에사ᄅᆞᆷ의계ᄒᆡ롭다고버스라ᄒᆞᆫ즉ᄯᅩ벗기슬타고ᄒᆞ여단말듯지못ᄒᆞ엿나

도시사ᄅᆞᆷ이습관이지ᄂᆞᆫ숨션왕의졔도를존즁이라그런가그런언ᄯᅳᄂᆞᆫ거션왕의고풍이라칭락지말고어진졍치와아름다온규모를좀션왕의유풍이라고숭상ᄒᆞ엿스면부국기명되련마ᄂᆞᆫ

미완

○鐵路部

○東大門과新門間에來往車는每十分間에運行ᄒᆞᆷ
　東大門發初車는午前六時三十分
　新門外停車場發初車는午前六時五十五分
　東大門發終車는午後九時五十分
　新門外停車場發終車는午後十時十五分
○東大門과洪陵間에來往車는每二十分間에運行ᄒᆞᆷ
　但自鍾路로東大門에來到ᄒᆞᆫ交替車로聯絡ᄒᆞᆷ
　東大門發初車는午前六時五十分
　洪陵發　初車는午前七時十分
　東大門發終車는午後七時五十分
　洪陵發　終車는午後八時十分
○鍾路와龍山間에來往車는每十二分間에運行ᄒᆞᆷ
　鍾路發至南大門初車는午前六時四十八分
　鍾路發至龍山　初車는午前七時二十四分
　南大門發至鍾路初車는午前六時五十六分
　龍山發至鍾路　終車는午前七時五十七分
　南大門發至鍾路終車는午前十時八分
　龍山發至鍾路　終車는午後九時九分
○特別私用車는顧客의方便ᄒᆞᆷ을隨應ᄒᆞ야準給ᄒᆞᆷ
　但定價는本社에來臨ᄒᆞ야請問ᄒᆞ옵

○電燈部

二百五十燭力以內의敷用處에는每個月에定價表와如히ᄒᆞᆷ
○十六燭力燃燈達夜에二圜五十錢
○三十二燭力燃燈達夜에四圜
○五十燭力燃燈達夜에六圜
○一百五十燭力燃燈達夜에十圜
一千二百燭力弧形燈達夜에二十圜
二百五十燭力以上의敷用處에는請求ᄒᆞ면瓦斯計一個를設給ᄒᆞᆷ
但瓦斯計賃金은每個月에二圜이오瓦斯計測驗表委托定價는每時間每암피아에二錢이옴
瓦斯計設給處에서每介月支拂金最低額은每個月에二十圜인ᄃᆡ(瓦斯計賃金은據ᄒᆞᆷ
電燈을敷設ᄒᆞ기에請求ᄒᆞ는ᄃᆡ給ᄒᆞᆷ로供
各種連技辦燈도常時에貯存ᄒᆞ엿ᄉᆞᆸ

本社鍾路電氣會社
韓美電氣會社 告白

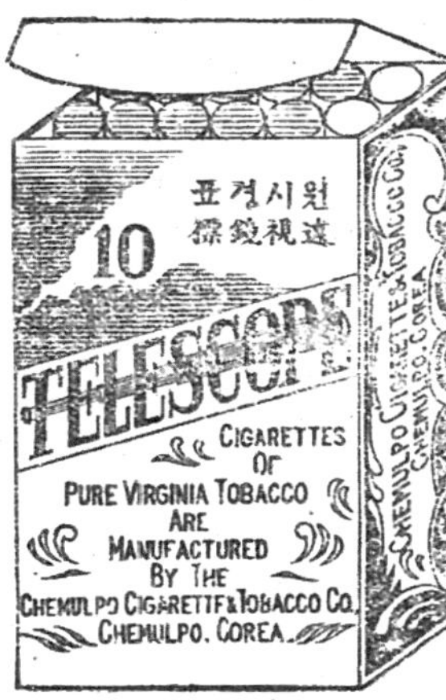

以上三種은上品으로製造ᄒᆞ야衛生上에至極有益ᄒᆞ오니毋論某人ᄒᆞ고本社에來臨ᄒᆞ옵

大韓帝國仁川港
濟物浦紙卷煙及烟草會社

一 鷹標罐濃詰牛乳
一 金印罐詰濃結牛乳
一 無雙家用氣化乳酪
一 쏘ㅣ든쓰製造麥芽化合牛乳
以上은常時에貯積ᄒᆞ엿ᄉᆞᆸ
美國紐育港쏘ㅣ든쓰濃結牛유會社
一手代理店　大韓仁川港　世昌洋行

本社廣告

申報價
一張代金 新貨五錢
一箇月前貯 五十錢
三箇月 一元五十錢
六箇月 二元九十錢
一箇年 五元八十錢
郵稅一部 新貨五里
一箇月 十三錢

廣告料
四号活字十三字詰
每行每次尺一寸에新貨廿五錢
(每日每行에六錢에相當ᄒᆞᆷ
二周日에 二圜五十錢
(每日每行四錢五里에相當ᄒᆞᆷ
一箇月에 五圜
(每ㅣ每行四錢一里에相當ᄒᆞᆷ
其期限의長短과字行의多少를依ᄒᆞ야增減ᄒᆞᆷ이有ᄒᆞᆷ
大韓人이每日申報를不告不閱覽ᄒᆞ실터이오니廣告出報ᄒᆞ실僉君子는來臨面議ᄒᆞ시옵

發行兼編輯人　英國人裴說
發行所
京城北署壽進坊磚洞号外華語學校前
大韓每日申報社

第三卷
大韓每日申報
대한매일신보
第八十六號

月曜及慶節歲時日休刊

檀君開國四千二百三十八年
箕子元年三千二十七年
大韓開國五百十四年
日本明治三十八年
淸國光緖三十一年
陰曆乙巳十月大二十九日戊辰

論說

皇城矜憐

皇城記者가危機를不避ᄒᆞ고直筆을一擧ᄒᆞ니義聲이轟振이라韓國士氣가尙未全墜ᄒᆞᆷ을可以想見이니實로可稱可賀ᄒᆞᆯ만ᄒᆞ거니와但該社의由來經歷과終始困難을思想ᄒᆞ면甚히矜惻憐憫ᄒᆞ도다

何以言之오該社之創設이今爲八年之久에凡一千二百一號에達ᄒᆞᆫ지라盖其創始가若箇有志人士에發起로由ᄒᆞᆷ인ᄃᆡ此時韓國이猶是草昧風氣라新聞의義務如何와效力如何를知者가絕無ᄒᆞᆯ뿐더러頑固之甚者ᄂᆞᆫ異端邪說과同視ᄒᆞ야反肆詆斥ᄒᆞ니其創立也에無限艱苦를備嘗ᄒᆞ얏고八年之間에日日操觚ᄒᆞ고篇篇衍論ᄒᆞᆷ이舌이獘ᄒᆞ고筆이禿ᄒᆞ도록政治의開明을至誠諷諭ᄒᆞ며民智의發達을懇切希望ᄒᆞ나政治ᄂᆞᆫ日益腐敗ᄒᆞ고民智ᄂᆞᆫ依然錮塞ᄒᆞ니該記者의苦心嘔血이果然何境에至ᄒᆞ얏스며且夫文明之國은新聞記者의待遇를甚히尊異ᄒᆞ니現美國大統領은新聞記者를政府官僚보다더욱親密欵接ᄒᆞ며英國總理大臣은[illegible]宴會之席에新聞記者를[illegible]加恭敬ᄒᆞ야[illegible]此ᄂᆞᆫ世界에言權을[illegible]執ᄒᆞᆫ者라ᄒᆞᆫ지라今에韓國皇城記者ᄂᆞᆫ此等待遇ᄂᆞᆫ尙矣勿論이오往往히[illegible]에有ᄒᆞᆫ權者의[illegible]呼來捉去ᄒᆞᄂᆞᆫ[illegible]境을蒙受ᄒᆞ야[illegible]且其股金이不贍ᄒᆞ야經用이甚艱ᄒᆞ야擱筆停務가不知爲幾次오處所의[illegible]이亦無ᄒᆞ야或公廨를借住ᄒᆞ며民家를貰得ᄒᆞ야席不暇煖ᄒᆞ고突不得黔ᄒᆞ다가上年에至ᄒᆞ야韓皇陛下게옵셔[illegible]絕ᄒᆞ신恩賜를特降ᄒᆞ시니於是乎社屋이輪奐ᄒᆞ고活字가准備ᄒᆞ야社員이비로소安身視務를得ᄒᆞᆷ이漸次發達ᄒᆞᆯ期望이有ᄒᆞ더니猝然히國家의重大事件을遭値ᄒᆞ니其在義務에不可緘默이라拘囚之辱과停廢之事ᄂᆞᆫ固其預料라此所謂叢蘭이欲茂에秋風이敗之니엇지矜惻憐憫ᄒᆞᆯ者가아니리오或者ㅣ曰今日은비록不幸ᄒᆞᆫ事故를由ᄒᆞ야此에至ᄒᆞ얏스나日本顧問의開明法으로써어지韓人의營業上事務를久久히停廢케ᄒᆞᆯ理가有ᄒᆞ리오

余曰此亦未可信者라日人의對韓方針이韓人의生活을完全케ᄒᆞ고저ᄒᆞ며耳目을開發코저ᄒᆞ며言論을自由케ᄒᆞ고저ᄒᆞ며事業을勸進코저ᄒᆞ면該社營業이可免於久廢어니와數年間行動을觀ᄒᆞᆫ則韓人의生活을더욱困難케ᄒᆞ며耳目을塗塞ᄒᆞ며言論을防遏ᄒᆞ며事業을佔奪ᄒᆞ기로爲主ᄒᆞᄂᆞᆫ目的이昭然ᄒᆞ니其所謂開明法律은固不可信이오且日人이韓國有志社會에對ᄒᆞ야猜忌厭惡가尤有甚焉ᄒᆞ니彼青年會와國民教育會ᄂᆞᆫ宗教를崇拜ᄒᆞ며教育을勉勵ᄒᆞᆷ이不過ᄒᆞ거날厭厭히詆排攻擊을加與ᄒᆞ고至若本記者ᄒᆞ야ᄂᆞᆫ於韓於日에寧有愛憎이리오但報館文字가宜乎公言을主張ᄒᆞᄂᆞᆫ지라一邊에强迫壓制와一邊에屈抑挫辱을見ᄒᆞ면自然慨歎을不禁ᄒᆞ야或公言을發佈ᄒᆞᆷ으로彼의無狀ᄒᆞᆫ辱說과難堪ᄒᆞᆫ毒鋒을被ᄒᆞ얏스되本記者ㅣ安而受之ᄒᆞ고不爭辨은何也오日人의固有ᄒᆞᆫ性質이本來如此ᄒᆞᆷ도亦其恒例라謂ᄒᆞᆯ지라以此觀之ᄒᆞ면皇城社에對ᄒᆞ야或變攻ᄒᆞᄂᆞᆫ待遇가有ᄒᆞᆯᄂᆞᆫ지實未可信이로다

雜報

◉日勝返爲韓禍 近隣相愛ᄂᆞᆫ人情에固然이오同室操戈ᄂᆞᆫ不祥이莫大ᄒᆞ거ᄂᆞᆯ所厚者에薄ᄒᆞ며所[illegible]者에隆ᄒᆞᆷ은卽其手足을自剪ᄒᆞ며[illegible]를自撤ᄒᆞᆷ과如ᄒᆞ니抑之所戾에終必有悔ᄒᆞᆯ지로다

[illegible]者日俄開役에韓之人士가皆以日勝俄敗로爲祝ᄒᆞ야中外輿論이無所異同者ᄂᆞᆫ何也오盖其俄勝則後慮를可慮요日勝則幸福을可需이라ᄒᆞ야愛憎之切이自然如此러니[illegible]乃戰勝之威를[illegible]에不縱ᄒᆞ고友邦에偏施ᄒᆞ야伊來許多占奪이已極無理ᄒᆞ더러今又新條約請求가奐然出來ᄒᆞ야列兵宮庭에迫脅이備至ᄒᆞ고大[illegible]를拘執ᄒᆞ며印章을勒索ᄒᆞ야獨立權柄을一朝에要爲蹂躪ᄒᆞ니然則日之戰勝이雖曰韓之不幸이라도亦非過論이니此果東洋을維持하며近隣을安全케하ᄂᆞᆫ義務本領乎아韓國二千萬衆의棄好成仇ᄂᆞᆫ理所必至오聽聞攸及에天下之公議가亦將紛起ᄒᆞᆯ지니名義損失을安可不念이며且聞該條約이尙未圓滿ᄒᆞ다니來頭에何樣威脅을繼用ᄒᆞ야快然成就ᄒᆞᆯᄂᆞᆫ지高眼人의風雲計測을有難窺測이어니와大抵要盟無信은古今通論인즉藉令此箇脅約으로圓滿得成이라도韓之政府와人民이依然自在이고東洋風雨가尙有餘勢ᄒᆞ니他日肘足相連에第三國交涉을其能禁止ᄒᆞᆯ지

嗚呼라不務義結ᄒᆞ고只圖力服은卽一下材人의所爲이거날今以此等脅約으로親爲萬全事業ᄒᆞ야不計隣誼ᄒᆞ며不顧公議ᄒᆞ고直[illegible]道人을固有餘地ᄒᆞ야至於全國人心으로譁然變爲仇敵ᄒᆞ니畢竟其得失을不可不以研究로다

外報

◉우잇데氏의勢力 우잇데氏[illegible]官宅은冬宮의背口에有하야何時ᄃᆞᆫ지皇帝게謁見의便ᄒᆞᆷ이하先고露帝ᄂᆞᆫ內閣의組織을一切히우잇데氏에一托ᄒᆞᄂᆞᆫ旨를約하얏다더라

우잇데氏의勢力에對하야도레호우將軍은妨害하라고試ᄒᆞ다가其效가無ᄒᆞ고우잇데氏의勢力은絕ᄃᆡᄒᆞ다더라

◉露國海軍 露帝ᄂᆞᆫ海軍軍인養成到底에本國에서不可能이라思하야此教育을佛國에托ᄒᆞᆯ야고望하ᄂᆞᆫ旨를세리레후提督에語ᄒᆞ얏다더라

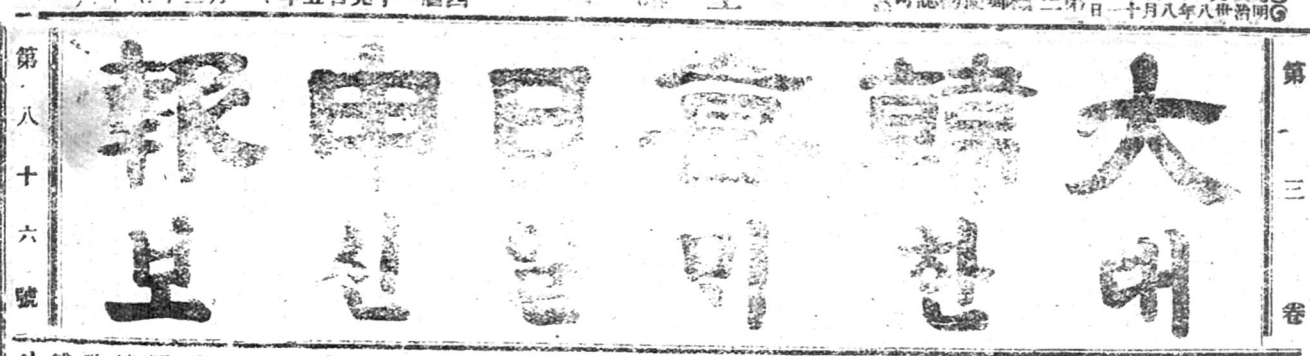

◉日本政府注文 뇨ㅣ요루子에通信을據ᄒᆞᆫ즉本政府에서三百五十鋼製橋梁百五十台의[illegible]鐵車二十台의鋼製客車를注文ᄒᆞ얏ᄂᆞᆫᄃᆡ此東淸鐵道와朝鮮鐵道의連格에用ᄒᆞᆯ터이라더라

雜報

新條約請締內容은日昨本報紙上에大略揭載ᄒᆞ얏거니와伊時情探中皇城新聞의所載顚末이昭詳키로該全文을如左更揭흠 續

條約에捺印ᄒᆞᆫ後에ᄂᆞᆫ日兵이撤歸ᄒᆞ고長谷川林權助諸氏가各歸ᄒᆞᆫ지라于時ᄂᆞᆫ十八日上午二点에至ᄒᆞ얏ᄂᆞᆫᄃᆡ韓參政이解散홈을見ᄒᆞ고內政府에來到ᄒᆞᆫ則少焉에各部大臣이齊會하거날參政이비로소其外部捺印홈을聞知ᄒᆞ고一場放聲痛哭ᄒᆞᆫ則朴外大도隨哭ᄒᆞᄂᆞᆫ지라韓參政이朴外大를正色詰責曰大監이今朝에我의私第에셔相見홀時에曰我ᄂᆞᆫ此條에不調印ᄒᆞ기로決心ᄒᆞ얏ᄉᆞᆫ즉設或意外의患이有ᄒᆞ더라도預防ᄒᆞ기爲ᄒᆞ야外部印을秘密히蓮池中에投入ᄒᆞᆫ다ᄒᆞ더니엇지大監의自手로此條約에捺印ᄒᆞ얏ᄂᆞᆫ야ᄒᆞ고直時政府官寮ᄅᆞᆯ命ᄒᆞ야法度兩大以外ᄂᆞᆫ一齊免官懲辦ᄒᆞ자ᄂᆞᆫ奏本을繕呈ᄒᆞ고且其時條約書寫ᄒᆞ던政府主事二人도免官ᄒᆞ얏ᄂᆞᆫᄃᆡ仍卽留中이되고 詔勅을下ᄒᆞ사曰參政大臣韓圭卨은 宮禁咫尺에擧措失當ᄒᆞ니爲先免本官ᄒᆞ고流三年定配ᄒᆞ라ᄒᆞ오셧고全北觀察使閔泳喆氏로參政大臣을任命ᄒᆞ오셧더라

翌十八日朝븟터ᄂᆞᆫ日兵이數三十名式各部大臣의私第에擁護ᄒᆞ얏더라當日城內人民의光景을見ᄒᆞᆫ則右等條約이調印되얏다ᄂᆞᆫ說이一時에傳播홈이紳士人民이며男女老少ᄅᆞᆯ勿論ᄒᆞ고皆奮忿激昂ᄒᆞ야四千年國家와五百年 宗社ᄅᆞᆯ一朝一夕에賣國賊의手中으로忽然히亡케ᄒᆞ얏다ᄒᆞ며如狂如醉에流涕太息者와長歎痛哭者이不知其數인ᄃᆡ或은自慰ᄒᆞ야曰此條約이비록外部가捺印ᄒᆞ얏ᄉᆞᆯ지라도我國法規에參政이捺章치아니ᄒᆞ면卽是不調印ᄒᆞᆫ것과如히無效ᄒᆞᆯ지오且況政府에셔威脅에不勝ᄒᆞ야脅迫調印ᄒᆞ얏ᄉᆞᆯ지라도我
大皇帝陛下ᄭᅴ셔ᄂᆞᆫ强硬히拒絶ᄒᆞ시고 裁可치아니ᄒᆞ셧ᄉᆞ니아모리自下로締約ᄒᆞ얏ᄃᆞ리도畢竟無效ᄒᆞ리라ᄒᆞ며巷說이紛紛ᄒᆞ야連日토록大段沸騰ᄒᆞ더라

完

記者曰皇城記者의所載ᄒᆞᆫ締約顚末이可謂詳矣나以余聽所聞컨ᄃᆡ疎漏之處가有ᄒᆞ도다其所謂令朴外大로持外部印來者가殊非事實이라

盖日人이知其調印之難强ᄒᆞ고使日館通譯員前間恭作과外部補佐員沼野로外部에到ᄒᆞ야稱有 勅令ᄒᆞ고勒奪印信以去ᄒᆞ니

其時無數日兵이環繞外部ᄒᆞ야防其漏失ᄒᆞ고日館書記官國分象太郞氏가漱玉軒門前에預先竚待라가

該印信을仍爲領受ᄒᆞ고還入闕內라ᄒᆞ얏다더라

●勸告大韓人士 續

善能和(地名)民黨이自由之兵을擧ᄒᆞ거날其事ᄅᆞᆯ助ᄒᆞ다가事敗ᄒᆞᆫ지라後 歲에前圖ᄅᆞᆯ更謀ᄒᆞ다가被捕ᄒᆞ야死刑에處ᄒᆞ니越獄逃逃ᄒᆞ여 國으로븟터南美에往ᄒᆞ엿더니明年에宇流嚴威(地名)의國亂이起ᄒᆞ거날峨馬治가杖策赴之ᄒᆞ여共和之政을助하니海陸軍의將軍이되야內亂을平定ᄒᆞ고

更히意大利에歸ᄒᆞ니先是에意大利가[illegible]國에侵轢ᄒᆞᆫ바되야邦域이日縮이라峨馬治가見之ᄒᆞ고慷慨ᄅᆞᆯ不禁ᄒᆞ야手兵을率ᄒᆞ고奧軍을伐ᄒᆞ다가不勝ᄒᆞ야降伏ᄒᆞ얏더니

明年에意大利民黨이起ᄒᆞ야自主ᄅᆞᆯ圖謀ᄒᆞ거날峨馬治ㅣ蹶然而起ᄒᆞ야曰機不可失이라ᄒᆞ고義勇兵을將ᄒᆞ야佛奧兩國의兵을屢破ᄒᆞ고據城堅守ᄒᆞ더니時에ᄂᆞᆫ不流(國名)人이佛兵으로더부러合勢來攻ᄒᆞ거날

苦戰三十日에衆寡不敵이라知不能守ᄒᆞ고軍卒로ᄒᆞ야금議降ᄒᆞ라ᄒᆞ고獨其貞節勇敢ᄒᆞᆫ妻ᄅᆞᆯ携ᄒᆞ고衝圍脫走ᄒᆞ더니敵軍이覺之ᄒᆞ고追섭이甚急이라捨舟登陸ᄒᆞ고踰越山谷ᄒᆞ야廢食數日에

其妻가飢餓困憊ᄒᆞ야寸步難行이라遂謂其夫曰妾은今에國家와人民을爲ᄒᆞ야生命을犧牲ᄒᆞᄂᆞᆫ것이毫無所恨이오但丈夫의成功을不見홈이可恨이라

丈夫ᄂᆞᆫ맛당이不屈不撓ᄒᆞ야大功을他日에成ᄒᆞ야英名을千載에留ᄒᆞ라ᄒᆞ고遂自經而死ᄒᆞ니賢哉라婦人이여峨馬治의妻됨이不愧ᄒᆞ도다

其後에奧國과戰爭ᄒᆞ야奇功을屢奏ᄒᆞ고또善能和民兵에元帥가되야敵軍을屢破ᄒᆞ고意大利의一統을成ᄒᆞ야自由政治ᄅᆞᆯ定ᄒᆞ니意王이大將의印綬로授ᄒᆞᆫᄃᆡ峨馬治가辭ᄒᆞ고

飄然히海島에歸ᄒᆞ얏더니後에佛奧兩國의橫恣가猶甚ᄒᆞ거날峨馬治가憤怒하야義勇을募하야佛國을攻코져ᄒᆞᆫᄃᆡ政府大驚ᄒᆞ야止之ᄒᆞ되不聽이라가被擒ᄒᆞ고

明年에更히募兵ᄒᆞ다가幽囚ᄅᆞᆯ被ᄒᆞ고旣而오佛國兵과戰ᄒᆞ다가又被擒이라幸而得赦ᄒᆞ야

海島에歸하얏더니後에普佛戰爭이起하야佛人이敗ᄒᆞᆫ지라慨然募兵하야佛國에赴하얏다가和成之後에佛人이高官으로써與하거늘峨馬治笑曰助難望賞은志士의所恥라하고兵權을解하고故園에退歸하니噫此人은世界人民을爲하야禍害ᄅᆞᆯ除코져홀ᄲᅮᆫ이오一點私心이無하고七次被擒하되大志가불挫하야墮地ᄒᆞᆫ國威ᄅᆞᆯ恢復하야歐洲雄邦으로더부러倂立케하니엇지天下의烈士가아니리오是其夫妻의行蹟이可히有志者의觀感홀者가되깃ᄂᆞᆫ故로擧而誦之하노라

完

●三大視務 內大李址鎔軍大李根澤度大閔泳綺三氏ᄂᆞᆫ昨日爲始하야視務ᄒᆞᆫ다더라

●威儀赫赫 近日各部大臣이仕進時와通常出入時에擔銃兵丁四名이前後排立하고其次憲兵二名과巡檢二名과別巡檢二名과日巡査一名日憲兵一名이護從하ᄂᆞᆫᄃᆡ其外驅從別陪가亦爲多數하야威儀甚儼하니當國하ᄂᆞᆫ效果가爲先出來라고街說이多多하다더라

●朴氏招去 昨日上午十一時에帝室會計審査局長朴鏞和氏ᄅᆞᆯ苧洞日本憲兵隊에셔招去ᄒᆞ얏다더라

●緊急會議 政府에셔會議ᄅᆞᆯ開ᄒᆞᆫ다홈은本報에已揭어니와其內容을得聞ᄒᆞᆫ즉日昨伊藤侯가水原갓다歸路에始興郡安陽停車場에셔何許人民이投石홈에對ᄒᆞ야協議後에該始興郡守金宗國氏ᄂᆞᆫ免本官ᄒᆞ고京畿觀察使鄭周永氏ᄂᆞᆫ重譴責에處ᄒᆞᆯ事ᄲᅮᆫ이리더라

●逆家義婢

軍大李根澤氏가某夜에自闕還家ᄒᆞ야其子若妾을對하야新條約에調印ᄒᆞ던光景을一遍說話ᄒᆞᄂᆞᆫ바 皇上陛下ᄭᅴ옵셔牢拒不許ᄒᆞ시ᄂᆞᆫ事狀과諸大臣이或被執或讚可否ᄒᆞᆫ結果와自己가外人을爲ᄒᆞ야贊可홈을一一說出하면셔國家에危亡은顧惜心이毫無하고自己가外人에心腹되야一件大勳勞ᄅᆞᆯ成하얏스즉從此權位赫赫이終身無替홀줄노自負하야言笑氣色이甚是揚揚ᄒᆞᆫ지라適其時家中饌婢一人이窓外에셔調饌하다가同氏에所言을聽能하고一股憤氣가胸中으로湧出하야以饌刀로擊組하고高聲叱曰此漢이如彼凶逆홈을不知ᄒᆞ고幾年來其家에使役ᄒᆞ며其食을食ᄒᆞ엿스니憤恨이莫甚이오恥辱을難洗라ᄒᆞ고仍卽起身出來ᄒᆞᆫ즉同氏와其子若妾이不勝羞憤ᄒᆞ야欲爲捉治ᄒᆞᄂᆞᆫ지라該비가出門大呼曰坊內諸人은聽之ᄒᆞ라所謂家主知彼凶逆故로吾以正言으로責之ᄒᆞ러니反欲打我ᄒᆞ니諸人은救我ᄒᆞ라ᄒᆞ고仍爲走避于他家ᄒᆞ얏ᄂᆞᆫ지라于時坊內諸人이其言을聽ᄒᆞ고同氏에所爲ᄅᆞᆯ莫不切齒ᄒᆞ며家中에多年使役ᄒᆞ던針婢도該비義氣에感動ᄒᆞ야亦爲出去ᄒᆞ얏다더라

記者曰自古忠義氣節이男女無間이어니와義哉라此婢여烈哉라此婢여以廚中一箇비로能知忠逆之分ᄒᆞ여一場大叱에風霜이噴舌ᄒᆞ여足使奸凶으로心死而國人이皆知逆臣之當誅와忠義之當勉ᄒᆞ니此實千古奇人이며亦千古奇事而彼針母者ㅣ附驥尙義가亦足嘉奬인즉滿廷髥婦가弗及此兩箇裙釵라爲今日世道ᄒᆞ여潸然一欷ᄒᆞ노라

●設敎請訓 漢城神理敎分院支長谷口茂市가將於京畿忠淸江原等地에下往하야布敎홈을爲하야公函內部하되自貴部라로各郡에預爲訓飭하라하얏더

●美使公函 日昨美公使가外部에公函ᄒᆞᆫ內槪ᄅᆞᆯ得聞ᄒᆞᆫ즉今番韓日新條約에調印홈을公式上承認으로知ᄒᆞᄂᆞᆫ지私式上承認으로知ᄒᆞᄂᆞᆫ지公私間指一示明하라하얏다더라

雜報

●錢影難見

近日漢城의現狀이貧窶ᄒᆞᆫ人民은錢影을難見이라他人의게推貸도杜絶ᄒᆞ고資業도元無ᄒᆞ니桂玉이難於上天ᄒᆞ야朝夕을莫繼ᄒᆞᆫ즉皆溝壑之急에瀕ᄒᆞᆫ지라其情狀이實로慘不忍見이어니와稍히貲產이裕足ᄒᆞᆫ者라도刱今ᄒᆞ야ᄂᆞᆫ엇더케錢銀을ᄒᆞ던지百兩錢을措辦이無路ᄒᆞ야其家에如干田畓產業器皿이며書冊什物等을放賣ᄒᆞ려ᄒᆞ야도買者가絶無ᄒᆞ고典當ᄒᆞ려ᄒᆞ야도各處典當局이皆金櫃空空ᄒᆞ야典當은잡지안코典當物만ᄎᆞ자가라ᄒᆞ니物件이有ᄒᆞ야도典當도잡필수업스니百爾思之ᄒᆞ야도生活이萬無ᄒᆞ다ᄂᆞᆫ怨聲이徹天ᄒᆞ니蔽一言曰全國人民이擧皆死亡乃已라是以로巷說이日益沸騰ᄒᆞ야曰使此無辜生靈으로至於此極者ㅣ誰也오曰財政整理를藉稱하고慘害人民하야勸絶國脈코져하ᄂᆞᆫ者의手段이아닌가하더라

六品前弘文館侍讀臣姜遠馨同十三道儒生等再疏

伏以臣等憂深杞漆誠切芹葵慨不知裁謹陳危迫情狀 陛下哀臣愚忠恕臣狂妄優辭賜批 聖意丁寧臣等奉讀再三感涕無從以爲匪風下泉之終於變風者觀於此而可卜矣固當仰體 聖旨退俟 處分而竊念輿情憤鬱國勢危急凜乎若綴旒累卵故臣等按住不得更陳未盡之蘊

夫兩國盟約何等重大而必也君上允裁大臣認准萬民悅服然後可謂協同而伊藤博文所請五條乃全國攫奪之欛柄也三尺孩兒猶知其可恥可惡而諸大臣之書可調印雖曰日人之威迫勒行素其爲心實由於無父無君故三千里疆土五百年宗社反輕於一身之榮瘁伊藤博文之誘說恐喝反重於皇上牢執而俛首僃從任便手弄苟究其罪謂之主邊可乎謂之賊邊可乎雖使渠自爲解說宜無可脫之路矣

未完

●財顧査簿　全南觀察朱錫冕氏가內部에報告하되本府財政顧問附非上雅二와度支部主事송台現이帶同憲兵一人하고抵到之由ᄂᆞᆫ前而報明而本月五日에本道各郡各稅項文簿調査後에同福順天等地로發向하얏다더라

●日憲押吏　忠淸北道觀察使申泰熙氏가內部에報告하되即接丹陽郡鄕長報告즉去月八日에憲兵十四人이堤川郡書記와市民幾名과寧越郡鄕長을押領하고本郡에來到止宿後豐基地로發向이라하엿더라

●驛地劃民　經理院卿沈相薰氏가內部에照會하되日本軍用地段에犯入ᄒᆞᆫ毀撤家屋에關하여本院所管驛屯土公有地許民建屋事實照會ᄂᆞᆫ接准이온바靑坡驛土ᄂᆞᆫ係是弊院所管香馬所所屬即香馬所ᄂᆞᆫ既使守護隊指揮官楊州郡守洪泰潤으로句管董督하얏기業已訓飭該員하야該土中願其居接地段을使之調査에妥定報來하야以爲措處케하얏스니照亮이라하얏더라

●日兵督牛　忠北觀察使가內部에報告하되即接忠州郡鄕長報告에本郡留駐日兵守備隊가軍需物品運送次로牛二十七隻을청求이옵기如數貸給則每十里三兩式給貸後에又麥酒桶等物을分載二十七駄하고該兵丁五名이領率하고聞慶兵站所로發向이라ᄒᆞ얏더라

●趙鼎允　新任成川郡守趙鼎允은西道各礦事務를六七年主管也에加稅討民하야富致百萬하고官至二品에猶有弗足하야近日入侍客을懇囑하야聖明하신陛下에自掩其罪하고褒揚奏覈하야郡守敍任에豪氣凜凜曰沈務政이金礦熟慣은非君莫堪이니從速視務라하나不去就라하니該道內人民이趙氏의貪虐民財에對하야累累府院에尙未判決ᄒᆞᆫ데礦事를一向專任하며幾死人民은更無餘地ᄒᆞᆯ터이라고西道人民이喧傳하더라

●소경과안즘방이문답 속

여보게그러면ᄌᆞ네ᄉᆡᆼ이나ᄂᆡ셩의사ᄅᆞᆷ의게유ᄒᆡ무익되기ᄂᆞᆫ피ᄎᆞ일반인즉ᄉᆞᆨ시ᄉᆞᆨ비그만두고나라에유익ᄒᆞ고인민에게유죠ᄒᆞᆫ것좀ᄒᆞ여보세

무ᄉᆞᆷ회ᄉᆞ갓흔것한아죠직ᄒᆞ여ᄂᆡ나라물건으로외국돈ᄲᅢ셔오며상업을발달ᄒᆞ여돈을만히버러쓰며나라에원랍ᄒᆞ야국용을보틔가며학교를셜시ᄒᆞ여인민을교육ᄒᆞ며뎐장을작만ᄒᆞ여부모를봉양ᄒᆞ며가옥을널게지어쳐ᄌᆞ를양육ᄒᆞ며면장부에ᄒᆡᆼ사가쾌활치못ᄒᆞᆯ숀가

이사ᄅᆞᆷ돈온별기젼에ᄒᆞᆯ것온만히잇네가위노루잡지안코골모감면져마련ᄒᆞᆫ다ᄂᆞᆫ말과갓도다무ᄉᆞ지력으로회사셜시ᄒᆞ고무ᄉᆞᆫ근력으로외국돈ᄲᅢ아셔오나쳔하만ᄉᆞ가도시돈잇ᄉᆞᆫ연후ᄉᆞ지아모리ᄉᆡᆼ각만잇슨들우리쥬변으로ᄂᆞᆫᄒᆞᆯ슈업네

그러면그것도못ᄒᆞ면굴머죽엇지별슈잇나참무젼쳔지에소영웅이란말이올토다쟝사를ᄒᆞᄌᆞᄒᆞ니돈이업셔못ᄒᆞ고모군을ᄉᆞᄌᆞᄒᆞ니다리가졀너못ᄒᆞ고훈학을ᄒᆞᄌᆞᄒᆞ니학문이업셔못ᄒᆞ니무엇을ᄒᆞᆫ단말인가ᄯᅳᆺ이잇스나소용이업스니한갓의달를ᄲᅡᆫ니로세우리ᄂᆞᆫ다를엿네우리ᄌᆞ식들이나잘길너그덕이나볼슈밧게업지

미완

特別廣告

[illegible] 電話[illegible]外國通信[illegible]所에[illegible]電報로迅速傳信ᄒᆞ오며[illegible]分傳人의게在ᄒᆞᆫ[illegible]傳人의常戒[illegible]告ᄒᆞ야[illegible]可知[illegible]要[illegible]提面命[illegible]生ᄒᆞ도록[illegible]期待ᄒᆞᄂᆞ이다

本社에[illegible]姓名과居住를明確ᄒᆞ게[illegible]證據가有ᄒᆞᆫ[illegible]必要ᄒᆞᆫ公衆[illegible]紊亂[illegible]不受ᄒᆞ[illegible]有ᄒᆞ오니[illegible]本社에自[illegible]

大韓每日申報社

廣告

貿易商 本社ᄂᆞᆫ仁川港

日本郵便電信局對面

電話第二百一番地

仁川港 廣昌洋行

벤넷트會社告白

○鐵路部

○東大門과新門間에來往車ᄂᆞᆫ每十分間에運行홈

東大門發初車ᄂᆞᆫ午前六時三十分

新門外停車場發初車ᄂᆞᆫ午前六時五十五分

東大門發終車ᄂᆞᆫ午後九時五十分

新門外停車場發終車ᄂᆞᆫ午後十時十五分

○東大門과洪陵間에來往車ᄂᆞᆫ每二十分間에[illegible]行홈

但自鐵路로東大門에來到ᄒᆞᆫ交替[illegible]

東大門發初車ᄂᆞᆫ午前六時五十分

洪陵發　初車ᄂᆞᆫ午前七時十分

東大門發終車ᄂᆞᆫ午後七時五十分

洪陵發　終車ᄂᆞᆫ午後八時十分

○鐵路와龍山間에來往車ᄂᆞᆫ每[illegible]分間에運行홈

鐵路發至南大門初車ᄂᆞᆫ午前六時四十八分

鐵路發至龍山　初車ᄂᆞᆫ午前七時二十四分

南大門發至鐵路初車ᄂᆞᆫ午前[illegible]時五十[illegible]分

龍山發至鐵路　終車ᄂᆞᆫ午[illegible]時五十[illegible]分

南大門發至鐵路終車ᄂᆞᆫ午前[illegible]時八分

龍山發至鐵路　終車ᄂᆞᆫ午後九時九分

○特別私用車ᄂᆞᆫ顧客의方便홈을隨[illegible]

但定價ᄂᆞᆫ本社에來臨ᄒᆞ야請問ᄒᆞ옵

○電燈部

二百五十燭力以內의數用處에ᄂᆞᆫ每個月에[illegible]

○十六燭力燃燈達夜에二圜五十錢

○三十二燭力燃燈達夜에四圜

○五十燭力燃燈達夜에六圜

○一百五十燭力燃燈達夜에十圜

一千二百燭力弧形燈達夜에二十圜

二百五十燭力以上의數用處에ᄂᆞᆫ請求ᄒᆞ면瓦斯計一個를設給홈

但瓦斯計賃金은每個月에二圜이오瓦斯計測驗及委托定價ᄂᆞᆫ每時間每암피아에二錢이옵

瓦斯計設給處에서每介月支拂金最低額으로每個月에二十圜인디(瓦斯計賃金은)据홈

電燈을敷設ᄒᆞᆯ기에請求ᄒᆞ논디給홈로供各種連枝辦燈도常時에貯存ᄒᆞ엿ᄉᆞᆸ

本社鐵路電氣會社

韓美電氣會社 告白

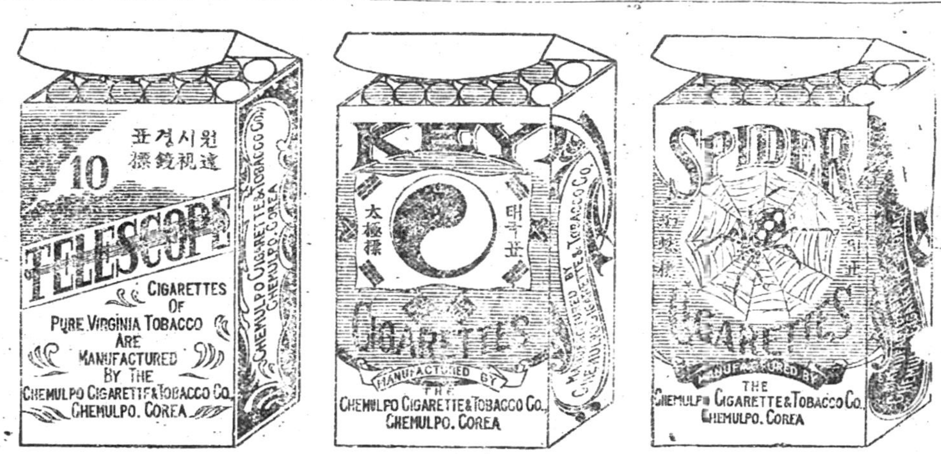

以上三種은上品으로製造ᄒᆞ야術業上에至極[illegible]ᄒᆞ오니[illegible]論某人ᄒᆞ고本社에來臨ᄒᆞ옵

大韓帝國仁川港

濟物浦紙卷煙及烟草會社

一 鷹標罐濃詰牛乳

一 金印罐詰濃結牛乳

一 無糖家用氣化乳酪

一 젼ㅣ든쓰製造麥芽化合牛乳

以上은常時에貯積ᄒᆞ엿ᄉᆞᆸ

美國紐育港젼ㅣ든쓰濃結牛乳會社

一手代理店　大韓仁川港　世昌洋行

廣告

一 雜貨商

一 貿易商

一 船舶取扱

一 烟草商

一 [illegible]取扱[illegible]代理業

[illegible]

以上[illegible]者

京城 仁川 大昌洋行

本社廣告

申報價

一箇月前納　代金　新貨五錢 五十錢

三箇月 一元五十錢

六箇月 二元九十錢

一箇年 五元八十錢

郵稅一部 新貨五里

一箇月 十三錢

廣告料

四号活字十三字詰

每日延英尺一寸에新貨廿五錢

(每日每行에六錢에相當홈)

二週日에　二圓五十錢

(每日每行四錢五里에相當홈)

一箇月에　五圓

(每日每行四錢一里에相當홈)

其期限의長短과字行의多少를依ᄒᆞ야增減홈이有홈

大韓人마다此申報를不得不閱覽ᄒᆞ실터이오니廣告出報ᄒᆞ실僉君子ᄂᆞᆫ來臨面議ᄒᆞ시옵

發行兼編輯人　英國人裴說

發行所

京城北署壽進坊罔洞外地法語學校前

大韓每日申報社

第三卷 第八十七號

大韓每日申報
대한미일신보

月曜及慶節歲時日休刊

檀君開國四千二百三十八年
箕子元年三千二十七年
大韓開國五百十四年
日本明治三十八年
淸國光緒三十一年
陰曆乙巳十月大三十日己巳

論說

瞻望前道

韓日間新約欵을公式上으로發列ᄒᆞ며林公使의勞功을讚揚ᄒᆞᄂᆞᆫ 日皇勅語가來傳된事實노觀之면此ᄂᆞᆫ日本이不關 韓皇之批准ᄒᆞ고

固執此約之意義ᄒᆞ야從速實行ᄒᆞᆯ거슬表示ᄒᆞᆷ인지非無疑慮어니와向日所報와如히

今此條約과及其成立手段으로論之면心慮가淺短ᄒᆞᆫ日本以外에ᄂᆞᆫ何許列强이던지對此許容ᄒᆞᆯᄂᆞᆫ지斷不可信이로다

日本이保護者位置를依例力圖ᄒᆞᆯ터이나此ᄂᆞᆫ愛爾蘭總督이ᄂᆞ位에不過ᄒᆞᆷ과氏之無差ᄒᆞᆯ거슬確實預言ᄒᆞ노니

日本人民이事業上에政府助力을常望ᄒᆞᆷ으로今此約欵을締結ᄒᆞ도록强勸政府ᄒᆞ얏ᄉᆞ니韓國內에셔限外權利를各自希望ᄒᆞᆯ거시니

韓國人民을以公平待遇ᄂᆞᆫ不可避之事며均沾契約이亦爲拘束이며自國人民의希望은出於非常ᄒᆞ리니新統監이何以爲懲然困厄이리오

韓國部務를日本이干涉ᄒᆞ기ᄂᆞᆫ必不得卒然이나以其締約事情으로觀之면何時에던지必欲干涉矣리니至于其日ᄒᆞ야ᄂᆞᆫ他邦이量之以沾利好機ᄒᆞᆯ지라

日本이欲避如此禍機면韓國人民을待之以恩義ᄒᆞᆷ이良策이어날既往考驗과如히自國人民의多數要求를因ᄒᆞ야

此等溫柔政策이必至抛棄ᄒᆞᆯ거ᄉᆞᆫ欲避不得之事로다日本이韓國人民의愛助ᄂᆞᆫ不可希望ᄒᆞ리니

彼等의近日痛恨이深入骨髓면日本의寬仁政策이라도尙未免反對及不信ᄒᆞ리로다

世界永久平和ᄂᆞᆫ遠矣無望이어니와今者戰爭의結果를因ᄒᆞ야十年以內에戰端이復起ᄒᆞᆯ것ᄉᆞᆫ人所預言이라過去戰局에日本이遠征軍隊와相通信報ᄒᆞ기에容易ᄒᆞ얏슴을回想ᄒᆞ면

韓國이寬大所致로誼結同盟ᄒᆞᆷ이爲其本也여날以近日事勢로言之건딘韓國人民이日人을退居國外ᄒᆞ기에樂從ᄒᆞᆯ것ᄉᆞᆫ余之深信이로다

官報

●號外 光武九年十一月二十四日

◉宮廷錄事

原任大臣有稟達事來詣閤外請對矣

光武九年十一月二十三日奉旨入侍

●第三千三百六號 光武九年十一月二十五日

◉宮廷錄事

詔曰命陸軍參將權重奭爲陸軍憲兵司令官

光武九年十一月十六日

軍部大臣陸軍副將李根澤

中樞院議長閔種默等言事疏

批旨省疏具悉定式可言而卿等不必如是深引矣

正三品安鍾和言事疏

批旨省疏具悉非獨爾言之也諸批可以諒會矣

前秘書院丞尹斗炳言事疏

批旨省疏具悉爾不見諸疏之批乎

以上十一月二十三日

◉叙任

補陸軍憲兵司令官 陸軍參將權重奭

十一月十六日

雜報

法官養成所教官臣丁明燮曾世煥高翊相金鍾濩尹泰榮尹光普等再疏ᄒᆞᆷ이如左ᄒᆞ니

伏以誅斬賊臣率普同願繳消僞約률刻難緩臣等曾以此事伏達天陛之日절以爲必有 雷霆之威霜雪之嚴渙發中外戮賊于社繳約以消矣臣等之 上言者已經三日尙未蒙 恩批伏不知聖意有何斟量而事機切迫耶在呼吸伏願陛下勿以包荒爲仁宜勇斷爲德亟斬諸賊之頭以謝天下其所謂條約即日繳消彼或以野心斬繳與其違規無効之理由嚴辭斥之並將此由宣布于各國公使館以爲證明焉嗚呼天下未有不亡之國亦未有不死之人但亡以其道死得其所則雖亡而不亡雖死而不死也伏乞聖明特軫殉死之義不負我祖宗付畀之重焉臣等無任激切祈懇之至

●必日公式 日昨美公使가外部에公函ᄒᆞ야今番韓日新條約에調印ᄒᆞᆷ이公式上承認인지私式上承認인지指一示明ᄒᆞ라ᄂᆞᆫ辭意를昨報에已揭어니와本記者에所料로ᄂᆞᆫ必然公式上承認으로覆函ᄒᆞᆯ거시該部顧問須知分氏와補佐調野氏兩人이在彼務制ᄒᆞ야該部大臣이自由不得ᄒᆞᆯ지니公式上承認으로覆函ᄒᆞᆷ은其勢必然이라ᄒᆞ노라

●匪徒已散 忠州郡守署理延豐郡守許梅氏가內部에報告ᄒᆞᆫ內槪에同郡德山面道甚等地에自丹陽地로原州鎭衛隊에셔被逐ᄒᆞᆫ義兵約二百餘名이更爲屯聚ᄒᆞ야或三四名式或五六名式周行面內ᄒᆞ야連續召募者ㅣ至爲百餘名이러니原州隊兵十餘名이追往鎭壓ᄒᆞ야一齊解散이라ᄒᆞ얏더라

●是何法律 皇城新聞社長張志淵氏ᄂᆞᆫ警廳에被囚ᄒᆞᆫ지今爲六七日이라張氏ᄂᆞᆫ原係無罪뿐더러以法律로言之ᄒᆞ면警廳에셔拘囚ᄒᆞᆫ者ᄂᆞᆫ二十四時를經過ᄒᆞ면平理院이나漢城裁判所로移送ᄒᆞᄂᆞᆫ것이章程에自在ᄒᆞ거ᄂᆞᆯ若是多日拘囚가是何法律고大抵顧問을聘用ᄒᆞᄂᆞᆫ本意가開明ᄒᆞᆫ法律을濫用코져ᄒᆞᆷ이오該顧問도韓國의或法律違背事를到底規正ᄒᆞᆯ거ᄂᆞᆯ今에該顧問이도라혀章程을無視ᄒᆞ니此ᄂᆞᆫ顧問의義務가아니라ᄒᆞ야輿論이甚히不平ᄒᆞᆫ다더라

外報

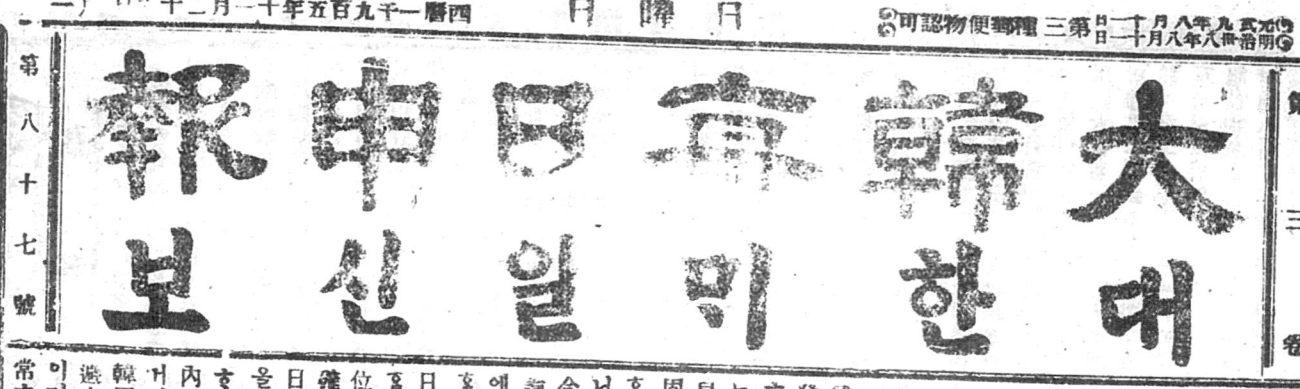

●瑞典나威와英國의密約 露國에對ᄒᆞ야有力되ᄂᆞᆫ後援子리미야戰爭에引繞ᄒᆞ야千八百五十五年十一月二十一日瑞典나威王國은히英國에約ᄒᆞᆫ은同國內의何ᄒᆞᆫ場所及同國內漁業權其他何事를決ᄒᆞ야露國에讓與치아니ᄒᆞ고又露國과交換치아니ᄒᆞᆫ故로英國은同國이露國에壓迫을受ᄒᆞᄂᆞᆫ時에速히來ᄒᆞ야援護ᄒᆞ라고ᄒᆞ얏ᄂᆞᆫ디此條約은빠루메루스돈侯가調印ᄒᆞ고女王쎄子도리아ᄂᆞᆫ千八百五十六年一月三十一日議院에勅諭가有ᄒᆞᆫ爾來로外交界에頓히忘却ᄒᆞᆷ과如ᄒᆞᆫ지라現今瑞典나威兩國의分離問題가起ᄒᆞᄂᆞᆫ時를當ᄒᆞ야에도와ㅣ드王은右前約有力되ᄂᆞᆫ干涉을試ᄒᆞᆷ으로ᄒᆞ야今度兩國分離ᄒᆞᄂᆞᆫ디도條約에兩國이各自依然히舊와如히相締ᄒᆞᆷ으로決定ᄒᆞ얏다더라

雜報

●歎韓廷官大赴宴者

凡夫宴會者ᄂᆞᆫ必須心無憂愁ᄒᆞ며事有可樂然後에良辰景美에賓主會合ᄒᆞ야盃酌獻酬와絲竹演戱等諸具로子以陶寫逸興ᄒᆞ며娛悅同志ᄒᆞᄂᆞᆫ것이라今此園遊會ᄂᆞᆫ其趣旨所在를不可得以詳矣로ᄃᆡ聞諸塗說컨ᄃᆡ伊藤大使가韓日新條約成立되기를爲ᄒᆞ야韓廷諸大官을請邀宴待ᄒᆞᆫ다ᄒᆞ니苟如斯言이면此可謂象貝之宴會라在彼則幾分興致가有ᄒᆞᆯ지라도在此則別般滋味가無ᄒᆞᆯ지니不知커라大官中赴席者ㅣ幾人이며所樂者ㅣ何事인지今夫滿堂이歡飮ᄒᆞ되一人이向隅悲哭이면滿堂이皆爲之不樂은自是人情에固然이거날況今二千萬生民이新條約事件에對ᄒᆞ야憂憤痛恨을無地可洩ᄒᆞ야人人淚潛이요家家愁歎이ᄲᅮᆫ더러自有此事以來로 宸衿이煩惱ᄒᆞ사丙枕靡安에中夜屢起ᄒᆞ시니時事蒼黃이實可寒心이오全國交象이無非痛哭이라所謂大官者一苟有一分人心이면雖八珍이羅列ᄒᆞ며百戱가在前이라도何忍下咽이며何心看玩이리오만와噫彼狗彘之性이自立을不能ᄒᆞ며他人의牢籠을甘受ᄒᆞ야詔附星媚를惟恐不及ᄒᆞ야爛만同歸에恬不知恥ᄒᆞ고返以교其妻子ᄒᆞ며誇諸儕流ᄒᆞ야視爲萬全得策ᄒᆞ니人心到此에義理를奚論이리오大抵草腐而螢飛ᄂᆞᆫ物所自招라人必無恥而後에侮辱이乃至ᄒᆞᄂᆞ니以此論之컨ᄃᆡ如彼狗彘輩가廟堂上에充滿홈으로新條約等非理脅求가所以出來홈이니嗚呼라國之大官를其可以狗彘로爲乎哉아

●持斧獻疏　法部主事安秉瓚氏가時事에對ᄒᆞ야疏章를進呈ᄒᆞ얏고大安門前에携斧進복ᄒᆞ얏다가再昨日下午一時에日巡査에게被捉ᄒᆞ야警廳으로押上ᄒᆞ얏다더라

●軍奴被捉　昨日下午五時忠州郡守張駿遠氏에內行上京時隨來ᄒᆞᆫ軍奴金德吉柳石天二名을南署犂谷等地에서日憲兵이捉去ᄒᆞ얏다더라

●宴會槪況　再昨日下午七時貞洞孫擇孃家에서伊藤大使가開催ᄒᆞᆫ宴會에參與ᄒᆞᆫ人員이如左ᄒᆞ니日本公領事英美德法伊太利五公使와內大李址鎔軍大李根澤農大權重顯度判朴義秉諸氏인ᄃᆡ同九時에罷宴ᄒᆞ얏더라

●騎隊建舍　再昨日下午二時量豆毛浦漢江所駐日本騎隊에서廁間十八坐와炊飯所十二坐를新建ᄒᆞ얏더라

●尙肆惡習　再昨日警務廳에서警務官一人과摠巡一人과敎授一人이警務學徒十一人을會集ᄒᆞ야試取ᄒᆞᄂᆞᆫᄃᆡ所謂國務支으로作文如何ᄂᆞᆫ不計ᄒᆞ고但以請囑으로만選拔ᄒᆞ야七人을巡檢에塡闕ᄒᆞ얏다ᄒᆞ니此時가何時이완ᄃᆡ其惡習을尙不悛改ᄒᆞ고技倆을暗肆ᄒᆞᆫ다고來傳人이多ᄒᆞ더라

從一品李裕承疏草가如左ᄒᆞ니

伏以臣於年來衰癃病蟄凡於國家事耳聾目昧不復爲生界上人物惟俟符到而已然殘縷猶存彝性不泯今於日本之要約聞不勝髮豎膽掉只自伏枕痛泣欲哭無所而不得也何幸該約未經 裁許諸臣之章奏遽爾上聞庶幾 聖衷牢確廓揮乾斷逆天命於已去回國勢於垂亡矣不意以外部大臣朴齊純爲議政署理噫彼齊純一生政府不知忠逆之爲何物甘心賣國爲彼之嗾犬若也今乃仍之以外務授之以政本有若賞功責效者然則當日諸可諸賊亦將因職顯用永絶輿望重誤大事 陛下何忍以 社稷宗廟付之此輩之手任意斷送耶伏願 陛下令從諸臣之議蚤可討賊克正邦憲更擇朝臣之可爲者亟辭斥約則國權可保而王章可施臣無任泣血攢祝之至

●慾毁城堞　慶北大丘郡守金澈熙氏가內部에報告ᄒᆞ되本月十六日에日人이謂以十字通街라ᄒᆞ고毁破城堞이다故로郡守가躬往摘奸이온즉自北門東距二武之地로日本守備隊가城堞을毁破次로有立標一株木而少有毁破三處에其間相거爲十丈이오自東門南거二武之地又有城堞毁破一處而其濶爲五丈이온바莫重城堞을外國人之擅自毁破가事關攸重ᄒᆞ와方欲修築之際에日本守備隊長岫政一의通知書內開에今回에軍隊及人民通行便利를爲ᄒᆞ야城築一步만毁傷ᄒᆞ며通知ᄒᆞ오니以此下諒之地로爲要이온故로玆以報告ᄒᆞ오니査照處分이라ᄒᆞ얏더라

●殘氓渙散　永柔郡守朴容觀氏가內部에報告ᄒᆞ되卽接本郡書記等聯名訴狀則以爲凡人之所業이先在乎衣食之方而至若衙役ᄒᆞ야도非徒爲公而奉勤이라果係糊口而命保이온ᄃᆡ挽近各物이價高於十倍則以矣等之元受料布로萬無支過中에到今料布를幾半減除이오니目下形便이雖幾倍添給이라도猶慰難遣이온況如是減定에他何有變通之道이오며實無以保生之策ᄒᆞ와勢不獲已에退役他業복計이오니所帶之役은幷爲除斥이다이옵고達文使傳使令聲가以薄料之見減으로尤不堪賴料仰役이다擧皆告退이온바盖此衙屬之若是訴願은在鄙固然이라必自上部로當有處分이리니姑爲曉飭이오ᄂᆞ目今情狀이不耐飢寒到骨ᄒᆞ와將未免渙散之境이옵기冒悚具報ᄒᆞ오니査照後別般措處라ᄒᆞ얏더라

●教官勤務　中學校教官許燮氏가東一年班學員의學課中不足處를匡救키爲ᄒᆞ야特히算術一課를每日下學後一時式加定敎授ᄒᆞᄂᆞᆫᄃᆡ該學員의進就ᄂᆞᆫ實로一層有望ᄒᆞ거니와同氏의敎育熱心은近來罕有ᄒᆞ니合有褒彰이라더라

向者에美國大統領選擧時에兩大薦望되얏던有名ᄒᆞᆫ뿌라언氏가皇城基督教青年會에서演說홈이如左ᄒᆞ니

俺이今日에此處에來到ᄒᆞᆫ機會를得ᄒᆞ고且青年會에對ᄒᆞ야俺도關係가얼마쯤有ᄒᆞᆫ中諸位會員을如斯히接見ᄒᆞ오니滿心喜悅ᄒᆞ오며且吾於東渡時에中路相逢ᄒᆞ야던尹致昊氏가此會會員으로今日同席홈이我心喜幸홈이無限ᄒᆞᆫ바외에吾之演說을該氏가飜譯ᄒᆞ마ᄒᆞ니尤是稀罕ᄒᆞᆫ事로思想ᄒᆞ노이다

俺이少年時節에青年會會員이되얏스믹其青年會員된理由를第言之ᄒᆞ오리다人生此世ᄒᆞ야自己에義務를欲盡ᄒᆞᆯ진ᄃᆡ三大職分에不過ᄒᆞ니一日肉體오二日智識이오三日心德이니身體를常時運動ᄒᆞ야筋骨을强健케ᄒᆞ며氣脈이融通케ᄒᆞ야滋養치아님이無케ᄒᆞ며書籍館과學校를刱立ᄒᆞ야智識을發達ᄒᆞ고才藝를擴充키爲ᄒᆞ야各條社會를組織ᄒᆞ야文明ᄒᆞᆫ學術을受授ᄒᆞᄂᆞ니才藝와智慧의發達홈이至極히奧妙홈을發明홈이最多ᄒᆞ얏스되天主天下에大主宰되시ᄂᆞᆫ天父上帝를崇奉ᄒᆞᄂᆞᆫ宗旨로世人을敎導ᄒᆞ야[illegible]에共進ᄒᆞ며萬福을[illegible]聯絡케ᄒᆞ며ᄂᆞᆫ至微[illegible]向ᄒᆞ야萬事의[illegible]를成ᄒᆞ야各樣公益上事業을實行홈이니俺의今日[illegible]問題ᄂᆞᆫ普通世界上[illegible]ᄒᆞᆫ間一片心으로聯絡ᄒᆞᆷ이라　未完

●財政干涉　濟州牧使趙鍾恒氏가內部에報告ᄒᆞ되現承度支部訓令內開에政府財政顧問附[illegible]神谷卓男을以本牧內財政事務檢察[illegible]派送ᄒᆞ니從今爲始ᄒᆞ야本牧財政事務를與該員으로商議[illegible]ᄒᆞ고亦卽訓飭管下三郡ᄒᆞ야一從該員請求ᄒᆞ야以便辦理ᄒᆞᆷ因이온바該日人神谷卓男이以資本社加島[illegible]行來村ᄒᆞ야[illegible]人이發訓來到曰我亦政府財政顧問支部를濫設ᄒᆞ기爲ᄒᆞ야來到[illegible]ᄒᆞ며財政은全主檢ᄒᆞ리라ᄒᆞ며又曰但財政이라凡百之事를干涉ᄒᆞ리다ᄒᆞ기牧使가答以無政府命令ᄒᆞ니不得許施라ᄒᆞᆫ즉該日人이以不好之色으로答曰從當有追後周旋이라ᄒᆞ며又請公廨故로[illegible]給本郡[illegible]ᄒᆞ야使之安接케ᄒᆞ오며又該日人書函內에濟州郡各項所口稅額을修正以給云云이오나事係緊重에依訓許給이恐未知何如이올지函諸[illegible]謄本胎報ᄒᆞ오니照亮指敎라ᄒᆞ얏더라

雜報

●錢影難見

近日漢城의現狀이貧窶혼人民은錢影을難見이라他人의게推貸도杜絶호고資業도元無호니桂玉이難於上天호야朝夕을莫繼호즉皆溝壑之急에濱혼지라其情狀이實로慘不忍見이어니와稍히貲產이裕足혼者라도至今호야는엇더케錢糧호던지百兩錢을措辦키無路호야其家에如干所畜產業器皿이며書冊什物等을放賣홀야호야도買者가絶無호고典當홀여호야도各處典當局이皆金櫃가空호야典當은잡지안코典當物만ᄎ자가라호니物件이有호야도典當도잡필수업스니百爾思之호야도生活이萬無호다는怨聲이徹天호니蔽一言曰全國人民이擧皆死亡乃已라是以로巷說이日益沸騰호야曰使此無辜生靈으로至於此極者ㅣ誰也오日財政整理를藉稱하고慘害人民하야勸絶國脈코져하는者의手段이아닌가하더라

●六品前弘文館侍讀臣姜遠馨同十三道儒生等再疏 續

伊藤博文之所帶國書求我保和而已奈何以無名之兵圍住 宮門恐嚇强逼大使之職外行動已犯非分之誅而況 皇上據義固拒矢心殉 社武揆至被拘曳之辱而誓死不從 所謂書可調印者乃勒行私奪於諸賊而初無涉於政府之按公結果則直是無名僞書一張空紙也勢將佈之於日廷誇之於各國而僞書之欺君罔上罪固已足渠亦難擺不得求生無路末終詐計莫如鉗制一世故進見 天陛時自稱人民橫議以兵彈壓凡我人之干於蹤事著於新聞者隨現隨執渠雖盡劉一國天地鬼神質之在上天下耳目昭布森列不可以私力瞞過也明矣嗚呼內則 王章昭在三尺莫嚴外則列館簇立公議方張內外賊之據義誅討何患無方而不之即行乎 伏願 陛下廓揮乾斷亟降 詔命諸賊之書可調印者勿問被迫與否付之司敗斫其頭而懸之藁街以警亂賊之罪特台各館公使進殿會辦 伊藤博文帶携無名之兵妄加無禮於 皇上而勒捧諸賊之書可調印者一一聲罪于天下使其本國拿還照律以正其罪畏哉天下之耳目焉臣等之前後言事被執於彼者指不勝屈然 如臣之比者亦車載斗量臣等雖掃地靡遺於血爭決不以堂堂獨立爲隣賊讓步矣복乞 陛下留神財恕臣等無任云云 完

歷史槪要

波蘭末年史 續

然이나오히려其敵愾하는心을秋毫도不減하야或農家의軍資를深林으로運하며또寺院의鍾을消融하야彈丸을製造하는者가多하니 大抵愛國黨은波蘭全國을代表하야熱心이沸騰하야다시露土間交戰에되거든곳機會를乘하야有爲코져하더라 西曆一千七百七十年에露西亞가大兵을發하여土耳基를擊코져홀시其陸軍을二에分하여一軍은沒多比亞로進하며一軍은柳淑比亞로進하고海軍도또혼二에分하여一軍은地中海에向하며一軍은黑海를從하야隨多列須海峽에侵入하여如此히東西南北四路로土國都城君士坦丁堡를攻하야土耳基를顚覆코져하거날此時에希臘이土耳基에羈絆을脫코자하야露軍과合力하니大抵希臘은三千年古國이라昔時에其高尙혼學問과精銳혼技藝가各國에冠하고英俊豪傑이其踵을接하야歐洲開化에本源이되더니 未完

●未刑自斃 本年夏間에左道亂正罪로被捉혼姜振永을處絞次로監獄署에牢囚하얏더니昨日辰時量에因病自斃하얏다더라

●소경과안즘방이문답 속

정신서푼어치업는말쏘허네그즈식도기르랴면먹이고입혀야허고덕을보랴하면잘교육을하야셩도를시겨노코야홀말이지 당장죽을지경인데무엇으로양육허나공죽이라납거미먹고살가 그리도천볼셩무록지인이라허니엇더케던지먹고술터미오메밀도제모여서굴너가다스는모가잇다허니미양그러홀가 밋기는미오잘밋네즈니젹문이니복술이니비와가지고도라단이며감을소기던힘습으로즈니마음새지조기나보예 남우자속이는놈은져새지잘속는다더니즈내게두고일은말이로라남의길흉화복판다처말고즈내길흉좀부러보게 기막혀말한마디홀슈업곤속담에무당이제굿못혼다는말잇지안은가재점은못혼다네 그러면지금시국에이러케져향허여사룸마다죽을지경이니그돈이언제나유통이되깃나점한괘쳐서보게 안일세점도리치로마련혼것이오세상만사가모다리치밧게일은업는지라그돈류통되기를셩각혼면제각금눈을부릅뜨고업던졍신세여가며무슨ᄉ업이던지호야내돈남도쥬고남의돈나도쎠서여긔져긔횡화허면ᄌ연융통되지아모것도아니허고돈융통되기만바라면 누가거져갓다줄터인가속담에말로봇두막에소금도집어노와야짜다혼는졔음으로무엇이던지돈싱길일을허고돈을바라지것물노 미완

特別廣告

大申報ᄂᆞᆫ海外電報를卽接ᄒᆞ야機關이疏通ᄒᆞ고外報와探報를敏捷活潑ᄒᆞ도록注意ᄒᆞ오며申報發送ᄒᆞᄂᆞᆫᄃᆡ迅速信傳ᄒᆞ기ᄂᆞᆫ分傳人의게在ᄒᆞᆷ으로本社에셔平常에賭分傳人의게丁寧告戒ᄒᆞ고申申訓飭ᄒᆞ야毋或媮惰ᄒᆞ게注意ᄒᆞ거니와如或暫有稽忽이라도愛讀僉君子ᄂᆞᆫ害使通知ᄒᆞ시면該分傳의게誠信相孚ᄒᆞ도록耳提面命ᄒᆞ고勤贊가發生ᄒᆞ도록誨諭ᄒᆞ야必無遲誤ᄒᆞ기로期待ᄒᆞ옵나이다

本社에寄書ᄒᆞ시ᄂᆞᆫ諸君子ᄂᆞᆫ姓名과居住를明確ᄒᆞ게懇錄送附ᄒᆞ시와證據가有ᄒᆞᆷ을必要ᄒᆞᆷ이오公衆平和ᄒᆞᆫ秩序를紊亂케ᄒᆞᄂᆞᆫ意와記事上不經荒雜ᄒᆞᆫ寄書ᄂᆞᆫ不受ᄒᆞᄂᆞᆫ權利가本社에自有ᄒᆞ오니肯諒ᄒᆞ시옵

大韓每日申報社

廣告

貿易商 本社ᄂᆞᆫ仁川港
日本郵便電信局對面
電話第二百一番地
仁川港 廣昌洋行
밴넷트合社告白

○鐵路部

○東大門과新門間에來往車ᄂᆞᆫ每十分間에運行ᄒᆞᆷ
東大門發初車ᄂᆞᆫ午前六時三十分
新門外停車場發初車ᄂᆞᆫ午前六時五十五分
東大門發終車ᄂᆞᆫ午後九時五十分
新門外停車場發終車ᄂᆞᆫ午後十時十五分

○東大門과洪陵間에來往車ᄂᆞᆫ每二十分間에運行ᄒᆞᆷ
但自鍾路로東大門에來到ᄒᆞᆫ交替車로聯絡ᄒᆞᆷ
東大門發初車ᄂᆞᆫ午前六時五十分
洪陵發 初車ᄂᆞᆫ午前七時十分
東大門發終車ᄂᆞᆫ午後七時五十分
洪陵發 終車ᄂᆞᆫ午後八時十分

○鍾路와龍山間에來往車ᄂᆞᆫ每十二分間에運行ᄒᆞᆷ
鍾路發至南大門初車ᄂᆞᆫ午前六時四十八分
鍾路發至龍山 初車ᄂᆞᆫ午前七時二十四分
南大門發至鍾路初車ᄂᆞᆫ午前六時五十六分
龍山發至鍾路 終車ᄂᆞᆫ午前七時五十七分
南大門發至鍾路終車ᄂᆞᆫ午前十時八分
龍山發至鍾路 終車ᄂᆞᆫ午後九時九分

○特別私用車ᄂᆞᆫ顧客의方便ᄒᆞᆷ을隨應ᄒᆞ야準給ᄒᆞᆷ
但定價ᄂᆞᆫ本社에來臨ᄒᆞ야請問ᄒᆞ시옵

○電燈部

二百五十燭力以內의數用處에ᄂᆞᆫ每個月에[illegible]ᄒᆞᆷ
○十六燭力燃燈達夜에二圜五十錢
○三十二燭力燃燈達夜에四圜
○五十燭力燃燈達夜에六圜
○一百五十燭力燃燈達夜에十圜
一千二百燭力弧形燈達夜에二十圜
二百五十燭力以上의數用處에ᄂᆞᆫ請求ᄒᆞ면瓦斯計一個를[illegible]設給ᄒᆞᆷ
但瓦斯計賃金은每個月에二圜이오瓦斯計測驗表委托定價ᄂᆞᆫ每時間每암피아에二錢이옴
瓦斯計設給處에셔每介月支拂金最低額은每個月에二十圜인ᄃᆡ(瓦斯計賃金은)据ᄒᆞᆷ
電燈을敷設ᄒᆞ기에請求ᄒᆞᄂᆞᆫᄃᆡ給ᄒᆞᆷ으로供
各種連技辦燈도常時에貯存ᄒᆞ엿ᄉᆞᆸ

本社鍾路電氣會社
韓美電氣會社 告白

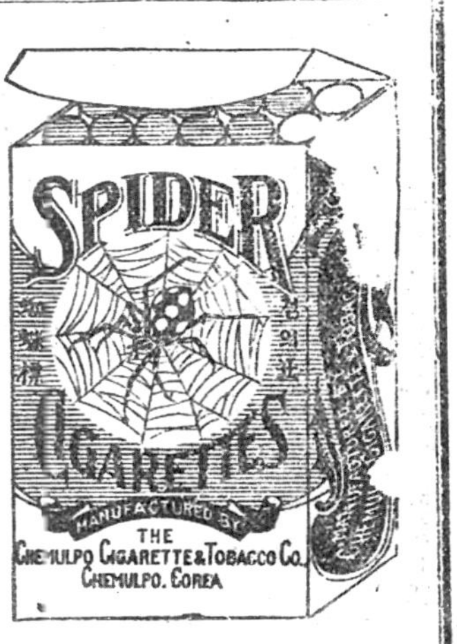

以上三種은上品으로製造ᄒᆞ야衛生上에至極有益ᄒᆞ오니毋論某人ᄒᆞ고本社에來顧ᄒᆞ옵

大韓帝國仁川港
濟物浦紙卷煙及烟草會社

一 鷹標罐濃詰牛乳
一 金印罐詰濃結牛乳
一 無雙家用氣化乳酪
一 쎠ㅣ든쓰製造麥芽化合牛乳
以上은常時에貯積ᄒᆞ엿ᄉᆞᆸ
美國紐育港쎠ㅣ든쓰濃結牛유會社
一手代理店 大韓仁川港 世昌洋行

廣告

一 [illegible]
一 貿易商
一 [illegible]及
一 煙草商
一 委托販賣及貨物運送代理業
一 [illegible]
以上輸入及輸出者
京城 仁川 大昌洋行

本社廣告

申報價
一張代金 韓貨五錢
一箇月前納 五十錢
三箇月 一元五十錢
六箇月 二元九十錢
一箇年 五元八十錢
郵稅一部 韓貨五里
一箇月 十三錢

廣告料
四号活字十三字詰
每日每行一寸에新貨廿五錢
(每日每行에六錢에相當ᄒᆞᆷ
二周日에 二圜五十錢
(每日每行四錢五里에相當ᄒᆞᆷ
一箇月에 五圜
(每日每行四錢一里에相當ᄒᆞᆷ
其期限의長短과字行의多少를依ᄒᆞ야增減ᄒᆞᆷ이有ᄒᆞᆷ

大韓人마다此申報를不得不閱覽ᄒᆞ실터이오니廣告出報ᄒᆞ실僉君子ᄂᆞᆫ來臨面議ᄒᆞ시옵

發行兼編輯人 英國人裵說
發行所 京城北署壽進坊䃜洞号外地法語學校前
大韓每日申報社

光武九年十一月二十七日 西曆千九百五年十一月二十七日

大韓每日申報號外

光武九年八月十一日 明治卅八年八月十一日 第三種郵便物認可

韓日新條約請締顛末

本月十日下午七時 日本大使伊藤博文 搭乘京釜鐵道列車入漢城 直時入處賓館(孫澤孃邸) 翌上午十二時 陛見韓皇陛下 奉呈 日皇陛下親書其親書辭意如左

朕爲東洋平和維持 特派大使 一從大使指揮措處 又曰朕爲鞏固國防防禦 保證皇室安寧云云 十四日伊藤侯下往仁港 翌十五日歸來 下午三時 借日館書記官國分象太郎 帝室審查局長朴鏞和 陛見後 提出三大條件 上奏要請如左

(一)外部廢止而設置外交部于日本東京 一切外交權 委託日本事

(二)派駐京城公使 改稱統監事

(三)漢城及各港場領事 改稱理事事

伊藤氏 將右記三條 固請認許

韓皇陛下曰朕聞近日以保護條約等說 喧傳于各新聞然 朕惟昨年貴國皇帝 宣戰詔勅中扶植韓國獨立句語 及韓日議定書中獨立保證之約款 自在 據此確信 故此等傳說 殊不信聽 且此次侯府 啣使命專來 憾幸甚大 此等要求 實出於千萬意外 此豈今日所期望者耶 伊藤氏 固請不已曰此非出於外臣自意 實奉本政府命令而來者 此事若不認准 非兩國幸福 且東洋平和難以永遠維持 切望速賜認許

韓皇陛下曰我祖宗以來 立國規模 値有重大事件 自政府大小官吏 及時原任大臣 外至草野儒賢 悉皆諮詢後決處 且採訪國內紳士人民之輿論 方可施行 遺例自在 以朕之自意 莫可擅斷 伊藤大使覆奏曰人民橫議 當以兵力鎭壓矣 惟願 陛下 爲念兩國交誼 亟賜處分

韓皇陛下曰此條若爲認許 即是亡國一般 朕寧身殉宗社 決不可認許 費了四五時間乃罷退 翌十六日下午三時 自大使館招請參政以下各大臣及紳理院卿沈相薰 又提出此三條件 面面懇請各大臣皆曰不可 移時詰辨夜深後 罷歸直時詣闕上奏 是日自日公館招請外部大臣朴齊純要請右條 翌十七日下午二時 日公使林權助 招請各大臣于該館 將右條要求懇切 各大臣一齊反對牢拒 林公使請開御前會議 參政曰此由政府議決者而 不必要御前會議也 各大臣一齊辭歸之際 多數日兵擁遏各大臣入闕 林公使 亦爲隨來 諸大臣開御前會議 將右條論議 諸大臣皆以否字反對 林公使傍觀此狀 未幾日兵攔入 直逼於漱玉軒天陛咫尺 重重圍立如鐵桶銃刀森列 從內政府及宮中 日兵森立 長谷川大將 及伊藤大使一時來到 聞該條否決 迫請更議 長谷川大將 拔劍威喝而參政大臣韓圭卨牢執不可 伊藤氏 握參政之手 萬般懇請 而參政猶固執不聽 伊使乃招宮內大臣李載克 請陛見 適時

韓皇陛下悲咽喉苦痛 謝却陛見 伊使更請謁見

韓皇陛下拒絶曰不必要見 出去政府與大臣協議 伊使退出 又固請諸大臣曰陛下旣命協議 請更開議 招政府主事更書該條議件 韓參政一直反對 法大李夏榮 度大閔泳綺 書否字 外大朴齊純書否字 而其下更書注脚曰若右條件字句稍爲變改 則當認準云云 伊使發論曰然則條件當變改 執筆塗改二三處 仍要直時更議 參政以外 法度兩大臣書否字 內大李址鎔曰我則年前議定書 決於吾手 此條約纔成吾已預料 今書可字無容更議 軍大李根澤 學大李完用 俱甘心賣國者 書可字 韓參政 乃起身欲謁見 皇帝不得入 方在夾室中 已而秋原書記官 及日兵日巡查錚沓至 擁去韓參政 拘置于漱玉軒前夾房 日兵及曹長士官等左右把守 伊使入來 又百端請懇或威嚇恐喝或甘言誘說 而韓參政 終始不聽 正色而對曰我寧以身殉國 決不可認准此條 伊使怒曰設有 陛下勅令 而敢不從耶 參政曰對此事件 雖有勅令 亦不敢從 伊使大怒曰然則不忠之臣 招請宮大李載克 使之上奏曰 參政不從勅令 是不忠之臣 直時免官云云 于時日館通譯員前間恭作 及補佐員沼野 帶多數日兵 入于外部 勒奪印信 以入闕內 伊使曰 參政之不捺印無關云 六餘外大臣 皆捺章 其件凡五箇條如左

韓日兩國 爲鞏固東亞大勢 盟約比前親密事

爲韓國外交事務擴張 置外交部于東京 關外交事項 一切管轄事

置統監于韓國京城 監督外交事務事

韓國各地 外國人必要之地 代領事 置理事事

韓國皇室 尊嚴保全事

右條約捺印後日兵撤歸 長谷川林權助各歸 時十八日上午一點 韓參政見其解散 來到內政府 各部大臣 亦皆齊會 於是參政 始聞外部捺印之事 放聲大哭 朴外大亦隨以哭 韓參政正色責朴外大曰 大監 今朝與我 相見於私第時 曰我於此條 決不調印 恐或有意外之患 將外部印章秘密投入于蓮池中云矣 今大監自手捺印於此條約 何也 直命政府官僚 自法度兩大以外 倂免官懲判奏本繕呈 且其時條約書寫政府主事二人免官 仍即留中不下 而有勅曰參政大臣韓圭卨 宮禁咫尺 擧措失當 爲先免本官 流三年定配 命全北觀察使閔泳喆 爲參政大臣 翌十八日朝 日兵各數三十名式 擁護各部大臣私第 當日城內人民見此光景 而右等條約調印之說 一時傳播 紳士人民男女老少 皆奮激昂曰四千年國家 五百年宗社 一朝一夕忽然淪亡於賣國賊之手 天乎天乎 胡至於斯 皆如狂如醉 流涕太息 長歎痛哭者相續於道 日國言沸騰曰此條約 雖云有外部捺印 而我國法規 不經參政大臣之捺章 則便是不調印者 必然無效 且況政府不勝威脅 被迫調印 而我 皇帝陛下 强硬拒絶 不爲裁可者 則雖有自下之締約 而畢竟歸於無效也 自原任大臣及一般紳士抗疏 請繳回該約者 不知其數 以至各社會反對文字 傳播內外

發行兼編輯人 英國人裴說
發行所 京城北署壽進坊礦洞号外地法語學校前
大韓每日申報社

SUPPLEMENT TO

The Korea Daily News.

MONDAY, NOVEMBER 27, 1905.

THE MAKING OF A TREATY AND THE PASSING OF AN EMPIRE.

Diary of the Events which led to the New Treaty.

THE FOLLOWING IS A TRANSLATION OF THE ARTICLE WHICH LED TO THE SUPPRESSION OF THE WHANG SUNG SHIMBUN.

When it was recently made known that Marquis Ito would come to Korea our deluded people all said with one voice that he is the man who will be responsible for the maintenance of friendship between the three countries of the Far East (Japan China and Korea), and, believing that his visit to Korea was for the sole purpose of devising good plans for strictly maintaining the promised integrity and independence of Korea, our people, from the seacoast to the capital, united in extending to him a hearty welcome.

But oh! How difficult is it to anticipate affairs in this world Without warning a proposal containing five clauses was laid before the Emperor and we then saw how mistaken we were about the object af Marquis Ito's visit. However the Emperor firmly refused to have anything to do with these proposals and Marquis Ito should then, properly, have abandoned his attempt and returned to his own country.

But the ministers of our Government, who are worse than pigs or dogs, coveting honours and advantages for themselves, and, frightened by empty threats, were trembling in every limb, were willing to become traitors to their country and betray to Japan the integrity of a nation which has stood for 4,000 years., the foundation and honour of a dynasty 500 years old, and the rights and freedom of twenty million people.

We do not wish to too deeply blame Pak Che-sun and the other ministers, of whom, as they are little better than brute animals too much was not to be expected, but what can be said of the vice Prime Minister, the chief of the cabinet, whose early opposition, to the proposals of Marquis Ito was an empty form devised to enhance his reputation with the people?

Can he not now repudiate the agreement or can he not rid the world of his presence? How can he again stand before the Emperor and with what face can he ever look upon any one of his twenty million compatriots?

Is it worth while for any of us to live any longer? Our people have become the slaves of others and the spirit of a nation which has stood for 4000 years since the days of Tun Kun and Keuja has perished in a single night. Alas! fellow country men, Alas!

The autograph letter which Marquis Ito brought from the Mikado to the Emperor of Korea stated that the special envoy had been sent with the object of maintaining the peace of the Far East and it was therefore hoped that the Emperor of Korea would obey his directions and come to an agreement with him. The letter concluded by saying that Japan must strengthen the defenses of Korea and guarantee the peace of the Imperial house.

On November 15th at 3 p. m. when Marquis Ito was received in audience by the Emperor he was accompanied by Mr. Kokubu, the interpreter of the Japanese Legation, who is an expert linguist and Mr. Pak Yong-wha, the auditor of the Imperial house who is pro-Japanese and speaks the language well. Through these two men the following proposals were submitted to the Emperor:—

1. To abolish the Foreign Office and place Korean diplomatic affairs in the hands of Japan.

2. To alter the functions of the Japanese Minister to Korea to those of Tongkam (Supreme administrator.)

3. To alter the functions of the Japanese consuls to those of Isa (superintendants).

His Majesty the Emperor replied as follows:—

"Although I have seen in the newspapers various rumours that Japan proposed to assume a protectorate over Korea, I did not believe them as I placed faith in Japan's adherence to the promise to maintain the independence of Korea which was made by the Emperor of Japan at the beginning of the war and embodied in a treaty between Korea and Japan. When I heard you were coming to my country I was glad as I believed your mission was to increase the friendship between our countries and your demands have therefore taken me entirely by surprise."

To which Marquis Ito rejoined:—

"These demands are not my own, I am only acting in accordance with a mandate from my Government and if Your Majesty will agree to the demands which I have presented it will be to the benefit of both nations and peace in the East will be assured for ever. Please therefore, consent quickly."

The Emperor replied:—

"From time immemorial it has been the custom of the rulers of Korea, when confronted with questions so momentous as this, to come to no decision until all the Ministers, high and low, who hold or have held office have been consulted, and the opinions of the scholars and common people have been obtained, so that I cannot now settle this matter myself.

Said Marquis Ito again:—

"Protests from the people can easily be disposed of and for the sake of the friendship between the two countries Your Majesty should come to a decision at once."

To this the Emperor replied:—

"Assent to your proposal would mean the ruin of my country and I will therefore sooner die than agree to them."

Realizing that at that time there was nothing more to be done, Marquis Ito, after an audience lasting nearly five hours, was forced to return home.

On the following day, November 16th, at 3. p. m; the vice Premier and all the ministers and Mr. Shim Sang-hoon, the President of the Imperial treasury, were called to the residence of Marquis Ito and the Japanese demands were again discussed One by one the ministers were urged to give their consent but although the session lasted until dead of night they one and all persisted in their refusal.

On the same day Mr. Pak Chesun, the Minister for Foreign Affairs, was invited to the Japanese Legation where the Japanese Minister pressed him to agree to the demands, but without result.

On the 17th instant at 2 P. M. the Japanese Minister again invited all the Korean officials to his Legation but they remained unshaken in their determination to resist the Japanese proposals. Mr. Hayashi then advised them to go to the palace and open a cabinet meeting in the presence of the Emperor. This was done and Mr. Hayashi soon followed them and the Japanese proposals were again discussed but the Korean ministers still opposed them.

Presently the palace was surrounded by Japanese soldiers and men with fixed bayonets and drawn swords entered the courtyard and stood near the apartments of the Emperor. Marquis Ito and General Hasegawa then arrived, and finding that the representations of Mr. Hayashi had been without effect, they urged that the cabinet meeting should be reopened but in spite of Marquis Ito's repeated requests the president of the cabinet remained, for the time, firm in his refusal.

Then Marquis Ito requested Mr. Yi Che-kak, the Household Minister, to ask the Emperor to receive him in audience. This request the Emperor refused saying that he was in great pain with a severe throat affection Marquis Ito then approached the apartments of the Emperor and personally asked for an audience but the Emperor refused him, saying "You need not see me. Please go away and discuss the matter with the cabinet ministers."

Marquis Ito then returned to the council room and told the ministers that the Emperor had commanded them to reopen the cabinet meeting to discuss with him and at the same time the clerk to the cabinet was set to copy out the Japanese proposals A vote was then taken and all the Ministers with the exception of the president of the cabinet found to be in favour of yielding The Minister for Foreign affairs voted against the proposals but qualified his refusal with the statement that he would assent if certain minor alterations were made in the text. Marquis Ito immediately had these alterations made but the president of the cabinet and the Ministers for law and finance still refused their assent.

The president of the cabinet, driven into a corner by the persistence of the Japanese, made an attempt to escape into the Emperor's apartments but was followed by Japanese officials and locked up in a room adjoining the Imperial apartment.

Hither Marquis Ito followed him and again earnestly urged him to agree to his proposals; cajolery and threats were alternately employed and General Hasegawa trifled with his sword. Mr. Han Kiu-sul still held out and said "I shall never consent, I prefer to die."

Marquis Ito was then very angry and asked him:—"Will you not sign even if your Imperial master orders you to do so?" The President of the cabinet replied that in such a matter he would disobey the orders even of the Emperor.

Marquis Ito's anger increased and calling Mr. Han Kin-Sul a traitor, he ordered the Household Minister to report to the Emperor that the president of the cabinet had announced his intention of disobeying Imperial orders (This resulted in the dismissal of Mr. Han and his sentence to exile for three years.)

Japanese employees were then despatched to the Foreign Office for the seal, as Marquis Ito had decided to dispense with the consent of the President of the cabinet The seal was then placed upon the "treaty" none dissenting.

(Here follow the terms of the as already published by us.)

As soon as the treaty was signed, Marquis Ito, General Hasegawa, Mr Hayashi and their suite left the palace and the Japanese soldiers were withdrawn The exact time was 2 A. M. November 18th.

The Korean Ministers remained in the cabinet and the President was sent for and informed that the treaty had been signed. As soon as he heard the news he became as one distraught and bitterly reproached Mr. Pak, the minister for Foreign Affairs, saying:—

"When you came to my house this morning you assured me of your firm determination never to assent to the Japanese proposals and even said that you would throw your seal into the pond so that no one else should get hold of it. Why have you broken your promise."

Mr. Han Kiu-Sul then addressed a memorial to the throne praying for the dismissal and punishment of all the ministers who had agreed to the treaty and discharged the clerk of the cabinet who had written out the treaty without orders from him.

When, next morning, the news became known among the Korean people, great indignation prevailed but the people are finding consolation in the reflection that although the seal of the Foreign office was placed upon the treaty the document was invalid inasmuch as it was obtaind by "force majeure" and not sanctioned by the Vice Prime Minister.

JAPAN AND KOREA.

The following indictment, which we recently received from a Korean correspondent will be found of renewed interest at the present juncture.

On the outbreak of war Japan compelled the Korean Government to sign a protocol alleged to be an alliance between the two Governments. This protocol contained six articles all proposed by the Japanese; the Koreans were not even allowed to discuss it; it was forced on them in its entirety.

Having obtained, by "force majeure," Korea's signature to this protocol, Japan has consistently made wrong use of the instrument to further her own ends. This and the appointment of "advisers" are mere schemes for the furtherance of Japan's interests. Japan now appoints and dismisses Korean officials as she chooses. Also by virtue of what she claims to be "neccesities for military operations" Japan has appropriated Korean land and buildings

Japan calls all patriotic Koreans "pro-Russian" and arrests and imprisons them or drives them abroad. the while she makes use of all the traitors in the Government.

The Japanese advisers who were forced upon the Government have worked solely in Japanese interests. The advisers to the war and financial departments, acting in concert, have reduced the army so that there are now barely sufficient men to guard the Imperial palace. The financial adviser forced a loan of Y3,000,000 upon the Government and has flooded the country with paper currency and meddled with the coinage, thereby inflicting great damage upon public and private interests. This was called "adjusting the finances of Korea."

If any patriotic Koreans, realizing the dangerous position of their country, organize societies to speak to the public or petition the Government or Emperor Japanese gendarmes arrest and imprison them, thereby gagging all opposition, while the same gendarmes are sent to protect the Il-Chin-hoi. This society is a pro-Japanese organization and was recruited from the ranks of Korean political offenders, Tong-haks and robbers.

Japan has constructed, and is still constructing, railroads without permission under the pretence that they are for military purposes. Their railways run the length and breadth of the empire and have involved the destruction of a large number of houses, crops, graves and forests. The Japanese have also established settlements along the Railways (We are informed that about 8 miles in width on either side of the Seoul-Wiju Railway has been staked out. Ed. K. D. N.)

Japan compelled the Korean Government to employ a Japanese police adviser. This adviser has appointed many more and there are now Japanese police interfering with the affairs of 13 provinces.

Japan took the Korean Department of Communications which had been established in connection with the International postal union after many years of labour and expense. No compensation was paid nor is there any probability that the Korean Government will ever receive anything from what will presently be a very profitable department.

For the purposes of railway construction and military transport, the Japanese have forced Korean labourers and their cattle into their service without proper payment. The Korean coolies have been ill-treated and some have died from their injuries.

Koreans who have ignorantly tampered with the railroads and telegraph posts without evil intent have been summarily shot by the Japanese military.

Japanese subjects are everywhere cheating or bullying Koreans out of house and land. For this Koreans can obtain no redress.

Japan is sending thousands of her people to colonize Korea and compelled the Government to sign a contract which she had drawn up conferring upon Japan the right of navigation of coasts and rivers

Japan is perpetually attempting to procure the withdrawal of Korean Ministers from abroad.

Japan, alleging that Korea is deficient in diplomatic skill insist that Korea shall enter upon no negotiations with a third power without her knowledge.

Japanese also demand from Korea, mines, uncultivated lands and fisheries and has already obtained fishing rights off the coasts of the Whang-hai and Ping-an provinces.

PEKING-HANKOW RAILWAY.

3-7597 ✚

The journey from Peking to Hankow over the railway which has just been completed will take thirty six hours, according to the "China Times."

This railway heretofore known as the "Lu-Han" (Lu-kow-ch'iao, referring to the classic bridge of Marco Polo, about 15 miles south-west of Peking, the "Han" standing for Hankow) will from now be called the "Ching-han" railway ("Ching" meaning capital).

It has been determined to run the first through train on the 16th of the present tenth moon (12th inst.) On the 16th, 17th and 18th of this moon (12th, 13th and 14th inst,) passengers will be carried free on the trains to fittingly mark the occasion.

The total coast of construction has been Tl 50,000,000.

第三卷　　第八十八號

大韓每日申報
대한미일신보

月曜及慶節歲時日休刊

檀君開國四千二百三十八年
箕子元年三千二十七年
大韓開國五百十四年
日本明治三十八年
淸國光緒三十一年
陰曆乙巳十一月大初二日辛未

論說

顧問義務

大凡何國을勿論ᄒᆞ고諸般政治를革舊圖新코저ᄒᆞ면반다시先進國의學問이高明ᄒᆞᆫ紳士를雇聘ᄒᆞ야該府에置ᄒᆞ고其意見을訪問采用ᄒᆞᄂᆞ니該顧問이宜乎竭其忠誠ᄒᆞ고盡其職分ᄒᆞ야政治事務를一新改良케ᄒᆞᄂᆞᆫ것이是其義務에當然ᄒᆞᆫ者이오且古人이有言ᄒᆞᆫ뒤竊人之祿을謂之盜라ᄒᆞ고又曰人의食을食ᄒᆞᄂᆞᆫ者ᄂᆞᆫ人의事에死ᄒᆞ고人의車을乘ᄒᆞᄂᆞᆫ者ᄂᆞᆫ人의憂를載ᄒᆞᆫ다ᄒᆞ얏스니此國의顧問이되야其俸給을享受ᄒᆞ고其職分上義務를盡心做去치아니ᄒᆞ면是ᄂᆞᆫ人道를蔑棄ᄒᆞ고天理에違反ᄒᆞᆫ者라今韓國各部에顧問官이皆高等俸給으로聘用ᄒᆞᆫ者이나度支顧問은財政을愈益困難케ᄒᆞ야國民을死境에擠陷ᄒᆞ고軍部顧問은戎政振肅을未聞ᄒᆞ고但兵額을減少ᄒᆞᆫ事만有ᄒᆞ고農商工部에顧問은實業發達에事爲가全無ᄒᆞ니可謂尸位素餐이오故로顧問은巡檢의減額만有ᄒᆞ고新法律의施措ᄂᆞᆫ且皆無論ᄒᆞᆯ뿐더러併히原有ᄒᆞᆫ章程ᄭᆞ지蔑視ᄒᆞ고學部參與官은教育의興旺은尙矣라學校情況이日益零落ᄒᆞ니凡此等顧問이宜其學識과名譽가有ᄒᆞᆫ紳士인뒤何故로其職分上義務ᄂᆞᆫ顧念치안코但其俸給으로自家를肥潤ᄒᆞ고勢力으로韓國官吏를壓制ᄒᆞᆯ뿐이오諸般政治의紊亂은漠若越視ᄒᆞ니名譽가墜地ᄒᆞ고分義가蔑如라反躬自省ᄒᆞ면엇지人道에合當ᄒᆞ고天理에無愧ᄒᆞ리오幸或思之念之ᄒᆞ야職分上義務를踐行ᄒᆞ야令名을弗失ᄒᆞ기로期圖ᄒᆞᆯ지어다

雜報

去金曜夜闕內景況 今聞當夜觀光人의談話를據ᄒᆞᆫ즉如左ᄒᆞ니

御前會議에諸臣이僉曰不可故로卽爲退出而韓參政이與外部朴齊純으로更趨御前泣奏曰諸臣이一口曰否ᄒᆞ오니似無疑應나言實이或有不合일뿐더러彼之手段을難測이오니事不如意면四千年疆土와五百年宗社가一朝滅絶ᄒᆞ오리니興言及此에不勝痛哭이라君臣이同殉社稷ᄒᆞ야以全祖宗遺業이當然之事이옵고若不然而事至失敗면後世遺臭를難免이오니

聖意를十分牢定ᄒᆞ옵소셔ᄒᆞ거날朴外相이亦爲涕泣奏曰參政韓圭설의進言이十分妥當ᄒᆞ오니臣亦斷斷無他이옵고但伏望

聖意牢定이로소이다ᄒᆞᆫ後에各自御前退出이러라林公使가已入闕內ᄒᆞ야知右事勢를旣自諒悉이라乃言曰遂約以前에ᄂᆞᆫ決不退闕ᄒᆞ깃다ᄒᆞ더니已而오伊藤大使及隨員과長谷川大將及部下各武官과多數兵卒及巡査와甚至顧問官補佐員ᄭᆞ지涉今驅入에宮궐이被圍라其凜景況과恐喝氣勢를豈能盡說이리오說往說來가已經數時에事已急矣韓參政이對伊藤曰我若顧惜身命이면今此大砲銃刀之下에此爭이豈有ᄒᆞ리오我ᄂᆞᆫ以身殉國而已오斷無他意라ᄒᆞ더라韓參政이驅入御前之際에鹽川及數員日人이隨其後라參政이顧見此ᄒᆞ고乃自回路러니日本武官數人이携入夾室而堅執일시伊藤侯가卽入其室ᄒᆞ야威嚇曰國之存亡이在於頃刻이어날何不深諒而至於此擧며且不從

勅命ᄒᆞ니是豈道理乎아ᄒᆞᆫ뒤參政이答曰此結約以前은日國存이오以後ᄂᆞᆫ國亡이라存亡之勢를我豈不知리오至於此事ᄒᆞ야ᄂᆞᆫ勅命인들豈可奉行이리오公須反省而止之여다ᄒᆞ고斷然不許ᄒᆞ니大使가乃握手誘說ᄒᆞ기를不一其端이라參政의長歎痛哭ᄒᆞ던情勢ᄂᆞᆫ不可形言而牢執不許ᄒᆞ더라會席은國之嚴所에不可細察이나於爲間或可或否에已至調印矣니時上午一点이러라其調印機會ᄂᆞᆫ觀光者余도不能知之ᄒᆞ얏스니孰被된參政이야豈能知之리오可慕者韓參政의丹忠義節이라伊藤侯도事後讚歎가非止一再오難解者ᄂᆞᆫ朴齊純의行爲也라雖是危急所使나御前泣奏를豈敢須臾間背之리오ᄒᆞ더라

原任議政大臣趙秉世氏가百官을率ᄒᆞ고庭請ᄒᆞᄂᆞᆫ뒤上疏全文이如左ᄒᆞ니

伏以臣等伏聞政府諸臣以日使要청五件事擅相可否至於調印驚心喪魂罔知所措伏幸

陛下聖志確然雖至於屢被困迫而終不之撓亦幸有參政臣韓圭설之堅拒不准然但恐以彼之譎詐挾此賊臣擅調之書而爲藉口之端則蹂躙奴隷之專迫呑目前宗社將丘墟矣生民將魚肉矣嗚呼痛矣朴齊純之罪可勝誅哉身爲主務大臣雖或

陛下許而 使之調印猶當以死爭之以報國恩以盡臣分可也乃者不軆 聖意擅自締約賣國之賊何代無之而豈有如此賊之甚者乎天下之事正名爲先

陛下不殺此賊則內無以雪萬口一辭之輿情外無以謝天下萬國之公論矣伏乞

陛下赫然斯怒亟斬齊純之頭懸諸藁街其他諸臣之書可者亦皆賣國之活手慣成習性者也其在

王章必誅之義不可有首從之別幷令

王府免官拘拿克正邦刑更擇貞亮死節之臣 勅差外部長官照明各公館請會各公使以始盟終渝肆威劫約未經 奏准約亦無效之意會同聲討約書繳還另施以復國權以存民社臣等不勝憤激玆敢相率聯籲伏乞

皇上廓揮乾斷亟 降處分焉衷懇准請臣等等碎首 天陛義不忍出 闕外矣無任泣血懇迫之至謹冒昧以 聞

外報

●英露協商成立 英露兩政府ᄂᆞᆫ亞細亞問題에因ᄒᆞ야協商을成立ᄒᆞᆯ터라ᄂᆞᆫ預備로ᄒᆞ야露國官報와德國은東洋에利害干係가不少홈으로써本協商成立時에ᄂᆞᆫ憂慮홀處가업깃다聲言ᄒᆞ고露國官報에此際德國과親交ㅣ係를一層히密親히ᄒᆞ고佛國과全盟을確實홀事를認ᄒᆞ얏다고記ᄒᆞ얏ᄂᆞᆫ데其協商內容은德法兩政府에內示치못ᄒᆞᆯ것시라고云ᄒᆞ더라

●米國新聞戰爭繼續希望 뉴ㅣ요루구스다ㅣ쓰아이도운구의루ㅣ스버루도氏ᄂᆞᆫ二百弗金을吝交치아니ᄒᆞᆫ즉日露兩國에서今에一個年의戰爭을繼續ᄒᆞᆫ것시라고嘆ᄒᆞ얏다더라

雜報

●百官再疏
本月二十六日에原任議政大臣
趙秉世 宮內府特進官
李根命 閔泳徽 閔泳煥
李淳翼 李裕承 李正魯
李乾夏 徐正淳 閔種默
趙秉弼 金嘉鎭 金聲根
李容植 朴容大 李鍾健
南廷哲 徐臣輔 趙定熙
朴箕陽 金炳翊 李根教
李源逸 金台濟 李愚冕
金思轍 趙漢元 李裕寅
朴齊斌 盧泳敬 李容觀
丘南升 許 진 尹達永
尹相學 李鍾弼 朴永斗
李鎬爽 李相설 姜友馨
尹相衍 金晩秀 南奎熙
尹吉求 李範喬 丘重穆
尹永求 姜敬熙 徐丙宣
申覌休 송榮大 金鎭達
李範世 鄭寅興 鄭恒朝
安鍾和 呂圭亨 金思默
徐相勛 尹憲榮 尹斗炳
丘南軾 安弼淺 李相天
丘善九 朴勝鳳 洪在鳳
李完世 鄭鴻錫 朴海昌
金在序等의初次上疏 批旨
內省疏具悉卿等之懇大小臣僚之章牘式日斯至豈弗知公憤之出於大同亦自有商量措處矣卿等其諒之相率還第事 奉承ᄒᆞ온後二十七日에再疏를又呈ᄒᆞ얏ᄂᆞᆫᄃᆡ其辭意가如左ᄒᆞ더라

伏以臣等憂憫所迫忘陳危衷聚首俟 命雖伏承商量措處之 批而 快命尙靳尤弗勝憫迫鬱抑之主稱以爲 宗社存亡在此陛下安危在此臣民生死亦在此誠宜奮發振勵先斬賣國諸賊以謝天下仍即聲明各舘會同談判則刼約可廢 國權可復若或因循顧瞻타過時日則呼吸之間陛下雖去矣 陛下雖去則 宗社臣民將寘何地乎此臣等所以搥胷塡臆仰首申暴而弗知止者也伏乞
皇上廓揮乾斷亟降 處分焉臣等無任痛迫激惋之至

●趙元老의各公舘公函
敬啓者敝國之於世界中에爲自主獨立은天下之所知也라日本之於敝國에自馬關條約으로至今番日露開戰時宣戰詔勅與韓日議定書에無不以保全我獨立與領土로爲言ᄒᆞ야聲明於各國ᄒᆞ온天下之所知也오亦 貴公使之所知也어늘今者日本大使及公使以一約稿로持入敝國宮中ᄒᆞ야勒要鈐約而約章辭意則寘日本統監於敝國ᄒᆞ고移敝國外交於日本也라如此則獨立이變爲屬地ᄒᆞ고屬地가終於淪亡얄ᄉᆡ敝國
皇上이未賜準許ᄒᆞ시고參政大臣이堅執不從이여늘日本大使ㅣ威凌脅迫ᄒᆞ야率兵圍궐ᄒᆞ야恐動群小ᄒᆞ야逼問可否ᄒᆞ고初不具例備式而强使取外部之印ᄒᆞ야捺之而去ᄒᆞ고謂之定約이라ᄒᆞ니今夫天下大局이以弱小로處於列强之間ᄒᆞ야得以自全者는無他焉이라所恃者隣誼也오所賴者公法也니謹按公法會通第四百五章曰立約은必俟國主允이라야方可遵行이라ᄒᆞ고第四百九章曰議約者ㅣ或被逼이면其約을亦可廢之라ᄒᆞ니然則訂約之法은上稟俞允ᄒᆞ고下協論議ᄒᆞ야兩相妥決이라야方謂之約也오威嚇脅制는雖約이나無效니其何嘗被壓制ᄒᆞ야任其所爲乎잇가日本之於敝國에恃强凌弱홈이已是法外어니와況敝國이與 貴公使로締好有年이온데擅欲奪移外交이오니此非獨恃凌敝國이오라乃是恃凌 貴公使也로소이다貴公使ㅣ駐箚敝國ᄒᆞ사義包同胞而被人攘移ᄒᆞ야無直行交好之道則不但爲敝國之危迫痛悶이오라實爲損於 貴公使之體面與權限也今群小被其抑壓ᄒᆞ야不知申理秉恒身爲元老大臣ᄒᆞ야揆以敝國先例컨ᄃᆡ事合與聞國務ᄒᆞ야務回邦權玆敢緘辭仰佈ᄒᆞᄂ니萬祈 貴公使는査照知會于各公舘ᄒᆞ야以隣誼公法의不護坐視之意로刻卽會同談辦否認其勒約ᄒᆞ야俾敝國으로勿失舊權ᄒᆞ야不至淪亡則敝國이實荷 大惠天下咸誦義聲矣辭不盡意乞垂監諒施行至以爲要

●議政府參賛李相설氏三疏疏本이如左ᄒᆞ니
伏以臣始이丐免職以聲討不撰僭妄擅暴愚衷誠淺辭拙未蒙孚格乃承諒會勿辭之 批旨徊徨臆塞五內噴迸未敢知
聖心之攸在也今日之事惟有赫然奮發廓揮乾斷准臣所請而已矣若又遲延幾日逡巡姑息竊恐天下事無復可爲也寧弗遑急寧弗痛憫且臣之見職卽諸賊之假地也詔印之處漠然弗得與知今乃俛首垂肩以就下列則此與賣國之賊厥罪惟同臣雖殺頑計弗出此也伏乞
聖明亟遞臣參贊之任仍律其瀆撓之罪焉則雖死之日猶生之年也臣無任激切屛營之至
批旨省疏具悉卿其勿辭行公

●元老庭請 原任議政大臣丘秉世氏는國家의耆龜元老라今番新條約事件에對ᄒᆞ야昨日에率百官庭請ᄒᆞ고또各公舘과日公舘의公函을送ᄒᆞ얏다더라

●輪牒部府 原任議政大臣丘秉世氏가昨日에各部府院廳에牒示ᄒᆞ되近日賊臣輩가與日本으로擅自締約ᄒᆞ야調印ᄒᆞ야衆心齊憤ᄒᆞ고大小搢紳이方叫閤號籲는想必聆悉이라니須即齊會于宮內府ᄒᆞ라ᄒᆞ얏더라

●懿會熱心 貞洞懿法會에서夜學校를水下洞(문얼이골)小學校로移設ᄒᆞ고本月二十日부터開學ᄒᆞ얏고敎師들은玄根南宮炎陸家洙羅搢沉宣升諸氏인ᄃᆡ名學로熱心敎育ᄒᆞ야學員을募集ᄒᆞᆫ다ᄒᆞ오니該敎師들에敎育上熱誠을可感歎ᄒᆞᆯ事이더라

●觀察願留 平安北道居民張建從等이內部에電報ᄒᆞ되觀察使가廉白ᄒᆞ야愛民如子ᄒᆞ온ᄃᆡ今欲辭疏ᄒᆞ온즉民恐或失ᄒᆞ와玆敢電訴ᄒᆞ오니奏稟 天陛ᄒᆞ와久任安民ᄒᆞ심을복望이라ᄒᆞ얏더라

●匪徒究竅 慶北榮川郡守金泳運氏가內部에報告ᄒᆞᆫ內槪에陰曆十一月十日에本郡駐箚兵大尉와陸軍步兵少尉가率兵四十二名ᄒᆞ고來邑而其來槪意는義兵査覈一事也라百般究覈타가向往禮安郡이오바民心이自爾驚動ᄒᆞ와棲屑度之ᄒᆞ오니見甚悶然이라ᄒᆞ얏더라

●外人亦歎 日昨何許人이南門等地에過去ᄒᆞᄂᆞᆫᄃᆡ忽有一外國人이自門外入來타가長吁一聲曰滿城이皆是亡國之民이로다前日에見之ᄒᆞ면國哀時에는三日撤市ᄒᆞ더니今當亡國之際ᄒᆞ야는如前開市ᄒᆞ고小不動念ᄒᆞ니無用의人種이오可惡ᄒᆞᆫ風習이라고ᄒᆞ니此言을聞ᄒᆞᆫ에自然汗出被面ᄒᆞ야該外人을弗敢仰視ᄒᆞ얏다더라

●去益凶險 學部大臣李完用氏는去十六日夜에新條約을會議ᄒᆞᆯ時에賣國凶圖로可字를書ᄒᆞᆫ것은世人이皆知ᄒᆞᄂᆞᆫ바어니와猶爲弗足ᄒᆞ야某處로百方周旋ᄒᆞ기를參政大臣勸告를得ᄒᆞ면新條約發布를自擔ᄒᆞ깃노라ᄒᆞ고方今運動中이라ᄒᆞ니年前俄舘 播遷時功臣으로다시新條約에勳臣이되랴ᄂᆞᆫ지其反覆無常이可鄙라고街說이多端ᄒᆞ더라

●學部靣甚 日昨學部에서外國語學校書記吳圭命을免本任ᄒᆞ고其代에金鍾健으로叙任ᄒᆞ얏다ᄂᆞᆫᄃᆡ該部長官들이此等書記任免을亦爲挾詐操縱ᄒᆞ야如是危急之日에些少事件으로紛更弗已ᄒᆞᄂᆞᆫ게鄙陋莫甚이라ᄒᆞᆫ傳說者ㅣ有ᄒᆞ더라

●商會義務 城內一般商民ᄃᆞ리今番新條約事件에對ᄒᆞ야國家如此大變가有ᄒᆞᆫ時에晏然開市가弗可라ᄒᆞ야一齊撤市ᄒᆞ기로議決ᄒᆞᆫ다ᄂᆞᆫ說이有ᄒᆞ더라

●丘元老與日公使書
弊邦이與 貴國으로夙敦隣誼ᄒᆞ야交好日密ᄒᆞ고自馬關條약으로以至 小村外相之致列國辨明書에無弗以保全我獨立으로爲辭而乃於今月十七日에貴大使及公使率兵圍궐ᄒᆞ야拘執參政ᄒᆞ고迫脅外相ᄒᆞ야弗具式例ᄒᆞ고勒爲調印ᄒᆞ야欲强奪我外交之權ᄒᆞ니無乃自違公法而食其言之歸乎아試청 貴公使는反而思之ᄒᆞ면其於正義公理에寧有是也리오竊恐天下將有以議貴國也ᄒᆞ노니幸望 貴公使는飜然改悟ᄒᆞ시고稟明貴政府ᄒᆞ야繳回該약ᄒᆞ시와以保我東亞大局을至以爲要

●工學課費 學部에서度支部에照會하되弊部所管農商工學校에工學課을불容불設置ᄒᆞᆷ을지라該室所需室燃燎費及諸般備品額을從略打算하오며合爲三千五百八元七十九戔이옵기別紙開錄仰佈하오니照亮하오셔該費額을該校敎師諸給餘額合四千三百三十元六十二戔九里中에서支撥하라하얏더라

◎本社特告

本社新聞을關西等地에廣佈ᄒᆞ기爲ᄒᆞ야平壤金典淵宣川安濬長連金龜等三氏에게委托ᄒᆞ고逐號下送ᄒᆞ오니購覽에有意ᄒᆞᆫ僉君子ᄂᆞᆫ三氏에게購覽ᄒᆞ시며代金도三氏에게傳致ᄒᆞ심을爲要

大韓每日申報社

雜報

向者에美國大統領選擧時에兩次薦望되얏던有名ᄒᆞᆫ뿌라언氏가皇城基督敎青年會에셔演說ᄒᆞᆷ이如左ᄒᆞ니

大抵聯絡이라ᄒᆞᆷ이通古及今에其端불一ᄒᆞ니假使俺이東洋에來ᄒᆞ야異族人種과同處ᄒᆞᆯ時에二種聯絡이有ᄒᆞ니一은人種聯絡이오

二ᄂᆞᆫ言語聯絡이라各樣聯낙이許多ᄒᆞᆫ中에大韓二千萬人口의聯낙으로論ᄒᆞᆯ진ᄃᆡ是ᄂᆞᆫ大韓國家的聯낙이오美國八千萬人口의聯낙은美國國家的聯낙이오清國四億萬人口의聯낙은亦是自已國家的聯낙이며設或俺이英國이나英屬加拿大地方에往ᄒᆞᆫ진ᄃᆡ言語를相通ᄒᆞᄂᆞ니是ᄂᆞᆫ言語的聯낙이라若或德國人이與彼國人으로言語를相通치못ᄒᆞ면情誼가泛然ᄒᆞᄂᆞ니俺이是邦에來到ᄒᆞ야도言語聯낙에參與치못ᄒᆞᆯ지라大抵此兩種聯낙中에世界聯낙이라ᄒᆞᆷ을論ᄒᆞᆯ진ᄃᆡ人種이既불相同ᄒᆞᆫ즉人種聯낙으로世界的聯낙이라稱ᄒᆞᆷ이불可ᄒᆞ고言語가又불相通ᄒᆞᆫ즉言語聯낙으로世界的聯낙이라稱ᄒᆞᆷ이불可ᄒᆞ되但有一件聯낙ᄒᆞ니即宗敎的聯낙이니此를因ᄒᆞ야世界上人民的聯낙이라고可謂ᄒᆞᆯ지라設令俺이大韓이나日本이나支那나印度等國에往ᄒᆞ야言語ᄂᆞᆫ雖불相通ᄒᆞ나仁愛的寸心으로ᄂᆞᆫ全世界各國人民이互相聯낙ᄒᆞᄂᆞ니夫愛也者ᄂᆞᆫ廣大ᄒᆞᆷ도無限ᄒᆞ고權力도無限ᄒᆞ야我美國格言에도有ᄒᆞ고此次之行에日本과支那地方에셔도叩ᄒᆞ얏거니와基督을信ᄒᆞ야열낙ᄒᆞᆫ다謂ᄒᆞᆷ이라此ᄂᆞᆫ箇人이各各自已身分上뿐아니라愛人如已ᄒᆞᆷ으로열낙ᄒᆞᆷ이니若無一愛字ᄒᆞ면近自一家親屬으로以至親友와人民이互相贊助ᄒᆞᄂᆞᆫ原因이生치못ᄒᆞᆯ것시오且美國宣敎師와此青年會가大韓에渡來키불能ᄒᆞᆯ것시오設或宣敎師가來到ᄒᆞ고青年會가設立ᄒᆞ얏슬지라도 未完

●宜有賞與 江原道觀察使閔泳敎氏가內部에報告ᄒᆞ되即接麟蹄郡守尹龜榮報告書ᄂᆡ開에本郡防守之策ᄂᆞᆫ一直團束이온바上月二十七日에匪徒所謂通文傳令이傳發來到ᄒᆞ야據其辭意에大涉跳踉이온즉未知何時에有何叵測ᄒᆞ와一邊防守ᄒᆞ고一邊查探이옵더니確聞하온즉現無屯聚하고本月五日에砲軍等은幷爲解歸하고隊士卒二十名은姑留本郡이다온大抵今番騷亂에如非人民之挺身聳出이면雖圖今日之安이온즉其在激勸之道불미無別般施賞이옵기姓名을修上하오며自十月十日로至十一月五日應用費額數甚夥多하야불得已民貸酬用이온되즉報償之政이亦爲時急이옵기費額成冊을并送하오니轉報支撥ᄒᆞᆫ因이오바查此人民奮身이極爲嘉尙이온즉宜有褒賞이옵고防守備用이亦非濫下이옵기左開報告를照亮指一이라하얏더라

其防守費合五千三百六十三兩七錢

歷史摘要

波蘭末年史 續

數百年來土耳其에屬國이되야其능虐을受ᄒᆞᆫ故로至此ᄒᆞ야此計가有ᄒᆞ더라同年二月에露國海軍이南進ᄒᆞ야土國軍艦二十五艘를燒ᄒᆞ니希臘人民은此時를乘하야自由獨立ᄒᆞᆯ精神을益勵하야戒備를整頓하더라土國의敗ᄒᆞᆷ은곳波蘭愛國黨에불幸이어나더욱이一大불幸ᄒᆞᆫ事가또生出ᄒᆞ야사람으로하야곰驚嘆케하니此ᄂᆞᆫ곳普墺兩國의會合이라先是에露土兩國이交戰ᄒᆞᆯ시墺地利國은國勢平均法을論하야露國의版圖를擴大ᄒᆞᆷ이불可타하고또普魯士國은與露兩國間에何國이던지其叛降를加하면自國의勢가減損ᄒᆞᆯ가하恐야熟慮深思ᄒᆞᆫ지已久하더니 未完

●소경과안즘방이문답 속

그러치만무슨ᄉᆞ업을ᄒᆞ랴히도돈구경을ᄒᆞ야ᄒᆞ지도업시정신만ᄎᆞ리고눈만부릅뜨면ᄉᆞ업이되터인가이세종로판에장ᄉᆞᄒᆞ던ᄉᆞ람도못ᄒᆞ는것보게 그ᄉᆞ룸들은눈갈고정신업서누구ᄒᆞ게도젹마져그러ᄒᆞᆫ가도시신구화교환에힝욕ᄒᆞ던구화는한곳으로몰녀들어가고시회는나오지아니ᄒᆞ는ᄯᅢ문에여슈가막혀그러ᄒᆞᆫ것이지 그는그러치물귀즉쳔이오물쳔족귀라ᄒᆞ니돈도하너무쳔ᄒᆞ엿스니죵귀ᄒᆞ여야유의으식건ᄒᆞᆫ픽류잠올셔여도귀ᄒᆞᆫ줄도알고엇더케ᄒᆞ면두벌일도싱각ᄒᆞᆯ터이 우리도아모리곤란ᄒᆞ나ᄒᆞᆫᄒᆞᆯ것업시닉손으로닉옷지즌줄노알것이오온세상에잠든사룸셔라는일노알뿐이라슈원슈구ᄒᆞᆫ을마소 여보게참가로에안져스면기막힌소리만이듯깃네일젼에어는외국사룸들이지나가며말혀는티 한국사룸들은위협과압제로ᄌᆞ란ᄉᆞ룸언고로우리네게도의례이압제밧을줄노아는터인즉우리도그ᄉᆞ룸들의게위협과압졔를아니ᄒᆞᆯ슈업고그압제와위협을아녀허고보면아모일도아니되고심지어모군한아어더불일슈업슬터이라 미완

特別廣告

本申報ᄂᆞᆫ海外電報를卽接ᄒᆞ야機關이通ᄒᆞ고外報와探報를敏捷活潑ᄒᆞ도록注意ᄒᆞ오며申報發送ᄒᆞᄂᆞᆫ딕迅速信傳ᄒᆞ기ᄂᆞᆫ分傳人의게在홈으로本社에서平常에諸分傳人의게丁寧告戒ᄒᆞ고申申訓飭ᄒᆞ야毋或嬾惰ᄒᆞ게注意ᄒᆞ거니와如或實有積怨이라도愛讀僉君子ᄂᆞᆫ使通知于本社ᄒᆞ시면該分傳의게誠信相孚ᄒᆞ도록耳提面命ᄒᆞ고勤業가發生ᄒᆞ도록講論ᄒᆞ야必無遲誤ᄒᆞ기로期待ᄒᆞ옵나이다

本社에寄書ᄒᆞ시ᄂᆞᆫ諸君子ᄂᆞᆫ姓名과居住를確實히ᄒᆞ게記錄送附ᄒᆞ시와證據가有홈을必要홈이오公衆平和ᄒᆞᆫ秩序를紊亂케ᄒᆞᄂᆞᆫ意와社會上不經荒雜ᄒᆞᆫ寄書ᄂᆞᆫ不受ᄒᆞᄂᆞᆫ權利가本社에自有ᄒᆞ오니肯諒ᄒᆞ시옵

大韓每日申報社

廣告

貿易商　本社ᄂᆞᆫ仁川港
日本郵便電信局對面
電話第二百一番地

仁川港　廣昌　洋行
벤넛트會社告白

○鐵路部

○東大門과新門間에來往車ᄂᆞᆫ每十分間에運行홈
東大門發初車ᄂᆞᆫ午前六時三十分
新門外停車場發初車ᄂᆞᆫ午前六時五十五分
東大門發終車ᄂᆞᆫ午後九時五十分
新門外停車場發終車ᄂᆞᆫ午後十時十五分

○東大門과洪陵間에來往車ᄂᆞᆫ每二十分間에運行홈
但自鍾路로東大門에來到ᄒᆞᆫ交替車로聯絡홈
東大門發初車ᄂᆞᆫ午前六時五十分
洪陵發　初車ᄂᆞᆫ午前七時十分
東大門發終車ᄂᆞᆫ午後七時五十分
洪陵發　終車ᄂᆞᆫ午後八時十分

○鍾路와龍山間에來往車ᄂᆞᆫ每十二分間에運行홈
鍾路發至南大門初車ᄂᆞᆫ午前六時四十八分
鍾路發至龍山　初車ᄂᆞᆫ午前七時二十四分
南大門發至鍾路初車ᄂᆞᆫ午前六時五十六分
龍山發至鍾路　終車ᄂᆞᆫ午前七時五十七分
南大門發至鍾路終車ᄂᆞᆫ午前十時八分
龍山發至鍾路　終車ᄂᆞᆫ午後九時九分

○特別私用車ᄂᆞᆫ顧客의方便홈을隨應ᄒᆞ야準給홈
但定價ᄂᆞᆫ本社에來臨ᄒᆞ야請問ᄒᆞ옵

○電燈部

二百五十燭力以內의敷用處에ᄂᆞᆫ每個月에定價表가如左홈
○十六燭力燃燈達夜에二圓五十錢
○三十二燭力燃燈達夜에四圓
○五十燭力燃燈達夜에六圓
○一百五十燭力燃燈達夜에十圓
一千二百燭力弧形燈達夜에二十圓
二百五十燭力以上의敷用處에ᄂᆞᆫ請求ᄒᆞ면瓦斯計一箇를設給홈
但瓦斯計賃金은每個月에二圓이오瓦斯計測驗表委托定價ᄂᆞᆫ每時間每암피아에二錢이옵
瓦斯計設給處에서每介月支拂金最低額은每個月에二十圓인딕（瓦斯計賃金은）据홈
電燈을敷設ᄒᆞ기에請求ᄒᆞᄂᆞᆫ딕給홈로供
各種連技辦燈도常時에貯存ᄒᆞ엿삽

本社鍾路電氣會社
韓美電氣會社　告白

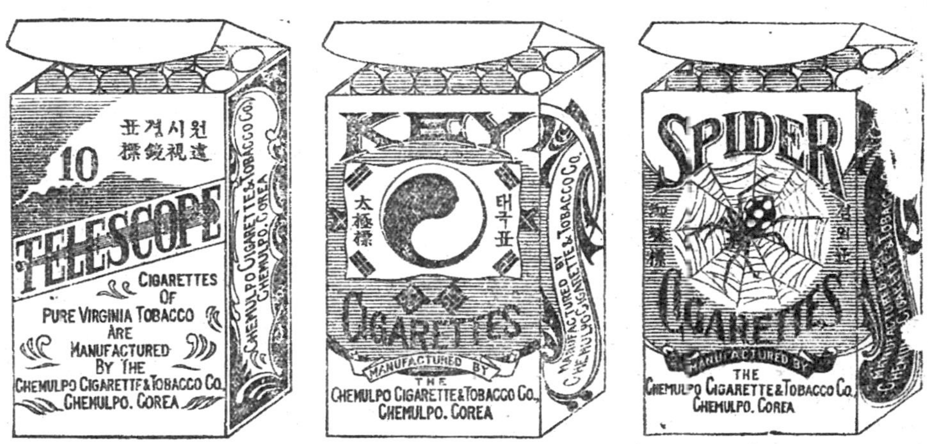

以上三種은上品으로製造ᄒᆞ야衛生上에至極有益ᄒᆞ오니毋棄人ᄒᆞ고本社에來顧ᄒᆞ옵

大韓帝國仁川港
濟物浦紙卷煙及烟草會社

一 鷹標罐濃詰牛乳
一 金印罐詰濃結牛乳
一 無雙家用氣化乳酪
一 쏘ㅣ든쓰製造麥芽化合牛乳
以上은常時에貯積ᄒᆞ엿삽
美國紐育港쏘ㅣ든쓰濃結牛유會社
一手代理店　大韓仁川港　世昌洋行

廣告

一 貿易商
一 保險取扱
一 烟草商
一 委托販賣及貨物運送代理業
一 貿易石炭商
以上輸入及輸出者
京城 仁川　大昌　洋行

本社廣告

申報價

一張代金　韓貨五錢
一箇月前納　五十戔
三箇月　一元五十戔
六箇月　二元九十戔
一箇年　五元八十戔
郵稅一部　新貨五里
一箇月　十三戔

廣告料

四号活字十三字詰每日每英尺一寸에新貨計五錢
（每日每行에六錢에相當홈）
二周日에　二圓五十錢
（每日每行四錢五里에相當홈）
一箇月에　五圓
（每日每行四錢一里에相當홈）
其期限의長短과字行의多少를依ᄒᆞ야增減홈이有홈

大韓人마다此申報를不得不閱覽ᄒᆞ실터이오니廣告出報ᄒᆞ실僉君子ᄂᆞᆫ來臨面議ᄒᆞ시옵

發行兼編輯人　英國人裵說
發行所
京城北署壽進坊礴洞号外地法語學校前
大韓每日申報社

第三卷

大韓每日申報
대한매일신보

第八十九號

月曜及慶節歲時休日刊

檀君開國四千二百三十八年
箕子元年三千二十七年
大韓開國五百十四年
日本明治三十八年
淸國光緖三十一年
陰曆乙巳十一月大初三日壬申

論說

韓日交誼

方今大勢가維持東洋者도日本이오顚覆東洋者도日本이니日廷當局者가曷不熟思深慮ᄒ야以圖萬全이리오

韓國은實로東洋의樞要라若使韓國으로被人獨呑ᄒ면世界列强이群起而爭은勢所必有라大陸風雲이必無寧靖之日이오日本이亦難獨力支柱矣니此는不待智者ᄒ고人皆恒言ᄒ는바라

大抵韓日兩國의人情을推原ᄒ면非不欲互相親睦ᄒ고互相聯合ᄒ야以全輔其車脣齒之勢ᄒ나但利令智昏이古有明戒오以强凌弱이恒所難免이라日本이每常强壓手段으로써韓人의希望之情을違拂ᄒ니所以로兩國間交誼가徒以空言而已오其實際眞相은猜疑가益甚ᄒ고怨懟가益甚이라其爲禍福이將次何國에在ᄒᆯ는지實未可知로다

自今이라도日本이韓國을對ᄒ야同情을固結코져ᄒ면당당이小利를斷絶ᄒ고大義를發表ᄒᆯ지니

强迫壓伏의行爲는一切斂戢ᄒ고寬大慈惠의實事로써施與ᄒ면桑楡之收가尙爲未晩이라

第一韓廷의賣國奸細之輩는卽全國人民이痛恨切齒ᄒ야欲食其肉者니此輩를엇지保護下의久置ᄒ리오宜其聲罪致討ᄒ야使天下之人으로知此忘君負國之徒가無所容於天地之間이면其義擧를孰不欽服이리오若以此輩로合於利用이라ᄒ야一直袒護援助ᄒ면兩國의交誼를顧念ᄒ는者도아니오世界人民의게表示ᄒᆯ事爲가아이니若於日本國中에如此臣民이有ᄒ면其能容忍乎아

此其急急圖之者오軍用地段은宜乎韓民의게還付ᄒᆯ것이오顧問과警視等이韓國官吏를壓制ᄒ기만爲主ᄒ고政治上에實益을불圖ᄒ는者는可以解還ᄒᆯ것이오

下等人民이來留韓地ᄒ야韓民을侵虐ᄒ는者를宜乎嚴禁刷還ᄒᆯ것이오其他諸般行政에對ᄒ야實心忠告ᄒᆷ이有ᄒ면韓人이自然心悅誠服ᄒ야國際의敦密이可以永久이니와如其불然ᄒ야寬典을불行ᄒ고强迫을專事ᄒ면千萬人衆의불服之心을何以鎭壓고衆怒가旣積에危機가必生ᄒ리니非但爲韓國之불幸이라必爲東洋디局之불幸이라ᄒ노라

官報

●號外 光武九年十一月二十六日

◎宮廷錄事

宮內府特進官趙秉世等言事疏批旨省疏具悉卿等之懇大小臣僚之章牘式日斯至豈不知公憤之出於大同亦自有商量措處矣卿等其諒之相率還第事遣秘書郞傳諭

十一月二十六日

宮內府特進官趙秉世等言事疏批旨省疏具悉 等之懇昨日之可以諒會者而至于此再擧則萬非所圖也不必如是張大而亦且有商量處分矣卿等其諒之相率退去卽爲還第事遣秘書丞傳諭

十一月二十七日

●三千三百八號 光武九年十一月廿八日

◎叙任及辭令

陸軍法院理事金應駿
陞叙奏任官三等
十一月十六日

秘書監丞趙漢元
依願免兼任禮院掌禮

秘書監丞金演禧
兼任禮院掌禮

內部主事李台永
內部主事尹明燮
陞五級俸

忠淸北道觀察府主事鄭雲琦
陞叙判任官五等

黃海道觀察府主事柳時鳳
陞叙判任官五等

黃海道觀察府主事崔丙赫
陞叙判任官四等

以上十一月二十四日

雜報

謹告庭請大臣

夫爲人之臣者ㅣ紆黃라朱於太平無事之日ᄒ야富貴榮耀之極이爲一世瞻視之壯而弗能立勳業之一崔巍ᄒ며弗能見志氣之一卓犖이라가及其國破君危之日ᄒ야弗苟其難而能殺身成仁者는惟一晩節也니

顧此韓國之今日컨딘風景은弗殊로딘因非國破君危之日乎아所謂國破君危가東西歷史에何[illegible]歷[illegible]리오마는豈有此韓國韓[illegible]君之一[illegible]破危가類若是者乎아弗費一箭而全沒三千里金甌ᄒ며弗動一指而遽奪五百年寶位가在乎一使臣數語之間者는抑千古世界上初有ᄃᆞᆫ變怪也니苟何以至於斯哉오

此非指默者之素所筭定이라韓國之衰衰當局者ㅣ無一非賣國誤君之狗彘輩爾라吳之伯嚭와楚之子蘭과蜀之張松과宋之秦檜가豈意歸出於一時而爲指點者之奇貨者耶아化翁之劇戲가殆亦烈乎哉로다

向日李[illegible]贊疏辭中에有曰准亦亡不准亦亡이라ᄒ되吾儕는以謂與其准而亡으론寧若불准而亡이리오ᄒ나當此競爭之日ᄒ야弱的肉을强的食은例是當事로되至於今日之韓國은固當有天下之公議라豈可심심作一箇人頤下物也리오마는然이나國勢癡廢ᄒ며民氣綿軟ᄒ야불能哀呼一聲而還作活埋之物이면天下之公議를亦安得而激之哉리오

見今韓國之ᄃ勢는非但國破君危而已라人種이將至滅絶而乃已리니청看불出數年之間에波蘭猶太之禍를인인而復蹈ᄒ리라抉吾目懸之東門이어다嗟嗟韓國之上下엔民은上불忝祖宗은姑舍是ᄒ고下爲子孫計者도絶無一인焉ᄒ야當此廢命符到之日而看作路인事ᄒ고萬口寒噤ᄒ야點血불沸ᄒ니此是國之運命歟아民之暗昧歟아抑亦指點者之旺氣歟아咄咄何哉오

惟今日庭請之元老公卿은喬木世臣이오簪纓巨室이라世受國恩에其德이불斬ᄒ며身致君澤에其業이愈高ᄒ니到今所以報其國報其君者는一死而已라況固불能濟其事로되鼓動萬民지怒瞻ᄒ며激起一國지熱血ᄒ야扶得塞天地지氣者는一死後에其공이益高ᄒ며其光이益彰이니라白首赤心으로含笑歸泉ᄒ야拜見二十七世在天지靈이면不亦榮哉며一杯靑山에題其墓道曰故忠臣某公지墓라ᄒ면豈有愧於岳飛文天祥陸秀夫哉아惟元老公卿은國지興亡과事지成敗는付於天ᄒ고一心炳忠에萬往不退ᄒ야報國君以一死면宗社지光輝오子孫지陰騭이오一國二千萬生命지根基也니吾儕는第見諸公지爲臣民晩節지如何ᄒ야灑酒而侑지ᄒ리라

東京電報

●勅令으로外債募集件의公布
十一月二十五日午前九時五十七分發
要領이左와如호니
四分利外債五億圓募集件이公布호 價額九十圓(百圓二分) 手取八十圓 償還期限 二十五年 据置十五年이라더라

●陸軍士官學校卒業式
十一月二十五日오後三時二十五分發
二十五日日本陸軍士官學校步徒卒業式을호얏는뒤前과如히日皇陛下씌셔其式에臨호사優等者에賞品을賜호셧는뒤卒業生이九百二十名이라더라

●露國義勇艦隊沿岸回航準備
十一月二十六日오後六時四十分發
露國에서義勇艦隊를上海 仁川 釜山 長崎 元山浦 鎭南浦 浦鹽等의定期航海開始홀準備中이라더라

●平和條約批准書交換
十一月二十七日오後四時四十五分發
日露平和條約批准書는昨二十六日交換을畢了호얏다는旨로公電이有호더라

雜報

●聖詔傳諭
詔曰卿等老成忠愛지見僉同憂와지論其孰曰不然亦有所斟量者存以批이論諄複申申期於庶幾諒會而猶且晝而繼夜稽留宮中一直方命此何爻象此何分義卿等即爲相率還第事遣秘書丞傳諭
詔曰反覆爲論者不止數四宜其有開諭者而乃愈復堅持致此支離其於事體頗爲乖當特進官丘秉世李根命幷施이門黜지典

●元老被拘
本月二十六日에原任議政趙秉世氏가日公館에公函호야公法과正義를違背호고勒約調印홈을責호고日本以外各公館에公函호야日本의率兵圍闕호야脅迫締約홈으로各公使를會同호야公辦中理홈을請호고各府部院廳과閒散人員에게非爲通告호야 宮內府에會同호야今番에未經 奏准호고擅自締約調印호賣國諸賊을亟正邦刑호고外部長官을更爲 勅差호야各公館에聲明호야渝盟却約호고該約이未經 奏准호얏스니該約書를繳還勿施事로聯名陳疏호얏더니 批旨內에大小臣僚之章牘式日斯至豈不知公憤之出於大同亦自有商量措處卿等其諒之相率歸第라호셧고再疏호얏더니 批旨內에昨日之批有可以諒會者不必如是煩大且有商量處分卿等其諒之相率退去라호셧고二十七日夕에趙大臣이 陛見陳奏코ᄌ호다가未得遂誠호고百官을率호고庭請호얏더니 處分을不俟호고連續不止홈으로趙秉世氏와李根命氏를免官호라신處分이下호야丘大臣은不還私第호고大安門前에서席藁待罪호더니日憲兵幾十名이丘大臣을貞洞日憲兵派駐所에拘執호지라諸搢紳은閔泳煥氏로疏首를作호고又爲陳疏호얏더니 批旨內에忠款之言豈不知之라호셧는뒤繼此屢籲호야獲准爲期호다더라

●此何章程 新任警務使具完喜氏가內部에報告호內槪에左開十인을治安上妨害로認호야本廳에姑爲檢束이라호얏스니從前부터警廳에인을內部에報告는게有所定例인지左開十인은吳周煥 金沿昇 林哲潤 張志淵 安秉讚 尹孝定 姜遠馨 金世東 金宗洛 鄭恒教 諸氏라더라

●疏儒禁止 各道儒生等이入京上疏호라고陸續上來호다는說이有호야各城門에巡檢兵丁을另飭把守호야禁止호다더라

●先守獨立 本月二十七日下午三時量에崔在學 金仁집 申尙敏 田錫俊 李始榮 諸氏가所謂新條約下明書라호는文字를街上行人의게傳播호고即時大安門前에進伏호야上疏를奉呈호고跑伏泣血호뒤日本巡査와憲兵이多數來集호야威脅으로捕縛코자홈의該民等이太叱曰我等이大韓國民으로大韓國의獨立을爲호다가彼惡한爾輩의刃下之魄이될지언졍엇지捕縛을甘受호리오호되日憲兵들이軍刀로亂打홈의諸氏는彿弗顧身호야拳으로霜刃을對敵호는中에由尙緻氏는劍鋒이圍之三匝中에日憲兵을左打右踢호야日憲兵의帽子가紛紛히墮地호나엇지二三赤身이多數호日憲兵의刀劍을抵當호리오或面部도被刺호며或耳朶도被割호야熱血이灑地호는지라傍觀者ㅣ無慮四五百名이되야激奮호야心膽이戰도호는모양이라日兵二小隊가羅列호나人民들이되韓獨立萬歲를連唱不絶홈의日憲兵들이前後左右로軍刀로揮之호고畢竟에는捕繩으로緊緊히結縛호야警務廳으로押去홀시諸氏는口弗絶聲호고在傍人民의게死守獨立홀意로勸告호뒤日憲兵이手巾으로鉗口호고其背를亂打호야風雨갓치驅去호는뒤見之者ㅣ飲泣太息지아니호는者ㅣ업는지라諸氏等의身分을探問호즉本耶蘇教信者라二千萬同胞가一朝에他人의奴隸가됨을忍見호리오호고千里에裹糧而來호야天賦호신全國民에平等權을爲호야自己一身을鴻毛보다輕視호니可히耶蘇教의十字가軍兵이라고호더라

◎嘉善大夫朴齊斌氏上疏호全文이如左호며
伏以臣性本愚直不得우櫟奸久矣是以事事猥猥日者因就事論事臚列李夏榮之欺君罔上欲以風動顚綱而止也尙未承 批此亦無他必爲壅蔽 明聽者所擠未察其登徹與否而國事之日非此亦可占矣臣於私分不能無一邊惶蹙一邊憂歎退伏待罪詎意今日賣國之賊사반蚓結必欲亡國一至於此哉
噫痛矣今此五欵雖若出於日使之口其實則調印諸賊亦以李鄭王倫之心腸欺罔 天聽부待美官始也則自納其身而爲其鷹犬終焉則毆我赤子而爲其臣妾
世上天下雖未有不亡之國何嘗有如此奸佞以其唇舌遮蔽護國於暮夜一室之中去乎毁或渠自謂得計我韓之人視渠爲日人久矣
以日人爲日人之事雖有百番私爲天下之人必不信我國之勢無所損不足以動吾心也然其在名義如此誅賊不可容貸
又況我國大事自前而苟非時原任大臣在野儒賢草莽士庶咸曰可也雖以 天威猶不能鎭定夫天下大事自有天下公議故其在秦檜之和金也亦欲分방至令臺諫從臣僉議而今此凶徒以何大膽力乃敢日今日時局有異前日只可以壓制濟事乎雖然人心所在一城之莒尙能以復齊七十餘城
平秀吉二世而無其噍類我國中興三百餘年爲其前鑑禮義之邦必不無一人忠臣義士則於東於西私約之不成姑捨歷代誤國之臣雖得志如劉豫者亦爲金虜之猝縛
未完

●三氏辭 陛 昨日下오三時에는이藤候가 陛見호고四時에는英公使오五時에는柏卓安氏라는뒤同三氏가다歸國홈으로因홈이라더라

●鐘路撤市 近日元老大臣이新條約事件에對호야率百官聯疏홈으로鐘路各市廛이幷皆撤市호얏더라

●英使陛見 英國公使辭 陛호事는別項과如호거니와代理公使코본氏도同時에一體 陛見호얏다더라

●政府會集 昨日下午三時에各部대臣을一齊히政府로會集호라신 勅命이下호사該會호얏다는되其內容은姑未詳知라더라

●致書各公館 崔在學等諸氏가新條約에對호야卞明書를各國公館에繕送호얏다는뒤該全文은次號에揭載호깃노라

●憲兵叱退 再昨夜에日本憲兵幾十各이漱玉軒後墻缺處로攔入호라호기로永成門에把守호는兵丁이당阻호야不得入去호고又自平章門으로欲爲入去홀지際에元帥府將官이出來호야據理責지홈으로還爲退去호얏다더라

●緣何被捉 昨日巳時量에中署樓洞緯光國家의留허는鄕客五인與學童一인과幷其家主를日警部가來到하야幷爲押去하얏다더라

◎本社特告

本社新聞을 關西等地에 廣佈ᄒ기爲ᄒ야 平壤金典濟 宣川安濬□連 今龜等三氏에게 委托ᄒ고 逐號下送ᄒ오니 □時에 有意ᄒ 僉君子ᄂ 三氏에게 購覽ᄒ시며 代金도 三氏에게 傳致ᄒ심을 爲要

大韓每日申報社

雜報

六品通訓大夫前濬源殿令姜允熙同十三道儒生等上疏

伏以亂臣賊子販君賣國者從古何限而頑鈍無恥禽獸之不若者復有甚於賊臣朴齊純李址鎔李根澤李完用權重顯者乎 國家存亡視同樊籬一身榮枯認作重器李君父殉社之命所宜不顧而外賊之誘脅反爲厭重苟有毫分人心寧容若是淸日之馬關條約日皇之宣戰書皆以 大韓獨立爲第一大義孰不曰保隣之厚也日者伊藤博文之所請五條乃攘奪人國之關鍵手法也外交委託日本則我將無與交隣天下誰復有待我以國者乎公使領事改稱統監理事則莫重威福非我操縱 宗社置之何地生靈屬之誰手 陛下之玉榻將安所適矣彼旣忽地渝盟反義作仇失信於天下失和於我國東洋之禍不在俄人而在於蕭墻之日本也韓雖壤地偏小至若義利相反寧可自守而亡無餘地不顧時日而晷刻苟存則縱橫之徒何往而無其地也靡以歲月嘗膽觀釁則東洋風雨十分醞釀之餘强弩之末勢魯縞足以捍禦則日本之亡甚將指日而約矣然則伊藤博文非但我國之讎敵乃日本之亂賊也蠢彼朴齊純等五賊慮不及此其心自以爲將樹大勳勞於日本韓亡遠日則日必德我錄秩之賞萬鍾之富比韓倍蓰則已亡之韓有不足顧乃以迫不得已四字粧撰外面借威於彼俛首書可假手於動行調印其心所在路人所知也雖然 陛下不允貳相不準所謂約款決非政府之公案乃僞書之私自予奪朴賊等之大逆無道不考該晩肆諸市朝者也中外紳士之交章請誅者推積卷軸而恬弗知退强顔冒進 陛下弗之加誅顧以朴賊兼署試探此乃伯鯀之已試者也御押御璽次第見瞞於此賊而矯制 允裁喚假做奪矣以 陛下之明聖何弗慮之及此乎嗚呼內以誅賊外以公辦今乃急務之급者而弗宜晷刻暫緩也前侍讀臣姜遠馨之疏實出公憤而痛弗旋踵被拿警廳忠逆之倒施賞刑何如是相反乎臣等於此失聲痛泣竊以爲天下之事從此而已無可爲者然桑楡之收猶可及是而庶無其悔矣伏願 陛下亟令司敗拿收五賊嚴施三尺之威 特召外使之在館者于 殿前據義公辦聲罪伊藤博文之渝盟乖和使之拿還正法繳銷僞書之私自予奪者痛雪神人之憤鞏固萬世之基業焉

崔在學金仁吾申尙敏田錫俊李始榮諸氏疏本이如左홈

云云伏以春秋曰亂臣賊子人人得以誅之以其罪惡通天영地弗可留於晷刻之間也嗚呼往在丙子日本國全權대臣黑田淸隆及井上馨與我대官申헌尹滋承會議우江華府其略曰

朝鮮自立之邦保有與日本平等之權嗣後兩國欲表和親實須以彼此同等之禮相待불可毫有侵越猜嫌乙未日淸馬關之約第一款曰朝鮮國獨立自主兩國認明불可侵越

光武八年三月露日開仗之初日本對列國聲明其日由來韓國之獨立及土地主權之保證戰爭之目的噫日本之於我韓苟有侵奪一毫之權一片之土其背信早盟非徒有列邦之異論亦불免天인之共怒也今露日之媾和幾條約占奪我三千里疆土欲蔑亡我五百年宗社二千萬生靈孰불欲痛哭死義乎

彼逆臣朴齊純李址鎔李根澤之徒擅自捺印以致外인之藉口然萬國公法條約論第四百〃章曰雖國主親筆書押如被인逼迫불得自由則其約其皆廢지況我皇陛下雖被再三迫脅終若曰朕殉宗社決불認許且參政대臣以死불許則이藤이雖불知公法所載亦불可認지以立也明矣但此逆臣朴齊純李址鎔李根澤輩俱以喬木世臣擧宗社疆土一朝欲與外인而使全國生靈盡作奴隷其대逆지罪雖萬戮千斬猶可輕陛下亟付有司以正王章亦復照明우世界列邦俾知新條約지初無成立以宗我獨立無疆休臣等無任泣血祈懇지地

◎소경과 안즘방이 문답 (속)

그런고로 앗가 아모터서 아모가 한국ᄉ롬의게 짐을지워가지고 와서 그 삭전에 니마음되로 죠곰 주니 그 삭군이 돈이 젹다고 ᄒ지 안턴가 그리ᄒ여도 그 ᄉ롬이 눈을 부릅뜨고 뺨을 싸리랴ᄒ며 소리를 크게 질은 잇가 그제야 물너셔셔 아모 말도 못ᄒ고 가지 안턴가 그 세음으로 지어 졍부대관ᄭ지라도 그러케 교졔를 ᄒ고 보면 참 외교의 슈단이 잇는 사롬이 되고 그런 경위를 아지 못ᄒ여 사롬이 사롬더 접ᄒ는 동등 더우를 ᄒ게 되면 가위 외교 슈단에 어두운 사롬이 되나니 진소위 입향슌속이라는 말이 올타ᄒ며 셔로 웃고 가는 것.을보니 한아은 우리나라에 나온지오래되여 풍토션악과 인심세티를 짐작ᄒ는자이오 한아 온쳐음으로나와 아죡우리나라풍속을모로는자인가보되 몃달지니고보면 그런슈단이 ᄯ ᄒ능홀모양이니 그말노볼진ᄃ 우리가우리말노 사람이라ᄒ지져외국사람들은 사람으로아지안코다만우마에게의복입혀노은일ᄀ동물노아는모양이니 (미완)

廣告

特別廣告

本申報ᄂᆞᆫ海外電報를卽接ᄒᆞ야機關이靈通ᄒᆞ고外報와探報를敏捷括證ᄒᆞ도록注意ᄒᆞ오며申報發送ᄒᆞᄂᆞᆫᄃᆡ迅速信傳ᄒᆞ기ᄂᆞᆫ分傳人의게在ᄒᆞᆷ으로本社에셔平常에講分傳人의게丁寧告戒ᄒᆞ고申申訓飭ᄒᆞ야毋或婾惰ᄒᆞ게注意ᄒᆞ거니와如或暫有稽忽이라도愛讀僉君子ᄂᆞᆫ密使通知于本社ᄒᆞ시면該分傳의게誠信相孚ᄒᆞ도록耳提面命ᄒᆞ고勸懲가發生ᄒᆞ도록誨諭ᄒᆞ야必無遲誤ᄒᆞ기로期待ᄒᆞ옵나이다

本社에寄書ᄒᆞ시ᄂᆞᆫ諸君子ᄂᆞᆫ姓名과居住를明確ᄒᆞ게懸錄送附ᄒᆞ시와證據가有ᄒᆞᆷ을必要ᄒᆞᆷ이오公平和ᄒᆞᆫ秩序를紊亂케ᄒᆞᄂᆞᆫ意와社會上不經荒雜ᄒᆞᆫ寄書ᄂᆞᆫ不受ᄒᆞᄂᆞᆫ權利가本社에自有ᄒᆞ오니肯諒ᄒᆞ시옵

大韓每日申報社

廣告

本人姪ᄃᆡ基年三十一에日事浮浪ᄒᆞ야雜技酒色을沈惑부悛ᄒᆞ고符同雜類ᄒᆞ야初焉欺人騙財ᄒᆞ다가竟欲盜賣庄土ᄒᆞ야불計父祖香火와先山守護ᄒᆞ고一一奔走斡旋에期圖敗亡ᄒᆞ니無論內外國人ᄒᆞ고幸勿見欺ᄒᆞᆷ

善山海平居崔炳燮 告白

○鐵路部

○東大門과新門間에來往車ᄂᆞᆫ每十分間에運行ᄒᆞᆷ

東大門發初車ᄂᆞᆫ午前六時三十分
新門外停車場發初車ᄂᆞᆫ午前六時五十五分
東大門發終車ᄂᆞᆫ午後九時五十分
新門外停車場發終車ᄂᆞᆫ午後十時十五分

○東大門과洪陵間에來往車ᄂᆞᆫ每二十分間에運行ᄒᆞᆷ

但自鍾路로東大門에來到ᄒᆞᆫ交替車로聯絡ᄒᆞᆷ

東大門發初車ᄂᆞᆫ午前六時五十分
洪陵發　初車ᄂᆞᆫ午前七時十分
東大門發終車ᄂᆞᆫ午後七時五十分
洪陵發　終車ᄂᆞᆫ午後八時十分

○鍾路와龍山間에來往車ᄂᆞᆫ每十二分間에運行ᄒᆞᆷ

鍾路發至南大門初車ᄂᆞᆫ午前六時四十八分
鍾路發至龍山　初車ᄂᆞᆫ午前七時二十四分
南大門發至鍾路初車ᄂᆞᆫ午前六時五十六分
龍山發至鍾路　終車ᄂᆞᆫ午前七時五十七分
南大門發至鍾路終車ᄂᆞᆫ午前十時八分
龍山發至鍾路　終車ᄂᆞᆫ午後九時九分

○特別私用車ᄂᆞᆫ顧客의方便ᄒᆞᆷ을隨應ᄒᆞ야準給ᄒᆞᆷ

但定價ᄂᆞᆫ本社에來臨ᄒᆞ야請問ᄒᆞ옵

○電燈部

二百五十燭力以內의敷用處에ᄂᆞᆫ每個月에定價表가如左ᄒᆞᆷ

○十六燭力燃燈達夜에二圓五十錢
○三十二燭力燃燈達夜에四圓
○五十燭力燃燈達夜에六圓
○一百五十燭力燃燈達夜에十圓
一千二百燭力弧形燈達夜에二十圓

二百五十燭力以上의敷用處에ᄂᆞᆫ請求ᄒᆞ면瓦斯計一個를設給ᄒᆞᆷ

但瓦斯計賃金은每個月에二圓이오瓦斯計測驗表委托定價ᄂᆞᆫ每時間每암페아에二錢이옵

瓦斯計設給處에셔每介月支拂金最低額은每個月에二十圓인ᄃᆡ(瓦斯計賃金은)据ᄒᆞᆷ

電燈을敷設ᄒᆞ기에請求ᄒᆞᄂᆞᆫᄃᆡ給ᄒᆞᆷ로供各種運技辦燈도常時에貯存ᄒᆞ엿ᄉᆞᆸ

本社鍾路電氣會社

韓美電氣會社 告白

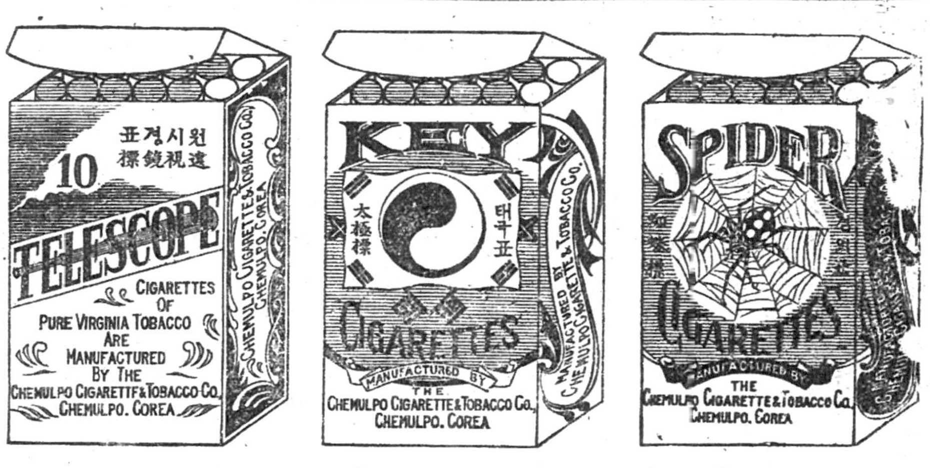

以上三種은上品으로製造ᄒᆞ야衛生上에至極有益ᄒᆞ오니毋論某人ᄒᆞ고本社에來顧ᄒᆞ옵

大韓帝國仁川港
濟物浦紙卷煙及烟草會社

一 鷹標罐濃詰牛乳
一 金印罐詰濃結牛乳
一 無雙家用氟化乳酪
一 쏘ㅣ든쓰製造麥芽化合牛乳

以上은常時에貯積ᄒᆞ엿ᄉᆞᆸ

美國紐育港쏘ㅣ든쓰濃結牛乳會社
一手代理店 大韓仁川港 世昌洋行

廣告

一 雜貨商
一 貿易商
一 船舶取扱
一 煙草商
一 委託販賣及貨物運送代理業
一 貿易石炭商

以上輸入及輸出者

京城 仁川 大昌洋行

本社廣告

申報價

一張代金	韓貨五錢
一箇月前納	五十戔
三箇月	一元五十戔
六箇月	二元九十戔
一箇年	五元八十戔
郵稅一部	新貨五里
一箇月	十三戔

廣告料

四号活字十三字詰
每日每英尺一寸에新貨卄五錢
(每日每行에六錢에相當ᄒᆞᆷ)
二周日에 二圓五十錢
(每日每行四錢五里에相當ᄒᆞᆷ)
一箇月에 五圓
(每日每行四錢一里에相當ᄒᆞᆷ
其期限의長短과字行의多少를依ᄒᆞ야增減ᄒᆞᆷ이有ᄒᆞᆷ

大韓人마다此申報를不得不閱覽ᄒᆞ실터이오니廣告出報ᄒᆞ실僉君子ᄂᆞᆫ來臨面議ᄒᆞ시옵

發行兼編輯人 英國人裴說
發行所 京城北署壽進坊碑洞号外池法語學校前
大韓每日申報社

第三卷

大韓每日申報

대한매일신보

第九十號

月曜及慶節歲時日休刊

檀君開國四千二百三十八年
箕子元年三千二十七年
大韓開國五百十四年
日本明治三十八年
淸國光緖三十一年
陰曆乙巳十一月大初四日癸酉

論說

淸國注意

駐法淸公使류신션氏가巴里京居헨리氏의게興味之報를傳ᄒᆞᆫ바同公使ᄂᆞᆫ巴里京淸公舘에一等參書之任이已經三年이오且娶法女同居러니至于近日ᄒᆞ야特被公使之任이러라

同公使의槪의ᄂᆞᆫ청國이將自化爲歐羅巴之制度를自許ᄒᆞᆷ이니此ᄂᆞᆫ西太后가淸國內歐羅事業을欲使便利케ᄒᆞᆯ뿐더러淸帝가至於專擅ᄒᆞ더라도亦不肯反對ᄒᆞᆯ거슬注視ᄒᆞᆷ이오且淸國이能出百萬精兵ᄒᆞᆯ거슬因ᄒᆞ야

黃人之將成危害를唱導ᄒᆞᄂᆞᆫ理由ᄂᆞᆫ淸國人民의溫柔性質을人或全昧ᄒᆞᆷ에在ᄒᆞᆷ을同公使가亦自諒解ᄒᆞ얏더라

其書에云ᄒᆞ얏스되淸國이不出幾年에歐羅制度를模倣ᄒᆞᆫ海陸軍을包有ᄒᆞᆯ거슨少無疑問이나然이나此ᄂᆞᆫ순然防禦之策이오別無他計여늘

近日報紙上에輒稱ᄒᆞ되日本이청國武藝를訓鍊ᄒᆞ야日本之士官敎師가遍滿國內矣요甚至有煽動者云ᄒᆞ니此實新聞之張言이라

日청이自非一國이오且청國이將自致歐羅巴ᄒᆞ야欲無關於日本勢力故로支나學生을以今派送于西歐ᄒᆞ야成功之日에ᄂᆞᆫ此人이皆將爲輔弼于皇室ᄒᆞᆯ지라其人員及遊方이如左ᄒᆞ니法國에五十人、德國에五十人、比國에一百人、倫敦에七十人이오墺國에도十人이未久派遣ᄒᆞ리로다

且청國이與列邦締約에每事를依其國內通商이되惟一大問題ᄂᆞᆫ特別居留地段이니全國之內에使之雜居ᄂᆞᆫ果是弗能이로다

自兩年以來로北京에셔特設委員部ᄒᆞ야裁判及警察上에善良方針을講求中이니其結果ᄂᆞᆫ國內外人旅行의安全을保証ᄒᆞ기에適宜ᄒᆞᆫ지라

尙且歐羅人도自己게妥合ᄒᆞᆫ如此法律을承諾ᄒᆞᆷ이必要ᄒᆞ니此를承諾하면청國內外人犯行에도亦用如此新定청律ᄒᆞᆯ거시오다

且日本이平和及經濟에必要ᄒᆞᆫ方策을信實決定矣라弗習幾日에本邦이派遣皇族于泰西各國하야以此宣言矣리니今此使節이與唱高三元老로偕行이며且其陪員이二十人이라一望之內에發程될터인ᄃᆡ其滯留期限은法國에一朔이오其次ᄂᆞᆫ英比兩國이라因此有好果ᄒᆞ리니豈弗美哉아하얏더라

寄書

訴一進會狀

仰天痛哭生

蒼天아蒼天아聽我言ᄒᆞ소셔噫彼一進會員이여自稱以뎌韓國國民代表者ᄒᆞ고聚合十三道人民ᄒᆞ여結社集會ᄒᆞ여發言以四大綱領ᄒᆞ고宣揚其趣旨ᄒᆞ며誇張其辭ᄒᆞ야儼立於言壇之上ᄒᆞ여開論其演說之人일식

若將回復其人民之自由ᄒᆞ며若將扶植其國家之獨立ᄒᆞ야翹翹昂昂의獨自以爲韓國之國民이라ᄒᆞ여三千里疆土와

五百年宗社를苟非一進會則莫可以보全其萬一이라라ᄒᆞ더니以今觀之컨ᄃᆡ設會一週年之間에達其目的者ㅣ果何事오

糊初聲明之日의誓弗共戴此政府라ᄒᆞ더니及其擧代署問之日의無過是地方守令之虐待會員等事而已오至若

誤國誤君之臣이列在現政府而萬事叢脞의國計日非로ᄂᆞᆫ越視秦瘠ᄒᆞ야一불聲討者ᄂᆞᆫ何也며

苟若有國民之性質ᄒᆞ야旣與集會之權利ᄒᆞ고稍有自由之資格이면至於國計民生之一毫有妨害ᄒᆞ야ᄂᆞᆫ衆血公沸ᄒᆞ며萬口公鬧ᄒᆞ야手障狂瀾ᄒᆞ고舌驅猛獸ᄒᆞ야勇往直前의挽回公益이乃是義務也어날如漁業權通信引繼、沿岸航海等事가無一非

損國害民之ᄃᆡ事件이거날視若파리ᄒᆞ고一불開口者ᄂᆞᆫ何也오自謂守其靜肅態度ᄒᆞ며自謂因其隣邦信賴ᄒᆞ야等等事件은불必着手오

乃至於國家之重ᄃᆡ問題ᄒᆞ야ᄂᆞᆫ必有効力之日리라ᄒᆞ더니至於四千年祖國을寧舟移之也의先蹈其疑密지隱懷ᄒᆞ야乃以宣言書로與作亡國지져鬼ᄒᆞ고拍手而揶揄ᄒᆞ니以此觀지컨ᄃᆡ前後지設心做계가

乃止於此을불待著龜而可卜矣라昔者波蘭지亡也에民會長(賴其末利 가甘作俄國之信用하야 從其指導而售其계라가乃至獻地捺章之日ᄒᆞ야猛然되覺曰吾爲俄國之노隸라ᄒᆞ야大有悔悟心焉ᄒᆞ니以宣言書與行之心으로比較컨ᄃᆡ亦불免賴其末利之罪인也니

吁可痛矣로다渠亦ᄃᆡ韓疆土中胞胎生息之圓顱方趾物也어날自爲奴隸之불足ᄒᆞ야與

二千萬生靈而爲노隸焉ᄒᆞ고노隸之불足而將爲犧牲焉ᄒᆞ야滅絕此인種爲계니渠有何快於心而忍之如斯오차창皇天이臨之在上ᄒᆞ시니天必無理則已어니와天若昭然有理면必先진滅此種而乃已矣리니第看天理之存불存如何耳라창天창天아聽此訴言ᄒᆞ소서

雜報

●官憩排立 再昨日下午九時부터日本士官一人憲兵三十七名이擔銃ᄒᆞ고日兵五名은漱玉軒門前에排立ᄒᆞ얏다더라

●白疏批 侍從武官長閔泳煥等言事疏批旨에旣屢諭矣冝有諒會而何爲至此煩瀆ᄒᆞ냐等忠忱之言夫豈弗知耶速退去라ᄒᆞ옵셧더라

外報

●甲裝巡洋艦增加 甲裝巡洋艦의도數增加ᄂᆞᆫ日露戰爭을六ᄒᆞᆷ이敎訓이되야德國은오루구셰甲裝巡洋艦의建造의著手ᄒᆞᄂᆞᆫᄃᆡ별노히一萬一千六百돈以上이된다더라

●英領印度外인排斥 벵가루를二州로分ᄒᆞᆫ다ᄂᆞᆫ說노ᄒᆞ야五千인印度인은가구神의殿堂의集合ᄒᆞ야種種ᄒᆞᆫ協議를ᄒᆞᄂᆞᆫᄃᆡ外國物品은一切히買치아니ᄒᆞᆯ盟約도其內의有ᄒᆞ다더라

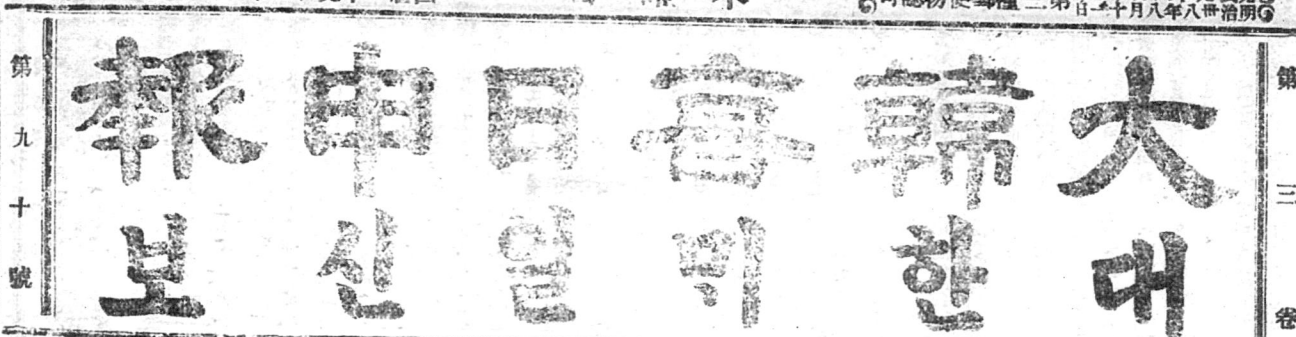

●平和後一格鬪 기와루니슈에、쓰아나도올구、하루빈十月十五日發電通信의揭ᄒᆞ야云ᄒᆞ얏스ᄃᆡ[illegible]馬賊은日本인[illegible]ᄒᆞ거시多ᄒᆞᆫᄃᆡ馬賊隊가日本兵의攻擊[illegible]一百기루탐馬糧과[illegible]을日本인의게奪ᄒᆞᆫ바되얏다ᄒᆞ고[illegible]日本兵은露軍의[illegible]ᄒᆞᆷ이되얏다

雜報

●百官待罪 侍從武官長閔泳煥氏가百官을率ᄒᆞ고連日呈疏ᄒᆞᆷ은世人의共知어니와不意昨日에[illegible]泳煥氏를拿去法部로照律懲判ᄒᆞ라신 詔勅을下ᄒᆞ사同氏와參疏諸人이一齊平理院에前進ᄒᆞ야待罪ᄒᆞᆫ다더라

●伊藤侯還國 日本大使伊藤氏ᄂᆞᆫ昨日上午七時에京釜電車를搭坐ᄒᆞ고歸國ᄒᆞ얏다더라

●甲費乙償

譬鳥棲之中에有一怒焉ㅣ撓之면諸鳥가皆不得安處ᄒᆞ야滿樹紛亂ᄒᆞᄂᆞ니今夫東洋時局이亦猶是矣라竊恐東洋紛亂이從此不息일가ᄒᆞ노라何以言之오

彼日人者ㅣ每以東洋維持로藉爲口實이더니今其所爲를觀之컨ᄃᆡ維持云者ᄂᆞᆫ特其攘奪之變辭에不過ᄒᆞ니豈不可笑乎哉아日本與露開仗이雖正出於義戰ᄒᆞ야亦以東洋維持로爲其目的이러니今此媾和之後에滿韓間人民에無辜罹兵ᄒᆞ야流離死亡과隨處蕩析ᄒᆞᆫ情況을懇心撫慰ᄒᆞ며多方安葬ᄒᆞ야彼我를勿分ᄒᆞ고和를共享케ᄒᆞᆷ이是乃其前言을實踐이요素志를表明ᄒᆞᆯ더러三國이鬩成一體ᄒᆞ야左提右挈이면但日露인에南下之勢를可以容易防遏이오東洋平和를可以永遠維持이거날計不出此ᄒᆞ고顧乃兵力으로占領ᄒᆞ며權利를侵奪ᄒᆞ야滿韓人의게不能責償ᄒᆞᆫ戰費를淸韓兩國에要爲補充ᄒᆞ려ᄂᆞᆫ計劃인지無義ᄒᆞᆫ要挾과乖當ᄒᆞᆫ請求가不一而足ᄒᆞ니此果維持ᄒᆞᄂᆞᆫ義務歟아厥初開仗은淸韓兩國이初非闘勉이거늘到今戰勝을此兩國에偏歸ᄒᆞ야人民의困瘁ᄒᆞᆷ과國權의傾危ᄒᆞᆷ이至於如此ᄒᆞ니藉使淸韓兩國으로依前與露交涉이라도權利之侵奪이未必浮於今日ᄒᆞᆯ지라然則露를必絶斥ᄒᆞᆫ日本信賴가據跡以論컨ᄃᆡ較然明甚인즉今後淸韓兩國으로與露復合케ᄒᆞᆷ은實로日之處事가前後衝決故也니滿洲隣誼를抛棄ᄒᆞ고對頭敵勢를完全케ᄒᆞᆷ이豈不可惜이며且歐西列邦이淸韓間의一致交涉ᄒᆞᆷ은友誼敦密ᄒᆞ기를爲ᄒᆞᆷ뿐아니라所在利益均霑ᄒᆞᆯ思想이亦在其中이거날顧금滿韓間多少權利를日인이一口吸盡ᄒᆞᆯ爻象이漸次露出ᄒᆞ니專利無成은古訓이炳然이라來頭紛競이未必不起ᄒᆞᆯ지니吾爲日인惜之ᄒᆞ고亦爲日인危之ᄒᆞ노라

●大義滅親 宗親李範夏氏ᄂᆞᆫ今番新條約事件의對ᄒᆞ야宗社淪亡ᄒᆞᆷ을憤痛涕泣ᄒᆞ면서其子姪의게論之曰址鎔은逆臣也라家國이不幸ᄒᆞ야此戾種이出來ᄒᆞ얏기로從今至親間倫理를拒絶ᄒᆞᄂᆞᆫ것인즉汝等이悉體吾心ᄒᆞ야勿復呼兄呼叔ᄒᆞ고彼此來往을永斷ᄒᆞ라고諄諄告戒ᄒᆞ얏다더라

●新任參政 外大朴齊純氏ᄂᆞᆫ解議政署理ᄒᆞ고參政大臣을被命ᄒᆞ얏다더라

●一鶴一烏 元老趙秉世氏ᄂᆞᆫ日憲兵이擁衛ᄒᆞ야加平鄕第로昨日下去ᄒᆞ얏스니其忠愛之性이老而彌篤ᄒᆞᆷ을可敬可慕어니와至若李根命氏ᄒᆞ야ᄂᆞᆫ一夜之間의參入ᄒᆞ얏다가黑夜에他人의笠子를借戴ᄒᆞ고闕內로서潛地蹌踉ᄒᆞ얏다니果如傳說이면非但忠義掃地라元老之名이殊爲可惜이라고衆口喧藉ᄒᆞ더라

●具氏運動 警務使具完喜氏ᄂᆞᆫ將次議政府參贊을圖得ᄒᆞ랴고方在百般運動中이라더라

●崔氏告發

被告 外部大臣 朴齊純
被告 內部大臣 李址鎔
被告 軍部大臣 李根澤
被告 學部大臣 李完用
被告 農商大臣 權重顯

被告等本이月十七日夜에外人의指使를依ᄒᆞ야御前會議를開ᄒᆞ고所謂條約可否取決時에可字를書ᄒᆞ야條約認准을倡導ᄒᆞ고外大朴齊純은肆然히捺印ᄒᆞ고況內大李址鎔은前年에曾以六條約으로賣國者乎아

蓋此條約은國際上外交權을他人의게讓滅ᄒᆞᆷ이라內治外交를不能自執而許與外人ᄒᆞ고古今天下에未聞有以此으로待之者也라四五賊臣이阿附外人ᄒᆞ야腸肚를相連ᄒᆞ고擁蔽 上天ᄒᆞ야富貴를私圖ᄒᆞᄂᆞᆫ機關에四千年國權과五百年 宗社가遂致失墜ᄒᆞ니

嗚呼痛哉라被告等의賣國ᄒᆞᆫ情跡이昭然明白ᄒᆞ오니是ᄂᆞᆫ不惟我 聖朝之賊臣也라乃 祖宗之賊也며亦天下之元惡也라昔에孔子가誅少正卯ᄒᆞ시니爲國이되治ᄒᆞ니今 陛下有司法之權而誤國之賊而蟠據廟堂ᄒᆞᄃᆡ恬然不問은是誠何心고在其職而不能盡其責은尤非聖天子拔擢委任之盛意也며尤非朝野紳士之所瞻注者也라晉趙盾이身爲正卿ᄒᆞ야不能討賊ᄒᆞᆷ으로董狐直書曰晉趙盾이弑其君이라ᄒᆞ니嗚呼라爲司法者可不懼哉아

被告等의賣國ᄒᆞᆫ情節을玆에告發ᄒᆞ오니 照亮後에被告等을拿致鞫覈ᄒᆞ야若不實之端이有ᄒᆞ거든與本人으로對質裁判ᄒᆞ야處於當律ᄒᆞ야亟正邦憲ᄒᆞ시기仰要ᄒᆞᆷ 告發前監察崔東植

●請要農業權 洪州郡守李敎奭氏가內部에報告ᄒᆞ되本月二十日에京畿始興郡永登浦住日인藤長與三靑木청六兩인이來到本郡ᄒᆞ야新北面淡島에築堤及耕作權을認許之意로請願이옵기自郡으로ᄂᆞᆫ不得許施事라題給矣러니諸인等이帶持訟狀ᄒᆞ고將向京城云이온바事係土地開拓ᄒᆞ고亦關外인交涉이옵기玆에報告ᄒᆞ오니照亮ᄒᆞ시라ᄒᆞ얏더라

●印費來督 慶北軍威郡守鈗數鉉氏가內部에報告ᄒᆞ되以聖蹟編事로該派員白樂衡謂以以印出費二百兩과旅費二百兩合四百兩을來督本郡이오ᄂᆞᆫ本郡이荐當歉荒ᄒᆞ와有難辦備이다有所編中에眞目인즉本郡守ᄂᆞᆫ措處가實所難當故로玆以報告ᄒᆞ오니査照處分이라ᄒᆞ얏더라

●一宿而發 寧邊郡守尹寧求氏가內部에報告ᄒᆞ되安州出駐隊參尉金錫周가率步兵五十名ᄒᆞ고陰曆十月二十二日에來到ᄒᆞ야民家에止宿ᄒᆞ고翌朝에轉向楚山郡이라ᄒᆞ얏더라

●日兵到境 楚山郡守趙應顯氏가內部에報告ᄒᆞ되日本陸軍步兵中尉柳川保藏이率四十名ᄒᆞ고本月二十三日에自義州碧潼境으로來詣本郡守備而約二名이追從上來이다오며韓來守備日兵은未幾日에撤去云ᄒᆞ니査照라ᄒᆞ얏더라

正三品安鍾和氏의再疏ᄒᆞᆫ全文이如左ᄒᆞ더라

伏以養毁賊盡만之入則家必敗矣畜賣國之臣則邦必喪矣竊思今日之事細料금日之勢則陛下之事 去矣 陛下之勢窮矣

噫嘻痛哉政府諸賊爲登壇傀儡而强隣之使臣臨於幕下持而舞之欲埃及我印度我安南我而諸賊旣弗能剖心碎首又弗能裂紙剛腹而執筆吮墨驅我君臣上下貢手聽命於扶桑三島之隣國而栩栩然自以爲得計者現금五洲世界君主政治之國所未見之事所未見之賊也ㅣ오日列邦疑眩私式威嚇之後無言聲明則其可謂國有人乎江[illegible]人而弗如彼哉日適月征徒喪我臣民忠義之心臣所謂 陛下之事去 陛下之勢窮矣者此之謂也臣所謂盈廷臣子弗欲與賊俱生者此之謂也臣所謂곡誅諸賊之連署議案私讓國交於隣邦者此之謂也伏願陛下廓揮乾斷亟下明詔誅此諸賊以謝國人更擢賢能之臣委任責成以示所謂該議約되有違晦於 聖意弗爲裁可之旨則該約自歸廢紙陛下何畏而弗爲哉若弗能如臣言臣願 五百年 宗社三千里臣民皆之奴隸悠悠蒼天此何言哉臣無任瀝血祈懇之至

●合爲裁判 平理院檢事李圭桓氏가法部의報告ᄒᆞᆫ內開의現因前監察崔東植告發ᄒᆞ야外內農商學五大臣을行將拘拿이기玆報告ᄒᆞ얏다더라

●兩氏義憤 中署警務官張孝根氏가今番新條約成立日에請願辭職ᄒᆞ되見今我國의無人ᄒᆞ야外交를委托ᄒᆞ니惟我臣民之犧牲을激昂奮忿이어날所謂司法行政者以何面目으로糾察於世間哉아玆에請願ᄒᆞ니照亮裏遞ᄒᆞ라ᄒᆞ얏ᄂᆞᆫᄃᆡ昨日에依免이되고其代에洪祐鉉氏가被任ᄒᆞ얏ᄂᆞᆫᄃᆡ該署總巡李鴻來氏도亦以請願辭職ᄒᆞ얏다더라

◎本社特告

本社新聞을關西等地에廣佈ᄒ기爲ᄒ야平壤金與淵宣川安濬長連金龜等三氏에게委托ᄒ고逐號下送ᄒ오니購覽에有意ᄒ신僉君子ᄂ三氏에게購覽ᄒ시며代金도三氏에게傳致ᄒ심을爲要

大韓每日申報社

雜報

● 趙氏發起

對所謂新條約卞明書

嗚呼痛哉라嗟我全國同胞여今日所遭之事가天乎人乎아 檀君以來四千年箕士五百年 宗社를一朝에賣國奸賊之手에付ᄒ야滅亡ᄒᄂ境에至ᄒ얏스니此ᄂ斷無他也라全國人民이苟安姑息之計로義務를不守ᄒ야國家의存亡을他人의事로認ᄒ고視若尋常ᄒ다가至于今日ᄒ야四五逆賊輩가國權을打滅ᄒ고生靈을奴隸로作케ᄒ얏스니痛哉痛哉라奈何奈何오然彼所謂新條約은但爲賊輩의擅擧ᄒᆫ바요我 皇帝陛下씌셔拒絶ᄒ시고首揆뎌臣이牢却弗押章ᄒ얏스니揆我國與에此를엇지成約ᄒ얏다ᄒ리오所以로吾인等이敢先發起ᄒ야 天陛에籲遂ᄒ고賣國奸賊을一

一히邦刑에處케ᄒ야上以慰 皇天祖宗하고下以布告國中하며亦擧리難의擧兵犯闕하야威迫 至尊에背義棄信之罪하야聲明于各公館하야所謂新條約打破하고意로天下에公布하고我韓의獨立을永遠確保하기로茲에通告홈

光武九年十一月二十七日

發起人 崔在學 金仁집

申尙敏 李始榮 田鵬俊

嘉善大夫朴齊斌氏上疏ᄒᆫ全文이如左ᄒ니 疏

渠之不保首領不待國法而必爲 明之극又何足以多청且以日人言之處此東西洋各強一洲之時三邦聯盟抵恐其不支也不顧뎌勢之如何只貪小利之可慾有若盜賊見金而不見吏背棄前日之盟敢行一朝之詐則狗彘猶將不食其餘何況以一世之具彝性者孰不欲唾罵而共棄之也此在其國末必無不知者也不幸亦有彼一二僥倖之徒謂我無備一朝可得爲此忘뿌我國倘亦有二千萬世受國恩之人民各抱불鬱復讎之心必如壬辰之手無寸於平秀吉則東西南北雖各自在鎭 畢竟做許多申包胥明若觀火是則彼之於我已爲失計以其時事而言之뎌戰之後孤人子寡人妻怨氣漲天竭國庫罄民財觀廣益目方 當此時亟思其民綏集之方猶雖善後乃反釀成一世角逐之心自促其亡是之謂당낭不知黃雀之在其後雖爲彼而謀뒤可惜也雖關東洋之厄運以我義理之調正印諸賊不得不斬失信猾虜不得不却至若 閔泳綺李夏榮亦以平日賣國之賊黨巧於藏頭露尾至於此席裂紙爲使何遑無其道而督不能餕辭年拒而且書否雖欲掩天下之公眼秘謀相應均歸一轍吁亦慘矣雖然其與之同罪也 且念參政苟非其人恐復[illegible]事伏願更加簡拔公明剛直如宋之李綱者而委之則猶可幸也今臣此疏雖非關於垂亡之國亦可以倡勵五百年[illegible]義之邦二千萬死節之[illegible]此臣所以不敢愛一死必欲以[illegible]義著也伏乞 皇上廓揮[illegible]斷[illegible]將[illegible]印[illegible]并付司敗正[illegible]邦刑所謂條約聲明破棄以存國[illegible]疏 完

● 云無此言 日前本報中磚洞等地閔姓宰씨가音譯新條約事件의將허야朴齊純씨外에의居宮이猶爲萬幸이라고稱道허드라는句語를揭載허얏더니閔泳韶氏가屢次本社의送人寄書허야日磚洞閔姓宰相은惟泳韶一人인바朴齊純云云說話는初無此事라허니其或探者誤耶아姑依該寄書허야更揭허노라

● 築橋공德 麻浦居李敬元氏가麻浦東湖等地의잇는大川을橋梁設築허기爲하야商民의게收斂하야石橋를크게노왓스니五百年來로未有혼事業을行하야行旅의便利홈과來往之인이稱頌이불已하더라

● 소경과 안즘방이 문답 속

엇지동분치아니ᄒ며그젼에우리나라사람들이외국을지목허여오랑키니무엇이니허며조칭동방례의지국사람이라허던것싱각허면참가소치아니훈가 그런말허지말게보고듯는것이도로혀병통일세우리나라대관들의로론이니소론이니허는조혼문벌공연너너집스랑구석에서나조재허지외국사롬에게는 문벌조재도돗허고도로허그스롬의게의뢰허가를도모ᄒ나그쳐신의론허면뎌관이소관만도못허다네 그말말게이근릭각부뎌신네들출입시의보게드면긔구도굉장하데슌검병정옹위허고일슌사가좌우로보호허야츄종이별떼갓흐니그영광엇더허며그위엄엇더훈가사롬마다못허리라 이사롬명담이로다그네들의부귀영총을의론허면슈모슈모당새의데일이나 그악명그신세는우리만도못허도다화당금옥의검의옥식은만민의고혈이오거마복종의영광위엄은나라의란신이라 미완

廣告

特別廣告

本申報는海外電報를[illegible]接ᄒᆞ야機關이發通ᄒᆞ고外報와報紙를便捷活潑ᄒᆞ도록注意ᄒᆞ오며申報發送ᄒᆞ는迅速信傳ᄒᆞ기는分傳人의게在ᄒᆞᆷ으로本社에서平常에諸分傳人의게告戒ᄒᆞ고申申訓飭ᄒᆞ야毋或愆期ᄒᆞ게注意ᄒᆞ나如或稽延ᄒᆞ는[illegible]ᄒᆞ더니或本社君子는該分傳人의게誠信相孚ᄒᆞ도록照會ᄒᆞ시고勸懲ᄒᆞ야必無遲誤ᄒᆞ도록論ᄒᆞ시기를期待ᄒᆞ옵나이다

本社에寄書ᄒᆞ시는諸君子는姓名과居生을明確ᄒᆞ게懸錄送附ᄒᆞ시되證據가有ᄒᆞᆫ者를必要ᄒᆞᆷ이오公衆平和와秩序를紊亂케ᄒᆞ는意見과社會上不[illegible]ᄒᆞᆫ寄書는[illegible]不采ᄒᆞ오니肯諒ᄒᆞ시옵

大韓每日申報社

廣告

本人[illegible]三十一에日事浮浪ᄒᆞ야雜技酒色을沈惑不悛ᄒᆞ고符同雜類ᄒᆞ야初爲欺人騙財타가竟欲盜賣庄土ᄒᆞ야불計父祖香火와先山守護ᄒᆞ고一一奔走幹旋에期圖敗亡ᄒᆞ니無論內外國人ᄒᆞ고幸勿見欺ᄒᆞᆷ

善山海平居崔炳燮 告白

○鐵路部

○東大門과新門間에來往車는每十分間에運行ᄒᆞᆷ

東大門發初車는午前六時三十分
新門外停車場發初車는午前六時五十五分
東大門發終車는午後九時五十分
新門外停車場發終車는午後十時十五分

○東大門과洪陵間에來往車는每二十分間에運行ᄒᆞᆷ
但自鍾路로東大門에來到ᄒᆞᆫ交替車로聯絡ᄒᆞᆷ

東大門發初車는午前六時五十分
洪陵發 初車는午前七時十分
東大門發終車는午後七時五十分
洪陵發 終車는午後八時十分

○鍾路와龍山間에來往車는每十二分間에運行ᄒᆞᆷ

鍾路發至南大門初車는午前六時四十八分
鍾路發至龍山 初車는午前七時二十四分
南大門發至鍾路初車는午前六時五十六分
龍山發至鍾路 終車는午前七時五十七分
南大門發至鍾路終車는午前十時八分
龍山發至鍾路 終車는午後九時九分

○特別私用車는顧客의方便ᄒᆞᆷ을隨應ᄒᆞ야準給ᄒᆞᆷ
但定價는本社에來臨ᄒᆞ야請問ᄒᆞ옵

○電燈部

二百五十燭力以內의數用處에는每個月에[illegible]
○十六燭力燃燈達夜에二圜五十錢
○三十二燭力燃燈達夜에四圜
○五十燭力燃燈達夜에六圜
○一百五十燭力燃燈達夜에十圜
一千二百燭力弧形燈達夜에二十圜
二百五十燭力以上의數用處에는請求ᄒᆞ면瓦斯計一個를設給ᄒᆞᆷ
但瓦斯計賃金은每個月에二圜이오瓦斯計測驗表委托定價는每時間每암피아에二錢이옵
瓦斯計設給處에서每介月支拂金最低額은每個月에二十圜인ᄃᆡ(瓦斯計貸金은)据ᄒᆞᆷ
電燈을敷設ᄒᆞ기에請求ᄒᆞ는ᄃᆡ給ᄒᆞᆷ으로供各種達技辦燈도常時에貯存ᄒᆞ엿ᄉᆞᆸ

本社鐵路電氣會社
韓美電氣會社 告白

以上三種은上品으로製造ᄒᆞ야衛生上에至極ᄒᆞ옵고價値도나려서論來人ᄒᆞ고本社에來臨ᄒᆞ옵

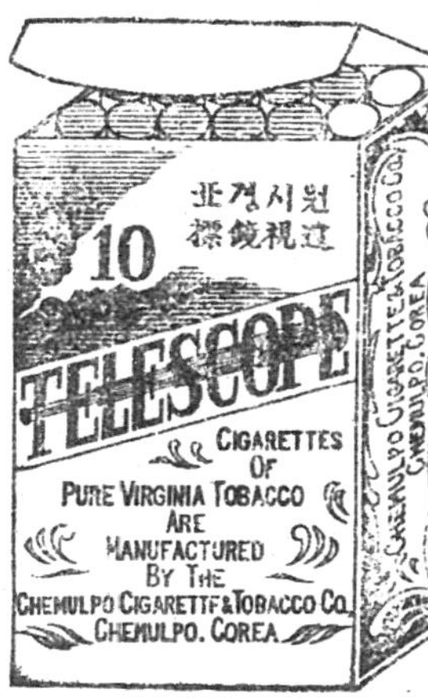

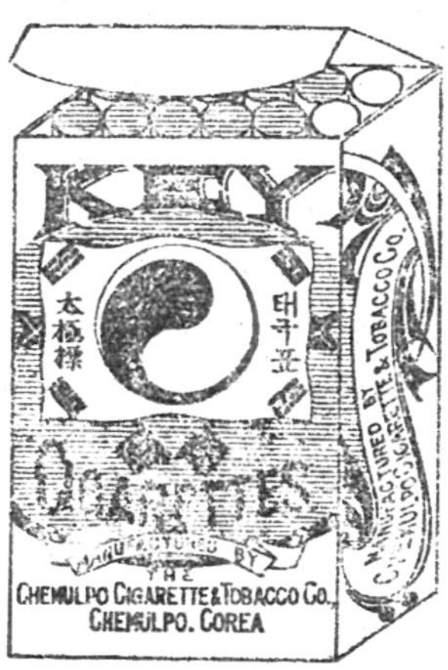

大韓帝國仁川港
濟物浦紙卷煙及烟草會社

一鷹標罐詰濃詰牛乳
一金印罐詰濃結牛乳
一無變家用氣化乳酪
一쏘ㅣ든쓰製造麥芽化合牛乳
以上은常時에貯積ᄒᆞ엿ᄉᆞᆸ
美國紐育港쏘ㅣ든쓰濃結牛유會社
一手代理店 大韓仁川港 世昌洋行

廣告

一雜貨商
一貿易商
一船舶取扱
一烟草商
一委託販賣及貨物運送代理業
一貿易行棧商
以上輸入及輸出者
京城大[illegible] 仁川[illegible] 許信[illegible]

本社廣告

申報價
一張代金 [illegible]
一箇月前金 五十錢
三箇月 一圜五十錢
六箇月 二圜九十錢
一箇年 五圜六十錢
郵稅一部 [illegible]
一箇月 十二錢

廣告料
四号活字十二字行
每日每行에[illegible]
(每日每行에六錢에相當ᄒᆞᆷ)
二周日에 二圜五十錢
(每日每行四錢五里에相當ᄒᆞᆷ)
一箇月에 五圜
(每日每行四錢一里에相當ᄒᆞᆷ)
其期限의長短과字行의多少를依ᄒᆞ야增減ᄒᆞᆷ이有ᄒᆞᆷ

大韓人마다此日報를不得不閱覽ᄒᆞ실터이오니廣告出報ᄒᆞ실僉君子는來臨面議ᄒᆞ시옵

發行兼編輯人 英國人裴說
發行所 京城北署壽進坊典洞号外地法語學校前
大韓每日申報社

光武九年八月十一日 明治卅八年八月十一日 第三種郵便物認可 金曜日 西曆一千九百五年十二月一日

第三卷

大韓每日申報
대한매일신보

第九十一號

月曜及慶節歲時日休刊

檀君開國四千二百三十八年
箕子元年三千二十七年
大韓開國五百十四年
日本明治三十八年
淸國光緖三十一年
陰曆乙巳十一月小初五日甲戌

論說

信教自強

普天之下全球之上에億萬人生이互相競爭者ᄂᆞᆫ勞力而已라是以로國土와人民이恒常弱肉強食과優勝劣敗를不免ᄒᆞᄂᆞ니現今世界에處ᄒᆞ야自強力이無ᄒᆞᆫ者ᄂᆞᆫ名雖人也나人類의待遇를不得ᄒᆞ야奴隷와牛馬를作ᄒᆞ야奴隷와牛馬를作ᄒᆞᆫ者ᄂᆞᆫ自身의行動을不得自由ᄒᆞ야他人의驅使를被ᄒᆞ고宰割을聽ᄒᆞ다가畢竟種類가滅絶ᄒᆞᄂᆞᆫ境遇에至ᄒᆞᄂᆞ니

此ᄂᆞᆫ世界人生이歷歷히目睹ᄒᆞᆫ者라其悲慘ᄒᆞᆫ情況을何可形言이리오盖吾人類中自強力에緣起ᄒᆞᆫ바를攷察ᄒᆞ니

無形의自強과有形의自強이有ᄒᆞ니有形의自強은財力과武力等이是也오無形의自強은信教力이是也라

無論何國ᄒᆞ고其始也에必皆無形之強이先立ᄒᆞ야其効果가有形之強을成就ᄒᆞᄂᆞ니彼美國의獨立과希臘의獨立이皆其人民의信教力으로由ᄒᆞᆫ지라是以로國家의財力과兵力이비록虛弱ᄒᆞ나自國의宗教와自國의歷史를能히保全ᄒᆞ면獨立精神이不至全滅ᄒᆞ야畢竟國權을恢復ᄒᆞᄂᆞ니無形之強이豈不可畏리오今에大韓境狀을觀ᄒᆞᆫ則有形之強은固無可論이나無形之強은甚有期望ᄒᆞ니何也오ᄒᆞ면宗教社會가是라現今大韓國中에耶蘇信教徒가數十萬에達ᄒᆞ얏ᄂᆞᆫ디箇箇히一死字로自誓ᄒᆞ야國家의獨立을不失ᄒᆞ기로上天에祈禱ᄒᆞ고同胞에勸諭ᄒᆞᄂᆞ니此ᄂᆞᆫ大韓에獨立根基라彼淺見之徒ᄂᆞᆫ此를冷視ᄒᆞ나余輩ᄂᆞᆫ此信教者의効力이不出幾年에必有可觀이라ᄒᆞ노라

官報

●號外 光武九年十一月二十九日

◉宮廷錄事

詔曰所言者寔出於大同公議連章累牘何患無道理而仍留闕中亦旣信宿此國朝以來所未有之駭擧也歷次申諭尙不退去其在臣分寧容若是疏首以下幷令法部拘拿懲辦

光武九年十一月二十八日 法部大臣李夏榮

詔曰命外部大臣朴齊純爲議政府參政大臣

光武九年十一月二十八日 內部大臣李址鎔

宮內府大臣李載克辭職疏

批旨省疏具悉卿懇屢之忱固宜如此而見在不當求解[illegible]遣府郎宣諭

議政府參政大臣閔泳喆辭職疏

批旨省疏具悉卿懇而乃如是爲言而[illegible]不已所請依施[illegible]遣府郎宣諭

以上十一月二十八日

◉敍任及辭令

外部大臣朴齊純 任議政府參政大臣敍勅任一等

外部協辦尹致昊 命署理大臣事務

以上十一月二十八日

東京電報

●露國捕虜輸送開始 十一月廿八日午後四時四十分發

浦鹽方面에暴徒가蜂起홈으로捕虜輸送을開始홈旨로情報가來到ᄒᆞ얏더라

●外債費途 仝上

去日募集ᄒᆞᆫ外債ᄂᆞᆫ其半額을滿韓經營費로使用ᄒᆞᆫ다더라

●海軍兵學校卒業式 十一月廿八日午後九時廿分發

日本江田島海軍兵學校卒業式은本日(廿八)執行ᄒᆞ얏ᄂᆞᆫ디有栖川宮께서來臨ᄒᆞ야卒業生百七十貳名이라더라

●進步黨과韓國商業會議所 十一月廿八日午前十時十分發

日本進步黨은韓國商業會議所員의意見을聞ᄒᆞ고今後韓國에處ᄒᆞᆫ經濟와其他에對ᄒᆞ야計劃[illegible]

雜報

●勒禁可怪 各處商民들이新條約事件에對ᄒᆞ야憤痛을不禁ᄒᆞ더營業에無心키로一齊閉市ᄒᆞ얏더니警務廳에셔別巡檢을派送ᄒᆞ야勒令開市ᄒᆞ기로各商民言內에[illegible]開市[illegible]新條約事件으로人心이洶洶ᄒᆞ야[illegible]不如閉市이다[illegible]傍觀者이紛紛ᄒᆞ더라

◉婦人熱憤 再昨日[illegible]에셔一年少ᄒᆞᆫ婦人이多數人衆을對ᄒᆞ야今番新條約事件을論辨홈이[illegible]慷慨ᄒᆞ고[illegible]嚴ᄒᆞ니一般傍觀者가無不感泣ᄒᆞ얏더라

記者ㅣ[illegible]天賦舜性이分於貴賤이오無間於男女ㅣ라[illegible]四百年前에法國에一牧羊田婦가獨力一言으로強敵을抵斥ᄒᆞ야使其國으로他人의羈絆을得脫ᄒᆞ고獨立을完成ᄒᆞ얏더니今에大韓의도此等熱心愛國ᄒᆞᄂᆞᆫ婦人이有ᄒᆞ니足히人民의志氣를鼓勵ᄒᆞᆯ지라彼私權을徒貪ᄒᆞ야外人을依賴ᄒᆞ고自國을販賣ᄒᆞᄂᆞᆫ者ᄂᆞᆫ엇지豚犬에足比ᄒᆞ리오使此等婦人으로當局者가되얏스면韓國情形이當不如此之甚이라噫彼賣國之事를取行ᄒᆞ고一大勳勞를成ᄒᆞᆫ줄노得得揚揚ᄒᆞ니是可忍乎아此等婦人의演說을或不聞知耶아天理人心을焉可誣也며焉可誣也리오

前議官尹斗炳氏疏本

伏以臣昨日[illegible]恩[illegible]所[illegible]

[illegible]時日與[illegible]信日還臣處分前參政大臣臣韓圭卨以擧措失當免官賊臣朴齊純遽襲首揆卿以參政之不能盡職以貽國恥責罪當有餘至於當席蹙決一節確有所執今以他微言[illegible]而實國逆魁反被恩命刑賞倒置一至於此何以釋中外之疑懼乎玆敢不避煩瀆伏乞聖明赫然奮威凡厥逆臣與正郎刑所謂約款繳而銷之以安宗社以慰生靈臣雖與[illegible]誓不與諸逆共天如以臣言爲非是願就陛下乞賜一死當作厲鬼以誅諸賊雖死之日猶臣之幸

雜報

◎一人死忠 侍從武官長閔泳煥氏는 皇室肺腑之臣으로公忠直ᄒᆞᆫ令望이素有ᄒᆞ고歐美列邦에遊覽ᄒᆞᆫ識見으로時務에通達ᄒᆞᆫ지라朝野輿情이皆此公의進退로써國家의安危를卜ᄒᆞ더니近日新條約事件에對ᄒᆞ야大小臣僚로共히伏闕上疏ᄒᆞ야大變을挽回코져ᄒᆞ더니奸細輩에軋轢으로因ᄒᆞ야拘拿懲判之命을被ᄒᆞ니於時乎國家事가無復可爲之道라丘天孤忠이無地可效일ᄉᆡ乃引刀自刎ᄒᆞ야死於忠義ᄒᆞ얏스니於公에는可謂無憾이어니와噫라大韓國運이여此公이若在政府會議之列이면所謂新條約이豈至於此리오嗚呼痛哉로다

◎參贊演說 政府參贊李相卨氏가大小臣僚와共히伏闕上疏ᄒᆞ고再昨日에平理院으로봇터出ᄒᆞ야閔輔國의自裁ᄒᆞᆷ을聞ᄒᆞ고昨日朝에鍾路에至ᄒᆞ야人民을對ᄒᆞ야痛哭演說曰我政府大臣等이近日에至ᄒᆞ야도오히려偸安苟活ᄒᆞᆯ妄想이有ᄒᆞ야日本人의習慣으로百强國의依賴ᄒᆞ면自家生命을能히保全ᄒᆞᆯ줄노誤解ᄒᆞ얏ᄂᆞ라現今時代ᄂᆞᆫ國家가自立치못ᄒᆞ고他國保護下에歸ᄒᆞ면國家가顚覆ᄒᆞᆯ뿐아니라全國人種이歸當滅亡ᄒᆞᄂᆞ니噫我國同胞人民은此를深思ᄒᆞ라今閔輔國의自裁之日이即我全國人種의盡滅之日이니余는閔輔國一人의死ᄒᆞᆷ을爲ᄒᆞ야悲弔ᄒᆞᆷ이아니라我全國人民의盡滅ᄒᆞᆯ情境을爲ᄒᆞ야悲弔ᄒᆞ노라ᄒᆞ고痛哭而歸ᄒᆞ얏다더라

◎新約無效

近日東西半球學問家數三友人이茶話于某教會堂이라가言及于韓國事ᄒᆞ야輒慨然曰韓國政府人民之如是黑暗은曾是不意라至於彼保護之國ᄒᆞ야ᄂᆞᆫ有保護獨立焉ᄒᆞ며有獨立保護焉ᄒᆞ며有獨立焉ᄒᆞ며有半獨立焉이어날今韓國은上下人民이皆謂保護二字로嗷嗷焉洶洶焉이라가及其條約成立之日에ᄂᆞᆫ以移外交于東京이라ᄒᆞ며置統監于漢城이라ᄒᆞ되全陸而是議云ᄒᆞ니然則保護二字가絶無條約上으로坦然自安而半獨立은猶爲維持之意로信之無疑耶아保護之名義如何를毫無理解ᄒᆞ고甘心受制ᄒᆞ야俯首싱싱ᄒᆞ니韓國黑暗을須爲可悶이로다一友人이呵呵曰此是眼如小兒라統監二字之義가與統督으로小無異義ᄒᆞ니置統監之地ᄂᆞᆫ即領土也오非保護也니俄之於波蘭에雖是併呑之慾이나統監은未曾有也오英之埃及과法之安南에도統監은亦無ᄒᆞᆫ實例니今見日本於韓國은似琉球、臺灣、樺太之一般待遇也리니豈有間然哉리오마ᄂᆞᆫ嗷嗷洶洶於保護二字之韓國人民이豈知一朝爲日本之領地ᄒᆞ니甚可悶也오又可憐也로다ᄒᆞ야날一友人이憮然曰渠何拼呑之慾이면豈無世界之公議也리오至於新條約ᄒᆞ야ᄂᆞᆫ無信用無效果無能力을吾知其必然矣라假令腕力家가見彼殘疾人之百得金寶ᄒᆞ고慾其大熾ᄒᆞ야謂其保險而勒討明許일ᄉᆡ殘질인이불肯成證이거날以手砲로恐之ᄒᆞ야百般凌迫ᄒᆞ니殘질人이勢無奈何ᄒᆞ야惜其如縷之命而畏之如虎ᄒᆞ고遂盡其至寶之所而成所與之어날腕力家ㅣ喜其成功ᄒᆞ고自謂主管이라ᄒᆞ되其隣人之公議가爲日所見이오爲日所聞이라若以殘질人之成證으로謂腕力家之所有라ᄒᆞ면是謂之公議乎아不乎아設令隣人之公議ᄂᆞᆫ歸之無能이라도又豈無幾個腕力家ᄒᆞ야使其盜心者로獨不之乎아今日本이曳其威權於皇室之內ᄒᆞ고勒使外部大臣으로捺印而取之去ᄒᆞ니此無異於勒使殘질人成證也라而況萬國公法에有勒成條約이歸之無效者乎아是以로此日韓新條約之無信用無效與無能力을決然可斷言者니非吾一人之私言이라即世界之公論也니라ᄒᆞ야날吾聞其議論而姑記于此ᄒᆞ야以證其他日ᄒᆞ노라

◎痛哭閔公

死而死ᄂᆞᆫ天下滔滔皆是로되死而生은今於閔公泳煥氏에見之로다夫忠義者ᄂᆞᆫ人道之極也오臣節之大者也라人而不忠不義면生無以盡其職分이오死無以表見於世ᄒᆞ야尨然螻蟻이空立天地間而已니雖壽至百歲ᄒᆞ며位列九卿이라도其生이猶死라人皆賤之어니와如閔公者ᄂᆞᆫ可謂能盡其職分이요可謂流芳千來世니其壽ᄂᆞᆫ短이나其歷久可傳者ᄂᆞᆫ不壽且大歟아嗚呼라大韓今日國勢ᄂᆞᆫ可謂板蕩이極矣라幾個奸凶輩가甘爲外人之鷹犬ᄒᆞ야移君販國을視同睡溺ᄒᆞ며雖其平日에稍持淸議者라도亦不過空言陳疏ᄒᆞ며相視咨嗟ᄒᆞ야徒作新亭之泣이거날惟公이毅然苦節로殺身成仁ᄒᆞ야將以保存五百年 宗社와二千萬生靈ᄒᆞ니其精忠大義가可與日月爭光이요從此大韓江山이屹然有不死之氣而當日賣國賊者ㅣ無論知與不知ᄒᆞ고莫不懺愧泣下ᄒᆞ니如其覆成ᄒᆞ니忠義之感人이固當如是어니와雖然이나國內人士가徒悲公死ᄒᆞ고弗死繼公忠節이면是乃淺之爲知公也니公之毅魄이必當有憾於泉下矣리니惟願人人이皆以公之心으로爲心ᄒᆞ야勇進無退에打破一副國賊ᄒᆞ면衆志旣定에天亦眷佑ᄒᆞ야國權回復이庶幾有望ᄒᆞᆯ지니凡厥韓인우其勉乎哉인저

◎魚廛潦燒 昨日下午十時에鍾街魚物廛都家에失火ᄒᆞ야盡入燒燼ᄒᆞ얏ᄂᆞᆫ데其失火ᄒᆞᆫ根由ᄂᆞᆫ姑爲未詳이라더라

◎同宗異心 閔輔國泳煥氏에以身殉國은國內一般官民의所共痛冤이오亦所敬慕어니와校洞等地에居ᄒᆞᄂᆞᆫ一閔姓大官은其品秩이在於泳煥氏之上이로되日前百官庭請에疏首로擬望ᄒᆞᆫ즉苦避不從ᄒᆞ야國之存亡은越視莫甚ᄒᆞ고 屋美妾에게만滋味가大段ᄒᆞ다ᄒᆞ니一忠一不忠이判如霄壤이라고傳說이狼藉ᄒᆞ더라

◎行人勤捧 何事件을因ᄒᆞᆫ인지ᄂᆞᆫ弗知ᄒᆞ거니와日兵이典洞壁門을把守ᄒᆞ야來往人을禁斷ᄒᆞ다더라

◎曹氏被打 再昨日下午八時쯤에曹秉式氏가今番新條約事件에對ᄒᆞ야忠諫을言ᄒᆞ야鍾路에서演說ᄒᆞ더니日憲兵이同氏의父子를刀로亂打ᄒᆞ야暴至死境인더니又押去ᄒᆞ니氏의子ᄂᆞᆫ年十餘歲라더라

◎學徒痛哭 韓日新條約事件以後로日內學徒들이痛恨心을不勝ᄒᆞ야從此로ᄂᆞᆫ日語學習은廢止ᄒᆞ기로決心이라고紛說이有ᄒᆞ다더라

◎又是二忠 驪州居前參判洪萬植氏ᄂᆞᆫ今番新條約事件에痛憤을不勝ᄒᆞ야以身殉國ᄒᆞ라고其子姪과永訣ᄒᆞᆫ즉子姪等言內에一番上疏ᄒᆞ야 聖意를挽悟케ᄒᆞ다가事竟不從ᄒᆞ시ᄂᆞᆫ境遇에ᄂᆞᆫ死亦未晩이라ᄒᆞᆫ즉同氏曰空言無益이라ᄒᆞ고仰藥自死ᄒᆞ얏다ᄒᆞ며陪從武官長趙東潤氏ᄂᆞᆫ新條約調印ᄒᆞᆫ即時에自爲殉國ᄒᆞᆷ을其夫人이據義責之ᄒᆞ얏다더니同氏가連日庭請에參班이다가國事가漸無可爲之勢를悲痛ᄒᆞ야本館에셔飮藥自死ᄒᆞ랴ᄂᆞᆫ데藥氣가起發ᄒᆞ야方今命在頃刻이라ᄒᆞ더라

◎賣國慶祝歌 賣國大臣

慶祝일셰慶祝일셰新協約에捺印ᄒᆞ야大韓江山三千里를一手販賣ᄒᆞ얏스니口文이不少로다富貴榮華自取ᄒᆞ니身外無物이라國家ᄂᆞᆫ何用인고

慶祝일셰慶祝일셰韓國에大臣爭權爭奪者何人이며日本帝國大勳位ᄂᆞᆫ一平生榮耀라天上天下唯我獨存勢力慾燄自取ᄒᆞ니身外無物이라國君은何用인고

慶祝일셰慶祝일셰一身慶祝일셰我命은在天이라뉘가敢히죽이자고謬請인지伏閤인지一般逆賊元老公卿憲兵保護겨일셰强國功勳自取ᄒᆞ니身外無物이라國論은何用인고

慶祝일셰慶祝일셰國家를면뒤가알ᄂᆡ領土되면뉘가아니富貴ᄂᆡ位地ᄒᆞ야三頭六臂어ᄂᆡ놈이흥야항야하야보게如此하면輪船타고日本東京자지라綽綽餘地自取ᄒᆞ니身外無物이라國士ᄂᆞᆫ何用인고

慶祝일셰慶祝일셰二千萬生靈다죽어도唯吾獨生第一일셰無衣無食ᄒᆞᆯ理잇나無金無帛ᄒᆞ단말가高臺廣室好家舍에絶代佳人行樂ᄒᆞ고錦衣玉食自取ᄒᆞ니身外無物이라國民은何用인고

◎本社特告

本社新聞을關西等地에廣佈ᄒᆞ기爲ᄒᆞ야平壤金典淵宣川安濬長連金鎭等三氏에게委托ᄒᆞ고逐號下送ᄒᆞ오니購覽에有意ᄒᆞᆫ僉君子ᄂᆞᆫ三氏에게購覽ᄒᆞ시며代金도三氏에게傳致ᄒᆞ심을爲要

大韓每日申報社

雜報

●李是翰首 今番新約時에御前會議를開ᄒᆞ고參政以下各大臣이該條約은斷不認許ᄒᆞ기로僉議詢同ᄒᆞ얏ᄂᆞᆫ디惟獨學大李完用氏가首唱ᄒᆞ기를年來勒締之約에我韓이文字改定도係多不能ᄒᆞᆫ後悔가불無ᄒᆞᆫ즉今番擬定新約에ᄂᆞᆫ參互變通홈이大爲不可라ᄒᆞᆫ즉韓參政이厲曰若以改定으로論之則該約宗旨ᄂᆞᆫ必無變改之道ᄒᆞ고只以若干文字로塗抹ᄒᆞ야以招外人逼勒ᄒᆞ리니此論이極爲不幸이라ᄒᆞᆫ즉李氏가極口謝過라가及至會議之際에李氏가更以改定之說로提論ᄒᆞᆫ즉伊藤大使가蹶然起坐ᄒᆞ야拍案發言曰學大之說이大是妥當이라ᄒᆞ고以若干文字로隨意改定ᄒᆞ고仍謂可否則學大及其他數人이隨口呼可ᄒᆞ매伊藤大使가直要宮內大臣李載克氏ᄒᆞ야始之轉達于 天陛ᄒᆞ야由此會議에可多否少ᄒᆞ니此約이已爲成立이라ᄒᆞ고更遍外되ᄒᆞ야竟至調印ᄒᆞ니究其顚末에學大之奸謀로首禍가되얏다더라

●逆賊轉深 新條約에調印ᄒᆞᆫ各部大臣이日昨伊藤氏도餞別ᄒᆞ고卽時詣闕ᄒᆞ야上奏曰伊藤言內에統監이出來ᄒᆞ야도外交監督而已오他事務ᄂᆞᆫ一不干涉ᄒᆞᆯ지니諸人이政務上에一心綜理ᄒᆞ면不過一年에國權을自當還附라ᄒᆞ온즉從今臣等이政任參政朴齊純을命視務케ᄒᆞ옵소서ᄒᆞ고朴齊純을卽其時招入ᄒᆞᄂᆞᆫ디朴氏ᄂᆞᆫ良心이還生ᄒᆞ얏ᄂᆞᆫ지其職任을苦辭ᄒᆞ얏ᄂᆞᆫ디宮中에서ᄂᆞᆫ此擧를奏로因ᄒᆞ야和氣가暫生ᄒᆞ얏다더라

●元老復來 前元老趙秉世氏ᄂᆞᆫ加平鄕第로下去홈은前報에已揭어니와今聞ᄒᆞᆫ즉表勳院으로會議所로다시上來ᄒᆞ얏다니此元老의薑桂之性이耶竟忘乍報國ᄒᆞ리라더라

●當揭次號 李基範氏等이警告文을發布ᄒᆞ얏ᄂᆞᆫ디其全文은次號에揭載ᄒᆞ깃노라

●爲國祈禱 尙洞敎會堂에서每日下午七時붓터九時ᄭᅡ지韓國을爲ᄒᆞ야上天에祈禱ᄒᆞᄂᆞᆫ디男女敎友가數千人에至ᄒᆞ얏다더라

●隨淚文 殉國ᄒᆞᆫ閔泳煥氏衣衿中에서搜出ᄒᆞᆫ各公館에所寄書와警告韓國人民ᄒᆞᆫ遺書全文이如左ᄒᆞ니

警告韓國人民遺書

嗚呼國恥民辱乃至於此我인民行將진滅生存競쟁之中矣夫要生者必死期사者得生諸公豈不諒只泳煥結以一사仰報 皇恩以謝我二千萬同胞兄弟泳煥사而不사期助諸君於九泉之下幸我同胞兄弟千萬倍加於奮勵堅乃志氣勉其學問結心戮力復我自由獨立則사者當喜笑於冥冥之中矣嗚呼少勿失望訣告我大韓帝國二千萬同胞

各館寄書

泳煥爲國不善國勢民計乃至於此徒以一死報 皇恩以謝我二千萬同胞死者已矣今我二千萬人民行當진滅於生存競爭之中矣 貴公使豈不諒日本之行爲耶貴公使閣下幸以天下公議爲重歸報 貴政府及인民以助我인民之自由獨立則사者當含笑感荷於冥冥之中矣嗚呼閣下幸勿小覷我大韓誤解我인民之血心

前秘書丞尹[illegible]氏疏本이如左ᄒᆞ니

伏以臣蔭塗末蹤猥被下品歷試股肱之鄙擢經喉舌之院受 恩多矣猥效蔑如於昨年夏以山林川澤事件糾合紳士屢抗出位之疏遍忤權奸積怒隣强遂被燕獄之因而耿ᄒᆞ寸忱誓사靡悔厥後國權愈削 主勢益孤因奏任階卑言路壅遏徒抱杞憂莫效芹曝中夜繞壁吞聲飲泣粗具知識孰弗知有今日之禍也嗚呼殘門閉今可以言矣善인有羸病腹背커瘼手足痺癢非外也於由臟腑之癥結陛下之病在於好忘用인而忘賞邪已試而忘賞罰其親押於宮禁忝界於政府者非膏梁之騃子是廝役之凡流以剝割民부爲忠以眩惑上聽爲能以輸與國情爲智百欺一悟輒相忘ᄭᅡ與陛下之一身安危而自忘臣竊痛爲 陛下天下之妖孽鐘萃古之厲氣打盛一團前之今日府部디官之列天賊人賊孰使之然此陛下之百試而百見欺者抑綱繆外使會址 君父目擊顚隱擾謂約款欲使陛下在지道之辱崖山之禍而宗社丘墟生靈魚肉奴隷禾黍而後已此 未完

●소경과안즘방이문답 (속)

자쥬권리반젼업시외국인음의뢰ᄒᆞ야젼국이익쥬어가며황실위권ᄲᅢ아서다외국으로돌여보내여강토는젼졈줄어가고황권을날로미약ᄒᆞ야만민은도탄이오도적은봉긔ᄒᆞ니국셰의위급홈은죠젹이란보로다그새다셜명ᄒᆞ면지금소ᄋᆡ각부대신미국허는슈단으로만든거시라무죄ᄒᆞᆫ젼국인민곡졀업시남에로예될터이니그죄를의론ᄒᆞ면한국에는역신이오외국에는츙신이라죽기를면ᄒᆞᆯ손가그런고로제죄를제가알고슌검병정청ᄒᆞ야쥬야로보호ᄒᆞ니그보호는미양인가인군을곳동허여나라를파라먹기드사름마다못ᄒᆞᆯ바라 여보게참이법에또ᄉᆞ약이셔립되야일본셔우리나라에홍감부를셜치허는디그쉬ᄋᆞ는경복궁안으로된다허니그선죠약은무엇이며통감부는엇지허는것인가자네는똑똑이 는좀들엇스면 미완

廣告

輔國閔公泳煥氏今月初四日卯時白刃自刺以身殉 國故以告訃 僉衆以此照亮焉

光武九年乙巳十一月初四日

士民弔會所

本校僉學員은來土曜日午前齊會于本校事

興化學校 告白

夫吾敎ᄂᆞᆫ天道之大原일셔日下道敎라 敎之瀬明이及今四十六年에信 之人이如是其廣ᄒᆞ며如是其多로디敎堂之不遑建築은其爲道憾이不容提說이오現今人文이開明ᄒᆞ야各敎之自由信仰이爲萬國公例오其敎堂之自由建築도亦係成例니吾敎會堂之覈然大立이亦應天順人之一大表準也타惟我同胞諸君은 亮悉홈

敎會堂建築開工은明年二月上爲始事

天道敎

大道主 孫秉熙

本月붓터通常會를每月第一土曜로一次만開會ᄒᆞᆯ터이나 僉會員은照亮ᄒᆞ옵

國民敎育會 告白

本校에陽曆十二月十日ᄭᅡ지學員을募集ᄒᆞ오니願學僉員은入參ᄒᆞ시옵 課程 英語 日語 算術 地誌 歷史 法學

懿法會夜學校 告白

●法學通論發售廣告

一帙一冊四七八頁

定價新貨一

發賣所 美洞 博[illegible]

南署屛門下 金相萬

●셔실광고●

자긔로맛인칼인디속ᄒᆞᆫ긔계는칼파롤파송곳과나사와송곳칼파병마개ᄲᅡ는것파손톱파는것파가위와귀슈쉬개의나슈쉬개이열어가지가다ᄒᆞᆫ칼속에잇는칼을열허바려슷오니누구시던지이칼을엇어본사로보니여주시면후사ᄒᆞ겟소

特別廣告

本申報는海外電報를創接ᄒᆞ야機關이靈通ᄒᆞ고外國와聯絡을敏捷活潑ᄒᆞ도록注意ᄒᆞ오며申報發送ᄒᆞ는ᄃᆡ迅速信傳ᄒᆞ기는分傳ᄒᆞ되人의迅速ᄒᆞ으本社에서平常ᄒᆞ게傳ᄒᆞᆷ을諸分ᄒᆞ고申訓新意ᄒᆞ야毋或愈或傳ᄒᆞ게法意ᄒᆞ기니와要讀ᄒᆞ고有權忽이라도知子ᄒᆞ게본社에信ᄒᆞ시는君子는鬱使ᄒᆞ고知ᄒᆞ시本信讀ᄒᆞ시면談分傳의提議ᄒᆞ고相學ᄒᆞ도록耳提面命ᄒᆞ야勸ᄒᆞ가發生ᄒᆞ도록諒ᄒᆞ고論ᄒᆞ야必無遲誤ᄒᆞ기로期待ᄒᆞ오니이다

本社에寄書ᄒᆞ시는君子는姓名과居住를明確ᄒᆞ게記錄을添附ᄒᆞ시와證據가有ᄒᆞᆷ을必要ᄒᆞ이오公衆平和ᄒᆞᆫ秩序를紊亂케ᄒᆞ는意와社會上不穩荒雜ᄒᆞᆫ寄書는不受ᄒᆞᄂᆞᆫ規則이ᄂᆞᆫ本社에自有ᄒᆞ오니諒照ᄒᆞ시옴

大韓每日申報社

廣告

本人婦ᄃᆡ某年三十一에日本浮浪ᄒᆞ야雜技酒色을沈惑ᄒᆞ부悛ᄒᆞ고符同雜類ᄒᆞ야初焉欺人騙財타가竟欲盜賣庄土ᄒᆞ야불計父祖香火와先山守護ᄒᆞ고一一奔走斡旋에期圖敗亡ᄒᆞ니無論內外國人ᄒᆞ고幸勿見欺홈

善山海平居崔炳燮 告白

○鐵路部

○東大門과新門間에來往車ᄂᆞᆫ每十分間에運行홈

東大門發初車ᄂᆞᆫ午前六時三十分

新門外停車場發初車ᄂᆞᆫ午前六時五十五分

東大門發終車ᄂᆞᆫ午後九時五十分

新門外停車場發終車ᄂᆞᆫ午後十時十五分

○東大門과洪陵間에來往車ᄂᆞᆫ每二十分間에運行홈

但自鍾路로東大門에來到ᄒᆞᆫ交替車로換乘홈

東大門發初車ᄂᆞᆫ午前六時五十分

洪陵發 初車ᄂᆞᆫ午前七時十分

東大門發終車ᄂᆞᆫ午後七時五十分

洪陵發 終車ᄂᆞᆫ午後八時十分

○鍾路와龍山間에來往車ᄂᆞᆫ每十二分間에運行홈

鍾路發至南大門初車ᄂᆞᆫ午前六時四十八分

鍾路發至龍山 初車ᄂᆞᆫ午前七時二十四分

南大門發至鍾路初車ᄂᆞᆫ午前六時五十六分

龍山發至鍾路 終車ᄂᆞᆫ午前七時五十七分

南大門發至鍾路終車ᄂᆞᆫ午前十時八分

龍山發至鍾路 終車ᄂᆞᆫ午後九時九分

○特別私用車ᄂᆞᆫ顧客의方便ᄒᆞᆷ을隨應ᄒᆞ야準給홈

但定價ᄂᆞᆫ本社에來臨ᄒᆞ야請問ᄒᆞ옵

○電燈部

二百五十燭力以內의數用處에ᄂᆞᆫ每個月에定價를左와如ᄒᆞᆷ

○十六燭力燃燈達夜에二圓五十錢

○三十二燭力燃燈達夜에四圓

○五十燭力燃燈達夜에六圓

○一百五十燭力燃燈達夜에十圓

一千二百燭力弧形燈達夜에二十圓

二百五十燭力以上의數用處에ᄂᆞᆫ請求ᄒᆞ면瓦斯計一個를設給홈

但瓦斯計賃金은每個月에二圓이오瓦斯計測驗表委托定價ᄂᆞᆫ每時間每알피아에二錢이옴

瓦斯計設給處에셔每個月支拂金最低額은每個月에二十圓인ᄃᆡ(瓦斯計貸金은)据홈

電燈을敷設ᄒᆞ기에請求ᄒᆞ는ᄃᆡ給홈로供各種連技辦燈도當時에貯存ᄒᆞ엿삽

本社鐘路電氣會社

韓美電氣會社 告白

以上三種은上品으로製造ᄒᆞ야衛生上에至極ᄒᆞ오니僉君子ᄂᆞᆫ諸其入ᄒᆞ오本社에來購ᄒᆞ옵

大韓國濟物浦仁川港 濟物浦紙卷煙及烟草會社

◉九轉靈砂라 本人이妙方法을神備하야製造ᄒᆞᆫ靈丹인ᄃᆡ男女老少에無論何症ᄒᆞ고通治ᄒᆞ오며無病ᄒᆞᆫ에도服ᄒᆞ면平生의身體가健康ᄒᆞ며小兒ᄂᆞᆫ四五錢重만服ᄒᆞ면十歲안에無病ᄒᆞ기를擔保ᄒᆞ오며

◉九轉靈砂萬靈丹은癲狂 癎症과中風諸疾과耳目諸病과淋疾에神効ᄒᆞ고

◉九轉靈砂保命丹은初生小兒 驚風 痾氣 咳嗽 腹瘡諸般惡症에 効ᄒᆞ오

◉九轉靈砂濟衆丹은酒滯 食滯 血積 吐瀉 霍亂 痢疾 吐血 下血 運氣 時疾 瘧症에神効ᄒᆞ오

◉九轉靈砂紫金丹은痔漏 累瘻 十瘡瘡 下疳瘡及唐瘡과諸般毒瘡惡種에無不神効ᄒᆞ오니 僉君子는來問ᄒᆞ시오

內需司前두갈이골上隅第一家 李鎬廷移徙 告白

廣告

一 雜貨商

一 貿易商

一 船舶仲介

一 煙草商

一 藥種販賣及代理店

一 家屋賣買

以上營業(各種)日言

仁川 洋行 告

本社廣告

申報價

一張代金 錢貨五錢

一箇月前金 五十錢

三箇月 一元五十錢

六箇月 二元九十錢

一箇年 五元八十錢

郵稅一部 錢貨五里

一箇月 十三錢

廣告料

四号活字十三字詰每日每段一寸에新貨廿五錢(每日每行에六錢에相當홈)

二周日에 二圓五十錢(每日每行四錢五里에相當홈)

一箇月에 五圓(每日每行四錢一里에相當홈)

其期限의長短과字行의多少를依ᄒᆞ야增減홈이有홈

大韓人마다此申報를不得不閱覽ᄒᆞ실터이오니廣告出版ᄒᆞ실僉君子는來臨商議ᄒᆞ시옴

發行兼編輯人 英國人裵說

發行所 京城北署壽進坊碩洞旧外部法語學校舖

大韓每日申報社

第三卷

大韓每日申報
대한ᄆᆡ일신보

第九十二號

月曜及慶節歲時日休刊

檀君開國四千二百三十八年
箕子元年三千二十七年
大韓開國五百十四年
日本明治三十八年
淸國光緒三十一年
陰曆乙巳十一月小初六日乙亥

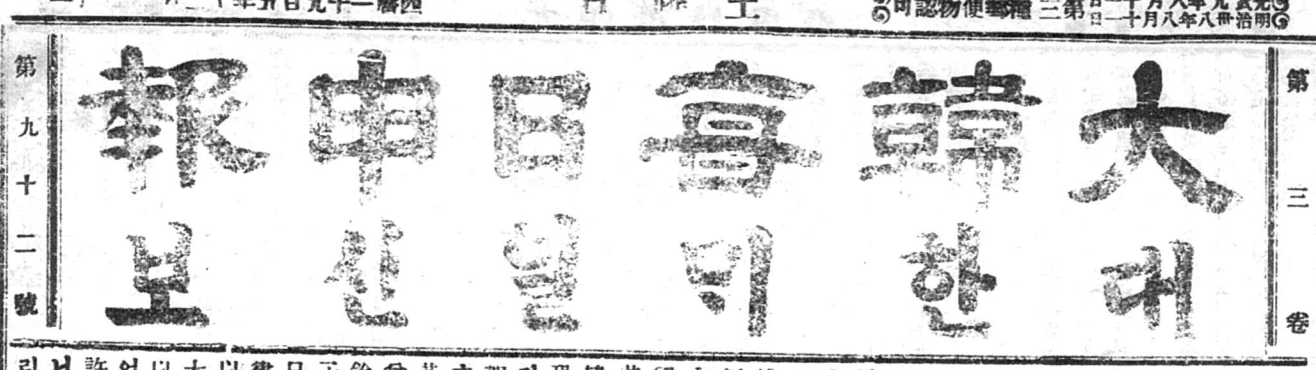

論說

國民所尙

近者日本代表者가因其日本之淺短智識ᄒᆞ야但以締約之外飾으로欲擅保護於韓國이나其全然失敗之期가日以近矣로다何許邦國은對此虛僞輕薄之擧ᄒᆞ야不用注目이나無所沾利之國은必認此爲僞飾ᄒᆞ기에豈失其時리오

韓廷誰某大臣이被日本之阿誘恐喝ᄒᆞ야現今日本之對韓要求가出於兩强之結約이라고或爲惡祿이나韓國臣民이一口論非ᄒᆞ야近日闕內에特設疏廳인바其疏首는曾經議政之人이오其聯從者百餘人도擧皆前日高官이라進疏于 皇上ᄒᆞ야所謂新條約은不日繳還ᄒᆞ고其可決諸大臣은依律處斬ᄒᆞ기를直言極諫ᄒᆞ니據以大韓國規컨ᄃᆡ如此大擧는誠之以國民所向ᄒᆞ야未有不成之事어니와且今日進疏諸人이得允許勅命以前에는決不退闕云ᄒᆞ니此日此人此請이豈不能成就리오

韓皇陛下께서煩惱之餘에신故로特下隨時批答이나諸臣이認之以未滿이오且如此諸員은即人民之代表者라駐京各外使에게飛傳公函ᄒᆞ야新條約上에外部印痕은不準公式인줄을指明ᄒᆞ얏고且如此事實을列國政府에傳稟ᄒᆞ기를要請ᄒᆞ얏더라日本憲兵이犯入闕內ᄒᆞ엿시며疏首趙秉世氏가甚至於被捉이나其代에는衆皆欽仰ᄒᆞ는副將閔泳煥氏가已爲出席上疏에竟未蒙允지致로拔劍自刎ᄒᆞ얏고趙秉世氏가又爲仰藥自盡ᄒᆞ얏스니陳疏諸員이若復被捉이면必復有倘人矣리로다日本이常以力禁之나言事疏章이自四方而至ᄒᆞ고士民激動이已至多數나尙有餘機ᄒᆞ니此는究恨痛忿이時加日增의骨冷膽熱之所致也ㅣ어니와且商路市民도表其不從新約之意ᄒᆞ야撤廛閉戶ᄒᆞ얏스니韓國人民이自國之認定獨立을欲爲維持ᄒᆞ야極盡其力홈에所遇日記를本報가自明日始刊ᄒᆞ리이다

雜報

●元氏被縛 內部主事元大圭氏는原來守操學者라昨日下午五時에鍾路로過去ᄒᆞ다가日兵의게被縛以去ᄒᆞ얏다더라

●參政受勅 新任參政大臣朴齊純氏가再昨日에詣闕受勅ᄒᆞ얏다더라

●疏廳承批 再昨日萬人疏廳에서進疏ᄒᆞᆫ批旨에曰當有轉危求安之日矣니卿等은相率歸家ᄒᆞ라ᄒᆞ옵셧더라

●寺洞不通 表勳院門前부터其他寺洞屛門과東西通衢各處을日本巡査와兵丁이攜銃ᄒᆞ고把守을굿게ᄒᆞ야出去者는仍出ᄒᆞ나入去者는不許ᄒᆞ는故로自然人民往來가大有妨碍ᄒᆞ다더라

●車夫殉忠 桂洞居人力車夫某가曾以與洞閔輔國家廊屬으로近來는退去桂洞ᄒᆞ야人力車曳業資生ᄒᆞ더니舊主人閔輔國의奉身殉國홈을見ᄒᆞ고鍾路街上에서痛哭歸家ᄒᆞ야終日號泣ᄒᆞ다가其所持ᄒᆞᆫ人力車는買與主金參領家門內에曳傳ᄒᆞ고當夜에景祐宮後山麓松樹枝에縊經ᄒᆞ얏는ᄃᆡ翌朝에巡山巡檢에게發見되야스ᄆᆡ金參領家에서義而憐之ᄒᆞ야出費埋葬ᄒᆞ얏다더라

●趙元老殉國 再昨日上午十時에元老大臣趙秉世氏가疏批를奉承ᄒᆞᆫ後에自表勳院으로乘轎出門ᄒᆞ다가轎中에서飮藥音絕ᄒᆞ니直時私處로擔歸ᄒᆞ얏더니昨日申時量에竟至長逝ᄒᆞ얏더라

●李議政被押 再昨日上午九時에前議政大臣李根命氏를自日憲兵隊로押去ᄒᆞ얏다더라

●數學廣佈 柳一宣氏는積年覃思ᄒᆞ야數學에奧妙를透解ᄒᆞ얏는ᄃᆡ數學雜誌一帙을撰成ᄒᆞ야陰曆五日로始發賣ᄒᆞᆫ다더라

●欲效孤忠 閔輔國泳徽氏는時局이傾頹홈을居常憂憤ᄒᆞ더니在廷諸僚와ᄒᆞᆫ가지上意感悟ᄒᆞ옵시기를屢日庭請타가事乃不諧ᄒᆞ기로覺望ᄒᆞ야ᄀᆡ抑히獨疏를奉呈ᄒᆞ얏다더라

●喫傲宰相 表勳院에一塡光景은別項과如ᄒᆞ거니와其時逐出會員之時에該兵의威勢를喫傲ᄒᆞ야挺身先出ᄒᆞᆫ人은北村碧洞等地에居ᄒᆞᆫ閔姓宰相이라ᄒᆞ니此宰相의無義無謀ᄒᆞ야前後誤國ᄒᆞᆫ罪狀은行當另揭ᄒᆞ라ᄒᆞ노라

逆黨行爲

日前에閔輔國이疏首가되야宮內府에在ᄒᆞᆯ時에李根澤李址鎔輩가大陛에伏奏ᄒᆞ야 聖意를恐動ᄒᆞ면서曰彼疏首者를若爲仍留ᄒᆞ면日兵이必入闕內ᄒᆞ리다ᄒᆞ고大廳에서大叱曰爾等이勅令을不從ᄒᆞ니是는逆臣이라ᄒᆞ고直時主殿院에警務官과巡檢을招ᄒᆞ야曰自疏首以下로一幷捕縛ᄒᆞ야法司로送ᄒᆞ라ᄒᆞ니警務官과巡檢等이曰雖是無法之世나엇지無罪ᄒᆞᆫ重臣을捕縛ᄒᆞ는事가有ᄒᆞ리오此는不敢與行이라홈으로彼黨이乃止ᄒᆞ얏다더라

東京電報

●樞密院決議 十一月廿九日午後三時三十分發
日本樞密院會議에서可決ᄒᆞᆫ議事는如左
駐外大使館官制
東京市戒嚴令廢止件
新聞雜誌取締法廢止件
以上은昨二十九日議了可決ᄒᆞ얏다더라

●經濟協會活動 仝四時四十分發
東京經濟協會에서는米麥輸入稅廢止運動ᄒᆞᆯ次로二十六日에其准備會를開ᄒᆞ얏더라

●外債好成蹟 仝六時五十分發
日本에서今回募集ᄒᆞᆫ外債는非常ᄒᆞᆫ好况인ᄃᆡ倫敦伯林紐育等地에는皆即時終結되고特히倫敦에서引受ᄒᆞ는額에對ᄒᆞ야申込者가二十倍에達ᄒᆞ얏다더라

●戒嚴令廢止公布 仝三十日午前一時二十分發
東京市戒嚴令及新聞雜誌取締令等은昨夜半(廿九日夜)官報號外로以ᄒᆞ야廢止ᄒᆞᆫ旨로公布ᄒᆞ얏더라

●淸日間難問題決議 仝日午後三時十分發
淸日交涉問題에去廿八日會見에其問題는決定ᄒᆞ얏는ᄃᆡ其內容은淸國의到底滿足홈을得ᄒᆞ얏다더라

寄書

●賀閔輔國殺身仁成 仰天痛哭生

聞人之死而悲者는天理之常也오見輔國閔公之死而我獨不悲而喜之ᄒ니見人之死而吊者는人情之當也로ᄃ見輔國閔公之死而我獨不吊而賀之者는何也오抑亦反其天理人情而然耶아否라不然ᄒ다是心이出於天理人情之極處也라

今閔公之死는能殺身而成仁이라與其生而不仁으론寧若死而成仁이리오是以로我獨喜而賀之者也나然이나閔公之能殺身成仁은何謂也오

檀君箕子四千年相傳之三千里疆土가一朝陸沈於他人之手ᄒ야未知爲扶桑三島之版圖를如琉球樺太然ᄒ니此는公之所以死之也오

太祖太宗五百年香火之宗廟社稷이一朝而將爲丘墟ᄒ야未知麥秀之歌와風泉之詩로痛哭於何地ᄒ니此는公之所以死之也오

涵泳禮義ᄒ며服習文化之二千萬生靈이一朝而將爲奴隸ᄒ야未知爲犧牲魚肉이며復蹈波蘭猶太之慘禍毒烈이니此는公之所以殉也오

四十年臨御之至嚴君權이一朝而掃地無餘ᄒ야徒擁虛器而皇室位置가將在統監之下矣니此는公之所以死之也오

哀哀廟廊之實國賊臣이豕哮如豺狼ᄒ고蹂躪如狐鼠하야可謂肆毒而罔有其極일ᄉ恨不能斫首藁街ᄒ야以泄神人之憤ᄒ고反見無數秦檜之跳浪禍烈이懷襄於一國而莫能底止焉일ᄉ百憤이塞胷ᄒ고萬恨이빙膓ᄒ니不可一時共生ᄒ야忍見其凶慘이라此는公之所以死之也니

當此不得不亽之時ᄒ야居其當亽지位ᄒ며得其當亽之所而苟苟圖活ᄒ야不能亽ㅣ면是는人面而獸心也라何足齒焉이리오

마는至於一亽ᄒ야는

雖古之仁人君子라도亦不得其亽者ㅣ多矣로되公이以所賦之天으로能殺身成仁而全其天ᄒ니此는人人之所不能而公獨能之라其貫天地爭日月之光輝가亘萬古而不磨矣리니吾之所以喜而賀之者ㅣ불亦宜哉리오

公의姓은閔이오諱는泳煥이오字는文若이오時職은侍從武官長이니當韓日新條約成立之日ᄒ야以庭請疏首로抗疏於 天陛라가未蒙其允일ᄉ見宗國將亡ᄒ고陰乙巳十一月初四日卯時에以白刃으로自刎其喉而卒ᄒ

時年四十五라公以至正純剛之氣로作洪流之一砥柱ᄒ야豈불得鯨戮國賊ᄒ고又불得光復宗社於生前ᄒ니公之大恨이將未瞑於泉下라此固悲矣로되貴族之向日所載謹告庭請大臣一辭에已備之矣라公必拜見二十七世在天之靈하야洋洋於左右矣오

又見岳飛文天祥陸秀夫之魂이라도亦握手翩翩於上帝之傍矣리니其光榮이固當何如哉오公之門戶則子孫이食其未艾之福하야百世而愈昌이오

公지貞忠則太史ㅣ書지竹帛ᄒ야千秋而愈光矣리니天必有監이어니와但公지一點碧血이遍洒全國지二千萬同胞하야使二千萬人지心으로皆如公지心하야光復此大韓帝國이면豈非公지神佑리오豈非公지神佑也리오

雜報

●賊居禁人 寺洞等地에日憲兵과巡檢이把守하야行人을불通흠은別項에已揭이니와賣國賊所居坊里에는與皆日本兵巡을派列하야出入이阻絕이라하더라

●法官失刑 法官養成所學員七十餘人이今番新條約事件에對ᄒ야調印흔諸賊를一并照律正刑흘意로平理院에告發ᄒ얏다는ᄃ該院檢事가一味推延ᄒ야不思審覈正刑ᄒ니近日法官은可謂無法이라고輿論이沸鬱ᄒ더라

●義務固然 忠臣閔公泳煥氏의以身殉國흔忠義를環域人士가莫不感慕ᄒ야吊會所를典洞四十四統九戶에設置ᄒ고敎匠執紼等事에效力흔다더라

●同朝不同情 人之死生이亦大矣라苟其忠義가拔萃ᄒ며勇斷이過人흔者가아니면國家危亂之際에能히捐軀報主ᄒ야名節을樹立키에不能ᄒᄂ니是以로歷稽載籍에名臣이林立이로ᄃ至於臨危授命ᄒ며熊魚取義者ᄒ야는上下幾千載에其人이無幾ᄒ야晨星之落落흠과如ᄒ니大抵死生之難이蓋如此矣라然則今日諸氏에以身殉國흠은固非人人의所可能處이로ᄃ雖然이나爲今日朝紳者ㅣ善類를助之ᄒ며奸黨을斥之ᄒ야國勢를維持ᄒ며公憤을表明흠은凡厥在位가宜且同情이어날所可怪者는其愛惡之心이洵然一致에未能흠이로다今夫所謂各部大臣에賣君販國之罪案을百官이庭請ᄒ며萬口이皆慨ᄒ야或其首를請斬ᄒ며或同朝로爲恥ᄒ야以疏以言이式日紛然ᄒ더러況數三名公이相繼捐生ᄒ고許多齊民이閉市痛哭ᄒ야全國이鼎沸ᄒ고跛躄이皆起ᄒ니今此奸黨之當討와公議之必助는雖三尺童子라도皆可以知흘지라爲其朝紳者ㅣ苟與同情일진ᄃ無大無小히團成一體ᄒ야上以感悟 君父ᄒ며下以據義討逆이自是堂堂之陣과井井之旗也요或不幸而事不獲濟라도相率而納祿請退ᄒ야其志를確守ᄒ며大義를恢張ᄒ야忠奸之分을截然辨明ᄒ는게其於義理上에十分適合흘ᄲᅮᆫ아니라亦可以有辭於天下萬世이거날今乃不然ᄒ야廷諍ᄒ는官弁은若干人에不過ᄒ고

其餘紳士는所謂奸黨與와泯然無跡ᄒ야連腦比肩을不以爲羞ᄒ며又或返爲諂附ᄒ야其勢를趨ᄒ며其功을頌ᄒ야同朝之內에所執이同ᄒ니據此而論컨ᄃ今日廷臣에存心忠義者ㅣ能有幾人고嗚呼라其平日談論을觀之ᄒ면指天劃地ᄒ며忠義로自許ᄒ야慷慨흔聲口가眞若可信이로ᄃ値此國亾君危之日ᄒ야는惜身蔑義가類皆如此ᄒ니國勢之廢地와奸黨之鴟張이職由於此라豈非大可痛恨者乎아仲尼曰鄙夫는可與事君乎哉아ᄒ시니鄙夫도不可與同事어던況與賣國之賊으로同朝其班而恬不爲怪ᄒ니今日廷臣은眞可謂無義乎哉인저

●宮大蔑義 日前法部主事安秉瓚氏가今番新約事件에對하야持斧上章흠은本報에已揭어니와秘書丞朴勝鳳氏言內에近日儒生疏도無碍捧入하니況此判任疏章乎아하고安氏疏를即爲捧入이더니宮大李載克氏가朴氏를大責曰資卑人의疏章을破例捧入하는게極爲불可라하니朴氏가即爲請免이라하니李氏는當此國亾君危之日하야效忠扶國에는無心하고區區資格으로忠義인지言路를壅遏하는게所謂大臣事業이며宗親義務일지同氏에近日行爲는徐當詳布어니와此一欸을姑先隨聞記載하노라.

●沈氏忠勤 再昨日日本憲兵大將小山氏가表勳院總廳에來ᄒ야號首沈相薰氏를對ᄒ야言ᄒ기를現今情形이異常ᄒ되多數官吏의會集이治安에妨害가되니即今解散ᄒ라ᄒ거ᄂ沈氏가答ᄒ되我韓은已所頒賜인즉治安妨害라ᄒ는者가何를謂흠인지誠是未解之說이오且今我等이吾 皇上께上奏文字가君等의게무슴關係가有흔즉小山이曰公等이一向緊持不散흔즉以兵威로解散케흔다흔즉沈氏曰我等이此擧가事弗諧矣則有死而已니兵威는吾所弗畏라흔ᄃ小山이更曰此院에會集흔多數人員이能皆一致同死乎아沈氏曰若無同死之意면豈有此擧리오萬無解散之意니以兵以砲는任君自爲흔라흔즉小山이向沈氏百般誘說ᄒ고還又哀乞ᄒ되沈氏는一向堅持拒ᄒᄒ니是何經綸오흔즉小山曰當依公言ᄒ야當撤兵云云而散矣러니其後多數人員이勢弗能餓하야幾半會員이夕飯次로各歸其家矣러니該夜深後에忽然多數憲兵이該院前後左右를如鐵桶圍繞하야旣出該院之人은更弗得入이라昨曉에數隊兵이攔入該院하야以銃頭로亂打會員하고若弗出去之員은打之曳之하야驅出院門하야沒數斥逐하고唯獨沈相薰氏一人만該院에尙坐하다니沈氏의忠義強硬은以若小山지威力으로도弗能撓屈이라더라

◉特別廣告

本社所執은特其簡事記載ᄒᆞ야一世耳目을喚新ᄒᆞᄂᆞᆫ데在ᄒᆞᆫ즉餘外財政等事ᄂᆞᆫ固不足屑焉이되每月所入經費金이洽爲千餘圜ᄒᆞ야拮据無路에停刊이必至키로思不獲已ᄒᆞ야陽曆十二月一日爲始ᄒᆞ야每月代金을以新貨三十錢으로改定ᄒᆞ오니購讀僉君子ᄂᆞᆫ照亮ᄒᆞ심

大韓每日申報社 告

雜報

前秘書丞尹氏疏本이如左ᄒᆞ니 (속)

陛下之所欺而一有悟者也悟之之日甚於不悟之時如齊純之以主務而販國者寵之以議政署理其餘群逆亦晏然保其權位誇張一世自以爲得計不辭

陛下何憚而然也抑謂大阿已倒持戚夢可畏賊嚀昔之夜大陛咫尺兵刃森列

陛下尙不畏以大義始終峻拒至有合社之 諭云 聖志何其壯也今何其憊也臣故曰

陛下好妄惜輒相妄也若使群逆一日假息於覆載之間則將來之難處必有甚於往日存亡之機間不容髮而不亡之策惟有二道一則繳回該約也一則誅극群逆也孔子曰要盟也神不聽萬國公法亦昭載其被인脅制及尙未照准者其約棄之廢之均由自便古금之通義也복乞 未完

●義烈사 再昨日下午三時에耶蘇敎인金河苑李基範金弘植車炳修諸氏가警告同胞다하는文字를鍾路通衢에서傳播하면서獨立國權을사守ᄒᆞᆯ趣旨로一場演說하는데言辭가激切하야傍聽者ㅣ雲集하더니即時日本巡査와憲兵十餘名이拔劍亂揮하되該氏等은弗顧身命하고冒刃直前하야高聲大叱曰國家獨立을爲하야죽는것이我의榮光이니快速殺我하라고額으로日兵을猛撞하니日憲兵及巡査가無數亂打ᄒᆞᆷ으로諸氏等이昏絕仆地ᄒᆞᆫ지라傍觀諸인이弗勝憤激하야齊聲大呼하며石子를亂投ᄒᆞᆷ의日憲兵及巡査等이蒼黃失措하야附近假家로投入ᄒᆞ야向衆放砲하니衆民이尤益憤恨ᄒᆞ야投石이如雨에一場風波를作하얏고昏絕ᄒᆞᆫ該氏等은衆인이擔負而去하얏ᄂᆞᆫ데日憲兵이多數來到하야東床廳大門을破碎하고傍觀者와坐市인ᄭᆞ지百餘名을日本司令部로捉去하얏다더라

韓國閣派徵氏上疏全文이如左ᄒᆞ니

伏以臣於日者敢陳憂惋之忱仍辭見帶之職未克蒙 允俞臣不勝徊徨抑菀者非徒臣病有所難强無以應供奔趨之事也臣亦圓頂方趾粗具恒性不忍欲與締約調印之賊臣同朝而立也日來兩大臣之同齊 籲連職晝夜支離遑抗極涉煉惶而其在忠愛攸激亦烏得已焉者哉

陛下策免而摧折之臣竊爲疑歎矣自古亂臣賊子固何限而若此諸者歷代遷史未始有也且國家存亡之機在於今日而此輩猶假息於覆載之間未卽聲明其罪公佈於天下則臣謂國家事無復可爲矣玆敢冒陳愚衷伏願

皇上俯賜採納今此諸賊亟 命司敗加之極律以洩輿情以謝天下焉

警告我二千萬同胞

日前崔在學氏等의對所謂新條約下明書와討逆上疏를一遍奧覽ᄒᆞᆫ즉其忠奮激切ᄒᆞᆫ言辭ᄂᆞᆫ實로

我二千萬同胞의同一ᄒᆞᆫ忠義를先唱ᄒᆞᆫ者오三千里疆土와二千萬同胞를爲ᄒᆞ야生命을犧牲갓치ᄒᆞ얏거날우리一般同胞ᄂᆞᆫ엇지如嬰如育ᄒᆞ야其忠義를繼續치안코

外人의奴隸를甘作ᄒᆞ며外人의指勒을甘受ᄒᆞ야畢竟美洲에紅人種을大韓에復見케ᄒᆞ리오차라리二千萬이共死ᄒᆞ야獨立鬼가될지언졍

苟苟圖生ᄒᆞ야外人의軛下物을作ᄒᆞ리오是以로吾儕ᄂᆞᆫ大聲疾呼ᄒᆞ야二千萬同胞에게警告ᄒᆞ노니齊聲齊力ᄒᆞ야所謂新條約은期於勿施ᄒᆞ고死守獨立ᄒᆞᆯ지어다

光武九年十一月三十日

發起人 李基範 金河苑 金弘植 車炳修

●소경과안즘방이문답 (속)

나도ᄌᆞ셔히알지못ᄒᆞ나그신죠약은우리나라외교권을것어다가일본동경으로이셜ᄒᆞᆫ다ᄒᆞᆷ이오그통감부라ᄂᆞᆫ것은

통감잇슬쳐소요통감은외교권이나기타범ᄇᆡᆨᄉᆞ위를모다감찰ᄒᆞᄂᆞᆫ관원의벼살일홈이라네

그러면외교권이라ᄂᆞᆫ것은우의나라외부와각국공ᄉᆞ관에교셥ᄒᆞ던권리아닌가그외교권리가일본으로가고보면

우리나라외부라각항구감리라ᄒᆞᄂᆞᆫ것무엇ᄒᆞ나불공ᄌᆞ파되더이오각국공ᄉᆞ여긔잇셔무엇ᄒᆞ나

렬환본국ᄒᆞᆯ터이니참그러케되고보면우리나라ᄂᆞᆫ졍말독립국될터이지

미천ᄉᆞ람의말이로다나라ᄂᆞᆫ그만두고일개인의일로말ᄒᆞ게드면가령김가의집에셔자쳐를ᄀᆡ셜ᄒᆞ고각쳐빈ᄀᆡᆨ을모다쳥ᄒᆞ여노코

그쥬인이능히졉제치못ᄒᆞ여그이웃집ᄉᆞ람최가에게부탁ᄒᆞ면비록그집과음식은김가의것이나그터졉의잘ᄒᆞ고못ᄒᆞ기ᄂᆞᆫ최가의마음에달녓나니그빈ᄀᆡᆨ들이무엇을쳥ᄒᆞ던지치하ᄒᆞᆯᄒᆞ던지ᄒᆞ라며필경졉ᄃᆡᄒᆞᄂᆞᆫ최가의게말ᄒᆞᆯ터이니굿ᄒᆞ야리가보고말ᄒᆞ잘것무엇인가

그와갓치우리나라졍부에셔외교권리를일본에쥬고보면렬강졔국에셔ᄂᆞᆫ무ᄉᆞᆷ국졔상일에든ᄒᆞ여든소를불계ᄒᆞ고그외교권리잡은일본과교셥ᄒᆞᆯ터이니

권리업ᄂᆞᆫ우리졍부와의론ᄒᆞᆯ묘리잇나그러ᄒᆞᆫ즉세계렬강파되등국이못되고남의나라속국이나다름업서

ᄂᆡ일을내가못ᄒᆞ고남의손비러ᄒᆞ니무엇시ᄌᆞ쥬국이며무어시독립국이라ᄒᆞ리오ᄌᆞ쥬독립헷말일세

미완

廣告

夫吾敎ᄂᆞᆫ天道之大原일시曰天道敎라ᄒᆞ 敎之厥明이及今四十六年에信 之人이如是其廣ᄒᆞ며如是其多로되敎堂之不遑建築은其爲遺憾이不容提說이오現今人文이闡明ᄒᆞ야各敎之自由信仰이爲萬國公例오其敎堂之自由建築도亦係成例니吾敎會堂之巍然大立이亦應天順人之一大表準也라惟我同胞諸君은亮然ᄒᆞᆷ

敎會堂建築開工은明年二月노爲始事

天道敎
大道主 孫秉熙

本月부터通常會를每月第一土曜로一次만開會ᄒᆞᆯ터이니 僉會員은照亮ᄒᆞᆷ

國民敎育會 告白

本校에陽曆十二月十日ᄭᆞ지學員을募集ᄒᆞ오니願學 僉員은入參ᄒᆞ시옵 課程 英語 日語 算術 地誌 歷史 法學

[illegible]法會夜學校 告白

●法學通論發售廣告

一帙一冊四七八頁
定價新貨一元

發賣所 美洞 博文社
布廛屛門 金相萬書舖

●실광고

자긔로쓰ᄂᆞᆫ칼이입더속ᄒᆞᆫ기계ᄂᆞᆫ칼과줄과송곳과나사와송곳칼과벼마기와ᄂᆞᆫ깃과손톱파ᄂᆞᆫ것과가위와귀쇼쉬기와니쇼쉬기이열어가지가다ᄒᆞᆫ칼속에잇ᄂᆞᆫ칼을열허바려ᄉᆞᆺ오니누구시던지이칼을엇어본사로보니여주시면후사ᄒᆞᆯ겟소

特別廣告

本申報ᄂᆞᆫ海外電報를即接ᄒᆞ야機關이靈通ᄒᆞ고外報와探報를敏捷活潑ᄒᆞ도록注意ᄒᆞ으며自另發送ᄒᆞᄂᆞᆫ되迅速信傳ᄒᆞ기ᄂᆞᆫ分傳人의게在ᄒᆞᆷ으로本社에서平常에諸分傳人의게丁寧告戒ᄒᆞ고申申訓飭ᄒᆞ야母或嬾惰ᄒᆞ게注意ᄒᆞ거니와或如暫有稽怨이라도愛讀僉君子ᄂᆞᆫ函便通知ᄒᆞ야本社에ᄒᆞ시면該分傳의게誠信相孚ᄒᆞ도록耳提面命ᄒᆞ고勸懲가發生ᄒᆞ도록誨諭ᄒᆞ야必無遲誤ᄒᆞ기로期待ᄒᆞᆸᄂᆞ이다

本社에寄書ᄒᆞ시ᄂᆞᆫ君子ᄂᆞᆫ姓名과居住를明確ᄒᆞ게懸錄送附ᄒᆞ시와證據가有ᄒᆞᆷ을必要ᄒᆞᆷ이오公衆平和와秩序를紊亂케ᄒᆞᄂᆞᆫ意와ᄒᆞᆫ會上不經荒雜ᄒᆞᆫ寄書ᄂᆞᆫ社受ᄒᆞᄂᆞᆫ權利가本社에自不有ᄒᆞ오니肯諒ᄒᆞ시옵

大韓每日申報社

◎本社特告

本社新聞을關西等地에廣佈ᄒᆞ기爲ᄒᆞ야平壤金興淵宣川安濬長連金龜等三氏에게委托ᄒᆞ고逐號下送ᄒᆞ오니覽에有意ᄒᆞᆫ僉君子ᄂᆞᆫ三氏에게購覽ᄒᆞ시며代金도三氏에게傳致ᄒᆞ심을爲要

大韓每日申報社

○鐵路部

○東大門과新門間에來往車ᄂᆞᆫ每十分間에運行ᄒᆞᆷ
東大門發初車ᄂᆞᆫ午前六時三十分
新門外停車場發初車ᄂᆞᆫ午前六時五十五分
東大門發終車ᄂᆞᆫ午後九時五十分
新門外停車場發終車ᄂᆞᆫ午後十時十五分

○東大門과洪陵間에來往車ᄂᆞᆫ每二十分間에運行ᄒᆞᆷ
但自鍾路로東大門에來到ᄒᆞᆫ交替車로聯絡ᄒᆞᆷ
東大門發初車ᄂᆞᆫ午前六時五十分
洪陵發　初車ᄂᆞᆫ午前七時十分
東大門發終車ᄂᆞᆫ午後七時五十分
洪陵發　終車ᄂᆞᆫ午後八時十分

○鍾路와龍山間에來往車ᄂᆞᆫ每十二分間에運行ᄒᆞᆷ
鍾路發至南大門初車ᄂᆞᆫ午前六時四十八分
鍾路發至龍山　初車ᄂᆞᆫ午前七時二十四分
南大門發至鍾路初車ᄂᆞᆫ午前六時五十六分
龍山發至鍾路　終車ᄂᆞᆫ午前七時五十七分
南大門發至鍾路終車ᄂᆞᆫ午前十時八分
龍山發至鍾路　終車ᄂᆞᆫ午後九時九分

○特別私用車ᄂᆞᆫ顧客의方便ᄒᆞᆷ을隨應ᄒᆞ야準給ᄒᆞᆷ
但定價ᄂᆞᆫ本社에來臨ᄒᆞ야請問ᄒᆞ옵

○電燈部

二百五十燭力以內의敷用處에ᄂᆞᆫ每個月에定價表가如左ᄒᆞᆷ
○十六燭力燃燈達夜에二圓五十錢
○三十二燭力燃燈達夜에四圓
○五十燭力燃燈達夜에六圓
○一百五十燭力燃燈達夜에十圓
一千二百燭力弧形燈達夜에二十圓
二百五十燭力以上의敷用處에ᄂᆞᆫ請求ᄒᆞ면瓦斯計一器를設給ᄒᆞᆷ
但瓦斯計賃金은每個月에二圓이오瓦斯計測驗表委托定價ᄂᆞᆫ每時間每암페아에二錢이옴
瓦斯計設給處에서每介月支拂金最低額은每個月에二十圓인듸(瓦斯計貸金은)据ᄒᆞᆷ
電燈을敷設ᄒᆞ기에請求ᄒᆞᄂᆞᆫ딕給ᄒᆞᆷ으로供各種連技辦燈도需時에貯存ᄒᆞ엿ᄉᆞᆸ

本社鐵路電氣會社
韓美電氣會社 告白

大韓帝國仁川港
濟物浦紙卷煙及烟草會社

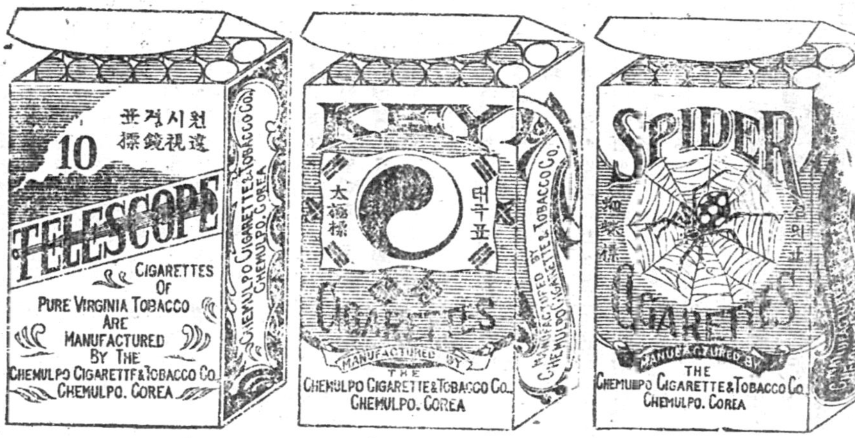

以上三種은上品으로製造ᄒᆞ야衛生上에至極有益ᄒᆞ니⋯論某人ᄒᆞ고本社에來購ᄒᆞ심을

◉九轉靈砂라　本人이妙方法을神備하야製造ᄒᆞᆫ靈丹인딕男女老少에無論何症ᄒᆞ고通治ᄒᆞ오며無病時에도服ᄒᆞ면平生의身體가健康ᄒᆞ며小兒ᄂᆞᆫ四五錢重만服ᄒᆞ면十歲안에無病ᄒᆞ기를確保ᄒᆞ오며
◉九轉靈砂萬應丹은癲狂　癇症과中風諸疾과耳目諸病과淋疾에神効ᄒᆞ오
◉九轉靈砂保命丹은初生小兒　驚風　癇氣　咳嗽　腹瘡諸般惡症에　効ᄒᆞ오
◉九轉靈砂濟衆丹은酒滯　食滯　血積　吐瀉　霍亂　痢疾　吐血　下血　運氣　時疾　疝症에神効ᄒᆞ오
◉九轉靈砂紫金丹은痔漏　累癧　上疳瘡　下疳瘡及唐瘡과諸般毒瘡惡種에無不神効ᄒᆞ오니　僉君子ᄂᆞᆫ來問ᄒᆞ시오
內需司前독갑이골上隅第一家　李鎭然稱徒　告白

廣告

一 委托賣商
一 貿易商
一 船舶取扱
一 煙草商
一 委托販賣及貨物保管⋯
一 ⋯鑛商
以上輸入及輸出者
京城 仁川　大昌洋行

本社廣告

申報價
一張代金　新貨五錢
一箇月前納　五十錢
三箇月　一元五十錢
六箇月　二元九十錢
一箇年　五元八十錢
郵稅一部　新貨五厘
一箇月　十二錢

廣告料
四号活字十三字詰
每日每英尺一寸에新貨廿五錢
(每日每行에六錢에相當ᄒᆞᆷ)
二周日에　二圓五十錢
(每日每行四錢五厘에相當ᄒᆞᆷ)
一箇月에　五圓
(每日每行四錢一厘에相當ᄒᆞᆷ)
其期限의長短과字行의多少를依ᄒᆞ야增減ᄒᆞᆷ이有ᄒᆞᆷ

大韓人마다此申報를不得不閱覽ᄒᆞ실터이오니廣告出報ᄒᆞ실僉君子ᄂᆞᆫ來臨面議ᄒᆞ시옵

發行兼編輯人　英國人 裴說
發行所
京城北署壽進坊碩洞号外地法語學校前
大韓每日申報社

第三卷　大韓每日申報　대한매일신보　第九十三號

月曜及慶節 歲時日休刊

檀君開國四千二百三十八年
箕子元年三千二十七年
大韓開國五百十四年
日本明治三十八年
淸國光緖三十一年
陰曆乙巳十一月小初七日丙戌

論說

讀桂庭閔輔國遺書

嗚呼라桂庭閔輔國이以身殉國흔時에大韓帝國二千萬人民의게訣告흔遺書가衣衿中에在흐니總히一百三十七字라

嗚呼라天地間에凡有血氣之類가孰不愛其生命이리오至若閔輔國흐야는大韓 皇室의肺腑之臣이라

富貴隆赫이固其素有니生世之樂이不後於人이오上有八耋大夫人흐고膝下에有七歲愛子흐고季方一人은現以公使之任으로遠在數萬里他國이어날

何故로今日에其身命을鴻毛보다輕視흐야拔一短刀흐야其頸을自刺흐고其腹을自사흐야赤血을一灑흐얏는요

嗚呼라此衣衿中에遺書를讀흐면公의殺身成仁흔所以가實로令人痛哭不已로다其曰我人民이將진滅於生存競爭之中者는何也오

現今時代는弱肉强食之世라國家가能히自强自立지못흐면本土人種이幷皆滅絶흠을謂흠이니大韓人民은公의此言을紀念不忘흘거시오

其曰要生者는必死흐고期死者는得生이라흠은何也오彼波蘭寶國黨을觀흐라彼其私權을保有흐고身命을苟存을妄想으로他國의勢力을藉賴코져흐다가畢竟波蘭이滅亡흠이寶國黨이亦無一箇得活者흐니此는要生者가必死흔前鑑이아인가또美國獨立黨을觀흐라千萬人衆이個箇히自由獨立을死守不失흐기로一心團結흐야百難을不避흐고大業을竟成흐야獨立光輝가世界에照耀흐얏스니此는期死者가得生흔明效가아인가

又曰某는徒以一死로仰報 皇恩흐고以謝我二千萬同胞兄弟라흐얏스니此는之一신이大韓帝國獨立을爲흐야死흐고二千萬同胞兄弟의自由를爲흐야死흠이니如斯흔忠之盡愛之至는振古未有者오又曰某는死而不死라期助諸君於九泉之下라흐야스니

蓋其身은雖死나其心은不死라其剛至烈흔忠憤之氣가結而不散흐야二千萬同胞의生命을冥佑陰助흠은公의決心이오

又曰我國同胞兄弟는千萬倍加奮勵흐야堅乃志氣흐고勉其學問흐야結心戮力흐야復我自由獨立흐면死者ㅣ當喜笑於冥冥之中이라흐얏스니

又何其言之痛切懇惻也오然則大韓人民이閔公의忠魂義魄을仰慰코져흐면오즉其志氣를奮勵히흐며學問을勉勵흐야自由獨立을恢復흐는디在흐니

嗚呼라大韓人民은此遺書一百三十七字를各其銘心鏤骨흐야奮憤俱死흘血心으로自由獨立을克復흘지어다

大閔公은旣已二千萬同胞를爲흐야其身을犧牲흐야거날二千萬同胞는엇지其身을可惜흐야公의爲民捨命흔恩德을報酬치아니흐리오嗚呼라其念之哉며勉之哉어다

官報

◉號外　光武九年十二月一日

◉宮廷錄事

詔曰此重臣姿稟溫厚志槩端方以肺腑近戚簪纓帷幄裨益實多勳績宿著朕之所當左右依毗者而際玆艱虞之會苦衷激烈不顧身慨憤激烈遂以自靖忠魂義魄可貫日星而朕心愴悼容有其極旣卒陸軍副將閔泳煥喪東園副器一部輸送令宮內府給一等禮葬造墓掌禮院喪匠所營繕司所行贈以上相之職令禮式院施以綍椽之典節惠之典不待狀立旌議諡成服日遣卿致祭祭文親撰以下奏百官進去

詔曰卒陸軍副將閔泳煥老母情理可憫遣中使慰問

詔曰卒陸軍副將閔泳煥遺孤遣秘書丞存恤

詔曰駐英署理公使李漢膺卿命有年効勞旣多而出疆신殉殊爲矜惻施以贈職之典該地方官致恤

以上十一月三十日

宮內府大臣勳一等臣李載克謹奏 卒陸軍副將閔泳煥遺孤遣秘書丞存恤事下奏何秘書丞進去乎敢

奏

光武九年十一月三十日奉

旨秘書丞元進去

宮內府大臣勳一等臣李載克謹奏 卒陸軍副將閔泳煥贈以上相之職事

命下矣

贈職案謹上

奏

光武九年十一月三十日奉

旨依奏

宮內府大臣勳一等臣李載克謹

奏

贈 議政大臣閔泳煥

贈諡案謹上

奏

光武九年十一月三十日奉

旨依奏

贈正一品大匡輔國崇祿大夫議政府議政 臣閔泳煥諡號

忠文　事君盡節曰忠　勤學好問曰文

宮內府大臣勳一等臣李載克謹奏駐英署理公使李漢膺

贈職案謹上

奏

光武九年十一月三十日奉

旨依奏

◉辭令

正一品大匡輔國崇祿大夫陸軍副將閔泳煥

贈正一品大匡輔國崇祿大夫議政府議政大臣

正三品李漢膺

贈從二品嘉善大夫內部協辦

以上十一月三十日

雜報

趙元老秉世가십리에各公使館에照會흔公函을全文이如左흐니

秉世向以日使脅約事知照於各館僉閣下而竟未有一次會商念팅中以사報國以殉隣誼矜憫弱小國協議以復我獨立之權則秉世사當結草於神明氣而不知所云

國內人民에게訣告흔全文이如左흐니

秉世臨사警告國內人民

嗚呼强隣逾賊臣賣國五百年宗社危如綴旒二千萬生靈行將奴隸寧以國斃忍見今日如此辱乎此誠志士抹血烈士飮泣之秋乎秉世不忠所致不能力討竟叫閽無路國勢將欲挽回於已移救生靈於將危而事不從心大勢已去惟以一死上報國恩下謝衆人然사有何補於時勢未復主危未解也哉我二千萬同胞勿以我사爲悲各自奮勵忠義在右邦家扶國復獨立則以雪會稽之恥則秉世雖九泉之下蹈舞悅豫矣勉之勉之

東京電報

◎日本來年度政府預筭 十二月一日午後六時一分發

明治三十九年度歲出總計ᄂᆞᆫ十億三千萬圓인ᄃᆡ內에金八億圓은戰役結果에依ᄒᆞ야支出을要ᄒᆞ고其他ᄂᆞᆫ經常歲出에當ᄒᆞᆫ等을補ᄒᆞ기爲ᄒᆞ야內債四億三千九十萬圓을募集ᄒᆞᆯ計劃이라더라

新艦進水式 仝上

吳造船所에셔製造中인築波艦(一萬二千돈)一等巡洋艦은來十二日에進水式을擧行ᄒᆞᆯᄃᆡ인ᄃᆡ當日日皇陛下게셔御臨幸ᄒᆞ야進水式에臨ᄒᆞ신다더라

寄書

獻賀閔公泳煥氏永生

榮耀롭다閔公이여光義롭다芳名이여我國四千年來에大仲有ᄒᆞ도다古代史理를檢閱ᄒᆞ되或義俠의士ㅣ知己者를爲ᄒᆞ야ᄉᆞᄂᆞ며忠烈의士ㅣ가其主를爲ᄒᆞ야죽ᄋᆞᆷ이不爲不多ᄒᆞ나此ᄂᆞᆫ其愛其意의範圍가其友其主에止ᄒᆞᆯ섇거니와公은三千里疆土와二千萬同胞를爲ᄒᆞ야其位其富를獘屣와如히ᄒᆞ며八旬北堂과幼穉弱子의情愛를勇斷永訣ᄒᆞ며利盡天下로도可比치못ᄒᆞᆯ生命을自裁ᄒᆞ얏스니公의自裁ᄒᆞ심으로二千萬同胞의腦髓에愛國思想과獨立精神을灌注ᄒᆞ니貴ᄒᆞ도다公의血이여我國民의心灰意懶ᄒᆞᆫ癥도可拔ᄒᆞᆯ것이오自暴自棄의惰夫도可勇ᄒᆞᆯ이니國을愛ᄒᆞᆷ에如何히ᄒᆞᆯ고맛당히此公으로ᄡᅥ表ᄒᆞᆯ지로다我國이累百年來에姑息偸安을上策으로認ᄒᆞ고以小事大의習慣이成痼ᄒᆞ야恬然히恥辱인줄도不知ᄒᆞ얏스니獨立精神이豈有ᄒᆞ리오口로ᄂᆞᆫ事君以忠과使民以義를誦ᄒᆞ면셔君을事ᄒᆞᆷ이諂諛로ᄒᆞ야君主의惡을逢迎ᄒᆞ기로만爲能ᄒᆞ며民을使ᄒᆞᆷ이抑壓으로ᄒᆞ야民財를剝奪ᄒᆞ기로만爲業ᄒᆞ고人民은但知有身이오不知有國ᄒᆞ다가今日에此宗社를覆絶ᄒᆞ며人民이殄滅ᄒᆞᆯ勒約을被ᄒᆞ고도官民上下ㅣ오히려姑息偸安ᄒᆞ야 未完

雜報

◎請要判간 通信院總委員長池田十三郞이內部에公函ᄒᆞ되電간木採用事로業已照會ᄒᆞ야貴部에셔該道에發訓이온바該地方官이不爲應ᄒᆞ니特爲更訓ᄒᆞ며又ᄂᆞᆫ公州鷄胎封料林에杜材二百三十九株伐採ᄒᆞᆯ事에關ᄒᆞ야公州觀察의게相當히發訓ᄒᆞ라ᄒᆞ얏더라

◎大官會議 昨日에各部大臣이一齊來會ᄒᆞ라신 處分을奉承ᄒᆞ고上午八時에政府에셔各部로電話ᄒᆞ고各大臣幷爲入侍ᄒᆞ라ᄒᆞ야政府로會同ᄒᆞ얏ᄂᆞᆫᄃᆡ其內容은日本에報聘大使를派遣ᄒᆞᆯ事件에關ᄒᆞ야自上으로諮詢ᄒᆞ신事가有ᄒᆞᆷ이라더라

◎報聘內定 日本에特派報聘大使ᄂᆞᆫ內部大臣李址鎔氏로內定ᄒᆞ얏ᄂᆞᆫᄃᆡ該大使ᄂᆞᆫ隨員은軍部大臣李根澤氏와工部大臣權重顯兩氏가被命ᄒᆞ얏다더라

◎沈氏召對 沈相薰氏ᄂᆞᆫ表勳院에셔疏批를恭俟ᄒᆞᆫ다더니自上으로處其不應ᄒᆞ사使侍御兩人으로持票信而往該院宣召ᄒᆞ옵시기로同氏가承命詣闕ᄒᆞ야入對之際에有所下詢之事ᄒᆞ사同氏가亦有一二事奏稟云而別監二人으로特爲下送ᄒᆞ오셔同氏의起居飮食節을着心看護케ᄒᆞ옵시미同氏가謝恩還第ᄒᆞ얏다더라

◎斗量誤錯 量衡度是衡制新時에凡干穀物斗量ᄒᆞᄂᆞᆫ境遇에ᄂᆞᆫ必用平木ᄒᆞ야精確ᄒᆞᆷ으로命防ᄒᆞ얏더니昨日에門場內市米廛에셔穀物斗量에平木을不用ᄒᆞᆷ으로該米商을別巡檢이警廳으로押上ᄒᆞ얏다더라

◎忠義感人 桂庭閔輔國의以身殉國ᄒᆞ신忠節은大韓全國人民이擧皆同聲痛哭ᄒᆞᄂᆞᆫ바오該宅車夫가從以殉節ᄒᆞ니此ᄂᆞᆫ萬古罕蹟이어니와又聞ᄒᆞᆫ즉日本憲兵等이典洞門外에ᄂᆞᆫ者가亦皆感激ᄒᆞ야淚下如雨ᄒᆞ얏다더라

◎聯合事業 北京最近情報를據ᄒᆞᆫ즉近日北京과巴里間에交涉ᄒᆞᄂᆞᆫ廣西省의鐵道布設과當山採掘二大事業에關ᄒᆞ야淸法兩國이聯合ᄒᆞ야經營ᄒᆞᆯ事와幷此契約이成就ᄒᆞ얏ᄂᆞᆫᄃᆡ團匪事件의償金을每年에十分之三式減額ᄒᆞᆯ터이라ᄒᆞ며事業을着手ᄒᆞᆯ時에ᄂᆞᆫ法商朴잔氏가承擔ᄒᆞᆯ터이라더라

◎內照度支 內部에셔度支에照會ᄒᆞ되繁務司郞官이去月二十日로始ᄒᆞ야本部에視務이온바自視務日로至年終日間의薪俸를不得不磨鍊이옵기該應用額을明細書를粘付仰佈ᄒᆞ오니照亮ᄒᆞ야葬外支撥ᄒᆞ라ᄒᆞ얏더라

◎遊學憤激 日本東京에셔遊學ᄒᆞᄂᆞᆫ韓國學生五十餘名이今番新條約事件을聞ᄒᆞ고痛憤激昂ᄒᆞ야曰我等의遊學은國家의獨立을完全히ᄒᆞ고져ᄒᆞᆷ이어날國勢가至此ᄒᆞ얏스니我等이또ᄒᆞᆫ歷力도難免ᄒᆞ리라ᄒᆞ고歸國ᄒᆞᆫ다더라

◎日謬妄 內大李址鎔氏가今番新條約에可字를書ᄒᆞ야日人의게大爵을受ᄒᆞ고向人大談曰吾가崔芝川의事業을ᄒᆞ얏노라ᄒᆞ니何其謬妄之甚也ㅣ오夫崔芝川의丁丑城下之盟을決ᄒᆞᆷ은오작保全宗社ᄒᆞᆯ計策으로由ᄒᆞᆷ이러니今此保護條約은則是三千里疆土를讓與ᄒᆞ고二千萬人民을殘滅ᄒᆞᄂᆞᆫ手段이어날乃妄托於崔芝川之事ᄒᆞ니是ᄂᆞᆫ王莽이自比於周公이오曹丕가自擬於舜禹와無異라天下之公論과萬世之史筆에賣國賊의惡名은逃脫不得이어날以此萬古難洗之罪로自以爲不世之功業ᄒᆞ니彼雖不學無識ᄒᆞ야不識義理者나何至如此之甚也오ᄒᆞ야世人의치笑가坏其狼藉ᄒᆞ더라

◎法官養成所學員權赫采李鎬挺李載榮鄭志默安圭洪氏等七十餘人이法部大臣에게呈書가如左ᄒᆞ니

竊以本員等編在學硏所業在講究律令硏究理義以爲後日應用之資耳顧何敢與論於國家ᄃᆡ政也然而爲學之道在乎先明義理而已用法之要在乎先立紀綱而已義理弗明則人弗可以立紀綱弗立則國弗可以爲國徒法何足以爲治徒學何足以爲用哉本員等雖是微末賤品惟是我ᄃᆡ皇帝陛下教育之一物目見今理之閉塞紀綱之頹敗國家至於傾覆而袖手泯默而同越人之肥瘠乎伊日亂臣賊子人人得以誅之義理之昭討逆爲ᄃᆡ紀綱之立明刑爲最ᄃᆡ古爲人臣而賣國亡國者何代無之未有若今日甚也 未完

◎前秘書丞尹秉氏疏ᄂᆞᆫ如左ᄒᆞ니 續

聖上願以 宗社爲念確揮乾斷頒降 詔勅[illegible]未蒙之約以折外人之謀然後擇人[illegible]秀賢者爲法官假之斬佞之劍借以擊賊之笏[illegible]擄章詩逆之頭懸之藁街通衢則[illegible]氣增百倍於是人人知小朝廷之[illegible]인인知內臣僕之義인[illegible]臣死之節人人知親上死長忠君愛國之道而惟陛下[illegible]忘奸細之欺罔[illegible]之殿[illegible]始終之[illegible]天下後[illegible]而國不[illegible]人用人亦不甚難矣陛下[illegible]能苦諫其[illegible]者人也爲陛下[illegible]犯雖至[illegible]而不敢[illegible]其人也今[illegible]之[illegible]官[illegible]之不[illegible]名[illegible]皆其人思惟陛下[illegible]神[illegible]新[illegible]爲[illegible]昧死以聞 完

疏批一束

◎大[illegible]鉉言事疏

批旨省疏具悉顧[illegible]

[illegible]論事疏

批旨省疏具悉亦[illegible]爲[illegible]且[illegible]非交爭之意也

◎[illegible]趙秉式言事疏

批旨省疏具悉總[illegible]大臣[illegible]之

批旨省疏具悉公[illegible]之言亦

判[illegible]秉式[illegible]言事疏

批[illegible]

◎從一品金宗漢言事疏

批旨省疏具悉所陳[illegible]念

◎[illegible]李[illegible]言事疏

批旨省疏子悉[illegible]也當有處分矣

◎外部協辦尹[illegible]疏

批旨省疏子悉何可一直言[illegible]更勿[illegible]

◉特別廣告

本社所執은特其隨事記載ᄒᆞ야一世耳目을喚新ᄒᆞᄂᆞᆫᄃᆡ在ᄒᆞᆫ즉餘外財政等事ᄂᆞᆫ固不足屑焉이되每月所入經費金이洽爲千餘圜ᄒᆞ야拮据無路에停刊이必至키로思不獲已ᄒᆞ야陽曆十二月一日爲始ᄒᆞ야每月代金을以新貨三十錢으로改定ᄒᆞ오니購讀僉君子ᄂᆞᆫ照亮ᄒᆞ옵

大韓每日申報社

●特別廣告

本申報分舖等事ᄅᆞᆯ仁川朴峴開新冊肆李雨皓氏에게委托ᄒᆞ고本月三日로始ᄒᆞ야逐號下送ᄒᆞ오니購讀ᄒᆞ시ᄂᆞᆫ僉君子ᄂᆞᆫ照亮購讀ᄒᆞ시며代金도同氏에게交致ᄒᆞ심을爲要

大韓每日申報社 告白

寄書

歎賣國諸賊　直舌生

吁汝賣國之賊아人生世間에名義爲重ᄒᆞ야樂莫樂於爲善이오哀莫哀於造惡이니라爲善者ᄂᆞᆫ雖處貧賤之中이라도自然心廣體胖ᄒᆞ야無所往而不樂ᄒᆞ며造惡者ᄂᆞᆫ雖富而掀天이라도其心也ㅣ慴ᄒᆞ며其身也ㅣ危ᄒᆞ야與憂俱生而餘殃이無窮ᄒᆞᄂᆞ니嗟汝賣國之賊아以君賣國이有何好處이완ᄃᆡ不顧天理ᄒᆞ며不恤人言ᄒᆞ고直前敢行ᄒᆞ야置汝身於千仞之坑고噫乎哀哉라汝輩愚夫로다汝之初計가在於永享富貴로ᄃᆡ富貴不租ᄒᆞ야百殃이隨至ᄒᆞᆯ지니汝之所憂ᄅᆞᆯ吾且言之ᄒᆞ리라大抵欺其君父ᄂᆞᆫ猶欺天也라獲罪于天이면無所逃焉이니一朝上意開悟ᄒᆞ샤赫然震怒ᄒᆞ시면汝之身首異處가一瞬間事라念及于此에其憂如何며外人依賴ᄅᆞᆯ縱曰得策이나非我種類라其心이必異니一或忤意則猜疑易生ᄒᆞ야狐死狗烹이自有其日ᄒᆞᆯ지니念及于此에其憂如何며語에曰千手所指에無病自斃라ᄒᆞ니今日全國人民이盡是汝之仇敵이라二千萬腹中에各有一把利刃이며千萬舌頭에亦有萬枝毒箭ᄒᆞ야誅汝射汝ᄅᆞᆯ無時可歇ᄒᆞᆯ지니念及于此에其憂如何오

於汝慈愛者ㅣ莫如汝之父母오於汝敬重者ㅣ莫如汝之兄弟妻子로ᄃᆡ好善惡惡은人之常情인즉孰喜爲賊臣之父母며孰喜爲賊臣之兄弟妻子리오必其煩冤痛恨이隱結于心ᄒᆞ야庭訓家譴에和氣漸喪ᄒᆞᆯ지니汝雖欲坦然自大ᄒᆞ야強爲歡樂이나面目이可慚이오言語無味라念及于此에其憂如何며宗族이因以割譜ᄒᆞ며親朋이至於絕交ᄒᆞ야踽涼身世가出門無適이며太史ㅣ書諸簡冊ᄒᆞ며報館이騰其筆鉞ᄒᆞ야奸凶名目이萬世難洗ᄒᆞᆯ지니念及于此에其憂如何며燕居處門庭成蹊은刺客之匕首ᄅᆞᆯ可畏오出入時陪從擁列은街童之擲撿ᄅᆞᆯ難禁이니念及于此에其憂如何오

嗟乎哀哉라汝之爲生이여拘束若罪囚之處於檻車ᄒᆞ야淸晨對鏡에鏡影이可愧오靜夜做夢에夢魂이不祥이라富貴雖極이나汝將何樂이며世界雖寬이나汝將安歸오多積金帛이終當爲奴輩所利오食前方丈이依然是吊奠陳設이며堂歌舞가彷彿乎送葬薤露니嗟乎哀哉라汝之爲生이여

汝獨不聞閔公之殉國歟아精忠大節이炳如日星ᄒᆞ야萬姓이哭之ᄒᆞ고列邦이義之ᄒᆞ니均是人也언만汝胡不能고一念之差에忠逆이截如霄壤이니라噫라吾今歎汝之愚ᄒᆞ고吊汝之危ᄒᆞ야以警來世之爲臣不忠者ᄒᆞ노니汝雖冥頑이나豈無感動于心者乎아快々愈於苟生은非獨忠臣爲然이라雖惡人도亦然ᄒᆞ니汝之今日長策은惟有束々ᄒᆞ야門謝天下라若又執迷ᄒᆞ야苟延狐鼠殘喘이면天網이恢恢ᄒᆞ야必不赦汝ᄒᆞ리니與其사於刑戮으론無寧從容歸去라汝雖冥頑이나早自爲處ᄒᆞ야勿爲益播惡聲ᄒᆞ며勿爲累汝父母兄弟妻子가庶乎可哉인저

雜報

●昧事請願　江原觀察閔泳致氏가內部에報告ᄒᆞ되大府摠巡崔秉斅이才學鈍ᄒᆞ야供職末由이다請願遞任이온바本觀察署事務가現尤浩繁ᄒᆞ야如非한才이면實難堪任이온즉前摠巡崔養浩로復任摠巡之責이라하얏더라

●淸使歸國　淸公使曾廣銓氏가昨日下午十一時에發程歸國ᄒᆞ얏ᄂᆞᆫᄃᆡ一週日內에還來ᄒᆞ다더라

廣告

哭
閔公泳煥靈几
崔昌善
崔南善

本會에서本月四日通常會ᄅᆞᆯ撤爲退會ᄒᆞ오니以此照亮을望

憲政研究會事務所

哭
閔公泳煥靈几
金振玩
金振瑢
金振玟

忠正閔公成服在於陰曆今月初七日午正十一民赴弔會員以同日下午八時前來會于典洞爲要

十民吊會所 告白

●○○○○○○○○○●

●雜誌發刊廣告

今에數理學雜誌ᄅᆞᆯ(每月五日一回定刊)發刊ᄒᆞ야敎師諸氏의敎科材料ᄅᆞᆯ敦助ᄒᆞ고學生諸氏의研究材料ᄅᆞᆯ供ᄒᆞ코져ᄒᆞ오니有志諸氏ᄂᆞᆫ購覽ᄒᆞ심을切望(但一部定價ᄂᆞᆫ新貨陸錢)

南大門內尙洞德公의右便
青年學院內　數理學雜志社

●○○○○○○○○○●

夫吾敎ᄂᆞᆫ天道之大原일ᄉᆡ曰天道敎라吾敎之刱明이及今四十六年에信奉之人이如是其衆ᄒᆞ며如是其多로ᄃᆡ敎堂之不遑建築은其爲遺憾이不容提評이오現今人文이闡明ᄒᆞ야各敎之自由信仰이爲萬國公例오其敎堂之自由建築도亦係成例니吾敎會堂之蔚然大立이亦應天順人之一大表準也라惟我同胞諸君은嘉悅喜

敎會堂建築開工은明年二月노爲始事

天道敎
大道主 孫秉熙

本月봇터通常會ᄅᆞᆯ每月第一土曜로一次만開會ᄒᆞ더이니會員은照亮ᄒᆞ옵

國民敎育會 告白

本校에서陽曆十二月十日시지學員을募集ᄒᆞ오니願學僉員은入參ᄒᆞ시옵

課程　英語　日語　算術　地誌　歷史　法學

普法會夜學校 告白

法學通論發售廣告

全一帙一冊四七八頁
定價新貨一元

發賣所　南大門下　美洞　博文社　金相萬書舖

●실광고●

자미로삼인ᄀᆡᆨ인ᄃᆡ속혼긔계ᄂᆞᆫ칼과콥파송곳과나사와송곳칼과병마기ᄲᆡᄂᆞᆫ갓과손톱파ᄂᆞᆫ것과가위와귀슈쉬기와니슈쉬기이열어가지가다혼칼속에잇ᄂᆞᆫ칼을일허바려ᄉᆞᆺ오니누구시던지이칼을엇어본샤로보니여주시면후사ᄒᆞᆯ겟소

特別廣告

本申報는[illegible]外電報를[illegible] 發ᄒᆞ야幾個[illegible]通ᄒᆞ고 [illegible] 기ᄂᆞᆫ分傳人의[illegible] 로本社에셔不常에諸分 傳人의게丁寧告戒ᄒᆞ고 申申訓飭ᄒᆞ야毋或[illegible] ᄒᆞ게注意ᄒᆞ거니와或知或 暫有[illegible]이라도本[illegible] 君子ᄂᆞᆫ該[illegible]使[illegible]知子誠社 ᄒᆞ시면分傳의게[illegible]信 相[illegible]ᄒᆞ도록耳提面命ᄒᆞ 고勤贊가發生ᄒᆞ도록[illegible] 論ᄒᆞ야必無遲誤ᄒᆞ기로 期待ᄒᆞ옵나이다

本社에寄書ᄒᆞ시ᄂᆞᆫ[illegible]君子ᄂᆞᆫ姓名과居住를明[illegible]ᄒᆞ게懸錄[illegible]附ᄒᆞ시와證據가有ᄒᆞᆷ을必要ᄒᆞᆷ이오公衆平和ᄒᆞᆫ秩序를紊亂케ᄒᆞᄂᆞᆫ意와社會上不經荒雜ᄒᆞᆫ寄書ᄂᆞᆫ不受ᄒᆞᄂᆞᆫ權利가本社에自有ᄒᆞ오니肯諒ᄒᆞ시옵

大韓每日申報社

◎本社特告

本社新聞을關西等地에廣佈ᄒᆞ기爲ᄒᆞ야平壤金興潤宣川安濬長連金龜等三氏에게委托ᄒᆞ고逐號下送ᄒᆞ오니一覽에有意ᄒᆞᆫ僉君子ᄂᆞᆫ三氏에게購覽ᄒᆞ시며代金도三氏에게傳致ᄒᆞ심을爲要

大韓每日申報社

○鐵路部

⊙東大門과新門間에來往車ᄂᆞᆫ每十分間에運行ᄒᆞᆷ

東大門發初車ᄂᆞᆫ午前六時三十分

新門外停車場發初車ᄂᆞᆫ午前六時五十五分

東大門發終車ᄂᆞᆫ午後九時五十分

新門外停車場發終車ᄂᆞᆫ午後十時十五分

○東大門과洪陵間에來往車ᄂᆞᆫ每二十分間에運行ᄒᆞᆷ

但自鐵路로東大門에來到ᄒᆞᆫ交替車로聯絡ᄒᆞᆷ

東大門發初車ᄂᆞᆫ午前六時五十分

洪陵發　初車ᄂᆞᆫ午前七時十分

東大門發終車ᄂᆞᆫ午後七時五十分

洪陵發　終車ᄂᆞᆫ午後八時十分

○鐵路와龍山間에來往車ᄂᆞᆫ每十二分間에運行ᄒᆞᆷ

鐵路發至南大門初車ᄂᆞᆫ午前六時四十八分

鐵路發至龍山　初車ᄂᆞᆫ午前七時二十四分

南大門發至鐵路初車ᄂᆞᆫ午前六時五十六分

龍山發至鐵路　終車ᄂᆞᆫ午前七時五十七分

南大門發至鐵路終車ᄂᆞᆫ午前十時八分

龍山發至鐵路　終車ᄂᆞᆫ午後九時九分

○特別私用車ᄂᆞᆫ顧客의方便ᄒᆞᆷ을隨應ᄒᆞ야聯給ᄒᆞᆷ

但定價ᄂᆞᆫ本社에來臨ᄒᆞ야請問ᄒᆞ옵

○電燈部

二百五十燭力以內의數用處에ᄂᆞᆫ每個月에定價表가如左ᄒᆞᆷ

○十六燭力燃燈達夜에二圓五十錢

○三十二燭力燃燈達夜에四圓

○五十燭力燃燈達夜에六圓

○一百五十燭力燃燈達夜에十圓

一千二百燭力弧形燈達夜에二十圓

二百五十燭力以上의數用處에ᄂᆞᆫ請求ᄒᆞ면瓦斯計一[illegible]를設給ᄒᆞᆷ

但瓦斯計貸金은每個月에二圓이오瓦斯計測驗表委托定價ᄂᆞᆫ每時間每암피아에二錢이옵

瓦斯計設給處에셔每介月支拂金最低額은每個月에二十圓인ᄃᆡ(瓦斯計貸金은)据ᄒᆞᆷ

電燈을敷設ᄒᆞ기에請求ᄒᆞᄂᆞᆫᄃᆡ給ᄒᆞᆷ로供各種連技辦燈도常時에貯存ᄒᆞ엿삽

本社鐵路電氣會社

韓美電氣會社　告白

●九轉靈砂ᄂᆞᆫ本人이妙方을神備하야製造ᄒᆞᆫ靈丹인ᄃᆡ男女老少에無論何症ᄒᆞ고通治ᄒᆞ오며無病時에도服ᄒᆞ면平生의身體가健康ᄒᆞ며小兒ᄂᆞᆫ四五錢重만服ᄒᆞ면十歲안에無病ᄒᆞ기를擔保ᄒᆞ오며

●九轉靈砂麒麟丹은癲狂　癎症과中風諸疾과耳目諸病과淋疾에神効ᄒᆞ고

●九轉靈砂保命丹은初生小兒　驚風　癎氣　咳嗽　腹痛諸般惡症에　効ᄒᆞ오

●九轉靈砂濟衆丹은酒滯　食滯　血積　吐瀉　霍亂　痢疾　吐血　下血　運氣　時疾　痲症에神効ᄒᆞ오

●九轉靈砂紫金丹은痔漏　瘰癧　ㅣ疳瘡　下疳瘡及唐瘡과諸般毒瘡惡種에無不神効ᄒᆞ오니　僉君子ᄂᆞᆫ來問ᄒᆞ시오

內需司前두갑이골上隅第一家　李鎬處移徙　告白

大韓帝國仁川港　濟物浦紙卷烟及烟草會社

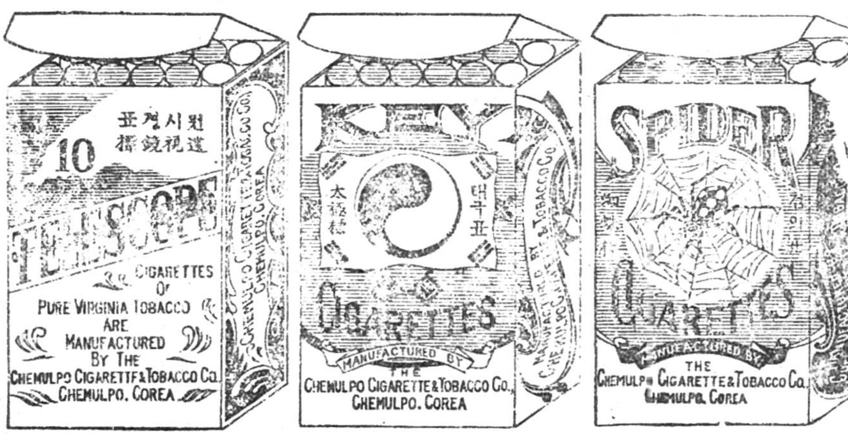

以上三種은上品으로製造ᄒᆞ야備[illegible]上에至極有益ᄒᆞ오니無論某人ᄒᆞ고本社에來臨ᄒᆞ옵

廣告

一雜貨商

一貿易商

一[illegible]

一烟草商

一[illegible]

一[illegible]

以上[illegible]入及[illegible]

京城 仁川 大[illegible] 洋行

本社廣告

申報價

一張代金　葉貨五錢

一箇月前金　五十錢

三箇月　一圓五十錢

六箇月　二元九十錢

一箇年　五元八十錢

郵稅一部　每貨五里

一箇月　十三錢

廣告料

四号活字十三字詰

每日每英尺一寸에新貨[illegible]

(每日每行에六錢에相當[illegible])

二週日에　二圓五十錢

(每日每行四錢五里에相當[illegible])

一箇月에　五圓

(每日每行四錢一里에相當[illegible])

其期限의長短과字行의多少를依ᄒᆞ야增減ᄒᆞᆷ이有ᄒᆞᆷ

大韓人마다此申報를[illegible]覽ᄒᆞ실터이오니廣告를出ᄒᆞ실僉君子ᄂᆞᆫ來臨面議ᄒᆞ시옵

發行兼編輯人　英國人裴說

發行所

京城北署壽進坊磚洞号外[illegible]學校前

大韓每日申報社

第三卷

大韓每日申報
대한매일신보

第九十四號

月曜及慶節歲時日休刊

檀君開國四千二百三十八年
箕子元年三千二十七年
大韓開國五百十四年
日本明治三十八年
淸國光緖三十一年
陰曆乙巳十一月小初九日戊子

論說

讀趙元老遺書

大韓元老大臣趙秉世氏가擧義殉國ᄒᆞᆯ時에 韓皇陛下셰奏御ᄒᆞᆫ遺疏와各公使館에寄ᄒᆞᆫ公函과國內人民의게警告ᄒᆞᆫ遺書가任ᄒᆞ니皆其手筆이라一言一字가令人感激流涕로다此元老ᄂᆞᆫ原來大韓의忠義世家오耆造宿德이라蹇諤之節과경直之風이屹如砥柱ᄒᆞ더니值此前古未有之奇變일ᄉᆡ將其衰癃之軀ᄒᆞ야大韓帝國의獨立을爲ᄒᆞ야死ᄒᆞ며二千萬人民의自由를爲ᄒᆞ야死ᄒᆞ얏스니何其從容이며何其凜烈고由來大韓의歷史를溯觀ᄒᆞ건ᄃᆡ國人의風習이皆禮義를崇尙ᄒᆞ고名節을操守ᄒᆞᆷ으로國家搶攘之際를當ᄒᆞ면視死如歸ᄒᆞᄂᆞᆫ者가項背相望ᄒᆞᆫ지라但昇平日久에偸安姑息이漸成習慣ᄒᆞ야至于今日ᄒᆞ야ᄂᆞᆫ士氣의委靡가如水益下ᄒᆞ니所以로局外之人이皆韓國人士를指斥ᄒᆞ야曰彼其無愛國之性質者라ᄒᆞ며彼其無爲國敢死之氣節者라ᄒᆞ야凌虐侵侮가視若無人ᄒᆞ더니今에國家元老와戚畹重臣의사生殉國ᄒᆞᄂᆞᆫ風節을觀ᄒᆞ면此ᄂᆞᆫ大韓人士의爲國敢死之氣이於是乎奮發之秋라其赤血의強力을孰能禦之리오大韓이其自此而振乎인뎌大韓이其自此而振乎인뎌

東京電報

●英國駐箚公使昇格
十二月 日午後四時二十五分發
駐英林公使ᄂᆞᆫ今回大使로任ᄒᆞ얏더라

●新設師團位置
十二月三日午後一時十分發
今回新設ᄒᆞᆫ第十三師團은出雲國松江에第十四師團은羽州山形에第十五師團은樺太附近에第十六師團은臺灣台北에設ᄒᆞᆯ터이라더라

●近衛師團司令部凱旋
十二月三日午三時五十七分發
今出征ᄒᆞᆫ近衛師團司令部ᄂᆞᆫ十二月三日午後三時半에凱旋ᄒᆞ얏ᄂᆞᆫᄃᆡ歡迎者多數히新橋驛及其附近에會集ᄒᆞ얏고同師團長은卽時參內ᄒᆞ얏더라

雜報

趙元老遺書親筆

伏以臣老而不死目見國家危亡迫在呼吸興疾入城以奏以荀冀可濁午而迷不知止者冀或有一半分救拔得來矣不料事變無窮竟致被拘於外兵重貽羞辱於 國而猶且頑忍苟延者庶幾望 陛下之感回復此冒羞包耻署名於百僚聯章之列

臣固知論者加之以一層罪案也現今宗社之亡非朝伊夕而 陛下只與四五逆臣諂諛周旋雖欲不亡得乎

臣旣不得辦一死於 天陛之下乃至爲狡虜脅以去辱 國辱身自速大戾豈死期將至天奪其魄而然耶

然則臣非徒爲 陛下之罪人亦爲殉節中閔泳煥之罪人矣臣以何顏復立覆載間乎臣罪重誠淺生無以感動 天意逆臣未除而却約未繳則不得不以一死報國效敢處

陛下永訣臣死之後誠宜奮發乾斷齊純址以根澤完用重顯五賊論以大逆不道의진滅之以謝天地神人旋印交涉各館繳滅僞約以復 國命則臣雖死之日猶生之年

如以臣爲妄卽臨臣身以賜諸賊爲臣精神淆亂不能盡所欲言懷痛窮天死不閉目瞻望 宸極有淚徹泉而已

伏惟 聖明哀憐 時赦而其采納死之言則宗社幸甚天下幸甚侏臣無任泣血哽塞之至謹自裁以聞

●勅禁忠義 天下之是非가惟義與不義而已인바國亡而思救ᄒᆞ며民危而思濟ᄂᆞᆫ一般人士에當然底義務인즉其義務를能히執行人을勸加禁斷ᄒᆞᆷ은可以不義行動이라謂ᄒᆞᆯ지로다

今夫國之危亡은自國에所知아니라卽天下人에所共知니爲其臣民者ㅣ爰憤所激에或其君을諫ᄒᆞ야感悟를冀ᄒᆞ며或奸黨을戮ᄒᆞ야怨怒를洩코쟈ᄒᆞᆷ은天理人情에固然之勢이거날日本官憲이每以威力을張示ᄒᆞ야勸加禁斷은抑亦何心고鄭此韓之危亡은非他故也라專히日本이權利侵奪ᄒᆞᄂᆞᆫᄃᆡ由ᄒᆞᆷ이니譬컨ᄃᆡ隣家에放火ᄒᆞ고其救火者를禁制ᄒᆞ야曰無敢撲滅ᄒᆞ고任其焚燒ᄒᆞ라ᄒᆞ면豈理也哉아今或治安妨害로執以爲說이나韓人之如彼奔走ᄂᆞᆫ正所以其治安을求ᄒᆞᆷ이라何妨害之有也며且以오解危亡으로爲說이나名以獨立之國이該權을盡奪ᄒᆞ고虛器를徒擁ᄒᆞ얏스니謂之不危不亡이可乎아此無乃奸黨을利用ᄒᆞ며宸聽을壅蔽ᄒᆞ기爲ᄒᆞ야一時忠言讜論을箝制ᄒᆞᆫ計劃에不過ᄒᆞ나文明國處事ᄂᆞᆫ必須磊落光明이라此等掩耳盜鈴ᄒᆞᄂᆞᆫ手勢를雖尺童이라도瞞過키不能ᄒᆞᆯ지어날徒以威力詭詐로爲務ᄒᆞ고도與人之國我從ᄒᆞ니文明國之名稱을竊爲羞之ᄒᆞ노라

●夫人義烈 今番殉國ᄒᆞᆫ閔趙兩公의게對ᄒᆞ야紳士人民의夫人等이吊禮를表ᄒᆞᆯ次로美洞等地에女人吊會所를創設ᄒᆞᆫ다더라

●人民墮淚 忠正閔公에會ᄒᆞ더니典洞樓花洞에碑閣을建築ᄒᆞ고豐碑與銅像을竪立ᄒᆞ야其忠烈을表ᄒᆞ기로現方士民들이發論ᄒᆞ고有志人士의게隨力請助ᄒᆞᆫ다더라

●日使照會 淸國公使館을代氏가駐韓ᄒᆞᆫ은巳撤本韓에와外部에照會ᄒᆞ얏ᄂᆞᆫᄃᆡ日本公使가現承本政府命令ᄒᆞ야代行駐韓故로未得預先앙佈ᄒᆞ얏스니照亮이라더라

●賜物特下 忠烈閔公과忠正趙公喪次에 韓皇陛下께서 特下ᄒᆞ옵신賻物이如左ᄒᆞ더라
白紬十疋 布木五十疋
米三十石 錢一千元

●一門佳姪 內大李址鎔의前後賣國罪狀은塗人耳目이라不必長論이어니와今聞ᄒᆞᆫ즉其姪範九氏가據義責之ᄒᆞ야曰吾家ᄂᆞᆫ皇室至親이라分義攸重이어ᄂᆞᆯ他臣降과大有不同이거날叔之賣國ᄒᆞᆫ惡行을因ᄒᆞ야一門諸人이祖宗朝罪人을免치못ᄒᆞ고天地間에容息ᄒᆞᆷ이가無ᄒᆞ니惟願速死ᄒᆞ야從前罪犯을贖ᄒᆞ라ᄒᆞ얏다니其言也ㅣ直ᄒᆞ며其義ㅣ嚴ᄒᆞ야可以逆家中蘭蕙家子弟이라ᄒᆞᆫ니라

●新聘停止 日本에新聘大使派遣事로日公使의勸告로因ᄒᆞ야停止ᄒᆞᆫ다더라

寄書

痛罵賣國諸賊文

仰天痛哭生

嗟我大韓四千年宗國을一朝爲人之奴隷ᄒᆞ며二千萬生靈으로一朝爲人之奴隷ᄒᆞᆫ者ᄂᆞᆫ是誰之罪也오痛彼賣國諸賊은果何等亡國之怪孼也며果何等禍民之勳爵臣오卽現政府當局之

爲鬼爲蜮之李址鎔
如狐如狸之李根澤
包藏禍心之朴齊純
陰險凶惡之李完用
奸邪百出之權重顯

等五個賊이是也라噫此五賊이世受國祿ᄒᆞ며身被國恩ᄒᆞ야榮寵富貴가撼動一世ᄒᆞ야權傾皇室ᄒᆞ며勢冠人臣이니有何不足而狐媚於彼ᄒᆞ며鼠黠於彼ᄒᆞ야紕繆賣國之計ᄒᆞ며誤國病民之策ᄒᆞ야五賊幷首ᄒᆞ야雌唱雄和ᄒᆞ야蛇蝎糾結ᄒᆞ며鷹鸇互相貫徹ᄒᆞ야外誘[illegible]曰非吾們則莫可爲應大이라ᄒᆞ며內嚇君父曰非臣等則莫能防禦이라ᄒᆞ야畢竟使四千年宗國과二千萬生靈으로斷然付送於一紙新條約明文上ᄒᆞ니國將附屬於他矣오民將奴隷於他矣라噫此五賊이設令有怨罪於國家ᄒᆞ며結仇讐於生靈ᄒᆞᆫ들亡國禍民之烈이胡至於此甚고

噫此五賊之祖宗도韓之宗臣也오世臣也며五賊之父도韓之男也오五賊之母도韓之女也오五賊之骨血精神도韓之所鍾也오五賊之妻子도韓之物也오五賊之衣服飮食도韓之產也오五賊之高官大爵도韓之所賜어ᄂᆞᆯ五賊之心腸이獨仇韓은何也오此ᄂᆞᆫ天理之相反이오人情之相悖也니豈非一大變怪乎리오

假令五적이仇其自國而取媚於他라도寵權勢利와富貴榮華가更有何望於此耶아曷猶不厭지욕이ᄒᆞᆯ지貿賜은路인所知[illegible]며圖存永久지計로察지掌握은愚夫所算也로되天鑑孔昭ᄒᆞ시며鬼目如電ᄒᆞ니陽界에불免顯戮이오陰府에已[illegible]陰誅ᄂᆞᆫ理지固然이라噫此五적이雖蠢蠢昧識지불如豬[illegible]라도亡國禍民지[illegible]自手則豈불知前途지[illegible]파覆宗絶嗣지화가冉冉[illegible]眉頭乎아

爾看亡國民禍之[illegible]ᄒᆞ라噫爾五적之罪ᄂᆞᆫ[illegible]林甫로同日而論之[illegible]二千萬[illegible]이不必[illegible]하야洩此徹骨之恨[illegible]이亦有日矣이니와[illegible]此假其虎威하야咆哮跳踉之時라도亦불過假氣遊魂而已矣니噫五적은保重保重이어다

雖爲罄南山之竹而書罪無窮이오決東海之水而洗惡難盡은古人所以爲此五적而準備也니臨紙憤極에罵之盡言하노라

雜報

●義捐無義 日昨에錦旗氏가忠烈閔公에吊會所로送인ᄒᆞ야賻錢一百兩을同氏所呈으로開錄인바及其該錢送到ᄒᆞ야ᄂᆞᆫ乃是當五計一百이고且該錢을以紙糊封키로該財인이弗爲裂破細檢ᄒᆞ고依例收納[illegible]迫於折看則所謂一百兩內에官錢이弗過三枚요其餘ᄂᆞᆫ皆惡貨라掌財인이弗勝訝然ᄒᆞ나勢難奈何ᄒᆞ야至於中間監徵이라ᄒᆞ나此等義捐은弗如無之라고俾說이有ᄒᆞ더라

●兮之一路 軍大李根澤의弟根洪氏가阿兄을對ᄒᆞ야毅然曰吾兄이諸人이國恩을偏被ᄒᆞ야今日富貴至此에거ᄂᆞᆯ答은始命ᄒᆞ고返有賣國之惡名ᄒᆞ니將以何顔으로於地下[illegible]兄弟同富가[illegible]터이나罪有攸歸[illegible]之一인身上에在ᄒᆞ니兄必[illegible]하야父母兄弟에게久累치[illegible]ᄒᆞ라ᄒᆞᆫ다니인지[illegible]과如ᄒᆞ이雖同[illegible]或惡이如入淵ᄒᆞ니[illegible]逆家弟兄으로一槪誅지[illegible]가有ᄒᆞ다더라

●靑會餞使 今日下午四点鍾에皇城基督敎靑年會에서[illegible]國公使를餞別次로該公館으로一齊會員이進去ᄒᆞᆫ다ᄂᆞᆫ데會員이下午三点鍾에靑年會館으로來臨ᄒᆞᆷ을希望ᄒᆞᆫ다더라

●婦인義捐 日昨忠烈閔公吊會所에서何許三箇女인이突然來到ᄒᆞ야問於衆인曰此是閔公吊慰所乎아俺等이雖是女流나忠義興感은男女無間기로聞公之[illegible]ᄒᆞ고遠夜聚首對泣타가然又思之컨ᄃᆡ裙釵身分으로旣불得如男子之執紼効力인즉祭奠等費에나優助ᄒᆞᄂᆞᆫ게敬慕之忱을可以少表이로되家且貧寠하야無以備禮키로若干刺繡工錢收置者를每인各四十錢式奉呈이라하며서辭甚婉切하야廳客들이其義氣를嘆賞하얏다더라

●鄕紳見送 日昨에一紳士가表勳院으로從ᄒᆞ야某洞藥舖를過ᄒᆞ다가舖主인의購覽ᄒᆞᄂᆞᆫ[illegible]日申報를供看ᄒᆞᆯ새閔泳煥氏의殉國ᄒᆞᆫ時에本國同胞와各公舘에遺寄ᄒᆞᆫ書에覽至ᄒᆞ야鴻淚를難禁ᄒᆞ고因爲哽裂而哭ᄒᆞᆫ際에一位大官이從外至ᄒᆞ야下處를定坐ᄒᆞ고勳院跪驛에情形을探問ᄒᆞ며紳士의悲慟ᄒᆞᄂᆞᆫ貌樣을見ᄒᆞ고自言曰此必閔純國事也로고哦而街路에行哭者連過ᄒᆞ거ᄂᆞᆯ大官이遣隷探情터니隷回報曰兵救次大監이方仰藥故로이라고行路인이聞지放哭ᄒᆞ더다大官曰勳院奏章에사節ᄒᆞᆯ人이必多ᄒᆞ깃지紳士欠身近前曰大監은誰耶신잇고大官曰吾乃某洞某議政也로라紳士曰以大監地位也名望地로此沈淪傾覆之境을當ᄒᆞ와扶濟ᄒᆞᆯ責任이타인의게推讓ᄒᆞ시려니와事불如意ᄒᆞ면殉節지心도亦必불後於인이올ᄯᅢ금민兵兩忠이旣爲先殉ᄒᆞ엿스니繼此存亡은必在ᄃᆡ監身上이로소이다議政曰向日進疏에吾已闕內悉班矣오今番疏廳에ᄂᆞᆫ有所私幹하야趕未往參矣로다紳士奮然曰今時에厚被天恩하고重任國事하든인이如此板蕩時를當하야少불圖報하고又無ᄉᆞ志하니可歎可惡也로다誤國亡國이皆此輩에馴致라하고되聲評主인曰此舖舍ᄂᆞᆫ衛生上醫藥所이니暫불可許座於累物也라하고因[illegible]하니議政이赧然起시出曰[illegible]哉라是인也여하더라니該ᄃᆡ官과該紳士姓名은次號에揭載ᄒᆞ겟ᄂᆞᆫ라

●以哭[illegible] 學部主事李相哲氏가昨[illegible]에對ᄒᆞ야[illegible]慷慨ᄒᆞᆷ을弗勝ᄒᆞ야[illegible]痛哭ᄒᆞ다가再昨日에앙[illegible]自歸ᄒᆞ야기로其孤忠을어[illegible]ᄒᆞ며[illegible]兄韓在定氏가爲文哭지ᄒᆞ야ᄂᆞᆫᄃᆡ[illegible]熱誠[illegible]

●兵十余[illegible] 侍上三隊[illegible]中三小隊下[illegible]은[illegible]라性[illegible]衛지[illegible]ᄃᆡ니[illegible]公에殉國[illegible]ᄒᆞ고悵慨[illegible]發이어니외我[illegible]이라[illegible]立[illegible]一사報ᄒᆞ야[illegible]인[illegible]職分이라ᄒᆞ고[illegible]作[illegible]하야다하니奇乎哉리[illegible]인[illegible]可以되義를扶植ᄒᆞᆯ[illegible]罪인에矜式이되지로다

疏本

九品徐仕郎法部主事安鍾瓚

伏以臣即年淺昧識之一[illegible]末蔭官耳爵불過九品職불過主事而敢於限階禁言之下唐突冒法欲進所懷於 주광之下者臣豈불自知其罪哉

然設法禁言元來亡國之事而且今國事已去日本之統監行將出矣若過幾日則 陛下雖欲[illegible]之言且無進言者矣設有言者 陛下將弗得以聽用之矣然則臣[illegible]言[illegible]矣苟有[illegible]之可[illegible] 陛下苟弗用[illegible]苟有用[illegible]之[illegible]臣[illegible]外部[illegible]部大臣李址鎔[illegible]學部大臣李完用[illegible]權重顯五적[illegible]之亂적而五[illegible]其罪耶夫[illegible]所以[illegible]權勢[illegible]弗行[illegible]如[illegible]宗社[illegible]今[illegible]인[illegible]爲[illegible]猶[illegible]弗亡乎

●祭桂庭閔公文

維歲次光武九年十二月三日大韓[illegible]部代表[illegible]二千萬同胞[illegible]上下萬古惟公一人[illegible]之揭[illegible]遠之[illegible]赫赫乎[illegible]彼[illegible]之武[illegible]萬衆而不能屈 公之獨立矣彼猶鼠鬼蜮之[illegible]寶[illegible]外人而不能奪 公之獨立矣[illegible]公之獨立[illegible]之獨立歟

◉特別廣告

本社所執은特其陰事記載ᄒᆞ야一世耳目을喚新ᄒᆞᄂᆞᆫᄃᆡ在ᄒᆞᆫ奇餘外財政等事ᄂᆞᆫ固不足屑爲이되每月所入經費金이洽爲千餘圜ᄒᆞ야拮据無路에停刊이必至키로思不獲已ᄒᆞ야陽曆十二月一日爲始ᄒᆞ야每月代金을以新貨三十錢으로改定ᄒᆞ오니購讀僉君子ᄂᆞᆫ照亮ᄒᆞ옵

大韓每日申報社

◉特別廣告

本申報分發等事를仁川耕硯齋朴東皓氏에게委托ᄒᆞ고本月三日爲始ᄒᆞ야逐號下送ᄒᆞ오니購讀ᄒᆞ시ᄂᆞᆫ僉君子ᄂᆞᆫ照亮ᄒᆞ시며代金도同氏에게交致ᄒᆞ심을爲要

大韓每日申報社 告白

寄書

獻賀閔公泳煥氏永生 續

一日二日이라도苟苟히圖生코쟈ᄒᆞ나豈可得乎아波蘭末年에愛國黨이血流漂杵ᄒᆞ야셔도波蘭人種의鄙劣홈을擧世唾之ᄒᆞ얏거든우리ᄂᆞᆫ三千里疆土를一條約에見奪ᄒᆞ야도自已의若干財錢을被奪홈만콤愛惜홀줄不知ᄒᆞ며二千萬同胞가一條約에奴隷를作ᄒᆞ야도自已睚眦의怨만콤憐恚홀줄不知ᄒᆞ야國을亡홈이오히려波蘭에도不及ᄒᆞ니世界에셔如何히評論홀고

슬푸도다廣大ᄒᆞᆫ世界에七尺의身을容키難ᄒᆞ니엇지痛哭處ㅣ아니리오閔公의自裁ᄒᆞ심이豈有他哉리오

我二千萬同胞의好謨範과疆土人民을賣ᄒᆞᆫ殘賊의大羞恥를實行으로表示홈이니可憐ᄒᆞ다賣國殘賊이여彼輩도ᄯᅩᄒᆞᆫ天良의本心이不無ᄒᆞᆯ지라生코쟈ᄒᆞᆫ들同胞를何對며死코쟈ᄒᆞᆫ들閔公의魂靈을何對리오其生也ㅣ何若彼陋也ㅣ며其死也ㅣ何若是榮也오感激ᄒᆞ도다閔公이여我二千萬同胞와其無量ᄒᆞᆫ後裔들愛홈을其軀를愛홈보다大히ᄒᆞ얏스니엇지感泣지아니리오童子ㅣ其侶를向ᄒᆞ야籥을吹하이엇지不踊ᄒᆞᆫ者ㅣ잇스며슬피歌홈이엇지不傷ᄒᆞᆫ者ㅣ잇스리오惟我同胞ᄂᆞᆫ閔公의吹籥과悲歌의仰答ᄒᆞᆯ것을深思ᄒᆞ옵시다閔公閔公이여公의永生을獻賀ᄒᆞ옵나이다 完

雜報

法官養成所學員權赫采李鎬挺李載榮柳志默安宅浩氏等七十餘人이法部대臣에게質書가如左하니 續

夫人臣之弗忠莫대乎虧損國權而況以國家대權委之於他人之手乎此可人臣之所爲而可與一日共戴一天之下哉噫嗚呼痛哉尙忍言哉

往歲一요慶賊臣締結韓日議定書使外國統治權移於外國惟我全國人民被其毒害無不欲食其肉而臥其皮矣夫何凶逆之心愈往愈熾乂於本月十八日此二三賊臣藉稱外人之威脅不由我大皇帝陛下裁可又不由參政大臣之議決肆然調印而印所謂新條約俄然成立云聞至于此不覺髮竪膽掉繼之以痛哭也嗚呼此二三賊臣果何人斯但是我祖宗朝世祿之臣厚恩者也苟有一半分人心當此危急之時宜有萬一圖報之心而猶竊利使終喪威柄使我宗社二千萬生靈誤於一字之下而危亡於反掌之間罔逆於是乎極矣義理所在此賊不可不正其罪置諸常律爲可以付之三尺乎伏惟閣下以執法大臣明知其書可誅國之諸賊矣然則何不奏達天陛亟正邦刑而因循度日若不聞不知者耶閣下不在其職則已若一日在職則失刑之責亦有所歸矣本員等義憤所激按住不得敢此陳明伏願閣下亟正其罪使此賣國之賊無所逃於覆載之間而懸首蒿街上以慰宗社之靈下以謝人民之憤鬱千萬음祝之至 完

●疏批一束

平理院裁判長嚴柱益自引疏

批旨省疏具悉不必如是爲引矣

成均館敎授李殷永等言事疏

批旨省疏子悉大同之言可見出於公憤

前內部主事盧鳳洙言事疏

批旨省疏子悉所言諒出公분矣

秘書監丞金明片等言事疏

批旨省疏子悉幾有處分矣

領敦寧司事沈舜澤等言事疏

批旨省疏子悉卿等之懇歷度批諭其宜諒會而徒爲如是煩復未若交勉修省務在自強豈無轉危爲安之日朕所云斟量者存亦可以意曉卿等其諒之相率還事遣秘書郞傳諭

宮內府대臣李載克辭職疏

批旨省疏子悉卿懇尙可以言病乎斷勿更煩即起視務事遣府郞宣諭

●別飭警吏 警務使具完喜氏가各署警務官吏의게別飭ᄒᆞ기를警察上職務를倍加注意ᄒᆞ고政界上事ᄂᆞᆫ勿爲提論ᄒᆞ라ᄒᆞ얏다더라

며ᄒᆞ가 屛門長廣生

부럽더라부럽더라
민보국대감부럽더라
이ᄯᅢ감도평시에는
별사람이안이더니
나라일에분격하야
일죠단츙일운후로
쟝안빅셩우는소리
부모상을당ᄒᆞ온듯
젹츙되졀놈혼일홈
동서양에빗나네
우리들도엇지허면
나라위히셔공홀가
무감슈검벼젹이나
별쎄구종상노즁에
츙분지심잇스며는
경각간에셩곡허리
내한몸을등히잇고
역젹놈을처치허면 흡
죽들리도츙신일홈
쳔츄빅ᄃᆡ젼홀지오
쳐ᄌᆞ권속사는것은
졔상공의조치ᄒᆞ니
우리갓흔상놈들도
츙신하번되야보셰
츙신한번되고보면
민보국되감부럴손가

哭閔公泳煥靈几

千載鳥連月今宵復海東
天寒鳥沒樹木靈秋風

崔命奎

廣告

洪思範의廣告ᄒᆞᆫ歸庶公畓이僞造라ᄒᆞᆫᄃᆡ對ᄒᆞ야誠是搆날일뿐外라事証本人이가妓에正誤事

洪鼎熙

溫陽郡內面金谷居李奎夏爲挾雜吊頭誘宗中畓券僞造典執次京鄕出沒內外國人切勿相關事

門長李會熙 告白

本社移接于西小門內昇信齋越邊洋屋

海產會社 告白

●雜誌發刊廣告●

今에數理學雜誌를(每月五日一回定刊)發刊ᄒᆞ야敎師諸氏의敎授材料를補助ᄒᆞ고學生諸氏의獨學材料를供給코져ᄒᆞ오니有志諸氏ᄂᆞᆫ購讀ᄒᆞ심을切望

(但一部定價ᄂᆞᆫ新貨陸錢)

南大門內尙洞懿公館右便 靑年學院內 數理學雜誌社

○○○○○○○○○○

大吾敎ᄂᆞᆫ天道之大源이시니天道敎라吾敎之擴明이及今四十六年에有信之人이如是其廣ᄒᆞ며如是其多로ᄃᆡ敎堂之不遑建築은其爲遺憾이不容提說이오現今人文이闡明ᄒᆞ야各敎之自由信仰이爲萬國公例오其敎堂之自由建築도亦係成例니吾敎會之巍然大立이亦應天順人之一大義也라惟我同胞諸君은照亮ᄒᆞ옵

敎會堂建築開工은明年二月上旬

天道敎

大道主 孫秉熙

特別廣告

大申報는海外電報를即速ᄒᆞ야機關이靈通ᄒᆞ고外國의新聞雜誌를… [illegible] …

大韓每日申報社

◎本社特告

本社新聞을關西等地에廣佈ᄒᆞ기爲ᄒᆞ야三和鎭金與淵崔叙恒宜川安濬及連金龍等三氏에게委托ᄒᆞ고逐號下送ᄒᆞ오니該地에有意ᄒᆞᆫ僉君子는三氏에게購覽ᄒᆞ시며代金도三氏에게傳致ᄒᆞ심을爲要

大韓每日申報社

○鐵路部

○東大門과新門間에來往車는每十分間에運行흠

東大門發初車는午前六時三十分
新門外停車塲發初車는午前六時五十五分
東大門發終車는午後九時五十分
新門外停車塲發終車는午後十時十五分

○東大門과洪陵間에來往車는每二十分間에…

但自鐵路로東大門에來到ᄒᆞᆫ交替車로聯絡…

東大門發初車는午前六時五十分
洪陵發 初車는午前七時十分
東大門發終車는午後七時五十分
洪陵發 終車는午後八時十分

○鐵路와龍山間에來往車는每十二分間에運行흠

鐵路發至南大門初車는午前六時四十八分
鐵路發至龍山 初車는午前七時二十四分
南大門發至鐵路初車는午前六時五十…分
龍山發至鐵路 終車는午前七時五十七分
南大門發至鐵路 …는午前十時八分
龍山發至鐵路 …는午後九時九分

○特別私用車는願…ᄒᆞ는方便ᄒᆞᆷ을隨應ᄒᆞ야…給흠
但其價는本社에…ᄒᆞ야請問ᄒᆞᆷ

○電燈部

二百五十燭力…處에는每個月에…
○十六燭力燃燈…에二圓五十錢
○三十二燭力燃燈…에四圓
○五十燭力燃燈達夜에六圓
○一百五十燭力燃燈達夜에十圓
一千二百燭力弧形燈達夜에二十圓
二百五十燭力以上의數用處에는請求ᄒᆞ면瓦斯計一…設給흠

但瓦斯計賃金은每個月에二圓이오瓦斯計測驗表委托定價는錢時間每암피아에二錢이옴
瓦斯計設給處에서每介月支拂金最低額은每個月에二十圓인딕(瓦斯計賃金은)据흠

電燈을敷設ᄒᆞ기에請求ᄒᆞ는딕給흠로供各種連技辦燈도常時에貯存ᄒᆞ엿숩

本社鐵路電氣會社
韓美電氣會社 告白

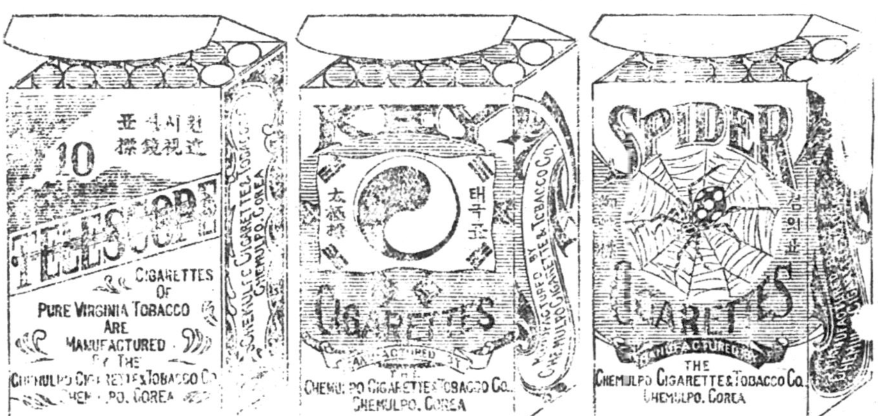

以上三種은上品으로製造ᄒᆞ야衛生에至極…

大韓國仁川港 濟物浦紙卷煙及烟草會社

◎九轉靈砂라 本人이妙法을神授ᄒᆞ야製造ᄒᆞᆫ靈丹인딕男女老少에無論何症ᄒᆞ고通治ᄒᆞ오며無病時에도服ᄒᆞ면平生의身體가健康ᄒᆞ며小兒는四五錢重만服ᄒᆞ면十歲안에無病ᄒᆞ기를保ᄒᆞ오며
●九轉…砂…丹은癲狂 癎症과中風諸疾과耳目諸病과淋疾에神効ᄒᆞ고
●九轉…砂保命丹은初生小兒 驚風 癎氣 咳嗽 腹痛諸般雜症에…効ᄒᆞ오
●九轉…砂…丹은酒滯 食滯 血痢 吐瀉 霍亂 痢疾 吐血 下血 運氣 時疾 瘧症에神効ᄒᆞ오
●…轉靈砂紫金丹은痔漏 瘰癧 …瘡 下疳瘡及唐瘡과諸般毒瘡惡種에無不神効ᄒᆞ오니 僉君子는…問ᄒᆞ시오
內需司前독갑이골上隅第一家 李鎬…移徙 告白

廣告

一雜貨商
一貿易商
一…
…
京城 大 仁川 …洋行

本社價目

申報價
一張代金 新貨一錢
一個月先金 三十錢
三個月 九十錢
六個月 一元七十錢
一個年 三元四十錢

廣告料
四號活字…
(每日每行에六錢에相當)…
(每日…)
二個日에 二圓五十錢
一箇月에 五圓
(每日每行四錢一厘에相當흠)
其期限의長短과字行의多少를依ᄒᆞ야增減ᄒᆞᆷ이有흠

大韓人…此申報를不得不閱覽ᄒᆞ실터이오니廣告出報ᄒᆞ실…諸君子는…面議ᄒᆞ시옴

發行兼編輯人 英國人裴說
發 行 所
京城北署…坊…洞…
大韓每日申報社

第三卷　大韓每日申報 대한매일신보　第九十五號

大韓每日申報
대한매일신보

月曜及慶節歲時日休刊

檀君開國四千二百三十八年
箕子元年三千二十七年
大韓開國五百十四年
日本明治三十八年
淸國光緖三十一年
陰曆乙巳十一月小初十日己丑

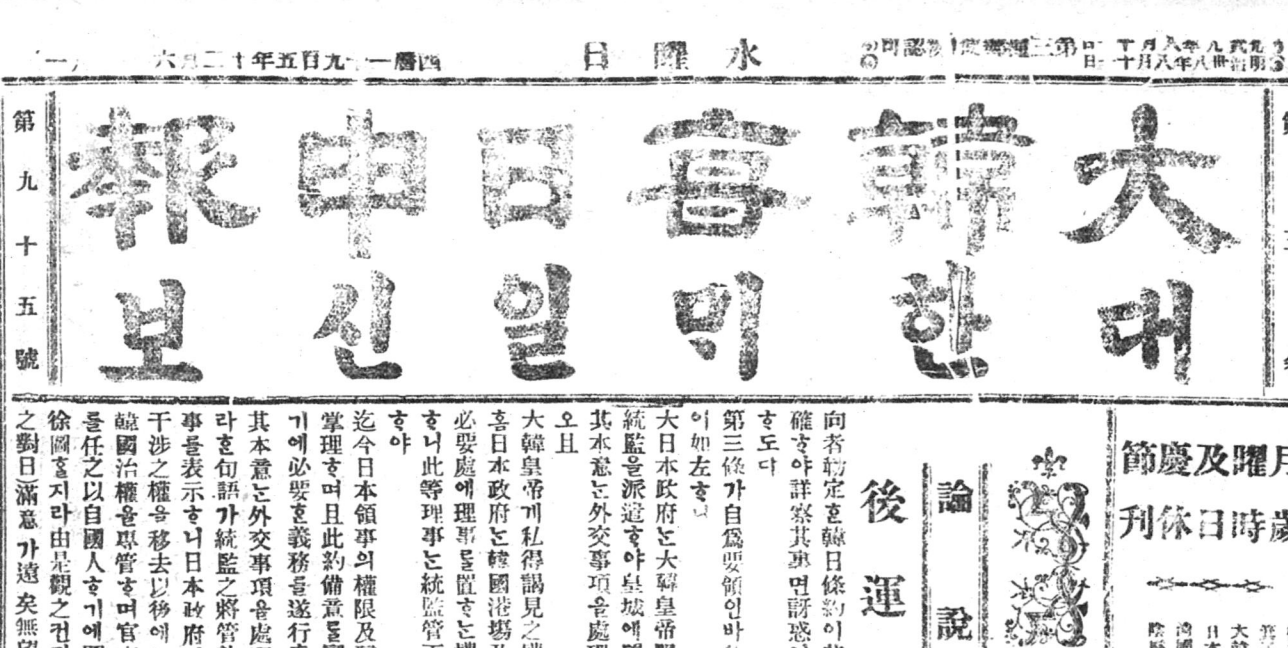

論說

後運

向者勒定ᄒᆞᆫ韓日條約이其意未確ᄒᆞ야詳察其裏면誤惑이不無ᄒᆞ도다

第三條가自爲要領인바其全文이如左ᄒᆞ니

大日本政府ᄂᆞᆫ大韓皇帝闕下에統監을派遣ᄒᆞ야皇城에駐ᄒᆞ되其本意ᄂᆞᆫ外交事項을處理홈이오且

大韓皇帝게私得謁見之權이有홈日本政府ᄂᆞᆫ韓國港塲及其他必要處에理事를置ᄒᆞᄂᆞᆫ權이有ᄒᆞ니此等理事ᄂᆞᆫ統監管下에在ᄒᆞ야

迄今日本領事의權限及職務를掌理ᄒᆞ며且此約備意를實踐ᄒᆞ기에必要ᄒᆞᆫ義務를遂行홀事

其本意ᄂᆞᆫ外交事項을處理홈이라ᄒᆞᆫ句語가統監之將管約外之事를表示ᄒᆞ니日本政府가列强干涉之權을移去以務에ᄂᆞᆫ韓國治權을專管ᄒᆞ며官吏全部를任之以自國人ᄒᆞ기에即擅或徐圖홀지라由是觀之컨ᄃᆡ韓國之對日滿意가遠矣無望이로다

伊藤侯ᄂᆞᆫ本是文明人이라韓國人民의게徒을固執不得홀줄노希望者ㅣ多有ᄒᆞ니容或其然이나伊藤侯가豈背開韓國이라오可欺者ᄂᆞᆫ近日케니코男爵이說明ᄒᆞᆫ바日本官吏이格外思想을包有홈이라此人政策은日本人을塡充於重任高官之全部ᄒᆞ고使其韓人으로ᄂᆞᆫ欲作形役上屈服홈이니日本政府가豈不認此之爲不知리오마ᄂᆞᆫ過半人民이希望ᄒᆞᄂᆞᆫ비라何以終乃制之리오此出於韓廷大官之無形腐敗ᄒᆞ야以作日本行動之想辭이니忠義韓人은圖發後進ᄒᆞ야有進無退之誌를諄諄然敎之라가否往泰來之時에向列强懇求ᄒᆞ야期圖成功홀지어다

官報

●三千三百十三號　光武九年十二月四日

◉宮廷錄事

詔曰去夜魚物廛回祿聞甚驚駭當此寒節商民之失所棲遑極爲矜惻劃玆貨幣維關自無以支保而又有此意外之災業業之措辦築室未暇言念特下錢八千圜令內部農商工部另究結搆之方別般董飭使科不日竣役以示朕家字恤之意

光武九年十一月三十日　度支部大臣閔泳綺

詔曰從一品韓圭卨特免懲戒

光武九年十一月三十日　度支部大臣閔泳綺

◉敍任及辭令

特免懲戒　從一品韓圭卨

警務廳摠巡李鴻來　依願免本官

權鍾烈

城津港警務署摠巡崔應

任警務廳摠巡敍判任官七級

以上十一月三十日

●號外　光武九年十一月四日

●宮廷錄事

詔曰贈議政大臣閔泳煥謚號改擬以入

詔曰忠正公趙秉世忠正公閔泳煥爲國捐軀忠節嘉尙宜有殊異之典致祭儀式令禮式院博考典禮磨鍊

詔曰筵中開諭無復餘蘊而今此乖擧有損事體特進官李根命以下入侍諸宰並施以門黜之典

詔曰李特進以下入侍諸宰門黜之典詔勳還收

以上十二月三日

宮內府大臣勳一等臣李載克謹奏

贈議政大臣閔泳煥改謚案謹上奏

光武九年十二月三日奉旨依奏

贈議政大臣閔泳煥改謚號

忠正　慮國忘家曰忠　以正服人曰正

太醫院卿典醫臣洪相穆等奏臣今日診候留致寧問事病候則肺脾脈虛弱心肝脈微洪氣虛痰盛故以補脾消痰之劑君子湯加減功飮二貼今方連試則姑爲仍留之意敢奏

答曰知道

十二月三日

●三千三百十四號　光武九年十二月五日

◉宮廷錄事

從一品李容稙遺疏封上疏批旨省疏具悉精特進遺疏覽之尤覺愴悼可勿存篩心也

十二月　日

東京電報

●小村大使夜會

十二月四日午後五時五十分發

遣淸小村大使ᄂᆞᆫ晩餐會를開催ᄒᆞ얏ᄂᆞᆫᄃᆡ來賓은六十名이오英國公使ᄂᆞᆫ小村大使를援ᄒᆞ야宴席에奔走ᄒᆞ야「맥드하드氏」ᄂᆞᆫ音樂隊를容附ᄒᆞ야北京外交界에突前ᄒᆞᆫ盛會라더라

●露使晩餐會公報　仝上

小村大使ᄂᆞᆫ昨夜露國公使主催의晩餐會에臨ᄒᆞ얏더라

●大山着期

仝午後六時三十五分發

日本大元帥陛下의命을依ᄒᆞ야當時凱旋之途에在ᄒᆞᆫ大山滿洲軍總司令官은來七日에東京에凱旋홀事로確定ᄒᆞ얏더라

雜報

願以兩公之赤血灌國人之腦髓[illegible]이여其光이騰上于天ᄒᆞ야爲列星之光輝耶아抑亦透入于地ᄒᆞ야爲金石不壞之物耶아此兩公之赤血이其爲氣也ㅣ至剛至大ᄒᆞ고其爲光也ㅣ極潔極耀ᄒᆞ야風雨가不得以散之也오歲月이不得以磨之也니列烈乎赫赫乎光第宇宙之間者ㅣ其化爲何物耶아願ᄒᆞ건ᄃᆡ不升于天ᄒᆞ며不落于地ᄒᆞ고惟灌注於大韓二千萬同胞之腦髓中ᄒᆞ야箇箇是兩公之赤血로凝聚團結ᄒᆞ야打成一團ᄒᆞ면獨立精神이於是乎堅牢莫破ᄒᆞ고完全無缺ᄒᆞ리니嗚呼라大韓人民이여其孰爲一塊赤血이리오만은此兩公의赤血로써各其自身의赤血을合ᄒᆞ야性質을變化ᄒᆞ며志氣를培發ᄒᆞ야國家의獨立과民의自由를克復勿失홀지니念之勉之어다

●所辭何耶　日昨宮內大臣李載克氏가辭職疏를繳呈ᄒᆞ얏다ᄂᆞᆫᄃᆡ其腹이已飽ᄒᆞ야颺去ᄒᆞᆫ思想인지所探이已畢ᄒᆞ야開發홀計劃인지其主見을難測이라고稱說이多ᄒᆞ더라

●惡貨許用　日昨度支에서충남舒川韓山等地十四郡報告를因ᄒᆞ야指令ᄒᆞᆫ內槪에非是知事勢지切當ᄒᆞ나今此貨幣整理지際에豈可無精粗지別이리오一渡貨幣幷ᄒᆞ야白銅貨ᄂᆞᆫ無礙通用이되但惡貨ᄂᆞᆫ務從寬ᄒᆞ야收拔ᄒᆞ야以圖收納事라ᄒᆞ얏더라

寄書

讀聖諭有感　長吁生

人臣之効忠報國을可以一槪로論치못ᄒᆞᆯ지라時有可死ᄒᆞ며亦有不可死焉ᄒᆞ니可死而死와不可死而不死가其於爲忠에均是無害인바

古之人에有行之者ᄒᆞ니殷之三仁이是也라比干之死와微箕之不死가其跡은雖殊ᄒᆞ나其義則未始不同ᄒᆞ니

蓋比干이不死則其君之過를有誰能諫이며微箕俱死則他日存國을委托無人키로或死或否ᄒᆞ야其忠愛心을各盡ᄒᆞ니三仁이라幷稱ᄒᆞᆷ이不亦宜哉아

嗚呼라今日韓之危亡은無愚智皆知也라隣侮가罔有餘地ᄒᆞ고賊臣이朋比歎合ᄒᆞ야一夜脅約이版圖全輸ᄒᆞ、

宗社之淪亡과生民之魚肉을決然指日可見이거날廷議가未固ᄒᆞ고士氣不振ᄒᆞ야滔天狂瀾을無人可障일시

於是忠正閔公과忠正趙公兩氏가以至誠惻怛之心으로　宸衷之感悟와同胞之勉勵를毅然親爲已任ᄒᆞ야相繼殉國에以成其仁ᄒᆞ니

精忠大節이固已天地를軒ᄒᆞ며星斗를薄ᄒᆞᆫ지라從此二千萬人衆이其志를淬ᄒᆞ며其氣를奮ᄒᆞ야忘生衛國을刻之肺腑ᄒᆞᆯ지니

二公之功在　社稷과澤流生靈은其將萬世不磨어니와日前沈相薰氏에게　聖諭所下者를伏讀컨ᄃᆡ

有曰捐生報國이不如存身而効忠이라ᄒᆞ시니噫라此實哀痛之辭也로다彼二公之曠絶古今ᄒᆞᆫ純忠을　聖上이豈或不知시리요만안

顧今臣隣에忠義可倚者ㅣ幾人에不過인ᄃᆡ死者는已矣어니와又皆輕生이如此면萬機詢諮를無處可寄ᄒᆞ야其將誰與爲治며誰與圖存고

此乃　聖諭所以惻然傷痛ᄒᆞ사以存身効忠으로勉之ᄒᆞ심이니皇室之孤危가至於如此ᄒᆞ니凡爲今日臣民者ㅣ可以同聲痛哭ᄒᆞᆯ지라독此而不知感動은其於人情에遠矣ᄉ더라

況公議自在ᄒᆞ고時局이未了ᄒᆞ야國事可爲之日이未必無矣인즉志於報効者ㅣ安可以死也며且善類之弗存은群小之大幸이라

黨錮起而漢亡ᄒᆞ고淸流盡而唐衰ᄒᆞ야攷諸載籍에前鑑이鑿鑿ᄒᆞ니今若諸公이迸死則徒長奸黨之氣ᄒᆞ고無補中興之圖矣리니念到于此에豈非可哀痛乎아

易에因隨時之義ㅣ大矣哉라ᄒᆞ니硜硜爲節은大人之所弗屑이라惟願忠義諸公은上體　聖意ᄒᆞ며下副輿望ᄒᆞ야

其身을重ᄒᆞ며其志를益勵ᄒᆞ야內修而自強에戮力同心ᄒᆞ야期無忘此日之恥辱이면誠意所積에昌運을挽回ᄒᆞ야

他日宗社再安과生民得全이皆諸公之力也라然則二公之忠魂을可以慰悅이요三仁之處義를可以繼美ᄒᆞ야其死其生에浩然無愧ᄒᆞᆯ지니惟諸公은念之哉인저

◉民氣可嘆

西班牙之侵比律賓에比律賓은卽呂宋之小島國이라島不過三個오人不過五十萬口니反不如韓國黃海一道之大로ᄃᆡ民氣剛強ᄒᆞ야乃作一國旗호ᄃᆡ半靑半赤이오給畵三星ᄒᆞ니靑色은像海色ᄒᆞ고三星은像三島ᄒᆞ고赤色은像國民之혈이라ᄒᆞ야一心團合ᄒᆞ야力抗西師ᄒᆞ니以西班牙之雄強兵力으로도亦不可蹂躪而退師焉ᄒᆞ고

杜蘭國은卽南美之一部落이라英國이欲吞其領地ᄒᆞ야興師而攻之일식杜主ㅣ與其人民으로僇力死守ᄒᆞ야英國百萬之師가屢至敗衄ᄒᆞ니杜民이國力雖弱而氣猶剛ᄒᆞ며人口雖少而心猶一ᄒᆞ야交兵逾年에義혈이沸騰ᄒᆞ니赫赫聲譽가鳴於世界焉이라

觀此二國컨ᄃᆡ韓國은疆土가八萬方里면積이오人口가二千萬人이라以其疆土와以其人口로其於攻守交際之間에何患乎國力之不足이리오마는其民氣가殆不若小小之二國은何也오

未完

雜報

⊙忠義史料

當夜宮中에被圖危險ᄒᆞᆫ禍機는已有所隨圖路記ᄒᆞ얏거니와大抵締約이라는거슨互相平ᄒᆞᆫ志를持ᄒᆞ야ᄒᆞ되도強弱의力을世界가注目ᄒᆞᆫ바오最可驗者는其本事의如何ᄒᆞᆷ이어날以今此新締約으로言ᄒᆞ면彼以威壓強制로極處에至ᄒᆞ야勒自爲之ᄒᆞᆫ바는天下가共知어날彼日和約인들有誰不知리오

噫라銃刀之下에伊藤大使의迫請을誓死弗從ᄒᆞ던孤忠卓節ᄒᆞᆫ韓參政의痛哭冤淚와

多日露處ᄒᆞ야捨生陳爭ᄒᆞᆫ大忠大節ᄒᆞ던閔輔國의一刀決心ᄒᆞ야貫日月ᄒᆞᆫ忠魂義魄의烈烈ᄒᆞᆫ其血과

禍家餘生으로隱居窮鄕ᄒᆞ야憂國熱心ᄒᆞ다가聞此新約勒成ᄒᆞ고仰藥自絶ᄒᆞ던丹忠大節ᄒᆞᆫ洪參判萬植氏의勇斷一死ᄒᆞᆫ心과

以死陳爭ᄒᆞ다가至被日憲兵押去之辱에終乃不屈ᄒᆞ고飮藥自盡ᄒᆞ던貞忠大節ᄒᆞᆫ趙贊政의斷斷決心과

小山憲兵隊長이率兵威嚇於蹕廳에一定不撓ᄒᆞ던沈參政의斷斷確執ᄒᆞᆫ義理는皆世臣의分義와大官의地位로效忠盡節ᄒᆞᆫ바오

至若李相哲氏는以學部郎官으로服變自盡ᄒᆞ고金奉學氏는以衛隊兵丁으로慷慨殉忠ᄒᆞ고安秉贊氏는以九品微官으로持斧抗疏ᄒᆞ얏스니此皆一代忠義錄의史料가되리로다

⊙庭請顚末

再昨日에李根命朴箕陽閔種默沈相薰徐正淳趙秉弼諸氏의入對時에自　上處分ᄒᆞ옵시기를五賊과和好ᄒᆞ라ᄒᆞ옵신즉李根命諸氏等이大段硬直히上奏ᄒᆞ고該五賊을正刑ᄒᆞ와以謝國民ᄒᆞ기로終宵霜階에免冠苦諫ᄒᆞᆷ으로李根命朴箕陽兩氏가至承門黜지典이라가旋蒙還收인바此番給介는沈相薰李範晋兩氏가極力周旋타가竟未如意ᄒᆞ얏다는說이有ᄒᆞ니李範晋氏는當初庭請時에參○ᄒᆞ얏다가今忽此擧가誠是料外오沈相薰氏는偏被　國恩ᄒᆞ야一時勢焰이張甚ᄒᆞ고家甚殷富ᄒᆞᆫ지人으로當此國權全墜ᄒᆞᆫ時ᄒᆞ야一불捧疏ᄒᆞ고反히此等無義沒心의行爲가有ᄒᆞ다고人言이喧藉ᄒᆞ더라

⊙其名也愚　忠正閔公殉命時에各公館所寄遺書와全國同胞에게勸勉ᄒᆞᆫ遺書는本報에已揭어니와遺疏一章이有ᄒᆞ야疏辭에기切激烈ᄒᆞᆷ온秋霜을凌ᄒᆞ며長虹을관ᄒᆞ야독者莫不掩泣인바自上으로聞有此疏ᄒᆞ옵시고特令進呈之際에李愚冕氏가謂以疏辭未安으로自中沮之ᄒᆞ야竟弗得發徹이라ᄒᆞ니當此危亾之日ᄒᆞ야公지一疏가關係甚大ᄒᆞ거날요慶詔詐之徒가無端爲梗ᄒᆞ야乃至忠言讜論이未蒙暴白이고　聖上求言지盛德이亦爲因此未彰ᄒᆞ니可勝惜哉아同李氏가日前庭請에參班ᄒᆞ얏다가日兵이犯闕ᄒᆞᆫ다는風說을聞ᄒᆞ고大生恐㤼ᄒᆞ야其官服을脫ᄒᆞ고宮廊竈下에黜火兒貌樣을粧ᄒᆞ야戰慄弗已ᄒᆞ드라니此等愚蠢無骨지徒가焉能知公疏지可貴ᄒᆞᆷ이無足怪焉이라ᄒᆞ고士論이有ᄒᆞ다더라

⊙排留守備兵　平安北道觀察李根豐氏가內部에報告ᄒᆞ되安州駐日本守備隊副官佐藤昌治의면言內守備兵을江界慈城厚昌碧郡에幾百名을置ᄒᆞ고熙川에는幾十名을置ᄒᆞ고該處所는府潤公廨을定給이라ᄒᆞ고所經各炭幕에過兵宿舍을量宜定給ᄒᆞ며道路橋梁은各別修築ᄒᆞ며軍需物品輸運지節에人夫牛馬를隨所用等待ᄒᆞ며糧草柴戶桑鷄等物을依請求酬應이되其物價與駄價는從時勢出給矣리니以此意로各該郡에訓飭ᄒᆞ야無至失待케ᄒᆞ라ᄒᆞ온바現今에道內年事가無秋에民情이領함中兵馬過路에物品輸運과酬應이必是浩大이온즉物價와駄價는雖以時價妥定이오나言念民情에誠切可悶이라ᄒᆞ얏더라

⊙解綬離府　全北觀察使李勝宇氏가署理差定ᄒᆞ야印章을交送ᄒᆞ고今方發行이라內部에電報ᄒᆞ얏더라

⊙賊徒殺人　東署外郊回陵洞李德信家에賊徒五六名이突入放銃지際에該家留客一名이被砲即斃ᄒᆞ얏다더라

⊙或慮被喝　傳說을聞ᄒᆞᆫ즉某某大官三四人이自初討逆ᄒᆞ는義를炳炳히執ᄒᆞ더니五賊에게暗喝을被ᄒᆞ얏는지和同ᄒᆞᆫ周旋이有ᄒᆞ다니必是風說인지忠逆지分을웃지弗知ᄒᆞ리오若被其喝ᄒᆞ고周旋和同이면萬民의誅戮을同然히被ᄒᆞᆯ지요後世惡名을難免ᄒᆞ리라더라

◉特別廣告

本社所執은特其隨事記載ᄒᆞ야一世耳目을喚新ᄒᆞᄂᆞᆫᄃᆡ在ᄒᆞᆫ즉餘外財政等事ᄂᆞᆫ固不足層爲이되每月所入經費金이洽爲千餘圓ᄒᆞ야拮据無路에停刊이必至키로思不獲已ᄒᆞ야陽曆十二月一日爲始ᄒᆞ야每月代金을以新貨三十錢으로改定ᄒᆞ오니購讀僉君子ᄂᆞᆫ照亮ᄒᆞᆸ

大韓每日申報社

◉特別廣告

本申報分撥等事를仁川杻峴開新冊肆李東皓氏에게委托ᄒᆞ고本月三日爲始ᄒᆞ야逐號下送ᄒᆞ오니購讀ᄒᆞ시ᄂᆞᆫ僉君子ᄂᆞᆫ照亮購讀ᄒᆞ시며代金도同氏에게傳致ᄒᆞ심을爲要

大韓每日申報社 告白

雜報

●祭桂庭閔輔國文

維歲次光武九年十二月三日大韓俱樂部代表員羅壽淵朴承[illegible]成夔永謹再拜哭告 續

惟我二千萬同胞得 公捨身救世之熱血灌之腦髓則自由獨立之精神將固結於此孰謂我韓遂失其獨立耶

嗚呼公有遺書訣我同胞曰某旣而不사期助諸君於九泉之下蓋公之忠魂義魄其將升爲列星左右上帝臨渙我生民奉將奮爲雷霆驅除妖魔廓淸我疆宇矣孰謂公之不存於斯世耶

又曰堅乃志氣勉其學問結心戮力以復我自由獨立則사者當喜笑於冥冥之中

嗚呼我二千萬同胞之독此遺訣者曷敢不銘之肝肺思所以奮憤사生期復我自由獨立慰公在天之靈耶

嗚呼若天心悔禍回國脈於綴旒濟生民於阽危不失其自由獨立則惟我同胞之子子孫孫拜公之像ᄒᆞ 公之傳頌厥功德於永世矣

如天之弗弔國恥民辱弗克伸雪茫茫苦海渺無超度之期則惟我同胞지未사者其亦槪嘗濺血相率以從公于泉下而已

悠悠昊天將何以處我耶歷日痛哭呼籲無門徊徊 几前告此血衷이然乎其有歎息提命者耶嗚呼哀哉尙饗 完

九品從仕郞法部主事安秉瓚

疏本 續

噫彼五賊者是亦我 祖宗之臣子也豈忍以五百年 宗社三千里生靈一朝擧以畀諸他人而不少有不忍之心乎方外人之勒請條約也上旣有

陛下之不允下亦有參政之固拒渠輩以何心膓擅自許可擅自調印視國家生民曾不若一芥之輕

嗚呼賊輩雖素爲外人창導性慣賣國何至如是之無人心乎

陛下豢養此輩十餘年其效至於如此嗚呼 陛下其亦有悔悟之意否乎是宜亟斬其首以謝 祖宗以謝人民之不暇而偃遊容忍再 下其矯情飾詐之疏批司勉之以勿辭行公

陛下旣令此疏了擲四千年東夏之國矣復有何事未盡猶恐其或未耶雖然臣亦知夫 陛下非眞以此疏爲忠特畏彼所挾之威不敢討其罪耳然

陛下如不存君位則已矣旣尙未替其位則法姑未盡 權姑未盡去而天鑑赫赫爲逆者必無逃罪之理則此疏者乃

陛下不共戴 讎而擧國臣民所欲得食 一臠肉者也何 陛下柔忍之至於此甚也且彼外人者亦知我逆臣之易制故不數時而得遂其所欲然此是一國存亡之大機會也雖

陛下亦不當擅自許可也明矣而況 陛下曰不可政府之首臣曰不可一國之萬民亦皆曰不可則彼之所得者不過如誘小兒而奪家貲也萬目所視豈可諉以爲眞而自認爲渠物耶

計今獨有亟取齊紀以下五賊之首縣諸藁街以號令一國又通照于各國以暴揚日人欺奪與國之罪大同會辦繳取其勒成之僞約投諸烈火申明我韓獨立自主之權俾更無侵撓之弊然後庶幾法可行權可立而內政外交始有頭緖矣

若不能然而直如是柔忍不斷而已則 宗社生民于墟魚肉之餘

陛下聖躬亦不知稅駕之所矣嗚呼可不痛哉可不哀哉

以堂堂二千里禮義舊邦不能自存而一朝爲他人統監之部 陛下其亦自知其故耶否耶天乎天乎胡寧忍斯

臣雖無狀其不忍以 先王之遺民父母之遺體爲彼之奴隸而得暫假息於覆載之間也於是日昨巳早辭單于本部而憤所激敢此越法陳疏伏乞

陛下深以 宗社臣民爲念亟行臣討五賊繳僞約之請若果不能臣方持斧伏闕惟待 嚴命或以此斧亟斬臣頭以謝夫賣國諸賊爲臣無任痛哭迫切之至謹昧死以聞 完

●소경파안즘방이문답 속

여보게나는남들이독립독립ᄒᆞ기에외국과상관이업시홀노지ᄂᆡᄂᆞᆫ거시독립으로알고각공ᄉᆞ가것어가면독립국이되ᄂᆞᆫ줄알앗더니

지금즈네말듯고보니네일을내가하고남의게의뢰치아니허ᄂᆞᆫ거시독립이로다그러케즁ᄒᆞᆫ권리무슴쥬의로남의게쥬단말인가

근일에정부회외ᄅᆞᆯ좃ᄎᆞᆫ다더니그런일ᄒᆞ야구면즈네앗가말에병정슌검과일슌사일헌병을보호로세고단이ᄂᆞᆫ거시영광이오위엄시럽다하여지그무엇이영광인가

나라ᄅᆞᆯ사랑ᄒᆞ고빅셩을무휼ᄒᆞ며인지ᄅᆞᆯ비양ᄒᆞ여교육을발ᄃᆞᆯᄒᆞ며농상공업권면ᄒᆞ야지원을융통ᄒᆞ며내졍을발게ᄒᆞ야관리ᄅᆞᆯ퇴용ᄒᆞ며외교ᄅᆞᆯ밋게ᄒᆞ야린방을친목ᄒᆞ며ᄀᆡ명진취절노되야국부민강ᄒᆞᆯ터이어니누구ᄅᆞᆯ부터허며나라이져다하나

다방이숨쳐리오인민이이천만이라무엇을ᄉᆞᆯ될손가그런셩각더져두고감감어문금음칠야에ᄒᆞᆫ공을못셔ᄂᆞᆫ지내나라파라가며내권리쥬어가면

미완

廣告

李景故處에陰十一月十五日推次三千七百十一兩票를路中遺失故로玆以仰告誰某拾得休紙施行

立廛長房文漢永告白

本月三日의本人이出他時의房中의手僋一件을見失ᄒᆞ온바手僋中의長湍津北面廣明里田畓舍音洪壽昌處昨今兩年秋收記와陽川南山里田畓舍音尹萬同處昨今兩年秋收記와本人의先親姓名圖章을幷爲見失ᄒᆞ얏ᄉᆞ니內外國人은照亮ᄒᆞ시고本秋收記온休紙施行ᄒᆞ고圖章은勿施ᄒᆞᆷ

中署盆洞李相鼎 告白

●雜誌發刊廣告

今에數理學雜誌를(每月五日一回定刊)發刊ᄒᆞ야教師諸氏의教料材料를敢助ᄒᆞ고學生諸氏의獨學材料를供給코져ᄒᆞ오니有志諸氏ᄂᆞᆫ購讀ᄒᆞ심을切望

(但一部定價ᄂᆞᆫ新貨陸錢)

南大門內尙洞德公館右便
青年學院內 數理學雜志社
鍾路大東書市
洞口內金相萬冊肆
仁川港杻峴新冊肆

溫陽郡內南金谷居李奎夏爲挾雜謀所誘宗中畓劵僞造典質於京鄕間沒內外國人切勿相關事

門長曾熙 告白

夫吾敎ᄂᆞᆫ天道之大原일시曰天道敎라吾敎之刱明이及今四十六年에信奉之人이如是其廣ᄒᆞ며如是其多로되敎堂之不遑建築은其爲遺憾이不容提說이오現今人文이闡明ᄒᆞ야各敎之自由信仰이爲萬國公例오其敎堂之自由建築도亦係成例니吾敎會堂之巍然大立이亦應天順人之一大表準也라惟我同胞諸君은亮悉ᄒᆞᆷ

敎會堂建築開工은明年二月노爲始事

天道敎
大道主孫秉熙

前參奉黃한秀之漢字를英字로還爲改正ᄒᆞ오니京鄕知舊間照亮ᄒᆞ십

黃英秀 告白

特別廣告

本申報는海外電報를卽接하야機關이靈通하고外報와雜報를敏捷活潑하게注意하며申報하는中迅速히傳하오니讀者는分傳人의在함으로本社에서平常에諸가告戒하고傳人의訓飭하야丁寧或嫁或惰하申達注意하거나毋或如此하야曾有積怨이라도讀愈이暫有하면本社君子는該便通知하야誠信하시고分傳의提面하시는相이되도록生가하야無遲延하시기를期望하옵나이다

本社에寄書하시는諸君子는姓名과居住를明確히記錄하시와證據가有함을必要함이오公衆平和와秩序를紊亂케하는意와社會上不經荒雜한書는不受하는權利가本社에有하오니肯諒하시옵

大韓每日申報社

◎本社特告

本社新聞을關西等地에廣佈하기爲하야平壤金典淵崔叡恒宜川安濬長連金龜等三氏에게委托하고逐號下送하오니購覽에有意한僉君子는三氏에게購覽하시며(金)도三氏에게傳致하심을爲要

大韓每日申報社

○鐵路部

○東大門과新門間에來往車는每十分間에運行함

東大門發初車는午前六時三十分

新門外停車場發初車는午前六時五十五分

東大門發終車는午後九時五十分

新門外停車場發終車는午後十時十五分

○東大門과洪陵間에來往車는每二十分間에運行함

但自鐵路로東大門에來到하는客車로歸路함

東大門發初車는午前六時五十分

洪陵發 初車는午前七時十分

東大門發終車는午後七時五十分

洪陵發 終車는午後八時十分

○鐵路와龍山間에來往車는每十二分間에運行함

鐵路發至南大門初車는午前六時四十八分

鐵路發至龍山 初車는午前七時二十四分

南大門發至鐵路初車는午前六時五十六分

龍山發至鐵路 終車는午前七時五十七分

南大門發至鐵路終車는午前十時八分

龍山發至鐵路 終車는午後九時九分

○特別私用車는顧客의方便함을隨應하야準給함

但定價는本社에來臨하야請問하옵

○電燈部

二百五十燭力以內의應用處에는每個月에定價表가如左함

○十六燭力燃燈達夜에二圓五十錢

○三十二燭力燃燈達夜에四圓

○五十燭力燃燈達夜에六圓

○一百五十燭力燃燈達夜에十圓

一千二百燭力弧形燈達夜에二十圓

二百五十燭力以上의數用處에는請求하면瓦斯計一箇를設給함

但瓦斯計賃金은每個月에二圓이오瓦斯計測驗表委托定價는每時間每암피아에二錢이옵

瓦斯計設給處에서每介月支拂金最低額은每個月에二十圓인디(瓦斯計貸金은)据함

電燈을敷設하기에請求하는디給함으로供各種連技辦燈도常時에貯存하엿삽

本社鐵路電氣會社
韓美電氣會社 告白

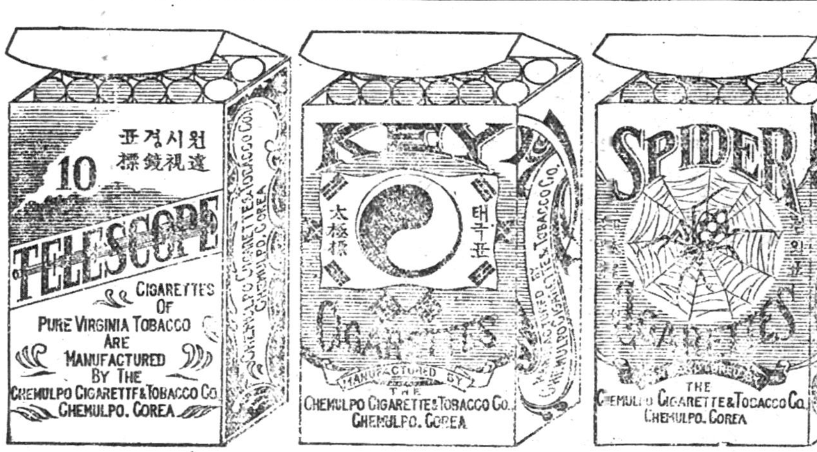

大韓帝國仁川港 濟物浦紙卷煙及烟草會社

◉九轉靈砂라 本人이妙方法을神備하야製造한靈丹인디男女老少에無論何症하고通治하오며無病時에도服하면平生의身體가健康하며小兒는四五錢重만服하면十歲안에無病하기를擠保하오며

◉九轉靈砂萬應丹은癲狂 癎症과中風諸疾과耳目諸病과淋疾에神効하오

◉九轉靈砂保命丹은初生小兒 驚風 痼氣 咳嗽 腹瘡諸般惡症에 効하오

◉九轉靈砂濟衆丹은酒滯 食滯 血積 吐瀉 霍亂 痢疾 吐血 下血 運氣 時疾 疝症에神効하오

◉九轉靈砂紫金丹은痔漏 瘰癧 上疳瘡 下疳瘡及唐瘡과諸般毒瘡惡種에無不神効하오니 僉君子는來問하시오

內需司前뒥갑이골上隅第一家 李鎬延移徙 告白

廣告

一 雜貨商

一 貿易商

一 船舶取扱

一 煙草商

一 委託販賣及貨物保險代理業

一 貿易石炭商

以上輸入及輸出者

京城 仁川 大昌洋行

本社廣告

申報價

一張代金 新貨二錢

一箇月前納 三十戔

三箇月 九十戔

六箇月 一元七十戔

一箇年 三元四十戔

郵稅一部 新貨五里

一箇月 十三戔

廣告料

四号活字十三字詰

每日每英尺一寸에新貨廿五錢

(每日每行에六錢에相當함)

二周日에 二圓五十錢

(每日每行四錢五里에 相當함)

一箇月에 五圓

(每日每行四錢一里에相當함)

其期限의長短과字行의多少를依하야增減함이有함

大韓人마다此申報를不得不閱覽하실터이오니廣告出報하실僉君子는來臨面議하시옵

發行兼編輯人 英國人裴說

發行所

京城北署壽進坊磚洞号外法語學校前

大韓每日申報社

第三卷

大韓每日申報
대한매일신보

第九十六號

月曜及慶節歲時休刊

檀君開國四千二百三十八年
箕子元年三千二十七年
大韓開國五百十四年
日本明治三十八年
淸國光緖三十一年
陰曆乙巳十一月初十一日[illegible]

論說

亦一愛爾蘭

對此韓國事ᄒᆞ야他人之迅速干涉은似無其機ᄒᆞ니以露國言之면事多秩序라其所平復이必要數年ᄒᆞ리니

現今對韓日策이和約實義에過越ᄒᆞᆷ을彼雖關念이나說其不然ᄒᆞ기에姑未有實力이며日淸締約之說이果非風聞이면日本之對韓專意를淸亦一致ᄒᆞᆷ이可意之事니淸國之不關韓國이亦可疑也오美國은和約速成을幹旋ᄒᆞ던結果로駐韓公使之撤還을業巳聲言矣며英國은自有依例之擧어니와此外泰西諸邦도亦有就近捨遠之計라由是로韓國問題가今未免置諸度外나不過數年에必有開議ᄂᆞᆫ斷無疑慮로다

日本之對韓計策이不犯于均衡之制라고彼雖云ᄒᆞ나日本이未有舍노룬之[illegible]ᄒᆞ고且無大忍耐之心ᄒᆞ니

今日行動之結果가必起公法上爭論ᄒᆞᆯ거슨確然預度者라至于[illegible]ᄒᆞ야ᄂᆞᆫ日本이若不自撤還[illegible]必不免戰端ᄒᆞ리로다

本記者ㅣ近日東京諸報를閱覽ᄒᆞᆫ즉日本全國이韓國之疆土人民을認之以當然鹵獲이오其中深切者ᄂᆞᆫ近日撕約을猶以爲未滿이로ᄃᆡ其所安心은此足爲經始之策이라漸次完結이면韓國一幅이乃作日本之專有ᄒᆞᆯ거슬量度ᄒᆞᆷ이러라

英吉利及愛爾蘭之關係가甚於韓日間이어ᄂᆞᆯ韓國自治權을日本이奪取ᄒᆞᄂᆞᆫ此時에愛爾蘭의闔滿自治權을英國政閣元老가許與ᄒᆞ얏스니豈不異哉아且英愛間理會ᄂᆞᆫ公法上紛爭을可免이어ᄂᆞᆯ韓日間事ᄂᆞᆫ一向抵觸于公法이로다日本報館은韓國命運이至於善良結定인쥴노偏向論述ᄒᆞ나本記者ᄂᆞᆫ確有異見ᄒᆞ니起端之前이間其幾日耶아

官報

●號外　光武九年十二月二日

◉宮廷錄事

詔曰卒陸軍副將閔泳煥喪各色緞十疋木布各五同錢一千圜米三十石全漆一斗別爲輸送

十一月三十日

詔曰沈領敦寧司事間有愼節遣御醫不離看病

詔曰此大臣敦厚之姿堅確之操歷試中外聲績茂著紳笏巖廊具瞻翕然朕倚之若支廈之棟樑値玆艱會尤所屬意忽此逝單遽至斷斷衷赤處國捐軀一段精忠可以赫赫於後世而朕心愴怛夫何可言卒特進官趙秉世喪東園副器一部輸送令宮內府給一等禮葬遣[illegible]掌禮護喪匠事從繕司舉行令禮式院施以綽楔之典節惠之典不待狀立旌前議諡成服日遣正卿致祭祭文當撰以下矣百官進去

詔卒特進官趙秉世喪各色緞十疋木布各五同錢一千圜米三十石全漆一斗別爲輸送

以上十二月一日

禮式院卿臣金完秀謹奏宮內府特進官趙秉世當日卒逝云自今日限三日停朝市去刑戮而禮葬弔祭依法例舉行何如謹上奏

光武九年十二月一日奉

旨依奏

領敦寧司事沈舜澤等言事疏批旨省疏具悉卿等之懇卿等之言朕豈不諒而朕之所言卿等亦宜尋思而默會方今濟艱之策要不出昨日之批惟在君臣上下同心勉勵各事其事以圖克復不必召集闕庭徒致煩聒卿等其諒之相率還第事遣秘書郞傳諭

十二月一日

外報

●警視廳廢止問題　[illegible]世界에警視廳廢止問題의[illegible]揚ᄒᆞᆫ데近者開ᄒᆞᆫ東京府會에서一大問題가된形蹟이有ᄒᆞ야郡部撰出議員은全然히此에對ᄒᆞ야替成ᄒᆞᆫ意를不表ᄒᆞ얏ᄂᆞᆫᄃᆡ當初에全혀郡部에서過般發案ᄒᆞᆫ取人은屎尿組合을組織ᄒᆞ야其認可를警視廳에申請ᄒᆞᆷ으로써其不認可ᄒᆞᆯ가恐ᄒᆞᆷ이라然則同問題의運命은結局立消로終ᄒᆞ리라더라

●輸出燐寸取締法案提出　日本燐寸이海外에輸出ᄒᆞᄂᆞᆫ거시年年히多加ᄒᆞ얏ᄂᆞᆫᄃᆡ本年上半期의輸出額은五百七十三萬餘圜의巨額에達ᄒᆞ고今에重綿絲算工業品도重要輸出品이됨에至ᄒᆞ나近來粗製濫造가漸漸[illegible]長ᄒᆞ야來ᄒᆞᄂᆞᆫ海外에其聲價를失ᄒᆞᆷ이甚ᄒᆞᆷ으로써政府에서今期議會에輸出燐寸取締法案을提出ᄒᆞᆯ일노決ᄒᆞ야目下에案中이되얏다더라

●日本人에酒賣ᄒᆞᆷ을禁ᄒᆞᆷ　非洲ᄉᆞ모아新聞에記ᄒᆞᆫ바를據ᄒᆞᆫ즉데ㅣ小林者ᄂᆞᆫ甚히酒癖이惡ᄒᆞᆷ으로左와ᄀᆞ치布告가되얏다더라

아루유루頑飮料ᄂᆞᆫ日本人데ㅣ小林에賣ᄒᆞᆷ을禁ᄒᆞᆷ

右禁止期間은一箇年이오此禁을犯ᄒᆞᆫ者에ᄂᆞᆫ罰刑에處ᄒᆞᆷ

아비아警察署長스데기비르

一千九百五年九月二十八日

寄書

●民氣可嘆　續

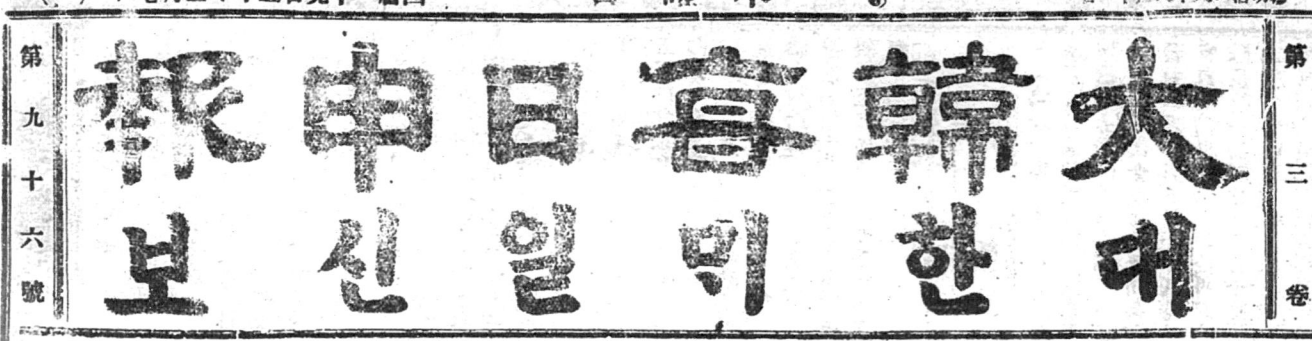

由乎民氣之巳ᄉᆞ而然也로다民氣之巳ᄉᆞ가何以至於此耶오喪魂於歷制之毒烈ᄒᆞ며遯魄於剝割之苛酷ᄒᆞ야失其自由之權이久矣而徒以文恬之治로漸入腐敗之習ᄒᆞ야全國이暗昧而無精神之敎育ᄒᆞ고上下相賊而無愛國之誠心ᄒᆞ니民氣가從何而生이리오是以로日本이深知民氣之已死ᄒᆞ고百般壓抑ᄒᆞ야萬般凌逼ᄒᆞ야一朝肆然以新條約成立을不過結構於數時之間ᄒᆞ야使獨立之帝國으로便作屬地ᄒᆞ며使自由之政治로遠置監督이로ᄃᆡ政府賣國之賊臣은尙矣勿論ᄒᆞ고全國之民이黯黯寒噤ᄒᆞ야雖有二三個人激仰之心者라도畏其拿縛之兵力而蝟縮蝗散ᄒᆞ야不終日而啞然無聲이如行尸走肉焉ᄒᆞ니所謂公卿紳士之抗疏者도若是焉ᄒᆞ며所謂慷慨激烈者도若是焉ᄒᆞ며所謂市廛商民者도若是焉ᄒᆞ니頗甚矜惻이오亦爲哀憐이라吾儕者ᄂᆞᆫ熟知韓國之情形風俗이라故로矜惻之哀憐之也어니와今番新條約成立一款을假令與日本으로易地而觀之면以日本之民氣로當何如激昻이며何如亂動이리오外交之移去와統監之設置를初不知何等意味에何哉오疆土가從此而爲人之版圖ᄒᆞ며人民이從此而爲人之奴隷ᄒᆞ리니此何等天[illegible]一大慘禍也오마ᄂᆞᆫ蠢蠢然[illegible]니此非民氣之巳[illegible]而巳라即民心之巳殉也니堪同[illegible]人民痛哭一吊之ᄒᆞ노라　完

東京電報

◉進水式御臨席 十二月五日午後五時發

日本皇太子殿下게셔는來八日에橫須賀에셔日發ㅎ야築波艦의進水式擧行ㅎ는席에臨幸ㅎ신다더라

◉調査委員報告 仝六時十五分發

韓國財政調査會委員加藤政助之助氏는韓國貨幣問題에就ㅎ야大藏省에訪問ㅎ고調査始末를報告ㅎ얏는ᄃᆡ西原氏等도列席ㅎ야此件에對ㅎ야反駁ㅎ얏다더라

◉淸日談判 仝上

五日發北京電報를據ㅎ즉十一回會見의會議는善議가되야好望이有ㅎ고一切談判의終決이近ㅎ얏다더라

◉小村渡韓 仝上

駐淸小村大使는淸國과協商을終了ㅎᆫ後에는天津에셔滿韓을經ㅎ야歸國ㅎᆫ다더라

雜報

◉表忠盛典 本月二日五時量에殉國ㅎᆫ平壤鎭衛七隊徵上三大隊二中三小隊上等兵金奉學氏에節義를表ㅎ고ᄌ本月五日上午八時量에自本隊로該隊大隊長과該中隊長及一等副尉官士卒八十餘員人이金奉學氏墓前에設奠致酹ㅎ고讀祝을畢ㅎᆫ後領尉官卒士이放聲大哭ㅎ얏는ᄃᆡ臨時該隊祝文이如左ㅎ니

維歲次光武九年十二月五日微上第三大隊大隊長陸軍步兵參領洪昌圭中隊長陸軍步兵正尉全晃朗等致奠于本大隊金義上等兵金奉學之墓嗚呼哀哉噫痛哉君年三十五對直其性入隊六載微上駐京居我部曲甘苦與同實心使役竭力奉公 國家多難涕泣悲傷守忠圖報存義捨生聽聞 天陛當有褒奬擧世欽歎一營혀恰 神其昭靈庶歆薄觴

天高聽卑ㅎ사金兵殉節을自上洞燭ㅎ옵시고昨日에 詔勅을下ㅎ사節義金兵을正三品通政大夫法部參書官贈職ㅎ옵시고또勳四等에旌閭處分과致祭ㅎ옵시는處分이下ㅎ사當時正午에禮官이金公墓前에致祭를擧行ㅎ는ᄃᆡ觀者如雲ㅎ고祝官이독祝畢에參祀領尉官士卒及觀光諸人이皆感激涕泣

大皇帝陛下遣臣祝文과致祭物品과禮官姓名이如左ㅎ니

御祝文

維光武九年歲次乙巳十一月庚午朔初九日戊寅

皇帝 遣臣禮式院掌儀李昌善 致祭于

贈法部參書官金奉學之墓國事危迫忠憤激烈末遑僶顧輕命立節爲國大義爭光日月身在軍位一念則大輪困丹忱亘古未有乃卒乃逝日倘日嘉云何贊美綽楔與禮致祭爲儀神其格之

◉忠魂瘞地 閔忠正公葬地는龍仁郡地先山下에擇定ㅎ고葬日은陰本月二十三日인ᄃᆡ二十一日에發靷ㅎᆫ다더라

◉死者何慰 閔忠正公殯筵에不當受ㅎᆯ祭文이入來ㅎ얏시ᄆᆡ로其夫人게셔該祭文을還送ㅎ라ㅎ는ᄃᆡ其族泳圭氏가[illegible]辭說로緩頰留止ㅎ야기로持論人들이言ㅎ되泳圭氏가[illegible]ㅎ야忠正에本志를違背若此ㅎ니此等懦夫는危難之際에決코一分忠義心이無ㅎ리라고論議多端ㅎ다더라

◉忠必有報 今番殉國ㅎᆫ學部主事李相哲氏는昨夜에學部協辦贈職ㅎ얏는ᄃᆡ萬里峴外水橋外權厝ㅎᆫ墓前에今日上午六時學部主事一人이移 勅出往ㅎ야棺上에書以學部協辦李公之柩라ㅎ얏더라

◉警使將遞 警務使具完喜氏는무숨事件을因ㅎᆷ인지日憲兵에게被論ㅎ얏다는ᄃᆡ其代新警使는金宗源氏가被命ㅎ리라더라

◉何其詳察 十一月二十九日에本道觀察府在勤警務顧問補佐員橋本秀太郞이本郡에來到ㅎ야戶數人口와公廨間數와道路由歷郡遠近과各會民有無及作弊與否와各國人來留幾名을一一調査後發向公州이다忠南禮山郡守李範紹氏가內部에報告ㅎ얏더라

◉特下恤金 議政府參政大臣朴齊純氏가內部에照會ㅎᆫ內開에魚物廛回祿은聞甚驚駭라錢八千元을特下ㅎ니結構ㅎᆯ方策을另究ㅎ야使之卽日奠居케ㅎ고朝家字恤之意를以示ㅎ라 詔勅을奉承ㅎ얏스니照亮飲遵이라ㅎ얏더라

◉出於忠憤 龍仁陵洞居前參判李命宰氏가時局의日非ㅎᆷ을一聞ㅎ고憂憤心을弗勝ㅎ야飲藥自盡ㅎ얏다더라

◉不知理由 日昨表勳院內萬人疏廳에何許人이炭二石을負擔來助ㅎ거날其時幹事員이其姓名과住址를問ㅎ즉弗答而去ㅎ얏다더라

◉懦夫沮蹤 閔忠正公에遺疏를自上으로屢度催入之下에李最冕氏가空然讓奏ㅎ야未得登徹ㅎᆫ은時報에已揭어니와今其事由를更聞ㅎ즉同疏中辭意가極其抗直ㅎ야上自宮掖으로下至臣隣間過失을無隱直書ㅎᆷ으로閔泳圭李最冕兩氏가恐或忤旨ㅎ야托以亂稿ㅎ고不爲進呈ㅎ얏다니噫此李閔所見이可謂小人之腹이로다凡人之將死에其言이必直이니以公之素養正大로臨死直言이固無可疑ㅣ더러且言之不直이면不足以動聽인즉若經乙覽이면必有裨益이고且古人臣之遺書를或有以半稿로進之者ㅎ니雖儀式未備之亂稿라도無所不可進之端이거날兩箇懦夫가一般其見ㅎ야自巳則值此危難에頓無一言補衰ㅎ고返以死者之直言으로遂巡恐怖ㅎ야格而不呈ㅎ니於公忠節에可爲一大欠事라고士論이頗張ㅎ다더라

◉借區失捗 馬山浦郵便局晉州府出張所長菅竹可孝公函內開에局舍와宿舍와郵便電信材料倉庫에使用ㅎ기爲ㅎ야別紙圖面建家를玆庸請求이온바此三處公廨를若依許借면府下官人의住接ㅎ는處所가無ㅎ오니査照處分이라ㅎ야慶南觀察使閔泳璇氏가內部에報告ㅎ얏다더라

◉報辭甚荒 平南江東郡守吳亨鐸氏가內部에報告ㅎ되末行에書塡曰淨土宗教會總裁內部大臣陸軍副將閣下라ㅎ고其報辭內槪에淨土教會通牒一度와章程一度가到付故로謄佈知委於各面各里有志士民處ㅎ고玆以報告라ㅎ얏는ᄃᆡ該部에셔指令ㅎ기를淨土宗教會總裁가內部大臣을兼ㅎ얏는지內部大臣이淨土宗教會總裁를例兼인지未可分曉라고ㅎ얏다더라

◉減俸渙散 本署經費를今三朔에尙未下送ㅎ와諸巡檢이渙散之境에將至ㅎ오니不日로劃下ㅎ야毋至渙散케ㅎ라고三和港總巡洪鍾遠氏가內部에報告ㅎ얏더라

◉賊警愈甚 陰曆十月二十六日夜에忠北沃川郡西面君田里에賊黨二十餘名이突入ㅎ야物產을搶奪ㅎ며家舍를燒火ㅎ야穀包와產物等을燒燼無餘이오며當夜에泥坪鄕稱三家에轉到ㅎ야產物을多數奪去ㅎ야該民等의被賊損害는불可勝計이온바本郡이處在山峽ㅎ야如此를賊之聲이種種有之ㅎ오니防禦ㅎᆯ撓過에는雖有別校나手無尺寸兵器ㅎ고面有團規나抵敵ㅎᆯ方策이無ㅎ니爲民事誠切悶然이라該郡守黃演秀氏가內部에報告ㅎ야査照後特爲施恤減佈라ㅎ얏더라

◉各稅錄去 日人鹽谷孫七郞等六人이本郡에來到ㅎ야結戶와火驛等稅額을留郡處에督促ㅎ야抄錄以去라고碧潼郡守李澤奎氏가內部에報告ㅎ얏더라

◉祭忠正趙相國文

維歲次光武九年十二月四日大韓俱樂部代表員林炳恒成夔永謹再拜哭告于

故相國趙公之靈曰緊惟我 朝推公名家卿相蟬聯累葉輝華匹休 王室世篤忠貞跡公[illegible]素直道以行其履也正其存也誠謇謇諤諤義形于色忠言讜論啓沃懇惻 天子曰咨以輔朕德赤舄几几百僚是式一節彌堅三達俱隆夷[illegible]進退動合于中几杖頤閒嘉陵之鄕汕水西流朝宇漢[illegible]尊當嘯詠不忘 魏珥遺時艱棘危忠切強隣渝盟群奸爲倀將奴我民亦痛我罷者造在野寧忍偸息公車自東萬人手額爰率群寮叫閽聯牘大廈垂傾莫支一木天乎天乎呼籲弗聞曷以報 國曷以謝民遂將殘骸畢義自靖遺疏懇懇冀格 天聽函寄各館誓告國人一言一字心血殷殷浩氣歸虛丹衷照世彌天亘宙斯義弗替嗟我同胞體公訣誠[illegible]之心靡念玆在玆竭心盡力獨立維持 公靈在天宜其悅怡若云弗克何以生爲蒼天胡불憖斯俯奠以告淚綆縻辭弗盡情 公其格忠嗚呼哀哉

◎特別廣告

本社所執은特其隨事記載ᄒᆞ야一世耳目을喚新ᄒᆞᄂᆞᆫ데在ᄒᆞᆫ즉餘外財政等事ᄂᆞᆫ固不足屑焉이되每月所入經費金이洽爲千餘圜ᄒᆞ야拮据無路에停刊이必至키로思不獲已ᄒᆞ야陽曆十二月一日爲始ᄒᆞ야每月代金을以新貨三十錢으로改定ᄒᆞ오니購讀僉君子ᄂᆞᆫ照亮ᄒᆞᆷ

大韓每日申報社

特別廣告

本申報分撥等事를仁川朴峴開新冊肆主東皓氏에게委托ᄒᆞ고本月三日爲始ᄒᆞ야逐號下送ᄒᆞ오니購讀ᄒᆞ시ᄂᆞᆫ僉君子ᄂᆞᆫ照亮購讀ᄒᆞ시며代金도同氏에게傳致ᄒᆞ심을爲要

大韓每日申報社 告白

雜報

未死臣郭鍾錫氏疏本이如左ᄒᆞ니

伏以臣於陰曆前月三十日因地方官臨宣本月初九日 批旨下者令臣造 朝臣拜稽祇受訖卽日出宿於五里民舍翌朝登途行至十里得道路流傳以爲日前伊藤博文之 洪見也脅同我外內諸部賣 國賊臣迫請以保護條約至有外部調印噫嘻此何變也臣固知我 陛下確然秉執不容准賊臣之威喝矣但主辱臣死天之經地之義不可磨滅者也臣徒步顚倒欲一仰瞻天顔以暴萬一之赤衷而足연喘急末由羽翰僅抵沃川地方聞聖斷硬定矣之以殉社稷臣感泣歡喜欲死如生以爲此可謂一言而興邦矣亦可謂一哉王心矣在天 祖宗之靈方悅豫默佑於上矣環域含生之倫方鼓舞爭奮於下矣亦今天下之公法自在若英若美若法若德之諸大國必將有共憤而齊聲者矣苟其越視岸觀相隣而噤默則何有乎當初協約之交誼哉是不可謂天下之有人矣臣決沒知其不然也臣恐萬先竊以爲及今亟揮乾斷明發渙號并將朴齊純李址鎔李根澤諸賊之首懸之藁街以正賣國之常刑聲明子列國公館大開談辦斷之以天下之公法此爲晷刻之不可緩者如或逡巡縮荀冀須臾則陛下繼欲自全將高不過爲安南王矣靑城五國亦次第迫在目前矣彼日本之狙詐狐狂渝盟背信幻譎百端者 陛下獨不飽經歷乎彼之今日甘言便是明日鴆毒惟 陛上深察之臣竭蹙僵仆抵闕尙遲懼不能以此衷上達於 陛下也先此戢疏急遣草略走人疾投于政院竊伏願我 陛下與我二千萬生靈爲 宗廟社稷死爲天經此義生不爲日本之臣僕俘囚而已臣在道蒼黃言不知裁無任燥隕屛營切祈懇之至

●孤忠可賀

北關居前敎員劉 惟氏가時事에憤激ᄒᆞ야上疏ᄒᆞ랴다가拘於資格ᄒᆞ야不得奉呈ᄒᆞ고闕門外에셔抱疏涕泣ᄒᆞᄂᆞᆫ데其疏辭가如左ᄒᆞ더라

伏以伊藤博文以兵脅約齊純址鎔諸賊等賣國要榮萬國之耳目在旁諸臣之章奏達爲臣今不敢煩瀆而以我堂堂 帝室豈無一尺劍斬四五賊臣之頭者僞約擅印以來憤慨之議痛哭之聲中外竦然而彼賊臣韋依舊尙在政府之列搖尾於博文之宴席如此而國之不亡者未之有也 陛下何意而愛此四五賊臣之頭而獨不愛惜五百年宗社之顚覆乎設若 陛下之心安矣 太祖太宗之靈在天則必不寧矣賊頭不斷 宗社斷矣 宗社斷然後 雖哭無益悔恨無及一斬賣國賊之頭光明正大名正言順而可以新未絶之天命可以固未去之人心可以回天下萬國之公論旣合於天下萬國之公論則一强隣之使一使行之奸何所施也天地泰通之運始於否極聖賢經綸之時節在於屯難帝王中興之功光於亂極此時不可緩也此機不可失也且十三道儒疏與百官庭請同心討逆其心至誠其言至忠斷斷無他至於疏首之臣以身殉國者相繼有之而尙未蒙 允臣恐自此忠人遠矣忠言絶矣 陛下誰與爲國伏願 陛下亟斬諸賊之頭以謝天下以全 宗社

●소경과안즘방이문답 (속)

고식지계도모ᄒᆞ여인군게득죄ᄒᆞ고빅셩의게젹원ᄒᆞ야열신셩명보존코ᄌᆞ외국인에게보호를요구ᄒᆞᆫ니죄상은통한ᄒᆞ고정경은측ᄒᆞ도다츙군이국ᄒᆞ엿스면너나라내빅셩에무엇을고리하며만민이축원하되어질고착ᄒᆞᆫ우리상공빅슈무강ᄒᆞᆷ덕으로유방빅세ᄒᆞ련마ᄂᆞᆫ악ᄒᆞ고츄ᄒᆞᆫ물이란신젹조죄명으로뉴취만년ᄒᆞ지ᄒᆞ니가련ᄒᆞ가동일세여보게속담에ᄒᆞ기를남의굿셰츔춘다ᄂᆞᆫ말은잇지마ᄂᆞᆫ지금일본이남의나라일에무ᄉᆞᆷ열심이그리잇서츙고니권면이니ᄒᆞ고ᄂᆡ외정치를모다간셥ᄒᆞ랴뎜벙이니무ᄉᆞᆷ재닭인지몰나ᄌᆞ네ᄂᆞᆫ보지못ᄒᆞ엿나일젼뎨국신문에ᄯᅥᆨ타령이츙명담이데그와갓쳐지금이러케발근셰상에다른나라사ᄅᆞᆷ들은눈을크게ᄯᅳ고셰계형편보아가며너나라내인죵의유익ᄒᆞ고죠흔업제각금하라ᄂᆞᆫ데슬프다 미완

廣告

哭 萬古忠臣 閔忠正公 煥泳 靈几

死輕鴻毛泰山高節 烈氣亘天炳若日月

九品 金容雨 幼學 方漢鎰

●進明彙論

全一冊二百三十頁 定價新貨三十五錢

○本書內容○人類五題 種族八題 地勢五題 氣候二題 物產八題 國家八題 政體六題 法律十四題 宗教一제 文學三제 武備十제 農務十一제 工藝十一제 商務十一제 社會十一제 (以上)

埃及近世史

全一冊二百十頁 定價金四十五錢

○本書目次○總論 模罕麥德阿梨 希臘之役 土耳其之第一役 土耳之第二役 模罕麥德阿梨之治績及武刺飛夢 西馬斯 濟度 國斯明流 蘇彝士河 裁判搆成 財政紛亂 租稅及農民 商業及農業 宗教 風俗 教育及禁止奴隷 自治政 行政之內情 寄居之外國人 埃及之西教人 淮樓府 通必苦第一世 國民黨之運動上 國民黨之運動中 國民黨之運動下 (以上)

發售所 皇城東闕罷朝橋越邊 朱翰榮書舖

故輔國忠正公閔泳煥氏와故議政忠正公趙秉世氏의以身殉國ᄒᆞ오신忠節은亘天地爭日月이라惟我二千萬同胞ᄂᆞᆫ建閣紀念ᄒᆞ야永世不忘ᄒᆞ기爲ᄒᆞ야玆에廣佈ᄒᆞ오니同胞ᄂᆞᆫ照亮ᄒᆞ시믈伏望

開敎保生會 告白

夫吾敎ᄂᆞᆫ天道之大原일시曰天道敎라吾敎之刱明이及今四十六年에信奉之人이如是其廣ᄒᆞ며如是其多로ᄃᆡ敎堂之不遑建築은其爲遺憾이不容提說이오現今人文이闡明ᄒᆞ야各敎之自由信仰이爲萬國公例오其敎堂之自由建築도亦係成例니吾敎會堂之巍然大立이亦應天順人之一大表準也라惟我同胞諸君은亮燕ᄒᆞᆷ

敎會堂建築開工은明年二月노爲始事

天道教 大道主 孫秉熙

本月三日의本人이出他時의房中의手倂一件을見失ᄒᆞ온바手倂中의長湍津北面廣明里田畓舍音洪壽昌處昨今兩年秋收記와陽川南山里田畓舍音尹萬同處昨今兩年秋收記와本人의先親姓名圖章을幷爲見失ᄒᆞ얏스니內外國人은照亮ᄒᆞ시고本秋收記은休紙施行ᄒᆞ고圖章은勿撿ᄒᆞᆷ

中署益洞李相鼎 告白

李景哉處에陰十一月十五日推次三千七百十一兩票를路中遺失故로玆以仰告ᄒᆞ오니雖某拾得休紙施行

立廛長房文漢永告白

特別廣告

本申報는海外電報를卽接ᄒᆞ야機關이靈通ᄒᆞ고外報와探報를敏捷活潑ᄒᆞ도록注意ᄒᆞ오며申報發送ᄒᆞ는ᄃᆡ迅速傳信ᄒᆞ기는分傳人의게在홈으로本社에서平常에各分傳人의게丁寧告戒ᄒᆞ고申申訓飭ᄒᆞ야毋或嫌惰ᄒᆞ게注意ᄒᆞ거니와如或[illegible]有稍紛이라도愛讀僉君子는密使通知ᄒᆞ시면本社에셔該分傳의게誠信相孚ᄒᆞ도록耳提面命ᄒᆞ고勤實가發生ᄒᆞ도록誨諭ᄒᆞ야必無遲誤ᄒᆞ기로期待ᄒᆞ옵나이다

本社에寄書ᄒᆞ시는諸君子는姓名과居住를明確ᄒᆞ게繼錄送附ᄒᆞ시와證據가有홈을必要홈이오公衆平和의秩序를紊亂케ᄒᆞ는意와社會上不經荒雜훈寄書는不受ᄒᆞ는權利가本社에自有ᄒᆞ오니肯諒ᄒᆞ시옵

大韓每日申報社

雜誌發刊廣告

今에數理學雜誌를(每月五日一回定刊)發刊ᄒᆞ야教師諸氏의教料材料를敢助ᄒᆞ고學生諸氏의獨學材料를供給코져ᄒᆞ오니有志諸氏는購讀ᄒᆞ심을切望

(但一部定價는新貨陸錢)

南大門內尙洞德公館右便青年學院內　數理學雜志社

鍾路大東書市、洞口內金相萬冊肆、仁川港柢峴開新冊肆

○鐵路部

○東大門과新門間에來往車는每二十分間式[illegible]

東大門發初車는午前六時二十分

新門外停車場發初車는午前[illegible]

東大門發終車는午後九時五十分

新門外停車場發終車는午[illegible]十五分

○東大門과洪陵間에來往車는每二[illegible]

但自鍾路로東大門에來到[illegible]

東大門發初車는午前六時五十分

洪陵發　初車는午前七時十分

東大門發終車는午後七時五十分

洪陵發　終車는午後八時十分

○鍾路와龍山間에來往車는每十二分間에通行홈

鍾路發至南大門初車는午前六時四十八分

鍾路發至龍山　初車는午前七時二十四分

南大門發至鍾路初車는午前六時五十[illegible]分

龍山發至鍾路　終車는午前七時五十七分

南大門發至鍾路終車는午前十時八分

龍山發至鍾路　終車는午後九時九分

○特別私用車는顧客의方便을隨應ᄒᆞ야準給홈

但定價는本社에來臨ᄒᆞ야請問ᄒᆞ옵

○電燈部

二百五十燭力以內의數用處에는每個月에[illegible]價가如左홈

○十六燭力燃燈達夜에二圓五十錢

○三十二燭力燃燈達夜에四圓

○五十燭力燃燈達夜에六圓

○一百五十燭力燃燈達夜에十圓

一千二百燭力弧形燈達夜에二十圓

二百五十燭力以上의數用處에는請求ᄒᆞ면瓦斯計一箇를設給홈

但瓦斯計賃金은每個月에二圓이오瓦斯計測驗[illegible]定價는每時間每암페아에二錢이옵

瓦斯計設給處에서每个月支拂金最低額은每個月에二十圓인ᄃᆡ(瓦斯計賃金은)据홈

電燈을敷設ᄒᆞ기에請求ᄒᆞ는ᄃᆡ給홈로供各種連技辦燈도常時에貯存ᄒᆞ엿ᄉᆞᆸ

本社鐘路電氣會社

韓美電氣會社 告白

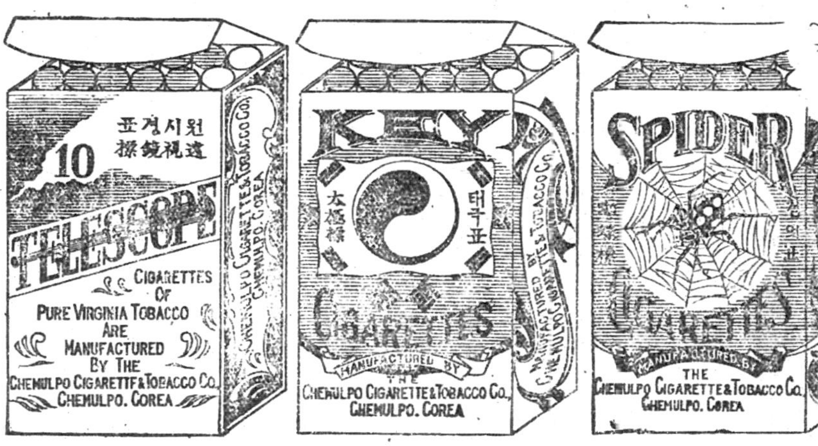

以上三種[illegible]上品으로[illegible]造ᄒᆞ야[illegible]上에至極[illegible]發ᄒᆞ오니毋論某人ᄒᆞ고本社에來購ᄒᆞ옵

大韓帝國仁川港　濟物浦紙卷煙及烟草會社

●九轉靈砂라　本人이妙方法을神備하야製造훈靈丹인ᄃᆡ男女老少에無論何症ᄒᆞ고通治ᄒᆞ오며無病時에도服ᄒᆞ면平生의身體가健康ᄒᆞ며小兒는四五錢重만服ᄒᆞ면十歲안에無病ᄒᆞ기를擔保ᄒᆞ오며

●九轉靈砂萬應丹은癲狂　癎症과中風諸疾과耳目諸病과淋疾에神効ᄒᆞ오

●九轉靈砂保命丹은初生小兒　驚風　癎氣　咳嗽　腹瘡諸般惡症에　効ᄒᆞ오

●九轉靈砂濟衆丹은酒滯．食滯　血積　吐瀉　霍亂　痢疾　吐血　下血　運氣　時疾　痳症에神効ᄒᆞ오

●九轉靈砂紫金丹은疳漏．累瘇　上疳瘡　下疳瘡及唐瘡과諸般毒瘡惡種에無不神效ᄒᆞ오니　僉君子는來問ᄒᆞ시오

內需司前독갑이골上隅第一家　李鍾廷移徙　告白

◎本社特告

本社新聞을[illegible]西[illegible]地에廣佈ᄒᆞ기爲ᄒᆞ야本社에서金與淵崔叙恒宣[illegible]鎬等三氏에게委[illegible]下送ᄒᆞ오니[illegible]覽에[illegible]僉君子는三氏에게購覽[illegible]金도三氏에게傳致ᄒᆞ심을爲要

大韓每日申報社

本社廣告

申報價

一張代金	新貨二錢
一個月前納	三十錢
三個月	九十錢
六個月	一元七十錢
一個年	三元四十錢
郵稅一部	新貨五里
一個月	十三錢

廣告料

四号活字十三字詰

每日每頭尺一寸에新貨卄五錢

(每日每行에六錢에相當홈)

二週日에　二圓五十錢

(每日每行四錢五里에相當홈)

一個月에　五圓

(每日每行四錢一里에相當홈)

其期限의長短과字行의多少를依ᄒᆞ야增減홈이有홈

大韓人마다此申報를不得不閱覽ᄒᆞ실터이오니廣告出報ᄒᆞ실僉君子는來臨面議ᄒᆞ시옵

發行兼編輯人　英國人　裴說

發行所　京城北署壽進坊磚洞号外地[illegible]語學校前

大韓每日申報社

第三卷　　大韓每日申報　대한매일신보　　第九十七號

月曜及慶節歲時日休刊

檀君開國四千二百三十八年
箕子元年三千二十七年
大韓開國五百十四年
日本明治三十八年
淸國光緖三十一年
陰曆乙巳十一月小十二日辛卯

論說

女學宜興

夫文化의進退와風俗의隆汚와種類의强弱과社會의興衰가實로女子의게關係가有ᄒᆞᆫ故로女子의敎育은世界의精神이오一國의命脈이라今에韓淸兩國이現世界新文化의風潮를非不漸被로ᄃᆡ尙此開明進步가不勝其遲遲ᄂᆞᆫ無他라女子敎育을不立ᄒᆞᆫ緣故라

蓋天이人의才性을稟賦ᄒᆞ심이原來無間於男女오且婦人의性質이尤合於修學이라古今歷史를溯究ᄒᆞᆫ건ᄃᆡ

由今四百年前의法國에一牧羊田婦가有ᄒᆞ야獨力一言으로强敵을攘斥ᄒᆞ야使其國으로得脫於他國之羈絆ᄒᆞ고

大韓에ᄂᆞᆫ在昔壬辰之亂에晉州의論介와平壤의桂月香이皆以妓妾之賤으로能히國家를爲ᄒᆞ야復讐ᄒᆞᄂᆞᆫ大義烈을樹立ᄒᆞ얏고

近日事에日規로ᄡᅥ以ᄒᆞᆫ건ᄃᆡ新條約에對ᄒᆞ야婦人이鍾路上에셔慷慨演說이有ᄒᆞ고閔忠正公의喪에ᄂᆞᆫ婦人의吊會와義捐이有ᄒᆞ니以此推之ᄒᆞ면天下의婦人女子가其天賦의美質을具有ᄒᆞᆫ者ㅣ甚多ᄒᆞᆷ을可知라

顧東亞의內政敎가女子를錮閉ᄒᆞ고壓制ᄒᆞᆷ으로ᄡᅥ大宗旨를숨은故로一般女子ᄂᆞᆫ敎育이無ᄒᆞᆷ이學問과見識이無ᄒᆞ야上焉者ᄂᆞᆫ爲花爲鳥ᄒᆞ야人의玩戲를供ᄒᆞᆯ뿐이오下焉者ᄂᆞᆫ爲牛爲馬ᄒᆞ야人의驅遣을給ᄒᆞᆫ人이라是以로女子ᄂᆞᆫ墮地以後에父母의敎訓과兄弟의勗勉과鄕鄰의月評이但其婢妾의道를恪守ᄒᆞᆷ으로ᄡᅥ責望ᄒᆞ니女子의自期도또ᄒᆞᆫ不過如是라

嗚呼라全國人民의其半數ᄂᆞᆫ皆卑微ᄒᆞᆫ地位에沈淪ᄒᆞ야비록天賦ᄒᆞᆫ美質이有ᄒᆞ야도能히自主權能으로ᄡᅥ其才智를表顯치못ᄒᆞ니文化와風俗과國步가엇지陵夷衰敗치아니ᄒᆞ리오況其穢類를言ᄒᆞ면婢妾의道만完全히ᄒᆞᄂᆞᆫ遺傳의氣習이엇지노隸男子의性質을養成치아니ᄒᆞ리오

또韓國의巫覡祈禱를崇尙ᄒᆞᄂᆞᆫ弊俗이皆閨門에由ᄒᆞᆷ은女子의學問이無ᄒᆞ야正理를不知ᄒᆞᆷ이니其傷風敗俗ᄒᆞ고害國病民이豈曰小哉리오[illegible]大進ᄒᆞ고全球가普通ᄒᆞ야古昔의閉鎖ᄒᆞ던時代와絕不相同ᄒᆞ니女子敎育이不進ᄒᆞ고能히國家를振興ᄒᆞᆫ者ㅣ未有ᄒᆞᆫ지라

願望ᄒᆞᆫ건ᄃᆡ女塾을開設ᄒᆞ고女子를釋放ᄒᆞ야男子와一致로敎育을受케ᄒᆞ야學問을進修ᄒᆞ며識見을開發케ᄒᆞᆯ지니國中에無不學之婦人이면當無不學之男子오無不愛國之婦人이면當無不愛國之男子니國步의發展과社會의振興을指日可期라若其由來男女之別은嚴截히ᄒᆞ던規模를猝然히劈破키難ᄒᆞ거던爲先女子敎科書를國文으로編輯ᄒᆞ야廣爲印用ᄒᆞ야國中女子로ᄒᆞ야금無不授讀케ᄒᆞ며女子敎育의進步ᄒᆞᆯ根基가自立ᄒᆞᆯ지니大韓有志者ᄂᆞᆫ此를亟圖ᄒᆞᆯ지어다

官報

⊙號外　光武九年十二月五日

◎宮廷錄事

詔曰忠正公閔泳煥葬地新定于龍仁郡云令內部定界以給

詔曰徵上三陸上等兵金奉學蘊憤激烈以至輕命立節尤爲嘉尙特贈法部參書官施以綽楔之典遣禮郎至其歸葬之日令宮內府從優題給

詔曰筵席酬酌既無底蘊而仍留闕中尙不退去其於事體殊爲乖當有未可以元老而全恕領敎事司事沈舜澤施以門黜之典

日纔有處分存事體也大臣門黜詔勒還入

以上十二月四日

宮內府大臣勳一等臣李載克謹奏卒特進喪禮葬等節本家以爲恩命轉奉且感以當時遺意終不敢祇受云玆謹上奏

光武九年十二月三日奉

旨此係特典不可言遺意更爲惇送宮內府大臣勳一等臣李載克謹

奏上等兵金奉學贈職案謹上

奏

光武九年十二月四日奉

旨依奏

外部大臣署理外部協辦尹致昊辭職疏

批旨省疏具悉何至此勝懷勿爲煩

十二月三日

◎辭令

贈正三品通政大夫法部參書官上等兵金奉學

十二月四日

寄書

吊山林隱逸　月洲散人

粵自我 太祖高皇帝以來로列聖朝의培養人材之精神이傾注於山林隱逸ᄒᆞ야其至誠優禮가雖慵儒懦弱者ㅣ라도莫不興起爲淪浹焉ᄒᆞ야家絃戶誦에治致熙皞之俗ᄒᆞ며殉道文明에셔於是乎[illegible]之姿와卓越之才가輩出於[illegible]ᄒᆞ야國有事則進於朝而功存[illegible]稷ᄒᆞ며澤被生靈ᄒᆞ며國無事則退於野而浴德操身ᄒᆞ며[illegible]學ᄒᆞ야其爲關係於邦國者ㅣ何其盛也며何其大也리니夫何挽近以來로某ᄂᆞᆫ曰先正之後오某ᄂᆞᆫ曰直言之士오某ᄂᆞᆫ曰理學이라ᄒᆞ야使伊某이오[illegible]로如渴[illegible]之ᄒᆞ야[illegible]輪[illegible]施가奔走不得케ᄒᆞ야[illegible]之以[illegible]ᄒᆞ야[illegible]禮之以賓ᄒᆞ시며延之以經筵ᄒᆞ시고酬之以祭酒參贊ᄒᆞ시고寵之以特進贊政ᄒᆞ시니[illegible]朝之始現ᄒᆞ니及其敎對之時ᄒᆞ야[illegible]士가[illegible]頸而望ᄒᆞ고若景星[illegible]이故作迂遠難行之言ᄒᆞ며謾進[illegible]政策이라가謂言不用行不合이라ᄒᆞ야輒以己病一疏로塞責而歸ᄒᆞ며其或偃然高臥ᄒᆞ야以累徵不起로爲自家[illegible]而[illegible]淸選者도有之ᄒᆞ니

未完

外報

◎布哇에大韓移民　하와이에勞動ᄒᆞᄂᆞᆫ大韓移民은甚히好結果로近間에日刊新聞을創立ᄒᆞᆯ事로[illegible]ᄒᆞᄂᆞᆫ中이라고同地에셔來ᄒᆞᆫ通信이有ᄒᆞ얏다더라

◎英露協商將來　某通信社의所[illegible]을聞ᄒᆞᆫ즉英露協商은露國이[illegible]ᄒᆞ야政治的和約을締結ᄒᆞᆯ터이나露國內亂이未平ᄒᆞᆫ故로姑且議決ᄒᆞ고爲先通商條約을改定ᄒᆞ야將之准備를定ᄒᆞᆷ에不過ᄒᆞ다더라

◎各國撤兵[illegible]退　駐韓國直隸[illegible]撤退에關ᄒᆞᆫ[illegible]ᄒᆞᆫ지라故로右撤兵에[illegible]國公使及司令官[illegible]締結이되리라더라

東京電報

[illegible]職說 [illegible]月六日午後[illegible]十九分發

日本[illegible]은[illegible]辭職하기로內定하[illegible]說이有하고其後는아마伊[illegible]閣으로組織혼다더라

雜報

夢天錄 (忠魂訴上帝) 秋鶴山人

忽見光[illegible]氣[illegible]之一道白虹이直[illegible]丈ᄒ야上薄雲霄ᄒ니[illegible]光ᄒ고月星晦氣이라巳而[illegible]門이斯開ᄒ고瑞氣玲[illegible]ᄒ[illegible]有軒[illegible]一丈夫ㅣ從[illegible]中大踏步飛[illegible]左手에執白刃ᄒ고右手에[illegible]狀ᄒ고衣衫에血氣淋漓ᄒ야大聲痛哭于天門外어날 玉皇이御一朶紅雲ᄒ시고笑而問曰爾胡爲乎悲也오其丈夫ㅣ拜告曰臣은[illegible]界大韓國侍從武官長閔泳煥이온ᄃᆡ痛恨徹天ᄒ야上訴于靈霄寶殿ᄒ노이다玉皇이欣然親受ᄒ사安於白玉案ᄒ시고朗독一遍ᄒ시니其狀에曰

日本이恃强凌弱ᄒ야始以大韓獨立으로聲明世界ᄒ고今忽背盟ᄒ야敢肆[illegible]만[illegible]ᄒ니日本之不義를伏乞嚴譴ᄒ시고賣國諸賊을亟降神극ᄒ소서

玉皇이覽畢에擧玉手視背後曰踵後者ㅣ何人고一白髮人이進前奏曰臣은[illegible]趙秉世로소이다

又一紅袍人이奏曰臣은大韓國前參判洪萬植이로소이다又有兩個人이奏於階下曰臣은大韓國平壤鎭衛隊從上兵金奉學과學部主事李相哲이로소이다

玉皇이見其顏色悄愁ᄒ며辭氣慷慨ᄒ시고乃降玉勅ᄒ사批判于狀曰

弗義者敗
賣國者殃

이라金批八字ᄒ시고乃下勅語慰諭ᄒ소ᄃᆡ我雖老矣나自有聽卑之道ᄒ고弗泯禍惡之理ᄒ니爾等은弗必多訴ᄒ라ᄒ시고乃命雷聲普化天尊ᄒ사欽遵批判ᄒ야急急如律令ᄒ라ᄒ시고乃下詔于地藏菩薩ᄒ사ᄃᆡ仗節秉忠ᄒ야盡命殉國者를還生男子于大韓國ᄒ라ᄒ시고命左右玉女ᄒ사宣法醞우諸忠臣ᄒ시고玉音慰諭曰爾等은必食其報니還生韓土ᄒ야爲香與之良相名將ᄒ야柄東洋之霸業權ᄒ야宏[illegible]大業이光耀于世界萬國ᄒ고與聖神文武之主로共享太平文明之福ᄒ라ᄒ시니

諸忠臣이叩首玉階ᄒ소敬陳謝意ᄒ고感泣拜退일시轟轟然一聲雷霆이감動天地어날驚而覺之ᄒ니乃一夢也라挑一穗靑燈ᄒ고高飮一大白ᄒ야大草夢天錄ᄒ야示우二千萬同胞ᄒ노라

●愿庇爲隆 今番殉義ᄒᆞᆫ徵上兵金公奉學之喪에棺板一部를[illegible]給ᄒ고[illegible]法部[illegible]官은다시秘[illegible]라신 [illegible]分[illegible]ᄒ얏다더라

●度照法部 平理院에서[illegible]日에一進[illegible]ᄒ야金川郡守權直相押上[illegible]訓이러니度支[illegible]서法部에照會ᄒ야稅納畢捧ᄒ기前ᄭ지爲限ᄒ야其拘拿ᄒᆫ을特爲還囚ᄒ라ᄒ얏더라

●檢事轉任 平理院首班檢事李圭桓氏가法部協辦으로轉任ᄒ다더라

●假意自裁 再昨日參政朴齊純氏가詣闕ᄒ야次經[illegible]闕門之際에把守兵丁中有志[illegible]者가要爲殺丸斃之라가該[illegible]官이挽止ᄒ야未果ᄒ얏는ᄃᆡ朴氏가此光景을見ᄒ고仍往于日館ᄒ야言之曰吾於前日에無他罪惡이로되只緣新條約上調印ᄒ야國人이皆欲殺之ᄒ니寧欲無知라ᄒ고[illegible]爲自裁이다가被傍人救之이나[illegible]間微傷이有ᄒ기로自該館으로昇送于漢城病院ᄒ야方在治療中이라ᄒ니苟能知罪自裁ᄒᆯ진ᄃᆡ一瞬間可辦이거날何必往于日館이며亦何必待人令自裁인지其無死心은瞭然可知라고聞者ㅣ皆爲鼻笑ᄒ다더라

●才拙圖免 大典郡守鄭煥悳氏가內部에請願ᄒ되學職이才能弗堪ᄒ고且有身病ᄒ와難以赴任이오니[illegible]爲[illegible]免이라ᄒ얏더라

●善務請賞 本港警務署巡檢朴淵奎가莅茲三十箇月에警察職務와保護民商에實多茂蹟이오니特爲褒賞ᄒ야朝家에勤勞之典을示ᄒ라고仁川監理河相驥氏가內部에報告ᄒ얏더라

●待示視務 遞觀察이再昨日經歷ᄒᆫ을巳有電報이옵고署理ᄂᆫ待處分擧行이라고全州郡守가內部에電報ᄒ얏더라

敬弔沂諸氏

人之最可悲憤者ᄂᆫ有志而事未成이是也라惟材智英豪라야能有志於事爲이고不肖者則不能ᄒᄂᆞ니天이旣生其材智英豪된必使其志를伸ᄒ며其事를成케ᄒᄂᆫ게理所宜然이어날造物者ㅣ無端戲劇ᄒ야材智英豪가每多無成ᄒ고不肖者ㅣ返或有成ᄒ야鵬困[illegible]揚에所理倒置ᄒ니此乃普天下志士ㅣ可以同聲一哭ᄒᆯ지로다雖然이나士之賢不肖가自有定價ᄒ야不可以成敗로論之오且有志者ㅣ未必終於無成이니材智英豪를安可小之乎哉아義者嫌和將成에韓國不利之說이漸次出來일시李沂氏深以國事爲憂ᄒ야要爲往參傍聽이라가及其事不從心則[illegible]然東遊ᄒ야其流離困苦之中에乃心王室ᄒ야嘔出熱血ᄒᆫ을上日皇書與上諸公書中에可以備見ᄒᆯ지오又於贈伊藤侯一緘에抑揚反覆而三謂意焉ᄒ야其燭理料事가鑿鑿然如照魔鏡ᄒ니如非材足以任重이며智足以周物이며英豪足以動人이면何能與於此哉아其匪躬盡瘁ᄒ야爲[illegible]嘉이[illegible]와

顧今時局이巳誤ᄒ고大命이[illegible]泛ᄒ야波蘭埃及之悲觀이[illegible]在目ᄒ니全國人士어煩冤[illegible]은巳無可言이고同氏諸人이隔在海外ᄒ야日夜懸望이在於國事之萬一有成이다가及至今日에當作何懷일지欲歸則江山이無色ᄒ고欲留則風景이傷心이라旅館[illegible]寂에[illegible]囚之悲를難禁이오時[illegible]乖張에魯連之志가徒[illegible]ᄒ야[illegible]情躑躅之狀을吾爲同氏悲之ᄒ노라嗚呼라十患[illegible]其志矣라苟有其志면天下事ㅣ自有不[illegible]之機會ᄒᄂᆞ니徒以一時無成으로輕其志氣ᄒ야甘心自[illegible]ᄒ고乃匹夫溝瀆之[illegible]이오非大丈夫所爲인즉願同氏諸人은各自愛重에遄爲返駕ᄒ야忠義를益勉ᄒ며善類를團結ᄒ야自强之策을同寅協共ᄒ야天運之循環을靜以待之이면一躍得成이必有其日ᄒᆯ지니嗟嗟同氏諸人이여姑以此說自慰를竊有厚望焉이로다

●勤慢辭退 內部大臣李址鎔氏가該部에申飭하되如有部僚中不勤仕進하고怠於視務者는一齊請願退去하라하는ᄃᆡ該部[illegible]判任官職者半數에至하리라더라

●移設弔會所 再昨下午五時에故忠正公閔泳煥氏弔會所는[illegible]洞[illegible]成陽會社로移設하얏더라

[illegible]生會에서[illegible]坊[illegible]하되故贈[illegible]國忠正公閔泳煥[illegible]故議政忠[illegible]任[illegible]하시[illegible]惟我二千萬同胞는[illegible]會하야永世불忘하기爲하야玆에[illegible]佈하오니同胞兄弟는照亮하심이라하얏더라

警告耶蘇信徒 一醒血生

嗚乎痛矣라我愛[illegible]아環東土二千萬生靈이何莫非[illegible]帝之赤子而[illegible]友之兄[illegible]皆有仁義禮智之性과自[illegible]之權[illegible]너날 奈之何逆臣賣國[illegible]有貪[illegible]厭[illegible]之政[illegible]ᄒ야夕[illegible]敢戮凌迫之患[illegible]ᄒ야血肉이[illegible]原野하고[illegible]妻子가담於鋒鏑[illegible]니豈可忍坐視其死乎아經曰愛我者는生이라하고且曰我獄[illegible]國問이라하니嗟我兄弟乎여疾苦相問하고哀慮相恤하나니勿以爲我免而彼羅하며彼免而我羅하라苟能相[illegible]以仁愛則天父之所喜悅者也라當此危亡之日하야徒以誦經祈禱로爲從事라가國家顚覆하고朝士先去而人種隨滅하리니當誦經於何地며祈禱者何人고輿言及此에弗覺心膽이俱裂이라波蘭埃及이前轍이[illegible]亦將爲[illegible]來之患은在所[illegible]免이라

未完

●特別廣告

本申報分發等事를仁川租峴開新冊肆李東皓氏에게委托ᄒ고本月三日爲始ᄒ야逐號下送ᄒ오니購讀ᄒ시는僉君子는照亮購讀ᄒ시며代金도同氏에게傳致ᄒ심을爲要

大韓每日申報社 告白

寄書

青樓哭忠　蜜啞生

或이問於蜜啞子曰今番閔忠正公之殉國也에東西洋搢紳碩甫와男女商賈가莫不爭赴吊哭ᄒ고國內之上下貴賤과各般社會가無不哭而奠之ᄒ고吊而祭之者는各其衷懷所激으로不覺自發而然耶라其衷懷激發은何也오忠心과孝行과節介와義理와俠氣也ㅣ니此五品者는人事의綸常이라今次內外國人上下男婦之赴哭閔公之殯者는

或以忠心而哭ᄒ고或以孝行而哭ᄒ고或以節介而哭ᄒ고或以義理而哭ᄒ고或以有俠氣而哭者ㅣ니是乃不覺衷懷之自發ᄒ야爭自赴哭은天理人事의當然이어니와

昨日閔公殯所에局房妓女十數人이聚首自到ᄒ야設奠而吊之ᄒ서祭文之悲憤傷感은姑捨ᄒ고其哭泣之哀怨悲慟이令人不忍見하니

彼妓女者는本以毁節爲常하야與此忠孝節義俠五品으로相距天淵則必無一点激發其衷懷가亦此輩之常情이어날今彼如是擧措가是何由而然也오

蜜啞子長歎曰大抵國家之若此危亡이大有其根因ᄒ니其根因은無他라凡事凡物을不欲講究綜核하고因循任他故로

國制事爲가不過外皮外課之塞責而已오無一實地實事之窮尋詳明則今日吾子之觀光而言之者ㅣ亦不過外皮外課也一로다第以今日妓女가閔公殯所에吊哭흔眞情實心으로窮核而說明之ᄒ리라

嗚呼라閔公이本以金枝玉葉으로位極人臣ᄒ니其所貴富는已無可言이오北堂老親과膝下子女之不忍棄絕은人情之所不忍行而

顧今事勢가四千年社會와三千里疆土와五百年 宗社와二千萬蒼生이將至淪喪之勢를無力可挽故로以其七尺之軀로付送於一寸之刃하니

社會와疆土와 宗社와蒼生이淪喪丘墟則彼妓女輩가雖是賣身毁節者ㅣ나亦蒼生中一種也ㅣ니當此時하야從何處而賣身하며向誰人而毁節乎아

然則彼輩之所謂賣身毁節之業도亦此幷歸於亡矣리니今次哀慟而悲切者는固出於天賦之良心이나亦揣閔公之本志ᄒ야返算自家之身世而泣者也ㅣ니由此觀之ᄒ면國中之貪官汚吏와亂臣賊子와倡優下賤이亦是二千萬蒼生이니今此閔公에擧國을感悟하면必自哭自泣之不暇를亦可知라ᄒ노라

雜報

●소경과안즘방이문답 속

우리나라사름들은눈을감고잠을ᄌ니무엇을아니일ᄒ며무엇을아니ᄢ아술가무슨일ᄒ다는것보게드면

나라는망ᄒ든지도모지불계ᄒ고져ᄒᆫ몸의비리지욕만싱각ᄒ야ᄉᄉ이상피ᄒ니젼국의혈믹되는쟉경과관은남의게양여ᄒ야정리인지목둑인지ᄒ다고지정이탕갈ᄒ야일국싱령이아사지경을면치못ᄒ게되얏스니싱령이다죽으면나라이엇지되며나라이업게되면

졍부는잇슬손가통곡ᄒᆯ곳이것이오기타광산이나삼림이나어업이니통신원이니ᄒ는젼국에큰리익되는것은ᄉ분오렬ᄒ야죠각죠각ᄯ여니야

외국인을난와쥬고털도디이니군용지단이니ᄒ야소즁ᄒᆫ나라강토를위협에도ᄲ아앗기며호의로도쥬어가며

각식으로ᄡ며ᄂ는허다폐단은사람의게비유컨티만신창쥬마창각종의악ᄒᆫ종긔시시로발작ᄒ며사ᄒᆫ병긔부죡이난마다침중ᄒ여

일이년습사년에시득부득말으는모양이니그런병에도어진의원을만나죠흔약으로먼져긔믹을슌케ᄒ고시후를ᄯ라가며지죠를가입ᄒ야병근을다사ᄅ면열이삭일이년에ᄎᄎ와인되려니와만일악ᄒᆫ의원을만나죽을병들어스니편작이란의라고더져발여두게드면엇지술기를바라리오

지금우리나라의병들미일이삭일이년이아니죽그병을고치라면또ᄒᆫ익이년에되지못ᄒᆯ터이나어진의원이화제를연구ᄒ며침과약을뎌당ᄒ도록

미완

廣告

慶尙南道鎭南郡朴逸薰氏莅郡三載에政平民和와最有所惠政者再昨歉春에捐廩貿米ᄒ야救濟荒民ᄒ고昨今風雨顚屋渰死者幾至數百而日躬往ᄒ야給材賑米ᄒ고歲時伏臘의大祀屠之ᄒ야存問長老ᄒ고勸農興學에各修其業ᄒ고出廩蠲布에咸被惠澤ᄒ야衆情所感에乃繡傘ᄒ야呈于觀察府而歸則郡守聞之此由ᄒ고反責曰有何功德而致此爲之오此皆民樂也又言其傘을燒火도可也投水도可也로되旣繡衆民姓名則吾不如給其所入而置之可也라ᄒ고卽以此意로傳令於各面然이나衆和所成에誠甚抑鬱ᄒ야郡民中會洛龜朴孟洙等爲先上京ᄒ야先播新聞흠 十二月八日 廣告

●進明彙論

全一冊二百三十頁
定價新貨三十五錢

○本書內容○人類五題 種族八題 地勢五題 氣候二題 物產八題 國家八題 政體六題 法律十四題 宗敎十제 文學三제 武備十제 農務十一제 工藝十一제 商務十一제 社會十一제 (以上)

埃及近世史

全一冊二百十頁
定價金四五十錢

○本書目次○總論 模罕麥德阿梨 希臘之役 土耳其之第一役 土耳之第二役 模罕麥德阿梨之治績及威武刺飛夢出馬斯 濟度 威斯明流 蘇彛士河 裁判措成 財政紛亂 租稅及農民 商業及農業 宗敎 風俗 教育及禁止奴隸 自治政 行政之內情 寄居之外國人 埃及之西敎人 海樓府 通必苦第一世 國民黨之運動上 國民黨之運動中 國民黨之運動下 (以上)

發售所 皇城東闕羅閘橋越邊
朱翰榮 書舖

長湍郡皐浪浦居咸致祚兒名有淳이가年少浪蕩ᄒ야附同雜類ᄒ고出沒京鄕ᄒ야得債濫用云ᄒ니毋論內外國人ᄒ고覽此廣告後에如或相關이면必有後悔흠

咸聖玄 告白

・通常會를每月第一土曜에만開ᄒ기로定ᄒ얏스나此日에有故停會ᄒ고來土曜로退定ᄒ얏스니 會員은齊會ᄒ시오

國民敎育會 告白

故輔國忠正公閔泳煥氏와故議政忠正公趙秉世氏의以身殉國ᄒ오신忠節은亘天地爭日月이라惟我二千萬同胞는建閣紀念ᄒ야永世不忘ᄒ기爲ᄒ야玆에廣佈ᄒ오니 同胞는照亮ᄒ시믈伏望

開敎保生會 告白

夫吾敎는天道之大原일서曰天道敎라吾敎之刱明이及今四十六年에信奉之人이如是其廣ᄒ며如是其多로되敎堂之不遑建築은其爲遺憾이不容提論이오現今人文이闡明ᄒ야各敎之自由信仰이며萬國公例오其敎堂之自由建築도亦係成例니吾敎會堂之翼然大立이亦應天順人之一大表準也라惟我同胞諸君은亮之흠

敎會堂建築開工은明年二月노爲始事

天道敎
大道主 孫秉熙

本月三日의本人이出他時의房中의手標一件을見失ᄒ온바手標中의長湍津北面廣明里田畓今晉洪某畓昨今兩年秋收記와陽川郡山里田畓舍晉尹爲同處昨今兩年秋收記와本人의先親姓名圖章을幷爲見失ᄒ얏스니內外國人은照亮ᄒ시고本秋收記은休紙施行ᄒ고圖章은勿施흠

中署嶝洞李相鼎 告白

本最折處에陰十一月十五日推次三千七百十一兩票를路中遺失故로玆以仰告誰某拾得休紙施行

立憲長房外寮永吉 白

特別廣告

本申報는海外電報를即接ᄒᆞ야機關이疏通ᄒᆞ고外報와雜報를敏捷活潑ᄒᆞ도록注意ᄒᆞ오며申報發送ᄒᆞᄂᆞᆫ디迅速信傳ᄒᆞ기는分傳人의게在ᄒᆞᆷ으로本社에셔平常에諸分傳人의게丁寧告戒ᄒᆞ고申申訓飭ᄒᆞ야毋或婾惰ᄒᆞ게注意ᄒᆞ거니와如或暫有稽忽이라도愛讀僉君子는從速通知于本社ᄒᆞ시면該分傳의게誠信相孚ᄒᆞ도록耳提面誨ᄒᆞ고勤實가發生ᄒᆞ도록ᄒᆞ기로除ᄒᆞ야必無遲誤ᄒᆞ도록期待ᄒᆞᆸ나이다

本社에寄書ᄒᆞ시ᄂᆞᆫ僉君子ᄂᆞᆫ姓名과居住를明確ᄒᆞ게懸錄送附ᄒᆞ시와證據가有ᄒᆞᆷ을必要ᄒᆞᆷ이오公衆平和ᄒᆞᆫ秩序를紊亂케ᄒᆞᄂᆞᆫ意와社會上不經荒雜ᄒᆞᆫ寄書ᄂᆞᆫ不受ᄒᆞᄂᆞᆫ權利가本社에自有ᄒᆞ오니肯諒ᄒᆞ십

大韓每日申報社

雜誌發刊廣告

今에數理學雜誌를(每月五日一回定刊)發刊ᄒᆞ야教師諸氏의教科材料를敢助ᄒᆞ고學生諸氏의獨學材料를供給코져ᄒᆞ오니有志諸氏ᄂᆞᆫ購讀ᄒᆞ심을切望

(但一部定價ᄂᆞᆫ新貨陸錢)

南大門內尙洞德公館右便
靑年學院內　數理學雜志社
鍾路大東書市
洞口內金相万冊肆
仁川港柾峴熙新冊肆

○鐵路部

○東大門과新門間에來往車ᄂᆞᆫ每十分에運行ᄒᆞᆷ
東大門發初車ᄂᆞᆫ午前六時三十分
新門外停車場發初車ᄂᆞᆫ午前六時
東大門發終車ᄂᆞᆫ午後九時五十分
新門外停車場發終車ᄂᆞᆫ午後十時十分

○東大門과洪陵間에來往車ᄂᆞᆫ每二十分에運行ᄒᆞᆷ
但自鍾路로東大門에來到ᄒᆞᆫ交替車ᄂᆞᆫ臨時ᄒᆞᆷ
東大門發初車ᄂᆞᆫ午前六時五十分
洪陵發　初車ᄂᆞᆫ午前七時十分
東大門發終車ᄂᆞᆫ午後七時五十分
洪陵發　終車ᄂᆞᆫ午後八時十分

○鍾路와龍山間에來往車ᄂᆞᆫ每十二分間에運行ᄒᆞᆷ
鍾路發至南大門初車ᄂᆞᆫ午前六時四十八分
鍾路發至龍山　初車ᄂᆞᆫ午前七時二十四分
南大門發至鍾路初車ᄂᆞᆫ午前六時五十六分
龍山發至鍾路　終車ᄂᆞᆫ午前七時五十七分
南大門發至鍾路終車ᄂᆞᆫ午前十時八分
龍山發至鍾路　終車ᄂᆞᆫ午後九時九分

○特別私用車ᄂᆞᆫ顧客의方便ᄒᆞᆷ을隨應ᄒᆞ야供給ᄒᆞᆷ
但定價ᄂᆞᆫ本社에來臨ᄒᆞ야詳問ᄒᆞᆸ

○電燈部

二百五十燭力以內의數用處에ᄂᆞᆫ每個月에定價表가如左ᄒᆞᆷ
○十六燭力燃燈達夜에二圓五十錢
○三十二燭力燃燈達夜에四圓
○五十燭力燃燈達夜에六圓
○一百五十燭力燃燈達夜에十圓
一千二百燭力弧形燈達夜에二十圓
二百五十燭力以上의數用處에ᄂᆞᆫ請求ᄒᆞ면瓦斯計一個를設給ᄒᆞᆷ
但瓦斯計賃金은每個月에二圓이오瓦斯計測驗表委托定價ᄂᆞᆫ每時間每암페아에二錢이옴
瓦斯計設給處에서每介月支拂金最低額은每個月에二十圓인디(瓦斯計貸金은)据ᄒᆞᆷ
電燈을敷設ᄒᆞ기에請求ᄒᆞᄂᆞᆫ디給ᄒᆞᆷ도供
各種達技辦燈도當時에貯存ᄒᆞ엿ᄉᆞᆸ

本社鐵路電氣會社
韓美電氣會社　告白

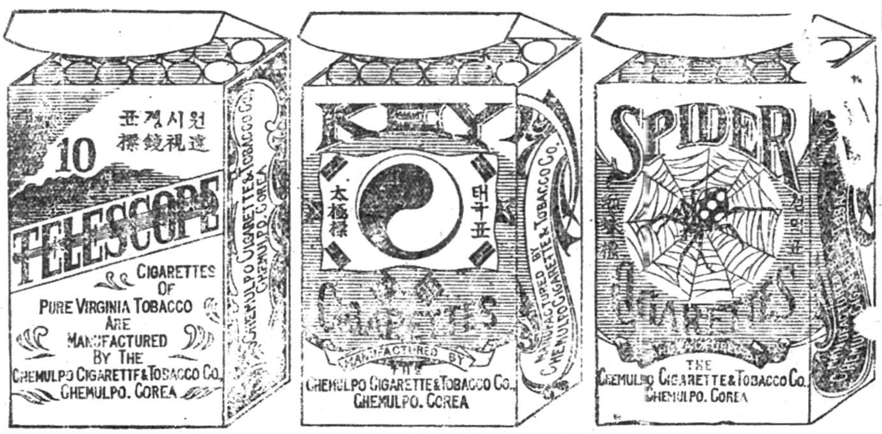

大韓帝國仁川港

濟物浦紙卷煙及烟草會社

以上三種은上品으로製造ᄒᆞ야發賣上에至極ᄒᆞ益ᄒᆞ오니

○九轉靈砂라 本人이妙方法을神備하야製造ᄒᆞᆫ靈丹인디男女老少에無論何症ᄒᆞ고通治ᄒᆞ오며無病時에도服ᄒᆞ면平生의身體가健康ᄒᆞ며小兒ᄂᆞᆫ四五錢重만服ᄒᆞ면十歲안에無病ᄒᆞ기를擔保ᄒᆞ오며

○九轉靈砂萬應丹은癲狂　癇症과中風諸疾과耳目諸病과淋疾에神效ᄒᆞ오

○九轉靈砂保命丹은初生小兒　驚風　癎氣　咳嗽　腹瘧諸般癖症에效ᄒᆞ오

○九轉靈砂濟衆丹은酒滯　食滯　血積　吐瀉　霍亂　痢疾　吐血　下血　運氣　時疾　瘧症에神效ᄒᆞ오

○九轉靈砂紫金丹은痔漏　瘰癧　上疳瘡　下疳瘡及唐瘡과諸般毒瘡惡種에無不神效ᄒᆞ오니　僉君子ᄂᆞᆫ來問ᄒᆞ시오

內需司前독갑이골上隅第一家
李鍾廷移徙　告白

◎本社特告

本社新聞을關西等地에廣佈ᄒᆞ기爲ᄒᆞ야平壤金與淵崔叙恒宣■■■■三氏에게委托ᄒᆞ야■■號下送ᄒᆞ오니僉君子ᄂᆞᆫ三氏에게購覽ᄒᆞ시고■金도三氏에게交致ᄒᆞ심을爲要

大韓每日申報社

本社廣告

申報價
一張代金　新貨二錢
一箇月前納　三十錢
三箇月　九十錢
六箇月　一元七十錢
一箇年　三元四十錢
郵稅一部　新貨五厘
一箇月　十二錢

廣告料
四號活字十三字詰
(每日每行)英尺一寸에新貨廾五錢
(每日每行에六錢에相當)
二個日에　二圜五十錢
(每日每行四錢五厘에相當)
一箇月에　五圜
(每日每行四錢一厘에相當)
其期限의長短과字行의多少를依ᄒᆞ야增減ᄒᆞᆷ이有ᄒᆞᆷ

大韓人이다此申報를不爲不購覽ᄒᆞ실터이오니廣告出報ᄒᆞ실僉君子ᄂᆞᆫ來臨面議ᄒᆞ십

發行兼編輯人　英國人裵說
發行所　京城北署壽進坊禮洞外國語學校前
大韓每日申報社

第三卷

第九十八號

大韓每日申報

대한매일신보

月曜及慶節歲時日休刊

檀君開國四千二百三十八年
箕子元年三千二十七年
大韓開國五百十四年
日本明治三十八年
淸國光緖三十一年
陰曆乙巳十一月小十三日壬午

寄書

警告韓民

惟我韓國人民들아韓國이[illegible]希望이無하게된줄노思치말며落心치마시오尙今도望希이有ᄒᆞ니이다　天主게셔我們의게國民된地位를賜ᄒᆞ셧스니雖今에他人이我們의主權과國權을奪ᄒᆞ얏스나

我們이國民의資格과愛國의誠心과同胞의團體는不爲見奪ᄒᆞᆫ줄노結心ᄒᆞ면彼不能奪ᄒᆞ리이다巴蘭과賓國兩國도其國이弱ᄒᆞᆷ으로我們과如히他國의게强暴를受ᄒᆞ는事가有ᄒᆞ여도至今ᄭᆞ지其人民의團體는如一히有ᄒᆞ야常히其國을愛ᄒᆞ야更히國權回復ᄒᆞᆯ機會를待ᄒᆞ고準備ᄒᆞ며猶太人民은其地方ᄭᆞ지見奪ᄒᆞ고四方으로被逐ᄒᆞ야生ᄒᆞ여도

何日何時던지其本國에回ᄒᆞ야本國回復ᄒᆞᆯ希望을人人이胷臆에抱ᄒᆞ얏나이다惟我韓國人民들아어셔睡를打罷ᄒᆞ고起ᄒᆞ

我們이作罪가多ᄒᆞᆷ으로

天主ᄭᅴ셔使我儕로他人權下의鎭壓케ᄒᆞ셧스니諸般惡行과戲虐을勿[illegible]ᄒᆞ고[illegible]財産을勿虛棄ᄒᆞ며[illegible]ᄒᆞᄂᆞᆫ事가無케ᄒᆞ며無[illegible]와懶怠ᄒᆞᆫ氣習을다[illegible]骨肉을[illegible]溫突上과空氣가不得入ᄒᆞᄂᆞᆫ[illegible]窓內에서深히睡치만[illegible]子女들을熱心으로敎育ᄒᆞ고運動되ᄂᆞᆫ遊戲를勸勉ᄒᆞ며特別히諸般行爲를端正케ᄒᆞ야國富民强케ᄒᆞᄂᆞᆫ그리스도敎를崇奉ᄒᆞᆯ지어다

我儕가若如是히行ᄒᆞ면五年十年十五年에不過ᄒᆞ야更히我國을回復ᄒᆞ야比前尤爲興旺케富强尊榮ᄒᆞᆯ機會를　天主ᄭᅴ셔賜ᄒᆞ시리다我儕의所餘ᄒᆞᆫ希望은天主와其子예수그리스도의게在ᄒᆞ니然則速히警醒ᄒᆞ야頭를擧ᄒᆞ고生氣를發ᄒᆞ야作事ᄒᆞ고希望ᄒᆞ며爲國ᄒᆞ야生ᄒᆞᆯ지어다

官報

◉三千三百十五號　光武九年十二月六日

◉宮廷錄事

詔曰命禮式院掌禮卿金宗秀爲宮內府[illegible]
禮式院掌禮卿
十二月二日

詔曰命陸軍副將李鍾健爲侍從武官長
光武九年十二月三日
議政府參政大臣朴齊純

詔曰命從二品沈相翊爲秘書監丞
十二月三日

宮內府大臣勳一等臣李載克謹奏卒逝特進喪禮葬等節本家以爲
恩命雖極感惶以常時遺意不敢祇受云故謹上
奏
光武九年十二月二日奉
旨令護喪禮官曉諭本家更爲輸送

判敦寧司事丘秉式言事疏
批旨省疏具悉夫豈無商量而尾陳亦不必如是矣
十二月三日

◉敍任及辭令

奉常司副提調朴經遠
命禮式院兼掌禮
十二月一日

禮式院掌禮卿金完秀
命宮內府特進官敍勅任官二等

正二品尹容植
命禮式院掌禮卿敍勅任官二等
以上十二月二日

秘書監丞朴勝鳳
秘書監丞安鍾和
依願免本官

從二品沈相翊
命秘書監丞敍勅任官三等

正三品申政均
任秘書監丞敍奏任官三等

陸軍副將李鍾健
任侍從武官長
以上十二月三日

寄書

吊山林隱逸

月洲散人　續

向之引頸而望者ㅣ咸唾之罵之曰不圖此輩之爲名宦上[illegible]ㅣ라ᄒᆞ되余獨曰此輩가自非禽心獸膓이어니豈無來頭之一卜圖報아云矣러니際玆國步[illegible]이實振古初有ㅣ라四千年[illegible]가將爲外人所轄이오五百年宗社가將爲禾黍丘墟오二千萬生靈이將[illegible]爲일석凡我同胞가無論貴賤賢愚ᄒᆞ고雖婦人孺子와跛躄聾盲이라도義憤所激에血淚劍心이[illegible]挽回國力으로自誓ᄒᆞ야在朝班則閔忠正公之白刃自靖과[illegible]正公之仰藥自裁와洪參判萬植氏와李主事相哲氏의殉忠仗節이是也ㅣ오在式微則有隊兵之仰藥捨生ᄒᆞ니秉彝所在에貴賤이皆然而不但激厲我同胞ㅣ라至使賓宇列强으로不禁寂寂캐ᄒᆞ니何其壯也며何其偉哉어날向之所謂隱逸儒賢者ᄂᆞᆫ獨無一人出來而爲國效忠者ᄒᆞ니是據何義며是謂何心고其高明之見이出人萬萬ᄒᆞ야

國祚尙踰而效忠이將未晩云耶아其貞操潔行이恐爲亂亡之所매而然耶아抑將風靜浪息後에徐徐羽儀而只以一疏로[illegible]面之計耶아抑此時局은運已去矣라無足更求則第俟新條約成立而欲復翻然之意耶아人類ㅣ將盡劉而無孑遺則董史之筆이無復其人而不足可畏云歟아此輩之心이旣眞如此則　列聖朝培養之効力이今果安在며今皇帝賓師之優禮도亦果歸虛[illegible]文勝之弊가一何[illegible]使全國人士로坐談龍肉[illegible]腐敗其志氣者도此輩之所[illegible]오[illegible]名譽而內懷亂逆之心者도[illegible]之所釀成也오好是古非今[illegible]使新進後學으로不得入於[illegible]學問而國勢萎난ᄒᆞ야韓致今日之板蕩者도亦此輩之罪也ㅣ라吾ㅣ不知其何辭物也ㅣ로다

完

外報

◉袁[illegible]兩氏苦心　淸國協商委員袁世凱氏ᄂᆞᆫ目下每日參內陸見ᄒᆞ야協商에對ᄒᆞᆫ諸般事體를詳細調査ᄒᆞ고又參考ᄒᆞ기爲ᄒᆞ야滿洲問題에關ᄒᆞ야諸官吏의提出ᄒᆞᄂᆞᆫ意見書를無非誠心閱讀ᄒᆞ고구鴻긔氏ᄂᆞᆫ法國에借款ᄒᆞ야東淸鐵道를自日本으로買還코저ᄒᆞ나袁世凱氏ᄂᆞᆫ淸日이合同經營ᄒᆞᆷ이妥當ᄒᆞ다ᄒᆞᆫ다라

◉外米輸入稅未決　日本政府에셔特別稅를依例繼續ᄒᆞ야外國米輸入稅勿施事件에就ᄒᆞ야多數人이反對ᄒᆞᄂᆞᆫ故로該案을議會에提出ᄒᆞ리라ᄒᆞ더라

◉膠州撤兵의協商　德國에셔曩者에北京天津에駐在ᄒᆞᆫ列國[illegible]로提議하얏더니今番에又膠州灣에駐在ᄒᆞᆫ德國陸軍을撤退ᄒᆞᆯ事로淸國과協商ᄒᆞ얏더라

雜錄

◎[illegible]上策

一家有救之ᄒ고國而不施敎育人民이면皆爲目盲耳聾ᄒ며口啞ᄒ야皆使作一種殘疾人ᄒᄂ니何者오人民不受敎育ᄒ야不識學問이若對其古今書籍而不能見ᄒᄂ니此非目盲而何也며說其道理事情而不能聽ᄒᄂ니此非耳聾而何也며當其經界利害而不能說ᄒᄂ니此非口啞而何也며臨其經綸機變而不能斷ᄒᄂ니此非心昏而何也오此ᄂ不敎育無學問之病也니

爲國之民衆者ㅣ皆以天賦之完全體質로變作可憐的殘疾人ᄒ아一國之中이渾成蠢蠢蜿蜒之一虫穴이면民不能爲民而其國之自底于滅亡은不言可測矣라

噫라韓國은雖稱四千年禮義之邦이로ᄃᆡ見其國民之愚痴暗昧ᄒ며歎其藝廢則目盲耳聾口啞心昏이無不兼備ᄒ야全國之二千萬人이無異於殘疾人中風而自廢者ᄒ니吁此何矣오

日本之幅土ㅣ不爲大也며日本之人口ㅣ不爲多也로ᄃᆡ能威脅韓ᄒ며能掌握韓ᄒ며能獨立韓ᄒ며能保護韓ᄒ야無所不至者ᄂ日本이施其敎育故也오韓國이受其百方之困苦凌辱者ᄂ民不能受其敎育故也니以此觀之컨ᄃᆡ國之强弱盛衰安危與亡이皆不在於人民之敎育與不敎育也리오

今見韓國之受其保護於日本ᄒ니韓國政府ㅣ無學問故로調印之ᄒ고韓國人民이無學問故로甘受之ᄒ야國將丘墟ᄒ며民將奴隷로ᄃᆡ上下麻木ᄒ며左右와斜ᄒ야不能若運身驅ᄒ니此何故也오

爲欲脫其羈絆ᄒ며解其鉗制ᄒ야免其丘墟奴隷之無窮禍患인ᄃᆡ譬若嚴迎良醫ᄒ고獲議妙方ᄒ야療治其中風目廢之殘질然後에乃可以回復其完全之體質矣니

其所以療治之方은乃敎育而已라豈有他哉리오諸以敎育之好方針으로臨言于無日ᄒ리라

◎曠恩如天　今番薨逝ᄒᆫ李相哲氏葬禮에木布各一同錢四百元米十石을題給ᄒ고金春學氏葬禮에太布各三十疋錢二百元米五石을題給ᄒ라ᄂ로　詔旨를下ᄒ옵셧더라

◎大使被任　日本報聘大使ᄂ完順君李載完氏가被命ᄒ고其餘隨員은姑未詳이나途說을聞ᄒᆫ즉閔泳韶氏도亦入該選中이라ᄒ니大使와隨員이俱是起復人이라靡懿巧湊라고行說이有ᄒ더다

◎是何言也　日前度支大臣閔泳綺氏가詣闕ᄒ와　皇上陛下께서忠正閔公의爲國殉忠ᄒᆷ을極히傷悼ᄒ옵시ᄂᆫ지라同氏가上奏ᄒ되泳煥이가年前獨立協會에參涉ᄒᆫ以故로禍心을包藏ᄒ고　皇權을除코져ᄒᆫ罪狀을論ᄒ면其死는晩이로소이다ᄒᆫᄃᆡ　皇上이默然不答ᄒ옵셧다ᄒ니同氏가貨幣締約事件으로全國을陷敗ᄒ야民冤이于蒼타가今番新條約에書否ᄒᆷ으로前愆을補贖이라公議方張이더니今觀其所爲ᄒ니悖逆虛詐ᄒᆫ依然舊習이[illegible]다더라

冬暄說

一寒一暑ᄒ야往來屈伸은天道之常也라若乃寒暑가其序를失ᄒ야當寒而暑ᄒ며當暑而寒이면萬物이不成ᄒ야歲功이乃墮ᄒᄂ니

見今冬令이已深ᄒ고南至가不遠이되一点雪를未見ᄒ고風柔日煖이宛然釀花天氣와相似ᄒ니其故ᄂ何也오

嗚呼噫哉라我知之矣로라天人之相應이桴鼓影響과如ᄒ야國有亂政이면天必示譴안바冬者ᄂ屬陰ᄒ야其象이主刑法기로

國無刑法이면當寒而煖ᄒᄂ니春秋에不書冰ᄒ며漢書五行志에桃李冬華ᄒ며霜不殺草가皆衰世亂國之所有也라以古證今컨ᄃᆡ豈不瞭然가

顧今賊臣이跋扈ᄒ야肆然賣國이되刑戮을불加ᄒ고竊過返隆ᄒ며萬機叢칠에法綱이掃地ᄒ야國勢委낙이於斯爲甚이라當寒而煖이불亦宜乎아

天之告戒가若是丁寧이되情於修省이면是乃만天이라天[illegible]譴이오刑弗可失이니政刑掃除賊臣ᄒ야以振法紀[illegible]之急務이고

且念立國이其立志之如何에在ᄒ야志苟弗立이면雖費百千光陰이라도國必弗立ᄒ야他人에액下物를難免ᄒᆯ지오

立志之術은無他라上下人心之團合에弗過ᄒ니先自朝紳으로傾軋ᄒᄂᆫ惡習과浮虛ᄒᆫ弊俗을一切革祛ᄒ고一其心力ᄒ야王室를共奬ᄒ되公道를恢張ᄒ며人材를取用ᄒ며學校를廣設ᄒ야人民을敎育ᄒᄂ게第一緊着이될지니

今日官民이俱是窮途殘生이라相愛를如兄弟ᄒ며相恤를如形影ᄒ야苟有利於國家者어던互相啓發ᄒ며夙夜勸勉ᄒ야積其誠意而臨難불已ᄒ면九仞之堂이擊於簣基ᄒ고三年之艾를畜於已病ᄒ야豁然奏效가知在弗遠이니

勿以亡國之官民으로懸其志氣ᄒ고努力向前ᄒ야勉於事功이是可爲普渡之津筏乎안져

◎警告耶蘇信徒　嘔血生　續

然我韓之敎會에信服者ㅣ爲弗多而其學識이皆非空無知者則弗可謂之野昧也라知其必死之日이弗遠而泯묵捲舌하고且於靑年支會之禁撤에불能一質區書하야使天父지聖旨으로不能宣播於草昧之世ᄒ야敎化가蔽閼而不通ᄒ고民智가愈痼而未闢ᄒ니嗚呼라平日所學者何事而反不如小學校沒覺童子之質問于一進者乎아自顧棄心이只亦愧矣러니

何幸崔在學金仁集申尙徵田錫俊李始榮諸氏가振扶敎會之氣脈ᄒ고不耐熱血之忠腔ᄒ야陳疏請斬廷臣之頭ᄒ고演說死守獨立之義라가方나縛拘于日憲司ᄒ니古今天下에豈有如此變乎아然則爲吾人者ᄂ靜緘[illegible]結舌하야用舍而불言用[illegible]成而불云成哉아

此諸氏之義譚이可爲全國敎會內之人의就박也라[illegible]也라人誰불死리오死於其所則猶榮於生이니

將此無窮之冤하야告我天父하고訴我救主하야皆負十字가而一誦寄訓而庶불爲在囚兄弟之罪人[illegible]니若此苟生이면不如死道라努力向前하야불失爲基督之卒徒焉ᄒ소서　完

◎閔忠正公輀柩　故忠正公의輀柩를昨日上午三時에發靷하야安山擔所로下去하ᄂᆫ되滿城人士의執紼哭吊者ㅣ弗可計數이고各坊里에서各其燈籠을辦備하야道路에照耀홈이如同白日하라더라

◎婦人哭忠　開東女學校長夫人李信완과夫人敎育敎員李淑완兩夫人이女學生六인을거나리고奠파祭文을지여가지고閔忠正公靈筵에吊哭하얏ᄂᆫ되聞ᄒᆫ즉그夫인은日前에鍾路에서演說ᄒᆫ夫인이라하니忠義ᄂ男女가[illegible]異홈을可知로다

◎學部議政　參政朴齊純氏의日本公館內에서自裁하다가見救微傷하야漢城病院으로擔하얏다ᄂᆫ事ᄂ本報에已揭어니와同氏調病間學大李完用氏가議政署理를被命ᄒ다더라

◎徐氏請願　鏡城郡守徐相大氏가丹母를丁하야辭職請願[illegible]內部라더라

[illegible]統監府[illegible]三司警務顧問丸山重俊의公函內에警務顧問[illegible]古河松之助가客月三十日에辭職解傭하고同時에中村[illegible]太郎을通譯官補를當國政府에聘傭하고月俸은七十五圓과舍宅料月額二十五圓을支發홈으로通知[illegible]因을查하야玆에韓布하오니照亮이라더라

◎英語設課　南署苧洞普成學校에서日語夜學科를敎授홈은已往記載하얏거니와自本月爲始하야該校敎師李鍾錄氏가英語速成課를設하야敎授ᄒᆯ次로學員을募集하ᄂᆫ되一般靑年有志의人士ᄂ該敎師의熱心을觀感하야濟濟上學하야知識을開發하며才器를成就홈을切切希望ᄒᆫ다더라

◎銃丸已撥　平安北道[illegible]城郡守가銃丸請撥事에對하야軍部에서內部로照覆ᄒ되同郡에兵丁派送ᄒ야以備匪徒ᄒ고現接貴照인바該郡에業已派兵即銃丸은불必劃給이라ᄒ얏더라

◎初無協約　軍部에서內部에照復ᄒ되內部에日本司令部에서春川府로通信電간를竪立하는ᄃᆡ金谷所設電話간은仍用ᄒᆯ事에對하야該地方官이詰辯홈즉日本技手ㅣ山[illegible]回郎의所答이業有軍部協約云云等因이온바查於軍部에初無協約之事이오니照亮回示라하얏더라

◉特別廣告

本社所執은特其隨事記載ᄒᆞ야一世耳目을喚新ᄒᆞᄂᆞᆫ데在ᄒᆞᆫ즉餘外財政等事ᄂᆞᆫ固不足屑焉이되每月所入經費金이洽爲千餘圓ᄒᆞ야拮据無路에停刊이必至키로思不獲已ᄒᆞ야陽曆十二月一日爲始ᄒᆞ야每月代金을以新貨三十戔으로改定ᄒᆞ오니購讀僉君子ᄂᆞᆫ照亮ᄒᆞ압

大韓每日申報社

●特別廣告

本申報分排等事를仁川[illegible]峴開新[illegible]皓氏에게委托ᄒᆞ고本月三日爲始ᄒᆞ야逐號下送ᄒᆞ오니購讀ᄒᆞ시ᄂᆞᆫ僉君子ᄂᆞᆫ 照[illegible]ᄒᆞ시며代金도同氏에게[illegible]

[illegible]報社 告白

雜報

●兩察新任 公州觀察李道宰氏ᄂᆞᆫ全北觀察로移遷ᄒᆞ고其代에陸軍副領韓鎭昌氏가被命ᄒᆞ얏더라

●各門戒嚴 昨日上午一時量에日本士官이擔銃ᄒᆞᆫ兵丁一百二十名을領率ᄒᆞ고永成門과其他闕門近處를把守ᄒᆞ고西小門과南大門에各十餘名式把守戒嚴이라더라

●請要役夫 黃海道平山南川驛在日本兵站守備隊照會를即接ᄒᆞᆫ內開에軍用鐵道龍津江橋梁架設工事를着始에役夫를必要ᄒᆞ야鐵道監部에셔役夫出役을認可ᄒᆞ니貴郡內에셔該工事에役夫出給을每日二百名만出役等因이온바本係軍用을不敢虛徐ᄒᆞ와人夫五十名을艱辛出役이ᄂᆞᆫ本郡이以如斗小邑으로面不過三面이오戶不過五百戶이온ᄃᆡ人夫의每日五十名式出役ᄒᆞ오미勢所難堪故로民情이嗷嗷이오니[illegible]照處分ᄒᆞ라ᄒᆞ고江原道安峽郡守李戴徹氏가內部에報告ᄒᆞ얏더라

●元老被押 再昨日에前議政大臣李根命氏가更以疏首出席ᄒᆞ야搢紳三十餘人을率ᄒᆞ고宮內府에會集ᄒᆞ야庭請ᄒᆞ얏ᄂᆞᆫ데맛참ᄂᆡ幷令法部拘拿懲判ᄒᆞ라신 處分이下ᄒᆞ심으로李議政이弗得已退出闕門ᄒᆞ다가日憲兵의게被押以去ᄒᆞ얏다더라

●郡守其人 永柔郡守朴容觀氏가內部에請願ᄒᆞᆫ內開에本郡守가以本職辭免事ᄂᆞᆫ伏想已燭而當此國勢岌業과民情嗷嗷之時ᄒᆞ야以識淺才薄之질로上無以對揚 聖旨ᄒᆞ고下弗能撫恤民情이오니伏不勝萬萬惶慄ᄒᆞ와實難可蹲於其任故로敢玆請願ᄒᆞ오니査照奏免이라ᄒᆞ얏더라

●[illegible]接請報 忠州郡守張駿遠氏가內部에報告ᄒᆞᆫ내開에日本守비隊兵百餘名이來駐於本郡東軒及公廨ᄒᆞ야萬無行政之道이옵기該隊를從便移接之方을前已報明이러니指令ᄂᆡ에該兵隊가必是永久駐箚인즉姑爲從權住接於他舍ᄒᆞ야容俟還接ᄒᆞᆯ事이온바該日本守備隊兵이聲稱永駐이온즉容俟還接을弗可擬望이옵고現今作賦捧稅之際에郡守와各官[illegible]이棲遑道路ᄒᆞ야歇迫無處이오니夥數公錢과許多文牒을무불可[illegible]修正이오니知照日本軍司令ᄒᆞ와該守隊ᄂᆞᆫ本郡所在連原驛前[illegible]訪處所로修理移接케ᄒᆞ시되該處所修理費額은隨其所入ᄒᆞ와本郡公錢中劃下케ᄒᆞ고本郡官吏ᄂᆞᆫ還接郡廨ᄒᆞ야以使行政케ᄒᆞ고莫重正供을無或失時收捧케라ᄒᆞ얏더라

歷史概要

●波蘭末年史 續

西曆一千七百六十九年[illegible]十五日에普[illegible]또明年九月三日에[illegible]此時에土耳其와[illegible]에陪列ᄒᆞ야露土兩國의講和ᄒᆞ기로청ᄒᆞ더라

此時를當ᄒᆞ야愛國黨을顧恤ᄒᆞᄂᆞᆫ者ᄂᆞᆫ오작法蘭西뿐이라法相徐過周가一邊으로ᄂᆞᆫ土耳其에軍器를給ᄒᆞ야一臂力을助ᄒᆞ고또一邊으로ᄂᆞᆫ巨額에金을愛國黨의게送ᄒᆞ며法國武官十餘인을愛國黨中에派入케ᄒᆞ고佈期에補助金一萬三千五百元을給ᄒᆞ며 未完

●소경과안즘방이문답 속

쓰게드면죵흥ᄒᆞᆯ도리어슐손가목금형편보게드면양ᄉᆡᄂᆞᆫ혼아업고만죠졍이모다용렬ᄒᆞᆫ의원ᄲᅮᆫ이니가위잡ᄐᆡ식ᄒᆞᆯ자이로다 여보게ᄌᆞ네말지금듯고이왕지닌일ᄉᆡᆼ각ᄒᆞ니작년일이옛일인즉금일이명일에ᄂᆞᆫ또ᄒᆞᆫ옛날이라ᄒᆞᆯ지로다 정부대관은ᄒᆞ우불위로차치물논ᄒᆞ고ᄯᅩ우리나라디방이비록젹다ᄒᆞ나숨쳔리니이쳔만싱령즁에유지지인과강개지ᄉᆞ가아죠업던아니ᄒᆞ야외국도유람ᄒᆞᆫ다무ᄉᆞ회도창셜ᄒᆞᆫ다ᄒᆞᄂᆞᆫ데모다발달이못되야유명무실ᄒᆞᄂᆞᆫ즁에오작황셩대국량신문사가경비가부족ᄒᆞ되동ᄐᆡ셔취로근근이지탕ᄒᆞ야졍계독실파국가리히와인심세태를론란ᄒᆞ야인민의지식을미도ᄒᆞ다ᄒᆞ엿더니그것도국민의복이업셔항셩신문사가일죠에폐뎜이되얏스니사ᄅᆞᆷ의게비유ᄒᆞ건ᄃᆡ두눈과갓흔지라눈두리잇슬제도남과갓치ᄭᆡ허엿거든눈하아를ᄲᅢ고보니갑갑ᄒᆞ고이다른일어더라말ᄒᆞᆯ손가 미완

廣告

特別廣告

本申報ᄂᆞᆫ海外電報를卽接ᄒᆞ야機關이靈通ᄒᆞ고外報와探報를敏捷括澁ᄒᆞ도록注意ᄒᆞ오며申報ᄒᆞᄂᆞᆫ디迅速信傳ᄒᆞ기ᄂᆞᆫ分傳人의게在宮으로本社에서平常에諸分傳人의게丁寧告戒ᄒᆞ고申申訓飭ᄒᆞ야毋或逾情ᄒᆞ게注意ᄒᆞ거니와如或暫有稽忽이라도愛讀僉君子ᄂᆞᆫ啓使知子本社ᄒᆞ시면該分傳의게誠信相孚ᄒᆞ도록耳提面命ᄒᆞ고勤護가發生ᄒᆞ도록誥諭ᄒᆞ야必無遲誤ᄒᆞ기로期待ᄒᆞ오나이다

本社에寄書ᄒᆞ시ᄂᆞᆫ諸君子ᄂᆞᆫ姓名과居住를明確ᄒᆞ게懸錄送附ᄒᆞ시와證據가有ᄒᆞᆷ을必要ᄒᆞᆷ이오公衆平和ᄒᆞᆫ秩序를문亂케ᄒᆞᄂᆞᆫ意와社會上不經荒雜ᄒᆞᆫ寄書ᄂᆞᆫ不受ᄒᆞᄂᆞᆫ權利가本社에自有ᄒᆞ오니肯諒ᄒᆞ시ᄋᆞᆸ

大韓每日申報社

◉雜誌發刊廣告

今에數理學雜誌를(每月五日一回定刊)發刊ᄒᆞ야敎師諸氏의敎授材料를敢助ᄒᆞ고學生諸氏의獨學材料를供給코져ᄒᆞ오니有志諸氏ᄂᆞᆫ購讀ᄒᆞ심을切望

(但一部定價ᄂᆞᆫ新貨陸錢)

南大門內尙洞德公館右便
青年學院內　數理學雜志社
鐵路大東書市
洞口內金相萬冊肆
仁川港栢峴開新冊肆

◎鐵路部

○東大門과新門間에來往車ᄂᆞᆫ每十分間에運行ᄒᆞᆷ

東大門發初車ᄂᆞᆫ午前六時三十分
新門外停車場發初車ᄂᆞᆫ午前六時五十五分
東大門發終車ᄂᆞᆫ午後九時五十分
新門外停車場發終車ᄂᆞᆫ午後十時十五分

○東大門과洪陵間에來往車ᄂᆞᆫ每二十分間에運行ᄒᆞᆷ

但自鐵路로東大門에來到ᄒᆞᆫ交替車[illegible]

東大門發初車ᄂᆞᆫ午前六時五十分
洪陵發　初車ᄂᆞᆫ午前七時十分
東大門發終車ᄂᆞᆫ午後七時五十分
洪陵發　終車ᄂᆞᆫ午後八時十分

○鐵路와龍山間에來往車ᄂᆞᆫ每十二分間에運行ᄒᆞᆷ

鐵路發至南大門初車ᄂᆞᆫ午前六時四十八分
鐵路發至龍山　初車ᄂᆞᆫ午前七時二十四分
南大門發至鐵路初車ᄂᆞᆫ午前六時五十六分
龍山發至鐵路　終車ᄂᆞᆫ午前七時五十七分
南大門[illegible]　終車ᄂᆞᆫ午前十時八分
龍山發[illegible]　終車ᄂᆞᆫ午後九時九分

○特別私用[illegible]의方便ᄒᆞᆷ을隨應ᄒᆞ야準給ᄒᆞᆷ
但[illegible]本社에來臨ᄒᆞ야請問ᄒᆞ옵

◎電燈部

二百五十燭力以內의數用處에ᄂᆞᆫ每個月에定價表下如左ᄒᆞᆷ

○十六燭力[illegible]에二圓五十錢
○三十二燭力[illegible]達夜에四圓
○五十燭力燃燈達夜에六圓
○一百五十燭力燃燈達夜에十圓
一千二百燭力弧形燈達夜에二十圓

二百五十燭力以上의數用處에ᄂᆞᆫ請求ᄒᆞ면瓦斯計一個ᄅᆞᆯ設給ᄒᆞᆷ

但瓦斯計賃金은每個月에二圓이오瓦斯計測驗表ᄅᆞᆯ按ᄒᆞ야定價ᄂᆞᆫ每時間每암피아에二錢이옴

瓦斯計設給處에셔每介月支拂金最低額은每個月에二十圓인ᄃᆡ(瓦斯計貸金은)据ᄒᆞᆷ

電燈을敷設ᄒᆞ기에請求ᄒᆞᄂᆞᆫ디給ᄒᆞᆷ으로供各種連技辦燈도常時에貯存ᄒᆞ엿ᄉᆞᆸ

本社鐵路電氣會社
韓美電氣會社　白

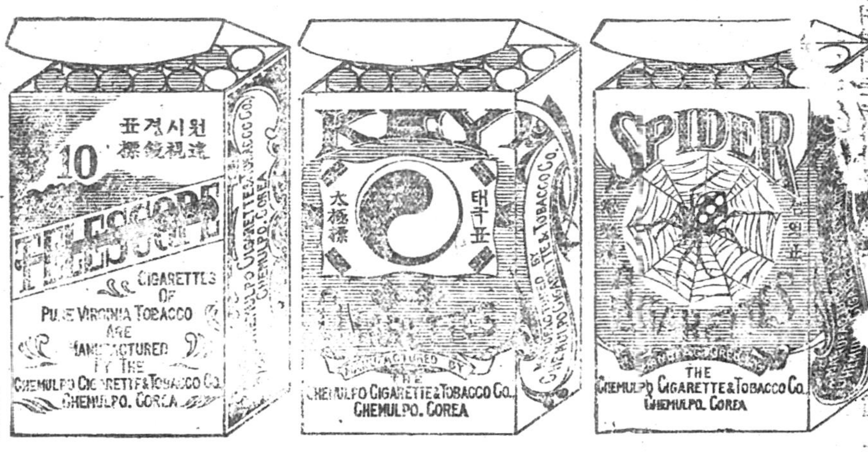

以上三種[illegible]上品으로[illegible]造ᄒᆞ야[illegible]上에至極[illegible]發ᄒᆞ오니[illegible]ᄒᆞ옵

大韓帝國仁川港
濟物浦紙卷煙及烟草會社

◉九轉靈砂라　本人이妙方訣을謹備하야製造ᄒᆞᆫ靈丹인ᄃᆡ男女老少에無論何症ᄒᆞ고通治ᄒᆞ오며無病時에도服ᄒᆞ면平生의身體가健康ᄒᆞ며小兒ᄂᆞᆫ四五錢重ᄂᆞᆯ服ᄒᆞ면十歲안에無病ᄒᆞ기를擔保ᄒᆞ오며

◉九轉靈砂萬應丹은癲狂　癎症과中風諸疾과耳目諸病과淋疾에神効ᄒᆞ오

◉九轉靈砂保命丹은初生小兒　驚風　癎氣　咳嗽　腹痛諸般惡症에　効ᄒᆞ오

◉九轉靈砂濟衆丹은酒滯　食滯　血痢　吐瀉　霍亂　痢疾吐血　下血　運氣　時疾　痁症에神効ᄒᆞ오

◉九轉靈砂紫金丹은痔漏　瘰癧　上疳瘡　下疳瘡及唐瘡과諸般毒瘡惡種에無不神効ᄒᆞ오니　僉君子ᄂᆞᆫ來問ᄒᆞ시오

內需司前독갑이골上隅第一家　李鍾廷移徙　告白

◎本社特告

本社新聞을關西等地에廣佈ᄒᆞ기爲ᄒᆞ야平壤金與淵崔叡恒宣[illegible]等三氏에[illegible]逐號下送ᄒᆞ오니[illegible]覽에[illegible]僉君子ᄂᆞᆫ三氏에게購覽[illegible]三氏에게[illegible]致ᄒᆞ[illegible]

大韓每日申報社

本社廣告

申報價

一張代金　新貨二錢
一箇月前金　三十錢
三箇月　九十錢
六箇月　一元七十錢
一箇年　三元四十錢
郵稅一部　每[illegible]五里
一箇月　十二錢

廣告料

四号活字十三字詰
每日每一行一寸에新貨廿五錢
(每日每行에六錢에相當ᄒᆞᆷ)
二週日에　二圓五十錢
(每日每行四錢五里에相當ᄒᆞᆷ)
一箇月에　五圓
(每日每行四錢一里에相當ᄒᆞᆷ)
[illegible]字行의多少를依ᄒᆞ야增減ᄒᆞᆷ이有ᄒᆞᆷ

大韓人마다此申報를不得不閱覽ᄒᆞ실터이오니廣告出報ᄒᆞ실僉君子ᄂᆞᆫ來臨面議ᄒᆞ시ᄋᆞᆸ

發行兼編輯人　英國人裵說
發行所　京城北署壽進坊磚洞号外地法語學校前
大韓每日申報社

光武九年八月十一日 明治卅八年八月十一日 第三種郵便物認可 日曜日 西曆一千九百五年十二月十日 (一)

第三卷

大韓每日申報
대한매일신보

第九十九號

月曜及慶節
歲時日休刊

檀君開國四千二百三十八年
箕子元年三千二十七年
大韓開國五百十四年
日本明治三十八年
淸國光緖三十一年
陰曆乙巳十一月小十四日癸未

論說

韓國實情

或이有問於記者曰現今大韓에大小臣僚와一般人士가日本行動에對ᄒᆞ야或闕下에進伏하야上에聯疏歷牘하며或日館에齊夾하야張皇詰辯하며或鐘路에聚集하야慷慨演說하다가日兵의鎗刀를被하며捕縛押囚를當ᄒᆞᆫ者가不知其數라是其主意目的이專由於排日的思想者耶아記者曰不然하다此乃襯者露日開仗之始에日勝俄敗를企祝希望하던者니라或이曰然則是何韓人之反覆不常也오

記者曰此非韓人之反覆이라其實相을研究하면日人之愚弄韓人이甚矣오韓人之見欺於日人이大可哀憐ᄒᆞᆫ者라蓋前此에日人이恒常韓人을對하야曰我韓日兩國은兄弟之國이오輔車脣齒之勢라

我日本이當然히韓國의獨立을扶植하며文化를開導하야鼎峙之勢를鞏固케하리라하고又曰彼俄人은本來囊括四海하고席捲東洋之志가有ᄒᆞᆫ者니若或俄人을依恃하다가ᄂᆞᆫ我東洋大局의維持를不得하리니我三國이合心同力하야彼暴俄를防禦ᄒᆞᆷ이可하다ᄒᆞᆫ즉韓國人士도時勢를觀念ᄒᆞᆷ이不得不注意於此이오

況 日皇陛下의宣戰詔勅과外務大臣이各國의聲明ᄒᆞᆫ文字가皆韓國의獨立을扶植하기로世界에公佈하얏스니

誰가此를不信ᄒᆞ얏스리오所以로日師를歡迎ᄒᆞ고日勝俄敗를企祝ᄒᆞ얏더니及其次第行動을觀ᄒᆞᆫ즉오작全國의利益을攫取ᄒᆞ며權勢를佔奪ᄒᆞ며土地를勒收ᄒᆞ며

凡韓廷에亂政誤國之輩를引爲爪牙ᄒᆞ야政治를愈益腐敗케ᄒᆞ며法律을愈益紊亂케ᄒᆞ며人民의生活을愈益困難케ᄒᆞ고又此新條約의迫請으로率兵入闕을認作常事ᄒᆞ고

元老大臣을押去無難ᄒᆞ니似此行動은彼俄人이波蘭을圖謀ᄒᆞᆯ時에도亦所未有者라到此地頭ᄒᆞ야ᄂᆞᆫ韓人의前日企祝希望心이곳今日忿痛決死心이되야鎗刀를不避ᄒᆞ고押囚를甘受ᄒᆞᄂᆞᆫ者가相續不絶ᄒᆞᄂᆞᆫ바니天下世界에公心公眼이有ᄒᆞᆫ者ᄂᆞᆫ哀此韓人에實際眞相을可히諒知ᄒᆞ리로다

官報

◉號外 光武九年十二月六日

◉宮廷錄事

宮內府特進官李根命自列疏

批旨省疏具悉卿懇以批以諭申複爲言無復餘蘊有不必更提以是爲引亦不可循其勿煩卽爲還第事遣秘書郞傳諭

草莽臣宋秉璿言事疏

批旨省疏具悉卿懇所陳良有可嘉納卿其諒之事遣地方官傳諭

未死臣郭鍾錫言事疏

批旨省疏具悉卿懇大臣諸臣之批亦宜見之卿必有斟量者矣事遣地方官傳諭

宮內府大臣李載克辭職疏

批旨省疏具悉卿懇不必申提亦不必更辭卽起視務事遣秘書郞傳諭

上十二月五日

◉號外 光武九年十二月六日

◉宮廷錄事

詔曰學部主事李相哲忠憤攸激慷慨捐生其意可憫其節可尙棺板一部題給特贈學部協辦之職施以綽楔之典遣禮郞致侑葬需令宮內府從優題給

十二月四日

宮內府大臣勳一等臣李載克謹奏學部主事李相哲贈職案謹上奏

光武九年十二月四日奉旨依奏

◉辭令

學部主事李相哲
贈從二品嘉善大夫學部協辦

十二月四日

◉號外 光武九年十月七日

◉宮廷錄事

詔曰學部主事李相哲葬費木布各一同錢四百元米十石別爲題給

詔曰上等兵金奉學葬費木布各三十疋錢二百元米五石別爲題給

以上十二月四日

雜報

◉勉其所難

近日大韓國中에一般有志人士가此事에對ᄒᆞ야擧皆痛恨忿激ᄒᆞ야箇箇胸中에一死字가有ᄒᆞᆫ지라然ᄒᆞ나一種言論이互相勉戒者가有ᄒᆞ야曰

今趙閔兩公의捐身殉國ᄒᆞᆫ貞忠大節이如彼其卓犖ᄒᆞ니吾輩도또ᄒᆞᆫ此兩公과如히持三寸之刃ᄒᆞ야判一縷之命이何難之有리오만은

古人이云호ᄃᆡ死ᄂᆞᆫ易어니와立孤ᄂᆞᆫ難이라ᄒᆞ얏스니吾輩今日之義가또ᄒᆞᆫ難死ᄂᆞᆫ容易ᄒᆞ되國恥民辱을伸雪ᄒᆞᄂᆞᆫ것이實其所難이니

吾輩ᄂᆞᆫ맛당이兩公遺書의旨意를銘心鏤骨ᄒᆞ야志氣를堅固히ᄒᆞ며學問을勉勵ᄒᆞ야 皇天에祈祝ᄒᆞ고日月에盟誓ᄒᆞ야國家의獨立과人民의自由를克復完全케ᄒᆞᄂᆞᆫ것이吾輩肩上에擔著ᄒᆞᆫ義務라所以로忍痛含冤ᄒᆞ야前途를瞻望ᄒᆞᆷ이니

吾輩가엇지身命을重視ᄒᆞ야一死를不能ᄒᆞᆫ者리오아모조록國運을挽回ᄒᆞ고人權을維持ᄒᆞ기로竭心盡力ᄒᆞ되

만일天이祚我ᄒᆞ야志事를未就ᄒᆞ게되면吾輩一死가亦云未晩이라ᄒᆞ니此等言論이可히差强人意者라謂ᄒᆞ리로다

外報

◉政治調査局 淸國皇帝께서曩者에載澤公等을命派各國ᄒᆞ야政治調査를實行케ᄒᆞ얏거니와更히政務處에下命ᄒᆞ야政治調査局을設ᄒᆞ고人材를選任ᄒᆞ야各國政治中에淸國에適宜ᄒᆞᆫ者를斟酌ᄒᆞ야新政施設에資用케ᄒᆞ라ᄒᆞ얏다더라

◉淸國新艦隊編成 淸國政府에서北洋艦隊及南洋艦隊以外에一艦隊를別設編成ᄒᆞᄂᆞᆫᄃᆡ戰鬪艦七隻과裝甲巡洋艦二隻과巡洋艦十四隻으로編成ᄒᆞᆫ豫算인ᄃᆡ爲先一等軍港一處를擇定ᄒᆞᆫ然後에該等艦艇을建設ᄒᆞ기로定ᄒᆞ얏다더라

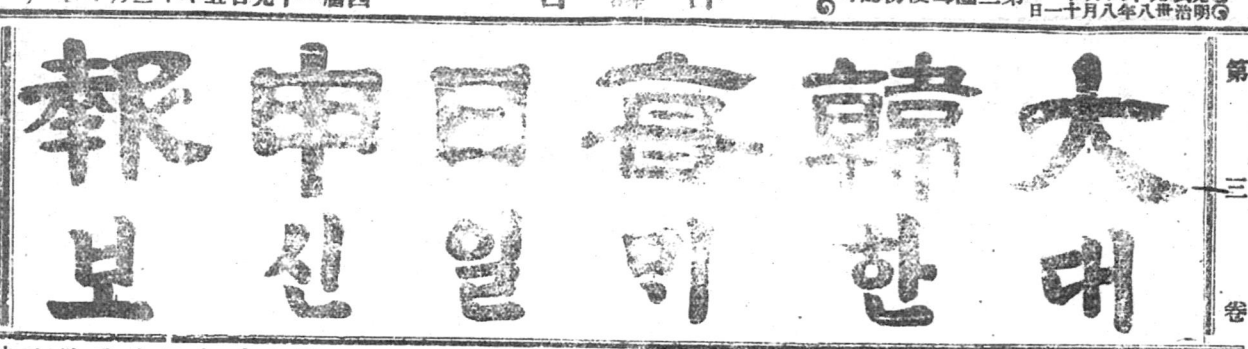

◉支那에셔宣教師慘殺 支那廣州에서米國宣教師慘殺의詳報ᄂᆞᆫ廣東米國領事에報告라ᄒᆞᄂᆞᆫᄃᆡ人心이크게動搖ᄒᆞ야當時暴徒가도구도루마쓰子부의病院을襲擊ᄒᆞ야婦人을捕ᄒᆞ야衣服을剝ᄒᆞ고廉州街上에서暴亂ᄒᆞ얏다더라

東京電報

●日儲行啓　十二月八日午后一時五十分發

日本皇太子殿下께서今朝에山隈宮殿下와東鄉大將等을隨ᄒᆞ야吳軍港에서擧行ᄒᆞᄂᆞᆫ帝國軍艦進水式에赴ᄒᆞ셧더라

●伊藤着京　仝上

伊藤侯ᄂᆞᆫ今朝에入京ᄒᆞ야即時參內ᄒᆞ야韓國에서經過ᄒᆞᆫ事를奏上ᄒᆞᆫ後午餐을賜ᄒᆞ셧고新橋驛에서皇城에至ᄒᆞᆫ沿道에ᄂᆞᆫ儀杖兵을配置ᄒᆞ얏고又官民의歡迎ᄒᆞᆫ者多數라다라

寄書

爾何心膓　舌斧生

噫彼閔泳奎ᄂᆞᆫ閔忠正之至親也오

噫彼令歟冕은閔　五之切戚也어ᄂᆞᆯ未知何心膓으로抑遏閔忠正之遺跣ᄒᆞ야不徹於　天陛耶아雖行路之人이라도不忍若是니百爾思之에未解其如何心膓也로다

昔에史魚之尸諫을其客이不懼誅戮而猶納之ᄒᆞ고魏徵之遺表를不終其字而猶納之ᄒᆞ니今何有碍於時忌而不納耶아又何有嫌於亂草而不랍耶아是何心膓고

秉節殉國之臣이一以訣言告君之際에一心貞忠이字字血淚라天地鬼神이臨之在上ᄒᆞ며質之在傍ᄒᆞ야赫赫有輪日回天之誠이어날

噫彼二個業畜이以何心膓으로抑留而不랍ᄒᆞ고至有랍疏之命이로ᄃᆡ稱以亂草而期於逆拒不랍ᄒᆞ니由是　聖人之聽을未回於今日이오忠臣之目을未瞑於重泉矣라是何心장고究之不可得也라然이나二業畜之心장을可得而知矣니蔽君則賊이오背忠則逆이라此八字評判을渠爲得免이리오從此二業畜을可添其姓名於逆賊簿ᄒᆞ야以待他日之神明必극ᄒᆞ노라

雜報

銅像鑄成論

昔에吳以黃金으로鑄范蠡像ᄒᆞ고漢以不草로爲紀信像ᄒᆞ고印度以一丈六金身으로成如來像ᄒᆞ고泰西以銅鐵로鑄華盛頓拿破侖俾思麥等像ᄒᆞ고日本以金銅石으로成楠正成平秀吉等像이不可屢指而至于俄日關戰之役에金鑄廣瀨中佐像ᄒᆞ야以紀念其決死隊閉塞金節之功焉ᄒᆞ니

自古及今에鑄其像而使人人瞻仰感慨ᄒᆞ야欲其千古永存而不朽不滅也니豈出於尋常이리오今閔忠正公之自靖也에國人이思慕之景仰之悲憤之愛惜之ᄒᆞ야欲鑄其像而表양千秋壽ᄒᆞ니閔公之貞忠도四千年創有之人也오銅像之紀念도亦四千年創有之事也니豈不大韙成哉리오

然이나韓人之事가竊恐有始而無終者ㅣ一也오竊恐分時門戶而各立議論者ㅣ二也오竊恐資金欠乏ᄒᆞ야有志而莫遂者ㅣ三也오竊恐營私謀利ᄒᆞ야盜取貲金者ㅣ四也오竊恐畏嫌時諱ᄒᆞ야不敢着手者ㅣ五也니若有一於此則恐不能成其效果也로다近聞有堅立槐洞之議ᄒᆞ고有堅立蛤洞之議ᄒᆞ고有堅立鍾街之議云ᄒᆞ니若是歧論而携貳ᄂᆞᆫ何哉오有志於此者ㅣ何不合一其議ᄒᆞ야不必論議其位寘而已오但計算其貲金之入量ᄒᆞ야確然不可拔而能成美功乎아吾儕ᄂᆞᆫ但美其事而贊其績ᄒᆞ야略草其論而第觀他日之成效與否爾로라

●傳者誤耶　度支大臣閔泳綺氏가故忠正閔公遺疏에對ᄒᆞ야上奏之際에未知何語이有ᄒᆞᆷ을昨報에已揭ᄒᆞ얏거니와初無是事이고其殉國ᄒᆞᆫ忠義를褒崇ᄒᆞᆯ說意로同氏가前後爲　上言ᄒᆞ얏다고同氏가從人說明ᄒᆞ기로更揭홈

●勳章特恩　韓皇陛下게옵서忠正公閔泳煥氏와趙秉世氏에게如左히勳章을特贈하라신　勅命이下하옵셧더라

贈敍大勳位賜金尺大綬章　卒陸軍副將閔泳煥

贈敍大勳位賜金尺大綬章　卒特進官趙秉世

●警使有人　陸軍正領尹喆圭氏가警務使을將次被任ᄒᆞᆫ다더라

●始佯病辭　始興郡守金宗園氏가內部에請願ᄒᆞ되素有身病ᄒᆞ야萬無供職之道이오니特爲奏免ᄒᆞ와以便公私라ᄒᆞ얏더라

●元老移接　再昨日下午十時에現洞憲兵에게被押ᄒᆞᆫ李議政을孝洞日憲兵分駐所로越交ᄒᆞ얏더라

●纔何被捉　昨日下午十二時量에前判書朴箕陽氏를日憲兵八名이該家에來到ᄒᆞ야明洞日本憲兵隊所로押去ᄒᆞ얏더라

●有辱朝廷　前議政李根命氏가歷日庭請ᄒᆞ다가日憲兵에게被押ᄒᆞᆷ은本報에已揭어니와夫大臣者ᄂᆞᆫ百揆之儀表요萬民之具瞻이라其於國體에不可不敬인바今其押去를如驅羊豕ᄒᆞ니其人之賢不肖ᄂᆞᆫ姑且勿論ᄒᆞ고有辱朝廷이實可寒心이고雖以大臣으로言之ᄒᆞ야도今日에勉於忠義ᄒᆞ고積其誠意라야人主之心을感動ᄒᆞ야有言必聽을可以冀望이거날昔時無事之日에不能以道事君ᄒᆞ야防患於未萌이고乃於大事已去之後에區區庭請으로要爲感悟　天聽ᄒᆞ니義則然矣나事已晚焉이라고持論者ㅣ或以爲言이라더라

●三氏同疏　中樞院贊議李乾夏氏와議政府參贊李相卨氏와警務使具完喜氏ᄂᆞᆫ幷辭職疏를呈ᄒᆞ얏더라

●警部陸官　日本警部渡邊鷹次郞은皇宮警察部指揮官이되얏다더라

●是亦忠憤　內部參書官趙南益氏ᄂᆞᆫ誓弗欲國賊同部라ᄒᆞ야一弗仕進ᄒᆞ며雖欲辭職이나賊臣의게乞遞請願ᄒᆞᆷ이於心愧유이라ᄒᆞ야請願도弗爲ᄒᆞ고私室에寂處ᄒᆞ야探心嘗膽ᄒᆞ기로日事라ᄒᆞᆫ다더라

●外方三賊　平壤參領鄭觀朝採礦委員李鳳柱前主事金熙庚三氏ᄂᆞᆫ本是有名奸吏로賣國賊某某大官을依勢ᄒᆞ고西寨에莫須ᄒᆞᆫ平壤城외外國人에게私賣犯已ᄒᆞ며鄕廳屯田을亦爲隱賣ᄒᆞ니外人이城堞을破ᄒᆞ고城下民家ᄭᆞ지撤移ᄒᆞ니滿城人民이冤聲이載路ᄒᆞ야三氏를衆力打殺ᄒᆞ깃다惹鬧ᄒᆞᆫ즉右人이幷皆逃避ᄒᆞ얏스나當今賣國諸賊을一幷論罪之日에三氏셔賊도亦豈可保命이라고傳說이有ᄒᆞ더라

●纔何捉囚　今番飲藥殉國ᄒᆞᆫ學部主事李相哲氏의事件에對ᄒᆞ야北署에서有發奔之端이라ᄒᆞ고同氏의義兄韓在定氏를捉致拘留ᄒᆞ얏다니再昨日에警廳으로押上ᄒᆞ야方在審査中이라ᄂᆞᆫᄃᆡ其事實은姑未詳이라더라

●尹氏忠정　宗廟提調尹泰興氏가前議政李根命氏와갓치歷日庭請이다가及其李議政이承批退出ᄒᆞᆫ後에尹氏가獨留闕庭ᄒᆞ야不肯退去ᄒᆞ기로自　上으로其事由를下問ᄒᆞ옵신즉同氏奏曰臣之직이　宗廟奉護에在ᄒᆞ온바今에　宗廟가將至丘墟이옵기로臣이憂悶措하와불敢遽退라하얏ᄉᆞᆸ더니大爲怍旨하야照律懲辦하라신　詔勅을下하옵심으로同氏가方在平理院拘拿中이라더라

●儒臣跪批　前持平田愍氏가時局의傾覆ᄒᆞᆷ을憂慮하야上疏하얏ᄂᆞᆫᄃᆡ批旨에省疏子深嘉乃之言而前後諸疏之批亦可以互見之矣라하옵셧더라

●軍地調査　日本軍用地로包合ᄒᆞᆫ義州郡境民戶가合爲九十二戶오墳墓가合一千四百七十七塚이오田九百十七日二時耕이오畓一百二十二斗七升落인ᄃᆡ義州郡守申羽均氏가度支部에서派送ᄒᆞᆫ日本技師堤慶藏及技手一인과委員六人을眼同審査ᄒᆞ야成冊修正上送이라ᄒᆞ얏더라

警告同胞文

慷憂生

榮華로세榮華로세大韓帝國榮華로세榮華로세榮華로세自剏以來榮華로세忠臣인들업연ᄒᆞ며忠臣에도옷독ᄒᆞ다古書古談드럿건만今日忠臣보앗도다四千餘年우리祖國三千里方우리獨立五百餘年우리宗社二千萬衆우리同胞게누라셔奪ᄒᆞ며게누라셔奴隷ᄉᆞᆫ나大韓否運도라가고大韓泰運도라왓네强ᄒᆞ다고生强코弱ᄒᆞ다고平生弱가大韓에도忠臣잇고强ᄒᆞ다네言必稱東洋敦睦今日行爲보앗도다東洋失和만이ᄒᆞ고東洋罪만힛도다馬關條約어듸가고宣戰詔勅어듸갓나東洋失和그行爲를西洋諸國모를손가알고도알것마ᄂᆞᆫ各其제일노待ᄒᆞᆫ라　未完

◉特別廣告

本社所執은特其險事記載ᄒᆞ야一世耳目을喚新ᄒᆞᄂᆞᆫᄃᆡ在ᄒᆞᆫ즉餘外財政等事ᄂᆞᆫ固不足屑焉이되每月所入經費金이洽爲千餘圜ᄒᆞ야拮据無路에停刊이必至키로思不獲已ᄒᆞ야陽曆十二月一日爲始ᄒᆞ야每月代金을以新貨三十戔으로改定ᄒᆞ오니購讀僉君子ᄂᆞᆫ照亮ᄒᆞ옵

大韓每日申報社

雜報

向者에美國大統領選擧時에兩次爲望되얏더有名ᄒᆞᆫ쌔라언氏가皇城基督敎靑年會에서演說ᄒᆞᆷ이如左ᄒᆞ니 續

此處人民이以愛相愛ᄒᆞᄂᆞᆫ眞理를洞知치못ᄒᆞᆯ지니故로此를謂之宗敎上聯絡이라ᄒᆞᆷ이라聖經中에誡命十條가有ᄒᆞ거니와天父上帝를敬愛ᄒᆞ며愛人如己ᄒᆞ라ᄒᆞ신兩條新誡命이十誡命을概爲包含ᄒᆞ얏ᄂᆞ니

耶穌께셔ᄂᆞᆫ [illegible]行ᄒᆞ샤民人의衆罪를代贖ᄒᆞ야自己에生命을十字架上에放棄ᄒᆞ셧ᄉᆞ니是ᄂᆞᆫ一愛字로因ᄒᆞ야行ᄒᆞ심이라

大抵宣敎師等이各處에傳道ᄒᆞᆯ時에禍福을辨晳ᄒᆞ며智識을發達케ᄒᆞᆯ뿐아니라人人마다自己職分을實行케ᄒᆞᄂᆞᆫ宗旨니故로事父母의當盡爲子之職分이오對妻의當盡爲夫之職分이오待子女의當盡爲父之職分이오親友와人民에게當盡守信之職分이니欲盡此諸般職分인된若此宗敎ᄒᆞ고ᄂᆞᆫ決不能爲ᄒᆞᆯ지라

蓋此宗敎ᄂᆞᆫ一箇人의自己利益을取코ᄌᆞᄒᆞᆷ이안이니若一箇人이自己身分上만顧念ᄒᆞᆯ진ᄃᆡ此ᄂᆞᆫ十分完全타謂ᄒᆞᆷ이不可ᄒᆞᆯ지라譬컨ᄃᆡ有一紙燈ᄒᆞ니 未完

歷史槪要

波蘭末年史 續

法國將官周務禮ᄂᆞᆫ愛國黨에顧問官이되야戰爭事를擔任ᄒᆞ더니一千七百七十一年一月에露兵四千인이布老斯者를攻圍ᄒᆞ거날

愛國黨兵卒이衣服이乏絕ᄒᆞ야北風에肌부를破裂ᄒᆞᄂᆞᆫ지라이에獘衣一件을借着ᄒᆞ고露軍과戰ᄒᆞ야其衣를奪ᄒᆞ야被ᄒᆞ고또露兵을連戰連破ᄒᆞ야露兵의亡이一千二百人이라이에解圍遁去ᄒᆞ니大槪愛國黨의最强ᄒᆞᆫ時ᄂᆞᆫ곳一千七百七十年冬으로부터밋其明年春이라

愛國黨은步騎兵이合一萬二千이오또各處에散在ᄒᆞᆫ者ㅣ多ᄒᆞᆫ이法國武官周務禮가嚴明ᄒᆞᆫ紀律로訓鍊ᄒᆞᆫ者이라

故로其數가往年에比ᄒᆞ면減少ᄒᆞ나其精銳ᄂᆞᆫ逾加ᄒᆞ더라其後法相徐過周가罷職ᄒᆞ고厎吉論이代ᄒᆞᆷ이周務禮가곳副職을辭ᄒᆞ고愛國黨에入ᄒᆞ더니밋布老斯者가露將와雙擊ᄒᆞᆫ비되야引退ᄒᆞ고未幾에周務禮가또ᄒᆞᆫ露將에게敗ᄒᆞ니

法相이周務禮를召還ᄒᆞ고寶尼로써代ᄒᆞ니라 未完

◉소경과안즘방이문답 (속)

여보게그말말게나ᄂᆞᆫ두눈이다업셔도오십여년을사라잇네마ᄂᆞᆫ신문을ᄎᆔ여노우들잘덜보와쥬어야하지보ᄂᆞᆫ사름업고보면

휴지나일반이오두눈이발근놈도학문이업고보면나와갓흔소경이오사지ᄇᆡᆨ체가멀정허다허나ᄌᆞ유활동못하고보면

ᄌᆞ네와갓흔병신이라젼국인민평론허면등신은아조살아세상에잇다허나마암은발셔죽어황쳔에갓다ᄒᆞᆯ지니

가위말허ᄂᆞᆫ귀신이라ᄒᆞᆯ만허고소위완고라슈구라허ᄂᆞᆫ분네들은문명세계의말하게드면언필칭예젼의ᄂᆞᆫ그런것저런것다업서도

국태민안허엿다하야죠흔말듯지도안코죠흔겻보려고도아니하니귀와눈이잇다ᄒᆞᆯ들무어시유죠ᄒᆞᆯ가귀먹어리소경이라ᄒᆞᆯ만하고소위하ᄌᆞ니산림이나허ᄂᆞᆫ분네들은공ᄌᆞ왈밍ᄌᆞ왈허며시문을구지닷고산고곡심유벽쳐에

미완

廣告

哭

閔忠正公 泳煥 靈几

一死堂堂萬口喧 主憂民辱痛何言流芳不泯春秋大熱血爭光日月昏節見列士公憤重當令胥小驚心存身當繼得成仁美其奈無人計稷尊

阮石 柳芝秀

本會贊成員故忠正閔公泳煥氏忠義節을仰慕ᄒᆞ야立石紀念ᄒᆞ고名山道場에薦魂ᄒᆞ기로公佈ᄒᆞ오니同志ᄂᆞᆫ以此 照亮ᄒᆞ시오 大東尊宗敎會 告白

◉學徒募集廣告◉

海產學校豫備日語科學徒를募集ᄒᆞᆷ

西小門內 海產會社

試驗科目

一國文

一漢文

一作文

一年齒自十五歲至二十歲試取

但高等小學校卒業生은無試驗으로收用ᄒᆞᆷ

陰曆十一月廿五日 開學

來水曜日붓터上學ᄒᆞ니會員은來臨

興化學校

夫吾敎ᄂᆞᆫ天道之大原일셔曰天道敎라吾敎之刱明이及今四十六年에信奉之人이如是其廣ᄒᆞ며如是其多로ᄃᆡ敎堂之不遑建築은其爲遺憾이不容提 이오現今人文이闡明ᄒᆞ야各敎之自由信仰이爲萬國公例오其敎堂之自由建築도亦係成例니吾敎會堂之巋然大立이亦應天與人之一大表準也라惟我同胞諸君은 亮悉ᄒᆞᆷ

敎會堂建築開工은明年二月上爲始事

天道敎

大道主 孫秉熙

長湍郡阜湞浦居咸致祚兒名有淳이가年少沒覺ᄒᆞ야附同雜류ᄒᆞ고出沒京鄕ᄒᆞ야私債濫用云ᄒᆞ니毋論內外國人ᄒᆞ고覽此廣告後에如或相關이면必有後悔ᄒᆞᆷ

咸聖玄 告白

本校에셔英語義學을設始ᄒᆞ고學員을募集ᄒᆞ오니願入君子ᄂᆞᆫ速速來臨ᄒᆞ시옵

但試取ᄂᆞᆫ國漢文으로ᄒᆞ옵

南署苧洞私立普成學校 告白

종세방미ᄒᆞᄂᆞᆫ물건갑슬덕하이감허ᄂᆞᆫ광고라

졀예로연연이미입허ᄂᆞᆫ갑보담ᄇᆡ분에십분식감ᄒᆞ야팔기을양력십이월십일로위시하야삼십일ᄭᆞ지방미헐터이오니ᄏᆡ한겸군ᄌᆞ은그리아시고쪽쥬하시와미거허시옵쇼셔

京城本町三丁目

歐米 雜貨商 辻屋

電話三六六番

◉進明彙論

全一冊 百三十頁 定價新貨三十五戔

○本書內容○人類五題 種族題 地勢五題 氣候二題 物產八題 國家八題 政體六題 法律十四題 宗敎十제 文學三제 武備十제 農務十一제 工藝十一제 商務十一제 社會十一제 (以上)

埃及近世史

全一冊二百十頁 定價金四五十戔

○本書目次○總論 模罕麥德阿里 希臘之役 土耳其之第一役 土耳其之第二役 模罕麥德阿里之治績及威武 刺飛夢馬斯 濟度 威斯明流 蘇彝士河 裁判構成 財政紛亂 租稅及農民 商業及農業 宗敎 風俗 敎育及禁止奴隷 自治政 行政之內情 寄居之外國人 埃及之西敎人 海關府 涌必苦第一世 國民黨之運動上 國民黨之運動中 國民黨之運動下 (以上)

發售所 皇城東關罷朝橋越邊 朱翰榮書鋪

特別廣告

本申報는海外電報를卽接ᄒᆞ야機關이靈通ᄒᆞ고外報를錄意ᄒᆞ야敏捷括撥ᄒᆞ도록注意ᄒᆞ오며申報發送ᄒᆞ는ᄃᆡ迅速信傳ᄒᆞ기는分傳人의게在홈으로本社에서平常에諸分傳人의게丁寧告飭ᄒᆞ로申申訓飭ᄒᆞ야毋或媮情ᄒᆞ게注意ᄒᆞ거니와如或暫有稽忽이라도愛讀僉君子는[illegible]通知ᄒᆞ시면該分傳의게誠信相當ᄒᆞ도록耳提面命ᄒᆞ고勤贊가發生ᄒᆞ도록誨臨ᄒᆞ야必無遲誤ᄒᆞ기로期待ᄒᆞ옵나이다

本社에寄書ᄒᆞ시는諸君子는姓名과居住를明確ᄒᆞ게記錄附ᄒᆞ시와證據가有ᄒᆞ심이必要홈이오公衆平和秩序를紊亂케ᄒᆞ는意와社會上不經荒雜ᄒᆞᆫ寄書는不登ᄒᆞ는權利가本社에自有ᄒᆞ오니肯諒ᄒᆞ시옵

大韓每日申報社

雜誌發刊廣告

今에數理學雜誌를(每月五日一回定刊)發刊ᄒᆞ야教師諸氏의教授材料를敢助ᄒᆞ고學生諸氏의獨學材料를供給코져ᄒᆞ오니有志諸氏는購讀ᄒᆞ심을切望

(但一部定價는新貨陸錢)

南大門內尙洞德公舘右便
青年學院內　數理學雜志社
鍾路大東書市
洞口內金相萬冊肆
仁川港杻峴開新冊肆

○鐵路部

○東大門과新門間에來往車는每十分間에運行ᄒᆞᆷ
東大門發初車는午前六時三十分
新門外停車場發初車는午前六時五十分
東大門發終車는午後九時五十分
新門外停車場發終車는午後十時十五分

○東大門과洪陵間에來往車는每二十分間에運行ᄒᆞᆷ
但自鍾路로東大門에來到ᄒᆞᆫ客은[illegible]
東大門發初車는午前六時五十分
洪陵發　初車는午前七時十分
東大門發終車는午後七時五十分
洪陵發　終車는午後八時十分

○鐵路와龍山間에來往車는每十二分間에運行ᄒᆞᆷ
[illegible]南大門初車는午前六時四十八分
[illegible]初車는午前七時二十四分
南大門發[illegible]初車는午前六時五十八分
龍山發[illegible]初車는午前七時五十七分
南大門[illegible]終車는午前十時八分
龍山發[illegible]終車는午後九時十分
[illegible]
但[illegible]來往ᄒᆞ야[illegible]ᄒᆞ오

○電燈部

二百五十燭力以內의數用處에는每個月[illegible]ᄒᆞᆷ
○十六燭力燃燈達夜에二圓五十錢
○三十二燭力燃燈達夜에四圓
○五十燭力燃燈達夜에六圓
○一百五十燭力燃燈達夜에十圓
一千二百燭力弧形燈達夜에二十圓
二百五十燭力以上의數用處에는請求ᄒᆞ면瓦斯計一個를設給ᄒᆞᆷ
但瓦斯計貸金은每個月에二圓이오瓦斯計測驗表委托定價는每時間每암페아에二錢이옵
瓦斯計設給處에서每介月支拂金最低額은每個月에二十圓인ᄃᆡ(瓦斯計貸金은)据ᄒᆞᆷ
電燈을敷設ᄒᆞ기에請求ᄒᆞ는ᄃᆡ給ᄒᆞᆷ로供
各種連技辦燈도當時에貯存ᄒᆞ엿습

本社鐘路電氣會社
韓美電氣會社 告白

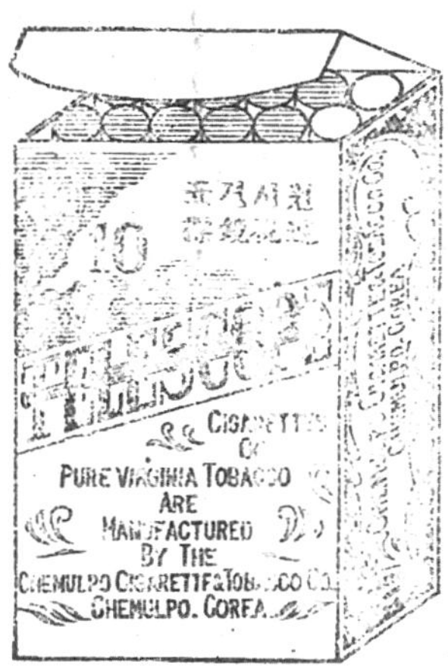

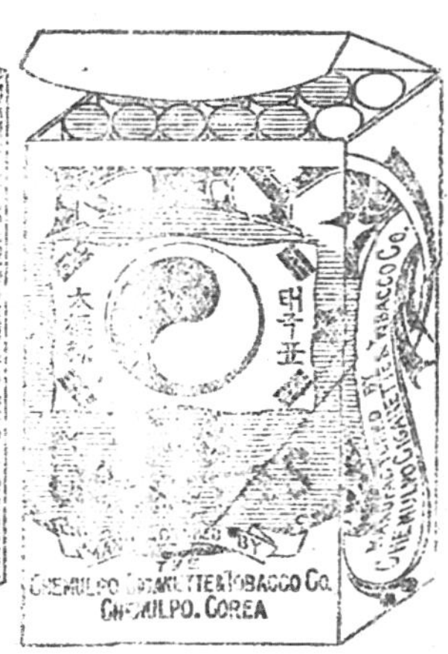

以上三種은上品으로製造ᄒᆞ야衛生上에至極有益[illegible]ᄒᆞ옵

大韓帝國仁川港
濟物浦紙卷煙及烟草會社

◎九轉靈砂ᄂᆞᆫ本人이妙方法을神傳하야製造ᄒᆞᆫ靈丹인ᄃᆡ男女老少에無論何症ᄒᆞ고通治ᄒᆞ오며無病時에도服ᄒᆞ면平生의身體가健康ᄒᆞ며小兒ᄂᆞᆫ四五錢重만服ᄒᆞ야十歲안에無病ᄒᆞ기를擔保ᄒᆞ오며
◎九轉靈砂[illegible]丹은癲狂　癎症과中風諸疾과耳目諸病과滯疾에神効ᄒᆞ오
◎九轉靈砂保命丹은初生小兒　驚風　癎氣　咳嗽　腹瘡諸般惡症에　効ᄒᆞ오
◎九轉靈砂濟衆丹은酒滯　食滯　血積　吐瀉　霍亂　痢疾　吐血　下血　運氣　時疾　瘧症에神効ᄒᆞ오
◎九轉靈砂紫金丹은痔漏　[illegible]瘡　上疳瘡　下疳瘡及唐瘡과諸般毒瘡惡種에無不神効ᄒᆞ오니　僉君子ᄂᆞᆫ來問ᄒᆞ시오
內需司前독갑이골上隅第一家
李鎬廷移徙　告白

◎本社特告

本社新聞을西署地에廣佈ᄒᆞ기로[illegible]本社金鎭淵崔叙恒宣[illegible]三氏에게委托ᄒᆞ오니[illegible]下送ᄒᆞ오니[illegible]에有志僉君子는三氏에게購覽ᄒᆞ시며代金도三氏에게付致ᄒᆞ심을爲要

大韓每日申報社

本社廣告

申報價
一張代金　新貨二錢
一箇月前報　三十錢
三箇月　九十錢
六箇月　一元七十錢
一箇年　三元四十錢
郵稅一部　新貨五里
一箇月　十三錢

廣告料
四號活字十三字詰
每行每次一回에新貨廿五錢
(二回以上每行에六錢에相當ᄒᆞ고)
二週日에　二圓五十錢
(每日每行四錢五里에相當ᄒᆞ고)
一箇月에　五圓
(每日每行四錢一里에相當ᄒᆞ고)
其期限의長短과字行의多少를依ᄒᆞ야增減ᄒᆞᆷ이有ᄒᆞᆷ

大韓人마다此申報를不得不購覽ᄒᆞᆯ터이오니廣告出報ᄒᆞ실僉君子는來臨面議ᄒᆞ시오

發行兼編輯人　英國人裵說
發行所
京城北署壽進坊磚洞号外地法語學校前
大韓每日申報社

第三卷 第一百號

大韓每日申報

대한매일신보

月曜及慶節歲時日休刊

檀君開國四千二百三十八年
箕子元年三千二十七年
大韓開國五百十四年
日本明治三十八年
淸國光緖三十一年
陰曆乙巳十一月小十六日乙酉

論說

讀日本人對韓政策

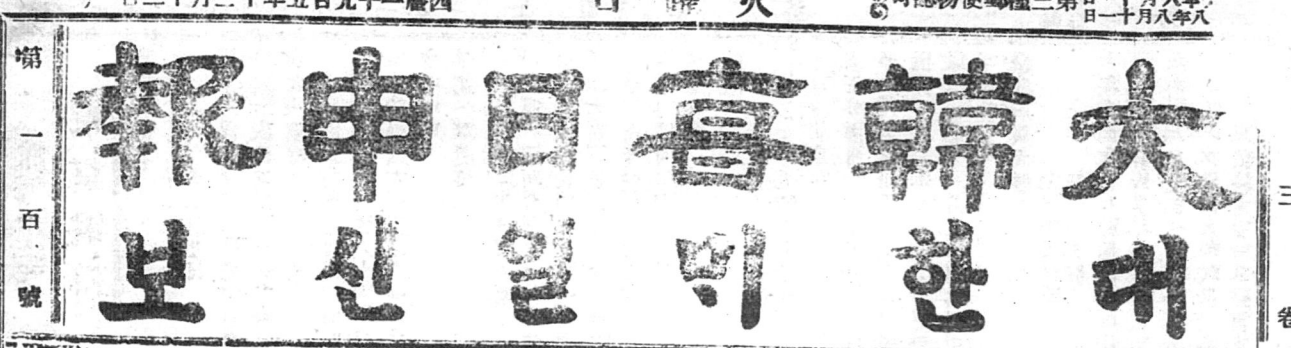

日本人에論述ᄒᆞᆫ바對韓善後方策이數千言에弗下ᄒᆞ야鑿鑿然非曰無見이로ᄃᆡ以愚所料로ᄂᆞᆫ今日對韓方針이兩條策에弗過ᄒᆞᆯ지라

其一則多方而撓之ᄒᆞ야待其自斃然後에徐起而取之也오其一則實心匡救ᄒᆞ야獨立을保全ᄒᆞ며俄勢를蔽遮케ᄒᆞᆷ이라畢竟其何樣注意ᄒᆞᆷ은預測키弗能ᄒᆞ나一言以斷之曰右所論兩策中에前策을用之ᄒᆞ면非日之福也오後策을主之ᄒᆞ면韓與日이俱利라ᄒᆞ노라何以言之오盖韓之政治가固已腐敗久矣라

受人壓侮가雖是自招나罪在於政府이고弗在於民키로人心이悍然弗服ᄲᅮᆫ더러況諸隣이環視而注目者ㅣ非止一二인즉日若據而有之면名義弗正ᄒᆞ고疵유百出ᄒᆞ야四方之兵端이必起ᄒᆞᆯ지니自巳力量을弗計ᄒᆞ며天下公議를弗顧ᄒᆞ고徒其壑慾을肆ᄒᆞ야求利而返害ᄂᆞᆫ非智者所爲라ᄒᆞᆯ지로다

大凡天下事ㅣ皆有本末ᄒᆞ야務拓地者ᄂᆞᆫ其國이荒ᄒᆞ고務樹德者ᄂᆞᆫ其勢ㅣ固ᄒᆞ나니與其强取而有侮로ᄂᆞᆫ無寧責效於萬全인즉韓之治安을視爲已任ᄒᆞ야悉心扶護ᄒᆞ며隨事整理ᄒᆞ야使其實力으로足以自立ᄒᆞ며疆土로無所損失케ᄒᆞ면信義昭著ᄒᆞ고人心이翕然ᄒᆞ야感激思報가其將無涯ᄒᆞᆯ지니

然則惟韓與日이洵爲一家ᄒᆞ야諸隣이不敢覬覦ᄒᆞ며東洋이永得平和ᄒᆞ야不施威而威自行ᄒᆞ며不求利而利自至ᄒᆞ야覇業之成을居然可見이니

此豈非日之上策乎아第其治安之方은不在於他也라一曰政府組織이오二曰財政流通이오三曰敎育實施오四曰兵備修繕이오五曰農工勸勉이오六曰商利發達이니

此六條之成立을外面으로論ᄒᆞ면似可大費心力이로ᄃᆡ撫其要領而論之컨ᄃᆡ只在於政府組織而已矣로다大抵膏盲之疾에丹田氣海를炙ᄒᆞ면百脈이皆蘇ᄒᆞ야厥疾이立瘳ᄒᆞ나니

政府者ᄂᆞᆫ人之丹田氣海也라政府ㅣ一整이면無所往而不整ᄒᆞ야其餘五條ᄂᆞᆫ自可迎刃而解ᄒᆞᆯ지니汲汲然公道를恢張ᄒᆞ며賢材를甄拔ᄒᆞ야專任責成ᄒᆞ고其權利를毋或侵奪이면日睹爲喜에人皆感奮ᄒᆞ야國勢民俗之開進을不過數年에可以煥然改觀ᄒᆞᆯ터이나據今所見으로ᄂᆞᆫ此箇論議가一時妄想에不過ᄒᆞᆯ지로다

今夫所謂賣國五賊이雖曰日之心腹이나爲人臣而奸回不忠은普天下人에所共憎惡인즉日人之心腸이未必獨異於人ᄲᅮᆫ더러況其斗筲之材가無一事可取ᄂᆞᆫ日人之曾所稔知이어날顧乃保護之ᄒᆞ며勸告之ᄒᆞ야惟此五賊을是親是任ᄒᆞ니明是終始利用ᄒᆞ야覆韓滅韓之計劃이라

其注意若此ᄒᆞ고도尙可曰政府를組織ᄒᆞ며庶績을革新乎哉아噫라欲人信巳된莫如示人以可信之端이오欲인親巳된莫如示인以可親之義니五賊을不誅면人心이愈益憤怒이고賢材를不用이면政界ㅣ依舊悖亂ᄒᆞ야未知韓鹿이竟爲誰家之物ᄒᆞᆯ지니

善後保全之策을宜其十分着力이나彼日人이自是器小易盈이라其能遠圖를恢弘ᄒᆞ야保韓獨立ᄒᆞ며輔車關成ᄒᆞᆷ을吾斯之未信ᄒᆞ노라

官報

●三千三百十九號 光武九年十二月九日

◉宮廷錄事

詔曰卒陸軍副將閔泳煥爲國舍身忠節炳如特贈叙大勳位賜金尺大綬章

光武九年十二月一日
表勳院摠裁勳一等朴定陽

詔曰卒特進官趙秉世處國舍節忠義兩全特贈叙大勳位賜金尺大綬章

光武九年十二月二日
表勳院摠裁勳一等朴定陽

詔曰命秘書監卿李愚冕爲宮內府特進官此二品金炳翊爲秘書監卿

十二月六日

草莽臣[illegible]愚言事疏

批旨省疏具悉嘉乃之言而前後諸疏之批亦可以參互見之矣

十二月七日

◉敘任及辭令

卒陸軍副將閔泳煥
贈叙大勳位賜金尺大綬章
十二月一日

卒特進官趙秉世
贈叙大勳位賜金尺大介章
十二月五日

秘書監卿李愚冕
命宮內府特進官叙勅任官二等

正二金炳翊
命秘書監卿叙勅任官二等

以上十二月六日

◉部令

度支部令第十七號

收入印紙規程

第一條 收入印紙로써納付ᄒᆞᆯ租稅及手數料의種類ᄂᆞᆫ左와如ᄒᆞᆷ이라

一 典當舖稅
二 庖肆稅
三 官設屠獸手數料
四 家券手數料

第二條 收入印紙의形式은左와如ᄒᆞᆷ이라

一 五十錢 [illegible]栗色
一 壹圓 [illegible] 紅色
[illegible] 靑色

第三條 第一條各號에依ᄒᆞ야收入印紙로써納付ᄒᆞᆯ境遇에ᄂᆞᆫ其金額에相當ᄒᆞᆫ收入印紙를[illegible]ᄒᆞ야貼用ᄒᆞ고라ᄒᆞᆯ者로ᄒᆞᆷ이라

一 租稅ᄂᆞᆫ納付書를作成ᄒᆞ야此에貼用ᄒᆞᆯ者라ᄒᆞᆷ이라
二 手數料ᄂᆞᆫ其申請書에貼用ᄒᆞᆯ者라ᄒᆞᆷ이라

第四條 印紙를貼用ᄒᆞᆯ時ᄂᆞᆫ納付書又ᄂᆞᆫ申請書의紙面과印紙의彩紋에連涉ᄒᆞ야其作成者의印章或은署名으로判然히此를消ᄒᆞᆷ이〃ᄒᆞᆷ이라 未完

外報

●俄軍新編 俄國은芬蘭에在ᄒᆞ얏든二箇旅團의守備隊를一軍團으로編成增加ᄒᆞ야彼得堡摠督管下에隸屬ᄒᆞ게ᄒᆞᆫ外에莫斯科、오뎃사諸軍管에도若干編成을改制ᄒᆞᆯ計劃이有ᄒᆞ고旣히도루기스단國境과如ᄒᆞᆷ도編成上에改革을增加ᄒᆞ야優勢ᄒᆞᆫ軍隊를駐屯케ᄒᆞᆯ事이라ᄒᆞ더라

●福島小將 滿洲軍參謀福島少將은本月下旬에奉天에서北京으로赴ᄒᆞᆫ다더라

●兒玉大將 滿洲軍兵站摠監兒玉大將은大山摠司令官과歸着ᄒᆞᄂᆞᆫ途에暫時滯留ᄒᆞᆫ다더라

●瑞西平和會議替同 瑞西共和國은俄帝가第二平和會議를主唱ᄒᆞᆷ에對ᄒᆞ야第一平和會議의際得ᄒᆞᆫ赤十字問題에關ᄒᆞ야其特別主張의旋ᄒᆞᆫ留保에贊同ᄒᆞ다고決議ᄒᆞ얏다더라

東京電報

●文相辭表 午後零時十分 十二月九日

日本久保田文部大臣은昨日에終是辭表를呈出ᄒᆞ얏다더라

●大阪瘟疫 仝上

日本大阪地方에瘟疫患者가發生以來로死亡者ᄂᆞᆫ六十六名인ᄃᆡ去益猖獗ᄒᆞ야蔓延之兆가有ᄒᆞ다더라

●第一軍凱旋 仝午後五時五十分發

日本第一軍司令部ᄂᆞᆫ昨日午前에凱旋ᄒᆞ얏ᄂᆞᆫᄃᆡ久邇宮殿下及黑木大將等은即時參內ᄒᆞ야戰況을復命ᄒᆞ얏고優渥ᄒᆞᆫ勅語를賜ᄒᆞ신後에午餐을供ᄒᆞ고退出ᄒᆞ얏더라

●派遣有日 仝月十日午前九時四十分發

九日發北京電報를據ᄒᆞᆫ즉過日來로外國에派遣ᄒᆞ라든載澤氏等各大臣은明後日(十一日)에出發ᄒᆞ야日本으로向ᄒᆞᆯ터인ᄃᆡ東京着은來一月五日頃에되리라더라

●政府與大學 仝日午後三時三十五分發

木場文部次官과福原澤柳兩學務局長은辭表를呈出ᄒᆞ얏ᄂᆞᆫᄃᆡ政府에셔ᄂᆞᆫ文部大臣의辭表를聽許ᄒᆞ고又帝國大學校教授等도依施ᄒᆞ깃다고發言ᄒᆞᆫ

雜報

●人材不係地閥

凡人之材不材가本然品賦之如何에在ᄒᆞ고其次ᄂᆞᆫ學問이오至若地閥ᄒᆞ야ᄂᆞᆫ全然干涉이無이거날韓之人材ᄂᆞᆫ必於地閥中에求之ᄒᆞ며美官好爵을亦必地閥人에게授之ᄂᆞᆫ何也오近日地閥家를大略觀之컨ᄃᆡ言語ㅣ非不偉然이며衣服이非不鮮麗로ᄃᆡ至其持心處事ᄒᆞ야ᄂᆞᆫ太半浮虛孟浪ᄒᆞ야其外貌를不稱ᄒᆞ니聲音笑貌衣服으로써人材를取ᄒᆞ며官爵을授ᄒᆞᄂᆞᆫ거시是何程說이며且以地閥로言之ᄒᆞ야도堯舜禹湯文武ᄂᆞᆫ古今地閥家에最高라謂ᄒᆞᆯ터이나其不肖子孫이指不勝僂이고三代秦漢以下로人物이亦多出於寒微中ᄒᆞ얏스니地閥家에未必有材이며寒微中에未必無材ᄒᆞᆷ이豈不曉然明甚乎아南村北官人中判書ㅣ니參判이니翰林이니待教ㅣ니一等家門에歷膺華顯之人들이當年有勢方ᄒᆞᆫ時에ᄂᆞᆫ聲望이如山ᄒᆞ며稱譽ㅣ雷沸ᄒᆞ야或云名宰ᄒᆞ며或云名士ᄒᆞ며或云智略이蓋世ᄒᆞ며或云德量이過人이라ᄒᆞ야一人傳之에萬口唱和ᄒᆞ야앙之若天上人이러니一自時局이變幻ᄒᆞ고國家有事以來로其出處言行을觀之컨ᄃᆡ向所謂名宰名士가無非貪饕諂謏之人이오智略德量이即一庸로無用之稱인즉何爲利於前而不利於後歟아其或今之人材ᄂᆞᆫ異於古之人材歟아譬之컨ᄃᆡ土木偶像을文繡로粧飾ᄒᆞ야巍然堂宇上에坐置ᄒᆞ고名之曰靈神之位라ᄒᆞ면愚蠢男婦가紛紛祈福ᄒᆞ야其靈驗之廣大를極口稱訟이다가及其一朝에屋頹而文繡蠹脫이면依前是土木而已라樵童牧豎가拍手爭看ᄒᆞᄂᆞ니虛名欺世가豈不可笑乎哉아朝廷之上에此等土木偶像이居多ᄒᆞᆷ으로今日國事가至於如此인즉凡厥地閥家子弟들이宜其十分懺悔ᄒᆞ야驕習을祛ᄒᆞ며實學을攻ᄒᆞ야國步지艱難과重방지痛洗를日夜思不已ᄒᆞᆯ지어날技酒聲色場中에淪溺ᄒᆞ야不知返者ㅣ滔滔皆是이고學問에留意ᄒᆞ며忠義를奮發ᄒᆞ야國事上熱心은別無其人ᄒᆞ니或前日痴심이猶存ᄒᆞ야軒冕厚祿을職分內事로期待인지世變이無窮ᄒᆞ고滄桑이一瞬인즉今之高門巨族이安知不爲他日編氓일지噫라時無人材를不能無慨然于심키로爲此一聲大呼ᄒᆞ야聊以警告于地閥家ᄒᆞ노라

●兩察還府 大丘觀察使李根호氏와江原觀察閔泳敦氏ᄂᆞᆫ俱爲入京ᄒᆞ야留連幾日타가昨日에出發歸府라더라

●裁長新任 陸軍副將李允用氏가平理院裁判長을被任ᄒᆞ얏더라

●不死得還 苧洞分駐憲兵隊에移囚ᄒᆞ얏던前議政李根命氏ᄂᆞᆫ昨日下午三時에放還ᄒᆞ얏다더라

●稍稍出首 近日各部에大臣與協辦이總弗仕進ᄒᆞ야自未免部務지積滯라ᄒᆞ더니昨日爲始ᄒᆞ야各部協辦이多有進部者인즉該大臣지從後稍稍出首를亦有預望이라더라

●建閣有基 閔忠正公紀念閣建築事ᄂᆞᆫ前號에揭載ᄒᆞ얏거니와基址ᄂᆞᆫ塔洞公園內로定ᄒᆞ고陰本月二十三日巳時에開基始役ᄒᆞᆫ다더라

●五賊可六

現今全國之上下人民과至於童穉婦女가皆曰賣國五賊之肉을可啖이라ᄒᆞ되吾儕ᄂᆞᆫ以謂賣國謏國이非但五箇而已라故로敢暴其罪而討之ᄒᆞ노니幸望全國之人士ᄂᆞᆫ濟鑑而批評焉이어다凡謀人之國ᄒᆞ며滅人之種者ㅣ必先着手於財政ᄒᆞ야使全國之金融으로不爲流通ᄒᆞ고漸至枯涸ᄒᆞ야人民血脈之澁滯가遙于極度然後에其國을可蠶이오其種을可滅은世界强國之已行綱術이昭在歷史라今日本이名稱財政整理라ᄒᆞ고推薦財政顧問ᄒᆞ야進行繁蕪之方法ᄒᆞ며方設交換之手段일시未至一個月之間에銅山이崩頹ᄒᆞ고金泉이沽渴ᄒᆞ야先自京城으로漸至地方ᄒᆞ야鳳票新貨ᄂᆞᆫ不見其形이오所謂濫行之惡貨도消落於誰家之大冶ᄒᆞ야漸至滅種ᄒᆞ니全國人民이方一時共陷於火山之中矣라如今財政은可謂善良整釐也니以此一種鴆毒으로도足以致三千里疆土於掌握之中矣라亡國之萌은已現於財政整釐調印之日矣니何暇論及於新條約也리오卽現在度支部大臣閔泳綺是也니渠以一國財府지臣으로凶禍心이互相締結ᄒᆞ야先作창導而讚約調印ᄒᆞ야取媚於他ᄒᆞ고完固其大臣지光榮ᄒᆞ야播流全國지毒烈ᄒᆞ니貫盈지罪惡이浮於五賊이不啻十倍로ᄃᆡ韓國지人士ㅣ未免暗昧지謂者ᄂᆞᆫ徒以新條約成立으로爲賣國지明案이오不知財政整釐지調約이爲亡國지基本이라由是로討其五賊지罪而不鳴其陷落全國지閔泳綺ᄒᆞ니是可曰國民公眼지明察乎아國民公舌지所誅乎아嗚呼可歎이로다財政枯涸지罪ㅣ녀有於外交移去지罪ᄒᆞ니此乃度支大臣閔泳綺지[illegible]故로曰五賊을可六이라ᄒᆞ노니全國지輿論이當以吾言으로爲何如耶아

警告同胞文 (속)

慷憂生

末來에ᄂᆞᆫ興師問罪有口無言그
뉘알니慾心만하좃것업네慾食
還吐붓그럽다以兇當威고만이
오以拳敵兵고만일세
同胞드라同胞드라獨立回復오
날이라忠臣節死그날붓터獨立
富强堅固로다以兵壓我어든以
心降彼하야보세
榮華로다榮華로다大韓帝國文
華로다忠臣升天하얏고나神魂
陰佑그뉘알며訣告士民하는文
字慵인睡醒되얏스니
門內賊輩欲逃ᄒᆞ며海外寇讐恐
懼로다東洋三國同胞之義西洋
서도稱讚터니興師伐罪ᄒᆞᆫ것시
요吞我野心顯露로다
一心으로野國物貨ᄉᆞ지말고通
商去來막아보세만一心먹엇쓰
면두리울것바이업네逆賊들아
大韓에ᄂᆞᆫ逆賊이오忠臣의세忠
臣이라日本에ᄂᆞᆫ忠臣이라日本
勳功바드라면伊藤博文우회도
다逆賊들아逆賊들아
逆名듯고富貴功名그富貴가몃
칠이며그功名이몃칠인가붓그
럽다붓그럽다忠臣烈士붓그럽
다逆名으로報聘大使日本인들
엇지가며
劍下驚魂되얏스면闔府에ᄂᆞᆫ輕
罪로다죽지죽지어서죽지왜ᄉ
랏나왜사랏나우리君父옹폐총
명日本ᄉᆞ람압제로세
더ᄉᆞᆯ면무엇ᄒᆞ나어서밧비죽어
야지忠臣의게祭지닉고宗社의
告由ᄒᆞ세一丹心二忠臣으로獨
立自主되는도다
二千萬우리同胞兩忠臣의丹心
밧다大韓逆臣셩토하고남의壓
制밧지말아獨立自由ᄒᆞ고보면
忠臣遺恨씨스리라
一進會民六十萬名兩忠臣이붓
그럽다우리나라유죠ᄒᆞᆫ것조금
업고日本壓制ᄲᅮᆫ이로다
一進會도ᄉᆞ람이라一심으로나
아오쇼어셔어셔나아오쇼大韓
獨立大路上으로죽을[illegible]두려
말고獨立權을ᄎᆞ즈보세
大韓乾坤너른世界一심바다輔
國ᄒᆞ세忠臣이고만이며忠臣이
고만인가죽는것슬두려말고一
심으로忠君ᄒᆞ세 完

寄書

敬啓者竊謂邇來各報館文字儘是良史之袞鉞衰世之木鐸然而於其中抑不無立旨之異同遣辭之得失焉生志氣疲軟見識蒙昧凡於時局强弱之形人物優劣之評尤恨無一斑之見近始得奉閱貴社申報言議痛快義理嚴明不憚傍人之是非必擧本事之曲直每一盥薇朗讀藹藹然如入芝蘭之谷者褒善彰美之皆是實跡也凜凜然如犯劍戟之壘者癉惡懲邪之罔非正論也瑩瑩然如水月之鏡者曰可曰否曰成曰敗曰利曰害求之一幅毫芒不爽點滴不漏而居然使疲軟之質稍變而爲激勵蒙昧之心漸化而有啓發者皆由報之功而由報之力也吁其盛矣吁其美矣微聞財政窘絀慮或停梓何歎如之謹表欽仰之忱謹以我大韓貨貳拾元忘些汗呈泰山撮塵奚補之有幸涵諒查收爲順頌社務式撰僉祺大安

文建鎬 再拜

雜報

●履員의忠憤 向日宮內府에서趙元老以下諸搢紳이叫閽請踊홀時에 宮內府屬員들이忘寢廢餐ᄒᆞ고諸般供給을靡不盡力ᄒᆞ다가趙元老가門外의勅命을承ᄒᆞ야逝去홈을見ᄒᆞ고悲憤을不勝ᄒᆞ야一場痛哭ᄒᆞ니當時에目擊ᄒᆞ던諸搢紳이莫不感歎流涕ᄒᆞ얏다더라

●局長將遞 內部地方局長吳相奎氏가將次遞免ᄒᆞ고其代에趙鍾緖氏가被任ᄒᆞᆫ다더라

●政府開會 再昨日에政府會議를開設ᄒᆞ고外部廢止ᄒᆞᆯ事件으로可否取決ᄒᆞ얏다더라

●廢部設局 外部를廢止ᄒᆞ고議政府內에交涉局을設置ᄒᆞ고局長一人參書官二人主事四人만排置ᄒᆞᆫ다더라

●緣何久留 前判書朴箕陽氏는明洞日憲兵司令部에引致ᄒᆞ얏다가三昨日下午五時量에筆洞日憲分駐隊로移留ᄒᆞ얏다더라

韓孝穆氏가李贊政敏承氏에게寄書ᄒᆞᆫ全文이如左ᄒᆞ니

嗚呼閣下지德厚行修感激神明福祿所臻罕古未有位躋正卿堂高數仞一身지榮固已極矣有子五人三登台鼎二居緋玉一門지光莫此대矣雖然此豈閣下지力所能致哉 君父지深仁厚澤天罔莫量縱未能竭力效忠圖報萬一宜弗以國家存亡置지忘域也凶賊根澤豈非閣下지子乎戾氣所鍾應時而生魁居五賊지列肆橫ㅣ雙지手猝然半夜지頃席捲三千里疆土輸랍於豺虎지口二千萬生靈弗免魚肉지慘五百年宗社將至於丘墟지厄萬口一刀百矢一的惟根澤是已閣下恬弗知子假양衽席嘻笑지歡富貴지樂自同平日切非인臣지分義也天日지下獨불愧忠閔ㅣ公지殉節乎李斯李由咸陽黃犬지歎亦是貴門當來지事則孔斌所謂燕雀處堂子母子구焉相哺불知火지及燃者爲閣下準備語也竊爲閣下代悶也惟閣下據義滅親疏陳根澤지罪請施三尺지誅仍即俟命于司敗效死 君父지危厚謝神인지憤焉

●소경과안즘방이문답 (속)

초당을지어노코두무릅흘싸러안져ᄌᆞ칭왈도학군ᄌᆞ라ᄉᆞ문에ᄌᆞ라하야벌노비리밧글나가보지못ᄒᆞ고무정세월을허송ᄒᆞ니가위써근션비라ᄒᆞᆯ만ᄒᆞ야안즘방이나다름이무엇인가허다설패ᄒᆞ랴며는입이압파ᄒᆞᆯ슈업서뎌갈말일세

여보게그런말ᄒᆞ고듯고보면참화증이절노나셔못살깃네우리도죠흔방책좀ᄒᆞ여보세나는눈이잇스나다리가부실ᄒᆞ고ᄌᆞ네는다리가셩ᄒᆞ나눈이업셔피ᄎᆞ에낭패되는일이만은즉우리두리일신단체되여이전에못ᄒᆞ던일ᄒᆞ게드면그아니ᄞᆡ홀손가

말인즉대단이감격ᄒᆞᆫ말이나우리갓흔병신들이졔아모리단체된들무엇을ᄒᆞ다ᄒᆞ리오가위지이불힝인즉가셕ᄒᆞᆫ일이로세

안일세ᄌᆞ네가단체의뜻을모르는말인가보네ᄌᆞ네가나를업고보면눈도잇고다리도잇셔어듸를가지못ᄒᆞᆫ다ᄒᆞ리오허며무엇을허지못ᄒᆞᆫ다ᄒᆞ리오그러케만허고보면단체가아니되나 (미완)

特別廣告

本申報는海外電報를專接ᄒᆞ야機關이靈通ᄒᆞ고外報와探報를敏捷活潑ᄒᆞ도록注意ᄒᆞ오며申報를發送ᄒᆞ는ᄃᆡ迅速히傳ᄒᆞ기는分傳人의게在홈으로本社에서平常에諸分傳人의게丁寧告戒ᄒᆞ고申申訓飭ᄒᆞ야毋或愉惰ᄒᆞ게注意ᄒᆞ거니와如或暫有稽忽이라도愛讀僉君子는潛使通知ᄒᆞ시면該分傳의게誠信相孚ᄒᆞ도록耳提面命ᄒᆞ고勤贊가發生ᄒᆞ도록面誨ᄒᆞ기로論ᄒᆞ야必無遲誤ᄒᆞ기로期待ᄒᆞ옵나이다

本社에寄書ᄒᆞ시는諸君子는姓名과居住를明確ᄒᆞ계懸錄送附ᄒᆞ시와證據가有홈을必要홈이오公衆平和를紊亂케ᄒᆞ는意와[illegible]會上不穩荒雜ᄒᆞᆫ寄書는自不受ᄒᆞ는權利가本社에有ᄒᆞ오니肯諒ᄒᆞ시옵

大韓每日申報社

雜誌發刊廣告

今에數理學雜誌를(每月五日一回定刊)發刊ᄒᆞ야敎師諸氏의敎科材料를敢助ᄒᆞ고學生諸氏의獨學材料를供給코져ᄒᆞ오나有志諸氏는購讀ᄒᆞ심을切望

(但一部定價는新貨陸錢)

南大門內尙洞德公館右便
青年學院內 數理學雜志社
鍾路大東書市
洞口內金相萬冊肆
仁川港柑峴開新冊肆

鐵路部

○東大門과新門間에來往車는每十分間에運行홈
東大門發初車는午前六時三十分
新門外停車場發初車는午前六時五十五分
東大門發終車는午後九時五十分
新門外停車場發終車는午後十時十五分

○東大門과洪陵間에來往車는每二十分間에運行홈
但自鐵路로東一門에來到홈交替車로聯絡홈
東大門發初車는午前六時五十分
洪陵發初車는午前七時十分
東大門發終車는午後七時五十分
洪陵發終車는午後八時十分

○鐘路와龍山間에來往車는每十二分間에運行홈
鐘路發至[illegible]初車는午前六時四十八分
鐘路發[illegible]初車는午前七時二十四分
南大門[illegible]初車는午前六時五十六分
龍山發[illegible]午前七時五十七分
南大門[illegible]終車는午前十時八分
龍山[illegible]終車는午後九時九分
特別私用[illegible]의方便호을隨應ᄒᆞ야[illegible]
定價는[illegible]ᄒᆞ야請問ᄒᆞ옵

[illegible]敷用處에는每個月에[illegible]
[illegible]에二圓五十錢
[illegible]二燭[illegible]夜에四圓
○五十燭力[illegible]夜에六圓
○一百五十燭力燈達夜에十圓
一千二百燭力弧形燈達夜에二十圓
二百五十燭力以上의敷用處에는請求ᄒᆞ면瓦斯計一個를設給홈
但瓦斯計賃金은每個月에二圓이오瓦斯計測驗設置料定價는每時間每암피아에二錢이옴
瓦斯計設給處에서每介月支拂金最低額은每個月에二十圓인ᄃᆡ(瓦斯計貸金은)据홈
電燈을敷設ᄒᆞ기에請求ᄒᆞ는ᄃᆡ給홈로供
各種連技辦燈도常時에貯存ᄒᆞ엿ᄉᆞᆸ

本社鐘路電氣會社
韓美電氣會社 告白

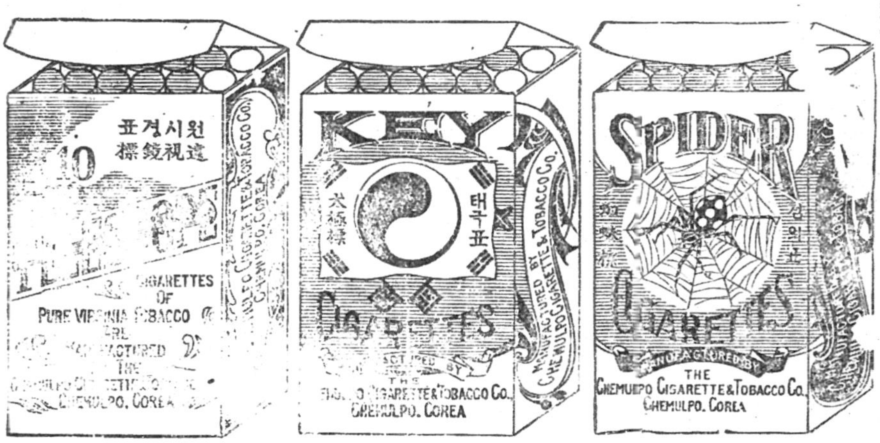

以上三種은上品으로製造ᄒᆞ야衛生上에至極有益ᄒᆞ오니僉君子는購入ᄒᆞ고[illegible]社에來購ᄒᆞ옵

大韓帝國仁川港 濟物浦紙卷煙及烟草會社

◉九轉靈砂라 本人이妙方法을神備하야製造ᄒᆞᆫ靈丹인ᄃᆡ男女老少에無論何症ᄒᆞ고通治ᄒᆞ오며無病時에도服ᄒᆞ면平生의身體가健康ᄒᆞ며小兒는四五錢重만服ᄒᆞ면十歲안에無病ᄒᆞ기를擔保ᄒᆞ오며
◉九轉靈砂萬應丹은癲狂 癎症과中風諸疾과耳目諸病과淋疾에神効ᄒᆞ오
◉九轉靈砂保命丹은初生小兒 驚風 癎氣 咳嗽 腹瘡諸般懸症에 効ᄒᆞ오
◉九轉靈砂濟衆丹은酒滯 食滯 血積 吐瀉 霍亂 痢疾 吐血 下血 運氣 時疾 疝症에神効ᄒᆞ오
◉九轉靈砂紫金丹은痔漏 瘰癧 一痄瘡 下疳瘡及唐瘡과諸般毒瘡惡種에無不神効ᄒᆞ오니 僉君子는來問ᄒᆞ시오
內需司前독갑이골上隅第一家 李鎬廷移徙 告白

◎本社特告

本社新聞을關西等地에廣佈ᄒᆞ기爲ᄒᆞ야平壤金與淵崔叡恒宣川安濬[illegible]金[illegible]等三氏에게委托ᄒᆞ고逐號下送ᄒᆞ오니曾에有志ᄒᆞᆫ僉君子는三氏에게購覽ᄒᆞ시며 金도三氏에게[illegible]致ᄒᆞ심을爲要

大韓每日申報社

本社廣告

申報價

一張代金	新貨二錢
一箇月前納	三十錢
三箇月	九十錢
六箇月	一元七十錢
一箇年	三元四十錢
郵稅一部	[illegible]五里
一[illegible]	十二錢

廣告料

四号活字十三字詰每日每行[illegible]一[illegible]에新貨廿五錢
(每日每字[illegible]에六錢에相當홈)
二個日에 二圓五十錢
(每日每行四錢五里에相當홈)
一箇月에 五圓
(每日每行四錢一里에相當홈)
其期限의長短과字行의多少를依ᄒᆞ야增減홈이有홈

大韓人마다[illegible]申報를不得不閱覽ᄒᆞ실터이오니廣告出報ᄒᆞ실僉君子는來臨面議ᄒᆞ시옵

發行兼編輯人 英國人裴說
發行所 京城北署壽進坊洞号外[illegible]法語學校前
大韓每日申報社

第三卷 大韓每日申報 대한매일신보 第一百一號

月曜及慶節歲時休日刊

檀君開國四千二百三十八年
箕子元年三千二十七年
大韓開國五百十四年
日本明治三十八年
淸國光緖三十一年
陰曆乙巳十一月小十七日丙戌

論說

大隈伯之警韓論

進步黨首領大隈伯이韓國內에近擴張됨을關係ᄒᆞᄂᆞᆫ自己意見을某新聞欄內에陳述ᄒᆞ얏ᄂᆞᆫ되

[illegible]이近日締結된韓日條約과韓國外交가歸于日本ᄒᆞᆷ을認之以滿足ᄒᆞ야伊藤侯의談辦上才能을信愛ᄒᆞ며且韓國 皇帝가皇室安寧尊嚴의保證을信任ᄒᆞᆷ으로此約이成就된줄量度ᄒᆞ얏스니其所保證이止此而已耶아 皇帝治政之下에居生ᄒᆞᄂᆞᆫ인民權限은何以爲지耶아若其保證이止於皇室而已면此約以前에도尊嚴安寧이至於此이어날奚至有締約지勢耶아特其約意가不及於人民居生이면 皇帝之行政或尊號ᄂᆞᆫ非所大關於韓國이나然이나事情所[illegible]로ᄂᆞᆫ似或止尊號而已리로다

同文欄內에同伯이繼論ᄒᆞ되因此新協約ᄒᆞ야韓國外交權을日本이圖得ᄒᆞ얏스니此ᄂᆞᆫ日本이無窮享有ᄒᆞᆯ던지或民力不衰ᄒᆞᄂᆞᆫ되로長久ᄒᆞᆯ지로다ᄒᆞ얏ᄂᆞᆫ지라此句ᄂᆞᆫ或可無意나或可有意나日本民力之衰敗早晩을有難度之리오

此ᄂᆞᆫ使此韓國으로不得發言之機케ᄒᆞᆷ이確然ᄒᆞ거니와以今思之면韓國이必不復望獨立實權이리니

此非一朝一夕之故라韓廷多數大官이私計賂物을現然通行ᄒᆞ야以致日本之利機ᄒᆞᆷ이로다

同伯이結言ᄒᆞ되韓國內에日本優權行動을列强及其中俄國이라도不爲阻止ᄒᆞ리니因此事勢ᄒᆞ야列强之駐韓使節이無異言無了撤而撤去리라ᄒᆞ엿더라

本記者ᄂᆞᆫ不至如此確信이나駐韓多人의意有多數利益은向已記述이라外使全部가或置其如何利益于東京交涉ᄒᆞᆯᄂᆞᆫ지甚可疑也로다

官報

◎宮廷錄事

號外 光武九年十二月八日

宮內府大臣勳一等臣李載克

謹

奏趙特進喪禮葬節本家以爲

恩命轉益惶感以常時遺意終不敢祇受云故謹上

奏

光武九年十二月六日奉

旨旣有前批而但言過意者是豈道理期於輸送

領敎寧司事沈舜澤自劾疏

批旨省疏具悉卿懇屢已批諭與前席之言更僕可悉旣辭西卿亦無隱不陳又見來章矢日爲引則尤弗當卿其諒之事遣秘書郞傳諭

議政府參政大臣朴齊純辭職疏

批旨省疏具悉卿懇病旣如是卿其調理行公事遣秘書郞宣諭

以上十二月七日

◎部令

度支部令第十七號

收入印紙規程 續

第五條 前條의印章或은署名으로消ᄒᆞᆫ印紙額이納付ᄒᆞᆯ可ᄒᆞᆫ金額에超過ᄒᆞᆯ事가有ᄒᆞ야도政府ᄂᆞᆫ還付의義務가無ᄒᆞᆫ者로ᄒᆞᆷ이라

附則

第六條 本令第一條第三號ᄂᆞᆫ光武九年十二月一日보터漢城府에셔施行ᄒᆞ고其他ᄂᆞᆫ更히種類及時期를定ᄒᆞ야此를施行ᄒᆞᆯ者로ᄒᆞᆷ이라

光武九年十一月二十四日

度支部大臣 閔泳綺

度支部令第十八號

收入印紙賣下規程

第一條 各道에收入印紙原賣下人一人을置ᄒᆞ고各府及各郡에收入印紙分賣下人一人을置ᄒᆞᆷ이라

但漢城府ᄂᆞᆫ原賣人及分賣人을共히隨時定置ᄒᆞᆷ이라

第二條 收入印紙賣下를爲코져ᄒᆞᄂᆞᆫ者ᄂᆞᆫ三年以內에期限을定ᄒᆞ고原賣下人은度支部에셔分賣下人은所管漢城府又ᄂᆞᆫ觀察府에出願ᄒᆞ야其免許를受ᄒᆞᆷ이可ᄒᆞᆷ이라

第三條 收入印紙의賣下ᄂᆞᆫ其面額에對ᄒᆞ야原賣上人의게ᄂᆞᆫ百分之七分賣下人의게ᄂᆞᆫ百分之五를割引(控除)ᄒᆞ되代金을納入ᄒᆞᆫ後에原賣下人의게ᄂᆞᆫ度支部로셔分賣下人의게ᄂᆞᆫ原賣下人으로此를交附ᄒᆞᆷ이可ᄒᆞᆷ이라

印紙賣下代金이一回二千圜以上에達ᄒᆞᆫ時ᄂᆞᆫ國庫證券又ᄂᆞᆫ公債證券有價證券을抵當(典執)ᄒᆞ고六箇月以內의延納을許ᄒᆞᆯ기를得ᄒᆞᆷ이라

未完

外報

◎英國皇帝의御肖像을英領印度에散布 今度英國皇帝ᄂᆞᆫ大元帥御裝의油畫四十四枚를同히彩色大[illegible]版五百二十枚를造ᄒᆞ야印度의만싸레ㅣ、요구、가석리루、와구예쓰다、요구、비가바다무、의八方處處의官舍公舍役所바라쓰구等地에재정一一히下付ᄒᆞᆫ다더라

◎大山大將歸着 日本大山大將은二十五日奉天에셔出發ᄒᆞ야幕僚와共히舒戰鐵道로大連에來ᄒᆞ야十一月三十日에乘船ᄒᆞᆯ豫定이라더라

◎露國急務 露國의急務된베ㅣ데루스무루구、스기야、우예도모、스지이ᄂᆞᆫ人이均等策을主張ᄒᆞᆯ지라其要ᄂᆞᆫ露國이第一農地ᄂᆞᆫ도우及오재루ㅣ나루가地方에一人마一個年五石의穀物收穫이되一人이雖小나一箇年에二十五石麵을ᄒᆞ고此가不ᄒᆞᆫ甚가됨으로政府에셔戰作을第一事業으로ᄒᆞ야各地方에農民의殖民을行케ᄒᆞ고各地의人을아무죠록均等케될方針을取ᄒᆞ리라고記ᄒᆞ얏더라

◎獨逸公使 駐日獨逸公使伯爵아류유외레氏가歸國ᄒᆞ얏ᄂᆞᆫ되其後用으로歸京ᄒᆞᆫ다ᄂᆞᆫ事를風評ᄒᆞᆷ이多ᄒᆞ고現時北京에駐在ᄒᆞᆫ德國公使男爵후혼시유와루셰스다인氏가駐日公使를任ᄒᆞᆫ다云ᄒᆞ더니十一月八日倫敦電線에루레루氏라ᄒᆞᄂᆞᆫ대亦是男爵이라더라

◎墺國公使 駐日墺國公使아무부루君은他에轉任ᄒᆞ고在北京墺國公使館書記官로시유몬氏가駐日公使될다고風說이有ᄒᆞ나事實은誤傳의耶요아무부루公使ᄂᆞᆫ同時에스이암公使를兼ᄒᆞᆷ으로써半年間은쌘쌘유쓰구에赴ᄒᆞᆯ지라其不在中에ᄂᆞᆫ同公使館書記官후란쓰의代理公使가됨으로ᄒᆞ야如此ᄒᆞᆫ誤傳이生ᄒᆞ얏다더라

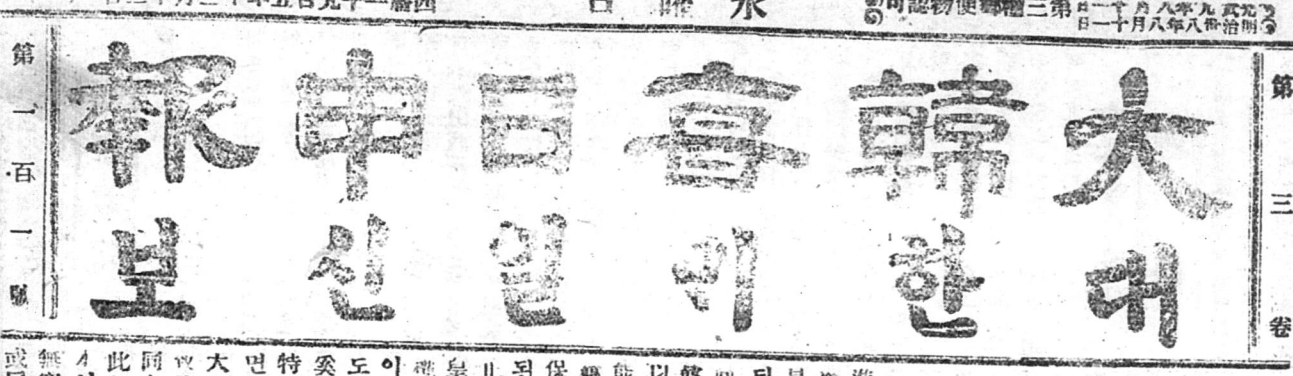

◎瑞西公使館 日本現在瑞西總領事도구도루、바우루、리쓰루氏ᄂᆞᆫ近日公使로新任ᄒᆞ고同時에領事館은公使館으로昇ᄒᆞᆫ다ᄂᆞᆫ되日本에셔도此의諸條이조차ᄒᆞᆫ데十二月에ᄂᆞᆫ決定ᄒᆞ야단다더라

東京電報

◎大學反抗 十二月七日午後六時四十五分時

日本京都、東京、兩帝國大학校의教師連合全體는文部大臣을反抗호야繼續히辭表를呈出홈의久保田文相은辭職外에는홀슈읍다더라

◎大山凱旋 仝上

日本大山滿洲總司令官及其幕僚等은旣報와如히昨日에凱旋호얏는딕時冷雨中이믈不拘호고歡迎人이非常호야盛況이되얏고大將은即時參內호야陛下셔親謁호고戰況을報告호얏는딕日皇陛下게서는優渥호勅語를賜호셧더라

◎凱旋隊歡迎 仝十一日午後五時發

來十七日上野公園에서開催홀陸軍歡迎會에는大山元帥以下近衛師團等一旅團現在兵一萬五千餘名이參列홀터이라더라

◎露國軍隊反亂 仝上

露國에서는同盟罷工은漸次減少호얏스나軍隊의反亂은各地에起호다더라

雜報

前主事盧鳳洙氏疏本이如左호니

伏以臣一判任也既無言責又無職權而於昨年山林川澤陳荒地事案以紳士疏廳掌議九度封章一未承批徒傷肩背於日兵之劍鋒而聽臣藐藐空言無施更無國家可死之義故退伏於野計終餘年竊伏聞政府締約出於諸賊之私式而誤國事於一夜之間何此假然保其首領都下鼎沸交象洶洶搢紳儒生疏式日交奉而歸之文具元老大臣率百官庭請者歷日而迄未聞大號渙發懸誅賊之首於藁街布告天下繳銷私約而反此廷請之兩元老幷施以門黜之典伏未知聖衷之何居而抑將先王版圖交讓於日本幅圓祖宗遺民掃付於日人俘獲而然歟此版圖此人民乃太祖高皇帝櫛風沐雨辛勤辦得之物也非陛下私有也知之何等一芥而虛擲也哉三千里江山已失於夜半繫舟徒擁虛位於宮內府乃以目賀田所供皇室費爲穩足於聖衷安乎否乎此亦不過一二年事也將是亡耳何憚而不之殲賊反加以榮寵忍見賊臣輩之狐媚外人揚揚自得乎臣固知今日奉章明日伏誅然死者片時痛也與其爲日人奴隸而苟生寧死於陛下之法而拜高皇帝珠丘之下死亦榮焉臣言至此血淚被面支廢方策未及詳達徒懷陸老棒日之忱惟陛下裁處焉

◎參贊新任 議政府參贊李相卨氏疏遞호代에前總務局長李商在氏가被命호얏더라

◎警使勸退 一進會員이新任警務使尹喆圭氏에게前往호야趂早辭退호기를勸告호얏더라

◎局課相換 法部刑事局長尹性普氏는辭職請願호얏더니司理課長으로轉任호고司理課長金洛憲氏는刑事局長으로上奏敍任호얏더라

◎魚氏免官 農商工部主事魚英善氏는不由請願호고擅自下鄉홀事로免本官호고其代에吳永由氏가被任호얏더라

◎兩大仕進 昨日爲始호야農大權重顯氏와內大李址鎔氏가仕進호다더라

◎兩件會議 昨日下午二時에政府에서開會호얏는딕其收議案件은明年度總豫算比準案와漢城府判尹을府尹으로少尹은參書官으로規定홀事이라더라

◎謂無干涉 平壤居鄉觀察李鳳柱金國慶三人이該郡城壁과鄉廳屯田를外人에게暗賣홈을前報에已揭어니와該邊人의來言홈을聞호즉該事件에對호야三人이俱無干涉이라호더라

◎新學備要

新學備要者는大英國宣教師李提摩太의所著니各國의新學規模가部分班列호야開卷瞭然호지라兹에譯述호야大韓人士의攷覽을資코자홈이其書가如左호니

第一章은外國新學情形

各國教育人材之道가厥有三焉호니曰學校오新報館이오曰書樓라學校는三等에分호니一曰初學이오二曰中學이오三曰上學이니童子入學之期는自七歲至十五歲爲度호되但히文算과地球와史記와志書의大略을粗通홈을求호고其中에聰穎者가有호면또흔可히他國言語文字를兼學홀지니此는初學之事라初學期滿호면中學에升入호되其期는自十五歲至二十一歲爲度호고中學所究之書는具列於左호니

經書 史書 志書 富國學 交涉學 算學 格物學 化學 電學 重學 製造學 全體功用學 動植學 地學 金石學 天學 音樂學 農學 商學 體操學 外國語言文字等

以上諸學은俱係已成之法이라幷非新創者라中학期滿호면升入上학이니其期는以二十一歲至二十六歲爲度호야所학은與中학相同이나不過有淺深之別이라학者가既升入上학호면必將精益求精이오또由故得新호야自創一學호되他人所未有者를造出홈으로써학業을成호얏다호나니라 未完

◎旅費請撥 內部에서度支로照會호되內部警務顧問丸山重俊이開城官蔘의所諦로費用及旅費를請求인바不得不支撥이옵기該明細書를添付양佈호오니該額二千三百十五元을豫外支出호야須即支給케호라호얏다더라

◎警署活佛 義州警務署總巡朴泰純氏가署務를視同家事호야操飭署屬而不得滋弊民間호고人民의疾苦를隨現革袪호며罪囚之類食者를捐其薄俸而救之호야罪囚가皆感泣호며人民之貿貿者를多方曉論호야導惟文明之域기로民皆服其恩義호니此等勤務使義홈은合有別般褒獎기로該監理李民溥氏가據實報部호얏다더라

◎遠民共憤 近日某處에遠호布哇來信을聞호즉韓國移住民들이今番新條約事件에對호야大韓國淪亡홈을一心憤怒호야大段호激昂行動이有호다호니天涯流落호야千辛萬苦를備嘗호는中에能히不忘故國호야激發忠義호는거시論以嘉尙호딕內地人民에게十倍逈過라홀지로다

◎染坊設 近日에漢城內有志人士가株金을各出호야西署社稷洞에化學染織會社를刱設호고各項疋木과衣服等屬을請求홈을隨호야染色호기로注意호야再昨日爲始호야營業혼다는딕該會社가如意發達되면國民經濟上에大有利益호리라고學問家의所評이有호다더라

◎校基請願 漢判朴義秉氏가內部에報告호되現據私立普成專門學校校長申海永請願書內槪에本人이普成專門學校를北署磚洞地에私立호와法律及實業學等의專門各科로一般學員을養成호옵는바現任校舍가狹窄雜容호와教育에有妨이온故로一校를東署蓮士洞左龍亭空地에方擬新築호야欲爲分設教授이오나該基址가係是官有인읍기玆庸請願호오니爲念公益호오셔將此轉告호야亟蒙特許호시와教育上完全케호심을伏望等情을准查호와該實地을另派行査호온즉即是頃據金貞鎮請願解이오나金之請願은係是一個인私有이옵고現此申氏所請은學爲公衆教育이온즉較以公私컨딕不可先後擬議이옵기茲此仰報하오니查照處分이라하얏더라

◎因醉行兇 玄石里居村民三爲名者가酒後狂習으로日兵炊飯所松硏幾介를偸取이다가該把守兵의게被捉하야押納日本軍司令部라하더라

◎備衛設隊 十一月三十日에日本陸軍步兵少尉가率兵四十名호고韓郡에來到호야守備隊를設置次로東軒을要請入處故로不得已請與호고郡守는鄉廳에移處等因이올고昌城郡守報告內開에日本人四名과通詞一人이十一月十七日本郡府西面에來到호야該面各路站各里境을尺量後에州界로轉向이다이온바玆謄報호오니査照라고平北觀察使李根豐氏가內部에報告호얏더라

◎宮照內部 宮內府에서內部에照會하되閔忠正公葬地를龍仁郡水眞面防築洞棲鳳山에新定이고貴部로定界以給하라신詔勅이已下하얏기原本一度를謄交하오니照亮総知飭該地方官이爲要라하얏더라

雜報

●人固未易知

南北村地閥家에셔平日論議가高自標榜ᄒᆞ야其同儕人을稱美ᄒᆞᆯ時에ᄂᆞᆫ必曰醴泉이有源ᄒᆞ며靈芝가有根이라ᄒᆞ야其人만稱美ᄒᆞᆯ뿐아니라爲先其家勢顯赫ᄒᆞᆷ을極口稱美하야世之無地閥ᄒᆞᆫ人을壓侮低視ᄒᆞᆷ이黃鵠壤虫의不同ᄒᆞᆷ과如ᄒᆞ며國之善類ᄂᆞᆫ必其同儕人中에在ᄒᆞ고國之大事도必其同儕人이라야做成ᄒᆞᆯ模樣으로津津爲說ᄒᆞ니此果是定評歟아以吾觀之컨ᄃᆡ無溥半談見에一時弄회ᄒᆞᄂᆞᆫᄃᆡ不過ᄒᆞ도다大抵人之輕重善惡을無難有事時에可見이니今番新條約事件으로論之컨ᄃᆡ所謂五賊者가一則天潢疏派요一則潘南之朴과牛峯之李와永嘉之權과全州之李也라其地閥高低가雖或參差不同이나其爲士族則均矣어날甘心於賣君賣國ᄒᆞ야相率而書可ᄒᆞ며俛首而調印을如恐不及호ᄃᆡ惟其無地閥ᄒᆞᆫ李夏榮氏가毅然書否ᄒᆞ야以斥其非ᄒᆞ니同氏에從前處事가非日無疵로되當日急難이果是何等時節而同氏가能히挺身不撓ᄒᆞ야效忠蹈義ᄒᆞ고且於供職에無心ᄒᆞ야屢召不進ᄒᆞ니比諸五賊ᄒᆞ면判然梟鳥瑞禽之不同이라以此觀之컨ᄃᆡ地閥人을何可准信일지不知케라醴泉이已竭ᄒᆞ고靈芝已枯ᄒᆞ야今日所存이只是[illegible]流亂葉而已인지何其地閥中에賢良者少ᄒᆞ고奸凶者多也오噫吁哉라南北村地閥家여舊習을痛改ᄒᆞ며新學에從事ᄒᆞ야事功成就로同胞를救濟ᄒᆞ며忠、義敦勉으로國恩을報答ᄒᆞ야靈芝醴泉을自家肺腑中에抱有ᄒᆞ면自然名譽發達ᄒᆞ고國家之光이될뿐아니라他인에奴隸之名을可免ᄒᆞᆯ지니勿以蕘說로忽之ᄒᆞ고其各勉乎哉인져

向者에美國大統領選擧時에兩次薦望되얏던有名ᄒᆞᆫᄲᅳ라언氏가皇城基督敎青年會에셔演說ᄒᆞᆷ이如左ᄒᆞ니　續

非燭光之迷暗이라因塗紙之外遮니若一箇人의不明ᄒᆞᆷ을見ᄒᆞ고全敎가均然타謂ᄒᆞᆷ은不可ᄒᆞᆫ지라是ᄂᆞᆫ燭光이遮紙에掩蔽ᄒᆞᆷ을受ᄒᆞᆷ과同ᄒᆞ니遮紙의厚薄을先察ᄒᆞ여야燭光이明暗을不辨ᄒᆞᆯ지니今에說明ᄒᆞᆷ과如히宗敎를信ᄒᆞᄂᆞᆫ厚薄을隨ᄒᆞ야來頭社會上盛衰에關係가何如ᄒᆞᆷ을可驗ᄒᆞᆯ지라昔에耶蘇의十二門徒가問於耶蘇曰將來吾徒中에孰爲最大者乎잇가ᄒᆞᆫᄃᆡ耶蘇答ᄒᆞ샤ᄃᆡ門中最幼者로ᄃᆡ人을善爲救助ᄒᆞᆫ者가最大ᄒᆞᆫ人이되리라ᄒᆞ셧스니以此觀之ᄒᆞ야도此敎의主旨ᄂᆞᆫ愛人如己ᄒᆞᆷ이니第一大目的이라譬컨ᄃᆡ自己一身만愛ᄒᆞᄂᆞᆫ人은汙池와如ᄒᆞ야柴水를受納만ᄒᆞ고科外에通流치못ᄒᆞ야其中의셔腐而且臭ᄒᆞ야

未完

●訴酒致捉　昨日下午七時量에工兵隊副尉張基元이醉酒如泥하고壽洞屛門에셔賣栗을買取이다가與該栗商으로惹起是非ᄒᆞ야訴酒無常타가韓國行巡憲兵이光景을適見ᄒᆞ고率去라더라

●소경과안즘방이문답　속

그러면ᄌᆞ네ᄂᆞᆫ업펴단이게되야죠커니와나ᄂᆞᆫ무슴팔ᄌᆞ로니몸도니가쥬체ᄒᆞᆯ슈업ᄂᆞᆫ데남을또업고단인단말인가

참기막힌말일세하며ᄒᆞ희장탄에노ᄅᆡ일곡부르면서막ᄃᆡ를두루혀갓더라

그노ᄅᆡ에ᄒᆞ엿스되ᄉᆞ천년오랜나라어이ᄒᆞᆫ들망ᄒᆞᆯ손가오ᄇᆡᆨ년놉흔종ᄉᆞ뉘라서바라볼가

셔산에지ᄂᆞᆫ히ᄂᆞᆫ다시도라올나오고동히로가ᄂᆞᆫ물은궁진ᄒᆞᆷ이업스리라현인군ᄌᆞ가어느셰에업다하며란신적ᄌᆞ가미양득의ᄒᆞ단말가

흥망성쇠ᄂᆞᆫᄌᆞ고로무상ᄒᆞ죡사ᄅᆞᆷ의알바아니로다려산에밧갈기와위슈변에고기낙기ᄂᆞᆫ

표인의ᄒᆡᆼ적이니우리도오호에비를ᄯᅴ여ᄉᆞ즁셰우에붓슈귀ᄒᆞ여볼가

완

廣告

特別廣告

本申報는海外電報를即接ᄒ야機關이電通ᄒ고外報와電報를敏捷活發ᄒ도록注意ᄒ오며申報發送ᄒ는데迅速信傳ᄒ기는分傳人의게在홈으로大行에ᄌ平常이讀分傳入의게了擊告戒ᄒ고申申謝節ᄒ야毋或嫁情ᄒ州法議ᄒ거니와如或暫才禮組이라도愛讀僉君子는會使義知子本社ᄒ시면該分德의게誠信相學ᄒ도록耳提面命ᄒ고勤發가發生ᄒ도록誨隘ᄒ야必無遲誤ᄒ기로期務ᄒ읍나이다

本社에寄書ᄒ시는諸君子는姓名과居住를明確ᄒ게懸錄送附ᄒ시와證據가有홈을必要홈이오公衆平和ᄒ秩序를紊亂케ᄒ는意와社會上不經荒雜혼書는不受ᄒ는權利가本社에自有ᄒ오니肯諒ᄒ시옵

大韓每日申報社

雜誌發刊廣告

今에數理學雜誌를(每月五日一回定刊)發刊ᄒ야教師諸氏의教科材料를致助ᄒ고學生諸氏의獨學材料를供給코져ᄒ오니有志諸氏ᄂ購讀ᄒ심을切望
(但一部定價ᄂ新貨陸錢)

南大門內尙洞德公館右便
青年學院內 數理學雜志社
鍾路大東書市
桐口內金相萬冊肆
仁川港杻峴新冊肆

○鐵路部

○東大門과新門間에來往車ᄂ每十分間에運行ᄒ되
東大門發初車ᄂ午前六時三十分
新門外停車場發初車ᄂ午前六時五十五分
東大門發終車ᄂ午後九時五十分
新門外停車場發終車ᄂ午後十時十五分

○東大門과洪陵間에來往車ᄂ每二十分間에運行ᄒ되
但自鍾路로東大門에來到혼交替車로聯絡ᄒ되
東大門發初車ᄂ午前六時五十分
洪陵發 初車ᄂ午前七時十分
東大門發終車ᄂ午後七時五十分
洪陵發 終車ᄂ午後八時十分

○鍾路와龍山間에來往車ᄂ每十二分間에運行ᄒ되
鍾路發至南大門初車ᄂ午前六時四十八分
鍾路發至龍山 初車ᄂ午前七時二十四分
南大門發至鍾路初車ᄂ午前六時五十六分
龍山發至鍾路 終車ᄂ午前七時五十七分
南大門發至鍾路終車ᄂ午前十時八分
龍山發至鍾路 終車ᄂ午後九時九分

○特別私用車ᄂ顧客의方便홈을隨應ᄒ야運給ᄒ되
但定價ᄂ本社에來臨ᄒ야請問ᄒ옵

○電燈部

二百五十燭力以內의敷用處에ᄂ每個月에全燈敷을徵收홈
○十六燭力燃燈達夜에二圓五十錢
○三十二燭力燃燈達夜에四圓
○五十燭力燃燈達夜에六圓
○一百五十燭力燃燈達夜에十圓
一千二百燭力弧形燈達夜에二十圓
二百五十燭力以上의敷用處에ᄂ請求ᄒ면瓦斯計一箇를設給홈

但瓦斯計價金은每個月에二圓이오瓦斯計測驗表委託定價ᄂ每時間每암피아에二錢이옵
瓦斯計設給處에셔每介月支拂金最低額은每個月에二十圓인되(瓦斯計價金은)据홈

電燈을敷設ᄒ기에請求ᄒᄂ대給홈로供
各種連枝辦燈도常時에貯存ᄒ엿숩

本社鍾路電氣會社
韓美電氣會社 告白

以上三種은上品으로製造ᄒ야衛生上에至極有益ᄒ오니毋論某人ᄒ고平服에適宜ᄒ오

大韓帝國仁川港
濟物浦紙卷煙及烟草會社

◉九轉靈砂라 本人이妙方法을神備하야製造혼靈丹인되男女老少에無論何症ᄒ고通治ᄒ오며無病時에도服ᄒ면不老의身體가健康ᄒ며小兒ᄂ四五錢重만服ᄒ면十歲안에無病ᄒ기를擔保ᄒ오며
◉九轉紫砂丹은癲狂 癎症과中風諸疾과耳目諸病과淋疾에神効ᄒ오
◉九轉紫砂保命丹은初生小兒 驚風 瘋氣 咳嗽 腹瘡諸般惡症에神効ᄒ오
◉九轉紫砂濟衆丹은酒滯 食滯 血積 吐瀉 霍亂 痢疾吐血 下血 運氣 時疾 疝症에神効ᄒ오
◉小轉靈砂紫金丹은痔漏 瘰癧 下疳瘡 下疳瘡及唐瘡과諸般毒瘡患種에無不神効ᄒ오니 僉君子ᄂ來問ᄒ시오
內需司前독갑이골上隅第一家 李鎬廷秘徒 告白

◎本社特告

本社新聞을[illegible]에廣佈ᄒ기爲ᄒ야平壤金與潤[illegible]官州安省[illegible]三氏에게委托ᄒ[illegible]有意ᄒ君子ᄂ三氏에게購覽[illegible]金도三氏에게[illegible]致ᄒ[illegible]
大韓每日申報社

本社廣告
定價
一張[illegible] 新貨二錢
一箇月 三十錢
三箇月 九十錢
六箇月 一元七十錢
一箇年 三元四十錢
郵稅一張 新貨五厘
一箇月 十五錢

廣告料
每行[illegible]
[illegible]每日發兒一次[illegible]新貨廿五錢
[illegible]에相當홈
二回以上
每行四號[illegible]二圓五十錢
一箇月에 五圓
(每日每行四號一個에相當홈)
[illegible]의長短과字行의多少를依ᄒ야增減홈이有홈
大韓人이此申報를不得不閱覽ᄒ실터이오니廣告出報ᄒ실僉君子ᄂ來臨面議ᄒ시옵

發行兼編輯人 英國人裴說
發行所 京城北署[illegible]坊[illegible]洞[illegible]外[illegible]學校[illegible]
大韓每日申報社

光武九年八月十一日 明治卅八年八月十一日 第三種郵便物認可　　木曜日　　西曆一千九百五年十二月十四日 (一)

第三卷

大韓每日申報
대한매일신보

第一百二號

月曜及慶節歲時日休刊

檀君開國四千二百三十八年
箕子元年三千二十七年
大韓開國五百十四年
日本明治三十八年
淸國光緒三十一年
陰曆乙巳十一月小十八日丁亥

論說

莫如爲爲

斷棄此三千里疆土하고魚肉此二千萬人民者는一言以蔽之하고曰不爲不爲之故라盖不爲二字는即大韓國人의性質之別名이라

惟是安於不爲하고樂於不爲하야悠悠歲月에虛送浪度하기로爲主하다가如此悲境에墜陷하얏스니未知케라大韓國人이或有反省悔悟否耶아

昔天之下와全球之上에凡有血氣之類가擧皆耳目은視聽ᄒᆞᄂᆞᆫ精神이足하며手足은運動하는勢力이有하며心知는推測研究하는思想이有하야

一日則有一日所爲之事하고一年則有一年所爲之事인ᄃᆡ就其中尤爲奮發勤勵者는一切事爲가無不振興하야國家가以之富强ᄒᆞ고人民이以之快活安全하나니

最近ᄒᆞᆫ日本을觀하라不過是區區三島之國으로甲午之役에四億萬人衆의淸國과鬪戰하야大捷을奏하고甲辰之役의四萬里幅圓俄國과交鋒하야連勝을取ᄒᆞᆷ으로東洋의霸權을握執하니世界列强이皆其進步의迅速과成功의偉大를讚揚하는지라豈有他故哉아

彼其性質이勇敢有爲ᄒᆞ고奮發有爲하야日日爲之하고年年爲之하야三十年間에國勢之發達이如彼其盛壯하얏스니大哉라有爲之力이여速哉라有爲之効여

今에大韓도與各國通商이殆將四十年이라其於世界之形便과時務之機關에宜其耳有所聞ᄒᆞ고目有所覩ᄒᆞ야决코前日과如히苟安姑息지못ᄒᆞᆯ所以는亦當有覺知者이거날

乃一思不發ᄒᆞ고十指不動ᄒᆞ야昨日不爲ᄒᆞ고今日不爲ᄒᆞ야年復一年에一事가不興ᄒᆞᆷ으로此境에至ᄒᆞ얏스니甚矣라不爲二字之毒害여三千里疆土를淪喪케ᄒᆞ고二千萬人民을魚肉케ᄒᆞ얏도다

雖在今日이라도垂絶ᄒᆞᆫ國運을挽回ᄒᆞ며濱死ᄒᆞᆫ民命을救活코져ᄒᆞ면莫如爲爲라惟願全國上下는一致로猛然省悟ᄒᆞ야因循偷惰의宿癖을卽拔ᄒᆞ고奮發興起의新力을培養ᄒᆞ야時刻을放過치勿ᄒᆞ고

諸般政治와敎育과實業의關ᄒᆞᆫ事業을爲之爲之ᄒᆞ야國權을回復ᄒᆞ고民命을保存ᄒᆞᆫ前途에豎進步ᄒᆞᆯ지어다

官報

◎宮廷錄事

號外 光武九年十二月七日

宮內府特進官李根命率百官庭請

奏曰臣等以討賊廢約事七次聯籲繼以 筵奏誠淺辭拙仍未能格回

天聽相顧憂惋不覺膓裂而膽墜也竊有一日有國則賊不可以不誅約不可以不廢臣等雖被斧钺誠不忍坐見

宗社之淪亡玆敢相率庭籲伏願亟 降

處分快將五賊之頭懸諸藁街仍命外部繳銷勒約以洩衆憤以安國勢焉臣等無任千萬血祝之至惶恐敢

奏

答曰屢度申諭而又此過擧是豈上下相孚之道也以卿等老成何不諒朕心乎所奏自有商量卿等其諒之相率還第毋復致煩

宮內府特進官李根命率百官庭請再

奏曰伏以臣等籲籲幾次今又庭請乃伏承商量之

批旨臣等相顧愕貽轉靡所屆也勒約不廢則 國必亡矣諸賊不誅則 國無法矣此臣等所以弗獲 准則弗敢退也玆敢冒昧荐陳伏乞廓揮乾斷亟 降

處分以存

宗社以慰臣民焉惶恐敢

奏

答曰俄者批諭悉佈無蘊何不諒會而如是煩復乎以卿等耆癃寒地露處甚庸弗安即速相率還第更勿爲煩

以上十二月七日

◎部令

度支部令第十七號

收入印紙規程 續

第四條 收入印紙의賣下되者로서左開境遇를當ᄒᆞ야는印紙額面에對ᄒᆞ야原賣下人은百分之九의割引으로써度支部에分賣下人은百分之七의割引으로써原賣下人의게交換或還買를請求ᄒᆞᆷ을得ᄒᆞᆷ但金額十錢以上者에限ᄒᆞᆷ이라

一 收入印紙가損傷又는汚染ᄒᆞᆫ時

二 收入印紙가不用에屬ᄒᆞᆫ時

第五條 收入印紙賣下의免許를得ᄒᆞᆫ者가其賣下區域外에移居ᄒᆞᆯ時는免許의效를失ᄒᆞᆷ이라

第六條 收入印紙賣下人이收入印지를定價以外로需用者의게放賣ᄒᆞ거나或은免許區域外에서此를放賣ᄒᆞᆯ時는免許를取消(勿施)ᄒᆞᆷ이라

第七條 漢城府及觀察府에在ᄒᆞ야收入印지의賣下를許可ᄒᆞᆫ時는其居所及姓名과免許月日及期限을其所管原賣下人의게通知ᄒᆞᆷ이可ᄒᆞᆷ이라

第八條 第三條第二項의國庫證券은額面價格으로써擔保價格으로ᄒᆞ고公債證書其他의有價証券의擔保價格은政府에서指定ᄒᆞᆫ價格에依ᄒᆞᆷ이라

未完

外報

◉露淸談判開始期 淸日會議와同時에淸國外務省에서駐淸露公使를向ᄒᆞ야露國도亦談判委員을任命ᄒᆞ라屢促ᄒᆞ되尙無何等措置ᄒᆞ더니今回에露國政府에서駐淸公使로談判委員을任命ᄒᆞᆫ故로淸日會議가結了後에는露淸談判을開始ᄒᆞᆫ다더라

◉駐露淸公使電稟 駐露청公使胡維德氏가北京政府에電報ᄒᆞ되露國政府가自駐청公使로고지로來로接受ᄒᆞᆫ電報를據ᄒᆞᆫ즉日本이淸國에要求ᄒᆞᆫ東청鐵道의特權은露國이從來에得有ᄒᆞᆫ든權限以上에出ᄒᆞᆫ밧아니라該鐵道支線敷設權及礦產採掘權의要求等을慶親王이業已承諾ᄒᆞ얏다ᄒᆞ엿스니此電이果是確說否아ᄒᆞ얏더라

◉印度支나財政 印度支나에本年前半季收入은著히增加ᄒᆞ얏는데昨年前半季는

一四七五〇一八六〇六弗

이오本年前半季는

一四八〇〇五三七一三弗

이며

全地最低度收入은左와如ᄒᆞ되

關稅	六六〇七九八〇〇弗
印紙稅	一一五九七九〇一弗
國有鐵道	一七一三八四〇〇弗
森林	八六〇一六〇〇弗

東京電報

◎海軍將校交迭 十一月十二日午後六特二十五分發

日本海軍更迭은艦長과各公使館付武官과香島香取各航海員과其他府命及豫備員中百十六名이라더라

◎進步黨忠告 全上

日本進步黨은韓國幣制改革問題에就ᄒᆞ야研究中인ᄃᆡ今回目下救濟法을目賀田顧問의게政府에서命令ᄒᆞᆯ樣으로忠告ᄒᆞ기로決議ᄒᆞ얏더라

雜報

◎陞官致祭 再昨日下午三時에掌禮院에서主事六人을故學部大臣李相哲氏家에命送ᄒᆞ야致祭ᄒᆞ얏다더라

◎局長見任 內部地方局長吳[illegible]氏ᄂᆞᆫ薦遞되고其代ᄂᆞᆫ該部[illegible]務局長崔錫敏氏가轉任ᄒᆞᆫ다더라

◎內部敍官 內部參書官趙南[illegible]永福兩氏ᄂᆞᆫ日昨該部大臣이[illegible]錄氏가以是勤仕進事로上奏敍官ᄒᆞ얏다더라

◎蔡氏起復 該部編輯局長李[illegible]蔡氏ᄂᆞᆫ疏遞ᄒᆞᆫ代에前侍御蔡[illegible]錫氏가被任ᄒᆞ얏다ᄂᆞᆫᄃᆡ同氏ᄂᆞᆫ方在草土中인故로將次起復出仕ᄒᆞᆫ다더라

◎財政查簿 十月二十九日에政府財政顧問附不破重兼과前敎官閔再鎬氏가稅簿調査次로度支部訓令을帶ᄒᆞ고本郡에來到ᄒᆞ야本郡稅簿와人口를調査後同月三十一日에安岳文化等地로發向이다信川郡守李容弼氏가內部에報告ᄒᆞ얏더라

◎松石問答

石泉子病臥러니松陽子過之라가問于石泉子曰子之病이無乃憂國惋世而然耶아胡爲乎戚戚悒悒ᄒᆞ야若有幽憤고石泉子ㅣ蹶然而起ᄒᆞ야語之曰子來前ᄒᆞ라吾ᄂᆞᆫ病矣와라閉戶久矣어니와子或聞世局之消息耶아松陽子曰天下之大勢去矣라到今空談이悅如寱鼓ᄒᆞ니言之何益이리오雖國家垂亡이나大官이不失其軆라야可圖極復之望이어ᄂᆞᆯ今所謂元老大臣이不事其事ᄒᆞ야坐失其機ᄒᆞ고虛飾文辭ᄒᆞ고空釣聲華ᄒᆞ야終不見竭忠報國之一介臣ᄒᆞ니是可寒心이로다石泉子一笑而問曰君謂不事一事ᄒᆞ야坐失其機云者ᄂᆞᆫ何也오松陽子ㅣ정眉慨然曰伊侯ᄂᆞᆫ日本之元勳大臣이라杖節渡韓이固非歷覽山川이오又非探訪風土오必有大事之關係ᄂᆞᆫ雖三尺童子라도皆可知也니當其時ᄒᆞ야所謂我韓之元老大臣이歡迎伊侯ᄒᆞ야問其滅韓之蘊機ᄒᆞ야若不吐露肝膽ᄒᆞ고特有仰奏 皇上之秘密事件이라ᄒᆞ면當應之曰我皇上이雖有勅命이라도至於國家大事ᄒᆞ야ᄂᆞᆫ我固力爭이니萬不可以秘密이라ᄒᆞ야若其吐冀相이면伊時反抗ᄒᆞ야抵死不屈이오其至於御前會議之席이라도固執其斷斷不可之意ᄒᆞ야抗顏直諫도可也오灑血陳章도可也오乖若不許어든率百官臣辭도可也오不幸而至於不能挽回大勢면處義自靖ᄒᆞ야殺身成仁이라야可謂大臣이不失其軆也니事在未決之前而猶有可爲之勢故也어니와今所謂元老大臣公卿百官은심若視秦ᄒᆞ며泛然若觀楚ᄒᆞ야一無動心者라가及其大事已去之後에抗疏論列ᄒᆞ야或曰賊臣誅戮이라ᄒᆞ며條約破棄ᄒᆞ니不過是夢中之囈오病中之譫이라雖千人自裁ᄒᆞ며萬入聯章이라도以금觀之컨ᄃᆡ皇上陛下ㅣ有誅戮賊臣ᄒᆞ며破棄條約之勢乎아否乎아飢鳶攫肉ᄒᆞ야飛入雲霄ᄒᆞ면固可還奪肉乎아此之謂弗事其事ᄒᆞ고坐失其機也니此是元老大臣之罪也오弗寧惟是라推究其所由來而言之컨ᄃᆡ數十年來阿諛逢迎之風과貪虐誅求之習으로政治法律이日益腐敗ᄒᆞ야陷落社宗生靈於水火之中ᄒᆞ야馴致今日之條約締結者ㅣ果誰之罪也오以若釀成禍胎之人으로弗能消防其已成之禍ᄂᆞᆫ鬼神이臨質이라安得以點綴文字ᄒᆞ며舞弄言辭ᄒᆞ야僥倖其無赦之罪리오且所謂賣國調印之五賊六賊을獨爲聲罪者ᄂᆞᆫ未知其何意也로다其時爲參政大臣者와其他書其否字者ᄂᆞᆫ果何人也오若決心報國ᄒᆞ야力抗其事ᄒᆞ면豈不以一死報國而得其所ᄒᆞ고讓仁於閔趙兩忠正也며其他書否者도罪竟以推諉於 聖斷二字하야自淸其身으로爲當場之塗抹ᄒᆞ니豈可曰爲人臣者之用命處己리오統而言之면無論抗疏的名者調印成約者否反對者ᄒᆞ고招其賣國之罪案則一也오售其亡國之罪案則一也라以三尺之王章으로論之라도兩不可以貸矣오以千秋之史筆로書之라도亦不可以免矣라ᄒᆞ노라石泉子聞之ᄒᆞ고淋淋發汗曰聞君之言ᄒᆞ니推以吾心ᄒᆞ야代以子舌이라不覺吾中이爽豁ᄒᆞ야宿病이快祛也로다松陽子ㅣ聞之曰雖然이나失羊補牢가雖曰晚矣나亦不可以不講其策이니願聞其說ᄒᆞ노라石泉子曰韓日敦密과東洋平和之長遠良策이在乎反掌之間이라雖然이나當局者迷ᄂᆞᆫ古今之一失也니恨之何及이리오松陽子拍手呵呵ᄒᆞ고相與痛飮ᄒᆞ야不顧而去러라

◎貽累忠正 宋敎仁氏가故忠正公閔泳煥氏殉國ᄒᆞᆫ事에對ᄒᆞ야或銅像을鑄立ᄒᆞᆫ다ᄒᆞ며或碑石을竪建ᄒᆞᆫ다하야義捐金을收歛ᄒᆞᆫ다하니同氏ᄂᆞᆫ素以悖類로剝割生靈하야專事肥己하던手段으로近日에窮極ᄒᆞᆫ利竇를藉義發售하야將次家收戶歛에巨額을偸弄ᄒᆞᆯ注意이니罕古ᄒᆞᆫ閔公의貞忠大義를反爲汚辱ᄒᆞᆯ感가不無인즉其挾雜凶計로肆行ᄒᆞᆫ다고輿論이불一하다더라

◎術客利用 北村等地에一從陪官人이有ᄒᆞᆫᄃᆡ雜術客二人을大內에薦進ᄒᆞ야要寵의利用을作ᄒᆞᆫ다ᄒᆞ니其官人과雜術客은將次詳探揭職ᄒᆞ려니와嚴청宮禁之下에倘此左道邪術로써天日을欺蔽ᄒᆞ야私寵을希覬ᄒᆞ고政界를濁亂코져ᄒᆞᄂᆞᆫ者가有ᄒᆞ니聞者가莫弗憤歎ᄒᆞᆫ다더라

◎熊民火棲 本郡加德島外陽里에日本防備隊軍用으로兩次占地ᄒᆞᆫ田畓及家屋價를依數撥下之意로前已修報에姑未承劃인바蓋此島民이失其業ᄒᆞ고又棄墳墓ᄒᆞ야棲息無處ᄒᆞ며生活無路ᄒᆞ야顚連溝壑이다抱狀者逐日還至ᄒᆞ고流涕者森立官門ᄒᆞ야蹈蹈呼冤ᄒᆞ고切切痛請者慘弗忍見ᄒᆞ야玆更報告ᄒᆞ니同地段價와結戶錢六萬一千三百七十兩四錢二分을亟亟劃下ᄒᆞ야俾無渙散之民이라고慶南熊川郡守尹榮옥氏가內部에報告ᄒᆞ얏더라

◎吉州消息 北道來人의傳說을聞ᄒᆞᆫ즉吉州鄕長李炳燮이今年二月初六日郡守가俄陣에捉去ᄒᆞᆫ後로日陣酬應이라ᄒᆞ고大米三十石을民捧ᄒᆞ와日陣에賣ᄒᆞ야價錢三千一百五十兩을稱托未捧而暗食ᄒᆞ고鷄三千餘首를民捧ᄒᆞ야賣於日陣ᄒᆞᄂᆞᆫᄃᆡ鷄一首에二兩式捧ᄒᆞ야三戔式民給ᄒᆞ고餘錢五千一百餘兩을乾沒ᄒᆞ고日陣軍糧軍器輸運費三萬餘兩을給役夫而乾沒ᄒᆞ고日兵이吉邑에셔三刻을買牛送北ᄒᆞᆫᄃᆡ牛價가五千餘兩이오牛價錢을捧ᄒᆞ야賤錢으로出給於民則剩錢三萬餘兩이오日兵錢吉端에電線木與兩大川橋板價四千三百兩을捧於日陣而不給役夫오其合乾沒錢이七萬二千二百五十餘兩이다日俄開戰되기前吉州鄕長에率富되얏스나新郡守到任ᄒᆞ면該錢을推給於民間이되지以補國用이던지兩端間措處가有ᄒᆞ리라고云ᄒᆞ더라

◎捐金設校 鏡城郡茶湖居ᄒᆞᄂᆞᆫ李南[illegible]氏가敎育에熱心하야特히私貲를捐하야學校를設立하고敎師를延置하야靑年을敎授ᄒᆞᆷ으로遠近人士가其義擧를稱讚ᄒᆞᆫ다더라

◎尹倅犯逋 平安郭山郡守裵益厚氏가內部에報告하되本郡前郡守尹榮升遞任上京時에壬癸甲三年結戶錢五萬七千八十四兩六戔八分을上納次로持去하고細歲불랍하야至蒙督訓이온바前郡守之挪犯불랍하야致欠國稅하며未劃邑簿가固是莫重이온지誠所未解하와據實質稟하오니該郡守나用公하야按法督捧하야以爲磨勘이라하얏더라

◎病倅請免 廣州府尹尹昌根氏가內部에請願하되本員이질癖之症으로呻吟度日하야當此繁劇하와萬無觀務之道이오니特爲奏免이라하얏더라

雜報

●政治改善一班

嗚呼韓之亡을苟究其源而言之컨ᄃᆡ誰任其咎歟아嗚呼라不可以言矣로다言之도且不可어던況可書之而傳之後也리요雖然이나合食祿而遺其君ᄒᆞ며厚於身而薄於國은人臣之大不敬이니今日亡國之責을在廷大僚가烏可免焉고粤自十數年以來로危亡之形이無一不具이되所謂大官者들이隨事諫諍은姑舍ᄒᆞ고翩翩然皆以謂得時라ᄒᆞ야阿諛逈合ᄒᆞ며托公營私를視爲長策ᄒᆞ야百度廢亂ᄒᆞ며民怨而朋興ᄒᆞ야外侮內訌이雜然而起라가及至今日에全局이見輸ᄒᆞ니彼巨室大家之爲國股肱者ㅣ雖喙長三尺이나有何可說고吁呼悲哉라言之에祇可傷心이로다

嘗試然之컨ᄃᆡ自古遭時艱險而卒能奮起者ᄂᆞᆫ必有堅忍刻苦之心이라야乃能有濟ᄒᆞ나니從玆君臣上下이專意于政治改善ᄒᆞ야夙夜孜孜에努力前進이면八誤旣越에上天이悔禍ᄒᆞ야國權回復이庶幾有日이나此亦巨室大家之責任이라其改善方略을試論之ᄒᆞ야以備採用ᄒᆞ노라

一曰群類團合이니大抵爲政之可惡가莫甚於善類를難得뿐더러縱有善類라도不爲一心이면竟小人이間之而自相猜疑ᄒᆞ야一事를不能做得이온況韓之色論이已成痼疾ᄒᆞ야迄于今餘風이猶存ᄒᆞ니此若幡然改圖치안이ᄒᆞ면國之爲國이必無其期ᄒᆞᆯ지니惟願巨室諸公은痛皇室之多難ᄒᆞ며念同胞之胥溺ᄒᆞ야廉藺之相歡과寇賈之怨을是效是則에團成一體ᄒᆞ야一以弘濟斯艱으로爲心이면謳吟思漢之民이翕然仰戴ᄒᆞ고祖宗在天之靈이必當眷佑ᄒᆞ야自由獨立을決然可望ᄒᆞᆯ지니政友會를趁早結成ᄒᆞ야專以興復大計로汲汲講究ᄒᆞ며

二曰用人을勿拘資格이니古之用人은惟材是視ᄒᆞ야大則大用ᄒᆞ며小則小用ᄒᆞ야初無資格之可論뿐더러

未完

●度照內部 各港市警務署經費ᄂᆞᆫ自今ᄒᆞ야出給命令書를度支部로卽接發給ᄒᆞ라고度支部에서內部에照會ᄒᆞ얏더라

●役費繕議 慶尙北道警務顧問補佐官飯田章의官舍修繕費八百三元七十三錢을預備金中支出事로經議奏裁ᄒᆞ얏기玆에通知라고度支部에서內部에照會ᄒᆞ얏더라

●夫孝婦烈 開城府士人梁安永氏와其妻金氏가俱以孝行으로著聞이고梁氏가不幸身病이危重ᄒᆞᆫ즉金氏가刲股和藥ᄒᆞ야救之ᄒᆞ되竟至長逝인즉金氏가隨卽飮藥從死ᄒᆞᆷ으로鄕黨諸人이其義烈을欽歎ᄒᆞᆫ다더라

●慶監報 本市警務署本年度經費表를趁不來到ᄒᆞᆷ와諸巡檢이失哺ᄒᆞ오ᄒᆞ야俱爲渙散이옵기屬時多艱ᄒᆞᆷ와不得已本市稅銀中一千元을經費表下來前爲先挪給ᄒᆞ얏ᄉᆞ오니該領收證粘報ᄒᆞ오니査照ᄒᆞ시와度支部에移照計減이라고慶興監理署主事李其炳氏가內部에報告ᄒᆞ고繼報라承准訓令ᄒᆞᆫ와各署巡檢員額을四人으로選定ᄒᆞ고該巡檢姓名을左開報告라ᄒᆞ얏더라

●의ᄃᆡ리국아마치젼

서양의ᄃᆡ리국에아마치라ᄒᆞᄂᆞᆫ사람이잇스니ᄂᆡ슈ᄉᆞᄯᅡ에빈곤ᄒᆞᆫ집의아ᄃᆞᆯ리라어려서부터ᄯᅳᆺ시놉고긔운이활발ᄒᆞ여병법과검술을죠와ᄒᆞ더니나이장셩ᄒᆞ야ᄂᆞᆫ쳔하에쥬류ᄒᆞ여오ᄃᆡ쥬에형세를널피살펴보고크게세ᄃᆞᆯ은소견이잇ᄉᆞᆫ지라ᄯᅩ쳔하에이름잇ᄂᆞᆫ션비로더부러사귀여놀ᄆᆡ학식이ᄃᆡ단이발달ᄒᆞᆫ지라잇ᄯᅢ에나라의ᄇᆡᆨ셩을압제ᄒᆞᄂᆞᆫ경사를깁피미이여여쟝찻ᄇᆡᆨ셩에자유ᄒᆞᄂᆞᆫ권리를확장ᄒᆞ야타국에간셥ᄒᆞᆷ을막아ᄂᆡᆫ코의ᄃᆡ리국을독닙ᄒᆞ야졍치를ᄀᆡ명ᄒᆞᆷ으로ᄡᅥ평셕사업을삼고져ᄒᆞᆷᄋᆡ마ᄎᆞᆷ션농화ᄯᅡ의ᄇᆡᆨ셩더리군사를들어자유졍치를도모ᄒᆞ거날아마치가그군사를도와쥬다가일이픽ᄒᆞ야나라를ᄯᅥ낫더니후에두히를지나다시젼일도모를계교ᄒᆞ다가잣피비되야쟝찻사형에쳐ᄒᆞ거날아마치가옥을넘어도망ᄒᆞ야불난셔국으로갓다가남아미리ᄭᅡ쥬에일으다금명년에우류우위나라에날리가일어나거날

미완

廣告

本人弟敏秀性本浮浪爲挾雜輩所誘出沒京鄕或欲得債典賣至於罷產지境恒欲欺取內外國人間若爲相關錢財면必至見失切勿相關ᄒᆞᆷ

水原郡浦內面安基 李敏和 白告

貴申報一百一號雜報欄內酗酒被捉題下에丁兵隊副尉張基元이醉酒如泥ᄒᆞ고壽洞屛門에서栗商과惹鬧ᄒᆞ다가行巡憲兵이率去ᄒᆞ얏다ᄒᆞᆷ은初無是事이기玆에辨明ᄒᆞᆷ

張基元 告白

長湍長北面梅峴里田畓日耕畓一斗落文券을去月十日夜에見失ᄒᆞ얏기立旨를出ᄒᆞ고舊券을休紙施行ᄒᆞ오니內外國人은照亮ᄒᆞᆷ

李善明 告白

陰十二月初三日夜에賊漢十餘名이突入本人家ᄒᆞ야家藏什物을沒數奪去中四方形姓名圖章을亦爲見失故로玆以廣告ᄒᆞ오니京鄕內外國人은以此照亮ᄒᆞ고該圖章은勿爲施行ᄒᆞ시ᄋᆞᆸ

春川郡麒麟面東里居 韓進士震東 告白

●學徒募集廣告●

海產學校豫備日語科學徒를募集ᄒᆞᆷ

西小門內 海產會社

試科驗目
一國文
一漢文
一作文
一年齒自十五歲至二十歲試取
但高等小學校卒業生은無試驗으로取用ᄒᆞᆷ
陰曆十一月廿五日 開學

夫吾敎ᄂᆞᆫ天道之大原일ᄉᆡ曰天道敎라吾敎之期明이及今四十六年에信奉之人이如是其衆ᄒᆞ며如是其多로ᄃᆡ敎堂之不遑建築은其爲遺憾이不容提誨이오現今人文이闡明ᄒᆞ야各敎之自由信仰이爲萬國公例오其敎堂之自由建築도亦係成例니吾敎會堂之巍然大立이亦應天順人之一大表準也라惟我同胞諸君은亮燭ᄒᆞᆷ

敎會堂建築開工은明年二月노爲始事

天道敎
大道主 孫秉熙

●進明彙論

全一冊一百三十頁
定價新貨三十五戔

○本書內容○人類五題 種族八題 地勢五題 氣候二題 物產八題 國家八題 政體六題 法律十四題 宗敎十제 文學三제 武備十제 農務十一제 工藝十一제 商務十一제 社會十一제 (以上)

●埃及近世史

全一冊二百十頁
定價金四五十戔

○本書目次○總論 模罕麥德阿梨 希臘之役 土耳其之第一役 土耳其之第二役 模罕麥德阿梨之治績及威武 剌飛夢斯馬斯 渚度 威斯明流 蘇士河 裁判構成 財政紛亂 租稅及農民 商業及農業 宗敎 風俗 敎育及禁止奴隷 自治政 行政之內情 寄居之外國人 埃及之西敎人 海樓府 通必苦第一世 國民黨之運動上 國民黨之運動中 國民黨之運動下 (以上)

發售所 皇城東闕罷朝橋越邊 朱翰榮 書舖

종셰방미ᄒᆞᄂᆞᆫ물건갑슬ᄯᅥ다이감ᄒᆞᄂᆞᆫ광고라

졀예로연연이미입ᄒᆞᄂᆞᆫ갑보담ᄇᆡᆨ분에십분식감ᄒᆞ야팔기을양력십이월십일로위시ᄒᆞ야삼십일ᄭᆞ지방미ᄒᆞᆯ터이오니뎌한겸군ᄌᆞ은그리아시고쪽쥬ᄒᆞ시와미거ᄒᆞ시옵쇼셔

京城本町三丁目

歐米雜貨商 辻屋

電話三六六番

特別廣告

本申報는海外電報部接ᄒᆞ야機關이靈通ᄒᆞ고外報와探報를敏捷活潑ᄒᆞ도록注意ᄒᆞ오며申報發送ᄒᆞᄂᆞᆫ데迅速信傳ᄒᆞ기는分傳人의在홈으로本社에서平常에諸分傳人의게丁寧告戒ᄒᆞ고申申訓飭ᄒᆞ야毋或慢情ᄒᆞ게注意ᄒᆞ거니와如或暫有稽忽이라도愛讀僉君子는鄕便通知于本社ᄒᆞ시면該分傳의게誠信相孚ᄒᆞ도록耳提面命ᄒᆞ고勸贊가發生ᄒᆞ도록諭ᄒᆞ야必無遲誤ᄒᆞ기로期待ᄒᆞ옵나이다

本社에寄書ᄒᆞ시ᄂᆞᆫ諸君子ᄂᆞᆫ姓名과居住를明確ᄒᆞ게懸錄送附ᄒᆞ시와證據가有홈을必要홈이오公衆平和ᄒᆞᆫ秩序를紊亂케ᄒᆞᄂᆞᆫ意와社會上不經荒雜ᄒᆞᆫ寄書ᄂᆞᆫ不受ᄒᆞᄂᆞᆫ權利가本社에自有ᄒᆞ오니肯諒ᄒᆞ시옵

大韓每日申報社

● 雜誌發刊廣告

今에數理學雜誌를(每月五日一回定刊)發刊ᄒᆞ야敎師諸氏의敎料材料를敢助ᄒᆞ고學生諸氏의獨學材料를供給코저ᄒᆞ오니有志諸氏ᄂᆞᆫ購讀ᄒᆞ심을切望

(但一部定價ᄂᆞᆫ新貨陸錢)

南大門內尙洞德公館右便
青年學院內 數理學雜誌社

鍾路大東書市
洞口內金相萬冊肆
仁川港杻峴開新冊肆

○鐵路部

○東大門과新門間에來往車ᄂᆞᆫ每十分間에運行홈
東大門發初車ᄂᆞᆫ午前六時三十分
新門外停車場發初車ᄂᆞᆫ午前六時五十五分
東大門發終車ᄂᆞᆫ午後九時五十分
新門外停車場發終車ᄂᆞᆫ午後十時十五分

○東大門과洪陵間에來往車ᄂᆞᆫ每二十分間에運行홈
但自鐘路至東大門에來到ᄒᆞᆫ交替車로聯絡홈
東大門發初車ᄂᆞᆫ午前六時五十分
洪陵發 初車ᄂᆞᆫ午前七時十分
東大門發終車ᄂᆞᆫ午後七時五十分
洪陵發 終車ᄂᆞᆫ午後八時十分

○鐘路와龍山間에來往車ᄂᆞᆫ每十二分間에運行홈
鐘路發至南大門初車ᄂᆞᆫ午前六時四十八分
鐘路發至龍山 初車ᄂᆞᆫ午前七時二十四分
南大門發至鐘路初車ᄂᆞᆫ午前六時五十六分
龍山發至鐘路 終車ᄂᆞᆫ午前七時五十七分
南大門發至鐘路終車ᄂᆞᆫ午前十時八分
龍山發至鐘路 終車ᄂᆞᆫ午後九時九分

○特別私用車ᄂᆞᆫ顧客의方便홈을隨應ᄒᆞ야進給홈
但定價ᄂᆞᆫ本社에來臨ᄒᆞ야請問ᄒᆞ옵

○電燈部

二百五十燭力以內의敷用處에ᄂᆞᆫ每個月에定價表가如左홈
○十六燭力燃燈達夜에二圓五十錢
○三十二燭力燃燈達夜에四圓
○五十燭力燃燈達夜에六圓
○一百五十燭力燃燈達夜에十圓
一千二百燭力弧形燈達夜에二十圓
二百五十燭力以上의敷用處에ᄂᆞᆫ請求ᄒᆞ면瓦斯計一箇를設給홈
但瓦斯計貰金은每個月에二圓이오瓦斯計測驗表委托定價ᄂᆞᆫ每時間每암피아에二錢이옴
瓦斯計設給處에서每介月支拂金最低額은每個月에二十圓인ᄃᆡ(瓦斯計貰金은)据홈
電燈을敷設ᄒᆞ기에請求ᄒᆞᄂᆞᆫᄃᆡ給홈으로供
各種連技掛燈도常時에貯存ᄒᆞ엿ᄉᆞᆸ

本社鐘路電氣會社
韓美電氣會社 告白

以上三種은上品으로製造ᄒᆞ야衛生上에至極有益ᄒᆞ오니勿論某人ᄒᆞ고本社에來購ᄒᆞ옵

大韓帝國仁川港
濟物浦紙卷煙及烟草會社

● 九轉靈砂라 本人이妙方法을神備하야製造ᄒᆞᆫ靈丹인ᄃᆡ男女老少에無論何症ᄒᆞ고通治ᄒᆞ오며無病時에도服ᄒᆞ면平生의身體가健康ᄒᆞ며小兒ᄂᆞᆫ四五錢重만服ᄒᆞ면十歲안에無病ᄒᆞ기를擔保ᄒᆞ오며

● 九轉靈砂萬應丹은癲狂 癇症과中風諸疾과耳目諸病과淋疾에神効ᄒᆞ오

● 九轉靈砂保命丹은初生小兒 驚風 癇氣 咳嗽 腹瘡諸般惡症에神効ᄒᆞ오

● 九轉靈砂濟衆丹은酒滯 食滯 血積 吐瀉 霍亂 痢疾 吐血 下血 運氣 時疾 疝症에神効ᄒᆞ오

● 九轉靈砂紫金丹은痔漏 累癧 上疳瘡 下疳瘡及唐瘡과諸般毒瘡惡種에無不神効ᄒᆞ오니 僉君子ᄂᆞᆫ來問ᄒᆞ시오

內需司前독갑이골上隅第一家 李鎬廷移徙 告白

◎本社特告

本社新聞을國內各地에廣佈ᄒᆞ기爲ᄒᆞ야平壤金鼎淵進叙官川安濬金龍鎬等三氏에게委托ᄒᆞ고逐號下送ᄒᆞ오니購覽에有意ᄒᆞᆫ僉君子ᄂᆞᆫ三氏에게購覽ᄒᆞ시며金도三氏에게交致ᄒᆞ심을偏要

大韓每日申報社

本社廣告

申報價
一張代金 新貨二錢
一箇月前金 三十錢
三箇月 九十錢
六箇月 一元七十錢
一箇年 三元四十錢
郵稅一部 新貨五厘
一箇月 十三錢

廣告料
四号活字十三字詰
每日每英尺一寸에新貨廿五錢
(每日每行에六錢에相當홈)
二周日에 二圓五十錢
(每日每行四錢五厘에相當홈)
一箇月에 五圓
(每日每行四錢一厘에相當홈)
其期限의長短과字行의多少를依ᄒᆞ야增減홈이有홈

大韓人마다此申報를不得不閱覽ᄒᆞᆯ터이오니廣告出報ᄒᆞ실僉君子ᄂᆞᆫ來臨面議ᄒᆞ시옵

發行兼編輯人 英國人裴說
發行所
京城北署壽進坊磚洞舊外國語學校前
大韓每日申報社

第三卷

大韓每日申報
대한매일신보

第一百三號

月曜及慶節 歲時日休刊

檀君開國四千二百三十八年
箕子元年三千二十七年
大韓開國五百十四年
日本明治三十八年
淸國光緖三十一年
陰曆乙巳十一月小十九日戊子

論說

淸國通信

日人報紙上에北京談辦之說은全然相反이오其實情은自未免困難이로다小村男爵之請要에鐵道兩線이參在其中矣니一은自滿洲東南起ᄒ야連貫安東縣奉天府之間이오一은自奉天府至新民屯之線路를敷設維支홈이니若此兩路가至於讓渡면日之東京과청之北京이對馬海峽及鴨綠江流以外에는直路相通홀거시라據其傳信컨딕奉天府及新民屯之間은至於承諾이오安東奉天之間은已値拒絶云이어날何許通信은純然反是로다若使小村男으로擇其一於此兩端이면必取安東奉天之線ᄒ리니此는其距里가尤爲長遠일뿐더러戰略에最要홈이로다伊時淸國人民의土地及鐵道를讓을抗逆激論홈이適合堅强ᄒ야청國全權委員의게言事書幅이自四方飛傳이라言事者中幾人은日本新要件을一定拒絶ᄒ라고力勸홈에止ᄒ되其外는俄國이因其戰端ᄒ야讓于日本ᄒᆫ現存鐵道及其餘敷設權ᄭ지自청廷買收ᄒ기를固執인바此等言事者가擧皆有力之人이오上海商民이亦參其間矣니此人等은中華大商으로稱撒其名ᄒ는비러라

國內報지激論이頗多인바十年間韓國事를陳述ᄒ야若使日本으로置一足於청地면支라一幅之將至如何를懲戒ᄒ얏더라

往者戰局에俄國之無能을因ᄒ야失權이頗多홈으로到今困憊ᄒ는포코텔노프氏가反抗日本要청ᄒ는有勢黨派에參與ᄒ얏시니

總督袁世凱氏가日本之鐵道及其他要求를拒絶ᄒ기에特秀理由를預備ᄒ얏스리로다

官報

●三千三百二十號 光武九年十二月十一日

◎宮廷錄事

詔曰義理攸在公議同然大臣諸臣皆退去而獨留殿庭一直시擺是何乖擧

宗廟提調尹泰興令法部拘拿懲辦

以上十二月七日

詔曰命忠청南道觀察使李道宰爲全羅北道觀察使陸軍正領韓鎭昌爲忠청南道觀察使

光武九年十二月七日

內部大臣陸軍副將勳一等 李址鎔

侍從院卿閔泳徽言事疏

批旨省疏具悉忠悃攸淑宜固如是而歷度批諭亦可諒會矣

中樞院贊議李乾夏辭職疏

批旨省疏具悉實病有難所請依施

侍從武官長李鍾健辭職疏

批旨省疏具悉此時逡巡果非義分卿其勿辭行公

議政府參贊李相卨辭職疏

批旨省疏具悉所청依施

外部交涉局長李始榮言事辭職疏

批旨省疏具悉尾陳洵有可採矣爾其勿辭察職

警務使具完喜辭職疏

批旨省疏具悉所청依施

軍部參謀局長權泰益辭職疏

批旨省疏具悉又何如是支煩乎

以上十二月八日

◎部令

度支部令第十七號

收入印紙規程 續

第九條 免許를得ᄒᆞᆫ收入印紙賣下人은印紙賣下所될標札을戶에揭出홈이可홈이라

第十條 收入印紙賣下人은印紙出納簿를調製ᄒ야印紙出納홀時마다其種類員數及年月日를記載홈이可홈이라

第十一條 收入印紙分賣下人은每年七月一日과一月一日에其前半年間의印지出納額及當日現在額을原賣下人의게報告홈이可홈이라

原賣下人은前項의報告를依ᄒ야總報告書及此에準ᄒ야原賣下人의出納及現在額報告書를調製ᄒ야共히度支部에報告홈이可홈이라

附則

第十二條 本令은地方의實況을依ᄒ야漢城府는光武九年十二月一日봇터施行ᄒ고其他는定時ᄒ야施行홈이可홈이라

光武九年十一月二十四日

度支部大臣閔泳綺

完

外報

◎청國要求 上海特電을據ᄒᆫ즉今回에日청協商에就ᄒ야청國全權委員이日本全權大使에게向ᄒ야要求ᄒᆫ條項은都合十箇條인딕其內에六箇條의內容은如左ᄒ다더라

一 旅順大連灣의租借期은俄國의租借期間과同一케ᄒ고其間의租借地主權은청國에셔保持홀事

二 日俄間의臨戰地帶는平和克復의此際에直時청國에還附ᄒ고兩國은此地帶에셔는戰勝의權利를拋棄ᄒᆯ事

三 東청鐵道의守備隊는日俄講和條約에依ᄒ야청國의新式兵으로補充홀事

四 東청鐵道의敷設에關ᄒ야청國政府의出資額은五百萬元에及ᄒ얏스니此点에關ᄒ야特別의協商을遂ᄒ고更히所有部分을增加ᄒ던지或은支線을敷設ᄒ던지其何者에던지商議를決홀事

五 日俄撤兵의期間은十八個月을六箇月에短縮홀事

六 滿洲에셔는商業地의開放은關係列國과協商ᄒ야청國政府에셔此를決定홀事

◎英國勅使出發 日本皇帝陛下씌싸—다—勳章을呈홈을英國王의勅使로渡來ᄒ는곤노도의아—사—公은몬고리아號로來年一月五日에出發ᄒᆫ다더라

◎日露大使의交換 日露兩國은平和克復을祝홈으로雙方에셔勅使를發ᄒᆫ다ᄂᆞᆫ딕日本에셔는皇族內一人이其任을當ᄒ리라고外交社會에셔風評이有ᄒ더라

◎日本皇室의御贈品 伊藤大使가齎ᄒᆫ日本皇室에셔韓國皇室에御贈呈品이左와如ᄒ되

皇帝陛下께
御紋付金製煙草入一箇
御紋付花盆器一箇
仝

皇太子殿下
御紋付銀裁花盆一箇

英親王殿下
御紋付銀製小形花盆一箇

嚴貴妃
御紋付花盆一箇

當大使는各大臣과各局長以下五十人에게各各相當ᄒᆫ土產品을贈與ᄒ얏다云ᄒ더라

東京電報

● 日本現內閣總辭職
十二月十二日午後四時發

昨夜伊藤侯爵邸에서各大臣이會集하야秘密會議를開ᄒᆞᆫ結果로現內閣은議會開會以前에總辭職하기로決定하얏더라

● 名譽聯隊長推選
十二月十三日午後一時二十分發

英國皇帝陛下께서日本皇帝陛下를란가스사의名譽聯隊長을推選ᄒᆞ라고交涉홈이ᄆᆞ로日本에셔ᄂᆞᆫ英國皇帝陛下를近衛師團이나第一師團의名譽聯隊長을推薦ᄒᆞ고져交換的으로協議ᄒᆞ더이라더라

● 進水式擧行
十二日에進水式을擧行ᄒᆞᆫ다ᄒᆞ든筑波艦은海潮의故로來二十六日ᄭᆞ지[illegible]다더라

● 露國軍隊
露國왈소金隊의陸軍은反亂ᄒᆞ얏다더라

● 淸國留學生同盟
日本文部省令에對ᄒᆞ야不平을抱ᄒᆞᆫ淸國留學生等은尙今同盟罷校ᄒᆞ고淸國公使도相持ᄒᆞᆫ다더라

● 北京會議
第十六回淸日兩國會議ᄂᆞᆫ去十二日에開會ᄒᆞ얏ᄂᆞᆫᄃᆡ新條約文의細目에涉ᄒᆞ야更히開議ᄒᆞᆯ터인ᄃᆡ爲先閉會ᄒᆞ고更議ᄒᆞᆯ거슨當日에決定ᄒᆞ얏슴더이라더라

雜報

● 罵李根命
公이佩其國家之安危ᄒᆞ며荷其責任之重大ᄒᆞ야能盡人臣之節而負 宗社生靈於泰山磐石之安이면此ᄂᆞᆫ大臣也니不可不敬之오

爾見國家生民之危亡而不以爲憂ᄒᆞ고售巧佞悖戾之習ᄒᆞ야自以一身으로冒踞元老之名而苟荷殘喘이아反貽國家之辱이면此ᄂᆞᆫ小人也오賊臣也니不得不罵之라

往事ᄂᆞᆫ勿追ᄒᆞ고以近日事觀之권ᄃᆡ公可敬之乎아爾可罵之乎아吾儕ᄂᆞᆫ秉天下之公者也라若敬之면吾不得同案之罪矣라故로以天下之公舌로不得不罵之ᄒᆞ노니爾其俯首聽之ᄒᆞ라

爾於初次庭請時에抗疏徹 陛ᄒᆞ고未蒙允批ᄒᆞ야脫去紗帽ᄒᆞ고借着笠子ᄒᆞ야逕出闕門ᄒᆞ니此時人臣之義가絕矣오元老之名이削矣라狗心獸腸이縱無廉恥인들抱此逃歸之計而當初叅列於陳疏之班級은何心也며苟圖生而生在於天日之下者ᄂᆞᆫ何面也오此非人類之所可行者而爾獨行之ᄒᆞ니爾之罪ㅣ一也오

爾於再次表勳院陳疏時에靦然面目이囿有其極인들肆然冒進ᄒᆞ야若將有志節之可標ᄒᆞ며事業之可成ᄒᆞ니安得以一人之手로掩得天下之目哉리오遭下紫之斥罵ᄒᆞ며遭時人之亂話로ᄃᆡ奮顧一命ᄒᆞ고怕其時機ᄒᆞ야抱頭鼠竄而暗地逃席ᄒᆞ니此非人類之所可行而爾獨行之라爾之罪ㅣ二也오

日於三次 闕內陳疏時에[illegible]數言으로勉强塞責ᄒᆞ고退出闕門에爲日齋所拘ᄒᆞ야供白以稱貧陽所嗾이라ᄒᆞ야推諉於他人ᄒᆞ고更不隨詣ᄒᆞ며更不叅圖亭之意로搖尾乞憐ᄒᆞ야럽考而得放云ᄒᆞ니此非人類之所可行而爾獨行之라爾之罪ㅣ三也니

嗟嗟爾生이年至七十이오位至一品이라所謂世受國祿ᄒᆞ며身被君恩도尙矣勿論ᄒᆞ고所謂宰相之責과人臣之分도尙矣勿論ᄒᆞ고至於國家之危生靈之塗은不必言之於爾也어니와以爾一身之難處로言之권ᄃᆡ於生於死에無所歸處ᄒᆞ니此將奈何오 爾欲苟生於蝸藏之間인ᄃᆡ千萬生靈은姑舍ᄒᆞ고何面目으로對其妻子奴婢乎며 爾欲長歸於泉壤之下인ᄃᆡ閔趙兩忠正은姑舍하고何面目으로對其金參學乎아

然則爾之去就가十分難處로ᄃᆡ爾之沒廉은毅不顧慮라도世上公論을安得不畏리오百爾思之라도果無接足處ᄒᆞ니當解帶掛冠ᄒᆞ고狗彘同欄ᄒᆞ며狐狸同穴ᄒᆞ야以畢餘生ᄒᆞ라是吾之爲爾謀忠이로다

● 藉碑營私 開教保生會員金在金尹進學等이以閔忠正公銅像碑閣營建事로各府郡에通函ᄒᆞ야紳士人民의게收錢ᄒᆞᆯ計劃이라ᄒᆞ니時弊가如此ᄒᆞ고民困이如此ᄒᆞᆫ데藉公肥己ᄒᆞ던悖習이猶且不戢ᄒᆞ야以累忠正之德ᄒᆞ니公靈이若在하면必垂陰誅於此輩라하ᄂᆞᆫ衆論이曉曉하더라

● 聖恩浩蕩 宗廟提調尹泰興氏ᄂᆞᆫ令法部拘拿懲辦하라신處分은再昨夜에特旨로分揀하옵셧더라

● 以忠被免 法官養成所教官丁明燮尹台榮金鎭𧨏高翊相曹世煥氏等六人은以學廳教課가幾近一朔홈으로幷被免本官ᄒᆞ고其代에洪在祺劉東作劉文煥尹鎔求石鎭衡羅瓚氏等이被任ᄒᆞ얏더라

● 公州斷留 公州郡守吳正善氏가內部에報告ᄒᆞ얏시되本道觀察使가移拜됨으로境內士民이一齊會集ᄒᆞ야願留不散ᄒᆞ고更覓處分ᄒᆞ기를望ᄒᆞ오니轉達天陛ᄒᆞ와以副輿望ᄒᆞ라ᄒᆞ얏더라

● 年限不計 軍人에年限이本自生月計之하야滿其定限後에乃可休職은係是章程이라參領年限이滿五十一歲이거날今番에軍部에셔五十歲된參領을休職하얏다하니官長李熙斗氏ᄂᆞᆫ日本留學卒業人이라名稱하면셔章程도不知인지或愛憎이有하야그러ᄒᆞᆫ지外論이奔騰하다더라

● 其免也榮 法部主事安秉瓚氏청願免本官ᄒᆞᆫ代에權重瑾氏가被任하얏더라

● 諒解辭意 美國公使毛良氏가本政府의命令을受ᄒᆞ고歸國ᄒᆞᆫ은世人이共知어니와其歸國ᄒᆞᆫ內容을得聞ᄒᆞᆫ즉今番韓日新條約締結後에公使가本政府에歸國與否를轉達ᄒᆞᆫ즉該政府에셔回電ᄒᆞ기를本公使ᄂᆞᆫ從速歸國ᄒᆞᆷ이可ᄒᆞ거니와交涉事項은總領事의게署理ᄒᆞ라ᄒᆞ고ᄒᆞ얏ᄂᆞᆫᄃᆡ該公使가交涉事項을日本東京으로移付ᄒᆞᆯ樣으로各處에輪函ᄒᆞ고卽時歸國ᄒᆞ얏다니該公使ᄂᆞᆫ該政府本意를誤解ᄒᆞᆷ이라고傳ᄒᆞ더라

● 警使仕進 警務使尹喆圭氏ᄂᆞᆫ一進會員의論駁을被하얏다더니再昨日부터仕進하얏다더라

日本에遊學ᄒᆞᄂᆞᆫ韓國官費生들이高等學校에上學ᄒᆞᆷ을不許ᄒᆞᄂᆞᆫ事件에對ᄒᆞ야十分憤激ᄒᆞ야下宿으로一齊退留ᄒᆞ얏ᄂᆞᆫᄃᆡ此際靑年들이該報를聞ᄒᆞ고一般憤慨心을不禁ᄒᆞ야[illegible]에寄書ᄒᆞᆷ이如左ᄒᆞ니

悲報悲報라 嘗膽生

余ᄂᆞᆫ海外에만遊ᄒᆞ야幾多星霜을異土에羈際ᄒᆞ얏ᄂᆞᆫ지라這間所經千辛萬苦ᄂᆞᆫ不屑枚陳이로되余ᄂᆞᆫ將來吾韓靑年에前途를顧念ᄒᆞ야一大悲報를八閩코져ᄒᆞ노니我敬ᄒᆞᄂᆞᆫ靑年諸子ᄂᆞᆫ多幸히泛泛看過치勿ᄒᆞ라嗚呼라吾人은各各上帝의稟賦ᄒᆞᆫ신肉體로光榮잇ᄂᆞᆫ韓土에下落하야恒常國民되ᄂᆞᆫ天職을克盡코져ᄒᆞ옵든바不幸히上天이不福ᄒᆞ시고國運이太否ᄒᆞ야俄然一朝에主權을見奪ᄒᆞᆫ의四千年疆土ᄂᆞᆫ將次强隣의蹂躪를被ᄒᆞ고五百年宗社ᄂᆞᆫ幾乎盲火의燕炎을遭ᄒᆞᆫ지라

痛矣痛矣라ᄆᆡ我韓土에民衆된者ㅣ孰不痛歎哀哭ᄒᆞ리오만은雖然이나今日此境에際遇ᄒᆞ야오히려一線之望을他日에期待ᄒᆞᄂᆞᆫ바ᄂᆞᆫ自今으로實力을養成ᄒᆞ야國權을回復ᄒᆞᆯ지니如或新是로자ᄒᆞᆯ진ᄃᆡ不可不舊時代腐敗ᄒᆞᆫ心事를革除ᄒᆞ고新世界淸爽ᄒᆞᆫ精神을灌注ᄒᆞᆯ지라然則吾人勢不容ᄒᆞ야䵴勉ᄒᆞᆯ者ᄂᆞᆫ오즉少壯ᄒᆞᆫ子弟로海外에留學케ᄒᆞ야英才를陶鑄ᄒᆞ고鼓勵作興을速成ᄒᆞᆷ에在ᄒᆞ거날

嗟彼다頑冥沒覺ᄒᆞᆫ同胞ᄂᆞᆫ오히려鐵石床頭에深夢이未破ᄒᆞ고暗黑聰下에遊魂이不歸ᄒᆞ야오즉四盂飯一椀水로鼓腹伸舌ᄒᆞ야如此히有用ᄒᆞᆫ歲月을如斯히虛爲中度了코져ᄒᆞ니嗚呼痛哉라吾人의前程은何處에陷落ᄒᆞᆯ고未知케라吾人은將次刀下驚魂을甘作ᄒᆞ며未知케라吾人은牢中殘命을甘棄ᄒᆞ려ᄂᆞᆫ가

余도亦是二千萬民의一分子되ᄂᆞᆫ責任을有ᄒᆞᆫ지라이의諸君으로더부리同胞의誼가有ᄒᆞ고同族의親이有ᄒᆞᆫ則엇지如斯히不吉ᄒᆞᆫ言辭로諸君을侮蔑ᄒᆞ리오마ᄂᆞᆫ寧萬不獲已ᄒᆞ야蒙面陳言ᄒᆞᄂᆞᆫ바로다所謂一大悲報란何事를云ᄒᆞᆷ이뇨昨天東京來信을槪據ᄒᆞᆫ즉內槪에云云ᄒᆞ얏스되 未完

詞林

哭閔忠正 浙江人片桐藁

人言鄕國隱千古在雲霄遍遊同胞血何如普竹橋

雜報

●政治改善一班 續

伊來官方淆雜이罔有紀極ᄒᆞ야懷瑾握瑜者ㅣ或至陸沈ᄒᆞ고紆靑라紫가太半是孟浪無實之徒인즉所謂資格을安可拘爲이며

且士當以器識으로爲先이거날今或外國言語文字를稍爲曉解면輒曰奇材奇材라ᄒᆞ야置諸高官이나此輩中에類多輕환浮薄ᄒᆞ야未必其皆賢인즉勿拘資格ᄒᆞ며例分黜陟ᄒᆞ며無徒取言語文字ᄒᆞ고精究愼選ᄒᆞ야必以公廉忠直ᄒᆞ며習於時務者로隨材ᄒᆞ用이면自然人皆稱職ᄒᆞ고政界淸明ᄒᆞ야使四方이不患無材而庶績咸凝을指日可見ᄒᆞᆯ지요

三曰民智發達이니論國之强弱이民智之發未發에在ᄒᆞ고民智之發未發이教育之善不善에在ᄒᆞ니到今自强之策이人民敎育一事에不外ᄒᆞᆯ지라念玆在玆ᄒᆞ야彈力經紀이되此財政枵然之日ᄒᆞ야學校廣設이實無其勢인즉哀痛之誥勅으로風諭四方饒民ᄒᆞ야出義建學케ᄒᆞ며

又爲廣選學徒ᄒᆞ야歐美列邦에派遣遊學ᄒᆞ야磨以歲月에責其實效이면將來中興其礎가斷然胚胎于此ᄒᆞᆯ지로다

嗚呼라此三件事ᄂᆞᆫ立國之大頭腦也라苟能措處得善이면餘外千事百務가一朝豁然관通하야脫此羈絆이不是難事니諸公은其勉乎哉인저周有十臣同德하야卒以勃興하고漢得三傑爲輔하야竟成鴻業하니自古興亡成敗가惟在立志之如何라志苟一立이면天下에別無難事하ᄂᆞ니今此苦心提告가不啻鴻鵠之哀音이라惟諸公은其勉乎哉인저

完

●學費請撥 駐日公使趙民熙氏가學部에報告하되十一月朔官費生學資不足額三百九十八元六十錢과官費生高義行李昌煥金晉鏞三人이親患急報로歸國하옵기旅費六十元을幷爲得債支用하엿ᄉᆞ오니兩合四百五十八元五十八錢及一個朔利子十六元十錢과又十二月朔學資一千三百二十五元을趁速撥送하와俾免窘跆이라하얏더라

●屠中禁 官設屠獸及獸肉販賣規則을警務廳에서各坊曲에揭示하얏ᄂᆞᆫ데自本月二十日爲始하야實施ᄒᆞᆫ다ᄂᆞᆫ데從前暗屠等事ᄂᆞᆫ一切嚴禁ᄒᆞᆫ다더라

●學徒罷校 日本에留學ᄒᆞᄂᆞᆫ淸國學徒들이同盟罷校ᄒᆞᆷ은別行에已揭어니와該事由를聞ᄒᆞᆫ즉日本小村大使가渡淸ᄒᆞᄂᆞᆫ事件에對ᄒᆞ야學徒들이該政府에貽書ᄒᆞ야小村氏에請求를隨機反對ᄒᆞᆯ意로勸告ᄒᆞ얏더니日本政府에셔該學徒所爲를不滿心이有ᄒᆞ야文部省으로該學徒關束令을發表ᄒᆞ기로一齊憤激ᄒᆞ야同盟罷校ᄒᆞᄂᆞᆫ境에至ᄒᆞ얏다더라

●駐接無處 向以淨土宗一事로業經承訓ᄒᆞ야仍卽修補러니該員이今已入來하야公廨를請借故로不爲許施하고此處에本無寺刹즉位牌奉安과該員住接이別無可合處하야姑令留駐於邑底二陸里鄕舍이오나鄕舍ᄂᆞᆫ卽里綱會同之所라係是民有에不可久留處이오니査照하라고濟州牧使擇鏞相氏가內部에報告하얏더라

●五署家契新規 漢城五署內擬給家契를准稱相紨이되今已年久하와生奸之弊가不無이온즉現此刷新之際에不容一切改良이옵기新契規則과家契請求書圖式을另附仰報하오니査照後議政府에卽行通牒하야以本府令으로官報에揭登하라고漢城府判尹朴義秉氏가內部에報告하얏ᄂᆞᆫ데其新規則要領이如左하니家舍所有主가家契를請求코져ᄒᆞᆯ時ᄂᆞᆫ請求書에舊文券을添付하야漢城府에提出ᄒᆞᆷ이可ᄒᆞᆷ家契請求者ᄂᆞᆫ一回에發給ᄒᆞ야金五十錢을手數料로납付ᄒᆞᆯ事라하얏더라

●日獎청禁 平山郡守金東鎰氏가內部에報告하되本府東北兩面이接界於沿江인바漢江留駐日本軍隊의셔蒿草與鷄與卵等屬을稱以貿買而我國人三四輩가稱以通辯하고着日人服與日人으로偕到村閭하야蒿草或二百同或三百同과鷄與卵等屬을私自卜定하야如불入計면所謂通辯韓漢이敺打恐喝則愚昧人民이畏刼威凌하야隨口施給에價則不給하야民情騷擾ᄂᆞᆫ勢難支保云故로令飭巡校하야一以曉諭於日人하고一以禁斷於借來通辯하야近日則姑息此弊이오나民人之戶斛之價를推給無路하오니特爲知照日本軍司令部하와以爲禁斷하고見奪之草與鷄卵價額을重覈出給하야使民支保케하라고하얏더라

●의ᄃᆡ리국아마치젼 (속)

아마치가막ᄃᆡ를집고그날에나아가니ᄒᆡ륙군도독이되야그날리를평정하고다시의ᄃᆡ리국에돌아오니잇ᄯᅢ에의ᄃᆡ리국이오ᄃᆡ리국에게능모하고침학하는바를입어날아지경이날노졸어지는지라아마치가크게분ᄒᆡ하야슈하에군사를거나리고오ᄃᆡ리국을치다가이기지못하야항복하얏더니

명년에의ᄃᆡ리국빅셩덜이군사를이릐켜자쥬하기로격셔를젼하니방ᄂᆡ가소동하거날아마치가옷소ᄆᆡ를ᄯᅥᆯ치고일아나갈아ᄃᆡ ᄯᅢ가두번오지안코긔회를가히일치못하리라하고의용병을거나려조죠불난셔와오ᄃᆡ리두날아의군사를이기고셩을웅거하야굿지직히더니뭇착ᄂᆡ불류국사람이불난셔군사로ᄃᆡ부러혐세를합하야셩을치니

아마치가몸으로써탄환을물릅스고밤낫싸오지삼십일에군사가젹어젹국을ᄃᆡ젹지못ᄒᆞᆯ지라직히지못ᄒᆞᆯ쥴를알고군사로하야금항복을의논하라

미완

廣告

特別廣告

本申報ᄂᆞᆫ海外電報를即接ᄒᆞ야機關이靈通ᄒᆞ고外報와探報를敏捷活潑ᄒᆞ도록注意ᄒᆞ오며申報發送ᄒᆞᄂᆞᆫ디迅速信傳ᄒᆞ기ᄂᆞᆫ分傳人의게在ᄒᆞᆷ으로[illegible]告[illegible]ᄒᆞ고[illegible]母或婚或情[illegible]或僉[illegible]本社[illegible]君子[illegible]讀[illegible]信ᄒᆞ시면該分傳의誠意ᄒᆞ도록耳提面命ᄒᆞ시고相學ᄒᆞ도록勸督ᄒᆞ야必無遲誤ᄒᆞ기로諭ᄒᆞ야必無遲誤ᄒᆞ도록期待ᄒᆞᄋᆞᆸᄂᆞ이다

本社에寄書ᄒᆞ시ᄂᆞᆫ諸君子ᄂᆞᆫ姓名과居住를明確ᄒᆞ게懸錄送附ᄒᆞ시와證據가有ᄒᆞᆷ이必要ᄒᆞᆷ이오公衆平和와秩序를紊亂케ᄒᆞᄂᆞᆫ意外社會上不經荒雜ᄒᆞᆫ寄書ᄂᆞᆫ不受ᄒᆞᄂᆞᆫ權利가本社에自有ᄒᆞ오니肯諒ᄒᆞ시ᄋᆞᆸ

大韓每日申報社

雜誌發刊廣告

今에數理學雜誌를(每月五日一回定刊)發刊ᄒᆞ야教師諸氏의教科材料를敢助ᄒᆞ고學生諸氏의獨學材料를供給코져ᄒᆞ오니有志諸氏ᄂᆞᆫ購讀ᄒᆞ심을切望

(但一部定價ᄂᆞᆫ新貨陸錢)

南大門內尙洞德公館右便
青年學院內 數理學雜志社
鍾路大東書市
洞口內金相萬冊肆
仁川港桭峴開新冊肆

○鐵路部

○東大門과新門間에來往車ᄂᆞᆫ每十分間에運行홈

東大門發初車ᄂᆞᆫ午前六時三十分
新門外停車場發初車ᄂᆞᆫ午前六時五十五分
東大門發終車ᄂᆞᆫ午後九時五十分
新門外停車場發終車ᄂᆞᆫ午後十時十五分

○東大門과洪陵間에來往車ᄂᆞᆫ每二十分間에運行홈

但自鍾路로東大門에來到ᄒᆞᆫ交替車로聯絡홈

東大門發初車ᄂᆞᆫ午前六時五十分
洪陵發 初車ᄂᆞᆫ午前七時十分
東大門發終車ᄂᆞᆫ午後七時五十分
洪陵發 終車ᄂᆞᆫ午後八時十分

○鍾路와龍山間에來往車ᄂᆞᆫ每十二分間에運行홈

鍾路發至南大門初車ᄂᆞᆫ午前六時四十八分
鍾路發至龍山 初車ᄂᆞᆫ午前七時二十四分
南大門發至鍾路初車ᄂᆞᆫ午前六時五十六分
龍山發至鍾路 終車ᄂᆞᆫ午前七時五十七分
南大門發至鍾路終車ᄂᆞᆫ午前十時八分
龍山發至鍾路 終車ᄂᆞᆫ午後九時九分

○特別私用車ᄂᆞᆫ顧客의方便ᄒᆞᆷ을隨應ᄒᆞ야準給홈

但定價ᄂᆞᆫ本社에來臨ᄒᆞ야請問ᄒᆞᄋᆞᆸ

○電燈部

二百五十燭力以內의數用處에ᄂᆞᆫ每個月에定價表가如左홈

○十六燭力燃燈達夜에二圓五十錢
○三十二燭力燃燈達夜에四圓
○五十燭力燃燈達夜에六圓
○一百五十燭力燃燈達夜에十圓
一千二百燭力弧形燈達夜에二十圓
二百五十燭力以上의數用處에ᄂᆞᆫ請求ᄒᆞ면瓦斯計一箇를設給홈

但瓦斯計貸金은每個月에二圓이오瓦斯計測驗表委託定價ᄂᆞᆫ每時間每암페아에二錢이옴

瓦斯計設給處에셔每介月支拂金最低額은每個月에二十圓인디(瓦斯計貸金은)据홈

電燈을敷設ᄒᆞ기에請求ᄒᆞᄂᆞᆫ디給홈로供各種連技辦燈도當時에貯存ᄒᆞ엿ᄉᆞᆸ

本社鍾路電氣會社
韓美電氣會社 告白

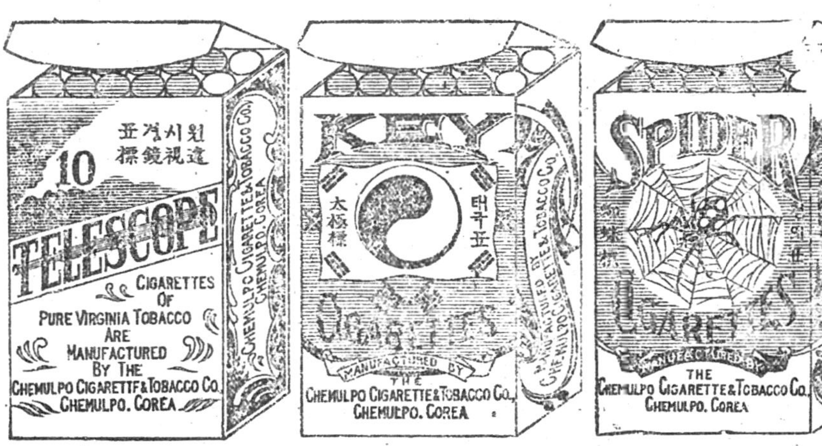

以上三種은上品으로製造ᄒᆞ야領[illegible]上에至極ᄒᆞ오니僉[illegible]諸業人ᄒᆞ고本社에來臨ᄒᆞ심

大韓帝國仁川港 濟物浦紙卷煙及烟草會社

● 九轉靈砂라 本人이妙方法을神備하야製造ᄒᆞᆫ靈丹인디男女老少에無論何症ᄒᆞ고通治ᄒᆞ오며無病時에도服ᄒᆞ면平生의身體가健康ᄒᆞ며小兒ᄂᆞᆫ四五錢重만服ᄒᆞ면十歲안에無病ᄒᆞ기를擔保ᄒᆞ오며

● 九轉靈砂萬應丹은癲狂 癎症과中風諸疾과耳目諸病과淋疾에神効ᄒᆞ오

● 九轉靈砂保命丹은初生小兒 驚風 癎氣 咳嗽 腹瘡諸般惡症에神効ᄒᆞ오

● 九轉靈砂濟衆丹은酒滯 食滯 血積 吐瀉 霍亂 痢疾 吐血 下血 運氣 時疾 疝症에神効ᄒᆞ오

● 九轉靈砂紫金丹은痔漏 累瘡 上疳瘡 下疳瘡及唐瘡과諸般毒瘡惡種에無不神効ᄒᆞ오니 僉君子ᄂᆞᆫ來問ᄒᆞ시오

內需司前독갑이골上隅第一家 李鎬廷移徙 告白

◎本社特告

本社新聞을關西等地에廣佈ᄒᆞ기爲ᄒᆞ야平壤金與淵崔叙恒宜川安濟[illegible]金[illegible]等三氏에게委托ᄒᆞ고逐號[illegible]送ᄒᆞ오니[illegible]에有[illegible]君子ᄂᆞᆫ三氏에게購覽ᄒᆞ시되 金[illegible]三氏에게[illegible]致ᄒᆞ심[illegible]

大韓每日申報社

本社廣告

申報價

一張代金 新貨二錢
一箇月前納 三十錢
三箇月 九十錢
六箇月 一元七十錢
一箇年 三元四十錢
郵稅二部 新貨五厘
一箇月 十二錢

廣告料

四号活字十三字詰每日每撚尺一寸에新貨廿五錢
(每日每行에六錢에相當ᄒᆞᆷ)
二周日에 二圓五十錢
(每日每行四錢五厘에相當ᄒᆞᆷ)
一箇月에 五圓
(每日每行四錢一厘에相當ᄒᆞᆷ)
其期限의長短과字行의多少를依ᄒᆞ야增減ᄒᆞᆷ이有홈

大韓人마다此申報를不得不閱覽ᄒᆞ실터이오니廣告出報ᄒᆞ실僉君子ᄂᆞᆫ來臨面議ᄒᆞ시ᄋᆞᆸ

發行兼編輯人 英國人裴說
發行所
京城北署壽進坊濟洞号外地法語學校前
大韓每日申報社

第三卷

大韓每日申報

대한매일신보

第一百四號

月曜及慶節歲時日休刊

檀君開國四千二百三十八年
箕子元年三千二十七年
大韓開國五百十四年
日本明治三十八年
淸國光緖三十一年
陰曆乙巳十一月小二十日己丑

論說

人才宜選

蓋値非常之變故者ᄂᆞᆫ必須非常之人才하야建立非常之事功하나니若以庸常之才로欲濟非常之艱者ᄂᆞᆫ譬컨ᄃᆡ朽木을將하야大廈를支하고漏船을縱하야滄海를涉홈이니立見其覆壓沈沒而已로다

現今大韓이非常ᄒᆞᆫ變故을遭値하얏슨즉宜乎非常ᄒᆞᆫ人才를擇取하야圖所以弘濟匡救者어ᄂᆞᆯ政府上人才를觀ᄒᆞᆫ則其庸才無學者가아니면곳平日에亂政誤國之人이라兎之弗角과龜之弗毛ᄂᆞᆫ理所瞭然이니彼其原質이無ᄒᆞ고엇지文采가有ᄒᆞ리오

以彼之輩로久於其任ᄒᆞ면僨誤가益甚ᄒᆞᆯ뿐이오覆敗가必至ᄒᆞᆯ뿐이라未知케라庸劣無能ᄒᆞᆫ大官들이以爲ᄒᆞ되國을可亡이어언정我의權은不可以釋이니決코他人은弗可引進이라홈인가抑其고傲自大ᄒᆞ야人莫已若이라謂ᄒᆞᄂᆞᆫ가貪權者ᄂᆞᆫ負國이오蔽賢者ᄂᆞᆫ亡國이니國이無ᄒᆞ야도彼의權位가自在ᄒᆞ고身家가無恙ᄒᆞᆯ깃ᄂᆞᆫ가此ᄂᆞᆫ非但謀國不忠이라實로謀身을不知홈이로다

吾輩ᄂᆞᆫ竊願ᄒᆞ노니韓廷大官은各其身家를爲ᄒᆞᆯ더리도妬賢嫉能을勿爲ᄒᆞ고好善愛才를是勉ᄒᆞ야第一資性이忠亮ᄒᆞ야夷險一節의人과新學問新知識이有ᄒᆞ야新政治의需用이合當ᄒᆞᆫ人才를至誠推薦ᄒᆞ야곳不次擢用之典으로써施與ᄒᆞ야此非常ᄒᆞᆫ艱局을濟케ᄒᆞᆯ지니

大抵國家를爲ᄒᆞ야勤勞를樹立ᄒᆞ고人民을爲ᄒᆞ야福祉를增進캐홈이孰大於進賢이리오韓廷大官은思之念之어다

官報

◉三千三百二十一號　光武九年十二月十二日

◉宮廷錄事

詔曰命禮式院掌禮卿尹容植爲宮內府特進官正二品趙命敎爲禮式院掌禮卿

十二月八日

◉敍任及辭令

陞三級俸　軍部主事金濟朝

陞六級俸　軍部主事沈相徽

以上十二月一日

依願免本官　秘書監郞高鼎柱

禮式院掌禮卿尹容植

命宮內府特進官敍勅任官二等

正二品趙命敎

命禮式院掌禮卿敍勅任官二等

六品崔炳哲

任秘書監郞敍奏任官四等

內部主事趙완九

命文獻備考續纂委員

以上十二月八日

軍部技手申鉉台

任軍部主事敍判任官八級

安鍾均

任軍部主事敍判任官十級

申鉉弼

任軍部技手敍判任官七級

以上十二月九日

◉三千三百二十二號　光武九年十二月十三日

◉宮廷錄事

詔曰奉審閣臣入侍

十二月九日

詔曰正二品閔炯植爲中樞院贊議

光武九年十二月九日

議政府議政大臣臨時署理學部大臣李完用

詔曰命陸軍正領尹喆圭爲警務使

光武九年十二月九日

內部大臣副將勳一等李址鎔

◉勅令

勅令第五十一號

度量衡法實施局職制

第一條　度量衡法實施局은農商工部大臣의監督에屬ᄒᆞ야度量衡法實施에關ᄒᆞᆫ事務를行ᄒᆞᆯ事

第二條　度量衡法實施局에ᄂᆞᆫ左開職員을置ᄒᆞᆯ事

一 長官 一人 勅任待遇

一 次長 一人 奏任待遇

一 課長 三人 奏任待遇

一 技師 二人 奏任待遇

一 臨檢員 四十人 判任待遇

一 書記 五人 判任待遇

一 技手 五人 判任待遇

第三條　長官은農商工部大臣의監督을承ᄒᆞ야局內一切事務를總理ᄒᆞᆯ事

第四條　次長은長官의指揮를承ᄒᆞ야局內一切事務를掌理ᄒᆞᆯ事

第五條　課長은長官及次長의指揮를承ᄒᆞ야各課事務를分理ᄒᆞ고課員을監督ᄒᆞᆯ事

第六條　技師ᄂᆞᆫ上官의命을承ᄒᆞ야技術에關ᄒᆞᆫ事務를掌握ᄒᆞᆯ事

第七條　臨檢員은上官의命을承ᄒᆞ야度量衡督察에從事ᄒᆞᆯ事

第八條　書記ᄂᆞᆫ上官의命을承ᄒᆞ야庶務에從事ᄒᆞᆯ事

第九條　技手ᄂᆞᆫ技師의下에在ᄒᆞ야技術에關ᄒᆞᆫ事務에從事ᄒᆞᆯ事

第十條　長官은農商工部度量衡製造所管理次長은同事務長이此를兼掌ᄒᆞᆯ事

御押　御璽　奉

勅　光武九年十二月九日

議政府議政大臣臨時署理學部大臣　李完用

農商工部大臣權重顯

外報

◉清廷活　俄國政府ᄂᆞᆫ軍隊를派遣ᄒᆞ야伊黎新疆一帶를侵略의形蹟이有ᄒᆞᆫ報道가北京에傳播홈으로駐淸公使포고지로후ᄂᆞᆫ即時外務部에向ᄒᆞ야聲言ᄒᆞ되外間에傳播ᄒᆞᄂᆞᆫ비ᄂᆞᆫ虛妄ᄒᆞᆫ謠言이라我政府ᄂᆞᆫ決코如此ᄒᆞᆫ不法을不爲ᄒᆞᆯ지며伊黎新疆各處에匪徒一暴擧를呈ᄒᆞ야貴國의官憲이此를鎭壓ᄒᆞ기不能홈이我國의臣民中에彼地의在留ᄒᆞᆫ者가一日이라도生命財産의安固를保全키不能ᄒᆞᆫ故로不得已本國政府에向ᄒᆞ야派兵을要求홈에不過ᄒᆞ고本國政府에서此에應與不應을未知ᄒᆞᆯ깃다ᄒᆞ얏ᄂᆞᆫ되此를得聞ᄒᆞᆫ外務部ᄂᆞᆫ此ᄂᆞᆫ俄國政府가東淸에其慾望을呈키不能홈으로玆에其意志를伊黎新疆方面에서轉ᄒᆞᄂᆞᆫ者라ᄒᆞ야直時伊黎將軍及同地方官廳에게以上事實의眞相을確實히調査ᄒᆞ고同時에匪徒鎭壓에努力ᄒᆞ기를命ᄒᆞ고且北京政府에서도視察員을派遣ᄒᆞ얏다더라

◉사하라皇帝東遊　不遠에東亞로來遊ᄒᆞᆫᄃᆞᄂᆞᆫ사하라皇帝짜스다이第一世된奇異ᄒᆞᆫ國王이라짜스다이레바우데佛國에서製精糖業에營ᄒᆞᄂᆞᆫ富豪의子로幼時에大志가有ᄒᆞ야사하라沙漠에一大殖民地를開ᄒᆞ얏고二年前에바리ㅣ의都에去ᄒᆞ던人傑이오二年前에사하라盜賊의貴乏홈을充滿ᄒᆞᆫ비더니今에一千英六里를開拓ᄒᆞ야人民一萬二千人을統轄ᄒᆞ고砂糖、洋綿、米、鹽草等을作ᄒᆞ야當備兵二千人과豫備兵을置ᄒᆞ고嚴然히帝國治文ᄒᆞ야사하라帝國이라ᄒᆞ고自히皇帝가된者라더라

東京電報

●清日條約內容 十二月十四日午後〇三十分發

清日條約은其內容의大要가如左ᄒᆞ더라

一 清國은日本의遼東租借를認ᄒᆞᆫ事
一 長春以南의鐵道ᄂᆞᆫ日本國에引渡ᄒᆞᆫ事
一 煙台撫順의炭礦採掘은日本國에許可ᄒᆞᆫ事
一 其他礦山採掘은許可치아니ᄒᆞᆫ事
一 日本軍用電信은十箇年後에청國에서買還ᄒᆞᆯ事를得ᄒᆞᆫ事
一 日本國은鐵道保護兵을設置ᄒᆞᆯ事를得ᄒᆞᆫ事

●日本文相辭表御裁可 十二月十四日午後三時二十分發

久保田文相의辭表ᄂᆞᆫ御裁可가되고桂首相은文相을兼ᄒᆞ얏고濱尾新氏ᄂᆞᆫ大學總長으로任命ᄒᆞ고松井博士의兼任을解ᄒᆞ얏더라

●露國皇帝 仝上

露國皇帝께셔ᄂᆞᆫ狙擊을被ᄒᆞ야微傷을受ᄒᆞ얏다ᄂᆞᆫ電報가有ᄒᆞ더라

●前駐韓露國公使 仝上

巴禹路厚氏ᄂᆞᆫ官金費消罪로露國會計檢查院에서取調中이라더라

●現內閣辭職準備 仝上

現日本政府의貴族院議員을組織ᄒᆞ고地方官等을交迭ᄒᆞᆷ은辭職의覺悟로認ᄒᆞᆷ다더라

雜報

●此日不可恃

世或言東洋三國이畢竟其交誼不終ᄒᆞ리라더니今於日本에滯留ᄒᆞᄂᆞᆫ清韓學徒事件에觀之컨ᄃᆡ斯言이尤可驗也로다夫此清韓學徒之日本에遊學ᄒᆞᆷ은一則文明先進을欽慕ᄒᆞᆷ이오一則同洲同文을相愛ᄒᆞᆷ인즉來者를歡迎ᄒᆞ며教育에不倦ᄒᆞ야아모또록人材作成에盡心幹旋ᄒᆞᄂᆞᆫ거시自巳國에光彩를增生ᄒᆞ며同洲人에情誼를表明ᄒᆞᆷ이어ᄂᆞᆯ今乃不然ᄒᆞ야該學徒들이各其本國事件을爲ᄒᆞ야日本에不滿底心이有ᄒᆞ다ᄒᆞ며一朝에悅然外視ᄒᆞᆯ뿐아니라清之學徒ᄂᆞᆫ自文部省으로團束令을發佈ᄒᆞ고韓之學徒ᄂᆞᆫ高等學校에叅入을不許ᄒᆞ기로該學徒들이十分憤激ᄒᆞ야或同盟罷校ᄒᆞ며或旅館에退處ᄒᆞ야彼此間如前一同이알알乎難矣라ᄒᆞ나大抵人之學問이비록經天緯地之法과出鬼入神之術이有ᄒᆞᆯ지라도當以忠義로爲先인즉今此學徒等에不忘本國ᄒᆞ야隨事效忠ᄒᆞᆷ은即天理人情之當然이거날因此懷憾ᄒᆞ야瞥然外視ᄒᆞ며學業을沮撓ᄒᆞ니然則人必背本而附外ᄒᆞ며忘義而趨利然後에謂之可人이라ᄒᆞ야敎之親之乎아且日本人에平日藉口가東洋維持라ᄒᆞ니人材作成은乃是청韓維持ᄒᆞᄂᆞᆫ第一頭關鍵이거날如是沮撓ᄒᆞ야其學之或成을泝以爲懼ᄒᆞ니天下에安有如是相愛之道이며況其新學問之可受가區區然非獨日本이요歐美列邦에皆可以往焉인즉人非無腸이라誰肯俛首受侮於東京學校乎아爲林驅鳥者ᄂᆞᆫ鸇也요爲水驅魚者ᄂᆞᆫ獺也라ᄒᆞ니歐美列邦을向ᄒᆞ야學徒를驅逐者ᄂᆞᆫ其必日本乎인저人心向背ᄂᆞᆫ即天意之去留인즉無端逐客이未知爲日本之福일지嗚呼라日本人에所謂維持東洋은一時夸大說에不過이고日夜設謀가權利占奪에爲急ᄒᆞ기로셔於行動之際에種種破綻이如此ᄒᆞ니其心所在를人孰不知리오

第以韓之近形으로觀之컨ᄃᆡ賢材進用ᄒᆞ며實力養成等說로極口聲明이雖若可信이로되鋪置則無一不相反ᄒᆞ야政府大官이乃是五賊이요財政을閉塞ᄒᆞ야民不聊生ᄒᆞ며兵額을減削ᄒᆞ야瓜牙已剪이며郵電을俱奪ᄒᆞ야氣脈이將枯ᄒᆞ니賢材를何時可見이며實力이何處從生일지譬之컨ᄃᆡ其手를縛ᄒᆞ며其足을械ᄒᆞ고도語之曰此人에運動을便利케ᄒᆞᆫ다ᄒᆞ면雖三尺童子라도此言을信乎아否乎아其欺騙手段을全國人士가無愚智而皆言이어만안十里霧中에際之又際ᄒᆞ니天乎여非人力也로다雪窓寒燈에百感이봉中ᄒᆞ기로書此短章하야聞天之鶴音를聊以代之하노라

●朴氏歸泉 輔國朴定陽氏가客月呻吟하더니昨日上午四時에竟爲長逝하얏다더라

●朴氏不屈 前參判朴齊斌氏가今番新條約事件에對ᄒᆞ야反對主義로進辭抗言ᄒᆞ다가日本司令部에被拘ᄒᆞ얏ᄂᆞᆫᄃᆡ日人이朴氏를威嚇ᄒᆞ야曰更不進歸ᄒᆞᆯ意로納考ᄒᆞ면即時放送ᄒᆞ깃다ᄒᆞ되朴氏가抵死不屈ᄒᆞ얏다더라

●費絀署蹙 本署情形은伏想已燭而經費外劃各郡中安邊文川高原永興에서趑不出錢ᄒᆞ야檢全禹鎭派送이옵다가昨年二月分에權任朴鎭寶과巡檢이日陣拘執되와如干先捧之錢은亦爲見執而已過一年에尚未歸正ᄒᆞ오니該檢之失哺와署情之落莫이倘復如何乎잇가巧値路阻ᄒᆞ와呼訴不得에吟恨是日ᄒᆞ야署樣去益難支이온中矧且九年度年終이紗薄助幷與新舊經費之未支額이洽爲一年半而外容이尚此寥寥ᄒᆞ니事甚悶ᄒᆞ와專送總巡安壽益하오며據實報告하오니查照하오셔日前被執二檢及見執錢數을幷即解冤케하시고嚴飭外劃各該郡하시와俾保署樣之地이라고咸北邊界警務署總巡金浩錫氏가內部에報告하얏더라

●日館晚餐 昨日下午十時에日本公館에서晚餐會를開催하고韓廷各大臣을招請하얏더라

●支撥有規 第一銀行京城支配인청水泰吉通告書內에木浦支金庫에서駐在官의證印이無ᄒᆞᆫ出給命令으로써支撥ᄒᆞᆷ을請求하ᄂᆞᆫ者有ᄒᆞᆷ으로處理之方을以電報로報來하와기右ᄂᆞᆫ拒絕ᄒᆞᆯ意로指揮하얏스오니邇來出給命令으로地方에서支撥을要ᄒᆞᄂᆞᆫ者ᄂᆞᆫ地方觀察府에豫爲回付하야同處에서駐在官의證印을得ᄒᆞᆫ後各債主의게交付하도록ᄒᆞᆷ을望ᄒᆞᆫ等因을準하야玆에訓令하니到即飛飭管下各郡하야遇有支撥請求者어든該出給命令書에該駐在官證印을捺得하야支撥上無碍之意로內部에서全南觀察使의게訓飭하얏더라

●獵官奔走 各郡守之現闕者爲三郡이오請願辭職者爲六七郡인ᄃᆡ圖得一窠ᄒᆞ야ᄂᆞᆫ貪官客들이奔走南北에或以財動胃하며或以言納媚하야各呈伎倆云하니此等政客은可謂貪官的餓鬼라고巷論이紛紛하다더라

●聯疏捧呈 各部大臣들이今番新條約事件에對하야辨明次로聯名疏를捧呈하얏다가該疏辭中에有何未安之句語이던지還爲取出하야更爲修繕하야再昨日下午에捧呈하얏ᄂᆞᆫᄃᆡ姑未承批라더라

●棄佛而逃 慶北寧海郡守慶光國氏가內部에報告ᄒᆞᆫ內槪에去陰十月十二日淨土宗敎員三人이來到本郡하야招致書記而要請公廨하고又請修理之費이온바部府訓飭之前에ᄂᆞᆫ幷不可擅便이다즉該員이突然憤怒에叫將起來하야此漢彼漢에捉出之號令이如霜하야犯措乖常이오며郡守進往于觀察府之間에徑送下인于本郡有金寺하야誘貸幾百金而貧寺殘衲이末由酬應이다즉同下인이恐喝行悖가兩有紀而寺下洞民이挽解ᄒᆞ려니敎員이震怒於僧不由命과民不禁隷라하야寺僧洞民을星火捉來之意로叫唱巡檢이온즉巡檢等이不敢不從하야即往該寺則見機已避하고挽解之洞民은誰某未詳키로該洞頭民을捉付敎員즉敎員이不問曲直하고緊緊縛跪于瓦礫之上云하니行惡邑村하며禍及僧俗에該員行爲가極爲駭悖이오며有金寺佛像一本을舁致하야奉來ᄒᆞᆫ各殿位牌와一體奉安於久弗修理之處所云하니千年古寺之老佛과莫重尊嚴之位牌에進退動靜을惟意輒卒者ㅣ事體所在에寧庸若是乎아餓而各殿位牌를一幅褓內에混同裹束하야陰十一月初十日曉頭에盡着하고莫知去向이다이온바此員之於京於府에搆誣是法은弗見是圖이오나事甚無據하와據實論報라하얏더라

●漢判繼報 日인小花米藏外三名의買收家契六枚換給件에關ᄒᆞᆫ日領事照會를接准이온바查照指令이라하얏더라

雜報

仰佈喜 生 明

停柩同日下午隨時南門外池邊 安葬同月十九日[illegible]

●葬期不遠 閔忠正公襄事가 發引陽十二月十七日下午一時 葬地ᄂᆞᆫ龍仁郡防築洞樓鳳山
迫在日間키로葬儀諸條를左開 吊客會集處所ᄂᆞᆫ典洞本邸

雜報

悲報悲報라 寒膽生 續

客年十月에 皇命派遣된官費學生은無一員濕脫ᄒᆞ고東京府立第一中學校에入學ᄒᆞ야至于今히勵精刻苦ᄒᆞ야今日聖明의愛育林器ᄒᆞ시ᄂᆞᆫ 天意를奉體ᄒᆞ고他年國家의萬一幸運을挽回ᄒᆞᆯ決心을抱持ᄒᆞ얏더니

嗚呼라好事多魔ᄂᆞᆫ古今常則이라言然發出ᄒᆞᆫ一大驚報ᄂᆞᆫ吾人耳邊을打來ᄒᆞ야曰韓國學生으로外邦에留學ᄒᆞᄂᆞᆫ者의게ᄂᆞᆫ高等學術을敎授ᄒᆞᆯ必要가無ᄒᆞ다ᄒᆞ야如此ᄒᆞᆫ悲報ᄂᆞᆫ日本學者社會에傳播되야甚至於報館筆頭에ᄭᆞ지露出되고

尤極可憎ᄒᆞᆫ者ᄂᆞᆫ韓國留學生監督으로掌任ᄒᆞᆫ勝浦병雄(東京府立第一中學校長)의論調라其言을枚陳코ᄌᆞᄒᆞ면數多紙面을費盡ᄒᆞ깃신즉只此姑停ᄒᆞ려니와

大槪日本의至今ᄭᆞ지聲明ᄒᆞᆫ바ᄂᆞᆫ莫非韓淸人文을啓發ᄒᆞ고東洋平和을維持ᄒᆞ깃다ᄒᆞ얏고또ᄒᆞᆫ如此如此這般這般이라ᄒᆞ면셔于斯時間國權을奪去ᄒᆞᆯ時에亦如是ᄒᆞ야甘言利說이足히他人의心腸을搖動ᄒᆞ깃스나此事로因ᄒᆞ야前日日本의所行事狀이無遺露出되얏ᄂᆞᆫ지라

嗚呼라吾人이如彼巧言을信聽ᄒᆞ얏슴은아니로ᄃᆡ普天下公眼公視下에美名을藉托ᄒᆞ고만行敢을爲ᄒᆞᆫ줄은初不念及ᄒᆞᆫ비라今日에至ᄒᆞ야ᄂᆞᆫ三尺微命은斷之久矣로ᄃᆡ一線後望도行將歸虛ᄒᆞ리니

哀我同胞ᄂᆞᆫ將何爲焉고
哀我靑年아將何爲焉가

痛矣痛矣라余ᄂᆞᆫ此地頭此事狀ᄭᆞ지念及ᄒᆞᆷ의胸膈이悶鬱ᄒᆞ고喉舌이堅塞ᄒᆞ야更不得多多言及이나

余ᄂᆞᆫ장ᄎᆞᆺ此事의發生이不遠間實現된다ᄒᆞᆯ진ᄃᆡ그關係의重大ᄒᆞᆷ이前日新條約締結보다도更一層加重ᄒᆞᆷ을確信ᄒᆞ고此藁를忙草ᄒᆞ야凡我一般同胞의게汎告ᄒᆞ노라

完

向者에美國大統領選擧時에兩次薦望되얏던有名ᄒᆞᆫ부라언氏가皇城基督敎靑年會에셔演說ᄒᆞᆷ이如左ᄒᆞ니 續

害人ᄒᆞᄂᆞᆫ穢氣를成ᄒᆞ고善爲施濟ᄒᆞᄂᆞᆫ人은活泉과如ᄒᆞ야四方으로流通ᄒᆞᆷ의人皆爭飮ᄒᆞᄂᆞ니

於斯二者에其將奚取오然則愛人如己ᄒᆞᆷ을當然ᄒᆞᆫ義務로認得ᄒᆞᆯ진ᄃᆡ身分的有益과國家的與隆ᄲᅮᆫ아니라世界的聯絡은宗敎的聯絡第一이니

五大洲世界列國을遊覽ᄒᆞᆯ지라도聖經所載ᄒᆞᆫ平和之主를心內에崇奉ᄒᆞ고凡事를實行ᄒᆞ면少無拘碍ᄒᆞᆯ지라

吾의今日에深信ᄒᆞᄂᆞᆫ者ᄂᆞᆫ此會諸君이宗敎로以ᄒᆞ야聯絡ᄒᆞᆷ을實心實力ᄒᆞᆯ거시오

實心實力으로宗敎를聯絡ᄒᆞ야團體를成ᄒᆞ면箇人身分에甚幸ᄲᅮᆫ아니라國家的에幸甚일가ᄒᆞ노이다

俺이諸君을靑年會에셔接見ᄒᆞᆷ을喜悅ᄒᆞ오며尹致昊氏가吾의演說를翻譯ᄒᆞᆷ에對ᄒᆞ야感謝ᄒᆞ나이다

完

●一進再質 再昨日下午에一進會員三人이警務使尹喆圭氏의게事件質問ᄒᆞ되日昨本會에셔辭退慰토已有勸告에旣經勇退決言矣러니今忽仕進은豈非食言乎아ᄒᆞᆫ즉警使所答이從速辭退ᄒᆞ깃노라ᄒᆞ얏다더라

●賣土不法 水原平澤兩郡二西面五台面等地人民의來告를據ᄒᆞᆫ즉國內田畓土地를私相放賣於外國人은國之大禁이니雖愚夫愚婦라도無不知也라水原栢峯居徐[illegible]泰相天이가數年前에掘浦于平澤二西面等地ᄒᆞ야換浦成陸ᄒᆞᆫ土地가近百餘石斗落인ᄃᆡ年前尹議政의孫澤榮氏가買得ᄒᆞ야兩年秋收矣러니불意今十月分에放賣於日人處ᄒᆞ야捧價二百萬兩云이러니日人五六名이下來 驗ᄒᆞ고稱謂農業會社設始라ᄒᆞ고一邊建築家屋次로材木輸來ᄒᆞ고一邊稱爲定界ᄒᆞ고揷旗於他人之畓者十倍於所買之畓이라問其不買畓揷票之由則曰此將買得云ᄒᆞ니必是歐價勒買之計라以此之致로平澤水原接界人民이皆爲騷動而若至此境이면近地農民이爲不失土ᄒᆞ야莫可聊生이니大抵鄕愚氓도不爲賣土於外人이거든況官至亞卿ᄒᆞ고世祿家裔로爲其厚價ᄒᆞ야賣土於日人ᄒᆞ야以致民失其土ᄒᆞ니遠近輿論이無不痛憤이라ᄒᆞ더라

●軍協被命 陸軍正領李熙斗氏ᄂᆞᆫ叅將으로陞任ᄒᆞ고軍部協辦을被任ᄒᆞ얏더라

●警使將遞 警務使尹喆圭氏ᄂᆞᆫ日間見遞ᄒᆞ고其代에陸軍正領李秉武氏가被任ᄒᆞ리라더라

●의리국아마치젼 속

하고단신으로졍렬하고용감ᄒᆞᆫ부인을잇슬고적군을헤치고비롤타고

타국으로도망코져ᄒᆞᆯ시젹병이셔닷고ᄊᆞ으른지라비를바리고륙지에 올나산 곡을넘 어달아나니

침식을폐ᄒᆞᆫ지슈삼일에츄병은더욱급ᄒᆞᆫ지라그부인이쥬리고곤핍하야촌보를힘허기어려운지라

흐르는물를웅킈여마시다가아마치다려열너갈오ᄃᆡ첩이나라와ᄇᆡᆨ셩을위허여죽어도한이업거니와

오작장부에셩공을보지못허고죽는거시한이라장부는맛당이뜻을죠곰도굴치말고

다른날에큰공을일우워아름다온일홈을쳔지와갓치ᄒᆞ라하고ᄒᆞᆫ번웃고목을미야죽으니슬픈지라

미완

特別廣告

本申報는海外電報를卽接ᄒᆞ야機關이靈通ᄒᆞ고外報와探報를敏捷括選ᄒᆞ도록注意ᄒᆞ오며申報發送ᄒᆞᄂᆞᆫ딕迅速信傳ᄒᆞ기ᄂᆞᆫ分傳人의게在홈으로本社에셔平常에諸分傳人의게丁寧告飭ᄒᆞ고申申訓飭ᄒᆞ야毋或遲傳ᄒᆞ게注意ᄒᆞ거니와如或暫有稽忽이라도愛讀僉君子는密使通知ᄒᆞ시면該分傳의게誠信相孚ᄒᆞ도록耳提面命ᄒᆞ고勤贊가發生ᄒᆞ도록驗ᄒᆞ야必無遲誤ᄒᆞ기로期待ᄒᆞ옵나이다

本社에寄書ᄒᆞ시ᄂᆞᆫ諸君子ᄂᆞᆫ姓名과居住를明確ᄒᆞ게懇錄送附ᄒᆞ시와證據가有홈을必要홈이오公衆平和ᄒᆞᆫ秩序를紊亂케ᄒᆞᄂᆞᆫ意와社會上不經荒雜ᄒᆞᆫ寄書ᄂᆞᆫ不受ᄒᆞᄂᆞᆫ權利가本社에自有ᄒᆞ오니肯諒ᄒᆞ시옵

大韓每日申報社

雜誌發刊廣告

今에數理學雜誌를(每月五日一回定刊)發刊ᄒᆞ야教師諸氏의教料材料를敢助ᄒᆞ고學生諸氏의獨學材料를供給코져ᄒᆞ오니有志諸氏ᄂᆞᆫ購讀ᄒᆞ심을切望

(但一部定價ᄂᆞᆫ新貨陸錢)

南大門內尙洞德公館右便
青年學院內 數理學雜志社

鍾路大東書市
洞口內金相萬冊肆
仁川港桎峴開新冊肆

○鐵路部

○東大門과新門間에來往車ᄂᆞᆫ每十分間에運行홈
東大門發初車ᄂᆞᆫ午前六時三十分
新門外停車場發初車ᄂᆞᆫ午前六時五十五分
東大門發終車ᄂᆞᆫ午後九時五十分
新門外停車場發終車ᄂᆞᆫ午後十時十五分

○東大門과洪陵間에來往車ᄂᆞᆫ每二十分間에運行홈
但自鍾路로東大門에至到ᄒᆞᆫ者ᄂᆞᆫ區로繼續홈
東大門發初車ᄂᆞᆫ午前六時五十分
洪陵發 初車ᄂᆞᆫ午前七時十分
東大門發終車ᄂᆞᆫ午後七時五十分
洪陵發 終車ᄂᆞᆫ午後八時十分

○鍾路와龍山間에來往車ᄂᆞᆫ每十二分間에運行홈
鍾路發至南大門初車ᄂᆞᆫ午前六時四十八分
鍾路發至龍山 初車ᄂᆞᆫ午前七時二十四分
南大門發至鍾路初車ᄂᆞᆫ午前六時五十六分
龍山發至鍾路 終車ᄂᆞᆫ午前七時五十七分
南大門發至鍾路終車ᄂᆞᆫ午前十時八分
龍山發至鍾路 終車ᄂᆞᆫ午後九時九分

○特別私用車ᄂᆞᆫ顧客의方便홈을隨應ᄒᆞ야準給홈
但定價ᄂᆞᆫ本社에來臨ᄒᆞ야請問ᄒᆞ옵

○電燈部

二百五十燭力以內의數用處에ᄂᆞᆫ每個月에定價表가如左홈
○十六燭力燃燈達夜에二圓五十錢
○三十二燭力燃燈達夜에四圓
○五十燭力燃燈達夜에六圓
○一百五十燭力燃燈達夜에十圓
一千二百燭力弧形燈達夜에二十圓
二百五十燭力以上의數用處에ᄂᆞᆫ請求ᄒᆞ면瓦斯計一個를設給홈
但瓦斯計賃金은每個月에二圓이오瓦斯計測驗表委托定價ᄂᆞᆫ每時間每암피아에二錢이옵
瓦斯計設給處에서每介月支拂金最低額은每個月에二十圓인딕(瓦斯計貸金은)据홈
電燈을敷設ᄒᆞᆯ기에請求ᄒᆞᄂᆞᆫ딕給홈으로供各種達技辦燈도常時에貯存ᄒᆞ엿슴

本社鍾路電氣會社
韓美電氣會社 告白

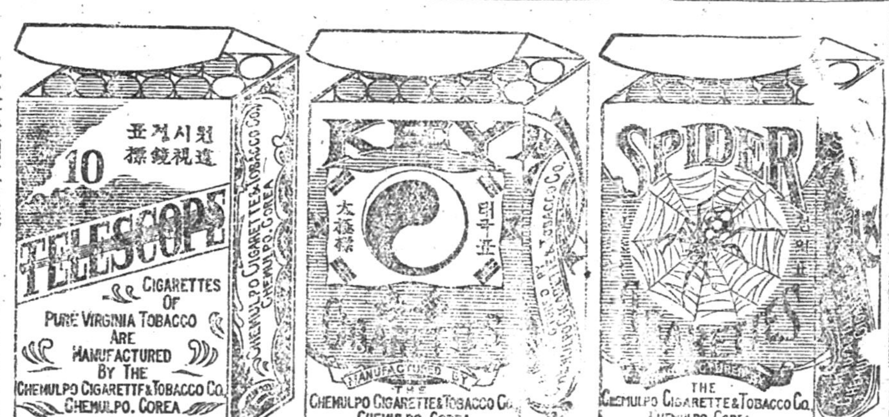

以上三種은上品으로製造ᄒᆞ야販賣上에適宜ᄒᆞ益ᄒᆞ오니商業諸人ᄒᆞ고本社에來購ᄒᆞ옵

大韓帝國仁川港
濟物浦紙卷煙及烟草會社

●九轉靈砂라 本人이妙方法을神備하야製造ᄒᆞᆫ靈丹인딕男女老少에無論何症ᄒᆞ고通治ᄒᆞ오며無病時에도服ᄒᆞ면平生의身體가健康ᄒᆞ며小兒ᄂᆞᆫ四五錢重만服ᄒᆞ면十歲안에無病ᄒᆞ기를擔保ᄒᆞ오며
●九轉靈砂萬應丹은癲狂 癇症과中風諸疾과耳目諸病과淋疾에神效ᄒᆞ오
●九轉靈砂保命丹은初生小兒 驚風 癇氣 咳嗽 腹痛諸般惡症에神效ᄒᆞ오
●九轉靈砂濟衆丹은酒滯 食滯 血積 吐瀉 霍亂 痢疾 吐血 下血 運氣 時疾 疝症에神效ᄒᆞ오
●九轉靈砂紫金丹은痔漏 累癧 上疳瘡 下疳瘡及唐瘡과諸般毒瘡患種에無不神效ᄒᆞ오니 僉君子ᄂᆞᆫ來問ᄒᆞ시오

內需司前독갑이골上隅第一家 李鍾廷移徙 告白

◎本社特告

本社新聞을關西等地에廣佈ᄒᆞ기爲ᄒᆞ야平壤金興淵崔叡恒宜川安濬及連金龍等三氏에게委托ᄒᆞ고逐號下送ᄒᆞ오니 關西에有志ᄒᆞᆫ僉君子ᄂᆞᆫ三氏에게서購覽ᄒᆞ시며 代金도三氏에게交致ᄒᆞ심을爲要

大韓每日申報社

本社廣告

申報價

一張代金 新貨二錢
一箇月前金 三十錢
三箇月 九十錢
六箇月 一元七十錢
一箇年 三元四十錢
郵稅一部 新貨五厘
一箇月 十三錢

廣告料

四號活字十三字語
每日每行一寸에新貨十五錢(每日每行에六錢에相當홈)
二周日에 二圓五十錢(每日每行四錢五厘에相當홈)
一箇月에 五圓(每日每行四錢一厘에相當홈)
其期限의長短과字行의多少를依ᄒᆞ야增減홈이有홈

大韓人마다此申報를不得不購覽ᄒᆞ실터이오니廣告出報ᄒᆞ실僉君子ᄂᆞᆫ來臨面議ᄒᆞ시옵

發行兼編輯人 英國人裴說
發行所 京城北署普通坊磚洞号外塀諸濇學校前
大韓每日申報社

第三卷　　大韓每日申報　대한미일신보　　第一百五號

月曜及慶節歲時日休刊

檀君開國四千二百三十八年
箕子元年三千二十七年
大韓開國五百十四年
日本明治三十八年
淸國光緖三十一年
陰曆乙巳十一月小廿一日庚人

論說

有是兄有是弟

駐法公使閔泳瓚氏ᄂᆞᆫ即故忠正公閔泳煥閣下之季方也라嘗以冲澹之質과慷慨之心으로慨切憂國이라가使節駐箚于巴里之京城者ㅣ今有年矣러니每歎國事之日非하야常以忠憤激切之意로兩告於伯氏大人하며又與公使館員으로深憂浩歎於萬里之外者ㅣ吾儕ㅣ從風而聞之하고常爲敬愛矣러니今當韓日新條約訂立之際하야得聞韓國外交權을移屬於日本하고日本統監府를設寘於韓國일시氏가東望一慟하고即往見法國外務卿하고備說韓日條約之勒成ᄒᆞᆫ되伊時法國外務卿이愕然失色曰勒成條約은於國際上에大爲違反(出於巴里新聞)이라하야날氏가奮弗顧身하고航向美國云者ᄂᆞᆫ亦從電便得聞하야揭于各紙가亦有日矣러니昨從華盛頓電信하야聞其消息하니駐法公使閔泳瓚氏가去十日에達到華盛頓하야會見美國國務卿(루더)氏하고質問曰大韓外交權移屬於日本一欵이曾聲明于俄日條約及美日協約上否아

美國國務卿이答曰於俄日條約上에ᄂᆞᆫ只曰優越權이오於英日協約上에ᄂᆞᆫ只曰指導而已라하야날閔泳瓚氏曰然則外交權移屬一欵은是何事也오美國國務卿이答曰此ᄂᆞᆫ弗載於條約上協約上이니當陳告于大統領ᄒᆞ야交涉于日本政府爲計하노라閔泳찬氏曰誠極感謝어니와今回日本大使伊藤博文氏가來到韓國ᄒᆞ야要求其韓日新條約訂立일시我韓 皇上陛下ㅣ不允ᄒᆞ시고國務大臣이皆曰弗可ᄒᆞ야날大陳兵威ᄒᆞ고夜入皇宮ᄒᆞ야脅迫調印이로되 皇上이竟弗允許ᄒᆞ시고參政大臣이誓死弗從이어날奪入外部印信ᄒᆞ야勒使外部大臣朴齊純調印云ᄒᆞ니此是揭佈於各新聞ᄒᆞ야流佈于歐美列邦者也니此豈非勒成條約乎아美國國務卿이答曰勒成條約은國際公法之大違反이니自歸無効라ᄒᆞ야날閔泳찬氏曰交涉于日本政府ᄂᆞᆫ既蒙盛諾이니從速交涉을十分希望ᄒᆞ노라云云ᄒᆞ얏스니電文所報를姑未確信이나將於日間에必有確聞之道矣라將隨聞而布告우愛讀諸君이어니와大抵閔泳찬氏之勇往美國質問ᄒᆞᆷ이出於忠憤之奇節이어니와又無吸取文明之新空氣면何以斷行其事ᄒᆞ야聲明其勒成條約於西半球大陸乎아以是見之則忠正公은報國殉身於內ᄒᆞ고駐法公使ᄂᆞᆫ爲國周旋於外ᄒᆞ니大韓臣子ᄂᆞᆫ惟此兄弟二人而已라故로特書曰有是兄有是弟라ᄒᆞ노라

官報

● 三千三百二十二號　光武九年十二月十三日　續

◉ 勅令

勅令第五十二號

農商工部度量衡製造所職制

第一條　農商工部度量衡製造所ᄂᆞᆫ農商工部大臣의監督에屬ᄒᆞ야度量衡法第十一條를據ᄒᆞ야度量衡器의製造販賣에關ᄒᆞᆫ事務를行ᄒᆞᆫ事

第二條　農商工部度量衡製造所에左開職員을寘ᄒᆞᆫ事

一 管理 一人 勅任待遇
一 事務長 一人 奏任待遇
一 課長 三人 奏任待遇
一 技師 一人 奏任待遇
一 事務員 九人 判任待遇
一 技手 一人 判任待遇

第三條　管理ᄂᆞᆫ農商工部大臣의監督을承ᄒᆞ야所中一切事務를總理ᄒᆞᆫ事

第四條　事務長은管理의指揮를承ᄒᆞ야所中一切事務를掌理ᄒᆞᆫ事

第五條　課長은管理及事務長의指揮를承ᄒᆞ야各課事務를處理ᄒᆞ고課員을監督ᄒᆞᆫ事

第六條　技師ᄂᆞᆫ上官의命을承ᄒᆞ야工務를掌理ᄒᆞᆫ事

第七條　事務員은上官의命을承ᄒᆞ야庶務를掌理ᄒᆞᆫ事

第八條　技手ᄂᆞᆫ技師의下에在ᄒᆞ야工務에從事ᄒᆞᆫ事

光武九年十二月九日

御押　御璽　奉

勅　議政府議政大臣臨時署理學部大臣 李完用
農商工部大臣 權重顯

◉ 敍任及辭令

任陸軍工兵中隊陸軍工兵特務正校　陸軍工兵正校 俞俊鎬
十二月一日

前東萊港警務署摠巡 金準千
免懲戒

忠淸南道觀察府主事 金永近
依願免本官

任忠淸南道觀察府主事敍判任官一等　九品 徐丙韶
以上十二月七日

議政府參書官 尹悳榮
陸軍幼年學校教官 洪鍾起
農商工部商工局長 宋秉鉉
依願免本官

任中樞院贊議敍勅任官二等　正二品 閔炯植
城津郡守 高源植

任議政府參書官敍奏任官四等　陸軍正領 尹喆圭

任警務使敍勅任官二等

任陸軍幼年學校教官敍奏任官四等　六品 鄭恒謨

任農商工部商工局長敍奏任官二等　正三品 徐丙珪

解職任農商工部度量衡歸時事務委員　外部參書官 魚允迪
以上十二月九日

命禮式院掌禮卿敍勅任官二等　從一品 李根秀
弘文館侍講 朴尙範
依願免本官

任弘文館侍講敍奏任官四等　六品 高鼎柱
以上十二月十日

外報

● 海外에在ᄒᆞᆫ支나人數

支나移民論의近著에쓴도와루도가調査ᄒᆞᆫ海外에잇ᄂᆞᆫ支나人의數ᄂᆞᆫ左와如ᄒᆞ되

台灣	二六〇〇〇〇〇
사아아무	二五〇〇〇〇〇
馬來半島	九八五〇〇〇
손싸諸島	六〇〇〇〇〇
香港	二七四五四二
全米國	二七二八二九
印度支나	一五〇〇〇〇
히릿빈	八〇〇〇〇
마가오	七四五六八
싸루마	四〇〇〇〇
濠州	三〇〇〇〇
亞細亞露西亞	二五〇〇〇

● 上海에在ᄒᆞᆫ德國人

一八八〇年	百五十九人
一九〇〇年	五百二十五人
一九〇五年	四百四十五人

雜報

● 客來問我興亡事

董庵子ᄂᆞᆫ 踞于虛白之堂이라가 方欲倦而就睡ᄒᆞ더니 有客이 自遠方來ᄒᆞ야 寒暄纔畢에 歛膝整衿而問曰 現今 聖天子在上ᄒᆞ고 人心이 猶未忘韓ᄒᆞ니 中興之幾을 可得見乎아

董庵子喟然歎曰 可以興矣요 亦足以亡矣니라 客曰 興之與亡으로 相去甚遠이거날 子言之何若是模糊焉고

董庵子笑曰 子毋怪吾言ᄒᆞ라 夫國之興亡이 自有道理存焉ᄒᆞ니 大臣이 賢明ᄒᆞ고 公議大行ᄒᆞ야 群有司布列中外而各供其職이라 綱紀肅然에 萬機斯凝ᄒᆞ며 天人이 相應ᄒᆞ야 百祥이 湊臻ᄒᆞᄂᆞ니 此乃國之所以興隆者라 今以三千里疆域과 二千萬人衆으로 苟能如是行政이면 其興也勃然ᄒᆞ야 沛乎莫之能禦ᄒᆞᆯ터이나 今之所謂大臣은 吾不知其何如人也로라 一賊도 尙可以亡國이온 況乃五賊이 列立이고 非徒五賊이라 希其露濺ᄒᆞ야 忘義而趍附者ㅣ 將不知爲幾十百賊ᄒᆞᆯ지니 一部奸黨이 盤據于中ᄒᆞ야 終使主勢孤危ᄒᆞ며 政權簸弄은 이所必至인즉 時事如此에 中興을 奚論이리요

子不見夫鐘街太買人乎아 百物之出納과 各人之酬接이 可謂繁矣야나 或不勞而坐致富厚ᄒᆞ며 或見敗而至於罄屋ᄒᆞ니 均是商業이로ᄃᆡ 其成敗不同은 非他故也라 由於任事人之得與未得인즉 國之興亡도 亦當如是ᄒᆞᆯ지니 以此計之컨ᄃᆡ 豈不惕然可懼乎아

況今日人之於韓事에 名雖保全이나 實則不然ᄒᆞ야 利我政亂而은 然傍伺ᄒᆞ니 縱使賢俊으로 滿朝ᄒᆞ며 薪膽立志ᄒᆞ야 專力于政治改善이라도 其所中興을 未可以容易說及이거날 況以今日爻象으로 有何勢髴於萬一乎哉아 吾與子로 究竟是俘虜中人이니 相逢에 祇可酌酒相慰ᄒᆞ야 以娛目前이라 何爲此無益之言ᄒᆞ야 增其憾恨爲也리요 子姑休矣어다 我今醉而欲眠ᄒᆞ노라 客이 不敢復請ᄒᆞ고 長揖而去러라

● 條約頒布　今番韓日新條約이 昨日官報로 頒布가 되얏더라

● 公使撤還　日昨政府에서 會議ᄒᆞᆫ 結果로 在外韓國各公使를 撤還ᄒᆞ기로 發訓ᄒᆞ얏다더라

● 一身三任　學部大臣李完用氏ᄂᆞᆫ 議政署理外部大臣署理를 又兼ᄒᆞ얏스니 以若一身으로 重要ᄒᆞᆫ 三窠를 幷帶ᄒᆞ얏스니 該氏의 擔任이 可謂重且大ᄒᆞ다더라

● 三死一生　慶北裁判所判事李根友氏가 法部에 報告ᄒᆞᆫ 內槪에 管下漆谷郡巡校與日本守備隊兵丁이 該郡等地에서 賊漢蘇春和尹和善尹一萬黃東一等을 押來故로 乍因警務署取招則該賊等情節이 俱係强盜오 日犯日本軍律이옵기 擬將照律報部之際에 自日本守備隊로 施刑次押去云故로 卽往質問于日本守備隊則該隊長이 答以爲此賊이 俱犯於我國軍律則自本隊直斬施刑이라 ᄒᆞ고 客月二十二日下午二時에 蘇春和尹和善黃東一三名은 砲殺ᄒᆞ고 尹一萬은 笞一百懲役三箇年에 宣告ᄒᆞ야 先笞二百而還付本警務署이온바 諸此賊之所犯情節이 暑頗難容이오나 本判事가 未能報部待指令擧行이온즉 自顧職務에 極其悚悶이라 ᄒᆞ얏더라

● 採石量坪　漢城判尹朴義秉氏가 內部에 報告ᄒᆞ되 現據農業會社員金孝鎭等請願內槪에 南署水鐵幕新村後山에 石材開採權을 特爲認許等請을 준ᄒᆞ와 卽行派査實地ᄒᆞ온즉 該地面積이 總爲八千六百四坪四合이온ᄃᆡ 此山全麓이 係是官有라 불可自府擅許이옵기 玆仰報査照處辦事라 ᄒᆞ얏더라

● 文明將進　太郡儒生崔善宗等請願內開에 本郡이 僻在峽에 非但民俗之蚩蚩라 以儒爲名者가 尙暗經學ᄒᆞ고 不曉時務ᄒᆞ니 豈불慨然咨嗟哉아 現當時局ᄒᆞ야 勉之以文學則必當興作ᄒᆞ야 如此僻陋之鄕이라도 庶爲文明之域故로 博收衆議ᄒᆞ야 倡立學校ᄒᆞ고 又寘賢師ᄒᆞ야 鉤聖學習時務케 ᄒᆞ며 立校經費ᄂᆞᆫ 自齋中으로 各自出義니 冀蒙許可라 ᄒᆞ며 繼接本郡一進會公函內開에 現當世界紛紜ᄒᆞ고 人心이 疑貳ᄒᆞ야 扶國綱變風俗이 莫若敎育新進ᄒᆞ야 使之發達於文明之域이온즉 刱立學校ᄒᆞ고 敎以漢國兩文與外國語學케 ᄒᆞ며 設校經用은 自會中出義이니 俾蒙認許라 ᄒᆞ온바 儒生之寘과 進會之函이 一時振作ᄒᆞ야 注意於學問은 俱極嘉尙이오며 立校處所以本郡巡校廳으로 合同請願이오나 郡不可擅便이오나 查照實施라고 遂安郡守尹致祚氏가 內部에 報告ᄒᆞ얏더라

時事俗諭

○ 伊藤大使演說時에 大韓人民도 日本人民과 同等權利가 有ᄒᆞ다ᄒᆞ얏ᄂᆞᆫᄃᆡ 大韓人民이 自己權利를 自滅自棄ᄒᆞᆷ은 무슨 心情

○ 어ᄂᆡ 會社ᄂᆞᆫ 社長理事가 支配人의 命令下에 ᄂᆞᆫ다하니 이것시 權利自滅이 아닐는지

○ 社長理事 쓸ᄃᆡ 업고 支配人이 제일이면 不重生男重生女가 이를 두고 일음인가

○ 東西洋各會社가 일언規則업것만은 大韓風俗異常ᄒᆞ야 이런 會社식 것다지

○ 各處支店派送ᄒᆞᆫ 제 社員理事 잠을자나 一分權利업서스니 社長인지 理事인지 귀먹어리 벙어린지

○ 會社規則如此ᄒᆞ면 商民困難가 이업ᄂᆡ 商民困難가 이업스면 二千萬民가 업도다

● 請撥建築費　龍川義州兩府場警務署建築費合一萬元支出事로 已經照請이온바 該署情狀이 建築費를 尙不支撥ᄒᆞ야 姑借民家에 官吏居處와 罪囚監獄이 晷刻難堪이온중 況其家主가 督還其家이다 該署所報가 繼續告聞ᄒᆞ오니 查照後依他港往例ᄒᆞ야 該兩署建築費를 准卽支撥이라고 內部에서 度支部에 照會ᄒᆞ얏더라

● 日人築洑作畓　本郡風陽面梯李院遠台坪은 與安州界인바 本里居本萬孫가 與日人三谷赤太郞으로 率石丁駄ᄒᆞ고 該里에 來到ᄒᆞ야 稱築洑引水ᄒᆞ야 以㽵作畓云ᄒᆞ고 兩里坪田土主人의 許可와 列錄姓名을 受ᄒᆞ고 地方官認許를 來請故로 불敢擅許之意로 鄭重이 責이러니 其後에 赤太郞이 本部認許訓令을 到付이옵기 照驗印章則非徒衆差라 大小不同ᄒᆞ기로 據此詰驗則以見欺於居間人이니 訓令을 更受以來云이옵더니 仍無自白ᄒᆞ고 多率石工에 擅自興役云故로 多般禁止에 다 不聽從ᄒᆞ고 私勒募丁에 莫敢誰何라 郡不能禁止이오니 查照處辦이라고 慶北義城郡守李寅聲氏가 內部에 報告ᄒᆞ얏더라

● 還入학校　駐日公使趙民熙氏가 학部에 報告ᄒᆞ되 留학生金晉鏞이 親患急報로 歸國타가 在途에 得見快報ᄒᆞ고 還來請願留학이옵기 勉飭其如前勤학ᄒᆞ고 所給旅費二十元은 塡爲推入ᄒᆞ니 查照爲望이라 ᄒᆞ얏더라

● 公察願留　忠淸南道觀察使願留事로 該道三十八郡大小民人等이 四次電達이오되 處分을 未蒙ᄒᆞ와 衆心이 尤極悶鬱ᄒᆞ와 玆更電達이오니 伏願 天陛에 奏達ᄒᆞ와 俾蒙還任ᄒᆞ야 以活一道生靈ᄒᆞ옵시기 泣祝ᄒᆞ오니 伏望奏達ᄒᆞ시와 以副衆願케 ᄒᆞ심을 伏祝이라고 該各郡民人等이 內部에 電報ᄒᆞ얏다더라

● 非美或他　日昨本報雜報欄內에 誤解辭意란 題下에 美國公使孝艮氏라 ᄒᆞᆫ 은 美國公使가 아니오 德公使를 誤謂ᄒᆞᆷ이라더라

● 以砲恣砲　南署靑橋等地居ᄒᆞᄂᆞᆫ 砲兵參尉朴在玆氏家에 砲兵二名이 돌入ᄒᆞ야 衣服等物을 多數竊取而去ᄒᆞ얏더라

● 事在當禁　自開敎保生會로 稱以閔趙兩忠正公葬禮時에 補助와 建閣立碑等說로 收錢民間云ᄒᆞ니 另派巡檢ᄒᆞ야 詳探報來ᄒᆞ며 亦卽禁止事로 警務廳에서 各署로 申飭ᄒᆞ얏더라

● 僞造審辦　頃接慶北警務官張宇根報告內槩에 僞造帖紙二張과 官報新聞各一張이 現發되야 該僞造罪人周鉉에게 審問ᄒᆞᆫ즉 當初에 廣州居金炳燦은 本以廣州之인으로 現居京城南署麻洞이다ᄒᆞ기로 玆以發訓ᄒᆞ니 同金炳燦을 卽爲拿致ᄒᆞ야 押付司法ᄒᆞ야 査徵辦ᄒᆞ라고 內部에서 警務使에게 訓令ᄒᆞ얏다더라

● 權氏遁甲　前兵司令官權重顯氏ᄂᆞᆫ 前日不法行爲가 多ᄒᆞᆷ으로 一進會員들이 辭職勸告ᄒᆞ라고 同氏私邸로 歷往ᄒᆞ얏스나 同氏가 知機巧避ᄒᆞ야 尙無一番詰駁ᄒᆞ니 同氏ᄂᆞᆫ 果然變化難測ᄒᆞᆫ 遁甲藏身法을 抱有ᄒᆞᆫ 인物이라고 衆說이 有ᄒᆞ다더라

雜報

●日本의遊學ᄒᆞᄂᆞᆫ淸國學徒

遊日淸國學生之同盟休學을因ᄒᆞ야日本文部大臣이如左規則을頒布ᄒᆞ얏더라

從玆以往으로ᄂᆞᆫ淸國遊學生이駐日淸公使의薦證을不携면日本帝國內大學校及諸學堂에不得入學ᄒᆞᆯ事

淸國生徒가現今受學ᄒᆞ던지或後日受學ᄒᆞᆯ諸學堂及大學校에各校長은該生等의本性及希望을依ᄒᆞ야何許一二課만敎授ᄒᆞ고不得添課ᄒᆞᆯ事

以上과如ᄒᆞᆫ官私立諸校長은淸國生徒의姓名年齡及看審區域에必要件과入學及選課의年月日을常時備置ᄒᆞ야以便參考케ᄒᆞᆯ事

一般淸國學生이該校長을經由ᄒᆞ야選入他校ᄒᆞ던지或自請退學ᄒᆞᄂᆞᆫ時에ᄂᆞᆫ駐日淸公使의認可를先得ᄒᆞᆯ事

諸校長은每年一七兩朔에至ᄒᆞ야過去六朔間에淸國生徒의入學員數를文部大臣의게錄呈ᄒᆞᆯ事

諸校長이他理由나或卒業을因ᄒᆞ야使淸國學生退校ᄒᆞᆯ時에ᄂᆞᆫ駐日淸公使의게先一朔通告ᄒᆞᆯ事

何等學校던지文部大臣의如此認許를不有면淸國遊學生을不得擅入ᄒᆞᆯ事

文部大臣의認准을得ᄒᆞᆫ諸校長은學校規則과敎師姓名과淸國學生에게完全設備와各課節目과每期과數와敎書題目과做工機具와淸國학生의宿食所를逐條錄呈ᄒᆞ야以備准考ᄒᆞᆯ事

文部大臣의認准을得ᄒᆞᆫ諸大학校及학堂의名錄을送致于淸國政府ᄒᆞ야以便通知指導케ᄒᆞᆯ事

特爲뎌리청國학生ᄒᆞ야文部大臣이如此認定ᄒᆞᆫ各학校規則을蒙特許以前에ᄂᆞᆫ不得廢棄變改或增益ᄒᆞᆯ事

淸國학生이大학校及諸학堂外에寄其宿食이어든該校長은其住址와家貫와家主姓名을文部大臣의게稟報ᄒᆞᆯ事

●新學備要　續

第二章外國學校數目

(自西曆一千八百八十年左右爲度)

初學

英國初學堂이二萬八千座이오敎師가五萬七千人이오學生이五兆二億五萬餘人이오

法國初學堂이七萬四千座이오敎師가一億一萬八千人이오學生이四兆九億五萬人이오

德國初學堂이七萬三千座이오敎師가一億一千人이오學生이六兆九億八萬餘人오

俄國初學堂이三萬二千座이오敎師가四萬人이오學生이二億四萬人이오

美國初學堂이一億七萬七千座이오敎사가二億七萬三千人이오學生이九兆七億餘人이오

日本國初學堂이二萬八千座이오敎사가九萬九千人이오學生이三조九萬餘人이라

中學數目

英國中학堂이一千四百四十座이오학生이三億一萬人이오

法國中학堂이一千五十四座이오학生이一億六萬二千人이오

德國中학堂이一千四百四十一座이오敎사一萬三千餘人이오학生이二億六萬一千餘人이오

俄國中학堂이一千二百四十座이오학生이二億三萬九千餘人이오

美國중학堂이一千五百八十九座이오敎사가七千九百餘人이오학生이一億五萬二千餘人이오

日本國중학堂이一百七十八座이오敎사가二千一百三十六인이오학生이二萬二千餘人이오

印度國중학堂이八十二座이오학生이八千九百九十四人이라

未完

●의태리국아마치젼　속

아마치에부인이여그졍렬과용감이츌아마치에안히되미북산립지인도다아마치가기후에남미쥬에갓다가

셔력일쳔팔빅오십륙년에좌류유아국이불난서로더부러연합ᄒᆞ야오국과져젼ᄒᆞ더니아마치본국에도라와

의용병을소모ᄒᆞ야선봉장이되야전공을일으고그후에나불류왕이포학무도ᄒᆞ니사지리지방의빅셩이분로ᄒᆞ야군사를일읏키니션능화지방의빅셩이또ᄒᆞᆫ응ᄒᆞ야군사를들시아마치를츄천ᄒᆞ야도원수를삼으미

아마치가그군사를거ᄂᆞ리고사지리를건너가의티국중에격셔를젼ᄒᆞ니원군이향응ᄒᆞ야막하에두입ᄒᆞᄂᆞᆫ자가부지기수라소향에무젹ᄒᆞ야파죽지셰와갓타니졔성니다항복ᄒᆞ고사방이신동ᄒᆞᄂᆞᆫ지라도쳐의빅셩들이환영ᄒᆞ야쟈유만세를불으면녀

미완

廣告

特別廣告

本申報ᄂᆞᆫ海外電報를直接ᄒᆞ야機關이靈通ᄒᆞ고外報와探報를敏捷活潑ᄒᆞ도록注意ᄒᆞ오며申報發送ᄒᆞᄂᆞᆫᄃᆡ迅速信傳ᄒᆞ기ᄂᆞᆫ分傳人의게在ᄒᆞᆷ으로本社에셔平常에請分傳人의게丁寧告戒ᄒᆞ고申申訓飭ᄒᆞ야毋或嬾惰ᄒᆞ게注意ᄒᆞ거니와如或暫有積怨이라도愛讀僉君子ᄭᅴ셔ᄂᆞᆫ該密使通知ᄒᆞ시면本社ᄂᆞᆫ該分傳의게誠信相孚ᄒᆞ도록耳提面命ᄒᆞ고勸贊가發生ᄒᆞ도록護諭ᄒᆞ야必無遲誤ᄒᆞ기로期待ᄒᆞᆸᄂᆞ이다

本社에寄書ᄒᆞ시ᄂᆞᆫ諸君子ᄂᆞᆫ姓名과居住를明確ᄒᆞ게懸錄送附ᄒᆞ시와證據가有ᄒᆞᆷ을必要ᄒᆞᆷ이오公衆平和ᄒᆞᆫ秩序를紊亂케ᄒᆞᄂᆞᆫ意와社會上不緊荒雜ᄒᆞᆫ寄書ᄂᆞᆫ自不受ᄒᆞᄂᆞᆫ權利가本社에有ᄒᆞ오니肯諒ᄒᆞ시ᄋᆞᆸ

大韓每日申報社

●雜誌發刊廣告

今에數理學雜誌를(每月五日一回定刊)發刊ᄒᆞ야教師諸氏의教料材料를散助ᄒᆞ고學生諸氏의獨學材料를供給코져ᄒᆞ오니有志諸氏ᄂᆞᆫ購讀ᄒᆞ심을切望
(但一部定價ᄂᆞᆫ新貨陸錢)

南大門內尙洞德公舘右便
靑年學院內　數理學雜志社
鍾路大東書市
布屛下金相萬冊肆
仁川港杻峴開新冊肆

○鐵路部

○東大門과新門間에來往車ᄂᆞᆫ每十分間에運行ᄒᆞᆷ
東大門發初車ᄂᆞᆫ午前六時三十分
新門外停車塲發初車ᄂᆞᆫ午前六時五十五分
東大門發終車ᄂᆞᆫ午後九時五十分
新門外停車塲發終車ᄂᆞᆫ午後十時十五分

○東大門과洪陵間에來往車ᄂᆞᆫ每二十分間에運行ᄒᆞᆷ
但自鐘路로東大門에來到ᄒᆞᆫ交替車로聯絡ᄒᆞᆷ
東大門發初車ᄂᆞᆫ午前六時五十分
洪陵發　初車ᄂᆞᆫ午前七時十分
東大門發終車ᄂᆞᆫ午後七時五十分
洪陵發　終車ᄂᆞᆫ午後八時十分

○鐘路와龍山間에來往車ᄂᆞᆫ每十二分間에運行ᄒᆞᆷ
鐘路發至南大門初車ᄂᆞᆫ午前六時四十八分
鐘路發至龍山　初車ᄂᆞᆫ午前七時二十四分
南大門發至鐘路初車ᄂᆞᆫ午前六時五十六分
龍山發至鐘路　終車ᄂᆞᆫ午前七時五十七分
南大門發至鐘路終車ᄂᆞᆫ午前十時八分
龍山發至鐘路　終車ᄂᆞᆫ午後九時九分

○特別私用車ᄂᆞᆫ顧客의方便ᄒᆞᆷ을隨應ᄒᆞ야準給ᄒᆞᆷ
但定價ᄂᆞᆫ本社에來臨ᄒᆞ야請問ᄒᆞᄋᆞᆸ

○電燈部

二百五十燭力以內의敷用處에ᄂᆞᆫ每個月에定價表가如左ᄒᆞᆷ
○十六燭力燃燈達夜에二圓五十錢
○三十二燭力燃燈達夜에四圓
○五十燭力燃燈達夜에六圓
○一百五十燭力燃燈達夜에十圓
一千二百燭力弧形燈達夜에二十圓
二百五十燭力以上의敷用處에ᄂᆞᆫ請求ᄒᆞ면瓦斯計一箇를設給ᄒᆞᆷ
但瓦斯計賃金은每個月에二圓이오瓦斯計測驗表委托定價ᄂᆞᆫ每時間每암페아에二錢이ᄋᆞᆸ
瓦斯計設給處에셔每介月支拂金最低額은每個月에二十圓인ᄃᆡ(瓦斯計貸金은)据ᄒᆞᆷ
電燈을敷設ᄒᆞ기에請求ᄒᆞᄂᆞᆫᄃᆡ給ᄒᆞᆷ로供各種連技辦燈도常時에貯存ᄒᆞ엿ᄉᆞᆸ

本社鐵路電氣會社
韓美電氣會社 告白

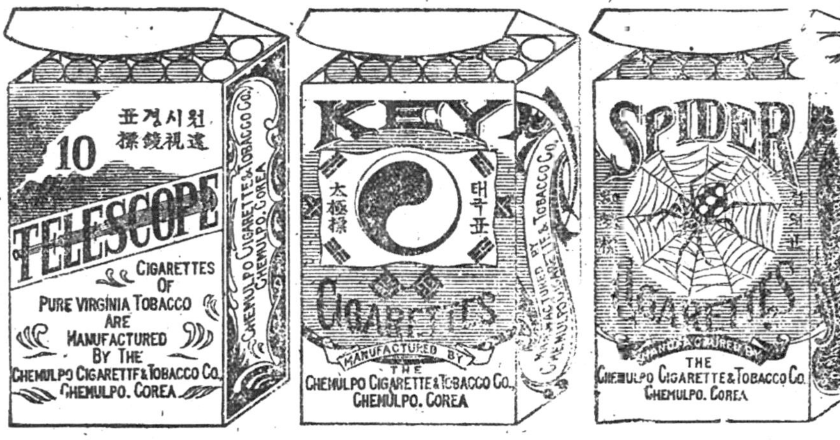

以上三種은上品으로製造ᄒᆞ야衛生上에至極有益ᄒᆞ오니毋論某人ᄒᆞ고本社에來購ᄒᆞᄋᆞᆸ

大韓帝國仁川港　濟物浦紙卷煙及烟草會社

●九轉靈砂라　本人이妙方法을神備하야製造ᄒᆞᆫ靈丹인ᄃᆡ男女老少에無論何症ᄒᆞ고通治ᄒᆞ오며無病時에도服ᄒᆞ면平生의身體가健康ᄒᆞ며小兒ᄂᆞᆫ四五錢重만服ᄒᆞ면十歲안에無病ᄒᆞ기를擔保ᄒᆞ오며
●九轉靈砂萬應丹은癲狂　癎症과中風諸疾과耳目諸病과淋疾에神効ᄒᆞ오
●九轉靈砂保命丹은初生小兒　驚風　癎氣　咳嗽　腹瘡諸般惡症에神効ᄒᆞ오
●九轉靈砂濟衆丹은酒滯　食滯　血積　吐瀉　霍亂　痢疾　吐血　下血　運氣　時疾　疝症에神効ᄒᆞ오
●九轉靈砂紫金丹은痔漏　累癧　上疳瘡　下疳瘡及唐瘡과諸般毒瘡惡種에無不神効ᄒᆞ오니　僉君子ᄂᆞᆫ來問ᄒᆞ시오

內需司前독갑이골上隅第一家
李鎭廷移徙　告白

◎本社特告

本社新聞을關西等地에廣佈ᄒᆞ기爲ᄒᆞ야平壤金興淵崔觀恒宣川安濬氏連金鶴等三氏에게委托ᄒᆞ고逐號下送ᄒᆞ오니　關에有意ᄒᆞᆫ僉君子ᄂᆞᆫ三氏에게購覽ᄒᆞ시며　金도三氏에게代致ᄒᆞ심을務要

大韓每日申報社

本社廣告

申報價
一張代金　新貨二錢
一箇月前納　三十錢
三箇月　九十錢
六箇月　一元七十錢
一箇年　三元四十錢
郵稅一部　新貨五里
一箇月　十三錢

廣告料
四号活字十三字詰
每日每英尺一寸에新貨廿五錢
(每日每行에六錢에相當ᄒᆞᆷ
二周日에　二圓五十錢
(每日每行四錢五里에相當ᄒᆞᆷ
一箇月에　五圓
(每日每行四錢一里에相當ᄒᆞᆷ
其期限의長短과字行의多少를依ᄒᆞ야增減ᄒᆞᆷ이有ᄒᆞᆷ

大韓人마다此申報를不得不閱覽ᄒᆞ실터이오니廣告出報ᄒᆞ실僉君子ᄂᆞᆫ來臨面議ᄒᆞ시ᄋᆞᆸ

發行兼編輯人　英國人裴說
發行所
京城北署壽進坊磚洞号外地法語學校前
大韓每日申報社

第三卷
大韓每日申報
대한매일신보
第一百六號

月曜及慶節歲時日休刊

檀君開國四千二百三十八年
箕子元年三千二十七年
大韓開國五百十四年
日本明治三十八年
淸國光緖三十一年
陰曆乙巳十一月小廿三日壬辰

論說

行益顯於言

向日新報上에韓國問題를關係ᄒᆞᆫ伊藤侯의意見을爲注目인바以今觀之컨ᄃᆡ都歸虛地어니와近日報紙에陳述意見도未免言行之相違로ᄃᆡ亦可注意니此ᄂᆞᆫ쉬몬오시키에서伊藤侯의演說ᄒᆞᆷ을揭載ᄒᆞ고此下一句로同侯를信賴稱譽ᄒᆞᆷ이라

其語에云今此締約任務를不至專委於日本公使라ᄒᆞ엿스니非但語之如此라事其然矣로다日本公使가試圖締約에虛費四点間光陰이라가

伊藤侯가出席用力後에야乃至成約ᄒᆞ얏도다此等說은已矣無是更論이어니와伊藤之對韓演說이如左ᄒᆞ니

勅命之奉行을不得暫緩故로韓國之人을進益之道로ᄂᆞᆫ未暇勸奬이어니와韓日國旗를左右齊揚에莫上莫下之日이必不遠矣리니

凡我日本人民은韓國人民의게親密ᄒᆞᆷ이特爲責任이라示其禮讓ᄒᆞ며修其交誼ᄒᆞ야敦睦忍耐之心으로一般此人을勸之以近代文明ᄒᆞ고切勿專擅已行ᄒᆞᆯ지어다ᄒᆞ엿더라

如此意見은實爲日本及伊藤侯之令譽요庶可慰韓人之痛忿이어날徒費虛言이有何安慰리오日人之昨今行動은伊藤侯之說明政策과一依純然相反이로다

日本報館之辨論을亦爲覽悉矣라同論에云韓人之受其虐待ᄂᆞᆫ雖韓日本文武官이不得和衷ᄒᆞᆫ所致也라ᄒᆞ얏스니

此若事實이면伊藤侯到韓之日에如此弊端을何不卽爲革袪오近據北方來信컨ᄃᆡ前日之非가尙今流行云ᄒᆞ니

若伊藤侯之公言이韓國人民의順德之義를向念ᄒᆞᆯ진ᄃᆡ當此日人之事事格外之日ᄒᆞ야自覺已言之無效ᄒᆞᆯ지어다行動之報가大於言辭之報니라

官報

●三千三百二十三號　光武九年十二月十四日

◎宮廷錄事

詔曰命陸軍副將李允用爲平理院裁判長
光武九年十二月九日　法部大臣李夏榮

詔曰命正三品李商在爲議政府參贊
光武九年十二月十一日
議政府議政大臣臨時署理學部大臣 李完用

禮式院掌禮卿臣李根秀謹
奏 孝定王后祔廟吉日纔已推擇
奏下矣謹考乙丑辛巳丁巳戊寅庚寅謄錄則祔後設都監今番亦依此擧行乎敢
奏
光武九年十二月十日奏
旨依此擧行

禮式院掌禮卿臣李根秀謹
奏以 孝定王后祔
廟時設都監祔後擧行取
稟
奏本
批旨依此擧行事
命下矣都監堂上郎廳
孝惠殿祥祭後令宮內府差出何如謹上
奏
光武九年十二月十日奉
旨依奏

禮式院掌禮卿臣李根秀謹
奏 宗廟
永寧殿
景孝殿
洪陵春享大祭當以丙午正月上旬內擇日而本月上旬中旬連値拘忌無以推移涓吉云在前如此之時己有下旬推擇之例今亦依已例以下旬磨鍊擧行而
懿孝殿
園所春享大祭亦一體磨鍊擧行何如謹上
奏
光武九年十二月十日奉
旨依奏
孝定王后담祭丙午正月初一日
祔
太廟同月二十五日

◎敍任及辭令

任平理院裁判長敍勅任官一等　陸軍副將李允用
依願免本官　法部刑事局長尹性普
任法部刑事局長敍奏任官一等　法部參書官金洛憲
任法部參書官敍奏任官二等　正三品尹性普
解兼任務安港裁判所判事　務安前監理[illegible]永源
命兼任務安港裁判所判事　務安監理韓昌洙
以上十二月九日
任議政府參贊敍勅任官二等　正三品李商在
依願免本官　漢城裁判所主事具健書
任漢城裁判所主事敍判任官七級　前博士成夔永
以上十二月十一日
免本官　農商工部主事魚英善
右ᄂᆞᆫ該員이効不詣由ᄒᆞ고擅自下鄕ᄒᆞ얏기是以免本官
任農商工部主事敍判任官八級　吳永田
以上十二月十一日

外報

●山崎廻米問屋에米作調査

日本深川廻米問屋山崎商店의本年米作에就ᄒᆞ야最近ᄒᆞᆫ調查를聞ᄒᆞᆫ즉左와如ᄒᆞᆫ

縣名	平作比較	總收穫想 石
東北	三步作	一一三七六八二
關東	六步作	一四〇〇二六五八
兩羽	七步作	一八六八八八八
北陸	六步六里	三八一五〇五三
東海道	八步三里	五六一二四八八
山陽	九步作	六三〇七〇八二
山陰	九步	二七三二六三四
近畿	九步三里	二一八四四三三
四國	八步五里	六六六七四六三
九州	六步	五六六七四六三
北海道	六步	七六九七〇
平均	七步五里	三三六五一八一五

●淸帝上諭文　淸國皇帝ᄂᆞᆫ爆發彈事件이有ᄒᆞᆫ以來에其大官等의革命黨을畏懼ᄒᆞᆷ이頗甚ᄒᆞ고出洋大臣의出發期가在邇ᄒᆞᆫ故로如左上諭書를發布ᄒᆞ엿더라

近者不平之徒가革命叛亂之說을主唱ᄒᆞ야人民을誑惑ᄒᆞᄂᆞᆫ者ㅣ有ᄒᆞ니若不嚴斷措處ᄒᆞ면其害가甚大라故로各總督巡撫等이使文武官으로此上諭文을天下에布告ᄒᆞ고人民이惑亂ᄒᆞᄂᆞᆫ者ㅣ有ᄒᆞ거든加以嚴刑ᄒᆞ라ᄒᆞ엿더라

●三百年龜　近頃倫敦시셴도公園에서捕獲ᄒᆞᆫ龜의二匹은三百年의齡이된다더라

東京電報

●兩宮歸國 十一月十五日午後五時五分發

淸韓視察ᄒᆞ기爲ᄒᆞ야巡行中이던東京兩宮敎次郞氏는昨日午後에新橋에着ᄒᆞ야歸京ᄒᆞ얏다더라

●進步黨助力 仝上

日本에在ᄒᆞᆫ淸國留學生總代는文部省令不平에就ᄒᆞ야强硬ᄒᆞᆫ理由를齎ᄒᆞ고進步黨本部에至ᄒᆞ야助力을求ᄒᆞ얏고政友會에도同樣助力을求ᄒᆞᆫ結果로同黨은調査委員을設ᄒᆞᆯ터이라더라

●露國騷亂 仝月十六日午後四時十分發

俄敎發電을據ᄒᆞᆫ즉露國軍隊의反亂은去益騷擾ᄒᆞ야리가地方은交通이遮斷ᄒᆞ고리부란트에는全部가動亂ᄒᆞ얏다더라

●淸國學生 仝上

東京各新聞記者는一同協議後에淸國留學生의盲動은文部省令을誤解ᄒᆞᆷ에不外ᄒᆞ니故로學生等의滿足ᄒᆞ기ᄭᆞ지說明ᄒᆞ야其盲ᄒᆞᆷ을開케ᄒᆞ기로되얏다ᄒᆞ얏더라

●凱旋歡迎會 仝十七日午後三時五十分發

東京市凱旋陸軍歡迎會는雨中을不拘ᄒᆞ고其沿道觀覽人이夥多ᄒᆞ야盛히歡迎ᄒᆞᄂᆞᆫ意를表ᄒᆞ얏고大山元帥以下近衛及第一兩師團現在員이悉皆參列ᄒᆞ얏더라

●滿洲軍反亂 仝上

露國滿洲軍半部는反亂ᄒᆞ야目今에爭鬪中이라고리네비잇치將軍의게셔露國政府에通知ᄒᆞ얏더라

●革命黨宣言 仝上

露國內에셔도革命黨은宣言書를發ᄒᆞ야政府를非難ᄒᆞ다더라

雜報

●謹告全國人民

再昨日閔忠正公閣下大歸之日也라滿城人民이如雲如月ᄒᆞ야哭訣于靈轝之前일ᄉᆡ聲徹于天이어날忠正公이洋洋然彷彿獨立於雲霄之間ᄒᆞ야謹告于人民曰噫라諸君아哭吾之死乎아哭吾之지子아哭吾之死가莫若哭吾之志니若哭吾之死면雖哭之慟이라도無所相感이오哭吾之志인된雖不哭이라도庶慰吾心이니今諸公은哭吾之死乎아哭吾之志乎아

噫라諸君은受我上帝之降衷ᄒᆞ며佩其國民之天職일ᄉᆡ欲爲大韓獨立之國乎아欲爲日本保護國之國民乎아

我韓은享有四千年歷史ᄒᆞ며仰戴二十八代皇室ᄒᆞ야號稱文明樂義之邦으로一朝爲黑子孤島之保護國ᄒᆞ니上帝之降衷과國民之天職은大韓與日本이俱是一般也어날今日之爲其奴隷는豈非二千萬同胞之罪乎아

我泳煥도亦二千萬同胞之一也라旣受上帝之降衷ᄒᆞ야不能守國民之天職ᄒᆞ고使國家垂亡이人民胥溺ᄒᆞ니生不忍擧面於現世라故로是以自靖ᄒᆞ야以謝二千萬同胞ᄒᆞ노니唯二千萬同胞諸君은不墜上帝之降衷ᄒᆞ며不忝國民之天職ᄒᆞ야誓心嘗膽ᄒᆞ며奮志戮力ᄒᆞ야快脫奴隷之羈絆ᄒᆞ며光復獨立之基礎ᄒᆞ야永受文明之福이면是는泳煥之求라諸君이能志吾之志면吾當陟降於皇靈之左右ᄒᆞ야降其鑑於列聖朝之陰隲이오諸君이不能志吾之志면當爲厲鬼而降其無盡之禁障矣리니

諸君은恐懼修省ᄒᆞ야洗滌汚染之舊習ᄒᆞ며除祛情怠之宿慣ᄒᆞ야灌學問於腦髓ᄒᆞ며鍒國家之精神ᄒᆞ야二千萬爲一心ᄒᆞ며二千萬爲一體ᄒᆞ야爲自主獨立之大韓國民이어다爲自主獨立之大韓國民이어다

噫라泳煥은形骸는已散이로되一點固心은耿耿而不死ᄒᆞ니庶見諸君이與萬歲 皇上으로恢復國權ᄒᆞ야垂光輝於世界ᄒᆞ리니諸君諸君은哭吾之死ᄒᆞ고幸哭吾之志면雖九泉之魂이라도當蹈舞於歡喜而歸ᄒᆞ리라言訖에丹旐翩천ᄒᆞ고白日慘澹이러라

●內大將遷 內大李址鎔氏는參政을被任ᄒᆞ고參政朴齊純氏는內部大臣을被任ᄒᆞᆫ다는巷說이有ᄒᆞ다더라

●俄請派員 駐俄李範晉氏가外部로電報ᄒᆞ기를俄國政府에셔協議ᄒᆞᆯ事이有ᄒᆞ다ᄒᆞ고派員ᄒᆞᆷ을要請ᄒᆞ니照亮事라ᄒᆞ얏다더라

●奸黨宜討 近日所謂五賊者에欺君賣國之罪案을百官이庭請ᄒᆞ고國人이皆曰可殺이라ᄒᆞ며其爲奸凶은較然無疑인즉一分忠義心이有ᄒᆞᆫ者는宜與此輩로分爲仇讎ᄒᆞ야聲討之不暇이거날今或媚擠而陰附ᄒᆞ야爲其謀主者도有之ᄒᆞ고南北村獵官者와乞火兒들이紛紛趨附ᄒᆞ야無朝無夕에爛其盈門이라ᄒᆞ니誠是一大變怪也라春秋之法에亂臣賊子는其黨與를先治ᄒᆞᄂᆞ니此等忘義趨勢之徒는合有懲討라고公議方張ᄒᆞ니畢竟其誰某姓名은一時呈露ᄒᆞ리라더라

●西僧尤勞 再昨日閔忠正公發引時에各寺僧徒들이誦經冥薦ᄒᆞᆷ은別行과如ᄒᆞ거니와其中에西部興國寺緇徒二十五名이自典洞으로至江岸ᄭᆞ지香炬를執ᄒᆞ고偈音을唱ᄒᆞ며陪從不離ᄒᆞ야效力이尤多ᄒᆞᆷ으로傍觀諸人이莫不稱歎ᄒᆞ더라더라

●該款歸誰 開敎保生會에셔各坊曲에揭榜ᄒᆞ기를何許無賴輩가藉托銅像造成ᄒᆞ고民間에六百元을勒斂ᄒᆞᆷ은本會에셔初無是事이오니同胞는照亮이라ᄒᆞ얏더라

●李刺詳報 本月十二日申時量에本郡郵遞主事李鵬林이未知緣何事由而方在刺頸瀕死이다이옵기聞不勝驚駭ᄒᆞ야郡守가躬往鄭同ᄒᆞ야詳問其事由이온즉通信事務員並通辨福間兵之助言內에本人이本郡公立小學校에暫往旋來則通信屬淺井半次郞은坐於下房ᄒᆞ고主事李鵬林은先坐上房椅上而李鵬林이가直向淺井半次郞에以短刃으로橫刺頸喉一處ᄒᆞ고旋卽自刺其頸ᄒᆞ기로仍卽挽遮ᄒᆞ야姑未隕絶이나淺井半次郞은傷處稍輕ᄒᆞ고李鵬林은傷處深重而本事顚末은未得詳知라ᄒᆞ온바兩人傷處를先爲醫審이온즉果如福間之所言而淺井半次郞이委臥房中ᄒᆞ야包裹頸間ᄒᆞ고語言未詳ᄒᆞ야傷處淺深은未可詳知이오나幸免大處이옵고李鵬林은頸喉有兩處刺孔而氣息奄奄에死生難分ᄒᆞ야見甚危惶이라고洪州郡守李敎奭氏가內部에報告ᄒᆞ얏더라

●閔公葬儀 再昨日閔忠正公에發靷ᄒᆞᆷ은前報에已揭어니와當日自 上으로親히下階遙送ᄒᆞ샤敬重ᄒᆞᆫ禮數를 特示ᄒᆞ옵시며

○中使一人과別監一人武監一人이奉 勅出來ᄒᆞ야前導護送ᄒᆞ며各國公領事도多來吊奠ᄒᆞ야撫棺悲慟人도有之ᄒᆞ며

○日本憲兵四名과韓國騎兵三百名이乘馬具儀仗前導ᄒᆞ며各隊兵一聯隊는靈轝前後에齊齊排立ᄒᆞ며各學校學徒들과甚至女學校婦女들도執紼護從者不知幾百人이며

○城外各寺僧徒數百名이各其寶幢花燭을盛備ᄒᆞ야靈轝左右에셔環繞誦經ᄒᆞ야冥福을祈祝ᄒᆞ며

○其餘京鄕間紳士에祭吊挽章은坌集如雲ᄒᆞ야不可勝計이고

○城內外各坊曲에셔各各宏大ᄒᆞᆫ燈籠을準備ᄒᆞ야一帶道路에如鋪雲錦ᄒᆞ며

○自典洞私邸로至蘆江等處로數十里地에重重疊疊ᄒᆞᆫ人山人海라其送葬人의衆多ᄒᆞᆷ은已不可論이고此來多人이擧皆面有悲容ᄒᆞ며嗚咽惨淡ᄒᆞ야加悲親戚ᄒᆞ니此孰使之然歟아忠義之能感發人心이因當如是로되聖主痛悼ᄒᆞ시니

○列邦이悲吊ᄒᆞ며上自閣臣搢紳으로下至婦孺與隷ᄒᆞ야號呼愛慕를如公之今日者는古未嘗有也라嗚呼盛矣로다

●李有遺書 本郡郵遞主事李鵬林이通信屬淺井半次郞을對ᄒᆞ야先刺彼경ᄒᆞ고仍卽自刺ᄒᆞᆫ事案에兩人相對에無他供證ᄒᆞ고事在危急에未상其根因ᄒᆞ야只以當日所見으로有所錄告이온바當日戌時量該司遞夫洪先吉이가投呈一封書函而坼見則正是李鵬林之親書而內槩에嗚呼痛哉라乙未年 母儀를罹又當主辱之日偸活之命何面으로立世惟我二千萬同胞一心同盟玉體安寧五百年社稷中興矣乎萬幸甚이라ᄒᆞ온바李鵬林氣息이少爲稍回에纔收精神이옵기更爲査問ᄒᆞ온즉以喉間難而言曰五百年宗社가到此危迫ᄒᆞ니我當則彼而我死ᄒᆞ야溘然無知여날我命이胡爲不絶云云이옵고酌水不入에死生을姑未知이옵기另飭其親屬ᄒᆞ야使之救療라고洪州郡守李敎奭氏가內部에報告ᄒᆞ얏더라

雜報

●新學備要 續

上學數目

英國上學堂이十一座이오教師가三百四十四人이오學生이一萬三千四百人이오

法國上學堂이一座이오教師가一百八十人이오學生이九千三百人이오

德國上學堂이二十一座이오教師가一千九百二十人이오學生이二萬五千八十四人이오

俄國上學堂이八座이오教師가六百八十六人이오學生이一萬三千九百三人이오

美國上學堂이三百六十座이오教師가四千二百四十人이오學生이六萬九千四百人이오

日本國上學堂이一座이오教사가一百四十五人이오學生이六百九十七人이라

初學費

英國每年初學費가洋銀三京三兆圓이니每人의學費가洋銀九圓二角五分이오

法國每年初學費가洋銀一京四兆圓이니每人의學費가洋銀三圓이오

德國每年初學費가洋銀三京四兆圓이니每人의學費가洋銀六圓이오

俄國每年初學費가洋銀五兆圓이니每人의學費가洋銀四圓二角五分이오

美國每年初學費가洋銀八京四조圓이니每人의學費가洋銀八圓七角五分이오

日本國每年初學費가洋銀八조圓이니每人의學費가洋銀二圓七角五分이라

英國은朝廷에셔學費一半을出ᄒᆞ고地方官稅가四分之一을出ᄒᆞ고學生이四分之一을出ᄒᆞ고法國은一半學校ᄂᆞᆫ學生出學費를不用ᄒᆞ고德國은京都學校ᄂᆞᆫ다國家에셔支給ᄒᆞ고學生은不費分文ᄒᆞ더라 未完

●賢倅願留 德源郡守李鍾完의爲인剛明綜상ᄒᆞ야隣郡來往에善爲交涉ᄒᆞ야邑無生탈ᄒᆞ고軍需品酬應을無遺捧價ᄒᆞ고從實分給故로此郡에獨無訴冤之民이온바今此經遞가實出料外쎤더러一郡居民이裹足來訴에請願仍任이온바其惜去ᄂᆞᆫ非止郡民이라고咸南觀察使申箕善氏가內部에報告ᄒᆞ얏더라

●創立孤兒院 陰曆十二月十二日酉時量에撫要孤兒院을創立ᄒᆞ다ᄒᆞ고日本人松尾英史와通譯梅野虎助가本郡에來到ᄒᆞ야同院創立主意書를傳布ᄒᆞ옵고翌十三日에泗川郡等地로發向ᄒᆞ얏다고昆陽郡守安敬煥氏가內部에報告ᄒᆞ얏더라

●의ᄐᆡ리국아마치젼 속

아마치로써빅셩을구완ᄒᆞᄂᆞᆫ두령과자유에주인을삼우이되ᄃᆡ여의ᄐᆡ리국을동일ᄒᆞ야국세를정돈ᄒᆞ니의ᄐᆡ리왕이그공을가상ᄒᆞ야ᄐᆡ쟝군의인수로써주거를아마치가사양ᄒᆞ야밧지안코표연이히도중에도라와평민과갓치거ᄒᆞ더니이ᄯᅢ를당ᄒᆞ야아마치가큰공을일우고자긔ᄂᆞᆫ히도중에잇서평민과갓탄지라의ᄐᆡ리국이비록경내를통일ᄒᆞ엿스나불국과오국의횡자능모홈이젼일과갓타거를아마치가ᄯᅩ분노ᄒᆞ야졍부에상서ᄒᆞ야오국과졀화ᄒᆞ기를권ᄒᆞ되졍부가불쳥ᄒᆞᄂᆞᆫ지라아마치가더욱노ᄒᆞ야의용병을모집ᄒᆞ야장찻나마를엄습ᄒᆞ고불국의방수ᄒᆞᄂᆞᆫ군사를추격ᄒᆞ고자ᄒᆞ거날졍부가크게놀나군사를보ᄂᆡ야아마치를사루잡아돌와왓더니명년에ᄯᅩ의용병을모집ᄒᆞ다가풍녀도에유수를망ᄒᆞ고ᄯᅩ나마국으로달아가셔법왕의군사를파ᄒᆞ얏더니불국의완군이ᄂᆡ공홈이아마치가ᄯᅩ싱금을당ᄒᆞ얏더니마참방환ᄒᆞ기를쳥ᄒᆞᄂᆞᆫ자가잇셔히도의돌아왓더니 미완

廣告

哭 閔忠正 全英鎬

歸天得所死猶新
報國丹忱許以身
一片遺書人感慕
數行公函語忠眞
心上惟憂不幸隣
劍頭獨嘆無窮恨
應是千秋靈魄在
慨然能復故邦春

哭 閔忠正公 金正倫

吾非親戚淚何潸
一死光明宇宙間
志決身殲忠貫日
主憂臣辱義如山
丹衷已激同胞血
紫氣維新社稷顔
人世永生公有術
名垂竹帛未能刪

哭 忠正閔公 仁川 李錫運

生此閔忠正大韓獨立全軀
土三千里宗祊五百年劍頭
霜凜凜胷上血濺濺身死處
不死九泉報丹田

本人이관洞韓鐘萬處所推條一萬兩於音一片이限在去月二十日而他人家에循環用之라가要爲退限ᄒᆞ와今月晦日이라니本人은以他細音條로妥貼則右於音을從今以後로休紙施行ᄒᆞ오니或有來推者라도韓氏ᄂᆞᆫ勿爲出給ᄒᆞ고內外國人은知悉홈

金敬昌 告白

金榮浩가七月十五日爲限ᄒᆞ고當錢壹萬兩於音을借去ᄒᆞ엿스나金榮浩와已爲計除ᄒᆞ여該於音은休紙되얏스니內外國人間勿欺홈

東嶺洞 崔載鏞 告白

본인이 상업차로 경명등지쥬됴일현가에셔 본월이십일야에 나귀를져실하여숩ᄂᆞᆫ데 모석은회석이요 우편갈비 우외창질자리에 흔덜나고 빅복이오니 쳠군자ᄂᆞᆫ 보시ᄂᆞᆫ딕로본직쥬로 통긔하여쥬시면 후ᄉᆞᄒᆞ오리다

강원도양양강션면하복동거 김운옥 고빅

夫吾教ᄂᆞᆫ天道之大原일ᄉᆡ曰天道教라吾教之掀明이及今四十六年에信奉之人이如是其廣ᄒᆞ며如是其多로ᄃᆡ教堂之不遑建築은其爲遺憾이不容提說이오現今人文이闢明ᄒᆞ야各教之自由信仰이爲萬國公例오其教堂之自由建築도亦係成例니吾教會堂之巍然大立이亦應天順人之一大表準也라惟我同胞諸君은亮悉홈

教會堂建築開工은明年二月노爲始事

天道教
大道主 孫秉熙

종쳬방미허ᄂᆞᆫ몰건갑슬ᄃᆡ단이감허ᄂᆞᆫ광고라 졀예로연연이막입허ᄂᆞᆫ갑보담빅분에십분식감ᄒᆞ야팔기을양역십이월십일로위시하야삼십일ᄶᅢ지방미헐터이오니ᄃᆡ한졉군ᄌᆞ은그리아시고쪽쥬하시와미거허시옵소셔

京城本町三丁目
歐米雜貨商 辻屋
電話三六六番

●進明彙論

全一冊二百三十頁
定價新貨三十五戔

○本書內容○人類五題 種族八題 地勢五題 氣候二題 物産八題 國家八題 政體六題 法律十四題 宗教十제 文學三제 武備十제 農務十一제 工藝十一제 商務十一제 社會十一제 (以上)

●埃及近世史

全一冊二百十頁
定價金四五十戔

○本書目次○總論 模罕麥德阿梨 希臘之役 土耳其之第一役 土耳之第二役 模罕麥德阿梨之治績及威武剌飛夢亞馬斯 濟度 威斯明流彝士河 裁判構成 財政紛亂 租稅及農民 商業及農業 宗教 風俗 教育及禁止奴隷 自治政 行政之內情 寄居之外國人 埃及之西教人 海樓府 通必苦第一世 國民黨之運動上 國民黨之運動中 國民黨之運動下 (以上)

發售所 皇城東闕罷朝橋越邊 朱翰榮 書舖

特別廣告

本申報는海外電報를卽接ᄒᆞ야機關이靈通ᄒᆞ고外報와探報를敏捷括發ᄒᆞ도록注意ᄒᆞ오며申報發送ᄒᆞ는迅速信傳ᄒᆞ기는分與人의게在ᄒᆞᆷ으로本社에서平常에諸分傳人의게丁寧告戒ᄒᆞ고申申訓飭ᄒᆞ야毋或逾揣ᄒᆞ게注意ᄒᆞ거니와知或暫有稽怨이라도愛讀僉君子는從便通知本社ᄒᆞ시면該分傳의게誠信相孚ᄒᆞ도록耳提面命誨고勤勤ᄒᆞᆷ가發生ᄒᆞ도록ᄒᆞ隆ᄒᆞ야必無遲誤ᄒᆞ기로期待ᄒᆞᆸ나이다

本社에寄書ᄒᆞ시는諸君子는姓名과居住를明記ᄒᆞ게懸錄送附ᄒᆞ시와證據가有ᄒᆞᆷ을必要ᄒᆞᆷ이오公衆平和와秩序를紊亂케ᄒᆞ는意와社會上不經荒雜ᄒᆞᆫ寄書는自不受ᄒᆞ는權利가本社에有ᄒᆞ오니肖諒ᄒᆞ시옵

大韓每日申報社

● 雜誌發刊廣告

今에數理學雜誌를(每月五日、一回定刊)發刊ᄒᆞ야教師諸氏의教料材料를敢助ᄒᆞ고學生諸氏의獨學材料를供給코져ᄒᆞ오니有志諸氏는購讀ᄒᆞ심을切望

(但一部定價는新貨陸錢)

南大門內尙洞德公館右便 青年學院內 數理學雜志社

鍾路大東書市
布屛下金相萬冊肆
仁川港柤峴開新冊肆

○鐵路部

○東大門과新門間에來往車는每十分間에運行ᄒᆞᆷ
東大門發初車는午前六時三十分
新門外停車場發初車는午前六時五十五分
東大門發終車는午後九時五十分
新門外停車場發終車는午後十時十五分

○東大門과洪陵間에來往車는每二十分間에運行ᄒᆞᆷ
但自鍾路로東大門에來到ᄒᆞ야交替乘車로聯絡ᄒᆞᆷ
東大門發初車는午前六時五十分
洪陵發 初車는午前七時十分
東大門發終車는午後七時五十分
洪陵發 終車는午後八時十分

○鍾路와龍山間에來往車는每十二分間에運行ᄒᆞᆷ
鍾路發至南大門初車는午前六時四十八分
鍾路發至龍山 初車는午前七時二十四分
南大門發至鍾路初車는午前六時五十六分
龍山發至鍾路 終車는午前七時五十七分
南大門發至鍾路終車는午前十時八分
龍山發至鍾路 終車는午後九時九分

○特別私用車는顧客의方便ᄒᆞᆷ을隨應ᄒᆞ야準給ᄒᆞᆷ
但定價는本社에來臨ᄒᆞ야請問ᄒᆞ시옵

○電燈部

二百五十燭力以內의敷用處에는每個月에定價表가如左ᄒᆞᆷ
○十六燭力燃燈達夜에二圓五十錢
○三十二燭力燃燈達夜에四圓
○五十燭力燃燈達夜에六圓
○一百五十燭力燃燈達夜에十圓
一千二百燭力弧形燈達夜에二十圓
二百五十燭力以上의敷用處에는請求ᄒᆞ면瓦斯計一器를設給ᄒᆞᆷ
但瓦斯計賃金은每個月에二圓이오瓦斯計測驗表委托定價는每時間每암피아에二錢이옵
瓦斯計設給處에서每介月支拂金最低額은每個月에二十圓인ᄃᆡ(瓦斯計貸金은)据ᄒᆞᆷ
電燈을敷設ᄒᆞ기에請求ᄒᆞ는ᄃᆡ給ᄒᆞᆷ로供
各種連技辦燈도常時에貯存ᄒᆞ엿ᄉᆞᆸ

本社鐵路電氣會社
韓美電氣會社 告白

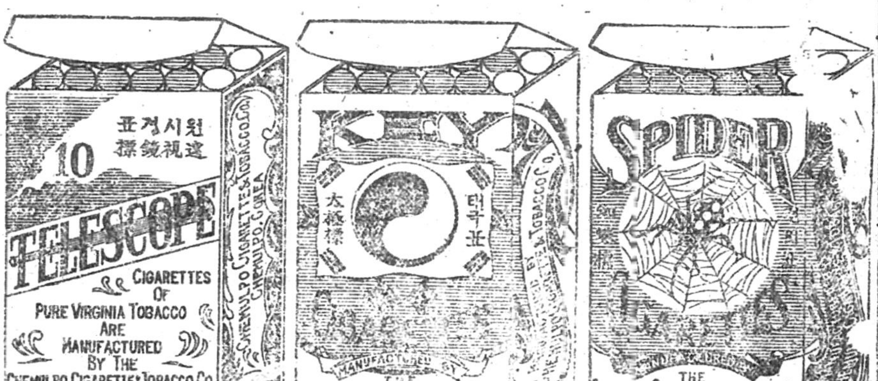

표경시원
標鏡視遠
10
TELESCOPE
CIGARETTES OF PURE VIRGINIA TOBACCO ARE MANUFACTURED BY THE
CHEMULPO CIGARETTE & TOBACCO CO.
CHEMULPO. COREA
KEY
大極標
태극표
MANUFACTURED BY
THE
CHEMULPO CIGARETTE & TOBACCO CO.
CHEMULPO. COREA
SPIDER
THE
CHEMULPO CIGARETTE & TOBACCO CO.
CHEMULPO. COREA

以上三種은上品으로製造ᄒᆞ야價値上에至極ᄒᆞᆫ發賣ᄒᆞ오니勿論某人ᄒᆞ고本社에來購ᄒᆞ시옵

大韓帝國仁川港 濟物浦紙卷煙及烟草會社

● 九轉靈砂라 本人이妙方法을神備하야製造ᄒᆞᆫ靈丹인ᄃᆡ男女老少에無論何症ᄒᆞ고通治ᄒᆞ오며無病時에도服ᄒᆞ면平生의身體가健康ᄒᆞ며小兒는四五錢重만服ᄒᆞ면十歲안에無病ᄒᆞ기를擔保ᄒᆞ오며
● 九轉靈砂萬應丹은癲狂 癎症과中風諸疾과耳目諸病과淋疾에神效ᄒᆞ오
● 九轉靈砂保命丹은初生小兒 驚風 癎氣 咳嗽 腹痛諸般惡症에神效ᄒᆞ오
● 九轉靈砂濟衆丹은酒滯 食滯 血積 吐瀉 霍亂 痢疾吐血 下血 運氣 時疾 瘧症에神效ᄒᆞ오
● 九轉靈砂紫金丹은痔漏 累癧 上疳瘡 下疳瘡及唐瘡과諸般毒瘡惡種에無不神効
僉君子는來問ᄒᆞ시오
內需司前독갑이一家 李鍾 姓 移徙 告白

◎本社特告

本社新聞을關西等地에廣佈ᄒᆞ기爲ᄒᆞ야平壤金典淵崔叡恒宜川安濟金顯等三氏에게委托ᄒᆞ고逐號下送ᄒᆞ오니該地에有志ᄒᆞᆫ僉君子는三氏에게購覽ᄒᆞ시며代金도三氏에게交致ᄒᆞ심을爲望

大韓每日申報社

本報價目

一張代金	新貨二錢
一箇月前納	三十錢
三箇月	九十錢
六箇月	一元七十錢
一箇年	三元四十錢
郵稅一張	新貨五厘
一箇月	十三錢

廣告料

四號活字十三字詰
每日每行一次에新貨十五錢
(每日每行에六錢에相當ᄒᆞᆷ)
二周日에 二圜五十錢
(每日每行四錢五厘에相當ᄒᆞᆷ)
一箇月에 五圜
(每日每行四錢一厘에相當ᄒᆞᆷ)
英期限의長短과字行의多少를依ᄒᆞ야增減ᄒᆞᆷ이有ᄒᆞᆷ

大韓人마다此申報를不得不閱覽ᄒᆞ실터이오니廣告出載ᄒᆞ실僉君子는來臨面議ᄒᆞ시옵

發行兼編輯人 英國人 裵說
發行所
京城北署壽進坊磚洞号外地洪醫學校前
大韓每日申報社

第三卷

大韓每日申報
대한매일신보

第一百七號

月曜及慶節歲時日休刊

檀君開國四千二百三十八年
箕子元年三千二百二十七年
大韓開國五百十四年
日本明治三十八年
清國光緖三十一年
陰曆乙巳十一月小廿四日癸巳

論說

○○○○○○○○○○遲緩失機非徒今日

日昨本報欄內松石問答中에統以賣國論之호얏스니記者豈不知言辭之過格이리오마는敢作此言이孰使之然고試略言之호리라夫韓國之垂亡이非一朝一夕之故는非待智者所知라

自甲午至癸卯가凡幾日고十年之間을春睡朦朧호야不關內外禍萌之漸長타가不幸至客年二月호야仁川港內에砲聲이動地하니宜乎强罷其睡여날依然渾夢이于今二十有二月矣라

自議定書締約以後로國權失敗之約은難可枚擧로ᄃᆡ每條袴欵이漸急於滅韓이어날所謂元老巨卿과各部在職官인體가或陳疏辭于主務하며或并戮力於反拒耶아否耶아

或謂時尙早而恬視耶아或謂日可畏而隱居耶아上至今年八月하야日露和約이始起其端일석日之於韓에保護管轄之議가播傳中外하니宜乎驚夢하야

或諫派使于談辦地하야宣言于列邦하며或議交涉于日本하야明言其不然홀거시어날如此風說도寂然無聞호얏스니是何故也오或謂派使無路而然耶아

向日李容翊氏는飛去法京이오너何不使通知于駐外使而參列乎아此亦無計런가今日閔泳瓚氏는夢到美京이며駐美金禎潤은魂歸北邙이런가

清國은滿洲還附를猶爲不足호야明言于列邦호얏지美國大統領은韓官吏之不致公文을恨歎不已호더라되已矣라無足道也어니와且日政府之謂議子韓國홀거슨

本報之預言이非此一再오以死抗拒면後必有生이라고本報之忠勸韓廷이不一其端이라當此存亡之秋호야伊藤侯가不憚遠涉之勞호얏스니必圖過分之利리라고

本報가朝朝催覽于諸公호얏스니宜乎熱心奮力호고同謀并策호야救其水於未溺호며撲其火於未焚이어날尙依然高臥호야當夜約成에面面楚歌로ᄃᆡ溫突暖衾에其夢이不驚호얏스니是可忍也오本記者ㅣ何不忍言其過格之言이리오쟈去之後예도尙晏然空食四五日光陰이라가及其趙忠正이不顧羸癃호고奮然起身之日호야纔乃聯蹣廷請이되其亦聚散無常者ㅣ間或有之矣니

揮毫及此에不禁心神之散亂이로다當局諸賊之貽毒國權과殘傷百姓은其機凡幾오歷歷可數여날一無聯疏討罪에而諸越視가經年閱歲라가竟成賣國覆宗之罪호얏스니

嗚呼痛矣라此輩之安居政閣호야公行賣國이有年于玆라此를置諸度外而不關호야或肆然追逐호며或隱然欽仰者ㅣ其誰오此ㅣ豈非長其賣國之禍萌耶아

公皆東亞之人也라擧東洋歷史而示之호노니其亦詳察而深辨之여다昔에趙穿이弑晉君이어날董狐執筆述史曰趙盾이弑其君이라호디孔子讚之호ㅅ스自是以來로至于今日토록讀史者ㅣ無不稱其正大筆法이로다趙盾은其時晉相也라在外而不知該賊之弑君故로未得免如彼討罪여든況乎今日韓廷大官之知其滅國而不禁之罪耶아

對其時叅其政及書合諸大臣호過格之言은追次辨論호리라

官報

◉三千三百二十四號　光武九年十二月十五日

◉敍任及辭令

法部刑事局長金洛憲
解兼任法官養成所長
法部叅書官李悅宇
命兼任法官養成所長
忠清南道前觀察使李道宰
解兼任忠清南道裁判事判事
忠청南道觀察使韓鎭昌
命兼任忠清南道裁判事判事
全羅北道觀察使李道宰
命兼任全羅北道裁判事判事
以上十二月十一日
內部主事趙완九
免本官
右는該員이無緣曠仕호야不勤視務이기免本官
咸鏡北道觀察府主事崔世鎭
依願免本官
朴永奎
任咸鏡北道觀察府主事敍判任官六等
以上十二月十三日

◉號外　光武九年十二月十五日

◉宮廷錄事

去先臣郭鍾錫言事疏

批旨省疏具悉卿懇前疏所陳豈、不警省而前批所諭亦可意會矣値玆凌寒修程攖撓能無有損竊爲卑慮事遣秘書郞傳諭

十二月十四日

◉號外　光武九年十二月十七日

◉宮廷錄事

議政府議政大臣臨時署理學部大臣李完用等自明疏

批旨省疏具悉卿等之懇爲國殫竭乃心王事凡百引辭夫孰不然或因時措之有非獲已而物議之歸責當事亦不容爲辭矣目下發藥之形惟在於同寅戮力庶幾艱危回安卿等其各猛加勉勵以圖開濟之策事遣府郞宣諭

宰恩由郭鍾錫冀蒙恩諒

批旨省疏具悉卿懇日者之疏歸來抵城闉頗企之餘亢然有尊方欲朝夕而筵接今見來章乃忽有약약底意不覺미貽而滋惑矣勉回還心即爲入來用副側席如渴之想事遣秘書郞傳諭

十二月十六日

外報

◉청國의兵制改革과砲兵 北清日日新聞近着號의報혼바를據호즉清國官吏은滿洲에셔日本連戰의連勝홈은砲力에待홈이適受라홈을聞호고크게覺悟호야火藥의製造와砲의鑄造를호다는디旣히江南兵器廠의提理혼道台는過歸에最新혼日本式을規호야疑門十二時砲를鑄造호야三門는試驗을行혼成蹟이大穩타호며攝造의正確홈과且迅速혼砲術이附히良好홈을試驗호얏다云호고又下瀨火藥에諳似혼火藥의製造所도旣히開始호얏다더라

◉米國大統領日本皇后陛下께贈進物

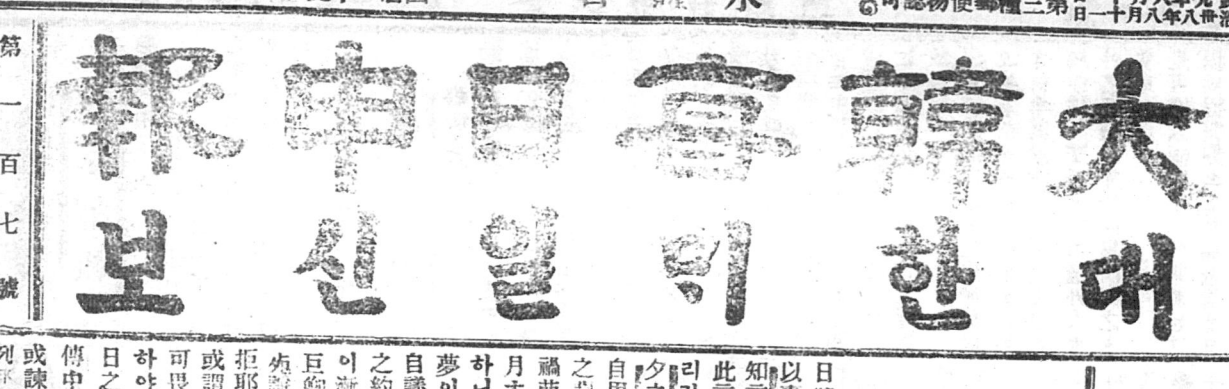

루스베루도孃이日本皇后陛下께謁見時에陛下게셔米國노미신의事에對호야談話호시고御懇望의氣色으로待호셧는디該孃은父親大統領에電報혼바를아뢰되大統領께셔미신店에注文호신物이近頃에出來호는디器械는總히金箔을塗호야其一端에日本兩國의軍旗를著호고며端內側에는總銀으로塗혼上에日本國旗를徽鐫하야마호자니에셔作혼箱에納上홀特使가近日日本國에持來호는緣由를告호얏다더라

東京電報

●談判相持 十二月十八日午後三時三十分發

北京談判은因惱ᄒᆞ야都下少數黨이連合ᄒᆞ야大運動을起ᄒᆞ리라더라

雜報

●痛罵獵官者 濁亂政界ᄒᆞ며汚穢世道ᄒᆞ며敗壞風俗ᄒᆞ며殘傷國脈ᄒᆞ며賊害人民者ᄂᆞᆫ惟爾獵官輩之所爲로다 嗟爾獵官輩여生爲國民ᄒᆞ야絶無一毫國家之思想ᄒᆞ니國民之分義가蔑矣오身爲人類ᄒᆞ야全沒廉恥的行爲ᄒᆞ니人類之道理가喪矣라 彼權貴之誇矜ᄒᆞ야驕傲自恣ᄂᆞᆫ由於爾輩가甘作奴婢之顔貌也오賣官鬻爵ᄒᆞ야壞亂頹紀ᄂᆞᆫ亦由爾輩가樂爲魍倫之手段故也라 爾其納賂而作宰者ᄂᆞᆫ出於何計오惟有剝奪民財ᄒᆞ야充其所費ᄒᆞ며牟其厚利而已니此非甘心於作賊者乎아又或因緣外人ᄒᆞ야乞其勸告ᄒᆞ야貽累隣邦之人ᄒᆞ니是可曰大韓臣子乎아甚者ᄂᆞᆫ欲以僞標假券으로欺瞞權貴ᄒᆞ고又或賜入得資ᄒᆞ야圖得其官ᄒᆞ고陷人狼狽ᄒᆞ니此等行爲ᄂᆞᆫ實有浮於强盜矣라人面獸心이胡至此極고嗚呼라時虞如此ᄒᆞ고國危如此ᄒᆞ니主上이憂勞於上ᄒᆞ사不遑暇食ᄒᆞ시고國民이悲痛於下ᄒᆞ야如不欲生이어날惟爾獵官輩ᄂᆞᆫ抑何心腸으로國家存亡과人民休戚을都不關念ᄒᆞ고晝思夜度에蠅營狗苟가惟是貪慕官爵뿐인가爾輩ᄂᆞᆫ不觀乎아 近日에輕車華服ᄒᆞᆫ官人等이種種路上에셔醉人의詬辱을被ᄒᆞ니今日得官은不是爲榮이오反以買辱이로다爾輩도또ᄒᆞᆫ人의心性과人의耳目이有ᄒᆞᆫ者니現今大韓에一般忠臣義士가捐軀殉國ᄒᆞᄂᆞᆫ時節을當ᄒᆞ야獨爾何心으로腐鼠와如ᄒᆞᆫ一資半級을區區經營ᄒᆞ야不少知愧ᄒᆞᄂᆞᆫ가甚可哀惜이오甚可痛惜로다蔽一言ᄒᆞ고今日韓國에政界를澄淸ᄒᆞ며風俗을改善코ᄌᆞᄒᆞ면此獵官輩를保頑法으로써收載一船ᄒᆞ야投之海島ᄒᆞ야絶其形跡於國中則庶乎其可也라ᄒᆞ노라

●相拔隱 前議政李根命氏ᄂᆞᆫ日前日憲兵隊에셔放還ᄒᆞᆫ後로恐懼度日하고정忡爲病이라稱하고乃以避凶就吉하고頤養延壽ᄒᆞᆯ計로坡州地에潛地下生하야前庇仁郡守尹秉求家에隱居하얏다더라

●說法忠告 桑港新報를據ᄒᆞᆫ즉美國教師說法氏가前月頃에韓國으로븟터桑港에到着ᄒᆞ얏ᄂᆞᆫᄃᆡ同地에留ᄒᆞᄂᆞᆫ韓人等을對ᄒᆞ야演說ᄒᆞ기를現今에日本人이韓人의田土와家屋을奪取ᄒᆞᄂᆞᆫ것과虐待韓人ᄒᆞᄂᆞᆫ形便을一一陳述ᄒᆞ고또韓人을勸勉ᄒᆞ야曰留此韓人은熱心愛國ᄒᆞ야아모조록權利를回復ᄒᆞ라余ᄂᆞᆫ韓國을愛ᄒᆞᆷ이我國을愛ᄒᆞᆷ과又ᄐᆞ여期於코韓國을爲ᄒᆞ야盡力援助ᄒᆞ깃노라ᄒᆞ더라

●學照度支 農商學校工業科所用器械及付屬品費額一百五十八元六十錢을該校教師請給中挪移支撥ᄒᆞ라ᄒᆞ얏더라

●學訓普學 學部에셔普成學校에訓令ᄒᆞᆫ內開에農商工學校面積이狹窄하야實業事務上에窒碍多有ᄒᆞ이기玆에訓令하니該校後面所在洋屋以西로定界築墻하고農商工學校를相換移接하야以便教育케하라하얏더라

●諸氏勳章 從二品李範九禮式院禮式官李弼周勳三等瑞寶章禮式官高羲駿勳四等瑞寶章禮式官勳五等申泰建警務官權鳳洙勳五等雙光旭日章禮式官趙在升勳五等瑞寶章表勳院技師勳六等吳悌泳禮式院主事李瑛奎李元模洪性郁은幷自日本國으로셔勳六等瑞寶章領受하얏기表勳院에셔經奏裁可ᄒᆞᆫ後佩用ᄒᆞᆫ다더라

●宮人恩典 詔曰宮人河氏가歷事五朝에年旣耄耋이오持心謹愼에終始惟一ᄒᆞ야往昔效勞가多有可言이며今焉云逝에可勝傷석가棺板一部를擇送ᄒᆞ며喪葬之需를令宮內府로從優擧行하며成服日遣奉侍致祭하라하오셧더라

●三分五裂 近日漢城內風雲을觀測컨ᄃᆡ現政府大臣이權勢爭奪에對ᄒᆞ야門戶를分張ᄒᆞᄂᆞᆫ主意를抱有ᄒᆞᆷ과如ᄒᆞ야內大李址鎔氏와軍大李根澤氏와腹心을密勿ᄒᆞ고農大權重顯氏ᄂᆞᆫ參政朴齊純氏와意見이符合ᄒᆞ고議政署理李完用氏ᄂᆞᆫ嚴正中立ᄒᆞ야獨立張의旗幟를樹立ᄒᆞ기에盡力ᄒᆞᆫ다ᄂᆞᆫᄃᆡ度大閔泳綺氏와法大李夏榮氏ᄂᆞᆫ援星이絶無ᄒᆞ야勢甚孤弱ᄒᆞᆷ으로某大官을運動ᄒᆞ야氣味가頗合ᄒᆞᆷ과如ᄒᆞ다고時論의譏刺ᄒᆞ되小人은無朋이라ᄒᆞᄂᆞᆫ古人의格言이今日準備語라ᄒᆞ니吾儕ᄂᆞᆫ思惟컨ᄃᆡ未幾에各立門戶ᄒᆞ야戰爭이繼續ᄒᆞ리라고斷言ᄒᆞ야他日을姑俟ᄒᆞ노라

●買賣民庄 本郡境內民有地田畓을買覽於日本人興業會社事ᄂᆞᆫ曾有郡報이온바以此之事由로民人等이呼訴于度支部ᄒᆞ와指令內開에人民私有之庄土를其於買賣之家에宜可自各任便이오恐不當强管受價者也라顧問官意見이亦在如是ᄒᆞ니須以此題로出示該會社ᄒᆞ야以爲妥貼ᄒᆞ고使衆民으로毋或紛紜之弊이사온ᄃᆡ今者興業會社員目黑錄次와宇都曾一이가前後買得文券을持來하와要請自官捺章이오니民之私賣에官捺章이事涉未妥이옵고亦係愼重이온즉不可擅便이오니查照指教라고黃州郡守朴文教氏가內部에報告하얏더라

●一圈點一額外 內部參書官韓永福丘南鎰兩氏ᄂᆞᆫ무ᄉᆞᆷ事件이有ᄒᆞᆫ지一體免官ᄒᆞᆫ代에該部主事金台膺氏ᄂᆞᆫ圈點하야從多數陞差하고陸軍副尉金寬鉉氏ᄂᆞᆫ額外로叙任하얏다하니同氏ᄂᆞᆫ何部에셔圈點하얏ᄂᆞᆫ지俾言하ᄂᆞᆫ人이模糊를未免이라고하더라

●五賊被擒 日昨軍部에셔綏康關에派送하ᄂᆞᆫ兵丁等紫馬等地에셔與賊黨等으로放銃接戰하야其中五名을捕捉하야昨日警務廳에押付하ᄂᆞᆫᄃᆡ該賊漢等이或被銃丸하며或被亂打하야流血遍身하야目睹者難以正視라더라

●墨國에韓人苦況 墨西哥地方에移住ᄒᆞᆫ韓民의悲慘ᄒᆞᆫ情形은旣往皇城新聞에揭載發佈하얏다가其後傳聞이不一키로其確信ᄒᆞᆫ報道를更探코져하얏더니今에桑港에留하ᄂᆞᆫ韓人의情報를據ᄒᆞᆫ즉的確可信하기로玆에揭佈하노라 美國桑港에在ᄒᆞᆫ韓國共立會員朴永順氏가墨西哥國미리다港口에至하야韓國同胞의情形을探報如左하니 本人이미리다港口에下陸하야청人을遇하야韓人의留地를問ᄒᆞᆫ즉청人이答曰韓人通辯二名은港口에在하고其餘ᄂᆞᆫ各農庄에其身이販賣되야不得任意出入하고本土人의虐待를無狀히被受ᄒᆞᆫ다하며청人이또ᄒᆞᆫ憤怒하ᄂᆞᆫ色이有하니余가其言을聞하고直時通辯人을往訪코져하든次에마참通辯權丙淑이가來見하나余의動靜을偵探하ᄂᆞᆫ貌樣이라아즉實情을不言하고其翌日에韓인의傭作하ᄂᆞᆫ農庄으로寬去하든路次에韓인三名을逢着하니一名은洋服을着고二名은單衣袴에一片보ᄌᆞ로其臀을圍하고跣足으로行하ᄂᆞᆫ貌樣이慘不忍見인ᄃᆡ洋服人의姓名은李俊赫이오其他一人의姓名은金鎭台오又一人은李書房인ᄃᆡ其原居ᄂᆞᆫ皆韓國京城이라因하야此三人을率하고空閒地에往하야諸般情形을詳細叩問ᄒᆞᆫ則果然奴隷와又치販賣가된몸인故로脫出ᄒᆞᆯ슈가萬無하다하며何如히脫出하야本國으로還歸ᄒᆞᆯ계策을問하ᄂᆞᆫ지라當初에如此히된來歷은西洋인마야쓰라하ᄂᆞᆫ者가此處農主의訂約하고牟利ᄒᆞᆯ계策으로韓國에往하야日本인과約條하니日인은韓인을誘하야曰墨西哥가布哇보다居生이尤好라하야千餘名을募集하야率來于此하야奴隷를作하게하얏스니此ᄂᆞᆫ莫大ᄒᆞᆫ仇讐라至今此處에在ᄒᆞᆫ韓인千餘名은二十四處農庄에分在ᄒᆞ얏ᄂᆞᆫᄃᆡ衣食居處ᄂᆞᆫ禽獸와一樣이오或身軀가困乏ᄒᆞ야暫時少休ᄒᆞᆫ듯ᄒᆞ면卽時猛打ᄒᆞ고幽囚ᄒᆞᆫ다ᄒᆞ얏스며其他苦況은後報에更述하깃노라하얏더라

◉特別廣告

本社所執은特其隨事記載ᄒ야一世耳目을喚新ᄒᄂᆫ디在ᄒᆫ즉餘外財政等事ᄂᆫ固不足屑焉이되每月所入經費金이洽爲千餘圓ᄒ야拮据無路에停刊이必至키로思不獲已ᄒ야陽曆十二月一日爲始ᄒ야每月代金을以新貨三十錢으로改定ᄒ오니購讀僉君子ᄂᆫ照亮ᄒ옵

大韓每日申報社

●特別廣告

本申報分發等事를仁川栅峴開新冊肆李東皓氏에게委托ᄒ고本月三日爲始ᄒ야逐號下送ᄒ오니購讀ᄒ시ᄂᆫ僉君子ᄂᆫ照亮購讀ᄒ시며代金도同氏에게傳致ᄒ심을爲要

大韓每日申報社 告白

雜報

●新學備要 續

中學費ᄂᆫ頗不易査라盖各國立法이有二ᄒ니學生이中學에在ᄒ야期滿ᄒ면上學에升ᄒᄂᆫ者가有ᄒ고또ᄒᆫ終是中學에在ᄒ야써專學ᄒᄂᆫ者가有ᄒ니其期滿ᄒ야上學에升ᄒᄂᆫ者ᄂᆫ每年所費之銀이少ᄒ고其終在中學ᄒ야써專學ᄒᄂᆫ者ᄂᆫ每年所費之銀이多ᄒᆫ지라各國에또此二項을總ᄒ야每年合計ᄒᄂᆫ者가有ᄒ고또ᄒᆫ分計ᄒᄂᆫ者가有ᄒ고또各國이近來에皆改新章ᄒ야多不相同ᄒᆫ故로其實在數月을欲求ᄒ면確指키甚難ᄒ니第其所可知者를據ᄒ야下方에노列ᄒ노라

英國中學은太半이나民間共立ᄒᆫ者가多ᄒ고官立ᄒᆫ者少ᄒ니其由國家ᄒ야專助格致之學은每年計費가洋銀二兆圓이오別히專門總機藝學一座가有ᄒ니每年計費가洋銀一億一萬七千圓이오建造學舍經費가計洋銀五億圓이라

法國은德國의게敗ᄒᆫ後로븟터新學의有益을深知ᄒᄂᆫ故로中學에經費를毫不吝惜ᄒ니每年에其費가洋銀二京五兆圓이라 未完

德淸條約內容

某處에來着ᄒᆫ上海電報를據ᄒᆫ즉德淸兩國에締結된新條約의內容이如左ᄒ더라

청國이高密及膠洲에在ᄒᆫ德國兵營을四萬弗價金으로以ᄒ야買收ᄒᆫ事

山東巡撫가該兵營을學堂으로變作ᄒ고德國人敎師를聘傭ᄒ야청國子弟를敎育ᄒᆫ事

高密撤兵期ᄂᆫ四箇月內로定ᄒᆫ事

中立區域이鎭道保護ᄂᆫ청國에讓與ᄒ고其兵員數ᄂᆫ二百四十人에無越ᄒᆫ事

德國軍隊ᄂᆫ緊急必要가有ᄒᆫ時에中立區域을通過ᄒᄂᆫ權利가有ᄒᆫ事

今回에買收ᄒᆫ兵營은暫時無報酬로德國軍隊에借給ᄒᆫ事

●坡民困難 坡州郡民은日人鐵道에非徒該郡境이라其於交河高陽等地에도鐵道工役에四五十名式逐日赴役ᄒ야民生이以此로困瘁ᄒ고當日歉荒에窮乎敝敝ᄒ야蕩景成樣中에今自該郡汶山浦前停車場으로支線을該浦洞中에又設ᄒᆫ다ᄒ고日人稱云此次支線은鐵道監部에ᄂᆫ小無所益이오本郡本浦에ᄂᆫ大有便利라該鐵道木等物所入은不得已擔當이나該治道諸役은不可不自郡區別後乃已라ᄒ야自該郡으로役夫를各面各里에排定ᄒ야已爲始役인바該役夫等의雇錢과食料ᄂᆫ一不補給ᄒ고自各該洞으로自費應役ᄒᄂᆫ故로該所入費를民出債ᄒ며或戶斂辦備ᄒ니民情이湧鬱ᄒ야朝夕을難支ᄒᆫ지라咸曰此等民弊ᄂᆫ皆是本郡守의不能交涉이오不顧民生之故라ᄒ야起擾ᄒᆫ機微가將次有之ᄒᆯ뿐더러該郡守韓弘洙ᄂᆫ知機ᄒ고內部에請願ᄒ야期欲圖遞라고西來人의傳說이狠藉ᄒ더라

●日來露去 慶興郡守金昌洙氏가內部에報告ᄒ되日本守備隊步兵一小隊와憲兵七인과騎兵四名은陰曆十月二十一日의來到ᄒ야防禦와衛生ᄒᄂᆫ事를主務ᄒ옵고露軍馬二萬餘騎ᄂᆫ自陰曆十月初五日에無事撤退ᄒ야同二十四日의畢渡過江이라ᄒ얏더라

●起復視務 鏡城郡守徐相大가外艱을丁ᄒ야辭職請願ᄒ얏더니內部에셔該道觀察使의게訓令ᄒ기를服期已過ᄒ야起復被命ᄒ얏스니轉飭該員ᄒ야即爲視務케ᄒ얏더라

●非藥伊病 龍仁陵谷居前參判李命宰氏가飮藥自靖ᄒᆷ으로前報에已揭어니와今聞ᄒᆫ즉因病長逝ᄒᆷ이오初無飮藥之事라더라

●職帖典貸 警務北署巡檢丘漢用이가其所帶職投帖을日人의게典執이다가該事件이發露되야該署에셔招致査問인즉所答內家貧親老ᄒ야一時糊口之計로不得已爲之라ᄒᄂᆫ바自該署로報告罷免ᄒ얏다더라

●不勤見譴 漢判朴義秉氏가內部에報告ᄒ되本府主事姜準永은不勤仕進ᄒ고曠在瀾온屢由過限ᄒ온職務上에怠慢ᄒᆷ이有ᄒᆫ즉不容不譴責懲戒라ᄒ얏더라

●請撥經費 務安港警巡洪性郁氏가內部에報告ᄒ되本署經費未下가總計一千七百四十七元을尙弗支撥ᄒ야其所領ᄒᆫ狀과以若十名殘額巡檢으로警察無路ᄒᆷ을兩次報告이옵고旣撥經費도本港支金庫에셔一切依만出付ᄒ고六朔條ᄂᆫ度支部關官의通知書가尙今弗到라ᄒ야勤特弗發이온즉該巡檢等의近一年呼飢之餘에當此寒冱ᄒ야啾啾難保之狀은弗忍聞睹이오니如此景況을特念ᄒ시와即速支撥ᄒ시와凍餒渙散之境을免케ᄒ라ᄒ얏더라

●去留爲難 全州觀察使李道宰氏ᄂᆫ便道赴任ᄒ라고內部에셔訓令ᄒ얏ᄂᆫ디公州等地인民들은上奏仍任ᄒᆯ意로數百名이該郡에屢日來到聚散ᄒ야衆民에惜去ᄒᄂᆫ意를亦是難却이라더라

●외디리국아마치젼 속

서력일쳔팔ᄇᆡᆨ칠십년에보국과불국이교젼ᄒ야불국이패ᄒᆷ을듯고아마치가또ᄀᆡ연히군사을모집ᄒ야불국을구완ᄒ고저ᄒ더니보국과불국이화친ᄒᆫ후에불국졍부에셔아마치을놉흔벼슬노ᄡᅥ주고저ᄒ거날아마치가우서왈난을구와ᄒ고상을바라ᄂᆫ거슨엇던션ᄇᆡ의수치라ᄒ고이예병권을글으고고향에돌아와온거종신ᄒ얏스니뎌저아마치ᄂᆫ세상에ᄇᆡᆨ셩을위ᄒ야험난을물읍스고화히를덜고저ᄒᆷ이오놉흔벼슬과즁ᄒᆫ녹은곳허진산ᄯᅥᆨ파갓치보고그자봉은극히박ᄒ야갈건폐의로군사로더부러음식을갓치ᄒ고칠차사루집피물입어스되터지볼번차안코

미완

特別廣告

本申報ᄂᆞᆫ海外電報를卽接ᄒᆞ야機關이靈通ᄒᆞ고外報와探報를敏捷活潑ᄒᆞ도록注意ᄒᆞ오며申報를發送ᄒᆞᄂᆞᆫ되迅速傳ᄒᆞ기ᄂᆞᆫ分傳人의게在ᄒᆞᆷ으로本社에서平常에諸分傳人의게丁寧告戒ᄒᆞ고申申訓飭ᄒᆞ야毋或媮惰ᄒᆞ게注意ᄒᆞ거니와如或暫有稽忽이라도愛讀僉君子ᄂᆞᆫ遼使通知于本社ᄒᆞ시면該分傳의게誠信相孚ᄒᆞ도록耳提面命ᄒᆞ고勸贊가發生ᄒᆞ도록誨論ᄒᆞ야必無遲誤ᄒᆞ기로期待ᄒᆞ옵나이다

本社에寄書ᄒᆞ시ᄂᆞᆫ諸君子ᄂᆞᆫ姓名과居住를明確ᄒᆞ게懸錄送附ᄒᆞ시와證據가有ᄒᆞᆷ을必要ᄒᆞᆷ이오公衆平和ᄒᆞᆫ秩序를紊亂케ᄒᆞᄂᆞᆫ意와社會上不經荒雜ᄒᆞᆫ寄書ᄂᆞᆫ自不受ᄒᆞᄂᆞᆫ權利가本社에有ᄒᆞ오니肯諒ᄒᆞ시옵

大韓每日申報社

●雜誌發刋廣告

今에數理學雜誌를(每月五日一回定刋)發刋ᄒᆞ야教師諸氏의教料材料를敢助ᄒᆞ고學生諸氏의獨學材料를供給코져ᄒᆞ오니有志諸氏ᄂᆞᆫ購讀ᄒᆞ심을切望

(但一部定價ᄂᆞᆫ新貨陸錢)

南大門內尙洞德公舘右便
靑年學院內　數理學雜志社

鍾路大東書市
布屛下金相萬冊肆
仁川港紐峴開新冊肆

○鐵路部

○東大門과新門間에來往車ᄂᆞᆫ每十分間에運行ᄒᆞᆷ
　東大門發初車ᄂᆞᆫ午前六時三十分
　新門外停車場發初車ᄂᆞᆫ午前六時五十五分
　東大門發終車ᄂᆞᆫ午後九時五十分
　新門外停車場發終車ᄂᆞᆫ午後十時十五分
○東大門과洪陵間에來往車ᄂᆞᆫ每二十分間에運行ᄒᆞᆷ
　但自鍾路로東大門에來到ᄒᆞᆫ交替車로聯絡ᄒᆞᆷ
　東大門發初車ᄂᆞᆫ午前六時五十分
　洪陵發　初車ᄂᆞᆫ午前七時十分
　東大門發終車ᄂᆞᆫ午後七時五十分
　洪陵發　終車ᄂᆞᆫ午後八時十分
○鍾路와龍山間에來往車ᄂᆞᆫ每十二分間에運行ᄒᆞᆷ
　鍾路發至南大門初車ᄂᆞᆫ午前六時四十八分
　鍾路發至龍山　初車ᄂᆞᆫ午前七時二十四分
　南大門發至鍾路初車ᄂᆞᆫ午前六時五十六分
　龍山發至鍾路　終車ᄂᆞᆫ午前七時五十七分
　南大門發至鍾路終車ᄂᆞᆫ午前十時八分
　龍山發至鍾路　終車ᄂᆞᆫ午後九時九分
○特別私用車ᄂᆞᆫ顧客의方便ᄒᆞᆷ을隨應ᄒᆞ야準給ᄒᆞᆷ
　但定價ᄂᆞᆫ本社에來臨ᄒᆞ야請問ᄒᆞ옵

○電燈部

二百五十燭力以內의敷用處에ᄂᆞᆫ每個月에定價表가如左ᄒᆞᆷ
○十六燭力燃燈達夜에二圓五十錢
○三十二燭力燃燈達夜에四圓
○五十燭力燃燈達夜에六圓
○一百五十燭力燃燈達夜에十圓
一千二百燭力弧形燈達夜에二十圓
二百五十燭力以上의敷用處에ᄂᆞᆫ請求ᄒᆞ면瓦斯計一箇를設給ᄒᆞᆷ
但瓦斯計賃金은每個月에二圓이오瓦斯計測驗表委托定價ᄂᆞᆫ每時間每암피아에二錢이옴
　瓦斯計設給處에서每介月支拂金最低額은每個月에二十圓인듸(瓦斯計貸金은)据ᄒᆞᆷ
電燈을敷設ᄒᆞ기에請求ᄒᆞᄂᆞᆫ듸給ᄒᆞᆷ로供各種連技排燈도常時에貯存ᄒᆞ엿ᄉᆞᆸ

本社鍾路電氣會社
韓美電氣會社　告白

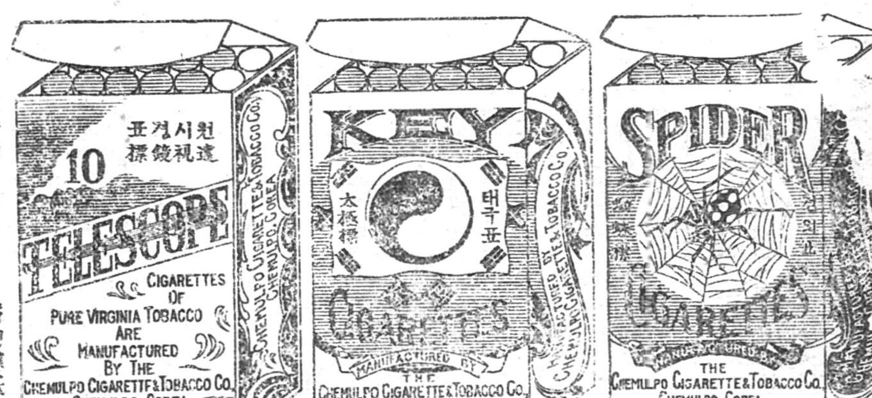

以上三種은上品으로製造ᄒᆞ야衛生上에至極有益ᄒᆞ오니叩論某人ᄒᆞ고本社에來購ᄒᆞ심

大韓帝國仁川港
濟物浦紙卷煙及烟草會社

●九轉靈砂라　本人이妙方法을神備하야製造ᄒᆞᆫ靈丹인듸男女老少에無論何症ᄒᆞ고通治ᄒᆞ오며無病時에도服ᄒᆞ면平生의身體가健康ᄒᆞ며小兒ᄂᆞᆫ四五錢重만服ᄒᆞ면十歲안에無病ᄒᆞ기를擔保ᄒᆞ오며
●九轉靈砂萬應丹은癲狂　癇症과中風諸疾과耳目諸病과淋疾에神効ᄒᆞ오
●九轉靈砂保命丹은初生小兒　驚風　癎氣　咳嗽　腹瘡諸般惡症에神効ᄒᆞ오
●九轉靈砂濟衆丹은酒滯／食滯　血積　吐瀉　霍亂　痢疾吐血　下血　運氣　時疾　疝症에神効ᄒᆞ오
●九轉靈砂紫金丹은痔漏　瘰癧　上疳瘡　下疳瘡及唐瘡과諸般毒瘡惡種에無不神効ᄒᆞ오니　僉君子ᄂᆞᆫ來問ᄒᆞ시오

內需司前독갑이골上隅第一家
李鎬廷移徙　告白

◎本社特告

本社新聞을關西等地에廣佈ᄒᆞ기爲ᄒᆞ야平壤金與淵崔叡恒宜川安潛金進金鶴等三氏에게委托ᄒᆞ고諉論下送ᄒᆞ오니[illegible]有志ᄒᆞᆫ僉君子ᄂᆞᆫ三氏에게購覽ᄒᆞ시며代金도三氏에게繳致ᄒᆞ심을爲要

大韓每日申報社

本社廣告

申報價
一張代金　新貨一錢
一箇月前金　三十錢
三箇月　九十錢
六箇月　一元七十錢
一箇年　三元四十錢
郵稅一部　新貨五里
一箇月　十二錢

廣告料

四号活字十三字詰每日每段一寸에新貨廿五錢(每日每行에六錢에相當ᄒᆞᆷ)
二周日에　二圓五十錢(每日每行四錢五里에相當ᄒᆞᆷ)
一箇月에　五圓(每日每行四錢一里에相當ᄒᆞᆷ)
其期限의長短과字行의多少를依ᄒᆞ야增減ᄒᆞᆷ이有ᄒᆞᆷ
大韓人마다此申報를不得不閱覽ᄒᆞ실터이오니廣告를報ᄒᆞ실僉君子ᄂᆞᆫ來臨面議ᄒᆞ시옵

發行兼編輯人　英國人裵說
發行所　京城北署壽進坊磚洞号外造法語學校前
大韓每日申報社

光武九年八月十一日 明治卅八年八月十一日 第三種郵便物認可　　木曜日　　西曆一千九百五年十二月廿一日 (一)

第三卷　　第一百八號

大韓每日申報

대한매일신보

月曜及慶節歲時休日刊

檀君開國四千二百三十八年
箕子元年三千二十七年
大韓開國五百十四年
日本明治三十八年
淸國光緒三十一年
陰曆乙巳十一月念廿五日甲午

論說

日本之內形外勢

日昨列項에記載ᄒᆞᆫ東京特電을觀之컨ᄃᆡ本記者의恒言ᄒᆞ던바東難事故가日本內에起端ᄒᆞᄂᆞᆫ도다近者俄國의悲慘情境을言之컨ᄃᆡ政府失治에必有患難은旣覺者之所可測也라現今日本ᄂᆡ切迫事情은人民이因於裏頭政治ᄒᆞ야未免陷穽ᄒᆞᆯ거슬表示ᄒᆞ로다伊藤侯가韓日新新條約을威脅督促ᄒᆞᆷ은因其切迫之勢ᄒᆞ야出於不得已之事라고本報上에所記ᄒᆞ얏거니와未滿和約公布之日에國民新聞과其他政府機關報筆이人民失望을欲爲緩和ᄒᆞ야設辭唱導ᄒᆞ되韓國은左右間에歸於掌中이오滿洲에도可得之物이豐富다ᄒᆞ얏스니如此快諾을足以實行ᄒᆞᆯ거슨伊藤侯의締約事가精密雅美ᄒᆞᆫ거시오小村男爵이駐淸列使術ᄒᆞᆷ에在ᄒᆞᆫ것도亦可合於快語이로다

以愚度之컨ᄃᆡ日本人民이至于今日ᄒᆞ야ᄂᆞᆫ韓日新締約의全然無用됨을始認ᄒᆞ며日淸談辦에所得이不得過於定限ᄒᆞᆯ거슬將知矣여ᄂᆞᆯ戰費稅納이數年繼續될거슬已爲開知오豫算外所用이欲避不得인쥴을疑之已甚ᄒᆞ얏스니

以此事情觀之에國民呼冤이自有其源라種其禍根에萌이必動故로有此今日之境ᄒᆞ니國民代表와相對ᄒᆞ야國會召集前에日本政府가總辭其職이로다

日本人民이政府請求를依ᄒᆞ야生命財産을無效戰役에費用ᄒᆞ야信實事之ᄒᆞ얏스니政府之信實을民豈不望이리오

近日韓國은幾箇大臣의誤國之事가有ᄒᆞᆫ바人民居生에ᄂᆞᆫ姑無甚變結果로ᄃᆡ人民之一致論非가尙如此여ᄂᆞᆯ

日本內患難은淸矣甚於韓國이니食力之人은離家不還이오稅斂은重於前日이며勞苦戰役에失臂失脚之人은自己之緣何出과政府之以何救濟를必欲質問ᄒᆞ리니政府總辭가亦出於此로다

官報

號外 光武九年十二月十五日

◉豫算

光武十年度歲入歲出總預算左開公佈事奉

勅

光武九年十二月十二日

議政府議政大臣臨時署理學部大臣 李完用
內部大臣 李址鎔
度支部大臣 閔泳綺
軍部大臣 李根澤
法部大臣 李夏榮
學部大臣 李完用
農商工部大臣 權重顯

光武十年度歲入歲出總預算表

歲入歲出對照

歲入總額 七百四十八萬四千七百四十四圓
歲出總額 七百九十六萬七千三百八十八圓
歲入不足額 四十八萬二千六百四十四圓

歲入

第一款 租稅 六百四十一萬二千七百四十四圓
第一項 地稅 五百二十萬八千二百二十八圓
第三項 驛賭稅 十萬五千圓
第四項 漁鹽釐稅 一萬三千三十圓
第五項 船稅 一萬二千三百九十圓
第六項 港稅 八十五萬圓
第二款 印紙收入 三萬圓
第一項 印紙收入 三萬圓
第三款 官業收入 七萬四千圓
第一項 印刷局收入 七萬圓
第二項 官報收入 四千圓
第四 雜收八 六千圓
第一項 雜收入 六千圓
第五款 旣往年度未納稅收入 九十五萬二千圓
第一項 旣往年度未납稅收入 九十五萬二千圓
歲入總計七百四十八萬四千七百四十四圓

歲出經常部

皇室費
第一款 皇室費 一百三十萬圓
第一項 皇室費 一百三十萬圓

耆老所所管
合計一百三十萬圓
第一款 耆老所本廳 一萬五千八百九圓
第一項 俸給 二千八百圓
第二項 廳費 一萬一千八百七十七圓
第三項 雜給及雜費 一千一百二十八圓
耆老所所管合計一萬五千八百圓

未完

外報

◉俄國內閣 九日伯林電을據ᄒᆞᆫ즉俄國內閣組織에關ᄒᆞ야今日ᄭᅡ지公表ᄒᆞᆫ者ᄂᆞᆫ如左ᄒᆞ더라

外部大臣 伯爵라무스도루후
鐵道大臣 侯爵 지루고후
海軍大臣 中將 波羅的艦隊司令官 비련후

◉營口米穀高價 近日營口에米穀이乏少ᄒᆞ야上米ᄂᆞᆫ一粒難得이오韓國米를輸入販賣ᄒᆞᄂᆞᆫᄃᆡ其代價가高騰ᄒᆞ야今後多數入되리라더라

◉德國經營 德國政府가商業的經營에努力ᄒᆞᆫ다ᄒᆞᆷ은人人의知了ᄒᆞᄂᆞᆫ바어니와日本에對ᄒᆞ야도錄合商工業을發揚케ᄒᆞ기爲ᄒᆞ야제우나스氏를橫濱領事館附商工業事務官으로任命ᄒᆞ야同氏ᄂᆞᆫ旣爲獨國各地의製造所를巡視ᄒᆞ고且各地의商業會議所에서其意見을述ᄒᆞ고自今으로ᄂᆞᆫ獨國人은日本의商工業을希望ᄒᆞᄂᆞᆫ者ㅣ有ᄒᆞ며其依賴에應ᄒᆞ야調査報告를爲ᄒᆞ리라ᄒᆞ고尙且제우나스氏를日本에派遣ᄒᆞᆯ뿐不是라極東各地에도此等의官吏를派遣ᄒᆞ리더라

◉英艦運動 倫敦電을據ᄒᆞᆫ즉英國海峽艦隊太西洋艦隊及地中海艦隊ᄂᆞᆫ甲裝巡洋艦으로編成ᄒᆞᆫ一箇艦隊와共히來年二月中旬에連合運動의目的으로葡萄牙라고스灣에集合ᄒᆞ리라더라

◉淸國現在兵 一米國士官이天津에잇ᄂᆞᆫ知名ᄒᆞᆫ敎授와計算ᄒᆞ마ᄅᆞᆯ據ᄒᆞᆫ즉淸國에現在ᄒᆞᆫ官兵은其總數가約十四萬인ᄃᆡ訓鍊이能熟ᄒᆞᆫᄃᆡ始初ᄂᆞᆫ德國士官三人이訓鍊의任을當ᄒᆞ얏ᄂᆞᆫᄃᆡ若日今更히北淸事變과如ᄒᆞᆫ事가有ᄒᆞ야官兵이匪에投ᄒᆞᆯ지경이면前回에二倍나될時日이確實이有ᄒᆞᆯ깃다云ᄒᆞ더라

東京電報

◉北京談判終結 十二月十九日午後四時三十分發

北京談判은昨日에終結을告ᄒᆞ얏고來二十一日에兩國委員이調印ᄒᆞ기로되얏다더라

◉還使還國 仝上

駐日韓國公使趙民熙氏는韓廷의召命을承ᄒᆞ야不日로公使舘을引揚ᄒᆞ고歸國ᄒᆞ기에就ᄒᆞ야珍田外務次官은今夕(十九日夜)三井倶樂部에서別宴을催ᄒᆞ얏다더라

◉統監決定 仝午後七時十分發

疑者에報道ᄒᆞᆷ과如히韓國統監은本日伊藤侯爵으로決定되야明日에發表ᄒᆞᆫ다더라

◉豫審決定 仝上

騷動事件으로豫審중이던河野廣中、大作、小川、櫻井諸氏는本日豫審決定되야重罪公判으로移ᄒᆞ얏더라

雜報

◉歎局勢不穩

時局之蹉跎와民生之困苦를吾人가重言ᄒᆞ야幾乎子舌厭倦而不能自止者ㅣ今已許多日이어니와如是心腸을吐ᄒᆞ며思慮를費ᄒᆞ야硜硜然不敢擱筆者는庶幾上下人心이聳然修省ᄒᆞ야實力養成에着手前進ᄒᆞᆷ을冀望ᄒᆞᆷ이어날其或言之未切ᄒᆞ야不能見孚인지政界紊亂이依舊自如ᄒᆞ야惟日所事가尋常文具에不過이고眞正實力에必要와時弊에爲急ᄒᆞᆫ財政軍政과人民敎育等事ᄒᆞ야ᄂᆞᆫ漠然夢外拋置ᄒᆞ야毫不爲意ᄒᆞ니日就道遠에彼岸을何時可登일지時局之難이이已到七八分키로中外解體ᄒᆞ고志士의腕ᄒᆞ야過都門而歎息ᄒᆞ며念王室而流涕者幾人고到今中興基礎가斷然政界改革에在이어날如是遲之又遲ᄒᆞ야坐失機宜ᄒᆞ니念之及此에良可寒心이로다哀我二千萬同胞여袖手中과睡徒風雨에幾年來備經艱楚이다가一層苦海在前ᄒᆞ야他人에奴隸之虐待를又將不免ᄒᆞᆯ지니哀情을欲訴ᄒᆞᆫ되石人도亦應墮淚ᄒᆞᆯ지로다雖然이나爲農者ᄂᆞᆫ不以無歲而不耕ᄒᆞᄂᆞ니愛國心과愛同胞心을肝腸에牢着ᄒᆞ야團體를合成ᄒᆞ며學問上注意ᄒᆞ야見識을開進이면富强을次第可致요天運이自然循環ᄒᆞ야寒盡陽生이必有其日이어니文明之福을可以永享ᄒᆞᆯ지요其或聽之藐藐ᄒᆞ야志氣를怡惰ᄒᆞ며學問을不受ᄒᆞ야惟舊習之是蹈면一時自己에侮辱뿐안이라後世子孫이均受其苦ᄒᆞᆯ지니嗟我同胞ᄂᆞᆫ勗之哉인저

◉局長新任 內部[illegible]局長[illegible]ᄒᆞ고[illegible]錫氏ᄂᆞᆫ地方局長을[illegible]其代에前檢事[illegible]任ᄒᆞ얏더라

◉大使解役 [illegible]完顧[illegible]別項에[illegible]에有[illegible]이自有[illegible]聽大使[illegible]ᄒᆞ라ᄒᆞ음[illegible]

◉解使解遞 [illegible]는江華府尹在[illegible]自平理院으로[illegible]ᄒᆞ야上[illegible]遞職되얏ᄂᆞᆫ貌樣이오其代에[illegible]兵司令官權重顯氏가被命ᄒᆞᆯ리라더라

◉正誤 昨日本報[illegible]內에說法忠告라ᄒᆞᄂᆞᆫ題下最末行에盡力援助ᄒᆞ깃노라ᄒᆞ얏더라ᄒᆞᆫ[illegible]인되(外部에照會ᄒᆞ얏더라)ᄒᆞᆫ九字ᄂᆞᆫ其下學部度支兩[illegible]下에在ᄒᆞᆯ것인데此項[illegible]內에誤植이기로玆에正誤ᄒᆞᆷ

◉槍治賊傷 [illegible]士[illegible]田中雄과該事務員二人이[illegible]署에來到ᄒᆞ야押因ᄒᆞᆫ强盜[illegible]處를治療次施藥ᄒᆞ얏다더라

◉不穩影響 淸日談判에困難ᄒᆞᆷ은日前本報雜報欄內에[illegible]揭載이어니와其內容을探聞ᄒᆞᆫ즉淸日兩國全權委員이去十四日에第十七回會議를開ᄒᆞ고[illegible]親王도臨席ᄒᆞ야談判事가頗히困難이되야同日은休會ᄒᆞ고于今[illegible]會치못ᄒᆞ얏ᄂᆞᆫ뒤第十五回로日昊日談判은大端難涉ᄒᆞᆷ으로日本東京에서ᄂᆞᆫ一部人이非常히憤慨ᄒᆞ야內閣을對ᄒᆞ야大運動을開始ᄒᆞᆫᄂᆞᆫ지形勢가甚히不穩[illegible]ᄒᆞᆫ다더라

◉閔公返虞 再昨日下午三時閔忠正公의返虞之行이入來ᄒᆞᆯᄉᆡ[illegible]兵이[illegible]持紅燈籠ᄒᆞ고[illegible]三四百人이오兵丁千餘名은[illegible]前後에分排護從ᄒᆞ야[illegible]老少男[illegible]도莫不哀悲ᄒᆞ이發[illegible]日과一如ᄒᆞ더라[illegible]之人이服公忠義[illegible]도必當如[illegible]ᄒᆞᆯ거로다

◉靑年演說 今日下午七点半에[illegible]士梁弘默氏가皇城基督敎靑年會에서宗敎與國家之[illegible]演說ᄒᆞᆫ다더라

◉[illegible]還國 日本東京에遊學ᄒᆞᄂᆞᆫ該國學徒등이文部省發佈令에對ᄒᆞ야不服心이有ᄒᆞ기로同[illegible]ᄒᆞᆷ은前號에已揭어니와[illegible]中山東人李應泰王이形[illegible]及其他二人이日[illegible]에到着ᄒᆞ얏ᄂᆞᆫ뒤船便을待ᄒᆞ야不日歸國ᄒᆞᆫ다더라

◉[illegible]靑 吉松郡守[illegible]世永氏가內部에報告ᄒᆞ되本人이才[illegible]徒[illegible]祿은[illegible]所共[illegible]아欺ᄒᆞᆫ平잇가然이[illegible]에不可居是[illegible]者屢[illegible]以[illegible]稱에已有所仰報이[illegible]新聞ᄒᆞ고繼以聞[illegible]新條約을草成이[illegible]外人之凌厲이胡至此極[illegible]平잇가以此로衆口沸ᄒᆞ고衆心憤惋ᄒᆞ니嗟我人事가忍可耐乎잇가玆以含淚請願ᄒᆞ니査照後所帶郡守之任을卽爲減免ᄒᆞ라ᄒᆞ얏더라

◉行悖村閭 [illegible]州大旺面等地에日人三名이閣行各洞ᄒᆞ야稱以軍需ᄒᆞ고隨其洞之大小ᄒᆞ야待洞에草鞋何百과鷄卵幾十箇와鷄卵幾貼式을分等定ᄒᆞᆫ[illegible]날洞民이以無公牒으로不可聽從이라ᄒᆞᆫ니該三人曰雖無公文이라도卽爲擧行이지何[illegible]ᄒᆞ고ᄒᆞ면서亂敲亂打ᄒᆞ기로[illegible]於威脅ᄒᆞ며畏於毆打ᄒᆞ야不得已施行이라ᄒᆞ고[illegible]地派人告訴於京城司令部러니該部에서詳聞其裏由ᄒᆞ고巡査一名通辯一人을派送該處ᄒᆞ야三漢을爲先拘留ᄒᆞ고搜其凶器則各帶六穴砲를奪取要縛ᄒᆞ고各洞排定ᄒᆞᆫ馬草와鷄與卵은一一還給各其洞ᄒᆞ고仍卽該三漢을捉去ᄒᆞ얏더라

◉商滿遺理 一自新舊貨交換以後로京鄕財政이困難莫甚ᄒᆞ야商販貿買가稀少키로大小商業이가擧皆失利ᄒᆞᆷ에債主의困[illegible]을不知ᄒᆞ야至於廢業者ㅣ爲三四十人이오近日則尤有一層弊端ᄒᆞ니債主들이責其過ᄒᆞ[illegible]不報ᄒᆞ고加索倍徙之重邊則商業이가値此興販減少之日ᄒᆞ야[illegible]有此重邊濫索則支保沒策ᄒᆞ야相率逃躱라雖在商販興旺之時라도加此利息이原係法外인뒤値此商業益殘之日ᄒᆞ야有[illegible]倍捧之利息則雪上加霜에與皆渙散乃已니債主輩所失도亦尤甚ᄒᆞᆯ지니商業會諸氏ᄂᆞᆫ此等事件을何不另議妥定인지入小商業家에셔埋怨이不少ᄒᆞ더라

英語學徒等이閔公發靷時에唱ᄒᆞᆫ薤露歌

精忠일네精忠일네
우리閔公精忠일네
大節일네大節일네
우리閔公大節일네
이忠誠이節槪는
萬古에도쪽이업네
빗치나네빗치나네
大韓山川빗치나네
閔苑得生발근말삼
遺書中에丁寧ᄒᆞᆫ듸
同胞들아同胞들아
二千萬의同胞들아
ᄒᆞ여보세ᄒᆞ여보세
精心戮力ᄒᆞ여보세
ᄒᆞ여보세ᄒᆞ여보세
死中求生ᄒᆞ여보세
堅忍勉學깁흔訓戒
우리學徒아젓슨가
學徒들아學徒들아
大韓帝國學徒들아
ᄒᆞ여보세ᄒᆞ여보세
堅其志氣ᄒᆞ여보세
ᄒᆞ여보세ᄒᆞ요보세
勉其學問ᄒᆞ여보세
獨立일세獨立일세
大韓帝國獨立일세
自由로세自由로세
二千萬民自由로세
이獨立이自由는
우리閔公功이로다
功이로다功이로다
피흘니신功이로다

◎特別廣告

本社所執은特其隨事記載ᄒᆞ야一世耳目을喚新ᄒᆞᄂᆞᆫᄃᆡ在ᄒᆞᆫ즉餘外財政等事ᄂᆞᆫ固不足屑焉이되每月所入經費金이洽爲千餘圜ᄒᆞ야拮据無路에停刊이必至키로思不獲已ᄒᆞ야陽曆十二月一日爲始ᄒᆞ야每月代金을以新貨三十錢으로改定ᄒᆞ오니購讀僉君子ᄂᆞᆫ照亮ᄒᆞ옵

大韓每日申報社

◎特別廣告

本申報分發等事를仁川紺峴開新報肆李泰皓氏에게委托ᄒᆞ고本月三日爲始ᄒᆞ야逐號下送ᄒᆞ오니購讀ᄒᆞ시ᄂᆞᆫ僉君子ᄂᆞᆫ照亮購讀ᄒᆞ시며代金도同氏에게傳致ᄒᆞ심을爲要

大韓每日申報社 告白

雜報

◎新學備要 (續)

德國中學은每年每人의計費가洋銀四五十圜인ᄃᆡ三分으로分ᄒᆞ야國家에셔一分을出ᄒᆞ고地方官稅가一分을出ᄒᆞ고學生이一分을出ᄒᆞ니其國中에專門機藝學은每年費가洋銀七萬五千圜으로봇터一億圜에至ᄒᆞ더라

俄國中學은學生이學費五分之一을出ᄒᆞ니蓋德國과俄國은上學과中學의有益을深知ᄒᆞᄂᆞᆫ故로上中學의經費를支撥ᄒᆞᆷ이初學經費보다尤多ᄒᆞ더라

美國中學은上學과共히合計ᄒᆞᄂᆞᆫ者가有ᄒᆞᆷ으로多寡不齊ᄒᆞ야査核키不易ᄒᆞ더라

日本國은중學을二等에分ᄒᆞ니舊日에ᄂᆞᆫ次等중學이僅有라가또新法을定ᄒᆞ야上等중學五座를立ᄒᆞ니每年國家가費銀二億圜을幫助ᄒᆞᄂᆞᆫᄃᆡ國庫로出ᄒᆞ야其半을付ᄒᆞ고地方官稅로由ᄒᆞ야其半을付ᄒᆞ고學生의付ᄒᆞᄂᆞᆫ若干이有ᄒᆞ더라

印度國의중學은每年每人의計費가洋銀一百五十圜이더라 未完

◎習慣故至於滅種

本報가嘗常大韓同胞를爲ᄒᆞ야將來滅種之慮가有ᄒᆞᆷ으로屢屢提告ᄒᆞ얏스니大韓同胞ᄂᆞᆫ此를等常聽過ᄒᆞᄂᆞᆫ가抑其必無之事타謂ᄒᆞᄂᆞᆫ가

今에또布哇土人의情形을擧ᄒᆞ야申申警告ᄒᆞ노니惟願大韓同胞ᄂᆞᆫ此言을更聽ᄒᆞ야銘心不忘ᄒᆞ라

來韓民이該地方에移住ᄒᆞᆫ者가七八千에至ᄒᆞ니其地情形을宜皆熟聞稔知ᄒᆞᆯ지라

蓋布哇島ᄂᆞᆫ氣候平均ᄒᆞ야春夏秋冬에溫和不異ᄒᆞᆷ으로各色花草ᄂᆞᆫ四時長靑ᄒᆞ며冬雪의寒은無時無之라果木은以一株樹之라도一枝에花開ᄒᆞ고一枝에結實ᄒᆞ고一枝에成熟ᄒᆞ고一枝에熟落ᄒᆞ야四時不絶ᄒᆞ며[illegible]人家가[illegible]山[illegible]流ᄒᆞ야景致佳麗ᄒᆞ고毒虫猛獸와瘴疫의病의患이本無ᄒᆞᆫ故로世人이此地를太平洋極樂世界라謂ᄒᆞᄂᆞᆫ지라

西曆一千七百三十八年距今一百六十七年前에英國人국추가其地를發現ᄒᆞ얏고一千七百五十五年에비로소八島를合ᄒᆞ야國을成ᄒᆞ고立憲政治를行ᄒᆞ다가

一千八百四十[illegible]年에[illegible]立國이되고開或民主政治를行ᄒᆞ더니一千八百九十四年至今十年前에美國屬地가되엿ᄂᆞᆫ지라

其本土人種은[illegible]色이黑紫ᄒᆞ며身體가長大ᄒᆞ며性質이柔順ᄒᆞᆫᄃᆡ但其懶惰成性ᄒᆞ야遊衣遊食을崇尙ᄒᆞ더니

自外國人入居以後로本土人種이漸漸被逐ᄒᆞ야[illegible]金錢物을外人의게讓渡ᄒᆞᆫ故로人種이年年減縮ᄒᆞ야

六十年前에十三萬餘에至ᄒᆞ든人數가至今은二萬三千餘名에不過ᄒᆞ니若經幾年이면必至全滅乃已라

噫라天地間에凡有血氣之類가孰不欲其生活이리오만은彼懶惰之習이人類ᄂᆞᆫ비록滅種에至ᄒᆞ야도能히翻然改圖치못ᄒᆞ니甚矣라習慣之難變이여

今에大韓風俗도優遊閒寂ᄒᆞ야事業을不做ᄒᆞ고遊衣遊食을崇尙ᄒᆞᄂᆞᆫ弊習이有ᄒᆞ니現今外人雜居가日增月加ᄒᆞᄂᆞᆫ時節을當ᄒᆞ야

由來懶惰習慣을不變하고諸般事業이不能振興ᄒᆞ면二千萬人衆이不過幾十年에擧皆生存을不得ᄒᆞ리니大韓同胞ᄂᆞᆫ思之念之ᄒᆞ라

◎大使還定

日本國에答禮大使로初次完順君李載完氏로內定되얏더니同氏가辭任ᄒᆞᆷ으로義陽君李載覺氏로任命ᄒᆞᆫ다더니日昨에다시李載完氏로還定되얏다더라

◎의ᄃᆡ리국아마치젼 (속)

칠차싱금을당하되뎌지를변치아니하며박졀을맛나되소의를굴치아니하야맛참ᄂᆡ의ᄃᆡ리젼국을통일하야싸ᄋᆡ열어진나라위엄을회복하야구라파의열강국으로더부러병립케ᄒᆞᆷ으로써자긔에칙임을삼으니

미양거ᄉᆡᆼᄒᆞᆯ때에하ᄂᆞᆫ말이일셩공이되면왕ᄉᆡ돌리고셩공치못하면그죄를자당하리라하니

ᄃᆡ져아마치ᄉᆡ에연일힝이구쥬셰계에자유관계가되니엇지만고의희한ᄒᆞᆫ호걸이아니리오 완

◎鄕향老로訪방問문醫의生싱이라

시골ᄉᆞᄂᆞᆫ로인하나이시국이소요ᄒᆞᆷ을듯고과과ᄎᆞ로죽장마혜에도보로상경하야각처로ᄃᆞᆫ니다가

모쳐약국에드러간즉그약국쥬인의성이마져좌정ᄒᆞᆫ후무러갈오ᄃᆡ로인이무ᄉᆞᆷ연고로이심동에올나오셧ᄉᆞ며엇지하야힛식이져리쵸초하온잇가ᄒᆞᆫᄃᆡ로인이위연장탄에갈오ᄃᆡ나의ᄉᆞ졍은그ᄃᆡ가다아ᄂᆞᆫ바어니와ᄂᆡ가츌싱이후로식육부귀팔십년에지금나히팔십이라

져간에지ᄂᆡ바허다ᄉᆞ변을말ᄒᆞ고져하면ᄉᆞᄉᆞ이낭핀오측쳐에후회로다익이잘못된후에야모리후회ᄂᆞᆫ들쓸ᄃᆡ잇나그러나 미완

廣告

法部認許를承ᄒᆞᆫ와辯護士講習會를設ᄒᆞ옵고內外法律家를招ᄒᆞ야辯護士應試에準備ᄒᆞ오니入會講究를願ᄒᆞ시ᄂᆞᆫ紳士ᄂᆞᆫ左記事務所로來臨請願ᄒᆞ심을望ᄒᆞᆷ

會規와入會證式은來臨考覽事

南署[illegible]洞典街里下南谷

辯護士準備講習會事務所 告白

忠南牙山郡江청洞居任南陽稗宰가年前旅宦時에族人景時의게得債數百兩而歷典郡邑後右錢을一一히俱邊備報ᄒᆞ고景時死後其弟喆宰字又吉이가性本不良ᄒᆞ야一鄕宗族에難保ᄒᆞᆯ境에至어날任某가百般顧護ᄒᆞ야至于今保存性命ᄒᆞ고一自敗家以後至於飢死어날年年利包幾不式周ᄒᆞ얏스니可謂再生之恩이라若是ᄒᆞᆷ은非但宗中만所知者라一鄕에稱善ᄒᆞ러니今年八月에任某가不幸身死後에所謂喆宰가放生不測之心하고已辨畢債錢을未捧이라稱ᄒᆞ며僞造債給文記ᄒᆞ고出沒京鄕ᄒᆞ야符同挾雜人ᄒᆞ고將欲勒捧ᄒᆞ라ᄒᆞ니世豈有如許背恩忘德者乎아設或有所捧條ᄂᆞᆫ何不一言於任某生時ᄒᆞ고死後未幾月에稱以有所捧云云乎아此是性本浮浪悖類라孤兒寡婦을慢侮이見ᄒᆞ고如是做事者也니豈不可惡者乎아宗中에셔會議ᄒᆞ고玆以廣告ᄒᆞ오니內外國人은切勿見欺ᄒᆞ심을望ᄒᆞᆷ

牙山竹谷任氏宗中 告白

淸安郡北面茅山居金知學爲挾雜所謗以渠之亡子衡式欲爲立后于知德之意로謳訴于掌禮院幸得禮斜勒爲知德之繼后次京鄕出沒內外國人切勿相關事

門長正麟 告白

典洞毛衣房張俊明處任置紙貨書百元於晉還失ᄒᆞ얏스니誰某拾得休紙施行ᄒᆞᆷ

磚洞李參奉宅奴金藏得告白

特別廣告

本申報는海外電[illegible]卽接ᄒᆞ야機關이靈通ᄒᆞ고外報와本國事를[illegible]ᄒᆞ도록注意ᄒᆞ오며[illegible]發送ᄒᆞᄂᆞᆫ데迅速信[illegible]기ᄂᆞᆫ分傳人의게在ᄒᆞᆫ[illegible]로本社에서不常에[illegible]傳人의게丁寧告戒ᄒᆞ고申申訓飭ᄒᆞ야毋或嬉惰ᄒᆞ게注意ᄒᆞ거니와如或暫有稽忽이라도愛讀僉君子ᄂᆞᆫ該使ᄒᆞ야知委本社ᄒᆞ시면該分傳의게誠信相孚ᄒᆞ도록耳提面命ᄒᆞ고勤勉가發生ᄒᆞ도록誨諭ᄒᆞ야必無遲誤ᄒᆞ기로期待ᄒᆞ옵나이다

本社에寄書ᄒᆞ시ᄂᆞᆫ君子ᄂᆞᆫ姓名과居住를明聽ᄒᆞ게懸錄送附ᄒᆞ시되證據가有ᄒᆞᆷ을必要ᄒᆞᆷ이오公衆不利ᄒᆞᆫ秩序를紊亂케ᄒᆞᄂᆞᆫ意外社會上不緊荒雜ᄒᆞᆫ寄書ᄂᆞᆫ不受ᄒᆞᄂᆞᆫ權利가本社에自有ᄒᆞ오니肯諒ᄒᆞ시옵

大韓每日申報社

雜誌發刊廣告

今에數理學雜誌를(每月五日一回定刊)發刊ᄒᆞ야教師諸氏의教料材料를敢助ᄒᆞ고學生諸氏의獨學材料를供給코져ᄒᆞ오니有志諸氏ᄂᆞᆫ購讀ᄒᆞ심을切望

(但一部定價ᄂᆞᆫ新貨陸錢)

南大門內尙洞德公館右便
青年學院內 數理學雜志社

鍾路大東書市
布屛下金相萬冊肆
仁川港梱峴開新冊肆

○鐵路部

○東大門과新門間에來往車ᄂᆞᆫ每十分間에運行ᄒᆞᆷ
東大門發初車ᄂᆞᆫ午前六時三十分
新門外停車場發初車ᄂᆞᆫ午前六時五十五分
東大門發終車ᄂᆞᆫ午後九時五十分
新門外停車場發終車ᄂᆞᆫ午後十時十五分

○東大門과洪陵間에來往車ᄂᆞᆫ每二十分間에運行ᄒᆞᆷ
但自鍾路로東大門에來到ᄒᆞᆫ交替車로聯絡ᄒᆞᆷ
東大門發初車ᄂᆞᆫ午前六時五十分
洪陵發 初車ᄂᆞᆫ午前七時十分
東大門發終車ᄂᆞᆫ午後七時五十分
洪陵發 終車ᄂᆞᆫ午後八時十分

○鍾路와龍山間에來往車ᄂᆞᆫ每十二分間에運行ᄒᆞᆷ
鍾路發至南大門初車ᄂᆞᆫ午前六時四十八分
鍾路發至龍山 初車ᄂᆞᆫ午前七時二十四分
南大門發至鍾路初車ᄂᆞᆫ午前六時五十六分
龍山發至鍾路 終車ᄂᆞᆫ午前七時五十七分
南大門發至鍾路終車ᄂᆞᆫ午前十時八分
龍山發至鍾路 終車ᄂᆞᆫ午後九時九分

○特別私用車ᄂᆞᆫ顧客의方便ᄒᆞᆷ을隨應ᄒᆞ야準給ᄒᆞᆷ
但定價ᄂᆞᆫ本社에來臨ᄒᆞ야請問ᄒᆞ옵

○電燈部

二百五十燭力以內의數用處에ᄂᆞᆫ每個月에定額表가如左ᄒᆞᆷ
○十六燭力燃燈達夜에二圜五十錢
○三十二燭力燃燈達夜에四圜
○五十燭力燃燈達夜에六圜
○一百五十燭力燃燈達夜에十圜
一千二百燭力弧形燈達夜에二十圜
二百五十燭力以上의數用處에ᄂᆞᆫ請求ᄒᆞ면瓦斯計一箇를設給ᄒᆞᆷ
但瓦斯計賃金은每個月에二圜이오瓦斯計測驗表委託定價ᄂᆞᆫ每時間每암피아에二錢이옴
瓦斯計設給處에서每介月支拂金最低額은每個月에二十圜인ᄃᆡ(瓦斯計貸金은)据ᄒᆞᆷ
電燈을敷設ᄒᆞ기에請求ᄒᆞᄂᆞᆫᄃᆡ給ᄒᆞᆷ로供
各種連技辦燈도常時에貯存ᄒᆞ엿슴

本社鐵路電氣會社
韓美電氣會社 告白

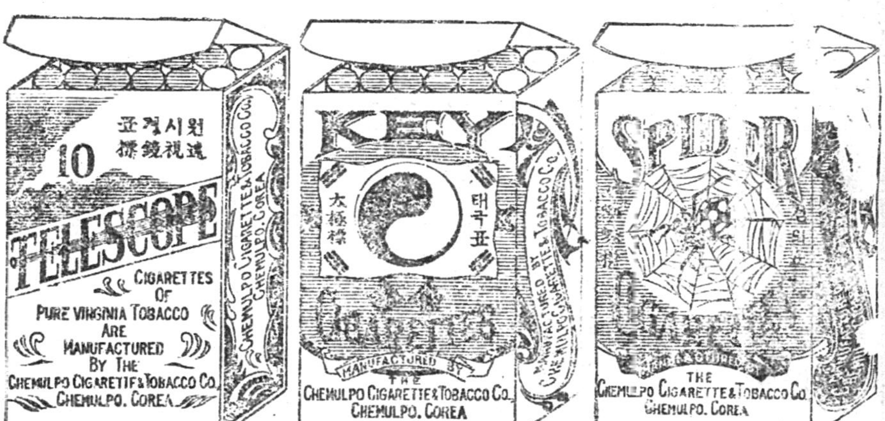

以上三種은上品으로製造ᄒᆞ야衛生上에至極有益ᄒᆞ오니母論某人ᄒᆞ고本廠에來顧ᄒᆞ옵

大韓帝國仁川港 濟物浦紙卷烟及烟草會社

●九轉靈砂라 本人이妙方을神備하야製造ᄒᆞᆫ靈丹인ᄃᆡ男女老少에無論何症ᄒᆞ고通治ᄒᆞ오며無病時에도服ᄒᆞ면平生의身體가健康ᄒᆞ며小兒ᄂᆞᆫ四五錢重만服ᄒᆞ면十歲안에無病ᄒᆞ기를確保ᄒᆞ오며
●九轉靈砂魚膽丹은癲狂 癎症과中風諸疾과耳目諸病과淋疾에神効ᄒᆞ고
●九轉靈砂保命丹은初生小兒 驚風 癎氣 咳嗽 腹瘡諸般雜症에神効ᄒᆞ오
●九轉靈砂濟衆丹은酒滯 食滯 血積 吐瀉 霍亂 痢疾 吐血 下血 逆氣 時疾 瘧症에神効ᄒᆞ오
●韓靈砂紫金丹은痔漏 累瘻 疳瘡 下疳瘡及唐瘡과諸般毒瘡悲種에無不神効ᄒᆞ오니 僉君子ᄂᆞᆫ 問ᄒᆞ시오
內需司前독갑이골上隅第一家 李鎬化移徙 告白

◎本社特告

本社新聞舍를西署地에廣佈ᄒᆞ기爲ᄒᆞ야平壤金與[illegible]에[illegible]託ᄒᆞ오[illegible]下送ᄒᆞ오니有志ᄒᆞᆫ僉君子ᄂᆞᆫ三氏에[illegible]ᄒᆞ시며[illegible]金도三氏[illegible]심을[illegible]

大韓每日申報社

本社廣告

申報價

一張代金 新貨一錢
一箇月前納 三十錢
三箇月 九十錢
六箇月 一元七十錢
一箇年 三元四十錢
郵稅一部 新貨五里
一箇月 十三錢

廣告料

四号活字十三字詰
每日每英尺一寸에新貨金五錢
(每日每行에六錢에相當ᄒᆞᆷ)
二周日에 二圜五十錢
(每日每行四錢五里에相當ᄒᆞᆷ)
一箇月에 五圜
(每日每行四錢一里에相當ᄒᆞᆷ)
、其期限의長短과字行의多少를依ᄒᆞ야增減ᄒᆞᆷ이有ᄒᆞᆷ

大韓人마다此申報를不得不閱覽ᄒᆞ실터이오니廣告出報ᄒᆞ실僉君子ᄂᆞᆫ來臨面議ᄒᆞ시옵

發行兼編輯人 英國人裵說
發行所
京城北署壽進坊碍洞号外地法語學校前
大韓每日申報社

第三卷

大韓每日申報

대한매일신보

第一百九號

月曜及慶節歲時日休刊

檀箕開國四千二百三十八年 箕子元年三千[illegible]二十七年 大韓開國五百十四年 日本明治三十八年 清國光緖三十一年 陰曆乙巳十一月二十六日[illegible]

論說

滿日條約

滿日條約을欲爲揭論ᄒᆞ야現方執筆이나尙未得詳報ᄒᆞ얏스니其完結與否는姑未可無疑로다向日伊藤侯가爲其締約渡韓之時에本報ㅣ登言ᄒᆞ되兩國이互相滿足ᄒᆞᆯ約欵을不得締結이면韓日利益이俱爲無望이라ᄒᆞ엿더니此意ㅣ得中이라韓國人民은日本之過得을一致論非ᄒᆞ고日本報館中에伊藤侯及政府를同意ᄒᆞᄂᆞᆫ以外各新聞은新結條約을認之以無爲國熱心이로다現今淸日條約이亦未免如右結果ᄒᆞ리니日本之過望은不能無疑어니와淸國內公正報紙上에揭示된北京通信을據ᄒᆞᆫ즉言事譯篇이自四方飛傳于政官ᄒᆞ야淸國領土及主權을一無損害之意로問執直諫ᄒᆞ엿더라石炭礦産之割讓과東淸鐵道에日軍守備之約이並出於犯行일ᄲᅮᆫ더러日本職務가爲其還附滿洲와逐出俄軍이라가滿洲五分之一을僅得点領ᄒᆞ고與淸[illegible]約ᄒᆞ야[illegible]ᄒᆞ얏스니滿洲[illegible]日俄人所[illegible]ᄒᆞ얏스니滿洲五分之[illegible]点據ᄒᆞᆫ俄國은日本權限과同一ᄒᆞᆫ[illegible]請ᄒᆞᆯ지라由是觀之컨ᄃᆡ日[illegible]及於淸國이리오[illegible]日[illegible]지ᄂᆞᆫ淸國이幸逢好[illegible]滿洲[illegible]之撤退를可以[illegible]이니[illegible]至于今日ᄒᆞ야ᄂᆞᆫ淸國[illegible]本과同一ᄒᆞᆫ北許[illegible]을[illegible]以避之리오由是로還附滿洲于淸國之說은韓國[illegible]立保全之[illegible]說과如ᄒᆞᆫ顔厚冒廉에不過ᄒᆞ도다十年以前에日本[illegible]가[illegible]於韓國獨立云이러니[illegible]到ᄒᆞ日ᄒᆞ야韓國이便在日本保護下ᄒᆞ日本之處始가固不其[illegible]ᄒᆞ니淸國은宜鑑韓國事ᄒᆞ야日本權利之伸長을暫不忘[illegible]目ᄒᆞᆯ지라滿國保全이亦爲日本之[illegible]인즉日本이未能[illegible]ᄒᆞ니淸日友誼는斷不可[illegible]이라淸國[illegible]同가被其損傷이면日本은[illegible]然欣喜ᄒᆞᆯᄲᅮᆫ더러默[illegible]助之爲[illegible]ᄒᆞᄂᆞᆫ비로다

官報

◉三千三百二十七號 光武九年十二月十九日

◉宮廷錄事

詔曰[illegible]

[illegible]

◉[illegible]府[illegible]

光武九年十一月十五日

議政府[illegible]

◉光武十年度歲入歲出總豫算表(續)

議政府所管

第一欵 議政府本廳 二萬二千八百二十二圜

第一項 俸給 一萬六千圜

第二項 廳費 一千八十[illegible]

第三項 廳舍修理費 一百[illegible]

第四項 雜給及雜費 一千一百十二圜

第五項 旅費 三十圜

第六項 官報費 三千五百圜

第二欵 史庫費 四百七十圜

第一項 史庫費 四百七十圜

第三欵 表勳院 一萬四千一百八十三圜

第一項 俸給 六千六百圜

第二項 廳費 四百二十圜

第三項 廳舍修理費 一百圜

第四項 雜給及雜費 一千二百七十二圜

第五項 旅費 七十五圜

第六項 製[illegible]費 五千七百[illegible]十六圜

議政府所管合計三萬七[illegible]

中樞院所管

第一[illegible] 中樞院本廳 一萬六千四百[illegible]圜

第一項 俸給 一萬[illegible]千[illegible]圜

第二項 廳費 [illegible]百八[illegible]圜

第三項 廳舍修理費 五十四圜

第四項 雜給及雜費 一千二百七十二圜

中樞院所管合計 一[illegible]六[illegible]四百六[illegible]

內部所管

第一欵 內部本廳 三萬八千七百二十一圜

第一項 俸給 二萬四千[illegible]百圜

第二項 廳費 二千六百[illegible]十一圜

第三項 廳舍修理費 四百五十圜

第四項 雜給及雜費 三千八百九十圜

第五[illegible] 旅비 二百圜

第六項 外國人諸給 六千七百二十圜

第二欵 警務廳 十六萬七千八百八十三圜

第一項 俸給 二萬七千一百圜

第二項 廳費 一萬二千七百十四圜

第三項 廳舍修理비 三千一百五十圜

第四項 雜給及雜비 九萬六千三百圜

第五項 被服비 一萬九千[illegible]百三十一圜

第六項 機密비 一千圜

第七項 旅비 一千五百圜

[illegible] 六千一百八十[illegible]圜

未完

[illegible]

[illegible]又[illegible]氏[illegible]之[illegible]袁氏를[illegible]府[illegible]ᄒᆞ야[illegible]ᄒᆞᄂᆞᆫ[illegible]苦衷은可[illegible]

◯內閣[illegible] 十一日루티[illegible]을[illegible]ᄒᆞᆫ즉[illegible]內閣을組織ᄒᆞᆫ[illegible]나[illegible]氏가[illegible]쓰페리ㅣ[illegible]排除ᄒᆞ고[illegible]中의最强分子를[illegible]閣에[illegible]入ᄒᆞᆫ[illegible]에對ᄒᆞ야ᄂᆞᆫ諸方面에서贊同을博得ᄒᆞ얏ᄂᆞᆫ[illegible]一派[illegible]閣은善良ᄒᆞ고技倆[illegible]ᄒᆞ[illegible]決定ᄒᆞᆫ다더라

[illegible]西班牙王[illegible]의[illegible]自動車의[illegible]牙ᄂᆞᆫ안즉은소陛下ᄂᆞᆫ自動車의[illegible]規를[illegible]力으로모라速히ᄲᅡ우에赴ᄒᆞᄂᆞᆫ途에其坊巡査가[illegible]違ᄒᆞᆫ[illegible]ᄒᆞ고王을捕ᄒᆞ야詰問ᄒᆞ고自轉[illegible]을[illegible]ᄒᆞ야[illegible]ᄒᆞ지못ᄒᆞ[illegible]ᄒᆞ니王이[illegible]ᄒᆞ고引[illegible]ᄒᆞᆫ[illegible]其西班牙王이其判明ᄒᆞᆫ警察를非常히御託ᄒᆞ셧다ᄂᆞᆫ近着外字新聞에報ᄒᆞ얏다더라

東京電報

●日本海軍將官交迭 十二月二十日 午後六時發

東鄕大將은軍令部長으로片岡中將은第一艦隊司令長官으로上村中將은橫須賀鎭守府司令長官으로出羽中將은第二艦隊司令長官으로瓜生중將은竹敷要港司令長官으로本日에各交迭되얏더라

●趙使歸國 仝午後七時發

駐日韓國公使趙民熙氏ᄂᆞᆫ明二十一日東京셔出發ᄒᆞ야(午後六時新橋發)歸國之途에就ᄒᆞᆫ다더라

●統監府官制 仝上

駐韓日本統監府官制ᄂᆞᆫ明二十一日에發表되고且統監之下에ᄂᆞᆫ總務長官을置ᄒᆞ고其下에ᄂᆞᆫ四課部長을置ᄒᆞᆫ다더라

●日本新內閣組織 仝上

桂內閣은總辭職하기로決하고西園寺公이新內閣을組織하기로決定하얏더라

雜報

●讀者立新報有感

布哇移住韓民등이流離困苦之中에卒能自成一部ᄒᆞ야凡諸舖廛이秩然有序이고又能新報館을刱立發刊홈이十分可獎이기로讀者本報에揭布ᄒᆞ야此地一般人民으로俾各觀覽而與起러니今又得見桑港에移住ᄒᆞᄂᆞᆫ韓民所刊共立新報ᄒᆞᆫ즉讀之未半에不覺拍案叫奇ᄒᆞ노라第此移駐者가不滿三百人이라ᄂᆞᆫ데其姓也ㅣ未知在於何時로되一朝去其鄕里ᄒᆞ고幾萬里重溟에奮往托居ᄒᆞᄂᆞᆫ가시問된一件奇事이고皆能苦身力作ᄒᆞ야統其產業ᄒᆞ며餘力所及에經濟上留心ᄒᆞ야未滿三百戶村落에一座報館을突然刱立ᄒᆞ니試加想像ᄒᆞ면奇莫奇焉이러라且觀其報紙컨ᄃᆡ發刊이屬耳ᄒᆞ야工役이縱未完備나爲辭若意가洵是可觀이고墨西哥移駐韓民게虐待情形과其他韓國事一二件을登錄ᄒᆞ야纖悉ᄒᆞ야海外消息을歷歷如照如鏡케ᄒᆞ니其不忘故國ᄒᆞ야輸其忠悃이亦可以槪見ᄒᆞᆯ지라三復其辭에敢不欽乎아大抵人之性質이別無異同이언마ᄂᆞᆫ早聞ᄒᆞ고高下淸濁에相懸ᄒᆞ야竟未免鴻鵠之懸殊ᄒᆞᄂᆞ니今此移駐民이未必皆才性이聰明ᄒᆞ며幹局이卓越이로되文明區域에셔新空氣를吸取有年ᄒᆞ야膽胃之所浹과腦髓之所充滿이無非文明底精神故로人所難能之事를如是能成立이어니와至若轉輾居民ᄒᆞᄂᆞᆫ積年腐敗習慣이已成痼疾ᄒᆞ야平生大事業이飽食煖衣에不過하고國家愛情은不知ᄒᆞ며目識이何件物事인지不知ᄒᆞ야雖田部入邑이라도一報館一學校를不爲設立하며其中或有時時特殊ᄒᆞᆫ人은錐末之利를愛惜하야新報도不肯購讀하며子弟를不許入學하고相率而所習者ᄂᆞᆫ浮薄無用之文字와虛僞自欺之行爲에在하야三千里幅圓이黑洞洞長夜乾坤인즉비록聰明俊秀之材가有ᄒᆞᆫ들何所聞而啓發이며何所學而作成乎아是以로二千萬人民中에稍知新學問之爲貴者ㅣ百之二三에不過이고又其二三少數에纔知而實解者ᄂᆞᆫ寥寥然絕無而僅有인즉據此論之컨ᄃᆡ全國이可謂空無人이라噫라以二千萬衆으로乃至於無人可用하니雖欲長轡遠馭하야與列邦齊肩이나其可得乎아此等局見陋習을趁早大加更張치아니하면民氣日卑하고國勢日縮하야獨立之影響이決然其期ᄒᆞᆯ지니五爲韓人懼之하며旋爲移駐民賀之하노라

●倏來倏去 寧邊郡守尹寧求氏가內部에報告하되日本陸軍步兵大佐渡邊淇十郞이率兵二十五名하고本月十日에來到本郡이다가十二日에安州等地로轉往이라하얏더라

●警部離發 本府視務日本警部坂東榮太郞이本境地에在所幹事이다本月十五日에自本府로離發이라고寧邊觀察이內部에報告하얏더라

●鄭氏治蹟 黃海觀察使高永喜氏가內部에報告ᄒᆞᆫ內槪에本任主事鄭在華가曾經本道靑丹察訪時兼任海州郡守ᄒᆞ와治蹟尙傳이오ᄃᆡ今又兩湖州署理事務公平ᄒᆞ와一郡坊里長二百十六人이一齊入呈ᄒᆞ야請願仍任事로向有所電報이온바如此頌蹟이면豈有如是呼訴乎아蓋此鄭在華ᄂᆞᆫ其人이오廉明爲治라民事外務에允合時宜ᄒᆞ오며兼此一郡大小民人이據實齊訴ᄂᆞᆫ寔是稱與이오니查照後以副民望ᄒᆞ라ᄒᆞ얏더라

●文明機興 近日有志紳士幾人이南署履洞等地에辯護士準備講習會를發起ᄒᆞ고法部에請願承認ᄒᆞ야內外法律家高明人員을講師로聘定ᄒᆞ고國內聰俊之士를誘掖ᄒᆞ야內外法律을硏究講習ᄒᆞ야辯護士應試에準備ᄒᆞᆫ다ᄒᆞ니韓國에不振ᄒᆞᆫ根因이人民은法律이何件物事인지不知ᄒᆞ야國家의治를輔翼치못ᄒᆞᆯ뿐안니라或觸犯罪網하야其身을陷ᄒᆞᄂᆞᆫ者도有하고官人에非法壓制ᄒᆞᆷ을不能抗辯하야抵於敗亡者도有하더니今此辯護士講習會가一般同胞에게法律을敎授하야前日愚蠢ᄒᆞᆫ狀態를丕變하며奸濫ᄒᆞᆫ官吏에게虐을杜塞ᄒᆞ야國家文明의基礎될者ㅣ實是一大美擧기로有志人士들이熱心贊成ᄒᆞᆫ다더라

●卒業選出 法官養成所敎官丁明燮氏等六人이免官ᄒᆞᆫ後에八國에遊學ᄒᆞᆫ法律卒業生洪在祺氏等六人이被任ᄒᆞ야學員을敎授ᄒᆞ더니其中三年生이今爲卒業期限故로所長李冕宇氏曰三年生은新學問이不足ᄒᆞ나既得權官ᄒᆞ니不得已卒業을許ᄒᆞ노니應試ᄒᆞ라ᄒᆞᆫᄃᆡ三年生李容五氏가曰當此時代ᄒᆞ야革舊從新ᄒᆞᄂᆞᆫ主義ᄂᆞᆫ國家進步를爲ᄒᆞᆷ이어ᄂᆞᆯ一張休紙와虛名으로冠巾으로爲主ᄒᆞ야卒業을許ᄒᆞ니此ᄂᆞᆫ國家가法律徒를養成ᄒᆞᄂᆞᆫ本意가아닐ᄲᅮᆫ더러行事를如此히ᄒᆞ면엇지進步도可望ᄒᆞ리오決斷코吾ᄂᆞᆫ此에反對라ᄒᆞ고三年生李鎬梃氏가又曰今番卒業生이日後法官이되면法律에昧ᄒᆞ야人民을網ᄒᆞ리니此ᄂᆞᆫ卒業證이아니라곳病國害民狀이라ᄒᆞᆫᄃᆡ所長李冕宇氏가辭曰諸學徒가二人과皆如ᄒᆞ면엇지此言을敢出ᄒᆞ며我國進步가不出幾年에歐美諸國과幷立ᄒᆞ깃다ᄒᆞ얏다니如此學徒ᄂᆞᆫ大志를抱ᄒᆞᆫ者라謂ᄒᆞ깃다ᄒᆞ더라

●一陽生

今日은冬至日也라於易卦에爲地雷復이니雷動於地中而爲一陽來復之象也라十月은爲坤卦니六劃이皆絕爲陰ᄒᆞ야陽伏於重泉群陰之中也에萬物이收藏ᄒᆞ야閉塞而成冬이라가及其冬至에一陽이始生ᄒᆞ니復卦ᄂᆞᆫ自坤卦而變ᄒᆞ야下劃皆絕而下一劃이連이라是爲一陽也니是所謂天根也라邵子冬至詩에曰一陽初動處萬物未生時라ᄒᆞ니此之謂也라今韓國을譬之易卦면則十月之坤卦니爲陽伏於群陰之中ᄒᆞ야天氣上升而行權이孤危ᄒᆞ고地氣ᄂᆞ降而陽道ㅣ陵遲ᄒᆞ며閉塞成冬而晝ᄂᆞᆫ日短ᄒᆞ니大群陰者日氣凜寒ᄒᆞ고山川成涸ᄒᆞ야天地爲冷陰而萬物이不生ᄒᆞ고日月爲昏闇而鬼魅出遊ᄒᆞ니爲今之世에君子道消ᄒᆞ고小人道長ᄒᆞ야滿廷公卿이莫非賤若之國之徒와群民喪俗之流也오全國人民이無非淫邪頹慢之氣와貧寒困悴之狀也오逼境强隣이無非侮弄欺凌之態와掄擭呑之計也니當此之時하야可謂一變機也라若有能善處其變이면國之滅亡을可坐而待也로다故로大道도當此陰之侯하야以貞固로爲德하ᄂᆞ니況人事乎아雖然이나今韓國之勢가若無復可爲之道나天時人事가同一理也니天道ᄂᆞᆫ既有一陽來復之理어날人事ㅣ亦豈無來復之理리오君不見老杜冬至詩乎아天時人事日相催冬至陽生春又來라하니以人事로較其天時컨ᄃᆡ韓國이豈無陽生春來之時乎리오以人事言之컨ᄃᆡ如吹葭六管之人事也오刺繡五紋도人事也어니와衝寒而放하며待臘而將舒者ᄂᆞᆫ梅柳也니可以人而不如草木乎아惟人事ᄂᆞᆫ懋懋不息하며步步前進하야養其腦髓하며充其精神하야以待國氣之來復이어다古人詩에云忽然半夜一聲雷萬戶千門次第開라하니韓國人民은開其千門萬戶하고養其心力하라半夜一聲雷가不遠而至矣리라

◉特別廣告

本社所執은特其隨事記載ᄒ야一世耳目을喚新ᄒᄂᆞᆫ데在ᄒᆞᆫ즉餘外財政等事ᄂᆞᆫ固不足屑焉이되每月所入經費ᄂᆞᆫ洽爲千餘圓ᄒ야拮据無路에停刊이必至키로思不獲已ᄒ야陽曆十二月一日爲始ᄒ야每月代金을以新貨三十錢으로改定ᄒ오니購讀僉君子ᄂᆞᆫ照亮ᄒᆞ옵

大韓每日申報社

●特別廣告

本申報分賣等事를仁川梲峴開新冊肆李東皓氏에게委託ᄒ고本月三日爲始ᄒ야逐號下送ᄒ오니購讀ᄒ시ᄂᆞᆫ僉君子ᄂᆞᆫ照亮購讀ᄒ시며代金도同氏에게傳致ᄒ심을爲要

大韓每日申報社 告白

雜報

●一個借子爲獘甚廣

夫實力者ᄂᆞᆫ無恃於人ᄒ며不借于外ᄒ고自修自強ᄒ야充然盛壯을謂之實力이니國能具實力을保有ᄒ면自然光彩日新ᄒ며綱紀井然ᄒ야

欲戰則戰ᄒ며欲守則守ᄒ며欲緩則緩ᄒ며欲急則急ᄒ야凡於行動에皆可以綽然有裕ᄒᄂᆞ니蓋國之實力保有가其效如此이거날

今乃自修自強을不務ᄒ고但以外借로爲心ᄒ야債欵을借ᄒ며器用을借ᄒ며教師를借ᄒ며工匠을借ᄒ며

甚至於政治法律도亦皆人之勸告를借ᄒ야全國大小機에이無一不借於外ᄒ니藉令借而無害라도規規然仰人鼻息이已足取侮不少어던

況其借助之際에權利가不得不分이요미비가不得不多ᄒ야國之削弱이日甚一日ᄒᆯ지니從今一事一物을必爲自我力修ᄒ야由粗入精ᄒ며由小積大ᄒ야着着前進而實力養成ᄒᄂᆞᆫ거시豈非立國久遠之至計乎아

大抵自修自強ᄒ야實力養成者ᄂᆞᆫ盈科之水와如ᄒ야其用이不匱ᄒ고至若外債ᄒ야ᄂᆞᆫ胡粉飾貌와如ᄒ야一經洗滌이면依然是故我面目이니

顧今國權之回復이實力養成에在ᄒ며實力養成之方이自修自強에在이거날不務如此ᄒ고味因循ᄒ야目前苟安을視爲長策ᄒ니吁可惜哉라春夢이支離太甚이로다

非徒國事爲然이라韓之人士가亦皆好借ᄒ야所謂求仕者들이學問에注意ᄒ야自求名成者ᄂᆞᆫ一人도未見이고南北里間에奔走如狂ᄒ야

或權貴家에納賂를請ᄒ며或神翁에造化를借ᄒ야蠅營狗苟ᄒᄂᆞᆫ狀態가令人可鄙이고所謂官爵은借啣이爲多ᄒ야

一日居官이無ᄒ고도位至三品二品者ㅣ車載斗量인즉耳邊玉은煌煌然非不好矣로ᄃᆡ宦海滋味ᄂᆞᆫ一分도不知ᄒᄂᆞ니以漠渠라도有何樂歟일지

不寧惟是라或차ᄉ차借ᄒ야蕩人家產者ㅣ之ᄒ며或차力차神等說로惑世誣民者도有之ᄒ야滿城紛紛에釀出許多차獘ᄒ니

俗習之鄙陋가奚至於此인지念到民國現狀에不能無慨于心키로吾차吾之筆鋒ᄒ야略記而告之ᄒ노라

●人面狐腸 從二品沈메璜氏ᄂᆞᆫ今番百官庭에叅入ᄒ야誓滅五賊ᄒ기로熱心倡言ᄒ던人인ᄃᆡ日昨內大李址鎔氏에게懇辭致函ᄒ야其從子의郡守一窠를要請ᄒ얏다니其反覆無義ᄒᆷ은人皆唾罵ᄒ니와近日如此狗彘之習이實繁有徒ᄒ야風聞이藉藉ᄒ니確報를從ᄒ야次第揭佈ᄒ깃노라

●學校擴張 各外國語學校를四處에實ᄒ얏더니學部에셔明年度豫算中에學비와建築비를加敷ᄒ야法語學校內ᄂᆞᆫ太仁寺兩處중으로各學校를建築合實하야勸勉教授ᄒ다니教育上闡達ᄒᆷ을漸次可期이라ᄒ더라

●宣宣雜借 忠北觀察使가內部에電報ᄒᆫ內槪에財務官事務室이無可合處ᄒ야宣化堂大廳에欲設ᄒ다ᄒ기萬端防塞ᄒ되拒不聽ᄒ오니何以爲之ᄒᆯ을지卽速訓示ᄒ야卽速回電ᄒ라ᄒ얏더라

●會議槪要 再昨日에政府에셔會議를開하얏ᄂᆞᆫᄃᆡ議案은肅淸宮禁이第一件이오其次ᄂᆞᆫ叅書官幾窠를減差ᄒᆯ事라더라

●歎烏啄尸歌 驪州生

十ᄋ木上의ᄃᆡ가마귀 靑丘의송장보고告惡告惡나라든다 아조죽지아니ᄒᆡ셔 좀을셔여정신ᄎ리오 天命으로ᄂᆞᆫ弟ᄌᆞ고 仁義로一心되면 强國의百千紳兵 小無忌憚그안인가 쓸ᄃᆡ업는리욕지心 어이하여송장될나 답답ᄒ고불샹ᄒ다 富貴ᄒᆫ이우십ᄒ데 愚昧ᄒ고可憐ᄒᆞᄉ ᄉᆞᄅᆞᆷ의게의지ᄒ기 흥폐존망어이ᄒ여 남만밋고ᄉᆞᄌᆞᄒ오 ᄒᆞᆫ샤ᄅᆞᆷ도못ᄒ리ᄎ 왼나라로어이ᄒᆯ가 하나님의ᄌᆞ강불식 의지업시광ᄃᆡᄒ오 信天觸天ᄒ고보면 무셔운지젹업ᄂᆡ 切切히바랍니다 自修自強ᄒ시고 岩穴窮巷모든君子 이ᄯᅢ노코어ᄃᆡ쓸지 波蘭印度되고보면 나혼차만못ᄉᆞ리네 生於不義가不如死於義라 죽ᄌᆞ허며무셥업네 二千萬同胞兄弟 一心團體되여보게 告惡ᄯᅥ惡저가마귀 忠鳥孝鳥그인인가 告惡쇼리精神차려 維新永保ᄒᆞ옵시다

●鄕향老로訪방問문醫의生ᄉᆡᆼ이라 (續)

ᄃᆡ강셜명ᄒ야그ᄃᆡ로ᄒ야금알게ᄒ리라니지산으로말ᄒ게드면뎐답이ᄉᆞ천셕지이오우마가이쳔여필이오돈이ᄉᆔ빅만금이오문하식긱이빅여명이오가옥이ᄉᆞᆷ빅여간이라그러죽남늘이부ᄌᆞ로지목ᄒ야동셔남북물론ᄒ고지나다가로슈가핍졀ᄒ여도들오오며작갓구경ᄒ라고도들어오고긔쳔량긔만량을갑언리셜로ᄲᅵ아셔먹으려고도들어오매

그치닥거리어던염의업는사ᄅᆞᆷ들우ᄉᆞᆷᄉᆞ삭일이년을묵어가며각가지로ᄯᅦ이기를아모ᄆᆡ논을파라다가아모ᄃᆡ작답하면몃빅리의이셩긴다하며죠부모션산에약ᄉᆡᄒᆞ회ᄀᆡ가잇ᄉᆞ니약시ᄒᆞᆫ곳에이장을ᄒ면공명이난다아모산에긔도ᄒ면복록이무궁하리라하며

아모졀에불공ᄒ 자손이창셩하리라달달리굿슐ᄒ면집안이평안허다룡신경을닑그면슈화의지앙을면ᄒᆫ다하ᄂᆞ빅가지로하던모게논지구셩각하니나를위ᄒᆷ이아니오니지물허비ᄒ야져의낭탁하랴는의사인미어리셔고미련ᄒᆞᆫ자서졔질과쳐쳡비복온아모련ᄒᆞᆯ모르고니게조타허는것ᄉᆞᆫ모다하려덤벙이니

잠용운젼ᄌᆞ는어가고져산은날노즐어가미아옷사ᄅᆞᆷ들이비소도하고흉권ᄂᆞ도하야ᄌᆞ돈이불일ᄒᆞᆫ슈집안형세가거의위ᄐᆡᄒᆞᆫ지라

맛차천고ᄒᆫ아이그형편을민망이여겨ᄂᆡ게말ᄒ기를지물이잇다고셔공헌이낡옷허면그지물이오리지탕치모ᄒᆯ터이오

미완

廣告

特別廣告

本申報는海外電報를部
接ᄒᆞ야機關이靈通ᄒᆞ고
外報와雜報를敏捷括淸ᄒᆞ고
ᄒᆞ도록注意ᄒᆞ며申報ᄒᆞ
發送ᄒᆞᄂᆞᆫᄃᆡ迅速信傳ᄒᆞ
게ᄂᆞᆫ分傳人의言書를
로本社의分傳人에서平常에諸分
傳人에게丁寧告戒ᄒᆞ고
申申訓飭ᄒᆞ야毋或愉惰
ᄒᆞ게注意ᄒᆞ거니와或如
習有種怨이라도愛讀僉
君子ᄂᆞᆫ使通知ᄒᆞ시면本社
ᄒᆞ시면該分傳의誠信
相字ᄒᆞ도록耳提面命ᄒᆞ
고勸發ᄒᆞ가生ᄒᆞ도록諭
飭ᄒᆞ야必無遲誤ᄒᆞ기로
期約ᄒᆞ옵나이다

本社에寄書ᄒᆞ시ᄂᆞᆫ諸君子
ᄂᆞᆫ姓名과居住를明確ᄒᆞ게
記錄送附ᄒᆞ시와證據가有ᄒᆞ
[illegible]必要홈이오公衆和와
[illegible]亂케ᄒᆞᄂᆞᆫ款외
[illegible]上不經荒雜ᄒᆞᆫ寄書ᄂᆞᆫ
不受ᄒᆞᄂᆞᆫ權利가本社에自
有ᄒᆞ오니肯諒ᄒᆞ시옵

大韓每日申報社 告白

◉雜誌發刊廣告

今에數理學雜誌를(每月五日
一回定刊)發刊ᄒᆞ야教師諸氏
의敎授[illegible]를贊助ᄒᆞ고學生諸
氏의獨學材料를供給코저ᄒᆞ오
니[illegible]者氏ᄂᆞᆫ購讀ᄒᆞ심을切望
(但一部定價ᄂᆞᆫ新貨七錢)
[illegible]公[illegible]
靑年學院內 數理學雜誌社

鍾路大東書市
布屛下金相萬冊肆
仁川港杻峴朴文册肆

○鐵路部

○東大門과新門間에來往車ᄂᆞᆫ每十分間에運行홈
　東大門發初車ᄂᆞᆫ午前六時三十分
　新門外停車場發初車ᄂᆞᆫ午前六時五十五分
　東大門發終車ᄂᆞᆫ午後九時五十分
　新門外停車場發終車ᄂᆞᆫ午後十時十五分
○東大門과淸凉里間에來往車ᄂᆞᆫ每二十分間에運行홈
　但自鍾路로東大門에來到ᄒᆞᆫ交替車로啓發홈
　東大門發初車ᄂᆞᆫ午前六時五十分
　淸凉發　初車ᄂᆞᆫ午前七時十分
　東大門發終車ᄂᆞᆫ午後七時五十分
　淸凉發　終車ᄂᆞᆫ午後八時十分
○鍾路와龍山間에來往車ᄂᆞᆫ每十二分間에運行홈
　鍾路發至南大門初車ᄂᆞᆫ午前六時四十八分
　鍾路發至龍山　初車ᄂᆞᆫ午前七時二十四分
　南大門發至鍾路初車ᄂᆞᆫ午前六時五十六分
　龍山發至鍾路　終車ᄂᆞᆫ午前七時五十[illegible]分
　南大門發至鍾路終車ᄂᆞᆫ午前十時八分
　龍山發至鍾路　終車ᄂᆞᆫ午後九時[illegible]分
○[illegible]ᄂᆞᆫ顧客의方便홈을隨[illegible]
　但定價ᄂᆞᆫ本社에來臨ᄒᆞ야請問ᄒᆞ옵

○電燈部

二百五十燭力以內의數用處에ᄂᆞᆫ每個月에[illegible]
○十六燭力燈燈達夜에二圜五十錢
○三十二燭力燈達夜에四圜
○五十燭力燈達夜에六圜
○一百五十燭力燈燈達夜에十圜
　一千二百燭力弧形燈達夜에二十圜
　二百五十燭力以上의燈[illegible]請求[illegible]
給홈
[illegible]
電鈴時間[illegible]에二錢이옵
[illegible]
[illegible]

本社[illegible]
韓美電氣會社 告白

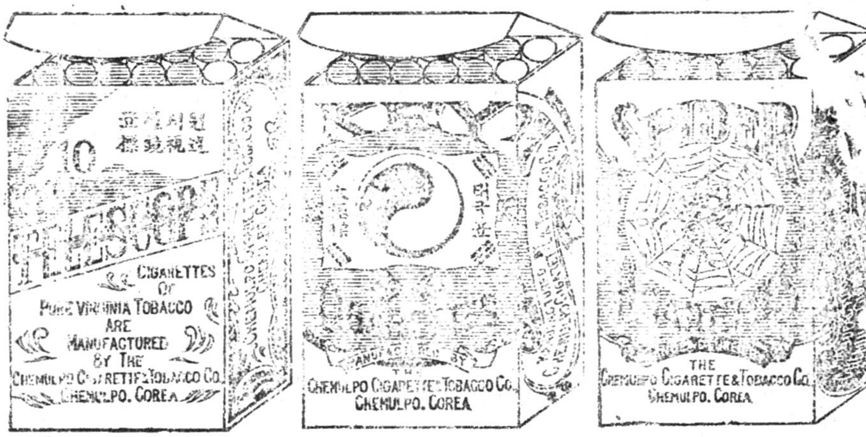

以上[illegible]
上品으로[illegible]
[illegible]ᄒᆞ야[illegible]
上에[illegible]
[illegible]ᄒᆞ오니[illegible]
[illegible]
[illegible]에[illegible]
[illegible]

大韓帝國仁川港
濟物浦紙卷煙草製造會社

◉九[illegible]本人이妙ᄒᆞᆫ方을[illegible]ᄒᆞ야[illegible]男
女老少에[illegible]症ᄒᆞ고[illegible]ᄒᆞ오며無[illegible]에도[illegible]
身體가健康ᄒᆞ며[illegible]四方[illegible]
을[illegible]保ᄒᆞ오며
◉九[illegible]
疾에神効ᄒᆞ오
◉九[illegible]
般[illegible]症에[illegible]ᄒᆞ오 [illegible] 食滯 胸膈 吐瀉 霍亂 痢疾
◉九[illegible]
吐血 下血 [illegible] 病症에神効ᄒᆞ오
◉[illegible] 下疳 [illegible]
諸[illegible]神効오니 僉君子ᄂᆞᆫ 問ᄒᆞ시오
[illegible]一家 本舖[illegible]移徙

◎本社特告

本社新聞金圖[illegible]地에廣佈ᄒᆞ
기爲ᄒᆞ야[illegible]
[illegible]
託ᄒᆞ[illegible]
[illegible]三氏에게[illegible]

大韓每日申報[illegible]

本社廣告

[illegible]
一[illegible] 新貨二錢
一個月[illegible] 三十錢
三個月 九十錢
六個月 一圜七十[illegible]
一個年 三圜四十[illegible]
郵稅一[illegible]
一[illegible] 十[illegible]

廣告料
[illegible]
[illegible]
二圜[illegible]
[illegible] 二圜五[illegible]
一個月에 五圜
[illegible]
[illegible]

發行兼編輯人 [illegible]
發行所
大韓每日申報社

光武九年八月十一日 明治卅八年八月十一日 第三種郵便物認可　土曜日　西曆一千九百五年十二月廿三日

第三卷

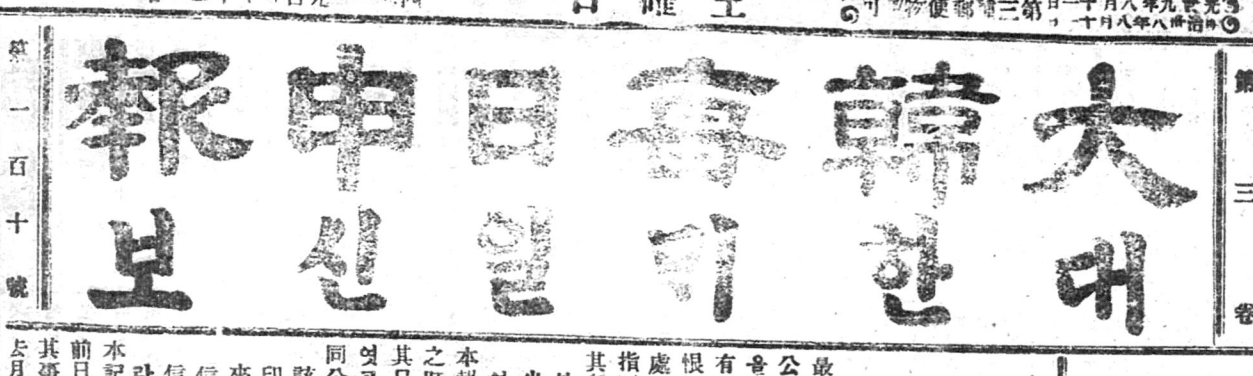

大韓每日申報
대한매일신보

第一百十號

月曜及慶節歲時休日休刊

檀君開國四千二百三十八年
箕子元年三千二十七年
大韓開國五百十四年
日本明治三十八年
淸國光緖三十一年
陰曆乙巳十一月小廿七日甲申

論說

韓日協約續報

最近東京新報를據호즉駐京日公館에서向者新約의締結實情을通報홈이有호바本記者는曾有探聞故로對此抗議하니不勝恨歎이나其所相反이非常驚愕호處故로日本公報와如何淡惑호指明以外에無他道理로다

其所報가如左하니

外部大臣朴齊純이各大臣齊坐中에서捺印于該約이라하엿스나

本報는據其確說컨ᄃᆡ及其捺印之時에叅政大臣韓圭卨氏는被其日人之拘留호야丁寧不叅호엿고

同公報가且云호되

該約諸條를議之已畢이오調印未經之時에外部大臣이取來印信之意로專人矣러니印信掌務官이適爲欠直故로印信來到前에虛費二時光陰이라호엿스나

本記者는精探詳究호건ᄃᆡ本報前日記述과無所異關이어니와其事實이如左호니

去月十七日에諸大臣이俱會仕進이어날沼野가外部에서別無緊觀而竟日忘歸호얏스니此는看守其印信홈이라

朴齊純이不得已從其勸誘호야以電話請印이나其時入直官이純然拒絶홈은當日早朝에朴齊純氏가命其官人호ᄃᆡ若誰某請印이어든斷弗交付호고即更破滅호라호얏슨즉其時電話가出於勒逼인즐을該官人이量度호故也로다然이나

臨川이率日兵來者之際에沼野가指示置印處故로即帶去호關內호엿스니掌印之官이豈曾欠直이리오何復有過誤句語나以明日辨論爲計호노라

官報

◎三千三百二十八號 光武九年十二月二十日

◎宮廷錄事

詔曰命陸軍叅將李熙斗爲軍部協辦陸軍叅將權泰益爲軍部軍務局長

光武九年十二月十三日

軍部大臣 李根澤
陸軍副將 李根澤

詔曰宮人河氏歷事英朝年既耆耋持心謹愼終始惟一昨昔效勞多有可言今焉云逝可勝傷悼棺板一部擇送喪葬之需令宮內府從優舉行成服日遣奉侍致祭

十二月十六日

◎敍任及辭令

陸軍叅將李熙斗
任軍部協辦敍勅任官二等
陸軍叅將權泰益
補軍部軍務局長
以上十二月十三日

禮式院禮式官白時鏞
陞敍奏任官三等
主殿院警衛局摠巡朴永欽
陞敍判任官三等
禮式院主事張世英
經理院主事盧仁德
陞敍判任官四等
禮式院主事李海益
主殿院警衛局摠巡安承九
陞敍判任官五等
以上十二月十五日

秘書監丞金德洙
依願免本官
正三品李明緒
任秘書監丞敍奏任官三等
議政府主事金翼鎭
免本官
右는該員이無緣曠仕에不勤視務이기免本官事
洪鍾佶　九品李源升
任議政府主事敍判任官七級
以上十二月十六日

◉光武十年度歲入歲出總豫算表 續

第三款	漢城府	六千一百九十三圜
第一項	俸給	四千二百圜
第二項	廳費	八百圜
第三項	廳舍修理費	二十五圜
第四項	雜給及雜費	一千一百二十八圜
第五項	旅費	四十圜
第四款	地方各道	五萬五千三十三圜
第一項	俸給	二萬六千三百六十八圜
第二項	廳費	四千五百九十圜
第三項	雜給及雜費	二萬一千八百四十圜
第四項	廳舍修理費	三百二十五圜
第五項	旅費	一千九百五十圜
第五款	地方各府	八千一百五十四圜
第一項	俸給	一千八百圜
第二項	廳費	三百圜
第三項	廳舍修理費	七十五圜
第四項	雜給及雜費	五千二百一十圜
第五項	旅費	一百五圜
第六項	祭祀費	一百五十圜
第七項	機密費	五百四十圜
第六款	濟州牧	三千四圜
第一項	俸給	一千五百三十圜
第二項	廳費	一百圜
第三項	廳舍修理費	二十五圜
第四項	雜給及雜費	一千二百二十四圜
第五項	旅費	二十五圜
第六項	罪囚비	一百圜

未完

外報

◉德國艦隊 日俄戰役의敎訓을依호야德國은大形戰艦을建設호고其外에特別히驅逐艦八十隻을建造호計劃을建議호얏다더라

◉海軍次官 俄國海軍에서는近間海軍大臣의輔佐로新히二人의次官을設置호터인ᄃᆡ一人은[illegible]에關호事務를管理하고一人은[illegible]에關호事務를擔當한다더라

◉淸國學事 天津高等學校는日本[illegible]나[illegible]와同一資格이有호者로호야外國語로不啻호고又第一外國語로英語로定호얏더라

◉法政大學의國語專修科 日本法政大學에서今般文部大臣의認可를得호야外國語專修科를置호되本月十一日브터授業을開始호는ᄃᆡ受驗者의[illegible]官을旨호야英語와德語를各初步로敎授혼다더라

◉北京華族學校創立 陸軍制度取調局의稟告호얏스되北京城內에貴族及大臣等의子弟를敎育호는陸軍學校를新히創立홈인ᄃᆡ今回決意가되얏다더라

◉米國이德國에注文 米國에서其武器의改良에着手홈으로로구로ᅵ루將軍은德國호노우에루에赴호야十分調査를호고수昨에又프웃스르구、의에ᅵ루하루트工場에서砲五十門의引取를完호고自今米國의武器도十홈으로德國에注文호다云호더라

◉[illegible]國[illegible]官 [illegible]國公使館[illegible]事官가루민스긴이氏는數週間上海에滯在호고其後시야무에赴호다더라

東京電報

●統監及議長 十二月二十一日午後四時十五分發

統監及議長은如左히任命이되야方今親任式이有ᄒ더라

任統監 侯爵伊藤博文

任樞密院議長 侯爵山縣有朋

●元老會議 仝上

方今에元老及閣臣의會議가有ᄒ야現內閣總辭職에就ᄒ야協議中이라더라

●統監府官制 仝上

一 統監은帝國政府를代表ᄒ야韓國施政事務로外國人에게關ᄒ야有ᄒᆫ者를監督ᄒᆷ

二 韓國의安寧을保持ᄒ기爲ᄒ야必要가有ᄒᆯ時ᄂᆞᆫ兵力을徵事를得ᄒᆷ

三 統監之下에總務長官 警務總長 秘書官 書記官 警視技師等을置ᄒᆷ

●統監府官員 仝上

統監府總務長官은鶴原定吉氏요統監府書記官은古谷久綱氏로今日에任命되얏더라

雜報

美國留學生朴處休氏가韓國同胞를勸勉ᄒ기爲ᄒ야帝國新聞에國文으로寄書ᄒᆫ바有ᄒ기로玆에更譯ᄒ야本報上에揭佈ᄒ노니其全文이如左ᄒ더라

大抵自由權利라ᄒᄂᆞᆫ것은學識이有ᄒᆫ者라야能히知ᄒ며行ᄒᄂᆞᆫ거시오學識이無ᄒᆫ者ᄂᆞᆫ自由라ᄒᄂᆞᆫ字義도不知ᄒ고他人의게壓制를當然히受ᄒᆯ거스로知ᄒᄂᆞ니라

余가本國에在ᄒᆯ時에ᄂᆞᆫ自由가무엇인지文明이무엇인지其言은或聞이나其意ᄂᆞᆫ未能詳知러니此國에來留ᄒᆫ지五六朔에人物과風俗을詳細觀察ᄒ니男女를無論ᄒ고自六七歲로入于學校ᄒ야四年에小學을卒業ᄒ고三年에中學을卒業ᄒ고또四年에大學을卒業ᄒᆫ後에야他專門學에從事ᄒᄂᆞᆫ데雖緊重事務라도中學校以上의卒業ᄒᆫ者가아니면其事를任치아코全然無식ᄒᆫ者ᄂᆞᆫ當初에得위치못ᄒ거니와無識ᄒᆫ者ᄂᆞᆫ人類에參預치못ᄒᄂᆞᆫ지라何處港口이던지停車場近處에募軍들도文字가有ᄒᆫ者라야各色物件에付ᄒᆫ標를見ᄒ야各處로輸運ᄒ고至於鐵道役夫라도無식ᄒᆫ者ᄂᆞᆫ不見ᄒ깃고且以新聞言之ᄒ다도處處에新聞社가有ᄒ야村間農夫라도新聞을不讀ᄒᄂᆞᆫ者가無ᄒ고甚至於乘船者이나滊車에登ᄒᆫ者이나擧皆手中에新聞을경독지아니ᄒᄂᆞᆫ者가無ᄒ더라

大抵如此ᄒ고야事不知ᄒ며어지茫昧ᄒᆫ者가有ᄒ리오學識이有ᄒᆫ者ᄂᆞᆫ其智가明ᄒ고學識이無ᄒᆫ者ᄂᆞᆫ愚昧ᄒᄂᆞ니明者ᄂᆞᆫ勝ᄒ고昧者ᄂᆞᆫ敗ᄒᄂᆞᆫ거시理致에常事오또智慧가有ᄒᆫ者ᄂᆞᆫ他人을役使ᄒ고愚昧ᄒᆫ者ᄂᆞᆫ他人의役使를受ᄒᄂᆞᆫ거시不可得免이라我國人民은學識이有ᄒ다ᄒ깃ᄂᆞᆫ가學識이無ᄒ다ᄒ깃ᄂᆞᆫ가無識ᄒᆫ故로此境에至ᄒ얏스니自由權利를何能知之며國際公法을何能言之리오所以로此天涯孤客으로ᄒ야금風雪長夜에片夢을不成ᄒ고萬念이耿耿ᄒᄂᆞᆫ지라中心의鬱結을不堪ᄒ야久久히阻ᄒᆫ本國에相愛ᄒᄂᆞᆫ兄弟의게前程進取ᄒᆯ대槪大略書之ᄒ노니吾輩가自由ᄒᄂᆞᆫ法을知得코져ᄒᆫ진ᄃᆡ各種學問에從事ᄒᆯ지라余가此處에來ᄒ야但華麗ᄒ고富强ᄒᆫ心志를放蕩히ᄒ고耳目을繁華케ᄒᆷ이아니라

未完

●朴氏殉死 正二品朴齊陽氏가今番新條約事件에對ᄒ야國權이全失ᄒᆷ을痛恨ᄒ야先히獨疏를進呈ᄒ고繼ᄒ야百官聯疏에出席ᄒ다가日本司令部에被拘ᄒᆫ지多日에以死自誓ᄒ야食飲을拒絶ᄒ다ᄒ니同氏의忠節은鍾山에不如ᄒ다ᄒ고人皆流涕嘆誦ᄒ더라

●政府照會內部 議政府에서內部에照會ᄒ되內閣所以民國情形이何等發業而最先急務ᄂᆞᆫ懷撫方令ᄒ야以紓民情이온데邇來地方官吏가未必皆其人也오甚至貪饕苛虐ᄒ야聽聞이猥藉이오나迄未見紓之論이오婦請勘이오未聞貴部之訓者論警이오니豈務實責成之意也며地方生民이其何以支保乎아斷不可因循拋寘而現今殿最가在邇ᄒ니飛飭各道觀察使ᄒ야各郡守之治蹟을無或按例循私ᄒ고必須從實報來케ᄒ되如有一毫差爽之獘則該觀察은論嚴懲勘ᄒ시고任觀察使中에도如有不拘其務卽奏本ᄒ야實國政宜사오니照會ᄒ오니照亮後措辭ᄒ야飭于各道觀察使하라하얏더라

●山林疏批 忠淸南道沃川郡居山林宋秉瑢言事를疏奏ᄒᆫ의批旨內에日下岌業之狀不勝歎嘉舟船之可譬以卿宿德忠懇安得不侃侃至此哉所陳寔尙而已有前諭之庶有裨會何庸復提際茲艱虞之棘益思啓沃之美望卿亟圖黽然一番羽儀于朝以副朕側席企佇之想事遣地方官傳諭ᄒ라ᄒ옵셧더라

●法書頒刊 法官養成所에서教科書冊을刊行케ᄒ여달나고法部에報告ᄒ얏ᄂᆞᆫ데該刊行所入비ᄂᆞᆫ假量一萬圜인데爲光九千圜을請求ᄒ얏다더라

●法訓平壤 法部에서平壤兩裁에發訓ᄒᆫ內槪에民刑事上에告人或證參人拘引時에或延拖或使令을派遣ᄒ야之弊가不無ᄒ다ᄒ니此非踈虞於捕ᄒ고或自容奸滋弊니至於刑事被告則事係重要者ᄂᆞᆫ知照於職ᄒ야以於外越送케ᄒ되事係輕易ᄒ고住在本城者ᄂᆞᆫ知飭犯者所在之各該營務ᄒ야使之押到케ᄒ고其或事關警察ᄒ고跡涉閃忽ᄒ야該派巡檢이若有接仁用之必要이어든行文警廳ᄒ야請求派來ᄒ야以便應用이라ᄒ얏더라

●公州離發 公州觀察使李道宰氏가內部에報告ᄒᆫ內槪에本使가今其遞任ᄒ고前已蒙從便徃來之 處分ᄒ와當日離發ᄒ기印章은付於金溝郡守權秦奎ᄒ고其他事務ᄂᆞᆫ理務ᄒ라ᄒ야報告라ᄒ얏더라

●一胎三男 慶尙南道密陽郡上北面伊士里에居ᄒᄂᆞᆫ金教洪의子正玉의妻가陰曆十月一日에一胎三男이옴기該郡守가白米와甘藿三束으로爲先助給ᄒ고緣由를報來ᄒ얏더라

●郵印行用 全北古阜郡守鄭龍基氏가內部에報告ᄒᄂᆞᆫ內槪에本郡臨時郵遞主事段宅柱의報告內槪에本郵所用日附印을現自群山郵便局으로改造下來ᄒ얏ᄂᆞᆫ데陽曆一二月一日爲始ᄒ야以日本年號로行用ᄒ라ᄒ고前用件은仍卽收去인바未有上部訓飭有難慣用等因이오니査照指令이라ᄒ얏더라

●賊警大熾 黃州郡守朴文教氏가內部에報告ᄒ되本郡境內에賊警이大熾ᄒ야大者ᄂᆞᆫ數十成群이오小者ᄂᆞᆫ三五作黨ᄒ야放火帶劍ᄒ고攘奪民財에少無忌憚ᄒ되貽殘民이爲盜侵患ᄒ야見奪錢物을勿論多少ᄒ고或恐人知ᄒ야民難支保故로以下郡校로四面跟捉ᄒ야捉得五漢而所從穴砲가十爲柄故로同五漢은爲先其供牢囚ᄒ고其同黨賊은鮮夾發捕이오나所謂郡校名色이但數少라手無寸鐵雖勤捕이오나査照後別巡檢二十名을特爲加設以給ᄒ와使之勤捕賊黨ᄒ고安堵民情케ᄒ시믈伏望이라ᄒ얏더라

●乞人凍死 昨日上午七時量에后洞等地에年方四十歲된丐乞ᄒᄂᆞᆫ者一名이凍死ᄒ얏다더라

[illegible]

●徘諧

○百畝良田에禾稼油油ᄒᆫ데蝗虫이飛集ᄒ야葉과根과節과穗를次第로沒蝕ᄒ니農家夫婦가仰天痛哭ᄒ나無可奈何라가一夜에掃盡ᄒ야形影을不見ᄒᄂᆞᆫ理致가有ᄒ니그아니別일

○九樑巨廈에居人이安堵ᄒᆫ데魍鬼가群出ᄒ야火를縱ᄒ며金을盜ᄒ며石을投ᄒ며人을迷ᄒ야百般亂孼이底止ᄒᆯ바이頓無ᄒᆫ데玉樞經과逐鬼符도無靈ᄒ니그아니別일

○千年古寺에僧徒가繁盛ᄒᆫ데邪佛이爲祟ᄒ야鬼魅도幻ᄒ며狐狸도接ᄒ야焚香ᄒᄂᆞᆫ爐前에念佛ᄒᄂᆞᆫ長老도貽害莫甚ᄒ야寺中이不安ᄒ니그아니別일

○萬軍敎陣에劍戟이森列ᄒᆫ데義士가突入ᄒ야匹馬單鎗으로衝突ᄒ야如入無人之境이로ᄃᆡ敵軍이憤怒ᄒᆯ뿐이오不敢下手ᄒ니그아니別일

○一片小舟에行客을滿載ᄒᆫ데漏孔이無數ᄒ야水滿舟中ᄒ고風波大作ᄒ야傾覆이삽時에在ᄒ건마ᄂᆞᆫ副梢工은艙ㅅ쌀을閑ᄒ고타橋를折斷ᄒ니그아니別일

◉特別廣告

本社所執은特其隨事記載ᄒᆞ야一世耳目을喚新ᄒᆞᄂᆞᆫᄃᆡ在ᄒᆞᆫ奇餘外財政等事ᄂᆞᆫ固不足屑爲이되每月所入經費ᄂᆞᆫ[illegible]이洽爲下餘間ᄒᆞ야拮据無路에停刊이必至키로思不獲已ᄒᆞ야陽曆十二月一日爲始ᄒᆞ야每月代金을以新貨三十錢으로改定ᄒᆞ오니購讀僉君子ᄂᆞᆫ照亮ᄒᆞ심을요

大韓每日申報社

◉特別廣告

本申報分賣等事를仁川[illegible]峴間新冊肆主韓皓氏에게委托ᄒᆞ고本月三日爲始ᄒᆞ야逐號下送ᄒᆞ오니購讀ᄒᆞ시ᄂᆞᆫ僉君子ᄂᆞᆫ照亮購讀ᄒᆞ시며代金도同氏에게[illegible]致ᄒᆞ심을爲要

大韓每日申報社　告白

雜報

●新學備要　續

上學費

英國上學은七學으로써合計ᄒᆞ니每年에共히洋銀六兆圓을費ᄒᆞᄂᆞᆫᄃᆡ每人에各히洋銀六百圓을費ᄒᆞ고

法國上學은每年에共히洋銀五兆圓을費ᄒᆞᄂᆞᆫᄃᆡ每人에各히洋銀九百十七圓을費ᄒᆞ고

德國上學은每年에共히洋銀一兆九五萬九千圓을費ᄒᆞᄂᆞᆫᄃᆡ每人에各히洋銀一百五十二圓을비ᄒᆞ고

俄國上學은每年에洋銀三兆餘圓을비ᄒᆞ고

美國音科學院은每年에計비가洋銀三兆六億一萬五千圓이오每人에各히銀三百五十圓左右를비ᄒᆞ고

日本國上學은每年에共히洋銀三億六萬二千圓을비ᄒᆞᄂᆞᆫᄃᆡ每人에各히洋銀五百十九圓을비ᄒᆞ고

印度國은初中上各學에每年에共히洋銀八兆圓을비ᄒᆞ더라　末完

●合設一板　漢城判尹朴業秉氏가[illegible]廳에照ᄒᆞ되從前으로本府와貴廳에各項告示ᄅᆞᆯ城門民家墻壁에粘付ᄒᆞᆷ이涵爲陳怨ᄒᆞᆫ지라自今으로ᄂᆞᆫ一板을逐處設立ᄒᆞ야俾便民人閱覽케ᄒᆞ미實爲美規오나現以本府對[illegible]之日로[illegible]이오今與當廳으로合商設立이면不惟辦비ᄉᆞ便易라兩衙告示之一處粘付가亦便於民人之常目이니照亮辦理ᄒᆞ와以爲示復ᄒᆞ라ᄒᆞ얏더라

●構屋擲産　晉州郡守閔丙星氏가內部에報告ᄒᆞ되英國人巨烈이가於本郡郡底大安面主[illegible]에買地而結構其家ᄒᆞ고城內에買地而運搬其産이다이기調査ᄒᆞ야報告ᄒᆞ라ᄒᆞ얏더라

●倅病　平北觀察李根豐氏가內部에報告ᄒᆞᆫ內開에寧邊郡守尹寧求가以身病請由書[illegible]觀務之由로稱請[illegible]ᄒᆞ야[illegible]鬼半人에無居[illegible]이오[illegible]家調理[illegible]蘇이오나[illegible]奏[illegible]等[illegible]인바該郡守[illegible]由[illegible]許[illegible]이옵고該[illegible]以奏免[illegible]擅이오니査照[illegible]이라더라

●鄕老訪問醫의生이라　속

만일지물이업게드면접안이망ᄒᆞᆯ니이오망ᄒᆞ게드면신명조차보전키어려울ᄲᅮᆫ아이라허탄ᄒᆞᆫ일조아ᄒᆞᄂᆞᆫ사신우상의계복과명을빈ᄒᆞ니그것은복을비ᄂᆞᆫ것이아니라지앙을비ᄂᆞᆫ것이오부모의ᄲᅧ골을이장ᄒᆞ야ᄌᆞ손과공명을바라다ᄒᆞ니그것은리치밧게이라그부모가ᄉᆞ라잇슬ᄯᅢ에도능히그ᄌᆞ손ᄒᆞ마음ᄃᆡ로보죠를못ᄒᆞ거던ᄒᆞ물며죽은후에혼승빅강ᄒᆞ고다만진토에뭇친ᄲᅧ골이무슨신령이잇서그ᄌᆞ손을도으리오그ᄃᆡ에ᄒᆞᆫ일보게드며각쳐사찰을죵슈ᄒᆞ고봉양답을작만ᄒᆞ야쥰다산소를면례ᄒᆞ야셕물등속파치산범절을굉장이ᄒᆞ무당을들여굿슬ᄒᆞᆫ다소경의게점을치다ᄉᆞ쥬푸ᄂᆞᆫ사람구ᄒᆞ여상ᄒᆞᄂᆞᆫ사람청ᄒᆞ여셔관혀찰히가며편싯길흉을뭇ᄂᆞᆫᄃᆡ석을ᄂᆞᆫ긴다각쳐에뎡조를지어노리처를만긴다소를잡어고ᄉᆞᄒᆞᆫ다돈ᄂᆞᆫ들여긔도ᄒᆞᆫ다ᄒᆞ야허다세월에처다나ᄂᆞᆫ용을무엇으로지탕ᄒᆞ며가간이소리ᄉᆞ쳐사여소리들긴다혹각장이붕너붕류롤듯ᄂᆞᆫ다ᄒᆞ니그러케ᄡᅳᄂᆞᆫ지몰ᄂᆞ히도작구파미구멍이ᄯᅮ려지고물이리ᄃᆞ직구푸면궁진ᄒᆞᆯ이잇다ᄒᆞ니흉ᄋᆞ며한쟝이잇ᄂᆞᆫ지물이이너무엇ᄒᆞ리오　미완

廣告

本人의六寸이名은鉉이오字ᄂᆞᆫ邦憲이온ᄃᆡ早浮[illegible]自鄕出沒ᄒᆞ야七代位土를[illegible]永[illegible]香火케ᄒᆞ고[illegible]本人의兄弟如干田畓을僞[illegible]文券ᄒᆞ야[illegible]內外國人ᄒᆞ고見賣ᄒᆞᆫ勿ᄒᆞ시옵소셔

木川郡西面磻溪里居　尹希鉉　白

前參奉李圭讓의讓字ᄂᆞᆫ學字로改定施行事

日前閔忠正公泳煥氏葬禮時特賴[illegible]尊[illegible]紳議克完大事ᄒᆞ와[illegible]有[illegible]告謝[illegible]

護喪委員　孫炳均　權[illegible]

黎峴米廛金東赫이事件의金周鉉이가法部文券盜去ᄒᆞᆫ事가人韓法司十餘次裁判의訴訟ᄒᆞᆫ事인ᄃᆡ今의日本韓護十의게[illegible]ᄒᆞ다가不成ᄒᆞ여私私로李光必과符同ᄒᆞ야稱以日本國兵隊巡檢이라ᄒᆞ고金東赫을拘去ᄒᆞ야[illegible]ᄒᆞ얏다ᄒᆞ며其所許事을不知ᄒᆞ고於是七千四百兩[illegible]券과錢百兩을給ᄒᆞ야[illegible]의虛無ᄒᆞᆫ事가탈노되여金周鉉光必을捉囚ᄒᆞ게되여逃走ᄒᆞ야ᄉᆞ니各法司에서地契文券虛無挾雜之事로知ᄒᆞ시고吏[illegible]見欺ᄒᆞ시기望ᄒᆞ옴

明洞森[illegible]法律事務所事務員　金宗源　白

本人子[illegible]兒名龍津[illegible]於[illegible]籍ᄒᆞ야[illegible]道[illegible]花山面內伏在畓十餘石落分을逃出典執其債ᄒᆞ고而[illegible]出去ᄒᆞ니內外國人은勿相[illegible]失之弊를[illegible]

京磚洞十一統一戶　[illegible]範

本校第七回卒業禮式을光武十一年一月四日陰乙巳十一月二十日로定ᄒᆞ얏ᄉᆞ오니諸卒業生은屆期來參ᄒᆞᆷ事

漢城師範學校

木浦客主安文欽字明叔改稱文獻字明汝知寫照亮

安文獻　告白

廣告

法部認許를承ᄒᆞ와辯護士講習會를設ᄒᆞᆸ고內外法律을研究ᄒᆞ야辯護士應試에準備ᄒᆞ오니入會講究를願ᄒᆞ시ᄂᆞᆫ紳士ᄂᆞᆫ本記事務所로來臨請願ᄒᆞ심을望ᄒᆞᆷ

會規와入會書式은來臨考覽事

南署[illegible]洞西街里下南谷

辯護士準備講習會事務所　白

本郡茂坪居宋淳直이世代通好ᄒᆞ叔姪ᄒᆞ고逐其從弟ᄒᆞ야與不得與冊同居ᄒᆞ고其家[illegible]暗移[illegible]之[illegible]行을不諱ᄒᆞ고渠憚일시自附近洞社會로打破其門戶ᄒᆞ고捉致淳直ᄒᆞ야使之逃出渠ᄒᆞ自服ᄒᆞ야將日裁판ᄒᆞ러니不但不悛이나又與其叔冊僞造文書ᄒᆞ야其從弟[illegible]餘斛十二石落을亦欲圖奪ᄒᆞ야與其親舊[illegible]放賣ᄒᆞ니今[illegible]人家라ᄒᆞᄂᆞᆫ지라同面衆人이議會ᄒᆞ야白官으로考其文券則學大家所買文券云ᄒᆞ니其僞造分明故로[illegible]施ᄒᆞ고依[illegible]主舊券ᄒᆞ야成[illegible]立ᄒᆞᆫ데學大도知其事狀而永不相關이어니와[illegible]京中ᄒᆞ야[illegible]送其叔ᄒᆞ니世上天下에寧有如許ᄒᆞᆫ凶[illegible]之男女平ᄒᆞ야鄕中持論之人이行將聞官ᄒᆞ야討故로先玆廣告ᄒᆞᆷ

全州礪山居　金永一　朴相直　崔其弘

[illegible] 本社에 投書ᄒᆞ시ᄂᆞᆫ 君子ᄂᆞᆫ 姓名과 居住를 明確히 記錄ᄒᆞ야 附送ᄒᆞ시ᄂᆞᆫ 證據가 有ᄒᆞ여야 揭載ᄒᆞ며 秘密이오 公衆의 利害와 關係가 無ᄒᆞᆫ 記事ᄂᆞᆫ 掲載를 不許ᄒᆞ며 上不經ᄒᆞᆫ 記事ᄂᆞᆫ 自 本社에 採用ᄒᆞᄂᆞᆫ 權利가 有ᄒᆞ오니 諒亮ᄒᆞ시ᄋᆞᆸ

大韓每日申報社

● 雜誌發刊廣告

今에 數理學雜誌를 (每月五日一回定刊) 發刊ᄒᆞ야 敎師諸氏의 敎科材料를 贊助ᄒᆞ고 學生諸氏의 獨學材料를 供給코져ᄒᆞ오니 有志諸氏ᄂᆞᆫ 購讀ᄒᆞ심을 切望
(但一部定價ᄂᆞᆫ 新貨陸錢)
南大門內尙洞德公館右便
靑年學院內 數理學雜志社
鍾路大東書市
布屛下金相萬冊肆
仁川港杻峴開新冊肆

○鐵路部

○東大門과 新門間에 來往車ᄂᆞᆫ 每十分間에 運行ᄒᆞᆷ
東大門發初車ᄂᆞᆫ 午前六時三十分
新門外發初車ᄂᆞᆫ 午前六時五十五分
東大門發終車ᄂᆞᆫ 午後九時五十分
新門外發終車ᄂᆞᆫ 午後十時十五分
○東大門과 洪陵間에 來往車ᄂᆞᆫ 每二十分間에 運行ᄒᆞ고 [illegible] 聯絡ᄒᆞᆷ
東大門發初車ᄂᆞᆫ 午前六時五十分
洪陵發 初車ᄂᆞᆫ 午前七時十分
東大門發終車ᄂᆞᆫ 午後七時五十分
洪陵發 終車ᄂᆞᆫ 午後八時十分
○鍾路와 龍山間에 來往車ᄂᆞᆫ 每十二分間에 運行ᄒᆞᆷ
鍾路發初車ᄂᆞᆫ 午前六時四十八分
龍山發初車ᄂᆞᆫ 午前七時二十四分
南大門發鍾路行初車ᄂᆞᆫ 午前六時五十六分
龍山發終車ᄂᆞᆫ 午前七時五十七分
南大門發龍山行終車ᄂᆞᆫ 午前十時八分
龍山發鍾路終車ᄂᆞᆫ 午後九時九分
○特別私用車ᄂᆞᆫ 顧客의 方便ᄒᆞᆷ을 隨應ᄒᆞ야 準給ᄒᆞᆷ
但定價ᄂᆞᆫ 本社에 來議ᄒᆞ야 請問ᄒᆞᄋᆞᆸ

○電燈部

二百五十燭力以內의 數用處에ᄂᆞᆫ 每個月에 [illegible]
○十六燭力燃燈達夜에 二圓五十錢
○三十二燭力燃燈達夜에 四圓
○五十燭力燃燈達夜에 六圓
○一百五十燭力燃燈達夜에 十圓
一千二百燭力弧形燈達夜에 二十圓
二百五十燭力以上의 數用處에ᄂᆞᆫ 請求ᄒᆞ면 瓦斯計一個를 設給ᄒᆞᆷ
但瓦斯計賃金은 每個月에 二圓이오 瓦斯計測驗表를 [illegible] 定價ᄂᆞᆫ 每時間 每암피아에 二錢이ᄋᆞᆸ
瓦斯計設給處에셔 每介月支拂金最低額은 每個月에 二十圓인ᄃᆡ (瓦斯計賃金은) 據ᄒᆞᆷ
電燈을 敷設ᄒᆞ기에 請求ᄒᆞᄂᆞᆫᄃᆡ 給ᄒᆞᆷ으로 供
各種連技辦燈도 常時에 貯存ᄒᆞ엿ᄉᆞᆸ

本社鐵路電氣會社
韓美電氣會社 告白

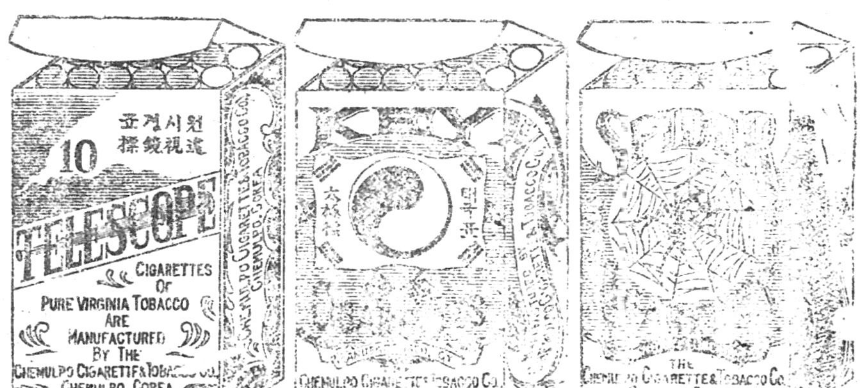

大韓帝國 仁川港 [illegible] 物濟紙卷煙及烟草會社
上品으로製造ᄒᆞ야 [illegible]

● 九轉靈砂라 本人이 妙方法을 神備하야 製造ᄒᆞᆫ 靈丹인ᄃᆡ 男女老少에 無論何症ᄒᆞ고 通治ᄒᆞ오며 無病時에도 服ᄒᆞ면 平生의 身體가 健康ᄒᆞ며 小兒ᄂᆞᆫ 四五錢重만 服ᄒᆞ면 十歲안에 無病ᄒᆞ기를 擔保ᄒᆞ오며
● 九轉靈砂萬應丹은 癲狂 癎症과 中風諸疾과 耳目諸病과 淋疾에 神効ᄒᆞ오
● 九轉靈砂保命丹은 初生小兒 驚風 癎氣 咳嗽 腹痛諸般熱症에 神効ᄒᆞ오
● 九轉靈砂濟衆丹은 酒滯 食滯 血積 吐瀉 霍亂 痢疾 吐血 下血 逆氣 時疾 疝症에 神効ᄒᆞ오
● 九轉靈砂紫金丹은 疳漏 累瘡 上疳瘡 下疳瘡及唐瘡과 諸般毒瘡惡種에 無不神効ᄒᆞ오니 僉君子ᄂᆞᆫ 來問ᄒᆞ시오
內需司前독갑이골上隅第一家 李鐘○ 移徙 告白

◎本報價金 [illegible]

大 [illegible]

[illegible]

廣告料
四號活字十二行을 每日掲載ᄂᆞᆫ 一行에 新貨 [illegible]
(每日每行에六錢에相當ᄒᆞᆷ)
二周日에 二圓五十錢
(每日每行四錢五厘에 相當ᄒᆞᆷ)
一箇月에 五圓
(每日每行四錢一厘에 相當ᄒᆞᆷ)
其期限의 長短과 字行의 多少를 依ᄒᆞ야 增減ᄒᆞᆷ이 有ᄒᆞᆷ
大con人마다 此申報를 不得不閱覽ᄒᆞ실터이오니 廣告出報ᄒᆞ실 僉君子ᄂᆞᆫ 來臨面議ᄒᆞ시ᄋᆞᆸ

發行兼編輯人 英國人 裵說
發行所
京城北署普濟坊磚洞号外地法語學校前
大韓每日申報社

光武九年八月十一日 第三種郵便物認可
明治卅八年八月十一日
日
西曆一千九百五年十二月廿四日 (一)

第三卷

大韓每日申報

대한ᄆᆡ일신보

第一百十一號

月曜及慶節歲時日休刊

檀君開國四千二百三十八年
箕子元年三千二百二十七年
大韓開國五百十四年
日本明治三十八年
淸國光緖三十一年
陰曆乙巳十一月小廿八日乙酉

論說

韓日協約 (前號續)

駐京日公館에셔廣布世界하라는公報中格別二句는昨日本報에業已抗論이어니와橫濱某新聞은此叛을評論하되此等問題를置之勿說이還爲日本官憲之智明이라하얏스니

本報도與此同意라然이나可歎者는日本官憲邊에셔試用意外行動하야本社前日所報를今更反復하라고勒逼要請홈이로다日公館通牒中에如左句語를今更摘要하노니

當夜宮闕外에適有騷亂홈으로携帶兵器훈悖戾數人을搜出矣요且學大私第에縱火하는本土人一漢을探得矣라長谷川大將이本國大使及韓國諸大臣歸路에欲使護衛하야皇闕前路兩邊에略少軍卒을命置홈이오韓日憲兵及巡査數十人도亦皆擁護特務之用이라하얏더라

悖戾數人之犯이或其實韓耶아

本記者는自有疑惑이니正其時에大韓每日申報社代表者가宮闕外로周行홀시其人所見은日本巡査軍兵이自有其路라若非狂猘이면持其武器하고는敢不擅入其中이러라

非特止此而已라闕門이廣開에皇宮及政府門庭에이盡歸于其時日本官人及憲兵所居하얏스니謂此以大使擁護는斷不成說이라

此等在彼之意는爲其驚動其皇帝及諸大臣이오且十年以前과如히 御駕播遷을不得케홈이로다

今番條約이出於互相締結이며皇帝陛下께서一致훈셧다는荒唐無稽之辯을駁論훈야本報는閔趙兩忠正公의疏章과及其批答과陛下께서不至可便이신特別證據되는美人訖法所關電信을愛독僉員의게指明훈노라

日本之如彼試運은示其無能이니韓國은宜不全失所望이어다

官報

●三千三百二十六號 光武九年十二月十八日

◎宮廷錄事

禮式院掌禮卿臣李根秀謹奏忠正公趙秉世忠正公閔泳煥爲國捐軀忠節嘉尙宜有殊異之典致祭依式令禮式院博考典禮磨鍊事 命下矣謹考歷代已例則有閣喪下葬百日周年除服日遣官致祭之例而閣喪日則既已致祭矣今亦依此例下葬百日周年除服日遣官致祭何如謹上奏

光武九年十二月十三日奉旨依奏

●三千三百二十九號 光武九年十二月二十一日

●宮廷錄事

詔曰交隣友睦之誼禮尙往來完順君李載完特命日本國報聘大使

光武九年十二月十八日

議政府議政大臣臨時署理外部大臣臨時署理學部大臣 李完用

詔曰使事緊重而奪情起復自有已例特命日本國報聘大使李載完使之斯速發程

光武九年十二月十八日

議政府議政大臣臨時署理外部大臣臨時署理學部大臣 李完用

●光武十年度歲入歲出總豫算表 (續)

第七欵 地方各郡五十八萬七千二百四十四圜
第一項俸給 十五萬八千四百圜
第二項廳費 二萬八千四百五十圜
第三項廳舍修理費 八千五百圜
第四項雜給及雜費 三十六萬七千二百圜
第五項旅費 七千七百四十圜
第六項享祀費 一萬千五十圜
第七項檢察費 二千九百四 圜
第八欵 開港市場各警務署 萬四千一百二圜
第一項俸給 一千八百八十圜
第二項廳費 二千四百圜
第三項廳舍修理費 三百圜
第四項雜給及雜費 一萬三千三百四十四圜
第五項旅費 四百二十圜
第六項被服費 三千一百八圜
第七項罪囚費 一千六百五十
第九欵 各港警務署五萬九千四十九圜
第一項俸給 三千一百二十圜
第二項廳費 三千九百圜
第三項廳舍修理費 二千六百圜
第四項雜給及雜費 二萬一千五百二十八圜
第五項旅費 三千九百圜
第六項被服비 五千九百十五圜
第七項罪囚비 一萬四千八十六
未完

外報

●德館昇格 德國政府는來春에東京駐箚公使을大使館으로昇格훌事를決定훈고其意로日本外務省에公報훈얏다더라

●令嬢結婚 十五日倫敦發電을據훈즉客日韓國에來遊훈던美國大統領아리스令孃은來年二月에下議院議員론구우오루스氏와結婚훈다더라

●俄使態度 十五日北京電을據훈즉俄國이今番談判을利用훈야一般失墜훈얏든對淸威信을回復훈라고焦慮훈는中은難掩훈事實인뒤駐淸俄國公使는近頃에益益多額金銀을散布훈야全力으로條約內容을探知훈는中이라더라

●韓日電信 近來日本及韓國間電報는延着이頗甚훈야早速훈드리도八九時間이오遲緩훈時는二十時間以上을要훈는事가間間이有훈지라右는軍用電線不通의箇所가有훈며滿州셔日本에打電훈는者는韓國을經由홈과又滿州一般公衆電報의取扱을開始홈을因홈인뒤日本電信局에셔其速達方法을講究中이나長崎釜山間에海底電信은外國會社에所屬훈者로至急히其方法을行훈는뒤困難훈나今後韓淸日三國의近接上에日本當局에셔도何等方法을取훌方針이라더라

●猶太人保護同盟 로스자이루드의主唱된露國에셔猶太人慘殺훈機會로훈야世界의猶太人을保護로훈라는協議進行이有훈뒤英德은已히贊加훈얏고他國도亦此에加贊훌心이有훈다더라

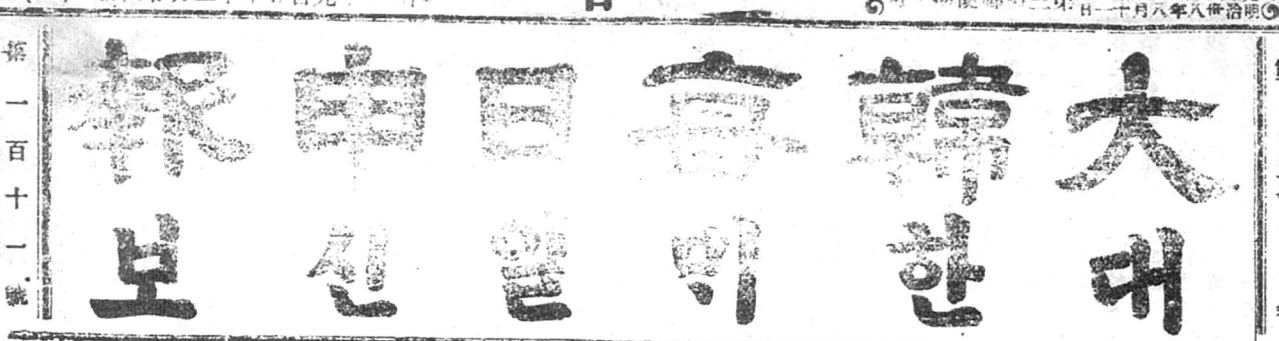

●米國水兵의不平 米國馬尼刺艦隊는一般이其給養이不良홈으로水兵等의不平홈이甚大훈야早晩에珍事가起훌模樣이이다더라

東京電報

十二月二十二日午前五分發

◉淸日新協約調印 十二月[illegible]十一時에淸日條約이[illegible]

寄書

告同胞諸君 嘔血生

여보시오二千萬同胞들은嘔血生의一言을들어보시오近日消息이東京電報로聯絡不絕ᄒᆞ야各新聞에廣佈ᄒᆞᆫ것을보시어계시오나온다오統監이나온다오日本第一政治家伊藤博文氏가統監을新任ᄒᆞ야大韓皇城에統監府를設置ᄒᆞ고新年一月에나온다오

統監府官制가宏壯도ᄒᆞ고嚴嚴도ᄒᆞ옵듸다政務總長은總理大臣의資格이오警務總長은農商大臣資格인듸統監府管轄ᄒᆞᆫ官制가七十餘員이오公使領事各館도附屬ᄒᆞ얏다오

이ᄲᅮᆫ아니오守備隊司令官도統監의節制를受ᄒᆞ야兵力을統監의掌握에操縱ᄒᆞᆫ다오

여보시오統監의威力과勢力과權力이我韓大皇帝第 이오切憤치안소切痛치안소我韓皇室은尊重威嚴이如前ᄒᆞᆯ깃쇼我韓政府는政治命令이如前ᄒᆞᆯ깃소五百年宗國이一朝一夕에陸沈乾坤이될줄을알아깃소

여보시오同胞諸君어림업시信用마오日本人物信用마오天皇의宣戰詔勅에大韓獨立保全이라大書特書ᄒᆞ야萬國에聲明ᄒᆞᆫ文字墨痕이未乾ᄒᆞ야背約寒盟인말이오이런人物이런議論엇지信用ᄒᆞ오

新條約멋줄가오外交權은東京에移駐ᄒᆞ고統監府는漢城에設置ᄒᆞᆫ다ᄂᆞᆫ듸統監의權限職任은外交만管轄ᄒᆞᆫ다ᄒᆞᆫ文字어듸갓소統監權限들어보오政治財政醫務軍事에無不干涉ᄒᆞ야指導監督權이一國에第一이라오

領土ᄂᆞᆫ아죽保存宗社ᄂᆞᆫ아죽支撐人民은아죽安全ᄒᆞ다ᄒᆞᆫ들信用업ᄂᆞᆫ日本人의千邪百奸누가밋깃소

여보시오우리同胞잠에精神을차리시오醉生夢死답답ᄒᆞ오蒙汗藥에얼리엿소鴉片烟에취ᄒᆞ엿소三千里疆土ᄂᆞᆫ來年後年에琉球國이오二千萬生命은來日모리猶太人種厄運이當頭하얏소奴隸의羞恥ᄂᆞᆫ姑舍ᄒᆞ고目前光景은눈에피가나오지아니ᄒᆞ오

아모리四五十年腐敗ᄒᆞᆫ政治와暴虐ᄒᆞᆫ政府에셔리로마졋슨들全國同胞의天賦性이그다지暗昧ᄒᆞ오今日에國權을失敗ᄒᆞᆷ이아모리自取之禍라도ᄒᆞ며아모리大勢所迫이라고ᄒᆞ되我韓갓치悲慘ᄒᆞᆫ情境은世界萬國에無雙이오

슬푸다우리同胞무ᄉᆞᆫ罪惡으로不幸ᄒᆞᆫ時代를遭逢ᄒᆞ야須彌山갓흔劫運이當前ᄒᆞ엿소政府의暴虐政令切齒腐心이오日本의無信無義膽寒骨冷ᄒᆞ니쏘쏘ᄒᆞᆫ此天地에누구를밋고ᄉᆞᆯ자ᄒᆞ오

여보上疏ᄂᆞᆫ무엇시며義兵은무엇시오허ᄂᆞᆫ닐이野蠻行動이다그만두오그만두오阿諛逢迎도그만두오[illegible]慷慨激切도그만두오滔滔言一貫上이實心으로事[illegible]닙ᄂᆞ표挾雜에판이드오

越王句踐갓흔万古英雄도十年生聚十年敎育實力을養成ᄒᆞ야會稽怨讐를一朝에報復ᄒᆞ엿것마ᄂᆞᆫ그런일은말도말고슬푸다우리同胞들이實力을養成ᄒᆞ야猶太琉球를免ᄒᆞ야보세

天下興亡이匹夫之職이라하오오날날에地境된것도우리同胞의罪案이오不幸히實力을不得ᄒᆞ야國權을不復이면猶太琉球가제겨이오그人種이滅絕ᄒᆞ야나면무엇에所用이오슬푸다우리同胞一心團體ᄒᆞ야熱血을구吐ᄒᆞ고實力을養成ᄒᆞ야國權을回復ᄒᆞ여봅시다今日에안져셔來日붓터ᄒᆞ잔말마시오光陰이如流ᄒᆞ오ᄒᆞ로밧비ᄒᆞ여봅시다

一日이緩ᄒᆞ면一日辱境이오二日이緩ᄒᆞ면二日悲境이니부듸政府도밋지말고日本도밋지말고제精神各各제찰이시오嘔血生의言을不聽ᄒᆞ면西[illegible]利亞北風寒雪에波蘭國民의涕淚를갓치흘니깃스니부듸부듸精神찰이시오

雜報

◉兩察相換 公州觀察使李道宰氏ᄂᆞᆫ道內士民의願留를因ᄒᆞ야遂任前職ᄒᆞ고新任觀察韓鎭昌氏를全北觀察로相換ᄒᆞ얏더라

◉局長任免 鐵道局長金倫求氏ᄂᆞᆫ權外妄行이有違官規라ᄒᆞ야遞官ᄒᆞ고其代에農商技師[illegible]相敎氏가被任ᄒᆞ고金東完氏ᄂᆞᆫ農商技師를被任ᄒᆞ얏다더라

寄書

韓國留學生朴處休氏寄書續

平生의素抱ᄒᆞᆫ志ᄂᆞᆫ吾人의行動自由와原有ᄒᆞᆫ權利를任意로行치못ᄒᆞ고久히結縛된것을解放코져ᄒᆞᆷ이니다願컨ᄃᆡ凡我兄弟들은此歲月에千金의抵ᄒᆞᆫ時間을博奕이나古談冊으로虛送치말고實際上工夫를做去ᄒᆞ야邦家를成就ᄒᆞ야腐敗ᄒᆞᆫ人種을免ᄒᆞ기로勉力ᄒᆞ야봅시다古今歷代를溯攷ᄒᆞ야도東西洋을勿論ᄒᆞ고其盛衰興亡의所以를觀ᄒᆞ건ᄃᆡ學識이有ᄒᆞᆫ者의事業은隆[illegible]ᄒᆞ고學識이無ᄒᆞᆫ者의事業은衰敗ᄒᆞᆫ지라然則工夫를不爲ᄒᆞ고ᄂᆞᆫ人事를行ᄒᆞᆯ슈가無ᄒᆞᆫ지라此와이此時를乘ᄒᆞ야此處에來ᄒᆞᆫ것슨好個親舊를多多相從ᄒᆞ으로今日此處에來ᄒᆞ야好箇學問을得ᄒᆞ게되얏스니人生斯世ᄒᆞ야好個學問을求ᄒᆞ고더ᄒᆞᆫ진ᄃᆡ不可不外國에遊覽ᄒᆞ거시오遊覽ᄒᆞ더라도文字만學ᄒᆞᆯ뿐이아니라高明ᄒᆞᆫ親舊를歷歷相從ᄒᆞ야學識을求ᄒᆞᆯ거시로다

惟願本國二千萬同胞들은他國의事를見ᄒᆞ고自國의事를思ᄒᆞ야긔를쓰고이를써서衰老ᄒᆞᆫ國이變ᄒᆞ야少年世界를만들어봅세다

靑年靑年이여一去ᄒᆞ면[illegible]來치아니ᄒᆞᄂᆞ니吾輩가此時를[illegible]치말고잘ᄃᆞᆫᄒᆞ면我國의自主[illegible]이못ᄒᆞᆫ事業을至今우리의手로回復ᄒᆞᆯ줄로아니皆可爲之로다

法國에有名ᄒᆞᆫ拿破崙은平生恒言이天下에難事가無ᄒᆞ다ᄒᆞ며何事이던지ᄒᆞᆯ슈업다ᄂᆞᆫ말은우리法國人의口中으로ᄂᆞᆫ出ᄒᆞ지못ᄒᆞᆯ말이라ᄒᆞ얏스니壯哉라此言이여世人의退步ᄒᆞᄂᆞᆫ氣運을挽回ᄒᆞᆯ者로다

吾輩가死ᄒᆞ거나生ᄒᆞᄂᆞᆫ거슨不關ᄒᆞ고泰山을[illegible]ᄒᆞ고滄海를[illegible]ᄒᆞ더라도難事가아니라ᄒᆞ며生命이[illegible]ᄒᆞ더라도吾人의自由와獨立은永久히업셔지지안키로作定ᄒᆞ고一心進步ᄒᆞ야아모조록上等國에上等人民이되야보기를勉力ᄒᆞ야봅세다 完

雜報

◉白衣永禁 陽曆明年一月一日로始ᄒᆞ야一般人民의周衣及上下衣를白色과淡色은禁止ᄒᆞ고靑黑色과紫色紺色等染色을着ᄒᆞ기로[illegible]有朝飭而近聞ᄒᆞᆫ즉[illegible]不足以[illegible]ᄒᆞ고[illegible]於依前防寬備ᄒᆞᆫ다더라

◉請與巡檢 [illegible]州監理李民溥氏가內部에報告ᄒᆞ되設署以後自春至秋로[illegible]村民警에許多告急이온바以若本市警務署巡檢八人으로果難視務ᄒᆞ[illegible]巡檢[illegible]人으로ᄂᆞᆫ莫可抵當이니巡檢을添額加設ᄒᆞ고六穴砲[illegible]亦卽下送ᄒᆞ라[illegible]

◉聘請學徒 仁川港[illegible]學校에셔[illegible]十一月에經費[illegible]敎師[illegible]日本[illegible]學[illegible]迅[illegible]下ᄒᆞ[illegible]라

◉趙氏陞任 陸軍武官[illegible]趙東潤氏ᄂᆞᆫ署理[illegible]武官長事務를被命ᄒᆞ얏더라

◉警察拘留 慶南[illegible]琢氏ᄂᆞᆫ何[illegible]事件에[illegible]京지[illegible]部[illegible]田ᄒᆞ고即速[illegible]日內部에셔[illegible]ᄒᆞ얏다더라

◉誕辰休刊 本月二十五日은耶蘇敎救主誕日이기로同日과其翌日은休刊ᄒᆞ고同二十七日에發刊ᄒᆞᆷ

◉[illegible] 警務官[illegible]氏等이[illegible]法[illegible]에上[illegible]ᄒᆞ얏다더라

◉李作病歸 不花郡守[illegible]氏가內部에報告ᄒᆞ되[illegible]郡守가以身病[illegible]歸[illegible]本郡守[illegible]向當은賣送于[illegible]山郡[illegible]昨[illegible]仰報而[illegible]接[illegible]部[illegible]十八日發行이라ᄒᆞᆫ바[illegible]病劇은果係實際이오나[illegible]指而徑先發行이有違[illegible]니飭照라ᄒᆞ얏더라

●特別廣告

本申報分舘等事를仁川排觀開新冊肆李東皓氏에게委托ᄒᆞ고本月三日爲始ᄒᆞ야逐號下送ᄒᆞ오니購讀ᄒᆞ시ᄂᆞᆫ僉君子ᄂᆞᆫ亮購讀ᄒᆞ시며代金도同特致ᄒᆞ심을爲要

大韓每日申報社 告白

雜報

●以義斷恩 正二品朴箕陽氏의別室號ᄂᆞᆫ石人이니本以咸興人으로工於詩ᄒᆞ야頗有女史風致라ᄒᆞᄂᆞᆫ바同氏가日本司令部에被拘ᄒᆞᆫ後에仍爲絶穀ᄒᆞᆷ을聞ᄒᆞ고石人이悲憤不勝ᄒᆞ야誓ᄒᆞ야曰大監이期欲以死報國ᄒᆞ시니大監이殉節ᄒᆞ시면國家에生光이오妾에게도與有榮焉이라ᄒᆞ얏다니大抵夫婦間情愛掩義ᄒᆞ야恐其或死ᄂᆞᆫ女人之常情이어날今此石人은能히勉以忠義ᄒᆞ야毫無兒女子에私니眷戀之態ᄒᆞ니雖古之賢女節婦라도無以加矣라行當另錄一傳ᄒᆞ야與其氏家義婢로並諸不朽ᄒᆞ깃노라

●鵲巢鳩居 忠北觀察使申泰臨氏가內部에電報ᄒᆞ되本府財務官事務室을宣化堂大廳에移設ᄒᆞ깃다催促難堪ᄒᆞ니急速回電ᄒᆞ라ᄒᆞ얏더라

●表箋上送 陰曆十一月二十四日中和殿冬至後陳賀表箋二度를陪進官을別定ᄒᆞ와上送ᄒᆞ니在照ᄒᆞ라고忠北觀察使가內部로報告ᄒᆞ얏다더라

●甲倅內보 甲山郡守李承鉉氏가內部에報告ᄒᆞᆫ內槪에日本陸軍步兵大尉後藤貞雄이本郡守備次來駐之由ᄂᆞᆫ業已報告而今又工兵中佐松山八郎과工兵大尉一柳滕市와山林事業擔任技師長今川唯市가來駐本郡惠山鎭ᄒᆞ와自城津至本郡惠山電話架設次方將始役ᄒᆞ며軍用材木廠事務所와電線分遣所와留駐隊小尉分站所와憲兵隊分遣所를惠山鎭舊址에建築次로工兵大尉가請要於郡守이기躬往百里許該鎭則該隊官이材木所運次로普天社等地에人夫牛馬를方張給雇使役故로該鎭舊址에各所營建이事係重大하니以若郡守로莫可擅許則以此事由로馳보上部ᄒᆞ야以待回指事로多般提說ᄒᆞ야姑未始役而以俟今月中何開役之意로談辦定約이오니査照爲望이라ᄒᆞ얏더라

●干涉州權 濟州牧使趙鍾桓氏가內部에報告ᄒᆞ되日本人神谷卓男이度支部訓令을帶ᄒᆞ고本島에來駐ᄒᆞ야財政干涉之由ᄂᆞᆫ前已修報이옵거니와財政은既有該部本財欵一欵은不得已許其干涉이오되至於政治上干涉云者ᄂᆞᆫ規無政府命令ᄒᆞ고尤係關重이옵기不可如是之意로萬端防遏이옵더니今又警務視務廳帖이來到이온바與聞其辭通則大韓全羅南道濟州島警務廳顧問囑託이라ᄒᆞ고日本警部顧問丸山이捺章ᄒᆞ고本部大臣이交換印章ᄒᆞ고末端에神谷卓男殿이라ᄒᆞᆫ職帖이神谷의게直到ᄒᆞ고本牧에ᄂᆞᆫ初無指揮이오되該日人神谷이告示를揭付ᄒᆞᄂᆞᆫ딕告示中辭意에政治改革等說과官吏不正行爲等句語ᄂᆞᆫ甚是不當故로再次說明ᄒᆞ야將欲筆削이오되一直不聽ᄒᆞ야隨意書付이온즉事勢無奈ᄒᆞ와不能禁止이오니該日人之此等事件이果是政府之洞悉認許이온지未承訓飭ᄒᆞ와憹悶極切이오며所謂告示草ᄂᆞᆫ謄本報告라ᄒᆞ얏더라

●鄕향老로訪방問문醫의生싱이라 (속)

그뿐아니라그렁셩저렁셩ᄒᆞ게드면슈신제가에ᄂᆞᆫ마암이업고망탕오유ᄒᆞᄂᆞᆫ데만졍신이잇서어진법은멀니가고오합잡류만들어모혀귀에듯기죠코비위에맛ᄂᆞᆫ감언리설로남의평셩대계를저희ᄒᆞ니그사ᄅᆞᆷ을원망치말고마암을굿게뎡ᄒᆞ야그런말저런일을ᄎᆞᄎᆞ거절ᄒᆞ면오ᄂᆞᆫ자도아이오고집사ᄅᆞᆷ도기회ᄒᆞ야불금이ᄌᆞ금될더이니일단쥬인의집심ᄒᆞᆫ기에잇다ᄒᆞ거날그말이근리ᄒᆞᆫ듯ᄒᆞ나몃십연져진습관을일죠에고치기바이어려워인슌치지ᄒᆞᄂᆞᆫ나약ᄒᆞᆫ셩질로유일도일로지닉다가엇지다시ᄉᆡᆼ각ᄒᆞ고먼저말ᄒᆞ던친고의계가ᄉᆞ를잘보아달나고열쇠를맛겨더니파연그사람의ᄒᆞᄂᆞᆫ법졀은분명ᄒᆞ기가ᄶᅡ이업서일군젼일닙곡을허소이쓰지안다 … 이는디 … 변빅을모다감셩하고저의집에리하고일에는다소를붙게하고니여쥬면서허ᄂᆞᆫ말은아모디로무곡을허라보낸다아모디로목상을허러보낸다하야다만문서척조에만긔록하니가위빅문션이헛문서로전지ᄂᆞᆫ경갈허고기타던답은근리각국인의금광에도손허혀며털도괴디라군용지법이라허ᄂᆞᆫ디로드러가며우마ᄂᆞᆫ일본군ᄉᆞ리왕서에군슈물품슈운허기에피폐허여스ᄉᆞ로업서지고문하식각은각처로환산하야지금지니ᄂᆞᆫ혀편은참괴막혀이로다말ᄒᆞᆯ슈업거니와

다만올올이지니ᄂᆞᆫ즁근일혐셩닉의서디만소요하다하기로화나ᄂᆞᆫ김외올나와서본즉참가룡ᄒᆞᆫ일도만코괴상ᄒᆞᆫ일도잇도다

미완

廣告

測量講習應募及第人은來二十六日에會同于度支部內講習所事

漢城府 告白

기동녀학교교장리신원이가히학교ᄉᆞ무원한계상씨의리론으로ᄒᆞ야학교교장을조퇴ᄒᆞ오니첨군ᄌᆞᄂᆞᆫ죠량홈

리신원 고빅

十二月二十日大韓日報雜報中治安會이란題下에開進教育會晉州府支會에有何關係인지本會目的은教育上主義ᄒᆞᆯ뿐이오政治的關係에初無干涉ᄒᆞ얏더니晉州支會長李贊鎬가本會主旨를反對ᄒᆞᆷ이有ᄒᆞᆫ으로本會로셔該觀察使의게電報ᄒᆞ야該支會長을捉囚ᄒᆞ라ᄒᆞ얏스니僉君子ᄂᆞᆫ照亮斟酌ᄒᆞ시오

東亞開進教育會 告白

本人외六寸이名은武鉉이오字ᄂᆞᆫ邦憲이온ᄃᆡ本是浮浪悖類로京鄕出沒하야付同雜類하고六七代位土를無遺ᄒᆞ니偸賣하와永絶香火케하고窃賣不足하야本人외兄弟如干田畓을僞造文券하야欲爲偸賣하오니勿論內外國人하고見欺치勿하시옵소셔

木川郡東面播溪里居 尹希鉉 騏鉉 告白

本人이陰十一月二十五日에姓名圖章을遺失ᄒᆞ얏스니知舊間照亮ᄒᆞ시오

[illegible] 告白

本人이戊戌年分에振威郡所在畓二十石六斗落과垈田三十六石十一斗落及家舍三十七間을買得於柳俊益處ᄒᆞ야六年秋收以來矣러니忽於昨年秋에京笠洞居李參議根培가此土偽券을爲執ᄒᆞ다가韓寶鉉과輔國李容式氏云하고[illegible]府郡에勒奪秋穀故로본人이擧訴漢城裁判所하야李之落科가昭在判決에覓來秋穀더니又於今秋에無端日본人辨護士高橋章之助하야勒執秋穀故로본人이前後事實을細細說明則辯護士가素以明法解理之人으로乃知見欺於挾雜輩하고責李賊心에更不干涉하니內外國人은咸知此意하고切勿見欺홈

[illegible]洞居[illegible]柱源 告白

日前閔忠正公泳煥氏葬禮時特賴僉尊[illegible]紳諸彦克完大事雖有微誠茲以燕辭聊表感謝之衷龍頌 告[illegible]社旺

護喪委員 孫炳均 [illegible]周

◉本人子廢淳兒名龍律[illegible]於[illegible]類叢ᄒᆞ야忠淸南道鎭岑花山面內伏在ᄒᆞ야[illegible]餘石落文券盜出典執[illegible]債云而無故出去內外國人은切勿相[illegible]無至白失之弊望홈

京磚洞十一統一戶 [illegible]錫範

本校第七回卒業禮式을光武十年一月四日陰乙巳十二月十日로定ᄒᆞ얏스니諸卒業生은屆期來參ᄒᆞᆯ事

漢城師範學校

木浦客主安文欽字를叔改稱文獻字明汝知舊間照亮

安文獻 告白

法部認許를承ᄒᆞ와辯護士講習會를設ᄒᆞ옵고內外法律家를敦請ᄒᆞ와法律을研究ᄒᆞ야辯護士應試에準備ᄒᆞ오니入會講究를願ᄒᆞ시ᄂᆞᆫ紳士ᄂᆞᆫ左記事務所로來臨請覽ᄒᆞ심을望홈

會規와入會各式은來臨考覽事

南署履洞四街墨下南谷

辯護士準備講習會事務所 告白

前參奉李束植의植字ᄂᆞᆫ變字로改定施行事

特別廣告

本日報ᄂᆞᆫ海外電報를卽接ᄒᆞ야機關이靈通ᄒᆞ고外報와探報를敏捷活潑ᄒᆞ도록注意ᄒᆞ오며申報發送ᄒᆞᆫ되迅速傳信ᄒᆞ는傳人의게在홈으로平常에分傳人의게丁寧告戒ᄒᆞ고申申訓飭ᄒᆞ야毋或媮惰ᄒᆞ게注意ᄒᆞ거니와如或暫有稽忽이라도愛讀僉君子ᄂᆞᆫ該使通知于本社ᄒᆞ시면該分傳의게誠信相孚ᄒᆞ도록耳提面命ᄒᆞ고勸貸가發生ᄒᆞ도록諭ᄒᆞ야必無遲誤ᄒᆞ기로期待ᄒᆞ웁나이다

本社에寄書ᄒᆞ시ᄂᆞᆫ諸君子ᄂᆞᆫ姓名과居住를明確ᄒᆞ게懸錄送附ᄒᆞ시와證據가有ᄒᆞᆷ을必要ᄒᆞ이오公衆平和와秩序를紊亂케ᄒᆞᄂᆞᆫ意와荒雜ᄒᆞᆫ辭書ᄂᆞᆫ不發ᄒᆞᄂᆞᆫ權利가本社에自有ᄒᆞ오니肯諒ᄒᆞ시압

大韓每日申報社

雜誌發刊廣告

今에數理學雜誌를(每月五日一回定刊)發刊ᄒᆞ야敎師諸氏의敎授材料를敢助ᄒᆞ고學生諸氏의獨學材料를供給코저ᄒᆞ오니有志諸氏ᄂᆞᆫ購讀ᄒᆞ심을切望

(但一部定價ᄂᆞᆫ新貨陸錢)

南大門內尙洞懿德公館右便
青年學院內 數理學雜志社

鍾路大東書市
布屛下金相萬冊肆
仁川港紐視閣新冊肆

○鐵路部

○東大門과新門間에來往車ᄂᆞᆫ每十分間에運行홈
東大門發初車ᄂᆞᆫ午前六時三十分
新門外停車場發初車ᄂᆞᆫ午前六時五十五分
東大門發終車ᄂᆞᆫ午後九時五十分
新門外停車場發終車ᄂᆞᆫ午後十時十五分

○東大門과洪陵間에來往車ᄂᆞᆫ每二十分間에運行홈
但自鐘路로東大門에來到ᄒᆞᆫ交替車로聯絡홈
東大門發初車ᄂᆞᆫ午前六時五十分
洪陵發 初車ᄂᆞᆫ午前七時十分
東大門發終車ᄂᆞᆫ午後七時五十分
洪陵發 終車ᄂᆞᆫ午後八時十分

○鐘路와龍山間에來往車ᄂᆞᆫ每十二分間에運行홈
鐘路發至南大門初車ᄂᆞᆫ午前六時四十八分
鐘路發至龍山 初車ᄂᆞᆫ午前七時二十四分
南大門發至鐘路初車ᄂᆞᆫ午前六時五十六分
龍山發至鐘路 終車ᄂᆞᆫ午前七時五十七分
南大門發至鐘路終車ᄂᆞᆫ午前十時八分
龍山發至鐘路 終車ᄂᆞᆫ午後九時九分

○特別私用車ᄂᆞᆫ顧客의方便ᄒᆞᆷ을隨應ᄒᆞ야準給홈
但定價ᄂᆞᆫ本社에來臨ᄒᆞ야詳問ᄒᆞ시압

○電燈部

二百五十燭力以內의數用處에ᄂᆞᆫ每個月에定價表와如左홈
○十六燭力燃燈達夜에二圓五十錢
○三十二燭力燃燈達夜에四圓
○五十燭力燃燈達夜에六圓
○一百五十燭力燃燈達夜에十圓
一千二百燭力弧形燈達夜에二十圓
二百五十燭力以上의數用處에ᄂᆞᆫ請求ᄒᆞ면瓦斯計一個를設給홈
但瓦斯計賃金은每個月에二圓이오瓦斯計測驗表委托定價ᄂᆞᆫ每時間每암페아에二錢이옴
瓦斯計設給處에셔每个月支撥金最低額은每個月에二十圓인데(瓦斯計貸金은)据홈
電燈을敷設ᄒᆞ기에請求ᄒᆞᄂᆞᆫ디給홈을爲ᄒᆞ야
各種適當ᄒᆞᆫ燈을至當ᄒᆞᆫ時에附存ᄒᆞ얏숩

本社[illegible]
韓美電氣會社 告白

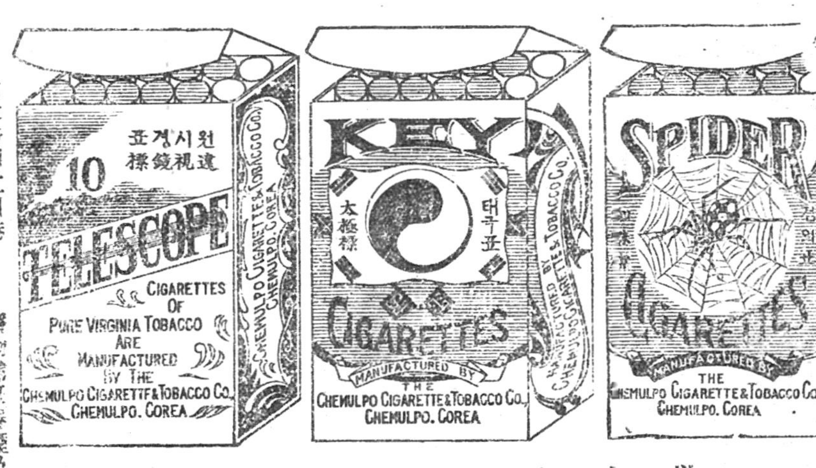

以上三種은上品으로製造ᄒᆞ야衛生上에至極有益ᄒᆞ오니毋論某人ᄒᆞ고本社에來購ᄒᆞ시압

大韓帝國仁川港 濟物浦紙卷煙草會社

●九轉靈砂라 本人이妙方法을神備하야製造ᄒᆞᆫ靈丹인ᄃᆡ男女老少에無論何症ᄒᆞ고通治ᄒᆞ오며無病時에도服ᄒᆞ면平生의身體가健康ᄒᆞ며小兒ᄂᆞᆫ四五錢重만服ᄒᆞ면十歲안에無病ᄒᆞ기를擔保ᄒᆞ오며

●九轉靈砂萬應丹은癲狂 癎症과中風諸疾과耳目諸病과滯疾에神効ᄒᆞ오

●九轉靈砂保命丹은初生小兒 驚風 癎氣 咳嗽 腹痛諸般惡症에 効ᄒᆞ오

●九轉靈砂濟衆丹은酒滯 食滯 血積 吐瀉 霍亂 痢疾 吐血 下血 運氣 時疾 瘧症에神効ᄒᆞ오

●九轉靈砂紫金丹은痔漏 累瘻 上疳瘡 下疳瘡及唐瘡과諸般毒瘡惡種에無不神効ᄒᆞ오니 僉君子ᄂᆞᆫ來問ᄒᆞ시오

內需司前독갈이골上隅第一家 李鎬廷移徙 告白

◎本社特告

本社新聞을關西等地에廣佈ᄒᆞ기爲ᄒᆞ야平壤金與淵崔叙恒宣川安濬長連金龍等三氏에게委托ᄒᆞ고逐號下送ᄒᆞ오니購覽에有意ᄒᆞᆫ僉君子ᄂᆞᆫ三氏에게購覽ᄒᆞ시며代金도三氏에게傳致ᄒᆞ심을望要

大韓每日申報社

本社廣告

申報價
一張代金 新貨二錢五里
一箇月前納 三十錢
三箇月 九十錢
六箇月 一元七十錢
一箇年 三元四十錢
郵稅一部 新貨五里
一箇月 十三錢

廣告料
四号活字十三字詰
每日每英尺一寸에新貨五錢
(每日每行에六錢에相當홈)
二週日에 二圓五十錢
(每日每行四錢五厘에相當홈)
一箇月에 五圓
(每日每行四錢一厘에相當홈)
其期限의長短과字行의多少를依ᄒᆞ야增減ᄒᆞᆷ이有홈

大韓人마다此申報를不得不閱覽ᄒᆞ실터이오니廣告出報ᄒᆞ실僉君子ᄂᆞᆫ來臨面議ᄒᆞ시옵

發行兼編輯人 英國人 裵說
發行所 京城北署[illegible]号外[illegible]
大韓每日申報社

第三卷

大韓每日申報

대한매일신보

第一百十二號

月曜及慶節歲時日休刊

檀君開國四千二百三十八年
箕子元年三千二十七年
大韓開國五百十四年
日本明治三十八年
淸國光緖三十一年
陰曆乙巳十二月大初三日巳丑

論說

是日에又放聲大哭

韓日新條約締結之日에韓國京城內外의一般紳士人民이無不放聲大哭ᄒᆞ엿고閔趙兩忠正殉國之日에男女老幼가一齊痛哭ᄒᆞ야如悲親戚ᄒᆞ얏고又於駐日公使撤還之日에韓國官私學徒四百人이追及於停車場ᄒᆞ야餞別之際에皆放聲大哭ᄒᆞ얏스니本記者ㅣ聞而吊之ᄒᆞ고繼而勉之曰嗚呼라大韓同胞여今日情境이眞實노可憐ᄒᆞ고可哀ᄒᆞ오

四千年祖國이濱於丘墟ᄒᆞ고二千萬兄弟가淪於苦海ᄒᆞ얏ᄉᆞ니엇지哭泣지아니ᄒᆞ깃소雖然이나大韓諸君은幸少收涕ᄒᆞ고聽我一言ᄒᆞ시오大抵今日國勢가至於如此ᄒᆞ얏스니大韓人류ᄂᆞᆫ三韓甲族의好家數도奴隷되기ᄂᆞᆫ一般이오一品大臣의好資格도押去됨當ᄒᆞ기ᄂᆞᆫ一例이오峻宇雕墻의好家屋도他人의所處가될거시오

平原沃野의好田畓도他人의所有가될거시오商權도他人의商權이오工業도他人의工業이오貨幣權도他人의幣貨權이니大韓人民은何以資活고

將次布哇의移民과又치美國領土에住接ᄒᆞᆯ가海蔘威의流民과又치俄國領地에隷屬ᄒᆞᆯ가天地間에無國之民은何處에生ᄒᆞ던지奴隷ᄂᆞᆫ姑舍ᄒᆞ고生命을保全ᄒᆞ기難ᄒᆞᆫ거시오

百爾思之ᄒᆞ야도韓國同胞의死中求生之方은學問以外에更無他策이니時刻을放過치말고卽從今日下手ᄒᆞ야他國學問에勉力ᄒᆞ야보시오

骨牌花鬪원일이오新聞과書籍을觀覽ᄒᆞ시오저妓畜妾에沈惑말고國家와人民을思想ᄒᆞ시오獵官鑽穴그만두고廉恥道理ᄅᆞᆯ차려보시오求田問舍그만두고男兒의事業을經營ᄒᆞ야보시오

財産으로子孫計ᄅᆞᆯ말고學業으로子孫計ᄅᆞᆯᄒᆞ야보시오山林隱逸釣名말고恬退宰相閒眷마오俘虜之辱이當頭ᄒᆞ얏소

屈膝端坐와瞑目不語가所用업소體操와演說이緊要ᄒᆞᆫ거시오心性說話와理氣論辨이所用업소農工商의實業學問이切急ᄒᆞᆫ거시오

大抵人生의學問이開進ᄒᆞ면智慧가發達ᄒᆞ고事業이與旺ᄒᆞ야天賦自由權을恢復ᄒᆞᆯ機會가有ᄒᆞᆯ거시오他人의羈絆을脫免ᄒᆞᆯ方針이有ᄒᆞᆯ거시니否往泰來ᄒᆞ고苦盡甘來ᄒᆞ면今日悲哀哭泣之態가變ᄒᆞ야他日喜笑快樂之狀을呈ᄒᆞ기도必然之理니大韓諸君은念之勉之ᄒᆞ시오.

官報

◉宮廷錄事

●三千三百三十號 光武九年十二月二十二日

詔曰正三品金炳翊解秘書監卿

詔曰命內部警務局長崔錫敏爲內部地方局長

以上十二月十九日

內部大臣陸軍副將勳一等 李址鎔

禮式院掌禮卿臣李根秀謹

奏來丙午正月初一日

孝定王后[illegible]祭

親行時

皇太子亞獻之節依例磨鍊乎敢

奏

光武九年十二月十八日奉

旨依例磨鍊

禮式院掌禮卿臣李根秀謹

奏來丙午正月二十五日

宗廟春享大祭兼行祔 太廟

親祭時

皇太子亞獻之節依例磨鍊乎敢

奏

光武九年十二月十八日奉

旨依例磨鍊

禮式院掌禮卿臣李根秀謹

奏丙午正二十五日

宗廟春享大祭兼行祔

太廟

親祭時省牲省器之節依例以

親臨磨鍊乎敢 奏

光武九年十二月十八日奉

旨親臨마鍊

禮式院掌禮卿臣李根秀謹

奏來丙午正月二十五日

宗廟春享大祭兼行부 太廟

親祭 親臨省牲省器時

皇太子陪參之節依例마鍊乎敢

奏

光武九年十二月十九日奉

旨依例마鍊

禮式院掌禮卿臣李根秀謹

奏부 太廟時 宗廟例爲前期修理矣令부 廟部監知委擧行何如謹上 奏

光武九年十二月十八日奉

旨依奏

外報

●救濟業失 倫敦電을據ᄒᆞᆫ즉英國失業者의總代ᄂᆞᆫ新首相반나마시氏에게面會ᄒᆞ얏ᄂᆞᆫ딕首相은深히彼等에게同情을表ᄒᆞ깃스나閣僚와協議치아니면如何히確答지못ᄒᆞᆫ意를談話ᄒᆞ고地方政務裁總존반스(社會黨)과首相도同說ᄒᆞ얏더라

●德相演說 倫敦發電을據ᄒᆞᆫ즉德國宰相뷰도ㅣ公은帝國議會에서社會黨首領베ㅣ펄氏의攻擊에對答ᄒᆞᄂᆞᆫ演說을ᄒᆞ되德國은라國과同樣軍艦를建造ᄒᆞᆯ權利가有ᄒᆞ다ᄒᆞ고海軍擴張案으로英國에對ᄒᆞᄂᆞᆫ敵意라ᄒᆞᄂᆞᆫ說을反駁ᄒᆞ야曰英國人이旣爲能히德國政策으로平和的이라ᄒᆞ야其外艦隊增勢ᄂᆞᆫ防禦的의方策됨을認知ᄒᆞᆷ은有理事이라고論述ᄒᆞ얏더라

●淸國에佛敎傳道 兩廣總督은日本領事에通告ᄒᆞ되日本僧이佛敎傳道와且寺院設立ᄒᆞᄂᆞᆫ事ᄂᆞᆫ淸日條約에違反ᄒᆞᆷ이니速히寺院閉鎖ᄒᆞ라ᄒᆞ얏ᄂᆞᆫ딕日本領事ᄂᆞᆫ直時報告ᄒᆞ되一毫도同條約에違背가無ᄒᆞᆫ事와並其傳道의自由될일노論ᄒᆞ얏다더라

●京元鐵道工業再始 韓國京城元山間에關ᄒᆞᆫ京元鐵道工事ᄂᆞᆫ商業上左ᄒᆞ야重要의線路이아님으로一時中止의姿가有ᄒᆞ나近來에至ᄒᆞ야京城과東北部의要地된元山을連絡ᄒᆞᆷ은政治上軍事上最必要ᄒᆞ다ᄒᆞ야再히工事를始ᄒᆞ기로決ᄒᆞ고已히鐵道監部의셔京城方面에在ᄒᆞ야ᄂᆞᆫ東小門外漢江村付近의土地實測에着手ᄒᆞ고又元山方面에在ᄒᆞ야ᄂᆞᆫ鐵嶺鐵原間에셔盛히土地買收를爲ᄒᆞᆫ다ᄒᆞ더라

●對韓施政方針 日本當局者의辨解 近來在韓의本邦國民은韓民을凌辱ᄒᆞᆷ이甚ᄒᆞᆷ으로써內部에關ᄒᆞᆫ韓民의憤怨은勿論英米와如ᄒᆞᆷ도多少我對韓施政方針의疑点을抱ᄒᆞᆫ如何을示ᄒᆞᄂᆞᆫ딕至ᄒᆞᆫ다ᄂᆞᆫ說이有ᄒᆞ나外務某當局者ᄂᆞᆫ此에對ᄒᆞ야辨解ᄒᆞᄂᆞᆫ바를聞ᄒᆞᆫ즉此가全히本邦人의狂愚者의所爲에過치아니ᄒᆞ고決코當公의意思에有치안일뿐아니라當局者ᄂᆞᆫ此等의徒에對ᄒᆞ야相當의制를加ᄒᆞᆯ지오必竟當局의方針은韓國에近ᄒᆞᆫ일이同胞元如所謂一視同行主義에因ᄒᆞᆯ비라ᄒᆞ더라

東京電報

●日本內閣交迭時機 十二月二十四日午後六時發 現內閣의辭職交迭은新年에早早히된다더라

●相官邸撤回 仝上 曾根大藏大臣은本日에其官邸를撤回ᄒᆞᆫ다더라

●清國學生就學 十二月二十五日午後○時三十分發 過般省令誤解로因ᄒᆞ야休校ᄒᆞ얏든清國學生等은其後學校當事者의說諭를服ᄒᆞ야明年新學期부터從前과如히就學ᄒᆞ게되얏더라

●教育範圍擴張 仝上 同文會本部에셔는滿洲에新設學校를起ᄒᆞ야南清及韓國에教育事業을擴張ᄒᆞᆯ事로決議ᄒᆞ얏더라

●日本議會開院 十二月二十□日午後三時五十五分發 第二十二回議會는本日에開院ᄒᆞ얏는ᄃᆡ出席議員이二百九十六名이오常議員이三百三十二名이더라

●韓日銀行好況 十二月二十六日오前十時三十七分發 日本兵庫縣人等이計畫ᄒᆞᆫ韓日銀行株는既히二百萬元以上의應募金을集ᄒᆞ야甚히好況을呈ᄒᆞ얏더라

●日本筑波艦進水式 十二月二十六日午後五時四十七分發 海潮障碍로依ᄒᆞ야延期되얏든筑波艦의進水式은本日「二十六日」擧行式이有ᄒᆞ야好結果이라더라

●小村大使發程 仝上 駐清大使小村壽太郎氏는來二十七日에「신이도」를發程ᄒᆞ야來一月二日에橫濱에歸着ᄒᆞᆫ다云ᄒᆞ얏더라

●鐵道部設置 仝上 韓國統監府에更히鐵道部도置ᄒᆞ야韓國에在ᄒᆞᆫ鐵道經營의事務를取扱ᄒᆞᆯ事로되얏더라

雜報

●李奸莫測 宮大李載克氏는曩者辭職疏를奉呈ᄒᆞᆫ後에掛冠東門ᄒᆞ고不知居處라고風傳이藉藉ᄒᆞ더니今聞ᄒᆞᆫ즉其掛冠을復戴ᄒᆞ고依舊仕進이라ᄒᆞ니同氏가名以宗親으로不念國恥主辱ᄒᆞ고其使來駐時에百般諂媚ᄒᆞ야世皆唾罵ᄒᆞ더니旋以要君之計로故意辭職이라가竟乃以退爲進ᄒᆞ야靦然固寵ᄒᆞ니同氏에老奸手段은人難測度이라ᄒᆞ더라

●湍倅養賊 長湍郡來人의傳說을聞ᄒᆞᆫ즉該郡이自春以來로賊警大熾ᄒᆞ야白晝奪金과黑夜冲火가無處無之ᄒᆞ고或奪廟主與族譜ᄒᆞ며或取田券與畓券而去曰錢幾萬兩幾千兩을持來于某地ᄒᆞ라ᄒᆞ니民莫支保ᄒᆞ야至於渙散ᄒᆞ되該郡守尹宗求氏는職在戢捕官ᄒᆞ야不思戢盜之方略ᄒᆞ고巡校輩가或欲跟捕則氏曰渠不聞新溪倅之事乎아善爲護我가可也라ᄒᆞ고或捉囚數賊則氏曰朝夕供饋를別般善待之意로申飭ᄒᆞ고或捉來行賊之漢이면氏之族이入見曰此賊은吾弟妻族이라ᄒᆞ며不問即放ᄒᆞ니타郡之賊이聞此風聲ᄒᆞ고輻湊境內ᄒᆞ니此郡之民은何罪오ᄒᆞ야怨聲이載路라ᄒᆞ더라

●第一回郡守奏本

大興辛成默 會寧李康禹
忠州金在殷 鐵原羅壽淵
坡州金昌奎 堤川金喆鉉
陰竹秦尙彦 寧邊南俊元
襄陽南宮억 厚昌沈奎澤
龍岡朴舜陽 長城申憲均
城津崔九鶴 庇仁姜元魯
文川李庸稙 星州金興基
青松安鍾惠 熙川李京鎬
豊川鄭在華 通津俞星濬
開城韓永源 [illegible]州吳泰源

●兩倅免官 堤川安必용寧邊尹寧求兩氏는免本官ᄒᆞ얏더라

●白氏免戒 前宣川郡守白樂三氏는免懲戒되얏더라

●衣制更飭 議政府에셔內部에照會ᄒᆞ얏는ᄃᆡ去十月二十六日에官民의게公私服着과上下衣袴를青黑紺紫等深色을期於實施ᄒᆞᆯ意로業已照會在案이온바此는實由於崇儉省費之策이온ᄃᆡ發令數朔에每觀通街上往來人服着ᄒᆞ오면或淡或白ᄒᆞ야尙無遵施之實際ᄒᆞ니当初의緩期寬恕는善愈民情의卒難辦備이오나若一向因循則發令之本意가終歸烏有라玆更照會ᄒᆞ니照亮後更加申飭于警務廳漢城府及各觀察府ᄒᆞ오셔自光武十年一月一日로踐實遵行事라ᄒᆞ얏더라

●兩氏被任 法部主事李源國氏는漢城裁判所檢事試補를任ᄒᆞ얏고正三品南宮억氏는漢城裁判所判事를任ᄒᆞ얏더라

●親任改定 日前政府會議에各府勅任官은以親任으로改定上奏ᄒᆞ야裁可ᄒᆞᆷ을셧다더라

●尹氏哭忠 正三品尹永求氏는與忠臣趙元老生同庚居同鄕同時閱矣러니趙忠臣既殉國則弗同歸라가其曉에聞趙忠臣發連七八日不食而但哭泣ᄒᆞ야限剕聲ᄒᆞ고獨臥外舍ᄒᆞ야哭盡氣塞ᄒᆞ니家人入救之久而後乃甦ᄒᆞ고且聞忠臣返虞에終夜痛哭ᄒᆞ야幾至氣塞ᄒᆞ얏다더라

●狂人醫治 本月二十二日에狂逃病人金用元을自東署로更捉護來이온기診察證崇ᄒᆞ야試湯試針ᄒᆞ며又恐有逃走之慮ᄒᆞ야堅鎖門戶ᄒᆞ고使隷守察이오나房壁이未完ᄒᆞ고門窓이未堅ᄒᆞᆯ뿐더러該命用元이身是狂人으로壯力이兼人ᄒᆞ와踴能升屋ᄒᆞ고走能當車에雖有捉因之所라도實難禁止이온바二十四日曉頭에穿突碎窓ᄒᆞ고綿袷一具를竊取逃走이온지라察其逃形則大門鎖金이全完에必是越屋逃去이온바四處搜探에仍無蹤跡事로廣濟院에셔內部에報告ᄒᆞ얏더라

●家契粘報 漢城判尹朴義秉氏가內部에報告ᄒᆞᆫ內槩에美國人牟利時가買有新門外盤松坊所在家屋三座與該附近菜田一息耕及日本人谷川與一等三名의買收家契五枚를依例換給ᄒᆞ라는各該領事에照會를接准ᄒᆞ야玆以仰稟ᄒᆞ니査照指令이라ᄒᆞ얏더라

●權氏不法 慶北淸道郡居金昇과가本郡에來告를據ᄒᆞᆫ즉本人의先祖濯纓先生宗系辨誣事로去壬寅年에士林이上疏論劾ᄒᆞᆯ時에權重奭氏가本人의族人容淑을誘引ᄒᆞ야葉錢一千兩은掌禮院情費라持去ᄒᆞ고又一萬兩은內外朝大官情費라索去ᄒᆞ고又一萬兩은上納條라討去ᄒᆞ온바畢竟宗系는未雪ᄒᆞ고容淑이反坐處役ᄒᆞ기에本人이往督權氏ᄒᆞ야右錢을俱邊還完ᄒᆞ라ᄒᆞᆫ즉權氏는本錢만還給ᄒᆞ마ᄒᆞ더니忽復携貳ᄒᆞ야尙不還給ᄒᆞᆫ즉金氏諸族敗家中인ᄃᆡ權氏는一向上納ᄒᆞᆫ錢을還覓ᄒᆞᆫ다ᄒᆞ고日昨에또金氏를威脅凌逼ᄒᆞ얏다더라

●掘塚徵役 法部에셔慶北裁判所에指令ᄒᆞᆫ內槩에私掘人塚罪인金以仲은屍를露ᄒᆞᆫ者律에處ᄒᆞ야徵役三年에即爲執刑ᄒᆞ라ᄒᆞ얏더라

●署理請免 公察署理全義郡守가內部에報告하되全義郡務를一時難曠이오니署理를公州郡守로移定을伏望이라하얏더라

●曠官催促 平安南道觀察使李容善氏가內部에報告ᄒᆞ되道內曠官守令催促下送事로屢已仰報而陽德肅川慈山三郡은敍任多月에尙未赴任하야當此邑事難處之時에非徒民情難保라不可一日暫闕이오니査照하오셔曠官守令은更爲擇差하야不日赴任케하고受由上京ᄒᆞᆫ順川郡守는一體催促下送하라하얏더라

●主事公選 漢城府主事의現闕이二窠에一窠는以見習生으로叙任하고一窠는法部平理院한城裁判所雇員廷吏中에以作文독習字等으로取才叙任ᄒᆞᆫ다더라

●獄案愼檢 自今以後로는人命獄案을不必初檢而致案하고依例覆檢하되至於疑眩之境ᄒᆞᆫ즉雖三四五檢이라도務用審愼之意로法部에셔各裁判所에發訓하얏더라

●怙勢無憚 嶺南來人의傳說을聞ᄒᆞᆫ즉蔚山郡守沈選澤氏가行政이無過一朔에北面山百餘年人塚數十葬을一朝掘去하고聽訟에若非內衙冊室三合이면雖至百日이라도難得判決하고無論巨細事하고捉致人民을必以將差로視威하니許多鄕隣橫勒之習은指不勝摟ᄒᆞᆯ뿐더러農東面提內金尙龍과慶州冷泉居李鍾卉이가去八月日에上京하야香室祭奉一窠를受帖以去러니郡守가稱以僞造하고李哥還葉七百餘兩을奪食하고多數校卒하야捉因金哥하야亦奪金三百兩하고其時拘留足貰雜費가亦爲三百餘兩이라同金哥가蕩盡家庄하고呼泣道路ᄒᆞᆫ다더라

寄書

論五逆辨明疏

婁緯病叟

今此五逆之疏其所謂自明卽其自服也其四盤踞廟堂非無恥也竊觀時局不得不已云云所謂無恥卽自道語而所謂不得不已非라也

天地所不容神人所共憤一離其地立當遭그一以自固一以自逭而已而乃託以時局事勢者巧辭欺世如見肺肝此無容辨也

其曰彼等認以國家已亡 宗社無存人民爲奴隸疆土爲領地此等非理之言果能解得新約之歸趣否云云

其所謂歸趣卽指外面姑存而言乎今夫大盜之入人室也使其主人依舊於坐室之奧而束縛之擭奪之幷禁隣人往來則其主人雖保幾日生活而爲其家相者反附盜作勢陰害其主

但指其坐於奧而曰此家不亡此祠尙存云則可乎國而有監則非我之國也交而外移則非我之交也其可曰國不亡乎其曰此非今日新成之約也原因在於昨年之議定書今番特成就之結果之而已云云

議定之書何人做出非渠輩乎且該書中原無監國移交之說而今此更加一層勒成新約者豈可曰前議之成就結果乎前若錯誤則後宜改正可也

今乃因其錯而我就結果者抑獨何心其曰當於其時騷擾之死亡之而何乃今日猛然省悟於大事已去之後云云

噫噫渠輩亦知大事之巳去乎使我之大事已去者誰之爲也死亡之云者盖以趙忠正閔忠正爲不當死耶自古忠逆勢不兩立苟有天彛何敢發此言何忍爲此論也

其論締約之顚末曰 陛下不有裁斷委之於政府又曰 聖旨已許協商妥辦云云一編句意都歸咎於上而渠輩則有若奉行而已者設若 上意如渠輩所言不能廓斷其在大臣之地碎首折檻不至調印乃其職也況 聖敎曰協商妥辦而今之調印締約是獨非協也是脅非商也是乖非妥也而所謂辦者爲人辦非爲已辦也亦非人已同辦也句句節節與 聖敎背馳此又添一層罪案也凡人之父子兄弟圖室議事有所僨誤不得不自任其咎不敢歸咎於父兄況 君臣間乎

其中幷引韓圭卨李載克閔泳綺李夏榮尤不覺其蒙騃可笑也假使四人與五逆同做出來則九逆之罪九人分之其可以減其罪而薄其誅乎

其曰强劾之人不問裏許不識事狀輒曰賣國賊又曰許多民衆無一人悟解分析云云所謂裏許不過曰始決不許而不得已許之也所謂事狀者歸咎於上也有何悟解有何分析乎

凡所謂不得已者繆轕之際事勢所使也豈有不得已而賣國者乎其曰一犬吠影萬犬吠聲云云肆然忌一至於無此乎

此次聲討卽上自元老大臣搢紳章甫至于閭巷匹庶堂堂大同之論而渠敢一筆歸之於犬吠萬古天下寧有如此[illegible]氣乎

末乃曰亂類搆陷者請亟按覈又曰臣等無實犯云云渠輩以忠正以下爲亂類則將卒旌諡之 聖恩亦必以爲不當也其仇視忠良力戰公議者不亦痛乎

且渠輩輒稱從今善後尙可恢復云者在라人猶可冀也在渠輩則決無是理渠輩之始以欺君虐民招權納賄馴至於今日者非一朝一夕也

豺狼梟獍本質莫改況自居以締約大臣重之憑藉外勢脅迫 君父必將無所不至孟子曰不奪不饜此輩必當不盡與人則不正此固然相仍之勢也萬目所張百喙奚辨

雜報

●新學備要 (續)

第四章外國新報館

各國의各種新報가逐日의一紙를出ᄒᆞᄂᆞᆫ者가有ᄒᆞ며七日을閱ᄒᆞ야一冊을出ᄒᆞᄂᆞᆫ者가有ᄒᆞ며或半月에一秩을出ᄒᆞ며一月에一卷을出ᄒᆞᄂᆞᆫ者가有ᄒᆞ며更히二年에一本을出ᄒᆞ며一年에一部를出ᄒᆞᄂᆞᆫ者가有ᄒᆞ니遲速이不等ᄒᆞ고種類가各殊ᄒᆞ야律家ᄂᆞᆫ律學報가有ᄒᆞ고醫家ᄂᆞᆫ醫學報가有ᄒᆞ고士農工商은士農工商의各學報가有ᄒᆞ야指不勝屈이라今에各國을按ᄒᆞ야分計ᄒᆞ니

英國報館은一千一百八十座인ᄃᆡ每一兆人의報六十二種이有ᄒᆞ고

法國報館은一千二百三十座인ᄃᆡ每一兆의報三十三種有ᄒᆞ고

德國報館은二千三百五十座인ᄃᆡ每一兆人의報二十六種이有ᄒᆞ고

俄國報館은四百三十六座인ᄃᆡ每一兆人의報五種이有ᄒᆞ고

美國報館은一萬四千一百五十座인ᄃᆡ每一조人의報一百三十五種이有ᄒᆞ고

日本國報館은一百四十座인ᄃᆡ每一조人의報六種이有ᄒᆞ더라 (末完)

●鄕향老로訪방問문醫의生싱이라 (속)

현금에민국적으로지목ᄒᆞᄂᆞᆫ모모인의힘ᄊᆞᄂᆞᆫ어이그러가룡가룡ᄒᆞ며민보국죠의져의살신셩인ᄒᆞᆫ일은어이그리광장광장ᄒᆞᆫ지가와일비일회의일도만토다 그러나외부를폐지ᄒᆞᆫ다니어ᄂᆞᆫ날에나폐지가되며일본셔통감이나온다ᄒᆞ니어ᄂᆞᆫ날에나온다ᄒᆞ노 모다기다릴거리ᄂᆞᆫ아니로되그ᄒᆞᄂᆞᆫ것좀보앗스면심히갑갑ᄒᆞ여못견듸깃도다그쥬인의싱이갈오ᄃᆡ로인말ᄉᆞᆷ을드른즉가셰가령체ᄒᆞ야대단낙막히됨은심히애달고또ᄒᆞᆫ감동ᄒᆞᆯ만ᄒᆞᆫ마을이거니와 지금졍계상일에ᄃᆡᄒᆞ야외부폐지ᄒᆞᄂᆞᆫ것과통감나오ᄂᆞᆫ일은아즉일ᄌᆞᄂᆞᆫ뎡ᄒᆞ여말ᄒᆞᆯ슈업스나필경불원간에되고말일이지오로어와근ᄅᆡ우리나라에도ᄉᆞ회명식이여러가지로잇ᄂᆞᆫᄃᆡ그즁일진회라ᄂᆞᆫ것은엇더케되깃인지 (미완)

廣告

特別廣告

本申報는海外電報를卽接하야機關이疏通하고外報와雜報를敏捷詳滿하도록注意하오며申報를設送하는되迅速히傳하기는分傳人의게在함으로本社에서平常에諸分傳人의게一一申飭하고或그申中訓飭하야毋或如或怠하게注意를거니와或有稽緩이라도愛讀僉君子는郵便通知于本社하시면該分傳의게誠信相孚하도록耳提面命하고勤贄가發生하도록講論하야必無遲誤하기로期待하옵나이다

本社에請讀하시는諸君子는姓名과居住를明確하게懸錄送附하시와證據가有함을必要함이오公衆平和함秩序를紊亂케하는意와社會上不緊荒雜한書는不受하는權利가本社에自有하오니肯諒하시옵

大韓每日申報社

●雜誌發刊廣告

今에數理學雜誌를(每月五日一回定刊)發刊하야教師諸氏의教料材料를敢助하고學生諸氏의獨學材料를供給코져하오니有志諸氏는購讀하심을切望

(但一部定價는新貨陸錢)

南大門內尙洞德公館右便
靑年學院內　數理學雜志社

鍾路大東書市
布屛下金相萬冊肆
仁川港枟峴開新冊肆

○鐵路部

○東大門과新門間에來往車는每十分間에運行홈
東大門發初車는午前六時三十分
新門外停車場發初車는午前六時五十五分
東大門發終車는午後九時五十分
新門外停車場發終車는午後十時十五分

○東大門과洪陵間에來往車는每二十分間에運行홈
但目鍾路로東大門에來到호交替車로聯絡홈
東大門發初車는午前六時五十分
洪陵發　初車는午前七時十分
東大門發終車는午後七時五十分
洪陵發　終車는午後八時十分

○鍾路와龍山間에來往車는每十二分間에運行홈
鍾路發至南大門初車는午前六時四十八分
鍾路發至龍山　初車는午前七時二十四分
南大門發至鍾路初車는午前六時五十六分
龍山發至鍾路　終車는午前七時五十七分
南大門發至鍾路終車는午前十時八分
龍山發至鍾路　終車는午後九時九分

○特別私用車는顧客의方便홈을隨應호야準給홈
但定價는本社에來臨호야請問호옵

○電燈部

二百五十燭力以內의數用處에는每個月에定價表가如左홈
○十六燭力燃燈達夜에二圓五十錢
○三十二燭力燃燈達夜에四圓
○五十燭力燃燈達夜에六圓
○一百五十燭力燃燈達夜에十圓
一千二百燭力弧形燈達夜에二十圓
二百五十燭力以上의數用處에는請求호면瓦斯計一箇를設給홈

但瓦斯計貸金은每個月에二圓이오瓦斯計測驗表委托定價는每時間每암페아에二錢이옴
瓦斯計設給處에서每介月支拂金最低額은每個月에二十圓인디(瓦斯計貸金은)据홈

電燈을敷設호기에請求호는디給홈로供各種連技辦燈도常時에貯存호엿삽

本社鐵路電氣會社
韓美電氣會社　告白

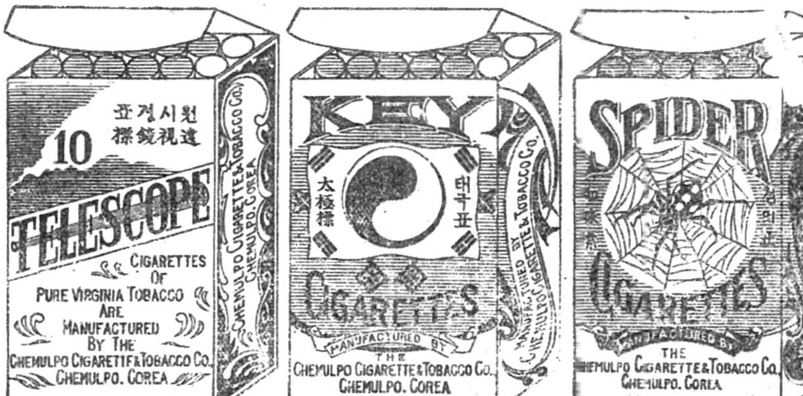

以上三種은上品으로製造호야衛生上에至極有益호오니論某人호고本社에來臨호옵

大韓帝國仁川港　濟物浦紙卷烟及烟草會社

●九轉靈砂라　本人이妙方法을神備하이製造호靈丹인디男女老少에無論何症호고通治호오며無病時에도服호면平牛의身體가健康호며小兒는四五錢重만服호면十歲안에無病호기를擔保호오며
●九轉靈砂萬應丹은癲狂　癎症과中風諸疾과耳目諸病과淋疾에神効호오
●九轉靈砂保命丹은初生小兒　驚風　癎氣　咳嗽　腹瘡諸般惡症에　効호오
●九轉靈砂濟衆丹은酒滯　食滯　血積　吐瀉　霍亂　痢疾　吐血　下血　運氣　時疾　疝症에神効호오
●九轉靈砂紫金丹은痔漏　累癧　上疳瘡　下疳瘡及唐瘡과諸般毒瘡惡種에無不神効호오니　僉君子는來問호시오
內需司前독갑이골上隅第一家
李鍾廷移徙　告白

◎本社特告

本社新聞을關西等地에廣佈호기爲호야平壤金典淵崔叡恒宣川安濬及連金鎭等三氏에게付托호고逐號下送호오니購覽에有意호僉君子는三氏에게請覽호시며代金도三氏에게傳致호심을爲要

大韓每日申報社

本社廣告

申報價
一張代金　新貨二錢五里
一箇月前納　三十多
三箇月　九十錢
六箇月　一元七十錢
一箇年　三元四十錢
郵稅一部　新貨五里
一箇月　十三錢

廣告料
四号活字十三字詰
每日每英尺一寸에新貨廿五錢
(每日每行에六錢에相當홈)
二週日에　二圓五十錢
(每日每行四錢五里에相當홈)
一箇月에　五圓
(每日每行四錢一里에相當홈)
其期限의長短과字行의多少를依호야增減홈이有홈

大韓人마다此申報를不得不閱覽호실터이오니廣告出報호실僉君子는來臨面議호시옵

發行兼編輯人　英國人裴說
發行所
京城北署壽進坊磚洞号外地猶語學校前
大韓每日申報社

光武九年八月十一日第三種郵便物認可 明治卅八年八月十日

金曜日

西曆一千九百五年十二月廿九日 一

第三卷

大韓每日申報
대한매일신보

第一百十三號

月曜及慶節
歲時日休刊

檀君開國四千二百三十八年
箕子元年三千二十七年
大韓開國五百十四年
日本明治三十八年
淸國光緖三十一年
陰曆乙巳十二月大初四日庚人

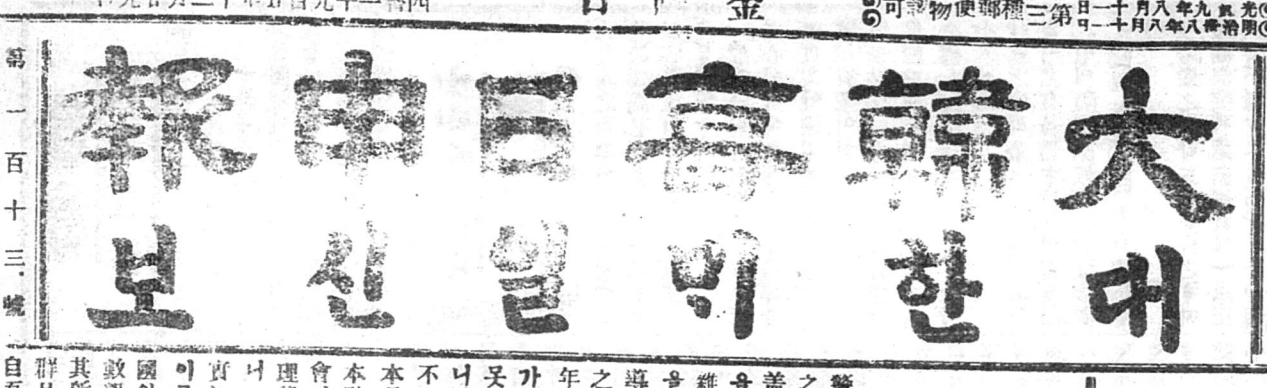

論說

賀雜誌 創刊

警發世界之耳目ᄒᆞ고開牖大衆之智慧者ᄂᆞᆫ新聞과雜誌가是라蓋新聞은逐日一紙로逐日閱覽을資ᄒᆞᄂᆞᆫ거시오雜誌ᄂᆞᆫ每月一冊으로每月玩索을與ᄒᆞᄂᆞᆫ거시니其爲闡明之前導가實로暗室之明燭이오迷津之寶筏이라

年來大韓의新聞發刊은五六處가有ᄒᆞ니비록擴張ᄒᆞ얏다謂치못ᄒᆞᆯ것스나門路ᄂᆞᆫ已開라ᄒᆞᆯ려니와至於雜誌ᄒᆞ야ᄂᆞᆫ其發端을不見ᄒᆞᆯ것더니

本月十三日에新刊ᄒᆞᆫ一冊子가本社案上에來墜ᄒᆞ니此ᄂᆞᆫ靑年會에有志有學ᄒᆞᆫ士子가數學과理學을講明ᄒᆞ야著述發刊ᄒᆞᆫ者니實노大韓國의一層進步ᄒᆞᆯ機關이로다大抵世界上文明富强ᄒᆞᆫ國의原因과要點을推究ᄒᆞ면皆數學과理學의功效라

其所謂數學은何也오天地間에群品萬彙가無非數也며理也니自吾人日用事物之紛紜錯雜으로至於天體地軸之運行變遷이皆數理兩學範圍에不外ᄒᆞᆫ지라然則數理學의發明이最히國民敎育의急務라

蓋數學은算術과代數幾何와三角과微積分等科가有ᄒᆞ고理學은動物과植物과物理와化學과礦物等科가有ᄒᆞᆫ뒤此新刊雜誌ᄂᆞᆫ其淺深遠近의階級을區分ᄒᆞ야讀者의學力高下를勿拘ᄒᆞ고其學習의便宜를俱得케ᄒᆞ고저홈이니

此ᄂᆞᆫ大韓雜誌事業의最先創立ᄒᆞᆫ者라吾儕가宜乎讚揚이어니와至若大韓人士ᄒᆞ야ᄂᆞᆫ國家의進步를企圖ᄒᆞ며人民의幸福을增進코저ᄒᆞ면雜誌事業을贊成도ᄒᆞᆯ것이오繼起도ᄒᆞᆯ것이라爲先此雜誌로써研究ᄒᆞ야數理學의趣味를透得ᄒᆞ되由淺而及深ᄒᆞ고自粗而入精ᄒᆞ면人智의發達이可以靈敏이오物品의製造가可以精巧니大韓人士ᄂᆞᆫ幸勿泛視ᄒᆞ고著實愛好ᄒᆞᆯ지어다

官報

●光武十年度歲入歲出總豫算表（續）

第十款 邊界警務署四千二百五十二圜
第一項俸給七百四十圜
第二項廳費二百圜
第三項廳舍修理費 一百圜
第四項雜給及雜費 一千六百四十四圜
第五項旅費五十圜
第六項被服費四百三十四圜
第七項罪囚費一千八十四圜
第十一款 廣濟院一萬七百八十五圜
第一項俸給六千四百八十圜
第二項廳費四百圜
第三項廳舍修理費 一百圜
第四項雜給及雜費 二千四百八十圜
第五項藥品費一千圜
第六項患者費三百二十五圜
第十二款 地方享祀費四百三十六圜
第一項地方享祀費四百三十六圜
內部所管合計九十六萬八百五十六圜
外部所管
第一款 外部本廳三萬九千六百六十一圜
第一項俸給一萬七千七百圜
第二項廳費三千八百三十九圜
第三項廳舍修理費 二百五十圜
第四項雜給及雜費 二千四百七十二圜
第五項旅費三百圜
第六項外國人諸給一萬三千六百圜
第七項宴會費一千五百圜
第二款 開港市場監理署費五萬六千二百四十圜
第一項俸給三萬四千五百圜
第二項廳費六千圜
第三項廳舍修理費 七百二十圜
第四項雜給及雜비 一萬一千五百二十圜
第五項旅비一千二百圜
第六項宴會비二千三百圜
第三款 在外公館비十萬八千一百二十圜
第一項俸給六萬五千二百四十圜
第二項廳비二萬二千四十圜
第三 廳舍修리비 一千二百圜
第四項雜給及雜비 一萬一千五百四十圜
第五項貰費四千一百圜
第六項宴會비三千圜
外部所管合計二十萬四千二十一圜
度支部所管
第一款 度支部本廳十一萬四千七百二十六圜
第一項俸給四萬五千六百圜
第二項廳비八千六百四圜
第三項廳舍修리비 百四환
第四항잡給及잡비 四千六百八十二환
第五항旅비一千六百환
第六項外國人諸給 五萬三千七百四十圜
未完

外報

●佛國抗議 近着北淸日日新聞을據ᄒᆞᆫ즉北京駐箚佛國公使ᄂᆞᆫ日淸協商의結果가만약淸國에서日本이滿州에서要求ᄒᆞᄂᆞᆫ뒤로特權을讓與홈에ᄂᆞᆫ他諸列國도最惠國條款으로其工利益에均霑ᄒᆞ기를主張ᄒᆞᆯ것이다고淸國外務部에聲告ᄒᆞ얏다더라

●東洋俄艦 東洋에在ᄒᆞᆫ俄國軍艦은艦體의大修리를要ᄒᆞᆯ터이나浦潮에ᄂᆞᆫ大艦의修리設備가不完全ᄒᆞ며加之騷擾事件으로廠舍ᄂᆞᆫ破壞되고凡物資의供給도頗甚不足홈으로司令長官旗艦로시야ᄂᆞᆫ本月五日香港에向ᄒᆞ야長崎를出發ᄒᆞ고同港에서出發ᄒᆞᆫ호가지ー루、ᄯᅡ론호ㅣ及西貢의아루마쓰와合ᄒᆞ야本國에歸航後暫時兵員의休養과艦體를修理ᄒᆞᆫ다ᄒᆞᄂᆞᆫ뒤右에對ᄒᆞ야東洋에殘存ᄒᆞᆫ俄國艦艇은西貢에司令官旗艦오ー로데及오루ᄯᅡ（入渠中）二隻浦潮에砲艦及驅逐艦其他의艦船이合計十五隻과膠洲灣四隻驅逐艦이有ᄒᆞ다더라

●韓國人取締內訓 目下日本에在ᄒᆞᆫ韓國人과全留學生은今回의日韓協約에對ᄒᆞ야不滿을抱ᄒᆞᆫ者有ᄒᆞ고又多少集合ᄒᆞ야種種의協議를ᄒᆞᄂᆞᆫ者ㅣ잇고殊히其密議의結果早急擧動ᄒᆞᆯ模樣이有ᄒᆞ야或은如何ᄒᆞᆫ變事를當ᄒᆞᆯᄂᆞᆫ지計ᄒᆞ기難ᄒᆞ기로써是를取締의必要홈을以ᄒᆞ야當局者ᄂᆞᆫ某某處에內訓ᄒᆞ얏다더라

東京電報

●日本議會開院式 十二月二十七日午前十時三十五分發

議會開院式은來二十八日에其式을舉行ᄒᆞᆫ되議會에셔ᄂᆞᆫ天皇陛下의詔勅에對ᄒᆞ야奉答文과同時에頌德表를奉呈ᄒᆞᆫ다더라

雜報

●實力生於節儉

大凡人之百事가成於節儉ᄒᆞ고敗於荒逸은前人之論이備矣라無容贅說이어니와今에危難之會를遭値ᄒᆞ야

一般官民이專히勞苦節儉으로爲心이라야自然志氣ㅣ勁悍ᄒᆞ며實力이滋生ᄒᆞ야中興基業을庶幾有望이거날

伊來浮文虛禮가積成膏肓ᄒᆞ야侈靡怠傲之習을無人不染키로全國人民中遊衣遊食者ㅣ十居七八이고

仕宦之家와豪富之人은溺於宴安이尤有甚焉ᄒᆞ야其居處를論之컨ᄃᆡ隨廳床奴等遊衣遊食者ㅣ幾個人이長時左右趨待ᄒᆞ야

雖毫髮之勞라도皆使代之ᄒᆞ며煖閣溫突과重茵厚褥에一点空氣를不漏ᄒᆞ고日高午天토록臥睡不起ᄒᆞ며

其出入時則有屋轎裏에垂幔深坐ᄒᆞ야三日新婦貌樣과如ᄒᆞ니此等柔軟氣血과懶散筋骨로勞苦之事를安能做成이며

其飮食等節을論之컨ᄃᆡ尋常朝夕盤供에도水陸各種을排然前陳ᄒᆞ야器列數十ᄒᆞ며費至累百ᄒᆞ야宰割烹飪之業이極其浩多이되

及其下箸ᄒᆞ야ᄂᆞᆫ亦腸에不過ᄒᆞ야分外濫觴를視以爲常ᄒᆞ며且以其衣服으로言之라도體裁名目이極其繁多ᄒᆞ며所尙之色이又無定制ᄒᆞ야靑黃黑白이班駁已甚ᄒᆞ더러

俗習之愛着이專히綾纖華麗에在ᄒᆞ고易獘與久用은全不顧計키로嗟彼삼삼女手가澣濯裁縫에日不暇給ᄒᆞ니

大抵居處出入과衣服飮食은民産之大關鍵이라於此에不能撙節이면百獘居生ᄒᆞ야民貧而國受其害ᄂᆞᆫ理所自然인즉

今須另立科條ᄒᆞ야一切簡質爲務然後에侈風이日祛ᄒᆞ며財用이贍足ᄒᆞ야民有餘力而學問에從事ᄒᆞ며國收其效而富强을漸致ᄒᆞᆯ지니

自古明王哲辟이遭時艱虞ᄒᆞ야卒以興復者ㅣ亦皆此道를用ᄒᆞ며以身先之ᄒᆞ야非衣惡食으로同其勞苦ᄒᆞ며

冬抱冰夏握火를處若晏然ᄒᆞ야民志를激勵ᄒᆞ며實力을養成키로能히堅忍待時ᄒᆞ야一發成功ᄒᆞ니

此乃今日之所當法者也라勿以小節目으로忽之ᄒᆞ고着着做去ᄒᆞ야以進其大者면其於中興에思過半矣乎인져

●醉兵宜懲 西署警務官李憲珪氏가警廳에報告ᄒᆞᆫ內槪에昨日下午五時에徵上二隊四中二小隊兵丁韓福男宋平云等이泥醉ᄒᆞ야黃峴等地에서何許過去兒童을無端毆打ᄒᆞᄂᆞᆫᄃᆡ巡檢金雲培洪英杓가曉喩挽留則該兵等이同巡檢을返爲毆打ᄒᆞ며所着帽子를裂破ᄒᆞ온즉該行悖之兵을轉照陸軍法院ᄒᆞ야懲辦ᄒᆞ라ᄒᆞ얏더라

●廣院移屬 廣濟院이前日에ᄂᆞᆫ內部衛生課에附屬ᄒᆞ야該課長이該院長을例兼ᄒᆞ더니近日官制變通ᄒᆞᆫ後에該院이다시內部警務局에附屬되야該局長이該院長을例兼ᄒᆞᆫ다더라

●一薙一否 日昨學部에셔勅論ᄒᆞ고奏判任以下各官人이一齊薙髮ᄒᆞ얏스며內部에셔도薙髮ᄒᆞᆯ議論이미우緊切ᄒᆞ되獨一協辦李鳳來氏가挺身反對ᄒᆞᆷ으로諸僚가尙在觀望中이라ᄒᆞ니同氏ᄂᆞᆫ頑固心이獨存而然인지其主見을不知ᄒᆞ깃스되論以國體컨ᄃᆡ均是公府요均是官人이로ᄃᆡ或薙或否ᄒᆞ야未有劃一之規ᄒᆞ니法紀紊亂을亦此可見이라ᄒᆞ더라

●吉氏忘本 尙州郡守吉永洙氏ᄂᆞᆫ赴任以後에該邑場市狀況을觀光次로出往ᄒᆞ야市上各處를躬巡ᄒᆞᆫ後에附近舍處에暫時休坐ᄒᆞ더니市民等이太守의出來着審ᄒᆞᆷ을感謝ᄒᆞ야食物一床을精備獻誠ᄒᆞᄂᆞᆫ지라同氏가欣然下箸ᄒᆞ고方欲還衙之際에又一大卓茶啖이來到키로同氏가怪而問諸左右曰此物이從何而來乎아左右告之曰市上屠牛垣諸漢이感激官家之光臨ᄒᆞ와有此獻上이니다同氏가一聞此言에顔色이變赤ᄒᆞ면셔大叱曰屠牛垣等이於我에有何干涉이완ᄃᆡ敢以食物來饋오惡習可懲이라ᄒᆞ고其茶啖床을卽地退却ᄒᆞ얏다니大抵貴不易交ᄂᆞᆫ古人之美行이오松茂柏悅은常情之固然인즉同氏가愛護屠牛垣ᄒᆞ며屠牛垣이欽服同氏ᄂᆞᆫ事理之不得不然이어ᄂᆞᆯ今乃好意送來之物를返爲辱言相加ᄒᆞ니何其薄情之甚也오同氏가積以貿商爲領ᄒᆞ고本樣使用中에偶然榮貴인즉其行爲鄙悖를人皆痛憎이거날又此亞溢無比ᄒᆞ야忘本絶交가若是太甚ᄒᆞ니其前途不遠ᄒᆞᆷ을推此可占이라ᄒᆞ더라

●對蹠更討 大韓十三道儒生等이五逆卞明疏에對ᄒᆞ야逐條論劾ᄒᆞᆫ것이殆히數千言인ᄃᆡ日昨에繕呈ᄒᆞ야姑未 承批ᄒᆞ얏다더라

●度照內部 濟州牧歲入歲出管理와出給命令書를曾由全南觀察府取行이오나自今爲始ᄒᆞ야ᄂᆞᆫ濟州牧使로出給命令官을定ᄒᆞ야歲入歲出을管理케ᄒᆞ얏사오니此意로措防該牧ᄒᆞ고全南觀察使의게一體知委ᄒᆞ라ᄒᆞ얏더라

●鏡守請免 鏡城郡守徐相大氏ᄂᆞᆫ內部에請願ᄒᆞ기를本人의情勢切迫으로向呈請願書이올더니及其封還이옵시고伏承起復命令ᄒᆞ오니實不勝感悚萬爲이오나以노鈍之質로地方政治를不能擔任키로玆以請願ᄒᆞ니卽爲許免이라ᄒᆞ얏더라

●警顧兼掌 度量衡法實施에關ᄒᆞᆫ件을現今間에ᄂᆞᆫ農商工部大臣管리下에서警務顧問이此를兼掌ᄒᆞᆷ이라고農商工部令으로頒布ᄒᆞᆫ다더라

●奚特斷髮 學部에셔自大臣以下로奏判任官人이一切斷髮ᄒᆞ얏ᄂᆞᆫᄃᆡ世人의公論ᄒᆞ기를該部大臣李完用氏ᄂᆞᆫ開明上에最舊用力ᄒᆞ야前後實關에熱心主張ᄒᆞᄂᆞᆫ者인則同氏ᄂᆞᆫ非特斷髮이라髯과鼻를倂皆斷棄ᄒᆞ여야開明上第一等人物이되리라ᄒᆞ더라

●到處遂敗 前議政大臣李根命氏ᄂᆞᆫ日本司令部에셔放還ᄒᆞᆫ後에更히願事에來預치안키로決心ᄒᆞ고坡州鄕里로退隱ᄒᆞ야다더니該地에서儒通이激發ᄒᆞ야一齊聲討ᄒᆞᄂᆞᆫ故로同氏가被逐ᄒᆞ야交河로遷居ᄒᆞ얏다니交河에ᄂᆞᆫ儒生이업슴ᄂᆞᆫ지同氏로爲ᄒᆞ야貢獻不已ᄒᆞ노라

●濟倅病狀 濟州郡守[illegible]氏가以身病으로內部에辭職請願ᄒᆞ얏다더라

●慶倅報告 慶源郡守楊麟郁氏가內部에報告ᄒᆞ되本年六月二十六日北墾島管리兼安邊郡守山砲社長訓令內方今討賊掃匪矣라各항措辦이爲緊急要算則本郡所在社還穀이係是不虞之費니半代錢半代米로收數來納이되如或愆限이면實非爲國保障之策이기以不勤之罪로依勅令施行ᄒᆞᆯ지오鄕長首書記ᄂᆞᆫ斷當砲刑事이고鮮派尉官及數多巡校兵丁ᄒᆞ야威脅督刷ᄒᆞ얏더러本郡社還穀은原非倉儲요[illegible]本民戶ᄒᆞ고秋糴春糶ᄒᆞ야限數年無耗改色이옵더니道阻於俄日交鋒ᄒᆞ야不能照由報明ᄒᆞ오고[illegible]勢迫頭ᄒᆞ와玆以報告ᄒᆞ라ᄒᆞ얏더라

●失衙棲屑 穩城郡守白驥洙氏가報告內部ᄒᆞ되隣邦用伐以來로境內民生이困於俄兵蹂躪之役ᄒᆞ야人力俱竭ᄒᆞ고郡衙亦盡ᄒᆞ야嗷嗷情形을實難忍見이온中大兵過處에田地赤赭ᄒᆞ고歲且荐歉ᄒᆞ니哀此衆生이[illegible]得資活乎아雖然이나官民幾方相保ᄒᆞ야至于今姑無死亡者이옵더니本月十六日日本守備隊兵卒五十名이來到本郡ᄒᆞ야留駐於郡館衙舍ᄒᆞ고로郡守ᄂᆞᆫ移處於鄕廳ᄒᆞ야仍爲視務而凡百形便이尤極艱辛이온바今幾於[illegible]便ᄒᆞ야先此縣陳而前後愁鬱之狀은連續馳報ᄒᆞᆫ計라ᄒᆞ얏더라

●熱衆淡食 近日各庖廚를門外로移設ᄒᆞᆫ後로城內에肉種이極貴ᄒᆞ다니肉食ᄒᆞᄂᆞᆫ無謀者들이一月만肉食을아니ᄒᆞ면庖廚開明ᄒᆞᆯ期望이有ᄒᆞ니庖廚移設ᄒᆞᄂᆞᆫ거시衛生上에有益ᄒᆞᆫ줄아니라會聚謀者가自此淡食ᄒᆞ야大段利益이有ᄒᆞ리라더라

●彦陽賊警 慶尙南道彦陽郡에火賊黨이大熾ᄒᆞ야深川等地로屯聚ᄒᆞ니該郡에서砲軍을派送ᄒᆞ얏더니賊黨과接戰ᄒᆞ야砲軍과賊黨이各其一名이中丸而斃ᄒᆞ고賊黨ᄂᆞᆫ廣州地로散去ᄒᆞ얏더라

雜報

●新學備要 (續)

第五章 各國書樓

書樓之書ᄂᆞᆫ各分門類ᄒᆞ야古今을無論ᄒᆞ고凡其衆人의查考를便利ᄒᆞᆫ者ᄂᆞᆫ無不備具ᄒᆞᆫ지라故로有人이欲査一事면卽可登樓ᄒᆞ야按籍查檢이니假此全書를留者ᄂᆞᆫ獨力購藏이리오國所不惜이어니와寒士ᄂᆞᆫ望塵不及이니今에書樓를築ᄒᆞ야書籍을蓄ᄒᆞ면凡히十百千萬人의閱覽을供ᄒᆞ라니不過此數에卿業을비用ᄒᆞ야一般學者의利便을共沾케ᄒᆞᄂᆞᆫ것이니玆에各國大書樓를將ᄒᆞ야開列ᄒᆞ노니其在一萬種以下之書樓ᄂᆞᆫ不載ᄒᆞ노라

英國大書樓가二百二座인ᄃᆡ共히藏書가三兆七億七萬種이오

法國大書樓가五百五座인ᄃᆡ共히藏書가七兆二億九萬餘種이오

德國大書樓가五百九十四座인ᄃᆡ共히藏書가四兆七萬種이오

俄國大書樓가一百四十五座인ᄃᆡ共히藏書가九億五萬種이오

美國大書樓가五十九座인ᄃᆡ共히藏書가二兆二億六萬餘種이오

日本國大小書樓가二十三座인ᄃᆡ共히藏書가一億四萬[illegible]러라 (未完)

●讀波蘭義士高壽斯古傳

嗚呼라普天之下大際之上에圓顱方趾之屬이皆吾同胞兄弟라天地生此同胞ᄒᆞ야에各其自由權利를均一畀ᄒᆞ신者ㅣ有ᄒᆞ거날不幸히奸猾貪戾之徒가出於其間ᄒᆞ야正理를違反ᄒᆞ고慾慾을縱肆ᄒᆞ야無辜ᄒᆞᆫ同胞兄弟의權利를强侵抑奪ᄒᆞ야奴使之ᄒᆞ고魚肉之ᄒᆞ면仁人君子와志士義士가其忍恬視不救耶아於是乎奮起於萬死一生之中ᄒᆞ야同胞兄弟의自由를回復ᄒᆞ기로鞠躬盡瘁에竭其心力ᄒᆞ다가若其不成이면惟有一灑赤血ᄒᆞ야以告于天父ᄒᆞ며謝于兄弟而已니若波蘭義斯高壽士古者ㅣ非其人耶아夫波蘭滅亡之慘은世界之人이莫不嘆之어니와蓋其禍故가亦非一朝一夕이라西曆一千七百六十四年에波蘭貴族이陷於俄國女皇佳太隣之術中ᄒᆞ야信其甘言ᄒᆞ며納其賄賂ᄒᆞ고또其私權을保存ᄒᆞᆯ忘慾으로俄人의干涉을招引ᄒᆞ니於是俄人이改徒를煽動ᄒᆞ야內亂을紛起케ᄒᆞ고隨以大兵으로制其國命ᄒᆞ니于時波蘭人士가擧懷敵愾之氣ᄒᆞ고不忘戴天之讐ᄒᆞ야臥薪嘗膽ᄒᆞ야謀復國權者ㅣ所在多有ᄒᆞ고他邦의志士도亦多陰助러라普[illegible]國이[illegible]ᄒᆞᆫ前日에暴行을[illegible]ᄒᆞ되普國은其獨立을獎勵ᄒᆞᄂᆞᆫ지라於是에波蘭人士가立憲公議之制를擬設ᄒᆞ고檄文을文明諸邦에飛傳ᄒᆞ니歐米各邦이亦皆承認ᄒᆞ되獨俄人이堅執不許ᄒᆞᄂᆞᆫ지라波蘭人民이上下一心ᄒᆞ야舊光으로國權을恢復ᄒᆞ시若其是非ᄂᆞᆫ天下의公判을待ᄒᆞ야만일一二强國의控動을待ᄒᆞ야써俄國을抵抗ᄒᆞᆫ즉光復舊物이匪不難思러니惜哉라波蘭의貴族이ᄒᆞᆫ又偏法이自己에有利ᄒᆞᆷ을思念ᄒᆞ고國家의大計를不顧ᄒᆞ야獨立黨을掣肘ᄒᆞ야反爲拒之ᄒᆞ고不與同謀ᄒᆞ니俄帝가因揚言于各國曰波蘭의獨立은全國人民의意向이아니오不過學士와書生의希望으로私怨을報ᄒᆞ고不平을洩코져ᄒᆞᆷ이니此輩를鎭壓지아니ᄒᆞ면歐洲平和를難保라ᄒᆞ고大軍을總ᄒᆞ야獨立[illegible]愚彼貴族이簞食壺漿으로權迎ᄒᆞ고擧兵相應ᄒᆞ니豈不寒心哉아 (未完)

●禁私勒役　西來人의傳說을聞ᄒᆞᆫ즉黃海平安兩道에日人이來住ᄒᆞᄂᆞᆫ地方에ᄂᆞᆫ私屋을建築ᄒᆞᄂᆞᆫᄃᆡ도韓民을勒募使役ᄒᆞ기를鐵道役夫와갓치ᄒᆞᆫ다더라

●鄕향老로訪방問문醫의生싱이라 (속)

그취지와목뎍을드러도이져발이기를잘하니목으며졍쳔죠추녹논즐을알것도다외셩왈일진회의목뎍을더강를우죽첫지논독립과초를공고케하고돌지논황실존즁이하고인민의성명재산을보호혼다하나군얼로보면그목뎍이변하엿논지알슈업셔오로인왈이제그뒤말을드르니거의알겟노라너나라외교권리를남의게보니노라쉬조약을셩리혼다한편으로논원로대신이솔빅관졍쳥을혼다한편으로논원로대신이잡혀간다한편으로논대관이즈결을혼다하논판에도슈슈방관하야말한마듸들아니혼듯아니라도로혀셔연셔인지무엇인지하여노코신죠약을창도혼모양이니그거시다독립과초를공고케혼다논목뎍이며외교권리얼서지고[illegible]호감독밧고보면국권이감사하고황위가미약하니무엇으로황실을존즁이혼다하며렬도대군용대로인민의가옥과분묘를훼파하며전답을쌔아스되령이불문안져잇고렬도목면셜즐에우쥰혼자실슈하면군ᄉᆞ상박히라고군률배포살하되시이불견누어잇셔한소래반마듸도질문한번업셧스니그거시다인민의성명재산을보호혼다논목뎍인가그목뎍도알만혼목뎍이지마논깁히깁히싱각하면그졍지도가련일세의셩왈일진회의하논일과소경스로보케드면그목뎍이라하논것과논다틀니되그회원의말을듯게드면다른ᄉᆞ룸들은모다혼몽즁에잇셔아모것도모르고셔왈시왈비하논거[illegible]그들은이천만인구[illegible] (미완)

廣告

特別廣告

本申報ᄂᆞᆫ海外電報를卽接ᄒᆞ야機關이外報通ᄒᆞ고外報와續報를鍊擇ᄒᆞ야申報ᄒᆞ도록注意ᄒᆞ오며發達ᄒᆞᆫ되迅速傳布ᄒᆞ기ᄂᆞᆫ分傳人의게本홈으로本社에서不當ᄒᆞᆫ時分傳人의게丁寧告戒ᄒᆞ고申申訓飭ᄒᆞ야或情ᄒᆞ게注意ᄒᆞ거나或如晳有稽紹이라도諸君子ᄂᆞᆫ稽便通知ᄒᆞ야本社ᄒᆞ시면設分傳의게誠相孚ᄒᆞ도록互相提議ᄒᆞ고勤贊가發生ᄒᆞ도록合論ᄒᆞ야必無遺誤ᄒᆞ기로期待ᄒᆞᆸᄂᆞ이다

本社에寄書ᄒᆞ시ᄂᆞᆫ諸君子ᄂᆞᆫ姓名과居住를明識ᄒᆞ게懸錄送附ᄒᆞ시와證據가有ᄒᆞᆷ을必要ᄒᆞᆷ이오公衆平和ᄒᆞᆫ秩序를紊亂케ᄒᆞᄂᆞᆫ意와社會上不穩ᄒᆞᆫ寄書ᄂᆞᆫ自不受ᄒᆞᄂᆞᆫ權利가本社에有ᄒᆞ오니肯諒ᄒᆞ시옵

大韓每日申報社

雜誌發刊廣告

今에數理學雜誌를(每月五日一回定刊)發刊ᄒᆞ야教師諸氏의教科材料를敎助ᄒᆞ고學生諸氏의獨學材料를供給코져ᄒᆞ오니有志諸氏ᄂᆞᆫ購覽ᄒᆞ심을切望

(但一部定價ᄂᆞᆫ新貨陸錢)

南大門內尙洞懲公館右便
靑年學院內 數理學雜志社

鍾路大東書市
布屛下金相萬冊肆
仁川港栖峴面新冊肆

○鐵路部

○東大門과新門間에來往車ᄂᆞᆫ每十分間에運行홈
東大門發初車ᄂᆞᆫ午前六時三十分
新門外發車場發初車ᄂᆞᆫ午前六時五十五分
東大門發終車ᄂᆞᆫ午後九時五十分
新門外發車場發終車ᄂᆞᆫ午後十時十五分

○東大門과洪陵間에來往車ᄂᆞᆫ每二十分間에運行홈
但自鍾路로東大門에來到ᄒᆞ야交替車로聯絡홈
東大門發初車ᄂᆞᆫ午前六時五十分
洪陵發 初車ᄂᆞᆫ午前七時十分
東大門發終車ᄂᆞᆫ午後七時五十分
洪陵發 終車ᄂᆞᆫ午後八時十分

○鍾路와龍山間에來往車ᄂᆞᆫ每十二分間에運行홈
鍾路發至南大門初車ᄂᆞᆫ午前六時四十八分
鍾路發至龍山 初車ᄂᆞᆫ午前七時二十四分
南大門發至鍾路初車ᄂᆞᆫ午前六時五十六分
龍山發至鍾路 終車ᄂᆞᆫ午前七時五十七分
南大門發至鍾路終車ᄂᆞᆫ午前十時八分
龍山發至鍾路 終車ᄂᆞᆫ午後九時九分

○特別私用車ᄂᆞᆫ顧客의方便ᄒᆞᆷ을隨應ᄒᆞ야準給ᄒᆞᆷ
但定價ᄂᆞᆫ本社에來臨ᄒᆞ야請問ᄒᆞ옵

○電燈部

二百五十燭力以內의敷用處에ᄂᆞᆫ每個月에定價表가如左홈
○十六燭力燃燈達夜에二圜五十錢
○三十二燭力燃燈達夜에四圜
○五十燭力燃燈達夜에六圜
○一百五十燭力燃燈達夜에十圜
一千二百燭力弧形燈達夜에二十圜
二百五十燭力以上의敷用處에ᄂᆞᆫ請求ᄒᆞ면瓦斯計一個를設給홈
但瓦斯計貸金은每個月에二圜이오瓦斯計測驗表委託定價ᄂᆞᆫ每時間每암피아에二錢이옵
瓦斯計設給處에서每介月支拂金最低額은每個月에二十圜인ᄃᆡ(瓦斯計貸金은)据홈
電燈을敷設ᄒᆞ기에請求ᄒᆞᄂᆞᆫᄃᆡ給홈로倂各種連技辨燈도常時에貯存ᄒᆞ엿숩

本社鐵路電氣會社
韓美電氣會社 告白

以上三種은上品으로製造ᄒᆞ야衛生上에至極有益ᄒᆞ오니毋論某人ᄒᆞ고本社에來顧ᄒᆞ옵

大韓帝國仁川港
濟物浦紙卷煙及烟草會社

◉九轉靈砂라 本人이妙方法을神備하야製造ᄒᆞᆫ靈丹인ᄃᆡ男女老少에無論何症ᄒᆞ고通治ᄒᆞ오며無病時에도服ᄒᆞ면平生의身體가健康ᄒᆞ며小兒ᄂᆞᆫ四五錢重만服ᄒᆞ면十歲안에無病ᄒᆞ기를擔保ᄒᆞ오며
◉九轉靈砂萬應丹은癲狂 癎症과中風諸疾과耳目諸病과淋疾에神効ᄒᆞ오
◉九轉靈砂保命丹은初生小兒 驚風 癎氣 咳嗽 腹痛諸般惡症에 効ᄒᆞ오
◉九轉靈砂濟衆丹은酒滯 食滯 血積 吐瀉 霍亂 痢疾 吐血 下血 運氣 時疾 疝症에神効ᄒᆞ오
◉九轉靈砂紫金丹은痔漏 累癧 上疳瘡 下疳瘡及唐瘡과諸般毒瘡惡種에無不神効ᄒᆞ오니 僉君子ᄂᆞᆫ來問ᄒᆞ시오
內需司前둑갑이골上隅第一家 李鍾廷移徙 告白

◎本社特告

本社新聞을關西等地에廣佈ᄒᆞ기爲ᄒᆞ야平壤金與淵崔觀恒宜川安泰枝連昌鶴等三氏에게付托ᄒᆞ고逐號下送ᄒᆞ오며購覽에有志ᄒᆞᆫ僉君子ᄂᆞᆫ三氏에게購覽ᄒᆞ시며金도三氏에게致送ᄒᆞ심을爲要

大韓每日申報社

本社廣告

申報價
一張代金 新貨二錢五里
一箇月前納 三十錢
三箇月 九十錢
六箇月 一元七十錢
一箇年 三元四十錢
郵稅一部 新貨五里
一箇月 十三錢

廣告料
四号活字十三字詰
每日每英尺一寸에新貨廿五錢
(每日每行에六錢에相當홈)
二周日에 二圜五十錢
(每日每行四錢五里에相當홈)
一箇月에 五圜
(每日每行四錢一里에相當홈)
其期限의長短과字行의多少를依ᄒᆞ야增減홈이有홈

大韓人마다此申報를不得不閱覽ᄒᆞ실터이오니廣告出報ᄒᆞ실僉君子ᄂᆞᆫ來臨面議ᄒᆞ시옵

發行兼編輯人 英國人裵說
發行所
京城北署壽進坊罐洞号外地法語學校前
大韓每日申報社

第三卷

大韓每日申報

대한매일신보

第一百十四號

月曜及慶節歲時日休刊

檀君開國四千二百三十八年
箕子元年三千二十七年
大韓開國五百十四年
日本明治三十八年
淸國光緖三十一年
陰曆乙巳十二月大初五日辛卯

論說

後運

駐韓統監伊藤侯의職位가日本政府의節制는不關하고但日皇과直接責任됨을約定하얏스니此는同侯가自已職任이從來日本政府의多少掣肘를難免홈을先見홈이라

同侯의對韓經營이韓日兩國으로互相裨益케홈이會理[illegible]定하얏슴은[illegible]나現今事勢로는如此經營을始未得表示하리니若欲施行이면日本人民이責之以廢濫하던지其外列邦이責之以貪欲하던지兩端間에一者는必得이라由是로同侯가自已計策을始未得[illegible]害하오日本公衆論非를不關홈예致하하얏슴[illegible]行路日人의게는必不免未滿하리로다

伊藤侯의對人論話을隨聞詳究컨되同侯의政策이韓國勞動者는[illegible]하시오仕官家는頓不顧念홈거시오勤力者는生氣오怠惰者는喪氣케홈이로다

同侯가自已政策이初不免日本及對홈거술確然先見矣나韓國公衆好望을欲使成就則日本梓類의迷圖홈成者를不得不反抗ᄒ리로다然이나韓廷官吏中에腐敗無用之人이未可日無故로伊藤侯의頓不顧念之策이自至義務이나와其云勉勵勞動者之說은讚揚以外에有何實利리오伊藤侯가若奏效果면韓國은十年或二十年以內에自不成國民홀거시오所謂上等人은未免自死홀리니及[illegible]야는韓國[illegible]이[illegible]後雖春杵耕擊之勞巢居鳩之衆홀리로다此雖逆耳之言이오逆眼之色이나其實이然矣로다

官報

◉三千三百二十九號 光武九年十二月二十一日

◉宮廷錄事

內部大臣陸軍副將勳一等臣李址鎔謹奏光武九年度中外人民戶口今玆編籍於抄錄摠數恭備乙覽而至於咸鏡北道自昨年以來連値擾攘道路阻梗帳籍未到不得一體修上幷請假籍待其來到追獻之竝謹上奏

光武九年十二月二十日奉旨依奏

◉敍任及辭令

忠淸北道觀察府主事金裕東
陞叙判任官四等
十二月二日
內部參書官韓永福
仝 趙南益
免本官
右는該員等이無緣曠仕ᄒ야不勤視務이옵기免本官
從二品金연[illegible]
任內部警務局長叙奏任官二等
陸軍副尉金寬鉉
內部主事金台應
任內部參書官叙奏任官四等
九品趙弘奎 九品송之憲
任內部主事叙判任官七等
以上十二月二十日
梁時郁
任崇靈殿參奉叙判任官八等
禮式院主事梁起鐸
免本官
禮式院掌樂課主事方啟書
任禮式院主事叙判任官四等
以上十二月二十五日

◉光武十年度歲入出總豫算表 續

第二欵 稅關 十四萬一千六百圜
第一項 仁川稅關 五萬六千三百五
第二項 釜山稅關 三萬一百八十圜
第三項 元山稅關 [illegible]一萬九千一百十
第四項 務安稅關 七千二百圜
第五項 三和稅關 七千二百圜
第六項 沃溝稅關 七千二百圜
第七項 昌原稅關 七千二百圜
第八項 城津稅關 七千二百圜
第三欵 國債 四十一萬五千圜
第一項 舊未下追排 三千五百十二圜
第二項 續排未下 四千三百二十圜
第三項 借款利子 第一銀行 十八萬圜
第四項 京釜鐵道[illegible] 一萬七千一百六十六圜
第五項 新公債利子 十四萬圜
第六[illegible] 日本政府償還金 七萬圜
第四欵 國庫金撥運費 十九萬[illegible]千五百
第一項 國庫金[illegible]搬運費 [illegible]
第五欵 印刷局 [illegible]百七十一
第一項 俸給 千九百圜
第二[illegible] 二千六百三十圜
第三[illegible] 一千五百四圜
第四項 雜給及雜費 二千一百六十圜
第五項 旅費 六十圜
第六項 被服費 四百八十圜
第七項 諸給 人二萬二千一百五十二圜
第八項 事業費 六萬四千五百八十九圜
第六欵 第一預備金 六十萬圜
第一項 第一預備金 六十萬圜
第七欵 第二預備金 六十萬圜
第一項 第二預備金 六十萬圜
度支部所管合計 二百十七萬三百四十九圜
軍部所管
第一欵 軍部本廳 五十一萬三千五百三十二圜
第一項 俸給 五萬一千五百[illegible]十三圜
第二項 廳費 三千八百五十圜
第三項 廳舍修理費 三千圜
第四項 旅費 三千九百圜
第五項 雜給及雜費 五千八百三十五圜

外報

◉韓國沿岸航 日韓條約의締結된以[illegible]岸航路의[illegible]中鎭南浦[illegible]等으로붓터元山에[illegible]路는就中有利[illegible]船을用ᄒ기도ᄒ고又[illegible]의航路를初ᄒ야韓國六十[illegible]諸島嶼間의航路홈에沿岸의近距離間의航路等은小形氣船을航行케ᄒ면是가又一方으로利益을[illegible]홈이不少홈으로써現今은其幾숨은實行ᄒ야[illegible]ᄒ고又計畫中의者少치아니홈으로由ᄒ야次에內河의航路[illegible]大同江鴨綠江等의[illegible]小氣船을用홈만ᄒ大河는[illegible]諸川도멀니上流에[illegible]得홀바는少치아니ᄒ[illegible]沿岸의航路[illegible]더라

◉英國新內閣成立 英[illegible]

◉德[illegible] 德國東洋艦隊는[illegible]本國政府의命令을[illegible]ᄒ야[illegible]各港口에巡航ᄒ다더라

東京電報

◎勅語下于議會　十二月二十八日午後二時十分發
日本第二十二回帝國議會と本日에開院式을擧行ᄒᆞᆫᄃᆡ　天皇陛下게셔御臨幸ᄒᆞ시고勅語를賜ᄒᆞ셧더라

勅語要旨
[illegible]英國과[illegible]協約을改續ᄒᆞ야[illegible]國과[illegible]加ᄒᆞ고帝國[illegible]協約으로因ᄒᆞ야當[illegible]施ᄒᆞ야[illegible]不可不完全ᄒᆞ게ᄒᆞ지니[illegible]等은[illegible]圖ᄒᆞ라ᄒᆞ얏더라

雜報

◎迎新祝詞　明日은即大韓光武十年一月一日이니時紀交換에歲序繼新이라本記者ㅣ來宿韓士가亦旣有年에國天時之循環ᄒᆞ며覽人事之變遷ᄒᆞᆷ이感觸興懷가自不能已로다

蓋天道ᄂᆞᆫ往則必復이오人事ᄂᆞᆫ窮則必變이니是故로剝窮而復生ᄒᆞ고否極而泰來ᄂᆞᆫ不易之理라今以大韓情形으로觀之컨ᄃᆡ可謂剝之窮矣오否之極矣라値玆非常之艱會ᄒᆞ야만일此를克復ᄒᆞ고此를回泰코저ᄒᆞ면豈不在於人爲如何耶아是以로本記者가今日에當ᄒᆞ야大韓國家의命脈과人民의[illegible]을爲ᄒᆞ야區區祝ᄒᆞᄂᆞ이다

一大韓皇帝陛下ᄂᆞᆫ體天自强ᄒᆞ사穆然質[illegible]ᄒᆞ시며赫然奮發ᄒᆞ사日新[illegible]ᄒᆞ시고對時措宜ᄒᆞ사斷行更張ᄒᆞ시며鼓舞振作ᄒᆞ사日新民德ᄒᆞ시면克[illegible]天心ᄒᆞ야邦命維新ᄒᆞ리니萬世無疆之休가自光武十年一月一日而始矣오

一韓廷當局諸公은平日自私自利ᄒᆞ던陋習을痛加洗滌ᄒᆞ고오[illegible]於國家ᄒᆞ며[illegible]於人民ᄒᆞ[illegible]斷[illegible]으로[illegible]險不避ᄒᆞ고[illegible]盡[illegible]ᄒᆞ야[illegible]用人則[illegible]能ᄒᆞ며行法則[illegible]公[illegible]正ᄒᆞ야不[illegible]一毫之私慾ᄒᆞ면政治가日新ᄒᆞ고文化가日新ᄒᆞ야萬世無疆之休가自光武十年一月一日而始矣오

一韓國士林은[illegible]日에膠滯不通ᄒᆞ고오[illegible]不[illegible]ᄒᆞᆫ學規[illegible]行東[illegible]ᄒᆞ고世界列國에新[illegible]을講究ᄒᆞ며新學問[illegible]務ᄒᆞ야[illegible]獎勵ᄒᆞ야進[illegible]不已ᄒᆞ되新知識을發[illegible]ᄒᆞ고新事業을與旺케ᄒᆞ기로[illegible]ᄒᆞ야極力做去ᄒᆞ면大韓面目이煥然一新ᄒᆞ야萬世無疆之休가自光武十年一月一日而始矣오

一韓國所有人民은前日에蒙昧ᄒᆞ던習[illegible]을打破ᄒᆞ고渙散ᄒᆞ던弊[illegible]를[illegible]ᄒᆞ야開明目的으로一切進步ᄒᆞ며聯合主義로一般團結ᄒᆞ야各其國家事를自己責任으로擔着ᄒᆞ고精神을刷新ᄒᆞ며志氣를堅確히ᄒᆞ야農工商의學問과事業을合力進就ᄒᆞ고國家의法律을格守ᄒᆞ며國民의義務를克[illegible]ᄒᆞ야[illegible]ᄒᆞ면天心이[illegible]ᄒᆞ야萬世無疆之休가自光武十年一月一日而始矣리니本記者ᄂᆞᆫ以是로新祝于上天ᄒᆞ며[illegible]大韓同胞ᄒᆞ노라

◎[illegible]비[illegible]　[illegible]에셔日露開[illegible]後로[illegible]當ᄒᆞᆫ것은方今[illegible]發ᄒᆞ엿ᄂᆞᆫ데[illegible]京奇[illegible]地[illegible]經ᄒᆞ야死亡ᄒᆞᆫ[illegible]人民이二[illegible]名이오[illegible]天[illegible]에셔[illegible]가銀二千[illegible]이[illegible]額이四千五百萬元이라淸國政府ᄂᆞᆫ[illegible]에ᄂᆞᆫ日俄兩國에對ᄒᆞ야[illegible]要求ᄒᆞᆯ目的으로目下[illegible]되얏다더라

◎[illegible]當貴　[illegible]郡守閔[illegible]이雖云身病之苦劇이나初불[illegible]由ᄒᆞ고徑先發行이大違公[illegible]이온즉該郡守擅行之責을[illegible]在上部處分이라고掌[illegible]觀察李根[illegible]氏가내部에報告ᄒᆞ얏더라

◎威倅請免　咸悅郡守趙東珍은以鹵莽之質노猥忝牧民之列而時當[illegible]에[illegible]이[illegible]ᄒᆞ야불能稱職이기請願[illegible]方上京이라고該道觀察에報告ᄒᆞ얏ᄂᆞᆫ데該觀察使署理全州郡守權直相氏가內部에報告ᄒᆞ얏더라

◎李氏被放　再昨日에日本憲兵이前[illegible]李寅榮氏家에突入ᄒᆞ야該家下人을毆打ᄒᆞ며金櫃를打破ᄒᆞ며文簿를搜探ᄒᆞ고同氏를押去ᄒᆞ얏ᄂᆞᆫᄃᆡ法國公使가此를聞ᄒᆞ고日館에公函ᄒᆞ야曰李氏ᄂᆞᆫ係是法國入籍之人인ᄃᆡ何故로同氏를押去ᄒᆞ며下人을毆打ᄒᆞ며金櫃를打破ᄒᆞ며文簿를搜去ᄒᆞᄂᆞᆫ뇨此[illegible]措가有ᄒᆞ뇨不得不嘗大ᄒᆞᆫ交涉이有ᄒᆞ[illegible]더이라ᄒᆞᆫ則日公使가[illegible]函ᄒᆞ되同氏가原係法人인줄不知라[illegible]ᄒᆞ고同氏ᄂᆞᆫ即[illegible]還ᄒᆞ얏다더라

◎一歌六哭

人之吉凶禍福이互相倚伏ᄒᆞ야哭中有歌ᄒᆞ며歌中有哭ᄒᆞ니[illegible]可[illegible]이[illegible]되[illegible]歌이一歌ᄒᆞ고[illegible]六哭之勢가有ᄒᆞ니[illegible]ᄒᆞ야試略而論之ᄒᆞ노라

全國人民들이積[illegible]不[illegible]ᄒᆞ야望治如渴ᄒᆞ더니[illegible]運이不[illegible]인지政界가朦朧인지[illegible]國[illegible]之高閣ᄒᆞ고一言[illegible]可哭之一也오

[illegible]執ᄒᆞ[illegible]一分[illegible]이[illegible]ᄒᆞ고[illegible]ᄒᆞ야勞[illegible]因形勢이[illegible]乃可哭之一也오

財政은[illegible]去[illegible]太村山고物價ᄂᆞᆫ[illegible]ᄒᆞ고[illegible]來키로滿城內人民들이山[illegible]ᄒᆞᆫ슈업서歲色[illegible]ᄒᆞᆫᄃᆡ呼饑呼寒猥[illegible]ᄒᆞ니此乃可哭之一也오

可憐ᄒᆞ다各衙門兵丁이며外人에[illegible]으로大[illegible]이나失[illegible]ᄒᆞ고[illegible]服裝이며[illegible]縮ᄒᆞᆫ形容으로一口氣를未吐ᄒᆞ니何時에[illegible]成ᄒᆞ야折[illegible]ᄒᆞ야볼지此乃可哭之一也오

京城에사ᄂᆞᆫ[illegible]時事가[illegible]心이고外方으로[illegible]火[illegible]이[illegible]되단ᄒᆞ니東西不若此[illegible]將安歸ᄒᆞ잔말고[illegible]던지外人에手中으로[illegible]ᄒᆞ[illegible]니何[illegible]ᄒᆞ며[illegible]方에安[illegible]지此乃可哭之一也오

青年의一線餘望은學問上에[illegible]마ᄂᆞᆫ學校[illegible]인[illegible]ᄒᆞ고[illegible]國內[illegible]校ᄯᅳᆫ[illegible]ᄒᆞ며[illegible]籍도未[illegible]ᄒᆞ야目[illegible]ᄒᆞ니此乃可哭之一也라

[illegible]可笑[illegible]ᄒᆞ야[illegible]之[illegible]骨[illegible]心內[illegible]財[illegible]種[illegible]ᄒᆞ야[illegible]精[illegible]妖[illegible]逸[illegible]之萬世不[illegible]滿城風雨에彼[illegible]歌[illegible]其事則不[illegible]이[illegible]已[illegible]라[illegible]論[illegible]哭[illegible]作[illegible]家[illegible]ᄒᆞ니[illegible]之[illegible]가[illegible]執[illegible]依之ᄒᆞ야[illegible]一[illegible]將ᄂᆞᆫ[illegible]題之[illegible]리라

◎何物三議　龍[illegible]郡[illegible]氏가內部에報告ᄒᆞ얏ᄂᆞᆫᄃᆡ[illegible]館[illegible]兵站[illegible]憲兵二名이[illegible]辯一人ᄒᆞ고來到[illegible]郡衙ᄒᆞ야[illegible]以本郡民金[illegible]이[illegible]傳[illegible]三議[illegible]於各郡[illegible]ᄒᆞ고[illegible]於[illegible][illegible]有所[illegible]이[illegible]外人[illegible]으로有難[illegible]ᄒᆞ와自[illegible]으로派送校卒ᄒᆞ야搜探交付이온즉同金德元을該日人이仍爲捉去而所謂三議書ᄂᆞᆫ其裏由如何를

[illegible]換散　楊州郡守[illegible]報[illegible]ᄒᆞ되本郡이[illegible]兵站[illegible]ᄒᆞ고多[illegible]聖[illegible]之[illegible]役之繁劇ᄒᆞ니[illegible]異이[illegible]七月以[illegible]台[illegible]減[illegible]十八[illegible]郡이라[illegible]一日支[illegible]ᄒᆞ야[illegible]日[illegible]불[illegible]三[illegible]二[illegible]下[illegible]或二[illegible]能[illegible]公[illegible]無[illegible]可使之[illegible]寂公堂에[illegible]做一事而行[illegible]職之責에[illegible]令[illegible]ᄒᆞ오리[illegible]以料[illegible]之[illegible]各自渙散之[illegible]所[illegible]下別[illegible]措處케ᄒᆞ라ᄒᆞ얏더라

◎年終休刊　明日은即本年年終이므로自明日至來年一月三日ᄭᅡ지依例休[illegible]

詞林

冬至[illegible]
[illegible]公[illegible]淚潰

[illegible]
香不干秋皆[illegible]芳堂堂忠節劍如霜作何[illegible]見山河[illegible]死[illegible]當年日月[illegible]有時如水白胡爲[illegible]欲天[illegible]忽然夜半雷公斧擣破千門一夢長

平壤　汪波　黃永煥

雜報

◎독波蘭愛士高壽斯古傳 續

由是로普國이또ᄒᆞᆫ前約을變ᄒᆞ고與俄合謀ᄒᆞ야三軍이來攻ᄒᆞ거날

於是獨立黨이高壽斯古를推選ᄒᆞ야大元帥를숨으니公은波蘭의名將으로以高義聞於天下라曾從美洲ᄒᆞ야맛ᄎᆞᆷ美國獨立戰爭之日을當ᄒᆞ야華盛頓帷幄에參謀ᄒᆞ야

美國獨麟公으로더부러最相親善ᄒᆞ더니美人이公의戰功을大嘉ᄒᆞ야高位로써授코자ᄒᆞ거날公이固辭曰烈士赴難에其報를不謀ᄒᆞ고忠臣이處國에其身을不顧ᄒᆞ나니

余가美國을爲ᄒᆞ야萬苑를冒ᄒᆞ고櫛風沐雨ᄒᆞ야矢石之間에馳騁ᄒᆞᆫ者ᄂᆞᆫ天下에自由가消滅ᄒᆞᆯ가恐ᄒᆞᆷ이니엇지功名을貪ᄒᆞ며富貴을慕ᄒᆞ리오今에故國은陸沈ᄒᆞᆷ이血淚로써盟天誓地ᄒᆞ고

俄人의羈絆을脫ᄒᆞ고貴族의不忠을斷ᄒᆞ며人民의忠義를鼓舞ᄒᆞ야國家를興復ᄒᆞᆷ은我의素願이니엇지榮官을貪ᄒᆞ야此土에留ᄒᆞ리오ᄒᆞ고

決然揮袂ᄒᆞ야故國에歸ᄒᆞ니天下聞之ᄒᆞ고無不稱譽其高義라西歷一千七百九十二年七月에公이孤軍을率ᄒᆞ야

俄의大軍을邀擊ᄒᆞ다가不勝ᄒᆞᆫ지라波蘭王이反復却弱ᄒᆞ야賄賂俄人ᄒᆞ야乞其止兵ᄒᆞ니公이忿怒를不堪ᄒᆞ나遂結이屈於詐術ᄒᆞ고雄圖가挫於昏主ᄒᆞ야

烈士ᄂᆞᆫ扼腕ᄒᆞ야寇讎之手에委ᄒᆞ고中人은變節ᄒᆞ야虎國之祿을助ᄒᆞ니事至於此에實太無何라公이또ᄒᆞᆫ血淚를揮ᄒᆞ고他邦의避禍ᄒᆞ야時機를待ᄒᆞ더니

明年에波蘭忠義之士가再舉를圖謀ᄒᆞ야諸將이또ᄒᆞᆫ紛紛來集ᄒᆞ니傳檄舉義ᄒᆞ야反國之貴族을刑戮ᄒᆞ니普王이聞之ᄒᆞ고遣兵來攻ᄒᆞ거날公이邀擊破之ᄒᆞ고

徵兵을境外에驅出ᄒᆞ고兵勢大振ᄒᆞ니波蘭의獨立을期日可待러니俄帝가十萬兵을遣ᄒᆞ야普軍으로더부러合勢來攻ᄒᆞ니公이奮勇盡智ᄒᆞ야俄普兩國의大軍을抗ᄒᆞ고

更히死士를募ᄒᆞ야俄의大軍으로더부러血戰ᄒᆞᆯᄉᆡ鼓鼙之聲이天地를震動ᄒᆞ고尸積爲陵이오血流成河라俄의援軍이益加ᄒᆞ니

波人의孤軍이遂不能支라公이殘兵을指揮ᄒᆞ야縱橫馳突ᄒᆞ다가드듸여重傷을被ᄒᆞ고落馬疾呼曰波蘭國命이盡於今日이라ᄒᆞ고被擒ᄒᆞ니俄將이慇懃勸降ᄒᆞ거날

公이嘆曰自古로謀軍者ᄂᆞᆫ師敗則死之ᄒᆞ고謀國者ᄂᆞᆫ國危則殉之가士之常道라僕이何面目으로再見天下之士ᄒᆞ리오ᄒᆞ고遂不屈ᄒᆞ니波蘭守兵이公의高節을感激ᄒᆞ야

城陷之日에男女一萬二千人이奮戰身斃ᄒᆞ다가死傷路盡ᄒᆞ고餘衆投於水火而死ᄒᆞ야無一人降者라

嗚呼라國家의獨立을爲ᄒᆞ며人民의自由를爲ᄒᆞ야百難不挫ᄒᆞ고竟以身殉ᄒᆞ니彼波蘭은雖亡이나公의忠魂義魄은譽乎天地之間ᄒᆞ야萬古不滅ᄒᆞ리로다

完

◎江倅被捕 江界郡守徐廷圭氏가內部에報告ᄒᆞᆫ內開에陰曆十一月十二日日本陸軍步兵中尉榊川保藏이率軍人二名ᄒᆞ고自楚山으로來到本郡ᄒᆞ야止宿二夜後還向楚山이러니同月十四日日本陸軍步兵大尉河部龜三郞少尉丸山[illegible]와步兵[illegible]尉高橋信次郞과陸軍三等主計北條[illegible]과步兵一百五十名이[illegible]로來到本郡[illegible]ᄒᆞ야[illegible]라ᄒᆞ얏더라

◎鄕향者쟈訪방問문記긔 [illegible]生ᄉᆡᆼ이라 [illegible]

문명진취에뜻이잇고[illegible]하되세와국가리히를안다하여그러흠인지모로거니와견풋하며정부관인에게ᄉᆞ직을하여라힐공말어라하며도라단이는데근일에일반국민이며왈국적이라하는모모디신들의게는못지도아니허데나변변치못허고만만ᄒᆞᆫ신업경무ᄉᆞ윤철규시의게는날마다가서ᄉᆞ직허라고모박이ᄌᆞ심히다허나그쥬의는참올슈업서요

로인왈그쥬의는디갑작허리로따지금모모디신들은이왕에소위권고도만이당허엿슬ᄯᅵ아니라금번일로보게드면가위동셔상응으로지긔상합ᄒᆞᆫ터인즉다시말ᄒᆞᆯ것업시되엿고경무ᄉᆞ윤철규셔로말허게드면

속담에서물쳔이로치음이와젼계요임에쳐음[illegible]ᄒᆞ여셔젼회셩식과위계를모로ᄂᆞᆫ가허여한번ᄉᆞ직허[illegible]명령허여ᄎᆞᄎᆞ[illegible]허미라그러치아니허면[illegible]나라의공긔라인군에게[illegible]슬을누가ᄂᆡ여노아라말아라[illegible]자잇스며

만일죄를지어면관을당허여기젼에는ᄉᆞ직허고야니허기가또ᄒᆞᆫᄌᆞ유권리에잇는바라누구명령을기다릴것잇나가히우[illegible]만ᄒᆞᆫ일이로다

의식왈너가의약으로어온샹아기간몃십년동안에각셕[illegible]만허고쳣ᄉᆞ되지금졍부대관들의병과일진회병은무샹약을쓰면그병근유돕니고원지[illegible]붓잡아ᄌᆞ유합동의첩도나고련부지셩으로되약션ᄒᆞᆫ마음이나게ᄒᆞᆫ다는지아모리화제를연구허여도묘방을엇지못허엿나니다

미완

特別廣告

本申報는海外電報를[illegible]
務를[illegible]
外[illegible]
[illegible]
大韓每日申報社

本社에[illegible]
[illegible]
大韓[illegible]

◎[illegible]
今[illegible]數[illegible]學[illegible](定價[illegible])
一圓定價) 鐵[illegible]諸氏
의教科材料[illegible]學[illegible]
氏의[illegible]材料를[illegible]
니有志諸氏는[illegible]
(但一部定價[illegible])
南大門內[illegible]公[illegible]
靑年學院內 數理[illegible]
鍾路大東書市
布屛下金相[illegible]冊肆
仁川港[illegible]新冊肆

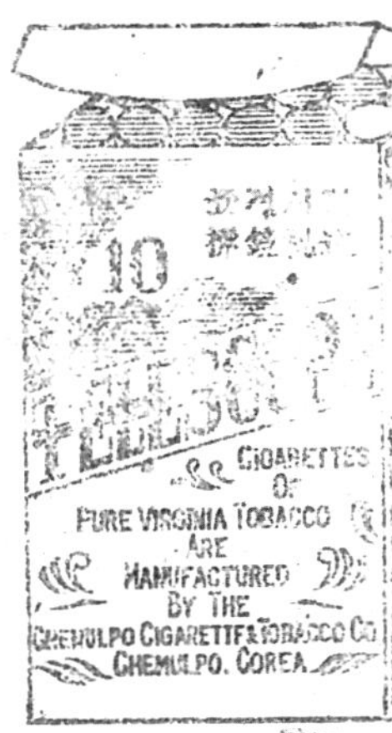

以上三 [illegible] 製造[illegible] 一에至 [illegible] 諸[illegible]人 [illegible]

大韓濟物浦仁川港
濟物浦紙卷煙及烟草會社

一 鷹標罐詰濃結牛乳
一 金[illegible]罐詰濃結牛乳
一 [illegible]乳[illegible]
一 [illegible]製造麥芽化
[illegible]牛乳

以上은常時에貯積호얏사오니
美國紐育港[illegible]牛乳會社
一手代理店
大韓仁川港 世昌洋行

◎[illegible]砂는 本人이妙法[illegible]丹인딕男
女老少에無論何症호고[illegible]
身體가健康호며小兒는[illegible]
를[illegible]保호오며
◎九轉靈砂萬應丹은癲狂 癎症과內[illegible]
疾에神効호고
◎九轉靈砂保命丹은初生小兒 驚風 [illegible] 腹痛諸
般惡症에 効호오
◎九轉[illegible]砂[illegible]丹은酒滯 食滯、血積 吐瀉 霍亂 痢疾
吐血 下血 運氣 時疾 瘧症에神効호오
◎九轉靈砂紫金丹은痔漏 累瘻 上疳瘡 下疳瘡及唐瘡과
諸般毒瘡惡種에無不神効호오니 僉君子는來購호시오
內需司前도같이골上隔第一家 李鍾廷移徙 告白

◎本社特告

本社新聞을關西等地에廣佈호기爲호야平壤金興淵崔[illegible]川安淳昌連金祖等三氏에게[illegible]托호고[illegible]下送호오니[illegible]有[illegible]三氏에[illegible]호시며[illegible]
大韓每日申報社

本社廣告
申報價
一張代金 新貨一錢五里
一個月前約 三十錢
三個月 九十錢
六個月 一元七十錢
一個年 三元四十錢
[illegible]

廣告料
國文活字十三字[illegible]
每日每英尺一寸에新貨[illegible]
(每日每行에六錢에相當함)
二週日에 二圜五十錢
(每日每行[illegible])
一個月에 五圜
(每日每行[illegible])
[illegible]

[illegible]僉君子는[illegible]
發行兼編輯人 英國人裵說
發行所 京城北署[illegible]
大韓每日申報社

第四卷 大韓每日申報 대한매일신보 第一百十五號

月曜及慶節 歲時休刊

檀君開國四千二百三十八年
箕子元年三千二十七年
大韓開國五百十四年
日本明治三十九年
淸國光緒三十一年
陰曆乙巳十二月大初十日戊申

論說

新年祝詞

一大白玉盃에滿酌屠蘇酒ᄒᆞ야送一千九百五年舊光陰ᄒᆞ고迎一千九百六年新日月ᄒᆞ니百感發生ᄒᆞ야自不能禁이로다吾儕ᄂᆞᆫ去國離鄕ᄒᆞ야遠遊海外ᄒᆞ니天涯萬里에舊叙이偲偲ᄒᆞ야瞻望故國에五雲이渺然이로다

大丈夫ㅣ處於世ᄒᆞ야不能成事業ᄒᆞ고假臥鄕關ᄒᆞ야只以花葉으로紀其春秋而已면與所謂與草木同腐라豈可曰快活也리오是以로有壯觀天下之志ᄒᆞ야颺絮飛蓬이現止韓京ᄒᆞ니未知有前生之因果로다

一見其山川明媚ᄒᆞ고風土溫和ᄒᆞ며人文淳美ᄒᆞ니知其國氣가頗有文明之象이라於是爲任錫終歸之地ᄒᆞ야悠然有愛而不捨之心일서認以爲第二鄕國이라現華之大緣을豈尋常而得之哉리오

噫라大韓은版圖是八萬里方面이오民族是二千萬餘口니自是東半球上自主獨立之堂堂一帶國이라古來有檀君箕子神聖之化ᄒᆞ고漸開其新羅高麗朴陋之風ᄒᆞ야倫常禮義가煥然有大序天秩ᄒᆞ며敎化文物이郁乎有人道入理ᄒᆞ니環顧東洋에可居第一指之邦國이라然이나時値生存競爭之時ᄒᆞ야不可但以文治로綏遠而服近일서

竊恐淳厖之民이或昧開國之義라故로累經艱危ᄒᆞ야漸至啓發이나實力이未達ᄒᆞ고新化未闡ᄒᆞ야不免有隣邦之强迫的主義ᄒᆞ니可勝慨歎이리오

吾人이以是爲憂ᄒᆞ야智謀淺識이나特設報館ᄒᆞ고力執一筆ᄒᆞ야雖辛勤於風雨矢石之間ᄒᆞ야百折不毁ᄒᆞ고萬방不倒ᄒᆞ야天地鬼神이不能奪其權者ᄂᆞᆫ竊於正義者也라

夫正義之所在ᄂᆞᆫ其心이公而不私ᄒᆞ며其言이直而不曲ᄒᆞ나니此ᄂᆞᆫ自由之天職이오報館之義務라復有何權焉이리오

雖曰環球世界가方値生存競爭之時代ᄒᆞ야弱的强食ᄒᆞ며小的大奪이라ᄒᆞ되自有公法焉ᄒᆞ며自有公議焉ᄒᆞ야世界之秩序가由此而不亂焉素ᄒᆞ야稱爲文明之二十世紀이날

如或無厭之慾과不義之心이無視公法ᄒᆞ며背棄盟約ᄒᆞ고壓制孤弱ᄒᆞ며勒成協商이出於人道之不近과鄰交之不우로列萬口和同ᄒᆞ야準其公認이면是ᄂᆞᆫ公法이滅矣오公議가絶矣라豈可有維持邦國ᄒᆞ며保全民族之道ᄒᆞ리오一若駸駸而不已면此爲全世界痛育之大否運이니不勝瞿然이로다

是以吾人이特大書曰一千九百五年에東洋에有不義之擧라ᄒᆞ야佈告于世界萬國ᄒᆞ니即所謂日韓條約이是也라是蔽ᄂᆞᆫ國過去ᄒᆞ고新年이又至ᄒᆞ야今爲一千九百六年은卽大韓光武十年一月一日이니吾人之爲新年祝者ᄂᆞᆫ非在他也로다

今以韓國之無罪로不幸動奪其固權於其强隣者ᄂᆞᆫ卽世界萬國之所不見所不聞之大悲慘也니入此新年ᄒᆞ야惟願萬國之公法이煥然復明於世界全局ᄒᆞ며萬國之公議가斷然剛決於東洋問題ᄒᆞ야以堂堂之大韓一帝國으로恢復其獨立自主之權利ᄒᆞ면是ᄂᆞᆫ非獨大韓之最福也라卽世界萬國之大慶也니吾人은以此爲新年祝詞ᄒᆞ야百拜祈禱于上帝ᄒᆞ며一言公佈于地球上人衆ᄒᆞ노라

光武十年度歲入歲出總豫算表 續

第六項諸手當四千九百六十八圜
第七項糧食費二十四萬六千一百三十八圜
第八項被服費十五萬三千三百七十圜
第九項陣營費四千八百圜
第十項[illegible]裝費[illegible]百圜
第十一項[illegible]糧費二萬三千一百五圜
第十二項演習費二千圜
第十三項獎忠壇致祭費二百圜
第十四項外國人諸給一萬九百二十圜
第二款侍衛隊二十一萬二千八百九十六圜
第一項俸給三萬四千七百三十五圜
第二項給料下士卒十二萬二千八百十七圜
第三項糧費九千九百七十二圜
第四項雜給及雜費二百八十圜
未完

雜報

天擇物競論

泰西學者가天擇物競之理를推子ᄒᆞ야世界人衆을警告ᄒᆞᆫ者ㅣ有ᄒᆞ니大抵此論이비록道德家에ᄂᆞᆫ貶抑ᄒᆞᄂᆞᆫ바ㅣ나世界上實地情形을觀察ᄒᆞᆫ즉天擇物競之論이歷歷符驗ᄒᆞ야決非迂闊이로다

蓋天擇者ᄂᆞᆫ世界人種之改良이自然而然ᄒᆞ야新種이得宜ᄒᆞ면舊種이必滅ᄒᆞᄂᆞᆫ것이오物競者ᄂᆞᆫ人種의生存을由ᄒᆞ야競爭之端이起ᄒᆞᆷ이니

故로現今時代에號爲文明富强之國은其行于天下也에專히强已而弱人ᄒᆞ며智已而愚人ᄒᆞ며貴已而賤人ᄒᆞ기로爲主ᄒᆞᄂᆞᆫ手段이라

於是에强者와智者와貴者의族類ᄂᆞᆫ日臻繁昌ᄒᆞ고弱者와愚者와賤者의族類ᄂᆞᆫ日就凋殘ᄒᆞ야必歸於漸滅ᄒᆞᄂᆞ니各國에地誌와歷史를溯子ᄒᆞᆫ건ᄃᆡ往轍이皆然ᄒᆞ야明若觀火로다

大抵泰西人이大陸의新地를發見ᄒᆞ야殖民政策을施行ᄒᆞᆷ으로브터非洲의黑種과美洲의紅種과南洋群島의棕色種이皆隨頑劣ᄒᆞᆷ으로由ᄒᆞ야競정之中에生存을不得ᄒᆞ고竄伏ᄒᆞᆫ山ᄒᆞ야日見微滅ᄒᆞ고其幸存者ᄂᆞᆫ他人의鈴束을甘受ᄒᆞ야奴隸가되고牛馬가되니噫쟈라此엇지優勝劣敗ᄒᆞᄂᆞᆫ公理가아니리오

今에大韓疆土가또ᄒᆞᆫ外人隨[illegible]中에在ᄒᆞ야外人의占據[illegible]地가日增月加ᄒᆞᆷ이[illegible]임의奴隸와牛馬를作ᄒᆞᆫ現狀이有ᄒᆞ얏스니

此人種의將來ᄂᆞᆫ前人의跡을追踵ᄒᆞ야深山窮谷에竄伏ᄒᆞ야漸殺漸盡ᄒᆞᆯ지니豈不痛哉悲哉아

所以로閔忠正歎告遺書에曰我二千萬同胞가將至殄滅於生存競정之中이라ᄒᆞ얏스니大韓人民은此戒를不悟ᄒᆞ며此言을不信ᄒᆞᄂᆞᆫ가

何故로舊債償報의思想과[illegible]興起ᄒᆞᆫ氣象이[illegible]

噫라人生斯世ᄒᆞ야學問이合宜者ᄂᆞᆫ人類가되야[illegible]生活을保ᄒᆞ[illegible]學問이[illegible]ᄒᆞᆫ者ᄂᆞᆫ禽獸가되야他人의게呑食을被ᄒᆞᆷ은固然之事라未知커라

大韓同胞ᄂᆞᆫ學問을勉勵ᄒᆞ야人類가되고種族을[illegible]ᄒᆞᆫ가學問을不[illegible]ᄒᆞ야禽獸가되고種族을滅盡ᄒᆞᄂᆞᆫ가於斯二者에當[illegible]同胞ᄂᆞᆫ思之念之[illegible]다

東京電報

●日本貴族院會議決議 十二月二十九日午後四時發

貴族院會에셔本日(二十九日)會議를開ᄒᆞ고奏答文 [illegible]表及陸海軍의게感謝狀을贈ᄒᆞᆯ事로議決ᄒᆞ얏더라

雜報

●軍部文試 軍部大臣李根澤氏가該部判任官諸人에優劣을作文으로試驗ᄒᆞ야黜陟을行ᄒᆞ기爲ᄒᆞ야二首論題를出掛ᄒᆞ고日昨브터시驗ᄒᆞᆫ다ᄂᆞᆫᄃᆡ其一題則日作之不已[illegible]ᄒᆞ며其一題則日[illegible]復[illegible]이라ᄒᆞᆫ바判任諸氏等이如何應시와誰[illegible]不知ᄒᆞ깃스되該大臣에[illegible]各人에職務上[illegible]得失을務政觀之ᄒᆞ면孰優孰劣을自可了然ᄒᆞ야可用者ᄂᆞᆫ用之ᄒᆞ고不可用者ᄂᆞᆫ汰之ᄒᆞ미可也어날今乃紛紛然作文시驗으로黜陟을要定ᄒᆞ니何其荒謬之甚也오該部章程에此等規例가初無ᄒᆞᆯ더러凡人之優劣이器識에在ᄒᆞ고문可徒以文辭로取之인즉所謂시驗이果能無誤이며况該大臣에所知者가李鄭傳과羅職經等數篇에不過인즉文辭之佳不佳를其盲者가과如ᄒᆞᆯ지어날自謂之公道시驗이며黜陟妙策이라ᄒᆞ야一件大事業을做成으로認行ᄒᆞ니豈不可笑乎哉아聽ᄒᆞᆫ즉國之政權이此等人手裏에在ᄒᆞ니天雖欲佑韓이나天亦無奈何ᄒᆞᆯ지로다

●田氏窘抑 北署孝術居吳大根爲名者가平安道三登居田宅用爲名人을誘引ᄒᆞ야酒至醉酣에漂入妓家ᄒᆞ야보ᄌᆞ를써우고저ᄒᆞᆫ즉田氏가不肯順從이라吳氏가嗾屬其徒黨六七名ᄒᆞ야毆打田氏ᄒᆞ고奪取田氏所有紙貨百圜ᄒᆞᆫ지라田氏卽訴于警廳[illegible]只以例題이고至了五日에尙無發落ᄒᆞ니田氏가無親之客蹤으로行橐空虛에栖屑道路ᄒᆞ기稱爲可悶이오如彼奪人財之盜漢을不爲照律懲治ᄒᆞᄂᆞᆫ거시與[illegible]에違拂ᄒᆞᆫ事이라ᄒᆞ더라

●進級授式 私立桂山普興學校ᄂᆞᆫ該校校長[illegible]氏가熱心勸勉ᄒᆞᆫ효은已有聞ᄒᆞ거니와昨日上午十二時에卒業進級授與式을設行ᄒᆞ얏다더라

●各處延燒 去十二月三十日下午六時南署[illegible]上犂日人石井[illegible]兵衛家에셔失火ᄒᆞ야二層洋屋十二間과草家三間日인岡山家八間半과花田家五間半과[illegible]인金[illegible]家五間과[illegible]鍾[illegible]家六間이延燒ᄒᆞ얏다더라

●十二處刑 去十二月三十日下午二点에監獄署在囚罪인朴化實崔子範等十三名을絞刑執行次로平理院檢事崔元鉉主事李重鎭兩氏가監獄署에前往ᄒᆞ야執行ᄒᆞ얏다더라

●新年歡賀 本月一日上午十二時에日英米各公領使와日本兵長谷川大將과士官十二인과臨兵三十一名憲兵八名이 陛見ᄒᆞ얏더라

●會員促請 本北觀察李根豐氏가內部에報告ᄒᆞ얏ᄂᆞᆫᄃᆡ向因東亞開進教育會長崔乘[illegible]公函ᄒᆞ야各郡에設會事로勝飭一[illegible]ᄒᆞ얏더니[illegible]行[illegible]已爲[illegible]報[illegible]接該支會長田潤[illegible]公函內開[illegible]者本會員公同會閣下에[illegible]到付가于今踰月에尙無[illegible]於諸江六郡ᄒᆞ야되有碍於敎育方針이니發訓與否를指日回示ᄒᆞ라ᄒᆞ와査此該會[illegible]之地[illegible]인바査此師範報告而未承指令ᄒᆞ고今該會函面立促發訓ᄒᆞ니殊難左右이오니査照指令ᄒᆞ라ᄒᆞ얏더라

●諸般投費 全羅南道觀察使朱錫冕氏가內部에報告ᄒᆞ되本府事務頭開補佐官과同補佐官與通譯補佐員住接公廨修葺費限一千兩과[illegible]下之[illegible]로有所[illegible]ᄒᆞ니라ᄒᆞ니該費을本府經費中에光挪擬用ᄒᆞ야今旣竣工ᄒᆞ고頭細[illegible]를另繕報告ᄒᆞ니同所入費六百六十七兩九錢八分을[illegible]度支[illegible]ᄒᆞ야卽爲[illegible]下ᄒᆞ라ᄒᆞ얏더라

●錢綱獵官 某處에投兩을[illegible]ᄒᆞᆫ즉鍾[illegible]氏財ᄒᆞ야民訴[illegible]ᄒᆞ던[illegible]允에弟兌多이가現方都를나監理를圖得次以代百兩으로東西運動ᄒᆞ다가近日에碑洞[illegible]捆川郡[illegible]甚氏을往見ᄒᆞ고其腰間紙貨五千元을示ᄒᆞ야日吾雖務弊家産이라도今番腐旋ᄒᆞ면某葉ᄂᆞᆫ期於圖得乃已온바令監아남北村에倫官으로有名云故로委來相見ᄒᆞ니高意如何오ᄒᆞᆫ가答ᄒᆞ되吾有百[illegible]綱而[illegible]有用事惟所厭險이고且有錢則使鬼神이라ᄒᆞ니君之兄弟間百萬金을能辦ᄒᆞᆫ진ᄃᆡ政界에官이皆容緊切이라ᄒᆞ며ᄃᆡ該地鈴氏에게爲先同[illegible]而지觀ᄒᆞ라彼離認인이나與吾同行이거必須甘[illegible]ᄒᆞ리라ᄒᆞ고昨夜에李[illegible]의게[illegible]府[illegible]去ᄒᆞ얏다니[illegible]次某某勢家에次第相通ᄒᆞ리라ᄒᆞ더라

●家契捧證 漢城判尹朴義秉氏가內部에質稟ᄒᆞ되美國人[illegible]者救世軍[illegible]收否署積善坊[illegible]居四[illegible]契事로該領事[illegible]會를因ᄒᆞ야[illegible]에[illegible]ᄒᆞ오니査照指令ᄒᆞ라ᄒᆞ얏더라

●兩士被拘 前校理李[illegible]氏와前承旨金福漢氏가近自湖中으로來ᄒᆞ야致國諸賊의罪惡을[illegible]切論劾ᄒᆞ야上疏ᄒᆞᆷ으로日憲兵의게押去가되야拘囚를被ᄒᆞ얏다ᄂᆞᆫᄃᆡ兩氏ᄂᆞᆫ原來文學氣節之士로저정著名ᄒᆞᆫ者라平生에死於國事ᄒᆞᆷ을忠義로自期ᄒᆞ더니今番此行은斷斷코一死를決ᄒᆞ고上來ᄒᆞᆫ이라ᄒᆞ더라

●私塾施賞 日昨私立[illegible]正義塾에셔冬期시驗을舉行ᄒᆞ얏ᄂᆞᆫᄃᆡ合格ᄒᆞᆫ者가合爲十六인이오其中優等이一인이라該義塾長[illegible]杜益氏가諸學員의熱心勉學을爲ᄒᆞ야特別ᄒᆞᆫ賞品과相宜ᄒᆞᆫ物勉을[illegible]論說ᄒᆞ고因ᄒᆞ야今期休學을命ᄒᆞ얏ᄂᆞᆫᄃᆡ該[illegible]發[illegible]者의氏名이如下ᄒᆞ니優等生金[illegible]根氏와其他[illegible]字[illegible]宣金成集朴昌根白[illegible]基崔璇植安[illegible]泰金浩秉朴熙寬金[illegible]煥林益相高福柱高[illegible]相高[illegible]源氏[illegible]이라ᄒᆞ더라

●紙稅請願 經理院所管慶尙南北道各郡紙稅를宜[illegible]草게三嘉陝川等에所納之數가最是巨款而農部及各宮各司之前日收斂紙稅ᄂᆞᆫ[illegible]皆[illegible]ᄒᆞ고[illegible]以該院之納은緊爲[illegible]子[illegible]故로[illegible]初定其租式相에[illegible]而使[illegible]民으로抵怨而[illegible]納ᄒᆞ야窓戶紙每塊五兩三貼紙每塊八兩이어날現今[illegible]稅ᄂᆞᆫ[illegible]某ᄂᆞᆫ未知頼誰而[illegible]이며亦未知有何附阿之勢인지自昨年八月로至于今日의每塊十二兩式濫收ᄒᆞ기로紙物[illegible]가[illegible]端[illegible]難ᄒᆞ와남北[illegible]民이公議ᄒᆞ야該稅金一[illegible]兩을先六朔後六朔에分半先納ᄒᆞ고日文[illegible]及[illegible]收之弊ᄂᆞᆫ一切[illegible]事로經[illegible]이[illegible]ᄒᆞᆫ다더라

●要請命令 江原道觀察使[illegible]氏가內部에報告ᄒᆞ되本府今年度[illegible]費金을以[illegible]川[illegible]川[illegible]郡[illegible]調用而時年度交際[illegible]ᄒᆞ야[illegible]이오라ᄒᆞ야[illegible]來十年度經費[illegible]水部所管金을[illegible]ᄒᆞ야出給命令ᄒᆞ고[illegible]을繼下ᄒᆞ고[illegible]近支[illegible]에訓飭ᄒᆞ야使[illegible]用케ᄒᆞ라ᄒᆞ얏더라

●[illegible]先[illegible] 永柔郡守朴[illegible]氏가內部에[illegible]ᄒᆞ되[illegible]瀛波鎭道[illegible]部長[illegible]ᄒᆞ니[illegible]에셔[illegible]物을[illegible]ᄒᆞ니[illegible]價를[illegible]段으로[illegible]後[illegible]其斤數之[illegible]를[illegible]ᄒᆞ야量定出給ᄒᆞ깃노라ᄒᆞᆫ[illegible]기에以[illegible]國民弊로[illegible]協[illegible]ᄒᆞ오니於該監部에오나今姑至於是[illegible]之境인바玆以[illegible]實[illegible]報ᄒᆞ오니[illegible]照ᄒᆞ오[illegible]弊ᄒᆞ라ᄒᆞ얏더라

●青年會演說 今日下午七点半에韓國紳士呂炳鉉氏가皇城基督敎青年會에셔인[illegible]이라ᄂᆞᆫ問題로演說ᄒᆞᆫ다더라

●獄事[illegible] 黃海道長淵郡守朴始淳은칙인[illegible]院에竊囚ᄒᆞ얏[illegible]ᄒᆞ고昨年十一月[illegible]風務라ᄒᆞ얏더라

●條往條來 六[illegible]氏가內部에報告ᄒᆞ되[illegible]初一日[illegible]兵少[illegible]ᄒᆞ고自[illegible]來[illegible]道路形[illegible]와郡底戶數及[illegible]에前往[illegible]川郡[illegible]라

●시[illegible] [illegible]部에셔[illegible]六[illegible]을分別ᄒᆞ야[illegible]ᄒᆞ니[illegible]收ᄒᆞᆫ後一一[illegible]오[illegible]을[illegible]ᄒᆞ시ᄂᆞᆫ[illegible]케ᄒᆞ라ᄒᆞ얏더라

●世界雜報 韓國[illegible]의行爲ᄂᆞᆫ[illegible]黨의行爲와又[illegible]部[illegible]오韓國인의[illegible]은[illegible]의[illegible]官[illegible]과又[illegible]里[illegible]이오[illegible]日關[illegible]之[illegible]에[illegible]哲明ᄒᆞ기[illegible]國의[illegible]ᄒᆞ다ᄒᆞ며[illegible]다ᄒᆞ든高[illegible]一[illegible]오一[illegible]會의[illegible]와[illegible]가一致[illegible]이라ᄒᆞ더라

●特別廣告

本申報分發等事를仁川紐峴開新冊肆李東皓氏에게委托ᄒᆞ고去月三日爲始ᄒᆞ야逐號下送ᄒᆞ오니購讀ᄒᆞ시ᄂᆞᆫ僉君子ᄂᆞᆫ照亮購독ᄒᆞ시며代金도同氏에게傳致ᄒᆞ심을爲要

大韓每日申報社 告白

寄書

●路上問答

아아金書房인가자네ᄂᆞᆫ어ᄃᆡ로가ᄂᆞᆫ가 京城으로가네 朴書房어ᄃᆡ로가나 나ᄂᆞᆫ平壤으로가네지금시골형편엇더ᄒᆞᆫ가 살슈업네 엇지ᄒᆞ여살슈업나村에살자ᄒᆞ니盜賊ᄯᅢ문에살슈업고邑近處에살자ᄒᆞ니日人壓制難堪일셰우리田畓抑奪ᄒᆞ며우리家屋ᄲᅢ아스니살곳시업셔지며馬草라鐵路役夫라星火갓치督促ᄒᆞ며牛馬갓치使役ᄒᆞ니奴隷들이갓흔奴隷ᄯᅩ잇ᄂᆞᆫ가살슈업네살슈업네우리同胞살곳업네요사이에셔울형편은엇더ᄒᆞᆫ가 셔울형편그말말게기막키네무어시기막키나 나온다네나온다니무어시나오ᄂᆞᆫ가

統監이나온다네內治外交다차지ᄒᆞ고財政軍政다監督하며統監府官制반포벌써되야統監以下七十餘名나온다네 그러면헐슈업시망ᄒᆞ엿네 이ᄉᆞ롬꿈을ᄭᅮ나별셔망ᄒᆞᆫ지오랜네 요ᄉᆞ이에新條約事件으로五賊이니六賊이니八賊이니ᄯᅥ들면일엇지되엿나 여보게그말말게賊字ᄂᆞᆫ업셔지고눈에宦慾이벌건사ᄅᆞᆷ더리賊臣이라ᄒᆞᄂᆞᆫ그사ᄅᆞᆷ집에드나드ᄂᆞᆫ거시풀방구리에쥐드나들덧ᄒᆞ면셔귀에속운속은눈을ᄉᆞᆷ져ᄉᆞᆷ적여젼이ᄒᆞᄂᆞᆫ모양이메 · 여보게朴書房이리더리ᄉᆡᆼ각말고지금은밋어야사네 여보게밋ᄂᆞᆫ다말그만두게우리나라사ᄅᆞᆷ은남을밋다가판ᄂᆞᆫ네 여보게너의밋ᄂᆞᆫ단말을그런것안일세 그러면무어신가드러보세 하나님공경예슈를밋어야솔길잇네 예슈를밋으면엇지살길잇나여보게자세히너말드러보소우리나라이다시되자ᄒᆞ면지금다써거져구데기가돌셔들셔ᄒᆞᄂᆞᆫ政府ᄂᆞᆫ소용업고우리네ᄇᆡᆨ셩이열녀야되네 그러면예슈를밋으면나라이잘되갓나 지셩으로하나님을공경ᄒᆞ면심묘ᄒᆞᆫ리치로인연ᄒᆞ여新學問上無궁ᄒᆞᆫ智識을어더우리네가智識이잇스면國民團體되기쉽고權利回復잠간되네 참그러ᄒᆞᆫ가 여보게알기쉽게美國獨立史를펼쳐보게그나라이무ᄉᆞᆫ심으로되엿ᄂᆞᆫ가예슈밋은源因일세 하하참그러ᄒᆞᆯ세 나도예슈밋어하나님공경ᄒᆞ여보세

雜報

大英國學士록氏의教育意見이如左ᄒᆞ니大韓人士ᄂᆞᆫ此를放覽ᄒᆞ고效則ᄒᆞᆷ을爲ᄒᆞ야玆에摘布ᄒᆞ노라

록氏ᄂᆞᆫ西曆一千六百三十二年에英國푸리스트웨푸린돈地에셔生ᄒᆞ다幼時에우에스트미너스타學校에入ᄒᆞ야普通教育을受ᄒᆞ고年이二十에牛津의옥스푸일드大學에遊ᄒᆞ야學力이俊秀ᄒᆞ고才識이拔群ᄒᆞᆫ名譽가藉藉ᄒᆞ얏고卒業ᄒᆞᆫ後에大學教授의推擧ᄒᆞᆫ바되야論理學과哲學을講究ᄒᆞ더니ᄯᅩ醫學에傾心ᄒᆞ야醫學을遂習ᄒᆞ고後에教育事業에從事ᄒᆞᆯ思想을起ᄒᆞ야其修善ᄒᆞ얏든心理學과醫學으로ᄡᅥ基礎를삼아教育의學理와實際를研究發明ᄒᆞᆷ을得ᄒᆞ니라 未完

●鄕향老로訪방問문醫의生싱이라 속

로인왈그런병에ᄂᆞᆫ그ᄃᆡ의약으로ᄂᆞᆫ무어시ᄃᆡ당ᄒᆞ다ᄒᆞᆯ슈업거니와졍부ᄃᆡ관들의병은범외골슈에박엿스니그병근은쳔ᄒᆞᆫ장ᄉᆞ항우힘으로도ᄡᅦ일슈업고예적명의편작의술법으로도곳칠슈업셔다만뎐디죠화로된벽력화가맛당ᄒᆞ고일진회의병은외양으로ᄂᆞᆫ비록크다ᄒᆞ나안으로ᄂᆞᆫ병근이깁지못ᄒᆞ야비유컨ᄃᆡ아희들경풍징파갓ᄒᆞ여ᄂᆡ외공박을당ᄒᆞᆯᄯᅢ면간간이발작되나ᄎᆞᄎᆞ장셩ᄒᆞ여지면져절노업셔지ᄂᆞᆫ모양으로그병은좀오ᄅᆡ가면부지즁에업셔질듯ᄒᆞ도다의ᄉᆡᆼ왈너ᄉᆡᆼ각에ᄂᆞᆫ먼저치즁탕을먹여그가오ᄃᆡ를다ᄉᆞ리고다음에졍긔산을먹여그몸을발으게ᄒᆞ고그다음에쳥심환을먹여그마암을말켸ᄒᆞ면이젼구십의병징은업셔지고셔로셔졍신나셔츙군ᄋᆡ국의ᄉᆞ상도ᄉᆡᆼ길터이오 · ᄂᆡ직무ᄂᆡ가ᄒᆞ여졍치긔명외ᄉᆞ상도잇슬터우오관리를릭ᄉᆞᄒᆞ야담학불법의폐단도업슬터인즉ᄌᆞ연궁금이숙쳥ᄒᆞ여질터이어농공상업을권면ᄒᆞ야민ᄉᆡᆼ을무휼ᄒᆞ며학교를확장ᄒᆞ야교육을발달ᄒᆞ며경용을절검ᄒᆞ야국ᄌᆡ를졍ᄅᆡᄒᆞ며법ᄇᆡᆨᄉᆞ위를모다열심으로한게드면국ᄐᆡ민안ᄒᆞ오리니그안이묘방이오 미완

廣告

본인이上月三十一日의셩명도장을셔실ᄒᆞ고셔로조작ᄒᆞ여ᄉᆞ니쳠군ᄌᆞ죠량ᄒᆞ시오

朴齊浩 告白

本義塾塾監金孝益氏가不得已ᄒᆞᆫ實故를因하야辭任하고其代에本塾贊務員安鍾元氏로塾監을選定視務하오니僉君子ᄂᆞᆫ照亮ᄒᆞ시옵

私立 正義塾 告白

●學員募集廣告 第二期

本校에셔法律學專門科(普夜學)及理財學專門科(普夜學)學員을新募하오니願學人은本校에來하야請願應시흠事

學科及規則은本校에來問흠事

●시驗科目

國漢文 讀書、作文

算術 四則以內

●試驗日子

二月十三日(陰正月二十日)

光武十年一月四日

北署磚洞

普成專門學校

恩津葛麻面咸積坪畓四石十斗落津山南面壯洞坪畓二斗落全東面鳥洞坪畓十六斗落文券本月十九日賷上京城타가到병店驛遺失矣라毋論內外國人拾得休紙施行흠

連山赤面狀隅居閔基善告白

東幕居交河主人朴周明處에材木五百二十五箇積置票를路中遺失ᄒᆞ얏스니誰某拾得이든지休紙施行ᄒᆞ시오

李肯柱 告白

農商工部에셔各道觀察使의게訓令하고各郡各面에所種禾穀中從土宜하야多務種하ᄂᆞᆫ租穀一句式封上하라하얏스니究其本意면各隨地質穀性하야務圖擴張農業之意也라夫何近日吏輩가藉此令勒하고民間濫收하야聽聞이浪藉하니爲其字牧者ᄂᆞᆫ此等獘習을宜速禁戢흘事라하더라

農商工部

崔永起의名字를以台植으로改正흠

崔台植 告白

中署瑞麟坊沙後洞十六統十戶五十三間家主李鍾源板券을九月分與于三合豐矣社中遺失故玆仰佈內外國人中誰某拾得ᄒᆞᄂᆞᆫ休紙施行흠

三合豐 告白

本人의次子汝赫이爲人所誘하야錢幾萬兩을爲得償云故로切勿見欺之意로廣告矣러니汝赫을改名茂源하야又欲得債云하니內外國人은見欺치勿흠

東署東學洞三十三統四戶

李春植 告白

本會에서英語速成課를設立ᄒᆞ고本月八日(月曜)브터開學ᄒᆞᆯ터인ᄃᆡ上학時間은下午六時브터七時ᄭᆞ지오教師ᄂᆞᆫ金圭植氏이오니 未학會員은來議本會ᄒᆞ심을爲望

皇城基督教青年會 告白

하미젼니형근허의차질어음창의一千五百兩을허실ᄒᆞ여ᄉᆞ온바슈모습득ᄒᆞ에도휘지시ᄒᆞ옵소셔

동막장눈숙 고ᄇᆡᆨ

法部認許를被ᄒᆞᆫ와辯護士講習會를設ᄒᆞᆸ고內外法律家를招ᄒᆞ와法律을研究ᄒᆞ야辯護士應試에準備ᄒᆞ오니入會講究를願ᄒᆞ시ᄂᆞᆫ紳士ᄂᆞᆫ本記事務所로來臨請願ᄒᆞ심을望흠

會規와入會式은來臨考覽事

南署屛洞四街里下南谷

辯護士準備講習會事務所 告白

特別廣告

本申報ᄂᆞᆫ海外電報를卽接ᄒᆞ야機關이靈通ᄒᆞ고外報와雜報를綜括激[illegible]ᄒᆞ도록注意ᄒᆞ오며申報發送ᄒᆞᄂᆞᆫ디迅速傳ᄒᆞ기ᄂᆞᆫ分傳人의게在홈으로本社에서平常에諸分傳人의게丁寧告戒ᄒᆞ고申申訓飭ᄒᆞ야毋或妨情ᄒᆞ게注意ᄒᆞ거니와如或[illegible]이라도受讀君子ᄭᅴ셔[illegible]ᄒᆞ시면該分傳의게誠[illegible]ᄒᆞ고申報耳提面命ᄒᆞ고動或[illegible]가發生ᄒᆞ도록[illegible]ᄒᆞ야必無遲誤ᄒᆞ기로期待ᄒᆞ옵나이다

本社에寄書ᄒᆞ시ᄂᆞᆫ諸君子ᄂᆞᆫ姓名과居住를明確ᄒᆞ게懸錄送附ᄒᆞ시와[illegible]가有ᄒᆞᆫ喜을必要홈이오公衆平和와秩序를紊亂케ᄒᆞᄂᆞᆫ意와社會上不經荒雜ᄒᆞᆫ書ᄂᆞᆫ不受ᄒᆞᄂᆞᆫ權利가本社에自有ᄒᆞ오니肯諒ᄒᆞ시옵

大韓每日申報社

雜誌發刊廣告

今에數理學雜誌를每月五日一回(定例)發刊ᄒᆞ야敎師諸氏의敎科材料를敬助ᄒᆞ고學生諸氏의研究材料를供給코져ᄒᆞ오니有志諸氏ᄂᆞᆫ購讀ᄒᆞ심을切望

(但一部定價ᄂᆞᆫ新貨陸錢)

南大門內尙洞德公館右便
靑年學院內 數理學雜志社
鍾路大東書市
布屛下金相萬冊肆
仁川港杻峴開新冊肆

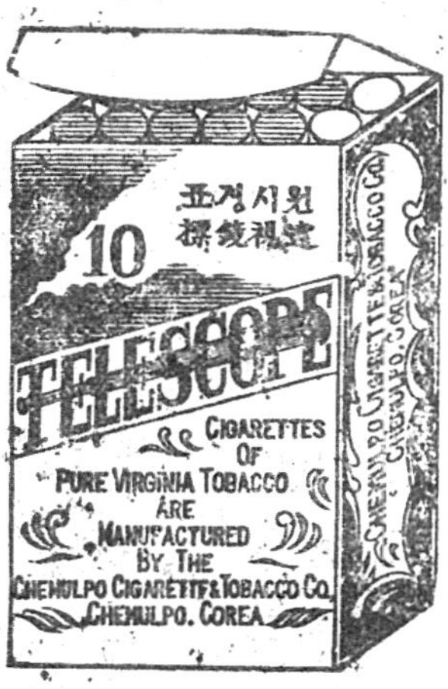

以上三種은上品으로製造ᄒᆞ야衛生上에至極[illegible]ᄒᆞ니[illegible]論[illegible]人ᄋᆞ고[illegible]社에來顧ᄒᆞᆷ

大韓帝國仁川港
濟物浦紙卷煙及烟草會社

一 鷹標罐濃詰牛乳
一 金印罐[illegible]結牛乳
一 無[illegible]用氣化[illegible]
一 쌔ㅣ든쓰[illegible]麥芽化合牛乳

以上은常時에貯積ᄒᆞ얏숩

美國紐育港쌔ㅣ든쓰[illegible]牛乳會社

一手代理店

大韓仁川港 世昌洋行

◉九轉靈砂라 本人이妙方[illegible]神醫ᄒᆞ야製造ᄒᆞᆫ靈丹인ᄃᆡ男女老少에無論何症ᄒᆞ고通治ᄒᆞ오며無病時에도服ᄒᆞ면平生의身體가健康ᄒᆞ며小兒ᄂᆞᆫ四五錢重만服ᄒᆞ면十歲안에無病ᄒᆞ기를擔保ᄒᆞ오며

◉九轉靈砂鎭驚丹은癲狂 癎症과中風諸疾과모ᄃᆞᆫ諸病과痳疾에神效ᄒᆞ오

◉九轉靈砂保命丹은初生小兒 驚風 痰熱 咳嗽 腹痛諸般隱症에 效ᄒᆞ오

◉九轉靈砂濟衆丹은酒滯 食滯 血積 吐瀉 霍亂 痢疾 吐血 下血 運氣 時疾 瘧症에神效ᄒᆞ오

◉九轉靈砂紫金丹은痔漏 累癧 上疳瘡 下疳瘡及唐瘡과諸般毒瘡諸種에無不神效ᄒᆞ오니 僉君子ᄂᆞᆫ來問ᄒᆞ시오

內需司前똑갑이골上隅第一家 李鎬廷移徙 告白

◎本社特告

本社新聞을關西等地에廣佈ᄒᆞ기爲ᄒᆞ야平壤金[illegible]川安濟[illegible]金[illegible]三氏의게[illegible]托ᄒᆞ고逐號下送ᄒᆞ오니[illegible]有意ᄒᆞᆫ僉君子ᄂᆞᆫ三氏에게[illegible]ᄒᆞ시며代金도三氏에게[illegible]ᄒᆞ심을爲要

大韓每日申報社

本社[illegible]告

申[illegible]

一張代金 新貨二錢五里
一箇月前[illegible] 三十五錢
三箇月 九十錢
六箇月 一元七十錢
一箇年 三元[illegible]
郵稅一部 新貨五里
一箇月 十三錢

廣告料

四号活字十三字詰
每日每英尺一寸에新貨廿五錢 (每日每行에六錢에相當홈)
二周日에 二圓五十錢 (每日每行四錢五里에相當)
一箇月에 五圓 (每日每行四錢一里에相當홈)
其期限의長短과字行의多少를依ᄒᆞ야增減홈이有홈

大韓人마다此申報를不得不覽ᄒᆞ실터이오니廣告出報ᄒᆞ실僉君子ᄂᆞᆫ來臨面議ᄒᆞ시옵

發行兼編輯人 英國人 裴說
發行所 [illegible]
大韓每日申報社

第四卷

大韓每日申報
대한매일신보

第一百十六號

月曜及慶節歲時休日刊

檀君開國四千二百三十八年
箕子元年三千二百二十七年
大韓開國五百十四年
日本明治三十九年
淸國光緖三十一年
陰曆乙巳十二月大十一日己酉

論說

勸告政府諸公

天道에送舊迎新ᄒᆞᆷ이人事에改過遷善과如ᄒᆞ기로光武十年一月一日爲始ᄒᆞ야ᄂᆞᆫ政府諸公이舊習을祛ᄒᆞ며新空氣를吸收ᄒᆞ야凡於行政에盡善盡美ᄒᆞᆷ을前報에申申爲說이어니와大抵政府者ᄂᆞᆫ報館之根蔕오報館者ᄂᆞᆫ政府之影響이라政府苟正ᄒᆞ야千事百務가皆得其正일진ᄃᆡ報筆이其德意를讚美ᄒᆞ며其治化를闡揚ᄒᆞ야藹然擊壤歌謠를四方에風喩ᄒᆞ야一般民人으로咸使見知而仰戴케ᄒᆞᆯ지오若其弗正이면隨事直書之際에逆耳ᄒᆞᄂᆞᆫ言論과刺骨ᄒᆞᄂᆞᆫ譏誚가勢所必有인즉譬之컨ᄃᆡ水遇石則不得弗激이오風過樹則自然怒吼ᄒᆞᆷ이니其激其吼가엇지風水之本性이리오石與水가逼之而使然인즉第此報筆之苦言峻論과痛罵峻斥이其本旨所欲이아니라實是政府之罪過로確認ᄒᆞᆯ지로다本記者ㅣ韓國에來遊가不爲不久오報館重整이亦旣歷月이라幷州故鄕之思가每切于衷ᄒᆞ야政府에셔行何美政과立何良制를一得牽援書之ᄒᆞ야遠近에公佈ᄒᆞᆷ이心所願也로되日夜訪求而卒無聞焉이고只是耳朶邊來到者ㅣ尋常文具等事가아니면悖理誤國ᄒᆞᄂᆞᆫ醜聞인즉其或訪求太切ᄒᆞ야有所遺失歟아今日政府諸公에게試一質問ᄒᆞ노니何月日何大臣이何新政을行ᄒᆞ얏스며何良制를立ᄒᆞ얏스며何樣忠言과何件嘉謨로啓沃ᄒᆞ얏ᄂᆞ뇨今에國家多事之日을値ᄒᆞ야利國便民上에一事를未做ᄒᆞ며一策을未建ᄒᆞ며一諫을未進ᄒᆞ고도日政府니日大臣이니俸金만靡費ᄒᆞ며權位만貪得ᄒᆞ야營私肥己로作一能事ᄒᆞᆯ진ᄃᆡ國之淪亡과民之困苦를誰人에게歸責이라ᄒᆞᆯᄂᆞᆫ지此等無恥無義ᄒᆞᆫ政府大臣은宇內各邦에所無ᄒᆞᆯ뿐안이라自有天地以來로未或有之인즉人民之怨謗과隣國之笑侮와報館之指斥이自是合有底事라其誰可怨일지自己에材識淺劣ᄒᆞᆷ을若能悅然反省이면不俟終日ᄒᆞ고決退爲可ᄒᆞᆯ지요如其不然이면努力補過ᄒᆞ야民國을維持케ᄒᆞᄂᆞᆫ거시所謂大臣에責任이니從前陋習을痛滌ᄒᆞ고新年政治를別般着意改革ᄒᆞ오되若或謂人可欺라ᄒᆞ야一味顚錯이면是ᄂᆞᆫ誤國陷民을茶飯과同視ᄒᆞ야肆然無憚이愈往愈甚ᄒᆞᆯ인즉本報筆之一層激昂은不得不然ᄒᆞᆯ더러某人에如何誤國과如何陷民을當築底詳述ᄒᆞ야列邦에廣布ᄒᆞ야天下尙論人으로ᄒᆞ야금公同討之ᄒᆞᆯ지니惟諸公은念之哉인저

官報

◎三千三百三十六號 光武九年十二月二十九日

◎宮廷錄事

禮式院掌禮卿臣尹容植謹
奏今此祔 廟日 宗廟時 神龕詣 皇帝 皇太子祗迎處所當爲磨鍊而取考各年謄錄 昌慶宮則明政門外 昌德宮則仁政門外 慶運宮則用成門外磨鍊矣今番則以何處擧行乎敢 奏
光武九年十二月二十五日奉
旨安禮門外磨鍊

禮式院掌禮卿臣尹容植謹
奏來丙午正月二十五日祔 太廟後翌日 陳賀 頒詔時 皇太子進箋詞行禮之節依例磨鍊乎敢 奏
光武九年十二月二十五日奉
旨依例磨鍊

禮式院掌禮卿臣尹容植謹
奏 孝惠殿禫祭在於來丙午正月初一日矣正朝旣係禫後似當有百官 朝賀之節而謹稽謄錄則 孝成殿禫祭在於丁酉正月初一日而因禮判 筵奏 朝賀適與禫事同日以餘哀未盡 正朝 朝賀仍爲停止矣今亦依此例來丙午正朝 朝賀停止何如謹上 奏
光武九年十二月二十六日奉
旨依奏

◎光武十年度歲入歲出總豫算表(續)

第五項諸手當九百七十二圜
第六項糧食費四萬四千二百二十圜
第三款騎兵隊一萬七千三百九十八圜
第一項俸給三千二百二十圜
第二項下士卒給料六千八百十圜
第三項廳費六百七圜
第四項雜給及雜費十圜
第五項諸手當五百四十圜
第六項糧食費二千三百七十三圜
第七項馬匹費五百六十三圜
第八項馬裝費三千二百七十五圜
第四款砲兵隊一萬八千一百六十九圜
第一項俸給二千八百八十三圜
第二項下士卒給料八千二百十四圜
第三項廳費八百七十三圜
第四項雜給及雜費一百三十圜
第五項諸手當四百三十二圜
第六項糧食費二千九百二十圜
(未完)

外報

◎德艦來日 德國東洋艦隊ᄂᆞᆫ今番本國回航의命令을接ᄒᆞ얏ᄂᆞᆫᄃᆡ其途次의日本에來航ᄒᆞ겟고又各港灣을巡航ᄒᆞᆯ터인ᄃᆡ不遠間舳艫相連ᄒᆞ야來航ᄒᆞ리라더라

◎撫高索兵 十二日倫敦發電을據ᄒᆞᆫ즉俄國皇帝게셔詔勅을發ᄒᆞ야高索克兵이恒常皇室에忠實ᄒᆞ며帝國의秩序를維持ᄒᆞᆷ에參與ᄒᆞ야努力ᄒᆞᆷ을感謝ᄒᆞ다ᄒᆞ더라

◎組織一國 十四日維也納發電을據ᄒᆞᆫ즉俄國리우오니아州首府리가重要港灣及城砦ᄂᆞᆫ暴徒의게包圍ᄒᆞ얏고市街에셔殺害ᄒᆞᆫ者가頗多ᄒᆞ며假政府를組織ᄒᆞ고리우오니아州의獨立을布告ᄒᆞ얏스며夫來處ᄂᆞᆫ恐慌을惹起ᄒᆞ얏고援兵은同地에派遣ᄒᆞ얏더라

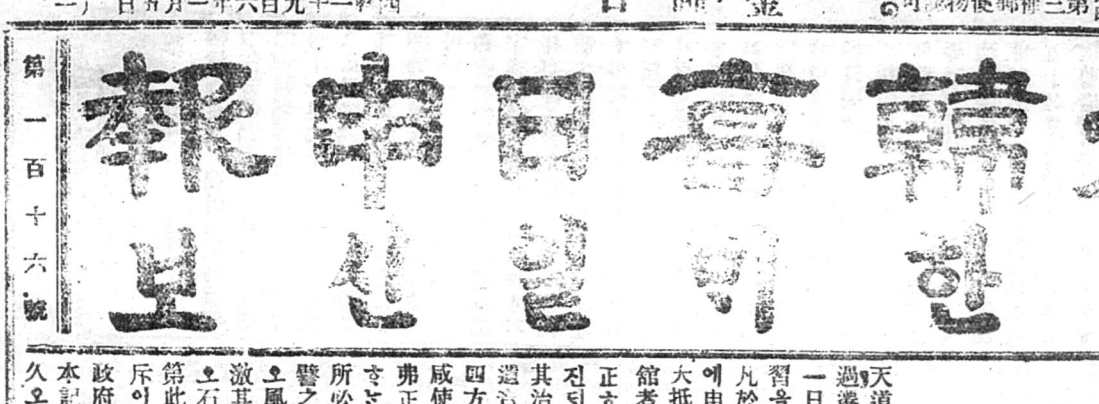

◎韓國關稅倉庫設立 韓國政府에셔目賀田顧問과協議ᄒᆞ야貿易외機關에資ᄒᆞᆷ을爲ᄒᆞ야南大門停車場構內에關稅倉庫를設立ᄒᆞ기로決ᄒᆞ고京釜鐵道와同盟ᄒᆞ야來春에建築ᄒᆞ겟고手續緣由로同倉庫ᄂᆞᆫ共同倉庫와連絡을通ᄒᆞ야金融機關이되ᄒᆞᆯ方針이되얏다더라

雜報

●檢査稅簿 慶尙南道觀察府留任警務顧問補佐員中川文三郎帶同通譯巡檢各一人ᄒᆞ고陰曆十一月二十三日에自河東郡으로昆陽郡에抵到ᄒᆞ야結稅收捧多少와稅簿新式欵項을接檢顧問ᄒᆞᆫ後에泗川郡으로發向ᄒᆞ얏다더라

●崇佛行悖 全羅北道長水郡守鄭休鐸氏가法部에報告ᄒᆞ되任實淨土會長徐相회가率其徒黨ᄒᆞ고橫行村閭ᄒᆞ야搶奪民產ᄒᆞ야突入官房ᄒᆞ야포喝官長이無所不至이고且雜類를務同ᄒᆞ야百數屠牛이옵기該非理違訟ᄒᆞᄂᆞᆫ會徒等을幷爲拘囚郡獄ᄒᆞ고依部訓指名報告ᄒᆞ오니酌施當律ᄒᆞᆯ意로本道觀察府로轉飭ᄒᆞ라ᄒᆞ얏더라

●日兵分住 平安北道觀察使李根豐氏가內部에報告ᄒᆞᆫ內槪에陰曆十一月十八日에管下江界郡來駐日本陸軍少尉丈山權治ᄂᆞᆫ率兵三十五名ᄒᆞ고厚昌郡에出住하고高橋信次郞은率兵五十名ᄒᆞ고慈城郡에出住ᄒᆞ고軍曹岩野貞藏은率兵二十名ᄒᆞ고該郡文玉면滿浦鎭에出住ᄒᆞ고曹長大橋寅藏은率兵十名ᄒᆞ고該郡漁雷坊에出住라ᄒᆞ얏더라

●梨峴賊警 再昨日上午二時에梨峴金殷鎬家에賊漢五名이各持六穴砲하고越墻突入하야方爲搜探之際에該家主가呼賊突出하야一幷逐送하얏ᄂᆞᆫᄃᆡ該坊巡檢은可爲尸位素餐이라하더라

●判任試才 內部에서判任官諸人을作文과算術로시驗ᄒᆞ야其任免을定行ᄒᆞᆫ다ᄒᆞ니幾年來寥寥無言이다가瞥然問此擧가有ᄒᆞ니睡夢이驚醒되야恢公ᄒᆞᄂᆞᆫ貌樣인지其主見을難測ᄒᆞᆫ더러該大臣以下勅奏任諸人은作文算術等事에巨皆간熟이라ᄒᆞ야判任官만시驗ᄒᆞᄂᆞᆫ지內容을不知하깃다더라

●義市演說 日本政友會觀察員掛村榮佑가義州市場에來到하야今番新條約後에兩國間交誼가尤極親密ᄒᆞᆫ意로一場演說後에向往于淸國沙河子地方事로義州警務署摠巡이內部에報告하얏더라

●警官減定 各道觀察府與各港市에警務官은廢止하고只以摠巡一人式設置하고巡檢은二十人式定額事로內部에서各道各港市에訓令하얏더라

●紙鳶禁止 人民嚴若은一依告示하야期於貸利와兒孩紙鳶은一切嚴禁事로警廳에서各署에電訓하얏다더라

●孫氏還國 天道敎主孫秉熙氏가遊覽外國이于今十有餘年이라來二月初四日로還國ᄒᆞᆯ預定이라더라

●嚴禁倡義 倡義煽動者를闔闔安堵ᄒᆞᆯ意로內部에서十三道에發訓하되所謂倡義通文은一切收上하고召集人衆은嚴切痛禁ᄒᆞᆯ事로內部에서各觀察에게電飭하야自各該관察府로亦爲飛飭各郡하라하얏더라

●大韓國學十록氏의敎育 意見 續

健全ᄒᆞᆫ身體에健全ᄒᆞᆫ心意가存在ᄒᆞᆫ다ᄒᆞᆷ은氏의敎育上大眼目이니其言이簡明ᄒᆞ야能히人生幸福의狀況을進盡ᄒᆞᆷ에足다ᄒᆞᆫ건全ᄒᆞᆫ身體와且全ᄒᆞᆫ精神의二者가兼有ᄒᆞ면誠是完全ᄒᆞᆫ人이오若其缺一이면不具를未免이니敎育은此兩者를得ᄒᆞᄂᆞᆫ것이其終極에目的이라敎育을廣意로解釋ᄒᆞ면人生을塑作ᄒᆞᄂᆞᆫ力이라云ᄒᆞᆯ지니幼兒가最初의境遇와幷其感化로將來를可卜ᄒᆞᆯ지니敎育의如何ᄒᆞᆷ으로因ᄒᆞ야人物의如何ᄒᆞᆷ을成ᄒᆞᄂᆞᆫ지라幼兒ᄂᆞᆫ身體와精神이共히柔軟ᄒᆞ야草木의萌芽와恰如ᄒᆞ니此時期의受ᄒᆞᆫ細微ᄒᆞᆫ感化가後來에不可變ᄒᆞᆯ結果를生ᄒᆞᄂᆞ니家庭敎育의必要ᄒᆞᆷ과兒童敎育에貴重ᄒᆞᆷ을論ᄒᆞ고書籍을徒讀ᄒᆞᆷ이敎育의本務가아니오實際의適宜ᄒᆞᆫ人物을造成ᄒᆞᆷ으로써其目的을ᄉᆞᆷ으니라 未完

●普昌시驗 江華府普昌學校의學業이振興ᄒᆞᆷ은已所稱知어니와昨年年終시驗의普通科優等은補秉珪朴俊成黃완朱允成이오小學科二學年은甲級은李德成金福永이오乙級은田世昌朴在鳳이오小學科一學年은李春喜金永禧金淳浩인ᄃᆡ吾儕ᄂᆞᆫ該校學員들이益加勉勵하야成就其才器ᄒᆞᆷ을十分企祝하노라

●日兵刺人 本月二日에남署竹洞地에셔有一韓人車夫가驅牛而過ᄒᆞ더니適會日兵이過去라가觸車仆地ᄒᆞ니車夫가驚惶扶起ᄒᆞᆫ즉日兵이起[illegible]車夫衣領ᄒᆞ고手打其頰ᄒᆞ며足蹴其腹ᄒᆞ니車夫가百般哀乞ᄒᆞ되日兵이拔佩刀ᄒᆞ야[illegible]ᄒᆞ고又[illegible]其腹ᄒᆞᆫ즉車夫ᄂᆞᆫ一聲의[illegible]血流藉ᄒᆞ니觀者가鼻酸이라ᄒᆞ더라

●郭氏疏批 待罪臣郭鍾錫冀辭 召命疏 批旨省疏具悉爾懇苦欲一面有所諮議旣抵城闉便卽[illegible]日[illegible]勞頓之餘愼奉處[illegible]便宜第調將待少間亟圖上來筵對又何可言辭而其[illegible]之事[illegible]方宮[illegible]論라ᄒᆞ옵셧더라

●晉察電飭 慶남觀察使가內部에電報하되依敎當日飛飭各郡하야若有此弊通文이거든嚴切痛[illegible]하고亦卽捉上하라하얏다더라

●貢蔘疏怨 宮內府에서내部에照會하되江界慈城厚昌三郡年例貢蔘所納이自[illegible]하야固不可一毫疎忽이니各該郡守가宜其十分惕念에至誠董飭하야以圖完納之不暇이거날[illegible]하고不勤董飭하야至有欠縮夥多之境하니擬以事體에萬萬駭然이라此不可以尋常處之니照律奏稟하와該三郡守ᄂᆞᆫ爲先從重示懲하라하얏더라

●崔氏可獎 忠남觀察使署理權泰容氏가내部에報告하되本府經務官崔麟洛은人本綜明에性且廉直이라旣已於章程하고又慣於日語하야警務焉次第就緖ᄒᆞ고交涉[illegible]하얏다더니聲譽藹著하니宜有勸獎之朝家處分이온ᄃᆡ今當廢止에非但衆情之惜去라論以本府形便에非此莫可이온즉新任摠巡中鉉과ᄂᆞᆫ從他調用하고以崔麟洛으로移任摠巡하와責以成效[illegible]恐未知何如이온지府處分하라하얏더라

●橋費請撥 咸남觀察使[illegible]氏가내部에報告하되道내各郡橋梁費之末由區處ᄂᆞᆫ無論不然而今年段軍行來往之際에其所結構가一變規模하야其廣高하고益其堅固ᄒᆞᆷ으로其所入費가比前十倍이온바本興[illegible]龍興江濟仁江橋白山[illegible]三處役費合一萬四千四百八十二兩七錢一分이오定平郡金江橋役費五千七百七十九兩四錢五分이오咸興郡萬歲橋[illegible]川橋等七處役費合一萬八千二十五兩五錢[illegible]分이오洪原郡西大川橋役費一萬三千一百八十四兩이오端川郡三大川橋役費六千二百十九兩共合五萬七千五百九十兩七錢을照會度支部ᄒᆞ야卽爲劃[illegible]ᄒᆞ라ᄒᆞ얏더라

●溫[illegible]撰與 新門外藥峴所在溫[illegible]에서敎員諸氏가熱心으로敎導ᄒᆞ야學徒가日以增加ᄒᆞ며學[illegible]가漸益擴張ᄒᆞ야名譽遠播ᄒᆞᆷ으로各地方學徒들이聞慕者頗多ᄒᆞ야將次支熟을四方에擴立ᄒᆞᆯ計劃인ᄃᆡ支熟擴設의ᄂᆞᆫ該[illegible]發起ᄒᆞᆫ諸氏가擔任ᄒᆞᆫ기로成就不難이라고人多稱譽ᄒᆞᆫ다더라

●[illegible]賊警 去十二[illegible]日에水標與隆部[illegible]에賊漢六名이各持六穴砲ᄒᆞ고突入ᄒᆞ야銀錢市錢財를奪取而去ᄒᆞ고同月二十[illegible]門外송[illegible]家에[illegible]賊突入ᄒᆞ야鍮屬與錢財를[illegible]ᄒᆞ고同日에隆德[illegible]一家에[illegible]한賊名이突入ᄒᆞ야什物을多數奪去ᄒᆞ얏으로[illegible]理가내部에報ᄒᆞ얏다더라

寄書

●나라붓잡을방침 이국형

이것보고시험키안으려거든당초에보지말고보고시험허시려거든정신차려보시고좀성의혀여시험허시오

아리나라가잇사ᄒᆞ여이지경이르럿소무슨판계로이지경에으럿소여러가지리유ᄒᆞ의지마ᄂᆞᆫ제일큰관계ᄂᆞᆫ니綿物產(쥬우리나라물건과ᄂᆞᆫ(쥬수리나라사ᄅᆞᆷ이만든물건)을연슈이알고낫게알고슈여게녀이고쓰지안코입지안어이지경에일으럿소정신차려정신차려잠을ᄭᅢ여눈을ᄯᅳ오지금이라도그것만쓰고입고ᄉᆞ고하게되면나라회복ᄒᆞᆯ슈잇소이쳔만동포네이쳔만동포님네입을옷을자세살펴보고뒤지버보고ᄯᅩ드며보고뜻고보오니지물산이나우리동포ᄉᆞ고든거일호나잇나보오업나보오혹간잇ᄯᅡᄒᆞ여도며분의일이올세 미완

●特別廣告

本申報分發等事를仁川租峴開新冊肆李東皓氏에게委托ᄒᆞ고去月三日爲始ᄒᆞ야逐號下送ᄒᆞ오니購讀ᄒᆞ시ᄂᆞᆫ僉君子ᄂᆞᆫ照亮購독ᄒᆞ시며代金도同氏에게傳致ᄒᆞ심을爲要

大韓每日申報社　告白

寄書

警告二千萬同胞　李奎燮

嗚呼痛哉로다時局形便이여國家의羞恥와臣民의恥辱이至今何如ᄒᆞᆫ地境에達ᄒᆞᆫ거슨世界各國이衆所共知ᄒᆞᄂᆞᆫ바어니와

大抵其罪가誰에게在ᄒᆞᆫ야ᄒᆞ면余ᄂᆞᆫ써호ᄃᆡ우리百姓이愚昧ᄒᆞᆷ으로由ᄒᆞ얏다ᄒᆞᆯ지라

우리上天에在ᄒᆞ신大主宰께셔世界萬物를造成ᄒᆞ실時에吾人이上等動物이되여낫다ᄒᆞᆯ거슨곳一層特異ᄒᆞᆫ知覺이有ᄒᆞᆷ이니知覺이란거슨將次何事를做ᄒᆞ던지不做ᄒᆞ던지何事가利ᄒᆞ던지害ᄒᆞ던지此를分揀ᄒᆞᆯ거신ᄃᆡ

環顧ᄒᆞᆫ건ᄃᆡ우리全國同胞들은今日國勢民情이此境에至ᄒᆞᆯ거슨何故로預先想覺지못ᄒᆞ얏소

余도또ᄒᆞᆫ其責望을不免ᄒᆞ려니와第一國民教育이無ᄒᆞ야民心團體가不成ᄒᆞᆫ緣故니更히誰를怨望ᄒᆞ라오至寃ᄒᆞ고痛憤ᄒᆞᆫ中에至今이라도

檣傾집摧ᄒᆞᆫ船中에셔狂風波濤를値ᄒᆞ야ᄉᆞ되오히려齁齁長睡ᄒᆞᆯ쌘이니此를엇지人生이니上等動物이니稱謂ᄒᆞ리오

相彼螻蟻도雨來ᄒᆞᆯ거슨先知ᄒᆞ고視彼鵲鳥도風吹ᄒᆞᆯ거슬先知ᄒᆞᆫ다ᄒᆞ얏거든엇지人生의形體를具ᄒᆞ고도로혀彼微物만도不如ᄒᆞᆫ지

眞個心焦ᄒᆞ고氣塞ᄒᆞᄂᆞᆫ事로다

古人이云ᄒᆞ되二人이同心ᄒᆞ면其利銳ᄒᆞᆷ이金을斷ᄒᆞᆫ다ᄒᆞ얏스니

만일全國人民이一爲團體를成ᄒᆞ얏스면壓制政治도不受ᄒᆞᆯ것이오霹靂도畏懼ᄒᆞᆯ것이無ᄒᆞᆯ지니惟願ᄒᆞᆫ건ᄃᆡ

우리全國同胞兄弟들은一世上에人生이라고되엿ᄂᆞᆫ것이所謂高等動物된理由를深思之ᄒᆞ야비록

今日븟터라도急急히利害得失을分揀ᄒᆞ야士農工商新學問을各其目的으로勉力하야一心經營ᄒᆞ면十年의不遇ᄒᆞ야國家가中興하고人民이全活ᄒᆞ려니와만일伊前風俗과ᄀᆞᆺ치私權을恃ᄒᆞ고셔로凌蔑ᄒᆞ던지僻惰自逸ᄒᆞ고遊衣遊食을企圖ᄒᆞ던지此等諸般惡習을一刀割斷치아니ᄒᆞ면目下에奴隷之辱은姑舍ᄒᆞ고他人奴隷下에禽獸待遇를不免ᄒᆞ리니

부ᄃᆡ부ᄃᆡ精神차려아모조록人生의職分을稍히介得ᄒᆞᆯ기를思之念之ᄒᆞ시오

雜報

●鄕老로訪問醫의生싱이라　속

로인이박장대소왈그ᄃᆡ가남을약먹넌다고ᄒᆞ지말고ᄌᆞ긔벗텀약먹을일이로다바랄거슬바라지그러케되기를엇지바라리오가위병풍숑셩ᄒᆞᆫ사람의말과비젓ᄒᆞ도다

그되지못ᄒᆞᆯ유를ᄃᆡ강셜명ᄒᆞᆯ터이니ᄌᆞ셔히들어보소ᄃᆡ더갑국과을국이잇셔무ᄉᆞᆷ일이던지갑국에리롭게ᄒᆞᆯ일이을국에ᄂᆞᆫ히되ᄂᆞᆫ일이지잇지라ᄒᆞ가업다ᄒᆞ리오

이졔일본파우리나라ᄉᆞ이에일본에리되ᄂᆞᆫ일은우리나라에히되ᄂᆞᆫ일이라여러ᄉᆞ소ᄒᆞᆫ일은그만두고

근번신죠약으로보게드면웅당일본에ᄂᆞᆫ영화롭다ᄒᆞᆯ여니와우리나라에야그런낭퓌가어ᄃᆡ잇나그러케로미루여보면지금당국ᄌᆞ들이만일우리나라에유용지인갓흐면져사람네들이그져잇슬터인가발셔면관ᄒᆞ라논권고도만이ᄒᆞ엿슬터이오

방츅향리도만이되엿슬터이오

일본으로ᄯᅩ구경도만이갓슬터이오ᄉᆞ령부에갓치기도만이ᄒᆞ엿슬터이나

그것은셔로혀슌샤한병으로보호를ᄒᆞ야쥰다ᄒᆞ니그런것보게드면소위졍부ᄃᆡ관이라ᄂᆞᆫ쟈들을사람으로보지안코도목우인갓치아라명석으로ᄃᆡ선이라고졍부와안쳐노코져의일들ᄒᆞ여가ᄌᆞᄂᆞᆫ의ᄉᆞ인고로언필칭숑청궁금을ᄒᆞ여라

정부조직을ᄒᆞ여라ᄒᆞ고권고ᄂᆞᆫᄒᆞᆫ다ᄒᆞ되그런락신져ᄌᆞ를조졍에두고셔숑청궁금이엇지되며

정부조직이무엇인가

말인즉언졍리슌하게숑청궁금

정부조직이라하나졍부조직도

다틀니고숑정궁금도다틀엿네

미완

平理院首班檢事李圭桓氏ᄂᆞᆫ何許行爲인지用赦與官報上放釋ᄒᆞᆫ觀察郡守의贓錢을流涎ᄒᆞ야方在拘囚中에憑公私橐ᄒᆞᆫ다ᄂᆞᆫ巷說紛紛ᄒᆞᆫᄃᆡ裁判長과亞席檢事들은無相關이라ᄒᆞ니該氏의慾이얼러ᄒᆞ고姓名保存ᄒᆞᆯᄂᆞᆫ지

廣告

特別廣告

本申報는[illegible]電報部接ᄒᆞ야[illegible]迅速ᄒᆞ고外國도[illegible]ᄒᆞ[illegible]發送ᄒᆞ[illegible]기ᄂᆞᆫ分[illegible]本社[illegible]傳人의[illegible]申[illegible]ᄒᆞ[illegible]君子[illegible]材學ᄒᆞ도[illegible]ᄒᆞ고勤勞ᄒᆞ야發生[illegible]論ᄒᆞ야必[illegible]期待ᄒᆞᆸᄂᆞ이다

本社에寄書ᄒᆞ시는諸君子는姓名과居住를明記ᄒᆞ야懇錄送附ᄒᆞ시와設或揭載가有ᄒᆞ계ᄒᆞᆷ을必要ᄒᆞᆷ이오公衆平和와ᄒᆞᆫ秩序를紊亂케ᄒᆞ는書類와社會上不經荒雜ᄒᆞᆫ書簡은不受ᄒᆞ는權利가本社에自有ᄒᆞ오니肯諒ᄒᆞ시옵

大韓每日申報社

◉雜誌發刊廣告

今에數理學雜誌를(每月五日一回定刊)發刊ᄒᆞ야教師諸氏의教科材料를敢助ᄒᆞ고學生諸氏의獨學材料를供給코져ᄒᆞ오니有志諸氏는購讀ᄒᆞ심을切望

(但一部定價는新貨陸錢)

南大門內尙洞德公館右便
青年學院內　數理學雜誌社

鍾路大東書市
布屛下金相萬冊肆
仁川[illegible]冊肆

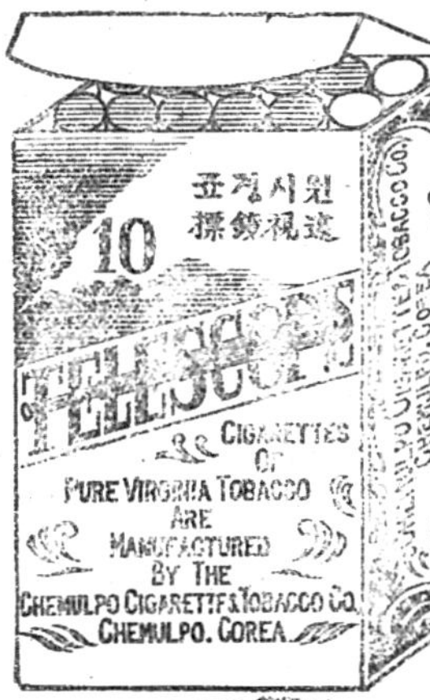

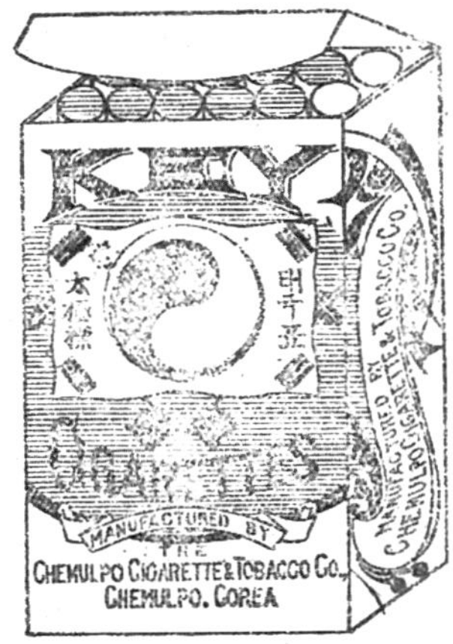

以上三種은上品으로製造ᄒᆞ야衛生上에至極有益ᄒᆞ니母論某人ᄒᆞ고本社에來ᄒᆞ심을願ᄒᆞ옵

大韓帝國仁川港
濟物浦紙卷烟及烟草會社

一 鷹標罐濃詰牛乳
一 金印罐詰濃結牛乳
一 無糖家用氣化乳酪
一 쏘ㅣ든쓰製造麥芽化合牛乳

以上은當時에貯積ᄒᆞ얏숩

美國紐育港쏘ㅣ든쓰濃縮牛乳會社

一手代理店

大韓仁川港
世昌洋行

◉九轉[illegible]砂라 本人이妙方法을神備하야製造ᄒᆞᆫ靈丹인ᄃᆡ男女老少에無論何症ᄒᆞ고通治ᄒᆞ오며無病時에도服ᄒᆞ면平生의身體가健康ᄒᆞ니小兒ᄂᆞᆫ四五錢重만服ᄒᆞ면十歲안에無病ᄒᆞ기를確保ᄒᆞ오며

◉九轉[illegible]砂[illegible]丹은癲狂 癎症과中風諸疾과五日諸病과淋疾에神効ᄒᆞ오

◉九轉[illegible]砂保命丹은初生小兒 驚風 癎氣 咳嗽 腹痛諸般惡症에 効ᄒᆞ오、

◉九轉[illegible]砂[illegible]丹은酒滯 食滯 血積 吐瀉 霍亂 痢疾 吐血 下血 運氣 時疾 疝症에神効ᄒᆞ오

◉九轉[illegible]砂紫金丹은痔漏 累癧 上疳瘡 下疳瘡及唐瘡과諸般[illegible]種에無不神効ᄒᆞ오니 僉君子는來問ᄒᆞ시오

[illegible]골上隅第一家　李鍾廷移徙 告白

◎本社廣告

本社新聞을西北等地에廣佈ᄒᆞ기爲ᄒᆞ야平壤金[illegible]川安濟是渡金[illegible]託ᄒᆞ고逐號下送ᄒᆞ[illegible]有意ᄒᆞ신僉君子는三[illegible]ᄒᆞ시며金도三[illegible]ᄒᆞ심을爲要

大韓每日申報社

本社廣告

申報價

一張代金	新貨一錢五厘
一箇月前金	三十錢
三箇月	九十錢
六箇月	一元七十錢
一箇年	三元四十錢
郵稅一部	[illegible]
一箇月	十[illegible]

廣告料

四號活字十三字詰每日每英尺一寸에新貨廿五錢(每日每行에六錢에相當ᄒᆞᆷ)
二個日에 一圜五十錢(每日每行四錢五厘에相當)
一箇月에 五圜(每日每行[illegible]에相當)
其期限의長短과[illegible]를依ᄒᆞ야增減[illegible]

大韓人마다此申報[illegible]覽ᄒᆞ실터이오니廣告[illegible]僉君子는來臨面議ᄒᆞ시옵

發行兼編輯人 [illegible]
發行所 京城[illegible]
大韓每日申報社

第四卷 大韓每日申報 대한매일신보 第一百十七號

月曜及慶節歲時日休刊

檀君開國四千二百三十八年
箕子元年三千二十七年
大韓開國五百十四年
日本明治三十八年
淸國光緖三十一年
陰曆乙巳十二月十二日庚戌

論說

務望興學 一

本記者ㅣ入此新年하야大韓國家의命運과人民의幸福을爲ᄒᆞ야最히企祝希望ᄒᆞᄂᆞᆫ者ᄂᆞᆫ國內에學校가취增하야敎育이興旺홈이로다現今大韓國勢를貶論하ᄂᆞᆫ者가雖曰末如之境에至하얏다하나

本記者所見에ᄂᆞᆫ但敎育一事만興旺하게되면綴旒ᄒᆞᆫ國脈을可以回蘇ᄒᆞᆯ것이오墮地ᄒᆞᆫ國權을可以克復ᄒᆞᆯ지니

使韓國人士로甘作他人之隷ᄒᆞ고不有國家之思想이면已矣勿言이어니와欲使其國으로復其獨立之光榮ᄒᆞ고欲使其民으로不失其自由之權利면오작敎育을擴ᄒᆞ야民智를發達케홈이第一要務니

大哉라敎育之力이여垂絶ᄒᆞᆫ國運을挽回하고瀕死ᄒᆞᆫ人民을蘇活케ᄒᆞᄂᆞᆫ者로다何以證之오昔에普魯士가法皇拿破倫의게大敗ᄒᆞᆫ바되야疆土ᄂᆞᆫ將次法의藩屬이오君臣은將次法의臣妾이될지라

普國賢相須太氏曰國家의大恥를雪코져ᄒᆞᆯ진ᄃᆡ반다시國民을先敎ᄒᆞ야忠君親上之心을培養ᄒᆞ리라ᄒᆞᆫᄃᆡ

普王이其言을用ᄒᆞ야國步艱難之際에銳意熱心으로敎育을專力ᄒᆞ더니其後六十年에法國과開戰ᄒᆞ야城下之盟을受ᄒᆞ고果鉅萬償金을徵ᄒᆞ고二州之地를割ᄒᆞ야普國에屬ᄒᆞ니

由是로普將毛兒杜計氏曰今日我國이法國을勝홈은其功이宜歸於小學校라ᄒᆞᆫ지라由此觀之컨ᄃᆡ變弱爲强ᄒᆞ고化腐爲新ᄒᆞᄂᆞᆫ無上妙法은敎育이是也니

韓國人士ᄂᆞᆫ將來에奴隷와牛馬를免ᄒᆞ고自由獨立을回復고저ᄒᆞ거든急急히學校를設立ᄒᆞ야敎育을振興ᄒᆞ여보시오

官報

◉三千三百三十六號 光武九年十二月二十九日

◉宮廷錄事

議政府議政入臣臨時署理學部大臣臣李完用謹奏來丙午陰曆曆을將爲頒賜이온ᄃᆡ宗室宗親과曾經議政府議政과奎章院閣奉任官과女官과各道觀察使牧使府尹郡守出使外國人員의게次紙印件으로頒給ᄒᆞ오미何如謹上 奏

光武九年十二月二十三日奉旨依奏

◉敍任及辭令

平理院判事李種聖 依願免本官

前檢事鄭錫圭 任平理院判事叙奏任官四等

以上十二月二十三日

◉光武十年度歲入歲出總豫算表 續

第七項兵器費三百圓
第八項馬匹費二百二圓
第九項馬裝費五百八十八圓
第十項旅費一千六百二十七圓
第九款工兵隊一萬八千二百九十五圓
第一項俸給二千九百八十[illegible]
第二項給料下士卒一萬一百七十圓
第三項廳費九百四十圓
第四項雜給及雜費十五圓
第五項諸手當五百四十圓
第六項糧食費三千六百五十圓
第六款侍衛軍樂隊九千三百五十三圓
第一項俸給八百四十圓
第二項給料下士卒五千七百三十九圓
第三項廳費四百十一圓
第四項雜給及雜費三百七十圓
第五項糧食費一千八百四十三圓
第六項兵器費一百五十圓
第七款憲兵隊三萬二千九百七十三圓
第一項俸給九千五百九十三圓
第二項給料下士卒一萬四千二百八十六圓
第三項廳費一千八百二十圓
第四項旅費四百圓
第五項雜給及雜費二百八十五圓
第六項諸手當一千八百三十六圓
第七項糧食費四千四百七十一圓
第八項馬匹費三十二圓
第九項馬裝비二百二十五圓
第十項糧秣비二十五圓
第八款鎭衛隊三十六萬七千一百十一圓
第一項俸給六萬八千五十八圓
第二項給料下士卒十一萬一千五百十四圓
第三項廳비一萬四千六百十七圓
第四項旅비二千二百十圓
第五項雜給及雜비三百四十圓
第六項諸手當一千九百十二圓
第七項糧食비八萬八千八百六十圓
第九款陸軍法院一萬一千九百三十圓
第一項俸給八千九百圓
第二項廳비六百八十圓
第三項旅비一百圓
第四항雜給及雜비一千四百四十圓
第五항罪囚비[illegible]十圓

外報

◉斷普及[illegible]俄國各州[illegible]令을不施[illegible]ᄒᆞ얏더니最[illegible]으로武斷的[illegible]에게附與ᄒᆞ얏더라

◉共和宣告 [illegible]俄國리가[illegible]俄國의[illegible]라

◉赴任中止 [illegible]殖民局長도구도[illegible]公[illegible]「구리스지야녀야」[illegible]赴任[illegible]中止되얏다더라

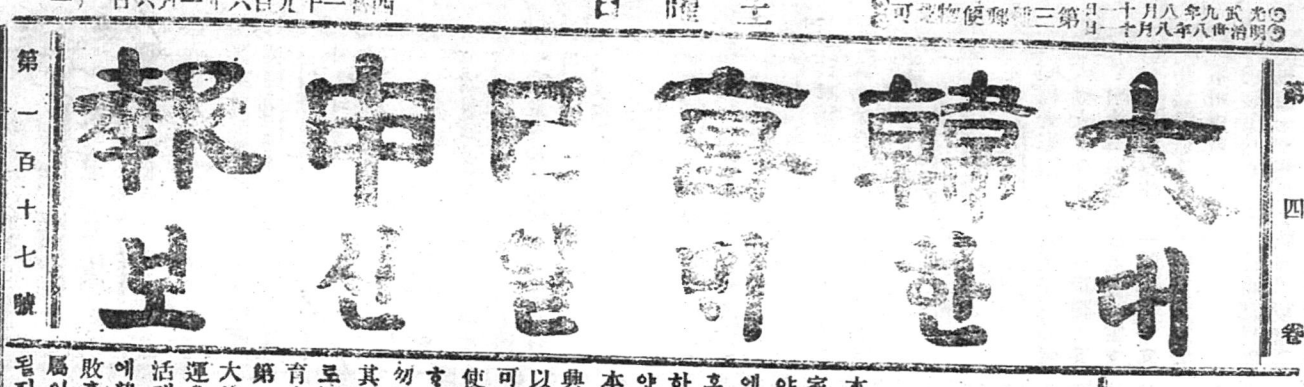

◉日本滿韓[illegible] 日本[illegible]長春及遼陽以南에駐屯[illegible]師團은二[illegible]團으로[illegible]一個師團各[illegible]兵을[illegible]더니滿洲總督은此를統轄ᄒᆞ고總督府ᄂᆞᆫ[illegible]奉天에置ᄒᆞ고[illegible]에至ᄒᆞ야ᄂᆞᆫ遼陽에移ᄒᆞᆯ지오然而又ᄂᆞᆫ第十四師團(團長士屋中將)及第十六師團(團長山中中將)은鐵道守備隊로十[illegible]殘留ᄒᆞ고第十四團은奉天錦州間에第十六師團은錦州以南에駐屯ᄒᆞ깃고又營口及金州의兩地에ᄂᆞᆫ別로一個聯隊식[illegible]ᄒᆞ고又ᄂᆞᆫ兩地間에二[illegible]ᄒᆞ고又第十二師[illegible]中隊와第十五師團[illegible]神原[illegible]綏間에駐屯[illegible]韓國에[illegible]ᄒᆞ야[illegible]ᄒᆞ더라

東京電報

●列國皇帝御親電　一月一日午後零時十分發

日本皇室에셔ᄂᆞᆫ本年붓터德國、英國、西班牙、白耳義、意大利、及暹羅皇帝의게御親電을受ᄒᆞ기로되얏다더라

●英國皇族　三日午後一時十五分發

英國皇族콘놋親王殿下게셔ᄂᆞᆫ來二月十九日에橫濱에御着港ᄒᆞᆯ行으로其前에御內報가有ᄒᆞ더라

●日本各軍司令部凱旋　一月四日午後三時五十六分發

第二軍以下各郡司令部ᄂᆞᆫ來二十日ᄭᆞ지에東京에凱旋ᄒᆞᆯ豫定이라더라

●名門名士永眠　仝上

日本皇太子妃殿下의御實文九條老公은今朝(四日朝)에逝去ᄒᆞ얏더라

雜報

●內大奏請　昨日上午三時에內部大臣李址鎔氏가詣闕上奏ᄒᆞ되十三道ᄂᆞᆫ更以八道改定ᄒᆞ야各道觀察使ᄂᆞᆫ一體解任ᄒᆞ고更爲差遣ᄒᆞᆯ事인ᄃᆡ將次實施가된다더라

●牖蒙熱心　平南江東郡權湖里居李奎變氏ᄂᆞᆫ時局의變遷ᄒᆞᆷ을觀ᄒᆞ고民智를開發케ᄒᆞ기爲ᄒᆞ야與耶蘇敎信徒中同志諸人으로學塾을設立ᄒᆞ고熱心勸勉ᄒᆞ야前途有望이라ᄒᆞ더라

●豐校試取　豐德郡公立學校敎員鄭芝錫氏가該校에셔冬期試驗을經ᄒᆞᆫ後三級生金형馥金利榮二人이卒業의被選되얏다더라

●富民可哀　富平毛月串面等地에賊黨이大熾ᄒᆞ야殺傷無數ᄒᆞ니殘氓이流離難保ᄒᆞ나本郡에셔救恤ᄒᆞᄂᆞᆫ方策이無ᄒᆞ기로政府에셔別般勸討ᄒᆞ야使民奠接케ᄒᆞ기를晝宵泣祝ᄒᆞᆫ다더라

●靑會討論　本月六日土曜下午七点鍾에皇城基督敎靑年會에셔治安之方은敎化가勝於法律이라ᄂᆞᆫ問題로討論ᄒᆞᆯ터인ᄃᆡ尹致昊南宮억鄭雲復崔炳憲金明濬呂炳鉉諸氏가可否便으로討論ᄒᆞᆫ다더라

●兩氏義捐　西來消息을聞ᄒᆞᆫ즉平北義州郡境內에耶蘇敎會小學校가十餘處오生徒가四百名인ᄃᆡ중學의資格도不少ᄒᆞ나중學校를姑未設立ᄒᆞᆷ으로有志人士가慨歎不已ᄒᆞ더니今者同志數十人이중學校를設立ᄒᆞᆯ經綸으로會議ᄒᆞᄂᆞᆫ중에平民趙臨兼金承浩兩氏가以其貧寠情勢로熱心이奮發ᄒᆞ야趙氏ᄂᆞᆫ新貨四圜金氏ᄂᆞᆫ新貨五圜으로自願補助ᄒᆞ얏다니全國人民이擧皆此兩氏의義氣心과同一ᄒᆞ면敎育의發達이實屬非難이라ᄒᆞ더라

●合郡何意　去年秋間에合郡之說이頗多ᄒᆞ다가仍爲還寢되얏더니今聞ᄒᆞᆫ즉다시合郡ᄒᆞᆫ다ᄒᆞ니現今結稅方督之際에合郡이되면民邑間弊瘼이必多ᄒᆞ리라고物論이有ᄒᆞ더라

●判任減額　日昨內部에셔判任官諸氏를作文으로試驗ᄒᆞ야黜陟ᄒᆞᆫ다더니內容을詳聞ᄒᆞᆫ즉該部判任官이合二十九人內에三人은不顧應시ᄒᆞ야自退ᄒᆞ고三人은應시後見汰하야合六人이減額되얏다더라

●牧場經始　崔東植氏가西署盤松坊近處에牧畜場을設置하고合五人이各其一萬兩式辦出하야合資經營하ᄂᆞᆫᄃᆡ임의漢城府에請願하야認許를得하야羊猪鷄三種을牧畜하기로ᄒᆞᆫ다더라

●實業有望　[illegible]京城內에有志ᄒᆞᆫ紳士들이近日實業上利益을覺悟하야森林과養蠶所를各各設始ᄒᆞᆯ計劃이有하다하니韓國實業이自此發達ᄒᆞᆯ듯하더라

●義兵捕縛　去十二月二十六日에日本守備隊兵丁三名이前往堤川郡等地하야義兵云之前郡守權鍾哲과平民姜仲明을捕縛하야其翌日에押付于可興憲兵隊駐站이다가同月三十日에押送于[illegible]中이라고忠北觀察使申泰熙氏가內部에報告하얏더라

●漢印改鑄　漢城判尹朴義秉氏가內部에報告하되本府官制를現已改正하와舊所使用之章은不容不更造이오니査照後本府尹之章을亟令鑄成送交하야俾便視務케하라하얏더라

●東山雨雪

近日街上小兒들이無腔調ᄒᆞᆫ時節歌를連袂歌之ᄒᆞᄂᆞᆫ바辭甚悽婉ᄒᆞ야有若憂時者然이고歌名은東山雨雪이라ᄂᆞᆫᄃᆡ其歌에曰

賣國ᄒᆞᄂᆞᆫ奸臣들아一身榮貴ᄒᆞ쟈ᄒᆞ야全國을販賣ᄒᆞ니神目이如電이라榮貴가몃칠이며二千万우리同胞ㅣ陷之死地어이ᄒᆞᆯ고商權農利諸般生涯ㅣ他人에게壓制밧고家屋田畓園林等屬他人에게占奪되면無政府ᄒᆞᆫ우리同胞ㅣ何人에게呼訴ᄒᆞ며何處에셔安身ᄒᆞ고可憐ᄒᆞ다우리同胞ㅣ一身困苦그만두고眼前에어린子女ㅣ日就月長ᄒᆞ거만은來頭情境싱각ᄒᆞ면奴隷虐待무ᄉᆞᆷ일고寒盡春生不遠ᄒᆞ니萬和方暢보련마ᄂᆞᆫ우리同胞어이ᄒᆞ야歎息으로消日ᄒᆞ노三韓古史議論ᄒᆞ면盛衰興亡삼속이라山有花ᄒᆞᆫ곡조로百濟를悲吊ᄒᆞ며瞻星臺노푼집은鷄林이寂寞ᄒᆞ고金馬山가ᄂᆞᆫ구름舊時顏色髣髴ᄒᆞ다美哉라漢陽山水여萬世王氣잇것마ᄂᆞᆫ時運이不利ᄒᆞᆫ가奸臣이作孼인가어제밤東山雨雪萬戶物色慘澹하다어화우리同胞들아上帝게恭敬ᄒᆞ고一心으로團體되야忠君愛國잇지말면東山雨雪지닌후에好時節를다시보세

●鎭倅請免　鐵山郡守鄭寅重氏가ᄂᆡ部에請願하얏ᄂᆞᆫᄃᆡ本員이[illegible]郡守除拜ᄒᆞᆫ後覲親次로下往鄕第이옵더니催促赴任하옵시나親病이轉益沈重하야萬無赴任之望하오니照亮後奏稟依免하라하얏더라

●滬報詳確　客年十一月十八日上海新報를據ᄒᆞᆫ즉韓日新條約의勸成ᄒᆞᆫ顚末을記載ᄒᆞᆫ것이甚히詳確하더라

●大英國學士흑氏의敎育意見　續

體育

氏가健全活潑ᄒᆞᆫ心意ᄂᆞᆫ健全活潑ᄒᆞᆫ身體에存在ᄒᆞᆫ다ᄒᆞᆷ으로써身體敎育의大注意를喚起ᄒᆞ야新鮮ᄒᆞᆫ空氣를呼吸ᄒᆞ며活潑ᄒᆞᆫ運動을奬勵ᄒᆞ며相當ᄒᆞᆫ睡眠時間과質素ᄒᆞᆫ飮食을給與ᄒᆞ되食時ᄂᆞᆫ兒童食欲可自然을任ᄒᆞ며酒類ᄂᆞᆫ一切嚴禁ᄒᆞ얏스며衣服은寬闊ᄒᆞ야身體에緊着치아니케ᄒᆞ며頭部와足部를冷ᄒᆞ게ᄒᆞ며野外에遊戲ᄒᆞ야日光에曝射케ᄒᆞ며其靴ᄂᆞᆫ柔軟케ᄒᆞ야水邊步行에適宜케ᄒᆞᆯ니라

德育

氏가德育으로써敎育初期에行ᄒᆞᆷ이可ᄒᆞ다ᄒᆞ며溫厚謹愼과善良ᄒᆞᆫ行動을涵養ᄒᆞ기爲ᄒᆞ야高尙ᄒᆞᆫ性情과善良ᄒᆞᆫ行爲等美德을具備케ᄒᆞ야兒童의良心에照ᄒᆞ야名譽를重히ᄒᆞ며恥辱을嫌ᄒᆞ게ᄒᆞᄂᆞᆫ것이可ᄒᆞᆫ所以를說明ᄒᆞ야其德性을養ᄒᆞ게ᄒᆞ되其敎師와兩親된者가嚴威로主ᄒᆞ야懲制ᄒᆞᆷ을[illegible]諫諭를用ᄒᆞ고[illegible]師父가다慈愛ᄒᆞᄂᆞᆫ道理로敎示ᄒᆞ야訓育ᄒᆞᆷ이可ᄒᆞ다論ᄒᆞ니라　未完

寄書

●나라보장을닥칠 이국셩 속

지금은시골ᄉᆞ람들도모다외국것안니입는ᄉᆞ람업고외국것안니쓰는ᄉᆞ람업쇼젼국에서보도쓰는셩양셕유권연변사ᄉᆞ리잠화그여에도면쳔몃ᄇᆡ가지잇ᄯᅥ지일일이다져쟈가ㅣ션군지면메나족되고졍션을하ᄂᆞᆫ다셥기지못ᄒᆞ겟네그만은고지산을외국인만존일하고우리동포쥬지안네외국지산은못ᄲᅡ라온들우리거나쳔ᄒᆞ여야지웃지하고이지경안니되오우리나라젼국에수입수츌좀알아보오들어보오나는기가막혀말할수업소엇지허자표그럿케들허엿는지알슈업는연고로다싱각좀허여보오아모죠록아모죠록우리나라물산만쓰고입고ᄉᆞ고허여보옵시다시힘허십시다지금은모양넨다호사허엿다잘입엇다허는ᄉᆞᄅᆞᆷ들은외국것만입고외국것만먹고외국것만가지고외국것만눈들메허고외국것만목올리미허고외국것만손에제워야모양냇다ᄒᆞᄉᆞ허엿다힘세허는ᄉᆞᄅᆞᆷ이라허니

미완

●特別廣告

本申報分販等事를仁川柤峴開新冊肆李東皓氏에게委托ᄒᆞ고去月三日爲始ᄒᆞ야逐號下送ᄒᆞ오니購讀ᄒᆞ시ᄂᆞᆫ僉君子ᄂᆞᆫ照亮購독ᄒᆞ시며代金도同氏에게傳致ᄒᆞ심을爲要

大韓每日申報社　告白

雜報

●綿花栽培　今日下오二時에農商工部에셔綿花栽培ᄒᆞᆯ事에對ᄒᆞ야爛商ᄒᆞᆯ事로評議員을會同ᄒᆞ얏다더라

●惜別宴會　日公館書記官秋原守一氏가日間還國ᄒᆞᆫ다ᄂᆞᆫ디韓廷各部大臣드리昨오에法大李夏榮氏邸에셔惜別宴을開催하얏다더라

●屠獸退期　農商工部에셔內部에照會하되懸房商民金殷集等의請願書를接據ᄒᆞᆫ즉五署內懸房營業을當此隆冬ᄒᆞ야屠獸於門外ᄂᆞᆫ乃是淸潔之法이오ᄂᆞᆫ猝地移運이尤難하와未免廢撤之境이오니慘惻情勢를姑爲垂察하오며明年陰曆正月十五日以後로退定實施케하야歲末生業을完實케홈을伏望이라ᄒᆞᆫ바査此屠獸場設施가係是刱初인즉懸房民之生疎難便이容或無怪요適際陰臘하야興販之繁閒과債路之通塞이亦不無影響之所及이다이온즉衆民之呼聒을亦宜有參商이니自貴部로轉飭警務廳하와自明日로陰曆明年正月十五日ᄭᆞ지所屠牛隻은各該懸房에셔依前作業케하고屠場規例ᄂᆞᆫ一自伊後로新行實施하오며懸房商況이可免損害오衛生事務에亦無大欠이니照亮遵施하라하얏더라

●一進被逐　再昨日下오七時에一進會員송秉俊氏가內大李址鎔氏家에前往하야何事를緣홈인지一場大鬧가起하얏ᄂᆞᆫ디該家保護巡檢의게被逐이되얏다더라

●學費欠縮　日本留學生監督代辦韓致愈氏가學部에報告ᄒᆞ얏ᄂᆞᆫ디前參書官朴正銑이留學生의十一月朔學費중犯用ᄒᆞᆫ것이爲八百七十五元인디右欠縮錢을自外務省으로督促莫甚하니即爲刷送하라하얏더라

●奏任시取　各府部院廳判任官은各該大臣이方將시取하거니와至於奏任官하야ᄂᆞᆫ政府에셔將次시取ᄒᆞᆫ다니各勅任官은何處에셔시驗選定ᄒᆞᆯᄂᆞᆫ지巷論이藉藉하더라

●鄕향老로訪방問문醫의生ᄉᆡᆼ이라　(속)

골룬산에불이나매옥셔이구분이라ᄂᆞᆫ푼슈로나라ᄂᆞᆫ그멧멧사람들의슈죵으로이디경을만드러노왓스나 그양화ᄂᆞᆫ전국동포가다당ᄒᆞ니 그를슬퍼ᄒᆞ노라 치쥬당졍긔샨쳥심환이무엇인가벽력화가맛당ᄒᆞ네의ᄉᆡᆼ왈옛말에일넛스되망ᄒᆞᆫ후에흥ᄒᆞᆫ다ᄒᆞ니금일우리나라형셰로말ᄒᆞᆯ진디흥힛다ᄒᆞᆯ슈업ᄂᆞᆫ지라 각국사람들이우리나라대관들은망국ᄃᆡ부라지목ᄒᆞ고우리나라빅셩들은망국지민이라지목ᄒᆞ니그지목을엇지원통타ᄒᆞ며엇지면ᄒᆞᆯ갯다ᄒᆞ리오지금이라도사람사람이각각마ᄋᆞᆷ을굿게ᄒᆞ고졍신을가다듬어나한아이이잘ᄒᆞ고보면전국이다잘될줄로알게드면거의거외바랍이잇스리라로인왈그ᄃᆡ말드르니극히유리ᄒᆞ야일번셔닷ᄂᆞᆫ마ᄋᆞᆷ도잇고일변붓그런마ᄋᆞᆷ도나ᄂᆞᆫ도다ᄂᆡ일노볼지라도이웃사람들이나를지목ᄒᆞ야망가옹이라하고나의ᄌᆞ질을지목하야망가ᄌᆞ데라하니나라일이ᄂᆡ일ᄀᆡ인의집안일이나다름이업도다나도근일에ᄂᆞᆫ전일을후회하고장ᄅᆡ를경계하야여간남은젼량과박토마지기를남의게부락지안코일일이간검하며ᄉᆞᄉᆞ이분별하야번화홈을물니치고안졍홈을숭상하며ᄉᆞ치을폐지하고검소홈을실시하야졀용졀검하얏더니젼량은젼빅되고박토ᄂᆞᆫ옥토되야여망이잇셔가니가ᄉᆞ도그러커던국ᄉᆞ라고달을손가

(미완)

廣告

本郡居송淳直承其叔母圖奪從弟畓之意로符同李鎬成藉托學文誘送其叔母於京ᄒᆞ야聲言曰大宅우前已廣告여니와淳直이畓土ᄂᆞᆫ期納學相이고淳直을聲討ᄒᆞᆫ社會ᄂᆞᆫ期於嚴懲云이기本人이昨往學大家設明則學相은在公未講ᄒᆞ고其子舍恒九氏曰此畓은既因社論官決而歸正則吾不相關이거날持論民社가有何後慮며吾家於平日에素不關此等不正之事온況乎此世에豈可乖衆論違官決而信聽彼妖婦悖漢之說乎아万無是理則須以吾言으로布喩鄕中云ᄒᆞ니右宅之正大와淳直之凶險을內外國人은照亮홈

全北礪山居　金永一　李秉彰

禧亨則高成元陳尙俊筮仕ᄒᆞᆫ官報三度와官服一件을小安洞李鳳九家任置ᄒᆞ얏더니見失ᄒᆞ얏슨즉官報ᄂᆞᆫ更可得見이여니와官服永爲見失云

李春成

아회일은광고

거월염간에십일세된아회을일엇ᄉᆞ오미일홈은계남이오ᄂᆞᆫ찌에험잇ᄉᆞᆸ고홍목쥬의에시골당혜신엇ᄉᆞ오니슈모시든지쥬다동남천변십오동구호로지시하시면후ᄉᆞ하오리다

됴경삼　빅

崔永旭의名字를以台植으로改正홈

崔台植　告白

平理院首班檢事李圭桓氏ᄂᆞᆫ何許行爲인지用赦典官報上放釋ᄒᆞᆫ觀察郡守의贓錢을流涎ᄒᆞ야方在捉囚中에憑公私橐ᄒᆞᆫ다ᄂᆞᆫ巷說紛紛ᄒᆞᆫ디裁判長과亞檢事들은無相關이라ᄒᆞ니該氏의懲悛이일러ᄒᆞ고姓名保存ᄒᆞᆯᄂᆞᆫ지

南哲圭　告白

●學員募集廣告　第二期

本校에셔法律學專門科(晝夜學)及理財學專門科(晝學科)學員을新募하오니願學人은本校에來하야請願應시ᄒᆞᆯ事

學科及規則은本校에來問ᄒᆞᆯ事

●시驗科目

國漢文　讀書、作文

算術　四則以內

●시驗日子

二月十三日(陰正月二十日)

光武十年一月四日

北署磚洞

普成專門學校

農商工部에셔各道觀察使의게訓令하고各郡各面에所種禾穀中從土宜하야多務種ᄒᆞᄂᆞᆫ租를一式封上하라하얏스니究其本意면各隨地質穀性하야務圖擴張農業之意也라夫何近日吏輩가藉此令勅하고民間濫收하야聽聞이浪藉하니爲其字牧者ᄂᆞᆫ此等弊習을宜速禁戢ᄒᆞᆯ事라하더라

農商工部

本義塾塾監金孝益氏가不得已ᄒᆞᆫ實故를因하야辭任하고其代에本塾贊務員安鍾元氏로塾監을選定視務하오니僉君子ᄂᆞᆫ照亮ᄒᆞ시옴

私立 正義塾 告白

中署瑞麟坊沙後洞十六統十戶瓦十三間家主李源板券을九月分典于三合豊矣社中遺失故玆仰佈內外國人中誰某拾得ᄒᆞ나休紙施行홈

三合豊　告白

本人의名字를章厚로筮仕하얏더니今以章根으로改名하니京鄕知舊ᄂᆞᆫ照亮하시오

文章厚　告白

本敎敎堂建築事務本所를남署會賢坊儲慶洞新作路邊洋屋으로定하얏사오니僉敎員은照亮來議홈

天道敎六任所　告白

本會에셔時學英語速成課를設立ᄒᆞ고本月八日(月曜)부터開學ᄒᆞᆯ터인디上午時間은下午六時부터七時ᄭᆞ지오敎師ᄂᆞᆫ金圭植氏이오니志학僉員은來議ᄒᆞ심을爲要

本會　皇城基督敎靑年會　告白

法部認許를承ᄒᆞ와辯護士講習會를設ᄒᆞ고內外法律家를招聘ᄒᆞ와法律을研究ᄒᆞ야辯護士試驗에準備ᄒᆞ오니入會講究를願ᄒᆞ시ᄂᆞᆫ紳士ᄂᆞᆫ左記事務所로來臨請願ᄒᆞ심을望홈

會規와入會書式은來臨考覽事

南署履洞四街里下南谷

辯護士準備講習會事務所　告白

特別廣告

本社[illegible]外電報[illegible]接[illegible]通[illegible]이[illegible]話[illegible]申報[illegible]傳[illegible]迅速[illegible]은[illegible]諸[illegible]人의[illegible]常에在[illegible]父母[illegible]或[illegible]或如[illegible]本社[illegible]誠[illegible]命[illegible]提[illegible]耳[illegible]生[illegible]遲[illegible]이[illegible]다

本社新報[illegible]ᄒᆞ시ᄂᆞᆫ諸君子ᄂᆞᆫ[illegible]明瞭[illegible]ᄒᆞ게[illegible]往[illegible]證據가有ᄒᆞ와[illegible]公衆平和와[illegible]ᄒᆞ오[illegible]意ᄂᆞᆫ[illegible]書[illegible]雜[illegible]寄[illegible]社에[illegible]不受[illegible]가本社에[illegible]諒ᄒᆞ시ᄋᆞᆸ

大韓每日申報社

[illegible]廣告

本[illegible]數[illegible]를(陰[illegible]五日[illegible])一國[illegible]ᄒᆞ야敎[illegible]諸氏의敎科材料[illegible]助ᄒᆞ고[illegible]生諸氏의獨[illegible]供[illegible]코저ᄒᆞ오니有志諸氏[illegible]請ᄒᆞ심을切望

(但[illegible]新貸[illegible]錢)

南大門內尙洞德公館右便
靑年學院內 數運學雜志社
鍾路大[illegible]
布屛下[illegible]冊肆
仁川港[illegible]新冊肆

以上三種은上品으로製造ᄒᆞ야衛生上에至ᄒᆞ야極有益ᄒᆞ니毋論某人ᄒᆞ고本社에來購ᄒᆞ심을願ᄒᆞᆷ

大韓帝國仁川港
濟物浦紙卷烟及烟草會社

一 鷹標罐濃詰牛乳
一 金印罐詰濃結牛乳
一 無糖家用氣化乳酪
一 쎈ㅣ든쓰製造麥芽化合乳

以上은富時에貯積ᄒᆞ야[illegible]
美國紐育港 쎈ㅣ든쓰煉牛乳會社
一手代理店
大韓仁川港
世昌洋行 告

◉九轉[illegible]丹 本人이妙方[illegible]製造[illegible]男女老少에[illegible]論何症ᄒᆞ고通治ᄒᆞ오며無病[illegible]에도服ᄒᆞ면平生의[illegible]가[illegible]兒ᄂᆞᆫ四五錢重만服[illegible]十歲안에無病ᄒᆞ기를擔保ᄒᆞ오며

◉九轉[illegible]砂烏應丹은癲狂 癎症과中風[illegible]疾과耳目諸病과淋疾에神効ᄒᆞ오

◉九轉靈砂保命丹은初生小兒 驚風 癎氣 咳嗽 腹瘡諸般惡症에 効ᄒᆞ오

◉九轉[illegible]砂濟[illegible]丹은酒滯 食滯 血積 吐[illegible] 霍亂 痢疾 吐血 下血 運氣 時疾 痁症에神効ᄒᆞ오

◉九轉靈砂紫金丹은痔漏 累[illegible] 上疳瘡 下疳瘡及唐瘡과諸般毒瘡惡種에無不神効ᄒᆞ오니 僉君子ᄂᆞᆫ來問ᄒᆞ시오

內需司前독갑이골上隅第一家 李[illegible]移徙 告白

◎本社特告

本社新聞을關西等地에廣佈ᄒᆞ기爲ᄒᆞ야平壤[illegible]川安[illegible]托ᄒᆞ고逐號下送[illegible]有志ᄒᆞᆫ僉君子ᄂᆞᆫ[illegible]ᄒᆞ시며代金도[illegible]심을[illegible]

大韓每日申報社

本社廣告

申報價

一張代金 [illegible]五[illegible]
一箇月前[illegible] 三十[illegible]
三箇月 九十錢
六箇月 一元七十[illegible]
一箇年 三元四[illegible]
郵稅一部 [illegible]
一箇月 [illegible]

廣告料

四號活字十三字詰
每日每英尺一寸에新貸廿五錢
(每日每行에六錢에相當홈)
二個日에 二圜五十錢
(每日每行四錢五[illegible]에相當[illegible])
一箇月에 五圜
(每日每行四錢一[illegible]에相當[illegible])
其期限의長短과字行의多少를依ᄒᆞ야增減이有ᄒᆞᆷ

大韓人미다此申報를不[illegible]覽ᄒᆞ실터이오니廣[illegible]出[illegible]ᄒᆞ실僉君子ᄂᆞᆫ來臨面議ᄒᆞ시ᄋᆞᆸ

發行兼編輯人 英國人裴說
發行所 京城北[illegible]坊[illegible]外[illegible]
大韓每日申報社

大韓每日申報
대한매일신보

第四卷　第一百十八號

月曜及慶節歲時休刊

檀君開國四千二百三十八年
箕子元年三千二十七年
大韓開國五百十四年
日本明治三十九年
淸國光緖三十一年
陰曆乙巳十二月十三日辛亥

論說

務望興學 (二)

今에大韓人士가國家를維持ᄒᆞ고種族을保全ᄒᆞᆯ方針은教育以外에更無他策이나但由來積痼ᄒᆞᆫ獘習으로因ᄒᆞ야教育이容易히振興치못ᄒᆞᆫ者ㅣ有ᄒᆞ니先其積痼ᄒᆞᆫ獘習을猛省痛革ᄒᆞ야國人의心志가一新ᄒᆞᆫ然後에可ᄒᆞᆯ지라其獘習의種類를大略言之ᄒᆞ면曰挾雜之習이오曰固陋之習이오曰吝私之習이오曰欲速之心이오無遠大之識이오無奮發之氣오無堅忍之性이是也라

其所謂挾雜之習은何也오大韓舊來美俗을論ᄒᆞ면禮義를崇尙ᄒᆞ고名節을矜飭ᄒᆞ더니挽近風化가陵夷ᄒᆞ고世道가汚濁ᄒᆞ야滔滔物情이擧皆競逐於蠅頭微利ᄒᆞ야朝朝夕夕에遑遑汲汲者ᄂᆞᆫ惟是營私挾雜之行爲라彼其胸中에原無民國二字이니教育事業이固非夢想攸到也오

其所謂固陋之習은何也오韓國士林之學이徒襲陳言ᄒᆞ야不究新義ᄒᆞ며膠守局見ᄒᆞ야全昧時宜ᄒᆞᆷ으로父勸其子ᄒᆞ고兄勉其弟者가不過紙上空談이오至於格物窮理ᄒᆞ야以資實用之學은곳夏虫에不可語冰과恰似ᄒᆞ니現世界에新學問과新知識과新事業은專不注意ᄒᆞᆷ이오

其曰吝私之習은何也오世間一切事業이皆資本家의經營으로由ᄒᆞᄂᆞᆫ故로彼文明ᄒᆞᆫ國民은富有財産ᄒᆞᆫ者가皆留心於公共利益ᄒᆞ야學校를設立ᄒᆞ던지書樓를建置ᄒᆞ던지農商工의實業을奬勵ᄒᆞ던지民國의有益ᄒᆞᆫ事ᄂᆞᆫ爭先樂爲ᄒᆞ야少不吝惜ᄒᆞ거날韓國財産家ᄂᆞᆫ徒以吝私之習으로絶無慈善之心ᄒᆞ고多積厚藏에惟恐人知ᄒᆞ야甘作守錢奴ᄒᆞᆷ으로但其子孫의驕侈淫逸之惡을養成ᄒᆞᆯ뿐이니其在國民關係에ᄂᆞᆫ所謂富戶饒室이實無所用이라教育事業을비록振起코저ᄒᆞ나其於經費之難辦에奈何오

其曰欲速之心은何也오人生事業이必須積久라야乃奏其效ᄒᆞ나니越王句踐은十年生聚와十年教訓之力으로써報仇於吳ᄒᆞ얏고普魯士ᄂᆞᆫ六十年教育之力으로써雪恥於法ᄒᆞᆫ지라今以韓國積衰積弱之勢로欲建其中興大業인ᄃᆡ不有幾十年教育之功則不可擬議어날乃韓人之情은無論何等事爲ᄒᆞ고但欲責效於一朝一夕之間이오未有三年五年之計ᄒᆞ니此所以專不注意於教育者오

其曰無遠大之識은何也오古人이有言ᄒᆞ되君子ᄂᆞᆫ務其遠者大者ᄒᆞ고小人은務其近者小者라ᄒᆞ얏스나만일遠大ᄒᆞᆫ識見이無ᄒᆞ면엇지遠大ᄒᆞᆫ事業이有ᄒᆞ리오

今에韓人의識見은但在於身家之近小ᄒᆞ고不及於民國之遠大라値此生存競爭之世ᄒᆞ야國家가存ᄒᆞᆫ然後에人民이存ᄒᆞ고國家가若亡이면人民이先亡ᄒᆞ거날大韓人民은國家存亾이自巳의相關이無ᄒᆞᆫ줄노認知ᄒᆞ야各自爲心에團體를不成ᄒᆞ니教育事業을通同一致케ᄒᆞ기甚難ᄒᆞᆫ바오

其曰無奮發之氣ᄂᆞᆫ何也오韓國이以古來閉鎖之久로承累世升平之餘ᄒᆞ야不見外事ᄒᆞ고不達外情ᄒᆞ니上下恬嬉ᄒᆞ야因循姑息이習與成性ᄒᆞᆫ지라當此非常艱虞之會ᄒᆞ야環土之陸沈과人民之魚肉이迫在垂眉어날依然睡意가朦朧ᄒᆞ고手脚이痿痺ᄒᆞ야奮發激勵ᄒᆞᄂᆞᆫ氣象이絶無ᄒᆞ니教育의興旺은莫可期望이오

其曰無堅忍之性은何也오大抵人生於天地間ᄒᆞ야以眇然七尺之身으로永世不朽之事業을建立코자ᄒᆞ면반다시堅忍耐久ᄒᆞᄂᆞᆫ性質이有ᄒᆞ야百難에不挫ᄒᆞ고萬折에不變ᄒᆞ야不生退力으로終始惟一ᄒᆞᆫ然後에其結果가乃成ᄒᆞ거날今에韓人性質은柔軟不固ᄒᆞ고搖揚未定ᄒᆞ야或學校를設立ᄒᆞ야教育에從事ᄒᆞ다가無故히中途而廢ᄒᆞᄂᆞᆫ者가往往有之ᄒᆞ야徒買人笑에不見實効ᄒᆞ니可勝歎哉아

噫라此種病習을不能痛革淨盡ᄒᆞ야國人의心志가丕變一新치못ᄒᆞ면教育의如何ᄂᆞᆫ徒言而已니國家의維持와種族의保全이實無萬一之幸이라

惟願大韓人士ᄂᆞᆫ來頭生存ᄒᆞᆯ計畫을思想ᄒᆞ여挾雜을痛革ᄒᆞ야公正ᄒᆞᆫ事爲에用力ᄒᆞ며固陋를變改ᄒᆞ야活潑ᄒᆞᆫ方法에進就ᄒᆞ며吝私를悔悟ᄒᆞ야公利上에勉力ᄒᆞ며欲速을深戒ᄒᆞ야永久之功을圖謀ᄒᆞ며遠大之識을開拓ᄒᆞ며奮發之氣를鼓勵ᄒᆞ며堅忍之性을養成ᄒᆞ야아모조록國民教育을日新又新케하야國家를維持ᄒᆞ며種族을保全ᄒᆞ여보시오

官報

◎三千三百四十二號 光武十年一月五日

◎敍任及辭令

依願免本官 秘書監郞鄭在敎
弘文館侍講金夏容
六品許萬□
任秘書監郞敍奏任官四等
任弘文館侍講敍奏任官四等
以上光武九年十二月三十一日
平理院判事李建鎬
平理院檢事李圭桓
給二級俸
漢城裁判所判事李容相
漢城裁判所檢事試補李源國
給七級俸
以上一月一日
軍部主事韓圭永
軍部主事閔泓□
軍部主事金相元
軍部主事朴羲競
陸軍法院主事洪鍾운
陸軍監獄看守長閔碩基
陸軍監獄主事孫熙晃
軍器廠技手權重奐
依願免本官
以上一月三日

外報

◎日蝕人殺 군쓰에서婦人오過般히日蝕을望遠鏡으로觀測ᄒᆞ다가突然히腦病이起ᄒᆞ야卽死ᄒᆞ얏다더라

◎獨乙犬稅 오스나부리오구市에서犬一頭에其丈이四十九센지메ㅣ돌새정은十馬克이오四十五센지메ㅣ돌以上은十五馬克의稅를課ᄒᆞᆯ事로議決ᄒᆞ얏ᄂᆞᆫᄃᆡ犬의大ᄒᆞᆷ을依ᄒᆞ야課稅의標準ᄒᆞᆷ을비로소採ᄒᆞᆫ主義가되얏다더라

◎革命解散 上海新報를據ᄒᆞᆫ즉柏林電에云ᄒᆞ되俄國聯合革命黨의團體가已散ᄒᆞ얏다더라

◎首領被擒 同報를據ᄒᆞᆫ즉倫敦電에云ᄒᆞ되俄國의羅甲革命黨首領은業巳被擒ᄒᆞ얏ᄂᆞᆫᄃᆡ彼가曾往에秘密員을各處에派遣ᄒᆞ야使人으로執戈革命ᄒᆞᆷ으로自服ᄒᆞ얏다더라

雜報

●書籍爲教民之藥石

傳에曰以不教之民으로戰은是乃陷民이라ᄒᆞ니夫戰者ᄂᆞᆫ凶事也라操殺人之器ᄒᆞ며學殺人之事ᄒᆞ야凡其坐作進退와擊刺馳突이無非殺人之所爲인즉宜若君子不屑이로되猶且教之訓之ᄒᆞ야待其간熟然後에用之ᄒᆞ나盖不如此則不可以取勝이요戰而不能取勝이면其禍ㅣ必至於陷民而亾國故也라然則凶事도尙此教之온况於國勢를煥發ᄒᆞ며民生利用之道에安可無教乎哉아農不敎則耕種灌漑가皆失其方ᄒᆞ야民艱於粒食이요商不教則貿遷興販이膠滯不通ᄒᆞ야民必抵於貧困이요工不敎則公私器用이一切不贍ᄒᆞ야財必盡於外購요法律를不敎則刑罰詞訟이動輒失中ᄒᆞ야民無以措手足이요醫藥을不教則許多疾病에民無以衛生이오其他天文地誌物理化學筭術等諸科가亦皆羽翼政治에關之不可인즉必須件件教導ᄒᆞ며人人曉解라야爲治之具가煥然大備ᄒᆞ야如八音之克諧ᄒᆞ며如五官之迭用ᄒᆞ야投之所向에莫不如意ᄒᆞᆯ지니民之不可不敎가盖如是彰彰然矣로되全國林총之人衆을勢불可家說而戶喩인즉其設敎之旨槩이惟在乎廣布教科諸書ᄒᆞ야使民自得之如何니書籍館刱立ᄒᆞᄂᆞᆫ거시實爲教民之一片精神이기로宇內列邦이莫不專力于此ᄒᆞ야上自朝家로下至閭巷編氓히儲書之富가極其宏傑ᄒᆞ야充棟汗牛ᄂᆞᆫ猶屬歇后이고卷帙浩多가或至幾億兆기로全國人士들이恣其觀覽ᄒᆞ야空前絶後之見識이皆從此中出來ᄒᆞ니書籍之有補於設教를確然可知이거날現今廟堂之上에此論이弗行ᄒᆞ고閭巷之士가亦皆無心ᄒᆞ야求田問舍ᄒᆞ며賭技買妾之場에ᄂᆞᆫ或幾千萬圜을少無吝色ᄒᆞ되至此書籍一事ᄒᆞ야ᄂᆞᆫ도頭痛顰蹙ᄒᆞ며告之而弗聽ᄒᆞ야十分沒緊底事로認做ᄒᆞ고但以空言으로謂之曰弗得弗教民이라ᄒᆞ야有若病者之섬語하니此等人下劣肺腑에何教可入이며何事를可做일지噫라書籍之於民이譬如藥石之治질하야一人이有書則得一人之成就하며萬人이有書則得萬人之成就하며全國이有書則得全國之成就하야其功利之博大를莫可勝言이거날今以三千里疆域으로無一座書籍舘하고도猶曰文明을可進이오中興이有日이라하니是乃適越而北轅이라徒爲識者之所笑ᄒᆞᆯ지로다

●大使承批 降非服臣李載完箕疏批旨省疏具悉卿繼自有已例而使事緊重卿其勿爲多辭事遣秘書郞傳諭ᄒᆞ라

ᄒᆞ옵셔더라

●大霈將降 近日所聞을據ᄒᆞᆫ즉十年島配되얏든金允植李忠求金在豐諸氏을政府에서放釋ᄒᆞᆯ事로會議決定이되야將次上奏蒙宥ᄒᆞ야放釋되리라더라

●僧防會弊 近日各地方에서一進會員이不無滋弊之端ᄒᆞ야民言이頗多ᄒᆞ기로公州某寺僧이各處寺刹에發文ᄒᆞ야曰此等會員이或至所犯이縱露ᄒᆞ야出會猖獗ᄒᆞᄂᆞᆫ境遇에ᄂᆞᆫ冒稱僧徒ᄒᆞ고四處生弊ᄒᆞᆯ慮가不無ᄒᆞᆫ즉各寺僧徒들이暗標를預持ᄒᆞ야防患於未萌ᄒᆞᆷ이爲宜라ᄒᆞ고各其暗標記를佩持ᄒᆞ얏다더라

●陸兵悖習 日昨南署孝橋銀房에日兵三名이乘醉突入ᄒᆞ야銀物을攫去ᄒᆞᆷ이該銀房主人이欲爲還推ᄒᆞᆫ즉日兵이以足蹴倒ᄒᆞ고銀物을奪去ᄒᆞ며또其近處에雪糖廛으로更入ᄒᆞ야糖屬을攫去ᄒᆞ얏다더라

●巡檢悖擧 日前븟터各坊里巡檢들이白衣人을禁斷ᄒᆞᄂᆞᆫ디或其衣背上에黑字도書ᄒᆞ며墨字도書之ᄒᆞ며又或染色二字도書之ᄒᆞ야其人을懲戒ᄒᆞ야深色衣ᄂᆞᆫ汎者케ᄒᆞᆷ이바라昨日南門內所巡檢에셔一白衣人을押致ᄒᆞ야其衣背에徵役二字를書塡ᄒᆞᆫ즉該人이勃然憤怒曰吾之冒禁者白은雖曰當禁이나白衣人之徵役에處ᄒᆞᆷ은朝令之所無이거날書此辱之가大非人民保護ᄒᆞᄂᆞᆫ巡檢行爲라ᄒᆞ고該巡檢을引出ᄒᆞ야警務廳으로同往質辨ᄒᆞᆯ야ᄒᆞᄂᆞᆫ디別廳兵이適過其前타가光景을目擊ᄒᆞ고該巡檢을押去ᄒᆞ얏다더라

●公議自在 日昨本記者가上年十一月十八日에發ᄒᆞᆫ上海新聞報를據ᄒᆞᆫ즉韓日新條約의締結ᄒᆞᆫ顚末을揭佈ᄒᆞ얏ᄂᆞᆫ디伊藤大使가該條件을奏請ᄒᆞᆫ事로븟터韓皇陛下게셔據義不允ᄒᆞ신勅語와韓參政이終始牢拒라가日兵의拘執을當ᄒᆞᆫ것과趙元老와閔輔國이庭請疏首로致命殉國ᄒᆞᆫ所以와洪參判의聞變自盡ᄒᆞᆫ것과搢紳儒生은抗疏로日兵의게被縛ᄒᆞ고靑年會員은演說로日兵의게被傷ᄒᆞ고市井商民은倂皆撤廛ᄒᆞ야慘不忍見之狀을歷歷記載에首尾數千言이라以是觀之컨ᄃᆡ韓國의被勒屈辱은天下公議에惋惜ᄒᆞᄂᆞᆫ바오日人의强壓行動은天下公議에不許ᄒᆞᄂᆞᆫ바오數三諸公에忠義大節은天下公義에欽歎ᄒᆞᄂᆞᆫ바오一般義士의抗言犯難은天下公議에稱道ᄒᆞᄂᆞᆫ바니人心之天이可謂萬里無間이로다吾儕도對此事狀ᄒᆞ야直書其實ᄒᆞᆷ이有ᄒᆞᆫ故로비록一邊의譏斥詆毁를被ᄒᆞ얏스나吾儕의所信者ᄂᆞᆫ正義라豈其不愧於天下哉리오彼萬里外報舘筆舌이不謀而同ᄒᆞ니此非人心大同之理乎아竊願韓國人士ᄂᆞᆫ愈益此理를確信ᄒᆞ야奮勵其志氣ᄒᆞ며克盡其義務ᄒᆞ야政治의改善과文化의進步가日新又新ᄒᆞ면將次世界列强의公論이峻發ᄒᆞ야國家의獨立과人民의自由를回復ᄒᆞᆯ期會가有ᄒᆞ리니韓國人士ᄂᆞᆫ勉之勉之어다

●七倅將免 慶農道東萊鳳山玄風澤順天李承周遂安尹致祚樂安閔羅鉉高原朴琪鉉安岳金容岳合七郡守ᄂᆞᆫ治績이非美ᄒᆞᆷ으로政府에서將次會議免官ᄒᆞᆫ다ᄂᆞᆫ디其中趙東完氏에貶目은施措駭妄에醜聲藉라하며餘外諸氏에貶目은다시附開記載ᄒᆞ기노라

●谷倅被告 谷山郡守李偕欽氏가內部에報告하얏ᄂᆞᆫ디本郡邑下無賴輩가醉酒成群하야突入一進會所에打破窓門하며詬打會民하야自一進會로告訴此由於平壤會所云인바去十八日에日兵丁一小隊가來到本郡會所하야欲捉作梗之徒而皆逃未捉하고只捉教育會會員六人하야嚴擬拷招이옵기郡守扶病出往하야先責會民이以如此些少之事로妄請他國兵丁爲奇陣將의言內에此非會民之罪云云이오轉聞此說하고直來云云이옵기郡守가百般交涉하야六人을拘引於本郡하야隨其罪之輕重笞罰이옵고下日從次第分揀放送이오며日兵은二十日에還向平壤이라하얏더라

●教育熱心 泰安郡守命致稷氏가內部에報告하얏ᄂᆞᆫ디本郡居前主事李碁祿이素以好學端雅之人으로自備日款하야學校를設立하고英語教師를雇聘하고學徒數十名을募集하야設塾講習을熱心從事하니如此海隅僻鄕에庶幾有文明進逆之望이ᄋᆞ니則般讃揚하야以爲成俗之美케하라하얏더라

●나라붓잡을방침 이국셩 속

그런이러셔은사람들이세상에어데잇소제발덕분에맘돌녀셩각ᄒᆞ여우리나라겨좀잡고쓰며ᄉᆞ고외국거과갓치궁구ᄒᆞ여면코민들어외국것보다죳코낫고ᄊᆞ게ᄒᆞ여보세

우리것만슝히도쓰고입고ᄒᆞ게되면저절노그러케되으시ᄒᆞᆼ세시ᄒᆞᆼᄒᆞᆫ졔안니시ᄒᆞᆼᄒᆞ면가난이오금수요역적이오그것도누가압제ᄒᆞ겟소

지금은무ᄉᆞᆫ일이모다압졔적이지마ᄂᆞᆫ이것한가지ᄂᆞᆫ압졔밧지안코자유권이요그러고만보면지금갓치상업전폐ᄒᆞᆫ것도도로흥왕ᄒᆞ고돈도만니융통하고각색공장도셩화되여빅셩이부자되면나라가보국소ᄃᆡ듯케되오그것도졍부ᄃᆡ괸잘봇시요잘ᄒᆞᆯ지안소

우리가잘못시요졍부에셔눈오히려잘ᄒᆞᆺ다ᄒᆞᆯ슈잇소면ᄒᆞᆫ조을보드리도박남회니권연회니ᄒᆞᆫ고돈드려셔설시ᄒᆞ고각색공장불너놋등슈가려셩급쥬엇소지금으로보드리도그셩각ᄀᆞᆺ졍치속인지모로지마ᄂᆞᆫ신쳥심흑이부랴ᄒᆞ엿스니졔일견졔도되지마ᄂᆞᆫ셔양목에나왜목에다셩쳥심흑드려노면우리나라무명에나면쥬에우리나ᄅᆞ아청물드린것ᄒᆞᆫ쥴알ᄋᆞ우리나라물산이소용될쥴알ᄋᆞ

미완

雜報

大韓帝國赤十字社公布趣旨書ᄅᆞᆯ本社에寄送ᄒᆞ얏기로左에揭載ᄒᆞ노라

赤十字社라名稱ᄒᆞᆷ은當初瑞西國(제유네화후京部)宰相후로런쓰令孃(나이징게루)氏가西曆一千八百五十年브터各病院에서重患으로ᄡᅥ苦ᄒᆞ든病者ᄅᆞᆯ爲ᄒᆞ야

晝夜로熱心看護ᄒᆞ야減復ᄒᆞᆫ經驗을依ᄒᆞ야廣濟ᄒᆞᆯ意로西曆一千八百五十五年歐留米耶戰爭에(英吉利와佛蘭西가聯合ᄒᆞ야露國과戰爭ᄒᆞᆯ時)나이징게루氏가其同志四五人을締結ᄒᆞ야數萬名慘患을救濟ᄒᆞ고其後彼我國을勿論ᄒᆞ고重患ᄅᆞᆯ看護救濟ᄒᆞ야

大效가有ᄒᆞᆫ後로列國이合同贊成ᄒᆞ야看護團體ᄅᆞᆯ成立ᄒᆞ고其令孃에廣濟博愛ᄒᆞᄂᆞᆫ意ᄅᆞᆯ表崇效慕ᄒᆞ야赤十字로表章을作ᄒᆞ니

其本意ᄂᆞᆫ令孃이瑞西國人으로其效勞ᄒᆞᆫ厚意ᄅᆞᆯ表ᄒᆞ고又令孃에本國을表ᄒᆞ거시니瑞西國旗ᄂᆞᆫ赤質에白十字로되

觀取의速ᄒᆞᆷ을爲ᄒᆞ야白質에赤十字로表章ᄒᆞᆷ으니列國도亦是其視取에捷易ᄒᆞᆷ을爲ᄒᆞ야赤十字로效倣ᄒᆞᆷ이오

耶蘇敎赤十字架와ᄂᆞᆫ不同ᄒᆞ고歐羅列邦이其令양에慈惠와文明博愛의實情을感服ᄒᆞ고其本意ᄅᆞᆯ主ᄒᆞ야

各其廣濟文明的事業에重大ᄒᆞᆫ必要ᄅᆞᆯ由ᄒᆞ야列國 皇帝陛下시며皇族의仁慈ᄒᆞ신意와愛護ᄅᆞᆯ蒙有ᄒᆞ고

且同胞相護의厚誼와同盟의親密ᄒᆞᆫ意ᄅᆞᆯ表ᄒᆞᆷ으로各其設立ᄒᆞ야救護ᄒᆞ고列國이赤十字社條約法을確定ᄒᆞ야

若請願入約ᄒᆞᆫ國이有ᄒᆞᆫ則列邦이會同許入ᄒᆞ되但法律과軍法이整ᄒᆞᆫ獨立國에許ᄒᆞᄂᆞ니東洋으로觀ᄒᆞᆫ則二十年前에日本이入約ᄒᆞ야

日淸戰爭과北淸戰爭과日露戰爭에日本赤十字社가熱心救護ᄒᆞ야其效와名譽가天下에廣佈ᄒᆞ얏고平時에도同胞ᄅᆞᆯ極盡廣濟ᄒᆞ니尤極欽服ᄒᆞᆯ바오

現今日本赤十字社員으로論ᄒᆞ면二十年間에正社員이百萬人에達ᄒᆞ얏슨則外他社員은不可擧數라 未完

●募忠建祠 忠南木川郡靑年會에서閔趙兩忠正公殯筵에致奠來吊ᄒᆞ고兩忠正公과同時死節ᄒᆞᆫ諸公을爲ᄒᆞ야該郡伏龜亭에建祠ᄒᆞᆫ다더라

●是可忍乎 巷說을聞ᄒᆞᆫ則法大李夏榮氏가使其弟準榮氏로沿海某處에松山을外人의게賣食ᄒᆞᆯ經營이有ᄒᆞ야某地로外人을約會相議ᄒᆞᆫ다ᄒᆞ니大抵同氏의前後賣國之事ᄂᆞᆫ擧世가皆切齒痛罵ᄒᆞᄂᆞᆫ바러니猶爲不足ᄒᆞ야莫重國土ᄅᆞᆯ欲爲賣食ᄒᆞ니同氏心腸은路人所知라吾儕ᄂᆞᆫ將欲更探其事實ᄒᆞ야若果有之면重言復書로暴其罪惡于世界ᄒᆞ깃노라

●三堂연會 近日에耶蘇敎牧師들이敎徒興旺ᄒᆞ기ᄅᆞᆯ爲ᄒᆞ야各會堂에서晝夜로眞理ᄅᆞᆯ講論ᄒᆞᄂᆞᆫ故로聽道者雲集會堂ᄒᆞᄂᆞᆫᄃᆡ每日下午七点鍾에ᄂᆞᆫ特別히貞洞承洞蓮洞三處聖堂으로會集ᄒᆞ야道德과倫理의有益ᄒᆞᆫ演說을ᄒᆞᆫ다더라

●義倅照律 義州郡守申羽均을爲先免本官ᄒᆞ고令法部照律懲辦之意로上 奏ᄒᆞ야奉旨依 奏ᄒᆞ얏스니該申羽均을卽行拘拿ᄒᆞ야所犯贓錢의情欵과濫殺人命ᄒᆞᆫ理由ᄅᆞᆯ詳覈究覈ᄒᆞ야依律行勘後示明ᄒᆞ라고內部에서法部로照會ᄒᆞ얏더라

●世界新聞 近來世界의新聞과雜誌發行數가年年增加ᄒᆞ야現今全世界新聞雜誌가大約五萬種以上에達ᄒᆞ얏ᄂᆞᆫᄃᆡ其過半은英文으로印刷發行ᄒᆞᄂᆞᆫ者라其數가北米合衆國과加奈陀에二萬二千種이오英本國과其他領地內에約一萬以上에加ᄒᆞ니都合三萬五千種이라世界各地에서發行ᄒᆞᄂᆞᆫ것이英語以外에各新聞과其國言文의區分이大略如左ᄒᆞ니獨逸文이七千種이오佛文이四千五百種이오日本文이二千種이오伊太利文이千五百種이오匈牙利文이五十種이오亞細亞文이千種이오西班牙文이八百種이오俄國文이八百種이오希臘文이六百種이오瑞西文이四百五十種이오丹耳義文이三百種이오和蘭文이三百種이오其他約三千種이더라

小說

●靑樓義女傳 (청루의녀뎐)

이져쟝안셩니시뎡즁에빅셩이라ᄒᆞᄂᆞᆫᄉᆞ람이잇스니그사람은방년이이십오셰에풍치가미려ᄒᆞ나마암은츄루ᄒᆞ야겻흐로ᄂᆞᆫ쾌후ᄒᆞ고속으로ᄂᆞᆫ졸직ᄒᆞᆫ고로사람들이모다비단쥬먼이에거ᄯᅩᆼ이라고지목ᄒᆞ더니

기후에각국물화를교환ᄒᆞ여상리를도모ᄒᆞᆯᄎᆞ로호조에돈오쳔량을쳐ᄒᆞ야가지고여러상고들과동힝ᄒᆞ야즁원북경에들어간즉인물의번화ᄒᆞᆷ과가택의장려ᄒᆞᆷ은실노심목을놀니ᄂᆞᆫ지라스ᄉᆞ로싱각ᄒᆞ되이제나ᄂᆞᆫ희우편박에일기빈한서싱으로이러한데셔문물의번화ᄒᆞᆷ을엇더구경ᄒᆞ고또ᄒᆞᆫ나의아름다온풍치와다ᄉᆞᄒᆞᆫ은ᄌᆞ가잇슨즉죡히남아의평싱ᄯᅳᆺ을맛치리로다ᄒᆞ며말ᄶᅢ의지ᄒᆞ야

두로단이며구경ᄒᆞᆯ세홀연한곳을바라본즉쥬란화각이좌우에벌여잇고그문우히금ᄌᆞ로방을부첫ᄂᆞᆫᄃᆡ일야에ᄂᆞᆫ은빅량이빅량이라ᄒᆞ고혹팔십양구십량이라ᄒᆞᆫ지라

빅셩이홀노헤오ᄃᆡ이ᄂᆞᆫ챵녀의ᄌᆞ식으로고ᄒᆞᆫ등분ᄒᆞ여갑슬졍ᄒᆞᆷ이로다ᄒᆞ고눈을들어ᄉᆞ면을살펴보니영롱ᄒᆞᆫ쥬렴속에옥비화용들이혹쥬렴을것고안졋기도ᄒᆞ며혹난간을의지ᄒᆞ야셧기도ᄒᆞ야

장안뎌도를구버보며왕릭ᄒᆞᄂᆞᆫ힝긱을지졈ᄒᆞᄂᆞᆫ지라빅셩이그광경을보미신혼이호탕하야 미완

廣告

特別廣告

本申報ᄂᆞᆫ海外電報를郞接ᄒᆞ야機關이暢通ᄒᆞ고外報와探報를敏捷活潑ᄒᆞ도록注意ᄒᆞ오며申報ᄒᆞᄂᆞᆫ發送ᄒᆞᄂᆞᆫ딕迅速傳ᄒᆞ기ᄂᆞᆫ分傳人의게在ᄒᆞᆷ으로本社에서平常에諸分傳人의게丁寧告戒ᄒᆞ고申申訓飭ᄒᆞ야毋或遲惰ᄒᆞ게注意ᄒᆞ거니와如或遲滯有稽忽이라도愛讀僉君子ᄂᆞᆫ該便道分傳의게誠信相孚ᄒᆞ시면知子本社ᄒᆞ도록耳提面命ᄒᆞ고勤督가發生ᄒᆞ도록誨諭ᄒᆞ야必無遲誤ᄒᆞ기로期待ᄒᆞ옵나이다

本社에寄書ᄒᆞ시ᄂᆞᆫ諸君子ᄂᆞᆫ姓名과居住를明確ᄒᆞ게懸錄送附ᄒᆞ시와證據가有ᄒᆞᆷ을必要홈이오公衆平和와秩序를紊亂케ᄒᆞᄂᆞᆫ意와社會上不經荒雜ᄒᆞᆫ寄書ᄂᆞᆫ不受ᄒᆞᄂᆞᆫ權利가本社에有ᄒᆞ오니肯諒ᄒᆞ시옵

大韓每日申報社

雜誌發行廣告

今에數理學雜誌를(每月五日一回定刊)發刊ᄒᆞ야敎師諸氏의敎料材料를敢助ᄒᆞ고學生諸氏의獨學材料를供給코저ᄒᆞ오니有志諸氏ᄂᆞᆫ購讀ᄒᆞ심을切望
(但一部定價ᄂᆞᆫ新貨陸錢)

南大門內尙洞德公館右便
青年學院內 數理學雜志社

鍾路大東書市
布屛下金相萬冊肆
新門內松橋張晳周紙廛
銅峴朴泓九紙廛
仁川港柱峴開新冊肆

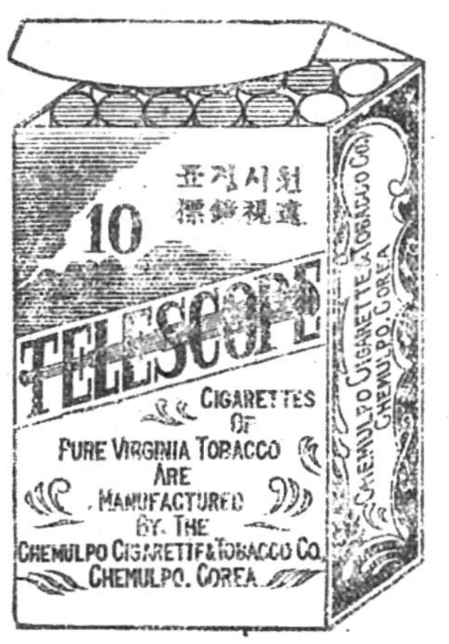

KEY
CIGARETTES
MANUFACTURED BY THE
CHEMULPO CIGARETTE & TOBACCO CO.
CHEMULPO. COREA.

以上三種은上品으로製造ᄒᆞ야商品上에至滋有益ᄒᆞ니毋論某人ᄒᆞ고本社에來顧ᄒᆞ오

大韓帝國仁川港
濟物浦紙卷煙及烟草會社

一 鷹標罐濃詰牛乳
一 金印罐詰濃結牛乳
一 無糖家用氣化乳酪
一 쎈ㅣ든쓰製造麥芽化合牛乳

以上은常時에貯積ᄒᆞ얏슴

美國紐育洲쎈ㅣ든쓰濃結牛乳會社

一手代理店
大韓仁川港
世昌洋行

◉九轉靈砂다 ᄂᆞᆫ人이妙方을神備하야製造ᄒᆞᆫ靈丹인ᄃᆡ男女老少에無論何症ᄒᆞ고通治ᄒᆞ오며無病時에도服ᄒᆞ면平生의身體가健康ᄒᆞ며小兒ᄂᆞᆫ四五錢重만服ᄒᆞ면十歲안에無病ᄒᆞ기를擔保ᄒᆞ오며
◉九轉靈砂萬應丹은癲狂 癎症과中風諸疾과耳目諸病과諸疾에神効ᄒᆞ오
◉九轉靈砂保命丹은初生小兒 驚風 痼氣 咳嗽 腹瘡諸般驚症에 効ᄒᆞ오
◉九轉靈砂濟衆丹은酒滯 食滯 血積 吐瀉 霍亂 痢疾 吐血 下血 逆氣 時疾 疝症에神効ᄒᆞ오
◉九轉靈砂紫金丹은痔漏 累瘰 上疳瘡 下疳瘡及唐瘡과諸般毒瘡惡瘡에無不神効ᄒᆞ오니 僉君子ᄂᆞᆫ來問ᄒᆞ시오

內需司前동굴이골上隅第一家
李鍾廷移徙 告白

◎本社特告

本社新聞을關西等地에廣佈ᄒᆞ기爲ᄒᆞ야平壤金與淵趙毅冝川安澤王蓮金觀等三氏에게付托ᄒᆞ고還號下送ᄒᆞ오니 何地에有意ᄒᆞᆫ僉君子ᄂᆞᆫ三氏에게購覽ᄒᆞ시며 金도三氏에게致送ᄒᆞ심을務要

大韓每日申報社

本社廣告

申報價

一張代金 新貨二錢五里
一個月前金 三十錢
三個月 九十錢
六個月 一元七十錢
一箇年 三元四十錢

郵稅一部 新貨五里
一箇月 十三錢

廣告料

四号活字十三字詰
每日每一寸에新貨拾三錢
(每日每行에六錢에相當홈)
一箇月에 二圓五十錢
(每日每行四錢五厘에相當홈)
一箇月에 五圓
(每日每行四錢一厘에相當홈)
其期限의長短과字行의多少를依ᄒᆞ야增減홈이有홈

大韓人마다此申報를不覽ᄒᆞ심이오니廣告出刊ᄒᆞ실僉君子ᄂᆞᆫ來臨面議ᄒᆞ시옵

發行兼編輯人 英國人裵說
發行所

京城南署[illegible]
大韓每日申報社

第四卷
大韓每日申報
대한매일신보
第一百十九號

月曜及慶節歲時休日刊

檀君開國四千二百三十八年
箕子元年三千二十七年
大韓開國五百十四年
日本明治三十九年
清國光緖三十一年
陰曆乙巳十二月十五日發刊

論說

政界消息

一自韓日條約成立以來로所謂現政府大官이雖冒賣國之名이나旣知大勢之可爲者ᄒ야擔其調印之責任ᄒ고必有刷新政治之可觀者矣러니屈指二箇月間或附耳接吻ᄒ야僥倖其保全地位ᄒ며或分門列戶ᄒ야히覬其主張勢權而已오無一政之擧ᄒ며無一令之行ᄒ고심심墨墨昏昏悶悶ᄒ야膠守舊態而但出則大路에前呵後擁ᄒ야儀如王者ᄒ며入則巨廈에左絲右竹으로消暢世慮ᄒ고爪牙心腹이羅列左右ᄒ야提耳面命其秘密從容之計策이一無保國存民之方針이오但官方黜陟에斥踈而擧親ᄒ며賂門出入에拒小而取大ᄒ야日而繼夜ᄒ며昨而復今ᄒ야日日如是而已오現下地方則搶奪之患이縱橫道路ᄒ며督刷之急이遍滿閭閻ᄒ야民皆號泣而渙散이로ᄃᆡ一無安靖之策ᄒ며都城則錢政之枯竭이尤甚於前日ᄒ며啼飢呼寒之慘이罕有於近歲로ᄃᆡ一無救濟之方ᄒ며訴訟裁判之已決未決이彌滿於囹圄로되一無公案之어하며敎育實施가方爲開導蒙昧之急先務로ᄃᆡ一無勸獎之意ᄒ며實業發達이係是回復國權之大基礎로ᄃᆡ一無實行之擧ᄒ니所謂國務當局者ㅣ只以誤君賣國으로爲一平生大事業이라ᄒ야自謂能事畢矣而生前食祿萬鍾이終身不離ᄒ며死則凌烟丹靑이垂輝萬代之計耶아自古及今四千載歷史와自西徂東東西半球世界上에更不能見如此鬼怪魑魅矣로다此輩가執一國之權柄於自手ᄒ고謂一國之威權於他人이면固當兢兢業業洞洞屬屬ᄒ야日夜爲國計爲民計ᄒ야將一毫之功效而贖萬둔之罪惡인된渠亦有辭於他日이오亦將有公議於一世언만은以萬目所見으로究其此輩之行爲인된不過是兀兀光光的賣國賊八九箇腦子라渠安得戾于天逃于淵이리오噫라雖是滅絶天常ᄒ며背棄人道之奸臣賊子인들以何面目으로儼然冒據于一國之大臣椅子ᄒ야肆然行令于一國之民衆乎아一國之民이雖曰野昧蒙愚라도皮裏春秋는人皆有之라豈有服從其命甲之理乎아吾儕는英國人也라與日本으로固無間然이라豈敢有反對之理乎리오마는於其指導忠告가一無得贊者ᄒ야坐此萬衆不服之大奸輩ᄒ고欲爲日韓交誼之敦密ᄒ며東洋不和之永遠인들其可得乎아是以로吾儕는每以直言公筆로大攻擊大論駁者ㅣ良有以也로라吾儕는雖淺識蔑이나敢有一言所發者ᄒ노니非但韓國에無其人이라東洋全局에無其人이라ᄒ노라

官報

◉三千三百四十號 光武十年一月三日

◉宮廷錄事

詔曰命從二品金在순爲通信院總辦
光武九年十二月三十一日
議政府議政大臣臨時署理學部大臣 李完用

◉敍任及辭令

封完順君 正一品李載完
光武九年十二月十八日 奉常司副提調申憲均
依免願本官
光武九年十二月二十六日 秘書監丞李重五
秘書監郞朴海昌
警務廳總巡權榮洙
依願免本官 秘書監郞任百瑛
解分秘書監郞 正三品趙範九
任秘書監丞敍奏任官三等 秘書監丞申政均
兼任太醫院劑卿 奉常司典事任百瑛
任秘書監郞敍奏任官四等 六品鄭淵錫
任奉常司主事敍判任官六等 六品鄭顯黙
任奉常司典事敍判任官四等
任禮式院臚唱課主事敍判任官六等 六品李준奕
奉常司典事邊奎昌
命分秘書監郞 六品李熙春
命禮式院臚唱課分主事 正三品趙範九 六品鄭淵錫
免懲戒 主殿院警衛局總巡文圭復
任警務廳總巡敍判任官三級 安慶浩
任警務廳總巡敍判任官八級 陸軍參領具完喜
永興郡守洪淳旭
解日本北進軍隊接應官 前主事具夏祖
前教官鄭元朝
前郡守白樂三
孫顯秀
朴承龍
李永植
解日本進北軍隊接應官局員
以上光武九年十二月三十日
任通信院總辦敍勅任官二等 從二品金在순
解分秘書監郞 奉常司典事邊奎昌
命分秘書監郞 六品朴海昌
以上光武九年十二月三十一日

外報

◉西班牙帝 林行의原因 西班牙幼帝아루후온소陛下는伯林에行幸ᄒ온德國內에서皇妃를選擇ᄒ옴을爲홈이라是以一見이甚奇ᄒ로다幼帝의婚姻이西班牙는何國의保護로據ᄒ者와如ᄒ도다今俄、德國의王女中에서此西班牙皇妃位에上홈은誰人이든지判ᄒ기難ᄒ도다德國皇帝는親히推選의任을擔當ᄒ얏는ᄃᆡ德國王府中의其選에當ᄒ王女가不少ᄒ고十月十二日마드리쓰도發之興하뉴우쓰着電에據ᄒ얏다더라

◉北濱鎭道監理方針 日本서今回占領ᄒ長春以南鐵道는關東總督府의監理經營으로歸ᄒ는ᄃᆡ大本營存在中에參謀本部서監理를屬ᄒ고同總督府에서諸般施設을完了ᄒ後關東總督의權內에移ᄒ方針이되얏다더라

◉上鬚와綠과長髥 雜誌가우로이의記者가一百人의名士에問홈을쥬ᄒ야何故로上鬚를畜ᄒᄂᆫ理由를質ᄒᄃᆡ其答이各樣으로ᄒ야左와如히割合ᄒ얏ᄂᆫᄃᆡ

剃事가難ᄒ故 六人
齒를隱ᄒ기爲ᄒ故 一人
너무鼻下가無味ᄒ故 一人
寒氣를防禦ᄒᄂᆫ故 三人
空氣를呼吸홈에善ᄒ故 三人
健康에必要ᄒ故 七人
自巳가好홈이라云者 十七人
細君의好홈이라云ᄒ者 二人
女子에게好케홈으로 잇다云ᄒ者 六十人

◉北京警察務長來日 北京警察務長周壽相氏는警察事務硏究를爲ᄒ야近日日本으로來ᄒ다더라

東京電報

●日淸協約可決 一月六日午後三時二十分發

小村大使가齎來ᄒᆞᆫ日淸協約은直時樞密院에廻付ᄒᆞ야同院에셔可決되얏ᄂᆞᆫᄃᆡ其內容은本條約이三箇條요副條約十二箇條로成立되얏더라

●日本新內閣內定 仝上

總理大臣 西園寺公望
陸軍大臣 寺內正毅
海軍大臣 齋藤實
遞信大臣 山縣伊三郎
外務大臣 加藤高明
農商務大臣 松岡康毅
內務大臣 原敬
大藏大臣 坂谷芳郎
文部大臣 牧野伸顯
司法大臣 松田正久

●日本新內閣親任式 一月七日午後三時五十五分發

本日(七日)午後에各大臣의親任式이有ᄒᆞ얏고文部大臣은一時西園寺首相이兼攝ᄒᆞ기로되얏고其他各員은旣報와如ᄒᆞ더라

雜報

●對郡守奏本ᄒᆞ야勸告政府

夫政治ᄂᆞᆫ東西各國을無論ᄒᆞ고民惟邦本이니本固邦寧은一也라今日韓廷諸公이果以扶植邦本爲心耶아由來韓國秕政이擠陷斯民於水深火熱之中者ㅣ久矣니爲民者自救其生命之不給이어니奚暇에有忠君親上之念이며政府가自反其行政컨ᄃᆡ有何惠澤民ᄒᆞ야望其有忠君親上之義乎아於民雖嫉視之ᄒᆞ며怨叛之라도固無說而自解矣라值此危急存亡之秋ᄒᆞ야誠欲挽其國運인ᄃᆡ固當以愛養人民으로爲先則愼擇字牧이非不是好意로ᄃᆡ以余鄙所見컨ᄃᆡ政府가雖欲愼擇字牧이라도決不可得이라ᄒᆞ노니何以言之오由其敎化가陵夷ᄒᆞ고世道가汚濁ᄒᆞ야廉恥道喪ᄒᆞ고貪饕成風이非一日之故라韓國官人이一被字牧之任ᄒᆞ면舉家狂喜ᄒᆞ야如逢金穴ᄒᆞ고親戚朋友가亦皆待以舉火ᄒᆞ고加以私門之賂道가貢於正供ᄒᆞ야有不滿足이면身陷狼狽ᄒᆞ나니滔滔此世界에其能廉潔不汚ᄒᆞ고公正不私者가果有幾人乎아所以로韓國人民이其遇賢守令之難也가如麒麟瑞鳳之不常有者오且或有若箇人之號爲循良者나其莅任行政이不過一二年에輒復見遞則承其後任者가又可得其善인乎아此大韓人民이百年之中에得其安堵之日이果無幾日也오且語에曰以已之心으로度人之心이라ᄒᆞ니今日政府諸公이亦皆曾經守令觀察者니果不剝奪民財ᄒᆞ야經營私囊乎아已則爲此ᄒᆞ고欲人勿爲가勢所不能이니故로曰雖欲愼擇守令이나決非可得이오且或得若箇人之公廉者라도亦不足爲活民報國之策이라ᄒᆞ노라然則如之何其可也오夫戒虎以勿食人이不若予人以防虎之具니今欲守令之無虐於民則不若予民以自由之權이라自政府로上奏

天陛ᄒᆞ야敢降明詔于國中人民曰凡爲吾民者ᄂᆞᆫ必恪守國法ᄒᆞ야敬奉長上이되如或有官吏之非理侵虐이거든據此詔旨ᄒᆞ야雖分錢尺帛이라도切勿見奪이고若其官長이不遵詔飭ᄒᆞ고肆行暴虐이거든直訴法司ᄒᆞ야求其伸理ᄒᆞ라ᄒᆞ시면民之悅服政府ᄒᆞ며愛戴

皇上이如子之於父母矣오爲官吏者ㅣ雖有虐民之慾이나固無從以侵民矣니是ᄂᆞᆫ政府가不勞於愼擇守令이오民皆自得其生活福祉也니本固邦寧이詎不在此耶아或曰是若如是行令이면竊恐民權이過重ᄒᆞ야有陵蔑官長之習일가ᄒᆞ노라余曰國有法律ᄒᆞ야官吏ᄂᆞᆫ有官吏之權限ᄒᆞ고人民은有人民之權限ᄒᆞ야各守其職分義務케ᄒᆞ면夫豈有上暴下凌之患哉오故로曰予民以自由가實爲今日最先之要務라ᄒᆞ노라

●權重內大 日前奏本에各部大臣이稱以公薦一二人ᄒᆞ고農大權重顯氏ᄂᆞᆫ獨薦其食口五人ᄒᆞ니所謂公薦이實是用私奸計而農大之權이反重於內大라더라

●奏請旋廢 日昨에內部大臣李址鎔氏가十三道를九道로合實ᄒᆞ고道를省이라奏請ᄒᆞᆫ事ᄂᆞᆫ本報에已爲揭載어니와更探ᄒᆞᆫ즉姑爲停止라ᄒᆞ더라

●違禁被罰 廣浦居李仁亨金學均은牛隻을私屠타가警廳에被捉ᄒᆞ고李昌順尹泰運은路上에셔酗酒行悖ᄒᆞ다가亦爲被縛ᄒᆞ야決笞放送ᄒᆞ얏다더라

●大使將發 日本에答禮大使李載完氏ᄂᆞᆫ何日登程ᄒᆞᆷ은姑無確定이되其隨員인즉成岐運李夏榮李熙斗沈錫永韓相龍諸氏로內定이되얏다더라

●安興創立 平安南道安州郡安興學校校長李鶴秀氏와事務長金仁梧氏의來函을據ᄒᆞᆫ즉該郡守劉猛氏가治蹟이旣優ᄒᆞ고又於敎育에熱心ᄒᆞ야境內有志人士와協議ᄒᆞ야小學校를創立ᄒᆞ야名之曰安興學校라ᄒᆞ고自郡守以下로一般人員의義助로經紀ᄒᆞ야現已就緖ᄒᆞᆷ의從此敎育이發達ᄒᆞᆯ期望이有ᄒᆞ다ᄒᆞ니吾儕ᄂᆞᆫ其義擧를攢賀ᄒᆞ고또其學員을對ᄒᆞ야아모조록各其學業을勤勉ᄒᆞ야將來需世之才를成就ᄒᆞᆷ을切切企祝ᄒᆞ노라

●一賀一悵 私立普成學校長金重煥氏가敎育上에熱心ᄒᆞ야敎課를定ᄒᆞ고高明ᄒᆞᆫ講師를聘ᄒᆞ야實心做去ᄒᆞ더니近日各部에셔人才를試取ᄒᆞ야官職을敍任ᄒᆞ기로該校講師尹世鏞氏ᄂᆞᆫ學部主事로金聲鎭氏ᄂᆞᆫ軍部主事로被選ᄒᆞ얏스나諸氏의隨才應用은感賀不已ᄒᆞ나該校에셔ᄂᆞᆫ悵惘가不無ᄒᆞ다더라

●興倅囚民 永興郡守洪淳旭氏의貪汚前習은已聞於西民이러니依賴外勢ᄒᆞ야今莅于北郡ᄒᆞ니兩載之間에百弊層生이라結錢之加排와債訟之半分은難以枚擧而甚至有勒奸人妻에醜說이載路ᄒᆞ고侵奪人財에怨聲이徹天이라又藉其接應官之勢ᄒᆞ야虐待殘民이罔有其極일ᄲᅮᆫ더러言必稱藉判事[illegible]氏說弟而恐喝視威ᄒᆞ야使民으로不敢呼訴于府部[illegible]他法司ᄒᆞ니寃無辜가何以聊生고同氏之貪[illegible]가若此不已면永興之民이將[illegible]永亡離散之境이라ᄒᆞ더라

●第二回郡守奏本 日昨에郡守十八窠를上奏ᄒᆞ얏ᄂᆞᆫᄃᆡ

仁川金泰熙 永同徐晦輔
通津趙東善 咸悅潘泰容
漣原李肯浩 遂安李承仁
寧川白樂三 鳳山徐相奭
[illegible]川李晩蘊 [illegible]川俞致秉
安岳李命稙 [illegible]安徐丙潤
始興金[illegible]睦 高原任其鎬
兎山俞致蘊 [illegible]德李[illegible]正
鎭川李泰應 全義宋秉[illegible]

●小兒作賊 再昨日下午九時에安洞李哥[illegible]廛에서板扉를閉鎖ᄒᆞ고主人이不在ᄒᆞᆫ데十一歲小兒가從門隙開其鎖而入ᄒᆞ야紙貨四十元과銅貨二十元을偸持ᄒᆞᄂᆞᆫ次에學邊滿人廛에셔見其次ᄒᆞ고意其有盜라即詰支所巡檢ᄒᆞ야入于該廛則果有偸兒ᄂᆞᆫ지라即爲押上于警署ᄒᆞ얏다더라

●醫驗問醜 平壤來說을聞ᄒᆞᆫ즉陽曆正朝에該地居留ᄒᆞᄂᆞᆫ美國牧師가各國紳士와觀察使李[illegible]氏를會集宴[illegible]ᄒᆞᄂᆞᆫ데李[illegible]가美國牧師를向ᄒᆞ야問之曰[illegible]國正朝ᄂᆞᆫ未知[illegible]日고答曰今日이로다李氏曰然則貴國正朝가與日本으로同乎아于時在座諸人이聞其說ᄒᆞ고昏昏ᄒᆞ고莫不捧腹大噱라ᄒᆞ니李ᄂᆞᆫ從宦多年에陽曆之所從來와正朝之爲何日을尙今不知ᄒᆞ니此等無識ᄒᆞᆫ語를[illegible]然提出ᄒᆞ야滿座ᄒᆞᆫ外人에게見笑ᄒᆞᆷ이少ᄒᆞ니[illegible]國家多事之日ᄒᆞ야如此夢中之人으로一省內觀察之任을授ᄒᆞ야許多[illegible]民을管割케ᄒᆞ니其觸處昏濁은[illegible]見是圖이고今日大官中에此等痴物이居多ᄒᆞ다ᄒᆞ고民言이[illegible]ᄒᆞ다더라

●醜聞甚殘忍 西[illegible]人의傳言을聞ᄒᆞᆫ즉近日賊黨은無所無之而最甚於長湍坡州之間이라日昨坡州郡五陵洞金義[illegible]家에賊漢數十名이昏夜突入ᄒᆞ야該家所有錢物衣服鍮器等物을惟意奪出ᄒᆞ야分擔二十六負而出去ᄒᆞᆫ즉라該家殘留者ᄂᆞᆫ只是十餘名赤身人口와如干土器等屬인ᄃᆡ金氏가仰天長歎曰天乎天乎여賊之無良이胡至此甚고當此天寒歲貪之時ᄒᆞ야凍餓塡壑之外에ᄂᆞᆫ更無他道라ᄒᆞ미聞者莫不寒心이라ᄒᆞ더라

●特別廣告

本申報分傳等事를仁川栖峴開新冊肆李東皓氏에게委托ᄒᆞ고去月三日爲始ᄒᆞ야逐號下送ᄒᆞ오니購讀ᄒᆞ시ᄂᆞᆫ僉君子ᄂᆞᆫ照亮購讀ᄒᆞ시며代金도同氏에게傳致ᄒᆞ심을爲要

大韓每日申報社 告白

寄書

江郡義塾 金基柱

江西郡이雖蕞爾小郡으로介在平壤三和港中間ᄒᆞ여最爲沿海要衝而重之以司令支部ᄒᆞ야兵弁及外人之往來者를無日不接ᄒᆞᆫᄃᆡ러現今時局急務가新學을不可不研究也오外交를不可不鍊熟也라然而以若殘邑綿力으로不遑設校ᄒᆞ야識者含鬱矣러니今春에李宇榮氏가來守本郡ᄒᆞ야以通明學術로凡百施措가莫不就緖而又於教育上에致意眷眷ᄒᆞ야大會儒紳에慨論時狀ᄒᆞ고即捐薄廩一千金ᄒᆞ야以爲設校之資ᄒᆞ니於是一境士民이無不感動激礪ᄒᆞ야隨力出義者幾至萬餘金이라不日鳩材ᄒᆞ야結構大廈而至於教育之費則無計可施矣러니即爲下令曰閭巷間招巫賽神이係是此土淫俗也라出遣校卒ᄒᆞ야一并毁撤其淫祠而如干基址를斥賣ᄒᆞ야庶可爲薪鹽之資ᄒᆞ니滌汚維新이可謂一擧兩得이라延師開學이尙未浹旬에本郡聰俊과隣邑生徒가聞風入學者日日增加하야今爲五十餘員而將至於學舍不能容之境하니來頭郡人之開明發達은固不槩論也어니와前後新塾之經理施措가是豈餘人之所可倣到也리오如是美事를不可불顯明故로玆仰告하오니貴報에記載廣佈하심을千萬伏望

雜報

●行政如蠢庖解牛 庖丁之善能解牛者ᄂᆞᆫ鈍刀를用之如利刃ᄒᆞ야觸手冰解에無所凝滯이로되蠢庖則反是ᄒᆞ야終日一牛를未解ᄒᆞ고惟咎刀之不利ᄒᆞᄂᆞ니

今日韓國大臣之行政을亦當作如是觀이로다大凡治國之道가先從其大者下手ᄒᆞ야猛然整理ᄒᆞ면其餘小節目은迎刃自解ᄒᆞ야無煩費力이어날今乃不然하야國計民事之大頭腦處ᄂᆞᆫ終年閱歲토록不敢一問하야抛若相忘이고惟日所事가官制變通이니衙門改正이니合道合郡等事에不過하나顧今國危民困홈이官制未善而然歟아衙門未妥而然歟아道郡未合而然歟아政治가苟能善良일진된如此官制와如此衙門과如此道郡으로도可以富强을成하며太平을致홀것이오若其不然이면雖日三變改라도徒致紛拏요終何益哉아伊來幾年에불知幾件沿革하며幾度變改하야令人眼眩에莫知端倪而國危民困이日甚一日하니其無實效를審矣라詎可休矣어날如彼紛然하야終불知休ᄂᆞᆫ何也오諺云短綆이弗可以汲深이오劣馬가弗可以任重이니以若見識과以若力量으로民國間大事務며問題ᄂᆞᆫ莫可生意이고若又袖手無所爲則尸素之譏를難免키로取此閑慢等事하야朝三暮四에要以塞責하니其苟且情狀이良可哀也로다噫라天下事ㅣ元無二理하야不進則退하나니値玆艱虞之會하야一續를弗做하고坐費光陰이면人心을無以奮發이요國權이愈益陵替하야中興大計가只屬空言홀지니日暮道遠을吾爲之惜焉하노라

●秋原歸國 再昨日日本公館書記官秋原守一氏가京釜鐵道輪車를搭乘ᄒᆞ고歸國ᄒᆞ얏더라

●鄕향老로訪방問문醫의生싱이라 (續)

의싱왈예말에일넛스되오십에비로소사십구년의잘못홈을ᄭᆡ닷ᄂᆞᆫ다ᄒᆞ엿더니이제로인의게맛친말인즉되단감사ᄒᆞ거니와죠금늣지아니하얏ᄂᆞᆫ잇가로인왈나ᄂᆞᆫ팔십에비로소칠십구년의글온줄을안다홈이비록늬게ᄂᆞᆫ느졋다ᄒᆞ려니와늬ᄌᆞ손의게ᄂᆞᆫ되단이일은일이로다항언일으기를ᄌᆞ식을낫키가어려온거시아니라기르기가어렵고기리기가어려온거시아니라가라치기가어렵다ᄒᆞ니이제나의서다른ᄇᆞ람은멀니ᄌᆞ손의게미칠교육상목뎍이로다의싱이ᄉᆞ례ᄒᆞ고갈ᄋᆞ되근일ᄋᆡ엇던친고가외국을유람ᄒᆞ고도라와나라형편된것을보고강개ᄒᆞᆫ비회를금치못ᄒᆞ야 (미완)

廣告

本人이今六月에賣船於斗湖居成德昌處而價折一千八百兩에三日限於晉受하여本人買船處蘇島文昌碩을쥬엇더니其時에昌植이가다진즉三日後出給하마하드라기本人은信之無疑하고갓다가八月晦에下來則昌植말이其間數十次단여도찻지못하ᄂᆞᆫ적혼의於音을쥬고船을사갓다ᄒᆞ고於音우退하고本인의船을ᄲᅢ아ᄉᆞ니有口無言하야德昌을ᄎᆞ저간즉避하여數三朔단여도보지못하고厥家門前에幾許次經夜守直하다가요힝만나말혼즉此를彼탈하고우금七朔에아니준아도시이놈이시골ᄉᆞ람에물건탈취하ᄂᆞᆫ적한인즉번ᄉᆞ에지판하여船價一千八百兩과利回朔船生涯못혼利害數千兩과本인五朔留京費數千兩을차질터이오니內外國인은知悉하시옵

驪州邑居 鄭永祚

廣州居安ᄀ僞造本人齊劵欲爲典賣內外國人幸勿見欺

李敏衡 告白

本人去五月分元山去路本府居尹承台相詰頃訟訴狀四張幷失玆廣佈홈

本人先山在於本府仙源面大門洞四標自在本面居廉令稱以渠山局內勒奪玆廣告홈

江華府內金允진 白

學員募集廣告 第二期

本校에서法律學專門科 晝夜學及理財學專門科 晝學 學員을新募하오니願學人은本校에來하야請願應試홀事

學科及規則은本校에來問홀事

試驗科目

國漢文 讀書、作文

算術 四則以內

試驗日子

二月十三日(陰正月二十日)

光武十年一月四日

北署礡洞

普成專門學校

法部認許를承ᄒᆞ와辯護士講習會를設ᄒᆞ옵고內外法律家를招聘ᄒᆞ와法律을研究ᄒᆞ야辯護士應試에準備ᄒᆞ오니入會講究를願ᄒᆞ시ᄂᆞᆫ紳士ᄂᆞᆫ左記事務所로來臨請願ᄒᆞ심을望홈

會規와入會書式은來臨考覽事

南署履洞四街里下南谷

辯護士準備講習會事務所 告白

中署瑞麟坊沙後洞十六統十戶瓦十三間家主李○源板劵을九月分與于三合豐矣社中遺失故玆仰佈內外國人中誰某拾得ᄒᆞᆫ休紙施行홈

三合豐 告白

本教教堂建築事務本所를남署會賢坊儲慶洞新作路邊拜屋으로定하얏사오니僉教員은照亮來議홈

天道教六任所 告白

本會에서尋常英語速成課를設立하고本月八日(月曜)붓터開學홀터인듸上學時間은下午六時붓터七時ᄭᆞ지오教師ᄂᆞᆫ金圭植氏이오니志학僉員은來議本會허심을爲要

皇城基督教靑年會 告白

平昌郡守金泰錫氏ᄂᆞᆫ政若蒲廬에惠及萬民이라到郡第幾日에招致各面里解事頭民하야開座鄕會의諄諄教導을若父兄之戒子弟하고空官時義兵費三千五百兩을損廩補充하며年七十以上至八十父老를饋以米肉하미千家에稱活佛之惠이오萬口에訟來暮之謠라先此廣告하야以表訟홈

平昌郡民 李秉廸 李鳳基 李來儀 金成基 李晩亨

本人去十一月初五夜掛壁奕選黑角圖書陽刻姓名圖章如干錄紙幷失玆廣佈舊章與錄片勿施홈

江華內可面曹相璉告白

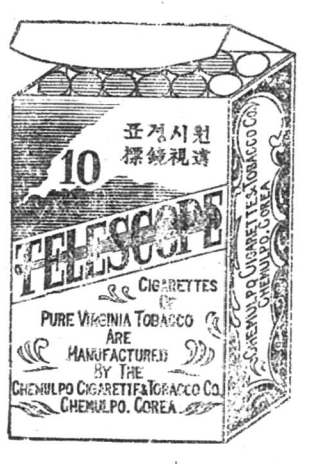

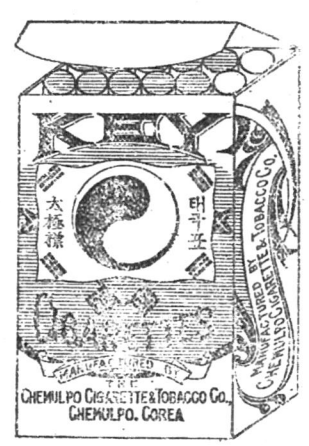

西暦一千九百六年一月十日（一） 水曜日 光武九年八月十一日 第三種郵便物認可 明治卅八年八月十一日

第四卷 第一百二十號

大韓每日申報

대한매일신보

月曜及慶節
歲時日休刊

檀君開國四千二百三十八年
箕子元年三千二十七年
大韓開國五百十四年
日本明治三十九年
淸國光緖三十一年
陰曆乙巳十二月大十六日甲人

論說

綱民

伊藤侯의善待韓人之快諾이雖是出於眞實이나此地日本官憲은弗信此諾홈이顯然하도다韓國內日本政策의未免過失은吾輩之所解得이니如此保護下에在혼韓國人民의許多悲慘情形은弗能逐日注視로다行過市路에日人之對韓人虐行을弗ᄒᆞ見而弗能이오日兵殘行의每日所報는弗欲聞而弗能이며乘汽車而旅行韓國者ㅣ鐵路使役輩의處處만行을觀光홈도亦欲避弗得之勢로다此를改善키實難하니韓人之被害者ㅣ若往訴于日署則搶彼怒而害愈甚홈을認得故로寧欲勿說로爲計로다伊藤侯가如此虐行을禁止하깃다宣言하엿스나日本管理에在혼警吏의今日行動이貽毒于民生홈은是何故也오白衣之之禁令이爲其經濟之術이어날令出後弗過幾週에使此貧民으로製着未久혼白衣를脫棄하고新着染色케强迫하니是豈公正耶아罪弗過白衣안되端雅人士들隨見拘執ᄒᆞ야汚其衣以獸形墨點하니此乃純然壓行而已라一以與日本染色布帛之販賣오一以起韓人之怨恨이니日本指導를受ᄒᆞ는警官의行爲가至此之擧로다現用白衣를若[illegible]에는經濟之계되는染色衣料를孰弗樂從이리오如此한良策[illegible]督이로다乙未大變後日人暫據之時에今日此令과同一혼者[illegible]而無術되는頒布條例가有之矣로다

官報

◎三千三百四十四號 光武十年一月八日

◎敍任及辭令

任陸軍幼年學校教官叙判任官八級 陸軍幼年學校教官尹泰一 金元求

陸軍幼年學校副官金鍾九

依願免本官 陸軍武官學校教官申佑善 陸軍武官學校教官金益晉

任陸軍幼年學校教官叙奏任官四等 正三品崔鎭영 六品吳克善

任陸軍武官學校教官叙奏任官四等

以上一月三日

正三品金完秀 從二品李承載

解宮內府特進官

秘書監丞李明翔

依願免兼任禮式院掌禮

禮式院掌禮卿李鼎晃

命宮內府特進官叙勅任官二等

弘文館學士南廷哲

命禮式院掌禮卿叙勅任官一等

宮內府特進官李淳灝

命弘文館學士叙勅任官一等

秘書監丞[illegible]鎭範

兼任禮式院掌禮

內部主事[illegible]

내부主事金炳七

내부主事李重煥

내부主事閔[illegible]鎬

내부主事柳基纘

內部主事張敎遠

依願免本官

以上一月四日

◎光武十年度歲入歲出總豫算表（續）

第十款陸軍衛生院二千四百五十九圜
第一項廳費三百七十六圜
第二項治療費二千八十三圜
第十一款武藝廳六千九百圜
第一項雜給及雜費六千九百圜
第十二款軍器廠一萬七千七百八十一圜
第一項俸給八千五十二元
第二項廳費一千三百圜
第三項雜給及雜費九百圜
第四項諸手當一百八圜
第五項事業費七千五百二十一圜
第十三款武官學校三萬一千五十六圜
第一項俸給二萬一千八百十三圜
第二項給料下士卒一千三百三十五圜
第三項廳費二千四百九十九圜
第四項雜給及雜費二千一百六十八圜
第五項諸手當一千一百八十八圜
第六項糧食費一千五百五十一圜
第七項馬匹費二十七圜
第八項馬裝費三百七十五圜
第十四款硏成學校七萬七千六百四十圜
第一項俸給六萬九千七百三十四圜
第二項給料下士卒三千九百圜
第三項廳費一千八百圜
第四項雜給及雜費八百二十八圜
第五項諸手當六百四十八圜
第六項糧食費七百三十圜
第十五款幼年學校二萬三千七百六十七圜
第一項俸給二萬五十六圜
第二項給料下士卒七百四十四圜
第三項廳費一千二百圜
第四項雜給及雜費九百三十六圜
第五項諸手當六百四十八圜
第六項糧食費一百八十三圜

未完

外報

◎種痘懸賞 南米智利의人民은種痘를嫌홈으로七月二十日에루메루구리온新報에左와如히懸賞廣告를ᄒᆞ얏다더라 次日曜日種痘를行ᄒᆞᆯ지라[illegible]種痘所는第二유미사리오에서警察音樂隊의奏樂이有ᄒᆞ고且種痘ᄒᆞ는人에一[illegible]ᄒᆞ는札를受ᄒᆞᆯ지라 此廣告ᄒᆞᆫ데一千六百人의種痘를受ᄒᆞᆫ人이잇더라우아루바라이소에서天然病의死者가一日에平均六十人에至ᄒᆞᆫ다더라

◎新嘉坡는一等軍港 [illegible]시에쓰아이도운구新嘉坡[illegible]은반드시英國全艦隊를收容ᄒᆞᆯ[illegible]足ᄒᆞᆫ大軍港으로二十萬돈石炭儲藏所가有ᄒᆞ고此外十萬돈貨物庫가有ᄒᆞ야世界第一될지라英國一司令官은新嘉坡를[illegible]港으로ᄒᆞ야濠州移民을保護ᄒᆞᆯ에[illegible]라ᄒᆞ되是를不足信이라ᄒᆞ니此意는東洋에海軍艦隊은[illegible]本이라日本은英과全[illegible]者라故南支나는利權이有ᄒᆞᆫ法國으로[illegible]과接近ᄒᆞᆫ者라然이나[illegible]면獨露米에對ᄒᆞ는[illegible]야暗히獨露米의接近은新嘉坡軍港問題에셔生ᄒᆞᆫ거시라고ᄒᆞ얏다더라

◎支나勞働者南門行 支나勞働者가厦門으로由ᄒᆞ야[illegible]ᄒᆞᆫ者가六千七百九十六人이라더라

◎水雷發見 靑島港務局은去月二十五日北緯三十五度二十六分三十東經百二十一度十分에서水雷一個發見ᄒᆞ얏다더라

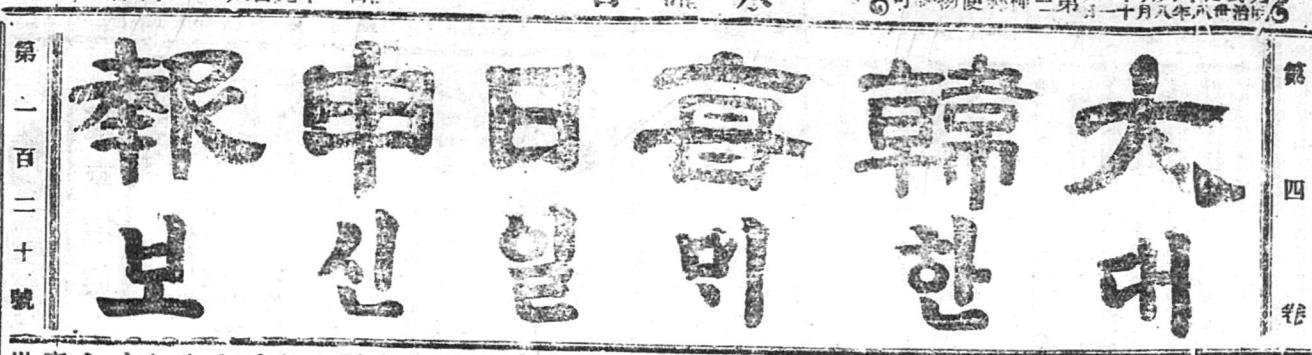

◎濱口德國領事 德國公[illegible]書記官되얏던도구도루레스[illegible]氏는濱口領事를被任ᄒᆞ얏다더라

東京電報

●統監來發　一月八日午後五時四十五分

伊藤統監의一行은來二十日에出發ᄒᆞ야赴任之途에就ᄒᆞᆫ다더라

●新內閣의衆望　仝上

新內閣에對ᄒᆞ야ᄂᆞᆫ各政黨과各新聞에서大歡迎ᄒᆞᄂᆞᆫ意를表ᄒᆞᆫ다더라

雜報

●郡守無請願　鐵原郡守高運河氏가內部에報告ᄒᆞ되大韓日報本月十五日第五百六號雜報中에本郡守가現以身病으로末由行公ᄒᆞ야稅務方劃에民事時急ᄒᆞ니所帶郡守之任을征遞ᄒᆞ기로請願本部라ᄒᆞ얏ᄉᆞ오나本郡守ᄂᆞᆫ初無如是之請願이온ᄃᆡ今此日報之揭載가實所誣捏ᄒᆞ야甚是訝惑ᄒᆞ기로玆에報告ᄒᆞ오니照亮後更正ᄒᆞ심을望ᄒᆞᆫ다ᄒᆞ얏다더라

●郡守請還　沃溝監理兼郡守가內部에報告ᄒᆞ되本境租界外列郡에外國人之租地購屋ᄒᆞ야住在於本監理莅任之前ᄒᆞ와自今形便이有難遽撤退이온바附近沃溝恩津等郡에外人之居住生과買土耕作이比他郡最多ᄒᆞ온지라種種交涉事案이先由各郡守査報ᄒᆞ야亦監理與該管領事로辦理이온즉該郡守ᄂᆞᆫ必須外務한熟이라야可免交際葛藤이오니査照ᄒᆞ옵셔本港附近各郡守를外務한熟人으로選用ᄒᆞ와國事를共濟ᄒᆞ게ᄒᆞ얏더라

●權獄三寬　平安南道平壤郡居權在淵의來告를據ᄒᆞᆫ즉同郡社倉村居ᄒᆞᄂᆞᆫ權召史가城內居韓召史處에所捧條가有ᄒᆞᆫᄃᆡ携貳不報ᄒᆞᄂᆞᆫ故로本府主事文洛淵을紹介ᄒᆞ야右條를準推ᄒᆞ얏더니文洛淵의妻가權召史를招致ᄒᆞ야酬勞錢五百兩을卽納ᄒᆞ라ᄒᆞᆫ즉權召史가以不然之端으로抗拒ᄒᆞᆫ즉文哥夫妻가毆打權氏ᄒᆞ야當場致斃ᄒᆞ얏ᄂᆞᆫᄃᆡ文哥ᄂᆞᆫ時任本府主事오其妻ᄂᆞᆫ前郡守金蒡燮之女인故로該府巡檢朴承勳氏가不念獄情ᄒᆞ고模糊決案ᄒᆞ야置之度殺코저ᄒᆞ니其在法慮에不勝駭然이라ᄒᆞ더라

●演會演說　去土曜日下午七點鐘에皇城基督靑年會에서第一回特別討論會를開ᄒᆞ얏ᄂᆞᆫᄃᆡ問題ᄂᆞᆫ治安之方은敎化가勝於法律이오可否演議ᄂᆞᆫ尹致昊南宮億鄭雲復?炳鉉氏이오來賓은李商在李源兢李?采?允?鍾泰諸氏ᄂᆞᆫ見?이오出席人數ᄂᆞᆫ一千一百十五名에達ᄒᆞ얏다더라

●雜誌更新　向日靑年會에서數理學雜誌를發刊ᄒᆞᆷ은本報에旣有讚揚이더니更聞ᄒᆞᆫ즉自第二號로一層學理도更精ᄒᆞ고雜冊도改良ᄒᆞ고紙品도更好ᄒᆞ야十分完美라ᄒᆞ더라

●任免不公　日昨農商工部에서主事幾人을以人材登用論問題로作文取才ᄒᆞ야除免ᄒᆞ고其代에李源鍾權泰武白元弼李喆榮崔元喜諸氏를初試取ᄒᆞ고任用ᄒᆞ니免則取才ᄒᆞ고任則不試ᄒᆞ니任免이極爲不公이라고人言이多ᄒᆞ다더라

●庖稅越捧　經理院種牧課長朴弘錫氏가警署와照會ᄒᆞ되五署內庖稅ᄂᆞᆫ係是經理院所管ᄒᆞ야牛每匹四兩式定式收納이온더니現聞各庖主所告ᄒᆞ온즉自貴廳으로設廳居?ᄒᆞ고排次院稅係에서此令을可?납於本院云이온즉?額은自貴廳으로?無憑人者를屈民等이推托이?ᄒᆞ지抑或自貴廳으로若聚收ᄒᆞ온지未知何以로?廳에不得認許이온지라將用廳人을不可?公이오니卽爲歸正ᄒᆞ라ᄒᆞ얏더라

●路規則　日昨警廳에서街路規則十八條를發布ᄒᆞ얏다더라

●僧俗同亡　各處方에一進會員이斷髮洋服ᄒᆞ고또日本通辯中日人行李로稱以百姓調査委員ᄒᆞ고出沒邑村ᄒᆞ야乘轎騎馬에討肉討食ᄒᆞ니僧俗同亡ᄒᆞᆫ다ᄂᆞᆫ說이?藉ᄒᆞ고欽谷來人言을聞則徐丙樞와河?烈이鳴官長ᄒᆞ고締結徒黨ᄒᆞ야恣行悖習이及於楊口淮陽麟蹄高城杆城ᄒᆞᆫᄃᆡ本府一進會에서ᄂᆞᆫ何故로此를尋常置之ᄒᆞᄂᆞᆫ지民怨이藉藉ᄒᆞ다더라

●僞稱經略　楊州蘇美居ᄒᆞᄂᆞᆫ李敏형은元是守操有學之人인ᄃᆡ忽有日人二名과通변一人을眼同來言曰貴田畓四石餘斗落을踏品次로來라ᄒᆞᄂᆞᆫ지라以初無四石餘斗落田畓이고都是虛無之畓으로答之ᄒᆞ고探其裏由ᄒᆞᆫ즉略有面分ᄒᆞᆫ名不知安某의所爲인ᄃᆡ該日人이安某를踏之賊穀ᄒᆞ고至有毆打之舉러니安某가終不改悔ᄒᆞ고近日에又以僞券으로四處求債或放賣ᄒᆞ려ᄒᆞᆫ다니安某의行爲不正ᄒᆞᆷ을將次法司에告發ᄒᆞ려ᄒᆞᆫ다더라

無奈何三字壞了萬事

今夫韓之人士들이見國勢之岌業과民氣之頹索ᄒᆞ고言必稱無奈何라ᄒᆞ니試以目下形便으로觀之컨ᄃᆡ言者之言이無足怪焉이로되韓人之呼此無奈何가不惟今日이라吾已聞之有年인즉前亦無奈何요今亦無奈何라奈何韓人口裏에ᄂᆞᆫ只此無奈何三字뿐아學自獨立以來로滿紙揩紳이一以國步艱難으로作爲立志要訣ᄒᆞ야不識夷險ᄒᆞ고挺身奮起ᄒᆞ야君有過則諫之ᄒᆞ며民有難則醫之ᄒᆞ야同心戮力而萬機를斡旋ᄒᆞ야ᄉᆞ면獨立之基礎를可期ᄒᆞ리오今日之恥辱을可免이어날所務ᄂᆞᆫ但ᄒᆞ며兩風이滿腦ᄒᆞ야空然相率而爲言曰國事無奈何라ᄒᆞ야所謂坐在廟堂ᄒᆞ며出入林闈者들은阿諛固寵ᄒᆞ며挾公營私之外에ᄂᆞᆫ無一忠言讜議ᄒᆞ며無一爲國遠慮ᄒᆞ고滔滔然目前苟安으로視爲長策이다가事貴蹉跎ᄒᆞ야馴致今日之恥辱ᄒᆞ니究其根本而論之컨ᄃᆡ無奈何三字가實爲之祟이거날猶且舊習을不悛ᄒᆞ야激厲奮發之氣ᄂᆞᆫ一毫未見이고此日無奈何라ᄒᆞ며彼日無奈何라ᄒᆞ야許多口裏에幾千萬無奈何가做將出來ᄒᆞ야便是四面楚歌연즉士氣之委낭이奚至於是焉고

大抵志苟一立이면天下에無難事니凡今韓之人士가其性을堅忍ᄒᆞ며其身을勞苦ᄒᆞ야專以國權回復으로爲其主旨ᄒᆞᆯ진ᄃᆡ一人倡之에百人和之ᄒᆞ야全國同情을果然可卜ᄒᆞᆯ지오且夫豪傑이非別人이라有志者ㅣ卽豪傑이오强弱이無定形이라有爲者ㅣ卽强國이니苟能全國이同心ᄒᆞ야百折不撓이면實力이漸生ᄒᆞ고機會無窮ᄒᆞ야由與事業은決然有望이거날今或四肢無骨人들이冬寒春燠을都不計較ᄒᆞ고但以眼景으로妄加批評ᄒᆞ야言必稱無奈何라ᄒᆞ니此等痴心人話頭에ᄂᆞᆫ吾亦無奈何로지로다

●是何良心　近日傳說을聞ᄒᆞᆫ則?相而鳳?氏의褒贈ᄒᆞᆫ바件에對ᄒᆞ야其使가還收ᄒᆞᆯ줄ᄂᆞᆫ交涉이有ᄒᆞᆷ으로內大李址鎔氏가國家恩典을逆難還收ᄒᆞᆷ줄노反對ᄒᆞ얏다ᄒᆞ고洪參判鍾植의殉難ᄒᆞᆫ忠節에不可無恩典ᄒᆞᆯ줄노 天陛에稟ᄒᆞ얏다니李氏가自已前過를欲贖ᄒᆞ라ᄂᆞᆫ지良心所發인지來頭를詳探ᄒᆞ야更載ᄒᆞ깃노라

●나라붓잡을방침　외국셩쇽심쳥신혹이부라압제적명영ᄒᆞᆫ듯ᄒᆞ오착ᄌᆞᆺ소졍말ᄌᆞᆺ소심쳥신혹인ᄂᆞᆫ기회가졍말ᄌᆞᆺ소우리ᄂᆞᆫ라무명이나면쥬에신혹신쳥으로우리나라물좀드려입어보게빗사도입어보세송히도입어보세니가단니면서

우리나라것스로지어입은ᄉᆞ람은코에혹이못도록졀ᄒᆞ겟소만약외국脈건으로입은사람은기ᄭᅳᆺ은얼골에다침을밧틀테니부더욕보지마시요정말이오거짓말하오ᄯᅥᆫ가이힘읍는일에구ᄐᆡᆫᄭᅥ욕볼거시무어시오우리나라강만쓰고입고하게되니명히안에부국강명이라ᄂᆞᆫ부국소ᄅᆡ듯게되오

이러셕은ᄉᆞ람들은정부에도만히잇서야부국이라ᄂᆞᆫ즐노아지ᄂᆞᆫ빅셩이부자되ᄂᆞᆫ거시부국이요무명이나면쥬ᄒᆞᆫ조ᄭᅳᆺ조ᄭᅡᆫ면ᄶᅳᆫ동포잠안즈고물네질파며나싸며북바되질ᄒᆞ야며질몃시간ᄂᆞᆷ수고하여ᄶᅡ서노코징마다ᄂᆡ다팔면사ᄂᆞᆫᄉᆞ람은이거슨지금젼입지안ᄂᆞᆫ고로안산다하여가며구박하ᄂᆞᆫ고로혈가바민하고도리같제다시ᄂᆞᆫᄯᅡ나도시무지말고ᄶᅩ지도맙니라하며힘보고도다가ᄂᆞᆫ잠자자고ᄶᅮᆫ든아쥬면ᄂᆡ낙심천만ᄃᆡ하ᄂᆞᆫ말이다시ᄂᆞᆫᄶᅳ지도말도며나도심으지마옵시다셰상이망하려고외국것만쓰고우리거ᄉᆞᆫ쓰지안으니

미완

●特別廣告

本申報分館等事를釜山港舊館豆毛里書籍店全友和氏로義州南門外韓西大藥房主人張有寬氏의게委托하고逐號下送하오니覽하시는 僉君子는照亮購讀하시며代金도同氏의게傳致하심을爲要

大韓每日申報社 告白

雜報

●布哇情形

本年八月二十七日에外部協辦尹致昊氏가日本東京留住時에布哇移住韓民情形視察次로即往該地하라시는外部訓令을奉承하와二十九日午後에滿洲號를搭乘하와九月八日朝에布哇都城호놀누에至着巡行하야首尾二十四日間에布哇所屬四島農庄三十二個所에散在한韓民을視察하옵고其情形을如左히報告홈

光武九年十月　日

布哇列島位置氣候

美領布哇邦은群島로組成한바其中最大者八箇가有하니曰夏倭曰馬位曰可忽倉威曰沒鹿開曰羅乃曰歐后曰倭倭曰尼夏字라八島面積이統計六千六百四十方里로北緯十八度至二十二度間에橫在하야北美東亞中路를占하얏스며東距美國桑港二千一百英海里오西至日本橫濱三十三 四十哩라氣候가四時溫暖하야寒暑의極端이無하고一年平均溫度가海邊에는華氏七十四度오高地에는六十四度오山頂에는三十二度라奇花珍果는四時爭發하고佳樹異草는一年長靑하며到處에背山臨海하야景色이美麗하고衛生에適宜하야瘴疫이不行하고猛獸毒蛇의屬이本無其種함으로布哇群島를太平洋中極樂世界라或稱홈

政治沿革

西曆一千七百七十八年에英國人鞠求가布哇群島를發見하니伊時에土人加拿加人種이分據各島하야互相爭奪하더니一千七百九十五年에至하야爲倭島酋長加美夏美夏第一世가英傑한資로群島를統合하야始成一國하고一千八百三十九年에至하야加美夏美夏第三世가立憲政治를組織하고一千八百四十三年에至하야獨立國으로列强의承認을得하고一千八百九十四年에民主國이되얏더니一千八百九十八年에至하야北美合衆國에附屬홈　未完

●教育熱心　忠南石城郡居하는前郡守趙宜淳氏와士人高殷相姜濂翼諸氏가靑年을敎導하기爲하야學校를設立하는데該郡郡守吳根泳氏가校長이되고處所는鄕廳을借給하야該地方人民을期於코進步하고저하니찬識時務하는先覺이라고人多稱譽한다더라

●殘寺復國　權重顯趙鶴來氏는年前元興寺를擬貸하면國家安寧케한다더니統監部가出하야二千萬同胞가一時의奴隸된다하고近者의某某氏는北漢에寺刹을建築한다니以後에何法이出하야二千萬同胞를何時의魚肉되지閭巷公論이頗多하다더라

皮開化

○頭髮을淨理하고香水를塗灑하야坐額에橫抹하얏스니文明開化이아닌가

○羅紗洋服에山高帽를戴하고毛織外套와羽織緞을一新히裝飾하얏스니文明開化이아닌가

○眼에金邊玻璃鏡이오口에金岡石嘴子埃及卷烟이文明開化이아닌가

○懷中金時計手中斑竹杖足下無大小靴履가文明開化이아닌가

○堂堂히洋料理樓倚子上에珈琲茶를압飮하며三鞭酒를決破하니文明開化이아닌가

○假令月俸은多하든지小하든지有하든지無하든지一日浪費數三十元手帒中에銀錢紙鈔用之如水奇事로다文明開化이아닌가

○腹中에는學問이무엇시오공동無一物이오그러면皮開化

●縱兵殺民　西來消息을聞한즉義州郡守山羽均氏가該郡庇成面居金宅幹으로風憲을差出하야鄕錄錢을收刷케한즉民皆日豐慶宮役이已畢하니鄕錄은將安用之오하고不肯出錢하니郡守가捉入風憲하야猛杖三十度에不日督刷하라한즉金宅幹이還納任帖于鄕約長하고自退風憲하니郡守가發巡校하야捉來宅幹하라하되宅幹이不得就捉이러니郡守가又發四校하야宅幹에正妻를捉致하라하되巡校가불敢抗鄕하야空還現身에告以令前出他한즉郡守가大怒하야猛杖校隸하고乃與駐隊參尉朴某某로相議하고派發兵丁十名하니兵丁이夜入宅幹家하야以銃으로打宅幹頭角이破傷하고宅幹之子名과其六寸一人을幷爲砲殺하얏는데中氏의虐殺無辜三命은法當償命이라하더라

●藥費請給　日本留學生洪鍾旭氏가有病入院하야其藥費를以該自學費金中計給하되不足餘二十九元六十五錢을即爲發送之意로該監督申辦韓致愈氏가學部에報告하얏더라

●學費挪用　日本遊學生에去十二月朔學費金이尙不來到하야學生이告飢沓至키로趙公使旅費中七百五十七元을挪貸支發하얏스니該額을趙公使에게即爲出給하라하얏더라

●吏奸宜察　農部에서各道에訓令하되昨年八月十七日에發訓另飭中禾穀種類가宜土各有이니各郡各面各洞所種禾穀中從宜土之務種하는種을一一句式封上本部하라함은究其本意면將欲辨識其土宜하며詳嚴其穀簿하야擴張農桑할意而已어날夫何近日官屬輩가藉托官令하고從中濫收하야民間作弊에聽聞猥藉하니其在字牧에宜即考覈이어날何乃尋常抛置하야以致此弊乎아訓到即時에轉飭管下各하야此等弊習을昭詳嚴戢하야俾無民殘으로見侵嗷嗷하라하얏다더라

●長安[illegible]況

○聞道長安似奕碁라는一句詩가今日爲하야準備하얏도다日昨에는一局上에白子가多하고黑子가少하더니

○近日에는白半黑이라하니差過數日이면黑子가수勝할지長安이奕碁와如함이古詩에도或有하던지

○一年將盡再迎春이라는데陽曆에送舊迎新하고陰曆에送舊迎新한다니韓國은再迎春이로다

○桂樹山中成一社라하는詩句는何代에吟咏하얏는고近日桂洞에一社會를組織하야稱曰改革의論議를主張한다하니果然인지國家興亡이消와省에關하얏는지金礦採掘權인지

廣告

本教教堂建築事務本所를南署會賢坊儲慶洞新作路邊洋屋으로定하얏사오니僉教員은照亮來議홈

天道教六任所 告白

玄洞鄭元文十二月二十六日出次於音一片富坪一萬兩와十二月十四日仁川路中에서遺失하와人니誰某拾得하와도休紙施行홈

開城府閔泳濊 告白

學員募集廣告 第二期

本校에서法律學專門科晝夜學及理財學專門科晝夜學學員을新募하오니願學人은本校에來하야請願시홀事

學科及規則은本校에來問홈事

●試驗科目

國漢文 讀書、作文

算術 四則以內

●試驗日子

二月十三日（陰正月二十日）

光武十年一月四日

北署碑洞

普成專門學校

法部認許를承하와辯護士講習會를設하옵고內外法律家를招聘하와法律을硏究하야辯護士應試에準備하오니入會硏究를願하시는紳士는左記事務所로來臨請願하심을望홈

會規와入會書式은來臨考覽홈

南署廣通四街里下南谷

辯護士準備講習會事務所 告白

特別廣告

本申報는海外電報를卽接ᄒᆞ야機關이外國通信과交通ᄒᆞ고外國에서注意ᄒᆞᆯ事項을揭載ᄒᆞ오며迅速히申報에揭載ᄒᆞ야發送ᄒᆞ는되迅速히傳ᄒᆞ며分傳ᄒᆞᆫ人이常에在ᄒᆞ오니本社에서本報를傳ᄒᆞᆫ人의게告諭ᄒᆞ고申申ᄒᆞ야訓飭ᄒᆞ야下層父母或嫁或娶ᄒᆞ게注意ᄒᆞ야怨恨이나爭訟이나如或情弊가有ᄒᆞ거든各該使通知ᄒᆞ야本社로來ᄒᆞ면君子ᄂᆞᆫ該分傳의게誠信ᄒᆞ시相勸ᄒᆞ도록耳提面命ᄒᆞ오니數가도發生ᄒᆞ거든卽速ᄒᆞ야必無遲誤ᄒᆞ도록高諒ᄒᆞ시ᄂᆞᆫ期望ᄒᆞᆸᄂᆞ이다

本社에投書ᄒᆞ시ᄂᆞᆫ諸君子ᄂᆞᆫ姓名과居住를明確ᄒᆞ게記錄ᄒᆞ야送附ᄒᆞ시와證據가有ᄒᆞᆫ일을必要ᄒᆞᆷ이오公衆平和ᄒᆞᆫ秩序를紊亂케ᄒᆞᄂᆞᆫ意와社會上不經荒雜ᄒᆞᆫ書ᄂᆞᆫ不受ᄒᆞᄂᆞᆫ權利가本社에自在ᄒᆞ오니肯諒ᄒᆞ시ᄋᆞᆸ

大韓每日申報社

◎雜誌發刊廣告

今에數理學雜誌를(每月五日一回定刊)發刊ᄒᆞ야敎師諸氏의敎科材料를供ᄒᆞ고學生諸氏의獨學材料를供給코져ᄒᆞ오니有志諸氏ᄂᆞᆫ購讀ᄒᆞ심을切望

(但一部定價ᄂᆞᆫ新貨陸錢)

南大門內尙洞公會右側
青年學院內　數理學雜志社

鍾路大東書市
布屛下金相萬冊肆
新門內松鶴張哲周紙廛
銅峴朴泓九紙廛
仁川港韶興關新冊肆

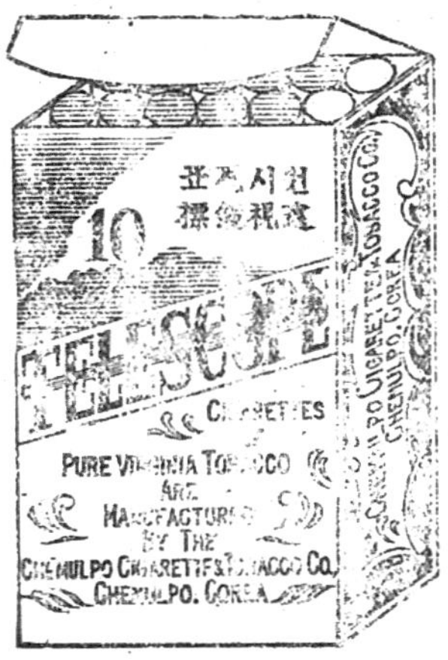

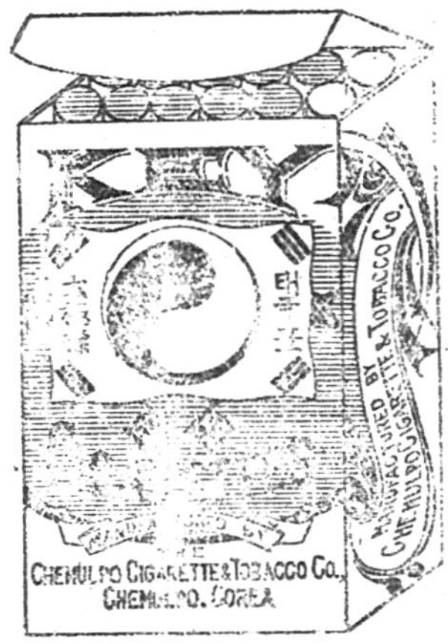

以上三種은上品으로製造ᄒᆞ와捐價發賣ᄒᆞ오니僉君子ᄂᆞᆫ陸續購用ᄒᆞ심을敬要

大韓帝國仁川港

濟物浦紙卷煙草會社

一 鷹標罐濃結牛乳
一 金印罐詰濃結牛乳
一 無雙家用氣化乳酪
一 뽀ㅣ든쓰製造麥芽化合牛乳

以上은常時에貯積ᄒᆞ얏슴

美國紐育港셰ㅣ든쓰濃結牛乳會社

一手代理店

大韓仁川港

世昌洋行

◎九轉靈砂라 本人이砂汞으로融合ᄒᆞ야創造ᄒᆞᆫ靈丹인ᄃᆡ男女老少에何等疾病이던지消化ᄒᆞ오며無病時에도服ᄒᆞ면平生의身體가健康ᄒᆞ고一兒도四五錢重만服ᄒᆞ면十年안에無病ᄒᆞ게保全ᄒᆞ오며

◎九轉靈砂萬靈丹은癲癎痴症과中風諸疾과耳目諸病과諸般에神效ᄒᆞ고

◎九轉靈砂保命丹은初生小兒　驚風　痢疾　咳嗽　腹痛諸般雜症에神效ᄒᆞ오

◎九轉靈砂淸衆丹은酒滯　食滯　血積　吐瀉　霍亂　痢疾　吐血　下血　運氣　時疾　疝症에神效ᄒᆞ오

◎九轉靈砂紫金丹은痔漏　累癧　上疳瘡　下疳瘡及膚指과諸般毒瘡惡種에無不神效ᄒᆞ오니　僉君子ᄂᆞᆫ來問ᄒᆞ시오

南署司宰洞…閣下一家　李鍾鎬移徙　告白

◎本社特告

本社新聞을關西等地에廣佈ᄒᆞ기爲ᄒᆞ야平壤金與燗氏를[illegible]…金五三氏에게[illegible]

大韓每日申報社

本社廣告

申報價
一張代金　新貨　一錢五里
一月前　三十錢
三箇月　九十錢
六箇月　一元七十錢
一箇年　三元四十錢

英文
一部　新貨五里
一箇月　十三錢

告白料
四號活字十三字詰每行英尺一寸에新貨廿五錢
(每日每行에六錢에相當ᄒᆞ오)
一個月에　二圓五十錢
(每日每行四錢에相當)
一個月에　五圓
(每日每行五錢에相當ᄒᆞᆷ)
[illegible]

大韓人마다此[illegible]
[illegible]
僉君子ᄂᆞᆫ來臨商議ᄒᆞ심을
發行兼編輯人　英國人裵說
發行所
京城北署[illegible]
大韓每日申報社

第四卷

大韓每日申報
대한매일신보

第一百廿一號

月曜及慶節時休日刊

檀君開國四千二百三十八年
箕子元年三千二十七年
大韓開國五百十四年
日本明治三十九年
淸國光緖三十一年
陰曆乙巳十二月大十七日乙卯

論說

警告靑年

여보시오靑年諸君은惟我昏髦者의一言을採聽하시오惟大韓興亡은靑年諸君의兩肩上에擔負하얏소如此宏大하고尊重ᄒᆞᆫ責을擔負ᄒᆞᆫ靑年諸君은特別ᄒᆞᆫ一團精神을鍊成하시오

腦髓가充滿ᄒᆞᆫ靑年諸君學問을勉勵하며耳目이聰明ᄒᆞᆫ靑年諸君聞見을宏博하고志氣가活潑ᄒᆞᆫ靑年諸君天地를睥睨하며膽勇이堅固ᄒᆞᆫ靑年諸君湯火를赴蹈하며百體가健全ᄒᆞᆫ靑年諸君天下萬事를皆可做하기로自期하시오

現今衰老人物은野昧하고頑固하고柔軟하고怠惰하고委靡하고退縮하고痴이하고糊塗하고昏濁하고衰微ᄒᆞᆫ殘疾人物이라政府와人民의年齡四十歲以上된人物을降ᄒᆞᆫ否運에胚胎하고潰亂ᄒᆞᆫ風氣中에生長하야滔滔히國家思想이何物인지不知하며自由權利가何事인지不辨하야聚力이曉明하면世上으로認하야自己一身이幸生홈만信賴하는良藥物이라此輩가二十年以前에一團精神을鍊成하얏든들今日沈淪ᄒᆞᆫ叢淵중에墮落ᄒᆞᆯ理由가豈有하리오

此輩는但히精神을鍊成치不能홈不啻라反히오論을倣出하며橫議를坐談하야靑年諸君의銳氣를挫折하니此는一大罪人이라

噫라靑年諸君아一世를環顧ᄒᆞᆯ진된國權을光復하며人民幸福을增進ᄒᆞᆯ者는誰人을依畀하며希望하리오但히英氣勃勃ᄒᆞᆫ靑年제君뿐이언마는

靑年제君의學問을進就하야學校에卒業도하며外國에遊學도ᄒᆞᆫ人氏를槩觀컨된優越ᄒᆞᆫ才調와卓異ᄒᆞᆫ學業을不見하깃고語學이나才通하면大學校卒業ᄒᆞᆫ學問으로自處하야幸幸自大하는者도有하며及其希望하는程度는判任八級一窠에不過하며不然이면日貨十元月俸을不免하야好志氣를곡喪하는者도有하며

或奢侈를崇尙하며遊戲를嗜好하야靑樓紅燈에歲月을消磨하는者도有하며又或은頑固家庭의世訓을承襲하야一点新空氣가不入ᄒᆞᆫ卅子裏에今日形勢가國家는既爲頓覆하고人民은將且滅絕ᄒᆞᆯ줄만思惟하야萬事灰心ᄒᆞ야一生營爲가頹廢ᄒᆞᆫ者도有ᄒᆞ니

竊想컨된청年제君의志氣가擧皆如是ᄒᆞ야一團精神을鍊成키不得ᄒᆞ면大韓餘運우何地에歇泊ᄒᆞ리오

噫라청年제君은大韓興亡을兩肩上에擔荷ᄒᆞ얏다ᄒᆞ는言論을深深研鑽ᄒᆞ면高遠難行ᄒᆞᆫ事이不是라各其儆惕心으로志氣를淬勵ᄒᆞ며奮興心으로事業을進就ᄒᆞ며勇斷心으로謀猷를剛ᄒᆞ며公正心으로道義를服從ᄒᆞ야今日進一事ᄒᆞ며明日做一業ᄒᆞ야實力을養成ᄒᆞ는一團精神的이라泰山을挾ᄒᆞ고北海를超ᄒᆞ는別樣難事가豈有ᄒᆞ리오

청年제君아一團精神的을鍊成ᄒᆞ면國家獨立도恢復ᄒᆞ며人民의自由도挽回ᄒᆞᆯ大幸福을增進ᄒᆞᆯ不啻라各其自家光輝가赫赫ᄒᆞ며富貴가在前ᄒᆞ고名譽가歷史에爛만ᄒᆞᆫ福音을自取키不肯ᄒᆞ는가言之長也니後日에更言ᄒᆞ깃노라

官報

◎三千三百四十五號 光武十年一月九日

◎宮廷錄事

議政府議政大臣臨時署理學部大臣臣李完用外部大臣臨時署理學部大臣臣李完用謹奏今年十一月十七日韓日協商條約既已成立矣駐在各國之本國公使幷即召還之意飭申何如謹上奏

光武九年十二月十四日奉

旨依奏

祔 廟都監都摠郞臣李根命謹奏今此祔 廟敎是時宗廟當室 龕室 神榻 冊장 寶장 祭器床卓孝惠殿祭器仍用與新造者當爲奉審擧行矣臣與知 監堂郞進詣宗廟孝惠殿奉審吉日令禮式院從速推擇何如敢 奏

光武十年一月五日奉

旨依奏

祔 廟都監都提調臣李根命謹奏取考謄錄則本都監工作工監分差官擧行而現今官制改正矣九品朴薰陽丁杜燮監造官差下使之董役何如敢 奏

光武十年一月五日奉

旨依奏

◎敍任及辭令

漢城裁判所首班判事趙紹
任慶興監理敍奏任官一等
任漢城裁判所首班判事敍奏任官一等　正三品李秉輝
以上一月二日

德源監理署主事李昌夏
依願免本官
任德源監理署主事敍判任官六等　鄭雲商
以上一月三日

陸軍步兵副領李南熙
任陸軍步兵正領
陸軍步兵正領李南熙
補軍部參謀局長
外部主事朴寅圭
依願免本官
器械廠技手趙東熙
任外部主事敍判任官八級　李在性

外報

◎露政府强硬　露國政府는波的沿岸諸州를對ᄒᆞ야最히强硬ᄒᆞᆫ態度에出ᄒᆞᆯ라ᄒᆞᆫ다더라

◎對法戰備　德國은將次可起될法國과開戰을對ᄒᆞ야頻頻히準備를整備ᄒᆞᆫ다더라

◎西王結婚　西班牙國王알후온소第十三世陛下는빗텐벌히의、유지니아公主ᄒᆞ고結婚ᄒᆞ기로確定ᄒᆞ얏다더라

◎英相演說　英國지야무쌘룬卿은演說ᄒᆞ되從來保守黨에政策이有二ᄒᆞ니勞動者의職業은增加ᄒᆞ야國家의財源을發達ᄒᆞ고帝國의團結을鞏固ᄒᆞ기에向ᄒᆞ야極力ᄒᆞ야國際的政敵과破壞的學理的好戰者間에各其見解의相違가有홈을比較論評ᄒᆞ야過去에自由貿易의經驗은同貿易主義의甚히誤謬됨을證明ᄒᆞᆫ바更히英人의手로製造ᄒᆞ야出ᄒᆞᆫ各種의輸入製產品에는一割의課稅를附ᄒᆞ고其他의輸入外國品과植民地의生產品及原料品은凡無稅로ᄒᆞ야如斯ᄒᆞ면어ᄯᅥᄒᆞᆫ價格에何等影響을及지아니ᄒᆞᆯ깃기로特惠關稅政策의意見을提出ᄒᆞ얏다더라

◎法皇演說　同電을據ᄒᆞᆫ즉法國大統領의新年接待會ᄂᆞᆫ유리세—宮殿에서擧行ᄒᆞ얏ᄂᆞᆫᄃᆡ當日은各國의代表者가出席ᄒᆞ얏ᄂᆞᆫᄃᆡ席上에서大統領루베—氏와駐法伊大利大使ᄂᆞᆫ平和的思想과道德的勢力의必要를特히演說ᄒᆞ얏다더라

東京電報

○[illegible]大使 一月九日午後三時着
靑木周藏氏ᄂᆞᆫ美國駐箚大使를任命ᄒᆞ얏고
○日本次官任命
大藏次官은 若槻禮次郎
海軍次官ᄂᆞᆫ 加藤友三郎
司法次官은 河村讓三郎
遞信次官은 仲小路廉
以上은本日에任命ᄒᆞ얏더라
○日本議長內定 一月九日午後五時發
衆議院議長은長谷場純孝氏가[illegible]되얏더라
○日本參議官任命 仝上
伯爵桂太郎은本日에軍事參議官을被任ᄒᆞ얏더라

雜報

●韓之前途

國之治亂興亡이不在于天ᄒᆞ며不在于地ᄒᆞ고在人之賢不肖에在키로政府大官이苟得其人이면羣寮征斂合이以類相聚ᄒᆞ야中外羣有司가皆得其賢而治化를可成ᄒᆞᆯ지요若政府無人이면雖羣辟이在上ᄒᆞ며天地眷佑라도萬機叢脞에終至於危亡ᄒᆞᄂᆞ니鄙以韓之政界로論之컨ᄃᆡ所謂大官이無一個忠良이고其餘羣有司ᄂᆞᆫ貪鄙浮薄이雜然并進ᄒᆞ야公私百凡이紛如亂絲ᄒᆞ며民[illegible]至于玆라가禍自天來에竟致今日之恥辱ᄒᆞ니實是自招라其誰怨尤리오만안所未可知者ᄂᆞᆫ日本之處事也로다保全二字ᄂᆞᆫ閣之勿論ᄒᆞ고苟其主意가促成危亡에不在ᄒᆞᆯ진ᄃᆡ凡其濁亂朝著ᄒᆞ며剝割生民之徒를并加誅竄ᄒᆞ야以慰輿情이라야恤隣之誼를乃可表見이어날顧乃親密之ᄒᆞ며勸告之ᄒᆞ야有若返助其惡키로許多狐鼠之輩가藉其援助ᄒᆞ야揚眉吐氣가浮於前日ᄒᆞ니不知其惡而助之면斯爲不明이오知其惡而助之면是乃不義라於此二者에必有一焉이니不顧全國人心ᄒᆞ고扶護此幾箇奸濫이未知且主意之何居이며且以被拘諸人으로言之라도爲其臣民者ㅣ痛國勢之不競ᄒᆞ며慨時事之多難ᄒᆞ야或封章天陛ᄒᆞ며或投書政府ᄒᆞ야輸忠悃於萬一ᄒᆞᄂᆞᆫ거시自是天彝之所當然이요亦天下人之所同然이거ᄂᆞᆯ動加拘禁이是何名義일지藉曰惡且妄言하야要以鉗制라도此亦有불然者하니我實不德이면雖曰殺人而禁言이라도天下之口를雖掩이오我若無咎면雖天下之人이毁之라도元無所損이니然則弭謗之道가惟在自修之如何라何必紛紛拘禁하야示人不廣乎라噫라韓人之日夜望治가不啻飢渴之俟飮食이로되前之亂은在於我也오今之亂은任於人也니在我者ᄂᆞᆫ我或改之로可在人者ᄂᆞᆫ其將何哉아有惡而不能除하며有善而莫可用하니不生不滅에日就自枯ᄒᆞᆯ지니韓人之前境이여[illegible]可悲矣로다

●伊侯微恙 伊藤侯爵이自昨年歲末로胃腸病이有ᄒᆞ야現今滄浪閣에서閒居療治中이더라

●財顧歸國 度支部顧問目賀田氏가四五日內로歸國ᄒᆞᆫ다ᄂᆞᆫᄃᆡ日本國會가開會ᄒᆞᆫ後에更히來韓ᄒᆞᆫ다ᄂᆞᆫ說이有ᄒᆞ더라

●哀洪參判

韓日新條約事件으로因ᄒᆞ야若趙元老와閔輔國과洪參判의致命殉國은不惟赫赫[illegible]輝於大韓歷史라各國報[illegible]이亦皆一辭讚揚者ㅣ니忠義之感人이豈[illegible]然이나趙閔兩忠正[illegible]之典과棹楔之旌과禮葬之恩이可謂無憾矣오李相[illegible]一庶僚[illegible]오金奉學은一兵丁[illegible]亦皆褒贈職致祭之典ᄒᆞ니由其同歸于忠에恩不可闕이라至若洪參判ᄒᆞ야ᄂᆞᆫ以[illegible]則韓國之貴族也오以其人望則韓國之名大夫也라公이以爲家餘[illegible]으로痛世德之隆ᄒᆞ야歷除官職에一不膺命ᄒᆞ고混跡漁樵ᄒᆞ야[illegible]陵가數十餘年이라[illegible]大去之日ᄒᆞ야在家聞變ᄒᆞ고不勝悲慟ᄒᆞ야慨然致命ᄒᆞ야[illegible]其心志之皎然이豈不與日月爭光哉아獨其贈襃之典이尙未有聞은何也오此吾輩之歷月慫慂ᄒᆞᄂᆞᆫ바오亦擧世公論之稱鬱不已者로다

或曰公의忠義를 韓皇陛下셔서豈不隱之嘉之시리오만은自某處로有阻止之端ᄒᆞ야致有恩數之闕焉者니可歎可歎이로다然則吾輩之惑이尤有甚焉ᄒᆞ니夫爲人臣ᄒᆞ야各爲其主ᄒᆞ고各爲其國은天下之通義라故로忠良之臣은雖在敵國之間이라도其人이生則欲其去之ᄒᆞ다가其人이死則義之揚之ᄒᆞᄂᆞ니蓋非忠이면無君이라古今天下에豈有以無君之道로敎其民者乎아況今兩國間友誼가曰敦密이라ᄒᆞ며曰忠告라ᄒᆞ며曰指導라ᄒᆞ면서엇지褒忠之典을勸行阻止之事가有ᄒᆞ리오求之人道에萬不近似라吾輩ᄂᆞᆫ欲更探其事實ᄒᆞ야大書特書로廣布于世界萬國코ᄌᆞᄒᆞ노라

●玄湖設校 藥峴溫粹義塾과西江牛山義塾이互相親密ᄒᆞ야同心敎育ᄒᆞᆷ은人皆欽慕ᄒᆞᄂᆞᆫ바인ᄃᆡ玄湖의居ᄒᆞᄂᆞᆫ諸氏들이또ᄒᆞᆫ學校를新設ᄒᆞ야敎育을興起코ᄌᆞᄒᆞᆷ의財産家十餘員이出義贊成ᄒᆞ야聰俊子弟를育成케ᄒᆞ기로ᄒᆞᆫ다더라

●心士歸天 皇城[illegible]法會書記具[illegible]會氏ᄂᆞᆫ才行이敏商하고學識이淵博하며兼하야慷慨有志ᄒᆞᆫ年紀十인ᄃᆡ恒常時局의岌業을[illegible]하야同胞를警醒하고後進을敎育하야社會의運을挽回하기로已任을作하야漢城內에도私塾을設立하고漸次鄉曲에廣設ᄒᆞᆯ計劃으로去十一月에黃海道白川郡에往하야一小學校를設立하고其開學禮式을纔經하야病祟가暴發하야仍히當地에서長逝하얏ᄂᆞᆫᄃᆡ臨時之歎이至死愈切하야哀惋ᄒᆞᆫ遺談가多하얏다하니此等有志士의天逝ᄒᆞᆷ은實로吾人의遺憾이로다

●閔歲曠官 咸南觀察使申箕善氏가內部에報告ᄒᆞᆫ內槪에利原前郡守徐禹洛은八年七月二十九日에請由發行이고其代郡守李裕璇은九年一月三十一日에叙任하와仍未赴任而經遞하고新郡守尹永稷은九年六月二十三日에叙任하야尙未赴任이오니該郡空官이今爲十八箇月之久矣라自朝家로棄置此郡於度外而然이온지事事接應을無人擔任이오公務積滯를無人剿理오吏奸民猾을無以整頓하야勢必無邑이라故報告하오니亦照亮하오서該新守尹永稷을[illegible]赴任이[illegible]何不得[illegible]叙에온지擇[illegible]하니何[illegible]論何許人하고[illegible]速下[illegible]하시와俾免[illegible]郡하라하얏더라

●[illegible]氏의敎育 (續)

智育

智育은소위實利主義로[illegible]會表面에立ᄒᆞ야自己의利益을計劃ᄒᆞ며財産을處理ᄒᆞ며職業을經營ᄒᆞ고[illegible]個人及國家의良民으로써其義務를盡ᄒᆞ기可ᄒᆞᆫ智識을與ᄒᆞ야社會事務에慣熟ᄒᆞᆫ人物을養成ᄒᆞᆷ으로目的을삼아虛文의練習即浮華ᄒᆞᆫ修辭와閑雅ᄒᆞᆫ詩歌를棄ᄒᆞ고處世上에利益이有ᄒᆞᆫ學科를授ᄒᆞ되初에ᄂᆞᆫ讀書習字를[illegible]ᄒᆞᆫ後에國語를敎授ᄒᆞ며次에自國語를講ᄒᆞ야活用을得케ᄒᆞ며最後에羅甸語와外國語를敎ᄒᆞ며算術은一日이라도不可缺ᄒᆞᆯ비오地理ᄂᆞᆫ記憶力과目力으로써鍛鍊ᄒᆞᆷ에必要라ᄒᆞ고其他天文學과幾何學과歷史倫理民法商法物理[illegible]記學科를授ᄒᆞ리라ᄒᆞ다

敎育法

生徒를敎育ᄒᆞᆷ의其性質과器量을推知ᄒᆞ야如何ᄒᆞ면能히其性情을知悉ᄒᆞ며又何物로能히此를開發ᄒᆞᆷ의適宜ᄒᆞᆫ거를考察ᄒᆞ며天稟의美ᄒᆞᆫ거슬取하며[illegible]頑ᄒᆞᆫ惡癖을除하며其天賦ᄒᆞᆫ美質을漸益發達暢케하되[illegible]發達助[illegible]無理히拘束하야[illegible]强迫치말고[illegible]適宜하기[illegible]로써目的을삼아敎[illegible]遊戲[illegible]有하며[illegible]의方法으로不知不識愉快中에[illegible]自然了解케ᄒᆞᆷ이可하다하니라 (未完)

●通辯宜懲 忠北觀察使申泰[illegible]氏가內部에報告하되本年[illegible]日本警部及守備隊와財務官이連絡來往하니通辯之[illegible]이오中[illegible]下忠州郡[illegible]面[illegible]主事朴興[illegible]日語[illegible]學問[illegible]하야交涉에[illegible]府中邀[illegible]月通辯에事多和平妥辦하와官民[illegible]하오니[illegible]合[illegible]獎이옵기玆에輾請하오니查照하옵고[illegible]調用하오서[illegible]便[illegible]히[illegible]더라

●特別廣告

本申報分排等事를釜山港舊舘豆毛里書籍店全又和氏로義州南門外韓西大藥房主人張有寬氏의게委托하고逐號下送하오니一覽하시는 僉君子는照亮購讀하시며代金도同氏의게得致하심을爲要

大韓每日申報社 告白

雜報

商業會議所에셔韓廷에請願書全文이如左홈

右請願은本商業會議所에셔自昨年七月以來로財政整理에一大恐慌을被ᄒᆞ야蕩產敗業ᄒᆞᆫ巨細萬商을極救扶持ᄒᆞ며由來萎靡ᄒᆞᆫ商業社會를振興發行ᄒᆞᆯ目的으로既爲政府僉位大臣閣下及日本朝野諸氏의게哀願을仰籲홈이一再에不止ᄒᆞ옵더니幸히我政府大臣閣下의極力周旋ᄒᆞᆫ勞와與其日本政府의保障大意를崇ᄒᆞ야一百五十萬元을十年間無利子無擔保로써我政府에貸與ᄒᆞ야此魚肉涸轍의商民을救濟保生ᄒᆞ며韓日兩國의商業發達을期圖코ᄌᆞ홈에出ᄒᆞᆫ바이오니此時를當ᄒᆞ야我政府諸大臣閣下는早速히日本當局者에向ᄒᆞ야該額並如數推越ᄒᆞ사左開三個所로貸下ᄒᆞ시되就中天一銀行ᄒᆞ와는商界上多年信用之所이오니多數劃給ᄒᆞ야此幾傾ᄒᆞᆫ商界를挽回ᄒᆞ시며倒懸ᄒᆞᆫ民命을紓解케하심을千萬伏望

光武十年一月　日

左開

一 天一銀行
一 漢城銀行
一 漢城共同倉庫會社

●布哇情形 續

人種 人口

布哇本土種은加拿加라稱ᄒᆞ야부色이紫黑ᄒᆞ고體格이壯大ᄒᆞ며天質이淳厚ᄒᆞ나性習이懦惰ᄒᆞ야遊衣遊食을看作樂事ᄒᆞ며朋友나親戚의게依賴糊口ᄒᆞ다가其朋戚의囊橐이告罄ᄒᆞ면互相引率ᄒᆞ고他處에稍饒ᄒᆞᆫ者의게就食ᄒᆞ야平生을虛度ᄒᆞ며饑餓가迫頭치아니ᄒᆞ면勞役을不執ᄒᆞ고少得金錢ᄒᆞ면飽且醉焉ᄒᆞ야世憂를忘却ᄒᆞ며土地家産은幾乎沒數히他人種에게放賣ᄒᆞ야不過百年之內에八島의江山草木이他人의手中에盡入ᄒᆞ얏고本土種은生産이減縮ᄒᆞ야六十餘年前에十三萬三百餘人되던人口가到今ᄒᆞ야는二萬九千七百餘人에不過ᄒᆞ며言語文字는英語를主張ᄒᆞ고最近調査를據ᄒᆞᆫ즉布哇全境人口가十五萬四千一人內에人種을如左히類別홈

本土種	二萬九千七百八十七
半土種	七千八百四十八
清國人	二萬五千七百六十二
美國人及寓産歐洲人	七千二百八十三
英國人	一千七百三十
葡萄牙國人	一萬五千六百七十五
德國人	一千一百五十四
日本人	六萬一千一百十五
諾威國人	四百十
他外國人	二千五百八十四
南洋群島人	六百五十三

未完

●英俄協商 法國巴里에셔發刊ᄒᆞ는후이가로新聞을據ᄒᆞᆫ則英俄協商이再次開始된다ᄒᆞ야非常恐動이有ᄒᆞ다더라

●僧侶統轄 近日風傳을聞ᄒᆞᆫ즉一進會에셔十三道內僧尼를統轄ᄒᆞ기爲ᄒᆞ야金剛山寺와梁山通度寺에支會를定ᄒᆞ고僧衙名에每朔十錢式收捧ᄒᆞᆫ다ᄒᆞ니其內容에如何ᄒᆞᆫ은姑未詳知어니와前日管理署에셔各寺刹管理홈을物論이非之ᄒᆞ더니到今該會에셔다셔統轄ᄒᆞᆫ다ᄒᆞ니昔非今是를雖遠議라고ᄒᆞ더라

●鄕향老로訪방問문醫의生성이라 續

전국동포의게권고ᄒᆞ는말노지은글이노릐와방불ᄒᆞ나ᄉᆞ의가심히격절ᄒᆞ더니다볼상ᄒᆞ고이달울ᄉᆞ 이쳔만동포들아 ᄒᆞᆫ편귀를기우려셔 ᄂᆡ말을드러보오 나라이이디경에 거의거의망ᄒᆞ엿고 인민은이디경에 거의거의다죽게네 ᄃᆡ한ᄯᅢ디십숨도에 살기는죠죠와 여뎐뎍향상ᄒᆡ셔 우림ᄉᆞ히ᄒᆞ옵시니 회호건국엇더든나 갑구연원다시보네 치평이오릭되면 화란이이러나믄표금에도죽이오 국가에상경이라 숀호고압흐도다 국운이불길ᄒᆞ야 웅계되략간곳업고 란신젹ᄌᆞ싱겨나서 만얼그러ᄒᆞ올진ᄃᆡ 금슈만도못ᄒᆞ리라 못드럿소도럿소 파란ᄉᆞ젹못드럿고 어린이절문이를 함부로잡아갈ᄯᅢ 써근밥ᄯᅥᆨ죠각에 굴머셔다죽엇데 ᄎᆡᆨ흑도다이광경을 엇지ᄒᆞᆯ고죠흘손가 사람의부모되니 이ᄂᆡ말을드러보오 오날날이디경에 ᄒᆞᆯ일으무엇잇가 어서밧비시급ᄒᆞ게 ᄌᆞ손을가라치오 ᄒᆞ야알고두리아라 차차셰여늘오가면 국권을회복ᄒᆞ기 무엇시어려우리 못보앗소못드럿소 덕국사긔무보앗소 법국파ᄊᆞ홈ᄒᆞ야 셩ᄒᆞᆫ지약미겻다가 상하일심용분ᄒᆞ야 교육에힘을써셔 몟십년아니되야 몰슈히차젓스니 전감이소연하야 명ᄇᆡᆨ하기몰파갓다 여보시오여보시오 부모되신동포님네 이일을거울숨아 ᄌᆞ셰히살피시오 부모는굼더리도 ᄌᆞ손은가라치고 부모는칩드리도 ᄌᆞ손은가라치오 미완

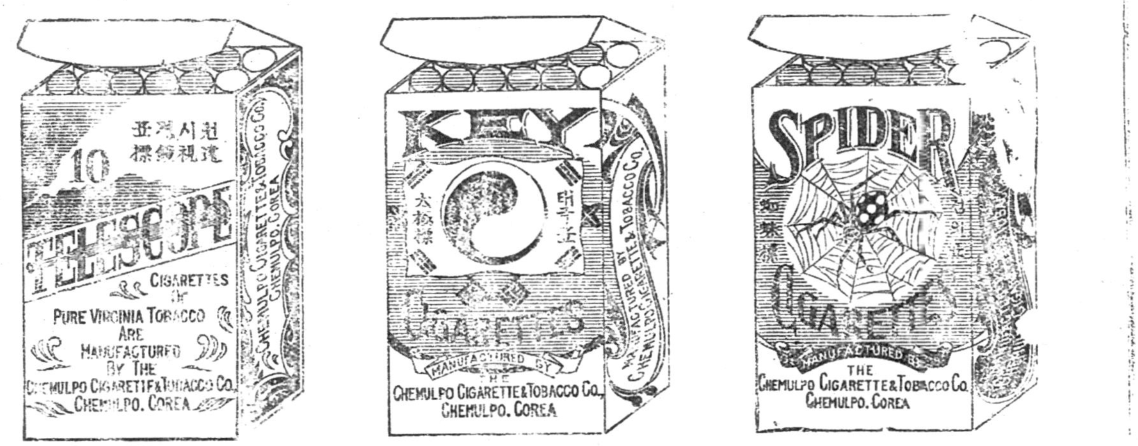

發行兼編輯人 英國人 裵說
發行所
京城北署[illegible]坊[illegible]洞[illegible]號外[illegible]
大韓每日申報社

光武九年八月十一日 第三種郵便物認可 明治三十八年八月十一日

金曜日

西曆一千九百六年一月十二日 (一)

第四卷

大韓每日申報
대한매일신보

第一百卄二號

月曜及慶節歲時日休刊

檀君開國四千二百三十八年
箕子元年三千二十七年
大韓開國五百十四年
日本明治三十九年
淸國光緖三十一年
陰曆乙巳十二月大十八日丙辰

論說

韓國財政

北淸日報을據호니今日本政策을論호論인바目賀田氏의財政報告을詳納홈이有하니本社는顧聞其理由어노라因其銅之粗惡호야私鑄가濫出인즉은韓國內一般所知여니와具質價가表面定額三分之一에弗過호거날何目賀田氏가私鑄錢에는非究良策호고但新貨一箇에舊貨一箇를交換호니是何益之事오大阪私鑄者가或佛何에營業耶아

韓國舊日通貨는粗荒尤甚호야不免商業上不便이러니至于近年호야白銅貨幣가比諸列邦通貨면雖未免粗賤이나猶認之以韓便호야極適當에는無論公私鑄호고尙今信用이어날目賀田의計劃은一國通貨를封鎖홈에在호지라財政流通이今旣幣絶호야韓國商民이幾皆蕩敗호얏스니是或目賀田之政策耶아

本社는向目賀田氏試問호노니若欲整理財政인진貨實價格에適合호本位貨를何不立之耶아

以余所見으로度之컨된整理以前에通行舊貨는因日本貨幣호야時時高低호얏스나韓人間通商에는猶致□用이러니今日新貨는以日本通貨호기에雖稱便利나漸次韓國이韓國內에만通用호는銀行券에盡歸호리로다韓國이復其自治權之日에는日本은未免財政之難호리니本記者는特念此行券所有者畏懼호노라

目賀田氏의經營이欲以大韓으로依日本之叫利호니其或有成이면大韓每日申報는其或讚揚호깃노라

官報

三千三百四十六號 光武十年一月十日

◎宮廷錄事

議政府參政大臣臣朴齊純學部大臣臣李完用謹

奏正三品韓致愈駐箚日本國호야使之留學生監督何如謹上

奏

光武十年一月六日奉

旨依奏

議政府參政大臣臣朴齊純內部大臣臣李址鎔謹

奏考見九年度春夏等忠淸北道觀察使殿最報告書則鎭川郡守崔文煥以讀禮在家未見其治聽其前政이用吏言爲日奏官實下考而實諸中考ㅣ在嚴明殿最之意豈容若是該道觀察使□□熙施以一責之典鎭川郡守崔文煥免本官何如謹上奏

光武十年一月六日奉

旨依奏

◎敍任及辭令

秘書監丞洪□鳳
仁川郡守李喆和
□山郡守□□□
鏡城郡守徐相大
淮原郡守曹斗煥
咸悅郡守趙□璿
□□郡守俞□奎
始興郡守金宗國
全羅北道觀察府主事金鐵澤
京畿觀察府警務官洪忠鉉
忠淸南道觀察府警務官崔□濟
全羅北道觀察府警務官金學植
黃海道觀察府警務官劉鳳揚
江原道觀察府警務官尹□殷
平安南道觀察府警務官□炳墳
咸鏡南道觀察府警務官□亨錫
咸鏡北道邊界警務官白樂憲

依願免本官

任秘書監丞叙奏任官三等 正三品河在涉

任全羅北道觀察府主事叙判任官六等 李源興

免本官 龜城郡守閔泳勛

右는平安北道觀察使李根豐의報告를據호온즉該員이初不請由호고徑先發行홈은大違公格이라호얏숩기免本官 永同郡守□英□

右는該員이九年度春夏等殿最에治蹟居下호얏숩기免本官

免本官 肅川郡守金永年

右는該員이叙任七朔에尙不赴任이옵기免本官

免本官 □嚴郡守□東奎

右는該員이職在字牧에施措駭妄호야商賈追藉호고物議沸騰이옵기免本官

免本官 高原郡守朴淇昊

右는該員이恣行不法에專事貪饕호야物議가喧藉이옵거免本官

□山郡守玄興澤
安岳郡守金□□

免本官

右는該員等이由□屢朔에僅促사發호야以致民邑曠한이옵기免本官

免本官 遂安郡守尹致祚

右는該員이罔戢不數호야吏民攻斥호고檢費勒徵에怨讟迫藉이옵기免本官

免本官 樂安郡守閔舜鎬

右는該員이職在字牧호야勒貪民錢에以致訴部이옵기免本官

免本官 順天郡守李承周

右는該員이憑公營私에勒取巨欵호야民怨狼藉이옵기免本官

免□□ 大丘郡守柳承榮

右는該員이該道巡察使洪祐晳의封庫홈으로免本官호얏숩더니追究情跡에容有可恕이옵기免懲戒 未完

外報

◎英俄協約 伯林電을據호즉巴里發行후사로新聞은英俄兩國間에新協約商定의談判이開호얏다더라

◎新設特種學校 日本東京市教育會에서將來實業上에發達호기로主唱호야實業補習學校에關호一切事項을調査后擴張設立호다더라

◎淸國聘鐵道技師 淸國兩江總督張之洞氏가日本遞信省에交涉호야技師二名을雇聘호는데年俸은一萬元으로打定호얏다더라.

◎德長更送 德國陸軍에서謀總長시유니1후엔伯은其職을辭호고後任者는陸軍中將몰도게伯이任命되얏다더라.

◎九條葬儀 日本大勳位九公爵條道孝氏는藥石이無效호야今月五日에逝去호얏는데葬儀는十日東京에서執行호고同日午後零時三十分에新橋發瀛車로西京에到호야同地東福寺에埋葬홀터이며又 天皇皇后兩陛下는特히九條老公生前에勳功을思念호ᄉᆞ葬儀를一切帝室御費用으로執行호라시旨意를下垂호옵셧는데葬儀掛長우子爵杉孫七郞氏로任命호얏다더라

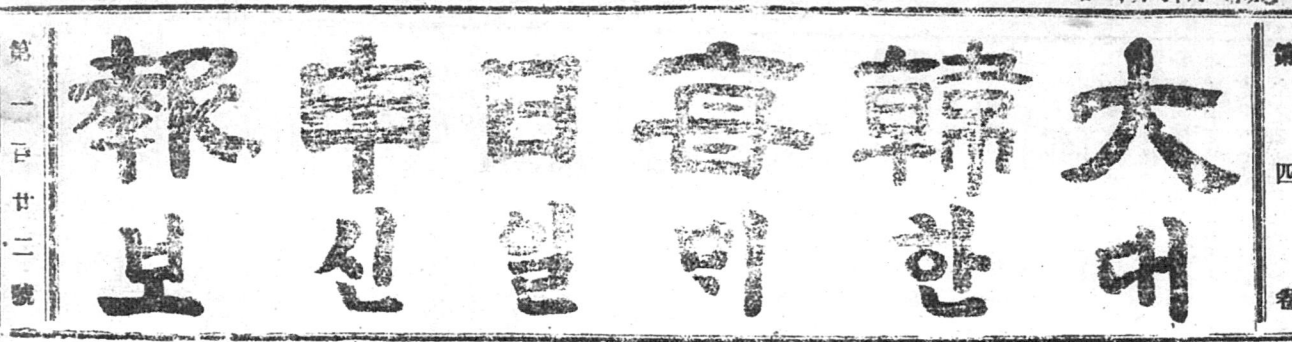

◎小村復命 本月一日日本東京新橋에瀛車로歸京호小村全權大使는霞關外邸에入호야改服後更히隨員을從호야同四時에參內拜謁호고親히淸日協約締結의顚末을復奏호얏더니陛下의호勅語를下垂호고尙且別室에서茶菓를下賜호시고種種이下賜品이有호되午後五時에退出호얏다더라

東京電報

◎農商務省經營 一月十日午後三時十分發

日本農商務省에셔ᄂᆞᆫ副參事에韓國에委員을派出ᄒᆞ야調査ᄒᆞᄃᆡ遂ᄒᆞᆫ結果로增殖經營에就ᄒᆞ야若案中이라더라

◎書記官及局長任命 一月十日午後六時四十五分發

日本一等郵便局長池田重三郞氏ᄂᆞᆫ統監府通信管理局長을任ᄒᆞ얏고田原禎之氏ᄂᆞᆫ統監府書記官을任ᄒᆞ얏더라

◎韓國委員歸國 仝上

韓國捕房交涉委員되얏던平氏等의一行은來二月上旬頃에[illegible]見習後에同十一日頃에歸國之途에就ᄒᆞᆯ터이라더라

◎淸日條約公表 仝上

淸日條約은本日官報에正式으로發表되얏더라

◎淸國遣外大使 仝上

載澤貝子의一行은來十五日에門司에到着ᄒᆞᆯ豫定으로通知가有ᄒᆞ다더라

雜報

◎敎化가關於法律

日昨靑年敎育會에서會員某氏가入演說ᄒᆞ고因此問題로一場討論ᄒᆞ얏ᄂᆞᆫᄃᆡ其中某氏ㅣ騁盡其妙ᄒᆞ야詳且備焉ᄒᆞ니大巫之前에安敢搖鈴이며匠石之門에不宜弄斧오되才不才各言其志ᄂᆞᆫ想亦諸氏之所許ㅣ로略述愚見ᄒᆞ야以供一笑ᄒᆞ노라

原夫天之於萬物에雨露以滋潤之ᄒᆞ며霜雪以肅殺之ᄒᆞ야屈伸消長에造化乃行ᄒᆞᄂᆞ니雨露가아니면物不得長養이고霜雪이아니면物不得成就ᄒᆞ야四時가廢ᄒᆞᆯ지라治國이亦猶是焉하야敎化者ᄂᆞᆫ天之雨露也오法律者ᄂᆞᆫ天之霜雪也라敎化아니면仁愛之風俗을成키不能ᄒᆞ며法律이아니면凶暴之[illegible]을[illegible]不能ᄒᆞᆯ지니必須二者幷用ᄒᆞ야不可以偏廢로ᄃᆡ但其所尙이隨時不同ᄒᆞ야治世則敎化를尙ᄒᆞ며亂世則法律을尊尙ᄒᆞᄂᆞᆫ거시理勢之不得不然인바所謂治世ᄂᆞᆫ敎化만專用ᄒᆞ며法律만全用ᄒᆞᆷ을指ᄒᆞᆷ이아니라此而則敎化ᄒᆞ미[illegible]重則此輕ᄒᆞ야[illegible]食[illegible]相[illegible]ᄒᆞᆫᄃᆡ甘心而[illegible]少[illegible]甘[illegible]衣食이오昔法而昔[illegible]이며[illegible]乃[illegible]的[illegible]이니敎化中에非無法律이오法律中에非無敎化를[illegible]可以키로堯舜之敎化로도四凶之罰을乃擧ᄒᆞ고[illegible]中[illegible]之罰名으로도六[illegible]之文을不廢ᄒᆞ야[illegible]ᄒᆞ니[illegible]外律之不可偏廢가[illegible]不彰然明[illegible]乎아

雖然이나[illegible]時之[illegible]이[illegible]指以爲從로되四時之雨露ᄂᆞᆫ物亦則無受損ᄒᆞᄂᆞ니[illegible]此論之컨ᄃᆡ法律이[illegible]於敎化오

且夫人之衛生이水穀과藥石에不外ᄒᆞ야水穀으로氣血을養ᄒᆞ며藥石으로疾病을治ᄒᆞᄂᆞᆫ바苟其氣血이充壯이면疾病이自然不生키로水穀은不可一日曠之이라도藥石은[illegible]預備니然則敎化者ᄂᆞᆫ養氣血之水穀이오法律者ᄂᆞᆫ治疾病之藥石이라孰緊孰[illegible]를[illegible]難知리오且於人之有[illegible]에藥石을不可不用이나[illegible]其性이[illegible]備ᄒᆞ야지愈則不必常用이오況且桂附苓連翹等材이며至於水穀ᄒᆞ야ᄂᆞᆫ[illegible]이得[illegible]而保養ᄒᆞ야勿論其有疾無疾ᄒᆞ고不可以暫廢인즉敎化勝於法律이[illegible]是[illegible]評이라ᄒᆞ노라

◎政府移轉 現[illegible]政府ᄂᆞᆫ處所가狹隘하야公務[illegible]上에不合함으로近日에[illegible]로移設ᄒᆞᄃᆡ[illegible]中[illegible]院으로使用하리라하더라

◎[illegible]試 內部에서日前試才[illegible]ᄒᆞᆫ主事[illegible]交代人을亦為試才任用ᄒᆞ다ᄂᆞᆫᄃᆡ六品以下局長과[illegible]官이各薦一人ᄒᆞ고試官擇定ᄒᆞ고熱心[illegible]ᄒᆞ기로即日上午에셔取ᄒᆞᆫ다더라

◎[illegible]港大水 [illegible]夾[illegible]을[illegible]ᄒᆞᆫ즉本月九日午後로붓ᄃᆡ徹夜토록[illegible]雨ᄒᆞ야當[illegible]地家屋이[illegible]水ᄒᆞᆫ기시多ᄒᆞᆫᄃᆡ[illegible]停車場附近은水[illegible]氾濫ᄒᆞ야[illegible]岸에在ᄒᆞ든民家ᄂᆞᆫ流失ᄒᆞᆫ도[illegible]ᄒᆞ야昨年에[illegible]兩보다一層激甚ᄒᆞ얏다더라

◎[illegible]廣學 平安南北道紳士[illegible]이道內各郡에學校를廣設하야敎育을擴張ᄒᆞᆯ計劃으로五十餘人이聯[illegible]를奉呈하얏ᄂᆞᆫᄃᆡ幸히[illegible]旅[illegible]蒙하게되면文化의昌明과[illegible]의進就ᄂᆞᆫ指日可期라하더라

◎收皇城久閉

皇城記者가[illegible]信[illegible]로[illegible]故之[illegible]ᄒᆞ야拘因之[illegible]을久[illegible]ᄒᆞᆫ이說[illegible]建[illegible]古[illegible]鋼[illegible]ᄒᆞ야[illegible]孤[illegible]ᄒᆞ[illegible]ᄒᆞ[illegible]擔[illegible]於[illegible]役[illegible]于[illegible]今[illegible]政[illegible]人民之[illegible]ᄒᆞ이[illegible]亦[illegible]不已者로라大抵[illegible]罪를[illegible]論ᄒᆞ[illegible]拘[illegible]門[illegible]是[illegible]之[illegible]오[illegible]多[illegible]國[illegible]業은[illegible]久久[illegible]門[illegible]法律[illegible]同[illegible]ᄒᆞ야[illegible]其[illegible]的의[illegible]ᄒᆞᆫ[illegible]은旣是照[illegible]於各國[illegible]章[illegible]오[illegible]則[illegible]移[illegible]라何[illegible]於皇城記者에久不釋憾ᄒᆞ야[illegible]不改[illegible]오以其[illegible]之行事로[illegible]示[illegible]德於[illegible]者로다[illegible]라人의[illegible]足을[illegible]ᄒᆞ야[illegible]伸[illegible]不[illegible]케ᄒᆞ며人의口舌을[illegible]ᄒᆞ야[illegible]發言을不得케ᄒᆞ며人의耳目을[illegible]ᄒᆞ야視聽을不得케ᄒᆞ고[illegible]誘之說이[illegible]我를信服ᄒᆞ고我를[illegible]從ᄒᆞ기[illegible]感[illegible]ᄒᆞ[illegible]我[illegible]니苟有動物之[illegible]作者가其[illegible]甘心悅[illegible]乎아[illegible]力이[illegible]然[illegible]이愈[illegible]ᄒᆞᆯ[illegible]이[illegible]다[illegible]所[illegible]의一種[illegible]ᄒᆞᆫ議見과正當ᄒᆞᆫ言論과[illegible]ᄒᆞᆫ美가惟一[illegible]城[illegible]에在ᄒᆞ야[illegible]無限觀[illegible]을[illegible]營ᄒᆞ[illegible]許[illegible]을[illegible]ᄒᆞ얏스나[illegible]能[illegible]婉轉ᄒᆞ야自國의精神을扶植ᄒᆞ고人[illegible]의

智[illegible]ᄒᆞ더니一朝에非常ᄒᆞᆫ[illegible]을[illegible]ᄒᆞ야正[illegible]文士ᄂᆞᆫ[illegible]囹圄에繫因之[illegible]을久作ᄒᆞ고一般[illegible]員은許多[illegible]月에[illegible]을不得ᄒᆞ니此ᄂᆞᆫ吾[illegible]深[illegible]ᄒᆞᄂᆞᆫ바어니와至於一[illegible]國[illegible]之言論과[illegible]業이[illegible]日[illegible]다[illegible]ᄒᆞ[illegible]悲[illegible]ᄒᆞᆫ[illegible]何可一一枚論[illegible]리오[illegible]라[illegible]

◎開城[illegible]西 大子[illegible]報[illegible]據ᄒᆞᆫ즉[illegible]用[illegible]珍[illegible]이가山[illegible]로[illegible]에[illegible]訴ᄒᆞ얏ᄂᆞᆫᄃᆡ[illegible]內에[illegible]ᄒᆞ니所謂[illegible]이라[illegible]居[illegible]人을[illegible]致ᄒᆞ야[illegible]ᄒᆞ니大子[illegible]이라此ᄂᆞᆫ[illegible]訴ᄒᆞᆫ者[illegible]이[illegible]ᄒᆞ니此[illegible]察의[illegible]인지如[illegible]에不[illegible]이[illegible]察의[illegible]ᄒᆞ[illegible]狀을訴ᄒᆞᄂᆞᆫ人[illegible]此行[illegible]之[illegible]에[illegible]死[illegible]라ᄒᆞᆫ[illegible]이[illegible]察은[illegible]開[illegible]ᄒᆞ고大[illegible]察[illegible]問[illegible]答[illegible]ᄒᆞ야[illegible]開[illegible]上[illegible]察이라ᄒᆞ니[illegible]ᄒᆞ더라

◎[illegible]察使[illegible] [illegible]識과察使[illegible]를[illegible]ᄒᆞ[illegible]本府九[illegible]가[illegible]에[illegible]하[illegible]度[illegible]記[illegible]繼[illegible]이每[illegible]原定爲二百四元이오[illegible]新定豫算[illegible]一百以[illegible]八月[illegible]以新貨[illegible]十[illegible]元[illegible]府[illegible]ᄒᆞ[illegible]스오[illegible]則[illegible]湖[illegible]六[illegible]式[illegible]足[illegible]온이許多經用이一[illegible]物[illegible]ᄒᆞ야年[illegible]ᄒᆞ[illegible]數年[illegible]加下之無[illegible]無之[illegible]想[illegible]ᄒᆞ나物價[illegible]金은比昨[illegible]ᄒᆞ고新定豫算은反[illegible]減[illegible]이오니日用之[illegible]을[illegible]親[illegible]ᄒᆞ[illegible]算하야[illegible]省[illegible]이되[illegible]其於不及에何也오以罪因言之면[illegible]因六

七十名[illegible]日[illegible]白[illegible]一枚[illegible]論이오[illegible]是이至[illegible]一百七十六元十三[illegible]이온이罪因之處[illegible]은[illegible]開[illegible]而以[illegible]料로[illegible]能[illegible]命[illegible]이가因[illegible]別[illegible]에[illegible]無[illegible]之[illegible]各[illegible]足[illegible]이今[illegible]二十六[illegible]三十四[illegible]이[illegible]기[illegible]得[illegible]用於十[illegible]度[illegible]오[illegible]에[illegible]署[illegible]支因[illegible]를[illegible]定[illegible]ᄒᆞ야一[illegible]充挪用之類[illegible]ᄒᆞ고一[illegible]示[illegible]之[illegible]ᄒᆞ[illegible]ᄒᆞ얏더라

◎議[illegible]一則 [illegible]昨日[illegible]에셔會議를開하얏ᄂᆞᆫᄃᆡ其內容을[illegible]開ᄒᆞ[illegible]外部를[illegible]止ᄒᆞᆫ[illegible]任[illegible]들은[illegible]用하고任[illegible]들은各[illegible]로[illegible]ᄒᆞᆯ줄노[illegible]ᄒᆞ얏다ᄒᆞ고昨日下午二時에[illegible]理[illegible]開[illegible]ᄒᆞᆫᄃᆡ該[illegible]員[illegible]參[illegible]ᄒᆞ야[illegible]大[illegible]ᄒᆞ야[illegible]大[illegible]더라

◎假貨捉[illegible] 再昨[illegible]오八[illegible]華[illegible]居ᄒᆞᄂᆞᆫ[illegible]에[illegible]道[illegible]로日[illegible]兵의게被捉하얏나더라

◎婦人[illegible]軒 再昨日下午二時의[illegible]美法德日五[illegible]婦人이[illegible]事件을因ᄒᆞ야[illegible]玉軒에[illegible]入ᄒᆞ얏다가旋即出去하얏다더라

◎江華會開 江[illegible]府에셔一進會가開進敎育會와靑年會와[illegible]產會[illegible]로더부러紛鬧[illegible]하야激鬧之事가有ᄒᆞᆷ으로昨日一進會의셔京會員六十名을派送하야鄕會員二千名을統率하고日[illegible]名과同地의[illegible]하얏다더라

特別廣告

本申報分社等事를釜山港西館豆毛浦新所金容相氏로移州南門外鐘西大藥房主人張有賢氏의게委託하고送說ᄒᆞ送하오니門覽하시는 僉君子는照亮ᄒᆞ購覽하시며代金도同氏의게傳致하심을爲要

大韓每日申報社 告白

雜報

●布哇情形 續

此를觀ᄒᆞ야도地廣人稀ᄒᆞᆷ은一見에知라糖農及稻農에勞働者가不足ᄒᆞᆫ으로各地移民을歡迎ᄒᆞ나東洋人中에淸人은美國法律에禁ᄒᆞᄂᆞᆫ바오韓日兩國人은無礙往來ᄒᆞ되日本人은初來를經ᄒᆞ야美國에轉往ᄒᆞᄂᆞᆫ者가夥多ᄒᆞᆷ으로各庄主의言에ᄂᆞᆫ韓民이每朔三四百名式移住ᄒᆞ야도無妨ᄒᆞ깃다云ᄒᆞᆷ

●韓民數爻

光武六年即西曆一千九百二年爲始ᄒᆞ야光武九年七月一日ᄭᆞ지我民의布哇에渡航ᄒᆞᆫ者가

男 六千五百三十六人
女 四百七十四人
兒童 五百〇九人

統計七千五百十九名內原籍을道別ᄒᆞ면地名不記人이三千一百七十人이오地名登錄人이三千三百六十六人인ᄃᆡ

京畿道 九百〇六人
平安道 六百九十六人
慶尙道 六百七十七人
全羅道 三百三十五人
黃海道 二百四十三人
咸鏡道 一百九十六人
江原道 一百十八人
忠淸道 一百四十八人

以上所陳數爻內에三年間에本國에移住ᄒᆞᆫ者가二百餘人이오還國者가近百人이오死亡者가八九人이라農庄會社의本年七月一日調査를據ᄒᆞᆫ즉我民의夏娃 馬位 以后 作倭四島三十餘處農庄에散在ᄒᆞᆷ이多則五六百名少則幾十名計四千九百四十六人이나各處로還轉이不一ᄒᆞ고往來가無常ᄒᆞ야今日調査가明日不合ᄒᆞ니右陳數爻를一定으로認키難ᄒᆞᆷ 未完

●商業會議所에서財政顧問目賀田氏의게請願ᄒᆞᆫ全文이如左ᄒᆞᆷ

右請願은本商業會議所에서自昨年七月以來로財政整理의影響을被ᄒᆞ야倒産蕩業ᄒᆞᆫ巨細商民을징救ᄒᆞ며金融機關의圓滿流通을務圖ᄒᆞ기爲ᄒᆞ야這間其救濟의方策을政府與閣下의게對ᄒᆞ야哀訴懇求ᄒᆞᆷ이一再의不止ᄒᆞᆷ이아니거니와從來로同等與良의措施가無ᄒᆞ야今日에至ᄒᆞ도록恐慌의悲慘을與奪치못ᄒᆞᆷ은實로본商業會議所에서深切浩歎ᄒᆞᄂᆞᆫ바ㅣ라不意今者에我政府當局者與閣下의另念周旋의勞와及其貴國政府와의商議大力을賴ᄒᆞ야金一百五十萬圓을十年間無利子無擔保로貸與ᄒᆞ야專히我韓人의商業恐慌을矯救ᄒᆞ시게ᄒᆞ신此盛意ᄂᆞᆫ感泣不已ᄒᆞᄂᆞᆫ바라今日에本會議所로셔政府에情願ᄒᆞ야該金額을不日推越ᄒᆞ사漢城中央에在ᄒᆞᆫ天一銀行과漢城共同倉庫會社等三箇所로適應措下ᄒᆞ시믈切要ᄒᆞ오바今玆에又閣下의高明ᄒᆞ신措置으로用協贊ᄒᆞ시와該金額을不日撥下케ᄒᆞ시고其於相當ᄒᆞᆫ指揮監督의方法을訓示ᄒᆞ시와아모조록該商民의實利을捐傷치아니케ᄒᆞ시고倒懸의哀窮ᄒᆞᄂᆞᆫ民命을再甦케ᄒᆞ심을千萬哀祈ᄒᆞᄂᆞᆫ바라

本請願中에暫且疑問이有ᄒᆞᆫ者ᄂᆞᆫ何等理由와何等關係로써該金額을何必此右陳二處所로만撥下홈이妥當ᄒᆞ다ᄒᆞᄂᆞᆫ句語一이니此에對ᄒᆞ야其理由關係를畧陳ᄒᆞ오리다 未完

●鄕향者로訪방問문醫의生싱이라 속

밋지마오밋지마오 여간지산밋지마오 타녀라일불힝ᄒᆞ야 급ᄒᆞᆫ경우당ᄒᆞᆯ진ᄃᆡ 셕슈갓ᄒᆞᆫ부쟈라도 쓸ᄃᆡ가무엇이오되 지안은지물가져 도적의것되오리니 멀니멀니싱각ᄒᆞ고 적은눈을크게ᄯᅳ오 ㅇ호동지며 우회비지라 우리나라법셩ᄒᆞ지 뉘안이그러ᄒᆞ리 무지ᄒᆞ동포님네 돈이마아무엇ᄒᆞ며 지가업ᄂᆞᆫ동포님네 지샤잇셔무엇ᄒᆞ나 그ᄂᆞᆫ그사쥭ᄒᆞ치게 넉넉ᄒᆞᆫ돌엇지사오 망ᄒᆞᆯᄯᅢ경ᄒᆞ여후에 후회ᄒᆞ여쓸ᄃᆡ업소 ᄇᆡ량ᄒᆞ진ᄉᆞ람ᄋᆞᆯ낭 ㅇ랑들여ᄀᆞ부ᄒᆞ고 쳔ᄒᆡ가지사람ᄋᆞᆯ낭 쳥ᄒᆞᆫ공ᄒᆞ여공부ᄒᆞᆷ이 세셩현이일너스되 ᄌᆞ손의게부자됨으 ᄒᆞᆫ가지지죠로서 감아쳔만모ᄒᆞ다니 지물노지가ᄒᆞᆫ은 피ᄌᆞᄂᆞᆫ근본이라 ᄌᆞ셔치궁ᄒᆞ고 기허갑서식각ᄒᆞ야 가라치어가리치오 어서바비가라치오 나라ᄂᆞᆫ업셔지도 빅셩우사라쓰니 잇ᄂᆞᆫ수업잇ᄂᆞᆫ지죠 그릇ᄒᆞ게마르시오 빅셩을교육ᄒᆞ은 ᄒᆞᆷ국ᄒᆞᄂᆞᆫ근본이라 ㅇ만곰만으빅셩 세으르게ᄒᆞ지마오 일나서사가ᄂᆞᆫ힘는 불ᄒᆞ간에 어둡기네 어미나아비되야 ᄌᆞ식을그릇침이 미완

廣告

本會에서緊急事가有하야來土曜下午七時(陰十九日)特別會를開하기스니會員은屆期齊臨하시오

國民教育會事務所

본人의隷書로刻ᄒᆞᆫ姓名四圖章을一月十一日에見失하야기玆以廣告

閔衡植

前主事趙澤元의澤字를重字로改正하얏스니知舊間照亮

趙重元 白

本敎會堂建築事務本所를南署會賢坊倉洞所作路邊에移定하얏사오니各敎員은照亮來議홈

天道敎六任所 告白

國內勞働者에諸般事業을發達케ᄒᆞ기爲ᄒᆞ야本社에서資本金을鳩聚ᄒᆞ와會社를設立ᄒᆞ고擴張을將仰佈ᄒᆞ오니僉君子ᄂᆞᆫ照亮ᄒᆞ시옵

一 本社ᄂᆞᆫ韓日兩國認可을承ᄒᆞ야設立ᄒᆞ오바漸次發達을依ᄒᆞ야各港及各都會處에支社을設立ᄒᆞᆯ事
一 本社ᄂᆞᆫ韓日兩國人이合同ᄒᆞ야成立ᄒᆞᆫ事
一 各社會與各客主에使用等節과搬物荷을一切擔任ᄒᆞ야諸般使役에便利ᄒᆞᆷ을從事ᄒᆞᆯ事
一 各社會에서使役時에擔ᄒᆞᆫ物件이或遺失ᄒᆞᆫ時에ᄂᆞᆫ一切荷主의게損害가無ᄒᆞ도록本社가擔當ᄒᆞᆯ事
一 本社內에金融部을設置ᄒᆞ고勞동者에諸般用達을擔當事
一 本社內에救濟部을設置ᄒᆞ고勞동者에疾病과死亡等節을一切救護ᄒᆞᆯ事
一 勞동者에對ᄒᆞ야財産과事業發達을一切擔任事

事務所仁港栰幌本社
勞働會社 謹告

玄湖鄭允文十二月二十六日出次於音一片宮坪一萬兩을十二月十四日仁川路中에서遺失하얏스니誰ᄂᆞᆫ拾得하거든休紙施行홈

開城府閔泳漢 告白

●學員募集廣告 第二期

本校에서法律學專門科晝夜學及附屬學門科晝學學員을增募하오니願學人은本校에來하야請願應시ᄒᆞᆷ 學科及細則은本校에來問ᄒᆞᆷ事

●시험科目
國漢文、畵書、作文
算術 四則以內

●시험日子
二月十三日(陰正月二十日)

光武十年一月四日
北署磚洞
普成專門學校

法部認許를得ᄒᆞ와辯護士講習會를設ᄒᆞ옵고內外法律家를招聘ᄒᆞ와法律을硏究ᄒᆞ야辯護士應試에準備ᄒᆞ오니入會講究를願ᄒᆞ시ᄂᆞᆫ紳士ᄂᆞᆫ左記事務所로來臨請願ᄒᆞ심을望ᄒᆞᆷ 會規와入會書式은來臨考覽ᄒᆞᆷ事

南署履洞四街里下南谷
辯護士準備講習會事務所 告白

特別廣告

本申報는海外[illegible]通ㅎ는[illegible]部
接ㅎ야機關이外國通信ㅎ고
外國[illegible]와[illegible]報[illegible]를[illegible]ㅎ고
ㅎ도록注意ㅎ오며申報[illegible]
發送ㅎ는[illegible]迅速[illegible]傳[illegible]ㅎ
기로分傳人의[illegible]게在[illegible]으
로本社에서[illegible]常에[illegible]分
[illegible]八의[illegible]ㅎ[illegible]告戒ㅎ고
申申訓防ㅎ야母或[illegible]
ㅎ[illegible]注意ㅎ거니와或[illegible]
[illegible]不[illegible]이라도[illegible]如[illegible]
君子는[illegible]知子本[illegible]
ㅎ시면該分傳의[illegible]信社
[illegible]ㅎ도록耳提面命[illegible]
고動[illegible]가發生ㅎ도록[illegible]
論ㅎ야必無遲誤ㅎ도[illegible]
期待ㅎ옵나이다

本社에特請ㅎ시는諸君子
[illegible]名과居住[illegible]明確ㅎ게
[illegible]送附ㅎ시와證據가有ㅎ고和
[illegible]必要ㅎ시이오公衆平와
[illegible]ㅎ시계ㅎ는[illegible]와
社會上不緊ㅎ荒雜ㅎ寄書는
不受ㅎ는德利가本社에自
有ㅎ니[illegible]ㅎ시옵

大韓每日申報社

◎雜誌發刊廣告◎

今에數理學雜誌를(每月五日
一回定刊)發刊ㅎ야教師諸氏
의教科材料를裨助ㅎ고學生諸
氏의[illegible]材料를供給코저ㅎ오
니有志諸氏는[illegible]ㅎ심을切望
(但一部定價는新貨[illegible]錢)

南大門內尙洞德公館右便
靑年學院內　數理學雜志社

鍾路大東書市
布廛下金相万冊肆
新門內松[illegible]張哲周紙廛
銅峴朴泓九紙廛
仁川港[illegible]新冊肆

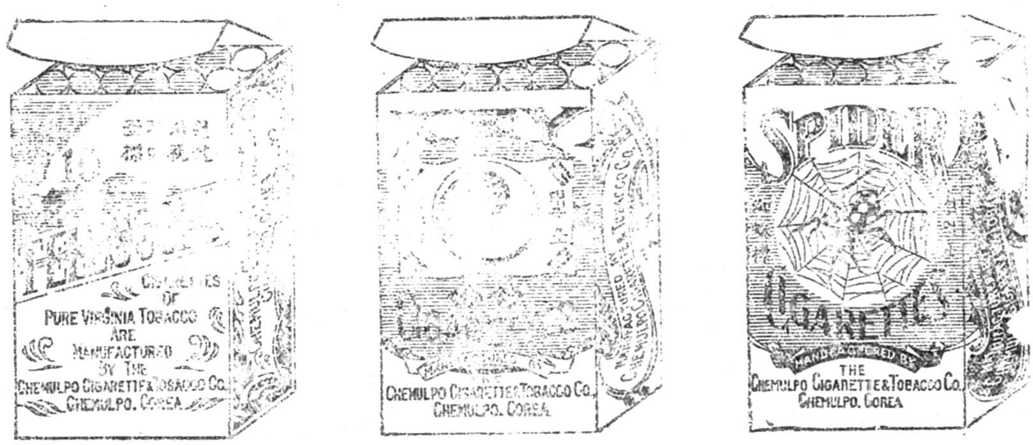

以上三
種은上
品으로
製造ㅎ
야[illegible]
上[illegible]
[illegible]
[illegible]
諸[illegible]入
[illegible]
社[illegible]來
[illegible]

大韓京畿仁川港
濟物浦紙卷煙草及煙草會社

一 鷹標罐詰濃結牛乳
一 金山罐詰濃結牛乳
一 嬰孩用氣化乳酪
一 쏀ㅡ든쓰製造麥芽化
合牛乳

以上各種販賣ㅎ옵
美國[illegible]牛乳會社
一手代[illegible]
[illegible]洋行

◎九轉靈砂라　本[illegible]靈丹인딕男
女老少에[illegible]症[illegible]고[illegible]服ㅎ면平生의
身體가健康ㅎ며[illegible]兒[illegible]안에無病ㅎ기
를[illegible]保ㅎㄴ며
◎九轉[illegible]砂[illegible]丹[illegible]耳目諸病과滯
疾에神效ㅎ고
◎九轉靈砂[illegible]丹은[illegible]生小兒[illegible]　[illegible]咳嗽　腹痛諸
般[illegible]症에[illegible]ㅎ오
◎九轉[illegible]砂[illegible]丹은酒滯[illegible]　[illegible]　吐[illegible]　霍亂　痢疾
吐血　下血　運氣　時疾　痛症에神効ㅎ오
◎九轉靈砂紫金丹은痔漏　黒瘡　上疳瘡　下疳瘡及唐瘡과
諸般毒瘡[illegible]種에無不神効ㅎ오니　僉君子는[illegible]問ㅎ시오.
內需司前독갑이골上隅第一家　李鎬先移徙　告白

◎本社特告

本社新聞을關西等地에廣佈ㅎ
기爲ㅎ야平壤金[illegible]等三氏에게[illegible]
川安[illegible]金[illegible]等[illegible]
托ㅎ야[illegible]下[illegible]ㅎ오니[illegible]
行[illegible]君子는三氏에게[illegible]
ㅎ시며代金도三氏에게[illegible]
심을爲要
大韓每日申報社

本社廣告

申報價
一張代金　新貨一錢五里
一個月[illegible]　三十錢
三個月　九十錢
六個月　一元七十錢
一個年　三元四十錢
[illegible]
郵稅一張[illegible]
一個月　十五錢
廣告料
國文活字十二字[illegible]
每日每[illegible]尺一寸에新貨廿五錢
每日每行에[illegible]에相當ㅎ고
二個月에　二圓五十錢
(每日每行[illegible]五里에相當ㅎ고)
一個月에　五圜
(每日每行四錢一里에相當ㅎ고)
其期限의長短과字行의多少
를依ㅎ야增減ㅎ이行ㅎ홈

大韓人마다此申報를不[illegible]不[illegible]
覽ㅎ실터이오니廣告揭載ㅎ실
僉君子는來臨面議ㅎ시옵

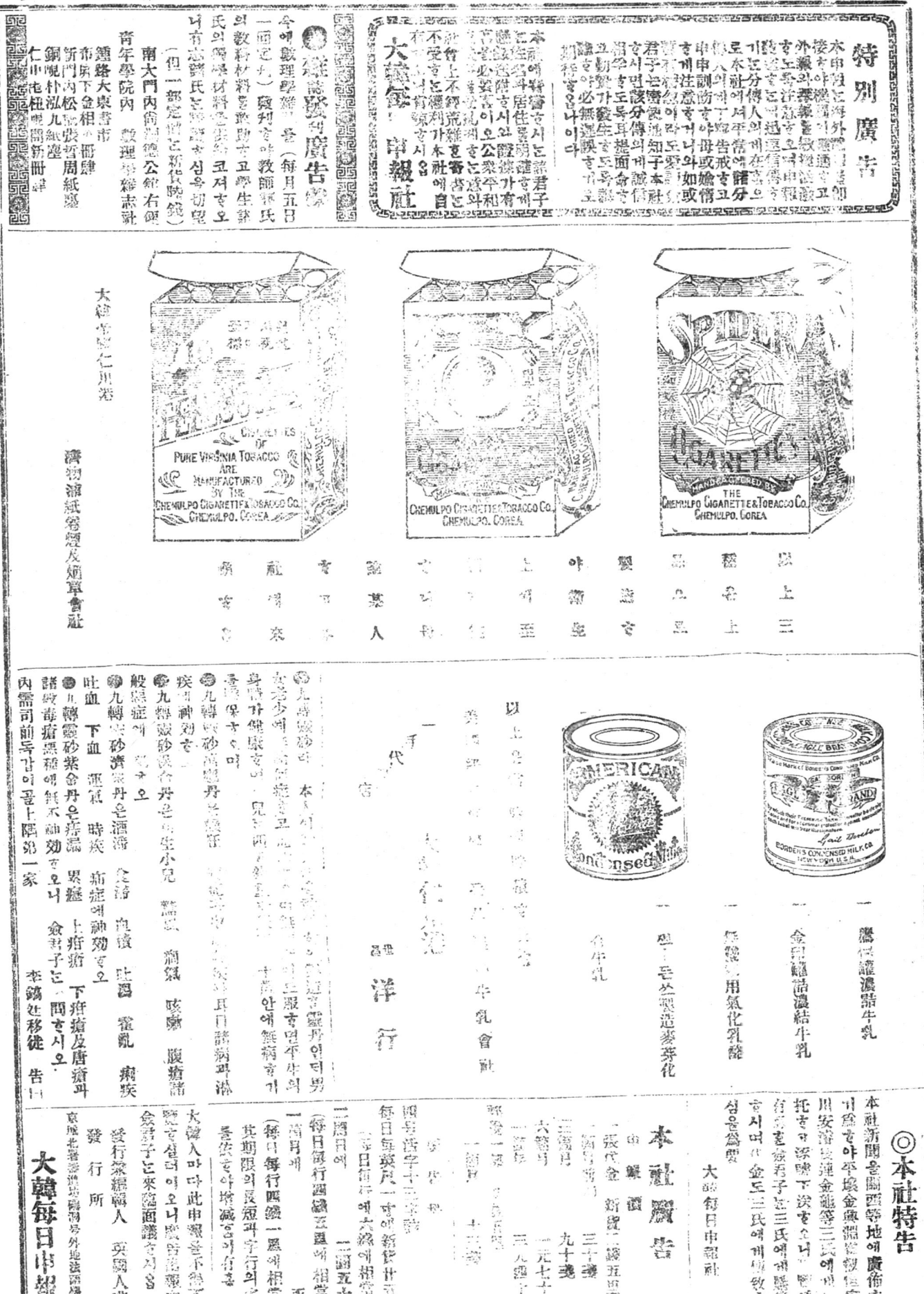

發行兼編輯人　英國人裵說
發行所
京城北署[illegible]洞[illegible]外地法[illegible]學校前
大韓每日申報社

東京電報

◎日本軍事參議官 一月十一日午前十一時十分發
海軍大將山本權兵衛는軍事參議官을任하얏더라

◎淸國不平派學生復校 仝上
淸國留學生內에穩和派와不平派共十五名의게委員을選하야其公使館內에서協議結局으로不平派도復校하기로決하얏더라

雜報

◎死之次를不能爲乎아 本記者가大韓二千萬同胞를對하야一句語로써申申提醒하노니日死之次를不能爲乎아하는題目이라大韓同胞는此言을銘心服膺하시오
韓廷當局大臣은恒常儆惕하되我輩는閔忠正 지大官의地位도民國의重任을擔負혼者라閔忠正은임의國家와人民을爲하야其身을犧牲하얏스나我輩는비록濡忍苟活하얏스나엇지國家의恥辱을暫忘하며人種의滅絕을恬視하리오決斷코鞠躬盡瘁하고彈心竭力하야國權을回復하고民命을救活하야閔忠正의之次事를하여보기로念念不置홀지어다
韓國世臣巨室은恒常儆惕하되我輩는閔忠正과ᄀᆞᆺ치國家와休戚與共하는分義가有혼者라閔忠正은임의宗社生靈을爲하야慷慨殺身하얏스니我輩가寢寐食息間에엇지宗社生靈之艱를暫[illegible]圖하리오苟有利益於民國之事며財產을不惜홀것이오艱險을不避홀지라아모조록閔忠正의之次事를하야보기로念茲在茲홀것이오
韓國學問家는平日에忠君愛國의義理를素所講習이오閔忠正의遺書를奉讀혼者라비록閔忠正과ᄀᆞᆺ치殺身成仁은不能하얏스나期於코志氣를堅確히하며學問을勉力하야國家의獨立을回復하고人民의自由를保全하기로個個雙肩上에擔着하야閔忠正의之次事를하여보기로造次에必於是하며顚沛에必於是할것이오
韓國社會人民은俱是閔忠正의同胞兄弟라閔忠正이임의同胞兄弟를爲하야赤血을一洒하얏스니生存혼同胞兄弟가엇지如斯혼大恩大義를孤負하리오반다시學校를設立하야子弟를敎育하며實業을勤勉하야國力을完實케하기로目的을合아一心團結하고合力進取하야閔忠正의之次事를하여보기로國民의義務를極盡히홀지라大抵蔽一言하고大韓國權을回復하기前에는二千萬同胞가皆是閔忠正의罪人이니아모조록臥薪嘗膽的으로百難不挫하고萬折不變하야國家의顚覆을扶持하며人民의奴隸를脫免케하여보시오

◎冰玉孰淸 李承業氏와其婿柳成烈氏가財政相詰事는前報에已揭어니와更聞혼즉李承業氏가壬寅年分에組織會社를設施인바此事彼에事爲猖獗하야蕩產之境을當홈의其年十二月에其子容夏와其婿柳成烈로事務를干涉케혼바財품과財政은李承業氏의命令되로各其從行하얏스니雖一二萬兩이라도難以偷食이되況數百萬兩之巨款을四年之後에今纔覺之라하며是豈成說가李承業氏는性本不然이나李容夏가少年臣習으로百方徧怒케하고自下做事하야繹和하도록혼다고世論이多端하다더라

◎計牒請劃 平南觀察李容善氏가內部에報告혼內槪에此日本師團長以下各官員의許多酬應이無日無之이며且會同接待가無日無之하고或因兵站與促而役夫責立하며軍用馬草卜定之別還調春와拔日本司令部用地標木而立此國標木부計般費用을合以計之則今爲六百六元六十七錢이라移照度支部하야依數劃下하라하얏더라

◎樵童打會 淮陽郡守尹滋榮氏가內部에報告하얏는되本月五日에郡下學校樵童이가有何挾憾於一進會員이던지聚衆數百하야喊聲突入於一進會事務所하니會員은四散奔避하고所什窓戶가自致破碎이온기即發官屬하야使之禁飭이라하얏더라

◎日新學校 平南平壤府鍊學會는城內靑年十數人이鍊學하기爲하야組織者이라今에該會에서日新學校를開設하고小學의敎科書로熱心敎授홈으로開校踰月의生徒가如雲會集혼다더라

◎義塾擴賞 再昨日中橋義塾에서冬期試驗을經하야甲班李翰相李泰榮任性鎬요乙班李根泰睦升錄諸氏가優等인되塾監洪祐哲과總務宋淳과敎師尹世鏞三氏가學業上趣旨로一齊獎勵혼後諸優等에게冊子와圖鉛筆等物로施賞하얏더라

◎難民護送 安山郡守李爽宰氏가內部에報告혼內槪에仁川監理河相驥氏가駐烟台淸國領事官號帶韓國名譽領事業德林의來文을因하야行文혼內槪에中曆本月十五日에岑港巡檢申福江蘇索明縣○山海方面에서送到韓國難民二十二名到烟台收養幾日附送船回本國爲出兩等因인바准此該難民二十二名에給恤金四十兩茲行輪訓하니所到各郡은照此護送本籍하야使得生還故土케하라는輪訓이九年十一月二十一日到付이옵기亦爲名給恤金一兩八戔하야護送于前站郡하얏스니該川給恤金三十九兩六戔을移照度支部하야結錢中計給하라하얏더라

◎請派警官 咸鏡北道北墾島居民金學變等이內部에請願혼內開에本北墾島는自癸未年以後로衆民이始爲創建하야資生하는居民의六萬餘戶數가農業生理하야[illegible]命이되니所[illegible]國向馬賊이民間作弊로居民이難保이러니庚子年分에警務를新設하야匪徒가不得侵犯하야該民等이安保이옵더니日露開戰以後로警官이未赴하야盜匪는舊習에依存하고又有日軍이輻湊騷滿홈의言語不通에奈滋이多碍하야民產이漸至損害홈으로居民等이必致渙散之境이니外交에熟혼人으로迅速下送하야歷萬人口를安堵支保케하라하얏더라

◎父刺子 安州居安炳天이가渠之子在玉之悖妄을歎하야以囊刀로三和港梁洞에서其子의左臂를刺하다가該港巡檢에게被捉하얏더라

◎田中轉任 本月十日에漢城에在혼日本郵便局長田中次郎은遞信省으로轉任하고韓國通信事務官佐佐木三郎氏가其後任을承하얏더라

◎政府開會 昨日政府에서開會하얏는되其內容인즉農商工部에顧問官聘用事와昌原監理叙任할案件을決議하얏다더라

◎親任議長 中樞院議長一人의勅任을以親任으로改定혼다더라

◎五火即滅 再昨日下午一時에黃土峴金正煒家失火하얏고二時에는盤松坊徐午淳家失火하얏고五時에는外相洞李完植家失火하얏고六時에는宗橋承五家失火하얏고十一時에는紫岩朴台允家失火하얏는되俱得即地撲滅하얏다더라

◎馬蹋左目 再昨下午四時에[illegible]乘馬過[illegible]其馬가躍하야該洞居金四守가踢하야左目이被傷하얏다더라

◎梅窓[illegible]

○近日各部에서[illegible]主務[illegible]所의[illegible]외수國人民의[illegible]는各部大臣을學問도卓越하며志氣도公正하며經綸도[illegible]하야巨川舟집의重任을[illegible]荷홀만혼好人로試取하야內閣을[illegible]組織하스며國事民生의[illegible]이無窮지라籌畫과[illegible]會하는事야何人은不做할리오

○所謂天一銀行이니漢城銀行이니農業會議所이니手形組[illegible]이니共同倉庫[illegible]이니日本款一百五十萬元을無利子經[illegible]借貸혼아[illegible]數을救濟혼다하되此는[illegible]富豪者의自[illegible]하는[illegible]凍餓殘[illegible]의게는一毫救濟力이不及홈不啻라[illegible]가尤劇하이必有하니哀哉라田舍[illegible]民生이여茫茫혼前途에生活을何以하리오

○通信院官制는尙今存留하야總辦衆書官을差出하니引繼部와出張所에도[illegible]으로充補하는總辦衆書는[illegible]인가不然이며無線[illegible]과傳書鳩를特別職掌하야此等主務를專責하라는總辦衆書官인가不生不滅하는冗官人이로다

未完

特別廣告

本申報分發等事를釜山港舊館豆毛里書籍店全又和氏로義州南門外韓西大藥房主人張有寬氏의게委任하고逐號卜送하오니購覽하시는 僉君子는照亮하시며代金도同氏의게傳致하심을爲要

大韓每日申報社 告白

雜報

●布哇情形 續

韓民景況

一 居處 農庄마다各國移民의家屋을定ᄒᆞ야一房에二三人或四五人式居ᄒᆞ고有妻子ᄒᆞ면別設一家ᄒᆞᆫ農庄도有ᄒᆞ며或專給一房ᄒᆞᆫ者도有ᄒᆞ고沐浴及薪水는庄主가供給홈

二 衣服 氣候가溫和홈으로厚衣를不要ᄒᆞ고單洋服으로四時에無碍홈

三 飮食 處所를隨ᄒᆞ야移民들이或別設廚房ᄒᆞ며或有妻眷ᄒᆞ야米糖菜肉等物을韓國法으로和烹飪ᄒᆞ야一箇人所食이一箇月에美金五六弗至七八弗假量홈

四 事務 糖農은自播種至刈穫에必需十六時乃至十八箇時日故로庄主及雇人이日曜日及名節外에는休暇가少無ᄒᆞ야每朔二十六日과每日九箇時或十箇時間勞動홈

五 雇價 一箇月에美金十八弗（每弗當日貨二元卽韓白貨四元）로爲率ᄒᆞ야勞動日數多少를隨ᄒᆞ야加減ᄒᆞ고女人兒童에雇金은十一弗或十四弗에至ᄒᆞ며機械閒工匠과鐵匠木手石手車夫等事務는比諸糖農ᄒᆞ면等급이稍高ᄒᆞ고雇價도每朔二十餘弗至三十餘弗을得ᄒᆞ나韓人은忍耐力과前進心이不足ᄒᆞ야此等事에留意者가姑無홈

六 醫藥 大凡庄에는病院을設備ᄒᆞ고小農庄에도藥房이有ᄒᆞ야醫藥을無價施給ᄒᆞ되病院稅로二十五錢或十錢式每人에게每月收取ᄒᆞ는農庄도有홈 未完

商業會議所에셔財政顧問目賀田氏에게請願ᄒᆞᆫ全文이如左홈 續

大東西諸國을勿論ᄒᆞ고各種金融의機關이有ᄒᆞ야農工商百般實業의發達을企圖ᄒᆞ는되所謂銀行者는諸種金融機關中第一重要의樞紐이니以今日의產業이別노變動이無ᄒᆞ야漸次進就ᄒᆞ는境遇에在ᄒᆞ야도此銀行의功效가可히首位에居ᄒᆞ거든況乎此韓國은自古로金融機關이無ᄒᆞ고各自其家人의產業으로爲主ᄒᆞ던產業社會가自十數年來로政府의幣制가失宜ᄒᆞ야前後弊害는非我人民의계取歸ᄒᆞ고又自昨年七月以來로財政整理의影響을猝被ᄒᆞ야金融이枯渴ᄒᆞ고產業이頹敗ᄒᆞ야方今오오魚肉에沿ᄒᆞ얏스니豈不심憐哉리오何幸今日에至ᄒᆞ야該借款金一百五十萬圓의處理方法을講究ᄒᆞ건되現今經濟界의困難情形이此少額의資本으로써全國一般의滯ᄒᆞᆫ金融을急速舒暢케홀진되不可不國中에一二箇銀行을設立ᄒᆞ고 未完

●曠官促送 咸北觀察任原鎬氏가內部에報告ᄒᆞ얏시되本觀察使莅任屬耳에省內情形을未及周察이나參考民訴ᄒᆞ고歆聽恭議則未知景況을可領略이다온總鎖兵燹에又値歲饉ᄒᆞ야奔竄之民이未遑回接이온되至於曠官之郡ᄒᆞ야는尤難撫按이오니民全此郡에郡何爲郡이리오鏡城郡守徐相大와富寧郡守金秀蕃과茂山郡守權泰珩과鍾城郡守李承純과穩城郡守高漢緖은叙任已久에尙不赴任ᄒᆞ야綏興情이無其人이옵고至於鏡城ᄒᆞ야는甘在府下ᄒᆞ와外丘守備에事劇難職은尤非他郡可比이오니上項五郡守를催促下送ᄒᆞ야使之不日赴任이라ᄒᆞ얏더라

●倅奏免 日昨에內部에셔義州郡守尹甲炳을殺人命ᄒᆞᆫ事로免官奏本을奏早ᄒᆞ얏다더라

●鄕향老로訪방問문醫의 牛싱이라 續

당장에 죽임보다 그죄가더욱 크며 필부필파빅셩되야 국가슈치 세칠진된 님군비반역적보다 무엇이경홀손가 어셔밧비 갈아치고 어셔밧비인도ᄒᆞ야 공ᄉᆞ간국가ᄉᆞ게 죄인되지말지어다 여련여히깁흔회포 의필노는괴로다 타일을징험 ᄌᆞ 이셔권고ᄒᆞᆫ이로다 로인이듯기를다ᄒᆞ고 잠연이 눈물을흘니며왈 쓸푸도다 이말이며 두렵도다이말이여 나도니일싱각ᄒᆞ니 쏘ᄒᆞᆫ일ᄭᅵ 죄인이라 쓸푸기도측양업고 두렵기도긔지업디 부모되쟈이니몸이 교육을모로고셔 등ᄒᆞ이발엿스니 쏘차ᄌᆞ손죄인이라 무삼면목들어ᄂᆞ녀 ᄌᆞ손을ᄇᆞ조ᄋᆞ며 무ᄉᆞᆷ말노입을열어 발명을ᄒᆞ조ᄒᆞ리 언언이절당ᄒᆞ고 ᄉᆞᄉᆞ이낭픽로다 소경ᄉᆞ싱각ᄒᆞ고 장리사혜아리니 련지가아득ᄒᆞ여 몸둘곳이바이업네 부쳐ᄭᅴ불공홈도 ᄌᆞ손을위홈이오 명산에긔도홈도 ᄌᆞ손을위홈이오 돈을모려이를쓰는것도 ᄌᆞ손을위ᄒᆞ다홈이러니 미완

廣告

會寧居前主事李命楨의命字는字로改正ᄒᆞ엿스니知舊間照亮홈 李興載 告白

本人의隷書로刻ᄒᆞᆫ姓名圖章을一月十一日에見失하야기玆以廣告 閔衡植

본會에서緊急事가有하야來土曜下午七時（陰十九日）特別會를開하깃스니僉員은屆期齊臨하시오 國民教育會事務所

前主事趙澤元의澤字를重字로改正하얏스니知舊間照亮 趙重元 白

國內勞働者에諸般事業을發達ᄒᆞ기爲ᄒᆞ야本社에셔資本金을鳩聚ᄒᆞ와會社를設立ᄒᆞ고趣旨를左開佈ᄒᆞ오니僉君子는照亮ᄒᆞ시옵

一 本社는韓日兩國에認可를承ᄒᆞ야設立ᄒᆞ오바漸次發達을依ᄒᆞ야各港及各郡에會社에支社를設立홀事

一 本社는韓日兩國人이合同ᄒᆞ야成立홀事

一 各社會與各客主에使用等節과搬物荷貨을一切擔任ᄒᆞ야諸般使役에使和홈을從事홀事

一 各社會에셔使役時에各擔ᄒᆞᆫ物件이或遺失ᄒᆞᆫ時에는一切荷主의게損害가無ᄒᆞ도록本社가擔當홀事

一 本社內에金融部를設置ᄒᆞ고勞동者에諸般用達을擔當事

一 本社內에救濟部를設置ᄒᆞ고勞동者에질病과死亡等節을一切救護홀事

一 勞동者에對ᄒᆞ야財產과事業發達을一切擔任事

事務所仁港紐峴本社 勞働勸業社 謹告

●學員募集廣告 第二回

本校에셔法律學專門科書役學及理財學專門科學員을新募ᄒᆞ오니有志學人은本校에來ᄒᆞ야請願ᄒᆞ시옵 學科及規則은本校에來問홀事

●시험科目 國文 漢文 作文 算術 四則以內

●시험日子 二月十二日（陰正月二十日）

光武十年一月四日

北署磚洞 普成專門學校

南來人이日[illegible]村後面內子碕節李[illegible]不[illegible]爲하니[illegible]虎에[illegible]下[illegible]招[illegible]已[illegible]의綾州史朱[illegible]이僞埋一片石치고[illegible]自掘[illegible]平律[illegible]客相墓[illegible]李[illegible]相訟[illegible]標石則[illegible]니[illegible]오書[illegible]朝左相이라[illegible]麗[illegible]는今[illegible]所[illegible]又[illegible]의[illegible]慶[illegible]夫人[illegible]하니不日[illegible]達格[illegible]하고又[illegible]禮[illegible]无非[illegible]官題[illegible]用於[illegible]賢[illegible]若[illegible]率相乎[illegible]朱每[illegible]科러니朱[illegible]之[illegible]하[illegible]因李[illegible]四人하고方欲[illegible]動掘[illegible]名節[illegible]墓[illegible]掘[illegible]氏山[illegible]中[illegible]光[illegible]此時[illegible]氏을言[illegible]忍[illegible]路[illegible]의[illegible]可笑로다[illegible]高麗[illegible]말기封土[illegible]竹[illegible]帶[illegible]하니葬[illegible]知[illegible]로다[illegible]麗[illegible]法드리보소[illegible]千年[illegible]로[illegible]다하[illegible]法[illegible]禮葬法이어[illegible]하여不[illegible]承守[illegible]一般[illegible]朱[illegible]가[illegible]張것다李[illegible]二姓[illegible]生[illegible]察亂[illegible]하도다

鎭岑李[illegible]晩 告白

本社廣告

本報價金
一張代金　新貨一錢五厘
一箇月　三十錢
三箇月　九十錢
六箇月　一元七十錢
一箇年　三元四十錢
郵稅一部　[illegible]厘五毛
一箇月　十二錢

廣告料
四號活字十三字詰
每日每行一寸에新貨廿五錢
（每日每行에六錢에相當ᄒᆞᆷ）
二週日에　二圜五十錢
（每日每行四錢五厘에相當ᄒᆞᆷ）
一箇月에　五圜
（每日每行四錢一厘에相當ᄒᆞᆷ）
其期限의長短과字行의多少를依ᄒᆞ야增減ᄒᆞᆷ이有홈

大韓人마다此申報를不得不購覽ᄒᆞᆯ터이오니廣告出報ᄒᆞ실僉君子ᄂᆞᆫ來臨面議ᄒᆞ시옵

發行兼編輯人　英國人裵說
發行所　京城北署壽進坊典洞今外地語學校前

大韓每日申報社

第四卷　第一百廿四號

大韓每日申報
대한매일신보

月曜及慶節歲時日休刊

檀君開國四千二百三十八年
箕子元年三千二十七年
大韓開國五百十四年
日本明治三十九年
淸國光緖三十一年
陰曆乙巳十二月大二十日戊午

論說

危亂由於政界無人非書籍之罪

世之持論者ㅣ皆曰韓之人士가但其爲書籍만誦習하고新學問을不究함으로見識이野昧하고志氣가卑陋하야國家之危亂이職由於此라하니此說見一而未見二也로다

第其新學問을論之컨ᄃᆡ數理之精邃와法制之密察과工技之神가自有天地以來로未或見焉인今凡歐有國者ㅣ要進文明하며要致富强인ᄃᆡ非新學問則不可오되

舊書籍與新學問을勿論ᄒᆞ고人必忠義慈祥ᄒᆞ며廉恥有守라야愛國心과恤民心과恢公心이自然切至ᄒᆞ야萬事를皆可以做得ᄒᆞᆯ지오

若其不然者면事君而怠其職ᄒᆞ며臨民而不知恤ᄒᆞ며進事而循其私ᄒᆞ야無所往而不敗ᄒᆞᆯ지니縱有新學問이나安能其要를摭하며其效를奏乎하야

試以國史野乘으로考之컨ᄃᆡ韓之令葉以後로人材輩出ᄒᆞ야身佩安危之臣과特立名節之士가歟映玉輝에彬然盈朝ᄒᆞ야當時國家人民之光이足以隣邦에無愧ᄒᆞᆯ시어날柰之何今日搢紳들은寒鴉飢鼠之狀態와如ᄒᆞ야滿腔經營이只在爍能一事에不過ᄒᆞ고

國難을擔任ᄒᆞ며生民을救恤ᄒᆞ며庶績을經理ᄒᆞ야不避夷險ᄒᆞ고死生以之ᄒᆞᄂᆞᆫ人은一箇도未見ᄒᆞᆯ깃스니不知커다今之舊籍이異於前之書籍歟아

若其不然이면均是韓之人物이오均是韓之書籍이로되前之人은독之而奇偉卓나이고今之人은독之而昏愚萎靡ᄒᆞ니

以此論之컨ᄃᆡ人之賢不肖가惟在其勉與不勉이라豈書적之過也리오本記者ㅣ駐韓已久ᄒᆞ야搢紳學士와書議上에者도有ᄒᆞ고閭巷謠俗을大略周知者도有之인바

昇平屢百年에中外寧謐ᄒᆞ야耳目之所慣과腸胃之所染이無非虛僞淫辟等事ㅣ로所謂독書者의一生工夫가尋章摘句ᄒᆞ며병青儷白에不外ᄒᆞ고

至於忠義大節과廉恥大防ᄒᆞ야는閣之不講ᄒᆞ야以致政界無人ᄒᆞ며國事日非ᄒᆞ야駸駸然莫救藥ᄒᆞ니溯其源委ᄒᆞ면所從來者ㅣ遠矣로다

噫라使前日之人材로處在今之朝廷이면所事爲之際에忠愛藹然은始勿論ᄒᆞ고一字內大勢를早已看破無餘ᄒᆞ야

新學問을講習ᄒᆞ며實力을養成ᄒᆞ야內修外交에綽有餘裕ᄒᆞ야今日之恥辱이決無ᄒᆞ얏실지니日下深弊가政界無人에在ᄒᆞ고舊書적廢止와新學問擴張이尙其第二關係라謂ᄒᆞᆯ지로다

官報

● 三千三百四十七號　光武十年一月十一日

◎ 敍任及辭令

依願免本官　秘書監丞　河任涉
任秘書監丞叙奏任官三等　正三品洪任鳳
以上一月七日
解分秘書監丞　正三品李啓弼
解分秘書監郎　九品南亘燮
解平安南道收租委員　從二品方興周
依願免本官　箕子陵參奉李奎雨
任箕子陵參奉叙判任官八等　金永夏
以上一月八日
任內部主事叙判任官七級　九品李玄九
農商工部商工局長徐丙珪　給四級俸
以上一月九日

● 三千三百四十八號　光武十年一月十二日

◎ 敍任及辭令

依願免本官　秘書監丞　權譜範
任秘書監丞叙奏任官三等　正三品韓相龍
以上一月九日

● 光武十年度歲入歲出總豫算表 (續)

第十六款 侍從武官府 九千一百三圜
第一項 俸給 五千八百八十八圜
第二項 下士卒給料 七百五十圜
第三項 廳費 四百八十圜
第四項 旅費 一百圜
第五項 雜給及雜費 九百四十六圜
第六項 諸手當 七百五十六圜
第七項 糧食費 一百八十三圜

第十七款 陪從武官府 七千八百七十九圜
第一項 俸給 四千六百六十四圜
第二項 下士卒給料 七百五十圜
第三項 廳費 四百八十圜
第四項 旅費 一百圜
第五項 雜給及雜費 九百四十六圜
第六項 諸手當 七百五十六圜
第七項 糧食費 一百八十三圜

第十八款 親王府 一千三百七十五圜
第一項 俸給 四百八十圜
第二項 下士卒給料 二百二十五圜
第三項 廳費 一百八十圜
第四項 旅費 三十五圜
第五項 雜給及雜費 二百九十三圜
第六項 諸手當 一百八圜
第七項 糧食費 五十六圜

軍部所管合計 一百三十七萬九千六百十七圜

法部所管
第一款 法部本廳 一萬九千五百二十二圜
第一項 俸給 一萬五千四百圜
第二項 廳費 一千五百圜
第三項 廳舍修理費 一百七十五圜
第四項 雜給及雜費 一千八百四十八圜
第五項 旅費 六百圜

第二款 平理院 一萬二千九百十九圜
第一項 俸給 一萬一千七百圜
第二項 廳費 三百圜
第三項 廳舍修理費 五十圜
第四項 雜給及雜費 八百六十九圜

第三款 漢城裁判所 八千四百七十九圜
第一項 俸給 五千九百圜
第二項 廳費 三百圜
第三項 廳舍修理費 五十圜
第四項 雜給及雜費 二千二百二十九圜

第四款 法官養成所 三千五百三十二圜
第一項 俸給 二千二百圜
第二項 廳費 一千八十圜
第三項 廳舍修理費 五十圜
第四項 雜給及雜費 一百九十二圜

第五款 地方裁判所 八百十六圜
第一項 俸給 六百圜
第二項 雜給及雜費 二百十六圜

法部所管合計 四萬六千二百五十九圜

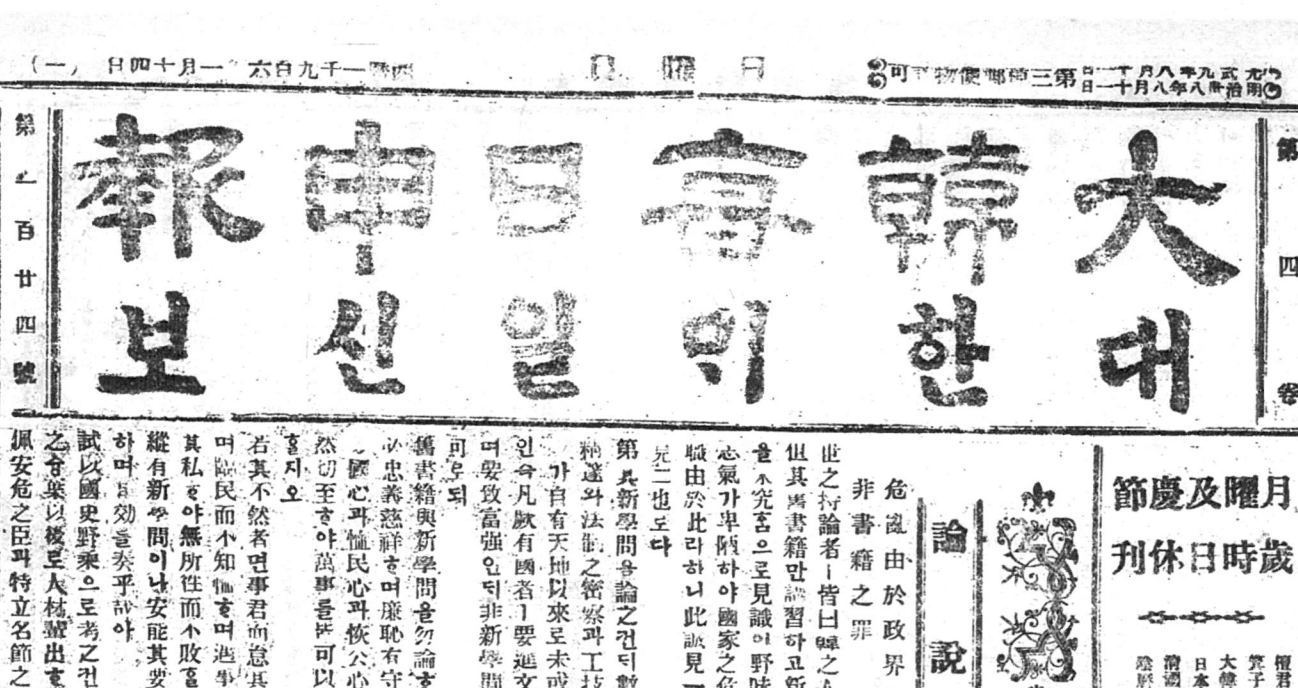

未完

雜報

●大使發程 今番大使一行이明日에發程혼다는듸務安監理韓昌洙正三品韓相龍禮式院禮式官高羲駿陸軍正尉尹致成平리院檢事李圭桓禮式院副卿金余熙軍部敎育局長李秉武諸氏가隨聘大使隨員을任혼얏더라

●桂校義捐 輔國閔泳徽氏가桂山普興學校敎育成績의優美홈을聞知하고特히金一百환을敎科書費로義捐하얏다니閔氏가敎育上에有志홈은可히感謝홈만하더라

●定倅檢官 寧邊觀察使가內部에電報호되義州郡陽上面執綱이公錢犯納事로自該郡으로派出호야三名을砲殺혼案件에對호야定州郡守로檢官을定하얏다더라

●法使照會 日昨法公使가外部에照會하되法國商人龍東彼城不壞間鐵道所管機械를西北鐵道局에서曾已輸來하고該機械價를尙未支급하얏스니甚庸訴惑이라即速歸正하라하얏더라

●錢妾俱失 坡州獐山里居宋錫ㅊ가醫廳에告訴하얏는듸今陰曆五月分西署廳浦居柳承春이來言曰現在着實寡婦하니錢六千兩만급我하면我爲紹介하야同汝居爲好云故로依其言辦급하고與寡婦同居가不過一朔에柳哥가乘夜誘引하야不知去處러니現今柳與該女로假然同居하니右錢六千兩을即爲推급하라하얏더라

●兄擧其弟 再昨日內部에서見汰혼主事三人塡代次로該大臣以下局長叅書官ᄭ지可堪人을各爲公薦호야以學優則仕問題로作文試取호는듸會計局長鄭鳳時氏가爲其試官호야其弟氏를優等으로選拔호얏다니內擧에不避子는古人이亦有行之者하니兄擧其弟가非曰不可로되若其作文이不中程式하고도循私艸艸하야시면是乃負國也오蔑公也라隨後另探하야其內容을詳載하깃노라

●松倅請免 黃海道松禾郡守許철氏가內部에報告호얏는듸本郡一進會員이日人公堂호야凡於公事에屢爲質問이기詳陳事理호야曉諭其不然之端이오되終不開悟호고ᄯ以非리聽說로爲主이오니會民도亦是國民也라官民分義가豈如是哉잇가因此而比習日驕호고鄕俗漸壞호야公錢은難以收棒이오官令을莫可施措이다온此非他故라郡守才短識淺호와忝居牛牧에不善懷綏이오니現今在事之際에如或仍循玩게이다가公事僨誤를境遇에至호면必有悚悶이옵기玆以前願호오니査照奏免호와以便公私호라호얏더라

●蔚倅貪虐 慶尙南道蔚山郡民의來告를據호즉該郡守沈選澤氏가專事貪虐호야各항贓錢數額이數千餘兩에達하얏는되一進支會長李圭夏와符同分食혼것이幾件이有하다더라

●興校益興 私立興化學校敎師諸氏의熱心敎育홈은旣已知料홀바어니와去月晦間븟터合衆國색라운ᄒ기버스트大學校에서政治專門學을卒業ᄒ고數月前에還國혼白象圭氏가名譽로熱心敎授ᄒ야校況이益益進就혼다더라

●礦業擴張 農商工部에서礦業을擴張홀次로礦學技師와技手를日本人으로聘用혼다는듸該雇聘ᄒ는人員은理學博士巨智部忠樸과礦技手田村英太郎福井ᄌ尋山邊摩一郎野田金藏氏等五人이라더라

●學生遣諭 日本留學生監督韓致愈氏가內部에電報ᄒ되本國官費生의中學復校事는日前에本部電을承ᄒ야곳ᄯ林公使가日本外務省으로送達혼故로前趙公使와同樣으로學生의게曉諭ᄒ얏더니學生들이終始不聽혼故로復校事는不可能이오學生은于今各學校에入學ᄒ얏사오니照亮ᄒ라ᄒ얏더라

●度照農部 京釜鐵道株式會社借貸紙貨一萬六千六百六十五元九十九錢半年利子四ᄂ九十九元七十七錢八里五毛를送交領收ᄒ라ᄒ고度支에서農部에照會ᄒ얏더라

●叅理被外 新任慶興監理趙經 氏는法部에任ᄒ,지六七年에事務에鍊熟ᄒ고心志가公直혼故로昨年에換ᄒ야裁判所官人減額홀際에一部圈點으로該所首班判事로被任ᄒ얏더니今番新條約事件後趙閔兩忠正公討逆疏時에氏가發起聯叅혼事로現政府大臣에게致憾ᄒ야氏를脅迫ᄒ니法大가李夏榮氏를邀請ᄒ야勸諭自退ᄒ라ᄒ즉氏가疏廳叅涉으로ᄡ官을被홈은甘心이어니와請願自退홈義務는無ᄒ다ᄒ즉政府에서議論ᄒ고氏를慶興監理로轉任ᄒ니氏는該監理를即地請願ᄒ고杜門讀書혼다더라

●花洞總巡 仁港花開洞은自來各處遊女들이輻湊幷集ᄒ야日夜賣淫으로有名혼處所인바其中에所謂組合樓가有ᄒ야即其男女翔會ᄒ는一屈藪中이되고該樓主人인ᄉ多年花柳場에慣熟ᄒ고驅儈套格에卒業者라能히其任을堪當ᄒ는되該港居金仁福이가素以遊蕩子弟로該樓七人이되야許多男女를朝募誘合ᄒ야老的少的美的醜的를不擇ᄒ고其錢鈔를鎖盡ᄒ야從中取利으로作爲生涯ᄒ니其爲人浮雜은不뵈是國이거날近聞혼즉該港總巡을圖得ᄒ얏다니男女賜儈에卒業生이行政警察上에도通鍊홀는지該總巡은化開洞總巡으로만視務케ᄒ는거시適宜혼듯ᄒ다고街說이有ᄒ다더라

●廣文創設 大丘廣文社長金光濟氏의來函을據혼則各敎課書는東西洋書籍의可合時用者를譯採發售ᄒ고又本道各家의忠孝烈行의實蹟이有혼者를介輯成書ᄒ고又每月三度式雜誌를發刊ᄒ야各郡官吏治否와人民善惡을一一探載發行ᄒ기로社員股金는葉一百兩으로ᄒ고該觀察府의默許를得ᄒ얏다더라

●梅窓寒燈 (續)

○外部門前이冷落ᄒ고琉璃窓혼官廳이寂寂無人ᄒ야徘徊一면ᄒ고國家事를思想ᄒ니當日東西兩球에掀動ᄒ든外交權이而今에安在오현현下淚홈ᄒ믈自然不禁ᄒ깃도다何時何日에卄門을高開ᄒ며此廳을淨掃ᄒ고文明의强에對等國으로交涉權을回復홀는지

○答禮大使가不日發程혼다ᄒ니冠蓋相望ᄒ며玉帛相聘ᄒ며衣裳相會홈이固是隣邦에敦密혼友誼어니와今番大使는伊藤侯爵의聘禮를ᄒ혼인지韓國의義를固守ᄒ야使節을派遣홈이어니와日本의思想에는何如히待遇홀는지

○噫噫라韓國政府는有政府인지無政府인지影響을不可測이로다日俄開戰以後에는平和克復ᄒ기를企待ᄒ야政治를改良ᄒ깃다고日月만虛送ᄒ고韓日協約以後에는伊藤統監을企待ᄒ야政治를維新ᄒ깃다고日月만虛送ᄒ니伊藤統監이渡韓혼後에는甚麼變機를又復企待홀는지影響을不可測이로다

○噫噫라韓國政府는宦寺內閣인가秦檜內閣인가指鹿爲馬ᄒ는妙手段으로君上을欺惑ᄒ고脅君拜敵ᄒ는好心術로國家를讓與ᄒ니渠輩一身上富貴를自圖ᄒ기爲홈이로다丘高가安享ᄒ고秦檜가令終ᄒ얏다는說은歷史上에未之見이로다

○噫噫라韓國政府는善政府인가惡政府인가設令善政府라ᄒ지면全國人民의唾罵怨방이騰天徹ᄒ理가無ᄒ고設令惡政府라ᄒ지면閭閻走人士의苞苴賄路가爛其盈門ᄒ理가萬無ᄒ니善惡을姑不可分이로되如電혼神目은鑑定홈이必有ᄒ이로다

○噫噫라韓國政府는生政府인지死政府인지生政府와如ᄒ지면廉恥心도自有ᄒ거시ᄂ羞惡心도有홀거이어날言論駁ᄒ며萬口叱辱이라도少不動念ᄒ니生政府는아닌가死政府와如ᄒ지면韓廿丁日巡査를前呵後擁ᄒ고千年廟寺와如혼各衙門에仕進ᄒ는得意態度와揚揚氣力이四ᄉ破金剛과如ᄒ니死政府는아닌가其生其死를未可知로다

○噫噫라韓國政府는日本政府인가日政府인가局勢를未可諉이로다ᄉ物도韓國人物이오官職도韓國官職이오俸給도韓國國金이마는竭力做事는日本의細사이오盡心周旋은日本의勢力이오猶恐不及은日本의命令이로되自國事는忘却ᄒ고自國民은棄絶ᄒ니韓國政府라稱ᄒ기는不可ᄒ고丁寧日本小政府인지

○噫噫라韓國政府는猶太政府인가波蘭政府인가貝加爾湖에縱ㅁ虐殺도可慮이오西伯利山川에鐵道丁役도可慮이니皆是自取之禍孽이라誰怨誰尤리오

完

雜報

●布哇情形 (續)

七 學校 農庄마다小學校가有ᄒᆞ야移民子女中志願者를教育ᄒᆞ고或年少有志者ᄂᆞᆫ幾箇月間勞動得財ᄒᆞ야學校에入學ᄒᆞᄂᆞᆫ者도有ᄒᆞ며美以美教會와監督會에셔不惜錢財ᄒᆞ고韓人教導에熱心周旋ᄒᆞ야韓人에蒙恩者가不少ᄒᆞ며韓民中에教民이多數ᄒᆞᆫ農庄에ᄂᆞᆫ庄主가捐助設堂ᄒᆞᆷ으로規模에整齊와行爲의端正이教外人보다頗善ᄒᆞᆷ

八 待遇 農庄三四十處에人心厚薄이不無ᄒᆞ나該國勞動者가稀少ᄒᆞᆷ으로各庄主가各國移民을加意厚待ᄒᆞ며韓民이勤勉做業ᄒᆞ면庄主가格別顧護ᄒᆞ나其中에懶怠或放蕩自棄ᄒᆞᄂᆞᆫ者ᄂᆞᆫ到處逐黜ᄒᆞ야同胞의계貽害ᄒᆞ고國面을損傷ᄒᆞᆷ이不少ᄒᆞᆷ

九 韓人品格 外國人이論ᄒᆞ되韓人의體格이健壯ᄒᆞ야諸般勞動을能堪任ᄒᆞ며學習이敏捷ᄒᆞ야較諸他國人ᄒᆞ야도少不讓步ᄒᆞ나最可惜ᄒᆞᆫ바ᄂᆞᆫ韓人이多懦惰喜賭飲ᄒᆞ야一日勞働ᄒᆞ고十日臥遊ᄒᆞᄂᆞᆫ者가十有四五ᄒᆞᆫ故로庄主가不能信任이나有妻眷者ᄂᆞᆫ勤勞可信이라云ᄒᆞᆷ

十 節用貯蓄 韓國人이節用ᄒᆞ고貯蓄ᄒᆞᄂᆞᆫ習慣이無ᄒᆞ야一朔月給을沒數消費ᄒᆞᄂᆞᆫ者가十居七八이나其中勤勉節用者ᄂᆞᆫ五六朔에可저美金五六十弗이니足可隨意歸國이오 未完

●幣垣歸國 學部叅與官幣垣坦氏가무삼事故가有ᄒᆞ야日間歸國ᄒᆞ얏다가更히來韓ᄒᆞᆫ다더라

●模糊認辭 平南觀察李容善가內部에報告ᄒᆞ얏ᄂᆞᆫ데管下江西郡守李宇榮이創設義塾於郡邸而境內各坊各里社를謂之淫社라ᄒᆞ야竝令毁撤而其基址를斥賣ᄒᆞ야使民入葬ᄒᆞ고以其價錢으로本塾費云故로其本事來歷을消詳査覈ᄒᆞ야로訓이온더니其所報記辭에曰猥以不才로即當請願賦歸라ᄒᆞ얏스며又曰不涉於官之貪濫이라ᄒᆞ며又曰地方權限에假可擅便이라ᄒᆞᆫ바該郡之毁社賣址ᄒᆞ야使民入葬而學비充ᄒᆞ다ᄂᆞᆫ데시未知得當이올지即爲指令ᄒᆞ라ᄒᆞ얏더라

●嚴禁便戰 日昨下午八時量水口里에셔遊衣遊食無恒產閑雜人等이便戰次로會集ᄒᆞ얏ᄂᆞᆫ데該會中弄棒人尹基云閔基弘을杖因斃ᄒᆞᆫ이라ᄒᆞ얏더라

●二賊捉交 日本警察署에셔漢玄順卜中永九를警務廳에捉付ᄒᆞ얏다더라

●經費請求 農商工學校光武九年農事試驗場經費五百四十二파同場創業비八千十三元을今十年度로越入케ᄒᆞ라고學部에셔該教師赤壁次郎의與議書를因ᄒᆞ야度支部에照會ᄒᆞ얏다더라

●罪囚何多 法部에셔漢城裁判所에訓令ᄒᆞᆫ內槪에現에監獄署時囚成冊을閱ᄒᆞᆫ즉貴所所管刑事上未決囚가至爲八十餘名之多ᄒᆞ니當此沍寒ᄒᆞ야囚徒之溢於囹圄가情極矜憐이오當案도淹留不決이事甚慨歎이라玆에即該囚를罔夜課決ᄒᆞ라ᄒᆞ얏다니該所官人은國金만坐食ᄒᆞ고所事何事인지甚至於上部訓飭之境ᄒᆞ니該官人들은可謂尸素라고ᄒᆞ더라

●楊倅請免 楊州郡守洪泰潤氏가內部에請願ᄒᆞᆫ內槪에本人이性本愚昧에不逮其職이라고請免ᄒᆞ얏다더라

●尹氏仲裁 故議政尹容善氏ᄂᆞᆫ素稱村富家러니有何債負ᄒᆞ야漸成巨額이던지該債帳은無非門下人所爲라로日困督을不堪ᄒᆞ야以圖諸帳이나鄕所作莊土를斥賣ᄒᆞ야以猶爲不足ᄒᆞ야所住家舍도亦爲出給ᄒᆞ고現在五六間房屋에困難이莫甚이라ᄒᆞ더라

●日憲兵設廳 安州日憲兵田藤松等三人이率通辯朴錫祚ᄒᆞ고來到本郡ᄒᆞ야本郡府肆ᄂᆞᆫ姑爲置之ᄒᆞ고加設日本廳肆이온즉本郡廳肆ᄂᆞᆫ自然廢止이온이稅金을何以收納이올지事甚惆然이라ᄒᆞ얏ᄂᆞᆫ데農部에셔指令ᄒᆞ기를日本憲兵部에셔內地府肆를旬管ᄒᆞᆫ權限이初無인즉須自本郡으로備文交涉ᄒᆞ야該府肆를俾卽撤罷케ᄒᆞ고嚴飭朴錫祚ᄒᆞ야更無此弊케ᄒᆞ라ᄒᆞ얏더라

●一夜兩警 忠北沃川郡守黃演秀氏가內部에報告ᄒᆞ얏ᄂᆞᆫ데陰曆十月二十四日夜에賊黨二十餘名이突入于本郡銀店甲金光陽家ᄒᆞ야放砲掠財之際에洞民이齊聲相救라가逢彼之怒ᄒᆞ야衝火於四五家ᄒᆞ고同日夜에賊黨六七名이於松峙酒店金用伊家에셔翻刀威脅ᄒᆞ고如干財産을打掠之際에附近洞民이齊力驅逐이온바被燒民戶를調査成冊修報ᄒᆞ오니査照施恤ᄒᆞ라ᄒᆞ얏더라

●鄕향老로訪방問문爨의

속

生싱이라

이금소견싱각ᄒᆞ니 젼일이후회로다 그것져것그만두고 그돈드려교육ᄒᆞ면 그것이뎨일이오 그것이상책이라 이왕에ᄂᆞᆫ몰로고셔 지냇다ᄒᆞ려니와 지금에ᄂᆞᆫ알고셔도 모로ᄂᆞᆫ체ᄒᆞ게드면 ᄌᆞ손의게엇ᄂᆞᆫ죄가 더욱크다ᄒᆞ리로다 젼일을후회말고 오ᄂᆞᆫ쟈를조치리라 자손을귀ᄒᆞ다고 금의옥식그만두고 그돈을옴겨다가 셔칙을사셔쥬며 ᄌᆞ손을먹인다고 고량진미싱각말고 그마음옴겨다가 공부를시켜쥬며 ᄌᆞ손의게세쳔다고 뎐답을ᄉᆞ쥬지말고 그지물옴겨다가 학교를창셜ᄒᆞ며 ᄌᆞ손을위ᄒᆞᆫ다고 긔도불공ᄒᆞ여가 명파복을빌지말고 그졍셩옴겨다가 교ᄉᆞ고빙ᄒᆞ야 학문을가라치며 지식을겨유ᄒᆞ면 그인이ᄌᆞ흥손가 알앗도다알앗도다 지금이야알앗도다 교육의즁ᄒᆞᆫ듯을 황연히알앗도다 무엇으로사람이며 학문이업게드면 교육을아니ᄒᆞ면 무엇으로부모되나 교육사상업ᄂᆞᆫ부모ᄂᆞᆫ ᄌᆞ손의게 도적이오 학문슬라ᄒᆞᄂᆞᆫᄌᆞ손 부모의게불효로다 어이그려 ᄒᆞᆫ고ᄒᆞ면 학문업셔무식ᄒᆞᆫ즉 학문잇ᄂᆞᆫ사람의게 로예밧게 무되리라 로예가되고보면 압제를면ᄒᆞᆯ손가 압제를밧게 드면 릉욕이일음지라 릉욕 을당케드면 욕급조종ᄒᆞ올지 니 욕급조종ᄒᆞ게드면 부효 패자아이되며 교육을아니시 겨 그지경되게드면 부모를 워망ᄒᆞ야 구슈갓치아옴지니 구슈갓흔그부모 도젹보다나 음손가 미완

●特別廣告

本申報分社를釜山港舊館豆毛里書籍店全文和氏로義州南門外韓西大藥房主人張有官氏의게委托하고逐號下送하오니購覽하시는 僉君子는照亮購讀하시며代金도同氏의게傳致하심을爲要

大韓每日申報社 告白

●雜誌發刊廣告

今에數理學雜誌를(每月五日一回定刊)發刊ᄒᆞ야敎師諸氏의敎科材料를供給ᄒᆞ고學生諸氏의獨學材料를供給코져ᄒᆞ오니有志諸氏ᄂᆞᆫ購讀ᄒᆞ심을切望

(但一部定價ᄂᆞᆫ新貨陸錢)

南大門內尙洞德公館右便青年學院內 數理學雜志社

鍾路大東書市
布屏下金相万冊肆
新門內松愉張晳周紙廛
銅峴朴泓九紙廛
仁川港柤峴開新冊肆

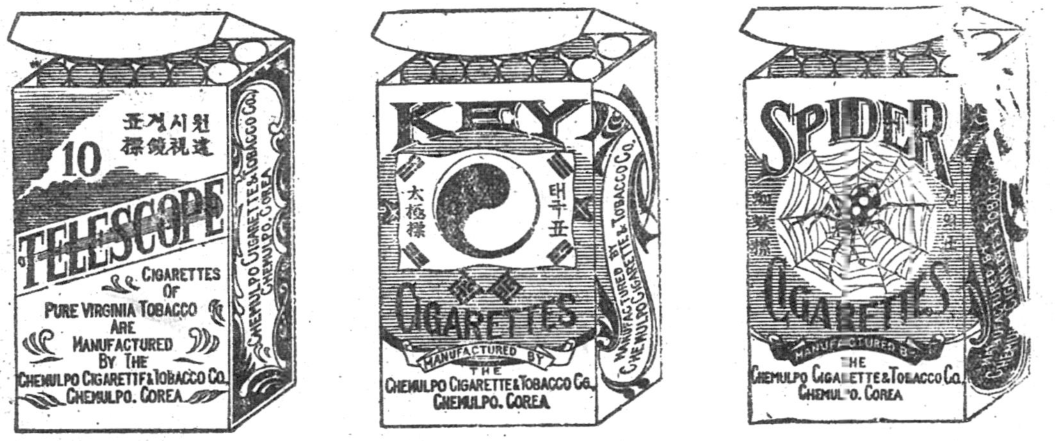

以上三種은上品으로製造ᄒᆞ야衛生上에至極有益ᄒᆞ니毋論某人ᄒᆞ고本社에來願ᄒᆞ옵

大韓帝國仁川港
濟物浦紙卷煙及烟草會社

一 鷹標罐濃結牛乳
一 金印罐詰濃結牛乳
一 無糖家用氣化乳酪
一 멜ㅣ든쓰製造麥芽化台牛乳

以上은常時에貯積ᄒᆞ앗ᄉᆞ오

美國紐約港멜ㅣ든쓰濃結牛乳會社

一手代理店

大韓仁川港 世昌洋行

●九轉靈砂라 本人이妙方法을神備하야製造ᄒᆞᆫ靈丹인ᄃᆡ男女老少에無論何症ᄒᆞ고通治ᄒᆞ오며無病時에도服ᄒᆞ면平生의身體가健康ᄒᆞ며小兒ᄂᆞᆫ四五錢重만服ᄒᆞ면十歲안에無病ᄒᆞ기를擔保ᄒᆞ오며
●九轉靈砂萬應丹은癲狂 瘧症과中風諸疾과耳目諸病과淋疾에神效ᄒᆞ고
●九轉靈砂保命丹은稚生小兒 驚風 痼氣 咳嗽 腹痛諸般惡症에 效ᄒᆞ오
●九轉 砂濟衆丹은酒滯 食滯 血積 吐瀉 霍亂 痢疾 吐血 下血 運氣 時疾 疝症에神效ᄒᆞ오
●轉靈砂紫金丹은痔漏 累瘰 上疳瘡 下疳瘡及唐瘡과諸般毒瘡惡種에無不神效ᄒᆞ오니 僉君子ᄂᆞᆫ來問ᄒᆞ시오

內需司前독갑이골上隅第一家 李鎬廷移徙 告白

◎本社特告

本社新聞을關西等地에廣佈ᄒᆞ기爲ᄒᆞ야平壤金興瀾氏와宣川安濬氏로連金三氏에게付托ᄒᆞ고逐號下送ᄒᆞ오니 管內有意ᄒᆞᆫ僉君子ᄂᆞᆫ三氏에게購覽ᄒᆞ시며代金도三氏에게傳致ᄒᆞ심을爲要

大韓每日申報社

本社廣告

申報價

一張代金 新貨二錢五里
一箇月前金 三十錢
三箇月 九十錢
六箇月 一元七十錢
一箇年 三元四十錢
郵稅一部 新貨五里
一箇月 十三錢

廣告料

四号活字十三字詰
每日每英尺一寸에新貨廿五錢
(每日每行에六錢에相當홈)
二週日에 二圓五十錢
(每日每行四錢五里에相當홈)
一箇月에 五圓
(每日每行四錢一里에相當홈)
其期限의長短과字行의多少를依ᄒᆞ야增減홈이有홈

大韓人마다此申報를不得不閱覽ᄒᆞ실터이오니廣告出報ᄒᆞ실僉君子ᄂᆞᆫ來臨面議ᄒᆞ시옵

發行兼編輯人 英國人裵說
發行所
京城北署壽進坊磚洞号外地語學校前
大韓每日申報社

光武九年八月十一日 明治三十八年八月十一日 第三種郵便物認可 火曜日 西曆一千九百六年一月十六日 （一）

大韓每日申報
대한매일신보

第四卷 第一百廿五號

月曜及慶節歲時日休刊

檀君開國四千二百三十八年
箕子元年三千二十七年
大韓開國五百十四年
日本明治三十九年
淸國光緖三十一年
陰曆乙巳十二月大廿二日庚申

論說

閱地方官吏貪贓記

噫라韓國官吏의貪饕之風은固已張藉於世界者어니와本記者가報館을開ᄒᆞᆫ以來로或鄕民의來告로以ᄒᆞ며或投書函으로因ᄒᆞ야各郡守貪贓記가殆乎無日無之ᄒᆞ니

本記者가每一披閱에實로韓國前途를爲ᄒᆞ야心寒骨冷을不禁이로다大抵政界의濁亂이如此ᄒᆞ고官人의不法이如此ᄒᆞ고國民의愚昧가如此ᄒᆞ고야엇지疆土와種族을保全ᄒᆞᆯ倖望이有ᄒᆞ리오

第一中央政府ᄂᆞᆫ一國의腹心이오樞要로써國家의安危와人民의休戚을全然不顧ᄒᆞ고銓選之際에徇私蔑公ᄒᆞ야所謂守令差除가權勢家의食口가아니면金幣를使用ᄒᆞ야冒廝圖得ᄒᆞᆫ者이니

엇지廉潔를汚ᄒᆞ고公正自持ᄒᆞᄂᆞᆫ者가其중에參預ᄒᆞ리오或其貪贓이現發ᄒᆞ야窮鄕細民이抱狀來訴ᄒᆞ면所謂司法之官이또ᄒᆞᆫ貪虐郡守와同一心腸이라賄賂를隆受ᄒᆞ고律法을鬻賣ᄒᆞ니哀彼殘民이愁冤이徹天에呼籲無門이라民之봉保에國其何依오然則今日亡國之責은韓廷大官이雖欲辭之나其可得乎아

至若地方官吏ᄒᆞ야ᄂᆞᆫ分憂共理之義務ᄂᆞᆫ尙矣勿論이어니와試觀現時之境遇컨ᄃᆡ國勢가何如며民情이何如오苟有一分人心者면엇지自身만肥澤ᄒᆞᆯ私慾으로

無辜ᄒᆞᆫ同胞兄弟에膏血을割剝吸取ᄒᆞ기로爲事ᄒᆞ리오其亦殘忍이甚矣로다雖然이나此等官吏가其貪虐을敢行ᄒᆞᆷ은

實로人民이愚昧劣弱ᄒᆞ야權利를自拋ᄒᆞ고法律을不知ᄒᆞ야在上者에虐政을甘受ᄒᆞᆷ으로認作恒例ᄒᆞᄂᆞᆫ緣故로다彼開明ᄒᆞᆫ國民을觀ᄒᆞᆫ건ᄃᆡ凡圓顱方趾에知覺運動之類가皆其智識이發達ᄒᆞ야自由權利를確執不失ᄒᆞ니官吏ᄂᆞᆫ오작國法을遵守ᄒᆞ야人民의生命財產을保護ᄒᆞ기로職責을삼고秋毫라도非理侵漁ᄂᆞᆫ敢行치못ᄒᆞ고人民된者도決斷코他人의壓制와侵奪은不受ᄒᆞ기로職權을삼ᄂᆞᆫ지라

距今二百年前에英國宰相比土氏가嘗曰人民이自國政府의虐政을不敢抗拒ᄒᆞᄂᆞᆫ者ᄂᆞᆫ또ᄒᆞᆫ他國의奴隸되기를甘心ᄒᆞ리니如此히軟骨無腸ᄒᆞᆫ人民은有之何用고ᄒᆞᆫ지라

今에大韓人民이由來壓制政治下에屈伏ᄒᆞ야知識未開ᄒᆞ야自由二字ᄂᆞᆫ初不聞知ᄒᆞᆷ으로自國官人의虐政을甘受ᄒᆞ야奴隸로써其身을自待ᄒᆞ고其性質을殆成ᄒᆞᆫ者니至于今日ᄒᆞ야엇지能히他國人의虐待를受치안코奴隸가되지아니ᄒᆞ리오

嗚呼라上天이一視同仁ᄒᆞ사世界人民이各其天賦自由權으로生活福祉를享有ᄒᆞ거늘惟此大韓인民은天賦權을自失ᄒᆞ야自國官吏의犧牲으로供ᄒᆞ다가또他國人의魚肉이되깃스니엇지寒心ᄒᆞ고可惜치아니ᄒᆞ리오

惟願大韓同胞ᄂᆞᆫ自今으로ᄂᆞᆫ曾前에愚昧沒覺ᄒᆞᆷ으로他人의貪暴를蒙受ᄒᆞᆫ所以를猛省深悟ᄒᆞ야一切通常學問에從事ᄒᆞ야固有ᄒᆞᆫ知識을開發ᄒᆞ고天賦ᄒᆞᆫ權利를回復ᄒᆞ야

官吏의侵漁도不受ᄒᆞ며外人의凌虐도不被ᄒᆞ야國民資格을各各保守ᄒᆞ면國家權力도亦可克復ᄒᆞ리니勉之勉之어다

● 光武十年度 歲入歲出 總豫算表 續

學部所管

第一欵學部本廳二萬七千五百九十四圜
第一項俸給一萬四千二百
第二項廳費一千一圜
第三項廳舍修理費一百二十五圜
第四項教科書印刷費二千七百圜
第五項雜給及雜費三千四十八圜
第六項旅費一百圜
第七項外國人諸給六千四百二十圜

第二欵觀象所五千五百八十四圜
第一項俸給四千八百圜
第二項廳費七十二圜
第三項廳舍修理費廿圜
第四項曆書費五百圜
第五項雜給及雜費一百九十二圜

第三欵成均館六千四百八十六圜
第一項俸給三千四百圜
第二項廳費三百九十六圜
第三項給與費二千一百六十圜
第四項廳舍修理費五十圜
第五項雜給及雜費四百八十圜

第四欵師範學校六千七百九十三圜
第一項俸給一千二百圜
第二項廳費五百七十四圜
第三項給與費三千圜
第四項校舍修理費七十五圜
第五項雜給及雜費一百四十四圜
第六項外國人諸給一千八百圜

未完

外報

● 暴動預防　루터電을據ᄒᆞᆫ즉米國政府ᄂᆞᆫ청國에暴動의發生ᄒᆞᆷ을預期ᄒᆞ고預防ᄒᆞ기爲ᄒᆞ야目下에麻尼拉駐屯의兵을異動ᄒᆞᆷ이有ᄒᆞ다더라

● 德相贈勳　俄帝여셔ᄂᆞᆫ昨年十二月十九日命名日에德國首相후온비유로公에게金剛石入안더레아스最高勳章을贈與ᄒᆞ엿더라

● 借欵定約　去月二十日午後二時에日賀田顧問、大藏大臣、第一銀行支配人이列席ᄒᆞ야左의三條에約欵이決定ᄒᆞ얏더라

一　日本政府ᄂᆞᆫ韓國通貨의困難을救濟ᄒᆞᆯ目的으로써百五十萬圜을貸與ᄒᆞᆯ事

二　韓國政府ᄂᆞᆫ抵當을差치안코又利子를拘치아니ᄒᆞᆯ事

三　十年間에返還ᄒᆞᆯ事

● 獨立勸告　西藏班禪剌麻(다시剌麻)ᄂᆞᆫ既히印度ᄭᆡ至ᄒᆞ야英國皇太子의게謁見ᄒᆞ얏스며官邊의消息을據ᄒᆞᆫ즉향던剌麻의게淸國과獨立ᄒᆞ라고勸告ᄒᆞ얏다ᄒᆞ며淸國大臣은或剌麻가印度의繁華를驚ᄒᆞ야淸國을離ᄒᆞ야英國에奇心ᄒᆞᆷ에至ᄒᆞᆯ事를杞憂ᄒᆞ니英國外交가大功을成ᄒᆞ리라더라

● 以待大使　上海發電을據ᄒᆞᆫ즉淸國出洋大臣戴澤公及李盛鐸、尙其亨二氏ᄂᆞᆫ本月七日上海出發을延期ᄒᆞ야大使法國郵船으로日本에向ᄒᆞᆯ터이라더라

電報

●伯林電報
一月十三日午後四時三十五分發
德國宰相은西園寺公望侯爵의게對ᄒᆞ야總理大臣就任의祝電을送ᄒᆞ얏더라

●論敦電報
一月十三日午後六時發
露國國債二億六千〇萬法은巴里에서成立되얏ᄂᆞᆫᄃᆡ其利子ᄂᆞᆫ五分五里라더라

東京電報

●日本東亞同文會活動
一月十三日午後一時五十三分發
東亞同文會本部에셔ᄂᆞᆫ韓國教育成案을造ᄒᆞ야統監府와交涉運動中이라더라

●韓國報聘大使接待員
栗原宮內書記官及松平式部官은來十五日에出發ᄒᆞ고韓國報聘大使完順君李載完氏一行接待員을被任ᄒᆞ얏더라

●秋原着京
一月十四日午后〇時十一分發
去七日歸國ᄒᆞᆫ日本公使館書記官秋原氏ᄂᆞᆫ昨十三日午后夜新橋驛에無事着京ᄒᆞ얏다더라

●日本乃木軍凱旋 仝上
乃木大將以下軍司令部幕僚ᄂᆞᆫ本日에無事凱旋ᄒᆞ얏ᄂᆞᆫᄃᆡ東鄕大將凱旋當時以來의旺盛ᄒᆞᆫ歡迎의例에依ᄒᆞ야乃木大將以下ᄂᆞᆫ直時叅內ᄒᆞ야戰況을奉告ᄒᆞᆫ後에日皇게셔ᄂᆞᆫ優渥ᄒᆞᆫ勅語를賜ᄒᆞ셧더라

●李經公氏行動
一月十四日午后一時四十三分發
東上ᄒᆞᆫ李經公氏ᄂᆞᆫ伊藤侯爵外各實業家政客等의各方面을歷訪ᄒᆞ고韓國實業의發達을熱心으로計劃ᄒᆞᆫ다더라

雜報

●中和告成 再昨日下午二時에叅政以下各大臣이詣闕하야중和殿告成ᄒᆞᆷ을陳賀하얏다더라

●大使離發 日本에答禮大使李載完氏ᄂᆞᆫ昨日上오八時에京釜鐵道輪車로發程하얏다더라

●軍裝變改 軍部各軍인에所着服裝이俄制를模樣ᄒᆞᆷ이不可하다하야다시從長改定ᄒᆞᆯ러인ᄃᆡ經費艱絀ᄒᆞᆷ을因하야其禮服만姑先改造ᄒᆞᆫ다더라

●曠倅請促 平北觀察使李根豐氏가管下曠官各郡守를催促下送之意로內部에屢有仰報이온바現今各地方에凡務鞅掌하야一日曠官이면有一日之害오二日曠官이면有二日之害이오니言念郡務民事에誠切伏悶이온바鎭山昌城熙川厚昌寧邊龜城宜川七郡守를催促不日下送이라하얏더라

●三命可憐 金川郡江西面雙鳳洞居金成汝家에失火하야其家舍什物을盡燒中金成汝妻與二個孫女가幷爲爛死이옵고火勢가延及於李烈老家하야家舍什物이亦爲燒燼이다이온바兩家의燒燼과三命의爛死가聞極慘酷이라고海州觀察高永喜氏가內部에報告하얏더라

●教科擴張 上海來信을據ᄒᆞᆫ즉同地某學會에서自初學教科로至高等教科ᄭᆞ지東西各國의便易ᄒᆞᆫ教科를叅互ᄒᆞ야六百餘種을發刊擴張ᄒᆞ얏다더라

●學徒修習 近日에日本東京으로붓터來人의說을聞ᄒᆞᆫ즉淸國官私學徒가東京에在ᄒᆞᆫ者ㅣ萬餘人에達ᄒᆞ얏ᄂᆞᆫᄃᆡ官費生의月給은三十五元이오私費生의月給은二十五元이라該學徒等이學問은不勉ᄒᆞ고酒色娛樂에從事ᄒᆞᆷ으로日人이此를甚悶ᄒᆞ야茶價와車貰를他人보다倍數히徵出ᄒᆞ고韓國學徒도或淸國學徒旅館에同處ᄒᆞ면其害를被ᄒᆞᆫ다더라

●斃肉殺人 朝鮮新報를據ᄒᆞᆫ즉富平郡一進會에서屠牛場을設始牟利ᄒᆞ더니民間斃牛의已埋於地者를掘出ᄒᆞ야潛賣其肉ᄒᆞᆷ으로村民中에食其肉者十三名이被毒死亡ᄒᆞᆫ故로郡民數千名이大怒聚集ᄒᆞ야同支會를打破ᄒᆞ얏더니一進會本部에서도實地調査ᄒᆞ기爲ᄒᆞ야會員二名을派遣取調ᄒᆞᆫ바事實이的確ᄒᆞᆷ으로即時該會를閉鎖ᄒᆞ얏다더라

●青年演說 今日下午七点半에皇城基督教青年會에서歐米各國에多年遊學ᄒᆞ고歸來ᄒᆞᆫ金奎植氏가大韓情形이란問題로演說ᄒᆞᆫ다더라

●會員行悖 一進會目的이稱以二千萬同胞代表者ᄒᆞ야生命財產保護ᄒᆞᄂᆞᆫ거시最其主旨이거ᄂᆞᆯ安城郡該會長黃雲興은境內人民을自意로聽訟ᄒᆞ며公庭大小事를無不干涉ᄒᆞ야因之放之를恣行不顧ᄒᆞ고結錢收捧者를挾吏挪用ᄒᆞ니此皆公法에有違ᄒᆞ고會規相反이라此等會員을出會懲勸치안이ᄒᆞ면民邑이難保라고該郡인의傳說으이頗多ᄒᆞ다더라

●接待費請求 漢城府尹朴義秉氏가內部에報告ᄒᆞ되從前本府職權이外國領事의交涉事件을管掌ᄒᆞ야交際上에往來禮遇가自爾頻繁ᄒᆞ온ᄃᆡ所用經費를原無措劃ᄒᆞ와每致禮遇上欠缺이오니持軫交際事體ᄒᆞ와本府豫算欵項中交接費三百圜을另立一項事로轉照度支部ᄒᆞ야期於立欵支撥ᄒᆞ라ᄒᆞ얏더라

●請減戶布 咸北觀察使任原鎬氏가內部에報告ᄒᆞ되本觀察赴任之路에男女老弱이鶉衣鵠形으로十百爲群ᄒᆞ야攔轡呼訴ᄒᆞ되惟玆關北은荐値歲饉ᄒᆞ고繼經兵燹ᄒᆞ야民心이一鼎百沸ᄒᆞ고家幕焉十室九空이온ᄃᆡ光武八年七月에特降ᄒᆞ신詔勅內에蠲除戶布를尙未蒙減給이事甚至冤이다이온바移照度支部ᄒᆞ와道內各郡甲辰度戶布一欵은爲先計減ᄒᆞ라ᄒᆞ얏더라

●倉庫貸付 共同倉庫會社에셔ᄂᆞᆫ從來로一般商品을保管ᄒᆞ고此에對ᄒᆞ야金錢을貸付ᄒᆞ더니漢城商界의現況으로推察ᄒᆞᆯ진ᄃᆡ如此形便으로ᄂᆞᆫ十分救濟의目的을未達ᄒᆞ기合으로今回에度支部認許를經ᄒᆞ야實業家외게만不動產을擔保로金錢을貸付ᄒᆞᆯ便法을設ᄒᆞ야業務를一層擴張ᄒᆞᆫ다더라

●安倅苛虐 咸南安邊郡民金在坤黃雲現等이內部에請願ᄒᆞᆫ內概에塗炭을被剝이豈有甚於安邊郡之民哉리오奸鄕이挾勢ᄒᆞ니皆是助虐之徒오督差가出村ᄒᆞ니豈非剝割之擧乎아所謂淨土教인이來設支會後에奸鄕及金學殷金仁淳金白鉉崔南衡本郡冊客이沒入其會ᄒᆞ야本郡學校를奪取以居ᄒᆞ고本郡守가內廳相合ᄒᆞ야虐民討財를無所顧忌ᄒᆞᄂᆞᆫ즁에御賓鄕案은已爲禁奬者也어ᄂᆞᆯ二百三十八인을冒入題名ᄒᆞ고稱以鄕例錢이라ᄒᆞ야發差督刷에因盈郡獄ᄒᆞ니迎送軍隊에疲勞莫甚ᄒᆞ고況値荐荒ᄒᆞ야飢餓難保之즁에又當如此苛虐ᄒᆞ니安邊之民은怙特無處라ᄒᆞ와速處辦ᄒᆞ와俾保殘氓이라ᄒᆞ얏더라

●募忠呈賻 全羅南道觀察郡守以下로光州郡白木立廛商民等이閔忠正과趙忠正과贈協辦李相哲氏와贈秘書丞金奉學氏의殉國ᄒᆞᆫ忠義를欽慕ᄒᆞ야特送代表인致吊ᄒᆞ고布木紙三種으로賻儀를奉呈ᄒᆞ얏더라

●仕如花遲 京畿觀察鄭周永氏가內部에報告ᄒᆞᆫ內概에本府主事聯名請願書를接准ᄒᆞᆫ즉每於各郡守奏本時에京各部官인은多有陞叙移拜이되獨於本府主事ᄂᆞᆫ未蒙一視之政ᄒᆞ와齊鬱未伸이已有年所이온바字牧之材가奚多於京而ᄒᆞ고獨乏之於外道而然乎인가花發之遲速은雖有崖之陰陽不同이나인材取用은宜無京鄕之判異이다온今當刷新ᄒᆞ야惟公是薦ᄒᆞ시니以積仕有資格之인으로ᄡᅥ道內有闕郡守中俾蒙陞叙之處分이라ᄒᆞᆫ바該員等請願이容有可據而本府主事中金泰禎이材揚牧民故로茲報告하오니查照處分이라하얏더라

●梅窓寒燈 續

○郡守奏本이도로또된다ᄂᆞᆫᄃᆡ善良ᄒᆞᆫ賢村를擇選ᄒᆞ야有脚ᄒᆞᆫ陽春으로瀕死ᄒᆞᆫ陰陸人民을甦活ᄒᆞ얏스면內部大臣의公正과地方局長의賢明이數十年病習을劈破ᄒᆞᆯ터이니何幸如之오

○人材ᄂᆞᆫ本是別人物이不是다中等以上인品은可以爲善이오可以爲惡이라今日이라도維新ᄒᆞᆫ政治를一變ᄒᆞ야雷動風飛ᄒᆞᄂᆞᆫ行動으로一朝에振肅風紀ᄒᆞ얏스면前日挾雜者流도自然改悔ᄒᆞᆯ것이오平生養望ᄒᆞᆫ人士도自然沽勇ᄒᆞ야一世靡然ᄒᆞ야政府에人材가彌滿ᄒᆞᆯ거시니何幸如之오

○地方各郡에貪虐剝割ᄒᆞ든觀察郡守를暴政이니苛政이니駁論은何事인고中央政府에서政治만刷新ᄒᆞ야人材를選用ᄒᆞ면汚濁ᄒᆞ고貪婪ᄒᆞ고暴虐ᄒᆞ든觀察郡守가一朝에變化ᄒᆞ야人人黃霸오邑邑卽墨의好治을呈ᄒᆞ리니何幸如之오

未完

雜報

●布哇情形 續

一二三年內에四五百弗을貯蓄ᄒᆞᆫ者도或有ᄒᆞ나韓民이銀行의便利를不知하야金錢을身邊에留置ᄒᆞ얏다가見奪見失者가頗多云ᄒᆞᆷ

視察所見

此國人이彼國에移住ᄒᆞᆷ이決非異事라此를賴ᄒᆞ야過密ᄒᆞᆫ人口로活計의新路를得케ᄒᆞ며此를因ᄒᆞ야荒蕪ᄒᆞᆫ土地에發達케ᄒᆞᆷ은歐洲列强의數百年國策이어니와

日本에至ᄒᆞ야도二十年來로移民을勸獎ᄒᆞ야各國에移住者가十數萬人이오移民이日本에寄送金額이年計一千二百餘萬元이오

布哇現住人口도少不下七萬인즉該國人口의半을占ᄒᆞ야有領事 有病院 有新聞 有國會 有學校 有銀行ᄒᆞ야保護敎育指導貯蓄의各機關이無一不備ᄒᆞ야一箇完全ᄒᆞᆫ社會를成ᄒᆞ얏스나韓國移民은光武二年으로爲始ᄒᆞ야自往自來ᄒᆞ되

政府가多事ᄒᆞ야此에顧念을不遑ᄒᆞ얏더니今行視察이遠鄙人民에萬一慰藉가不無ᄒᆞᆫ지라

大抵韓民에對ᄒᆞ야布哇國水土氣候와飮食居處가殊爲適宜ᄒᆞᆫ니一幸也오韓國遊食之民이一到彼地ᄒᆞ야苟不勞動ᄒᆞ면勢必餓死故로自然變惰成勤ᄒᆞ니二幸也오

聞見을擴達ᄒᆞ야新世界活潑ᄒᆞᆫ氣格을學就ᄒᆞ니三幸也라日本人이布哇를稱爲日本金庫ᄒᆞ나以我言之면布哇가韓民實業學校라謂ᄒᆞ야도不是過當이니라 未完

●삭罟敎官 國之富强은在於人民敎育ᄒᆞ고人民敎育은在於學校擴張ᄒᆞ며學校擴張은在於敎師得人인바近日師範學校에셔敎官某氏가學徒게孟子를敎授ᄒᆞᄂᆞᆫᄃᆡ數罟不入汚池라ᄂᆞᆫ大文의數罟之數字音을以삭으로讀之ᄒᆞ거날學徒가其音義를問之ᄒᆞᆫᄃᆡ答曰數은頻數也라罟를ᄌᆞ조汚池에入지아니ᄒᆞᆫ다ᄂᆞᆫ말이라ᄒᆞ더라니昔에杖杜宰相과金銀學士가有ᄒᆞ야千載笑話가되더니今에삭罟敎官이出ᄒᆞ야異代同調가되니人材作成之地에此等敎官을置ᄒᆞ야敎務를僨誤케ᄒᆞ야循私妨公ᄒᆞ니該大臣에溺職負國은推此可見이라ᄒᆞ더라

商業會議所에서財政顧問目賀田氏의게請願ᄒᆞᆫ全文이如左ᄒᆞᆷ 續

我大小商民의所有財產을一一調査ᄒᆞ야可히動產으로써典執貸與ᄒᆞᆯ者도有ᄒᆞ며可以不動產으로써典執貸與ᄒᆞᆯ者도有ᄒᆞ며或相當ᄒᆞᆫ信用關聯의擔保로써文憑貸與ᄒᆞᆯ者도有ᄒᆞ며又其他各種의流通方法을應ᄒᆞ야一箇混合性質의銀行制度를採用ᄒᆞᄂᆞᆫ것이實로今日商業矯救의一大方針이라謂ᄒᆞᆯ것이어날

何幸今日에漢城中央에在ᄒᆞ야多年民間의信用을普得ᄒᆞᆫ天一漢城兩銀行이儼存ᄒᆞᆫ더인則決코此를捨ᄒᆞ고他에求ᄒᆞᆯ바無ᄒᆞᆫ지라

若或此銀行의制度가完全치못ᄒᆞᆫ弊가有ᄒᆞᆯ진ᄃᆡ此ᄂᆞᆫ맛당이政府與財政管理部로써其資處良의方法을訓示指導ᄒᆞ야十分其銀行의目的을達케ᄒᆞᆯ것이오且該銀行等이라도亦皆其相當ᄒᆞᆫ指揮를受ᄒᆞ야아모조록該資本의源泉을損失치아니케ᄒᆞ며一般商業界의恐慌을得免케ᄒᆞ기로亦當注意ᄒᆞᆯ것은更히煩論ᄒᆞᆯ것이無ᄒᆞᆫ바라若此不然ᄒᆞ야此銀行等은姑捨ᄒᆞ고

但其倉庫會社與手形組合에만向ᄒᆞ야該金을劃급ᄒᆞ고此商業界의困難을拯救코자ᄒᆞᆯ진ᄃᆡ是ᄂᆞᆫ今日商業界의景況이決코是를由하야其成效를不奏ᄒᆞᆯ뿐아니라 未完

●日新學校序 謙谷生

往年吾黨之士有遊歷歐美而還者同余遊平壤拊檀箕之古跡喟然歎曰在昔草昧인文首開於此顧今世界文物罔不丕變一新其風潮之所漸波我韓亦將進於維新則其必於此乎倡矣

余謂其言不背於理必有驗於他日也比年以來創設新塾講求新學者稍稍有聞余又謂是邦人士勇於有爲其必有進於是者矣曰金君興淵訪余漢師問學論世竟數晝夜不厭蓋其志欲與朋友共之者也

歸不數日走書于余曰吾鄕有鍊學之會講習皆英年有志之士現留日新學校于南山峴校長若教師皆熱心誘掖而學徒坌集頗有勇性猛進之象固可喜也

但恐進銳者或退速願有一言以勉其有終焉顧여學未進而年已退方自悔悼之不暇雖欲爲諸生傾倒其可得乎抑嘗思之栗谷先生所謂인生斯世非學問無以爲인者觀於現世尤可益信

夫現世之月評曰文明曰上等인類者以其有學問之謂也曰野만曰劣等인種者非其無學問之謂耶嗚呼中外雜處인種競爭我若無學問焉則彼其獸畜我矣鞭笞屠剿罔其必至

苟有動物之靈性者可不凜然於此而早爲之圖乎願諸生之加之意也若其用力之方求之日新二字自有餘師矣

天地之化以日新而生物不息日月之明以日新而照物無窮聖인之德亦惟曰苟日新日日新又日新而已蓋終始惟一所以日新也若其終始或有不一則日見其退縮由乎인而入於獸亦不遠矣尤豈不懼哉

使諸生常目斯義所以爲學者終始惟一則自然日新漸至於欲罷不能之境固可以自新其德矣我韓文化之進於維新亦自諸生而倡矣其爲光榮之日新不亦遠乎又願諸生之加之意也

大韓光武十年一月十五日

●憂國橫羅 慶尙道禮安居前承旨李仲泰氏ᄂᆞᆫ時局艱虞ᄒᆞᆷ을封章次上京이라가日本憲兵의게被捉ᄒᆞ고安東居前承旨柳道成氏ᄂᆞᆫ萬인疏ᄒᆞᆯ次로儒林의게輪通ᄒᆞ다가事乃不成ᄒᆞ고當地日憲兵의게亦爲被捉ᄒᆞ얏다더라

●鄕향老로訪방問문醫의 속 生싱이라

지난일과장리ᄉᆞᄂᆞᆫ 그만더져발여노코 ᄎᆞ일ᄎᆞ시당ᄒᆞᆫ소죠궁구ᄒᆞ여말ᄒᆞᆯ진ᄃᆡ 일본인과한국인이 인종은일아로ᄃᆡ압제와확ᄃᆡᄒᆞᆷ이 어이그리ᄃᆡ심ᄒᆞᆫ고 이천만ᄇᆡᆨ셩들을 교육인ᄒᆞᆫ롸시로다 동이른지ᄒᆞ게드면 젹부나인민이나 귀쳔상하부계ᄒᆞ고 피ᄎᆞ일반ᄯᅵᆨ갓ᄒᆞ니 누구를원망ᄒᆞ며 누구를한탄ᄒᆞ리 아모말도ᄒᆞ지말고 ᄀᆡᄀᆡ이정신ᄎᆞ려 후진을권면ᄒᆞ야 전정을ᄯᅡᆨ가쥬며 우리ᄂᆞᆫ죽더리도 쳥년을비양ᄒᆞ야 국권을회복ᄒᆞ고 ᄌᆞ쥬독립ᄒᆞ게드면 산쟈도여화롭고 죽은ᄌᆞ도영화로세 즁흥의일단정신 교육일관ᄲᅮᆫ이로다 바라고바라기ᄂᆞᆫ 이천만동포들이 늘은나를본을바다확연이ᄭᆡ다르며 ᄭᆡᄃᆞᆺ다ᄒᆞ지말고 일심단체셩을모아하로밧비나가기를 간졀이바라노라 무궁ᄒᆞᆫ이ᄂᆡ회포 졍신이모손ᄒᆞ여 ᄃᆡ궁셜명ᄒᆞ거니와 다칭이쥬인션싱 ᄂᆡ몸을ᄃᆡ신ᄒᆞ여 나외지온젼일죄상 이천만동포의게 보ᄂᆞᆫᄃᆡ로ᄉᆞ례기를 산과갓치바라노니 부ᄃᆡ부ᄃᆡ잇지마오

미완

◎特別廣告

本申報分館事務를釜山港書館豆毛里書籍店金文和氏로義州南門外韓西大藥房主人張有寬氏의게委托하고逐號下送하오니購覽하시는 僉君子는照亮購讀하시며代金도同氏의게傳致하심을爲要

大韓每日申報社 告白

● 雜誌發刊廣告

今에數理學雜誌를(每月五日一回定刊)發刊ᄒᆞ야敎師諸氏의敎科材料를敢助ᄒᆞ고學生諸氏의獨學材料를供給코져ᄒᆞ오니有志諸氏ᄂᆞᆫ購讀ᄒᆞ심을切望

(但一部定價ᄂᆞᆫ新貨陸錢)

南大門內尙洞德公舘右便 青年學院內 數理學雜志社

鍾路大東書市
布屛下金相萬冊肆
新門內松橋張晳周紙廛
銅峴朴泓九紙廛
仁川港杻峴開新冊肆

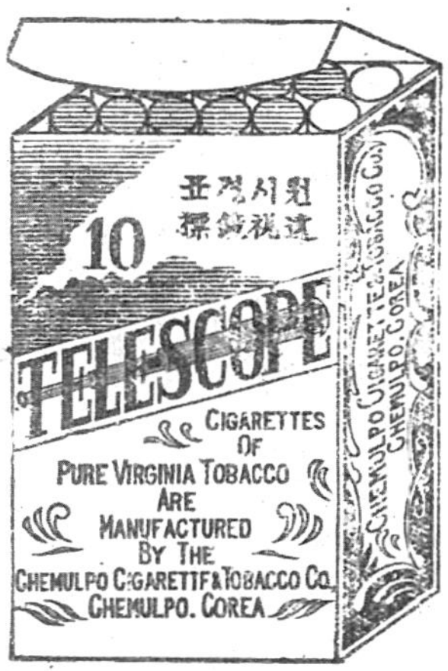

以上三種은上品으로製造ᄒᆞ야發賣上에至[illegible]ᄒᆞ니[illegible]諭某人ᄒᆞ고本社에來顧ᄒᆞ옵

大韓帝國仁川港 濟物浦紙卷煙及烟草會社

一 鷹標罐濃詰牛乳
一 金印罐濃縮牛乳
一 無糖家用氣化乳酪
一 보-든쓰製造麥芽化合牛乳

以上은常時에貯積ᄒᆞ얏숩

美國紐育港보-든쓰濃縮牛乳會社

一手代理店 大韓仁川港 世昌洋行

●九轉靈砂라 本人이妙方을研究ᄒᆞ야製造ᄒᆞᆫ靈丹인ᄃᆡ男女老少에無論何症ᄒᆞ고通治ᄒᆞ오며無病時에도服ᄒᆞ면平生의身體가健康ᄒᆞ며小兒ᄂᆞᆫ四五歲頃만服ᄒᆞ면十歲안에無病ᄒᆞ기를擔保ᄒᆞ오며
●九轉靈砂萬應丹은癲狂 癎症과中風諸疾과耳目諸病과淋疾에神效ᄒᆞ오
●九轉靈砂保命丹은初生小兒 驚風 癎氣 咳嗽 腹瘡諸般惡症에 效ᄒᆞ오
●九轉靈砂濟衆丹은酒滯 食滯 血積 吐瀉 霍亂 痢疾 吐血 下血 運氣 時疾 疝症에神效ᄒᆞ오
●九轉靈砂紫金丹은痔漏 累癧 上疳瘡 下疳瘡及唐瘡과諸般毒瘡惡種에無不神效ᄒᆞ오니 僉君子ᄂᆞᆫ來問ᄒᆞ시오

內需司前독갑이골上隅第一家 李鍾廷移徙 告白

◎本社[illegible]

本社新聞을[illegible] 僉君子[illegible] 金五三[illegible]致ᄒᆞ시옵[illegible]

大[illegible]

本社價目

一張代金 新貨二錢五里
一箇月前金 [illegible]
三箇月 [illegible]
六箇月 一圓七十五錢
一箇年 三圓[illegible]
郵稅一部 新貨五里
一箇月 [illegible]

廣告料

四号活字十三字詰
每日每英尺一寸에新貨拾五錢
(每日每行에六錢에相當홈)
二週日에 二圓五十錢
(每日每行四錢五里에相當홈)
一箇月에 五圓
(每日每行四錢一里에相當홈)
其期限의長短과字行의多少를依ᄒᆞ야增減홈이有홈

大韓人마다此申報를不可不閱覽ᄒᆞ실터이오니廣告出報ᄒᆞ실僉君子ᄂᆞᆫ來臨面議ᄒᆞ시옵

發行兼編輯人 英國人裵說
發行所 京城北署壽進坊磚洞号外地法語學校前
大韓每日申報社

第四卷 大韓每日申報 대한매일신보 第一百廿六號

月曜及慶節歲時日休刊

檀君開國四千二百三十八年
箕子元年三千二十七年
大韓開國五百十四年
日本明治三十九年
淸國光緖三十一年
陰曆乙巳十二月大廿三日辛酉

論說

更要報節

一種喜報가自東呆播傳인바新任總理大臣西園寺公望氏가英美法各新聞大家의게專致電函호야現今日本에內閣交迭된事情과新行政策의經始를通知하려하야該報書를進之已筆에今在謄抄중이라하니此事가日本內에서는可謂美擧나然이나至於列國으로論하야는各國政閣變更에對하야自述已意者라

今者日本政府가此等記者의게時送報書하야欲述其失하니自未免眩惑이로다本記者는對如彼智略하야不無疑訝니如此非常之擧가太不知議關害은自有前鑑이어니와今日東京此報가亦豈能免之리오非特止此而已라未滿二年前에韓國獨立安全을日本이快諾호과今日韓國事를亦可較計하라로다

前日倫敦에有一新報인바衆皆欽仰하는녤손高官을置之勿論이러니其後에衆覺過恭故로自止其欽仰矣라今日本이或不至於此境耶아若欲除其誤說인된豈用自說이리오且英美國新聞閱覽者가要日派之過言을今既自覺인지亦不可無疑로다

日本之更要外債는人所共知나過於前日之效를或得홀는지는本記者之所不可確信이니資本大家가自相利用이오且一便之言을不要하리로다

官報

◎二千三百四十九號 光武十年一月十三日

◎勅令

勅令第一號
議政府官制중改正件
本年勅令第八號議政府官制第五條중(各大臣이過失이有하거나)十一字는刪去홈이라
光武十年一月十日
御押 御璽 奉 勅
議政府參政大臣朴齊純
外部大臣署理學部大臣李完用
內部大臣李址鎔
度支部大臣閔泳綺
軍部大臣李根澤
法部大臣李夏榮
學部大臣李完用
農商工部大臣權重顯

勅令第二號
中樞院官制중改正件
本年勅令第十二號中樞院官制第二條左開職員중議長一人下에(勅)字는(親)字로改正하고第三條議長下에(은親任이오)五字를添入홈이라
光武十年一月十日
御押 御璽 奉 勅
議政府參政大臣朴齊純

勅令第三號
內部官制중改正件
本年勅令第十五號內部官制第六條중六項七項八項은刪去하고九項은六項으로十項은七項으로十一項은八項으로十二항은九항으로十 항은十항으로排次改正하고第七條중五항次에左又치添入홈이라
六 傳染病地方病의預防과種痘其他一切公衆衛生에關호事항
七 檢疫停船에關호事항
八 醫師及製藥師藥劑師의開業試驗과並其藥品等査에關호事항
光武十年一月十日
御押 御璽 奉 勅
議政府參政大臣朴齊純
內部大臣李址鎔

◎敍任及辭令

任陸軍幼年學校教官敍奏任官四等 度支部主事秦台觀
一月三日
任度支部主事敍判任官七級 九品沈鍾協
一月六日
任漢城府主事敍判任官五級 六品金宇鉉
六品李明煥 九品全東燁
任漢城府主事敍判任官八級 慶尙道觀察府主事蔡鴻儀
任慶尙南道觀察府主事敍判任官六等 朴觀秉
以上一月八日
依願免本官 全羅北道관察府主事金命圭
任全羅北道관察府主事敍判任官六等 六品朴定煥
以上一月九日
秘書監丞趙相[illegible]
外部主事[illegible]紀淵
警務廳主事尹昌烈
富平郡公立小學校教員[illegible]延徵
平安北道관察府主事徐[illegible]烈
依願免本官
任秘書監丞敍奏任官三等 正三品趙範九
兼任禮式院掌禮 秘書監丞趙範九
命宮內府記事員 韓學洙
任外部主事敍判任官八級
任慶興監理署主事敍判任官六等 金文演
農商工部技手李喆榮
任警務廳主事敍判任官八級 郭鍾浩
城津港公立小學校教員朴在衡
任富平郡公立小學校教員敍判任官七급
任城津港公立小學校教員敍判任官八급 鄭泰憲
忠청北道관察府主事柳榿河
任平安北道관察府主事敍判任官六等
任忠청北道관察府主事敍判任官六等 李海鎭
法部大臣李夏榮
禮式院副卿金奎熙
軍部教育局長李秉武
平理院檢事李羊桓
平安監理鄭昌洙
正三品韓相龍
禮式院禮式官高羲駿
陸軍正尉尹致成
命日本國特派大使隨員
以上一月十日

外報

◎內閣發表 日本新首相西園寺公望氏가本月七日에各大臣으로去九日오後三時五十分에宮中에서親任式을終了호後一同이會合호야皇后陛下씌拜謁을辭호얏는디從後四時에宮중에서退出하고西園首相은直時葉山御所에朝候하고親히東宮殿下씌拜謁호後親任의披露를奏하얏더라

◎貿易出入 七日로터發電을據호즉英國昨年度의貿易輸入은五億六千五百萬磅인디前年보다一割四步兼分이增加호며又輸出은三億三千萬磅인디前年에比호야一割九步三分의一이增加호얏다더라

◎滿洲始航 日俄開戰後中止되엿던日本과滿洲航路는本月下旬又는來月初에[illegible]船으로再次開始홀事로決定호얏는디運賃은每一噸一十五志가될터이라더라

東京電報

●日本陸軍大臣辭職時機 一月十五日午后三時三十分發

寺內陸軍大臣은出征各師團의復員을畢ᄒᆞ고且滿韓鎭道守備隊其他陸軍設備에丁ᄒᆞᆫ諸件을決定ᄒᆞ기ᄅᆞᆯ待ᄒᆞ야來五月頃에辭職ᄒᆞᆫ다더라

雜報

●大詔渙發 中和殿告成陳賀後에 恩詔ᄅᆞᆯ特下ᄒᆞ사各樣罪犯을依條例頒赦ᄒᆞ라ᄒᆞ옵셧더라

●李氏凶報 十五日午後五時發伯林電을據ᄒᆞᆫ즉俄都에滯在ᄒᆞᆫ韓國前軍部大臣李容翊氏ᄂᆞᆫ通譯者에게凶行을被ᄒᆞ얏다고大韓日報에揭載ᄒᆞ얏더라

●彼矣貪虐 濟州來信을據ᄒᆞᆫ즉濟牧趙鍾桓氏의政治ᄅᆞᆯ聞ᄒᆞ건ᄃᆡ興利로爲主ᄒᆞ야副吏房一窠에紙貨二千六百餘元을捧賂差出ᄒᆞ고無月料ᄒᆞᆫ各鎭鎭長을捧賂擧行ᄒᆞ고山訟田訟債訟을依例納賂故莅任七八朔에推本見利라니眞所謂多錢善賈라任賂濫捧이害將安歸오爲趙氏賀ᄒᆞ고爲濟民吊라고ᄒᆞ더라

●巡檢打民 近日破朝橋前大路에셔許多柴駄가團立ᄒᆞᆷ으로人民往來에妨害된다ᄒᆞ야該坊巡檢이各柴商을指揮ᄒᆞ야該橋北邊路로移立케ᄒᆞᄂᆞᆫ되柴商드리行走稍遲ᄒᆞ면慢令ᄒᆞᆫ다謂ᄒᆞ고輒加打揮ᄒᆞ기로傍觀者가其非理揮打ᄒᆞᆷ을言ᄒᆞ얏더니該巡檢이發怒ᄒᆞ야言者에頭額을打傷ᄒᆞ야至於見血이라ᄒᆞ니勿論禁條件與罪人捕捉ᄒᆞ고巡檢이惟意打民ᄒᆞᆷ은其權限所無어ᄂᆞᆯ近日巡檢輩가此習을恣行ᄒᆞ야或錢財도討索ᄒᆞ며或氣勢ᄅᆞᆯ使用ᄒᆞ야人民에怨방이藉藉ᄒᆞ니警廳과各該署에ᄂᆞᆫ此等悖習을不禁ᄒᆞᄂᆞᆫ지韓國巡檢은人民保護가아니라擾民虐民ᄒᆞᄂᆞᆫ前日만習만遵行ᄒᆞ니此等巡檢은不如廢止라고街說이紛紛ᄒᆞ다더라

●外部困 日公使가外部ᄅᆞᆯ不日撤去ᄒᆞᆯ事로公函이來到ᄒᆞ야該部移去處所ᄅᆞᆯ尙未確定ᄒᆞᆷ으로大端困難中이라더라

第三回郡守奏本

內部에서昨日各郡守十三人을差任ᄒᆞᆷ이如左ᄒᆞ더라

義州金璉植 濟州金重培
堤川李鑽永 利原鄭煥庸
茂山張樂□ 洪原崔恒鏞
鎭山兪鎭百 龜城尹錫弼
楊根梁在翼 松禾吳聖模
龍岡尹起元 博川梁□萬
龍川尹容求

●監理請議 外部叅書官魚允迪氏ᄂᆞᆫ龍川監理敍任ᄒᆞᆯ事로該部에서政府에請議ᄒᆞ얏다더라

●警官減額 警務官吏ᄅᆞᆯ減額ᄒᆞᆫ다ᄂᆞᆫ되局長一人과警務官四人總巡十人主事二人技手一人으로減縮ᄒᆞ기로政府에提議ᄒᆞ얏다더라

●貞節可矜 西來人의寄函을據ᄒᆞᆫ즉平壤沙川洞居吳召史가年十五에嫁于同郡崔宜浩而崔以歷世獨子로成娶未幾에仍爲身死ᄒᆞ니年纔十餘라同吳氏가欲自決下從이라가見夫家가遠近間無一族屬ᄒᆞ고乃曰及吾生前ᄒᆞ야不可以絕崔氏之祀라ᄒᆞ고依其親庭之弟ᄒᆞ야奉其先祀者五十年이라鄕人이莫不嘉其貞節ᄒᆞ고憐其情狀이라ᄒᆞ더라

●失所露處 咸北觀察任原鎬氏가內部에報告ᄒᆞ되本府各公廨가一經外兵之駐屯ᄒᆞ야壞破荒凉이實難容接이옵드니現今日憲兵部와守備隊와財政顧問官과電郵兩司官員이如干公廨ᄅᆞᆯ修理留接이오니餘無開闊ᄒᆞ와本觀察使ᄂᆞᆫ未免露處이오니査照處分ᄒᆞ라ᄒᆞ얏더라

●觸車絕足 十五日上午十二時에加平郡居李聖儀이가二橋等地에셔電車에抵觸ᄒᆞ야左足이折傷ᄒᆞ얏다더라

駡平壤觀察李容善

李容善者ᄂᆞᆫ吾不知其何狀人이나盖大韓所謂老論家四大臣子孫인則必其□地以後에藉其先蔭ᄒᆞ야但以兩班二字로교傲成性ᄒᆞᆫ者오貪慕榮利ᄒᆞ야冒沒廉恥ᄒᆞᆫ鄙夫者流라其爲人을揣度ᄒᆞ건ᄃᆡ陰陽曆日月을尙不知得ᄒᆞ니學問上見解ᄅᆞᆯ何可의議者리오夫何關西一路에厄運이未盡ᄒᆞ야似此용동之夫가冒膺觀察之任ᄒᆞ니其諸般行政은姑未詳聞이어니와以同日報告內部者로觀之컨ᄃᆡ其觸事糊塗ᄅᆞᆯ不見是圖로다夫敎育一事가方今에莫急先務가됨은三尺童子가亦皆洞知ᄒᆞᄂᆞᆫ비라江西郡守李宇榮氏ᄂᆞᆫ新學問의新知識이有ᄒᆞᆫ者로敎育에熱心ᄒᆞ야學校ᄅᆞᆯ擴張코저ᄒᆞ나經費一欵이最是難辦이라於是乎多般演說로曉諭士民ᄒᆞ야村落間所謂城隍祠基址ᄅᆞᆯ斥賣ᄒᆞ야立學資本을經紀ᄒᆞ니一境士民이無不樂從悅服ᄒᆞᄂᆞᆫ지라爲觀察者ㅣ宜乎贊成之ᄒᆞ고褒而勉之어날有何猜疑之端ᄒᆞ야遽以黙制之手段으로致有該郡守之請願ᄒᆞ니何其昏濁이며何其狂妄고可謂無識之藪이所恃者兩班而已로다値此多事之日ᄒᆞ야方面重寄ᄅᆞᆯ委於此輩ᄒᆞ니其亦政府之過也로다

●一進作弊 江華人의寄書ᄅᆞᆯ據ᄒᆞᆫ즉該地一進會員이爲弊多端ᄒᆞ야官庭大小事ᄅᆞᆯ無不干涉ᄒᆞ며所謂會員이[illegible]之亂類라其許多行悖ᄅᆞᆯ爲其會長者이不能禁之ᄒᆞ기로惡習이尤長ᄒᆞ야靑蓮寺女僧을數十名會徒가白晝勒奸ᄒᆞ고韓成千子婦가守節寡居ᄒᆞᄂᆞᆫ되會徒가作黨勒奪ᄒᆞ고金召史의定婚女息을作黨奪去ᄒᆞ고閔健鎬許仁權崔永淳에게錢二萬一千餘兩을勒奪ᄒᆞ고今番開進敎育會ᄅᆞᆯ□과相詰ᄒᆞᄂᆞᆫ事件에外兵을請來ᄒᆞ고浮費가數十萬兩이라ᄒᆞ야各富民에게勒請借貸ᄒᆞ며最其言動可怪者ㅣ言必稱吾之天道敎ᄂᆞᆫ神出鬼沒ᄒᆞᄂᆞᆫ術法이有ᄒᆞ야大先生이東來ᄒᆞ면斥洋斥日ᄒᆞᆫ다ᄂᆞᆫ荒雜等說이完如甲午春이라ᄒᆞ얏더라

●會員奪廨 忠淸北道永春郡守趙錫晋氏가內部에報告ᄒᆞ되本郡所在一進會員이公廨入處次로有所言緣이오되公廨의私自借給이似涉未安ᄒᆞ야不得許施러니同會人이自意로鄕長廳에入處ᄒᆞ와使視務者로失巢妨務가誠切悶難故로屢次曉諭이오되一直不聞ᄒᆞ고若是擅入ᄒᆞ니實爲痛歎이오니發訓禁斷ᄒᆞ라ᄒᆞ얏더라

●報請修橋 漢城府叅書官李億氏가內部土木課長柳成烈氏의게照會ᄒᆞᆫ바ᄅᆞᆯ接准ᄒᆞᆫ즉日本軍隊經理部主計課長公函內槩에京城訓鍊院南北入口午橋石橋가破壞ᄒᆞ야軍隊行進과人民通行이大有妨害ᄒᆞ니自貴府로至急改築ᄒᆞ야無及於危害等因이오니査照後即爲改築ᄒᆞ라ᄒᆞ얏더라

●瑞倅生奬 瑞興郡守吳景祚氏ᄂᆞᆫ日本守備隊長으로稱名ᄒᆞ고自爲副隊長ᄒᆞ야衛生會社ᄒᆞ고自爲副社長ᄒᆞ야逐戶排錢ᄒᆞ며各種生物에無漏收稅ᄒᆞ야民多被害ᄒᆞ고驅令民間ᄒᆞ야使一郡之民으로勒入開進會ᄒᆞ고火藥錢濫討가一萬九千七百餘兩이오鳳山民李奎万處에勒討錢이一萬二千六□餘兩이라더라

●道路測量 度支에셔內部에照會ᄒᆞᆫ內槪에漢城五署內에現行測量事務인바爲先立脩表石於各處而至於 皇宮附近之地則所重迥異ᄒᆞ와不敢擅便이옵기玆先仰佈ᄒᆞ오니以此意로轉照宮內府ᄒᆞ와預先指揮於守直員케ᄒᆞ라ᄒᆞ얏더라

●支出預金 度支部에서內部에照會ᄒᆞ니弊部에서請議ᄒᆞᆫ貴部所管警務顧問官廳費及水原開城來往旅費與實用二千七百二元二十戔六里ᄅᆞᆯ預備金中支出事로會議ᄅᆞᆯ經ᄒᆞᆫ後上奏ᄒᆞ야裁可ᄒᆞ얍시니照亮爲要라ᄒᆞ얏더라

●梅窓寒燈 (續)

○各處에盜賊이蜂起殺人奪財가無處無其患이오無人不爲盜이니洪水猛獸의滔天災厄과如ᄒᆞ야不知所底이라如干兵丁巡檢으로戢捕ᄂᆞᆫ姑舍ᄒᆞ고霖大竹苗과如ᄒᆞ야今日良民이明日爲莠者ᄅᆞᆯ將何以禁戢이리오政治가刷新ᄒᆞ고郡守에善政이春風化雨와如ᄒᆞ면反風滅火도ᄒᆞ고虎北渡河도ᄒᆞ거든莠化爲良이一□에在ᄒᆞ리니何幸如之오

○錢荒이極甚ᄒᆞ기로歲暮天寒에皇都人民의啼飢呼寒의慘況도可憐ᄒᆞ거니와各地方人民의情狀이富者ᄂᆞᆫ盜賊의게板蕩ᄒᆞ고貧者ᄂᆞᆫ飢饉에渙散ᄒᆞ며北關地方은兵燹에厭苦ᄒᆞ야一農을不作ᄒᆞᆫ郡邑이比比有之ᄒᆞ니如此ᄒᆞᆫ生靈의死境을人人救濟ᄒᆞᄂᆞᆫ方法이存在ᄒᆞᆫ지라政府에셔一新ᄒᆞᆫ政令으로商工業을勸奬ᄒᆞ야人民의生活이自裕ᄒᆞ면國家實力은自然增進ᄒᆞ야獨立基礎ᄅᆞᆯ光復ᄒᆞᆯ지라民生의富裕가即是國家幸福이니何幸如之오

未完

雜報

●布哇情形 (續)

布哇에移民을禁止홀必要가無ᄒᆞ나但指導管轄이尙乏其人ᄒᆞ야閒散雜類가或煙酒誘人ᄒᆞ며或欺騙爲業ᄒᆞ며或浮言驚衆ᄒᆞ며或設技奪財ᄒᆞ야

使海外流寓之民으로非但無心勤勞ㅣ라國民名譽를損傷케ᄒᆞ니此宜及時矯之이오며移民一事에對ᄒᆞ야ᄂᆞᆫ愚見數條를敢陳如左홈

一 移民規則을從速 裁定頒布ᄒᆞᆯ事

二 使移民會社로先納保證金ᄒᆞ야移民中에如有實病實故ᄒᆞ야不堪勞働ᄒᆞ거나悖類貽害로領事가認定ᄒᆞᄂᆞᆫ者ᄂᆞᆫ使之擔責歸國케ᄒᆞᆯ事

三 水土氣候와居處衍濶의形便을未得詳察ᄒᆞᆫ移民地에ᄂᆞᆫ移民을勿許ᄒᆞᆯ事

四 現今布哇形便을參照ᄒᆞ고韓民景況을察ᄒᆞᆫ즉移民數爻가太多ᄒᆞ면還扱이不精ᄒᆞ고雇價가低落ᄒᆞᆯ지니每年에移民의數爻를制限ᄒᆞᆯ事 (完)

●役費請求 江原觀察閔泳徽氏가內部에報告ᄒᆞ되今番日本守備隊下來에駐接所를本府閒舖에請借ᄒᆞ오나所費與修葺別에不敢擅便ᄒᆞᆯ의不得已ᄒᆞ야本觀察所居公堂及內外衙舍로許其駐紮ᄒᆞ고觀察使的堂은閒舖으로移接之由ᄂᆞᆫ前已具報ᄒᆞ얏거니와現今此職人民의眼中에甚이오나此閣이有年滲漏에壁頹垙破ᄒᆞ야不可仍處이기先卽修葺ᄒᆞ고仍爲入處ᄒᆞ온바本府立款例下之修理費ᄂᆞᆫ已爲支用無餘故로今此修理費를精略算定ᄒᆞ고別紙左開ᄒᆞ야玆에請求ᄒᆞ오니照亮後臨時部別項中劃給ᄒᆞ라ᄒᆞ얏더라

●三人警談 問天生

仰問靑天我爲大官世稱上等人乎我聚巨財世稱上等人乎我着華服世稱上等人乎曰天有光黑雲中白書曰人才敎育國權回復不失同等云願我同胞默祝心會

撫地大呼曰此世何世私色一出無限人才有限定즉腐敗莫甚至於此撥拋擲私色雜用汚色願我諸公勉强 撫地生

哀此人生人無所思與死一體所思不善流臭萬年博奕消日時間之流游衣游ᄂᆞᆫ實業之賊未定何境可畏徵役華衣外飾錦鞴犬屎口腹中計輩竊精神卷烟長吸四色雜薦靑樓出入一世棄物有求造物辭如蛇蝎無事訪人同歸猥狽願我兄弟一心興業 哀人生

●商業會議所에서財政顧問目賀田氏의게請願ᄒᆞᆫ全文이如左홈 (續)

尤且其經濟上의困縮이日愈甚焉ᄒᆞ고新財源의流通効果가少無ᄒᆞᆯ것은亦本商業會議所에서預先推認ᄒᆞᄂᆞᆫ바ㅣ니

是ᄂᆞᆫ彼倉庫會社與手形組合의制度가決코不美ᄒᆞ다謂홈이아니라現今此韓人民의眼中에甚히生疎難解ᄒᆞ야畢竟好結果를得見치못ᄒᆞᆯ虞慮가有ᄒᆞᆫ즉此等機關은但其少數와資本으로써漸次發達ᄒᆞ야社會人民의認識信用을擴張ᄒᆞᆫ然後에

可히巨大의資金을投入ᄒᆞᄂᆞᆫ것이其營業上進就의次第라謂ᄒᆞᆯ지라故로今日該金額의處理方法은已上槪陳홈과如히先自政府與財政管理部로셔

相當ᄒᆞᆫ指揮의方法을訓示ᄒᆞ시와此銀行의金融機關을擴張케ᄒᆞ시고彼창庫會社與手形組合等도亦一體營起케ᄒᆞ야

今日商業機關의施設緩急을明析케ᄒᆞ시고一般民聯의趨向을應順케ᄒᆞ시와此倒懸無依의生靈을拯救ᄒᆞ심을晝宵顒望ᄒᆞᄂᆞᆫ바이오니

伏願右玆情況을十分洞察ᄒᆞ시와本會議所에서切願ᄒᆞᄂᆞᆫ바天一漢城장庫等三個所로ᄒᆞ야適應劃下ᄒᆞ시와早速히此顚倒走坂의商業社會를矯正振興케ᄒᆞ심을千萬仰籲ᄒᆞ옵ᄂᆞ니다

完

●廟移館設 咸鏡北道城津郡來人의傳說을聞ᄒᆞᆫ즉上年某月에該郡孔子廟를撤移ᄒᆞ고日本領事館을設置ᄒᆞ얏라더라

●雷雨致命 東萊監理李懋榮氏가內部에報告ᄒᆞ되本月九日暴雨에本港下人家屢次에七戶오涼死人이五名이오雷擊致死者港人이二名과本國人一名이온ᄃᆡ恤金幾許를特下ᄒᆞ와埋葬과負接費를補用케ᄒᆞ라ᄒᆞ얏더라

●鄕향老로訪방問문醫의生싱이라 속

의싱이듯기를다ᄒᆞ고공슈칭ᄉᆞᄒᆞ여왈로인의세다름이여장ᄒᆞ고굉장ᄒᆞ다로당의장이란말은로인을두고일온말이어이와나의져근회포를잠간들으소셔

텬디죠판된연후에
일월이싱겨잇고
일월이싱긴후에
만물이번셩ᄒᆞ고
만물이셩ᄒᆞᆫ후에
사람이귀ᄒᆞ엿고
사람이귀ᄒᆞᆫ후에
가옥을건축ᄒᆞ고
가옥을지은후에
동리가일우엿고
동리가일운후에
고을이일아얏고
고을이일운후에
일도가일우얏고
일도가일운후에
나라이일우얏고
나라이일운후에
죠정이일우얏고
죠정이일운후에
빅관이셜치되고
빅관이셜치된후
법률을마련ᄒᆞ고

미완

●나라부자을박침 익국싱 속

무슨셩화하여먹고살잔말이요하고우리동포낙누하오ᄯᅩ반물집하는샤람도그와갓소

ᄯᅩ장작셩양장수그와갓소그젼에셩양제죠ᄒᆞᄂᆞᆫ법외국가셔ᄇᆡ여다가셩양제조회사하든사람들도그와갓치통곡하오조곰빗사다고숭엽다고외국인만존일ᄒᆞᆫ다ᄒᆞ고ᄐᆞᆨ곡하오

ᄯᅩ기름장수와육초밀초장사셔유을원슈삼소실제죠하든시골아쥬먼이왜실보고원수삼소ᄯᅩ사긔전시졍과광쥬사긔장사와광쥬셔사긔민드ᄂᆞᆫᄉᆞ람들하ᄂᆞᆫ말이그젼에ᄂᆞᆫ일본에ᄂᆞᆫᄉᆞ긔가업셔셔우리나라에셔ᄇᆡ다가맨들엇만셔셩ᄌᆞ바먹그녀이거시원일인구

그럿치마ᄂᆞᆫ광쥬분원사긔ᄂᆞᆫ질거엽지마ᄂᆞᆫ일본것만사셔가니ᄶᅡᆨᄒᆞᆫᄉᆞ람들도만너잇ᄂᆞᆫ하고왜사긔의슈삼소진보장ᄉᆞ와송권여쟝사와송도셔엽권연쟤죠하ᄂᆞᆫ우리동포와시핑이담비장사와남초장사왜권연구슈삼소그외에여러가지잡화등속제각기구슈삼소

우리동포가구슈삼ᄂᆞᆫ것슬우리동포가쓰구입고먹고사니동포셰리구슈되오웃지하잔말숨이요동포ᄂᆞᆫ구슈되고외국인에게ᄂᆞᆫ우인되니웃지하잔말숨이요은인을셩계보오마은그ᄀᆡ인쳔바다베젼병문인쳔쳥과각ᄀᆡ항장과각도각군에퍼저인ᄂᆞᆫ나막신ᄶᅩᆨᄶᅩᆨ설기와ᄭᅬ링이와동셔ᄇᆞᆫ에잇셔셔우리나라수닙품제조하ᄂᆞᆫ공장들즉동편셤게잇ᄂᆞᆫᄶᅩᆨ이와셔ᄶᅩᆨ에잇ᄂᆞᆫᄭᅬ링이요그러케존일ᄒᆞᆫ들조곰이나ᄉᆞ졍보오그거슬우리동포을쥬엇드면 미완

◉特別廣告

本申報分賣等事를釜山港舊館豆毛四書籍店全文和氏로義州南門外韓西大藥房主人張有寬氏의게委托ᄒᆞ고逐號下送ᄒᆞ오니購覽ᄒᆞ시ᄂᆞᆫ 僉君子ᄂᆞᆫ照亮購讀ᄒᆞ시며代金도同氏의게傳致ᄒᆞ심을爲要

大韓每日申報社 告白

◉雜誌發刊廣告

今에數理學雜誌를(每月五日一回定刊)發刊ᄒᆞ야敎師諸氏의敎科材料를敢助ᄒᆞ고學生諸氏의獨學材料를[illegible] 補코져ᄒᆞ오니有志諸氏ᄂᆞᆫ購讀ᄒᆞ심을切望

(但一部定價ᄂᆞᆫ新貨陸錢)

南大門內尙洞德公館右便靑年學院內 數理學雜誌社

鍾路大東書市
布屛下金相[illegible]冊肆
新門內松橋張哲周紙廛
銅峴朴泓九紙廛
仁川港紐峴開新冊肆

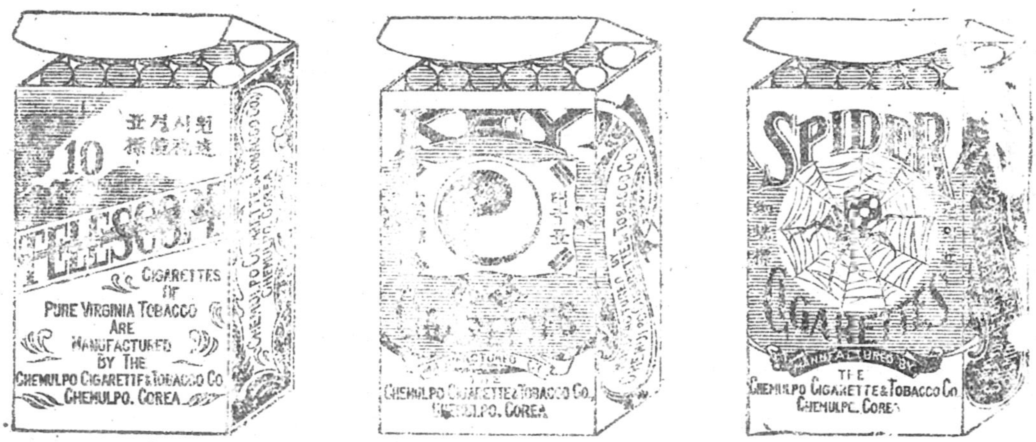

以上三種은上品으로製造ᄒᆞ야精緻ᄒᆞ[illegible]上에至[illegible]ᄒᆞ[illegible]論某人ᄒᆞ고[illegible]社에來[illegible]願ᄒᆞᆷ

大韓帝國仁川港
濟物浦紙卷煙及烟草會社

一 鷲[illegible]罐[illegible]結牛乳
一 金[illegible]罐詰濃結牛乳
一 無[illegible]家用氣化[illegible]
一 [illegible]ㅣ[illegible]製造[illegible]
[illegible]牛乳

以上은常時에貯積ᄒᆞ얏ᄉᆞᆸ
美國經[illegible]滲理[illegible]ᄂᆞᆫ[illegible]乳會社
一手代理店
大韓仁川港
[illegible]世昌洋行

◉九轉[illegible]砂라 本人이[illegible]男女老少에無論何症ᄒᆞ고[illegible]ᄒᆞ오며[illegible]에도服ᄒᆞ면[illegible]의身體가健康ᄒᆞ며小兒ᄂᆞᆫ四五歲[illegible]十歲안에無病ᄒᆞ기를擔保ᄒᆞ오며

◉九轉[illegible]砂萬應丹은癲狂 癎症과中[illegible]諸病과淋疾에神効ᄒᆞ오

◉九轉靈砂保命丹은初生小兒 驚風 癎風 咳嗽 [illegible]諸般惡症에 効ᄒᆞ오

◉九轉[illegible]砂濟衆丹은酒滯 食滯 血積 吐瀉 霍亂 痢疾 吐血 下血 運氣 時疾 疝症에神効ᄒᆞ오

◉九轉靈砂紫金丹은痔漏 累[illegible] 上疳瘡 下疳瘡及[illegible]와諸般毒瘡惡種에無不神効ᄒᆞ오니 僉君子ᄂᆞᆫ來問ᄒᆞ시오

內需司前독갑이골上隅第一家

李鏞廷移徙 告白

◎本社特告

本社新聞을[illegible]ᄒᆞ야不[illegible]金[illegible]川發賣[illegible]托ᄒᆞ고逐號下送ᄒᆞ오니[illegible]有志ᄒᆞᆫ僉君子ᄂᆞᆫ三氏에게購覽ᄒᆞ시며 金도三氏에게[illegible]致ᄒᆞ심을[illegible]

大韓每日申報社

本社廣告

申報價

一張代金 新貨一錢五里
一箇月 三十錢
三箇月 九十錢
六箇月 一元七十錢
一箇年 三元四十錢

郵稅一部 [illegible]五里
一[illegible] 十[illegible]

廣告料

四号活字十三字詰每行每次一寸에新貨[illegible]
(每日每行에六錢에相當홈)
二周日에 二圓五十錢
(每日每行[illegible]에 相當홈)
一箇月에 五圓
(每日每行四錢一厘에相當홈)
其期限의長短과字行의多少를依ᄒᆞ야[illegible]

大韓人마다此申報[illegible]不購覽ᄒᆞ실터이오니廣告[illegible]紹介ᄒᆞ실僉君子ᄂᆞᆫ來議ᄒᆞ시옵

發行兼編輯人 英國人 裵說
發行所
京城北署香造坊礎洞外地法語學校前
大韓每日申報社

第四卷

大韓每日申報
대한매일신보

第一百廿七號

月曜及慶節
歲時日休刊

檀君開國四千二百三十八年
箕子元年三千二十七年
大韓開國五百十四年
日本明治三十九年
淸國光緒三十一年
陰曆乙巳十二月大廿四日壬戌

論說

一進會

此會의組織ᄒᆞᆫ國民新聞이自數日前發刊이바別無政治的性質이오但國民改良의要点으로是箇人改良을催促ᄒᆞ얏스니以今所見으로ᄂᆞᆫ本社도對此讚揚以外에別無他言이로다

然이나至于今日토록此會가日人機關以外에有何意思인지ᄂᆞᆫ信之不能이라官吏誹謗케連속廣告가非止德望일뿐더러特可注目者ᄂᆞᆫ此會愛惜이與日人一致ᄒᆞᆷ이니此可謂意思一般同이로다

本社所望은伊藤侯가渡韓之後에若與此會로直接或間接關係를享有면好意에極爲損傷인줄을同侯가實認ᄒᆞ거시라同侯ᄂᆞᆫ將有專擅之權ᄒᆞ리니

自巳方略이若果公正이면德望或行爲上에此等讚導를何足關念이며且以一進會言之라도若以仁與義로成名인된外他會合과如히日本助力을不用ᄒᆞ고ᄂᆞᆫ好事를豈不能成就리오

一進會行動의每日傳報를據ᄒᆞᆫ즉日本에有力ᄒᆞᆫ소시와同一ᄒᆞᆫ社會가韓國니에도振起ᄒᆞᆯ가畏之不已ᄒᆞ노라如一進之會라도其本意原則이야豈不美哉리오마ᄂᆞᆫ因其指導者之誤ᄒᆞ야乃作人之所使로다

一進會之勸退冗官은誰不同意리오마ᄂᆞᆫ乃見其終이면無人可想니若何許官吏가不能供職이어든昭然罪責을名[illegible]ᄒᆞ야遞[illegible]此會를指揮ᄒᆞᄂᆞᆫ失官政客보다才能이堪人의게公然判決ᄒᆞᆷ이可乎ㅣ저

本社가近日此問題를不必深究ᄒᆞᆷ은伊藤侯가來臨韓國이면必使此會로但取自意捐助之財ᄒᆞ야케ᄒᆞ며ᄯᅩ他政會보다ᄭᅥ越ᄒᆞᆫ政治上自由論을不得ᄒᆞ며有케ᄒᆞᆯ거슬愛慕不已ᄒᆞᆷ이로다

官報

●第三千三百五十號　光武十年一月十五日

◉宮廷錄事

詔曰命奉常司提調徐相喬金永典爲宮內府特進官秘書監丞李明翔侍講院副詹事閔泳晩爲奉常司提調

◉敍任及辭令

一月十一日

任通信院主事敍判任官六級
六品李其昌
六品金容益　仝　金鍾萬
九品尹泰榮　仝　趙奎植
仝　李奎九

任通信院主事敍判任官七級
以上一月二日

奉常司提調徐相喬
仝　金永典
命宮內府特進官敍勅任官三等
秘書監丞李明翔
侍講院副詹事閔泳晩
命奉常司提調敍勅任官三等
禮式院相禮李秉韶
依願免兼任侍講院侍讀
秘書監丞金演禧
依願免兼任太醫院副卿
依願免本官　貞陵參奉李宅求

任시講院副詹事敍奏任官一等
從二品李相[illegible]
任秘書監丞敍奏任官三等
從二品李喜元
兼任太醫院副卿
秘書監丞丘範九
任시講院시讀敍奏任官四等
禮式院相禮李承韶
任禮式院相禮敍奏任官四等
秘書監郞金夏容
任秘書監郞敍奏任官四等
弘文館시講李源學
在弘文館시講敍奏任官四等
六品崔炳哲
任惠陵參奉敍判任官八等
貞陵參奉金성鎭
任貞陵參奉敍判任官八等
章陵參奉金容五
任章陵參奉敍判任官八等
金유東
以上一月十一日
任平理院主事敍判任官八等
沈魯旭
一月十二日

●第三千三百五十一號　光武十年一月十六日

◉敍任及辭令

秘書監丞李喜元
시講院副詹事李起鍾
慶興監理諸經九
依願免本官
依願免兼任禮式院掌禮
秘書監丞趙範九
任秘書監丞敍奏任官一等
從二品張承遠
兼任禮式院掌禮
秘書監丞張承遠
任시講院副詹事敍奏任官一等
從二品成健鎬
任慶興監理敍奏任官五等
六品張起淵
李庭珪　九品鄭謙時　權純九
任內部主事敍判任官七級
以上一月十二日

外報

●英皇御使　英國皇帝陛下ᄭᅴ셔日本皇帝陛下ᄭᅴ가-타-勳章을御贈進ᄒᆞ기爲ᄒᆞ야漸來朝ᄒᆞ시ᄂᆞᆫ英國皇弟곤노-도殿下ᄂᆞᆫ明十二日에馬耳塞을出發ᄒᆞ야코런보에서汽船을乘ᄒᆞ고途中新嘉坡를經ᄒᆞ야香港에着ᄒᆞ고五日間을滯在ᄒᆞᆫ後에二月十四日에軍艦셕이야되을乘ᄒᆞ야發航ᄒᆞ고仝十九日에橫濱에着ᄒᆞ야四週間餘를滯在ᄒᆞᆫ後에三月十六日에晩香坡를經ᄒᆞ야出發ᄒᆞ고仝二十八日同地에着ᄒᆞ고四月中旬頃에倫敦에歸着ᄒᆞ실豫定이라더라

●三市開放　山東省周村濟南濰縣三市開放之事ᄂᆞᆫ昨十日에淸國政府에서各公使의게通牒ᄒᆞ얏다더라

●淸國學生　吉林將軍富順이速成科를修學ᄒᆞ기爲ᄒᆞ야滿洲의官吏紳士以下十八名의留學生을去六日에日本으로出發ᄒᆞ얏다더라

●平和會議　俄國首相윗테伯이談話ᄒᆞ되摩洛哥會에對ᄒᆞᆫ德帝의態度가侵略的이라ᄒᆞᆷ은全然無根의事오德國은全히平和的性質을取ᄒᆞᄂᆞᆫ者인故로此會議ᄂᆞᆫ何等困難이無ᄒᆞ고結了ᄒᆞ얏다더라

●議院公書　九日倫敦電을據ᄒᆞᆫ즉德國의新聞에ᄂᆞᆫ同國政府의公佈ᄒᆞᆫ議院의書로能히摩洛哥國을法國保護下에置코ᄌᆞᄒᆞᄂᆞᆫ法國의政策을明示ᄒᆞ얏다더라

●皇族渡日　淸國皇族載澤殿下ᄂᆞᆫ去十三日上海를出發ᄒᆞ야日本에向發ᄒᆞ얏ᄂᆞᆫ데其隨員은總히六十四名이라더라

●艦長更迭　德國艦隊司令長官大將혼게이스멜氏ᄂᆞᆫ近近退役ᄒᆞ고德國皇帝의弟되ᄂᆞᆫ푸로시아노헨리公이代ᄒᆞ야長官이될터이라ᄒᆞ나專히風評이라더라

●總選形態　七日루터電을據ᄒᆞᆫ즉英國의總選擧ᄂᆞᆫ次第로不穩ᄒᆞᆫ狀態를增加ᄒᆞᄂᆞᆫ中이라더라

伯林電報

●청國學生休校 在伯林淸國留學生은同盟休校를成ᄒᆞ야當時紛擾中이라더라

東京電報

●報聘大使 一月十六日午後二時二十分發
韓國答禮大使ᄂᆞᆫ十六日에下關에着ᄒᆞ야直乘滊車ᄒᆞ고京都에셔二夜를宿ᄒᆞᆫ後에來二十日에東京에着ᄒᆞᆯ터이라더라

寄書 春睡生

一枕快境

嚮昔之夜에殘雪은在庭ᄒᆞ고月色微明ᄒᆞᆫ데余與數三同志로玻璃窓邊水仙花下에셔擁爐對飮터니忽有人이過於窓外語之曰國家ㅣ從此太平이라ᄒᆞ거날心甚怪訝ᄒᆞ야開戶而問之ᄒᆞᆫ디其人曰大皇帝陛下ᄭᅴ오셔赫然奮發ᄒᆞ사現政府大臣를幷加罷免ᄒᆞ시고某氏諸人을簡拔ᄒᆞ와代其職務ᄒᆞ시니幾多年昏濁ᄒᆞ던政界가一朝에淸潔地方을變成인바某氏諸人은賢者也라諸般政治를必當不日改善ᄒᆞᆯ지니斯乃民國之大慶이라太平萬歲를敢不百拜以獻乎아

余亦聞而喜之ᄒᆞ야依前對飮不輟터니居未幾에又有一人이呼於聰外曰喜事喜事로다新任大臣某氏가以財政困難事로天陛에仰奏ᄒᆞ고勅令을奉承ᄒᆞ야令典圜局으로元位貨一千萬圜과補助貨五百萬圜를新鑄行用ᄒᆞ기로城內財政이一時新潮가ᄎᆔ生ᄒᆞ며大霈가均沾홈과如ᄒᆞ야各該商廛에賣買極旺ᄒᆞ며許多債主가與貸如前ᄒᆞ야家家色喜이오人人生氣ᄒᆞ니某氏大臣은眞箇是大慈大悲ᄒᆞᆫ今世之活佛이라ᄒᆞ면셔笑吟吟大踏步去矣어날于時對飮諸人이聞得此言ᄒᆞ고醉興이高起三千丈ᄒᆞ야方欲晬酒繼飮之際에顔面依희ᄒᆞᆫ鄕客數人이突然聯手入門曰諸君이未聞歟아京畿三南各郡邑面에셔火賊橫行이至爲近年ᄒᆞ야人命을殺越ᄒᆞ며家屋을衝火ᄒᆞ며財産을搶奪홈이十倍於兵燹ᄒᆞ기로民不聊生ᄒᆞ야邑皆渙散이되往日昏濁ᄒᆞᆫ政府가度外置之ᄒᆞ야衆怨이干霄더니今自新政府로廓然勸討ᄒᆞ야無百里에靜悄悄無一點賊警ᄒᆞ기로里門을夜開ᄒᆞ며商旅가單行ᄒᆞ야擊壤歌謠가播於遠近ᄒᆞ니生世之樂을復可得見ᄒᆞᆯ지라今與諸君으로開懷一醉미乎아語未竟에鄕客은不知나裏去了ᄒᆞ고忽於洞門外에有千兵萬馬奔騰之聲이어ᄂᆞᆯ忙然起來ᄒᆞ야登樓視之則各營兵丁數十萬이大排操場으로放銃試藝ᄒᆞᄂᆞᆫ디號令이生風ᄒᆞ야隊伍整齊ᄒᆞ며衣裝이鮮明ᄒᆞ고鎗刀耀日ᄒᆞᆫ中에太極八卦旗가隨風飄揚ᄒᆞ야軍容이甚盛커날怪而問諸傍人ᄒᆞ니答曰諸路徵兵이今已訓鍊精熟ᄒᆞ야各該邊境에把守完備ᄒᆞ고國威大振而諸隣聳動이라ᄒᆞ거날正觀看間에曲라팔一聲에忽然驚覺ᄒᆞ니乃是枕邊一夢이라殘燈이明滅ᄒᆞ고四顧寂寥ᄒᆞᆫ디歷歷夢境이尙在目中인바語에曰傷於飢者ᄂᆞᆫ夢得飮食ᄒᆞ며切於仕者ᄂᆞᆫ夢見冠蓋라ᄒᆞ니余固憂世傷時之一恨人也라其或因其所思ᄒᆞ야發以爲夢인즉且夫人世萬事이眞幻相乘ᄒᆞ야眞中有幻ᄒᆞ며幻中有眞ᄒᆞ니安知他日에不踐斯夢일지姑爲書此ᄒᆞ야以寄夢中對飮之同志ᄒᆞ노라

雜報

●局長有代 內部警務局長金璉植氏ᄂᆞᆫ義州郡守로轉任ᄒᆞᆫ代에俞星濬氏가被任ᄒᆞ얏더라

●靑會演說 皇城基督敎靑年會會長奇一氏가今十八日木曜下午七点半에該會에셔時局利害란問題로演說ᄒᆞᆫ다더라

●豐倅昏濁 京畿豐德郡守朴準禹氏ᄂᆞᆫ開進敎育會贊成員에入參ᄒᆞ고該會에使民勒入케ᄒᆞ며淨土敎會長李龍甲爲名者가刑具를私設ᄒᆞ고民財를勒討ᄒᆞ되所謂官長으로不欲禁止라ᄒᆞ더라

●安倅貪虐 安邊郡守徐晩淳氏ᄂᆞᆫ鄕案錢이라稱ᄒᆞ고每名에千兩或五百兩式勒捧ᄒᆞᄂᆞᆫ디官屬을多發ᄒᆞ야鄕民을郡獄에捉囚ᄒᆞ민不堪誅求ᄒᆞ야等訴稱寃則郡守가元山港에逃生ᄒᆞ야謂有亂民ᄒᆞ고給請警視ᄒᆞ야責諭解散後揚揚還衙ᄒᆞ야多有貪饕不法事로一進會摠代가幷即奏發ᄒᆞ야捉上懲辦事로內部에請願ᄒᆞ얏더라

●殖民計劃

去十一日朝鮮日日新聞의對韓移民經營을論ᄒᆞᆫ槪意가如左ᄒᆞ니政府計畫은盛히韓國에農民을移殖ᄒᆞᆯ方針이니韓國은商業國이아니오農業國에適當홈을知홈이라商業移民은無望ᄒᆞᆫ故로我國은農業移民으로以ᄒᆞ야方針을ᄉᆞᆷ으니全韓面積八萬二千方里인디一方里에平均人口二百人假量ᄒᆞᆫ我國每方里三百十七人에甚히僅少ᄒᆞ니移民을入ᄒᆞᆯ地積이莫大ᄒᆞᆫ지라然이나韓民은天涯孤島에能히散布ᄒᆞ야一處에集ᄒᆞ지아니홈으로써耕作ᄒᆞᆯ만ᄒᆞᆫ荒蕪地가全國到處에夥多ᄒᆞ니且河水의汎濫을恐ᄒᆞ야耕地를抛棄ᄒᆞ고又天然的灌漑의利홈도抛棄ᄒᆞ얏스니目今韓國에耕地가少僅홈은不得已ᄒᆞᆫ事實이라然則我邦民은隄防을築ᄒᆞ고溝渠를穿ᄒᆞ야現今所謂荒蕪地를耕作ᄒᆞᆯ진디全羅黃海平安各道에最肥沃ᄒᆞᆫ廣漠ᄒᆞᆫ경地를現出ᄒᆞ기容易ᄒᆞᆯ뿐아니라韓人이경作ᄒᆞ야天然沃土를민든所有地도其價格이低廉ᄒᆞᆫ거ᄉᆞᆫ我邦人이夢想에도不及ᄒᆞ얏든事實이라故로韓에對ᄒᆞ야農民移住를장勵홈은實로我方針에得要홈으로知ᄒᆞᆯ것이로다韓國政府ᄂᆞᆫ外人의게土地所有權을不許ᄒᆞ니此點은一時我移民의非不是多少躊躇이나實則毫無妨害이로다 未完

●賊棄褓子 再昨夜長橋故朴輔國定陽氏家에賊漢이越牆潛入ᄒᆞ야衣服什物等屬을偸取ᄒᆞ야乘屋逃去之際에衣褓一箇를還棄在地ᄒᆞ기로行巡巡檢이該褓子ᄂᆞᆫ朴氏家에還爲送致ᄒᆞ얏고賊漢은尙不得捕捉이라ᄒᆞ더라

●警使辭職 警務使尹喆圭氏家에一進會摠代員이前往ᄒᆞ야辭職ᄒᆞ기를勸告ᄒᆞᄂᆞᆫ디該會員三人이一人式輪次ᄒᆞ야達夜相守ᄒᆞ면셔尹氏가或困睡ᄒᆞᆯ意思가有ᄒᆞᆫ時에ᄂᆞᆫ該會員이苦苦攪醒ᄒᆞ야辭職疏撰呈을勸告不已ᄒᆞ기로尹氏가終夜未睡ᄒᆞ고甚是苦悶之際에其所親會員高靑龍氏가尹氏에게緊切勸告曰若不趂早辭退면必有大段困難니라홈으로尹氏가其事機不美홈을揣知ᄒᆞ고辭疏를奉呈ᄒᆞᆫ다더라

●請求鎭兵 忠北觀察申泰熙氏가內部에報告ᄒᆞ되道內賊黨이滋蔓은向有所報告이올거니와忠州陰城鎭川沃川等地에竊發爲患이日益熾盛하야盤根窩窟하고帶持銃劍하야非但昏夜刼掠이라甚至白晝양奪하야內忽蹤跡이無難跳踉하야居民이無以寧處하고行旅가難爲通涉이다其所告警이日夕相續이로되捕之之段若府巡檢郡巡檢으로ᄂᆞᆫ徒費心力에實效無期이기로精兵을청州鎭衛隊에請求이오나自府飭求가每多無效之歎이오니軍部에照會하시와該隊의轉飭하라하얏더라

●郎廳何多 近日祔太廟都監郞廳이旋差旋遞ᄒᆞ야紛紛不已하니前日陵參과同一套格인지其裏由를難測이라하더라

●倡義被捉 今陰曆十二月十一日報恩郡俗離山寺에京居金承旨弼濬과金中軍洛圭朴珉鎬白弘鎭等이自郡押上ᄒᆞ고倡義章一顆와布告文二度를亦爲搜覓現納하니訓飭淸州鎭衛隊하야使之派兵押領홈이誠合方便이라하얏더라

●設橋收稅 平壤監理金顯龍氏가內部에報告ᄒᆞᆫ內槪에日人福島茂八이以私財로大同門外對岸의架設船橋하야一以便軍隊渡江하고一以供公衆通過하야稍小貰錢을徵收之意로現有日本領事照會이오니何以爲之오査照指令하라하얏더라

寄書

●泣告遊學生 月洲散人

嗚乎ㅣ라夫義理者ᄂᆞᆫ出於秉彝之自然則其守之爲貴와行之爲大를古今天下에更無異議나然而若或不踐其實而徒藉其虛名이면反爲害於天下萬事矣라請以向者諸君之退學事로告之ᄒᆞ노니

自頃新條約以後로其從日本學而退者ᄂᆞᆫ曰彼極虐待我凌辱我ᄒᆞ니義不可學也ㅣ라ᄒᆞ며其從歐美學而退者ᄂᆞᆫ曰國將丘墟焉진滅焉이라雖學歐美나無所用之則亦無可學之理也ㅣ라ᄒᆞᄂᆞ니嗚乎噫噫라此何義也ㅣ며亦何義也오顧我韓之垂亡瀕死가亶由於學問之不能發達이거ᄂᆞᆯ徒以慢憂過慮로自暴自棄ᄒᆞ야學問을謂無用ᄒᆞ며彼人之虐待凌辱이固因於我人之自侮自擊이거ᄂᆞᆯ

猶以孤見陋習으로傲然自是타가其身이竟自滅ᄒᆞ리니然則學問無用之日과人各自滅之日이即國隨滅之日也ㅣ라天下萬古에焉有以義理로自滅其國者乎아

此實義理之罪人也而平日諸君之荒悖無忍耐之習을於此에可掩之不得也ㅣ라可不愧欲死哉며悲且哀哉아假使如諸君之言而我韓이雖將淪滅無孑遺라도近則在幾十年之間이오遠則在百年之後ᄒᆞ리니於斯之頃에做何學問而不就乎ㅣ며營何事業而不成乎아一人이能文明則一人身上에自有文明之韓이오十人이能文明則十人身上에亦自有文明之韓ᄒᆞ야自百至千ᄒᆞ며自千至萬而竟使二千萬으로畢致文明則侮我者ㅣ果誰人也ㅣ며凌韓者ㅣ果何國也오

嗚呼ㅣ라愚衷之懷此狂妄者ㅣ已久而猶未敢發也ㅣ러니昨見北米留卯君書則亡國人民之受賤待於世界가倍甚於野만國人而今我韓人은世界가皆以亡國人民으로歸之ᄒᆞ니寧欲溘死於太平洋之浩浩而尙能含恨忍愼ᄒᆞ야誓死做興業云云故로輒悠然馳思ᄒᆞ고惕然起懷ᄒᆞ야萬斛血淚가使人으로不覺此發言之妄也ㅣ로다

●牛山試驗 西江坊私立牛山義塾에셔冬期試驗을經ᄒᆞ얏ᄂᆞᆫᄃᆡ晝學甲乙優等生朴興甲金駿成金鴻鎭이오乙級優等生金壽男金興福尹聖彛이오夜學生優等에李周淵吳允模尹寅培諸氏인ᄃᆡ塾長梁在謇塾監金然弘總務尹永培教師曹秉利諸氏와贊成俱樂部諸員이會集ᄒᆞ야學業을勸勉ᄒᆞ고書冊과鉛筆等으로分等施賞ᄒᆞ고冬期放學ᄒᆞ얏다더라

●平壤撤市 本月十三日에平壤監理金應龍氏가該地商業議所議長安泰國을無故히捉去ᄒᆞ야亂打下囚ᄒᆞᆷ의城內商民들이其藉勢虐民ᄒᆞᆷ을忿ᄒᆞ야一齊撤市ᄒᆞ고即往質問曰安某ᄂᆞᆫ平壤商民의代表者라本商民等이무숨罪가有ᄒᆞ야代表者를捉囚ᄒᆞ얏쇼ᄒᆞᆫ즉監理가無辭可答ᄒᆞ면셔도安泰國을堅因不放ᄒᆞᄂᆞᆫ故로至今ᄭᅡ지撤市ᄒᆞ고連日質問中이라더라

●大使隨員 今番日本報聘大使隨員은日本東京留學生監督韓致愈氏가또被任ᄒᆞ얏더라

●昌監免懲 前昌原監理玄學杓氏ᄂᆞᆫ免懲戒가되얏더라

●政界만筆

○所謂資格遵行은判任履歷이圓滿然後에奏任을陞叙ᄒᆞ며奏任履歷이圓滿然後에勅任陞叙ᄒᆞᄂᆞᆫ本意이거ᄂᆞᆯ近日借啣職資格도一例遵行ᄒᆞ니一日行公이無ᄒᆞ고도履歷이圓滿라ᄒᆞ며積仕勤苦라ᄒᆞᆯ지天下에有名無失ᄒᆞᆫ事를輒之仕宦資格이라謂ᄒᆞᆯ지로다

○習於武事者ᄂᆞᆫ軍職에調用ᄒᆞ며習於文事者ᄂᆞᆫ學務에任使ᄒᆞᄂᆞᆫ거시列邦之當例이거ᄂᆞᆯ今日韓之大官들은無論軍職學務ᄒᆞ고無礙帶任ᄒᆞ니韓之大官은皆可謂文武全材라ᄒᆞᆯᄂᆞᆫ지

○六品曾經人이라야守令을叙任ᄒᆞᆫ다ᄒᆞ니當初六品職授與ᄒᆞᆯ時에守令才幹이有ᄒᆞᆫ人으로만選拔ᄒᆞ야該職을授與ᄒᆞᆫ인지若其不然이면六品이나八品九品이나一般無異라何必六品然後에守令을叙任일지

●鄕향老로訪방問문醫의生싱이라 (속)

법률을마련후에
각도에감ᄉᆞ니고
각읍에원을니고
각면에면장니고
각동에동장니여
ᄇᆡᆨ셩을다ᄉᆞ리매
ᄉᆞ농공상업을ᄉᆞᆷ아
안락ᄐᆡ평ᄒᆞᆷ을젹에
그공을말ᄒᆞᆫ진ᄃᆡ
하나님의죠화시라
죠화로다죠화로다
지공무ᄉᆞᄒᆞᆫ하나님의
억쳔년억만년에
무궁ᄒᆞᆫ신죠화로다
쵸목금슈만물들을
ᄂᆡ시기도하날이오
업ᄉᆡ기도하날이오
흥케ᄒᆞᆷ도하날이오
망케ᄒᆞᆷ도하날이니
존망흥폐가
ᄌᆞ고로무상하야
력력히셰일지라
복희씨신농씨와
요슌우탕문왕무왕
하나님의뜻을밧아
만민을교화ᄒᆞ미
인의례지효졔츙신
차ᄃᆡ로발달되야
착ᄒᆞᆫ쟈ᄂᆞᆫ흥왕ᄒᆞ고
악ᄒᆞᆫ쟈ᄂᆞᆫ멸망ᄒᆞ니
흥망승쇠ᄂᆞᆫ
선악의근인이라
흥망이업게드면
선악을엇지알며
셩ᄒᆞᆷ이업게드면
쇠ᄒᆞᆷ을엇지알니
하걸은쥬악ᄒᆞᆫ인군
어이그리무도ᄒᆞ며
왕망진회ᄂᆞᆫᄒᆞᆫ역적
어이그리방ᄌᆞᄒᆞᆫ고
그나라를망케ᄒᆞᆷ도
지공ᄒᆞᆫ신하날이오
미완

●特別廣告

本申報分務等事를釜山港舊館豆毛里書籍店金文和氏로義州南門外韓西大藥房主人張有寬氏의게委托하고逐號下送하오니購覽하시는 僉君子는照亮購讀하시며代金도同氏의게傳致하심을爲要

大韓每日申報社 告白

●雜誌發刊廣告

今에數理學雜誌를(每月五日一回定刊)發刊ᄒᆞ야敎師諸氏의敎科材料를敢助ᄒᆞ고學生諸氏의獨學材料를供給코져ᄒᆞ오니有志諸氏는購讀ᄒᆞ심을切望

(但一部定價는新貨陸錢)

南大門內尙洞德公館右便
靑年學院內 數理學雜志社

鍾路大東書市
布屛下金相萬冊肆
新門內松橋張晳周紙廛
銅峴朴泓九紙廛
仁川港柤峴開新冊肆

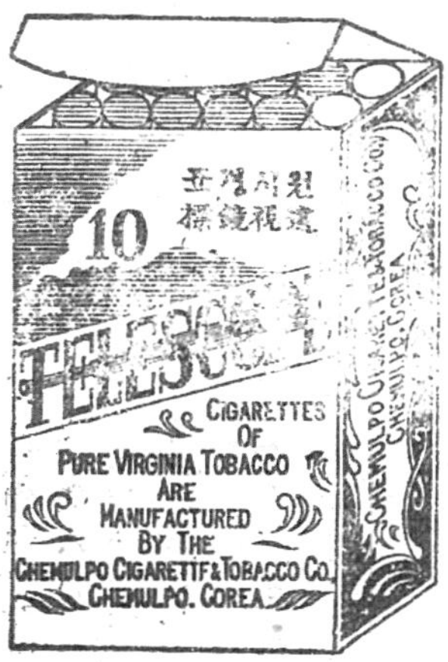

以上三種은上品으로製造ᄒᆞ야衛生上에至極有益ᄒᆞ니毋論某人ᄒᆞ고本社에來購ᄒᆞ옴

大韓帝國仁川港
濟物浦紙卷煙及烟草會社

一 鷹標罐詰濃詰牛乳
一 金印罐詰濃結牛乳
一 無糖家用氣化乳酪
一 보ㅣ든쓰製造麥芽化合牛乳

以上은常時에貯積ᄒᆞ얏숨

美國紐育港 보ㅣ든쓰濃縮牛乳會社

一手代理店

大韓仁川港 世昌洋行

●九轉靈砂라 本人이秘方으로製造ᄒᆞᆫ靈丹인ᄃᆡ男女老少에無論何症ᄒᆞ고通治ᄒᆞ오며無病에도服ᄒᆞ면平生의身體가健康ᄒᆞ며小兒는四五歲時ᄃᆡ服ᄒᆞ면十歲안에無病ᄒᆞ기를擔保ᄒᆞ오며
●九轉靈砂萬應丹은癲狂 癎症과中風諸疾과耳目諸病과淋疾에神効ᄒᆞ오
●九轉靈砂保命丹은初生小兒 驚風 癎氣 咳嗽 腹痛諸般惡症에 効ᄒᆞ오
●九轉靈砂濟衆丹은酒滯 食滯 血積 吐瀉 霍亂 痢疾 吐血 下血 運氣 時疾 瘧症에神効ᄒᆞ오
●九轉靈砂紫金丹은痔漏 瘰癧 上疳瘡 下疳瘡及唐瘡과諸般毒瘡惡種에無不神効ᄒᆞ오니 僉君子는來購ᄒᆞ시오
內需司前독갈이골上隅第一家
李鎬陞移徙 告白

◎本社特告

本社新聞을關西等地에廣佈ᄒᆞ기爲ᄒᆞ야平壤金典淵崔叙恒宣川安濬長連金龜等三氏에게付托ᄒᆞ고逐號下送ᄒᆞ오니購覽에有意ᄒᆞᆫ僉君子는三氏에게購覽ᄒᆞ시며代金도三氏에게傳致ᄒᆞ심을爲要

大韓每日申報社

本社廣告

申報價

一張代金	新貨二錢五里
一箇月前納	三十錢
三箇月	九十錢
六箇月	一元七十錢
一箇年	三元四十錢

郵稅一部 新貨五里
一箇月 十三錢

廣告料

四号活字十三字詰
每日每英尺一寸에新貨廿五錢
(每日每行에六錢에相當흠)
二周日에 二圓五十錢
(每日每行圜錢五厘에相當흠)
一箇月에 五圓
(每日每行圜錢一厘에相當흠)
其期限의長短과字行의多少를依ᄒᆞ야增減흠이有흠

大韓人마다此申報를不得不閱覽ᄒᆞ실터이오니廣告出報ᄒᆞ실僉君子는來臨面議ᄒᆞ시옴

發行兼編輯人 英國人裴說
發行所
京城北署壽進坊磚洞号外地強聰敎合編
大韓每日申報社

第四卷

大韓每日申報

대한매일신보

第一百卄八號

月曜及慶節
歲時日休刊

檀君開國四千二百三十八年
箕子元年三千二十七年
大韓開國五百十四年
日本明治三十九年
淸國光緖三十一年
陰曆乙巳十二月大廿五日發行

論說

戰後財政

現今日本財政經濟上에危難情形을諒解면其不幸帝國을統治하는政黨의固執을人雖不知리오諸般誤計를勇敢反轉이면人各謳揚하리로다

今日伊藤侯勢力之下에新成內閣은不過應急之策이라舊閣臣이漸次更入官舍홀거슨日本內에既解之事實이니今日新內閣이未久에乃作舊內閣하리로다

韓日의命運이一統黨手中에在하야每計가從此而出이라日本之朽敗는巳無可論이어니와擧世ㅣ昏然故로日本이乘此利機하야竟取所欲이로다日露戰爭은近世最大之役이어날今既告畢이나東洋問題는依然未定矣니惜哉ㄴ져

人種之分과黃禍之說을因하야東西爭雄之日이必有홀거슨人人所知라日本은自作東洋之首領이오西强은今姑未爭爲首領이나其日이不遠平인저

日本이世界學識을效則하얏스나今尙日本이라近世法規를隨用爲言이되偏俠性質이依舊호如此邦國을世界가豈能容之리오

自四十年以來로日本國民이悅樂興旺하야今忝列强之位나不久에日本皇帝가英國之命을接受하리니害之所歸는害自知之란格言이自有矣라事至此境이면日本이自就戰局하리로다日本이一擧高義하가今失其計오且財政危難之莫甚을奈何오治日本에政은ㅣ於武官而巳오治能之人은在於其後인바一般希望이在於自成東英國이라然이나其望이易失이로다

●光武十年度歲入歲出總豫筭表 續

第五欵中學校一萬七百四圜
第一項俸給三千二百八十圜
第二項廳費五百四十圜
第三項書籍費四百八十圜
第四項校舍修理費二百六十圜
第五項雜給及雜費一百四十四圜
第六項外國人諸給六千圜
第六欵醫學校一萬二百六十六圜
第一項俸給二千四百四十圜
第二項廳費四百五十圜
第三項給與費一千八百圜
第四項書籍費六百圜
第五項病院費一千四百七十圜
第六項校舍修理費五十圜
第七項雜給及雜費二百十六圜
第八項外國인諸給三千二百四十圜
第七欵農商工學校一萬九百七十四圜
第一項俸給三千八百八十圜
第二項廳費七百五十圜
第三項教科册及器械費一千三百五十圜
第四項校舍修理費五十圜
第五項雜給及雜費一百四十四圜
第六項外國인제給四千八白圜
第八欵高等小學校二千八百二十圜
第一項俸給一千二百六十圜
第二項廳비四百六圜
第三項校舍修리비五十圜
第四項雜給及雜비一百四十四圜
第五項外國인제給九百六十圜
第九欵官立小學校一萬三千四百六圜
第一項俸給五十一百圜
第二項廳비二千七百四十圜
第三項校舍修리비二百圜
第四項雜給及雜비五百七十六圜
第五項外國인제給四千八百圜
第十欵日語學校七千一百七十圜
第一項俸給一千八百
第二項廳비四百七十六圜
第三項書籍비一百四十圜
第四項校舍修리비五十圜
第五項雜급及雜비一百四十四圜
第六항外國인제급四千五百六十圜
第十一欵仁川日語學校支校三千四百四十二圜
第一항俸급九百圜
第二항廳비一百四十四圜
第三항敎科書購買비七十환
第四항校舍修리비四十환
第五항雜급及雜비一百二十八환
第六항外國인제급二千一百六十환
第十二欵英語學校一萬二百四十二환
第一항俸급一千六百八十환
第二항廳비四百八환
第三항書적비一百환
第四항校舍修리비五十환
第五항雜본及雜비一百四十四환
第六항外國인제급七千八百六十환
第十三欵法語學校六千九百四十八환
第一항俸급二千二百八十환
第二항廳비四百八환
第三항書籍비一百四十환
第四항校舍修리비五十환
第五항雜급及雜비一百十환
第六항外國인제급三千九百六十환

未完

外報

●京義鐵道의處分案　日本政府는將且京義鐵道의監리를京釜鐵道會社에委任하고營業에關하야는相當호利子補給을給與하기로內決되얏다홈으로因하야爲先京義鐵道는此를完成케하야營業線으로하랴며當補給修費一千萬을要하나政府는臨時事件으로써支出하야此를准成케홀方針인디次次進行中이라云하더라

●法相通告　루터電을據호즉法國首相兼外相루우이에氏는俄國의財務駐在官의게對하야現在法國政界의形勢는俄國의申出홍英貨三千二百萬磅의公債을發行하는디不利하다는意로通告하얏더라

●英相演說　倫敦電을據호즉英國內相구라도룬氏는리스에서연說하되두란스발에서急劇히五萬인의淸國勞働者를放逐하면南亞의財政上及工業上에一大困難을惹起홀터이니現今의急務는形勢의變動을促홈에在하야多少의紛離가必起하리라하얏더라

●尙書傳任　北京電을據호즉淸國工部尙書呂海寰氏는兵部尙書로都察院御史陸潤庠氏는工部尙書로任命되얏다더라

●共和政體　一月七日華盛頓電을據호즉俄國高加索地方에는共和政體를組織혼다더라

東京電報

●鶴原拜謁　一月十六日午後六時二十五分發

統監府摠務長官鶴原定吉氏以下九名은來十八日에特히拜謁을賜ᄒᆞᆫ다더라

因ᄒᆞ야鶴原氏等은來二十二三日頃에渡韓之途에就ᄒᆞ고龜山、木內、兒玉氏等의一行은來二十日頃에出發渡韓ᄒᆞᆯ터이라더라

●韓國經營談　仝上

伊藤統監은西園寺首相邸에各大臣을集ᄒᆞ고今後韓國經營에就ᄒᆞ야說明ᄒᆞ얏다더라

●日本野津軍凱旋　一月十七日午後零時三分發

野津大將以下幕僚四十四名下士以下百二十名은今朝에新橋에着ᄒᆞ야大將以下ᄂᆞᆫ直히參內ᄒᆞ야軍狀을上聞에達ᄒᆞ고後에勅語를賜ᄒᆞ시고下賜品을受ᄒᆞ얏ᄂᆞᆫᄃᆡ新橋驛及沿道에歡迎者가如山ᄒᆞ더라

●日本警視摠監任命　仝上

安樂兼道氏ᄂᆞᆫ本日에警視摠監을任ᄒᆞ얏더라

●日本次官及地方長官任命　仝日午後五時五十五分發

吉原三郞 內務省警保局長　任內務次官

床次 秋田縣知事　任內務省地方局長

古賀廉造　任內務省警保局長

淸野 內務書記官　任秋田縣知事

右ᄂᆞᆫ本日에任命ᄒᆞ얏더라

●西園寺首相　仝上

西園寺侯ᄂᆞᆫ本日에貴衆兩議院議員을招同ᄒᆞ야政府의戰後經營及施政策에就ᄒᆞ야助力ᄒᆞᆷ으로希望ᄒᆞ고終末에三十九年度豫算의說明을ᄒᆞ얏다더라

雜報

●南人學問遜於西北

天有消長ᄒᆞ며物有盛衰ᄒᆞᆷ으로高山이夷爲平地ᄒᆞ며東海에尙見塵生이어든況其人事變遷이有如轉環ᄒᆞ야昔日東陵侯가今爲種瓜人이니라富貴ᄅᆞᆯ不屬于一人ᄒᆞ며貧賤이有時乎崛起ᄒᆞ야一飜翻覆ᄒᆞᆷ을莫可測揣이되畢竟其所由然은細究컨ᄃᆡ如緣兆徵이其中에暗伏ᄒᆞ야種豆得豆ᄒᆞ며種棘生棘이實是人所自招라謂ᄒᆞᆯ지로다第今韓之局勢ᄅᆞᆯ槪論컨ᄃᆡ舊態日祛ᄒᆞ고新氣漸來ᄒᆞ야卽人文變遷ᄒᆞᄂᆞᆫ一大機會인즉國內人士에他日榮辱得失이惟其學問上勉勵與否에在인바今夫三南等地居民은田土沃腴ᄒᆞ며物產이豐饒ᄒᆞ야一切養生之具에無所缺乏ᄒᆞ기로擧皆志氣怠惰ᄒᆞ더니幾百年來ㅣ大家巨族이多居其地ᄒᆞ야富貴繁華ᄒᆞ며安逸之風習이自然濡染ᄒᆞᆷ으로目下苟安과舊日陋習만是戀是安ᄒᆞ야國權之回復을空然坐而望之ᄒᆞ고新學問上에奮發用力이別無其人이되至若西北人民ᄒᆞ야ᄂᆞᆫ其風氣性質이從來堅忍勁悍ᄒᆞ야可與有爲ᄒᆞ기로或外國에遊學ᄒᆞ야勤苦ᄅᆞᆯ不憚ᄒᆞ며或學校ᄅᆞᆯ廣設ᄒᆞ야敎育에熱心ᄒᆞᆷ이蔚然衆民之先覺이오全國之巨擘이니라將來人材之成就와文明之開進을有不可量ᄒᆞᆯ지니此或地理人事가有盛衰而然歟아吉士之鄕에和氣自湊ᄒᆞ며需世之材가終必發達은理勢之固然인즉吾儕ᄂᆞᆫ一言以蔽之曰不過數十年ᄒᆞ야韓國精神之功業과學問之宗匠이不在於南ᄒᆞ고必出於西北이라ᄒᆞ노라

●局長醜態　學部學務局長張世基氏ᄂᆞᆫ該部諮議幣原坦氏의게諂附ᄒᆞᆫ意向으로該局의多少ᄒᆞᆫ所關과該部大臣의動靜을預先通告ᄒᆞᄂᆞᆫ醜態가有ᄒᆞᆷ으로人皆唾罵ᄒᆞᆫ다더라

●金氏擬社　前光察金世基氏ᄂᆞᆫ錢癖太甚ᄒᆞᆫ人으로前日開城留守로貪虐이特甚ᄒᆞ야一場民擾ᄅᆞᆯ惹起ᄒᆞ고其後光州觀察로前習을不悛ᄒᆞ야人言을遭ᄒᆞᆷ은世所共知어니와至今退閒幾月에消遣法이無ᄒᆞᆷ인지其或別樣計劃이有ᄒᆞᆷ인지一進會員錄ᄒᆞ야무슨新聞社ᄅᆞᆯ擬設ᄒᆞᆫ다ᄒᆞ니從此로ᄂᆞᆫ榮利에淡泊ᄒᆞ야無冠宰相事業을做ᄒᆞ려ᄂᆞᆫ지其裏由ᄅᆞᆯ難測이라고ᄒᆞ더라

●內外義捐　南來人에說仰을聞ᄒᆞᆫ즉梁山郡守權重殷氏가敎育에熱心ᄒᆞ야薄俸을捐ᄒᆞ야學校ᄅᆞᆯ設立ᄒᆞᄂᆞᆫᄃᆡ前警務官全泰準氏와日本憲兵隊長松尾氏가特히僅數ᄒᆞᆫ義捐으로此ᄅᆞᆯ贊成ᄒᆞᆷ의一境人士가爭相激勸ᄒᆞ야補助ᄅᆞᆯ樂爲ᄒᆞᆷ으로該校가完全히成立이되얏다더라

●西來賊警　西來通信을據ᄒᆞᆫ즉陰十二月에寧邊郡八院面天陽里明仁德家에悍黨四名이縛打渾率ᄒᆞ고銀屬佩物等屬을奪去ᄒᆞ얏고同面龍山田兩街民家에悍黨五六名이揮劒突入ᄒᆞ야銀貨三千餘兩을奪去而里民金化然은被打重傷ᄒᆞ얏고博川郡舊邑南底坪地에賊黨四五名이深夜突出ᄒᆞ야過去金成俊의所持銀貨二百七十餘元을奪去ᄒᆞ얏고南面延峯里에셔該黨數十名이深夜突入ᄒᆞ야逐戶掠奪ᄒᆞ얏다더라

●柴商倉皇　東門來去入突ᄒᆞᄂᆞᆫ柴商들을日前에該地巡檢이罷朝橋北偏으로驅逐ᄒᆞᆯ際에毆打ᄒᆞᄂᆞᆫ行爲가有ᄒᆞᆫ다더니近間에ᄂᆞᆫ柴商들을又大路邊으로驅逐ᄒᆞᆷ의柴商이皆창황罔措ᄒᆞ야所向을不知라ᄒᆞ니警察方針이如斯ᄒᆞ여야맛당ᄒᆞᆫ지巷說이頗有ᄒᆞ더라

●晉察發梃　晉州觀察使閔泳璣氏가內部에電報ᄒᆞᆫᄃᆡ署理ᄒᆞᄂᆞᆫ已爲電達而晉州郡守로署理ᄅᆞᆯ差定ᄒᆞ옵고發程이라ᄒᆞ얏더라

●李氏行悖　加平朝宗面祝靈里居韓柄敎ᄂᆞᆫ農業資生之人인ᄃᆡ其遠族韓凡中이本以浮浪悖類로出沒京鄕에蕩敗家產ᄒᆞ고又生凶計ᄒᆞ야欲奪諸族中田土ᄒᆞ야京居禮陵正李載規을符同ᄒᆞ야稱以日債得用而載規爲之保人ᄒᆞ고今陰曆十月初八日載規氏가率健丁二十名ᄒᆞ고乘轎夜入本郡中ᄒᆞ야逢人輒打에行悖非常ᄒᆞ기로郡人이莫知所措ᄒᆞ야擧皆逃避이고末乃韓柄敎家所於니室ᄒᆞ야三日逗留에該家男女眷屬을擧皆逐出ᄒᆞ고定宿鷄犬等屬與如干錢穀을無遺蕩盡ᄒᆞ고日夜以六穴砲로施威ᄒᆞ야惱伏一里ᄒᆞ며右十戶田土에木牌ᄅᆞᆯ圍揷ᄒᆞ고書之曰禮陵正宅所有ᄅᆞᆯ라하고歸去라가臘月十八日에李載規氏와日人與田兵吉이率健丁二十四名과本邑兵站日兵十二名이擔銃而來ᄒᆞ야柄敎諸族을縛之打之ᄒᆞ야破顱者二人折臂者二人傷股者一人인바此六人을又爲械囚ᄒᆞ고約索該土文券故로韓柄敎가呼訴于漢城及平理院하야欲爲押上則李氏가隱伏於兵站中하야莫可捉得이라世豈有如許不義行悖乎아蓋此李氏ᄂᆞᆫ前慶南觀察載崐氏之親弟也라阿兄은觀察在任時에流毒嶺民하야許多贓錢을不可勝數라하더니其弟ᄂᆞᆫ外人을符同하야鄕曲殘民에田土ᄅᆞᆯ勒奪하며諸般悖行이强盜身分과相似하니當此國家危亂之日하야此等宗室에法外行悖ᄂᆞᆫ尤可痛憎이라고輿論이大沸ᄒᆞᆫ다더라

●古塚請掘　宮內府에셔ᄂᆡ部에照會ᄒᆞ되故閔忠正公家奴子石에請願을據ᄒᆞᆫ즉ᄂᆡ開에矣奴上典忠正公山地ᄅᆞᆯ伏蒙賜牌於龍仁地이온바其逼近處에數三古塚을不得不掘移이오니轉飭該郡ᄒᆞ와不日定界ᄒᆞ고古塚을掘移ᄒᆞᆯ等因이옵기準此仰佈하니照亮ᄒᆞᆫ後另飭該郡하라하얏더라

一大白

○外部交權은移于東京ᄒᆞ고外部官制ᄂᆞᆫ廢止ᄒᆞ고外部ᄂᆞᆫ屬于日本公使館ᄒᆞ고外部文簿ᄂᆞᆫ積置于外部內一室ᄒᆞ야以待統監之處分ᄒᆞ고外部顧問은移屬于外事局ᄒᆞ고外事局位置ᄂᆞᆫ設于政府ᄂᆡᄒᆞ고外事局官制ᄂᆞᆫ更爲啓稟ᄒᆞ니韓國之事ᄂᆞᆫ從此而寒心이로다乃飮一大白

○外部之簿調査者ᄂᆞᆫ通商約條와地段租借와各役에各顧問合同과鬱山條約과森林條約과捕鯨地條約과漁採條約과技師雇聘과通信引繼와航海條約과韓日議定書와韓日協商과韓日協定書等文字而已니無非均霑利益이오無非侵奪國權이니韓之外交權은雖有之라도亦不利害於韓國ᄒᆞ니韓國事從來而寒心이로다乃飮一大白

○統監府ᄅᆞᆯ將行設施ᄒᆞ고統監이將於二月渡韓而總長府官이先爲來到ᄒᆞ야計劃統監府之諸般廳備ᄒᆞ고若才於保護指導監督權之嚆矢ᄒᆞ니韓國의府ᄂᆞᆫ徒擁虛位ᄒᆞ야瞻望其光影ᄒᆞ며趨走其聲息ᄒᆞ야做得甚事歟아韓國事ㅣ從此而寒心이로다乃飮一大白

雜報

◉金融流通 漢城共同倉庫株式會社에셔 一般商界를 救濟홀 目的으로 從來에 動產만 擔保로 金錢을 貸付ᄒᆞ더니 今般에 更히 事務를 擴張ᄒᆞ고 度支大臣의 認許를 承ᄒᆞ야 不動產도 擔保로 貸金ᄒᆞ야 一層金融을 圓활케 ᄒᆞᆫ다 홈은 日前紙上에 已揭ᄒᆞᆫ 바어니와 該會社에셔 今에 其準備가 整頓ᄒᆞ얏슴으로 今日로 爲始ᄒᆞ야 此의 貸付를 開始ᄒᆞᆫ다ᄒᆞ니 這間壅滯ᄒᆞ얏든 金融이 從此로 大流通을 可見ᄒᆞᆯ지고 當且該會社에셔ᄂᆞᆫ 此年終을 當ᄒᆞ야 特히 今陰曆三十日ᄭᆞ지ᄂᆞᆫ 日曜日에도 休業지 아니ᄒᆞ고 營業ᄒᆞᆫ다더라

◉交由何郡 洪州觀察府主事 李圭李氏가 내部에 電報ᄒᆞ되 洪州郡守가 又爲病탈ᄒᆞ얏고 遞署理ᄂᆞᆫ 因親患急報發程ᄒᆞ얏사오니 本府印章을 公州郡으로 再送ᄒᆞ오이 何如홀지 回敎伏望이라 ᄒᆞ얏더라

◉李氏贊議 大丘觀察李㫜鎬氏ᄂᆞᆫ 中樞院贊議를 被任ᄒᆞ얏더라

◉外部移屬 外部通商局은 農商工部로 移屬ᄒᆞ얏더라

◉晉察奏免 慶南觀察使閔泳璇氏ᄂᆞᆫ 事貪婪에 民情騷嗷홈으로 日昨政府會議에 提出奏免ᄒᆞ고 其代에 趙民熙氏가 被任ᄒᆞ얏다더라

◉二氏賜勳 農協李範九氏ᄂᆞᆫ 叙勳三等正三品李達鎔 叙勳四等各賜太極章ᄒᆞ고 禮式官高羲駿氏ᄂᆞᆫ 叙勳五等賜八卦章ᄒᆞ옵셧더라

◉可使賊盜 忠北觀察使申泰熙氏가 내部에 報告ᄒᆞ되 溢山賊警이 無處不滋蔓이온바 管下鎭川郡長楊居前議官俞學濬을 以戢捕相當之任으로 與任責成ᄒᆞ라ᄒᆞ얏더라

◉殖民計劃 (續) 其土地의 附屬ᄒᆞᆫ 從來賣買證券을 添ᄒᆞ야 現所有主로ᄒᆞ야곰 賣却ᄒᆞᄂᆞᆫ 證券을 與ᄒᆞ게ᄒᆞ면 所有權은 忽然히 我移民에게 轉屬홀지니 裁判所나 行政廳이나 警察署이나 其所有權에 對ᄒᆞ야 異議를 不挾홀거시오 其經過ᄂᆞᆫ 現下今日에 實情으로 推知홀지니 我移民의게 資本을 貸與ᄒᆞ고 其返還을 受키 不能ᄒᆞᆫ 者ᄂᆞᆫ 殆히 無價와 如히 其低當地를 受取하야 現今安全히 所有ᄒᆞᆫ 것이 明白ᄒᆞ도다 加之我政府에셔ᄂᆞᆫ 임의 農民移殖의 方針을 立ᄒᆞᆫ 後에 韓國統監府ᄂᆞᆫ 不遠에 韓廷을 忠告ᄒᆞ야 土地所有權을 與케홈이 指掌과 如ᄒᆞ리로다 (未完)

◉鄕향老로訪방問문醫의生싱이라 속

그몸을엽시홈도 무ᄉᆞᄒᆞᆫ선하날이라 무도ᄒᆞᆫ쟈토멸하야 후셰를경계ᄒᆞ고 어진비양홈은 후인의모법이라 명명ᄒᆞᆫ가온ᄃᆡ로 션악을갑흠ᄒᆞᄉᆞ 보웅이소소ᄒᆞ니 젼능하신하나님은 련ᄒᆞᆫ만국훈분이오 공변되신도덕심은 의증업ᄉᆞ신ᄃᆡ 어이우리ᄃᆡ한국은 황상폐하어지시고 이천만민슌하온ᄃᆡ 포학ᄒᆞᆫ이웃나라 감안이명령ᄒᆞᄉᆞ 위력으로압제ᄒᆞ고 강포로학ᄃᆡ하야 쵸잠식지모진계교 일취월장늘어가셔 학욕이대발ᄒᆞ며 신의를불고하고 시비를발계하야 츙현을구박하며 간신을부동하야 우익을일우이매 국세는급업하고 인민은도탄이니 명명하신하나님이 의증을두시는가 의증이업게드면 어이그리하ᄃᆞᆺ말고 황연이셔닷게라 ᄇᆡ셩들의욕우함과 졍부ᄃᆡ신깁히돈잠 셔오시논본의로다 두렵고두렵울ᄉᆞ 이쳔만동포들은 하나님의뜻을박아 구습을ᄯᅦ발이고 신학문신교육에 어셔밧비나갑세다 (미완)

廣告

加平朝宗面祝靈里居韓柄教訴 族十六戶農業資生而其遠族韓凡中本以悖類로 符同京城東關居李載規ᄒᆞ야 稱以日債借用에 李載規爲之保證云ᄒᆞ고 又符同日人輿田兵吉ᄒᆞ야 率日兵十二名ᄒᆞ고 本人諸族內田土를 勒奪코ᄌᆞᄒᆞ야 本人諸族人을 因之杖之에 討索文券ᄒᆞ니 世豈有如許變괴乎아 玆以佈告ᄒᆞ오니 內外國人은 公眼照亮ᄒᆞ옵소셔

韓柄教 告白

開業廣告

本社ᄂᆞᆫ 文明開發ᄒᆞᄂᆞᆫ 先驅의 機關인 故로 玆에 書籍印刷를 開始ᄒᆞ얏습니다 昔時에ᄂᆞᆫ 活字의 發明과 印刷術의 進步가 엇더케 當時文明에 影響되엿ᄂᆞᆫ지 鑑見ᄒᆞ옵건ᄃᆡ 韓國目下之國運에 徵ᄒᆞ야 本社事業은 ᄌᆞ못 時에 適當ᄒᆞᆫ 施設이라 生覺ᄒᆞ옵니다 可量 汽車汽船의 發明은 交通上에 莫甚ᄒᆞᆫ 激變을 現出ᄒᆞ야 全世界의 形勢一變케 홈과 ᄀᆞ치 智識交換과 術普及과 意思交通ᄒᆞᄂᆞᆫ 機關이라 生覺ᄒᆞᆫ만ᄒᆞᆫ 書籍印刷出版이 他日韓國面目을 一新케ᄒᆞᆯ 줄노 本社同人이 屈指之ᄒᆞᄂᆞᆫ 비오 또 가장 耐보다 몬져 此業을 開始ᄒᆞᆫ 者도 만이 잇사오나 其印刷가 精巧ᄒᆞᆫ 것과 敎文가 夥多ᄒᆞᆫ 것이 다 日本에 注文ᄒᆞᄂᆞᆫ 거슬 보면 到底히 目下急需에 不能ᄒᆞᆫ은 推此可知옵기 本社ᄂᆞᆫ 玆에 所見이 잇셔 精妙ᄒᆞᆫ 興機와 鍊熟ᄒᆞᆫ 職工을 擇ᄒᆞ야 比業을 經營ᄒᆞ옵ᄂᆞ니 一에ᄂᆞᆫ 書籍을 出版發行ᄒᆞ야 韓日兩國의 發展文化홈에 供資ᄒᆞ고 一에ᄂᆞᆫ 兩國商工各位의 需用에 應ᄒᆞ야 日用普通印刷를 ᄒᆞ기로 決定ᄒᆞ옵고 더옥 廉價와 誠實홈은 本社의 特色이오며 鮮明ᄒᆞᆫ 光澤잇ᄂᆞᆫ 印刷物을 ᄒᆞ야 ᄉᆞᆫ番다시 僉君子의 要用을 達코져ᄒᆞ오니 陸續惠顧ᄒᆞ심을 敬希

印刷科目

一書籍 一雜誌 一株券 一小切手 一卒業證 一褒賞狀 一案內狀

一레테르 一가아드 一廣告類 一領受証 一洋製本 一繪端書 一書簡帋

其他各種應貴需

京城西署西小門內

日韓圖書印刷會社 (電話三一二番)

社長兼理事 藤田謙一
副社長 玄采
理事 福島浪藏
仝 岩谷松平
仝 馬場金助
監事 後藤勝造
仝 具然韶
相談役 今井良一
仝 金昇圭
仝 鄭顯哲

當此歲暮不請此廣告者此非商業家也

漢城共同倉庫株式會社

금月은 陰終임으로 特別히 一般商界에 金融을 圓滑케ᄒᆞ기 爲ᄒᆞ야 日曜日에도 不休ᄒᆞ고 陰三十日ᄭᆞ지 營業홈

不動產擔保貸金開始

一金融機關 商品及不動產을 擔保로ᄒᆞ고 輕邊으로 貸金홈은 韓國實業家唯一의 金融機關이라

一基礎鞏固 政府의 特別保護가 有홈

一保管安全 寄託品에 對ᄒᆞ야 비償法의 施設이 有ᄒᆞ니 損失홀 念慮가 無홈

一證券便利 本會社의 保管證券에 對ᄒᆞ야ᄂᆞᆫ 各銀行에셔 ᄯᅩ 金홈

一不動產貸金 家屋及土地에 對ᄒᆞ야 商民을 限ᄒᆞ야 貸金홈

一直接來議 本會社에 直接히 申請ᄒᆞ시ᄂᆞᆫ 僉君子에게 對ᄒᆞ야 至極便法이 有홈

金利至輕 待遇懇切

與本會社互相去來者卽成富豪無慮也

光武十年一月十八日 漢城共同倉庫株式會社

本人에 舍弟聖模가 性本浮浪ᄒᆞ야 蕩敗家產ᄒᆞ고 今又作妾置家於京中ᄒᆞ고 惡事散편ᄒᆞ오니 無論某事ᄒᆞ고 內外國人은 切勿相關見欺ᄒᆞ옵

春川郡麒麟面 朴弘模 告白

義州郡守申羽均之貪婪不法 一筆難言中 所謂鄕錢督刷次 揚上面執綱金宅翰嚴杖替納故 不勝其毒累次乞遞則稱以拒逆 宅翰之二子一從發兵砲殺 千古未有之事也 蓋殺人者死 萬國公法 而今聞羽均左右圖囑 欲逭償命之律云 苟如是國法奚施 冤魂何雪

金履周 告白

忠 河川竹林面尺贊里居本人舍姪松兄弟性執과 文五가 性本悖類로 京鄕出沒 僞造文券 得債爲料ᄒᆞ니 內外國人은 切勿見欺홈

河川於羅山居 李心淳 告白

學員募集廣告 (第二回)

本校에셔 法律學專門科 晝夜學 及 理財學專門科 晝夜學 學員을 新募하오니 願學人은 本校에 來ᄒᆞ야 請願應試홀事

學科及規則은 本校에 來問홀事

◉시험科目
國漢文 讀書、作文
算術 四則以內

◉시험日子
二月十三日(陰正月二十日)

光武十年一月四日
北署磚洞 普成專門學校

●特別廣告

本申報分鋪等事를釜山港舊館豆毛里書籍店全文和氏로義州南門外韓西大藥房主人張有寬氏의게委托하고逐號下送하오니購覽하시는 僉君子는照亮購讀하시며代金도同氏의게傳致하심을爲要

大韓每日申報社 告白

●雜誌發刊廣告

今에數理學雜誌를(每月五日一回定刊)發刊ᄒᆞ야教師諸氏의教科材料를敢助ᄒᆞ고學生諸氏의獨學材料를供給코져ᄒᆞ오니有志諸氏ᄂᆞᆫ購讀ᄒᆞ심을切望

(但一部定價ᄂᆞᆫ新貨陸錢)

南大門內尙洞德公館右便靑年學院內 數理學雜志社

鍾路大東書市
布屛下金相萬冊肆
新門內松橋張晢周紙廛
銅峴朴泓九紙廛
仁川港杻峴開新冊肆

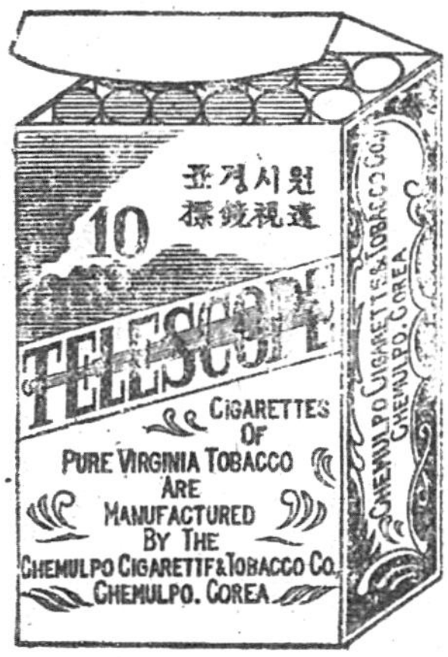

以上三種은上品으로製造ᄒᆞ야衛生上에至極有益ᄒᆞ니毋論某人ᄒᆞ고本社에來顧ᄒᆞ옵

大韓帝國仁川港

濟物浦紙卷煙及烟草會社

一 鷹標罐濃詰牛乳
一 金印罐詰濃結牛乳
一 無糖家用氣化乳酪
一 맬ㅣ든쓰製造麥芽化台牛乳

以上은常時에貯積ᄒᆞ얏슴

美國紐育港맬ㅣ든쓰濃結牛乳會社

一手代理店

大韓仁川港

世昌洋行

●九轉靈砂라 本人이妙方法을神術하야製造ᄒᆞᆫ靈丹인ᄃᆡ男女老少에無論何症ᄒᆞ고通治ᄒᆞ오며無病時에도服ᄒᆞ면平生의身體가健康ᄒᆞ며小兒ᄂᆞᆫ四五錢重만服ᄒᆞ면十歲안에無病ᄒᆞ기를擔保ᄒᆞ오며

●九轉靈砂萬應丹은癲狂 癎症과中風諸疾과耳目諸病과淋疾에神効ᄒᆞ오

●九轉靈砂保命丹은初生小兒 驚風 瘤氣 咳嗽 腹瘡諸般惡症에〃効ᄒᆞ오

●九轉靈砂濟衆丹은酒滯 食滯 血積 吐瀉 霍亂 痢疾 吐血 下血 運氣 時疾 疝症에神効ᄒᆞ오

●九轉靈砂紫金丹은痔漏 瘰癧 上疳瘡 下疳瘡及唐瘡과諸般毒瘡惡種에無不神効ᄒᆞ오니 僉君子ᄂᆞᆫ來問ᄒᆞ시오

內需司前독갑이골上隅第一家

李鎬廷移徙 告白

◎本社特告

本社新聞을關西等地에廣佈ᄒᆞ기爲ᄒᆞ야平壤金興淵崔叡恒宣川安濬長連金鵬等三氏에게付托ᄒᆞ고逐號下送ᄒᆞ오니購覽에有意ᄒᆞᆫ僉君子ᄂᆞᆫ三氏에게購覽ᄒᆞ시며代金도三氏에게傳致ᄒᆞ심을爲要

大韓每日申報社

本社廣告

申報價

一張代金 新貨二錢五里
一箇月前金 三十錢
三箇月 九十錢
六箇月 一元七十錢
一箇年 三元四十錢

郵稅一部 新貨五里
一箇月 十三錢

廣告料

四号活字十三字詰
每日每英尺一寸에新貨廿五錢
(每日每行에六錢에相當홈
二個日에 二圜五十錢
(每日每行四錢五里에相當홈
一箇月에 五圜
(每日每行四錢一厘에相當홈
其期限의長短과字行의多少를依ᄒᆞ야增減홈이有홈

大韓人마다此申報를不得不閱覽ᄒᆞ실터이오니廣告出報ᄒᆞ실僉君子ᄂᆞᆫ來臨面議ᄒᆞ시옵

發行兼編輯人 英國人裴說
發行所
京城北署壽進坊磚洞号外地法語學校前
大韓每日申報社

第四卷

大韓每日申報
대한매일신보

第一百卄九號

月曜及慶節
歲時日休刊

檀君開國四千二百三十八年
箕子元年三千二百二十七年
大韓開國五百十四年
日本明治三十九年
淸國光緒三十一年
陰曆乙巳十二月大廿六日

論說

日本方略

韓國內에日本方策이大韓政府의認許를不得ᄒᆞᆫ然後之事란句語가露日和約上에記載되얏을大韓每日申報가敏速確言ᄒᆞ얏더니至于今日ᄒᆞ야可以同想이로다以此言勸告者ᄂᆞᆫ惟一本社而已라彼報館之嘲笑가卽時繼起라가和約全文을自日本公布以後에ᄂᆞᆫ其嘲其笑가至於特甚ᄒᆞ얏도다

幸至今日ᄒᆞ야日本政府가談辦顚末의確說을公然頒布ᄒᆞ니余亦得見이라最初에小村男爵이置韓於日本純然管轄ᄒᆞ기를要請ᄒᆞ얏스나我使ᄂᆞᆫ韓國自主權을勿害ᄒᆞ기로固執ᄒᆞ야對日本要請反對ᄒᆞ얏더니及其條約締結時에其約欵言辭ᄂᆞᆫ日本所望의近ᄒᆞ나尙有如左添句ᄒᆞ니

後日의日本이韓國ᄂᆡ에서損傷韓國主權이라可稱ᄒᆞᆯ方針을認之以必要며大韓政府의認許를得ᄒᆞ여야可以行之ᄒᆞ기로日本委員은宣言홈이라ᄒᆞ얏더라

近探日本之運籌컨ᄃᆡ今行保護于韓國이因其新協約이라ᄒᆞ니若如右添句가媾和條約과同時傳播矣면彼所稱韓國承認이라ᄂᆞᆫ約欵인ᄃᆞᆯ豈能有之리오特以言之ᄒᆞ노니日本이與俄棄信이오且言實于韓國이며勒結條約之手段은斷然犯行이라向者포스마우드에서締和ᄒᆞ던日本人도嚴戒如此犯行이라니以此諸般事情觀之컨ᄃᆡ韓日新條約의實效有無ᄂᆞᆫ不足疑也로다

官報

第三千三百五十二號 光武十年一月十七日

◎敍任及辭令

東京留學生監督韓致愈
命日本國報聘大使隨員
一月十日

禮式院相禮金夏鎔
侍講院主事丁晚敎
奉常司主事鄭淵錫
依願免本官

弘文館侍講崔炳哲
從三品韓永元
任禮式院相禮敍奏任官四等
任弘文館侍講敍奏任官四等

奉常司主事李承鳳
任侍講院主事敍判任官六等

禮式院掌樂課主事南廷建
任奉常司主事敍判任官六等

九品崔晶在
任奉常司主事敍判任官七等

任禮式院掌樂課主事敍判任官七等 金顯奎

以上一月十三日

任主殿院電務課主事敍判任官六等 李圭應

一月十四日

●光武十年度總豫算表 歲入歲出 續

第十四欵漢語學校三千二百五十五圜
第一項俸給一千二百圜
第二項廳費二百四十圜
第三項校舍修理費二十五圜
第四項雜給及雜費一百十圜
第五項外國人諸給一千六百八十圜

第十五欵德語學校五千九百七十八圜
第一項俸給一千二百圜
第二項廳費二百八十八圜
第三項書籍費一百四十圜
第四項校舍修理費四十圜
第五項雜給及雜費一百十圜
第六項外國人諸給四千二百圜

第十六欵學校補助費一萬五千二百八十圜
第一項公立小學校一萬二千二百圜
第二項私立學校補助費一千五百三十圜
第三項京城學堂一百五十圜
第四項釜山日語學校一千四百圜

第十七欵外國留學費八千圜
第一項義親王學資金八千圜

學部所管合計十五萬四千九百四十二圜

農商工部所管
第一欵農商工部本廳二萬七千九十六圜
第一項俸給二萬三千三百圜
第二項廳費一千八百圜
第三項廳舍修理費二百圜
第四項雜給及雜費二千八十六圜
第五項旅費五百圜

第二欵事業費二千五百圜
第一項蠶業費二千五百圜

農商工部所管合計二萬九千五百九十六圜

通信院所管
第一欵通信院本廳七千四百六十二圜
第一項俸給五千五百八十圜
第二項廳費八百四十圜
第三項廳舍修理費二百五十圜
第四項雜給及雜費七百九十二圜

第二欵管船事業費一千五百五十圜
第一項廳費一千一百五十八圜
第二項旅費及船費三百九十二圜

通信院所管合計九千十二圜

歲出經常部合計六百三十二萬四千三百三十八圜

未完

外報

●一大地震 中央亞米利加ㅣ이가리아에셔大地가震ᄒᆞ야死者數千人에達ᄒᆞ얏고마사야市ᄂᆞᆫ人家崩壞ᄒᆞ야一面의原을成ᄒᆞ얏다더라

●露德交際 德國이露國에對ᄒᆞ야全然其內政의干涉지아니ᄒᆞᆷ을方略으로ᄒᆞ고德國은何事든지偏히露國의健全平和의發達을期望ᄒᆞᆷ에止ᄒᆞ노라德國은政治上及經濟上共同利益을受ᄒᆞᆷ은크며露國이此를發達ᄒᆞᄂᆞᆫ上에在ᄒᆞ고外國新聞이德國이露領波蘭을垂涎ᄒᆞᄂᆞᆫ것가치云ᄒᆞᆷ은無根이라ᄒᆞ더라

●領事設置 本月八日루터通信ᄒᆞᆫ즉華盛頓政府에서[illegible]二箇聯邦의兵을比律賓에增遣ᄒᆞ기로決定ᄒᆞ얏ᄂᆞᆫᄃᆡ此ᄂᆞᆫ淸國에一朝事가起ᄒᆞᆯ진ᄃᆡ美國의利益을保護ᄒᆞᆯ必要가生ᄒᆞᆯᄂᆞᆫ지未知ᄒᆞᆫ故合으로此에對ᄒᆞ야豫備的處置라더라

●英國總選擧 九日루터電을據ᄒᆞᆫ즉英國總選擧ᄂᆞᆫ自治都市에셔ᄂᆞᆫ一月十七日이오地方에셔ᄂᆞᆫ一月二十七日로終結ᄒᆞᆫ다더라

●[illegible] 全權을[illegible]國은[illegible]着ᄒᆞᆷ目的으로集會를開ᄒᆞ야此를德國에셔開催ᄒᆞᆫ다더라

●[illegible] 八日倫敦電을據ᄒᆞᆫ즉紐育[illegible]報에[illegible]무스에서革命黨이起ᄒᆞᆫ故로美國[illegible]軍艦이同地에派遣되얏다ᄂᆞᆫ[illegible]領土를保全ᄒᆞ기로[illegible]ᄒᆞ얏다더라

東京電報

●報聘大使 一月十八日午後四時發

過日當地出發ᄒᆞᆫ報聘大使李載完氏一行은本日(十八日)에舞子에着ᄒᆞ얏더라

●韓國學生 仝上

韓國日本留學生六十名은韓日協約에不平을唱ᄒᆞ야當事者가懇切히說論ᄒᆞ야도不應홈으로退校ᄅᆞᆯ命ᄒᆞ얏더라

●李容翊遭難 仝上

韓國前陸軍大臣李容翊氏ᄂᆞᆫ露都에셔其通譯者의凶行을受ᄒᆞ야十一箇處의負傷을受ᄒᆞ얏고其犯人은即時逮捕ᄒᆞ얏다ᄂᆞᆫ旨로其筋人에報知가達ᄒᆞ얏더라

●韓國輸米稅 仝上

韓國米輸入稅廢止運動者大池與田兩商業會議所東上委員은東京商業會議所와打合ᄒᆞᆫ結果로同情을表ᄒᆞ얏고且外務省及農商務省其他ᄅᆞᆯ歷訪ᄒᆞ다더라

雜報

●雪天興感

彤雲이密密ᄒᆞ고朔風이栗栗ᄒᆞ야府陰이結黯黲之色ᄒᆞ고古木이帶悽닯之意ᄒᆞ야擧目一覽에擧天地在愁慘悽絶之像이라晣然一歎ᄒᆞ고痛飲泥醉러니朝來에滿屋生白ᄒᆞ고爽氣入衿이어ᄂᆞᆯ拓戶而視之ᄒᆞ니胡爲乎哉오不覺吃一大驚이로다山河曠漠之際에唯皎皎然一色이遠近通明ᄒᆞ야汚穢者潔ᄒᆞ며瑕疵者隱ᄒᆞ고陷凹者塡充ᄒᆞ며傾仄者平坦ᄒᆞ고缺者補ᄒᆞ며絶者連ᄒᆞ고黝黑者白ᄒᆞ며暗昧者光ᄒᆞ야一夜之間에幻作新天地라此胡爲乎哉오欲歎哉라此ᄂᆞᆫ巽二騰六之雪華歟아誠造化翁之一劇戱歟아何至於令人聳觀也오沈吟而若有所思라가乃陡然而忽生一覺ᄒᆞ니現今韓國天地ᄂᆞᆫ政是結黯黲之色ᄒᆞ며帶慘닯之意ᄒᆞ야擧國人民이方有愁慘悽絶之秋라安得以快然一掃ᄒᆞ야斥其奸慝之政府ᄅᆞᆯ如汚穢者潔ᄒᆞ며革其腐敗之政令을如瑕疵者隱ᄒᆞ며除其人民之困悴ᄅᆞᆯ陷凹者塡充ᄒᆞ며祛其世情之拂鬱을如傾仄者平坦ᄒᆞ며奮其國力을如缺者補ᄒᆞ며復其國權을如絶者連ᄒᆞ며開發文明을如黝黑者白ᄒᆞ며啓發智識을如暗昧者光ᄒᆞ야使國家人民으로有皎皎然一色通明之光輝ᄅᆞᆯ便如今朝之雪也리오若使韓國으로一至於此인ᄃᆡ必不待造化翁之劇戱오唯在乎人民之一心團體ᄒᆞ야進其步武而就其事業也니若使決行勇斷이면便以一夜間雪花耳라亦復有何等高遠難行之事也리오唯韓國人民은勿以吾儕之言으로歸之虛荒ᄒᆞ고幸一시之어다幸一시之어다若誠心시之면吾儕之言이必非虛荒矣리니韓國人民은幸一시之어다

●三氏轉任 務安監理韓昌洙氏ᄂᆞᆫ外事局長을被任ᄒᆞ고其代에議政府叅書金準用氏가被任ᄒᆞ고前外部叅書李鍾協氏ᄂᆞᆫ議政府叅書官을并被任ᄒᆞ얏더라

●三郡新任 慶州郡守尹泳奎氏ᄂᆞᆫ金城郡守로移任ᄒᆞ고正三品閔泳晩氏ᄂᆞᆫ慶州郡守ᄅᆞᆯ被任ᄒᆞ고池基榮氏ᄂᆞᆫ昌城郡守ᄅᆞᆯ被任ᄒᆞ얏더라

●醫料請撥 度支部에셔內部에照會ᄒᆞ되貴部所管流行病臨時預備事務日本醫士淸水武文의十一月十二月兩朔料金二百圜을預備金中支出事로經議奏裁ᄒᆞ얏스니照亮爲要라ᄒᆞ얏더라

●諸費奏裁 日本慰問大使伊藤侯의接待비一萬元과五署管內掃穢비五百元과海州全州兩駐隊移接修理비及原州隊出駐비一千四百八十圜九十戔을預備金中支出事로度支에셔請議奏裁ᄒᆞ얏더라

●송氏疏批 山林송秉璿氏의請對疏批에翹企之餘에見來章今可以相面欣幸何喩當即爲筵接이라ᄒᆞ옵셧더라

●申氏觀察 陸軍法院長申泰休氏가慶北觀察使ᄅᆞᆯ被任ᄒᆞ얏더라

●平監義擧 平壤監理金膺龍氏가教育에注意ᄒᆞ야巨欵의費額으로學校ᄅᆞᆯ村邸에私設ᄒᆞ고力今教授中인ᄃᆡ教師ᄂᆞᆫ日本人黑崎美智氏와本國人韓明淳氏오教科ᄂᆞᆫ日語專門과諸筭術歷史等普通科의速成課오生徒ᄂᆞᆫ三十餘名이라더라

●義成進就 平壤安洞에設立ᄒᆞ얏든青年學院은義成學校로改稱ᄒᆞ고各教師가熱心教授ᄒᆞᄂᆞᆫ바夜學生徒ᄂᆞᆫ四十餘名이오晝學生徒ᄂᆞᆫ二十餘名이라더라

●濟寧試驗 日昨仁川私立濟寧學校에셔上年終試驗을行ᄒᆞ얏ᄂᆞᆫᄃᆡ甲級은金榮洙安學淳金錦龍林昌鉉이오乙級은朴啓容安壽東沈壽命薛壽同이오丙급은崔昌韻全興容朴壽福이라더라

●忠懷必死 洪州郡遞主事李鵬林氏의自刺其頸ᄒᆞᆫ事實은前報에已爲揭載ᄒᆞ얏거니와南來人의傳說을更聞ᄒᆞᆫ즉日憲兵이押去半因于該府警署ᄒᆞ고質問曰汝有六女無子故로欲死乎아答曰設有多女無子나何關於他人乎아又問曰或有公私錢未報而欲死乎아答曰我無公逋ᄒᆞ고亦無私債라設使有之라도何關於他人乎아又問曰緣何欲死乎아答曰我의決死主義ᄂᆞᆫ已悉於前ᄒᆞ니更有何言乎아ᄒᆞ고郡守查鏹之言則日兵이曰汝ᄂᆞᆫ若是면誠是誤解니幸勿致命ᄒᆞ고善爲調理ᄒᆞ라ᄒᆞ고還囚獄ᄒᆞ나同氏가期於決死ᄒᆞ야絶不食飮아라ᄒᆞ더라

●賊劫商貨 海州翠野場에셔去十二月二十八日에匪黨十餘名이放銃揮劒ᄒᆞ고自林藪中出來ᄒᆞ야該商民趙元汝송殷祚曹青山等의所持物貨ᄅᆞᆯ搶奪以去ᄒᆞ얏ᄂᆞᆫᄃᆡ方自海州警務署로另派巡檢而調査中이라더라

●明校試驗 北署壯洞私立普明學校에셔冬期試驗을開行ᄒᆞ얏ᄂᆞᆫᄃᆡ甲班優等二人은李源昌宋達燮이오及第八人은金基東金敎彰金敎煥元千壽元明會朴性龍元松山李用觀이오乙班優等一人은崔載永이오及第六人은高憲朝李德雨金演教河今得韓鼎教方漢盛이오丙班及第六人은趙貴錫黃慶有洪順杓黃慶祿金泰植金甲男이라더라

●度顧更迭 朝鮮日日新聞을據ᄒᆞᆫ즉韓國度支顧問目賀田氏ᄂᆞᆫ貴族院의出席홈으로稱ᄒᆞ고歸國ᄒᆞ얏스나其實은顧問更迭ᄒᆞᆫ事가決定이됨으로韓國의再渡치안코其後任은煙草專賣局長仁尾惟茂氏로決定되ᄂᆞᆫ貌樣이라더라

●恩霈回春 本月十八日詔勅中全羅南道莞島郡薪智島流終身罪人金在豐子忠求李龍漢智島郡智島流終身罪人姜盛馨閔用勳黑山島流終身罪人李愷鉉流十九年罪人張允相荏子島流終身罪人李鍾林流十年罪人金思燦珍島郡金甲島流終身罪人崔[illegible]華姜仁必李承麟洪秉晉黃海道黃州郡鐵島流終身罪人金顯龜尹錫夫長淵郡[illegible]鈴島流十年罪人黃潙性金聲振流三年罪人鄭[illegible]協諸氏ᄅᆞᆯ并放ᄒᆞ옵셧더라

●藥價未收 忠南種痘所委員李敏教氏가內部에報告ᄒᆞ얏시되現今忠南秋等種痘術과收入金事ᄂᆞᆫ各郡認許員이와於時擾ᄒᆞ고汨於秋穫ᄒᆞ야多不施術故로藥價金을難可收入이오바至於報于觀察府ᄒᆞ야發訓催促이오나嚀常聽視ᄒᆞ고頑拒不納ᄒᆞ야或稱一進或稱耶蘇或稱神羅或稱淨土教ᄒᆞᆫ더러皆是貧民으로善爲逃躱ᄒᆞ야如此等人은法官이不可捉致ᄒᆞ고平民이不可抗拒故로隱其兒數ᄒᆞ며或乾沒藥價ᄒᆞ야今秋收入金이寥星莫甚ᄒᆞ니特下別廉處分ᄒᆞ라ᄒᆞ얏더라

●巡檢俸規 警務廳에셔巡檢俸給規則을廳令으로頒布ᄒᆞᆫ다더라

●殖民計劃 續

最後에農商務省은此政策에最熱心ᄒᆞ야地方豪農에要求ᄅᆞᆯ依ᄒᆞ야運動ᄒᆞᆫ거시오地方官도亦頗熱心ᄒᆞᆫ지라此事實은世上에셔姑未多知ᄒᆞᆫ者나ᄂᆡ情은此上과如ᄒᆞ니這回에韓國統監府에特히農商工務擔長을置ᄒᆞᆫ거시此內情을實現ᄒᆞᆫ第一步라

農商省은韓國重要地에試驗所ᄅᆞᆯ設置ᄒᆞ고各所에支所ᄅᆞᆯ散布ᄒᆞ야一方으로ᄂᆞᆫ農業上에指針을숨고又韓國에必要ᄒᆞᆫ隄防溝渠等을或移民으로修케ᄒᆞ며或國費로써補助ᄒᆞ며農漁業經管에便ᄒᆞᆫ海岸地에ᄂᆞᆫ國비로써共同製魚場을設立ᄒᆞ며山間地에存ᄒᆞ야ᄂᆞᆫ農業에薪植木方을授ᄒᆞ야써韓國에缺乏ᄒᆞᆫ木材養成을圖ᄒᆞ며比較的으로溫暖ᄒᆞᆫ土地에ᄂᆞᆫ九州四國等에人民을移ᄒᆞ고

未完

雜報

●續大腹傳 將列

余於記事之暇에東洋書籍을略加放覽컨ᄃᆡ在昔戰國時代에一種怪獸가有ᄒᆞ니其名曰多ㅣ이라其性質이五金之屬을喜食ᄒᆞᄂᆞᆫᄃᆡ秦始皇이天下兵器를收聚ᄒᆞ야銷거金人을鑄成後에막이無可得食ᄒᆞ야暫時飢餓를不免ᄒᆞ고其後東漢時에錢神이盛行ᄒᆞ야到處金氣爛만ᄒᆞ기로막이食料豐盈ᄒᆞ야每日恣意大嚼ᄒᆞ며或貪泉에沐浴ᄒᆞ며或貨食誌를誦讀ᄒᆞ며鄧通之銅山과郭況之金穴과石崇之金谷에時常往來遊戲ᄒᆞ기로世之銅臭에流涎ᄒᆞ며利寶를戀慕ᄒᆞᄂᆞᆫ者에게莫逆之交가되야世皆尊稱曰막大腹이라ᄒᆞᄂᆞᆫ바當魏송之際에或爲仕籍ᄒᆞ야換金中郞將과鹽鐵使를皆得踐歷이고其黨派가漸漸繁多ᄒᆞ야漢之桑弘羊과唐之裴延齡과송之賈似道ᄂᆞᆫ가最其顯著者이고又其一派가高麗朝에出來ᄒᆞ야恭愍王末年에俗所謂불가ᄉ리卽其變名이오韓之初葉以後로ᄂᆞᆫ朝野淸明ᄒᆞ고人不愛錢키로金銅之影響을蕩然難按ᄒᆞ야막大腹이糊口之策에幾於餓死러니無於近年來로京鄕諸處에幣有徒ᄒᆞ야片銅寸金을無遺取食키로民間의各各困難ᄒᆞ야莫可生活ᄒᆞ니世若猛加攻剿이면勢將全國의銅이其복에盡入ᄒᆞ야禍將不測ᄒᆞᆯ지기로本社에서막大복의徒黨誰某와所食多少를另探ᄒᆞᆫ後에韓文公의逐鰐文을模範ᄒᆞ야作文討之而爲民除害ᄒᆞ랴ᄒᆞ니本社報愛독諸君은隨聞投函ᄒᆞ야以助斯役을竊有厚望焉ᄒᆞ노라

●公錢被賊　龍安郡守[illegible]宋鐸氏ᄂᆞᆫ該郡稅錢을收捧留置하얏다가爲賊所去키로該氏가度支에電報하얏더니度支에서ᄂᆞᆫ不日蠲納하라고回電하얏다더라

●鄕향老로訪방問문醫의生싱이라, 속

나라를ᄉ랑ᄒᆞ고 동포를사랑ᄒᆞᄂᆞᆫ 의국의민열심으로 ᄆᆡ명복덕나갑세다 나가지아이코서 초일피일지닉다가 텬부상데하나님이 혁연이진노하ᄉ 나라이전복되고 인종이멸케되면 아모리후회ᄒᆞᆫ들 쓸데가무엇인가 호텬통곡무익ᄒᆞ고 땅을쳐도쓸ᄃᆡ업셔 련디가막막ᄒᆞ니 어ᄃᆡ로향ᄒᆞᆯ손가 고언에일넛스되 스ᄉᆞ로지은죄ᄂᆞᆫ 오히려살연니와 하날게엇은죄ᄂᆞᆫ 빌데가업다 ᄒᆞ니 이ᄉᆡᆼ각져ᄉᆡᆼ각을 깁히깁히혜아려서 게으르던젼일구습 쳐년을권면ᄒᆞ야 교육에열심ᄒᆞ면 한아둘이느르가서 긔쳐긔만될터이오 일년이년ᄉᆞᄉᆞ년에 일취월장발달되야 농상공학졍치법률 각기학문조격되로 농민우농ᄉᆞᄒᆞ고 상민은쟝ᄉᆞ하고 쟝석은졔죠하며 벼살ᄒᆞᆯ자벼살하야 직업을직히이면 싱계가너너하야 가급인족못될손가 가금인족하게드면 국티민안못될손가 국티민안하게드면 국부민강누될손가 국부민강하게드면 독립국이못될손가 독립국이되게드면 ᄌᆞ유권리업슬손가 ᄌᆞ유권리잇게드면 압제를밧을손가 압제를면케드면

미완

廣告

本里居進士尹永培氏가優景智識으로注意新學에私設一塾ᄒᆞ더니接隣聽俊이踵門而至라一洞이觀感ᄒᆞ야出義金而贊成을小謀同辭ᄒᆞ야約以永久ᄒᆞ고塾號를爲牛山義塾而高明教師를延聘에同氏로定本塾總務ᄒᆞ니學員日加至百餘라國漢文及日英語地算歷史七課로爲晝夜熱心일ᄉ於是에諸官朴容健氏가捐屋이廣居하야務益擴張케하니儼在西湖가完然成一簡明區라兩氏에作新之卓越이足有見聞ᄒᆞ興起故仰佈全國洞府홈

西江倉前里前參奉李世白謹告

本校의被選ᄒᆞᆫ學徒ᄂᆞᆫ陽二月二十三日陰二月初一日에本校로來會事

陸軍幼年學校

水原楚坪面可樂洞田沓文劵中四旧記二張回祿遺失故玆以廣告ᄒᆞ오니內外國人勿論ᄒᆞ고得休紙施行홈

田沓主[illegible]泰[illegible] 告白

●開業廣告●

本社ᄂᆞᆫ文明開發ᄒᆞᄂᆞᆫ先驅의機關인故로茲에書籍印刷를開始ᄒᆞ얏ᄉᆞᆸ니다昔時에ᄂᆞᆫ活字의發明과印刷의進步가업더케當時文明에影響되엿ᄂᆞᆫ지鑑見ᄒᆞᆸ건ᄃᆡ韓國目下之國運에微ᄒᆞ야本社事業은ᄌᆞ못時에適當ᄒᆞᆫ施設이라生覺ᄒᆞᆸᄂᆡ다미量流車流船의ᄉᆞ明은交通上에亟甚ᄒᆞᆫ激變을現出ᄒᆞ야全世界의形勢를一變케ᄒᆞᆷ과又치智識交換과學術普及ᄉᆞ意思ᄉᆞ通ᄒᆞᄂᆞᆫ媒介ᄂᆞᆫ이라ᄂᆞ覺ᄒᆞᆷ만ᄒᆞᆫ書籍印刷出版이他日韓國面目을一新케ᄒᆞᆯ줄노本社同人이屈指之ᄒᆞᄂᆞᆫ비오또가장ᄉᆞ랑ᄒᆞᆯ보ᄃᆡ몬져業을開始ᄒᆞᆫ者ᄂᆞᆫ마니잇사오나其印刷가精妙ᄒᆞᆫ것과及交貨ᄒᆞᆷᄒᆞᆫ것신다日本에注文ᄒᆞᄂᆞᆫ거슬보면到底히目下急需에給ᄒᆞᆷ은推此可知올기本社ᄂᆞᆫ茲에所見이잇서精妙ᄒᆞᆫ機械와鍊熟ᄒᆞᆫ職工을擇ᄒᆞ야比裴을經營ᄒᆞᄂᆞ니一에ᄂᆞᆫ書籍을出版發行ᄒᆞ야韓日兩國의發展文化ᄒᆞᆷ에供資ᄒᆞ고一에ᄂᆞᆫ兩國商工社會의貴需에應ᄒᆞ야日用普通印刷를ᄒᆞ기로決定ᄒᆞ고우廉ᄒᆞᆫ와誠實홈은4耐의特色이오며鮮明ᄒᆞᆫ光澤잇ᄂᆞᆫ印刷物노ᄒᆞ야금今番다시僉君子의要用을達코져ᄒᆞ오니陸속愛顧ᄒᆞ심을敬希

印刷目

一書籍　一株劵　一小切手　一卒業證書　一褒賞狀　一案內狀

一렛테르　一가이드　一廣告類　一領受證　一和洋製本　一繪端書　一書簡[illegible]

其他各種應貴需

京城西署西小門內

日韓圖書印刷會社（電話三二二番）

社長兼理事　藤田謙一
副社長　仝　玄[illegible]采
理事　福島浪藏
仝　岩谷松平
仝　[illegible]金助
監事　後藤[illegible]
仝　具然韶
相談役　今井艮一
仝　[illegible]昇圭
仝　鄭顯哲

不動產擔保貸金開始

當此歲暮不覩此廣告者ᄂᆞᆫ非商業家也

韓國共同倉庫株式會社ᄂᆞᆫ本月은陰曆終임으로特別히一般商業家에金融을圓滑케ᄒᆞ기爲ᄒᆞ야日曜日에도不休ᄒᆞ고陰三十日ᄭᆞ지營業홈

一金融機關　商品及不動產을擔保로ᄒᆞ고輕ᄒᆞᆫ利息으로貸金홈

一基礎鞏固　韓國實業家唯一의金融機關이라

一保管安全　政府의特別保護가有홈

一證劵便利　寄託品에對ᄒᆞ야ᄂᆞᆫ賠償法의施設이有ᄒᆞ니損失ᄒᆞᆯ念慮가無홈 本會社의倉庫證劵에對ᄒᆞ야ᄂᆞᆫ各銀行에서貸金홈

一不動產貸金　家屋及土地에對ᄒᆞ야商民을限ᄒᆞ야貸金홈

一直接來議　本會社에來ᄒᆞ야接洽ᄒᆞ시ᄂᆞᆫ僉君子에게對ᄒᆞ야至極便利ᄒᆞᆫ方法이有홈

金利至低　手續簡切

光武十年一月十八日

本會社[illegible]孝[illegible]宮前　漢城共同倉庫株式會社

一東湖釜谷居金[illegible]源處推尋當五錢一萬四千兩於晉一[illegible]米會計二張幷爲서失故로廣告ᄒᆞ니內外國人間誰某拾得이든지休紙施行홈

西署龍山東門外契磚石洞　朴基昌　告白

義州郡守申羽均之貪饕不法一筆難言中所謂鄕錢督刷次錫上面執綱金宅輸嚴杖替納故不勝其苦累次乞還則稱以拒逆宅輸之二子一從發炮殺十古未有之事也盖殺人者死萬國公法之律云苟如是國法奚施冤魂何雪

金履周　告白

忠南沔川竹林面尺贊里居本人舍姪從兄弟性執과文五가性本悖類로京鄕出沒僞造文劵得債爲料ᄒᆞ니內外國人은切勿見欺홈

沔川於羅山居李心淳　告白

學員募集廣告（第二期）

本校에서法律學專門科（晝夜學）及理財學專門科（晝學）學員을新募ᄒᆞ오니聽學人은本校에來ᄒᆞ야請願應試ᄒᆞᆷ事

學科及規則은本校에來問ᄒᆞᆷ事

●試驗科目

國漢文　讀書、作文

算術　四則以內

●試驗日子

二月十三日（陰正月二十日）

光武十年一月四日

北署磚洞

普成專門學校

本社廣告

申報價

一張代金	新貨二錢五里
一箇月前金	三十錢
三箇月	九十錢
六箇月	一元七十錢
一箇年	三元四十錢
郵稅一部	新貨五里
一箇月	十三錢

廣告料

四号活字十三字詰每日每英尺一寸에新貨廿五錢
(每日每行에六錢에相當홈)
二周日에 二圜五十錢
(每日每行四錢五里에相當홈)
一箇月에 五圜
(每日每行四錢一里에相當홈)
其期限의長短과字行의多少를依ᄒᆞ야增減흠이有흠

大韓人마다此申報를不得不關覽ᄒᆞ실터이오니廣告出報ᄒᆞ실僉君子ᄂᆞᆫ來臨面議ᄒᆞ시옵

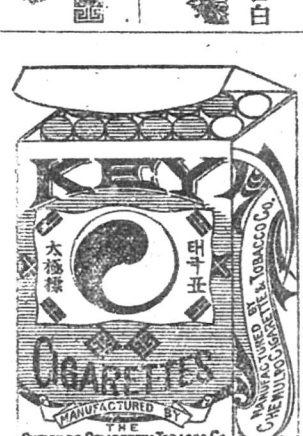

發行兼編輯人 英國人裵說
發行所
京城北署壽進坊磚洞号外地洞昌局前
大韓每日申報社

第四卷

大韓每日申報
대한매일신보

第一百三十號

月曜及慶節發行時休日刊

檀君開國四千二百三十八年
箕子元年三千二十七年
大韓開國五百十四年
日本明治三十九年
淸國光緖三十一年
陰曆乙巳十二月大廿七日乙丑

論說

通商

本記者ㅣ從日本人士聽聞컨ᄃᆡ極東通商均開之說이比比有之矣라日本之此諾을確信者ㅣ尙今頗多ᄒᆞ오衆所共知어니와下者京城에日本商會가提議于東京政府ᄒᆞᄃᆡ外他列强이韓國內利益을經營ᄒᆞ기前에韓國海關稅納을從日本所欲ᄋᆞ로領ᄒᆞᆷ이가失時之計라ᄒᆞ얏스니此豈平日之諾耶아日本之於每事에欲從已之所欲은非獨於韓國內니日本商賈가隨其軍隊以遠入ᄒᆞ야繼欲於外人ᄒᆞᆷ은彼之設辭에實爲過度反抗이로다近聞淸國雜誌컨ᄃᆡ特有如左題句ᄒᆞ니

列國商賈三十人이以滿洲通商之計로自相協約ᄒᆞ고其中프레이氏를擇差ᄒᆞ야經營其次序인바同氏가天津日領事를始見ᄒᆞ고同領事言內에現承本政府訓令ᄒᆞ야滿洲日軍留市日ᄭᆞ지ᄂᆞᆫ何許西歐人이던지使之不入其地라ᄒᆞ야더라此ᄂᆞᆫ滿洲一帶에萬國通商을此後十二月中에全然封閉ᄒᆞᆷ이니其多欲不公ᄒᆞᆷ은明且確矣라然이나亦有對此ᄒᆞ報之說ᄒᆞ니滿洲北境俄軍所居之地에ᄂᆞᆫ諸般通商이現得自由ᄒᆞᆯ뿐더러俄兵二十萬人의根據地되寬城子內에日商三人이無碍營業이오俄軍占領地域은全許外國通商之說을本記者ㅣ亦爲知悉이니其他多端訴論을言之何益이리오

프레이氏가多數有名商賈의聯署訴狀을帶去于北京ᄒᆞ야日本及米公使와面議此問題라ᄒᆞ니滿洲內에셔對外人不公ᄒᆞᄂᆞᆫ現狀을變ᄒᆞ기에日本官憲은或當厥迫ᄒᆞ리로다

官報

●第三千三百五十四號 光武十年一月十九日

◉勅令

勅令第四號

官等俸給令中改正件

光武九年勅令第一十四號官等俸給令第一條勅任官上에(親任官과)四字를添入ᄒᆞ고第二條全文을刪去ᄒᆞ고「親任官의官誥ᄂᆞᆫ御押을署ᄒᆞᆫ後에御璽制誥之寶를鈐ᄒᆞ야 大皇帝陛下ᄭᅴ옵셔此를親授ᄒᆞ시고勅任官의官誥ᄂᆞᆫ御璽制誥之寶를鈐ᄒᆞ고議政大臣이此를奉行ᄒᆞᆷ이라」六十九字로改正添入ᄒᆞ고第四條御璽下에勅命之寶四字를懸註添入ᄒᆞᆷ이라

光武十年一月十七日

御押 御璽 奉 勅

議政府叅政大臣朴齊純
外部大臣臨時署理
學部大臣李完用
內部大臣李址鎔
度支部大臣閔泳綺
軍部大臣李根澤
法部大臣李夏榮
學部大臣李完用
農商工部大臣權重顯

勅令第五號

外部官制改正件

第一條 外部事務를議政府에移屬ᄒᆞ고外事局으로改稱ᄒᆞᆷ이라

第二條 外事局은一等局이니議政大臣及參政大臣의命令을承ᄒᆞ야外國에關ᄒᆞᆫ交涉通商事務의各樣條約書及公文書類의保存과從前外部所管官有財産及物品의管理를掌ᄒᆞᆷ이라

第三條 外事局에ᄂᆞᆫ左開職員을寘ᄒᆞᆷ이라

局長 一人 勅任或奏任
叅書官 四人 奏任
主事 八人 判任

第四條 光武九年第十四號勅令案은廢止ᄒᆞᆷ이라

第五條 本令은頒布日봇터施行ᄒᆞᆷ이라

光武十年一月十七日

御押 御璽 奉 勅

議政府叅政大臣朴齊純
外部大臣臨時署理學部大臣李完用
內部大臣李址鎔
度支部大臣閔泳綺
軍部大臣李根澤
法部大臣李夏榮
學部大臣李完用
農商工部大臣權重顯

◉敍任及辭令

陸軍幼年學校教官金元求 軍部主事咸承杓
依願免本官
任軍部主事敍判任官八급 主殿院主事盧大錫
任陸軍監獄看守長敍判任官七級 軍部主事高永相
任軍部主事敍判任官八級 權丙弼
任陸軍幼年學校教官敍判任官八等 綿義大
以上一月十五日
秘書監丞俞鎭泰
金陵叅奉梁兌善
依願免本官
依願免兼任太醫院制卿 秘書監趙範九
任秘書監丞敍奏任官三等 正三品洪性友
兼任太醫院副卿 秘書監丞洪性友
任金陵叅奉敍判任官八等 尹是鉉
以上一月十六日
六品朴芝陽 全洪渾杓
任議政府主事敍判任官二級 五品金華圭 六品權源
任議政府主事敍判任官四급 九品黃祐璨 全洪鍾懋
任議政府主事敍判任官六급 六品申完淳 九品權泰稷
任議政府主事敍判任官七급
以上一月十八日

外報

●外相注意 日本新任加藤外務大臣은同省各高等官의進退向背ᄒᆞ야日難陟을自行ᄒᆞᆯ必要가無ᄒᆞᆫ故로次官以下各官이異動을希望치아니ᄒᆞ면依前存置ᄒᆞᆯ意向이라ᄒᆞ니然則山座政務局長도自地位에變更치아니ᄒᆞ고新外相의下에立ᄒᆞᆯ것ᄉᆞ며加藤外相은大臣官邸에移接치아니ᄒᆞ고砂土原町自宅에셔外務省에仕進ᄒᆞᆯ터이라더라

●露軍占領 俄國西伯利亞鐵道及其線路에從ᄒᆞ야重要ᄒᆞᆫ都市에ᄂᆞᆫ目下守備兵이悉皆占領ᄒᆞ얏다더라

●日俘歸朝 俄國에在ᄒᆞᆫ日本俘虜村上步兵大佐、溝口海軍少佐外將校同相當官待遇者九十二名、下士以下一千六百八十四名을載ᄒᆞᆫ德國軍艦은本月三十一日神戶에到着ᄒᆞᆯ意로該廳에電報가來到ᄒᆞ얏다더라

●火災死傷 十一日倫敦發電을據ᄒᆞᆫ즉美미네야폴니스旅館에셔失火ᄒᆞ야十一名의燒死及多數의負傷者가出ᄒᆞ얏스며其羅災者中前上海駐在美國領事메비드손氏ᄂᆞᆫ救出ᄒᆞ얏스나容體가危重ᄒᆞ다더라

雜報

歲。暮。百。忙。

舊曆除夕이 駸駸不遠ᄒᆞ야 市井에 有賣鬻之色ᄒᆞ며 閭巷에 有奔走之態ᄒᆞ야 簿記爲整理ᄒᆞ며 帳爲計除ᄒᆞ며 物貨爲催還ᄒᆞ며 錢財爲督刷ᄒᆞ며 柴糧爲準備ᄒᆞ며 布帛爲貿易ᄒᆞ야 凡百送迎之資를 無不汲汲焉일서 不問其富豪貧窮ᄒᆞ고 每於此時에ᄂᆞᆫ 惰者勤ᄒᆞ며 ᄂᆞᆫ者立ᄒᆞ며 婚者急ᄒᆞ며 委縣者ㅣ 奮發ᄒᆞ며 暴棄者ㅣ 振興ᄒᆞ야 開口則日歲色迫迫이라ᄒᆞ며 行步則忽忽望望ᄒᆞ야 若將不及然ᄒᆞ니 蓋是風俗之所尙也라

吾儕ㅣ 觀韓國人送舊迎新之狀況ᄒᆞ고 未嘗不喟然而興歎也로다 夫韓國人은 崇尙文華ᄒᆞ며 生長恬嬉ᄒᆞ야 怠惰之風과 蒙昧之習이 有若相染而成規焉ᄒᆞ야 當此時局缺裂之秋ᄒᆞ야 國家之宗社가 幾乎傾覆ᄒᆞ며 人民之生命財産이 幾乎淪陷이로ᄃᆡ 見之若行路事ᄒᆞ며 聽之若過去聲ᄒᆞ야 殆若無覺点兒懵懂而ᄒᆞ야 若魚鳥相忘ᄒᆞ니 此何狀態也오 當此之時ᄒᆞ야 自奮自强ᄒᆞ야 就進實業ᄒᆞ며 振興實業ᄒᆞ며 膨脹實力ᄒᆞ야 企圖國家人民之保維安全을 當如送舊迎新之心ᄒᆞ야 汲汲而望望焉이면 更憂何業之不就며 更憂何事之不成이리오

吾儕ᄂᆞᆫ 以爲韓國人民은 惟以送舊迎新之千忙百忙으로 爲發達實地事業之旨意ᄒᆞ야 奮其心銳其目而革其怠惰之固習ᄒᆞᆯ지라 然則國家之興復과 人民之安泰를 可指日而待也라ᄒᆞ노라

●贈褒忠節 本月十八日에 韓皇陛下셔옵서 從二品洪萬植氏의 殉國ᄒᆞᆫ 忠節을 表彰ᄒᆞ사 特贈從一品議政府參政大臣ᄒᆞ시고 令禮式院으로 施以綽楔之典ᄒᆞ시고 節惠之典은 不待狀議諡ᄒᆞ라 ᄒᆞ시고 遣秘書丞致祭ᄒᆞ옵셧다더라

●光校시驗 私立普光學校에서 冬期시험을 經ᄒᆞ얏ᄂᆞᆫᄃᆡ 甲班優等生李璨榮 乙班優等生辛昌根 丙班優等生李泰榮 丁班優等生李根榮等十人인ᄃᆡ 各任員과 敎師가 會集ᄒᆞ야 學業을 장勵勸勉ᄒᆞ고 書冊과 鉛筆等으로 分等施賞ᄒᆞ고 冬期放學ᄒᆞ얏더라

●禮山賊患 忠淸南道禮山大興等地에 火賊이 大熾ᄒᆞ야 該地火砲軍과 接戰ᄒᆞ얏ᄂᆞᆫᄃᆡ 火賊黨은 皆洋銃을 持ᄒᆞ고 砲軍은 舊式銃을 用ᄒᆞᆷ으로 賊黨의게 砲軍一名이 砲殺ᄒᆞᆫ바 되얏다더라

●民校試驗 私立國民師範學校에서 冬期시험을 經ᄒᆞ고 優等生 白元根 金秉鉉 金秉燦 李完植 申泰英五人을 選ᄒᆞ야 優數施賞ᄒᆞ얏더라

●韓兵悖行 再昨日下午七時에 砲隊兵丁二名이 典洞張哥酒店에 入ᄒᆞ야 五盃酒를 飮ᄒᆞ고 十盃肴를 喫ᄒᆞ고 또 酒價를 不給ᄒᆞᄂᆞᆫ지라 主人이 此를 詰責ᄒᆞᆫ즉 反히 主人을 酗辱毆打裂破衣冠ᄒᆞᆫ 故로 主人의 父七十老人이 出辨其是非ᄒᆞ다가 亦被毆打라 該酔兵이 反히 主人을 安洞支所로 勒執以去러니 于時衆人이 環集ᄒᆞᆫ 際에 憲兵下士가 來到ᄒᆞ야 該酔兵을 押去ᄒᆞ얏다더라,

●普校試驗 私立普成學校ᄂᆞᆫ 校長金重煥氏의 熱心으로 成立ᄒᆞᆫ비라 該校贊文夜學科에서 昨日에 冬期試驗을 經ᄒᆞ얏ᄂᆞᆫᄃᆡ 甲級에ᄂᆞᆫ 吳命根 申昌休 洪鍾元氏오 乙級에ᄂᆞᆫ 張世禎 南敬熙 尹寅求氏가 優等인지라 校長及講師尹始鏞 尹世鏞三氏ᄂᆞᆫ 一場勸學을 說明ᄒᆞᆫ後 各其優等의게 施賞ᄒᆞ얏다ᄒᆞ니 該校의 熱心敎育을 可知ᄒᆞᆯ깃도다

●一目慣察 自忠州郡으로 來ᄒᆞᆫ 人의 傳說을 聞ᄒᆞᆫ즉 觀察申泰熙氏ᄂᆞᆫ 到任未幾에 本郡來駐ᄒᆞᆫ 日本將卒이 日皇天長節慶祝에 請帖ᄒᆞᆫ즉 自稱尊大ᄒᆞ고 托病不叅ᄒᆞᄂᆞᆫ지라 該隊領官이 聞知其狀ᄒᆞ고 憤怒ᄒᆞ야 詰責其無禮ᄒᆞᆫ즉 所答이 不恭ᄒᆞ야 至於打頰地境ᄒᆞ니 究其所爲則猶屬欿后라 ᄒᆞᆯ여니와 全國之受恥가 可歎이오 兼有貪心ᄒᆞ야 富民이면 無端捉因ᄒᆞ고 甚至於屠牛坦서지 捉因奪財ᄒᆞ고 管下各郡殿最時에 治蹟與否ᄂᆞᆫ 勿論ᄒᆞ고 聽其所請之郡則居上ᄒᆞ고 若不酬應則居下ᄒᆞ야 荒雜莫甚故로 內部公論이 不一ᄒᆞ고 淸州郡에 秘訓ᄒᆞ야 邑底雜技罪人七名을 捉因ᄒᆞ라 ᄒᆞ얏ᄂᆞᆫ지라 依訓捉致ᄒᆞᆫ즉 皆是富人이라 該人等이 詰責郡守曰 民輩ᄂᆞᆫ 當初에 不知雜技ᄒᆞ니 此何擧措乎아 該倅가 秘訓事를 一一告ᄒᆞᆫ즉 該人等이 觀察과 對質ᄒᆞ깃다ᄒᆞ면서 觀察之所欲을 吾已稔知라 一分錢이라도 誓爲不納ᄒᆞᆫ다ᄒᆞ며 怨聲이 播藉ᄒᆞ니 開明時에도 亦有此等觀察인지 同氏가 一目이 睍視ᄒᆞ기로 見事不分明ᄒᆞ야 勿論有罪無罪ᄒᆞ고 置諸罪科ᄒᆞ야 作能察得利ᄒᆞ니 可謂一目慣察이라고 鄕說이 頗多ᄒᆞ다더라

●普校褒賞 普成學校(天然亭과 前西北鐵道局)에서 冬期試驗을 經ᄒᆞ얏ᄂᆞᆫᄃᆡ 金舜欽 吳元泳 朴容塾 丁奎成은 卒業證을 授ᄒᆞ고 各班優等은 李寅 金元得 李東明 申壽永 安慶成 閔與得 金箕永 李根東 李學回 車興男 李三福 李用朱 田千得 金世春 余淑石 黃明福인ᄃᆡ 校長金重煥氏가 學業進就를 嘉尙ᄒᆞ야 書冊筆墨等을 施賞ᄒᆞ고 敎授諸氏도 敎育發達에 一場說明ᄒᆞ얏다더라

●賊犯麗陵 陰曆十一月初八日夜半에 剃髮黑衣賊數十餘名이 猝至于高麗顯陵ᄒᆞ야 無難犯掘ᄒᆞᆫ 故로 該陵令張翼邦氏가 守僕等四五人을 卽爲指揮ᄒᆞ야 喊進ᄒᆞ야 去ᄒᆞᆫ즉 黑衣賊이 放銃揮劍ᄒᆞ야 使不得近前則衆寡不敵ᄒᆞ야 難以抵當키로 竟히 犯毁히야 長이 七尺餘요 廣爲五尺所라 ᄒᆞᄂᆞᆫᄃᆡ 該陵令이 職在守護之地에 有此作變ᄒᆞ니 聞極驚駭라 該犯은 刻期詗捉ᄒᆞ야 依法勘處ᄒᆞ고 當該入直令張翼邦은 先罷官ᄒᆞ고 陵上有탈處修改之節은 令地方官으로 從便擧行事로 禮式院에서 上奏ᄒᆞ야 奉旨修改ᄒᆞ며 事畢後에 秘書丞致祭ᄒᆞᆫ다더라

●會員作弊 鳳山一進會員朴景洙가 其甥姪年淺沒覺ᄒᆞᆫ 孫永國을 종유ᄒᆞ야 五十餘年前賣買蘆場事로 僞造文券ᄒᆞ고 非理行聽ᄒᆞ다가 該會京事務所에 互相談辯ᄒᆞ야 朴景洙의 一切奸狀이 綻露되매 該會로서 鳳山支會에 通牒ᄒᆞ야 各別嚴飭ᄒᆞ야다더라

●警部名稱 內部에서 議政府에 照會ᄒᆞ되 本部에서 警務顧問丸山重俊의 報告를 因ᄒᆞ야 本月一日노 警務顧問及附屬員의 執務所를 內部의ᄂᆞᆫ 警務顧問本部오 京城警務廳의ᄂᆞᆫ 京城警務顧問支部오 各觀察府의ᄂᆞᆫ 某州警務顧問支部라 名稱ᄒᆞ얏더니 照亮ᄒᆞ라 ᄒᆞ얏더라

●貪倅當查 內部에서 各該觀察使의게 發訓ᄒᆞᆫ 內槪에 瑞興郡守尹景祚貪婪事를 定査官究覈馳報事와 礪山郡守朴恒來不善治蹟을 査覈報來事와 豐德郡守朴準禹不法行政을 査覈事와 安邊郡守徐晩淳貪饕不法을 無或循私ᄒᆞ고 昭詳報明ᄒᆞ라 ᄒᆞ얏더라

●交印爲急 公州觀察府主事李圭承氏가 內部에 電報ᄒᆞ얏스되 昨電을 未承回敎ᄒᆞ와 印章管守가 時刻이 悚悶ᄒᆞ오니 署理之任을 卽速處分ᄒᆞ라 ᄒᆞ얏더라

寄書

送舊迎新歌

桑港 留學生

旅館寒燈긴혼밤에 客心悽然當事로다 意外에 號外新聞 新條約事件이라 그말듯고 驚起ᄒᆞ야 故國을바라보니 海天이 蒼茫ᄒᆞ야 白雲悠悠뿐이로다 數行淚雖禁ᄒᆞ니 雙袖龍鍾보기실코 後庭花曲업것마ᄂᆞᆫ 亡國之恨절노ᄂᆞᆫ다 酌彼金罍ᄒᆞ것마ᄂᆞᆫ 維不永傷되지안소 明美ᄒᆞ다 漢陽山川 至홀시고ᄂᆞᆫ듸 王基於萬斯年되련마ᄂᆞᆫ 賊子姦臣滿朝터니 賣國이어인일고 死節之忠잇것마ᄂᆞᆫ 憤氣之士아주업서 賣國ᄒᆞᆫ 逆賊놈들 至今ᄭᅡ지 사랏나며 二千萬우리同胞 내말숨드러보오 幾百年來우리國은 先聖道風 직킨다고 斯門弟子 自稱ᄒᆞ고 曰孔子曰孟子로 門子弟 敎育ᄒᆞ고 整衣冠端膝坐로 好光陰을 送ᄒᆞᆷ제 草堂春睡 깁히드러 窓外日遲 모로더니 庭前梧葉 忽秋聲에 ᄒᆞ마드러서 연ᄂᆞᆫ지 惡ᄒᆞ도다 北風雨雪 惡ᄒᆞ도다 山川을 虎待ᄒᆞ고 草木을 肅殺ᄒᆞ야 鬱鬱蒼蒼 간ᄃᆡ읍고 病樹枯木 뿐이러니 一瞬間 다시보니 肅殺之氣 간ᄃᆡ읍고 春王正月 다시왓네 二三月 花信風에 病樹에 곳치피고 枯木에 입히피여 錦繡江山 三千里에 萬和方暢 新態度라 群生草木 自樂ᄒᆞ니 木德元年 今年일세 비나니다 上帝씌 비나니다 二千萬 우리同胞 學問進步 어서되야 五百年 우리 王室克復 ᄒᆞᆫ번ᄒᆞ여 보기告ᄒᆞ노니 同胞의게 告ᄒᆞ노니 깁히ᄃᆞ좀 어서서여 鷄鳴盥漱 밧비ᄒᆞ고 上帝씌 祝願ᄒᆞ야 周雖舊邦 잇지마ᄂᆞᆫ 其命維新 잇나니 ᄂᆞ져온다 陽春德澤 ᄂᆞ져온다 (未완)

雜報

●歎亡國大夫

韓國人士之外國遊學者가其親知에게所寄書를得聞ᄒᆫ즉該遊學生이皆謂以亡國人이라ᄒ야賤待ᄒ며待가野만國人보다一層加甚ᄒ기로羞憤을不堪ᄒ야惟願速死라ᄒ얏스니此乃身境說話라其所遭不幸을孰不悲之리오第此遊學生이一箇青年으로天涯殊域의孤寄艱食ᄒ야風霜을冒盡ᄒ며身心을勞苦ᄒ야一團精神이學問上勉勵에專之ᄒ니此固可獎이오不可以侮辱ᄒ얏더니且於政治等事에初無一分職權ᄒ야國之興亡이非所當責이로ᄃ但其亡國人種所致로賤[illegible]待가猶此甚焉ᄒ니今若自手亂政ᄒ며自手亡國ᄒᆫ現政府大臣이各國에前往ᄒ진ᄃ其所蹂躪凌侮가必當百倍於學徒ᄒ야冢視加叱이倘屬斷后ᄒᆯ지니內則萬姓之怨毒이如沸ᄒ고外則列邦之賤待如此ᄒ야廣大天地에一身을難容ᄒ니人生到此에不如無生이어날曉彼所謂大臣者들은面厚鐵甲ᄒ며心昏如漆ᄒ야其職을冒居ᄒ며其祿을貪戀ᄒ야晏然視人에半点羞惡之心을未見ᄒ깃시니究厥情狀ᄒ면眞是狗彘之不若이라乃如之人兮여書之에秪可汚筆이로다

●殖民計劃 (續)

寒冷ᄒᆫ地方에ᄂᆫ東北人을移去ᄒ고蠶桑地에對ᄒ야ᄂᆫ斯業에經驗이有ᄒᆫ地方人民을移殖ᄒᄂᆫ等事가最히必要ᄒᆫ지라要컨ᄃ我韓移民經營은政府에서最注心血ᄒᆯ비오我移民希望者之數도亦甚夥多云ᄒ니解雪時期를不待ᄒ고早先着手를可以得見이라ᄒ얏더라 完

●興校獎賞 私立興化學校에서冬期試驗을經ᄒ얏ᄂᆫᄃ英語科甲班優等朴禹容乙班優等具滋彬丙班優等崔惠淵朴忠羲鄭載元日語科優等鄭喬煥崔璉崔榮周諸氏의게該副校長林炳恒氏와教師白象圭辛重華繼徐鷺諸氏가施賞勸勉ᄒ고放學ᄒ얏더라

●鄕향老로訪방問문醫의生싱이라 (속)

학ᄃ가잇슬손가 학ᄃ가업게ᄃ면 평등권리 그아닌ᄀ 평등권리 잇게ᄃ면 ᄌ유활동 못ᄒᆯ손가 ᄌ유활동 ᄒ게ᄃ면 누구를고기ᄒ며 무엇을부러ᄒ리 정부ᄃ신제공들은 져일ᄂ셰다르며 정치를발게ᄒ며 교육에마암두어 후싱을비양하야 쟈리를ᄀ라하오 빅셩을교유ᄒᆷ이 농부의게비유하면 산면슈면너른들에 곡식을심으라고 첫번에논거름쥬고 다음에ᄂᆫᄌᄌ더져 흙을덥허두엇다가 식이나셔ᄌ랄쩍에 잠쇼들졔히쥬며 복을도다비양하야 풍가날마다염려타가 오육삭에 결실하야 버혀드려노은후에 비로소방심하니 그곡식에들인공력 엇더타일으리오 인지를비양ᄒᆷ이 이와갓다하오리이 공력이들시안코 무엇이될터인가 바라고바라나니 교육을힘쓰시오 이너향젹말ᄒᆯ진ᄃ 신농유업본을밧아 의셔를비운후에 약국을ᄀ셜하고 막분독턴민동과 진피반하감활독활 쳔가비지 각종약을 봉지봉지달아놋코 병ᄌ의징셰보아 이것져것ᄀ입ᄒ야 병근을다ᄉ릴제 한가지잘ᄉ차면 병셰가변ᄒᆯ지니 범연하고될터인가 정부에ᄃ신들도 의원과갓ᄒᆫ지라 (미완)

廣告

水原楚坪面可我洞田畓文券中畓文記二張回祿遺失故玆以廣告內外國人勿論拾得休紙施行홈
田畓主權泰駿 告白

高陽馬頭里所在畓三石十四斗落과田四日耕文券을遺賊時에見失故로立旨를自官成出ᄒ고舊文券은休紙施行ᄒ오니內外國僉君子ᄂᆫ照亮ᄒ오셔切勿見欺ᄒ시옵
京城刀洞居 李召史 告白

西署皇華坊司僕洞第六十一統四戶二間貰人文券一張遺失誰某拾得休紙施行
沈道準 告白

開業廣告

本社ᄂᆫ文明開發ᄒᄂᆫ先驅의機關인故로玆에書籍印刷를開始ᄒ얏슴네다昔時에ᄂᆫ活字의發明과印刷術의進步가엇더케當時文明에影響되엿ᄂᆫ지鑑見ᄒ옵건ᄃ韓國目下之國運에微ᄒ야本社事業은ᄌ못時에適當ᄒᆫ產設이라生覺ᄒ옵네다可量流車流의ᄒ明은交通ᄒ게ᄒᆷ과갓치知識을換ᄒ야學術普及을思ᄒᄂᆫ [illegible] 書籍印刷出版이[illegible]國面目을一新케ᄒᆯ[illegible]奎노本社同人이所指之[illegible]비오또[illegible]社보다몬져[illegible]業을始ᄒ엿ᄂᆫ것[illegible]마니잇사오나其印刷가精妙ᄒᆫ것과交[illegible]은此可知옵기本社ᄂᆫ玆에[illegible]見이잇서精妙ᄒᆫ機와鍊熟ᄒᆫ工을擇ᄒ야此業을經營ᄒ오니一에ᄂᆫ書籍을出版發行ᄒ야韓[illegible]日用普通印刷를供ᄒ고一에ᄂᆫ兩國商[illegible]各位의貴[illegible]에應ᄒ야[illegible]色으로鮮明ᄒ기決定ᄒ고[illegible]廉價와[illegible]ᄒᆷ은[illegible]光澤잇ᄂᆫ印刷物노ᄒ야금今番다시僉君子의[illegible]用을[illegible]코져ᄒ오니陸續[illegible]ᄒ시믈敬希

印刷目

一書籍 一株券 一小切手 一卒業證書 一褒賞狀 一案內狀
一레테르 一廣告 一領受證 一洋製本 一給[illegible]書 一簡[illegible]
其他各種應貴需

京城西署西小門內
日韓圖書印刷會社 (電話三三番)

社長兼理事 藤田謙一
副社長仝 玄[illegible]
理事 藤島浪猷
仝 岩谷[illegible]平
仝 [illegible]金助
監事 [illegible]
仝 具然韶
相談役 今井艮一
仝 [illegible]昇圭
仝 鄭顯哲

不動產擔保貸金開始

當此歲暮不稍此廣告者此[illegible]業家也

漢城共同倉庫株式會社
今月은陰終이임으로特別히一般商民에金融을圓滑케하기爲하야日曜日에도不休하고陰三十日ᄭ지營業홈

一金融機關 商品及不動產을擔保로하고輕易으로貸金홈韓國實業家唯一의金融機關이라
一基礎鞏固 政府의特別保護가有홈
一保管安全 寄託品에對하야비償法의施設이有하니損失홀念慮가無홈
一証券便利 本會社의倉庫証券에對하야ᄂᆫ各銀行에서ᄃ金홈
一不動產貸金 家屋及土地에對하야商民을限하야貸金홈
一直接來議 本會社에直接히申請하시ᄂᆫ僉君子에게對하야ᄂᆫ更히利息이有홈

金利至輕待滿懇切

光武十年一月十八日
漢城共同倉庫株式會社

東湖釜谷居金道源處推尋當五錢一萬四千兩於音一片米會計二張幷爲서失故로廣告ᄒ니內外國人間誰某拾得이든지休紙施行홈
西署龍山東門外契磚石洞 朴基昌 告白

義州郡守申羽均之貪贓不法一筆難書中所謂鄕錢督刷次錫[illegible]之二子一從發火砲殺十古未有之事也蓋殺人者死萬國公法而今聞羽均左右圖囑欲逭償命之律云若如是國法奚施冤魂何雪
金履[illegible] 告白

忠淸道河川竹林面尺貫里居本人舍姪從兄弟性執과文五가性本悖類로京鄕出沒偽造人分得[illegible]爲料ᄒ니內外國人은切勿見欺홈
河川於羅山居李心淳 告白

●學員募集廣告 第二期

本校에서法律學專門科와夜學及理財學專門科夜學學員을新募하오니願學人은本校에來하야請願應시ᄒᆯ事
學科及規則은本校에來問ᄒᆯ事

●시험科目
國漢文 讀書、作文
算術 四則以內

●시험日子
二月十三日(陰正月二十日)

光武十年一月四日
北署磚洞
普成專門學校

●特別廣告

本申報分賣等事를釜山港舊館豆毛里書籍店全文和氏로義州南門外韓西大藥房主人張有寬氏의게委托하고逐號下送하오니購覽하시는 僉君子는照亮購讀하시며代金도同氏의게傳致하심을爲要

大韓每日申報社 告白

●雜誌發刊廣告

今에數理學雜誌를(每月五日一回定刊)發刊ᄒᆞ야教師諸氏[illegible]料를敢助ᄒᆞ고學生諸氏의獨[illegible]材料를供給코저ᄒᆞ오니有志諸氏는購讀ᄒᆞ심을切望

(但一部定價는新貨陸錢)

南大門內尙洞德公館右便 青年學院內 數理學雜志社

鍾路大東書市
布屛下金相萬冊肆
布[illegible]松[illegible]張[illegible]周紙廛
銅峴朴[illegible]紙廛
仁川港[illegible]峴開新冊肆

齒科 廣告

齒科醫士美國人씨、이듸워드、힌右事務所는南大門內達城尉宮內美國醫士스크랜돈家後에在홈

視診時間은每日上午九時로一時ᄭᆞ지下午二時로五時ᄭᆞ지

右時間外에特別히治療ᄒᆞ기를要求ᄒᆞ는人員은預先通知홈

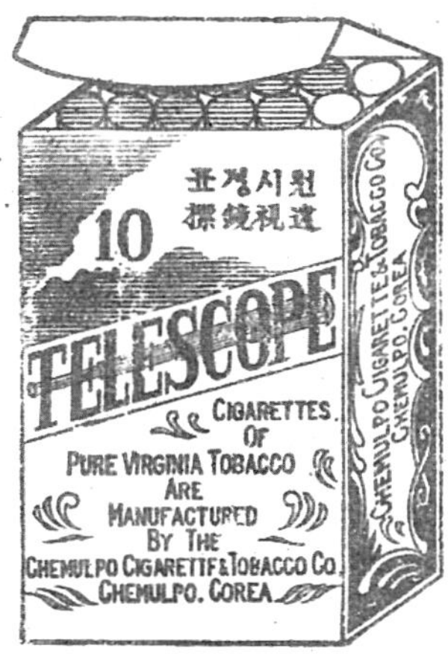

以上三種은上品으로製造ᄒᆞ야衛生上에至[illegible]益ᄒᆞ니毋論某人ᄒᆞ고本社에來顧ᄒᆞ옵

大韓帝國仁川港 濟物浦紙卷煙及烟草會社

●九轉靈砂라 本人이妙方法을神備하야製造ᄒᆞᆫ靈丹인ᄃᆡ男女老少에無論何症ᄒᆞ고通治ᄒᆞ오며無病時에도服ᄒᆞ면平生의身體가健康ᄒᆞ며小兒는四五錢重만服ᄒᆞ면十歲안에無病ᄒᆞ기를擔保ᄒᆞ오며

●九轉靈砂萬應丹은癲狂 癎症과中風諸疾과耳目諸病과淋疾에神效ᄒᆞ오

●九轉靈砂保命丹은初生小兒 驚風 瘈氣 咳嗽 腹瘡諸般熱症에 効ᄒᆞ오

●九轉靈砂濟衆丹은酒滯 食滯 血積 吐瀉 霍亂 痢疾 吐血 下血 運氣 時疾 痂症에神効ᄒᆞ오

●九轉靈砂紫金丹은痔漏 累[illegible] 上疳瘡 下疳瘡及唐瘡과諸般毒瘡惡種에無不神効ᄒᆞ오니 僉君子는[illegible]問ᄒᆞ시오

內需司前독갑이골上隅第一家 李鎭[illegible]移徙 告白

一 鷹標罐濃結牛乳
一 金印罐詰濃結牛乳
一 無糖家用氣化乳酪
一 쌔ㅣ든쓰製造麥芽化合牛乳

以上은常時에貯積ᄒᆞ얏슴

美國紐育港쌔ㅣ든쓰濃結牛乳會社

一手代理店 大韓仁川港 世昌洋行

◎本社特告

本社新聞을關西等地에廣佈ᄒᆞ기爲ᄒᆞ야平壤金典淵崔叡恒宣川安濬長連金鏞等三氏에게付托ᄒᆞ고逐號下送ᄒᆞ오니[illegible]覽에有意ᄒᆞᆫ僉君子는三氏에게購覽ᄒᆞ시며代金도三氏에게傳致ᄒᆞ심을爲要

大韓每日申報社

本社廣告

申報價

一張代金	新貨二錢五里
一箇月前納	三十錢
三箇月	九十錢
六箇月	一元七十錢
一箇年	三元四十錢
[illegible]	新貨五里
一箇[illegible]	十三錢

廣告料

四号活字十三字詰

每日每英尺一寸에新貨廿五錢 (每日每行에六錢에相當홈)

二周日에 二圓五十錢 (每日每行四錢五里에相當홈)

一箇月에 五圓 (每日每行四錢一里에相當홈)

其期限의長短과字行의多少를依ᄒᆞ야增減홈이有홈

大[illegible]ᄒᆞ다此申報를不得不閱覽ᄒᆞ실터이오니廣告出報ᄒᆞ실僉君子는來臨面議ᄒᆞ시옵

發行兼編輯人 英國人裵說

發行所 京城北署壽進坊磚洞号外地法語學校前

大韓每日申報社

第四卷

大韓每日申報

대한매일신보

第一百[illegible]號

月曜及慶節歲時日休刊

檀君開國四千二百三十八年
箕子元年三千二十七年
大韓開國五百十四年
日本明治三十九年
淸國光緖三十一年
陰曆乙巳十二月大廿九日丁卯

論說

新年

以陽曆計之컨딕今月第二十五夜가乃是除夕이라自翌日로宴飮이爲始나딕木了其與ᄒᆞ야韓國에가伊藤侯代理인手中에將歸ᄒᆞ리니爲勝悵[illegible]리오

今日取韓이出於過欲인즉是日本之所自知라爲此之擧가彼國인民活生에必要로彼或論辯ᄒᆞ나不識者意想에ᄂᆞᆫ此不[illegible]可[illegible]之ᄒᆞ니

如此異見은不可備言이어니와爲外인者ᄂᆞᆫ交涉事務를[illegible]向ᄒᆞ야[illegible]進取ᄒᆞ리니推一事詳察ᄒᆞ야其成效方針을深思ᄒᆞ건딕此哉日本之新日險이로다

韓國인民이日本指揮下에十年或二十年을經過ᄒᆞ며[illegible]其[illegible]孔嘉ᄒᆞ야[illegible]國民之[illegible]ᄒᆞ고自[illegible]之爲日本吸收를忍耐坐見[illegible]支[illegible]信ᄒᆞᄂᆞᆫ日本有志之士ㅣ불[illegible]不多ᄒᆞ니伊藤侯之意ㅣ이亦不外乎此라其[illegible]政策이下民을[illegible]장ᄒᆞ며士族을[illegible]弱ᄒᆞᆷ에在ᄒᆞ니正非他故라此後日本이公然統韓之日에無一인異言케ᄒᆞᆷ이로다

然이나以愚見度之컨딕伊藤侯及同志인士가未必自欺니經其回緣ᄒᆞ고畏其火災우인之實情이라去二年間日本勢力下에韓인經驗은雖二十年後日이라도其嫌을難忘이로다事後之論이有何故用이리오마ᄂᆞᆫ

若日本이眞實恒久ᄒᆞᆫ韓의親[illegible]을[illegible]인ᄃᆡ其所[illegible]이皆出於不當爲之事라略擧其端컨딕欺[illegible]政府ᄒᆞ며敵[illegible]官[illegible]ᄒᆞ다

以其貨幣整理之失策으로致此財政之艱竭ᄒᆞ야商路之永久불信을自取ᄒᆞ얏스며且以無數[illegible]犯行으로乃作仇讎於인民이로다

今若有一個인ᄒᆞ야旅行日本ᄒᆞ야[illegible]怒懟禍患을[illegible]接受ᄒᆞ야與此相等인民으로致ᄒᆞ戰端ᄒᆞᆷ을篤[illegible]ᄒᆞ리니此와如히現今當韓日인이[illegible]訓[illegible]上에韓인之[illegible]順ᄒᆞ[illegible]故ᄒᆞ韓인之[illegible]與ᄒᆞ涉을彼自斷言ᄒᆞ나所惡를孰불惡之리오[illegible]其念ᄒᆞ여다

官報

宮廷錄事

◉號外　光武十年一月十九日

詔曰此宰臣沈默之姿讜懇之忠因時艱棘[illegible]悰慨遂以奄忽可勝惻然卒從二品洪萬植喪葬需令宮內府從[illegible]輸送特贈從一品議政府參政大臣之職令禮式院施之綽楔與節惠之典不待狀請諡遣秘書丞致祭

光武九年十二月十四日

[illegible]日聞儒賢入闕辛欣何喩而[illegible]程勞擾得無損節遣秘書郞問起居以奏

一月十八日

宮內府大臣勳一等[illegible]李[illegible]克謹奏卒從二品洪[illegible]植贈職事　命下矣贈職案謹　上奏

光武九年十二月十四日奏

旨依奏

經筵官[illegible]業[illegible]稟從[illegible]來詣閤外請對矣

光武十年一月十八日奏

旨入侍

辭令

贈從一品崇政大夫議政府參政大臣　從二品洪萬植

光武九年十二月十四日

◉光武十年度歲入歲出總豫算表（續）

歲出臨時部

內部所管

第一款土木費一萬四千五百圓

第一項土木費一萬四千五百圓

第二款漂流撫恤金二千五百圓

第一項漂流撫恤金二千五百圓

第三款收埋費一百五十圓

第一項收埋金一百五十圓

第四款掃積費六千五百圓

第一項掃積費六千五百圓

第五款整理費十六萬五千七百[illegible]二十二圓

第一項整理費十六萬五千七百二十二圓

內部所管合計十八萬九千三百七十二圓

度支部所管

第一款家屋設備費七萬六千圓

第一項家屋設備費七萬六千圓

第二款測量講習費四萬四千圓

第一項測量講習費四萬四千圓

第三款財務整理費十[illegible]萬[illegible]

第一項財務整理費十萬[illegible]

第四款鑄[illegible]貨五萬六千九百七十四圓

第一項鑄[illegible]查費五萬六千九百七十四圓

第九款前年度歲入不足補塡額一百五萬圓

第一項前年度歲入不足補塡額一百五萬圓

度支部所管合計一百二十二萬六千九百七十四圓

學部所管

第一款各語學校[illegible]築費[illegible]萬圓

第一項各語學校增築費[illegible]萬圓

第二款農[illegible]校[illegible]費一百二十[illegible]圓

第一項[illegible]費一百二十[illegible]圓

第三款[illegible]業試驗所三萬六千四百八十四圓

第一項農業시驗所三萬六千四百八十四圓

學部所管合計八萬六千七百四圓

農商工部所管

第一款棉花栽培費四萬圓

第一項棉花栽培費四萬圓

農商工部所管合計四萬圓

歲出臨時部合計一百六十四萬二千五十圓

歲出總計七百九十六萬[illegible]三百八十八[illegible]

外報

◉[illegible]領事將派　俄國에서[illegible]國[illegible]과如히[illegible]國에總領事設置[illegible]을確定ᄒᆞ얏스나[illegible]이始無ᄒᆞ고且日本政府에도公然의通牒이無ᄒᆞ다더라

◉[illegible]　淸國[illegible]江[illegible]殺氏[illegible]江[illegible]匪徒가出沒ᄒᆞ야[illegible]의來往이危險ᄒᆞᆫ故로此를防ᄒᆞ기爲ᄒᆞ야[illegible]吃水淺ᄒᆞᆫ軍艦二隻을製造ᄒᆞ기로決定ᄒᆞ고日本商學에[illegible]ᄒᆞ야[illegible]造船所에注文ᄒᆞ고竣成期限은一個年으로契約을締結ᄒᆞ얏다더라

◉協約批准　九日北[illegible]電을據ᄒᆞᆫ즉淸日協約의批准은[illegible]英三國[illegible]間에[illegible]ᄒᆞ야合意[illegible]宮에至ᄒᆞ야九日에[illegible]ᄒᆞ이批准[illegible]ᄒᆞ얏다더라

◉[illegible]院解散　倫敦電을據ᄒᆞᆫ즉[illegible]英國[illegible]八日에[illegible]解散ᄒᆞ[illegible]詔勅[illegible]ᄒᆞ얏다더라

東京電報

●滿韓經營비 一月二十一日午後三時二十五分發

日本政府에서는滿韓經營비에就하야本年度豫算에不入하얏고登代此際에必要에應하야臨機支出額에依홀다云하더라

●答禮大使着京期 仝上

慶親王와如히韓國答禮大使一行은旅館及日本宮中의接件準修로因하야豫定期日보다二三日을延引하얏더니來二十三日에東京에着홀다더라

●捕虜交換비 仝上

露國에서捕虜交換비로金八千萬圓을領收홀터이라더라

雜報

●狐假虎威

現今日本人이自居一等國地位호며自恃戰勝之威稜호며自握保護國權勢호야對韓國人而桀如何待遇耶아韓國人이雖有文明的智識호며雖有啓發之學問호며雖有興奮之志意라도日本人之對韓人이必有藐視之思想이어든而況無文明之智識호며無啓發之學問호며無興奮之志意는姑舍是호고政治則腐敗호며社會則頹退호며國防則虛疎호며財政則凋渴호야實業也弗興호며實力也不充호야其亡其亡을觀不慮夕者乎아

然則日本人之蹂躙韓호며凌蔑韓호며壓迫韓이勢之自然이라豈敢怒之哉리오마는日本人이性雖狹隘이나自是法律拘束中人이라對其韓人하야不敢以無禮ノ習으로肆然加之于韓人이어날另有一種乖戾反常者호니言之不覺寒心也로다一種乖戾反常者는何也오卽以韓國人으로敎唆日本人호야反害韓國人이니可謂自割其肉而求飽其腹者라前日則韓人이符同日本人호야大者는惹起無前之大變호며小者는貽害生命財産호고近日則或藉托以警察顧問之高等警察호며或自稱以憲兵隊偵探이라호야嗾囑日人而暗中自國人호야勢深酷烈이無所不至호야無罪者는被拘滯囚호야無數鍛鍊호며無勢者는凌辱威갈호야無限困阨은猶屬歇后오甚至謀人財産호며害人生命이種種有之호니此非日本人이加害肆毒於韓國人이라卽韓國人이自戕其韓國人也니此豈非乖戾反常者哉아此非尋常細故也라國權之見奪과國威之見蝕이實由於此輩之종종幻弄之毒烈也니寔是韓國之一大變怪也오一大禍孼也니由是看之면豈非自亡其國이리오此是人心이渙散호고人道衰敗호고人理滅絶호야不有愛國之誠호며不有愛黨之心호야肆毒行惡호如狐假虎威然호니此可忍也오孰不可忍也리오

況此不令不法無忌無憚之雜流輩가素無學問이오只以蠅頭之微利와蜂尾之小毒으로逞害同胞而無禦侮之誼호니此輩를不可責備로ᄃ國家人民之大禍孼을不可不祛除而盡滅其支相然後에國家를維持오人民을可保全이니吾儕는深爲韓國禍孼호며深爲韓人寒心호노라

●舒倅美政 南來인의傳說을聞호즉舒川郡守閔健植氏는赴任以來로誠心做治하야一毫沾嚳心이不存하며聽理爲公中하고稅納焉無徵하야境內澹然少事하니衆簡是吏民이俱便거더라不動聲氣而贓盜有方하며濟以廉明而諸弊自祛하야萬口之訟이藹然生春하니如此循良之績은近時守令中에未可多見이라더라

●歲除休刊 舊曆歲除가隔日키로韓人에俗習을隨하야陰本月三十日봇터休刊하야來正月六日爲始發刊하깃사오니僉君子는照亮하옵

●靑學시驗 靑年學院은有志諸인이設立혼지至于今二箇年이라再昨日에冬期시驗을經하엿는ᄃ下午班은兪萬敎李東栢兪喜兼李容德이오上午班은金永烈金源宋李聖澤李鍾浩ㅆ인ᄃ院長柳一善氏와敎師周相鎬全德基徐相黨徐相八諸氏가學員을對하야勸勉혼後各其賞格을施與하얏더라

●日兵過去 平北觀察李根豐氏가內部에報告하되管下昌城郡에本月十七日日本陸軍工兵少佐三浦義幹이兵丁十四名과卜負六十駄를領率到郡하고十八日에同陸軍工兵少尉露木良策이兵丁一百名과負卜八十五駄를領率하고又到本郡하얏는ᄃ自該郡으로輸送于碧潼站이라하얏더라

●函請仍任 日舘書記官國分氏가內大의게公函하얏는ᄃ現接群港稅務官電報則全州郡守權直相을行將免官云하니方今稅政이尤急에留不可一日曠官이니該郡守에遞任一欵姑俟結稅磨勘하라하얏더니觀察內政府에서若有此事則統監府事爲계라하야다더라

●奉勅檢囚 再昨日午時量에左侍御李丙璜氏가勅令을奉承하야四天標信을持하고監獄署에來到하야罪囚의凍餓與斃者有無와輕重囚實數를調査以去하얏다더라

●法使歸國 法國公使利林德氏는去二十日上午에京仁鐵道初車를搭坐하고歸國次發程하얏다더라

法令有同兒戲

國之法은民之準的也라若其劃一裁定이無하면民必其編向에迷亂하야觸目陷敗之患을難免키로善治國者는立法出令之際에十分審思熟慮하야時勢之當否와民情之向背를燭照細計와如히較然解釋하며又必博謀于朝하야衆議詢同然後외懸諸象魏而三令五申하야國內諸民으로洞然見知而遵行케하기로法行而異論이不起하며令出而人心이服從하야可以久遠行之而有利無弊이거날韓則不然하야或數人之偏見으로率爾草定하며或外國之所聞을依樣畵葫하야暗筭勇計하며民情을弗顧하고突然行之에無所斟量키로今日所佈를明日反汗하며甲者所是를乙者排斥하야旋旋旋改에有初鮮終하야四方이傳笑하며諸隣이目誚하니苟有一分知識인ᄃ認可休矣어날當路諸公들이其消遣法令爲흥인지式日所務가惟其條例紛更에在하니此等紛更이未知何時에可了일지

시以近年事로論之커ᄃ職司名稱은幾度變改이며冗官除汰는幾度變改이며官制釐整은幾度變改이며道路清潔은幾度變改이며

結錢規定은幾度變改이며稅目糶는幾度變改이며俸金多少는幾度變改이며衣制黑白은幾度變改이며薙髮與否는幾度變改이며職制推治는幾度變改이며

地部改量은何以結果이며森林養成은何以結果이며水輪頒布는何以結果이며農部博物會는何以結果이며度量衡實施는何以結果인지

凡此數者이迄于今紛紜未定하야此息則彼起하며彼出則此例하야傀儡之弄丸이即其善諭인則雖使強記者로觀之라도必眩眼花에東西迷惑하야其名目之如何와歸屬之如何를莫可領略홀지니天下에有如是國體乎아伊來幾年에國庫之許多金錢만糜費하고成就와半点實效는未見하니

醫之컨ᄃ庸醫其病에有何機症侯는단然不知하고無端雜施方藥하야其財産을敗하며人命을誤홈과髣髴하니人雖無言이나獨不愧於心乎아

嗚呼라天工을人其代之하나니當路諸公들이各其自家에材試力量을揣摩하야可以有爲則諸般法令을趁早劃一制定하야獻局을整理하며生民을安保하고

如其未能인ᄃ雖白手光陰을費了하야도決無所濟홀지니即須解職退去하야勿使賢路로久妨하며蒼生으로久困케홈이其於廉隅義理에豈不可乎哉아

●豈인自矜 前靈巖郡守金晦秀氏는學大李完用氏의甥姪이라曾前靈巖郡守在任時에以貪虐不治로有名하던인이라其表叔의계雄州大邑을圖得하기로懇乞不已하니李完用氏는嫌於薦引甥姪하고且憚世인의是非하여降居農大權重顯氏의게密托하고與各大臣으로方在協議中인ᄃ金晦秀가自己의勢力과雄邑을圖得하며其財物을奪取홀계策을對인誇張에傍聽諸인이鼻笑答曰貴下가若爲一等郡守면李學大의名譽도減損홀뿐아니라一進會警告가猛至하리라하엿다더라

雜報

●三비俱下 祔太廟都監各樣需用비ᄂᆞᆫ七千三百四十圜七十五戔九里와財政顧問附齊藤兵吉等二十六인俸給及舍宅料三千五百八十圜二十四戔八리를豫비金中支出事로度支에셔徑稟裁下하얏다더라

●美使函請 美使代理司戴德氏가內部에公函하얏스되黃平京三道人口戶數의實數幾何를欲知코ᄌᆞ하니照亮錄示하라하얏더라

●誣獄餘勳 新任堤川郡守李瓚永氏ᄂᆞᆫ年前에誣獄을告發하여李承仁諸氏가無實ᄒᆞᆫ罪目으로數年滯囚하여一次對質을詰請하되同氏가隱避不現하더니今番守令敍任이되니遂安郡守李承仁氏ᄂᆞᆫ曩時釋嫌을爲하여敍任ᄒᆞᆷ이어니와李瓚永氏ᄂᆞᆫ誣獄告發ᄒᆞᆫ錄勳으로敍任ᄒᆞᆫ인지其裏由ᄅᆞᆯ難測이라하더라

●廢警可惜 海州觀察高永喜氏가內部의報告하되本部警務官印章은堅封上送이오며廢止ᄒᆞᆫ警務官劉鳳錫이赴任四朔에視務格勤ᄒᆞᆯ더러간熟日語에交涉便宜이옵고能於警務의戢盜有術이온바其才幹局이合有調用而無俸供職ᄒᆞ라가章至廢止하니情固悶難이라依照調用이라하얏더라

●鄕향老로訪방問문醫의生식이라 (속)

나라의병들음이 이러케급ᄒᆞᆫ쌔에 긴요ᄒᆞᆫ약봉지를 차셔업시더져노와 화제를연구안코 ᄒᆞᆷ부로쓰게드면 병이점점기ᄑᆞᆯ지니 병근을돌일손가 국력을발달코ᄌᆞᄒᆞᆯ게드면 민력을붓잡아야될터이오 민력을붓잡으랴ᄒᆞᆯ게드면 농공상업권면ᄒᆞ야될터이오 농공상업권면코ᄌᆞᄒᆞᆯ게드면 교육에힘을써야될터이오 교육을힘쓰고ᄌᆞᄒᆞᆯ게드면 학교ᄅᆞᆯ확장하야될터이오 학교를확장코ᄌᆞ하게드면 교ᄉᆞᄅᆞᆯ택용하야될터이오 교ᄉᆞᄅᆞᆯ택용코ᄌᆞ하게드면 인재를슈습하야될터이오 인재를슈용코ᄌᆞ하게드면 경향을물론하고 쳔소를불계하고 귀쳔을불구하고 청촉을밧지안코 슌젼ᄒᆞᆫ익국졍신 빙결불회ᄒᆞ게지혀 물의를치탐ᄒᆞ며 지식을시험ᄒᆞ야 젹당ᄒᆞᆫ칙임으로 면면이맛긴후에 근리선악감찰ᄒᆞ야 권면ᄒᆞᆯᄌᆞ권면ᄒᆞ고 죄줄ᄌᆞ죄를쥬고 상줄쟈상을쥬어 각기직분다케ᄒᆞ면 무어시안이될가 텬시가부ᄒᆞᆼᄒᆞ다 국운이불길ᄒᆞ다 텬시국운타슬말고 졍부더신일심되고 더소인민단체되야 일심단쳬셩을모고 긔파ᄌᆞ신ᄒᆞ개드면 문명진취이질이오 시졍개셔이것이라 (미완)

廣告

補助金

江西郡聞天義塾刱立비及敎育비에對하야義捐ᄒᆞᆫ諸氏의姓名과金額이如左

郡守李宇榮 二百元
一進會所 二百元
鄕長金基柱 五十元
議官白舜欽 六十元
鄕事鄭斗涉 六十元
幼學鄭敏基 六十元
參奉洪淳豊 十元
敎長洪錫薰 十元
幼學金基燮 十元
幼學朴□義 二十元
幼學金昌燁 十元
幼學李민斗 十元
幼學朴尙鉉 二十元
幼學朴元漸 五十元
主事□秉善 十元
敎員金最鍵 十元
石井初五郎 二元
敎員朴濶亨 十元
主事朴윤豐 二十元
幼學金進堯 十元
參奉金晉洙 四十元
注書金□洙 三十元
主事金性溶 二十元
主事鄭楨一 三十元
幼學金秉鐸 三十元
進士李□熙 二十元
幼學鄭基郁 十元
幼學轉明基 十元
幼學金璉杰 二十元
議官李元熙 二十元
郡廳金基泰 二十元
幼學崔□鶴 五元
金鳳鎬 十元
李有濟 十元
參奉李仁漸 二十元
幼學金承哲 二十元
主事金時權 五元
幼學金壽瓚 五元
李益柱 五元
金巨鏞 五元
金勉稷 五元
裵致增 五元
安貞梓 五元
崔應설 五元
朴仁綱 二十元
李貞俊 四元
李東晩 十元
송利鴻 十元
崔炳鍵 十元
朴봉燮 五元
□秉鎬 十元
朴璇齊 十五元
송大龍 五元
玉弘燮 五元
朴益奎 五元
金允河 五元
金基河 五元
金梅燁 五元
金洛淳 五元
金鼎禹 五元
參奉朴俊模 五元
幼學鄭乾佑 五元
全仕鉉 四元
參奉金啓교 五元
幼學金俊敏 十元
、金秉均 十元

(未完)

羲州郡、申羽均之貪饕不過一筆難言中所謂鄕錄錢督刷次組上面執綱金宅輪嚴村替納故不勝其毒累次乞遞則稱以拒逆宅輸之二子一從發兵砲殺千古未有之事也盖殺人者死萬國公法而今聞羽均左右圖囑欲逭償命之律云苟如是國法奚施寃魂何雪

金履周 告白

去九年十月二日陰九月四日夜에京居洪姓人이鴉片烟器具를携帶ᄒᆞ고挾房으로突入ᄒᆞ거날本인이往視詰責ᄒᆞᆯ際巡檢二名이忽入ᄒᆞ야越執本인ᄒᆞ야期欲捉去故로本인이辨詰理由ᄒᆞ고不生ᄒᆞᆫ슴該府에來留ᄒᆞᄂᆞᆫ前主事姜來遠이與인借來ᄒᆞ야縛繩出門ᄒᆞ다가反誘入室ᄒᆞ고吸烟贖錢이葉十萬兩이라ᄒᆞ고本月十日加納ᄒᆞᆫ票를勒討ᄒᆞ고또中贄라云ᄒᆞ고一千兩票를勒討ᄒᆞᆫ後에納錢日ᄭᆞ지巡檢으로把守시기고彼歸其家ᄒᆞ니本인이乘夜逃走라가至今에該票를推ᄒᆞᆫ즉十萬兩票ᄂᆞᆫ已爲셔失云ᄒᆞ고一千兩票만還給ᄒᆞ기에本인이無數言詰ᄒᆞ야도終云셔失故로不可不셔失證書를八收ᄒᆞ얏사오나此인의譎計ᄂᆞᆫ叵欺可畏라內外國인은以此照亮

大韓國慶尙南道晉州府大安洞居 姜周湜 告白

高陽馬頭里所在畓三石十四斗落과田四日耕文券을遺失ᄒᆞᆫ時에見失故로立旨를官成出ᄒᆞ고舊文券은休紙施行ᄒᆞ오니內外國僉君子ᄂᆞᆫ照亮ᄒᆞ오셔切勿見欺ᄒᆞ시옵

京城刀洞居 李召史 告白

西署皇華坊司倉洞第六十一統四戶二間貰人文券一張遺失誰某拾得休紙施行

沈道準 告白

水原楚坪面可栽洞田畓文券中謄文記二張回祿遺失故玆以廣告內外國人勿論拾得休紙施行

田畓主權泰駿 告白

●學員募集廣告 第二回

本校에셔法律學專門科晝夜學及理財學專門科晝學學員을新募ᄒᆞ오니願學人은本校에來ᄒᆞ야請願應試ᄒᆞᆯ事

學科及規則은本校에來問ᄒᆞᆯ事

●시驗科目

國漢文 論書、作文

算術 四則以內

●시驗日子

二月十三日(陰正月二十日)

光武十年一月四日

北署磚洞

普成專門學校

一月十九日雜報內의金世基氏가松都留守時의造蔘監官崔鶴永이가紅蔘三百萬兩價値를外上으로採蒸하야民擾가起ᄒᆞᆫ거시지貪虐ᄒᆞᆫ비가아니요光察로在任時의巡參安鎭憲이가嫌憾으로構陷ᄒᆞᆫ거시오人民이稱頌ᄒᆞᄂᆞᆫ거슨世所共知라今此新社의其孫이順興居族인의게立保ᄒᆞ고得入股金ᄒᆞᆫ거시라至今金氏ᄂᆞᆫ産業이蕩敗ᄒᆞ야家舍가無ᄒᆞᆫ境遇의他何能爲乎아尸牲皇城新聞社의數十股主가되ᄂᆞᆫ故도인以道聽途說로誤傳ᄒᆞ기가易ᄒᆞᆫ지라前後事狀을昭詳正誤ᄒᆞ노라

韓忠國 告白

楚山石橋居劉泰鎭에泰字을以大字로改名ᄒᆞᆷ

劉大鎭 告白

廣告

學員募集廣告

大抵教育은國家興廢의關係오人民存亡의原因이라我인士의[illegible]運[illegible]을爲하야去年冬에[illegible]되는淸州郡內에[illegible]力[illegible]心勸務하기를[illegible]하야學校를私設하고普通各科를[illegible]하[illegible]되留宿室도定하얏사오니無論本地方하고有志인士는陸續來學하시와國民議務에盡心勉力하심을爲望

忠淸北道淸州郡비

私立淸湖學校長 鄭永澤

總務長 本郡守 閔泳殷

前郡守 鄭樞澤

贊 領 尹[illegible]成

前郡守 朴齊洪

前宮傳 金鎭宇

前參判 李[illegible]元

贊 務 進 士 鄭龍澤

孫[illegible]夏

前主事 申[illegible]雨

前議官 羅相圭

一 入學試驗은國漢文讀書作文으로定홈

一 入학인의年齡은普通高等科에二十歲以上至三十五歲小학科에八歲以上至二十歲도許入하되학力의優劣를隨하야分等教授홈

一 학課는經史及各國新학問과其他農商工實業의實地見習과外國語等으로各科에分定홈

一 卒業期限은普通高等科에速成으로滿二個年小학科에滿三個年으로홈

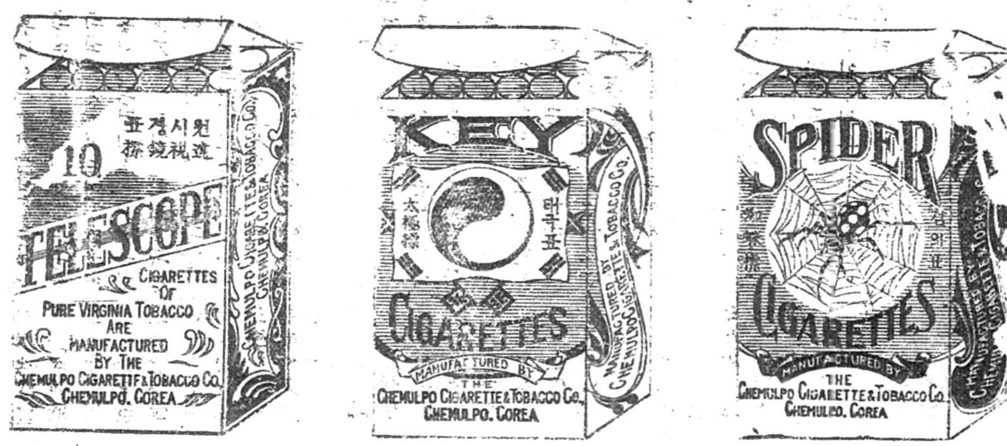

[illegible]物[illegible]紙卷煙[illegible]會社

一 鷹標罐濃煉牛乳

一 金印罐詰濃結牛乳

一 無糖家用氣化乳酪

一 멜―든쓰製造麥芽[illegible]

台牛乳

以上은常時에貯積하앗솜

美國紐育港멜―든쓰濃縮牛乳會社

一手代理店

大韓仁川港

[illegible] 洋行

● 九轉靈砂라 本人이妙方法을神備하야製造한靈丹인데男女老少에無論何症하고通治하오며無病時에도服하면平生의身體가健康하며小兒는四五錢重만服하면十歲안에無病하기를保全하오며

● 九轉靈砂萬應丹은癲狂[illegible]症과中風癎疾과耳目諸病과淋疾에神效하오

● 九轉靈砂保命丹은初生小兒[illegible] [illegible] 咳嗽 瀉滯諸般懸症에[illegible]效하오

● 九轉靈砂淸[illegible]丹은酒滯[illegible] 血積 吐瀉 霍亂 痢疾 吐血 下血 運氣 時疾 疝症에神效하오

● 九轉靈砂紫金丹은痔漏 累瘻 上疳瘡 下疳瘡及唐瘡과諸般毒瘡惡種에無不神効하오니 僉君子는少問하시오

內需司前屛갑이골上隅第一家 李鏞[illegible]移徙 告白

◎ 本社特告

本社新聞을關西等地에廣佈키爲하야平壤金興淵崔叙恒渲[illegible]安濬長連金龜等三氏에게付[illegible]하고發賣下送하오니 [illegible]에[illegible] 僉君子는三氏에게購覽[illegible]代金도三氏에게傳致[illegible]

大韓每日申報社

本社廣告

申報價

一張代金 新貨二錢五里

一個月前納 三十錢

三個月 九十錢

[illegible] 一元七十錢

一個年 三元四十錢

郵稅一部 新貨五里

一個月 十三錢

廣告料

四號活字十三字詰

每日每英尺一寸에新貨廿五錢

(每日每行에六錢에相當홈)

二個月에 二圓五十錢

(每日每行圓錢五厘에相當홈)

一個月에 五圓

(每日每行圓錢一厘에相當홈)

其期限의長短과字行의多少를依하야增減홈이有홈

大韓人마다此申報를不得不閱覽하실터이오니廣告出報하실僉君子는來臨面議하시옴

發行兼編輯人 英國人裴說

發行所

京城北署[illegible]進坊[illegible]洞[illegible]外[illegible]學校[illegible]

大韓每日申報社

第四卷

大韓每日申報
대한매일신보

第一百三十二號

月曜及慶節 歲時休日休刊

檀君開國四千二百三十九年
箕子元年三千二十八年
大韓開國五百十五年
日本明治三十九年
淸國光緖三十二年
陰曆丙午一月小初六日甲戌

論說

新春祝詞

陰崖草木에不能噓陽律ᄒᆞ고冷陸冰雪에不能回暖氣ᄒᆞ야담慘之色과淒絕之景이如天地閉塞ᄒᆞ고人物沈淪者ㅣ三冬于玆矣러니

歲鑰이忽啓ᄒᆞ고新燧已改ᄒᆞ야青臺봉曆이初頒丙午之新日月ᄒᆞ니太和一氣가轉于洪勻ᄒᆞ야舉天地在春風中이라於是陰崖草木이昭鮮而華ᄒᆞ며닝陸氷雪이융和而消ᄒᆞ야慘담者ㅣ明麗ᄒᆞ며淒絕者ㅣ怡悅ᄒᆞ고閉塞者ㅣ啓ᄒᆞ며沈淪者ㅣ升ᄒᆞ야煥然一變爲春王正月이라

現今韓國은方在陰崖닝陸之中ᄒᆞ야陽律이不噓ᄒᆞ며暖氣가不回ᄒᆞ야天地人物이俱在閉塞沈淪之悲境이라

雖然이나天道가有循環之理ᄒᆞ야嚴冬이復爲陽春이어든人事가豈無來復之日也리오一寒一暖은天道之順이오一盛一衰ᄂᆞᆫ人事之常이니韓國人民은愼勿以閉塞沈淪之悲境으로自墮其志ᄒᆞ며自喪其氣ᄒᆞ고惟待來復之日이豈非當然底事리오且來復之日은固知有於前途也로ᄃᆡ至於遲速之期ᄒᆞ야ᄂᆞᆫ惟在修人事而待天命이니全國人民은興奮之啓發之勇斷之淬勵之ᄒᆞ야善處其應變之機면來復之理가捷於響桴而快受文明之福이必與方春群生之樂으로互相表裏矣리니韓國人民은其勿泛之어다韓國人民은其勿泛之어다

吾儕ᄂᆞᆫ爲韓國之國事民計ᄒᆞ야嘔盡腔血이質諸上帝而無以疑也라故로喜覩天道之循環而質言人事之來復ᄒᆞ야希望韓國之國家人民이舉在春風中이라是以自爲孟春之道人ᄒᆞ야鳴之以木鐸ᄒᆞ노라

官報

◉第三千三百五十五號　光武十年一月二十日

◉宮廷錄事

詔曰命宮內府特進官金永典爲奉常司提調
　一月十七日

詔曰命慶尙北道觀察使李根澔爲中樞院贊議
　光武十年一月十七日
　　議政府叅政大臣朴齊純

詔曰全羅남道완島郡薪智島流終身罪人金在豐李忠求李龍漢智島郡智島流終身罪人姜盛馨閔用勳黑山島流終身罪人李祖鉉流十五年罪人張允相荏子島流終身罪人李鍾林流十年罪人金思燦珍島郡金甲島流終身罪人崔榮華姜仁必李承麟洪秉晋黃海道黃州郡鎭島流終身罪人金顯綸尹錫天長淵郡白翎島流十年罪人黃鶴性金聲振流三年罪人鄭根協幷放
　光武十年一月十八日
　　議政府叅政大臣朴齊純

詔曰命務安監理韓昌洙爲議政府外事局長
　光武十年一月十八日
　　議政府叅政大臣朴齊純

詔曰命陸軍副領趙民熙爲慶尙南道觀察使陸軍法院長申泰休爲慶尙北道觀察使
　光武十年一月八十日
　　議政府參政大臣朴齊純

議政府參政大臣陸軍副將勳二等臣朴齊純內部大臣陸軍副將勳一等臣李址鎔謹奏慶尙南道觀察使閔泳璇職在按察專事貪饕聽聞浪藉自內部電招查質至于一再已經一朔尙不上來弁髦部令一直滋甚事體所在不可仍寘該觀察使爲先免本官何如謹上　奏
　光武十年一月十七日奉
旨依奏

◉敍任及辭令

秘書監丞李能澤
禮式院掌樂課主事金용彬
平安南道觀察府主事李鍾淑
龍川監理署主事李璇珪
依願免本官

宮內府特進官金永典
命奉常司提調敍勳任官三等

正三品李丙默
任秘書監丞敍奏任官三等

奉常司主事南廷建
任禮式院掌樂課主事敍判任官六等

六品金용彬
任奉常司主事敍判任官五等

裵瓚均
任平安南道觀察府主事敍判任官六等

慶尙北道觀察使李根澔
任中樞院贊議敍勳任官一等

李萬九
任龍川監理署主事敍判任官六等

外部叅書官魚允迪
任龍川監理敍奏任官二等

以上一月十七日

務安監理韓昌洙
任議政府外事局長敍勳任官三等

陸軍副領趙民熙
任慶尙南道觀察使敍勳任官三等

陸軍法院長申泰休
任慶尙北道觀察使敍勳任官三等

議政府參書官金準用
任務安監理敍奏任官四等

正三品李建春
正三品朴慶陽
正三品元應常
任議政府叅書官敍奏任官三等

正三品李鍾協
正三品梁弘默
任議政府參書官敍奏任官四等

以上一月十八日

外報

◉撤還在邇　頃日淸國慶親王은駐淸列國公使와會見ᄒᆞᆫ時에德國皇帝께서唱道ᄒᆞ신北淸의撤兵期에對ᄒᆞ야大約其時日을指示ᄒᆞ얏다云ᄒᆞ고俄日間의不和恢復ᄒᆞ야滿洲에關ᄒᆞᆫ淸日間의協商도其結了를已否ᄒᆞ야條約文도不日內에兩國政府에서發表ᄒᆞᆯ터이며各國이北京公使館守備兵을除ᄒᆞ고其他駐屯軍을直隸에서撤退ᄒᆞᆷ이最好時機라고意見을陳述ᄒᆞ얏더니德國公使ᄂᆞᆫ頻頻이北洋練軍各鎭의訓練이得宜ᄒᆞ야直隸省內에土匪彈壓에ᄂᆞᆫ綽綽餘裕가有ᄒᆞ리라고賞讚ᄒᆞ며袁總督이責任을帶ᄒᆞ고將來直隸省內에在駐ᄒᆞᆫ外國인의生命財產을保護ᄒᆞᆷ에各國政府ᄂᆞᆫ天津其他의守備兵撤退를否認치안ᄂᆞᆫ다云ᄒᆞᆷ이英米兩公使도亦德國公使所說에同意를表ᄒᆞ얏슴으로外務部에서ᄂᆞᆫ目下此件에就ᄒᆞ야袁世凱氏意見을諮問中이라고十二月三十日附ᄌᆞ이나、타이무스新聞에揭載ᄒᆞ얏더라

◉韓日銀行　資本金에對ᄒᆞ야豫히神戶市에設立ᄒᆞᆫ韓日銀行은此程協議會를開ᄒᆞ고定款可作成됨으로써二百株以上의引受者ᄂᆞᆫ悉皆發起人이될터이나現今其引受決定ᄒᆞ고잇ᄂᆞᆫ것은伊藤長次郎의三十萬圓을第一合이百二十萬圓에上ᄒᆞᆫ模樣임으로써總資本金은三百萬圓되기ᄭᆞ지至ᄒᆞᆯᄂᆞᆫ지知치못ᄒᆞᆯ깃다ᄒᆞ더라

◉美韓華燭　近頃韓日兩國에來遊ᄒᆞ든[illegible]令孃아리스、루스벨트孃은來月十七日에華盛頓에서盛大ᄒᆞᆫ華燭宴을擧行ᄒᆞᆫ다ᄒᆞ더라

東京電報

●報聘大使入京 一月二十三日 午前十一時發

韓國報聘大使李載完氏一行은本日午前九時半에新橋驛에着ᄒᆞ얏ᄂᆞᆫᄃᆡ宮內省에서差送ᄒᆞᆫ馬車를乘ᄒᆞ고帝國旅館에投宿ᄒᆞ얏ᄂᆞᆫᄃᆡ鶴原總務長官以下ᄂᆞᆫ문司ᄭᆞ지出迎ᄒᆞ얏고新橋驛에ᄂᆞᆫ統監府員及宮內次官外務次官其他接件員三十餘名이出迎ᄒᆞ야歡迎ᄒᆞ얏더라

●韓國米輸入稅廢止運動別報 十四日午後一時十分發

韓國米輸入稅廢止運動委員等이各方面에歷訪ᄒᆞᆫ結果로外務、大藏、農商務各省에서도同意를得ᄒᆞ얏스나國際關係上으로韓國米만免稅ᄒᆞᆫ다ᄂᆞᆫ意見이一部에서現ᄒᆞ얏더라

●韓國報聘大使新年祝賀 仝上

李載完氏一行은本日(廿五日)韓國舊公使館에서新年祝賀會를開催ᄒᆞ얏ᄂᆞᆫᄃᆡ學習院及華族女學校를參관케ᄒᆞ얏더라

●韓國米輸入稅廢止運動消息 二十五日오後二時三十五分發

韓國米輸入稅廢止運動은大隈伯이大贊成하야進步黨에對하야盡力하기로誓하얏더라

●報聘大使謁見 仝上

韓國報聘大使一行은來二十七日에參니하야日本皇帝게謁見ᄒᆞᆫ다더라

●首相演說要領 仝上

日本西園寺首相은本日(廿五日)貴族院에서施政方針의演說ᄒᆞᆫ要領이如左ᄒᆞᆷ

滿洲利權을收하며韓國의保護를完全케ᄒᆞᆷ에ᄂᆞᆫ違算이無히指導啓發에不可不盡力ᄒᆞᆯ거이오其他니外施設에ᄂᆞᆫ政責에增加를多數에不免ᄒᆞᆯ지라國民은戰時에覺悟로以하야負擔에任ᄒᆞᆷ이要하다云하얏더라

●報聘대使謁見 二十七日오后四時發

李載完氏一行은本日(廿七日)參니謁見하얏ᄂᆞᆫᄃᆡ有栖川威仁親王久邇宮邦彥王兩殿下及伊藤統監田中宮니ᄃᆡ臣加藤外務ᄃᆡ臣이御會食에參列하얏더라

●書記官任命 仝上

鍋島桂二郞氏ᄂᆞᆫ本日(廿七日)統監府書記官을任하얏더라

雜報

●似非誠實

近聞政府之用人이或汲引於地方郡守ᄒᆞ며或推薦於各部官吏ᄒᆞ야似有公議之稍行ᄒᆞ니此是更張以後十年間初有之盛事라學問才術之卓越者와志氣幹局之通鍊者와不遇坎가之慷慨者ㅣ將次登庸於府閣臺省之間이면庶見扶時匡世之効焉이라豈非韓國之大幸이리오雖然現政府大臣이當此雌黃層激之時ᄒᆞ야或恐地位之不堅固하며或權勢力之不完全하야凡於用人之際에略擧其名譽宿著者하야補充於內外之職者ㅣ凡不過幾箇人이라此是掩天下之公眼하며塞一世之公舌하야自居公正明白之聲名이로ᄃᆡ實出於不得已之擧也오似非誠實心做去也로다何者오凡諸用人之際에有其聲譽夙著者ᄂᆞᆫ不問而用之하야試可而乃已가是爲秉公之心也어ᄂᆞᆯ假令十箇人調用之時에九箇人은猶是親緊食口也오一箇人은藉托其公薦而塞責也니此豈非不出於誠實心乎아第見之ᄒᆞ리라方官制改革에遞動人物이現存乎目下하니見其用인之如何면必不待吾儕之言而天下之公議가自在焉이니政府ᄃᆡ臣之用心을於此可以見之矣리라然이나學問才術者志氣幹局者不遇坎가者도益益擴充하며進進淬勵하야不以無인而不芳이면雌伏而煽翼하며蟄沈而昇霏ᄂᆞᆫ理之自然이라豈可無ᄃᆡ用之日也리오然則非徒政府ᄃᆡ臣之責也라卽進身者之責也니勉旃勉旃이어다

●當地通信 統監府書記官金山氏一行은本月二十四日午後十時에남大문驛列車로到着ᄒᆞ얏더라

●齒科入神 美國齒科醫士떼、이듸워드、힌氏가南署達城尉宮內施蘭敎家役에서開舖視務ᄒᆞᄂᆞᆫᄃᆡ其技術高妙ᄒᆞᆷ이當世無比라고稱譽者頗多ᄒᆞ다더라

●靑年無事 本月十二日本報中江華府에서一進會員과開進敎育會員과海産會社와同爲激鬪ᄒᆞᆷ을揭載하얏더니更聞ᄒᆞᆫ즉靑年會ᄂᆞᆫ初無相關之事라하더라

●山丈殉義 沃川居송山林秉璿氏ᄂᆞᆫ儒군宿德이오士林領袖라國權의墜失ᄒᆞᆷ을痛憤ᄒᆞ야ㅣ京請對ᄒᆞ야時事를筵奏ᄒᆞᆫ後自闕出來라가日人의拘執을被ᄒᆞ야瀛車로還鄕ᄒᆞ얏다더니去二十四日에太田停車場에서下車ᄒᆞ야小堤尤庵舊宅에入ᄒᆞ야點火를命ᄒᆞ고留宿ᄒᆞ더니鴉片을服ᄒᆞ고顧謂문人曰此藥이太無力이로다ᄒᆞ고又服一次에精神이又復如常이라顧謂문人曰此藥이何其無力고ᄒᆞ고更服一次에因爲自盡이라ᄒᆞ니山林之士가爲國殉義ᄂᆞᆫ可謂捨生取義오又聞ᄒᆞᆫ則송山林上京之日에入告夫人李氏曰此行에我當決死矣라夫人이能下從乎아夫人이笑曰丈夫之事ᄂᆞᆫ丈夫가處之ᄒᆞᆯ지오妾之所處ᄂᆞᆫ不須問也라蔽一言ᄒᆞ고今番之行에更勿以生還相對가爲好也니善自爲謀라ᄒᆞ고訣別之際에絶無一毫哀憐之色ᄒᆞ얏다니該夫人의以義割愛가또ᄒᆞᆫ古今罕有之事라ᄒᆞ더라

●諸氏放還 警務廳에被囚ᄒᆞ얏던安秉瓚張志淵崔在學吳周赫氏等十餘人과日本憲兵司令部에被拘ᄒᆞ얏던李起鉉박齊彬兩氏가陰十二月三十日에一齊放還ᄒᆞ얏다더라

●新校施賞 平壤日新學校에서冬期試驗을經ᄒᆞ얏ᄂᆞᆫᄃᆡ三等優等郭龍漢朴元五二等優等朴可梅一等優等金賢文의게鍊學會員諸氏及金壽哲氏가施賞勸勉ᄒᆞ얏더라

●挾私蔑公 上年八月에自軍部로江界駐隊에特務正校를擇差ᄒᆞᆯ事로該隊正尉李ᄃᆡ圭氏의게訓飭하야下士中可堪之人을試取以報라하얏기로該隊正尉가依訓試取ᄒᆞᆷ이송秉판은優等이되고金鍾爀은落第가된지라以是報告하얏더니十一月에至하야軍部官房에서優等된송秉관은置之하고落第된金鍾爀으로特務正校를差出하얏다니當初에該隊正尉의試取報告를依施치아니ᄒᆞᆯ터이면訓飭을不爲ᄒᆞᆯ거시오既有訓飭하야시取以報하얏스면依施가可也어날此格乎아其裏許ᄂᆞᆫ不問可知니所謂外國에遊學하야開明上意見이有하다ᄂᆞᆫ者가權利가手중에在하면挾雜之習이浮於他인하니國之前道ᄂᆞᆫ決無可望이라하더라

●比使請現 比國公使方葛氏가云有國書奉呈ᄒᆞ고陛見을照請于日公館ᄒᆞ얏ᄂᆞᆫᄃᆡ日館에서政府로轉照하얏다더라

●學參見遞 學部參書官金寧鎭氏ᄂᆞᆫ該部大臣과不協하야屢辭仕進치아니ᄒᆞᆷ으로上奏免官하고其代에前濟州郡守鄭喬氏로敍任ᄒᆞᆯ事로政府에請議하얏다더라

●陰謀見發 前主事李範錫等幾人이警務廳에被捉ᄒᆞ얏ᄂᆞᆫᄃᆡ其裏由를概聞ᄒᆞᆫ즉世所謂五賊에對ᄒᆞ야謀殺ᄒᆞᆯ秘密運動을行ᄒᆞ다가同謀者의게告發을被ᄒᆞ얏다더라

●靑會開演 皇城基督敎靑年會에서今三十日火曜下午七点半에布哇情形으로尹致昊氏가演說ᄒᆞᆫ다더라

●郡守奏本後輿論

近日各郡守之窠ᄂᆞᆫ各大臣의分食之資라其奏本에對ᄒᆞ야一般輿論이曰某也ᄂᆞᆫ某大臣之妻邊而得焉ᄒᆞ며某也ᄂᆞᆫ因某大官之寵妾而得焉ᄒᆞ며某也ᄂᆞᆫ以納賂幾萬而得焉이라ᄒᆞ고又其人品을論ᄒᆞᆫ者曰某也ᄂᆞᆫ攫奪民財ᄒᆞ고殺害人命ᄒᆞ야一道人民이欲食其肉者오某也ᄂᆞᆫ告發誣獄ᄒᆞ야陷害無辜를看作茶飯者요某也ᄂᆞᆫ曾以撼巡으로破逐於觀察者요某也ᄂᆞᆫ曾經民擾者오某也ᄂᆞᆫ僞造印章者니若此無狀之輩가皆被牧民之任ᄒᆞᆷ으로國中輿論이一層憤懟不平ᄒᆞᆫ지라吾儕가以世界之公筆로當歷擧其姓名ᄒᆞ야폭白其實이어니와至若現任大官輩ᄂᆞᆫ皆公行賣國ᄒᆞᆷ으로擧國이切齒ᄒᆞ고世界가譏傳ᄒᆞ니千秋萬世에脫不得一逆字라粗有一分人性者면宜乎革心改惡ᄒᆞ고推誠奉公ᄒᆞ야銓選之際에務得其人ᄒᆞ야以慰物情於鼎沸之餘ᄒᆞ고欲救民命於塗炭之中ᄒᆞ야將功贖罪에萬一을希圖ᄒᆞ깃거날乃長惡不悛ᄒᆞ야徇私蔑公이愈往愈甚ᄒᆞ니可謂豺狼梟獍이性質難改라積惡之極에奇殃이必至라ᄒᆞ더라

雜報

●溫塾施賞 藥峴溫粹義塾에서 陰曆歲前에冬期시驗을經하얏ᄂᆞᆫᄃᆡ校長金晩秀氏와教師송忠원氏와校監李教憲諸氏가學員을對하야권說로勸勉하고賞格을施與하얏심의第一班優等은申壽萬李快成河龍吉이오第二班優等은金凡龍浪永撤金與관이오第三班優等은張與伊송丁욱崔老味이라더라

●洪氏恤窮 洪知事틱杜氏ᄂᆞᆫ端雅公正하야學問是務하고世塵에不染ᄒᆞᆫ人이라歲除을當하야取貸ᄂᆞᆫ杜絶ᄒᆞᆫᄃᆡ同氏가其문客貧窮者의게窮부呼飢呼寒之狀을特念하야米幾斗錢幾十兩式量宜排惠하얏다니可謂今世活佛이라더라

●模糊主事 慶北選관察使李根支氏가內部에報告ᄒᆞ되本府主事金承源박應柱가俱以訟課所掌으로民訟에錯誤ᄒᆞᆷ은職務上疎忽ᄒᆞᆷ이有ᄒᆞ옵기一箇月減俸에處ᄒᆞ얏스니査照ᄒᆞ오셔辭令書을成下ᄒᆞ라ᄒᆞ얏더라

●教長請解 慶北永川郡守徐廷喆氏가內部에報告ᄒᆞ되淨土敎宗會長禹秉河가以布敎次로位牌를陪ᄒᆞ고本郡에來到ᄒᆞ야奉安次로分解를請求ᄒᆞ오나在邑擧行에不致擅便이오니査照指令ᄒᆞ라ᄒᆞ얏더라

●三氏下鄕 日昨日本憲兵隊에셔放還ᄒᆞᆫ박箕陽氏ᄂᆞᆫ自該隊로逐送于水原鄕第하얏고警務廳에셔放還ᄒᆞᆫ李설金福漢兩氏ᄂᆞᆫ現無路費ᄒᆞ야下去不得之際에農協李範九氏가銀貨十圓을助給ᄒᆞ야再昨日各其鄕第로下去ᄒᆞ얏다더라

●醉兵行悖 日昨남長洞居許鎰이가與其妻로同往于耶蘇教堂이러니남署憲兵李教源이無端乘醉叱辱ᄒᆞ고以軍刀로打之ᄒᆞ야許之妻가懷胎三四朔인ᄃᆡ驚仆地上ᄒᆞ야氣甚奄奄ᄒᆞ고許鎰도左膝이被傷ᄒᆞ얏ᄂᆞᆫᄃᆡ適其時日憲兵이來到ᄒᆞ야該李兵를남署로押去ᄒᆞ얏스나此等悖兵을若不痛禁이면街路上殘民行動이極爲難便ᄒᆞᆯ깃다더라

●勒良爲盜 仁港新任總巡金允福이今月二十日間의良民四名을勒爲竊盜ᄒᆞᆫ事狀을詳聞ᄒᆞᆫ則金元台ᄂᆞᆫ本是京인으로花開洞相逢樓彩鸞이라ᄂᆞᆫ女인相關하야情誼가頗밀ᄒᆞᆫᄃᆡ陰曆歲末의新衣를製造ᄒᆞᆫ見樣으로彩鸞의汚穢衣裳을持去하얏더니適會의客주尹衡叔家의本月十七日夜의火賊이突入하야金時計一件紙貨二十五元을盜去하얏ᄂᆞᆫᄃᆡ金允福이巡檢을率하고直向金元台私館하야不問曲直하고捕縛ᄒᆞᆯ時의旅館의同宿하ᄂᆞᆫ釜山박景三天安金聖五江華설景雲三人을同爲捕縛하야無數惡刑을猛施하고汝等이尹衡叔家의突入ᄒᆞᆫ火賊黨이不是乎아하니四箇良民이不勝痛推하야誣服ᄒᆞᆯ死境의至하얏스되贓物은一不現露ᄒᆞᆫ지라甚至旅館主인이該四인의明白無罪ᄒᆞᆷ을警務署의說明하되一向賊犯으로鍛鍊하ᄂᆞᆫ지라其中金元台가陳供하되我ᄂᆞᆫ彩鸞衣裳을持去ᄒᆞᆫ이縱非賊心이나弄假成眞으로供招하얏거니와同館三인은果是良民이라하며三인의家族이一時의憤鬱하야該總巡을警務廳의呼訴코ᄌᆞ하ᄂᆞᆫ幾微를知하고暗地放送하야스나金元台ᄂᆞᆫ賊犯으로尙今뇌囚하얏스니該總巡到任初의勒良爲盜하ᄂᆞᆫ惡習을一港인心이共憤ᄒᆞᆫ다더라

●鄕향老로訪방問문醫의生싱이라 (속)

쳔창만검무잇ᄒᆞ며 만리장셩무엇ᄒᆞ나 뎐시의불힝ᄒᆞᆷ도 가히감동ᄒᆞᆯ거시오 국운의불길ᄒᆞᆷ도 능히돌녀올거시오 강린의포학ᄒᆞᆷ도 가히제어ᄒᆞᆯ거시니 국부민강아니되며 ᄌᆞ쥬독립못될손가 어화우리동포들은 곤이돈잠셔오시오 다발갓네다발갓네 동역에셔도든히가 일즁이되얏스니 ᄯᅵ명턴ᄃᆡ지금이라 셔오시오셔오시오 잠잘ᄯᅢ가아니로다 일ᄉᆞᆸ에일은히가 셔양분원ᄒᆞᆫ고 셔산에걸닌히가 황혼이불원ᄒᆞ니 이ᄯᅢ를일케드면 다시엇기어려워라 아모리권고ᄒᆞ나 듯지를아니ᄒᆞ면 그말이쓸ᄃᆡ잇소 열업슨직담이니 ᄒᆞᆫ갓답답ᄒᆞᆯ뿐이라 소용이바이업네 나도녁엿싱각ᄒᆞ야 졍신을가다듬고 마암을셔오쳐셔 후일을기다리오

補助金 (속)

江西郡聞天義塾[illegible]立비及教育비에對하야義捐ᄒᆞᆫ諸氏의姓名과金額이如左

主事 吳夢養 二十元
仝 金應淳 十元
前正言李蒙濟 十元
幼學車觀軾五元 仝金璣應五元
主事康錫範五元 仝金履薰十元
仝安大淑四元 仝李[illegible]柱四元
仝尹尙烈四元 仝李芝勳四元
仝洪玄標二元 仝金 황二元
仝全永祿三元 仝金永伯二元
仝李根夷二元 仝張丁浩三元
仝朴錫述二元 仝金是智三元
仝韓見俊二元 仝金基元三元
仝全明俊二元 仝金達河二元
幼學韓命麟二元 崔洛鵬一元
李華烈二元 朴奎夏二元
吳[illegible]都二元 吳應三二元
仝洛均三元 仝澤均二元
金明濟三元 金用瑞二元
安濟民二元 張用錫二元
鄭奎煥二元 洪致樴二元
崔起韶二元 金學渉二元
[illegible]文甫三元 朴龍淳二元
朴[illegible]謙二元 明得奎一元
金基豊三元 康享淳二元
正三品任乘準五元
幼學吳덕杜二元 吳益[illegible]二元
吳致善二元 吳承弼二元
吳啓[illegible]二元 吳致魯二元
[illegible]儀鳳三元 韓善益一元
郭元範二元 崔濟천三元
韓鎭[illegible]三元 李相晃二元
李基[illegible]二元 李[illegible]國二元
李鍾夷二元 尹信民二元
崔麟穆三元 李秉奎二元
李命周二圓 崔致봉二圓
朴良弼二圓 金昌善二圓
박理麟二圓 柳[illegible]梳二圓
注書박鎭영二圓
幼學俞昌希 玄哲俊 [illegible]鼎洙
金致善 表昌煥 金贊益
송基豊 金學曉 李禧洙
金贊希 金元洙 李贊烈
金承謙 金達형 李관喆
鄭관祐 以上二圓
李延植五圓 姜在倫三圓
金治善三圓 金治鳳四圓
沈正淳三圓
金麟俊 李升鴻 韓[illegible]
洪鍾[illegible] 崔競烈 以上二圓
李과熙五圓 李秉鉉二圓
康元鍾五圓 康明학五圓
康明杰二圓 郭應一五圓
金應鎭二圓 申柱龍二圓
鄭道濟五圓 金致億五圓
金 瑨二圓 金鼎益二圓
趙智綱一圓 盧昌周四圓
金益龍二圓 金應權二圓
金文權一圓 金錫禧三圓
韓承후一圓 李應模二圓
楊哲信一圓 됴관淳一圓
楊봉祐二圓 金命喆一圓
文玄模五 李鎭鉉二圓
完

●特別廣告

本申報分辦等事를釜山港舊舘豆毛里書籍店全文和氏로義州南門外韓西大藥房主人張有寬氏의게委托하고逐號下送하오니購覽하시는　僉君子는照亮購讀하시며代金도同氏의게傳致하심을爲要

大韓每日申報社　告白

●雜誌發刊廣告●

今에數理學雜誌를(每月五日一回定刊)發刊ᄒᆞ야敎師諸氏의敎科材料를敢助ᄒᆞ고學生諸氏의獨學材料를供給코져ᄒᆞ오니有志諸氏ᄂᆞᆫ購讀ᄒᆞ심을切望(但一部定價ᄂᆞᆫ新貨陸錢)

南大門內尙洞德公舘右便靑年學院內　數理學雜志社

鍾路大東書市

布屛下金相萬冊肆

新門內松橋張智周紙廛

銅峴朴泓九紙廛

仁川港杻峴開新冊肆

齒科　廣告

齒科醫士美國人쎠、이ᄃᆡ워드、힐

右事務所ᄂᆞᆫ南大門內達城尉宮內美國醫士스크랜돈家後에在홈

視務時間은每日上午九時로一時ᄭᆞ지下午二時로五時ᄭᆞ지

右時間外에特別히治療ᄒᆞ기를要請ᄒᆞᄂᆞᆫ僉員은預先通知홈

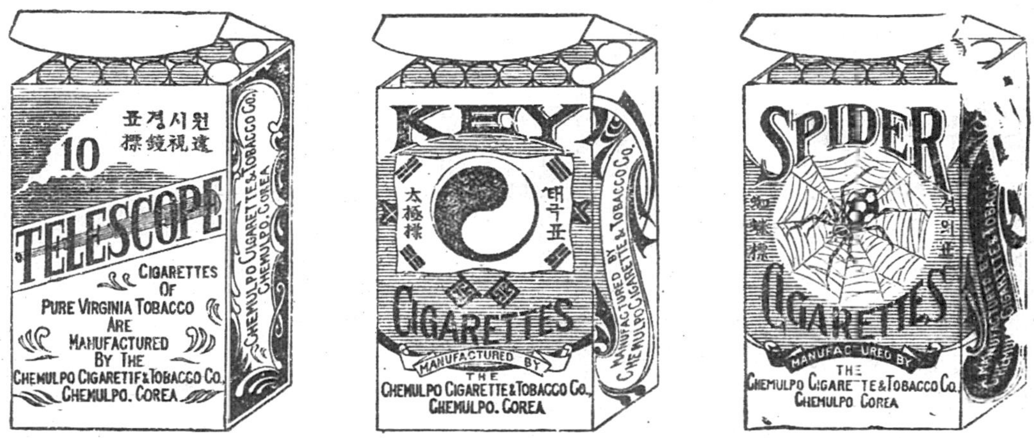

以上三種은上品으로製造ᄒᆞ야衛生上에至極有益ᄒᆞ니每論某人ᄒᆞ고本社에來願ᄒᆞ옵

大韓帝國仁川港

濟物浦紙卷煙及烟草會社

一 鷹標罐濃詰牛乳

一 金印罐詰濃結牛乳

一 無礬家用氣化乳酪

一 쏘ㅣ든쓰製造麥芽化合牛乳

以上은常時에貯積ᄒᆞ얏슴

美國紐育港쏘ㅣ든쓰濃結牛乳會社

一手代理店　大韓仁川港　世昌洋行

●九轉靈砂라　本人이妙方法을神備하야製造ᄒᆞᆫ靈丹인ᄃᆡ男女老少에無論何症ᄒᆞ고通治ᄒᆞ오며無病時에도服ᄒᆞ면平生의身體가健康ᄒᆞ며小兒ᄂᆞᆫ四五錢重만服ᄒᆞ면十歲안에無病ᄒᆞ기를擔保ᄒᆞ오며

●九轉靈砂萬應丹은癲狂　癎症과中風諸疾과耳目諸病과淋疾에神効ᄒᆞ오

●九轉靈砂保命丹은初生小兒　驚風　癎氣　咳嗽　腹瘡諸般惡症에　効ᄒᆞ오

●九轉靈砂濟衆丹은酒滯　食滯　血積　吐瀉　霍亂　痢疾　吐血　下血　運氣　時疾　瘧症에神効ᄒᆞ오

●九轉靈砂紫金丹은痔漏　累瀝　上疳瘡　下疳瘡及唐瘡과諸般毒瘡惡種에無不神効ᄒᆞ오니　僉君子ᄂᆞᆫ來問ᄒᆞ시오

內需司前독갑이골上隅第一家　李鎬廷移徙　告白

◎本社特告

本社新聞을關西等地에廣佈ᄒᆞ기爲ᄒᆞ야平壤金興淵崔叙恒宣川安濬長連金龜等三氏에게付托ᄒᆞ고逐號下送ᄒᆞ오니購覽에有意ᄒᆞᆫ僉君子ᄂᆞᆫ三氏에게購覽ᄒᆞ시며代金도三氏에게傳致ᄒᆞ심을爲要

大韓每日申報社

本社廣告

申報價

一張代金	新貨二錢五里
一箇月前銅	三十錢
三箇月	九十錢
六箇月	一元七十錢
一箇年	三元四十錢
郵稅一部	新貨五里
一箇月	十三錢

廣告料

四号活字十三字詰每日每英尺一寸에新貨廿五錢(每日每行에六錢에相當홈)

二周日에　二圜五十錢(每日每行圜錢五厘에相當홈)

一箇月에　五圜(每日每行圜錢一厘에相當홈)

其期限의長短과字行의多少를依ᄒᆞ야增減홈이有홈

大韓人마다此申報를不得不閱覽ᄒᆞ실터이오니廣告出報ᄒᆞ실僉君子ᄂᆞᆫ來臨面議ᄒᆞ시옵

發行兼編輯人　英國人裴說

發行所

京城北署壽進坊磚洞몹外地法語學校前

大韓每日申報社

第四卷

大韓每日申報
대한매일신보

第一百三十三號

月曜及慶節歲時日休刊

檀君開國四千二百三十九年
箕子元年三千二十八年
大韓開國五百十五年
日本明治三十九年
淸國光緖三十二年
陰曆丙午一月小初七日乙亥

論說

戰效

日本之自有國所得을視之컨ᄃᆡ擧皆臨時之事ㅣ니日本之享有此權이不長이라其間鑛利ᄂᆞᆫ尙矣어니와反爲煩累며且日本이諸般權利를限終之日에欲爲還附인ᄃᆡ

一般俄軍을逐出滿洲以外ᄒᆞᆫ空然思想으로浪費된二十億圓을終何處充補오樺太南部와其他漁場이亦時獲得之物이나俱因氣候之不宜ᄒᆞ야其利與不利가亦可疑也ㅣ니惟一向望은韓國이是也라然이나

韓國內日本業務가多有抵觸之性ᄒᆞ야此後五年間에韓日이各不能諸益이로다韓國內에政治軍略及經濟上에日本優權을英俄가承認ᄒᆞ얏고此問題에在ᄒᆞ야其中立은韓國이爲其模本故로日本이定其地位於韓國이나其結約形止ᄂᆞᆫ談辯上口實을常時不免ᄒᆞ리로다

政治軍略上利益에日本向意ᄂᆞᆫ已有縮身이라擴張이依例之事나其擴張方針은業已顯示無餘矣어니와其經濟與財政上利益은特有ᄒᆞᆫ異之別ᄒᆞ나一段注目은日本商民에게對ᄒᆞᆫ同一待遇를他商民에게도均與ᄒᆞᆯ거시어날日本個人의貪慾이列社性有證이로다且日本人이列國均商을公然封閉하ᄂᆞᆫ多少例證을今欲引說ᄒᆞ노니

第一鐵道問題라軍略必要上가但爲想給ᄒᆞ야京義線路를敷設ᄒᆞ야戰時러니今旣休戰矣라此乃爲商業之用ᄒᆞ니每年收入에適宜ᄒᆞᆫ報償을自韓廷收納ᄒᆞᆷ이可謂公正이어니와某樣觀之컨ᄃᆡ於韓國鐵道事項으로ᄂᆞᆫ列國之於日本에競爭力이全然無望이며且其軍略取地가亦可注意者ㅣ니代金有無ᄂᆞᆫ不必道也어니와商業上最要地點을藉其軍用ᄒᆞ고以力取之ᄒᆞ야使作根據于同國商民이며

且韓國內日本商民이韓國海關稅納을日本에內地工作을保護ᄒᆞᄂᆞᆫ稅則과同一ᄒᆞ게變更ᄒᆞ기를提議ᄒᆞ얏고同商民은特蒙辦別ᄒᆞ기를希望ᄒᆞᆷ이昭然ᄒᆞ니以此諸般事觀之컨ᄃᆡ列國均商이歸於烏有일가恐懼不已ᄒᆞ노라

官報

◎第三千三百四十三號　光武十年一月六日

◎廳令

警務廳令第二號

街路管理規則

第一條　街路에서軌道鐵管의類를布設ᄒᆞ거나ᄯᅩ軒檐其他工作物을建設ᄒᆞ거나突出ᄒᆞᆯ時ᄂᆞᆫ各該所管警務署를經ᄒᆞ야警務廳에請願ᄒᆞ야許可를受ᄒᆞᆯ事

第二條　工事或作業ᄒᆞ기爲ᄒᆞ야一時街路를使用ᄒᆞ거나或長大ᄒᆞᆫ物件을運搬ᄒᆞᆯ時ᄂᆞᆫ各該所管警務署에請願ᄒᆞ야許可를受ᄒᆞᆯ事

但一時商品을駄卜ᄒᆞ거나或行路管護者로通行의妨害를不爲ᄒᆞᆯ境遇에ᄂᆞᆫ此限에不在ᄒᆞᆯ事

第三條　街路에서연說ᄒᆞ거나연藝人衆을聚集ᄒᆞ야通行을妨害ᄒᆞᆷ이不可ᄒᆞᆯ事

第四條　電線을架設ᄒᆞᆫ街路에서紙鳶을揚ᄒᆞᆷ이不可ᄒᆞᆯ事

第五條　街路에서軍隊나葬式이나鄕使用具나消防用具의車馬와盲者를逢着ᄒᆞᆯ時ᄂᆞᆫ避讓ᄒᆞᆯ事

第六條　街로에서諸車와牛馬가逢着ᄒᆞᆯ時ᄂᆞᆫ互相右便으로避讓ᄒᆞᆯ事

第七條　城門과橋梁及往來雜踏ᄒᆞᆫ街로에서ᄂᆞᆫ右側으로通行ᄒᆞᆯ事

第八條　城門과街角과橋上及往來雜踏ᄒᆞᆫ街로에行車ᄒᆞᆯ時ᄂᆞᆫ音響器를鳴ᄒᆞ거나或呼鐘을鳴ᄒᆞ야警戒케ᄒᆞ고徐行ᄒᆞᆷ이可ᄒᆞᆯ事

第九條　夜中燈火가無ᄒᆞ고自轉車를乘ᄒᆞᆷ이不可ᄒᆞᆯ事

第十條　五歲未滿의小兒를街로에獨步케ᄒᆞᆷ이不可ᄒᆞᆯ事

第十一條　票臺橋梁其他街로의建設物及樹木을毁壞汚損ᄒᆞ든지或此에塗墨付札等을爲ᄒᆞᆷ이不可ᄒᆞᆯ事

第十二條　街로에서偃臥ᄒᆞ거나袒裼ᄒᆞ거나裸體或股脚을露出ᄒᆞᆷ이不可ᄒᆞᆯ事

第十三條　가로ᄂᆞᆫ沿道의居住者가擔負ᄒᆞ야恒常淸潔케掃除ᄒᆞᆯ事

第十四條　가로에瓦礫이나塵芥나禽獸의死體或其他汚穢物을投ᄒᆞ거나糞尿를排出케ᄒᆞᆷ이不可ᄒᆞᆯ事

第十五條　가로에서大便과或小便을放ᄒᆞ거나或放케ᄒᆞᆷ이不可ᄒᆞᆯ事

第十六條　警察官吏가가로通行妨害되ᄂᆞᆫ行爲로認ᄒᆞᆯ時ᄂᆞᆫ此를除去停止或危害豫防의裝置를命ᄒᆞᆷ이有ᄒᆞᆯ事

第十七條　本則을犯ᄒᆞᆫ者ᄂᆞᆫ一十以下의笞罰或三日以內拘留에處ᄒᆞᆯ事

附則

第十八條　本則은光武十年一月一日로봇터施行ᄒᆞᆯ事

光武九年十二月三十日　警務使尹喆圭

外報

◎衆議院議長決定　本月二十二日東京電을據ᄒᆞᆫ즉衆議院議長은杉田定一氏로當選ᄒᆞ얏다더라

◎淸國遣洋大使　同日同電을據ᄒᆞᆫ즉載澤氏ᄂᆞᆫ今朝新橋驛에着ᄒᆞ얏ᄂᆞᆫᄃᆡ東鄕大將及伊集院、花房、珍田、千家諸氏等以下淸國公使館員其他百餘名이歡迎ᄒᆞ야芝離宮에入ᄒᆞ얏다더라

◎全院委員長　同日同電을據ᄒᆞᆫ즉全院委員長은關直彦氏가當選ᄒᆞ얏다더라

◎總務長官赴任期　本月廿三日東京電을據ᄒᆞᆫ즉鶴原統監府總務長官은本日午後新橋에서發車ᄒᆞ야赴任途次에大阪에서二日滯留ᄒᆞ고山陽線으로門司에着ᄒᆞ야同所에서木內部長等의一行과會合ᄒᆞ야二十七日에渡韓ᄒᆞᆫ다더라

◎日本軍艦回航　同日同電을據ᄒᆞᆫ즉新軍艦香取、鹿島、回航委員及同航員以下ᄂᆞᆫ本月二十三日에發程ᄒᆞ얏더라

◎德法兩國公使　同日同電을據ᄒᆞᆫ즉德國及法國駐日兩公使ᄂᆞᆫ交迭ᄒᆞ기로決定되야來三月中에歸任ᄒᆞᆫ다더라

◎兩將叙任　本月二十六日東京電을據ᄒᆞᆫ즉乃木大將及川村大將은本日軍事參議官을叙ᄒᆞ얏고

中原定三郎
中村彦
秋山武三郎

以上諸氏ᄂᆞᆫ統監府技師에任ᄒᆞ얏고

矢野儀三郎

統監府通信管理局事務官을任ᄒᆞ얏다더라

東京電報

● 栗野榮遷 一月二十九日午後六時五十五分發

日本特命全權公使栗野愼一郎은佛國全權大使를被命ᄒᆞ얏더라

● 鎭道布設請願書 仝上

鎭南浦居留民은平壤甑南浦間에鎭道布設請願書를日本帝國議會에提出ᄒᆞ얏더라

● 大使歸期 仝上

報聘大使一行은大命을無事히結了ᄒᆞ얏슴으로來二月二日에出發歸國ᄒᆞᆫ다더라

● 日本陸軍紀念日 仝上

露日戰爭中에奉天占領ᄒᆞᆫ三月十日노陸軍의露日戰役大紀念日노定ᄒᆞ고陸軍一般이每年에祝意를表ᄒᆞᆫ다더라

雜報

● 春說貽韓之同胞

是月은乃舊曆之春王正月이라北陸之寒陰이已盡ᄒᆞ고四郊之積雪이漸消ᄒᆞ야山川雲煙이居然其婉媚ᄒᆞᆫ狀態를呈ᄒᆞ며草木昆虫等群物이皆其生發底意思를含有ᄒᆞ니譬之於人컨ᄃᆡ懶役餘生이治世를重逢ᄒᆞ야欣欣然其生을安ᄒᆞ며其業을樂ᄒᆞᆷ과如ᄒᆞᆫ지라迨此良辰佳節ᄒᆞ야人與物로一般舒泰ᄒᆞᆷ을同所深祝이로되第以韓國形狀으로觀之컨ᄃᆡ一自國權移奪後로所謂政府ᄂᆞᆫ浮萍漂偶之逐波無定과同ᄒᆞᆫ可憐이고許多人士ᄂᆞᆫ傷時憤世之心을各自不堪ᄒᆞ야拔劍斫地에悲歌慷慨者도有之ᄒᆞ며閉門索居에隱遯永歎者도有之ᄒᆞ며北風其凉에携手同歸者도有之ᄒᆞ야愁苦怨恨之色이溢於四境ᄒᆞ야陽春이雖到나半点兒和氣를未見ᄒᆞ니爻象之如是慘담을吾爲韓人悲之어니와雖然이나物之榮茂와人之快樂이亦有遲速深淺之不同ᄒᆞ니吾儕ᄂᆞᆫ韓之同胞를爲ᄒᆞ야另以數行春說로奉贈ᄒᆞ노라今夫幾番花信風에萬紫千紅이爭姸鬪艶ᄒᆞ야桃蹊之畔과巷陌之間에錦繡堆成ᄒᆞ고翡翠交映ᄒᆞ니一時繁華가非不可觀이나凡卉衆芳이自是朝榮暮衰ᄒᆞ야其所繁華가一枝春境에不過ᄒᆞ니盖此凡卉衆芳之春은識者之所不取이고若乃貫四時而不變ᄒᆞ며閱百歲而長靑ᄒᆞ야森森直幹이雲霄에挺立者ᄂᆞᆫ松栢之春也요嚴霜夜飛에白草已衰ᄒᆞᆫᄃᆡ身披黃金甲ᄒᆞ고能與秋風一戰者ᄂᆞᆫ菊之春也오大冬寒天에雪虐風饕ᄒᆞᆫᄃᆡ鐵髓氷肌가嫣然獨笑者ᄂᆞᆫ梅之春也오煌煌경葉이一歲三秀ᄒᆞ야採而餌發에可以休徵延齡者ᄂᆞᆫ靈芝之春也라凡此數物者ᄂᆞᆫ其生也純潔하며其氣也堅貞ᄒᆞ야彼朝榮暮衰에不可同調而並觀이니惟今韓之人士ᄂᆞᆫ愛國心與愛同胞心之確守不變을如松栢之長靑하며諸般困難을堅忍不挫하야保其晩節之香을如菊之凌霜ᄒᆞ며梅之傲雪하며[illegible]世而歸民을如靈芝之[illegible]浮화習氣를一切[illegible]地工夫를相與勉勵[illegible]體로養成國내之長[illegible]幾百祥이진至하고景運이再來하야國權回復을何難致也리오만안但其學問을不修하면志氣不立ᄒᆞᆯ거시오志氣가不立이면全國團體를不可容易結成ᄒᆞᆯ지니然則到今萬事基礎가惟在學問二字而已矣라凡韓之同胞ᄂᆞᆫ視此春說하야夙夜孜孜에其各勉乎哉ᆫ져

● 薙髮議決 內部에서協辦以下各官人이一齊削髮ᄒᆞ기로決定ᄒᆞ얏다더라

● 三郡辭職 楊州郡守洪奏潤氏와永柔郡守朴[illegible]觀氏와豐德郡守朴準禹氏가俱爲辭職次로內部에請願ᄒᆞ얏더라

● 李氏被捉 忠南觀察署理稷山郡守郭璨氏가報告內部ᄒᆞ되管下定山郡에서倡義通文一度를收上ᄒᆞ고發通人該郡居李식을幷爲押上本府이옵기該通文一度ᄂᆞᆫ賫上ᄒᆞ며李식ᄯᆞᄂᆞᆫ待指令擧行次로姑爲牢囚ᄒᆞ얏사오니査照ᄒᆞ라ᄒᆞ얏더라

● 校牌還安 禮式院에서內部에照會ᄒᆞ되欽谷郡校宮位牌를仍舊奉安ᄒᆞ고慰安告由祭에香祝磨鍊事를令該司로照例磨鍊下送ᄒᆞ야從便卜日設行事로已經奏下ᄒᆞ얏스니照亮知飭ᄒᆞ라ᄒᆞ얏더라

● 孫氏演壇 昨日下午二時에天道敎先生孫秉熙氏가獨立館에서演壇을大開ᄒᆞ얏ᄂᆞᆫᄃᆡ傍聽者殆數三千名이라더라

● 會員執木 長湍郡守가學部에報告ᄒᆞ되本郡學校에特付ᄒᆞᆫ各面口標木을一進會員이謂以天道敎堂建築ᄒᆞ고恣行執留ᄒᆞ니何以爲之이올지卽令措處ᄒᆞ라ᄒᆞ얏더라

● 院長新任 前軍部協辦嚴柱益氏ᄂᆞᆫ陸軍法院長으로被任ᄒᆞ얏더라

● 用何人材 昨日下午三時에政府會議를開ᄒᆞ얏ᄂᆞᆫᄃᆡ其內容을聞ᄒᆞᆫ즉郡守를叙任ᄒᆞᆯ時에人才採用ᄒᆞᆯ方針을講究ᄒᆞ얏더라

● 報請准災 稷山等十郡海溢災와木川等十七郡雨損災를爲先依前報准蠲ᄒᆞ고外他災民으로ᄂᆞᆫ以饑接事로忠南觀察署理稷山郡守郭璨氏가內部에報告ᄒᆞ얏더라

● 觀察署理 京畿觀察鄕周永氏鄕第가在於忠南禮山地而迎接親戚急報ᄒᆞ야因當卽地往護이오나印章帶往이恐有公事上妨碍之慮이옵기以水原郡守李完鎔으로差定署理ᄒᆞ고將爲離發이라고內部에報告ᄒᆞ얏더라

● 戶錢請除 咸北觀察任原鎬氏가內部에報告ᄒᆞ되道內之民이經兵燹而蕩産과偵獻而流離가何郡無之리오마ᄂᆞᆫ就中富寧會寧鍾城慶興이最爲尤甚ᄒᆞ야家産之無依居에戶布之不收ᄂᆞᆫ籌中事勢오目下情形이옵기與財務顧問本間九介로爛商協議ᄒᆞ야右各郡應布ᄂᆞᆫ乙巳度中除給ᄒᆞ와使民安堵之意로爲先訓飭各郡이오니知照度支部ᄒᆞ와上項四郡戶布ᄂᆞᆫ乙巳度上納額中에蠲除ᄒᆞ라ᄒᆞ얏더라

● 洪倅美績 楊州郡守洪奏윤氏가內部에辭職請願ᄒᆞᆷ은別項에已揭어니와同氏가莅任四載에政通民和ᄒᆞ야有脚陽春이라고萬口騰頌ᄒᆞ더니今에請願圖遞ᄒᆞᆷ을聞ᄒᆞ고民情이如失父母ᄒᆞ야入京願留者一殆至屢百名이라ᄒᆞ니同氏治蹟은可謂今世杜召라고傳說이藉藉ᄒᆞ더라

● 全道褒上 慶南觀察使閔泳璇氏ᄂᆞᆫ管下三十一郡褒貶을無一中下ᄒᆞ고純上으로修報ᄒᆞ얏기로內部에서還下送ᄒᆞ얏더니同氏가佯若不知ᄒᆞ고還爲依前上送ᄒᆞ얏다더라

● 黃倅請援 黃州郡守朴[illegible]敎氏가內部에報告ᄒᆞ되本郡衙舍ᄂᆞᆫ日本守備隊에서盡爲借居之由ᄂᆞᆫ已爲修報而郡守視務ᄒᆞᆯ處所가終爲鮮有이온故로城內頹落空舍十四間을修葺入處이오나如干官屬이無一件接之所ᄒᆞ야其近處民家를姑爲買得ᄒᆞ야價文與修葺費三千七百十五元八十錢을修成冊報告ᄒᆞ오니移照度支部ᄒᆞ와使之認准廳撥케ᄒᆞ라ᄒᆞ얏더라

● 義校盛況 平壤義成學校校監金有鐸氏ᄂᆞᆫ靑年子弟敎育을爲ᄒᆞ야本道內有志ᄒᆞᆫ諸君子로더부러熱心講究하야學徒의增進이日就月將하니同氏의熱心勸學은可謂高人一等이라하더라

● 鳳倅請免 鳳山郡守徐相爽氏가以身病으로萬難視務하니卽爲奏免이라고內部에請願하얏더라

名物小學序

碧溪居士

余嘗怪夫周興嗣千字文原非爲牖蒙而作者入于吾韓爲蒙學之初독是誰之倡也若徐居正之類合崔世珍之訓蒙字會因襲於周氏千字而乃拾此取彼何哉至若茶山丁氏之名物小學二千字其爲牖蒙之要視彼數種不啻良有之於무부而久不爲世人之所寶又何哉夫敎之文字欲其開發人智而巴彼童子독宿加晦朦朧含糊不得其味則宜其厭意自生擲卷欲走耳聽吾韓人遵之而行之數百年未有覺其失而矯之者不亦異乎吾友松村池君錫永恒以牖民覺世爲畢生攘奕其所作輯諸書皆斟酌今古實事求是嘉惠于人良不淺勘乃與田君龍圭取此二千字繕寫一通幷以國文及俚語日本釋其音義且附以古篆字則凡東西古今之文咸備於此其裨益於蒙學之初독固屬緊要而宿儒碩學亦불能廢也斯豈非天下之至寶哉聞就于余曰所以印行于世者余躍然色喜爲之樂助其役嗚呼蒙書有方其敎易入而人智漸開矣是書之爲開進文明之最先指南書不甘的乎乃略敘其顚末告我同胞云

雜報

●照請勳章 日本에留學生이同盟休業ᄒᆞᄂᆞᆫ事件에對ᄒᆞ야熱心指導ᄒᆞᆫ該校教長勝浦丙雄과教諭渡邊盛衛棟山定五郎桂木房吉은各賜太極章ᄒᆞ고大山一夫雜田作樂幽田三彌濱村得一淵田自正은各賜八卦章之意로日公使에照會ᄒᆞᆷ을因ᄒᆞ야學部大臣이表勳院에轉照ᄒᆞ얏다더라

●照請外劃 학部에서度支에照會ᄒᆞ되本年豫算이今既頒布이온기各地方학校經費ᄅᆞᆯ自一月至六月合六箇月條ᄅᆞᆯ이各該郡附近地方公錢中移劃支撥ᄒᆞ야이補校費가爲宜이오니各該郡公錢中移劃訓令을劃卽紆送本部ᄒᆞ야이使辦給이라ᄒᆞ얏더라

●大使受勳 報聘大使李載覺氏에게 日皇陛下께셔只ᄉᆞ岩倉侍從을差遣ᄒᆞ사同大使에게桐花大綬章을贈與ᄒᆞ셧더라

●鄕향老로訪방問문醫의生ᄉᆡᆼ이라 속

로인이의ᄉᆡᆼ에ᄒᆞᄂᆞᆫ셜화ᄅᆞᆯ듯기ᄅᆞᆯ맛친후그손올잡고류체탄식왈우리량인의말은가위지단ᄌᆞ가라족히세상사람ᄅᆞᆯ감동케ᄒᆞᆯ능력이업거니와

이천만동포중에엇지셔다른자업스리오한사람이열ᄅᆞᆯ권면ᄒᆞ고열사람이백ᄋᆞᆯ권면ᄒᆞ고백ᄉᆞ람이천ᄋᆞᆯ권면ᄒᆞ야ᄎᆞᄎᆞ그러케서로ᄉᆞ랑ᄒᆞ고서로권면ᄒᆞ면불과몃ᄒᆡ안에젼국동포가모다화ᄒᆞ리니그러케드면유의유식ᄒᆞ려ᄂᆞᆫ쟈도업셔질터이오협잡ᄒᆞᆯᄉᆡᆼ각도업슬터이오아모ᄉᆞ업이던지아니ᄒᆞ면

집도망ᄒᆞ고나라도망ᄒᆞᆯ쥴알아이러케심ᄒᆞᆫ겁운ᄋᆞᆯ버서바리고ᄉᆞ쳔년오란나라의독립긔초ᄅᆞᆯ쳔만년에굿게ᄒᆞᆯ

목뎍으로ᄉᆞ람ᄉᆞ람이열심ᄒᆞ야이러케미약ᄒᆞ고이러케쇠픽ᄒᆞᆫ나라이변ᄒᆞ야오ᄃᆡ쥬안에아셰아데일극락셰계가될쥴ᄋᆞᆯ뉘알니오엇더케ᄉᆡᆼ각ᄒᆞ면

가ᄉᆞᆷ이답답ᄒᆞ야피ᄅᆞᆯ로ᄒᆞᆯ듯ᄒᆞ고엇더ᄒᆞ쇼ᄉᆡᆼ각하면춤ᄋᆞᆯ출듯ᄒᆞ니아모커나웅ᄉᆡᆨ하게ᄉᆡᆼ각지말고활발하게ᄉᆡᆼ각ᄒᆞ야각기ᄌᆞ긔마암과ᄯᅳᆺᄋᆞᆯ양셩하야

유용ᄒᆞᆫᄉᆞ람이유용ᄒᆞᆫ일에쓰이고무용ᄒᆞᆫᄯᅡ흐도도라가지안기ᄅᆞᆯ간졀이바랄ᄲᅮᆫ이로다

미완

廣告

安州安興學校補助金

本郡守劉猛 銅貨一十元

進士李鶴秀

前監役金仁栖 以上各二百元

本郡一進會ᄂᆞᆫ移所 二百元

前監役金得淵 前參奉金鎭 식

前守崔化駿 前主事韓致權

劉[illegible] 幼學李寶泰

[illegible] 李致秀

以上各一百元

前郡守金邦澈 八十元

陸軍正尉金應善 七十元

副尉柳彰浩 前議官金允煥

進士李鏡麟 幼學林志華

以上各五十元

李時淵 趙化俊 張[illegible]俊

李東稷 金元灝 安義植

明濟泰 進士金泰煌

前參奉金致鎬 金昌烈 金[illegible]煌

金玄道 安昇植

前主事金龍田

以上各三十元

正尉朴基音 副尉金仁植

監役元用奎 監役安廷郁

主事金萬熙 崔舜何 安립

崔裕松 車禎厦 參奉崔冏泰

金俊황 進士李瓚植 金正一

전監察嚴仁俊 幼학韓致玉

洪贊鈸 洪釺鍍 文致城

張昊昊 李鍚典 申기합

申龍합 張東鎬 李善杜

蔣儀봉 李周泰 송基洙

金元淑 金基河 朴萬化

洪善鍍 金[illegible]鶴 金鼎淳

金台圭

以上各二十元

山川詩一郞 十六元

任貞浩 任錫奎 文錫運

金宗獻 以上各十五元

進士桂命燮 저僉知安一龍

正尉全見朝 전主事李啓松

安湜 전參衛許瓚

幼학林龍田 蔣必顧 崔永柱

李大俊 金敬鉉 韓昞泰

李熙廷 李秉憲 朴용基

韓昇一 李[illegible]燮 朴石衡

李泰[illegible] 金[illegible]九 許淳

韓永俊 吳[illegible] 崔有珍

崔禮均 尹賢秀 姜龍林

康錫周 宋弘[illegible] 洪昌鍍

金環湜 鄭時周 崔[illegible]松

玄奎桓 權爀 李柄銖

吳致伯 吳君初 主事金炳鍵

徐봉翰 幼學洪宗鍍 洪祐範

康濟民 [illegible]召史

以上各十元

六品李錫烈의烈字ᄂᆞᆫ運字로改

正喜 李錫運 告白

維枝部員諸氏의康音祝賀ᄒᆞᆷ

大韓俱樂部總務員 洪在祺

正月一日

私立玉洞齋에 [illegible] 安파學校復設이一進會人에緣何用嫌인지제處橫說이聞其痛憤하야茲以廣告ᄒᆞ니 僉君子ᄂᆞᆫ照亮ᄒᆞᆷ

淨土宗敎 會長 金顯澤 告白

濟州邑청湖學校學員募集廣告

本校에서學員을加選ᄒᆞ오니願學人은速速히本校로來問ᄒᆞᆷ

一入學試驗은讀書作文

一高等廿歲以上小學八歲以上

一學課ᄂᆞᆫ經史及各學問과國語

一卒業은高等二年小學三年

一學員의게留宿所을定給ᄒᆞᆷ

私立청湖學校長鄭永[illegible]

濟州私立淸湖學校에一回捐義錄

本郡守閔泳俊 十元

參領尹泳成 一百元

旌義郡守閔泳[illegible] 一百元

前主事閔在鎬 前議官朴[illegible]

前五衛將高泰準 前[illegible] 十元

前郡守朴齊洪 前主事[illegible]

前主事金衡植 前司果金[illegible] 宗

正尉李東信 參尉申圭植

忠北觀察府主事陰存억 以上十元

前主事崔鶴杜 參尉郭致中

以上八元

通政崔羽擇 前參判李喜元

前主事申澤雨 前教員盧玄圭

以上六元

前主事郭泰鉉 通訓金熙聲

通訓郭璐鍾 通訓金顯益

前議官李斂敎 仝 李相台

前主事朴一灌 幼學閔泳春

前參奉鄭胄燮 仝 吳熹泳

以上五元

前司果金商철 前主事李[illegible]설

前主事李根元 前參奉[illegible]鉉基

前委員金泰熙 幼學羅相說

幼學尹益秀 以上四元

前主事洪在珏 幼學金商雨

金大鉉 朴準龍 申泰禎

孫鼎夏 以上三元

前議官金炳豹 前監察柳寅秀

前參奉李俊求 前委員南奎元

前參奉金胤德 幼學洪承禧

朴宗益 柳鶴權 朴魯[illegible]

池相海·洪履燮 丁李軾

權彝秉 吳浚默 朴齊尙

申桑綠 以上二元

李範啓 金憲元 金宗煥

崔萬權 朴必來 崔相協

金正植 崔一源 崔東釗

孫鳳憲 徐相필 金顯泰

郭萬燁 鄭時庸 朴宗圭

朴仁圭 朴文圭 朴興圭

秦[illegible]悅 吳[illegible]鉉 柳東威

柳光赤 柳錫大 柳麟赤

尹師赫 尹[illegible] 具完謨

李[illegible]訓 崔明秀 金憲俊

趙鏞玉 申炳圭 吳長鉉

以上一元

齒科 廣告

齒科醫士美國人따、이드워드、헌

右事務所ᄂᆞᆫ南大門內達城尉宮內美國醫士스크랜튼家後에在ᄒᆞᆷ

視務時間은每日上午九時로一時ᄭᆞ지下午二時로五時ᄭᆞ지

右時間外에特別히治療ᄒᆞ기ᄅᆞᆯ要請ᄒᆞᄂᆞᆫ僉員은預先通知ᄒᆞᆷ

學員募集廣告 第二期

本校에서法律學專門科 晝夜學 及理財學專門科 晝學 學員을新募ᄒᆞ오니願學人은本校에來ᄒᆞ야請願ᄒᆞ시ᄒᆞᆷ事

學科及規則은本校에來問ᄒᆞᆷ事

試驗科目

國漢文 讀書、作文

算術 四則以內

試驗日子

二月十三日(陰正月二十日)

光武十年一月四日

北署磚洞

普成專門學校

平壤靑年學院을義成學校로改名ᄒᆞ얏ᄉᆞ오니本校에有關係ᄒᆞ신僉君子ᄂᆞᆫ照亮ᄒᆞ시ᄋᆞᆸ

本學校長金[illegible] 告白

本學校에對ᄒᆞ야嚴柱益氏ᄂᆞᆫ紙貨參十元權重顯氏ᄂᆞᆫ十元을寄附ᄒᆞ오니玆에鳴謝ᄒᆞᆷ

平壤義成學校會計尹洙 告白

失

皇城適花坊[illegible]路第八十八統六戶住金奉仁板刻家券一張遺失

金奉仁告白

●特別廣告

本申報分販等事를釜山港舊舘豆毛里書籍店全文和氏로義州南門外韓西大藥房主人張有寬氏의게委托하고逐號下送하오니購覽하시ᄂᆞᆫ 僉君子ᄂᆞᆫ照亮購讀하시며代金도同氏의게傳致하심을爲要

大韓每日申報社 告白

●數理學雜誌改良廣告

本雜誌를第三號로브터ᄂᆞᆫ數도增加ᄒ며冊도改良ᄒ며頁記載ᄒᄂᆞᆫ材料도一層精選ᄒ야江湖僉位의愛讀ᄒ시ᄂᆞᆫ厚意를報酬코져ᄒ오니倍舊愛讀ᄒ심을伏望

但發行日子ᄂᆞᆫ每朔五日
一券定價ᄂᆞᆫ新貨拾錢

發行所 南大門內尙洞舊德公館右便 數理學雜誌社

賣捌所 尙洞會堂內
鍾路大東書市
布屛下金相萬冊肆
新門內松橋張哲周紙廛
銅峴朴泓九紙廛
仁川港[illegible]新冊肆

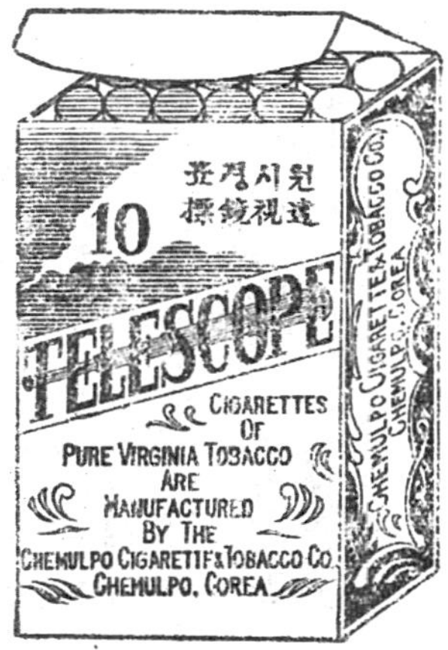

以上三種은上品으로製造ᄒ야衛生上에至極有益ᄒ니毋論某人ᄒ고本社에來購ᄒ심

大韓帝國仁川港

製物捲紙卷烟及烟草會社

一 鷹標罐濃詰牛乳
一 金印罐詰濃結牛乳
一 無糖家用氣化乳酪
一 보ー든쓰製造麥芽化合牛乳

以上은當時에貯積ᄒ얏슴

美國紐育보ー든쓰濃結牛乳會社

一手代理店

大韓仁川港 世昌洋行

●九轉靈砂라 本人이妙方法을神備ᄒ야製造ᄒᆫ靈丹인ᄃᆡ男女老少에無論何症ᄒ고通治ᄒ오며無病時에도服ᄒ면平生의身體가健康ᄒ며小兒ᄂᆞᆫ四五錢重만服ᄒ면十歲안에無病ᄒ기를擠保ᄒ오며

●九轉靈砂萬應丹은癲狂 癎症과中風諸疾과耳目諸病과淋疾에神効ᄒ오

●九轉靈砂保命丹은初生小兒 驚風 癎氣 咳嗽 腹瘡諸般惡症에 効ᄒ오

●九轉靈砂濟衆丹은酒滯 食滯 血積 吐瀉 霍亂 痢疾 吐血 下血 運氣 時疾 疝症에神効ᄒ오

●九轉靈砂紫金丹은痔漏 累瀝 上疳瘡 下疳瘡及唐瘡과諸般毒瘡惡種에無不神効ᄒ오니 僉君子ᄂᆞᆫ來問ᄒ시오

內需司前독갑이골上隅第一家 李鍾廷移徙 告白

◎本社特告

本社新聞을關西等地에廣佈ᄒ기爲ᄒ야平壤金興潤崔叡恒宜川安濬甚連金龜等三氏에게付托ᄒ고逐號下送ᄒ오니購覽에有意ᄒᆫ僉君子ᄂᆞᆫ三氏에게購覽ᄒ시며代金도三氏에게轉致ᄒ심을爲要

大韓每日申報社

本社廣告

申報價

一張代金	新貨二錢五里
一箇月前納	三十錢
三箇月	九十錢
六箇月	一元七十錢
一箇年	三元四十錢
郵稅一部	新貨五里
一箇月	十三錢

廣告料

四号活字十三字詰

每日每英尺一寸에新貨廿五錢(每日每行에六錢에相當홈)

二周日에 二圓五十錢(每日每行四錢五里에相當홈)

一箇月에 五圓(每日每行四錢一里에相當홈)

其期限의長短과字行의多少를依ᄒ야增減홈이有홈

大韓人마다此申報를不得不購覽ᄒ실터이오니廣告出報ᄒ실 僉君子ᄂᆞᆫ來臨面議ᄒ시옵

發行兼編輯人 英國人裵說

發行所 京城北署壽進坊磚洞外國語學校前

大韓每日申報社

大韓每日申報
대한매일신보

第一百三十四號

月曜及慶節歲時日休刊

檀君開國四千二百三十九年
箕子元年三千二十八年
大韓開國五百十五年
日本明治三十九年
淸國光緒三十二年
陰曆丙午一月小初八日丙子

論說

衰世未必無人

大凡國之治亂이本無定理ᄒᆞ야作賢則治ᄒᆞ며任不肖則亂ᄒᆞᄂᆞ니是以로自古危亂之世에非無人材로ᄃᆡ但世棄其人ᄒᆞ며人亦不屑于世ᄒᆞ야兩相睽違에如水在油ㅣ로生民이未蒙其福利ᄒᆞ며國家ㅣ常至於亂亡ᄒᆞᄂᆞ니凡厥有國者ㅣ用人之際賢不肖를安可不愼乎哉아

且夫所謂人材者ᄂᆞᆫ非三頭六臂와長엽而戴角이라秉心忠亮ᄒᆞ며庶務에鍊達ᄒᆞ며明足以知人ᄒᆞ며才足以斷事면斯乃人中之良材ㅣ니用之則黼黻皇猷ᄒᆞ야爲龍爲虎ᄒᆞᆯ지오不用則漁樵混跡과抱關擊柝이皆其所歸인즉士之昇沈行藏이在於世之汚隆이라何常之有哉리오

試觀韓之現狀컨ᄃᆡ可謂危甚이오亦可謂亂極이니寔個無人可用而致此危亂歟아其或草野圭蓽之中에懷瑾握瑜而有不遇之歎者歟아

語에曰有鷄千群에必有一鳳이라ᄒᆞ니今以二千萬人衆으로無幾箇可用之材가理之所不近인즉其必有材而未見用을吾以事理로得之로다

蓋賢材者ᄂᆞᆫ必以節理廉恥로爲重ᄒᆞ야居官而不得行其志면然引退而不俟終日키로其見用也ㅣ常少이고鄙夫則不然ᄒᆞ야一日無官이면憂形于色ᄒᆞ야百計圖進ᄒᆞᄂᆞᆫ靡不用極ᄒᆞ다가幸而得進則諂諛迎合에惟恐寵眷之或替ᄒᆞ며見責而不退ᄒᆞ고遭彈而愈甚ᄒᆞ야千般醜態를無所顧憚ᄒᆞ며尤以排斥賢類로作爲能事ᄒᆞ야內在箕舌而刑於中傷키로鄙夫當局之日에賢流之得全이自古無之ᄒᆞᄂᆞ니嗚呼라今日韓之朝廷에當局者何人고語其行則鄙夫오論其罪則賊臣이라縱有幾箇賢流나孰爲之汲引이며孰爲之維持리오由是焉多少志士들이痛時局之已傾ᄒᆞ며慨忠言之莫售ᄒᆞ야輪囷熱血을無地可瀉키로鴻飛鶴擧에長往不返者幾人이며宮門銅駝를指點歎息者幾人이며思量前途에撫心痛哭者幾人고所處雖或不同이나其哀時憂國은均是同情인즉若一朝開誠若渴明ᄒᆞ야擇其可者而用之면人心이翕然ᄒᆞ며士氣爭奮ᄒᆞ야股肱爪牙가不患無人ᄒᆞᆯ지니國之治亂存亡이只在此者이라願將一柄長箒ᄒᆞ야蔽日浮雲을廓掃而淸之ᄒᆞ노라

官報

●第三千三百二十九號　光武九年十二月卄一日

◉法律

法律第六號

私設鐵道條例

第一條 旅客及貨物運輸營業目的으로鐵道를敷設코ᄌᆞᄒᆞᄂᆞᆫ者ᄂᆞᆫ發起人五人以上으로署名ᄒᆞ야鐵道會社創立請願書에起業趣旨를添付ᄒᆞ야農商工部에請願ᄒᆞᆯ事

第二條 起業趣旨書에ᄂᆞᆫ左開事項을記載ᄒᆞᆯ事

一 社名及本社創立事務所所在地名
二 鐵道名目及軌道幅員
三 線路兩端及經過地方에添付略圖
四 資本金總額及總株數幷每株金額
五 鐵道敷設費用及運輸營業上收支槪算
六 發起人姓名住所及發起人이引擔ᄒᆞᆫ株數

但發起人總員이自擔ᄒᆞᆫ株數ᄂᆞᆫ總株數十分之二未滿을不得ᄒᆞᆯ事

第三條 農商工部에서第一條請願書及趣旨書를査閱ᄒᆞ야起業上에妨碍之端이無ᄒᆞ면假認許狀을成給ᄒᆞ고本社를設置ᄒᆞ고ᄌᆞᄒᆞᄂᆞᆫ地方官에게發訓ᄒᆞ야發起人으로線路實測圖面工事方法書及會社定款을調製ᄒᆞ야農商工部에稟明ᄒᆞᆯ事

旣設鐵道와相妨이有ᄒᆞ거나該地方狀況에鐵道敷設ᄒᆞᆯ必要가無ᄒᆞᆫ時ᄂᆞᆫ請願書를退下ᄒᆞᆯ事

第四條 農商工部에서前條圖面書類를審査ᄒᆞ야妥當ᄒᆞᆷ을確認ᄒᆞᆫ時에ᄂᆞᆫ政府會議를經ᄒᆞ야會社設立及鐵道敷設認許狀을成給ᄒᆞᆯ事

第五條 發起人은前條認許狀을成給ᄒᆞᆫ後가아니면社名으로株金을募集ᄒᆞ거나鐵道工事에着手ᄒᆞᆷ을不得ᄒᆞᆯ事

第六條 會社ᄂᆞᆫ認許狀을成給ᄒᆞᆫ日노始ᄒᆞ야六箇月以內로鐵道敷設工事에着手ᄒᆞ며認許狀에記載ᄒᆞᆫ豫定期限內에竣工ᄒᆞᆷ이可ᄒᆞ되若其期限內에竣工키難ᄒᆞᆫ事由가有ᄒᆞᆫ時에ᄂᆞᆫ二箇月以前으로農商工部에對ᄒᆞ야展期를請願ᄒᆞᆷ이可ᄒᆞᄂᆞ니其展期ᄂᆞᆫ豫定期限의半을不踰ᄒᆞᆯ事

第七條 軌道幅員은特許를得ᄒᆞᆫ外에ᄂᆞᆫ總히四尺八寸半으로定ᄒᆞᆯ事

未完

外報

◉日皇遣英 英皇弟콘노殿下게서日本을出巡하야歸國後에ᄂᆞᆫ答禮로來四五月頃에日本서ᄂᆞᆫ艦隊를英國에派遣ᄒᆞᆫ다더라

◉候補其人 一月十二日伯林來電을據ᄒᆞᆫ즉巴里에서ᄂᆞᆫ現首相兼外相루-수에-氏를大統領候補되기로運動을ᄒᆞᆫ다더라

◉革命繼續 倫敦發電을據ᄒᆞᆫ즉彼得堡來電의日俄國新聞의多數ᄂᆞᆫ假令革命運動의繼續ᄒᆞᆯ豫徵인ᄃᆡ其意味ᄂᆞᆫ政治의實權이依然히官僚派의掌中에在ᄒᆞᆫ緣故ㅣ라더라

◉防備航送 麻尼羅防備를最新式으로ᄒᆞ기爲ᄒᆞ야該防備案을美國參政會議에提出ᄒᆞ얏ᄂᆞᆫᄃᆡ同地鐵道ᄂᆞᆫ今番ㅅ베子會社外二社에서八百二十里의敷設許可를得ᄒᆞ얏고又美國政府ᄂᆞᆫ丘에이의浮船渠를麻尼羅에送致ᄒᆞᆫ다더니右浮船渠ᄂᆞᆫ蘇士를經由ᄒᆞ야東洋에航送ᄒᆞ다더라

◉福州狀態 北京電을據ᄒᆞᆫ즉淸國福州에서不穩ᄒᆞᆫ狀態가有ᄒᆞ야前總督은淸廷에上訴ᄒᆞ고人民의言論自由를許ᄒᆞ고現總督을免ᄒᆞᆷ을請ᄒᆞ라고北京으로向ᄒᆞ야出發ᄒᆞ얏다더라

◉艦隊巡航 日本一等巡洋艦淺間、常磐으로一艦隊를組織ᄒᆞ야來三月에支나海印度洋을巡航ᄒᆞ고地中海를經ᄒᆞ야歐洲各國의海灣을訪ᄒᆞᆯ計劃이有ᄒᆞᆫᄃᆡ此에因ᄒᆞ야同月中旬에比叡司令官이其第一艦隊를率ᄒᆞ고神戶港에入ᄒᆞ야擇海와其他巡航ᄒᆞᆯ豫定이라더라

◉韓海使用 郵船會社ᄂᆞᆫ太丸을日에大阪鐵工所에서進水式을擧行ᄒᆞᆫ高砂丸外에更히에라氏所有船西오랑을買入ᄒᆞ야弘濟丸으로改稱ᄒᆞ고共히韓國航路에使用ᄒᆞᆯ터이라더라

寄書

湖西 頑然生

警告山林同胞

世道之汚隆과風化之淳漓와社會之利害와種族之强弱을誰執其柄이며誰任其責고由來我大韓의公同흔物議가

右等大題目으로山林之士의게期望흐는비政府의官人보다更加幾層흔故로山林之士도原初自期흐는志氣가凡人보다超過흐니

中古以前은宏碩之器와卓傑之材가多出於林下러니挽近以來로는寥寥無聞은何哉오抑林下의無人歟아 皇上이不聞歟아吾得以詳論호리라

山林之士恒言에曰居敬窮理가爲學宗旨라흐느니若見其所謂居敬하면不過縮撮巻高戴하며縫掖을만着하고

閉目終日하야不省戶外事하는거슨苦烈의苦行을倣하고斂膝管寧의小節을學하니高則高矣며難則難矣나

必竟에는何事를成하는고又見其所謂窮理하면身心의切흔바는窮치아니흐며日用의當흔바는究치아니흐고惟夜以繼日하며經年閱歲하야

[illegible]汲然切切然하는비心性理氣의不[illegible]하야人品의優[illegible]과[illegible]料는心性理氣之說에[illegible]論定하야師以是傳[illegible]是受於師하야[illegible]도此에不過하며以文會友흔다는것도此에不過하며學而時習흔다는것도此에不過하며輔仁이니忠告이니흔다는것도此에不過하다가勝己者를嫉妬하며異己者를攻斥하야門戶를分裂하며偏黨을各立하야入者를主之하고出者를奴之하니於是에曰湖曰洛이니曰認氣爲理이니曰尊心爲性이니曰理發氣發이니하야

甲者는乙者를目之以洪水猛獸하고乙者는甲者를斥之以亂賊大되하야[illegible]흔三千里안에自湖而嶺自北而南으로 未完

雜報

● 統府視務 本月三十一日下午二時에統監府總長以下諸官吏가政府에會同하야各大臣과接見하고二月一日爲始하야視務흔다더라

● 警使論警 再昨日政府에서開會하고警務使尹喆圭氏를論警하기로議決하얏다는데其內容인즉疊次松山林秉瓚氏가再次詣闕之際에同氏가故意阻遏하야直히停車場으로逐送흔緣故이라더라

● 退校今聞 向者日本東京에留學하는韓國學徒드리一齊히退校事는傳聞이不一하더니今에其眞由를得聞흔즉韓日신條約事件後에日本敎師가韓國學徒를對허야高等學問을不許흔다흐기로該學徒等이大端不平흐야曰歐美各國으로往學흘것노라흔즉該敎師曰棄日往西흐면罰金을不可不徵出하리라흔즉該學徒들이曰日本이旣領我三千里疆土하니我等이雖欲出付罰金이나何處得可乎아하고旣往학費金을調査흔즉駐日叅書官朴正銖氏가학徒每인每朔에六七元式을從중暗食흔事狀이綻露흔지라학徒等이朴氏를對하야該金을還出하기로困迫이滋甚하얏고日本政府의셔학徒의自由上학을認許하고該敎師는免官하얏다더라

● 報亦得聽 江西郡守李宇榮氏가內部에報告하얏는딕郡守到郡之初에周察土俗則各坊里叢祠云者每歲春秋에招巫歌醮하고祈禳冥福이係是遐陬淫俗뿐더러其爲糜費가通一境歲計則爲六七萬金이라此俗을不矯則民志가何以底定이리오玆以로不暇報府하고一並撤而燒念毁其祠而資其址則爲染餘俗이或自復設之端이오且신設義塾之如干義資가萬不成樣故로祠址十餘處를斥賣付塾하야以補學資而開學未幾에生徒坌集하야大有擴張之望이오되竊患學資之不敷하와其所餘址를更擬斥賣이올더니今自本道觀察府로謂以民址官賣라하고右錢을一一出給하라하니已成學校는未免虧簣之歎이오已矯淫俗은永無芟根之難이온바特下指飭하와俾此無用之空址로以補有益之學校하라하얏더라

● 一家四義 慶北安東居金鈺東氏가신條約後의痛國之心을不堪허야全國이團體成立허야內政修擧흘意로發文이다가日巡查의게見捉허여方在困憊之중인되同氏의父子四人이互相勉以忠義허여不撓其志허니其至誠憂國흠을可奬이라고南來人의傳說이有허더라

● 三費請撥 金海郡守李徵善氏가內部에報告하되頃以昌原馬山浦로密陽三浪지軍用鐵道신設의所經犯入地段을踏查이온즉田畓이合二千四百九十八斗八升落이오家戶가三十七戶오塚墓가十五處이온딕同地段價及家屋移建費와塚墓移葬費를一一支撥허여使民奠接케허라허엿더라

● 昨非今是 西來인의傳說을聞흔즉平安南道觀察使李容善氏가궁冬貧戶를親審摘奸허야捐廩賙恤허며淸潔費를每爲交涉而減數허야民蒙其惠허고府下無恒產흔子弟十歲以上과二十歲以下를一一調査허야勸使入學흠으로民皆喜悅흔라허니同氏게往蹟은無所可稱이되今此數件行政의奮發圖治를可見이라허더라

● 宣敎演說 今日下午七点半의日本宣敎師겐보지氏가皇城基督靑年會의셔獨立의眞源이라는問題로演說흔다더라

● 韓氏妄稱 日本에私費學生及無費渡日하야稱諸學生하고現在東京者ㅣ爲四百八而彼所希望이皆是官費이오나官費之額이只有五十而彼多數之人이奔競成習에監督廳이變爲市街하야所謂監督이困於酬應흐와無暇勸學뿐더러彼年少無覺輩가甚至有威脅恐갈흐야悖談乖擧가式日斯至하오나駐外官府에顧無施法按律之具而坐受其困이實是難堪이라고駐日留學生監督韓致愈氏가學部에報告하얏더라

● 不許設敎 谷山郡守李偕承氏報告內槪에昨冬에開城淨土宗敎日인敎師與韓인七八인이[illegible]到허여欲爲開會이오나峽郡愚氓이不知他國敎裏許故로斷弗許施之意로曉諭還送矣러니今又來到허여留連十餘日而惟獨本郡이尙弗許施라허고詰問委折이오나郡弗可擅便이온즉査照處分허라허엿더라

● 照請增額 本部에商務局을신設하고官員을擇寘허온바雇員及使令等을亦不可不擇寘이옵고廳費도亦爲添算然後의可以支用이온즉俸給雜급廳費額을各其款項에增額흠이妥宜허기로明細書를繕交허오니算外支出허야本部本年度經常部預算含內增額허라고農商工部에서度支로照請하얏더라

● 普校恤孤 崔淵裵東鉉等이警務廳에請願흔內槩에本人等이普生學校를중署長通坊廣耳洞前布廛都家에設立흐고無依托흔丐乞孤兒를募集하옵는딕當此歲末하야孤兒等이各散丐乞하야末由聚集뿐더러且不肯從學하온즉指揮於各署하야自八九歲以上十四歲以下丐乞孤兒를曉諭起送于本所하야俾各安身過歲케하라하얏다더라

● 可憐三命 日昨南署舊洑山洞李濟承家挾戶居金振顯이가與其二子로共食魚卵羮이라가俱爲致斃허얏는딕其事實則以貪寒所致로收買魚卵烹食者而其魚卵은的是鰒卵이라더라

● 春燈劇談

○昨日日本公使館을撤退흐고日本國旗를落下흐얏다흐니日韓交涉三十餘年에畢竟國權을侵奪흐얏스니快於心歟아

○爲韓國上下人民者의思想을觀測컨되憤恚心이一點도無흐면寧히羞恥心이有흘거시어날憤恚心도無흐고羞恥心도無흐니與奮心이何處로從生흐야臥薪嘗膽흐고國權을回復흘時代를描待흐리오

○天道敎大道主孫秉熙氏가入京흐얏다흐니東邦에一大宗敎를擴張흠인가目的이何舍흠은吾儕의眼力으로는容易히觀測키難흐거니와觀測흐는思想이有흘지라도容易히評判키難흐도다

○統監府總長이入城흐얏다흐니統監은何時에渡韓흐는지政府도統監을苦待흐고人民도統監을苦待흐야大旱雲霓와如히渴望中에在흐더니爲先總監府職員이來到흐얏스니韓國에大利益을發見하리로다

● 美富渡韓 美國에有名흔富人某氏가韓國에金融困難흠을聞하고一邊殖利하기와一邊救難하기를爲하야金一千萬元을持하고未久에渡韓흔다하니從此韓之商民의許多困難을庶幾得免흐리라더라

雜報

●郡守奏本與輿論 (二)

近者에郡守奏本을出ᄒᆞ야一般輿論이沸騰ᄒᆞᆷ은日昨本報에略已揭載ᄒᆞ얏거니와大抵三四回奏本에種種醜聲이狼藉ᄒᆞᆫ데더러順川郡守李萬熙氏ᄂᆞᆫ李根澤氏阿孃의시父오仁川郡守金東熙氏ᄂᆞᆫ沈相翊氏의親弟相道氏의妻男이오鎭川郡守李鐸應氏ᄂᆞᆫ與仁君三年喪에朝夕上食奉祀人이오昌城郡守池基永氏ᄂᆞᆫ平北觀察府主事로挾雜虐民ᄒᆞ야富致鉅萬ᄒᆞ고杖殺人命을無難爲之ᄒᆞ되莫敢誰何ᄒᆞᆫ者오靈岩郡守李在正氏ᄂᆞᆫ李完用氏와三十年門인으로前仁川府尹으로釋菜闕祀ᄒᆞ고儒通을遭ᄒᆞ야免官ᄒᆞᆫ者오全義郡守송秉利氏ᄂᆞᆫ李完用氏의四寸妻男이오鳳山郡守徐相賢氏ᄂᆞᆫ朴齊純氏의妻男이오肅川郡守兪致兼氏ᄂᆞᆫ年前江西郡守로民擾를遭ᄒᆞ야免官ᄒᆞᆫ者오利原郡守鄭煥肅氏ᄂᆞᆫ曾以慶北總巡으로挾雜이有ᄒᆞ야觀察李晦宇氏의게見逐ᄒᆞᆫ者로某大官小室出選으로圖得ᄒᆞᆫ者오茂山郡守張燮信氏ᄂᆞᆫ舊債了勘이라ᄒᆞ며又聞ᄒᆞᆫ즉前判書尹鼎求氏의四寸嚴明氏와桂坊李明稙氏ᄂᆞᆫ閔忠正公의食口를藉托ᄒᆞ고郡守一窠를百方周旋ᄒᆞ며柳鎭緒氏ᄂᆞᆫ以密陽郡守로褒貶에居中ᄒᆞ얏ᄂᆞᆫ뒤該貶을勿施ᄒᆞ고羅州郡守로移任ᄒᆞᆫ다ᄂᆞᆫ說이有ᄒᆞ다ᄒᆞ나大抵內擧에不避其親은古人이行之ᄒᆞ얏스나苟得其人則擧其親屬이無害於公이어니와今韓廷大官의所擧ᄂᆞᆫ皆無名譽者라烏得曰不出於私이며況其中에有醜說之狼藉者則宜其物論之愈益不平이오民心之愈極怨懟라ᄒᆞ더라

●安校刱立　安州郡來函을據ᄒᆞᆫ즉該州素以關西雄邑으로閭閻家塾이處處相聞ᄒᆞ고絃誦之聲이不絕於邑村ᄒᆞ야文風이蔚興ᄒᆞ고教化隆興ᄒᆞ더니至于甲午兵燹ᄒᆞ야居民이鳥散烏集ᄒᆞ야家塾이以之蕭廢ᄒᆞ고俊秀가以之蕪廢ᄒᆞ야有識이胥爲嗟歎矣러니郡守劉猛氏가赴任以來로整飭補漏ᄒᆞ야次第蘇完이고且念切興學에僉議詢同키로乃刱立小學校於邑之前日廷發所ᄒᆞ고命名曰安興學校라ᄒᆞ야人材培養智識發達이庶幾有望ᄒᆞ니此奚但一州之幸也며且該州에有所約契畓土ᄒᆞᆫ付資而以其約契之虛名으론莫若學校之實用키로該畓與留物을移付該學ᄒᆞ야經費가賴以有資라ᄒᆞ니假此美擧ᄂᆞᆫ不可泯默키에大槪揭布ᄒᆞ야與有志諸君子로視其有成ᄒᆞ노라

●監督延聘　학部의셔度支部에照會ᄒᆞ얏ᄂᆞᆫ뒤敝部官制중의將次학生監督을置ᄒᆞ고外國의派送ᄒᆞᆫ학生等의학問講求之道를指揮勉勵케ᄒᆞ기爲ᄒᆞ야爲先日本東京의留학ᄒᆞᄂᆞᆫ諸生等을監督訓導次로本月六日의駐日公使館參書官韓致愈로叙任監督ᄒᆞ고該監督의相當ᄒᆞᆫ俸給과手當金을불隔불原定支給이온즉月俸은一百五十元과手當金은每朔一百元으로定給이妥當이오니右項二百五十元은豫外支出ᄒᆞ라ᄒᆞ얏더라

●鄕향老로訪방問문醫의生싱이라　속

의싱이사례ᄒᆞ고쥬효를나와셔로죠상ᄒᆞ며셔로하례ᄒᆞ미그일장셜화가흑원망도갓고흑하소ᄒᆞᆷ도갓트여듯ᄂᆞᆫ쟈로ᄒᆞ야금슬흔마암도나고깃분마암도나게ᄒᆞ야그언론이심히격졀ᄒᆞ더라로인과의싱이술이반취ᄒᆞ미강개ᄒᆞᆫ마암으로취흥을못이긔여단가일슈로화답ᄒᆞ니그단가에갈왓스되

반넘어늘거스니다시졈든못ᄒᆞ리라여보소뎌소년아빅발나를웃지마라무졍셰월덧업스니

넌들미양소년이리늘어죽어지면북망산쳔도라가셔령혼은일진닝풍에흣더지고빅골은구쳐혹혈에진토가되리로다문나니뎌어부야금을둘너메고네어듸로향ᄒᆞᄂᆞᆫ야만경충히널은물에

아압을흩이너나어별을흩이너나그무어슬ᄒᆞ랴너나상면벽히잠간이라벽히가상면되면어별은잇슬손가

미완

●나라붓잡을방침　의국싱　속

나라가이지경에일으지ᄂᆞᆫ안니하엿지요정신차련시다원동하고분ᄒᆞᆫ나암무엇스로셜치하오이방침으로빅ᄉᆡᆼ에일이ᄒᆞᆫ도셜치ᄒᆞ여보옵시다써셔보셰써셔보세

우리동포수고든것어셔빗비써셔보셰빗사저도써셔보셰흉헙지도안니하메써셔보셰써ᄒᆞᆫ보셰어셔빗비써셔보셰잇ᄂᆞᆫ거슨웃지ᄒᆞᆯ슈업스니업셔지고히여지고하거나식로사고장만ᄒᆞᄂᆞᆫ거슨일호반졉쏙쏙이나쇠링이쥬지말고

우리동포쥬어보셰젹션ᄒᆞ세존일ᄒᆞ셰마른고ᄀᆡ홍망ᄯᅡ긴우리손에달녀구려쏙쏙이가만니드러오고안니드러오기ᄂᆞᆫ이수단에달녓ᄉᆞ려수입수출비교하여수출이만어지고수납이젹어지ᄂᆞᆫ이수단우리장중에다엿구어려서밧비여방침시힝하셰

니지물산쓰기로작졍하셰결심하셰일씨라도늣게시힝ᄒᆞᆯ수밧에외국에ᄂᆞᆫ이가되고우리게ᄂᆞᆫ히가되네우리나라것만잘쓰고보면우리나라물건들도졈졈졈진보되오진취되오빗산거슨싸지질슈잇ᄉᆞ슝ᄒᆞᆫ거수죠화질슈잇소우리나라것만ᄉᆞ다하면각색물건재죠ᄉᆞ업자번가가도라보오

자번가가도라보면아마긔계도민드러가며사드러가며제죠ᄉᆞ업확장하겟소확장을하게되ᄯᅩ자연이조와지고쓰지고우리동포난나만니사라글슈잇소우리동포구닙되오좃쿠나죠흘시고그젼에ᄂᆞᆫ쪽ᄃᆞ이나쇠링이를모다모다먹여살이고부자민들존일고ᄒᆞ든거슬우리동포구닙ᄒᆞ고우리동포도로쥬나속담에ᄒᆞ엿스되

팟츤프러져도솟인에잇다ᄒᆞᆫ말파갓타셔우리나라가솟지되ᄂᆞᆫ구나좃쿠나죠흘시고닉지ᄲᅢ손쓰ᄂᆞᆫ거시ᄶᅵ흘서고음녁졍월에ᄂᆞᆫ옷들히서입울적에우리나라두명이나면쥬나동뎌문ᄂᆡ죠직소에서

외국거와갓치잔답드다입어보셰입어보셰우리나라걸노입어보셰물검도굿틔아외국인돈즁거업시우리나라아청이나반물드려입어보셰좀빗사면웃더ᄒᆞᆫ가솟안으로도로드러오지외국인것ᄊᆞ다ᄒᆞᆫ들그거슨일호나우리게로와셔보나영구이업셔지네

외국인들좀보오우리나라에나와셔도우리것업ᄒᆞᆫ반점이나쓰나보오져희것만갓다먹고입고쓰고약소ᄒᆞᆫ건잇다ᄒᆞᆫ들일이져희손에느어놋코오히려그럿케만너ᄐᆡ산갓치우리겨글거가지왜쥬오무손일노쥬오쥬ᄂᆞᆫ사람이어리셕지가져가ᄂᆞᆫᄉᆞ람어리셕소

미완

廣告

六寸良淑이가本인遺來畓土를僞造文券ᄒᆞ야賣於外國인타가罪狀綻露破因群港方在勘罪중이온ᄃᆡ几淑之四寸敬七이가踵乃從之奸跡ᄒᆞ여符同繼類로潛地上京畓土를僞造成券偸賣코자ᄒᆞ오니內外國인見欺치마시옵

全北咸悅郡金炳順　告白

丙午 元朝 初號 旣刊

中央新報

中央新報ᄂᆞᆫ獨立獨步無偏無黨의大新聞也

中央新報ᄂᆞᆫ某政府某政黨某教會某權貴의所屬機關新聞이아니라卽天下之新聞也

中央新報ᄂᆞᆫ天의使命을奉ᄒᆞ야發生ᄒᆞᆫ줄노自信ᄒᆞ며濟民救世의大任을行逐코저ᄒᆞᄂᆞᆫ一大新聞也

中央新報의主張은光明正大에在홈이라故로筆尖이銳利홈이라

즁央新報의論議ᄂᆞᆫ中正而穩健ᄒᆞ고批評은奇拔而公平也

즁央新報의電報ᄂᆞᆫ迅速而豐富ᄒᆞ고雜報ᄂᆞᆫ鬼神不可及底의敏活ᄒᆞᆫ報導를爲ᄒᆞ야天下의機密은一絲一毫라도遺漏가無케홈이라.

즁央新報의外報ᄂᆞᆫ簡明의筆노翻騰ᄒᆞ야士人으로ᄒᆞ야곰天下의形勢를暗誦케ᄒᆞᄂᆞᆫ딕努홈이라

즁央新報의雜錄와文苑과其他雜記ᄂᆞᆫ趣味饒多ᄒᆞ야讀而不倦ᄒᆞ고日日新鮮을撰ᄒᆞ며珍奇를聚ᄒᆞ야讀者로ᄒᆞ야곰즁央新報와不堪離居케홈이라

즁央新報ᄂᆞᆫ卽天下公衆의機關新聞이니天下諸人은즁앙新報를看홈이自己新聞으로思ᄒᆞ시고隨意로寄書ᄒᆞ시와自己意見을公表ᄒᆞ시고죠곰도忌憚치마시옵즁央新報ᄂᆞᆫ天下公衆의共樂公園地로아시고此新聞에投書도ᄒᆞ시며討論도ᄒᆞ시며演說도ᄒᆞ시며談話도ᄒᆞ시와同樂同遊ᄒᆞᄂᆞᆫ機關을作ᄒᆞ시오

婦人新聞欄은特히姉妹諸氏를爲ᄒᆞ야즁앙新聞의一部를割ᄒᆞ야婦人諸氏의共樂公園紙로供홈이니其즁에ᄂᆞᆫ論說도有ᄒᆞ고演說會도有ᄒᆞ고雜報도有ᄒᆞ고小說도有ᄒᆞ야婦人各位가每朝에此新聞을閱覽ᄒᆞ면獨히自已一身上利益뿐아니라實노國家의幸福이되리로다男子諸賢도婦人의독字를勸ᄒᆞ기爲ᄒᆞ야此新聞을購독케홈이可홀지라此欄ᄂᆞᆫ卽本新聞의特色之一也ㅣ라

明月奇緣은湲雲先生의著作인딕才子佳人이相別再會와一波一瀾에多情多恨의態를現ᄒᆞ야趣味津津ᄒᆞ야使독者로不知厭케ᄒᆞᄂᆞᆫ現代傑作의新小說이오況又城山畵伯의挿畵ᄂᆞᆫ極히婉麗ᄒᆞ야當場之景을眞寫ᄒᆞ야俾독者로珍哉妙哉를呼케ᄒᆞ리니此欄은卽本신報特色之一也라初刋紙上븟터連속揭載홈

本新聞初號ᄂᆞᆫ十三道二千餘萬의同胞로하야곰一人이라도中央新報라ᄒᆞᄂᆞᆫ天降妙樂을遺聽치勿ᄒᆞ도록特히數萬張을增刷ᄒᆞ야三千里江山에配布ᄒᆞ오니天下萬姓의 僉君子ᄂᆞᆫ試독ᄒᆞ시오

一張代金 新貨貳錢五里
一個月 全 四十錢
三箇月 全壹圓十五錢
六箇月 全貳圓貳十錢
壹箇年 全四圓參十錢
郵稅 壹箇月 全十參錢

發行所 京城會洞 中央新報社

明治三十八年八月十一日 第三種郵便物認可　　月曜日　　[illegible]

大韓每日申報
대한매일신보

第四卷　第一百三十五號

月曜及慶節歲時日休刊

檀君開國四千二百三十九年
箕子元年三千二十八年
大韓開國五百十五年
日本明治三十九年
清國光緒三十二年
陰曆丙午一月小初九日丁丑

論說

弔淵齋宋山林

嗚呼라淵齋宋先生之處事也여夫決心而一死と人情之所難이니及其先生之死而始知先生之心也로다先生이以尤庵宋先正後裔로禔詩襲禮ㅎ고論仁誦義ㅎ여爲斯文之宗匠ㅎ며爲國家之師表者ㅣ凡二十有餘年矣라或者以爲先生이位至贊善ㅎ야涵泳休息이로되高臥東岡ㅎ여一無致澤之効ㅎ니抑爲先生疑之者ㅣ一也오當此國勢板蕩ㅎ여若弗能需時匡世ㅎ어上以保社稷ㅎ며下以與生民이면寧若高尙其志ㅎ야弗顧其跡耶아抑爲先生疑之者ㅣ二也오先生이旣爲登筵ㅎ야諫奏時事ㅣ라가言不聽道弗合이면寧納履而去ㅣ어날胡爲仰樂自靖於大勢已去之日耶아抑爲先生疑之者ㅣ三也라ㅎ야날記者ㅣ解之曰弗然ㅎ다先生弗死之前에と容或有議之者로되先生旣死之後에と弗可尋常而論之也라夫決心而一死と人情之所弗敢易言而易行者어날先生이果之ㅎ니此豈非成仁耶아愛君憂國之心이充滿彝性이로되一絲ㅣ不能以扶植이면不若溘然而弗知라ㅎ야視死如歸ㅎ니此豈非勇斷耶아先生之孤忠卓節을於此可見이니其或有遜於閔趙兩忠正哉아先生이旣來之오不以死歸之면此と非先生也니先生之死가現無㓕利於倫學人民이로되執其大義於千秋者と宇宙與長而日月彌光이니亦豈非扶植國家ㅎ며保全人民之一大標準이리오吾儕と以爲韓國이其有未艾之福이라ㅎ노니在歐洲에嘗聞稱國曰素稱禮義之邦이라ㅎ더니果於今日에見二三子矣로다

官報

●第三千三百二十九號 光武九年十二月廿一日

◎法律

法律第六號

私設鐵道條例 (續)

第八條 鐵道用地라稱홈은左開와如홈事

一 線路用地 其幅員은築堤開鑿溝渠等工事의必要를應ㅎ야量定홀事

二 停車場用地 停車場及事務所車庫貨物庫轉車臺等建築用土地

三 前項構內에と事務의便宜를隨ㅎ야驛長車長機關手의住屋等建築用土地

四 鐵道敷設及運輸를爲ㅎ야車량器具를製造或修繕ㅎと工場과同上工作材料及器具를貯藏홀倉庫等建築土用地

第九條 鐵道敷設을爲ㅎ야舊來의道路橋梁溝渠運河等을變更ㅎ거나或一時移設코ᄌ홀時에と該所管官廳에協議를要홈이可ㅎ되該費用은會社에서支出홀事

第十條 線路가道路와橫過홀境遇에と橋梁架設이나「踏切道를設홈이可ㅎ고其他危險을防止홀必要가有홈處에と墻柵門戶及隄防을設ㅎ며或把守人을置ㅎ야十分警備에注意홀事

第十一條 線路全部と或一部分의工事를竣成홈에旅客及貨物運輸를開業코ᄌ홀時에と農商工部에報明홀事

第十二條 農商工部と前條報明을依ㅎ야監督員을派遣ㅎ야工事法方書에准ㅎ야軌道橋梁車량建築等을監査케ㅎ야一切完全ㅎ면開業認許狀을成給ㅎ고만일完全치못홀箇所가有ㅎ면改築修理를命홈이니此時에と監査員의報明書를會社에示홀事

會社と前項開業認許狀을不得ㅎ면運輸業을開치못홀事

第十三條 農商工部と鐵道敷設中臨時監査員을派遣ㅎ야監査케ㅎ며運輸開業後라도橋梁車량建築等과運輸上習況을監査케ㅎ야만일危險事가有ㅎ면改築修理를命홈이니此境遇에と監査의報明書를會社에示홀事

第十四條 第十二條第十三條의改築修理를竣홈後에도更히監査를受홀事

第十五條 農商工部と會社에서鐵道用地로要ㅎと官有土地及第九條의土地と相當홈價格으로貰下以給ㅎ고民有土地と公用土地買上ㅎと例를據ㅎ야買上以給홈이니該土地에在홈家屋等도本條에准ㅎ야處理홀事

第十六條 會社에서鐵道敷設을廢止ㅎ거나線路變更을依ㅎ야前條의土地를不用홀時에と該土地原所有者가原價로買還ㅎと權이有홈事

會社と前項土地를不用ㅎと意로原所有者에게通知ㅎ야만일原所有者가三箇月以內로買還치아니ㅎ면其買還權을失홀事

第十七條 鐵道事務에關ㅎ야往復ㅎと官吏と無賃으로乘車ㅎ되其官吏에게と個乘車或常乘車券을交付홀事

第十八條 公務를因ㅎ야往復ㅎと軍人或軍屬及警察官吏와軍馬와砲糧食被服等一切軍需品은總히半價로輸送홈이니此時에と公務를因홈者의公文을憑准홀事

第十九條 罪人과罪人을護送ㅎと官吏と半價로乘車케홀事

第二十條 戰時나事變이有홈時에と徵發令의定혼바를從ㅎ야鐵道를使用케홀事

(未完)

外報

●法伊國交 伊太利と地中海問題와及三國同盟之利害를關ㅎ야法伊兩國의融合을謀ㅎ기爲ㅎ야노스다네ㅣ를알제시라스의摩洛哥會議에差遣ㅎ리라더라

●美表滿足 華盛頓特電을據ㅎ즉館美日駐在記官은國務卿루ㅣ도氏에게滿日間約을移牒ㅎ얏더니國務卿은同條約各條中特別히滿洲開放에對ㅎ야甚히滿足혼意를表ㅎ얏다더라

●法艦派遣 法國巡洋艦거로아號と摩洛哥다지ㅣ르港에派遣을命ㅎ얏다더라

●英國態度 英國外相구리ㅣ氏と摩洛哥問題에關혼알제시라스會議에셔美國은前外相란스다운侯의政策을固守ㅎ야法國을援助홀意向이有홈旨로宣言ㅎ얏다더라

●新任公使 露國의新任日本東京駐箚公使색민지에후氏と美國을經ㅎ야東京에赴任ㅎ리라ᄂᆞᆫ데氏と中途에美國大統領루스벨트氏를訪問ㅎ리라더라

●辭職風說 露國首相위트伯은辭職혼다고風說이有ㅎ더니同氏と虛說이라고혼다더라

東京電報

●大使訪問 一月三十日午後十一時發

答禮大使李載完氏ᄂᆞᆫ本日（三十日）午前에伊藤侯를其官邸에訪問ᄒᆞ얏더라

●輸入稅廢止 仝上

日本仲野商業會議所會頭ᄂᆞᆫ明三十一日에在京各신聞社를商業會議所에招ᄒᆞ야韓國米輸入稅廢止件에就ᄒᆞ야其意見을紹介ᄒᆞ다더라

寄書

警告山林同胞 (續) 湖西煩熱生

砲鼓日聞ᄒᆞ며戈戟日尋ᄒᆞ야雄唱雌和ᄒᆞ고近遠應ᄒᆞᄂᆞᆫ其風波의爻象이不下於介水赤壁之戰爭이라

由是로國中聰明才智之士가滔滔百年之間에同作一坑之靡而不復省悟ᄒᆞ니世道之陵夷와儒敎之墜地가職此之由로다噫我山林同胞여以今日爲何如日也오

三千里疆土와二千萬生靈과四千年社會가磨勘이다되얏스니俘虜之辱과진滅之禍를理氣之說과鉛槧之課로ᄂᆞᆫ救濟치못ᄒᆞ오

부터頑固ᄒᆞᆫ眼目과陳腐ᄒᆞᆫ說話를打破ᄒᆞ고世界의形便을좀보며文明의進步를좀허오遺親後君이開化가아니라濟世安民이開化오

薙髮洋服이신法이아니라事業擴張이신法이오論理論心이學問이아니라知慧發達이學問이오膠守故常이中庸이아니라隨變從道가中庸이오

신聞보고演說들어보오異端邪說아니이다三代上人諸葛亮도荊益圖를壁上의掛覽ᄒᆞ엿기에鼎立의事業을成ᄒᆞ얏고

三徵七辟바라지말고不吾以也라고말마시오環宇之內를歷歷히回視ᄒᆞ니學識과經濟와物望이누가可以此局을當ᄒᆞ야大勢를挽回ᄒᆞᆯ만허오

此身도亦幾年工夫를林下에서經過ᄒᆞ엿소마ᄂᆞᆫ泰西諸人唾罵마오忠君愛國ᄒᆞᄂᆞᆫ마음吾儕보다百倍요如此히腐敗ᄒᆞᆫ學問과委靡ᄒᆞᆫ人物로

外人의壓制를不受코저ᄒᆞᆫ들得ᄒᆞ겟소可憐하고可矜하오水落石出된然後에仰天痛哭所用업소合必團體時急하니一刻이라도容與마오

風雪打窓에呼寒피피타가傷時之懷와相愛之情을不堪하와熱淚를揮拭하고血衷을瀉盡하야以告我山林之同胞하노라 完

雜報

●大官入道 平理院長李允用氏와警務使尹喆圭氏等이天道敎에歸依하얏다더라

●安氏向學 宜川郡居安湜氏ᄂᆞᆫ自幼로不識漢文一字하고但粗解國文이로ᄃᆡ其督帝國兩신聞을多年購覽하며今又本申報를力購하야使人代독하고譯會其事ᄒᆞᆫ다하니義其ᄒᆞ意가在於要廣見識이라今或宦而識字者들도代金을吝惜하야不肯購覽하ᄂᆞᆫᄃᆡ同氏가能立志向學이如此하니其卓越ᄒᆞᆫ性質을人多稱道라하더라

●大使同様 보聽大使李載完氏一行이使事了畢ᄒᆞ기로還朝次로昨日日本東京에서發程하얏다더라

●恩賜義辭 去年陰十二月二十九日에監獄署警務廳在囚罪人에게救恤金每名各二元式司令官儀俊源氏가奉 勅頒賜ᄒᆞᄂᆞᆫᄃᆡ警務廳在囚安秉瓚氏가儀氏를對ᄒᆞ야曰恩賜至此ᄒᆞ니惶感無地하오나吾等十餘人은皆因신條約事件하야至於被執이온바主辱臣死ᄂᆞᆫ即其職分이온즉恤金을義不敢祇受라하고因爲還納하얏스니物雖小나其義則可奬이라하더라

●統府開廳式 統監府ᄂᆞᆫ昨日부터開廳하야其式을擧行하얏고統監은伊藤侯來韓하기ᄭᆞ지長谷川大將이代理ᄒᆞᆫ다더라

●日公領舘廢止 日公使舘及領事舘은再昨日에廢하고昨一日以後로ᄂᆞᆫ統監府基에理事廳을置하야從來와如히諸務를收扱ᄒᆞᆫ다더라

●湖儒激昂 송山林秉璿氏가殉義自靖ᄒᆞᆫ後에湖中儒生數百名이大段激昂하야警務使尹喆圭氏의侮辱山丈ᄒᆞᆫ罪를彈劾하야上疏하얏다더라

●大試驗場 統監府의所管ᄒᆞᆫ韓國農事改良ᄒᆞᆯ方針으로以하야十數萬圓으로大農事試驗場을經營하ᄂᆞᆫᄃᆡ該試驗塲은水原과其他數箇所로設置되리라더라

●兵甚於賊 忠北鎭川郡來函을據ᄒᆞᆫ즉該郡長陽兵站은即該邑老谷申民家에다私設ᄒᆞᆫ兵丁兩名인ᄃᆡ賊警防備를爲하야每夜各洞을行巡하ᄂᆞᆫ바該兵丁等의乘機行悖가不一其端이고去月望間에光峴市로歸來하ᄂᆞᆫ商人의賣牛錢幾千兩을兵丁一人이要爲攫奪이다가至於發露하야即爲逐送하고他丁으로代充하얏스나此等爲弊가種種有之하니所謂長陽兵站은即一賊藪와無異하다고商旅의怨聲이頗多하다더라

●兩院轉任 經理院卿沈相薰氏ᄂᆞᆫ表勳院總裁로轉任하고軍部大臣李根澤氏ᄂᆞᆫ經理院卿署理事務를被任하얏다더라

●綱郡鬧擾 綱[illegible]郡守李康禹氏가內部에報告하얏ᄂᆞᆫᄃᆡ本郡守莅任以前에聞邑有事變하고兩夜赴任하야出變事由를次第查問이온즉這間書記輩가以料賴殘薄하야難以擧行으로呼訴於儒鄕則從其戶布數하야每戶에粟一斗式磨鍊以給이되村閭民人이入邑時에乃無宿食處故로每於買食이事不穩便則各其書員이接待次로成文蹟以給者를一進會員이謂以無名雜稅라하고使不得收斂故로以此書記與會員이方在相持而吏屬之入於淨土宗者多矣라其중禹弼善李佑卿等이作頭惹鬧하야打破會員事務所故로陰十二月二十一日自京會로派送總代調查之際에右輩가符同諸吏하야稱捧私債하고詬辱會員하야以致一塲起鬧하야棒石亂打而會員被傷者가爲二十一人이오吏輩被傷이亦爲四人云而事務所前後破碎什物及會員之失破物件이亦云多數이오며自此로起鬧吏輩가聞一進會員이更入邑底하고自傲逃躱하야邑중民心이從風恐動이온바近邑會員이二十九日에連속入郡故로告示邑村하야俾各安堵하고會員이亦爲련說하야曉喩安頓而暗地拘執淨土宗副會長鄭壽贊與該犯禹弼善하야來託年因故로分付首巡校하야嚴囚而吏奴輩가盡爲逃躱하야尙未還集이온즉所謂官長이入處空衙에兀然獨坐하니言念事勢에誠甚悚悶이라하얏더라

●學徒訴寃 江陵郡公立小學校學徒송道爽等이學部에請願하되本校敎員鄭海觀이與本郡居羅在恒으로志槪之直과學術之策이相爲伯仲하야特設靑年會허고或演說或作文하야學校가日開이더니不意一進會에서謂以鄭羅兩人이協謀起兵하야先逐一進하고將擧大事之虛言妄說로誣訴於各處이던지卒然洪川派駐日兵五名과一進會人幾名이來到하아鄭羅兩人을捕縛捉囚于郡獄하고將云押上京城하니使此無罪之先生으로不被橫罹之地를千萬이라하얏더라

●幣源回程 學政參與官幣源坦이在東京하야學部에電報하되任員退學生에對하야自日本政府ᄂᆞᆫ無關이고學資金을淶送하라하고二月十七日에發程이라하얏더라

春燈劇談 （二）

宮廷에妖孽을[illegible]ᄒᆞᆷ이大[illegible]消息이라講筵을日開ᄒᆞ고大臣을書接ᄒᆞ야左右史ㅣ一言一動을記注ᄒᆞ야聖躬이淸明ᄒᆞ시고聖德이正大ᄒᆞ심이國家人民의大慶幸이라指鹿爲馬之流와八風舞蝶之徒가咫尺에滋蔓ᄒᆞᆷ이近日頗絕ᄒᆞ야龍樓鳳闕에肅然淸穆ᄒᆞᆫ氣像이浮動ᄒᆞᆫ즐노確信ᄒᆞ얏더니從李冕明과禮式院課長李裕宇와電話課主事高一妓等이聖聽을欺蔽ᄒᆞ고官方을濁亂ᄒᆞ야宮禁密邇에固有組織ᄒᆞᆫ다ᄒᆞ니太陽의光明은不滅이로ᄃᆡ浮雲의形跡은何時에掃盡ᄒᆞᆯ고

內部大臣이郡守를公薦ᄒᆞᆫ다ᄒᆞ니近日郡守奏本에ᄂᆞᆫ恢公ᄒᆞᆫ다可稱ᄒᆞᆯ만하되所謂恢公者의人材를收羅하야珠璣를取하며魚目을捨하ᄂᆞᆫ거시乃是恢公이어날顧今所用이欵段下乘에不過이고絕塵蹄足은一個도未見이며

地方局長의責任은名譽人物를汲引하야內相을補佐ᄒᆞᆷ이自是當然底事인ᄃᆡ阿諛苟保하야轅下駒에局束狀態만做하고半点補聽하ᄂᆞᆫ手段이無하니崔錫敏氏에平日志槪도今日에可見하깃도다

寄書

斷腸語　痛哭生

自古亡國之事를歷史上大畧觀之인바當時光景을想像컨ᄃᆡ朝野之悲遑과士人之奔波가怳然如在目中ᄒᆞ야

遙遙千載에悲吊之心을不禁ᄒᆞ며況其賊臣이媒孽ᄒᆞ고禍機를發ᄒᆞ야宗社生靈이一朝淪亡之際에ᄂᆞᆫ自然裂眦憤罵를尤所難禁이러니

何意今日에身親見之리오噫라今日韓之江山은未知誰家掌中之物고統監府를已開ᄒᆞ고各港理事廳이列立ᄒᆞ야

諸路區域을瓜分而管掌ᄒᆞ며全國權利를一網收盡ᄒᆞ야所謂政府ᄂᆞᆫ不過蜃樓之虛影이고觀察守令은依然隍廟之偶像이라

一事一務를不得自由ᄒᆞᆯ지니如是而尙可曰有國乎아噫噫痛哉라五賊輩之恒言에曰

日本을不得不信賴오國權을不幾年可復이라ᄒᆞ다더니信賴之效ᄂᆞᆫ今日에可見이어니와復權之期ᄂᆞᆫ何年을可俟일지

無頭狂鬼輩之言이只可疾首痛心이로다東來悲風이漢水를吹拂ᄒᆞ야萬戶夕陽에人影이散亂ᄒᆞ고

山河ᄂᆞᆫ依舊ᄒᆞ되黍離之感이自生ᄒᆞ니誰生厲階ᄒᆞ야致此罔極인지志士에一副眼淚를其將無時可乾이며

可憐我二千萬同胞여豺虎滿地에出門何適이며萍蓬四海에寄身無處ᄒᆞ야叫天呼地에與宛爲隣ᄒᆞ니波蘭遺民이無乃同情歟아

願棄人間事ᄒᆞ고屈子徒에長年術을學ᄒᆞ야時局之如何結果를吾將張目觀之ᄒᆞ리라

雜報

山丈遺書

●示全邦人民

秉璿草野之人也杜門讀書分義是守若其世道隆替惟副手棺工是持今當國家垂亡人民盡劉之日旣불能做爲萬世開太平之功亦無以救一世俯伺之赤子而忍見此慘毒之狀寧溘然無知之爲愈也只以一死以謝國民嗚呼我國民値此競爭世界旣無活佛則其將何恃以生耶請各自思量夫當死而生生而死也當宛而宛死而生也古云衆心成城惟願國民憤發淬勵一心團合以忠君死長之心爲究竟法而百折弗撓萬刧弗渝則天必悔禍得有保生之日矣若其불然而懦柔惰怠一向渙散吾將次第逢我國民於地下之日無幾矣其各念之哉

●示書社同志

不佞以先祖之孫讀聖人之書粗聞春秋之大義遭此華而夷夷而獸人類滅絶之日一部春秋亦將無地可讀賜九之厄一何至此之極불自量力以討凶逆扶綱常大義仰叫　天陛竟値罔極之辱於犬羊之奴使吾儒種子至吾身而滅亡故只以一死謝諸君子噫上焉而千百年在前下焉而千百歲亦在後俯仰穹壤今日何日歟究義諸庶或無愧於前後之인矣夫剝盡復生否極泰來自是天理之常也惟願諸君子勿以今日之晦塞謂永無生ᄉᆡᆼ之道而少굴其志氣壁立千仞之砥柱忍辛耐苦쇄用力下工夫只要向前厮殺불要退後歇脚扶吾道於旣絶延國脈於已亾之地大冬風雪必遽然而萬和方春矣然則불佞今日以身殉義乃爲諸君異日興道俱ᄉᆡᆼ之本也噫不佞以吾道之重責任之于諸君其亦可謂任大責重矣子曰守死善道惟願諸君勉乎哉嗚呼噫嘻

●制局設寘　宮內府官制中調查課ᄂᆞᆫ廢止하고制度局을設寘하얏ᄂᆞᆫᄃᆡ摠裁一人議定官六人叅書官四人主事六人이라더라

●統府視務　統監府ᄂᆞᆫ外部로定하고二月一日로爲始視務하ᄂᆞᆫ故로外事局은北闕內前議政府로移設하고亦爲今日視務라하더라

●礦學教授　礦業技監補佐官技師福井千尋氏가鑛床調查技手教習所規則을農部에公函하얏ᄂᆞᆫᄃᆡ左와如홈

第一條當所ᄂᆞᆫ韓國人을養成하고鑛山調查事務所에適當ᄒᆞᆫ學科를教授하고卒業後에ᄂᆞᆫ其事務에從事ᄒᆞᆯ目的으로卒業期限은九箇月로定홈

第二條卒業生은學術品行優等인을技手에採用하되月俸金十元以上四十元以下를支給하고出張을命ᄒᆞ야外業에從事ᄒᆞᆯ時에ᄂᆞᆫ別項規定의旅費日額을給홈

第三條教習科目을別로左에六項으로定홈

一地質學　一鑛物學　一測量術　一製圖　一分析及化學　一冶金術

第四條當所에入學志願者ᄂᆞᆫ規定書式에依ᄒᆞ야入學請願誓約証及身元引學証에履歷書를添付出願事

第五條當所에서入學을許可ᄒᆞᆫ時에ᄂᆞᆫ同日부터日給金二十五錢을給與홈

●鄕향老로訪방問문醫의生ᄉᆡᆼ이라　속

더귀더귀목동은눅귀를둘너메고네어듸로향ᄒᆞᄂᆞᆫ야만확쳔봉길혼산에슈목이참쳔ᄒᆞ니그곳은미록에노ᄂᆞᆫ바오평원광야널은들에슈림이울밀ᄒᆞ니

그곳은마죠의노ᄂᆞᆫ바라메고가ᄂᆞᆫ그독긔로벌목뗑ㄷ베지마라그남글베게드면금슈를어이ᄒᆞ리보탁나니소년어부목동들아닉말을웃지말고명심불망ᄒᆞ여써라

동ᄌᆞ야술파어라일비일비부일비로장취불셩ᄒᆞ여셰라취흥을불승하야단가일곡화답ᄒᆞ니낙지기즁이안인가그ᄃᆡᄂᆞᆫ취하엿고나ᄂᆞᆫ장ᄎᆞ갈터이니후일을다시긔약노라　완

●特別廣告

本申報分賣等事로釜山鎭支社員은該鎭二洞永興社金禧泰氏로鎭南浦支社員은該浦築洞金仁집氏로義州邑支社員은該邑南門外韓西大藥房主人張有官氏로平壤邑支社員은該邑南山峴日신學校內金興淵崔叔恒兩氏로定州邑支社員은該邑安濬氏로長湍邑支社員은該邑金龜氏로議定하야逐號下送하오니該附近地에서購覽하시는僉君子는以上諸氏에게購讀하시고代金도諸氏에게辦致하심을爲要

大韓每日申報社　告白

●數理學雜誌改良廣告

本雜誌를第三號로붓터는頁數도增加하며粧冊도改良하며記載하는材料도一層精選하야江湖僉位의愛讀하시는厚意를報酬코져하오니倍舊愛讀하심을伏望

但發行日子는每朔五日

一券定價는新貨拾錢

發行所　南大門內尙洞舊德公館右便　數理學雜誌社

賣却所　尙洞會堂內　鍾路大東書市　布屛下金相萬冊肆　新門內松橋張哲周紙廛　銅峴朴泓九紙廛　仁川港租峴開新冊肆

丙午元朝初號發刊

中央新報

中央新報는獨立獨步無偏無黨의大新聞也

中央新報는某政府某政黨某敎會某權貴의所屬機關新聞이아니라眞天下之新聞也

中央新報는天의使命을奉ᄒᆞ야發生ᄒᆞᆫ줄노自信ᄒᆞ며濟民救世의大任을行遂코져ᄒᆞ는一大新聞也

中央新報의主張은光明正大에在ᄒᆞᆷ이라故로筆尖이銳利ᄒᆞᆷ이라

즁央新報의論議는中正而穩健ᄒᆞ고批評은奇拔而公平也

즁央新報의電報는迅速而豐富ᄒᆞ고雜報는鬼神不可及底의敏活ᄒᆞᆫ報導를ᄒᆞ야天下의機密은一絲一毫라도遺漏가無케ᄒᆞᆷ이라

즁央新報의外報는簡明의筆노翻騰ᄒᆞ야士人으로ᄒᆞ야곰天下의形勢를暗諳케ᄒᆞ는ᄃᆡ努ᄒᆞᆷ이라

즁央新報의雜錄와文苑과其他雜記는趣味饒多ᄒᆞ야讀而不倦ᄒᆞ고日日新鮮을撰ᄒᆞ며珍奇를聚ᄒᆞ야독者로ᄒᆞ야곰즁央新報와不堪離居케ᄒᆞᆷ이라

즁央新報는卽天下公衆의機關新聞이니天下諸人은즁앙新報를看ᄒᆞᆷ이自己新聞으로思ᄒᆞ시고隨意로寄書ᄒᆞ시와自己意見을公表ᄒᆞ시고조곰도忌憚치마시옵즁央新報는天下公衆의共樂公園地로아시고此新聞에投書도ᄒᆞ시며討論도ᄒᆞ시며演說도ᄒᆞ시며談話도ᄒᆞ시와同樂同遊ᄒᆞ는機關을作ᄒᆞ시오

婦人新聞欄은特히姊妹諸氏를爲ᄒᆞ야쥬앙新聞의一部를割ᄒᆞ야婦人諸氏의共樂公園紙로作ᄒᆞᆷ이니其즁에는論說도有ᄒᆞ고演說會도有ᄒᆞ고雜報도有ᄒᆞ고小說도有ᄒᆞ야婦人各位가每朝에此新聞을閱覽ᄒᆞ면獨히自巳一身上利益ᄲᅮᆫ이ᅵ라實노國家의幸福이되리로다男子諸賢도婦人의독字를勸ᄒᆞ기爲ᄒᆞ야此新聞을讀독케ᄒᆞᆷ이可ᄒᆞᆯ지라此欄는卽本新聞의特色之一也ㅣ라

明月奇緣은蘅雲先生의著作인ᄃᆡ才子佳人이相別再會와一波一瀾에多情多恨의態를現ᄒᆞ야趣味津津ᄒᆞ야使독者로不知厭케ᄒᆞ는現代傑作의新小說이오況又城山畵伯의插畵는極히婉麗ᄒᆞ야當場之景을寫ᄒᆞ야使독者로珍哉妙哉를呼케ᄒᆞ리니此欄은卽本신報特色之一也라初刊紙上붓터連속揭載ᄒᆞᆷ

本新聞初號는十三道二千餘萬의同胞로하야곰一人이라도中央新報라ᄒᆞ는天降妙報을濁讀치勿ᄒᆞ도록特히數萬張을增刷ᄒᆞ야三千里江山에配布ᄒᆞ오니天下萬姓의　僉君子는試독ᄒᆞ시오

一張代金	新貨貳錢五里
一箇月	仝 四十錢
三箇月	仝壹圓十五錢
六箇月	仝貳圓貳十錢
壹箇年	仝四圓參十錢
郵稅	壹箇月 仝十參錢

發行所　京城會洞　中央新報社

本社廣告

申報價

一張代金	新貨二錢五里
一箇月前納	三十錢
三箇月	九十錢
六箇月	一元七十錢
一箇年	三元四十錢

郵稅一部　新貨五里

一箇月　十三錢

廣告料

四号活字十三字詰

每日每英尺一寸에新貨廿五錢

(每日每行에六錢에相當ᄒᆞᆷ)

二周日에　二圓五十錢

(每日每行四錢五里에相當ᄒᆞᆷ)

一箇月에　五圓

(每日每行四錢一里에相當ᄒᆞᆷ)

其期限의長短과字行의多少를依ᄒᆞ야增減ᄒᆞᆷ이有ᄒᆞᆷ

大韓人마다此申報를不得不閱覽ᄒᆞ실터이오니廣告出報ᄒᆞ실僉君子는來臨面議ᄒᆞ시옵

發行兼編輯人　英國人裴說

發行所　京城北署壽進坊碑洞号外地段局横街

大韓每日申報社

第四卷

大韓每日申報
대한매일신보

第一百三十六號

月曜及慶節歲時日休刊

檀君開國四千二百三十九年
箕子元年三千二十八年
大韓開國五百十五年
日本明治三十九年
淸國光緒三十二年
陰曆丙午一月小初十日戊人

論說

覈論條約

本報愛독僉員이亦皆閱覽日本신報之人也라韓國政府에外交顧問官須知分氏가華盛頓居ᄒᆞᄂᆞᆫ一知己의게寄書ᄒᆞ야同地報筆下에記載됨을想應知悉이어니와共寄書內容이如左ᄒᆞ니

虛妄之說을漢城一신報가播傳ᄒᆞ外ᄒᆞ며橫濱一報館이照膽誇示인바其毁譏之言에大者有二ᄒᆞ니日韓新條約을顯著兵權으로締結이라ᄒᆞᆷ이其一也오外部印信을取之以犯行ᄒᆞ야公文上에押附ᄒᆞᆷ이不從該大臣之意라ᄒᆞᆷ이其二也라ᄒᆞ얏더라向日漢城內에所經每事를躬自認悉之人이做出如此證據ᄒᆞ니其譏言之人은將何以爲之리오將自許以謬信風說乎아如此新發之證을將欲拒而不信乎아先言키非難도다須知分氏言辭中에可以注目處ᄂᆞᆫ韓政府大臣중에兩人이此協約에反對라ᄒᆞᆷ이니威脅之報가徐此以出은不足疑也어니와韓廷大臣은竟不得一致矣니以實能言은止此而已로다

然이나以其結約顚末言之면한城及橫濱報筆의評論이得其順序니對此諷言은弄猶不足이오其照膽은甚爲明白하야無一言可論이로다

須知分氏의證言을不可非難은何哉오同氏之居한城이非爲衛生이오其職位가日本好意에全然關係됨은但링클니大佐의行動과同一ᄒᆞᆫ지라

然則大韓每日申報의證言이豈可後於須知分氏리오客年十一月十七日夜에申報主筆人이經其寒冷於闕門處일서日本兵馬之行에其寒이頗輕矣니正直外交顧問官의게日本憲兵六人이同夜在彼라고言及ᄒᆞᆫ誰某가確實言他ᄒᆞᆷ을能以宜[illegible]ᄒᆞ겟도다闕門이夜開에自意出入ᄒᆞᄂᆞᆫ憲兵이圍立ᄒᆞ얏고宮墻內에ᄂᆞᆫ長谷川大將이多數砲步兵을領率環繞ᄒᆞ얏거날須知分氏ᄂᆞᆫ憲兵六人이在彼ᄒᆞ얏다고傳書于其友로다

日公使의致書와須知分氏의寄書가有何關係리오한城內에諸般實據ᄂᆞᆫ相反于此로다伊藤候가大韓皇帝께私見ᄒᆞᆫ內容을須知分氏가今且報告라ᄒᆞ니此或得實信乎아須知分氏의知己가華盛頓報紙上에寄書를揭載ᄒᆞ야使其中外로信其虛妄故로本記者ㅣ對同氏ᄒᆞ야爲此論駁ᄒᆞ노니同氏를稱之以韓國外交顧問官은誠是謬也라同氏ᄂᆞᆫ日本에債傭된一外人이로다

本記者ᄂᆞᆫ前日記載ᄒᆞᆫ條約顚末을重疊陳述ᄒᆞ야非但華盛頓이무外他諸城에도送致ᄒᆞ겟노라

官報

●第三千三百六十四號 光武十年一月三十一日

◉宮廷錄事

禮式院掌禮卿臣南廷哲謹奏在前부廟習儀行禮於議政府矣今番則以何處擧行乎敢奏

光武十年一月二十一日奉

旨以內部爲之

부

太廟習儀初度陰曆正月十三日

二度同月十五日

三度同月十七日

◉敍任及辭令

依願免本官 京畿觀察府主事安商說

任京畿觀察府主事叙判任官六等 송畿弘

以上一月二十日

龍川監理署主事尹炳燮

仝 慶興監理署主事梁在信 李萬九

依願免本官 務安監理署主事송誠仁

任龍川監理署主事叙判任官四等

任龍川監理署主事叙判任官六等 金炳喆

任慶興監理署主事叙判任官六等 六品蔡圭彪

外國語學校書記金鍾建

任官立小學校教員叙判任官七級

任外國語學校書記叙判任官七級 九品吳圭命

以上一月二十九日

●第三千三百二十九號 光武九年十二月廿一日

◉法律 續

法律第六號

私設鉄道條例

平時라도至急히軍隊를派送ᄒᆞᆯ時에ᄂᆞᆫ當該官廳의命을從ᄒᆞ야速히運送ᄒᆞ며其運賃은第十八條의例를依ᄒᆞᆯ事

第二十一條 軍隊에서軍事上必要를應ᄒᆞ야車양을改脩或新飾ᄒᆞ거나軍需品載卸器具制造를命ᄒᆞ며其實費를支出ᄒᆞᄂᆞᆫ時에ᄂᆞᆫ會社에서此를拒絶치못ᄒᆞᆷ이라

第二十二條 農商工部大臣은公衆의安全을爲ᄒᆞ야官有鉄道에實施ᄒᆞᄂᆞᆫ事務ᄂᆞᆫ會社에命ᄒᆞ야施設케ᄒᆞᆷ을得ᄒᆞᆷ이라

第二十三條 官設이나官許를得ᄒᆞᆫ者가會社의鉄道線路를接續ᄒᆞ거나橫過ᄒᆞ야鐵道를敷設코ᄌᆞᄒᆞᆯ時에ᄂᆞᆫ設工事에에對ᄒᆞ야會社에서此를拒絶치못ᄒᆞᆯ事

第二十四條 官設鉄道에設行ᄒᆞᄂᆞᆫ規則은私設鉄道에도適用ᄒᆞᆯ事

未完

外報

●摩洛問題 十一日루터電을據ᄒᆞᆫ즉伊太利諸新聞은摩洛哥問題에關ᄒᆞ야顯著히德國에反對의論調를示ᄒᆞ얏ᄂᆞᆫ되「셰고리ㅣ」와如ᄒᆞᆷ은揚言ᄒᆞ야曰德國은三國同盟이有ᄒᆞᆫ되一次狐立狀態에陷ᄒᆞᆫ진되彼ᄂᆞᆫ最早尊恣ᄒᆞᆫ意志로他의關係國上에强力을加ᄒᆞ기不能ᄒᆞ다더라

●償金反對 루터電을據ᄒᆞᆫ즉上海暴動問題에關ᄒᆞ야英國에셔ᄂᆞᆫ비償金을要求ᄒᆞᆯ意向이有ᄒᆞ나外務部ᄂᆞᆫ其責任이領事團에在ᄒᆞ다ᄒᆞ야堅固히反對ᄒᆞᆯ思量이라더라

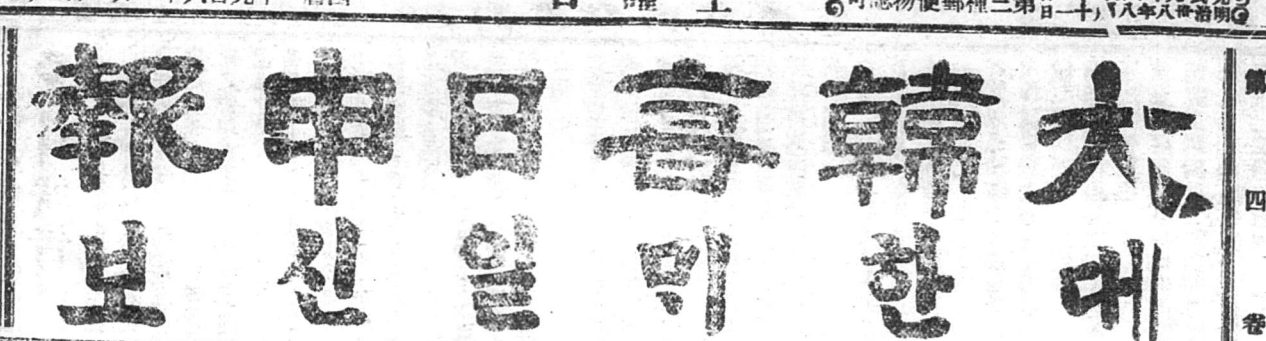

●宏大救助 美國에서ᄂᆞᆫ會員의互相難困을救助ᄒᆞᄂᆞᆫ組合이目下二百餘處가有ᄒᆞᆫ되會員의總數가五百萬人餘가有ᄒᆞ며其資本財産은七十五億弗餘에今日ᄭᆞ지救助ᄒᆞᆫ金額은總計八億二千五百萬弗인되其中昨年의救助金은六千五百萬弗이오每週에百二十五萬弗의比例라ᄒᆞ며又組合中六十二ᄂᆞᆫ一萬人以上의會員을有ᄒᆞ고其他ᄂᆞᆫ五千人乃至七千人의會員을有ᄒᆞ얏다더라

雜報

●淵齋宋先生傳

先生姓宋氏諱秉璿尤庵先生九世孫也先生承受洛閩之學於家庭之傳早立退脚以英邁之氣成溫恭之德其爲學也自天人性命至事物鉅細悉硏究其理領會其要今上丁丑被旌選爲國子祭酒自是禮遇隆摯頻問起居國有大事必遣近臣咨詢且召命屢降先生終守東岡之陂益務聖賢之書發揮聖賢之道門人受業者甚衆當甲申紋綱廷變更衣制先生以爲此是履霜氷至之候三次上疏極諫皆不報遂結茅於沃川先生居下決意不復言朝家事日與門徒講學論道而已及韓日協約旣成先生召門弟子曰今日之變是前古所無我不可膠守宿戒而緘默遂上疏請討賊廢約者再未蒙 俞允乃曰今人類將盡滅此萬古地盡頭處也當以地盡頭處事應之而吾一身地盡頭處只一死字而已吾將以死積誠回天遂告訣先祠又作文告訣尤庵先生墓直向京城至家門外欲上請對疏 上內憚諸賊之脅迫外慮日人之加以不法有靳難色先生遂以非常不拘格例直詣外廷院上請對疏上驚動即設法筵而邀見之禮遇甚重先生以誅賊復權之意懇眷敷陳又上袖箚十條其大意則以爲國存道存國亡道亾人皆謂 陛下之國已亡臣獨以爲天下之道亡矣 天陛咫尺即臣死所聖敎日所言狀甚嘉納皆當實施退俟私處對日臣以死自處不準請則不可退仍俯伏筵吾掌禮卿南廷哲曰自上旣有實施·處分而久伏筵吾恐非儒臣體統先生於是還出私次門生疑其速先生曰我來自草野自與他人不同若一諫불聽而便死天陛之下是非事君盡禮之道而揚君之過也旣以死自判餘日尙多何必乃爾經一夜無實施 處分翌日再詣外廷院불得入對遂却飮食經夜待 命矣翼日警務使尹喆圭承諸賊指嗾詐傳勅令曰自 上有入待處分先生信之出平成門尹喆圭曰此距漱玉軒甚遠老人不可步行請乘轎子蓋先生불解宮廷內路逕故也使日巡査憲兵等變服閒立諉言五賊欲害先生故特保護閉轎簾驅出西門外客館日兵乃以日本眼色圍立而守先生比之則稱以 勅令直奪先生之佩刀及衣衿中所藏藥物終夜固守不通出入先生歎曰吾見欺於豎子笑而順受之其翌遂昇載汽車夜抵公州之太田日兵始釋圍而稍解先生曰此去吾先祖尤庵先ᄉᆡᆼ舊第不數十武直我死所遂入懷德石村之里即尤庵舊居之側也召門人曰我受此罔測之辱於犬羊之奴以我一身固不足自重所處之位乃一國儒敎之領袖也所尊之道乃孔孟程朱之道也若苟取ᄉᆡᆼ活其如一國士林何其如聖賢之道何哉遂裁遺訣子書社同志及全邦士民書又寫遺疏深衣幅巾北向四拜然後出行囊中藥物吞下而待化先ᄉᆡᆼ稟質甚堅藥力弗能逞又服至再辭色夷然少無異於平時嗚呼門人鄭奭采曰此藥甚無驗如是者三遂易簀時舊曆十二月三十日也

嗚呼先ᄉᆡᆼ之殉義非但爲國家爲ᄉᆡᆼ靈而爲東方五千年儒道而殉者豈弗赫赫乎垂萬世而彌光哉

●區域分轄 統監府處理事務을京城과各港口에設置ᄒᆞ고十三道區域을分排管轄ᄒᆞᆯ計劃이라더라

●兩使轉任 駐韓日公使林權助氏는從近發程ᄒᆞᆫ다는ᄃᆡ駐淸公使를被任ᄒᆞᆯᄃᆡ이오駐淸公使內田康哉氏는墺地利國公使로轉任ᄒᆞᆫ다는說이有ᄒᆞ더라

●經費請撥 長기郡守任昌宰氏가內部에報告ᄒᆞᆫ內槪에本郡經費之支用이實所難便者는本郡至大丘支金庫가相距爲二百二十里之遠이온바每朔一回式修報于觀察府ᄒᆞ야受命令書推出于支金庫則這間來往之費가數甚不少이옵고亦有路遠難便之端이니本郡經費를依舊往先六朔後六朔之例ᄒᆞ야一回에六朔條式分二回推用之意로移照度支部ᄒᆞ와特下處分伏望이라ᄒᆞ얏더라

●靑會開演 皇城基督敎靑年會에셔本月四日日曜下午七点半에濟衆院醫士魚丕信氏가尼哥底母의事蹟으로演說ᄒᆞᆫ다더라

●治績査探 平壤開市場警務顧問補永谷隆吉氏가管下各郡守의治績臧否를査探ᄒᆞ야九山顧問의게報告하얏다더라

●會員借廨 木川郡守李秉曆氏가內部에보告ᄒᆞ얏는ᄃᆡ本郡一進會支會長白岑祿에公函을據ᄒᆞᆫ즉際此列强普通之秋ᄒᆞ야不可無語學이요極達才藝ᄒᆞ야圖進文明이研子홈出來故로聘延高等敎師ᄒᆞ고設校私家러니學徒稍進ᄒᆞ야室窄難容ᄒᆞ니空閒公廨을從容借給等因이온바公廨를郡불可擅許이옵기茲에報告ᄒᆞ오니特爲指敎ᄒᆞ라ᄒᆞ얏더라

●或放或留 日本憲兵隊에拘囚되얏든前法部大臣李裕寅과前宮內協辦朴鏞和와前警務使具完熙와金東弼禹龍澤呂中龍禹範振諸氏가日昨에放還되고尙在拘囚中者가凡三十名이라더라

●延礦封廢 農商工部에셔延豐郡守許梅氏의게發訓하되本郡金礦開採事로上年十月에徐範淳爲名人을本部에셔認許인바該人이行爲鄙悖하야不可仍賃이니到即該人은捉囚郡獄하고該認許狀은搜覓上送하며該礦은封廢後報明하라하얏더라

●嚴防潛採 農商工部에셔潭陽郡守의게訓令ᄒᆞᆫ內槪에本郡金礦을特念民情하야依보辭封閉하얏스니悖民輩의潛採를一切嚴禁하라하얏더라

●度量衡費 度量衡製造時所入費一萬一百八十三元을支撥事로日本人井上宜文이가農部에請願하얏더라

●刑法신頒 刑法大全을各觀察府에二件과各郡에一件式下送하니到即頒給各郡하야以爲存당케하되日後遞歸之時에勿爲混入於私囊之弊케하라고法部에셔各觀察府로發訓하얏더라

●楊民乞留 楊州郡守洪泰潤氏가莅任四載에治有實惠라同氏가今方請願遞歸홈의該郡民朴泰會金箕壽等이願留홀事로내部에請願하얏다더라

●咸察秘보 咸南觀察使申箕善氏가내部에秘보하되頃承秘訓니에高原郡守朴淇鎬가非徒做治弗善이라不法施措가去益乖常뿐더러貪饕醜聲이聽聞駭然ᄒᆞ니別定耳目ᄒᆞ야櫛査秘報하라하온바卽爲別遣耳目하야詳査臚列秘보而大抵該郡守가外若綜詳ᄒᆞ고亦頗勤敏이나不識大體하고尤昧格例하야語無倫脊하고行爲鄙瑣하며往往虐待會民하야大致怨방에至於受辱이나直謂之貪虐弗法則過矣라査照處分하라하얏더라

●보告卒逝 忠南觀察署理稷山郡守郭燦氏가보告內部ᄒᆞᆫ內槪에沃川遠溪居經筵官宋秉璿氏가陰上年十二月三十日巳時에卒逝于懷德郡外南面里하얏스며現接該郡보告하야驗보라하얏더라

●立憲聲言 英法德三國에駐在ᄒᆞᆫ淸國公使들이淸國은五箇年間에立憲制度를必立ᄒᆞ깃다고聲言하얏다더라

●開會通牒 法部에셔七委員辯護士試驗日期가漸迫하오니事務整理에對하야爛商ᄒᆞᆯ事가有ᄒᆞᆫ즉本月二日上午十点鐘에本部起草委員會를開하얏다더라

●黃民寃情 西道通信을據ᄒᆞᆫ즉黃州郡守朴文敎氏가治政이善良타하는ᄃᆡ該郡弊端이在前坊役을結頭上에分排하기로民庄을舉皆宮庄에付하야避役民援가有하다는ᄃᆡ今年結排時에此弊를革悛하고長吏各驛柴油費와其他坊役을一切結頭上에分排하기로畢竟은外人의庄土가되고말지니엇지此를覺悟치못하는지該郡守를爲하야大端愛惜하다더라

●朴氏諱報 各部府院廳에서行政凡務를시閣下에許令以市하야國內人民으로써使知悉케하는거시開明進보하는方針이거날警務廳警察局長朴承祖氏는有何主見인지신聞探事人을大加忌諱하야無論某事件하고都불許探보라하니同氏는元來秘密做事를愛好하야與인酬接之際에每多附耳密語키로인皆稱以朴附耳라ᄒᆞ다니今此신聞探보안도附耳而語然後에야諸事件을或可得聞일지雖然이나官高인에게猥請附耳하는거시大係불敢하니惟同氏는提耳而命之ᄒᆞᆯ지어다

雜報

●學問生於患難

甚矣라韓人之難悟也여歐美列邦之富强을今或語次及之면認之若天神然ᄒᆞ야輒曰非人之所可能이라ᄒᆞ고不復欲留意究之ᄒᆞ니甚矣라其難悟也여

鷄彼歐美之人이亦皆圓顱方趾의縱鼻橫目이오穀以充腹ᄒᆞ며絲以遮體ᄒᆞ야視聽言動이與凡人相同ᄒᆞ니豈爲其技巧勇敢이異於人之有哉리오大抵人之愚智賢不肖가學問之有無에亶在ᄒᆞ야學則愚者智ᄒᆞ며儒者立ᄒᆞ며拙者巧ᄒᆞ고不學則縱是良材美質이有ᄒᆞ야도終必歸於無成ᄒᆞᄂᆞ니

歐美列邦이自幾百年來로互相角逐ᄒᆞ야弱肉强食之患을無國不被키로其民이皆於患難中生長ᄒᆞ야學問與技能이無ᄒᆞ고ᄂᆞᆫ一日이라도立國키不能ᄒᆞᆷ을曉然知得故로凡所爲治之具와한患之方은焦思彈慮에靡不用極ᄒᆞ야今日之未究者ᄂᆞᆫ明日에究之ᄒᆞ며前人之未成者를後人이成之ᄒᆞ야千事萬務가燦然具備ᄒᆞᆷ으로實力이由是而生ᄒᆞ며美俗이由是而成ᄒᆞ야若決江河에莫之能禦ᄒᆞᄂᆞ니其所由然을究論컨ᄃᆡ學問之力에不外ᄒᆞᆫ자라

臨淵羨魚ᄂᆞᆫ不如退而結網이니嗟今韓之人士ᄂᆞᆫ胡爲乎未能인지其或政府를信仰ᄒᆞ야來頭敎導之日을企望ᄒᆞᄂᆞᆫ지所謂學部大臣은所知者欺君賣國ᄒᆞ며營私招權에不過이고至於學務擴張ᄒᆞ야ᄂᆞᆫ一椀冷水로視之ᄒᆞ야其喙을深閉ᄒᆞ고一言을不出ᄒᆞ니凡厥有志人士ᄂᆞᆫ此等腐敗ᄒᆞᆫ政府를勿恃ᄒᆞ고各自修省ᄒᆞ야或出義建塾ᄒᆞ며或合謀設校ᄒᆞ야一以敎育人材로作爲全國精神이면由近及遠ᄒᆞ고積小成大ᄒᆞ야陋習이丕變ᄒᆞ며文明이大開ᄒᆞ야歐美之富强을決然可致ᄒᆞᆯ지니請以斯言으로爲他日之左契ᄒᆞ노라

●達察電報　慶北觀察使李根澔氏가內部에電報하되觀察署理ᄂᆞᆫ依章程하야本郡守로差定하고判事署理ᄂᆞᆫ緣於獄事하야依法部電飭移定玄風郡守하고印信傳掌ᄒᆞ며發程上京이라하얏더라

●內訓江郊　蔚珍三陟兩郡民이漂泊ᄒᆞᆫ[illegible]船과破砲의被死ᄒᆞᆫ者가三十五名인ᄃᆡ施恤金七十元을預備金中支出事로度支部에셔經議奏裁ᄒᆞ얏스미飭該郡ᄒᆞ야就公錢中每名二元式爲先分給後修報[illegible]支部ᄒᆞ야磨勘ᄒᆞ라고내部에셔江原觀察使의게發訓ᄒᆞ얏더라

●병문친고육두풍월

모처병문을지나다가그병문장석에안져노ᄂᆞᆫ친고들이육두문ᄌᆞ를너허언문풍월로화답ᄒᆞᆷ을들은즉

○耋出망량　허허얼사우습도다　모모ᄃᆡ신출입시에　보호ᄂᆞᆫ무슴일고　쥬출망량그안닌가

春雉自鳴　회회둘너일진회ᄂᆞᆫ　보국안민ᄒᆞᆫ다ᄒᆞ되　미들사람업고보면　츈치ᄌᆞ명그안닌가

張酒李醉　각부부에고문관은　일본사람되한월급　ᄲᅢ닥읍시먹고보면　쟝쥬리취그안인가

紅不甘醬　일본국의부강ᄒᆞᆷ은　동양에셰력이나　우리나라인민의게ᄂᆞᆫ　홍불감장그안닌가

狗足馬鎭　근일졍부터관의게　몽동이가맛당ᄒᆞᆫ데　휴장이무엇인고　구족마렬그안닌가

龍頭蛇尾　졍부조직ᄒᆞᆫ다ᄒᆞ며　슈령틱ᄎᆞᆫᄒᆞᆫ다ᄒᆞᆯ뎌　실젹이업고보니　룡두ᄉᆞ미그안닌가

緣木求魚　빈궁ᄒᆞᆫ우리친고야　모버리아니ᄒᆞ고　미일장취ᄒᆞ랴ᄒᆞ면　연목구어이안닌가

信木發花　어리셕은인민들이　남을밋기잘ᄒᆞ더니　지금나라형편보면　신목발화졍말일세

미와

●나라부잡을방침　속

좀싱각ᄒᆞ여우리들도남과갓치이박ᄒᆞ게이심ᄒᆞ게ᄒᆞ여보세다론거ᄉᆞᆫ흘슈업지마ᄂᆞᆫ이약침이거ᄒᆞᆫ가지ᄂᆞᆫᄌᆞ유권이ᄯᅮᆺᄒᆞ오여보시요여보시요경부결도졍거장가셔보오드러오나ᄶᅩᆨᄶᅩᆨ이요히마다달마다날마다시마다들어오나무슨일로부비쓰고원로에들어오깻소우리돈ᄲᅢ라먹으러드러오나누가들어오지말나고말ᄒᆞᆫ마ᄃᆡᄒᆞᆯ슈잇ᄂᆞᆫ형편이뇨말은ᄒᆞᆯ슈업지마ᄂᆞᆫ우리들이이방ᄎᆡ하나만시힝ᄒᆞ면곳게곳게시힝하면제절노못들어오고오히려지금잇ᄂᆞᆫᄶᅩᆨᄶᅩᆨ이들도찻차하나둘식나갈터니죳쿠나죠흘시고우리나라붓자불시고잇가진어렵지도안니하고아쥬쉬운이방침하나시힝ᄒᆞᄂᆞᆫ데직직이가다나가고우리나라부국되고우리동포셩화되고우리동포업붓잡고우리게돈마나지겟스니조홋쿠나조홋쿠나여러가지조홋쿠나그등살그학ᄃᆡ그압제을일시에버셔나네시힝ᄒᆞ세시힝하세이방침시힝하세제발덕분에

廣告

大日本淨土宗開教院에서大韓十三府郡各寺刹僧侶를會同ᄒᆞ야研究會를組織ᄒᆞ고會票를分布ᄒᆞ며能教研구와新學問을教育發達키爲ᄒᆞ야學校를設立ᄒᆞ야文明進步케ᄒᆞᆯ目的으로京鄕寺刹에通知ᄒᆞ야支院을倂立코ᄌᆞᄒᆞ오니各寺僉尊은照亮ᄒᆞᆷ

大日本淨土宗開教院　告白

六寸良淑이가本인遺來畓土을僞造文券ᄒᆞ야偸賣於外國인타가罪狀綻露被囚群港方在勘罪중이온ᄃᆡ良淑之四寸弟七이가躡乃從之奸跡ᄒᆞ여籍同姓類로潛[illegible]上京畓土을僞造成券偸賣코ᄌᆞᄒᆞ오니內外國인見欺치마시옵

全北咸悅郡金炳順　告白

龍仁郡守玄燦鳳氏莅任三載澤流萬民恩威幷行才德俱全淸白之風明敏之政燕居終日冠帶不脫致堂半夜書聲不絕興學勸農下士愛民仁和必施孰不感服到郡之日捐廩數千金修葺客舍校宮之頹弊覆蓋窮民무屋之滲漏減額官屬之多數而其所退去者出給略干資本使之以農以商退者存者俱是安業公錢收刷之日貧戶之滯限不納者不爲發差使一下人持糗米徒步閭里曉喩必刷吏民俱便決訟之場請簡無用由來弊習不禁而自禁歲末則年七十以上各賜斤肉養老盡矣[illegible]窮殘民救恤斗米視傷至矣是以前後按吏之褒題莅任不久已[illegible]聲譽試藝志在興學刷遣心切[illegible]邑頌決公平輸者無怨克勤克[illegible]有條有理聽訟必從明確隣民亦皆願借溥怨之人剛毅其政云[illegible]侯以來非徒賴安倫綱復明萬口一談欲報此惠政之萬一然木碑立之則拔石碑刻之而不立纖旌綱之而不受故於侯之上京時營建一間不忘閣以繪影幀而欲[illegible]祀之矣侯乃知之此閣期欲毁[illegible]故亦未遂忱到今所存只口碑而已記載신聞上頒聞於朝野云

前陵令閔在鎬　前主事金炳典　前主事金教性　校宮儒林尹定五　仝　金教연　前參奉李台璟　前主事韓用稷　幼學金在熙　柳來寅　僉知金顯益　尹滋玉

本郡士民等　告白

齒科　廣告

齒科醫士美國人씌이듸워드、힌

右事務所ᄂᆞᆫ南大門內達城尉宮內美國醫士스크랜돈家後에在ᄒᆞᆷ

視務時間은每日上午九時로一時ᄭᆞ지下午二時로五時ᄭᆞ지

右時間外에特別히治療ᄒᆞ기를要請ᄒᆞᄂᆞᆫ僉員은預先通知ᄒᆞᆷ

●學員募集廣告　第二期

本校에셔法律學專門科 晝夜學及理財學專門科 晝夜學 學員을新募하오니願學人은本校에來ᄒᆞ야請覽ᄒᆞ시ᄋᆞ學科及規則을本校에來問ᄒᆞᆯ事

●시驗科目

國漢文　讀書、作文

算術　四則以內

●시驗日子

二月十二日(陰正月二十日)

光武十年一月四日

北署磚洞

普成專門學校

閔輔國荷汀相公箕伯時本州義約契所付畓與留物以該契之虛名無實今移付本學校其勸獎之惠永世不泯

安州安興學校　告白

韓山東下面月合前坪堂字畓五斗落堤堰畓六斗落水門坪習字畓五斗落文券遺失江鏡路昏誰某拾得休紙施行

忠南公州長尺面長田居　李贊裕　告白

本人之子貞敎이가改名聖元ᄒᆞ고年今十八에沈惑於酒色雜技ᄒᆞ야蕩盡家産ᄒᆞ고今欲募債云ᄒᆞ니內外國人은切勿見欺홈

大邱西上面東山里崔駿瑞

●特別廣告

本申報分館等事로釜山鎭支社員은該鎭二洞永興社金瀧泰氏로飯南浦支社員은該浦築洞金仁植氏로義州邑支社員은該邑南門外韓西大藥房主人張有寶氏로平壤邑支社員은該邑南山峴日新學校內金鎭淵崔敎恒兩氏로定州邑支社員은該邑安濬氏로長淵邑支社員은該邑金龜氏로議定하야逐號下送하오니該附近地에서購覽하시と僉君子と以上諸氏에게購讀하시고代金도諸氏에게繳致하심을爲要

大韓每日申報社 告白

●數理學雜誌改良廣告

本雜誌를第三號로봇터と頁數도增加하며粧冊도改良하며記載하と材料도一層精選하야江湖僉位의愛讀하시と厚意를報酬코져하오니倍舊愛讀하심을伏望

正發行日子と每朔五日
一券定價と新貨拾錢

南大門內尙洞舊德公館右便
發行所 數理學雜誌社

賣却所
尙洞會堂內
鍾路大東書市
布屛下金相萬冊肆
新門內松橋張哲周紙廛
鑄峴朴泓九紙廛
仁川港栣峴開新冊肆

中央新報

丙午 元朝 初號 旣刊

中央新報と獨立獨步無偏無黨의大新聞也

中央新報と某政府某政黨某敎會某權貴의所屬機關新聞이아니라卽天下之新聞也

中央新報と天의使命을奉하야發生홈으로自信하며濟民救世의大任을[illegible]코쟈하と一大新聞也

中央新報의主張은光明正大에在홈이라故로筆尖이銳利홈이라

中央新報의論議と中正而穩健하고批評은奇拔而公平也

중앙新報의電報と 迅而豐富하고雜報と鬼神不可及底의敏速호報導를[illegible]하야天下의機密은一絲一毫라도遺漏가無케홈이라

중앙新報의外報と能히[illegible]의筆로翻譯하야十人으로하야곰天下의形勢를暗誦케하と디努홈이라

중앙신報의雜錄와文苑과其他雜記と趣味가多하야讀而不倦하고日日新鮮을催하며珍奇를聚하야독者로하야곰중앙新報와不離居케홈이라

중앙新報と卽天下公衆의機關新聞이니天下諸人은중앙新報를看홈이自己新聞으로思하시고隨意로寄書하시와自己意見을公表하시고조곰도忌憚치마시옵중앙新報と天下公衆의共樂公園地로아시고此新聞에投書도하시며討論도하시며演說도하시며談話도하시와同樂同遊하と機關을作하시오

婦人新聞欄은特히姊妹諸氏를爲하야중앙新聞의一部를割하야婦人諸氏의共樂公園紙로供홈이니其중에と論說도有하고演說會도有하고雜報도有하고小說도有하야婦人各位가[illegible]에此新聞을閱覽하며獨히自已一身上利益뿐아니라實노國家의幸福이되리로다男子諸賢도婦人의독字를勸하기爲하야此新聞을購독케홈이可홀지라此欄と卽本新聞의特色之一也ㅣ라

明月奇緣은霞雲先生의著作인듸才子佳人이相別再會와一波一瀾에多情多恨의態를現하야趣味津津하야使독者로不知厭케하と現代傑作의新小說이오況又城山畵伯의揷畵と極히婉麗하야當場之景을眞寫하야使독者로珍哉妙哉를呼케하리니此欄은卽本신報特色之一也라初刊紙上븟터連속揭載홈

本新聞初號と十三道二千餘萬의同胞로하야곰一人이라도中央新報라하と天降妙樂을遺聽치勿하도록特히數萬張을增刷하야三千里江山에配布하오니天下萬姓의 僉君子と試독하시오

一張代金 新貨貳錢五厘
一箇月 仝 四十錢
三箇月 仝壹圓十五錢
六箇月 仝貳圓二十錢
壹箇年 仝四圓參十錢
郵稅 壹箇月 仝十參錢

發行所 京城會洞 中央新報社

本社廣告

申報價
一張代金 新貨一錢五厘
一箇月新聞 三十錢
三箇月 八十錢
六箇月 一元六十錢
一箇年 三元[illegible]十錢
郵稅一部 每貨五厘
一箇月 十三錢

廣告料
四号活字十三字詰
每日每英尺一寸에新貨廿五錢
(每日每行에六錢에相當홈)
二周日에 二圓五十錢
(每日每行國錢五厘에相當홈)
一箇月에 五圓
(每日每行國錢一厘에相當홈)
其期限의長短과字行의多少를依하야增減홈이有홈

大韓人마다此申報를不得不閱覽하실터이오니廣告出報하실僉君子と來臨面議하시옵

發行兼編輯人 英國人 裵說
發行所
京城北署壽進坊西洞号外地譯語學校前
大韓每日申報社

光武九年八月十一日 明治三十八年八月十一日 第三種郵便物認可 日曜日 西曆一千九百六年二月四日 (一)

第四卷

大韓每日申報
대한매일신보

第一百三十七號

月曜及慶節歲時日休刊

檀君開國四千二百三十九年
箕子元年三千二十八年
大韓開國五百十五年
日本明治三十九年
淸國光緖三十二年
陰曆丙午一月小十一日己卯

論說

閣議消息

日昨議政府會議案에郡守八十窠簡選ᄒᆞ기로經議ᄒᆞ고人材를登用ᄒᆞ기로提案ᄒᆞ얏다ᄒᆞ니當局大臣의主意를觀測하건ᄃᆡ至公無私ᄒᆞᆫ目的으로써大郡守를調薦ᄒᆞ며俊秀人材를汲引코ᄌᆞ하ᄂᆞᆫ善良政策에出ᄒᆞᆷ과如ᄒᆞ니如此ᄒᆞᆫ善良政策을實踐ᄒᆞᆯ지면艱危ᄒᆞᆫ時局을當ᄒᆞ야傾覆ᄒᆞᆫ社稷을扶持ᄒᆞ고滅亡ᄒᆞᆯ人民을保全ᄒᆞᆯ基礎를挽引ᄒᆞ야富强文明의運祚를恢復ᄒᆞ기를企圖ᄒᆞ련마ᄂᆞᆫ若以口舌上으로提議於廊廟之上ᄒᆞ야曰郡守簡選이라曰人材登用이라ᄒᆞ야空言을導唱ᄒᆞ고虛名을釣取ᄒᆞ야實地上實踐이無ᄒᆞ면但히一世를欺騙ᄒᆞᄂᆞᆫ邪計에不過ᄒᆞᆷ이라엇지政府議案이라稱ᄒᆞ리오噫라政府上議案이야何時에ᄂᆞᆫ郡守簡選이라不稱ᄒᆞ며何日에ᄂᆞᆫ人材登用이라不道ᄒᆞ얏스리오마ᄂᆞᆫ及其郡守를任命ᄒᆞᄂᆞᆫ日에ᄂᆞᆫ無非前日獵官行賂者와苛政虐民者의姓名이奏本上에先登ᄒᆞ고且其人材登用이라ᄂᆞᆫ問題ᄂᆞᆫ姻婭族戚과門生故吏와親緊食口以外에ᄂᆞᆫ學問이贍富ᄒᆞ고幹局通鍊ᄒᆞ고行爲端正ᄒᆞ고氣節이耿介ᄒᆞᆫ人士를草莽에擧ᄒᆞ며蓬蓽에招ᄒᆞ야其才學을試用ᄒᆞ얏다ᄒᆞᄂᆞᆫ一句語를不聞ᄒᆞ얏스니今番閣議인들又是一回空言이丁寧不是인줄을孰可保證ᄒᆞ리오

從來로韓國의國家危急과人民敗亡은地方郡守의不簡選ᄒᆞᆷ에在ᄒᆞ고郡守의貪虐不法은人材를不登用ᄒᆞᆫ데在ᄒᆞ니如斯危迫ᄒᆞᆫ地步가極度에達ᄒᆞᆫ時代를當ᄒᆞ야郡守를不簡選ᄒᆞ며人材를不登用이면國家人民의前途影響은何地에歇泊ᄒᆞᆯᄂᆞᆫ지茫然不覺ᄒᆞᆯ깃스니엇지凜然치아니ᄒᆞ리오當局諸公아閣議를提出ᄒᆞᆫ者도諸公이오閣議를實行ᄒᆞᆯ者도諸公이니諸公은諒會ᄒᆞ야實行不實行間擇一而固執焉ᄒᆞᆯ지어다

官報

●第三千三百五十九號 光武十年一月二十五日

◉宮廷錄事

廟社監都提調臣李根命謹奏今此부廟敎是時宗廟當室神장內朱簾左右隔簾及外面帳等改備事已經奏下矣修改吉日令禮式院推擇行何如敢奏

光武十年一月二十二日奉旨依奏

廟社監都提調臣李根命謹奏謹考謄錄則부廟時神窄神擧以因山時所用仍用矣今番亦依此例以太僕司所在仍用而修補與否不可不預爲看審依前例陪來奉審之意敢奏

光武十年一月二十二日奉旨依奏

●第三千三百六十五號 光武十年二月一日

◉敍任及辭令

陞六級俸 內部主事元大圭
一月二十一日

全偉鉉 俞鎭復 趙慶宇
金吉勳 李弘烈 鄭泰殷
李秉燮 趙敏植 金鍾五
申泰鳳 吳熙龍 康基駿
李鍾煥 徐丙均 俞容植
金百珠 尹進源 全佑吉
柳冀錫 朴昌來 宋錫九
金鎭浩 金顯七 李載茂
沈斗燮 曹萬永 李洪來
姜錫遠 安聖玄 金演郁
李柱赫 李용善 柳卓根
朴潤陽 具俊書 李鴻燮
延鳳漢 李圭大 趙鴻熙
朴東完 張允燮 趙允九
朴漢弼 鄭世永 李泰榮
李重植 林圭玄 朴光裕
尹範秀 趙炳斗 白樂升
權五鉉 申正求 朴勝武
李復榮 李善與 張亨鎭
金洛基 金在春 張箕煥
朴夔和 朴洵衛 尹珪善
邊用稷 鄭斗一 文光弼
李泰承 卯章欽

任農商工部技手敍判任官八級
以上一月二十九日

●第三千三百六十六號 光武十年二月二日

◉敍任及辭令

任西京豐慶宮參書官敍奏任官四等 正三品金永杓
任齊陵參奉敍判任官八等 朴在昌
任厚陵參奉敍判任官八等 李仁永
任恭陵參奉敍判任官八等 金應鐸
任順陵參奉敍判任官八等 李完永
以上一月二十八日
任弘文館侍讀敍奏任官四等 六品李善永
任慶尙南道觀察府主事敍判任官六等 九品金復圭
以上一月二十九日
任秘書監丞敍奏任官三等 正三品金夏容
任秘書監郞敍奏任官四等 奉常司典事李文求
任奉常司典事敍判任官四等 六品邊圭昌
任學部參書官敍奏任官四等 六品鄭喬
以上一月三十日

外報

●一大劇場 紐育의富豪二十人의合資에依ᄒᆞ야同地中앙公園近傍에新히建築코ᄌᆞᄒᆞᄂᆞᆫ劇場은同國中最大劇場인ᄃᆡ其建築費ᄂᆞᆫ六百萬元이라더라

●法校將開 北京發電을據ᄒᆞᆫ즉淸國全國의裁判官을養成ᄒᆞᆯ法律學堂의校舍ᄂᆞᆫ今春에竣工되야夏間에ᄂᆞᆫ開校ᄒᆞ리라더라

●淸設兵校 同電을據ᄒᆞᆫ즉淸國兵部ᄂᆞᆫ其高等官에게軍事行政을敎授ᄒᆞ기爲ᄒᆞ야今春브터學校를設立ᄒᆞᆯ터인ᄃᆡ德國公使ᄂᆞᆫ本國人을敎師로聘用ᄒᆞ기를運動ᄒᆞ야其用意의周到ᄒᆞᆷ이大端可驚ᄒᆞᆷ만ᄒᆞ다더라

●億留契約 十二日倫敦電을據ᄒᆞᆫ즉巴里銀行家신디게ᄐᆞᄂᆞᆫ金貨一億留를五分半의利子로俄國에先給ᄒᆞᆯ契約을締結ᄒᆞ얏스며右金額은二回法國에서募集ᄒᆞᆫ俄國의外債로償還ᄒᆞᆯ預定이라더라

雜報

波蘭獨立說

近日波蘭國의獨立問題가甚ᄒᆞ야波蘭人의中流社會以上은一般로波蘭獨立을期待ᄒᆞ야熱心運動ᄒᆞᄂᆞᆫ貌様이오中流社會以下ᄂᆞᆫ昔時貴族의壓制以横을尚今不忘ᄒᆞ야世界社會的主義를主張ᄒᆞ야波蘭의獨立與否를不關ᄒᆞ고俄國專制政治에만反對ᄒᆞᄂᆞᆫ故로波蘭獨立問題의解決은波人兩派의合心與否로依ᄒᆞ야各國이承認ᄒᆞ리라ᄒᆞᄂᆞ니噫라波蘭亡國之慘은世人이無不憐之者러니今에能히獨立을同爲ᄒᆞ야他人의羈絆을脫免ᄒᆞ면誰가波人을對ᄒᆞ야同聲攢賀를不爲ᄒᆞ리오但其兩派의合心團體가完全치못ᄒᆞᆫ故로各國의承認이姑未確的이나畢竟合心團體가完全之日에ᄂᆞᆫ各國承認이또ᄒᆞᆫ確的ᄒᆞᆯ지니波蘭獨立은大有期望이로다大抵波蘭之丘墟됨에其國民이俄人의屠殺之慘과鞭笞之辱과謫戍之苦를被ᄒᆞᆫ거슨慘不忍言이오甚至波蘭文字를學習지못ᄒᆞ며波蘭言語로問答지못ᄒᆞ게ᄒᆞ야生死를不得自由ᄒᆞᆫ지百有餘年이로되至今遺民이皆祖國을不忘ᄒᆞ야獨立回復의運動이有ᄒᆞ니然則人心이不滅이면其國이未亡이라謂ᄒᆞᆯ지로다今에大韓現狀이비록他國保護下에歸ᄒᆞ얏스나吾儕ᄂᆞᆫ決코不出幾年에獨立을回復ᄒᆞ리라ᄒᆞ노니現今에政治가腐敗ᄒᆞ며風俗이委靡ᄒᆞ며教育이衰頹ᄒᆞ며民智가錮塞ᄒᆞᆷ으로由ᄒᆞ야此境에至ᄒᆞ얏스나由來禮義之邦으로舊日文化의遺風餘韻이尙此未艾ᄒᆞᆫ故로全國士民의忠君親上之心은確有不可奪者니自此로教育이漸進ᄒᆞ고民智가開發ᄒᆞ면必然世界上正義人士의贊助도得ᄒᆞᆯ거시오列邦의公議도有ᄒᆞᆯ지니惟願大韓人士ᄂᆞᆫ益益志氣를奮發ᄒᆞ며學問을勉勵ᄒᆞ야合心團體를成立ᄒᆞ야國家獨立을不日克復ᄒᆞᆯ지어다

●官制又改　日昨宮內府大臣李載克氏가奏請蒙裁ᄒᆞ야宮內府官制中調査課와織造課를廢止ᄒᆞ고制度局을新設ᄒᆞ야帝室制度를整理ᄒᆞᆯ計劃인ᄃᆡ總裁以下議定官을設置ᄒᆞ고日本宮內省屬員中補佐官一人을聘用ᄒᆞ기로內定이되얏다더라

●兩氏入教　內部大臣李址鎔氏와軍部大臣李根澤氏가天道教에入參ᄒᆞᆫ次로該教主孫秉熙氏를日昨에訪問ᄒᆞ얏다니同兩氏가公務百忙中이라도尊教衛道之心이一日爲急ᄒᆞᆷ을可見이라ᄒᆞ더라

●馬腩銓堂　近日政界通人에傳說을得聞ᄒᆞᆫ즉秉銓大臣이貪食傳에得力ᄒᆞ야一件妙悟ᄒᆞᆫ方針이有ᄒᆞ니新奏本中에多少錢客을混入ᄒᆞ고ᄌᆞᆫ즉耳目이甚多ᄒᆞ야手脚이易露ᄒᆞ기로現任守令中不治者與能治者를勿論ᄒᆞ고將加務免之意로虛聲恐嚇ᄒᆞ야暗地索賂ᄒᆞ고使之仍任ᄒᆞ면人無知者ᄒᆞ야論駁이不起ᄒᆞᆯ지니此乃貪食傳中三昧的諦라ᄒᆞ야諸路不治守令도隨勢仍任ᄒᆞᆯ計劃이라ᄒᆞ니近日政府에셔外張公議ᄒᆞ고內濟私慾ᄒᆞᆷ이皆此類也라懸牛頭賣馬腩가終能欺人之長策될ᄂᆞᆫ지天鑑孔昭에罪雖久逭이나此等汚濁ᄒᆞᆫ腸胃를幾斗石灰로一番快滌ᄒᆞ야衆人之怨府를趂早打破ᄒᆞᆯ지어다

●教書廣佈　昨日安洞等地에셔耶蘇教徒幾人이該教科書를廣佈ᄒᆞ기爲ᄒᆞ야來往諸人의게每人一冊式播給ᄒᆞᄂᆞᆫᄃᆡ許多行客이四面擁立ᄒᆞ야爭先受取ᄒᆞᆷ으로擔囊中盛滿ᄒᆞᆫ幾百冊이頃刻이盡ᄒᆞ얏다더라

●普校進步　南來人의傳說을聞ᄒᆞᆫ즉南陽郡守張浩鎭氏가該郡私立普興學校校長으로捐金六十二元ᄒᆞ야校務를贊成ᄒᆞ고學徒를勸奬ᄒᆞ며漢文筭術英語地誌歷史國文作文法律速成科로熱心教育ᄒᆞᄂᆞᆫᄃᆡ昨年冬期施驗에出席學徒가四十六人內에一班優等生洪承恩朴春萬姜駟熙三人이오二班優等生金昌鎭崔昌鳳朴順昌三人이오三班優等生朴明順洪舜昌朴順根朴渠舜四人인ᄃᆡ張氏에苦心勸勉은將臻文明基業이라ᄒᆞ더라

●春城無春　明日은即舊曆之立春日이라都人士女가春帖을準備ᄒᆞ야東君消息을一般歡迎ᄒᆞ라ᄒᆞ니不知케라今年春光은誰家園裏에最点芳華일지五大臣諸宅에ᄂᆞᆫ車如流水ᄒᆞ며馬如游龍ᄒᆞ고賓從이如雲ᄒᆞ며姬妾이如月ᄒᆞ고笙歌鼓吹ᄒᆞ며談笑融融ᄒᆞ야百般快樂과千般春興이此等人身上에聚集ᄒᆞ고其此滿城內同胞들은財已竭ᄒᆞ며食已艱ᄒᆞ며籍業이又皆閉塞ᄒᆞ야慘憺情態로呻吟度日ᄒᆞ니愁裏看春不當春之句가正是今日準備語也라東君爲政도公道가亦無인지彼梟此梓가其理莫外이라ᄒᆞᆯ지로다

●玄倅治聲　南來人의傳說을聞ᄒᆞᆫ즉龍仁郡守玄燦봉氏의淸白之風과明敏之政이溢於一境이라더라

●月茶并設　皇城基督教靑年會에셔毎朔初次月曜에月例會에茶果會를兼行ᄒᆞᄂᆞᆫ規例인ᄃᆡ本月五日下午七点半에設行ᄒᆞ얏다더라

●男斃女咎　南門內司僕洞에셔米商梁敬化가李姓女를潛奸ᄒᆞ다가該女之子十一歲兒에게見發ᄒᆞ야滅口之計로刺殺該兒ᄒᆞᆫ事ᄂᆞᆫ本報에已揭어니와梁哥ᄂᆞᆫ處絞에宣告ᄒᆞ얏더니經至病斃ᄒᆞ고李姓女ᄂᆞᆫ笞九十에放送ᄒᆞ얏다더라

●苦請公廨　報恩郡守金基윤氏가內部에報告ᄒᆞ되本郡에來任ᄒᆞᆫ一進會員이居接ᄒᆞᆯ公廨借請ᄒᆞᆷ으로已爲報告ᄒᆞ야至承不可借與之指飭而該會員等의今又來請이口甚困難ᄒᆞ니何以爲之ᄒᆞ올ᄂᆞᆫ지ᄒᆞ얏더라

●賊黨橫行　沃川郡守가내部에報告ᄒᆞ되陰曆十二月二十九日에賊黨三十五名이還行村閭에放火奪財가不知其數오被燒戶數가爲五戶라ᄒᆞ얏더라

●函請設許　내部에셔長谷參謀의게公函ᄒᆞ되槪에三水郡守尹弑現將赴任故로該員을使之前往貴部ᄒᆞᄂᆞ니所有該照可狀을即應成給ᄒᆞ야以便赴任이라ᄒᆞ얏더라

●治中湯可用　密陽郡守丕鍾緖氏ᄂᆞᆫ該道褒貶에居中ᄒᆞᆫ守令인ᄃᆡ羅州郡守로將次轉任ᄒᆞᆫ다더니今聞ᄒᆞᆫ즉내部地方局長을被任ᄒᆞᆫ다ᄒᆞ니吾儕治績人도如是陞擢ᄒᆞᆯ진ᄃᆡ만일褒題에居上ᄒᆞᆫ人이면各部大臣을無礙迢遷ᄒᆞ리라ᄒᆞ더라

●日使辭陛　日本公使林權助氏가未久還國ᄒᆞᆷ으로因ᄒᆞ야韓皇陛下셔陛辭ᄒᆞ기를爲ᄒᆞ야再昨日午後四時에參내謁見ᄒᆞ얏다더라

●總裁新任　禮式院卿李根湘氏ᄂᆞᆫ製度局總裁事務署理를被命ᄒᆞ얏다더라

●日使餞別　一進會員尹定植氏가各部에周行ᄒᆞ야本月六日下午一時에林公使餞別宴을獨立館에開設ᄒᆞ니大臣協辦은一體參席之意로請邀ᄒᆞ얏다더라

●咸南無警　咸南觀察使申箕善氏가내部에報告ᄒᆞ되本道地方에ᄂᆞᆫ反對議論과不穩光景이初無苗脈而設或有京來通文이라도歸之休紙이온즉何許辈가爲首爲從을本觀察使ᄂᆞᆫ所未聞知라部所入聞者를詳錄秘訓ᄒᆞ야以爲採因査報ᄒᆞ라ᄒᆞ얏더라

●兩氏超薦　密陽郡守丕鍾緖氏ᄂᆞᆫ內部地方局長을被任ᄒᆞ고地方局長崔錫敏氏ᄂᆞᆫ警務使를被任ᄒᆞᆫ다더라

●誤屠處役　富平郡에셔一進會員이殺庖ᄒᆞ고已埋ᄒᆞᆫ病斃牛肉을作賣ᄒᆞ야仍致食肉人沒死ᄒᆞᆫ事ᄂᆞᆫ前報에已揭어니와該犯王春奉은懲役三年에處ᄒᆞ얏ᄂᆞᆫᄃᆡ因此致命이多至十三名則只擬此律이未免罪大罰輕이라ᄒᆞ야過失殺비償八百四十兩을責납ᄒᆞ야致死諸人에게均排ᄒᆞᆯ意로法部에셔京畿裁判所로發訓ᄒᆞ얏다더라

●蔚倅報告　蔚山郡守洪澤氏가報告내部ᄒᆞ되本部電訪니開에邑誌事被囚인員을並放送ᄒᆞ고金永灌은杖囚ᄒᆞ야討錢을推給形地馳報等因이온바去月에本道觀察使訓令을承准ᄒᆞᆫ니開에本郡士林金永灌等이郡誌를已爲登梓而其所刊費를排斂各門이是出美擧오且若其用費則非濫伊精인즉各門之排錢을依後一一推給後報來이되或有如前沮戲者及觀望拒납者어든定懲推給케ᄒᆞ라ᄒᆞ오나同邑誌貲郡校星火押上ᄒᆞ야以爲別般嚴分排各인을招待質問則擧皆稱冤故로初無抑因之擧而今承電飭에伏切悚惶이오며所謂金永灌은即爲杖因이오니查照處分ᄒᆞ라ᄒᆞ얏더라

●正誤　昨日本報의淵齋先生傳中에爲約之爲字를以協字誤植이기로玆에正誤홈

雜報

●尹氏凶謠

淵齋宋秉璿氏ᄂᆞᆫ國內士林之師表오 韓皇陛下의禮遇之臣也라其宿德重望을凡在搢紳에宜所恭敬이고況此國家危亂之日에紬繹請對가非止一再ᄒᆞ야白首丹忱이炳如日星ᄒᆞ니苟有一分彝性者면孰不服其義而欽其忠이리오마ᄂᆞᆫ噫彼警務使尹喆圭氏가名以搢紳으로行同狗彘ᄒᆞ야乃於 天陛咫尺에矯旨侮弄이罔有紀極ᄒᆞ니此豈徒阻其諫路리오實是眼無王章ᄒᆞ야侮及君父인즉此等凶謊之類ᄂᆞᆫ按法以論ᄒᆞ면誅극를難免이거날所謂政府大臣의會議結果가止於論警이라ᄒᆞ니未知其論警云者ᄂᆞᆫ施於何犯之律名인지今或行刺殺人之劇賊에게擬之以竊餠之微罪ᄒᆞ고謂之曰用法相當이라ᄒᆞ면其可乎哉아噫라國一失刑에几怪跡出ᄒᆞ야今日尹凶之矯旨侮賢은乃曩時賣國賊之餘波也라以凶繼凶ᄒᆞ며以賊論賊ᄒᆞ야互相和應에打成一團ᄒᆞ니吾知韓國之禍가將有不可勝言者矣라天下公眼人은庶可辨之ᄒᆞ지로다

●報請署理　[illegible]郡守李根支氏가內部에報告하되管下負實郡守尹[illegible]에褒貶考績에旣爲居下에[illegible]不可仍任故로該郡署理ᄂᆞᆫ[illegible]海郡守閔光國으로差定하얏더라

●感恩活佛　培材學堂敎師房巨氏가每主日에監獄署에往ᄒᆞ야耶穌敎理를傳播하ᄂᆞᆫ데昨年耶穌聖誕日에監獄署罪囚二百八十名의게麵餠과肉羹으로午餐을施하엿시며寒天冷獄에衣薄罪囚가凍瘃難堪함을見하고惻隱之心을發하야及於陰曆正朝에上下綿衣三十一件을新製以給하야寒苦를免케하고麵餠肉羹을如前饋給하며每人의게傳道狀을주어勸勉하미모든罪囚들이該敎師의慈悲之心를感服ᄒᆞᆫ다더라

●병문쳔고육두풍셜　속

登樓去梯　대한데국독립권를 일본이창도ᄒᆞ고 이제다시삭탈ᄒᆞ니등루거뎨이안닌가

鵲巢鳩奪　우리나라각아문을 일본인이빼앗기를 마지안이ᄒᆞ고보니 작소구탈그안닌가

百孔千창　정부의정치던지 민간의폐막됨을 교정코져ᄒᆞ게드면 빅공천창이안닌가

蟹網俱失　외부로보게드면 외교권리업서지고 마을짜지쥬고보니히망구실그안닌가

爾餠我食　나라이흥ᄒᆞ거나 인민이망ᄒᆞ거나 근심ᄒᆞᆫ자업고보니이병아식그안닌가

越津乘船　일아의젼비상금을 아라ᄉᆞ에밧지안코 한국에서쏘브라ᄒᆞ면 월진승션그안닌가

玉石俱焚　젼국계경갈되야 어진사람악ᄒᆞᆫ놈이 아사본일반인즉 옥셕구분그안닌가

賊反荷杖　니나라를나위ᄒᆞ야 츙언직간ᄒᆞᄂᆞᆫ자를 도로혀착슈ᄒᆞ니 적반하장이안닌가

絕纓傀儡　각부관리감의ᄒᆞ야 무죄히방ᄒᆞᆫ후붓칠곳이업고보니 졀영괴뢰그안닌가

미완

●나라부잡을방침　속

시힝하십시다여러가지존일나오호심하다호심ᄒᆞᆯ다지금은모양닏다ᄒᆞ사호다ᄒᆞᄂᆞᆫ쪽쪽이존일ᄒᆞᄂᆞᆫ쪽쪽인들은　외국것만입고먹고가지고써야　모양이나호ᄉᆞ니ᄒᆞ고그럿케ᄒᆞ지못ᄒᆞᆫᄉᆞ람들은그거슬부러워서그것도좃키도ᄒᆞ다　나도그럿케ᄒᆞ며부러워ᄒᆞ니그런　어리셕은놈들이어데잇스리오

엿졔이누구누구ᄒᆞ여도쟝말여젹은그런놈들이오굿싸워놈들떠문에나라가이지경에일으럿소그런ᄉᆞ람지금잇거든권고하고

권면ᄒᆞ여마암들니게ᄒᆞ옵시다지숨저ᄉᆞ권고ᄒᆞ여듯지안으면얼골에침도밧지말고발바엽실시다시힝하세시힝하세우리나라를건만쓰기작정하세만세한세만세넉지물건쓰기만세이것보신유지ᄌᆞ들은시힝하시려고여긔가지

변변치못ᄒᆞᆫ의견이나마시간을너보셧스니위선보신이만지킹하시고미신문보지못ᄒᆞᆫ사람들파아시는ᄉᆞ람에게이말숨권고하시고또권고하시고그ᄉᆞ람다려누구든지보ᄂᆞᆫ데로이방침권고하고권면하여달나고하시기를간졀이바라옵나니다그리안니하시면이신문사에서이괴셔나여쥬신은혜을갑지못하겟삽나이다

이신문사에서ᄂᆞᆫ아모죠록우리들깃치라고수고을만히하고니엿쥬셔시니그은혜우리가갑지안으면누가갑겟ᄉᆞᆸ나잇가은혜갑ᄂᆞᆫ거슨죽보시면즉시그되로시힝하는거시올시다　완

廣告

加平朝宗面祝靈里居韓炳教諸族十六戶農業資生而其遠族韓凡釜本以悖類로符同京城洞關居李戴規ᄒᆞ야稱以日債得用에李戴規爲之保證云하고又符同日人與田兵吉하야率日兵十二名과健丁二十四名하고本人諸族의田土를勒奪코ᄌᆞ하야本人諸族六人을傷鎗傷鍬와折臂者破腦者穿掌者를因獄하고討索文券與錢幾萬兩하기에累呈平理院하야派送巡檢하야押上戴規矣러니同戴規隱匿日兵站하야未得捕捉하니世豈有如許變乖乎아玆以佈告하오니내外國인은公眼照亮하옵쇼서

韓炳教　告白

韓山東下面月令前坪堂字畓五斗落堰畓六斗落水門坪習字畓五斗落文券遺失江鏡路中證某拾得休紙施行

忠南公州長尺面長田居　李景裕　告白

國民新報第號　雜報欄內에南陽郡守閔浩鎭氏가均稅를場市間에濫捧ᄒᆞ야民情嗷嗷라ᄒᆞᆫ바唯我閔侯가莅任三載에許多善績을不可一一枚論이나本郡鹽井이三稅에一曰洪陵柴稅요一曰內藏院鹽稅오一曰宮內府均役海稅也라張侯赴任初에俯察民情之嗷嗷ᄒᆞ시고或報請獨減ᄒᆞ며或周旋還달ᄒᆞ야曾前一物三稅之額을一朝釐革ᄒᆞ고只以均役稅로鹽井主處에一准原納實數ᄒᆞ야使各浦公員輩로分春秋收會上納則百口讙文ᄒᆞ고萬人繡傘ᄒᆞ야讙頌列邑도指點以南郡活佛ᄒᆞ얏고專在甲辰春에度支部主事李鍾濬氏가奉訓來到ᄒᆞ야招集鹽民ᄒᆞ야調査鹽井ᄒᆞ고鹽民은以營業稅로商民은以商業稅로鹽每石頭稅錢을一錢八分式定規ᄒᆞ야章程二件을修正ᄒᆞ야一納度支爲程式ᄒᆞ고一留本郡爲節目ᄒᆞ야度支原納一年條六千兩外에剩餘六百四十兩을折半付官ᄒᆞ고折半付護色ᄒᆞ야以補紙筆債則此亦載在於度支章程者則郡守之濫捧과民情之嗷嗷等說이實是無憑虛蓋之訛故로玆에廣佈ᄒᆞ오니四方僉君子照亮爲希

南陽郡民　李昌會　姜周熙　洪在兩等　告白

六寸良淑이가本인還來畓土을僞造文券偸賣於外國인하가罪狀綻露被囚群港方在勘罪중이온디良淑之四寸嫩七이가蹤乃從之奸跡허여符同離類로潛地上京畓土을僞造成券偸賣코ᄌᆞ허오니內外國인見欺치마시옵

全北咸悅郡金炳順　告白

●學員募集廣告　第二回

本校에서法律學專門科晝夜學及理財學專門科晝學學員을新募ᄒᆞ오니願學人은本校에來ᄒᆞ야請願應시ᄒᆞᆯ事

學科及規則은本校에來詢ᄒᆞᆷ

●시驗科目

國漢文　讀書、作文

算術　四則以內

●시驗日子

二月十三日(陰正月二十日)

光武十年一月四日

北署磚洞

普成專門學校

本人之子賓敬이가或名祥元ᄒᆞ고年今十八에沈惑於酒色雜技ᄒᆞ야蕩盡家産ᄒᆞ고今欲辜債云ᄒᆞ니內外國人은切勿見欺홈

大丘西上面東山里崔驗[illegible]

忠北鎭川長陽兵站出駐兵丁二名이陰正月初四日의本郡松峴居申喆熙로付同ᄒᆞ야光峴居沈軒澤藥局을外無主人之時의以銃打破門戶ᄒᆞ고藥種을錢子兩어치를持去ᄒᆞ고突入內庭ᄒᆞ야辱說婦女如是兵을押上ᄒᆞ야달나고軍部로請願ᄒᆞ얏다더라

沈軒澤　告白

本인이昨年十月廿一日李蘇南條二千三百九十兩捧上票와十一月晦日五性俊條二千九百九十兩捧上票하와즙것을十二月初生에치른후살치지못하고忽擾중遺失하얏사오니內外國인閒拾得休紙施行

前主事　李圭炳

●特別廣告

本申報分館等事로釜山鎭支社員은該鎭二洞赤興社金濟泰氏로甑南浦支社員은該浦築洞金仁집氏로義州邑支社員은該邑南門外韓西大(?)房主人張吉覽氏로平壤邑支社員은該邑南山峴日신學校內金興淵崔叡恒兩氏로宣川邑支社員은該邑安濬氏로長連邑支社員은該邑金龜氏로議定하야逐號下送하오니該附近地에서購覽하시ᄂᆞᆫ僉君子ᄂᆞᆫ以上諸氏에게購讀하시고代金도諸氏에게請致ᄒᆞ심을爲要

大韓每日申報社　告白

●數理學雜誌改良廣告

本雜誌를第三號로브터ᄂᆞᆫ頁數도增加ᄒᆞ며紙冊도改良ᄒᆞ며記載ᄒᆞᄂᆞᆫ材料도一層精選ᄒᆞ야江湖僉位의愛讀ᄒᆞ시ᄂᆞᆫ厚意를報酬코져ᄒᆞ오니倍舊愛讀ᄒᆞ심을伏望

但發行日子ᄂᆞᆫ每朔五日

一券定價ᄂᆞᆫ新貨拾錢

發行所　南大門內尙洞尙德公館右便　數理學雜誌社

賣却所　尙洞會堂內　鍾路大東書市　布屛下金相萬冊肆　松橋■哲■紙■　■■■■九■■■　仁川港■■■新冊肆

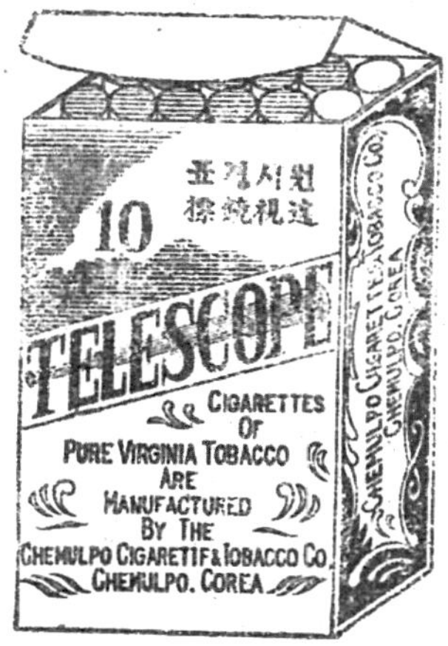

以上三種은品으로製造ᄒᆞ야衛生上에至極有益ᄒᆞ니輸入ᄒᆞ오本社에來ᄒᆞ심을願ᄒᆞ옴

大韓帝國仁川港

■物■紙卷煙及烟草會社

●九轉靈砂라　本人이妙方法을神備하야製造ᄒᆞᆫ靈丹인ᄃᆡ男女老少에無論何症ᄒᆞ고通治ᄒᆞ오며無病時에도服ᄒᆞ면平生의身體가健康ᄒᆞ며小兒ᄂᆞᆫ四五錢重만服ᄒᆞ면十歲안에無病ᄒᆞ기를擔保ᄒᆞ오며

●九轉靈砂萬應丹은癲狂　癎症과中風諸疾과耳目諸病과淋疾에神効ᄒᆞ오

●九轉靈砂保命丹은初生小兒　驚風　癎氣　咳嗽　腹痛諸般頑症에神効ᄒᆞ오

●九轉靈砂濟衆丹은酒滯　食滯　血積　吐瀉　霍亂　痢疾　吐血　下血　運氣　時疾　疝症에神効ᄒᆞ오

●九轉靈砂紫金丹은痔漏　累歷　上疳瘡　下疳瘡及瘡瘡과諸般毒瘡惡種에無不神効ᄒᆞ오니　僉君子ᄂᆞᆫ來問ᄒᆞ시오

內需司前독갑이골上隅第一家　李鎬廷移徙　告白

一 鷲標罐詰濃詰牛乳

一 金印罐詰濃結牛乳

一 ■■專用粟化乳■

一 빠ㅣ든外製造麥芽化合牛乳

以上은常時에貯積ᄒᆞ얏슴

美國紐育港보ㅣ든씨濃結牛乳會社

一手代理店

大韓仁川港

世昌洋行

本社廣告

申報價

一張代金　新貨二錢五厘

一箇月前納　三十錢

三箇月　九十錢

六箇月　一元七十錢

一箇年　三元四十錢

郵稅一部　新貨五厘

一箇月　十三錢

廣告料

四号活字十三字詰

每日每英尺一寸에新貨■五錢

(每日每行에六錢에相當ᄒᆞᆷ)

二周日에　二圜■■錢

(每日每行四錢■■에相當ᄒᆞᆷ)

一箇月에　三圜

(每日每行四錢一厘에相當ᄒᆞᆷ)

其期限의長短과字行의多少를依ᄒᆞ야增減ᄒᆞᆷ이有ᄒᆞᆷ

大韓人마다此申報를不可不購覽ᄒᆞ실터이오니廣告出報ᄒᆞ실僉君子ᄂᆞᆫ來臨面議ᄒᆞ시오

發行兼編輯人　英國人裵說

發行所

京城■■■■■■■■■■■■■■■■

大韓每日申報社

第四卷

大韓每日申報
대한매일신보

第一百三十八號

月曜及慶節
當時日休刊

檀君開國四千二百三十九年
箕子元年三千二十八年
大韓開國五百十五年
日本明治三十九年
淸國光緖三十二年
陰曆丙午一月小十三日辛巳

論說

事之卒變

今月一日에漢城日公使가統監代理人으로交換되얏스니胡爲乎至此오無人可說이라

韓日間諸約章에如此變更之義と未有存焉이오惟以新條約으로日本이爲此之擧나陛下之押을尙未得하얏스니尙非公法上有效文字로다

且以新條約言之라도韓國外交만關係하얏고內地行政은不關이어날日本이如此形式上條約을以軍力得之하고約外之事까지設行하と도다

新條約을解義하と日本의寬大義量은京城英公使館의依舊홈을可測이라英國은日本之同盟이니

伊藤侯朴齊純間에締結흔條約의實義를認之以滿足이면大韓帝國에交涉本務를列國使節보다先爲撤還矣리로다

韓國內政을日本이保護홈을列强이不許其權이오韓國이亦不許矣니今日統監之官은法權以外之行이로다

日俄兩帝間協約을據하건디韓國政府의認許를不得흔方策은韓國에不設흘기로安定하얏거날今日統監或其代理之設置가非韓政府之協定이라

是故로日本官憲의行此之權은誠是過度니前日約定흔駐韓日公使權限을踐行이可矣로다

現今事勢로觀之면日本이自國公使를已爲解免하고其代理人을未得擇定하얏스니萬國公法으로는今日韓國內에日本이未有代表者라鶴原氏는今未免一箇私人이니

若添何許權限이면此는兵力所使나如此努力을世界列强之所不許也니自俄日結和以來로日本之於韓國에與列强同權이오無所加也로다

官報

●第三千三百九十九號 光武十年一月二十五日

◉敍任及辭令

任章陵參奉叙判任官八等 申榮均

一月二十日

任秘書監丞叙奏任官三等 正三品李根永

一月二十一日

命侍從院副卿叙勅任官三等

從二品沈能弼

命太僕司長叙勅任官三等

奉常司提調尹鎭佑

命奉常司提調叙勅任官三等

從二品沈相漢

任秘書監丞叙奏任官三等

正三品金演禧

奉常司典事邊奎昌

六品金在司 全金鎭秀

任秘書監郞叙奏任官四等

六品高鼎柱 全姜演馨

任弘文館侍讀叙奏任官四等

任奉常司典事叙判任官六等

六品朴時龍

任義陵參奉叙判任官八等

淑陵參奉閔箕鎭 李庠鉉

任淑陵參奉叙判任官八等

任義陵參奉叙判任官八等 李鼎鉉

任章陵參奉叙判任官八等

六品姜準永

命兼任慶尙北道裁判所判事

慶尙北道觀察使申泰休

命兼任慶尙南道裁判所判事

慶尙南道觀察使趙民熙

命兼任龍川港裁判所判事

龍川監理魚允迪

命兼任務安港裁判所判事

務安監理金進用

命兼任慶興港裁判所判事

慶興監理黃耆淵

任安城郡公立小學校敎員叙判任官八級 李茂年

前敎員崔某喜

任黃澗郡公立小學校敎員叙判任官八級

任書記 柳濟達 閔丙承

鄭獻敎 韓泰源 李濟鵬

閔麟鎬 柳基駿 文明鎭

朴涵榮 韓吉洙 崔鴻淳

任外國語學校副敎官叙判任官八級

命學部委員 朴憲在

以上一月二十二日

●第三千三百六十號 光武十年一月廿六日

◉叙任及辭令

任金城郡守叙奏任官二等 慶州郡守尹泌奎

任慶州郡守叙奏任官二等 從二品閔泳晩

平安北道觀察府主事池基榮

任昌城郡守叙奏任官四等

以上一月十八日

任莊陵令叙判任官八等 十殿院電務課主事李元榮

任康陵參奉叙判任官八等 九品金昇鎭

以上一月二十二日

從一品洪淳馨

禮式院掌禮卿南廷哲

命官內府特進官叙勅任官一等

命禮式院掌禮卿叙勅任官二等 正二品李軒卿

命侍從院副卿叙勅任官三等 從二品李範喬

任侍從院奉侍叙奏任官四等 從一品洪宅柱

以上一月二十三日

外報

●淸兵亂動 安徽省安慶府에서淸國兵이賭博事로부터騷動하야官舍를燒盡하ㅣ人心이洶洶하다더라

●漁業問題 日本政府는沿海州漁業權問題에就하야兩三日間前부터俄國代理公使와內議를開始하얏고韓露間陸路貿易을交涉도從此로行홀터이라더라

●英國殖民 英國殖民大臣엘위이드마우스氏가에데바라에서演說하되政府는殖民地에無限關로保護를准許홈을하얏스나但必要하는彼等의助力을願흔다더

●李大使訪謁 答禮大使李載完殿下께서는去二十七日午前九時에日本東京下谷區龍泉寺町原씨別莊에滯在하신義親王殿下를訪問하사數時間會談하섯다더라

●內閣政策 英國新內閣政策은敎育法과失業者條例의修正과勞動組合의取締規則制定及英國諸港에入하는外國의船載貨水線稅新設等에關흔者라

●丁抹皇崩 丁抹皇帝크리스챤九世陛下는去月二十九日午后三時三十分에突然히崩하섯다더라

●駐日法使 栗野駐法大使는來三月晦間에赴任홀터인디法國政府도또흔瑞西駐箚大使안돌氏를日本駐箚法國大使로任命하고三月間着任하리라더라

●大觀兵式 本年四五月頃에日本東京에서擧行하는陸軍大觀兵式에는將校以下一兵卒에至하기까지皆三十八年式戎時服을着用케흘事로內定되얏는디當局者는方今準備中이라더라

寄書

歎護身之失
呂洲散人

大凡人之護身이以公以正則雖欲不護ㅣ나自無不護오以私以邪則雖欲自護ㅣ나非但不可得也而反不爲自戕自滅者ㅣ未之有也ㅣ라

今日政府諸公之注意處事가其於民國思想에는何焉勿論이오直不過自身上保護之計而計亦失矣로다

何者오觀察郡守를但有公薦之議하나慶南北全南北은謂金窟銅山이오民柔易壓制라하야其觀察使와一二等好郡守를皆以賄用中費者와姻戚之情切者와門生之諂諛者로薦之하고其他冷觀察殘郡守는或薦諸[?]名譽者而欲塞責하며

至於內職之所謂公薦에도某人은素以不平之黨으로頗有强硬手段하니恐有害我之慮ㅣ라하야用而憐之하고某人은同以某邊之人으로兼有外交能力하니他日我或墮落之地에可望一援也ㅣ라하야薦而親之하고

其或才局志守가實合於時措而旣無害我之慮하며又無援我之望하면曰此無足可取라하야屛棄外職하야全無顧之意라하니然則諸公이以全國兩道之人民으로險威는是謂不足有損於政府之治安而然歟아以不平黨之爲用於諸公者로謂在我範圍中而只感其用之恩德하야實心作自己之腹心爪牙而然歟아

未聞人民塗炭而政府ㅣ能治安息ㅣ오未聞用人以私而其人이無腹心也ㅣ니生이常望諸公은初雖以護身之私로爲心이나然而旣或有公薦之地에某條做得實心하야竟能歸於自然公正하면不求爲腹心而人誰不盡其心이며雖不欲護ㅣ나而自無不護矣라自新條約以來로全國人民이皆與諸公으로誓不欲幷立於覆載之間이거날

況又助薪而添油하야自速其焚乎아嗚乎ㅣ라人生於世가不過百年而未生之前도是億千萬劫也ㅣ오已死之後도億千萬劫也ㅣ라上下億千萬劫에以逆旅一生으로何相仇怨之甚哉아

善者도我同胞也ㅣ오惡者도我同胞也ㅣ니與其爲仇不相容으론不若警告而務相爲好也ㅣ오與其憎罪而欲懲勸으론不若憐罪而使之自悔也ㅣ라泡沫風燈에自戚이屠牛하야竊此悲歎之辭하노라

雜報

●儒賢臨卒　故經筵官宋秉璿氏殉義한事로　韓皇陛下게옵서詔曰此儒賢이學問精邃하야襲先正淵源하고老成宿德으로維持世敎러니一番羽儀于朝에方寔見尙러니際時艱危에犧牲激烈하야歸及林樊에遂以自靖하니香衢失燭이라吊憐愴悽가瓔準을令內府로從優賻送하며令禮式院으로施以梓楔之典하며節惠之典은不待葬議諡하며特贈大匡議政하고遣禮卿致祭이되祭文은當親撰以下라하옵셧더라

●漢檢新任　한城裁判所檢事洪鍾瀚氏는見遞하고其代에法部主事安致允氏가被任하얏더라

●道多僵屍　近日來天氣甚寒하야道路에僵屍者頗多인되該僵死人中에鎭道役夫로多尸旁倒者가過半이라더라

●李氏傲逆　李舜夏氏가前日平安道觀察使로泰川郡民杖殺한事件이有함으로該被殺人에妻與弟가李氏를往見日事當即地사刃하야以爲報讎홀터이나不可輕擧키로先爲法司에與訴하야萬一如意치못하면行當手刃하깃다고一場詰責하얏더라

●匪囚押到　內部에셔軍部에照會한內槪에據接忠淸北道觀察使申泰休氏報告書則鎭恩郡在囚金弼漢命洛圭朴珉鎬白弘鎭等의事案이大關警察事項하야旣自該郡交府而自府로卽當押上이되非川程途逶迤라現今不令之徒가到處嘯聚하와預慮不虞이온즉迅防淸州隊하야使之派員押領等因이온즉該府所報가極涉妥宜이기로玆照會하니訓飭淸州隊하야該四囚를押到警務廳事라하얏더라

●減給補校　忠北觀察이學部에報告하되本府公立小學校의自昨年八月로至十二月補助金을卽爲挪用於忠州郡結錢中故로該命令書二度送致하오니移照度支部하야該十個月條計減於該郡結錢하야以充校舍修理費하라하얏더라

●僞書運累　軍部餉馬料二百元을何許人이該出給命令書를僞造推去한事로度支部司計局主事崔錫斗氏가警廳에被囚하얏다더라

●四色分排　日昨郡守奏本에李時學尹始榮李承稙朴彝陽四氏가將次叙任하야되다는되此是四色分排의居首라云하더라

●申氏特演　今日下午七点半에度支部參書官申海永氏가皇城基督敎靑年會에서理財란問題로演說홀다더라

●隨聞隨錄　日前本報雜報欄內朴正銳氏가日本留學生十一月分學資를犯用이라하얏더니更聞한즉留學生監督韓致愈氏가誤錄報告함이라하니海外事件을一時確知키難키로隨聞更揭하노라

●借款先用　湖南鎭道會社總事務長徐午淳氏가農商工部에請願한內槪에本人이以湖南鎭道敷設事로旣히承認하와程道를測量하옵고事務所를建築하오며創立費를先當하와道間所入이已至巨額이온바至於敷設隊筭額인즉股金으로十回收聚이오나專此股排用이면不無遲延違限之慮故로外國資本家에借款先用하고股選錄計料이오니査照許施하라하얏더라

●廣尹護賊　廣州民擾이無村無之하야揮劒恐喝에白晝橫行하되居民이莫敢誰何者는無他라官吏之心이視民如讐하야不思保護故로該地賊徒는該邑니吏屬李晋인바徒黨이市在府底하야出沒侵民이되該府尹은以戢捕官名色으로不肯行捕이고但於酒色錢三件上에만傾耳聽目터니日前山陽里에서夜逢賊變하야居民이一齊奮力하야三箇賊을捉得인바二名則傷脚하고一則本洞民之姪로他村에住居者ㅣ라其叔이且憤且愧하야以杖亂打라가竟至致斃키로依實報府이옵더니捕賊혼賞은姑捨하고返以賊關打傷으로爲罪하야告訴諸民을牢囚獄中하고多發校卒于該洞하야錢穀鷄犬等物를沒爲搜去하야一朝에至爲敗洞하얏다니此等府尹과賊捕官은護賊之一大淵藪라고民論이如沸혼다더라

●捕賊宜賞　延日郡守朴琁준氏가內部에報告하되近來匪徒蜂起하야晝互夜掠에行旅居民이罔知收措인되前礪山郡守崔益魯氏가一擧隻身으로擒捕二賊하고且設砲社하야選立砲軍二十名而巡警一區하야又捕二賊하니餘黨이望風渙散하야一境安堵하니此人此功을不可掩置니期蒙褒賞之典이라하더라

●請設警署　北靑郡居前委員朴麟윤等이該郡은接壤於淸俄兩國之界하고沿海各浦가在在相望하야商旅絡繹은可謂人物府庫故로自朝家爲念重地하야特設關防而有兵營中營之位置가爲三百餘年이더니一自乙未革罷以後로非但重地空虛之可悶이라一方居民이無所依恃라가幸自丙申으로新設鎭隊하야養兵守鎭하고鎭撫生命이未幾十年에旋又停止則居民之鎭撫也와商旅之保護也와外人之交涉也와賊匪之止戢也에無接應之方이오니特設警務一署를認施할事로내部에請願하얏더라

●縮地而來　慶州居하는宋廷來爲名人은呼風喚雨하고經天緯地하는妙術이有하다고現侍從李懋明氏가　天陛에薦進하지고喚來하얏다하니此人을用하면大韓獨立을回復한는지

●會員見賊　尙州郡武川里朴鎔洙氏家에서去年陰十一月分에釜鼎一坐와支械一介를見失인바未幾日該洞居崔돌用家에서該見失物을覓得하고仍爲多般査探하야崔哥의行賊혼情形이綻露無餘키로釜鼎一坐를覓爲徵出之際에該邑一進會員二人이與崔哥로突入朴氏家하야縱하야良民捕捉으로返爲恐갈키로同里嗐人이其不然事狀을廣回明言하야該會員이旋即還去하얏스나早失釜鼎은仍爲未推하니所謂一進會員은人民에財產保護라하면서賊한놈符同하야行爲가如此하니該會長裵柱佑를若不懲習이면附近洞居民들이與接無路하깃다고怨聲이甚多하다더라

●穀價必翔　三南等地來人의傳說을聞한즉去年秋穫이未免半歉키로春夏間穀貴는在所難免인바各處에서日商에貿米가不可勝記인즉방일穀價騰翔하면以今困難한財政으로米變로通이亦不容易홀지니許多人民에飢餒濱死를斷然可見이거날政府에서坦然不發하야穀物儲存할方策을一不講及하니此等官吏府는不可信賴라고民言이頗多하다더라

雜報

大韓帝國赤十字社公布趣旨書全本에寄送ᄒᆞ얏기로左에揭載ᄒᆞ노라

赤十字社라名稱ᄒᆞᆫ은當初瑞西國제유네화후京部)宰相후로런쓰令孃(나이정계루)氏가西曆一千八百五十年븟터各病院에서重傷으로ᄯᅢ苦ᄒᆞ든病者를爲ᄒᆞ야

晝夜로熱心看護ᄒᆞ야減復ᄒᆞᆫ經驗을依ᄒᆞ야廣濟ᄒᆞᆯ意로西曆一千八百五十五年歐留米耶戰爭에(英吉利와佛蘭西가聯合ᄒᆞ야露國과戰爭ᄒᆞᆯ時)나이정게루氏가其同志四五人을締結ᄒᆞ야數萬名慘患을救濟ᄒᆞ고其後彼我國을勿論ᄒᆞ고重患者를看護救濟ᄒᆞ야

大效가有ᄒᆞᆫ後로列國이合同贊成ᄒᆞ야看護團體를成立ᄒᆞ고其令孃에廣濟博愛ᄒᆞ는意를表崇效慕ᄒᆞ야赤十字로表章을作ᄒᆞ니

其本意는令孃이瑞西國人으로其效勞ᄒᆞᆫ厚意를表ᄒᆞ고又令孃에本國을表ᄒᆞ거시니瑞西國旗는赤質에白十字로되

視取의速ᄒᆞᆷ을爲ᄒᆞ야白質에赤十字로表章ᄒᆞᆷ으니列國도亦是其視取에捷易ᄒᆞᆷ을爲ᄒᆞ야赤十字로效倣ᄒᆞᆷ이오

耶蘇敎赤十字架와는不同ᄒᆞ고歐羅列邦이其令양에慈惠와文明博愛의實情을感服ᄒᆞ고其本意를主ᄒᆞ야

各其廣濟文明的事業에重大ᄒᆞᆫ必要를由ᄒᆞ야列國 皇帝陛下시며皇族의仁慈ᄒᆞ신意와愛護를蒙有ᄒᆞ고

且同胞相護의厚誼와同盟의親密ᄒᆞᆫ意를表ᄒᆞᆷ으로各其設立ᄒᆞ야救護ᄒᆞ고列國이赤十字社條約法을確定ᄒᆞ야

若請願人約ᄒᆞᆫ國이有ᄒᆞᆫ則列邦이會同許入ᄒᆞ되且法律과軍法正整ᄒᆞᆫ獨立國에許ᄒᆞᄂᆞ니東洋으로觀ᄒᆞᆫ則二十年前에日本이入約ᄒᆞ야

日淸戰爭과北淸戰爭과日露戰爭에日本赤十字社가熱心救護ᄒᆞ야其效와名譽가天下에廣佈ᄒᆞ얏고平時에도同胞를極盡贍濟ᄒᆞ니尤極欽服ᄒᆞᆯ바오

現今日本赤十字社員으로論ᄒᆞ면二十年間에正社員이百萬人에達ᄒᆞ얏슨則外他社員은不可擧數라

未完

●褒忠建祠　忠南木川郡靑年會에서閔趙兩忠正公殉節에致賻來吊ᄒᆞ고兩忠正公과同時死節ᄒᆞᆫ諸公을爲ᄒᆞ야該郡伏龍亭에建祠ᄒᆞᆫ다더라

●是可忍乎　巷說을聞ᄒᆞᆫ則法大李夏榮氏가使其弟準榮氏로沿海某處에松山을外人의게賣食ᄒᆞᆯ經營이有ᄒᆞ야某地로外人을約會相議ᄒᆞᆫ다ᄒᆞ니大抵同氏의前後賣國之事는擧世가皆切齒痛罵ᄒᆞ는바러니猶爲不足ᄒᆞ야莫重國土를欲爲賣食ᄒᆞ니同氏心腸은路人所知라吾儕는將欲更探其事實ᄒᆞ야若果有之면重言疊書로暴其罪懸于世界ᄒᆞ깃노라

●三堂연會　近日에耶蘇敎牧師들이敎徒興旺ᄒᆞ기를爲ᄒᆞ야各會堂에서晝夜로眞理를講論ᄒᆞ는故로聽道者雲集ᄒᆞᆷ을主ᄒᆞ는ᄃᆡ每日下午七点鍾에는特別히貞洞水洞蓮洞三處聖堂으로會集ᄒᆞ야道德과倫理의有益ᄒᆞᆫ연說을ᄒᆞᆫ다더라

●義倅照律　義州郡守申羽均을爲先免本官ᄒᆞ고令法部照律懲辦之意로上 奏ᄒᆞ야奉旨依奏ᄒᆞ얏스니該由羽均을卽行拘拿ᄒᆞ야所犯贓錢의肯綮과濫殺人命ᄒᆞᆫ理由를這這究覈ᄒᆞ야依律行勘後示明ᄒᆞ라고內部에서法部로照會ᄒᆞ얏더라

●世界新聞　近來世界의新聞과雜誌發行數가年年增加ᄒᆞ야現今全世界新聞雜誌가大約九萬種以上에達ᄒᆞ얏는ᄃᆡ其過半은英文으로印刷發行ᄒᆞ는者라其數가北米合衆國과加奈陀에二萬二千種이오英本國과其他領地內에約一萬以上에加ᄒᆞ니都合三萬五千種이라世界各地에서發行ᄒᆞ는것이英語以外에各新聞과其國言文의區分이大略如左ᄒᆞ니獨逸文이七千種이오佛文이四千五百種이오日本文이二千種이오伊太利文이千五百種이오匈牙利文이五十種이오亞細亞文이千種이오西班牙文이八百種이오俄國文이八百種이오希臘文이六百種이오瑞西文이四百五十種이오白耳義文이三百種이오和蘭文이三百種이오其他約三千種이더라

小說

●青樓義女傳

이젼장안셩닉시뎡즁에비싱이라ᄒᆞ는ᄉᆞ람이잇스니그사람은방년이이십오세에풍채가미려ᄒᆞ나마암은츄루ᄒᆞ야겻흐로는쾌ᄒᆞ고속으로는졸직ᄒᆞᆫ고로사람들이모다비다쥬면이에거ᄯᅩᆼ이라고지목ᄒᆞ더니

기후에각국물화를교환ᄒᆞ여샹리를도모ᄒᆞᆯᄎᆞ로호조에돈오쳔량을쳐ᄯᅡᄒᆞ야가지고여러샹고들과동ᄒᆡᆼᄒᆞ야즁원북경에들어간즉인물의번화ᄒᆞᆷ과가텩의장려ᄒᆞᆷ은실노심목을놀니ᄂᆞᆫ지라ᄉᆞᄉᆞ로ᄉᆡᆼ각ᄒᆞ되이제나는ᄒᆡ우편박에일ᄀᆡ변한셔ᄉᆡᆼ으로이러한대셔문물의번화ᄒᆞᆷ을엇어구경ᄒᆞ고ᄯᅩᄒᆞᆫ나의아름다온풍치와다ᄉᆞᄒᆞᆫ운ᄌᆞ가잇ᄉᆞᆫ죡죡히남아의평ᄉᆡᆼ쇼원을맛치리로다ᄒᆞ며말재의지ᄒᆞ야

두로단니며구경ᄒᆞᆯ세홀연한곳을바라본즉쥬란화각이좌우에벌여잇고그문우희금ᄌᆞ로방을부쳣는ᄃᆡ일야에는은ᄇᆡᆨ량이ᄇᆡᆨ량이라ᄒᆞ고혹팔십량구십량이리순지라

비ᄉᆡᆼ이홀노혜오ᄃᆡ이는창녀의ᄌᆞ식으로고ᄒᆞᆯ등분ᄒᆞ여갑슬졍ᄒᆞᆷ이로다ᄒᆞ고눈을들어ᄉᆞ면을살펴보니영롱ᄒᆞᆫ쥬렴속에옥비화용들이혹쥬렴을것고안졋기도ᄒᆞ며혹난간을의지ᄒᆞ야셧기도ᄒᆞ야

장안ᄐᆡ도를구버보며왕ᄅᆡᄒᆞᄂᆞᆫᄒᆡᆼᄀᆡᆨ을지졈ᄒᆞᄂᆞᆫ지라비ᄉᆡᆼ이그광경을보미신혼이호탕ᄒᆞ야

미완

本社廣告

申報價

一張代金 新貨一錢五里
一箇月前金 三十錢
三箇月 九十錢
六箇月 一元七十錢
一箇年 三元四十錢
郵稅一部 新貨五里
一箇月 十三錢

廣告料

四號活字十三字詰每日每英尺一寸에新貨廿五錢(每日每行에六錢에相當홈)
二周日에 二圜五十錢(每日每行圜錢五里에相當홈)
一箇月에 五圜(每日每行圜錢一里에相當홈)
其期限의長短과字行의多少를依ᄒᆞ야增減홈이有홈

大韓人마다此申報를不得不購覽ᄒᆞ실터이오니廣告出報ᄒᆞᆯ僉君子ᄂᆞᆫ來臨面議ᄒᆞ시옵

發行兼編輯人 英國人裵說
發行所 京城北署□□坊□□洞□外□□□□□
大韓每日申報社

第四卷　　第一百三十九號

大韓每日申報
대한매일신보

月曜及慶節
歲時休日刊

檀君開國四千二百三十九年
箕子元年三千二十八年
大韓開國五百十五年
日本明治三十九年
淸國光緖三十二年
陰曆丙午一月小十四日壬午

論說

一●●●●無任官吏●

去土曜日下午에長谷川大將이
對列强代表人ᄒᆞ야韓國內日本○○◎○○
統監之位에自己가擔任ᄒᆞᆫ줄로○○○○
通知ᄒᆞ얏스니長谷川大將이自○○○○○
○擅其任이로다○○
大韓皇帝ᄂᆞᆫ李氏라 陛下의○○○○
셔帝國內任職에不用御押之事
을曾不與列國協定矣오
韓皇씌셔不許統監之任矣요○○◎○○
韓皇씌셔列强에게擇用統監之○○○○
意를不爲布告矣요○○○○
韓皇씌셔長谷川大將의게親授○○○○
外國使節之權을不許矣시니○○○○
萬國法律上에長谷川大將은○○○○
國內無任人이라○○○○
帝國陛下에信任된使節이아니◎◎◎○○
오自國人民의商業利益을保護○○○○
ᄒᆞᄂᆞᆫ總領事도아니오韓國內一○○○◎◎○○
私人이어날自擅已作ᄒᆞᆷ을列國○○○○◎◎
使節의게通告ᄒᆞ야都用公文紙◎◎○○○○
오니
韓皇씌셔ᄂᆞᆫ陛下에信任된列使◉◉◉◉◉
의게未有通知此事로다○○○○○
美日以外에列强은尙今韓帝國◉◉◉◉
에全權公使로代表ᄒᆞᆷ이되얏거◎◎◎◎◎
날長谷川大將이 韓皇의帝國○○○○◉◉◉
職務를自當ᄒᆞ야◉◉○○
韓國 皇帝와英法德義淸比諸◉◉◉◉◎◎◎◎◎◎
國의高等行政官을代表ᄒᆞᄂᆞᆫ公◎◎◎◎◎◎◎◎
使의게不繹侮辱을投之ᄒᆞ엿스◎◎◎◎◎◎
니列强은自國代表人의外交歷◎◎◎◎◎◎◉◎◎
史上迄今未有ᄒᆞᆫ違辱을相當後◎◎○○○○○◉
儼ᄒᆞᆫ計算을取ᄒᆞᆯ而已로다◉○○○○

官報

●第三千三百二十九號　光武九年十二月廿一日

◎法律續

法律第六號

私設鐵道條例

第二十五條　會社에셔會社定款이나工事方法을變更코ᄌᆞᄒᆞᆯ時에ᄂᆞᆫ農商工部에請願ᄒᆞ야更히認可을受ᄒᆞᆯ事

第二十六條　旅客及貨物運賃額과運輸規程을定ᄒᆞ거나或此을變更코저ᄒᆞᆯ時에ᄂᆞᆫ農商工部大臣의認許를受ᄒᆞᆫ後에實行ᄒᆞ되二週日以前으로此를公佈ᄒᆞᆯ事

第二十七條　列車發着時間及度數를定ᄒᆞ거나或此를變ᄒᆞᆯ時에ᄂᆞᆫ農商工部에報明ᄒᆞᆯ事

第二十八條　會社ᄂᆞᆫ每年二期로營業報告書를調製ᄒᆞ야四十日以內로農商工部大臣에게報明ᄒᆞᆯ事

第二十九條　會社ᄂᆞᆫ其財産全部나或一部를典質ᄒᆞ야得債ᄒᆞᆷ이有ᄒᆞ되其債金額은株主가辦納ᄒᆞᆫ資本金額의二分之一을不踰ᄒᆞ고每期會計磨勘時에右債金을完償ᄒᆞᆫ後가안이면株主에게利益金分派ᄒᆞᆷ을得지못ᄒᆞᆯ事

前項의典質로外國人에게得債코자ᄒᆞᆯ時에ᄂᆞᆫ農商工部에請願ᄒᆞ야政府會議를經ᄒᆞᆫ後에特히認可를受치안이면不得ᄒᆞᆯ事

第三十條　會社의會計磨勘法은左開二種으로分ᄒᆞᆯ事

一 資本會計磨勘　軌道車량器械停車場土地建築營業上收益이有ᄒᆞᆫ物件設備에關ᄒᆞᆫ出納

二 收益會計磨勘　前項物件의維待保存에關ᄒᆞᆫ費用及營業上出納

第三十一條　私設鐵道가官設鐵道에接續ᄒᆞᆫ境遇에ᄂᆞᆫ交互運輸方路及賃金相計等節은農商工部大臣이決定ᄒᆞᆷ이라

兩會社以上私設鐵道가接속ᄒᆞᆫ境遇에ᄂᆞᆫ交互運輸方畧及賃金相計等節에關하야兩歸가不協ᄒᆞᆯ時에ᄂᆞᆫ農商工部大臣裁定을請ᄒᆞᆯ事

前項에境遇가有ᄒᆞᆯ時에ᄂᆞᆫ農商工部大臣의裁定을終局으로ᄒᆞᆷ이라

第三十二條　官設鐵道로豫定ᄒᆞᆫ線路ᄂᆞᆫ特許가아니며私設을不得ᄒᆞ며私設鐵道로認許를受ᄒᆞᆫ線路라도起工以前에官設을要ᄒᆞᆯ時에ᄂᆞᆫ會社ᄂᆞᆫ此를拒絕치못ᄒᆞᆯ事

第三十三條　農商工部ᄂᆞᆫ認許狀成給ᄒᆞᆫ日노[illegible]箇年(特허營業者ᄂᆞᆫ其滿期)經에鐵道及附屬物件을買上ᄒᆞᄂᆞᆫ權이有ᄒᆞᆷ이라

第三十四條　前條를依ᄒᆞ야鐵道及附屬物件을買上ᄒᆞᄂᆞᆫ時에ᄂᆞᆫ前五箇年間株券價格을平均ᄒᆞ야此를買上ᄒᆞᄂᆞᆫ價格으로定ᄒᆞᆷ이라　未完

外報

●自要參會　사하라皇帝라自稱ᄒᆞᄂᆞᆫ法國人리싸듸氏가摩落哥會議에參與ᄒᆞ기를要請ᄒᆞ고自己參與前에進行된諸件議案을一般論非ᄒᆞᆫ다더라

●奉天日軍　滿洲日軍에第一及第二隊의半部ᄂᆞᆫ今旣撤退云이나日本武官이奉天東西隅에셔活動을尙今展開ᄒᆞ야乘馬斥候兵을各地方에派遣ᄒᆞ얏고前者日軍에게賃傭되얏던支나人等을今更要請ᄒᆞ야使之職務中이라더라

●乍免旋任　媾和約款을反對ᄒᆞᆷ으로免官되얏던日本東京帝國大學校博士토미쥬氏ᄂᆞᆫ復其前任ᄒᆞ얏더라

●德國深計　德國諸新聞은同國皇帝의誕日을因ᄒᆞ야陳述ᄒᆞ되諸般危害을敵禦ᄒᆞ기에自國君民間結合矣라고唱導ᄒᆞ얏더라

●船沈人沒　빌넨시아船隻이沈沒時에罹災者ㅣ一百四十八이라더라

●歲出揭額　去十五年間英國政府의歲出은八億八千五百萬元이더니爾來로年年이增加ᄒᆞ야昨年度歲出豫算은十四億二千萬圜의巨額이되얏더라

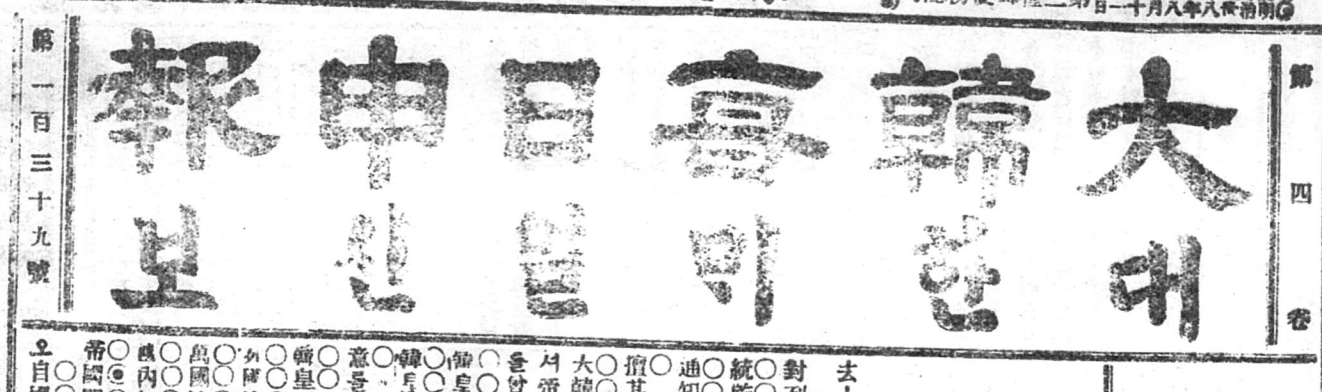

●商業進步　商業道德의進步ᄒᆞᆫ泰西諸國에서ᄂᆞᆫ約束을甚重이ᄒᆞ야口約이라도決코此를違反치아니ᄒᆞ기에契約者의一方이意外損失을招ᄒᆞ거나或은非常ᄒᆞᆫ利益을得ᄒᆞᆷ이有ᄒᆞᆷ은特異ᄒᆞᆫ事가아니라目下英國에서ᄂᆞᆫ造船材料가顯著히騰貴ᄒᆞ되已爲契約을終了ᄒᆞᆫ人은此에因ᄒᆞ야莫大ᄒᆞᆫ利益을得ᄒᆞ얏ᄂᆞᆫ데來九月에引渡ᄒᆞ기로約束ᄒᆞᆫ一大滊船을注文ᄒᆞᆫ某商者ᄂᆞᆫ今에一萬七千五百元의利益으로此를讓渡ᄒᆞ얏더니此를讓受ᄒᆞᆫ人은再次此契約을二萬元의利益으로讓渡ᄒᆞ얏다더라

寄書

西湖問答　四象子

四象子見太一翁於西湖ᄒᆞ고問以當世之事ᄒᆞ야曰今宗國이已見奪而人心이晏然ᄒᆞ며五賊이當伏誅而尙此存全은何也오

太一曰重病에無急症이오大惡은不速死ᄒᆞᄂᆞ니東漢之病이沈重而無急症故로起伏龍於三顧之日ᄒᆞ고秦斯之惡은張大而不速死故로歎黃犬於焚坑之後ᄒᆞ니無他라命而已矣오時而已矣니라

問今人이不能以兵斬賊臣而徒尙口氣於筆端ᄒᆞᄂᆞ니何益之有哉아

曰秦檜之罪를施全이以劍斃之ᄒᆞ고晬翁이以筆誅之ᄒᆞ얏스며以今百世之後로[illegible]長死於天下[illegible]이嚴於施全之劍也라噫彼五賊之罪ᄂᆞᆫ通于天ᄒᆞ고下達于地ᄒᆞ야神[illegible]와儒林之筆斧와[illegible]와萬姓之舌斧와天下之[illegible]斧가前後相繼ᄒᆞ야旣褫魄於諸忠良臣靖之日ᄒᆞ고又招魂於一國人可殺之義ᄒᆞ야今其行走ᄂᆞᆫ不過形軀空殼이로ᄃᆡ吾視之以鬼而子乃待之以生人ᄒᆞᄂᆞ니不亦愚哉아四象子逡巡而退ᄒᆞ야不敢驟言이러라

雜報

●時事慨然　陰正月初五日夜에宮內顧問官加藤增雄氏가秘書官金鎔濟氏를通譯으로帶導ᄒᆞ고　皇上陛下께私謁見을請ᄒᆞ야咸興郡明太洞金礦과平壤炭礦을請求ᄒᆞ미　皇上陛下께오서金礦은內部大臣李址鎔이가請願認許ᄒᆞᆷ이오同炭礦은法人에今周ᄒᆞ야姑未解約인즉不可許施ᄒᆞ기로下答ᄒᆞ시되加藤氏가三時間을苦懇도ᄒᆞ며威嚇도ᄒᆞ야畢竟允許를承ᄒᆞ얏ᄂᆞᆫᄃᆡ兩礦許施文牘을繕ᄒᆞ야進呈ᄒᆞ거날不得已著字를蹈ᄒᆞ야下賜ᄒᆞ오셧다ᄒᆞ니其內容을略聞ᄒᆞᆫ즉明太洞金礦은北韓人이金貨二萬元運動費를納ᄒᆞᆫ根因이오平壤炭礦은法人을無視하야要求ᄒᆞᆫ理由라ᄒᆞ니事實과如하면加藤氏ᄂᆞᆫ宮內顧問으로毁令多大ᄒᆞᆫ運動費[illegible]有ᄒᆞᆯ지라도拒絕하야顧問의[illegible]을盡하며皇室所有를維持ᄒᆞᆷ이可하거날金鎔濟의細[illegible]을聞하고如干賂金을食하야[illegible]法行爲를肆行하야[illegible]室所有[illegible]하고法人合同을破裂ᄒᆞ[illegible]不完全ᄒᆞᆫ結果에出ᄒᆞᆷ이리오豈不慨然이리오

經理院卿沈相薰氏ᄂᆞᆫ該兩礦을旣히　允許[illegible]ᄒᆞ얏스나自手로今同하기[illegible]이라하야表勳院總裁[illegible]去[illegible]　奏稟하얏다하니同氏ᄂᆞᆫ自身[illegible]에出ᄒᆞᆷ이라[illegible]不慨然이리오禮式院[illegible]李址[illegible]를[illegible]ᄒᆞ다[illegible]常ᄒᆞᆫᄃᆡ[illegible]手段이有ᄒᆞ야開城人蔘政課에有名ᄒᆞᆫ朴潤賢을締結ᄒᆞ야開城富有者의賂金을受ᄒᆞ고秘書丞十六窠를圖出ᄒᆞ얏고勅令으로勿施되孔秘書丞을豐慶宮秘書官을圖出ᄒᆞ얏다ᄒᆞ니宮廷에挾雜ᄒᆞᄂᆞᆫ徒黨의領袖이라豈不慨然이리오

英親王殿下ᄂᆞᆫ英姿俊邁ᄒᆞ오신氣像으로實齡이十歲이신ᄃᆡ讀書를勉勵ᄒᆞ야才華를保養ᄒᆞ고心志를薰陶ᄒᆞᆷ이大臣等이贊成ᄒᆞᆯ事이어날當此時局이安危存亡을未判ᄒᆞ고保護監督의壓制侮辱을受ᄒᆞᄂᆞᆫ此時에所謂大官術가擊毬(공치기)ᄒᆞ기로勝事를作ᄒᆞ야今日은度支大臣의卓이오明日은內部大臣의卓이오又明日은軍部大臣의卓이라ᄒᆞ야宮中에一大娛樂ᄒᆞᆫ[illegible]를倣ᄒᆞ야內으로英親王殿下의仁厚ᄒᆞ오신德을貽累ᄒᆞ고外으로國家人民을護不知何事ᄒᆞ야戲遊度日ᄒᆞᆫ다하니大臣責任이如此하고야其國不亡者ㅣ未之有也니豈不慨然이리오

●大使還期　報聘大使李載完氏一行은昨日午後에新橋에서發하야馬關에直往하야本日夜에乘船하고歸朝ᄒᆞᆫ다더라

●皇族辭日　清國皇族載澤氏一行은昨日에日本東京에서發程하야箱根으로向往ᄒᆞ얏다더라

●靴給誤執　泥峴井上旅館에留하ᄂᆞᆫ日人鈴木氏ᄂᆞᆫ日前에其長靴一雙을見失하얏ᄂᆞᆫᄃᆡ其家에相從하ᄂᆞᆫ李相建에게無端致疑하야酷加結縛하고多施惡形ᄒᆞᆫ즉李哥가苦楚를不堪하야該物盜去樣으로誣服하얏더니該事由를警察署로告訴하야自警署로李之家內를搜檢ᄒᆞᆫ즉贓物이不在하고李哥ᄂᆞᆫ自是謹拙爲人으로行賊ᄒᆞᆯ惡習이無하리라하야卽時放釋되고鈴木氏ᄂᆞᆫ不法行爲로被禁하얏다더라

●玄氏更動　昨年에放逐鄕里되얏든參將玄暎運氏가夫人과家族을帶同하고日昨에歸京ᄒᆞ야鑄洞私第로入來ᄒᆞ얏다더라

●幣垣遁報　學部參與官幣垣氏가日昨에學部로帶報ᄒᆞ얏ᄂᆞᆫᄃᆡ韓國官費留學生五十名內三十名은東京中學校에서退學하야尙不上學하니此學生은勢將歸國이라該三十名을帶同하고歸來하깃스니回國旅費를支撥하라하엿더라

●財紬難　皇城新聞社長張志淵氏가數前에旣爲放釋ᄒᆞ얏고該新聞續刊도旣有警務廳指令ᄒᆞ니幸則幸矣나但該社財政이窘絀ᄒᆞ야方在停歎中이라ᄒᆞ더라

●火賊放火　昨年陰曆十二月二十九日에賊黨三十餘名이沃川郡境內富民家에突入ᄒᆞ야放火奪財ᄒᆞ얏ᄂᆞᆫᄃᆡ其中에家屋이沒數히燒ᄒᆞᆫ者가五六이라더라

●高民冤狀　高陽郡境內에敷設ᄒᆞᆫ鐵道用鐵道에犯入ᄒᆞᆫ田畓이[illegible]一百二十六石七斗一升落이오該結卜이爲四十七結三十六負六束而土價를尙未劃給하고結稅은確無蠲減이라衆民에冤訴가式日叠臨故로玆에仰報하오니土價與結稅를亟爲歸正하야使此生靈으로得以安堵ᄒᆞ生케하라고該郡守朴勝憲氏가內部에報告하얏더라

●兩氏免懲　從二品閔泳璇玄暎運兩氏ᄂᆞᆫ幷爲免懲戒하얏더라

●此獎何多　度支에서農部에照復ᄒᆞ니槪에京義鐵道沿路各郡之犯入ᄒᆞᆫ田畓結稅를隨其各郡報到하야趁速減給하야以便捧稅等因인바該徵稅與否ᄂᆞᆫ經議奏裁前不可認施니照亮하라하얏더라

●附廟儀式　明憲太后附廟禮式節次를度習儀[illegible]上午十二時에部에서擧行[illegible]다더라

●[illegible]　善山郡守俞鎭贊氏가農部에報告하얏ᄂᆞᆫᄃᆡ本郡庖肆稅十年度條를葉錢收捧이온故로葉十兩의紙貨一元五十錢式相計하야合紙貨一百七十元七十錢을上納ᄒᆞᆫ다하얏더라

●會員放因　法部의서昌原港裁判所의報告를據ᄒᆞ니槪의[illegible]報告書를接准ᄒᆞᆫ즉罪因[illegible]伊설基忠金永明鄭時和林鳳韶金化西等을擬金照檢押上이옵더니本港居一進에支會長林景春이多率會人하고攔入本署하야該罪因等을稱以無罪提囚라하고多方詰放타가[illegible]獄扉하야任自[illegible]放이옵더니有何意思이던지該六名中五名은還爲押囚하고命伊[illegible]無形跡이라하니查此林景春之行此外ᄂᆞᆫ誠一變怪니該五囚ᄂᆞᆫ依前防禦先押上ᄒᆞ야平理院하고林景春金化西等은期於捉得하야一切上送하되至於林景春하야ᄂᆞᆫ所犯이與他自異하니十分惕念施行하라하얏더라

●宮大慾浪　宮內府大臣李載克氏ᄂᆞᆫ年來陵參奉[illegible]賣하ᄂᆞᆫᄃᆡ得力하야已成鉅富하얏ᄂᆞᆫᄃᆡ貪慾이無窮하고陋習이尤長하야該府官職을一層操縱ᄒᆞᆯ계劃으로五江의有名ᄒᆞᆫ富民과各處獵官者를多數締結ᄒᆞᆫ다하니同氏의希富하ᄂᆞᆫ膓胃와附外忘國하ᄂᆞᆫ面目을一般國民이無不唾罵ᄒᆞᆫ다더라

●義囚放送　春川觀察使閔泳徽氏가法部의報告하얏ᄂᆞᆫᄃᆡ本府獄의在因ᄒᆞᆫ義兵罪人朴聖由等十五人을笞八十의處辦하야放送ᄒᆞᆫ다하얏더라

●歸國延期　日本公使林權助氏ᄂᆞᆫ從近歸國ᄒᆞᆯ事로日前의辭陛하얏다더니今番ᄒᆞᆫ任務所幹이有ᄒᆞᆫ인지다시二週日間駐京ᄒᆞᆫ다더라

●得閒遊　日本前내閣總理大臣桂太郞氏가辭職後閒隙을得하야來四月頃의歐美各國의만遊하기로決定하얏ᄂᆞᆫᄃᆡ隨員은[illegible]比奈知泉前秘書官杉竹次郞兩氏로作行ᄒᆞᆫ다더라

●一辭一渡　東京電을據ᄒᆞᆫ즉度支部顧問官目賀田氏ᄂᆞᆫ辭表를呈하얏나하고伊藤侯ᄂᆞᆫ來二十一二頃의日本伊勢太廟及嚴島의參拜하고渡韓ᄒᆞᆯ터이라더라

雜報

●佐憤無益　近日韓國新聞에一種學派가韓日新條約事件以後에國權이全墜ᄒᆞᆷ을痛憤激切ᄒᆞ야檄文을發佈ᄒᆞ며黨類를鼓動ᄒᆞ야或倡義를言ᄒᆞ다ᄒᆞ며或聯疏를言ᄒᆞ다ᄒᆞ야休退ᄒᆞᆫ宰相을追勸ᄒᆞ야曰大監이엇지國家의淪亡을恬然坐視ᄒᆞ리오ᄒᆞ며草野儒紳을踊躍ᄒᆞ야曰先生이엇지國家의淪亡을漠然越視ᄒᆞ리오ᄒᆞ야領袖로推定ᄒᆞ고

聯班으로列書ᄒᆞ야觸冒風雪ᄒᆞ며跋涉道路ᄒᆞ야危機를不避ᄒᆞ고讀疏를奉呈ᄒᆞ니原其心跡ᄒᆞ면時不是忠憤慷慨者로ᄃᆡ其見識과計策을論ᄒᆞ면要不出頑固的行爲로다

噫라國家大勢를一封文字로足히挽回ᄒᆞ면誰가扶顚持危의事業을難做라謂ᄒᆞ리오諸君은東洋學者라東洋古史로써觀ᄒᆞ야도足히鑑ᄒᆞ리니

越王句踐갓흔萬古英雄도十年生聚와十年敎訓의力으로써會稽寃讎를報復ᄒᆞ얏거든今에大韓現狀은可謂形殼만徒存이오精神氣力은蹤無子遺라

一切大權이임의强隣掌握中에歸ᄒᆞ얏스니所謂彼方爲刀俎ᄒᆞ고我方爲魚肉이라乃於斯際에欲以一紙空談으로一朝一夕에九鼎의沈淪을拯出코져ᄒᆞ니如此迂闊之策은世界古今에果是未聞이로다시思ᄒᆞ라目下形勢가雖日進萬疏이나豈果有毫髮之實效乎아若曰吾儕爲此ᄂᆞᆫ秉執義理而已오成敗利鈍은非所逆覩라ᄒᆞ면決非擇義之精者라事到十分窮頭ᄒᆞ야眞沒奈何이면一死報國이固是臣子之分이라謂ᄒᆞ려니와大韓이從今以往도全國人士가同心奮發ᄒᆞ야實力을養成ᄒᆞ면未嘗無可爲之望인則何必以一死字로爲人人本分乎아

諸君이만일閔趙兩忠正의大忠大義를感慕效則코져ᄒᆞ거든其遺著主義를銘心鏤骨ᄒᆞ야堅乃志氣ᄒᆞ고勉其學問ᄒᆞ야國家의獨立을回復ᄒᆞ기로目的을삼을지니

以此忠憤으로移於實事ᄒᆞ야時局의形便을通覽ᄒᆞ며時務의切實을講求ᄒᆞ야父勸其子ᄒᆞ고兄勉其弟ᄒᆞ야新書를購讀ᄒᆞ며學校를設立ᄒᆞ며

或子弟를外國에派遣遊學ᄒᆞ야一般同胞의학問知識이發達하고忠君愛國의團體가確成하면十年或二十年間에國力이漸實하야國權을回復ᄒᆞᆯ機會가有ᄒᆞᆯ지니

從前頑固的思想과孟浪的行動은一切斷念하고오작時務학問과實地事業을勉勵하야國恩을報答하고蒼生을救濟하야儒者의功名과光榮을世界에發表ᄒᆞᆯ거시니俗諺所謂怒而蹴石에徒傷其足은竊爲諸君不取하노라

●政府新築　韓國議政府가狹隘ᄒᆞ야執務不便ᄒᆞᆷ은前報에已揭ᄒᆞ얏거니와本年度豫算으로議府新築費十萬元을編入ᄒᆞ고春을待ᄒᆞ야工事에經始ᄒᆞᆯ터인ᄃᆡ其間에ᄂᆞᆫ宮內府大醫院을借ᄒᆞ야同所에서執務ᄒᆞᆫ다더라

●聖詔將降　韓皇陛下께옵서國家富强은敎育發達에在ᄒᆞᆷ을軫念ᄒᆞ사漢城中央과及各地方에敎育事業을擴張케ᄒᆞ실事로日間詔勅을特降ᄒᆞ신다더라

●時機演說　皇城基督敎靑年會에셔本日下午七点半에李商在氏가時機라ᄂᆞᆫ問題로演說ᄒᆞᆫ다더라

●義校新立　開城樓橋殿參奉林圭永氏ᄂᆞᆫ敎育에熱心注意ᄒᆞ야開城北部都谷에大韓敎友獨立耶蘇敎堂에培義學校를設立하고夜學을敎授ᄒᆞᄂᆞᆫᄃᆡ敎師ᄂᆞᆫ日本人岡本篤一과佐伯烈次郞兩氏와韓人一名이오學員은七八十名이오校監李和春氏ᄂᆞᆫ獨立敎會事와學校諸般事에熱心贊助ᄒᆞ니一府人民의文明進步와敎會의基礎라敎人은四十餘名이오日本留士久木辰二郞氏도敎育上에熱心贊助ᄒᆞᆫ다더라

●大使將還　日本에報聘大使李載完氏一行이本月六日에馬關에到着ᄒᆞ얏ᄂᆞᆫᄃᆡ其翌日發ᄒᆞ야京釜鐵道列車로九日頃에漢城에到着되리라더라

●資金貸下　韓國商民의金融通資金은度支部에서借款一百五十萬元中二十萬元은共同倉庫會社地方支店의資金이오又二十萬元은京城手形組合의貸付ᄒᆞ고更히二十萬元을前記ᄒᆞᆫ倉庫會社地方支店에貸下ᄒᆞ얏다더라

●江學試驗　忠淸南道江鏡浦私立普明學校에서昨年冬期試驗을經ᄒᆞ얏ᄂᆞᆫᄃᆡ當年科優等方有錫氏요及第에鄭浩鳴李鍾憲氏요小學科優等에方顯男氏라ᄂᆞᆫᄃᆡ賞品을多數厚與ᄒᆞ고校長吳致昊氏와評議長趙恒觀氏와副校長金奉基氏에게報告ᄒᆞ얏다더라

●李氏被囚　洪州郡前主事李鳳林氏ᄂᆞᆫ以刃刺日人局長하고亦刺其隨員事ᄂᆞᆫ已揭於前報而該氏가命未殞絶하야現方被拘日隊인ᄃᆡ該道觀察使ᄂᆞᆫ交涉於日本憲司令部하야使之押交케하라고法部에報告하얏더라

●佳節休暇　各部에서ᄂᆞᆫ舊曆新年上元名節을祝賀하기爲하야自昨日로今日々지休暇停務하고明日爲始하야仕進視務ᄒᆞᆫ다더라

●李囚病斃　本所罪囚李允玉이가以賭技欺騙罪로與其賊李極嚴義錫으로同爲被捉於警廳하야移交本所이오以證案으로間已審査則李供이專事粧撰에詞證未到하야姑未質辦이옵더니該李允玉이多日呻吟타가本月六日午時自斃라하와本所主事李周徹을前往檢驗하고俾即埋葬이라고漢城裁判所檢事安致允氏가法部에報告하얏더라

●兩氏被拿　漢城裁判所에서刑事上審査ᄒᆞᆯ事이有하다하야前議官李文和氏와前縣監金一濟氏를拘拿하얏다더라

●金氏禮葬　工兵隊副領金聖淵氏ᄂᆞᆫ日昨에卒逝하얏ᄂᆞᆫᄃᆡ該氏가前日勳勞가有하야禮葬次로再昨日에陸軍尉官二人이兵丁一中隊를領率하고西小門外에出往護葬하얏다더라

●看花停科　內部大臣李址鎔氏ᄂᆞᆫ元來花柳場中에翩翩佳手인ᄃᆡ近日則其遊蕩習을稍爲禁制하야人材를濫用이니公道를恢張이니하야部守謫陟에幾分留意하야昔非를悟하ᄂᆞᆫ貌樣이라더니其緊切食口에地方局長崔錫敏氏와密陽郡守鄭繩緖氏와前承旨李舜夏等諸人이多方誘之하고百般媚之하야或花套局도設施하며或美人會도開催하야晝夜看花하기에萬念이都迷하고雙眼이如霧하야左酬右應에精神이疲勞하야所謂奏本인지倭公인지付諸二萬里天外하고만不省記라하니値此國危垂亡之際하야名以秉銓大臣으로挾妓設局하야樂其所樂하니其被人誤導가實有可惜이더러崔錫敏氏ᄂᆞᆫ平日에稍有名譽하고今又在於地方職任인즉善道로補佐하야偕之大道하ᄂᆞᆫ거시自是當然底道理이거ᄂᆞᆯ計不出此하고急於納媚進取하야推波助瀾이極甚鄙褻ᄒᆞ더러且聞花套場美人局路逕에崔氏가最爲慣熟하야前後排鋪가皆出其手라하니人之優劣善惡을其可以皮毛로相之乎아崔氏的抱를今而後에可知라고南北村公議가頗騰이라더라

●一宴二週　日公使林權助氏가二週日更留ᄒᆞᆷ은昨報에已揭어니와其內容을得聞ᄒᆞᆫ즉各部大臣들이輪次로惜別宴을開行하야自然二週光陰을宴會中에消了ᄒᆞᆫ다하니韓國大官은可謂多情多愛人이라ᄒᆞᆯ네라

●政會將開　來九日下午三時에政府會議를開ᄒᆞᆯ터이니各大臣이趁時來會하라고議政府에서各部로通牒하얏다더라

●學校請設　慶北觀察使李忠求氏가學部에報告ᄒᆞ얏ᄂᆞᆫᄃᆡ卽接管下各郡郡守金護奎等稟目內槪伏以治國之要ᄂᆞᆫ在於敎民이오敎民之方은在於設校인바古而三代之隆盛과今而五洲之富强이皆由於敎道之發達也라惟我大韓이昔非無敎로되世運學廢而民志漸弛ᄒᆞ며政益弛而國步漸艱ᄒᆞ야以至於今日之境而猶不知敎育之爲急務ᄒᆞ니寧不寒心哉아況我慶北은卽士林之淵藪인바一自撤院之後로州學黨序之名이蔑已久矣라生等이亦以無學之後識으로尙有慨世憂國之忱ᄒᆞ야忘念設校之策ᄒᆞ오니盖校者ᄂᆞᆫ貴在廣設ᄒᆞ야養育人材ᄒᆞ니府下則以樂育養士兩齋로仍設私立普通學校ᄒᆞ옵고敎師則以外國高等학問人으로屈用ᄒᆞ오며校長則金光濟로議定ᄒᆞ오며各部에亦置小학校ᄒᆞ야隨其卒業次第ᄒᆞ야升학ᄒᆞ오면敎民育材之道가庶爲可望而上不必公費오下自有私習하야敎日廣而학日漸矣리니此豈非養成人材之基本也哉아特爲贊成하와俾有實效等因이바准此하온즉發達之材와敎育之方은此時急務이옵기玆에報告하오니査照後特爲另許하시와以副一道多士之望하시믈爲望이라하얏더라

●特別廣告

本申報分發等事로釜山鎭支社員은該鎭二洞永興社金灌泰氏로甑南浦支社員은該浦築洞金仁집氏로義州邑支社員은該邑南門外韓西大藥房主人張有寬氏로平壤邑支社員은該邑南山峴日신學校內金興淵崔叙恒兩氏로宣川邑支社員은該邑安濬氏로長淵邑支社員은該邑金龜氏로議定하야逐號下送하오니該附近地에셔購覽하시는僉君子는以上諸氏에게購讀하시고代金도諸氏에게推致ᄒᆞ심을爲要

大韓每日申報社 告白

●數理學雜誌改良廣告

本雜誌를第三號로브터는頁數도增加ᄒᆞ며紙品도改良ᄒᆞ며記載ᄒᆞᄂᆞᆫ材料도一層精選ᄒᆞ야江湖僉位의愛讀ᄒᆞ시는厚意를報酬코져ᄒᆞ오니益益愛讀ᄒᆞ심을伏望

但發行日子는每朔五日

一分定價는新貨拾錢

南大門內尙洞舊德公館右便

發行所 數理學雜誌社

賣却所

尙洞會堂內 鍾路大東書市

布屛下金相萬冊肆

新門內松橋漢城圖書會社

銅峴朴泓九紙廛

仁川港祉峴開新冊肆

以上三種은上品으로製造ᄒᆞ야衛生上에至[illegible]ᄒᆞ니[illegible]葉人ᄒᆞ고[illegible]社에來[illegible]ᄒᆞᆷ

大韓帝國仁川港

濟物浦紙卷煙及烟草會社

●九轉靈砂라 本人이妙方法을神備하야製造ᄒᆞᆫ靈丹인ᄃᆡ男女老少에無論何症ᄒᆞ고通治ᄒᆞ오며無病時에도服ᄒᆞ면平生의身體가健康ᄒᆞ며小兒는四五錢重만服ᄒᆞ면十歲안에無病ᄒᆞ기를擔保ᄒᆞ오며

●九轉靈砂萬應丹은癲狂 癎症과中風諸疾과耳目諸病과淋疾에神効ᄒᆞ오

●九轉靈砂保命丹은初生小兒 驚風 痢疾 咳嗽 腹痛諸般惡症에神効ᄒᆞ오

●九轉靈砂濟衆丹은酒滯 食滯 血積 吐瀉 霍亂 痢疾 吐血 下血 運氣 時疾 疝症에神効ᄒᆞ오

●九轉靈砂紫金丹은痔漏 累癧 上疳瘡 下疳瘡及唐瘡과諸般瘡瘍惡種에無不神効ᄒᆞ오니 僉君子는來問ᄒᆞ시오

內需司前독갑이골上隅第一家 李鎬廷移徙 告白

一 鷹標罐詰濃縮牛乳

一 金印罐詰濃縮牛乳

一 無糖家用氣化乳酪

一 碑ㅣ든쓰製麥芽化合牛乳

以上은當時에妙種ᄒᆞ앗숩

美國紐育港碑ㅣ든쓰濃縮牛乳會社

一手代理店

大韓仁川港

世昌洋行

本社廣告

申報價

一張代金 新貨二錢五厘

一箇月前納 三十錢

三箇月 九十錢

六箇月 一元七十錢

一箇年 三元四十錢

郵稅一部 每箇五厘

一箇月 十三錢

廣告料

四號活字十三字一行

(每日每英尺一寸에新貨廿五錢

(每日每行에六錢에相當ᄒᆞᆷ

二周日에 二圜五十錢

(每日每行五錢에相當ᄒᆞᆷ

一箇月에 三圜

(每日每行四錢一厘에相當ᄒᆞᆷ

其期限의長短과字行의多少를依ᄒᆞ야增減ᄒᆞᆷ

大韓人마다此申報를不得不購覽ᄒᆞᆯ터이오니僉君子는[illegible]

發行兼編輯人 英國人裵說

發行所

京城北署[illegible]

大韓每日申報社

第四卷

大韓每日申報

대한매일신보

第一百四十號

月曜及慶節歲時日休刊

檀君開國四千二百三十九年
箕子元年三千二十八年
大韓開國五百十五年
日本明治三十九年
淸國光緖三十二年
陰曆丙午一月小十五日癸未

論說

東學論

自組織社會ᄒ야形成邦國으로必有宗敎而誘導人民은古今不易之典이라支나에以儒敎로爲宗敎ᄒ고印度에以佛敎로爲宗敎ᄒ고泰西에以天主基督希臘羅馬等敎로各爲宗敎ᄒ고日本은以神敎로爲宗敎로ᄃᆡ唯韓國은儒敎로爲宗敎而儒敎之始가自支나流出而本非東方所著라故로韓國에無宗主之敎焉이라

然이나或以佛敎有歸依者ᄒ고或以道敎로有崇尙者ᄒ고近以基督敎로有信奉者而基督敎ᄂᆞᆫ出自泰西故로曰西學이라

東學은未知出自何時而爲韓國之所自出故로名之曰東學인지若使東邦人으로自稱曰東學者ᄂᆞᆫ似不着題語也라

嘗聞正廟朝末年에有中由甲者ᄒ야創出東學ᄒᆞ니未知的否而如崔福述大先生이爲第一世ᄒ고崔決憲이爲第二世ᄒ야往在甲午에大集徒衆ᄒ야唱起天下之兵이此其鳴子一世之始也오其後에爲一國之禁ᄒ야刑戮焉鋤治焉誅求焉ᄒᆞ니畏賞逃遁ᄒ며潛匿諱秘ᄒ야若不能呼吸焉이殆近十年矣라

第三世李相憲氏가東遊日本ᄒ야今爲六七年而復其本姓名曰孫秉熙라ᄒ야稱爲天道敎大道主ᄒ고東渡本國ᄒᆞ니徒衆이散在地方者爲二百餘萬이라將築天道敎堂於孟峴일ᄉᆡ豫算이爲三百萬元云이오近日大官中入道者四五員이오全國人心輻湊向者ㅣ最衆云이며

且天道敎主私邸ᄅᆞᆯ定于武橋前河肯一家하고臨時事務所ᄂᆞᆫ定于壽泉閔泳喆家하야方爲執務일ᄉᆡ日昨爲先寄助於光武學校及各新聞社者ㅣ或二百元百元이고

且日前大道主入城時에敎衆上京者ㅣ七千餘人이오靑年學徒ㅣ揭起理髮學校旗號ᄒ고前路雙導者ㅣ不知幾百名이니可知信奉之心과敎育之功焉이러라

其翌日에開演說于獨立臺下ᄒ고曉喩其各歸安業ᄒ며用力於地方事務云ᄒᆞ니蓋一進會員이皆其天道敎信徒歟아

且聞孫先生에道學이高明ᄒ고才術이神通ᄒ야向入美國에與美國大統領으로共登天門云ᄒ며遊歷英國일ᄉᆡ英皇陛下ᄭᅴ셔시其神術ᄒᆞ니孫先生이一擧筆에萬紙가一時揮灑ᄒ야見者一咸服云ᄒᆞ니此等說은不可深信이오設或有之라도怪術也오非道非敎라非吾儕之所貴로되遊學歐美之大陸ᄒ야吸取文明之氣ᄂᆞᆫ果實事也로다

大抵天道敎ᄂᆞᆫ即東學也니其將爲東方之宗敎歟아其趣旨ᄂᆞᆫ吾儕之未嘗深知也로되至若天道二字ᄒ야ᄂᆞᆫ各門宗敎가何嘗不敬天之道哉리오與儒敎로旣爲表裏ᄒ고與天主基督敎로又爲表裏則其將同歸于一轍일지隨聞略述ᄒ야先佈于愛讀家어니와又將得其宗旨ᄒ야明言于次號ᄒ리라

官報

◎第三千三百二十九號 光武九年十二月廿一日

◎法律

法律第六號

私設鐵道條例 (續)

第三十五條 認許狀을成給ᄒᆞᆫ日로始하야六箇月以ᄂᆡ로鐵道敷設工事에着手치안이하거나豫定期限及延期ᄂᆡ에竣工치아니하면認許狀을還收하되但其事宜ᄅᆞᆯ從하야該旣設鐵道及附屬物件을公賣에附ᄒ야使其買受者로此ᄅᆞᆯ竣工케하ᄂᆞᆫ事가有ᄒᆞᆷ이라

第三十六條 旅客及貨物運送之際에社員이疎忽怠惰하거나故意로損害ᄅᆞᆯ生케하ᄂᆞᆫ時에ᄂᆞᆫ會社에서其비償의責任이有ᄒᆞᆫ事

第三十七條 第四條의認許狀을不受ᄒ고社名으로株金을募集하거나鐵道工事에着手ᄒ면第三條의假認許狀을還收ᄒ고第十二條의認許狀을不受ᄒ고開業하거나第十三條와改築修理ᄅᆞᆯ不經ᄒ고營業ᄒᆞᄂᆞᆫ時에ᄂᆞᆫ農商工部大臣은此ᄅᆞᆯ停止케ᄒ며其間營業收入金은自官沒收ᄒᆞᆯ事

第三十八條 鐵道運輸開業後會社에서本條例와會社定款을不遵ᄒ거나鐵道의正當ᄒᆞᆫ秩序ᄅᆞᆯ紊亂케ᄒ면農商工部大臣은該社員을改選케ᄒ며秩序ᄅᆞᆯ整頓ᄒ기ᄭᆞ지ᄂᆞᆫ農商工部鐵道局으로運輸營業을繼속直轄ᄒ되該營業의損益은會社에歸ᄒᆞᆯ事

第三十九條 鐵道線路ᄅᆞᆯ沿ᄒ야架設ᄒᆞᆫ電信은政府와會社가幷設或各設ᄒᆞᆷ을得ᄒ되但架設實費ᄂᆞᆫ各其使用部分에對ᄒ야支出ᄒᆞᆯ事

第四十條 會社ᄂᆞᆫ鐵道用地及停車場ᄂᆡ家舍一部ᄅᆞᆯ無賃으로郵便及電信用에供ᄒ되但政府에서家舍ᄅᆞᆯ改造ᄒ거나用地ᄅᆞᆯ買上ᄒᆞᆫ時에ᄂᆞᆫ其實費ᄅᆞᆯ支出ᄒᆞᆯ事

第四十一條 郵便物其他遞傳人員에關ᄒᆞᆫ賃金은郵便條例에據ᄒ야該所管官廳에서會社와約定ᄒᆞᆯ事

第四十二條 會社의營業稅ᄂᆞᆫ開業日로始ᄒ야徵收ᄒ되一般營業稅에依ᄒᆞᆯ事

第四十三條 外國人이敷設ᄒᆞᆫ鐵道라도特別히條約을據ᄒᆞᆫ外에ᄂᆞᆫ摠히本條例에準施ᄒᆞᆯ事

第四十四條 本條例頒布以前에認許ᄅᆞᆯ受ᄒᆞᆫ鐵道ᄂᆞᆫ本條例頒布日로起ᄒ야本條例에準施ᄒᆞᆯ事

第四十五條 本條例의細則은部令으로定ᄒᆞᆯ事

附則

第四十六條 本條例ᄂᆞᆫ頒布日로봇터施行ᄒᆞᆯ事

光武九年十二月十八日

御押 御璽 奉勅

議政府議政大臣臨時署理學部大臣 李完用

農商工部大臣 權重顯

完

外報

◎淸日密約 東京通信을據ᄒᆞᆫ則淸日間密約은淸國이奉天新民屯間과吉林長川間鐵道에不許他列强敷設或干涉ᄒ기로日本의게快諾ᄒᆞᆷ에不過ᄒ다더라

◎鐵道委任 日本政府ᄂᆞᆫ京義鐵道及馬山鐵道의業務經營을京釜鐵道會社에委任ᄒᄂᆞᆫ計劃으로近日에其交涉을開始ᄒᆞᆫ다더라

◎極東兵備 露國은極東地方에二十萬의兵을置ᄒ기로決ᄒᆞᆫ다더라

◎丁抹太子即位 丁抹國皇太子흐레데릭크殿下ᄂᆞᆫ先帝崩御ᄒᆞᆫ심을襲ᄒ사即位ᄒ시엿더라

◎自由內閣 一日伯林電을據ᄒ즉倫敦타임스ᄂᆞᆫ從來地位ᄅᆞᆯ變換ᄒ야自由黨內閣側에立ᄒᆞᆫ다더라

雜報

大韓帝國赤十字社公布趣旨書를本社에寄送ᄒᆞ얏기로左에揭載ᄒᆞ노라 (續)

大韓帝國도西曆一千八百六十四年八月二十二日에瑞典國과義國法國과比國과마덴國丹國瑞西國合七國이(너버)地名)에서會同定約ᄒᆞ고漸次契入ᄒᆞ미有ᄒᆞ니我國도光武七年二月八日西曆一千九百三年二月八日에 大皇帝陛下게옵셔其條約上目的을深願嘉悅ᄒᆞ사駐法公使閔泳瓚으로全權을命ᄒᆞ사前往所ᄒᆞ야署名ᄒᆞ게ᄒᆞ셧ᄂᆞ니列國이同情을謝ᄒᆞᆷ으로光武七年三月三十一日에瑞西聯邦司法大臣이세너버地名萬國會議의提出ᄒᆞ야改正ᄒᆞᆫ條約件을外部에知照ᄒᆞ미有ᄒᆞᆫ바光武九年九月日에我大皇帝陛下게옵셔赤十字社를立ᄒᆞ옵실 聖意로爲先赤十字病院을京城帶洞에營建ᄒᆞ라命ᄒᆞ옵고特히內帑金三萬二千圓을下ᄒᆞ사二萬圓은病院建築費로一萬二千圓은六箇月經費排用條로合下ᄒᆞ시믄傷病者를惻念ᄒᆞ신바라是以로 光武九年九月十五日로始ᄒᆞ야男女老少治療ᄒᆞᆫ數가七百八十一人에達ᄒᆞ얏스니如天聖恩을感悅ᄒᆞᆫ臣民으로謙述키不能이오赤十字社를ᄒᆞ사議陽君李載覺은總裁로副將沈相薰은社長으로參將嚴柱益은副社長으로命ᄒᆞ시고 恩賜金을下ᄒᆞ사戰時와平時에彼我國人民을勿論ᄒᆞ고苦患者를一視救恤ᄒᆞ라ᄒᆞ옵시니孰不欣悅이리오惟願同胞은我大皇帝陛下至仁至慈ᄒᆞ신 聖義를欽體ᄒᆞ야互相贊護ᄒᆞ며一心團合ᄒᆞ야國體와社業을鞏固進就ᄒᆞ시믈務望　完

●島民雜支　忠南唐津郡守張鳳煥氏가內部에報告ᄒᆞ되本郡大小蘭芝島는處在西海上ᄒᆞ와水賊이橫奪接踵ᄒᆞ계ᄂᆞᆫ各郡校卒與士兵等이緝以跟捕ᄒᆞ고五一進退ᄒᆞ고果如蟻聚而聯頭踏至ᄒᆞ야空殼ᄒᆞ留에歸依平民ᄒᆞ니可謂腹背受賊이라哀此島民이何以聊生乎잇가此兩島가將至空虛이온즉追汲之民情은已是矜惻이옵고鑿作之方策은徒費心力이오니言念及此之責에尤切悚仄이라ᄒᆞ얏더라

●賊搶武器　慶南英陽郡等地의賊黨이大熾ᄒᆞ야該郡軍器庫의儲置ᄒᆞᆫ軍器를沒數奪去ᄒᆞ얏는ᄃᆡ附近鎭衛隊兵丁이來到ᄒᆞ야跟捕ᄒᆞ는中賊黨而謀者一名을捕縛ᄒᆞ얏다더라

●金山開礦　忠州郡의黃金山은韓國金礦中의第一金產이라足ᄒᆞᆷ으로著名ᄒᆞ얏스나此山의二十八處의付標가有ᄒᆞ야作礦ᄒᆞᄂᆞᆫ故로從前의歷次開採ᄒᆞ려ᄒᆞ다가付標主人이成群拒關ᄒᆞ야抵死禁止ᄒᆞᆷ으로中止가되얏더니近日一進會의셔認許를得ᄒᆞ야從速開採ᄒᆞᆫ다더라

●地價請撥　仁川居李在綱等이農部의請願ᄒᆞ얏스되本港外國人租界犯入ᄒᆞᆫ地段價를速即支撥ᄒᆞ라ᄒᆞ얏더라

●吉氏深臥　尙州郡守吉泳洙氏ᄂᆞᆫ日前上京ᄒᆞ얏다ᄂᆞᆫᄃᆡ何樣秘密運動이有ᄒᆞᆫ지閉門謝客ᄒᆞ다더라

●ᄂᆡ部電訓　慶北安東等地에서暴徒가猖獗云ᄒᆞ니卽爲查探馳報ᄒᆞ라ᄂᆞᆫ事로ᄂᆡ部에서該觀察使의게電訓ᄒᆞ얏다더라

小說

●靑樓女義의傳 (속)

눈물뎡지못ᄒᆞ고멀니또한곳을바라보니푸른버들은들이워문을가리엿고부근잉도화는난만ᄒᆞ야담을덥헛ᄂᆞᆫ데운창무각이표연이반공에소ᄉᆞ향긔도ᄌᆞᆫ바람에사람을엄습ᄒᆞᄂᆞᆫ지라또ᄒᆞᆫ그ᄃᆡ문우헤금ᄌᆞ로뎨셔ᄒᆞ기를일야에쳐금이라ᄒᆞᆫ엿거ᄂᆞᆯ비싱이마암에혜오ᄃᆡ그갑시이러케고등ᄒᆞ즉그미인의아름다옴은가히알지로다박츈숨월에화류를구경ᄒᆞᄂᆞᆫ데능히데일명화를ᄯᅥ거가지지못ᄒᆞ면엇시풍류의운치라ᄒᆞ리오ᄒᆞ고드듸여말ᄂᆞᆯ몰아그ᄃᆡ문에들어가소식ᄒᆞᄂᆞᆫ즉량귀차환이나와압흘인도ᄒᆞ야마져들이ᄂᆞᆫ지라

겨오죵일지나졍하에일ᄂᆞᆫ즉나히이팔즘된일미인이록의홍상으로봉미슈당혜를ᄭᅳᆯ고시녀의게부들여계하에나려옵ᄒᆞ고마져당상에올으미그빅미교티ᄂᆞᆫ진짓쏫치붓그리고달이시긔ᄒᆞᆯ듯ᄒᆞ여서시와양귀비가또ᄒᆞᆫ이에지나지못ᄒᆞᆯ너라비다장막을것고산호평상우헤좌정ᄒᆞᆫ후옥반에쥬효를갓쵸와나오미모다인간의등한ᄒᆞᆫ마시아니러라

그미인이금루ᄉᆞ일곡으로술을권ᄒᆞ다가원앙금에나아가운우지몽을일우니그환흡ᄒᆞᆫ낙은예젼쵸양왕의쟝뒤지낙에ᄉᆞ양치아니ᄒᆞᆫ너라스ᄉᆞ로춘소가심히짧음을한ᄒᆞ미ᄉᆞ창이점점발금을셔닷지못ᄒᆞ야취장에서싱각ᄒᆞ여왈나의가진바오쳔량은ᄌᆞ가하샹귀ᄒᆞᆯ바아니오일만년세상ᄌᆞ미가도시여긔잇도다ᄒᆞ고인ᄒᆞ야유일ᄒᆞ유숙ᄒᆞ미ᄂᆞᆫᄌᆞ가임의진ᄒᆞ지라비싱이그미인을ᄃᆡᄒᆞ야체연이눈물을

(미완)

廣告

齒科　廣告

齒科醫士美國人ᄯᅥ이되워드、힐

右事務所ᄂᆞᆫ南大門內達城尉宮內美國醫士스크랜톤家後에在홈

視務時間은每日上午九時로一時ᄭᆞ지下午二時로五時ᄭᆞ지

右時間外에特別히治療ᄒᆞ기를要請ᄒᆞᄂᆞᆫ員은預先通知홈

前參尉辛容琓의名字를以略字로ᄡᅥ正홈　辛容로 告白

●學員募集廣告●

本塾에서英語商業科를加設ᄒᆞ고晝夜兩學科學員을募集ᄒᆞ오니願學人은本塾에來請應試ᄒᆞᆯ事

稟請狀은本塾에셔搆베홈

●晝學科目
讀書　作文　日語　算術

●夜學科目
英語　商業專門

●試驗科目
國文　讀書　作文

夜學科에ᄂᆞᆫ算術四則以內로加試ᄒᆞᆯ事　但中學校以上卒業人은免試入格홈

●試驗日字
陽二月二十五日　陰二月初三日

光武十年二月七日

寺洞義親王宮後門越邊

廣成義塾

各外國語學校學員募集廣告

今에日英法漢●德學校에學員을募集ᄒᆞᆯᄃᆡ이니入學ᄒᆞ기願ᄒᆞᄂᆞᆫ者ᄂᆞᆫ來二月十日(陰曆正月十七日)內로稟請證을各該校에具呈ᄒᆞ고■日上午十時에該校로來ᄒᆞ야入學試驗에應ᄒᆞᆯ事

試驗科目

一 한文독書作文

一 國文독書作文

一 入學者에年齡은十七歲以上으로二十五歲ᄭᆞ지

一 各校에入學試驗코ᄌᆞᄒᆞᄂᆞᆫ者ᄂᆞᆫ稟請紙를本部로來ᄒᆞ야購用ᄒᆞᆯ事

學部

學員募集廣告 第二期

本校에서法律學專門科晝夜學及理財學專門科晝學夜學學員을新募하오니願學人은本校에來ᄒᆞ야請願應試ᄒᆞᆯ事

學科及規則은本校에來覽ᄒᆞᆯ事

●試驗科目
國漢文　讀書、作文
算術　四則以內

●試驗日字
二月十三日(陰正月二十日)

光武十年一月四日

北署磚洞

普成專門學校

六寸良淑이가本인道來畓土을僞造文券ᄒᆞ야賣於外國인라가罪狀綻露ᄒᆞ야四罪港方任勘罪ᄒᆞ이온ᄃᆡ良淑之四寸叔七이가踵乃從之奸跡ᄒᆞ야符同維類로濟地上京畓土ᄅᆞᆯ僞造成券偸賣코ᄌᆞᄒᆞ오니內外國인見欺치마시옵

全北咸悅郡金炳順 告白

江原道三陟郡新興儒道錄事號訴於部郡而經年閱月에積久之寃號滿道路러니至于今者에明達 天聽ᄒᆞ사通傳二 處分이啓下于本郡校宮ᄒᆞ셧시니陟郡新進之士가 聖恩을感祝ᄒᆞᆫ다더라

張錫鴻 告白

本典舖가將爲落鄕故로若是廣告ᄒᆞ니典物을二月晦內推去이되若過限則自歸轉賣니照亮推去ᄒᆞ믈望홈

中署琵琶洞永興泰 告白

雜報

京畿管下府尹郡守治績

廣州府尹吳泰泳 未赴任
開城府尹韓永源 未赴任
江華府尹安學柱 關防重地老鍊良材上
楊州郡守洪泰潤 績推七考規成一副上
水原郡守李完鎔 歷典有績夙諳治規百弊次第修袪一郡從以續安上
驪州郡守李峻奎 臨民有度行政無疵願以成規益勉公體上
長湍郡守尹宗求 字撫已勞民有化務之望訓察中嚴賊無滋蔓之慮上
通津郡守趙東善 未赴任
坡州郡守金奎昌 未赴任
仁川郡守金東熙 未赴任
利川郡守李昌鎔 政因懋實責乎剛猛上
富平郡守李海昌 日淺
南陽郡守張浩鎭 績既著焉稔聞吏治之良噴雖欠矣能撫民事之滯上
豐德郡守朴奎禹 涖任之加差偶失於寬厚府緣之多錯須勉乎審愼中
抱川郡守李海盛 峽郡少事周察民隱上
竹山郡守南廷冕 思懲舊弊行觀來效上
楊根郡守송奎憲 文하政事綽有餘裕上
安山郡守李興宰 懷保是先實心爲貴振刷尤力良手亦旁上

未完

●李氏來電 向日의前軍相李容翊氏가俄國의在하야通譯者의凶手을被하얏다더니日前의同氏가歲時問安으로 宮中의電報가來到하얏는ᄃᆡ自己도安在라고하얏스니蜚說은必是風聞의誤傳인듯하더라

●罪囚何多 本所에서接訴押引者外에自警廳으로日復日移交罪囚가每不下十餘名하와至此罪囚之滋多의致承部訓之嚴重하와不勝悚悶이라고漢城裁判所의서法部의報告하얏더라

●警函各部 各部大臣과協辦의居址姓名과履歷書를昭詳錄交ᄒᆞᆯ事로警務顧問丸山重俊氏가各部에公函하얏다더라

●泰倅見逐 泰安郡守俞致穫氏는數三年災結劃下ᄒᆞᆯ것會民謂에頒給지안코또結錢을歲前에畢捧하기로星火督促하는ᄃᆡ七十老人六七人을捉致하야亂杖酷刑ᄒᆞᆫ事가有하고結錢은其境內의서는不用하고沔川郡自家近處로持去以散하얏슨則泰安郡은錢渴이極項의達ᄒᆞᆷ으로一郡人民이聚會하야災結을頒給하고結錢은明年四月ᄭᆞ지退限하라ᄒᆞᆷ의該郡守는本第로歸去하얏다더라

●舉盃祝月 本日은韓俗所謂上元佳節이라滿城士女가望月踏橋ᄒᆞ야衢街各處에人聲이熱鬧ᄒᆞ고千家放燈에皎如白晝ᄒᆞᆫ대幾隊管絃聲中에妓如樓李ᄒᆞ고歌唱落梅ᄒᆞ야一年行樂이莫盛於今宵ᄒᆞᆫ지라

本記者는一樽柏葉酒를雙手로擎出ᄒᆞ야向月而祝之曰 韓皇陛下萬壽ㅣ如月之恒ᄒᆞ며國權回復을如月之缺而復圓ᄒᆞ며民智開明을如月之淸輝映發이라ᄒᆞ야要與韓人으로隨緣同慶ᄒᆞ깃노라

●병문천고육두풍셜 今

我歌査唱 되한졍부한국ᄉᆞ를더신협판뒤즐이오 일본고문압장서니 아가ᄉᆞ장그아닌가

屋下私議 졈부되판회의셕에ᄒᆞᆫ말을못ᄒᆞ고서 집에나와쟈론ᄒᆞ니 욕하ᄉᆞ담그아닌가

捉蟹放水 슈령틱차다보앗네 전일에타ᄒᆞᆫ쟈 금일에다시쓰니 착히방슈그아닌가

號曰百萬 화폐를교졍ᄒᆞᆫ다 차관ᄒᆞᆫ돈슈빅만원 누구라보앗는가 호왈빅만이것일세

强木水生 신구화교환으로돈이말나쥬을판에 셰라독봉여젼ᄒᆞ니 강목슈싱이안닌가

洪爐点雪 젼뎡을류동ᄎᆞ로몃십만원두ᄒᆞ야 부동산면당ᄒᆞ니홍로점셜이아닌가

僧頭月梳 머리ᄶᅡᆨ고탕건손자가션동졉가ᄌᆞᄒᆞ니금옥관ᄌᆞ어되다나 승두월소이것일세

前功可惜 남북촌모모씨의이왕잇던여간명예 일죠에업고보니 젼공가셕그아닌가

汝牆折角 ᄉᆞ령부경무쳥에피슈ᄒᆞᆫ유지인ᄉᆞ 죄가잇다ᄒᆞᆫ고보면 너담졀각그아닌가

皮肉不關 일긔송환ᄒᆞ기지은한국관리경쳐이니 일본인에관계잇나 피육불관그것일세

一口難說 근일졍계형편보고무식ᄒᆞᆫ우리라도 시비를론란ᄒᆞ면 일구란셜답답일셰

畵中之餅 슉일상봉친고네를한푼버리아이ᄒᆞ고 죠흔락쥬싱각ᄒᆞ면화즁지병그아닌가

미완

廣告

●特別廣告

本社의分售等事로釜山鎭支社員은□□二洞永興社金灌泰氏□□浦支社員은該浦藥洞金仁楫氏로義州邑支社員은該邑南門外約西大□房主人張有寬氏로平壤邑支社員은該邑南山峴日신學校內金興淵崔叙恒兩氏로宣川邑支社員은該邑安濬氏로寧邊邑支社員은該邑金龜氏로認定하야逐號下送하오니該附近地에서購覽하시ᄂᆞᆫ僉君子ᄂᆞᆫ以上諸氏에게購讀하시고代金도諸氏에게傳致ᄒᆞᆷ을爲要

大韓每日申報社 告白

●數理學雜誌改良廣告

本雜誌ᄂᆞᆫ第三號로봇터ᄂᆞᆫ頁數도增加ᄒᆞ며裝冊도改良ᄒᆞ며記載ᄒᆞᄂᆞᆫ材料도一層精選ᄒᆞ야江湖僉位의愛讀ᄒᆞ시ᄂᆞᆫ厚意를報酬코저ᄒᆞ오니倍舊愛讀ᄒᆞ심을伏望

但發行日子ᄂᆞᆫ每朔五日
一券定價ᄂᆞᆫ新貨拾錢

發行所 南大門內尙洞舊德公舘右便 數理學雜誌社

賣捌所 尙洞會堂內
鍾路大東書市
布屛下金相萬冊肆
新門內松橋張哲周紙廛
銅峴朴泓九紙廛
仁川港杻峴開新冊肆

大韓帝國仁川港

[illegible] 品은 [illegible] 製造ᄒᆞᆫ [illegible] 上에 [illegible] 人 [illegible] ᄒᆞ고本社에來顧ᄒᆞ믈

舶物捲紙卷煙及煙草會社

一 鷹標罐□濃結牛乳
一 金印罐詰濃結牛乳
一 新製家用□化乳□
一 보─든쓰製造麥芽化合牛乳

以上은當時에對積ᄒᆞ얏숩

米國紐育港 보─든쓰濃結牛乳會社

一手代理店 大韓仁川港 世昌洋行

●九轉靈砂라 本人이妙方法을神術하야製造ᄒᆞᆫ靈丹인ᄃᆡ男女老少에無論何症ᄒᆞ고通治ᄒᆞ오며無病時에도服ᄒᆞ면平生의身體가健康ᄒᆞ며小兒ᄂᆞᆫ四五錢重만服ᄒᆞ면十歲안에無病ᄒᆞ기를擔保ᄒᆞ오며

●九轉靈砂萬應丹은癲狂 癎症과中風諸疾과耳目諸病과淋疾에神効ᄒᆞ오

●九轉靈砂保命丹은初生小兒 驚風 癎氣 咳嗽 腹痛諸般惡症에神効ᄒᆞ오

●九轉靈砂濟衆丹은酒滯 食滯 血積 吐瀉 霍亂 痢疾 吐血 下血 運氣 時疾 疝症에神効ᄒᆞ오

●九轉靈砂紫金丹은痔漏 累瀝 上疳瘡 下疳瘡及唐瘡과諸般毒瘡惡種에無不神効ᄒᆞ오니 僉君子ᄂᆞᆫ來問ᄒᆞ시오

內需司前독갑이골上隅第一家 李鍾廷移徙 告白

本社廣告

申報價
零代金 新貨二錢五厘
一個月 三十錢
三個月 九十錢
六個月 一元七十錢
一個年 三元四十錢
郵稅一部 新貨五厘
一箇月 十三錢

廣告料
四號活字十三字詰
每日每行尺一寸에新貨廿五錢
(每日每行에六錢에相當홈)
二週日에 二圜五十錢
(每日每行이五錢에相當홈)
一箇月에 五圜
(每日每行四錢一厘에相當홈)
其期限의長短과字行의多少를依ᄒᆞ야增減홈이有홈

大韓人마다此申報를不得不購覽ᄒᆞ실터이오니廣告出報ᄒᆞ실僉君子ᄂᆞᆫ來臨面議ᄒᆞ시옵

發行兼編輯人 英國人裴說
發行所 京城北署□□坊□□洞外地□語學校前
大韓每日申報社

第四卷　大韓每日申報　대한매일신보　第一百四十一號

月曜及慶節歲時日休刊

檀君開國四千二百三十九年
箕子元年三千二十八年
大韓開國五百十五年
日本明治三十九年
淸國光緖三十二年
陰曆丙午一月小十六日甲申

論說

統監

日本政府의危急形勢를因ᄒᆞ야伊藤侯의發行韓國이延期라ᄒᆞᆷ은猶非其實이오特有緊急他事란風說이浪藉ᄒᆞ니其原因은未能質言이로ᄃᆡ近者日本에서頒布된統監의責任及權限이他列强의承認을未經인准信之者頗多ᄒᆞ도다統監設置의認許를獲得ᄒᆞᆫ手段은過於疑訝之事여날伊後日本이統監權限을以獨裁定立ᄒᆞ거ᄂᆞᆫ似是格外之擧ㅣ니其權限如何를所謂條約上에不載ᄒᆞᆷ은雖韓廷機關이라도若爲知悉이면必是拒絶ᄒᆞᆯ것을畏懼ᄒᆞᆷ이라至于今日ᄒᆞ야日本이隣邦內에自國代表者의權限을自意成立ᄒᆞᆷ은顯然不公이며十有一年前에韓國이名稱爲청國屬邦이라伊時袁世凱氏ᄂᆞᆫ韓國內에청帝代表者여ᄂᆞᆫ重要事項에陳述勸告而已오自已上或本政府의專裁之權을要請ᄒᆞᆷ은未之聞也로다

日本之與청交戰은韓國을自由케ᄒᆞᆷ이여날今日統監之權을日本이定限ᄒᆞ니四方之驚오이或至ᄒᆞ거시오說其不然이非止于一ᄒᆞᆫ지라向日成約은列强이因其時局ᄒᆞ야雖日容許나今日格外定權ᄂᆞᆫ決不至圓滿ᄒᆞ리로다

官報

●第三千三百六十七號 光武十年二月三日

◉宮廷錄事

祔廟都監都提調臣李根命謹奏謹考謄錄則祔廟習儀時假主假實等節依前例權寢事草記蒙允矣今番亦依此擧行之意敢奏

光武十年一月三十一日奉旨依奏

祔廟都監都提調臣李根命謹奏祔廟時班次圖當爲修入而謹考謄錄則庚辰壬辰平轎子及副輦皆不入用矣今番亦依此例擧行之意敢奏

光武十年一月三十一日奉旨依奏

◉敍任及辭令

西京豐慶宮參書官崔益煥
依願免本官
任西京豐慶宮參書官敍奏任官四等 六品沈宜鎬
以上一月二十九日
西京豐慶宮參書官金永杓
齊陵參奉朴在昌
厚陵參奉李仁永
恭陵參奉金應鐸
順陵參奉李完永
淑陵令朱永欽
崇德殿參奉朴昌燮
崇仁殿參奉鄭寅涤
依願免本官
任西京豐慶宮參書官敍奏任官
四等 正三品朴紀銓
安陵參奉金星烈
任淑陵令敍判任官八等
李獻昇
任安陵參奉敍判任官八等
九品洪德周
任齊陵參奉敍判任官八等
九品金益한
任厚陵參奉敍判任官八等
九品洪淳參
任恭陵參奉敍判任官八等
九品趙觀熙
任順陵參奉敍判任官八等
朴齊先
任崇德殿參奉敍判任官八等
箕子陵參奉崔成泰
任崇仁殿參奉敍判任官八等
孫錫永
任箕子陵參奉敍判任官八等
以上一月三十日
經理院卿沈相薰
任表勳院總裁敍勅任官一等
軍部大臣李根澤
命臨時署理經理院卿事務
西京豐慶宮參書官沈宜鎬
依願免本官
任西京豐慶宮參書官敍奏任官四等 正三品嚴益煥
以上一月三十一日

●第三千三百六十八號 光武十年二月五日

◉敍任及辭令

城津監理署主事李重轍
免本官
右ᄂᆞᆫ該員이敍任屢月에無意赴任이기是以免本官
任城津監理署主事敍判任官一等 昌原監理署主事閔復勳
任昌原監理署主事敍判任官六等 黃義正
陸軍幼年學校校官丞義大
慶尙北道觀察府主事辛琡善
依願免本官
任陸軍幼年學校敎官敍判任官八級 尹起東
任慶尙北道觀察府主事敍判任官六等 金翰洙
以上二月一日

●號外 光武十年二月五日

●宮廷錄事

詔曰此儒賢學問精邃承襲先正淵源老成宿德維持世敎一番羽儀于朝方喜見面而際時艱危[illegible]憤激烈歸及林樊遂以自靖昏衢去燭揭勝愴怛卒經筵官宋秉璿喪特賜二等禮葬令禮式院施以綽楔之典節惠之典不待狀請諡特贈大臣議政遣亟卿致祭祭文當撰以下矣

二月二日

宮內府大臣勳一等臣李載克謹奏故經筵官宋秉璿贈諡奏謹上 奏

光武十年二月三日奉

旨依奏

◉辭令

故經筵官宋秉璿
贈正一品大匡輔國崇祿大夫議政府議政大臣
二月三日

外報

●潛貿還退　淸國蒙古人民이合爾賓鐵道의附近地段을俄人의게潛貿ᄒᆞᆷ으로商部尙書가吉林將軍의게發電ᄒᆞ되如此事端을嚴密査問ᄒᆞ고已賣地段을還退ᄒᆞ기에必要金額을徵稅ᄒᆞ라ᄒᆞ얏더라

●極東方策　露國極東方策은政治軍事를無論ᄒᆞ고大官等이彼得堡에會合ᄒᆞ기ᄭᆞ지ᄂᆞᆫ具體的方針이不爲確立이라더라

●總府移轉　日本大島大將이統率ᄒᆞᆫ關東總督府ᄂᆞᆫ尙今遼陽에在ᄒᆞ야視務中이나來四五月間으로旅順新市街에移府ᄒᆞᆯ豫定이라더라

●敎徒危險　一日伯林電을據ᄒᆞᆫ즉아루메니아人과마루다루人의殺傷은尙今도繼續ᄒᆞ고俄國暴徒ᄂᆞᆫ아루메니아人을救助ᄒᆞ야武器糧食等을供給ᄒᆞ며益益히其聲援에煽動ᄒᆞ며回回敎徒의位置ᄂᆞᆫ甚히危地에陷ᄒᆞ얏다더라

●似是風說　比律賓總督라이드氏ᄂᆞᆫ今番日本駐箚大使를被任ᄒᆞᆷ으로부터無根風說이稍頻히外人間에傳播되여曰比律賓을美國이日本에賣渡ᄒᆞᆫ다ᄒᆞ나此ᄂᆞᆫ全혀無根風說인ᄃᆡ日本當局者ᄂᆞᆫ一笑話에附ᄒᆞ얏다더라

雜報

●蒼生何辜 近日各地方情報를 續見ᄒᆞ니 到今韓民之苦況은 果是歷史上 曾所未聞이로다 何以言之오 財政은 去益困難ᄒᆞ고 穀物은 日以外泄ᄒᆞ야 遑汲情形이 救死不贍之中에 貪虐官吏ᄂᆞᆫ 依然枉法誅求ᄒᆞ야 威棱所及에 鷄犬이 不寧ᄒᆞ고 火賊則四處充滿ᄒᆞ야 晝夜를 不分ᄒᆞ고 焚掠을 肆行ᄒᆞ야 無論有貲無貲ᄒᆞ고 擧皆荷擔而立ᄒᆞ야 鳥駭獸竄이 卽其准備件事인즉 安堵樂生을 何暇念及이며 況又百千無賴輩들이 或稱某會員ᄒᆞ며 或稱某教徒ᄒᆞ고 結黨藉勢에 百般侵侮ᄒᆞ야 豺虎堵立ᄒᆞ며 鷗鶴爭鳴ᄒᆞ니 哀我無依同胞가 畏首畏尾에 身幾餘何오 是以로 蓬門부屋이 一望蕭條ᄒᆞ고 村歌夜哭이 滿目凄絶ᄒᆞ야 他國之論이 四境에 喧騰ᄒᆞ니 山窮水盡ᄒᆞᆫ 此箇民生이 天涯地角에 去將安歸이며 千苦百難에 謀盡腸焦이나 前途溝壑을 畢竟不免ᄒᆞᆯ지니 是豈仁政之所可忍視乎哉아

韓之政府設置ᄒᆞᆷ은 未知其何件職責을 爲ᄒᆞᆷ인지 全國生靈이 困苦至此이되 醫子方策은 一言도 未聞이고 每日開會이나 經議이니 椅子를 高倚ᄒᆞ며 茶鍾을 頻斟ᄒᆞ야 消遣貌樣으로 一回閑話타가 相顧罷席ᄒᆞ고 頤然走出ᄒᆞ니 可惜政事堂이 此景에 養閑坊인지 今之大臣材料ᄂᆞᆫ 此輩以外에 更無他人인지 綿花性質로 耐彈不去ᄒᆞ야 幾箇毒手中에 國勢民命을 期欲纖纖乃已ᄒᆞ니 天道有知ᄒᆞ면 此輩前途에 凶險ᄒᆞᆷ을 亦可逆睹ᄒᆞᆯ지로다

●聲討贊使 故經筵官 金秉璘氏가 歲前詣闕時에 贊務使 尹喆圭氏가 矯旨侮弄ᄒᆞᆫ 事가 有ᄒᆞᆷ으로 忠淸南道儒生等이 通文을 各郡에 發布ᄒᆞ야 公論이 沸騰ᄒᆞ더니 日昨에 秘書丞 金容夏氏가 尹氏斡討疏를 奉呈ᄒᆞ얏다더라

●靑會進步 皇城基督教靑年會에 教育事業이 漸次進步되야 英日語課外에 內外國史記及地誌算術等教科도 教師를 延聘ᄒᆞ야 熱心教授ᄒᆞᆫ다더라

●病花病蝶 日昨警務廳에서 五署內賣淫婦 一百二十九名을 調査ᄒᆞ야 隱疾有無를 診察ᄒᆞᆫ 後에 各卽治療케 ᄒᆞ되 該疾이 平愈ᄒᆞ기 前에ᄂᆞᆫ 雲雨臺에 登치 못ᄒᆞ게 ᄒᆞᆷ은 實是人民保險上에 一大美政이어니와 女人에 病根만 療治ᄒᆞ고 男子ᄂᆞᆫ 不問ᄒᆞ면 斬草留根이라 旋除旋生ᄒᆞ야 無有了期ᄒᆞᆯ지니 從今以往으로 無論何許男子ᄒᆞ고 惡疾이 有ᄒᆞᆫ 人이 治療前에 任情肆慾ᄒᆞ야 女人의게 傳染ᄒᆞᄂᆞᆫ 境遇에ᄂᆞᆫ 隨其發覺ᄒᆞ야 該男子ᄂᆞᆫ 重罰에 處ᄒᆞᆯ 意로 嚴立科條ᄒᆞ야 使之畏罪預治케 ᄒᆞ면 庶幾各處花柳場이 專醫世界가 되야 人民衛生에 大段有補ᄒᆞ리라고 街說이 有ᄒᆞ다더라

●洪氏貪汚 永興郡守 洪淳旭氏ᄂᆞᆫ 年前平壤郡守在任時에 大肆割剝ᄒᆞ야 贓至屢十萬元ᄒᆞᆷ을 世人에 共知어니와 舊習이 尤長ᄒᆞ야 無前貪虐ᄒᆞ기로 該邑人民이 其困을 不堪ᄒᆞ야 胥至渙散之境이라ᄂᆞᆫᄃᆡ 同氏에 藉勢ᄂᆞᆫ 府尹朴義秉氏義弟로 宣言ᄒᆞ야 人民을 威嚇ᄒᆞ며 婦女를 勒奸ᄒᆞᆷ으로 衆情이 憤激ᄒᆞ야 欲食其肉ᄒᆞᆫ다ᄒᆞ니 內部大臣은 此等貪汚守令을 緣何掩護ᄒᆞᄂᆞᆫ지 裏由를 莫測이라ᄒᆞ더라

●教徒行悖 南來人傳說을 聞ᄒᆞᆫ즉 公州居 李龍石은 該府多年都使令 李大觀之親姪인ᄃᆡ 甲午東學接主로 作弊無雙ᄒᆞ야 附近地諸民이 皆曰可殺이라ᄒᆞ더니 今又神籬教徒에 托名ᄒᆞ고 許多藉勢行悖ᄂᆞᆫ 難以形言키로 殘民이 支活無路ᄒᆞ야 渙散者居多ᄒᆞ니 此等亂類ᄂᆞᆫ 教徒之名이 可惜이라ᄒᆞ더라

●責在政府 日前브터 度支部에서 各該邑結稅滯納ᄒᆞᆫ 守令을 調査奏免ᄒᆞᆫ다ᄒᆞᆷ으로 該守令들이 十分着慌ᄒᆞ야 畢納ᄒᆞ기에 盡力ᄒᆞᆫ다ᄒᆞ니 法紀所在에 固應爾어니와 諸路新舊未納이 大略爲屢百萬元이라ᄒᆞ니 値此經費艱絀之日ᄒᆞ야 一番痛加査正은 係是不可已事이어날 政府에서ᄂᆞᆫ 度外抛置ᄒᆞ야 如醉如夢이다가 時或督然提出을 如飄風之취至ᄒᆞ고 旋又模糊收殺ᄒᆞ야 無一實效而止ᄒᆞ니 政令이 如此懈弛키로 貪遣官吏가 와게 成習ᄒᆞ야 致此積年不랍ᄒᆞ니 溯其源委ᄒᆞ면 此亦咎在政府라ᄒᆞᆯ지로다

●皮不存焉 高陽郡守 朴周憲氏가 內部에 報告ᄒᆞᆫ 內開에 境內에 敷設ᄒᆞᆫ 軍用鐵道외 犯入田畓이 幷爲一百二十六石七斗一升落이오 結卜이 爲四十七結二十六負八束인ᄃᆡ 土價與償不斷給ᄒᆞ고 結稅爲確無蠲減ᄒᆞ니 衆民의 冤訴가 盈庭故로 玆에 仰報ᄒᆞ오니 移照度支部ᄒᆞ야 亟日施行케 ᄒᆞ라 ᄒᆞ얏더라

湖西儒通

保寧藍浦等地에 所謂儒生等이 發通ᄒᆞ야 郡民等結錢上納을 惡貨로 稱托도ᄒᆞ고 風水被害라고도ᄒᆞ야 百般稱托으로 徵稅를 拒滯ᄒᆞᄂᆞᆫᄃᆡ 其理由ᄂᆞᆫ 韓日新條約締結ᄒᆞᆫ 五賊을 政府上에 置ᄒᆞ고 徵稅를 依히ᄒᆞᄂᆞᆫ 것이 不可ᄒᆞ니 稅錢을 儒會中으로 收捧ᄒᆞ야 宮內府로 卽랍ᄒᆞᄂᆞᆫ 거시 義務라ᄒᆞ야 發通文과 答通文이 左와 如ᄒᆞᆷ

右通告事 有田則有租 有身則有庸 卽有國人民之常經也 不幸而世變罔極 誤國不臧 新條約之見勒於虜也 乙巳十一月日

聖志剛確 終不準許 而東韓疆土 未免彼虜之屬籍 凡我身口所作 應副於帷正之供者 已非我宗廟百官之奉矣 鄕之上老 成殉義都鄙之間 士民의 脫一般腔血 萬口同辭 奉此十一之賦 將向何地 而各盡爲民之役 平鄕等抱此憤鬱 向仰籲于城主 期於蠲免当공之路 俾此先王赤子 庶免讎虜之役矣 伏願僉君子 以今月二十日 齊會于郡衙 仰員

發文 曹龜元 申稷善 金齊年 李建根 沈宜憲 申興均 金鳳濟 李範九 金實現 柳浩根 元之學 李應圭 李石鍾 柳濟根

●答通

右文爲敬通 嗚呼 國朝之大變 忍言哉 在旣經閔忠正之殉節 尚今忠節凜凜 可謂動神明而透金石 義氣所在 旣不能以二公之心 鼓舞而奮起 效萬分之一 則誠是士林之欠事也 至於正稅一欵 臣民秉彝之心 豈有彼此之殊也 且勉庵崔先生 於八道士林 許有布告文 而自其郡收랍于宮內府 可也 伏想洞悉無餘也 然則郡邑正稅 本郡守 待明春 輸랍於宮內府 而一不犯入於彼人手矣 以此 僉亮幸甚

乙巳十二月十五日

黃律源 曹廷濟 任寅鎬

右敬通于保寧校宮僉座

●嚴氏新任 參將 嚴柱益氏ᄂᆞᆫ 陸軍法院長을 被命ᄒᆞ얏더라

●四氏勳章 侍從武官長 李鍾健 學部學務局長 張世基 居昌郡守 李應翼 軍部官房長 申載永 諸氏ᄂᆞᆫ 勳四等太極章을 頒賜ᄒᆞ얏더라

●李氏重譴 三和監理 李台珽氏가 罪囚를 不能操飭ᄒᆞ야 以致重囚之逃逸키로 法部에서 同氏를 重譴責에 處ᄒᆞ얏더라

●直言見黜 秘書丞 金志容氏가 松山林事件에 對ᄒᆞ야 警務使 尹喆圭氏를 論駁ᄒᆞᆷ은 前行에 已揭어니와 同氏ᄂᆞᆫ 其職位를 保有치 못ᄒᆞ고 畢竟見遞ᄒᆞ얏ᄂᆞᆫᄃᆡ 其代에 正三品 閔[illegible]植氏가 被任ᄒᆞ얏다더라

●署務不公 近日各警署에서 署內에 出入ᄒᆞᄂᆞᆫ 巫女等을 禁斷ᄒᆞᄂᆞᆫᄃᆡ 有路ᄒᆞᆫ 者ᄂᆞᆫ 潛地放還ᄒᆞ고 無賂者만 本廳으로 押去ᄒᆞ기로 巫女等寃聲이 頗多ᄒᆞ다더라

●兩寺請任 江原道杆城乾鳳寺都僧統之任이 今旣限滿인즉 以首望僧寶鏡으로 差出事와 讀寺院長之任은 御室守護와 位祝奉行ᄒᆞᄂᆞᆫ 任인ᄃᆡ 現任釋昌信이 遞當法師之許ᄒᆞ야 莫重位祝을 難以擧行인즉 亦以首望僧妙允으로 一切差出事로 該郡守 李鍍九氏가 報告內部ᄒᆞ얏다더라

●郡守豐窠 本日下午三時에 政府開會ᄒᆞᆷ은 昨報에 已揭어니와 該內容은 郡守奏本에 對ᄒᆞ야 可否妥商ᄒᆞ기를 爲ᄒᆞᆷ인ᄃᆡ 郡守現窠 四五十窠에 達ᄒᆞ깃다더라

●諸郡受由 慶尙北道金山郡守 朴承學氏ᄂᆞᆫ 掃墳次로 聞慶郡守 金顯允氏ᄂᆞᆫ 覲親次로 淸道郡守 李載紀氏ᄂᆞᆫ 亡兄淸安君祥朞에 進參次로 忠淸南道公州郡守 吳鼎善氏ᄂᆞᆫ 身病으로 德山郡守 金澤基氏ᄂᆞᆫ 弟婚事로 恩津郡守 李敏復氏ᄂᆞᆫ 親病으로 各其該觀察使에게 請由ᄒᆞ야 幷得賜暇ᄒᆞ얏다더라

●參書新任 宮內府參書官 金溶濟 正三品 俞致衡 六品 金相允 九品 鄭寅韶 諸氏ᄂᆞᆫ 帝室制度局參書官을 被任ᄒᆞ얏더라

●正誤 昨日本報에 揭載ᄒᆞᆫ 官報中에 學部委員 李康在氏의 李字ᄂᆞᆫ 以朴字誤植이기로 玆에 正誤ᄒᆞᆷ

雜報

●京畿管下府尹郡守治蹟 續

朔寧郡守李康禹 未赴任

安城郡守李鍚奎 行政必須剛明劇市可撫持心本自仁善蔚早宜恤中

高陽郡守朴周憲 政濟事簡分憂盡職上

金浦郡守朴林東 民習之眩聽固多爽實吏事之詳審期乎無躓中

永平郡守徐相鵬 人本簡詳檢何失錯中

麻田郡守沈鍾舜 人情易狃於久處治績灑踐於前考上

交河郡守尹夔燮 見事明吏不敢欺秉心公民皆有頌上

加平郡守任韶宰 明敏手段合宜盤錯上

龍仁郡守玄燦鳳 淳慤之人剛毅其政上

陰竹郡守秦尙彦 未赴任

振威郡守白南奎 愛民則視如傷臨事爲近於弱中

陽川郡守安鍾植 小雞斗邑名無虛士上

始興郡守金한陸 未赴任

砥平郡守金显鎰 銳意出治事多就緖上

積城郡守盧炳稷 一念奉公久而勝權上

果川郡守金東鎰 古家典型循吏規模寬嚴互濟輿誦方蔚上

漣川郡守李宜植 不求赫譽施措得宜上

陽智郡守李承玉 如春有脚傳民息肩上

陽城郡守具章會 旣有理之才益勉矯救之上

喬桐郡守李圭白 島民恫恐或失隣郡亦頌其惠上

完

●浦鹽騷動 東京電을據ᄒᆞᆫ즉浦鹽斯德에大暴動이起ᄒᆞ야세메아노후中將이負傷ᄒᆞ야日本長崎로護入ᄒᆞ야治療中이라더라

●醫使辭疏 再昨日醫務使尹諮圭氏가辭職疏를奉呈ᄒᆞ얏다더라

●豚場企畫 朝鮮新報를據ᄒᆞᆫ즉仁川에居留ᄒᆞᄂᆞᆫ日人某氏가韓國에豚種을改良ᄒᆞ고繁殖케ᄒᆞᆯ目的으로模範種豚場을設立ᄒᆞ기로企畫ᄒᆞ고技師를聘ᄒᆞ고目下의畜舍를建築ᄒᆞᆷ이本月廿日頃에ᄂᆞᆫ落成ᄒᆞᆯ터인ᄃᆡ其事業의要點은如左ᄒᆞ니

一從來韓國의豚種을改良ᄒᆞᆯ目的으로善良ᄒᆞᆫ豚種을皆許供給ᄒᆞᆷ

一從來韓國에셔行ᄒᆞ던飼養管理을改善誘導ᄒᆞᆷ

一돈肉製造業

一家畜家禽의去勢術을行ᄒᆞ야經濟實益을助ᄒᆞᆷ

一養돈의副業으로蔬菜를試作ᄒᆞᆷ

●英國倫敦博物院書樓記 續

此樓가西曆一千七百五十九年에起ᄒᆞ얏스니初創ᄒᆞᆫ人은曰喝瑞니立法이美善ᄒᆞ야至今ᄭᆞ지其約章을循ᄒᆞᆷ이毫無變易이라오작制度의華美ᄂᆞᆫ月異日新ᄒᆞ고觀書ᄒᆞᄂᆞᆫ人數가加增ᄒᆞ야前百年에氣象을較ᄒᆞ면逈不相侔ᄒᆞᆫ지라樓內에閱書者가四面에셔俱能寫字ᄒᆞ고또執役之人이有ᄒᆞ니何書를欲觀ᄒᆞ면一紙條를即寫ᄒᆞ야執役人의게付ᄒᆞ야立刻照取ᄒᆞ니비록世家가自置書樓라도恐컨ᄃᆡ如斯히便치못ᄒᆞᆯ지라書樓規例를또ᄒᆞᆫ下에略錄ᄒᆞᄂᆞ니

一은書樓之設이人의閱看을供ᄒᆞ야學問을增長코ᄌᆞᄒᆞᆷ이니禮拜日과各節期만入觀을不得ᄒᆞ고餘日은風雨勿論ᄒᆞ고各門을俱開ᄒᆞᆷ이오

二ᄂᆞᆫ開樓時刻九月初로봇터四月底에至ᄒᆞ야ᄂᆞᆫ早九點鐘에開門ᄒᆞ야晚八點鐘에關門ᄒᆞ고五月로봇터八月에至ᄒᆞ야ᄂᆞᆫ九點에開ᄒᆞ야七點에閉ᄒᆞᆷ이오

三은欲入觀書者가先二日에薦函이有ᄒᆞ야總管의게致ᄒᆞ되果保可薦者ᄂᆞᆫ本人이住址와姓名만只寫ᄒᆞ면卽드러니ᄒᆞᆷ이오

未完

●造花工業 獨逸國도매然ᄒᆞ며市場에셔만造花工業을盛行ᄒᆞ야工廠이四百二十所인ᄃᆡ最大ᄒᆞᆫ者ᄂᆞᆫ一千名織工을使用ᄒᆞᆷ이就中에婦人과處女를多用ᄒᆞ고織工의賃錢을一週間에四圓으로乃至六圓이라더라

小說

●靑樓義女傳 續

홉니며왈우리랑인의운졍은비록후궁ᄒᆞᆯ나힘락이업의뷔엿스니오작낭ᄌᆞ논천만보중ᄒᆞᆯ라나논열로좃ᄎᆞ이별ᄒᆞᆯ노라ᄒᆞᆫᄃᆡ미인이염용ᄃᆡ왈니진실노금일에일으러이말ᄉᆞᆷ이잇슬줄아온지라쳐의회포를말ᄒᆞ고ᄌᆞᄒᆞ면말이심이장황ᄒᆞ나맛당히그ᄃᆡ강을베풀어랑군의불상이녀김을구ᄒᆞᆯ리이다ᄒᆞ고왈쳡이근본양가녀자로부모를논즁에일코도상으로바장이며호곡ᄒᆞ다가인ᄒᆞ여이쥬인참모의게슈양ᄒᆞᆫ바되여쳡의나히겨오십ᄉᆞ세에일으미ᄌᆞ못졀식의일홈이잇ᄂᆞᆫ지라난쵸의향긔로온풀이흑여봉졉의탐향ᄒᆞᄂᆞᆫ폐가잇슬가혐려ᄒᆞ야쳔금의놉흔갑스로방울걸고일빅창녀의우헤놉히거ᄒᆞ미그갑시녀무텬파훈연고로비샹에일졈잉혈을보존ᄒᆞ엿ᄯᅡ가금일에비로소랑군을만난지라랑군이외국의잠시러러ᄀᆡ파직으로이갓치져물을평히여기고쉬을즁이여기ᄉᆞ면져고등향명을젼득ᄒᆞ시니그풍류와긔ᄀᆡ를가히알니로다지금랑군의오천랑은ᄌᆞ가족히창모의양육ᄒᆞᆫ은혜를갑흘지니쳡이랑군을ᄯᅡ라고국에도라가길이긔최의역ᄉᆞ를밧들가원ᄒᆞ나이다ᄒᆞᆫᄃᆡ

미완

發行兼編輯人　英國人裵說
發行所
京城北署壽進坊典洞（西小門外地段前舊本校舍）
大韓每日申報社

光武十年二月十日 第三種郵便物認可　　土曜日　　西曆一千九百六年二月十日 (一)

第四卷　　第一百四十二號

大韓每日申報

대한매일신보

月曜及慶節
歲時日休刊

檀君開國四千二百三十九年
孔子元年二千四百五十七年
大韓開國五百十五年
日本明治三十九年
淸國光緖三十二年
陰曆丙午一月小十七日乙酉

論說

在於兩間

韓國內에日本理事之設이德義上에他人意思와相反됨을本報에已爲記載矣나尙復略述ᄒᆞ노니

伊藤侯가因其條約義務ᄒᆞ야部下官僚를擇任ᄒᆞᆫ다云ᄒᆞ더ᄅᆡ도其職位ᄂᆞᆫ尙未免違規로다

伊藤侯의計策으로觀之컨ᄃᆡ通商各港에日本領事를變稱以理事ᄒᆞ야統監之下에專管ᄒᆞ리니此亦日本領事라

其職務가日本商業上利益을增進홈에不過ᄒᆞ려니와若得機會면韓日兩國民의利益을匡察홈이理事職務의完然홈이리니事到此境이면雙方擴張이爲實益計로다韓國擴張이必要ᄒᆞ니韓日並幸인즉上限定홈은自爲擴張이可矣나然이나爲此之人이但念韓國之利ᄒᆞᆫ지或全然無私홈이當然ᄒᆞ거날近探傳報에意趣를可定故로引記ᄒᆞ노라

加藤氏ᄂᆞᆫ數年前에駐韓日公使러니今가宮內府顧問官이라因此資格ᄒᆞ야韓國 皇帝께陛見홈은已至頻繁이어니와近日陛見時에同氏가面奏ᄒᆞ야鐵與金礦과平壤炭礦을自巳手下人의게許與ᄒᆞ기를提呈ᄒᆞ얏다ᄒᆞ니事之成效與否ᄂᆞᆫ未知로ᄃᆡ加藤氏의野鄙之行은雖可寬恕로다同氏가以宮內府顧問職位로商務上에參與홈을觀之컨ᄃᆡ日本理事가韓日利益을混雜視ᄒᆞ면將至悲慘은昭矣라若至此境이면孩提之童이亂甚大兒의게一箇林檎을任置홈과無異ᄒᆞ리로다

官報

◎第三千三百六十九號 光武十年二月六日

◎法律

法律第一號 刑法大全中改正件

第五條 「條」字下에(勅)字ᄂᆞᆫ刪去ᄒᆞ고(親任官及勅任官과現帶)十字를添入ᄒᆞ고「犯害者」下에ᄂᆞᆫ法部大臣의指令을承ᄒᆞ야各該附近裁判所에서審理홈을得)二十六字를刪去ᄒᆞ고(외官經奏任官의犯罪者ᄂᆞᆫ各該裁判所에서受理ᄒᆞᄃᆡ法部大臣에게具報」三十字를添入홈이라

第七條 「移交ᄒᆞᄃᆡ囚의數」下에 가)字ᄂᆞᆫ刪去ᄒᆞ고(나罪의輕重이)六字를添入홈이라

第八條 「犯罪者가」下에(親任官及)四字를添入ᄒᆞ고「役拿ᄒᆞ고」下에(現帶)二字를添入ᄒᆞ고「犯ᄒᆞᆫ者ᄂᆞᆫ」下에(親任官及)四字를添入홈이라

第十六條 「期限은」下에(一應)二字ᄂᆞᆫ刪去ᄒᆞ고(氏事)二字를添入홈이라

第三十二條 二項「同ᄒᆞᄃᆡ」下에(勅任一等은一品과同ᄒᆞ며二三四等)十五字ᄂᆞᆫ刪去ᄒᆞ고(親任은一品과同ᄒᆞ며勅任)十一字를添入ᄒᆞ고三項「嗣孫과」下에(親任官前後四代와)八字를添入홈이라

第六十三條 「等級은」下에(親任)二字를添入ᄒᆞ고「判任」下에(三)字ᄂᆞᆫ(四)字로改正ᄒᆞ고同條次에(一親任官과從一品以上은四等이며)十五字를添任ᄒᆞ고一項은二項으로二項은三項으로三項은四項으로改正홈이라

第七十九條 「以上이나」下에(籠)字ᄂᆞᆫ(職)字로改正홈이라

第百十三條 「條」下에「勅」字를刪去ᄒᆞ고(親任官及勅任官과現帶)十字를添入홈이라

第百十五條 「宣告」下에「ᄒᆞ고申訴期限이經過」九字ᄂᆞᆫ산去ᄒᆞ고同條次에」但平理院을除ᄒᆞᆫ外에各裁判所ᄂᆞᆫ申訴期限이經過ᄒᆞᆫ後에覆審ᄒᆞᆷ이라」二十九字를添入홈이라

第百二十五條 「法部」下에「에」字ᄂᆞᆫ산去ᄒᆞ고「大臣에게」四字를添入홈이라

第三編第一章第七節 「知情不名」下에「及」字ᄂᆞᆫ산去ᄒᆞ고「藏匿」下에「及敎誘人犯法」六字를添入홈이라

第百二十七條 「處斷」下에(ᄒᆞ고人을敎誘ᄒᆞ야犯法케ᄒᆞᆫ者犯人과同罪)十九字를添入홈이라

第百二十八條 「同罪」下에(ᄒᆞ고凡人이聽行ᄒᆞᆫ者ᄂᆞᆫ犯人에罪에一等을減)十九字를添入홈이라

第百四十三條 「八十歲以上」下에(과)字ᄂᆞᆫ산去ᄒᆞ고(九十歲未滿者와)七字를添入홈이라

未完

◎敍任及辭令

六品崔鍾洛　全金鳳煥
任內部主事敍判任官四級
一月二十九日

命敍任制度局總裁　禮式院禮式卿李根湘
奉常司副提調[illegible]經遠
命分秘書監丞　仝　安鍾澣
中외鎬 李敏珏　韓宜敎
李鼎德　柳鴻鎭　李春
具然璜　李鍾恪　盧기鶴
命侍從院分侍御
命侍從院分主事　九品李弼胤
四品張榮稷　六品崔宗鍊
命分秘書監郎　以上二月二日

外報

●馬關英館　英國이馬關에領事館을新設홀計劃으로建築을今旣始役ᄒᆞ얏ᄂᆞᆫᄃᆡ來九月末에竣工되리라더라

●청土開放　청國에셔奉天及合爾濱을爲先開放ᄒᆞᆯ經營으로必要章程을方今論議中이오其餘定處ᄂᆞᆫ三年以內에漸次開放ᄒᆞᆫ다더라

●日本火災　一月三十一日夜에火起東京ᄒᆞ야四百四十五家ᄂᆞᆫ全燒되고四十一戶ᄂᆞᆫ重傷되얏스며二人은燒死ᄒᆞ고其他數人은被傷이或重或輕이라더라

●俄使抗議　北京駐在俄國公使샛코지로후氏ᄂᆞᆫ對청交涉에關ᄒᆞ야本國政府의何等電訓을姑未接受ᄒᆞᆫ模樣이나今回日청談判에際ᄒᆞ야日청兩國間에長春以南에在ᄒᆞᆫ東청鐵道及長春吉林間에豫定ᄒᆞᆫ鐵道線路에對ᄒᆞᆫ競爭線으로注目ᄒᆞᄂᆞᆫ一切에鐵道ᄂᆞᆫ何國에셔도敷設의許可홈이不可ᄒᆞ다ᄂᆞᆫ默約이成立된事를探知ᄒᆞ고强硬ᄒᆞᆫ抗議를청廷에提出ᄒᆞ얏스며同時에大官間에奔走히運動ᄒᆞ야俄國利權의回復을務望ᄒᆞᆫ다ᄒᆞ얏더라

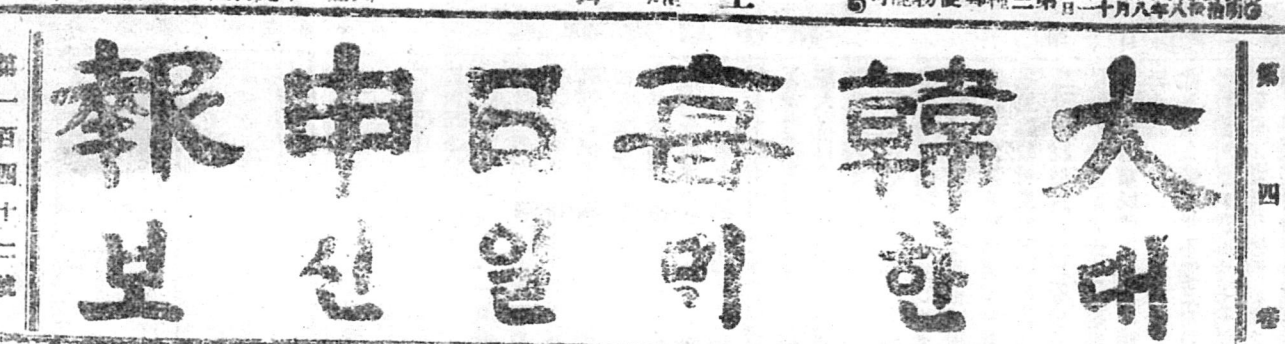

●總督被殺　兩廣總督岑春煊은新稅法의反對ᄒᆞᄂᆞᆫ廣東紳士徐興王名을捕縛ᄒᆞ얏合으로同地方人民은非常히憤激ᄒᆞ야同總督이年賀ᄒᆞ라外出ᄒᆞᆫ道中의放銃ᄒᆞᄂᆞᆫ者이有ᄒᆞ야總督은卽死ᄒᆞ얏다ᄒᆞ니後報를待ᄒᆞ야詳報ᄒᆞ깃노라

寄書

李誠與

夫人生世間에勢居岩穴ᄒᆞ야雲耕月釣로樂跎閒遊則已어니와若被隆渥ᄒᆞ야旣承方伯之命이면써心竭誠ᄒᆞ야反側以明애勖孜孜爲治ᄒᆞ며仰戴

聖界之恩ᄒᆞ야益勉撫字之政을晝宵惺懈에毫釐未已ᄒᆞ야使一道之民으로以見召伯게棠之化어ᄂᆞᆯ遞任된慶北觀察李根澔氏ᄂᆞᆫ在職半載에至大

聖恩을罔于忘域ᄒᆞ야一無善政ᄒᆞ고私囊肥已로汲汲從事라가各郡職最를修報ᄒᆞᆯ時에不公正執筆은都不擧論이오些少容私ᄂᆞᆫ實無足論責이로되

最其甚焉者ᄂᆞᆫ郡之分等과邑之大小를隨ᄒᆞ야管下四十一郡에一一討索ᄒᆞ되勒徵抑納ᄒᆞᆫ錢合이七十萬兩이되니所得이豐富ᄒᆞᆷ을自喜ᄒᆞ야意欲純上修報나掩人耳目之計로上中下三等의別을臚列ᄒᆞ되

各郡治績은全然不顧ᄒᆞ고殘邑守令中에無權力者ᄂᆞᆫ置於下等ᄒᆞ니生靈所關에莫重國事를循私不公ᄒᆞᆷ은瞭然可知라宜當罷免論罰이로되同弟의權力으로中樞院贊議를薦任ᄒᆞ얏거날聽彼奸猾之說가內部에等訴ᄒᆞ기를敢以衆民代表로實心願借云ᄒᆞ니

此ᄂᆞᆫ爲人使喚에不過ᄒᆞᆫ지라不必贅論이로되伏聞ᄒᆞᆫ즉治蹟이居中下者를但據觀察使之所報ᄒᆞ야殘邑守令의抑冤ᄒᆞᆷ은不察하고一升改差ᄒᆞᆯ意로政府會議案에經議하얏다하니姑未知果否나

此ᄂᆞᆫ內部大臣이甚不公正ᄒᆞᆷ이로다何者오若如是則殘邑守令은闡明做治하야圖報　國恩이라도及其若是之時하야有權力者ᄂᆞᆫ實蹟優曠이어니와無權無錢者ᄂᆞᆫ難免居下等이고巨邑守令은治政虐民ᄒᆞ고貪汚日甚이라도實蹟茂績之褒題ᄂᆞᆫ盡歸于此等汚吏ᄒᆞ니行善作惡이反覆如此라是以로循良之倅ᄂᆞᆫ日退ᄒᆞ고貪汚之吏ᄂᆞᆫ日進ᄒᆞ야魚肉生靈이愈往愈甚ᄒᆞᆯ지니切恨痛惜에實難無隱ᄒᆞ노라

雜報

●習儀旅行 附 太廟再度習儀를兼行於三度習儀ᄒᆞ라신詔勅이下ᄒᆞ옵셧더라

●大使入城 報聘大使一行은再昨朝에釜山에安着ᄒᆞ야直時滊車를乘ᄒᆞ고歸京에就途ᄒᆞ야太田에서一宿ᄒᆞ고昨日午前에太田發車를搭乘ᄒᆞ고午後一時에入京復命ᄒᆞ얏더라

●換契徵貨 漢城府에서都城內外人民의家屋交券을換給ᄒᆞᆯ事에對ᄒᆞ야其所入貨로草家와瓦家十四間以下에新貨五十錢이오瓦家十五間에一元이오三十間以上에二元이오百間以上에三元式收入ᄒᆞ기로各坊曲에揭示ᄒᆞ얏더라

●押牢佛心 陸軍監獄署看守人崔聖昌은性本仁厚ᄒᆞ고罪囚等을熱心顧恤ᄒᆞ야嚴寒盛暑와疾病之際에尤爲隨機看護ᄒᆞ야各其身心을便穩케ᄒᆞ며或食物를盛備ᄒᆞ야飢餓ᄒᆞᆫ罪囚等을遍加救濟ᄒᆞᆷ으로在囚諸人이咸頌其德ᄒᆞ니此等慈善人은合有褒賞이라고傳說者有ᄒᆞ더라

●詳學新興 淸國奉天學政李家駒氏ᄂᆞᆫ有志士라日下敎育擴張을企圖ᄒᆞ야爲先東三省에差手ᄒᆞᄂᆞᆫ듸大村落에ᄂᆞᆫ一學校를立ᄒᆞ며小村落에ᄂᆞᆫ二村을聯合ᄒᆞ야一學校를立ᄒᆞ고學齡兒童을强制的으로就學케ᄒᆞ기로決定ᄒᆞ야學齡兒童을調査ᄒᆞᆫ다ᄒᆞ니淸國敎育은自此振興ᄒᆞᆯ期望이有ᄒᆞ다더라

●月倅茂績 咸北觀察任原鎬氏가內部에報告ᄒᆞᆫ內槪에管下明川郡守李圭豐의居官實蹟은偏狀勵發에輿情을莫過이다온經獎被歎ᄒᆞᆫ流離를懷綏安集ᄒᆞ며去陣來隊에搶攘을交涉欣慰ᄒᆞ고十萬巨逋를刷補原稅ᄒᆞ며二百殘廩을督減不恒ᄒᆞ며額戶助費ᄒᆞ고鄕校之帖ᄂᆞᆫ窮老寬屆을均施ᄒᆞ며農桑之業은貧困遊閒을務觀ᄒᆞ얏ᄂᆞᆫ즉實惠茂蹟ᄂᆞᆫ不可泯默ᄒᆞ와玆에擧實錄告ᄒᆞ오니照亮ᄒᆞ라ᄒᆞ얏더라

●訖法來信 美國人訖法氏가多年韓國에在ᄒᆞ야師範學校敎師로中學校敎師를轉任ᄒᆞ얏다가昨年의解雇歸國ᄒᆞ얏더니來六月中旬의更히來韓ᄒᆞ야一新聞을創設ᄒᆞ기로預定이란書信이來到ᄒᆞ얏다더라

●博川鄕報 平安北道博川郡鄕長朴瓚洙氏가內部에報告ᄒᆞ얏ᄂᆞᆫ듸陰正月初八日의自淸國山來ᄒᆞᆫ日本守備隊兵三十一名이到郡ᄒᆞ야吹閣內衙及巡校廳의定所ᄒᆞ고追從數百名이二月六日의來到之意로各公廨與人民家舍를分爲定票하얏스미民情困難을怜不忍見이라하얏더라

●棉花事業 日本月田農政課長의談ᄒᆞᆫ바를聞ᄒᆞᆫ즉韓國의棉花栽培가最히有望ᄒᆞᆫ事業이라其理由ᄂᆞᆫ栽培ᄒᆞᆯ餘地가多ᄒᆞ고雨量이少하고氣候가順適하야每年日本으로輸出하ᄂᆞᆫ거시二十萬餘에至라니今後栽培法을改良하고作地를增加獎勵하면日本全部에需要를應ᄒᆞ야米國棉花와競爭ᄒᆞᆯ價格과調和ᄒᆞᆯ保位에達ᄒᆞᆷ을得ᄒᆞ리라하얏다더라

●報請更選 日本東京의滯留하ᄂᆞᆫ學政參與官幣原坦氏가學部로報告하기를現今東京留學官費生중任意退學ᄒᆞᆫ者三十六名은鎭撫不聽故로幷皆黜學後該學費金을不爲支給이니更選少年하야上奏派遣케하라하얏다더라

●黑鉛採掘 江原道江陵附近에黑鉛採掘ᄒᆞᆯ事로日本人永瀨得樹가美人一名과協同ᄒᆞ야日本公館에承認을得ᄒᆞ기로請願ᄒᆞ얏다더라

●海賊搜索 群山木浦間에海賊猖獗을爲ᄒᆞ야日本驅逐艦白雲朝霧二隻이去十九日에木浦에到着ᄒᆞ야沿岸地方에巡航ᄒᆞ야海賊所在를搜索中이라하더라

●英郡義擾 慶北觀察署理大丘郡守金漢鼎氏가內部에報告ᄒᆞᆫ內槪에英陽郡守李範喆秘報를接准ᄒᆞᆫ즉乙巳陰十二月二十九日鄕市店肆에有一度揭榜而結民이見其榜文하고結錢을還爲持去이다이옵기莫知事由하와該榜文을取見則辭意絶悖而其末端에不書姓名하고但稱小靑都執綱云者ㅣ卽本郡靑初面小靑里居士人金齊鉉者也라該金齊鉉이秘通各面里人民하야各持銃砲하고來待于郡底之意로嚴飭而如或一民不來면施以軍律云이고又稱本郡結錢已捧及未捧簿를一一來納于會所이고官隷之來到于安東及大子者를一併捉執ᄒᆞ야公文을搜探云이오며正月初三日朝後에金齊鉉이率渠之私砲五六十名ᄒᆞ고入來郡底이옵기郡守가曉喩次請邀則金齊鉉言ᄂᆡ吾之治疏次上京은欲尋死地也러니上京覲之則無端可死기로未免虛還이나然이나顧今賊臣이弄權하야義不忍坐視라欲於此地의起兵雪憤ᄒᆞᆯ計則郡守ᄂᆞᆫ現政府所差官吏ㅣ라不可安受其令이니請勿多言하라ᄒᆞ고或圭角이면難免先除라하오니事已到此에難以口舌로解散기로未暇擧報하고卽以派兵之意로函請于安東駐隊矣온즉似於日間의來到鎭壓이오나現下官民이困在垓心等因인바似此之類ᄂᆞᆫ亟當鋤治이옵기方行交涉於府下駐箚日本憲兵所及警務顧問支部하야憲兵與巡査를幷卽派送하고玆의報告라하얏더라

●尹倅不法 遂安郡守尹致誠氏가臨事不察하고束吏不嚴하야本郡笏洞獄事의所謂檢殺가乃至歷千金ᄒᆞ야居民이蕩産하고奸吏猾校가締結黨與하야凌歷人民의見輒毆打하야一境이渙散하고甚至於打破學校의學徒가廢業하야現方民情이嗷嗷이다聽聞이駭惶하니不可不到底探採의另査究覈하야逐條秘報事로ᄂᆡ部秘訓을黃海觀察高永喜氏가承准하야派遣該府書記하야究覈後의修成冊報告라하얏더라

●殿成頒詔 中和殿重建後陳賀頒詔文十三道頒布件을內部의서十三道觀察使의게責付訓令하야各該郡의轉飭하라하얏더라

●逃民招還 咸北觀察使任原鎬氏가ᄂᆡ部의報告하얏ᄂᆞᆫ듸現接淸國鎭守輝春等地副都統軍功花翎加의照會ᄂᆡ開前因日俄戰事하야貴國人民이扶老携幼하고竄入我境者ㅣ不下萬千이라當念敦隣恤災之義하야業經咨報我軍署在案인바現當日俄和約이已成而貴國散在我境之民을自應招還이라야方爲不失保赤之政인데其前巳薙髮하야隸我版圖之民은固勿論이어니와仍具韓邦衣冠하고竄越我境者ᄂᆞᆫ明定期限하야設法招還하며或經行派員하야勸撫還國等因인바派員勸撫와我民刷還ᄒᆞ府不敢擅便키로玆의報告하오니査照處分하라하얏더라

雜報

●忠淸北道管下郡守治績

忠州郡守金在殷　未赴任

淸州郡守閔泳殷　家近而屛絶私囑刑措而勸勵公納上

沃川郡守黃演秀　字撫交際四載一規上

鎭川郡守崔文煥　既有前考何須加評中

淸風郡守李秉化　志切察隱政必無疵上

槐山郡守張紀淵　多文以富爲政必勵上

報恩郡守金基潤　遵守廷訓圖報國恩上

丹陽郡守朴初陽　求爾方切束薪尙儼上

堤川郡守金喆鉉　未赴任

懷仁郡守洪祐純　日淺

淸安郡守金一鉉　寬猛互濟吏民相孚上

永春郡守趙錫晉　心誠求治과邑賴安上

永同郡守　未差

黃澗郡守洪祐元　溫其如玉淸欲酌水上

靑山郡守宋熙元　字民治盜明査勤稅斂滑才器無適不宜上

延豐郡守許栜　捧稅有規民莫知勞任賂不行吏各適用上

陰城郡守朴齊禹　處官如家視民如子上

●廣新學以輔舊學說

大美國敎師李佳白氏가支나에久淹ᄒᆞ야廣新學以輔舊學說一篇을著ᄒᆞ야支나人士를警告ᄒᆞᆫ者ㅣ有ᄒᆞ니新學舊學의源流를討論ᄒᆞᆫ거시可謂該備ᄒᆞ다此를譯述ᄒᆞ야大韓士林의閱覽을供ᄒᆞ노라

中國이自伏羲畫卦로文敎遂開ᄒᆞ야迄今六千三百餘年을閱ᄒᆞᆫ지라孔子ㅣ刪書ᄒᆞᆯ새斷自唐虞ᄒᆞ시고贊易則溯始伏羲ᄒᆞ시니繫辭下傳第二章을觀ᄒᆞ건ᄃᆡ上古聖人의制器尙象ᄒᆞᆫ諸事를歷擧ᄒᆞ사自網罟耒耜交易으로以及杵臼舟車弧矢宮室書契ᄒᆞ야由漸而備ᄒᆞ얏고堯典은授時之命을述ᄒᆞ야全地球談天學者의最古之書가되고禹貢은隨刊之績을記ᄒᆞ야全地球談地學者의最古之書가되고周髀算經은周公과商高의問答之語를記ᄒᆞ야全地球談算數測繪者의最古之書가되고其他管墨關尹亢倉諸子가政治藝術을言論ᄒᆞᆫ거시往往히今日西法의精意를得ᄒᆞᆫ者ㅣ니蓋必當日에此等學業이實有ᄒᆞ야師傳習ᄒᆞ고家喩戶曉ᄒᆞᆫ後에著書者ㅣ乃能暢言其理오絶非偶然冥合이라且勞人과思婦의感懷吟咏者가乃觀星에能言其名ᄒᆞ고賦物에能盡其理ᄒᆞ고卽事에能達其意ᄒᆞ니藉非格致之學術이면何以篇什之美具리오蓋自伏羲至成周에中土文明이日盛一日ᄒᆞ고學術이亦日廣一日ᄒᆞ야政多實政ᄒᆞ고民多智民ᄒᆞ니猗歟盛哉

●圖書企畫　近日韓國官人中有志人이大韓圖書館을設立ᄒᆞ야文化를增進ᄒᆞ기爲ᄒᆞ야新書籍을發刊ᄒᆞ야國民의게傳布ᄒᆞᆯ次로趣旨書를發表ᄒᆞ며規則을撰定ᄒᆞ얏ᄂᆞᆫᄃᆡ議長一人總務一人評議員六人事務會計書記等人員을議定ᄒᆞ고資本金을鳩合ᄒᆞᆫ이評議員은尹致昊李鳳來閔衡植李範九諸氏로定ᄒᆞ고既往美國에遊學ᄒᆞ야卒業ᄒᆞᆫ白象奎氏家에셔會同提議ᄒᆞᆫ다더라

●水校冷落　水原通信을據ᄒᆞᆫ즉該府學校敎員申玄鼎氏가視務四年에校頗大旺ᄒᆞ야學徒雲集ᄒᆞ고居民이咸頌ᄒᆞ야敎育之熱心과誦鍊之見識이實爲拔萃러니不意에京中學校敎員으로陞任되고新任敎員이赴校ᄒᆞᆫ즉學徒가擧皆失望ᄒᆞ야無一介上學키로寂寞寒校에敎員이獨坐ᄒᆞ야將至廢校之境인즉申氏을更任該校敎員ᄒᆞ야學徒를勸勉ᄒᆞᄂᆞᆫ거시事合權便이라ᄒᆞ더라

●守隊增加　平北觀察李根豐氏가內部에報告ᄒᆞ되管下寧邊郡에日本守備隊一中隊兵二百餘名이留駐本郡次로來到ᄒᆞ야府郡廨舍를盡爲許借ᄒᆞ고散接于十餘民家ᄒᆞ야官吏가俱失處所ᄒᆞ야公務掣碍가非止一端이오借家之民은各廢其業에未免棲屑이옵고郭山鐵山博川三郡은衛舍及各公廨與民家에日本守備隊가入處ᄒᆞ고嘉山郡鐵道赴役民生의困難은誠切伏悶이오며安州守備隊公函內開에照川江界慈城厚昌等邑에守備隊增兵則所經各郡에宿舍定給與人夫責立及物品酬應等節을另加申飭爲要等因이온바以無酬應之道로另飭各郡이오니査照ᄒᆞ라ᄒᆞ얏더라

小說

●靑樓女義傳（續）

비셩이그말을듯고깃부믈이긔지못ᄒᆞ여밋쳔듯취ᄒᆞᆫ듯의혹을뎡치못ᄒᆞ야슈열을지닉더니미인이그창모의게고ᄒᆞ여왈모친의양육ᄒᆞ온혜는머리털을ᄲᅢ여도능히갑흘슈업ᄉᆞ나녀ᄌᆞ가쟝셩ᄒᆞ면반다시츌가ᄒᆞᆷ은사ᄅᆞᆷ의ᄯᅥᆺᄯᅥᆺᄒᆞᆫ일이오임의쟝부에게허신ᄒᆞᆫ후는부창부슈가녀ᄌᆞ의도리라쳡이이제ᄉᆞ람을죠차미숑강의엄ᄒᆞᆷ이일우이고오륜의ᄒᆡᆼᄒᆞᆷ이갓쵸인지라바라나니모친은쳡으로ᄡᅥ싱각지마압고만세에무강ᄒᆞ소셔ᄒᆞᆫ대그창모가ᄯᅩᄒᆞᆫ만류ᄒᆞᆯ말이업고근쳐에잇는쳥루미녀들이모혀와셔셔로젼별ᄒᆞ며칙칙칭션ᄒᆞ여왈이ᄉᆞ람의졍졍유한ᄒᆞᆫ죠힝이진실노우리등의게비ᄒᆞᆯ바아니라ᄒᆞ고각각금빅으로ᄡᅥ셔로쥬되일일이ᄉᆞ례코밧지아니ᄒᆞ고그창모가오쳔량은ᄌᆞ즁에반을난호와쥬나ᄯᅩᄒᆞᆫ밧지안이ᄒᆞ며다만일신의ᄯᅡᆯ닌물건만가지고비셩을ᄯᅡ라져근슈릐에올나푸른치마로그머리를덥흘다름이러라

이ᄯᅢ비셩은마샹에놉히안져락미곡을노리ᄒᆞ며셩문밧게나아온즉동ᄒᆡᆼᄒᆞ여온쟝숌리ᄉᆞ들은금쥬보픽를무역ᄒᆞ야슈릐에실어각각행쟝을차리미그무역ᄒᆞᆫ바물화가심히부셩ᄒᆞ더라

미완

廣告

●特別廣告

本申報分傳等事로釜山鎭支社員은該鎭二洞永興社金灌錫氏로定ᄒᆞ며南浦支社員은該浦築洞金仁집氏로義州邑支社員은該邑南門外韓西大藥房主人張有寬氏로平壤邑支社員은該邑南山峴日신學校內金興讚崔毅恒兩氏로宣川邑支社員은該邑安濬氏로長連邑支社員은該邑金龍氏로議定ᄒᆞ야逐號下送ᄒᆞ오니該附近地에서購覽ᄒᆞ시ᄂᆞᆫ僉君子ᄂᆞᆫ以上諸氏에게購讀ᄒᆞ시고代金도諸氏에게傳致ᄒᆞ심을爲要

大韓每日申報社 告白

●數理學雜誌改良廣告

本雜誌ᄂᆞᆫ第三號로부터紙數도增加ᄒᆞ며記載ᄒᆞᄂᆞᆫ材料도一層精選ᄒᆞ야江湖僉位의愛讀ᄒᆞ시ᄂᆞᆫ厚誼를報酬코저ᄒᆞ오니倍舊愛翫ᄒᆞ심을伏望

但發行日子ᄂᆞᆫ每朔五日

一券定價ᄂᆞᆫ新貨拾錢

發行所 南大門內尙洞舊德公館右便 數理學雜誌社

賣却所 尙洞會堂內 鍾路大東書市 布屛下金相萬冊肆 新門內松橋張哲陽紙廛 銅峴朴弘九紙廛 仁川港桂?閣新冊肆

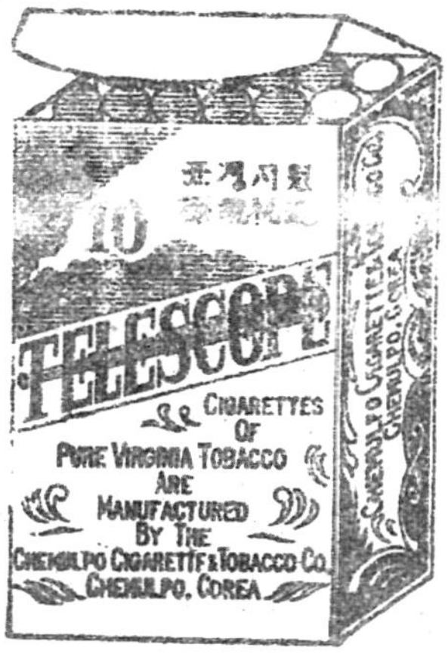

以上三種은品로製造ᄒᆞ야衛生上에極히ᄒᆞ니購諸某人ᄒᆞ고本社에來顧ᄒᆞ심

大韓帝國仁川港

濟物浦紙卷烟草及烟草會社

●九韓靈的 本人이妙方法을神備ᄒᆞ야製造ᄒᆞᆫ靈丹인ᄃᆡ男女老少에各樣病症을通治ᄒᆞ오며無病時에도服ᄒᆞ면平生의身體가健康ᄒᆞ고小兒ᄂᆞᆫ四五錢重만服ᄒᆞ면十歲안에無病ᄒᆞ기를擁保ᄒᆞ오며

●九轉靈砂萬應丹은癲狂 癎症과中風瘖瘂과耳目諸病과淋疾에神効ᄒᆞ오

●九轉靈砂保命丹은初生小兒 驚風 痢疾 咳嗽 腹痛諸般惡症에神効ᄒᆞ오

●九轉靈砂濟衆丹은酒滯 食滯 血積 吐瀉 霍亂 痢疾 吐血 下血 運氣 時疾 痲症에神効ᄒᆞ오

●九轉靈砂紫金丹은痔漏 累瘡 上疳瘡 下疳瘡及唐瘡과諸般毒瘡惡種에無不神効ᄒᆞ오니 僉君子ᄂᆞᆫ來問ᄒᆞ시오

內需司前묵갑이골上隅第一家 李鍾延移寓 告白

一 鷹標罐頭濃縮牛乳

一 金印罐頭濃縮牛乳

一 熱帶家用氣化乳酪

一 밀ㅣ은쓰製造麥芽化合牛乳

以上은常時에貯積ᄒᆞ얏ᄉᆞ오

美國紐約港보ㅣ든쓰牛乳會社

一手代理店

大韓仁川港 世昌洋行

本社廣告

申報價

一張代金 新貨二錢五里

一個月代金 三十錢

三個月 九十錢

六個月 一元七十錢

一個年 三元四十錢

郵稅一部 新貨五里

一個月 十三錢

廣告料

四號活字十三字詰

每日每英尺一寸에新貨廿五錢 (每日每行에六錢에相當홈)

二周日에 二圓五十錢 (每日每行에五里에相當홈)

一個月에 五圓 (每日每行에一里에相當홈)

其期限의長短과字行의多少를依ᄒᆞ야增減홈이有홈

大韓人마다此申報를不得不購覽ᄒᆞ실터이오니廣告出報ᄒᆞ실僉君子ᄂᆞᆫ來臨面議ᄒᆞ시옴

發行兼編輯人 英國人裵說

發行所 京城北署洞坊

大韓每日申報社

第四卷 大韓每日申報 대한매일신보 第一百四十三號

月曜及慶節 歲時日休刊

檀君開國四千二百三十九年
箕子元年三千二十八年
大韓開國五百十五年
日本明治三十九年
淸國光緖三十二年
陰曆丙午一月小十八日丙戌

論說

鐵道問題

東京通信을據ᄒᆞᆫ즉日本軍用으로敷設ᄒᆞᆫ京城義州間과釜山馬山間鐵道를京釜鐵道會社로從速交付ᄒᆞ기를確然聲言ᄒᆞ얏스니此合同問題의風說은往往有之어니와確然聲言은今是初擧라若至結果면此ᄂᆞᆫ均沾之道에大爲相反이오英日協約에日本이自爲質言ᄒᆞᆫ均等之位에亦爲反對니

此等鐵路之敷設이不得韓廷之確認이오但爲縱容ᄒᆞᄂᆞᆫ韓日議定書에日本軍略上戰時便宜를韓國이許與ᄒᆞᆷ이로다

且復京元鐵道ᄂᆞᆫ今在敷設中이오自咸興至西湖之線은今在測量中이오自甑南浦經平壤ᄒᆞ야至元山之線은今在計劃中인바此皆日本武官指揮之下라如此做去면日本이藉其軍略上常時利用ᄒᆞ야韓國一幅에自南至北과自西至東之線을敷之以細網鐵道라가及其完成後에ᄂᆞᆫ交付于私營私會ᄒᆞ리로다然이나如此整理가未免爲不公於列强이니若其軍用이另作口實이면韓國內鐵道專權을日本이享有ᄒᆞᆯ지라設或列强이得其時權이라도日本은不問認許ᄒᆞ고地段償金을亦爲廢弛或全廢ᄒᆞ니列國之於日本에競爭力이斷望이로다

英露兩國이韓國內軍略上優權을日本의許與ᄒᆞ얏고且鐵道가軍用上便宜니對此論辨이有何效用이리오然이나及其完成而交付于營業之時에ᄂᆞᆫ地段滿償과利益幾分을計報于韓廷ᄒᆞᆷ이可謂妥當이로다勿論何許租權ᄒᆞ고爲其軍用以得之라가戰畢之後에ᄂᆞᆫ債券所持人[illegible]中에歸之면此ᄂᆞᆫ日本이自示其不快本意ᄒᆞᆷ이로다

官報

●第三千三百六十九號 光武十年二月六日

◉法律

法律第一號 刑法大全中改正件 續

第三百十二條 一項「囚의罪에二等을減」下에(ᄒᆞ고囚가反獄在逃ᄒᆞᆫ境遇에ᄂᆞᆫ二等을又減)十八字ᄂᆞᆫ刪去ᄒᆞ고「호되」下에(徵役三年에止ᄒᆞ고)八字를添入ᄒᆞ고「吏典의罪에二等을減」下에(호되囚가反獄在逃ᄒᆞᆫ境遇에ᄂᆞᆫ各히二等을又減)二十字를添入ᄒᆞᆷ이라

第四百八十九條、「奪取」下에(ᄒᆞ거나姦淫)五字를添入ᄒᆞᆷ이라

第四百九十七條「祖父母父母」下에(나本夫)三字를添入ᄒᆞᆷ이라

第六百十四條「條」下에(他人이互爭ᄒᆞᄂᆞᆫ)七字를刪去ᄒᆞ고(互爭及他人의)六字를添入ᄒᆞᆷ이라

第六百五十九條「徵役」下에(十九年)을(三年)으로改正ᄒᆞ고同條次에(但悔悟自新ᄒᆞ야斷吸ᄒᆞᆫ者ᄂᆞᆫ勿論ᄒᆞᆷ이라)十七字를添入ᄒᆞᆷ이라

第六百七十二條「賭技로財物을騙取ᄒᆞᆫ者ᄂᆞᆫ現[illegible]만並」十五字ᄂᆞᆫ刪去ᄒᆞ고(財物을騙取ᄒᆞᆯ計로賭技ᄒᆞᆫ者ᄂᆞᆫ笞一百호되因ᄒᆞ야得財ᄒᆞᆫ者ᄂᆞᆫ計贓)二十八字를添入ᄒᆞ고「律에」下에(准ᄒᆞ야科斷)五字ᄂᆞᆫ刪去ᄒᆞ고(依ᄒᆞ야一等을減)七字를添入ᄒᆞᆷ이라

光武十年二月二日

御押 御璽 奉 勅

議政府參政大臣 勳二等朴齊純

法部大臣勳一等李夏榮

第三千三百七十號 光武十年二月七日

◉宮廷錄事

詔日 宗廟 永寧殿[illegible]云事 [illegible]未安故[illegible]令宮內府擇日擧行

一月十七日

◉敍任及辭令

正三品玄晟柱 全李容淳

命侍從院分侍從 李種國 具然復 南廷寬 具麟書

命侍從院分侍御

命시從院分主事 安鍾健

任漢城府裁判所檢事叙奏任官四等 法部主事安致潤

以上二月三日

●第三千三百七十二號 光武十年二月九日

◉敍任及辭令

任秘書監丞叙奏任官三等 正三品尹致儉

二月五日

任秘書監丞叙奏任官三等 正三品趙範九

任西京 豐慶宮參書官叙奏任官四等 正三品崔星源

命分秘書監丞 正三品徐相薰

命分秘書監郎 六品金哲洙 全尹禧永

命시從院分主事 宋鍾聲

任奉常司典事叙判任官六等 五品李載榮

以上二月六日

外報

●陶伯意見 도무스도이伯이談話ᄒᆞ되俄國의紛擾ᄂᆞᆫ危險이아니오同國에工業的勞動者ᄂᆞᆫ俄國國民에最多數되ᄂᆞᆫ農民에對ᄒᆞ야何等의方策도講究치아니ᄒᆞ고農民의不穩을[illegible]ᄒᆞ니오新聞的記事에不[illegible]ᄒᆞᆷ이오革命을夢想ᄒᆞᄂᆞᆫ農民[illegible]이目下에[illegible]少ᄒᆞᆷ이라如何ᄒᆞ든지現政府를破壞ᄒᆞ고基督敎的精神을愛重ᄒᆞᄂᆞᆫ新政府를建設ᄒᆞ라明言ᄒᆞ얏다더라

●買收相議 去月十三日桑港發電을據ᄒᆞᆫ즉太平洋汽船會社買收에關ᄒᆞᆫ日本人의提議ᄂᆞᆫ目下同社長히리만氏와相議中에在ᄒᆞ다더라

●美淸親密 華盛頓來電을據ᄒᆞᆫ즉國務卿루우르氏ᄂᆞᆫ만遊ᄒᆞᄂᆞᆫ淸國委員에對ᄒᆞ야滿腔歡迎을表ᄒᆞᆫ다言ᄒᆞ고淸國에對ᄒᆞᄂᆞᆫ美國의眞情을吐破ᄒᆞ얏다더라

●二山噴火 十一日倫敦發電을據ᄒᆞᆫ즉伊太利(베스베아스)及(에도나)의二山이噴火ᄒᆞ고용灰石은(베스베아스)에在ᄒᆞᆫ山道鐵道의方面에流出ᄒᆞ야線路를破壞ᄒᆞ얏다더라

●四國協議 十四日伯林發電을據ᄒᆞᆫ즉摩洛哥會議ᄂᆞᆫ平穩히進行을計圖ᄒᆞ며尙此議事의順序를定ᄒᆞ기爲ᄒᆞ야目下에德法西伊四國間에豫備協議中이라더라

●德帝會葬 一月三十日伯林發電을據ᄒᆞᆫ즉丁抹國皇帝크리스잔九世陛下가崩御ᄒᆞ옵신데對ᄒᆞ야德國皇帝ᄂᆞᆫ其葬式에臨御ᄒᆞ옵실預定이라더라

雜報

經筵官金夏容氏가警務使尹喆圭를彈駁ᄒᆞᆫ上疏全文이如左ᄒᆞ니

伏以君臣分義亘古今天地之綱常而苟或爲人臣者專擅矯制則春秋之所必誅王法之所不赦也況當國勢危急之日主威不振國權見削外侮日至內奸日熾不能整肅綱紀則亂臣賊子接踵之禍將有不可勝言者也故祭酒臣宋秉璿宿德者舊一國儒宗 陛下待之以賓師朝野仰之若山斗不幸遭此時局之大變四千年宗敎之責五百年宗社之憂發拔住不得七耋扶老顚倒氷程[illegible]大義爲 陛下[illegible]忱欵結白首[illegible]者[illegible]深燭朝野之所共[illegible]雖婦孺走卒孰不服其忠而歎其義[illegible]噫彼么麼怪[illegible]之詰圭許傳入[illegible]不服之別巡侮弄追逐罔有紀極[illegible]儒臣不得接跡於 輦下竟至飮泣而自靖噫嘻痛矣自古媢嫉附勢之輩何限而未有如此賊之梟獍腸凶猾詭譎者也假使儒臣敗衆天陛之際設有所言非當惟聖裁在焉退之斥之如賈誼之論無所不可而渠何敢不有 君命欺迫儒臣作此無前之變擧抑獨何心哉彼但以貪叨之習欲取媚於一邊逐鹿而不見泰山投鼠而不思忌器乃反侮及 君父至此之極事不痛恨而衆心敢[illegible]臣可迫儒臣不可迫也儒臣可迫 皇勅不可矯也此等罪案春秋之所當誅之王法之所不赦而臣側聽屢日尙未聞按擬當律豈可曰國有法乎由是而人心憤惋士論沸騰此非臣一人之言也實一國人民之言也玆敢不避猥越仰瀆 宸聽伏乞皇上俯賜監諒亟下臣章于有司誅此奸賊以肅綱紀以謝天下千萬幸甚

●靑會美演 皇城基督敎靑年會에서本月十一日下午七点半에美人헐버氏가何以得第一生命이란問題로演說ᄒᆞᆫ다더라

●申氏惡行 [illegible]川郡居陽居申喆熙氏ᄂᆞᆫ京校洞某大官妻姪인ᄃᆡ怙權倚勢ᄒᆞ야[illegible]存인지稱以火賊防禦ᄒᆞ고[illegible]에兵站을設ᄒᆞᆫ後로申氏의許多不法行爲가日甚月長ᄒᆞ야有時乎乘轎率兵ᄒᆞ고各村에遍行ᄒᆞ야居民을嚇喝ᄒᆞ며錢財를[illegible]ᄒᆞ며外他惡習이無所不至ᄒᆞ야[illegible]殘民이其氣를[illegible]ᄒᆞ야莫敢誰何ᄒᆞ게되ᄂᆞᆫ故兵站作弊가甚於賊黨이라ᄒᆞ고南來人의所傳이皆同ᄒᆞ니政府大官은此事를未聞인지如此悖類悖兵을不別嚴懲ᄒᆞ야이ᄯᅢ民莫支話ᄒᆞ니强梁을勿避ᄒᆞ고另加禁戢ᄒᆞᆯ지어다

●內債募集 日本東京電을據ᄒᆞᆫ즉議會通過ᄒᆞᆫ結果로臨時事件費二億圓內債를募集ᄒᆞᆫ다더라

●大開演場 [illegible]下午七点半에皇城基督敎靑年會에서大討論을開ᄒᆞ얏ᄂᆞᆫᄃᆡ問題ᄂᆞᆫ古人賢가勝於今人否이오可否演辯ᄂᆞᆫ鄭喬梁弘默洪允祖林珍洙柳瑾張燕諸氏라더라

●金氏特赦 朝鮮新聞을據ᄒᆞᆫ즉金彰濟氏ᄂᆞᆫ年前에仁川郡廳詞長으로當時國事犯의嫌疑를被ᄒᆞᆫ지라氏가脫身ᄒᆞ야長崎에赴ᄒᆞᆫ結果로欠席裁判에付ᄒᆞ야流終身에處ᄒᆞ얏스나氏ᄂᆞᆫ犯罪ᄒᆞᆫ事實이毫無ᄒᆞᆫ지라長崎에在ᄒᆞ야支那의業으로漸次生計를立ᄒᆞ야長崎士人의哀憐庇護를得ᄒᆞ더니今에 韓皇陛下ᄭᅴ셔氏의行跡을聞ᄒᆞ시고特爲赦免ᄒᆞ신으로氏가聖恩을感泣ᄒᆞ야故國에歸ᄒᆞᆫ다더라

●顧問作弊 近日嶺營의傳說을聞ᄒᆞᆫ즉慶北慶州郡에學校設立이今爲三年ᄒᆞ얏신즉敎師月銀等費를自納家로合有處分인바該郡人金輸殷이가稱以一進會顧問官ᄒᆞ고無端이學校를仇視ᄒᆞ야學部에詆毁ᄒᆞᆷ으로仍無如何處分이오且金氏가士林을務侗ᄒᆞ며詞訟을專擅ᄒᆞ야該郡境內每戶에補助金七戔式收食ᄒᆞ얏기로民怨이載路라ᄒᆞ며一進會에도顧問官이有ᄒᆞᆫ지可以一笑를發ᄒᆞ리로다

●署發請務 慶興市撫巡奥甚稱이醫務所에報告ᄒᆞᆫ內槪에現今本署가借居民家에主人督促도甚披莫甚ᄒᆞ더러罪人逃因가莫無其策ᄒᆞ야警察上에多有妨害이오며九年度經費를以新貸減定事로巡檢等이呼冤退去ᄒᆞ니何以支撥ᄒᆞ야査照後警守重建費와九年度經費를移照度支部ᄒᆞ야迅速依前劃下ᄒᆞ라ᄒᆞ얏더라

●悖李宜懲 京居李載規가加平郡朝宗面祝靈里居韓柄敎의田畓錢財勒奪事ᄂᆞᆫ前報에已揭어니와同李氏가日本兵站通辭鄭雲先을作同ᄒᆞ야韓柄敎韓族六十六戶田畓文券과錢三萬三千五十兩을前後勒奪ᄒᆞ고韓族六人을亂打ᄒᆞ야郡獄에捉囚ᄒᆞ고日加懸刑ᄒᆞᆷ의該郡郡守ᄂᆞᆫ其氣焰를畏ᄒᆞ야上京避之ᄒᆞᆫ지라李載規가尤肆猖獗ᄒᆞ야其徒黨二十四人을指揮ᄒᆞ야奪人錢財ᄒᆞ며刼人婦女ᄒᆞ야隨處騷突에無所不至ᄒᆞ기로一郡人民이如逢亂離ᄒᆞ야驚駭叫散ᄒᆞ더니幸賴警務顧問이李氏의賊行을探聞ᄒᆞ고派送巡査ᄒᆞ야李載規와及其徒黨九人을捕捉上京ᄒᆞ니郡中人民의欣喜頌德은已無可言이어니와盖此李載規ᄂᆞᆫ帝室之近親으로其權威를憑藉ᄒᆞ며況又兵站을倚勢ᄒᆞ야無辜殘民의게盜路之行을肆然行之ᄒᆞ야奪財刼婦等諸般惡習이罔有紀極ᄒᆞ니此等悖類ᄂᆞᆫ誅有餘罪이어니와諸民處에所奪錢이合爲二十餘萬兩이라ᄒᆞ니這即徵出ᄒᆞ야還給該民ᄒᆞᆫ다거시公法上當行底事라ᄒᆞ고輿論이同然ᄒᆞᆫ다더라

●軍樂派韓 日本參謀本部에서ᄂᆞᆫ今回에近衛戶山學校及第四師團軍樂隊로서下士卒三十七名을選擇ᄒᆞ야戶山學校에서軍樂隊로編成ᄒᆞ야不日派韓ᄒᆞᆫ다더라

●觀察辭職 咸鏡南道觀察使申箕善氏ᄂᆞᆫ日昨에辭職疏를進呈ᄒᆞ얏다더라

●改道減省 十三道를改稱ᄒᆞ야十三省으로定ᄒᆞᄂᆞᆫ中인ᄃᆡ觀察使內定은慶尙道에ᄂᆞᆫ申泰休氏가仍任ᄒᆞ고全羅道에ᄂᆞᆫ金宗漢氏오忠淸道에ᄂᆞᆫ韓鎭昌氏오黃海江原兩道에ᄂᆞᆫ仍任ᄒᆞ고咸鏡南北道와平安道에ᄂᆞᆫ遷動이有ᄒᆞᆯ러라더라

●花室閉春 日昨警務廳에서五署內賣淫女를一齊調査ᄒᆞ야懸牌者無를檢察ᄒᆞᆫ後로봇터詩洞賞花室諸處에서一切風流客을不接ᄒᆞ고紗窓을緊閉ᄒᆞ야光景이冷落ᄒᆞ다ᄒᆞ니賤業積漸中ᄒᆞ야春色을永鎖ᄒᆞᆫ決心인지或疾病治療ᄒᆞᆯ기를爲ᄒᆞᆷ인지不知ᄒᆞ겟스되因此城內花柳景況가[illegible]ᄒᆞ더라

●抗辯仍囚 去陰曆十一月二十九日警務廳에在囚ᄒᆞᆫ諸人을放釋ᄒᆞᆯ時에警部에서尹孝定氏를招問曰今에得放ᄒᆞ면更히七星板과草席等事를勿爲否耶아ᄒᆞᆫ則尹氏抗言曰吾의行事가有妨於日本軍事上乎아有妨於治安乎아有妨於韓日交際乎아以此以後에毫無相關이거날何故로我를稱因ᄒᆞ얏스며今에다시此等行事의爲否를詰問ᄒᆞᄂᆞᆫ고ᄒᆞᆫ則仍爲更囚ᄒᆞ얏다더라

●長谷惜別 長谷川大將이日公使林權助歸國ᄒᆞᆷ을對ᄒᆞ야今日下午五時에軍司令部內에서惜別宴을開催ᄒᆞ고韓廷各大臣을請邀ᄒᆞ얏다더라

●春察枉法 法部에서江原觀察使閔泳徽氏에게照會ᄒᆞᆫ內槪에江陵郡朴文七獄事案件에對ᄒᆞ야李德寶等을處絞宣告而貴判事前報에ᄂᆞᆫ李德寶等行凶은此係綱常大變이오風化所關인즉誅斥之典을不可晷刻容貸라ᄒᆞ고今者所報에ᄂᆞᆫ不可論罪라ᄒᆞ야變幻翻報ᄒᆞ고眩案枉法ᄒᆞ니按法之官이皆如當判事則部何以准報決案이며法何以無枉得伸이리오言念及此에不覺痛歎이라該案歸決之日에ᄂᆞᆫ自當論勘이거니와其在愼獄欽重人命之地에不容不更加査覈後處辦이니姦夫李德寶와奸婦李召史干犯曾聖元曾召史와奸婦之母李召史를幷停執刑ᄒᆞ고具格各別加嚴囚ᄒᆞ야以待部飭擧行이되另加團束ᄒᆞ야無或生奸케ᄒᆞ라ᄒᆞ얏더라

●新任郡守 郡守新叙本二十二號ᄂᆞᆫ別行所記와如ᄒᆞ거니와其姓名이如左ᄒᆞ니

瑞興崔東植 興寧鄭衡澤
鏡城金在淵 朔州李義國
興海尹奎[illegible] 豐德洪[illegible]
陽德丁學秀 安山李承載
蔚山金德[illegible] 咸昌李鍾浩
金化李昌夏 軍威金[illegible]
英陽金台[illegible] 厚昌具亭模
金浦李性植 价川林正來
順安柳錫祜 安邊金演[illegible]
旌善李審鍾 比安鄭錫駿
河陽金容汝 會寧朴魯學

●秘書新任 議政府秘書官崔東植氏ᄂᆞᆫ郡守被任ᄒᆞᆫ代에洪運杓氏가被任ᄒᆞ고內部秘書官金台顯氏郡守被任ᄒᆞᆫ代에丁九燮氏가被任되얏더라

雜報

黃海道管下郡守治蹟

黃州郡守朴元敎 嚴防兵弊知
哉賦警上
安岳郡守金容岳 盡念革罷弊
由校悍下
海州郡守李昌翼 只談
平山郡守洪應祖 捐廉興學惟
民減役上
鳳山郡守玄輿澤 總莅旋由民
情渴望中
延安郡守李容九 愛民東鄕剛
柔兼濟上
谷山郡守李僣承 雍睿傚治民
日來慕上
瑞興郡守吳景祚 目不識丁心
欲肥已下
長淵郡守朴始淳 士類敎育民
絶賄賦上
殷事郡守秦顯晟 身勞交涉民
或愁歎中
遂安郡守尹致祚 吉習稍戢檢
費宜減中
白川郡守趙元奎 廉雅持心綜
詳爲政上
信川郡守李容弼 冰蘖淸聲藩
庶歛政上
金川郡守柳昇東 裏糧行檢民
無貽弊上
文化郡守徐丙疇 儒風不振稅
政濟刷上
豐川郡守鄭在華 未赴任
新溪郡守成禧永 一洗前蹟咸
日我侯上
長連郡守金炳燮 刷淸防役吏
戢民安上
松禾郡守許 철 致先察眉寃
自歛手上
殷栗郡守鄭元謨 一心持正片
言折獄上
兎山郡守黃裕秀 賑餘乍還何
不懷集中
甕津郡守金奭圭 心切闔報賑
民繕屛上
康翎郡守閔泳恪 嚴束庭吏鎖
祛戶鷄上

廣新學以補舊學說 (續)

○至嬴秦이焚詩書百家語ᄒᆞ야以愚黔首ᄒᆞ니當時明備之學術이疑以放失ᄒᆞ고漢世에掇拾燼餘ᄒᆞ니所存이幾何오

武帝表章六藝ᄒᆞ고罷黜百家ᄒᆞ니夫表章六藝가信善矣나概罷黜百家ᄒᆞ야ᄂᆞᆫ舉古來有用諸學ᄒᆞ야隨之以俱廢ᄒᆞ니豈不深可惜哉아

文武之道ㅣ賢者ᄂᆞᆫ識大ᄒᆞ고不賢者ᄂᆞᆫ識小라ᄒᆞ니六藝ᄂᆞᆫ識其大ᄒᆞ고百家ᄂᆞᆫ識其小어날武帝ᄂᆞᆫ舉一而廢百故로漢後著書者가不復能自成一家ᄒᆞ고

學人托業이乃多蹈於虛無라其在專精經術者ᄂᆞᆫ拄拄墨守成法ᄒᆞ며更有拔神性理者ᄂᆞᆫ益復好爲高論ᄒᆞ고

詩文專集則塞谷塡海ᄒᆞ며書翰末技가小闘巧爭姸ᄒᆞ니良由敎養實學이缺焉不備ᄒᆞ야無所事事故로相率畢命爲此ᄒᆞ고

星命風水占驗神仙浮屠와一切惑世誣民之邪說에乃得乘間抵隙ᄒᆞ야傍見側出於其間ᄒᆞ니

上以之爲政ᄒᆞ고下以之爲俗ᄒᆞ야積非成是ᄒᆞ야累千餘年而不之弊ᄒᆞ니嗚呼愚哉로다 (未完)

●俘虜韓人 日本俘虜七百九十五名을近日神戶港에輸來ᄒᆞ얏ᄂᆞᆫ데該俘虜中에韓國人百四十一名이有ᄒᆞ다더라

●奏本分排 再昨九日內部에셔郡守二十二窠를奏本ᄒᆞ얏ᄂᆞᆫ데其內容은左右시御二人과桂坊一人과景孝殿祀丞一人과시從一人과內部官吏二人과四色中一人式分排ᄒᆞ니內大李址鎔氏의家人李鍾浩氏ᄂᆞᆫ小邑咸昌을被任ᄒᆞᆫ지라同氏가大臣을對ᄒᆞ야以薄窠로爭詰ᄒᆞ야幾至牛梗ᄒᆞ고其他落榜門人等은大臣을含怨ᄒᆞᆫ다더라

小說

●青樓義女傳 (속)

사람들이비셩의행실이여츠ᄒᆞᆷ을보고서로협칙ᄒᆞ여왈그ᄃᆡ가쳔금을허비ᄒᆞ여일미녀ᄌᆞ를밧구와도라오니그녀ᄌᆞ가능히금을나을손야호죠에청ᄃᆡ홀돈은장ᄎᆞ무엇으로판탐ᄒᆞ며

각쳐번리ᄂᆞᆫ엇지마감ᄒᆞᆯᄌᆞᄒᆞᄂᆞᆫ요ᄒᆞᆫᄃᆡ비셩이그말을들으미샴을쳐음셔인듯ᄒᆞ야ᄎᆞ탄ᄒᆞᆷ과후회ᄒᆞᆷ을마지아니ᄒᆞ여비굼을ᄂᆞ르고져ᄒᆞ니그ᄉᆞ담됨이어리셕음ᄋᆞᆫ이를미루여가히알네라

그렁저렁압녹강을다다라ᄂᆞᆫ륙디를밟이고비에올나슈로로힝ᄒᆞᆯ시것비에잇ᄂᆞᆫ리셩이라ᄒᆞᄂᆞᆫᄌᆞ이그미인의용모를보고심신이황홀ᄒᆞ야

여취여광ᄒᆞᆫ마ᄋᆞᆷ으로가만이비셩을청ᄒᆞ야먼저그마ᄋᆞᆷ을탐지ᄒᆞᆯᄎᆞ로말ᄒᆞ여갈오ᄃᆡ뎐하에보비ᄂᆞᆫ미인에서지남이업ᄂᆞᆫᄃᆡ그ᄃᆡ가능히엇어손쥬집에도라가규중에깁히감초고ᄌᆞᄒᆞᄂᆞ야즁가을밧고팔고져ᄒᆞᄂᆞᆫ요ᄒᆞᆫᄃᆡ비셩이머리를숙이고

장탄ᄒᆞ여왈비록팔고져ᄒᆞ나살자이업슴가두려ᄒᆞ며집에감초와두고져ᄒᆞ나스ᄉᆞ로보젼치못ᄒᆞᆯ가염여ᄒᆞ노라리셩이마ᄋᆞᆷ에착급하여실졍으로고하야왈쥭을ᄉᆞ람의게살약은본ᄃᆡ갑시업나니이제ᄂᆡ심즁에품은병은반다시

져미인이아니면능히곳칠슈업고ᄯᅩᄒᆞᆫ살슈업ᄂᆞᆫ지라그ᄃᆡ가만일갑슬밧고져ᄒᆞᆯ진ᄃᆡᄂᆡ게팔기를허락ᄒᆞᆷ이엇더ᄒᆞ뇨ᄂᆡ힝즁에잇난물화가슈만금어치에지나되맛당이그ᄃᆡ의게몰슈히쥴이라ᄒᆞᆫᄃᆡ비셩이그말을듯고ᄃᆡ희하여왈

ᄂᆡ마암은그러하려니와미인의뜻이엇더ᄒᆞᆯᄂᆞᆫ지알슈업슨즉아모커나가셔의론하여보리라하거ᄂᆞᆯ

(미완)

廣告

本校에서今月十三日(陰本月二十日)開學ᄒᆞ오니本學員은屆期赴校ᄒᆞ시고新學徒도募集ᄒᆞ깃ᄉᆞᆸ

私立普光學校 告白

刑法大全定價新貨六十錢

齒科 廣告

齒科醫士美國人떠이ᄯᅴ워드、헌

右事務所ᄂᆞᆫ南大門內達城尉宮內美國醫士스크랜튼家後에在ᄒᆞᆷ

視務時間은每日上午九時로一時ᄭᆞ지下午二時로五時ᄭᆞ지

右時間外에特別히治療ᄒᆞ기를要請ᄒᆞᄂᆞᆫ今員은預先通知ᄒᆞᆷ

現今世界列國이互相交涉之日에交際之禮ᄂᆞᆫ宜先講解이기로

交際新禮一冊을撰述發刊ᄒᆞ오니外交家及紳士의不可不覽ᄒᆞᆯ袖珍이라僉君子ᄂᆞᆫ繙悉購覽ᄒᆞᆷ

定價金 新貨十八錢
發售所 大韓每日新報社

金澈榮이於本人處當報錢三百十六元에對ᄒᆞ야西署五宮洞三十四統四戶渠之家券을貽我典用故依其言施之러니今忽無理ᄒᆞᆫ告가反爲街杖이기玆廣告홈

姜元善 告白

載寧居前主事金鳳旭氏留於皇城北壯洞通洞崔景錫家矣知舊間來訪ᄒᆞ시오

陰曆正月二十日下午一時부터五時ᄭᆞ지本病院會觀光식일테니大韓僉夫人은巡遊觀光ᄒᆞ시옵

且伊日爲始ᄒᆞ야每日看病施醫ᄒᆞᆷ

貞洞普救女館 告白

●學員募集廣告●

本塾에서英語商業科를加設ᄒᆞ고晝夜兩學科學員을募集ᄒᆞ오니願學人은本塾에來請應試ᄒᆞᆯ事

裏請狀은本塾에서擔用ᄒᆞᆷ

●晝學科目
독書 作文 日語 算術

●夜學科目
英語 商業專門

●試驗科目
國漢文 독書 作文

夜學科에ᄂᆞᆫ算術四則以內로加시ᄒᆞᆷ事 但中學校以上卒業人은免시入格ᄒᆞᆷ

●시驗日字
陽二月二十五日 陰二月初三日

光武十年二月七日
寺洞義親王宮後門越邊

廣成義塾

學員募集廣告 (第二回)

本校에서法律學專門科 全夜學及理財學專門科 晝夜學學員을新募하오니願學人은本校에來하야請願應시ᄒᆞᆷ事

學科及規則은本校에來問ᄒᆞᆷ

●시驗科目
國漢文 讀書、作文
算術 四則以內

●시驗日子
二月十三日(陰正月二十日)

光武十年一月四日
北署磚洞

普成專門學校

特別廣告

本申報分銷等事로釜山鎭支社員은該鎭二洞永興社金灌榮氏로鎭南浦支社員은該浦藥洞金仁집氏로義州邑支社員은該邑南門外韓西大藥房主人張有寬氏로平壤邑支社員은該邑南山峴日신學校內金興濶崔叔恒兩氏로宣川邑支社員은該邑安濬氏로長連邑支社員은該邑金龜氏로議定하야逐號下送하오니該附近地에서購覽하시ᄂᆞᆫ僉君子ᄂᆞᆫ以上諸氏에게購讀하시고代金도諸氏에게傳致ᄒᆞ심을爲要

大韓每日申報社　告白

●數理學雜誌改良廣告

本雜誌를第三號로붓터ᄂᆞᆫ頁數ᄅᆞᆯ一增加ᄒᆞ며雜冊도改良ᄒᆞ며記載ᄒᆞᄂᆞᆫ材料도一層精選ᄒᆞ야江湖僉位의愛讀ᄒᆞ시ᄂᆞᆫ厚意를報酬코저ᄒᆞ오니倍舊愛讀ᄒᆞ심을伏望

但發行日子ᄂᆞᆫ每朔五日
一券定價ᄂᆞᆫ新貨拾錢

發行所　南大門內尙洞舊德公館右便　數理學雜誌社

賣却所
鍾路大東書市　尙洞會堂內
布屛下金相萬冊肆
新門內松橋張智閔紙廛
銅峴朴泓九紙廛
仁川港租峴開新冊肆

以上三種은上品으로製造ᄒᆞ야衛生上에至極有益ᄒᆞ니毋論某人ᄒᆞ고本社에來購ᄒᆞ심

大韓帝國仁川港
濟物浦紙卷烟及烟草會社

●九轉靈砂라 本人이妙方法을神備하야製造ᄒᆞᆫ靈丹인ᄃᆡ男女老少에無論何症ᄒᆞ고通治ᄒᆞ오며無病時에도服ᄒᆞ면平生의身體가健康ᄒᆞ며小兒ᄂᆞᆫ四五錢重만服ᄒᆞ면十歲안에無病ᄒᆞ기를擔保ᄒᆞ오며
●九轉靈砂萬應丹은癲狂　瀾症과中風諸疾과耳目諸病과淋疾에神効ᄒᆞ오
●九轉靈砂保命丹은初生小兒　驚風　痫氣　咳嗽　腹痛諸般惡症에　効ᄒᆞ오
●九轉靈砂濟衆丹은酒滯　食滯　血積　吐瀉　霍亂　痢疾　吐血　下血　運氣　時疾　痂症에神効ᄒᆞ오
●九轉靈砂紫金丹은痔漏　累[illegible]　上痔瘡　下痔瘡及腐瘡과諸般瘡瘇惡種에無不神効ᄒᆞ오니　僉君子ᄂᆞᆫ來問ᄒᆞ시오

內需司前목갈이골上隅第一家　李[illegible]廷移徙　告白

一 鷲標罐濃結牛乳
一 金印罐詰濃結牛乳
一 嬰兒家用氣化乳酪
一 [illegible]ㅣ므쓰製造麥芽化合牛乳

以上은常時에貯積ᄒᆞ얏ᄉᆞᆸ

美國紐育港뽀ㅣ든쓰濃結牛乳會社

一手代理店

大韓仁川港
世昌洋行

本社廣告

申報價
一張代金　新貨二錢五里
一箇月前納　三十錢
三箇月　九十錢
六箇月　一元七十錢
一箇年　三元四十錢
郵稅一部　新貨五里
一箇月　十三錢

廣告料
四号活字十三字詰
每日每英尺一寸에新貨廿五錢
（每日每行에六錢에相當홈）
二周日에　二圜五十錢
（每日每行[illegible]錢五里에相當홈）
一箇月에　五圜
（每日每行[illegible]錢一里에相當홈）
其期限의長短과字行의多少를依ᄒᆞ야增減홈이有홈

大韓人마다此申報를不得不閱覽ᄒᆞ실ᄃᆡ이오니廣告出報ᄒᆞ실僉君子ᄂᆞᆫ來臨面議ᄒᆞ시옴

發行兼編輯人　英國人裵說
發行所　京城北署壽進坊磚洞另外[illegible]
大韓每日申報社

第四卷

大韓每日申報
대한매일신보

第一百四十四號

月曜及慶節歲時日休刊

檀君開國四千二百三十九年
箕子元年三千二十八年
大韓開國五百十五年
日本明治三十九年
清國光緒三十二年
陰曆丙午一月小二十日戊子

論說

錢能用權

近者伊藤侯의談語에云하되韓國事業을擴張하기에日本이財政으로는不能助力할거시오諸般擴張은國內財源으로供給할터이나其早晩時期는豫筭經費나或借欵以後之事라하얏더라

此是有味之說이라起余思想이나日本之財政處理를觀之면同侯談話의明白意思를諒悉키未易로다韓國之獨立이不能鞏固之日에外國借欵을未能하리니

韓國之位置保證으로借其外債乎아韓國이自費其金額乎아韓國信用이與其金額相宜乎아必也不然이로다

韓國이雖是不貧이나現未得富名이라美國에恒言된錢能用權이라함을本記者ㅣ往往引用하더니와

現今財貨가安全證券을得하기에極用其權하나니今日韓國內에其相當保證을探出하라면其難이甚矣리로다

韓國內日本地位의將至如何를不自詳悉은明確矣니韓日擴張計策이墮地之日에愼重積金者는庶不勞矣리로다

官報

●第三千三百七十三號　光武十年二月十日

◉宮廷錄事

詔曰命陸軍參將嚴柱益爲陸軍法院長

光武十年二月七日
議政府參政大臣 朴齊純

◉敍任及辭令

任陸軍法院長叙勅任官二等　陸軍參將 嚴柱益
秘書監丞 金夏容
秘書監郎 金在司
시講院시從官 金璟鎭
主殿院電務課主事 金顯九
主殿院電務課主事 尹命燮
主殿院電務課主事 李慶鉉
主殿院電務課主事 李鼎鉉
主殿院電務課主事 韓九鉉
章陵參奉 金顯鍾
咸鏡南道分奉常寺主事 韓道鉉
咸鏡南道分奉常寺主事 朱圭
解分秘書監郎　秘書監郎 鄭鴻錫

任制度局叅書官叙奏任官三等
宮內府參書官 金容濟
正三品 兪致衡
六品 金相允
九品 鄭寅韶
任制度局叅書官叙奏任官四等
正三品 南廷奎
任 宮內府叅書官兼內事課長
叙奏任官二等
任秘書監丞叙奏任官三等
正三品 閔廣植
任秘書監郎叙奏任官四等
六品 鄭鴻錫
任侍講院侍從官叙奏任官四等
寧陵參奉 金升鎭
任制度局主事叙判任官一等
六品 金實培
任制度局主事叙判任官四等
主殿院警衛局主事 崔重植
任制度局主事叙判任官五等
六品 李敏錫
趙瑀默
全台憲
禮式院掌樂課主事 金顯奎
任制度局主事叙判任官六等
任禮式院掌樂課主事叙判任官六等
九品 朴海兢
任 寧陵叅奉叙判任官八等
六品 金珽鎭
孝昌園參奉 趙鍾禹
任 章陵參奉叙判任官八等
社稷署參奉 許楨
任 孝昌園參奉叙判任官八等
圜丘壇祠祭署參奉 洪淳翼
任 社稷署參奉叙判任官八等
圜丘壇祠祭署參奉叙判任 崔永稷
任 圜丘壇祠祭署參奉叙判任官八等
金鍾律
金鼎九

任咸鏡南道分奉常寺主事叙判任官八等
任務安監理署主事叙判任官六等
九品 李宰榮
以上二月七日

外報

●墨國銀行　最近者美國新聞을閱讀한즉十一月卅七日봇터翌年三日에至하기까지一週間에殆히百八十萬弗의金貨가紐育에서墨西哥에流入하얏는데此는頗히異常한事이라全然銀塊時勢暴騰에原因한者로墨西哥銀行家는此로因하야地金을紐育에서買求하야淸國에轉送하야相當한利益을收得할야한즉今後銀塊時勢가下落함에至하면紐育에서墨西哥에地金流入이自至할지나此銀塊加勢가暴騰한原因은亞細亞에서銀의需用이增加함과如한지라過去統計에依한즉美國은反히墨西哥에서輸入한者千九百四年에一千零八十一萬八千五百九十六弗이오千九百三年에는九百四十三萬零二百七十四弗이오千九百二年에는四十六萬一千弗이오千九百一年에는七百十九萬二千零三十弗이오千九百年에는五百零七萬千二百九十六弗을輸入하얏다더라

●將見平和　摩洛哥問題國際協議會는來十六日頃에西班牙「아루게시라스」에서同國外相아루모도와루氏를會長으로推薦하야議會를開催하고關係諸列國의代表者는旣히其本國을出發하얏스나德國은依然히侵略的態度를不改함으로一時同會議의前途는悲觀이有하얏스나伊太利西班牙等의諸新聞은異口同聲으로德國攻擊의態度를取하얏다고美國이有力한宣明을發表함에依하야德國도其後從來態度를大改한模樣인데向者伯林에서發表한白書內容을見하더라도甚不當의要求를不爲함은明白한結果로結局同會議도平和의解決을見함에至할이라더라

●候補運動　伯林發電을據한즉法國大統領의候補者된쓰ー메ー氏는急進黨의代議員하고엔氏을代抗하야再次代議院長으로選擧되얏스나急進黨은大統領의候補者로元老院議長화리에루氏로運動을始하얏다더라

●巨款應募　伯林發電을據한즉目下巴里에서公債募集을交涉하는俄國前大藏大臣고고ー쏘후氏는金貨本位의維持에關한約束을調査하얏스며巴里銀行家는方今三億法만募集에應募할豫定이라더라

●靑島德人　目下淸國靑島附近에在留한德人은男이千百六十餘人(但下士以下의兵卒은不含함) 此內에下士以上現役軍人二百五十三人을控除하면商人及非役豫備役豫備人合計八百七十餘人이오婦人이二百六十餘人이라더라

雜報

●嘆統監府分課規程

昨見所謂統監府分課規程頒佈ᄒᆞ니此是韓國之高等一政府오又是東洋之一部新日本이로다當初韓日協約之日에但以外交權三字로移付日本政府云而威脅政府ᄒᆞ며恐喝 皇上ᄒᆞ야勒成一片條約은世界萬國之所認恐이언마ᄂᆞᆫ日本은殆若雙手로自掩其目ᄒᆞ야以公使撤還으로欺明萬國之公認而自意擅斷ᄒᆞ야隱然有全呑韓國之大陰謀ᄒᆞ야另設日本一政府於韓國政府之上ᄒᆞ야分張과局ᄒᆞ고任命官員ᄒᆞ야行將陸續出來ᄒᆞ야擔其責任矣리니此何等陰邪之計也오以世界上與保護國及被保護國事狀으로論之컨ᄃᆡ設置統監府ᄒᆞ야移去外交ᄒᆞ며干預內定은今所擬見은已無可論이어니와設若設置統監府名色이라도統監一人이足矣오叅書書記官等數人이亦足矣어ᄂᆞᆯ向所謂政務總長警務總長等名目은昭然羅列其各部大臣之地位오今所謂分과規程은昭然羅列其局長과長之名稱이니此豈非韓國之高等政府며又豈非東洋之新日本乎아今此另設高等政府ᄂᆞᆫ掌握一國之權利ᄒᆞ야總攬 皇室政府與人民領土之名義也니然則此可曰日本之被保護國이可乎아否乎아此可曰日本之ᄂᆡ服이可乎아否乎아以俱心俱眼者見之면韓國이一朝而爲日本之ᄂᆡ服은明若觀火也어ᄂᆞᆯ噫彼圖勢貪榮者ᄂᆞᆫ此是刷新之好機會라ᄒᆞ야阿諛日本而圖其爵位計ᄒᆞ니韓國刷新之機會가果由此輩而能至刷新歟아居朝廷之上者ㅣ皆非倡導日本ᄒᆞ며奴隷日本之鄙夫라以此輩流로能刷新韓國耶아設或刷新이라도此非日本政策之所不欲爲者니奈何以行之乎리오若使日本으로果有誠實心而保護韓國인ᄃᆡ政府組織을果如是乎며施政忠告를果如是乎며宮廷肅淸을果如是乎아以口舌則曰以善良人材로組織政府라ᄒᆞ며曰以革新改良으로爲施政忠告ᄒᆞ며曰屛斥宵小로爲宮禁肅淸이라ᄒᆞ되及其行事엔一切相反ᄒᆞ니是可謂誠實心耶이公然欺得天下之耳目ᄒᆞ고肆然逞得自家之心腸ᄒᆞ니日本之用心은雖三尺童子라도已知之盡矣라豈可相信而相孚也리오見其另設一政府於韓國政府之外ᄒᆞ고猶存其韓國政府ᄒᆞ야使之紊亂渾雜昏濁潰裂이無所不至ᄒᆞ야搖其國本而藉爲口實ᄒᆞ야遲晩全呑之計ᄒᆞ니國家之顚覆이必在呼吸이오繼之人種之滅絶이亦在不遠矣리니韓國人民은果知其日本之心腸乎아

●李道屆督　宮ᄂᆡ府에셔法部에照會ᄒᆞ얏스되主殿院電務과長李鍾翼의所犯公錢을嚴査督刷事로已於客年八月分에措辭仰照이온바此欵을業經帝室會計審查局調査文簿ᄒᆞ야該犯奸狀이綻露無遺어ᄂᆞᆯ以實無所犯之意로答覆矛盾故로將此入稟矣러니更照再審하야所犯公貨를不日徵랍事로奉承 旨意하야玆又仰佈하오니該犯李鍾翼을嚴覈審辦하야同乾沒錢을准數督랍하야俾完公用케하되現聞李鍾翼所遁條中에銅貨六十元을已爲捧留云하니即爲送交하야以爲上랍하라하얏더라

●韓氏慘狀　仁港典洞居韓龍壽가月尾島에數間草幕을結立ᄒᆞ고賣酒爲業ᄒᆞ다가日昨夜深後에失火ᄒᆞ야草幕이盡焚ᄒᆞ고懷胎七八朔된其妻와十三歲女兒가俱至於被燒致命ᄒᆞᆫ지라韓氏가遭此慘酷ᄒᆞ고心膽이俱碎ᄒᆞ야欲爲自裁키로在傍諸人이百般挽止ᄒᆞ야至今一縷僅存이나其情勢甚是矜惻故로該港人林相玉氏가先爲捐助二元ᄒᆞ고其餘仗義人들이次第捐助ᄒᆞ야該韓氏를濟活케ᄒᆞᆯ계劃이라더라

●染질預防　警務使尹喆圭氏가ᄂᆡ部에報告ᄒᆞᆫᄃᆡ槪에西署西江坊新水鐵里居平民李德順이가罹於傳染질하야本月八日下午四時에化去이온바恐有傳染之慮하와該附近洞을調査ᄒᆞᆫ즉姑無罹患者이오나更加注意之意로該署에申飭하라하얏더라

●報倅病辭　忠北報恩郡守金基潤氏ᄂᆞᆫ身病으로辭職請願하얏다더라

●淸堂還付　義州卿校儒生等이ᄂᆡ部에電報ᄒᆞ얏스되舊官所居本郡청廳堂에日本駐隊尉官이入處ᄒᆞ와新官衙舍가全無ᄒᆞ니電飭駐隊ᄒᆞ야使之即刻還給本郡을伏望이라ᄒᆞ얏더라

●紙貨被燒　仁川港龍洞居朴允範家에서失火ᄒᆞ야草家十六間이沒燒ᄒᆞ얏ᄂᆞᆫᄃᆡ平山人송必浩가上랍錢一千八百元紙貨을帶來留宿ᄒᆞ다가入於回祿ᄒᆞ니其情勢긍憐이라더라

●賊奪稅錢　金浦郡守朴注東氏가報告ᄒᆞᆫ내開에昨年陰曆歲末에賊黨等이各持銃劍ᄒᆞ고本郡稅務所에突入ᄒᆞ야稅捧色과守直吏校를結縛亂打ᄒᆞ고稅錢封置ᄒᆞᆫ紙貨六百元을奪去ᄒᆞ얏ᄂᆞᆫᄃᆡ赤手空拳으로防備沒策ᄒᆞ야莫重公錢을逢賊見失ᄒᆞ야사오니萬萬惶悚ᄒᆞ와即擕于觀察府러니指令ᄂᆡ에該賊을詷捉ᄒᆞ야右錢을徵出上랍ᄒᆞ라ᄒᆞ얏사오나該賊을捉得無路ᄒᆞ오니見奪稅錢을上랍摠中에除減ᄒᆞ시고軍部에照會ᄒᆞ와軍物을許給ᄒᆞ야後日賊黨을防備케ᄒᆞ라ᄒᆞ얏더라

●英國教育演說　英國文部大臣비려루氏ᄂᆞᆫ부리ᄉᆞ톨市에서연說曰教育에關ᄒᆞᆫ議案은來期會中重要議案이될지며耶蘇教주義教育은何人이든지其工籍의게施ᄒᆞ기를期ᄒᆞᄂᆞᆫ故로同주義ᄂᆞᆫ英國敎育에서全際ᄒᆞᆷ이無ᄒᆞ기를希望ᄒᆞ며自由黨우嘗히會議討論에同問題의國家的定決을求ᄒᆞ며且同黨의唱導吝義를少許라도放棄치아니ᄒᆞ고此國家的定決을得ᄒᆞᆷ을노信ᄒᆞ노라然이나如何ᄒᆞᆫ制度던지一般贊政을得지아니ᄒᆞᆫ즉國家的이라고稱ᄒᆞᆷ을不得ᄒᆞ리니異意見을有ᄒᆞᆫ者의게對ᄒᆞ야ᄂᆞᆫ寬裕ᄒᆞᆫ態度를示치아니면不可ᄒᆞ다ᄒᆞ노라ᄒᆞ얏더라

●未納請免　度支部에서上納愆滯ᄒᆞᆫ守令合四十餘人을調查督랍ᄒᆞᆫ은前報已揭어니와就中三十餘人은已爲准랍이고未勘者十餘人은日間政府會席에請議免官ᄒᆞᆫ다더라

●冗員陶汰　宮ᄂᆡ府現任官吏가合爲五千人인바其中無用者三千人은調查淘汰ᄒᆞ고但以二千人으로仍存視務케ᄒᆞ기로ᄂᆡ定이되얏다더라

●橫稅民怨　近日西來人에傳說을聞ᄒᆞᆫ즉平北觀察李根豐氏가稱以宮ᄂᆡ府訓飭ᄒᆞ고酒麯商의게責稅ᄒᆞᆷ으로民怨이朋興이라ᄒᆞ니他路에所無ᄒᆞᆫ稅規를該路에獨訓責納ᄒᆞᄂᆞᆫ거시宮府之誤耶아觀察之誤耶아其裏由를難測이라ᄒᆞ더라

●牛山勸學　西湖牛山義塾에學務擴張ᄒᆞᆫ은本報에屢記어니와該洞警務分署長李思殷權任金榮洙安世鉉廉學悅諸氏가視務ᄒᆞᆫ餘에料理署務에人民이咸頌자ᄂᆞᆫ無似産遊食之民을禁戢ᄒᆞ야勸而歸業ᄒᆞᄂᆞᆫᄃᆡ在ᄒᆞ더니挽近ᄒᆞ야ᄂᆞᆫ至於學務上注意가又爲熱心ᄒᆞ야曉喩各洞長ᄒᆞ되使之勸勉教育케ᄒᆞ야自八歲以上으로至二十五歲ᄭᆞ지皆爲入叅學校ᄒᆞ야其使良質로無至放浪自棄케ᄒᆞ라ᄒᆞ얏신즉本以警察之細密로又及於勸學ᄒᆞ니此必求忠於孝門之理也라若使各道各郡으로爲其字牧ᄒᆞ야擔任政責을皆如此諸氏면期圖一大興旺而自然開明矣라ᄒᆞ노라

●用達會社　宮內府特許東洋用達會社內容을得聞ᄒᆞᆫ즉韓人趙東元鄭永斗內宗錫淸人同順泰日人服部鏈文財高正章之助及佐藤牧太郞氏等東洋三國有志者로發起ᄒᆞ야組織ᄒᆞᆫ비니其主意ᄂᆞᆫ 宮內府一切需要를應ᄒᆞ야其財政整理의便宜ᄒᆞᆫ機關을期圖ᄒᆞ고또會計基礎를鞏固케ᄒᆞᆯ目的으로實納品一切을所關ᄒᆞ되其支撥을確實히ᄒᆞᄂᆞᆫ方法으로營業特許을受하야臨時營業所를石井洞에權設ᄒᆞ고兼ᄒᆞ여外他一般需要을宜應ᄒᆞᆷ을設備ᄒᆞᆷ이니社長은趙東元會計部長은同順泰營業部長은佐藤牧太郞氏가當任ᄒᆞ고本月十日붓터開業ᄒᆞ니實노韓國에서東洋三國人의合資同盟ᄒᆞᆷ은此會社로以ᄒᆞ야창始가되더이니誠是欣喜ᄒᆞᆯ지로다吾儕ᄂᆞᆫ社運의隆昌ᄒᆞᆷ을切祈ᄒᆞ노라

●士官請派　學部에서軍部에照會하얏ᄂᆞᆫᄃᆡ現接獎部所管外國語學校長張憲植報告ᄂᆡ開에體操士官三人을派送하온바李건은來校視務이오나安鍾幹鄭仁永은初不來校이다이오니該員之若是不遵ᄒᆞᆷ은甚切慨歎이오되獎部에서ᄂᆞᆫ實難董飭이오該學校體操과가因此不進이오니照亮後한與ᄒᆞᆫ士官二人을更擇派送ᄒᆞ야以便教授케ᄒᆞ라ᄒᆞ야더라

雜報

平安南道管下郡守治績

平壤郡守李重玉 巨局弊局에初手良手라安懷流民ᄒᆞ고惠及役夫事上

龍岡郡守金鍾重 親戚之數訪에不無瑕玉之累ᄒᆞ나賊黨之遠도에快見捐金之效라躬執稅簿ᄒᆞ니爲政之大體오明斷獄案ᄒᆞ니遇事則小心事上

中和郡守申大均 新學方蔚ᄒᆞ니來效可期事上

安州郡守劉 猛 周察隱瘼에奸鄕이屛縮ᄒᆞ고明達外交에役民이오抃事上

成川郡守丕鼎允 日淺

三和郡守韓敬烈 莅玆屬耳에民方拭目事上

順川郡守李承周 性本淳厚에誠切報答이나徒善이不足爲政이오旣老에亦倦于勤事中

永柔郡守朴容觀 少年英銳가雖曰剛明이나公牒錯誤가可欠謹愼事中

祥原郡守李翼龍 設爲學校ᄒᆞ니豈曰有司之不明가減定役夫ᄒᆞ니可知交隣之有道事上

未完

●擅毁城壁 大丘郡守金漢鼎氏가內部에報告ᄒᆞ되本郡西門城南邊城壁을日人이無難毁破키로據理曉飭ᄒᆞ야姑爲停役케ᄒᆞ고公函日本守備隊長山定一ᄒᆞ얏더니答函ᄂᆡ槪大丘市ᄂᆡ道路狹隘ᄒᆞ고城壁이峭在ᄒᆞ야軍隊及人民交通이極爲不便ᄒᆞ니欲爲附近洞民ᄒᆞ야破毁이나恐於 貴下에有所妨碍故로以日本人으로代爲開設云云이온바欲爲禁止而公函이다가返見其擔設之答ᄒᆞ니不勝悶鬱이라事關緊重ᄒᆞ야恐非郡守擅斷이옵기玆報告ᄒᆞ니査照處分이라ᄒᆞ얏더라

●四察遣譴 京畿觀察鄭周永大丘前觀察李根호平壤觀察李容善平北觀察李[illegible]豐諸氏를九年度秋冬等各郡殿最를報不以實ᄒᆞᆷ으로參政大臣이上奏譴責ᄒᆞ얏다더라

●春察署理 江原觀察使閔泳敦氏ᄂᆞᆫ猝地上京ᄒᆞ얏ᄂᆞᆫ데春川郡守李明來氏로署理를差定ᄒᆞ고印章을當日傳授ᄒᆞ얏다더라

●不査而囚 向日에前議官李文和와前縣監金濟一兩氏를漢城裁判所에셔審査之事가有ᄒᆞ야押囚ᄒᆞ얏다더니更聞ᄒᆞᆫ則無一審査之言ᄒᆞ고仍爲拘囚ᄒᆞᆷ의兩氏ᄂᆞᆫ原來三旬九食之人이라身旣在囚에勢將餓死라ᄒᆞ더라

●崔氏開演 今日下午七点半에韓國名士崔炳憲氏가皇城基督敎靑年會에셔演說ᄒᆞᆫ다ᄂᆞᆫ데問題ᄂᆞᆫ仙敎의虛無라더라

小說

●靑청樓루義의女녀傳 속

리셩이더욱착급ᄒᆞ여갈오ᄃᆡ일을맛당이더듸게말지니죠흔소식을엇어급히와셔통긔ᄒᆞ라ᄒᆞ니라이ᄯᅢ비싱이즈긔셔창즁에도라와부슈침음ᄒᆞ며장우단탄으로무ᄉᆞᆷ말을ᄒᆞ랴다가쥬져ᄒᆞ여능히말을ᄒᆞ지못ᄒᆞᆫ거ᄂᆞᆯ미인이그ᄉᆡᆨ을보고무러갈오ᄃᆡ랑군은무ᄉᆞᆷ슬픈회포가잇셔이갓치번뇌ᄒᆞᄂᆞᆫ요ᄒᆞᆫᄃᆡ비싱이움을줌을ᄒᆞ며말ᄒᆞᆯ기를져비에잇ᄂᆞᆫ쟈ᄂᆞᆫ그풍류와부귀가나에슈빅비나지나ᄂᆞᆫᄉᆞ람이라ᄒᆞ며ᄯᅩ쥬져ᄒᆞ거ᄂᆞᆯ미인이고히여겨그연고를지촉ᄒᆞᆫᄃᆡ비싱이얼골을바로들지못ᄒᆞ야다른데를도라보며ᄃᆡ답ᄒᆞ되나ᄂᆞᆫ당초에이런ᄯᅳᆺ이업노라ᄒᆞ며ᄯᅩ쥬져ᄒᆞ거ᄂᆞᆯ미인왈그무ᄉᆞᆷ일인지ᄌᆞ셔히말ᄉᆞᆷᄒᆞ시오무엇시얼여와쥬져ᄒᆞᆯ바잇스릿가비싱이부득이ᄒᆞ야머리를숙이고자리를손으로ᄯᅳ드며왈져사람이낭ᄌᆞ의ᄌᆡ식을보고만만금어치보화로밧구고져ᄒᆞ되나ᄂᆞᆫ당초에그ᄯᅳᆺ이업노라미인이말을듯기를다ᄒᆞ미홀연량협에불근빗치나며쌍누쥭힝ᄒᆞ야옷깃을젹시며허희장탄왈명도의궁ᄒᆞᆷ을가히

미완

廣告

本社廣告

申報價
一張代金 新貨二錢五厘
一箇月前納 三十錢
三箇月 九十錢
六箇月 一元七十錢
一箇年 三元四十錢
郵稅一部 新貨五厘
一箇月 十三錢

廣告料
四号活字十三字詰
每日每英尺一寸에新貨廿五錢
(每日每行에六錢에相當홈)
二周日에 二圜五十錢
(每日每行四錢五厘에相當홈)
一箇月에 五圜
(每日每行四錢一厘에相當홈)
其期限의長短과字行의多少를依ᄒᆞ야增減홈이有홈

大韓人마다此申報를不得不購覽ᄒᆞ실터이오니廣告出報ᄒᆞᆯ僉君子ᄂᆞᆫ來臨面議ᄒᆞ시옴

發行兼編輯人 英國人裴說
發行所 京城北署壽進坊前洞牙外地積號稱校前
大韓每日申報社

光武九年八月十一日 明治卅八年八月十一日 第三種郵便物認可 水曜日 西曆一千九百六年二月十四日

大韓每日申報 대한매일신보

第四卷 第一百四十五號

月曜及慶節歲時日休刊

檀君開國四千二百三十九年
箕子元年三千二十八年
大韓開國五百十五年
日本明治三十九年
淸國光緖三十二年
陰曆丙午一月小二十一日己丑

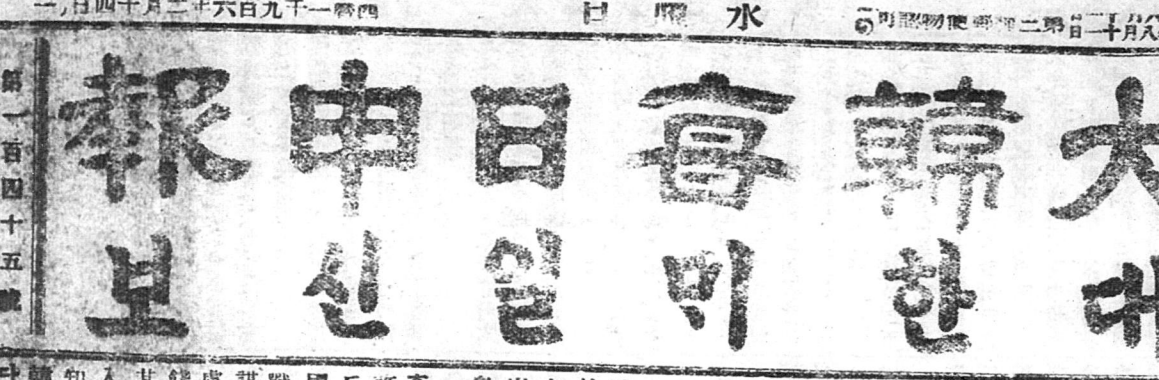

論說

新教

天道教人이日昨에日公使餞別宴을開催인바大韓每日申報社代表人이亦參於會賓이라推其所見而言之컨ᄃᆡ天道教는即前日東學黨派와今也一進會民으로成立된新稱名號러라

此教會或其引導者ㅣ未有政治的意思라고確言홈은本記者도亦欲認之以當然이나然이나不出幾日에其權力伸張이過於皇帝일서自度ᄒᆞ노라

一進會民의게日本이贊助寬恕홈을觀之면此會實策도亦經認許홈이確然ᄒᆞ고且以事實관之도

國之東學騷亂이日本之征淸라戰効에供其理由矣니東學主韓謀者가在於日本同情은過於疑慮로다

餞宴會席에多數著名韓人과及其大臣幾人을注見矣오且此會人教者ㅣ每是官員이라홈을聞知矣니此會가數日內에用權子韓國命運홀거슨昭然可測이로다

林公使及三增領事와其他多數日本有名人의參席홈을商量ᄒᆞ건ᄃᆡ此行이雖非公職이나其一行諸員은此教가出於本政府認可인줄을畢竟自信矣리로다

此會目的이純然宗教는依例之事요且間或少有政治的이라도務在公正淸白홀지라本記者ㅣ姑閣論筆이나然이나確然可悉홀거슨

今日韓國內에奇異宗教를從事ᄒᆞ는有力教會가有ᄒᆞᆫ바其播教의敏涑홈은正如齒醫之拔齒요且有日本政府之默認이며不過幾週에莫大權限을享有홀거시로다

官報

第三千三百七十四號 光武十年二月十二日

◎敍任及辭令

正二品李載現
命宮內府特進官敍勅任官二等

從二品閔京鎬
命侍講院詹사敍勅任官二等

秘書監丞閔廣植
秘書監丞金演禧
西京豐慶宮參書官崔星源
依願免本官
秘書監丞洪在鳳

正三品金珏鉉
依願免兼任禮式院掌禮

正三品尹悳榮
任秘書監丞敍奏任官一等

秘서監丞金珏鉉
任秘書監丞敍奏任官三等
兼任禮式院掌禮

正三品朴鶴銓
任西京豐慶宮參서官敍奏任官四等

以上二月八日

議政府主事洪運杓
依願免本官

昌原監理署主事黃義正
任議政府主事敍判任官七級

前主事李在性
任昌原監理署主事敍判任官六等

以上二月九日

◎彙報

◎官廳事項

農商工部分課規程改正件

第一條 大臣官房에左開三課를寘ᄒᆞ야其事務를分掌케홈이라

秘書課 文書과 會計과

第二條 秘書과에서는左開事務를掌홈이라

一機密에關ᄒᆞᆫ事項
二官吏進退身分에關ᄒᆞᆫ事項
三部印及大臣官章管守에關ᄒᆞᆫ事項
四褒賞에關ᄒᆞᆫ事項

第三條 文書과에서는左開事務를掌홈이라

一公文書類及成案文書接受發送에關ᄒᆞᆫ事項
二統計報告調查에關ᄒᆞᆫ事項
三公文書類編纂保存에關ᄒᆞᆫ事項
四圖書并報告書類刊行及管理에關ᄒᆞᆫ事項

第四條 會計과에서는左開事務를掌홈이라

一本部所管經費及諸收入의豫算決算并會계에關ᄒᆞᆫ事項
二本部所管官有財産及物品并其帳簿調製에關ᄒᆞᆫ事項

第五條 鐵道局에서는左開事務를掌홈이라

一官設鐵道敷設保存及運輸에關ᄒᆞᆫ事項
二私設鐵道許否及管理에關ᄒᆞᆫ事項
三官設鐵道의歲入歲出豫算決算과需用物品購買管理及出납에關ᄒᆞᆫ事項

第六條 商務局에左開二課를寘ᄒᆞ야其事務를分掌케홈이라

管商과 通商과

第七條 管商과에서는左開事務를分掌홈이라

一商業에關ᄒᆞᆫ事項
二營業主張ᄒᆞ는諸會社에關ᄒᆞᆫ事項
三博覽會에關ᄒᆞᆫ事項
四內外國産陳列品에關ᄒᆞᆫ事項

第八條 通商과에서는左開事務를掌홈이라

一通商航海에關ᄒᆞᆫ事項
二通商報告에關ᄒᆞᆫ事項
三外國出業者에關ᄒᆞᆫ事項

第九條 農礦局에左開二과를寘ᄒᆞ야其사務를分掌케홈이라

農桑과 礦務과

第十條 農桑과에서는左開事務를掌홈이라

一農業及農業土木과種桑에關ᄒᆞᆫ事項
二農産物의蟲害預防及驅除와其他農産物에係ᄒᆞᆫ는一切損害豫防에關ᄒᆞᆫ事項

未完

外報

◎俄使反對 四日北京發電을據ᄒᆞᆫ즉俄國公使샌고디로후氏는合爾賓開市에對ᄒᆞ야淸國政府에抗議를申告ᄒᆞ얏다더라

◎借款畏愼 淸國廣東總督岑春헌氏는新事業을起ᄒᆞ기爲ᄒᆞ야德國에借款코ᄌᆞᄒᆞ는外資一千萬兩을反償에困難홀뿐不是라將來에禍根을遺布홈이라ᄒᆞ는理由로不許ᄒᆞ얏다더라

◎外資排斥 三日北京發電을據ᄒᆞᆫ즉昨年十月에商務部는各省總督部에外資를排斥홀目的으로工務局을設寘ᄒᆞ고土地紳商을勸ᄒᆞ야外國人보담先ᄒᆞ야礦山鐵道의權利를獲得ᄒᆞ라고訓令을發ᄒᆞ얏스나尙今도此를實行ᄒᆞ는者ㅣ極少ᄒᆞᆫ故로商務部에서는特別히訓令을發ᄒᆞ야從速實行ᄒᆞ야外資排斥의實狀을擧行ᄒᆞ라嚴命ᄒᆞ얏더라

◎美使延期 日本駐箚美國大使라이도氏는來三月頃에着任홀預定이더니五月上旬으로期延되얏다더라

◎大使選擇 伊太利國政府는日本公使館을大使館으로陞格ᄒᆞ고大使를派遣홀터임으로目下其人을選擇中인ᄃᆡ現任公使위싸인시伯이昇任홀이라더라

雜報

工技學爲第一急務

凡夫匠石之畜群材가皆有其用ᄒᆞ야大者ᄂᆞᆫ爲棟樑ᄒᆞ며小者ᄂᆞᆫ爲박櫨ᄒᆞ며直者ᄂᆞᆫ爲령爲楣ᄒᆞ며曲者ᄂᆞᆫ爲輪爲轂ᄒᆞ야俱收并取에無一欠缺이라야倉卒之需를可以應副ᄒᆞ야其用이不匱ᄒᆞ며其業이不困ᄒᆞᄂᆞ니治國도亦猶是焉ᄒᆞ야兵農工商等各科之學을件件該備ᄒᆞ며人人曉習ᄒᆞ야大小緩急에無適不宜라야群策이舉ᄒᆞ며萬務開張ᄒᆞ야富强之基業을乃可企圖이거날今夫韓人之外國遊學者ㅣ其所志願이政治法律武藝語科等學에不外이고至於工技一事ᄒᆞ야ᄂᆞᆫ留意者絶少ᄒᆞ니其或曾彼賤此而然歟아買櫝遺珠ᄒᆞ며取華去實이誠可歎惜이로다第以東洋書籍으로觀之컨ᄃᆡ在昔人文未開之時에書契를造ᄒᆞ며七政을齊ᄒᆞ며五敎를敷ᄒᆞᄂᆞᆫᄃᆡ만專意用力ᄒᆞ고宮室舟車杵臼耒耜弧矢網罟等諸物을制作치아니ᄒᆞ얏시면人民이安得以利用厚生이며況今歐美列邦에宏大ᄒᆞᆫ事業과卓越ᄒᆞᆫ利益이太半工技上에在ᄒᆞ며且其厥初制作은雖是心力을積費ᄒᆞ며歲月을曠延ᄒᆞ얏시나今則成規已完에蹈襲이非難ᄒᆞ야百年之學을一朝可得ᄒᆞᆯ지니以此計之컨ᄃᆡ今日韓人之要務ᄂᆞᆫ宜以工技로爲第一程課이거날當先者를後之ᄒᆞ며當急者를緩之ᄒᆞ니此豈見識之野昧와方針之迷誤라謂치아니ᄒᆞ리오是以로民國間諸般器用을必資外購ᄒᆞ야每歲金貨之出口가不可勝計이고雖其軍物製造라도亦皆外師를聘用ᄒᆞ야徒致巨款을靡費ᄒᆞ며實效를未見ᄒᆞ니不務工學之害를班班然可見ᄒᆞᆯ지라政府諸公은尙不覺悟인지且夫人之才能이各有其長ᄒᆞ야因勢而利導면事半功倍ᄒᆞᄂᆞ니今其巧思慧眼으로工技上有志人士를另爲派遣列邦ᄒᆞ야各樣器械使用과物品製造를使之精究博習ᄒᆞ야待其有成에別般擢用이면四方이風動ᄒᆞ고互相傳授ᄒᆞ야國民之工學이庶幾勃興이요公私之器用이次第擴張ᄒᆞ야靡費를可省이오富强을可致ᄒᆞᆯ지니惟政府諸公은勿以老生常談으로忽之ᄒᆞ고試以措諸學務ᄒᆞ야觀其效果之如何ᄒᆞᆯ지어다

●下車謝過 日前에中樞院賛議李根호氏가某處로乘車喝道而行ᄒᆞ더니路中一人이遮前大喝曰君輩가誤國不忠ᄒᆞ야至於淪亡케ᄒᆞ고以何面目으로揚揚自得ᄒᆞ야街路上辟除를尙帶舊日惡習乎아ᄒᆞᆫ則李氏가下車而謝曰此乃下人輩所爲니幸勿深責하라ᄒᆞ얏다더라

●交換錢難 康翎郡守閔泳珏氏가度支部에報告ᄒᆞ되結錢收稅中에新貨ᄂᆞᆫ姑未流通ᄒᆞ고舊貨도亦是極貴ᄒᆞᆯ뿐不啻라略干流通錢이惡貨뿐인故로交換上送키極難ᄒᆞ오니特爲寬限ᄒᆞ야徐徐上納케ᄒᆞ라ᄒᆞ얏더라

●夫忠婦烈 六品前兼典醫[illegible]性璜氏가新條約初에伏闕上疏라가日巡査에게捉囚되야尙未見放而同氏가以死自處ᄒᆞ고其妻李氏도亦許其夫爲國節死而自役로飮食을全廢ᄒᆞ고以水延命에待其夫命絶之日則以死下從으로決心ᄒᆞᆫ다니人皆以男忠女烈로稱道ᄒᆞᆫ다더라

●俸給請撥 咸北邊界總巡李載興氏가內部에報告ᄒᆞ되本署巡檢二百餘名이無俸給視務ᄒᆞ온지于今八朔에沿江上下警察이誠非細事이온ᄃᆡ現今政府에서警署官制를改正ᄒᆞ야二十名을定數下來ᄒᆞᆷ의無俸供職ᄒᆞ던巡檢이大失所望이오니該未給八朔條俸給을即爲支撥ᄒᆞ라ᄒᆞ얏더라

●金氏義舉 仁港平洞居金連三氏가該港徹家貧民에情况을哀憐이알고新造家屋建築地段을外國人의게請得放賣케周旋ᄒᆞ야數百戶을建築ᄒᆞ고殘民을保全케ᄒᆞ얏다고該港人民의稱頌이大端ᄒᆞ다더라

●敎師請送 熙川郡守吳學善氏가學部에報告ᄒᆞ되本郡平會民의情願을據ᄒᆞ야創設學校케ᄒᆞ옵고書籍受來次로本郡一進會員王雲燮上送ᄒᆞ오며財政磨鍊成冊을修報ᄒᆞ니書籍은具秩下送ᄒᆞ고敎師ᄂᆞᆫ韓國[illegible]業生으로定月俸下送ᄒᆞ야以爲敎育事라ᄒᆞ얏더라

●有功見禍 慶北英陽郡義擾事ᄂᆞᆫ前報에已揭어니와更聞ᄒᆞᆫ즉金熹鉉은有志經濟士也라落拓不遇ᄒᆞ야其材可惜키로前前觀察李헌永氏가薦(爲五邑都執綱ᄒᆞ야使之戢盜建功矣러니數年之內에英眞寧盈等郡이安堵樂業은皆其力也오去年臘末에賊警이又熾키로同氏가約束各里ᄒᆞ야區劃方針이러니該郡守李範喆氏가擀以義兵發起라ᄒᆞ고暗招安東駐隊日兵ᄒᆞ야金氏家老少를沒數捕縛ᄒᆞ고附近洞農牛二十餘隻與錢財等物을乘機掠奪이라ᄂᆞᆫ바其裏由인즉先是李範喆氏가因事押上京司時에督捧公納ᄒᆞ야盡報私債故로金氏가謂官必遞ᄒᆞ고公錢을待新官收納之意로密佈於諸民이러니李範喆氏가再來後以此挾憾ᄒᆞ야使此戢盜有功之人으로一朝에陷於機穽ᄒᆞ고殘民에錢財牛隻을乘勢奪取ᄒᆞ야有此盜賊之行爲ᄒᆞ니此等貪虐守令은在法當誅이고金氏之無罪被禍가大係冤枉이라고幾郡輿論이沸鬱ᄒᆞ다더라

●李氏鉅贓 慶北前觀察李根호氏에贓錢七十萬兩이登於民訴ᄒᆞ야政府에서將欲行査ᄒᆞᆷ으로李氏가大生恐惧ᄒᆞ야地方局長崔錫敏氏와密密計議ᄒᆞ야內部大臣李址鎔氏로無事妥帖케ᄒᆞᆫ다ᄒᆞ니以若兩李權力으로七十萬贓錢은姑捨ᄒᆞ고雖幾百萬이라도容易掩過ᄒᆞᆯ지니可憐嶺民들은殘骸를空費ᄒᆞ며奔走來訴ᄒᆞᄂᆞᆫ거시畢竟徒勞無益ᄒᆞᆫ더안즉不如早早還家라ᄒᆞ더라

●李氏被捉 忠南觀察署理郭璨氏가內部에報告ᄒᆞ얏ᄂᆞᆫᄃᆡ倡義發通人定山郡居李式을押囚府獄ᄒᆞ고已有所報告而未承指令ᄒᆞ와尙此滯案이恐有欠於刑政이오니査照迅辦ᄒᆞ라ᄒᆞ얏더라

●農訓萊監 農商工部에서東萊監理의게訓令ᄒᆞ얏ᄂᆞᆫᄃᆡ通商事務를移屬本部ᄒᆞᆷ을既有電飭이거니와上年四月에外部로서商業會議社一事로發訓ᄒᆞᆫ지라至十個月에尙無遵辦之處ᄒᆞ니誠甚駭歎이기로玆에訓飭ᄒᆞ니依前訓施行ᄒᆞ야社務를發達케ᄒᆞ고所有形止를亦即馳報ᄒᆞ라ᄒᆞ얏더라

●溫塾識旺 温粹義塾에서冬期試驗韓文科優等人은前報에已揭어니와英語科에ᄂᆞᆫ熟ᄒᆞᆫ敎師가該塾에從遊講磨키로學務가一層興旺ᄒᆞ다ᄂᆞᆫᄃᆡ日英兩科優等人은如左홈

日語第一級 權泰泳 成奎植 金思영
第二級 金炳煥 李能壽 송忠源
第三級 鄭圭元 申壽萬 睦晟烈
英語第一級 朴炳國 金駿善
第二급 李萬奉 李源哲

●捉賊褒賞 義興郡別砲朴在俊朴元淑等의冒險捉賊이甚爲嘉尙이라ᄒᆞ야依警務賞金令ᄒᆞ야該額合十元을該郡公錢중出給事로度支部에서該郡에發訓하얏더라

●此報何多 黃州郡守朴敎元氏가내部에報告ᄒᆞ되本郡境내賊警이大熾ᄒᆞᆫ由ᄂᆞᆫ已爲報告이[illegible]과賊魁尹尙淳申在京金東才李奉[illegible]李[illegible]達李明天等六名을次第捉得ᄒᆞ야幷牢囚郡獄이온바陰曆本月十二日賊漢六名이各持穴砲하고突入於本郡東面龜洛坊汝伊洞矣라該附近各洞民人이同聲相應하야驅逐追蹤ᄒᆞᄂᆞᆫᄃᆡ賊漢等이秘跡從間路還到汝伊洞ᄒᆞ야放銃作梗之際에洞民趙孟孫洪丙祚金成漢等이俱爲중丸하고賊漢則向往子瑞興地이다故로發遣巡校譏詗하오며被傷三民은着實調理之意로申飭該洞이라하얏더라

●獨布處罰 咸鏡北道觀察使任原鎬氏ᄂᆞᆫ富寧等四郡戶布를擅行獨給事로度支에서내部로照會하고即行上奏하야施以一朔減俸에處罰케하라하얏더라

●地價還納 度支部에서內部에照會ᄒᆞ얏ᄂᆞᆫᄃᆡ熊川郡守尹영옥報告를據ᄒᆞᆫ즉貴照會내開에熊川郡境내臥島괴島중日本軍用地段價實額一千三百九十二兩만分給ᄒᆞ고餘在四千四百九十兩은還랍等因인바該郡[illegible]之前等郡守ᄂᆞᆫ自有當部恐量이어니와現等報告ᄂᆞᆫ到已幾日에尙無來랍이기當爲指飭이나貴部로서亦爲轉飭하라하얏더라

●哀哉此殤 昨日上午에警務南署大廳直이吳寅永의女息十一歲兒가以取水次入去廚下라가倒入於水瓮中致命ᄒᆞᆫ故로人皆ᄋᆞ악이라더라

雜報

●平安南道管下郡守治績 續
江西郡守李宇棨 慣於交涉ᄒᆞ고明於聽理라敎育爲刱設學校ᄒᆞ니文明을可進이오排斂則日有民議ᄒᆞ니浮방이庶息事中
咸從郡守安翊煥 訟無滯案ᄒᆞ고稅亦淸帳ᄒᆞ니百弊俱祛에一境賴安事上
肅川郡守金永年 未赴任
慈山郡守洪淳九 日淺
德川郡守沈宜悳 老成之人이慈諒爲治라克儉克勤ᄒᆞ야旣著存素之行ᄒᆞ니日飢日饉에宜思保赤之恩事上
价川郡守李相俊 以若明敏으로非無幹能이나齊任之방은宜禁雌黃이오字牧之責은務圖淸白事中
殷山郡守張悳根 四載莅政에一副成規라噘官이雖經數朔이나民情이恐失ᄒᆞ고兼任이多至三郡ᄒᆞ니王事에獨賢事上
陽德郡守李容九 未赴任
江東郡守吳형鐸 持心庬雅에私路不行ᄒᆞ고臨事剖決에公랑無滯事上
順安郡守薛亨魯 推其心則淵冰之兢競이오語其誠則消埃之圖利로되瘼弊를未戢ᄒᆞ니民冤을罔念事中
甑山郡守朴準成 姿本安詳에治成規模ᄒᆞ니古有循吏러니今見其人이라以若大器로惜屈小邑事上
寧邊郡守張敎遠 遇事爲審愼ᄒᆞ니百里가從以安堵ᄒᆞ고爲政也寬猛ᄒᆞ니片言이可以折獄事上
孟山郡守李한翊 素稱邑小에不煩不撓오乃見訟平ᄒᆞ니無毁無疵事上
三登郡守閔貞植 爲政綜詳이오決獄衡平이라萬碑銘口ᄒᆞ니六考居頭事上
完

●電請留學 駐日留學生監督韓致愈氏가學部에電報ᄒᆞ되電報ᄒᆞᆫ三十六名을已往二年間工夫ᄒᆞᆫ後에歸國ᄒᆞ야셔는誠是可惜ᄒᆞ니願컨ᄃᆡ深量思之ᄒᆞ오셔如前히工夫케ᄒᆞ야쥬심을望ᄒᆞᆷ이라ᄒᆞ얏더라

●黃郡結弊 黃州結弊는前報에已揭어니와更聞ᄒᆞᆫ즉該郡에最甚民瘼은驛公須一欵이라金郊驛創設初에本郡元結中으로三十餘結을移付該驛이다가甲午破驛後에還付本郡이온즉此乃無土結也라防禦은可也로되執賭則不可이거날年前軍部派員이該結中二十五結은自意減削ᄒᆞ고以五結零으로勒爲執賭以去키로無土徵稅ᄒᆞ는寃狀을屢度奔訴ᄒᆞ되終不減給ᄒᆞ니殘民處年年冤徵ᄒᆞ는거시大非恤窮祛弊之本意라ᄒᆞ고該地人民이擧皆怨방이라더라

●報請地價 慶南昌原郡守尹泰興氏가內部에報告ᄒᆞ되本郡境內敷設ᄒᆞᆫ日本軍用鐵道所經六十里程內犯入된田畓價를尙未區別ᄒᆞ야失土失農之民情이噭噭ᄒᆞ니鐵道犯入地段價値로言之면渠等之呼訴가殆沒分數에難以准信故로成冊中不塡其價ᄒᆞ고只以上中下등區別ᄒᆞ와사오니移照度支部ᄒᆞ야依倣年前租界地段價劃下例ᄒᆞ야別加酙酌劃下ᄒᆞ라ᄒᆞ얏더라

●請願敎師 一進會幹事崔東燮氏가學部에公函ᄒᆞᆫ內槪에本會에셔各地方에學校를私立ᄒᆞ고敎師를雇聘ᄒᆞ깃삽기玆仰佈ᄒᆞ니照亮後官立學校中日語卒業生五人을指示ᄒᆞ라ᄒᆞ얏더라

●凍死總數 近日天氣가劇寒ᄒᆞ야城內外에乞人等凍死者가多ᄒᆞᆫᄃᆡ其數를調査ᄒᆞᆫ즉龍山에三名이오城內에五十七八名이라더라

小說

●靑청樓루義의女녀傳 속

억지로ᄒᆞᆯ슈업도다ᄒᆞ며눈물을거두고도로혀깃버ᄒᆞ는체ᄒᆞ야우스며왈빈쳔ᄒᆞᆫ자를발이고부귀ᄒᆞᆫ남ᄌᆞ를ᄎᆞᆺ침이나에소원이나인물볼만ᄒᆞᆷ이가히허소치못ᄒᆞᆯ지라명일아참발셔ᄒᆞᆯ때에여러사람볼뒤ᄒᆞ야홍셩을명뵈히ᄒᆞ야피ᄎᆞ간후회가업게ᄒᆞ라ᄒᆞ니

비셩이미인의말을진실ᄒᆞᆫ마옴으로알고만심환희ᄒᆞ야극히리셩의게롱괴ᄒᆞ니라

익일아참에여러ᄉᆞ람들이강두에둘너셔셔각기션복을치힐ᄒᆞᆯ세미인이단장과의복을션명ᄒᆞ게ᄒᆞ고선두에나셔워여왈엇던ᄉᆞ람이나를다려갈사람인요ᄒᆞᆫ뒤리셩이젼도이나와갈오뒤너가곳그ᄉᆞ람이로라ᄒᆞ고비를셔로갓가이ᄒᆞ뒤이미미인이비셩을갈아쳐리셩의비로보니꼬리셩을마져비셩의비로오게ᄒᆞᆫ후드ᄃᆡ여각각비를ᄯᅦ여행ᄒᆞᆯ세미인이선두에셔멀니비셩더러일너왈금보는업다가도잇거니와은정이야쉰엇다가다시이을손야너가눈이잇셔도동자가업셔양의가죡을범의가죡으로보아쓰니이는도시나의박명ᄒᆞᆫ연고라다시누를원망ᄒᆞ리요
미완

廣告

●特別廣告

本申報分傳等事로釜山鎭支社員은該鎭二洞永興社金灌泰氏로鎭南浦支社員은該浦築洞金仁경氏로義州邑支社員은該邑南門外韓西大藥房主人張有寬氏로平壤邑支社員은該邑南山峴日신學校內金興淵崔叙恒兩氏로宣川邑支社員은該邑安濬氏로長連邑支社員은該邑金龜氏로議定ᄒᆞ야逐號下送ᄒᆞ오니該附近地에서購覽ᄒᆞ시ᄂᆞᆫ僉君子ᄂᆞᆫ以上諸氏에게購讀ᄒᆞ시고代金도諸氏에게傳致ᄒᆞ심을爲要

大韓每日申報社 告白

●數理學雜誌改良廣告

本雜誌를第三號로붓터ᄂᆞᆫ頁數도增加ᄒᆞ며粧冊도改良ᄒᆞ며記載ᄒᆞᄂᆞᆫ材料도一層精選ᄒᆞ야江湖僉位의愛讀ᄒᆞ시ᄂᆞᆫ厚意를報酬코져ᄒᆞ오니倍舊愛讀ᄒᆞ심을伏望

但發行日子ᄂᆞᆫ每朔五日
一券定價ᄂᆞᆫ新貨拾錢

發行所 南大門內尙洞舊德公館右便 數理學雜誌社

賣却所
尙洞會堂內
鍾路大東書市
布屛下金相萬冊肆
新門內松橋張晳周紙廛
銅峴朴泓九紙廛
仁川港枉峴開新冊肆

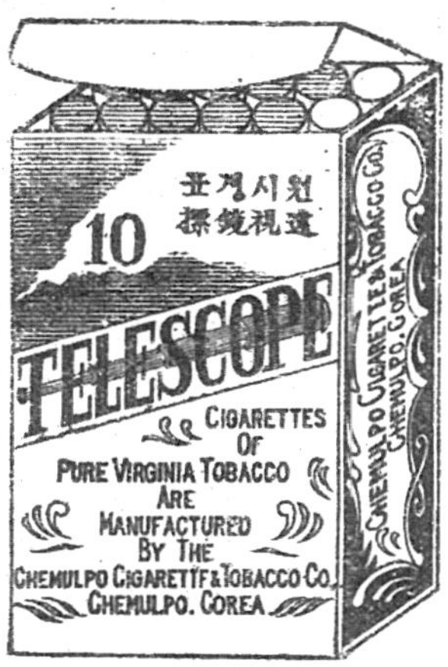

以上三種은上品으로製造ᄒᆞ야衛生上에至極有益ᄒᆞ니毋論某人ᄒᆞ고本社에來願ᄒᆞ옵

大韓帝國仁川港
濟物浦紙卷煙及煙草會社

●九轉靈砂라 本人이妙方法을神備ᄒᆞ야製造ᄒᆞᆫ靈丹인ᄃᆡ男女老少에無論何症ᄒᆞ고通治ᄒᆞ오며無病時에도服ᄒᆞ면平生의身體가健康ᄒᆞ며小兒ᄂᆞᆫ四五錢重만服ᄒᆞ면十歲안에無病ᄒᆞ기를擔保ᄒᆞ오며

●九轉靈砂萬應丹은癲狂 痛症과中風諸疾과耳目諸病과淋疾에神効ᄒᆞ오

●九轉靈砂保命丹은初生小兒 驚風 痼氣 咳嗽 腹痛諸般惡症에 効ᄒᆞ오

●九轉靈砂濟衆丹은酒滯 食滯 血積 吐瀉 霍亂 痢疾 吐血 下血 運氣 時疾 疝症에神効ᄒᆞ오

●九轉靈砂紫金丹은痔漏 累瘗 上疳瘡 下疳瘡及唐瘡과諸般毒瘡惡種에無不神効ᄒᆞ오니 僉君子ᄂᆞᆫ來問ᄒᆞ시오

內需司前독갑이골上隅第一家 李鍾廷移徙 告白

一 鷹標加糖濃縮牛乳
一 金印加糖濃縮牛乳
一 無糖家用氣化乳酪
一 맬ㅣ튼쓰製造麥芽化合牛乳

●以上은常時에貯積ᄒᆞ얏슴

美國紐育港맬ㅣ튼쓰濃結牛乳會社
一手代理店
大韓仁川港 世昌洋行

本社廣告

申報價
一張代金 新貨二錢五里
一箇月前納 三十錢
三箇月 九十錢
六箇月 一元七十錢
一箇年 三元四十錢
郵稅一部 新貨五里
一箇月 十三錢

廣告料
四号活字十三字詰
每日每英尺一寸에新貨卄五錢
(每日每行에六錢에相當홈)
二周日에 二圜五十錢
(每日每行四錢五里에相當홈)
一箇月에 五圜
(每日每行四錢一里에相當홈)
其期限의長短과字行의多少를依ᄒᆞ야增減홈이有홈

大韓人마다此申報를不得不購覽ᄒᆞ실터이오니廣告出報ᄒᆞᆯ僉君子ᄂᆞᆫ來臨面議ᄒᆞ시옵

發行兼編輯人 英國人裵說
發行所 京城北署壽進坊磚洞今外國語學校前
大韓每日申報社

第四卷

大韓每日申報

대한매일신보

第一百四十六號

月曜及慶節歲時休刊

檀君開國四千二百三十九年
箕子元年三千二十八年
大韓開國五百十五年
日本明治三十九年
淸國光緖三十二年
陰曆丙午一月小二十二日庚人

寄書

勸賊方略 羅鉉九

自古危亂之世에綠林潢池之警이不一而足ᄒ야大則擁衆數萬ᄒ며小猶聚黨幾千ᄒ야官軍이望風奔潰ᄒ며列郡이莫敢誰何로ᄃᆡ良刺史賢守令들이猶能嚴其防守ᄒ고備設方略ᄒ야及時掃淸而爲生民除害者ㅣ覩於載籍에代有其人ᄒ니此盖嘯聚之黨이理難久全이오以順討逆에自無不濟故也라以古證今컨ᄃᆡ豈不寒心乎哉아

粤自甲午以後로畿輔三南等地에所謂賊警이稍稍有之ᄒ니當是時也에自朝家로苟能操飭各郡ᄒ야另加戢捕ᄒ얏시면狗鼠殘黨을可以一擧撲滅이거날顧乃漠然抛置ᄒ야養成其禍ᄒ기로到今隨處猖獗而勢同懷襄ᄒ야打家刼舍ᄂᆫ尙矣勿論ᄒ고犯城掠市를視若茶飯ᄒ야爲禍之酷烈이十倍於兵燹ᄒ니此豈非一大世變乎아

人民之遭其毒者ㅣ生命財産이忽如飄風之烟滅ᄒ야呼號宛轉ᄒ며流離奔波之狀을慘不忍見이다各郡所報와萬口所傳이紛

紛然道路相續ᄒ니如此不已則必至於民無了遺乃已이거날政府諸公이褎如充耳ᄒ야拯救之策이迄無所施ᄒ고但於各省守令中에差出此捕官數人ᄒ야使之伺機戢捕ᄒ니徒名而已라有何益焉이며

且因幾箇邑請報ᄒ야有所銃丸支撥이나此亦酌水之救薪火라安可望其有實效乎哉아顧今時局이傾危ᄒ고民困이轉甚ᄒ야備受他人虐待가已是矜悶이온況彼幾千夜乂가日夜橫行閭里ᄒ야恣意啖民이幾年于玆이되朝家一味越視ᄒ야不思所以禁戢ᄒ니是乃棄其民而促其亾이라後世에其將謂何오

凡夫弭盜之方이必使列郡으로氣勢相聯ᄒ야星羅碁布然後에彼無所逃ᄒ야自可就擒이니以今之計로ᄂᆫ亟宜發訓各郡ᄒ야兵丁巡校幾名式隨其邑樣大小而設置이고

場市與坊里之距邑稍遠處에도亦爲一般設置ᄒ야時巡境內而隨現勦討ᄒ며又用王陽明十家牌法ᄒ야嚴束各里ᄒ야居民中跡涉殊常者ᄂᆫ該洞任이卽地密告ᄒ야以圖鋤治이되若或掩置라가至於現發이면該洞任은論以窩藏律ᄒ야使彼類로無處寄泊케ᄒ면不過幾月에可以拔其根株ᄒᆯ지니此何難事而遲遲不行인지或曰値玆財絀之日ᄒ야多數兵巡之創設이有難遽議라ᄒ니此誠拘儒之見也로다國惟民依라非民則無國이니民將渙散에財何足論이며

且有可以便利措處者ᄒ니竊計畿輔三南郡邑이不過爲二百許所而大小相補ᄒ야每邑에置兵巡二十名이면合計爲四千名이라前日減額兵巡의所使銃刀이優可支辦此數이고

至若服裝食料月銀等費ᄒ야ᄂᆫ饒戶處에從權排定이無所不可ᄒ니盖此賊警之不息은最是饒戶之大患이라賊警이一日不息이면饒戶一日不安ᄒ야夜眠에不得貼席이卽其善喩인즉

今若措辭訓飭ᄒ야使各該邑으로抄出饒戶ᄒ야隨力捐助면無煩督責而自願者必多ᄒᆯ지오雖其兵巡이라도不必自京派送이라使饒戶로其心腹丁壯을各爲雇立이면兵民이相孚ᄒ야尤可得力ᄒᆯ지니

然則厥資之拮据와兵巡之額數를居然一訓令에辦이로되但其抄饒排錢之際에各該守令之乘機操縱이不無其慮ᄒ니

每道에派視察一員而周行各郡ᄒ야其作奸有無를築底査櫛이면雖欲售奸이나自無其涉ᄒᆯ지오且於饒戶中效力最多者ᄂᆫ另爲抄啓ᄒ야授以相當職ᄒ야庸酬其勞면衆心이喜悅ᄒ야事無不濟ᄒᆯ지니以愚所料로ᄂᆫ目下弭盜之方이莫善於此數者ᄒ기로不揆膚淺ᄒ고敢以錄呈ᄒ야以備政府之採用ᄒ노라

官報

◎彙報

●第三千三百七十四號 光武十年二月十二日

農商工部分課規程 續

三獸醫及蹄鐵工에關ᄒᆫ事項
四畜産에關ᄒᆫ事項
五狩獵에關ᄒᆫ事項
六森林施業并區域及境界의調查와保護와利用及處分과編入及除却과統計及其帳簿와收入及經費와林産物品森林에屬ᄒᆫ土地建造物에關ᄒᆫ事項
七漁業船及漁具와鹽田鹽政에關ᄒᆫ事項
八養蚕及蚕桑試驗場에人民授業과製茶에關ᄒᆫ事項

第十一條 礦務課에서ᄂᆫ左開事務를掌ᄒᆷ이라
一礦山調查에關ᄒᆫ事項
二礦山許否에關ᄒᆫ事項
三礦區에關ᄒᆫ事項
四礦業保護에關ᄒᆫ事項
五礦業技術에關ᄒᆫ事項
六地質并地層構造의調査及礦床의驗定의關ᄒᆫ事項
七土性調査에關ᄒᆫ事項
八主産植物及土性의關係試驗에關ᄒᆫ事項
九地形測量에關ᄒᆫ事項
十地質圖土性圖及實測地形圖의編製并其說明書編纂에關ᄒᆫ事項
十一有用物料의分析試驗에關ᄒᆫ事項

第十二條 工務局에左開二課를置ᄒ야其事務를分掌케ᄒᆷ이라
工業課 平式課

第十三條 工業課에서ᄂᆫ左開事務를掌ᄒᆷ이라
一工業에關ᄒᆫ事項
二工匠勸勉及工廠設施에關ᄒᆫ事項
三各工의製造物을評品及改良에關ᄒᆫ事項

第十四條 平式課에서ᄂᆫ左開事務를掌ᄒᆷ이라
度量衡에關ᄒᆫ事項

附則

第十五條 本規程은頒布日로브터施行ᄒᆷ이라
光武九年四月十五日農商工部分課規程은廢止ᄒᆷ이라 完

外報

●候補反對 巴里發電을據ᄒᆫ則社會黨죠-레-氏ᄂᆫ法國首相루-위이에-氏가大統領候補者된事에因ᄒ야反對運動을激烈이ᄒᆫ다더라

●航路準備 十三日桑港發電을據ᄒᆫ즉日本實業家가美國太平洋滊船會社航路를買收ᄒᆯ야고請願ᄒᆫ事로하리만氏ᄂᆫ目下思慮中이라더라

●開戰虛喝 五日露透發電을據ᄒᆫ즉(라와야이라)의瀛船乘客의所言을據ᄒᆫ즉委內瑞拉大統領가스도로氏ᄂᆫ開戰을准備中이며法國軍艦이現出ᄒᆫ든ᄃᆡ로發砲ᄒ라命令을發ᄒ얏시나氏ᄂᆫ法國의運動을全部虛喝에不過ᄒ다고思量ᄒᆫ다더라

雜報

●民失其業

韓國百姓之失其業이久矣라內有中央政府而濁亂壓制ᄒᆞ며外有地方政府而貪饕剝割ᄒᆞ야民不安堵而失其產業이盖已久矣러니

一自日本人之對韓經營이日益急進以來로曰自由渡韓이라曰殖民急務라ᄒᆞ야日人之渡韓者ㅣ統計一年이면必不下五十萬名之預算云ᄒᆞ니

土地도韓之土地也오家屋도韓之家屋也오材木建築物도韓之所產也오穀物食料도韓之所出也로되

其於商況貿易과興工作事와開墾陳荒과礦山採掘과漁業釣采와蚕業紡績等諸般生產之業을日本人이必先着鞭而吸盡其血맥膏髓ᄒᆞ야於三千里地面에必無一毫放棄之遺利矣리니見今韓國人民之事勢컨ᄃᆡ雖欲與進實業인들何可以着一手接一足乎리오

假使韓民으로革其惰怠之習ᄒᆞ고袪其壓勒之政ᄒᆞ야進取於生產之業이라도非阿附日本人이며依賴日本勢ᄒᆞ며借用日本財이면莫可以成一事做一業이오設或與日本人으로共同作業이라도日本人이吸取其九分이오韓人이得一分之利則幸莫甚焉이로되不然이면韓人이徒爲日本人奴隷而已라豈得一分之利哉리오

雖然이나韓國人民이奮興志氣ᄒᆞ야進就事業이면姑未知前途之如何로ᄃᆡ其志則野昧ᄒᆞ며其氣則고喪ᄒᆞ며其性則萎靡之韓國人民이豈能爭先於日本人一頭地ᄒᆞ야不失其性命財產大關係之事業也리오

韓國人民은猛省其醉生夢死之昏昏性質ᄒᆞ야奮發志氣ᄒᆞ야進取事業之不暇一晷刻이어다不然이면人種滅絕이在於不遠間大同之運也니幸圖保全之策ᄒᆞ야勤勉勤勉이어다若不信我言이면噬臍無及矣리로다噫嗟韓國百姓이여

●無賴退韓 日本人이韓國居留地에生業업시浪度ᄒᆞᄂᆞᆫ者三十餘名을日本警察署에서調查ᄒᆞ야日前에在韓을不得ᄒᆞ고歸國을命ᄒᆞᆫ다더니近日에ᄯᅩ幾名을調查ᄒᆞ야不日內로退韓케ᄒᆞᆫ다더라

●日兵悖習 日前孔德里에서日兵이被酒ᄒᆞ고金周卿廛에入ᄒᆞ야가다방을攫去ᄒᆞ니金周卿이欲索其價則日兵이以銃亂打ᄒᆞ야重傷을被ᄒᆞ얏다ᄒᆞ고又同里朴始明家婦人이長衣를被ᄒᆞ고門前에出ᄒᆞ다가何許日兵이該婦人을握執强刼ᄒᆞᆯ야ᄂᆞᆫ態度가有ᄒᆞᆫ즉該婦人이百般逃避ᄒᆞ야還入其家ᄒᆞ니日兵이跟入示辱코자ᄒᆞᆫ즉該洞民이聚會挽執ᄒᆞᆷ으로該兵이退去ᄒᆞ얏다더라

●淸匪猖厥 東京電을據ᄒᆞᆫ즉淸國匪徒가廈門地方에敎會堂을破壞ᄒᆞ고勢益猖厥ᄒᆞᆫ다더라

●農訓各港 農部에서各港市에訓飭ᄒᆞ되從前外部通商事務가移屬本部一事로業經電訓이爲日已多에尙無如何遵辦之處ᄒᆞ니港內商情이無甚報明事項인지殊屬타異키로荐玆發훈ᄒᆞ니照亮後遇有口岸內關於通商諸凡事件이거든本部分課規程第六條七條八條를一律遵守ᄒᆞ야毋或玩違ᄒᆞ고隨事開報事라ᄒᆞ얏더라

●僧校請願 淨土宗研究僧侶等이內部에請願ᄒᆞ되本僧等이淨土宗에參會ᄒᆞᆫ지經年이옵더니開敎使가特以京鄕僧侶로研究會를刱設ᄒᆞ고學校를設始ᄒᆞ와新學問上敎育方針을계將研究ᄒᆞ옵기玆에請願ᄒᆞ오니照亮特許를伏望이라ᄒᆞ얏다라

●學徒歸國 學政參與幣原坦氏가學部에報告ᄒᆞ되東京府官立第一中學校退學生에對ᄒᆞ야日本政府와商議ᄒᆞᆫ結果로學資中止ᄒᆞᆷ을不得已ᄒᆞ야宣實ᄒᆞ얏더니該留學生等은歸國의志願이多有ᄒᆞ니政府ᄂᆞᆫ亦此人等의旅費를支給ᄒᆞᆷ도弗可치아니ᄒᆞᆷ으로思量ᄒᆞ라ᄒᆞ얏더라

●重囚徑放 忠州前郡守張駿遠氏ᄂᆞᆫ該郡在任時에殺獄干連罪人을決案前에肆然保放ᄒᆞ야竟至隱避不待ᄒᆞ니施以從重懲戒事로法部에서內部에照會ᄒᆞ얏더라

●靑會開演 今日下午七点半에敎師李雲林氏가皇城基督敎靑年會에서演說ᄒᆞᆫ다ᄂᆞᆫᄃᆡ問題ᄂᆞᆫ基督敎證據라더라

●監理變稱 日昨政府會議에各港官制를變更ᄒᆞ야監理名稱을開市長이라ᄒᆞ기로經議ᄒᆞ얏다더라

●學部回電 學部에서日本留學生監督韓致愈氏의게回電ᄒᆞ되日本文部省에善爲妥商ᄒᆞ야學徒三十六人을乃使復學케ᄒᆞ라ᄒᆞ얏더라

●閔贓還推 慶南觀察閔泳璇氏ᄂᆞᆫ管下各郡에隱結偸食ᄒᆞᆫ이十萬一千兩이기로該郡一進會員이同錢을國庫로推納ᄒᆞᆫ다더라

●潛路。。。關郡。。。 近日政界[illegible]傳書鳩에所報를據ᄒᆞᆫ즉全州寅川居前陰城郡守閔晉鎬氏가獵官心이大發ᄒᆞ야一等權貴某大臣에게暗地行賂ᄒᆞ야方在運動中이라ᄂᆞᆫᄃᆡ其曲折이甚多키로次號에詳揭ᄒᆞᆯ깃노라

●李勢甚張

本社來人에傳說을聞ᄒᆞᆫ즉學部大臣李完用氏가年前全北觀察在任時에其家人金然鐸으로該道暗行御史李承旭氏에게道內結錢葉二十萬兩을直上納ᄒᆞᆯ意로劃去ᄒᆞ야使金哥로或放債或貿米取利ᄒᆞ고終不出尺키로承旭氏가發訓督納ᄒᆞᆫ즉金哥가宣化堂에隱匿ᄒᆞ야不得捉治이다가及其承旭氏遞歸之日에完用氏가私邸에出見曰君今遞歸ᄒᆞ니金然鐸處劃給錢을傳掌于我ᄒᆞ야使我擔任督尺이爲好라ᄒᆞ야날承旭氏曰此不可以空言傳掌인즉必成公文이可也니라完用氏가喜諾ᄒᆞ야金然鐸處劃給葉二十萬兩을自府擔任督랍之意로彼此公文去來ᄒᆞ야如數移去인바其後承旭氏가據此請願于度支ᄒᆞ야自該部로完用氏의게發訓督ᄒᆞᆫ즉其所報中에每云上랍次發送이라ᄒᆞ되其實則貪於商販取利ᄒᆞ야經歲不랍이다가已亥春間에貿米幾千石이被海溢腐敗인즉敢生凶計ᄒᆞ야傳掌公文中金然鐸姓名을刀剗去之ᄒᆞ고面目不知孔善明으로幻名書塡ᄒᆞ야巧辭粧撰에無一分上랍이고及至承旭氏拿囚之日에該事實을勿爲直招則期圖無事放免之意로兩次書囑호ᄃᆡ承旭氏가不聽其言ᄒᆞ고直招對質之場에完用氏가理屈落科인즉暗賂裁長李南熙氏ᄒᆞ야勒決上奏라가聖明이在上ᄒᆞ사 燭其奸狀ᄒᆞ시고更查歸決之意로下批ᄒᆞ옵신즉刀剗幻名等奸狀이呈露無餘ᄒᆞ야然鐸則被囚ᄒᆞ고完用氏則放出이러니今又誣稱前日誤查ᄒᆞ고更查之法訓를得出ᄒᆞ야同錢을承旭氏에게勒徵ᄒᆞᆯ計劃인바金然鐸이가完用氏에게逐日往督曰該錢을大監이徵給이거나李承旭에게擔着을시기거나兩端間歸正ᄒᆞ야쥬며學部局長一窠를渠之名으로奏任ᄒᆞ야달나ᄒᆞ기로其困督을不堪ᄒᆞ야勒決次로承旭氏를秘密發捕ᄒᆞ얏시니李大臣에氣勢ᄂᆞᆫ果是莫敢誰何라고ᄒᆞ더라

●銃丸請撥 忠南禮山郡守李範紹氏가內部에報告ᄒᆞ되本郡境內賊警이去益猖厥ᄒᆞ야官兵이或被慘殺이로되彼强我弱에勸除沒策故로洋銃彈丸을業已請求에未蒙指敎이온바現下賊勢가日復滋蔓ᄒᆞ야如無陰雨之預備면難免魚肉之慘狀이오니移照軍部ᄒᆞ와洋銃二十柄과彈丸二千發과軍人服裝諸具二十件을特爲支撥ᄒᆞ야保護全境生靈이라ᄒᆞ얏더라

●林使歸日 遞日公使林權助氏ᄂᆞᆫ本月十八日離發ᄒᆞ야歸國ᄒᆞ기로決定이라더라

●公察疏遞 公州觀察李道宰氏ᄂᆞᆫ疏遞ᄒᆞ얏다더라

●赤社摠裁 宮內府大臣李載克氏ᄂᆞᆫ臨時署理赤十字社摠裁事務를被命ᄒᆞ얏다더라

●山丈美謚 故經筵官宋秉璿氏ᄂᆞᆫ贈謚文忠ᄒᆞ옵셧더라

●載倅逃走 載寧郡守秦喜晟氏ᄂᆞᆫ有何不法行爲이던지兩次民擾를當ᄒᆞ야逃走不知去向이고日兵이鎭壓次로來載數日이다가還爲退去ᄒᆞ얏더라

●請設公校 慶南蔚山郡守沈遠澤氏가學部에報告하되本郡各파開進學校를刱設以來로敎師훈導之有方을幸賴하야能使全境愚朦으로次第開悟하고其於泰西列强之凡規에先已適進者ㅣ今爲數百이오次第進步가亦可謂日新月盛이오니別般褒獎하시와特賜公立名稱하라하얏더라

寄書

月洲散人

歎詩文募集

盖詩文之贈人也ㅣ若違其情實ᄒᆞ고徒飾華僞ᄒᆞ야順人之觀覽ᄒᆞ며迎人之歡情ᄒᆞ야有若諂諛希覬者と固非志士之所忍爲也ㅣ라

向見某報社告則伊藤侯가帶統監重任ᄒᆞ고將住玉節於漢城而侯常以極務樞要中之身으로猶一部淡然之胸襟에蓄得閒日月ᄒᆞ야能於文長於詩故로自號曰春畝先生이라

其巍巍勳業然과恢恢然經論과金玉之章과黼黻之光을詩頌之文讃之ᄒᆞ야募集登報ᄒᆞ야以資侯之公暇觀覽而慰其旅懷之意로請我全國人士而作寄之ᄒᆞ라니噫라如先生之勳業文章은宜有閒日月而顧我人士と以傾局殘縷로方淪溺滅亾之不暇ㅣ어늘豈可以閒日月三字로及於話頭哉아

雖以日本之霸威强力으로도可奪韓政府之權利언정不可奪韓人民之血心也ㅣ오雖以先生之雄圖奇策으로도可得東西洲之讓步ㅣ언정不可得韓志士之歡服也ㅣ라

余と素以闒茸鄙卑之人으로粗解文字ᄒᆞ야欲爲先生而作詩文ᄒᆞ라가還瞿然而思ᄒᆞ고慨然而悲ᄒᆞ야不得做一句語而只仰天慟哭에以血繼淚ᄒᆞ노라

雜報

●平安北道管下郡守治績

義州郡守申羽均 技何濫贖訟必圖賂下
江界郡守徐廷圭 官哦二松民歌五袴上
定州郡守尹喬榮 大夫欧事的有餘地上
寧邊郡守尹寧求 病實雖强厲至請願上
寬川郡守 未差
楚山郡守趙應顯 情儉政簡闔境晏如上
昌城郡守申澤秀 未赴任
龜城郡守閔泳勛 不由擅行有損公體중
龍川郡守尹容求 交涉有度施政察眉上
鐵山郡守鄭寅獻 未赴任
朔州郡守沈興澤 鄕奸可懲民心足慰중
渭原郡守曹斗煥 良手莅玆復纘前續上
碧潼郡守李澤奎 下車屬耳務在奉公上
嘉山郡守崔觀浩 勤勤其心孜孜爲治上
郭山郡守張益厚 一心爲政百里賴安上
熙川郡守 未差
雲山郡守梁鳳濟 聽理也簡경費也節上
博川郡守崔商翼 邑俗頗頑官威不行中
泰川郡守李秉厚 日淺
慈城郡守尹東輸 沿俗慣知衆書方蔚上
厚昌郡守李載植 貪汚載牒秉筆莫助下

●勅定藁草 高陽郡守朴周憲氏가內部에報告하되日本人土木建築業松岡護一이率韓人通辯一人하고來到本郡元堂面道니洞하야謂有軍中時急의馬嚂草하고藁草五千束을當場責出故로洞民等이說明其所儲無幾호즉日人이징目怒視에禍色迫頭키로勢弗得已以二千束減定하고以今十八日로輸來于龍山監部之意로書給証書故로藁草價與運輸費를問之즉日人言內分定各洞즉何尙論價리오하고轉往于隣洞이다이온바今此松岡護一이弗由官府하며弗帶公文하고私自强責이確係無理샏더러勒討閭里에弗論其價하고自下行廳을自郡禁止가其勢末由이오니交涉于司令部하야亟行禁斷하라하얏더라

●官級調査 各官廳所管內外勅奏判任官에職姓名等級品階及勳等에關하야緊急査考必要가有하니限一週日內昭詳錄交事로政府에서各部에通牒하얏다더라

●湖西賊警 大興郡境內에と賊警이大熾하야自該郡으로募集鄕砲幾十名而게欲戢捕하나銃丸未備하야具由請撥於軍器而尙未得認許故로畏其賊徒搶奪하야乙巳度結稅를尙不發令하고惟患結錢之來랍하야自邑至村에夜不得解衣키로民情洶洶이殆若朝夕難保라하더라

●鄕錢視察 平壤郡守李重玉氏と該道내視察之任을兼帶하고馬牌와巡檢을帶率하야各郡鄕錄錢未收를督刷할目的이라더라

小說

●青청樓루義의女녀傳 속

마는당쵸에죵로에서길을고칠줄알아든들엇지쳔리에셔로죠츠미잇스리오도라보건듸무엇시한번죽기가얼여와랑인의게몸을허리오져만리장강은가히나의원한을쳔츄에흘니리라ᄒᆞ고드듸여강에빠져죽은지라슬푸고가련도다이미인의신세여그절개와의긔는가히쳔고졍열에부인을붓그릴바업셔후인에모범이되려니와비칭의위인과힝스를보게드면엇지가통코가셕지안으리오이㭗강상에셔관광ᄒᆞ던자누가아니차악히여기며단상처아니ᄒᆞ리오비싱파리싱이또ᄒᆞᆫ어이업고일변창황망조ᄒᆞ여각각도망ᄒᆞ여가니라그후메칠후에미인의령혼이그근쳐스공에게현몽ᄒᆞ여완나는일젼에투강이

(미완)

廣告

刑法大全定價新貨六十錢

今番宮內府에서財政整理之下에會計基礎를鞏固케할趣旨로用達會社設立할特許를得ᄒᆞᆫ故로本日븟터需要一切貿랍할業務를開始ᄒᆞ야前旨를完成케홈을期ᄒᆞ고玆謹告홈

光武十年二月十日

京城石井洞(電話壹四四)

宮內府特許 東洋用達會社
社長 趙秉元
營業部長 佐藤牧太郞
會計部長 同順泰

本典鋪가將爲落鄕故若是廣告ᄒᆞ니典物을二月晦內推去이되若過限則自歸轉賣니照亮推去를望홈

中署琵琶洞 永興泰 告白

齒科 廣告

齒科醫士美國人띄、이듸워드힌

右事務所と南大門內達城尉宮內美國醫士스크랜돈家後에在홈

視務時間은每日上午九時로一時ㅅ지下午二時로五時ㅅ지右時間外에特別히治療ᄒᆞ기를要ᄒᆞ는僉員은預先通知홈

本校의被選ᄒᆞᆫ學徒と陽二月二十三日(陰二月一日)에本校로來會事

陸軍幼年學校

光武九年五月以後郵電各司未撥俸雜費金業經國庫支出現由本院分撥請各該主務員持帶相當認憑ᄒᆞ고卽前來收領並將未勘文簿一時淸完毋庸遲誤

通信院 告白

京城南大門外停車場通韓美協同倉庫會社內에東美運送部를設置ᄒᆞ고京仁京釜京義間鐵道貨物을運送ᄒᆞ되貨物을特別히保重ᄒᆞ며運輸를特別히迅速히ᄒᆞ야可成的으로貨物主顧念을不煩케注意ᄒᆞ오며支店과出張所를三線各驛에設置ᄒᆞ얏사오니內外國人間貨物을運送하실僉君子と本運送部에光臨問議ᄒᆞ시옵

京城南大門外

合資會社 東美運送部 告白
社長 尹晶錫
社務員 任命鎬
仝 鄭仁敎

高陽松山面龜山里所在會日字三座十二斗落合結十四卜四束月字五座二十四斗落合結三十六卜九束盈字二座九斗落合結十六卜九束宇字田二座結六卜八束宙字田結二卜宙字田結六卜庫乙舊文券閪失故玆에仰佈內外國人間拾得ᄒᆞ와도休紙施行홈

仁港皮敎鎭 告白

現今世界列國이互相交涉之日에文際之禮를宜先講解이기로交際新禮一冊을撰述發刊ᄒᆞ오니外交家及紳士의不可不覽할稀珍이라僉君子と諒悉購覽홈

定價金 新貨十八錢
發售所 大韓每日新報社

第四卷

大韓每日申報

대한매일신보

第一百四十七號

月曜及慶節歲時日休刊

檀君開國四千二百三十九年
箕子元年三千二十八年
大韓開國五百十五年
日本明治三十九年
淸國光緖三十二年
陰曆丙午一月小二十三日辛卯

論說

日本無能

近讀東京新聞컨ᄃᆡ對日本政府하야感覺的警論을陳述ᄒᆞᆷ이有ᄒᆞᆫ바其槪要에曰日本之臺灣初政이貽其恥辱於日本矣니如此可歎事는該島에派遣ᄒᆞᆫ行政官의無能所致여날今日對韓進行이與此無異하미將有同一結果ᄒᆞᆯ거시오且世界가韓國내에行政缺乏을論責하기에敏速하리라하얏더라

此警論之發을不可謂之甚早니日本이以其自國無能人으로充其韓國爵位ᄒᆞᆷ은旣多其證이라或有改良일지未可知也로다日本內에鍊熟作業人이缺乏ᄒᆞᆷ은所共知也어니와適宜政官도或與此同一乎아

韓國郵電兩務는今在日人專管이어날其所行政이未有免恥辱이니以其郵遞論之컨ᄃᆡ每多遲滯誤傳及全然不傳이로다

東京漢城間郵便은以一週傳達이어날仁川間郵書는常費三日이오京平鐵道가一日之行이어날本報之達平壤이過於二週로다

韓國政府의如此重要事務를日本人이故意頹敗하는지는量之未能이나故로可以結言ᄒᆞᆯ거슨日本人이不公新得ᄒᆞᆫ收入을檢察하기에不宜ᄒᆞᆷ이로다

日人專管下에在ᄒᆞᆫ諸部事務의如此缺乏ᄒᆞᆷ을知之以日本無能이면他政府之入於日本手中을豈不悲觀이리오

一般吾人이忍耐企待之說을常聞이나忍待愈久ᄒᆞᆯ사록慘形이愈甚하니若日本이對其韓人하야果有好意면責重以前에宜其休止라

韓國人民과韓國收入을利益케ᄒᆞᆯ面目으로旣往攫取ᄒᆞᆫ諸部行政上에好箇信意를表證ᄒᆞᆯ지어다

官報

●第三千三百七十五號　光武十年二月十三日

◉宮廷錄事

詔日回還大使入侍
二月九日

祔廟都監都提調臣李根命謹奏本都監各房工役今已完畢匠手並皆放送郞廳則輪回仕進看檢未盡之事監造官則輪回入直之意敢奏

光武十年二月九日奉
旨依奏

◉勅令

勅令第七號

官等俸給令中改正에關ᄒᆞᆫ件

光武九年勅令第三十四號官等俸給令中第十一條全文을刪去ᄒᆞ고「俸給은新任及陞任은受勅或受牒ᄒᆞᆫ」이며退官及增俸減俸은發令翌日노부터計算ᄒᆞᆷ이라但在外官廳에는到任日노부터計算ᄒᆞᆷ이라」五十五字로添入改正ᄒᆞ고第十二條中廢官下에「退官」二字는刪去ᄒᆞᆷ이라

光武十年二月九日
御押　御璽　奉
勅　議政府參政大臣勳二等　朴齊純
內部大臣勳一等　李址鎔
度支部大臣勳一等　閔泳綺
軍部大臣勳一等　李根澤
法部大臣勳一等　李夏榮
學部大臣　李完用
農商工部大臣勳一等　權重顯

◉敍任及辭令

軍部主事　元稷常
軍部主事　송鎭潞
軍部主事　鄭景潤
陸軍研成學校主事　金泰圭
給四級俸
二月一日

陞敍勳二等賜太極章
侍從武官長勳三等　李鍾健
陸軍參將　白性基
度支部協辦　柳正秀
漢城判尹　朴義秉

敍勳三等賜八卦章
學務局長　張世基
居昌郡守　李應翼
軍部官房長　申載永

敍勳四等賜太極章
帝室會計審查局審查官　朴容奎
陸軍參領　張鳳煥

敍勳四等賜八卦章
陸軍參領　朴彝秉
宮內府參書官　金圭鎭

敍勳五等賜太極章
陽川郡守　安中植
永春郡守　趙錫晉

敍勳六等賜八卦章
以上一月三十一日
崔元植　兪秉濬

命侍從院分侍御
二月八日
典선司主事　朴容求
鳳山郡守　徐相奭
旌善郡守　姜養秀
厚昌郡守　沈奎澤
豐德郡守　朴準禹
中學校敎官　金達河

依願免本官
解侍從院分侍從正三品　玄鳳柱
解分秘書監郞　六品　金哲洙
解시從院分主事　九品　송鍾聲
任시講院시從官敍奏任官四等
弘陵參奉　閔鐵韓
任　弘陵參奉敍判任官八等
惠陵參奉　金성鎭
任　惠陵參奉敍判任官八等
李在和
任　泰陵令敍判任官七等
康陵參奉　李淵學
任　康陵參奉敍判任官八等
송完燮
任　景孝殿令敍判任官六等
景孝殿祀丞　黃範秀
任　景孝殿祀丞敍判任官五等
永禧殿令　金弼鉉

未完

外報

●辨士拘縛　十五日香港發電을據ᄒᆞᆫ즉淸國廣東의商業團體가總督이鐵道建設의目的으로增稅ᄒᆞᆷ에反對ᄒᆞᆷ이有하되政府가同集會에干涉ᄒᆞᆷ이暴言을吐하기에至ᄒᆞᆷ으로辨士을捕縛ᄒᆞ얏더니人民은此를憤怒ᄒᆞᆫ다더라

●銀元鑄立　十七日發北京電을據ᄒᆞᆫ즉淸國政府前月上諭로發表ᄒᆞᆫ貨幣統一을實行하기爲하야直隷、湖北、南京、廣東의銀元局을戶部에直轄케ᄒᆞ되已爲畢成ᄒᆞᆫ雛形에依ᄒᆞ야今春中에各省이同時에鑄造에着手ᄒᆞ다더라

●青年結社　十六日北京電을據ᄒᆞᆫ즉袁世凱氏는淸國青年輩가血氣未定ᄒᆞᆷ으로政治에熱動ᄒᆞᆷ과革命에雷動ᄒᆞᆷ을憂慮ᄒᆞ야日本의政社法을參酌ᄒᆞ야其管轄니로青年의結社集會를取締ᄒᆞ고十五人以上의集會는三日以前에該管에報告ᄒᆞᆷ을戒飭ᄒᆞ얏다더라

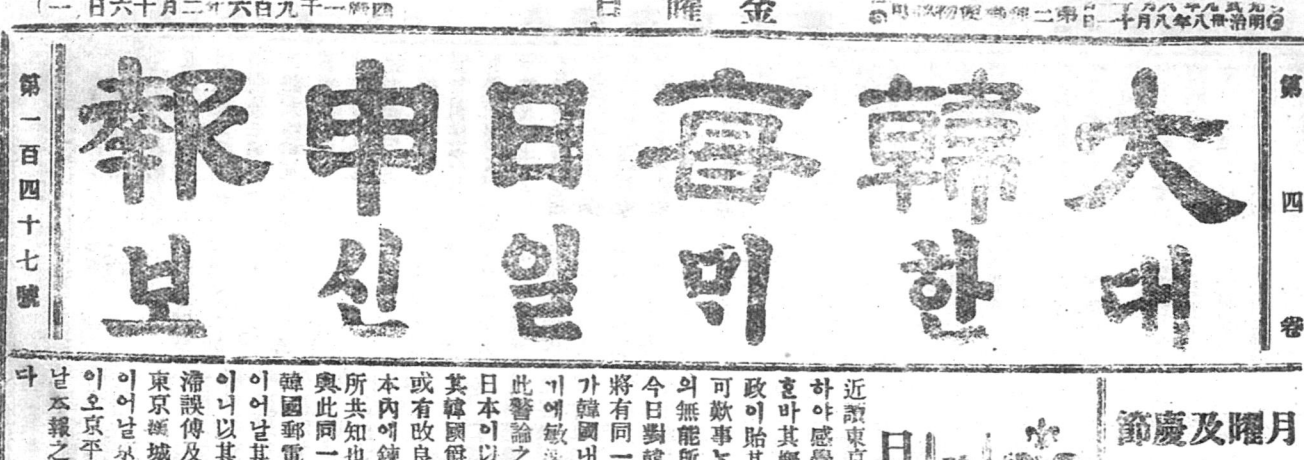

●銀婚賀使　四日德京伯林發電을據ᄒᆞᆫ즉今番德國皇帝及皇后兩陛下의銀婚式에는英國宮中에서는皇帝의代名으로德國皇后陛下의伯父에또와ー또陛下의皇妹헤레나內親王의婿君슈레스윅히이호루스다인의크리스장親王을差遣ᄒᆞ신다더라

雜報

●守令調任論

近日守令之調任이曰四色分排曰積仕久勤曰名譽素著者로極爲恢公云이로ᄃᆡ及其奏本也에各部大臣이各薦幾倍ᄒᆞ야區處其親知心腹이오至於秉銓者ᄒᆞ야ᄂᆞᆫ多不過數三窠自主張ᄒᆞ니此未知何事로다

內部大臣은秉其銓任者라及其郡守調任之日에不通賂賄ᄒᆞ며不受干囑ᄒᆞ며不問親疎ᄒᆞ고唯擇其人而至公無私가可謂秉銓之責任也어날何其聽從各大臣之汲引ᄒᆞ야苟充其數也오設或有不公之議刺방訕이라도秉銓之責也오又或有公明正大之聲譽라도亦秉銓之責也어날聽從各大臣之奔競이何其失權也며抑亦各大臣은何其越權也오

近日之守令이果無生面目者則不可謂不公이로ᄃᆡ至於用賢使能ᄒᆞ야ᄂᆞᆫ不拘階梯ᄒᆞ며不拘超選이오唯人其用ᅵ亦何碍於生面目也리오但用其人之際ᄂᆞᆫ不可以四色으로其人이오亦不可以積仕로其人이오雖草莽布韋之間이라도唯其人是用이로ᄃᆡ其人을亦何能知也리오마ᄂᆞᆫ至於才譽ᄒᆞ야ᄂᆞᆫ衆口所稱이라豈可掩之哉리오

且有不然者ᄒᆞ니頑固時代之累轉郡邑者를歸之頑固者而不用ᄒᆞ며素稱豪富者ᄂᆞᆫ嫌之賂賄而不用焉ᄒᆞ니亦非用人之道也라雖頑固家라도不可謂無人이오且豪富家라도亦不可謂無人이니唯人是用而但至公無私면頑固豪富가亦何有哉리오今當百度鼎新之日ᄒᆞ야郡守調任이一新於前日이로ᄃᆡ聽從各大臣之干囑이決非公道也오不用頑固家豪富家亦非公道也니幸玆秉銓者ᄂᆞᆫ自守責任ᄒᆞ며勿失權利ᄒᆞ고惟其人是用ᄒᆞ야試可乃已니若然則秉銓之責이旣曰公矣라地方之事를亦何碍哉리오

●日本將來 桑港報를據ᄒᆞᆫ즉美國人모꼴이氏가日本으로從來曰日本兵士等이戰事을畢ᄒᆞ고還歸ᄒᆞ얏ᄂᆞᆫᄃᆡ日本政府에서財政이窘乏ᄒᆞ야粮食을供給지못ᄒᆞ니不幾年에日本兵士와人民이大端困難을不免ᄒᆞ리라ᄒᆞ얏더라

●贓錢買土 南來人에傳說을聞ᄒᆞᆫ즉慶北觀察李根澔氏가贓錢數百萬兩을掩跡爲難ᄒᆞ야金山郡金田場等地에葉數十萬兩을任置ᄒᆞ고附近田畓을買收ᄒᆞᄂᆞᆫᄃᆡ外他幾處에도買土次任置錢이數甚不少ᄒᆞ다더라

●忠衙見奪 忠州郡守金在殷氏가內部에報告ᄒᆞ되日本守備隊가本郡東軒與各公廨에來駐入處이온즉聽理政堂與官屬等住接이俱無處所이온바雖閭閻間私家라도給價買得ᄒᆞ야政堂與各官屬處所를量宜排定然後에乃可施措이오니特下別樣處分ᄒᆞ라ᄒᆞ얏더라

●葬需更送 故贊政洪萬植氏葬需與東園副器一部를宮內府에서奉勅輸送ᄒᆞ얏더니該家에서謂以葬禮已過인즉不可祇受라ᄒᆞ기로據此仰奏ᄒᆞ얏더니更爲輸送ᄒᆞ라신處分이下ᄒᆞ옵셧더라

●總代確辯 美國桑港新報를據ᄒᆞᆫ즉日本駐美公使高平氏가還國ᄒᆞᆯ次에桑港그롴클新聞記者를對ᄒᆞ야曰韓國은스ᄉᆞ로獨立을不得ᄒᆞᆯ이라ᄒᆞ고또今番條約은韓國政府가樂從爲之ᄒᆞ얏다ᄂᆞᆫ說을新聞에記載ᄒᆞᆫ故로韓人總代尹炳球氏가上年陰十月十五日에該新聞記者를訪見ᄒᆞ고確辯曰日公使의所言이韓國은獨立을不得이라ᄒᆞ고今番約條ᄂᆞᆫ平和로成立ᄒᆞ얏다ᄒᆞ니今番約條가兵威로勒成ᄒᆞᆫ거슨非徒韓人이라世界各國이擧皆通知ᄒᆞᄂᆞᆫ바니다시煩說ᄒᆞᆯ거시無ᄒᆞ거니와彼가韓國은獨立을不得ᄒᆞᆯ國인故로日本이保護ᄒᆞᆫ다ᄒᆞ나其實狀은韓國을呑倂ᄒᆞᆯ計策이라韓國政府에奸黨을彼가利用을ᄒᆞ고兵力으로示威ᄒᆞ고또日本에下等雜類를多送ᄒᆞ야內地에遍滿ᄒᆞ야逞其所爲케ᄒᆞ니韓國人民은磨石間에粉이될ᄲᅮᆫ이라ᄒᆞ얏더니即時新聞에記載가되얏더라

●李氏篤學 遊學生李相弼氏가西曆一千九百三年三月에到于美國ᄒᆞ야紐約도만이러세에在ᄒᆞᆫ성존셔라ᄒᆞᄂᆞᆫ武官學校에入ᄒᆞ야誠心做工ᄒᆞ야一千九百五年六月에卒業狀을受ᄒᆞ고更히桑港으로出來ᄒᆞ야基督敎靑年會에所關된商務專門學校에入ᄒᆞ야篤實工夫ᄒᆞᆷ으로同年十二月試驗에優等이되야卒業狀을受ᄒᆞ니諸學生等이皆欽嘆不已ᄒᆞ다더라

●一物兩稅 東萊監理가度支部에報告ᄒᆞᆫ內槪에本港海稅中北魚一物이係是咸鏡道所產으로該郡에徵稅ᄒᆞ고本港에疊稅가一物兩稅라ᄒᆞ고自開進敎育會로셔該派員을驅逐ᄒᆞᄂᆞᆫ바當場景色이極其遑急이옵기事不得行ᄒᆞ야姑爲停撤이라ᄒᆞ얏더라

●納賂창導 善山郡守俞鎭贊氏ᄂᆞᆫ原來阿附權貴에行巳鄙陋ᄒᆞᆫ者라去歲前秋冬等褒貶이在邇ᄒᆞᆷ의自巳治績이優等에居치못ᄒᆞᆯ念慮도有ᄒᆞᆯ셔더러觀察使李根澔氏의錢癖이尤爲可畏라乃馳往府下ᄒᆞ야見觀察使ᄒᆞ고卑辭以言曰使道씌셔京鄕間酬應으로債帳이多夥ᄒᆞᆷ은下官이誠切代悶이오나善山이雖曰膏邑이나比諸甲午以前이면萬不成樣이라若其如前이면雖幾萬金이라도使道씌獻誠을ᄒᆞᆯ터이오나今則不然이라僅이葉五千兩表誠ᄒᆞ오니幸望收랍ᄒᆞ소서ᄒᆞ니李觀察이大喜ᄒᆞ야以爲今乃得獵錢之方이라ᄒᆞ고因請尙州郡守吉永洙氏ᄒᆞ야言曰尙州가比於善山이면鉅大之窠라善倅가念我債帳ᄒᆞ야餉我以萬金ᄒᆞ니其意를深思ᄒᆞ노라ᄒᆞᆫ則吉氏曰下官도또ᄒᆞᆫ使道의債帳을悶慮ᄒᆞ든바이오니以葉一萬五千兩獻誠이라ᄒᆞ니於是에李氏가管下各郡守를一齊請牒ᄒᆞ야尙善兩倅의게所得ᄒᆞᆫ理由를說破ᄒᆞ고各其分等ᄒᆞ야或萬兩或幾萬兩式排定以捧ᄒᆞᆷ으로李氏의歸橐이滿足이라俞氏ᄂᆞᆫ此等창導의行爲로써李氏를爲ᄒᆞ야妙策奇功이有ᄒᆞᆷ을自負ᄒᆞ고李氏의素行貪饕ᄂᆞᆫ擧世가稔知ᄒᆞᄂᆞᆫ바어날今에樞院贊議之任을當ᄒᆞ야政府大官을向ᄒᆞ야政治上言論으로大段激昂ᄒᆞᄂᆞᆫ態度가有ᄒᆞᆫ듯ᄒᆞ니可히眞實忿憤이라謂ᄒᆞᆯ가人民으로ᄒᆞ야곰時事에對ᄒᆞ야獻議를勸ᄒᆞᆫ다ᄒᆞ니可히眞實公正이라謂ᄒᆞᆯ가此等胡粉飾貌ᄒᆞᆷ은世皆唾罵ᄒᆞᆫ다더라

●學照度支 學部에서度支部로照會ᄒᆞᆫ內槪에本部所管法語學校敎師馬太乙을行將續聘이옵기該合同一件과請議書를合并照會ᄒᆞ니聯署還交ᄒᆞ라ᄒᆞ얏다더라

●學徒電報 日本退學生等이學部로電報ᄒᆞ얏ᄂᆞᆫᄃᆡ日前監督電報ᄂᆞᆫ虛言而三十六名中二十六名은達於目的ᄒᆞ야勉强於今學校而決不復校ᄒᆞᆫ다ᄒᆞ얏더라

●金校新設 北署新橋私立普明學校敎師金重煥氏가私設一校於本家ᄒᆞ고以日語算術等으로敎授ᄒᆞᄂᆞᆫᄃᆡ特爲私立認許事로漢城府尹이學部에報告ᄒᆞ얏다더라

●一倅四兼 鎭岑郡守鄭崙永氏가內部에報告ᄒᆞ되本郡이與懷德連山恩津으로名雖接壤이나統計百里以外와南北隔絕則一身四兼이力所不及이오各郡急務之肯綮이萬萬危遑인즉彝不敢不汲汲馳聞故로玆走報ᄒᆞ오니另飭各該郡守ᄒᆞ야使之不日還官以後에庶可公私互濟ᄒᆞ야獲免大戾라ᄒᆞ얏더라

●大慶有日 韓國皇太子殿下嘉禮를前承旨徐丙善氏의令女로揀定ᄒᆞ옵시고嘉禮日字ᄂᆞᆫ陰曆本月二十七日로內定이되얏다더라

●寧倅請鹽 本郡이邑殘局弊ᄒᆞ야萬不成樣中一自月鹽減省以後로吏校가俱無仰役之心ᄒᆞ고各自渙散ᄒᆞ야郡守가兀然獨坐에難以視務이오니查照設添鹽安頓ᄒᆞ라고寧越郡守李昌夏氏가內部에報告ᄒᆞ얏더라

●交涉稍緩 平南觀察李容善氏가內部에報告ᄒᆞ되九年度本府交涉費六千六十六兩七戔을已以平壤郡公錢으로挪用故로有所報明而尙未奉指ᄒᆞ온즉伏切訝惑일더러自本郡으로爲其公錢磨勘ᄒᆞ야促債之報가式日踏至에無憑指令이오니上項交涉費를即爲劃下ᄒᆞ라ᄒᆞ얏더라

雜報

檢黴無用

春風花柳界의楊梅風毒을檢查ᄒᆞᆷ을得聞ᄒᆞᆫ니五署內住人名妓를會同ᄒᆞ야日本醫士가器械를使用ᄒᆞ야病幣을檢驗ᄒᆞ얏다ᄂᆞᆫᄃᆡ外國에ᄂᆞᆫ檢查室를淨備ᄒᆞ야秘密調查ᄒᆞᄂᆞᆫ法例이언마ᄂᆞᆫ此ᄂᆞᆫ門戶를洞開ᄒᆞ고衆人環視中에一片白板을中庭에橫置ᄒᆞ고衣裳을剝脫ᄒᆞ고玉戶를露出ᄒᆞ야看病機로試驗法을執行ᄒᆞ얏다니此ᄂᆞᆫ禽獸로虐待ᄒᆞᆷ이오一毫人類의待遇라고ᄂᆞᆫ稱키難ᄒᆞ니大抵韓國人物은犧牲으로一視ᄒᆞᄂᆞᆫ中에셔流出ᄒᆞᆫ만行이라

假令檢查를經ᄒᆞ야傳染病을絕種키ᄒᆞᄂᆞᆫ方案이特有ᄒᆞ면不必深究로ᄃᆡ係是無用의證據가有焉ᄒᆞ니

假令女子만病黴有無를檢查ᄒᆞ야健全者로만風流男子를酬應케ᄒᆞᆫ다ᄒᆞ야도病미가有ᄒᆞᆫ男子인들豈無리오片時를經ᄒᆞ면今日건全者가明日惡病人을成ᄒᆞᆯ것이니檢미의無用ᄒᆞᆷ이一也오

假令檢查를經ᄒᆞᆫ後有病ᄒᆞᆫ者ᄂᆞᆫ名姓居住를揭布ᄒᆞ야風流男子의蹤跡을斷絕케ᄒᆞᆯ지면猶云可也로ᄃᆡ詩洞近地에도有病無病이依舊히治郞을歡迎ᄒᆞᆫ다ᄒᆞ니檢미의無用ᄒᆞᆷ이二也오

假令病미有無를分明診斷ᄒᆞ얏스면猶云可也로ᄃᆡ三牌桃紅이가伊日檢查를經ᄒᆞ고當場에大聲唱導ᄒᆞ되我桃紅은有名ᄒᆞᆫ梅毒人이라春秋로藥殺毒害은風流社會의一般所共知어날今醫士인지盲者인지我를건康人이라斷言ᄒᆞ니如此檢查를誰能信用이리오ᄒᆞ얏다ᄒᆞ니檢미之無用이三也라

大抵檢미方法이衛生上大有必要ᄒᆞᆫ善良事件이로ᄃᆡ今番檢查의無用ᄒᆞᆷ과如ᄒᆞ면但女子의下部만閱視ᄒᆞᆷ이니엇지可笑可惜可惡ᄒᆞᆫ事이아니리오

● 江原道管下郡守治績

春川郡守李明來　性本誠實政亦廉明上
洪川郡守金榮鎭　慈惠公直通達治規上
橫城郡守李範龍　蒲蘆之政氷檗之操上
原州郡守金洂圭　儒雅規範循良聲績上
平昌郡守金台錫　日淺
寧越郡守李昌夏　日淺
旌善郡守姜養秀　戴恩已重勵精宜倍
麟蹄郡守尹龜榮　優越才德合試郞廟上
襄陽郡守南宮檍　未赴任
杆城郡守李俊九　百里分憂一心圖報上
江陵郡守朴來彦　以善爲治咸日我侯上
三陟郡守鄭雲哲　雍容做治闔境安堵上
蔚珍郡守尹宇榮　海戶無恙福星擁彩上
平海郡守張永煥　細察毫末偷無玉玷中
華川郡守鄭海運　日淺
金化郡守千世顯　藉托進供獘民何故下
平康郡守金禎允　糾整民瘼不憚勞苦上
鐵原郡守羅壽淵　未赴任
伊川郡守朴基鉉　簿書無滯訟庭如水上
安峽郡守李誠徹　官淸事簡俗淳民庬上
金城郡守金有濟　巳闡言聽民望遙還上
淮陽郡守尹發榮　持身儉約聽訟綜詳上
通川郡守沈在昇　蘊蓄文學發而爲政上
高城郡守金麟洙　字撫益懇款民漸蘇上
歙谷郡守朴齊璿　措施有法吏民知戒上
鬱島郡守沈興澤　三載久莅島民賴安上
楊口郡守李昌銖　儉歲殘局良手實勞上

小說

● 靑청樓루義의女녀傳 속

ᄉᆞᄒᆞᆫ미인이거니와너몸에ᄯᅡᆯ닌보비가잇ᄉᆞ니그ᄃᆡᄂᆞᆫ가히그보비를취ᄒᆞ고너ᄂᆞᆫ시신을못어달나ᄒᆞ거날그ᄉᆞ공이ᄯᅳᆺ을셰여의일아참에강변에나아가물밋흘슈탐ᄒᆞ야본즉

파연그미인이당쵸에ᄲᅡ지던곳에잇ᄉᆞ되용모가싱시나달음업더라그의상을풀고본즉비록모다금슈의복이나별노보화라고헐것이업고다만일귀금낭이미여잇ᄉᆞ되물에져져서안팟치달나붓터그속에ᄂᆞᆫ아모것도업ᄂᆞᆫ것갓튼지라드ᄃᆡ여풀어다가벽상에걸어두고관곽을갓쵸아강어구에뭇고표목을세운후쥬파를베푸러그혼박을위로ᄒᆞ니라

그후일일은무슈ᄒᆞᆫ션쳑이문밧강변에ᄃᆡ이미엄연이일위관인의모양인ᄃᆡ그츄죵이심히만터라드ᄃᆡ여그ᄉᆞ공에집에이르러무러갈오ᄃᆡ

너의집에필경괴이ᄒᆞᆫ보비가잇거니와너의집에두어셔ᄂᆞᆫ쓸ᄃᆡ업슨즉즁가을밧고팔나ᄒᆞᆫᄃᆡᄉᆞ공이심히경아ᄒᆞ야창황이ᄃᆡ답ᄒᆞ야왈강촌어부의게무슴보비가잇ᄉᆞ오릿가

（미완）

廣告

本社廣告

申報價
一張代金　新貨二錢五厘
一個月前納　三十錢
三個月　九十錢
六個月　一元七十五錢
一個年　三元四十錢
郵稅一部　新貨五厘
一個月　十三錢

廣告料
四號活字十三字詰
每日每英尺一寸에新貨卄五錢
(每日每行에六錢에相當홈)
二個日에　二圜五十錢
(每日每行圜錢五厘에相當홈)
一個月에　五圜
(每日每行四錢一厘에相當홈)
其期限과長短과字行의多少를隨ᄒᆞ야增減홈이有홈

大韓人마다此申報를不得不一覽ᄒᆞᆯ터이오니廣告出報ᄒᆞ실僉君子ᄂᆞᆫ來臨面議ᄒᆞ시오

發行兼編輯人　英國人　裵說
發 行 所
大韓每日申報社

第四卷

大韓每日申報
대한매일신보

第一百四十八號

月曜及慶節歲時日休刊

檀君開國四千二百三十九年
箕子元年三千二十八年
大韓開國五百十五年
日本明治三十九年
淸國光緖三十二年
陰曆丙午一月小二十四日壬辰

論說

更論均商

條約違法과日本政府에셔賦與ᄒᆞᆫ統監權限이韓政府의不許됨을不拘ᄒᆞ고伊藤侯의來韓取位ᄒᆞ려ᄒᆞᆷ이果然表示로다

其滯留期限은懸於列强이니其締約裏許를各政府가想應聞知矣라是非上에此ㅣ似非難解問題리니

此地現形의何許再整을得見以前에ᄂᆞᆫ韓國內에日本不公行動이列强의게確聞됨을必待ᄒᆞ리로다

本報가旣爲表示者ᄂᆞᆫ日本이以軍用之名으로敷設鐵道ᄒᆞ되勒募役夫ᄒᆞ며地段所有者의게適宜代金을不償ᄒᆞ고及其後也ᄒᆞ야ᄂᆞᆫ移付于私營會社ᄒᆞ야

如此히韓國鐵道를自爲專權ᄒᆞᆷ이오亦一指明者ᄂᆞᆫ京仁滊車의稅金을任意增加ᄒᆞ야京仁間商務를京釜로韓淸間商務를韓日로轉讓케ᄒᆞᆷ이며

且從往揭報者ᄂᆞᆫ郵電事務의無效ᄒᆞᆷ이니日本人이自國供給을受取ᄒᆞᄂᆞᆫ以外에無他所爲ᄒᆞᆷ을顯示ᄒᆞ야其事務가日本手中에引繼된以後에其實効가已至半減이오且公衆便利ᄂᆞᆫ全然不計ᄒᆞᆷ이로다

目賀田氏의財政計策은第一銀行과太半日人으로組織된倉庫會社와貸金會社를利益케ᄒᆞ고多數韓淸巨商을流離케ᄒᆞ얏스니某樣觀之ᄒᆞ더지同氏의設策이無益於韓國이로다

且以礦産論之면日本之利益이過於各人이니韓國政府의게多數礦學專門日人을擇任ᄒᆞ라고誘導ᄒᆞ야使之踏査全國이고此等人의報告를因ᄒᆞ야添利者ᄂᆞᆫ日人이며

且有甚焉之機ᄒᆞ니此ᄂᆞᆫ本報之近日記載인바宮內府顧問官이皇帝의게셔礦産許與를得ᄒᆞᄂᆞᆫ職任에居ᄒᆞ얏도다

日本之言與行이相反됨을論辨ᄒᆞᆯ證據ᄂᆞᆫ未有定限이어니와本報之旣爲揭示者ᄂᆞᆫ外國人이同等權限을主張ᄒᆞᄂᆞᆫ거스로同等待遇를能히蒙得ᄒᆞᆯ것과且日本이政府를專權ᄒᆞᄂᆞᆫ時日에ᄂᆞᆫ均霑及同等之言이全然無意ᄒᆞᆷ이로다

官報

◉第三千三百七十五號　光武十年二月十三日　續

◉敍任及辭令

任　永禧殿令敍判任官六等　六品　南夏元
任典선司主事敍判任官六等　奉常寺主事　金용彬
任奉常寺主事敍判任官六等　六品　朴容泰
命侍從院分侍從　正三品　尹基益
命分秘書監郞　六品　高鼎柱
命侍從院分主事　朴齊榮
金浦郡守　朴注東
興海郡守　鄭爾朝
咸昌郡守　全光默
順安郡守　韓亨魯
英陽郡守　李範喆
軍威郡守　金敎憲
价川郡守　李相俊
朔州郡守　沈奐澤
免本官
安邊郡守　徐晩淳
免本官
右ᄂᆞᆫ該員이鄕奸不戢ᄒᆞ고民財를勒徵ᄒᆞ야輿情이喧藉에以致訴部이기免本官
比安郡守　林秉斗
金化郡守　千世顯
鎭寶郡守　尹順伯
瑞興郡守　吳景祚
免本官
右ᄂᆞᆫ該員等이去九年度各道秋冬等殿最에治蹟居下ᄒᆞ기로免本官
免本官
蔚山郡守　沈選澤
右ᄂᆞᆫ該員이職在字牧에專事不法ᄒᆞ야怨독浪藉에至登民狀이기免本官
免本官
陽德郡守　李容九
右ᄂᆞᆫ該員이敍任屢朔에尙不赴任이기免本官
免懲戒
益山前郡守　金柄宇
右ᄂᆞᆫ該員이去八年度春夏等殿最에治蹟居下ᄒᆞᆷ으로免本官ᄒᆞ얏삽드니追究情跡에容有可恕이옵기免懲戒
免懲戒　公州前郡守　閔泳會
右ᄂᆞᆫ該員이去九年度春夏等殿最에治蹟居下ᄒᆞᆷ으로免本官ᄒᆞ얏삽드니追究情跡에容有可恕이옵기免懲戒
鎭安前郡守　張榮國
金化前郡守　李起源
免懲戒
右ᄂᆞᆫ該員이去八年度秋冬等殿最에治蹟居下ᄒᆞᆷ으로免本官ᄒᆞ얏삽드니追究情跡에容有可恕이옵니免懲계
免懲계
正三品　金倫求
右ᄂᆞᆫ該員이農商工部鐵道局長在任時權外망行有違官規是以免本官矣追究情跡容有可恕故免懲계
任朔州郡守敍奏任官四等　正三品　李義國
任豐德郡守敍奏任官二等　正三品　柳志淵
任陽德郡守敍奏任官四等　六品　丁學秀
任瑞興郡守敍奏任官四等　議政府參書官　崔東埴
任鎭寶郡守敍奏任官四等　六品　鄭衡澤
任鳳山郡守敍奏任官二等　從二品　李承載
任蔚山郡守敍奏任官二等　從二品　金德漢
任咸昌郡守敍奏任官四等　正三品　李鍾浩
任金化郡守敍奏任官四等　六品　李昌夏
任軍威郡守敍奏任官四等　景孝殿令　金商堯
任英陽郡守敍奏任官四等　內部參書官　金台應
未完

外報

●西藏變制　俄紙노ㅣ우에우레미야의倫敦通信을據ᄒᆞᆫ즉淸國은英國의同意를預想ᄒᆞ고西藏을淸國의一省으로變制ᄒᆞ기를企圖ᄒᆞᆫ다더라

●英法親密　六日路透發電을據ᄒᆞᆫ즉倫敦府會議員이巴里에셔盛大ᄒᆞᆫ歡迎를受ᄒᆞ야市議事堂에셔晩餐會를開催ᄒᆞ고互相히鄭重ᄒᆞᆫ演說를交換ᄒᆞ얏다더라

●行幸姑停　六日伯林電을據ᄒᆞᆫ즉英國皇帝陛下ᄂᆞᆫ丁抹皇帝崩御ᄒᆞ심에因ᄒᆞ야宮中喪을行ᄒᆞ신故로來三月의西班牙首府마드릿도에行幸ᄒᆞ실事ᄂᆞᆫ中止ᄒᆞ얏다더라

●法國要求　北京電을據ᄒᆞᆫ즉法國이曩者에廣西의亂을乘ᄒᆞ야法國民保護의名義로廣東省雷州에進兵駐屯케ᄒᆞ얏다가匪亂이平定ᄒᆞᆷ으로淸廷에셔其撤兵ᄒᆞᆷ을迫請ᄒᆞ얏더니法國에셔潯州一帶의內池航行權과交換ᄒᆞᆷ을請求ᄒᆞ얏다더라

●俄使要求　北京電을據ᄒᆞᆫ즉駐淸俄公使포코지로후氏가淸國外務部에對ᄒᆞ야俄淸兩國이合同ᄒᆞ야新疆伊犁間鐵道를敷設ᄒᆞᄂᆞᆫ權利를要求ᄒᆞ얏다더라

雜報

●韓民勉圖日新 新春幾日고天時已新ᄒᆞ나人事必新이理之必然이어ᄂᆞᆯ現今國家人民之政絃易轍이亦可以與春俱新ᄒᆞ야政府ᄂᆞᆫ當施以新政令ᄒᆞ며人民은當啓以新知識ᄒᆞ며國計ᄂᆞᆫ當進以新事業然後에國權을可復之以新光輝也어ᄂᆞᆯ奈之何政府ᄂᆞᆫ寥寥寂寂ᄒᆞ며人民은昏昏墨墨ᄒᆞ며國計ᄂᆞᆫ杳杳茫茫ᄒᆞ니國計ㅅ從此以斷送矣라如之何哉오如之何哉오政府之施以新政令은尙矣勿論이오國計之進以新事業도亦難企望이로ᄃᆡ至於人民之啓以新知識이今日韓國之第一急務也어ᄂᆞᆯ人民之知識이不能新焉ᄒᆞ니此是韓國之憂也로다

凡禽獸도必知飢寒死亡之可惡也로되至於韓國之人民ᄒᆞ야ᄂᆞᆫ知識이蒙昧野昧ᄒᆞ야不知飢寒死亡之迫頭ᄒᆞ니此ᄂᆞᆫ人而不如禽獸也라豈不哀哉리오

方今韓國人民은淬勵精神ᄒᆞ며奮興心志ᄒᆞ야日就其尺寸之程度ᄒᆞ며月積其銖錙之重量ᄒᆞ야勃興實業而進就實力이此其人民之新知識也어ᄂᆞᆯ噫라上下人民이不滌舊染之汚ᄒᆞ며不悛惰怠之習ᄒᆞ야飢寒死亡이殆將迫頭而不知焉ᄒᆞ니雖如是而已라도十分危殆을明若觀火어ᄂᆞᆯ況政府ᄂᆞᆫ視民如犧牲ᄒᆞ고外國은待民如奴隸ᄒᆞ야剝割其骨髓ᄒᆞ고斷絕其血脈者乎아然則韓國人種之滅絕은其不待智者而可逆睹也로다

韓國上下人民이여春事已新ᄒᆞ야大寒이已去ᄒᆞ고大凍이已解ᄒᆞ야萬和方鬯ᄒᆞ니人事도亦順天命而應天事ᄒᆞ야與時俱新이어다韓國上下人民이여

●一雙作耦 近日各府部院廳에서무ᄉᆞᆷ工役ᄒᆞᆯ事件이有ᄒᆞᆫ時에ᄂᆞᆫ工匠等에게工價出給錢中十之一二分은該主務官弁이依例取食ᄒᆞᆫ다ᄒᆞ니此等市井聲陋習을名以[illegible]紳行之ᄒᆞᄂᆞᆫ거시極爲鄙褻ᄒᆞ야損體不少인바學部學務局長張世基氏가此癖이尤甚ᄒᆞ야工匠等處에爲害多端ᄒᆞ기로工匠等이惡其行爲ᄒᆞ야皆呼以張口文이라ᄒᆞ며內部地方局長崔錫敏氏ᄂᆞᆫ强辨多才ᄒᆞ고敏於謟附ᄒᆞ야某大臣의게日夜補聽이適意行樂等事에在ᄒᆞ고花套場中에加平摘食으로作爲一件奇策ᄒᆞ야俸金之外에所得이亦多ᄒᆞ기로人皆目之爲崔加平이라ᄒᆞᄂᆞ니學務局長은人民敎育之要任이오地方局長은人材汲引之職司이거ᄂᆞᆯ使此等鄙夫로靦然冒據ᄒᆞ야全國重務를歸於掃地ᄒᆞ니今日政界가實可寒心이라고輿論이大沸ᄒᆞᆫ다더라

●膈民注意 近日漢城中有志人士들이開膈民智ᄒᆞ기를爲ᄒᆞ야新書籍을多數發刋ᄒᆞᆯ經營이有ᄒᆞᆫ데前協辦朴鏞和氏가此擧를贊成ᄒᆞ기로熱心周旋中이라더라

●西民何罪 平壤郡守李重玉氏가該道內鄕錄錢未收督刷次로視察을圖差ᄒᆞᆷ은昨報에已揭어니와其內容을更聞ᄒᆞᆫ즉同氏가朴弼遠氏와秘密運動ᄒᆞ야幾萬兩을用費ᄒᆞ고豐阜會社長閔丙漢氏로紹介ᄒᆞ야該視察之任을得ᄒᆞᆫ바平安南北道鄕錄錢[illegible]察郡京[illegible]郡派詰白性基諸氏가已爲歷百萬兩을奪去ᄒᆞ야剝之括之剝乙割之ᄒᆞ야至今所餘者ㅣ只是土皮뿐더러自經兵燹以後로西民之蕩析死亡과鑛道役夫等許多苦弊를備受遍嘗ᄒᆞ야劫後殘生이支活無路이거ᄂᆞᆯ今又挾雜輩가做出此等計劃ᄒᆞ야所謂鄕錄錢未收를要爲繼續督刷ᄒᆞ니哀此西民은獨非國家赤子인지從此一省人民이將未免皆爲魚肉ᄒᆞᆯ지니閔丙漢氏ᄂᆞᆫ義州府尹在任時에歷百萬兩貪饕ᄒᆞ야富冠一國ᄒᆞ고도西士에餘孽이又在ᄒᆞ야如此事件을紹介做出ᄒᆞᄂᆞᆫ지西民에莫大仇怨은閔氏一門에在ᄒᆞ거니와現政府大官들도亦皆袖手越視ᄒᆞ야認若當行ᄒᆞ니畢竟平安一省은茂草之場이되깃다고西來人에所說이大段憤激ᄒᆞ더라

●因嫌置中 軍威前郡守金敎憲氏ᄂᆞᆫ凡於治蹟에別無可執之端이로되昨秋冬等殿最에居中ᄒᆞ얏ᄂᆞᆫ데其이由인즉伊時觀察使李根澔氏가金郡守를對ᄒᆞ야該郡結錢中二萬兩駄費를特以貸給ᄒᆞᆯ意로懇求ᄒᆞ되金郡守가不聽ᄒᆞ고其後秘書課主事로ᄒᆞ야금品好人蔘三斤을求請ᄒᆞ되竟不酬應ᄒᆞ얏더니因此觸忤ᄒᆞ야貶辭置中ᄒᆞ얏기로該郡人民들이金郡守여所遺를擧皆歎惜ᄒᆞᆫ다더라

●軍械把守 平北觀察使李裕豐氏가內部에報告ᄒᆞᆫ內槪日本陸軍工兵少佐三浦義幹과通信技師金子常吉과工兵小尉露木良策이率工兵一百五十名ᄒᆞ고立電杆次로來到江界郡이라가三浦義幹과金子常吉은率下一名ᄒᆞ고向往長津郡境이오露木良策은率工兵九十四名ᄒᆞ고向往渭原郡境이며該郡東軒에入處ᄒᆞ얏든日本守備隊가今爲移駐於前鎭衛隊라ᄒᆞ야將數軍粮을積留於館宇而仍以把守ᄒᆞ니莫重之地에萬萬惶悚이라ᄒᆞ얏더라

●醫廳新制 日昨醫務廳에서無用官吏ᄂᆞᆫ一切減省ᄒᆞ고다시官制을改正ᄒᆞᆷ이如左ᄒᆞ니

醫務使一人 醫務官八人
主事六人 總巡廿四人
監獄署長一人 主事二人
看守長二人 醫師二人으

로定ᄒᆞ고該廳內에三課를置ᄒᆞ얏ᄂᆞᆫ데

警察課 庶務課 訊問課

該分課規則은二十五條로官報에頒布하얏다더라

●內照度部 日本慰問大使廳接時慶尙北道觀察府와東萊港警務署巡檢의所着舊冬服四十組와軍刀四十柄과帽子四十件을自京運送ᄒᆞ야往還旅費三十九元二十錢을九年度算外로立欵支撥ᄒᆞ시와俾便勘簿ᄒᆞ라ᄒᆞ얏더라

●日醫雇聘 內部에서廣濟院衛生事務를擴張ᄒᆞ기爲ᄒᆞ야日本醫學士佐佐木四方氏를雇聘ᄒᆞ기로決議ᄒᆞ얏다ᄂᆞᆫ데醫務顧問丸山氏의勸告라더라

●丁冊房請借 大丘[illegible]居金廣濟가器械를購買ᄒᆞ야ᄉᆞ를剏設ᄒᆞᆫ더인ᄃᆡ[illegible]야許前工冊房을借[illegible]ᄒᆞ고內部에請願하얏더라

●寧察報告 平北觀察李根豐氏가內部에報告하되定州郡守는義州郡檢査官으로已爲發行이온ᄃᆡ청國駐箚日本聯隊長이率副官二十人及兵丁六百名하고本月三日에來到該郡하야邑底民家에入處하오니當此[illegible]節之失所民情이非不可悶이오나入處凡節과請求酬應을一一善接之意로申飭以送하얏다더라

●池田函質 統監府通信理管局長池田十三郎氏가平昌郡鎭長우弼奎를平理院에서拘拿審辦中이라하니其捉囚裏由를昭詳示明하라고法部로公函하얏다더라

●違例經歸 全北觀察韓鎭昌氏가內部에報告하되管下各郡守가遇有故實病이면據實請由하야待指令進退가自有莫越之規程이거날現接龍潭郡守尹相憲의報告書則病勢沈극하야不得不歸家調理이옵기本郡印章을不能實裏承題하고即爲賚送于錦山郡後當日離發이라하니該郡守之歸家調理는似有病勢之不獲已者이오나心無忌憚하야行此妄率之擧措乎아言念事體에萬萬乖當하야合行警戒이오니該郡守를相應을上奏免官하야以警列郡하라하얏더라

●承訓押柳 驪州郡介軍山面居柳錫夏가以結稅停納事로各面에發通하야人心이滋惑하니非徒結稅之拒납이라其通文辭意가駭悖하야煽動民情이不是治安上에大關키로該道觀察署理水原군수李完鎔氏가內部秘訓을承하야柳錫夏를押上하야警廳에嚴囚하얏더라

●擅入他學 中學校長李源鏞氏가學部에報告ᄒᆞᆫ內槪에本校學員金成鉉이가擅自入學於日本軍用鐵道監部하얏스니該部에交涉하야俾即還送케하라하얏더라

●懲納奏免 昨日下午四時에政府에서開會하는內容을聞하니各郡에서乙巳度上納徵滯ᄒᆞᆫ事項으로經議ᄒᆞᆫ後該郡守等을將次奏免ᄒᆞᆫ다더라

●牧畜請願 海州居吳景春이가農部에請願ᄒᆞᆫ內槪에本군延平島各處에氣候가溫和하고草茀가豐肥하와牛羊을牧畜하면公私間利益이頗多ᄒᆞᆯ듯하와本人이該島에牧畜ᄒᆞᆯ意로茲에請願하니限十年間認許하라하얏다더라

●酌獻親臨 昨日은明憲太后誕辰이기로 韓皇陛下께옵서孝惠殿酌獻禮에親臨하옵섯ᄂᆞᆫᄃᆡ勅奏任官이入參하얏다더라

●玄氏復任 前協辦玄暎運氏가免懲계됨은前報에已揭어니와日昨에陸軍參將의復職이되얏다더라

雜報

●會亦有獘

社會가아니면團體를莫成홀지오團體를成치못ᄒᆞ면其心이不一ᄒᆞ며力無所聚ᄒᆞ야凡其民國間利益底事를營爲키不能홈으로環球列邦에社會甚繁ᄒᆞ야其名目을不可枚論이되必其社員을見識이通明ᄒᆞ며操行이端潔ᄒᆞ야鄕里間名譽素著ᄒᆞ며事務上可與論議라야始乃許參키로自然社規整肅ᄒᆞ며效果完全ᄒᆞ야爲公爲私에皆可有成이거날今夫韓人所謂社會ᄂᆞᆫ人員之精與優劣을都不較計ᄒᆞ고惟其徒黨을多聚ᄒᆞ며氣勢를廣張ᄒᆞ기로爲務ᄒᆞ야浮雜無賴之徒를混同參入키로隨處決裂ᄒᆞ고百獘從生ᄒᆞ야民國間往往其害를返受ᄒᆞ니此豈社會之本意乎哉아第以一進會로言之컨ᄃᆡ其目的中四大綱領의如何實踐은吾所未知어니와嘗聞其社員多數가數十萬人에達ᄒᆞᆫ닷다ᄒᆞ니此皆有見有識ᄒᆞ며行爲端潔ᄒᆞ야鄕里에見稱ᄒᆞ며論議를可共者歟아以愚所料로ᄂᆞᆫ精抄키未必矣라是以로該社員之散在各處者ㅣ藉勢行悖가不一而足ᄒᆞ야或公廷에橫鬧ᄒᆞ며或公廨를勒借ᄒᆞ며或罪囚를擅放ᄒᆞ며或殘民을群打ᄒᆞ며或賊徒를掩護ᄒᆞ며或補助를勒請ᄒᆞ며或婦女를勒奪ᄒᆞ며或僧尼를勒奸ᄒᆞ며或私債를勒捧ᄒᆞ며或外兵을潛挾ᄒᆞ야葛藤을惹起ᄒᆞ며或他會를壓迫ᄒᆞ야風波를激成ᄒᆞ며其餘許多爲獘가紛然相繼ᄒᆞ야無郡不報ᄒᆞ며無人不說ᄒᆞ야本社所聞이殆無虛日ᄒᆞ니苟如是不已면其所生命財産保護가適足以擾民ᄒᆞᄂᆞᆫ一大禍首를作홀지라此豈凜然可歎홀바아니며又有所謂神籬敎者ᄒᆞ야該徒之强橫과滋擾之多端이全無사會的氣像키로各地方民情이危怖厭苦ᄒᆞ야如沸如羹ᄒᆞ니라ᄒᆞ니此等사會義務ᄂᆞᆫ曾所未聞이로다大抵其身이正이면不言而論ᄒᆞ고其身이不正이면百令이不從ᄒᆞᄂᆞ니如彼混雜ᄒᆞᆫ사員으로要以護民ᄒᆞ며要以利民홈은是猶烏喙救飢라寸效를莫奏ᄒᆞ고深害가將至홀지니惟當事諸君은사員을亟宜愼擇ᄒᆞ며사規를別般振淬ᄒᆞ야使塗炭슈生靈으로毋致重困홀지어다

●咸鏡南道管下郡守治績

咸興郡守趙秉敎 慈諒之性敏慧之才酬應偏擔於地方案簿無暇於整理上

永興部守洪淳旭 才優剸煩志切圖報力爭占標之濶勞績多著坐鎭喧競之俗幹局可見上

安邊郡守徐晩淳 儒雅之操謹拙其規局獘民瘵良醫亦難投剸途遠廩薄捧櫛不足爲喜上

北靑郡守趙吉夏 優可爲趙魏之老誰能化汝영之俗衰邁其齡勤勞可悶上

德源郡守權重瓚 日淺

定平郡守尹베憲 日淺

甲山郡守李承鉉 本之剛明濟以勤儉殲剔匪而邊無報警接外兵而民不知苦頌聲載路會黨亦孚上

三水郡守尹 무 未赴任

端川郡守金裕稷 用實心而行實事化鄕風而矯鄕獘惟其彈誠是以有譽上

長津郡守李鎭璿 加帥旅而因饑饉民流亾而俗頑强何以治爲其亦勞矣上

文川郡守丁裕燮 二載曠官何有論評下

高原郡守朴淇昊 頗勤簿書著勞橋梁受辱會民官豈全無所失素味體例語或不擇而發中邑獘務劇盍遄其歸上

洪原郡守申祐均

利原郡守尹永稷 未赴任

●青청樓루義의女녀傳 속

ㅂ관인이양구히보다가ᄉᆞᄉᆞ로방즁에드러가벽상에걸닌바금낭을떼혀가지고나와갈오ᄃᆡ이것이진실노보비라ᄒᆞ고즉시죵자를명ᄒᆞ야십여쳑션즁에실은바물화를슈운ᄒᆞ야ᄉᆞ공의집뜰가온ᄃᆡ에젹치ᄒᆞᆫ후갈오ᄃᆡ이것이다검슈보피라그갑으로의론ᄒᆞ면쳔만량에지날터이니이와밧구즈ᄒᆞ거날ᄉᆞ공이일변놀나고일변깃버ᄒᆞ야무러갈오ᄃᆡ그것이무슴보비완ᄃᆡ갑시이쳐럼만흔지그곡졀을알고져ᄒᆞᄂᆞ니다관인이갈오ᄃᆡ임의미미하야ᄂᆡ가쥬인이되얏슨즉그ᄃᆡ를위하야ᄒᆞᆫ번시험하리라하고그검낭을열고본즉다만일편금젼지가잇고그금젼지에ᄂᆞᆫ일긔검은암소를그린지라ᄒᆞᆫ노써그죠희에ᄉᆡ린즉무슈ᄒᆞᆫ검은암소가들에가득ᄒᆞ야거의슈쳔필이나되난지라 미완

廣告

光武九年五月以後郵電各司未撥俸雜費金業經 國庫支出現由本院分撥請各該主務員持帶相當認憑한卽前來收領並將未勘文簿一時清完毋庸遲誤

通信院

本校에셔第二期學員을募集ᄒᆞ야試驗을已經ᄒᆞᆫ바晝夜學科에追後入學을願ᄒᆞᄂᆞᆫ僉員은本月二十八日ᄭᆞ지特別히應시許入ᄒᆞᆯ깃사오니 僉諒來臨ᄒᆞ시오

光武十年二月十五日 普成專門學校

本典舖가將爲落鄕故若是廣告ᄒᆞ니典物을二月晦內推去이되若過限則自歸轉賣니照亮推去를望홈

中署琵琶洞 永興泰 告白

本人이晉州廣理社의入參하엿다가日債相關의不顧是非ᄒᆞ고社員許分排條繳給後昨年五月日各新聞社列名廣告中本名은僞名이니內外國人以此知悉홈

慶南晉州槽洞里居鄭鴻錫白

梨峴劉基台許當五錢一千四百七十九兩居實票를水原烏山場에셔遺失ᄒᆞ얏스니誰某拾得이든지休紙施行홈

李學善 告白

前總巡李完圭名字以澤圭改定知舊間照亮홈

李澤圭 告白

今番宮內府에셔財政整理之下에會計基礎를鞏固케ᄒᆞᆯ趣旨로用達會社設立ᄒᆞᆯ特許를得ᄒᆞᆫ故로本日븟터需要一切貿랍ᄒᆞᆯ業務를開始ᄒᆞ야前旨를完成케홈을期ᄒᆞ고玆謹告홈

光武十年二月十日

京城石井洞(電話壹四四)

宮內府特許 東洋用達會社

社長 趙東元

營業部長 佐藤牧太郞

會計部長 同順泰

齒科 廣告

齒科醫士美國人ᄯᅴ、이듸워드헌右事務所ᄂᆞᆫ南大門內達城尉宮內美國醫士스크랜돈家後에在홈

視務時間은每日上午九時로一時ᄭᆞ지下午二時로五時ᄭᆞ지右時間外에特別히治療ᄒᆞ기를要請ᄒᆞᄂᆞᆫ僉員은預先通知홈

今月二十日에名帖匣을遺失ᄒᆞᆫ와ᄂᆞᆫᄃᆡ其中에紙貨五元과其他有要緊ᄒᆞᆫ標紙가有ᄒᆞ오니標紙ᄂᆞᆫ他人의게ᄂᆞᆫ無所用則拾得僉大人이覓來ᄒᆞ시면該五元外에重賞을加ᄒᆞ오리다

上茶洞三統九戶李圭直告白

現今世界列國이互相交涉之日에交際之禮ᄂᆞᆫ宜先講解이기로**交際新禮**一冊을撰述發刊ᄒᆞ오니外交家及紳士의不可不覽홀秘珍이라僉君子ᄂᆞᆫ諒悉購覽홈

定價金 新貨十八錢

發售所 大韓每日申報社

高佛安寶時旭會社가今番에北美合衆國하ㅣ트포ㅣ드市에法律을遵ᄒᆞ야高佛安寶時旭開發會社로新組織ᄒᆞ고其所有財産及營業權을一切引渡ᄒᆞ야左開五人이其業務를專任擔當홈

헨으리 골불안

히리、으라이스、보스트위

스듸풘、롭버셜듼

류지엘머엘늬엇르

眞木平一郞

高佛安寶時旭開發會社에셔韓日淸其他東亞地方에左開ᄒᆞᆫ營業을代理ᄒᆞ며礦山其他土地를實地調査ᄒᆞᆯ境遇에ᄂᆞᆫ社費로以ᄒᆞ야技師를派遣홈

一 在北美合衆國콘넥틱컷트洲韓美電氣會社

一 仝上韓美礦業會社

一 在英國倫敦실늬스뻐리街五〇三番舘韓國起業組合(有限責任)

一 仝上콤돌아폐街三一番舘萬國起業組合(有限責任)

一 仝上아ᄉᆞ틴푸리이스街一〇及一一番舘滿洲起業組合(有限責任)

社用의通信은左開二處로取扱홈

韓國京城 高佛安寶時旭開發會社 (電信略號 불안워)

日本東京芝區白金三光町四八八番地 眞木平一郞 (電信略號 밀네팅)

發行兼編輯人 英國人裴說
發行所
京城北署壽進坊磚洞号外地段(原韓舍廊)
大韓每日申報社

明治卅八年八月十一日第三種郵便物認可　　日曜日　　西曆一千九百六年二月十八日(一)

大韓每日申報

대한매일신보

第四卷　第一百四十九號

月曜及慶節歲時日休刊

檀君開國四千二百三十九年
箕子元年三千二十八年
大韓開國五百十五年
日本明治三十九年
淸國光緖三十二年
陰曆丙午一月小二十五日癸巳

論說

外交顧問官

須知分氏의寄友私札을記載ᄒᆞᆫ華盛頓新報가數旬前에來到日本故로漢濱東亞新文이適當히質問하되韓國外交를歸之于東京하고漢城外交顧問官의所關이何事오하얏거니와本社所過가亦其同一問題라滿足解辨을做得키不能이로다

元來須知分氏가日本公使의紹청을因하야華盛頓日公舘에서視務하다가遂爲韓國外交顧問官之事는吾人의知了하는비라本記者의今次論辨之意는須知分氏의不供其職與分을斷言ᄒᆞᆷ에不在하고但欲試問하노니同氏가緣何而仍居漢城乎아彼是外交顧問官이여날韓國에今無外交라하니韓國政府에彼之仍留는彼自思之라도不免尸位也라以此事情으로觀之면同氏月給을韓國政府에서連續ᄒᆞᆷ거슨本記者之學識으로는不可解釋이니同氏가何以得其給料乎아無論某國하고自國外交를不爲管理면其外交顧問官이自至無用인줄을須知分氏가獨不知之乎아韓國이且非富國이라若費須知分氏給料면可得必要雇傭者ᄒᆞ리로다

同氏를擇薦ᄒᆞᆷ이爲其職任이라其擇任之位를無能可供인디賦其日歸가身分上及國體上에可爲其義務乎ㄴ져韓國이不顧其人이로다

官報

●第三千三百七十五號　續　光武十年二月十三日

◉敍任及辭令

正三品吳承根
任厚昌郡守敍奏任官四等
侍講院侍從官李性稙
任金浦郡守敍奏任官四等
侍從院左시御朴正來
任价川郡守敍奏任官四等
시從院右시御柳錫祜
任順安郡守敍奏任官四等
正三品金禎禧
任安邊郡守敍奏任官四等
泰陵令李書鍾
任旌善郡守敍奏任官四等
내部主事鄭鎬駿
任比安郡守敍奏任官四等
河陽郡守尹奎善
任典海郡守敍奏任官四等
六品金容復
任河陽郡守敍奏任官四等
會寧郡守金在淵
任鏡城郡守敍奏任官四等
六品朴魯學
任會寧郡守敍奏任官四等
六品洪運杓
任議政府叅書官敍奏任官二等
正三品丁九燮
任내部叅書官敍奏任官四等
學部叅書官鄭喬
兼任漢城師範學校長
中學校敎官金夏鼎
任중學校敎官敍奏任官四等
以上二月九日

◉彙報

議政府外事局分課規程

第一條　外事局에左開四課를置ᄒᆞ야其事務를分掌케ᄒᆞᆷ이라
外事一課　外事二과
庶務과　繙譯과

第二條　外事一과에서는左開事務를掌ᄒᆞᆷ이라
一 御親書와國書에關ᄒᆞᆫ事項
二 帝國에駐在ᄒᆞᆫ各國外交官의謁見及待遇와外國人敍勳에關ᄒᆞᆫ事項
三 外國에關ᄒᆞᆫ交涉通商事務의各樣條約書及公文書類의保存에關ᄒᆞᆫ事項

第三條　外事二과에서는左開事務를掌ᄒᆞᆷ이라
一 帝國에在ᄒᆞᆫ外國人及外國人居留地에關ᄒᆞᆫ事件과外國人의內地旅行憑單에關ᄒᆞᆫ事項
二 海外旅券에關ᄒᆞᆫ事項

第四條　庶務과에서는左開事務를掌ᄒᆞᆷ이라
一 本局所管官有財産及物品의保存과並其帳簿調製에關ᄒᆞᆫ事項
二 各監理署經費와諸收入에關ᄒᆞᆫ事項

第五條　繙譯課에서는左開事務를掌ᄒᆞᆷ이라
一 外國文書의國語繙譯에關ᄒᆞᆫ事項
二 國語文書의外國語繙譯에關ᄒᆞᆫ事項

第六條　本規程은頒布日로븟터施行ᄒᆞᆷ이라　完

◉宮廷錄事

第三千三百七十六號　光武十年二月十四日

宮內府大臣勳一等臣李載克謹　奏卽伏見禮式院掌禮卿南廷哲　奏本則贈吏曹叅議鄭保之卓然忠義合有褒揚之恩特加　贈秩之典令宮內府稟處事　奏下矣鄭保之忠義若是卓異則似當施以　特贈正二品之職係干　恩典臣府不敢擅便
上裁何如謹上　奏
光武十年一月二十三日奉
旨依所奏施行

宮內府大臣勳一等臣李載克謹　奏卽伏見禮式院掌禮卿南廷哲　奏本則故叅奉李明翊之篤學潔行合有褒揚之恩特施　贈秩之典令宮內府稟處事　奏下矣李明翊之篤學實行若是卓異則似當施以　特贈正三品之職係干　恩典臣府不敢擅便
上裁何如謹上　奏
光武十年二月二十三日奉
旨依所奏施行　未完

外報

●唐氏人物　目下淸俄淡判의衝에當ᄒᆞᆫ外務部侍郞唐紹儀氏는學識과才能이具備ᄒᆞ고金錢에淡白ᄒᆞ야强硬에主權論者ㅣ며且袁世凱氏의後見이有ᄒᆞᆫ즉談判의結果는比較的良好ᄒᆞᆷ이라고大官等은信賴ᄒᆞᆫ다더라

●威海衛問題　英淸兩國에서威海衛問題로近近히談辦을開始ᄒᆞ리라는디聞ᄒᆞᆫ則英國에現今自由黨內閣員中外交當局者ᄯᅡ레氏가在野時에威海衛를還附ᄒᆞᆷ을主張ᄒᆞᆫ人인則該談辦開始時에는무合條件을定ᄒᆞ야威海를청國에還附ᄒᆞ리라더라

●觀兵盛儀　來五月頃에日本東京에서擧行ᄒᆞᆯ日本陸軍大觀兵式에는大元帥陛下로始ᄒᆞ야皇太子殿下、各皇族殿下、各元老、各大臣、各大將各師團長各旅團長以下將校와親任官勅任官兩院議員、其時奉公關係、赤十字社員、新聞社員、通신社員等無慮五十餘萬人이參集ᄒᆞ야實로未曾有의盛觀을呈ᄒᆞᆯ터인故로自今으로頻繁히準備中이나陸軍省參謀本部는各委員數十名을撰出ᄒᆞ야大山元帥는議長이오本鄕、寺佐川。井口。福島。松川。村田。大澤。各少將과大島。林。松井等의各大좌는委員으로選任ᄒᆞ얏다더라

雜報

韓事續論

倫敦에到達된詳報가韓日間締結이不爲條約됨을明示故로多數日本新聞이雖其激怒ᄂᆞ然이나重言復言ᄒᆞ야도實情을不得變改ᄒᆞ리로다

大韓皇帝게셔該條約에竟弗一致云矣시니大韓은今一帝國이라其政府내閣이 皇帝管下니其ᄂᆡ閣大臣이 皇帝認可업시ᄂᆞᆫ某條約이던지締結키弗能ᄒᆞᆯ거시며

官職擇任도裁可以後之事요惟其資格은忠告而已니由是로無論某件ᄒᆞ고ᄂᆡ閣決定이專制○○皇帝의批准을弗經이면未有效力이로다

事勢如右故로本記者ᄂᆞᆫ韓國受虐之報가竟到倫敦ᄒᆞᆷ을喜悅ᄒᆞ노라日本新報ᄂᆞᆫ論此以弄言이나吾輩ᄂᆞᆫ此弗至如彼弄言을希望而已로다

本報가自初로日本取韓之非計를唱導ᄒᆞᆷ으로有力反對人을常遇ᄒᆞ얏스나本報ᄂᆞᆫ其實情及公意를陳述弗已ᄒᆞ얏고

且將連續爲計라故로韓國實情之達於世界를心喜ᄒᆞᆷ이오如此之報가傳播初日에世人之ᄃᆡ激烈을得見ᄒᆞᆯ것은望之불能이나及其末也ᄒᆞ야ᄂᆞᆫ韓國人種을棄除ᄒᆞᆯ日本의失譽提案이自由本源되ᄂᆞᆫ英美各國의反對를遇ᄒᆞᆯ것은確信ᄒᆞ도다

本社之論此問題가重疊불已ᄒᆞ야韜筆이已禿이니本報ᄂᆞᆫ比諸倫敦巴里紐育及伯林等ᄃᆡ都市之報館이면惟一細小報紙나然이나韓國前途를極力恒言ᄒᆞ얏더니

至于今日ᄒᆞ야ᄂᆞᆫ世界에重要ᄒᆞᆫ英國政府가韓國事에注目ᄒᆞᆯ것은希望ᄒᆞᆷ이有ᄒᆞ니幸矣어니와此望이불至虛望ᄒᆞᆯ것은更望ᄒᆞᆯ지어다必有所遇리로다

歐洲政策을觀之컨ᄃᆡ列強이今在紛忙中이어니와事至整頓以後에ᄂᆞᆫ列強이可히轉其注意于韓國ᄒᆞᆯ지니

及其日期에ᄂᆞᆫ列強이客年十一月十七日에韓日間條約이未有ᄒᆞᆫ줄노認悉ᄒᆞᆷ에至ᄒᆞ리로다韓國이對此事勢ᄒᆞ야無力可行이오但其能望은列國幇助이되韓國이無他要請이오但望公義而已라若日本이露日開戰初에肯諾ᄒᆞᆫ거슬遵守ᄒᆞ얏더면韓國이弗至呼訴之境矣리로다

●慈社設立　淳妃殿下게셔漢城五署內丐乞孤兒를救恤ᄒᆞ기爲ᄒᆞ야慈善社를方張設立ᄒᆞᄂᆞᆫ中이라더라

●李氏逢刺　軍大李根澤氏가再昨日下午十二時量에與其別室로方欲解衣就寢之際에忽有洋服ᄒᆞᆫ不知何許漢三名이持劍突入ᄒᆞ야胸背諸處를亂刺ᄒᆞ야重傷을被ᄒᆞ고昏絶在地ᄒᆞᆫ바同氏家廳直金哥가聞得內室에有喧譁聲ᄒᆞ고怪而欲探터니忽見洋服人三名이自內急出ᄒᆞ고驚問其何人안즉該漢等이亦爲劍打金哥ᄒᆞ야傷耳傷肩ᄒᆞ고仍卽逃去ᄒᆞ얏다ᄂᆞᆫᄃᆡ李軍大ᄂᆞᆫ漢城病院에셔方在治療中이나其傷이極重ᄒᆞ야危在八九分이라더라

●理事擬設　統監代理長谷川大將이日本政府訓令을因ᄒᆞ야韓政府에照會ᄒᆞᆫ內槪各港市場租界內地段은韓日議定書를依ᄒᆞ야理事를設置ᄒᆞ고該理事가管理ᄒᆞ기로ᄒᆞ얏스니照亮爲要라ᄒᆞ얏더라

●礦擾禁止　外事局에셔統監府照會를因ᄒᆞ야遂安郡笏洞礦民이起鬧事件을嚴加禁戢ᄒᆞ라고該郡守에게電訓ᄒᆞ얏다더라

●囑儒願留　中樞院贊議李根호氏ᄂᆞᆫ大丘觀察再任을圖得코져ᄒᆞ야嶺南儒生四十人을敎囑ᄒᆞ야君等이爲我願留ᄒᆞ야使之再任케ᄒᆞ면本道內各郡에學校를擴張ᄒᆞ야줄터이오若불然이면君輩가義丘徒黨으로逢變을불免ᄒᆞ리라ᄒᆞᆷ으로該儒生等이此를信聽ᄒᆞ고願留狀을呈ᄒᆞ얏다더라

●李씨卓節　星州郡居前參奉李承熙씨가韓日新條約以後로悲憤ᄒᆞ야聯名上疏ᄒᆞ다가日憲兵에게被捉ᄒᆞ야大邱府警務獄에拘留ᄒᆞ얏ᄂᆞᆫᄃᆡ日警部가該約反對之由를屢次詰問ᄒᆞ야期欲承服이되同氏가逐條辨明ᄒᆞ고抗義不屈ᄒᆞ야其奇偉之節이可以愧殺賊臣인바尙在縲泄이極爲憤歎니라고嶺外士論이一層激昂ᄒᆞ다더라

◎別報譯載

去一月十九日萬朝報를據ᄒᆞᆫ즉該記者가伊藤博文氏의言動이當時에不得意ᄒᆞᆫ者가多ᄒᆞᆫ中에今에顯著ᄒᆞᆫ二三件을擧ᄒᆞ야氏를戒ᄒᆞ노라ᄒᆞ얏스니

第一은氏가或種種公會席上에셔但日評判을言及ᄒᆞ면小村全權이위데全權에對ᄒᆞ야本來角力을不能ᄒᆞᆯ者인故로評論치아니ᄒᆞᆫ다고말ᄒᆞ얏스니

然이나思ᄒᆞᆫ건ᄃᆡ小村全權을命ᄒᆞ야渡米케ᄒᆞᆫ御前會議와廟議에ᄂᆞᆫ氏가實노有力者로써參預ᄒᆞᆷ이아니나

氏ᄂᆞᆫ何故로위데氏와角力을不能ᄒᆞᆯ만ᄒᆞᆫ小村氏를全權으로推薦ᄒᆞ얏든가或위데氏의全權되미小村氏出發ᄒᆞᆫ後에在ᄒᆞᆷ으로因ᄒᆞᆷ이나

然則專혀我의全權을更替치아니ᄒᆞᆯ지라도更히위데氏와角力을施ᄒᆞᆯ만ᄒᆞᆫ人物을派遣ᄒᆞ야小村氏와共ᄒᆞ야參預케ᄒᆞᆯ餘地가十分이나有ᄒᆞᆯ거시오

伊藤氏가自往ᄒᆞ야위데氏와角力ᄒᆞᆷ도亦可也어날事不出此ᄒᆞ고위데氏와角力을不能ᄒᆞᆯ小村氏를派遣ᄒᆞ야竟히如彼ᄒᆞᆫ結果를見케ᄒᆞᆷ은

其於君國에不忠不親切之極也로다況乎小村氏의게與ᄒᆞᆫ日本政府訓令에ᄂᆞᆫ一件이라도伊藤氏가自身으로與치못ᄒᆞᆯ거시無ᄒᆞᆷ이온여

此事實을無視ᄒᆞ고反히小村氏를치笑ᄒᆞ니抑其羞恥가何如ᄒᆞᆯ지不可解者也로다吾人은至此ᄒᆞ야愈益伊藤氏의人品下劣을認치아니코져ᄒᆞ야도不得ᄒᆞ리로다

第二ᄂᆞᆫ伊藤氏가同席上에在ᄒᆞ야小村全權이北京談判에셔袁世凱氏를不能挫壓ᄒᆞᆷ을嘲笑ᄒᆞ얏스니

自己가韓國에셔施ᄒᆞᆫ筆法을效則지아니ᄒᆞᆫ거슬詰難ᄒᆞᆷ이라小村氏의失敗ᄂᆞᆫ本無可論이어니와伊藤氏가韓國에셔成功ᄒᆞᆷ을自誇ᄒᆞᆷ에至ᄒᆞ야ᄂᆞᆫ吾人은實노腹痛ᄒᆞᆯ事로다

吾人은國惡을隱諱ᄒᆞᄂᆞᆫ婆心으로由ᄒᆞ야至于今日ᄃᆞ록不敢公言ᄒᆞ얏스나伊藤씨의傍若無人ᄒᆞᆫ교만을儆戒ᄒᆞ기爲ᄒᆞ야今에不得不此를悉言ᄒᆞ노니

伊藤씨ᄂᆞᆫ記之어다氏ᄂᆞᆫ韓國王과及其廷臣을威壓ᄒᆞ기爲ᄒᆞ야現用武力ᄒᆞᆷ이아니냐軍隊로以ᄒᆞ야王宮을包圍ᄒᆞ며屢屢히其廷臣을威嚇ᄒᆞ며　未完

●法之不行　仁川港警務廳總巡金允福氏ᄂᆞᆫ新任未幾에良民을誤捉ᄒᆞ야賊流로勒招ᄒᆞᆫ事ᄂᆞᆫ前號에記載ᄒᆞ얏거니와近日淸商家에正初遊嬉로(캉)이라ᄂᆞᆫ雜技를設ᄒᆞ얏ᄂᆞᆫᄃᆡ同氏가每夜로技場에潛入ᄒᆞ야紙貨萬餘元을得ᄒᆞ얏다ᄒᆞ니氏의幸福은致賀ᄒᆞ거니와氏ᄂᆞᆫ警察官吏로雜技罪人을捕縛ᄒᆞ야懲罰도ᄒᆞ며曉諭도ᄒᆞ며贓錢도收入ᄒᆞᄂᆞᆫ責任을帶有ᄒᆞ고自手로犯法犯罪ᄒᆞ며管下人民을何顏으로對ᄒᆞ리오ᄒᆞ야港ᄂᆡ에唾罵ᄒᆞᄂᆞᆫ者多ᄒᆞ다더라

●權多權術　前陰城郡守閔晉鎬氏가行賂圖郡運動ᄒᆞᆷ은前報에已揭어니와農商工部大臣權重顯氏ᄂᆞᆫ當今韓國內에有名字ᄒᆞᆫ一等權貴家이라是閔氏가其氣勢를欽艶ᄒᆞ고攀緣心이湧出ᄒᆞ야權氏의게卑辭致書ᄒᆞ야托以圖郡之事러니權氏가答書快諾ᄒᆞᆫ지라閔氏가不勝之喜ᄒᆞ야使其傔人崔參奉某氏로一萬元錢標를權氏에게贈送ᄒᆞ고迅速周旋을千萬申托ᄒᆞ얏더니權氏가領標以後에政府와內大에게爲公言主薦이나慮或不成ᄒᆞ야崔參奉某氏를招謂曰閔之事를別般斡旋치아니ᄒᆞ면事不可成ᄒᆞᆯ지라該一萬元標內에六千元標一度를今以付君ᄒᆞ노니往見金參領某氏ᄒᆞ고使之紹介ᄒᆞ야厥標를某大臣에게轉呈ᄒᆞ고閔氏所請郡守一窠를緊托受諾ᄒᆞᆫ後에吾則此事件을私爲不知樣으로政府會席에公薦ᄒᆞ면事無不成之慮ᄒᆞᆯ터이니依此做ᄒᆞ라ᄒᆞᆫ즉崔參奉이其言을依ᄒᆞ야該標를某大臣의게密呈ᄒᆞ고其所懷를詳佈ᄒᆞ얏다ᄒᆞ니某大臣에領標有無와諸郡與否ᄂᆞᆫ姑未可詳이로되權氏의圖闢手段은果是泣鬼神ᄒᆞᄂᆞᆫ錦囊秘計라某大臣이雖云眼明手快나終當一頭地를讓ᄒᆞᆯ지니閔氏ᄂᆞᆫ可謂得良主人이라夢刀吉期가想在不遠이어니와近日所謂郡守公薦이類皆權大臣之公薦貌樣인즉國事民情을爲ᄒᆞ야誠可寒心이라고政界邊傳書鳩所報中에滿紙悲歎ᄒᆞ얏기로記載ᄒᆞ며崔金兩人의誰某와某大官之爲誰ᄂᆞᆫ次號에更揭ᄒᆞ깃노라

雜報

●風雲將變

近日政界風雲이似有黯慘之色ᄒᆞ니未知緣何而惹起一層變態也로다

日前各部大臣이不爲登仕視務ᄒᆞ고閉門謝客ᄒᆞ야數日縮頭者ᄂᆞᆫ何事也며

軍部大臣이秘密聯絡於玄暎運ᄒᆞ야協議重大事件而或有反抗者ᄒᆞ야竟至於沈默者ᄂᆞᆫ何事也며

欲爲施政改善而待其統監來渡ᄒᆞ야軍國大事를一從其指揮然後에行이라ᄒᆞ야一切中止而不擧一事ᄒᆞ며不行一政者ᄂᆞᆫ何事也며

大臣中云有一二遷動者而亦未知統監之意嚮ᄒᆞ야姑爲仍留而保其勢位者ᄂᆞᆫ何事也며

於各國新聞上에有置韓國於列國保護下之說이라ᄒᆞ야探頭探腦而觀望ᄒᆞ며疑雲疑山而吊詭ᄒᆞ야不察世上之勢輪ᄒᆞ고全昧目下之方針者ᄂᆞᆫ何事也오

此五者ᄂᆞᆫ皆是至重至大之關係也라雖眼明手快之人이라도不有靈慧之智識이면不能以猜破來矣리니何以知政界風雲之有一層變態也리오

由此韓國에天下之公議가將如雷沸騰ᄒᆞ야韓國之變動이必在早晚ᄒᆞ야惹起東洋之一大問題矣리니韓國人民은愼不可以胥動浮言ᄒᆞ고安堵奠業ᄒᆞ야眉察天下之大勢ᄒᆞ라不遠間春氣漸暖ᄒᆞ고萬和方暢矣리라

●雜兄雜弟 平理院裁判長李允用씨ᄂᆞᆫ曾經軍部大臣ᄒᆞᆫ高等資格人인즉體裁長之任이可謂左遷이라ᄒᆞᆯ터이나同씨가阿季完用씨에不少公錢을李承旭씨에게勒査移徵ᄒᆞᆯ計劃으로該職을圖得ᄒᆞ야設穽待虎ᄒᆞᄂᆞᆫ貌樣인즉同씨兄弟에陰險手勢를人皆畏避ᄒᆞ며亦皆唾罵ᄒᆞᆫ다더라

●以局轉局 警務廳官制改正ᄒᆞᆷ으로警察局長朴承祖씨가自然見遞되얏ᄂᆞᆫᄃᆡ將次內部警務局長을被任ᄒᆞ리라더라

●社藥貿來 赤十字社刱設ᄒᆞᆫ經費三千餘元을 皇室費中에셔再昨日에劃下되얏ᄂᆞᆫᄃᆡ器械와藥品을日本에注文ᄒᆞ기로決定되야該社에셔日間人員을派送ᄒᆞᆯ計劃이라더라

小說

●靑청樓루義의女녀傳 속

그관인이ᄉᆞ공을도라보며우셔갈오ᄃᆡ이보비ᄂᆞᆫ이러케쓰ᄂᆞᆫ것이되써도궁진ᄒᆞᆷ이업ᄂᆞ니라ᄒᆞ며인ᄒᆞ야들가온ᄃᆡ잇ᄂᆞᆫ소ᄊᆡ지모다ᄉᆞ공을쥬고

검낭ᄲᅮᆫ가져가니라ᄃᆡ져비싱으로말ᄒᆞ게드면당쵸에ᄂᆞᆫ어이그리오활ᄒᆞ고나죵에ᄂᆞᆫ어이그리비루ᄒᆞᆫ고

만일비싱으로ᄒᆞ야금당초에ᄯᅳᆺ을변치아니ᄒᆞ엿든덜그런보비와그러케아름다온ᄉᆞ람을모다보젼ᄒᆞ얏슬터이오ᄯᅩᄒᆞᆫ쳥츈녀ᄌᆞ로쳔츄에원혼이되지아니ᄒᆞ얏슬지라ᄉᆞ람의어리셕고무졍ᄒᆞᆷ이여눈압헤뵈이ᄂᆞᆫ져근리를취ᄒᆞ야큰의리를져바리ᄂᆞᆫ지엇지고금에비싱ᄲᅮᆫ이리오만은비싱의일은족히의론ᄒᆞᆯ것업거니와그미인의잡은바마ᄋᆞᆷ과ᄒᆡᆼᄒᆞᆫ바일은가히효측ᄒᆞᆷ만ᄒᆞ기로근일경박ᄌᆞ뎨들과창가소부들에게뎌하야경고하노라

(완)

廣告

前總巡李完圭名字以澤圭改定知舊間照亮ᄒᆞᆷ

李澤圭 告白

本人의庶弟永禧이가性本浮浪ᄒᆞ야家屋庄土을沒數放用ᄒᆞ고外債을欲爲得用ᄒᆞ며또田畓文券을僞造偷賣ᄒᆞ여本人與四五寸의게懲出교자ᄒᆞ니勿論內外國人ᄒᆞ고見欺치마시오相關되면白失ᄒᆞᆷ

平壤盧永俊 告白

本月十五日夜에木浦客主金亭淑家에셔朴鳳熙所有長城郡南一面月谷坪六石十二斗落과外東面新基坪十石四斗五升落公文과踏印量案文券一張과朴均協篆刻圖章을逢賊ᄒᆞ여ᄉᆞ오니內外國人은此文蹟과圖章를施行치마시옵

全南長城郡朴鳳熙 告白

本校에셔第二期學員을募集ᄒᆞ야試驗을已經ᄒᆞᆫ바晝夜學科에追後入學을願ᄒᆞᄂᆞᆫ僉員은本月二十八日ᄭᅡ지特別히應試許入ᄒᆞ깃사오니 僉諒來臨ᄒᆞ시오

光武十年二月十五日

普成專門學校

今月二十日에名帖匣을遺失ᄒᆞ얏ᄂᆞᆫᄃᆡ其中에紙貨五元과其他有要緊ᄒᆞᆫ標紙가有ᄒᆞ오니標紙ᄂᆞᆫ他人의게ᄂᆞᆫ無所用則拾得僉大人이覓來ᄒᆞ시면該五元外에重賞을加ᄒᆞ오리다

上茶洞三統九戶李圭直告白

實城李聖九李容直兄弟가浮浪悖類로木浦居日人山本山川大岩三人으로符同ᄒᆞ야稱以債用ᄒᆞ고欲爲橫徵於二十餘寸族人이다가幸賴木浦日本警察署之神明과辨護士永井道忠之公平ᄒᆞ야事乃歸正ᄒᆞ엿스니李聖九李容直의設心不良을內外國人更勿見欺ᄒᆞ시옵

實城李昇來 告白

梨峴劉基台許當五錢一千四百七十九兩愚實票를水原鳥山場에셔遺失ᄒᆞ얏스니誰某拾得이든지休紙施行ᄒᆞᆷ

李學善 告白

본포의셔음역졍월위시하여렬포하오니과한된쳠군ᄌᆞᄂᆞᆫ二月회내로몰슈ᄎᆞ져가시되졍헌ᄒᆞᆫ의아니ᄎᆞ져가시면의장졍시힝헐터오니죠량ᄒᆞ시오

남셔군긔시다리북쳔번제

일면당포 고빅

京城南大門外停車場通韓美協同倉庫會社內에東美運送部를設置ᄒᆞ고京仁京釜京義間鐵道貨物을運送ᄒᆞ되貨物을特別히保重ᄒᆞ며運輸를特別히迅速히ᄒᆞ야可成的으로貨物主顧念을不煩케注意ᄒᆞ오며支店과出張所를三線合驛에設置ᄒᆞ얏ᄉᆞ오니內外國人間貨物을運送ᄒᆞ실僉君子ᄂᆞᆫ本運送部에光臨問議ᄒᆞ시옵

京城南大門外

合資會社 **東美運送部** 告白

社長 尹晶錫

社務員 任命鎬

仝 鄭仁教

本社에셔運輸營業에便利키爲ᄒᆞ야事務所를停車場北四巨里로搬移ᄒᆞ엿ᄂᆞ니內外國人은各驛에運送物貨을陸續持來ᄒᆞ시면現着拂을不拘ᄒᆞ고廉價運輸ᄒᆞᆷ

南門驛北四巨里

(上) **普運社** 告白

齒科 廣告

齒科醫士美國人떠、이듸워드헌

右事務所ᄂᆞᆫ南大門內遠城尉宮內美國醫士스크랜톤家後에在ᄒᆞᆷ

視務時間은每日上午九時로一時ᄭᅡ지下午二時로五時ᄭᅡ지

右時間外에特別히治療ᄒᆞ기를要請ᄒᆞᄂᆞᆫ僉員은預先通知ᄒᆞᆷ

高佛安實時旭會社가今番에北美合衆國하-트포-드市에法律을遵ᄒᆞ야高佛安實時旭開發會社로新組織ᄒᆞ고其所有財產及營業權을一切引渡ᄒᆞ야左開五人이其業務를專任擔當ᄒᆞᆷ

헨으리 골불안

히리、으라이스、보스르워

스틔픈、롬버셜된

류지엘머엘늬엇트

眞木平一郞

高佛安實時旭開發會社에셔韓日淸其他東亞地方에左開ᄒᆞᆫ營業을代理ᄒᆞ고礦山其他土地를實地調查ᄒᆞᆫ境遇에ᄂᆞᆫ社員로以ᄒᆞ야技師를派遣ᄒᆞᆷ

一 在北美合衆國콘늬틱컷트淵韓美電氣會社

一 仝上韓美礦業會社

一 在英國倫敦실늬스쌔리街五〇三番館韓國起業組合(有限責任)

一 仝上콤돌아페街三一番館萬國起業組合(有限責任)

一 仝上아스틘푸리이스街一〇及一一番館滿洲起業組合(有限責任)

社用의通信은左開二處로取扱ᄒᆞᆷ

韓國京城

高佛安實時旭開發會社

(電信略號불안워)

日本東京

芝區白金三光町四八八番地

眞木平一郞

(電信略號밀네링)

本社廣告

申報價
一張代金 新貨二錢五里
一箇月前期 三十錢
三箇月 九十錢
六箇月 一元七十錢
一箇年 三元四十錢
郵稅一部 新貨五里
一箇月 十三錢

廣告料
四号活字十三字詰
每日每英尺一寸에新貨計五錢
(每日每行에六錢에相當홈)
二個日에 二圜五十錢
(每日每行圜錢五里에相當홈)
一箇月에 五圜
(每日每行圜錢一里에相當홈)
其期限의長短과字行의多少를依ᄒᆞ야增減홈이有홈

大韓人마다此申報를不得不關覽ᄒᆞ실터이오니廣告出報ᄒᆞᆯ僉君子ᄂᆞᆫ來臨面議ᄒᆞ시옴

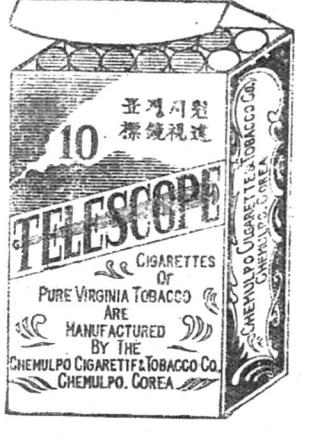

發行兼編輯人 英國人裵說
發行所 京城北署壽進坊典洞号外地段
大韓每日申報社

第四卷

大韓每日申報

대한매일신보

第一百五十號

月曜及慶節 歲時日休刊

檀君開國四千二百三十九年
箕子元年三千二十八年
大韓開國五百十五年
日本明治三十九年
淸國光緒三十二年
陰曆丙午一月小二十七日乙未

論說

統監

日本時事新報를閱覽ᄒᆞᆫ즉二月六日論說에陳述ᄒᆞ되伊藤侯가就于統監之位면諸般困難을未免ᄒᆞ리니其一은韓國人民의信依之心을勝得ᄒᆞᄂᆞᆫ거시라ᄒᆞ고且同報가未有責任ᄒᆞᆫ日本人民이日本名譽上에貽其危害ᄒᆞᆷ을恨歎ᄒᆞ며伊藤侯의韓人信用을勝得ᄒᆞᆯ意向을說明ᄒᆞ야如左히揭論ᄒᆞ얏더라

伊藤侯가韓國을許多障害에셔免解ᄒᆞ야其신用을勝得ᄒᆞ기에將圖進就ᄒᆞᆯ거ᄉᆞᆫ果是確實이어니와

余嘗聞之컨ᄃᆡ此半島全幅에散居ᄒᆞᄂᆞᆫ我國下等人民이對其韓人ᄒᆞ야恐喝壓制ᄒᆞᆷ이非止一再라ᄒᆞ니

可以駁論ᄒᆞᆯ如此原因을嚴酷處理ᄒᆞ기에ᄂᆞᆫ本邦應助와特其報筆이同侯의게必要ᄒᆞᆷ이少無疑慮라

故로同侯가報館記者를請會ᄒᆞ야以此演述을非止一次ᄒᆞᆷ이亦以此意也로다

然이나伊藤統監이全國報館의實心應助를既得ᄒᆞᆷ은確然矣오且韓國及本國에日本高等人은自國不法人民이殘弱韓人의게行悖自由ᄒᆞᆷ이已久인줄을憤怒ᄒᆞᄂᆞᆫ도다

此憤怒之心이非但政治上이라德行上에起端ᄒᆞᄂᆞ니統監이如此惡習을除去ᄒᆞ기에本邦人士의盡心助力을依賴ᄒᆞᆷ이可能라ᄒᆞ얏더라

日本新報의狀態와年少人民의狀態가不同ᄒᆞᆷ은可謂不幸이나可以注目ᄒᆞᆯ거ᄉᆞᆫ伊등侯의演說이라

此地自國人民의殘忍을長言說明矣니如此弊習의改良을同侯가注視ᄒᆞᆯ거ᄉᆞᆫ不能疑之로다

同報의續論ᄒᆞᆷ이如左矣러라

然이나同侯의其餘事가公眼을不可得ᄒᆞ리니關係된泰西列强이現今韓日間整理를形式上으로ᄂᆞᆫ認之以滿足이나此或實心인지ᄂᆞᆫ尙未確然이니我東政策을關係ᄒᆞ야年來我國이重疊說明ᄒᆞᆫ眞實宣言을彼或尙今疑訝ᄒᆞᆯ지라

以此觀之컨ᄃᆡ西歐箇人이韓日整列을認之以不滿足ᄒᆞᆯ거시顯著ᄒᆞ니此ᄂᆞᆫ特히某某西人이韓國統治人의게저圖謀添得ᄒᆞᆷ을封廢ᄒᆞᄂᆞᆫ理由를因ᄒᆞᆷ이로다

更有一念及處ᄒᆞ니韓國皇帝가溫柔態度와虛飾論非를維支ᄒᆞ사我國을今不甚愛ᄒᆞ심은隱而顯이니何日何時에던지

日本守護를欲爲破棄之計가必在心中矣라此位置及情形을運籌之人이因時利用ᄒᆞ야韓廷及統監間이나統監及泰西間理會를或可毁傷矣리라ᄒᆞ얏더라

日本新報가韓國皇帝의溫柔態度와虛飾論非를如此諷詠ᄒᆞᆷ은豈可曰公正이리오我等所信에韓國皇帝가心志的으로ᄂᆞᆫ日本皇帝와一般이라

日本時事新報의主筆이爲誰인지不知로되宜其記憶ᄒᆞᆯ거ᄉᆞᆫ韓國皇帝의困難이日本所作이니若日本皇帝가易地而處ᄒᆞ얏더면殆有甚焉ᄒᆞ얏슬거시로다

官報

第三千三百七十六號 光武十年二月十四日 續

◉宮廷錄事

宮內府大臣勳一等臣李載克謹奏 贈吏曹參議鄭保 特贈正二品之職事 命下矣贈職案謹上奏

光武十年一月二十三日奉

旨依奏

廟都監都提調臣李根命謹奏 廟時班次圖一本依例圖寫以 入而 皇太子宮亦爲封 進之意敢奏

光武十年二月五日奉

旨依奏

宮내府大臣勳一等臣李載克謹奏卒從二品洪萬植葬需等節本家以爲喪禮已過不敢祇受云故謹上 奏

光武十年二月十日奉

旨更爲輸送

宮내府大臣勳一等臣李載克謹奏忠貞公洪萬植喪遣秘書丞致祭事 命下矣何秘書丞進去乎取 奏

光武十年二月十日奉

旨洪性友進去

◉敍任及辭令

故正三品通政大 金源或
中樞院議官
贈從二品嘉善大夫內部協辦
故通政大夫 文禹鉉
故通政大夫 文在杓
故通政大夫 鄭煥敎
故通政大夫 李載文
故通政大失 吳明濬
故典設司主簿 鄭直鉉
贈正三品通政大夫秘書監丞
故 慶基殿參奉 金在勳
故通德郎 姜章會
故通德郎 柳 방
贈從三品通訓大夫禮式院左掌禮
以上孝行卓異施以 贈職
以上一月二十二日
贈正二品資憲大夫內部大臣
贈吏曹참議 鄭 保
贈正三品通政大夫秘書監丞
故참奉 李明翊
以上一月二十三日
九品崔元植 九品兪秉濬
解侍從院分侍御
依願免兼任太醫院副卿
秘書監丞 洪性友
依願免本官 明陵令尹濬求
兼任太醫院副卿
秘書監丞 趙範九
任 明陵令敍判任官八等
景孝殿祀丞 金弼鉉
任 景孝殿祀丞敍判任官七等
六品 尹濬求
以上二月十日
任主殿院電務課技師敍奏任官二等
正三品金澈榮
任主殿院電務課主事敍判任官七等
高永進
以上二月十一日 完

外報

●韓日協約成立後의京釜鐵道의收入은從來京釜鐵道의收入一里七八圓을昇降ᄒᆞ야來ᄒᆞ얏스나韓日協約後ᄂᆞᆫ本邦人의渡韓ᄒᆞᄂᆞᆫ者ㅣ甚히多ᄒᆞ고그를因ᄒᆞᆷ인지近來ᄂᆞᆫ一里收入이十一二圓에昇ᄒᆞ얏다ᄒᆞ더라

●京釜鐵道本社의移轉 京釜鐵道會社ᄂᆞᆫ本社ᄅᆞᆯ京城에移轉ᄒᆞ기로確定된樣으로報가有ᄒᆞ나實際ᄂᆞᆫ아즉決定에至치아니ᄒᆞ고會社ᄂᆞᆫ셔旱出ᄒᆞᆫ바書類도或은統監府에提出ᄒᆞ라고命ᄒᆞᆫ后에遞信大臣에게提出ᄒᆞ라고變更을命ᄒᆞᆫ지라日本政府에셔도아즉其所管에就ᄒᆞ야確定ᄒᆞᆷ이無ᄒᆞ다더라

●警廳問題 東京電報를據ᄒᆞᆫ즉日本衆議院의셔豫算案을討議ᄒᆞᄂᆞᆫ中에警視廳廢止問題가出ᄒᆞ야頗有議論터니結局原案되로存續ᄒᆞ게되얏다더라

雜報

◎別報譯載 (속)

亦現時에長谷川大將과共히彼之廷臣會議에列席ᄒᆞᆷ이아니나此事實이早已伯林에電報가達ᄒᆞ야德國新聞紙는多數히伊藤씨를論難ᄒᆞᆫ거슬記載ᄒᆞᆫ지로다씨는區區ᄒᆞᆫ韓國君臣을我保護에由케ᄒᆞᆷ에도尙且如斯手段을用ᄒᆞ얏스니敢問ᄒᆞ노니小村씨는北京에서談判所를包圍ᄒᆞ며威嚇ᄒᆞ는軍隊를有ᄒᆞ얏든가長谷川大將을有ᄒᆞ얏든가이藤씨가小村씨를치笑ᄒᆞᆷ은但識者의所치而已로다第三은同席上에서伊藤氏는國務大臣되는坂谷氏를無禮呼名ᄒᆞ얏다ᄒᆞ니氏는平常에陛下의國務大臣의게對ᄒᆞ야相當ᄒᆞᆫ尊稱를用ᄒᆞ는禮節을倡言ᄒᆞ더니私석에서는卽不知ᄒᆞ고ᄃᆡ隈伯과統감府吏僚와多數銀行家와其餘新聞記者도參在ᄒᆞᆫ公會석上에서上客된國務ᄃᆡ臣을無禮呼名ᄒᆞ얏스니何其違反於平生之甚ᄒᆞ며又何其毁破禮法節度之甚也오無禮呼名을被ᄒᆞᆫ大臣의卑屈은固無可論이어니와幾次呼名ᄒᆞᆫ伊藤氏의暴慢에至ᄒᆞ야는實로絶無可言이로다第四는本月十六日首相官邸에서開ᄒᆞᆫ內閣會議에伊藤氏가出席ᄒᆞ야韓國統監의方針을演說ᄒᆞᆷ이頗히不遜之言을放ᄒᆞ야同僚를驚動케ᄒᆞ얏다ᄒᆞ니氏가如何ᄒᆞᆫ言論을ᄒᆞ얏는지吾人은不能與聞이어니와僅以一箇韓國統監之身分으로閣議之席에入參ᄒᆞᆷ은越權也니樞密院議長으로殊히閣議에列ᄒᆞ는大名을享ᄒᆞᆷ이다然이나統監으로서閣議에列ᄒᆞ는勅命이有ᄒᆞᆷ은吾人이未所聞者也로다首相西園寺氏以下閣僚가伊藤氏를閣議에列석케ᄒᆞᆫ失禮는莫論ᄒᆞ고此에列ᄒᆞᆫ伊藤氏의節度가無ᄒᆞᆷ은殆히堪驚ᄒᆞ리로다但吾人은第四點에就ᄒᆞ야는不必窮追이고獨於第一로至第三問題ᄒᆞ야는決斷코伊藤氏를寬容키不能ᄒᆞ도다

或曰伊藤氏가近時교慢病에罹ᄒᆞ야其言動이皆出於病的이라ᄒᆞ니然則此는病狂的發作而已라亦可或宣告其無罪이어니와只是如斯病狂者를置於韓國통감之要職은何也오伊藤氏는遼東半島還付ᄒᆞᆫ責任을負ᄒᆞᆫ바尙此侯爵이며ᄃᆡ勳位며十萬賞賜를得ᄒᆞᆫ人也라此事實은我國民이如何ᄒᆞᆫ健忘일지라도不可忘者라然而十年之內에早已교慢이達於其極ᄒᆞ니今에一ᄃᆡ痛棒을喫케ᄒᆞᆷ이寔是吾人之天職而已로다ᄒᆞ얏더라

●靑會開연　今日下午七点半에宣敎師奇一氏가德國皇帝일헬름第二의事蹟으로皇城基督教靑年會에서연說ᄒᆞᆫ다더라

●沈氏拘拿　再昨夜에勅令으로表勳院摠裁沈相薰氏를自警廳으로拘拿하야平理院으로移送하얏다하니其裏由는姑未詳知라더라

●留斧何故　歲前에前主事安重璟氏가持斧上疏라가日巡査의게被押ᄒᆞᆯ時에人與斧가同入警廳하얏더니安氏得放ᄒᆞᆯ時에欲爲覔斧以出則警部曰以官人之體貌로豈可手持以出乎아遣隷覔去가可也라ᄒᆞᆫᄃᆡ安氏가出來後에遣隷覔斧則不爲出給하는지라安氏가更入于警廳하야欲自覔來則顧問이曰此是贓物이니不可出給이라ᄒᆞᆫ則安氏抗言曰此非도物이니豈可曰贓物乎아吾之持부가非欲害人이고若疏辭가不見采用則我欲死於此부者니有何妨害於他인而不爲還給고하고ᄃᆡ段激昂ᄒᆞᆫ言論이有ᄒᆞᆫ則該廳이百般諭送하고부終不出하얏다더라

●書金失金　義城郡守李寅聲氏에게前觀察李根호氏가金十五箇를懇求ᄒᆞ기로卽時酬應ᄒᆞ얏더니其後金二十五箇를懇請ᄒᆞ는故로李郡守가相持ᄒᆞ는中에適其時觀察府訓令이來到ᄒᆞ얏는ᄃᆡ李寅聲座下로書塡ᄒᆞᆫ지라李郡守가以此로機關欛柄을숨아卽時該公文을가지고觀察府에가서質問日下官은李寅聲이어날訓令에金寅聲이라ᄒᆞ얏스니自古로國家에서는賜姓ᄒᆞ시는法이잇거니와近來에는觀察府에서도賜姓ᄒᆞ는法이有ᄒᆞᆫ지下官은全州李哥요ᄒᆞ며上京裁判ᄒᆞ조ᄒᆞᆫ즉李觀察이無數哀乞伏乞ᄒᆞ야懇金ᄒᆞ든經營이歸於虛地ᄒᆞ얏다더라

●洪譎可怕　本社傳聞에所報를據ᄒᆞᆫ즉前叅將洪淳[illegible]氏는元來譎詐傾險으로南北村挾雜遊人에第一指를屈ᄒᆞ는ᄃᆡ近日無上無二ᄒᆞᆫ勢力이幾箇ᄃᆡ臣의게在ᄒᆞᆷ을확知ᄒᆞ고緊切食口되고자ᄒᆞ되其歡心得出ᄒᆞᆯ好個材料이無ᄒᆞ야日夜揣摩中이든지日本에叅禮ᄃᆡ使一行이回還ᄒᆞᆫ後에謂以此機會를可乘이라ᄒᆞ야往見某ᄃᆡ臣ᄒᆞ고神鬼莫知ᄒᆞᆫ秘機를自巳가能爲探來樣으로ᄃᆡ使一行中이白晝所無之說를空然날造ᄒᆞ야可驚可疑可信底句語로一場密布ᄒᆞᆫ지라該ᄃᆡ臣이如得天上消息ᄒᆞ야洪氏에勤懇를深深稱譽ᄒᆞ고一等緊食口로待遇ᄒᆞᆷ은已無可論이어니와一聲暗雷에諸虫이虛驚ᄒᆞ야紛紛然聚首附耳ᄒᆞ며遑遑然若憂若慮ᄒᆞ야幾日間政界狀態가因此慘담莫甚ᄒᆞ얏다ᄒᆞ니蓋此譎詐的手段은洪氏에前後進身圖利ᄒᆞ는枕中秘方인즉雖銅頭鐵額人이라도其雲霧中에不迷키甚難ᄒᆞ니幾箇痴ᄃᆡ臣에顚倒蒼皇ᄒᆞᆷ은固無足怪焉이로되値玆國務艱危之日ᄒᆞ야此等奸人이無端鼓唇煽訛ᄒᆞ야局外之善類를傾陷ᄒᆞ며暗中之戈戟를惹起ᄒᆞ야國內爻象으로愈益不佳케ᄒᆞ니世道人心이極可히歎이라ᄒᆞ고傷時之士가多以爲言이라ᄒᆞᆫ바諫洞等地에又有一個巨憝ᄒᆞ야忠良을圖害ᄒᆞ며逆氣를潛助ᄒᆞ야設計宅心이窮凶絶悖ᄒᆞ니其前後奸狀을無遺細探續佈ᄒᆞ야無義無恥之徒를期於廓掃痛斥ᄒᆞ깃노라

●再訓各省　淨土宗에서內部前訓에附近寺刹로住接ᄒᆞ라는事件에對ᄒᆞ야佈敎上에妨害가有ᄒᆞ므로內部에請ᄒᆞ야淨土宗敎를無相沮害ᄒᆞ라는更訓이各道에發送되얏다더라

●上奏議調　去十七日에議政府參政大臣朴齊純氏와內部大臣李址鎔氏가天陛에上奏ᄒᆞ되去夜軍部大臣家有刺客攔入該大臣身受創傷聞甚驚駭平時警察苟能嚴明寧有此變警務使不可無從重懲戒而仍令該廳別般譏詗刻期弋獲之意申飭何如ᄒᆞ얏는ᄃᆡ

●詔下逮捕　警務之任所以察非常也而禁網疎濶至有此變괴又不能登卽逐捕烏得免溺職之罪警務使爲先重譴責使之刻期詗捉事分付라ᄒᆞ옵셧더라

●會員作弊　東來人에所說를聞ᄒᆞᆫ즉江陵郡一進會員이莫重皇室所管驛屯土를欲爲無理主管ᄒᆞ며無罪平民을因之放之ᄒᆞ야任其自意키로該郡敎員鄭海觀과平民羅在恒이以言以書로說明質問ᄒᆞ며該會宣言書趣旨를反對ᄒᆞ얏더니該會員이誣訴各處ᄒᆞ되鄭羅兩人은義兵將이라ᄒᆞ야洪川派駐日兵을遣賂帶同ᄒᆞ고入郡作梗라가公判後에旋卽無罪放送ᄒᆞ얏스니該會所謂四大綱領主旨가非徒有名無實이라因此會員悖惡ᄒᆞ야附近諸民이末由支活이라고怨聲이載路ᄒᆞᆫ다더라

●時事片片

日昨軍部ᄃᆡ臣李根澤氏家에서變機忽出ᄒᆞᆫ後로數三ᄃᆡ臣이空然喫刦ᄒᆞ야夜不能寢ᄒᆞ고秉燭達曙ᄒᆞ다ᄒᆞ니苦哉苦哉라權貴之家에何其憂之多也오

其중一位ᄃᆡ臣은日本兵巡에게珍羞盛饌으로極其欵待ᄒᆞ며悲辭苦言으로要其着實保護ᄒᆞ야恍惚之態가尤倍他인이라ᄒᆞ니死生이皆有命이라何必乃爾리요

學部ᄃᆡ臣李完用氏는年前韓皇陛下俄館播遷ᄒᆞ옵신後에其時設계主謀인으로恐被他인暗算ᄒᆞ야每夜에寢室를屢移ᄒᆞ얏다더니今又知此境界를遭ᄒᆞ니昔之憂와今之憂가其憂는一也로대其同之중에亦有不同者存焉이지

內省無疚면雖劍戟叢中이라도可以坦然無疑ᄒᆞ지오若其不能無罪면一舉手一動足이無非風波오無非荊棘이니瞿然叅然而四顧脅息ᄒᆞ야苟保其生이不亦哀哉아

李軍ᄃᆡ家變出ᄒᆞ던當夜에阿弟根湘氏家에서何許幾漢이亂投瓦石于家內ᄒᆞ야一座ᄃᆡ驚ᄒᆞ얏고又其兄根호氏에게自內召命이有ᄒᆞ옵신樣으로虛傳勅令ᄒᆞ얏는ᄃᆡ該氏가疑其불實ᄒᆞ야故爲遲延ᄒᆞᆷ으로幸免其禍ᄒᆞ얏다니李氏一門에何其擾擾之甚焉고

雜報

春談

鬱鬱蒼蒼ᄒᆞᆫ져南山밋헤日本公使館旗ᄂᆞᆫ落下ᄒᆞ고統監旗를竪立ᄒᆞᆫ다ᄒᆞ니南山이無色ᄒᆞᆯᄂᆞᆫ지生色ᄒᆞᆯᄂᆞᆫ지

紛紛擾擾ᄒᆞᆫ政界上에貪饕淫邪ᄒᆞᆫ中心으로公明正大ᄒᆞᆫ外面치례가果然十分極難ᄒᆞᆫ情況인ᄃᆡ每每馬脚을露出ᄒᆞ니可笑일세

浩浩茫茫ᄒᆞᆫ地球上에一片韓土가點墨과如ᄒᆞᆫ건마ᄂᆞᆫ形成ᄒᆞᆫ一社會라世界에公法의信用과公議의正確ᄒᆞᆷ은應當自在ᄒᆞᆯ것이니慷慨ᄒᆞᆫ國民은過度히悲憤ᄒᆞ지말지어다

寥寥寂寂ᄒᆞᆫ全國中에頑固도有ᄒᆞ고新學問도有ᄒᆞ고忠憤者도有ᄒᆞ고賣國者도有ᄒᆞ니統而計之면不寂寥ᄒᆞᆫ社會이로다

滾滾汨汨ᄒᆞᆫ都城中에儒敎佛敎天主敎耶蘇敎天道敎神敎各般宗敎가有ᄒᆞ야門戶를各峙ᄒᆞ니畢竟은同歸一轍ᄒᆞᆯᄂᆞᆫ지

●電郵長書　郵電兩司가日本人管轄된後에該兩司官吏들이無故失職ᄒᆞ야擧懷冤抑인바他衙門은不幸廢止ᄒᆞᄂᆞᆫ境遇에도所屬官吏를從他區處ᄒᆞᄂᆞᆫᄃᆡ此兩司에ᄂᆞᆫ仍無如何發落ᄒᆞᆷ이實是不公이라ᄒᆞ야該官吏諸氏가一齊會議ᄒᆞ고日間政府에長書ᄒᆞᆯ計劃이라더라

●役肩稍息　陽曆十一月望前에黃海道平山延安白川等郡人民들이鐵道役을因ᄒᆞ야自巳의治產을全廢ᄒᆞᄂᆞᆫ事와這間浮費를自擔夥用事와雇價를若干出給ᄒᆞᄂᆞᆫ事와有時猛杖亂打ᄒᆞᆷ을不勘ᄒᆞᄂᆞᆫ事를日本領事의게開錄呈冤ᄒᆞᆫ즉該領事가派員檢查ᄒᆞᆫ즉果如所報라此由를將ᄒᆞ야監檢隊長의게陽曆一月에訓飭ᄒᆞ되此後로ᄂᆞᆫ人夫募集者의게印札紙를不給ᄒᆞ고韓國郡守의게役夫請求書를勿送ᄒᆞ라ᄒᆞ얏스니困難을不勝ᄒᆞ든人民들이欣喜安堵ᄒᆞ리라더라

小說

●車거夫부課오解히

모쳐병문에셔여러ᄉᆞ람드리모야안져각기소경ᄉᆞ로보고들은말을붓셔로논란허ᄂᆞᆫᄃᆡ기즁에인력거군ᄒᆞᆫ아이ᄆᆞ로ᄃᆡ

나ᄂᆞᆫ아모리ᄉᆡᆼ각ᄒᆞ야도알슈업ᄂᆞᆫ일ᄒᆞᆫ가지가잇셔모단쳔고의게뭇나니ᄂᆞᆫ가인력거로ᄉᆡᆼ의ᄒᆞᄂᆞᆫ고로남북촌지상가도만이가셔보고각쳐연회의나연셜허ᄂᆞᆫ곳에도더러가셔들은즉

졍부죠직졍부죠ㅣ집허니졍부의셔죠ㅣ집은허여무엇에쓰려ᄂᆞᆫ지졍부란말은각ᄃᆡ신네들모혀나라일의론허ᄂᆞᆫ쳐소로짐쟉허거니와

그죠ㅣ집은무삼죠ㅣ집인지알슈업데졍부가마소치ᄂᆞᆫ려각집이안인즉말이나소를먹이려고죠ㅣ집을구할것도아니요혹시골셔ᄂᆞᆫ죠ㅣ집으로집웅이나담ᄭᅳᆺ튼것을이기나허거니와

졍부의셔ᄂᆞᆫ그런소용도안일터인즉아마일본감부의셔일인을외군에나려보내여각면각동에군즁시급소용이라허고말머이곡초를분정ᄒᆞ야돈도쥬지아니허고

위협으로륵탈ᄒᆞᆫ다ᄒᆞ니졍부의셔민폐를ᄉᆡᆼ각허여일본군ᄃᆡ로보내려고허ᄂᆞᆫ일인지ᄉᆞ람마다졍부죠ㅣ집이된다허며혹엇던ᄉᆞ람에말ᄂᆞᆫ졍부죠ㅣ집이라ᄂᆞᆫ거시무어신고그도져도다들엿다고ᄒᆞ니

미완

廣告

高佛安實時旭會社가今番에北美合衆國하ー트포ー드市에法律을遵ᄒᆞ야高佛安實時旭開發會社로新組織ᄒᆞ고其所有財産及營業權을一切引渡ᄒᆞ야左開五人이其業務를專任擔當홈

헨으리　골불안
히리、으라이스、보스트윅
스틔픈、롭버셜틘
류지엘머엘늬엇트
眞木平一郎

高佛安實時旭開發會社에서韓日淸其他東亞地方에左開ᄒᆞᆫ營業을代理ᄒᆞ고礦山其他土地를實地調査ᄒᆞᆯ境遇에ᄂᆞᆫ社費로以ᄒᆞ야技師를派遣홈

一 在北美合衆國콘늬틕컷트洲韓美電氣會社
一 仝上韓美礦業會社
一 在英國倫敦실늬스쎄리街五〇三番館韓國起業組合（有限責任）
一 仝上콥돌아페街三一番館萬國起業組合（有限責任）
一 仝上아스틘푸리이스街一〇及一一番　洲起業組合（有限責任）

社用의通信은左開二處로取扱홈

韓國京城
高佛安實時旭開發會社
（電信略號불안워）

日本東京
芝區白金三光町四八八番地
眞木平一郎
（電信略號밀네링）

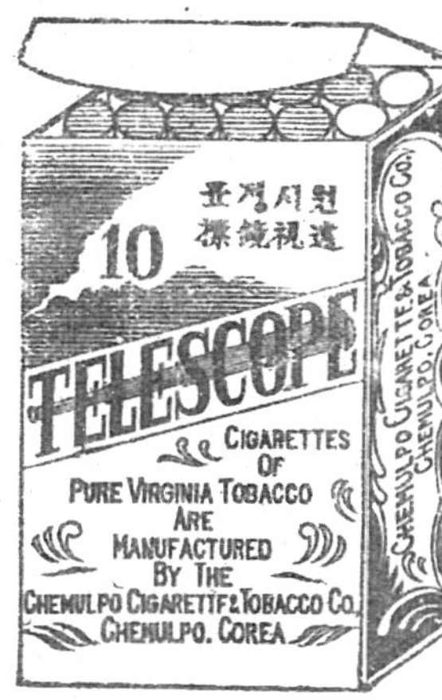

以上三種은上品으로製造ᄒᆞ야備價上에至極有益ᄒᆞ니毋論某人ᄒᆞ고本社에來購ᄒᆞᆷ

大韓帝國仁川港
濟物浦紙卷煙及煙草會社

一 鷹標罐詰濃縮牛乳
一 金印罐詰濃縮牛乳
一 無糖家用氣化乳酪
一 멜ー돈쓰製造麥芽化合牛乳

以上은常時에貯積ᄒᆞ얏ᄉᆞᆷ

美國紐育港보ー돈쓰濃結牛乳會社
一手代理店
大韓仁川港
世昌洋行

●九轉靈砂라　本人이妙方法을神備하야製造ᄒᆞᆫ靈丹인ᄃᆡ男女老少에無論何症ᄒᆞ고通治ᄒᆞ오며無病時에도服ᄒᆞ면平生의身體가健康ᄒᆞ며小兒ᄂᆞᆫ四五錢重만服ᄒᆞ면十歲안에無病ᄒᆞ기를擔保ᄒᆞ오며
●九轉靈砂萬應丹은癲狂　癇症과中風諸疾과耳目諸病과淋疾에神効ᄒᆞ오
●九轉靈砂保命丹은初生小兒　驚風　癇氣　咳嗽　腹痛諸般惡症에神効ᄒᆞ오
●九轉靈砂濟衆丹은酒滯　食滯　血積　吐瀉　霍亂　痢疾　吐血　下血　運氣　時疾　疝症에神効ᄒᆞ오
●九轉靈砂紫金丹은痔漏　累癧　上疳瘡　下疳瘡及唐瘡과諸般毒瘡惡種에無不神効ᄒᆞ오니　僉君子ᄂᆞᆫ來問ᄒᆞ시오
內需司前독갑이골上隅第一家
李鍾廷移徙　告白

本社廣告

申報價
一張代金　新貨二錢五里
一箇月前納　三十錢
三箇月　九十錢
六箇月　一元七十錢
一箇年　三元四十錢
郵稅一部　新貨五里
一箇月　十三錢

廣告料
四号活字十三字詰
每日每英尺一寸에新貨卄五錢
（每日每行에六錢에相當홈）
二週日에　二圜五十錢
（每日每行四錢五里에相當홈）
一箇月에　五圜
（每日每行四錢一里에相當홈）
其期限의長短과字行의多少를依ᄒᆞ야增減홈이有홈

大韓人마다此申報를不得不購覽ᄒᆞ실터이오니廣告出報ᄒᆞᆯ僉君子ᄂᆞᆫ來臨面議ᄒᆞ시ᄋᆞᆷ

發行兼編輯人　英國人裴說
發行所
京城北署壽進坊碍洞号外地淸國學校前
大韓每日申報社

第四卷　大韓每日申報　대한매일신보　第一百五十一號

月曜及慶節　翌時日休刊

檀君開國四千二百三十九年
箕子元年三千二十八年
大韓開國五百十五年
日本明治三十九年
淸國光緖三十二年
陰曆丙午一月小二十九日丁酉

論說

讀萬朝報有感

惡者를誅之ᄒ며不義者를討之ᄂ天下之具厥彝性者ㅣ莫不同情이언마ᄂ或私其同黨ᄒ며或拘於形勢ᄒ야諱之而不言ᄒ며隱之而弗露하고

又或變亂黑白ᄒ며巧飾虛僞ᄒ야以欺一時之耳目키로天下에鮮眞是非久矣로ᄃ惡與不義之終不可掩이如墻隙則必壞ᄒ며火盛則必焚ᄒ야物理所召에自然而然키로是非之定이不待百世ᄒᄂ니

此箇明證를吾於昨報所揭之日本某新報에可見이로다何以言之오該新聞中에伊등侯가其脅約韓國ᄒ功務를自負ᄒ야

小村氏에淸俄間締約未善홈을치笑ᄒᄂᄃ對ᄒ야十分駁論ᄒ여曰吾人은國惡을隱諱ᄒ야至于今日토록不敢公言ᄒ얏스나今에伊藤氏警戒ᄒ기를爲ᄒ야不得弗惡言이라ᄒ며

又曰韓皇及廷臣을威壓ᄒ기爲ᄒ야軍隊로王宮을包圍ᄒ야壓服其廷臣을威嚇이라ᄒ며又曰長谷川大將과韓之廷臣會議에列셔야라ᄒ며又曰此事實이伯林에電達되야

德國新聞에伊藤侯를多數論難이라ᄒ얏스니盖其伊등侯에乘夜率兵犯闕ᄒ야韓廷君臣을脅迫ᄒ不義行動과

長谷川大將에拔劒威嚇ᄒ光景과歐西列强에셔此事實로譏刺ᄒᄂ眞境을一幅紙面上에和盤托出ᄒ야無復餘蘊이고乃以國惡二字로劈頭一提ᄒ야揜其惡行之心이溢於辭表ᄒ야國人之所不敢言를乃敢公言ᄒ니嗚呼라孰謂日本人手中에無一箇公筆乎아大丈夫行事를當磊落光明ᄒ야毋獲已短ᄒ며勿揜公議ᄒ야痛快直捷이乃是大方家持論이거날一種諂詐之徒들은不顧天下之公義ᄒ고徒思目前遮盖ᄒ야輒曰韓日新條約은初非出於威脅이오韓廷之所肯願이라ᄒᄂ니其所謂公筆公言이未知究竟何如일지以具眼人觀之컨ᄃ不滿一哂홀지로다

噫라柔茹剛吐ᄂ霸者之所羞이거날日本이誇其戰勝之威ᄒ며稱以東洋盟主ᄒ고도在淸俄則俛首惟諾ᄒ며在韓國즉抗吭傲惡ᄒ야

隣誼를蔑視ᄒ며衆心을激怒ᄒ야畏强凌弱에顯我無能ᄒ니爲計之顚錯를吾爲日廷惜之이며籍以保護로言之라도

弱小之國을我能扶植ᄒ야俾免於타人侵奪이라야方可爲保護之名義이거날今乃不然ᄒ야統監府를設置ᄒ며全國權利를擄有ᄒ며幾箇奸人을利用ᄒ며不待타人之侵奪ᄒ고我已侵奪無餘ᄒ야使彼自底于滅亾케ᄒ니天下에安有如是之保護일지兼善즉天下歸仁ᄒ고不義즉同室操戈키로今其自國之報筆도亦爲揭彼之惡ᄒ야公言于世ᄒ니人心之同然과人口之難掩이盖如是彰彰然矣라

況以韓人之苦衷과列强之公眼으로勒脅所加에擧懷不平ᄒ야撫其實而抗論이必將有日홀지니不知커라伊藤侯之壓迫手段을詡詡然自誇홈이

將爲日本之幸福일지抑或爲天下人之所笑일지語에曰賀者在門에吊者在閭라ᄒ니盖事變이無窮ᄒ고禍福이互相倚伏ᄒ야悖入悖出이厥理不爽ᄒᄂ니惟伊등高明은勿以脅韓之勞勣으로過爲自大홀지어다

官報

第三千三百七十七號　光武十年二月十五日

◉敍任及辭令

故學生張振豐
仝　張泰裕
仝　朴基成
仝　劉鎭豐
仝　金麟鍾
仝　金文斗
贈九品從仕郞中學校教官
仝　朴道欽
以上孝行卓異施以贈職
故學生李利敎
贈九品從仕郞中學校教官
學行卓異施以贈職
故士人吳健泳
贈九品從仕郞中學校教官
孝學卓異施以贈職
以上一月二十二日
禮式院相禮崔炳哲
奎章閣直學士尹柱瓚
依願免本官
奉常司副提調沈遠彬
依願免兼任禮式院掌禮
六品高鼎柱
任禮式院相禮叙奏任官四等
奉常司副提調朴經遠
兼任禮式院掌禮
宮內府特進官金晩秀
兼任奎章閣直學士
正三品洪淳康
任尙方司技師叙奏任官四等
六品高鼎杜
解分秘書監郞
四品金命來
命分秘書監郞
朴榮來
任侍從院左侍御叙判任官七等
以上二月十二日
議政府主事朴芝陽
官立小學校教員
兼任小學校長　李敎承
依願免本官
林淵相
任議政府主事叙判任官六級
九品李憲在
解學部委員
趙鍾洛
任官立小學校教員叙判任官八級
從二品李成鎬
命學部委員
官立小學校教員朴稚祥
兼任小學校長
學部主事李允熙
任中學校書記叙判任官八級
外國語學學校副教官金永甲
任學部主事叙判任官八級
以上二月十三日

外報

●賜章露臣　日本政府ᄂ今番露國俘虜收容委員長陸軍中將쓰너로후에對하야勳一等瑞寶章을賜하고同중將以下員에對하야ᄂ勳三等旭日중綬章을授하얏다더라

●露불撤兵　上海電을據ᄒ즉露公使ᄂ滿洲內地가將來平定치아니홈을稱托하고撤兵치아니홈으로써淸政府ᄂ駐露淸公使의게露政府와交涉하라고命하얏다더라

●再次調查　向者의統監府의서日本人無賴挾雜輩二十餘名을放逐하얏스나오히려治安妨害하ᄂ者ㅣ多數홈으로以하야第二次의放逐을實行ᄒ次로目下調査중이라더라

●英皇甥來期　英皇甥아사곤놋도親王이近日間日本橫濱의來着홀確定인ᄃ來二十日頃에叅內하야英國皇帝게서贈進ᄒ勳章을奉呈하고十日間滯京後에九州地方을旅行홀預定이라더라

●美國의對淸預備　桑港電을據ᄒ즉美國政府의셔淸國에對허여警戒허고馬尼羅에向하야軍隊一箇聯隊로加送하ᄂᄃ此ᄂ一朝有事時의청國의使用하라ᄂ准備라더라

雜報

●怪疑消息 日昨軍部大臣李根澤氏被刺事ᄂᆞᆫ本報에已揭ᄒᆞ얏거니와大抵公憤에出ᄒᆞᆷ인지私怨에出ᄒᆞᆷ인지ᄂᆞᆫ不知ᄒᆞ되突然ᄒᆞᆫ白刃이何處를從來ᄒᆞ얏ᄂᆞᆫ고可怪可疑ᄒᆞᆫ咄咄事이아니리오
毒手의原因이私怨에從來ᄒᆞ얏스면韓相俠累도有ᄒᆞ고唐將李愬도有ᄒᆞ얏스니不必深究로ᄃᆡ若其公憤에從出ᄒᆞ얏스면三尺王章이自在ᄒᆞᆯ지라一寸私刃이天下의公憤과一國에可殺을엇지快雪ᄒᆞ리오
被刺ᄒᆞᆫ李氏가有罪ᄒᆞ야도陰刺ᄂᆞᆫ불可ᄒᆞ고無罪ᄒᆞ야도暗殺은不可ᄒᆞ도다其有罪與無罪ᄂᆞᆫ天下人의公議가應當昭在ᄒᆞ려니와陰刺若暗殺의一欵은不公正不光明ᄒᆞᆫ一案으로斷言ᄒᆞ노라
近日各新聞上揭ᄒᆞᆷ도閱覽ᄒᆞ며街路上風說도得聞ᄒᆞ니向日謀殺人罪로役從身에處ᄒᆞᆫ奇山濤라ᄂᆞᆫ者ᄂᆞᆫ亦是何樣人物로何等怨毒이亦是公憤에出ᄒᆞᆷ인지私仇에出ᄒᆞᆷ인지何般謀議로罪犯에歸決ᄒᆞᆷ은不知ᄒᆞ거니와今番事에根因이胚胎ᄒᆞᆫ何等嫌疑가有ᄒᆞ야供案과口招가已次後更審ᄒᆞ얏다ᄂᆞᆫ消息도有ᄒᆞ니可怪可疑ᄒᆞᆫ事이오
副將沈相薰氏가日昨拘拿ᄒᆞ야平理院에嚴囚ᄒᆞ얏ᄂᆞᆫᄃᆡ其事由에參涉이有ᄒᆞ야奇氏의口供에現出ᄒᆞ얏ᄂᆞᆫ지審査ᄒᆞᆫ後報ᄂᆞᆫ姑未詳知ᄒᆞ얏스나由是로大問題를惹起ᄒᆞᆯ이라ᄂᆞᆫ소息이有ᄒᆞ니可怪可疑ᄒᆞᆫ事이오
此事에干連ᄒᆞᆫ大小官人이次第被捉ᄒᆞᆯ幾微가有ᄒᆞ야法部大臣이秘密奏本을무上ᄒᆞ얏다ᄂᆞᆫ消息이有ᄒᆞ니可怪可疑ᄒᆞᆫ事이로다
數日을差過ᄒᆞ면確的ᄒᆞᆫ소息이天下耳目의所共聞所共見이有ᄒᆞ려니와吾儕의推想으로ᄂᆞᆫ一層大事件이包含ᄒᆞᆫ別樣根因이有ᄒᆞᆷ과如ᄒᆞ나此亦道聽塗說에得聞ᄒᆞᆫ事情이기로明言키ᄂᆞᆫ難ᄒᆞ거니와大抵法廷에審査가公明ᄒᆞᆫ結果에亦在ᄒᆞᆯ지라확報를姑待ᄒᆞ야次號에更記ᄒᆞ깃노라

●疑雲被押 軍大李根澤氏가被刺ᄒᆞ던當夜의該家의來訪ᄒᆞ얏던賓客幾人과具完喜氏에別室을警務廳의셔幷爲押去ᄒᆞ얏다더라

●沈氏續聞 表勳院總裁沈相薰氏를平理院의셔拘拿ᄒᆞᆷ은昨報의已揭ᄒᆞ얏거니와其內容을更聞ᄒᆞᆫ즉漢城裁判所의셔審判ᄒᆞᆫ奇山度等의供招를因ᄒᆞ야該院의셔上奏拿因ᄒᆞ얏다더라

●李氏超遷 中樞院贊議李根호氏ᄂᆞᆫ特旨로陸軍副將을被任ᄒᆞ얏더라

●度號軍務 度支大臣閔泳綺氏ᄂᆞᆫ軍部大臣署理事務를被命ᄒᆞ얏더라

●兩氏新任 審査局長朴鏞和氏ᄂᆞᆫ經理院卿署理事務를被命ᄒᆞ고侍從武官長李鍾乾氏ᄂᆞᆫ主殿院卿署理事務를被命ᄒᆞ얏더라

●政會已過 政府에서무슨事件을因ᄒᆞᆷ인지再昨日下午二時의開會ᄒᆞ얏다더라

●法訓嚴切 學大李完用氏의差人金然錫이平理院에詣到ᄒᆞᆫ事件에對ᄒᆞ야前視察李承旭氏를自平理院行將拘拿ᄒᆞᆯᄐᆡ인ᄃᆡ其任處弗明ᄒᆞ야尙未引致ᄒᆞ엿더니昨日法部에셔該院에訓令ᄒᆞ고月飭警廳에期於調探拿致이되如或一向만한이면難免生梗이라ᄒᆞ얏다더라

●皆校益張 私立普成學校長金重煥氏가教育上熱心ᄒᆞᆷ은前報의屢屢報道ᄒᆞ엿거니와近日漢江等地人民의게教育利益을說明ᄒᆞ얏더니該地有志諸氏가捐義奮發ᄒᆞ야普成支校로設立ᄒᆞ고教育의熱心ᄒᆞᆫ다ᄒᆞ니金重煥氏의開導勸學과有志諸氏의出義設校ᄂᆞᆫ인皆感賀ᄒᆞ깃더라

●大關風化 韓國은由來倫敎를尊重ᄒᆞ야忠臣과孝子와烈婦의卓行을表章ᄒᆞ야朝家에셔旌閭과贈職之典이有ᄒᆞᆷ은人心을奬勸ᄒᆞ고風化를扶植ᄒᆞᄂᆞᆫ바라近聞ᄒᆞᆫ즉鄕曲人士가其祖先의忠孝烈間에實蹟이有ᄒᆞ면旌褒之典을蒙코저ᄒᆞ야儒林公論과府郡文蹟을持ᄒᆞ고星子禮院하면禮制課長李哲宇氏가言必稱判下定式이有ᄒᆞ다ᄒᆞ고旌閭에ᄂᆞᆫ葉八百兩이오贈職에ᄂᆞᆫ葉千兩이니此를弗納ᄒᆞ면雖至行卓節이라도莫可擬議라ᄒᆞ니果然判下定式이有ᄒᆞᆫ지該款入金은上納이되ᄂᆞᆫ지弗知거니와世界萬國에엇지忠烈의表章之典을定價販賣ᄒᆞᄂᆞᆫ規例가有ᄒᆞ리오此ᄂᆞᆫ大關風化之事로다李氏ᄂᆞᆫ出入禁密ᄒᆞ야賣官挾雜의手段으로有名ᄒᆞ거니와至於旌閭贈職ᄭᆞ지販賣ᄒᆞ야ᄂᆞᆫ尤極寒歎이라ᄒᆞ더라

●玉塾攻玉 抱川縣內面新村居尹商鉉氏ᄂᆞᆫ民智開發과青年教育의熱心ᄒᆞ야經費를鳩聚ᄒᆞ야學校를刱設ᄒᆞ고該村前溪號를引用ᄒᆞ야名曰玉成義塾이라ᄒᆞᆫ바附近地인民들이尹氏誠心에感化ᄒᆞ야學徒雲集에數至四五十名이라ᄒᆞ니吾儕ᄂᆞᆫ尹氏를爲ᄒᆞ야該學徒의切磋琢磨를如攻玉石ᄒᆞ야光輝日新ᄒᆞᆷ을一心三祝ᄒᆞ노라

●俞氏行悖 中署校洞居俞鳳柱가有何人力車外上雇貰이던지該車夫가往督其車雇則非徒雇錢之不爲出給이라反爲言辭之不恭ᄒᆞ고亂打車夫ᄒᆞ야血流淋漓에所遭回測이라該車夫가往訴于該坊支所巡檢ᄒᆞ야自支所로招來俞某柱而詰責其悖擧則該人이有若倚勢ᄒᆞ야傲悍悖甚키로巡檢이不得已押去于中署ᄒᆞ얏ᄂᆞᆫᄃᆡ此等悖類ᄂᆞᆫ宜乎嚴懲이라ᄒᆞ더라

●趙氏興學 鏡城漁郞龍岡居趙鼎國氏가農桑發達ᄒᆞ기爲ᄒᆞ야客年十一月의蠶學校를自家의私立ᄒᆞ고學徒四十餘인을募集ᄒᆞ야土地改良과肥料製造와桑樹培栽와蠶兒飼育과果木接養等法을躬自教導ᄒᆞ더니又近易業術과新訂鑛產科地球新論과理化新學을添入教科ᄒᆞ야熱心勸勉키로附近地諸民이悉被教化ᄒᆞ야爭先向學ᄒᆞ며兵씨에至誠勵民ᄒᆞᆷ을인皆欽歎ᄒᆞ다더라

●天下에無不對
昔者에有金銀學士伏獵侍郞이러니今者에有數(삭)署敎員嫐辦局長이로다
昔者에李林甫의第宅에戒嚴伏甲이甫衛와如ᄒᆞ더니今者李址鎔의第宅에大陳兵士가嚴衛와如ᄒᆞ도다
昔者에董丞相의謀殺에連環計貂蟬이가有ᄒᆞ더니今者李軍大의被刺에具完喜別室은何事인고
昔者에慶忌를刺ᄒᆞᆷ이舟中人의驚惴失色이有ᄒᆞ더니今者에軍相을刺ᄒᆞᆷ이廷中人의落膽喪魂이有ᄒᆞ도다
昔者에俄國公使埈伯爵의威嚴이波蘭全國에震蕩ᄒᆞ더니今者에日本統監伊藤侯에氣勢이大韓全國을飜覆ᄒᆞ도다

[redacted]

●日人設庖 忠南牙山郡守李晃永氏가內部에報告ᄒᆞᆫ되庖肆組織이自有定式ᄒᆞ와財利占을已所痛禁이온바昨年分本郡屯浦에日人岩駒太가爲公來設이옵더니陰正月二十二日에屯浦市에不知何許日人이恣意私屠에致使原庖로莫敢誰何ᄒᆞ오니査照指飭ᄒᆞ라ᄒᆞ얏더라

●李氏被捉 軍部官房長李康夏氏ᄂᆞᆫ무슨事件을因ᄒᆞᆷ인지再昨日韓國巡檢與日本巡査가同氏家에來到ᄒᆞ야家內所在書類를搜覓ᄒᆞ고同氏를警廳으로押去ᄒᆞ얏다더라

●非見則弟 京畿觀察郵周永氏ᄂᆞᆫ見遞ᄒᆞ야特進官을被任ᄒᆞ고其代에李根湘李根호兩氏中被任ᄒᆞ리라더라

●宮大調病 宮內大臣李載克氏ᄂᆞᆫ以身病으로乞遞承批ᄒᆞ야調理ᄒᆞᄂᆞᆫ而該大臣事務署理ᄂᆞᆫ協辦閔景植氏가被命ᄒᆞ얏더라

●料金電催 駐日本留學生監督韓致愈氏가學部에電報ᄒᆞ되退學生三十六名等의衣食料金事로該民等의게困督을難堪이오니何以措處ᄒᆞ올지即爲回電ᄒᆞ라ᄒᆞ얏더라

●見汰呼冤 警務廳官制改正ᄒᆞᆫ事ᄂᆞᆫ已揭本報어니와該官制令減省된官吏의額數ᄂᆞᆫ警務官四人主事二人摠巡十八人으로頒布가되얏스나及其解放也에ᄂᆞᆫ警務官五人主事四人摠巡十四人을淘汰ᄒᆞ고以日語粗解者로敘任ᄒᆞ니恨不能早早學習日語ᄒᆞ다고見汰인들의呼冤이狼藉ᄒᆞ다더라

●社告 本社採字人等이適因事未到ᄒᆞ야昨報ᄂᆞᆫ不得已停刊이오니愛讀諸君 照亮ᄒᆞᆷ

詞林

述懷寄俞肯齋 蜜啞子
曾將國家今日事大聲疾呼三十年寥寥無人來相問統監寮屬已乘船

雜報

●淵齋先生遺書

草莽臣宋秉璿性命將盡謹北向泣血上書告訣于我
聖上伏以臣以討賊廢約事以疏以箚恭俟處分者已有日而屢度請對以望候應寧待命闕門矣警務使臣尹喆圭來誘于臣曰若欲進伏　閤門則瘡盡筋力雖可自强扶臣載轎轎門下垂內忽之頃已到城外則巡檢與倭巡査稱以
勅命保護搜探臣身困辱萬端脅載火車直到公州之太田遂臣還鄕當其時也求死不得臣身受辱固弗足惜而貽辱　朝廷何貽辱士林何
嗚呼諸賊未誅勒約未繳則五百年　宗社今日而亡矣三千里疆土今日而無矣數百萬生靈今日而滅矣五千年道脈今日而絶矣臣於今日生亦何爲
將歸侍我　列聖祖暨先聖賢於地下而弗負春秋大義矣伏乞聖慈察之憐之確定殉社之正意亟誅諸賊以伸
王章亟廢勒約以復　國權擇人任職保我黎氏實　宗祊於無疆扶道脈於垂絶則是臣死之日猶生之年也神昏氣塞言弗知裁謹臨死以聞

●仙樓設校　청州郡守閔泳殷氏가內部의報告허되本郡私立청湖學校長鄭永憲의請願을因허여本郡廢止ᄒᆞᆫ前鄕廳의設校ᄒᆞᆫ意로已於上年十一月의報告承認허여開學敎授이온바學徒雲集의校舍挾窄허여不能容接이다이온바本郡北門內所在望仙樓ᄂᆞᆫ未知幾百年前何人所建而今至頹敗이온즉特爲許與허여使之重修設校事로又有設校長請願허오니依願認許가事合兩便이라허얏더라

●博明創立　平安北道博川郡에有志人士들이敎育에熱心하야博明學校를創立하고敎師를延聘하야多數學員을敎授하ᄂᆞᆫ데該郡守崔商翼氏와一般紳士가捐金贊成하야確實히就緒가되얏다더라

●度訓各省　挽近稅錢이紊亂하야奸僞滋蔓하니此專由於法令之懈弛而然也라불容불別般懲創인바此保官紀紊亂者니自有行政上措處나以其事蹟이刑法에犯이어든行政上懲戒를受하고外에更히依律施行이기該條目을另玆左開發訓하니到卽謄此飛飭于各郡하야使之惕念知悉하고毋或犯科追悔事라고度支에셔各道에發訓ᄒᆞ얏더라

左開

一　結稅金을商民의게貸附하야其損失을爲하고此로諸般口實을設하야其國庫金損失을隱匿ᄒᆞ야하ᄂᆞᆫ者

二　結稅金을徵收ᄒᆞᆫ者ᄂᆞᆫ卽時金庫에納付ᄒᆞᆯ거시어ᄂᆞᆯ徒然히期日을失하야盜難火災에罹ᄒᆞᆫ者

三　報告를僞하야官令을取行ᄒᆞᆫ者

四　報告를위하야其情이重ᄒᆞᆫ者

右ᄂᆞᆫ刑事에相當ᄒᆞᆷ으로警察官이必要ᄒᆞᆫ調査及處分을爲ᄒᆞᆯ事

●車거夫부誤오解히　감안이여러사ᄅᆞᆷ의말을듯고ᄂᆞᆫ처로싱각ᄒᆞ야보면정부조집이된다ᄒᆞᆷ은정부에셔죠ㅣ집을구취ᄒᆞᆫ다ᄂᆞᆫ말이오정부죠ㅣ집이들엿다ᄒᆞᆷ은여슈히구취가되지못ᄒᆞ얏다ᄂᆞᆫ말노알거니와그죠집을어ᄃᆡ쓸소용인지알슈업서갑갑히지내니노라ᄒᆞᆯ거늘그말을듯고일좌가박장ᄃᆡ소ᄒᆞ여왈이무식ᄒᆞᆫ놈아정부죠ㅣ집이란말도잇던가정부죠직이라ᄒᆞᄂᆞᆫ말이지죠직이라ᄒᆞᄂᆞᆫ말은무론무엇이던지ᄶᆞᆫ다ᄂᆞᆫ말이니뎡부죠직은정부를ᄶᆞᆫ다ᄂᆞᆫ말이라ᄒᆞᆫ데인력거군이ᄉᆞ례ᄒᆞ여왈그런말을나ᄂᆞᆫ밧헤심으ᄂᆞᆫ죠ㅣ집으로만싱각ᄒᆞ엿슨즉그ᄂᆞᆫ무식ᄒᆞᆫ타시어니와지금그ᄃᆡ의말을듯고야향연이세다라도다　미완

廣告

前議官崔璟煥의璟字ᄂᆞᆫ翊字로改正知舊間照亮ᄒᆞᆷ

崔翊煥　告白

本校에셔第二期學員을募集ᄒᆞ야試驗을已經ᄒᆞᆫ바晝夜學科에追後入學을願ᄒᆞᄂᆞᆫ僉員은本月二十八日ᄭᆞ지特別히應시許入ᄒᆞ깃사오니　僉諒來臨ᄒᆞ시오

光武十年二月十五日　普成專門學校

今月二十日에名帖匣을遺失ᄒᆞ와ᄂᆞᆫ데其中에紙貨五元과其他有要緊ᄒᆞᆫ標紙가有ᄒᆞ오니標紙ᄂᆞᆫ他人의게ᄂᆞᆫ無所用則拾得僉大人이覓來ᄒᆞ시면該五元外에重賞을加ᄒᆞ오리다

上茶洞三統九戶李圭直告白

本會에義捐金을已送ᄒᆞ시고領證이無ᄒᆞ거나筆記ᄒᆞᆫ領證만推去ᄒᆞᆫ신이ᄂᆞᆫ本事務所로通知ᄒᆞ와印板ᄒᆞᆫ領証을一一推去ᄒᆞ야收金員이無著進煩瀆케하시믈千萬

國民教育會事務所　白

本人等의族人九錫의字ᄂᆞᆫ允瑞가性本浮浪ᄒᆞ야外債如山而不能淸帳ᄒᆞ야方欲自戕故로本人等이特憐情境ᄒᆞ야不計寸數之遠近ᄒᆞ고一齊助力ᄒᆞ야最爲者幾萬兩을妄之報勘矣러니噫彼九錫이가又生慾慾ᄒᆞ야本人의田畓中稷山二西面新茂里近坪所在畓과牙山三北面下念近坪畓合九石餘斗落을做成僞券ᄒᆞ야以舊券燒火樣으로誣訴官家ᄒᆞ야圖得立旨故로本人等이以此事實로齊籲官庭則自官洞燭其見欺ᄒᆞ시고即出給還收立旨之傳令而又欲捉懲九錫則知機逃躱ᄒᆞ야初無形影이나廣無所不到ᄒᆞ니勿論內外國人ᄒᆞ고如此悖類의위券을切勿信讓見欺ᄒᆞᆷ을廣佈ᄒᆞᆷ

稷山二西面新茂里
鄭駿敎　民敎　台敎
寬敎　郁敎　告白

京城南大門外停車場通韓美協同倉庫會社內에東美運送部를設置ᄒᆞ고京仁京釜京義間鐵道貨物을運送ᄒᆞ되貨物을特別히保重ᄒᆞ며運輸를特別히迅速히ᄒᆞ야可成的으로貨物主顧念을不煩케注意ᄒᆞ오며支店과出張所를三線合驛에設置ᄒᆞ얏ᄉᆞ오니內外國人間貨物을運送ᄒᆞ실僉君子ᄂᆞᆫ本運送部에光臨問議ᄒᆞ시옵

京城南大門外
合資會社　東美運送部　告白
社長　尹晶錫
社務員　任命鎬
仝　鄭仁教

寶城李聖九李容直兄弟가浮浪悖類로木浦居日人山本山川大岩三人으로符同ᄒᆞ야稱以債用ᄒᆞ고欲爲橫徵於二十餘寸族人이다가幸賴木浦日本警察署之神明과辨護士永井道忠之公平ᄒᆞ야事乃歸正ᄒᆞ엿ᄉᆞ니李聖九李容直의設心不良을內外國人更勿見欺ᄒᆞ시옵

寶城李昇來　告白

南門外順信昌錢票三萬三千五百兩을遺失ᄒᆞ얏기玆에廣告ᄒᆞ오니誰某拾得ᄒᆞ시던지休紙施行ᄒᆞ시오

趙東祿　告白

經穀塵二十七統八戶韓世昌許無日字胡銘一錢五百八十九號當錢一萬兩廣字票於晉遺失

李宗承　告白

本人의庶弟永裔이가性本浮浪ᄒᆞ야家産庄土을沒數放用ᄒᆞ고外債을多爲得用ᄒᆞ며또田畓文券을僞造偸賣ᄒᆞ여多人與四五寸의게徵出ᄒᆞ나勿論內外國人ᄒᆞ고見欺치마시오相關되면自失ᄒᆞᆷ

平壤盧永俊　告白

本月十五日夜에木浦客主金亨淑家에서朴鳳熙長城郡南一面月谷坪六石十二斗落과外東面新基坪十石四斗九升落公文과踏印量案文券一張과朴均協篆刻圖章을逢賊ᄒᆞ엿ᄉᆞ오니內外國人은此文蹟과圖章을施行치마시ᄋᆞ

全南長城郡朴鳳熙　告白

趙定薰上京月餘杳無音信不知住處有知僉尊勸告通信且數逕還處望

平壤金召史　告白

본포의셔음역정월쉬시하여ᄃᆞᆯ포하오니파한뒤쳠군ᄌᆞᄂᆞᆫ二月회내로몰슈ᄎᆞ저가시되정헌ᄒᆞᆫ의아니ᄎᆞ저가시면의장정시힝ᄒᆞᆯ터오니죠량ᄒᆞ시오

남셔군괴시다리북천변제일면당포　고ᄇᆡᆨ

本社에셔運輸營業에便利키爲ᄒᆞ야事務所를停車場北四巨里로搬移ᄒᆞ엿ᄉᆞ니內外國人은各驛에運送物貨을陸續持來ᄒᆞ시면現着掃를不拘ᄒᆞ고廉價運輸ᄒᆞᆷ

南門驛北四巨里

(上) 普運社　告白

高佛安實時旭會社가今番에北美合衆國하ー트포ー드市에法律을遵ᄒᆞ야高佛安實時旭開發會社로新組織ᄒᆞ고其所有財產及營業權을一切引渡ᄒᆞ야左開五人이其業務를專任擔當홈

헌으리 골불안
히리、으라이스、보스트윅
스틔푼 、롬버셜된
류지엘머엘늬엇트
眞木平一郞

高佛安實時旭開發會社에서韓日淸其他東亞地方에左開ᄒᆞᆫ營業을代理ᄒᆞ고礦山其他土地를實地調査ᄒᆞᆯ境遇에ᄂᆞᆫ社費로以ᄒᆞ야技師를派遣홈

一 在北美合衆國콘늬틱컷트洲韓美電氣會社
一 仝上韓美礦業會社
一 在英國倫敦실늬스쌔리街五〇三番舘韓國起業組合（有限責任）
一 仝上콩돌아폐街三一番舘萬國起業組合（有限責任）
一 仝上아스틘푸리이스街一〇及一一番舘滿洲起業組合（有限責任）

社用의通信은左開二處로取扱홈

韓國京城
高佛安實時旭開發會社
（電信略號불안워）

日本東京
芝區白金三光町四八八番地
眞木平一郞
（電信略號밀넥링）

廣告

博川博明學校捐助金

前郡守崔商翼	二十元
嘉山郡守崔毓浩	二十元
玄圭桓	四十元
進士柳淙柱	百元
前議官李宅源	百元
進士邊龍옥	二百元
前主事朴龍洙	百元
前主事俞昌彥	百元
前主事邊尙龍	六十元
前參奉柳淙林	三十元
前主事朴文承	六十元
前監察崔枏晛	二十元
前都事金尙弼	百元
前五衛將崔舜甸	四十元
前主事柳淙英	三十元
前五衛將林希祥	六十元
前五衛將金致殷	三十元
前議官魚在泳	二十元
前正言宋柱勳	三十元
前主事玄圭學	四十元
進士崔賢岳	四十元
前主事吉憲洙	三十元
前參奉車炳厚	三十元
前參奉李翊燁	二十元
前主事柳國鉉	二十元
前參奉金贊甫	六十元
前都事朱鶴壽	二十元
陳濟大	三十元
前持平禹濟一	八十元
金亨烈	二十元
韓錫豐	二十元
洪啓衍	二十元
前參奉李昇薰	二十元
金鎭基	二十元
李贊禎	十四元
朴大赫	十元

幼學金尙柱 三十元

宋錫雄	三十元
桂炳圭	三十元
崔明瑞	三十元
魚在궁	三十元
崔成台	三十元
吳寅喆	三十元
金應燮	六十元
沈昌健	六十元
朱連壽	六十元
崔昇源	三十元
李禎憲	三十元
洪淳恒	二十元
宋志元	二十元
高乃俊	二十元
金鎭浩	三十元
金熙贊	四十元
魚在淇	三十元
宋鍾建	二十元
洪淳默	三十元
朴興龍	三十元
朴芝行	二十元
張志根	二十元
朴昌杰	二十元
李贊化	三十元
金錫煥	二十元
前主事玄炳商	六十元
朴裕根	四十元
徐贊燮	二十元
高明洙	十元
李奎白	十元
吳承烈	十元
吳惠成	十元
洪承珍	十元
金亨允	十四圓
朴應祿	十圓
金錫仁	十圓
金京熙	功勞入參
白承奎	六圓

本社廣告

申報價

一張代金	新貨二錢五里
一箇月前納	三十錢
三箇月	九十錢
六箇月	一元七十錢
一箇年	三元四十錢
郵稅一部	新貨五里
一箇月	十三錢

廣告料

四号活字十三字詰
每日每英尺一寸에新貨卄五錢（每日每行에六錢에相當홈）
二週日에 二圜五十錢（每日每行四錢五里에相當홈）
一箇月에 五圜（每日每行四錢一里에相當홈）
其期限의長短과字行의多少를依ᄒᆞ야增減홈이有홈

大韓人마다此申報를不得不購覽ᄒᆞ실터이오니廣告出報ᄒᆞ실僉君子ᄂᆞᆫ來臨面議ᄒᆞ시옵

發行兼編輯人 英國人裵說
發行所
京城北署壽進坊罷洞号外地韓語學校前
大韓每日申報社

第四卷

大韓每日申報
대한매일신보

第一百五十二號

月曜及慶節歲時日休刊

檀君開國四千二百三十九年
箕子元年三千二十八年
大韓開國五百十五年
日本明治三十九年
淸國光緖三十二年
陰曆丙午二月大初一日戊戌

論說

李氏被刺續論

軍大李根澤氏피刺一事는無論其根因如何ᄒᆞ고暗地行刺는非法之誅니七首客之行爲不公ᄒᆞᆷ을吾亦恨之어니와凡人之於貴賤上下에苟非有宿怨深怒則憫其禍而吊其災는普天下人이莫不同情키로今有人於此ᄒᆞ야身負질痛ᄒᆞ고當道而哭이면過於其前者ㅣ必皆爲之惻然ᄒᆞᆯ지오又其義氣深重者는不惟爲之惻然而已라徊徨歎惜而不忍捨去ᄒᆞ야盡其心慰之護之를如素相識焉ᄒᆞ나니此豈望報而然哉아發於中心之惻隱ᄒᆞ야自不得不然인바今此李軍大之피刺는寔一政界之大變이오人事之極慘이니라聞得此報者ㅣ未知幾人惻然이며幾人歎惜이고又未知慰之護之를如素相識者ㅣ幾人인지伊來幾日에來來去去人들이語及此事則但相視目笑이고欣戚間無一幾微色ᄒᆞ니其生其死가都無關於他人而然여아其或事係重大ᄒᆞ야不欲索言其是非키로故爲緘默而然歟아噫噫라人心之向背를其未可知也로다桃李不言호되下自成계라ᄒᆞ니苟有德義之可慕면人皆親之愛之ᄒᆞ야欲其生而不欲其死ᄒᆞ며苟無德義면相率而爲仇爲敵ᄒᆞ야樽俎衽席之間에亦有不測之刀劍ᄒᆞ나니其所可畏가奚獨一二刺客이리오近聞諸大臣이風吹草動에空然吃驚ᄒᆞ야急於戒嚴ᄒᆞ며過於畏縮ᄒᆞ야致損體貌而四方이傳笑라ᄒᆞ니不治其本ᄒᆞ고徒事其末ᄒᆞ야區區戒嚴이豈非愚之甚歟아吾願諸大臣은十分反省ᄒᆞ야上以忠愛國家ᄒᆞ며下以濟活蒼生ᄒᆞ야夙夜洞洞에一以政治刷新으로爲務이면一念之善에福自天來ᄒᆞ야형극이化爲坦道ᄒᆞ며仇敵이變爲心腹ᄒᆞ야不設兵巡ᄒᆞ며不戒門闥ᄒᆞ고坦腹高臥於四達之衢라도可以晏然無事ᄒᆞᆯ지니惟諸大臣은念之哉ㄴ저

官報

第三千三百七十八號　光武十年二月十六日

◉宮廷錄事

祔廟都監都提調臣李根命謹奏取考謄錄則祔廟時所用祭器都監郞廳監造官前期陪進宗廟矣陰曆正月二十一日祭器依例陪進而冊寶장加장一體陪進臣等進詣廟司眼同預爲入排之意敢奏　光武十年二月十三日奉　旨依奏

宮內府大臣勳一等臣李載克謹奏卒從二品洪萬植喪葬需等節本家以爲　恩命轉告惶感葬禮已過終不敢祇受云故謹上奏　光武十年二月十四日奉　旨依奏

宮內府大臣勳一等臣李載克謹奏　贈正一品議政大臣송秉璿　賜諡案謹上奏　光武十年二月十四日奉　旨依奏　贈正一品議政大臣송秉璿

諡號望　文忠　道德博聞曰文　慮國忘家曰忠

◉敍任及辭令

弘文館侍講姜遠馨
奉常司典事潘奎昌
仝　朴時龍
依願免本官
解分秘書監丞　正三品徐相薰
解시從院分侍從　正三品尹基益
命臨時署理赤十字社總裁事務　宮內府大臣李載克
任弘文館侍講叙奏任官四等　六品沈衡澤
任奉常司典事叙判任官四等　六品崔炳哲
任奉常司典事叙判任官六等　六品沈相玉
命分秘書監丞　正三品南章熙
正三品朴鍾夏
命시從院分시從　李國魯　李丙斗
命시從院分시御
以上二月十三日
成均館博士徐萬弼
仝　李晉用
仝　鄭鍾默
依願免本官
洪淳奭　朴箕衡　李元圭
任成均館博士叙判任官八級
以上二月十四日

◉第三千三百七十九號　光武十年二月十七日

◉叙任及辭令

秘書監丞洪性友
太僕司主事李鼎薰
惠陵叅奉李在和
慶尙南道觀察府摠巡朴淵奎
仝　主事朴觀秉
依願免本官　宮內府特進官金晩秀
依願免兼任奎章閣直學士　正三品洪承斗
任秘書監丞叙奏任官三等　侍講院詹事閔京鎬
兼任奎章閣直學士　九品李鍾淳
任시從院右시御叙判任官七等　顯陵叅奉姜準永
任太僕司主事叙判任官五等　金正模
任顯陵叅奉叙判任官八等　未完

外報

●鐵道敷設　上海電을據ᄒᆞᆫ則廣東紳商等一萬人이集會ᄒᆞ야熱心協議ᄒᆞᆫ後에粵漢鐵道敷設費로墨貨四百萬弗을醵聚ᄒᆞ기로決定ᄒᆞ고此로由ᄒᆞ야이믜銀行을設立ᄒᆞ얏더라

●極東艦隊　桑港電을據ᄒᆞᆫ즉美國政府에서淸國의排外形勢가漸次危機에瀕ᄒᆞᆷ을警戒ᄒᆞ야艦隊를極東海面에加送ᄒᆞᆯ次로準備中이라더라

●社會黨派　日本에서社會主義를標榜ᄒᆞᆫ團體가目下日本社會黨과平民社會黨과國家社會당인ᄃᆡ昨年末에統計ᄒᆞᆫ바를據ᄒᆞᆫ則日本全國에社會主義者라稱ᄒᆞᄂᆞᆫ者가二萬五千餘人이라더라

●청人許入　倫敦電을據ᄒᆞᆫ則美國政府에서支나人排斥條例를修正ᄒᆞ야其入國을許ᄒᆞᄂᆞᆫ意向을示ᄒᆞ얏다더라

●貴女遊學　蒙古客喇沁王의寵臣女子三名이五箇年留학次로日本으로前往ᄒᆞ얏다ᄒᆞ고又同王妃ᄂᆞᆫ肅親王의妹弟니其設立ᄒᆞᆫ女학校를今番에新築ᄒᆞ고生徒五十餘名을敎育ᄒᆞᆫ다더라

●金州匪徒　北京電을據ᄒᆞᆫ즉奉天將軍趙爾巽氏가外務部에電報ᄒᆞ야曰近頃金州一帶에馬賊이猖獗ᄒᆞ야蔓延의兆가有ᄒᆞ나奉天守備兵이不足ᄒᆞᆷ으로北洋袁世凱軍의援助를望ᄒᆞᆫ다ᄒᆞᆫ故로外務部에셔袁世凱氏의게電照ᄒᆞ얏더니袁世凱氏가回電ᄒᆞ되常備軍第四鎭中二營을派送ᄒᆞ얏더라

雜報

●道門義婢　沃川淵齋先生宋秉璿氏가爲國家爲生民爲道統ᄒᆞ야捐生殉義홈은其貞忠大節이固已天地를亘ᄒᆞ며星斗를薄이어니와又有一件奇事ᄒᆞ니該家婢子恭任이年今二十七인바聞其上典殉國之訃ᄒᆞ고披髮奔哭ᄒᆞ야返柩後에其母與夫에게從容告訣ᄒᆞ야曰惟吾上典이今爲國爲民殉義ᄒᆞ시니其在感慕之地에欲報其恩인ᄃᆡ事當人百其身이고供奉上食이已過十日ᄒᆞ얏스니吾當捨此殘縷ᄒᆞ야歸侍地下라ᄒᆞ고仍以刀自刎ᄒᆞ는지라其夫ㅣ大驚ᄒᆞ야喩以挽止ᄒᆞ더니至夜深無人ᄒᆞ야更刎而死ᄒᆞ얏다니義乎哉라此婢며卓乎哉라此婢也여宋淵齋의平日道德節義가入於人者ㅣ已深ᄒᆞ기로雖家庭內廝役之女流라도亦知節義之爲重과親上死長之道理ᄒᆞ야割恩斷愛ᄒᆞ고歸侍故主로爲榮ᄒᆞ니如非觀感之有素면豈能辦此리오噫라擧一國風雨晦冥ᄒᆞ야義理都喪之日에此等絕異之行이出於裙釵下隷者流ᄒᆞ니滿廷搢紳가能不愧死일지此可與曩日逆家義비로同傳讚美로되彼則氷霜其操而未遇其主ᄒᆞ야終未免半世棲遑ᄒᆞ고此則道德家中에薰沐和氣ᄒᆞ야生死俱榮인즉其節義則一也나所遇之不同은適如天壤ᄒᆞ니嗚呼라有其인而未遇其主가良足悲矣로다

●院卿其人　主殿院卿署理李鍾健氏는疏遞ᄒᆞ고中樞院賛議李根호氏가署理事務를被命ᄒᆞ얏더라

●姑錄傳說　前警務使具完喜氏가被縛ᄒᆞ얏다더니風聞을據ᄒᆞᆫ즉同氏가逃踪ᄒᆞ얏다더라

●巴陵新學　江東郡巴陵居張永翰氏는新進에有力ᄒᆞᆫ人이라同志諸人의義金을多集ᄒᆞ야方今巴陵에經治學校를設立ᄒᆞ고熱心視務ᄒᆞᆫ다더라

●兩觀察使　全南觀察朱錫冕氏는忠南觀察使로轉任ᄒᆞ고陸軍副將李道宰氏는全南觀察使를被任ᄒᆞ얏더라

●鄭氏請願　中署泥洞居鄭寅琥氏가農部에請願ᄒᆞᆫ內槪에本人이學識이淺短ᄒᆞ야不敢高論이오나當此艱虞ᄒᆞ야愚昧思想이風潮洶湧ᄒᆞ야農商工實業을廣張然後에各項敎育이次第進步ᄒᆞᆯ必要方針을硏究成緖ᄒᆞ고瘠土所出穀이至于四倍八倍ᄒᆞ는美國發明新肥料記를詳譯粘連ᄒᆞ오니爲念實業ᄒᆞ오셔實施ᄒᆞ시고自今春試種ᄒᆞ야使三千里瘠土로變成膏沃ᄒᆞ고使二千萬同胞로變成富饒케ᄒᆞ라ᄒᆞ얏더라

●朴氏長壽　近日傳說을聞ᄒᆞᆫ즉參政朴齊純氏私第에셔湖中居一知舊人이來訪ᄒᆞ얏는ᄃᆡ通刺入見後에見其門庭間에兵巡이甚嚴ᄒᆞ고問於同氏曰胡爲乎如此오同氏曰近日駭機之言發이甚是可畏ᄒᆞ기로置此兵巡ᄒᆞ야以備不虞노라나인曰大監之死期尙遠ᄒᆞ니不必如是虛驚이니라同氏曰何以知吾死期之尙遠고나인曰韓國之亾이必在大監手中인바今雖云亡이나尙不至於無國無民인즉必待民國이丘墟然後에大監이方死ᄒᆞᆯ지니吾以此知先期之尙遠이로라吾與大監으로從此絕交ᄒᆞ기로爲見一面而來矣인즉還我刺紙ᄒᆞ라吾之名字를불欲留此汚穢家中이라ᄒᆞ고仍爲拂袖而去ᄒᆞ엿다더라

●勒占地段　慶南觀察趙民熙氏가內部에報告ᄒᆞ되管下梁山郡守權重殷報告니開에本郡左面龜浦停車場元用地外에民有田畓을釜港鐵道會社日인村上三男이稱有京院公文ᄒᆞ고每坪價給日貨十兩而着抹始役云ᄒᆞ고日인이迫到郡廳ᄒᆞ야該地坪價田畓를任授ᄒᆞ야士民을支給케ᄒᆞ라ᄒᆞ되郡守가推諉弗捧이오나實是難堪이다이온바居民田土가犯入於元用鐵道라도每坪에從時價計給은係是章程이온즉元用地外에私有民土를越犯着抹ᄒᆞ고輕價勒買ᄒᆞ야致此民冤이오니知照禁制ᄒᆞ라ᄒᆞ얏더라

●西魔有人　日昨本報雜報欄內西民何罪題下에朴弼遠氏가秘密運動ᄒᆞ야平壤郡守李重玉氏의視察之任을豐皐會社長閔內準氏의게紹介圖出홈으로揭布ᄒᆞ얏더니更聞ᄒᆞᆫ즉朴氏는此事件에初無運動ᄒᆞᆫ貌樣이고前後造化가閔丙漢氏에神奇運籌ᄒᆞᆫ效力인즉以閔爲姓인은果是西民之魔鬼라고西來之說이到處喧藉ᄒᆞ다더라

●奉勅發訓　내部에서各道에訓飭ᄒᆞ되前以通文收上事로以電以訓이非止一再而尙此各地方에所謂假名倡義者가嘯聚民당ᄒᆞ야胥動浮訛에以致民志未定뿐더러徒당所經에掠奪民財ᄒᆞ며闔境이搔擾에罔形이尸著ᄒᆞ여甚至矯稱密旨啓字ᄒᆞ고做出弗敬句語ᄒᆞ며煽惑인心에府郡이弗得寧謐ᄒᆞ여在在入聞에宸념이未安ᄒᆞ사奉承綖教ᄒᆞ여玆庸發訓ᄒᆞ니到卽飛飭各郡ᄒᆞ여眞諺翻謄에揭付坊曲ᄒᆞ여使頑우衆心으로背暗向明케ᄒᆞ고噫彼梗化徒당은一一弋獲이되倍加惕勵라ᄒᆞ얏더라

●疏字誤植　昨日本申報雜報欄內에淵齋先生遺書之書字는疏字를誤植홈

●婦人義助　平安南道安州郡守劉猛氏가境內有志紳士로共히安興學校를設立ᄒᆞ고學員을募集ᄒᆞ야敎育을勸勉ᄒᆞ는ᄃᆡ城內에有一寡女曰湯召史라愛國的血誠이有ᄒᆞ야恒常本國發達이他國에不及홈을慨歎ᄒᆞ더니此學校의創立을聞ᄒᆞ고慨然曰吾雖貧窮이나國民敎育에對ᄒᆞ야不可無助라ᄒᆞ고韓貨十元을自願補助ᄒᆞ고國家가泰西諸國과如히發達ᄒᆞ기를血祝ᄒᆞ얏다더라

●尹氏美擧　前主事尹榮宅氏가學部에獻議ᄒᆞᆫ內槪가如左ᄒᆞ니盖國之强弱은在於民智之發未發ᄒᆞ고民智之發未發은在於敎育之勸不勸ᄒᆞ나니柔軟이變爲激勵ᄒᆞ고茅塞이漸化啓發者는皆由敎育之功也며學問之力也라惟我三千里疆土에二千萬人民이將至塡壑은徒以懶惰之習性으로悠悠歲月에虛送浪度ᄒᆞ기로爲主홈이라使耳目으로能視聽ᄒᆞ며使手足으로能運動ᄒᆞ며使心知로推量케ᄒᆞ자면不外乎敎育一事며增加督動者之職業ᄒᆞ며發達國家之財源ᄒᆞ고鞏固全國之團結케ᄒᆞ라면亦不外乎敎育一事로다我韓國文은學之爲易ᄒᆞ고用之甚便이猶勝於漢文이거날有學識者는全昧普濟匡救之策ᄒᆞ고無學識者는無堅忍刻苦之心ᄒᆞ야불務如此易便之國文ᄒᆞ니可不歎惜哉아急設國文速成學校於京鄕ᄒᆞ야使二千萬人으로各得曉解國文케ᄒᆞ야上下一致ᄒᆞ고遐邇一體ᄒᆞ면豈非盛美之擧哉아敢忘謭劣ᄒᆞ고測究方略ᄒᆞ야陳之如左라ᄒᆞ얏는ᄃᆡ該學校規則은三十一條라더라

●舊學呼冤　法官養成所舊學員의情景을聞ᄒᆞᆫ즉該所가自昨年春으로章程을定ᄒᆞ야每年冬夏兩期로陞降法을用ᄒᆞ고年限은三年이오卒業試는一班으로만改正이더니其後에該所長金洛憲氏가遞任되고李晃宇氏가代任後에該敎官六人을一切免官ᄒᆞ고新敎官은普成專門學校講師로任ᄒᆞ얏는ᄃᆡ新學員을募集ᄒᆞ고舊學員을對ᄒᆞ야公佈ᄒᆞ기를汝等의從前學問은腐敗ᄒᆞᆫ法律이니一切廢止ᄒᆞ고新學問에入學ᄒᆞ되年限은二年으로班次는等級업시合班ᄒᆞ고新舊學員이同히上學ᄒᆞ되不願者는退去ᄒᆞ라ᄒᆞ니舊學員의從前學問도皆現行法律이라新學이不無ᄒᆞ거날歸之腐敗ᄒᆞ고俾與新學員으로同班受業케ᄒᆞ니豈不冤抑가所以로舊學員이屢次呼訴于法部大臣ᄒᆞᆫ즉但云善爲措處라ᄒᆞ고終無區別之擧라盖其理由는新所長과敎官이普成專門學校에도視務ᄒᆞ고又他學校에도視務ᄒᆞ는故로法官養成所에는不過一週日間一人一次式遞番視務ᄒᆞ고時間은合二時爲一時ᄒᆞ니所以로新舊學員의區別이無케홈이니一身兩祿이雖無害於自家之농斷이나至於敎育章程ᄒᆞ야는實背公理라ᄒᆞ더라

●移墳禁耕　北觀察李根豊씨가내部에報告ᄒᆞ되郭山郡守張益厚報告내槪에本郡鎭道左右原占外加占票租ᄂᆡ所有田畓은切勿起耕ᄒᆞ며墳墓는一幷移葬ᄒᆞ며家屋은亦爲毁撤事로鎭道監部日인市江儆의請求이다이옵기交涉該감部ᄒᆞ야家屋墳墓를解春後撤移이되移葬費와家屋價는優數推給之意로指飭該郡이라ᄒᆞ얏더라

●警官請願　警務使尹喆圭氏가내部에報告ᄒᆞ되本廳警務官嚴錫祜康台植李昊鎬黃鍾復李憲應이俱以身病으로弗能堪任이다請願이오니照亮奏裁ᄒᆞ시와依願免本官ᄒᆞ라ᄒᆞ얏더라

雜報

●時事嗤ㄷ

○近日警務廳氣燄이騰騰ᄒᆞ야食力ᄒᆞᄂᆞᆫ職工을空然捕縛ᄒᆞ야三日式逮囚ᄒᆞ니此是顧問官의勢力인지警務使의政令인지弄世上은何事인고嗤ㄷ

○天道敎ᄂᆞᆫ七箇所의傳道室을排置ᄒᆞ고天道을宣布ᄒᆞ야侍天主造化定永世不忘萬事至를家家에坐誦ᄒᆞ니韓國人民은天道國人民으로陞差ᄒᆞ얏나嗤ㄷ

○李軍相의十三處창痕으로一大疑獄을釀成ᄒᆞ야平理院訊問場에八百人창痕을造出홀거이니嗤ㄷ

○政府ᄂᆞᆫ去益교盈ᄒᆞ고人心은去益危懼ᄒᆞ고國勢ᄂᆞᆫ去益衰退ᄒᆞ고財政은去益涸渴ᄒᆞ고刑法은去益濫弄ᄒᆞ고政令은去益紊亂ᄒᆞ고外國勢燄은去益熾烈ᄒᆞ고內地盜賊은去益滋蔓ᄒᆞ니二千萬生靈은何以支保ᄒᆞᆯᄂᆞᆫ지嗤ㄷ

○文明國警察員으로不文明國顧問官을作홈이無罪有罪ᄂᆞᆫ勿論ᄒᆞ고動輒捕縛ᄒᆞ야彌滿拘囚ᄒᆞ고冷窓暗戶에虐待絕甚ᄒᆞ야日罪者ᄂᆞᆫ死亦無關이라ᄒᆞ다ᄒᆞ니文明國法律이變ᄒᆞ야不文明ᄒᆞ얏지줄줄

●斬草留根 京居李載規氏가日本人을符同ᄒᆞ야加平民에게前後行悖ᄒᆞ다가警務廳에셔押上홈은前報에已揭어니와更聞ᄒᆞᆫ즉金鍾泰爲名者이李載規氏의同黨으로稱以神籬敎支會長ᄒᆞ고加平等地에셔作弊無雙ᄒᆞ야或搆人以不孝不悌等罪目ᄒᆞ야討索錢貨ᄒᆞ며或誘人蕩子ᄒᆞ야設技勒債이되若有抗拒者면通奇于日本兵站通辯人處ᄒᆞ야押送于兵站에畢竟蕩其產乃已ᄒᆞ며與其당李來春洪錫萬朴泰平으로晝夜出沒閭里而惹起百弊ᄒᆞ야諸民處所奪錢이至爲數十萬兩지로一境人民이畏之如虎ᄒᆞ야欲食其肉인즉此等亂類ᄂᆞᆫ宜與李載規로同一捉懲이라고輿論이喧騰ᄒᆞ다더라

●文雅奇聞 日本에十二年遊學ᄒᆞ든洪俊植氏가今番에還國ᄒᆞ얏ᄂᆞᆫᄃᆡ其行橐中에齎來ᄒᆞᆫ書類가七十八種이合爲二千七百一卷을美洞新設ᄒᆞᆫ圖書館에寄付하얏다하니如此巨大ᄒᆞᆫ贈呈品과如此典雅ᄒᆞᆫ捐補物은我國에初有ᄒᆞᆫ事이라더라

●譏察其人 從二品李根洪氏ᄂᆞᆫ京畿觀察使를被任하얏더라

●車거夫부課오解히

한동안일진회원이각부터신의집으로도라단이며ᄉᆞ직상소를ᄒᆞ너라ᄉᆞ진을말아라ᄒᆞ며공갈이막심ᄒᆞ게들입더ᄯᅳ다더니그것시정부를ᄯᅥ노라표ᄒᆞᄂᆞᆫ일이로곤그만치물이못나게들입다ᄯᅥᄉᆞᆫ즉소위정부죠직은잘된모양인ᄃᆡ흑엇던ᄉᆞ룸의말은정부죠직이무어신야아모것도다안된다하니엇더케하ᄂᆞᆫ말인가이도자셔히알슈업ᄂᆞᆫ일인즉또ᄒᆞᆫ갑갑ᄒᆞ도다허거날여러ᄉᆞ룸들이더욱ᄯᅥ소허며왈우리가모다학식이업서이병문의서남의삭짐이나져쥬고구루마나인력거나교군질을하야혹여젼관젼량이싱기면비지안쥬와사발막걸니에낙을부처허다세월을차일피일로지내ᄂᆞᆫ터인즉졍부이니죠직이니알것도업고올수도업거니와지금그ᄃᆡ의말을듯고보면가위효상상제가요절ᄒᆞᆯ말이로다당효의조직을죠ㅣ집으로아ᄂᆞᆫ것을일것설명허여쥬엇더니일향죠직이라ᄂᆞᆫ두글ᄌᆞ에뜻을히셕지못허고ᄒᆞᆫ갓여러사람이위협으로남을졸나ᄊᆞᆺ다ᄂᆞᆫ의미로만아니실노우술만ᄒᆞᆫ일이로다그죠직이라ᄂᆞᆫ말이엇지ᄒᆞ엿던지ᄶᅡ기ᄂᆞᆫᄯᅳᆯ다ᄂᆞᆫ말이로되그것을사물상으로비유ᄒᆞ야말ᄒᆞ게드면베실이나무명실갓튼것으로베나무명갓튼것을ᄶᆞ다홈 미완

廣告

高佛安實時旭會社가今番에北美合衆國하ㅡ트포ㅡ드市에法律을遵ᄒᆞ야高佛安實時旭開發會社로新組織ᄒᆞ고其所有財產及營業權을一切引渡ᄒᆞ야左開五人이其業務를專任擔當홈

헨으리 골불안
희리,으라이스,보스트윅
스틔푼 ,롬버셜틘
류지엘머엘늬엇트
眞木平一郞

高佛安實時旭開發會社에셔韓日淸其他東亞地方에左開ᄒᆞᆫ營業을代理ᄒᆞ고礦山其他土地를實地調査ᄒᆞᆫ境遇에ᄂᆞᆫ社費로以ᄒᆞ야技師를派遣홈

一 在北美合衆國콘늬틱컷트洲韓美電氣會社
一 仝上韓美礦業會社
一 在英國倫敦실늬스뻐리街五○三番館韓國起業組合(有限責任)
一 仝上콥돌아페街三一番館萬國起業組合(有限責任)
一 仝上아스틘푸리이스街一○及一一番館滿洲起業組合(有限責任)

社用의通信은左開二處로取扱홈

韓國京城
高佛安實時旭開發會社
(電信略號불안윅)

日本東京
芝區白金三光町四八八番地
眞木平一郞
(電信略號밀네팅)

廣告

忠淸南道連山郡이元來殘弊로勢將無邑이온中郡守李重哲氏가昨春赴任ᄒᆞ니吏民顒祝者特其忠烈後裔요況今開明刷新之際라宜副渴望矣러니郡守生日一器麵一盃酒饋給官屬ᄒᆞ고翌日捉入書記等ᄒᆞ야以物以貨間責徵飮食價ᄒᆞ고使其冊室노貿蔘次往于錦山地라가冊室持白貨千兩ᄒᆞ고中路逃去而使奴令으로四面詗捉不得矣러니以不捉之罪로右千兩을欲徵奴令故奴令이皆爲渙散ᄒᆞ고各項物種을較計時價或十分一或八九分一下記ᄒᆞ야進排無利가不知幾千兩이요所謂吏窠派任을取其任債多小ᄒᆞ야十餘次改次ᄒᆞ고無厭之慾이猶爲不足ᄒᆞ야乙巳作夫後稱以前等粃始加結錢ᄒᆞ고六千兩을勒徵殘胥ᄒᆞ야上納이由是而愆滯ᄒᆞ고逋藪가由是而滋蔓ᄒᆞ야吏校奴令皆爲渙散이옵기本會가據理質問則答以勒排條六千兩은初非自官干涉이요公兄이從中操縱云故依數查推於該吏ᄒᆞ야派給究徵者矣러니郡守가稱以進會가八千稅聽ᄒᆞ야上納公貨을無難持去樣으로誣錄上府ᄒᆞ니噫라斯人也有斯行은果非愚夫愚婦之所料而且以上納으로言之ᄒᆞ면甲辰結錢四千五百餘兩과乙巳春秋戶錢一萬三百餘兩昨冬捧上而皆爲乾沒ᄒᆞ고乙巳結錢은枚囚窮民ᄒᆞ야七萬餘兩收捧內三千兩을才爲納于支金庫ᄒᆞ고其餘ᄂᆞᆫ歸之私橐ᄒᆞ야經年閱月에專事網利ᄒᆞ니是豈命吏變國之道乎此等郡守를何以抛置本郡上蠹下虐ᄒᆞ니連山之吏民은奚罪焉고

連山郡一進會長金華榮 告白

鎭川申承旨喆熙氏가沈軒澤에搆誣揚惡을橫被ᄒᆞ야每日申報에揭ᄒᆞᆫ原因을搜問ᄒᆞᆫ즉沈氏가申承旨를對ᄒᆞ야尊丈으로待ᄒᆞᆯ뿐아니라戚分이兼有ᄒᆞᆫ者인ᄃᆡ五六年된借去藥장을不肯還랍ᄒᆞᆫ事由인즉沈氏가戚丈된申承旨에別室을誘引ᄒᆞ야渠의別室로寘ᄒᆞ고靦然히同鄕에接處ᄒᆞᄂᆞᆫ故로隣里가惡其獸行ᄒᆞ야逐出而不與同隣이러니沈氏가被逐에含毒ᄒᆞ야藥藏에移憾이다가及其藥藏還本主之日ᄒᆞ야ᄂᆞᆫ隱匿不出인故로洞民을立証ᄒᆞ고藥種出付ᄒᆞᄂᆞᆫ境遇에該郡巡哨兵丁이適過觀察ᄒᆞᆷ으로釁機을援作ᄒᆞ야君蜂市虎에訛言을噓成ᄒᆞ야宿嫌舊怨을肆逞ᄒᆞᄂᆞᆫ賊杖을反荷ᄒᆞ니沈哥ᄂᆞᆫ禽獸行爲를ᄒᆞ고도含沙射影ᄒᆞᆯ凶毒을包藏ᄒᆞ야報舘에筆端을玷汚ᄒᆞ니인에唾罵를適足自取ᄒᆞᆷ이로다

申喆熙 告白

本典舖가將爲落鄕故若是廣告ᄒᆞ니典物을二月晦內推去이되若過限則自歸轉賣니照亮推去ᄒᆞᆷ을望홈

中署琵琶洞 永興泰 告白

現今世界列國이互相交涉之日에文際之禮를宜先講解이기로 "交際新禮" 一冊을撰述發刊ᄒᆞ오니外交家及紳士의不可不覽ᄒᆞᆯ袖珍이라僉君子ᄂᆞᆫ諒悉購覽홈

定價金 新貨十八錢
發售所 大韓每日申報社

◉九轉靈砂라 本人이妙方法을神備ᄒᆞ야製造ᄒᆞᆫ靈丹인ᄃᆡ男女老少에無論何症ᄒᆞ고通治ᄒᆞ오며無病時에도服ᄒᆞ면平生의身體가健康ᄒᆞ며小兒ᄂᆞᆫ四五錢重만服ᄒᆞ면十歲안에無病ᄒᆞ기를攝保ᄒᆞ오며

◉九轉靈砂萬應丹은癲狂 癎症과中風諸疾과耳目諸病과淋疾에神効ᄒᆞ오

◉九轉靈砂保命丹은初生小兒 驚風 癘氣 咳嗽 腹痛諸般惡症에 神効ᄒᆞ오

◉九轉靈砂濟衆丹은酒滯 食滯 血積 吐瀉 霍亂 痢疾 吐血 下血 運氣 時疾 疝症에神効ᄒᆞ오

◉九轉靈砂紫金丹은痔漏 累癧 上疳瘡 下疳瘡及唐瘡과諸般毒瘡惡種에無不神効ᄒᆞ오니 僉君子ᄂᆞᆫ來問ᄒᆞ시오

內需司前독갑이골上隅第一家 李錫廷移徙 告白

一 鷹標罐濃縮牛乳
一 金印罐詰濃縮牛乳
一 無糖家用氣化乳酪
一 몰ㅡ튼쓰製造麥芽化合牛乳

以上은常時에貯積ᄒᆞ얏슴

美國紐育港몰ㅡ튼쓰濃結牛乳會社
一手代理店
大韓仁川港
世昌洋行

本社廣告

申報價
一張代金 新貨二錢五厘
一箇月前納 三十錢
三箇月 九十錢
六箇月 一元七十錢
一箇年 三元四十錢
郵稅一部 新貨五里
一箇月 十三錢

廣告料
四号活字十三字詰
每日每英尺一寸에新貨卄五錢
(每日每行에六錢에相當홈)
二個日에 二圜五十錢
(每日每行에五錢에相當홈)
一箇月에 五圜
(每日每行四錢一厘에相當홈)
其期限의長短과字行의多少를依ᄒᆞ야增減홈이有홈

大韓人마다此申報를不得不閱覽ᄒᆞᆯ실터이오니廣告出報ᄒᆞᆯ僉君子ᄂᆞᆫ來臨面議ᄒᆞ시옵

發行兼編輯人 英國人裵說
發行所
京城北署壽進坊磚洞号外地誌略學校前
大韓每日申報社

光武八年八月十一日第三種郵便物認可 (明治三十八年八月十一日第三種郵便物認可)　土曜日　西曆一千九百六年二月二十四日(一)

第四卷　第一百五十三號

大韓每日申報
대한매일신보

月曜及慶節歲時日休刊

檀君開國四千二百三十九年
箕子元年三千二十八年
大韓開國五百十五年
日本明治三十九年
淸國光緖三十二年
陰曆丙午二月大初二日巳亥

論說

大疑獄釀成

東漢之將亡에林錮之大疑獄이釀成焉흐고唐之將亡에淸流之大疑獄이釀成焉흐고明之將亡에東林之大疑獄이釀成焉흐니釀成疑獄而其國安寧者ㅣ從古及今에未之有也라

今回軍部大臣李根澤氏之遭難은未知出於何人之手而因緣於此흐야捕縛前參政沈相薰氏는已揭於本報어니와更聞近日之消息컨딕自平理院으로會審其事件일식引奇山濤李範錫等十二人흐야對質其沈參政而供辭는姑未得明白聞知어니와奇山濤之口供에有日謀殺五賊者는故閔忠正趙忠正與沈參政三人云이라흐니道聽途說을姑未可知也로딕

奇也가果有是공이면弗可無大疑獄이라閔趙兩忠正은即其時自靖之節臣이라雖有陳疏討賊之擧나未蒙承允흐고忠憤所激에手刃喉毒흐야死之弗暇어던何遑有謀殺之間隙乎며至於沈氏흐야는固弗可以質言이로딕弗無奇공之可疑者흐니

奇공에又日于連於謀殺行刺者ㅣ至於八百餘人之多云흐니此亦未知其的否로되果如其言이면八百名之多數人員이果何以同謀乎아推想庭請陳疏之日과勳院會同之時에聯其姓名之大官紳士를一并歸之以謀則可也로딕豈有行刺之謀同이若是其八百之多乎아然則沈氏之出於奇공이亦必一時之亂공을亦未可知也로다

由是觀之면此獄之可疑는已無可論이언마는當此全政府當局者之掀天勢燄으로不知行刺之所從來則恐懼怨憤이合成一堆흐야必以奇也之공으로作爲口實而連累蔓枝흐야不幸而至於八百餘人之多則此豈非釀成大疑獄者乎아

天下之公議가自在흐고一國之公憤이自在則當局者之釀成疑獄흐야大行誅戮이不止於八百이라雖滅盡萬口라도천滿寰國之罪는載在千古之歷史而不泯焉흐리니合成一堆之恐懼怨憤이亦何爲哉오

然이나釀成疑獄而連累於無罪之人도禍機大漲흐야抱有國家思想的慷慨一流를一網而打盡則天下之亂萌이從此而忽起矣리니韓國之危가亦不如觀於唐明之由其大疑獄而底于亡者乎아吾儕는憂韓國人心之亂動흐며憂韓國宗社之危殆흐야述大疑獄釀成之一論而預告于國中흐노라

官報

◉敍任及辭令

◉第三千三百七十九號　光武十年二月十七日

任惠陵參奉　貞陵參奉金容五○任貞陵參奉　韓奎錫○解分秘書監丞　奉常司副提調朴經遠　正三品南章熙○解시從院分시從　正三品朴鍾夏○解시從院分시御　九品李國魯　仝李丙斗○命分秘書監丞　成均館長徐相勛　正三品李舜夏○命시從院分시從　正三品全容默　六品金智泰○命시從院分시御　蔡秉允　金德煥○命시從院分主事　裵東형　金定杓　金형根　朴魯升○任陸軍參將　從二品玄暎運○任慶尙南道觀察府摠巡　務安港摠巡洪性郁○任務安港摠巡　慶尙北道觀察府摠巡具鍾鳴○任慶尙北道觀察府摠巡　六品朴淵奎○慶尙南道觀察府主事　尹錫斗　以上二月十四日　完

◉宮廷錄事

第三千三百八十號　光武十年二月十九日

詔曰今番祔太廟時都監擧行燈籠外七十隻令扈衛局加磨鍊擧行事分付　二月六日

詔曰中樞院贊議李根友曾經軍任特任陸軍副將　光武十年二月十五日　議政府參政大臣朴齊純

軍部大臣陸軍副將勳一等臣李根澤謹　奏慶尙南道前觀察使陸軍步兵參領閔泳璇義州前郡守陸軍步兵參領申羽均已自內部上　奏免官矣該員等所帶軍啣亦合遞免故免官案謹此具奏　光武十年二月四日奉　旨依奏

祔　廟都監都提調臣李根命謹奏今此早　廟時　孝惠殿移用諸具皆於當日移設則不無窘速之慮就其中滿頂骨平床覆巾揮帳褥席等明日令都監郞廳前期受出陪進　宗廟之意敢　奏　光武十年二月十五日奉　旨依奏

◉叙任及辭令

免本官　陸軍步兵參領閔泳璇　仝申羽均　二月四日○任陸軍步兵參領　從二品閔泳璇　二月六日○依願免本官　弘文館시講沈衡澤　奉常司典事沈相玉　厚陵參奉金益璜　獻陵令金直衡　顯陵參奉金正璜○解分秘書監丞　成均館長徐相勛○解시從院分시從　六品金普泰○解시從院分시御　九品金德煥　仝蔡秉允○解시從院分主事　九品金형根　仝朴魯升　仝裵東형○命宮內府特進官　弘文館學士　宮內府特進官李淳翼○命弘文館學士　宮內府特進官南廷哲○任弘文館시講　奉常司典事　六品金萬濟○任奉常司典事　六品呂仁燮　五品朴宗오○任主殿院警衛局主事　仝摠巡韓大源○任主殿院警衛局摠巡　六品金大準○任厚陵參奉　金相설○任獻陵令　懿陵參奉朴壽榮○任懿陵參奉　洪鴻杓○任顯陵參奉　洪麟杓○命分秘書監丞　正三品申政均○命시從院分시從　正三品李海植　仝金昌鍊○命시從院分主事　李秉憙○任陸軍副將　中樞院贊議李根友　以上二月十五日

外報

◉美艦派遣　七日華盛頓發電을據흔則美國軍艦셔루빼스돈、샷다노사의二隻은駐淸公使롯구히루氏의警電에基因흐야淸國에派遣을命흐얏다더라

◉極東總督　同電을據흔즉[illegible]데호子氏는俄國極東總督으로任命흐얏다더라

◉秘密談判　露國公使는淸[illegible]談判을秘密히進行흠을請求흐얏다는딕會議흐는模樣이稍稍秘密흐게되얏다더라

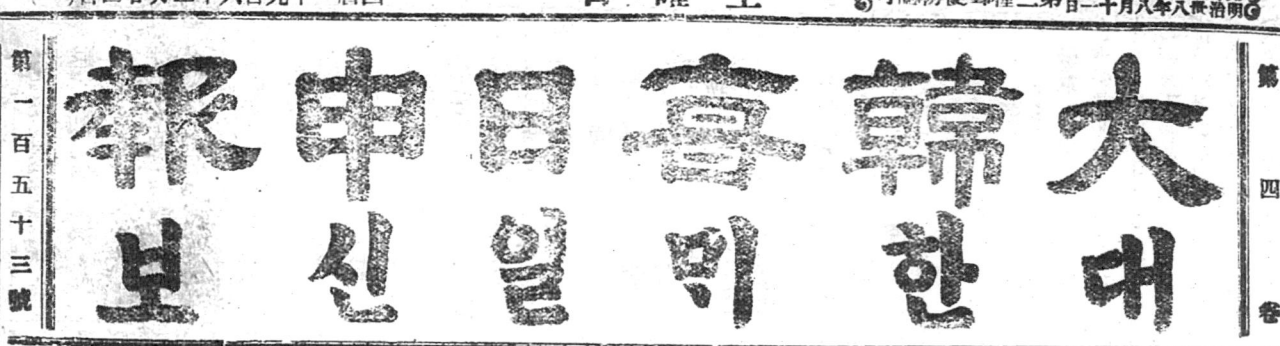

◉韓國博覽會開設　韓國民의親密을計흐는第一着으로韓日兩國의物產博覽會를開設흐라는議는昨年韓國商業會議所連合會의協議에有흐얏스나當時日本의對韓貨은確立지못흐고且居留民의財力으로到底經營의希望이無흐으로그딕로잇셔스나今에統監府도設置되고韓日의干係는更後親善을加흐必要有흠으로써遲흐야도昨年秋에는博覽會開設의准備를爲흐야在韓日商業家에셔在京의某氏에[illegible]以上의件을伊藤統감에交涉흐가를依賴흐얏다云흐고因흐야該博覽會의經費는五萬圓의豫定이라니라

特別社告

非史乘이면政治之美惡와人物之臧否와風俗之汚隆을無以攷論인즉史乘者ᄂᆞᆫ非一時之공覽이라乃萬世之公案이오非自國之所可得以私也라印宇內列邦에宜所公佈키로曩者美人訖法氏之撰大東紀年이意固有在而然也라本記者ㅣ不揆僭越ᄒᆞ고於韓之史事에留心者ㅣ久矣로되在幾百年之後ᄒᆞ야要論幾百年之事가任大力綿에恐有失實之歎쑨더러鎖國自守之時代에ᄂᆞᆫ民國間諸般事爲가不過是尋常典故라不足以供世界列邦之眼目키로斷自丙子以後各國交涉時事ᄒᆞ야要纂編成一書ᄒᆞ야公諸列邦ᄒᆞ니四方有志君子ᄂᆞᆫ諒此苦心ᄒᆞ야丙子以後政令訓誥之所記와各國交涉之如何와臣民功罪之表著와中外俗習之沿革과忠臣義士孝子烈女之行蹟을各隨所聞所見而詳錄投示ᄒᆞ야俾此重役으로得以完成을千萬幸甚 大韓每日申報社

雜報

●賀大垣氏來韓 吾儕가熱聞日東에有一正義之士ᄒᆞ니曰大垣丈夫氏라盖年來日廷에對韓政策이有三ᄒᆞ니曰併呑說이오曰保護說이오曰同盟說인ᄃᆡ氏ᄂᆞᆫ對韓問題研究會長으로同盟說을主倡ᄒᆞ야屢屢히政府를勸告ᄒᆞ니其心事之正大와識見之深遠이可히東洋에幸福을施ᄒᆞᆯ만ᄒᆞᆫ지라然이나其政府上人物은皆近利를貪ᄒᆞ고正義를無視ᄒᆞ니氏의言論이雖不得行이나氏ᄂᆞᆫ其主執ᄒᆞᄂᆞᆫ意見을自信自負ᄒᆞᆫ다더니

曩者皇城報重刊之日에氏가瓊琚之章을寄ᄒᆞ야攢賀之情을表ᄒᆞ얏스니吾儕가諷詠再三에其愛好正人ᄒᆞ고扶植正義ᄒᆞᄂᆞᆫ衿을可以確信ᄒᆞᆯ지라

彼某報館에서皇城報를對ᄒᆞ야日悖論日頑固라ᄒᆞ야每嘗譏斥을加與ᄒᆞᄂᆞᆫ者ᄂᆞᆫ抑何心哉오

氏가此次來韓이必非偶然이니大韓有志者ᄂᆞᆫ宜皆十分懽迎ᄒᆞ야肝膽을傾瀉ᄒᆞᆯ거시오吾儕도氏의此行으로써兩國人士의福祉가됨을卜ᄒᆞ노라

又聞ᄒᆞᆫ즉氏가將次閔忠正墓所에前往ᄒᆞ야其忠魂을吊慰코져ᄒᆞᆫ다ᄒᆞ니其一涕一詠이足히國人의熱血을皷發ᄒᆞ리니此又何等好箇意想也오吾儕ᄂᆞᆫ於是乎東洋에義士가有ᄒᆞᆷ을信ᄒᆞ노라

●統監來期 伊藤侯ᄂᆞᆫ伊勢로大阪에서一宿ᄒᆞ고來二十五六日頃에馬關에着ᄒᆞ야日昨出發ᄒᆞᆫ林公使와馬關에서會見ᄒᆞ고伊藤侯ᄂᆞᆫ二十八日頃에韓京에着ᄒᆞᆯ預定인ᄃᆡ隨行人員은村田少將、鍋島書記官、宮岡大佐、古谷秘書官、小山技師、頭本元貞、商崎安彦、宗伯爵、鍋島侯爵의嗣子其他屬員이十餘名이라더라

●朴氏被捉 前都事朴義秉氏ᄂᆞᆫ沈相薰氏家人인바무산連累事件이有ᄒᆞᆫ지平理院에被捉ᄒᆞ얏다더라

●千氏宜褒 不南觀察李容善氏가內部에報告ᄒᆞ얏ᄂᆞᆫᄃᆡ前主事千象河ᄂᆞᆫ素是嶺南士族으로遊學日本ᄒᆞ야外人交際가無不饋熟而去甲午日淸交鋒之時와甲辰日露之交戰에各樣責應을幸賴此人之善爲交涉ᄒᆞ야一省士民이各安其業이다民間稱譽가甚庸嘉尙이오니特叙褒揚之典ᄒᆞ라ᄒᆞ얏더라

●非巡伊盜 日昨中署○洞客主鄭學鉉家에서李根元爲名者이自稱西署刑事巡檢은無服裝이라ᄒᆞ고平服으로入來ᄒᆞ야曰行客調査ᄒᆞᆫ다ᄒᆞ면서房內諸商人之裸包를盡爲解看之際에渠所持來ᄒᆞᆫ花套를暗置於商人裸中ᄒᆞ고謂以雜技執종이라ᄒᆞ야諸人을盡行捕縛ᄒᆞ고雜技罰金五百兩을方爲討索ᄒᆞᆯ時에適有附近支所巡檢이入來則李哥가驚懼ᄒᆞ야越墻逃去ᄒᆞ얏신즉此漢은分明是盜漢이假稱巡檢이라ᄒᆞ더라

●儒會被砲 慶州郡守閔泳晩氏가內部에報告ᄒᆞ되本郡廢止ᄒᆞᆫ院祠所公案財産을調査後移付日語學校事로鄕中士林이齊會ᄒᆞ야該學校長金翰을招來詰問之際에與該校長으로伴來ᄒᆞᆫ日憲兵이見衆民之多集ᄒᆞ고忽拔佩刀ᄒᆞ며從又放砲ᄒᆞ야被傷二人이雖辦疴生이라이온바二人重傷이聞甚驚駭이오며雖以士林言之라도奔訴部府ᄒᆞ야以待公決이事合便宜이거날經庭聚集ᄒᆞ야致此騷擾ᄒᆞ니在擧行이不勝悚仄이라ᄒᆞ더라

●望樓買得 江原觀察署理李明來氏가內部에報告ᄒᆞ얏시되蔚珍郡守尹宇榮報告를接准ᄒᆞᆫ즉本郡近北面竹邊浦望樓에留駐之日本海軍이今已撤歸이온바日本商民高賃者來到郡廳曰竹邊浦所在望樓與地段을幷爲買得於望樓長인즉自郡成給認許公文ᄒᆞ라ᄒᆞ옵기詳聞其望樓長之姓名則該望樓長은高橋清重이오住居日本佐世保海兵團詰兵所이다이오며上年十月駐站撤歸之時에給價一百八十元ᄒᆞ고買得海樓則基址之隨家ᄂᆞᆫ意有常例라ᄒᆞ오니査照處辦ᄒᆞ라ᄒᆞ얏더라

●姑錄風說 罪囚之淹獄不決은王政之所不許인즉雖尋常平民이라도固不當若是인바今에傳說을聞ᄒᆞᆫ즉沈相薰氏가就囚ᄒᆞᆫ지已經多日이되該院判事諸人들이互相推諉ᄒᆞ야尙今一番審問이無ᄒᆞ고淹獄度日이라ᄒᆞ니此等風說ᄂᆞᆫ遽難準이ᄂᆞ確報를待ᄒᆞ야更揭ᄒᆞ깃노라

●章程指示 結城郡守金善五氏가內部에報告ᄒᆞ되今際外交가漸益親密ᄒᆞ야交涉文書가種種來到而事係初當이오例非前有則往復之際에易失格式이오內外之間에恐貽羞耻라何處에可以公函이오며何處에可以照會이오며何處에可以報告이올지伏想朝家에必有章程而外邑이未諳 格ᄒᆞ야未知何爲而得體이올지不可以臆料로擅便이온바近日에自公州府警務顧問支部로補佐官公文이續續到郡而不無交涉之事이온즉亦將何以爲之이올지不勝悶沓ᄒᆞ니特爲指教ᄒᆞ야俾便交涉케ᄒᆞ라ᄒᆞ얏더라

●卒業設行 官立日語學校에서第七回卒業式을本日下午一時에設行ᄒᆞᆫ다더라

●監督來電 駐日留學生監督韓致愈氏가學部에電報ᄒᆞ되退學生三十六名二月分所入學費金借欵支給與否를卽答電ᄒᆞ라ᄒᆞ얏더라

●中考被譴 內部에서九年度秋冬等殿最에居中ᄒᆞᆫ守令을幷爲 上奏譴責ᄒᆞ얏ᄂᆞᆫᄃᆡ其姓名이如左ᄒᆞ니

永平徐相鵬　安城李鎬集
振威白南圭　永川金泳運
禮安李康準　載寧秦熙晟
永柔朴容觀　江西李宇榮
平海張永煥　諸氏라더라

◎平壤報一束　파侏

觀察使李容善氏가城內貧民의게如千錢兩을施恤ᄒᆞ고此美擧를新聞에廣佈ᄒᆞ여달나하니이것도名譽가될지오笑殺

감理金應龍氏ᄂᆞᆫ如花佳妓로春情을肆ᄒᆞ노라고日高三竿토록起寢을忘却ᄒᆞ니兩班의色慾은老去猶壯ᄒᆞᆫ데可憎

郡守李重玉氏ᄂᆞᆫ暗行視察로民間弊瘼을方今調査ᄒᆞ니그ᄂᆞᆫ公心이有ᄒᆞᆫ지外面粧飾인지九疑

監理署主事ᄂᆞᆫ다豪俠少年이라月花風流로晝而繼夜에不遑視務ᄒᆞ니本署ᄂᆞᆫ治遊場인가善擧監理

●侍御薦望 近日侍從院에서侍御薦望單子를入啓ᄒᆞ얏다ᄂᆞᆫᄃᆡ李敏益申佑鉉具然恩元升喜俞秉濬諸氏等五十人이라더라

●貪倅見困 日前遞任된金浦郡守朴注東氏ᄂᆞᆫ在任幾年에吏民間勒奪錢財가有ᄒᆞ던지該郡吏民等이同爲上來ᄒᆞ야其所見奪錢을還爲出給樣으로督責莫甚ᄒᆞᆫ故로朴氏가方在於大段困難中이라ᄒᆞ더라

●倉庫支社 三和港紳商會社長白時燦氏가該港감理에게請願ᄒᆞᆫ內槪錢獘極甚ᄒᆞᆷ으로紳家에서倉庫會社를設立ᄒᆞ야以通貨幣ᄒᆞᆫ다ᄒᆞ오니請額度支ᄒᆞ와本港에支社設立케ᄒᆞ라ᄒᆞ얏ᄂᆞᆫᄃᆡ該감理李台정氏가此由를度支部에請報하얏다더라

●三寺請願 農部에서高城郡守에게訓令하얏스되江原道金剛山楡店寺長守寺表訓寺僧徒等의請願書를接准ᄒᆞᆫ즉內槪에矣等所主三寺所管庫舍與水砧之地ᄂᆞᆫ係是高城郡耕庫坪而忽於昨歲底에金礦人十餘輩가該地賜牌田畓과庫舍基地를割斷鑿破하니此若不禁則三寺不得支保이옵고三聖祖奉廟를不得守護이오니發訓該郡하오셔另禁礦獘하야俾保三寺之地伏祝이라ᄒᆞᆫ바果如該僧徒之所訴이면與該檢察로協議하야嚴束礦軍하야毋至違規濫採之獘하라하얏더라

雜報

●貪吏何多

一進會摠代金龜淳氏가內部에請願ᄒᆞ야左開觀察郡守를參免하라고하야ᄂᆞᆫ디

吉州郡守金膺㻴氏ᄂᆞᆫ貪贓이爲五千七百五十兩이오

淮陽郡守尹發榮氏ᄂᆞᆫ貪贓이爲二萬四千五百五十六兩이오

北靑郡守趙吉夏氏ᄂᆞᆫ犯贓이爲七千七百八十兩이오

嘉山郡守崔載浩氏ᄂᆞᆫ一進會員金洙吉金龍德盧鎭九을捉囚惡刑라가嗾囑安州鎭衛隊長柳冕洙하야使之砲殺兩金하고盧鎭五ᄂᆞᆫ自官杖殺하얏고

靈山郡守張允遠氏ᄂᆞᆫ貪贓이爲三萬九千五十三兩이오

龍川郡守尹容求氏ᄂᆞᆫ暴虐政令은불啻一郡之嗷嗷라頃因杖殺인命ᄒᆞ야該民之告訴法部者를弗照當律허고循私放免에現又貪贓이爲二萬一千五百七十兩이오

欽谷郡守朴齊璐氏ᄂᆞᆫ貪장이爲五萬六千三十五兩이오

永興郡守洪淳旭氏ᄂᆞᆫ貪장이爲三萬一千八百十兩이오

寧邊觀察使李根豐氏ᄂᆞᆫ存問則饒民이오納賂則免罪ᄒᆞ며所謂內衛ᄂᆞᆫ雜技窩主로娼妓碧梧ᄂᆞᆫ因技債而逃躱ᄒᆞ고宦豪子弟ᄂᆞᆫ徵賭贖而蕩産이라一进支會總代로勸告者를別杖十度에枷因ᄒᆞ며言必稱今日觀察이五日京兆오恨不生於無一進會之國이라ᄒᆞ얏고

咸興觀察使申箕善氏ᄂᆞᆫ不法行歛과非理濫討ᄒᆞᆫ確據가有ᄒᆞ다ᄒᆞ얏더라

●九郡將奏　本日에內部大臣이郡守九窠를奏本ᄒᆞᆫ다더라

●爲民代費　平壤來人에傳說을聞ᄒᆞᆫ즉該府內淸潔費를大戶에五六百兩이오小戶에二三百兩式排歛ᄒᆞ야民情이大段愁苦ᄒᆞ더니府下居金丙濟가資本金을鳩聚ᄒᆞ야麯子會社를設立ᄒᆞ고該淸潔費를該社에서全數擔納홈으로一府人民들이金氏에義擧를口口稱讚ᄒᆞᆫ다더라

●退韓影響　朝鮮新報를據ᄒᆞᆫ즉去十一日에玉木平山二人이退韓令執行을受ᄒᆞ얏고以來로退韓命令을持ᄒᆞᆫ者ᄂᆞᆫ何時에退韓命令執行을受홀ᄂᆞᆫ지難測홈으로念慮ᄒᆞᄂᆞᆫ結果로一月以來로土地買占ᄒᆞᄂᆞᆫ者가多ᄒᆞ더니近來ᄂᆞᆫ反比例로此等은放賣를始作ᄒᆞ고又韓人邊에서ᄂᆞᆫ些少出來事라도直히日本警察署에呼訴홈으로警察事故가頗히增加홈이此等狀況을目之ᄒᆞ야識者ᄂᆞᆫ退韓令과對韓政策發展의關係에就ᄒᆞ야空抱憂慮ᄒᆞᆫ다더라

●李氏誤引　日昨本報에揭載ᄒᆞᆫ正領李康夏被捉事ᄂᆞᆫ更聞ᄒᆞᆫ즉中署에서무슴事件에對ᄒᆞ야質問次로李氏를招引ᄒᆞ얏다가그無實홈을覺悟ᄒᆞ야該署長이謝過ᄒᆞ고李氏ᄂᆞᆫ即還ᄒᆞ얏더라

●車거夫부課오解히

여니와쟁부를ᄲᅢ다ᄒᆞ게드면각더신을갈회여하문과지능이업ᄂᆞᆫ쟈ᄂᆞᆫ면관ᄒᆞ고지식이유여ᄒᆞ야능히국ᄉᆞ를도올만ᄒᆞᆫ쟈로의졍ᄃᆡ신이하각부ᄃᆡ신의직임을맛겨우흐로황상폐하에셩총을기우며아릐로졔관리를통솔ᄒᆞ야졍치와법률을발게ᄒᆞ며디방관리를택ᄎᆞᄒᆞ야도탄에든ᄉᆡᆼ령을무휼ᄒᆞ며구졔ᄒᆞ여나라의근본을굿게홈이니그심원ᄒᆞᆫ계교와즁ᄃᆡᄒᆞᆫ칙임을엇지입으로다말ᄒᆞᆯ리오그러ᄒᆞᆫ즉졍부죠직이라ᄂᆞᆫ말은쉽게ᄒᆞ면쉽다ᄒᆞ려니와얼엽게알면극히얼여올지니엇지졍부죠직이된다ᄒᆞᆯ리오목금소견으로보게드면오ᄇᆡᆨ년을ᄯᅩ지ᄂᆡ도될ᄂᆞᆫ지맛셔몰을일이니그ᄃᆡ말과갓치그ᄃᆡ케ᄉᆡᆼ각ᄒᆞᄂᆞᆫ것시맛당ᄒᆞ니그ᄃᆡ가진짓몰으고ᄒᆞᄂᆞᆫ말인가알고도몰으ᄂᆞᆫ체ᄒᆞ고웃노라ᄒᆞᄂᆞᆫ말인지ᄂᆞᆫ알슈업ᄉᆞ되엇지ᄒᆞ엿던가히우슘을만ᄒᆞᆫ일이로다인력거군이ᄯᅩᆫ가가ᄃᆡ소왈소위졍부죠직이뎌쳐럼션슈ᄒᆞᆫ말을나ᄂᆞᆫ이ᄶᅥ싹지ᄯᅩᆫ말만ᄒᆞ엿거니와

미와

廣告

高佛安實時旭會社가今番에北美合衆國하ー트포ー드市에法律을遵ㅎ야高佛安實時旭開發會社로新組織ㅎ고其所有財産及營業權을一切引渡ㅎ야左開五人이其業務를專任擔當흠

헨드레 콜불연
히리、으라이스、보스트윅
스티픈、룸버셜던
류지엘머엘늬엇트
眞木平一郞

高佛安實時旭開發會社에셔韓日淸其他東亞地方에左開흔營業을代理ㅎ고礦山其他土地를實地調査흠境遇에는社費로以ㅎ야技師를派遣흠

一 在北美合衆國콘넉틱컷트洲韓美電氣會社
一 仝上韓美礦業會社
一 在英國倫敦실늬스쌔리街五〇三番館韓國起業組合(有限責任)
一 仝上콥돌아폐街三一番館萬國起業組合(有限責任)
一 仝上아스틴푸리이스街一〇及一一番館滿洲起業組合(有限責任)

社用의通信은左開二處로取扱흠

韓國京城
高佛安實時旭開發會社
(電信略號불안워)

日本東京
芝區白金三光町四八八番地
眞木平一郞
(電信略號밀네팅)

一 鷹標罐詰濃縮牛乳
一 金印罐詰濃縮牛乳
一 無糖家用氣化牛乳
一 보ー든쓰製造美國化合牛乳

以上은常時에貯積ㅎ얏슴

美國紐育港 보ー든쓰濃結牛乳會社

一手代理店
大韓仁川港
世昌洋行

●九轉靈砂라 本人이妙方法을神備하야製造흔靈砂인디男女老少에無論何症ㅎ고通治ㅎ오며無病時에도服ㅎ면平生의身體가健康ㅎ며小兒는四五錢重만服ㅎ면十歲안에無病ㅎ기를擔保ㅎ오며

●九轉靈砂萬應丹은癲狂 癎症과中風諸疾과耳目諸病과淋疾에神効ㅎ오

●九轉靈砂保命丹은初生小兒 驚風 癎氣 咳嗽 腹痛諸般惡症에 神効ㅎ오

●九轉靈砂濟衆丹은酒滯 食滯 血積 吐瀉 霍亂 痢疾吐血 下血 運氣 時疾 痲症에神効ㅎ오

●九轉靈砂紫金丹은痔漏 累瘻 上疳瘡 下疳瘡及唐瘡과諸般毒瘡惡種에無不神効ㅎ오니 僉君子는來問ㅎ시오

內需司前독갑이골上隅第一家 李鍾廷移徙 告白

大韓帝國仁川港

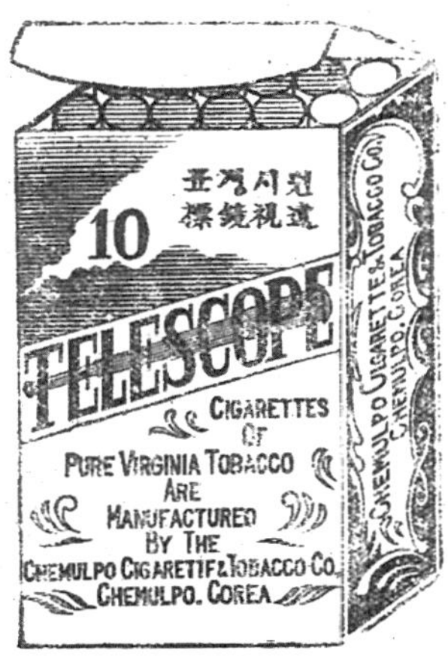

以上三種은上品으로製造ㅎ야衛生上에至極有益ㅎ니每論某、ㅎ고本社에來購ㅎ심

製物捲紙捲烟及烟草會社

第四卷

大韓每日申報
대한매일신보

第百五十四號

月曜及慶節歲時日休刊

檀君開國四千二百三十九年
箕子元年三千二十八年
大韓開國五百十五年
日本明治三十九年
淸國光緖三十二年
陰曆丙午二月大初三日庚子

論說

論大垣氏同盟說

日本高士大垣丈夫氏가該國之對韓問題研究會長으로力排衆議하고與韓同盟說을同氏가特爲主唱홈은本報에略已論述이어니와

自古謀國之際에論議易致岐貳하야智者는觀於遠大하고愚者는務其近小인바遠大之効는急切難奏하고近小之功은時日可見키로其於時人之取捨에智者常絀而愚者常勝이나要其終而觀之하면愚智之分이適如天淵하나니此豈非有國者에所當深思乎아

日本之對韓政策에其利害得失을淺見薄識으로斷言키甚難하나卽其現狀而論之컨ᄃᆡ孰得孰失을不難知也로다

伊來韓政이濁亂하고群小用事하야生民塗炭이已到極頂키로甡在俄日宣戰之初에全國人士가引領東望하야日廷之依賴를如農夫之望歲하얏스니苟於此時에實心匡救하야賢材를引用하야政界를澄청하며百度를革新하야人心을撫慰하며兵備를擴張하야邊界를鞏固하며輔車之勢로左提右挈하야露人之東下를永使防遏케하얏시면威勢ㅣ加於敵國하고義聲이聞於天下하야五霸之績을居然可圖홀지오至若韓之人心하야는同盟之誼을翕然感戴하야凡於軍旅等事에歡欣接應은已無可論이어니와諸般利益을有求必應이오不盟而固ᄒᆞ며不約而密ᄒᆞ야雖蘇張之辯과晉楚之威라도離間키不能홀지니其於日廷에可爲數世之利이거날顧乃計不出此ᄒᆞ고禍心을包藏ᄒᆞ야所謂政治改善은幾箇奸人을利用ᄒᆞ야徒亂人國에火上添油ᄒᆞ며或稱軍用ᄒᆞ고或肆威脅ᄒᆞ야全國權利를次第占奪ᄒᆞ며又使幾千百雜類로各地方에散處ᄒᆞ야侵虐生民이無所不至ᄒᆞ니信義虧矣요欺詐極矣라人心之憤激이安得不然이며況又秦求無厭ᄒᆞ야所謂新條約을兵威로勒成홈으로忠臣志士가相繼捐生ᄒᆞ며萬姓怨恨이入於骨髓ᄒᆞ야排日斥日之心을人人皆抱ᄒᆞ니若使東洋으로永遠無事則已어니와如其不然者면袒臂一呼에擧國이響應홀지오勒約之不義를列强이皆以爲言ᄒᆞ야盱睢爲目이只待機會ᄒᆞ니以此論之컨ᄃᆡ日廷之對韓政策이其可不可何如홀는지噫라大鵬之運動을斥안이笑之ᄒᆞ나니大垣氏에同盟主唱홈이其持論也ㅣ正ᄒᆞ며其慮事也ㅣ明ᄒᆞ야可以全國內之隻眼이라謂홀지어날秉其政權人들이近功을貪ᄒᆞ며小利를戀ᄒᆞ야使此至言高策으로絀而未售ᄒᆞ니非徒兩國之不幸이라抑將爲天下之不幸홀지니彼以恃强侮弱으로視以爲功ᄒᆞ야傲然自伐者ㅣ抑獨何心인지此可與知者言이오難與俗人道也로다

官報

第三千三百八十一號　光武十年二月二十日

◉敍任及辭令

命宮內府特進官　從一品李헌永○解시從院分시從　正三品李海植　仝金昌鍊○解分秘書監丞　正三品申政均○解分秘書監郞　四品金命來○依願免本官　弘文館시講李善永　奉常司典事呂仁燮　顯陵參奉洪麟杓　懿陵參奉洪鎬杓○命시從院分侍從正三品황희奎○命分秘書監丞　從二品安ᄒᆞ承○命分秘書監　六品尹榮洙○任弘文館시講　奉常司典事蔡東燮○任奉常司典事　六品李善永　仝徐復淵○任顯陵參奉　太僕司主事姜準永○任太僕司主事　奉常司主事鄭宅朝○任奉常司主事　禮式院掌樂課主事朴容海○任懿陵參奉　圜丘壇祠祭署參奉崔永稷○任圜丘壇祠祭署參奉金珍衡○任禮式院掌樂과主事　典선司主事金용彬○任典선司主事　奉常司主事朴容泰○任奉常司主事　宗簿司主事趙明根○任宗簿司主事　六品李鼎薰

以上二月十六日

第三千三百八十二號　光武十年二月二十一日

◉宮廷錄事

詔曰祔　廟都監都提調以下別單書入○詔曰陳賀時兼掌禮秘書丞依親臨例加資○詔曰慶堂受賀時禮親官詹事依親受例加資　以上二月十八日

◉叙任及辭令

任法部主事　六品林百洙　二月十四日○依願免本官　齊陵參奉洪德周○任齊陵參奉　金弘培　以上二月十六日○依願免本官　奉常司副提調李龍相　奎章閣直閣申性均○任奉常司副提調　正三品申性均○兼任奎章閣直閣　禮式院相禮高鼎柱　以上二月十七日○依願免本官　禮式院相禮高鼎柱○依願免兼任奎章閣直學士　지講院詹事閔京鎬○解分秘書監丞　從二品安ᄒᆞ承　正三品李舜夏○解시從院分시從　正三品李容淳　仝全容默　仝尹회奉○解시從院分시御　九品韓官敎　仝李康億○解시從院分主事　六品李秉憲　九品安鍾健　仝朴濟榮　仝金定杓○任奎章閣直學士　從二品閔丙奭○任禮式院相禮　奉常司典事崔炳哲　以上二月十八日

外報

◉駐韓에露總領事　露國은韓國에總領事를置ᄒᆞ는ᄃᆡ本是北京에서一時代理公使되얏던고도알푸란손氏를任用홀旨로日本政府에通知가잇서該政府에서此를承諾ᄒᆞ얏다더라

◉派隊比律賓　十四日倫敦發電을據ᄒᆞᆫ즉華盛頓報道에日美國國務卿루ㅣ도氏의게對ᄒᆞ야尙且陸軍卿다후도氏가危急을預備ᄒᆞ기爲ᄒᆞ야軍事的準備를整頓ᄒᆞ야若干에軍隊는已爲比律賓으로發向ᄒᆞ얏다더라

◉非俄蒙　十七日北京發電을據ᄒᆞᆫ즉淸國肅親王이俄國에赴홀事는全然히無根之說이오仝親王이內蒙古에行홀事는確實ᄒᆞ나外蒙古에出張홀事도未定이라더라

◉美孃婚儀　仝日華盛頓發電을據ᄒᆞᆫ즉美國루ㅣ쓰뻬루도大統領令孃아리스孃과오하이오州選出代議士론쏘오ㅣ스氏와結婚式을本日大統領의白宮에서執行홀지라當日은天氣淸朗ᄒᆞ야來會ᄒᆞᆫ各國大使公使以下重大ᄒᆞᆫ公館員과美國의有名ᄒᆞᆫ紳士가無慮千餘名이오白宮은前日來準備를擬ᄒᆞ야滿堂花로裝飾ᄒᆞᆫ美觀만稱ᄒᆞᆯ뿐外라結婚式은東閤에서執行ᄒᆞ고世界各方面으로셔來ᄒᆞᆫ贈品이山과如ᄒᆞ야一大壯觀에達ᄒᆞ얏다더라

寄書

鳳社答問 李祖遠

梅堂子逍遙乎봉陽精舍ᄒᆞᆯ시石銚煎茗은松聲이作起ᄒᆞ고紅獸暖酒ᄂᆞᆫ春氣가微熏이타閩海外一新報ᄒᆞ다가睡魔暗襲ᄒᆞ야합然而隱几러니麟坡生이過之라가撞龍而言曰

吾以爲子ᄂᆞᆫ攻苦之士라可與有爲ᄒᆞᆯ줄노希望ᄒᆞ더니今不惟不思라反從而爲之睡오녀梅堂子唱然太息曰噫라子之不自量이過若是其甚歟아凡論天下大事의必觀天下大勢ᄒᆞᄂᆞ니

今上自政府下至閭閻ᄒᆞ야團圓然有實心者幾人고所謂身被榮顯者의無識無謀ᄒᆞᆷ은固不足論이오所謂讀書之士ᄂᆞᆫ舊習이膏肓ᄒᆞ야強暴ᄒᆞᆫ寇賊을作詩以退之ᄒᆞᆯᄂᆞᆫ지春山鳥鳴ᄒᆞ며秋壑楓姸커든一盃一盃復一盃로渾만興을不勝ᄒᆞ며停車ᄒᆞ고坐愛ᄒᆞᆯ시白雲紅樹好景光을翫玩ᄒᆞ야孜孜ᄒᆞᄂᆞᆫ비無用ᄒᆞᆫ日詩日賦에不過ᄒᆞ고

他日他時華表柱에城郭如古民非ᄒᆞᆯ줄은心頭의念慮가絕無ᄒᆞ며箇中의材幹이稍優ᄒᆞᆫ者ᄂᆞᆫ權勢家의趨蹌ᄒᆞ야官爵寶齋에䞘會를作ᄒᆞ거나自己의借啣牒을爲ᄒᆞ야剛強ᄒᆞ고洒落ᄒᆞᆫ意思가頓無ᄒᆞ고志槪가差勝ᄒᆞ야各邦의遊學ᄒᆞᆫ者ᄂᆞᆫ人民生命과社會興亡을脊梁에另着ᄒᆞ야自己에擔負로知ᄒᆞᄂᆞᆫ者或有ᄒᆞᆫ지不知커니와往往語學은粗通ᄒᆞ거ᄂᆞᆫ工藝를學得ᄒᆞ면儼然이高等大學校을卒業ᄒᆞᆷ으로認ᄒᆞ야滿足之心이胸中에一箇血塊를成ᄒᆞ니進取之望이有ᄒᆞᆷ을難許이고

以平民論之면昇平日久에踊躍之事를全昧ᄒᆞ며怠惰成性에奮發之志가全無ᄒᆞ고且他人의壓制을甘受ᄒᆞᆷ에分內事로知ᄒᆞ야天賦自由之權을抛棄ᄒᆞ며

遠方의神妙ᄒᆞᆫ制度와便利ᄒᆞᆫ事業이有ᄒᆞᆷ을聞ᄒᆞ면日此非人力所能也라ᄒᆞ야至於文字ᄂᆞᆫ日用의不可無ᄒᆞᆫ것이로ᄃᆡ亦別人의게讓與ᄒᆞ고自己에留意ᄒᆞᆷ을不欲ᄒᆞ니

暗昧ᄒᆞᆫ心志와蠢頑ᄒᆞᆫ行動이一走肉에不過ᄒᆞ며數十年來觀察郡守의暴虐을不堪ᄒᆞ야產業이蕩然ᄒᆞᆷ애衆心이渙散ᄒᆞ야易喪之歎이滋與ᄒᆞ며

以商民論之면內地物產의利益은다外人掌握에流入ᄒᆞ고如干自外輸入ᄒᆞᄂᆞᆫ物貨를本國人제리賣買ᄒᆞ니元來其利가本資의相當키難ᄒᆞ거든

越自財政顧問之後로貨源이枯渴ᄒᆞ야販況이掃如ᄒᆞᆷ애全國之坐賈行商이擧在涸轍ㅣ中이라意謂別般方針을終當劃得ᄒᆞ리라ᄒᆞ얏더니

不過外人의貸金을便得ᄒᆞ야區區히一時塗沫을期圖ᄒᆞ니許多商民의困難이可以舒矣며貸金의利益을能히久久享有ᄒᆞᆯᄂᆞᆫ지奪其全橐ᄒᆞ고酬以一盃酒가有何光色인고

哀哉商民이여救宛不贍ᄒᆞ거니奚暇에國家思想이有ᄒᆞ리오鄉曲間耆耉中에或時局을悶嘆者가有ᄒᆞ나十餘年來交通列邦ᄒᆞ며効做新制ᄒᆞᆫ以後로一分도快事ᄂᆞᆫ不聞ᄒᆞᆫ깃고

宗社生靈의載胥及溺ᄒᆞᆷ만見ᄒᆞᆫ故로前日의閉關做治ᄒᆞ든好歲月만말ᄒᆞ고開化二字를口頭에羞稱ᄒᆞ야知舊의폐申申ᄒᆞ며子弟의게丁寧ᄒᆞᄂᆞᆫ비或開化와人跟ᄒᆞᆯ가恐ᄒᆞ며

既奮身發願ᄒᆞ야外邦에遊歷ᄒᆞᆫ者가有ᄒᆞ나實志를培養ᄒᆞ며新氣를吸得ᄒᆞ야全局의大勢를確然이識破ᄒᆞ며本國의緊要를多數이研究ᄒᆞ야可與有爲ᄒᆞᆫ者ㅣ몃인지

種種히冒子구두氈洋服과短杖卷煙살쥭경에揚揚ᄒᆞᆫ意氣와得得ᄒᆞᆫ態度로假勢挾威ᄒᆞ야反히本族을恐嚇之陵侮之ᄒᆞ다가甚至有販君賣國者ᄒᆞ니

是以로頑固ᄒᆞᆫ眼目이有ᄒᆞᆫ者ᄂᆞᆫ此輩에鑑戒ᄒᆞ야新學問을一端喪風敗俗ᄒᆞᄂᆞᆫ邪說노歸ᄒᆞ야入心은姑舍ᄒᆞ고遮眼을不顧ᄒᆞ며

未完

雜報

●一體斷髮 近日政府에서內而各府部官吏와外而各府郡官吏를一體斷髮케ᄒᆞᄂᆞᆫ것이可ᄒᆞ다고屢次提議ᄒᆞ더니再昨日下午三時에更爲會議ᄒᆞ얏더라

●兩氏被捉 今番獄事에무ᄉᆞᆷ干係가有ᄒᆞᆫ지參領姜昌熙正尉송憲冕兩氏가日昨平理院에被捉ᄒᆞ얏다더라

●五倅並免 砥平郡守金教鎰韓山郡守柳錫疇益山郡守張允遠平海郡守張永煥孟山郡守李漢龍諸氏를日昨內部大臣이上奏免官ᄒᆞ얏다더라

●靑會設講 皇城基督教靑年會에서萬國學藝聯合의規則을依ᄒᆞ야今日下午八點鍾에學生祈禱會를設行ᄒᆞᆫ다고各學校에請牒ᄒᆞ얏다더라

●賊招戢然 南來人에所傳을聞ᄒᆞᆫ즉近日忠南某郡에서賊徒十餘名을捕縛ᄒᆞ얏ᄂᆞᆫᄃᆡ該賊徒ᄂᆞᆫ非別人이라太半是該邑官屬이기로一郡이大驚ᄒᆞ야另加審問ᄒᆞᆫ즉所供內에矣等이世吏校支屬으로公門에應役ᄒᆞ야糊口資生ᄒᆞ옵더니一自新式以後로應役ᄒᆞᄂᆞᆫ聊賴ᄂᆞᆫ極爲殘薄ᄒᆞ고加以貪官虐倅가前後相續ᄒᆞ야殘薄任窠를亦爲循私予奪키로應役與退役에無一資生之計ᄒᆞ야飢寒所驅에良心이爲變인바自顧所犯ᄒᆞ면死無足惜이오되各人等所有家眷이數甚不少ᄒᆞ야衣食之節을專히矣等에게依賴ᄒᆞ다가今一蹴就死則許多眷口가溝壑在前ᄒᆞ야必將散走四方에爲盜爲賊ᄒᆞᆯ지니然則殺一賊而翻成十賊百賊이라願貸矣等一縷ᄒᆞ야俾圖自新云云이라ᄒᆞ니近日賊徒가未必本是戾種이라或困於飢寒ᄒᆞ며或被貪虐官吏之剝割ᄒᆞ야無聊不平에起而爲盜者ㅣ十居其半ᄒᆞᆯ지니此皆國無政治之所由也라有其責任ᄒᆞᆫ政府諸公들은惕然改悟ᄒᆞ야思所以矯救ᄒᆞᆯ지어다

●厭白貴葉 近日觀察郡守들이葉錢加計에得利하야雖白貨行用邑이라도結稅를以葉勒責하야爲民之一大痼瘼ᄒᆞᆷ은世所共知어니와南來人의傳說을聞ᄒᆞᆫ즉全北咸悅郡은名雖湖南地方이나密邇于忠北하야民邑間行用이無非白銅貨이고至於葉錢하야ᄂᆞᆫ絕無而僅有키로昨春度支訓令中에礪山龍安咸悅等郡을幷爲歸諸用銅邑하야許以白貨納稅ᄒᆞᆷ으로昨春結錢을純白八十兩으로備納하얏더니昨秋作夫後에忽又自邑變規하야責以純葉하니民情이大忿하야尙今結錢一分을未得收捧이라하더라

●兩氏新任 忠北觀察申泰熙氏ᄂᆞᆫ侍從院副卿을被命하고平理院檢事李圭桓氏ᄂᆞᆫ秘書丞으로移任하얏더라

●統監權限 東京電을據ᄒᆞᆫ즉日本 川元帥와井上伯과兒玉大將과西園寺首相과加藤外務大臣이大磯에到하야伊藤氏로會 하고統監權限問題를協議하얏다더라

●警使將遞 忠北觀察申泰熙氏遞任된은別行과如하거니와其代에警務使尹喆圭氏가被任하고警務使ᄂᆞᆫ前鏡城郡守徐相大氏가被任하리라더라

●嘉禮延期 韓國皇太子嘉禮日字ᄂᆞᆫ伊藤統監이渡韓ᄒᆞᆫ後에擇定이되리라더라

●許氏被捉 軍大李根澤氏被刺ᄒᆞᆫ事件으로疑嫌各人을次第搜捉하ᄂᆞᆫᄃᆡ前參贊許爲氏의從兄許某도日前에捉되얏다더라

●柴炭勒標 警務顧問丸山重俊氏가內部에公函하되韓人全州居朴禹東이稱以日本東京東亞開進教育會本部之派送이라하고該郡에支會를設하며自爲會長하야會員을募集하ᄂᆞᆫᄃᆡ事務員三名을實하야各村小民의柴炭行商者를抄出하야該會憑標를携帶치아니하면不能行商이라하고該憑標를強制交付하야每人에게葉一兩五戔式徵收ᄒᆞᆷ으로被其脅迫而入會者ㅣ數百名에達ᄒᆞᆫ故로不正之聽聞이浪藉ᄒᆞᆫ지라該會長與事務員等을自地方警視所로調査하야行將處罰矣니照亮하라하얏더라

●會議止此 近日政府會議에各大臣이從今以後로ᄂᆞᆫ緊切ᄒᆞᆫ案이아니면一切謝絕하야都不接見하기로提議하야可否就決하ᄂᆞᆫᄃᆡ沒數可決으로決案되얏다하니果然이면握髮吐哺하ᄂᆞᆫ風度ᄂᆞᆫ不可得見[illegible]더러政府大臣이一般世人을對하야疑忌하ᄂᆞᆫ거슨可以揣知라하더라

●無賴取調 京城警察署에서過日來無賴漢調査에着手하얏ᄂᆞᆫᄃᆡ其數가六十名에達하얏스나尙此多少無賴漢이有ᄒᆞᆫ듯ᄒᆞᆷ으로不日로調査結了ᄒᆞᆫ後에處分ᄒᆞᆯ터이라더라

●金庫命令 內部에서各道警務署에發訓하되光武十年度本署經費의一月二月兩個條命令書及通知書各十度를繕送하니受取人이捺章하고支金庫에次第付送하야速撥支用케하되命令書를繕出ᄒᆞᆫ지六十日이過하면不施하나니訓令到達ᄒᆞᆫ지翌日에即發하야通知書를先付하고命令書를次付하라하얏더라

特別社告

非史乘이면政治之美惡와人物之臧否와風俗之汚隆를無以攷論인즉史乘者ᄂᆞᆫ非一時之공覽이라乃萬世之公案이오非自國之所可得以私也라卽宇內列邦에宜所公佈키로最者美人訖法氏之撰大東紀年이意固有在而然也라本記者ㅣ不揆僭越ᄒᆞ고於韓之史事에留心者ㅣ久矣로되在幾百年之後ᄒᆞ야要論幾百年之事가任大力綿에恐有失實之歎뿐더러鎖國自守之時代에ᄂᆞᆫ民國間諸般事爲가不過是尋常與故라不足以供世界列邦之眼目키로斷自丙子以後各國交涉時事ᄒᆞ야要爲編成一書ᄒᆞ야公請列邦ᄒᆞ니四方有志諸君子ᄂᆞᆫ諒此苦心ᄒᆞ야丙子以後政令訓誥之所記와各國交涉之如何와臣民疏章與功罪之表著와中外俗習之沿革과忠臣義士孝子烈女之行蹟을各隨所聞所見ᄒᆞ야詳錄投示ᄒᆞ야俾此重役으로得以完成을千萬幸甚

大韓每日申報社

雜報

●教人被殺　木浦新報를據ᄒᆞᆫ즉全羅北道담陽郡에셔耶蘇教徒一名이一進會員三名의게打殺을被ᄒᆞ얏ᄂᆞᆫᄃᆡ該郡守ᄂᆞᆫ正犯의賂物을受ᄒᆞ고公決치안ᄂᆞᆫ故로光州에在留ᄒᆞᄂᆞᆫ美國宣教師가警務顧問部로呈狀ᄒᆞ야方今審查中이라더라

●前言歸風　前號에揭載ᄒᆞᆫ바平壤郡守李重玉氏의視察事件을更聞ᄒᆞᆫ則閔丙漢朴弼遠兩氏가別無所關이라더라

廣新學以輔舊學說　(續)

夫儒家宗主ᄂᆞᆫ創標周孔而周公은以多材多藝로擅美古今ᄒᆞ시고孔子ᄂᆞᆫ以多能鄙事로鳴謙時中ᄒᆞ시니從未有以空談高理ᄒᆞ고不包衆藝로得稱爲聖哲者라試擧歷後諸儒ᄒᆞ야與周孔較覽컨ᄃᆡ周孔之堂奧ᄂᆞᆫ廓乎有容이오後儒之門庭은漸多窘步라蓋卽事物以察理則談理가以得失而見精ᄒᆞ고憑書冊以悟理則談理가雖近正而多蔽ᄒᆞ나니優劣所分이固由天授요亦由人事使然也라

泰西ᄂᆞᆫ崇尙實學ᄒᆞ야其道學一科가於硏究新舊約全書之外에仍復兼營藝事라觀明季徐光啓李之藻等所譯新法曆算各書가皆西來教士利瑪竇、龐迪我、鄧玉函、熊三拔 諸人의所口授로融歐洲之巧算ᄒᆞ야入大統之模型ᄒᆞ니當時에雖不能用이나清朝入主中夏에特許施行而湯若望、南懷仁、紀利安、戴進賢等이先後備員欽天監ᄒᆞ고中國地學이失傳故로地圖無精本이러니

康熙四 九十年間特命教士雷孝思 杜德美、麥大成、費隱如 犂ᄒᆞ야　未完

●車거夫부課외解ᄒᆡ

시졍기션ᄒᆞᆫ다시뎡기산된다ᄒᆞ더니참시졍기산은자년가을이후로착실ᄒᆞᆫ시졍기산이라ᄒᆞ거날겻히잇던자ㅣ무러갈오ᄃᆡ자내ᄂᆞᆫ

엇더케ᄒᆞᄂᆞᆫ말인가시졍기션이엇지되얏다ᄒᆞᄂᆞᆫ요인력군왈시졍이라ᄒᆞᄂᆞᆫ말은죵로각젼시졍이오기션이라ᄒᆞᄂᆞᆫ말은시졍들이젼황ᄒᆞ야

각처로기산이를미여단닌다ᄂᆞᆫ말이안닌가그로미루허보게드면소위지식이잇다ᄂᆞᆫ사람도시졍기산이되여야ᄒᆞᆫ다ᄒᆞ고일진회원이라

일본관인이라ᄒᆞᄂᆞᆫᄉᆞ람들도시졍기산놀식힐목뎍이라고권고를ᄒᆞᆫ다층고를ᄒᆞᆫ다ᄒᆞ나일본ᄉᆞ탐이나일진회원갓ᄒᆞᆫ자ᄂᆞᆫ시졍기산이를만들여고ᄒᆞᆷ이용혹무괴ᄒᆞ거니와

소위우리나라유지자라ᄒᆞᄂᆞᆫ분네들은나라일을되도록쥬의ᄒᆞᆫ다면셔도시졍이기산이를미여도라단이기를바라ᄂᆞᆫ모양이니무엇이쾌ᄒᆞᆯ것잇스며

돈이업셔상ᄒᆞ가죠잔ᄒᆞ면무엇이나라에유리ᄒᆞᆫ건ᄃᆡ언필칭시졍기산이되여야ᄒᆞᆫ다고들ᄒᆞᄂᆞᆫ지급기시졍들이그러케기산이를미여익를써도하나로죠흔일업스니무엇이잘될지몰오깃ᄃᆡ션구화교환으로돈이귀ᄒᆞ기가

미완

廣告

高佛安實時旭會社가今番에北美合衆國하ㅣ트포ㅣ드市에法律을遵ᄒᆞ야高佛安實時旭開發會社로新組織ᄒᆞ고其所有財産及營業權을一切引渡ᄒᆞ야左開五人이其業務를專任擔當홈

헌으레 콜불안
히리、으라이스、보스트워
스틔픈、롬버셜딘
류지엘머엘늬엇트
眞木平一郞

高佛安實時旭開發會社에셔韓日淸其他東亞地方에左開ᄒᆞᆫ營業을代理ᄒᆞ고礦山其他土地를實地調査ᄒᆞᆯ境遇에ᄂᆞᆫ社費로以ᄒᆞ야技師를派遣홈

一在北美合衆國큰늬틱컷트洲韓美電氣會社
一仝上韓美礦業會社
一在英國倫敦실늬스써리街五〇三番舘韓國起業組合(有限責任)
一仝上콥돌아페街三一番舘萬國起業組合(有限責任)
一仝上아스틘푸리이스街一〇及一一番舘滿洲起業組合(有限責任)

社用의通信은左開二處로取扱홈

韓國京城
高佛安實時旭開發會社
(電信略號불안워)

日本東京
芝區白金三光町四八八番地
眞木平一郞
(電信略號밀네링)

●九轉靈砂라 本人이妙方法을神備하야製造ᄒᆞᆫ靈丹인ᄃᆡ男女老少에無論何症ᄒᆞ고通治ᄒᆞ오며無病時에도服ᄒᆞ면平生의身體가健康ᄒᆞ며小兒ᄂᆞᆫ四五錢重만服ᄒᆞ면十歲안에無病ᄒᆞ기를擔保ᄒᆞ오며
●九轉靈砂萬應丹은癲狂 癎症과中風諸疾과耳目諸病과淋疾에神効ᄒᆞ오
●九轉靈砂保命丹은初生小兒 驚風 痼氣 咳嗽 腹痛諸般惡症에神効ᄒᆞ오
●九轉靈砂濟衆丹은酒滯 食滯 血積 吐瀉 霍亂 痢疾 吐血 下血 運氣 時疾 疝症에神効ᄒᆞ오
●九轉靈砂紫金丹은痔漏 累瘰 上疳瘡 下疳瘡及唐瘡과諸般毒瘡惡種에無不神効ᄒᆞ오니 僉君子ᄂᆞᆫ來問ᄒᆞ시오
內需司前독갑이골上隅第一家 李鎬廷移徫 告白

一鷹標罐濃貯牛乳
一金印罐貯濃結牛乳
一熱帶家用氣化乳酪
一맬ㅣ든쓰製造麥芽化合牛乳

以上은常時에貯積ᄒᆞ얏슴
美國紐育港맬ㅣ든쓰濃結牛乳會社
一手代理店
大韓仁川港
世昌洋行

以上三種은上品으로良造ᄒᆞ야衛生上에至極有益ᄒᆞ니得論其八ᄒᆞ고本社에來購ᄒᆞ심

大韓帝國仁川港
濟物浦紙卷烟及烟草會社

本社廣告

申報價
一張代金 新貨二錢五里
一箇月前納 三十錢
三箇月 九十錢
六箇月 一元七十錢
一箇年 三元四十錢
郵稅一部 新貨五里
一箇月 十三錢

廣告料
四号活字十三字詰
每日每英尺一寸에新貨廿五錢
(每日每行에六錢에相當홈)
二周日에 二圜五十錢
(每日每行四錢五里에相當홈)
一箇月에 五圜
(每日每行四錢一里에相當홈)
其期限의長短과字行의多少를依ᄒᆞ야增減홈이有홈

大韓人마다此申報를不得不閱覽ᄒᆞ실터이오니廣告出報ᄒᆞᆯ僉君子ᄂᆞᆫ來臨面議ᄒᆞ시옵

發行兼編輯人 英國人裵說
發行所
京城北署壽進坊洞另外地裵說家後舍
大韓每日申報社

第四卷　大韓每日申報　대한매일신보　第一百五十五號

月曜及慶節歲時日休刊

檀君開國四千二百三十九年
箕子元年三千二百二十八年
大韓開國五百十五年
日本明治三十九年
淸國光緖三十二年
陰曆丙午二月大初五日壬人

論說

天下大勢

近日에因歐美電報하야默測天下之大勢하니世界之風雲이將一大變動矣라

德國은因摩洛哥問題하야與英法으로有干戈相見之端徵하며俄國은延長鐵道於浦鹽港하며增設艦隊於波羅的하고憎滿洲之失敗하야有侵入伊犂之意想하며淸國은因美國輸入品拒絕之問題하야有排斥外國之氣味하며美國은因南淸之拒絕輸入品하야增派艦隊於呂宋하야有示威淸國之運動하며

日本은與俄協約而戰勝이歸虛하고與淸協約而利益이失敗하니無辭可答하며無顏可對於全國人衆하야乃以韓國으로勸成協約而置統監府於韓國하야以此爲藉口之端이나然이나統監伊藤侯는失其全國之望하고反抗日高하며駁論日激하야至於揭載各新聞하니所謂統監之勢가悅如騎虎然이로되既爲走阪之步라來渡韓國하야舞弄邪智하야有幷呑韓國之政略하니現今天下之大勢가不出乎此로되唯韓國之上下人民은懵懵如春夢未覺하야所謂政府大臣은翹首懸望統監之渡韓을殆若天上來者하야閣首萬機而束手待命焉하고全國人民은不知邦國之將爲他人版圖하며不知生命之將爲타人奴隷하고恬恬嬉嬉하며昏昏墨墨하야汨沒於粒米束薪之生涯하야求死而不贍焉하니最爲韓國人民而悲悼也로다且爲韓國國家而愛惜이로다

目下競爭之世에日本之對韓이殆如餓虎之耍弄一塊肉하야曰忠告改善이라曰交誼親密이라曰保護協約이라曰文明啓發이라曰信賴日本이라曰福利增進이라曰秩序維持라曰永遠平和라하야百般利口로播諸機關之新聞하야聲明於天下하야以示道德上信義上主旨하야欺騙外國하며籠絡韓政府하며광給韓人民하니所謂識時之士는稱以日本之高義하야附阿於日本하며諂諛於日本하야僥倖其一資半級하고無知冥頑之人은不知世界之大勢하며不知自國之時機하야蠢蠢若裸虫然하니韓國之前途는實爲興感이로다

雖然이나韓國은爲世界上最先一大變動之活物하리니第見其來頭어다

官報

第三千三百八十三號　光武十年二月二十二日

◎宮廷錄事

奉 天承運 皇帝詔曰記曰中月而담踰月而祭斯蓋先聖之定制亦我家禮然也恭惟 明憲淑敬容仁正穆弘聖章純貞徽莊昭ㅎ禧粹顯懿獻惠綏裕寧慈溫恭安孝定王后洪氏徽華名閨妊姒淑姿奉 兩殿而盡孝撤御中壼而贊至治以至豆蒿之仁蘋蘩之誠簪이之規澣練之儉厥德不備逮朕嗣服以來 誕膺隆奉仰徵則之彌著祈 管籥之無疆何期 괴馭遐昇隙景迅駛旣祥旣담慨廓倆及乃循彝典乃諏吉辰乃於陰曆正月二十五日 躋祔于 太廟禁纓春享之禮亦學臣庶覃施霈澤播告用宣所有合行事宜條列于左

一歷代帝王陵寢及嶽瀆山川神室유遇有損壞著所司報部隨即修理 一寧邦固本專係近民官吏其有循良及貪墨該觀察具報內部以施褒讓黜陟之典 一林野斥弛懷抱利器可以需用於時者該觀察具實報來以待甄選 一反亂殺人强盜竊盜强奸與符同外人情理切害及公道罪人外竝各減一等以示慈恤 一京外裁判所留囚一依定律科斷無或出入其有汗만拘繫淹滯時月者大小輕重斷決無留 一所在官司務在用心禁捕盜賊使境內寧謐如盜發而坐視不禁捕者由該觀察報罷論勘 一農桑衣食之源學校風化之本所司宜嚴加勸課務臻實效勿致虛文 一凡民有鰥寡孤獨廢疾無告者官爲存恤毋令失所 於戲慨星霜之屢전感雨露之方濡祇奉琮璜愴欣交中肆以率舊之念勉圖維新之謨布告中外咸使聞知

光武十年陰曆正月二十五日

◎敍任及辭令

依願免本官 警務廳主事李能雨 二月十四日○命시從院副卿 從二品趙鼎緖○命全羅北道均田監理 正三品李時雨○依願免本官 圜丘壇祠祭署參奉金珍衡 齊陵參奉金弘培 厚陵參奉金相설○任圜丘祠祭署參奉 懿陵參奉崔永稷○任齊陵參奉 九品洪德周○任厚陵參奉 章陵參奉權鍾禹○任懿陵參奉 朴勝九○命臨時署理主殿院卿事務 시從府시從武官長李鍾健○命臨時署理經理院卿事務 帝室會計審查局長朴鏞和○解官內府特進官 正二品李載現○宮內府特進官 京畿觀察使鄭周永 以上二月十九日○依願免本官 平理院主事 徐廷佐○任平理院主事 法部主事魯丙洙○任法部主事 六品徐廷佐○依願免兼任小學校長 官立小學校敎員金洪秀 以上二月二十日

外報

●戰費總額　倫敦發電을據한즉今回俄日戰役에俄國의戰費用總額이二十四億六千萬圓이라더라

●兵留亞細亞　俄國政府는滿洲軍의過半을尙且亞細亞에留置케하기로決定하얏는대此는淸國에서紛亂이惹起할虞가有함에在함이라더라

●謀殺綻露　俄都에서俄國首相우잇데氏를暗殺하랴는陰謀가綻露되얏더라

●派兵理由　十五日德京伯林電을據한즉美國紐育헤랄드報는其社說에云美國은亞細亞에軍隊를不可不爲派遣이라若不然則淸國在留한美人은一朝有事之時를當하면無所依賴라하얏더라

●海陸軍準備　華盛頓電을據한즉美國에서騎兵四箇聯隊와砲兵七箇中隊를比律賓으로發送할準備를命하고又萬若淸國의騷擾가愈益熾盛하면卽時淸國에急派次로馬尼剌에서二萬八千名의動兵을命하라하고尙且海軍에도裝甲巡洋艦부룻구린號以外巡洋艦三隻에對하야萬一有事時에는卽時歐羅巴海에서發行次準備함을命하얏더라

詞林

悉尋家爲學業學者投書農止耕◯堂首鼠長如此政恐蕭墻奇禍生

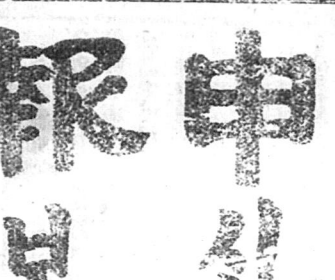

右詩日本人大垣丈夫氏之本社所寄也靑藜子評曰語不多而憂世之意藹然

寄書

鳳社答問　李鼎遠　續

自更張以后로各種社會가無慮爲數十座로ᄃᆡ有可觀者ᄂᆞᆫ陵迫도當ᄒᆞ며軋排도被ᄒᆞ야聚散이無定ᄒᆞ고不然者ᄂᆞᆫ或貧賤之勢를逞ᄒᆞ고跋扈之習을肆ᄒᆞ야자親父兄ᄒᆞ야以取鬧於市人ᄒᆞᄂᆞᆫ行爲가有ᄒᆞ니噫라據以論之ᄒᆞ면前所謂一毛一髮이無不受病者로다自條約勒成以后로雖

之라도委身殉國者도有ᄒᆞ며奮義抗章者도有ᄒᆞ며慷慨激切者도有ᄒᆞ며擧義討賊코저ᄒᆞᆫ者도有ᄒᆞ거니와必竟에ᄂᆞᆫ死者死ᄒᆞ며生者生ᄒᆞ고仍過幾日이無復影響ᄒᆞ니

噫噫라此等之世를當ᄒᆞ야何等之事를營ᄒᆞ고歸坡生이聽未畢ᄒᆞ야泫然垂淚曰嗚乎라果若子言이면

宗社生靈이終ᄀᆞ淪喪而無復可望耶梅堂子復言曰此又不然ᄒᆞ다夫天下事自有不盡去之機會ᄒᆞ니三戶之楚도尙能滅虎狼之秦커든

今我韓이雖蕞爾小邦이ᄂᆞ有二千萬之人衆ᄒᆞ고崇尙禮義者由來爲四千年之久矣라豈無一人起死扶顚之材也리오마ᄂᆞᆫ劫運이未盡ᄒᆞ고悟輪이未回ᄒᆞ야受此振古之大變과難洗之大辱ᄒᆞ고尙爾隱忍홈이니子姑退而待之ᄒᆞ라人事의發達홈이草木의宿根을去ᄒᆞ고新芽를抽ᄒᆞᆷ然後에敷榮ᄒᆞᆷ과如ᄒᆞ야人物을陶汰ᄒᆞᆫ然後에

百事를可做ᄒᆞ니그陶汰ᄒᆞᆫ礫石은學問에在ᄒᆞᆫ지라學問이有ᄒᆞ면委靡者變爲强硬ᄒᆞ고劣等者變爲慧敏ᄒᆞ고浮華者變爲沈實ᄒᆞ고怯懦者變爲勇敢ᄒᆞ야

躄者走ᄒᆞ고走者飛而忠君愛國之心도生ᄒᆞ고聚族强本之思도有ᄒᆞ고協同一致之力과脫羈獨立之氣가皆從而出이니如斯然後에

民生을可奠이며國權을可復이라然이나此非可論於一朝一夕之間이在ᄒᆞ니唯願諸子ᄂᆞᆫ靑年을敎育ᄒᆞ며邦國을進化ᄒᆞ야分刻을放過치말지어다

否者면吾儕가다波蘭遺民을免키難ᄒᆞ리니窮鬼되이已足커든何乃隨變幽ᄒᆞ야更作愁鬼리오ᄒᆞ고因酌酒而就睡ᄒᆞ니歸坡生이不敢復言ᄒᆞ고出門而去ᄒᆞ더라　完

雜報

●兩老仙去　前議政大臣沈舜澤氏와前判書鄭洛鎔氏가俱以降老ᄒᆞᆫ宰相으로日前에卒逝ᄒᆞ얏다더라

●一團仁愛　日本人大垣丈夫氏가幾時間韓國에駐居ᄒᆞᆫ思想이라ᄂᆞᆫ딕同氏에公佈ᄒᆞᆫ別告를據ᄒᆞᆫ즉在韓日本人中에或辱韓人吐暴言ᄒᆞ거나或背約不給賃銀ᄒᆞ거ᄂᆞ或無故毆打韓民ᄒᆞ거ᄂᆞ或恣叱强求而困韓人等ᄒᆞ거ᄂᆞ苟見有不正言動者어든卽詳記其所遭與時日處所ᄒᆞ야來告我寓居ᄒᆞ면知照日官ᄒᆞ야矯正惡弊ᄒᆞ깃다ᄒᆞ얏더라

●女學生歸國　十年前韓國女子가日本에留學ᄒᆞ야最高等女子敎育을受ᄒᆞ야看護音樂遊戲ᄭᆞ지至ᄒᆞ얏ᄂᆞᆫ딕該女學生은一進會長尹始炳氏의女니名은貞子라留學中에ᄂᆞᆫ安平姓을冒ᄒᆞ야安平貞子라稱ᄒᆞ얏고十年前에最初留學ᄒᆞᆯ時에맛참伊藤侯가在韓ᄒᆞ야旅費一切를贈ᄒᆞ얏고此次統監赴任ᄒᆞᆫᄂᆞᆫ딕就ᄒᆞ야遣送ᄒᆞ야侯의게參間홈의侯ᄂᆞᆫ特히食卓을同ᄒᆞ며種種將來方針을警告ᄒᆞ고且時機를見計ᄒᆞ야故國에歸ᄒᆞ야女子敎育에盡力홈을得ᄒᆞ기로慰諭ᄒᆞ얏더라

●張氏美績　學務局長張世基氏가近日에ᄂᆞᆫ學校之擴張과敎育之發達이留意하야寺同等地에英語私塾을設置하고學員을募集ᄒᆞ다하니張氏之實心勸學은可以表章이라하더라

●內衙設校　祥原郡守가學部에報告하얏ᄂᆞᆫ딕本郡私立新盛學校를嫌其狹窄하야空閒ᄒᆞᆫ內衙로移接하라홈은出於臨時權宜인즉査照處分이라하얏더라

●勦匪請賞　咸南觀察申箕善氏가內部에報告ᄒᆞ되졍匪徐慶發은韓쳥兩界間에有名匪魁라性在癸卯에襲奪三水駐隊軍物ᄒᆞ야以起邊釁에馴致兩界殺掠之禍ᄒᆞ고爲쳥兵所捕ᄒᆞ야在囚臨江縣이다가越獄逃逭ᄒᆞ야嘯聚徒黨ᄒᆞ고占據彼邊內矢弓ᄒᆞ야私帶銃劍ᄒᆞ고積爲兩界巨患者也라上年陰曆九月日에甲山郡守李承鉉이與쳥官劉永芝로協議密約ᄒᆞ고冒險設伏ᄒᆞ야銃斃此賊에邊患以息이오니勞大功偉에實爲近年罕有之擧이오며巡檢張鵬翼은帶率風憲朴彦錫與通事金弘允ᄒᆞ고冒死出入於賊陣ᄒᆞ야苦心用計에效勞頗多에오며山砲頭領前主事廷振ᄒᆞ고且戰討賊ᄒᆞ야勦除賊魁ᄒᆞᆫ憲과蔡仁種金景俊이率山砲ᄒᆞ고山砲手進順金泰益李英秀ᄂᆞᆫ冒丸突圍ᄒᆞ야各殺一賊이亦極嘉尙ᄒᆞ와同年十一月에修報이오디니尙未褒賞之典이오니邊界有事之地에何以勸奬乎아査照後施賞與ᄒᆞ라ᄒᆞ얏더라

●似是風說　日前平理院에拘禁되엿든表勳院總裁沈相薰氏ᄂᆞᆫ再昨二十四日午后에保放을許可ᄒᆞ얏다ᄂᆞᆫ風說이有하더라

●移民會社　日本香川縣人들이發起ᄒᆞᆫ韓國移民株式會社을變更ᄒᆞ야往日에委員會를開ᄒᆞ고本月中에各都市에三名以上으로發起人을選定ᄒᆞ얏다더라

●宮協解署　宮內府協辦閔景植氏ᄂᆞᆫ宮內大臣署理事務를解任ᄒᆞ얏더라

●沈氏封爵　前議政大臣沈舜澤氏卒逝홈은別行에已揭어니와宮內府大臣李載克氏에所奏를因ᄒᆞ야沈議政을特封靑寧公하고節次ᄂᆞᆫ令宮內府로傅攷擧行하며東園副器一部를輸送하고禮葬等節은照例擧行하며遣亞卿致祭하되祭文은當親撰以下ᄒᆞᆯ거시오節惠之典은不待狀葬前議諡事로　詔勅이特下하옵섯더라

●會長懲罰　內部에서全北觀察에게發訓ᄒᆞᆫ內槪現聞府下全州朴禹東爲名人이東亞開進敎育會長이라稱하고柴炭商의게勒給會標而脅迫收錢하야民情이騷擾이다聽聞이狼藉하니所謂會長朴禹東及事務員三名을卽爲捉囚嚴覈하야該會費ᄂᆞᆫ一一査收하고該標價ᄂᆞᆫ這這還推하야各民處分給하며嚴懲其悖習하야以杜後弊하라하얏더라

●廣陵新校　廣州府尹吳榮泳氏가內部에報告ᄒᆞᆫ內槪에府尹莅任以後로招致城中父老하야以學校設立事로勸諭而確則人民이上下同志에熱心出力하야鳩聚資本하고府尹이亦爲捐廩補助하야以成其意온바學舍之建設이是第一件事也라今若創建新建ᄒᆞ제ᄂᆞᆫ財細力窘하와誠難議到이온지라前留營時營庫廳舍가地是閒曠하니可許其因舊制重修케하면可謂財省功倍하야允合權宜之政이오니査照處分하라하얏더라

●學徒塡補　師範學校學徒中五人이以身病退學홈으로二十六日下午一時에該學徒塡充次學部에서更히學徒를試取하얏다더라

●春察已遞　江原觀察使閔泳徽氏ᄂᆞᆫ職遞하고其代에農協李範九氏前警務使金思黙兩氏中被任하리라더라

●靑會開演　今日下午七點半에皇城基督敎靑年會에셔牧師무어氏가演說을ᄒᆞᆫ다ᄂᆞᆫ딕問題ᄂᆞᆫ合衆國大統領루스벨트氏의行蹟이라더라

●兩員勸退　警務廳官制改正事로該官吏之多數陶汰ᄂᆞᆫ已揭前報而監獄署主事二窠ᄂᆞᆫ初無革廢之頒布者인딕警使尹喆圭氏가亦以請願退去之意로提勸於該署主事愼台範權喆洙兩氏則愼權兩氏가聞不勝疑怪하야往見警使하고質問其裏由曰吾兩人이俱無過失而至有請願退去之敎則未知其緣何오且本廳官吏減額事論之라도監獄署主事ᄂᆞᆫ不入於陶汰額이오如有過失이면明罪免官이可也어ᄂᆞᆯ何故至此오ᄒᆞᆫ딕警使所答이此非吾意오皆出於九山之錄出이니須勿多言하고依他人例以身病請免이爲可라하되該兩氏ᄂᆞᆫ心雖不願이나不得已請願退去하야方在呼寃中이라더라

●魚價補校　蔚山郡漁採民朴根實等이學部에請願하되本郡奸吏朴漢雨奸鄕趙成重이本人所採魚魚尾價를謂以日語學校補貲하고勒奪者合爲六千兩이온즉訓飭于本郡하와見奪該額을卽爲還給이라하얏더라

●賊警可憫　陰竹郡守秦尙彦氏가內部에報告하얏ᄂᆞᆫ딕本郡境內에賊匪橫行이日益甚焉하와村閭巷路에並奪刦掠이無所不至아온中以至慘殺人命之境이오되以若殘邑事勢로勦除無策이오니職在近民하와極爲憂悶이라하얏더라

●敎員履歷　統監府總務長官友鶴原定吉이學部에公函하되貴國師範學校에서延聘ᄒᆞᆫ敎員增戶學吉의履歷書를別紙繕交하라하얏더라

特別社告

非史乘이면政治之美惡와人物之臧否와風俗之汚隆을無以攷論인즉史乘者는非一時之공覽이라乃萬世之公案이오非自國之所可得以私也라即宇內列邦에宜所公佈키로曩者美人訖法氏之撰大東紀年이意固有在而然也라本記者ㅣ不揆僭越하고於韓之史事에留心者ㅣ久矣로되在幾百年之後하야要論幾百年之事가任大力綿에恐有失實之歎뿐더러鎖國自守之時代에는民國間諸般事爲가不過是尋常典故라不足以供世界列邦之眼目키로斷自丙子以後各國交涉時事하야要爲編成一書하야公諸列邦하니四方有志諸君子는諒此苦心하야丙子以後政令訓誥之所記와各國交涉之如何와臣民疏章與功罪之表著와中外俗習之沿革과忠臣義士孝子烈女之行蹟을各隨所聞所見而詳錄投示하야俾此重役으로得以完成을千萬幸甚

大韓每日申報社

雜報

●主事笞罰　忠北通信을據혼즉該觀察申泰熙氏가忠州署理延豐郡守許梅氏로該郡結錢三十萬兩을沒數貿米호야將次放賣호야支金庫에輸納호라호얏더니財政顧問補佐官이自己에게不直出給홈을發怒호야許郡守는警署에拘留호고觀察使의自辟主事一人은笞罰을執行호고該貿米錢을當場責出호기로大端困難中이라더라

●回祿可驚　再昨日正午十二時量에南大門外蓮池下長木廛中氏家에서失火호야其左右市民與平民家十餘座이延燒되얏는디多數혼日兵과日本消防人이救火器具를帶來호야鬱攸를直冒호고盡力救滅호얏다더라

●遙遙畓訟　開慶居前承旨張錫五氏가同郡居其宗人台遠氏의畓二十餘斗落과其他各人畓六十餘斗落을稱曰其六代祖의遺失畓이라호고內部訓令을圖得下來호야本郡守徐相珪氏와符同호야勒成踏印文券호고每斗落百餘兩價値者를十五兩式還退호라고官隷를眼同호야白地聽奪코저홈으로屢次呼訴호되郡守가牢執不聽호고張氏만曲護혼다더라

●民洑勒奪　近日水原等地居民의傳說을聞혼즉該郡宿城面所在松梁洑는本以民洑로從古無弊러니京居金永奎가符同宮屬호야稱以　義親王宮所管호고橫侵勒稅가于今五載인바因此事件호야民擾大發이非止一再호야該監稅官屬이屢爲被逐이고自該宮으로築洑修洑間初無一毫可據文蹟인즉其爲民보는萬口皆言이오萬目所睹이거날每爲巡檢을派送호며惡刑으로勢制호야勒稅不已키로幾多農民이不勝其困호야據實呼冤호되宮內大臣則諉之於觀察使호고觀察使는諉之於該宮監호야恬視莫大民瘼호고不思從公歸正호니近日大官들이損下益上호야納媚獻諂호는惡習만抱有호고無辜殘民輩의入骨獘瘼은都不顧恤호니可謂無法之國이라고衆怨이載路혼다더라

●車거夫부誤오解히　극항에일으러시정들이전문을다친다출판을당혼다도망을혼다빅셩들은굴머죽깃다얼어죽깃다호며심지어우리들의여간돈푼버리도아죠업셔져곤란이막심호되소위정부디관이나유지쟈라는분네들이한아도그런것을구폐홀싱각은업고지금ᄭᆞ지도시정마산이되여야혼다혼즉이예셔또엇더케되나시정들이마산이를미다못호야지쳐죽어야무솜일이잘될는지어리셕은내소견으로보면시정마산을밋드지말고아모죠록시정들을보호호야상업이흥왕케호고리익이발달되도록쥬의호면비단그시정과상민들의게만리익이잇슬쑨아니라정부에도리익이될터이오전국인민의게도리익이되야나라지정에얼마큼효력이잇슬터인데그는싱각지안코다만신화일원에구화이원호는것을다행이아는모양인지각부관리는그월급이가량뵈원이면신화를츠저상로관에셔시량이라포목이라각석물건을무역호게드면일원을구화이원으로쓰는즈미에시정은마산이를미던

(미완)

廣告

今月二十日에名帖匣을遺失호와는디其中에紙貨五元과其他有要緊혼標紙가有호오니標紙는他人의게는無所用則拾得僉大人이覓來호시면該五元外에重賞을加호오리다

上茶洞三統九戶李圭直告白

본뎐포가중지폐업호기로광고호오니뎐물물음이월회ᄂᆡ로츄거호되약과한죡뎐물물방미할터이니죠량홈

즁셔철물교하남편光韓號告白

本校에서第二期學員을募集호야試驗을已經혼바晝夜學科에追後入學을願호는僉員은本月二十八日ᄭᆞ지特別히應시許入호깃사오니　僉諒來臨호시오

光武十年二月十五日

普成專門學校

鎭川申喆熙之已往別室이其四寸從嫂之四寸也同爲一門妻妾이不可라호고昨年에況擕罪逐出京城後沈軒澤子相協이率妾矣러니自彼家로治送費與婢子를還推以去호고前有物價千餘金을以此稱托不報코尤今行悖之地에申氏가還搆誣호야有戚沈軒澤이誘引率妾之意로揭載新報인바與軒澤으로友以久矣라況其子가有何叙戚之理乎大抵申氏는魚魯을不辨호니豈非狂夫之事耶

沈軒司　白

(上) 普運社 告白

本社에서運輸營業에便利키爲호야事務所를停車場北四巨里로撤移也니內外國人은各驛에運送物貨을陸續持來호시면現着拂을不拘호고廉價運輸홈

南門驛北四巨里

平壤草里坊金鍾禹는本以悖類로渠之堂叔昌基의庄土文券을僞造逆賣코저혼다니內外國人은勿爲見欺홈

平壤草里坊上二里　金昌基

○○○○○○○○○○○○○

本申報를廣佈호기爲하야咸鏡南道咸興州南社西門外居하는曹喜林氏에게逐號下送하오니該附近地愛讀하시는　僉君子는同氏에게購覽하시며代金도同氏에게傳致하심을爲要

大韓每日申報社

●陸軍法律　壹冊定價 新貨參十錢

發賣所　布屛門下金相萬書舖

花春丹은　霍亂　吐瀉　腹痛　滯症　暑症　정忡　神眩　헐　鬱　痰盛　醒酒船䓶　咳嗽　口味업는諸症의神效혼藥이오此外에도洋灰水解毒藥　唐창　疳氣　蛔虫　寸虫　赤白癩風　藥과東西洋藥이俱備호고他病도隨問出方호오니　僉位는枉議호시옵

皇城校洞石井洞下隅　石泉堂藥局　告白

●刑法大全　一秩定價金 新貨六十錢

發賣所布屛門下金相萬書舖

齒科 廣告

齒科醫士美國人쎡、이되워드힌右事務所는南大門內達城尉宮內美國醫士스크랜돈家後에在홈

視務時間은每日上午九時로一時ᄭᆞ지下午二時로五時ᄭᆞ지右時間外에特別히治療호기를要請호는僉員은預先通知홈

●數理學雜誌改良廣告

本雜誌를第三號로부터는頁數도增加호며紙冊도改良호며記載호는材料도一層精選호야江湖僉位의愛讀호시는厚意를報酬코저호오니倍舊愛讀호심을伏望

但發行日子는每朔五日

一券定價는新貨拾錢

南大門內尙洞舊德公舘右邊

發行所　數理學雜誌社

賣却所　尙洞會堂內　鍾路大東書市　布屛下金相萬冊肆　新門內松橋張哲周紙廛　銅峴朴激九紙廛　仁川港經緯閣新冊肆

現今世界列國이互相交涉之日에交際之禮를宜先講解이기로交際新禮一冊을撰述發刊호오니外交家及紳士의不可不覽홀細珍이라僉君子는諒悉購覽홈

定價金　新貨十八錢

發售所　大韓每日申報社

高佛安實時旭會社가今番에北美合衆國하ㅣ트포ㅣ드市에法律을遵ᄒᆞ야高佛安實時旭開發會社로新組織ᄒᆞ고其所有財産及營業權을一切引渡ᄒᆞ야左開五人이其業務를專任擔當홈

헨으리 골불안
히리、으라이스、보스트윅
스틔픈 、롬버셜딘
류지엘머엘늬엇트
眞木平一郞

高佛安實時旭開發會社에셔韓日淸其他東亞地方에左開ᄒᆞᆫ營業을代理ᄒᆞ고礦山其他土地를實地調査ᄒᆞᆯ境遇에ᄂᆞᆫ社費로以ᄒᆞ야技師를派遣홈

一 在北美合衆國콘늬틱컷트洲韓美電氣會社
一 仝上韓美礦業會社
一 在英國倫敦실늬스쌔리街五〇三番館韓國起業組合(有限責任)
一 仝上콥돌아폐街三一番館萬國起業組合(有限責任)
一 仝上아스틘푸리이스街一〇及一一番館滿洲起業組合(有限責任)

社用의通信은左開二處로取扱홈

韓國京城
高佛安實時旭開發會社
(電信略號불안쉭)

日本東京
芝區白金三光町四八八番地
眞木平一郞
(電信略號밀네팅)

一 鷹標罐濃縮牛乳
一 金印罐詰濃縮牛乳
一 無糖家用氣化乳酪
一 맬ㅣ든쓰製造麥芽化合牛乳

以上은常時에貯積ᄒᆞ얏숩

美國紐育港맬ㅣ든쓰濃縮牛乳會社
一手代理店
大韓仁川港
世昌洋行

●九轉靈砂라 本人이妙方法을神備하야製造ᄒᆞᆫ靈丹인ᄃᆡ男女老少에無論何症ᄒᆞ고通治ᄒᆞ오며無病時에도服ᄒᆞ면平生의身體가健康ᄒᆞ며小兒ᄂᆞᆫ四五錢重만服ᄒᆞ면十歲안에無病ᄒᆞ기를擔保ᄒᆞ오며
●九轉靈砂萬靈丹은癲狂 癎症과中風諸疾과耳目諸病과淋疾에神効ᄒᆞ오
●九轉靈砂保命丹은初生小兒 驚風 痢氣 咳嗽 腹痛諸般惡症에神効ᄒᆞ오
●九轉靈砂淸衆丹은酒滯 食滯 血積 吐瀉 霍亂 痢疾 吐血 下血 運氣 時疾 瘧症에神効ᄒᆞ오
●九轉靈砂紫金丹은痔漏 累瘧 上疳瘡 下疳瘡及唐瘡과諸般毒瘡惡種에無不神効ᄒᆞ오니 僉君子ᄂᆞᆫ來問ᄒᆞ시오

內需司前독갑이골上隅第一家 李鍾廷移徙 告白

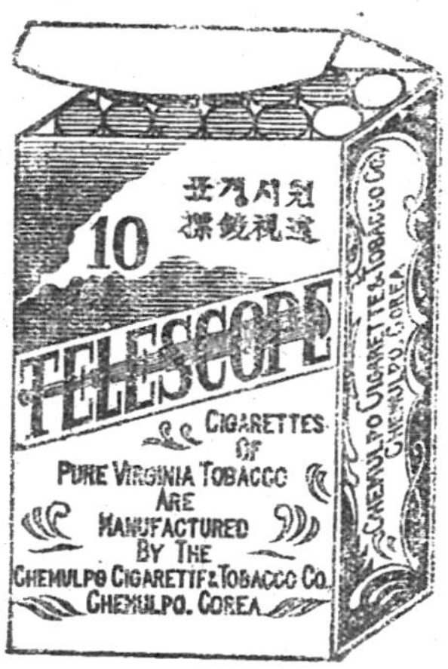

以上三種은上品으로製造ᄒᆞ야衛生上에至極有益ᄒᆞ니毋論某人ᄒᆞ고本社에來購ᄒᆞ옵

大韓帝國仁川港
濟物浦紙卷烟及烟草會社

本社廣告

申報價

一張代金	新貨二錢五厘
一箇月前納	三十錢
三箇月	九十錢
六箇月	一元七十錢
一箇年	三元四十錢

郵稅一部 新貨五厘
一箇月 十三錢

廣告料

四号活字十三字詰
每日每英尺一寸에新貨廿五錢
(每日每行에六錢에相當홈)
二周日에 二圜五十錢
(每日每行四錢五厘에相當홈)
一箇月에 五圜
(每日每行四錢一厘에相當홈)
其期限의長短과字行의多少를依ᄒᆞ야增減홈이有홈

大韓人마다此申報를不得不閱覽ᄒᆞ실터이오니廣告出報ᄒᆞᆯ僉君子ᄂᆞᆫ來臨面議ᄒᆞ시옵

發行兼編輯人 英國人裵說
發行所
京城北署壽進坊典洞[illegible]
大韓每日申報社

第四卷

大韓每日申報
대한매일신보

第一百五十六號

月曜及慶節時日休刊

檀君開國四千二百三十九年
箕子元年三千二十八年
大韓開國五百十五年
日本明治三十九年
淸國光緖三十二年
陰曆丙午二月大初六日癸卯

論說

保護

韓國內商業及其他利益을享有흔者나或韓國安樂을存心흔者는向日스스로리氏가英國政府機關新聞에揭載흔韓日新條約之否認을欣悅하리로다

一般言稱호되列欧府는別無存念이라韓國과如흔絕遠偏小之邦의不幸事情이雖全然聞達于列强이라도

隣近重大事案이列前하야不得注目矣리라하나一政府가設或無意라도國民存念을頻頻聽見이면亦可有望이라

此特英國니今日事勢니何者오現今自由黨政府는英日協約의正確文字를遵守以外에更無添意라

以其協約觀之면韓國內日本優權만承認矣오第三國之無激怒而侵擊에만英國助力을諾許矣로다

然이나媾和會議席에日本代表人之踐約으로觀之면韓國니에日本之現居位地를維支하기에英國協助를不能要請흘지라

誠約諾이不顯於約欵이나顚末이公報에記載되야韓日新條約이成立以後에播傳于公衆인바其如左하니

日本이此後韓國니에서韓國主權을損傷이라稱흔方略을認之必要면韓國政府의認許를得하야取行하기로日本委員은宣言흠이라하엿더라

韓國主權에損傷되는方略을業已取行인바不以韓政府之認許라故로對日本進行하야有何論非之端이던지不能以此爲無激怒之擧니由是觀之면日本之擅行保護于韓國이將至承認흘거슨全無其理로다

官報

●號外　光武十年二月二十二日

◉宮廷錄事

宮니府大臣署理宮내府協辦臣閔景植謹奏　奉經筵官송秉瑢喪遺亞卿致祭事　命下矣何亞卿進去乎敢奏　光武十年二月二十一日奉　旨特進官송秉璿進去

◉敍任及辭令

解宮내府特進官　正二品廊周永○命宮니府特進官叙勅任官三等　從二品송秉璿

以上二月二十一日

●第三千三百八十四號　光武十年二月二十三日

◉敍任及辭令

依願免本官　成均館博士洪淳奭·全朴箕衡　全李元圭○任成均館博士　韓用설　李洛□　許杜　以上二月十四日○解全羅北道均田監理　正三品李時雨○依願免本官　懿陵參奉朴勝九○任懿陵參奉　康陵參奉송完燮○任康陵參奉　泰陵令李淵學○任泰陵令　獻陵令朴壽榮○任獻陵令　六品金直衡○任章陵參奉　李元信　以上二月二十日○依願免本官　咸鏡南道觀察府主事李廷赫○任咸鏡南道觀察府主事　韓永秀　以上二月二十一日

●第三千三百八十五號　光武十年二月二十四日

●叙任及辭令

依願免本官　西京豐慶宮參書官崔益煥　全朴鶴銓　淑陵參奉金晩洙　義陵參奉金載설　裕康園參奉章陵參奉李元信　李冲圭○任西京豐慶宮參書官叙奏任官四等　正三品李憲永　全朴容求○任淑陵參奉叙判任官八等　尹競烈○任義陵參奉叙判任官八等　孔聖學○任章陵參奉叙判任官八等　昌陵參奉李玩求○任昌陵參奉叙判任官八等　顯陵參奉姜準永○任顯陵參奉叙判任官八等　永禧殿參奉李應烈○任永禧殿參奉叙判任官八等　九品金珍衡○任裕康園參奉叙判任官八等　李敎應○命臨時署理主殿院卿事務　中樞院賛議李根友○命禮式院積制課分主事　中정均○任京畿觀察使叙勅任官三等　從二品李根洪○任忠淸南道觀察使叙勅任官三等　全羅南道觀察使朱錫冕○全羅南道관察使叙勅任官三等　陸軍副將李道宰　以上二月二十一日

●三千三百八十六號　光武十年二月二十六日

●叙任及辭令

依願免本官　秘書監丞洪承斗○任秘書監丞叙奏任官三等　正三品張榮淳　以上二月二十一日○依願免本官秘書監丞張榮淳　全尹憲榮　西京豐慶宮參書官李憲永　全朴容求　시從院左시御朴榮來　淑陵參奉尹競烈　義陵參奉孔聖學　禧陵參奉송鍾國　懿陵令徐相珪　箕子陵參奉孫壽永　度支部印刷局長金榮祖○解禮式院積制課分主事　九品申정均○任秘書監丞叙奏任官三等　正三品洪承斗　全尹一炳○任西京豐慶宮參書官叙奏任官四等正三品崔益煥　全朴鶴銓○任시從院左시御叙判任官七等　李重贊○任淑陵參奉叙判任官八等　崔昌燾○任義陵參奉叙判任官八等　張형根○任禧릉參奉叙判任官八等　趙衡설○任懿릉令叙判任官八等　康릉令韓敬履○任康릉令叙判任官八等　康릉參奉李淵學○任康릉參奉叙判任官八等　徐丙敎○任箕子릉參奉叙判任官八等　李乾雨○免本官　砥平郡守金敎鉉　韓山郡守柳錫疇　靈山郡守張允遠　平海郡守張永煥　孟山郡守李應翊　右는該員等이乙巳條結稅를全不納이기免本官　以上二月二十二日

外報

●占領蒙古　桑港電에曰彼得堡에서傳하는바를據흔則俄國이蒙古東部의二州를其管轄內에入하고又其前哨軍隊를土耳機斯坦에서西藏國境附近으로前進케흔다더라

●募債와摩洛哥　露國政府는鎭道를擔保로하고五億法을巴里에서募債코저흐니大統領은露國財務官을對하야日日下摩洛哥問題에關하야明日에如何흘지不知하는境遇에募債에應흘好機가아니라고明言흠이財務官은戰爭의憂가有흔야問흔이此에對하야大統領은自身은不信하나國民은悲觀을存흔다爲答하얏는데우잇데伯은露帝로하야금獨帝의게摩洛哥問題의平和的解決을祈하는書類를發케흔이獨帝는露帝의게向하야平和를破흘理由가無하다고回答흔故로財務官은드듸여佛國에서募債에着手하얏더라

●俄淸談判　俄淸談判에俄公使가蒙古新疆의鑛　敷設及鑛山採掘權을撤回하고黑龍江吉林의鐵道敷設權及礦山採掘權과該兩省의伐木權과淸日間鴨綠江條約에照하야俄淸兩國에合同經營흠을請求하야淸國全權委員이承諾하얏다더라

寄書

客이問於董湖居士曰韓之國權이將有還附之日乎아曰未可望也라요亦可望也리라客이俯而思ᄒ고仰而笑曰可望與未可望이相去甚遠이어날今子之言이和泥拖水ᄒ야何若是模稜焉고曰子之疑之也ㅣ固矣라吾將語之호리라夫一屋二主는未有不敗者인바顧今韓之現狀은非徒一屋二主라實是强賓이壓主ᄒ야國內諸般權利與必要地点이盡歸他人掌握이고所謂大臣들은一事一務를不敢自主ᄒ고趨走下風ᄒ며聽命惟勤ᄒ야統監府之一隷人에不過ᄒ니譬之컨ᄃ孤坐窮山에招虎自衛而傍無一人ᄒ며手無寸鐵ᄒ야其所被噬가直一反手間事인즉以此國勢와以此民力으로中興大計를何可擬論이리오客曰然則國之亡이已久矣라又何可望之有也리오曰自古[illegible]濟惡ᄒ야圖人國家者ㅣ雖能逞志於暫時나其勢不長ᄒᄃ러況國之興亡은專在於人心之向背인바自新條約以後로全國人士가懷憤痛迫ᄒ야如不欲生而日夜謳吟思漢ᄒ야寧爲相率而走死溝壑이언정誓不歸日本之版圖라ᄒ니衆心如此에天必佑之홀지니此其可望者ㅣ一也요且夫韓國은即東洋之一大樞紐이라列强之注目이未嘗不在此이고且其勒約事件을列强이擧懷不平ᄒ야公議之發이必有其日홀지니此其可望者ㅣ二也라惟願少須臾無死ᄒ야國權回復을躬親見之어니와雖然이나奸黨進用이依如前日ᄒ며大小行政이一味腐敗ᄒ며人民教育을漠然無聞ᄒ니此猶不耕而望其有秋라豈非痛哭者乎아客亦愀然變容而退記其言이러라

雜報

●詔下靑寧公 此大臣風儀粹雅性度和惠臨事決ᄒ며雍容密勿紳笏中書十有載彌竭忠悃助朕爲理裨益實多及夫邦命維新蔚有輔弼之勳勞退老鄕第尙有著寵之倚毗年齡彌邵耨職不衰豈意逝單遽至朕心愴然無以爲懷卒靑寧公沈舜澤喪東園副器一部輸送禮葬等節照例擧行遣亞卿致祭祭文親撰以下節惠之典不待狀葬前議諡라ᄒ옵셧더라

●奉勅勞問 伊藤侯의一行이本日京釜鐵道列車로京城에到達홀預定이라ᄂᆫᄃ禮式院外事課長高羲敬禮式官玄百運兩氏가 勅命을奉承ᄒ야勞問次로昨日初列車를搭坐ᄒ고釜港으로下去ᄒ얏다더라

●供佛何益 北村某大官家에서무슴祈禱를ᄒᄂᆫ지白米十石과錢一萬兩을東門外何寺刹로보내고何件事를祈祝홈다ᄒ니壽之長短과官之大小와求子得子를그곳觀世音菩薩이歷歷히感應홈ᄂᆫ지이又든世界에開明的事業은吝財不爲ᄒ고供佛飯僧은財物이드지안ᄂᆫ지試欲一問ᄒ노라

●報命請免 忠청北道報恩郡守金基윤氏ᄂᆫ素抱身病으로兼且才蔑ᄒ야難以視務故로已有所請願而至有封還之旨이오나病果如右ᄒ야末由視務이오니特爲奏免케ᄒ라고內部에請願ᄒ얏더라

●府郡奏本 昨日內部에셔一觀察十五郡守를上奏敘任ᄒ얏ᄂᆫᄃ

密陽李載益 居昌李元鎬
砥平李羲用 靈山金喆鉉
平海朴齊範 龍담[illegible]津
慶源金炳圖 順天[illegible]鍾緖
連山朴芝陽 嘉山[illegible]在定
韓山金基潤 報恩沈相珏
彦陽李啓弼 慶州柳[illegible]熙
孟山尹舜儀 春川金永憲

●監理新任 李應[illegible]氏ᄂᆫ昌原監理를被任ᄒ얏더라

●新舊异納 度支에셔各樣公錢中三月一日爲始ᄒ야舊貨ᄂᆫ收랍度支ᄒ고新貨ᄂᆫ輸랍于第一銀行所事로揭榜ᄒ얏다더라

●食言以肥 [illegible]洞所在興化學校校長은故忠正公閔泳煥氏인바公之在世也에其學校措劃과教務組織等節을視同家事ᄒ야盡心經紀홈으로教師與學員들이尤爲踴躍勉業ᄒ야宏大히發達之望이有ᄒ더니一自公之捐世로該校凡措가未免荒陋ᄒ기로幾箇有志人士가山頹梁傾之感을不勝ᄒ야往日北里居一大官ᄒ고語之曰愛其人에兼愛其屋上烏라ᄒ니某校之爲閔公所刱은大監之所知인바今因主管無人ᄒ야滿目荒凉에將至廢校之境ᄒ니其所歎惜은人皆同情인즉其在大監至親之誼에宜有所倍加惕然이고該校務擴張은當今之急務인則大監이從今主管該校ᄒ야復其舊容이면幸莫大焉이로다該大官이言下快諾ᄒ야付屬田畓ᄒ야俾充校費之意로申申爲言이러니其後聞之則該大官이以內帑金으로補助ᄒ기로運動타가竟未如意ᄒ즉計無所施ᄒ야前日所許田畓等言이自歸背約ᄒ며一分錢을不爲補助ᄒ얏다ᄒ니該大官은平日所知가惟是錢癖인지南北里士論이紛紜ᄒ다니果若傳說과如ᄒ면該大官을爲ᄒ야大端愛惜ᄒ기로本社ᄂᆫ隨聞隨錄ᄒ노라

●北民顧恤 度支에셔內部에照會ᄒ얏시되咸鏡北道乙巳度春秋戶布를特爲 奏裁減下ᄒ야棲遑之民을使之奠接케홀事로政府會議에提出ᄒ라ᄒ얏다더라

●兩里回祿 全北茂朱郡守趙命根氏가內部에報告ᄒ되陰正月十五日夜本郡豐東面扶等里徐[illegible]禹家에셔失火ᄒ야六戶連燒이다이고新豐面芝田洞에ᄂᆫ同月二十四日失火ᄒ야二戶連燒ᄒ고產物與農糧이盡爲燒燼이다이온바當此窮節ᄒ야失巢情景이實爲矜憐故로另飭附近里ᄒ야使之結構ᄒ오며玆以報告ᄒ오니特下恤典ᄒ야俾保殘民ᄒ라ᄒ얏더라

●誣멸教育會 國民教育會目的은皆信教有志ᄒ人士들리聯ᄒ야國民의教育을熱心홈이오至於政界邊ᄒ야ᄂᆫ初無一毫意想이거날遞[illegible]使尹喆圭와前參領金明濬兩氏가該會任員長ᄃ로周旋이有ᄒ다가兩氏가自己의進取를圖謀ᄒ야內大李址鎔氏를誘脅ᄒ야曰國民教育會ᄂᆫ皆不平黨이라實非尋常社會니吾兩人은會員의頭領이라吾兩人中에一은警務使를任ᄒ고一은政府參贊을任ᄒ여야該會行動을可以鎭壓이라홈으로李內大가其說을信聽ᄒ고尹氏를警使로薦任ᄒ얏다ᄒ니兩氏의誣멸設會ᄒ고陰圖進取ᄒ謀計ᄂᆫ大是可畏者라ᄒ더라

●査不如無 北來人에傳說을聞ᄒ즉厚昌郡守李載稙氏贓錢事에對ᄒ야慈城郡守尹東[illegible]氏로定査官行査ᄒᄂᆫᄃ李郡守에贓錢告發홈은一進會員이고該邑大小人民들은李郡守에治績을感歎ᄒ며贓錢之불實을亦皆聯訴辨明ᄒ되該査官이會員의氣勢를畏懼홈인지稱以一時査官으로曲直을有難擅斷이라ᄒ고托病延타ᄒ야不肯決案ᄒ다ᄒ니此等査官을將爲用之인지畏强侮弱이類皆如是라고民怨이頗騰ᄒ다더라

●日京地震 日本東京에셔本月二十四日朝에地震ᄒ고又於同日午後에地震兆候가有ᄒ기로一般人民들이避禍ᄒ기를爲ᄒ야一場大騷擾를經ᄒ얏다더라

●子榮父貴 本社에寄書홈을據ᄒ즉漢判朴義秉氏ᄂᆫ粗解日語ᄒ야來往日館ᄒ지不過兩年에位至大官ᄒ고富擁千石이라自大臣以下로至於觀察郡守監理摠巡主事ᄭ지自己手中에敍任門路를엇과交涉ᄒ侵損國權事件에運動費得食이不計其數이고其子勝은李軍大李內大諸氏요爪才ᄂᆫ崔錫敏李鳳[illegible]諸氏라花妾置家三四處에行樂이無궁ᄒ고買置家宅五六處에貰金收入이數千元이오川原忠청兩道內에廣置田庄十餘郡이라豪勢가至此에有何不足ᄒ야其父를彥으로初任伊川이라가郡薄不送ᄒ고更任江릉下送ᄒ니朴老ᄂᆫ目不識丁ᄒ人이라不知治民之爲何하고日與官婢로抱臥東軒하야吏民이嗤笑ᄒ고一進會가長於漢判하야責其不養親汚名器之罪하되朴判尹이有何周旋이던지其父ᄂᆫ如前하고該郡支會를解散케하얏스니眞可曰大權力이라고人言이多多하다더라

●송氏被捉 前承旨송廷燮氏ᄂᆫ何事件을因홈인지昨日憲兵에게被捉ᄒ얏다더라

●朴氏著書 朴尙勛氏가數禍篇을著述ᄒ야某新聞上에揭佈ᄒ얏ᄂᆫᄃ其主旨ᄂᆫ人民組織ᄒ기를爲ᄒ야懸標設行홀趣旨를論辨ᄒ얏더라

●鄭氏康健 前判書鄭洛鎔氏ᄂᆫ氣力如常홈데卒逝로揭載홈은無根風說이기玆에正誤홈

雜報

●松虫蔘奉　南來人의傳說을聞ᄒᆞᆫ즉水原健陵參奉尹鎰榮氏ᄂᆞᆫ故淸安君之友婿也라在官數年에莫重陵松을無難斫伐ᄒᆞ야私作齋廈ᄒᆞ고擲移齋室에巡村雜技ᄅᆞᆯ爲之能事ᄒᆞ며山直輩之巡山은置之ᄒᆞ고火巢附近村落에派巡시겨셔無論班常ᄒᆞ고稍饒ᄒᆞᆫ人家에尺寸만ᄒᆞᆫ松枝라도보면謂以偸斫ᄒᆞ고捉之囚之에威之脅之ᄒᆞ며一千餘兩或幾百兩式討索ᄒᆞᆫ거시數萬金이기로該洞人民들이松虫蔘奉이라고謂ᄒᆞᆫ다더라

●莘塾創立　抱川郡莘野居ᄒᆞᄂᆞᆫ李哲鎔 李稙龜 李䕫永 李命應諸氏가人民의野昧ᄒᆞᆷ과時局의頹弛ᄒᆞᆷ을憤慨ᄒᆞ야莘野義塾을剏立ᄒᆞ고熱心教育ᄒᆞᆫ다니諸氏의有志ᄒᆞᆷ은可賀ᄒᆞᆯ것이고今之莘野에또ᄒᆞᆫ先覺之士가多出ᄒᆞ야後覺者를開導作成케ᄒᆞᆷ을深切希望ᄒᆞ노라

●敎徒請廨　忠南扶餘郡守李大鍾氏가內部에報告ᄒᆞ되本郡一進會長劉永基公函內槪에方今要立大道敎ᄒᆞ야廣敷大道에以開世界上隱然耳目而思所以住接之方則爲先修葺一舍然後에宜無佈敎之인바邑底所在公廨一座ᄂᆞᆫ乃是前日捧稅廳也라曠空年久에瓦破棟漏則以此會施給이며將欲扶傾補缺以爲敎堂矣니特爲許等因인바盖以莫重公廨로雖至廢倒之境이나法不可以擅許이오니查照指令ᄒᆞ라ᄒᆞ얏더라

●蚕業實施　慶南安義郡春蚕會社長金秉先等이農部에請願ᄒᆞᆫ內槪本人等이株式으로養蚕會社를組織ᄒᆞ와安義郡北上洞烏峴山中陳荒之地에他人이已爲起墾者ᄂᆞᆫ給價買得ᄒᆞ고未起墾者ᄂᆞᆫ隨處種桑ᄒᆞ야數十萬株가已至四年이온바自今春爲始ᄒᆞ야春蚕營業을實施ᄒᆞᆯ터이니特爲認許ᄒᆞ고發訓于該郡ᄒᆞ야營業을保護케ᄒᆞ라ᄒᆞ얏더라

●官民同惡　西來人의傳說을聞ᄒᆞᆫ즉泰川郡守李寶應氏ᄂᆞᆫ莅任三朔에儒鄕任帖을亂賣如市ᄒᆞ고詞訟受賂가專謀充橐ᄒᆞᆷ으로一境人民이賣牛賣土에失産流離者가不知其數라ᄒᆞᄂᆞᆫᄃᆡ乃有挾雜輩가該倅를爲ᄒᆞ야願留次로上京이라ᄒᆞ니大抵願留ᄂᆞᆫ官有善政ᄒᆞ야至於瓜滿當遞이면民恐失之로願借之事가有ᄒᆞ거니와今에不過三朔之守令을爲ᄒᆞ야願留라ᄒᆞᆷ은求說不得이온況其貪饕不法이若是狼藉ᄒᆞ거날職彼輩氏이譸張虛說ᄒᆞ야欺罔政府ᄒᆞ니宜乎別般懲治이나該倅ᄂᆞᆫ內部大臣의緊切食口라必然好題旨가有ᄒᆞ리라더라

●土樹華孽　淸國北京에馬寺後土城에有一大孔이바每於新年登極時에其孔傍에必又生出一孔하ᄂᆞᆫ데近에에忽生一孔하고又於北京에有所謂皇樹하야皇帝傳位時를當하면該樹에셔必生一新梢하ᄂᆞᆫ데近又生出一梢키로國內信識者들이訛言相傳ᄒᆞᆫ다더라

●車거夫부誤오解해　부죠직이라ᄒᆞ고시졍ᄀᆡ션이되기를발알말이지뎝허노코그네들을거져두고정부를죠직ᄒᆞᆫ다ᄒᆞ면무어시죠직이라ᄒᆞᆯ터이며그네들이정부우헤안져셔시졍ᄀᆡ션ᄒᆞᆯ것다ᄒᆞ면무어시ᄀᆡ션될터인가이말져말쓸데업고일본셔통감이건너온후에아무숑결말이난다ᄒᆞ니한심코답답ᄒᆞᆫ일이라ᄒᆞᆫ터인력거군이듯ᄉᆞᆸᄒᆞ여왈나ᄂᆞᆫ이ᄯᅥ것미러케그의미를효득지못ᄒᆞ고오히려이ᄌᆞ신ᄒᆞ얏소죽당쵸에글ᄌᆞ비오지못ᄒᆞ야무엇이무ᄉᆞ말인지아지못ᄒᆞ고다만음상ᄉᆞ로비ᄉᆞ름ᄒᆞ게듯고억견으로만싱각ᄒᆞ얏거니와아마정부ᄃᆡ신네들도나와갓치그러케무식ᄒᆞ야그의미를효히치못ᄒᆞᆫ모양인지일간에일본셔통감이건너온다ᄒᆞ니아지못게라정부관리들이글ᄌᆞ나볼더ᄂᆞ오려ᄒᆞᆷ인가우리나라에도통감이업ᄉᆞᆯ것시아니여면ᄒᆞᆫ필일본셔가져올것무어신가우리나라에만일통감이업게드면ᄉᆞ략이라도무방ᄒᆞ고소학되하밍ᄌᆞᄌᆞ용이허다ᄒᆞᆫ데그것져것볼게ᄒᆞᆫ일본통감이적당ᄒᆞᆫ단말인가우리나라사람들의성질이아모리내것손홀ᄒᆞ다ᄒᆞ고남의것손죠타ᄒᆞ야일용범빅이모다외국것이오심지어집고단이ᄂᆞᆫ집행이ᄭᅡ지라도외국것을ᄉᆞ거니와 (미완)

廣告

特別社告

非史乘이면政治之美惡와人物之臧否와風俗之汚隆을無以攷論인즉史乘者ᄂᆞᆫ非一時之공覽이라乃萬世之公案이오非自國之所可得以私也라卽宇內列邦에宜所公佈키로頃者美人訖法氏之撰大東紀年이意固有在而然也라本記者ㅣ不揆僭越하고於韓之史事에留心者ㅣ久矣로되在幾百年之後하야要論幾百年之事가任大力綿에恐有失實之歎뿐더러鎖國自守之時代에ᄂᆞᆫ民國間諸般事爲가不過是尋常典故라不足以供世界列邦之眼目키로斷自丙子以後各國交涉時事하야要爲編成一書하야公諸列邦하니四方有志諸君子ᄂᆞᆫ諒此苦心하야丙子以後政令訓誥之所記와各國交涉之如何와臣民疏章與功罪之表著와中外俗習之沿革과忠臣義士孝子烈女之行蹟을各隨所聞所見的詳錄投示하야俾此重役으로得以完成을千萬幸甚

大韓每日申報社

○○○○○○○○○○○○○○

本申報를廣佈ᄒᆞ기爲하야咸鏡南道咸興州南社西門外居하ᄂᆞᆫ曹喜林氏에게逐號下送하오니該附近地愛讀하시ᄂᆞᆫ僉君子ᄂᆞᆫ同氏에게購覽하시며代金도同氏에게傳致하심을爲要

大韓每日申報社

○○○○○○○○○○○○○○

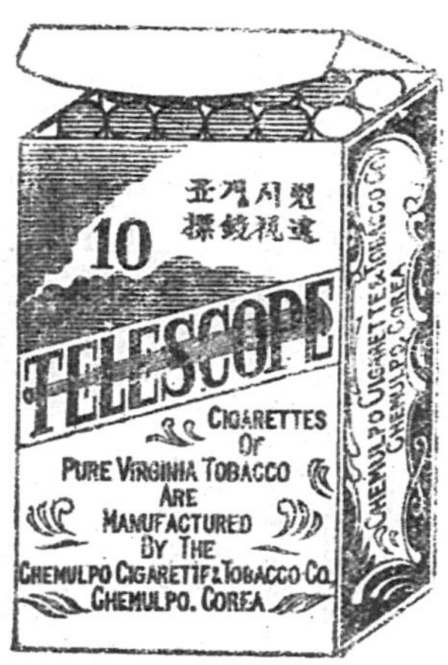

本社廣告

申報價

一張代金 新貨二錢五里

一箇月前納 三十錢

三箇月 九十錢

六箇月 一元七十錢

一箇年 三元四十錢

郵稅一部 新貨五里

一箇月 十三錢

廣告料

四号活字十三字詰

每日每英尺一寸에新貨廿五錢

(每日每行에六錢에相當홈)

二周日에 二圜五十錢

(每日每行四錢五里에相當홈)

一箇月에 五圜

(每日每行圜錢一里에相當홈)

其期限의長短과字行의多少를依ᄒᆞ야增減홈이有홈

大韓人마다此申報를不得不購覽ᄒᆞ실터이오니廣告出報ᄒᆞᆯ僉君子ᄂᆞᆫ來臨面議ᄒᆞ시오

發行兼編輯人 英國人裵說

發行所

京城北署壽進坊罔洞号外塊縣西軍校前

大韓每日申報社

(西曆一千九百六年三月一日) 木曜日 (明治卅八年八月十一日第三種郵便物認可)

第四卷 第一百五十七號

大韓每日申報
대한매일신보

月曜及慶節歲時休日休刊

檀君開國四千二百三十九年
箕子元年三千二十八年
大韓開國五百十五年
日本明治三十九年
淸國光緖三十二年
陰曆丙午二月大初七日甲辰

論說

日本現勢

輿實意見上에一般論辨이現出하니此는極東禍亂이今纔萌動이라摩洛哥問題에列國紛議가和平決定以後에는極東風雲이一次更起ᄒᆞᆯ거시로다

英國前內閣이自犯整列이라世界上最强國이因其東洋事ᄒᆞ야再起釁端于日本ᄒᆞᆯ거시表示矣어니와

近日淸國을遊覽ᄒᆞᆫ鍊熟有志人士들이公然報道ᄒᆞ되同國排外思想이致此驚駭之擧ᄒᆞᆷ은日本勢力이爲其責任이라ᄒᆞ니淸國起擾가過於義和團일지는小有其疑요其提議運動에日本이在其後란確說은假定과如히事實이有ᄒᆞ도다

先以假定思之면淸國之排外運動을因ᄒᆞ야日本之有所得을商量ᄒᆞᆯ거시라第一은淸國政府가義和團時와如히因其重大反亂ᄒᆞ야는列强中에淸國內所有利益을派兵保護ᄒᆞᆯ邦國으로더부러必有交涉ᄒᆞᆯ지라於此冒險에日本이以其地勢接近과陸軍壯건으로必先驅于戰野ᄒᆞᆯ지니令譽를全取ᄒᆞ야重賞을必求ᄒᆞ리로다

日本이淸國完全에好意를自言ᄒᆞ얏스나他邦勢力이此紊亂區分되는支나帝國에侵入됨을東京이似不爲之吊矣리니此는淸國이以其全部財源으로進步ᄒᆞ야宛全結合ᄒᆞ면不出數年에乃作强隣于日本ᄒᆞᆯ거시오淸國이五六政府로分割되야疲弊困惱ᄒᆞ면是乃日本之所願觀이니故也오且過戰役에日本所獲이無所效用이니此皆臨時割讓이라淸日協約되로日本이還附ᄒᆞᆯ터이며其定限以內에全然不得利益ᄒᆞᆯ이로다韓國及滿洲에日本之不公侵入之報가旬日伸來矣니此는日本이更待一匪徒之擾ᄒᆞ야伊後分功之日에自國臨時所獲을變更ᄒᆞ야韓國及遼東半島와滿洲南部로永作已有ᄒᆞᆯ思想이로다

淸國公衆意見이日本新聞과附日新聞의指導를被ᄒᆞᆷ이甚大矣라如此公衆이常有排却意思ᄒᆞ야耶蘇敎나外國이나或朝令을反對ᄒᆞ나니此等衆心을善良變化以前에는易被煽動이無時不然이어니와今日煽動者는匿名矣로다

官報

◉號外 光武十年二月二十日

◉宮廷錄事

詔曰以著龜元老有大勳勞於國家合施殊異之典領敎寧司事沈舜澤特封公爵節次令宮內府博攷擧行 二月二十日

宮內府大臣勳一等臣李載克謹奏領敎寧司事沈舜澤特封公爵事 命下矣封爵案謹上奏 光武十年二月二十日奉旨依奏

◉叙任

封靑寧公 領敎寧司事沈舜澤 二月二十日

◉號外 光武十年二月廿六日

◉宮廷錄事

禮式院掌禮卿臣趙定熙謹奏靑寧公沈舜澤昨日卒逝云自今日限三日停朝市去刑戮禁屠殺罷音樂禮葬弔祭依例擧行何如謹上奏 光武十年二月二十五日奉旨依奏

◉三千三百八十七號 光武十年二月二十七日

◉敍任及辭令

依願免本官 平安北道觀察府主事柳程河 忠청南道觀察府主事鄭光鉉 ○任平安北道觀察府主事叙任官六等 全羅南道觀察府主事崔鍾勛 ○任忠청南道觀察府主事叙判任官一等 忠청北道觀察府主事陰在억 ○任忠청北道觀察府主事叙判任官六等 九品柳程河 ○任全羅南道관察府主事叙判任官六等 九品金左錫 以上一月二十九日 ○陞正三品 六品徐相大 二月十日 ○依願免本官 秘書監丞金在鉉 仝尹一炳 弘文館시講蔡東燮 內部司主事羅在琨 帝室會計審査局主事鄭完福 禧陵參奉趙鏞설 貞子陵參奉李乾由 ○解分秘書監郞 六品朴海昌 ○命宮內府特進官叙勅任官二等 禮式院掌禮卿李軒卿 ○命禮式院掌禮卿叙勅任官二等 秘書監卿趙定熙 ○命秘書監卿叙勅任官二等 宮內府特進官李[illegible] ○命시從院副卿叙勅任官三等 忠청北道관察使申泰熙 ○任秘書監丞叙奏任官二等 正三品尹憲榮 ○任秘書監丞叙奏任官二等 正三品柳時晩 ○任弘文館시講叙奏任官四等 秘書監郞任百瑛 ○任秘書監郞叙奏任官四等 六品朴海昌 ○任內藏司主事叙判任官六等 主殿院主事韓雲用 ○任主殿院主事叙判任官六等 典선司主事張필遠 ○任典선司主事叙判任官二等 六品羅在琨 ○任帝室會計審査局主事叙判任官五等 主殿院主事高義明 ○任主殿院主事叙判任官五等 시從院主事李容爽 ○任시從院主事叙判任官三等 六品鄭完福 ○任禧陵參奉叙判任官八等 九品[illegible]鍾國 ○任貞子陵參奉叙判任官八等 李裕烽 以上二月二十三日

春風消息

◎南淸에慷慨不平ᄒᆞᆫ白蓮會大刀會哥老會七十二拳團等의有名ᄒᆞᆫ豪傑이聯合風雲을招搖ᄒᆞ든腕力으로美洲를抗拒ᄒᆞ다ᄒᆞ니世界의何等怒濤惡浪을激起ᄒᆞᆯ는지近日소息이何如오

◎北청에鐵道와撤兵問題로俄國은호스마우스에서締結ᄒᆞᆫ俄日條約을違反ᄒᆞᆫ狀態를露出ᄒᆞ얏스나東洋에永遠平和는幾個日月을保維ᄒᆞᆯ는지近日은소息何如오

◎東洋平和의永遠維持ᄒᆞᆷ은一般世界人도希望ᄒᆞ는바어니마는日本人의政略을見ᄒᆞ면口로는東洋平和를唱導ᄒᆞ되心으로는東洋平和를嫉惡ᄒᆞᆷ과如ᄒᆞ야對韓方針을一切誤謬ᄒᆞ니有眼者로見ᄒᆞ면東洋平和는永遠維持키難ᄒᆞ다고日本人新聞上에도揭佈ᄒᆞ얏스니近日소息이何如오

◎韓國人民을對ᄒᆞ야日本人의新聞에每每히實業을奬勵ᄒᆞ야實力을充實케ᄒᆞ라ᄒᆞ고津津說去ᄒᆞ나金融財政이凋渴無餘ᄒᆞ야血脈이不通ᄒᆞᆫ上關下格의急境에遂到ᄒᆞ얏스니性命不保의危急이朝夕에在ᄒᆞᆫ지라何暇에實業을奬勵ᄒᆞ야實力을充實케ᄒᆞᆯ暇隙이有ᄒᆞ리오全國人民의救濟瀕死ᄒᆞᆫ性命을已爲聞知어니와近日소息何如오

◎蘭國海牙府에第二回萬國平和會議를開設ᄒᆞᆫ다ᄒᆞ니世界上切迫危急ᄒᆞᆫ問題의大關係가有ᄒᆞᆫ邦國의議案을提起ᄒᆞᆯ는지近日소息이何如오

雜報

●慶節例式　禮式院에서通牒ᄒᆞ기를陰曆二月初八日은 東宮殿下의千秋慶節이라宗親文武百官門閥以上은四服에오五品以下ᄂᆞᆫ黑團領으로詣영ᄒᆞ야祗候例行ᄒᆞ라ᄒᆞ옵시기로玆에仰佈ᄒᆞ얏더라

●統監府職員　統監府各課長의姓名이左와如ᄒᆞ니

○總務部

總務長官鶴原定吉　外事課長鍋島桂太郞　庶務課長[illegible]　內事課長[illegible]兒玉秀雄　[illegible]及[illegible]課長技師中[illegible]三郞　秘書[illegible]技師[illegible]古谷久綱

○農商工部

總長木內重四郞　商工課長書記官[illegible]　農務課長技師中村[illegible]

○警務部

總長岡喜七郞　警務課長[illegible]　[illegible]丸山理平太　保安課長[illegible]衛生課長深田牛磨等諸氏라더라

●一之亂也　憲兵隊付官陸軍正尉李延?氏가何事件을因ᄒᆞ야法院에暫時滯囚ᄒᆞ얏던지在囚各人等의苦楚ᄒᆞᆫ情況과飢餒ᄒᆞᆫ景色을目擊ᄒᆞ고矜惻之心을不禁ᄒᆞ야飯羹等諸色物을盛備ᄒᆞ야津二日大饋醉飽홈으로罪囚各人등이其厚意를滿口稱謝ᄒᆞᆫ다더라

●敎徒討索　公州居李龍石은本以甲午東學巨魁로漏網逃生이다가近又神癰敎會員이라稱ᄒᆞ고許多作弊ᄒᆞᆷ은本報에已揭어니와該地駐在日憲兵에게被縛되야前後行悖ᄅᆞᆯ調査ᄒᆞᆫ즉該附近地諸民處에錢穀及牛隻等物勒奪ᄒᆞᆷ을自服ᄒᆞ기로該郡守에게越送ᄒᆞ야方在拘囚中이라더라

●釜關履變　伊藤侯ᄂᆞᆫ昨日釜港에下陸ᄒᆞ야當日에京城豫定이라더니更聞ᄒᆞᆫ즉同地에서幾日間留宿ᄒᆞ고來月二三日頃에到京ᄒᆞ겟다더라

●日妓先聞　伊藤侯渡韓前에一隊紅粉消息이各新報에播載ᄒᆞ야極其宏壯ᄒᆞ니同氏에政治先務가花月境界에在ᄒᆞᆫ지東洋史籍으로觀之컨ᄃᆡ齊人이遺女樂于魯ᄒᆞ야以亂其政ᄒᆞ얏스니不知커라韓之廷臣中에孔夫子之聖智가有ᄒᆞ야長其得政인지一曲後庭花를敎習ᄒᆞ야將次韓之亡國을悲吊ᄒᆞᆯ야ᄂᆞᆫ지風流政權을令人捉摸키不得ᄒᆞᆯ지로다

●財顧更來　度支顧問官目賀田氏가日前에渡韓ᄒᆞ야昨日爲始ᄒᆞ야視務ᄒᆞᆫ다더라

●會員悖習　忠北傳說을聞ᄒᆞᆫ즉京城一進會員閔杰氏와安城會員姜成雲姜源吉金擧民金雲植等이忠州陰川等地로橫行ᄒᆞ야平人은逢之則入會削髮ᄒᆞ라고勒脅이太甚ᄒᆞ야居民이渙散之境이고貪叨無厭ᄒᆞ야如干稍實者ᄂᆞᆫ搆以罪目ᄒᆞ야勒奪錢財ᄒᆞ니該會長은夢中인지嚴束會員ᄒᆞ야入會를勿動ᄒᆞ며民財를勿奪ᄒᆞ야所謂四大綱領을實施ᄒᆞᆯ思想이無ᄒᆞ다고輿論이激憤ᄒᆞᆫ다더라

●電車觸傷　昨日上午十二時에北壯洞居申學均之子十二歲兒가南大門外里門洞前路에서電車에觸傷ᄒᆞ야右脚이折斷ᄒᆞ얏ᄂᆞᆫᄃᆡ治療次漢城病院으로舁送ᄒᆞ얏다더라

●冊籍請撥　南陽郡居李昌會等이學部에請願ᄒᆞ되本人等이英語學校를設立ᄒᆞᆫ바敎科書類가一未完全이온즉普通科書與世界全圖及大韓地圖를一一撥下ᄒᆞ라ᄒᆞ얏더라

●義兵風聞　全南觀察使朱錫冕氏가內部에報告ᄒᆞ얏스되本府一進支會長姜日相이報稱ᄒᆞᆫ즉城郡之鄕約所ᄂᆞᆫ外雖鄕約이나內實義兵注意로回文於各面里ᄒᆞ야齊會于該郡鄕校이다ᄒᆞᆫ바事當探其根源ᄒᆞ야明其虛實이온기即行秘訓該郡ᄒᆞ야以爲嚴覈報來케ᄒᆞ고一邊本府巡檢及警務補佐員鋼島幸次郞을亦爲私探次派送이라ᄒᆞ얏더라

●內訓平院　江原道平昌郡鄕長禹弼奎ᄅᆞᆯ以義賊久囚平理院事로內部에서統監府管理局長池田十三郞의公函을因ᄒᆞ야平理院에照會ᄒᆞ기를該禹弼奎가各別審問도受ᄒᆞᆫ事도無ᄒᆞ고任其檻窓臥起ᄒᆞᆫ다ᄒᆞ니何等罪犯에關ᄒᆞ야尙未審査이온지該事由ᄅᆞᆯ示明ᄒᆞ야以便作復케ᄒᆞ라ᄒᆞ얏더라

●鏡察報告　咸北관察任原鎬氏가內部에報告ᄒᆞ되現接財政顧問支部財務官本間九介照會則現今各郡文簿調査中吉州城津兩郡의上納摠數籍表를再錄ᄒᆞ야調査歸正無期ᄒᆞ니吉城兩郡爭鬪十八洞上납錢及戶籍은自城津상납ᄒᆞ고更不再論케하라ᄒᆞᆫ바上납籍表가俱係鄕貢인즉何以措處이올지查照指一處分하ᄉᆞ하얏더라

●溫塾賞勸　日昨十曜에藥峴溫粹義塾漢文科에서月終試驗을經ᄒᆞ얏ᄂᆞᆫᄃᆡ伊時該塾長金晩秀氏와講師金重煥尹泳學兩氏가來參ᄒᆞ야紙筆等件으로施賞ᄒᆞ고該學徒의게熱心就學ᄒᆞᆷ을勸勉ᄒᆞ얏다더라

●靑會講演　今日下午七時半에紳士尹炳鉉氏가地球ᄂᆞᆫ問題로皇城基督敎靑年會에서演說ᄒᆞᆫ다더라

●時事一束

○會ᄂᆞᆫ四面서組織ᄒᆞ얏스되目的은何等目的인지

○一進會靑年會國民敎育會憲政研究會人道敎會淨土宗敎會神理敎會神宮會等各種門戶에韓國人士의一時爭赴ᄒᆞᆷ이亦何等趣味인지

○不知ᄒᆞ되韓國의急先組織ᄒᆞᆯ一團體ᄂᆞᆫ國民義會인ᄃᆡ何許有志人이方今發起中이라ᄒᆞ니果然인지

○敎ᄂᆞᆫ自來國中의崇信ᄒᆞᄂᆞᆫ宗敎가興昌ᄒᆞ여야其國의盛運을可ᄒᆞ홀거이어날數千年崇信ᄒᆞ든宗敎ᄂᆞᆫ漸殘漸弛ᄒᆞ고一種新面目의敎가隆興ᄒᆞᆫ다ᄒᆞ니韓國의幸福인지

○會社ᄂᆞᆫ人民의實業을發達ᄒᆞᆫ다ᄂᆞᆫ社會인ᄃᆡ合衆智合衆力ᄒᆞ야事業을易成ᄒᆞᆷ은方今時代의流行ᄒᆞᄂᆞᆫ美擧이로ᄃᆡ韓國은每每히有名無實ᄒᆞ고有始無終ᄒᆞᄂᆞᆫ弊風이盛行ᄒᆞ되尙今에도新組織ᄒᆞᄂᆞᆫ各種會社가有ᄒᆞ니永遠保維ᄒᆞ야實業을發達ᄒᆞᆯᄂᆞᆫ지

○政治ᄂᆞᆫ現下政府當局者의開口言論과滿心意向은伊藤統監이渡韓ᄒᆞ야指導監督을受ᄒᆞ여야施政改善의實際功効를立見ᄒᆞ리라고苦待中인ᄃᆡ統監은不日入城ᄒᆞᆫ다ᄒᆞ니何等出色이有ᄒᆞᆯᄂᆞᆫ지

○民心은如水無風ᄒᆞ야不波不瀾이라야人民도安堵ᄒᆞ고國家도泰平ᄒᆞᆯ건마ᄂᆞᆫ韓國의上下人情이擧皆洶洶ᄒᆞ야安靜ᄒᆞᆯ時日이無ᄒᆞ며平穩ᄒᆞᆫ處所가無ᄒᆞ니人民上政府가人民의憂慮ᄅᆞᆯ根本的關係로認定ᄒᆞᄂᆞᆫ지

外報

●會匪蜂起　北京通信을據ᄒᆞᆫ즉청國江西巡撫張人駿氏의電報ᄅᆞᆯ據ᄒᆞᆫ則商水淮寧周家口三箇所의哥老會匪가排外守境ᄒᆞᆷ을籍稱ᄒᆞ고蜂起ᄒᆞᆫ故로步兵一營을派送鎭壓中이라더라

●北洋第八鎭　北京通信을據ᄒᆞᆫ則청國袁總督府에第三鎭協統(鎭은師團이오協統은副將이라)을古北口에派送ᄒᆞ야新兵을募集ᄒᆞ야北洋陸軍第八鎭을編製ᄒᆞᆯ次로業已五協(一協이略一千名이라)을募集ᄒᆞ얏다더라

●巴燕匪徒　同通信을據ᄒᆞᆫ則近日甘肅省寧府所屬巴燕戎格의番族이叛旗ᄅᆞᆯ擧ᄒᆞᆫ故로청廷에서陝甘總督升允氏에게電訓ᄒᆞ야派兵剿滅케ᄒᆞ고又西寧辦事大臣慶恕氏에게도電訓ᄒᆞ야同地의俄人及敎會堂을極力保護ᄒᆞ라ᄒᆞ얏더라

●屢見平和　昨秋來로俄國皇帝게셔提唱ᄒᆞᆫ第二回萬國平和會議의開會에對ᄒᆞ야日本政府도同義ᄅᆞᆯ贊ᄒᆞᆷ은旣記ᄒᆞ얏거니와列國도略同一ᄒᆞᆫ意向으로已爲擧皆贊同의意ᄅᆞᆯ表ᄒᆞ얏스나昨年來의騷擾로俄國皇帝도十分該議會에幹旋ᄒᆞᆷ이未能ᄒᆞᆫ事情이有ᄒᆞ야其提出及協定事項등에就ᄒᆞ야何等의交涉이姑無ᄒᆞᆷ으로歐美列國中에서ᄂᆞᆫ其開會ᄅᆞᆯ促ᄒᆞᄂᆞᆫ故로今年中에ᄂᆞᆫ應當開會ᄒᆞ리라더라

●戰時稅反對　日廷에서戰時稅繼續案을去二十一日에貴族院特別委員會에서大反對가生ᄒᆞ얏더라

●增派兵艦　十九日倫敦電을據ᄒᆞᆫ즉美國은軍艦二隻을東洋艦隊에增加ᄒᆞ야청國으로直行을命ᄒᆞ고또在北京公使館護衛兵을增加ᄒᆞ기로決定ᄒᆞ얏다더라

●義勇艦隊　華盛頓電을據ᄒᆞᆫ즉美國元老院에서義勇艦隊ᄅᆞᆯ創設ᄒᆞ야청國及日本等十三個處에航路에向ᄒᆞ야補助ᄒᆞ기로議案에可決ᄒᆞ얏다더라

雜報

●慶尙南道管下郡守治蹟

晉州郡守閔丙星　一心副規百里賴安上
金海郡守李徽善　東吏則嚴戢盜而勤上
密陽郡守趙鍾緖　撫民以能居官以明上
東萊郡守元有常　老鍊成績誠厚愛民上
蔚山郡守沈選澤　捐俸執災使民安業上
宜寧郡守李容敎　性本慈敏政得平和上
昌寧郡守閔丙吉　妙手有爲前頭無窮上
昌原郡守尹泰興　治無不理事無ᄒ路上
居昌郡守李騰翼　三載爲政一心成功上
河東郡守朴윤셩　來暮之歌咸曰我侯上
陝川郡守丕重翊　礪風懲俗裕民東吳上
咸安郡守丁羲燮　勵攻務胥熟譽紋蔚上
咸陽郡守朴晶奎　務在鄕約念切民安上
固城郡守李崙鉉　已聞議紀當[illegible]上
梁山郡守權重殷　花此無小惜諸ᄒ段上
彦陽郡守李庭寅　務公念勤行令頼信上
靈山郡守張元遠　政務以實民擴可蘇上
機張郡守洪在主　自試發인若就熟路上
巨濟郡守尹相佑　愷悌其人廉明其治上
草溪郡守申泰哲　地雖小矣治則和也上
昆陽郡守安敎煥　多年譽績一規必新上
三嘉郡守閔明植　念切於民心存於治上
漆原郡守李裕璿　仁善爲政剛毅東ᄉ上
安義郡守李範직　姿溫比玉政化如春上
山청郡守李啓泳　民諸九務麥秀兩歧上
丹城郡守金秉吉　持心唯厚臨民以惠上
南海郡守李台榮　政如臨家民安其業上
泗川郡守吳在珪　勤勤其志念念其民上
熊川郡守尹혁옥　惟心惟謹爲政爲上
鎭海郡守鄭海八　從容爲政興情ᄒ紓上
鎭南郡守朴逸憲　務政革舊設維新上

●權停嗜慾　全州郡守鄭直相氏가度支部에서紙貨로捧結ᄒ라ᄂᆫ訓令을不遵ᄒ고期限[illegible]葉錢八十兩으로만捧納ᄒ민로民魚肉되여莫可負保라고郡民姜濟九等이內部에呈訴ᄒ지가今十餘日에尙無如何發落이기로退捧貫民이浮費難支ᄒ야進退維谷되엿다더라

●公錢放債　南來人傳說을聞ᄒ즉蔚山郡捧稅書記金正弘이가結錢三十六萬兩을歲前督捧ᄒ야一分도上納은아니ᄒ고五分邊放債殖利ᄒ며使其叔容河로該放債錢을利上加利ᄒ야杖囚督捧ᄒᆷ으로民怨이狼藉ᄒ다더라

●碧瀾義塾　年來各地方에設ᄒᆫ學校가不少ᄒ되獨海西地方에ᄂᆫ寥寥無聞ᄒ야有志士의遺憾ᄒᄂᆫ바러니昨年十月頃에志士魚允迪具延命兩氏가黃海道白川郡碧瀾村에碧瀾義塾이라ᄂᆫ學校를私立ᄒ고學徒를募集ᄒ야小學中學科目으로써普通敎育을施ᄒ다더니近日에魚允迪氏ᄂᆫ該塾長으로具延祿氏ᄂᆫ塾監으로任定되야該塾을擴張ᄒᄂᆫ디該地方有志人士의贊助가多ᄒ야將來에頗히有望ᄒᆫ結果가有ᄒ리라ᄒ니吾儕ᄂᆫ該塾長과塾監의熱心을爲ᄒ야感賀ᄒ노라

●車거夫부課오解히

그룡감이야아모데룡감이며관계ᄒᆯ것잇나진소위내천조와남의천조가달으다ᄒᄂᆫ말 거긔두고일은말이로다ᄒ거날좌중이또ᄒ박장되소왈이ᄉ람되지안은말작작ᄒ소듯기를잘못ᄒ엿나싱각ᄒ오잘못ᄒ나엇지그리오히ᄒᄂᆫ말에민운고규변에일부서건너온다ᄂᆫ룡감은셔쳑일흠이룡감이아니오버슬일홈에룡감이니그룡감은일본에유명ᄒᆫ원로후작이등박문씨가룡감으로 미완

廣告

今月二十日에名帖匣을遺失ᄒ와ᄂᆫ디其中에紙貨五元과其他有要緊ᄒᆫ標紙가有ᄒ오니標紙ᄂᆫ他人의게ᄂᆫ無所用則拾得僉大人이覓來ᄒ시면該五元外에重賞을加ᄒ오리다
茶洞二統九戶李圭直告白

●刑法大全　一秩定價金新貨六十錢
發賣所布門下金相萬書舖

蔚山郡一進支會前會長李圭夏ᄂᆫ本以私婢所生으로民權頭目이되야民間弊瘼은不知ᄒ고只以ᄌᆡ조지罔만먹고搆人不孝不悌와음行不正ᄒ야多數會員을毆打ᄒ며納賂ᄒ며郡守付同ᄒ며無所不爲ᄒ다가畢竟綻露之境에總會에서退會ᄒ얏ᄂᆫ디또다시會長ᄒᆷ양으로本郡各面民의게勒乞旅費ᄒ야上京ᄒ얏스니만일會長을得ᄒ면蔚山殘民은또다시魚肉之慘을맛날터ᄒ니總會僉君子ᄂᆫ詳量差出ᄒ시오ᄒ엿더라
本郡民李化水等　告白

本人名字를基升으로從仕ᄒ엿더니今以晃植으로改ᄒ니原籍照亮ᄒ시오
崔晃植　告白

본뎐포가중ᄎ폐업ᄒ기로광고ᄒ오니뎐물물음이월회니로츄거ᄒ되약과한즉뎐물물방미할터이니죠량ᄒᆷ
중서철물교하남편光韓號告白

●陸軍法律　一冊定價新貨參十錢
發賣所　布屛門下金相萬書舖

花春丹은　霍亂　吐瀉　腹痛　滯症　暑症　정忡　神眩　脅鬱　痰盛　醒酒解毒　咳嗽　口味업ᄂᆫ諸症에神效ᄒᆫ藥이오此外에도洋灰水解毒藥　唐차　疳氣　蛔虫　寸虫　赤白癩風　藥과東西洋藥이俱備ᄒ고他病도隨問出方ᄒ오니僉位ᄂᆫ枉議ᄒ시옵
皇城校洞石井洞下隅
石泉室藥局　告白

本校에서第二期學員을募集ᄒ야試驗을已經ᄒᆫ바晝夜學科에追後入學을願ᄒᄂᆫ僉員은本月二十八日ᄭ지特別히應試許入ᄒ깃사오니僉諒來臨ᄒ시오
光武十年二月十五日
普成專門學校

平壤草里坊金鍾禹ᄂᆫ本以悖類로渠之堂叔昌林의庄土文券을僞造逆賣코져ᄒ다니內外國人은勿爲見欺홈
平壤草里坊上二里　金昌林

前協律社를更設ᄒ고諸般技藝를陰二月八日로始ᄒ되時間은自下午六時至十一時오니僉君子ᄂᆫ便覽ᄒ심을望홈
協律社　告白

齒科　廣告
齒科醫士美國人의이더워드힐
右事務所ᄂᆫ南大門內達城尉宮內美國醫士스크랜돈家後에在홈
視務時間은每日上午九時로一時ᄭ지下午二時로五時ᄭ지
右時間外에特別히治療ᄒ기를要請ᄒᄂᆫ僉員은預先通知홈

●數理學雜誌改良廣告
本雜誌를第三號로봇터ᄂᆫ頁數도增加ᄒ며紙品도改良ᄒ며記載ᄒᄂᆫ材料도一層精選ᄒ야江湖僉彦의愛讀ᄒ시ᄂᆫ厚意를報코져ᄒ오니倍舊愛讀ᄒ심을伏望
發行日子ᄂᆫ每朔五日
一冊定價　新貨拾錢
發行所　南大門內尙洞[illegible]側　數理學雜誌社
賣捌所　尙洞會堂內　鍾路大東書市　布屛下金相萬書舖　新門內松橋[illegible]紙廛　觀峴朴泓九紙廛　[illegible]新冊肆

現今世界列國이互相交涉之日에交際之禮를宜先講解이기로交際新禮一冊을撰述ᄒ야刊行ᄒ오니外交家及四十의不可不備ᄒᆯ珍이라僉君子ᄂᆫ照亮覽홈
定價金　新貨十八錢
發賣所　大韓每日申報社

特別社告

非史乘이면政治之美惡와人物之臧否와風俗之汚隆을無以攷論인즉史乘者는非一時之공覽이라乃萬世之公案이오非自國之所可得以私也라即字內列邦에宜所公佈키로曩者美人訖法氏之撰大東紀年이意固有在而然也라本記者ㅣ不揆僭越하고於韓之史事에留心者ㅣ久矣로되在幾百年之後하야要論幾百年之事가任大力綿에恐有失實之歎뿐더러鎖國自守之時代에는民國間諸般事爲가不過是尋常典故라不足以供世界列邦之眼目키로斷自丙子以後各國交涉時事하야裒爲編成一書하야公諸列邦하니四方有志諸君子는諒此苦心하야丙子以後政令訓誥之所記와各國交涉之如何와臣民疏章與功罪之表著와中外俗習之沿革과忠臣義士孝子烈女之行蹟을各隨所聞所見而詳錄投示하야俾此重役으로得以完成을千萬幸甚

大韓每日申報社

○○○○○○○○○○○○○○
本申報를廣佈ᄒᆞ기爲하야咸鏡南道咸興州南社西門外居하는曹喜林氏에게遞號下送하오니該附近地愛讀하시는僉君子는同氏에게購覽하시며代金도同氏에게傳致하심을爲要

大韓每日申報社
○○○○○○○○○○○○○○

一 鷹標罐濃餡牛乳
一 金印罐詰濃結牛乳
一 無鹽家用氣化乳酪
一 理ㅣ돈쓰製造麥芽化合牛乳

以上은當時에貯積ᄒᆞ얏슴
美國紐約港쌔ㅣ돈쓰濃結牛乳會社
一手代理店
大韓仁川港
世昌洋行

●九轉靈砂라 本人이妙方法을神備하야製造ᄒᆞᆫ靈丹인ᄃᆡ男女老少에無論何症ᄒᆞ고通治ᄒᆞ오며無病時에도服ᄒᆞ면平生의身體가健康ᄒᆞ며小兒는四五錢重만服ᄒᆞ면十歲안에無病ᄒᆞ기를擔保ᄒᆞ오며
●九轉靈砂萬靈丹은癲狂 癎症과中風癱瘓과耳目諸病과淋疾에神效ᄒᆞ오
●九轉靈砂保命丹은初生小兒 驚風 痼氣 咳嗽 腹痛諸般惡症에神效ᄒᆞ오
●九轉靈砂濟衆丹은酒滯 食滯 血積 吐瀉 霍亂 痢疾 吐血 下血 運氣 時疾 瘧症에神效ᄒᆞ오
●九轉靈砂紫金丹은痔漏 累癧 上疳瘡 下疳瘡及唐瘡과諸般毒瘡惡種에無不神效ᄒᆞ오니 僉君子는來問ᄒᆞ시오
內需司前도갑이골上隅第一家 李鶴延移徙 告白

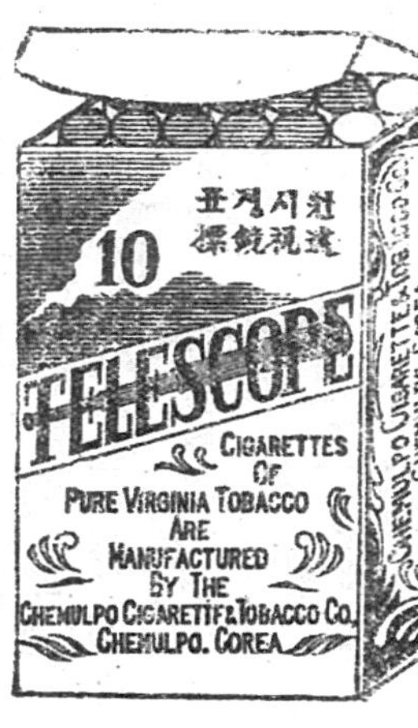

以上三種은上品으로製造ᄒᆞ야衛生上에至極有益ᄒᆞ니 [illegible] ᄒᆞ고 [illegible] 社에來 [illegible] 願ᄒᆞᆷ

大韓帝國仁川港
濟物浦紙卷煙及烟草會社

本社廣告

申報價
一張代金 新貨二錢五厘
一箇月前納 三十錢
三箇月 九十錢
六箇月 一元七十錢
一箇年 三元四十錢
郵稅一部 新貨五厘
一箇月 十三錢

廣告料
四號活字十三字詰
每日每英尺一寸에新貨廿五錢
(每日每行에六錢에相當홈
二週日에 二圜五十錢
(每日每行四錢五厘에相當홈
一箇月에 五圜
(每日每行四錢一厘에相當홈
其期限의長短과字行의多少를依ᄒᆞ야增減홈이有홈

大韓人마다此申報는不得不閱覽ᄒᆞᆯ터이오니廣告出報ᄒᆞ실僉君子는來臨面議ᄒᆞ시옴

發行兼編輯人 英國人裵說
發行所
京城北署蔚邇坊磚洞牙外地校語學校前
大韓每日申報社

第四卷　大韓每日申報　대한매일신보　第一百五十八號

月曜及慶節歲時日休刊

檀君開國四千二百三十九年
箕子元年三千二十八年
大韓開國五百十五年
日本明治三十九年
淸國光緒三十二年
陰曆丙午二月大初八日乙巳

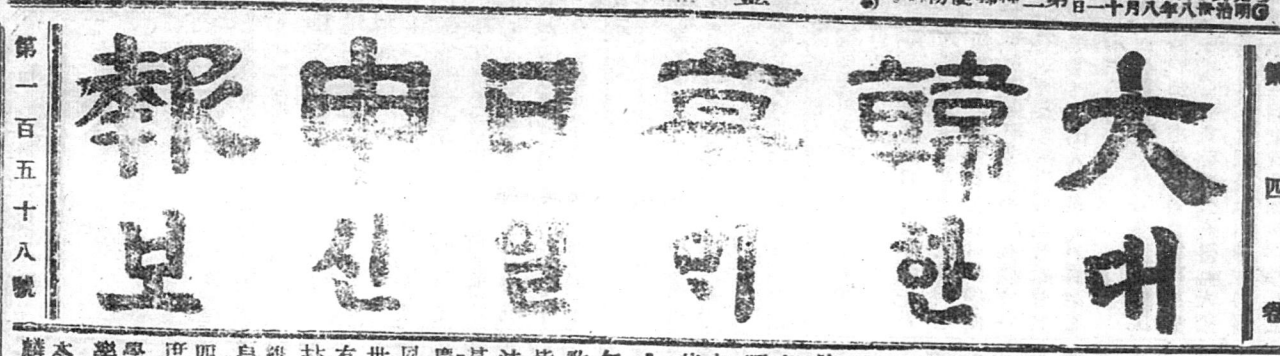

祝千秋慶節

本日即韓國

皇太子殿下 千秋慶節也 在廷文武各官與駐韓各國總領事以下官人等齊進 天陛拜舞獻賀各家門首揭起太極旗章各部府院廳與學校社會人員等休暇開宴絲管迭奏稱兕呼嵩歡聲如雷國家之福祉吉慶未有大於此日也 竊伏念韓國

大皇帝 陛下臨御四十餘年 仁心仁聞協于民心格于上下謳歌獄訟咸歸有德草木鳥獸昆虫皆得遂其生成和氣洋溢乎區宇法度典章煥然大備允文允武邦基維新巍勳偉烈無以名狀矣餘慶所鍾前星昌明侍膳問寢孝敬夙著左師右賓輔導有方以啓萬世無疆之休猗歟盛哉外臣駐韓有年沐浴聖化値玆令辰不勝卞抃之喜謹拜手稽首獻頌曰

維韓中興 日乾夕惕 文治武定
皇帝明聖 寅畏天命 懷綏萬姓
四方既平 天佑有德 降福穰何
庶績咸凝 福履是膺 萬世繼承
學受甘盤 月在于卯 全球均慶
樂習夔庭 撫此吉辰 萬物同春
本支百世 皇矣邦運 臣拜稽首
麟趾振振 既熾而昌 寶籙無疆

論說

一進會及天道教

此兩社會가今在一統之下矣니自今以後로ᄂᆞᆫ視之以一般이可也어니와惟其區別則臨時事務ᄂᆞᆫ以一進之名으로交涉이오天道之名은但用于播教로다此會占權이可謂日就矣니會員이已至數萬이오且其首領某人은已得政官要任이라如此有力組織이甚爲繁昌ᄒᆞᆯ거ᄉᆞᆫ果是確然이로다

一進會의目的된脫免腐敗와開進人民은今至無望이어니와天道教의道理ᄂᆞᆫ無危險ᄒᆞᆫ一國宗教인줄을表示矣러니至于近日ᄒᆞ야ᄂᆞᆫ如此有力ᄒᆞᆷ이諸般權限을蔑視ᄒᆞ니危機가不無ᄒᆞ도다韓國遠方에ᄂᆞᆫ會員之不法行爲가已有其機요且京城에도一國政府가可以擅行ᄒᆞᆯ權限을自擅ᄒᆞᆷ이顯示矣라近聞傳說컨ᄃᆡ閔丙奭氏가被其反抗이니同氏가有何事故ᄒᆞ야連夜詣闕故로一進會가警告ᄒᆞ되若不停止此行이면逐出他鄕을不免ᄒᆞ리라ᄒᆞ얏더라同氏事故의是與非ᄂᆞᆫ吾人之所不知어니와一進會之行爲가若此不已면其末之將至何境을不能知之矣니對此人民ᄒᆞ야日本官憲이雖默助라도許與ᄒᆞᆷ이豈不可歎이리오

天道教도國之治安을亦或損傷矣리니日本人이淸國內에佛教傳播를助力ᄒᆞᆷ과大同ᄒᆞᆷ으로韓國內에如此新教의興旺을視之以容許라此或無慮ᄒᆞᆫ弊나然이나如此教徒가現居地位와不同ᄒᆞ야耶蘇教를反對ᄒᆞ며遂至排外ᄒᆞᆯ거ᄉᆞᆫ恒有危慮로다此兩會가一無阻碍히如此做去면政府之猝入其手와保護者日本人以外에一般外人이大被疎斥ᄒᆞᆯ거ᄉᆞᆫ思料키非不能이로다

官報

●三千三百八十八號 光武十年二月二十八日

◉敍任及辭令

依願免本官 秘書監丞[illegible]時晛○依願免兼任太醫院副卿 秘書監丞趙鼎範○命秘書監丞敍勅任官三等 平理院檢事李圭桓○兼任禮式院掌禮 秘書監丞趙鼎範○兼任太醫院副卿 秘書監丞尹憲榮○命臨時署理表勳院總裁事務 農商工部大臣權重顯○任忠淸北道觀察使敍勅任官三等 警務使尹喆圭○任警務使敍勅任官二等 正三品徐相大○任平理院檢事敍勅任官三等 正三品尹甲炳○任度支部印刷局長敍勅任官三等 正三品金榮漢 以上二月二十四日○依願免本官 主殿院主事李容奭○任主殿院主事敍判任官六等 奉常司主事趙明根○任奉常司主事敍判任官三等 시從院主事鄭完福○任시從院主事敍判任官五等 六品李容奭 以上二月二十五日

◉部令

內部令第一號

各道及各市港警務署巡檢의俸給規程

第一條 巡檢의月俸은權任에게ᄂᆞᆫ甲號表와巡檢의게ᄂᆞᆫ乙號表에依ᄒᆞ야支給ᄒᆞᆯ事

甲號 一級九圜 二級八圜
乙號 一級七圜 二級六圜
三급五圜

第二條 巡檢을新爲任命ᄒᆞᄂᆞᆫ者의月俸은乙號表三급俸으로ᄒᆞᆯ事
但判任以上의官職에六箇月以上에在ᄒᆞ든者와巡檢의職에一箇年以上에在ᄒᆞ든者ᄂᆞᆫ乙號表二급俸ᄭᆞ지給與ᄒᆞᆷ을得ᄒᆞᆯ事

第三條 權任으로서甲號表二급俸以上과巡檢으로서乙號表三급俸以上의月俸을受ᄒᆞᄂᆞᆫ者ᄂᆞᆫ六個月을經過치아니ᄒᆞ면陞급을不得ᄒᆞᆯ事

第四條 巡檢으로權任에陞급ᄒᆞᄂᆞᆫ境遇ᄂᆞᆫ甲號表 급俸을給ᄒᆞᆯ事

第五條 左各項의境遇에ᄂᆞᆫ第二條第三條를適用치아니ᄒᆞᆯ事

未完

外報

●日民困狀 日本內務當局者가調査ᄒᆞᆫ바를據ᄒᆞᆫ則東北三縣(宮城福島岩手)의歉凶地方에現今生活이困難ᄒᆞᆫ者ᄂᆞᆫ十七萬二千九百三十八名이오將來生活이困難ᄒᆞᆯ줄노預想ᄒᆞᆫ者ᄂᆞᆫ十四萬八千名이라더라

●新任總司令官 俄國滿州軍總司令官리네우잇지將軍이今番에辭職ᄒᆞ고其代에ᄭᅮ론메고후將軍이任命되얏다ᄂᆞᆫ데同將軍은俄國極東政策의實行者로聲名이有ᄒᆞ얏다더라

●淸注德國 十八日華盛頓電을據ᄒᆞᆫ즉淸國에서銃百萬柄과野戰砲五門을德國에注文ᄒᆞ얏다더라

●丁王兼督 二十日倫敦電을據ᄒᆞᆫ즉丁抹國王이德國水師提督이되리라더라

●兩將召還 同日同電을據ᄒᆞᆫ즉俄國政府에서滿洲에駐在ᄒᆞᆫ구로파트킨과떼치노프兩將軍을召還ᄒᆞ얏다더라

●兩帝相見 卄三日路透電을據ᄒᆞᆫ즉英皇은去月二十七日德帝誕辰日에所送ᄒᆞᆫ親書中에摩洛哥會議結了ᄒᆞᆫ後에伯林에서德帝을訪問ᄒᆞᆯ터이라더라

●南淸暴徒 淸國人의排外思想이未熄ᄒᆞ야暴徒가[illegible]에서日本人의設立ᄒᆞᆫ本願寺出張所를襲擊ᄒᆞ야燒盡ᄒᆞ엿다ᄂᆞᆫ電報가잇다더라

雜報

●賀圖書館創立　近日漢城中央에一圖書館이創立ᄒᆞ얏스니即韓國名士白象奎氏와金東完氏와侍從官吳瀚源氏의熱心發起ᄒᆞᆷ에各大官과一般紳士의贊成을得ᄒᆞ야就緒가되거시니此ᄂᆞᆫ開進文化의一大機關이라

往年에見日本太陽報中에圖書館이學校로더부러相輔而行ᄒᆞ야教育上利益됨을論列ᄒᆞᆫ者가凡八箇條라第一은圖書館이現在學校에教育을受ᄒᆞᄂᆞᆫ青年子弟로ᄒᆞ야곰其智識을補助ᄒᆞᄂᆞᆫ利益을得ᄒᆞᆷ이라

盖學校에教育이비록功과가完備ᄒᆞ나然이나반다시圖書館이有ᄒᆞ야學生課餘之暇에其羈束을離ᄒᆞ고教課以外之書를流覽硏究ᄒᆞ면見聞이日廣ᄒᆞᆯ지니此ᄂᆞᆫ圖書館이學校外에在ᄒᆞ야開進文化의大機關이되ᄂᆞᆫ者가一也오

第二ᄂᆞᆫ圖書館이凡青年志士가學校教育을不受ᄒᆞᆫ者로ᄒᆞ야곰知識을得ᄒᆞ게ᄒᆞᄂᆞᆫ利라또學校에서既經卒業生과以在校ᄒᆞ야中途罷業ᄒᆞᆫ學生이其智識을欲增ᄒᆞ며皆出入圖書館이爲便ᄒᆞᆯ지라

且不獨利於士라雖商工과童僕이라도苟有餘暇면其智識이亦從此而生ᄒᆞ리니又安得無大効益乎아此ᄂᆞᆫ圖書館이學校外에在ᄒᆞ야開進文化에大機關되ᄂᆞᆫ者가二也오　未完

●律社何急　倡優揣而鏤飾이利ᄂᆞᆫ興國之政務인바現今財政이凋枯ᄒᆞ야民生이愁苦ᄒᆞ고國權이墜地ᄒᆞ야人種이將絕ᄒᆞᆯ지어날不此之憂ᄒᆞ고荒逸을貪戀ᄒᆞ야所謂協律社設立에만汲汲然致力ᄒᆞ야居危忘危가至於此甚ᄒᆞ니國勢之不競을從以可知라고有志人士들이浩歎을不禁ᄒᆞᆫ다더라

●達察新蹟　慶北觀察申泰休氏가管下各郡各面에各學校를一時擴張ᄒᆞ기에熱心으로發訓ᄒᆞ야現在實施ᄒᆞ며各新聞購讀를各別勸告ᄒᆞ며各項冊子購用과設校方針은達城廣文社와交涉相議ᄒᆞ야成效之望을竚見ᄒᆞ깃다고道內紳士들이欣滿ᄒᆞᆫ다더라

●申民可矜　全州郡守權直相氏가捧結ᄒᆞ기를不法ᄒᆞ야發差威脅ᄒᆞ다가水下居民申公三이가投水致斃ᄒᆞ얏ᄂᆞᆫ데其子順奉이가平理院에呼冤ᄒᆞᆷ으로指令內에罪係命案ᄒᆞ니該郡守를當押上處辦이라ᄒᆞ얏다더라

●光校有主　南來人의傳說을據ᄒᆞᆫ즉忠北沃川郡校洞居前全北觀察使金命洙氏ᄂᆞᆫ幹局이優餘ᄒᆞ고秉心公正ᄒᆞ야屢典府郡에治績이茂著ᄒᆞᆷ은世所共知어니와同氏가國勢之日卑를憤歎ᄒᆞ며生民之前塗를慨念ᄒᆞ야所居洞中에光東學校를設立ᄒᆞ야凡係校費與教科書類를悉心力經紀ᄒᆞ며良師를延聘ᄒᆞ며學徒를廣招ᄒᆞ야人材作成으로視爲已任ᄒᆞᆫ다ᄒᆞ니近日朝紳中에熱心厲民을如同氏者ㅣ無幾라고士論이稱羨ᄒᆞᆫ다더라

●勳章還授　前陸軍參將玄暎運氏遞奪勳章及外國勳佩用准狀幷爲還授ᄒᆞ야使之依前佩用之意로表勳院에서上奏裁可ᄒᆞ얏더라

●五氏勳章　禮式院副卿金奎熙勳二等日重光章이오軍部教育局長李秉武勳二等瑞寶章이오開城府尹臨永源勳四等旭日小綬章이오從三品李成鎬九品崔翼相勳六等瑞寶章을自日本國으로領受ᄒᆞ야表勳院에서徑奏裁可ᄒᆞᆫ後佩用을准許ᄒᆞ얏다더라

●興校盛況　教員沈承憲氏가東署校洞等地에普興義塾을刱設ᄒᆞ고教師柳其駿李康淞兩氏를延聘ᄒᆞ야專門日語를教授ᄒᆞᄂᆞᆫ데新設之初에依樣이凋殘ᄒᆞ더니塾長從二品張駿遠氏가致育에熱心ᄒᆞ야諸般校務를擴張케ᄒᆞ고教師와學員이日增月加ᄒᆞ야庠舍가不能容이라ᄒᆞ니氏에血誠教育ᄒᆞᆷ을人皆欽誦ᄒᆞᆫ다더라

●伊藤侯來期　伊藤侯가日昨釜港에到着ᄒᆞᆷ은本報에已揭어니와京釜鐵道第一番列車를搭坐ᄒᆞ고本日下午四時十分에入京ᄒᆞᆫ다더라

●迎侯節次　伊藤侯入京時에總巡十一員은着禮帽小禮服進參ᄒᆞ고權任以下巡檢二百人을選擇ᄒᆞ야道路警衛等節을各別檢察ᄒᆞᆯ事로警務廳에서各署에申飭ᄒᆞ얏다더라

●侍訓設砲　慶南機張郡守洪在喜氏가內部에報告ᄒᆞ되開春以後로匪徒猖獗ᄒᆞ야帶劍攜銃之類가或七八成群ᄒᆞ며或數十作黨ᄒᆞ야大道巨村에恣意橫行ᄒᆞ야錢財劫取ᄂᆞᆫ少不忌憚이오婦女劫迫을傍若無人이오되警守之任이已巡軍이手無寸鐵ᄒᆞ야莫敢誰何이온바少婦少技가換着男服ᄒᆞ고晝則登山彷徨ᄒᆞ며夜則兩籬隱伏ᄒᆞ니其所光景이倫復如何哉잇가其於止戢之方을依隣郡例ᄒᆞ야自郡으로設立民砲十名ᄒᆞ고自民買給砲丸ᄒᆞ야使之巡哨一境이면庶無他弊이오나設砲名色이與他迥別則不敢郡守之擅便이오나奉可安堵이오니侍下處分ᄒᆞ라ᄒᆞ얏더라

●長谷陛見　昨日下午三時에長谷川大將이陛見을請ᄒᆞ얏다더라

●加藤陛見　三昨日宮內府顧問官加藤增雄氏가韓皇陛下게謁見ᄒᆞ얏ᄂᆞᆫ데何事件인지長時間奏與ᄒᆞᆫ事이有ᄒᆞ다더라

●■陛不允　再昨日宮內府補佐員橘■氏가緊急事件을稟ᄒᆞᆫ다고陛見을請ᄒᆞ얏더니韓皇陛下게서不允ᄒᆞ옵셧다더라

●兩字之誤　日昨本申報雜報欄內松虫叢奉李銓榮之銘字ᄂᆞᆫ日字를誤植ᄒᆞᆷ이오表期展變題下에來月之表字ᄂᆞᆫ本字를誤植ᄒᆞᆷ

●栢氏重來　前海關總稅務司栢卓安氏가至今上海에滯在ᄒᆞᆫ中인데本年六月頃에韓國에再到意로韓人某氏에게情報가有ᄒᆞ다더라

●陵官悖擧　本社傳書鳩에所報를據ᄒᆞᆫ즉近日東九陵陵官들이法紀를弁髦ᄒᆞ며事體를瀆설ᄒᆞ야莫重尊嚴ᄒᆞᆫ齋室近側에色酒家를爛設ᄒᆞ고晝夜沈湎娛樂ᄒᆞ다가該事件이綻露되야將次依官重勘하리라ᄂᆞᆫ데該色酒家設置ᄒᆞᆫ根因인즉陵思君李■■氏가主謀指揮ᄒᆞᆷ이라하니以若封君와守陵官으로此等鄙悖ᄒᆞᆫ行爲를敢行하야朝家體貌를壞損無餘하니凡於守陵之節에不敬不愼하고許多作弊ᄂᆞᆫ推此可想이라하더라

●新報又刊　新朝新聞은美領布哇에移住ᄒᆞᆫ韓民中有志者들이韓民의耳目을開發ᄒᆞ기爲ᄒᆞ야發刊ᄒᆞᆷ은本報에既爲揭載讚揚ᄒᆞ얏거니와同報를據ᄒᆞᆫ즉上年俄日媾和談判에官教師尹炳球氏가韓民의代表로美京華盛頓에往ᄒᆞ야韓國獨立을保存ᄒᆞᆯ事로竭力周旋ᄒᆞ다가時勢가不利ᄒᆞ야心願를未遂ᄒᆞ니氏가韓民의智識을開進ᄒᆞ야國權을挽回ᄒᆞ기로決心ᄒᆞ고時事新報를刊布ᄒᆞᆷ으로在彼韓民이其血誠을感荷ᄒᆞᆫ다ᄒᆞ니惟願韓國內地人民도如斯ᄒᆞᆫ苦心熱惱를一體銘念ᄒᆞ야報紙를購讀ᄒᆞ며學問을勉勵ᄒᆞ야種族을保全ᄒᆞ고國權을恢復ᄒᆞ기를十分顒望ᄒᆞ노라

●濁官悖族　竹山居南廷熀爲名人이該邑郡守南廷■氏의同從됨을藉勢ᄒᆞ고流■結雜類七八人ᄒᆞ야隣洞年少輩를以雜技誘引ᄒᆞ야使之蕩敗家產이不知幾許人이오尙頻頻出入官庭ᄒᆞ야星火該技債를推托于公貨ᄒᆞ야督捧이라ᄒᆞ니此類挾雜은不足道也어니와至如該郡守ᄒᆞ야ᄂᆞᆫ若此悖習을因循不禁ᄒᆞ면治績上欠点을不免ᄒᆞ리라고該郡으로從來人의傳說이狼藉ᄒᆞ다더라

●寺田付校　忠北陰城郡守朴準설氏가內部에報告ᄒᆞ얏ᄂᆞᆫ데本郡所在廢止된■任寺에現存田土를學校에付屬事로已爲報告이온바還問不無製礙之慮이온즉特爲發訓于觀察府ᄒᆞ와該寺田土를永付學校ᄒᆞᄂᆞᆫ完文를成給ᄒᆞ라ᄒᆞ얏더라

●堤校私設　忠北堤川郡居鄭鶴■李命夏金相琦吳■鉉諸氏가人民을教育ᄒᆞ기爲ᄒᆞ야法英德日語學과地誌筆算歷史法律學體操等緊要ᄒᆞᆫ教科를熱心教育하라고普通學校를方爲私設ᄒᆞ얏다더라

◎地方通信

慶尙南海郡守와一進會員과有何事件으로一塲起鬧되야該郡守가該會所立學校를撤破ᄒᆞ얏다ᄒᆞ고

咸南北青郡에서一進會員과該郡鄕校等으로緣何事件인지互相爭鬪가有ᄒᆞ야一塲大擾가起ᄒᆞ야被傷者多有ᄒᆞ다더라

●社告　本日은韓國皇太子殿下誕日이시기慶祝ᄒᆞ기爲ᄒᆞ야一日休刊ᄒᆞᆷ

雜報

地方改革

近日所謂行政區劃廢合之說이自昨年盛行ᄒᆞ야或有外國公使之勸告ᄒᆞ며或有政府議案之提出이라가事遂寢焉이러니日前에又自日本統監府로公函內部ᄒᆞ야地方郡縣廢合調査案을送交ᄒᆞ얏ᄂᆞᆫ딕自內部로送交該案은姑未聞知어니와大抵地方郡縣之廢合案이槪聞以十三道로爲九省ᄒᆞ야觀察府를移設於道內之中央郡ᄒᆞ며郡縣은或合三四爲一或合二三爲一ᄒᆞ야以二百四十五郡으로合爲一百七十郡이라ᄒᆞ니果未知的否이되竊想廢合之案이或緣於人口戶數之不均一ᄒᆞ며或緣於田土結稅之不整齊ᄒᆞ며或緣於山川道路之不適中ᄒᆞ며或緣於貿易交通之不便宜者ㅣ爲弊一也오且或郡縣이無論大小ᄒᆞ고郡廳之修補와守之俸給과應役之料廩等諸般經費之浩繁者ㅣ爲弊二也니由此二欵大弊而廢合之說이出歟아雖然이나凡政治改良之際에祛其一弊而生出百弊之端을不可不深思之也니設若移留觀察府ᄒᆞ며廢合郡縣이면凡觀察府所在之處에人民都會와商賈湊集과家屋建築等을一時廢止則十三道觀察府之下에湜其應役하며失其營業하며棄其家屋하야轉전離散者ㅣ凡不知幾十萬戶이오三百四十五郡中廢止之郡이幾爲太半則其邑底人民商旅家屋이亦轉전離散者亦不知幾百萬口ᄂᆞᆫ理勢之必然이라明若觀火也니凡國家之政治改良은盖爲人民之ᄉᆡᆼ命財産하야籌劃其奠接安堵之方而所以措之抑어날目下幾百萬口之離散을使之赴溝壑而充魚肉이是豈仁人之所可爲哉리오　未完

●咸鏡北道管下郡守治蹟

吉州郡守金　模　年月에臨邊ᄒᆞ고福星이耀臨이라曠久弊巨之局에歌騰來慕ᄒᆞ고兵事年饑之形은辭切報頻喜上

會寧郡守金在淵　交善邊務ᄒᆞ니一心이每念圖報ᄒᆞ고辭溢歎變ᄒᆞ니衆口가咸稱히蘇ᄒᆞᆫ上

鍾城郡守李永植　未赴任

鏡城郡守徐仲大　未赴任

富寧郡守全寧薰　日淺

明川郡守李圭豐　交涉之方便은優於列郡ᄒᆞ고顧借之輿情은悉予登部喜上

城津郡守崔九鶴　日淺

茂山郡守張榮臣　未赴任

穩城郡守白冀洙　懷綏爲務ᄒᆞ니區域이允副城號ᄒᆞ고廉潔著績ᄒᆞ니岸木도皆知姓字喜上

慶源郡守楊麟郁　抛棄右之農分이나尙不飮貪泉ᄒᆞ고被嘗理之歷制ᄒᆞ니無以別利器라業已請願ᄒᆞ니不必苛許喜中

慶興郡守金昌洙　英年才局에才鍊手段이라邑介交兵에備涉艱險이오凝分保障에互濟恩威라殘廩을捐入接應ᄒᆞ니危能復安이오科稅을無欠收納ᄒᆞ니歎不爲災喜上

●新契成給　日本人中川德太郞等十三名의買收家屋十三枚新契를依例發給事로駐京日本理事官照會를接准하야漢尹이內部에報告하얏더라

●日兵作廨　熙川郡守가內部에報告ᄒᆞᆫ內槪에日本守備隊大尉谷村定規가率步兵二百五十名하고自雲山으로本郡에來到하야衙舍及各公廨와民家에仕接하얏다더라

●種種此報　永柔郡守朴容觀氏가內部에報告하되本郡어波店民人家屋十五戶及田土九日二合耕이犯入新築鐵道標界내이다自平壤驛在日本鐵道建築班長所로卽毁移하라는事를別般交涉處分之意로已有所仰報이옵더니于今多日에尙未承指令而民情切悶이時日爲急이라고하얏더라

●開土請懇　農部에서振威郡에發訓하되龍仁居金東赫等訴狀內槪에振威郡金福坪에有荒蕪地이온바外人이流涎不已故로住民等이念被外人逼迫하야鳩聚資本하야白龍水洞으로至擲花亭與黃姑浦하야把墾하기를認許하라ᄒᆞᆫ바該地가果係空閒이오公私無碍이고或無外國人干涉이거던依願認許이고如有挾雜沮戲之端이어던自官嚴禁하야無虞墾工케하라하얏더라

●陰竹賊警　陰竹郡守秦尙彦氏가內部에報告하되本郡境내에賊匪橫行이日益甚焉하와村閭街路에창奪劫掠이無所弗至이온中現接本郡無극面陣洞尊位禹明先所報니에正月十二日本洞路傍에有一行客이逢賊致斃이다報明等因인바賊盜之慘殺人命이聞極驚駭하와派遣書記하야직使摘奸則致斃形跡이果如洞報而境내賊警이日益滋蔓而職在近民하와極爲悶欝故로연由를玆以報告라하얏더라

廣告

特別社告

非史乘이면政治之美惡와人物之臧否와風俗之汚隆을無以攷論인즉史乘者는非一時之공覽이라乃萬世之公案이오非自國之所可得以私也라卽宇內列邦에宜所公佈키로뮗者美人訖法氏之撰大東紀年이意固有在而然也라本記者ㅣ不揆僭越하고於韓之史事에留心者ㅣ久矣로되在幾百年之後하야要論幾百年之事가任大力綿에恐有失實之歎뿐더러鎖國自守之時代에는民國間諸般事爲가不過是尋常典故라不足以供世界列邦之眼目키로斷自丙子以後各國交涉時事하야妄爲編成一書하야公諸列邦하니四方有志諸君子는諒此苦心하야丙子以後政令訓誥之所記와各國交涉之如何와臣民疏章與功罪之表著와中外俗習之沿革과忠臣義士孝子烈女之行蹟을各隨所聞所見而詳錄投示하야俾此重役으로得以完成을千萬ㅣ祈

大韓每日申報社

○○○○○○○○○○○○

本申報를廣佈ᄒᆞ기爲하야咸鏡南道咸興州南社西門外居하는曹喜林氏에게逐號下送하오니該附近地愛讀하시는 僉君子는同氏에게購覽하시며代金도同氏에게傳致하심을爲要

大韓每日申報社

○○○○○○○○○○○○

本社廣告

申報價

一張代金 新貨二錢五里

一箇月前納 三十錢

三箇月 九十錢

六箇月 一元七十錢

一箇年 三元四十錢

郵稅一部 新貨五里

一箇月 十三錢

廣告料

四号活字十三字詰

每日每英尺一寸에新貨廿五錢

(每日每行에六錢에相當홈)

二周日에 二圓五十錢

(每日每行四錢五里에相當홈)

一箇月에 五圓

(每日每行四錢一里에相當홈)

其期限의長短과字行의多少를依ᄒᆞ야增減홈이有홈

大韓人마다此申報를不得不閱覽ᄒᆞ실리이오니廣告出報ᄒᆞ실僉君子는來臨面議ᄒᆞ시옵

發行兼編輯人 英國人裴說

發行所

京城北署壽進坊磚洞号外地校醫學校前

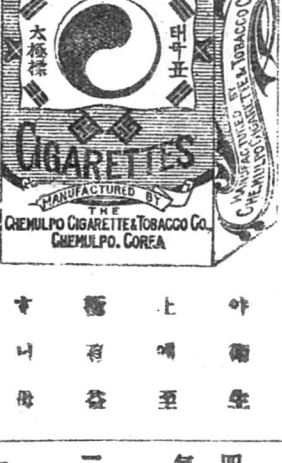

大韓每日申報社

第四卷

大韓每日申報
대한매일신보

第一百五十九號

月曜及慶節
歲時日休刊

檀君開國四千二百三十九年
箕子元年三千二十八年
大韓開國五百十五年
日本明治三十九年
淸國光緖三十二年
陰曆丙午二月大初十日丁未

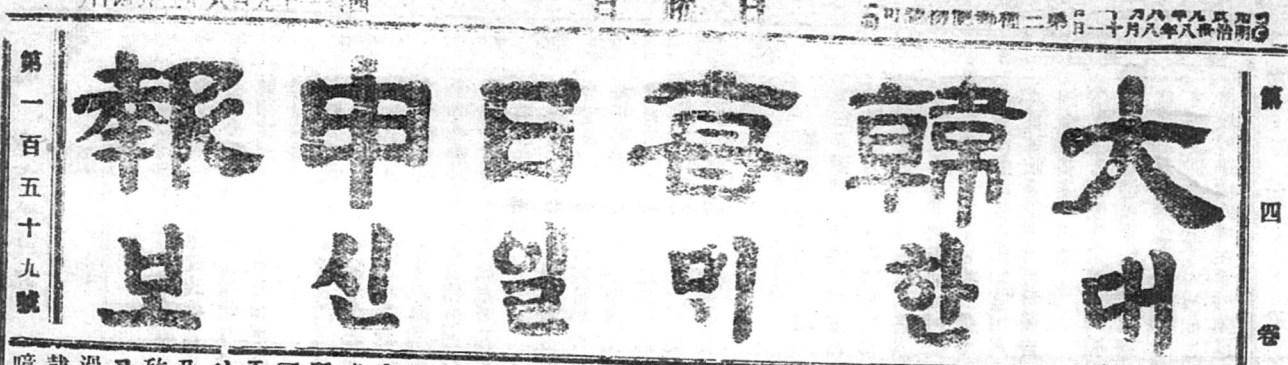

論說

論殿最奸僞

近日內部에서各該守令을公薦叙任ᄒ다ᄒ니此果生民之疾苦를爲念ᄒ야循良之材를愼擇흠인지其或公選爲名ᄒ고曲逕을暗開ᄒᄂ지其虛實을不知하깃스되

籍令眞箇是公選이라도新任守令만擇人ᄒ고現任守令中貪饕者를除去치안니하면其所恢公이未免半上半落하야官方之澄淸이無日ᄒ고生民之蘇完을難期ᄒ지어날

今其守令黜陟을但以該道殿最로視爲準的하야居下者ᄂ不免ᄒ며居中者ᄂ譴責하며其餘ᄂ或陞遷或仍任이라ᄒᄂ니

所謂殿最가果是至公至精하야可以爲准的歟아第觀殿最榜目中에一等褒美者ㅣ不一而足ᄒ야召杜襲黃이紙上에列立이되及其輿論을博採ᄒ며事實을夷攷ᄒ면大貪巨贓이盡在此中이고褒題圖得은黃白之効力에弗過인즉此等殿最를安可憑信乎哉아

噫라法紀掃地ᄒ고上下征利ᄒ로各該觀察使들이春秋等殿最로一箇金穴貨泉을看作ᄒ야品題高下가專히苞苴之有無에在ᄒ야黑白을倒置ᄒ며善惡을弗分ᄒ야貪國陷民을認以常例ᄒ고且或以溢美之辭로其家世를鋪張ᄒ며其言貌를寫照ᄒ며其履歷世叙를述ᄒ야色色粉飾에阿其所好ᄒ고至於實績有無ᄒ야ᄂ一句를不論ᄒ니

吟風弄月과無異흔如彼沒緊底褒貶이安所可用일지此弊를若不痛革이면守令臧否를無以撫實ᄒ야國計民事에關係甚大ᄒ니從今殿最規則을更以實績有無로論定上中下等級이되浮文虛語ᄂ雖一句라도勿許插入ᄒ며居最守令中에或有貪汚不法等事ᄒ야現發ᄒᄂ境遇에ᄂ譔褒之觀察使ᄂ該犯者에서減一等論勘之意로著爲令申ᄒ며

非徒殿最爲然이라近日公薦名色이亦皆循私操縱ᄒ야無一公心인즉誤薦之薦主를亦用此律ᄒ야以徵厥習이면

薦主與觀察使가庶幾有所顧憚ᄒ야如前飾非ᄒ기不能ᄒ지오貪吏惡縮ᄒ며賂逕이漸塞ᄒ야生靈之塗炭을可以救得幾分ᄒ지니不知커라秉銓大臣이肯爲採用ᄒᄂ지

官報

●三千三百八十八號　光武十年二月二十八日

◉部令

內部令第一號 續

一 權任에拔擢흠必要가有흔者
二 刑事及通譯에必要가有흔者
三 其他特別흔技能이有흔者

第六條　新爲任命흔巡檢으로서肄習중에在흔者ᄂ三圜의月俸을給흠事

第七條　月俸은新任과陞급과降급은擧皆發令흔翌日로부터計算ᄒ고退職하ᄂ例은日計ᄒ야支給ᄒ며官廳의廢止分合이나事務의伸縮을因ᄒ야免職ᄒ거나死亡흔時ᄂ當朔月俸의全額을給흠事

未完

第三千三百八十九號　光武十年三月一日

◉敍任及辭令

依願免本官　泰陵令朴壽榮　昌陵參奉姜準永　章陵叅奉李玩求○任泰陵令叙判任官八等　六品姜奎永○任昌陵叅奉叙判任官八等　朴壽年○任章陵叅奉叙判任官八等　李鍾寅○任江原道觀察使叙勅任官三等　從二品金永悳○免本官　慶源郡守楊麟郁　右ᄂ光武九年度咸鏡北道秋冬等殿最報告書를據ᄒ온즉該員이以拋棄右之蔑分尙不飮貪泉被管理之壓制無以別利器爲目矣宜實下考而實諸中考ᄒ니其在嚴明殿最之意에豈容若是리요該郡守楊麟郁은免本官○免本官　龍潭郡守尹相惠　右ᄂ全羅北道觀察使韓鎭昌의報告書를據ᄒ온즉該員이請由而不待回指ᄒ고擅自離發흠은事體乖當이라ᄒ얏기免本官○免本官　嘉山郡守崔載浩　右ᄂ該員이職在字牧ᄒ야恣行暴斂에至登民狀이기是以로免本官○依願免本官　順天郡守鄭寅國、連山郡守李重哲　警務廳警務官嚴錫祜　仝康台植　仝李旻鎬　仝黃鍾復　仝李惠應○任密陽郡守叙奏任官四等　昌原監理李載益○任昌原監理叙奏任官二等　居昌郡守李應翼○任砥平郡守叙奏任官四等　正三品李德用○任靈山郡守叙奏任官三等　正三品金喆鉉○任平海郡守叙奏任官四等　六品朴齊範○任龍潭郡守叙奏任官四等　中樞院參書官徐相津任慶源郡守叙奏任官四等　六品金柄國○任順天郡守叙奏任官二等　從二品趙鍾緖○任連山郡守叙奏任官四等　六品朴芝陽任嘉山郡守叙奏任官四等　[illegible]陽郡守李[illegible]寅○任韓山郡守叙奏任官四等　報恩郡守金[illegible]潤○任報恩郡守叙奏任官四等　正三品沈相珏○任彦陽郡守叙奏任官三等　慶山郡守李啓弼○任慶山郡守叙奏任官四等　六品柳[illegible]熙○任孟山郡守叙奏任官四等　六品尹舜儀○任中樞院參書官叙奏任官四等　六品李範俊○任居昌郡守叙奏任官四等　正三品李元鎬　以上二月二十六日

外報

●戰鬪準備　桑港電을據흔즉淸에在흔外國宣教師等은皆淸國匪徒의襲擊을被ᄒ고各外國人은避亂逃走ᄒᄂ데美國陸軍調査委員롬후루氏가華盛頓에서宣言ᄒ야曰美國이淸國에對ᄒ야戰鬪準備가不可無라ᄒ얏더라

●兌換停止　彼得堡來電을據흔즉俄國諸銀行에서其發行ᄒᄂ紙幣를金貨로兌換흠을停止ᄒ얏더라

●來期未定　新任駐日俄國公使빠구마지에후氏ᄂ來月下旬或來四月上旬이아니면日本에着任치못ᄒ다더라

●俄兵南進　去月二十日華盛頓電을據흔즉俄國은今後게우렌게루사及코단、各地點으로淸國領土를沿ᄒ야[illegible]에陸兵配置를進行ᄒ얏더라

●製茶會社　北京電을據흔즉南江總督周馥氏ᄂ印度에在흔英國의製茶事業을調査中이더니今에上海에서一百萬兩의資本으로製茶會社를設立[illegible]中이라더라

●軍隊輸送　上海電을據흔則德國漢船會社의漢船넛가루號가駐淸德國軍隊를輸送次로漢堡에서淸國으로發向ᄒ얏더라

●辭職風說　去月二十四日伯林電을據흔즉法國首相루위에ㅣ氏가辭職ᄒ다ᄂ風說이巴里에서傳來ᄒ나其眞僞ᄂ未詳이라더라

雜報

●野談一叢 幾箇識時務大臣들이伊藤侯渡韓期를留待ᄒᆞ야施政改善ᄒᆞᆫ다더니ᄉᆞ而後에ᄂᆞᆫ何樣新政令을發布ᄒᆞ야一盂金莖露로積年沈痾를快洗ᄒᆞᆯᄂᆞᆫ지

日昨崇禮門이變做歡迎門이라ᄒᆞ니該歡迎門下에來來去去ᄒᆞᄂᆞᆫ人士들이擧皆歡迎心을抱有ᄒᆞ야如是雜遝인지其或無聊ᄒᆞ야平心을難禁ᄒᆞ야爲言出遊에以寫其鬱ᄒᆞᆷ인지如人飮水에冷暖을自應知之러라

伊藤侯가三年之內에三次渡韓ᄒᆞ얏스니其來也에爲日乎아爲韓乎아若謂之爲日賊된保全之說이何出이며若謂之爲韓賊된脅約之擧가未穩ᄒᆞ니此等疑問題ᄂᆞᆫ吾儕幷觀으로決言키甚難이지

●賀圖書館創立 續 第三은圖書館에儲藏이宏富ᄒᆞ야學者가…ᄒᆞᆷ欲査ᄒᆞ면參攷ᄒᆞᆯ을得ᄒᆞᄂᆞᆫ利리ᄯᅩ人人이各其職業에就ᄒᆞ야其書를得ᄒᆞ야研究코져ᄒᆞ나니醫士ᄂᆞᆫ此를依ᄒᆞ야可히治療新法을得知ᄒᆞᆯ거시오商賈ᄂᆞᆫ此를依ᄒᆞ야可히廣告便法을曉得ᄒᆞᆯ거시오業工農者ᄂᆞᆫ또ᄒᆞᆫ可히其器械와用力法을透得ᄒᆞᆯ거시오又著述家ᄂᆞᆫ諸種의參攷ᄒᆞᄂᆞᆫ知識을得ᄒᆞ야其說을刱立ᄒᆞᆯ지니此ᄂᆞᆫ圖書館이學校外에在ᄒᆞ야開進文化에大機關이되ᄂᆞᆫ者가三也오第四ᄂᆞᆫ圖書館이閱覽의便이有ᄒᆞ야任意로事物을研究ᄒᆞᄂᆞᆫ利라蓋學校ᄂᆞᆫ原有規律ᄒᆞ야學科와學期規律이라故로無論誰人ᄒᆞ고苟欲閱覽圖書者면自可隨意閱覽이오亦可隨意ᄒᆞ야研究事物ᄒᆞᆯ지니此ᄂᆞᆫ圖書館이學校外에在ᄒᆞ야開進文化의大機關이되ᄂᆞᆫ者가四也오

第五ᄂᆞᆫ圖書館이閱覽의便이有ᄒᆞ야於頃刻間에事物을查數ᄒᆞᄂᆞᆫ利를得ᄒᆞᆷ이라諺에云ᄒᆞ되光陰은金也라ᄒᆞ니圖書館出入은閱者의自便을一任ᄒᆞᄂᆞᆫ故로만일要事가有ᄒᆞᆫ時를迫ᄒᆞ면可去而營幹ᄒᆞ고越時에諸種사利를又得ᄒᆞ리니學校敎育이非所企及이라此ᄂᆞᆫ圖書館이學校外에在ᄒᆞ야開進文化의大機關이되ᄂᆞᆫ者가五也오

第六은圖書館이凡使人으로皆貴重ᄒᆞᆫ圖書를得用ᄒᆞᄂᆞᆫ利가圖書館閱覽費收還與否에至ᄒᆞ야ᄂᆞᆫ其刱立章程의如何를隨ᄒᆞ나然ᄒᆞ나不過小費도徵收ᄒᆞᆫ이閱者ᄂᆞᆫ些少之費를出ᄒᆞ고貴重ᄒᆞᆫ圖書를得閱ᄒᆞᄂᆞᆫ지라 未完

●統監入京 再昨日伊藤侯가京釜鐵道特別列車를搭坐하고同日下午四時에入城하얏다더라

●馬牌獵民 平壤郡守李重玉氏가馬牌를使用ᄒᆞ야어獵入民ᄒᆞᆫ다ᄂᆞᆫ거ᄉᆞᆫ既往各新報에狼藉ᄒᆞ얏거니와更聞ᄒᆞᆫ즉同氏가結戶錢을督捧ᄒᆞᄂᆞᆫ딕各面里執綱을捉入ᄒᆞ야當場卽納ᄒᆞ라ᄒᆞᆫ즉該執綱輩가未及收捧於民間이라不能猝辦納ᄒᆞᆫ즉同氏가色吏를命ᄒᆞ야每百兩頭에三十兩式加排捧票ᄒᆞ고繼而督促ᄒᆞ니如此ᄒᆡ牟利ᄒᆞᄂᆞᆫ虐政은果是初見이라ᄒᆞ더라

●李氏不法 南來人의所傳을聞ᄒᆞᆫ즉釜港監理李懋榮氏가年來許多誅求ᄂᆞᆫ不可枚論이로되貪慾이愈往愈甚하야該港舊舘豆毛里後麓을日人處暗賣ᄒᆞᆫ바該麓全局內所在人塚이不爲數千키로塚主等이屢度會同泣訴ᄒᆞᆫ즉只稱遷退하고東西推托이于今兩載에頓無實踐底意하니身爲朝紳하야剝民이尙屬不法이온況莫重疆土를惟意潛賣하야上負國家之恩하고下貽幽冥之冤하니如此貪濫之人은合置重辟이라고該港人民이一辭同然히다더라

●中村義意 西來人의傳說을聞ᄒᆞᆫ즉平安北道雲山郡所駐日本憲兵分遣所長中村八五郞氏가熱心衛生警察ᄒᆞ야與本郡梁鳳濟氏로協心撫慰ᄒᆞ기民懷其惠ᄒᆞ고賊畏其威ᄒᆞ야雖經搶擾之餘나一境이晏然ᄒᆞ야民皆稱譽ᄒᆞᆫ다더라

●立志可獎 釜港通信을據ᄒᆞᆫ즉該港所在本申報支社에서申報分傳人某氏가爲人純勤ᄒᆞ고本非賤執事之人인바特히分傳에熱心ᄒᆞ야勞苦를不憚ᄒᆞ며他人之下待를不顧ᄒᆞ고逐日分傳惟勤ᄒᆞᄂᆞᆫ지라人或問其所爲ᄒᆞ야勸使止之則愀然曰値玆時危之日ᄒᆞ야苟使本報廣布ᄒᆞ야使民智識發達ᄒᆞᆯ진딕雖磨頂放踵이라도吾不惜焉이온況區區分傳之勞와他人之下待를何足介意리요ᄒᆞ고依前執務不怠ᄒᆞᆫ다니此雖小事나其人之勇於爲義ᄒᆞ며切於憫世를可以想見키로特此表示ᄒᆞ야以警世之懶惰ᄒᆞ노라

●以校補校 南陽郡私立普興學校監이學部에請願하얏스되本郡鄕校位土田畓을限折半ᄒᆞ야本校에劃付之意로本郡에發訓하라하얏더라

●律社繁華 再昨日下午六時量에協律社를重開ᄒᆞ고觀戲諸人에게收錢規則을四等으로區別ᄒᆞ야特別上等은新貨一元一等六十錢二等四十錢三等十五錢이라ᄂᆞᆫ딕男女間雲屯霧集하야屢千人에至하얏다하니韓俗이野昧하야人道上有害ᄒᆞᆫ事件에對하야分錢을堅吝하되此等無所用之處인演戲場에ᄂᆞᆫ擲金錢을少無顧惜하니陋習之難變을可發一歎ᄒᆞᆯ지로다

●泰氏電報 泰川郡白在用等이內部에電報하되本郡一進會員朴京俊이行爲不法하야凌辱官長하고謀害平民하야民將魚肉인즉別般嚴懲하와以保生靈하라하얏더라

●內部電訓 平壤郡守李重玉에게對하야總錄事를勿爲擧論하고馬牌及公文을刻卽上送하라고內部에서電訓하얏다더라

●訓令請劃 一進會幹事員南廷懿氏가學部에請願ᄒᆞᆫ內槪에咸興府所在前訓鍊廳所屬田畓을本會에移付하야使之로校設立ᄒᆞᆯ意로該관察에게訓飭하라하얏더라

●稟請復校 日本留學生之事機를參與官이未及詳悉하야以不遵政府命令之意로免除官費生이옵기상陳事實하고列名捺章仰報하니卽爲復校하야得達目的케하라고留學生元勛常等十八人이學部에請願하얏더라

●壓土死傷 昨日上午九時에新門外停車場에서役夫等이鑿開土窟이다가猝至土窟이壞壓하야一名은壓死하고一名은重傷을被하얏다더라

●因函發訓 法部에서統監府公函을因하야各道各港市裁判所로훈令하기를各郡鄕長은以臨時鄕遞主事로從事하고本國人中에亦多通信局所屬즉該人員等이犯罪하거나其他不正ᄒᆞᆫ形跡이有하야拿問ᄒᆞᆯ境遇에關係秘密事項과現行犯이어든卽行捕拿하되現獲ᄒᆞᆫ지一晝日以內ᄂᆞᆫ該인員에所屬局所에通知하며關係秘密事項以外와非現行犯이어든其捕拿理由를先通知該인員의所屬局所後에야問이되毋或違越하야致有葛藤이라하얏더라

●好事多魔 協律社更爲刱設之事ᄂᆞᆫ別行과如하거니와再昨日開始之夜에완俗來集이不下數千名인딕所謂上座坐榻이倒하야中下에坐着인이猝被壓迫에或傷頭部하며或傷臂股하야一場大風波가惹起된지라該완俗等이蜂出門外하야以奪錢陷인이라하고瓦礴을亂投하미該社保護日巡查가見此光景하고拔劍强制하야使卽解散이라더라

●慈郡回祿 慈仁郡에서ᄂᆞᆫ去一月十三日夜에該郡書記廳에서失火하야各項文簿가燒燼하고吏胥가서追하니該修葺費額을依發訓下事로該郡守가內部에報告하얏다더라

●瑞倅肆貪 海察理海州郡守李昌翼氏가內部에報告하되瑞興郡守吳聖[illegible]이稱云衛生社長하고逐戶排斂하며各種生物을無漏收稅하며且火栗鹽捧이一萬九千七百九十四兩五錢八分이오鳳山民李圭[illegible]等處에勒奪錢이一萬二千六百兩이오기現承本部訓令하와玆以報告라하얏더라

●會員請懲 南陽郡開進敎育會會員趙[illegible]가稱有登開하고同郡一進支會長洪長甫를傳令招捉하야不法施威ᄒᆞᆫ가有ᄒᆞᆫ즉該郡守의게囑託ᄒᆞ야有人을懲戢杜黨케하라고一進會總代李[illegible]行敎氏가內部에請願하얏다더라

●陛見權停 元昨日韓國皇太子殿下ᄭᅴ서候府에서大皇帝陛下ᄭᅴ候陛ᄒᆞ옵셔出駐韓各外官이오一切陛見치못하얏다더라

●會費何多 一進會에서內部에請願하되京의中允熙權仲贊令鍾學等이細長谷川大將의命令하고江界郡에下去하여開進敎育會를設立하려ᄂᆞᆫ딕該郡奸鄕金谷鉉金致宇等을勾同하여彭會帖을勒捧民間하고帖價十一兩二戔五分式濫討하여民難支保라하니查照發訓該郡하여該鉅類를一一嚴懲하라하엿더라

雜報

地方改革 (續)

日今地方之形便이果何如也오郡縣人民이不能負接ᄒᆞ고流離渙散之弊가無處不然者는不可屢指也니如盜賊이橫行於閭里ᄒᆞ며垂奪이陸梁於道路는已無可論이오或稱一進會ᄒᆞ며或稱淨·宗ᄒᆞ며或稱義兵ᄒᆞ며或稱聖蹟ᄒᆞ며或稱儒·鄕約ᄒᆞ며或稱教會ᄒᆞ며或稱東學ᄒᆞ며或稱神籬教ᄒᆞ야百般枝節이蔓延不斷ᄒᆞ야貽害於人民에弊之大也오

或軍用地段과或鐵路敷設과或軍政區域에塚墓之掘移와家屋之毁撤과田土之犯入과人夫之應役에財產性命이莫可支保오礦山之採掘과農事試驗之塲과綿花之栽培와森林之斫伐과其他外人之營業에無弊不生ᄒᆞ야貽害於人民이弊之大也오

財政整釐에血脈이凋渴ᄒᆞ야商旅不通ᄒᆞ며物貨不行ᄒᆞ야失業栖遑에舉皆洶洶而况結稅督捧에葉白爲禍가無邑不然ᄒᆞ야呼冤漲天에鞭扑如霜ᄒᆞ야貽害於人民이弊之大也오

觀察은暴虐於上ᄒᆞ며郡守는剝割於中ᄒᆞ고郡長書記는幻弄於下ᄒᆞ며鎭衛兵隊는縱兵行虐ᄒᆞ며外國之警察、憲兵、支金庫、郵遞支局等은詬呵役喝에抑壓威嚇이百般不便ᄒᆞ야貽害於人民이弊之大也니

大抵此等弊害가由於郡縣之不廢不合而然歟아此等弊害가一向不止면地方郡縣을雖朝夕改革이라도人民之莫能保全而溝壑魚肉은在所難免이니人民이不能保全이면地方改革이亦何用哉아

爲今日計컨ᄃᆡ郡縣之廢合은雖不爲之라도無害於人民也오無關於政治也오無益於國家也로ᄃᆡ人民이不能保全이면國家必亡은理之常也라爲人民保全之策인ᄃᆡ觀察郡守를擇其公正才幹者ᄒᆞ야一變其地方之十三府三百四十五郡ᄒᆞ야施其善政而革其弊害然後에야人民을可保也오政治를可良也오國家를可安也어날不此之爲而爲先稍之地方改革而行政區劃之廢合은果何等妄擧也오良可咄咄而不已也로다 完

● 學事正誤 日昨本報에揭載ᄒᆞᆫ食言以肥라는題下에對ᄒᆞ야更聞ᄒᆞᆫ즉校洞閔韓國源徵氏가興化學校가廢止ᄒᆞᆯ境遇에至ᄒᆞᆷ을悶慮ᄒᆞ야先히紙貨百元으로補助ᄒᆞ고且極力周旋ᄒᆞ야該校를支保케ᄒᆞ얏는ᄃᆡ係是誤聞이기로玆에正誤ᄒᆞᆷ

● 車거夫부誤오解해

건너왓다네그통감의직권을말ᄒᆞᆯ진댄대단이훌륭ᄒᆞᆫ가보데이왕에일본신문상에도통감의운치를론ᄒᆞ얏다ᄂᆞᆫᄃᆡ한국풍속이쥬임관이상은영감이라ᄒᆞ고칙임관이상은ᄃᆡ감이라ᄒᆞ고ᄃᆡ황뎨폐하ᄂᆞᆫ상감이라ᄒᆞᆫ즉지금통감이라ᄒᆞᄂᆞᆫ창호가극히운치가잇고ᄌᆞ미시러온말이라고ᄒᆞ얏다ᄆᆡ

그런말듯고감안이헤알여보면통감이라ᄂᆞᆫ통ᄌᆞᄂᆞᆫ거나릴통ᄌᆞ오통감이라ᄂᆞᆫ감ᄌᆞᄂᆞᆫ볼감ᄌᆞ이니그통감두글ᄌᆞ를합ᄒᆞ야말ᄒᆞ게드면

도통거날여본다ᄂᆞᆫ말아닌가그러케미루혀보게드면통감이라ᄂᆞᆫ칭호와직권이우리한국에ᄂᆞᆫ굉장굉장ᄒᆞᆫ칭호와직권이아닌가져ᄉᆞ람네들은운치가잇게알만도ᄒᆞ고

ᄌᆞ미시럽게여길만도하거니와우리나라일반국민의게ᄂᆞᆫ엇지기막키고한심ᄒᆞᆫ일이아니리오ᄌᆞ네말과갓치쳐칙일홈의ᄯᅳᆺ감갓고보면무어시관계잇다하며무엇이원통하다하기ᄂᆞᆫ가ᄒᆞᆫ갓우스을만ᄒᆞᆫ일이로다 미완

廣告

特別社告

非史乘이면政治之美惡와人物之臧否와風俗之汚隆을無以攷論인즉史乘者는非一時之공覽이라乃萬世之公案이오非自國之所可得以私也라即宇內列邦에宜所公佈키로爲者美人訖法氏之撰大東紀年이意固有在而然也라本記者ㅣ不揆僭越하고於韓之史事에留心者ㅣ久矣로되在幾百年之後하야要論幾百年之事가任大力綿에恐有失實之歎뿐더러鎖國自守之時代에는民國間諸般事爲가不過是尋常典故라不足以供世界列邦之眼目키로斷自丙子以後各國交涉時事하야要爲編成一書하야公諸列邦하니四方有志諸君子는諒此苦心하야丙子以後政令訓誥之所記와各國交涉之如何와臣民疏章與功罪之表著와中外俗習之沿革과忠臣義士孝子烈女之行蹟을各隨所聞所見而詳錄投示하야俾此重役으로得以完成을千萬幸甚

大韓每日申報社

○○○○○○○○○○○○○

本申報를廣佈ᄒᆞ기爲하야咸鏡南道咸興州南社西門外居하는曹喜林氏에게逐號下送하오니該附近地愛讀하시는 僉君子는同氏에게購覽하시며代金도同氏에게傳致하심을爲要

大韓每日申報社

○○○○○○○○○○○○○

一 鷹標罐濃縮牛乳
一 金印罐詰濃縮牛乳
一 無糖家用氣化乳糖
一 맬ㅣ른쓰麥芽糖化合牛乳

以上은當時에貯積ᄒᆞ얏슴

英國紐約港埠ㅣ든쓰濃縮牛乳會社

一手代理店

大韓仁川港 世昌洋行

◉九轉靈砂라 本人이妙方法을神備하야製造ᄒᆞᆫ延壽천ᄒᆞ男女老少에無論何症ᄒᆞ고通治ᄒᆞ오며無病時에도服ᄒᆞ면平生의身體가健康ᄒᆞ며小兒는四五錢重만服ᄒᆞ면十歲안에無病ᄒᆞ기를擔保ᄒᆞ오며

●九轉靈砂萬靈丹은癲狂 癇症과中風諸疾과耳目諸病과淋疾에神効ᄒᆞ오

◉九轉靈砂保命丹은初生小兒 驚風 痼氣 咳嗽 腹痛諸般惡症에神効ᄒᆞ오

●九轉靈砂濟衆丹은酒滯 食滯 血積 吐瀉 霍亂 痢疾 吐血 下血 運氣 時疾 瘧症에神効ᄒᆞ오

●九轉靈砂紫金丹은痔漏 累瘻 上疳瘡 下疳瘡及唐瘡과諸般毒瘡惡種에無不神効ᄒᆞ오니 僉君子는來問ᄒᆞ시오

內需司前독갑이골上隅第一家

李鎬廷移徙 告白

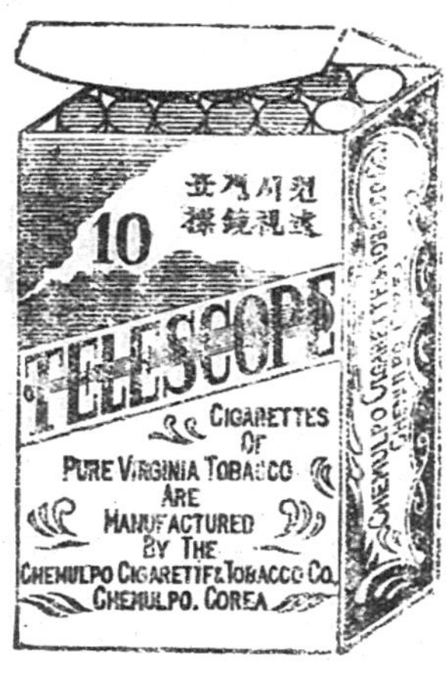

以上三種은上品으로製造ᄒᆞ야[illegible]上에極히[illegible]ᄒᆞ니[illegible]論ᄒᆞ고本會社에來購ᄒᆞ심[illegible]

大韓帝國仁川港

濟物浦紙卷煙及烟草會社

本社廣告

申報價
一張代金 新貨二錢五厘
一箇月前納 三十錢
三箇月 九十錢
六箇月 一元七十錢
一箇年 三元四十錢
郵稅一部 新貨五厘
一箇月 十二錢

廣告料
四號活字十三字詰
每日每段一寸에新貨廿五錢
一每日每行에六錢에相當ᄒᆞᆷ
二號[illegible]
一每日每行[illegible]에相當[illegible]
二圓五十錢
一箇月에 五圓
一每日每行[illegible]一圓에相當ᄒᆞᆷ
其期限과字數와字行의多少[illegible]
[illegible]有ᄒᆞᆷ

大韓人마다此申報를不得不購覽ᄒᆞ실터이오니廣告出報ᄒᆞ실僉君子는來臨面議ᄒᆞ시옵

發行兼編輯人 英國人裵說
發行所
京城北署壽進坊[illegible]
大韓每日申報社

第四卷

大韓每日申報
대한매일신보

第一百六十號

月曜及慶節臨時休日休刊

檀君開國四千二百三十九年
箕子元年三千二十八年
大韓開國五百十五年
日本明治三十九年
淸國光緖三十二年
陰曆丙午二月大十二日己酉

論說

皇室尊嚴

日昨駐韓各外使諸員及被聘外人의게陛見을停止혼意外事가許多忿憤을惹起혼지라不可無說明이니日昨皇太子誕辰에禮式院에셔一般外使及外人에게通知ᄒᆞ되當日陛見이依其前例라ᄒᆞ얏더니其後未幾에陛見停止之說이[illegible]傳于被請諸人矣로다探問其理由컨ᄃᆡ此乃長谷川大將之令責이라自今以後에ᄂᆞᆫ各外使及被聘諸人의陛見之時에統監이立于皇上之側ᄒᆞ야陛見儀式을指揮ᄒᆞ기로同氏가要請ᄒᆞ얏ᄂᆞᆫᄃᆡ此新例에對ᄒᆞ야外使諸員이不滿足으로認홈으로韓皇陛下씌셔因此難處之勢ᄒᆞ야陛見을全廢ᄒᆞ심으로決定ᄒᆞ셧도다

以余觀之컨ᄃᆡ長谷川大將의爲此之擧가未免無法不公이니同氏가大韓皇帝陛下씌와皇太子殿下씌와及其陛見에被請된親紳諸國代表人에게加之以無禮라此乃同氏之自行인지或日本政府之所使인지ᄂᆞᆫ非所關係니同氏ᄂᆞᆫ日廷臣僚라其犯行이豈非日廷之責이리오欲作論辯에向日新條約이是乃議件이라客年臘月에伊藤侯가演述ᄒᆞ되該條約에若干添句가有ᄒᆞᆫ바其一句ᄂᆞᆫ日本이韓國皇室尊嚴安寧의維持를保證홈이라ᄒᆞ얏더라此諸之成이尙未滿四朔이어날長谷川大將이其句語及効力을即自抛棄ᄒᆞ도다同氏가以日本代表人으로隣邦皇帝를任意制抑ᄒᆞ니日本은自國代表者의失策을宜其矯正ᄒᆞᆯ지로다

官報

●三千三百八十八號 光武十年二月二十八日

◉部令

內部令第一號 續

第八條 病으로不得執務ᄒᆞᆫ지六十日을過ᄒᆞᆫ者와私事의故障을依ᄒᆞ야不爲執務ᄒᆞᆫ지二十日을過ᄒᆞᆫ者ᄂᆞᆫ月俸을日計ᄒᆞ야其半額을減ᄒᆞᆷ事

但公務執行홈을因ᄒᆞ야創傷을被ᄒᆞ거나疾病에罹ᄒᆞᆫ境遇에ᄂᆞᆫ此限에在치아니홈

附則

第九條 本規程은光武十年二月一日로부터施行홈

光武十年二月二十六日

內部大臣勳一等李址鎔

完

◉敍任及辭令

第三千三百九十一號 光武年三月三日

依願免本官 厚陵參奉丕鍾禹 恭陵參奉洪淳參 永陵參奉成樂貞 昌原監理署主事金演夏○任厚陵參奉敍判任官八等 崔增復○任恭陵參奉敍判任官八等 洪在寬○任永陵參奉敍判任官八等 鄭秀亭○任昌原監理署主事敍判任官五等 沃溝監理署主事金瑞圭○任沃溝監理署主事敍判任官四等 九品金演夏 以上二月廿七日○依願免本官 秘書監丞全炳定 厚陵參奉崔增復 敬陵參奉鄭敎永 恭陵參奉洪在寬 永陵參奉鄭秀亭任秘書監丞敍奏任官三等 正三品洪承斗○任丕鍾禹任敬陵參奉敍判任官八等 六品金瑨洙○任恭陵參奉敍判任官八等 九品洪淳參○任永陵參奉敍判任官八等 九品成樂貞○解兼任京畿裁判所判事 京畿前觀察使閔周永○解兼任忠淸남道裁判所判事 忠청남道前관察使李道宰○解兼任忠청北道裁判所判事 忠청北道前관察使申泰熙○解兼任全羅남道裁判所判事 全羅남道前관察使朱錫冕○命兼任京畿裁판所판事 京畿관察使李根洪○命兼任忠청南道裁판所판事 忠청남道관察使朱錫冕○命兼任忠청北道裁판所판事 忠청北道관察使尹喆圭○命兼任全羅남道裁판所판事 全羅남道관察使李道宰 以上二月二十八日○免本官 慶興監理署主事蔡寅燮 右ᄂᆞᆫ該監理署報告를據ᄒᆞᆫ즉該員이年淺沒覺ᄒᆞ야不勝其任이라ᄒᆞ얏기是以免本官○任慶興監理署主事敍판任官六等 李德鎔○給二급俸 度支部印刷局長金榮漢○依願免本官 龍川監理署主事金炳喆○任龍川監理署主事敍판任官六等 九品成煥翼○依願免本官 京畿觀察府主事金畿弘 忠청北道관察府主事王元鍾 平安南道관察府主事文봉戰○任京畿관察府主事敍판任官六等 鄭寅燮○任忠청北道관察府主事敍판任官六等 尹炳鉉○任平安남道관察府主事敍판任官六等金錫暐 以上三月一日

●官廳事項

內部分課規程改正件

第一條 大臣官房에左開 課를寘ᄒᆞ야其事務를分掌케홈이라 秘書課 文書課

第二條 秘書課에셔ᄂᆞᆫ左開事務를掌홈이라

一 機密에關ᄒᆞᆫ事項

二 官吏進退와身分에關ᄒᆞᆫ事項

三 部印及大臣官章管守에關ᄒᆞᆫ事項

四 褒賞에關ᄒᆞᆫ事項

未完

外報

●淸使電告 去月二十七日北京電을據ᄒᆞᆫ즉駐俄淸國公使胡唯德氏가昨二十六日에淸國外務部에電報ᄒᆞ얏ᄂᆞᆫᄃᆡ西洋에셔ᄂᆞᆫ近來我淸國에排外暴動이起홈이라ᄂᆞᆫ風說이甚홈으로英美法諸國이秘密히艦隊派遣을準備ᄒᆞᄂᆞᆫ데特히俄國은因此ᄒᆞ야滿洲軍撤兵을中止ᄒᆞ고淸俄國境에數十萬大軍을駐屯케홀計劃이成立ᄒᆞ얏스니是實로重大事件이라從速히方法을講究ᄒᆞ야世界疑悶을解決ᄒᆞ라ᄒᆞ얏더라

●淸匪益熾 二月二十八日日本東京電에北京發電을據ᄒᆞᆫ즉淸國雲南地方의暴動은猶益猖厥ᄒᆞ야暴徒ᄂᆞᆫ法國宣敎師七名의게危害를與ᄒᆞ고尙且敎會堂을破毁ᄒᆞ야外人三十八名은北京地方에避難홈에至ᄒᆞ야如右暴動顚末에對ᄒᆞ야北京駐在法國公使ᄂᆞᆫ直時外務衙門에向ᄒᆞ야嚴重ᄒᆞᆫ交涉을開始ᄒᆞ얏다더라

●神戶氏被捕 全日全電을據ᄒᆞᆫ즉長崎縣의○淵勸業事務所에셔派遣ᄒᆞᆫ北韓視察員神戶久藏氏及其他三名이昨廿七日에慶興對岸에在ᄒᆞ더니露國兵士에게被捕되야其師團長駐在地(노우위기유스고이)로押送되얏다더라

●李蓮英免官 北京電을據ᄒᆞᆫ즉西太后의宦官李蓮英이가免官되얏다더라

雜報

藏法宜嚴

□□發覺을據호즉美國上議院議士중가시氏가民間의賂物을取훈事가綻露됨의곳裁判호야三年懲役에處호고罪人의衣를改著호고頭髮을剃호후셔고每日下等罪人과又치役事를服호나上議院議員으로懲役을當호者는美國設立以來로處음이가初有혼事라호얏스니大抵國家行法이何莫非一定公正而至於嚴法호야는尤不可容一毫之私라今韓國政治之腐敗와風俗之汚下가都是法律이官人의私意로操縱호야賄賂公行에貪風을醸成혼緣故니以觀律言之호면枉法贓八十貫以上은處絞라호얏스니其法이何嘗不嚴哉아今에韓國官人은賍賄至於無數이라도皆以爲役鬼호야不懼免罪라反取榮官호야富貴를安享호고勢燄이愈熾호니何憚而不爲貪饕哉아大抵官人의貪私賄陋之習을痛改淨盡치아니호면政治의紊亂과人民의困悴가愈往愈甚호야至於無國無民乃已니惟願韓廷官人은立法以公호야決不容私이되至於장法호야는尤宜十分嚴懲호야彼美國法律과如히無所容貸혼然後에人人이知所戒懼호야貪風을可以止戢이오廉恥를可以養成이어니와若其장法이不嚴호야隨人操縱에保養奸贓호면所謂政治改善이徒歸空言이니韓國官人은可不鑑戒於此哉아

●占筒秘丞　一自宮禁肅清以後로邪卜左道之流가悉已屛迹이라는디前賢占筒秘書丞某人이肆然自在호야出入禁密혼다더라

●山蔘委員　咸鏡南道北靑郡居朴某는自來山蔘을採得鬻賣호야生計를資호는者라昨年에는幾千兩價値에採得홈의官職을求혼經營이有호야內部大臣의계呈納호고得官을要請호되趑不如意호야其人이買食旅館에盤纏이竭乏이라或이謂之曰汝其入于內大家호야爲口多月이면必然得官호리라혼즉其人이如其言호야宿食于內大家호면셔日日迫請홈으로內大가不得已호야種痘委員을圖得以給호얏다니元來是藥材出身이라醫官을調用호는거시其履歷을遵行홈인지

●俄使入城　俄國總領事케써그는再昨日下午三時에漢城에到着호얏다더라

●靑坡回祿　再昨日下午七時에靑坡高永云崔鳳仁等家에셔失火호야沒燒호얏다더라

●一會寄書　一進會長李容九氏가該會宣言書를各部에公函호고傳致호얏다더라

●官民義擧　仁港內에無依羅病者의聚集호는活人所가有혼바該所羅患者六十餘名이客年臘月降寒을當호야凍且飢에求活이無計터니本港魚商會社有志諸員이其情境을矜惻히녀여白米一石과柴數三駄를義助호야瀕死혼多數人命이凍餓를幸免호고且今年陰正月에第二次如右救助호미該病人들이其惠澤을莫不感佩혼다더니近聞혼則該港監理河相驥氏와擲巡金允福氏와港內有志人士들이多數病者를善良醫治키不能홈을每歎不已라가近者에官民들이合意出力호야病院을新建호고諸病者를盡力救濟호기로決定호야今義捐金을鳩聚호는中이라호니果是傳說과如호면一時美擧라謂호리로다

●農訓長郡　남原郡居鄭致學等訴狀內長興郡남倉與大興面者老浦와漲灘地修築事로業經請願本部하야承有認許이옵기開役次揷木定界이옵더니何許日人이忽地來到하야該標木를恣意拔去하고更立渠標하니物各有主하고事有先後이온디如是占奪이豈不憤惋乎잇가嚴訓該郡하와日人勒奪之弊를妥辦止戢等因이기玆以發訓하니該日人所立標木은即爲拔去하고婉辭退送하며使請願人으로無弊竣役케하라고農部에서長興郡에發訓하얏다더라

●塾號請認　白川郡私立碧瀾義塾塾長魚允迪氏가該郡守의게請願하기를國民教育이最定大政故로國步之進不進은惟在於學校之興不興이라本人이別設方略하야先鳩維持之方하고且集俊秀之材하야依様教育이오나課書未備하고初無認許而私自設立이온즉校勢이不尊에民亦不信하니轉報學部하야特爲認許케하고教課新籍各一件式支給케하라혼고로該郡守趙元奎氏가學部에報告하야特認塾號하고且發課書케하라하얏다더라

●茶後淸筆

山蔘委員과占筒秘丞의優劣을試論호량이면孰優孰劣일지曰廢廟則似是宰相之材料也니라山蔘委員은藥籠蔘朮의妙解를抱호야醫國手段이有홈거이요占筒秘丞은能히陰陽을理호야天時를順홀지니俱히日宰相事業을做홀人이라홀는지

日昨記載혼松虫蔘奉은苦苦索對未得호니此可謂世間獨步虫이라홀는지

協律社之重設을以時局으로論之호면憂中取樂이라홀더이고及其風波忽起호야觀者紛紛被傷호야는樂極生悲가홈는지

詩洞賞花室에서는檢條以後로風流氣態가大減이라호니檢條方法을一把斬斷이라謂홀는지

曩者加平郡에서無數作獘호든李載規氏는該境居民들이其凶暴홈을畏懼호야黑旋風李氏라고指名혼다지

●一디損害　日昨에龍山典圜局機械所熔爐箱에서起火하야該局所在各樣機械等屬이沒入於回祿中이라는디其損害額이殆至十餘萬圜이라더라

●學照度部　學部에서本年度預算表中公私立學校補助費의出給혼各金庫를列錄仰佈호니中央及各地方支金庫에一一指揮케호라고度支部로照會호얏다더라

●請復官費　日本留學生元勛常等十八人이再次請願學部하얏는디已以復校事로有所仰陳이어니와總宥前日之狂悖하고矜怜今日之改悟하야特爲仍付官費生之地를伏望이라하얏다더라

●繙譯增進　國民教育會에서再昨日에委員을選定하고幹事會를召集하야會前에繙譯혼教과書類에尋常小學科幾種과物理學及中門教科書類에更繙譯編輯하기를專力하기로決定하야着着進行홀意旨로一致議定하얏다더라

●淒風苦雨

寒盡而陽生호며哀極而樂至는人事之常也어날奈何韓之現狀은去去山高水深호야和氣日索호고愁歎之聲이不絶호니苟究厥由호면誰執其咎일지

頃自日俄開戰以來로一帶西北地方이橫被兵燹호야公私蕩然이고軍需之供給과鋪道之赴役에農者罷耕호며商者失業호야千般苦楚를前後備受이다가猶其喘息이未定호야셔軍用地事件이接踵而起호야掘盡白餘萬塚에白骨이如山호야啾啾冤魂이慘於戰場이며幾千戶家戶과幾千萬田土가盡入毁撤之中이라失樓瓆尾之子들이扶老絜幼에千里相續하야凍餒死亾에淚盡血繼하니上天이矜憐하사庶幾悔禍이거날一夜狂風에所謂新條約이又出하야中外官民이奔走激昂하며許多忠臣義士之捐生者有之하고枝執者有之하야萇弘之血이已碧하며鍾儀之冠을空戴하야全國이洶洶에至于今餘波未靜이더니復何비首客이空中閃出하야一場디疑獄을無端打起하야轉相株連에獄戶充滿하니未知此案이何時可了일지衆情이惴惴에騷訛日甚이고各該教徒會員이紛紛然四面蜂起호야威福을擅作호며百獘를釀成키로民不聊生호야怨방이如沸호니凡此제般悲境을驚心慘目에有不可枚論홀지라

假日開戰之前에韓之危亂이未必至於此甚인즉以此論之컨디偏被其戰禍者ㅣ莫如韓國이며因此而垂亡者ㅣ亦莫如韓國이거날乃以保全維持等說로鍛弄股掌을如戲小兒호니萬目之所睹와萬口之所傳에爲此說者ㅣ能不自愧乎아

大抵事到極頂호면其變이必速호나니韓之禍亂이可謂已極矣라寒盡陽生이厥理不爽호야海外風雲이其將一變홀지니惟願韓之同胞는硬着脊梁호며動心忍性호야教育을是務호며團體를完結호야靜而待之가其可乎哉인저

雜報

●賀圖書館創立（續）

尋常讀書社會에서恨乏力ㅎ야難以購備圖書라其渴望이大旱의雲霓을望홈과如ㅎ느니若有圖書館이면窮措大貧書生이라도無此缺望ㅎ리니此는圖書館이學校外에在ㅎ야開進文化의大機關이되는者가六也오

第七은圖書館에셔閱覽ㅎ는者가地球各國의近況을速知ㅎ는利를得홈이라今日世界에文明이日進ㅎ니吾不能安於固陋ㅎ야自同井底와矣라비록有時로百般職業에驅使ㅎ는바될지라도만일地球近況을悉知ㅎ야諸文明國으로더부러競爭치못ㅎ면必有所敗라또圖書館이文明世界에新刊圖書와新報와雜誌類를廣蒐ㅎ니出入此館者로ㅎ야금不敢作劣敗汚名之事ㅎ리니豈不美哉아此는圖書館이學校外에在ㅎ야開進文化의大機關이되는者가七也오

第八은圖書館이不知不覺에成人材ㅎ는利가有홈이라嘗觀出入圖書館者가自然히勤讀書之志가生ㅎ야써智識을養成ㅎ니盖學者가每入圖書館이면悉皆研究事物이니勸勉之意가何因欲研究物이라前後左右에得不生이리오不獨此也라事物을愈研究愈精細ㅎ면意見이愈卓絶ㅎ고材器가愈宏ㅎ홈을可知니其爲利가豈不大哉아此는圖書館이學校外에在ㅎ야開進文化의大機關이되는者가八也라其餘之利가固不止此나不暇枚擧라ㅎ얏스니

今에大韓諸君子도此報의論列ㅎ제條利益을到底觀念ㅎ야圖書館의新設을奬勵ㅎ며其擴張을贊助ㅎ야教育事業이完備併進케홈을切切企望ㅎ노라　完

●刻師有志　鍾路圖章雕刻師徐敬淳氏가新設中央圖書館에贊助ㅎ기로爲ㅎ야該館所用各種印章을寄附ㅎ얏다니該氏의有志를讚揚할만ㅎ더라

●權氏運動　全州郡守權直相氏에自來貪饕無比홈은世所共知어니와近日其心腹人을上送ㅎ야持一件記ㅎ고出府行于南北村舍廊ㅎ면서區區說明ㅎ다니說明裏許는姑未詳知ㅎ나想必權郡守가貪虐違法ㅎ다가人命案件에郡民의呼訴를被홈의文飾自巳非惡ㅎ고郡民을誣陷ㅎ랴는事인듯ㅎ다더라

●車거夫부誤오解히　인력거군이듯기를다ㅎ고길이탄식ㅎ여왈속담에일은말도드르면병이오안들으면약이라는말이올토다　나는그러케굉장ㅎ통감인줄은몰ㅎ고다만공주왈맹주왈ㅎ는통감으로만알앗더니지금주셔히알고본즉비록우죠ㅎ마옴이라도가슴이무여지는듯피를토ㅎ듯ㅎ야일단병근이될듯ㅎ니도로혀듯지아니ㅎ얏슬써만갓지못ㅎ도다ㅎ고　인력거를돌고가며주탄가노리ㅎ니그노리에ㅎ얏스되·　산이놉파　산첩첩슈즁즁이라　산이놉파　만장이니　그산을넘ㅅ향면　ㅅ다리를노올만못ㅎ도다　만일에　ㅅ다리도놋치안코　한거름도걸지안코　다만　산이놉다주탄ㅎ면　명일이금일이오　명년이금연이라　하월하일에　그산을　넘어간다고필ㅎ가　미완

廣告

東署仁昌坊東茹地洞契第一統四戶草家十間鄭完謨家契換券次任置漢城府該府에서서失云誰某拾得休紙施行홈

鄭完謨　告白

中署寺洞二統九戶尹乙炳家家券을被人盜去ㅎ얏스니內外國人은勿爲見欺홈

尹乙炳　告白

本會에서夜學을開設ㅎ고學徒을募集ㅎ더이오니願入僉君子는陰曆本月十五日에來臨于本會하심을望

光武十年三月三日

東亞開進教育會　告白

學校는南署履洞舊南部

課程　日語　算術

學徒年齡自十五歲至三十歲

大抵教育은國家興廢에關係요人民存亡에原因이라我人士에智識發達홈을爲하야去年冬에平南江東郡晩達面巴陵村에賛成諸員에熱心助務하시믈賴하야學校를私設하고普通各科를教授하옵는디無論某地方하고有志人士는陸속來學하시와國民義務에ㅎ心勉力ㅎ시믈爲望

平安南道江東郡巴陵洞

私立經治學校長　金昇模

總務長　金觀治

總務　郭景柱　李九儀　張永翰

贊務　金心鉉　安克明　趙完璧　金梓錫　黃仁協

水原水北面朴敬長年今二十四本是愚蠢ㅎ여中無所主러니隣洞居許致德이朴門에無主홈과敬長에懦弱홈을알고暗生不測之心ㅎ여萬端謀誘夜與俱走僞造文券典當出債ㅎ고直走京城ㅎ야締結悖類ㅎ고做出浮言ㅎ야符同朴參奉者ㅎ여남의子息을不義에빠지게ㅎ니大抵朴參奉이란者는自稱韓將臣과男妹間云ㅎ고威脅ㅎ오니內外國人은如此事實을詳燭ㅎ와或文券典執하거나或出債하거나勿爲見欺홈

朴敬長母李氏　告白

一馬具二十件

右는購買ㅎ는바詳細는三月二日官報에揭載ㅎ얏습

軍部經理局

全羅北道萬頃郡縣內面內竹里金洙淑爲名人이本是浮浪之流로蕩敗家產ㅎ고甚至於兄弟家產과先山松楸도一無餘存ㅎ온中의方今日債幾萬兩을得用次로四面看求하니無論某人하고一分錢이라도得給則畢竟績失ㅎ거시니咸須知悉홈

寡兄嫂高召史　告白

本運送部에서京仁京釜京義間鐵道貨物을運送ㅎ되貨物을特別保重ㅎ며運輸을特別迅速케ㅎ오며支店을三線各驛에設置ㅎ얏ㅅ오니貨物을運送ㅎ실僉君子는本運送部에光臨問議ㅎ시옵

京城南大門外韓美協同倉庫會社內

合資會社　東美運送部

社長　尹鼎湯

社務員　任命鎬　鄭仁教　李喬寧

弊社가어採發達次農商工部의聯啣請願矣러니社員劉錫等無端反對ㅎ야該請願狀를從中幻弄以渠等親私七人僉名請願至承認許號曰海產株式會社自爲總務各道出張派送ㅎ고而登諸廣告以致會社紊亂則似此挾襍類質判歸正次玆以廣佈홈

海產會社　白

齒科　廣告

齒科醫士美國人떡、이되워드힌

右事務所는南大門內達城尉宮內美國醫士스크랜돈家後에在홈

視務時間은每日上午九時로一時ㅅ지下午二時로五時ㅅ지

右時間外에特別히治療ㅎ기를要請ㅎ는僉員은預先通知홈

●數理學雜誌改良廣告

本雜誌를第三號로븟터는頁數도增加ㅎ며紙冊도改良ㅎ며記載ㅎ는材料도一層精選ㅎ야江湖僉位의愛讀ㅎ시는厚意를酬코져ㅎ오니倍舊愛讀ㅎ심을伏望

但發行日子는每朔五日

一券定價는新貨拾錢

發行所　南大門內尙洞舊德公館右側　數理學雜誌社

賣却所　尙洞會堂內

鍾路大東書市

布屛下金相萬冊肆

新門內松橋張智周紙廛

銅峴朴泓九紙廛

仁川港紐峴朝新冊肆

平壤啓明書舖

現今世界列國이互相交涉之日에交際之禮를宜先講解이기로交際新禮一冊을撰述發刊ㅎ오니外交家及紳士의不可不覽홀珍이라僉君子는諒悉購覽홈

定價金　新貨十八錢

發售所　大韓每日申報社

特別社告

非史乘이면政治之美惡와人物之臧否와風俗之汚隆을無以攷證이니國史乘者는非一時之考覽이라乃萬世之公案이오非自國之所可得以私也라卽宇內列邦이皆所公佈키로曩者美人訖法氏之撰大東紀年이意固有在而然也라本記者ㅣ不揆僭越하고於韓之史學에留心者ㅣ久矣로되在幾百年之後하야要論幾百年之事가任大力綿에恐有失實之歎뿐더러鎖國自守之時代에는民國間諸般事爲가不過是尋常典故라不足以供世界列邦之眼目키로斷自丙子以後各國交涉時事하야要爲編成一書하야公諸列邦하니四方有志諸君子는諒此苦心하야丙子以後政令訓誥之所記와各國交涉之如何와臣民疏章與功罪之表著와中外俗習之沿革과忠臣義士孝子烈女之行蹟을各隨所聞所見而詳錄投示하야俾此重役으로得以完成을千萬幸甚

大韓每日申報社

○○○○○○○○○○○○○○○○

本申報를廣佈ᄒᆞ기爲하야咸鏡南道咸興州南社西門外居하는曹喜林氏에게逐號下送하오니該附近地愛讀하시는 僉君子는同氏에게購覽하시며代金도同氏에게傳致하심을爲要

大韓每日申報社

○○○○○○○○○○○○○○○○

本社廣告

[illegible]

廣告料

四號活字十三字詰

每日每欵尺一寸에[illegible]

(每日每行에六錢式)

二個日에 二圜[illegible]

(每日每行[illegible]에[illegible])

一箇月에 五圜[illegible]

(每日每行[illegible]一里에相當[illegible])

其期限의長短과字行의多少를從ᄒᆞ야增減ᄒᆞᆷ이有ᄒᆞᆷ

大韓人마다此申報를不可不購覽ᄒᆞ실터이오니廣告出報ᄒᆞ실 僉君子ᄂᆞᆫ來臨面議ᄒᆞ시옵

發行兼編輯人 英國人裵說

發行所

京城北署[illegible]洞[illegible]

大韓每日申報社

第四卷

大韓每日申報
대한매일신보

第一百六十一號

月曜及慶節歲時日休刊

檀君開國四千二百三十九年
箕子元年三千二十八年
大韓開國五百十五年
日本明治三十九年
淸國光緖三十二年
陰曆丙午二月大十三日庚戌

論說

韓國現今苦難

去月十七日本報에記述ᄒᆞ되李根澤氏의被擊ᄒᆞᆫ事實이新條約許與ᄅᆞᆯ報寃ᄒᆞᄂᆞᆫ意思라ᄒᆞ얏고且續論ᄒᆞ되其他附日大臣等의生命도亦在危險中이라ᄒᆞ엿더니日本某報가返答如左ᄒᆞᆫ지라其被擊事實이政治的性質이오其刺客이反對新約之人인줄은似其然矣나然이나大韓每日申報가日本에게如此無意反對ᄅᆞᆯ試ᄒᆞᆷ이有何益於韓國인지ᄂᆞᆫ吾人之所未思로다如此反對가使其韓國人民으로自國獨立을熱心維持케ᄒᆞᆯ거시非不曾有其機나然이나迄今連續ᄒᆞᆷ은反爲不善勸告于行動이로다

韓國內日本位地ᄂᆞᆫ已經列强承認이라此位之成을雖稱之以威脅이라도其論非之日이已過矣니今日之勸柴反對ᄂᆞᆫ不過如彼刺擊意思라此乃韓民之暴擧니世人이豈不認以些少之端이리오如此事端은何國에던지常有之矣니라ᄒᆞ얏더라

日本政府에셔近日刋布ᄒᆞᆫ規則의定限된日本之保護韓國을列强이全然一致ᄒᆞ얏슴을一般知悉ᄒᆞᆯ줄노同報가說明ᄒᆞᆷ은彼之正義니此所謂希望이爲意思之本이어니와論非之日이已過라ᄒᆞᆷ은不可同意로다

同報의陳述ᄒᆞᆫ韓國官僚腐敗之說을許之以實情이오且列强愛情을韓國이不能多望이라ᄒᆞ더리도別有念及處ᄒᆞ니此ᄂᆞᆫ此地日本專權이不得長久恕容ᄒᆞᆯ거슬深信ᄒᆞᆷ이라

現今日本이韓國鐵道專權을享有ᄒᆞ얏고且政府가漸歸日人手中ᄒᆞ니外他列國人의難圖利用을日本人民은丁寧解得ᄒᆞᆯ지라以此事實로今可指言者ᄂᆞᆫ豆滿江流에日本會社之森林營經이今已現露矣요其他ᄂᆞᆫ帝國礦産을日人管下官部에移付ᄒᆞᆷ이니日人이自營礦産ᄒᆞ기에財政及學術이俱乏이어날爲此管轄之計ᄂᆞᆫ列國人의게此後割讓을防遏ᄒᆞᆷ이로다

且一提議ᄂᆞᆫ日本物貨ᄅᆞᆯ韓國으로免稅輸入ᄒᆞᆯ거시며其外에도日本之將得專權이不一其機니此ᄂᆞᆫ均商原則을直破ᄒᆞᆷ이오其均商은韓國諸條約과日本의韓國을關係ᄒᆞᄂᆞᆫ一般條約에基因ᄒᆞ얏도다

本記者ㅣ日本行事가同地而處ᄒᆞᆫ列强보다過越ᄒᆞᆷ을不言이나然이나韓國內에日本之漸得專權于利益을列强이無一言順從ᄒᆞᆯ거슨本記者ㅣ亦未見ᄒᆞ노라韓國에外國指導가非不必要나日本之獨行指導ᄂᆞᆫ未有其理로다

官報

第三千三百九十二號 光武十年三月五日

◎敍任及辭令

解侍從院副卿 從一品申泰熙
從二品金珏鉉
命侍從院副卿叙勅任官三等
以上二月卄八日

●官廳事項

第三條 文書課에셔ᄂᆞᆫ左開事務ᄅᆞᆯ掌ᄒᆞᆷ이라
一公文書類及成案文書의接受發送에關ᄒᆞᆫ事項
二公文書類의編纂保存에關ᄒᆞᆫ事項
三統計報告調查에關ᄒᆞᆫ事項

第四條 地方局에左開三課ᄅᆞᆯ寘ᄒᆞ야其事務ᄅᆞᆯ分掌케ᄒᆞᆷ이라
府郡課 版籍과 土木과

第五條 府郡과에셔ᄂᆞᆫ左開事務ᄅᆞᆯ掌ᄒᆞᆷ이라
一地方理財其他一切地方行政에關ᄒᆞᆫ事項
二賑恤及救濟에關ᄒᆞᆫ事項
三慈惠에供用ᄒᆞᄂᆞᆫ公立營造物에關ᄒᆞᆫ事項
四社祠寺에關ᄒᆞᆫ事項
五民夫徵發에關ᄒᆞᆫ事項

第六條 版籍과에셔ᄂᆞᆫ左開事務ᄅᆞᆯ掌ᄒᆞᆷ이라
一戶口籍及地籍에關ᄒᆞᆫ事項
二官有地名目變換에關ᄒᆞᆫ事項

第七條 土木과에셔ᄂᆞᆫ左開事務ᄅᆞᆯ掌ᄒᆞᆷ이라
一本部直轄土木工事及地方經營土木工事其他公共土木工事에關ᄒᆞᆫ事項
二本部直轄工費及地方工費補助의調查에關ᄒᆞᆫ事項
三土地測量及水面塡平에關ᄒᆞᆫ事項
四土地收用과無稅官有地處分及管理에關ᄒᆞᆫ事項

第八條 警務局에左開二課ᄅᆞᆯ寘ᄒᆞ야其事務ᄅᆞᆯ分掌케ᄒᆞᆷ이라
警保과 衛生과

第九條 警保과에셔ᄂᆞᆫ左開事務ᄅᆞᆯ掌ᄒᆞᆷ이라
一行政警察及高等警察에關ᄒᆞᆫ事項
二各港市場及地方警察에關ᄒᆞᆫ事項
三圖書出版에關ᄒᆞᆫ事項
四監獄에關ᄒᆞᆫ事項
五監獄一切經理에關ᄒᆞᆫ事項

第十條 衛生과에셔ᄂᆞᆫ左開事務ᄅᆞᆯ掌ᄒᆞᆷ이라
一傳染病地方病의豫防과種痘에關ᄒᆞᆫ事項
二檢疫停船에關ᄒᆞᆫ事項
三醫師及製藥師藥劑師의開業試驗과幷其藥品管查에關ᄒᆞᆫ事項

未完

外報

●乘毬至法 英國人 普洛、戴爾兩氏가輕氣毬ᄅᆞᆯ乘ᄒᆞ고倫敦으로븟터法國으로前往ᄒᆞ얏ᄂᆞᆫᄃᆡ途遇颶風ᄒᆞ야但四點鐘後에法國內地距海濱二十里之處ᄒᆞ야登岸ᄒᆞ얏다ᄒᆞ니亦一奇事더라

●外相辭職 日本東京電을據ᄒᆞᆫ즉本月二日에日本外相加藤高明氏ᄂᆞᆫ鐵道國有案에反對ᄒᆞᆫ結果로辭職되얏고西園寺公望首相이外務大臣을兼ᄒᆞ얏더라

●北京騷亂 北京電을據ᄒᆞᆫ즉淸國革命黨五百名이北京으로襲入이라ᄂᆞᆫ報가有ᄒᆞᆷ으로德國公使館에셔天津에大砲ᄅᆞᆯ持來ᄒᆞ야各要處에裝置ᄒᆞ고嚴重히戒嚴中이라더라

●因訓鍊兵 北京通信을據ᄒᆞᆫ즉甘肅總督升允氏가政府의電訓을因ᄒᆞ야兵馬ᄅᆞᆯ練ᄒᆞ야俄患을防備ᄒᆞᆯ次로德國商瑞記洋行에셔毛瑟鎗及彈藥을購買ᄒᆞ얏ᄂᆞᆫᄃᆡ其價ㅣ六萬一千四百六十餘兩이라더라

●鴉片專賣 仝通信을據ᄒᆞᆫ즉淸帝及西太后가總稅務司로빗하氏에게勅ᄒᆞ야鴉片을政府에셔專賣ᄒᆞᄂᆞᆫ事件으로其意見을下詢ᄒᆞ얏더니同氏가奏曰此法을萬若實行ᄒᆞ면百餘萬兩의收入을得ᄒᆞᆯ지오又此法을施行ᄒᆞ라면預先英政府와專約을訂結ᄒᆞ야輸入鴉片을一箇人이라도私賣ᄅᆞᆯ禁ᄒᆞ여야實效가有ᄒᆞ리라더라

雜報

●噫大臣也

夫大臣者는學問이足以經邦이오才智足以斷事요德量이足以鎭物이라야乃可以任重致遠ᄒ야輔君職而居民上이어날現今韓之大臣은吾不知其何狀貌也로되其行政處事를參諸輿論而考之컨ᄃ僅是常備以外에一種別人物이라홀지로다

伊來幾年에君寵이非不隆重이요權柄이非不在手인즉苟能職其所職ᄒ며盡心啓沃이면國事庶幾有爲홀거어날其材也ㅣ易居人下ᄒ며其志也ㅣ卑陋窺甚ᄒ야國危民困을恬然熟視ᄒ야未聞有一事之建白과一言之規諫이고返爲乘機圖利ᄒ야百般濁亂ᄒ며罔聽不悛ᄒ야甘作賣國之창導이다가乃於全局이已敗ᄒ고萬事已去之後에揚臂奮袂ᄒ야以施政改善으로自期自負ᄒ다니雖云廉恥喪盡이나此等不近情不自量之言을何敢發諸其口인지

趁早釋其政權ᄒ고讓于賢能ᄒ야以謝國人이固其宜也언만顧今國內人心이皆曰可殺이라ᄒ야怨毒之聲이騰於歌謠ᄒ니鼎鑊도有耳라彼亦豈不聞之리오若一朝去位則恐被他人所圖키로雖其外面ᄒ며生薑湯으로煖胃ᄒ야泰然若無事ᄒ고某邊人에게日夜納媚乞憐ᄒ야苟保其位를有若奴隸之狀態ᄒ니未知賣國之人이究竟에有何好處완ᄃ寋寋濡足而汲汲然就之歟아其所爲는牛也ㅣ라可哀哉로다

噫라以彼劣材와以彼醜態로覥然號於人曰我能施政改善이라ᄒ면人有不啞然笑之者乎아非徒此輩人之可笑라利用此輩人ᄒ야以拂全國之人心ᄒ고曰保全韓國이라ᄒ며曰維持韓國이라ᄒ야欲以一時狙詐로瞞盡天下之耳目ᄒ니劃此計者ㅣ其亦愚之甚乎哉ㄴ저

●聖恩浩蕩　韓皇陛下씌옵서日前千秋慶節에與民同慶ᄒ심을特念ᄒ오샤各署內貧戶를派遣摠巡調査ᄒ야每人口에韓貨四十戔式下賜ᄒ옵셧더라

●悖民何敎　南陽郡淨土宗敎員秦永壽는本以悖類로敎會에藉勢ᄒ고積年된雜技債를利上加利ᄒ야勒成幾千兩ᄒ고該民에게牢刑督捧을恣行不顧ᄒ니會員이擧皆如此이면民莫支保라고傳說이喧藉ᄒ다더라

●結弊可念　近日全北諸郡守令이結錢收捧을勒責純葉ᄒ며或責以葉白參半ᄒ야肥其私橐之弊가無邑不然키로全州居民等이該郡守權直相氏의困督을不堪ᄒ야金白納稅之意로呼訴度支가已經多日이라는ᄃ其裏由를槪聞ᄒ즉去甲辰春에該郡民이亦以白貨納稅事로厩訴于本郡ᄒ야至於電報度支러니答電內開에民會發通은係是葉白相關이니何不順從民願ᄒ야歸正結稅이고致此起擾에返請派兵이極涉槪歎이라ᄒ얏슨즉爲守令者ㅣ承此訓飭則宜即從民願ᄒ야金白歸正이거날循私妨民ᄒ야依舊責葉이可見其貪虐之無厭인즉全民之呼冤이無足怪言이오非徒全州一郡이라咸悅益山等郡에서亦有結民之訴部이다인바咸益則尤爲密邇忠남ᄒ야白貨爛만之邑인즉比諸全邑에宜其鳴冤이니該部에서遲遲靳許ᄒ는거시未知其故라고南來人들이多以爲言이라더라

●哀哉韓人　近日警廳消息을聞ᄒ則從前韓國人士가自國事에憤慨ᄒ言論으로日人의怒를抵觸ᄒ야警廳에被囚ᄒ者는原非得罪於韓國者라該廳押牢들이自國人을矜憐히여기는情으로오히려寬待之意가有ᄒ더니近者에는日人이韓人名色은一不得近케ᄒ고幷其押牢ᄭ지日人이替爲ᄒ야在囚者의一動一靜을無不苛察ᄒ으로一水一盃酒라도囚徒의任便을不得ᄒ다ᄒ니大抵日人이韓國에對ᄒ야鑿鑿進步ᄒ는手段이愈往愈甚ᄒ은推此微細事라도無不皆然ᄒ니哀哉라韓人이여

●奇哉此校　夫鰥寡孤獨은天下之窮民而無告者故로古昔聖王之政이先此四者는良有以也라四窮之中에孤兒尤궁者는生未幾年에無父母無依托ᄒ야行乞道路에餓死病死가比比有之ᄒ고幸得生活이라도不受敎育에豈知忠君愛國之道乎아是故로開明隣國은皆設院敎育ᄒ되惟我韓國이獨無此院을心忸面赧터니轉聞全羅道居李晶瑢이以慈悲之心으로剏設普生孤兒學校于鍾路前布廛都家ᄒ고孤兒募集이今至五十餘名而今番千秋慶節日에衣帽를一新整敦ᄒ고各學徒로共進學部에慶祝ᄒ고大安門前에서呼萬歲ᄒ제學徒中第一이라稱讚ᄒ니壯哉라李晶瑢이여二千萬同胞를代表ᄒ야大韓初有之事를行ᄒ니讚美之說은書不盡言而姑待始終之爲如何ᄒ노라

●呼冤無稽　法官養成所舊學員冤抑情景은前報에已揭어니와更聞ᄒ즉該員等三十餘人이歲前에法大에게請願書를呈ᄒ야該部에送ᄒ즉該所長李冕宇氏가阻당ᄒ야不得呈覽이라不得已退在路上이라가法大仕退時에路呈ᄒ얏다는ᄃ該書主旨는卒業叅試케ᄒ든지不然즉新舊學員을區分敎授ᄒ야章程ᄃ로今年에卒業케홈을請홈인바該大臣이面對學員ᄒ야善爲措處ᄒ마ᄒ얏다는ᄃ于今ᄭ지指令이라고一字가無ᄒ다니抑或指令이雖有나該氏等이留中ᄒ는지不知ᄒ깃다더라

●會獘之一　남來人의傳說을聞ᄒ즉南陽郡內開進敎育會員이該會宗旨를自毁ᄒ야商民處에勒加收錢으로作一目的키로民情嗷嗷ᄒ중에鹽農爲業ᄒ는商民處와商標를成給ᄒ고該標價銅貨二元式勒捧ᄒ즉歎餘窮民이糊口沒策之中에添此橫徵ᄒ야支活無路라고冤聲載路ᄒ다더라

●亦宜反省　一進會摠代李行敎氏가內部에請願ᄒ內槪慶北金山郡守林承學善山郡守俞鎭贊兩氏가自爲淨土宗敎賛成員ᄒ고使吏校隸로勸入該敎ᄒ야已革ᄒ雜稅를各場市에一一勒討ᄒ야民情이嗷嗷라ᄒ기로玆에請願하오니發訓兩郡하야雜稅는使之依舊革罷하고淨土敎之挾雜輩는一一嚴懲杜弊하라하얏다니一進會員之作弊는何不一切痛禁인지可謂責人則明이라하깃다더라

●非敎伊誨　法官養成所敎官洪氏가日昨上學時呼名하다가李基燦學員을對하야何不早入고ᄒᄃ同氏曰其間山訟事로今始入矣라ᄒ즉該敎官이訟의得落을問하는지라同氏曰落하얏다하니該敎官曰民事訴訟을早學하얏스면落訟치아니하얏스리라하니平民事訴訟之學不學이訟之得落이不在理勢하고專在인지民事訴訟學ᄒ人은雖何許境過던지皆得訟하는洪氏는지可謂病於新學問이라豈可對老宿學員하야出此戱謔的說話오數품敎官만도不如하다고嘲誚頗多하더라

●警署請修　萊監李懋榮氏가報告內部ᄒ內槪에本港警務署經費比前太減하야萬難支保之狀은想應洞悉而最所悶迫者는巡檢廳廨가年久朽傷에瓦解棟傾하야晷刻難堪이오며日本租界內設留ᄒ分署도幾至頹壓하야不可容接뿐더러經用이無麪에柴油炭費를從何辦備乎아不獲已廢止이더니現自日警署談辨內에分署撤廢가妨於交際하니希即更設視務等語이오나以若恒定經費與修理費로는末由計策이오니該兩處修葺與經費合八百元을特爲加劃ᄒ야俾便居接視務케하라하얏더라

●寧郡艱狀　平北觀察李根豐氏가內部에報告하얏시되管下寧邊郡은處在直北之路하야日兵之接住홈各廨에猶不得容하야至於占入郡衙故로郡守는修理鄕堂하야以爲政堂하고買私家하야以爲官屬之直所矣러니現又一中隊가添來하야修理之鄕堂과買居之私家를又爲日兵之所住故로郡守는今寓於本郡贍學庫하야所居之挾窄은姑捨하고鄕長巡校書記가自至失所하고餘外下屬之支接無處而訴訟은浩多遝至하고罪囚는留置無處하야近民察務에萬無施措이오니特下指飭하야以爲矯救하라하얏더라

●悖兵不禁　日前協律社演戲場에서兵丁等이惹起紛擾하야毆打警官이되陸軍尉官金者作氏는身着服裝하고袖手傍觀에不爲禁戢홈事로警務廳에서將行移照陸軍法院하야嚴懲其非ᄒ다더라

●越視上官　中署警務官洪顯鉉氏가日昨協律社內에서兵丁等의被打危險之際에在傍之西署巡檢方某를呼而謂曰即往本廳而告急하야使之救活케하라ᄒ즉該巡檢曰我是鍾道會社派送巡檢인즉該會社長命令外에는不可承准이라ᄒ지라警務廳에서該巡檢의對하야人民遇難도救護가乃是職任이거날況其上官罹難을視若尋常而不受命令이라하야即爲罷免하얏다더라

雜報

廣新學以輔舊學說 續

前往滿洲蒙古暨十八行省ᄒᆞ야分道測繪ᄒᆞ야以地輿로合諸天度ᄒᆞ니道里遠近을按圖可稽니即世所稱內府本地圖者是也라中國格致技藝之學이雅有淵源이러니一厄於暴秦之焚ᄒᆞ고再厄於漢武之罷黜ᄒᆞ니洪流未暢에輒止半途라由是로用其物而不能別其性ᄒᆞ고習其事而罕有知其理ᄒᆞ야文人學士ᄂᆞᆫ高而不切ᄒᆞ고拙匠粗工은聊用謀食ᄒᆞ니盖失傳者ㅣ二千年矣라西士東來에各罄所長ᄒᆞ야不靳出示ᄒᆞ니華人이耳目未經으로託爲異物이나曾不知即我古聖人이備物致用ᄒᆞ야立成器以爲天下利之學이同源異派而踵事加精者라歐洲格致技藝가導源於希臘ᄒᆞ고遞盛於羅馬而實托始於古埃及이라盖古世之歐羅巴洲ᄂᆞᆫ榛狉未變일ᄉᆡ亞細亞洲人이抵希臘ᄒᆞ야教以人事ᄒᆞ고ᄃᆡ昏蒙을猶未盡洗ᄒᆞ고商之世에遲哥洛이從埃及來ᄒᆞ야建國於雅典ᄒᆞ야敎民禮義文字ᄒᆞ니是爲歐人文學之鼻祖라歷代講究에漸臻明備라가ᄃᆡ至羅馬衰微ᄒᆞ야北狄이分據於前ᄒᆞ고突厥이攻佔於後ᄒᆞ니比於秦灰燹劫에正自相似라然而實學이猶幸不磨者ᄂᆞᆫ以博雅名流가散布四方ᄒᆞ야相繼不絕也라豈惟不絕이리오又從而恢廓之ᄒᆞ고精硏之ᄒᆞ야或出藍而謝靑ᄒᆞ고或捨筏而登岸이라降至前明中葉ᄒᆞ야荷蘭人之遠鏡이出而測天航海之術이精ᄒᆞ고意大利士子가考察各處之土脈石類와與其蘊藏之跡而地球人物之來歷이顯이라 未完

●校刀打兵　黃州隊餉所正校張斗瓚氏ᄂᆞᆫ爲人이不似ᄒᆞ고但是陰凶奸猾之致로諂媚於參領副官ᄒᆞ야擅弄餉權에凌蔑上官ᄒᆞ고威喝士卒을認作例事ᄒᆞᆷ으로一隊가切齒이더니本月二日에餉官朴承祚와論議間有何不滿이든지張氏가空然移怒于書記上等兵金用俊ᄒᆞ여忽拔軍刀ᄒᆞ야揮打項腦之際에何幸金兵이內避故로左臂을猛打重傷되여方在救療中인ᄃᆡ死生은未知미나當場光景이目不忍見ᄒᆞ겟더러張氏前後不法은隊郡이昭然이라隊規精齊면豈有此悖擧乎아拔劒傷人之律을宜即論勘ᄒᆞ야以警其餘이거날大臣協辦이張氏를曲護ᄒᆞ야隱而不發인지軍律不明이可歎可駭이며金兵老母가獨子被傷에喫緻氣塞ᄒᆞ야命在頃刻인즉此等狂悖之軍人은法不當仍置라고西來人의所說이同然ᄒᆞ다더라

●西民呼冤　平安北道人民等이軍用鐵道의役夫勒募之弊害를擧ᄒᆞ야統監府에呼訴ᄒᆞ얏다ᄂᆞᆫᄃᆡ其事實은日人이酷使人夫ᄒᆞ야不得一時暫休케ᄒᆞ고一日之役에半日雇價를不給ᄒᆞ니民不應募라於是日人이排定各郡ᄒᆞ야責出役夫ᄒᆞ니勢無奈何ᄒᆞ야自各面里로家收戶斂ᄒᆞ야雇得人夫ᄒᆞ야使之應役케ᄒᆞ니由是로閭里蕭條에莫可支保이고且日人이散在沿江各處ᄒᆞ야勒買松山而不給時價十分之一ᄒᆞ고勒使戶出人夫ᄒᆞ야斫伐移運ᄒᆞ야轉賣於鍊鐵塲ᄒᆞ니此皆日人之勒取其材ᄒᆞ고勒使其人ᄒᆞ야私相牟利者也오千里鐵道의所犯田畓을全不給價ᄒᆞ고又日人所住處則抑奪鷄群與菜蔬故로從而索價則反爲毆打ᄒᆞᆫ諸般虐待之事라더라

●車거夫부課오解ᄒᆡ

산쳡쳡슈즁즁이라 물이깁퍼쳔쳑이니 그물을건너랴면비를쥰비ᄒᆞᆷ만못ᄒᆞ도다 만일에 비도쥰비치안코 ᄉᆞ공도부으지안코 다만 물이깁다ᄌᆞ탄ᄒᆞ면 하월ᄒᆞᆫ일에 그물을 건너간다질언ᄒᆞᆯ가 아마도 그산그물을 넘고건너ᄌᆞᄒᆞ면 ᄉᆞ다리와 션쳑을쥰비코져 미리미리경영ᄒᆞᆷ이뎨일상칙이라 이도져도아이ᄒᆞ고 무졍세월허송ᄒᆞ면 그산그물이 졀노졀노 평디되기바랄손가 슬프고슬프도다우리나라형편됨과우리동포젼졍됨은 산쳡쳡슈즁즁에우심타ᄒᆞ리로다 바라고바라나니졍부ᄃᆡ관유지인ᄉᆞ 흠슈업다ᄌᆞ탄말고 ᄉᆞ다리와션쳑등을어셔밧비쥰비ᄒᆞ오 우리ᄂᆞᆫ무지ᄒᆞᆫ등의인류라일너무엇 완

廣告

特別社告

非史乘이면政治之美惡와人物之臧否와風俗之汚隆을無以攷論인즉史乘者ᄂᆞᆫ非一時之공覽이라乃萬世之公案이오非自國之所可得以私也라卽宇內列邦에宜所公佈키로據考美人訖法氏之撰大東紀年이意固有在而然也라本記者ㅣ不揆僭越하고於韓之史事에留心者ㅣ久矣로되在幾百年之後하야要論幾百年之事가任大力綿에恐有失實之歎뿐더러鎖國自守之時代에ᄂᆞᆫ民國間諸般事爲가不過是尋常典故라不足以供世界列邦之眼目키로斷自丙子以後各國交涉時事하야要爲編成一書하야公諸列邦하니四方有志諸君子ᄂᆞᆫ諒此苦心하야丙子以後政令訓誥之所記와各國交涉之如何와臣民疏章與功罪之表著와中外俗習之沿革과忠臣義士孝子烈女之行蹟을各隨所聞所見而詳錄投示하야俾此重役으로得以完成을千萬幸甚

大韓每日申報社

○○○○○○○○○○○○

本申報를廣佈ᄒᆞ기爲하야咸鏡南道咸興州南社西門外居하ᄂᆞᆫ曹喜林氏에게逐號下送하오니該附近地愛讀하시ᄂᆞᆫ 僉君子ᄂᆞᆫ同氏에게購覽하시며代金도同氏에게傳致하심을爲要

大韓每日申報社

○○○○○○○○○○○○

本社廣告

申報價

一張代金 新貨二錢五厘

一箇月에 三十錢

三箇月 九十錢

六箇月 一元七十錢

一箇年 三元四十錢

郵稅一部 新貨五厘

一箇月 十三錢

廣告料

四号活字十三字詰

每日每英尺一寸에新貨廿五錢

(每日每行에六錢에相當홈)

二周日에 二圜五十錢

(每日每行圓錢五厘에相當홈)

一箇月에 五圜

(每日每行圓錢一厘에相當홈)

其期限의長短과字行의多少를依ᄒᆞ야增減홈이有홈

大韓人마다此申報를不得不購覽ᄒᆞ실터이오니廣告出報ᄒᆞ실僉君子ᄂᆞᆫ來臨面議ᄒᆞ시옵

發行兼編輯人 英國人裵說

發行所

京城北署壽進坊桐洞号外地

大韓每日申報社

第四卷

大韓每日申報
대한매일신보

第一百六十二號

月曜及慶節 歲時日休刊

檀君開國四千二百三十九年
箕子元年三千二十八年
大韓開國五百十五年
日本明治三十九年
淸國光緖三十二年
陰曆丙午二月大十四日辛亥

論說

論協律社

協律社ᄂᆞᆫ年前에張鳳煥氏가 皇上陛下께上奏하되軍樂隊를設寘ᄒᆞᆫ經費를充補ᄒᆞᆯ計劃으로協律社를創設하ᄌᆞ고屢屢히天聰을欺蔽하야帑金四萬元을ᄂᆡ下하야歐洲演戲屋樣子로建築하고藝妓를招選하며倡優를募集하야所謂春香歌華容道打令을百般演劇으로玩戲를呈ᄒᆞ야金錢을謀取ᄒᆞ야樂隊經費를幾分이나充補ᄒᆞ얏ᄂᆞᆫ지主謀人의一時富華를增加하얏다하니帑金을靡費하야私腹을充物ᄒᆞᆷ이世人의公論이沸騰ᄒᆞᆷ이一也오每日風樂이轟天하며艶妓가如月ᄒᆞ며倡夫가如雲ᄒᆞ야一場風流陣을設ᄒᆞᆷ의年少子弟들이心志가搖揚ᄒᆞ고耳目이悅ᄒᆞᆯᄒᆞ야黃金을弗惜ᄒᆞ고靑春을虛送하야家産蕩殘은尙矣勿論하고萬事營爲가從此消磨하기로其父其兄의慨歎憤恨하ᄂᆞᆫ聲이滿城에沸騰ᄒᆞᆷ이二也오世界各國에角力戲이니習舞會이니演劇場이니輕術業이니活動寫眞이니猿戲狗戲熊戲虎戲等諸般劇場이非日無之로ᄃᆡ皆是下賤倡優의謀生的에弗過ᄒᆞᆫ이어날莫重尊嚴ᄒᆞᆫ 皇室遊戲場이라稱托ᄒᆞ고宮內府憑票를使用ᄒᆞ야宮中營業이라ᄒᆞᆷ은天下各國에創見創聞ᄒᆞᄂᆞᆫ一大怪事이니內外國人의譏笑가沸騰ᄒᆞᆷ이三也라年前에遏密八音ᄒᆞᄂᆞᆫ時代를當ᄒᆞ야不禁自禁ᄒᆞᆷ이弗幸中大幸으로國中人民이爽快無地ᄒᆞ야但히穹然ᄒᆞᆫ圓屋子만見ᄒᆞ야도指斥唾罵ᄒᆞ야彼ᄂᆞᆫ昔日의敗家亡身ᄒᆞ든協律社이라ᄒᆞ야反唇側目ᄒᆞᄂᆞᆫ狀態가有ᄒᆞ더니何意今者에金容濟崔相敦高義駿諸氏ᄂᆞᆫ一代名譽人으로何等事業을不做ᄒᆞ고내外國人의譏笑唾罵하ᄂᆞᆫ協律社를更起하야上으로皇室尊嚴을貽損하고下으로國民子弟를誘陷하야京城中에一大銷金阱을開하고靑年心志를搖蕩하야敗家亾身의機關을大設하얏스니諸氏의不良ᄒᆞᆫ智術이利端에從出ᄒᆞ얏슨즉翻然改悔ᄒᆞ야亟日廢止ᄒᆞᆫ新智識은念頭에도不萠ᄒᆞᆯ지라空言無施ᄒᆞᆯ줄은吾儕도思想ᄒᆞᄂᆞᆫ바어니와大抵此時何時완ᄃᆡ玉樹後庭花로國民志意를飄揚하고事爲를喪失하야靡然ᄒᆞᆫ淫風淫樂으로一國을斷送케ᄒᆞᆷ을不勝痛憤하노라

官報

第三千三百九十三號 光武十年三月六日

◉宮廷錄事

詔曰太僕司長尹鎭佑歷試著勞多有可紀特叙勳三等禮式院稽制課長李哲宇亦有可紀之勤勞特叙勳四等各賜太極章

光武十年二月二十七日

表勳院總裁臨時署理農商工部大臣陸軍副將勳一等 權重顯

詔曰日本陸軍中將井上光木越安綱并特叙勳一等陸軍少將佐佐木直太田貞固并特叙勳二等各賜太極章陸軍大佐小原傳特叙勳二等賜八卦章陸軍中佐岩倉久米雄特叙勳三等賜太極章用示覩愛之意

光武十年二月二十八日

表勳院總裁臨時署理農商工部大臣陸軍副將勳一等 權重顯

詔曰今日異於他日朕心嘉悅宜有覃霈之擧令法部陸軍法院反亂殺人强盜竊盜强奸與符同外人情理切害者六犯及公逋罪人外勿論已決未決精白審閱其可以從惟輕者及年七十以上十五以下幷一體放釋以施行慶施惠之意

光武十年三月 日

議政府叅政大臣朴齊純

◉叙任及辭令

任奉常司典事叙判任官四等 六品辛浵學 二月十八日○叙勳三等賜太極章 太僕司長尹鎭佑○叙勳四等賜太極章 禮式院稽制課長李哲宇○依願免本官 咸鏡남道觀察府主事愼台晟○任咸鏡南道觀察府主事叙判任官六等 江原道觀察府主事李東弼○任江原道觀察府主事叙判任官六等 九品朴觀彙 二月二十七日○任法部主事叙判任官七級 金敎明○叙勳一等賜太極章 日本國陸軍中將井上光 仝木越安綱○叙勳二等賜太極章 日本國陸軍少將좌좌木直 仝太田貞固○叙勳二等賜八卦章 日本國陸軍大좌小原傳○叙勳三等賜太極章 日本國陸軍中좌岩倉久米雄 以上二月廿八日

●官廳事項

內部分課規程改正件 續

四獸疫豫防에關ᄒᆞᆫ事項

五衛生警察에關ᄒᆞᆫ事項

第十一條 會計局에左開二課를寘ᄒᆞ야其事務를分掌케ᄒᆞᆷ이라

第一課 第二課

第十二條 第一課에서ᄂᆞᆫ左開事務를掌ᄒᆞᆷ이라

一本部所管經費及諸收入에豫筭決筭幷會計에關ᄒᆞᆫ事項

一本部所管官有財産及物品幷其帳簿調製에關ᄒᆞᆫ事項

第十三條 第二과에서ᄂᆞᆫ左開事務를掌ᄒᆞᆷ이라

一地方廳經費에關ᄒᆞᆫ事項

附則

第十四條 本規程은頒布日노부터施行ᄒᆞᆷ이라

光武九年四月十二日內部分課規程은廢止ᄒᆞᆷ이라 完

外報

●蒙王留學 北京通信을據ᄒᆞᆫ즉蒙古土爾扈特王이陰曆二月下旬에留學次로美國에發往ᄒᆞ라ᄒᆞ나學資가不足ᄒᆞᆷ으로理藩院을經ᄒᆞ야淸帝께五箇年學費略六千兩을下賜ᄒᆞᆷ을奏請ᄒᆞ얏더니認許ᄒᆞᆷ을蒙ᄒᆞ얏다더라

●德使歸國 二月廿八日日本東京電을據ᄒᆞᆫ즉日本駐箚德國公使ᄂᆞᆫ今回歸國ᄒᆞᆷ으로本日叅內謁見ᄒᆞᆫ後午餐을下賜ᄒᆞ셧다더라

●馬賊侵入 仝日上海電을據ᄒᆞᆫ즉近來滿州에馬賊이猖獗ᄒᆞ야已爲關內에侵入ᄒᆞ얏다ᄂᆞᆫ報가有ᄒᆞᆷ으로德國은山海關의守備를嚴케ᄒᆞᄂᆞᆫ中이라더라

●避亂者多 一日發仝電을據ᄒᆞᆫ즉南昌에ᄂᆞᆫ外國軍艦이來ᄒᆞᆫ다ᄂᆞᆫ說을聞ᄒᆞ고人心이搖動ᄒᆞ야他地方으로避亂ᄒᆞᄂᆞᆫ者ㅣ多ᄒᆞ고又各領事의來ᄒᆞᆷ을豫想ᄒᆞ야准備를整制ᄒᆞᄂᆞᆫᄃᆡ地方官은南京總督의出張을要ᄒᆞᆷ이有ᄒᆞᆫ故로南京總督은남昌教案商辦委員으로被命되얏다더라

●英國艦費 仝日倫敦發電을據ᄒᆞᆫ즉英國의海軍豫筭은三千百七十五萬磅에서百五十萬磅을減少ᄒᆞ고新艦製造에서二十五萬磅을減ᄒᆞ얏스며尙且本年度부터來年度에至ᄒᆞ야製造ᄒᆞᆯ新艦은裝甲艦四隻「艦型未定」潛航水雷艇二隻驅逐艦五隻海岸防禦用驅逐艦二隻등이더라

雜報

●九疑面面 政界雖云組織이나群小之濁亂은依如前日ᄒᆞ니可疑者一也오銓衡이雖云恢公이나觀察守令之貪虐은依如前日ᄒᆞ니可疑者一也오法律이雖云糾正이나詞訟之賂遺은依如前日ᄒᆞ니可疑者一也오勸捕雖云有官이나賊警之滋蔓은依如前日ᄒᆞ니可疑者一也오宮闕이雖云肅淸이나左道客之攀緣은依如前日ᄒᆞ니可疑者一也오財政이雖云整理나民情之困難은浮於前日ᄒᆞ니可疑者一也오社會雖云美擧나京外各郡之爲弊ᄂᆞᆫ浮於前日ᄒᆞ니可疑者一也오鐵道地段價ᄂᆞᆫ雖云出給이나衆民之呼冤은依如前日ᄒᆞ니可疑者一也오東洋이雖云平和나韓國之危亡은浮於前日ᄒᆞ니可疑者一也라凡此九疑雲影이全國에迷離ᄒᆞ야光天化日을快睹無期ᄒᆞ니彼理陰陽ᄒᆞᄂᆞᆫ政府諸公들은一股新空氣를幸一噴出ᄒᆞ야滿天疑雲을一時掃盡ᄒᆞ야許多蒼生으로十重苦海를迢脫케ᄒᆞᆯᄂᆞᆫ지其或終風且曀에仍成淫霖ᄒᆞ야擧一世捲入于黑洞洞鬼門關ᄒᆞᆯᄂᆞᆫ지面面九疑를眞箇猜著不得ᄒᆞᆯ깃도다

●叅內延期 韓皇陛下ᄭᅴ옵서聖候靡寧ᄒᆞ심으로伊統藤監의叅內가延期되얏다더라

●朴氏被拿 前贊政朴箕陽氏가무ᄉᆞᆷ事件이有ᄒᆞᆫ지ᄂᆞᆫ不知ᄒᆞ깃스되日昨法部에셔刑事上嫌査ᄒᆞ기를爲ᄒᆞ야上 奏拘拿ᄒᆞ얏다더라

●副卿遞代 侍從院副卿金珏鉉氏疏遞ᄒᆞᆫ代에從二品全容觀氏가被任ᄒᆞ얏더라

●完察褒公 全北觀察韓鎭昌氏가上年秋冬等殿最에益山龍安金堤三郡守를並置下考ᄒᆞᆷ으로殿最公正ᄒᆞᆷ을輿論이稱之ᄒᆞᆫ다더라

●韓使撤還 駐美韓國公使代理金윤晶氏ᄂᆞᆫ本政府命令을承ᄒᆞ야不日撤還ᄒᆞ리라더라

●虛影官卿 桂洞等地에居ᄒᆞᄂᆞᆫ金昌九氏ᄂᆞᆫ或稱前任內部地方局長이라ᄒᆞ며或稱鎭衛隊參領이라ᄒᆞ야出沒京鄕에挾雜多端이라ᄂᆞᆫᄃᆡ驪州郡南面等地에種種下往ᄒᆞ야對其稍饒之人而聲言ᄒᆞ기를我爲君周旋ᄒᆞ야某郡守를圖得ᄒᆞ얏다ᄒᆞ며某部主事를圖差ᄒᆞ얏다ᄒᆞ야錢財를討索ᄒᆞᄂᆞᆫᄃᆡ愚蠢村民이甘聽其言而受勅受牒次로治行上京ᄒᆞ야逗留幾日타가還爲下去者不少ᄒᆞ다더라

●未知孰是 通川郡守沈在昇氏의게對ᄒᆞ야一進會員李行敏氏가以貪贓等說로有所請願於內部者故로沈氏ᄂᆞᆫ初無是事라ᄒᆞ야亦將請願于내部而定査官査覈歸決케ᄒᆞ라ᄒᆞᆫ다더라

●勸請褒報 平壤居前主事千象河ᄂᆞᆫ本以絶影島漁戶之子로曾學日語ᄒᆞ야甲午日淸交鋒之時에欲充私橐ᄒᆞ야潛食人夫雇價累萬元ᄒᆞ며廣置田畓於南北이고且寧邊府摠巡時에前習未改ᄒᆞ야勒捉良民에莫遂私慾ᄒᆞ고反爲杖殺人命이며甲辰日露開仗時又以運糧監으로潛食人夫雇錢이合爲紙貨累萬元故로南北道各郡民이欲食其肉이온ᄃᆡ噫彼千氏가富致億萬에猶爲不足ᄒᆞ야反欲榮貴인지威嚇於箕伯曰若不請褒報告於內部則當言及于日本旅團長ᄒᆞ야論駁觀察不善之政云故로箕伯이畏怯其勢ᄒᆞ야不得已褒報ᄒᆞ얏다더라

●民有入公 慶尙南道固城郡統營設置時에該時廳畓과民社畓이有ᄒᆞ더니去辛丑에自內藏院으로公土調査時에倂執私土ᄒᆞᆷ의衆民의呼訴가畓至ᄒᆞ되終未蒙달ᄒᆞ고今又鎭南固城昌原沿海各郡民人等이訴于該院則題云不可變通이라ᄒᆞ얏다니民有地之沒入於公土가實屬可冤而終未得伸ᄒᆞ니韓國官人之不恤民情은推此可知라ᄒᆞ더라

●水商藉勢 近日漢洞等地某氏家에셔爲其品泉取飮ᄒᆞ야廣橋北邊所在內泉水를每日取飮ᄒᆞᄂᆞᆫᄃᆡ忽有一汲水商이一桶水를擔來ᄒᆞ야求其給價買食기로某氏가以其水品甚劣로不肯買食ᄒᆞᆫ즉該漢曰漢洞某某戶ᄂᆞᆫ吾之所管掌이어날何如是慂却乎아某氏曰吾之所須者ᄂᆞᆫ品泉也라此等劣水ᄂᆞᆫ不願買食이라ᄒᆞ고再三斥退ᄒᆞᆫ즉該漢이忿然曰吾乃內部大臣宅汲水人也라掌內所係에如是斥退則吾不可順受라ᄒᆞ면서怒目而視ᄒᆞ드라니大臣家汲水人도亦能威嚇殘民ᄒᆞ니況其門人이며況其大臣乎哉아權貴氣焰이眞正可畏라ᄒᆞ더라

●西儒電報 平北儒生李起俊等이內部에電報ᄒᆞᆫ內槪에觀察使李根豐氏下車에一州和翕ᄒᆞᄃᆡ全省民이恐或失之러니一違會民張云用이因罪被杖ᄒᆞ고以生稱死ᄒᆞ야搆誣기로方欲辭疏ᄒᆞ오니特恤一省輿情ᄒᆞ와願借一瓜伏望이라ᄒᆞ얏더라

●劇賊身分 水原警務署에셔該郡台州等地에셔賊漢金一先者를捕捉ᄒᆞ얏ᄂᆞᆫᄃᆡ該賊漢은掘人塚投書函ᄒᆞ야前後掠奪之情跡이昭然기로照律次押付裁判所ᄒᆞ얏다더라

●奏本續呈 昨日에內部大臣李址鎔氏가各郡守奏本을續呈ᄒᆞ얏ᄂᆞᆫᄃᆡ其郡貟ᄂᆞᆫ幾爲十五窠라더라

●三中三下 全州觀察使韓鎭昌氏의殿最公正은別項과如하거니와管下二十六郡守의昨年秋冬等殿最를今總修報ᄒᆞ얏ᄂᆞᆫᄃᆡ金堤郡守趙禮錫益山郡守閔泳錫龍安郡守扈榮澤三氏ᄂᆞᆫ居下ᄒᆞ고雲峯郡守李俊珍山郡守金경中錦山郡守閔佑鎬三氏ᄂᆞᆫ居中ᄒᆞ고其餘二十郡守ᄂᆞᆫ純上이라더라

●重地勒占 慶州郡守閔泳晩氏가內部에報告ᄒᆞ되本郡鄕遞司檢察日人이謂以曾前郵司之挾隘ᄒᆞ고更欲新設ᄒᆞ야占地于澳濫基址故로此地ᄂᆞᆫ雖是空閒이나未非等閒處이니不可任他外人之意로前郡守가已爲具報本部而今此日人이方欲營搆ᄒᆞ야周回二百五十尺을刱木立票ᄒᆞ고勒逼郡守ᄒᆞ야責捧認許之標이다가不爲認許則招去首書記ᄒᆞ야壓制捧標이온바한邊基址ᄂᆞᆫ卽太祖皇帝影幀奉安之遺墟也라石礎尙存ᄒᆞ고集慶殿을至今守護ᄒᆞ니今若認許結構則殿宇를難以守護오州脈이亦將段絶이라殿有自部之不許指飭이라도自郡으로實難禁戢이니另獨交涉處辦하라하얏더라

●砂器業請認 始興郡新任里三聖山北麓에ᄉᆞ器製制ᄒᆞᄂᆞᆫ土品이有ᄒᆞᆫ즉特爲認許ᄒᆞ야ᄉᆞ器를製賣케ᄒᆞ라고西署桃洞居張奇淵等이農商工部에請願ᄒᆞ얏더라

●河氏美政 仁川監理河相驥氏가내部로報告ᄒᆞ기를本港各處에無依靡室之人이勞働或流丐라가當寒嬰疾에看護無人하야每患路邊강斃이온고로本監理가港ᄂᆡ各會社商業者로協議하고刱設民議所하고港底所有病者를派巡檢調査하야會集于活人所하고試藥救療이온ᄃᆡ該病者等의數爻가每爲六七十名之多라하얏다더라

●宮官何多 宮ᄂᆡ府所屬大小官人을調査ᄒᆞᆫ즉其數爻之多가至爲六千餘人이라하니其徒掛名簿하고糜費帑金者ㅣ料必遍半인즉以有限之財로充此無益之用이已是不可이고況此幾千冗散員이日夜營其私計하야倣出許多弊瘼이瞭如觀掌인즉此乃一座昭民之機穽을設置於國中也라급급減刪하야以紓經費하며以祛民弊ᄂᆞᆫ不可已之事라고輿論이紛紛하다더라

●貸下資金 日昨度支部에서忠州共同倉庫會社資本金三萬圜을貸下하얏다더라

●獵官奔忙 日間에ᄂᆡ部에서郡守奏本을續呈ᄒᆞᆫ다ᄂᆞᆫ幾微를聞得ᄒᆞᆫ獵郡者들이擧皆自薦하야今番에ᄂᆞᆫ唾手可得이라하야奔走南北者의景況이可觀이라하니第待奏任之日하야其擇人之如何를續論하라하노라

●具氏何逃 近日風說을聞ᄒᆞᆫ즉具完喜氏가今番疑獄事件에有甚關係인지ᄂᆞᆫ不知하깃스되幾日前에離家하야忽不知其去向이라하더라

●徐氏水校 南來人傳說을聞ᄒᆞᆫ즉恩津成德里居徐相泰氏가其家에셔如水學校를設立하고敎師日本人荒井德一氏를延聘하야熱心敎育하기로學徒雲集하야大進之望이有ᄒᆞᆷ으로該郡人士들이口口讚頌ᄒᆞᆫ다더라

●橫被僧誣 忠北來人의傳說을聞ᄒᆞᆫ則報恩郡에셔賊徒로被捉ᄒᆞᆫ四人은一是紳士요一是騷人으로作伴遊覽하야歷入俗離山이라가以其僧頑無禮로略加警責이더니緇徒가反爲搆날以殊常等說하야瞞報該郡에至於被捉인바치徒之頑惡蔑分과該倅之偏聽僻部가俱係法外기로附近郡士論이齊發하야該倅及該僧徒로二造裁判하야別般施罰하기로決議하얏다더라

雜報

●廣新學以輔舊學說 續

由是而光電瀛化之學이相因並起ᄒᆞ야日引月長ᄒᆞ고前傳後繼ᄒᆞ야以物較物ᄒᆞ며以事驗事ᄒᆞ며以理證理하야務使進於確乎不拔之地而後에已焉ᄒᆞ니馴至今日에民富國强ᄒᆞ야火輪舟車가遍於大地ᄒᆞ고山陬海澨가咸暨聲靈ᄒᆞ니此ᄂᆞᆫ無他라新學이爲之也라向使泰西諸國으로墨守希臘羅馬之陳蹟ᄒᆞ고罔求新異라도未嘗不足以自立이나然而力量之淺深과境界之濶狹과人類之智愚와國勢之興替ᄂᆞᆫ則有不可同年而語者矣라中國格致技藝之學은失傳旣久ᄒᆞ니一朝에欲求興復인ᄃᆞᆯ豈能叩寂課虛ᄒᆞ야向壁而造리오幸有西人이導其先路ᄒᆞ니倘肯虛心이면不難坐獲이라若仍聽其放失이면今日泰西諸國의長駕遠馭之謀ᄅᆞᆯ無法以相抵制ᄒᆞᆷ을無論ᄒᆞ고卽返而證諸周孔之學術이라도已覺偏而不全ᄒᆞ야難以質諸往聖矣라夫方趾圓顱로戴高履厚ᄂᆞᆫ華人與西人이同ᄒᆞ고備百物以自養ᄒᆞ며合諸器以爲用도華人이亦與西人同이로ᄃᆡ 未完

●普明興況 北署壯洞地에有志諸氏가私立普明義塾을刱設ᄒᆞ고青年子弟ᄅᆞᆯ募集ᄒᆞ며高明ᄒᆞᆫ敎師ᄅᆞᆯ延聘ᄒᆞ야熱心敎導ᄒᆞ기로ᄒᆞᆫᄃᆡ實로興旺ᄒᆞᆫ狀況이有ᄒᆞ다더라

●會弊支離 慶南南海郡守李台榮氏가內部에報告ᄒᆞ되本郡一進會民이俱以土民으로設所群聚ᄒᆞ야多有阻碍之端이되撫綏以過이더니ᄃᆡ今肆其氣勢ᄒᆞ야吏民을推捉倒懸ᄒᆞ며訴訟을無不干涉에多有乖戾이옵기以不然之意로多般曉諭에不思止戢ᄒᆞ고謂以反對이다現納公函이辭意悖妄이오며且書以城主李台榮座下라ᄒᆞ니旣稱城主而且書名姓이有非官民體制이기會長金守澤을使通引請來則偃然不來이온바渠以本土居民으로事體所在에極爲無嚴이옵기送隷捉待則謂以郡守가不得捉去會長이라頑不來待키로派送巡檢而始乃捉來ᄒᆞ야施笞一度則同會民數十名이攔入官庭ᄒᆞ야無難紛挐에作梗非常이온니苟如一進會民이면郡不爲郡이오官不爲官이오니査照勘處ᄒᆞ라ᄒᆞ얏더라

●靑會續演 今日下午七点半에日本軍少尉村田重次郎氏가皇城基督敎靑年會에서연說ᄒᆞᆫ다ᄂᆞᆫᄃᆡ問題ᄂᆞᆫ人之歸本이라더라

●病花無蝶 詩洞賞花室冶遊諸女ᄅᆞᆯ檢脩以後에無病人은檢証狀을成給ᄒᆞ고有病者ᄂᆞᆫ不爲成給故로風流郎들이掠花夢雲時節에ᄂᆞᆫ該憑票ᄅᆞᆯ先爲照看ᄒᆞᆷ으로危險之慮ᄅᆞᆯ可釋이라ᄒᆞ니人民衛生上에功利甚大ᄒᆞᆷ을可讚ᄒᆞ깃도다

●笠社剏設 西署孔德里栗木洞居張正煥等이鳩聚資金ᄒᆞ야蘆笠商業會社ᄅᆞᆯ設立ᄒᆞ고農商工部에認許ᄅᆞᆯ請願ᄒᆞ얏다더라

●李第保護 法部大臣李夏榮氏의鄕第가在於仁川松林而近日殊常輩가乘夜投石或放銃하ᄂᆞᆫ弊가有하야自仁港警署로셔巡檢四人을派送ᄒᆡ야達夜巡警에極力保護ᄒᆞᆫ다더라

●觀妓被捉 仁川鎭道監部學徒趙龍顯崔義鉉李根表等이龍洞妓家에八去하야何樣作梗이던지本港日憲兵의게被捉하야方在拘囚中이라더라

●塞河方略 全北萬頃郡守李健宇氏가內部에報告ᄒᆞᆫ내槪에本郡西南北三面에一帶環海ᄒᆞ야上下庄土가每被潮衝汐漲之患이온바自經戊戌海溢로全野沈墊ᄒᆞ와ᄒᆞᆷ毒旱災가一時交攻에仍成荐歉ᄒᆞ온바若使趂今不治면海門이通開ᄒᆞ야今日萬頃이明日滄波ᄂᆞᆫ可立而待故로敢將塞源杜漸之方하와據實報告하오니役費措劃一欵을刻卽處分하라하얏더라

●時시事사問문答답

근일츈긔화창ᄒᆞ미엇던션비량인이손을글고놉흔곳에올나안저장안ᄃᆡ도상왕ᄅᆡᄒᆞᄂᆞᆫ사ᄅᆞᆷ을지점ᄒᆞ며고금치란의시비ᄅᆞᆯ평론ᄒᆞ야

시국의불평ᄒᆞᆷ을ᄀᆡ탄ᄒᆞ고강ᄀᆡᄒᆞᆫ마ᄋᆞᆷ을금치못ᄒᆞᆫ다ᄒᆞ니그션비의셩명은한아ᄂᆞᆫ시골션비의호문싱이오한아ᄂᆞᆫ서울션ᄇᆡ의션희싱이라

서로쟝황이담화ᄒᆞᆯ즈음에마참무슴령악ᄒᆞᆫ소ᄅᆡ들니ᄂᆞᆫ지라호문싱이놀나무러갈오ᄃᆡ그무슴소ᄅᆡ가그다지령악ᄒᆞ뇨쳐음에ᄂᆞᆫ깁흔산골에

폭포슈흘으ᄂᆞᆫ소ᄅᆡ갓치나더니나죵에ᄂᆞᆫ널분들에황소정각ᄒᆞᄂᆞᆫ소ᄅᆡ것흐나극히굉장ᄒᆞ야그무엇의소ᄅᆡ라지뎍ᄒᆞᆯ슈업거니와그소ᄅᆡᄅᆞᆯ

감안이지음한즉금목슈화토오행이구비ᄒᆞ게된물건의소ᄅᆡ인듯ᄒᆞ도다션희싱이미미이우스며왈그ᄃᆡ가쳐음들은듯ᄒᆞ거니와가위어린아히가

련동소ᄅᆡᄅᆞᆯ분변치못ᄒᆞᆷ과갓도다그소ᄅᆡᄂᆞᆫ달은것아니라인쳔동리의쥬동디로리왕ᄒᆞᄂᆞᆫ렬마의소ᄅᆡ라ᄒᆞᆫᄃᆡ호문싱이더욱의심ᄒᆞ야갈오ᄃᆡ

렬마라ᄒᆞᄂᆞᆫ것은무엇이완ᄃᆡ그소ᄅᆡ가그다지령악ᄒᆞ고션희싱왈그렬마라ᄒᆞᆷ은그ᄃᆡ의일ᄂᆞᆫ바금목슈화토오힝이구비ᄒᆞ게된물건이니

그물건된체격을의론ᄒᆞ면금긔로젼체가되얏스되간혹목긔가섯겻고토긔ᄅᆞᆯ잇그러슈긔와화긔의힘으로활동ᄒᆞᄂᆞᆫ것이니 미완

特別社告

非史乘이면政治之美惡와人物之臧否와風俗之汚隆을無以攷論인즉史乘者는非一時之공覽이라乃萬世之公案이오非自國之所可得以私也라即宇內列邦이宜所公佈키로最者美人訖法氏之撰大東紀年이意固有在而然也라本記者ㅣ不揆僭越하고於韓之史事에留心者ㅣ久矣로되在幾百年之後하야要論幾百年之事가任大力綿에恐有失實之歎뿐더러鎖國自守之時代에는民國間諸般事爲가不過是尋常典故라不足以供世界列邦之眼目키로斷自丙子以後各國交涉時事하야要爲編成一書하야公諸列邦하니四方有志諸君子는諒此苦心하야丙子以後政令訓誥之所記와各國交涉之如何와臣民疏章與功罪之表著와中外俗習之沿革과忠臣義士孝子烈女之行蹟을各隨所聞所見而詳錄投示하야俾此重役으로得以完成을千[illegible]告

大韓每日申報社

〇〇〇〇〇〇〇〇〇〇〇〇〇

本申報를廣佈ᄒ기爲하야咸鏡南道咸興州南社西門外居하는曹喜林氏에게逐號下送하오니該附近地愛讀하시는 僉君子는同氏에게購覽하시며代金도同氏에게傳致하심을爲要

大韓每日申報社

〇〇〇〇〇〇〇〇〇〇〇〇〇

一 鷹標罐濃結牛乳

一 金印罐詰濃結牛乳

一 無糖家用氣化乳酪

一 뽀ㅣ든쓰製造麥芽化合牛乳

以上은常時에貯積ᄒ얏슴

美國紐育港뽀ㅣ든쓰濃結牛乳會社

一手代理店

大韓仁川港 世昌洋行

●九轉靈砂라 本人이妙方法을神備하야製造ᄒᆫ靈丹인ᄃᆡ男女老少에無論何症ᄒ고通治ᄒ오며無病時에도服ᄒ면平生의身體가健康ᄒ며小兒ᄂᆞᆫ四五錢重만服ᄒ면十歲안에無病ᄒ기를擔保ᄒ오며

●九轉靈砂萬應丹은癲狂 癎症과中風諸疾과耳目諸病과淋疾에神効ᄒ오

●九轉靈砂保命丹은初生小兒 驚風 痢氣 咳嗽 腹痛諸般惡症에神効ᄒ오

●九轉靈砂濟衆丹은酒滯 食滯 血積 吐瀉 霍亂 痢疾 吐血 下血 運氣 時疾 痼症에神効ᄒ오

●九轉靈砂紫金丹은痔漏 瘰癧 上疳瘡 下疳瘡及唐瘡과諸般毒瘡惡種에無不神効ᄒ오니 僉君子ᄂᆞᆫ來問ᄒ시오

內需司前독갑이골上隅第一家 李鶴廷移徙 告白

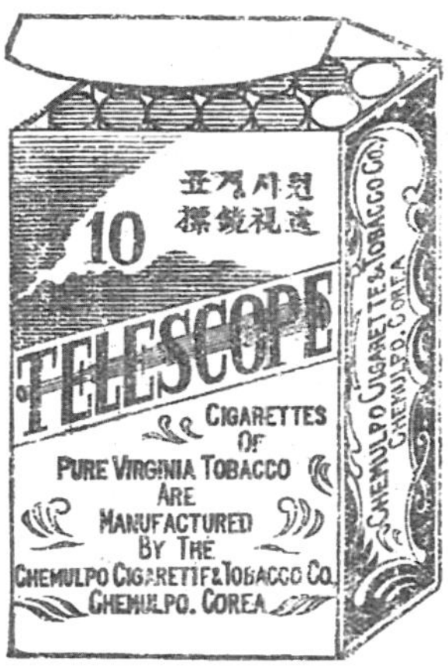

以上三種은上品으로製造ᄒ야價値上에至極廉益ᄒ니每論其八ᄒ고本社에來購ᄒ심

大韓帝國仁川港

濟物浦紙卷煙及煙草會社

本社廣告

申報價

一張代金 新貨二錢五厘

一個月前納 三十錢

三個月 九十錢

六個月 一元七十錢

一個年 三元四十錢

郵稅一部 新貨五厘

一個月 十三錢

廣告料

四号活字十三字詰

每日每英尺一寸에新貨廿五錢

(每日每行에六錢에相當홈)

二周日에 二圜五十錢

(每日每行四錢五厘에相當홈)

一個月에 五圜

(每日每行四錢一厘에相當홈)

其期限의長短과字行의多少를依ᄒ야增減홈이有홈

大韓人마다此申報를不得不閱覽ᄒ실터이오니廣告出報ᄒ실 僉君子ᄂᆞᆫ來臨面議ᄒ시옵

發行兼編輯人 英國人裴說

發行所

京城北署壽進坊磚洞号外地醫學校前

大韓每日申報社

第四卷　第一百六十三號

大韓每日申報
대한매일신보

月曜及慶節歲時日休刊

檀君開國四千二百三十九年
箕子元年三千二十八年
大韓開國五百十五年
日本明治三十九年
淸國光緖三十二年
陰曆丙午二月大十五日壬子

論說

伊藤侯

伊藤侯가來到韓國ᄒᆞ야統監位任을擅行홈에對ᄒᆞ야評論키未易인바事之顚末은滑稽戲曲에甚近ᄒᆞ도다

列强態度의如何ᄂᆞᆫ未得確知요韓國　皇帝의熱心反對와客年新條約의無效性質은知之已熟故로日本이韓國內에서顧問及擁護之任을擅取ᄒᆞ야委其自行홈을吾人이常不願矣러니日本이如何히韓國實地宗主權을擅得ᄒᆞᆫ지韓國內政은日人이指揮ᄒᆞ고外務ᄂᆞᆫ東京에서管轄ᄒᆞ니韓國獨立이今安在哉아只存　皇帝尊號而已로다

韓國人民의自慰之心은伊藤侯의許諾ᄒᆞᆫ바　皇室尊安을維支홀것과自治能力이有홀時에自主權을還附홀것에在乎ㅣ져東京一新聞이伊藤侯를爲ᄒᆞ야論述홈이有ᄒᆞᆫ바其意思가彼此一致라其如左ᄒᆞ니

外他元老도人望品行이統監之任에適宜ᄒᆞ며明察公正이韓民信托을可得이로되以此品格으로萬國達識을兼有ᄒᆞ야帝國之權을代表ᄒᆞ기에宛全無欠ᄒᆞ기ᄂᆞᆫ伊藤侯以外에求之未得일줄信認ᄒᆞᆫ다ᄒᆞ얏더라

韓國에도自無異見이니若韓國이入於日人治政일진ᄃᆡ韓人眼目에伊藤侯를日人中第一流로受容ᄒᆞᆯ지라同侯가此邦을改良奬勵ᄒᆞ며使其民衆으로不作日本之奴隸ᄒᆞ고惟蒙利益케ᄒᆞᆫ다自言ᄒᆞ얏스니若果遂意면本記者도實心讚揚ᄒᆞᆯ지노라多數報紙가同侯의此諸을業已찬頌ᄒᆞ얏스나至如本記者ᄒᆞ야ᄂᆞᆫ不能爲此之頌이니此ᄂᆞᆫ同侯가統監之位를擅得ᄒᆞ기에運用ᄒᆞ던手段으로因ᄒᆞ야吾人이特失信望홈이로다

若日本統監之任이竟至完終ᄒᆞ고且新政之下에韓國　皇帝셔셔亨受其尊敬ᄒᆞ시며韓國人民이智力及事務上에各得其進益機會면吾人은將以昭然良心으로賭于新設之策ᄒᆞ겟노라

官報

第三千三百九十四號　光武十年三月七日

◉敍任及辭令

依願免本官○度支部主事徐丙弼　二月二十八日○解兼任江原道裁判所判事　江原道觀察使閔泳敦○解兼任昌原港裁判所判事　昌原前監理李載益○命兼任江原道裁判所判事　江原道觀察使金永悳○命兼任昌原港裁判所判事　昌原監理李應翼　以上三月一日○任度支部主事叙判任官五級　六品金炳션○任警務廳摠巡叙判任官七級　九品송修用○以上三月三日○任農商工部技手叙判任官八級　송泰昇　右ᄂᆞᆫ工科卒業人　三月四日

●號外　光武十年二月廿八日

◉宮廷錄事

宮內府本府及禮式院禮服規則

第一條　宮內府本府及禮式院官員의禮服은左開二種으로定홀事

一大禮服　一小禮服

第二條　大禮服은左開境遇에着用홀事

一問安時　一動駕動輿時　一公式　陛見時　一宮中賜宴時

第三條　小禮服은左開境遇에着用홀事

一內　陛見時　一公式宴會時

第四條　大禮服은左開ᄒᆞᆫ諸具로홀事

一大禮帽　一大禮衣　一下衣　一大禮袴　一劍　一劍帶　一白布下금　一白色手套

第五條　小禮服은左開ᄒᆞᆫ諸具로홀事

一大禮帽　一小禮衣　一下衣　一袴　一大禮劍　一劍帶　一白布下금　一白色手套

第六條　本令은頒布日로븟터施行홀事

宮內府本府及禮式院大禮服과小禮服製式

第一章大禮服上衣

第一條　親勅奏任官의上衣地質은深黑紺羅사니前面은竪금이ᅌ部에合ᄒᆞ고腰間에서漸開ᄒᆞ야斜流ᄒᆞ야裾에至ᄒᆞ고自금至裾間에半面에橫李花貌樣으로金으로繡ᄒᆞ고邊線은橫紋金線이니親勅任官은廣이五分으로ᄒᆞ고奏任官은廣이四分으로홀事

第二條　上衣前面表章은左右乳部上下에親任官은半開全開李花各一箇及未開李花三箇로成ᄒᆞᆫ李花莖十一枝오勅任官은九枝오奏任官은七枝오腰部兩側에ᄂᆞᆫ天靑色地質로襞各一箇를付ᄒᆞ고此에全開李花三箇를繡ᄒᆞ며前面左右에金製李花鈕釦七介式으로ᄒᆞ고以上表章은幷히金絲로繡成홀事

第三條　上衣後面表章은腰下를割ᄒᆞᆫ左右兩端에橫紋金線을回繞ᄒᆞ고後裾分割處兩邊에金製李花鈕釦一個式을付着ᄒᆞ되圓經이七分이오親勅奏任官勿論ᄒᆞ고脊部에下向ᄒᆞᆫ品字形으로全開李花三枝와腰部에上向ᄒᆞᆫ品字形全開李花三枝를金繡홀事

外報

●募債契約　倫敦電을據ᄒᆞᆫ즉俄國에서法國銀行家와公債四千五百萬磅을募集ᄒᆞᄂᆞᆫ契約이成立ᄒᆞ얏더라

●海軍擴張　德國海軍擴張協議에서近者에大會를開ᄒᆞ얏ᄂᆞᆫᄃᆡ會頭싸이만氏ᄂᆞᆫ曰平和ᄂᆞᆫ不可不海軍의力으로써維持홀거시니德國海軍은千九百年度에擴張ᄒᆞᆫ것으로만滿足지못ᄒᆞ며每年二十億馬克을貯畜ᄒᆞᄂᆞᆫ德國民이大艦隊를製造ᄒᆞᆷ希望이有ᄒᆞ다ᄒᆞ고덴부리히氏ᄂᆞᆫ日德國이海軍이無ᄒᆞ면百萬陸兵도無用의物이라ᄒᆞ고地方裁判所長후아무氏ᄂᆞᆫ日德國이海軍을擴張을圖ᄒᆞᆯ지아니ᄒᆞ면海外의德國商工業을何如히保護ᄒᆞᆯ야ᄒᆞᄂᆞ뇨ᄒᆞ고同會에서議決ᄒᆞ기를德國에서千九百六年度의擴張案을贊成ᄒᆞᆯ뿐아니라每年戰鬪艦一雙式製造홈이德國의急務라ᄒᆞ얏더라

●發向南昌　三月一日上海發電을據ᄒᆞᆫ즉上海法國領事라다ㅣ루ᄂᆞᆫ本日南昌府로向ᄒᆞ야出發ᄒᆞ얏다더라

●故意稱病　去月二十八日北京電을據ᄒᆞᆫ즉淸國全權唐紹儀ᄂᆞᆫ袁世凱를大津에서訪問ᄒᆞ고歸京ᄒᆞᆫ後屢次俄國公使에게對ᄒᆞ야會見코져ᄒᆞ나俄國公使ᄂᆞᆫ病氣를委托ᄒᆞ고其遲延을計ᄒᆞᄂᆞᆫ中이라더라

雜報

●敢問政府大臣

韓國政府大臣之職責이果何爲也오自所謂韓日協約以來로徘徊彷徨ᄒᆞ며躑躅逡巡ᄒᆞ야每於政令施爲之際에必曰伊藤統監이渡韓然後에必受其指導監督之權ᄒᆞ야百度刷新이有其日矣라ᄒᆞ야束手而待之ᄒᆞ며翹首而望之者ㅣ凡五箇月于玆에無一政之擧ᄒᆞ며無一令之行者러니今其統監이旣莅其任矣라其束手待之ᄒᆞ며翹首望之之政府大臣의果安在哉완ᄃᆡ尙未聞一政一令之刷新者ᄒᆞ니

又待何人而果若是耶아未知統監이尙不施指導監督之權而然耶아何其寥寥無聞於多日也오

韓國政府大臣之職責은不過是僥倖姑息因循苟且而已오又不過阿諛逢迎爭奪躐冒而已니不足責備於平日이로ᄃᆡ

以其協約新條約成立ᄒᆞ야讓國權於隣邦ᄒᆞ고含待統監之政府大臣으로及其統監之來韓也에豈可無百度刷新之新政令이리오마ᄂᆞᆫ

今日政府大臣은所事何事오春風漸暢ᄒᆞ고春日漸遲ᄒᆞ니廟堂之上에春夢昏昏耶아

方今國家岌業ᄒᆞ고人民困悴之日ᄒᆞ야不能盡政府大臣之責이면何以據大臣之交椅ᄒᆞ며何以消大臣之月捧ᄒᆞ고不讓於賢能才幹者ᄒᆞ야致國家於危亡顚覆ᄒᆞ고陷人民於溝壑水火ᄒᆞ야恬然自以爲能事耶오

此不過一種例言而已라不必塡縷어니와當以時機之切迫으로逐條而臚列ᄒᆞ야試一問之ᄒᆞ노니幸政府諸公은降氣而聽之인저　未完

●沈氏無犯　近日風說을聞ᄒᆞᆫ즉平理院裁判長李允用氏가其間沈相薰李範錫兩氏를對質審査ᄒᆞᆫ즉五大臣暗殺陰謀ᄒᆞᆫ根因이全無ᄒᆞ다더라

●南倅內遷　南原郡守尹瓚氏ᄂᆞᆫ奉常副提調를被任ᄒᆞ얏다더라

●借鑄銅貨　韓國內行用補助貨가只是白銅貨故로爲其四處流通ᄒᆞ야一錢銅貨鑄用次로度支部에셔日本造幣局에函請鑄來ᄒᆞᄂᆞᆫᄃᆡ其間二百萬元이已爲來到ᄒᆞ고其餘ᄂᆞᆫ每船便에繼續運來ᄒᆞᄭᅵᆺ다더라

●梁校新成　梁山郡守權重殷氏가人民教育에熱心ᄒᆞ야該郡居前醫務官全秉準前議官崔現根鄭智謨士人安世俊諸氏로志同議合ᄒᆞ야養成學校를刱建ᄒᆞᄂᆞᆫᄃᆡ鄕長嚴宇永과書記李道景이盡心董役ᄒᆞ야不日竣工인바良師를延聘ᄒᆞ며學徒를廣招ᄒᆞ며教科書를購置ᄒᆞ야件件準備에文明之日進을可期ᄒᆞᄭᅵᆺ다니吾儕ᄂᆞᆫ該校를爲ᄒᆞ야及時發達을深祝ᄒᆞ거니와校費前後補助員은該邑人士中表著者幾人이고前郡守嚴信永氏와日本人松尾와森義一公이名一百元式補助ᄒᆞ얏다더라

●何不趁褒　慶尙南道靈山郡中吉里居前參奉辛極成氏가平日孝友敦睦과周窮恤貧은一鄕이稱譽ᄒᆞᄂᆞᆫ바어니와甲辰歉年의出穀賑飢ᄒᆞ고捐金蠲戶ᄒᆞ야許多邑民이賴以免塡壑之患ᄒᆞ얏기로其功績을一邑士民이累次呈官呈營ᄒᆞ고又爲內部에請願ᄒᆞᆫ즉褒揚之典을容俟後日이라고好題로批題給ᄒᆞ고至今ᄭᅥᆺ恩典이不下ᄒᆞ기로衆民이抑鬱ᄒᆞ야京中에逗留ᄒᆞ면셔褒賞之典을日夜顒望ᄒᆞᆫ다더라

●合郡何急　諸路合郡之有弊ᄂᆞᆫ前報에槪論이어니와此論이一起에各郡邑人心이已云騷訛層生이라ᄒᆞ니藉令合郡으로有利無弊라도値此人心動搖之日ᄒᆞ야紛紛改革에惹起事端이慮無所不到ᄒᆞᆯ더러況其合郡也ㅣ非同少可라各樣文簿之調査와廨宇之區處와吏校員役之變更과面里之規定과詞訟之刷新等事가不一而足ᄒᆞ야百弊俱興에不可以時日可定ᄒᆞᆯ지오且今國之急務가在於政治之未澄이오合省合郡은不知落在第幾件事인즉有其責任之大臣은望加深思ᄒᆞ야無或輕挑大擾ᄒᆞᆯ지어다

●陛見內容　伊藤侯의參內延期됨은前報에已揭어니와其內容을槪聞ᄒᆞᆫ즉　韓皇陛下셰셔옵셔　玉體靡寧ᄒᆞ옵실ᄲᅮᆫ아니라統監陛見ᄒᆞᄂᆞᆫ儀式이未定ᄒᆞᆷ으로自致延期ᄒᆞ얏더니日昨에國分通譯이　奏稟ᄒᆞ기를大使資格으로陛見ᄒᆞ심이合宜ᄒᆞᆷ으로陳達ᄒᆞ얏ᄂᆞᆫᄃᆡ　韓皇셰셔宮內府로議定ᄒᆞ라ᄒᆞ옵셧더라

●晉倅電報　晉州郡守閔晉鎬氏가內部에電報ᄒᆞᆫ內槪에日本人이來到本郡ᄒᆞ야買得民家ᄒᆞ고強請官契劵換給ᄒᆞ니在郡交涉이甚是爲難故로前已報告이오나督促如火ᄒᆞ야時日難捱ᄒᆞ니何以指揮를卽回電爲望이라ᄒᆞ얏더라

●請給校舍　開城府幼學朴龍鎭等이內部에報告하얏스되本府學校校舍를日本兵站에借給ᄒᆞᆫ以後로更未得完定處所하야自昨冬以來로學徒가無處居接之中에常値空官하야尤無主辦之路하니訓飭于本府兼官하야不日定給校舍하야俾免窘束하라하얏더라

●代書權利　警廳訴訟紙를代書人李相範處에出付賣納ᄒᆞ라ᄒᆞ얏ᄂᆞᆫᄃᆡ訟民이往請買紙ᄒᆞ면該訴狀을自巳에게書去ᄒᆞ기前에ᄂᆞᆫ訟紙마ᄂᆞᆫ不可賣却이라ᄒᆞ고代書를權利ᄒᆞ니大抵訴訟法意가無識ᄒᆞᆫ人은代書ᄒᆞᆷ여니와自手로能作ᄒᆞᆯ人은自由書狀ᄒᆞᆷ이公格에無碍ᄒᆞᆫᄃᆡ警廳에셔李某의代書를權利ᄒᆞᆫ것슨公格上欠点이라고訟民怨聲이藉藉ᄒᆞ더라

●奏本延期　再昨日內部에셔郡守奏本ᄒᆞᆫ다ᄂᆞᆫ事를已揭於昨報어니와政府會議를未經ᄒᆞᆫ고로裁下치못하얏ᄂᆞᆫᄃᆡ昨日下午三時에政府에셔會議를開하고右案을提議하얏다더라

●訪問統監　伊藤統監渡韓入京ᄒᆞᆫ後로于今多日에尙未　陛見하고韓廷各大官도別無接見ᄒᆞᆫ다ᄂᆞᆫ說이有하더니再昨日에參政朴齊純氏와農商工部大臣權重顯氏가伊藤氏를訪問하야卽時接見하얏다더라

●慶北民擾　現聞慶北各郡에서結錢濫捧事件으로民擾가次第起出하야官吏가大段困難中이라하니詳報를待하야續揭하깃노라

●陵官請勘　今番軍部大臣李根澔氏의被刺ᄒᆞᆫ事로被捉ᄒᆞᆫ鄭載憲의口招를因하야罪人을跟捕次로警廳에서刑事巡檢四人을東門外淸凉寺等地에派送하얏더니洪陵參奉宋元燮氏가謂以莫重陵寢至近之地에無難犯入이라하야使陵屬與守護隊兵丁等으로圍住巡檢에遲延三四時間하야使不得搜捕케ᄒᆞᆫ故로警務廳에서宮內府로照會하고該陵官을懲勘케하라하얏다더라

●日隊禁令　南署漢江等地에日本軍司令部及騎兵隊에서禁令을揭付하얏ᄂᆞᆫᄃᆡ其禁令은道路上에大小便을放하ᄂᆞᆫ者와塵芥를抛棄ᄒᆞᆷ을嚴禁ᄒᆞᆯ事요軍用地內樹木斫伐을嚴禁하되違犯者ᄂᆞᆫ軍令에依하야處罰ᄒᆞᆯ事요火氣가有ᄒᆞᆫ物을携帶ᄒᆞᆷ을嚴禁ᄒᆞᆯ事이라더라

●經費裁下　農商工部內에商務局을設置ᄒᆞᆫ事ᄂᆞᆫ已揭於本報어니와該局經費四千一百十八元을度支部에서經議裁下하야預算에立欵하얏다더라

●病獘蠶業　農商工部에서十三道에訓令하얏ᄂᆞᆫᄃᆡ本部에서年來에全爲發達蠶業하야另設蠶業試驗場하고選取各處學徒하야春夏秋三等飼養時에使之見習科程ᄒᆞᆫ後隨其卒業하야已施勸奬之譽인바今年에亦不容不教傳方法하야以興民業이기試驗場을另設於京畿水原邑내하얏스니每郡에限年二十以上四十以下稍解文字而純實勤幹者를陰三月二十日내로選送于試驗場하야俾爲學習ᄒᆞᆯ意로到卽申飭于當管下各郡하야趁期齊赴케하라하얏더라

●使來兵去　俄國公使館監守하기爲하야京城에滯在하얏든法國水兵五名은俄館專케쌔그氏가來京ᄒᆞᆫ故로法兵은歸國次로昨日에南大門一番列車를搭乘出發하얏다더라

●伊藤侯陛見　統監陛見하ᄂᆞᆫ儀式을大使資格으로遵行하기를稟請ᄒᆞᆫ은別行과如하거니와今聞ᄒᆞᆫ즉同伊藤侯가本日下午四時에陛見ᄒᆞᆯ預定이라더라

●該倅該警　日昨내部에서全北觀察使韓鎭昌氏에게訓令하되管下益山郡守閔泳錫의政蹟은現到殿最의業已纖悉인바甲辰稅錢을七兩頭에代租一石式勒捧事와戶錢中每戶에三錢式俵災條를不減捧ᄒᆞᆫ事와曾前革罷ᄒᆞᆫ所謂營邸吏役價錢을每結頭에一兩式收捧事와無辜訟民을誣稱義兵하고嗾囑外兵하야押去等諸般貪虐이尤極하야節節駭瞠이기玆以訓令하노니該郡守의所犯諸條를這這摘發窮覈하야濫歛贓錢은刻卽還徵하야分給各該民處하고形止를馳報하라하얏더라

寄書

時務莫先於學問　雪眉生

人之智愚巧拙이非有印板底分定이오惟在乎學與不學也라學則愚者智ᄒᆞ며拙者巧ᄒᆞ야自然處於高明之域이고不學則反是ᄒᆞ야如鏡待磨에不磨則昏ᄒᆞ나니

今夫歐美列邦人의見識之廣과工技之精을自我人觀之컨ᄃᆡ有若天神之不可企及이로되究其所由ᄒᆞ면亦從學問中出來ᄒᆞ야國致富强ᄒᆞ며民皆聰俊ᄒᆞ야志氣事功이橫於天下ᄒᆞ니人顧可以不學乎哉아我國에非日無學이로ᄃᆡ不求古人之實用而徒事其末ᄒᆞ고不務西人之新學而膠守其舊ᄒᆞ야童習白紛에虛抛光陰ᄒᆞ야

畢竟一事를未做ᄒᆞ며一務를未成ᄒᆞ기로國勢由是而不競ᄒᆞ며民志由是而日卑ᄒᆞ야竟至於爲人奴隷ᄒᆞ되恬不爲怪ᄒᆞ니豈非痛哭者乎아

顧今救敗援溺之方이捨敎育一事外에ᄂᆞᆫ更無他策이라 聖天子ㅣ上ᄒᆞ사詢於詰喩之際에未嘗不眷眷乎興學牖民ᄒᆞ며作成人材ᄒᆞ옵시나

厥臣下ㅣ이未能對揚萬一ᄒᆞ야全國이尙在昏蒙中ᄒᆞ니念之至此에進可歎也로다嗚呼라事業經始ᄒᆞ며業成于相繼ᄒᆞ기로一人이好射에十人이決拾ᄒᆞ나니今世何人이大發悲大雄猛으로能爲國人倡導而學務擴張ᄒᆞ야斷港之寶筏를作ᄒᆞ며昏衢之光燭을擧ᄒᆞ야已傾之局을得以重整ᄒᆞᆯᄂᆞᆫ지

人心이如水ᄒᆞ야一去則不可挽回ᄒᆞᆯ지오歲月이如矢ᄒᆞ야寸陰을宜在可惜이어ᄂᆞᆯ滿城冠蓋가狂風에顚倒ᄒᆞ야所趨者ㅣ只是鄙悖的榮利이고

此箇興復大計ᄂᆞᆫ付諸冷眼ᄒᆞ니未知生民之前途가苦海幾重이며火山幾疊일지中宵薄燈에百感蝟集ᄒᆞ기로寄此蕪辭ᄒᆞ야以警我二千萬同胞ᄒᆞ노라

雜報

●日債勒推　京城泥峴居留地日本人海田伊太郎과櫻井一郎이來到忠淸北道堤川郡ᄒᆞ야該郡縣右面下所里居李道南處에謂有曾前所捧私債ᄒᆞ고錢八千兩을私自勒推이고去月二十五日에發向于忠州等地이다該郡守李瓚氏가內部에報告ᄒᆞ얏다더라

●請廨請畓　宜寧郡儒生姜循永等이學部에請願하되本人等이將欲學校設立이온바校費難辦이온즉本郡鄕校位畓을移付于學校하고公廨一區를亦爲許施之意로訓飭本郡하야以圖校務發達케하라하얏더라

●時시事사問문答답

그각력은능히일일에쳔리를행ᄒᆞ고그힘은능히한번에쳔만근의즁슈를슈운ᄒᆞ나니라호문싱이이욱히싱각ᄒᆞ다가갈오ᄃᆡ너이제알앗도다

소위렬마라홈은렬로륜거를일음이안닌가그러ᄒᆞ나그것이엇지금목슈화토오힘이구비ᄒᆞ게되얏다ᄒᆞ리오선히싱왈너ᄌᆞ셔히일으리라

그물건됨이젼혀쇠와남무로만들엇슨즉금목이분명ᄒᆞ고셕탄은흙에셔나고화륜통에물을붓고셕탄에불을핀연후에운동이되니

슈화토가구비치아니ᄒᆞᆫ가그러ᄒᆞ나그것은젼혀금체로되엿슬ᄲᅮᆫ더러우리나라의여간빅동이라쳥동이라ᄒᆞᄂᆞᆫ쇠ᄯᅩ각은모다그놈의

복즁으로몰녀들어가ᄂᆞᆫ고로그놈이쇠를만히먹어셔그러ᄒᆞᆫ지간간이질으ᄂᆞᆫ소ᄅᆡ가열단쳘셩이라만일우리나라인민이그ᄃᆡ로어리셕고

그놈은그ᄃᆡ로왕셩ᄒᆞ면장ᄎᆞᆺ젼국의쇠ᄯᅩ각이라고ᄂᆞᆫ구경ᄒᆞᆯ슈업슬터이오ᄯᅩᄒᆞᆫ함흥원산ᄭᆞ지도왕리ᄒᆞ며홈부로집어먹을터인ᄃᆡ그ᄲᅮᆫ아니라

그놈왕리ᄒᆞᄂᆞᆫ곳마다인민이견될슈가업셔면토와가옥을부지치못ᄒᆞ며쳥산에뭇친빅골ᄭᆞ지도보젼치못ᄒᆞ나니

미완

廣告

正三品朴泰浩의浩字ᄂᆞᆫ龍字로改稱ᄒᆞ오니京鄕知舊間에亮ᄒᆞ시옵　平壤　朴泰龍　白

本運送部에서京仁京釜京義間鐵道에貨物을運送ᄒᆞ되貨物을特別保重ᄒᆞ며運輸을特別迅速케ᄒᆞ오며支店을三線各驛에設置ᄒᆞ얏ᄉᆞ오니貨物을運送ᄒᆞ실僉君子ᄂᆞᆫ本運送部에光臨問議ᄒᆞ시옵

京城南大門外韓美協同倉庫會社內

合資會社　東美運送部
社長　尹晶錫
社務員　任命鎬
鄭仁敎
李喬寧

金山郡馬佐里居金議官安瑞氏가本非富名이요皆稱勤農家而已로되性好倨俠ᄒᆞ고事多周恤이라每念該洞殘民ᄒᆞ야注苗之時에種租分給ᄒᆞ고麥嶺極難에斗穀均饋ᄒᆞ고歲除之日에升米又患ᄒᆞ야年年歲歲로不失此規ᄒᆞ고自辦三百金ᄒᆞ야以補洞貫ᄒᆞ니該洞殘民이穩如安堵ᄒᆞ야家家立碑요口口誦德ᄒᆞ니如此積善之人은今世稀罕之人故受患諸民이報福無路ᄒᆞ야新聞記載의各道廣布次로如是伏告홈
洞民等　朴永夏　趙炳漢

所謂劉錫等挾褉也欺騙也一不論積立金五萬餘兩稱以運動費無難乾沒梁奎煥條三千餘兩僞造圖章從中幻弄而凶亭所爲愈往愈甚反以虛妄之說離間傍囑於事務員云者誠甚該曈ㅣ以橫竪之說一千九百餘元倫弄無於猶患不足云者尤極叵歎此謂賊反荷杖養狗噬趾似此叵測之輩質判卞明次玆以廣告홈
海産會社事務員　崔翊煥
李容濤　徐南淳　等告白

信川郡東部居李召史가昨年十二月十一日隣居崔承健處以酒價相詰被踢於崔漢之足即地致死馳告本郡則郡守李容弼檢驗屍身致死實因折項傷而完現坊長柳達淳在傍言曰折項當場顚仆不起而何可以出往庭畔乎李容弼曰雖以折項이라도蒼卒間胡不能幾步之行云云而折項傷脅之致死로執證摘奸還官後에末乃以飮藥自死로瞞報하고請其文化郡守徐丙壽覆檢ᄒᆞ니折項致死와飮藥自死之兩證이相去甚遠인바其裏에必有妙諳인지應問諸人之捉囚가已有是例이거날崔漢之妻男朴哥은素有邑權者로圖囑某處이던지應問諸人을自率入邑하야莫重殺案을無難翻覆ᄒᆞ니世豈有如許之幽寃이며文化郡守覆檢其圖形屍身之時에以初檢圖形相合之計로以崔全體而不盡其項하니初覆檢之相符之明若觀火이고初覆檢官이檢案發送前終日面會云하니人命致死가何等愼重如此跡忽이可有幽冥之寃이기法部呼訴하야使之償命次로上京홈　趙致三　告白

花春丹은 霍亂 吐瀉 腹痛 滯症 暑症 정忡 神眩 悸鬱 痰盛 醒酒船彙 咳嗽 口味업ᄂᆞᆫ諸症의神效ᄒᆞᆫ藥이오此外에도洋灰水解毒藥 唐ᄎᆡ 疳氣 蛔虫 寸虫 赤白癩風藥과東西洋藥이俱備ᄒᆞ고他病도隨問出方ᄒᆞ오니 僉位ᄂᆞᆫ枉議ᄒᆞ시옵
皇城校洞石井洞下隅
石泉堂藥局　告白

●數理學雜誌改良廣告

本雜誌를第三號로븟터ᄂᆞᆫ頁數도增加ᄒᆞ며冊子도改良ᄒᆞ며記載ᄒᆞᄂᆞᆫ材料도一層精選ᄒᆞ야江湖僉位의愛讀ᄒᆞ시ᄂᆞᆫ厚意를酬ᄒᆞ고져ᄒᆞ오니倍舊愛讀ᄒᆞ심을伏望

但發行日子ᄂᆞᆫ每朔五日
一分定價ᄂᆞᆫ新貨拾錢

發行所　南大門內尙洞舊德公舘右便　數理學雜誌社

賣却所
尙洞會堂內
鍾路大東書市
布屛下金相萬冊肆
新門內松橋張晳周紙廛
銅峴朴泓九紙廛
仁川港楹峴開新冊肆
平壤啓明書舖

歯科廣告

歯科醫士美國人ᄯᅦ이ᄃᆡ워드힌
右事務所ᄂᆞᆫ南大門內達城賓內美國醫士스크랜돈家後에在홈
視務時間은每日上午九時로一時ᄭᆞ지下午時로五時ᄭᆞ지
右時間、에特別히治療ᄒᆞ기를要請ᄒᆞᄂᆞᆫ僉員은先通知홈

現今世界列國이互相交涉之日에交際之禮ᄂᆞᆫ宜不講解이기로交際新禮一冊을撰述發刊ᄒᆞ오니外交家及紳士의不可不覽홀ᄎᆡ珍이라僉君子ᄂᆞᆫ察覽홈

定價金　新貨十八錢
發售所　大韓每日申報社

特別社告

非史乘이면政治之美惡와人物之臧否와風俗之汚隆을無以攷論인즉史乘者는非一時之공覽이라乃萬世之公案이오非自國之所可得以私也라即宇內列邦에宜所公佈키로曩者美人訖法氏之撰大東紀年이意固有在而然也라本記者ㅣ不揆僭越하고於韓之史事에留心者ㅣ久矣로되在幾百年之後하야要論幾百年之事가任大力綿에恐有失實之歎을더러鎖國自守之時代에[illegible]間諸般事爲가不過是尋[illegible]不足以供世界列邦之[illegible]斷自丙子以後各國交[illegible]하야要爲編成一書하야[illegible]列邦하니四方有志諸君子[illegible]心하야丙子以後政令詔諭之所記와各國交涉之如何와臣民疏章與功罪之表著와中外俗習之沿革과忠臣義士孝子烈女之行蹟을各隨所聞所見而詳錄投示하야俾此重役으로得以完成을千萬幸甚

大韓每日申報社

○○○○○○○○○○○○

本申報를廣佈ᄒᆞ기爲하야咸鏡南道咸興州南社西門外居하는曹喜林氏에게逐號下送하오니該附近地愛讀하시는　僉君子는同氏에게購覽하시며代金도同氏에게傳致하심을爲要

大韓每日申報社

○○○○○○○○○○○○

本社廣告

申報價

一張代金　新貨二錢五分
一箇月前納　三十錢
三箇月　九十錢
六箇月　一元七十錢
一箇年　三元四十錢
郵稅一部　新貨五里
一箇月　十二錢

廣告料

[illegible]新貨[illegible]

[illegible]大論에相當事

二個五十錢

[illegible]에相當事

五個

[illegible]에相當事

[illegible]字行의多少

[illegible]이有ᄒᆞᆷ

[illegible]報至不得不[illegible]覽ᄒᆞ시데이오니廣告出報ᄒᆞ실僉君子는來臨面議ᄒᆞ시옴

發行兼編輯人　英國人[illegible]

發行所

京城北署[illegible]坊[illegible]洞号外地[illegible]

大韓每日申報社

第四卷
大韓每日申報
대한매일신보
第一百六十四號

月曜及慶節
歲時日休刊

檀君開國四千二百三十九年
箕子元年三千二十八年
大韓開國五百十五年
日本明治三十九年
清國光緒三十二年
陰曆丙午二月大十六日癸丑

論說

歎諸大臣謝客

日前政府會議에從今各部大臣들이緊切賓客以外人은一切不許入見ᄒ기로決議ᄒ앗다더니追聞斯言을實踐ᄒ야幾處朱門에刺紙拷立者如林ᄒ되許入者ᄂ欣欣ᄒ고命退者ᄂ戚戚ᄒ야親踈를顯示ᄒ며歌哭이不同이라ᄒ니噫嘻라此果秉公人之體貌이며大人家之度量歟아

古之善爲政者ᄂ愛人下士ᄒ며博採群言ᄒ야可則用之ᄒ며不可則置之ᄒ야能爲容物ᄒ고不責於人ㅣ로其門이如市ᄒ되其心이如水ᄒ면不害其爲賢宰相이오

雖終日面壁ᄒ고不接一人이라도其心也ㅣ汚ᄒ며其行也ㅣ亂이면未免其爲奸凶之徒니規規然關禁ᄒ며屑屑然謝客ᄒᄂ거시

徒爲示人不廣이라何補於大臣事業이며且夫人性之不同이如其面之各殊하야或有厭客者하며或有好客者ᄒ니我若厭其客來된自斷于中心ᄒ야却足以增之退之가無所不可이거날

乃於政府議席에作一問題而取決ᄒ야四方이傳笑ᄒ며衆皆議刺ᄒ니所謂政府議案이若是早褻이며

且其緊切賓客云者ᄂ未知其何樣人名稱인지鸞鳴而鶴鳴ᄒ며珠映而玉輝者ᄂ未必求進于其門ᄒ지니

所謂緊切者ㅣ直不過번間之乞祭輩와賂遝之驅儈類ㅣ라如此等輩ᄂ許以入幕ᄒ고其餘諸賓은羅門而拒之ᄒ니此果爲公乎아爲私乎아

或曰李根澤氏被刺後로各大臣이畏其餘波ᄒ야有此舉措라ᄒ니若如斯言인된尤見其痴甚이로다人苟惡貫罪盈이면舟中이皆爲敵國ᄒ며平地에亦有風波ᄒᄂ니

第以東洋史籍으로觀之컨되要離之刺慶忌와呂布之斬董卓이皆在於親近以後인즉安知其긴切客中에終無一把匕首일지

噫라補過止방이莫如力行善政이니爲諸大臣者ㅣ夙夜洞洞ᄒ勞其身心ᄒ야爲國盡瘁ᄒ며臨事思義ᄒ야已傾之局勢를期於重整ᄒ며瀕死之生靈을圖其拯濟ᄒᄂ거시

是爲將來保身之策이오至於設備戒嚴ᄒ며謝絕來客ᄒ야ᄂ適其憤怒라無益於事ᄒ지니試加三思ᄒ지어다

官報

●號外 光武十年二月廿八日

◉宮廷錄事

宮內府本府及禮式院禮服規則 續

第四條 上衣袖章은地質은天青色羅紗오袖口로븟터三寸을距ᄒ야後部에縫合ᄒ고其內左右半面品字形全開李花三枚式을金繡ᄒ되親勅奏任官이同ᄒ事

第五條 上衣領章은天青色羅紗오橫紋金線二條를付ᄒ고其內에全開李花一枝오左右에ᄂ花莖으로金繡ᄒ되親勅奏任官이同ᄒ事

第二章 下衣

第六條 下衣地質은白羅紗와深黑紺羅紗二件으로ᄒ되鈕釦ᄂ金製니圓經은五分이오距離ᄂ二寸이니親勅奏任官이同ᄒ事

第三章 袴

第七條 袴의地質은深黑紺羅紗니左右側面에金線을付ᄒ되親勅任官은兩條凸凹紋이오奏任官은單條凸凹紋이니廣은並히一寸으로ᄒ事

第四章 帽

第八條 帽의地質은黑毛天鵝융이오式樣은山形이니長은一尺五寸이오高ᄂ四寸五分으로ᄒ되頭樣을觀ᄒ야加減이有ᄒ고頂端에飾毛ᄂ親勅任官은白色이오奏任官은黑으로ᄒ事

第九條 帽의側章은全開李花一枝를正面上向으로斜付ᄒ고幹邊에金製鈕釦를付ᄒ되圓經은七分五里오沿邊에金線을繡ᄒ되其間은一寸五分으로ᄒ고又兩邊에青紅太極章의形을現ᄒ되親勅奏任官이同ᄒ事

第五章 劒

第十條 劒章은兩尺六寸五分이니柄은親勅任官은金金線을繞纏ᄒ고奏任官은金銀線으로繞纏ᄒ되長은四寸五分이오鯉口가二寸六分이오鐺이五寸이오柄頭ᄂ弓形이오環鐺야초上에半開李花一枝及李花葉二個를彫刻ᄒ며親勅任官의劒초上下에ᄂ草龍을彫刻ᄒ고奏任官에ᄂ草龍이無ᄒ事

第十一條 劒緖ᄂ親勅任官은金金絲오奏任官은金銀絲로ᄒ事

第十一條 劒帶ᄂ親勅任官은金織이오奏任官은銀織으로ᄒ事

第六章 小禮服上衣

第十三條 上衣地質은深黑紺羅사니製式은燕尾服과同一ᄒ되上금及袖口에에ᄂ黑紺色羽緞四寸을付飾ᄒ며前面左右에金製李花鈕釦三箇式이오袖口에二箇式이오後面에ᄂ腰下를割ᄒ左右兩端에一箇式이오後裾分割處兩邊末에一箇式을付着ᄒ事

未完

外報

●下陸準備 二月二十七日華盛頓電을據ᄒ즉呂宋에派駐ᄒ美國軍隊ᄂ下陸ᄒ准備中이라더라

●暴徒暴行 清國江西南昌縣에서暴徒가蜂起ᄒ야美國敎會堂을襲擊ᄒ야宣敎師六名을殺ᄒ고또傳道舍잇ᄂ킹변감氏一家族도虐殺되얏다ᄂ되北京駐箚美國公使에에야上氏ᄂ同地로急行ᄒ다더라

●婦人參政權 倫敦電을據ᄒ즉英國自由黨上院議員차一럿쓰질크氏ᄂ婦女子의게選舉權賦與에關ᄒ意見을發表ᄒ얏ᄂ되其所論ᄒ가를英國國民은成年에達ᄒ면男女의區別업시다選舉權을有ᄒ며兩院議員의娘子로成嫁ᄒ婦人이라도投票ᄒ을得ᄒ다ᄒ얏더라

●膠州軍備 德國議會에서海軍大臣지르빗쓰氏ᄂ膠州灣이一等要塞으로爲ᄒ다ᄂ說을否定ᄒ얏스나然이나日俄戰爭의結果로極東의形勢에變動世起ᄒ은無疑ᄒ事情이니故로何程度ᄭ지ᄂ軍港上의安固을謀치아니치못ᄒ지며海上方面에ᄂ中立을維持堅固케ᄒ准備을爲ᄒ고陸上方面에ᄂ淸國의動亂에准備을爲치아니치못ᄒ지라고論述ᄒ얏다더라

●將軍抗議 奉天將軍趙爾巽氏ᄂ日本이營口에서收稅及鴨綠江畔에서森林伐採其他重要事項에對ᄒ야攻擊的電奏을爲ᄒ얏다더라

雜報

● 時事滑稽

○近日郡守를圖得ᄒᆞ야ᄂᆞᆫ人氏ᄂᆞᆫ八口生計를爲코자ᄒᆞᆷ인가五馬榮光을取코자ᄒᆞᆷ인가百里治績을試코자ᄒᆞᆷ인가一邑殘民을救活코자ᄒᆞᆷ인가樊南秋色을苞苴ᄒᆞ야月下笠影이重重ᄒᆞᆷ은何等意想에出ᄒᆞᆷ인고

○北里朱門과南山白笛에朝朝暮暮히望望然奔走不暇ᄒᆞᄂᆞᆫ人氏ᄂᆞᆫ地方東軒의風도洒ᄒᆞ며府部月銀의味도嘗ᄒᆞᄂᆞᆫ者ㅣ有ᄒᆞ되學問을涵養ᄒᆞ고名譽를抱有ᄒᆞ야종跡을高尙ᄒᆞᄂᆞᆫ者ᄂᆞᆫ不生을坎가ᄒᆞ니奔走不暇ᄒᆞᆷ밧ᄭᅴ

○胸中에一點墨이無ᄒᆞ고眼際에十丈塵이迷ᄒᆞ야滔天慾浪으로湯火를不避ᄒᆞ고功名界上에馳逐ᄒᆞᄂᆞᆫ人氏ㅣ라야台垣鼎扉에軍國大任을擔着ᄒᆞᆫ樞要地를攝ᄒᆞ니如是ᄒᆞ고야國事의岌業과民情의危急ᄒᆞᆷ을何時에可濟可救ᄒᆞ리오

○一部政界上人民을試觀ᄒᆞ니一部活動寫眞에不過ᄒᆞ도다然이나活動寫眞은一時觀光ᄒᆞᄂᆞᆫ滋味나有ᄒᆞ거니와現今官場이니政界이니ᄒᆞᄂᆞᆫ一部分은拭目觀之ᄒᆞ야도其行動이行尸走肉과如ᄒᆞ야看看顔色에不過ᄒᆞ니他人의眼力도如此ᄒᆞᆫ지

○假令虎患이甚ᄒᆞᆫ亂山窮峽에千斤白額虎가雪山의齒를大張ᄒᆞ야참涎을口角에流ᄒᆞ고掀鬚蹲坐ᄒᆞ야破窓壞壁內에一肉塊와人民을窺視ᄒᆞᆷ의驚魂落魄ᄒᆞ야四肢를不動ᄒᆞ고冷汗이遍體ᄒᆞ야腹中에活埋ᄒᆞᆯ時刻만企望ᄒᆞᆷ과如ᄒᆞᆷ은現今時局이지

○駸駸漆夜陰荒山谿에七顚八倒ᄒᆞ야荊棘의侵刺도被ᄒᆞ며狐魅의迷惑도蒙ᄒᆞ야三魂七魄이漸漸蒙汗藥을飮ᄒᆞᆷ과如ᄒᆞᆫ際에何地에雄鷄가唱ᄒᆞ며東方이漸白ᄒᆞ야半死ᄒᆞᆫ惡夢을快醒ᄒᆞᆯᄂᆞᆫ지 未完

● 聖恩感涕 昨日은閔忠正公泳煥氏의殉義ᄒᆞᆫ百日也라韓皇陛下게옵셔其貞忠을感念ᄒᆞ사特히賜祭ᄒᆞ옵셔다ᄂᆞᆫ디滿城人士가聞得此報ᄒᆞ고一倍傷痛ᄒᆞᆫ다더라

● 舊貨頒俸 宮內部에서名官人月銀을舊貨로頒給ᄒᆞᆷ으로主事與雇員들이昨日一齊自退ᄒᆞ얏다더라

● 移畓助學 慶南金海郡公立小學校敎員李濬鎬氏가學部에請願ᄒᆞᆫ內槪에本郡鄕校所付中山海亭畓十一石十四斗一升落과養士齋畓六石九斗九升落을本郡在京士林等이咸願移屬本校ᄒᆞ야以爲學資故로玆의請願ᄒᆞ오니査照ᄒᆞ신後右山海亭畓與養士齋畓을移屬本校ᄒᆞᆫ意로訓令成下ᄒᆞ시믈伏望이라ᄒᆞ얏다더라

● 元氏獄斃 監獄署在囚義兵魁首元容八氏가近日傳染病을罹ᄒᆞ야獄中에서呻吟ᄒᆞ다가日昨에致斃ᄒᆞ얏다더라

● 南倅願留 南陽郡守張浩鎭氏ᄂᆞᆫ居官三載에一心圖治ᄒᆞ야捐薄廩而校宮補弊와驛屯賭之糶略報勘과鹽稅之特減과籍贊之蠲捧이俱係恤民之政이고聽訟則公明ᄒᆞ며責稅則寬暇ᄒᆞ야民不見吏에闔境晏如러니今忽內部請免ᄒᆞ야行將見遞키로該郡人士들이惟恐其或失ᄒᆞ야上京願留者ㅣ數十人이라더라

● 郡守新任 內部에서各郡守를奏本ᄒᆞᆫ次로昨日政府에閣議ᄒᆞ얏다ᄂᆞᆫ디合十四郡敍任된郡守姓名이如左ᄒᆞ니

陽城鄭寅魯 珍山李演益
新昌徐丙益 泰安趙東璟
益山金正基 舒川李鍾顯
懷德柳鳳根 金堤李斯宰
南陽方漢德 文義慶必永
延豐金亨斗 順天李承宇
龍安南相七 德山俞致稷

● 刑法譯佈 李學宰 秦重安秉瓚氏等이發起ᄒᆞ고資本을鳩聚ᄒᆞ야刑法大全을純國文으로多數譯刊ᄒᆞ야廣佈國中ᄒᆞ야雖婦孺與디라도一覽其書에便曉其義케ᄒᆞ야使全國人民으로無有不學法律者ᄒᆞ야自不陷罪이馴成美俗케ᄒᆞ깃다고認許를法部에請願ᄒᆞᆫ바該部에서指令ᄒᆞ되刊行律書ᄒᆞ야使人民講習케ᄒᆞᆷ이眞是盛世美擧라事甚嘉尙이이기特爲認許ᄒᆞ노라ᄒᆞ얏ᄂᆞᆫ디安秉瓚氏ᄂᆞᆫ既往에法律學卒業生인디今此刑法大全번譯判布의熱心ᄒᆞᄂᆞᆫ거시實로開導人民의好箇方針이니吾儕ᄂᆞᆫ其刻日成書ᄒᆞ야快覩實效ᄒᆞᆷ을十分企祝ᄒᆞ노라

● 慶儒寄函 慶南慶州儒生들이一進會에投函ᄒᆞ얏ᄂᆞᆫ디其全文이如左ᄒᆞ니

本郡院所堂祠ᄂᆞᆫ自庚午撤享以後로田土祭器等物은照數納公ᄒᆞ고各其雲仍이爲其香火永絕ᄒᆞᆷ와各自鳩財ᄒᆞ야設壇遺址ᄒᆞ고[illegible]若干薦土ᄒᆞ야以供香火之資인바年前郡守朴炳翌氏가始設日語學校于本郡而義捐四千金이고其他鄕人有志者之補助가亦爲不少이고既係公立則各面里二萬餘戶에排歛補助가自應有月銀이고且昨年夏間에每戶八戔인즉該學校經費가自有餘剩이거날本郡居金穰殷이素以浮雜之輩로藉托一進會願問官ᄒᆞ며又稱日語學校長ᄒᆞ고要奪院所祠堂之位土ᄒᆞ야稱云祠費有餘ᄒᆞ며又云不過是吟風弄月之資라ᄒᆞ며又云土豪之窩窟이라ᄒᆞ야歎次誣訴於學部則學部指令內更請于本郡ᄒᆞ야調査報明케ᄒᆞᆫ事이온즉同穰殷이藉此入郡ᄒᆞ야威勢官長ᄒᆞ며不謀於鄕人ᄒᆞ고牌捉該所庫直ᄒᆞ야該位土를督査移屬于學校故로一鄕士林이齊會ᄒᆞ야招諭穰殷ᄒᆞ야曲折談辨之際에終不歸順ᄒᆞ고使日兵二人으로揮劍毆逐에斷指剝頰者十餘人이오且放丸被傷者三人인디一則彈丸이尙在頭骨之內ᄒᆞ야命在毫忽이고二則生ㅅ未判이거날猶爲不足ᄒᆞ야又招蔚山隊日兵二人ᄒᆞ야無論誰某ᄒᆞ고冒捉鄕人에五人이又爲被捉ᄒᆞ야苦楚惡刑에尙今半囚키로一鄕之人이都無生全之望ᄒᆞ니伏念貴會四大綱領中生命保護가亦一着顧而同穰殷이藉托生獘則切非貴會之本意且以新學校로言之라도義捐補助가第一緣故而每戶八戔式收歛이此亦補助也라何必以爲先世士私有之財로勒奪也哉아此事雖無關於貴會나若見不義之事則當禁戢之온況藉托貴會가想應允歎故로玆仰云云이라더라.

● 徙家避凶 巷說을聞ᄒᆞᆫ즉軍部大臣李根澔氏家에서刺客의變을逢ᄒᆞᆫ後에以現居家屋으로爲凶家라ᄒᆞ야他家를購買徙居ᄒᆞ기로作定ᄒᆞ얏다ᄒᆞ니同氏가年前에도蛇落大廳之事로以ᄒᆞ야徙家之擧가有ᄒᆞ얏더니今又以此等奇變으로歸咎於家屋ᄒᆞ야有此遷動之計로다大抵避凶趨吉은天下之同情이나人之禍福이豈係於家屋이리오古人이曰禍福이無門ᄒᆞ야惟人所召라ᄒᆞ얏고天下之不祥이莫大於富貴之盛滿이라自古로未有盛滿不戒而免於顚覆者니同氏의畏禍求福이非不是人情之固然이로디其吉凶之至가恐不在於家屋이오在於所行之如何라ᄒᆞ노라

● 莫知厥由 再昨日上午十時量에警務南署에서審查ᄒᆞᆯ事가有ᄒᆞ다ᄒᆞ고內部主事崔鍾洛氏를招引ᄒᆞ얏ᄂᆞᆫ디旣到警署ᄒᆞ야問捉來之委折則警官이不言實事ᄒᆞ고但稱罪人聲口招而拘留라가至夕陽時에始爲放送ᄒᆞᆷ으로其被捉ᄒᆞ얏던崔氏도莫知所由라ᄒᆞ더라

● 等外請撥 內部에서度支部로照會ᄒᆞ기를本部所管九年度經費중本廳俸給不足額二百十三圜四十八錢四里와廣濟院俸給不足額二百十二圜八十錢九里를不得不算外支出이니經費支撥케ᄒᆞ라ᄒᆞ얏다더라

● 申懇補材 長淵郡守朴始淳氏가學部로報告ᄒᆞ얏ᄂᆞᆫ디本郡海安坊浦邊溧州板木은自來公用者而特付本郡學校ᄒᆞ야以補校費事로已爲報告承指而該木一百五十株를鎭南浦分遣所日憲兵이來到本郡ᄒᆞ야謂以軍用ᄒᆞ고將欲輸去于南港ᄒᆞ니査照處分ᄒᆞ라ᄒᆞ얏다더라

● 電飭察郡 內部에서學邊觀察使의게電訓ᄒᆞ기를鎭川郡一進會民朴東俊이不法으로誣害平民ᄒᆞ야民將魚肉이라ᄒᆞ니件卽査報ᄒᆞ라ᄒᆞ얏다더라

● 擾民解散 善山郡民擾事로該道觀察使申泰休氏가尙州郡守로査官을定ᄒᆞ야査覈케ᄒᆞ얏ᄂᆞᆫ디該事件인즉該郡無賴輩가一進會民을激動ᄒᆞ야起擾된인고로地方分遣所日憲兵이當地에前往ᄒᆞ야該擾民等을鎭壓解散ᄒᆞ얏다더라

● 四囚押到 軍部에서內部에照會ᄒᆞ되因貴照ᄒᆞ야發訓淸州隊ᄒᆞ야派兵報恩郡ᄒᆞ야在囚金弼濟金泳寀朴珉鎬白弘鎭等을昨已押到故로該罪犯等을卽爲押交警廳ᄒᆞ얏스니照亮ᄒᆞ라ᄒᆞ얏다더라

雜報

●廣新學以輔舊學說　續

試叩其所學ᄒᆞ면西人은事事翻新ᄒᆞ고華人은事事襲舊ᄒᆞ고西人은事事徵實ᄒᆞ야可坐言에卽可起行이오華人은事事蹈虛ᄒᆞ야口談則理高ᄒᆞ되躬行則事缺ᄒᆞ니欲彌其憾인ᄃᆡ非兼采西學이면斷斷不可라

夫中西幷立ᄒᆞ고新舊迭乘ᄒᆞ니取尙西學而竟棄中國者도非也오篤守舊學而薄視西學者ᄂᆞᆫ失之太隘이라誠使翻然改圖ᄒᆞ야博學無方이면

見聞이旣廣에自然樂觀西書ᄒᆞ고喜近西士ᄒᆞ야得觀摩之益이라開拓智識ᄒᆞ야不囿於文藝之工ᄒᆞ면心源이旣濬에智慧가流通ᄒᆞ야美在其中而暢於四支라發於事業ᄒᆞ고更能推廣敎化ᄒᆞ야隨地有學堂ᄒᆞ야以訓童蒙ᄒᆞ고有閨塾ᄒᆞ야以課婦女ᄒᆞ면陰敎陽敎가均受其益ᄒᆞ리니尙安有目不識丁之患哉아

中國은地大物博ᄒᆞ야富甲天下러니近則官民이交困은由不知取材於地耳라誠講新學則農有機器ᄒᆞ야以盡地力ᄒᆞ며官得礦產ᄒᆞ야以濟國用ᄒᆞ며通商惠工ᄒᆞ야交易有無ᄒᆞ면堂堂中國으로何日患貧也哉아

孟子有言曰無政事則財用이不足이라ᄒᆞ니欲求財用之足인ᄃᆡ必先通籌政治라華人이能明西學이면泰西史鑑을考ᄒᆞ야可히借鏡之資를得ᄒᆞᆯ거시오吾國新聞紙를觀ᄒᆞ면能히時局을通知ᄒᆞᆯ지니取彼所長ᄒᆞ야補我所短ᄒᆞ야有利必興ᄒᆞ고有害必除ᄒᆞ면非獨政治之煥然一新이라儒[illegible]王敎가念以講明ᄒᆞ야力求實際ᄒᆞ고屛去虛誕ᄒᆞ야不惑於雜僞亂眞之邪說ᄒᆞ고天倫人倫을一以貫之ᄒᆞᆯ지라

蓋實學은本兩間之公理ᄒᆞ야爲萬國所共學이니卽非一國의所可遺者라是故로孔子ᄂᆞᆫ中國之至聖也로ᄃᆡ問官於僻陋之郯子ᄒᆞ시고摩西ᄂᆞᆫ猶太之敎祖也로ᄃᆡ從學於埃及之祭司　未完

●日弁勸學　西江방牛山學校에學徒가日就月長하ᄂᆞᆫᄃᆡ近今에學員이百餘人에達ᄒᆞᆫ바昨日에日本陸軍少佐○翁助氏가本學校에專訪하야學徒의學力의夙成ᄒᆞᆷ을歎賞하야演說勸勉하고手帖一冊과名刺一枚式諸學員의게贈給하얏다더라

●時事問答

엇지두렵지아니ᄒᆞ리오호문싱왈그화륜거가구미각국에셔먼져지은것이로되그나라에쇠ᄯᅩ각이귀ᄒᆞ얏젓다ᄂᆞᆫ말을듯지못ᄒᆞ고점점시리가되야부국강민이되얏스니그것으로ᄒᆞ야돈이업셔질바잇스리오선히싱이탄식ᄒᆞ야왈그런ᄉᆞ업을우리국민이ᄒᆞᄂᆞᆫ것갓흐면쇠ᄯᅩ각업셔질염려ᄂᆞᆫ시로여지물을모ᄒᆞᆯ근본이될터이지만은그것이우리나라에반푼열리도리익은업고다만민국간큰묘막인것시렬도궤지로몃쳔리몃ᄇᆡᆨ리되ᄂᆞᆫ연로각디방에관유지민유지를불계ᄒᆞ고털로궤지라명거쟝궤지라ᄒᆞ야갑도업시젼탈ᄒᆞ니나라에ᄂᆞᆫ강토가점점줄어지고ᄇᆡᆨ셩은면토가업셔농업을폐지ᄒᆞ니그관계가엇더ᄒᆞ며털로잇ᄂᆞᆫ각지방인민들은륜거사시빗ᄉᆞ니쓰니ᄒᆞ면셔도보힝으로왕리치ᄂᆞᆫ안으려하야연로점막에힝긱이죠졀하야로변에셔거싱하ᄂᆞᆫ인민들이싱이가끈어지고젼젼푼푼이몰여륜거삭젼으로외국인의낭탁에들어가니한번들어간후에야무슴지간으로다시구경이나하야볼슈잇나비록긔쳔리긔ᄇᆡᆨ리를삽시간에왕리ᄒᆞᆫ즉그너왕의신속ᄒᆞᆷ과로비의감싱됨이당쟝에ᄂᆞᆫ편리타ᄒᆞᆯ연니와　미완

廣告

●刑法大全　一帙定價金　新貨六十錢

牧民心書一帙　新價　一圜二十五錢

耳談續纂一冊　七錢五里

溫故知新堂叢鈔　七錢五里

父師必讀小學指南一冊　七錢九里

人工養蠶鑑一冊　十九錢

新訂筭術每冊　十五錢

發賣所　布屛門下金相萬書舖　大韓每日申報社

本運送部에셔京仁京釜京義間鐵道貨物을運送ᄒᆞ되貨物을特別保重ᄒᆞ며運輸을特別迅速케ᄒᆞ오며支店을三線各驛에設置ᄒᆞ얏ᄉᆞ오니貨物을運送ᄒᆞ실僉君子ᄂᆞᆫ本運送部에光臨問議ᄒᆞ시옵

京城南大門外韓美協同倉庫會社內

合資會社　東美運送部

社長　尹晶錫

任命鎬

社務員　鄭仁敎

李喬寧

海産會社事에對ᄒᆞ야崔瑩煥李容[illegible]等行爲가狡惡陰險ᄒᆞᆷ은已揭前報而今에渠們이自過不悔ᄒᆞ고施惡逞毒을能事로認ᄒᆞ고各新聞에奸慝ᄒᆞᆫ말로播傳ᄒᆞ야人之眼目을眩惑케ᄒᆞ니內外國人은切勿見欺ᄒᆞ오　劉錫　告白

東署蓮花방香路契梨峴第九十一統四戶草家九間立旨를遺失ᄒᆞ얏사오니誰某拾得하여도休紙施行ᄒᆞᆯ거시오漢城府에請願하야新立旨를다시ᄂᆡ오니照亮하시옵　家主姜千萬　告白

西署積善방唐皮洞四統十戶瓦家四十三間家券과草匣與紙貨二百五元八十錢을陰二月十四日에路中遺失하얏사오니內外國人間誰某拾得하와도以休紙施行喜　家主黃熙鳳　告白

正三品朴泰浩의浩字ᄂᆞᆫ龍字로改稱ᄒᆞ오니京鄕知舊間照亮ᄒᆞ시옵　平壤　朴泰龍　白

信川郡東部居李召史가昨年十二月十一日隣居崔承健處以酒價相詰被踢於崔漢之足卽地致死馳告本郡則郡守李容弼檢驗屍身致死實因折項傷脅而完現坊長柳達淳在傍言曰折項當場顚臥不起而何可以出往庭畔乎李容弼曰雖以折項이라도蒼卒間胡不能幾步之行云云而折項傷脅之致死로執證摘奸還官後에末乃以飮藥自死로瞞報하고請其文化郡守徐丙壽覆檢ᄒᆞ니折項致死와飮藥自死之兩證이相去甚遠인바其裏에必有妙謠인지應問諸人之捉因가已有是例이거널崔漢之妻男朴哥은素有邑權者로圖囑某處이던지應問諸人을自率入邑하야莫重檢案을無難翻覆ᄒᆞ니世豈有如許之幽冤이며文化郡守覆檢其圖形屍身之時에以初檢圖形相合之計로以盡全體而不盡其項하니初覆檢之相符之明若觀火이고初覆檢官이檢案發送前終日面會云하니人命致死가何等愼重如此踈忽이可有幽冥之冤이기法部呼訴하야使之償命次로上京喜　趙致三　告白

花春丹은　霍亂　吐瀉　腹痛　滯症　暑症　정忡　神眩　胷　鬱　痰盛　醒酒船乘　咳嗽　口味업ᄂᆞᆫ諸症의神效ᄒᆞᆫ藥이오此外에도洋灰水解毒藥　唐창　疳氣　蛔虫　寸虫　赤白癩風藥과東西洋藥이俱備ᄒᆞ고他病도隨問出方ᄒᆞ오니　僉位ᄂᆞᆫ枉議ᄒᆞ시옵

皇城校洞石井洞下隅

石泉堂藥局　告白

●數理學雜誌改良廣告

本雜誌를第三號로봇터ᄂᆞᆫ頁數도增加ᄒᆞ며裝冊도改良ᄒᆞ며記載ᄒᆞᄂᆞᆫ材料도一層精選ᄒᆞ야江湖僉位의愛讀ᄒᆞ시ᄂᆞᆫ厚意를辭酬코저ᄒᆞ오니倍舊愛讀ᄒᆞ심을伏望

但發行日子ᄂᆞᆫ每朔五日

一劵定價ᄂᆞᆫ新貨拾錢

南大門內尙洞舊德公館右邊

發行所　數理學雜誌社

賣却所　尙洞會堂內

鍾路大東書市

布屛下金相萬冊肆

新門內松橋張哲閣紙廛

銅峴朴泓九紙廛

仁川港礎峴開新冊肆

平壤啓明書舖

齒科　廣告

齒科醫士美國人의、이되워드힌

右事務所ᄂᆞᆫ南大門內遠城尉宮內美國醫士스크랜돈家後에在喜

視務時間은每日上午九時로一時ᄭᆞ지下午二時로五時ᄭᆞ지

右時間外에特別히治療ᄒᆞ기를要請ᄒᆞᄂᆞᆫ僉員은預先通知喜

現今世界列國이互相交涉之日에文際之禮를宜先講解이기로交際新禮一冊을撰述發刊ᄒᆞ오니外交家及紳士의不可不覽ᄒᆞᆯ袖珍이라僉君子ᄂᆞᆫ諒悉購覽喜

定價金　新貨十八錢

發售所　大韓每日申報社

特別社告

非史乘이면政治之美惡와人物之臧否와風俗之汚隆을無以攷論인즉史乘者는非一時之공覽이라乃萬世之公案이오非自國之所可得以私也라即宇內列邦에宜所公佈키로曩者美人訖法氏之撰大東紀年이意固有在而然也라本記者ㅣ不揆僭越하고於韓之史事에留心者ㅣ久矣로되在幾百年之後하야要論幾百年之事가任大力綿에恐有失實之歎뿐더러鎖國自守之時代에는民國間諸般事爲가不過是尋常與故라不足以供世界列邦之眼目키로斷自丙子以後各國交涉時事하야要爲編成一書하야公諸列邦하니四方有志僉君子는諒此苦心하야丙子以後政令訓誥之所記와各國交涉之如何와臣民疏章與功罪之表著와中外俗習之沿革과忠臣義士孝子烈女之行蹟을各隨所聞所見而詳錄投示하야俾此重役으로得以完成을千萬幸甚

大韓每日申報社

○○○○○○○○○○○○○

本申報를廣佈ᄒᆞ기爲하야咸鏡南道咸興州南社西門外居하는曹喜林氏에게逐號下送하오니該附近地愛讀하시는 僉君子는同氏에게購覽하시며代金도同氏에게傳致하심을爲要

大韓每日申報社

○○○○○○○○○○○○○

本社廣告

申報價

一張代金 新貨二錢五厘
一箇月前條 三十錢
三箇月 九十錢
六箇月 一元七十錢
一箇年 三元四十錢
郵稅一部 新貨五厘
一箇月 十三錢

廣告料

四号活字十三字詰
每日每英尺一寸에新貨廿五錢
(每日每行에六錢에相當홈)
二周日에 二圜五十錢
(每日每行五厘에相當홈)
一箇月에 五圜
(每日每行四錢一厘에相當홈)
其期限의長短과字行의多少를依ᄒᆞ야增減홈이有홈

大韓人마다此申報를不得不閱覽ᄒᆞ실터이오니廣告出報ᄒᆞ실僉君子ᄂᆞᆫ來臨面議ᄒᆞ시옵

發行兼編輯人 英國人裵說
發行所
京城北署壽進坊國洞号外地段西學校前
大韓每日申報社

第四卷

大韓每日申報
대한매일신보

月曜及慶節歲時日休刊

檀君開國四千二百三十九年
箕子元年三千二十八年
大韓開國五百十五年
日本明治三十九年
淸國光緒三十二年
陰曆丙午二月大十七日甲

論說

論韓日之交際始末

曩者韓俄之交方合에日本人이甚是猜惡ᄒᆞ야俄將剪韓呑韓等說로沮撓恐動을不遺餘力이다가及其開戰也에即使毁其成約ᄒᆞ며絕其交涉ᄒᆞ야以快從前憾忿之心ᄒᆞ니其在兩敵相搆之地에如彼行動이容或無怪로되所可哂者ᄂᆞᆫ不旋踵而剪韓呑韓을十倍於俄人ᄒᆞ야鬱島及鴨綠江等地森林權을悉置其範圍中ᄒᆞ며三面漁業과京義京元鐵道와郵電兩司와內地航行等諸件을次第占奪ᄒᆞ야肆其無厭ᄒᆞ니在俄則必曰剪韓呑韓이라ᄒᆞ며在日즉獨不爲剪韓呑韓歟아尤而效之ᄂᆞᆫ君子不爲ᄒᆞᄂᆞ니既知俄之剪韓이在所當憎인ᄃᆡ何不反其道而行之ᄒᆞ야結之以信義ᄒᆞ며交之以光明이고行此不公正之行動ᄒᆞ야以傷隣誼ᄒᆞ며以排衆心인지大抵人情이惠我則親ᄒᆞ며虐我즉仇ᄒᆞᄂᆞ니以此論之컨ᄃᆡ韓人之俄日間向背가其將何居일지

且聞日本人之言에曰韓國이每懷反覆ᄒᆞ야不得不另爲操切이다ᄒᆞ니此亦有可論者ᄒᆞ니往在韓國獨立之初에苟能擁護勸告ᄒᆞ며優游浸漬ᄒᆞ야磨以歲月에俾圖其漸趁開明ᄒᆞ얏시면韓將感服之不暇ᄒᆞ야終始致密이捨日而其誰리오마ᄂᆞᆫ顧乃持之太急ᄒᆞ며督之太苛ᄒᆞ야使其志氣로不得一日舒泰타가末乃無前駭機가驀地出來ᄒᆞ야俄館播遷之擧가因此而生ᄒᆞ니細究其裏由컨ᄃᆡ韓之反覆은非韓之素志라實是日本人之激成인즉到今不思反省ᄒᆞ고但爲咎人ᄒᆞᄂᆞᆫ거시未知其爲公案이며且念韓國이獨立以後十數年에徒思宴安ᄒᆞ고不修政務ᄒᆞ야生民이塗炭ᄒᆞ며百度荒廢ᄒᆞ야致使隣人으로未免有唇亡齒寒之憂ᄒᆞ야得以藉口케ᄒᆞ니執此以論ᄒᆞ면韓不可曰無咎어되扶危援溺은爲義之大者인즉澄其政界ᄒᆞ며撫其人民ᄒᆞ야思所以保全이自是恤隣之本意이거날今乃不然ᄒᆞ야奸人을利用ᄒᆞ며國權을脅奪ᄒᆞ야以亂易亂에韓益危困ᄒᆞ니계田奪牛가無乃已甚이며負義蔑隣이豈曰美事리오嗚呼라世間萬事에皆有一種公議ᄒᆞ야是非得失을不待百世而可定이되本記者ㅣ以膚見淺識으로安敢妄論時事ᄒᆞ야以取不韙之誚리오마ᄂᆞᆫ目擊韓日之交涉歧貳ᄒᆞ고不能無慨于心ᄒᆞ야信筆一論에以俟世之批評ᄒᆞ노라

官報

◉宮廷錄事

●號外 光武十年二月廿八日

宮內府本府及禮式院禮服規則 續

第七章 下衣

第十四條 下衣地質은深黑紺羅紗니前面에金製李花鈕釦三個를付着ᄒᆞᆯ事

第八章 袴

第十五條 袴地質은深黑紺羅紗로ᄒᆞ되通常製와如ᄒᆞᆯ事

第十六條 以上各種은圖本을另具頒佈ᄒᆞᆯ事 完

以上二月廿七日

第三千三百九十六號 光武十年三月九日

◉敍任及辭令

依願免本官 秘書監丞尹憲榮

崇德殿參奉朴齊先○任秘書監丞敍奏任官三等 奉常司副提調申性均○任奉常司副提調敍奏任官三等 南原郡守尹찬○兼任太醫院副卿 秘書監丞洪承斗○任崇德殿參奉敍判任官八等 朴騤銓○任主殿院電務課主事敍判任官八等 洪在麟 林在謙 以上三月六日

○依願免本官 裕康園參奉徐廷煥○任裕康園參奉敍判任官八等 李謙夏 以上三月七日

●官廳事項

度支部에서請議ᄒᆞᆫ京畿忠淸南道忠淸北道全羅南道全羅北道慶尙南道慶尙北道江原道黃海道平安北道咸鏡南道各郡乙巳災結에年形民情을參互酌量ᄒᆞ고新災舊災를分等許減事로議政府會議를經ᄒᆞᆫ後上奏ᄒᆞ야 制曰可라ᄒᆞ심

左開

京畿 新災三千四百五結七十五負九束中(四十分一)八十五結十四負四束許減

忠淸南道 新災一萬一千九十七結八十五負九束中(三十分一)三百六十九結十二負九束許減

忠淸北道 新災四千三百八結十七負二束中(四十分一)一百七結七十負五束許減

全羅南道 新災二萬六千七百七十五結六十三負四束中(二十分一)一千三百三十八結七十八負三束許減

舊災一萬六千七百三十五結十一負一束중(七十分一)二百三十九結七負三束許減

全羅北道新災八千二百九十八結二十九負六束中(三十分一)二百七十六結六十一負許減

舊災九千七百七十九結七十四負六束中(七十分一)一百三十九結七十一負一束許減

慶尙南道 新災一萬四千八百四十四結八十八負二束中)二十分一)七百四十二結二十四負四束許減 未完、

外報

●親王歸國 今番日本에渡來ᄒᆞᆫ英國곤노도親王이日本關西를巡遊ᄒᆞᆫ後에佐世保에서鹿兒島에前往하야本月十三日에入京하얏다가日光을遊覽ᄒᆞᆫ後에本月十六日에橫濱에서郵船을搭乘하고加奈陀를經하야歸國ᄒᆞᆯ터이라더라

●英皇滯留 三月二日伯林發電을據ᄒᆞᆫ즉英國皇帝게서ᄂᆞᆫ來土曜日브터來週月曜日ᄭᆞ지巴里에滯在ᄒᆞᆯ預定인ᄃᆡ其間에皇帝ᄂᆞᆫ란카스다ㅣ公의名義로英國大使館에체留ᄒᆞᆯ預定이라더라

●駐日淸使 청國에서禮部左侍郞薩廉氏로日本駐箚全權大使를選用ᄒᆞᆫ다ᄂᆞᆫ議가有ᄒᆞ더라

●恐嚇歟說 二日北京電을據ᄒᆞᆫ즉俄國은청國諾否를不關ᄒᆞ고齊齊哈爾로愛琿에至ᄒᆞᆫ鐵道를敷設코져計劃ᄒᆞ야業已此를准備中이라더라

●侵入實情 露兵이關東侵入ᄒᆞᆫ거슨已記ᄒᆞ엿거니와其후에情報를據ᄒᆞᆫ즉滿洲經營에ᄂᆞᆫ不關ᄒᆞ고其實은烏蘇里經營에全力을傾注ᄒᆞ기를爲ᄒᆞᆫ다ᄂᆞᆫ說이有ᄒᆞ더라

●韓國模範勸業場法案의提出 日本政府ᄂᆞᆫ韓國의農業振興策의一이라ᄒᆞ야韓國模範勸業場을設置ᄒᆞ려고今回의議會에同法案을提出ᄒᆞᆯ터인ᄃᆡ其經費ᄂᆞᆫ十七萬圓餘라云ᄒᆞ더라

時事滑稽 (二)

○龍山印刷局이一夜紅磯에不幸灰刧을經過ᄒᆞ얏ᄂᆞᆫᄃᆡ近日建築經費가二十萬圜이오機械費가十萬圜이라ᄒᆞ니紙幣를印刷ᄒᆞ랴ᄂᆞᆫ計劃인지ᄂᆞᆫ不知ᄒᆞ되印刷前生은典圜이라所造貨幣ᄂᆞᆫ飛去整理風ᄒᆞ얏고典圜土木은飛去回祿風ᄒᆞ얏스니後身印刷ᄂᆞᆫ何等金錢風이吹來ᄒᆞᄂᆞᆫ가

○貴族學校를設始ᄒᆞ야皇族男婦를教育ᄒᆞᆯ計劃인ᄃᆡ經費가不足ᄒᆞ다ᄒᆞ니義陽君完興君兩殿下가文明國一等大使로世界에名譽를博得ᄒᆞ얏ᄉᆞ니名譽價値로貴族學校를出力援助ᄒᆞᆫ다ᄒᆞ니人物은新鮮氣를吸取ᄒᆞᆯ것ᄉᆡ아닌가

○農商工部에鑛工場을建築ᄒᆞᆫ다ᄂᆞᆫᄃᆡ農商局長徐丙肅氏로監督ᄒᆞᆫ다ᄒᆞ니徐局長은養蚕出身이라礦山學과鑛工學도練習ᄒᆞ얏던지不知ᄒᆞ되大抵博學多問ᄒᆞᆫ通才가아니면無所不爲ᄒᆞᆯ슈가잇나

○韓國輿地勝覽을韓人이印出을不能ᄒᆞᆷ은姑舍ᄒᆞ고該書冊의有無도不知ᄒᆞ며該書冊을一見도不能ᄒᆞ얏것마ᄂᆞᆫ日本人은多數印出ᄒᆞ야國中에廣賣ᄒᆞᄂᆞᆫ權을先得ᄒᆞ니每事를疾足者先得ᄒᆞᆷ을誰怨誰尤ᄒᆞ리오

○平理院獄事ᄂᆞᆫ傳相告引ᄒᆞ야형谷瓜花의慘禍를釀成ᄒᆞᆷ과如ᄒᆞ니案供을一決ᄒᆞ야犯者ᄂᆞᆫ相當ᄒᆞᆫ法律로措處ᄒᆞ고無犯者ᄂᆞᆫ放釋ᄒᆞᄂᆞᆫ것이亦是法律上이어날歲月을消磨ᄒᆞ야觀法으로此獄을決處ᄒᆞᄂᆞᆫ지

○統監은陛見時에何等奏事가長皇ᄒᆞ얏ᄂᆞᆫ지不知ᄒᆞ되韓國의第一頭施政改善에着手ᄒᆞᄂᆞᆫ時代이니何出等色이特有ᄒᆞ야韓國江山에好光輝가浮動ᄒᆞ라ᄂᆞᆫ지拭目而見之ᄒᆞᆯ깃노라

●遠民逗留　近日各部大臣들이倦於視務ᄒᆞᄂᆞᆫ所致인지各該職員이尸素無能ᄒᆞᆷ인지遐鄕人民의各樣呼訴事件을趑不決給ᄒᆞᆷ으로許多狀民들이曠日逗留ᄒᆞ야生弊不少ᄒᆞ다고怨言이頗有ᄒᆞ다더라

●日人恤金　始興郡民擲時에日本人被害者與부傷者의恤金三千二百三十二元을預備金중支出事로度支部에서政府會議에提出ᄒᆞ얏더니即時裁可되얏다더라

●道路修理　漢城內公路及溝渠破損處에業已略略修補而該所入費金額一千二百三十三圜四十五錢을支撥事로警廳에서內部에報告ᄒᆞ얏더라

●普校捧金　天道教大道主孫秉熙氏가私立普成學校學徒의熱心工夫ᄒᆞᆷ을贊頌ᄒᆞ야紙貨八十元을送致ᄒᆞ고該校長金重煥氏의게致謝ᄒᆞ엿다더라

●纔捉旋放　平理院에서內部에照復ᄒᆞ되江原道平昌鄕長禹弼奎ᄂᆞᆫ匪魁元容八事件에取證ᄒᆞᆯ事이有ᄒᆞ와引致ᄒᆞ야證辭를捧取ᄒᆞᆫ後二月十四日에放還ᄒᆞ와스니照亮ᄒᆞᆯ라ᄒᆞ얏더라

●新學連開　東亞開進教育會學校를開設ᄒᆞᄂᆞᆫᄃᆡ前監理金教碩氏가墨筆一千五十六箇와石筆一千箇와石板四十八帖과鉛筆二百四箇를補助ᄒᆞ고前郡守李時宇氏가金貨二十元이요前主事廣秉完氏가十元이오前技師金教珏氏가一百元이오前主事盧鳳洙氏가十元을贊助ᄒᆞ얏다니其出義勉學를吾儕도亦所深讚이로라

●鹽稅請減　海察署理海州郡守李昌弼氏가內部에報告ᄒᆞ되海州郡東江坊鹽民金時奉等訴狀內開에本坊三里所在鹽幕十六座ᄂᆞᆫ即武藝廳所管而每年稅鹽二百石式收納于該廳而無事營業矣러니去壬寅年分에自該廳으로欲爲作畓ᄒᆞ야鹽幕十二坐를毀破築동이옵다가勢所未及에中路停役이온즉畓동與鹽庄이竟歸烏有而二百石鹽稅를依前責納ᄒᆞ야多少鹽民等이因此比離者今爲過半이온바或有族戚之排徵而族戚等이亦不居生에徵納無路ᄒᆞ와齊訴于府郡ᄒᆞ와轉報內部이옵더니鹽庄陳廢를下送廳監ᄒᆞ야至有摘奸之擧而尙無如何之處分이오니更爲修報ᄒᆞ와陳廢十二坐ᄂᆞᆫ永爲勿施等因이온바該廳之徵稅ᄂᆞᆫ隨其鹽幕ᄒᆞ야已有定數이거날今已毀破而依前責徵이理不妥當이오니知照于武藝廳ᄒᆞ시와時起三坐만依規徵稅ᄒᆞ시와俾民安堵케ᄒᆞ라ᄒᆞ얏더라

●校舍增修　現今普成學校의位置가天然亭과前西北鎭道局과該校長金重煥氏私第와漢江等地인ᄃᆡ學徒가日益增加ᄒᆞ야校舍가難容ᄒᆞ기로前漢城裁判所를修理ᄒᆞ고日間開學ᄒᆞᆫ다더라

●監督來電　日本留學生監督韓致愈氏가學部에報告ᄒᆞ되以退學生三十六名衣食費로商民督促이甚於星火而其즁復校志願者ᄂᆞᆫ須貸薪水金ᄒᆞ야與之共留ᄒᆞ고結心歸國者ᄂᆞᆫ衣食費與歸國費를不得已得債報給이라ᄒᆞ얏더라

●茶餘俗筆

他人之家屋에入處ᄒᆞ야其田畓을耕食ᄒᆞ며其財를擅用ᄒᆞ며不令之報償을誘脅ᄒᆞ야僞券假標로産業을盡奪ᄒᆞ고語于人曰此家主를爲ᄒᆞ야盡心代籌라ᄒᆞ니爲人之學歟아爲已之學歟아

大臣某氏가昔前倡言曰統監渡韓後에承其指揮ᄒᆞ야行政ᄒᆞᆫ다더니今國ᄒᆞᆫ즉新任郡守十四窠奏本은籠絡手段이比前尤甚ᄒᆞ야孔方老兄이爛만用事ᄒᆞ고從前貪吏도添入者有之라니此是第一回新政治인지頭醋不엄ᄒᆞ니二醋를可知ᄒᆞᆯ깃지

全國財賦를他人에게讓與ᄒᆞ야商販도他人이오利益도他人이고堂堂財主ᄂᆞᆫ一分沾漑를不敢生意ᄒᆞ고殘酒餘瀝을只是仰其口吻ᄒᆞ니賢能ᄒᆞᆫ各大臣에謀國長策이元來如此이지

賊警이遍滿全國ᄒᆞ야民命을殺盡ᄒᆞ며民産을掠盡ᄒᆞ야嗷嗷양에日夜愁怨이于今七八年이거날所謂軸者들이一味越視ᄒᆞ야不思勸捕ᄒᆞ고自已家즁에刺客防備에만奔走盡心ᄒᆞ니人民을不恤ᄒᆞ며其身가苟保ᄒᆞᆷ은刺客之所以至也ㅣ져

小民이犯法ᄒᆞ면處役이니處絞이니依律依法ᄒᆞᆫ다고ᄒᆞ며所謂官人輩ᄂᆞᆫ大盜大惡과諸般不法者들을一個人도責務를著ᄒᆞ고處役이無ᄒᆞ니法之不行은自上犯之라有法인지無法인지法律만番番改正ᄒᆞ면何益於事일지

●達察美績　慶北觀察使申泰休氏가達城廣文社와交涉商確ᄒᆞ야各郡設校義務의熱心ᄒᆞᆫ다더니果然本府內有志紳士二十人이特別出義ᄒᆞ야本府南門外觀德堂을修理ᄒᆞ고師範學校를設施ᄒᆞ고高等教師를延聘ᄒᆞ야現在實施인바發起人姓名과義捐金實數가如左ᄒᆞ니前郡守金允獻前視察徐相敦前承旨鄭圭玉前主事徐丙五前議官李善炯前參奉徐敦淳郡守鄭在學前承旨徐佑淳前侍從徐相夏前承旨徐相奎五衛將崔聖祚副尉李章雨前參奉鄭戴來前教官郭義見五衛將李錫珍朴致瑞士人李一雨李成玉主事崔萬達前主事徐相春諸氏가各五百元式이오其餘六十五人은各各三四十元式出捐ᄒᆞ얏다더라

●一大宴會　昨日에長谷川大將이陸軍紀念慶祝ᄒᆞ기爲ᄒᆞ야軍司令部內에大園遊會를開催ᄒᆞ고統監府官員과韓廷各大官을請邀宴對하얏ᄂᆞᆫᄃᆡ一大盛況을呈하얏다더라

●法部請議　法部에서法官養成所學員을急於叙仕하야博士八人을增設ᄒᆞᆯ事와裁制所判檢事와廷吏의服裝式樣을釐鍊하야一體政府에請議ᄒᆞ얏다더라

●道路交通　警務使徐相大氏가內部에報告하얏ᄂᆞᆫᄃᆡ西署貞洞法國公館前道路가頹圮하와交通之際에有所妨碍이오니不日修築하야俾便交通케하라하얏더라

●因宴停務　昨日日本陸軍紀念會에韓廷大官이邀請됨으로各官廳이停務가되얏다더라

●兩氏勤務　法官養成所學規를詳細ᄒᆞᆫ즉該所長李完宇氏와教官洪在祺氏가勤於教務하야大有前進之望이라ᄒᆞᆫᄃᆡ昨日五時開式을教授ᄒᆞᆫ다더라

●願留教員　江西郡公立本學校學徒吳裕數等이學部에請願하기를本學校教員朴潤玉은熱心於教育이러니今以經費窘絀之致로將欲辭免하니特教挽留하야幸勿許遞케하라하얏더라

●論報賊警　本郡境內에賊警이온즁多數徒黨이出沒於陽智由屯峴等地하와劫掠搶奪에民不安堵이다故로譏捕소除次本郡校卒等을嚴飭發送이옵더니搜山打林에賊魁李弘洙爲名한을捕捉以送故로當場査問則傳書行賊이綻露無餘이며且其懷즁으로通文一張을搜得現納故로該通文與捧招를報告于本道裁判所라고竹山郡守南廷燮氏가內部에報告하얏더라

雜報

●全羅北道管下郡守治績
全州郡守權直相 通敏器局이요鍊達治規홈上
南原郡守尹 瓚 本之綜明ᄒᆞ야濟以剛猛홈上
古阜郡守鄭龍基 督稅束吏ᄒᆞ고捐俸設砲홈上
金堤郡守趙禮錫 周密之性은堪謂內明커날商賈之請은盡斬外尺고始因衆望之易失ᄒᆞ야終至一令之難行홈下
泰仁郡守孫秉浩 自昨秋還衙來職으로已聞勵精터니至今春捐廩恤窮에乃見實政홈上
礪山郡守朴恒來 三載著績은一省播譽홈上
錦山郡守閔佑鎬 官政은熱心做去ᄒᆞ나府飭을冷眼看來홈中
益山郡守閔泳錫 供稅之欲以白銅은民關固是無謂나勸孝而乃徵靑錢은官政豈非有失홈下
臨陂郡守尹奎燮 寬厚其性이요廉平爲治홈上
金溝郡守閔泳晉 守操謹愼이요遇事裁度홈上
咸悅郡守權泰容 日淺
扶安郡守權益相 處事剛明ᄒᆞ고戢盜嚴密홈上
茂朱郡守趙命根 政懋束吏ᄒᆞ고頌播夐老홈上
昌郡守 鎔 檢稅聽訟이 … ᄒᆞ야竭力爲期홈上
鎭安郡守河圭一 新規參用ᄒᆞ니舊俗丕變홈上
珍山郡守金경中 職事旣欲稱塞ᄒᆞ니由暇不宜汗만홈中
萬頃郡守李健宇 官欲彈心ᄒᆞ니民方拭目홈上
龍安郡守尼榮澤 十七朔之優績은非無可稱이나五千□之慢藏은奈有其責홈下
高山郡守金仁圭 志操恬雅ᄒᆞ고治規雍容홈上
沃溝郡守全鍾應 丁憂之前에已名其績홈上
井邑郡守宋鍾民 勤孜爲治ᄒᆞ니施指종規홈上
龍潭郡守尹相惠 報罷
雲峯郡守李 伐 實心愛民之半年治績은固盡善矣나自手擅吏之一時舉指는不憚勞歛홈중
長水郡守鄭休鐸 恩荷分憂ᄒᆞ니誠切報效홈上
求禮郡守金元錫 人本老實이요政以慈惠홈上

●無日不宴 再昨下午九時에貞洞孫擇孃家에各部大臣이宴會를開設하고統監府所屬官員을請邀宴待하얏다더라

●旅費請撥 學部에셔官立小學校日人敎師四人의渡韓旅費合三百五元을度支部에支撥하기를청求하얏다더라

●前聞非真 日前本報所記法官養成所敎官洪氏가學員李氏를對ᄒᆞ야詬浪ᄒᆞ얏다홈은更聞ᄒᆞ즉其語意가非出於嘲戲라法律學勸勉에不過이고平壤居于象河氏가該觀察에게勳請褒報ᄒᆞ얏다홈은該觀察이因諸民請願而褒報라實非勳請이오又無杖殺人命之事라고追探之可據이有ᄒᆞ기隨聞更揭ᄒᆞ노라

●時시事사問문答답 감안이혜알이면그폐단이엇더타일으리오져구미각국으로말ᄒᆞ게드면무론무ᄉᆞᆫᄉᆞ업이던지나라에유익하고인민의게편리ᄒᆞ도록
어더ᄯᅢ지연구ᄒᆞ야가며경영ᄒᆞ는고로민국간에방해됨이업시점점부강ᄒᆞᆫ데로나아가그렬로갓흔것버니나라로디에니나라인민이부셜ᄒᆞ야영업ᄒᆞ는것인즉지금만국이통상ᄒᆞ는판에한ᄯᅳ이라도
외국인의돈이니나라지방에ᄯᅥㄹ질터이지내나라돈쓸남의나라ᄉᆞ람이가질묘리가업서졈졈부국강민이되다ᄒᆞ려니와우리나라형편은
그러치못ᄒᆞ야남의게괴지도빌니고심지어물져와역부ᄶᅡ지빌니여가며리익을만들어쥬니무엇이내게리롭다하리오도시우리나라정부이하로
지어빅셩ᄶᅡ지모다용우하고혼암하야초ᄎᆞ에는무ᄉᆞᆫ경륜으로무엇을시작하는체하다가
미완

廣告

特別廣告

非史乘이면政治之美惡와人物之臧否와風俗之汚隆을無以攷論인즉史乘者ᄂᆞᆫ非一時之공覽이라乃萬世之公案이오非自國之所可得以私也라即宇內列邦에宜所公佈기로曩者美人訖法氏之撰大東紀年이意固有在而然也라本記者ㅣ不揆僭越하고於韓之史事에留心者ㅣ久矣로되在幾百年之後하야要論幾百年之事가任大力綿에恐有失實之歎ᄲᅮᆫ더러鎻國自守之時代에ᄂᆞᆫ民國間諸般事爲가不過是尋常與故라不足以供世界列邦之限目키로斷自丙子以後各國交涉時事하야要爲編成一書하야公諸列邦하니四方有志諸君子ᄂᆞᆫ諒此苦心하야丙子以後政令訓誥之所記와各國交涉之如何와臣民疏章與功罪之表著와中外俗習之沿革과忠臣義士孝子烈女之行蹟을各隨所聞所見而詳錄投示하야俾此重役으로得以完成을千萬幸甚

大韓每日申報社

○○○○○○○○○○○○

本申報를廣佈ᄒᆞ기爲하야咸鏡南道咸興州南社西門外居하ᄂᆞᆫ曹喜林氏에게逐號下送하오니該附近地愛讀하시ᄂᆞᆫ 僉君子ᄂᆞᆫ同氏에게購覽하시며代金도同氏에게傳致하심을爲要

大韓每日申報社

○○○○○○○○○○○○

一 鷹標罐濃結牛乳

一 金印罐糖濃縮牛乳

一 無雙家用氣化乳酪

一 셔ㅣ룬쓰製造麥粉化合牛乳

以上은常時에貯積ᄒᆞ얏슴

美國紐育港셔ㅣ룬쓰濃結牛乳會社

一手代理店

大韓仁川港 世昌洋行

●九轉靈砂라 本人이妙方法을神備하야製造ᄒᆞᆫ靈丹인ᄃᆡ男女老少에無論何症ᄒᆞ고通治ᄒᆞ오며無病時에도服ᄒᆞ면平生의身體가健康ᄒᆞ며小兒ᄂᆞᆫ四五錢重만服ᄒᆞ면十歲안에無病ᄒᆞ기를擔保ᄒᆞ오며

●九轉靈砂萬應丹은癲狂 癎症과中風諸疾과耳目諸病과淋疾에神効ᄒᆞ오

●九轉靈砂保命丹은初生小兒 驚風 癎氣 咳嗽 腹脹諸般惡症에神効ᄒᆞ오

●九轉靈砂淸衆丹은酒滯 食滯 血積 吐瀉 霍亂 痢疾 吐血 下血 運氣 時疾 疝症에神効ᄒᆞ오

●九轉靈砂紫金丹은痔漏 瘰癧 上痔瘡 下痔瘡及唇瘡과諸般毒瘡惡種에無不神効ᄒᆞ오니 僉君子ᄂᆞᆫ來問ᄒᆞ시오

內需司前두갈이골上隅第一家 李鎬廷移徙 告白

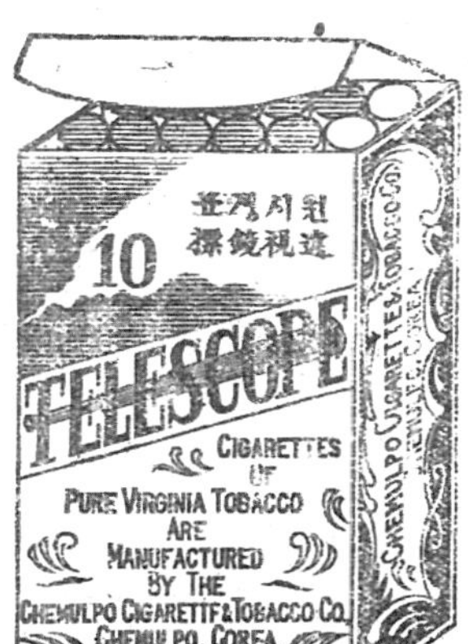

以上三種은上品으로製造ᄒᆞ야精選上에至極精益ᄒᆞ니諭基八ᄒᆞ오本社에來購ᄒᆞ옵

大韓帝國仁川港

濟物浦紙卷煙草及煙草會社

本社廣告

申報價

一張代金 新貨二錢五里

一個月前期 三十錢

三個月 九十錢

六個月 一元七十錢

一個年 三元四十錢

郵稅一部 新貨五里

一個月 十三錢

廣告料

四号活字十三字詰

每日每英尺一寸에新貨廿五錢

(每日每行에六錢에相當홈)

二個月에 二圓五十錢

(每日每行[illegible]錢五里에相當홈)

一個月에 五圓

(每日每行四錢一里에相當홈)

其期限의長短과字行의多少를依ᄒᆞ야增減홈이有홈

大韓人마다此申報를不得不閱覽ᄒᆞ실터이오니廣告出報ᄒᆞ실僉君子ᄂᆞᆫ來臨面議ᄒᆞ시옵

發行兼編輯人 英國人 裵說

發行所

京城北署徒進坊[illegible]外地[illegible]

大韓每日申報社

第四卷

大韓每日申報

대한매일신보

月曜及慶節時日休刊

檀君開國四千二百三十九年
箕子元年三千二十八年
大韓開國五百十五年
日本明治三十九年
淸國光緖三十二年
陰曆丙午二月大十九日丙辰

論說

論內部行政

韓政之改新과韓民之蘇慰ᄂᆞᆫ料必無其日ᄒᆞᆯ지로다生民之休戚이係於政府인바現今各部事務之叢찰은言固不可勝言이어니와第以秉銓大臣으로言之컨ᄃᆡ其責任也ㅣ非輕ᄒᆞ야一則持心公正ᄒᆞ며一則藻鑑이精明ᄒᆞ야不受私囑ᄒᆞ며善能知人이라야各樣敍任之際에可以無誤이거날今之大臣은能其私慾塡智ᄒᆞ며見識이偉劣ᄒᆞ야觀察守令之淸濁善惡은都不較計ᄒᆞ고所用者ㅣ只是自己圈中人이라移此置彼ᄒᆞ며旋遞旋任을如圍碁客之用碁子ᄒᆞ야勝亦此碁子요敗亦此碁子이고其或新面目之參入者ㅣ非曰無之로ᄃᆡ叩其所從來컨ᄃᆡ非苞苴則私黨也다才猷優長ᄒᆞ며名예素著ᄒᆞ야質諸公議而無愧ᄒᆞ고置諸字牧而可堪者ᄂᆞᆫ槪乎未見ᄒᆞ니用人若此에循良之治績을安可望焉이며非徒守令叙任之差謬라凡其地方人民之保護가豈是內部之責任이거날伊來賊徒猖厥이酷於猛獸洪水ᄒᆞ야人命之殺越과財產之焚掠이殆至於無邑不然ᄒᆞ며無村不有ᄒᆞ니生民之禍가可謂極矣로ᄃᆡ剿捕方略을一不講究ᄒᆞ고恬嬉度日ᄒᆞ야任他騷突ᄒᆞ니生民之魚肉은縱不足恤이나不職其職而徒縻俸金이獨不愧於其心乎아

大抵近日事가無論其問題如何ᄒᆞ고中間에藏着多少利竇者ᄂᆞᆫ熱心着手이되如其不然이면雖緊急公務라도冷眼看過홈은各官人之通患也라然則內部之忘於소賊ᄒᆞ고但切於守令叙任ᄒᆞᄂᆞᆫ거시豈非利竇之在彼而不在此歟아噫라均是公務로되有利則爲之ᄒᆞ고無利則棄之ᄒᆞ야進退行止를惟利是計ᄒᆞ니不惟用意之邪曲이라雖其公務之執行者라도因此而僨誤를豈可勝言乎哉아

官報

第三千三百九十七號 光武十年三月七日

◉宮廷錄事

弘文館纂輯所堂上臣朴容大謹奏文獻備考當自 英祖朝庚寅年刊行後續纂而公私書類各司掌故抄集之役今旣告訖行將纂次之意謹 奏 光武十年三月五日奉 旨依奏

宮內府特進官李헌永辭職疏

批旨省疏具悉所請依施

◉敍任及辭令

三月七日

命文獻備考纂輯所堂上 從二品李重夏○解文獻備考纂委員 九品洪性斗○命文獻備考纂委員 六品張志淵 以上

三月六日○依願免本官 秘書監丞申性均 主殿院電務과主事洪在麟 仝林在謙○命宮內府特進官叙勅任官一等 正二品閔泳璘○任秘書監丞叙奏任官三等 正三品李圭三 以上

三月七日○免本官 義州監理署主事曹秉集 右ᄂᆞᆫ該員이受由過限이已至四朔이기是以免本官○任義州監理署主事叙判任官七급 六品崔彙相 以上

三月八日

◉部令

度支部令第一號

文武官俸給支給細則

第一條 文武官의俸給은各府部院廳에在ᄒᆞ야左開定日에支給홈이라

但休日될時ᄂᆞᆫ順次延給홈이라

每月廿四日 耆老所 議政府 內部 度支部 中樞院 及其所管에屬ᄒᆞᆫ官廳

每月廿五日 軍部 法部 學部 農商工部 通信院及其所管에屬ᄒᆞᆫ官廳

第二條 廢官非職及身故된者ᄂᆞᆫ當月條俸給全額을其當時에支給홈이라

第三條 光武九年 勅令第三十四號第十三條에餘務調定ᄒᆞ기爲ᄒᆞ야被命ᄒᆞᆫ者가其調定이翌月에涉ᄒᆞ야全月條를支給ᄒᆞᆯ者ᄂᆞᆫ第一條支給定日에依ᄒᆞ고其最後의月은日計로써調定畢了ᄒᆞᆫ日ᄭᆞ지其時에支給홈이라

第四條 轉任者의俸給은其頒布當日ᄭᆞ지前任官廳의負擔으로ᄒᆞ고翌日以後條ᄂᆞᆫ後任官廳에서此를支給홈이라

未完

◉官廳事項 續

慶尙北道 新災一萬三千四百八十六結六十二負一束中(三十分一)四百四十九結五十五負四束許減

舊災六百六十七結五十二負八束중(七十分一)九結五十三負六束許減

江原道 新災一千四百七十七結九十二負六束中(四十分一)三十六結九十四負八束許減

黃海道 新災一萬二百四結五十一負四束중(四十分一)二百五十五結十一負三束許減

綿田災一千五百三十三結五十五負중(四十分一 三十八結三十三負九束許減

平安北道 新災[illegible]百十一結十四負二束중(四十分一)十二結七十七負九束許減

咸鏡南道 新災六百五十七結五負二束中(四十分一)十六結四十一負七束許減 完

外報

●美德親密 米國元老院은米國通商政策에關ᄒᆞᆫ米國政府의公文書를接受ᄒᆞ얏ᄂᆞᆫᄃᆡ其內에國務卿루-도氏로붓터駐米德國大使스베ᄉᆞ구즈데룬비男의게送ᄒᆞᆫ親密ᄒᆞᆫ信書라大히議院의注意를惹起ᄒᆞᆫ者이라고華盛頓에電現ᄒᆞ얏더라

●露淸談判 露淸談判에目下問題로淸國에서北滿州의撤兵과占領及公私財產의還附를催促ᄒᆞᄂᆞᆫᄃᆡ露國에서ᄂᆞᆫ此에對ᄒᆞ야吉林黑龍江將軍과契約의實行을要求ᄒᆞ야其妥協이未定ᄒᆞ얏고此外問題ᄂᆞᆫ一無所議之事件이라더라

●多數倉庫 露國商務省은滿洲諸市에露國商店의補助로多數倉庫를設寘ᄒᆞ얏다더라

●最急要求 今回露淸協商에就ᄒᆞ야淸國이一日이라도早速히議定코ᄌᆞᄒᆞᄂᆞᆫ最要件은如左ᄒᆞ니

一 東청鐵道의株券五百萬兩을交換ᄒᆞᆯ事

二 黑龍江의金鑛을反還ᄒᆞᆯ事

三 在伊리吉林의露兵을撤退ᄒᆞᆯ事

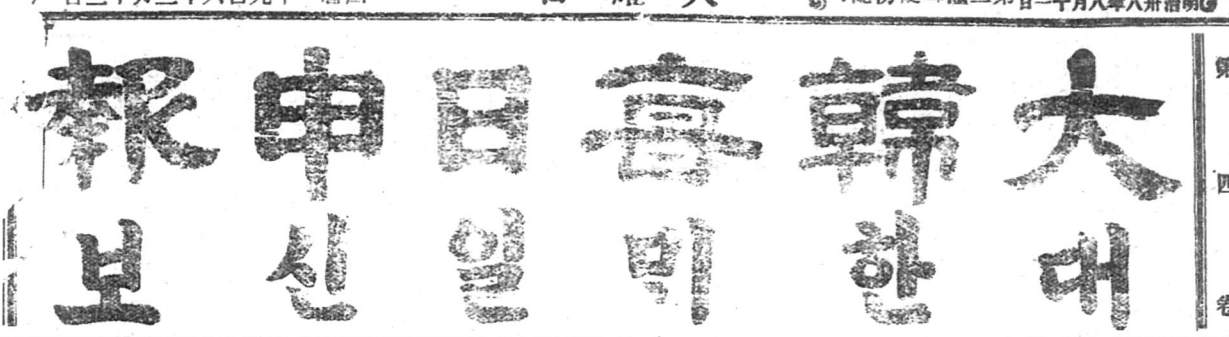

●議會準備 露國大臣會議에서目下樞密院條例의改正及帝國議會에提出ᄒᆞᄂᆞᆫ新法律案을協議中이라더라

雜報

●別報譯載

中外日報를據호즉淸國溫處兩郡學務分處에셔開設學堂을廣勸혼全文이如左호니照得興學育才가爲當今急務라伏讀上年八月四日上諭의諄諄以敎育普及으로誥諭臣民호시니恭譯普及之義가原欲以普通敎育으로陶鑄國民호야增其天然知識호야自立於物競世界라東西各强國은모無論男女貧富호고年在七歲以上은强迫勸諭호야令入學堂호야授以普通敎育호고俟畢業後에方許再就他專門之業호니盖普通知識은人人所應有라不徒士人이讀書호야以爲根柢오即農工商과及婦女라도亦須略授敎育이라야方可出而營業治生이오入而治家訓子라故로人生學齡이既居호디而普通之知識이尙闕호면則不可以爲人이오國民生齒가已蕃호디而普及之敎育이未周호면則不可以爲國이라

方今列强이環伺호야皆恃敎育爲富强之本호느니彼則通國이無不識字之人호야僕隸婦女가皆能閱報讀書라我國은版圖之廣과戶口之蕃이甲於全球로디而敎育이腐敗호야統計全國識字之男이不及千分之一이오識字之女가不及萬分之一이라不徒人材의淺陋가無以効力國家호야捍禦外侮라即就吾人處世保家而論이라도識愚者는必不能與智競이오力弱者는必不能與强爭이니揆之優勝劣敗之常理에必有日即消滅之虞오斷無倖保溫飽之望이니是는即處承平無事라도尙恐不能自立이온況當時局이阽危호고外患이迭至호야吾人이各有身家호고各有子弟호야來日이方長호니不可不自圖補救之方이니此는朝廷敎育普及之旨를吾士民이所當急切遵行者也라

本分處가奉憲統攝兩郡學務호야開辦以來로派員分赴各屬호야調査勸導호되一面으로訂定中小學堂章程호야頒發各縣學堂호야遵照辦理케호니　未完

●今聘　奏裁　法語教師馬太乙今聘事로上奏裁命되얏스니照亮호라고政府에셔學部로照會호얏다더라

●火藥爆發　再昨夜에晉州府城內火藥庫가因失火而爆發호야被死者一名이오重傷者一名이라더라

●染織大張　西署社洞染織會社에셔事務가漸次擴張되야至於泡白等營業々지次第設行호는디外國富商大賈도各色紬緞綿布를多數契約請染호야大有興旺之漸키로城內各處에將次支店을設置혼다니盖此染織泡白等營業은人民之日用에係是緊切섇더라商務上利益이亦甚不小인즉其及時發達홈을심庸攢祝호노라

●民家勒買　平壤財務官山田氏가平壤倉庫를大同門外에建立호야運輸에有便이다호야該地民戶草와瓦七八家를陰三月十五日內로毀破호라호디元來該民의生業은江口에在인바猝値此事에不無抑菀이나倉庫는非一人之私爲오乃政府之所設인즉不能不其令을順從호야各其家의相當價金을請要혼디山田氏은半價도不給호고藉勢勒買코져호니民皆嗷嗾不聽홈을見호고本郡守李重玉氏로互相有謀호야該民을沒數捉囚호얏다더라

●堤郡新學　忠北堤川郡居호는具晳鉉李鍾秀金應燮金相琦李命夏李容徹鄭諸源氏가私立學校를設置호는디具晳鉉氏는銅貨六百元金應燮氏는銅貨二百元을補助호고李鍾秀氏는其所居家舍를許借호고教師는송憲邦氏로延聘호며學徒을募集호야法英漢日語學과算術地誌와歷史法律體操等긴要혼거스로보通과를設施호야實心敎育혼다더라

●野談一叢

平察李容善氏는騎驢問驢而久於其任호고達察李根호氏는問東答西而旋即見遞호니其昏夢則一也로디或遞或仍이何其相反이며問東的은昏夢之中에兼包貪墨호야雲霧重重호고問驢的는昏夢之外에別無造化호야麥酒渾渾호니分明是一對大昏夢小昏夢이지

陵官之色酒家設置는不惟貪酒라兼且貪色이고會員之自賭牛售賣는始於欺人호야終以殺人호니此若不禁이면陵官이將爲當壚滌器홀지요彼何足責가會員이乃是鼓刀販肉이로다

貲花室之證書는驗其疾病有無이고協律社之憑標는考其觀者出入이니一箇是合歡被之媒線이오一箇是遏雲曲之傳信이라合歡之媒는足以爲無價之錢樹어니와遏雲之信도亦可稱弄世之貨泉인즉到如今多少風流繁華가都輸在兩片紙上이라대

道門義婢는死從上典호고逆家義婢는生罵其主호니生死雖異나其義則未始不同이고一則從死而上典之賢이益彰호며一則逃生而其主之惡彌이著호니易地皆然이라俱是一副剛膓이오上天可鑑이니나無他日褒典가吁嗟乎生義婢死義婢여千古奇絕이오奇絕千古로다

●煽動人心　今番청國에서美國物貨를쓰지안는일에對호야日本人들이그욱히청人을煽動호는事이分明호다고上海로從來호는美國人이公言호얏다고桑港共立新報에揭載호얏더라

●申氏獄案　前義州郡守申羽均氏가該郡面任捉治次로派遣兵丁호야砲殺三民혼事件에對호야定州郡守로定査官行査홈은前報에已揭어니와今其査報狀內開에該郡守申羽均段은推捉面任이何患無道호야派送士卒이反行不法이라以指揮之官으로行指揮之令호니於軍則責在元帥오於家則責在家長이니究其根由則凶是自犯이오冤有所歸라호얏스니人命律例中坐於堂上호야召奴執杖而打人致死者는以堂上人으로執爲正犯호는法文과문合인즉申氏之妄率派兵호야三民倂命케혼罪案을不可倖逭이라고輿論이同然호다더라

●借倉設校　西署西江坊玄石里朴斗秉南응祜等이學部에請願혼內槪에本洞이處在皇城咫尺호와戶不下數百이오群遊子弟가不無願學者而學校未立에講習이無所호오니今當國家文明日進之除호야寧不愧歎乎잇가前司僕倉을特爲許借호야以爲修理設校케호라호얏더라

●報。館。不。屈。黃。金。　桑港報를據호즉청國上海時報新聞이能히人民의心志를激動호야美國物貨를쓰지아니호는形勢가日以尤甚홈으로上海에在혼美國商人들이金二十萬元을其新聞社의게그욱히쥬고다시는民心을鼓動치말나홈이該社에서곳該金을不受호고더욱人心을鼓動호니黃金이無力호다고호얏더라

●視察有弊　平北觀察使李根豊氏가內部에報告호되接准暗行御史李重玉照會內開本職이暗行視察을被命호야西宮開役時各郡鄕錄錢과願助錢文簿를行將調査호야其所未勘은亦即督刷호깃삽기玆爾照會호오니以此意로轉飭於管下各郡호야俾爲知悉擧行케호며其時役費錢都聚擧行之責府會計書記張鎭爽處에各郡鄕錄錢願助錢收捧成冊及內監董所已納領收證을一一持送等因이온바此를查호오니本道가自甲辰以來로外兵이連絡호야請求物品與牛馬卜馱等許多酬應과沿路各郡鎭道赴役에民生艱絀은仰想洞燭無餘이올건과鄕錄與願助錢은已經歷年하고屢經調査而又於今者에謂以調査하고更責民邑이오면民邑事勢가雪上加霜이預切伏悶이라하얏더라

●陛見內容　伊藤侯陛見혼事는已揭前報어니와其內용을得聞혼즉同侯가陛見時에上奏호기를外臣이韓國에統監은各國에서認准혼바이오며政府諸大臣으로施政改新호야施行혼다호얏는디韓皇陛下씨셔處分하시기를政府大臣과政事를相議하야政府에서上奏하면眹이就事論事하야其可合者는裁可하야施行하깃노라하옵셧고同侯는또上奏호기를義親王殿下도還國케하옵시고日本에滯在혼國事犯에對하야서도措處之方을上奏하얏다더라

●庖稅歸處　平安南道咸從中和等十餘郡境內에는沿路日本兵站所에서處處殺庖호야所謂官設庖肆는其營業이自爾凋殘호야所納稅金이將至烏有之境이라고該道觀察使가報告說明호얏다더라

●校長願留　師範學校長鄭喬氏는緣何체任이던지該學徒等이學部에請願호기를若非鄭氏면校難成樣이라호얏다더라

雜報

●廣新學以輔舊學說 續
ᄒᆞ얏스니虛懷若谷ᄒᆞ야有容乃大ᄂᆞᆫ古今稱美니豈可論甘而忘辛이며是丹而非素哉아孔子曰黃帝堯舜은通其變ᄒᆞ야使民不倦ᄒᆞ고神而化之ᄒᆞ야使民宜之라ᄒᆞ시고
孟子曰大舜은有大焉ᄒᆞ야善與人同ᄒᆞ사舍己從人ᄒᆞ사樂取於人ᄒᆞ야以爲善이라ᄒᆞ시니帝王은無外요聖人이亦無外라惟抱殘守缺ᄒᆞ야重己輕人ᄒᆞ고知近古不知遠古之夫가乃泥中國之說而於人에多所外ᄒᆞᄂᆞ니
以若所爲ᄂᆞᆫ實自外於天地之生成과聖人之敎化와帝王之樂育而已요尙乃大言不慚曰吾중國이不與外國同也라ᄒᆞ니嗚呼라竭華人之智力인들豈能逃出地球之外而自成一世界哉아
如不以去言爲謬인ᄃᆡ請觀於成周以前道術之宏備와秦漢以後道術之衰絶ᄒᆞ며又請觀於華人之智能은事事遠不逮古人ᄒᆞ고西人之智能은事事直突過古人ᄒᆞ야
深思其故ᄒᆞ고反求其本ᄒᆞ야息偏枯之空談ᄒᆞ며講博通之實學ᄒᆞ야焚書愚民之惡趣에勿隳ᄒᆞ고於是學堂이隆起於國中ᄒᆞ고人才가競長於海外ᄒᆞ면赤縣神州가廣有[illegible]저 完

第一百六十[illegible]號 書題

야完順君殿下ᄂᆞᆫ該事件에初無干涉이라ᄒᆞ기로隨聞更布ᄒᆞ며

●隨聞更錄 平壤郡守李重玉氏가結捧ᄒᆞᄂᆞᆫᄃᆡ每百頭에三十兩式加捧ᄒᆞᆫ다홈을前報에已揭ᄒᆞ얏더니更聞ᄒᆞᆫ즉初無是事라더라

●靑會演說 今日下午七点半에皇城基督敎靑年會에셔叅贊李商在氏가國民의義務를演說ᄒᆞᆫ다더라

●時시事사問문答답
필경ᄉᆞ치못ᄒᆞ고나죵에ᄂᆞᆫ홀슈업시남의게쎄앗기고마ᄂᆞᆫ지간ᄲᅵ인즉가위발종지하시ᄂᆞᆫ것이라ᄎᆞ라리아모것도ᄒᆞᆫᄂᆞᆫ체안ᄂᆞᆫ것이도로혀상책이니
나라의젼도를싱각ᄒᆞ면엇지한심ᄒᆞ고통곡홀일이안일손가호문싱왈철로ᄂᆞᆫ그러ᄒᆞ거니와시계ᄌᆞ명종면보죨면화죨면긔등갓흔것은
ᄃᆡ단유용ᄒᆞᆫ것일가ᄒᆞ노라선희싱왈유용ᄒᆞ기로말ᄒᆞ면어ᄂᆞᆫ거시유용치아니홈이아니나한갓탄식홀바ᄂᆞᆫ내토지내물력을들여니가ᄒᆞ지못하고
남의슈즁으로돌녀보니ᄂᆞᆫ일이원통하도다호문싱왈그열어가지명목의신긔ᄒᆞᆫ말은시골잇슬ᄯᅢ에보지ᄂᆞᆫ못하고남의젼하ᄂᆞᆫ말ᄲᅮᆫ들오미
그말이심히허황밍낭하게듯고일호도밋지아니하야싱각하기를진지글언것이잇스면혹여선졉ᄒᆞᆫ쇼화의슈단인가하얏더니
미완

廣告

北署壯洞普明義塾補助員
學校長 金宗漢 學校家舍專當
判書 金嘉鎭 新貨 一千元
副將 李根호 仝 一百元
參將 嚴俊源 仝 一百元
判書 朴鏞和 仝 一百元
判書 李根湘 仝 一百元
判尹 金永振 仝 一百元
判尹 朴邕善 仝 一百元
監督 劉臣爀 仝 一百元
知事 金圭錫 仝 一百元
局長 李容復 仝 一百元
協判 閔景植 仝 五十元
副卿 趙南升 仝 五十元
參贊 閔衡植 仝 五十元
郡守 安學柱 仝 五十元
議官 鄭象煥 仝 四十元
參判 閔丙漢 仝 二十元
判尹 金圭熙 仝 二十元
審査官 金鎭賢 仝 二十元
參書 金禧錫 仝 二十元
侍從 禹恒鼎 仝 二十元
課長 朴容圭 仝 二十元
協辦 李熙斗 仝 二十元
參判 朴弼遠 仝 二十元
議官 金世澗 仝 二十元
局長 張世基 仝 十元
技師 崔獻圭 仝 十元
警務官 洪忠鉉 仝 十元
承旨 李明翔 仝 十元
議官 李鵬來 仝 十元
承旨 洪在鳳 仝 十元
郡守 方漢德 仝 十元
郡守 崔丙斗 仝 十元
同知 韓基윤 仝 十元
參書 孫永吉 仝 十元
郡守 玄璨鳳 仝 十元
校理 李國應 仝 十元
主事 李重煥 仝 十元
侍從 金永振 仝 五元
參奉 趙康鎬 仝 五元
參尉 郭致중 仝 五元
判書 李헌永 仝 五元
副領 申載永 仝 五元
參領 張容鎭 仝 五元
承旨 金南輯 仝 五元
議官 崔洛麟 仝 五元
參將 閔商鎬 仝 五元
承旨 徐相薰 仝 五元
參領 李吉煥 仝 五元
僉知 金有準 仝 五元
摠巡 崔昌植 仝 五元
參領 李熙昇 仝 五元
參奉 安濬 仝 五元
正尉 全覺朝 同 五元
主事 金容圭 同 五元
主事 康弼文 同 五元
都事 李承慶 同 四元
補助하신僉君子ᄂᆞᆫ領受証가기젼에ᄂᆞᆫ補助金을送치勿하시오

社告

非史乘이면治之美惡와人物之臧否와風俗之汚隆을無以攷論인즉史乘者는非一時之공覽이라乃萬世之公案이오非自國之所可得以私也라即宇內列邦에宜所公佈키로異者美人訖法氏之撰大東紀年이意固有在而然也라本記者ㅣ不揆僭越하고於韓之史事에留心者ㅣ久矣로되在幾百年之後하야要論幾百年之事가任大力綿에恐有失實之歎뿐더러鎖國自守之時代에는民國間諸般事爲가不過是尋常典故라不足以供世界列邦之眼目키로斷自丙子以後各國交涉時事하야裒爲編成一書하야公諸列邦하니四方有志諸君子는諒此苦心하야丙子以後政令訓誥之所記와各國交涉之如何와臣民疏章與功罪之表著와中外俗習之沿革과忠臣義士孝子烈女之行蹟을各隨所聞所見而詳錄投示하야俾此重役으로得以完成을千萬幸甚

大韓每日申報社

○○○○○○○○○○○○○○

本申報를廣佈ᄒ기爲하야咸鏡南道咸興州南社西門外居하는曾喜林氏에게逐號下送하오니該附近地愛讀하시는 僉君子는同氏에게購覽하시며代金도同氏에게傳致하심을爲要

大韓每日申報社

○○○○○○○○○○○○○○

●九轉靈砂라 本人이妙方法을神備하야製造ᄒ靈丹인데男女老少에無論何症ᄒ고通治ᄒ오며無病時에도服ᄒ면平生의身體가健康ᄒ며小兒는四五錢重만服ᄒ면十歲안에無病ᄒ기를擔保ᄒ오며

●九轉靈砂萬應丹은癲狂 癎症과中風諸疾과耳目諸病과淋疾에神効ᄒ오

●九轉靈砂保命丹은初生小兒 驚風 痼氣 咳嗽 腹痛諸般惡症에神効ᄒ오

●九轉靈砂濟衆丹은酒滯 食滯 血積 吐瀉 霍亂 痢疾 吐血 下血 運氣 時疾 疝症에神効ᄒ오

●九轉靈砂紫金丹은痔漏 [illegible] 上疳瘡 下疳瘡及唐瘡과諸般毒瘡惡種에無不神効ᄒ오니 僉君子는來問ᄒ시오

內需司前독갑이골上隅第一家 李鶴廷移徙 告白

一 鷹標[illegible]濃縮牛乳

一 金印[illegible]濃縮牛乳

一 保嬰家用氣化乳酪

一 [illegible]ㅣ븐社製造麥芽化合牛乳

以上은當[illegible]貯積ᄒ얏슴.

美國[illegible]는濃縮牛乳會社

一手代理店

大韓仁川港 世昌洋行

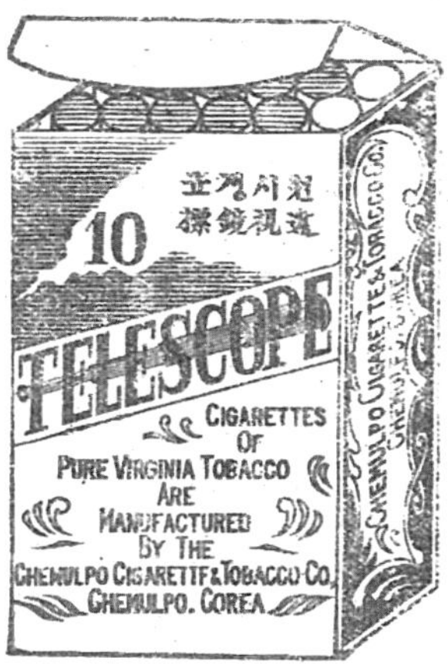

以上三種은上品으로製造ᄒ야[illegible]上에至[illegible]論[illegible]八ᄒ고本[illegible]來[illegible]

大韓帝國仁川港

濟物浦紙卷煙及煙草會社

本社廣告

申報價

一張代金 新貨二錢五里
一個月前納 三十錢
三個月 九十錢
六個月 一元七十錢
一個年 三元四十錢
郵稅一部 新貨五里
一個月 十三錢

廣告料

四号活字十三字詰
每日每頭尺一寸에新貨廿五錢
(每日每行에大錢에相當홈)
二個日에 二圜五十錢
(每日每行四錢五里에相當홈)
一個月에 五圜
(每日每行四錢一里에相當홈)
其期限의長短과字行의多少를依ᄒ야增減홈이有홈

大韓人마다此申報를不得不購覽ᄒ실터이오니廣告出報ᄒ실僉君子는來臨面議ᄒ시옵

發行兼編輯人 英國人裵說
發行所
京城北署壽進坊磚洞[illegible]
大韓每日申報社

第四卷

大韓每日申報
대한매일신보

第一百六十[illegible]號

月曜及慶節歲時日休刊

檀君開國四千二百三十九年
箕子元年三千二十八年
大韓開國五百十五年
日本明治三十九年
淸國光緖三十二年
陰曆丙午二月大二十日丁巳

論說

伊藤侯

日昨伊藤侯陛見이止於列國大使資格홈은 皇帝之處分이出於完全이니此ᄂᆞᆫ主權을維持하심과若非威力이면無所許與하시ᄂᆞᆫ意志를表示하심이로다

今以伊藤侯之到達노ᄂᆞᆫ位無所損이나日本軍隊가在於其後하니同侯所欲을能成홀거시依例어니와韓國 皇帝ᄂᆞᆫ自國臣僚와及日本政府間何等締結에無所參與하심을著明하시리로다

東京某新報를閱覽건ᄃᆡ伊藤侯의待遇韓人홀意思가頗多變更이라以軍力壓迫을同侯가認之以不可홀줄노量度홈이誠是謀矣라ᄒᆞ니此ᄂᆞᆫ同侯가結局ᄒᆞ기必要홀時日에威力을試用코져홈이로다

伊藤侯의計策을無所顚覆이면同侯가韓國內에서將爲專權홀지라同侯의此地此擧가韓日間何等條約에認許홈이안인즉其未免違法인줄令始信認ᄒᆞᄂᆞᆫ外人意見을同侯가誘惑ᄒᆞ야謂之以妄談이라ᄒᆞ되後來期會의何許不覊張國이因此貽惱홀가恐懼홈이現然ᄒᆞ도다此非妄談이라伊藤侯도自知矣요列强도亦知矣니是故로伊藤侯之位ᄂᆞᆫ人不肯猜어니와同侯가韓國內에서未有權限이라自今設策以後로自治之權을還付韓國ᄒᆞ기에何許邦國의隨機主論을壓過ᄒᆞ리로다

日本意見의表示를因ᄒᆞ야吾人이覺悟홀바ᄂᆞᆫ伊藤侯가但成可爲之事나惟其事實은同侯의在此가未免橫領이니其在位期限은同侯及日本政府가弗得管轄홀權威에關係홈이로다

官報

第三千三百九十八號 光武十年三月十二日

●勅令

勅令第九號

官等俸給令中改正件

光武九年勅令第三十四號官等俸給令第八條次에(但奏判任官의陞等陞級을期限이滿홀後에本屬長官이其特異홀勤勞功效를考ᄒᆞ야施行ᄒᆞᄃᆡ每年에二期를分ᄒᆞ야六月十二月로定홈이라)五十八字를添入홈이라

光武十年三月八日

御押 御璽 奉 勅

議政府參政大臣勳二等朴齊純
內部大臣勳一等李址鎔
度支部大臣勳一等閔泳綺
軍部大臣臨時署理閔泳綺
法部大臣勳一等李夏榮
學部大臣李完用
農商工部大臣

◉敍任及辭令

依願免本官 成均館博士韓用설 仝李洛夏 仝許 柱○任成均館博士叙判任官八급 李龜脩 李秀英 金商洙 以上二月二十六日○依願免本官 南陽郡守張浩鎭 舒川郡守閔健植 陽城郡守具章會 順天郡守趙鍾緖 德山郡守金澤基 慶尙南道觀察府主事尹錫斗 平安北道觀察府主事崔鍾勛 黃海道觀察府主事金敎鉉○任慶尙南道觀察府主事叙判任官八급 六品鄭民基○任平安北道관察府主事叙判任官八等 全羅南道관察府主事金邦燮○黃海道관察府主事叙判任官八級 金元植○任全羅南道판察府主事叙判任官八급 九品崔鍾勛 以上三月八日○任警務廳主事叙判任官八급 劉世忠○任警務廳總巡叙判任官八級 李晋榮 以上三月九日

◉部令

度支部令第一號 續

文武官俸給支給細則

第五條 轉任或退官ᄒᆞᆫ者ᄂᆞᆫ第一條에支給日을不拘ᄒᆞ고日計計筭으로發令當日ᄭᆞ지에係ᄒᆞᆫ俸給을其時에支給홈이라

第六條 轉任時俸給의過誤이有홀時ᄂᆞᆫ前任官廳에서其當時에此를追徵홈이라

第七條 俸給支給定日後他官廳으로轉任홀時에ᄂᆞᆫ後任官廳에서其月에餘日數에對ᄒᆞᆫ俸給을其時에支給홈이라

第八條 光武九年 勅令第三十四號第十四條의減俸된者가廢官及身故홀時ᄂᆞᆫ其減俸된當月條의全額이며退官ᄒᆞᆫ時ᄂᆞᆫ其日計의全額을支給홈이라

第九條 傷痍忌服이질病或私故와連續ᄒᆞ야도減俸될欠勤日數中에ᄂᆞᆫ筭入치아니ᄒᆞ고又질病과私故가連속홀境遇에ᄂᆞᆫ此를通筭치아니홈이라

第十條 俸給支給홈을當ᄒᆞ야計筭上里位未滿의端數를生홀時ᄂᆞᆫ此를斷除ᄒᆞ고日計者ᄂᆞᆫ其月의實日數를依홈이라

附則

第十一條 本令은頒布日로붓터施行홈이라

第十二條 開國五百四年度支部令第一號文武官俸給支급細則과光武九年度支部令第六號文官俸給支給細則을幷廢止홈이라

光武十年二月十九日 度지部大臣閔泳綺

完

外報

●對俄要求 十六日北京發電을據ᄒᆞᆫ즉淸國全權唐紹儀氏ᄂᆞᆫ去十五日午前에俄國公使館에前往ᄒᆞ야第四回會見을行ᄒᆞ얏ᄂᆞᆫᄃᆡ會議ᄂᆞᆫ依然이極히秘密ᄒᆞ얏스나可信홀報道를據ᄒᆞᆫ즉唐紹儀의提議ᄂᆞᆫ八個條로成立ᄒᆞ얏ᄂᆞᆫ대其要領이如左ᄒᆞ다더라

第一 在滿洲의俄軍은必是日俄媾和條約期限으로十八介月以內에撤兵을終了홀지라俄國이萬若淸俄의友誼에省ᄒᆞ야期限前에撤兵홈이最可홀事

第二 鐵道守備의俄兵은期限을定成ᄒᆞ야早速히淸兵과交代홀事

第三 東淸鐵道의株金五百萬圓은別로契約을定ᄒᆞ야淸國政府로損害을受치아니케할事

第四 光緖廿七年吉林及黑龍江에서金礦炭礦에關ᄒᆞᆫ淸俄契約은此際에旣爲着手ᄒᆞᆫ者와不着手ᄒᆞᆫ者를調査ᄒᆞ야此를改正ᄒᆞ고兩政府間의正當契約以外에俄國이兩省將軍等을恐喝ᄒᆞ야私約ᄒᆞᆫ不當ᄒᆞᆫ契約은廢止或改正홀事

第五 合爾賓。齊齊合爾。揮春。愛揮及滿洲里의開市에서ᄂᆞᆫ俄國의承認을受홀事

第六 東淸鐵道沿路의蒙古公用地及民有地ᄂᆞᆫ鐵道會社에서此를私買홈을不得홀事

第七 俄國政府가長春以北의東淸鐵道에서軍需品을運送홈을承認ᄒᆞ고其商品貨物의運送홈은別노互相條約을締結홀事

第八 東三省의政務及練兵에對ᄒᆞ야ᄂᆞᆫ俄國에干涉을不得홀事

以上과如ᄒᆞ다ᄂᆞᆫᄃᆡ청國全權은唐紹儀一人이此를當ᄒᆞ고隨員은知府桂芳外一名이라더라

雜報

●別報譯載 續

査各縣이已辦學堂ᄒᆞ야頗能逐漸改良ᄒᆞ야蒸蒸日上호ᄃᆡ而各鄕遠僻之處에ᄂᆞᆫ小學이多未設立ᄒᆞ야甚至十里以內에誦讀이寂如ᄒᆞ니是於朝廷廣開學堂之意에未能遍曉ᄒᆞᆷ이니不得不再爲勸導ᄒᆞᄂᆞ니仰各縣紳民은須知學堂廣設이原爲造就國民ᄒᆞ야導以普通知識이니不僅爲登進顯榮之階오實是爲保家立身之計라各縣人士ᄂᆞᆫ務應同心協志ᄒᆞ야籌起興辦ᄒᆞ야富者ᄂᆞᆫ出財ᄒᆞ고能者ᄂᆞᆫ出力ᄒᆞ야勿畏難而諉卸ᄒᆞ고毋求高而獵等ᄒᆞ야務實行ᄒᆞ고效期漸進이니大約地方에多一知書明理略通時事之人이면則地方에多受一影響이오即子弟가多受一效果ᄒᆞ야其機甚捷ᄒᆞ고其益이甚廣이라

且開辦初級小學이其費가亦易籌措니自此次[illegible]之後로如有熱心尙義之人이出而倡辦者면本分處가調査確實ᄒᆞ야當爲詳請各憲ᄒᆞ야照章奬勵ᄒᆞᆯ거이오所有刋定章程은已開各學堂의一例頒發을除ᄒᆞᆫ外에ᄂᆞᆫ其有初議籌辦ᄒᆞ야未定章程者ᄂᆞᆫ望速來處領取照行ᄒᆞ야以冀盡一ᄒᆞ면庶幾敎育이普及ᄒᆞ야知識이大開ᄒᆞ리니本分處ᄂᆞᆫ有厚望焉ᄒᆞ노라ᄒᆞ얏더라

本記者ᄂᆞᆫ按此諭告文字가詳切有味ᄒᆞ니淸國官人의熱心時務ᄒᆞ고銳意敎育을可以想見이니쳥其庶幾乎ㄴ뎌以若韓國現狀으로ᄂᆞᆫ人種消滅之虞가實爲燃眉之急이라其自圖補救之方이尤豈不萬萬切迫於彼哉아

凡厥人生이欲其保全身命於生存競爭之秋則敎育以外에更無他門이거날奈之何一般官吏及人民이尙此因循泄沓에頓無發振勵之象하니抑其甘心於人種消滅之患而不圖其全活之策耶아

國家思想은因感遠大어니와顧其身家ᄒᆞ며念其子弟라도何可不勉於敎育普及ᄒᆞ야增加知識ᄒᆞ야救其生命於物競世界耶아韓國官吏及人民은幸於此等文字에感發興起ᄒᆞ야廣設學堂ᄒᆞ고振興敎育을一致專力ᄒᆞ야모조록國力을培養ᄒᆞ고人命을全活ᄒᆞᆯ지어다　完

●大詔渙發　詔曰歷代帝王家治平莫不先於養民而要在去暴政蠲繇役俾各安其業以遂其生而已也顧今國勢之岌業民生之困窮罔不由於朕之凉德而頃年水旱荐降災眚無寧顚連竊發橫肆閭里騷然行旅梗塞汲汲有朝夕之慮一榻耿耿錦玉靡安其令政府爛商其貽害生民者雜稅之侵奪者一切革罷另立規條有犯無貰觀察郡守之不能稱職與貪墨者即行黜斥使我赤子得遂其生以紓朕宵旰憂勤之意

●詔勅荐降　詔曰國以民爲本而國不安民亦將奚依惟彼無賴奸宄之徒均是民也秉彝之性宜其同然而一朝化爲豺狼宄其所以則貪汚之侵漁歉荒而顚連不能樂其業而相率爲盜但知求活於目前之急而不覺自陷於必死之地其亦哀且矜矣挽近竊發擾奪之患所在狼藉殺越人命燒燬民廬鄕閭之間率皆騷然蕩析不得安堵如是而不戢其將無國而民上治胥而已矣夫法者所以懲暴戾也未始無法而法不足行者司法之吏近民之官不能擧其職而然矣令內部另飭各地方申明五家之制使之守望相助懸賞相救另設方畧隨發隨捕如有踰前완게境內有盜而不之禁該郡守即行罷免懲治其或嘯聚夥黨者自地方隊痛加勦除俾我元元以獲居安業用紓一榻憂勤字保之至意

●李氏義金　南署后洞鄭文星氏가家徒四壁이고生計冷落ᄒᆞ야飢寒을不堪ᄒᆞᄂᆞᆫ中七耋老母에病勢極重ᄒᆞ야救療沒策에呼泣彷徨더니醫術院摠巡李寅鎔氏가其情景을得聞ᄒᆞ고初無一面之地에銅貨四元을義捐ᄒᆞᆷ으로鄭氏가藥餌을辦備ᄒᆞ야母病이幸得蘇完ᄒᆞᆫ지라李摠巡의恩德을鳴感不已ᄒᆞ야本社에來請揭布키로依其言略述ᄒᆞ야以勸同胞之存心仁物ᄒᆞ노라

●安校盛況　安州郡私立安興學校ᄂᆞᆫ本是本郡守與有志諸員의贊成ᄒᆞᆫ效果인ᄃᆡ其中校監金仁梧氏와書記員李東稷氏가自己責任만擔行ᄒᆞᆯ뿐아니라諸般校務를當然職分으로專管幹旋ᄒᆞ야附近地學徒들이聞風來學者ㅣ日以增加ᄒᆞ야大有進步之望이라더라

●淮倅妄動　淮陽郡守尹鍾榮氏ᄂᆞᆫ以誤政之責으로新聞揭載ᄒᆞᆫ거슬做謀卞明次로錢三百兩을收斂於民間ᄒᆞ야奸鄕高亨倫金尙泰兩人을屢送ᄒᆞ얏스니該郡民怨은失牛忝犢이라ᄒᆞᆫ다더라

●端校創興　咸鏡北道端川郡에有志人士들이該郡에維新學校를設立ᄒᆞ고靑年子弟를募集ᄒᆞ며日人敎師를雇聘ᄒᆞᄂᆞᆫᄃᆡ贊成長은前判書閔丙奭氏로推薦ᄒᆞ고其他遠近紳士도此를成立ᄒᆞ기爲ᄒᆞ야贊助ᄒᆞᄂᆞᆫ者가多ᄒᆞ다더라

●孫氏義捐　天道敎大道主孫秉熙氏가巡洞小學校에紙貨三十元을捐助ᄒᆞ야將來興業을勸勉ᄒᆞ얏다더라

●姑無確議　日昨本報中農商工部에서鍮工場을建築ᄒᆞᄂᆞᆫᄃᆡ農商局長徐丙肅氏로監督ᄒᆞᆫ다ᄂᆞᆫ句語ᄂᆞᆫ更探其內容則鍮工場建築ᄒᆞᆫ다ᄂᆞᆫ確議가姑無ᄒᆞ다더라

●繼學不興　三月九日에東亞開進敎育會에서晝夜學을開設하얏ᄂᆞᆫᄃᆡ晝學은漢文이오夜學은日語算術인ᄃᆡ學徒가一百七十名에達ᄒᆞ고副會長李允用氏와敎師須古道俊氏와木㵵常三氏가出席演說하야學徒를實心勸勉하고會長趙秉式氏副會長李允用氏各銅貨一百圓式補助ᄒᆞ고前承旨姜敎熙氏가銅貨廿圓이오前議官李豐淵氏가銅貨八圓을補助ᄒᆞ얏사니敎育上에熱心과學務上에擴張은人人讚頌ᄒᆞᆫ다더라

●監府宴會　昨日下午一時에伊藤統監이午餐會를開催ᄒᆞ고各部大臣과其他高等官諸氏를請邀ᄒᆞ얏다더라

●普校四限　私立普成學校長金重煥氏ᄂᆞᆫ新門外京橋前漢城裁判所를漢城府에請得ᄒᆞ야高等小學校를另爲設立ᄒᆞᆫ다더라

●兩郡賊警　淸風郡遠西面倉里洞에ᄂᆞᆫ賊漢七名이揮劒放銃ᄒᆞ고突入洞中ᄒᆞ야破門作梗이爲二十四處인ᄃᆡ財産見奪이數千金價値오陰城郡肅川店幕에ᄂᆞᆫ火賊十餘名이陰曆本月十一日夜에放銃突入ᄒᆞ야該店幕에留宿行人을一幷綁打ᄒᆞᆯ際에日人一名이見機逃躱다가竟至被捉殺死라더라

●敎堂隱避　全羅南道珍島郡淳死罪人朴仲彦案件에對ᄒᆞ야被告姜良奇가逃隱於敎堂ᄒᆞ야依賴外勢에違逆法令이니交涉于駐京法敎師ᄒᆞ야俾爲妥安事로該道裁判所判事가法部로報告ᄒᆞ얏ᄂᆞᆫᄃᆡ該部에서指令ᄒᆞ기를該被告姜良奇之脫身逃匿이即該郡所在之敎堂인즉該敎堂敎師에게責判事가以正當法理로明其不然이면必無堅執之理이거날胡乃以交涉于駐京法敎師로爲辭인지殊甚訝惑이라ᄒᆞ얏다더라

●懇請復校　日本留學生중退學生이摠代二人을選送ᄒᆞ야學部에恕罪復校ᄒᆞᆷ을請願ᄒᆞᆫ事ᄂᆞᆫ已揭於昨報而該部大臣李完用氏가聞其摠代之哀訴ᄒᆞ고答謂曰復校事를吾非不設力於其間이나自日本外務省으로不爲認許ᄒᆞᆫ즉權力所壓에實難擬議어니와第當與參與官相議ᄒᆞ리니姑俟幾日하라ᄒᆞᆫ故로該學徒摠代兩人은未知下回之如何하야方在愁悶중이라더라

●學校困狀　慶尙北道大邱郡公立小學校에ᄂᆞᆫ昨冬에自日本兵站所로該校舍後面에揷立票木이더니今又日兵이列立票木ᄒᆞ고校舍門前을尺量ᄒᆞᆫ즉交涉禁止ᄒᆞ야俾保學校케ᄒᆞ라고該學校에서學部에告急ᄒᆞ얏다더라

●流民護還　昨日監督韓致愈氏가學部로報告ᄒᆞ기를一自公館撤退之後로我流民이頗多散還之責을無人可擔이은바至於學生之流離狼狽에無資歸ᄒᆞ야呼訴本監督部者가式日所至이오니援以同胞之義에實是可閔이다온學生林正彬李鳳周金仁淳三人을自日本警察署로帶來委托故로無辭可斥에爲ᄒᆞ야護已ᄒᆞ야發給路需各十五元式合四十五元ᄒᆞ야使之歸國케ᄒᆞ얏스니雖系外支出이라도特爲撥給ᄒᆞ라ᄒᆞ얏다더라

●摠代再訴　義州求是學校敎師徐丙轍ᄂᆞᆫ熱心敎育이더니陰曆正月에以學校事로上京이다가被囚于警廳ᄒᆞᆫ지라該學校學徒等이疑其踰月不來ᄒᆞ야選送摠代하야請邀次抵京而始知被拘警廳하고速即審判放釋之意로請願于該廳ᄒᆞᆫ즉勿煩退待之意로指令以급ᄒᆞᆫ지라該摠代金履澈等이又爲請願于學部하얏더라

寄書

前主事尹榮宅氏가國文學校設立ᄒᆞᆯ趣旨를說明ᄒᆞ야伊藤侯에게長書ᄒᆞᆷ이如左ᄒᆞ니

盖國之强弱은在於民智之發未發ᄒᆞ고民智之發未發은在於敎育之成不成이어늘嗟我韓國政治之腐敗久矣라雖是韓人之自招나罪在於政府이고不在於人民ᄒᆞ니惟願

閤下는韓之治安을視爲己任ᄒᆞ야悉心扶護ᄒᆞ며隨事整理ᄒᆞ야使其實力으로足以自立케ᄒᆞ며駢土로無所損失케ᄒᆞ면信義昭著ᄒᆞ고人心이翕然ᄒᆞ야感激思報가其將無涯ᄒᆞᆯ지니

然則惟韓與日本이洵爲一家ᄒᆞ야諸隣이莫敢覬覦ᄒᆞ며東洋이永得平和ᄒᆞ야不施威而威自行ᄒᆞ며不求利而利自至ᄒᆞ야霸業之成을昭然可見이此豈非對韓之上策乎아第其治安之方은不在於他也라政府組織과財政流通과許多急務가指不勝摟나莫先於敎育實施니

貴統監閤下의注意가以何爲先일지有難預測이나我韓三千里疆土에二千萬人民이無學問之故로徒以惰怠之習性으로浪度歲月라가陷此胥論이라

至如勞動男女ᄒᆞ야는尤無學問ᄒᆞ야心神昏獨ᄒᆞ야有耳目而無視聽之精神ᄒᆞ며有手足而無運動之勢力ᄒᆞ며有心知而無推量之思想ᄒᆞ야東方이暸明ᄒᆞ면認以世上ᄒᆞ야略干勞役得金이太半是酒債며技股ㅣ以渠問渠라도有何樂哉리오

若非敎化면莫成仁愛之禮習이오若非法律이면難懲悖淫之惡習이니此二者를幷行이오不可偏廢其一은古今之常經이어늘無知識無學問之民을不先敎化ᄒᆞ고威以法律ᄒᆞ면不知犯而自犯이니此는無異罔民이라

如此聾盲之人을使耳目能視聽ᄒᆞ며使手足能運動ᄒᆞ며使心知能惟量케ᄒᆞ야皆能苦身力作ᄒᆞ야植其産業케ᄒᆞ라면不外乎敎育一事而已오且以地閥家言之라도未必有材며以寒微人言之라도未必無材니

以學問으로洗滌汚染ᄒᆞ면儼然是知其性分固有와職分當爲之人이니亦不外乎敎育一事而已로다我韓國文이易於學便於用이猶勝於漢文이어늘在上者는全昧敎導ᄒᆞ고在下者는未自勇進ᄒᆞ야至此衰微ᄒᆞ니豈不痛惜哉리오

敢陳蕘說ᄒᆞ야開之于左ᄒᆞ오니急設國文速成學校於韓國京鄕ᄒᆞ야使二千萬人人으로各得曉解國文ᄒᆞ야上下一致ᄒᆞ고遐邇壹體케ᄒᆞ면二千萬人人이豈不讚頌 閤下盛美之澤哉아欲人信巳親巳된莫如示人以可信可親之義니言雖固陋나採而用之ᄒᆞ면人皆感發ᄒᆞ야國勢民俗之開明을不過數年에可以煥然改觀矣리니更願 閤下는實心匡救ᄒᆞ야共躋維新케ᄒᆞ시믈區區厚望ᄒᆞᆷ

雜報

●時시事사問문答답

금번에눈으로친히보고싱각ᄒᆞᆫ즉이왕에젼ᄒᆞ던ᄉᆞ람의말이허언이안닌줄을알세고ᄯᅩᄒᆞᆫ신졉ᄒᆞᆫ죠화로되지안닌줄을알앗도다그러나

져셔양ᄉᆞ람들은엇더케ᄒᆞ야달은ᄉᆞ람이듯고도의심ᄒᆞ고보고도알기얼여온ᄉᆞ업을만들어너엿ᄂᆞᆫ지참회ᄒᆞᆫ일이로다션히싱왈

그ᄉᆞ람들도솜두륙비가아니오우리와갓치눈둘에코ᄒᆞ나잇ᄂᆞᆫ인죵이로ᄃᆡ그제죠물의특별ᄒᆞᆷ은다른연고아니라다만무엇이던지리치를궁구ᄒᆞ야

긔어히투득ᄒᆞ야닉고마ᄂᆞᆫ특셩이잇ᄂᆞᆫ연고어니와쳔죵만물의제죠ᄒᆞᆷ을모다나라에유익ᄒᆞ고ᄇᆡᆨ셩의게편리ᄒᆞ도록졈졈연구ᄒᆞ야만드ᄂᆞᆫ것인즉

그것은모다익국이민ᄒᆞᄂᆞᆫᄉᆞ상에셔나오ᄂᆞᆫ비라화륜거와화륜션을지어사람으로ᄒᆞ야금긔쳔리긔ᄇᆡᆨ리를순식간에왕릭ᄒᆞ되피곤ᄒᆞᆷ이업게ᄒᆞ고

시계ᄌᆞ명종을제죠ᄒᆞ야쥬야이십ᄉᆞ시를평균이분비ᄒᆞ야ᄉᆞ람으로ᄒᆞ야금그시간을맛초아일ᄒᆞᆯ때ᄂᆞᆫ일ᄒᆞ고쉬울때ᄂᆞᆫ쉬게ᄒᆞ되일년삼ᄇᆡᆨ륙십일에

일분이들님이업게ᄒᆞ고뎐보줄뎐화줄을설치ᄒᆞ야사람으로ᄒᆞ야금쳔리밧일을삼시간에알게ᄒᆞ야멀고갓가옴이업게ᄒᆞ고면긔등을제죠ᄒᆞ야어둔것을발케ᄒᆞ니그허다긴요ᄒᆞᆫ것을일일이셜명할것업거니와우리나라사람들은다만유용ᄒᆞ고편리ᄒᆞᆫ줄노만알고

그리히가엇더케되ᄂᆞᆫ것을아지못ᄒᆞ니유용ᄒᆞᆫ것이도로혀무용ᄒᆞᆫ것만갓지못ᄒᆞ고편리ᄒᆞᆫ것이도로혀불편ᄒᆞᆫ갓만갓지못ᄒᆞ도다호문싱왈　미완

特別社告

非史乘이면政治之美惡와人物之臧否와風俗之汚隆를無以攷論인즉史乘者는非一時之공覽이라乃萬世之公案이오非自國之所可得以私也라即宇內列邦에宜所公佈키로撰者美人訖法氏之撰大東紀年이意固有在而然也라本記者ㅣ不揆僭越하고於韓之史事에留心者ㅣ久矣로되在幾百年之後하야要論幾百年之事가任大力綿에恐有失實之歎뿐더러鎖國自守之時代에는民國間諸般事爲가不過是尋常典故라不足以供世界列邦之眼目키로斷自丙子以後各國交涉時事하야要爲編成一書하야公諸列邦하니四方有志諸君子는諒此苦心하야丙子以後政令訓誥之所記와各國交涉之如何와臣民疏章與功罪之表著와中外俗習之沿革과忠臣義士孝子烈女之行蹟을各隨所聞所見而詳錄投示하야俾此重役으로得以完成을千萬幸甚

大韓每日申報社

○○○○○○○○○○○○○
本申報를廣佈ᄒ기爲하야咸鏡南道咸興州南社西門外居하는曹喜林氏에게逐號下送하오니該附近地愛讀하시는僉君子는同氏에게購覽하시며代金도同氏에게傳致하심을爲要

大韓每日申報社
○○○○○○○○○○○○○

本社廣告

申報價
一張代金 新貨二錢五里
一箇月前納 三十錢
三箇月 九十錢
六箇月 一元七十錢
一箇年 三元四十錢
郵稅一部 新貨五里
一箇月 十三錢

廣告料
四号活字十三字詰
每日每英尺一寸에新貨廿五錢
（每日每行에六錢에相當）
二閱日에 二圜五十錢
（每日每行四錢五厘에相當）
一箇月에 五圜
（每日每行四錢一厘에相當）
其期限의長短과字行의多少를依ᄒ야增減홈이有홈

大韓人마다此申報를不得不購覽ᄒ실터이오니廣告出報ᄒ실僉君子는來臨面議ᄒ시옵

發行兼編輯人 英國人裵說
發行所
京城北署壽進坊碩洞号外地該陽擇
大韓每日申報社

第四卷

大韓每日申報
대한매일신보

第一百六[illegible]

月曜及慶節時日休刊

檀君開國四千二百三十九年
箕子元年三千二十八年
大韓開國五百十五年
日本明治三十九年
淸國光緖三十二年
陰曆丙午二月大二十一日戊午

論說

憤怨

淸國排外表示를日本權力에直接歸托호는美國內意見을因호야多數日本報紙와日本에서發刊호는外國新聞이憤怨太甚이로다

此問題를陳述호美國新聞은乃是公正辨論이라其所指明은淸國內排外新聞의如彼迅速이若非日人之指揮면即其鼓動이오且淸이一千九百年의往跡을復蹈호면日本은暫時商業을停止호는以外에有得而無失이며復讎列强은土地或其他事件을要求호리니

淸國은一次復讐를欲避不得이로다日本이淸國內許多地方에佛敎設立을迅速擴張호며且特臺灣附近地方을視之以輕蔑이라

由是言之컨되日本이淸國臨迫叛亂에無所助力이라고自稱허더리도全然免責을不得호리니淸國之叛亂分割에對호야日本의論非는已矣요乃是日本之所願은何者오滿洲享有를此將鞏固홀理由로다

日本이依例論辨호되청國患亂이將爲不利於日本이라호며日本은支나帝國에對호야無他計劃이오惟一溫和中立之友라홀더이나

吾人의聞知호바는北美合衆國이今청國危機를對호야日本意見을叩問홈이有호지라其回答之如何는今姑未聞이어니와其如何事端은非所關係로다

日本信證의幾許有效를第觀호리니他問題로本人의게記送호는通信員이何許日本約諾이던지人皆不信홀만호事實을列書矣로다

日本의萬國約束마다韓國獨立으로主旨를作호엿스니馬關條約에其意包容이오露日協約에昭然記述이요英日盟約에亦爲反復이오一千九百三年韓日議定書에擔其保證이니

日本이每使韓政府로銘感케호거슨韓國獨立과韓民安樂이日本計劃인줄을擧示홈이라希望호意志를世界에高擧홈으로韓國에接足을得호기에露日정鬪를利用호얏도다

露國計劃을韓國이抵敵호기에軍力이未備홈을大言호야使此中立地方으로滿洲行陣의便用을作호되論非之端이未有호얏도다

以其軍用으로鐵道를敷設호며韓國의獨立及完全을爲호야全國內에軍兵을散布호얏거니와其代에韓國信望은失其面目이라以軍用作口實호야土地를取用호며住民를逐出호야其家舍를破壞호되當然償金을不報호얏도다

其土地幾分은今作日本殖民地인바韓國政府가原有主의게報酬홀償金을不受홈은人各知悉이어날日本商賈와及其淫婦所有者의享有를作호얏스니此人居留는本非軍用所關이로다

日本政府가如此土地를現今所有者의게其或賣渡耶아以殖民勸導호야其或許與耶아許與가似其然矣니若或賣渡면其代金은何以爲之乎아必交付于韓政府矣여날

如彼實地軍用으로占取된何許地段을放賣호야代金을交付于韓廷홈은今姑未聞于公衆이로다日本이世界에廣布된信實之名을保有호기에善爲設辭홀거시今乃其日이로다

官報

第三千三百九十九號 光武十年三月十三日

◉宮廷錄事

禮式院掌禮卿臣趙定熙謹奏東九 陵齋室行閣有無賴雜類韓住接賣酒之說浪藉入聞故遣主事摘奸則 陵洞居民金漢永妻崔女本以酒業資生昨年八月分住接于 健元陵齋室行閣而其時入直齋官則叅奉具英會也劉七星本以 山陵事知軍卒其妻金女昨年十一月廿日住接于 穆陵齋室行閣而其時入直齋官則令李舜應也李翼善本以山陵事知軍卒其妻金女昨年三月分住接于 崇陵지室行閣而其時入直지官則前叅奉鄭宅朝是也均是愚蠢之類賣酒居生而以其無室靡托之致妄生暫時寓接之計云矣莫重肅敬之地有此亂雜之流住接賣酒事未前有揆以法綱萬萬痛駭住接之三漢令法部亟施當律當初容接之健元陵參奉具英會 穆陵令李舜應 崇陵前叅奉太僕司主事鄭宅朝並爲先免本官亦令法部照律嚴勘以 健元陵令任百瓚 穆陵參奉李載瓚 崇陵令沈能友參奉李載九前參奉 翼陵叅奉鉒一元 景孝殿祀丞尹溶求言之職在지官當其八番時宜無不知之理而不即逐出因循掩匿掩至經年其罪惟均一並免本官何如謹上 奏 光武十年三月七日奉 旨莫重肅敬之地有此無前駭怪之事萬萬痛駭住接之三漢令法部照律嚴勘當初容접之지官並免本官仍令法部査嚴其事實照律勘罪伊後入直而不即逐出因循掩匿之지官並施以免本官

外報

●外大復任 日本에서西園寺首相이駐英日公使林董氏를外務大臣으로推薦호기爲호야目下交涉중이라더라

●義金發送 美國에서는日本飢饉地方의義捐金五千弗을日本으로發送호얏고又同國赤十字社에서는一萬五千元二十五錢을日本으로發送호얏더라

●森林採伐 今番에日本北韓守備隊가鴨綠江水源白頭山附近一帶地의森林을採伐호는되氣候가溫暖호면現今工兵隊四百名外에更히二百名을增加홀다더라

●海軍擴張 倫敦電을據호則英國에서本年度부터來年度에製造홀軍艦이裝甲巡洋艦四隻과潛行水雷艇十二隻驅逐艦五隻과海岸防禦驅逐艦이十二隻이더라

●警告保護 北京電에曰法國公使는청國政府에對호야安徽省廬州府에서도亦人心이不穩홀模樣이有호이地方官의게嚴令호야外國人을保護케호라고警告호얏다더라

●暴徒蜂起 海上電을據호즉청國江蘇省南川府에서도또宣敎師를排斥홀目的으로暴徒蜂起의念慮가有호다호야英國總領事는同知縣에對호야外國人을保護호라고警告호얏더라

●청國防穀 北京電을據호즉청國政府는各地方官에對호야穀物輸出을嚴禁호기로嚴命호얏다더라

雜報

●時聞一評

○義親王殿下를回國ᄒᆞ라신恩命이下ᄒᆞ심에對ᄒᆞ야一般國民의歡迎心을不禁ᄒᆞ려니와殿下도十餘年留學ᄒᆞᄂᆞᆫ歲月에新空氣를吸取도ᄒᆞ얏슬것이오祖國繼도懇切ᄒᆞᆯ것인ᄃᆡ今回赤석이青春을作件ᄒᆞ야天光을更瞻ᄒᆞᆯ터이니吾儕도祝賀心이不已ᄒᆞ노라

○參政大臣이施政改善의方針을榻前에陳奏ᄒᆞᆷ의皇上陛下ᄭᅴ셔懇切ᄒᆞᆫ勅諭를下ᄒᆞ사勵政圖治를政府에委任하셧다하니勵政圖治ᄂᆞᆫ係是政府大臣의汲汲ᄒᆞᆫ責任이라懇切ᄒᆞ오신勅諭를何待이며方針의陳奏ᄂᆞᆫ何事인고吾儕ᄂᆞᆫ慨嘆心이不已ᄒᆞ노라

○近日韓國人士들이統監府에長書도送ᄒᆞ며名片도呈ᄒᆞ야一般阿諛風으로南山捷逕을鑿通ᄒᆞ라ᄂᆞᆫ意思가縱橫紛紜ᄒᆞ다ᄒᆞ니此是舊日習慣으로北村勢道家에奔走諂媚ᄒᆞ든惡習을外國人의게復用ᄒᆞ니吾儕ᄂᆞᆫ痛憎心이不已ᄒᆞ노라

○暗殺事件의獄事ᄂᆞᆫ風聞을據ᄒᆞᆫ즉近日行凶者數人을捉得ᄒᆞ얏다ᄒᆞ니的否ᄂᆞᆫ未知ᄒᆞ되果如其言이면獄案을速決ᄒᆞ야罪者施律ᄒᆞ고無罪者放釋이어날一向凝滯ᄒᆞ야傳相告引에枝蔓이漸延ᄒᆞ야一國人心이洶洶不安ᄒᆞ니吾儕ᄂᆞᆫ疑惑心이不已ᄒᆞ노라

○所謂學校이니圖書館이니書籍縱覽所인이活板所인이或事擴設立도ᄒᆞ고活字도購入ᄒᆞ며或補助도略施ᄒᆞ니釣名沽譽心이出ᄒᆞᆷ인지有初有終이면其實心을可表이되或風色이漸息後에不承乎權與이면眞僞自露ᄒᆞ야被人唾罵ᄒᆞᆯ지니各須努力前進을是祝ᄒᆞ노라

●義王歸國 日本에滯在ᄒᆞ신

義親王殿下ᄭᅴ셔歸國ᄒᆞ실事로宮內府에電報ᄒᆞ얏더니該府에셔歸國ᄒᆞ라고回電ᄒᆞ얏다더라

●崔氏稱職 日前郡守奏本中에權直相白南信兩氏가參入ᄒᆞ얏ᄂᆞᆫᄃᆡ內部地方局長崔錫敏氏가該大臣의게苦請ᄒᆞ야日權白兩人之不正은國人之所知인즉今此敍任에大拂公議ᄒᆞᆯ뿐아니라來頭妨國害民이明若觀火ᄒᆞᆯ지니請賜改圖ᄒᆞ라ᄒᆞᆷ으로兩人이還至解免ᄒᆞ얏다니崔局長은可謂不負其職이라ᄒᆞᆯ겟더라

●善倅貪虐 善山郡守俞鎭贊氏ᄂᆞᆫ近間에該邑民擾를當ᄒᆞ야一塲困難을經過ᄒᆞ얏다ᄂᆞᆫᄃᆡ其裏由를得聞ᄒᆞᆫ즉該道內各邑結錢을槩則八十兩이오新貨則十二元으로規定收捧ᄒᆞᄂᆞᆫᄃᆡ獨此善山郡則新貨十六元으로責捧ᄒᆞᆫ즉此他邑規例ᄒᆞ면每結頭加捧이爲新貨四元이기로結民等이憤怒會同ᄒᆞ야俞氏를曳出場市ᄒᆞ야二齊聲罪ᄒᆞ고每結加捧條四元은期於督出ᄒᆞᆫ다더라

●彥倅願留 彥陽郡守李在寅氏가今爲移拜嘉山하얏ᄂᆞᆫᄃᆡ同氏가在彥五年에仁風惠政이浹人骨髓ᄒᆞᆷ으로該邑民人等이爭先上京願留者ㅣ道路相속이라ᄒᆞ더라

●郵緘坼看 京鄕間來往人의傳說을聞ᄒᆞᆫ즉郵遞司를日本人이点領ᄒᆞᆫ後로郵標代金은比前倍捧ᄒᆞ되諸般傳致物은返有鈍滯之歎ᄒᆞ야不如前日ᄒᆞ고尤有可駭者ㅣ無論誰某書緘ᄒᆞ고暗地坼看ᄒᆞ야間或以疑似之事로風波를惹起ᄒᆞᄂᆞᆫ弊가有ᄒᆞᆷ으로京鄕間人士가皆有戒心ᄒᆞ야不得已ᄒᆞᆫ事情이아니면郵遞付書ᄒᆞ기를不肯ᄒᆞᆫ다니苟如言者之言이면是豈文明國人之行爲라謂ᄒᆞ리오有則改之ᄒᆞ고無則加勉ᄒᆞᆷ을是所望於該司諸君이로라

●孫氏贊校 天道敎大道主孫秉熙氏가西署蛤洞小學校에紙貨四十圜을補助ᄒᆞ고該學員에熱心受業ᄒᆞᆷ을贊頌ᄒᆞ얏더니該校監李京壽氏가校務員金光鉉氏로回謝하얏다더라

●一代筆家 盧元植氏ᄂᆞᆫ交河人이요前職은警務官이요號ᄂᆞᆫ蘂史이니自少로癖於臨池之學ᄒᆞ야落筆成字에盡力이遒勁ᄒᆞ고字樣이高妙ᄒᆞ야大得名譽ᄒᆞᆷ으로景福宮欽敬閣額字를書呈ᄒᆞ얏고年今六十才이로ᄃᆡ筆力은不衰라고轂地來人에所說이如此하더라

●敎主優助 天道敎大道主孫秉熙氏가中橋義塾學員의實業進就ᄒᆞᆷ을贊頌하야紙貨三十五元을捐助하미該塾諸任員이致謝ᄒᆞᆫ다더라

●預防波及 黃州隊餉所正校張斗環이가不法行悖로拔劍打兵ᄒᆞ야左臂重傷ᄒᆞ며方在治療ᄒᆞᆷ은前報에已揭하얏거니와無故傷兵之律로張校를處懲則肩次로不善關束之責이不無念慮하와該隊參領朴元敎氏ᄂᆞᆫ十餘日前餉官朴永祚氏ᄂᆞᆫ數日前上京ᄒᆞ야自隊措處라ᄒᆞ기로萬端周旋中인즉金刃傷人之律에懲役二個年章程이昭然하되軍部法官은酣醉請囑인지掩置不問하니軍律이如此면哀此殘兵이何以無事供役일지隊樣이蕭索하며軍心이嗷嗷하다고西來인의傳說이如此하더라

●光察請留 光察治績을民情이惜去하고儒䟽請留하니奏達天陛하와更留待瓜하야以慰南民하라고今南儒生等이內部에電報하얏더라

●堤郡賊警 堤川郡守李瓚永氏가內部에報告ᄒᆞᆫ內槪에去月二十四日下午十二点에賊徒八名이各持六穴砲하고突入于邑場市하야搜奪錢財하고揮棒之際에行商崔明玉이被打幾至死境이오며日人海田伊太郞等二人이見此賊警하고出門放丸하야一齊逃散而時在昏黑하야莫知去向이더니翌日詗探則其夜賊黨等이到處搶奪以去라하옵기勸捕次多發巡校하와四面譏詗이나郡無尺寸之兵器하와實難防禦라하얏더라

●政府開議 昨日下午三時에政府에셔會議를開하얏ᄂᆞᆫᄃᆡ其議案인즉外事局官吏의俸金支給事와郡守任免ᄒᆞᆯ事와法部請議案妥決ᄒᆞᆯ事와三和監理敍任ᄒᆞᆯ事이라더라

●完察被譴 全羅北道觀察使韓鎭昌氏ᄂᆞᆫ昨年度秋冬等殿最에珍山郡守金경中의治蹟을宜置下考而置諸中考ᄒᆞᆫ事로參政大臣이上奏譴責하얏더라

●筭外難撥 咸鏡北道邊界警務署의光武八年度經費中四千四百八十九元을尙未支撥하야署報連至하니非不可悶이나年度가今旣閉鎖하야末由筭外支出이라고度支部에셔內部로照會하얏다더라

●請認不許 漢城內木手工匠鄭泰鎭等이大韓大工會社를設立하야工匠等을開明에進步케하며營業을興旺케하고工役에順便ᄒᆞ다하고規則을造製하야農商工部에認許를請願하얏ᄂᆞᆫᄃᆡ該部에셔後弊를可成이라하야不爲認許하얏다더라

●度量衡欠額 農商工部所管度量衡製造檢定所에셔支出ᄒᆞᆫ經費가金十九萬三千二百八十八圜十三錢二里인ᄃᆡ收入金으로政府交附金이七萬七千七百二十五圜二十五錢이오度量衡賣下金이五千三百七十九圜十五錢인즉不足額이十一萬八十三圜七十三錢二里라더라

●竹郡賊警 竹山郡守南廷晃氏가內部에報告하되陰曆二月十六日에賊黨三四十名이突入本郡近三面白岩場市하야奪財三萬餘金事로村閭騷擾하고結稅를難以捧留이오니移照軍部하와洋銃十柄과彈丸千發을特速支撥하라하얏더라

●韓官日勳 議政府外事局長韓昌洙陸軍參領尹致晟前領事官俞致설三氏ᄂᆞᆫ幷自日本國으로勳章을領受하얏ᄂᆞᆫᄃᆡ表勳院에셔經奏裁可ᄒᆞᆫ後佩用을准許하얏다더라

●屋價催撥 永柔郡守朴容觀氏가內部에報告하되本郡漁波店民人家屋十五戶가入於新築鐵道票界內이다方欲毁移이오나該價錢은該監部에셔上等戶每間에一百二十五兩中戶一百兩下等戶七十五兩式計給次로今爲定數이오나稱云金額之姑無辦備하고遷就不給이오니別般交涉하오셔使之從速出給케하고又其日本人이鐵道票界外에成造家屋이오니何以措處이을지査照指令하라하얏더라

●破麓採石 農商工部에셔平理院으로照復하기를貴照會內開에鐵道院技사李範喆이가李宗稙의先山後麓을破壞하고石材를採掘하얏스니該石價를徵推ᄒᆞᆯ事로李範喆을拿致質査하ᄂᆞᆫ바貴部에셔該鐵道會社에交涉하야如數責推케하라ᄒᆞᆫ바此案이雖是裁判事이라不當由弊部權外干涉이오亦非鐵道會社之事項이오只是箇人與箇人間訴訟案件인즉自貴院措處가妥當이라하얏더라

●靑會開演 今日下午七点半에牧使李雲林氏가搶影理로皇城基督敎青年會에셔演說ᄒᆞᆫ다더라

●正誤 再昨本報廣告欄內에普明義塾補助員中主事金龍圭氏의龍字를以容字誤植이기玆以正誤ᄒᆞᆷ

雜報

● 苦言餘音

本記者가每常大韓國民의生活前途를爲ᄒᆞ야屢屢警告에幾乎筆禿舌弊어니와時勢가愈迫ᄒᆞᆯ의憂危가益切이라又此警告를不能自已로소니

大韓同胞ᄂᆞᆫ聽之念之어다大抵現今時代ᄂᆞᆫ優勝劣敗ᄒᆞ고弱肉强食之世라世界人種이無論彼此ᄒᆞ고若其自身의權利가不存ᄒᆞ면生命을莫保ᄒᆞᄂᆞ니所謂權利者ᄂᆞᆫ智慧에셔生ᄒᆞᄂᆞᆫ者라故로我가一分의智가有ᄒᆞ면一分의權이有ᄒᆞ고六七分의智가有ᄒᆞ면六七分의權이有ᄒᆞ며十分의智가有ᄒᆞ면十分의權이有ᄒᆞᆯ지라이럼으로國이곳滅ᄒᆞᆫ後라도國人의智가我國을滅ᄒᆞᆫ人과相等ᄒᆞ면彼가비록我의國은滅ᄒᆞ얏스나我의權은滅치못ᄒᆞᄂᆞ니於何證之오愛爾蘭이비록英國에見倂ᄒᆞ얏스ᄂᆞ其民의智가相等ᄒᆞᆫ故로倫敦人의應享ᄒᆞᆯ利益을愛爾蘭人이無不均霑ᄒᆞ얏고

또萬一吾民의智가彼國人과相等치못할지라도但其智가日進ᄒᆞ면其權이또ᄒᆞᆫ日進ᄒᆞᄂᆞ니彼印度를觀ᄒᆞᆫ건ᄃᆡ其初英國에屬ᄒᆞᆯ時에印人이但六七等되ᄂᆞᆫ事業만能爲ᄒᆞ고其第五等以上의事業은皆英人이爲之ᄒᆞ더니近者에ᄂᆞᆫ第二等以下의事業을印人이能爲ᄒᆞᄂᆞ니若使印人으로其未亡時를當ᄒᆞ야[illegible]의智慧가能히今日과如ᄒᆞ얏스면應當早히第二等人이되얏슬거시오能히今日보다加ᄒᆞ얏스면固已第一等人이되야國이또ᄒᆞᆫ他國과同等을得ᄒᆞ얏슬지라또人民이其智가全塞ᄒᆞᆫ者ᄂᆞᆫ其權이全亡ᄒᆞ고其權이全亡ᄒᆞᆫ者ᄂᆞᆫ其種이自滅ᄒᆞᄂᆞ니

彼非洲의黑人과米洲의紅人은但外人의奴隷가되고牛馬가되야日漸漸削ᄒᆞ니然則數十年後에ᄂᆞᆫ其種類가必然天壤間에滅絶ᄒᆞ야更히自立ᄒᆞᆯ時가無ᄒᆞᆫ지라

今에大韓情形이雖甚危迫ᄒᆞ나猶有可爲之望ᄒᆞ니大韓人民은아모조록急急히時務學問에專力ᄒᆞ야其智를發達케ᄒᆞ면其權이自在ᄒᆞᆯ거시오人權이不墜ᄒᆞ면國權도回復ᄒᆞᆯ期會가有ᄒᆞᆯ지니自保自全之策은惟此而已라最甚可笑者ᄂᆞᆫ韓民이學識이無ᄒᆞᆫ故로知識이蒙昧ᄒᆞ야虛無孟浪을偏信ᄒᆞᄂᆞᆫ弊가有ᄒᆞ니所謂청兵이出來라ᄒᆞ며俄人이出來라ᄒᆞᄂᆞᆫ訛言도做出치말고所謂萬人疏이니義兵黨이니ᄒᆞᄂᆞᆫ愚蠢ᄒᆞᆫ行爲도말고오작時刻을勿留ᄒᆞ고學問을勉力ᄒᆞ야其智를發達ᄒᆞ고其權을維持ᄒᆞ야國家의大權을克復ᄒᆞ기로雙肩에擔着ᄒᆞ야一心做去ᄒᆞᆯ지어다

● 時시事사問문答답

무론무엇이던지유용ᄒᆞᆫ것이면유용ᄒᆞ게쓸터이오무용의것이면무용ᄒᆞ게될터인ᄃᆡ엇지ᄒᆞ야유용ᄒᆞᆫ것이무용ᄒᆞᆫ것만갓지못하다ᄒᆞ며편리ᄒᆞᆫ것이불편한것만갓지못ᄒᆞ다ᄒᆞᄂᆞᆫ요선히싱왈더그런것저런것을물론ᄒᆞ고우리나라인민이ᄎᆞ쳐다라ᄒᆞᆫ가지식이라도제죠를ᄒᆞᆫ다던지부셜을ᄒᆞᆫ다던지ᄒᆞ야나의제죠ᄒᆞᆷ과부셜물이흥왕ᄒᆞ고남의것이쇠잔ᄒᆞ면ᄌᆞ연즁유용ᄒᆞᆫ것이유용ᄒᆞ게되고편리ᄒᆞᆫ것이편리ᄒᆞ게되려니와그러치못ᄒᆞ야한갓눈으로죠케만보고입으로만유용ᄒᆞᆫ것이라말ᄒᆞᆯ뿐아니라그간션ᄒᆞᆫ빅동푼을모아다가털로륜션면거면보등속의소비로들여보니즉그돈은외국인의슈즁으로들어가는것이라그런리익을남을쥬어가며유용하다편리하다하면 미완

廣告

特別廣告

維我俱樂部ᄂᆞᆫ創立以來로不啻日淺이라團樂의本旨를尙未貫徹ᄒᆞᆷ은均是遺憾이라積絶ᄒᆞᆫ情緖를暢叙ᄒᆞ고重要ᄒᆞᆫ事項을妥定ᄒᆞ기爲ᄒᆞ야玆에**臨時總會**를開ᄒᆞ오니僉**部員**은掃萬**光臨**ᄒᆞ심을切望

一、日子ᄂᆞᆫ來日曜日（陽十八日）下午一時

一、處所ᄂᆞᆫ磚洞普成專門學校內

光武十年三月十五日

大韓俱樂部

本人이海西歷路에暫住開城府矣[illegible]니陰曆二月望日은即阿彌陀佛誕降日이라淨土宗韓人教會에셔지供禮式을設行ᄒᆞᄂᆞᆫ데蒼松虹門에日韓兩國旗號를揭揚ᄒᆞ고雲帳繡幕은飄紗半空ᄒᆞ고紗籠花燭은隱映十街ᄒᆞ며紋彩餠은交色登盤ᄒᆞ고佳實品果은借巧盈尺이라念誦會員은同參諸天ᄒᆞ고觀聽衆賓은錯立恒沙라該府駐箚守備隊와憲兵隊와其他官人與居留民ᄭᆞ지日俄戰役에死亡孤魂을慰祝發願ᄒᆞ기로爲ᄒᆞ야齊齊來忍焚香ᄒᆞ고信徒學徒들은兩國皇室을爲ᄒᆞ야萬歲를唱呼ᄒᆞ니其壯麗ᄒᆞᆫ忠曲은不一枚擧이로되韓人教會에셔會務를擴張ᄒᆞᆯ意로日語速成夜學校를增設ᄒᆞ고各道九郡에支會를設立ᄒᆞ야信徒가六千人에達ᄒᆞ고女學校를又設ᄒᆞᆯ計劃中이라ᄒᆞ니此是會規를嚴明ᄒᆞ야濟弱扶傾ᄒᆞ며祛惡向善ᄒᆞ기로歷後[illegible]入會者不計其數라ᄒᆞ니敎會員의熱心誠意를行路之人이[illegible]感謝ᄒᆞ믈表ᄒᆞ야新聞上에[illegible]ᄒᆞ오니僉君子ᄂᆞᆫ聽俊子弟를開城敎會ᄭᆞ지開明上에注意ᄒᆞ시믈切望

京城中署笠洞居金柄植告白

牙山郡三西面江청洞前坪所在畓十八石十七斗落文券을藏置於衣儳之中타가並爲見失於賊[illegible]ᄒᆞ야스니勿論內外國人ᄒᆞ고休紙施行ᄒᆞ시오

畓主前郡守李範顚告白

本人弟相朝字明仲年三十九性本浮浪長留京師日事雜技而如千家産盡蕩無餘不悛前習一向得債爲要內外國人切勿見欺白失ᄒᆞᆷ

平南成川竹郊朴相華　告白

本運送部에셔京仁京釜京義間鐵道貨物을運送ᄒᆞ되貨物을特別保重ᄒᆞ며運輸을特別迅速케ᄒᆞ오며支店을三線各驛에設置ᄒᆞ얏ᄉᆞ오니貨物을運送ᄒᆞ실僉君子ᄂᆞᆫ本運送部에光臨問議ᄒᆞ시옵

京城南大門外韓美協同倉庫會社內

合資會社 東**美運**送部

社長 尹晶錫

社務員 任命鎬 鄭仁敎 李喬寧

● 刑法大全 一帙 定價金 新貨六十錢

牧民心書 一帙 一圜二十五錢

耳談續纂 一冊 七錢五里

溫故知新堂叢鈔 七錢五里

父師必讀小學指南 七錢九里

人工養蠶鑑 一冊 十五錢

新訂筭術 每冊 十五錢

發賣所 布屛門下金相萬書舖 大韓每日申報社

移居廣告

鄙人入城後、雖暫留金澤旅館、自今以後、定居于芝崎旅館、即京城南署明禮坊明洞契第二統五戶也、遠者寄書、近者來訪、諮議答問、不亦樂乎、敢告于大韓有志憂國僉君子、幸勿吝示教

日本人 **大垣丈夫** 謹告

● 數理學雜誌改良廣告

本雜誌를第三號로븟터ᄂᆞᆫ頁數도增加ᄒᆞ며雜冊도改良ᄒᆞ며記載ᄒᆞᄂᆞᆫ材料도一層精選ᄒᆞ야江湖僉位의愛讀ᄒᆞ시ᄂᆞᆫ厚意를報酬코져ᄒᆞ오니倍舊愛讀ᄒᆞ심을伏望

但發行日子ᄂᆞᆫ每朔五日

一分定價ᄂᆞᆫ新貨拾錢

南大門內尙洞舊德公館右便

發行所 數理學雜誌社

賣却所 尙洞會堂內 鍾路大東書市 布屛下金相萬冊肆 新門內松橋張哲周紙廛 銅峴朴泓九紙廛 仁川港柦峴開新冊肆 平壤啓明書舖

齒科廣告

齒科醫士美國人ᄯᅴ、이되워드힌

右事務所ᄂᆞᆫ南大門內達城尉宮內美國醫士스크랜톤家後에在흠

視務時間은每日上午九時로一時ᄭᆞ지下午二時로五時ᄭᆞ지

右時間外에特別히治療ᄒᆞ기를要請ᄒᆞᄂᆞᆫ僉員은預先通知흠

現今世界列國이互相交涉之日에交際之禮를宜先講解이기로**交際新禮**一冊을撰述發刊ᄒᆞ오니外交家及紳士의不可不覽ᄒᆞᆯ袖珍이라僉君子ᄂᆞᆫ諒悉購覽흠

定價金 新貨十八錢

發售所 大韓每日申報社

特別社告

非史乘이면政治之美惡와人物之臧否와風俗之汚隆을無以攷詳이오史乘者는非一時之玩覽이라乃萬世之公案이오非自國之所可得以私也라即宇內列邦에宜所公佈키로纂者美人訖法氏之撰大東紀年이意固有在而然也라本記者ㅣ不揆僭越하고於韓之史事에留心者ㅣ久矣로되在幾百年之後하야要論幾百年之事가任大力緜에恐有失實之歎일더러鎖國自守之時代에는民國間諸般事爲가不過是尋常典故라不足以備世界列邦之眼目이오[illegible]以後各國交涉時事하야要爲編成一書하야로擬此書ᄒᆞ야丙子以後政令公議列邦하니四方有志諸君子는訓語之所記와各國交涉之如何와臣民疏章與功罪之表著와中外俗習之沿革과忠臣義士孝子烈女之行蹟을各隨所聞所見而詳錄投示하야俾此重役으로得以完成을千萬幸甚

大韓每日申報社

○○○○○○○○○○○○○○

本申報를廣佈ᄒᆞ기爲하야咸鏡南道咸興州南社西門外居하는曹喜林氏에게逐號下送하오니該附近地愛讀하시는僉君子는同氏에게購覽하시며代金도同氏에게傳致하심을爲要

大韓每日申報社

○○○○○○○○○○○○○○

本社廣告

申報價
一張代金 新貨二錢五里
一箇月前納 三十錢
三箇月 九十錢
六箇月 一元七十錢
一箇年 三元四十錢
號外一部 新貨五里
一箇月 十三錢

廣告料
四號活字十二字詰
每日每行一次에新貨五錢
(每日每行[illegible]에相當홈)
二箇月 二圓五十錢
(每日每行[illegible]에相當홈)
一箇月에 五圓
(每日每行[illegible]에相當홈)
其期限의長短과字行의多少를從ᄒᆞ야增減홈이有홈

大韓人마다此申報를不得不購覽ᄒᆞ실터이오니廣告出報ᄒᆞ실僉君子는來臨面議ᄒᆞ시옵

發行兼編輯人 英國人裵說
發行所 京城北署[illegible]號外地[illegible]
大韓每日申報社

光武九年八月十二日 明治卅八年八月十一日 第三種郵便物認可

金曜日

西曆一千九百六年三月十六日 (一)

第四卷

大韓每日申報
대한매일신보

第一百六號

月曜及慶節歲時日休刊

檀君開國四千二百三十九年
箕子元年三千二十八年
大韓開國五百十五年
日本明治三十九年
淸國光緖三十二年
陰曆丙午二月大二十二日巳未

論說

滿洲內英國商業

外國人이爲其通商하야滿洲內日軍所居地에서視務홀것과該地를經由하야北方俄軍所居地에向入하기를滿洲日本人이障碍홈으로此事가英國下議院注意를引取하얏스니此是洽望之擧로다

倫敦發電이其意未詳인바今月三日倫敦通信이東京日日新報社에送致ᄒᆞ얏스니其如左ᄒᆞ니라

리버풀代表人스머드氏가昨日下議院에서滿洲英國商業을稟問ᄒᆞᆫ故로今日外務大臣이對話ᄒᆞ되駐淸英公館의商務委員이牛莊英領事를經由ᄒᆞ야英國商品의內地輸入을阻止ᄒᆞ기에滿洲日本人이淸國官人의게請願ᄒᆞ얏ᄂᆞᆫ가査探ᄒᆞ얏더니日本人의請願이果有ᄒᆞ얏스나後乃退還됨을探出ᄒᆞ얏ᄉᆞᆫ즉何如ᄒᆞᆫ지日本人이前者請願을重復홈이라ᄒᆞ얏더라

何許日人이淸國官人의게懇請ᄒᆞ야滿洲商道에外貨輸入을禁止ᄒᆞ라홈이顯著矣라英國外務大臣의答辭가若是其確報면怨訴之機가必有홀거시오且北淸報紙上에現出된怨言을詳察ᄒᆞᆫ진된滿洲地方商民의其遭難이尤甚인바此ᄂᆞᆫ日本이自述ᄒᆞᆫ主旨를反對홈이로다

一商民이淸國鐵道事務員의許可를帶持ᄒᆞ고腐敗키可ᄒᆞᆫ荷物를臣民屯ᄭᆞ지運到ᄒᆞ얏더니日本人의禁止를被ᄒᆞᆫ지라該物所有主가中立地方이나俄軍所居地로運去ᄒᆞ기를試圖ᄒᆞ되日人이左右反對ᄒᆞ야該物이竟至在彼腐滅이러라

此商民의怨訴가純實홈은無疑나英國이因此問題ᄒᆞ야日本을多端苦惱ᄒᆞᆯ지ᄂᆞᆫ不可期니如此變端을不復踐行ᄒᆞ기로供其信證이면此事가乃至解決ᄒᆞ리로다

今日英國人은日本之能行不正을一無可信이라故로英國政府ᄂᆞᆫ幾年內에在淸英國商民의被其不公競爭홈을乃覺ᄒᆞ리니至于其日ᄒᆞ야ᄂᆞᆫ日本商務ᄂᆞᆫ太致興旺ᄒᆞ고英國商業은大被不利ᄒᆞ리로다

地勢와其他利用을因ᄒᆞ야日本이滿韓內外人商業의首位를占得홀거ᄉᆞᆫ欲避不得이나然이나彼之當限外添利를許與홀거ᄉᆞᆫ亦有其理로다英日之同盟은何許事情을因홈이나至於商務ᄒᆞ야ᄂᆞᆫ兩國이各自利導홀지라故로本記者ㅣ希望ᄒᆞ노니日本이因今番戰効ᄒᆞ야管轄ᄒᆞᆫ地域內에셔一般外人事業을制壓홈에對ᄒᆞ야英國政府ᄂᆞᆫ以誼論非홀지어다

官報

第三千四百號 光武十年三月十四日

◉敍任及辭令

任德山郡守 泰安郡守俞致稷○任珍山郡守 前郡守李漢翊○任陽城郡守 新昌郡守鄭泰魯○任新昌郡守 文義郡守徐丙益○任文義郡守 前郡守慶必永○任泰安郡守 懷德郡守趙東濬○任懷德郡守 正三品柳鳳根○任南陽郡守 從二品方漢德○任龍安郡守 昌原監理署主事南相七○任延豐郡守 正三品金亨斗○任益山郡守 全羅南道觀察府主事金正基○任舒川郡守 六品李種奭○任金堤郡守 正三品李時宰○任順天郡守 正三品李承宇 以上三月八日○依願免兼任禮式院掌禮 秘書監丞邊奎昌○依願免本官 禮式院掌樂課主事崔光淳 仝千世龍 仝玄載厚 章陵參奉金羽鉉 懿陵參奉丁厚燮 永陵參奉韓斗源 康陵參奉吳元根○任章陵參奉 永禧殿參奉金珍衡○任永禧殿參奉 李祖承○任康陵參奉 金容安○任懿陵參奉 金容耆○任永陵參奉 閔興基○兼任禮式院掌禮 秘書監丞李圭桓 以上三月十日○依願免本官 侍講院시從官李贊榮 康陵參奉金容安 懿陵參奉 金容耆 永陵參奉閔興基 懿寧園參奉韓鳳熙○任시講院시從官 崇陵參奉成樂貞○任禮式院掌樂課主事 李直容 張榮準 朴容洵○任崇陵參奉 思陵參奉具敦書○任思陵參奉 尹五榮○康陵參奉 朴贊祜○任懿陵參奉 朴用庠○任永陵參奉 弘陵參奉徐丙敦○任弘陵參奉 六品李贊榮○任懿寧園參奉 權형澤 以上三月十一日○免本官 農商工部主事錫重健 右ᄂᆞᆫ該員이叙任以後에閱月不仕ᄒᆞ니事體所在에極涉怠慢이기로是以免本官○任農商工部主事 六品權五翊 以上三月十二日

●三千四百一號 光武十年三月十五日

●叙任及辭令

依願免本官 秘書監丞邊奎昌 厚陵參奉趙鍾禹 恭陵參奉洪淳參 思陵參奉尹五榮 康陵參奉朴贊祜 懿陵參奉李用庠 懿寧園參奉權형澤 永懷園參奉李程淳 禮式院掌樂課主事李直容 仝張榮準 仝朴容洵

任秘書監丞 正三品權鍾振○任厚陵參奉 丕南綸○任恭陵參奉 沈明燮○任思陵參奉 金永璇○任康陵參奉 李天用○任懿陵參奉 李禧宰○任懿寧園參奉 六品韓鳳熙○永懷園參奉 林秉國 以上三月十二日

未完

外報

●德帝巡幸 倫敦電을據ᄒᆞᆫ則德帝ᄭᅴ셔來四月에西班牙에幸行ᄒᆞᆯ터인듸其時希臘에도幸行ᄒᆞᆯ터이오又地中海에셔英帝와會見ᄒᆞᆯ터이라더라

●軍費可決 八日路透發電을據ᄒᆞᆫ즉德國帝國會議豫算委員會에셔水雷艇二介分隊의新造에對ᄒᆞ야第一期支出과潛航水雷艇建造에對ᄒᆞ야二百五十萬馬克支出件를可決ᄒᆞ얏다더라

●對外關係 九日伯林發電을據ᄒᆞᆫ즉伊國外相손니ㅣ노氏ᄂᆞᆫ下院에셔政府方針을說明ᄒᆞ고三國同盟의鞏固ᄒᆞᆫ事와法國及英國의關係親密ᄒᆞᆫ事를述ᄒᆞ얏더라

●英國海軍 九日倫敦發電을據ᄒᆞᆫ즉海軍大臣은海軍預算에對ᄒᆞ야演ᄒᆞ되昨年에ᄂᆞᆫ二隻이되나今年은三隻의巡洋艦을製造ᄒᆞᆯ터이라더라

●海參近況 最近所報를據ᄒᆞᆫ則目下海參威港은秩序가全히回復ᄒᆞ야商況도漸漸好望에向ᄒᆞ고又港口內外ᄂᆞᆫ結氷이漸薄ᄒᆞ야船舶의出入이稍히쉽게되얏ᄂᆞᆫ故로各國船舶이來往ᄒᆞ니其中日本神戶門司地方으로븟터輸入ᄒᆞᆫ거시愈益頻繁ᄒᆞᆫ다더라

雜報

●責協律社觀光者　近日協律社景況을聞ᄒᆞᆫ즉逐日觀光者가雲屯霧集ᄒᆞ야可謂揮汗成雨ᄒᆞ고連衽成帷라其坐次의價格이四等으로分排ᄒᆞ야第一層은紙貨一元이오第二層은六十錢이오第三層은四十錢이오第四層은二十錢이오又別層坐次은第一層과同ᄒᆞᆫ지라該社ᄂᆞᆫ金鎔濟崔相敦高義駿三氏가組織ᄒᆞᆫ것인ᄃᆡ其實相은日本人의出資營業ᄒᆞᄂᆞᆫ바라日昨에一進會評議長송秉畯氏가該社에往ᄒᆞ야警責曰協律社演戱ᄂᆞᆫ外各國에도亦有ᄒᆞᆫ者나人民의營業으로爲之ᄒᆞᄂᆞᆫ것이오以官人而爲此ᄂᆞᆫ未聞ᄒᆞ얏고妓女의雇用은有ᄒᆞ거니와官妓使用은萬萬不當이라此等非理의事爲ᄂᆞᆫ不得不防遏이라ᄒᆞᆫᄃᆡ同三氏와日人이송氏를對ᄒᆞ야其寬恕를懇乞ᄒᆞ얏다ᄒᆞ니噫彼三氏의攫取民財之計와傷敗風俗之事ᄂᆞᆫ言之醜也어니와其觀光諸人은論ᄒᆞᆫ즉非其病風喪性者면豈至如此之甚이리오今夫韓人의身世를顧念ᄒᆞ면곳釜中之魚오幕上之燕이라雖句天廣樂이迭奏於前이라도宜其悽然傷懷ᄒᆞ고慨然下淚ᄒᆞᆯ거시오且夫生於憂患ᄒᆞ고死於安樂은人情之常이라今에失所之患과滅種之慮가迫在垂眉ᄒᆞ니苟有一分人心者면宜抱憂勤恐懼之念ᄒᆞ야아모조록學問에從事ᄒᆞ던지實業注意ᄒᆞ던지生活門路를尋得ᄒᆞ기로日不暇給ᄒᆞᆯ것이ᄂᆞᆯ乃紛紛結隊ᄒᆞ고逐逐成群ᄒᆞ야一聞協律社之復設ᄒᆞ고如蟲歸之聽賽鼓ᄒᆞ야快爭先ᄒᆞ고惟恐或後ᄒᆞ야嬉笑娛樂에擲錢如土ᄒᆞ니是何反常之甚也오古人曰當憂而樂이면必有殃咎라ᄒᆞ니今韓人이値此危急ᄒᆞ야침於淫樂이如此ᄒᆞ니正恐禍變之至가尙未有艾로다噫라如斯히病風喪性ᄒᆞᆫ人類를對ᄒᆞ야所謂修身이니愛國이니ᄒᆞᄂᆞᆫ義理로써雖日陳萬言이라도便同牛耳誦經이오閔忠正과곳치民國을爲ᄒᆞ야身命을棄擲ᄒᆞᄂᆞᆫ이가項背相望ᄒᆞᆯ지라도如斯ᄒᆞᆫ劣種은警醒할道理가無ᄒᆞ니此類가滅亡치안코무엇세所用이리오吾儕ᄂᆞᆫ實로韓國前途를爲ᄒᆞ야哀痛不已ᄒᆞ노라

●皇族將還　日本東京에滯在ᄒᆞᆫ　韓皇陛下의親姪李埈鎔氏를將次特旨召還ᄒᆞᆯ실內定이라ᄂᆞᆫ風說이有ᄒᆞ니眞若斯言이면値此　皇室孤危之日ᄒᆞ야篤於親愛之盛德과資其藩屛之良圖를可以感歎ᄒᆞᆯ지로다

●大臣循私　農商工部商務局은外部通商局을移設者也라外部主事가本部廢止後에未得移任者ㅣ有若干人ᄒᆞ니外事局與商務局의隨窠塡補가事之當然이어ᄂᆞᆯ近聞商務局主事有闕者를該大臣이以自巳緊切食口로叙任이고外部廢止後에未移任官人은初非有犯科免官이어ᄂᆞᆯ置之勿論ᄒᆞ니此乃循私蔑公이오非錄用勤勞之政法이라고公議가憤菀ᄒᆞᆫ다더라

●恐嚇則非　南來人의傳說을聞ᄒᆞᆫ즉公州郡一進支會에서學校를設立ᄒᆞᆯ事로境內紳士에게補助를請求ᄒᆞᄂᆞᆫᄃᆡ某氏家에往ᄒᆞ야以補助之不滿足으로恐嚇이滋甚ᄒᆞ고至有迫逐該家之說云ᄒᆞ니大抵開設學校가原是美擧요請求捐助가亦固當行이나若藉此而有恐갈威脅之擧則於理不可라ᄒᆞ더라

●朴氏義書　平壤郡居朴道淳氏ᄂᆞᆫ慈善事業上에自來留心ᄒᆞᄂᆞᆫ人인바近日該郡日新學校에各種敎科書를多數贊助ᄒᆞ야民智發達ᄒᆞᄂᆞᆫ基礎를成立케ᄒᆞᆷ으로人多稱譽ᄒᆞᆫ다더라

●金氏喜施　金山郡馬佐里居金議官安瑞氏가本非富人이요即一勤農家而已로되性度潤達ᄒᆞ고事多周恤이라每念該洞殘民ᄒᆞ야注苗之時에種租을分給ᄒᆞ고麥嶺極難에斗穀을均繼ᄒᆞ고歲除之日에又惠米肉ᄒᆞ야年年歲歲로不失此規ᄒᆞ고自辦葉三百金ᄒᆞ야以補洞費ᄒᆞ니該洞諸民이得以安堵ᄒᆞ야爭頌其惠라고南來人의傳說이有ᄒᆞ다더라

●李辱難洗　平察李容善氏ᄂᆞᆫ豊慶宮役費餘在錢幾萬兩을潛食ᄒᆞᆫ事로一進會員의게困難을屢遭ᄒᆞ얏고日前上京時에平壤紳士及會員들이遮路質問曰役費錢潛食條를辦出後에上京ᄒᆞ라ᄒᆞᆫ즉李氏曰上京幾日後에當如數還報ᄒᆞᆯ터이니如其不信이면吾當立保證人ᄒᆞ리라ᄒᆞ고郡守及各主事에게立保ᄒᆞ기를要請ᄒᆞ되無一應者라因此執滯三日타가僅爲脫身上來라ᄒᆞ니觀察守令之貪饕輩들이損軆取侮가至於此甚ᄒᆞ니民氣가安得不惡이며朝廷이安得不卑이며敎徒會員이安得不橫이며火賊이安得不起일지政治至此에無復可爲之道라ᄒᆞ노라

●大校重整　平壤私立大同學校ᄂᆞᆫ該郡朴鎭學氏가光武七年分에同志諸人의義助를募集ᄒᆞ야　故忠正公閔桂庭의贊成으로設立ᄒᆞ야普通敎科를敎授ᄒᆞ나恒常其經費窘絀로困難ᄒᆞ야自昨年夏期放學後로至今ᄭᆞ지校門을深閉ᄒᆞ고一向慨歎이더니何幸該校事務員朴鎭學氏와相親ᄒᆞᆫ當地來留日本人法律學士井上源賢氏가朴氏의熱誠에有感ᄒᆞ야有志人蔡藍玉金啓運兩氏로協力ᄒᆞ야該校를重開ᄒᆞ고法律學敎授ᄒᆞ기를自請ᄒᆞᆷ으로本月十五日붓터開學視務ᄒᆞᆫ다ᄒᆞ니吾儕ᄂᆞᆫ諸氏의誠力과井上氏의高義를致賀ᄒᆞ며該校發達를攢祝ᄒᆞ노라

●妙年美績　西來人의傳說를聞ᄒᆞᆫ즉遂安郡守李承仁氏가妙齡初績이ᄂᆞᆫ儼加老成ᄒᆞ야赴任以後에吏校欠額을一依新章程減定ᄒᆞ고廩況所屬流來名目不正者ᄂᆞᆫ一切蠲劃ᄒᆞ야以圖永遠遵行케ᄒᆞ며各敎徒會員之藉勢作弊者를以諭以威에咸使悅服케ᄒᆞᆷ으로民皆頌其公廉ᄒᆞ며譽其剛嚴ᄒᆞ야治化大行이라ᄒᆞ더라

●橫侵屋主　關西通信를據ᄒᆞᆫ즉平壤府內居鮮于爽이가昨秋의同府映池洞洋屋二十四間을築垈建造ᄒᆞᄂᆞᆫᄃᆡ雇費新貨八百八十元를日本人明技進士에게定給하야建築後受其憑票이더니不意今者의何許日本人이謂以朝技進士에게有所推償錢ᄒᆞ고厥屋를要爲撤去하야甚至於拔柱擧礎ᄒᆞ얏스니其特强凌弱ᄒᆞ야法外橫侵ᄒᆞᄂᆞᆫ거시可惡이라하더라

●蕎田關重　經理院에서學部에照會ᄒᆞ얏시되雎馬場所在農圃田與蕎田은係是御供蕎根年例進排之田이온즉其所葵重이自是逈別이거날自貴部로農事試驗場을緣何以設給於該田인지若非該田이면蕎根을無他應用이오莫重進供을不容少忽이기該田立標ᄂᆞᆫ方自本院으로將爲拔去라ᄒᆞ얏더라

●政會連開　再昨日下午三時에政府開議ᄒᆞᆫ事ᄂᆞᆫ已揭어니와昨日下午三時에또會議를開ᄒᆞ얏ᄂᆞᆫᄃᆡ其議案인則施政改善의方針과各郡賊警의止戢ᄒᆞᆯ計劃을硏究ᄒᆞ얏다더라

●淸郡新任　農商工部參書官金學某氏가淸道郡守叙任ᄒᆞᆫ代에該部主事洪在夏氏로叙任ᄒᆞ기를昨日政府會議에提出하얏다더라

●諸案照禁　議政府에서內部에照復ᄒᆞᆫ內槪에大子殿城撤戶事와蔚珍望樓私買事와高陽穀草勅徵事各案을均經知照日本統監府하와請即禁斷케하얏스니照亮爲要라하얏더라

●李氏可憫　洪州郡郵遞司에서該日人局長을刃刺ᄒᆞᆫ該局主事李鵬林氏를韓國裁判所에押交ᄒᆞᆫ事로參政大臣朴齊純氏가法部照會를因하야日本統監府에交涉하얏더니該統監府에서回復하기를李鵬林之加害於通信局員은即軍事上通信事務를妨害ᄒᆞᆷ이的確ᄒᆞᆫ故로我軍法會議에提出하야軍律에處辦하얏슨즉不可交付於貴裁判所라하얏다더라

●拘拿奏本　法部에서咸鏡北道流民玄章昊의告訴를因하야該道前觀察使李允在氏를拘拿ᄒᆞᆯ次로奏本을奉旨하얏다더라

●電飭探賊　忠淸北道定山靑陽等地에匪徒가猖獗ᄒᆞ다하니即速探電하라고昨日內部에서該道관察使의게電飭하얏더라

●礦役請禁　忠南木川郡守南啓錫氏가內部에報告ᄒᆞᆫ內槪에本郡開礦事ᄂᆞᆫ今因農商工部訓飭而擧行이오나郡旣處峽에谷深地狹하야田畓之外에更無閒曠하니必傷田畓에民被其害라特爲移照于農部하와本郡開礦一事ᄂᆞᆫ更爲還寢ᄒᆞ라하얏더라

●善山攫案　慶北관察申泰休氏가內部에報告하되善山郡民攫事에査官尙州郡守吉永洙가該罪人等을欲爲訊問ᄒᆞᆫ즉洛東駐在日警察憲兵이執留阻遏하야不得行査라하기로本府警務補佐官에게交涉하야自大丘駐留日憲隊長所로知委於該地憲兵所라하얏다더라

寄書

友鶴子

現今時代가新學文과新知識이아니면民國維持에一大關건과一大權與를知키難ᄒᆞᆫ지라余는江西鴻山南票里에一固窮之儒로出家旅在에家山形報가山靑雲白而已려니

近日西來人에傳說도慣聞ᄒᆞᆯᄲᅮᆫ아니라日前第一百十九號申報上에揭載ᄒᆞᆫ江西郡金箕杜氏에寄書를披녹一遍이라가本倅主李宇榮氏가知郡未幾에捐廩一千金ᄒᆞ야設學敎育ᄒᆞ시ᄆᆡ本郡聰俊과列郡生徒가聞風八學者日日增加等句語에至ᄒᆞ야는不覺擊節歎賞이로다此를由ᄒᆞ야觀ᄒᆞᆫ진ᄃᆡ李公은眞所謂有國無家也라

雷封小邑에官況이至微至薄이어날捐金興學ᄒᆞ니實是敎育上에必要ᄒᆞᆫ方針을提出ᄒᆞᆯᄲᅮᆫ아니라

其熱心을推究컨ᄃᆡ期於積痼ᄒᆞᆫ弊習을痛革코져ᄒᆞ며側簡ᄒᆞᆫ局見을開明코져ᄒᆞ야韓國同胞에知識이茫昧홈과聞見이孤陋홈을憂心忡忡ᄒᆞ야夜起彷徨에寢不就席ᄒᆞ고食不暇味ᄒᆞ야孜孜焉乾乾焉

心語曰何以則文明發達이世界列國에同等이되며何以則農商工業이東西洋半球에讓頭ᄒᆞᆯ境遇가無ᄒᆞᆯ고ᄒᆞ여시리니此에對ᄒᆞ야孰不謂有國이라ᄒᆞ며孰不曰無家라ᄒᆞ[illegible]

嗟我二千萬同胞는舊習을決捨ᄒᆞ고李公에模範을効則ᄒᆞ야新學問을究得ᄒᆞ며新知識을進就ᄒᆞᆯ지어다盖我韓은禮義를崇尙홈이久矣라

其浮華無實ᄒᆞᆫ習俗이筋骨에痺婁ᄒᆞ야凡厥入學者도但外皮看過了ᄒᆞᆯᄲᅮᆫ이오欲速之心이自出에植松堂亭이라ᄒᆞ야中途廢止者도有ᄒᆞ며揠苗者도未嘗無ᄒᆞ며或柔軟腔子가懶날ᄒᆞ야自暴自棄에도免홈에難키有ᄒᆞ니請以諺言論之ᄒᆞ리라

昔에郭橐駝者가有ᄒᆞ야木天을能順이러니一日은家童을率ᄒᆞ며手鍤을荷ᄒᆞ고突兀的脊岡을項仰ᄒᆞ야葛藤緣崖에脚力을濟盡ᄒᆞ야絕無上에彼陟ᄒᆞᆫ즉婆娑一尺穉松이根이石角에縱出ᄒᆞ고枝는棘心에歷屈ᄒᆞᆫ지라於是乎區別愛惜之心이油出ᄒᆞ야赤脚을命ᄒᆞ야堂前에移植ᄒᆞ고朝而灌漑ᄒᆞ며夕而培栽이러니

至六年七年ᄒᆞ야此松이數十尋에可以搆廈며可以支棟이라ᄒᆞ니至於格致工夫上에도亦然ᄒᆞ니就緒結果가我之實力이如何에但在인즉潤發ᄒᆞᆫ步趨로有進無退ᄒᆞ심을至以爲반ᄒᆞ오

雜報

●四面受賊　唐津郡守張봉煥氏가內部에報告하되本郡地球가西北海岸이오東南接陸하야水賊은侵西하고竊發은掠南하야一境鎭保이온즉移照軍部하와洋銃二十柄彈丸一千發을劃下하라하얏더라

●時시事사問문答답

무엇이유용하고편리ᄒᆞᆫ가지금세계는젼혀학문과재물로ᄊᆞ호는시ᄃᆡ인즉학문과재물이업ᄉᆞ면무엇으로나라를보젼ᄒᆞ다ᄒᆞᆯ이오

이왕에그것저것업슬ᄯᅢ에는우마와교군으로화륜거와면거를ᄃᆡ신ᄒᆞ고들길음과소길음으로셕유와면긔등을ᄃᆡ신ᄒᆞ고나재는히그림ᄌᆞ와밤에는닭과소리등속으로시계와ᄌᆞ명죵을ᄃᆡ신ᄒᆞ얏ᄉᆞ니이젼과지금을비교ᄒᆞ면그질문홈과군석홈은비록달으나기리치는일반이라

그러ᄒᆞ나지금시ᄃᆡ는ᄯᅥ로달으고날노변하야점점무근것을발이고셔것으로나아가는판인즉우리나라ᄉᆞ람들도남의나라ᄉᆞ람들의하지못ᄒᆞᆫ신ᄉᆞ업은ᄎᆞ치물론하고눈으로보고귀로듯는것을츙니라도너기를ᄉᆡᆼ각하여야될터인ᄃᆡ한갓ᄌᆞ포ᄌᆞ기하는마ᄋᆞᆷ으로등한이발여두고입으로만유용ᄒᆞᆫ것이니편리ᄒᆞᆫ것이니ᄒᆞᆫ즉

미완

特別社告

非史乘이면政治之美惡와人物之臧否와風俗之汚隆을無以攷論인즉史乘者는非一時之공覽이라乃萬世之公案이오非自國之所可得以私也라卽宇內列邦에宜所公佈키로曩者美人訖法氏之撰大東紀年이意固有在而然也라本記者ㅣ不揆僭越하고於韓之史事에留心者ㅣ久矣로되在幾百年之後하야要論幾百年之事가任大力綿에恐有失實之歎뿐더러鎖國自守之時代에는民國間諸般事爲가不過是尋常典故라不足以供世界列邦之眼目키로斷自丙子以後各國交涉時事하야裒爲編成一書하야公諸列邦하니四方有志諸君子는諒此苦心하야丙子以後政令訓誥之所記와各國交涉之如何와臣民疏章與功罪之表著와中外俗習之沿革과忠臣義士孝子烈女之行蹟을各隨所聞所見而詳錄投示하야俾此重役으로得以完成을千萬幸甚

大韓每日申報社

○○○本申報를廣佈ᄒᆞ기爲하야咸鏡南道咸興州南社西門外居하는曹喜林氏에게逐號下送하오니該附近地愛讀하시는 僉君子는同氏에게購覽하시며代金도同氏에게傳致하심을爲要

大韓每日申報社

本社廣告

申報價

一張代金 新貨二錢五里
一箇月前納 三十錢
三箇月 九十錢
六箇月 一元七十錢
一箇年 三元四十錢
郵稅一部 新貨五里
一箇月 十三錢

廣告料

四号活字十三字詰
每日每英尺一寸에新貨卄五錢
(每日每行에六錢에相當홈)
二周日에 二圜五十錢
(每日每行四錢五里에 相當홈)
一箇月에 五圜
(每日每行四錢一里에相當홈)

其期限의長短과字行의多少를依ᄒᆞ야增減홈이有홈

大韓人마다此申報를不得不閱覽ᄒᆞ실ᄃᆡ이오니廣告出報ᄒᆞ실 僉君子는來臨面議ᄒᆞ시옵

發行兼編輯人 英國人裵說

發行所

京城北署壽進坊磚洞号外地韓國學校前

大韓每日申報社

第四卷

大韓每日申報
대한매일신보

第一百號

月曜及慶節
歲時日休刊

檀君開國四千二百三十九年
箕子元年三千二十八年
大韓開國五百十五年
日本明治三十九年
淸國光緖三十二年
陰曆丙午二月大二十三日庚申

論說

日本鐵道

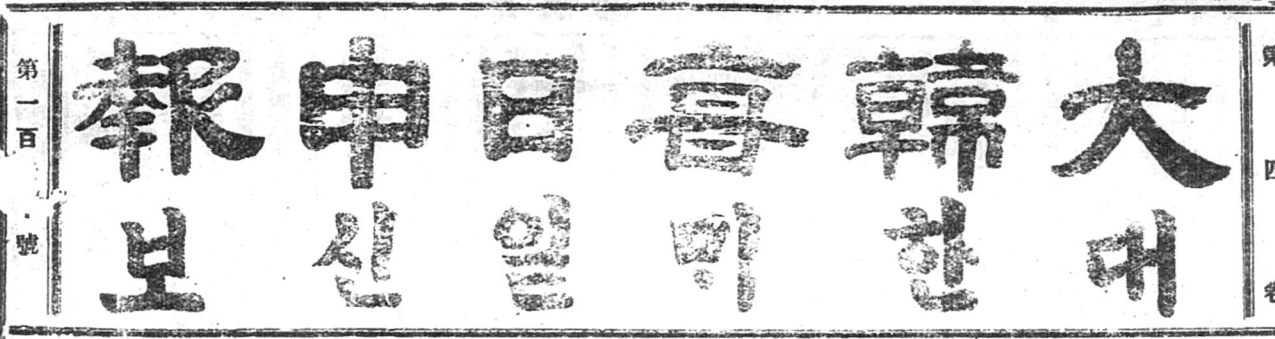

日本外務大臣加藤氏가政府提議에鐵道强買件을反對홈으로至於辭職인바同氏의自述說明이如左云이러라

鐵道를國有홈은憲政에相反홈이니此는個人自由를不願홈이라若其會社가賣渡를拒絶하면政府는將何以爲之오將以威勒買乎아

事至此境이면我國自由及憲政은當作何件고現今日本財政이雖未免困難이나然이나憲法을犯害하는如此非計는行之未能이어날加之以戰稅連續이오녀今我政府가憲法에不合호提議를進行홈에對하야本大臣은不無訝惑이라하엿더라

加藤氏의今此辭職은總理大臣의自行方策을感應홈에不在하니此方策은已經裁可하야數日之內에提出于議會홀거시라日本政府가四面反對를不計하고如此方針을固執斷定홈은其意難測이니以其鐵道事務論之면政府才能이過於私會인지는未能質言이로다

山陽鐵道는本是私營인바其事業이增進이政府設線보다加多홈을常爲表示矣요且今此方針을强硬反對하는人員中에山陽會社長이亦黍員이라此人의既往指言홈이有하니

鐵道의業務及經濟上에는日本私營社會가政府敎訓을無所可取며且私營數線은英美私線의原則과同一히合資執務홈이常爲經濟利益云이러라

今此確定提議가若至成就면日本政府가外債巨欵에更有證劵은不在多言이오其他解理가亦有호나些少太甚이로다

政府專賣權이國民發展에無所衡激인지는普通經驗이오且政府經用이緊急莫甚이면箇人事業을寧可沮喪홈이昭然이라

日本政府가必知此理故로加藤氏와如호直言人의信心은不得하더리도今此方策이果係긴急인줄노計算하는도다

官報

第三千四百一號 光武十年三月十五日

令

免本官 龍川監理署主事金誠

仁 右는該員이叙任已久에不

◉叙任及辭令

爲赴任이기是以免本官○任龍川監理署主事叙判任官八級

仁川監理署主事金在學○任仁川監理署主事叙判任官三級

九品高準植○依願免本官 議政府主事金寅基○任議政府主事叙判任官七급 義州監理署主事崔秉相○任義州監理署主事叙判任官七級 九品朴一陽

以上三月十三日

全羅北道觀察使韓鎭昌

錦山郡守閔佑鎬

雲峯郡守李俊

右는該員이去九年度秋冬等殿最에珍山郡守金경中에治蹟을宜置下考而謂諸考를니其在嚴明殿最之意에不可無懲에기是以로譴責에處호는事

右는該員等이去九年度秋冬等殿最에治蹟이居中이기是以로幷譴責에處호는事

以上二月十二日內部

◉宮廷錄事

正三品議政府外事局長韓昌洙는日本國으로서勳三等旭日章이며六品陸軍參領尹致晟은日本國으로서勳四等瑞寶章이며前領事官俞致셜은日本國으로서勳五等瑞寶章을領受호얏기로表勳院에서經奏裁可호後佩用准許호事 三月十二日 完

●三千四百二號 光武十年三月十六日

◉宮廷錄事

三月十四日太醫院日次問安 答曰知道 太子宮氣度平順卿等不必入侍矣

侍從院副卿金炳旭辭職疏批旨省疏具悉所請依施

三月十三日

●叙任及辭令

依願免本官 度支部主事金炳宇○任度支部主事叙判任官四級 六品俞致셜

以上三月十四日

農商工部主事徐相鴻

右는該員이叙任後初不仕進타가諸由下鄕더니限又太過홈은怠만莫甚이기로一箇月減俸에處호事

三月十二日農商工部

◎學　事

平康郡公立小學校副敎員崔升鉉을解任호고高淸東으로平壤郡公立小學校副敎員李源駿은解任호고金周燮으로南陽郡公立小學校副敎員은金銓으로任用事

外報

●警察廢止說 日本東京電을據혼즉日本에서凶徒嘯聚事件으로裁判하는中에其証人된巡査가陳述홈이其報告와相左홈으로再次警視廳을廢止하자는說이喧藉하더라

●鐵道買收 日本政府에서京釜鐵道買收홀金額이京仁線에四百十萬七千九百四十元이오京釜線에千八百萬元인데其中政府에서貸與金額과其他金額을計除하면四際會社에出給홀公債가二千八百餘萬元이더라

●德艦擴張 倫敦電을據혼즉德國議會의預算委員이海外에派送홀艦隊에大巡洋艦五隻을增加하고一萬八千噸되는戰鬪艦二隻과一萬五千噸되는巡洋艦一隻을新造호는案件을可決하얏더라

●美國內情 華盛頓來電을據혼즉美國元老院에서議員헤얼氏는比律賓으로軍隊를集中호는事에反對호며如斯홈은淸國에向하야宣戰홈과又다고論難하얏다더라

●江蘇省의暴徒 上海電을據혼즉淸國江蘇省贛州府에서宣敎師를排斥홀目的으로暴徒가蜂起홀虞가有호다호야英國總領事가同知縣에對호야外國人을保護호라고警告호얏다더라

●滿洲電報料 日本遞信省에서告示로써外國電報料金表中에改正을加호얏심이安東縣 鳳凰城 旅順 大連 柳樹屯 入石橋 營口 海城 遼陽 奉天 新民廳 金州 鎭嶺等地의電報料는金三十錢으로定호되三月七日브터施行홀旨를公布호얏는데但鳳凰城 柳樹屯 大石橋 海城 新民廳 金州 鎭嶺은日文電報만限호다호얏더라

●南淸事件과英俄 北京電을據혼즉駐淸俄公使는南淸事件에交涉을海牙平和會議에附케호고又淸國에서말테스博士를顧問으로雇聘호라고勸告호얏고英國은南淸事件으로淸國官憲의怠만홈을責호며暴民의嚴罰及비償을要求호고今後는英國人을保護호기爲호야軍艦若干을潘陽湖에定泊홀權利를得홈을主張호얏다더라

雜報

○希臘獨立史

希臘은歐洲의最術小國이라西曆一千四百五十四年에土耳其의게并呑ᄒᆞᆫ바되야其殘虐을被ᄒᆞᆫ지四百年이더니一千八百五十一年에至ᄒᆞ야

希臘愛國黨이비로소秘密會ᄅᆞᆯ組織ᄒᆞ야興義復國을圖謀ᄒᆞ다가土軍의捕獲을被ᄒᆞ얏스나愛國者의熱血이愈益益發ᄒᆞ야國會議會ᄅᆞᆯ開ᄒᆞ며政府ᄅᆞᆯ設ᄒᆞ며憲法을制定ᄒᆞ고土國을抗拒ᄒᆞ야血戰七八年에希臘士民이死亡隨繼ᄒᆞ되國民의獨立思想은萬折不挫ᄒᆞ니라於是에英法諸國이其國民의志節을讚歎ᄒᆞ고

되더여同盟援助ᄒᆞ야獨立을公認ᄒᆞ니以彼弱小之勢로被併於強大之國ᄒᆞ야宗社의丘墟가已經四百春秋라故國遺風이既已邈然이오禾黍之歎이假已消磨矣로되

愛國義士가猶能奮起於荊棘之叢ᄒᆞ야百難不屈에獨立을克復ᄒᆞ얏스니此其故ᄂᆞᆫ何哉오盖希臘은歐洲의最先文明之國이라三千年前에學問을崇尙ᄒᆞ든遺風餘韻이傳子傳孫ᄒᆞ야祖國을不忘ᄒᆞᆷ으로

맛침ᄂᆡ光復舊物의大義ᄅᆞᆯ世界에表顯ᄒᆞᆫ지라由此觀之컨ᄃᆡ人文이不亡이면其國이不亡이니凡天下有國者ᄂᆞᆫ其可忽之哉아

●標置還送　前警務使李忠求氏의先山이在於廣州等地ᄒᆞᆫᄃᆡ竹洞趙輔國秉式氏가李氏流配後該山麓에置標ᄒᆞ얏더니李氏가解配ᄒᆞ야온후에即時趙氏의標ᄅᆞᆯ파셔趙氏家로還送ᄒᆞ엿다더라

●造紙開設　龍山印刷局의附屬ᄒᆞᆫ造紙ᄅᆞᆯ開設ᄒᆞᆫ準備가有年이러니今番에製造ᄒᆞᄂᆞᆫᄃᆡ着手ᄒᆞ야其成績이良好ᄒᆞ다더라

●間島問題　傳說을聞ᄒᆞᆫ則統監府에셔韓청兩國間에在ᄒᆞᆫ北間島問題로特派청國과交渉ᄒᆞ야兩國境界ᄅᆞᆯ明確히劃定ᄒᆞ리라더라

●不宜勛懲　義州前郡守申泂均氏免官押上事에對ᄒᆞ야做謀周旋次로該郡求是學校敎師徐丙轍浪應亮南氏가上京이다가徐員이緣何而被囚於警廳인지該校生徒金履轍等이來聞此奇而抵京ᄒᆞ야徐員을請放次로請願ᄒᆞ얏스니其師其弟가但是沒覺이라고西來人의傳說이有ᄒᆞ더라

●旣捧未納　江原道通川郡에셔ᄂᆞᆫ該郡結錢을多少間捧留ᄒᆞ얏스나嶺雪이丈深ᄒᆞ야換路阻絕ᄒᆞ고沿路多梗ᄒᆞ야負馱甚艱故로上納을不能發送ᄒᆞ니在邑與行ᄒᆞ야萬萬悚仄이라고該郡守沈在昇氏가度支部에報告ᄒᆞ얏다더라

●會員妨稅　京居朴京會가度支部에請願ᄒᆞ되舒川韓川沃溝等地開也島竹島立牛島包內氷漁鹽幕間漁基柴竹草幕基址稅ᄅᆞᆯ本以轉相賣買之道掌으로多年基主가收捧ᄒᆞ야本部上納이온바去年春基址稅收捧之際에一進會員이莫曉正供ᄒᆞ고百方沮遏ᄒᆞ야分錢을未捧이오나年例部納元稅ᄂᆞᆫ不可不措劃이기乙巳條基稅五百兩과竹島基址稅二百四十兩을自辦上納ᄒᆞ오니査照ᄒᆞ옵셔年例所收條ᄅᆞᆯ更無一進會沮戱ᄒᆞᆯ事로該道관察府에訓飭ᄒᆞ시와俾便例捧ᄒᆞ야以完上랍ᄒᆞ라ᄒᆞ얏더라

●戢盜政略　內部에셔十三道에訓飭ᄒᆞᆫ內槪에管下各戢捕官及各郡守에게飛防ᄒᆞ야申明統法ᄒᆞ며講究方略ᄒᆞ야境內竊盜ᄅᆞᆯ隨現隨捉ᄒᆞ며其或嘯聚徒黨ᄒᆞ야橫行閭里者ᄂᆞᆫ即稍附近鎭衛隊ᄒᆞ야合力捕獲ᄒᆞ야期圖掃청이되嗣後로桴鼓의警과竊發의患을一直恬視ᄒᆞ고任其跳踉ᄒᆞ야不即掃除則當該戢捕官及各郡守ᄂᆞᆫ斷當奏免懲勘ᄒᆞᆯ지니本使도失防ᄒᆞᆫ責을難免ᄒᆞᆯ지니凜遵擧行ᄒᆞ오되形止ᄅᆞᆯ亦卽馳報ᄒᆞ라ᄒᆞ얏더라

●合郡有期　日昨政府에셔來四月項에合省合郡ᄒᆞ기로議決되얏다ᄒᆞ니外他弊政은已皆就緖ᄒᆞ고只是州郡未合이國計民事上에妨害가有ᄒᆞᆫ인지當急者ᄂᆞᆫ反緩之ᄒᆞ고當後者ᄂᆞᆫ返先之ᄒᆞ니政界主見은實非愚淺者의所可測度이라謂ᄒᆞᆯ지로다

●界政喜報

再昨日政府에셔施政改善方略을開會講論ᄒᆞ얏다니善哉라此問題여經邦恤民ᄒᆞᄂᆞᆫ大政令新規則을不遠間必當宣布ᄒᆞᆯ지니一般人民들이皆願少須臾無死ᄒᆞ야治化大行之快然獲睹ᄒᆞᆷ을日夜翹首渴望이어니와現今民國間許多爲獘ᄅᆞᆯ有不可枚論이되第以最大最急者로論之컨ᄃᆡ一曰賣官鬻爵이오二曰循私不用人材오三曰法律紊亂이오四曰學務不張이오五曰賊徒猖궐이오六曰敎徒會員作獘오七曰貨幣行用不一이오八曰農商業鈍滯니凡此數獘ᄅᆞᆯ及時矯然改正ᄒᆞ야以踏新面目이면人心이翕悅ᄒᆞ고自度維新ᄒᆞ야其他細節目은迎刃自解ᄒᆞᆯ지니實力之養과獨立之回復이可以跂而擧인바今其爲政者ㅣ名目이雖多ᄒᆞ나細加思量ᄒᆞ면其所緊要ㅣ只在於用人一事ᄒᆞ니私意ᄅᆞᆯ淨盡ᄒᆞ며排閥資格을勿拘ᄒᆞ고惟材是用ᄒᆞ야久任責成이면譬如丹田一炙에百疾이皆愈ᄒᆞ야諸般獘瘼이不期祛而自祛ᄒᆞᆯ지니自古賢宰相之莫大事業을必以用人爲先者ㅣ此也라諸公이其有意乎否아國之成敗存亡이在於今之一着지로다略擧施措之節次ᄒᆞ야執鞭而俟之ᄒᆞ노라

●民田請耕　南署豆毛浦纛島十三洞民人等이學部에請願ᄒᆞ되民等의諸人田二百二十餘日耕을見奪於香馬隊事로屢次告訴于宮內府而尙無歸正之處分ᄒᆞ와屢百年有文券田土ᄅᆞᆯ見奪ᄒᆞ고失業에將至渙散이온바現今田土가移屬於本部試驗場이온즉今當農時에情勢急迫이옵기玆에仰訴ᄒᆞ오니俯此瀕死生靈으로以爲安堵케ᄒᆞ라ᄒᆞ얏더라

●安郡校況　海西安岳郡公立小學校에ᄂᆞᆫ另設日語一科ᄒᆞ고日本醫師黑野高造가以名譽教師로熱心教授ᄒᆞᆫ다더라

●大慶有日　韓國皇太子殿下嘉禮都監이將爲設置라ᄒᆞᆷ은前報에已揭어니와再昨日詔勅을下ᄒᆞ사原任大臣이率禮堂來待ᄒᆞ라ᄒᆞ옵셧더라.

●賊徒被捉　再昨日內部에셔定山靑陽等地匪徒探査報來事로該道觀察府에飭飭ᄒᆞᆫ事ᄂᆞᆫ已揭어니와公州觀察使署理가昨日報告[illegible]기ᄅᆞᆯ定山郡暴徒猖獗[illegible]時警務補佐官及巡檢이該地에前往ᄒᆞ야現捉幾名與[illegible]火[illegible]等物ᄒᆞ고頭領은[illegible]ᄒᆞ얏스나[illegible]加緝[illegible]이라ᄒᆞ얏다더라

●證書詐交　警務使徐相大氏가內部에報告ᄒᆞ되公州觀察府로셔押上ᄒᆞᆫ李식과청州鎭衛隊로셔押付ᄒᆞᆫ金[illegible]等四人을行將訊問이온바該人等捉上時에自外部으로應有先報於貴部而證品書類도想必粘付이온즉該書類ᄅᆞᆯ交付ᄒᆞ야俾便訊問케ᄒᆞ라ᄒᆞ얏다더라

●漁利見奪　諫洞居洪鍾穆氏가農商工部에請願ᄒᆞ기ᄅᆞᆯ平安北道沿海各郡의魚採利益을見奪於청商이온즉卽使本人으로以檢査員派則稅金을責徵랍上이라ᄒᆞ얏더라

●鵲奪鳩巢　沃川郡居洪佑學氏ᄂᆞᆫ該郡佳化水井兩坪空間地ᄅᆞᆯ已蒙水輪院認可而起墾者인ᄃᆡ今自一進會로稱有農商工部訓令而起墾이라ᄒᆞ야使不得耕作ᄒᆞ니嚴訓禁斷케ᄒᆞ라고該部에請願ᄒᆞ얏다더라

●鹽場勒買　咸南文川郡守李廟植氏가內部에報告ᄒᆞ되本郡龜山社鹽場은自昔衆民責鹽生活之地이옵더니陰正月廿七日日本陸軍隊長及本國元山港摠巡이率日兵四五名ᄒᆞ고來到鹽場ᄒᆞ야面諭曰汝等鹽場이盡入於軍用地矣라爲念汝等之生涯ᄒᆞ야額價ᄂᆞᆫ以相當直으로出給矣라ᄒᆞ니卽爲從去ᄒᆞ라ᄒᆞ되該民等이各以不[illegible]許ᄒᆞᆫ즉日人이[illegible]一間[illegible]該當自古이라ᄒᆞ며[illegible]之[illegible]이다鹽民[illegible]六十餘名이[illegible]이온바[illegible]人하야[illegible]際에[illegible]巡檢[illegible]이使巡檢으로[illegible]照會[illegible]坎主[illegible]啓珍等六人을[illegible]押[illegible]하야井與鹽[illegible]으로[illegible]錢하고所在墟[illegible]正田[illegible]屋을[illegible]數買收占領하야使許多人民으로一朝失業하야呼訴[illegible]之狀을實不可目睹하얏더라

●[illegible]礦役　農商工部에셔漢城府로訓令하기를龍山採掘이係是本部所管인바近聞纛署字內에셔外國人이無難斫石하야山脊이幾至崩頹云하니或未知自該府認許事件이有ᄒᆞᆫ지暗地犯採인지殊甚訝惑이라到卽另加嚴禁하야更無致如是斫石케하고該理由를詳報하라하얏다더라

雜報

●議如無議 再昨日政府會議에서日昨 詔勅內辭意를對揚ᄒᆞ기爲ᄒᆞ야觀察郡守의貪饕不法을一切澄汰ᄒᆞ며竊發之患이甚ᄒᆞᆫ境遇에ᄂᆞᆫ各該郡守가附近鎭衛隊에通知ᄒᆞ야派兵勦討ᄒᆞ기로議決ᄒᆞ얏다ᄒᆞ니第此觀察守令之貪虐과竊發之爲患을何時에不日其當禁이리오마ᄂᆞᆫ只付泛言ᄒᆞ고不立其可禁之方策키로迄今無半点實效인바日昨會議가亦不過一時泛言而已인즉雖經百議나有何毫益哉아全國行政之地에其所提議가每至於如彼模稜ᄒᆞ니或其見識이止於此歟아抑或有私而不肯盡言歟아雖三百六十日大聲질呼라도必不見聽ᄒᆞᆯ지니姑且閣之ᄒᆞ야以觀其如何結局ᄒᆞ리로다

●天道教區 天道教에서各地方에大教區를劃置ᄒᆞ얏ᄂᆞᆫ데教區ᄂᆞᆫ教人十萬名以上으로定ᄒᆞ며教區數ᄂᆞᆫ七十二오區長의姓名은如左ᄒᆞ더라

第一 申光雨 第二 鞠吉賢
第三 徐虞淳 第四 安應斗
第五 金洛喆 第六 元容馹
第七 金裕源 第八 金學洙
第九 李謙洙 第十 韓用九
第十一 金永學 第十二 柳志薰
第十三 洪基兆 第十四 羅仁協
第十五 羅龍煥 第十六 崔鳳官
第十七 吳榮昌 第十八 朴永九
第十九 崔文[illegible] 第二十 李炳春
第二一 盧錫璣 第二二 韓華錫
第二三 林仲浩 第二四 劉啓憲
第二五 林禮煥 第二六 洪基億
第二七 尹昌彥 第二八 吳成龍
第二九 許 善 第三十 鄭경洙
第三一 金鼎植 第三二 鄭懸南
第三三 林正淳 第三四 具昌根
第三五 孫光洙 第三六 金知澤
第三七 林周業 第三八 李日완
第三九 吳膺善 第四十 姜建會
第四一 崔육鉉 第四二 金應鍾
第四三 金榮培 第四四 李東成
第四五 鄭 樸 第四六 孫殷錫

未完

●時시事사問문答답

그것이일단병통의근원이오완고의육습이어니와만일완고의육습이잇게드면찰아리말과교군을탈지언졍륜거나면거를타지마는것이올코들길음과소길음을쏠진졍셕유나면등을거론치안는것이가하고달괴소리와일영을비쥰하야쥬야의일ᄭᅩ느즘을짐작할지언정시계ᄌᆞ명종을ᄉᆞ지안는것이당연ᄒᆞ거날그ᄒᆞᄂᆞᆫ것을보게드면완고니슈구니ᄒᆞᄂᆞᆫᄌᆞ들도륜거나면거거를타지안는자이업고셕유나면ᄀᆞ등을켜지안는집이업고시계ᄌᆞ명종이업ᄂᆞᆫ집이업슬ᄲᅮᆫ만아니라기타일용만물에어ᄂᆞᆫ것이업서ᄉᆞ소ᄒᆞᆫ리익이라도모다남을쥬어젼국지정의견갈홈이극항에일으되그병이어ᄃᆡ서나지ᄂᆞᆫ지어ᄂᆞᆫ곳에잇ᄂᆞᆫ지도모지불계ᄒᆞ고ᄒᆞᆫ갓외면으로만완고슈구의목뎍이잇ᄂᆞᆫ체도ᄒᆞ고우국의민의ᄉᆞ상이잇ᄂᆞᆫ체도하나실상을의론하면아모경륜도업고다만이젼부패한육습으로젼일에지ᄂᆡ던일만싱각하야ᄒᆞᆫ뭉텅이감감한마옴을능히기오치못하니가위교쥬고실이라할만하고소위지간이죠금잇다ᄒᆞᄂᆞᆫ자ᄂᆞᆫ교ᄉᆞ가무쌍ᄒᆞ야신학문이좀잇ᄂᆞᆫᄉᆞ람을되ᄒᆞ면ᄌᆞ긔도신학문에향의ᄒᆞᄂᆞᆫ체ᄒᆞ고완고의ᄉᆞ상이잇ᄂᆞᆫ듯ᄒᆞᆫᄉᆞ람을되ᄒᆞ면ᄌᆞ긔도슈구의ᄐᆡ도를나타내여항상말ᄒᆞ기를이젼에난그런것저런것업서도오ᄇᆡᆨ년승평세계를일웟스니 미완

特別社告

非史乘이면政治之美惡와人物之臧否와風俗之汚隆을無以攷論이라故로史乘者는非一時之공覽이라乃萬世之公案이오非自國之所可得以私也라故로列邦에皆所公佈키로認者美人詑法氏之撰大東紀年이爲顯著者而[illegible]信越하고於韓之史籍에留心者ㅣ久矣로되往幾百年之後하야要論幾頁年之事가任其[illegible]에遺有失實之歎[illegible]代에[illegible]외臣民疏章與功罪之表著와中外俗習之謠諺과忠臣義士孝子烈女之行蹟을各隨所聞所見而詳錄投示하야俾此書로得[illegible]

大韓每日申報社

○○○○○○○○○○○○○

本申報를廣佈ᄒ기爲ᄒ야咸鏡南道咸興州南社西門外居ᄒ는曹喜林氏에게逐號下送하오니該附近地愛讀하시는　僉君子는同氏에게購覽하시며代金도同氏에게傳致하심을爲要

大韓每日申報社

○○○○○○○○○○○○○

本社廣告

申報價

一張代金　新貨二錢五厘
一個月前納　三十戔
三個月　九十戔
六個月　一元七十戔
一箇年　三元四十戔
[illegible]一部　新貨五厘
一個月　十三戔

廣告料

四號活字十三字[illegible]
每日[illegible]凡一寸에新貨[illegible]
(每日每行에[illegible]
[illegible]
(每日每行[illegible]
一個月에[illegible]
(每日每行[illegible]一[illegible]에[illegible]
其期限의長短과字行의[illegible]를從ᄒ야增減ᄒᆷ이有ᄒᆷ

大韓人이나[illegible]此申報를不得[illegible]覽ᄒ실터이오니廣告出報ᄒ실　僉君子ᄂ來臨面議ᄒ시옴

發行兼編輯人　英國人[illegible]
發行所
京城北署壽進坊[illegible]洞[illegible]外[illegible]學校[illegible]
大韓每日申報社

第四卷

大韓每日申報
대한매일신보

第一百七十一號

月曜及慶節歲時休刊

檀君開國四千二百三十九年
箕子元年三千二十八年
大韓開國五百十五年
日本明治三十九年
清國光緒三十二年
陰曆丙午二月大二十四日辛酉

論說

讃韓民之向學

大凡人情이遇險則勉於利濟ᄒᆞ고處逸則流於고逸은理勢之固然也라是以로自古有爲之主와碩論之士가多從艱難中奮志起來ᄒᆞ야歷盡風霜에卒以有成ᄒᆞ며

至若任情肆慾ᄒᆞ야恣其宴安者ᄂᆞᆫ機種運去而難回ᄒᆞ며禍生於所忽ᄒᆞ야敗其家國者ㅣ項背相望ᄒᆞ니此豈非成敗禍福이在人所處之明證乎아

今夫韓之人士가處歷世之昇平ᄒᆞ고蹈舊日之恬嬉ᄒᆞ야遊衣遊食而惰於學問ᄒᆞ야知逸而不知勞ᄒᆞ고知存而不知亡ᄒᆞ야海外風雲을付諸壁上觀而已러니

一自新條約締成으로衆心之憂遑憤激이忽如怒潮驚浪之不可抑遏ᄒᆞ야痛隣侮之壓迫ᄒᆞ며念前途之崎嶇ᄒᆞ야

人人肚裏에皆以國權回復과民智啓發로作爲一身柱子ㅣ로四方立學之報가紛然相續ᄒᆞ야殆無虛日ᄒᆞ니苟如是不已則一葉吟風에萬葉이隨之ᄒᆞ야

三百餘州郡內에黌塾이林立ᄒᆞ고人材輩出ᄒᆞ야文明之效果와實力之養成을庶幾指日可睹홀지니

蓋此韓人之急於向學ᄒᆞ야恐懼修省者ᄂᆞᆫ曩日新條約이爲之祟也라然則古人所謂多難興邦이實非虛言이오以彗星으로指爲瑞星者ㅣ不幸近之니彼東隣之威逼强制홈이安知不爲韓人之幸福乎哉아

雖然이나本記者절爲政府諸公ᄒᆞ야有所憾恨이로다大抵國家莫大之患이在於人民之頑不率教인바第觀韓民之行動컨ᄃᆡ皆能勇於爲義ᄒᆞ며勉於守禮ᄒᆞ야不負先王之遺澤ᄒᆞ니其可與有爲而良善易治를從可知矣라苟自政府로因勢利導ᄒᆞ며教育有方이면美俗之成이易如指掌이어날

顧乃壓制之ᄒᆞ며剝割之ᄒᆞ며不加教育而錮其見識ᄒᆞ야俾作他人之奴隷而莫之恤焉ᄒᆞ니以此論之컨ᄃᆡ政府負民이오非民負國이라千秋史評之誤國陷民이未知責在何人일지嗚呼라其可懼乎哉ㄴ저

宮報

●號外 光武十年三月十六日

◉宮廷錄事

詔曰 東宮嘉禮當於秋冬間行之自十三歲至二十歲處子禁婚

三月十六日

原任大臣率禮堂依 勅教來待矣 光武十年三月十六日奉旨入侍宮內大臣同爲入侍

禮式院掌禮卿臣金思轍謹奏 東宮嘉禮當於秋冬間行之自十三歲至二十歲處子禁婚事勅下矣自今日依例禁婚嫁事分付京外當爲捧單而京中則陰曆三月初四日外方近道同月十四日中道同月二十四日遠道四月初四日定限捧單上送事知委國婚禁限外許婚諸條別單書入之意敢 奏 光武十年三月十六日奏 旨依奏

禮式院

國婚禁限外許婚諸條別單

一 國姓

一 姓貫不同李姓

一 皇太子異姓親從當婚者限八寸

一 純明妃同姓限七寸親異姓限六寸親

一 父母未俱全者

●三千四百三號 光武十年三月十七日

◉敍任及辭令

命시從院副卿敍勅任官三等 從二品嚴忠源○依願免本官 秘書監丞權鍾振 齊陵叅奉洪德周 厚陵叅奉趙南輪 恭陵參奉沈明燮 思陵參奉金永璇 康陵參奉李天用 懿陵參奉李禧宰 永懷園叅奉林秉國 純陵叅奉金炳甲 和陵叅奉朱鍾翊 慶基殿叅奉鄭在[illegible]○任秘書監丞 正三品邊奎昌○任齊陵參奉 洪寅燮○任厚陵叅奉 九品趙鍾萬○任恭陵參奉 九品洪淳容○任思陵參奉 金容老○任康陵參奉 閔命植○任懿陵叅奉 李浩晚○任永懷園參奉 九品李程淳○任純陵參奉 金鎭源○任和陵參奉 崔萬鎭○任慶基殿參奉 金觀식○任主殿院電務課主事 尹相五○任禮式院掌樂課主事 朴在昌 李泓宇 韓錫基○依願免兼任禮式院掌禮 秘書監丞李圭桓○兼任禮式院掌禮 秘書監丞申性均 以上三月十三日○依願免本官 秘書監丞洪承斗 淑陵參奉崔昌鉉 慶基殿參奉金觀식 純陵參奉金鎭源 和陵參奉崔萬鎭 齊陵參奉洪寅燮 思陵參奉金容老 康陵參奉閔命植 懿陵參奉李浩晚 厚陵參奉趙鍾禹 惠陵參奉金容五 順陵參奉丕顯熙 箕子陵參奉李裕曄 照慶園參奉沈鍾瑞 禮式院掌樂課主事朴在昌 仝李泓宇 仝韓錫基 主殿院電務課主事尹相五 三和監理李台珽 安東郡守沈理燮○任秘書監丞 正三品金德淵○任淑陵參奉 尹泰殷○任慶基殿參奉 九品鄭在龍○任純陵參奉 九品金炳甲 未完

外報

●露國開市反對 露國公使ᄂᆞᆫ清國要求에對ᄒᆞ야現在合爾賓에在ᄒᆞᆫ軍隊를浦港으로撤退ᄒᆞᆷ은同音ᄒᆞ고此를開放ᄒᆞ야通商場으로爲홈에ᄂᆞᆫ異議를挿ᄒᆞ야容易히承認치아니ᄒᆞ리라더라

●白兵撤去 日本의奉天守備兵은淸國의主權을爲重히ᄒᆞ야城門의衛兵을撤去ᄒᆞ얏ᄂᆞᆫᄃᆡ淸國政府ᄂᆞᆫ此에關ᄒᆞ야大히日本의誠意를致謝ᄒᆞ얏더라

●勳章請求 北京電을據ᄒᆞᆫ즉淸國吉林將軍은其省內에在ᄒᆞᆫ露國士官에게勳章附與ᄒᆞ기를請求홈으로써外部ᄂᆞᆫ目下協議中이라더라

●德國經營 東京電을據ᄒᆞᆫ즉德國海軍大臣이豫算委員會에서膠州灣에堅固히築城ᄒᆞ기爲ᄒᆞ야其塞要ᄂᆞᆫ局外中立의要ᄒᆞᆫ程度로經營ᄒᆞ리라고說明ᄒᆞ얏다더라

●波斯立憲 波斯國民은立憲制度를要求ᄒᆞ야헤란比數千人이波斯王兵에當ᄒᆞ라ᄂᆞᆫ示威的運動으로붓터王은騷亂을避ᄒᆞ기爲ᄒᆞ야僧侶商人土地所有者로成立된議會의開設을許可ᄒᆞ얏ᄂᆞᆫᄃᆡ右議會ᄂᆞᆫ正議院이라稱ᄒᆞ야王이스사로議長이되야立法行政의二部를有ᄒᆞᆫ者로ᄒᆞ며四民은平等으로ᄒᆞ기를宣告ᄒᆞ얏고또議會를開ᄒᆞᆫ後ᄂᆞᆫ直時白耳義稅吏를廢ᄒᆞᆫ다ᄒᆞᆫ즉此問題ᄂᆞᆫ英露라도容易치아니홀이라英은필지스단路ᄂᆞᆫ카우카스로써波斯와相인ᄒᆞ얏선즉수後英露兩國의波斯國에在ᄒᆞᆫ競爭은一層激烈홈을見ᄒᆞᆯ터이라라더

雜報

●光武學校　日本遊學生李完卿李應周等諸氏의建立ᄒᆞᆫ光武學校ᄂᆞᆫ光武九年十一月에遞歸ᄒᆞᆫ駐日公使趙民熙氏在任時에有志ᄒᆞᆫ遊學生諸氏로더부러協議ᄒᆞ야刱起ᄒᆞᆫ바라

海天萬里에學生諸氏의國家思想이耿結方寸ᄒᆞ야鑽研之功을晝宵勤勉ᄒᆞᆯ뿐아니라亞東望國莊嶽之間에韓人의所立ᄒᆞᆫ光武學校四字를瞻懷ᄒᆞᆯ진ᄃᆡ豈不爲韓人士의大喜之表ㅣ아

諸[illegible]賓[illegible]東京市區上에林立者ᄂᆞᆫ學校[illegible]ㅣ니何足重輕於[illegible]마ᄂᆞᆫ韓人之所樹立於日本東京者ㅣ只此光武學校與東海義塾而已라籌觀日本人之所樹立於韓國首府漢城內外者로言之컨ᄃᆡ其[illegible]也인一而二오二而三ᄒᆞ야乃至今日之鉅[illegible]ᄒᆞ니殆放厥初ᄒᆞ면亦如光武學校與東海義塾一二區始也니維此光武學校與東海義塾은爲自西徂東之權輿ᄒᆞ며獨立精神之嚆矢也니敢不爲韓國二千萬同胞祝賀리오今聞東海義塾은業已多人의文明企圖로贊成이有ᄒᆞ다ᄒᆞ니必不中輟ᄒᆞᆯ듯ᄒᆞ거니와維此光武學校ᄂᆞᆫ以若宏圖遠猷로不能大有作爲ᄒᆞ고萎낳不振ᄒᆞ야終歸泯滅이면豈不可惜哉아惟願大韓有志君子[illegible]當軸諸公은念國步之進就ᄒᆞ고助民志之發展ᄒᆞ야使光武學校로永遠不壞於扶桑之墟케되면韓國之振興이可明ᄒᆞ리니不亦善哉아玆에光武學校의趣志書를譯登于左ᄒᆞ노라

有國之急務ᄂᆞᆫ莫先於敎育이니何者오人民之文野와國家之存亡의所由生也라溯考歷史컨ᄃᆡ往在拿破崙之覇於歐洲也에受其慘毒者ㅣ莫普伊若也로ᄃᆡ而至十八世紀ᄒᆞ야普有俾斯麥ᄒᆞ고伊有嘉富爾ᄒᆞ야能繼絕世興亡國ᄒᆞ니今則皆雄飛海[illegible]ᄒᆞ야抗衡天下ᄒᆞ니彼兩賢은固人傑[illegible]나然이나若於當[illegible]에不[illegible]人民之敎育ᄒᆞ며貯畜國家之觀念이면豈能展其[illegible]功ᄒᆞ야致中興之業乎아且以近[illegible]言之컨ᄃᆡ[illegible]諸[illegible]皆大[illegible]人[illegible]衆ᄒᆞ야殆十數倍於日本이나其[illegible]戰에兩[illegible]敗亡ᄒᆞ니其故安在오敎育不如也라

噫라今日韓國之[illegible]其何如耶아遊學於外國者ㅣ幾許日而奮[illegible]力而行이면[illegible]猶恐不及이어늘凡我遊學生之[illegible]是[illegible]昧於習俗ᄒᆞ야[illegible]間ᄒᆞ고[illegible]진倍蓰之族[illegible]ᄒᆞ니[illegible]分之目的이로以若靑年有爲로或有中途而歸國者ᄒᆞ며又有迫於困難ᄒᆞ야進退維谷者ᄒᆞ니此不可不先救也라或有入於某[illegible]學校ᄒᆞ야勵精修業者ㅣ亦坐於未精語學ᄒᆞ고皆解文義ᄒᆞ야以致進步之遲緩ᄒᆞ니此不可不顧念也라故로光武九年十一月에生等이未暇量力ᄒᆞ고協議於前公使趙民熙氏ᄒᆞ야刱設學校於東京ᄒᆞ야名之曰光武學校라置日語文法算術及普通學諸科目ᄒᆞ야爲各種專門學校預備科ᄒᆞᆯ식雇聘本國敎師二人及日本敎師二人ᄒᆞ야分掌敎授ᄒᆞ야使期速成일식校務漸次整頓ᄒᆞ고校樣이庶幾成立이러니不意公館撤還에[illegible]尺寸[illegible]零丁이라幸賴有志諸氏ㅣ[illegible]心周旋ᄒᆞ며極力相助ᄒᆞ야以至今日에[illegible]諸般經費를支辦[illegible]路ᄒᆞ니[illegible]而延幾日이[illegible]則學校之[illegible]校[illegible]未可知라[illegible]今[illegible]之[illegible]가果何如也아留[illegible]一條生脈ᄒᆞ야回[illegible]之[illegible]能[illegible]敎育一款이니則今此光武[illegible]不可[illegible]不有其[illegible]則孰不欲永久扶[illegible]其[illegible]乎아[illegible]光武學校ᄂᆞᆫ[illegible]一人之私立ᄒᆞ고[illegible]國之公[illegible]ᄒᆞ야[illegible]之[illegible]則學校[illegible]

●[illegible]禁婚　再昨日에原任[illegible]臣이參禮堂入侍ᄒᆞ야韓國皇太子殿下嘉禮[illegible]定ᄒᆞ고私家女子十五歲以上으로十九歲以下ᄭᆞ지[illegible]禁婚令을頒布ᄒᆞ얏다더라

●特派伴員　今番에義[illegible]王殿下回國ᄒᆞ심을爲ᄒᆞ야宮內府에서三次電報가有ᄒᆞ얏ᄂᆞᆫ대同殿下回還時伴接委員으로參將嚴俊源氏와新任淸道郡守金聖基氏로特派ᄒᆞ야昨日第一次列車에發行ᄒᆞ얏다더라

●廣등二校　廣州府尹吳泰泳氏ᄂᆞᆫ此[illegible]務에[illegible]意ᄒᆞ야境內에二校를刱設ᄒᆞ얏ᄂᆞᆫᄃᆡ城중에ᄂᆞᆫ廣興學校를立ᄒᆞ야八十元을捐補ᄒᆞ고[illegible]北面에ᄂᆞᆫ廣[illegible]學校를立ᄒᆞ야四十元을捐補ᄒᆞ니[illegible]況으로[illegible]敎[illegible]를爲ᄒᆞ야有此[illegible]연ᄒᆞᆷ의[illegible]志人士가[illegible]捐激勸ᄒᆞ야[illegible]自[illegible]연ᄒᆞᆷ으로校況이興旺ᄒᆞ고[illegible]校敎師尹[illegible]氏ᄂᆞᆫ[illegible]校[illegible]公立敎員으로[illegible]러니[illegible]私立敎[illegible]之[illegible]ᄒᆞ고[illegible]義[illegible]心[illegible]讚[illegible]빈다ᄒᆞ더라

●論[illegible]阜頭　[illegible]商工部에[illegible]岸一帶ᄂᆞᆫ皆[illegible]於外國人所[illegible]요我國商賈의[illegible]御[illegible]甚難故로本人이[illegible]留[illegible]岸[illegible]以[illegible]閭阜頭以南[illegible]行[illegible]沙地[illegible]萬[illegible]租[illegible]商賈의便利[illegible]ᄒᆞᆫ[illegible]仁川監理에[illegible]訓令ᄒᆞ[illegible]處가果係空閒[illegible]私[illegible]ᄒᆞ며亦無外國人[illegible]依[illegible]許케ᄒᆞ[illegible]라

●[illegible]慘況　[illegible]來人의傳說을[illegible]平安北道義州地方에서[illegible]兵擾中苦況과[illegible]道役野에困難은慘不可言이어니와今則平和已久로ᄃᆡ日本木商社가該郡守의게請囑ᄒᆞ야松板幾千株와每日牛幾百馱와人夫幾百名을許給ᄒᆞᆫ告示를圖得ᄒᆞ고勒役이虐甚ᄒᆞᆷ의松板價ᄂᆞᆫ十分一을給ᄒᆞ고雇錢은每日稱貸二分式만給ᄒᆞᄂᆞᆫ거슨莫論ᄒᆞ고鞭笞之ᄒᆞ며拘囚之ᄒᆞ야一日赴役에十日治病ᄒᆞ고農牛之致斃와農民之被傷이不知其數라將次廢農之境에至ᄒᆞᆯ지니該郡守ᄂᆞᆫ如干賄賂를取ᄒᆞ얏든지如此히人民을死境에沈淪케ᄒᆞᆷ으로寃聲이載路ᄒᆞ다더라

●禮卿特任　[illegible]太子殿下嘉禮[illegible]을[illegible]하야宮[illegible]內部[illegible]氏ᄂᆞᆫ特[illegible]官으로[illegible]하고特[illegible]官[illegible]撤[illegible]卿을[illegible]命하얏더라

●[illegible]置　[illegible]府[illegible]內에[illegible]置하얏고帝室會計課ᄂᆞᆫ[illegible]宮內[illegible]로移[illegible]다라

●[illegible]　[illegible]만어니와[illegible]貸付金九[illegible]千餘圓不動産擔保貸[illegible]八萬餘圓合計十七萬餘圓인ᄃᆡ其商品의重要ᄒᆞᆫ者ᄂᆞᆫ米穀、麻布、木綿、西洋木、紙、葉烟草、綢緞、皮物等이라ᄒᆞ며從來度支部內事務所ᄂᆞᆫ業務擴張ᄒᆞᄂᆞᆫ今日에甚이狹隘ᄒᆞᆷ으로今回에該社成監事의厚意로鍾路社廳上層新建二層洋屋을借入ᄒᆞ야日間移轉ᄒᆞᆫ다ᄒᆞ며尙且該會社ᄂᆞᆫ度支部內 鍾路 梨峴新市場內西大門外等地에借入倉庫가有ᄒᆞ야荷主의게至極便利ᄒᆞ며特히今回에沿江에在ᄒᆞᆫ米穀을保管ᄒᆞ며民此에對ᄒᆞ야金融의便을與ᄒᆞ기爲ᄒᆞ야麻浦에一大倉庫를借入ᄒᆞ얏다ᄒᆞ며度支部에서ᄂᆞᆫ該會社資本金으로金十萬圓을貸下ᄒᆞ얏다더라

●勸業模範　日本統監府에셔韓國地方에勸業模範場을設置ᄒᆞᆯ計劃인ᄃᆡ農商工部에셔該部所管綿花栽培[illegible]等事業을該[illegible]에囑[illegible]하야自統監府로一[illegible]監督[illegible]기로ᄒᆞ얏다더라

●松衙回祿　[illegible]松郡守[illegible]氏가[illegible]에報告ᄒᆞ되郡守赴任前陰曆正月[illegible]三日[illegible]에火起ᄒᆞ야[illegible]措手不及ᄒᆞ야[illegible]燒이다이옵기로赴任後捉入公兄ᄒᆞ야[illegible]火[illegible]因[illegible]則[illegible]에積月[illegible]衙之餘에修補ᄒᆞ고一次點火이더니不覺火生ᄒᆞᆫ處이고烟焰[illegible]에[illegible]措手ᄒᆞ야以至延燒이다[illegible]治[illegible]不愼之罪이오나修理重建之方이苦無善策이오니[illegible]處分하라하얏더라

●星民電報　星州郡民鄭采煥等이電報內部하얏ᄂᆞᆫᄃᆡ本郡都面長裵祐洪이符同署理郡守하야鞭扑狠藉에攫取結錢幾十萬乾沒하얏ᄂᆞᆫ즉捉囚都面長하야勿還再徵하고改差署理하야救活人民을伏望이라하얏더라

雜報

●天道教에서各地方에大教區를劃置ᄒᆞ얏ᄂᆞᆫᄃᆡ教區ᄂᆞᆫ教人十萬名以上으로定ᄒᆞ며教區數ᄂᆞᆫ七十二오區長의姓名은如左ᄒᆞ더라 속

第四七全永夏 第四八柳志侖
第四九崔봉진 第五十全希侖
第五一金 晳 第五二辛載俊
第五三張應坤 第五四鄭宗郁
第五五金益河 第五六鄭永노
第五七李承球 第五八郭驥龍
第五九李鍾奭 第六十朴宗薰
第六一文天洙 第六二宋培憲
第六三朴致俊 第六四金顯昌
第六五安升烈 第六六康翼周
第六七裵ᄒᆞᆫ젹 第六八方贊斗
第六九韓用긔 第七十辛精集
第七一金漢式 第七二金永河

完

●譏察費屬校 礪山郡守金禛氏가內部에報告ᄒᆞ되本郡에已設別巡校十二人廳使五名ᄒᆞ야使之譏察勸捕가于玆四年而今見新定章式則初無別巡校名目이고只有譏察費四百八十兩이오니以此譏察費로分排餼料이올지旣無別巡校之名目則永爲革去이올지指一處分ᄒᆞ라ᄒᆞ얏다더라

●崔氏義擧 技師崔在鶴氏가普明義塾洞口에木橋建築을自當爲之ᄒᆞᆷ으로其學事補贊助ᄒᆞᄂᆞᆫ義擧를人皆欽嘆ᄒᆞᆫ다더라

●失兒要覓 昨日下午二時에大安洞路上에셔四歲女兒를失ᄒᆞ얏ᄂᆞᆫᄃᆡ名은壽男이오紅唐木치마져구리에白洋木바지입고얼굴은곱고머리ᄂᆞᆫ다박머리오니誰某氏던지此兒를다려시고寺洞二十九統八戶李判書宅으로오시면其恩을厚謝ᄒᆞ깃노라고本社에來告ᄒᆞ기로玆에揭佈ᄒᆞ노라

●時시事사問문答답

지명문명이라난것이무엇인고ᄒᆞ야이ᄉᆞ람져ᄉᆞ람의눈치보아가며그뜻을마초난것을스ᄉᆞ로일시체변의재인능ᄉᆞ로알고한가지쥬장할마음이업슨즉가위표리부동이라할만ᄒᆞᆫ지라그허다병풍상속의악습은이로론란할슈업거니와더져삼고로말ᄒᆞ면무ᄉᆞᆷ물건이던지우마에실ᄂᆞᆫ것이비록륜거나륜션에실ᄂᆞᆫ것보담부비가더ᄒᆞ다ᄒᆞ려니와길히셕각ᄒᆞ면가량한량ᄒᆞ져ᄉᆞ람쥬고두량ᄒᆞ우리사람쥬면당장ᄒᆞᆫ리히가관계되나져ᄉᆞ람ᄒᆞᆫ돈한량은여엿업셔지ᄂᆞᆫ모양이오우리사람두량쥰ᄂᆞᆫ우항상내나라디방에잇슬터이니속담에일은바쥬머니에든돈을초갑에옴겨넛ᄂᆞᆫ것갓다할지니초갑과쥬머니가비록명목과소용이달으나필경에ᄂᆞᆫ귀물되기난일반이니그리ᄒᆞᆫ를교계ᄒᆞ면엇디ᄒᆞ다ᄒᆞ리오그밧게여러가지가모다그와갓흔고로유용ᄒᆞᆫ것이무용한것만못ᄒᆞ고편리ᄒᆞᆫ것이불편ᄒᆞᆫ것만갓지못ᄒᆞ다ᄒᆞᆷ이로다

廣告

北署壯洞普明義塾補助員

輔國	閔泳徽	新貨	一百元
主事	孫熙一	仝	五十元
院卿	李根培	仝	五十元
協辦	李範九	仝	四十元
郡守	鄭寅國	仝	四十元
參官	李根永	仝	三十元
議官	池鏞永	仝	十元
正言	吳信鎬	仝	十元
副尉	姜台馨	仝	十元
僉知	邊錫鎭	仝	十元
議官	金基宅	仝	五元
主事	宋命曄	仝	五元
主事	徐丙[illegible]	仝	五元
課長	嚴俊永	仝	五元
參書	朴基福	仝	五元
參書	睦駿逵	仝	五元
議官	劉喜國	仝	五元
判官	玄學元	仝	五元
參書	金得鍊	仝	五元
議官	朴明煥	仝	五元
判書	李源逸	仝	五元
參判	尹相衍	仝	五元
議官	崔敬培	仝	五元
郡守	李稱翼	仝	五元
侍從	尹基益	仝	五元
主事	金鍾호	仝	五元

右諸公은領受證가기전은該金을挨치勿ᄒᆞ시오

本郡守尹相佑氏가兩載爲政에一郡安堵ᄒᆞ고捐廩恤撫에流民還集ᄒᆞ기로來暮之歌가還恐其歸[illegible]ᄒᆞ다더라
巨濟郡民 尹永燁 朴東燁 告白

本運送部에셔京仁京釜京義間鐵道貨物을運送ᄒᆞ되貨物을特別保管ᄒᆞ며運輸을特別迅速케ᄒᆞ오며支店을三線各驛에設置ᄒᆞ얏ᄉᆞ오니貨物을運送ᄒᆞ실僉君子ᄂᆞᆫ本運送部에光臨問議ᄒᆞ시옵
京城南大門外韓美協同倉庫會社內
合資會社 東美運送部
社長 尹昌錫
社務員 任命鎬 鄭仁穀 李春[illegible]

本人[illegible]字明仲年三十九歲本浮浪長留京師日事雜技而如干家產蕩盡無餘不悛前習一向得債爲要內外國人切勿見欺白失ᄒᆞᆷ
平南成川竹郊朴相華 告白

毛物普信社에셔今番의新設筒契ᄒᆞ고日間出筒云ᄒᆞ오나發錄三員은初無參涉이기玆의廣告ᄒᆞ니參契僉員은以此照亮ᄒᆞᆷ
幣識明 韓鎭萬 李鍾[illegible]

南署明哲坊冶峴帶洞石四十三統一戶草家六間文券遺失ᄒᆞ얏스니誰某든지休紙施行ᄒᆞᆷ
家主李箕薰 告白

本店에新設乾材ᄒᆞ고一般我韓土産藥材든지日本淸國藥料든지泰西洋製品料藥材를隨請廉價賣酬ᄒᆞ되來三月初一日븟터開放ᄒᆞ오니僉君子ᄂᆞᆫ照亮ᄒᆞ시와陸續請購ᄒᆞ시믈伏望
鍾南泳新橋松圃藥店 李演龜 告白

義州郡東是學校教師徐丙輸氏가向在該郡時에自一進支會로郡守申羽均氏에砲殺良民과不公政治를忠告直諫ᄒᆞ야徐氏及校長吳應亮氏가稱之賢伴逼迫이라ᄒᆞ야視會中仇ᄒᆞ며指斥酷復에一面反ᄒᆞ려니由是免官被拿京ᄒᆞ야爲申氏擁護ᄒᆞᆫ가反爲被囚則其生徒金[illegible]鐵等이亦爲徐氏ᄒᆞ야屢次請願에未得歸放ᄒᆞ야스니可云不是ᄒᆞᆷ
李應洛 命永淵 告白

花春丹은[illegible]症 腹痛[illegible]
[illegible]
發賣ᄒᆞ시옵
皇城校洞石井洞下隅 石泉堂藥房 告白

本號新設男女各色洋服與由上海等來各種紬에至於一切衣服品[illegible]件精全[illegible]士女[illegible]
四小門內泰男女洋服商號

吉州郡守朴元教[illegible]以治世之良能으로當孔路之敝局ᄒᆞ야莅任半載에士民이安業ᄒᆞ고殘邑蘇醒ᄒᆞ야民歌來暮러니今月初에覲親次로上京ᄒᆞ야于今一望에尚不還衙ᄒᆞ니民恐賊失ᄒᆞ야儒生李延斌等十數人이上京ᄒᆞ야催促還任인지郡守가有何事端인지迂延不起而今明間에不爲發程이면士民輩이內部로願留云하니皆政을可欽이오民情을可見ᄒᆞ깃노라
李廷斌 告白

●數理學雜誌改良廣告

本雜誌를第三號로븟터ᄂᆞᆫ頁數도增加ᄒᆞ며紙冊도改良ᄒᆞ며揭載ᄒᆞᄂᆞᆫ材料도一層精選ᄒᆞ야江湖僉位의要求ᄒᆞ시ᄂᆞᆫ[illegible]ᄒᆞ코저ᄒᆞ오니僉彦은購覽ᄒᆞ심을伏望

但發行日子ᄂᆞᆫ每朔五日
一券定價ᄂᆞᆫ新貨拾錢

發行所 南大門內尙洞青年會館 數理學雜誌社

要却所 尙洞會堂內
鍾路大東書市
布屛下金相萬書舖
新門內松橋張哲厦紙廛
銅峴朴致九紙廛
仁川濟物浦[illegible]
平壤鍾路明書館

齒科 廣告

齒科醫士美國人[illegible]

右事務所ᄂᆞᆫ南大門內[illegible]
內美國醫士[illegible]

視務時間은每日上午九時로十二時ᄭᆞ지下午二時로五時ᄭᆞ지
右時間外에特別히治療ᄒᆞ기를要請ᄒᆞᄂᆞᆫ僉員은預先通知ᄒᆞᆷ

●刑法大全 一帙定價金新貨六十錢

牧民心書 一帙 一圓二十五錢
耳談續纂 一冊 七錢五里
溫故知新堂叢鈔 七錢五里
父師必讀小學指南 七錢五里
人工養蠶鑑 一冊 十五錢
新訂算術 一冊 十五錢

發賣所 布屛門下金相萬書舖
大韓每日申報社

特別社告

非史乘이면政治之美惡와人物之臧否와風俗之汚隆을無以攷論인즉史乘者ᄂᆞᆫ非一時之공覽이라乃萬世之公案이오非自國之所可得以私也라即宇內列邦에皆所公佈키로曩者美人訖法氏之撰大東紀年이意固有在而然也라本記者ㅣ不揆僭越하고於韓之史事에留心者ㅣ久矣로되在幾百年之後하야要論幾百年之事가任大力綿에恐有失實之歎뿐더러鎖國自守之時代에ᄂᆞᆫ民國間諸般事爲가不過是尋常與故라不足以供世界列邦之眼目키로斷自丙子以後各國交涉時事하야要爲編成一部하야公諸列邦하니四方有志ᄒᆞᆫ君子ᄂᆞᆫ諒此苦心하야丙子以後政令訓誥之所記와各國交涉之如何와臣民疏章與功罪之表著와中外俗習之沿革과忠臣義士孝子烈女之行蹟을各隨所聞所見而詳錄投示하야俾此重役으로得以完成을千萬幸甚

大韓每日申報社

○○○○○○○○○○○○○○○

本申報를廣佈ᄒᆞ기爲하야咸鏡南道咸興州南社西門外居하ᄂᆞᆫ曹喜林氏에게逐號下送하오니該附近地愛讀하시ᄂᆞᆫ　僉君子ᄂᆞᆫ同氏에게購覽하시며代金도同氏에게傳致하심을爲要

大韓每日申報社

○○○○○○○○○○○○○○○

一 鷹標罐濃甛牛乳
一 金印罐甛濃甛牛乳
一 無糖家用氣化乳酪
一 麥ㅣ 은 쓰 製造麥粉乳
合牛乳

以上은需[illegible]對[illegible]ᄒᆞ[illegible]
[illegible]

大韓仁川港

手代理店 [illegible] 洋行

●九轉靈砂라　本人이妙方法으로精하야製造ᄒᆞᆫ靈丹인ᄃᆡ男女老少에無論何症ᄒᆞ고通治ᄒᆞ오며無病時에도服ᄒᆞ면平生의身體가健康ᄒᆞ며小兒ᄂᆞᆫ四五歲로服ᄒᆞ면十歲안에無病ᄒᆞ기를擔保ᄒᆞ오며

●九轉靈砂萬靈丹은癲狂　癎症과中風諸疾과耳目諸病과淋疾에神効ᄒᆞ오

●九轉靈砂保命丹은初生小兒　驚風　痢氣　咳嗽　腹痛諸般惡症에神効ᄒᆞ오

●九轉靈砂濟衆丹은酒滯　食滯　血積　吐瀉　霍亂　痢疾　吐血　下血　運氣　時疾　疝症에神効ᄒᆞ오

●九轉靈砂紫金丹은痔漏　累瘡　上疳瘡　下疳瘡及唇瘡과諸般毒瘡惡種에無不神効ᄒᆞ오니　僉君子ᄂᆞᆫ來問ᄒᆞ시오

內需司前두갈이골上隅第一家　李鶴廷　告白

以上三種은上品으로製造ᄒᆞ야販賣[illegible]上에[illegible]ᄒᆞ[illegible]八[illegible]本[illegible]來[illegible]

大韓帝國仁川港

專物商紙卷煙及煙草會社

本社廣告

中報價

一張代金　新貨二錢五厘

一箇月前納　三十錢

三箇月　九十錢

六箇月　一元七十錢

一箇年　三元四十錢

郵稅一部　新貨五厘

一箇月　十三錢

廣告料

四号活字十三字詰

每日每英尺一寸에新貨廿五錢

(每日每行에六錢에相當홈)

三箇月에　二圓五十錢

(每日每行四錢五厘에相當홈)

一箇月에　五圓

(每日每行四錢一厘에相當홈)

其期限의長短과字行의多少를依ᄒᆞ야增減홈이有홈

大韓人마다此申報를不得不購覽ᄒᆞ실터이오니廣告出報ᄒᆞᆯ僉君子ᄂᆞᆫ來臨面議ᄒᆞ시옵

發行兼編輯人　英國人裵說

發行所

京城北署壽進坊碑洞外地嶺西學校內

大韓每日申報社

第四卷

大韓每日申報
대한매일신보

第一百七十二號

月曜及慶節歲時日休刊

檀君開國四千二百三十九年
箕子元年三千二十八年
大韓開國五百十五年
日本明治三十九年
清國光緒三十二年
陰曆丙午二月大二十六日癸亥

論說

독康南海愛國論

本記者ㅣ試問ᄒᆞ노니大韓人民이其有愛國之性質者耶아奈之何外人이臨之以勢力則帖耳相從ᄒᆞ고啗之以小利則爭趨若鶩ᄒᆞ야大者ᄂᆞᆫ賣其國權ᄒᆞ고小者ᄂᆞᆫ賣其田土ᄒᆞ야甘心於爲奴爲僕者가首尾相續也오由此觀之면不可謂其有愛國之性質者也오若其無愛國之性質者ㅣ면胡爲乎自元老重臣儒賢以下로以至一般紳士가不恤於外人之勢力ᄒᆞ고不降於外人之利誘ᄒᆞ야或延軀而蹈義ᄒᆞ며或抗言而犯難ᄒᆞ야有足以表顯其志節於世界者가項背相望이며以至海外流民이亦皆痛國權之墜地ᄒᆞ야沫血飮泣에奮憤欲死也오由此觀之컨ᄃᆡ亦不可謂其無愛國之性質者也라

但其教化가衰頹ᄒᆞ야全國人心이不能通同一致키로啓外人之野心而陷此非常之苦境이로다試以西史觀之컨ᄃᆡ昔者希臘이以數千之農民으로追百萬遊牧之만兵ᄒᆞ고距今四百年前에法國에有一牧羊野婦가獨力一言으로以攘强敵ᄒᆞ야使法國으로脫於外國之羈絆ᄒᆞ니此其由來西人之嘖嘖稱道者어니와自十九世紀以來로教化日盛ᄒᆞ고民智大進ᄒᆞ야凡厥國民이無不以國事로爲己事ᄒᆞ며以國權으로爲己權ᄒᆞ며以國榮으로爲己榮ᄒᆞ며以國辱으로爲己辱ᄒᆞ니此其國이即是人民之國이오非特君相之國이라衆智衆力이合成一國ᄒᆞ니所以로國之勢力이堅如銅柱에觸之者碎ᄒᆞ고熾如烈火에犯之者焦ᄒᆞᄂᆞᆫ비라今以韓國區區로處此競爭之世ᄒᆞ야人各爲心에渙散不一ᄒᆞ니自外人觀之에便如無人이라必曰其地ᄅᆞᆯ可佔也오其民을可奴也라ᄒᆞ야旣是流涎日久에又將着手不已로다余독康南海愛國論ᄒᆞ니曰夫愛國者ᄂᆞᆫ欲其國之强也라然이나國非能自强也오必民智開然後에能强焉이오必民力萃然後에能强焉이니故로애國之心을由ᄒᆞ야發出ᄒᆞᄂᆞᆫ條理가不一其端이나要之컨ᄃᆡ반다시聯合과教育二事로써爲之起點이라一箇人의애國心은其力이甚微ᄒᆞ고衆人의애國心은合ᄒᆞ면其力이甚大ᄒᆞ니此ᄂᆞᆫ聯合이最要ᄒᆞᆫ者이오또空言애國이無補於國이니若思救之면必藉人才니此ᄂᆞᆫ教育이尤要ᄒᆞᆫ者라

又曰海外之國은其民이自束髮入學校로則誦愛國之詩歌ᄒᆞ며相語以愛國之故事ᄒᆞ고及稍長에則講愛國之眞理ᄒᆞ며父詔其子ᄒᆞ고兄勉其弟가相告以愛國之實業이라衣衿所佩者ᄂᆞᆫ號爲愛國之章이오遊燕所集者ᄂᆞᆫ號爲愛國之社오所飮之酒ᄂᆞᆫ以愛國爲命名ᄒᆞ고所玩之物은以愛國爲紀念이오兵勇은朝夕으로必遙拜其國王ᄒᆞ며尋常饗손에必祝禱其國運이라乃至法國歌妓가不納普人之狎遊ᄒᆞ니謂其世爲國之讐也오日本孩童이不受俄客之贈果ᄒᆞ니謂其將爲國之患也라其愛國之性質이發於良知ᄒᆞ야不待教而能ᄒᆞ고本乎至情ᄒᆞ야不待謀而合ᄒᆞ니何其盛歟아ᄒᆞ얏더라

今에大韓人民도原非無愛國之性質者니아모조록教育의進步로써愛國의眞理ᄅᆞᆯ講習ᄒᆞ며聯合의主義로써愛國의團體ᄅᆞᆯ固結ᄒᆞ기로佩服此義理ᄒᆞ며菽粟此義理ᄒᆞ야養其天性에自然而然이면決코人權을可伸이고國權을可復이니勉之勉之어다

官報

●三千四百三號　光武十年三月十七日　續

◉敍任及辭令

任和陵參奉　六品朱鎭翊〇任齊陵參奉　九品洪德周〇任思陵參奉　金始元〇任懿陵參奉　嚴柱趙弼夏〇任康陵參奉　嚴柱應〇任厚陵參奉　金鉉起〇任惠陵參奉　申羽均〇任順陵參奉　金思駿〇任箕子陵參奉　金元淳〇任昭慶園參奉　姜友永〇任三和監理　正三品李源兢〇任安東郡守　청道郡守李鐵紀〇任濬道部守　農商工部參書官金聖基〇任警務廳警務官　陸軍參尉金相설〇任昌原[illegible]理醫主事　朴洵道　以上三月十四日　完

●三千四百四號　光武十年三月十九日

◉敍任及辭令

命宮內府特進官　禮式院掌禮卿趙定熙〇命禮式院掌禮卿弘文館學士　南廷哲〇命弘文館學士　正一品李淳翼〇依願免本官　禮式院掌樂課主事朴在昌　仝李泓宇　仝韓錫基淑陵參奉尹泰殷　厚陵參奉金佑起　貞陵參奉申雨均　順陵參奉金思駿　思陵參奉金始元懿陵參奉趙弼夏　康陵參奉嚴柱應　昭慶園參奉姜友永穆陵參奉崔永稷　徽陵參奉韓翼源〇任秘書監丞　正三品洪承斗〇兼任太醫院副卿　秘書監丞洪承斗〇任淑陵參奉　九品崔昌善〇任厚陵參奉　九品丕鍊禹〇任惠陵參奉　九品金容五〇任順陵參奉　九品趙觀熙〇任思陵參奉　鄭基錫〇任懿陵參奉　尹得浩〇任康陵參奉　尹振求〇任昭慶園參奉九品沈鍾瑞〇任禮式院掌樂課主事　安鍾五　劉漢模　方善容〇任穆陵參奉　李用建〇任徽陵參奉　閔丙義〇任經理院技手　安宗학　以上三月十五日

外報

●進步黨의反對　東京電을據ᄒᆞᆫ則日本進步黨代議士會에서京釜鐵道買收案은贊成ᄒᆞᄂᆞ內地의各鐵道를買收ᄒᆞᆷ을極力反對ᄒᆞ기로決議ᄒᆞ얏더라

●在野黨懇親會　同電을據ᄒᆞᆫ則日本에서本月十二日에在野黨懇親會가有ᄒᆞ얏ᄂᆞᆫᄃᆡ大石正已犬養毅遠山滿外等百五十名이出席ᄒᆞ야現內閣에對ᄒᆞ야反對意見을發表ᄒᆞ얏더라

●淸帝의不豫　同電을據ᄒᆞᆫ則淸帝께서近者에不豫ᄒᆞᆷ으로西太后가各省將軍督撫에게名醫를求ᄒᆞ야北京으로起送ᄒᆞᆯ意로電諭ᄒᆞ얏다더라

●鐵道省新設　日本에서鐵道國有案이議會를經過ᄒᆞ야國有의實效를奏ᄒᆞᆷ에至ᄒᆞ면其事務가浩繁ᄒᆞ야永久히遞信省管理에委任ᄒᆞᆯ것이아닌故로不可不鐵道省을新設ᄒᆞᆷ이可ᄒᆞ다고主唱ᄒᆞᄂᆞᆫ者가有ᄒᆞ다더라

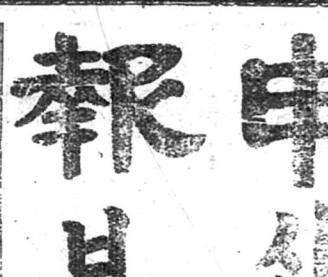

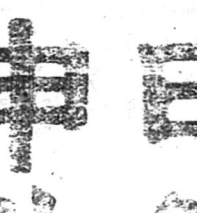

●平和會議　俄國滿洲軍은本年六月ᄭᆞ지ᄂᆞᆫ撤兵輸送의全部ᄅᆞᆯ終了ᄒᆞᆯ豫定으로來八月을期ᄒᆞ야和蘭國海牙에서第二回의萬國平和會議ᄅᆞᆯ開ᄒᆞ려ᄂᆞᆫ計劃이라ᄒᆞ더라

雜報

●借欵契約 本月十六日政府會議에參政大臣朴齊純氏及度支大臣閔泳綺氏가日本興業銀行에一千萬圜借欵條約을調印ᄒᆞ얏ᄂᆞᆫᄃᆡ其使用目的은農商業의發達을爲ᄒᆞᆷ이라더라

●擅設柴稅 中署警務官洪奭鉉氏ᄂᆞᆫ鍾路柴塲에暗設收稅하야一駄柴牛에白銅貨一枚式徵收하ᄂᆞᆫᄃᆡ其名目인즉牛糞을ᄡᅳᆯ掃除하야路上을淸潔케ᄒᆞᆫ다하야名之以掃糞稅라하고日昨收稅之際에該居間徵收者與柴商間에自然惹起是非하야鬪其官設私設則居間者가初以糊塗句語로冰冰答去이다가竟不能隱諱하야聲言其中署長之命令이라ᄒᆞᆫᄃᆡ該柴商이高聲大呼曰當此雜稅革罷之日하야又設此無名之稅하니柴亦難賣라하며互相爭詰이다가該坊巡檢의게一鬭被執하야入去中署云하니此等警官은攺善政治中亦一魔孽으어니와稅名則愈出愈奇라하더라

●鄭氏被囚 前參判鄭日永氏ᄂᆞᆫ有何事端인지刑事上에審査ᄒᆞᆯ事이有하다하야法部에셔上奏裁可ᄒᆞᆫ後에警廳에訓令하야平리院으로押付케하얏다더라

●貿魚抑賣 西來人의傳說을聞ᄒᆞᆫ즉平壤郡守李重玉氏가銅貨處置ᄒᆞᆯ經營으로鯖魚를多貿ᄒᆞ야牟利코져ᄒᆞ얏더니時勢가低落ᄒᆞ야狼狽ᄒᆞᆯ慮가有ᄒᆞᆫ지라乃於民間에散賣ᄒᆞ기로各面各里養牛作農ᄒᆞᄂᆞᆫ民處에勒排하고每介에白銅貨六分式定價收捧ᄒᆞᆷ으로民怨이藉藉하다더라

●帝國停刊 帝國新聞을去土曜日檢閱時에抹殺禁케ᄒᆞᆫ句語를字字히覆板치안코或抹或存하얏더니警務補佐官이該社長李鍾一氏를招致하야禁制를不遵하얏다하고三箇日停刊에處하얏더라

●仁倅不仁 仁同郡守徐相奎氏가貪虐ᄒᆞᆫ政蹟으로政府와各部에民訴가如左ᄒᆞ더라

一 莫重稅政에關ᄒᆞᆫ度支訓을隱ᄒᆞ고結錢을濫捧事

一 民隱에呼冤ᄒᆞᆫ士族의父와妻을杖囚事

一 火賊이人家를燒蕩ᄒᆞ고銃劍으로婦女를刺傷ᄒᆞ고財產을奪掠ᄒᆞ오미隣里相救ᄒᆞ야賊黨을勦滅ᄒᆞ얏더니多發吏校ᄒᆞ야賊尸를掘檢ᄒᆞ고洞民을杖囚事

一 各面書員을五六名式差出하야每面에任賂六百兩式合五千四百餘兩을勒捧故로民間에年久川陳結을白地還徵하야以充任債事

一 鄕長任債四百兩首巡校任債二百兩勒捧事

一 首書記을無故除汰하고每洞에二十兩式元納에先除하며一百三十餘洞에所納稅錢을百兩頭에二三兩式乾縮禮로例捧하며作夫前各面實戶抄하야自外捧稅하야停車塲에典當局을新設事

一 不分晝夜하고市壚에泥醉라가不覺戴笠如厠

●請置巡校 安城郡守李鎬집氏가內部에報告하기를本郡塲市가稍大之致로每多竊發之獘故로設置別巡校이온ᄃᆡ該巡校等이見其無料하고皆欲退去하니本郡駐隊減數之兵二十五名의銃丸을轉照軍部하야移付本郡面使之戢盜하고別校等月料ᄂᆞᆫ依前支撥케하라하얏더라

●奇師飲餞 昨土曜下午一時에鍾路基督靑年會舘에서奇一牧師가還國ᄒᆞᆷ으로漢城內諸教友紳士知舊八十餘人이餞別讌을開催ᄒᆞ얏ᄂᆞᆫᄃᆡ李商在氏가衆人의代表로出席ᄒᆞ야演說ᄒᆞ되奇牧師가本國에留ᄒᆞᆫ지數十年에其道德文章의吾人의心肺를感化ᄒᆞᆷ은同志의欽仰ᄒᆞᄂᆞᆫ비어니와今에故國에旋旆ᄒᆞᆷ에當ᄒᆞ야我等이悵然ᄒᆞᆫ離情을繫住키不禁ᄒᆞᆯ지라玆에同席의代表로祝意를敷演ᄒᆞ노라ᄒᆞᆫᄃᆡ奇牧師가出席ᄒᆞ야答謝ᄒᆞᄂᆞᆫ意를演述ᄒᆞ되我가留韓ᄒᆞᆫ지多年에韓國親舊兄弟의眷注ᄒᆞᆷ을偏被ᄒᆞ야如魚有水ᄒᆞ고如切如磋ᄒᆞ니是가我의日夕耿耿ᄒᆞᆫ비라大抵人生의別離와友道際會間에此筵에서有加ᄒᆞᆫ비或有ᄒᆞ야或風雲에際會로功業이나事業으로起点에人情이叶洽繫戀ᄒᆞᆫ者ㅣ多有ᄒᆞᆫ지라도天理道德으로相愛ᄒᆞᄂᆞᆫ情誼ᄂᆞᆫ더욱挽住키難ᄒᆞᆫ자라吾가今에暫有別懷나上天의耿光으로諸兄弟의愛ᄒᆞᄂᆞᆫ情ᄂᆞᆫ此身이遠近處在ᄒᆞᆷ으로間然ᄒᆞᆷ이無ᄒᆞ노라ᄒᆞᆷ이滿座가拍手ᄒᆞ야歡愛ᄒᆞᄂᆞᆫ意를表ᄒᆞ고因ᄒᆞ야立食禮式을擧行ᄒᆞᆫ시二時에宴셕을撤退ᄒᆞ고當日盛况을紀念ᄒᆞ기爲ᄒᆞ야團樂ᄒᆞᆫ寫眞을撮影ᄒᆞ고三時에罷宴ᄒᆞ고歸ᄒᆞ얏다더라

●兩倅宜褒 全南觀察使朱錫冕氏가內部에報告하되谷城郡守송振玉과南平郡守閔熹植은響頌이載路에合宜陞敍하야以示勸奬이오니特爲奏稟天陞하야亟施褒賞之典하라하라하얏더라

●石城二校 南來人의傳說을聞ᄒᆞᆫ즉石城郡守吳根善氏ᄂᆞᆫ治績이茂著ᄒᆞᆯ뿐더러더욱이教育上에熱心하야境內에石陽과三山二學校를設立하고薄況을傾하야捐補ᄒᆞᆷ으로一般人士가爭相激勵하야校務가就緒ᄒᆞᆷ이文風의振興ᄒᆞᆯ期望이有하다더라

●火起藥庫 晉州郡守閔丙星氏가內部에報告하되陰曆二月十四日夜에火起于城內所在火藥庫舍하야土木瓦륵은片片破碎하고十五六歲男兒兩人이入於燒燼하야渾身焦爛이只一肉塊이온바公物見燒殊甚悚悶이오人命致死도亦所慘惻이라하얏더라

●各稅規程 各道各郡의正供與雜稅間凡民所應納者를一一區別錄報케하야自政府로存拔實行事로日前會議에決定되얏슨즉各道觀察使의게發訓하라고議政府에서內部로照會하얏다더라

●件接中止 義親王殿下回國에對하야接伴員으로參將閔俊源氏와其隨員某氏가已爲發程하얏다더니更聞ᄒᆞᆫ즉接件一款은置之하라신 處分이下하사中止가되얏다더라

●俱樂摠會 再昨日大韓俱樂部에서摠會를開ᄒᆞ고該部目的을貫徹ᄒᆞ기로硏究說明ᄒᆞ얏ᄂᆞᆫᄃᆡ前任摠務羅壽淵氏ᄂᆞᆫ現在外任ᄒᆞᆷ으로請願ᄒᆞᆫ代에前參書[illegible]氏로投票選定ᄒᆞ고一般部員이皆新空氣를吸收ᄒᆞ고新學問을成就ᄒᆞ야文明事業에熱心[illegible]發ᄒᆞᄂᆞᆫ者인즉該部[illegible]就가[illegible]期望이다ᄒᆞ더라

●査官神術 金山郡守林[illegible]氏가仁同査官으로來ᄒᆞ야官吏와合心되여各面各洞尊位를會立公庭ᄒᆞ고其中에黃姓一民을目之以鄕會時坐謀라ᄒᆞ고周牢懸刑을施ᄒᆞ니衆民이戰栗失色ᄒᆞᆫ지라於是에白旗二竿을分立東西ᄒᆞ고一旗ᄂᆞᆫ六十兩이라書ᄒᆞ고一旗ᄂᆞᆫ八十兩이라書ᄒᆞ고衆民의게下令曰願八十兩者ᄂᆞᆫ立八十兩旗下ᄒᆞ고願六十兩者ᄂᆞᆫ立六十兩旗ᄒᆞ라ᄒᆞᆫ즉衆民이咸畏彼黃氏之先受酷刑ᄒᆞ야皆立八十兩旗下ᄒᆞ니査官이乃以從民願八十兩으로報于觀察府ᄒᆞ니觀察도亦訝其由ᄒᆞ야漆谷郡守로差送査官ᄒᆞ야捉囚無罪之民ᄒᆞ야捧之以坐謀ᄒᆞ고百般단鍊ᄒᆞ야歷度査官浮費을又將結斂ᄒᆞ니民何以支保乎아ᄒᆞ더라

●靑會續연 皇城基督教靑年會長奇一氏가本國에往還ᄒᆞᆯ터인ᄃᆡ該會員들이今日下午二点半에餞別會를開ᄒᆞ고祝詞ᄒᆞᆫ後會員들이寫眞ᄒᆞᆫ다ᄒᆞ며同七点半에大韓의希望이란問題로宣教師크람氏가연說ᄒᆞᆫ다더라

●檢官押上 江陵郡朴文七獄事에對ᄒᆞ야當該檢官을押上于平理院ᄒᆞ야審査得情케ᄒᆞ고其時觀察使閔泳敎은重譴責에處ᄒᆞᆷ으로法部大臣이上奏裁下ᄒᆞ얏다더라

●恤金請劃 全南觀察使朱錫冕氏가內部에報告ᄒᆞᆫ內槪에靈光郡七山前洋에서何許一隻船이逆風致敗ᄒᆞ야沙格이無一生全ᄒᆞ고九箇人命이一時渰死이온즉實爲矜惻이온바同渰死人居住姓名을修錄ᄒᆞ오니恤金을變劃ᄒᆞ라ᄒᆞ얏더라

詞林

京城雜詠 大垣丈夫

其一

三角群山景色幽、春深萬戶人烟收、可嗟世事艱難際、獨使羈心起感愁

其二

壯懷何用說悲哀、世事由來窮則開、吳越與亡眞一瞥、鷗鳩飛上漢江臺

其三

一心只欲獻嘉謀、久絶風流花月遊、何事相君無憂色、羈人萬里夢刀頭

其四

人間何所恃、今古恃仁義、利用厚生道、併收是國基

雜報

◎通信에關한申告招迎　韓國內通信事業은一切統監府通信管理局에서經營監督하는바인즉郵便電信의遲滯漏落과電話의不便과其他斯業上에對하야苟或不美不便之端이有함으로認定하거나思惟하는者는事實을詳悉하고

且事實을證據할만한材料를添付하야忌憚하지말고無料郵便으로同管理局에申告하심이可함但近日坊間의申告者는滔滔數千言을費하야

通信之非를極言함으로써快함을노니기는듯한者ㅣ往往有之하니其實狀을務擧치아니함으로因하야監督者ㅣ事實을捕捉함이無由하니

有益할만한申告도畢竟何等의實效를未奏함이多할지라故로申告書에는반다시關係郵書와封皮或帶紙와電報紙等을添付하고電話에關하야는其通話時刻을詳記하야監督上에裨益을與하심이可함

均一히遲滯라言할지라도事務處理上의過誤를由한者도有하고經營上에不可免한者도有하고事務處理의過誤를由치아니하고計畫者의念及치못함을因하야遲滯되는者도有하고

經營의利害를比較하야取捨함과其他關係를因하야顧念을不得하는者도有하거니와其事情을深究치아니하고但以遲滯漏落으로言之則其是非를斷言치못할境遇ㅣ多하도다

京鄕一般人士의게셔事實을證明할申告書를提出하면計畫者는此를由하야計畫上에欠点이有함을知할지오監督者는此를由하야事實의眞相을捕捉하야써監督의實効를顯할지라

然則此를由하야公私間多大의利益을受할거신故로通信管理局은此等申告書를遍而迎之하노니一般公衆은巨細를無漏하고通信上에遺漏한事實을申告하시옴

通信管理局은此에對하야極力說明할지니一般公衆도未解하든事情을瞭然히覺得하야便益을得함이不少할지로다

申告書는表面에事件의種類를從하야「郵便事務」「電信事務」「電話事務」「換錢貯金事務」라記하면無料郵便으로出付함을得함

◎未知孰是　日昨水標橋等地에서短髮한青魚商과사笠脫網客이互相詰鬪하다가一體被縛於巡檢하야押付于中署하얏는데其裏由인즉未詳하되互稱賊漢에黑白未辨하야觀者如雲하얏다더라

◎時시事사問문答답

호문싱왈그리히는그러하거니와소위조명종이라하는것은가위경세종이묘할만하도다니가일전에모처에간즉그때는오정예갓가이되얏고그곳에엇던스람이안져는데맛참시계가우는지라기죵에놀른이ᄒᆞ야이시계의우는소리를듯고잠연이눈물을흘니며왈져시계의돌아감을보면

셰월이덧업시흘음을알깃고사람이늙는줄을더욱히셰다를지로다이왕나도소면쳑에항상소년으로만잇슬줄로알고셰월이한량업시

장구한줄로알앗더니져간에셰월이ᄎᆞ타ᄒᆞ야귀밋히검은털이변하야금일빅발을일우엇스니그빅발이다시검이질리가만무하고

얼마되지못ᄒᆞ야이내육신이북망산한줌흙을보티리니엇지슬프지아니ᄒᆞ며금일금시이종소리를다시들을슈업스리니엇지죠상할만ᄒᆞᆫ일이아닌가하미일좌가모다

마ᄋᆞᆷ이감동하야비창ᄒᆞᆫ비치잇는지라나도그말을듯고감안이싱각한즉츌싱이후솜십여년에유정ᄒᆞᆫ졔月를무정하게허송하고아모ᄉᆞ업도ᄒᆞᆫ가지일업스니압헤오는셰月을뒤에지닌일과갓치우유도일하다가한번죽은후에누가나를위하야죠상할쟈잇스며

내가셰상에낫던줄을알쟈잇스리오그쳐럼싱각하미마ᄋᆞᆷ이ᄉᆞᄉᆞ로울울하야신긔불평ᄒᆞᆫ지라드듸녀이왕츈풍화月에음풍영月로졔月을허던구습을확연이혁거하고신학문선ᄉᆞ업을경영코ᄌᆞ뜻을되정하얏스나비유컨듸철야솜경무지공쳐에길을찻지못홈갓도다선히싱왈경셰종이라홈은　미완

特別社告

非史乘이면政治之美惡와人物之臧否와風俗之汚隆을無以攷論인즉史乘者는非一時之공覽이라乃萬世之公案이오非自國之所可得以私也라即宗內列邦에宜所公佈키로暴著美人訖法氏之撰大東紀年이意固有在而然也라本記者ㅣ不揆僭越하고於韓之史事에留心者ㅣ久矣로되在幾百年之後하야要論幾百年之事가任大力綿에恐有失實之歎씨며 [illegible]鎭國自守之時代에[illegible]民國閭諸般事爲가不過是尋常興廢하야不足以供世界列邦之[illegible] [illegible]日키로斷自[illegible] 交涉時[illegible]하야要會編成一[illegible]하야 之[illegible]列邦하나니四方有志[illegible]君子[illegible]此[illegible]하야內[illegible]政令[illegible]之所記와各國交涉之如何와臣民疏章與功罪之表著와中外倫常之沿革과忠臣義士孝子烈女之行蹟을各隨所聞所見而舒錄投示하야俾此重役으로得[illegible]完成을千萬幸甚

大韓每日申報社

○○○○○○○○○○○○○○○

本申報를廣佈하기爲하야咸鏡南道咸興州南社西門外居하는曹喜林氏에게逐號下送하오니該附近地愛讀하시는僉君子는同氏에게購覽하시며代金도同氏에게傳致하심을爲要

大韓每日申報社

○○○○○○○○○○○○○○○

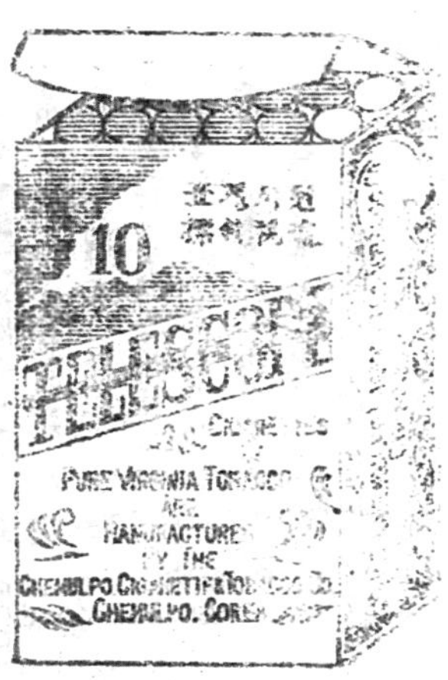

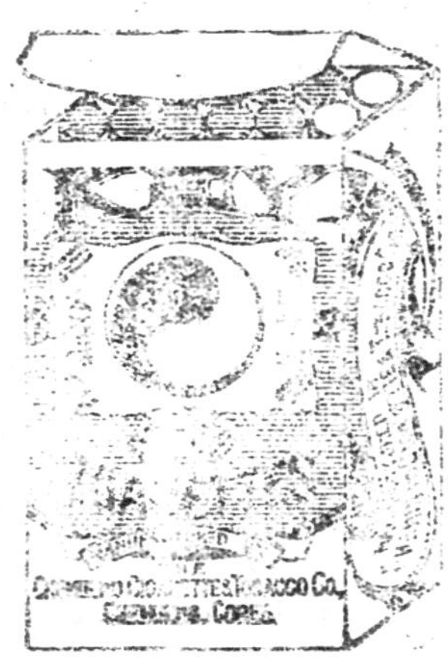

本社廣告

申報價

一張代金 新貨二錢五里
一個月前納 三十錢
三個月 九十錢
六個月 一元七十錢
一個年 三元四十錢
郵稅一部 新貨五里
一個月 十三錢

廣告料

四號活字十三字[illegible]
每日[illegible]一[illegible]
一[illegible]
[illegible] 二[illegible]
[illegible]
一個月에 [illegible]
[illegible]一[illegible]
[illegible]
[illegible]有[illegible]
[illegible]不[illegible]
[illegible]廣告出[illegible]
僉君子는來臨[illegible]

發行兼編輯人 英國人裵說
發行所
京城北署[illegible]
大韓每日申報社

光武九年八月十一日 明治卅八年八月十一日 第三種郵便物認可 水曜日 西曆一千九百六年三月二十一日 (一)

第四卷 大韓每日申報 대한매일신보 第一百七十三號

月曜及慶節歲時日休刊

檀君開國四千二百三十九年
箕子元年三千二十八年
大韓開國五百十五年
日本明治三十九年
淸國光緖三十二年
陰曆丙午二月大二十七日甲子

論說

權限區定

近日外部에日本旗가飄揚하고伊藤侯所住處에는日人所稱統監旗가翩翩하도다一般日本新聞은同侯를言之以統監이나同侯는姑未自求其名이라

同侯의對韓說話가非止一再로ᄃᆡ自已權限의區定된은吾人이探出키未能이니同侯가對韓計劃을自由大言ᄒᆞ얏스되至於此國內自已位置ᄒᆞ야는沈默非常ᄒᆞ얏도다

近探傳報에伊藤侯가大韓皇帝ᄭᅴ奏請ᄒᆞ되同侯는乃是親誼委員이오非是指揮者인줄노注意ᄒᆞ옵소서云ᄒᆞ니

由是觀之컨ᄃᆡ同侯가緣何不可指揮인지其理由를可意라其指揮或統監之位가既得列强之認許면其奏言이與此相反되얏슬거슨少無疑慮로다

韓國皇帝ᄭᅴ서伊藤侯意思의確定을諮詢ᄒᆞ심이今乃其時니同侯가列强認許有無를關ᄒᆞ야何許程度ᄭᆞ지進行ᄒᆞᆫ거슬可探이로다

去番新條約締結時에日本人이其前俄國媾和委員의固執ᄒᆞᆫ바日本이韓國主權을損傷ᄒᆞᆯ時에는韓國 皇帝의認許를不得ᄒᆞ면不可라ᄒᆞᆫ事實을不告ᄒᆞ얏거날

從此約款ᄒᆞ야每得恕容이라今日伊藤侯之來韓이如彼假托으로締結된條約效力을甚因ᄒᆞᆷ이오此約款이世界承認을既得이라고作其口實ᄒᆞ며

皇帝ᄭᅴ서此約을拒絶ᄒᆞ신宛確實報는伊藤侯가妄言이라고諷詠ᄒᆞ얏스나此非妄言이오同侯도其陳奏言辭에此非妄言임을自許ᄒᆞ얏도다

如此히韓國은安樂을注意키未得ᄒᆞᆫ紛紛風說을未免而方今生活인바外交機關을不得自由ᄒᆞ야局勢之如何를確知키未能이라

伊藤侯의登言ᄒᆞᆫ바開進此國ᄒᆞ기에助力ᄒᆞᆯ經綸이若非熱情이면閣侯는自已計策을全然公言ᄒᆞᆷ으로現今伸張을拯濟ᄒᆞᆯ지어다

事不出此면韓國은安穩을不得ᄒᆞᆯ거시오伊藤侯도多端困難을未免ᄒᆞ리로다

官報

第三千四百五號 光武十年三月二十日

◉宮廷錄事

禮式院掌禮卿臣金思轍謹
奏謹稽謄錄三揀擇定
妃後卽日詣別宮矣別宮定於何
宮而待
降旨令宮內府預爲修理何如謹
上奏
光武十年三月十七日奉
旨安國洞別宮爲之

全羅南道觀察使李道宰辭職疏
批旨省疏具悉政爲劇獘必須宿望屬意殊深不容多辭卿其卽速登途

侍從院副卿嚴忠源辭職疏
批旨省疏具悉所請依施

以上三月十七日

◉敍任及辭令

禮式院掌禮卿南廷哲
命宮內府特進官敍勅任官一等
宮內府特進官金思轍
命禮式院掌禮卿敍勅任官一等
以上三月十六日

六品鄭永澤
解法部法律起草委員
朴晚緖
命法部法律起草委員
以上三月十七日

◉司法

本年陰曆正月廿五日
頒詔文中一反亂殺人强盜竊盜强姦與符同外人情理切害及公逋罪人外幷各減一等以示慈恤事
命下矣欽哉
詔勅內辭意訓飭于平理院及各裁判所矣今平理院漢城裁判所已決罪人中可合減等件先爲報來故別紙開具之意로法部大臣이
上奏ᄒᆞ와 奉旨依奏

別紙

平理院 已決囚減等件

陸四明	左道從罪	役十年	減一等七年
尹召史	仝罪	役十年	減一等七年
金文幸	仝罪	役十年	減一等七年
陸永三	仝罪	役十年	減一等七年
成禹慶	爲制官吏罪	役終身	減一等十五年
河周明	仝罪	役十五年	減一等十年
金永淳	吸鴉烟罪	役三年	減一等二年半
皮秉緝	仝罪	役三年	減一等二年半

已上合八名

漢城裁判所 已決囚減等件

송聖根	毁壞人家屋器物罪	禁獄六箇月	減一等五箇月
咸宰極	賭技罪	禁獄六個月	減一等五箇月
徐弼淳	鴉烟吸罪	役二年半	減一等二年
李駿景	鴉烟吸罪	役二年	減一等一年半

已上合四名

外報

◉大使消息 淸國遣外大使一行은桑港 市俄占及華盛頓을巡歷ᄒᆞ고現今紐育에在ᄒᆞᆫ지라市俄占에셔彼等은各工場 名家畜養育所를巡覽ᄒᆞ고華盛頓에셔는大統領루스워루도氏와會同ᄒᆞ야國務卿루ㅣ도氏로招宴ᄒᆞ고諸種歡迎을受하얏는ᄃᆡ就中彼等의感興을惹起ᄒᆞᆫ거슨華盛頓附近후오ㅣ도마이야ㅣ에셔行ᄒᆞᆫ騎砲兵의操鍊이라一一行은此로붓터德墺伊로赴ᄒᆞ고他의遣外大使等은英法其他를觀光ᄒᆞ며美國官憲은遣外大使等에對ᄒᆞ야不少ᄒᆞᆫ稀望은寄ᄒᆞ며文明의實質을洞察ᄒᆞ기不得ᄒᆞ나彼等의眼界를擴大ᄒᆞ고新思想을注入ᄒᆞ기에裨益ᄒᆞᆫ處이不少ᄒᆞᆫ지라美國政府는同一行과會見의好機를利用ᄒᆞ고米品排斥運動에因ᄒᆞ야提議ᄒᆞ되近近이此를鎭壓ᄒᆞᆯ旨意를勸告ᄒᆞ야此等은其旨意를直時本國政府에打電ᄒᆞ얏스나美國議會는支나人排斥法案에些少도讓步를不肯ᄒᆞᆫ는事由로終來無效에歸ᄒᆞᆯ거슨分明이美國政府가亦彼等의게對ᄒᆞ야排斥法案의優勢됨을明言ᄒᆞ얏다고聞ᄒᆞᆫ지라然則今日形便에大統領은强硬ᄒᆞᆫ態度를持續ᄒᆞ야今後에成行이頗히注目ᄒᆞᆷ에價値가有ᄒᆞ깃더라

◉設無線電 淸國袁總督은麾次중央政府諸大臣과電商ᄒᆞ고目下軍國의事宜交涉을緊急ᄒᆞᆫ時에秘密事件이有ᄒᆞᆷ을因ᄒᆞ야天津北京及保定府三箇所에無線電信을架設ᄒᆞ고緊要事件及兩宮密旨往來에便宜타ᄒᆞ야政府도均一이此議贊成ᄒᆞᆷ으로袁總督既爲天津電造局委員을派遣ᄒᆞ야右無線電信所用材料를購製케ᄒᆞ고天津으로北京保定에分設코저ᄒᆞ는中이라더라

雜報

祭閔忠正文

吳周爀 薛泰熙

嗚呼上天降民均賦自由世界有國各守獨立國能保其獨立民乃享其自由若被强權之侵奪而有失其獨立自由者則是上天之罪人世界之奴隸痛莫甚焉辱無窮矣嗚呼邦運不幸國權墜地天日慘澹山川黯黑哀我同胞慟哭呼天靡所因極烈烈我 公一灑赤血籲于皇天播于全球則赫赫乎太陽之揭于昏衢也轟轟乎電霆之振于滄溟也

我韓獨立之精神自由之元氣於是乎存矣嗚呼 公之英靈其必升爲列星左右上帝默佑我國民矣 公之毅魄其在地也結爲山嶽之精陰扶我國脈矣

公之一片衷赤灌于國人之腦髓有以培養其忠愛之心者矣惟我同胞之未死者可不勉乎哉若其自由獨立之不能克復也則我二千萬兄弟安住而不爲奴隸禽獸耶是其生也徒益其恥辱焉而已惟有服

公遺訣堅其志氣勉其學問以復我自由獨立則庶慰 公在天之靈也如其不能則惟我同胞之未死者其亦相率以從 公于泉下可也慟澈穹壤哭不盡情嗚呼哀哉

●立碑頌德 金化郡所在經理院所管田九日二息耕을自某處量捧稅하야一土兩稅故로該郡守가稱府再三에未蒙蠲免이러니前察訪李愼廷氏가歷次請願于經理院ᄒ야得蒙許題ᄒᆞᆫ지라該郡民人等이立碑頌德ᄒ다더라

●教規有序 私立普成學校에學徒가日益增加ᄒ야校舍가難容ᄒ기로該校長金重煥氏가漢城前裁判所를修理ᄒ고學徒中最優等을揀選ᄒ야高等小學校程度로教授ᄒᄂᆞᆫ데人皆欽誦ᄒ더라

●物無不對 向日各報의揭載ᄒᆞᆫ物無不對라ᄂᆞᆫ題目에關ᄒ야삭署敎官과殺學敎官과加秤局長과口文局長과騎驢同驢之觀察과問東答西之觀察이皆得其對偶ᄒ되惟獨松虫參奉이患其無對러니鯖魚郡守가出ᄒ야對偶를成ᄒ고被打郡守가貰其無對더니結怨郡守가出ᄒ야對偶를成ᄒ니果然天下에物無不對로다

●有不如無 北署壯洞等地에某官人은家業이饒富ᄒ나錢癖이太甚ᄒ야凡於學校補助等請求에一切拒絶ᄒ으로人皆謂之ᄒ되如此官人은國家公益上에對ᄒ야有不如無라ᄒ다더라

●虐待醫學 嶺南來信을據ᄒ즉晋州府藥令市ᄂᆞᆫ自年前設施以後로藥品之卑劣些少로由ᄒ야見害者十居八九故로非徒醫士라大小商民이爲無[illegible]性이러니今自晋州府로訓令于管下各郡ᄒ야內概에以醫業名稱者만一一調査成冊報來ᄒ고春秋之市에若一不來市면該郡色吏를押上嚴懲이라ᄒ얏스니如或被捉該府之日에ᄂᆞᆫ這間生費가必至數千金이라自該郡으로同所費를徵出於醫士處ᄒ리니醫學的之貿易은只是藥材인바該市之出品이卑劣不足ᄒ[illegible]小商民은一不往市ᄒ고只是醫士만會市ᄒ면換作醫學博覽會라그名稱이可乎아處費來措則是乃威脅所使이오又況如大子藥令市로衙樂되며商業之無利가已無可論則近來各郡醫士之騷論이不一ᄒ야皆往晋府而鳴訴云ᄒ니大抵威脅醫士ᄒ야不分利害ᄒ고責其來市가無非挾雜輩之所爲ᄂᆞᆫ지故ᄒ며該觀察使가研究ᄒᆞᆯᄂᆞᆫ지ᄒ다더라

●草梁設校 釜山港居ᄒᆞᆫ孫吉金洛駿崔有ᄒ諸氏가發起ᄒ야有志人에게勸捐金을募集ᄒ야草梁私立小學校舍를建立ᄒ얏다니同諸氏의教育上熱心은果是賛成할만ᄒ더라

●權氏押上 全州郡守權直相氏ᄂᆞᆫ平理院에서拘拏ᄒ本을上奏ᄒ야本月十八日押上ᄒ얏다더라

●龍湖設校 龍山居前議官金澗赫氏等이幼少教育ᄒ기爲ᄒ야私立普成學校長金重煥氏의게請願ᄒ되貴校의教育模範이甚爲可一言을欽仰ᄒ야支校가되고ᄌᆞᄒᆞ오니特爲認準ᄒ시고校規學務를一切指導ᄒ여달나ᄒ얏더라

●轢骸不檢 釜港來信을據ᄒᆞᆫ즉本月十六日下午九時에京釜鐵道列車가自京至釜山鎭近傍으로運行時에有七十餘歲老婆가行於鐵道線路側ᄒ다가鐵車가迫到ᄒ야碎被轢死ᄒ얏ᄂᆞᆫ데該車掌等은知而不顧ᄒ고日巡査가來ᄒ야若干檢屍ᄒ則頭腦骨이破碎되얏ᄂᆞᆫ지라大抵人命이致死되얏ᄂᆞᆫ데釜港警務署ᄂᆞᆫ聞報ᄒ고도推托夜深ᄒ고不問轢死之根因ᄒ니警察上에夜警之規則이無ᄒᆞᆫ지其翌日平明에도自警署로無檢屍之舉ᄒ니人民保護之本意가安在乎아或實自鎭社로비償金을送ᄒᆞᆫᄂᆞᆫ지ᄒ얏더라

●明校興況 忠淸南道公州府私立明化學校ᄂᆞᆫ曾於甲辰年에南弼金永兼金錫熙金在勤金在鉤李敬榮朴晩緒諸氏가皆教育으로爲務를삼아鳩財設校ᄒ야金錫熙氏家舍로權設ᄒ고皆年合募集ᄒ야僅僅教授ᄒ더니昨年春에觀察使李乾夏氏가校舍가狹窄ᄒ야學員이棲屑ᄒᆞᆷ을見ᄒ고山城의空虛ᄒᆞᆫ公廨一處를修葺ᄒ고校舍를移設ᄒ얏더니其後財政이枯渴ᄒ야支保沒策으로校長南弼氏가不得已自退라其後金永兼氏가代爲校長ᄒ고以上諸氏가分掌校務ᄒ고血心進就ᄒ니遠近紳士가此를觀感ᄒ야捐金贊成ᄒᆞᆷ으로校舍修理와書冊物品의準備가次第就緒ᄒ고學員이益進ᄒ야振興ᄒᆞᆫ狀況이有ᄒ다더라

●忠郡賊警 忠州郡來人의所傳을據ᄒᆞᆫ則陰正月二十六日夜에賊漢三十餘名이突入于內倉里ᄒ야毆打居民ᄒ고勒奪財産ᄒ미其中稍饒人八九家ᄂᆞᆫ幾至蕩敗之境이고賊漢輩ᄂᆞᆫ尙今該付近의逗留ᄒ야揭榜或劫掠ᄒ니來情이嗷嗷ᄒ야難保朝夕이되所謂該面長은恐有自家之侵虐ᄒ야初不報郡ᄒ고該郡倅與警官은亦可入聞이로되小無戢捕之方ᄒ니誠極慨歎이라ᄒ더라

●講習英文

從來韓國文化가原自支那而來故로國中人士가皆한學을崇尙ᄒ얏스나現今世界交通ᄒ고風氣交換之日에但習한字ᄒ고不學英文이면非但個人의學問이偏而不全이라

即國家文明程度가完備ᄒᆞᆫ境域에遂치못ᄒᆞᆯ지니韓國人士ᄂᆞᆫ超然遠覽ᄒ고淵然深思ᄒ야英文講習에勉力ᄒᆞᆯ진저

蓋한學은文詞가富麗ᄒ고字畫이精工ᄒᆞᆫ故로習之也難ᄒ니故로士子가十年窓下에[illegible]鑽研이라야始能成就ᄒ고即能成之士라도偶或荒棄면亦必强半道忘이라

是以로學者가稱乘其富力强之際ᄒ야專意研究ᄒ니其於他事에實無暇講究ᄒ라至於英文ᄒ야ᄂᆞᆫ雖不易學이나不若한文之久需時日이라

大凡西人이於各事에務求簡便之法ᄒ더니學問一道도亦復如是라故其成字之法컨ᄃᆡ二十五字母를用ᄒᄂᆞᆫ者도有ᄒ고二十六字母를用ᄒᄂᆞᆫ者도有ᄒ야連合成聲ᄒ니

其連合之法이簡而易明ᄒ야雖幼稚라도亦能學習ᄒ야寫字從同이라每見心靈手敏者ᄂᆞᆫ學習二三年에即能運筆ᄒ고或竟齊出於藍이라

其能用字母成合之法이면可以諧音而成新字故로於格致化學에多有裨益이오且欲得西人之學問ᄒ야倂進於西國之富强인된

不習英文者면何以博觀西學之書籍이며深得西學之奧旨哉아且自百年以來로英文用處가日新月盛ᄒ야南北美洲와奧洲와印度와海外群島가悉用英文ᄒ고

英國商務之盛이甲於天下라商賈往來에咸以英文爲便ᄒ니人方借操英語ᄒ면雖遍走寰宇世界라도無不通語之國이니

由此觀之ᄒ면謂英文爲五洲之官話라도實非過當이라現今韓國士子가從事英文者가固不乏人이나更願益益奮發ᄒ야學習英文이日見其盛也ᄒ노라

●仁監新任 仁川監理河相驥氏와農商工部工務局長徐丙珪氏ᄂᆞᆫ相換이되고한城裁判所判事命商直氏ᄂᆞᆫ麟蹄郡守를被任하얏더라

●統監仕進 日本統監伊藤博文氏ᄂᆞᆫ昨日下午一時에馬車를乘하고該府에仕進하얏ᄂᆞᆫ데日本巡査與韓國巡檢이道路左右에排立하야道路를肅淸ᄒᆞᆷ이其儀容이甚富하더라더라

●病院歸來 한城病院에서于今治療中에在하든軍部大臣李根澤氏ᄂᆞᆫ昨日上午에該病院을離하야本第로退歸하ᄂᆞᆫ路에巡檢兵丁等保護等節이尤倍於前日하더라

特別社告

本報發刊이今爲一百七十三號인바遠近僉君子의愛顧ᄒᆞ심으로由ᄒᆞ야漸次發達ᄒᆞᆫ兆候가有ᄒᆞ나但本社經用이自來窘艱中에代金收入의過期遲滯가殆居其半이라目下經費가大段困難ᄒᆞ야實有推過不得之慮이오니千里前進이恐亦中途而廢라惟願購覽ᄒᆞ시ᄂᆞᆫ僉君子ᄂᆞᆫ諒此情況ᄒᆞ오셔前次未送條와逐月代金을趁期送交ᄒᆞ시와得以繼續刊行ᄒᆞ야朝朝供覽케ᄒᆞ심을切盼홈

大韓每日申報社 告白

雜報

●郵便物及電報의領受人의居地姓名에對ᄒᆞᆫ注意

一郵便物及電報의分傳을正確ᄒᆞ며敏速케홈을爲ᄒᆞ야各戶에반다시洞名과統戶와姓名을大書明記ᄒᆞᆫ門牌를揭홈이可홈是ᄂᆞᆫ各其自家에直接으로利害關係가有홈인즉他人의勸告를不待ᄒᆞ고各自樂爲之ᄒᆞᆯ事

一郵便物及電報의領受人의居地姓名을詳細히記載홈이第一要緊ᄒᆞ도다若不然이면分傳ᄒᆞᄂᆞᆫ데心力과時間을多費홀ᄲᅮᆫ아니라此를因ᄒᆞ야未傳ᄒᆞᄂᆞᆫ弊端이時或生之ᄒᆞ니弊竟出付人及領受人의게損害되ᄂᆞ니不尠ᄒᆞᆫ지라是以로出付人은領受人의居址姓名을詳記홈과又치自己의居住姓名도昭詳記載ᄒᆞ야他人으로ᄒᆞ야곰自己의게寄ᄒᆞᄂᆞᆫ通信上에居地姓名을詳記케ᄒᆞᄂᆞᆫ方便을取홈이文明進步上에一大要務ㅣ라ᄒᆞ노라

●照請月料　法部에서度支部로照會ᄒᆞᆫ內槪에樂部에臨時補佐官을既爲設置則通譯一員을不可不置이온ᄃᆡ該員의月料를每朔五十元으로左開仰佈ᄒᆞ오니即爲立券하야逐朔支撥하라하얏더라

●會員奪校　平壤儒生黃台鏞等이學部에報ᄒᆞᆫ內槪에一進會員이欲奪明倫堂ᄒᆞ야私設學校키로儒林이齊會伏告ᄒᆞ오니即爲指令ᄒᆞ와無至見奪ᄒᆞ라ᄒᆞ얏더라

●興倅善政　大興郡守辛成默氏ᄂᆞᆫ莅任以來로政通人和하야結稅爲不施一杖而無遺劃納하고賊警爲不施一砲而聞風屛跡하야一境이賴安홈으로萬口成碑라더라

●支金奏裁　度支部에서內部로通牒ᄒᆞᆫ內槪에貴部所管五署管內掃除費五百圓과本廳ᄒᆞᆫ城府廣濟院俸給雜給增額五百三十五元을預備金中支出事로會議를經ᄒᆞᆫ後上奏裁下하얏스니照亮하라하얏다더라

●暴徒情形　忠南관察署理稷山郡守郭燦氏가報告內部하되定山等地에暴徒情形은已有所仰電而其確報를擇ᄒᆞᆫ즉該郡天庄里居前參判閔宗植이治疏發通하고募集義兵之際에即地捕捉而并已逃避하고該徒萬士俊等五名을捉囚郡獄하고銃八柄木砲一柄洋鐵製甲一件은閔宗植家에서押收하고火藥一負布製軍服廿六件은該郡守閔廷植家에서押收하고銃十柄은該郡美堂各民家에서收聚이라이오며現聞洪州海美等地에又有殊常之蹟이라하옵기醫務補佐員二人과巡檢六人을另派前往하야使之詗捉이라하얏더라

●擔代悲況　日本東京에留學하ᄂᆞᆫ韓國學生中退學生等이以復校事로擔代二人을學部에起送ᄒᆞ야不得已退學ᄒᆞᆫ所由를泣訴하고復校修業홈을懇求ᄒᆞᆫ다ᄂᆞᆫ事ᄂᆞᆫ既揭於本報어니와該事에對하야可否間歸決이尚無ᄒᆞᆫ故로該擔代等은每日學部에前往하야探聽消息이되渺無動靜而旅費艱乏은日甚一日홈으로每日彷徨道路하며逢人에輒訴其衷腸하야情況이悽惻하다더라

●時事問答　세샹을경계하야셔오치ᄂᆞᆫ쇠북이라할지니그ᄃᆡ의일은바시계조명종은져근경제종이라종현쌍쌍이니약현쌍쌍이니종로인경이라광화문인경이라하ᄂᆞᆫ것은가위큰경제종이라할만하도다일젼에엇던곳에지나다가본즉짐지고가던사람한아이짐을버서로변에놋코열어사람들의후쥬로다로ᄂᆞᆫ것을졍신업시서셔보다가오졍치난종소리를듯고놀나히놀치어다보며조탄하여왈발서오졍이되얏도다　미완

特別廣告

●本人에四寸在榮이가性本不良ᄒᆞ야日人을符同ᄒᆞ야廣告ᄒᆞ기를本人의게錢二萬兩을勒徵ᄒᆞ엿다ᄒᆞ기로日本警察署에告訴ᄒᆞ얏드니明白키查判ᄒᆞ시와勒徵ᄒᆞ려든於晉과先給ᄒᆞ얏든錢二千兩々지還爲推覓ᄒᆞ얏스니內外國人間此等事을勿爲見欺홈

砥平居池在龍 告白

本人長子申柱字麒顯年二十六浮浪無度其伯父田畓盜賣而文券僞造之罪父母前見責少無悔過仕宦圖得次上京內外國人切勿見欺債給홈

慶南東萊山城居金益善 告白

本人弟柏朝字明仲年三十九性本浮浪長留京師日事雜技而如干家產蕩盡無餘不悛前習一向得債爲要內外國人切勿見欺自失홈

平南成川竹郊朴相華 告白

本人의田畓十二石八斗落文券과水春一座文券을陰曆二月七日에賊漢의게見失ᄒᆞ얏사오니內外國人은休紙試行홈

安城木村面興儀里 金永植 告白

本運送部에서京仁京釜京義間鐵道貨物을運送ᄒᆞ되貨物을特別保重ᄒᆞ며運輸을特別迅速케ᄒᆞ오며支店을三線各驛에設置ᄒᆞ얏ᄉᆞ오니貨物을運送ᄒᆞ실僉君子ᄂᆞᆫ本運送部에光臨問議ᄒᆞ시옵

京城南大門外韓美協同倉庫會社內

合資會社 東美運送部

社長 尹晶錫

社務員 任命鎬 鄭仁教 李喬寧

花春丹은霍亂吐瀉[illegible]滯症暑症정忡[illegible]鬱疾盛醒酒[illegible]口味업ᄂᆞᆫ[illegible]此外에도洋灰水解毒藥[illegible]疳氣에蛔虫寸虫赤白[illegible]藥과東西洋藥을俱備ᄒᆞ오니[illegible]도隨問出方ᄒᆞ오니僉位ᄂᆞᆫ[illegible]議ᄒᆞ시옵

皇城校洞石井洞下隅 石泉堂藥房 告白

本號新開專做男女各色洋服而由上海運來各種綢이毛氈及一切衣飾屬品件件精全[illegible]士女迅即來購爲幸

西小門內 泰男女洋服商號

本店에新設藥材ᄒᆞ고一般我韓土産藥材든지日本淸國藥料든지泰西洋製品料藥材를隨請應價賣酬ᄒᆞ되來三月初一日부터開放ᄒᆞ오니僉君子ᄂᆞᆫ照亮ᄒᆞ시와陸續請購ᄒᆞ시믈伏望

京南武新橋松圃藥店 李演龍 告白

●數理學雜誌改良廣告

本雜誌를第三號로부터ᄂᆞᆫ頁數도增加ᄒᆞ며紙價도改良ᄒᆞ며記載ᄒᆞᄂᆞᆫ材料도一層精選ᄒᆞ야江湖僉位의愛讀ᄒᆞ시ᄂᆞᆫ厚意를報酬코저ᄒᆞ오니倍舊愛讀ᄒᆞ심을伏望

但發行日子ᄂᆞᆫ每朔五日

一部定價ᄂᆞᆫ新貨拾錢

西大門內同洞新德公館右邊

發行所 數理學雜誌社

賣却所

尙洞會堂內

鍾路大東書市

布屛下金相萬冊肆

南門內松橋張智周紙廛

銅峴朴泓九紙廛

仁川濟物浦開新冊肆

平壤啓明書舖

齒科 廣告

齒科醫士美國人ᄒᆡ,이되위드힌

右事務所ᄂᆞᆫ南大門內[illegible]內美國醫士ᄂᆞᆫ크면家役에在홈

視務時間은每日上午九時로一時ᄭᆞ지下午二時로五時ᄭᆞ지右時間外에特別히治療ᄒᆞ기를要請ᄒᆞᄂᆞᆫ이ᄂᆞᆫ預先通知홈

●刑法大全　一帙定價金新貨六十錢

牧民心書 一帙一圓二十五錢

耳談續纂 一冊 七錢五里

溫故知新 七錢五里

父師必讀小學指南 七錢九里

人工養蠶鑑 一冊 十五錢

新訂算術 一冊 十五錢

發賣所 布屛門下金相萬書舖

大韓每日申報社

特別社告

非史乘이면政治之美惡와人物之臧否와風俗之汚隆을無以攷論이오史乘者ᄂᆞᆫ非一時之공覽이라乃萬世之公案이오非自國之所可得以私也라卽宇內列邦에宜所公佈키로爲者美人訖法氏之撰大東紀年이意固有在而竊恨吾本記者ㅣ不揆僭越하고於韓之史事에留心者ㅣ久矣로되在幾百年之後하야襲論幾百年之事가任大力綿에恐有失實之歎이며리鎖國自守之時代에ᄂᆞᆫ民國間諸般事爲가不過是尊崇與欽이라不足以供世界列邦之限日키로斷自丙▲交涉時代하야要爲輯成一書하야公諸列邦하니四方有志諸君子ᄂᆞᆫ願此苦心하야丙子以後政令詔誥之所記와各國交涉之如何와臣民疏章與功罪之表著와中外俗習之沿革과忠臣義士孝子烈女之行蹟을各隨所聞所見而詳錄投示하야俾此重役으로得以先成을千萬幸甚

大韓每日申報社

○○○○○○○○○○○○○㊟

本申報를廣佈ᄒᆞ기爲하야咸鏡南道咸興州南社西門外居하ᄂᆞᆫ曹喜林氏에게遞號下送하오니該附近地愛讀하시ᄂᆞᆫ 僉君子ᄂᆞᆫ同氏에게購覽하시며代金도同氏에게傳致하심을爲要

大韓每日申報社

○○○○○○○○○○○○○○

●九轉還神丹 本人이妙方法을研究하야製造ᄒᆞᆫ丹인ᄃᆡ男女老少에無論何症ᄒᆞ고通治ᄒᆞ오며無病時에도服ᄒᆞ면平生의身體가健康ᄒᆞ며小兒ᄂᆞᆫ四五錢重만服ᄒᆞ면十歲안에無病ᄒᆞ기를擁保ᄒᆞ오며

●九轉驅砂蘇還丹은癲狂 病症과中風諸疾과耳目諸病과淋疾에神効ᄒᆞ오

●九轉靈砂保命丹은初生小兒 驚風 痼氣 咳嗽 腹痛諸般症과婦人帶下症에ᄃᆞ效ᄒᆞ오

●九轉靈砂消滯丹은酒滯 食滯 血積 吐瀉 霍亂 痢疾 吐血 下血 運氣 時疾 痧症에神効ᄒᆞ오

●九轉靈砂紫金丹은痔漏 累瘻 上痔瘡 下痔瘡及唐瘡과諸般瘡癤惡種에無不神効ᄒᆞ오니 僉君子ᄂᆞᆫ來購ᄒᆞ시오

西署司前두간이골上隣第一家 李龍超 告白

一 鷹標罐裝煉牛乳

一 金刀標罐裝煉牛乳

一 無糖類純粹乳酪

一 麥ㅣ로製造麥精化

合牛乳

以上은前時에貯積ᄒᆞ얏슴

[illegible] 濃結 [illegible]

一 手代 [illegible]

大韓仁川港 [illegible] 洋行

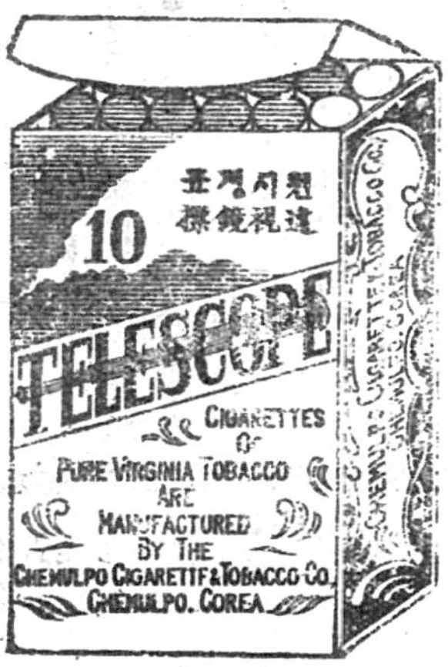

以上三種은上品으로製造ᄒᆞ야廉價로上에至[illegible]

大韓帝國仁川港 專物紙卷煙及煙草會社

本社廣告

申報價

一張代金 新貨二錢五厘

一個月前納 三十錢

三個月 九十錢

六個月 一元七十錢

一箇年 三元四十錢

郵稅一部 新貨五厘

一箇月 十三錢

廣告料

四號活字十三字詰

每日每段一行에新貨五錢

(每日發行에大號에 倍홈)

二個日에 二圜五十錢

(每日發行[illegible]에 相當ᄒᆞ)

一箇月에 五圜

(每日發行[illegible]一圜에相當ᄒᆞ)

其期限의長短과字行의多少를依ᄒᆞ야增減홈이有홈

大韓人마다此申報를不得不購覽ᄒᆞ실터이오니廣告出報ᄒᆞ실僉君子ᄂᆞᆫ來臨面議ᄒᆞ시옴

發行兼編輯人 英國人裴說

發行所 京城北署壽進坊[illegible]

大韓每日申報社

第四卷 大韓每日申報 대한매일신보 第一百七十四號

月曜及慶節
翌日休刊

檀君開國四千二百三十九年
箕子元年三千二十八年
大韓開國五百十五年
日本明治三十九年
清國光緒三十二年
陰曆丙午二月大二十八日乙丑

論說

鐵道勒役之弊

向日에韓國平安道人民等이鐵道勒役의弊害로以ᄒ야統監府에呼訴가有ᄒ은本報에旣已揭載어니와其訴民의意見을推測ᄒ건ᄃ 謂其許多弊害가必是中間無賴輩의牟利로由ᄒ이오日本將官이나政官의籌策은決不出此ᄒ야千里裹足ᄒ고有此呈訴ᄂ終是以公義的으로有望於日人ᄒ이니尤豈不重可哀哉아自統監府로若有矜惻韓民之意면旣往之弊害라도固當有以矯救者오來頭之事도亦有所禁止ᄒ야韓民切骨之痛을少可慰釋이거ᄂ 側聽屢日에寂然無聞ᄒ니是ᄂ日本官人도亦以魚肉으로視韓民者非耶아

大抵一千里鐵路地線의所犯田土가何限而尙不給價ᄒ고建築家屋에不問租界內外ᄒ고惟意占領ᄒ며一日使役에只給半日雇錢ᄒ니誰肯應募哉아於是에勒排列郡ᄒ야責出人夫則劍砲之下에一般官吏와人民이皆戰慄恐懼ᄒ고倉黃奔走라自其各坊里로許多金額을家收戶斂ᄒ야雇送人夫ᄒ얏스니韓民之被害를何可勝算이며長長歲月에迄無其休息之期ᄒ니民何能堪乎아且日本商民이散在淸江各處ᄒ야勒賣森林에不給時價十分之一ᄒ고又責戶出人夫及牛隻ᄒ야斫伐輸送ᄒ야轉賣於鍊瓦之場ᄒᄂᄃ每日雇價ᄂ不過銅貨一二分이오農民之受傷과農牛之致斃가不知其數라ᄒ니以其商民牟利之私로貽其毒害於韓民者ㅣ至於此境ᄒ니怨慨이徹天ᄒ고怨聲이載路라日本政官이豈可日不聞不知乎아如其聞知而不爲禁止면所謂寬待韓民之意가果安在哉아如此히悲苦之情으로呼訴ᄒᄂ人民도亦爾之治安妨害라ᄒᆯᄂ지殊未可知로다

官報

第三千四百六號 光武十年三月二十一日

◉宮廷錄事

宮內府大臣勳一等臣李載克謹奏卯伏見經理院卿臨時署理朴鏞和報告書則以爲本院技手徐相珍派外觀務之際多重事務初不爲臨撥行規外之事以致債誤之境事甚疏忽而職殊甚此不可以因循實之云矣請技手之職在課外甚重事務不知擅行其在事體大違格例經理院技手徐相珍爲先免本官何如謹上奏

光武十年三月十六日奉旨依奏

◉敍任及辭令

免本官 經理院技手徐相珍
三月十六日
從二品徐相喬
解宮內府特進官
시講院詹事閔泳[illegible]
命宮內府特進官敍勅任官一等
從二品朴準禹
命시從院副卿敍勅任官三等
秘書監丞邊[illegible]昌
弘文館시講韓永元
思陵參奉鄭[illegible]錫
敬陵參奉金璟洙
康陵參奉尹振求
崇陵參奉具[illegible]書
隆陵參奉尹得浩
崇德殿參奉朴[illegible]詮
三和郡公立小學校敎員嚴[illegible]燮
依願免本官
正三品吳[illegible]默
任秘書監丞敍奏任官三等
奎章閣直閣高[illegible]柱
任弘文館시講敍奏任官四等
正三品沈[illegible]澤
任奎章閣直閣敍奏任官四等
趙重相
任思陵參奉敍判任官八等
申徹休
任敬陵參奉敍判任官八等
申[illegible]
任康陵參奉敍判任官八等
閔[illegible]植
任崇陵參奉敍判任官八等
尹星求
任懿陵參奉敍判任官八等
朴弘來
任崇德殿參奉敍判任官八等
任三和郡公立小學校敎員敍判任官八級
前敎員李英[illegible]
三上 三月十七日
警務廳警務官金相설
給七級俸
三月十九日

稷川郡守金泳選

右ᄂ法部大臣의照會를據ᄒ즉敎員이躬在檢場ᄒ야鄕民等發通作梗을不禁不査ᄒ고罪囚等犯目斟定에亦多錯誤ᄒ니其在按獄에極涉駭然이라ᄒ얏기是以로一箇月減俸에處ᄒᄂ事

三月十七日 內部

外報

◉運河承認 倫敦電을據ᄒ즉俄國政府에서美國財政家가運河(波羅的海岸의리ᄭ市에서黑海海岸헤루손에至ᄒᄂ運河)를開鑿ᄒᆷ을承認ᄒᆫ지라然이나俄國政府에서船舶이自由往來ᄒᄂ号大運河를成ᄒᆷ을不許ᄒ얏더라

◉露國借款 倫敦電報에ᄒ얏스되新國債ᄂ一億五千萬留弗을借用할次로目下準備中이라ᄒ얏더라

◉石炭坑內慘狀 同電을據ᄒᆫ則法國東北部의石炭坑에서爆發ᄒ야其光景이慘憺ᄒ얏ᄂᄃ其時千八百名이坑中에在ᄒ고若干名은幸免ᄒ얏스나死傷者가甚多ᄒ리라더라

◉黑龍鐵道 十三日北京電을據ᄒ즉淸國政府ᄂ戶部로ᄒ야금齊齊哈爾[illegible]ᄒᆫ結果로黑龍江將軍으로부터提出ᄒᆫ鐵道敷設件은呼蘭[illegible]으로부터齊齊哈爾及[illegible]濱에至ᄒᄂ鐵道를同省의資本으로써敷設ᄒ라ᄂ計劃이라此에對ᄒ야許可ᄒ얏다ᄒ니是ᄂ淸國이斷然코俄國의要求를拒絕ᄒ기로決心ᄒᆷ을表한것인뜻ᄒ더라

◉淸國太后 [illegible]人이淸國西太后를謁見ᄒ야守傳[illegible]固ᄒᆫ이로아라쓰나開ᄒᆫ즉內外各處新聞紙를閱覽ᄒ심을無上ᄒᆫ樂으로아르시고且[illegible]體를不顧ᄒ야ᄌ못進取의氣質이가득ᄒ시다ᄒ더라

詞林

早春日西[illegible]館 金華山人

直[illegible]新神姦鬼怪莫[illegible]
[illegible]始信歐洲么眼大六經以外有新人

自嘲

丈夫期許自非輕笑殺當年楚耦耕두書千卷讀無用愧向他人道姓名

[illegible] [illegible]子

數錢不求一已榮高人兩[illegible]耕六[illegible]獨[illegible]三分動 殺[illegible]中白而生

雜報

●淹屯有淹 韓皇陛下씌서義親王殿下召還ᄒᆞ시ᄂᆞᆫ電報를幾次打發ᄒᆞᆫ은已揭어니와該電報가무含事端을因ᄒᆞᆫ인지中間에淹滯되고同殿下씌抵達치못ᄒᆞᆫ端緒가日前에發露되여 韓皇陛下씌옵서大段震怒ᄒᆞ옵셧다니莫嚴莫慈ᄒᆞᆫ 皇命을其誰中間抑留인지一般國人은驚怪ᄒᆞᆷ을不勝ᄒᆞᆫ다더라

●兩氏放出 警務廳에積月被囚되얏던尹孝定姜遠馨兩氏가日昨放還ᄒᆞ얏다더라

●李留上海 法國에積月刈在ᄒᆞ던李容翊氏ᄂᆞᆫ近間에淸國上海로到着하얏ᄂᆞᆫᄃᆡ宮中에問安ᄒᆞᄂᆞᆫ電報가來到ᄒᆞ얏다더라

●孫孃歸來 德國의還去ᄒᆞ얏던孫擇孃氏ᄂᆞᆫ再昨日貞洞私邸로還來ᄒᆞ얏다더라

●三費請減 漢城府尹朴義秉氏가內部에報告ᄒᆞ되自光武五年十月로至十二月自六年二月로至六月合八朔本府廳費共計一千八百五十一兩과泥峴沿道房家舍毁撤費二百二兩五錢과自光武三年七月로至六年六月五署內僵屍收埋費二千八百七十兩三合總計五千九百二十三兩五錢의前後未撥條를越在光武六年七月烟業經修報度支部이오나必由本部知照然後에方可叩除計減이옵기玆以仰報ᄒᆞ오니査照ᄒᆞ신後右三項當撥之額을幷以本府所納結錢中으로除減ᄒᆞ게ᄒᆞ심을爲望이라ᄒᆞ얏더라

●國會將開 本月廿八日下午一時에伊藤侯가日本軍司令部內에서國會를開設ᄒᆞᆫ次로韓廷各大官及社會各紳士를多數請邀ᄒᆞᆫ다더라

●人馬致斃 公州來人의傳說을聞ᄒᆞᆫ즉陰二月十六日頃에該郡泊雲里居人이以蒂根田賣次로大田市에往ᄒᆞ야賣蒂買牛四隻ᄒᆞ고該洞四人이同件ᄒᆞ야오다가停車場附近新仙里村隅에서白晝逢賊ᄒᆞ야三人은卽時致斃ᄒᆞ고一人은幸免ᄒᆞ얏ᄂᆞᆫᄃᆡ日巡査가臨地追蹤ᄒᆞ야도牛隻과賊跡을絶不得見ᄒᆞ얏다더라

●私學大張 慶北四十一郡私立學校設施事로新選察申泰休氏가苦心出力에設貧發訓ᄒᆞ야期圖實施ᄒᆞ고報府大臣을도贊成ᄒᆞ다니吾儕도撰祝心을不禁ᄒᆞ거니와아조寺擬되면一道의學齡幸이아니라全國에幸福이니惟願諸公은勿怠之誼어다

●僞尺[illegible] 慶南金海郡具鉉[illegible]夫事[illegible]兩氏가稍有先發ᄒᆞ야爲其子孫計로去戊辰年에傳來齊錦과務과鹽田을自願付屬于雲峴宮而以子氏子孫이世爲導掌意로宗文成給이有ᄒᆞ되不意今者에發將欲源氏의差ᄒᆞ야李相發가園田導인바其氏가持其先ᄒᆞ고李氏의政捧數을推尋以納이러니李氏請願于一進會ᄒᆞ야對質之場에證據를ᄒᆞ야自至落科러니李又往于雲峴宮書題所ᄒᆞ야以自己上納樣으로虛尺을ᄒᆞ야닫나고ᄒᆞᆫ다더라

●靑會演說 今日下午七点半에皇城基督敎靑年會에서紳士金東完氏가農學上으로演說ᄒᆞᆫ다더라

●光武學校續論

日本留學生李漢卿等諸氏가爲其遊學生之居接ᄒᆞ야東京內에立光武學校之由ᄂᆞᆫ本報에略已揭佈어니와

諺에曰長袖善舞ᄒᆞ며短綆이不可汲深이라ᄒᆞ니信哉라斯言이여無其資而能成其遠圖者ㅣ自古盖未嘗有也라

第此韓人之遊學海外也에或因其旅費未敷ᄒᆞ며或縣其棲身無處ᄒᆞ야零丁孤苦에浮寄艱食ᄒᆞ야使不得一日安其心ᄒᆞ니顧何能攝衣登堂而追逐乎當世之列ᄒᆞ며硏鑽乎鉛槧之下ᄒᆞ야以遂其初志乎哉아

由是焉始雖銳意前進이나竟乃垂翼中途ᄒᆞ야使其可惜光陰으로浪費於煩屑來往之際이고空空然無一所得하야抛其平生ᄒᆞ니豈非可憫者乎아

一自該校與東海義塾之設立으로韓人之遊於東者ㅣ食於斯寢於斯ᄒᆞ야疾病相救ᄒᆞ며有無相資ᄒᆞ며師友麗處에有麗澤之益ᄒᆞ며迷途指導에有先覺之補ᄒᆞ야屹然爲遊學生之東道主人ᄒᆞ니以此論之컨ᄃᆡ

韓國之文明基礎가未必不在於此校인즉惟願愛世之仁人君子ᄂᆞᆫ熱心贊成ᄒᆞ며或出義補助ᄒᆞ야俾圖其有初克終이면其於敎育上에可以事半功倍ᄒᆞᆯ진져

●勒占民土 木浦港에竹洞南楯兩洞은本來荒蕪地라其中一百五十餘座를政府에서移葬費一千二百餘兩을劃下ᄒᆞ야移葬ᄒᆞᆫ後에開拓ᄒᆞ야人民을居生케ᄒᆞ고 宮內府에서戶布를三等으로定ᄒᆞ야每間에九分七分五分式收捧ᄒᆞ더니平理院裁判長李允用氏의幹事人이兩洞人家와空垈를調査ᄒᆞ야李氏의所有ᄒᆞᆫ基址라稱ᄒᆞ고日本人江野秀三郎과又치와서民戶每間에九戔七戔五戔式分排勒捧ᄒᆞ니民莫支保라ᄒᆞᆫ더라

●合郡設校 傳說을聞ᄒᆞᆫ則統監府에서韓國政治를對ᄒᆞ야爲先實施ᄒᆞᆯ事件이各道各郡을適當ᄒᆞ게合設ᄒᆞ고各郡에小學校를設置ᄒᆞ되日本制度를模倣ᄒᆞ야設置ᄒᆞᆫ다더라

●延倅貪贓 黃海道延安郡守李容九氏ᄂᆞᆫ莅任兩載에貪贓錢額이六萬餘金에達ᄒᆞᆫ故로該郡民情이大段㕵嗷ᄒᆞᆫ다더라

●學堂屬韓 統監府長官鶴原定吉氏가學部에照會ᄒᆞ얏ᄂᆞᆫᄃᆡ京城學堂을 貴國에屬ᄒᆞᆫ깃다ᄂᆞᆫ趣旨書를送交라ᄒᆞ얏다더라

●醫師抑冤 廣濟院醫師五人은皆多年勤仕로少不違職이거날該院長金寬鉉氏가陰懷濟私之圖ᄒᆞ야免此五人之職으로請于大臣協判則大臣協判이不爲聽從이더니今月初에有何指囑於醫學士佐佐木이런지忽集諸員ᄒᆞ고問題試驗을開ᄒᆞ면셔以好言誘之曰今此試驗이非有關於官職去就요只是勸督諸員ᄒᆞ야擴張院業之計라ᄒᆞᆷ의諸員이皆信其說이러니不意에試驗落第라稱ᄒᆞ고五人을實之減額ᄒᆞ고自顧問所로公函于該院ᄒᆞ니旣無官制改定之事ᄒᆞ고至於試驗에亦無高下之評타가忽稱落第가是何事體乎아其設心做計가誠甚叵測ᄒᆞ더러五人이以多年勤仕者로無故遭免이大段抑冤ᄒᆞᆫ다더라

●監府續聞 再昨日에伊藤統監이該府에仕進ᄒᆞᆫ事ᄂᆞᆫ已揭昨報이니와同日에各國領事와韓廷各大臣이該府로前往接見ᄒᆞ얏다더라

●政會所議 昨日下午三時에政府에서會議를開ᄒᆞ얏ᄂᆞᆫᄃᆡ其議題인즉漢城府參書官李卓氏를某郡守로敍任ᄒᆞᆯ事와年前日本으로亡命ᄒᆞ얏든金昌瀚氏를[illegible]裁判事로敍用ᄒᆞᆯ事인듯ᄒᆞ다더라

●監府晩會 統監伊藤氏가昨日에內閣會를私邸에開設ᄒᆞ고各部大臣與其他高等官諸氏를請邀ᄒᆞ얏더라

●暴徒被捕 忠南觀察署理鄭羅氏가內部에報告ᄒᆞ얏ᄂᆞᆫᄃᆡ定山郡地에서暴徒闌捉과洪州等地에警務補佐員與巡檢派遣之由ᄂᆞᆫ已有報告이울거니와該巡檢等이當日回告內에本月十六日에馳于靑陽地ᄒᆞ와得聞該徒가屯聚于洪州郡地台川이다故로馳往之際에公州駐在日憲兵支隊가亦聞此報이던지馳馬當前而放砲則該徒가四散逃走故로合力追捕ᄒᆞ야現獲이爲卄三名이오銃三柄鎗二介環刀一介馬二匹四人轎一座負擔一隻軍案一件圖書一顆를奪取이다이오며定山地所捉五人中二人은果無所犯ᄒᆞ와日憲兵이卽放ᄒᆞ고其餘二名合二十六名을與日憲兵押待故로幷爲牢囚이오며所奪銃鎗等物與軍案은日憲兵이一切輸去이온바所捉人姓名은定山徐德玄李宗吉李殷明洪州閔派玉李全化[illegible]在明朴[illegible]鎭朴溫伊崔利甚徐善明[illegible]三林相春李春吉吳正三朴文淑尹澤善徐景春方煥德[illegible]李斗星韓平心朴用達[illegible]丙瓚朴學煥洪永燮鄭[illegible]西等이라더라

●學費請箅 學部에서外國語學校經費로五萬圓을增額ᄒᆞ야箅外立欵ᄒᆞ라고度支部에照會ᄒᆞ얏다더라

●火延日屋 再昨日西署養生坊館井洞李義[illegible]家에서起火ᄒᆞ야附近에在ᄒᆞᆫ日本人小田貴之助의買有家屋十六間이沒入於回祿이라더라

●[illegible] 平南龍川郡守劉致業氏가내部에報告ᄒᆞ얏ᄂᆞᆫᄃᆡ本郡三里面二里에鐵道改役에民戶四家와墳墓二十九塚이入於其中ᄒᆞ야民家ᄂᆞᆫ毁之ᄒᆞ고墳墓ᄂᆞᆫ移埋ᄒᆞ며道路彷徨ᄒᆞ니言念民情에誠[illegible]憫然이라ᄒᆞ얏더라

●書多難解 漢城師範學校長蔡範錫氏가該校數名敎官延逡氏를解任케ᄒᆞ다고學部에報告ᄒᆞ얏다더니該數名敎官이聞知此事이든지遞呈辭免請願書ᄒᆞ얏ᄂᆞᆫᄃᆡ該請願書中에亦多難解字樣인즉可謂魚魯不辨之敎官이라ᄒᆞ니此等敎官은實爲敎育前途之魔障이라ᄒᆞ노라

特別社告

本報發刊이今爲一百七十三號인바遠近僉君子의愛독호심으로由호야漸次發達호兆候가有호나但本社經用이自來窘艱中에代金收入의過期遲滯가殆居其半이라目下經費가大段困難호야實有措過不得之慮이오니千里俯𫐐이恐外中途而廢라惟願諸覽호시는僉君子는諒此情況호오셔前次未送條와逐月代金을趁期送交호시와得以繼續刊行호야朝報供覽케호심을切仰홈

大韓每日申報社　告白

雜報

◎基督教會員與宣教師

寄書

[illegible]이曰勿視我爲狂若視我爲狂亦當納我爲納狂者使我將可自誇（고린도前書十一章十六節）今日余等所言非按主命則當歸之於狂者自誇旣按主命則請其垂聽焉

救世教之宗旨果安在聖子耶穌體天父之仁愛舍已流血代人贖罪故天下之人莫不歸之而爲其信徒者負其十字架從之服事實不外乎慕義如渴愛中無懼也요曰旣知主乃義則知凡行義者乃由主而生也

人愛兄弟則居於光明不使人지蹶（요한一書二章二節）其爲傳道者能愛人就義然後方可謂之宣教師也豈可周行水陸導人進教及其進教使之爲磯猥拿之人較倍於爾乎（馬太二十三章十五節）於是乎

天父矜恤我韓國之腐敗照之以生命之光使之出死入生者數年來只聞有天堂地獄之說未聞有講明愛字義字之如何故言必稱我國在天何足愛在地之國視自已之國不啻若楚越是可曰

救世宗旨乎不愛所見之兄弟焉能愛未見之天主（요한一書四章二十節）兄弟所在之國卽在地之國愛天主者亦當爲兄弟愛其國而舍其命可也

不愛之以行以實但愛之以言以舌是所謂爾奪知識之鑰爾不自進有欲進者爾沮之（路十一章五十二節）者誰也主曰主也主也者未必盡入天國惟導天父之旨者方得入焉

當日多人語我云主乎我非托爾名傳道逐魔行權能乎我則明告曰我未嘗識爾曾爾曾作慝者可離我而去（馬太七章二一節二四答）對此傳道逐魔行權能者謂之作慝何也

彼必無愛人舍命之旨但取皮毛而粉飾之故主必如是責之義則徒以傳道等事能入天國未可必也伏願

傳道教師講昭十字架實血灌漑于教徒腔中俾知愛字義字之如何則天堂地獄自然分晳矣勿奪人之生十字架使效我救主永生也

●時시事사問문答답

부결업순구경을담호다가한쟁이잇눈시간을허송하얏스니일예낭픽가젹지아니로다하고급급히짐을지고총총이가눈것을보니

가히게론자를부조련하게인도하난경종이라할만하거날근일정계관인이나신스신상간에시계조명종을치례건으로만걸어두눈디

정부관리로말하게드면디신이하참셔관쥬스재지라도스진형고파사하눈대뎍하야그일졍훈시간이잇거마난스진[illegible]난사간에

별노상관[illegible]업게[illegible]파스한뎍난그시간[illegible]상오열시[illegible]나흑하오일이시간[illegible]더릐도

파스할시간[illegible]공스의유무와긴[illegible]계하고혁여지난[illegible]단이난뎨심지어엇면자난공문을슈정하다가파스할시간이되얏다난말을듯고쓰던공문의글즈를반자를셩하고

미완

廣告

中署慶幸坊綿紬洞契第二統六戶와家六十五間을欲爲放賣호오니願買호실僉君子은詳見家舍後에公洞居德國人高平裁家留朴昌俊을來訪相議호시면廉價放賣호리소

朴昌俊　告白

特別廣告

●本人에四寸在榮이가性本不良호야日人을符同호야本人의게錢二萬兩을勒徵호여호기로日本警察署에告訴호얏드니明白키裁判호사와勒徵호려든於晉과先給호얏든錢二千兩서지還爲推覓호얏스니內外國人開此等事을勿爲見欺홈

砥平居池在龍　告白

廣告

[illegible]子江東里居張主事相禹小室處有所推錢五千二百兩호야持標이고證保則其長姪張鳳伊設小室삼內是楊泉倉所在畓一百十斗落只放賣價五千二百兩無給之意右畓一百十斗落只文券三張出給張鳳伊使之借債沓檢故與張鳳伊丙午正月十五日同行至大丘掛耳坊店幕同宿之際沓券捧於張봉伊處入于錢囊同筆殘又深藏於倚連矣同봉伊乘我老困濃宿搜出倚連沓文券罔夜逃躲者想有盜賣欺人之計也玆以廣告內外國人諒此事機切勿見欺千萬伏望

大丘豐角面治瑟居
徐大見　告白

本店에新設乾材호고一般我韓產藥材든지日本淸國藥料든지泰西洋製品料藥材를隨請廉價賣酬호되來三月初一日부터開放호오니僉君子는照亮호시와陸續請購하시믈伏望

鎭南浦新橋松圃藥店
李演龜　告白

本運送部에서京仁京釜京義間鐵道貨物을運送호되貨物을特別保重호며運輸을特別迅速케호오며支店을三線各驛에設置호얏스오니貨物을運送호실僉君子는本運送部에光臨商議호시옵

京城南大門外韓美協同倉庫會社內

合資會社　東美運送部
社長　尹晶錫
社務員　任命鎬　鄭仁敎　李喬寧

南署茶洞七統一戶와十二間家券見失玆以廣告內外國人拾得休紙施行

家主　金鎭賢　告白

小廣橋居金德潤이가立廛호는白大永氏處에년부년거릐호난바부츠전이긔만량이모대일곰도갑지못호얏든이기즁의뎍은예아달릐현에집문권을大永氏의계전당호왓드니그가솔이굴머말못된지경을듯고문권을느로쥬며파라아직구급을호라호고녀여쥬오니차시에이만콤의리잇난이가잇스오릿가잠시라도남의보은할길업스와스실을광고호오

김덕현장모　고빅

本人의田畓十二石八斗落文券과水春一座文券을陰曆二月七日에賊礦의게見失호얏사오니內外國人은休紙施行홈

安城木村面康德里
金永植　告白

●數理學雜誌改良廣告

本雜誌를第三號로부터는頁數도增加호며冊子도改良호며記載호는材料도一層精選호야江湖僉位의愛讀호시는미意를報酬코저호오니倍舊愛讀호심을伏望

但發行日子는每朔五日
一券定價金拾錢

發行所　南大門內尙洞[illegible]公館右側　數理學雜誌社

賣捌所　[illegible]會館內　[illegible]大東書市　[illegible]　新門內松橋[illegible]紙廛　[illegible]九[illegible]　[illegible]新冊肆　平壤[illegible]書舖

本店新開[illegible]各色洋服[illegible]西小門內[illegible]洋服商號

本人[illegible]字明仲年三十九性[illegible]技而如[illegible]家產盡[illegible]不悛前者一向[illegible]得[illegible]內外國人切勿見欺白[illegible]

平南成川竹郊朴相華　告白

○○○刑法大全　一帙定價金新貨六十錢

牧民心書　一帙　一圜二十五錢
耳談續纂　一冊　七錢五里
[illegible]新[illegible]算[illegible]　七錢五里
父師必讀小學指南　七錢九里
人工養蠶鑑　一冊　十五錢
[illegible]術[illegible]冊　十五錢

發賣所　布屛門下金相萬書舖
大韓每日申報社

特別社告

非由與이면政治之美惡와人物
[illegible]風俗之汚隆을無以攷
[illegible]報者는非一時之공覽
[illegible]之公案이오非自國
[illegible]私生라即宇內列邦
公[illegible]로是者美人說法
[illegible]紀年에該國有在而
[illegible]者ㅣ不揆僭越하고
[illegible]에留心者ㅣ久矣로
[illegible]紀之後하야要論幾百
[illegible]大力綿에恐有失實
[illegible]鎖國自守之時代에
[illegible]般事爲가不過是嚀
[illegible]以供世界列邦之
[illegible]自內 [illegible]交
[illegible]安爲編成一部하야
[illegible]四方有志諸君子
[illegible]하야丙子以後政令
[illegible]와各國交涉之如何
[illegible]與功罪之表著와中
[illegible] 李子
[illegible] 覧而
[illegible]하야、此重役으로得
[illegible]社

○○○○○○○○○○○○
[illegible]是[illegible]佈ᄒ기爲하야咸鏡
[illegible]州南社西門外居하는
曹喜林氏에게逐號下送하오니
該附近地愛讀하시는 僉君子
는同氏에게購覽하시며代金도
同氏에게傳致하심을爲要
大韓每日申報社
○○○○○○○○○○○○

一 [illegible]煉乳牛乳

以上[illegible]에 [illegible]
美國[illegible]
大韓仁川[illegible]
代理店

●九韓[illegible]妙方[illegible]
[illegible]通治ᄒ오며[illegible]
[illegible]圓至錢[illegible]
[illegible]保ᄒ오
●九韓[illegible]狂 瘧症과中[illegible]
疾에神効ᄒ오
●九韓靈砂保命丹은初生小兒 驚風 [illegible]
般恶과婦人帶下症에[illegible]効ᄒ오
●九韓[illegible]砂[illegible]丹은酒滯 食滯 血積 吐瀉 霍亂 [illegible]
吐血 下血 運氣 時疾 瘧症에神効ᄒ오
●九韓靈砂[illegible]金丹은痔漏 [illegible] 上疳瘡 下疳瘡及[illegible]
諸般瘡瘡惡種에無不神効ᄒ오니 僉君子는來問ᄒ시오
內需司前[illegible]갑이골上隅第一家 李鶴延 告白

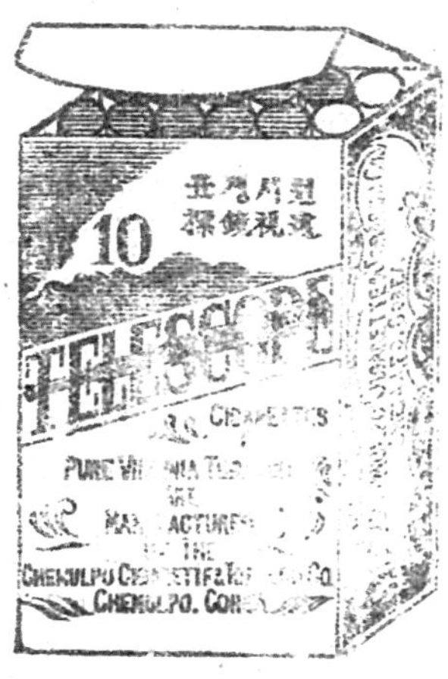

圖上三 [illegible]

大韓帝國仁川港
[illegible]物捲紙卷煙及煙草會社

本社廣告

[illegible]
一錢五厘
[illegible]十錢
[illegible]十錢
一元七十錢
[illegible]
[illegible]相當[illegible]
二圜至[illegible]
[illegible]相當[illegible]
[illegible]
[illegible]有홈
[illegible]出報ᄒ심
[illegible]不[illegible]
[illegible]시음

發行[illegible] 英國人 [illegible]
發行所
京城北署[illegible]
大韓每日申報社

第四卷

大韓每日申報

대한매일신보

第一百七十五號

月曜及慶節歲時休日刊

檀君開國四千二百三十九年
箕子元年三千二十八年
大韓開國五百十五年
日本明治三十九年
淸國光緖三十二年
陰曆丙午二月大二十九日丙

論說

社會

近日韓國중에各種社會가紛紛而起ᄒᆞ니曰耶蘇敎會와天主敎會와天道敎會와淨土敎會와神籬敎會와一進會와靑年會와國民敎育會와開進敎育會等이是也니

蓋此等社會之名稱이於韓國에往所未有者라以昔日眼目으로自局外觀之ᄒᆞ면豈不可驚可怪哉아是故로種種議論이指此爲將來紛亂之兆者도有之ᄒᆞ며且其中에惡稱會標ᄒᆞ야凌侮小民者도亦不無焉ᄒᆞ니世人之譏誚憎惡가亦固有之者나吾輩意見에ᄂᆞᆫ以爲此等社會가卽是韓國開進之權輿이오自主之原因이라ᄒᆞ야願以質於當世之君子ᄒᆞ노라蓋以舊時代規模로言之ᄒᆞ면論政法者ᄂᆞᆫ欲其威權之總于上而不容人民於抗講ᄒᆞ고論道術者ᄂᆞᆫ欲其敎之出于一而深惡異說之對峙ᄒᆞ니此乃閉鎖時代에束縛人衆ᄒᆞ야使不得自由之方法耳라今値世運이大開ᄒᆞ고風氣가交通ᄒᆞ야生人之見聞이日廣ᄒᆞ고智識이日進ᄒᆞ고事業이亦日新而不窮이어ᄂᆞᆯ欲以舊日規模로束縛人衆이면自由之風이全滅ᄒᆞ고[illegible]化之進步가[illegible]亦安能自立哉아

以人才言之ᄒᆞ면學問[illegible]ᄒᆞ면才俊이必多라彼朝廷爵[illegible]爲足以網羅天下之賢哉아[illegible]社會之事業이各其才俊[illegible]其智能然後에人心[illegible]國步를可進也오以人心之行으로言之ᄒᆞ면[illegible]不能同一其規라彼獨行孤[illegible]ᄒᆞ야不顧習俗者ᄂᆞᆫ皆有自治之[illegible]者니因以養之가所以各從其[illegible]分ᄒᆞ야陶鑄善俗이니豈可以一定規範으로但欲遵吾所敎ᄒᆞ야不敢走作케ᄒᆞ고强歸其性行ᄒᆞ야致失其天眞乎아此不可不許以自治之權者也오以言論言之ᄒᆞ면人民自治[illegible]步趣가日進[illegible]特異之意見이多ᄒᆞᄂᆞ니固其所也니若以權勢로强迫禁阻ᄒᆞ면豈當然之道哉아卽一箇人이與擧國人으로異見이라도亦決不可從衆壓抑ᄒᆞ야使其噤默不言이라蓋禁止新見異說之害가最爲天下之禍ᄒᆞ나니何也오天下之論이必待是非交抗ᄒᆞ고黑白相撞이라야眞理가乃現이오且今日之目爲妄誕者가卽昔日之立爲正論者ㅣ有之ᄒᆞ고今日之以爲取可者가亦或爲後日之所擯棄者ㅣ有ᄒᆞ니隨時之用이亦自不一이라

若此黨之論이爲彼黨所壓ᄒᆞ야使衆人으로服從於一黨之說이면正恐不致其固陋不通則必歸於荒唐無稽라故로天下之眞理가必與逆耳之言으로相觸然後에始顯于世니此言論之權이不可不予以自由者也라

故로現今時代에號爲開明之國은社會가甚盛ᄒᆞ야智識이日進ᄒᆞ고事業이日新ᄒᆞ야由箇人之自治而成國家之自立焉이라夫以韓國篤守舊規之習으로至于今日ᄒᆞ야有此社會之紛起가豈非時運所致哉아但其人民이未開者尙多ᄒᆞᆫ故로反有藉會爲奬者나使其智識이漸進ᄒᆞ고規模가漸完ᄒᆞ야此會가長一分之識見ᄒᆞ고彼會가亦長一分之識見ᄒᆞ고此會가做一件事業ᄒᆞ고彼會가亦做一件事業ᄒᆞ야務欲各修其令譽ᄒᆞ야進進不已ᄒᆞ면人民自治之權이於是乎在라終乃各種社會가成一團體를如萬派之宗于一源ᄒᆞ며衆條之合于一榦이면韓國獨立之權이由是而生이니此ᄂᆞᆫ吾輩之惓惓不已者也로다

官報

第三千四百七號 光武十年三月二十二日

勅令

勅令第十號

法官養成所官制中改正件

光武九年勅令第廿一號法官養成所官制第二條敎官次에(博士判任 名譽로臨時叙任ᄒᆞᆷ이本所卒業人에限ᄒᆞᆷ이라)廿三字를添入ᄒᆞᆷ이라

光武十年三月十九日

御押 御璽 奉 勅

議政府參政大臣勳二等朴齊純

法部大臣勳一等李夏榮

敍任及辭令

免本職 陸軍硏成學校敎官兼敎成隊附陸軍步兵副尉千應學 陸軍憲兵隊區隊長憲兵正尉洪裕中○任步兵正尉 憲兵正尉洪中裕○任憲兵副尉 步兵副尉千應學○補武官學校敎官 步兵正尉洪中裕○補憲兵隊區隊長 憲兵副尉千應學 以上三月十六日○依願免本官 秘書監丞吳重默 仝申性均 禮式院掌樂課主事安鍾五 仝[illegible]濟模 仝方善睿 恩陵參奉丕重桓 敬陵參奉申徹休 康陵參奉申默祿 穆陵參奉李用建 徽陵參奉閔丙羲 崇陵參奉閔駿植 懿陵參奉尹晃求 昌陵參奉朴疇年○任秘書監丞 正三品李敏英 仝崔秉淳○兼任禮式院掌禮 秘書監丞李圭桓○任太僕司主事 尙方司主事金益東○任尙方司主事 金應培○任思陵參奉 李琦相○任敬陵參奉 六品金瓚[illegible]○任康陵參奉 昭慶園參奉崔丙炯○任穆陵參奉 九品崔永稷○任徽陵參奉 六品韓翼源○任崇陵參奉 六品具敎書○任懿陵參奉 太僕司主事韓鼎基○任昭慶園參奉 昭慶園參奉沈鍾瑞○任昭慶園參奉 韓貞履 任恩陵參奉 金麟會 以上三月十八日 ○依願免本官 秘書監丞崔秉淳 仝孫敏英 弘文館侍講尹鼎圭 昌陵參奉金麟會 永陵參奉李丙敦 尙方司主事金鍾學 昭慶園參奉趙貞顯 仁[illegible]錄跡 郡守尹龜[illegible] 未完

外報

●[illegible] [illegible]電音을據ᄒᆞᆫ則[illegible]奏請ᄒᆞ기[illegible]以北及邊境의[illegible]願ᄒᆞ야俄人에[illegible]金을募集ᄒᆞᆯ意가有ᄒᆞᆫ데政府에서實情을探査ᄒᆞ기前에[illegible]勿ᄒᆞ라ᄒᆞ얏더라

●皇族還止 東京電報를據ᄒᆞᆫ즉淸國[illegible]에서皇族을日本으로派送ᄒᆞᆫ다ᄂᆞᆫ事를否認ᄒᆞ얏고東京에駐箚ᄒᆞᆫ淸公使를急히大使로昇[illegible]ᄒᆞᆫ다ᄂᆞᆫ事ᄂᆞᆫ[illegible]이라ᄒᆞ엿다더라

●派遣委員 [illegible]淸國政府난[illegible]制度를調査ᄒᆞ기爲ᄒᆞ야委員을[illegible]國에派遣코저ᄒᆞᆫ다난데上海[illegible]領事쏘구도루구난낫베氏가[illegible]者라더라

●北滿禁通 十五日聖彼得堡發電을[illegible]ᄒᆞᆫ즉浦鹽斯德來報에滿洲軍總司令[illegible]으로제고후난日本人이北滿洲에入ᄒᆞᆷ을禁止ᄒᆞ기告布ᄒᆞ얏다더라

雜報

●湍倅美績

長湍郡守尹宗求氏稱明之識과廉白之操가著於事爲ᄒᆞ고孚於民心ᄒᆞ야許多美績은不可枚擧인바該邑이處在孔路ᄒᆞ야一自日軍之北満과鐵路之設役으로諸般需[illegible]擔濟與人夫責立이紛然相仍에困難이莫甚이되同氏가隨機善處에井然有條有理키로民不知弊에闔境이晏如ᄒᆞ더라近有人所難能之數件異績ᄒᆞ니

該郡境內何許兩民이有所山訟事件인바甲者가法外濫禁ᄒᆞᄂᆞᆫ羈習으로乙者의墳基를要爲抑勒掘移ᄒᆞᄂᆞᆫ지라同氏가招待兩[illegible]ᄒᆞ고從公帑押ᄒᆞ야畢竟直者[illegible]ᄒᆞ고曲者落科ᄒᆞ야使之息[illegible] [illegible] [illegible]決이有違ᄒᆞ야ᄒᆞ고該掾을當場拘捕ᄒᆞ야[illegible]ᄒᆞ야날同氏가[illegible]ᄒᆞ야該作援諸人等을一並捕縛以來ᄒᆞ야彼隻與通譯을先爲辟罪嚴笞ᄒᆞ고所謂日兵者를繼又論罪曰日本軍制之嚴明은吾所知也라汝若日兵이면不由將令ᄒᆞ고此等民間作弊가決無是理인즉汝必是釜山等地通譯輩가做粧日兵ᄒᆞ고行此不法이니罪不可曲恕라ᄒᆞ고猛笞後午囚矣러니

數日後日本憲兵이來詰曰此實日兵也라何爲笞之囚之를如是無禮焉고辭氣甚厲ᄒᆞ야卽請放出이거날同氏曰吾決知其非日兵也라安能瞞得我過이며且吾之所執者ᄂᆞᆫ法라不可遽然放出이라ᄒᆞᆫ즉該日憲兵이知其無可奈何ᄒᆞ고逡巡而去라가其翌日에又來苦請ᄒᆞ되同氏가如前答送矣러니至第三日ᄒᆞ야該隊將官이躬來請放ᄒᆞ면셔怒色而責其無禮ᄒᆞᄂᆞᆫ지라同氏曰果係日兵이면君之誤認以我民治之ᄒᆞᆷ이非曰無過로되所謂兵丁이無端民訟干預ᄒᆞ며藉勢作弊ᄒᆞ야致累於貴國軍律ᄒᆞ니論其所犯ᄒᆞ면孰重孰輕이며且身爲臨民之官ᄒᆞ야目擊亂類行悖而殘民受困ᄒᆞ고瞻前顧後하야不思所以禁戢이면非徒負民이라寔爲負國인즉爲在其職守本意ᄒᆞ야雖以此得罪라도萬萬無悔로다該將官이聽舉에[illegible]明官이라ᄒᆞ야ᄒᆞ얏다더라

又有一事ᄒᆞ니同氏가戢捕官隷帶ᄒᆞ얏ᄂᆞᆫ데附近地賊徒數十名을譏詗捉得ᄒᆞ야一一躬審ᄒᆞᆫ後에其行賊ᄒᆞᆫ事實이昭然呈露者ᄂᆞᆫ卽爲押交于觀察府ᄒᆞ고其餘情跡이未分明者幾名은一併猛施笞罰ᄒᆞ야欲爲放還ᄒᆞᆫ즉境內諸民들이恐其復爲行賊ᄒᆞ야來訴其不可者ㅣ日幾百人이라同氏奮然曰所貴乎審理者ᄂᆞᆫ要明其眞僞인바今此諸漢之情跡이終涉疑晦ᄒᆞ니勒加賊名은法所不當인즉事因此事而遺民憂언뎡知其無罪而輕陷民命은吾所不爲也라ᄒᆞ고竟違衆論而放送ᄒᆞ얏더니過幾日後에不知何許一人이來招入門之則曰小人은卽火賊魁首之某里居某姓名인바爲待罪于官門이라ᄒᆞ야날卽爲今聞賢太守之政令ᄒᆞ고感心이油然西生ᄒᆞ야自現伏法이다ᄒᆞᄂᆞᆫ지라同氏가嘉其改新ᄒᆞ야諭以善道ᄒᆞ고旋又厥族所居洞任處에訓飭ᄒᆞ야曰某已悔過自新ᄒᆞ얏스니勿念舊惡ᄒᆞ고待以良民이되若或不遵令飭ᄒᆞ고擅加侵侮若면斷當別般嚴懲이라ᄒᆞ고厥徒를仍卽送還矣러니遠近賊徒들이擧皆其德化를感服ᄒᆞ야該郡境內에ᄂᆞᆫ斷復賊跡之意로互相約誓ᄒᆞ야至今夜戶不閉ᄒᆞ고民皆樂業ᄒᆞ야如此擾攘搶界에獨一桃源景色이라ᄒᆞ더라

本記者曰近日韓國守令中稱爲善治者ㅣ非曰全無其人이로되夷攷其實ᄒᆞ면賊徒[illegible]而[illegible]一能ᄒᆞ며或其私黨이做出溢美之言ᄒᆞ며又或內實貪饕而盜名欺世者ㅣ滔滔皆是로되至於尹宗求氏ᄒᆞ야ᄂᆞᆫ明足以燭奸ᄒᆞ며義足以制頑ᄒᆞ며仁足以濟物ᄒᆞ야美行茂績이彰彰然拔乎其萃ᄒᆞ니雖古之循良이ᄂᆞᆫ何以加此리오마ᄂᆞᆫ奈之何屈此斗邑에未展蘊抱ᄒᆞ야反不若昏庸貪虐者之歷揚華顯인지嗟라端人心跡에未解擬選ᄒᆞ고廉吏手裏에元無錢鈔ᄒᆞ니今之秉銓者與所謂各大臣이何所慕於如彼空囊客ᄒᆞ야褒而進之일지嗚呼라其潦倒也ㅣ宜乎哉진저

●義助可尙 前主事吳周爀氏가昨年에日館에長書ᄒᆞᆫ事件으로警廳에拘囚를被ᄒᆞ야幾朔後得放ᄒᆞ얏스나千里客跡으로資斧가罄乏ᄒᆞ야彷徨道路ᄒᆞ더니端川郡維新學校와涵恩齋와公立學校와靑年會의紳士들이此를聞ᄒᆞ고銅貨六十餘元을鳩聚寄付ᄒᆞ야其困難을救濟ᄒᆞᆷ으로聞者가咸稱其義라ᄒᆞ더라

●願借一年 全羅南道儒生等이內部에電稟ᄒᆞ되本府觀察使朱錫冕氏가莅任以後에愛民如子ᄒᆞ야化洽一省터니今忽遞歸에民倘惜去ᄒᆞ니衷達 天陛ᄒᆞ와加借一年케ᄒᆞ라ᄒᆞ얏다더라

●觀察催送 公州觀察使署理郭璨氏가內部에報告ᄒᆞ기를定山洪州等地匪徒事件은連有所鎭撫而殆此擾攘之時ᄒᆞ야其所鎭壓之策이有不可疎忽이오니新任觀察使를催促ᄒᆞ야不日赴府케ᄒᆞ라ᄒᆞ얏다더라

●戶錢請減 鎭山郡守俞鎭哲氏가內部로報告ᄒᆞ기를本郡郵站은處在孔路이온ᄃᆡ甲辰春以來軍兵所經에民不奠居ᄒᆞ고家戶錯落에雖責賦徭而甲辰春等戶布ᄂᆞᆫ泰承 詔勅ᄒᆞ야旣有減給이어니와該站原總戶一百三十九戶의甲辰秋等과乙巳春秋等戶錢을迄今未收於民間하고亦未蒙減於上納中ᄒᆞ야虛留邑簿에便成宿瘼이오니轉照度支部ᄒᆞ야特爲蠲減케ᄒᆞ라ᄒᆞ얏다더라

●兩氏義擧 現今三和港附近方面에神痘染疫이流行하야牛痘를未曾試ᄒᆞᆫ生命은困難ᄒᆞᆫ交象이有ᄒᆞᆷ으로港內居裵亨湜金정燮兩氏가疫染豫防코져義出捐金하야種痘藥料를優數救購하며種痘施術에有名ᄒᆞᆫ醫師를請致하야港民子女와各學徒의게三日種痘執行ᄒᆞᆫ男女人數가二百九十三人에達하얏ᄂᆞᆫ데藥價醫價를幷不受索ᄒᆞᆷ으로兩氏에衛生義務를京部에褒報ᄒᆞᆯ만ᄒᆞᆫ美擧라고人皆贊頌ᄒᆞᆫ다더라

●公格請示 忠南觀察署理郭璨氏가內部에報告하얏ᄂᆞᆫ데公州駐隊가旣非獨立이오散隊中隊長이亦非司令이온즉與各郡守往復에自可對等照會이온바該中隊將이輒行訓指於各郡하고如自[illegible]郡으로ᄂᆞᆫ不等照會則亦過而不[illegible]라와不無越權之弊이오니自[illegible]移照軍部하야公文規式을相當確定後에函賜指令하시와以爲遵施하라하얏더라

●別宮修理 皇太子殿下嘉禮에[illegible]大安洞別宮을預先修理하되始役日時ᄂᆞᆫ陰二月初二日巳時로選擇裁下하얏더라

●殖產方針 近日政府에서國民의殖産與業을發達하기爲하야其方針을屢次會議되얏다ᄂᆞᆫ데各地方에園牢를隨宜設置하고牛馬鷄犬羊猪鹿兎等物을畜養ᄒᆞᆯ次로其規則을日間頒布ᄒᆞᆫ다더라

●吉耶凶耶 世之占夢家에서謂以夢見蛇則明日得財하고夢見馬則翌日付祿이라하야蛇與馬를認以大吉祥하ᄂᆞᆫ바年前李軍大家에서蛇落大廳ᄒᆞᆷ으로移家以禳之하고今聞李內大家에서ᄂᆞᆫ馬入중門ᄒᆞᆷ을或云不祥之兆라ᄒᆞᆫ다니均是一物이로되或吉或凶이異於夢중與現狀은何也오大抵人之在世가無非夢중인則兩家之蛇與馬도亦當作夢중觀이면不足爲怪이어날空懷畏懾하야徒信流俗之言하니大臣之識量이何其不正大乎아可發一笑로다

●丕氏刼運 洪州來人의傳說을聞ᄒᆞᆫ즉該郡舟洞居前參判趙同熙氏ᄂᆞᆫ該地義兵의게脅迫을被하야運粮事務를擔任ᄒᆞᆷ으로同氏ᄂᆞᆫ日憲兵의게被縛하얏고其家眷은不意衝突을遭하야四處奔散하얏다더라

●設學基址 學部에서學務를擴張하기爲하야經理院과協商ᄒᆞ야各地方所有前驛館宇及基址를學部로移付ᄒᆞ야學校를設寘하기로妥定하얏다더라

詞林

寄大垣先生 李[illegible]田

臥病空山不死魂東窓眼眼感朝暾春風一夜梅花發消息天涯有大垣

千秋公義亦夫夫扼臂西山愧色無更有何人思孝直至今遺恨失吞吳

英儒仁術禁鴉烟識到軍銀竟沮然鼎峙東方深遠策千言未可動諸賢

客過滄海積風瀾可是同舟計日韓笑集隣翁春灑灑酒天心大向自强看

特別社告

本報發刊이今爲一百七十三號인바遠近僉君子의愛독ᄒᆞ심으로由ᄒᆞ야漸次發達ᄒᆞᆯ兆候가有ᄒᆞ나但本社經用이自來窘艱中에代金收入의過期遲滯가殆居其半이라目下經費가大段困難ᄒᆞ야實有推過不得之慮이오니千里前進이恐亦中途而廢라惟願購覽ᄒᆞ시ᄂᆞᆫ僉君子ᄂᆞᆫ諒此情況ᄒᆞ오셔前次未送條와逐月代金을趁期送交ᄒᆞ시와得以繼續刊行ᄒᆞ야朝朝供覽케ᄒᆞ심을切盼홈

大韓每日申報社　告白

雜報

●論機器之益

聚工人於一廠ᄒᆞ면必宜多分門類ᄒᆞ야推廣試煉이라야可期奇藝日增이오且多用機器가多省人之材力心思나却能多長人之智巧라

大抵習於手藝者ᄂᆞᆫ取製一物하야銷售近隣하면資本이較輕하고獲利亦少라若使專心致志하야創獲奇法이면大有不然이라即如印書一藝가可分爲七十業이오織布一藝가分業이尤多라古昔之人은建造房屋에必需手自操하야作豳風之詩曰晝爾于茅오宵爾索綯하야亟其乘屋이라ᄒᆞ니其勞苦를可憫也라後世에有土木諸工이備其力而予以資하니較之日築蝸廬에更爲堅固라承包工程之匠이購料置器ᄒᆞ고招雇工人ᄒᆞ야分打樣管工爲二事하니各分門戶에費省功大라夫織니一藝ᄂᆞᆫ古時에亦係家人婦子가躬自經營이러니厥後에創爲大廠하야分管工購料打樣估價諸類하니凡其銷售之處가每覩日報에可知時價之漲落이라惟ᄂᆞᆫ選工匠에必須以心細者爲佳라야日後에方能長進이오繅絲織廠之人이亦須大才槃槃이라야方可收效라凡廠中置用機器를能考較而知其新且美者면其子가踵而行之하야其生意盛衰를平日皆所素悉이라尤操智慧之機故로卽易轍改絃하야別謀生計라도亦必較勝他人이오各種實易이苟能世代相傳하야永守家風이면尤爲出人頭地라　未完

●商民齊憤　鍾街各廛중에日本人이或至着手則韓人之商業이必將盡爲日人所占키로無論某廛房하고日本人之借居를從前不許이더니近日眞絲廛商民朴敬昌申貞鎬兩人이該廛房을韓人請貰者에게ᄂᆞᆫ不肯貰給라가乃於日本人에게貰給인즉從此諸般商廛에도必有借廛入室之慮하야各廛商民들이申朴兩人의用意叵測홈을擧皆憤惢ᄒᆞ다더라

●時시事사問문答답

나가난자이며러잇섯다ᄒᆞ니그런경우에난경세종이아니라히ᄉᆞ종이라할만하도다

그러호즉각부에관리가비록천만명이잇기로서무슴일을ᄒᆞᆫ다ᄒᆞ리오그즁에아모것도아니ᄒᆞ고날마다왓다갓다ᄒᆞ야버슴ᄉᆞ리를ᄌᆞ긔에소일자리로만알ᄲᅮᆫ아니라염치업시월급이박ᄒᆞᆫ니관리의외슈가부죡ᄒᆞ니ᄒᆞ면서공문이젹체ᄒᆞ야도ᄒᆞᆫ가지를속히치판할싱각도아니ᄒᆞ고한글ᄌᆞ를쓰기도싱각지아니하니그러케놀고단이난관리난비록몃빅명몃십명이잇더리도일ᄒᆞ난ᄉᆞ람한아만못할지니엇지외국ᄉᆞ람들이보면용관이라아이ᄒᆞ며감외ᄒᆞᄌᆞ아니ᄒᆞ리오재나라의재일ᄒᆞ기를남의나라의남의일ᄒᆞ듯ᄒᆞ야필경보호감독의압제를밧으면서도마암파힝실을곳칠싱각이업고다만각박ᄒᆞ다원홍하다남만원망ᄒᆞ니그원망이쓸데잇나소위쥬무ᄒᆞ논디신이하로협판국장참서관쥬ᄉᆞᄭᆞ지그러케일믈하기슬혀ᄒᆞ난ᄭᆞ닥에롱신원을ᄲᅢ앗긴다외부를혁파혼다ᄒᆞ야　미완

廣告

北署壯洞普明義塾補助員 今

知事	姜錫鎬	新貨	一千元
監督	康洪大	仝	二十元
判書	閔京鎬	仝	十元
參將	李秉武	仝	十元
副領	李南熙	仝	十元
參判	李範喬	仝	十元
副領	李寅榮	仝	十元
參書	金圭鎭	仝	十元
正三品	金澈鉉	仝	十元
輔國	李淳翼	仝	五元
判書	金聲根	仝	五元
判書	成岐運	仝	五元
判書	李容植	仝	五元
判書	金思轍	仝	五元
判書	李軒卿	仝	五元
判書	趙鼎九	仝	五元
判書	金思濬	仝	五元
判書	閔泳敎	仝	五元
參判	閔泳璇	仝	五元
參將	金昇圭	仝	五元
光陽	崔鶴圭	仝	五元
承旨	李秉九	仝	五元
參書	申泰游	仝	五元
參書	金明濬	仝	五元
議官	朴陽瑞	仝	五元
翰林	金鍾관	仝	五元
郎廳	李鎬俊	仝	五元

右補助諸公은領受証가기젼에ᄂᆞᆫ送치勿ᄒᆞ시오

玉果郡守李虎榮氏가莅玆五朔에廉明公平하며政淸如氷하야遠播馱錢에化謠滿境하고革祛歛弊에頌碑連街하고匿減倉費하며米肉養老하고愛民如子하며束吏如濕하고結稅收捧에不煩曉諭혀되民爭先納하니如此明府仁孝之政은古之召杜요今之李候라고道內가稱頌혼다더라

呂驥燮　告
金廷洙　白

特別社告

非史乘이면政治之美惡와人物之臧否와風俗之汚隆을無以攷論인즉史乘者는非一時之공覽이라乃萬世之公案이오非自國之所可得以私也라卽宇內列邦에宜所公佈키로著者美人訖法氏之撰大東紀年이意固有在而然也라本記者ㅣ不揆僭越하고於韓之史事에留心者ㅣ久矣로되在幾百年之後하야要論幾百年之事가任大力綿에恐有失實之歎석더러鎖國自守之時代에는民間諸般事爲가不過是韓常典故라不足以供世界列邦之眼目키로斷自丙[illegible]交涉時事하야裒爲編成一書하야[illegible]四方有志諸君子는據此[illegible]하야丙子以後政令[illegible]之所關와各國交涉之如何와臣民疏章與功罪之表著와中外[illegible]忠臣義士孝子烈女之行蹟을各隨所聞所見而詳錄投示하야俾此重役으로得[illegible]

大韓每日申報社

本[illegible]에[illegible]가性不良不宮야日人을符同宮야本人의게錢二[illegible]動徵宮여宮기로日本警察署에告訴宮얏드니明白키判[illegible]사와動徵宮려든於吾과[illegible]給宮얏든錢二千兩々지還[illegible]니內外國人間此等事을勿爲見欺宮

砥平居[illegible]在龍　告白

● 九轉[illegible]女若少[illegible]與雞[illegible]를[illegible]

● 九轉[illegible]丹은[illegible]癇症과中風諸疾[illegible]疾에神效宮오

● 九轉[illegible]砂保命丹은[illegible]　驚風　癘疾　痰嗽　[illegible]般瘧과婦人帶下症에神效宮오

● 九轉靈砂濟衆丹은酒滯　食滯　血積　吐瀉　[illegible]　滯疾　吐血　下血　運氣　時疾　癇症에神效宮오

● 九轉靈砂紫金丹은痔漏　瘰癧　上痔瘡　下痔瘡及膿瘡과諸般瘡瘍惡種에無不神效宮오니　僉君子는來問宮시오

內需司前두갈이골上隅第一家　李鍾廷　告白

一 鷹標罐濃結牛乳
一 金印罐詰濃結牛乳
一 無[illegible]家用[illegible]
一 [illegible]ㅣ른쓰製造家[illegible]合牛乳

[illegible]貯積宮얏숩[illegible]濃結牛[illegible]

大韓仁川港　[illegible]洋行

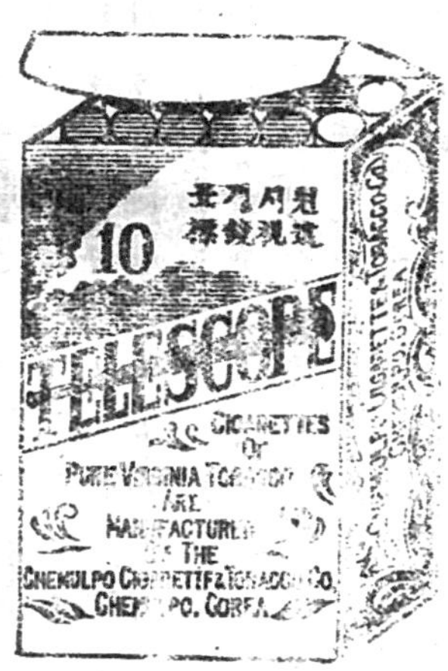

以上三種은上品으로製造宮[illegible]上에[illegible]本[illegible]

大韓帝國仁川港
[illegible]紙卷烟草及烟草會社

本社廣告

申報價

一張代金　新貨二錢五厘
一週[illegible]　三十錢
三箇月　九十錢
六箇月　一元七十錢
一箇年　三元[illegible]

郵稅一部[illegible]
一箇月　十三錢

廣告料

[illegible]十二字詰
每日[illegible]一次에新貨[illegible]
(每日[illegible]大韓[illegible])
[illegible]　二[illegible]
一箇月에　五[illegible]
[illegible]
[illegible]有[illegible]
大韓[illegible]不得不兩[illegible]호오니廣告出報宮[illegible]僉君子는來[illegible]시옴

發行兼編輯人　英國人[illegible]
發行所
[illegible]
大韓每日申報社

第四卷

大韓每日申報
대한매일신보

第一百七十六號

月曜及慶節 議時日休刊

檀君開國四千二百三十九年
箕子元年三千二十八年
大韓開國五百十五年
日本明治三十九年
淸國光緒三十二年
陰曆丙午二月大三十日丁卯

論說

韓國借款

韓國最近借款의細目을閔悉하니向日本報論說에公警私란問題를表明이로다本月十六日下午에韓國度支大臣과日本興業銀行間協約이已至調印인바其名稱金額은一千萬圓이오發行額은九十圓이오利子는每百圓에六錢五里오保證은海關稅納이라公布된은如左하나更有傳報하니手數料가百分之十이오即出給金은但其半額이러라

前鑑을若論하면此金四百萬圓(借款半額)을韓人이自手經用ᄒᆞᆯ는지는遠矣無望이라日本歇策을無違히應從하는如彼大臣以外에는雖一員韓人이라도此金額借用之道에有意ᄒᆞᆷ을得見키未能이니其名稱農桑業을興旺云이나日本紙貨四百萬圓을引用ᄒᆞᆷ으로韓國農商을發達할거슨似無何等意見이로다雖其計策이誠是良美矣오外國借款이果係緊急云이라도借款之道에日本干涉보다善良結果가亦有ᄒᆞ리니韓國이海關稅納과如ᄒᆞᆫ美好保證을帶持ᄒᆞ면西歐都市에셔六釐五里보다廉歇利子의借金을能得ᄒᆞᆯ지어날今此同意ᄒᆞ는日本顧問官과指揮者가韓國을更一次誘惑ᄒᆞ엿도다且其還報之日을以十年定限矣니韓國이權限을能得履行ᄒᆞᆯ지는無人可信이라該金額을即速發效되는事業에不得費用ᄒᆞᆷ은無疑니若韓國이萬難之計인稅랍金一千萬圓을不得貯藏이면十年限終之日에는未免負約ᄒᆞ야債主日本掌中에專在ᄒᆞ리로다

官報

●三千四百七號 光武十年三月廿二日

◎敍任及辭令

解平安南北道金礦監理兼禁察官 正三品金台植
正三品申性均 全申厚永
任秘書監丞敍奏任官三等 六品尹禧永
任弘文館시講敍奏任官四等
命平安南北道金礦監理兼禁察官 正三品鎭東元 李在錦
任經理院技手敍判任官六等 九品朴壽年
任昌陵參奉敍判任官八等
任永陵參奉敍判任官八等 康陵參奉權南炯
任康陵參奉敍判任官八等 九品徐丙敎
任仁川監理敍奏任官二等 農商工部工務局長徐丙珪
任農商工部參書官敍奏任官四等 農商工部主事洪在夏
漢城裁判所判事金商直
任麟蹄郡守敍奏任官四等
以上三月十九日
仁川監理署主事鄭元朝
依願免本官
任仁川監理署主事敍判任官七級 九品康完基
以上三月廿日 完

●三千四百八號 光武十年三月廿三日

◎宮廷錄事

帝室會計審查局長臣朴鏞和謹奏向以前尙方司織造課長孫馨愚么逋懲勘事業經奏下而經歲閱月尙未出梢操以擧行誠極稽忽更防法部使之不日懲刷何如謹上奏 光武十年三月十九日奉旨不無斟量者存特爲安徐

宮內府大臣勳一等臣李載克謹奏別宮修理始役吉日令日官金東杓推擇則今陰曆三月初二日巽時爲吉云以此日時擧行何如謹上奏 光武十年三月二十日奉旨依奏

◎敍任及辭令

依願免本官 厚陵參奉兪鎭禹 吳昌鉉
任厚陵參奉敍判任官八等
任農商工部主事敍判任官六級 九品金永憲
以上三月十九日
秘書監丞申厚永
秘書監丞洪承斗
奉常司副提調尹 찬
帝室會計審查局主事高義明
厚陵參奉吳昌鉉
英陵令李敏五
法部主事金敎明
依願免本官
正三品李敏英 全張昌鎭
任秘書監丞敍奏任官三等 正三品李芯和
任奉常司副提調敍奏任官四等
任帝室會計審查局主事敍判任官三等 典션司主事羅在珉 主殿院主事金용彬
任典션司主事敍判任官八等 六品高羲明
任主殿院主事敍判任官五等 시從院左시御李重?
任尙方司主事敍판任官七等 正三品李?台
任시從院左시御敍판任官六等 九品趙鎭禹
任厚陵參奉敍판任官八等 寧陵參奉金延鎭
任英陵令敍판任官八等 李遠永
任寧陵參奉敍판任官八等 九品鄭東作
解法部法律起草委員 九品金敎明
命法部法律起草委員
以上三月二十日

外報

●海港平和 海參威港에셔는俄國軍隊와醫務官이一致ᄒᆞ야革命派의大擒擧을始作ᄒᆞ얏난디些少ᄒᆞᆫ嫌疑가有ᄒᆞᆫ者라도容赦치안코殺害ᄒᆞᆷ으로써일히生命을喪ᄒᆞᆫ者ㅣ百二十餘名에達ᄒᆞᆫ지라是以로革命派는擧皆히國外에逃亡ᄒᆞᆫ中이오港民은도로여其情穩됨을喜悅ᄒᆞ는貌樣이라더라

●滿洲視察員의派送 北京電을據ᄒᆞᆫ則淸政府에셔滿洲의行政等을視察ᄒᆞ기爲ᄒᆞ야外務部參議中一名을近日間에派送ᄒᆞᆯ터이더라

●肅親王의俄國視察 同電을據ᄒᆞᆫ則肅親王이來四月上旬에北京에셔發行ᄒᆞ야俄國을視察ᄒᆞᆯ計畫이有ᄒᆞ다더라

●美國移民法 近者에美國上院議員벨관감氏의紹介로美國移民法改正案을上院에提出ᄒᆞ얏는ᄃᆡ其改正案의目的은現行移民法의規定에依ᄒᆞ야美國에入ᄒᆞᆷ을得ᄒᆞᆫ外國人의種類를一層狹少ᄒᆞᆫ範圍로決定ᄒᆞᆯ라는中인ᄃᆡ檢查醫의診斷에依ᄒᆞ야精神上及身體上에缺点이有ᄒᆞᆫ者와又十七歲以下되는小兒는其同親或兄弟姉妹가美國에滯在同居치아니ᄒᆞ면不許事이라ᄒᆞ얏더라

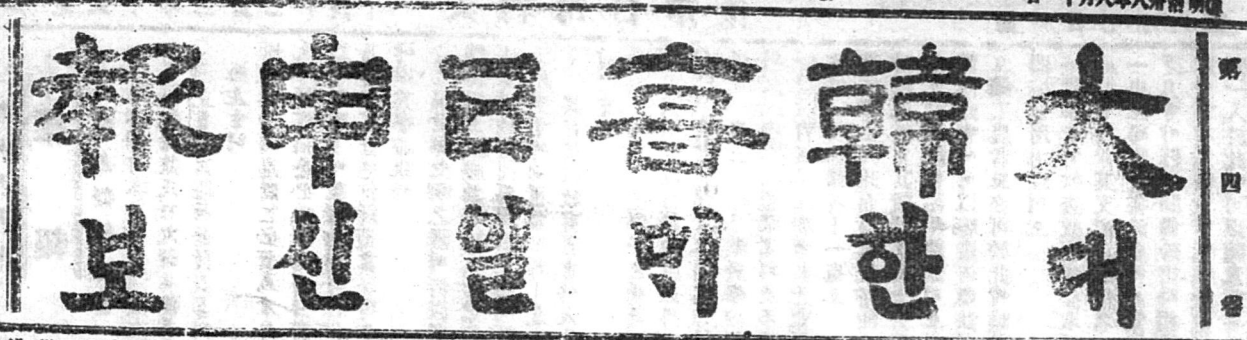

●馬賊蜂起 十三日營口來電을據ᄒᆞᆫ즉日本軍이滿洲를撤還ᄒᆞᆫ後로同時滿洲一帶에셔馬賊이蜂起ᄒᆞ는지라淸國政府는金州附近의馬賊을討伐ᄒᆞ는中이나其勢力이ᄌᆞ못猖獗ᄒᆞ다云云ᄒᆞ더라

雜報

大同書觀趣旨書

平壤府의有志ᄒᆞᆫ金興灝秦文玉郭龍舜諸氏가大同書觀을創立ᄒᆞ고其趣旨를發表ᄒᆞᆷ이如左ᄒᆞ니

原夫國步의進就ᄂᆞᆫ必資人才요人才의培植은必由學問이니書籍은學問上에原素物이라若非書籍之富有면何以資其玩繹ᄒᆞ야增其學識哉아

故로現世界文明之國이皆以廣儲書籍으로視爲培植人才之要法ᄒᆞ야藏書樓와圖書之館이輪奐相望ᄒᆞ야列若業星者ㅣ是라今將其有益於教育者ᄒᆞ야大約言之ᄒᆞ면

現在學校의靑年學子ᄂᆞᆫ乘其課餘之暇ᄒᆞ야縱日於教科以外之書ᄒᆞ야廣其見聞ᄒᆞ고助其知識者ㅣ一也오旣經卒業於學校者와及以貧而罷業者와及不受學校教育者라도亦皆於此覽閱ᄒᆞ야得其知識者ㅣ一也오

著述家ᄂᆞᆫ因此而得參攷諸種ᄒᆞ야可以確立其說이오醫士가因此ᄒᆞ야可以得治療新法이오商賈依此ᄒᆞ야可以曉廣告便法이오農工業者도亦可於此에曉其器械及用力法이오

一般學者가欲查故事에必取足於斯ᄒᆞ야得其文獻之足徵者ㅣ一也오尋常ᄒᆞᆫ書社會에서常恨乏力ᄒᆞ야難以購備珍書라相彼寒士가有意博覽에徒懷缺望ᄒᆞ다가一入於此에可以隨意閱ᄒᆞ야成其素志者ㅣ一也오

現今世界에文明이日進ᄒᆞ고事業이日新ᄒᆞ야互相競長에莫肯退後이거날我獨安於固陋ᄒᆞ야自同井와ᄒᆞ면不免爲下等劣種이라宜其出入於此ᄒᆞ야環球列國의新刊書籍과新報雜誌之類를得閱ᄒᆞ야世界近況을逐日知得者ㅣ一也오

其他有益於教育者를不暇枚擧인則廣儲書籍ᄒᆞ야資人閱覽이誠培植人才之要法也라所以로本人等이於此注意ᄒᆞ야書籍縱覽所를刱設ᄒᆞ되其位置ᄂᆞᆫ平壤府大同館前이오其名稱은曰大同書觀이라

自本邦書籍으로以至東西諸國의各種書類를悉力購致ᄒᆞ야務使琳琅珠玉이燦然具列케ᄒᆞ노니惟願遠近僉君子ᄂᆞᆫ咸須諒此ᄒᆞ야隨意要覽ᄒᆞ야有以廣其見聞ᄒᆞ고增其學識이면實區區之切望이로소이다

●果有是否 某報를據ᄒᆞᆫ즉李根湘氏가其兄根澤氏를對ᄒᆞ야曰兄主之今番生還이於私情에幸也나吾家運之不幸也라以兄主一身之回生으로我五兄弟必爲非命致死라ᄒᆞ얏다니果然인지

●强制教育 學部에서學務에對ᄒᆞ야將次强制教育을實施ᄒᆞᆫ다ᄒᆞ니强制教育이란거ᄉᆞᆫ全國의男女貴賤을勿論ᄒᆞ고入學年齡이已屆ᄒᆞ야入學지아니ᄒᆞᄂᆞᆫ兒童이有ᄒᆞ면其父兄의게施罰ᄒᆞᆷ이니吾儕도또ᄒᆞᆫ써ᄒᆞ되韓國今日教育이强制規模가아니면全國兒童으로ᄒᆞ야곰一律入學케ᄒᆞ기不能ᄒᆞ리니夫强制二字ᄂᆞᆫ天下之惡政이어니와至於教育上ᄒᆞ야ᄂᆞᆫ아모조록强制로實施ᄒᆞ야學業이振興ᄒᆞᆷ을十分企望ᄒᆞ노라

●新貨發行數 政府에서發行ᄒᆞᆫ新貨總額이四十八萬二千三百八十八元二十五錢인ᄃᆡ其中에半元價格의銀錢이十九萬七千七百五十錢이오二十錢價格의銀錢이十三萬一千八百元이오五錢價格의白銅錢이十四萬八千九百八十元七十五錢이오一錢價格의銅錢이三千九百元이라더라

●火種宜愼 石油ᄂᆞᆫ自是愼火之物인바鍾街商民孫[illegible]가石油販賣爲業ᄒᆞᄂᆞᆫᄃᆡ貫鐵廛內에石油桶을多數積置ᄒᆞ고其側에鍊鐵爐를又設ᄒᆞ야每日熾[illegible]從事ᄒᆞᆷ으로附近商民[illegible]失火而禍及他屋ᄒᆞ야[illegible]多ᄒᆞ다더라

●擬律非當 禮山居[illegible]氏가法部에請願ᄒᆞᆫ內[illegible]에本人之叔父[illegible]林이以洪州鄉選主事로昨年十一月分에聞日人勒約之說ᄒᆞ고主辱臣死之義로血憤沸中ᄒᆞ야寧欲一死報國ᄒᆞ야以短刀로橫刺通信局員淺井半次郎之後頸ᄒᆞ고仍卽自刺러니致斃一夜에左右救護ᄒᆞ야救得延命이나以刃刺人이自有當法ᄒᆞ니以我國法律勘斷이면死猶無憾이어니와誤被執於日憲兵而歸之軍律違反之罪라ᄒᆞ야處斷以監禁三年ᄒᆞ니公法所在에初無越治之權이ᄋᆞ고行刺論之면刑法昭然이라初無加害於軍用而勒加罪案ᄒᆞ고遽行直斷이極涉無理라具職於本部繕報이온故로玆粘連前狀仰籲ᄒᆞ오니照亮ᄒᆞ신卽爲交涉于統監府與日憲兵所ᄒᆞ시와移付于法司ᄒᆞ야以我國律로定案斷處之地를千萬泣祝이라ᄒᆞ얏더라

●待請公開 法官養成所舊學員의寃抑情景은前報에已揭어니와今聞ᄒᆞᆫ則待其區分ᄒᆞ고一不出席ᄒᆞ얏더니日前에稱以一齊日無故欠席ᄒᆞ고黜學揭載라ᄒᆞ니待區分을據以無故ᄒᆞ니向所謂將施區分之說이今果安在오合寃見壓으로ᄂᆞᆫ行將公開裁判ᄒᆞ야執曲執直을分析決處ᄒᆞᆯ터이ᄂᆞ但該員等은曾皆忠義膽子라條約時에法大에게長書ᄒᆞ야五賊을正法ᄒᆞ자ᄒᆞ던人이니見今形便ᄒᆞ면皆作世離罪之體라今日國事가誰責ᄒᆞ야彼輩가尙保其位ᄒᆞ얏스니今此見黜이不足爲怪라暗黑中에裁判ᄒᆞ면反愧于心이라ᄒᆞ야他日에他法官의明決ᄒᆞᆫ時에公開裁判을期爲請開ᄒᆞ깃다ᄒᆞᆫ다더라

●擅賣國土 北署阿峴坊大峴里及倉川里延禧坊新村里에所在田土가本以靑坡驛土로該洞人民等이以賭地로數百年爲業耕作ᄒᆞ더니不意今春에淸國人數名이作人處에來言曰自今以後로ᄂᆞᆫ此田土가吾等之所買田土也니以往作人은勿爲作耕ᄒᆞ라ᄒᆞ기로該作人等이不勝抑冤ᄒᆞ야靑坡驛人趙甲用鄭致亨張敬瑞三人處에其裏由를詰問則該驛人所答이果然吾等之轉賣於淸人處也라作人等曰是何說計로暗賣於外國人耶아且以驛土로言之라도係是國土ᄲᅮᆫ더러窮村殘民이以此作農ᄒᆞ야僅僅得生이거날以何設心으로暗賣於外人ᄒᆞ야數百名作人의數千名眷口가飢死之境에至케ᄒᆞᄂᆞᆫ가ᄒᆞ고且法官不遠之地에有此賣國土之習이라고民徒이藉藉ᄒᆞ더라

●樂安火災 全南樂安郡에서陰曆正月一日에火起於書記廳ᄒᆞ야一瞬間內外徹焰이便成洪爐에一大廳舍가竟爲灰燼ᄒᆞ고所捧公錢四千一百兩과各項文簿가難入灰燼이라고該道觀察使가報告內部ᄒᆞ얏더라

●校舍見奪 開城府下學校校舍를日本兵이占據以後로推還無路而所有什物之셔失을亦爲査推末由이다該府尹이學部에報告ᄒᆞ얏다더라

●境界圖謀 政府에서各郡合併之說이盛行ᄒᆞ더니近因伊藤統監의勸告ᄒᆞ야將欲不日實施ᄒᆞᆯ次로內部에서發訓各道ᄒᆞ야使各郡守로周行境內ᄒᆞ야山川道里와[illegible]郡境界를圖謀ᄒᆞ고昭詳詳錄ᄒᆞ야訓到二十日內로收聚上送케ᄒᆞ되如或因循이다가日後派遣技師而踏查之時에如有疎忽處면當該郡守ᄂᆞᆫ卽行免官ᄒᆞᆯ터이니傷念擧行ᄒᆞ라ᄒᆞ얏더라

●報請錄卑 慶南觀察使조民熙氏가鎭南郡守의報告를因ᄒᆞ야內部에報告ᄒᆞ기를馬山港駐在日本理事官三增米吉의照會를接准ᄒᆞᆫ즉韓國沿海航行特許者漁船神龍丸으로現이蔚山釜山馬山統營三千浦方面을航行중인ᄃᆡ海陸連絡의設備不完ᄒᆞᆷ으로航行上不便이不尠ᄒᆞᆫ고로統營海岸에船着場及倉庫數設地用地의借受方을申出ᄒᆞᆷ은韓日兩國人의交通貿易上必要設備ᄲᅮᆫ아니라統營開港에도最히긴切ᄒᆞᆫ急務等因에온航海特許가旣在約定이나不可自府擅便이니查照回指하라하얏다더라

●自稱其才 廣濟院醫士減額五人중四人은皆呈請願書이나惟獨韓宇一人은自稱已才而東西構誣하니事體所在에不可仍實인즉查照免官케하라고該院長金寬鉉氏가內部에報告하얏다더라

●[illegible] 今番伊藤統監閣府式園遊會에參관察使與郡守를[illegible]送ᄒᆞ얏ᄂᆞᆫᄃᆡ各該觀察郡守의其進參與否를內部에電探ᄒᆞ얏다더라

●請願書籍 楊州直洞私立小學校長鄭寅琥氏가以教科書與地誌歷史등을依他校例頒下ᄒᆞᆷ으로學部에請願하얏더라

●學部議案 學部에서중學校教官朱榮煥氏를奏任教官陞敍ᄒᆞᆫ事로政府에請議하얏다더라

●交費請劃 平壤觀察使李容善氏ᄂᆞᆫ該府에서外人交涉費八千六十六兩七錢을平壤郡公錢중에旣爲挪用하얏스나還償[illegible]ᄒᆞᆫ즉移照度支部하야上納錢중劃減케하라고內部에屢次報告하얏다더라

特別社告

本報發刊이今爲一百七十三號인바遠近僉君子의愛독ᄒᆞ심으로由ᄒᆞ야漸次發達ᄒᆞᆯ兆候가有ᄒᆞ나但本社經用이自來窘艱中에代金收入의過期遲滯가殆居其半이라目下經費가大段困難ᄒᆞ야實有推過不得之慮이오니千里前進이恐亦中途而廢라惟願購覽ᄒᆞ시ᄂᆞᆫ僉君子ᄂᆞᆫ諒此情況ᄒᆞ오셔前次未送條와逐月代金을趁期送交ᄒᆞ시와得以繼續刊行ᄒᆞ야朝朝供覽케ᄒᆞ심을切盼ᄒᆞᆷ

大韓每日申報社 告白

雜報

●論機器之益 (續)

大廠中諸般工作이須在明亮之處니小廠은黑暗難置라如其資本이寬裕ᄒᆞ면雖廠屋工程이過於靡費라도切勿稍存吝嗇之心이라大廠이旣成이면所出貨物이精美適用ᄒᆞ야銷售日廣이오雇募工匠이又能精益求精ᄒᆞ야獲利가自必倍蓰라至若農人所用之機器와織布之機器ᄒᆞ야ᄂᆞᆫ新法이甚多ᄒᆞ니皆宜擇而用之라其他如顔料鐘表綢緞繩索等業이亦有機器ᄒᆞ니均可自造ᄒᆞ야以備試用이니如十分資에得有二三分中之利息이면已可償其七八分之資本이라若能竟獲十分이면其利가不知凡幾나然而資本不足之人則殊多辣手라今造成之新機器가易售與否ᄂᆞᆫ尙難預定이나惟成衣機器則以衣服爲人生逐日必需之物이라是以로皆喜購用ᄒᆞ야銷路極廣ᄒᆞ니利誠薄矣라訪績之廠은資本이不拘多寡오房屋之大小亦復無關緊要라惟大廠之購料省ᄒᆞ며置器省ᄒᆞ고存資多ᄒᆞ며獲利厚ᄒᆞ고小廠則費經資本ᄒᆞ고利息이亦薄ᄒᆞ야事事適與之相反也니라 未完

●兩氏蒙放 日前에朴正彬陸相弼兩氏가무슴嫌疑로警廳에被捉ᄒᆞ엿더니平理院에서審査ᄒᆞᆫ則科ᄒᆞᆯ事實이無ᄒᆞᆷ으로放送이되얏다더라

●孫氏義捐 天道敎主孫秉熙氏가旌門洞小學校에紙貨二十元을補助ᄒᆞ야學業을勸勉ᄒᆞ얏다더라

●銃丸請撥 竹山境內에ᄂᆞᆫ賊警이尤甚大熾ᄒᆞ야邑中人民이夜不安息ᄒᆞᄂᆞᆫᄃᆡ該郡에서雖欲戢捕나苦無使用之兵器ᄒᆞ고又其賊徒가東閃西忽ᄒᆞ야蹤跡을莫可探覓인즉移照軍部ᄒᆞ야洋銃與彈丸을量宜發送ᄒᆞ야以備戢盜之具케ᄒᆞ라고該郡守가內部로報告ᄒᆞ얏다더라

●風流如夢 前靈巖郡守趙東完氏ᄂᆞᆫ風流場著名ᄒᆞᆷ은世人之所共知어니와靈郡在任時에歌舞女도日夜恣其行樂ᄒᆞ얏다가竟乃九萬元公錢을欠逋ᄒᆞ야警廳에被囚ᄒᆞ얏ᄂᆞᆫᄃᆡ一萬元을業爲辦納ᄒᆞ고餘條ᄂᆞᆫ姑無歸屬이라ᄒᆞ니値此醸花天氣ᄒᆞ야無限風煙이惱人情緒ᄒᆞᄂᆞᆫᄃᆡ冷獄昏窓에愁坐度日ᄒᆞ야玉手勸酒人의一曲春眠歌가耳邊에寂寞ᄒᆞ니可謂舊遊如夢에英豪氣盡이라吾儕ᄂᆞᆫ同氏를爲ᄒᆞ야十分歎惜ᄒᆞ노라

●時시事사問문答답

국권이감삭ᄒᆞ고녹립긔초가업서질ᄃᆡ경이되오히려졍신을찰이지못ᄒᆞ고엉벙ᄒᆞᄂᆞᆫ슈작으로시졍긔선을혼다인지텩용을혼다ᄒᆞ되이ᄯᅥᆨ것무엇을실시ᄒᆞ엿다난말을듯지못ᄒᆞ얏스나인지텩용은착실ᄒᆞᆫ인지를텩용ᄒᆞᄂᆞᆫ모양인대그ᄉᆞ람들의힝젹을의론ᄒᆞ면관찰군슈로담ᄒᆞᆫ민지에유명ᄒᆞᆫ자아니면남북촌ᄉᆞ랑으로도라단이며아참이나잘ᄒᆞᄂᆞᆫ자이니그사람의용ᄒᆞ기도극란ᄒᆞ고각부대신이ᄎᆞ례거름으로한아둘식호천ᄒᆞ야셔입ᄒᆞ고공천이더ᄌᆞ칭ᄒᆞ 시졍긔선다보앗네그런ᄉᆞ람들의게ᄂᆞᆫ경세종도쓸ᄃᆡ업고ᄃᆡ포알이나온다ᄒᆞ면정신이나ᄂᆞᆫ지호문싱왈우리나라ᄉᆞ람도물건졔죠ᄒᆞ난지죠가업다ᄒᆞ지못할지라그훈장만드난지죠난어ᄂᆞ듬에비왓단지훈장은잘만들어직품ᄯᅡ라ᄎᆞ고보니보기난훌륭ᄒᆞ되실젹을궁구ᄒᆞ면훈장이앗갑도다선히싱왈훈장이란두글ᄌᆞ의의무가분명ᄒᆞᆫᄃᆡ우리나라에그훈장ᄎᆞᆫ난ᄌᆞ난부장츙장각부ᄃᆡ신과기타고등관리가졔일이차고보니군부로의논ᄒᆞ면군리각처에봉긔ᄒᆞᄂᆞᆫ화젹당 미완

廣告

特別社告

非史乘이면政治之美惡와人物之臧否와風俗之汚隆를無以攷[illegible]一時之공覽이라[illegible]之公案이오非自國之所[illegible]私也라即宇內列邦[illegible]記法[illegible]民之[illegible]紀年이意固有在而[illegible]不揆僭越하고[illegible]留心者ㅣ久矣로되[illegible]之役하야要論幾百[illegible]大力綿에恐有失實[illegible]國自守之時代에[illegible]事爲가不過[illegible]足以供世界列邦之[illegible]丙子以後各國交[illegible]爲編成一書하야[illegible]四方有志[illegible]君子[illegible]하야丙子以後政令[illegible]와各國交涉之如何[illegible]與功罪之表著와中[illegible]과忠臣義士孝子[illegible]各隨所聞所見而[illegible]야俾此重役으로得[illegible]

[illegible]大韓每日申報社 [illegible]

[illegible]이가性本良不[illegible]同야本人의게[illegible]物徵홈여기로日本警察署에告訴야드니明白기으判야사와勒徵려든於晉파先給얏든錢二千兩식지還爲推覓얏스니內外國人間此等事을勿爲見欺홈

砥平居池在龍　告白

●九[illegible]妙方法을神備[illegible]文老少에無論何[illegible]通治오며無病[illegible]身體가健康며[illegible]國至[illegible]만服[illegible]을擁保오며

●九韓[illegible]砂[illegible]丹은癲狂　癎症과中風[illegible]疾에神效오

●九韓[illegible]砂保命丹은初生小兒　驚風　癎氣[illegible]

●九韓[illegible]砂濟衆丹은酒滯　食滯　血積　吐瀉　霍亂[illegible]般惡과婦人帶下症에[illegible]效오

●九韓靈砂紫金丹은淸濁　吐血　下血　運氣　時疾　瘧症에神效오

[illegible]諸般毒瘡惡種에無不神效오니　上疳瘡　下疳瘡及唇[illegible]僉君子는來臨시오

內需司前두갈이골上隅第一家　李鎭[illegible]廷　告白

一 鷹標[illegible]濃[illegible]牛乳
一 [illegible]
一 [illegible]
一 [illegible]
[illegible]

[illegible]上[illegible]時에貯積[illegible]
[illegible]ㅣ든쓰[illegible]

大韓仁州港[illegible]

[illegible]代理店

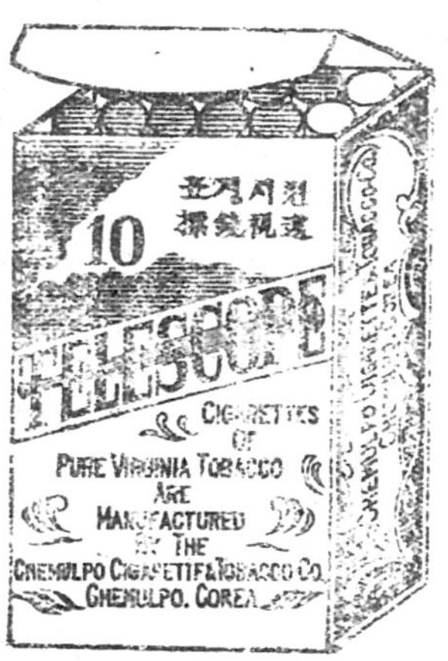

以上三種은上品으로製造홈야精[illegible]上에[illegible]寄[illegible]니[illegible]論[illegible]고[illegible]社에[illegible]願홈

大韓帝國仁川港

[illegible]紙[illegible]及[illegible]會社

本社廣告

中報[illegible]

一張代金[illegible]　三十錢
[illegible]　九十錢
[illegible]　一元七十錢
[illegible]　三元[illegible]
[illegible]　十二[illegible]
[illegible]新[illegible]
[illegible]
[illegible]二國[illegible]
[illegible]
[illegible]一[illegible]에[illegible]
[illegible]字行의多少
[illegible]이有홈
[illegible]不[illegible]
[illegible]廣告出[illegible]
[illegible]시옵

[illegible]英國人[illegible]

大韓每日申報社

大韓每日申報
대한매일신보

第一百七十七號

月曜及慶節時日休刊

檀君開國四千二百三十九年
箕子元年三千二十八年
大韓開國五百十五年
日本明治三十九年
淸國光緖三十二年
陰曆丙午三月大初一日戊辰

論說

再論一千萬元(借欵)

近聞度支部에서日本興業銀行에一千萬元을借欵立約ᄒᆞ얏다ᄒᆞᄂᆞᆫᄃᆡ利子ᄂᆞᆫ六分五里오手數料ᄂᆞᆫ本金에每千分之三이오利子에每千分之五오口文內減이一百萬元每百元의十元이오償還期限은十箇年이오典當은海關稅라ᄒᆞ니利子가六分五里라ᄒᆞ나實計ᄒᆞ면八分四里에超過ᄒᆞ도다第以一年利子로論之ᄒᆞ면一千萬元의元定利子六十五萬元이오本金手數料三萬元十分之一(排分十年)이三千元이오利金手數料가三千二百五十元이오口文內減條一百萬元十分之一(排分十年)이十萬元이니統計ᄒᆞ면每年에七十五萬六千二百五十元이라此를實入本金九百萬元(口文內減一百萬元除)으로계筭ᄒᆞ면每年利金이八分四里零에超過ᄒᆞ깃고且債主의請求가有ᄒᆞᆫ時ᄂᆞᆫ韓國政府에서公債證券을發給ᄒᆞᆫ다ᄒᆞ니若韓國政府가內外國人의게平日의見信見孚ᄒᆞ얏더면今日에自國公債證券을外人에게發給ᄒᆞ면서口文과手數料를浪用ᄒᆞ고重利로借欵ᄒᆞ리오此皆韓政府의自反ᄒᆞᆯ處어니와現狀으로만論ᄒᆞᆯ진ᄃᆡ邊利의輕重도不足計오口文手數等도不足計也오典當何物도不足計也오公債證券의發給與否도不足計라

苟能以九百萬元(一百萬元은口文除之)으로用於用處ᄒᆞ야第一敎育上開發民智也와農商工發達實業也에踏實前進ᄒᆞ면足可謂韓國復興之機會로되不然則埃及波蘭이前鑑昭然ᄒᆞ리로다

所以로衆論이嘖藉ᄒᆞ야甲氏ᄂᆞᆫ曰九百萬元이韓國에入ᄒᆞᄂᆞᆫ翌日은分肉之家와同ᄒᆞ야我도一塊爾도一臠ᄒᆞ야先覺이라自稱ᄒᆞᄂᆞᆫ某國顧問官과補佐員과敎師와技師技手와許多形形色色之人이曰俸給曰家宅料曰車馬費曰旅費曰賞與曰酬勞의別別名目으로암치骨에螻蟻가集ᄒᆞᆫ듯ᄒᆞ야不過幾箇月에一千萬元은飛去夕陽風ᄒᆞ고契約書一紙만度支部에餘存ᄒᆞ리라ᄒᆞ며

乙氏ᄂᆞᆫ曰天下事가皆有限量ᄒᆞ야巧譎者도有限ᄒᆞ고欺騙者도有限ᄒᆞ고壓制者도有限ᄒᆞᆫᄃᆡ現今地球萬國이東呻西吟ᄒᆞ며朝戰夕和ᄒᆞ야隨機而變ᄒᆞ고隨時而遷ᄒᆞ얏더니神目이如電ᄒᆞ고惟天은鑑于顯ᄒᆞ나니現今時代가何許時代인지相愛相恤ᄒᆞ고文明眞理가自西漸東ᄒᆞ야日本이東洋先覺之國으로仁義信三字를尊而重之ᄒᆞ야兩甲淸露之役이斷斷出此ᄒᆞᆷ이上天이俯鑑ᄒᆞ시고萬國이環視ᄒᆞᄂᆞᆫ中에此次統監이到府初政으로韓政府에首先勸告가借欵一事인즉豈其徒然이리오韓國의文明敎育과農商工業의發達前進이自今日始ᄒᆞᆯ줄을確信ᄒᆞ노라況統監은誰也오東洋最先覺ᄒᆞᆫ第一等日本國에最先覺ᄒᆞᆫ第一等人伊藤氏라ᄒᆞ더라記者가甲乙兩論을較量ᄒᆞᆫ즉東洋에無窮幸福을希望ᄒᆞᄂᆞᆫ기爲ᄒᆞ야乙氏의論을確有實效ᄒᆞᆯ기를吾儕ᄂᆞᆫ拭目而俟之ᄒᆞ노라

官報

◉三千四百九號 光武十年三月廿四日

◉宮廷錄事

侍從院副卿朴準禹辭職疏批旨省疏具悉所請依施

三月廿一日

◉敍任及辭令

任漢城師範學校敎官敍判任官七級 九品玄公廉

三月二十日

命侍從院副卿敍勅任官三等 從二品鄭煥意

依願免本官 秘書監丞張昌植

任秘書監丞敍奏任官三等 正三品洪承斗

兼任太醫院副卿 秘書監丞洪承斗

任農商工部工務局長敍奏任官二等 從二品河相驥

以上三月廿一日

◉勅令

勅令第十一號

度支部官制改正件

第一條 度支部大臣은政府財政을總轄ᄒᆞ야會計出納租稅國債貨幣銀行印刷等에關ᄒᆞᆫ一切事務를管理ᄒᆞ며各地方財務를監督ᄒᆞᆷ이라

第二條 大臣官房에서ᄂᆞᆫ官制通則에揭ᄒᆞᆫ者外에左開事務를掌ᄒᆞᆷ이라

一 會計法規의制定廢止或改正에屬ᄒᆞᆫ成案調査에關ᄒᆞᆫ事項

二 財政에屬ᄒᆞᆫ外國文書의飜譯에關ᄒᆞᆫ事項

三 本部所管經費의預筭決筭幷會計에關ᄒᆞᆫ事項

四 本部所管官有財産及物品幷其帳簿調製에關ᄒᆞᆫ事項

第三條 度支部參書官은十二人으로定員ᄒᆞᆷ이라

第四條 度支部에左開五局을寘ᄒᆞᆷ이라

司稅局 司計局 理財局

檢査局 印刷局

第五條 司稅局과司計局과理財局과檢査局과印刷局은一等局으로ᄒᆞᆷ이라

但檢査局長은協辦이例兼ᄒᆞᆷ이라

第六條 司稅局에서ᄂᆞᆫ左開事務를掌ᄒᆞᆷ이라

一 田稅及有稅地에關ᄒᆞᆫ事項

二 租稅의賦課徵收에關ᄒᆞᆫ事項

(未完)

外報

◉法國의新內閣 伯林電을據ᄒᆞᆫ則法國에서內閣을組織ᄒᆞᆷ이如左ᄒᆞ니總理大臣兼法部大臣스리엔 外部大臣부루지와 內部大臣구례몬소 度支大臣포안가례 陸軍大臣에지엔 海軍大臣도무손 殖民大臣레삭 學部大臣부론 商工大臣파루도 農務大臣류온諸氏라더라

◉奉天將軍의抗議 淸國奉天將軍趙爾巽氏ᄂᆞᆫ日本滿洲博覽會開設에異議를唱ᄒᆞ야其禁止方法을北京政府에電請ᄒᆞᆫ지라同政府ᄂᆞᆫ日本外務省에交涉ᄒᆞ얏스나博覽會開設地된奉天은目下尙在日本軍政之下故로日本外務省은其處置方法에就ᄒᆞ야同國陸軍省과交涉協議中이라ᄒᆞᄂᆞᆫ但日本商工業者ᄂᆞᆫ旣히滿洲博覽會에就ᄒᆞ야出品團體를組織ᄒᆞ야出品의設備를始作ᄒᆞ얏슨즉如右ᄒᆞᆫ異議ᄂᆞᆫ不顧ᄒᆞ고着着開設ᄒᆞᆷ에及ᄒᆞᆫ다더라

◉露帝新勅 露國皇帝ᄂᆞᆫ今番새로히勅令을發布ᄒᆞ얏ᄂᆞᆫᄃᆡ자못國民의歡迎ᄒᆞᆫ바되여又樞密院及議會ᄂᆞᆫ同ᄒᆞ게立法權을有ᄒᆞᆫ外에代議士에ᄂᆞᆫ一定ᄒᆞᆫ免稅를受ᄒᆞᄂᆞᆫ特權을與ᄒᆞᆫ다더라

雜報

●野談一叢
選任賢能ᄒᆞ야以韓治韓이면獘政을可以漸革이오人心을可以慰悅이어늘專事代斲에愈益着手ᄒᆞ야但圖[illegible]權ᄒᆞ면셔乃曰保全保全이라ᄒᆞ니未知於韓國에救得甚獘며濟得甚事인지但見朝朝暮暮에權利潛移ᄒᆞᆯ분이로다

韓國屬地北墾島를日人이淸國에交涉ᄒᆞ야要爲覓還이라ᄒᆞ니其或爲韓復疆ᄒᆞᆯ계劃인지抑或借韓之名而陰圖自巳利益ᄒᆞᆯᄂᆞᆫ지這葫蘆裏에買甚藥種고

·千萬元借欵問題ᄂᆞᆫ云是某大臣의主倡이라ᄒᆞ니農商業發達ᄒᆞᆯ方畧과來頭淸償ᄒᆞᆯ地步를該大臣이宜有定筭이어니와事或蹉跎ᄒᆞ야外債壓迫에基因ᄒᆞ야國權回復이尤無其期ᄒᆞᆯ境遇에ᄂᆞᆫ誤國賣國之責을其能得免일지

沈相翊氏의賣其父友ᄒᆞ고售其奸謀ᄒᆞᆷ은世人之所共唾罵이되同氏之權勢ᄂᆞᆫ毫無所損ᄒᆞ고其季之外任도晏然保有ᄒᆞ니是可曰世有公議乎아時哉時哉라狐狸輩之得意時節이라謂ᄒᆞᆯ지로다

●兩大謝客 內部大臣李址鎔氏와宮大李載克氏가近日에杜門謝客ᄒᆞᆫ다니무ᄉᆞᆷ事由인지

●銀行條例 日前政府에서銀行條例를決定ᄒᆞ얏ᄂᆞᆫ데銀行을設始ᄒᆞᆯ떠에度支大臣의認可를得ᄒᆞᆫ後에設立ᄒᆞ야銀行의監督ᄒᆞᄂᆞᆫ檢査를受ᄒᆞ되或違背ᄒᆞ거나報告書類等物을隱匿ᄒᆞ면罰金을十圜以上五百圜以下를徵出ᄒᆞ기로ᄒᆞ얏다더라

●日人亂暴 光州電報를據ᄒᆞᆫ즉本月廿日夜南平郡에서日本人四十餘名이官衙에亂入ᄒᆞ야門戶器具를打破ᄒᆞ고人民을毆打ᄒᆞᆫ急報가來到ᄒᆞᆫ故로日本警務補助員이巡檢四名을率ᄒᆞ고該地로前往ᄒᆞ얏다더라

●度制改正 度支部에서官制를改正ᄒᆞ야上奏裁可ᄒᆞ얏ᄂᆞᆫ데司稅와司계와檢査와理財와印刷五局은皆一等局이니其中檢査局은協辦이例兼ᄒᆞ고參書官이十二人이오技師가四人이오飜譯官補가三人이오主事가六十二人이라더라

●農工銀行 政府에서設立ᄒᆞᆫ農工銀行은株式會社로ᄒᆞ야資本金은十萬元以上으로定ᄒᆞ고股金은二十圜으로作定ᄒᆞ얏다더라

●光興刱設 西署藥峴等地에有志人士드리尋常學校를新設ᄒᆞᄂᆞᆫ데校名은光興義塾이요科程은漢文英語日語科로分等敎授ᄒᆞᄂᆞᆫ데發起ᄂᆞᆫ송達浩李潤應金鍾德洪淳競송鍾完陳晟烈金裕萬成圭植송忠源諸氏라더라

●局長撻士 加平郡宗居ᄒᆞᄂᆞᆫ柳遇圭가初仕를圖得ᄒᆞᆯ經營으로世傳田三日耕과畓五斗落을斥賣ᄒᆞ야一萬五千兩을持而上來ᄒᆞ야旅館에逗留ᄒᆞᆯ시學務局長張世基氏가其所親이라連日往見이라가一日은乘其從容ᄒᆞ야言其所懷ᄒᆞᆫ데張局長이默然良久에曰事實이果然耶아答曰果然이라曰然則從我而入ᄒᆞ라ᄒᆞᄂᆞᆫ故로隨而入于寢房ᄒᆞ니張氏가坐定에責柳氏曰人皆自過를不知라以吾資格으로固不足以責人이어니와君이以靑年妙士로不務學問ᄒᆞ고圖囑求仕ᄒᆞ니法律을犯ᄒᆞᆷ이오設或任職이라도不堪其職이니欺人之계오奉率情勢에命脈所關ᄒᆞᆫ田土를斥賣라ᄒᆞ니亡家之子니라若不治罪而逐之면未知向何蹉敗故로爲君治罪라ᄒᆞ고取榎楚而猛撻十餘箇ᄒᆞ니柳氏가謝罪ᄒᆞ고追悔往事ᄒᆞ야歸鄕安業ᄒᆞ야從事學問ᄒᆞ기로決心ᄒᆞ고束裝下去ᄒᆞ얏다ᄂᆞᆫ說이有ᄒᆞ니若果然者면張氏ᄂᆞᆫ可謂以義導人이고柳氏의聞善改過도亦是可尙이로다

●餉價未受 漢城裁判所首席判事李景輝氏가法部에質稟ᄒᆞᆫ內槪에西署內司洞居金壽現이度支大臣閔泳綺에게對ᄒᆞ야訴願內開乙未冬에度支大臣魚允中氏가軍部大臣兼任時에江華兵餉壓朔未下로白米一千五百石을轉貸輸送之數가鄭重故로艱辛周旋ᄒᆞ야以商價補一千石을輸送該隊後其翌年正月分에魚大臣이不幸下世ᄒᆞ야趂未受價ᄒᆞ와拖至于今이온바前後事狀은昭載於度支部訴題中이오나歷經該大臣遞任에每以年久로推諉未決하야呼寃于顧問室則亦知其冤屈이오나多數上下를猝難獨擧이다出給憑票이온즉從理公決等因이온바査此該民之呈訴閔泳綺ᄂᆞᆫ卽呈訴度支部이오니度支ᄂᆞᆫ卽政府요兵餉所關은亦係刑事인즉自本所로ᄂᆞᆫ有難審判이옵고且顧民情이면兵餉所需之巨穀을久未受價하야至於蕩敗가亦所悶迫이니査照辦理하라하얏더라

●日巡增加 韓國에在ᄒᆞᆫ日本巡査가二百餘名인ᄃᆡ京城과各港口에分排ᄒᆞ고韓國內地에日本人이居留ᄒᆞᄂᆞᆫ者式日增加ᄒᆞᄂᆞᆫ故로此를關束ᄒᆞ기爲ᄒᆞ야巡査二百名을加數ᄒᆞᆫ次로渡來ᄒᆞᆫ다더라

●衛生訓飭 內部에서各道觀察府로訓令ᄒᆞ되人民이不知衛生之故로壽夭者不尠ᄒᆞ니未熟과菜와腐敗食物을嚴禁ᄒᆞ기로管下各郡에預先轉飭ᄒᆞ라ᄒᆞ얏다더라

●亡命特赦 政府에서日本에在ᄒᆞᆫ亡命犯人의特赦件을爛商公議중이나姑未歸決이라ᄂᆞᆫ說이有ᄒᆞ며又亡命犯人이特赦歸韓ᄒᆞᆯ지라도一切政治上에干與ᄂᆞᆫ不許ᄒᆞ리라더라

●內大義捐 內部大臣李址鎔氏가國民師範學校와靑年學院兩校에四百餘圜을義捐ᄒᆞ야敎務를維持케ᄒᆞ얏다더라

●淸潔實施 警務廳에서청潔法을實施ᄒᆞ야巡檢이坊坊曲曲에巡行ᄒᆞ면서人民을曉諭ᄒᆞ야道路에汚穢物을棄置치못ᄒᆞ게ᄒᆞ며家內와門前을日日淨掃케ᄒᆞ되若不遵行이면罰金을徵出ᄒᆞᆫ다더라

●早婚禁法 北京電을據ᄒᆞᆫ則伍廷芳氏가청國人民의贈聘은男女早婚의原因이라ᄒᆞ야禁止ᄒᆞᄂᆞᆫ法律을制定中이라더라

●初無是事 洪州舟洞居前判書趙同熙氏가以義兵嫌疑로被捉於日憲兵事를巳爲揭載於前報러니其確實ᄒᆞᆫ情報를更聞ᄒᆞᆫ즉趙氏家에初無是事라고其叔姪人이同爲入京ᄒᆞ야說明ᄒᆞ얏다더라

●學訓監督 學部에서駐日留學生監督의게訓令ᄒᆞ기를留學生二十六名中에二十二歲以下ᄂᆞᆫ隨其學力ᄒᆞ야相當ᄒᆞᆫ中學校로二十三歲以上은農商工專門速成科로入學修業케ᄒᆞ되日本國外務省書記官倉知로商確質正하야以完敎育케하라하얏다더라

●蠶學募集 農商工部에서蠶桑試驗場을水原府에設置ᄒᆞᆷ을西江廣興倉내로定하고陰三月晦니로春期學員을募集ᄒᆞᆫ다더라

●平昌設校 平昌郡守金台錫氏ᄂᆞᆫ各面里解事民人을招致하야曉以時事하고另究方針하야郡守以下로各出捐助金하야該郡書記廳에學校를設始하고學員五十人을募集하ᄂᆞᆫ데漢文과日語筭術에한熟ᄒᆞᆫ本國人으로敎師一人을擇聘下送케하라고學部에報告하얏다더라

●義擾賊黨 洪州郡守李敎奭氏가報告내部하되近邑士民이籍以擧義合衆ᄒᆞ고始欲入城타가旋卽退散하야聚屯於本郡與口香面合川坊이던지公州府巡檢與日憲兵의게二十餘名이被捉押去이온바於是爲環境附近에煽訛浮興而民志靡定이如舟無柁하고際此賊警이一倍鴟張하야民難聊生하니其在分義에只切慓悶이라하얏더라

●博士叙任 法部에서法官養成所卒業生柳台永金哲鉉氏等廿一人을博士로叙任하얏더라

●會員請獎 忠南來人에傳說을聞ᄒᆞᆫ즉一進會員黃鍾熙가靑陽金礦에게捧稅하ᄂᆞᆫ名色을圖得하야下去하ᄂᆞᆫ데兵丁을率하며藍輿을乘하고自稱農部委員으로官報上揭載하얏다하고該部首書記를指揮하야如我高等官이不可無威儀라하고使令四五人과會員十餘名을前後排列하고威儀行動이無所不至하니可驚可觀之事오遐方人民들은兵丁을見하고或[illegible]隊長이라하며藍輿를見하고[illegible]使라하며多數會員을見하고或京會長이라하야面面相顧하다가及其所止則乃是金礦一箇稅監類인ᄃᆡ目不識丁하고[illegible]挾雜하야不啻礦軍騷擾라驚動人民하더라니此人의行爲ᄂᆞᆫ年來初有ᄒᆞᆫ奇怪之事어니와該檢察이ᄂᆞᆫ者에知人知事치못ᄒᆞᆷ은可知오一進會員의四大綱領目的도可惜하더라

●達察美政 大丘觀察使申泰休氏ᄂᆞᆫ赴任以後로民人敎育에熱心하야學校를刱設하고敎師를延聘하야學務擴張을大段致力ᄒᆞᆯ뿐더러該府下道路各處에黑夜時各爲懸燈之意로關束于各家主ᄒᆞ야夜行時恍如白晝하야無昏暗迷路之歎이라고該府往來諸인들이稱譽藉藉하더라

特別社告

本報發刊이今爲一百七十三號인바遠近僉君子의愛讀ᄒᆞ심으로由ᄒᆞ야漸次發達ᄒᆞᆯ兆候가有ᄒᆞ나但本社經用이自來窘艱中에代金收入의過期遲滯가殆居其半이라目下經費가太段困難ᄒᆞ야實有推過不得之慮이오니千里前進이恐亦中途而廢라惟願購覽ᄒᆞ시ᄂᆞᆫ僉君子ᄂᆞᆫ諒此情況ᄒᆞ오셔前次未送條와逐月代金을趂期送交ᄒᆞ시와得以繼續刊行ᄒᆞ야朝朝供覽케ᄒᆞ심을切盼홈

大韓每日申報社　告白

雜報

◎論機器之益　（續）

多用機器면能使貨物精妙ᄒᆞ며衣服華美ᄒᆞ며房室潔淨ᄒᆞ며燈火光明ᄒᆞᄂᆞ니風俗之變遷이厥惟是故라且入於燈火之下에觀書閱籍가與白晝無殊ᄒᆞ니遂能增長聰明ᄒᆞ고開濬智慧라夫富家之子가雖甚愚魯而多賂이라도於貧兒者ᄂᆞᆫ亦惟是故라彼不用機器之國이決코多用機器之國을能敵지못ᄒᆞᄂᆞᆫ者ᄂᆞᆫ亦當作如是觀이라近年來에泰西機器之功效가已著ᄒᆞ니物價亦廉之又廉矣라

或曰多用機器면勢必賂減工匠ᄒᆞ야以省費用이니彼失業之工匠이不能另謀生계면恐有凍餒之苦가因此라然而非習以爲常也라多財善賈가購置鐵巧機器ᄒᆞ면所製貨物이必加多ᄒᆞ리니貨多而價自廉이오價廉而貨自易於銷售라夫如是면更須添雇工匠이니未用機器之先의所用工匠을較ᄒᆞ면加多數倍가早在意계之中이니라　未完

◎간價計給　通信院에셔光武七年度以後로各道各郡에電간木價를各該郡結錢中계減ᄒᆞ기로度支部에照會ᄒᆞ야各郡人民의계계給ᄒᆞᆯ事로決定이되얏다더라

◎畓訟　聞ᄒᆞᆫ즉向日本報의揭載ᄒᆞᆫ遙遙畓訟이론事實은張氏가셔說明ᄒᆞ얏ᄂᆞᆫᄃᆡ前承旨張錫五氏가先世畓을非欲勒退라若其願賣면從時價買得코져ᄒᆞᆯ쁜이라더라

◎時시事사問문答답

한기도잡지못한즈의게무숨군공이잇다ᄒᆞ며각부ᄃᆡ신으로의론ᄒᆞ면나라결단닌난자의게일만힘ᄒᆞᆫ난자의게무숨훈로가잇다ᄒᆞ리오그훈장밧은자들이만일일분이라도ᄉᆞ람외마음이잇스면엇지황공코붓그럽지안으리오마난그싱각져싱각도지업고다만호긔바람으로쥴에쥴에ᄎᆞ고단일쁜만아니라공문상셩명ᄒᆞ에훈일등훈이등을ᄯᅥ셔흑셔로써노으니무엇으로훈일등이며무엇으로훈이등인가나라망케ᄒᆞᆫ난일에되ᄒᆞ야공을쓰온다ᄒᆞ면일등이등을서로닷톨만ᄒᆞ거니와그외에난한앗로훈장이당치아니ᄒᆞ도다공연이국지를허비ᄒᆞ야훈장을제조ᄒᆞ며그일을판할ᄎᆞ로표훈원을셜치ᄒᆞ고관리를마련ᄒᆞ야　마완

廣告

本人이典洞永泰東紙店에二月晦日推次二百十八號富坪二千兩於音一張을路中遺失故廣告ᄒᆞ오니誰某拾得ᄒᆞ와도休紙施行홈

藥峴金公益　告白

本人이小廣橋二十二統六戶客主張炫周處에當文二千二百兩推尋ᄒᆞᆯ於音을閪失ᄒᆞ엿스니誰某拾得ᄒᆞ든지休紙施行홈

東谷二十統三戶　張正相　告白

本人의子를失ᄒᆞᆫ지十餘日이온ᄃᆡ名은前生이오年은十四오周衣ᄂᆞᆫ연두석이오外方거문신이오니覓得ᄒᆞ야南門外紫岩交番所로來ᄒᆞ시면厚謝ᄒᆞ오리다

冶洞　徐相鶴　告白

本人이西署盤石坊米廛上契西醬洞第五十五統八戶瓦家二十七間家主의邊星煥이板刻一張과西署盤石坊米廛上契西醬洞第五十六統十一戶이家三十七間家主邊星煥立旨一張을成出後에邊星煥이止의立旨一張을更出故로邊星煥立旨一張을買得後에邊星煥家內에서遺失故로廣告ᄒᆞ오니內外國人閪休紙施行ᄒᆞᆷ

邊星煥　告白

본인이연금칠십의지유일여식ᄒᆞ야출가우신셩삼리황승습처러니황가가본시픽류로츌몰경향ᄒᆞ야본인의여간답토가본군의유한바두식지계로본군외무쇼ᄒᆞ여관입지를도득ᄒᆞ여가지고두미코사ᄒᆞ오니너외국인은견기치마시옵

년안기헌이리거　박여졍　고빅

咸北鏡城郡漁郎社河南居前主事李鍾國이離家六載間多次上書ᄒᆞ얏사오나一未承下答ᄒᆞ얏기로玆에登報ᄒᆞ오니知舊間此廣告閱覽ᄒᆞ시ᄂᆞᆫ이ᄂᆞᆫ申報紙를弟의家로送交ᄒᆞ야쥬시면感莫大焉이깃슴「癸卯年九月分自淸國營口貿得藥材七百餘斤入于美國씨앗틀港之際稅關稱以違格奪取沒數貨物故赤手逗留矣相逢仁人仍做舊業本銀欠缺之致姑不得還省伏悚」倘有諸君子欲報弟家信息者由大韓每日申報社或卽接寄送于美國 M. W. I. L. Box 142, Salem, Va. U. S. A. 則自然接受矣見諒爲希

在美國뉴욕市李鍾國　告白

本人弟相朝字明仲年三十九歲浮浪長留京師日事雜技而細千家産蕩盡無餘不悛前習一向得債爲要內外國人切勿見欺失ᄒᆞᆷ

平壤成川竹郊朴相華　告白

本號新開專做男女各色洋服而由上海運來各種細이毛울及一切衣飾屬品件件精全伏望貴十女紳士卽來購爲幸

西小門內榮泰男女洋服商號

齒科廣告

齒科醫士美國人띄、이ᄃᆡ워드

右事務所ᄂᆞᆫ南大門內巡城驛內美國醫士스크렌톤家後에ᄒᆞᆷ

視務時間은每日上午九時로時ᄭᆞ지下午二時로五時ᄭᆞ지

右時間外에特別히治療ᄒᆞ기를要請ᄒᆞᄂᆞᆫ僉員은預先通知홈

中署慶幸坊結洞契第二統六戶瓦家六十五間곳을欲爲放賣ᄒᆞ오니願買ᄒᆞ실僉君子은該家舍後에公洞居德國人高率根家留朴昌俊을來訪相議ᄒᆞ시면放賣ᄒᆞ겟ᄉᆞ오

朴昌俊　告白

本店에新設乾材ᄒᆞ고一般我韓土産藥材든지日本淸國藥料든지泰西洋製品料藥材를隨請廉價買賣ᄒᆞ되來三月初一日븟터開放ᄒᆞ오니僉君子ᄂᆞᆫ照亮ᄒᆞ시와陸續請購ᄒᆞ시믈伏望

鍾南浦新橋松圃藥店　李演龜　告白

本運送部에셔京仁京釜京義間鐵道貨物을運送ᄒᆞ되貨物을特別保重ᄒᆞ며運輸를特別迅速케ᄒᆞ오며支店을三線各驛에設置ᄒᆞ얏ᄉᆞ오니貨物을運送ᄒᆞ실僉君子ᄂᆞᆫ本運送部에光臨問議ᄒᆞ시옵

京城南大門外韓美協同倉庫會社內

合資會社　東美運送部

社長　尹晶錫
社務員　任命鎬
　　　　鄭仁教
　　　　李喬寧

◎數理學雜誌改良廣告

本雜誌를第三號로븟터ᄂᆞᆫ頁數도增加ᄒᆞ며冊도改良ᄒᆞ며記載ᄒᆞᄂᆞᆫ材料도一層精選ᄒᆞ야江湖僉位의愛讀ᄒᆞ시ᄂᆞᆫ厚意를報答코저ᄒᆞ오니倍舊愛讀ᄒᆞ심을伏望

但發行日子ᄂᆞᆫ每朔五日
一券定價ᄂᆞᆫ新貨拾錢

發行所　南大門內尙洞尙德公館右邊　數理學雜誌社

賣知所　尙洞會堂內　鍾路大東書市　布屛下金相萬冊肆　新門內松橋頭哲廟紙廛　銅峴朴聖九紙廛　平壤李鍾浹冊肆

花春丹은暑症繼瀉와霍亂吐瀉와酒滯食滯와口味업ᄂᆞᆫ데와此外에疳氣와蛔虫와水痘와疳疾과痢疾等病에隨時用ᄒᆞ시옵

皇城會洞石井洞下隅　石泉堂藥局　告白

◎刑法大全　新貨一圓五十錢

牧民心書　一帙　新貨二圓
耳談續纂　一冊　新貨五十錢
溫故知新　學議　新貨七十錢
父師必知小學指鈔　新貨二十錢
人工孵卵鑑　一冊　新貨十五錢
新訂算術　一冊　新貨十五錢
農政撮要　一冊　新貨五十錢
法學通論　一冊
尺牘完編　一冊　新貨七十錢
大韓地誌　一冊　新貨七十五錢

發賣所　布屛門下　金相萬冊肆　大韓每日申報社

特別社告

非史乘이면政治之美惡와人物之臧否와風俗之汚隆을無以攷論인즉史乘者는非一時之공覽이라乃萬世之公案이오非自國之所可得以私也라即宇內列邦에宜所公佈키로親著美人訖法氏之撰大東紀年이意固有在而然也라本記者ㅣ不揆僭越하고於韓之史事에留心者ㅣ久矣로되在幾百年之後하야要論幾百年之事가任大力綿에恐有失實之歎뿐더러鎖國自守之時代에는民國間諸般事爲가不過是尋常典故라不足以供世界列邦之眼目키로斷自丙子以後各國交涉時事하야裒爲編成一書하야公諸列邦하니四方有志諸君子는諒此苦心하야丙子以後政令詔誥之所記와各國交涉之如何와臣民疏章與功罪之表著와中外俗習之沿革과忠臣義士孝子烈女之行蹟을各隨所聞所見而詳錄投示하야俾此重役으로得以完成을千萬幸甚

大韓每日申報社

〇〇〇〇〇〇〇〇〇〇〇〇〇〇〇〇〇

本申報를廣佈ᄒᆞ기爲하야咸鏡南道咸興州南社西門外居하는曹喜林氏에게逐號下送하오니該附近地愛讀하시는僉君子는同氏에게購覽하시며代金도同氏에게傳致하심을爲要

大韓每日申報社

〇〇〇〇〇〇〇〇〇〇〇〇〇〇〇〇〇

● 九轉靈砂라 大人이神方法을神備하야製造ᄒᆞᆫ靈丹인ᄃᆡ男女老少에無論何症ᄒᆞ고通治ᄒᆞ오며無病時에도服ᄒᆞ면平生의身體가健康ᄒᆞ며小兒는胎盤鏡重만服ᄒᆞ면十歲안에無病ᄒᆞ기를擔保ᄒᆞ오며

● 九轉靈砂萬靈丹은癲狂 癎症과中風諸疾과耳目諸病과淋疾에神効ᄒᆞ오

● 九轉靈砂保命丹은初生小兒 驚風 癇氣 咳嗽 瘧疾諸般惡과婦人帶下症에神効ᄒᆞ오

● 九轉靈砂濟衆丹은酒滯 食滯 血積 吐瀉 霍亂 痢疾 吐血 下血 運氣 時疾 疝症에神効ᄒᆞ오

● 九轉靈砂紫金丹은痔漏 瘰癧 上疳瘡 下疳瘡及唐瘡과諸般毒瘡惡種에無不神効ᄒᆞ오니 僉君子는來問ᄒᆞ시오

內需司前두갈이골上隅第一家 李鍾廷 告白

一 鷹標罐濃甜牛乳
一 金印罐甜濃結牛乳
一 ...家用氣化乳...
一 ...은...製造...
一 ...牛乳

以上은常時에貯積ᄒᆞ얏ᄉᆞᆸ
...은...濃結...

大韓仁川港
洋行

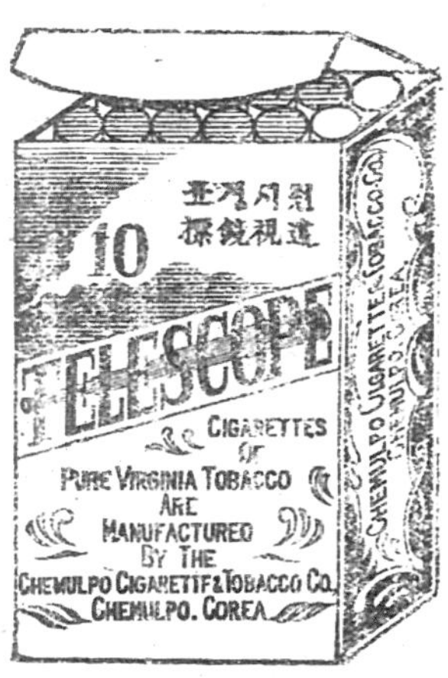

以上三種은上品으로製造ᄒᆞ야發賣上에至便利ᄒᆞ오니...

大韓帝國仁川港
購物諸紙卷煙及烟草會社

本社廣告

申報價

一張代金 新貨二錢五厘
一箇月前納 三十錢
三箇月 九十錢
六箇月 一元七十錢
一箇年 三元四十錢
郵稅一部 新貨五厘
一箇月 十三錢

廣告料

四号活字十三字詰
每日每英尺一寸에新貨拾錢
(每日每行에六錢에 當홈)
二個日에 二圜五十錢
(每日每行圜錢五厘에 相當홈)
一箇月에 五圜
(每日每行圜錢一厘에 相當홈)
其期限의長短과字行의多少를從ᄒᆞ야增減홈이有홈

大韓人과 다此申報를不得不購覽ᄒᆞ실터이오니廣告出報ᄒᆞᆯ僉君子는來臨面議ᄒᆞ시옵

發行兼編輯人 英國人裵說
發行所
京城北署...洞...号外地...
大韓每日申報社

第四卷

大韓每日申報
대한매일신보

第一百七十八號

月曜及慶節 歲時日休刊

檀君開國四千二百三十九年
箕子元年三千二十八年
大韓開國五百十五年
日本明治三十九年
淸國光緖三十二年
陰曆丙午三月大初三日庚午

論說

合郡問題

合郡問題가匪今斯今이니自甲午更張以來로屢有此箇議論之提起而未見其有結果者矣라夫汰冗官合郡縣은卽韓國前來政治家의亟言覆論이不一而足훈비어오

至于今日후야欲圖政治之改新이면此其最先問題니其可不爲之論辨乎아夫以韓國之幅員으로郡縣之位置가至爲三百六十餘之多후니其大者는勿論이어니와至其小者후야는民戶也와田結也가其額이不過幾百이로되

均是爲郡에具體則同후야有官長之俸焉후며有鄕吏校卒之料焉후며有社稷文廟厲壇之享焉후야逐年經費가當不在於幾萬金以下라此等郡縣을若爲合幷이면其經費之減省이[illegible]於經濟者니夫何遲[illegible]然而天下之情이習之日[illegible]雖微細節目이라도一朝에頓欲改革이면以舊習之成見으로言新令之不便者가往往有之커던

況合幷郡縣이爲一大政案者乎아

一則韓國仕宦家의由來成習이以三百六十餘郡縣으로看作自家之庄土者인디若其減縮이면有所不利於將來生活인故로此等政策을厭聞而亟毀者ㅣ有之후고

一則現任官吏가恐自己之失職후야陰欲沮止者ㅣ有之후고一則爲人民者도以自郡之合於他郡으로爲附庸之恥라후야胥動浮言에多般紛訴者ㅣ有之라

且韓人이承累世升平후야一般人情이安於仍舊因循후고憚於從新更作후야雖此不得不變훈時機를遭遇후얏스나滔滔是左顧右瞻에送了時日로爲其長策후고其能排衆論冒不韙후야奮然直前후고毅然決行者ㅣ槪乎未見이니

此는合郡問題가有難於結果者也라然而此等官吏와民人의沮撓之端은不過出於私小意見이니若其思想이專在於國家之大者면合幷郡縣후야利益經濟之策을詎曰不可리오惟在乎當局諸公之審其利害而斷行之也니豈可以一時異論之紛紜으로不定百年之大計리오當局諸公은其勉乎哉인저

官報

●三千四百十號 光武十年三月廿六日

◎敍任及辭令

秘書監丞洪承斗
帝室會計審查局主事羅在珉
依願免本官

正三品尹愼模
任秘書監丞敍奏任官三等

主殿院主事高羲明
任帝室會計審查局主事敍判任官五等

內藏司主事韓[illegible]用
任主殿院主事敍判任官六等

經理院主事盧仁德
任內藏司主事敍判任官四等

六品羅在珉
任經理院主事敍判任官三等

肇慶廟參奉李晟賢
任主殿院實務課主事敍判任官八等

孫範[illegible]
任禮式院掌樂課主事敍判任官八等

李康億　趙萬濟
任肇慶廟參奉敍判任官八等

柳台永
任法官養成所博士七敍判任官八級

右는法官養成所第二回卒業生
金哲鉉　金洛純　尹忠秀
權赫釆　沈學根　沈在根
丁奎昇　卞榮晩　具滋景
송泰顯　[illegible]　洪淳용
睦源[illegible]　[illegible]　金[illegible]鎬
南晟祐　[illegible]　李[illegible]禧
徐丙[illegible]　[illegible]

任法官養成所博士十敍判任官八級
右法官養成所第四回卒業生
正三品洪在麒

解法部法律起草委員
命法部法律起草委員 李苾榮
以上三月廿二日

農商工部主事徐相鴻
依願免本官

仁川監理署主事高準植
任農商工部主事敍判任官三級
以上三月廿三日

●勅令

勅令第十一號
度支部官制改正件

三 稅務의管理監督에關훈事項
四 稅關의監督에關훈事項
五 稅關輸出輸入의狀況調查에關훈事項
六 外國貿易船舶及輸出入品의監督에關훈事項
七 官有財產收入官業利益金及沒收金其他雜收入에關훈事項
八 土地測量에關훈事項
九 量案調查修正及出納保存에關훈事項

第七條 司計局에서는左開事務를掌훔이라
一 歲入歲出預算決算에關훈事項
二 預算款項의挪用及預算外支出에關훈事項
三 支撥預算의承認에關훈事項
四 收入支出의科目에關훈事項
五 歲入歲出의簿[illegible]에關훈事項

第八條 理財局에서는左開事務를掌훔이라
一 國庫에屬훈現金及物品의出納管理에關훈事項
二 國庫金運搬에關훈事項
三 金庫의監督에關훈事項
四 金庫設置分合에關훈事項
五 出納官吏의身保에關훈事項
未完

外報

●滿洲露軍 北京外交官及外國紳士의多數는露軍의滿洲撤兵에對후야모悲觀說을표후니各地의정報를據훈즉滿洲를撤退후는模樣이업기는無疑훈事實이라고明言후나니가不啻후고且此番武斷的侵略主義훈자로露軍의總指揮官에被任훔은愈益悲觀說을놉게후는것이오又淸國政府가露[illegible]情狀에依[illegible]면露軍의撤兵은實로緩만후야其多數는國境에駐屯후고且黑龍江沿岸에는假家를建築中이라더라

●衛生會準備 日本衛生會는土方伯氏가會頭가되야內外約八千餘의會員을有후고頗히有力의團體인디日韓兩國關係가玆에一新후야其交際敎術을加훔으로韓國人士의衛生思想을普及후기爲후야當地에支部를設후다더라

●[illegible]儲[illegible]立 十九日北京發電을據훈즉淸國醇親王의王子를皇太子로冊立후기로決定[illegible]事는旣電파知[illegible]息을據훈즉海貝勒의子[illegible]ㅣ라名稱[illegible]七歲됨을皇太子로冊立후고저후야[illegible]翰林院學士某某[illegible]任케후얏슴으로來月頃에[illegible]發表후리라더라

寄書

戒素餐兮 觀象子

亭林顧炎武曰國家之隆替存亡에匹夫ㅣ與有責焉이라ᄒᆞ니余未嘗不三復莊誦也호라嗚呼라我韓之隆替存亡이此其時也로다

方新條約之責立也에藎臣이自靖ᄒᆞ고志士ㅣ伏劍ᄒᆞ니是適以勵一國之元氣ᄒᆞ고垂千古之矜式也ㅣ라

晉公孫杵臼謂程嬰曰立孤ᄂᆞᆫ難ᄒᆞ고死事ᄂᆞᆫ易라我今死事어든君任其難ᄒᆞ라ᄒᆞ니今에忠藎之奉身殉國은公孫杵臼之事也오舊臣遺裔之收拾餘燼ᄒᆞ야轉禍爲福은程嬰之任難也ㅣ니我韓政府諸宰之責任患難之際ᄒᆞ야以效匪躬之節이此其時也로ᄃᆡ沘沘泄泄ᄒᆞ야未聞其大有作爲ᄒᆞ고薰蕕同器ᄒᆞ며巧拙并湘ᄒᆞᆯ시乃以十年不用ᄒᆞ고錮廢蹇屯之李商在俞星濬鄭喬李源兢數于者로拂興之ᄒᆞ니前頭之用人이果可以揚側陋ᄒᆞ고甄俊乂ᄒᆞ야恢弘公道ᄒᆞ고振興國步ᄒᆞᆯ넌지彼十年不遇라가一朝登庸之李商在俞星濬鄭喬李源兢諸氏之出仕也에爲祿仕者乎아爲具仕者乎아猶可得之言也ㅣ로다

제氏之素負聲譽ᄂᆞᆫ人所知也ㅣ나方坎軻于世ᄒᆞ고無聊佗제ᄒᆞᆯ時에도尙且慷慨擊節ᄒᆞ고盱衡時事ᄒᆞ야沸淚交集에仰天噓氣ᄒᆞ야以顧亭林之所云國家存亡에匹夫與有責焉으로爲其心이러니奈之何로제子之今何沘沘泄泄ᄒᆞ야無所異於人歟아

其或今之時異前之時[illegible]歟아抑或徒名無實[illegible]志요出則小草歟아將有待而發括歟아畏禍縮首ᄒᆞ며阿私患失而然歟아

當其未用也엔人皆望其用之ᄒᆞ고及其用之也엔又無所別樣施措ᄒᆞ니嗚呼라今之天下에果無一個骸骨歟아何其宜聞而無所聞也요吾爲彼제子惜之ᄒᆞ며且歎民國之前途ᄒᆞ노라

雜報

●連日陛見 再昨日下午四時에伊藤侯가 韓皇陛下에召命을奉承ᄒᆞ야陛見ᄒᆞ얏고昨日下午三時半에다시 陛見ᄒᆞ기를請ᄒᆞ얏다더라

●處女收單 皇太子嘉禮에廳揀處女收單ᄒᆞᆯ時에不容不考閱戶籍ᄒᆞᆯ事가有ᄒᆞ니漢城五署內光武九年度戶籍ᄒᆞᆫ統은卽爲送交ᄒᆞ야俾便査閱收單ᄒᆞᆯ事로漢城府에셔內部로通牒ᄒᆞ얏더라

●河氏在逃 前仁川監理河相驥氏ᄂᆞᆫ무ᄉᆞᆷ事件을因ᄒᆞᆷ인지日本憲兵隊에셔方在譏捉中인ᄃᆡ同氏가知機先逃ᄒᆞᆷ으로同氏家所在書類만日憲兵이盡爲搜去ᄒᆞ얏다더라

●放火被押 陸軍步兵參尉尹載植이가以放火人家事로被捉于警廳ᄒᆞ야押交于陸軍法院ᄒᆞ얏다더라

●徵納調査 度支部에셔甲乙兩年度未納公錢을方今調査中인바甲辰條ᄂᆞᆫ五萬兩以上乙巳條ᄂᆞᆫ十萬兩以上으로発官督刷ᄒᆞᆯ內定이라더라

●當道推牛 西署西門外四街里의一屠牛所을新設後處所가甚窄ᄒᆞ야每日牛數十隻을牽着路上而屠之ᄒᆞᆷ으로行旅가多有拘礙ᄒᆞ고汚物惡臭가偏及鄰里ᄒᆞ야衛生의頗有妨害라고人多怨言이라더라

●河事或說 河相驥氏를日憲兵이方在譏捕ᄒᆞᄂᆞᆫ事由가姑無的確이나巷說에傳ᄒᆞ기를今番義親王殿下게送ᄒᆞᄂᆞᆫ宮內電信을同氏가從中淹滯ᄒᆞᆫ事가有ᄒᆞ다ᄒᆞ니果然인지更俟詳報ᄒᆞ깃노라

●朴氏義捐 仁港龍洞所在耶蘇敎會갈닌쓰學校에셔贊成諸員이熱心勸勉ᄒᆞ야學徒一百餘人이擧皆薙髮洋服ᄒᆞ고晝夜向學ᄒᆞ야校況이大有進就之望인바該學徒에兼習武藝ᄒᆞ기를爲ᄒᆞ야習藝時所用各種軍物五百二十元價値를該港有志士朴三洪氏가出義擔任ᄒᆞ야日本人과締約ᄒᆞ야四月廿日頃에出來ᄒᆞ기로爲約ᄒᆞ얏스니敎育上熱心을人皆如同氏所爲면民智發達을指日可睹라고該港諸人이大段稱譽ᄒᆞᆫ다더라

●三賊被捉 西來人의傳說을聞ᄒᆞᆫ즉平安道地方에賊黨이甚熾ᄒᆞᆫᄃᆡ其中大賊三名이有ᄒᆞ야搶奪民財가不知其數라年前에同賊三名이被捉於三和警務署라가무ᄉᆞᆷ由節로旋至得放ᄒᆞ니遠近人民이大被其害ᄒᆞ야該警署의縱賊害民之事를稱寃ᄒᆞ더니今에同賊三名[illegible]更히平壤警廳에被捉이[illegible]더라

●廣塾盛況 [illegible]張允煥前主事金 植前議官張應煥幼學申泰儒安慶善諸氏가發起ᄒᆞ야西署暘洞四十三統七戶에學校를設立ᄒᆞ얏ᄂᆞᆫᄃᆡ校名은廣攝新塾이라稱ᄒᆞ고校長은正二品南廷哲氏요校務長從二品姜友馨朴齊斌兩氏로定ᄒᆞ고發起諸員이捐義金을各出ᄒᆞ야校舍를修理ᄒᆞ고夜學에ᄂᆞᆫ英語專門科로敎授ᄒᆞ고晝學에ᄂᆞᆫ漢語經傳算術地誌歷史를普通으로敎授ᄒᆞ며學員을增募ᄒᆞᄂᆞᆫ中現席生徒가二十名에達ᄒᆞ얏다ᄒᆞ니右諸氏의熱心은隣近居民이咸頌ᄒᆞᄂᆞᆫ바어니와本社에셔도贊成ᄒᆞ기爲ᄒᆞ야記載ᄒᆞ노라

●雜給請撥 內部所管漢城府雜給中書記三人使令一名을不可不增置이온즉該雜給中增額四百五十六元을自貴部로預議에提出立欵ᄒᆞ야按月支撥ᄒᆞ라고該大臣이度支部로照會ᄒᆞ얏다더라

●役獘可矜 內部에셔平安南北道民人等의訴狀을因ᄒᆞ야政府에照會ᄒᆞ얏ᄂᆞᆫᄃᆡ日本鐵道役軍[illegible]가散在沿路各處ᄒᆞ야勒買松山而不給時價十分之一ᄒᆞ고勒使人夫ᄒᆞ야斫伐松山轉賣於鍊[illegible]場ᄒᆞ며勒奪鷄群與藁薦而如若求價則彼反脅迫에無所不至ᄒᆞ니哀我西路之人이何以聊生乎아蠢年以來로外兵來往에沿路民人에許多酬應이已極困瘁인바今此鐵道赴役이屢不准價가極涉無理이거든况斫木運輸에又此責役이尤極無理이온즉交涉訊辦ᄒᆞ오셔俾杜弊源ᄒᆞ며俾安生民ᄒᆞ라ᄒᆞ얏더라

●學大運動 學部大臣李完用氏ᄂᆞᆫ其爵位를鞏固ᄒᆞᆯ計劃인지別事業을圖謀ᄒᆞᆯ意思인지ᄂᆞᆫ預言키難ᄒᆞ거니와伊藤統監에게랍賂次百般運動중이라ᄒᆞ니伊藤氏ᄂᆞᆫ決非前日林公使者流也則該氏의랍賂運動이成效될ᄂᆞᆫ지未可必也라고內外國人間評議紛紜ᄒᆞ다더라

●政議連開 政府에셔再昨日與昨日에會議를連開ᄒᆞ얏ᄂᆞᆫᄃᆡ其內容인즉農工業發達과今番借欵條一千萬元用下等節로提議ᄒᆞᆫ다더라

●藉會行悖 寧越郡守李昶夏氏가內部에報告ᄒᆞ되謂以靑年會者가變幻殊常ᄒᆞ고분作異樣ᄒᆞ야民事抱訴頌也外他搆랄嫌帷와陳久債帳을無不干涉ᄒᆞ야越境侵討에民以渙散이온바善且靑年會의藉托會名者가如非挾雜之類면多有破落之戶라以會假名ᄒᆞ고以黨爲恃ᄒᆞ야討索無已에峽民이必至耗散이오니訓飭于原州堤川永春等郡ᄒᆞ야俾爲嚴禁杜獘ᄒᆞ라ᄒᆞ얏더라

●各署量地 內部에셔政府에請議ᄒᆞᆫ內槪에漢城五署內民有官有地를尺量圖畫ᄒᆞ야以杜愚蠢氓의渡賣於外國人之獘이깃기로技手五人을設置ᄒᆞ야各任一署而實行測量ᄒᆞᆷ이妥當이옴기로改正勅令案을製呈ᄒᆞ니會議에提出ᄒᆞ라ᄒᆞ얏다더라

●伊藤晩餐 昨日伊藤統監이自己官邸에晩餐會를開ᄒᆞ고各部大臣과警務使漢城府尹제氏을請邀ᄒᆞ얏다더라

●學辦吟病 學部協辦李準榮氏ᄂᆞᆫ以身病으로未能仕進이幾爲十餘日인ᄃᆡ病勢가甚是危篤ᄒᆞ다더라

●督借鄕校 鎭山郡駐在日本守備隊에셔該郡鄕校를借給ᄒᆞ라督促ᄒᆞ되所需過異ᄒᆞ야不敢擅許라고該郡守가學部로報告ᄒᆞ얏다더라

●商民說明 眞絲廛洋屋을日人의게買給ᄒᆞᆫ事ᄂᆞᆫ不過暫時貰給인ᄃᆡ非但朴慶善申貞鎬兩人의所爲라제人의同議爲之ᄒᆞ얏다고說明이有ᄒᆞ더라

●達察電報 明日統監府開府式園遊會에各道觀察使를請ᄒᆞ얏ᄂᆞᆫᄃᆡ慶北觀察申泰休氏ᄂᆞᆫ府郡間公務忽劇ᄒᆞ야未得躬條ᄒᆞ고以代表者로替行케ᄒᆞ깃다고내部에電報ᄒᆞ얏다더라

●巡檢赧退 日前某洞街路上에一病盲人이工於吹簫ᄒᆞ야以之乞錢ᄒᆞ니來人過客이聽而給錢者頗多라適其時一巡檢이來到ᄒᆞ야喝責盲者曰汝以吹簫로歛取民錢이於法當禁이니汝其卽速罷去ᄒᆞ라ᄒᆞᄂᆞᆫᄃᆡ有一靑年이向巡檢而演說曰彼盲者ᄂᆞᆫ不過苟命[illegible]生之計로吹簫乞錢ᄒᆞ니究其情狀ᄒᆞ면其足可矜이라巡檢의職務로人民財產을保全ᄒᆞ기爲ᄒᆞᆷ진ᄃᆡ彼協律社의廣收民財ᄒᆞᄂᆞᆫ大獘에ᄂᆞᆫ[illegible]ᄒᆞ야ᄂᆞᆫ不敢[illegible]

特別社告

本報發刊이今爲一百七十三號인바遠近僉君子의愛독ᄒᆞ심으로由ᄒᆞ야漸次發達ᄒᆞᆯ兆候가有ᄒᆞ나但本社經用이自來窘艱中에代金收入의過期遲滯가殆居其半이라目下經費가大段困難ᄒᆞ야實有推過不得之慮이오니千里前進이恐亦中途而廢라惟願購覽ᄒᆞ시ᄂᆞᆫ僉君子ᄂᆞᆫ諒此情況ᄒᆞ오셔前次未送條와逐月代金을趁期送交ᄒᆞ시와得以繼續刊行ᄒᆞ야朝朝供覽케ᄒᆞ심을切盼홈

大韓每日申報社 告白

雜報

●民擾措陳 堤川郡守[illegible]璜永氏가內部에報告ᄒᆞᆫ內開에鄉曲愚頑之民이有限刑法을瞢然不識ᄒᆞ고濫討錢財와勒奪婦女에行悖無傷이온즉哀彼煢獨이遭此橫罹ᄒᆞ야怨聲載路ᄒᆞ고訟牒還至故로作梗諸漢은爲先詷捉ᄒᆞ오며諸民等訴本을摘概報告ᄒᆞ얏ᄂᆞᆫ디

一近右面泉雲里青年會人張成五具億伊等三名이來到于銅店洞洪淳台家ᄒᆞ야處傳會中之令ᄒᆞ고洪氏父子를凌辱毆打에使償一百五兩과酒食費五十兩을勒討事

一原州陪香洞居崔君平妻를本郡近左面上九曲里教人金應西가誘引以去故로崔民이往言出給則教人陸巳俊劉聖萬等이頑執不給ᄒᆞ고反使惡刑에備價推去之意로勒捧手標事

一本郡泉南面靑年會中差使爲名者五六人이近左面五錢里南派熙家에來到ᄒᆞ야南民之父子를縛去會中ᄒᆞ야無數牢刑에謂有吳班處所報債錢이라ᄒᆞ고差使來往費二百十七兩八錢을勒討事

一北面五味里金完式之叔父가往在乙酉分에門前江邊에서偶得一死鹿而獨難運致ᄒᆞ야請來隣居安班而分力運來ᄒᆞ야肉則分食ᄒᆞ고角則賣用이러니于今廿餘年에이온디安班之子正秀가符同渠之妻남靑年會人元在男ᄒᆞ야來言汝之叔父處에已有年前鹿茸價未捧이라ᄒᆞ고錢九十兩勒討事

●靑會開會 今日下午七点半에皇城基督敎靑年會에서文學士金奎植氏가瑞典皇帝거스테쓰바사의事蹟으로演說ᄒᆞᆫ다더라

●時事問答 허다경비가미년에긔빅만인즉지금국지가경갈하야긔빅만긔천만을외국으로차관한다난판에표훈원갓흔거슨혁폐하엿스면죠흘듯하도다 호문셩왈일본ᄉᆞ람드[illegible]을은쓸데업난니하며[illegible]으니져으니하야혁파도[illegible]감익도하지하되실상무용의표훈원갓데난아모말도나니하난모양이니그사람들이아죽그형편을지서히아지못홈인가실노의혹할일이로다선히싱왈그사람들이엇지몰오리오마는그훈장이일본으로건너가는것이졀반이나되니져의게일분이라도리익이털지언졍죠금도방익될것업고우리나라의논무용의것인즉무엇에판계하야남의뭇기실은말을하기죠아하리오지금한일량국이여러케관계가엇난판에한국의히되는일은곳일본의ᄒᆡ되난일이만은지라우리나라국지소름ᄇᆡᆨ을관렴할나잇스리오젼졍을 미완

廣告

富平東所井面[illegible]伏[illegible]田番字三斗落畓券을閪失ᄒᆞ얏스니內外國人間拾得ᄒᆞ야도休紙施行

申寬心 告白

本號新開[illegible]ᄒᆞ야男女各色[illegible]由上海運來各種細[illegible]切衣飾屬品件件精[illegible]女紳士[illegible]來購爲幸

西小門內[illegible]

본인이연금칠십의지유일여시하야출가우신셩삼리황승습쳐러니황가가본시픽류로출봉경향하야본인의여간답토가본군의유한바투시지계로본군의무쇼하여관입지를도득하여가지고투미코사하오니뉘외국인은견기치마시옵

년안리현이리거 박여졍 고ᄇᆡᆨ

咸北鏡城郡漁郞社河南居前主事李鍾國이離家六載間多次上書하얏사오나一未承下答하얏기로玆에登報하오니知其聞此廣告閱覽하시는이는中報紙를弟의家로送交하야주시면惠莫大焉이기숩「癸卯年九月分自淸國營口貿得藥材七百餘斤入于美國씨얏틀港之際稅關稱以違格奪取故貨物故赤手逗留矣相逢仁人仍做舊業本銀欠缺之致姑不得還省伏悚」[illegible]有諸君奇欲親弟家信息者由大韓每日申報社或即接寄送于美國 M. W. I. L. Box 115 Salem, Va. U. S. A. 明白然後득矣見諒爲希

在美國뉴욕市李鍾國 告白

本人이西署盤石坊米廛上契西醬洞第五十五統八戶瓦家二十七間家主의邊星煥이板刻一張과西署盤石坊米廛上契西醬洞第五十六統十一戶와家三十七間家主邊星煥立旨一張을成出邊에邊星煥三寸邊約正의立旨一張을更出故로邊星煥立旨一張을邊星煥家內에서遺失故로廣告ᄒᆞ오니內外國人은休紙施行ᄒᆞ옵

邊星煥 告白

本運送部에서京仁京釜京義間鐵道貨物을運送ᄒᆞ되貨物을特別保護ᄒᆞ며運輸을特別迅速케ᄒᆞ오며支店을三線各驛에設置ᄒᆞ얏ᄉᆞ오니貨物運送ᄒᆞ실僉君子ᄂᆞᆫ本運送部에光臨問議ᄒᆞ시옵

京城南大門外韓[illegible] 協同倉庫會社內

合資會社 東美運送部

社長 尹晶錫
社務員 任命鎬 鄭仁致 李喬[illegible]

中署慶幸坊[illegible]洞契第二統六戶와家六十五間을欲爲放賣ᄒᆞ오니願買ᄒᆞ실僉君子은出見家舍後에公洞居[illegible]國人高率[illegible]家留朴昌俊을來訪相議ᄒᆞ시면廉價放賣ᄒᆞ리오

朴昌俊 告白

本人의[illegible]祖明俊年三十九惟水浮浪長留京師且無雜技而惟于家産盡蕩無餘不悛前習一向得債爲事內外國人切勿見欺

不[illegible]用竹郊[illegible]華 告白

[illegible]失홈

大韓國政府學政參與官文學博士幣原坦君序文

廣告 漢文 新增東國輿地勝覽 廣告

菊版約三千五百頁全三冊
上製 定價十二圜
並製 定價十一圜
小包郵稅 五十錢

韓國古[illegible]要ᄒᆞᆫ珍書인ᄃᆡ永[illegible]書ᄂᆞᆫ[illegible]大韓國人士書[illegible]에可無ᄒᆞᆯ一大寶典이오[illegible]價ᄂᆞᆫ僉位의熟知ᄒᆞ시ᄂᆞᆫ바이오니陸續購讀ᄒᆞ심을顯望

發行所 京城羅洞二一六 淵[illegible]商店

●[illegible]本雜誌를第三號부터ᄂᆞᆫ頁數를增加ᄒᆞ며[illegible]江[illegible]

[illegible]

平壤[illegible]明[illegible]舖

一秩定價金 新貸六十錢

[illegible]一秩[illegible]二十五錢
[illegible]七十五錢
[illegible]七十五錢
[illegible]十錢
[illegible]十五錢
[illegible]五十錢
農政[illegible] 一圜
法學通論 五十錢
民[illegible]完[illegible] 七十五錢

大[illegible] 大韓每日申報社

本店에新設[illegible]ᄒᆞ고一般我韓土産藥材든지[illegible]藥料든지泰西洋製品藥材든지隨請廉價[illegible]ᄒᆞ되[illegible]三月初一日부터開放ᄒᆞ오니僉君子ᄂᆞᆫ照亮ᄒᆞ시와陸續[illegible]ᄒᆞ시믈伏望

鍾南[illegible]橋松圖藥店

[illegible] 告白

特別社告

非史乘이면政治之美惡와人物之臧否와風俗之汚隆을無以攷論인즉史乘者는非一時之공覽이라乃萬世之公案이오非自國之所可得以私也라即宇內列邦에宜所公佈키로曩著美人訖法氏之撰大東紀年이意固有在而然也라本記者ㅣ不揆僭越하고於韓之史事에留心者ㅣ久矣로되在幾百年之後하야要論幾百年之事가任大力綿에恐有失實之歎뿐더러鎖國自守之時代에는民國間諸般事爲가不過是尋常典故라不足以供世界列邦之眼目키로斷自丙子以後各國交涉時事하야要爲編成一書하야公諸列邦하니四方有志諸君子는諒此苦心하야丙子以後政令訓語之所記와各國交涉之如何와臣民疏章與功罪之表著와中外俗習之沿革과忠臣義士孝子烈女之行蹟을各隨所聞所見而詳錄投示하와 仍此重役으로得以完成을千萬幸甚

大韓每日申報社

○○○○○○○○○○○○

本申報를廣佈ᄒᆞ기爲하야咸鏡南道咸興州南社西門外居하는曹喜林氏에게逐號下送하오니該附近地愛讀하시는 僉君子는同氏에게購覽하시며代金도同氏에게傳致하심을爲要

大韓每日申報社

○○○○○○○○○○○○

本社廣告

申報價

一張代金 新貨二錢五里
一個月前金 三十錢
三個月 九十錢
六個月 一元七十錢
一個年 三元四十錢
郵稅一部 新貨五里
一個月 十三錢

廣告料

四號活字十三字詰
每日每行一寸에新貨廿五錢
(每日每行에六錢에一錢式)
二週日에 二圓五十錢
(每日每行一圓에相當)
一個月에 五圓
(每日每行二圓에相當홈)
其期限의長短과字行의多少를從ᄒᆞ야增減ᄒᆞ미有홈

大韓人마다此申報를不可不購覽ᄒᆞ실터이오니廣告出報ᄒᆞ실僉君子ᄂᆞᆫ來臨圖議ᄒᆞ시옵

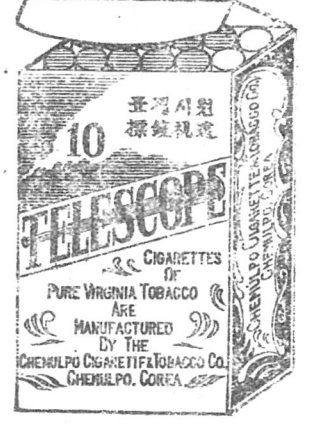

發行兼編輯人 英國人裴說
發行所
京城北署壽進坊梁洞
大韓每日申報社

第四卷

大韓每日申報

대한매일신보

第一百七十九號

月曜及慶節 識時日休刊

檀君開國四千二百三十九年
箕子元年三千二十八年
大韓開國五百十五年
日本明治三十九年
清國光緒三十二年
陰曆丙午三月大初四日辛未

論說

聞嶺南之風者

本記者는歐洲人也라東洋에遊歷홀思想을抱ᄒᆞ고來此韓國ᄒᆞ야一見其山川明麗ᄒᆞ며風土淳厚ᄒᆞ고愛不能去ᄒᆞ야自至多年이라가遂設報館于此ᄒᆞ야扶植天下之公論ᄒᆞ며開導國民之知識ᄒᆞ기로肩上에擔着ᄒᆞ니區區心懷가愛此韓國이無異愛吾英國이라噫라値此優勝劣敗之世ᄒᆞ야大韓이以獨立地位로遂被强權之壓勒ᄒᆞ야遂至國權이墜地ᄒᆞ니可勝痛哉아

本記者가晝宵思惟홈이將次回復國權홀期望은惟是教育이興旺ᄒᆞ야人才多出ᄒᆞ고民智發達에在혼故로執筆勸告가尤切於教育目的ᄒᆞ야張皇反覆이不厭其繁複이러니乃於近日에一種好消息이自南而來ᄒᆞ니慶北觀察使申泰休氏가管下四十餘郡에一般學校를設立ᄒᆞ고毎五家에新聞一張을購覽케ᄒᆞ기로訓令을發佈ᄒᆞ얏다ᄒᆞ니吾儕는不任額手攢祝ᄒᆞ노라

蓋嘗韓國各地方風氣를觀ᄒᆞ니關西의勇銳活潑과關北의堅忍剛毅와嶺南의勤儉質實이最可有爲라然而嶺南의篤守舊習ᄒᆞ는性質과規模가有甚於他道혼故로國中에第一頑固指目을受ᄒᆞ더니今申觀察의熱心鼓舞가乃是進於文明之一大機關이니凡厥人士는爭相激勸ᄒᆞ며互相奮發ᄒᆞ야有以擴張校務ᄒᆞ며研究學理ᄒᆞ야蔚然全國之倡을十分切望ᄒᆞ고他道의地方官吏도此申觀察과如히當是開發民智ᄒᆞ기로悉力做去ᄒᆞ야使通國人民으로無不入學ᄒᆞ며無不閱報케ᄒᆞ는程度에達ᄒᆞ야增長其知識ᄒᆞ고發達其事業ᄒᆞ야其能維持人權ᄒᆞ며回復國權이면豈不榮哉며豈不偉哉아

官報

●三千四百十一號 光武十年三月廿七日

◉宮廷錄事

詔曰侍從二品李南夏爲侍從院副卿 三月二十三日

侍從院副卿鄭煥悳辭職疏批旨省疏具悉所請依施

◉敍任及辭令

三月二十三日

命侍從院副卿敍勅任官三等 從二品李南夏
依願免本官 秘書監丞尹愼模
任秘書監丞敍奏任官三等 正三品洪承斗
兼任太醫院副卿 秘書監丞洪承斗
任主殿院電務課主事敍判任官八等 主殿院電務課主事李愚賢
驤慶廟參奉趙萬濟
任驤慶廟參奉敍判任官八等
陞敍判任官四等 宮內府主事高義東
正三品成仁鎬 仝 金用濟
仝 柳輿世 仝 鄭禹敎
九品成樂賢
命經理院文簿監督委員
九品丁最燮 六品南喆熙
九品李元宇 鄭樂朋 安貞植
命經理院文簿整記專員
以上三月二十三日

●勅令

勅令第十一號

度支部官制改正件 續

六貨幣及兌換券에關ᄒᆞᆫ事項
七一般金融에關ᄒᆞᆫ事項
八國債及地方債에關ᄒᆞᆫ事項
九恩給에關ᄒᆞᆫ事項
十備荒儲畜金에關ᄒᆞᆫ事項
十一銀行及保護會社監督에關ᄒᆞᆫ事項

第九條 檢査局에서는左開事務를掌홈이라
一總決算의檢査에關ᄒᆞᆫ事項
二各官廳及官立諸營造의收支及官有物決算의檢査에關ᄒᆞᆫ事項
三政府로셔補助金又는特約保証을與ᄒᆞ는團體其他諸營造의收支決算의檢査에關ᄒᆞᆫ事項
四歲入徵收官收入官吏其他出納官吏에對ᄒᆞᆫ檢査監督及其責任의審判에關ᄒᆞᆫ事項
五國庫會計上에關ᄒᆞᆫ一切訴願의審判에關ᄒᆞᆫ事項
六前兩項審判의執行及其執行에必要ᄒᆞᆫ處分에關ᄒᆞᆫ事項

第十條 印刷局에서는左開事務를掌홈이라
一印刷局에關ᄒᆞᆫ事項
二雕刻에關ᄒᆞᆫ事項
三圖給에關ᄒᆞᆫ事項

第十一條 度支部技師는四人이며技手는度支部大臣이定員홈이라

第十二條 度支部翻譯官은奏任이니二人이며翻譯官補는判任이니三人으로定員홈이라

第十三條 度支部主事는六十二人으로定員홈이라

附則

第十四條 本令은頒布日노봇터施行홈이라

第十五條 光武九年勅令第十九號度支部官制와同年勅令第四十三號度支部官制中改正件은並廢止홈이라

光武十年三月二十一日

御押 御璽 奉

勅 議政府參政大臣 勳二等朴齊純
度支部大臣勳一等閔泳綺

未完

外報

●淸國의對米防備 桑港十九日發電을據ᄒᆞᆫ즉直隸總督袁世凱氏는北京에通ᄒᆞᆫ通路에砲루를設ᄒᆞ야新式의大砲를設置ᄒᆞ는ᄃᆡ其口實ᄒᆞ는바는秘密結社의運動에對ᄒᆞ야備홈이오且皇室守護의必要에出ᄒᆞ얏다ᄒᆞ는實際는米國이淸國出兵準備에對홈이라ᄒᆞ고推測ᄒᆞ는旨의私報가北京으로부터當地에達ᄒᆞ얏다ᄒᆞ더라

●俄國上議院의組織 俄國에셔議會에兩院制度를採用ᄒᆞ기로定ᄒᆞ고帝國參議院을上議院으로改定ᄒᆞ기로決定ᄒᆞ얏다ᄒᆞ는ᄃᆡ上議院議員의數又는現在議員의畧三倍니貴族中에셔十八人 聖敎務院에셔六人 商工業社會에셔十二人 敎會部에셔六人 波蘭에셔六人 學者에셔六人 農業社會에셔若干人을選出홀터이라더라

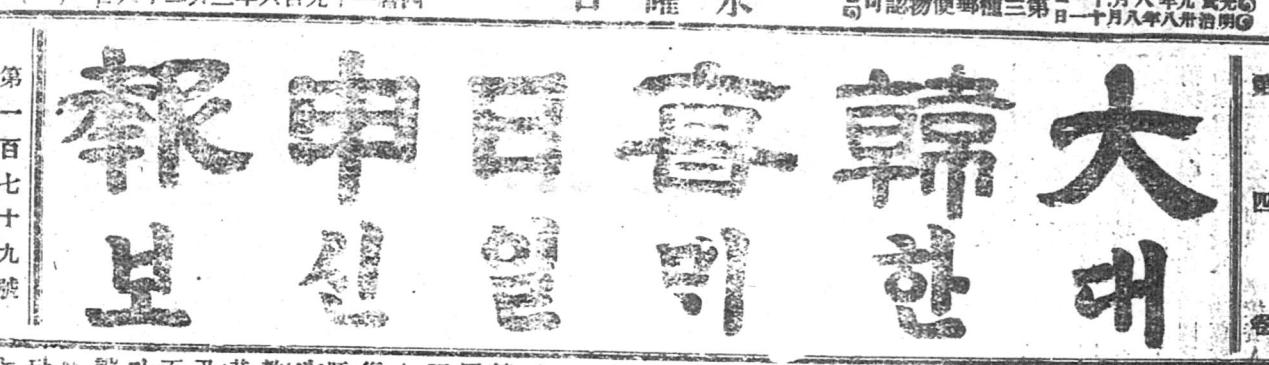

●波蘭의騷擾 倫敦電을據ᄒᆞᆫ즉波蘭에셔武裝ᄒᆞᆫ暴徒가와루소府에中央에在ᄒᆞᆫ監獄을襲擊ᄒᆞ야國事犯을放送ᄒᆞ얏는ᄃᆡ看守一名은被殺ᄒᆞ고一名은負傷ᄒᆞ얏고又滊車를故意로脫線ᄒᆞ야乘客五名이負傷ᄒᆞ얏고又爆發藥二十磅이鐵橋下에셔査出되얏더라

雜報

奉常司副提調李苾和氏가人民教育ᄒᆞ기를爲ᄒᆞ야上疏ᄒᆞᆫ全文이如左ᄒᆞ니

伏以臣素以跡賤學蔑濫叨仕籍恒切凛惕何敢與議於國事至亦化育中一物當此時疚孔棘揆以微忱不顧猥褻敢陳一得之見伏惟 澄省焉

竊伏念今日國家之勢悠悠萬事只有教育一事庶可以爲日後來復之基無他術也蓋自古爲國以民爲本民智未開而能保其國者自古及今未之有也堯舜憂民之無教而近於禽獸則命契爲司徒教以人倫三代盛時廣設學校之制人生八歲皆入小學而教之以愛親敬長之道至年十五皆成爲人之坏업然後擇其聰明俊秀者入大學而教之以修身齊家治國平天下之道由此觀之三代、雖皂隷下賤皆莫不自小學陶鑄中出來及其出而仕者莫不由大學成就之才而明習治平之術者夫三代之所以能享國長久保有其民者以教育人才故也後世之欲享國保民者皆莫不願平三代而至其所以致此之本則不知用其力焉自招其亂亡之日尋矣猶我 本朝列鑑于此自開國之初崇尙堯舜三代教人之法尊重孔孟道德之學即以興學校養人才爲務既置太學而又置四學又置童蒙教官以教於 京師既有鄕校而又設書院又有家塾以教鄕邑又慮仕者之躁於進取不習實學故別設湖堂 賜暇독書使之益進又慮山林隱逸之士深藏不市學問優異而未用於世必極加採訪備矣褒賞以勵其名節此我朝文化之盛而祚曆長久人民乂安者也夫何近世以來學校廢隳教養無聞爭趨於工令無用之學以取進身之路自 京師太學以至各郡鄕校徒作遊嬉之場不聞絃誦之聲書院毁而四學廢廢至於今日則우書種子遂不可復見而智識蒙昧學問塞充然則今日國勢民命之至於此極者蔽一言曰無教育而已抑觀夫今之萬國所以能馳騁天下皆稱文明者亦莫非教育人才之大効也然則以我不教育之民對彼受教育之人其智愚昏明不啻若天淵如其恥之莫如急先教育繼進民智與開明列邦之人爲同等而已若使我民淬勵精神啓發智識與開明列邦之人爲同等人則國亦與彼列邦將爲同等之國也審矣 未完

●嚴責兩氏 李內大와李宮大兩氏가數日杜門謝客ᄒᆞᆷ은本報에已揭어니와其內容을得聞ᄒᆞᆫ즉日昨伊藤侯가該兩氏를對ᄒᆞ야大聲責之曰秉銓은國家重任인ᄃᆡ專以守令鬻賣로爲一能事ᄒᆞ야誤國害民ᄒᆞ니此乃列邦之所未嘗聞睹也라若復不悛厥習이면當有別般舉措ᄒᆞᆯ거시요宮大ᄂᆞᆫ秘書丞參奉等窠를無難擅賣ᄒᆞ야公器를汚亂ᄒᆞ니豈有此等醜習乎아ᄒᆞᆫ즉兩氏가不勝愧恐ᄒᆞ야至於杜門謝客이라ᄒᆞ니如兩氏者도亦有知恥知懼之日인지雖然이나賣官鬻爵이從今斷絶이면前之요倖得官者가乃爲知機之上等人物일지多錢者與曲逕攀緣者들이將無所用ᄒᆞ니是可爲之惜焉이로다

●政黨衝突 近日政府大官이兩派의分ᄒᆞ야參政朴齊純氏와平理院長李允用氏의兄弟와軍大李根澤氏의群兄弟와參謀局長李南熙氏等이一派가되고內大李址鎔氏와宮大李載克氏가一派가되야互相衝突ᄒᆞᄂᆞᆫᄃᆡ內大와宮大의勢力이稍弱ᄒᆞ야頗히困難中에陷ᄒᆞ얏다ᄒᆞ고學大李完用氏ᄂᆞᆫ內大를圖得코저ᄒᆞ야百方周旋ᄒᆞᆫ다ᄒᆞ니噫라今日韓國情形이譬ᄒᆞᆫ건ᄃᆡ一片漏船을乘ᄒᆞ고大海風浪中에浮沉ᄒᆞᆷ과如ᄒᆞᆫ거ᄂᆞᆯ乃其同舟者가不圖共濟ᄒᆞ고反相謀害ᄒᆞ니鳥能免其顚覆乎아竊爲諸公ᄒᆞ야不勝寒心이라ᄂᆞᆫ說이有ᄒᆞ더라

●興校興旺 興化學校의擴張된것은別項과如ᄒᆞᆫ거니와該校가大段興旺ᄒᆞ야法學、經濟、諸學其他高等普通課程을教授ᄒᆞᄂᆞᆫᄃᆡ學員이一百數十人에達ᄒᆞ얏스며教師學員들이血心教習ᄒᆞᆫ다더라

●不管民訴 南署蠶島雖馬場五洞民人等百餘名이昨日學部門前에會集하야呼訴하기를以幾萬名耕作蠶島坪田土ᄂᆞᆫ由來五百年資活之地而無賴輩가稱以農事試驗場設立하고擧皆占奪하야臨農沮戲하니特爲處分하라하얏ᄂᆞᆫᄃᆡ該部大臣은呼訴ᄒᆞᆫ人民에게初無發落하고使日憲兵日巡査等으로前遮後擁退部하얏다더라

●法學改規 法部에서法官養成所規則을改正ᄒᆞ야官報에揭載ᄒᆞ고該規則을政府로咨交ᄒᆞ얏ᄂᆞᆫᄃᆡ該學生의卒業年限은三年을二年으로減定ᄒᆞ고卒業生의게ᄂᆞᆫ成法學生의稱號를法部大臣이擬與ᄒᆞ되卒業優等生의게ᄂᆞᆫ官費로外國遊學을시키기로하얏다더라

●監府大宴 明日統監府에서園遊會를大開ᄒᆞ고韓廷大小官人與社會紳士를一切請邀ᄒᆞᆷ은本報에已揭어니와第聞此會之開設이云是開府式이라ᄒᆞ니日本人之興高采烈은固其宜也로다全韓權利가居然歸我手中ᄒᆞ야龍驤虎步에高下在心ᄒᆞᆫᄃᆡ値此良辰美景ᄒᆞ야濟濟諸員이暇日高會ᄒᆞ야談笑生風而恣其傲ᄒᆞ며樽俎豐潔ᄒᆞ고絲管이激越ᄒᆞ야賞心樂事가可以滿足ᄒᆞ니頗不負大丈夫之氣像이어니와至若韓廷官人之赴宴者ᄒᆞ야ᄂᆞᆫ攝衣登筵ᄒᆞ야百般狐媚ᄒᆞ며露其餘瀝을視爲榮耀ᄒᆞ야嘻然而笑ᄒᆞ며陶然而樂이나究其裏面ᄒᆞ면即一亡國大夫에不過ᄒᆞᆫ지라譬之컨ᄃᆡ芻靈木偶가隨人機發ᄒᆞ야走之則走ᄒᆞ며舞之則舞ᄒᆞᆷ과如ᄒᆞ니苟有半点人心이면雖句天廣樂에八珍이羅列이라도能不惕然傷心ᄒᆞ며繼之以歔欷痛哭乎哉아噫라芻靈木偶가充滿朝著ᄒᆞᆷ으로有外交權之移奪ᄒᆞ며有開府式之開設ᄒᆞ니時局之一蹶難振을吾爲韓民悲之ᄒᆞ노라.

●李花苑刱設 秦學新嚴達煥等有志諸氏가李花苑을方在刱設中이라ᄂᆞᆫᄃᆡ該苑인즉 皇室種牧試驗場이라其目的은宮內所用各項植物及畜等物을進供ᄒᆞ며且外國規模를參酌ᄒᆞ야該苑內에學習院과動物園及公園地를亦爲刱設ᄒᆞᆫ다ᄒᆞ니此事가曾前에ᄂᆞᆫ韓國之所未有也而該氏等이文明列邦風俗을多年閱覽ᄒᆞᆫ故로關明上注意ᄒᆞ야如是刱設ᄒᆞᆫ다ᄒᆞ니可謂攢揚ᄒᆞᆯ만ᄒᆞᆫ事이로되自來로韓國人士ᄂᆞᆫ堅忍心이無ᄒᆞ야그러ᄒᆞᆫ지諸般社會가每每有始無終이라此苑은 皇室主管이라ᄒᆞ니進步가何如ᄒᆞᆫ지後日更揭ᄒᆞ깃노라

●寧倅治聲 南來人의傳說을聞ᄒᆞᆫ즉寧海郡守殷光國氏ᄂᆞᆫ赴任五朔에一心做治ᄒᆞ야巨細民瘼을隨事革去ᄒᆞ고派員의濫收를禁止ᄒᆞ며官屬의例捧을革除ᄒᆞ며刑法을謄佈ᄒᆞ며道路를修平ᄒᆞ며每市日에巡行ᄒᆞ야口文濫討와物品歎賣와抑勒賣買와酗酒雜技를諭而禁之ᄒᆞ고又以文明目的으로日事曉諭ᄒᆞ며勸독新聞ᄒᆞ니蒼古之俗이漸變ᄒᆞ고十家之統規가嚴密ᄒᆞ야賊患을未見ᄒᆞ니一境이晏然ᄒᆞ더라

●華倅善政 東來人의傳說을聞ᄒᆞᆫ則華川郡守鄭海運氏ᄂᆞᆫ清白愛民의實蹟이多有ᄒᆞᆯ뿐더러人才教育에熱心ᄒᆞ야境內人士를勸勉ᄒᆞ야學校를設立ᄒᆞ고傾其薄況ᄒᆞ야先爲補助ᄒᆞ니士皆感發ᄒᆞ야期於成立키로校務가就緒되리라더라

●政會笄問 昨日에各部大臣이該部로仕進치아니ᄒᆞ고一齊히政府로仕進ᄒᆞ야屢次會議의未決案을相議ᄒᆞ얏다더라

●下詔興學 自學部로廣置學校而各府部郡에亦另飭設校之意로詔勅을下ᄒᆞ옵섯더라

●收單八度 皇太子殿下嘉禮揀擇에對ᄒᆞ야昨日內部로셔處女單子八度를先爲收聚ᄒᆞ야禮式院으로入送ᄒᆞ얏다더라

●會社宜罷 始興郡에셔日人木村稔等이該郡所在公有及民有地草坪을稱以買得於雲峴宮이라ᄒᆞ고殖產會社를組織ᄒᆞ고家屋을建築ᄒᆞ며有主之土地를將欲起墾ᄒᆞ야任意耕鑿ᄒᆞ고奪人山林ᄒᆞ며墳墓近處에掘土採石故로一境人民이呼寃不已則此若不歸正이면土地를難保오人民이失產이니另行交涉妥辦ᄒᆞ야所謂殖產會社를即爲撤廢케ᄒᆞ라고該郡守金漢睦氏가內部로報告ᄒᆞ얏다더라

●賣淫苦況 一自賣淫女檢查以後로賣淫女의夫된者들이衆會相議ᄒᆞ되警務署에一次檢查를經過ᄒᆞᆫ즉면纔日間是非가有ᄒᆞ고生涯도不足ᄒᆞ니우리가各其錢을出斂ᄒᆞ야日本醫士를雇聘ᄒᆞ야各其自家에셔檢查ᄒᆞᆷ이便ᄒᆞ깃다ᄒᆞᆫ다더라

雜報

●祭金秘書丞奉學文　柳西散人

嗚呼靑蛇之冬强隣逞威傾我獨立滅我自由彼日將日相而全軀是圖刼約惟命者豈狗彘之足食耶

至若以廟堂之元老而殉焉以勳戚之重臣而殉焉以故家之世臣而殉焉以儒林之領袖而殉焉者固可與日月爭光而語其分義亦可謂之常也

夫以其跡之微乎微而血沸於外兵之入闕膽裂於國權之墜地慷慨捨生從容就義如 君卓絶者上下萬古其或有之耶

嗚呼人孰無死君獨永生我何足悲而所可吊者惟我二千萬同胞胥將奴隷於人其生也徒爲其辱悠悠蒼天胡寧忍斯

嗚呼君之英靈毅魄塞乎天地之間者其亦吊我同胞之沉淪慹境而其怒也或噴薄爲雷雹風電呵嘖妖魔陰譴無辜兄弟耶嗚呼哀哉

●興校擴張　壽洞私立興化學校는該校長閔忠正公의殉逝호後에校務가零替호더니有志紳士들이該校에集會호야任員을更爲組織호얏는뒤校長은林炳恒氏副校長兼總教師는白象圭氏校監은金碩桓氏掌務員은崔文植氏事務員은權洄周李重華兩氏오教師는李重華 崔瑨鄭軾朴윤○金○鳳徐相鸞金相範張志淵諸氏로選定호얏스며贊務員長은閔泳徽氏贊務員은韓圭卨趙東潤劉臣赫崔文植白完赫趙鎭泰丕秉澤諸氏로推薦호얏고贊成員長은閔丙奭氏贊成員은朝野有志諸氏로議定호얏스며評議員長은李商在評議員은閔衡植玄暎運李忠求李相天諸氏以外數十員有志紳士로薦定호얏는뒤去土曜日에員會를開호고贊成金募集事와學員月謝金收納事校舍擴張方法을評議호얏다더라

●時시事사問문答답

류롱시긴다호며농공실업을발달시간다하고차관하야쥬기를ᄌ청하야계약을셩립하얏다하니우리나라형편으로보면셩지홀도리는업고여간잇던지물이날마다외국으로흘너나가니졔비록빅천만원을차관하야온디도그돈이얼마부지를못홀터이오공연이빗만되야비록몃십년에라도갑하볼슈업스리니차관하는날은나라파라먹는날이라그런일져런일을물론하고모다나라결단넬일은훈일등훈이등의훈장찬사람들슈죵으로죠차나오는터인즉뎌관졀표훈원이라는칭호와훈장이라는말이실히뎌당치못하도다호문셩왈근릭우리나라졍부관리나일반인민의소위를보게드면한아토ᄌ유로하는일은업고모다남의지휘를기다릴ᄲᅮᆫ만아니라당연이홀만훈일도무엇을거리씨는ᄉ단이잇는것갓치

廣告

本道觀察使李根豐氏莅任周朞視民如子政先四窮化洽羣黎割財施本以蠲戶役捐廩付校大興學業聽訟從理交涉有道丹忱籙圖蒼生安堵一省草民國城棠歎 平安北道儒民等 告白

淨土宗金川郡支會長金元鎭가不法行爲하기로玆에黜會홈 開城淨土宗教會堂 告白

齒科醫師美國人힐씨는本月二十九日에發程호야美國에暫留호다가來五月二十日에回還홀터이오니僉君子는照亮호시옵

陸軍正尉張世喬氏姓名圖章을日前見失호얏숩기廣告홈 門下人金大奉 告白

본인이연금칠십의지유일여식하야출가우신셩삼리황승습쳐러니황가가본시픽류로출볼경향하야본인의여간답토가본군의유한바투식지계로본군의무쇼하여관입지를도득하여가지고투미코사하오니너외국인은견기치마시옵 년안마현이리거 박여졍 고빅

本店에新設藥材호고一般我韓土産藥材든지日本淸國藥料든지泰西洋製品料藥材를隨請廉價賣酬호되來三月初一日브터開放호오니僉君子는照亮호시와陸續請購하시물伏望 鍾南浦新橋松圖藥店 李演龍 告白

富平東所井面細上里伏在母字三斗落券을閪失호얏스니內外國人間拾得호와도休紙施行홈 申寬心 告白

本號新開業做男女各色洋服호며由上海運來各種細이毛융及一切衣飾屬品件件精全伏望貴士女迅即來購爲幸 西小門內榮泰男女洋服商號

咸北鏡城郡漁郞社洞南居前主事李鍾國이離家六載間多次上書하얏사오나一未承下答하얏기로玆에登報하오니知舊間此廣告閱覽하시는이는申報紙를弟의家로送交하야쥬시면恩莫大焉이겟숩「癸卯年九月分自淸國營口貿得藥材七百餘斤入于美國씨얏틀港之際稅關稱以違格奪取沒收貨物故赤手逗留矣相逢仁人仍做舊業本錄欠缺之致姑不得還省伏悚」倘有諸君欲報弟家信息者由大韓每日申報社或卽接寄送于美國 M. W. I. L. Box 142, Salem, Va. U. S. A. 則自然接득矣見諒爲希 在美國뉴욕市李鍾國告白

合資會社 東美運送部

本運送部에서京仁京釜京義間鐵道貨物을運送호되貨物을特別保護호며運輸을特別迅速케호오며支店을三線各驛에設置호얏스오니貨物을運送호실僉君子는本運送部에光臨間議호시옵 京城南大門外韓美協同倉庫會社內

社長 尹晶錫
社務員 任命鎬 鄭仁教 李喬寧

中署慶幸坊綿紬洞契第二統六戶와家六十五間곳을欲爲放賣호오니願買호실僉君子은詳見家舍後에公洞居德國人高率家留朴昌俊을來訪相議호시면廉價放賣호깃소 朴昌俊 告白

本人이相朔字明仲年三十九歲本浮浪長留京師日事雜技而幾千家產盡蕩無餘不悛前習一向得債爲要內外國人切勿見欺白失홈 平南成川竹郊朴相華 告白

大韓國政府學政參與官文學博士幣原坦君序文

廣告 漢文新增東國輿地勝覽 廣告

菊版約三千五百頁全三冊 上製定價十二圓 並製定價十二圓 小包郵稅五十戔

韓國古書中無雙흔珍書인디本書를愈愈發賣호는바本書는大韓國人士書案에不可無흔一大寶典이옵고其實價는僉位의熟知호시는바이오니陸續購독호심을顒望

發行所 京城羅洞二十六 淵上商

平壤郡守李重玉氏가下車以後로善治民政은西路人民이頌稱活佛이어니와獎勵教育上熱心은萬口感頌이라本郡古順和面大理에明進學校를設立이與本郡居前議官朴泰龍氏로熱心教育호는데補助人員이如左홈

平壤郡守 李重玉 三百元
正三品 朴泰龍 二百元
前正言 裵殷杲 十元
金希○ 八十元
鄭世英 二十元
黃晉鋒 一百元
前教官 金敎興 十元
李永賢 三十元
李重瓘 十元
金瓚立 五十元
韓宗幹 十元
金孟鎬 十元
朴斗星 十元
李教丞 四元
前主事 崔貞鐸 四元
朴泰賢 四元
許燮 四元
金景翰 四元
洪有俊 六元
金貞默 六元
李宣國 六元
金永坤 六元
韓○錫 六元
金尙根 四元
金弘焯 四元
劉錫赫 二元
曹晃奎 二元
朴承雲 二元
韓景治 二元
金炳○ 二元
金○煥 二元

平壤柴足面治 李炳西 金俊賢 告白

特別社告

非史乘이면政治之美惡와人物之臧否와風俗之汚隆을無以攷論인즉史乘者는非一時之공覽이라乃萬世之公案이오非自國之所可得以私也라卽宇內列邦에宜所公佈기로曩者奚人記法氏之撰大東紀年이意固有在而然也라本記者ㅣ不揆僭越하고於韓之史事에留心者ㅣ久矣로되在幾百年之後하야要論幾百年之事가任大力綿에恐有失實之歎뿐더러鎖國自守之時代에는民國間諸般事爲가不過是尋常典故라不足以供世界列邦之眼目키로斷自丙子以後各國交涉時事하야要爲編成一書하야公諸列邦하니四方有志諸君子는諒此苦心하야丙子以後政令訓誥之所記와各國交涉之如何와臣民疏章與功罪之表著와中外俗習之沿革과忠臣義士孝子烈女之行蹟을各隨所聞所見而詳錄投示하야俾此重役으로得以完成을千萬幸甚

大韓每日申報社

○○○○○○○○○○○○

本申報를廣佈ᄒᆞ기爲하야咸鏡南道咸興州南社西門外居하는曹喜林氏에게逐號下送하오니該附近地愛讀하시는 僉君子는同氏에게購覽하시며代金도同氏에게傳致하심을爲要

大韓每日申報社

○○○○○○○○○○○○

一 鷹標罐濃餂牛乳
一 金印罐餂濃結牛乳
一 鷹標家用氣化乳餅
一 멜ㅣ돈쓰製造麥芽化合牛乳

以上은當時에貯積ᄒᆞ얏슴
英國쎄ㅣ돈쓰 濃結牛乳會社

一手代理店
大韓仁川港
世昌 洋行

● 九轉靈砂라 本人이妙方法을神備하야製造흔靈丹인딕男女老少에無論何症ᄒᆞ고通治ᄒᆞ오며無病時에도服ᄒᆞ면平生의身體가健康ᄒᆞ며小兒는四五錢重만服ᄒᆞ면十歲안에無病ᄒᆞ기를擔保ᄒᆞ오며

● 九轉靈砂萬靈丹은癲狂 癇症과中風諸疾과耳目諸病과痳疾에神効ᄒᆞ오

● 九轉靈砂保命丹은初生小兒 驚風 癎氣 咳嗽 腹痛諸般惡과婦人帶下症에無效ᄒᆞ오

● 九轉靈砂濟衆丹은酒滯 食滯 血積 吐瀉 霍亂 痢疾 吐血 下血 運氣 時疾 瘧症에神効ᄒᆞ오

● 九轉靈砂紫金丹은痔漏 累瘻 上疳瘡 下疳瘡及唇瘡과諸般毒瘡惡種에無不神效ᄒᆞ오니 僉君子는來問ᄒᆞ시오

內需司前독갈이골上隅第一家 李鶴廷 告白

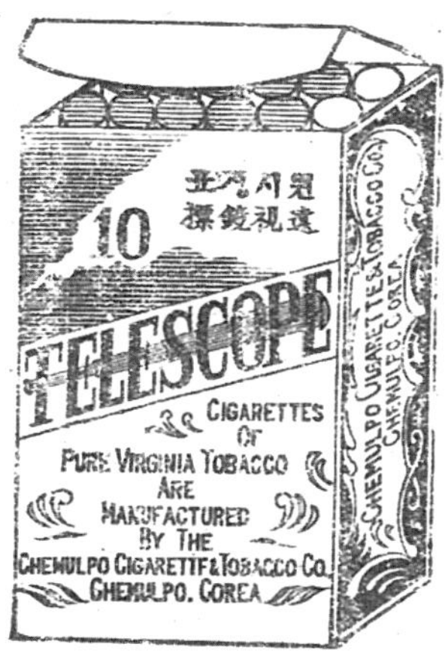

以上三種은上上品으로製造ᄒᆞ야衛生上에至極注意ᄒᆞ니물論某八ᄒᆞ고本社에來購ᄒᆞ옴

大韓帝國仁川港
東物捲紙卷煙及烟草會社

本社廣告

申報價

一張代金 新貨二錢五里
一箇月前金 三十錢
三箇月 九十錢
六箇月 一元七十錢
一箇年 三元四十錢
郵稅一部 新貨五里
一箇月 十三錢

廣告料

四号活字十三字詰
每日每英尺一寸에新貨拾五錢
(每日每行에大錢에子當ᄒᆞᆷ)
二周日에 二圜五十錢
(每日每行國幣五厘에相當ᄒᆞᆷ)
一箇月에 五圜
(每日每行國幣一厘에相當ᄒᆞᆷ)
其期限의長短과字行의多少를從ᄒᆞ야增減이有ᄒᆞᆷ

大韓人과外國人이此申報를不得不購覽ᄒᆞ실터이오니廣告出報ᄒᆞ실僉君子는來議ᄒᆞ시옴

發行兼編輯人 英國人裵說
發行所
京城北署壽進坊南別宮外地
大韓每日申報社

第四卷

大韓每日申報
대한매일신보

第一百八十號

月曜及慶節 歲時日休刊

檀君開國四千二百三十九年
箕子元年三千二十八年
大韓開國五百十五年
日本明治三十九年
淸國光緖三十二年
陰曆丙午三月大初五日壬申

論說

申論教科書

學部參與官幣原坦氏가韓國兒童의初學教科를日語日文으로以ᄒᆞᄂᆞᆫ事件에對ᄒᆞ야吾儕가已有幾次論難이더니近聞其書가現已脫稿出版ᄒᆞ야行將實施云ᄒᆞ니

以此觀之ᄒᆞ면非但韓人之愚昧가極可憐悲라則日人之淺見劣識이大可치笑로다夫言語文字ᄂᆞᆫ世界列國의人民種族이各其自立ᄒᆞᄂᆞᆫ原素니

名爲人類ᄒᆞ야不能保有其言文이면固禽獸之不若일ᄲᅮᆫ더러若使幼稚之童으로不學自國之言文ᄒᆞ고先習他國之言文이면自國之思想이不存ᄒᆞ고自國之精神이소銷ᄒᆞ야

其國家와其民族이必永滅乃已니此其關係가明若觀火이거날今韓國學部에所謂大臣이니協辦이니局長이니秘書니ᄒᆞᄂᆞᆫ許多官人이

皆一箇幣原氏指揮下에屈伏ᄒᆞ야莫敢以一辭抗論ᄒᆞ니此ᄂᆞᆫ韓國無窮之慘禍가實原因於學部니可勝切痛이며至於政府各大臣도亦皆恬視此事ᄒᆞ야噤無一言에任其實施ᄒᆞ니

彼輩가雖不以國家爲念이나獨不顧自己子孫之至於何境耶아此ᄂᆞᆫ吾儕가所以悲韓人之愚昧者也오日人이恒常韓人을對ᄒᆞ야

言必稱指導韓國ᄒᆞ야誘進文明이라ᄒᆞ며今回一千萬元借欵도其名稱은日韓國教育發達에應用ᄒᆞᆫ다ᄒᆞ나幣原氏의教科書目的으로써觀ᄒᆞ면

即是俄人이波蘭을幷呑ᄒᆞᆫ時에使用ᄒᆞ든手段이라如此ᄒᆞᆫ陰毒手段을顯然行之ᄒᆞ면서日開導文明이라日發達教育이라ᄒᆞ니此乃瞞不得黃口小兒之事라

彼幣原氏의愚見에ᄂᆞᆫ必以爲吾已得行其化韓爲日之計라ᄒᆞ야自負以無上方針이오日本政府도同氏의誤謬ᄒᆞᆫ意見을不罰之良策이라ᄒᆞᆷ이니何其不思之甚也오

古今天下에陰行不義ᄒᆞ고能保其名譽ᄒᆞ며享其福利者가豈有ᄒᆞ리오且日人이每常俄人을指斥ᄒᆞ야日野蠻國이라ᄒᆞ고自國은日文明國이라ᄒᆞ더니今에韓國을對ᄒᆞ야一切手段이彼俄人이波蘭에施ᄒᆞ든것보다一層尤甚ᄒᆞᆫ[illegible]가有ᄒᆞ니

豈能世界列邦의耳目을掩得ᄒᆞ야公共非議를得免ᄒᆞ며豈能大韓全國人民의痛恨次骨이不有케ᄒᆞ며豈能東洋의永遠平和를維持ᄒᆞ며豈能日本의將來福利를久久향有ᄒᆞ리오

此ᄂᆞᆫ吾儕가所以笑日人之淺見劣識也로라

官報

◉三千四百十二號 光武十年三月二十八日

◉宮廷錄事

江原道觀察使金永悳辭職疏
批旨省疏具悉所請依施
三月二十四日

禮式院禮式卿李根湘辭職疏
批旨省疏具悉所辭中制度局摠裁之任依施

奉常司副提調李芯和言事疏
批旨省疏具悉疏辭令政府稟處
以上三月二十五日

◉敍任及辭令

依願免本官 秘書監丞中性均 禮式院掌樂課主事李廉應 全孫範哲 主殿院電務課主事趙萬濟 齊陵參奉洪德周 裕康園忠義송仁培 京畿觀察府主事鄭寅燮 全羅南道觀察府主事金基英○任秘書監丞 正三品金顯聲○任主殿院電務課主事 翼陵參奉송完燮 李命遠○任厚陵參奉 沈晶澤○任翼陵參奉 韓善昌○任裕康園忠義 沈 전○任全羅南道觀察府主事 忠淸北道觀察府主事金裕東○任忠淸北道觀察府主事 九品송淳一○任京畿觀察府主事 車裕舜○任全羅南道관察府主事 九品朴魯淳

以上三月二十四日

◉勅令

勅令第十二號

銀行條例

第一條 店舖를公開ᄒᆞ고證券의割引又ᄂᆞᆫ爲替事業又ᄂᆞᆫ諸任寘及貸付를營業으로ᄒᆞᄂᆞᆫ者ᄂᆞᆫ何等名稱을用ᄒᆞᆷ을不拘ᄒᆞ고總히銀行이라ᄒᆞᆷ이라

第二條 度支部大臣은銀行의業務를監督ᄒᆞᆷ이라

第三條 銀行의確實ᄒᆞᆷ을保維ᄒᆞ고又ᄂᆞᆫ一般金融의安固를圖謀ᄒᆞᆷ을爲ᄒᆞ야度支部大臣은銀行에對ᄒᆞ야必要ᄒᆞᆫ命令을ᄒᆞᆷ을得ᄒᆞᆷ이라

第四條 銀行의事業을營코져ᄒᆞᄂᆞᆫ者ᄂᆞᆫ度支部大臣의認可를受ᄒᆞᆷ이可ᄒᆞᆷ이라

第五條 銀行은每半箇年營業의報告書를調製ᄒᆞ야度支部大臣에게提出ᄒᆞᆷ이라

第六條 銀行은每半箇年貸借對照表를調製ᄒᆞ야新聞紙其他의方法으로써三日間公告ᄒᆞᆷ이可ᄒᆞᆷ이라

第七條 銀行의營業時間은上午九時로붓터下午三時ᄭᆞ지라ᄒᆞᆷ이라但地方情況을依ᄒᆞ야別로히營業時間을定코져ᄒᆞᄂᆞᆫ者ᄂᆞᆫ度支部大臣에게認可를經ᄒᆞ야施行ᄒᆞᆷ이可ᄒᆞᆷ이라

第八條 銀行의休日은名節日慶祝日日曜日及銀行營業地에서行ᄒᆞᆫ定例의休日이라ᄒᆞᆷ이라但不得已ᄒᆞᆫ事故가有ᄒᆞᆫ時에ᄂᆞᆫ度支部大臣에게申請ᄒᆞ야新聞紙其他方法으로써公告ᄒᆞᆫ後休業ᄒᆞᆷ을得ᄒᆞᆷ이라

(未完)

外報

◉太平洋의[illegible]植民地 美國시가고市에[illegible]住ᄒᆞᄂᆞᆫ俄國리스아니아人[illegible]太平洋岸의一地方에移住ᄒᆞ기로決定ᄒᆞ고시가고市以外美國各地에在ᄒᆞᆫ俄國리스아니아人도亦移住코져ᄒᆞᄂᆞᆫ者가[illegible]總計人數가凡二萬五千人이될더이오此移住者가每人이百弗式醵出ᄒᆞᆫ約束인則總額이凡二百五十弗에達ᄒᆞ야土地와購入費及開官費가綽綽有餘ᄒᆞ겟ᄂᆞᆫ데其選定ᄒᆞᆫ處所ᄂᆞᆫ[illegible]河附近이라더라

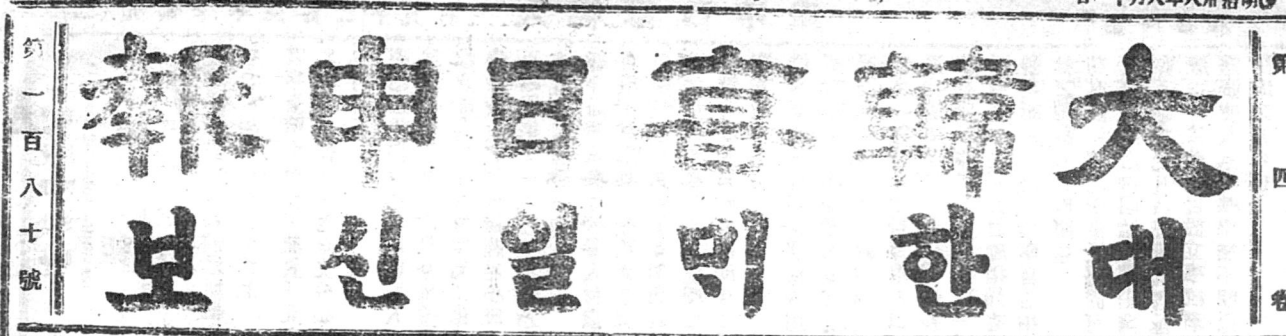

◉京釜鐵道總會 東京電을據ᄒᆞᆫ즉本月卄六日京釜鐵道總會를開ᄒᆞ고古市總裁ᄂᆞᆫ昨秋의線路水害狀況을報告ᄒᆞ고京釜線의利益[illegible]金이十三萬七千五百三十[illegible]圓八十一錢五里를當期損失金으로ᄒᆞ여三十萬圓을配當金으로ᄒᆞ고一株六十錢[illegible]百二十八圓六十錢五里를配[illegible]金으로決定ᄒᆞ고京仁線[illegible]當期利益四萬五千百五[illegible]錢六里오前期繰入五萬二千〇五十九圓六十三錢三里로決定ᄒᆞ고監査ᄂᆞᆫ總히重任이決定ᄒᆞ얏다더라

雜報

●特奬嶺學

慶北學校設施事은前已屢揭ᄒᆞ얏거니와日昨에自大內로睿旨를踏ᄒᆞ사特下錢壹千元ᄒᆞᆸ시고 勅諭ᄒᆞ션全文이如左ᄒᆞ시니

詔曰三代以來莫不以敎育人材爲先務庠序學校之設是也蓋學校立而人材作人材作而治化興國家敎人之法大備閭巷小民無不學彬彬乎三代挽近浸弛所以治道不明國勢不振顧今急務惟興學校養人材以爲치田植材之具奏殿齊魯之㖊使之挾策鼓篋其將不朞年而其功必倍於列邦自學部廣置學校外而郡府亦令另飭設圖而專心講究其敎之之方待其業就當自朝家甄拔需用人家有子弟而不能敎者其父兄論罪或其子弟之不率敎遊嬉無業者亦一體論罪ᄒᆞ라ᄒᆞᆸ시고又特諭ᄒᆞᄉᆞᆫ되朕以興學校一事有所勅諭者矣卽聞嶠南一府已有興學之擧節目施措頗有可觀甚庸嘉歎蓋此嶠南自古稱士林之淵藪人材府庫也苟有以作興之彬彬之盛固可易致而否運之挽回治道之蔚興未嘗不肇乎此凡我民庶其各亟體朕志一依此節目設立學校漸次擴張使人無不學學無不明以盡作成之方可也

令主殿院特下錢一千元以示嘉奬之意大小民人咸須知悉ᄒᆞ라ᄒᆞ옵셧스니嗚呼 聖恩이天大에該道의人民이孰不感激酬答也리오學校總務에權𥶇成金進銖金瀅圭金澤魯諸氏가今明間奉承下去ᄒᆞᆫ다ᄒᆞ니其所作成發達은固可屈指而待어니와吾儕의同情之感도不勝欣忭이라卽爲全省同胞而告之ᄒᆞ노니期圖實施ᄒᆞ야導達民智ᄒᆞ고扶植國權에奉副 聖意를切爲之攢祝ᄒᆞ노라

●反不如前 近日政界上에別開兩派ᄒᆞᆷ은昨報에已揭어니와學大李完用氏의羽翼이大張ᄒᆞ야內大李址鎔氏의所帶官職을圖奪할計劃이라ᄂᆞᆫ되畢竟孰勝孰負ᄂᆞᆫ不知ᄒᆞ깃스되世人의批評을得聞ᄒᆞᆫ즉李學大ᄂᆞᆫ自是朝露暮日之身分으로兼抱爲鬼爲蜮之神術ᄒᆞ야陰險奸譎이十倍於李內大인즉一朝에若至秉銓이면許多弊習이將無所不至ᄒᆞ리라더라

●西土長書 平安南北道紳士等이西京役費錢之留在者가莫非西民之家收戶歛而憑公營私之徒가流涎於此ᄒᆞ야百計潛圖가萬萬不可라今以南北道士林中公正勤愼之人으로差出監董看役ᄒᆞ야以畢宮役케ᄒᆞ기로宮內府에長書ᄒᆞ얏다더라

●非書之愚 天下之物之愚者가莫如書籍이라朴齊純權重顯兩氏之腹中에亦有若干文字ᄒᆞ니此非書愚之可驗歟아日此豈書之罪也오독其書而不務實踐이면雖日誦千言ᄒᆞ고貫穿古今이라도適足以長其奸術이요無補於爲人之賢不肖ᄒᆞᄂᆞ니瓊琚玉佩에大放厥聲은柳宗元之文章이로되畢竟行爲不正ᄒᆞ야五鬼之目을不免ᄒᆞ얏스니況其餘人이며況權朴之所謂文字ᄂᆞᆫ不過是螢尾兎角이라烏足云乎哉아

●民家勒賣 平壤府財務官日人山田氏가本郡守李重玉氏와協議ᄒᆞ야倉庫會社를設立ᄒᆞᆯ次로基址를大同門內로劃定ᄒᆞᄂᆞᆫ되同郡守가民家十五戶를歇價勒買ᄒᆞ야瓦家ᄂᆞᆫ每間五十元이오草家ᄂᆞᆫ每間三十元으로出給ᄒᆞ라고告示를揭付ᄒᆞ니家價時勢도論之ᄒᆞ면四分之一이라該家主等이不肯ᄒᆞᆫ즉捉囚其人ᄒᆞ고毁撤其家라ᄒᆞ니 抵倉庫會社ᄂᆞᆫ生民의利益을爲ᄒᆞᆷ이어날同氏의勒賣民家ᄂᆞᆫ是何不法的行爲인지民怨이藉藉ᄒᆞ더라

●金獄可冤 西來人의傳說을聞ᄒᆞᆫ즉義州前郡守申羽均氏가該郡三民砲殺事ᄂᆞᆫ已揭前報어니와近聞則龍川郡守가覆檢ᄒᆞᄂᆞᆫ되軍部로셔覆審官張濬圭를派送ᄒᆞ야兩檢이馳往檢驗ᄒᆞ고推招之場에張檢官이申郡守之罪狀을欲爲斷脫ᄒᆞ야龍倅를無視ᄒᆞ고擅自屍親數三人을捉來ᄒᆞ며以紅絲結縛亂打日汝等이官差不待故로至於發兵ᄒᆞ얏스니此是亂民이라ᄒᆞ고百般抑問ᄒᆞ다가又以其時被丸稚兒를捉入ᄒᆞ야大張嚴威鞠問則年少之兒가驚惶恐㥘ᄒᆞ야日東日西故로自一進會로顧其屍親之慘狀ᄒᆞ고送交公函日屍親則嚴刑勒招ᄒᆞ고犯罪之兵丁은平等對質이莫重獄事에大爲損傷이라ᄒᆞ니張檢官이不勝羞愧而屍親을放送後勒招件記를持ᄒᆞ고場里大樓上에登ᄒᆞ야欲爲說明演說曰我是糾査則平民은一時擧手ᄒᆞ라고三次布諭에終無一人之應手ᄒᆞ얏다더라

●諸犯將還 日本에在留ᄒᆞᆫ國事犯諸人을蕩滌敍用ᄒᆞᆯ事件에對ᄒᆞ야政府에셔連次提議ᄒᆞᆫ다더니朴泳孝氏一人븟터先爲蕩滌ᄒᆞ고其餘諸人도次第赦宥ᄒᆞ기로議定이되얏다더라

●港民願留 三和港監理李台珽氏가莅任三載에視民如傷터니現今請願遞故로港民이恐或失之ᄒᆞ야願留次政府에再三電報ᄒᆞ얏더니認許를未蒙에輿情嗷嗷ᄒᆞ야數十餘人이來到京城而呈訴於政府ᄒᆞᆫ則政府에셔民狀不受라고見退키로內部에呈狀ᄒᆞ얏더니本部에셔ᄂᆞᆫ此是不關ᄒᆞᆫ訴狀이라고見退ᄒᆞ여數多民人이彷徨道路라ᄒᆞ니該監理의善政茂績을可知라ᄒᆞ더라

●奇師餞別 今日下午七点半에神學博士奇一氏가別離苦란問題로皇城基督敎靑年會에셔演說ᄒᆞ고歐洲에遊歷ᄒᆞᆯ預定이라더라

●學課增置 學部에셔學務를擴張ᄒᆞᆯ次로學務局內에一課二課를設實ᄒᆞ고官吏를增額ᄒᆞ기로決定이되야該部에셔官制를方張改正ᄒᆞᄂᆞᆫ中이라더라

●義文刋佈 全羅南道에셔奇宇萬者가義兵을招募ᄒᆞᆯ次로通文을板刻으로刋出ᄒᆞ야各郡에分播ᄒᆞ얏ᄂᆞᆫ되該道관察使朱錫冕氏가一一收聚ᄒᆞ야내部로上送ᄒᆞ얏다더라

●學訓沁府 學部에셔江華府로訓飭ᄒᆞ되貴府昔昌學校長請願書를因ᄒᆞ야鎭海寺所屬佛糧畓을劃付于該校矣니照亮申飭ᄒᆞ라ᄒᆞ얏더라

●募兵守城 保寧靑蘿洞에셔本月二十五日에義兵二千餘名이會集ᄒᆞ야襲擊洪州城云故로自洪州郡으로通奇于鎭衛隊ᄒᆞ야使之派兵鎭壓케ᄒᆞ며亦自本郡으로募兵守城이라ᄒᆞ얏더라

●綿種改良 農商工部에셔全羅南道綿花所産各郡에訓令ᄒᆞ되本部에셔綿花栽培協會를設置ᄒᆞ고種綿地視察次로本部主事李容奭技手朴秀冕과日本技師三浦를另派下送ᄒᆞ니改良綿種ᄒᆞ야以興民業은係是急務라到卽隨事協議妥定ᄒᆞ야期於實施ᄒᆞ라ᄒᆞ얏다더라

●李氏東遊 李軍大根澤氏ᄂᆞᆫ來月頃에東遊ᄒᆞᆯ計劃이라ᄒᆞ니同氏가功業을已成ᄒᆞ고富貴已滿키로位權을快釋ᄒᆞ고赤松子를從遊ᄒᆞᆷ야ᄂᆞᆫ지傲役驚魂이家居를不樂ᄒᆞ야四方에浮遊ᄒᆞᆯ方針인지其注意를不知ᄒᆞ깃스되同氏에行李所止가必然日本區域內에不過ᄒᆞᆯ지요其餘列邦에ᄂᆞᆫ一跬步를不能前進ᄒᆞᆯ지니哀哉라釜中魚之遊覽이라何足倘哉리오

●督稅無據 黃州燕坊居ᄒᆞᄂᆞᆫ一進會員洪淳肯은下人을率ᄒᆞ고民間에行ᄒᆞ야稅錢을出ᄒᆞ라고星火督促ᄒᆞ니該民等이日稅錢은已納이라ᄒᆞᆫ則乃曰已納事ᄂᆞᆫ吾所不知라ᄒᆞ고督促ᄒᆞᄂᆞᆫ故로무合公文이有ᄒᆞᆫ야ᄒᆞᆫ則公文은無ᄒᆞ다ᄒᆞ기로稅錢을不出ᄒᆞᆫ則令其下人으로無數亂打ᄒᆞᆫ다고傳說이有ᄒᆞ더라

●財局增設 度支府에셔財簿整釐를管掌케ᄒᆞᆫ다ᄒᆞ고三局을五局으로增設ᄒᆞ얏ᄂᆞᆫ되財理局長은正三品李濬相氏가被任ᄒᆞ얏더라

●航行要務 日本人이內地航行에對ᄒᆞ야藥阜於統營一事ᄂᆞᆫ務從和好ᄒᆞ야彼我民間互無妨碍ᄒᆞᆯ意로交涉妥辦ᄒᆞ라고ᄂᆞᆫ部에셔政府로照會ᄒᆞ얏다더라

●移民會社 日本香川縣에셔資本家二十餘名이同縣에農民을韓國에移住ᄒᆞ야農業從事者에方便을圖ᄒᆞ기爲ᄒᆞ야韓國移民株式會社를設立ᄒᆞ기로企圖ᄒᆞᄂᆞᆫ되資本金은十萬圓이오一株의五十圓이라本社ᄂᆞᆫ高松市支店을釜山에置ᄒᆞ고目下第一回에移住民五十戶을對ᄒᆞ야가屋建築과土地買占等을設備ᄒᆞᆫ다더라

●獄中有病 近日監獄署내에傳染病이되熾ᄒᆞ야在囚百餘名이苦痛ᄒᆞ다가數日내로ᄂᆞᆫ寢息이되얏다ᄒᆞ고平理院에在囚ᄒᆞᆫ金一濟氏ᄂᆞᆫ火氣病으로苦痛ᄒᆞ얏고參政沈相薰氏도火氣病의로動風ᄶᅳ지되얏다가數日差度가有ᄒᆞᆫ되監獄署에醫師가日日各間을調査ᄒᆞ야每日二次式門을開ᄒᆞ야空氣를通케ᄒᆞ며診脈施藥ᄒᆞᆫ다더라

雜報

●責人則明

前○山郡守李重○氏가往見李內大址鎔氏ᄒᆞ고有何非理請求이던지李內大가勃然怒之ᄒᆞ야歷擧李郡守之治績不美ᄒᆞ야一場面責ᄒᆞ고甚至於驅出其席ᄒᆞ얏다ᄒᆞ니

彼李郡守之治績如何ᄂᆞᆫ吾未能詳其顚末이어니와惟無瑕者라야可以僇人ᄒᆞᄂᆞ니李內大之政績은果能無瑕일지

誤國之不足에至於賣國ᄒᆞ며厲民之不足에至於陷民ᄒᆞ며瀆職之不足에至於賣官鬻爵ᄒᆞ야無一事一藝之可稱ᄒᆞ며無一言一行之可觀이오日夜所務者ㅣ但在於貪饕諂諛와賭技漁色이로

雖市井賤流와鄕曲愚民이라도皆知其一文不直ᄒᆞ야唾之罵之이거날今乃藉其權位ᄒᆞ고視李郡守를如同無物ᄒᆞ야呵叱驅逐에無所瑕借ᄒᆞ니口雖能言이나獨無愧於心乎아

噫라幸其所遇者ㅣ李郡守也로다若使血性男兒로當之면遣般躁妄的擧動을豈肯呑聲順受而無一言搶白이리오雖然이나凡人之受侮가莫非治浪白取也라

彼李郡守者ㅣ苟有一分血性이면必不肯求出於李內大之門이어날顧乃踵門納刺ᄒᆞ야區區然搖尾乞憐ᄒᆞ니此所以受其侮辱而不敢相較也라以此論之컨ᄃᆡ李郡守之治績不美와爲人鄙劣을亦何難知之有哉아

●三氏勸學　吳圭倍李命七崔崙源諸氏가教育에大暇熱心ᄒᆞ야典洞漢語學校內에漢文筭術專門夜學科를設立ᄒᆞ고諸學徒를孜孜勸勉홈으로大進之望이確有ᄒᆞ리라더라

●時시事사問문答답

쥬져하다가필경에남이먼져추슈하는디경에일으면문득남을원망하야자긔의힘치못홈험을온죠금도싱각치아니하니그실스를의로하면

늬가남을죱것이지남이내것을쎄아슴이아니라그러한고로극히세미한일노말홀진ᄃᆡ군일한셩오셔ᄃᆡ에청결위싱법을실시훈다고

소예군을설치하야구루마를설고단이며각방곡에쓰인오예물을쳐가는ᄃᆡ그소예군도혼자는오예물을쳐가지못하는지일본인일명이그소예군을령솔하야설고단이면셔일일이갈아쳐쥬엇야그것을치울줄아니그런것을보고싱각하면우리나라사람의셩질이우마와달음이업셔

남의게설여단이기를죠히여겨그러훈지남들이대졉하기를우마와갓치하야그러훈지남의게설여단이난일이심히익달도다선희싱왈

우마라하는짐싱은사람이설고단이지아니하면부릴슈업는것인ᄃᆡ사람을사람이설을고단이며쳔종만물을모다입으로닐너셔하고보면

미완

廣告

本人이南署樂善坊九十一統七戶李貴成家券一度와手票一張과請願書三張을持이고更爲呈訴次로漢城裁判所에進往而還來이다가路上에서見失ᄒᆞ얏시니內外國人間拾得ᄒᆞ와도休紙로施行홈

梨峴典當舖　鄭洪植　告白

本人의子泰熙가性本浩蕩ᄒᆞ야不遵教育ᄒᆞ고僞造文券與當코져ᄒᆞ오니內外國人間見欺치마시오

三清洞朴元根　告白

仁川港朴來興이가姓名圖章을三月二十四日遺失ᄒᆞ얏ᄉᆞ오니內外國人은照亮ᄒᆞ시고此章을施行치마옵소서

本人弟炳俊性本浮浪日事酒技雜類如干家產蕩盡無餘不悛厥習欲害親戚交通外人內外國人切勿見欺白失홈　平壤趙炳恒

本道醫務顧問官坂東榮次郎氏가莅任視務以來로熱心醫察ᄒᆞ야全省이賴安에可謂夜不閉戶ᄒᆞ고道不拾遺ᄒᆞ니候來之暮가何其太晩고頌聲이載道ᄒᆞ니惟我平北儒民等之幸福이나無以攸酬故로茲以廣告ᄒᆞ니僉君子ᄂᆞᆫ照亮ᄒᆞ심을爲望

平安北道儒民等　告白

本人이始興居李公茂許에始興東面江籍洞伏在賢字畓九斗落을買得矣러니其叔李明云이該畓을僞造文券ᄒᆞ야暗賣於他人云ᄒᆞ옵기仰佈ᄒᆞ오니內外國人間見欺치마시오

京梨峴朴承稷　告白

宣平東所井面繩上里伏在毋字三斗落畓券을閪失ᄒᆞ얏스니內外國人間拾得ᄒᆞ와도休紙施行홈

申寬心　告白

本號新開專做男女各色洋服而由上海運來各種細이毛皀及一切衣飾屬品件件精全伏望貴士女迅卽來購爲幸

西小門內榮泰男女洋服商號

咸北鏡城郡漁郞社河南居前主事李鍾國이離家六載間多次上書하얏사오나一未承下答하얏기로玆에登報하오니知舊間此廣告閱覽하시는이는申報紙를弟의家로送交하야쥬시면惠莫大焉이기습「癸卯年九月分自清國營口貿得藥材七百餘斤入于美國써얏틀港之際稅關稱以違格奪取沒數貨物故赤手逗留矣相逢仁人仍做舊業本銀欠缺之致姑不得還省伏悚」倘有諸君欲報弟家信息者由大韓每日申報社或即接寄送子美國 M. W. I. L. Box 142, Salem, Va. U. S. A. 則自然接독矣見諒爲希

在美國뉴욕市李鍾國告白

本運送部에셔京仁京釜京義間鐵道貨物을運送ᄒᆞ되貨物을特別保重ᄒᆞ며運輸을特別迅速케ᄒᆞ오며支店을三線各驛에設置ᄒᆞ얏ᄉᆞ오니貨物을運送ᄒᆞ실僉君子ᄂᆞᆫ本運送部에光臨問議ᄒᆞ시옵

京城南大門外韓美協同倉庫會社內

合資會社 東美運送部

社長 尹晶錫

社務員 任命鎬 鄭仁教 李希寧

中署慶幸坊綿紬洞契第二統六戶와家六十五間곳을欲爲放賣ᄒᆞ오니願買ᄒᆞ실僉君子은見家舍後에公洞居德國人高率基家留朴昌俊을來訪相議ᄒᆞ시면廉價放賣ᄒᆞ미소

朴昌俊　告白

本人弟相朝字明仲年三十九性本浮浪長留京師日事雜技而如干家產蕩盡無餘不悛前習一向得債爲要內外國人切勿見欺白失홈

平南成川竹郊朴相華　告白

大韓國政府學政參與官文學博士幣原坦君序文

菊版約三千五百頁全三冊　上製 定價十二圜　並製 定價十二圓　小包郵稅 五十戔

漢文 新增東國輿地勝覽 廣告

韓國古書中無雙ᄒᆞᆫ珍書인ᄃᆡ本書ᄂᆞᆫ寶ᄒᆞᄂᆞᆫ바本書ᄂᆞᆫ愈愈發大韓國人士書案에不可無ᄒᆞᆯ一大寶典이옵고其貴價ᄂᆞᆫ僉位의熟知ᄒᆞ시ᄂᆞᆫ바이오니陸續購독ᄒᆞ심을顒望

發行所　京城羅洞二一六　淵上商店

平壤郡守李重玉氏가下車以後로善治民政은西路人民이頌稱活佛이어니와兼以教育上熱心은萬口咸頌이라本郡古順和面六里에明進學校를設立이與本郡居前議官朴泰龍氏로熱心教育ᄒᆞᄂᆞᆫᄃᆡ補助人員이如左홈

平壤郡守 李重玉 三百元
正三品 朴泰龍 二百元
前正言 裴殷星 十元
金希文 五十元
韓世英 二十元
韓晉鋒 一百元
前教官 金教興 十元
李永寬 三十元
李重瓚 十元
金瓚五 五十元
韓宗幹 十元
金孟鮨 十元
朴斗星 十元
前主事 李教承 四元
趙貞鐸 四元
朴泰顯 四元
許燮 四元
金景順 四元
洪有俊 六元
金貞默 六元
李官歷 六元
金永坤 六元
韓義敎 六元
金尙根 四元
金弘煒 四元
劉景赫 二元
曹晃承 二元
朴承雲 二元
韓昌治 二元
金炳○ 二元
金益煥 二元

平壤柴足面居 李炳西 金俊賢 告白

特別社告

非史乘이면政治之美惡와人物之臧否와風俗之汚隆을無以攷論인즉史乘者ᄂᆞᆫ非一時之공覽이라乃萬世之公案이오非自國之所可得以私也라即宇內列邦에宜所公佈키로曩者美人訖法氏之撰大東紀年이意固有在而然也라本記者ㅣ不揆僭越ᄒᆞ고於韓之史事에留心者ㅣ久矣로되在幾百年之後ᄒᆞ야要論幾百年之事가任大力綿에恐有失實之歎뿐더러鎖國自守之時代에ᄂᆞᆫ民國間諸般事爲가不過是尋常興故라不足以供世界列邦之眼目키로斷自丙子以後各國交涉時事ᄒᆞ야要爲編成一書ᄒᆞ야公諸列邦ᄒᆞ니四方有志諸君子ᄂᆞᆫ諒此苦心ᄒᆞ야丙子以後政令訓誥之所記와各國交涉之如何와臣民疏章與功罪之表著와中外俗習之沿革과忠臣義士孝子烈女之行蹟을各隨所聞所見而詳錄投示ᄒᆞ야俾此重役으로得以完成을千萬幸甚

大韓每日申報社

○○○○○○○○○○○○○

本申報를廣佈ᄒᆞ기爲ᄒᆞ야咸鏡南道咸興州南社西門外居ᄒᆞᄂᆞᆫ曹喜林氏에게逐號下送ᄒᆞ오니該附近地愛讀ᄒᆞ시ᄂᆞᆫ僉君子ᄂᆞᆫ同氏에게購覽ᄒᆞ시며代金도同氏에게傳致ᄒᆞ심을爲要

大韓每日申報社

○○○○○○○○○○○○○

本社廣告

申報價

一張代金 新貨二錢五里

一箇月前納 三十錢

三箇月 九十錢

六箇月 一元七十錢

一箇年 三元四十錢

郵稅一部 新貨五里

一箇月 十三錢

廣告料

四号活字十三字詰

每日每英尺一寸에新貨廿五錢

(每日每行에大韓에相當홈)

二週日에 二圓五十錢

(每日每行圓錢五里에相當홈)

一箇月에 五圓

(每日每行圓錢一里에相當홈)

其期限의長短과字行의多少를依ᄒᆞ야增減홈이有홈

大韓人과此申報를不得不閱覽ᄒᆞ실터이오니廣告出報ᄒᆞ실僉君子ᄂᆞᆫ來臨面議ᄒᆞ시옵

發行兼編輯人 英國人裵說

發行所

京城北署壽進坊磚洞号外地西國醫學校舊址

大韓每日申報社

第四卷

大韓每日申報
대한매일신보

第一百八十一號

月曜及慶節歲時日休刊

檀君開國四千二百三十九年
箕子元年三千二十八年
大韓開國五百十五年
日本明治三十九年
淸國光緖三十二年
陰曆丙午三月大初六日癸酉

論說

恭讀大詔

日昨에 韓皇陛下씌옵셔國內에學校를擴張ᄒᆞ야人才를作成ᄒᆞ라신 詔勅을特下ᄒᆞ사丁寧惻怛ᄒᆞ신盛德至意가藹然如春ᄒᆞ고炳然如日ᄒᆞ시니 擧國臣民이孰不感泣奮發ᄒᆞ야思所以振興學政ᄒᆞ야對揚聖旨之萬一乎哉아此實大韓의文化烝進ᄒᆞ고邦命維新之千載一會니曷任區區攅祝之至리오 蓋嘗東亞古史를溯觀ᄒᆞ니大韓이是四千年舊國이라自檀箕以來로迄于羅麗時代에文物之美가固已彬彬矣오至于本朝ᄒᆞ야文敎大闡ᄒᆞ고儒賢이輩出ᄒᆞ야忠孝之訓이漸摩人心ᄒᆞ고恥讓之節이養成士氣ᄒᆞ야擔任綱常ᄒᆞ고蔵粟義理者가在在相望ᄒᆞ니其謂東方禮義之邦者ㅣ信不誣也로다彼日本이在一千年前에實被大韓之文化ᄒᆞ야政敎文章이無一不根源於此者ㅣ尤斑斑可考矣라 現今에雖政治腐敗ᄒᆞ고國力이萎弱ᄒᆞ야遂致讓步於他人이나國民의忠君親上之義가固結於腦髓者ᄂᆞᆫ實有不可得而奪者니原素之美가如此ᄒᆞ고豈其終於晦盲否塞而止哉아天運이循環에有往必復이라苟能因其原素之美ᄒᆞ야鼓發文明之風ᄒᆞ면民智之開牖와國步之振興을指日可期니 凡世界上具眼有識者ᄂᆞᆫ勿以現時之衰弱으로輕視此大韓ᄒᆞ고佇見異日文化之駕出於他國之上이可也오惟大韓人士도須百倍奮發에力學不怠ᄒᆞ야以圖其挽回國運ᄒᆞ고伸張人權也哉인저

官報

●三千四百十三號 光武十年三月廿九日

◉布 達

宮內府官制中改正ᄒᆞᄂᆞᆫ件을左갓치定奪ᄒᆞᆷ이라

光武十年三月廿六日奉

勅 宮內府大臣勳一等李載克

布達第一百卅一號

宮內府官制中第卅三條禮式院掌禮卿次에副卿一人勅任三等八字와第四十二條尙方司長上에提調一人勅任二三等不常寘之十三字와副提調一人勅任三等不常寘之十三字를添入ᄒᆞ고官等俸給令第五條中經筵官下에禮式院掌禮副卿과同條中各提調副提調中에尙方司提調副提調를添入ᄒᆞ고勅任官等表즁三等欄內各副卿즁에掌禮副卿과同二等及三等欄내各提調즁에尙方司提調副提調를添入ᄒᆞᆷ이라

◉敍任及辭令

解兼任三和港裁判所判事 三和前監理李台珽○解兼任仁川港裁判所判事 仁川前監理河相驥○命兼任三和港裁判所判事 三和監理李源兢○命兼任仁川港裁判所判事 仁川監理徐丙珪 以上三月廿二日

依願免本官 秘書監丞金顯聲 仝洪承斗 仝李敏英 主殿院電務課主事李命遠 齊陵參奉沈晶澤 純陵叅奉金炳甲 崇德殿參奉朴弘來 箕子陵叅奉金元淳 奎章閣主事趙南駿 ○命秘書監丞 從二品李範喬 ○任秘書監丞 正三品金東浩 仝任喆常○任純陵參奉 安仁基○任齊陵參奉 九品洪德周○任崇德殿參奉 朴瀷默○任箕子陵參奉 郭東洙○任奎章閣主事 六品具勳書○任主殿院電務課主事 翼陵參奉韓善昌○任翼陵參奉 主殿院電務課主事송完燮○任主殿院電務課主事 康陵參奉徐丙敦○任康陵參奉 李復承○任昭慶園參奉 尹相榮○任禮式院掌樂課主事 金益泰 朴應夏 以上三月廿五日

解尙方司長 從二品趙南升○命尙方司長 太僕司長尹鎭佑○命太僕司長 從二品丕南升○依願免本官 秘書監丞金東浩 仝任喆常 昭慶園參奉尹相榮 崇靈殿參奉丕賢均 禮式院掌樂課主事金益泰 仝朴應夏 主殿院電務과主事韓善昌○任秘書監丞 正三品洪承斗 仝李敏英○兼任太醫院副卿 秘書監丞洪承斗○任主殿院電務과主事 康陵叅奉李復承○任康陵參奉 主殿院電務과主事徐丙敦○任昭慶園參奉 朴箕秉○任崇靈殿參奉 金定鍵 以上三月廿六日

●勅 令 (속)

勅令第十二號

銀行條例

第九條 銀行이其定欵을變更ᄒᆞ고저ᄒᆞᆯ時에ᄂᆞᆫ度支部大臣의認可를受ᄒᆞᆷ이可ᄒᆞᆷ이라

第十條 銀行에셔支店又ᄂᆞᆫ代理店을設置廢止又ᄂᆞᆫ位置를變更ᄒᆞ고저ᄒᆞᆯ時에ᄂᆞᆫ度支部大臣의認可를受ᄒᆞᆷ이可ᄒᆞᆷ이라

第十一條 度支部大臣은銀行의營業上法律命令又ᄂᆞᆫ定欵에違背ᄒᆞ거나又ᄂᆞᆫ公益에有害ᄒᆞᆷ을認ᄒᆞᆯ時ᄂᆞᆫ其業務를廢止ᄒᆞᆷ을得ᄒᆞᆷ이라

第十二條 度支部大臣은監督官吏로ᄡᅥ勿論何時ᄒᆞ고銀行의業務의實況及財産의現況을檢査케ᄒᆞᆷ을得ᄒᆞᆷ이라

第十三條 銀行이債券을發行ᄒᆞ고저ᄒᆞᆯ時에ᄂᆞᆫ度支部大臣의認可를受ᄒᆞᆷ이可ᄒᆞᆷ이라

第十四條 銀行에셔左開事犯이有ᄒᆞᆫ時ᄂᆞᆫ其營業主會社의業務를執行ᄒᆞᆫ社員取締役에게셔十圜以上五百圜以下의金額을罰金으로ᄒᆞ야徵收ᄒᆞᆷ이라

一 本條例에셔度支部大臣의認可를受ᄒᆞᆯ境遇에在ᄒᆞ야認可를受치아니ᄒᆞᆫ時

未完

外報

●敎師延聘 暹羅國은元來陸海軍이發達치못ᄒᆞ야軍艦도十餘隻에不過ᄒᆞᆷ으로當局者가擴張ᄒᆞᆯ計劃이有ᄒᆞ야今番에海軍留學生十一名을日本에派送ᄒᆞ얏ᄂᆞᆫ듸海軍敎師를延聘ᄒᆞᆷ에對ᄒᆞ야ᄂᆞᆫ各國의是非가有ᄒᆞᆯ가ᄒᆞ야歐洲列强國에셔延聘치아니ᄒᆞ고日下瑞典人을聘用ᄒᆞ나今番擴張ᄒᆞᆯ時에ᄂᆞᆫ當局者가日本에셔敎師를延聘ᄒᆞᆯ議가有ᄒᆞ야業已國王의裁可를蒙ᄒᆞ야日本政府에敎師延聘ᄒᆞᆷ을請求ᄒᆞ얏다더라

●要求防遏 十七日北京發電을據ᄒᆞᆫ즉伊犁將軍長庚은外務部에對ᄒᆞ야俄國要求에關ᄒᆞ야什喝爾作犁天山南路東路土耳機斯坦으로新疆省의迪化府新疆巡撫駐箚處에至ᄒᆞᆫ鐵道敷設權은此를絕對的으로拒絕ᄒᆞ얏스나俄國은更히强請ᄒᆞᆯ지도不知ᄒᆞᆷ으로此防遏策을立ᄒᆞᆷ이緊要ᄒᆞᆯ지라新疆巡撫聯魁及甘肅總督升允과官紳協同으로伊犁를起點ᄒᆞ야一은킥什噶爾로一은迪化府로西谷關에入ᄒᆞ야甘肅省境을經ᄒᆞ얏다더라

雜報

● 非義伊狂

近聞洪州等地에셔排日運動ᄒᆞ는所謂義兵이繼續惹鬧라ᄒᆞ니其主謀之誰某는不知ᄒᆞ깃스되以愚所料로는未見其可로다第其以兵爲名ᄒᆞᆯ진ᄃᆡ成敗利鈍을不得不探加籌度然後에乃可以舉事인바顧今韓人之無所能爲는世界之所共知也也라縱以全韓之力으로與日抗衡이라도日人之一翻手一舉足에必至於皆爲虀粉은不待智者而可知이거날顧以數百烏合之徒로空然大談曰排日討日이라ᄒᆞ니此猶丸泥之要塞孟津이라豈不可笑乎哉아

或曰彼之所執者는惟義之一字也요至於成敗死生ᄒᆞ야는非所計也라ᄒᆞ나此亦有不然者ᄒᆞ니若能切於忠義ᄒᆞ야辦其一死ᄒᆞᆯ진ᄃᆡ幾個同志가申之以約誓ᄒᆞ야張空拳而猶鬪ᄒᆞ며蹈白刃白不悔ᄒᆞ야其忠肝義膽을万世表明ᄒᆞ는거시自是烈烈丈夫之事이거날今乃望見日兵則手軟脚麻ᄒᆞ고一聞砲聲則魂飛魄체ᄒᆞ야走如정鹿面苟且圖生ᄒᆞ야畢竟身名이俱敗에爲世所僇ᄒᆞ며且其不幸被執也에亂招虛供으로陷害無辜生民ᄒᆞ야毒流四方에怨聲載路ᄒᆞ며又其無賴雜類들이稱以軍餉所用이니器械所費이니ᄒᆞ고勒排民間에隨處驅斂ᄒᆞ니此等義舉는徒爲擾民之端이요毫無益於國事矣라主其謀者非愚則狂이니安可目之以義ᄒᆞ야有所厚恕乎哉아

奉常副提調李苾和氏가人民敎育ᄒᆞ기를爲ᄒᆞ야上疏ᄒᆞᆫ全文이如左ᄒᆞ니

疏

此臣所謂敎育一事庶可以爲日後來復之基也雖然所謂敎育者亦有古今之異其泥於古而昧於今者子莫之執也若專尙今而棄舊則忘其本者也蓋有國有民必有宗敎故宗敎興則其國興宗敎衰則其國衰環天下亘萬古不易之典也夫孔孟之道我　國之宗敎也惟我邦國之不振由於宗敎之不興如欲振興其邦國必先懋興其宗敎也今以遭世界更新之運不得不學今之學者又事勢之不得已也孔孟之敎係是三綱五常之道也必使幼沖之子弟經之以三經五常之道使不失其本然之彝性然後學今之學則中散萬事末合一理可以並行之不悖矣臣願　陛下深留聖意於斯亟令學部益勵敎育之責任規模則先興孔孟道學之宗敎次修開明之新學節次則特加尊崇文廟仰瞻羹墻而俎豆絃誦升降拜揖使靑年子弟咸知慕聖之本義而尊重其宗敎焉以成均館爲大學校而京師則一署各置一中學校而一面各置小學校一里各置一村塾小學校卒業之人陞之中學校爲中學校卒業之人陞之大學校爲定其課程第其高下歲拔其優等者薦之於政府而充補其相當職不出十年之間而仕於　朝者皆大學校卒業之人至於農商工亦莫不然而隨其人才派送各國各修其藝焉又錄其敎師之勸者而薦用之又採私立學校者優施補助者而褒賞之不數年之內不費國金而學校之設必遍滿於　國中然則三千里內養成之聰明子弟亦不少矣夫何患乎人才之不能就乎雖然敎育一事爲近日之例套語而已則終未見其效而今日之勢惟在實踐二字而已臣願　先下詔勅令學部改定敎育一致之法上自太學至于各郡鄕校置大中小學校實行其作成人才之方令漢城及各道道臣上　奏學校私立之人以勸章褒章以勸以奬爲臣雖不學的知今日　國家之興惟在敎育之興惟在宗敎之興故忘其僭陋而爲　陛下國家一言之伏乞　陛下勿以臣之卑微而少　垂察其言則　國家幸甚生民幸甚　完

●義王將還　日本東京에滯留ᄒᆞ는義親王殿下ᄭᅴ셔來月八九日頃에發程ᄒᆞᆯ意로電報가再昨日來到ᄒᆞ얏다더라

●豈民好訛　近日一種風說이有ᄒᆞ야或云滿洲에셔日俄開仗이라ᄒᆞ며或云義州等地에셔日淸交戰이라ᄒᆞ며或云韓京駐在ᄒᆞᆫ日本兵丁이連夜盡數出城이라ᄒᆞ야種種訛言이不一而足ᄒᆞ야互相傳播에到處騷然ᄒᆞ니韓人之浮言煽動ᄒᆞ는陋習이誠可捧腹ᄒᆞᆯ지로다

●實則避會　定州郡尹番榮氏가今番統監開廳式宴會에參列ᄒᆞ기爲ᄒᆞ야上京ᄒᆞ얏다나其實情은同氏의贓錄이幾萬兩에達ᄒᆞ야一進會員들이此를査推코져ᄒᆞᆷ으로托以參宴上京ᄒᆞ야무숨周旋을圖謀코져ᄒᆞᆫ다더라

●河氏行公　仁川前監理河相驥氏가因事在逃ᄒᆞᆷ으로本報에記載ᄒᆞ얏더니更聞ᄒᆞᆫ즉同氏가初無逃躱之事ᄒᆞ고日昨에農商工部工務局長勅旨를受ᄒᆞ얏다더라

●光校設立　西署樂峴等地에셔有志士송達鎬金鍾德洪淳競송鍾完諸氏가光興學校를刱立ᄒᆞ고學徒를募集ᄒᆞ야敎育上에大段熱心ᄒᆞᆫ다더라

●洪氏贓說　內部에셔咸南觀察使에게發訓ᄒᆞᆫ內槪에現接永興郡民韓南奎의告訴ᄒᆞᆫ즉本郡守洪淳旭의所犯贓錢이爲三萬一千八百十兩이옵기該贓記를後錄仰請ᄒᆞ오니照亮奏免ᄒᆞ심을伏望等因을據査ᄒᆞᆫ바該郡守가職在字牧ᄒᆞ야不恤民情ᄒᆞ고專事貪饕ᄒᆞ야以致民訴ᄒᆞ니極該駭歎이라該贓錢을左開訓令ᄒᆞ노니到即別定査官ᄒᆞ야馳往該郡ᄒᆞ야犯장諸條를到底究覈ᄒᆞ야星火馳報ᄒᆞ라ᄒᆞ얏더라

●幣與陋習　學部參與官幣原坦氏는韓國學政에對ᄒᆞ야擴張ᄒᆞᆯ計劃는勿論ᄒᆞ고專혀營私를圖謀ᄒᆞ야吾學校와師範學校의前此敎官을皆勒令請願케ᄒᆞ고自已親近의學識이淺劣ᄒᆞᆫ者로推薦叙任ᄒᆞᆷ으로所謂삼署敎官이亦同氏의私人으로濫叨ᄒᆞᆫ者라ᄒᆞ니同氏의名譽를爲ᄒᆞ야人皆慨惜ᄒᆞᆫ다더라

●楊民吏弊　楊州來人에傳說을聞ᄒᆞᆫ즉本郡吏韓가面面村村에月收日收로斂契ᄒᆞ고幾千兩幾白兩를債給ᄒᆞ엿다가若過與日이면舉鼎執殺은姑舍ᄒᆞ고門戶를封鎖ᄒᆞ며農牛를勒奪ᄒᆞ야五六朔內에本錢百兩이幾千兩勒奪ᄲᅮᆫ더러且禍及保人ᄒᆞ야民難支保어날該郡守는視若尋常ᄒᆞᆫ다고民心이大端嗷嗷ᄒᆞᆫ다더라

●換妾以官　磚洞近地居一國姓大官이新喪別室ᄒᆞ고四派媒婆ᄒᆞ야廣求花容이더니安洞二砧谷居韓某의少室朴召史를奸占ᄒᆞ야方買廣廈ᄒᆞ고居喪娶妾ᄒᆞ는ᄃᆡ韓某즉美人計를用ᄒᆞ야要職을圖得코ᄌᆞᄒᆞᆫ다니國步如是에方謀更張ᄒᆞ는ᄯᅢ에高等大官이況居戚里ᄒᆞ야居喪娶妾에日夜行樂ᄒᆞ니是何事體이며韓某之鬻妾求官에看作奇貨하니無廉無耻가胡至此極이라고巷說이頗喧하더라

●假啞惑世　南陽郡楮八里紫陽洞에住ᄒᆞ는一箇啞人이自稱李大臣道宰氏季氏ᄒᆞ고與通辯李春光爲名者로相爲符同ᄒᆞ야出沒境內에誘人移葬者十餘處오供佛求福者非止一再而論其行色ᄒᆞ면背負囊而佩木鐸ᄒᆞ고先納拜而後問卜이되所到에熱鬧如市而露出馬脚ᄒᆞ야直時能言하니非僧非俗非啞非鬼이거날愚夫愚婦가向在黑洞洞中하니此等妖人은實爲可憎이라하더라

●場費請撥　農商工學校에試驗場을新設하는ᄃᆡ該場所用諸般備品質買費三千九百八十圜三十四錢을度支部에豫外支出하기를請求하얏다더라

●幣原歸國　學部參與官幣原坦及事務官一人이日本國九州沖繩等地八縣聯合敎育會에參列次로發程ᄒᆞᆯ터인ᄃᆡ該旅費二百二圜十錢을特爲豫外支出事로學部에셔度支로照會하얏더라

●學資送交　學部에셔統監府로公函하되貴府秘函을因하야奬國留學生의學資金종徒來不足額五千八百九十八圜을貴國外務省으로送交하얏노라하얏더라

●石金許採　農商工部에셔溫陽郡守의게訓令하기를溪城南署笠井洞居尹興元의請願을接ᄒᆞᆫ즉本郡南山面所在石金礦을將欲開採이나採出以前에는金脈有無를未知的確인즉限一朔始役後章程繕納이라하기檢察金礦次尹興元을前往幹事케하니到即發令許채이고一切礦務를隨求幇助하야期有實效케하라하얏더라

●度量衡費　農商工部所管度量衡製造檢定所管理井上友文氏의借入金還償事로該氏의見督을難堪하야該部에서度支로照會하기를不日支撥하야俾爲淸帳케하라하얏더라

特別社告

本報發刊이今爲一百七十三號인바遠近僉君子의愛독ᄒᆞ심으로由ᄒᆞ야漸次發達ᄒᆞᆯ兆候가有ᄒᆞ나但本社經用이自來窘艱中에代金收入의過期遲滯가殆居其半이라目下經費가大段困難ᄒᆞ야實有推過不得之慮이오니千里前進이恐亦中途而廢라惟願購覽ᄒᆞ시는僉君子는諒此情況ᄒᆞ오셔前次未送條와逐月代金을趁期送交ᄒᆞ시와得以繼續刊行ᄒᆞ야朝朝供覽케ᄒᆞ심을切盼홈

大韓每日申報社 告白

雜報

大韓體育俱樂部趣旨書가如左ᄒᆞ니

夫國家의盛衰는其國民의元氣隆替에在ᄒᆞ고其元氣의隆替는其國民의教育如何에在ᄒᆞᄂᆞ니現今文明列邦의教育을觀컨되其門이有二ᄒᆞ야曰精神的教育이오曰身體的教育이라所謂精神教育者ᄂᆞᆫ以其無形的學問으로高尙의心理를透明하야能히其精神作用의奧妙를得하는것이오且身體教育者는以其天然稟有의肢體筋骨을加意調養하야其靑年活潑潑的氣象을倍新케하는것이어날惟我 大韓의教育制度는此國民의元氣培養하는一大體育的科學에甚히忽諸하야以之青年의懦弱이痼成하고以之國民의元和가消鑠ᄒᆞᆫ境에至하니寧不浩歎이리오

玆에吾人이興感ᄒᆞᆫ바有ᄒᆞ야國즁에一大體育俱樂部를設ᄒᆞ고四方의同志青年을互相呼邀ᄒᆞ야以其諸般體育에關ᄒᆞᆫ遊戲等物로隨意競技ᄒᆞ야一以其青年의氣概를涵養ᄒᆞ며一以其人生의娛樂을暢叙ᄒᆞ며一以其上下千百載國民의腐敗ᄒᆞᆫ元氣를挽回振作케ᄒᆞᆷ이此에優勝ᄒᆞᆫ바有하리오惟我同胞여惟我青年이여하얏고發起人은玄暘運申鳳休韓相宇諸氏더라

●鄭氏逢賊 內部會計局長鄭鳳時氏가下去橫城鄕第라가日昨上京之路에到楊州德水止歇宿이러니夜半에賊黨이突入搶奪之際에該氏도亦被賊變하야冠網衣服與隨身物品을沒數被奪하고但赤身으로乘轎入城하얏다더라

●時시事사問문答답

우마를부리는것갓흘지라우리나라사람이그런경우을당하는일이한두가지아닌즉그형편이우마와갓다홈이용혹무괴ᄒᆞᆫ말이어니와실졍을성각하면가련하고한심ᄒᆞᆫ일이만토다그ᄭᆡ닥을터강론란ᄒᆞ면첫지는교육이업고학문이업셔무엇을엇더케ᄒᆞ면조흘는지방향을뎡쳐못ᄒᆞ야무숨일에던지결단ᄒᆞ는쥬심이업셔항상쥬져미결ᄒᆞ는것이오둘지난의뢰ᄒᆞ는마음펑즁ᄒᆞ야자유권리무엇인지모로고보니빅사만ᄉᆞ에모다어대를의지하여야할줄로아는것이라그러ᄒᆞᆫ즁에니가알고도능히힘치못하는일도잇고압제세력에엇지ᄒᆞᆯ슈업서부득이하야힝하는일도잇고의뢰ᄒᆞᆯ마음으로 (미완)

廣告

本學校가創設ᄒᆞᆫ지于今十餘年에興旺ᄒᆞ올方針을講究ᄒᆞ더니有志ᄒᆞ신諸氏의勸奬ᄒᆞ신誠力을입ᄉᆞ와學堂을山林洞八十統九戶에擴張ᄒᆞ고英語一課를夜學으로添入ᄒᆞ게ᄉᆞ오니願學ᄒᆞ신僉員은來月內에期會ᄒᆞ시옵

私立醫谷光明學校教師 李時善 告白

大韓國赤十字社寄附演劇廣告

來四月一日午后六時開演 午后十一時閉場

當日은特別히比前無雙ᄒᆞ게奏藝ᄒᆞ오니盛大히來觀ᄒᆞ시옵

左開

特等二圜

上等一圜

宮內府所屬 協律社

本人이永登浦奇宗里李順在許에陰二月晦日推次當錢四千兩通票一張을遺失하얏쓰니誰某拾得休紙施行홈

西江 辛周王 告白

仁川港朴來興이가姓名圖章을三月二十四日遺失ᄒᆞ얏ᄉᆞ오니內外國人은照亮ᄒᆞ시고此章을施行치마옵소셔

富平東所井面龜上里伏在母字三斗落畓券을閪失ᄒᆞ얏스니內外國人間拾得ᄒᆞ와도休紙施行홈

申寬心 告白

咸北鏡城郡漁郞社河南居前主事李鍾國이離家六載間多次上書하얏사오나一未承下答하얏기로玆에登報하오니知舊間此廣告閱覽하시는이는申報紙를弟의家로送交하야주시면惠莫大焉이기ᄉᆞᆸ「癸卯年九月分自淸國營口貿得藥材七百餘斤入于美國씨야틀港之際稅關稱以違格奪取沒數貨物故赤手逗留矣相逢仁人仍做舊業本銀欠缺之致姑不得還省伏悚」倘有諸君子欲報弟家信息者由大韓每日申報社或即接寄送于美國 M. W. I. L. Box 142, Salem, Va. U. S. A. 則自然接독矣見諒爲希

在美國뉴욕市李鍾國告白

本人의子桼熙가性本浩蕩ᄒᆞ야不遵教育ᄒᆞ고僞造文券典當코져ᄒᆞ오니內外國人間見欺치마시오

三清洞朴元根 告白

●刑法大全 一帙定價金新貨六十錢
牧民心書 一帙 一圜二十五錢
耳談續纂 一冊 七錢五厘
溫故知新堂叢鈔 七錢五厘
父師必讀小學指南 七錢九厘
人工養蠶鑑 一冊 十五錢
新訂算術 每冊 十五錢
農政新書 五十錢
法學通論 一圜
尺牘完編 一圜五十錢
大韓地誌 七十五錢
發賣所 布屛門下金相萬書舖 大韓每日申報社

本運送部에서京仁京釜京義間鐵道貨物을運送ᄒᆞ되貨物을特別保重ᄒᆞ며運輸을特別迅速케ᄒᆞ오며支店을三線各驛에設置ᄒᆞ얏ᄉᆞ오니貨物을運送ᄒᆞ실僉君子는本運送部에光臨問議ᄒᆞ시옵

京城南大門外韓美協同倉庫會社內

合資會社 東美運送部

社長 尹晶錫

社務員 任命鎬 鄭仁教 李喬寧

本人弟相朝字明仲年三十九性本浮浪長留京師日事雜技而如干家產蕩盡無餘不悛前習一向得債爲要內外國人切勿見欺白失홈

平南成川竹郊朴相華 告白

本人이始興居李公茂許에始典東面江籍洞伏在賢字畓九斗落을買得矣러니其叔李明云이該畓을僞造文券ᄒᆞ야暗賣於他人云ᄒᆞ옵기仰佈ᄒᆞ오니內外國人間見欺치마시오

京梨峴朴承稷 告白

本號新開專做男女各色洋服並由上海運來各種細이毛융及一切衣飾屬品件件精全伏望貴士女迅即來購爲幸

西小門內榮泰男女洋服商號

本人弟炳俊性本浮浪日事酒技雜類如干家產蕩盡無餘不悛厥習欲害親戚交通外人內外國人切勿見欺白失홈

平壤趙炳恒

平壤郡守李重玉氏가下車以後로善治民政은西路人民이頌稱活佛이어니와兼以教育上熱心은萬口成頌이라本郡古順和面六里에明進學校를設立이與本郡居前議官朴泰龍氏로熱心教育ᄒᆞ는ᄃᆡ補助人員이如左홈

平壤郡守	李重玉	三百元
正三品	朴泰龍	二百元
前正言	裴殷星	十元
	金希文	七十元
	韓世英	二十元
	趙晉鋒	一百元
前敎官	金敎興	十元
	李永實	三十元
	李重瓚	十元
	金瓚五	五十元
	韓宗幹	十元
	金孟祐	十元
	朴斗星	十元
前主事	李敎承	四元
	趙貞鐸	四元
	朴泰奭	四元
	許燮	四元
	金景順	四元
	洪有俊	六元
	金貞默	六元
	李官國	六元
	金永坤	六元
	韓義敎	六元
	金尙根	四元
	金弘煒	四元
	劉景赫	二元
	曹晃承	二元
	朴承雲	二元
	韓景洽	二元
	金炳鎬	二元
	金容煥	二元

平壤柴足面 李炳酉 金俊賢 告白

特別社告

非史乘이면政治之美惡와人物之臧否와風俗之汚隆를無以攷論이라史乘者는非一時之공覽이라乃萬世之公案이오非自國之所可得以私也라即宇內列邦에宜所公佈ᄒᆞᆯ者라最著美人訖法氏之撰大東紀年이意固有在而然也라本記者ㅣ不揆僭越ᄒᆞ고於韓之史事에留心者ㅣ久矣로되在幾百年之後ᄒᆞ야要論幾百年之事가任大力綿에恐有失實之歎뿐더러鎖國自守之時代에는民國間諸般事爲가不過是尋常典故라不足以供世界列邦之眼目키로斷自丙子以後各國交涉時事ᄒᆞ야要爲編成一書ᄒᆞ야公諸列邦ᄒᆞ니四方有志諸君子는諒此苦心ᄒᆞ야丙子以後政令訓誥之所記와各國交涉之如何와臣民疏章與功罪之表著와中外俗習之沿革과忠臣義士孝子烈女之行蹟을各隨所聞所見而詳錄投示ᄒᆞ야俾此重役으로得以完成을千萬幸甚

大韓每日申報社

○○○○○○○○○○○○○

本申報를廣佈ᄒᆞ기爲ᄒᆞ야咸鏡南道咸興州南社西門外居ᄒᆞ는曹喜林氏에게逐號下送ᄒᆞ오니該附近地愛讀ᄒᆞ시는僉君子는同氏에게購覽ᄒᆞ시며代金도同氏에게傳致ᄒᆞ심을爲要

大韓每日申報社

○○○○○○○○○○○○○

本社廣告

申報價

一張代金 新貨二錢五里
一箇月前 三十錢
三箇月 九十錢
六箇月 一元七十錢
一箇年 三元四十錢
郵稅一部 新貨五里
一箇月 十三錢

廣告料

四号活字十三字詰
每日每英尺一寸에新貨廿五錢
(每日每行에大錢에相當홈
二週日에 二圜五十錢
(每日每行圜錢五厘에相當홈
一箇月에 五圜
(每日每行圜錢一厘에相當홈

其期限의長短과字行의多少를依ᄒᆞ야增減이有홈

大韓人마다此申報를不可不購覽ᄒᆞ실터이오니廣告出報ᄒᆞ실僉君子는來臨面議ᄒᆞ시옵

發行兼編輯人 英國人裵說

發行所

京城北署養進坊磚洞[illegible]

大韓每日申報社

第四卷
大韓每日申報
대한매일신보
第一百八十二號

月曜及慶節
歲時日休刊

檀君開國四千二百三十九年
箕子元年三千二十八年
大韓開國五百十五年
日本明治三十九年
淸國光緖三十二年
陰曆丙午三月大初七日甲戌

論說

位地

一新報를據見혼즉傳說을揭報인바俄國代表官의襖城到達이子今遲延됨은其官人位地를俄日이不能同意ㅎ는事實이니俄國이自國駐京使節노日本干涉을不拘ㅎ고韓國政府와交涉外務ㅎ는權限을享有ㅎ기로論爭云이러라

此非虛說이正有其現니媾和條約에許議혼以外權利를日本이自擅홈에對ㅎ야俄國이豈肯應諾이리오北京俄公使가淸國提議의幾乎全部를決然反對홈을觀之면此傳說은可謂實報니俄國委員이日淸條約의許議혼鴨綠江流에森林採伐權과암어省內에數耜開放을並皆拒絶ㅎ고割讓利權于日本홈과內地開放은戰役前俄國獲利를侵掠홈이라고主論ㅎ얏도다

美國은急速派兵于極東이어날德國은支나駐軍의撤還을提議ㅎ야列强間意見이各自不同ㅎ니此際俄國地位를觀之컨된極東問題를解決홈은遠矣요惟加混雜이라日本新聞의對此陳述이可以注目인바其如左ㅎ니

日本之於列强에其地位를能示之以靜穩이[illegible]라現今[illegible]淸國內에서適於[illegible]遠過於泰西諸國이니[illegible]外起擾면其人民이[illegible]歐美列邦과는不同ㅎ[illegible]리니

日本干涉이必免混雜ㅎ려니와自滿洲歸來혼[illegible]不過幾年에更[illegible]거슨存命혼지라淸國內에眞實位[illegible]之권딘日本이勝於泰西列國民이라홈은乃是淺短[illegible]라청國이小村全權의게[illegible]을從ㅎ야俄國及他列强에與此同一혼權利의割讓을固執이면

淸國人民이此等連疊强取에必生忿怒ㅎ야世界를抗拒홀거시著示矣라假此境遇에도日本이能免混雜일지는吾人之所不信이로라

以余觀之컨딕청國之愛日本을信認者는未免短[illegible]이오支나人의智見을低評홈이니滿韓內에日本行動을청國이注目인바日人管理以外[illegible]청國人士의輿論이一致非難이라若有急變이면청國이俄德에게必歸홀거시現今著示矣어니와其日이亦不遠이로다云ㅎ얏더라

官報

◉號外 光武十年三月廿九日

◉宮廷錄事

掌禮院卿臣金思轍謹奏今此 皇太子妃揀擇單子捧入日子京中則今日爲限而已入奏單子八張外無加捧輸送之事都中許多士夫家年歲可當女子似不止此而所捧單子連續入奏之地何如謹上 奏

光武十年三月廿八日奉旨京中收單已至定日所捧不諳十張其在事體寧容若是內部大臣姑先施以譴責有處子而不呈單者自有探問論罪家長矣另加嚴飭這這捧單

◉三千四百十四號 光武十年三月三十日

◉宮廷錄事

시從院副卿李南夏辭職疏
批旨省疏具悉所請依施
三月廿七日

◉敍任及辭令

任度支部理財局長敍勅任官三等 正三品李溶相
陸軍幼年學校敎官尹起東
依願免本官
以上三月廿七日
任仁川監理署主事敍判任官四級 龍川監理署主事南麟熙
任龍川監理署主事敍判任官七級 李相元
以上三月廿九日

◉勅令

勅令第十二號
銀行條例
一第三條命令에違犯혼時
一第四條의報告나第五條의公告를아니ㅎ거나又는其報告中이나公告中에詐僞의陳述을ㅎ거나事實을隱蔽혼時
一第十二條의檢査를受홈을拒絶혼時
附則
第十五條 本令은頒布日로봇터施行홈이라
光武十年三月廿一日
御押 御璽 奉 勅
議政府參政大臣勳二等朴齊純
度支部大臣勳一等閔泳綺

勅令第十三號
農工銀行條例
第一條 農工銀行은農業工業의改良發達을爲ㅎ야資本을貸付홈으로爲其目的혼株式會社로其資本金을十萬圜以上으로ㅎ고各株式金額은二十圜으로홈이라[illegible]
第二條 度支部大臣은土地情況에應ㅎ야農工銀行의營業區域을定홈을得홈이라
第三條 農工銀行은左開事業을營ㅎ는者로홈이라
一年賦又는定期償還의方法에依ㅎ야不動産을典當ㅎ아貸付홈이라
二法令으로써組織된公共團體에對ㅎ야無典當으로前項의貸付를홈이라
三二十人以上의農業者又는工業者가議論後連帶責任으로借用홈을申出홀時는其信用의確實혼者로限ㅎ야五箇年以內에在ㅎ야定期償還의方法에依ㅎ야無典當으로貸付홈이라
第四條 前條의貸付를홈은左開事項에使用홀者로限홈이라 未完

雜報

◉親王[illegible] 太利의후여ㅣ류지는또후란스떼유ㅣ지ㅣ누親王殿下는近日日本에來遊혼다는[illegible]라今殿下는日下[illegible]嚴尼拉에監泊ㅎ깃고[illegible]月下旬에는到着홀豫定이[illegible]라

◉旅倫大臣[illegible] 十五日北京電을據혼則庫倫大臣은蒙古王이庫倫[illegible]及邊彊의礦山 군을請求ㅎ얏스나其資本은露國人으로보터鳩聚코ㅈ는意가有홈으로써政府는其實情을探査혼後가아니면許容치아니홀旨를稟請ㅎ엿다더라

◉淸法人의銀行設置 同電을據혼則청法兩國商人이合資ㅎ야銀行을天津에設立ㅎ고其支店을上海及北京에設置홈을請願ㅎ야認可를得ㅎ얏다더라

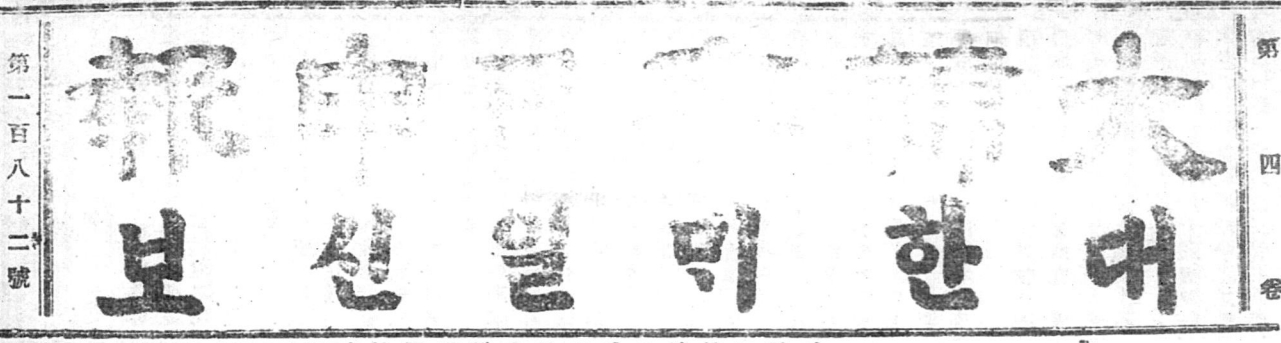

◉臺灣地震의死傷數 日本臺灣에서本月二十一日에發혼電報를據혼則臺灣에서地震에死傷혼數爻가死亡者는一千一百九名이오重傷者는七百十五名이오輕傷者는一千一百四十七名이라더라

寄書

海外學校　報在學

貴報는世界之公筆也라扶植正論ᄒ며發揮正義가實橫流之砥柱오暗室之孤燈이니其功德之著及이可謂偉大矣라

最其ㅣ賀者는貴報主義가深以感發人心ᄒ며開牖民智로爲第一目的ᄒ야凡有學校及書籍館之設立者면皆爲之讚揚而勉成之ᄒ니此其鼓舞邦人ᄒ야進於開明之一大機關이라

僕은關西人也라雖足跡이不離乎域中ᄒ고目力이不及乎海外하나竊以東西各國의古今史鑑으로觀之컨ᄃᆡ國步之隆替가擧由於文化之進退ᄒ니學校者는實有國之基礎也오根柢也라

現今我韓의公私學校가相繼而興ᄒ니此皆好消息而尤其可喜者는海外學校之設立耳라蓋不登山者는不知岱嵩之高ᄒ고不赴海者는不知滄溟之深ᄒ나니丈夫生於天地之間ᄒ야欲開廣其眼目ᄒ고研精其學問ᄒ야建立非常之事業인ᄃᆡ不有出洋遊學ᄒ야吸收於文明空氣者면亦何以哉아

現我大韓之太極學校가設立於日本之東京ᄒ니卽光武九年에平安道留學生崔光玉金東元金永祚鄭寅鎬朴永魯金鉉軾郭龍周諸氏가醵金創設者라

該校目的은我韓人士之初渡日本者가不解言語則就學之地에有岨어難入之端故로使初渡者로先學日語于此校ᄒ야以爲留學之初導也니其有資於初學者가豈不甚便乎哉아　諸

夫出洋留學이皆有志男子而至若別設學校於海外ᄒ야使其後進으로得其便宜者는尤是慈善之美擧라

使我韓男子로胥皆感發於此ᄒ야出洋遊學者가日見其盛이면人才之蔚興과國步之進就를指日可期니願得貴報之一言ᄒ야以告我國中之同胞ᄒ노라

雜報

●義王謁見　本月廿八日東京發電을據ᄒᆫ즉義親王殿下ᄭᅴ서本日午前十時卅分에統監府叅學官倉地鐵吉氏와同히參內ᄒ야日皇陛下ᄭᅴ告別ᄒ기爲ᄒ야謁見ᄒ셧더라

●賣國富家　法部大臣李夏榮氏는本以東萊匹夫로偏被恩渥ᄒ야視務外部數年에華麗ᄒᆫ洋屋이二三其座오豪侈繁華가傾動一世ᄒ고阿季準榮氏는外人과符同ᄒ야國都中山腰를鑿破ᄒ고宏壯ᄒᆫ洋屋을建築ᄒ얏스니同氏兄弟는賣國富家者라고公論이喧藉ᄒ더라

●殷礦封閉　平安南道殷山郡金礦區域內에第一多產ᄒ던礦脈이斷絕이되고其他礦脈은產金分量이其使用ᄒ는費用을抵當치못ᄒ는故로來月브터閉礦ᄒ러인ᄃᆡ金礦을罷閉ᄒᆷ이아니라自今以後로는韓國人으로ᄒ야금採掘케ᄒ고美國人은稅金으로折半만徵收ᄒᆫ다더라

●民訴淹留　全羅北道各郡居民들이結錢上納中華白睹正事에對ᄒ야度支部에呈訴ᄒᆫ즉兩問官과司稅局에서互相推諉ᄒ고趑不決給害으로許多民人이多月留京ᄒ야生費가多ᄒ고農節이臨迫ᄒᆫᄃᆡ欲歸不得이라고怨聲이頗多ᄒ다더라

●湖南義擾　全羅南道光州地方에서義兵이起ᄒᆯ라ᄒ고各相會ᄒ야處處에서金一萬四千兩과米二百五十石과其他金品을强奪ᄒ며一進會員二十餘名을監禁毆打ᄒ얏는ᄃᆡ其中四名은重傷ᄒ얏다는報告가有ᄒᆫ故로光州警務支部에서綱島補佐官이巡檢四名을引率ᄒ고出張ᄒ얏다더라

●美富來韓　美國富人시후氏가至今日本九洲를觀光ᄒ는中인ᄃᆡ將次韓國으로渡來ᄒ야各方面을視察ᄒᆫ다더라

●何其廣占　大丘府警務補佐官이鐵道禁制令을謄錄送交ᄒ며鐵道左右三十間以內에는人民의來往을禁止ᄒ라ᄒ니甚涉悶迫이라고該觀察署理가內部에報告ᄒ얏다더라

●照拔立標　經理院에서學部로照會ᄒ기를雖馬場所在進供菜田耕數垧數를圖查送交ᄒ고該田立標를卽爲拔去ᄒ라ᄒ얏더라

●行警不法　頃日에何處鄕客이所關事가有ᄒ야父子上京ᄒ얏다가所幹을畢ᄒ고還鄕次로盤費幾兩을其親知의게貸得ᄒ야父子同坐計數ᄒ더니適其時에過去巡檢이聞其銅聲ᄒ고以爲雜技場이라ᄒ야入見而詰問捕縛則鄕客이懇乞曰我는鄕人이라父子上來ᄒ얏다가歸家次로方今發行중이오又若有父子同座賭技之事리오ᄒᆫᄃᆡ忽然花投一件이空中落來ᄒ야雜技罪으로被捉ᄒ얏다니如此行警之下에無罪히逢變ᄒ는人民이必多ᄒ리라ᄒ더라

●借款支途　度支部에서今番借款ᄒᆫ金額을區別ᄒ야支用ᄒ기로決定ᄒ얏는ᄃᆡ金五十萬圓은教育費로支撥ᄒ고八十萬圓은農工銀行費로支出ᄒ고三百萬圓은水道敷設費로지出ᄒ고三十萬圓은警察擴廣費로지出ᄒ고三十萬圓은道路修築費로지出ᄒ고五萬圓은政府調查費와官廳費와整頓費로지出ᄒ기로磨鍊ᄒ얏다더라

●掃穢費請給　警務使徐相大氏가내部에報告ᄒ되現今五署내에汚穢物이積滯ᄒ야衛生上大有妨害이기方欲一新掃除ᄒ와如干機具를從略修補ᄒ고使徵丁으로不日始役이나不無買費이오니掃穢費預筭중限一百元先授金出給命令書를繕送하야亟使清潔케하라하얏더라

●平院質稟　平理院에서法部에質稟ᄒ되被告忠北永春郡儒生鄭雲京의案件을審查ᄒᆫ즉被告가以尊華攘夷ᄒ고效忠討賊之義로國權의專歸와財簿版圖의操縱과官方服色을變革ᄒᆷ을憤冤ᄒ야日本國을讎夷라指稱ᄒ야該兵站部를勤討ᄒᆯ目的으로志士와砲軍百五十名을募集ᄒᆫ즉凡七日에聞令卽散ᄒ얏스며日本人을一箇도殺害ᄒᆫ은曾無ᄒᆫ事實이陳供明白ᄒᆷ기刑法大全第百九十八條同盟國을害ᄒ기爲ᄒ야第百九十二條左開諸項에所爲를行ᄒᆫ者文의照ᄒ야絞에處ᄒᆯ만하나被告가未諳時宜하고聚黨作鬧가專由愚이ᄒᆫ情狀을酌量하야一等을減하야懲役終身에處ᄒᆷ이何如오하얏더라

●存問警告　通津郡守趙東善氏가存問俗例에對하야其非理를論說하야大小民人의게警告하얏스니其全文은次號에揭載하깃노라

●孫氏刷任　正三品孫睿愚氏는咸鏡南北道檢査官을被命ᄒ얏더라

●洪氏新任　法官養成所敎官洪在祺氏는한城裁判所判事로轉任ᄒ얏더라

●請禁敎獎　安邊郡士民崔明雲等이學部에請願ᄒ되槪에本郡士民等一千二百人이文明教育上有志者ㅣ各出義捐金ᄒ야建築玉洞學校ᄒ고以公立承認ᄒ야敎育이日進터니不意昨臘에淨土宗敎會長李秉圭崔顧浩等이突入學校ᄒ야撤去懸板ᄒ고奉安御牌子講堂하며成群入處하니可謂鵲巢鳩居라敎師與學徒가遠失處所에渙散失業하니豈不痛恨哉아今又稱以奉安費하고葉錢四百兩을勒排民間하며郡民秉善을參敎錢不納이다捉跪庭下하고勒施瓦刑하니顧訓本郡하와公立學校을如前還完케하고民間勒排錢은卽令勿施하라하얏더라

●한尹敎[illegible]　한[illegible]尹[illegible]秉氏는今此揀擇[illegible]女處子捧入日字가已過[illegible]限而[illegible]單零望事로내部大臣이上奏譴責하얏더라

●學官增設　學部官制중改正件을官報에頒布ᄒ얏다는ᄃᆡ參書官二人을以[illegible]으로附設하고主事二人을[illegible]加置하야學務에從[illegible]케ᄒ다더라

●日語試取　學部에서日語卒業生을擇用할ᄎ로日語에前後卒業生을指揮ᄒ야近則十五日遠則一朔내로會集試取ᄒᆫ다더라

●郡守兼判　政府에서地方制度를改正ᄒ야各該郡守에게民刑事判事를例兼케ᄒ다더라

●닉大開宴　昨日下午에닉部大臣李址鎔氏가自己私第에晚餐會를開ᄒ고닉外國紳士를請邀宴待하얏다더라

●帶劍免官　監獄署主事洪俊植氏는以會計掌任之任으로財簿上許多部[illegible]와每夜凄睡時에携帶利刃하야以備不虞하는거시事涉輕妄이라하야免官을當하얏더라

●내訓청潔　내部에서한城府로訓令하되街路役夫와遠近行客의遺矢放溺에便宜를爲하야自清潔所로公衆廁間을曾設各處인바人[illegible]此를奚聽하고人家垣墻道路側畔을不拘하고任放糞溺하야往來耳目에非但駭然이라公衆衛生에寔爲妨害이기知委各[illegible]하고揭付坊曲하니各處公廁에這這摘干指導하야人民으로不知하는獘가無케하고現在廁間幾何를一一報來하라하얏더라

雜報

●無由上京 江陵郡守朴承彦氏ᄂᆞᆫ 上京次請由於署理觀察則該觀察署理李明來氏가 當此地方多事之時ᄒᆞ야 不可擅許라ᄒᆞ얏더니 朴郡守가 更不請由ᄒᆞ고 任意上京홈으로 該觀察이 內部에 論報ᄒᆞ얏다더라

●舊習尙存 巷說을 聞ᄒᆞᆫ즉 平安北道龍山郡居金有聲이가 該郡所在景祐宮庄土舍音事件에 對ᄒᆞ야 積年訟案이 有ᄒᆞ더니 金氏가 日前上京ᄒᆞ얏ᄂᆞᆫᄃᆡ 該宮次知堂上에 聞ᄒᆞ고 上來ᄒᆞ고 卽發宮下人ᄒᆞ야 押去金氏라가 仍卽越送于警廳云ᄒᆞ니 不待訟案之裁判ᄒᆞ고 先爲捉囚其人은 厭制鄕民ᄒᆞ던 舊習이 尙存이라ᄒᆞ더라

●設校借廨 廣州府尹吳泰泳氏가 府內에 學校를 設立ᄒᆞ얏ᄂᆞᆫᄃᆡ 校舍新建이 經路홈으로 學部에 稟告ᄒᆞ고 前留營時警府廳을 借給ᄒᆞ라ᄒᆞ얏다더라

●時ᄉᆞ문답

유공불급하게 시힝하ᄂᆞᆫ 일도 잇고 당장 젹은 리를 취하야 협잡으로 힝하ᄂᆞᆫ 일도 잇ᄂᆞᆫ지라 그 소예 군 갓흔 것으로 말하야도 그러케 설여 단이ᄂᆞᆫ 것을 질겨홈은 아니라 위싱 쳥결의 일체 ᄉᆞ무를 경무ᄒᆡ 문ᄆᆡ이 감독하ᄂᆞᆫ 고로 일인 픽장을 ᄂᆡ여 그 소예 군을 령솔케 홈이어니와 우리나라 인민도 교육만 잘ᄒᆞ고 보면 엇지 다른 나라 ᄉᆞ람만 못ᄒᆞ다 질언ᄒᆞ리오 호문 싱 왈 그ᄂᆞᆫ 그러ᄒᆞᆯ여니와 교육을 ᄒᆞ즈ᄒᆞ면 약교를 만히 셜시ᄒᆞ여야 ᄒᆞᆯ터이오 학교를 셜시ᄒᆞ즈면 교ᄉᆞ가 잇서야 ᄒᆞᆯ터인ᄃᆡ 근리 경셩 ᄂᆡ외와 각 지방에 여간 학교 명식이 잇ᄉᆞ되 그 교ᄉᆞ라ᄂᆞᆫ 자ᄂᆞᆫ 어로 불변ᄒᆞᄂᆞᆫ 사 교관 갓흔 ᄌᆞ이 무슈ᄒᆞ니 무슴 제조로 교육이 발달되기를 발아리오 션히 싱 왈 그 ᄶᅡᆨ은 달은 연고 아니라 학부ᄃᆡ 션이 그 학교 교관을 벼살 ᄌᆞ리로 알고 교육은 엇더캐 되던지 위션 권리나 부리ᄌᆞᄂᆞᆫ 경륜에셔 나오ᄂᆞᆫ 바어니와 그 폐단이 여러 가지 엇스니 ᄃᆡ강 학교 교ᄉᆞ 즁에 일본 ᄉᆞ람의 월급은 가량 빅원이면 본국인의 월급은

廣告

安洞布木廛金商薰이가 李參書龍珪氏에 漢城銀行所報條七千元을 中間乾沒ᄒᆞ고 掇廛逃避이다가 昨冬更爲開市時에 卽圖청勘之意로 斷斷爲約而開廛五朔에 分錙不報ᄒᆞ와 方至早訴之境而李參書於金商頁廛에 旣非債給故亦不入於各債主之排報中이오니 僉君子ᄂᆞᆫ 照亮ᄒᆞ시옴

金元植 告白

●○●○●○●○●○●○●○●○●
○本人杜榮이가 以本名杜東○으로 更定ᄒᆞ오니 知舊間照亮훔

嚴杜東 告白

本塾은 小學科와 中學科를 敎授ᄒᆞᆯ 事로 學徒를 募集ᄒᆞ오니 願學僉員은 陰曆三月二十七日내로 請願書를 來呈ᄒᆞ고 陰四月初一日에 試驗ᄒᆞ시오

試驗科目

小學科 漢文 독書 寫字 作文 地算術
中學科 漢文 國史 독書 作文 寫字 本國歷史 問對 [illegible]

小學校卒業人은 無試驗으로 入于中學部一年生

但年齡은 十歲로 至二十三歲

北署壯洞靑風溪
私立普明義塾 告白

水票橋客主金主事鳳源處에 正月晦日推次當文一萬兩의 二百四十号於晉을 遺失ᄒᆞ야 기如是廣告ᄒᆞ오니 誰某拾得ᄒᆞ야도 休紙施行홈

倉洞 尹周卿 告白

一進會提出於政府十二件中有本會解散之句語無例無法莫此爲甚其所凌侮眼無他會本會主旨專爲人民敎育邀聘敎師廣設學校敎育年少聰俊培養國家[illegible]強而遽遺解散之방當自本會詰問一進會曝言期於辨明事

東亞開進敎育會 告白

本學校가 創設ᄒᆞᆫ지 于今十餘年에 興旺ᄒᆞ올 方針을 講究ᄒᆞ며니 有志ᄒᆞ신 諸氏의 勸奬ᄒᆞ신 誠力을 입ᄉᆞ와 學堂을 山林洞八十統九戶에 擴張ᄒᆞ고 英語一課를 夜學으로 添入ᄒᆞ게ᄉᆞ오니 願學ᄒᆞ신 僉員은 來月內에 期會ᄒᆞ시옵

私立琶谷光明學校敎師
李時善 告白

北署청風溪普明義塾補助員

內部大臣 李址鎔	新貨	二百元
宮內大臣 李載克	仝	一百元
度支大臣 閔泳綺	仝	一百元
協辦 李鳳來	仝	一百元
郡守 崔洪錫	仝	五十元
判書 閔丙奭	仝	三十元
承旨 李禹珪	仝	二十元
府尹 崔錫肇	仝	二十元
主事 李舜采	仝	二十元
輔國 閔泳韶	仝	十元
判書 李道宰	仝	十元
判書 李正魯	仝	十元
觀察使 李根洪	仝	十元
元長 李健榮	仝	十元
參將 權泰益	仝	十元
參領 金顯大	仝	十元
局長 李濬相	仝	十元
參將 洪淳瓚	仝	十元
協辦 柳正秀	仝	十元
郡守 洪世永	仝	十元
判書 閔泳奎	仝	五元
參贊 李商在	仝	五元
議官 安형	仝	五元
[illegible]旨 趙殷濬	仝	五元
參書 吳在豐	仝	五元
承旨 韓相鶴	仝	五元
承旨 趙夔夏	仝	五元
主事 張演英	仝	五元
技師 李秉憲	仝	五元
所長 李敎修	仝	五元
局長 俞星濬	仝	五元
局長 崔錫敏	仝	五元
參判 金容鎭	仝	五元
參書 金兌聲	仝	五元
參書 趙漢璧	仝	五元
參書 趙漢鏞	仝	五元
侍從 吳翰泳	仝	五元
判書 尹吉求	仝	四元
議官 崔永稷	仝	四元
局長 蔡師錫	仝	四元
參書 禹用鼎	仝	四元
知事 潘學榮	仝	四元
參書 李度翼	仝	四元
參書 金命圭	仝	四元
參書 申海永	仝	四元
軍醫 金顯承	仝	四元
參書 朱相翊	仝	四元

咸北鏡城郡漁郞社河南居前主事李鍾國이 離家六載間多次上書하얏사오나 一未承下答하얏기로 玆에 登報하오니 知舊間此廣告閱覽하시는 이는 中翔紙를 弟의 家로 送交하야 주시면 莫大焉이기숩「癸卯年九月分自淸國營口貿得藥材七百餘斤入于美國씨앗틀港之際稅關稱以違格奪取沒數貨物故亦手逗留矣相逢仁人仍做舊業本銀欠缺之致라 不得還省伏悚」

倘有諸君子欲翔弟家信息者由大韓每日申報社或卽投寄送于美國 M. W. I. L. Box 149, Salem, Va. U. S. A. 則自然接독矣見諒爲希

在美國뉴욕市李鍾國 告白

大韓國赤十字社寄附演劇廣告

來四月一日午后六時開演 午后十一時閉場

當日은 特別히 比前無雙ᄒᆞ게 奏藝ᄒᆞ오니 盛大히 來觀ᄒᆞ시옴

左開

特等二圜
上等一圜

宮內府所屬 協律社

仁川港朴來興이가 姓名圖章을 三月二十四日遺失ᄒᆞ얏ᄉᆞ오니 內外國人은 照亮ᄒᆞ시고 此章을 施行치마옵소서

本人이 永登浦중宗무李順在許에 陰二月晦日推次當錢四千兩通票一張을 遺失하얏ᄊᆞ니 誰某拾得ᄒᆞ야도 休紙施行홈

西江 辛周王 告白

本人이 年前[illegible]二十九歲[illegible]本浮浪長[illegible]雜技而如千家産蕩[illegible]不悛前習一向得債爲[illegible]一切勿爲欺白失홈

平南成川[illegible]華 告白

本人이 始興居[illegible]公茂許에 始興東面江[illegible]字畓九斗落을 買得矣러니 其叔李明云이 該畓을 僞造文券ᄒᆞ야 暗賣於他人云ᄒᆞ옵기 仰佈ᄒᆞ오니 內外國人間見欺치마시오

京梨峴朴永稷 告白

本號新開專做男女各色洋服兼由上海運來各種細毛융及一切衣飾屬品件件精至伏望紳士女advance即來購爲幸

西小門內泰男女洋服商[illegible]

本人의 子泰熙가 性本浩蕩ᄒᆞ야 不遵敎育ᄒᆞ고 僞造文券典當코져ᄒᆞ오니 內外國人間見欺치마시오

三淸洞朴元根 告白

特別社告

非史乘이면政治之美惡와人物之臧否와風俗之汚隆을無以攷論이오史乘者는非一時之공覽이라乃萬世之公案이오非自國之所可得以私也라即宇內列邦에宜用公衡키로曩者美人訖法氏之撰大東紀年이意固有在而然也라本記者ㅣ不揆僭越하고於韓之史事에留心者ㅣ久矣로되在幾百年之後하야要論幾百年之事가任大力綿에恐有失實之歎일더러鎖國自守之時代에는民間所叙事爲가不過是尋常與故라不足以供世界列邦之眼目키로斷自丙子以後各國交涉時事하야要爲編成一書하야公諸萬邦하니四方有志諸君子는諒此苦心하야丙子以後政令訓誥之所記와各國交涉之如何와臣民疏章與功罪之表著와中外俗習之沿革과忠臣義士孝子烈女之行蹟을各隨所聞所見而詳錄投示하야俾[illegible]役으로得以[illegible]千萬幸甚

大韓每日申報社

○○○○○○○○○○○○

本申報를頒佈ᄒ기爲하야咸鏡南道咸州南社西門外居하는曹喜林氏에게逐號下送하오니該附近地愛讀하시는 僉君子는同氏에게購覽하시며代金도同氏에게傳致하심을爲要

大韓每日申報社

○○○○○○○○○○○○

本社廣告

申報價

一張代金 [illegible]

一箇月 三十錢

三箇月 九十錢

六箇月 一元七十錢

一箇年 三元四十錢

郵稅一[illegible]

一箇月 十三錢

廣告料

四號活字[illegible]

每日每行二十字에新貨廿五錢

(每日每行에六錢에[illegible]當홈)

三個月[illegible] 二圜五十錢

(每日每行[illegible]에相當홈)

一箇月에 五圜

(每日每行[illegible]一星에相當홈)

其期限의長短과字行의多少[illegible]이有홈

大韓[illegible]은不得承[illegible]覽ᄒ시려ᄂ니廣告出報ᄒ실僉君子는本[illegible]面議ᄒ시옵

發行兼編輯人 英國人裵說

發行所

京城北署[illegible]外地[illegible]

大韓每日申報社

第四卷　第一百八十三號

大韓每日申報

대한매일신보

月曜及慶節歲時日休刊

檀君開國四千二百三十九年
箕子元年三千二十八年
大韓開國五百十五年
日本明治三十九年
淸國光緖三十二年
陰曆丙午三月大初八日乙亥

論說

綿種改良

日昨農商工部에서湖南各郡綿花所產地方에該部技師와日人을同히派送하야綿種改良ᄒᆞᆯ方針을妥定하기로發訓하얏스니此ᄂᆞᆫ韓國農業에多大ᄒᆞᆫ利益이有ᄒᆞᆯ지라

原來大韓은農產之國이라土地之美와氣候之適이遠勝於日本하야各種農產이無不良好인ᄃᆡ至於綿花하야ᄂᆞᆫ其性질이宜於高燥之土하고不宜於卑濕之地라韓土ᄂᆞᆫ高燥之處가多ᄒᆞ고卑濕之地가小ᄒᆞᆷ으로韓土綿種이優於日本ᄒᆞ야其質이洵美ᄒᆞ고其絲가堅韌ᄒᆞ니若其擇種栽培가得其方法이면韓國所產이可抵美洲所產云者가實非過言이라其擇種之法이亦係非難ᄒᆞ니不過是綿實成熟之際에擇其光潤豐碩者ᄒᆞ야蓄而爲種者니韓人農業은一切鹵무ᄒᆞ야如此容易ᄒᆞᆫ方法을亦不講行ᄒᆞ니農利가何由而興旺乎아然則綿種改良이果是農務之急先者로다雖然이나以綿種言之ᄒᆞ면美國之種이勝於日本所產ᄒᆞ니韓人이直接於美國而購來가何所不可之有리오乃日人之言에曰美國綿種이須是幾年間經種於日本者라야乃其適宜於韓土云ᄒᆞ니此或出於爭利之故인지此ᄂᆞᆫ決코不然ᄒᆞᆫ것이美國菜種을種於韓土에無不宜也어날至於면種ᄒᆞ야何獨不然이리오吾輩ᄂᆞᆫ以爲韓國면種이直接於美國而購來가可也라ᄒᆞ노라

官報

●三千四百十五號　光武十年三月三十一日

◉宮廷錄事

宮內府大臣勳一等臣李載克謹奏因禮式院　奏本別宮以安國洞別宮爲之事　命下矣取考謄錄則三揀擇後本家移住於別宮近處今番依例趁時修補而亦爲分付內部何如謹上　奏
光武十年三月廿七日奉
旨依奏

◉敍任及辭令

依願免本官　秘書監丞李鍼英(?)　主殿院電務課主事李復承　昭慶園參奉朴箕秉(?)　慶基殿參奉鄭在龍○命宮內府特進官　秘書監卿李最(?)免○命秘書監卿　太醫院卿閔京鎬○命太醫院卿　宮內府特進官丕定熙(?)○命侍從院卿副　從二品李謙來○任秘書監丞　正三品金翼濟○任主殿院電務課主事　齊陵參奉洪德(?)周　溫陵參奉金錫永○任齊陵參奉　金鍾翊○溫陵參奉　柳義錫○任禮式院掌樂과主事　延元熙　李泰大　閔商鎬○任慶基殿參奉　金鼎漢
以上三月廿七日
依願免本官　秘書監丞金翼濟　禮式院掌樂課主事延元熙　全李泰大　仝閔商鎬　英陵令金延鎭　慶基殿參奉金鼎한　箕子陵參奉郭東洙○任秘書監丞　正三品李敏英○任主殿院電務課主事　肇慶廟參奉李最(?)賢　齊陵參奉金鍾翊　宣陵參奉尹鎰榮　溫陵參奉柳義錫　蘇祈永○任英陵令　寧陵令송大鎬○任寧陵令　六品金延鎭○任肇慶廟參奉　李炳坤○任慶基殿參奉　鄭珪永○任齊陵參奉　主殿院電務課主事洪德(?)周○任宣陵參奉　李圭龍○任溫陵參奉　主殿院電務과主事金錫永○任箕子陵參奉　張榮學
以上三月廿八日

●勅令　속

勅令第十二號

一 開墾排水灌漑及耕地土질의改良
二 耕作道路의築造又ᄂᆞᆫ改良
三 植林事業
四 種苗肥料其他農工業用原料의購入
五 農工業用의器具機械舟車獸畜의購入
六 農工業用建物의築造又ᄂᆞᆫ改良
七 前各項外農工業의改良

第五條　農工銀行에셔不動產典當을徵ᄒᆞᆫ時ᄂᆞᆫ擬(?)히第一典當됨을要ᄒᆞᆷ但舊債가有ᄒᆞᆫ境遇에在ᄒᆞ야農工銀行에셔借入ᄒᆞᆫ新債로써其舊債를償還ᄒᆞᆫ效果로依ᄒᆞ야新債의第一典當됨을得ᄒᆞᆫ時에ᄂᆞᆫ此限에不在ᄒᆞᆷ이라

第六條　農工銀行에셔典當으로徵ᄒᆞᆫ土地ᄂᆞᆫ永續ᄒᆞᆫ만ᄒᆞᆫ確實ᄒᆞᆫ收益의豫量이有ᄒᆞᆫ者로限ᄒᆞᆷ이라

第七條　不動產을典當ᄒᆞ야貸下ᄒᆞᆯ金額은農工銀行에셔鑑定ᄒᆞᆫ價格의三分之二以內로ᄒᆞᆷ이라

第八條　年賦金은元金과利子를併ᄒᆞ야此를計筭ᄒᆞ고各年을通ᄒᆞ야一定平等의償還額을定ᄒᆞᆷ이可ᄒᆞᆷ이라
但既定ᄒᆞᆫ償還額을超過ᄒᆞᆫ返償을ᄒᆞ고져ᄒᆞᆯ時에ᄂᆞᆫ此限에在치아니ᄒᆞᆷ이라

第九條　貸付金의年賦償還에對ᄒᆞ야ᄂᆞᆫ一箇年以上五箇年以內로仍置年限을定ᄒᆞᆷ이可ᄒᆞᆷ이라
但其年限間의利子ᄂᆞᆫ此限에在치아니ᄒᆞᆷ이라

第十條　債務者가年賦金定期償還金又ᄂᆞᆫ利子의辦納을延ᄒᆞᆫ時에ᄂᆞᆫ辦納期日의翌日브터其金額에對ᄒᆞ야利子를支辦ᄒᆞᆯ義務를擔負ᄒᆞᆷ이라

第十一條　債務者ᄂᆞᆫ借用金의五分之一以上을償還ᄒᆞᆫ時에ᄂᆞᆫ其比例를隨ᄒᆞ야典當物一部의解除를要求ᄒᆞᆷ을得ᄒᆞ고其殘額에對ᄒᆞ야도亦同ᄒᆞᆷ이라

第十二條　農工銀行은年賦金의辦納을遲延ᄒᆞᆫ債務者에對ᄒᆞ야償還期限前이라도貸付金全部의상還을要求ᄒᆞᆷ을得ᄒᆞᆷ이라

第十三條　農工銀行　典當物의價格이減少ᄒᆞ야貸付金상還殘額에對ᄒᆞ야第七條에比例에不足이生ᄒᆞᆫ時에ᄂᆞᆫ增典當을要求ᄒᆞ거나其不足에相當ᄒᆞᆫ貸付金額의상還을要求ᄒᆞᆷ을得ᄒᆞᆷ이라　未完

外報

●駐淸俄使抗議　三月廿九日發北京電報를據ᄒᆞᆫ즉駐淸俄公使ᄲᅡ고지로氏ᄂᆞᆫ慶親王의게對ᄒᆞ야貴政府가將來合爾賓에淸兵을駐屯케하야海蔘威와連絡을斷ᄒᆞᄂᆞᆫ計劃이有ᄒᆞ다고聞知ᄒᆞ얏스니此ᄂᆞᆫ某國의敎唆인지俄淸間의親交를思ᄒᆞ야無難이甘言을乘치말며若其計劃을行ᄒᆞ면俄國은極히妨害가되리라고聲明ᄒᆞ얏다고ᄒᆞ더라

●出洋大臣電告　청國遣外大使의來電을[illegible]ᄒᆞᆫ즉德國皇帝ᄂᆞᆫ청國公使가謁見ᄒᆞᆯ際에特이청國에軍備가必要ᄒᆞᆷ을說(?)ᄒᆞ고繼(?)家에ᄂᆞᆫ其國家의國是가有ᄒᆞᆯ지라總히他國施政에倣치말나고勸告ᄒᆞ얏더라

●炭礦慘事　東京電을據ᄒᆞᆫ則日本長崎縣高島炭礦內에와斯가爆發ᄒᆞ야役軍百五十六人이慘死ᄒᆞ얏다더라

雜報

無會不獎

大凡人生百事이言之雖易나行之甚難키로以言動人ᄒᆞᄂᆞᆫ거시不如克修已行而人自觀感ᄒᆞ나니今聞一進會에서內部에請願ᄒᆞ야東亞開進敎育會를要爲禁止라ᄒᆞ니其事由之因何起見은不知ᄒᆞ깃스되試加思量컨ᄃᆡ似不出於是我而非人也라其所主見이果是十分公正일지現今韓國內各會가紛然對峙ᄒᆞ야其徒衆氣勢가縱有大小淺深之別이나大概論之컨ᄃᆡ無一會之無弊者ᄒᆞ야或脅制官長ᄒᆞ야非理干政ᄒᆞ며或凌虐殘民에私施惡刑ᄒᆞ며或奪人妻妾ᄒᆞ며或掘人墳墓ᄒᆞ며或勒敎勒會ᄒᆞ며討錢討米等許多形形色色을有不可枚論키로萬姓이憤怨에疾首痛心ᄒᆞ야怨毒之聲이被於四境ᄒᆞ니此乃馬遷所謂盜跖이在於民間者也라何會之可論이며何敎之可行일지然則其爲生民之莫大弊瘼은一進이即開進이오開進이即一進이라無大無小히同歸一轍이거날願乃不務自修ᄒᆞ고同浴相譏ᄒᆞ야必欲是我而非人ᄒᆞ며存此而革彼ᄒᆞ니徒見其不自量也로다大抵所貴ᄒᆞᆫ敎會者ᄂᆞᆫ定其規模ᄒᆞ며選厥社員ᄒᆞ야凡所行動을齊齊整整ᄒᆞ며言論風采가足以範世而勵俗이라야團體以興ᄒᆞ며民受其益이거날今則不然ᄒᆞ야所謂社員이太半是無賴悖類라曰敎曰會之趣旨를初不省記ᄒᆞ고但以恃黨挾勢로恣其惡習으로爲一能事ᄒᆞ야末流之弊가至於如上所論ᄒᆞ니豈非可慨乎哉아從今一洗前陋ᄒᆞ고愼選社員ᄒᆞ야另立美規則已어니와如其不然也ᄃᆞᆫ雖日設一會ᄒᆞ며日聚千人ᄒᆞ며日演萬說이라도毫無補於民國ᄒᆞ고徒釀滔天之禍害ᄒᆞᆯ지니惟社會諸君은念之哉인져

●時事詼諧

近自開化以後로人皆新空氣를吸收ᄒᆞ야舊日虛文繁禮를一切痛滌ᄒᆞ고曠達之衿矜을抱有ᄒᆞ얏ᄂᆞᆫ지醫務廳에在囚ᄒᆞᆫ鍾東完氏ᄂᆞᆫ其無聊岑寂之懷를不禁ᄒᆞ야有時乎對酒放歌ᄒᆞ야四圍圜扉中에黃河白雲之曲이十分生新이라ᄒᆞ니壯哉라鍾君이여何其達也며礡洞某宰相은燕爾新人之樂이其甘如薺ᄒᆞ야黃巾衰經로陽臺雲雨中에汨沒無暇라ᄒᆞ니偉乎哉라可謂風流宰相이며協律社에서每夜觀戱者가不下數千人인ᄃᆡ其中如花如月ᄒᆞᆫ션姸少艾들이幷肩疊武에其春色을誇矜ᄒᆞ야左右觀者가無不魂消腸斷이라ᄒᆞ니桑中淇上이無乃此社일지此風이如可長進이면禮文을快掃ᄒᆞ고新識이萌動ᄒᆞ야大開化를速致ᄒᆞᆯᄂᆞᆫ지

●志士血憤 美國桑港某報를據ᄒᆞᆫ則紐約에留學ᄒᆞ던韓國人士들이更히桑港地方으로集合ᄒᆞ야英語와法語에練熟ᄒᆞᆫ者를選擇ᄒᆞ야歐洲各國으로派送ᄒᆞ야日本이韓國에對ᄒᆞ야不法홈을公布ᄒᆞ자고ᄒᆞ얏다더라

●兩院移轉 侍從院에서中樞院에照會ᄒᆞ기를貴院과本院이互換ᄒᆞᆯ事로엄의奉勅ᄒᆞ얏슨則不日內로決行ᄒᆞ자ᄒᆞ얏스나中樞院에셔侍從院으로移轉치못ᄒᆞᆯ情況이라더라

●對偶繼속 向日松虫參奉과鱗魚郡守가對偶되얏더니近日鹿血觀察(李準榮)의運動이有ᄒᆞ야可히饅頭太守(方漢德)과對偶가될만ᄒᆞ고被打郡守와結怨郡守와典執郡守(徐丙益)의困難이生ᄒᆞ야對偶가되깃스나但恨其矮脚對偶라아모죠록一脚을更覓ᄒᆞ야對偶를完全케ᄒᆞ깃노라

●獨占商利 桑港共立新報를據ᄒᆞᆫ즉日本이韓國各港口에稅關을設立ᄒᆞ고甚至於內地商利ᄭᆞ지라도獨占ᄒᆞᆫ다고英京倫敦電에發布ᄒᆞ얏다더라

●兩會相搆 一進會에서政府에請議ᄒᆞ야東亞開進敎育會禁止ᄒᆞᆷ은別行所記와如ᄒᆞ거니와今聞ᄒᆞᆫ즉該開進會에서日本憲兵隊長에게長書ᄒᆞᆫ全文이如左ᄒᆞ니

自一進會로提呈于政府案件中有曰東亞開進敎育會를卽爲解散云云ᄒᆞ니自本會로本可無論駁也ㅣ라本會目的은敎育英俊ᄒᆞ고開明進步ᄒᆞ야學問發達이是也라一進會가有何猜忌之心而沮戱乎아大抵社會가各有權限ᄒᆞ니豈有凌蔑他會ᄒᆞ야使之解散乎아既無其例ᄒᆞ고亦無其權ᄒᆞ니可勝痛哉아一進會目的은外飾以民保護而其實則期使民魚肉也라一進會行爲가勒捧私債ᄒᆞ며勒掘人塚ᄒᆞ며勒奪寡婦租包ᄒᆞ야甚至於驛屯畓上納租를奪去該畓作人ᄒᆞ고勒奪公錢而再徵於民間ᄒᆞ야許多作弊에全國生靈이勢難支保ᄒᆞ야呼冤漲天而反誣善良之會ᄒᆞ니此可謂盜憎主人也

●洪氏辨明 秘書丞洪在鳳氏ᄂᆞᆫ日本人大垣丈夫를締結ᄒᆞ야日本에在留ᄒᆞᆫ國事犯特赦事에對ᄒᆞ야沮戱運動ᄒᆞᆷ으로日本警察署에被招되얏다가及其審問之場에大垣丈夫와初不相識ᄒᆞᆷ을明辯이有ᄒᆞ야隨即放送ᄒᆞ얏다더라

●柴商患賊 近日水口門外살ᄭᆞ지다리近處에賊한數十名이出沒ᄒᆞ여柴商이柴를販ᄒᆞ고出去ᄒᆞᄂᆞᆫ者의錢兩을種種奪取ᄒᆞᄂᆞᆫ事로柴商들이門外에서每常留住ᄒᆞ야同行을聚集ᄒᆞᆫ後에出去ᄒᆞᆫ다더라

●鹽業會社 東京電을據ᄒᆞᆫ則日本東京市ᄒᆞ도히야組合의主唱으로滿韓塩業會社을資本金百五十萬圓으로創立ᄒᆞᆫ다더라

●農訓察監 頃因京居劉錫等請願ᄒᆞ야海産株式會社를業經認准인바該社員等이漁具와漁船을設備ᄒᆞ고貴港에現方前往開業이니到便照料ᄒᆞ야務與어樂業케ᄒᆞ되他人基址와自由商權은毋得侵損케ᄒᆞ라ᄒᆞ얏더라

●敎費請撥 學部에서度支로照會ᄒᆞᆫ內槪에弊部所管官立小學校敎師乙訓乔助大山關須長德五郎武笠貞幹等四人의渡韓旅費合三百五圜을今月七日에請求ᄒᆞ온바其중乙訓乔助ᄂᆞᆫ辭任解雇이오니該一人旅費七十五圜의支出은중止ᄒᆞ고其外三人旅費二百三十圜만支撥ᄒᆞ라ᄒᆞ얏더라

●權氏被囚 全州郡守權直相氏ᄂᆞᆫ再昨日平理院에拿囚하얏다더라

●數郡任免 再昨日政府會議에谷山定山等二三郡守를任免하얏다더라

●譴責論警 今番 皇太子殿下嘉禮揀擇에對하야內部大臣과한城府尹이一體譴責을當ᄒᆞᆷ으로其時派遣捧單之郎官과한城府主事五人을亦爲別般論警ᄒᆞᆫ다더라

●請判律書 咸南觀察申箕善氏가法部에報告ᄒᆞ얏스되現接咸興郡民朱熙鎬等請願書內開伏念國家之制定法律者ᄂᆞᆫ非欲懲惡而已라欲使民通知ᄒᆞ야不陷於刑辟也ㅣ니刑法大全을正宜家독戶誦ᄒᆞ야雖愚夫愚婦라도知其犯某罪處某律然後에可躋幷生之壽域而但其編帙이一郡에不過一冊하야未使均閱故로本人等이合資設會에多數印出하야只以所入價로廣佈各郡社里之間하깃사오니特爲認許等情이온바律書廣佈가雖爲美擧나私民印刷를有難擅許이오니査照指令하라하얏더라

●幣原堅執 纛島五洞人民等이以農事試驗場所設田土事로呼訴學部ᄂᆞᆫ已揭前報而該事件이尙未歸決하야連日呼寃중인ᄃᆡ昨日에도該洞人民百餘名이來集于學部하야從速妥辦ᄒᆞᆷ을請願하얏ᄂᆞᆫᄃᆡ其訴狀은參與官幣原坦氏가堅執不許ᄒᆞᆷ으로卒難發落이라고民冤이狼藉하다더라

●兩國牧場 伊藤侯가平壤大同江上에一大牧畜場을韓日兩國帝室에共同實業으로設立ᄒᆞᆯ意見을日昨陛見時에 奏達하얏다더라

●日어韓海 現今春煖에向하야雖餘寒未去하나日本香川廣島愛原等各縣어夫들이어網에從事하야韓海로出하ᄂᆞᆫ어船이增加하리라더라

●處子演說 沃川郡進明學校에서月前第二期卒業証書授與式을擧行ᄒᆞᆯ시敎師ᄂᆞᆫ勸勉演說하고學徒儔等生은祝賀하ᄂᆞᆫᄃᆡ其중에女學徒一人이有하야年이十四歲라出而演說曰余가處子로써諸位紳士前에말ᄉᆞᆷ하기唐突하오나我國은女子의學問이無하야但當男子에게만依賴하야閨중에幽囚ᄒᆞᆫ模樣이오自主張으로事業을ᄒᆞᆯ줄을不知ᄒᆞᆫ다더니今日우리가이만치工夫되야文明上言論하ᄂᆞᆫ거시都是先生의熱心勸勉하신功效라하니滿堂諸人이歎賞하얏다더라

雜報

● 樂地風波

日前內大李址鎔氏가於其妾室에서大張風流ᄒᆞᄂᆞᆫᄃᆡ漢城중一等名妓와三牌와倡優를招集ᄒᆞ고淸歌妙舞로競唱迭和ᄒᆞ니主人이滿心快樂ᄒᆞ야使其別室로亦唱一曲ᄒᆞ고自巳도單宕巾으로欣然起舞ᄒᆞᆯ시于時觀光者가環如堵墻이라

主人이始則不爲禁止라가麥酒三盃後에酒氣가취發ᄒᆞ야日憲兵과日巡査와巡檢等을招ᄒᆞ야觀光者를一倂驅逐ᄒᆞ라ᄒᆞ니觀光者가皆在屋上이라가撤瓦亂投ᄒᆞ더니忽然六穴砲一聲이從何而出이라主人이당恍驚愕ᄒᆞ야從後門出走ᄒᆞ고妓女倡優等이亦皆風飛雹散ᄒᆞ야便作一時間亂離中光景이라ᄒᆞ니

噫라今日時局之危急存亡은勿論ᄒᆞ고彼以國務大臣으로毫無民國思想ᄒᆞ고但晝宵娛樂이非骨牌花套則倡妓淫樂이니歷數古今에寧有似此之大臣乎아吾輩ᄂᆞᆫ非但爲李氏痛歎이라亦爲民國ᄒᆞ야不勝其爲萬寒心也로다

● 以賊雜兵　日昨洪州等地에서火賊黨十七名이假裝兵丁하야僞稱江華隊하고同黨一名을以縛繩으로緊緊縛作ᄒᆞ야驅入于洪州城내하야謊言消중에捉得賊한이라ᄒᆞ고該郡에서ᄂᆞᆫ以實情하고酒食餘物을善爲供給하야留連三日타가仍爲出城하야轉到于大興郡富民崔弘錫家하야討出四萬兩錢이다가事不得成하야纔以四百兩으로出給ᄒᆞᆫ즉却之不受하고轉向于他處하얏다더라

● 韓人渡美　桑港報를據ᄒᆞᆫ則本年一月二十一日에韓人二十六名이布哇로부터桑港에到着ᄒᆞ야無事히下陸ᄒᆞ얏ᄂᆞᆫᄃᆡ其中婦人이二名이오兒童이二名이더라其中二名은일능돈으로往ᄒᆞ고五名은으리버싸이드로往ᄒᆞ고十四名은將次와요밍셔단礦으로往ᄒᆞ려ᄒᆞᆫ다더라

祭淵齋宋先生文　門人金仁植

嗚呼先生道存身存道亡身亾天地之年久矣孰其爲始孰其爲終道幷行而不悖宜永存而無弊胡然有屈伸與消長

黃帝征蚩尤皐陶佐堯舜治만夷禹格有苗湯服葛伯周公膺戎狄周公以上道行乎上故仁而無敵此吾道之盛而所以繼天立極孔子厄于

陳蔡孟子困於齊梁兩程氏見嫉於王蘇朱晦翁屈辱於僞黨孔子以下道行乎下故其言也益此吾道之衰而猶天之不欲喪

若吾先生位素乎林樊滄塞乎榛荆欲以隻手短章유闡吽闔禦滔天之狂浪以濟蒼生以安宗祊言不得施竟以身從容此吾道之亾而不過亦天何尤乎臧倉

嗚呼痛哉大明屋社中州淪喪華夏一뫼移于吾東距意春秋大一統之義萃于大老先生之門而結之而以吾先生

嗚呼斯道也以二帝三王盛以孔孟程朴衰其亾也以先生終嗚呼日沈則夜而已道亡則禽獸而已人類之珍滅其將魚肉而已天地不沒其將終於斯尼之乎

剝生復來其道無違吾先生正大浩然之氣必不與大化同歸積鬱乎地底作雷則不遠之復其殆庶幾乎嗚呼痛哉

● 果誰爲之　學部協辦李準榮氏ᄂᆞᆫ江原觀察使를被任ᄒᆞ얏ᄂᆞᆫᄃᆡ李達鎔金珏鉉兩氏중에學協을被命ᄒᆞ리라더라

● 判事請願　平理院判事李建鎬氏가法部에請願ᄒᆞ기를一進會에서以訴訟誤決等說로提議于政府ᄒᆞ야請其免官云云이라하니該會長을即令拘拿하야使之질査勘處케하라하얏더라

廣告

社告

[illegible]之美風와人物[illegible]治隆을無[illegible]效[illegible]一時之[illegible]이오非[illegible]圖之[illegible]視라卽宇內列邦[illegible]로最著美人[illegible]氏之撰大東紀年이爲國有在而[illegible]라[illegible]不揆僭越하고於韓之史學에留心者ㅣ久矣로되在幾百年之後하야要論幾百年之事가任大力綿에恐有失實之歎이올더러鎖國自守之時代에는民國間諸般事爲가不過是尋常典故라不足以供世界列邦之眼目이기로斷自丙子以後各國交涉時事하야與爲編成一書하야公諸列邦하니四方有志諸君子는諒此苦心하야丙子以後政令訓誥之所記와各國交涉之如何와臣民疏章與功罪之表著와中外俗習之沿革과忠臣義士孝子烈女之行蹟을各隨所聞所見而詳錄投示하야俾此重役으로得以完成을千萬幸甚

大韓每日申報社

○○○○○○○○○○○○○

本申報를廣佈ᄒᆞ기爲하야咸鏡南道咸興州南社西門外居하는曹喜林氏에게逐號下送하오니該附近地愛讀하시는 僉君子는同氏에게購覽하시며代金도同氏에게傳致하심을爲要

大韓每日申報社

○○○○○○○○○○○○○

本社廣告

[illegible]

廣告料

[illegible]每日每號一行에新[illegible]廿五錢

(每日刊行에大韓에[illegible])

(每日發行國文[illegible])[illegible]二圓[illegible]

一箇月에 [illegible]五圓

(每日發行國文[illegible])一區에相當ᄒᆞ其期限의長短과字行의多少를從ᄒᆞ야增減ᄒᆞᆷ이有ᄒᆞᆷ

大韓人마다此申報를不得不購覽ᄒᆞ실터이오니廣告出報ᄒᆞᆯ僉君子는來臨面議ᄒᆞ시옵

發行兼編輯人 英國人裵說

發行所

京城北署[illegible]坊[illegible]外[illegible]

大韓每日申報社

第四卷　第一百八十四號

大韓每日申報

대한매일신보

月曜及慶節歲時休日刊

檀君開國四千二百三十九年
箕子元年三千二十八年
大韓開國五百十五年
日本明治三十九年
清國光緒三十二年
陰曆丙午三月大初十日丁丑

論說

虛言之甕

去土曜日에日本時事新報가虛言之甕이란題目을記載하야斷言하되烟台와漢城及他處에在훈謊言者가

排日思想을醸生ᄒ기에極盡其運動이나其言語及氣力만虛費홀거슬吾人이可言이라ᄒ얏더라

韓國을同化ᄒ기에用力하는日本代表者의方策을本記者ㅣ論責ᄒ는以外에他可爲之道를得見홈이甚稀矣니

由是로日本時事新報의記載員이漢城謊言者를諷詠홈은本記者를向意홈인줄可度이라因此理會ᄒ야本記者는有言可挑耳로다

日報所稱謊言은即本記者의頻頻確言흔바去番新條約을僞托犯行으로獲得이라홈이必是也라

本記者ㅣ帶持其證이니若無其證이면豈有揭報리오然則日本新報의謂余作謊言이란理由를願聞ᄒ노라

且同報가烟台에서倫敦으로發送된류리분探報員의書信을諷詠ᄒ야如左陳述矣니

其通信이現今韓日間에施行되는協約을韓國이容許ᄒ기에被其强迫이라고擧證說明코져ᄒ야

以長文發電이나全然捏造之說이라류리분新聞의烟台通信員이韓國政府가但威脅之下에印定約欵홈을

外國人으로感銘케ᄒ야以此로俄國或德國의게向我日本ᄒ야시加仲裁를開始홀向意를有홈이無疑라ᄒ얏더라

其通信을本記者ㅣ不幸不得見故로其全文을保證ᄒ기는不當其地로되其探報員이該通報를自何人獲得ᄒ거슨偶得知悉故로

日本新聞의謂此以造言이不當홈줄은確知矣오且幾乎確信흔거슨日本時事新報의記載員이故意爲此混和法ᄒ야讀者를失迷케홈이로다以此挑之ᄒ노니同報는本報를又駁홀지어다

官報

●號外　光武十年四月一日

◎宮廷錄事

詔曰以處子收單事申飭우今幾日捧單尙此零星苟能各別申飭寧有是也挨以事體萬萬駭然且以有處子班家言之不有朝令若不聞知初無動念是何道理其所無憚不畏之習尤極痛歎令內部更爲嚴飭不日內一一捧單

四月一日

●三千四百十六號　光武十年四月二日

◎敍任及辭令

任度支部主事　六品韓翼教　李基世　三月廿三日○叙勳二等賜八卦章　日本陸軍軍醫正中舘長三郞　仝主計正平野政行　仝大佐原田輝太郞　仝木村宜明○叙勳三等賜太極章　日本國陸軍中佐福原鍒太郞　仝椿冤　仝稻村新六　仝大島新　仝橘七三郞　仝獸醫正木村典○叙勳三等賜八卦章　日本國陸軍少佐種子田秀實　仝濱田又助　仝香村季讓　仝師團理事三澤正彦○叙勳四等賜太極章　日本國陸軍大尉吉田熊夲　仝篠尾良重　仝千代松精一　河野楊造○叙勳五等賜八卦章　日本國陸軍通譯官林田虎雄　以上三月廿九日○叙勳一等賜太極章　日本國伯爵宗重望○叙勳六等賜八卦章　日本國家扶清浦信利　以上三月廿六日○命禮式院掌禮副卿　宮內府特進官洪承穆○命宮內府特進官　奉常司提調金永典○命奉常司提調　從二品閔永璇○依願免本官　秘書監丞洪承斗　主殿院電務과主事金鍾翊　仝柳義錫　慶基殿參奉鄭珪永○任秘書監丞　正三品金秉萬○任主殿院電務課主事　肇慶廟參奉李炳坤○任肇慶廟參奉　主殿院電務課主事李熙賢○任慶基殿參奉九品鄭在龍○任主殿院電務과主事　宣陵參奉李圭龍○任宣陵參奉　主殿院電務과主事尹鎰榮○命咸鏡南北道檢刷官正三品孫容晶○任漢城裁判所判事　法官養成所敎官洪在祺○任度支部主事　六品魚浩善　俞承兼　前主事嚴德永　趙南駿　盧鎰　趙한宗　朴綺陽　李康賢○任度支部繙譯官補　前教官李範益　송泰奭○免本官　警務顧問監獄署主事洪俊植　右該員이身爲官人ᄒ야行爲鄙悖이기免本官　以上三月廿九日○依願免本官　法官養成所敎官劉文煥　三月卅日

◎勅令

勅令第十二號

第十四條　無典當으로借入흔公共團體에셔年賦金定期償還金又는利子의辦納期日을過ᄒ야此를辦納ᄒ니홀時는農工銀行은監督官廳에其處分을請求홈을得홈이라

監督官廳前項의請求를受흘時는該公共團體에命令ᄒ야延滯金及第十條의利子를辦納케홈이可홈이라

第十五條　農工銀行은第三條의貸付를홀境遇에在ᄒ야債務者가貸付의目的에反ᄒ야貸付金을使用홀時는償還期限前이라도貸付金全部의償還을要求홈을得홈이라

第十六條　農工銀行은定期預金을ᄒ고又는地金銀有價證券의保護任寘홀事를得홈이라

第十七條　農工銀行은定欵에定ᄒ는바에隨ᄒ야農工債券을發行홈을得홈이라

農工債券發行額과發行方法及條件에對ᄒ야는度支大臣의認可를受홈이要홈이라

未完

外報

●米國人好意　紐育來電에據훈즉크리수챤헤랄투노는日本凶作地救恤金二十五萬弗에上ᄒ리라豫期ᄒ얏다고大統領로쥬비루노氏[illegible]主筆에對ᄒ야其[illegible]ᄒ얏다더라

●德兵撤退　十二日路秀電을據훈則支나에駐지흔德兵一箇旅團은北京天津에駐在兵七百人을除훈外에[illegible]月末에[illegible]船넷쓰간號를[illegible]이라더라

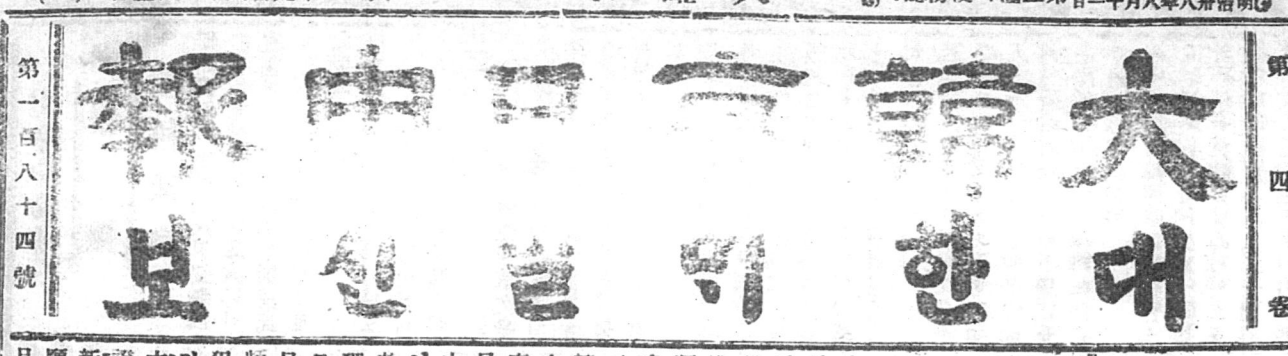

●議院制度　露國은今番立憲議會를創設ᄒ야兩院制度를採홈을決ᄒ얏ᄂ데帝國參議院을上院삼고上下兩院間에意見이合치못홀時는兩院委員會에서其調和를圖謀ᄒ며그리도調和ᄒ기어려운問題가잇슬째에는皇帝께셔스스로此에裁斷을ᄒ시고又원의數는現時參議원의二倍로되고貴族中으로부터十九人商工業社會로부터十二人聖教務원으로부터六人教會部로부터六人學者로부터六人波蘭으로부터六人農業社會로부터若干人을選出ᄒ더이라더라

雜報

教科改良

學部參與官幣原坦氏의蒙學教科를對ᄒᆞ야吾儕가屢論辨이有ᄒᆞᆫ지라今者에更聞ᄒᆞᆫ則同氏가[illegible]되余가日語日文으로普通學[illegible]을著述ᄒᆞᆷ은兒童의原教科를作ᄒᆞᆷ이아니오[illegible]實一課코져ᄒᆞᆷ이러니[illegible]論非가若是繁[illegible]이[illegible]教科ᄂᆞᆫ改良ᄒᆞ야他國言文은中學校以上을從ᄒᆞ야教授ᄒᆞ기로ᄒᆞᆫ다ᄒᆞ니吾儕ᄂᆞᆫ氏의言論을直接으로聽得지못ᄒᆞ얏스나第其所傳이有據에詎可不信이리오

大抵世界萬國에各有方言ᄒᆞ고各有國文은天所賦與에固有之理라만일此를強行變易코져ᄒᆞ면此ᄂᆞᆫ天理를背逆ᄒᆞ야無道를敢行ᄒᆞᄂᆞᆫ者오況乎人生의知識을啓發ᄒᆞ며性質을養成ᄒᆞᆷ은專히小學에서基本ᄒᆞ나니

若其幼稺之年에本國言文은不學ᄒᆞ고他國言文을先習ᄒᆞ면初入之[illegible]이爲其根柢ᄒᆞ야自國精神이遽然消滅於不知不覺之中은勢所必至라非其滅國滅種之計면[illegible]忍爲此哉아

今에同氏ᄂᆞᆫ韓國學部參與官으로韓廷의俸給을餉受ᄒᆞ며韓廷의委任을負擔ᄒᆞ얏스니아모조록精神的教育으로人民을開導ᄒᆞ야文化를增進케ᄒᆞ여야其職分上道理를不棄ᄒᆞ고身分上名譽를不失ᄒᆞᆫ다謂ᄒᆞᆯ지라

若其日語日文으로兒童의初學教科를作ᄒᆞ면非但拋棄其職分ᄒᆞ며損失其名譽라則是俄人이波蘭을滅ᄒᆞ던慘毒手段이니以若文明國學士로友邦의教育上職務를擔着ᄒᆞ고此等慘毒手段을使用ᄒᆞ면非但同氏가獨遭世人之譏貶이라

即日本行爲가復蹈俄人之習은世界之所不許也니是可忍乎아吾儕가於此에不得不論非를加與ᄒᆞ얏고及其改而從善也에亦不可不公布어니와

蔽一言ᄒᆞ고他國言文은特以語學一科로習之者요無論小學中學ᄒᆞ고以他國言文으로定爲一般學徒之教科則不可라ᄒᆞ노라

●平民請願 平安南道平壤郡臨時萬民同盟會에서日本軍用地가外城全區를占奪ᄒᆞᆫ事로擲代崔在學黃益等諸氏를派遣上京ᄒᆞ야內部에請願ᄒᆞ얏다더라

●軍用地視察 日本軍司令官長谷川과師團長이平壤外城軍用地도視察ᄒᆞ고京義鐵路開通式에도參列ᄒᆞᆷ次로昨日上午에列車로發行ᄒᆞ얏더라

●加平副官 憲兵司令部副官尹元求氏ᄂᆞᆫ內大李址鎔氏의最緊切ᄒᆞᆫ爪牙로富貴가盈溢ᄒᆞ얏ᄂᆞᆫᄃᆡ李內大難救之地에同氏ᄂᆞᆫ加平所得이逐日幾十圓에達ᄒᆞ니其利益이自已月給보다幾倍가된다더라

●開通式設行 京義鐵道敷設工役에淸川江橋가今已竣工ᄒᆞ야本日에開通式을設行ᄒᆞᄂᆞᆫ故로韓廷各大官을請邀ᄒᆞ얏ᄂᆞᆫᄃᆡ農商工部大臣權重顯氏以下同部諸官僚가昨日上午에京義鐵道第一番滊車로安州에下往ᄒᆞ얏다더라

●何故被捉 再昨夜에前檢事李儁氏가무含事故로巡捕等이押去ᄒᆞ야校洞으로[illegible]路[illegible]ᄒᆞ얏ᄂᆞᆫᄃᆡ何處에被囚ᄒᆞ얏ᄂᆞᆫ지尙未知得이라더라

●日人處役 阿峴居金[illegible]率一箇稱子ᄒᆞ고[illegible]니申鉉蓋[illegible]名[illegible]老壽를[illegible]史[illegible]到ᄒᆞ야[illegible]入[illegible]다ᄒᆞ고家産[illegible]三石田畓文劵을沒數奪去ᄒᆞᆫ지라同名史가即時泥[illegible]警察署에呼訴ᄒᆞ니該署에셔該日人을拘得ᄒᆞ야對質之場에奸狀이綻露ᄒᆞ야文劵을推給ᄒᆞ고該日人은懲役에處ᄒᆞ얏다더라

●長郡賊 [illegible]에셔賊警大熾ᄒᆞᆷ은別行已揭어니와長城高敞[illegible]長興德[illegible]光[illegible]綾州等地에[illegible]人民[illegible]納賊徒則該郡守가不得[illegible]囚禁ᄒᆞ얏다가暗使[illegible]로寬送其械하야令賊逃去하며所謂巡校輩들이賊黨을見之[illegible]ᄒᆞ고但爲[illegible]擾民間ᄒᆞᆷ으로[illegible]益滋蔓하야[illegible]以[illegible]一[illegible]으로言之컨ᄃᆡ陰二月初[illegible]日봇터二十五日ᄭᆞ지不過二十個日니에各村人民之遭賊變者[illegible]合爲九處이되官吏가恬然[illegible]ᄒᆞ고不思戢捕하야民情之[illegible]洶洶이十倍兵燹이라하더라

●島倅肆貪 莞島前郡守禹起東氏의貪虐不法之事가多하야民擾도起하얏거니와該郡人民等이星邑星府ᄒᆞᆫ다더니現今裁判推覈次로上京하얏다더라

●普校經試 西署孔德里栗木洞私立普通學校에셔第一課月終試驗을經ᄒᆞ얏ᄂᆞᆫᄃᆡ夜學甲級優等은安鍾長崔根植崔承烈乙級優等은金在天南學鎭南璟[illegible]이오晝學甲級優等은孔德亨林淺根乙級優等은金完洙諸氏라더라

●特派祇迎 義親王殿下의옵셔[illegible]月一日[illegible]에셔出發ᄒᆞ신다ᄂᆞᆫ電報가來到ᄒᆞᆫ故로[illegible]郡守金聖基氏와張敬根氏ᄂᆞᆫ先期ᄒᆞ야迎接次로前往ᄒᆞ얏고 宮內府에셔ᄂᆞᆫ參將嚴俊源氏를釜港ᄭᆞ지特派祇迎케ᄒᆞ고統監府에셔ᄂᆞᆫ川上通譯官을馬關ᄭᆞ지特派迎接ᄒᆞᆫ다더라

●星校請認 慶北星州郡守金興基氏가學部에報告ᄒᆞ되顧今急務ᄂᆞᆫ莫先於教育人材故로境內士民을曉諭勸勉에各出義助ᄒᆞ고亦爲捐廩ᄒᆞ야重修廢廨에新設學校ᄒᆞ고選集聰俊子弟ᄒᆞ야開導文明之進步이오니特爲認許以公立ᄒᆞ고教員一人과教科欵秩을下送ᄒᆞ와俾有實施라ᄒᆞ얏더라

●所入加捧 南來人의傳說을聞ᄒᆞᆫ즉向日奏本中延豐郡守金亨斗ᄂᆞᆫ義城之人인ᄃᆡ家勢稍饒之致로近年來挾雜之人이守令圖得ᄒᆞ라고沖動者多ᄒᆞ더니今番에當者도不爲上去ᄒᆞ고所入도初不言論ᄒᆞ고何許人이以白錢十萬兩으로圖得ᄒᆞᆫ後에京人이下來ᄒᆞ야謂以內部大臣送人이라ᄒᆞ고鄕錢三十萬兩을責捧ᄒᆞ니鄕錢三十萬兩은乃白錢六十萬兩也라當者도不知ᄒᆞᄂᆞᆫ것슬덥퍼씨이고所入보다六倍를加捧ᄒᆞᆫ다고人言이狼藉ᄒᆞ더니部大臣이알고ᄒᆞᆫ일인지中間[illegible]雜類가內部大臣을憑藉ᄒᆞᆫ일인지所聞所見이甚히乖當[illegible]다더라

●靑會續[illegible] 今日下午[illegible]에皇城基督教靑年會에셔[illegible]教師[illegible]省[illegible]氏가信之[illegible]란問題로演說ᄒᆞᆫ다더라

●金[illegible]說明 日昨本報에[illegible]ᄒᆞᆫ金有聲의被押事ᄂᆞᆫ平[illegible]이定巡檢押上하노라고該[illegible]上의게公文이有ᄒᆞᆫ則該官[illegible]이宮下人으로하여곰捉去ᄒᆞᆫ[illegible]實은아니라고說明이有하더라

●玄氏義殺

南來人의傳說을據ᄒᆞᆫ즉白[illegible]丁酉以後로火賊之横行閭里가可謂無處不然而三南各道中에今南이尤甚이로되觀察郡守가都無一箇賊之賊捕ᄒᆞ고遭禍人民도初無訴於官而請捕ᄒᆞ니此ᄂᆞᆫ無他라人民被賊에若告於官이면非徒捕賊無望이라實畏巡檢書記輩之反來討索於賊去之後故也라

近有一箇至孝純性之男兒ᄒᆞ니乃靈岩鶴溪村居前進士玄基鳳也라玄氏가世以靈岩鄕民으로力農治產ᄒᆞ야家計不貧ᄒᆞᆫᄃᆡ每畏虎狼之官吏ᄒᆞ야兢兢守拙ᄒᆞ더니去年秋間에賊黨이掘藏其父祖兩代頭骸ᄒᆞ고揭榜討財이거날

玄氏가聞變痛哭ᄒᆞ고與諸兄弟로密謀ᄒᆞ야以鉅財로餌賊於山谷之間ᄒᆞ야捕捉설將軍等四賊ᄒᆞ야還覓頭骸ᄒᆞ고

乃曰此[illegible]斷吾父祖之頭ᄒᆞ니[illegible]此若先告於官ᄒᆞ[illegible]리니吾當先殺此[illegible]代[illegible]이라ᄒᆞ고乃於附近市門에[illegible]跪ᄒᆞ고拿[illegible]

[illegible]가入[illegible]

[illegible]要[illegible]守[illegible]요逆[illegible]書記ᄂᆞᆫ[illegible]玄富子가殺人ᄒᆞ니吾輩財[illegible]大通이라玄家之田畓은守主次知ᄒᆞ고玄家之錢財牛馬ᄂᆞᆫ某校某吏之應食이라ᄒᆞ야方磨拳流涎ᄒᆞ고將欲以殺獄成案ᄒᆞᄂᆞᆫ바

玄[illegible]入官庭ᄒᆞ[illegible]立ᄒᆞ야聲明於本守及吏校ᄒᆞ되今日吾殺父祖之讎이거날今[illegible]官庭에若藉此而搆成[illegible]案[illegible]이면[illegible]法이나神必[illegible]鑑[illegible]三思而行ᄒᆞ라ᄒᆞ면[illegible]聲[illegible]俱[illegible]ᄒᆞ고[illegible]氣凜凜ᄒᆞ니默心之[illegible]吏도亦回天良하야莫不[illegible]ᄒᆞ고因以實狀으로行文[illegible]裁判所하야案件이皆爲[illegible]ᄒᆞᆫ지라其後에玄氏가持葉錢五[illegible]兩하고更入官庭하야

吏校奴令[illegible]洞任等의紙筆債及往來浮費를一一排給하니邑村之人이其[illegible]誠之至極과處事之光明을莫不稱譽ᄒᆞᆫ다더라

雜報

●近日韓國에有志紳士等이獨立基礎를樹立ᄒᆞ기爲ᄒᆞ야大韓自强會를發起ᄒᆞᆷ익其趣旨가如左ᄒᆞ니

夫邦國之獨立은惟在自强之如何耳라我韓이從前不講於自强之術ᄒᆞ야人民이自錮於愚昧ᄒᆞ고國力이自趍於衰敗ᄒᆞ야遂至於今日之艱棘ᄒᆞ야竟被外人之保護ᄒᆞ니此皆不致意於自强之術之道故也라尙此因循玩愒ᄒᆞ야不思奮勵自强之術이면終底於滅亡而乃已니奚但今日而止哉아嗚呼라有志憂國之士가或仰天太息ᄒᆞ며或據地痛哭이固是不能自已者나然이나徒因相對에徒下新亭之淚ᄒᆞ고燕歌慷慨에空懷不平之恨이於國何益이며於君何補哉아昔衛文公之中興은基本於殖産ᄒᆞ고普魯士之振起ᄂᆞᆫ功在於學校ᄒᆞ니彼皆無忘於興復之念而講求於自强之術故로乃能成就其大業而追蹟於後世者也라今我韓은三千里彊土가無缺ᄒᆞ고二千萬民族이自在ᄒᆞ니苟能奮勵自强ᄒᆞ야團體共合이면猶可望富强之前道而國權之回復也라ᄒᆞ리此今日ᄒᆞ야豈非汲汲奮發之時乎아然이나如究其自强之術이면無他라在振作教育也오在殖産興業也니夫教育이不興則民智未開ᄒᆞ고産業이不殖則國富莫增ᄒᆞᄂᆞ니然則開民智養國力之道ᄂᆞᆫ豈不在於教育産業之發達乎아是知教育産業之發達이即惟一自强之術이라雖然이나抑欲貫徹此自强之目的인딘不得不先培養其國民之精神ᄒᆞ야使檀箕以來四千年韓國之精神으로灌注於二千萬人之腦髓ᄒᆞ야一呼吸一瞬息之頃이라도不忘於自國之精神然後에야方可鍊自强之心膽而作復權之樞機也리니內其養祖國之精神ᄒᆞ며外吸乎文明之學術이即今日時局之時務열시此ㅣ自强會之所以發起者也라惟我全國有志諸君은孰無慷慨回復國權之想哉아請勿躊躇ᄒᆞ고同此血性ᄒᆞ야亟亟奮發於自强之術而烝進於回復之道則大韓獨立之基礎가必權輿於此矣니玆豈非全國之幸福也哉아發起人張志淵沈宜性尹孝定林珍沫金相範　未完

廣告

◉師範學員集募廣告

今에本校內에師範科를特設ᄒᆞ야尋常及高等小學校와又ᄂᆞᆫ普通學校의正科教員될이可ᄒᆞᆫ者를養成코져ᄒᆞ오니願學人은趂期來學ᄒᆞ시옵

●學科
倫理學　修身學　독書
作文　地誌內外　歷史內外　教育學　物理學　化學　生理學　經濟原論
法學通論　數學　圖畵
唱歌　體操兵式機械　外國語　日　英

●年齡及期限
入學人의年齡은十八歲以上三十五歲以下로限ᄒᆞ고修業期限은滿二個年으로一定ᄒᆞᆷ
但高等小學及普通학의卒證이有ᄒᆞᆫ者ᄂᆞᆫ免시許入ᄒᆞᆷ

●試驗科目
독書　作文國漢　歷史
地誌問對國漢　數학四則以內

●시驗及入學日字
시驗日字ᄂᆞᆫ陰三月二十八日로入학日字ᄂᆞᆫ陰四月一日로定ᄒᆞᆷ

◉小學普通학員募集廣告

本校小학普通兩科에元定학期가趂屆ᄒᆞ얏사오니願학人은陰四月晦日內로請願入학ᄒᆞᆷ
一年齡은七歲以上으로十七歲以下된者
一身體康健하고精神에欠損이無ᄒᆞᆫ者
以上은遠地에셔학하ᄂᆞᆫ人의便利ᄒᆞᆷ을爲하야校內에寄宿舍을特設하고食料以外의諸般費用은본校에서擔當ᄒᆞᆷ
江華府私立普昌학校長李東暉

●學員募集廣告●

本塾에서日英法語를速成專門科로教授하오니願學僉員은預臨問議하시오
時間及科程은본塾에來問하옵
年齡은十五歲로二十五歲以上
南門외陽洞四十三統七戶　私立廣化新塾
舍名改定化字

內外國人의物品을信ᄒᆞ게爲ᄒᆞ야商會를組織ᄒᆞ고物品主가眼同치안아도外國의가ᄂᆞᆫ것시나外國에셔오ᄂᆞᆫ거슬去來關信傳ᄒᆞ오니去來間來問本社ᄒᆞ사오以書要請無滯ᄒᆞᆷ
南門外郵便局越便
任兄弟商會

또본社의셔英語초학칙을미국인벙커씨가발간한것신딕先生업시라도工夫ᄒᆞ기와합음ᄒᆞ기쉬우니急히본社로와사가시요
任兄弟商會

본人이局長朴容奎許當錢七千兩標今月七日遺失誰某拾得休紙施行　松波居裵鍾爀　告白

本塾은小學科와中學科를教授ᄒᆞᆯ事로學徒를募集ᄒᆞ오니願學僉員은陰曆三月二十七日내로請願書를來呈ᄒᆞ고陰四月初一日에應試ᄒᆞ시오
試驗科目
小學科　漢文　독書　寫字
中學科　漢文　國史　독書
作文　寫字　本國歷史　地
地筭術　問對
小學校卒業人은無試驗으로入于中學部一年生
但年齡은十歲로至二十三歲
北署壯洞청風溪
私立普明義塾　告白

本號新開專做男女各色洋服並由上海運來各種細이毛冶及一切衣飾屬品件件精全伏望貴士女進即來購爲幸
西小門內泰男女洋服商號

本運送部에셔京仁京釜京義間鐵道貨物을運送ᄒᆞ되貨物을特別保重ᄒᆞ며運輸을特別迅速케ᄒᆞ오며支店을三線各驛에設置ᄒᆞ얏ᄉᆞ오니貨物을運送ᄒᆞ실僉君子ᄂᆞᆫ本運送部에光臨問議ᄒᆞ시옵
京城南大門外韓美協同倉庫會社內
合資會社 東美運送部
社長 尹晶錫
社務員 任命鎬 鄭仁教 李喬享

西洋砂果木을願買ᄒᆞ시ᄂᆞᆫ僉員온寒食日々지東門外紅樹洞金相協家로枉臨ᄒᆞ심은三年根四年根이有ᄒᆞ오　金相協　告白

本人弟相朝字明仲年三十九세本浮浪長留京師日事雜技而如干家産盡蕩無餘不悛前習一向得債爲事內外國人切勿見欺白失ᄒᆞᆷ
平南成川竹郊朴相華　告白

水票橋客主金主事風源處에正月晦日推次當文一萬兩第三百四十号於音을遺失ᄒᆞ야기如是廣告ᄒᆞ오니誰某拾得ᄒᆞ야도休紙施行ᄒᆞᆷ
倉洞　尹周卿　告白

○本人杜榮이가以本名杜東○으로更定ᄒᆞ오니知舊間照亮ᄒᆞᆷ
嚴柱東　告白

●刑法大全　一帙定價金新貨六十錢
牧民心書一帙　一圜二十五錢
耳談續纂一冊　十錢五里
溫故知新室叢鈔　七錢五里
父師必讀小學指南　七錢九里
人工養蠶鑑一冊　十五錢
新訂算術每冊　十五錢
農政新編　五十錢
法學通論　一圜
尺牘完編　一圜五十錢
大韓疆域誌　七十五錢
發賣所 布屛門下金相萬書舖
大韓每日申報社

●[illegible]改良廣告
本報[illegible]로붓터ᄂᆞᆫ頁數를增[illegible]冊도改良ᄒᆞ며記事[illegible]一層精選ᄒᆞ야江湖僉位의[illegible]시ᄂᆞᆫ厚意를報酬코져ᄒᆞ오니僉位ᄂᆞᆫ愛讀ᄒᆞ심을伏望
但[illegible]字ᄂᆞᆫ每朔五日
一[illegible]新貨拾錢
總[illegible]公[illegible]石鐘
發[illegible]所　[illegible]學[illegible]
賣[illegible]所　[illegible]洞會[illegible]內
[illegible]路大東書市
[illegible]下金相[illegible]肆
新[illegible]紙廛
[illegible]九紙廛
仁川[illegible]新冊肆
平壤啓明書舖

花春丹은　暑症　霍亂　吐瀉　腹痛
滯症　疾痛　怔忡　神吐　嘈
鬱痰　醒酒　船暈　咳嗽
口味업ᄂᆞᆫ諸症의神效ᄒᆞᆫ藥이오
此外에도洋灰水解毒藥唐창
疳氣蛔虫寸白赤白癩風
藥과東西洋의이俱備ᄒᆞ고他病
도隨問出方ᄒᆞ오니僉位ᄂᆞᆫ枉議ᄒᆞ시옵
皇城泥洞石井洞下門
石泉堂藥局　告白

特別社告

非史乘이면政治之美惡와人物之臧否와風俗之汚隆을無以攷論인즉史乘者는非一時之공覽이라乃萬世之公案이오非自國之所可得以私也라卽宇內列邦에宜所公佈키로曩者美人訖法氏之撰大東紀年이意固有在而然也라本記者ㅣ不揆僭越하고於韓之史事에留心者ㅣ久矣로되在幾百年之後하야要論幾百年之事가任大力綿에恐有失實之歎뿐더러鎖國自守之時代에는民國間諸般事爲가不過是尋常典故라不足以供世界列邦之限目키로斷自丙子以後各國交涉時事하야要爲編成一書하야公諸列邦하니四方有志諸君子는諒此苦心하야丙子以後政令訓詰之所記와各國交涉之如何와臣民疏章與功罪之表著와中外俗習之沿革과忠臣義士孝子烈女之行蹟을各隨所聞所見而詳錄投示하야俾此重役으로得以完成을千萬幸甚

大韓每日申報社

○○○○○○○○○○○○○

本申報를廣佈ᄒᆞ기爲하야咸鏡南道咸興州南社西門外居하는曹喜林氏에게逐號下送하오니該附近地愛讀하시는僉君子는同氏에게購覽하시며代金도同氏에게傳致하심을爲要

大韓每日申報社

○○○○○○○○○○○○○

●九轉靈砂라 本人이妙方法을辦備하야製造ᄒᆞᆫ靈丹인듸男女老少에無論何症ᄒᆞ고通治ᄒᆞ오며無病時에도服ᄒᆞ면平生의身體가健康ᄒᆞ며小兒는四五錢重만服ᄒᆞ면十歲안에無病ᄒᆞ기를擔保ᄒᆞ오며

●九轉靈砂萬應丹은癲狂 癎症과中風諸疾과耳目諸病과淋疾에神效ᄒᆞ오

●九轉靈砂保命丹은初生小兒 驚風 痢氣 咳嗽 腹痛諸般疾과婦人帶下症에神効ᄒᆞ오

●九轉靈砂濟衆丹은酒滯 食滯 血積 吐瀉 霍亂 痢疾 吐血 下血 運氣 時疾 痼症에神效ᄒᆞ오

●九轉靈砂紫金丹은痔漏 累癧 上疳瘡 下疳瘡及唐瘡과諸般毒瘡惡種에無不神効ᄒᆞ오니 僉君子는來問ᄒᆞ시오

內需司前동갑이골上隅第一家

李鍾廷 告白

一 鷹標罐濃甜牛乳

一 金印罐甜濃結牛乳

一 無糖家用氣化乳酪

一 보ㅣ돈쓰製造麥芽化合牛乳

以上은常時에貯積ᄒᆞ얏슴

美國紐育港 보ㅣ돈쓰 濃結牛乳會社

一手代理店

大韓仁州港

世昌洋行

以上三種은上品으로製造ᄒᆞ야備置上에至極精益ᄒᆞ니每箱其八ᄒᆞ고本社에來購ᄒᆞ심

大韓帝國仁川港

濟物浦紙卷烟及烟草會社

本社廣告

申報價

一張代金 新貨二錢五里

一箇月前則 三十錢

三箇月 九十錢

六箇月 一元七十錢

一箇年 三元四十錢

郵稅一部 新貨五里

一箇月 十三錢

廣告料

四号活字十三字語

每日每號一行에新貨廿五錢

(每日發行에大篇에ᄒᆞᆫᄒᆞᆷ)

二號字에 二圜五十錢

(每日發行號로에相當홈)

一箇月에 五圜

(每日發行四圜一里에相當홈)

其期限의長短과字行의多少

를從ᄒᆞ야[illegible]이有홈

大韓人[illegible]不得[illegible]覽ᄒᆞ실터이오니廣告出報ᄒᆞ실僉君子는來臨面議ᄒᆞ시요

發行兼編輯人 英國人 裵說

發行所

京城北署[illegible]外地[illegible]

大韓每日申報社

第四卷 大韓每日申報 대한매일신보 第一百八十五號

月曜及慶節歲時日休刊

檀君開國四千二百三十九年
箕子元年三千二百二十八年
大韓開國五百十五年
日本明治三十九年
淸國光緖三十二年
陰曆丙午三月大十一日戊人

論說

告自强會發起諸君子

夫社會者ᄂᆞᆫ保種保國之基礎也오開明進步之機關也라何以言之오上古之時에隣國이相望ᄒᆞ고鷄狗相聞ᄒᆞ되民至老死에不相往來ᄒᆞᄂᆞ니人與人間에旣無知識之交換ᄒᆞ고亦少勢力之角鬪ᄒᆞ야感情이不生ᄒᆞ고慾望이不進이라雖無社會之結合이나亦足以自保自存이어니와今値六洲相通ᄒᆞ고萬國往來之日ᄒᆞ야世界人類가平和則知識之交換이日廣ᄒᆞ고競爭則勢力之角鬪가愈烈ᄒᆞᄂᆞ니若其在我而無聯合之團體이면對彼而無抵拒之能力이라其國家와其種族이必被他人之壓迫侵奪ᄒᆞ야生機日削ᄒᆞ야漸至滅絶乃已니此ᄂᆞᆫ社會之盛衰가爲人類生存之關係者也오天下之事業이有不可以獨智獨力而成就焉則必資乎衆智衆力矣니所以로自讀書以至農工商業에無一不由於社會而發達焉ᄒᆞᄂᆞ니此其爲開明進步之機關者也라

現今大韓國中에各種社會가紛紛而起ᄒᆞᄂᆞ니其趣旨目的은雖各不同ᄒᆞ나均是大韓同胞로愛國愛種이宜其一體라互相親善ᄒᆞ고互相奮發ᄒᆞ야以成就其事業ᄒᆞ고以發達其目的이면維持國力ᄒᆞ고保存人種이實在於此이거날乃其行動이往往違反於趣旨ᄒᆞ야對彼外人則俛首帖耳에卑屈阿附가如恐不及ᄒᆞ고對其國人則揭臂恣睢에憑藉侵侮가無所不生ᄒᆞᄂᆞ니世人之憎惡가日甚ᄒᆞ고天下之嗤笑가不已라此等龍頭蛇尾之社會ᄂᆞᆫ不可以爲保國保種之基礎矣오亦不可以爲開明進步之機關矣니可勝歎哉아近又大韓自强會가發起於有志紳士ᄒᆞᄂᆞ니其趣旨건ᄃᆡ以扶起大韓之獨立으로爲其目的者니豈不美哉리오만은但吾儕ᄂᆞᆫ已於各種社會에尙未聞好소息이라懲羹吹虀가實有滿憂之深者일세惟願該會僉君子ᄂᆞᆫ其結心團體가果然趣旨와如히一呼吸一瞬息之頃에無忘乎興復之念而發達其敎育殖産等事業ᄒᆞ야以爲回復國權之地면可謂克踐其趣旨者矣어니와如其行動이復蹈他會之轍ᄒᆞ야只取龍頭蛇尾之譏則豈但諸君子之損失名譽而已哉아大韓社會風氣之開明이終無可望이니此其關係가果何如哉오惟諸君子ᄂᆞᆫ念之勉之어다

官報

●三千四百十七號 光武十年四月三日

◉敍任及辭令

任江原道觀察使 學部協辦李準榮○依願免本官 秘書監丞李敏英 全金秉萬 主殿院電務課主事李炳坤 李圭龍 慶基殿參奉鄭在龍 徽慶園守奉官王緖說○任秘書監丞 正二品閔健植 正三品洪承斗○兼任太醫院副卿 秘書監丞洪承斗○任主殿院電務課主事 洪大運 朴在榮 康寬成○任慶基殿參奉 孫翼秀○任徽慶園守奉官 嚴相德○任昭慶園參奉 沈相允 以上三月卅日

●勅令

勅令第十二號 (續)

第十八條 農工債券은額面金額十圜以上으로ᄒᆞ고記名式으로ᄒᆞᆷ을要ᄒᆞᆷ이라

第十九條 農工債券의所有者가其元金又ᄂᆞᆫ利子ᄅᆞᆯ要求ᄒᆞ야니ᄒᆞᆫ時ᄂᆞᆫ元金은十箇年利子ᄂᆞᆫ三箇年後면其要求의權을失ᄒᆞᆫ者라ᄒᆞᆷ이라

第二十條 農工銀行에셔본章에揭ᄒᆞᄂᆞᆫ者外他銀行業務ᄅᆞᆯ爲코져ᄒᆞᆫ時ᄂᆞᆫ度支部大臣의게申請ᄒᆞ야認可ᄅᆞᆯ受ᄒᆞᆷ을要ᄒᆞᆷ이라

第廿一條 前條ᄅᆞᆯ依ᄒᆞ야라銀行業務ᄅᆞᆯ營코져ᄒᆞᆫ時ᄂᆞᆫ全혀度支部大臣이나度支部大臣이特히命ᄒᆞᆫ者의指揮監督을受ᄒᆞ야其業務ᄅᆞᆯ執行ᄒᆞᆷ을要ᄒᆞᆷ이라

第廿二條 農工銀行은每年準備金으로資本의缺損을補ᄒᆞᆷ을爲ᄒᆞ야利益의百分之八以上을積立ᄒᆞ고及利益配當의平均을得케ᄒᆞᆷ을爲ᄒᆞ야利益의百分二以上을積立ᄒᆞᆷ이可ᄒᆞᆷ이라

第廿三條 度支部大臣은農工銀行의業務ᄅᆞᆯ監督ᄒᆞᆷ이라

第廿四條 左開事項에對ᄒᆞ야ᄂᆞᆫ度支部大臣의認可ᄅᆞᆯ要ᄒᆞᆷ이라

一 定款及其變更
二 支店及其代理店의設置及其變更
三 株主에對ᄒᆞ야配當金의分配

第廿五條 政府ᄂᆞᆫ農工銀行의營業을補助ᄒᆞᆷ을爲ᄒᆞ야資金의供給又ᄂᆞᆫ株式의擔負ᄅᆞᆯ補助ᄒᆞᆷ을得ᄒᆞᆷ이라

前項補助의方法은度支大臣이此ᄅᆞᆯ定ᄒᆞᆷ이라

第廿六條 前條의補助ᄅᆞᆯ受ᄒᆞᆫ農工銀行에對ᄒᆞ야ᄂᆞᆫ度支部大臣은其指名ᄒᆞᆫ監理者ᄅᆞᆯ該銀行에常置케ᄒᆞ야營業上必要ᄒᆞᆫ指導及監督ᄒᆞᆷ을得ᄒᆞᆷ이라

第廿七條 本條例에定ᄒᆞᆫ各條規에違背ᄒᆞ거나又ᄂᆞᆫ度支部大臣命令에違犯ᄒᆞᆫ時ᄂᆞᆫ農工銀行理事者에게十圜以上五百圜以下의金額을罰金으로徵收ᄒᆞᆷ이라

第廿八條 前條의罰金은裁判所의命令으로써此ᄅᆞᆯ科ᄒᆞᆷ其辦納에對ᄒᆞ야ᄂᆞᆫ理事者ᄂᆞᆫ連帶ᄒᆞ야其責任을擔任ᄒᆞᆷ이라

第廿九條 農工銀行設立에關ᄒᆞᆫ方法에對ᄒᆞ야ᄂᆞᆫ度支部大臣이此ᄅᆞᆯ定ᄒᆞᆷ이라

附則

第卅條 本令은頒布日로븟터施行ᄒᆞᆷ이라

光武十年三月十一日

御押 御璽 奉勅

議政府參政大臣 勳一等朴齊純
度支部大臣 勳一等閔泳綺

未完

外報

◉委員特派의請求 北京電을據ᄒᆞᆫ則駐[illegible]公使胡惟德氏가청[illegible]여對[illegible]萬國平和會議의委員을特派ᄒᆞᆷ을要請ᄒᆞ얏ᄂᆞᆫᄃᆡ伍延芳氏가被命ᄒᆞ리라더라

◉資産의寄附 英國우스다地에居住ᄒᆞᄂᆞᆫ소스메[illegible]氏ᄂᆞᆫ逝去ᄒᆞᆯ時에遺言ᄒᆞ고其資産四十萬元을總히하와도大學校와우스다地의구라구大醫校及病院에寄附ᄒᆞ얏고法國지존市에居住ᄒᆞᄂᆞᆫ一婦人은逝去時에其資産一千萬元을同市에寄附ᄒᆞ얏더라

◉馬賊의跋扈 同電을據ᄒᆞᆫ則馬賊이內蒙古東境에亂入ᄒᆞ야各處에셔掠奪ᄒᆞᄂᆞᆫᄃᆡ就中다루ᄒᆞᆫ모領內에在ᄒᆞᆫ者가甚히猖獗ᄒᆞ다더라

◉國語統一策 同電을據ᄒᆞᆫ則淸國學部에셔國內言語ᄅᆞᆯ統一ᄒᆞ거爲ᄒᆞ야名學校에國語科ᄅᆞᆯ置ᄒᆞ고北京官話ᄅᆞᆯ[illegible]케ᄒᆞ가로ᄒᆞ얏다더라

東京電報

●太東俱樂部軋轢 四月二日午後○時廿分發
大東俱樂部는軋轢ᄒᆞᆫ結果로藻寄鐵五郞은野九國瀨를毆打하야重傷을負케하얏는ᄃᆡ野尻氏는直히告訴하얏더라

●大東軋轢後報 仝上
大東俱樂部의爭鬪에就하야加害者藻寄鐵五郞氏는檢事의取調를受하고拘留되얏더라

倫敦電報

●우氏痛歎 四月一日午后四時三分東京發
우레미야氏는露國이滿洲에서新得ᄒᆞᆫ金鑛을失ᄒᆞᆷ을痛歎하얏다더라

●露國非認 仝上
露國은滿洲에서撤兵을중止하얏다는風說은露國에서否定ᄒᆞᆫ다더라

雜報

●到處勒約 振威十八洞民人李容敎等이農部에呼訴ᄒᆞᆫᄃᆡ槪에生等所居坪을日人이以開墾次願買之意로欲爲決價이오는國土를私賣外人이係是法外이온況敢價勒買乎아以此談辦하고半執不諾矣러니噫彼日人이反爲威脅執탈하야發送成歡駐在日憲兵隊三人하야捉去洞長하고攔入于尊位家ᄂᆡ庭하야欲捉而未捉하고致書于本官하야使之捉送尊位云이온즉到此地頭에數十洞數千生靈이將至魚肉이라當場在座數三人이不耐威脅하야勒成契約이오나此乃㥘於威脅이오니豈可以契約으로言論이오며且彼恐動城北一洞하야欲施威於數十洞하고鉗制數千人하야勒買白奪이無所不至하오니哀我殘民이失産而塡壑之境이옵기敢玆來訴하오니此坪起墾을永爲革罷케하라하얏더라

●復校宜一 日本留學生金麟等十人이學部에請願書를浂呈하얏는ᄃᆡ以官費生退學者三十六人中에二十六人은復校되고生等十人은尙無如何之處分하니其在一視에豈有厚薄之理乎아特爲一體復校케하라하얏다더라

●奏內裁二 再昨日에內部大臣이四郡守叙任奏本을上奏ᄒᆞ얏는ᄃᆡ其中二郡이裁可되얏다더라

●各從其願 駐日留學生監督韓致愈氏가內部에報告ᄒᆞᆫ內槪에東京遊學私費生張建相金容根이廣島所在海軍兵學校에願入ᄒᆞ고金河龍은東京所在陸軍幼年學校에願入이옵기日本外務省書記官倉知에게紹介를請ᄒᆞᆫ즉倉知所答이貴學部로서統監府에交涉ᄒᆞ야許可를得ᄒᆞᆫ後即爲指令하라하얏더라

●會員作弊 一進本部會員閔杰이와安城會員姜成雲姜源吉金學民金雲植等이出沒安城鎭川等地하야務使斷髮入회케하는거슨都是出於挾雜行爲라더라

●白衣禁止 曩時政府令甲을依ᄒᆞ야一般官民의上下衣를靑黑자紺色으로遵行하나或弁髦朝令하고依舊着白入이街路上에頗多하기로日昨政會에서다시提議하고白衣者를一切嚴禁ᄒᆞᆫ다더라

●借來金額 今番日本興業銀行과締約ᄒᆞᆫ借欵이一千萬圓중에五百萬圓을去月卅一日該銀行에서度支ᄃᆡ臣에게准數送交ᄒᆞ얏는ᄃᆡ餘額五百萬圓은日後所用을隨ᄒᆞ야繼續輸來ᄒᆞᆯ計劃이라더라

●以會駁會

日昨東亞開進敎育會에서一進會로公函ᄒᆞ얏는ᄃᆡ昨日中央新報十二件提出題目에再昨日政府各ᄃᆡ臣會席에一進會에서提出ᄒᆞᆫ十二案件中에有曰東亞開進會는即爲解散事라ᄒᆞ니貴會에서有何職權ᄒᆞ야奬會를解散키로政府에提呈ᄒᆞ는지奬會가貴職權을是問이오며奬會가有何惡習이기期圖解散인지奬會가該事件을是質矣라ᄃᆡ凡無瑕者라야可以僇人이어날貴會는有何善行ᄒᆞ야彈覈他會乎아奬會도自有舌ᄒᆞ고亦有耳ᄒᆞ니第言之矣어니와貴會가奬會에對ᄒᆞ야解散을勸加ᄒᆞ는理由를願聞ᄒᆞ노니照亮ᄒᆞ신後今日下午十二點鍾內로賜復ᄒᆞ심을爲要

●靑會有志 端川郡私立維新學校의圖進ᄒᆞ는熱心은前報에已揭어니와更聞則該郡靑年會에서郡內紳士를會同演說ᄒᆞ고本校財政困難을爲ᄒᆞ야義錢千兩을義助ᄒᆞ고其他諸人도著着有意ᄒᆞᆫ다더라

●醫師呼訴 廣濟院醫師李秀一은多年奉公에効勞頗多ᄒᆞᆫᄃᆡ該院長金寬鉉氏가無故汰去ᄒᆞᆷ으로醫師諸人이政府에呼訴ᄒᆞ얏다더라

●麵商鳴寃 平南麵子會社는商民等이各出資本ᄒᆞ야造麵營業이어날自一進會로無端沮戱ᄒᆞ야暫時中止라도見害多端故로冤聲狼藉라ᄒᆞ니會사營業은人民之自由權利를有誰禁止오傳言雖信이나隨聞記載ᄒᆞ노라

●刧財處役 坡州郡에서京畿裁判所로押上ᄒᆞᆫ賊漢申宗完韓春成은募圖를同爲守直타가刧取人財之計가忽生ᄒᆞ야乃於歸路에投書恐嚇이以至三處라가被捉於坡州郡巡校하얏는ᄃᆡ刑法大典第五百九十三條財産刧取ᄒᆞᆯ計를已行하고未得財ᄒᆞᆫ者律에照하야終身懲役에宣告되얏다더라

東亞開進敎育會會員等이政府에長書ᄒᆞᆫ全文이如左ᄒᆞ니

鵷雛는非練實不食이어날反被食鼠鳶의所嚇ᄒᆞ니義不可付之一笑而止라玆以辨明ᄒᆞ오니垂察焉ᄒᆞ소셔本會는開明進步에敎育斯民으로主旨ᄒᆞ와文武農工商五課를設ᄒᆞᆷ은與士農工賈四民으로同一義務라參古酌今ᄒᆞ와爲時措之宜ᄒᆞ니凡民之聰明俊秀를晝則敎之以漢文ᄒᆞ야漸以忠 君愛國之義ᄒᆞ고夜則敎之以日語ᄒᆞ야漸以通辯交涉之務ᄒᆞ오니此可謂學問發達이오農工課則財政이窘乏하와外國之便利器械를姑未發達이오나第圖實踐이오며至若商課ᄒᆞ야는組織이已遍ᄒᆞ고規模가確立ᄒᆞ야閭閻에少無損害ᄒᆞ고塲市에亦無紛競이어날謹以舊式이仍存而奬生於祼負商이라ᄒᆞᆷ이似或熒惑人聽이나此奬는本會之業已嚴禁而痛懲者也로소이다人心之不同이如人面之各異ᄒᆞ야人人이縱不能遵規則이나本會中에雖一介人이라도豈有如一進會行爲의小而勒掘人塚과勒奪寡婦와勒捧私債와大而驛屯土捧稅官之驅逐과驛屯畓之勒奪과公錢을再徵於已納之民間과甚至於委任總代ᄒᆞ야淩辱政府ᄃᆡ官과莫重御供米를奪文簿而擅捧과兵丁을打殺等者乎잇가此等暴行은彼皆有之어니와本會에는雖百人이吹毛라도一疵를難覓이니左右參諒ᄒᆞ시면革罷而解散者ㅣ果此會乎잇가抑彼會乎잇가伏請俯賜鑑亮焉

●平壤에有志ᄒᆞᆫ金有鐸氏가愛國女學校를設起ᄒᆞᆷ의其趣旨가如左ᄒᆞ니

此時가何時며此日이何日고國家形勢之岌業은幾陷於無有ᄒᆞ고全國生靈之危急은將至於自絶ᄒᆞ얏스니爲其國民者는上下合心ᄒᆞ고男女同志ᄒᆞ야奮勵精神ᄒᆞ며鼓動志氣ᄒᆞ야熱心於學問ᄒᆞ며勤孜於事業이라야國力을可以發展이오獨立을可以保存ᄒᆞ깃거날奈之何不念來頭ᄒᆞ며不察見世ᄒᆞ고苟苟營營於紫陌上紅塵ᄒᆞ며惛惛昏昏於黑洞裏春夢ᄒᆞ야懶散成痼ᄒᆞ고游嬉爲樂ᄒᆞ야漸臻於無所爲無所起之境ᄒᆞ니當此危急存亡之秋ᄒᆞ야孰不仰蒼穹而灑血淚哉아女人도亦天生之人類이언마는我國古來習慣이以閉錮於閨中ᄒᆞ고壓縛使役으로爲夫人之義務라ᄒᆞ야不預於外事ᄒᆞ며不參於社會ᄒᆞ야生世百年에頓無一日之樂ᄒᆞ니男女가同等에何其然乎아但不修學問ᄒᆞ야野昧無知之所由也라

今에世運이大闢ᄒᆞ고萬國이通行ᄒᆞ야不分男女ᄒᆞ고各有同等之權利ᄒᆞ야人莫敢侵奪ᄒᆞ나니何不早早猛省哉아

肆有有志之數三君子ᄒᆞ야先倡女學校創立之說ᄒᆞ니正是伸懷展志之一大好機會也라乃於三月二日에會集老嫗少女ᄒᆞ고諮問女人敎育之便否則衆口同辭에咸曰奇乎偉哉라ᄒᆞ니其生來積鬱之狀이歷歷可觀ᄒᆞᆯ지로다雖芳草綠陰이라도不堪霜雪之寒威ᄒᆞ야花落而葉殘ᄒᆞ얏다가廿四風好時節에花開葉茂ᄒᆞ야紫綠光艶이忽變蕭條零落之舊日面目ᄒᆞ나니觀物而揣事컨ᄃᆡ盛衰之理를昭然可據ᄒᆞᆯ지라

前日之女子가雖受幾萬年鉗制나從今以往으로는茁長學問之芽ᄒᆞ야爛開同等之花ᄒᆞ며多結忠愛之實ᄒᆞ야ᄃᆡ韓帝國萬萬歲獨立權을泰山磐石上에永永鞏保ᄒᆞ기를指日可期ᄒᆞ깃노라

雜報

● 大韓自强會規則

第一條 會名本會ᄂᆞᆫ大韓自强會로써立名ᄒᆞᆫ事

第二條 目的敎育에擴張과産業의發達을硏究實施홈으로自國에富强을計圖ᄒᆞ야他日獨立의基礎를作ᄒᆞᆫ事

第三條 位置本會의中央事務所ᄂᆞᆫ京城에寘ᄒᆞᆫ事

第四條 方法團法範圍와文明軌道의以內行動으로或國民을指導ᄒᆞ며或政府에建議ᄒᆞᆫ事

第五條 任員會長一人副會長一人評議員二十人幹事員二十人을投票公選ᄒᆞᆫ事

第六條 任務左開와如ᄒᆞᆫ事

一 會長은會務要領을總理ᄒᆞᆫ事

二 副會長은會長을輔佐ᄒᆞ되會長이有故ᄒᆞᆫ時에其事務를代辦ᄒᆞᆫ事

三 評議員은會中重要事項을評議票決ᄒᆞᆫ事

四 幹事員은各其分掌이有ᄒᆞ야會中庶務를管理ᄒᆞᆫ事

第七條 機關月報나或新聞을發刊ᄒᆞ야本會의主意를發表ᄒᆞ며且會中事業을揭載ᄒᆞᆫ事

第八條 顧問法律政治에精通ᄒᆞᆫ日本人一名을延聘ᄒᆞ야本會의外交事務를擔任케ᄒᆞᆫ事

但俸金의支撥은無ᄒᆞᆫ事

第九條 通常會每月一回式開會ᄒᆞ야前期成蹟을佈明ᄒᆞ며會員議案을可否ᄒᆞ며本會의目的과方法에相當ᄒᆞᆫ演說도有ᄒᆞᆫ事 但會務의要急을因ᄒᆞ야臨時特別開會를得ᄒᆞᆫ事

第十條 評議會通常會日一週前에評議會를開ᄒᆞ야會員의議案提出件을評選ᄒᆞᆫ事

但緊要事項을因ᄒᆞ야臨時會를得ᄒᆞᆫ事

第十一條 支會會務展進을爲ᄒᆞ야要點地方에支會를設寘ᄒᆞᆫ事

第十二條 會費會員의入會金과志者의寄附金으로써充用ᄒᆞᆫ事 未完

廣告

安城邑內居ᄒᆞᄂᆞᆫ鄭召史가以靑年寡居로外無主張而率孤兒苟迭歲月이옵ᄂᆞᆫ바鄭召史에世傳田土가在於本郡南面梏村前後坪七八石落하와以此로勤農資生이옵ᄂᆞᆫ데噫彼시六寸鄭奎煥與시뉘남편姜[illegible]봉兩人互相符同而蔑視殘寡하고敢生奪土之凶計하야右土를以僞造文券으로京鄕間有勢力家에다가暗爲盜賣以喫코저하옵기로如是告白하오니無論內外國人하고此田土를買得홈이無케하옵고勿爲見欺하시옵

安城읍닉居鄭召史 告白

칠간안박뎍슌쳐의금월초오일의츄ᄎᆞ당젼숌쳔량어음을셔실ᄒᆞᆫ고로광고하오니슈모습득휴지시힝홈

ᄎᆞ동김완묵 고ᄇᆡᆨ

本人이去壬寅年分에通川居金善五處에畓一庫契券을典執ᄒᆞ고白木二駄을債給ᄒᆞ왓더니追後에金善五身死ᄒᆞ고元山居李承烈爲名者가僞造文券ᄒᆞ고金善五處에買得ᄒᆞ엿다ᄒᆞ미本人이通川郡에呈ᄒᆞ여得科ᄒᆞ엿더니厥後에李承烈이日巡捕을符同來到ᄒᆞ야威脅縛打ᄒᆞ며契券ᄲᅮᆫ奪取ᄒᆞ고甚至於浮費葉三百餘兩ᄲᅢ지懲出하온本人이通川郡에更訴ᄒᆞᆫ즉官俾도不得擅便하미不勝抑鬱하야京部에呼訴次로玆以廣佈홈

金城昌道居 金俊善 告白

本人이紙商爲業인바物價本月二十日五千兩出給票하여初九日張奉柱을쥬엇던니路中遺失이오니內外國人間拾得休紙施行

東門外仁昌坊二統八號 紙廛 李圭炳

本塾은小學科와中學科를敎授ᄒᆞᆯ事로學徒를募集ᄒᆞ오니願學僉員은陰曆三月二十七日내로請願書를來呈ᄒᆞ고陰四月初一日에應試ᄒᆞ시오

試驗科目

小學科 漢文 독書 寫字

中學科 漢文 國史 독書

作文 寫字 本國歷史 地誌

地筭術 問對

小學校卒業人은無試驗으로入于中學部一年生

但年齡은十歲로至二十三歲

北署壯洞청風溪 私立普明義塾 告白

● 學員募集廣告 ●

本塾에셔日英法語를速成專門科로敎授하오니願學僉員은預臨問議하시오

時間及科程은본塾에來問하옵

年齡은十五歲로二十五歲以上

南門닉暘洞四十三統七戶 私立廣化新塾

僉名改定化字

本人弟相朝字明仲年三十九𡻕本浮浪長留京師日事雜技而如干家産盡蕩無餘不悛前習一向得債爲要內外國人切勿見欺ᄒᆞ야失홈

平南成川竹郊朴相華 告白

◉ 師範學員募集廣告

今에本校內에師範科를特設ᄒᆞ야尋常及高等小學校와又ᄂᆞᆫ普通學校의正科敎員됨이可ᄒᆞᆯ者를養成코저ᄒᆞ오니願學人은趁期來學ᄒᆞ시옵

● 學科

倫理學 修身學 독書

作文 地誌內外 歷史內外

敎育學 物理學 化學

生理學 經濟原論

法學通論 數學 圖畫

唱歌 體操兵式機械 外

國語 日 英

● 年齡及期限

入學人의年齡은十八歲以上三十五歲以下로限ᄒᆞ고修業期限은滿二個年으로定홈

但高等小學及普通학의卒證이有ᄒᆞᆫ者ᄂᆞᆫ免시許入홈

本運送部에셔京仁京釜京義間鐵道貨物을運送ᄒᆞ되貨物을特別保重ᄒᆞ며運輸을特別迅速케ᄒᆞ오며支店을三線各驛에設置ᄒᆞ얏ᄉᆞ오니貨物을運送ᄒᆞ실僉君子ᄂᆞᆫ本運送部에光臨問議ᄒᆞ시옴

京城南大門外韓美協同倉庫會社內

合資會社 東美運送部

社長 尹晶錫

社務員 任命鎬 鄭仁敎 李喬寧

● 시驗科目

독書 作文 國漢 歷史

地誌 問對 國漢 數학四則以內

● 시驗及入學日字

시驗日字ᄂᆞᆫ陰三月二十八日로入학日字ᄂᆞᆫ陰四月一日로定홈

◉ 小學普通학員募集廣告

本校小학普通兩科에元定학期가趁届ᄒᆞ얏사오니願학人은陰四月晦日內로請願入학홈

一 年齡은七歲以上으로十七歲以下된者

一 身體康健하고精神에欠損이無ᄒᆞᆫ者

以上은遠地에ᄶᅵ 학하ᄂᆞᆫ人의便利홈을爲하야校內에寄宿舍를特設하고食料以外의諸般費用은본校에셔擔當홈

江華府私立普昌학校長李東暉

● 刑法大全 一帙定價金新貨六十錢

牧民心書 一帙 一圜二十五錢

耳談續纂 一冊 七錢五里

温故知新堂叢鈔 七錢五里

父師必須小學指南 七錢五里

人工養蠶鑑 一冊 十五錢

新訂筭術每冊 十五錢

農政新書 九十錢

法學通論 一圜

尺牘完編 一圜五十錢

大韓地誌 七十五錢

發賣所 布屛門下金相萬書舖 大韓每日申報社

內外國人의物品을信傳키爲ᄒᆞ야商會를組織ᄒᆞ고物品主가眼同치안아도外國의가ᄂᆞᆫ것시나外國에셔오ᄂᆞᆫ거슬去來間信傳ᄒᆞ오니去來間來問本社ᄒᆞ사오以書要請無關홈

南門外郵便局越便 任兄弟商會

또본社의셔英語초학책을미국인벙커씨가발간한것신데先生업시라도工夫ᄒᆞ기와합음ᄒᆞ기쉬우니急히본社로와사가시요

任兄弟商會

水票橋客主金主事鳳源處에正月晦日推次當文一萬兩第三百四十号於音을遺失ᄒᆞ야기如是廣告ᄒᆞ오니誰某拾得ᄒᆞ야도休紙施行홈

倉洞 尹周卿 告白

本號新開專做男女各色洋服兼由上海運來各種細이布와及一切衣飾屬品件件精全伏望貴士女迅即來購爲幸

西小門內[illegible]泰男女洋服商號

特別社告

非史乘이면政治之美惡와人物之臧否와風俗之汚隆을無以攷論인즉史乘者ᄂᆞᆫ非一時之공覽이라乃萬世之公案이오非自國之所可得以私也라即宇內列邦에宜所公佈키로曩者美人訖法氏之撰大東紀年이意固有在而然也라本記者ㅣ不揆僭越하고於韓之史事에留心者ㅣ久矣로되在幾百年之後하야要論幾百年之事가任大力綿에恐有失實之歎쌴더러鎖國自守之時代에ᄂᆞᆫ民國間諸般事爲가不過是尋常典故라不足以供世界列邦之限目키로斷自丙子以後各國交涉時事하야要爲編成一書하야公諸列邦하니四方有志諸君子ᄂᆞᆫ諒此苦心하야丙子以後政令訓誥之所記와各國交涉之如何와臣民疏章與功罪之表著와中外俗習之沿革과忠臣義士孝子烈女之行蹟을各隨所聞所見而詳錄投示하야俾此重役으로得以完成케ᄒᆞ심을爲要

大韓每日申報社

○○○○○○○○○○○○○○

本申報를廣佈ᄒᆞ기爲하야咸鏡南道咸興郡南社西門外居하ᄂᆞᆫ曹喜林氏에게逐號下送하오니該附近地愛讀하시ᄂᆞᆫ僉君子ᄂᆞᆫ同氏에게購覽하시며代金도同氏에게傳致하심을爲要

大韓每日申報社

○○○○○○○○○○○○○○

●九轉靈砂라 本人이妙方法을神備하야製造ᄒᆞᆫ靈砂 ... 女老少에無論何症ᄒᆞ고通治ᄒᆞ오며無病時에도服ᄒᆞ면平 ... 身體가健康ᄒᆞ며小兒ᄂᆞᆫ四五錢重만服ᄒᆞ면十歲안에無病ᄒᆞ기를擔保ᄒᆞ오며

●九轉靈砂萬應丹은癲狂 痫症과中風諸疾과耳目諸病 ... 疾에神効ᄒᆞ오

●九轉靈砂保命丹은初生小兒 驚風 痫氣 咳嗽 ... 諸

●九轉靈砂濟衆丹은酒滯 食滯 血積 吐瀉 霍亂 痢疾 般惡과婦人帶下症에神効ᄒᆞ오

●九轉靈砂紫金丹은痔漏 吐血 下血 運氣 時疾 痲症에神効ᄒᆞ오 累癧 上疳瘡 下疳瘡及瘡瘡과諸般毒瘡惡種에無不神効ᄒᆞ오니 僉君子ᄂᆞᆫ來問ᄒᆞ시오

內需司前두갑이골上隅第一家 李鎬廷 告白

一 鷹標煉濃詰牛乳
一 雲印煉結濃縮牛乳
一 無糖 ... 乳
一 麥ㅣ른쓰製造麥精乳
合牛乳

以上은常時에貯藏ᄒᆞ얏ᄉᆞ오

美國紐育港 ㅣ른쓰 濃結牛乳 ...

一手代理店

大韓仁州港

世昌洋行

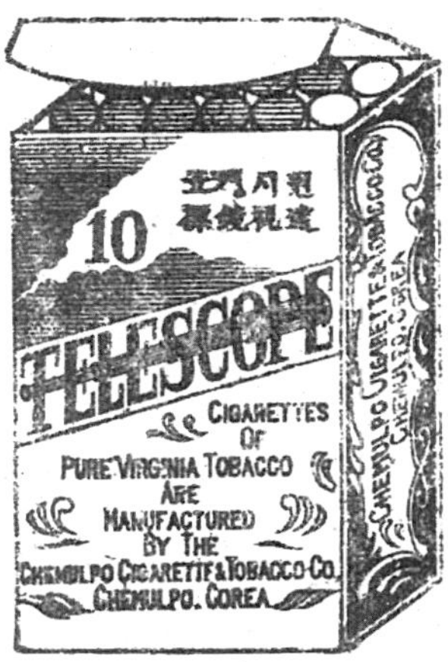

以上三種은上品으로製造ᄒᆞ야精製ᄒᆞ야上에至極廉價ᄒᆞ니諸君은八 ... ᄒᆞ고本社에來購ᄒᆞᄉᆞ

大韓帝國仁川港

濟物浦紙卷烟及烟草會社

本社廣告

申報價

一張代金 新貨二錢五厘
一個月前納에 三十錢
三個月 九十錢
六個月 一元七十錢
一個年 三元四十錢

郵稅一部 新貨五厘
一個月 十三錢

廣告料

四號活字十二字一行에新貨廿五錢

（每日每行에大字ᄂᆞᆫ加算홈）

二個月 ... 二圓五十錢

（每日每行四號五十厘에相當홈）

一個月에 五圓

（每日每行四號一厘에相當홈）

其期限의長短과字行의多少와 ... ᄂᆞᆫ ... 有홈

大韓人마다此申報를不得不購覽ᄒᆞ실터이오니廣告出報ᄒᆞ실僉君子ᄂᆞᆫ來臨面議ᄒᆞ시오

發行兼編輯人 英國人裵說

發行所

京城北署水進坊洞第 號外地 ...

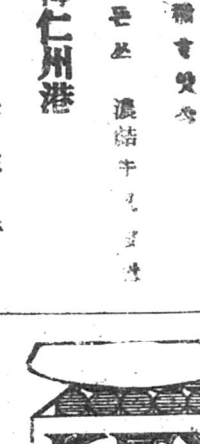

大韓每日申報社

第四卷　大韓每日申報　대한매일신보　第二百八十六號

月曜及慶節歲時日休刊

檀君開國四千二百三十九年
箕子元年三千二十八年
大韓開國五百十五年
日本明治三十九年
淸國光緖三十二年
陰曆丙午三月十二日己卯

論說

鵲巢鳩居

客有問於記者曰日人이其將漸次로占有韓土乎아記者曰惡라是何言也오日本이以保全韓國領土로爲其保證ᄒᆞ야聲明於天下ᄒᆞ얏스니豈其食言而冒行不義ᄒᆞ야爲蚕食之謀乎아

客曰彼其聲言을何可信也리오現大韓區域니에日人之雜居가無處不有而如畿내始興郡은地方이不過三十里인ᄃᆡ鐵道所占이十里오停車場所有가十里인則韓人所居ᄂᆞᆫ只是三分之一이니將何日而不沒入於日人之占領乎아

觀於關西之平壤ᄒᆞ면外城全區가盡被軍用地之占奪矣요日兵之自滿洲凱旋者가稱以借住ᄒᆞ고入處于各公廨及民家者가遍於一城내外ᄒᆞ야今爲六箇月之久라

許多人民의失所棲屑ᄒᆞ야萍飄梗轉이固已大可悲悶者而況商者가不得以營商ᄒᆞ고農者가不得以營農이라哀彼小民이廢一日之作業이면有終歲飢寒之患이어날今其廢業이若是許久에頗無還接營業之望ᄒᆞ니其男婦老幼가惟有顚連于溝壑而已라區區韓國之니에鐵道之橫貫과軍用地之位置에其所犯土地가若是其廣濶則韓人所有ᄂᆞᆫ不啻日縮日里矣오

以軍隊所住로言之라도各公廨가自足以容之矣오日人居留地建築之屋이亦[illegible]可容矣어ᄂᆞᆯ乃遍占人民之家屋ᄒᆞ야鵲巢鳩居에不恤家主之悲ᄒᆞ고殆有久假不歸之現狀ᄒᆞ니此非欲次第占有者乎아記者曰是則然矣나近聞平壤人民等이以此呼訴于政府ᄒᆞ야將有委涉于日本統監이라ᄒᆞ니日本主韓가若在於保全韓土ᄒᆞ고保護韓民ᄒᆞ야不失其人道上行爲則豈有終奪民居者哉아

子姑俟之ᄒᆞ라客이唯唯而退어ᄂᆞᆯ乃述其言ᄒᆞ야勸告于兩國行政者ᄒᆞ노라

官報

●三千四百十八號　光武十年四月四日

◎宮廷錄事

議政府參政大臣朴齊純[illegible]奏通信院參書官趙東元字[illegible]以東源之意謹上 奏

光武十年三月卅一日奉

旨依奏

宮內府特進官李軒卿辭職疏

批旨省疏具悉所請依施

三月卅一日

◎敍任及辭令

依願免本官　秘書監丞閔健植　主殿院電務課主事洪大運　仝朴在榮、仝康寬成　慶基殿參奉孫翼秀　徽慶園守奉官嚴柏德　昭慶園參奉沈相允　裕康園參奉李謙夏　昌原監理李應翼○任秘書監丞　正三品李敏英○任禮式院掌樂課主事　金裕鴻　韓成履　송淳在○任慶基殿參奉　九品鄭在龍○任徽慶園守奉官　九品王縉說

○依願免兼任外國語學支校長　仁川前監理河相驥○兼任外國語學支校長　仁川監理徐丙珪○任昌原監理　正二品李琦

○任軍部繙譯官　陸軍幼年學校敎官송台觀○任度支部參書官　度支部主事金淳貞　度支部主事成夏國　正三品崔錫彰

○任度支部繙譯官　度支部主事朴容九　軍部繙譯官韓圭復

以上三月卅一日

依願免本官　安陵參奉李鐘八　和陵參奉朱鏞翊　肇慶廟參奉李思賢　純陵參奉安仁基　崇靈殿參奉金定根　禮式院掌樂課主事金鴻裕　仝韓成履　仝송淳在○任安陵參奉　李鍾순○任和陵參奉　曹盛承○任肇慶廟參奉　崔昱진○任純陵參奉·송榮基○任崇靈殿參奉　玄惠映○任主殿院電務課主事　金益龍　林炳郁　趙基鎬　以上四月二日

◉勅令

勅令第十四號

平理院以下各裁判所司法官及主事裁判正服規則

第一條　裁判長及判事檢事와主事의裁判正服은左와如홈이라

一 裁判長ᄌᆞ色盤領黑色窄袖袍烏紗帽ᄌᆞ色束帶（金製方鈕）黑靴子

判事와判事試補ᄂᆞᆫ裁判長의正服과同홈이라

二 檢事ᄂᆞᆫ朱黃色盤領窄袖袍烏紗帽紅色束帶（銀製方鈕）黑靴子

檢事試補ᄂᆞᆫ檢事의正服과同홈이라

三 主事ᄂᆞᆫ綠色盤領黑色窄袖袍黑笠綠色束帶、黑角方鈕）

附則

第二條　本規則은頒布日로붓터施行홈이라

光武十年三月廿一日

御押　御璽　奉　勅

議政府參政大臣勳二等朴齊純

法府大臣勳一等李夏榮

勅令第十五號

辯護士正服規則

第一條　辯護士의正服은左와如홈이라

藍色盤領黑色窄袖袍黑笠藍色束帶（銅製方鈕）黑鞋

附則

第二條　本令은頒布日로붓터施行홈이라

光武十年三月廿一日

御押·御璽　奉　勅

議政府參政大臣勳二等朴齊純

法部大臣勳一等李夏榮

完

外報

●基督敎徒와回回敎徒　目下世界에回回敎徒ᄂᆞᆫ二億五千萬人이오基督敎徒ᄂᆞᆫ四億四千七百萬人이라稱하ᄂᆞᆫᄃᆡ回回敎徒의增加ᄒᆞᄂᆞᆫ數ᄂᆞᆫ基督敎徒보다越數히夥多하다더라

●新式攻城砲　現今五吋攻城砲ᄂᆞᆫ五十斤砲彈만發射홈뿐이러니美國造兵廠에서新造ᄒᆞᆫ攻城砲ᄂᆞᆫ能히六十斤砲彈을發射ᄒᆞᆫ다더라

●阿片專賣의實行　淸國直隸總督袁世凱氏가今番에阿片을專賣하기爲ᄒᆞ야製造機를英國에注文하얏ᄂᆞᆫᄃᆡ目下預算을據ᄒᆞᆫ則專賣法이實行되면每年一億元의收入을得ᄒᆞᆯ터이라더라

●北洋第七師의募集　北京電을據ᄒᆞᆫ則袁世凱氏가北洋第七師를募集ᄒᆞ야正定府에駐屯케ᄒᆞ기로決定ᄒᆞ얏다더라

●有志活動　北京電을據ᄒᆞᆫ즉淸國山西省有志者等이英國에서同省의礦山鐵道等利權을掌握ᄒᆞᆫ等에對ᄒᆞ야還收ᄒᆞᆯ運動ᄒᆞᄂᆞᆫ故로英國商人等은北京에서運動ᄒᆞ야該省巡撫가遞任이되얏ᄂᆞᆫᄃᆡ該省有志者等이此事由를知ᄒᆞ고新任巡撫를排斥ᄒᆞᆫ다더라

東京電報

●伊太利皇族叙勳
四月三日午後五時發
日本天皇陛下쎄서ᄂᆞᆫ伊太利國皇族우지네殿下를訪問ᄒᆞ시고大勳位菊花大綬章을贈呈ᄒᆞ시고其他隨員一同의게도叙勳ᄒᆞ셧더라

●外相午餐會　仝上
日本兼攝外相西園寺候ᄂᆞᆫ伊國皇族우지네殿下를招待ᄒᆞ야午餐會를催ᄒᆞ얏ᄂᆞᆫ되參列ᄒᆞᆫ者ᄂᆞᆫ伊太利公使及公使館員과大山元帥와各大臣等十數名이더라

●伊國皇族觀覽
四月四日午后○時四十分發
伊太利國皇族우지네殿下ᄂᆞᆫ本日午前에橫須賀에行啓하야軍港內를觀覽하시고鎭守府에서午餐을供하고午後에戰利艦等을觀覽하얏더라

●栗野赴任　仝上
日本駐法大使栗野氏ᄂᆞᆫ本日午前에沼津에行하야皇后陛下쎄下直ᄒᆞᆫ後에直히赴任之途에就하얏더라

●赤十字社總會
四月四日오後一時發
赤十字社에서ᄂᆞᆫ六月十日에總會를開ᄒᆞᆫ다더라

雜報

●學徒歡迎　本月六日下午二時에　義親王殿下쎄옵서南門外停車場에到着ᄒᆞ실터인즉各學校校長이學徒를領率ᄒᆞ고出往迎接케ᄒᆞ라고昨日學部에서各學校로知照ᄒᆞ얏다더라

●法院移案　義州前郡守申羽均氏의濫殺人命ᄒᆞᆫ案件은査官定州郡守의査報를據ᄒᆞ야閱覽ᄒᆞ얏거니와此案件이係是軍人犯罪이기該案을越送于陸軍法院ᄒᆞ엿ᄂᆞ니以此照亮ᄒᆞ라고法部에서內部로照會ᄒᆞ얏다더라

●一會妄發　平理院判事李建鎬氏를一進會에서免官ᄒᆞ라고政府에勸告ᄒᆞᆫ事件으로李氏가一進會長과對質裁判次로法部에請願ᄒᆞᆫ事ᄂᆞᆫ已揭前報어니와該에件對ᄒᆞ야一進會에서同氏의게萬端謝過ᄒᆞ고政府에勸告ᄒᆞᆫ十二條目中에一條ᄂᆞᆫ更爲削去ᄒᆞ깃다고ᄒᆞ얏다더라

●參政反對　江陵洪州兩郡守가辭職請願ᄒᆞᆷ으로日前內部大臣李址鎔氏가經義奏免次로政府會議에提出ᄒᆞ얏더니參政朴齊純氏가反對ᄒᆞ야曰兩郡守今此請免은計出於遷轉他郡也니決不可依免이라ᄒᆞ야姑爲中止라ᄒᆞ더라

●稅歸金庫　濟州牧管下三郡에庖肆稅金을收捧ᄒᆞ야農部로上納ᄒᆞ다ᄒᆞᆫ즉該牧財政顧問補佐官神谷卓身氏ᄂᆞᆫ無論某稅ᄒᆞ고輸納金庫가自在定規오移納部院은章程所無라ᄒᆞ고使之輸送於支金庫故로今不得收納本部라고該牧使趙鍾桓氏가農商工部로報告ᄒᆞ얏다더라

●勸告政府　一進會總代委員俞鶴柱李行敏兩氏가政府에前往ᄒᆞ야流配ᄒᆞᆫ金允植氏等을奏稟解放ᄒᆞ라고勸告ᄒᆞ얏더라

●特車派遣　今番義親王殿下歸國ᄒᆞ시ᄂᆞᆫ되對ᄒᆞ야農商工部에서鐵道會社에指揮ᄒᆞ야特別車一兩을釜山港으로預先等待케ᄒᆞ라ᄒᆞ얏다더라

●醫術預防　醫務廳에서各署에申飭하야　義親王殿下入城時에巡檢을多派ᄒᆞ야道路警衛等節을各別擧行케하얏다더라

●貪虐有術
南來人에傳說을據ᄒᆞᆫ즉濟州一島가昨年八月風雨에一粒穀을不收ᄒᆞ야浮黃之色이家家有之ᄒᆞᆫ故로旌義郡守蔡洙康氏ᄂᆞᆫ薄況을捐之ᄒᆞ야飢民을賙給ᄒᆞ되牧使趙鍾桓氏ᄂᆞᆫ其庶妹夫本牧主事金鍾河와符同ᄒᆞ야百般虐民ᄒᆞᄂᆞᆫ되百姓이魚肉되야虐政이如左ᄒᆞ니

一은別監風憲座首帖紙每張에七八十兩收랍하되不卽來랍하면杖囚事

一은名浦出入ᄒᆞᆫ船隻에錢八九兩白米二斗남草二把을收捧하ᄂᆞᆫ되都執事差定看檢事

一은各浦主人을收賂三四百金하고差出하야口文收捧하니商民이見害事

一은金寧洞姜韓兩人의莫重獄事에受賂幾千兩하고掩置事

一은無月料ᄒᆞᆫ各鎭鎭長을受賂七八兩式出ᄒᆞ니害歸於民間事

未完

●地方直接　經理院에서該院所管驛屯稅與其他結稅內外劃條를延拖不랍에自至欠逋ᄒᆞᆫ各郡守를拘拿督刷케ᄒᆞ라고法部로照會ᄒᆞ얏ᄂᆞᆫ되法部에서ᄂᆞᆫ答復ᄒᆞ기를此事案이係是裁判事項이오決非行政事件인즉如此事項은更不致煩於本部ᄒᆞ고直接交涉於地方裁判所케ᄒᆞ라ᄒᆞ얏다더라

●捉賊徑殺　楊州西山等地에서賊警이大熾인바近日無論某邑ᄒᆞ고村民等이賊徒를捉納官庭ᄒᆞ면該官吏들이後患을畏ᄒᆞ야或暗地放釋ᄒᆞᄂᆞᆫ弊가有ᄒᆞᆷ으로西山居民들이該郡守에게預先呼訴ᄒᆞ야賊徒捉得ᄒᆞᆫ時에ᄂᆞᆫ不須告官이고卽自洞中砲殺ᄒᆞᆯ意로承認ᄒᆞ얏다ᄒᆞ고其間賊도三名을隨捉砲殺ᄒᆞ얏더니遺消息이自然警務廳에入聞되야其虛實을探來次로該廳에서權任與巡檢數人을該地에派送ᄒᆞ얏ᄂᆞᆫ되居民等이其蹤跡이殊常ᄒᆞᆷ을生疑ᄒᆞ야要爲捕縛ᄒᆞᄂᆞᆫ故로該權任巡檢이證標를出示ᄒᆞ되終乃不信ᄒᆞ고無數困難을與ᄒᆞ얏기로該廳에서該洞民十六名을押上ᄒᆞ야其惡習을懲治ᄒᆞᆯ야ᄂᆞᆫ되該洞民四五十名이方今上來ᄒᆞ야警廳에呼訴ᄒᆞ야寃抑事狀을辨明ᄒᆞᆯ야ᄒᆞᆫ다더라

●爲察印刷　度支部大臣閔泳綺氏ᄂᆞᆫ印刷에關ᄒᆞᆫ事務視察ᄒᆞ기를爲ᄒᆞ야日本에派送ᄒᆞ기로內定이되얏다더라

●李氏卽放　前檢事李儁氏의被押事ᄂᆞᆫ前報에已揭ᄒᆞ얏더니更聞ᄒᆞᆫ則審査質問之場에何許事實을全昧不知ᄒᆞᆷ으로卽時放還이되얏다더라

●兵中初見　春川麒麟面에서數年來로賊警이大熾ᄒᆞ여民莫支保ᄒᆞ여人皆荷擔而立이러니上年冬에原州隊上等兵姜俊用이가率兵丁五名ᄒᆞ고出駐于該面ᄒᆞ여賊魁兩漢을費心詗捉ᄒᆞ니該黨이散落에夜戶를不閉ᄒᆞ기로居民이莫不喜悅ᄒᆞ야至於報府請褒ᄒᆞ얏스나尙無處分ᄒᆞ니民皆抑鬱이라더라

●沈氏流配　平理院에在囚ᄒᆞᆫ沈相薰氏ᄂᆞᆫ放免ᄒᆞ라신處分이有ᄒᆞᆫ되政府에서反對가起ᄒᆞ야流配二年으로決定이되얏다더라

●平民呼訴　平壤郡居李性直金兌鍵等二十四人이政府에呼訴ᄒᆞ되日本軍隊之自滿洲凱旋者가稱以借住ᄒᆞ고各處民家에入處ᄒᆞᆫ지가六個月인즉許多生靈의男婦老幼가非但失所棲屑이라一般商民이不得開業謀生은則必皆塡壑乃已니此事를交涉妥定于統監府ᄒᆞ야使之還接營業케ᄒᆞ소서ᄒᆞ얏더라

●學校有望　抱川郡私立莘野義塾의教師李時厚氏ᄂᆞᆫ官立師範學校第七回卒業生이라新學問에高明ᄒᆞ고李喆柱氏ᄂᆞᆫ本郡名下士라兩氏가國民의知識이野昧ᄒᆞᆷ을慨慨ᄒᆞ야熱心教授ᄒᆞᆷ으로遠近學徒가陸續願學ᄒᆞ야傾心受業ᄒᆞ니該塾이漸至擴張ᄒᆞ야成就之望이大有ᄒᆞ다더라

●平會消息　平壤의有志ᄒᆞᆫ紳士들이民會를組織ᄒᆞ얏ᄂᆞᆫ되其目的인즉後進을教育ᄒᆞ며實業을發達ᄒᆞ며淸潔을實施ᄒᆞᆯ方針인되發起人은李鳳柱金羲庚方興周諸氏라더라

寄書

鄭錫乃

敬啓者現今我國所當急務ᄂᆞᆫ啓發民智하야使知時局之如何而有所進就者也라是以로有志者ㅣ往往設立報館하고以警世木鐸으로爲已任이나然이나苟或拘於權限ᄒᆞ야設有關於國家民生之重大事也라도不得據事直書ᄒᆞ야以盡義務ᄒᆞ니此雖日[illegible]不獲已也나其於開牖之道에奈何요惟貴館申報則不然ᄒᆞ야當書而記之하며當言而論之ᄒᆞ야其雄談高論이儼有史家之氣ᄒᆞ니雖春秋之書와董狐之筆이라도無以加也라自顧踈才蔑學이每於本郡學校에謹閱貴報ᄒᆞ고輒感歎不已로되獨其所恐者ᄂᆞᆫ但購覽諸君이或不能發其熱血ᄒᆞ야奮發而爭先也라而況今日은卽世界列邦이以文明富強으로相尙競爭之時代니當是時ᄒᆞ야如其有國者不能勵精圖治ᄒᆞ며爲民者不得培加警醒則鮮有得保於其間者明矣라如亞洲之日本과歐洲之比利時者ᄂᆞᆫ俱不過一蕞爾之土로巍然獨立於列強之間而國步日進ᄒᆞ야天下稱爲樂土ᄒᆞ니此無他라治道休明ᄒᆞ야使民으로知有所就而擧國上下各以自強不息으로爲心者也니盖致治之術이何獨止於日本比利時而然哉야雖以我國으로도警告人民者如貴報所論則可謂至矣니上之行政과下之自強이模效英米則將安知不出兩國之右而並駕於歐美哉아故로以是厚望於同胞諸公也로다

雜報

●大韓自强會規則 (續)

第十三條入會任員二人以上의保薦을必要하야本會所定入會順序에履行홀事

但現帶官人으로同情을表홀時는會員名簿外에特別히贊成會員名簿를繕製홀事

第十四條退회如何훈情節을因하야退회하던지其旨意를陳述하고회劵을事務所에呈還홀事

第十五條黜會品行의不正으로會面을點汚하거나不穩훈行動으로會旨에違背훈者는會中에聲明하고會案에除名홀事

第十六條改正此原規則은評議會三分之二의可決을經由하야隨時增減改正홈을得홀事

大韓自强會臨時事務所는中署閭洞二統一戶尹孝定氏家에定홈

完

●外土幾半　始興郡來人의傳說을聞훈즉該郡區域의周圍가統爲三十里인디日本軍用地與停車場基址와日人等이請以陳荒開墾云하고國立標木훈地段이殆爲二十里則該郡租地는不過十里라若過幾朔則該郡은將爲日本領土라하더라

●津村設校　黃海道白川碧瀾渡의셔私立小학校를新設하얏는디此處는由來我國風習으로賤役之地라居人이皆文字를不知하는貿貿習俗인디近來外國人交涉에對하야諸般忿發之心이生하야極力設施인바教師는耶蘇教中학生朴鴻晃氏로延聘하고近洞無數勞働을募集하야熱心教育에教務가日進하니此實社會上罕有之美舉라하더라

●青會開演　今日下午七点半에皇城基督教青年會에서紳士林炳恒氏가演說훈다는디問題는教育과政治의關係라더라

廣告

協律社에서本社에慈善義務를贊成하고該社에一日演劇總入金額一百十七圜三十錢을寄附인바該社日費八十餘圜도叩除치안코全數送交홈은本社基本財産內에積立하기를要훈本意니非徒感物이라其開明趣旨를滿心感謝하야玆에廣佈하오니內外國人은　照亮하시옵

大韓國赤十字社　廣告

南門外藥峴金公翼許에四月初十日推次當五坪六千四百五十兩於音을路中에遺失하얏스니誰某拾得이던지休紙施行홈

紅箭門內淸商大成義　告白

漢陽趙氏僉座下

吾宗　始祖以下遺蹟及各派名賢行狀碑誌文忠孝實記收錄成秩今開刊于京[illegible]洞中央印刷社矣惟願僉宗即速枉臨于刊所無至見漏於分冊之時幸望

德山族生鍾灝　告白

本人이局長朴容奎許當錢七千兩票今月七日遺失誰某拾得休紙施行

松波居裴鍾爀告白

本人이去壬寅年分에通川居金善五處에畓一庫契券을典執하고白木二駄을債給하왓더니追後에金善五身死하고元山居李承烈爲名者가僞造文券하고金善五處에買得하엿다하미本人이通川郡에呈하여得科하엿더니厥後에李承烈이日巡捕을待同來到하야威脅縛打하며契券을奪取하고甚至於浮費葉三百餘兩ᄭᆞ지懲出하온本人이通川郡에更訴훈즉官倅도不得擅便하미不勝抑鬱하야京部에呼訴次로玆以廣佈홈

金城昌道居　金俊善　告白

本塾은小學科와中學科를教授홀事로學徒를募集하오니願學僉員은陰曆三月二十七日내로請願書를來呈하고陰四月初一日에應試하시오

試驗科目

小學科　漢文　독書　寫字

中學科　漢文　國史　독書

作文　寫字　本國歷史　地

地筭術　問對

小學校卒業人은無試驗으로入于중學部一年生

但年齡은十歲로至二十三歲

北署壯洞淸風溪

私立普明義塾　告白

칠간안박더슌쳐의금월초오일외츄초당젼숨쳔량어음을셔실고로광고하오니슈모습득휴지시힝홈

초동김완목　고빅

●學員募集廣告●

本塾에서日英法語를速成專門科로教授하오니願學僉員은預臨問議하시오

時間及科程은본塾에來問하옵

年齡은十五歲로二十五歲以上

南門닉暘洞四十三統七戶　私立廣化新塾

兪名旼定化字

本人弟相朝字明仲年三十九歲本浮浪長留京師日事雜技而如干家産蕩盡無餘不悛前習一向得債爲要內外國人切勿見欺白失홈

平南成川竹郊朴相華　告白

◎師範學員募集廣告

今에本校內에師範科를特設하야尋常及高等小學校와又는普通學校의正科教員됨이可훈者를養成코져하오니願學人은趂期來學하시옵

●學科

倫理學　修身學　독書

作文　地誌內外　歷史內外

教育學　物理學　化學

生理學　經濟原論

法學通論　數學　圖畵

唱歌　體操兵式機械　外國語　日　英

●年齡及期限

入學人의年齡은十八歲以上三十五歲以下로限하고修業期限은滿二個年으로定홈

但高等小學及普通학의卒證이有훈者는免시許入홈

●시驗科目

독書　作文國漢　歷史

地誌問對國漢　數학四則以內

●시驗及入學日字

시驗日字는陰三月二十八日로入학日字는陰四月一日로定홈

◎小學普通학員募集廣告

本校小학普通兩科에元定학期가趂屆하얏사오니願학人은陰四月晦日內로請願入학홈

一年齡은七歲以上으로十七歲以下된者

一身體康健하고精神에欠損이無훈者

以上은遠地에來학하는人의便利홈을爲하야校內에寄宿舍을特設하고食料以外의諸般費用은본校에서擔當홈

江華府私立普昌학校長李東暉

本運送部에서京仁京釜京義間鐵道貨物을運送하되貨物을特別保重하며運輸을特別迅速케하오며支店을三線各驛에設置하얏스오니貨物을運送하실僉君子는本運送部에光臨問議하시옵

京城南大門外韓美協同倉庫會社內

合資會社　東美運送部

社長　尹晶錫

社務員　任命鎬　鄭仁教　李喬寧

●刑法大全　一帙定價金新貨六十錢

牧民心書一帙	一圜二十五錢
耳談續纂一冊	七錢五里
温故知新堂叢鈔	七錢五里
父師必讀小學指南	七錢九里
人工養蠶鑑一冊	十五錢
新訂筭術每冊	十五錢
農政新書	九十錢
法學通論	一圜
尺牘完編	一圜五十錢
大韓地誌	七十五錢

發賣所　布屛門下金相萬書舖　大韓每日申報社

內外國人의物品을信用케爲하야商會를組織하고物品主가眼同치안아도外國의가는것시나外國에서오는거슬去來間信傳하오니去來間本社로問하시오以書要請無漏홈

南門外郵便局越便　任兄弟商會

또본社의셔英語초학최을미국인벙커씨가발간한것신디先生업시라도工夫하기와합음하기쉬우니急히본社로와사가시요

任兄弟商會

水標橋客主金主事鳳源處에正月晦日推次當文一萬兩第三百四十号於音을遺失하야기如是廣告하오니誰某拾得하야도休紙施行홈

倉洞　尹周卿　告白

本號新開導徵男女各色洋服誰由上海運來各種細이毛융及一切衣飾物品件件精全伏望貴士女迅即來購爲幸

西小門內泰泰男女洋服商號

特別社告

非史乘이면政治之美惡와人物之臧否와風俗之汚隆을無以攷論이니史乘者는非一時之공覽이라乃萬世之公案이오非自國之所可得以私也라卽宇內列邦에宜所公佈ㅣ로最者美人訖法氏之撰大東紀年이意固有在而然也라本記者ㅣ不揆僭越하고於韓之史事에留心者ㅣ久矣로되在幾百年之後하야要論幾百年之事가任大力綿에恐有失實之歎뿐더러鎖國自守之時代에는民國間諸般事爲가不過是尋常典故라不足以供世界列邦之眼目키로斷自丙子以後各國交涉時事하야要爲編成一書하야公諸列邦하나니四方有志諸君子는諒此苦心하야丙子以後政令訓誥之所記와各國交涉之如何와臣民疏章與功罪之表著와中外俗習之沿革과忠臣義士孝子烈女之行蹟을各隨所聞所見而詳錄投示하야俾此重役으로得以完成을千萬幸甚

大韓每日申報社

〇〇〇〇〇〇〇〇〇〇〇〇〇〇

本申報를廣佈ᄒ기爲하야咸鏡南道咸興州南社西門外居하는曹喜林氏에게逐號下送하오니該附近地覽讀하시는僉君子는同氏에게購覽하시며代金도同氏에게傳致하심을爲要

大韓每日申報社

〇〇〇〇〇〇〇〇〇〇〇〇〇〇

本社廣告

申報價

一張代金 新貨二錢五厘
一箇月 前納에 三十錢
三箇月 九十錢
六箇月 一元七十錢
一箇年 三元四十錢
郵稅一部 新貨五厘
一箇月 十三錢

廣告料

四號活字十三字詰
每日每續尺一寸에新貨廿五錢
(每日每行에六錢에相當홈)
二箇月에 二圜五十錢
(每日每行四錢五厘에相當홈)
一箇月에 五圜
(每日每行四錢一厘에相當홈)
其期限의長短과字行의多少를依ᄒ야增減이有홈

大韓人마다此申報를不得不閱覽ᄒ실터이오니廣告出報ᄒ僉君子는來臨面議ᄒ시옴

發行兼編輯人 英國人裴說
發行所
京城北署壽進坊罔洞号外地洞新聞社
大韓申報社 每日

第四卷　　第一百八十七號

大韓每日申報
대한매일신보

月曜及慶節
歲時日休刊

檀君開國四千二百三十九年
箕子元年三千二十八年
大韓開國五百十五年
日本明治三十九年
淸國光緒三十二年
陰曆丙午三月大十三日庚辰

論說

最宜奬勵工業

大韓은天產富源之國耳라論其氣候ᄒ면處溫帶之下ᄒ야無甚寒劇熱之度故로栽培之業과牧畜之產이無不宜也오言其地利ᄒ면三面環海ᄒ고北通大陸ᄒ야舟車之運輸와貨物之交易이無不便也오

語其人品ᄒ면自箕子以來로被殷周之文化ᄒ야迄今四千年間에俊彦이多出ᄒ고弦誦이不絕ᄒ니其人智之詳明이與彼野蠻人種之短於識慮者로不可同年而語則凡有興作에宜其不甚遲鈍이니

民產之饒와國力之富를不難致也어날乃於今日에陷於天下之極貧ᄒ야以致國步之衰頹ᄒ며人權之墜落은何哉오一言以蔽之ᄒ고由來韓國에工業이鹵무ᄒ야人造가缺乏之故也라以若人智之裕餘로何以致工業之甚劣也오

由其賤視工業ᄒ고虐待工民ᄒ야絕無奬勵保護之良法故也라彼泰西諸國은奬勵工業ᄒᄂ良法이甚多ᄒ니最其緊要者ᄂ專利文憑一事라

自法主泰琿曼以來로凡製新器者ᄂ國家가奬以金牌ᄒ야予其專利若干年ᄒ되有私倣者면罪之라自時厥後로兼設工藝局ᄒ야人得新法ᄒ면即赴局呈藝ᄒ야果濟於用則注記册簿ᄒ고繕給文憑ᄒ야

創造者ᄂ擅其利ᄒ고倣造者ᄂ納資于創造之人ᄒ나니美國은有褒巧院ᄒ야有出奇技以便民用者면即加奬勵ᄒ고如德奧意比연瑞諸國이皆有歲給新器功牌之法ᄒ니美國은歲給新器功牌가一萬三千餘오英國은六千餘오法國은一千餘오德國은八百餘오奧國은六百餘오意國은四百餘오比利時와연國과瑞士ᄂ皆三百餘오俄國은一百餘라所以로美國之富가冠絕於五洲者니裕民足國之要가孰先於此哉아

韓國은賤視工藝가達於極項ᄒ야待之以最下等ᄒ니人情이莫不欲貴而惡賤이라凡有才識慮者가孰肯執此賤業哉아但自下等社會로迫於飢寒而欲操手藝ᄒ야救其朝夕之命而已니既無學理之研究ᄒ고又乏器機之利用이라宜其製造之一任鹵무ᄒ고絕無新鮮良好之品也로다况乎爲官吏者가取其所造之物ᄒ면勒定其價値ᄒ야謂之官指定이라ᄒ니是無異於強奪라

彼工人者安肯製造良品ᄒ야反受其害哉아此ᄂ工業之所以不興也니工業이不興則人造之物이自至尠少ᄒ야出口之額이隨而零星ᄒᄂ니如是而望其民國之進於富足者ᄂ乃求前而却步ᄒ고適越而北轅이라奚其可哉아竊願當局者ᄂ舊來陋俗의賤視工藝ᄒ고虐待工民ᄒ던弊法을一切痛改ᄒ고所以發明其學ᄒ며奬勵其業을一如西國之法然後에工藝를可進이오財源을可增이니噫라當局諸公은誰憚而久不爲此也오

官報

●號外　光武十年四月四日

◎宮廷錄事

詔曰再明日當親行 景孝殿別茶禮矣勅任官以上入參

詔曰再明日 東宮亦當親行景孝殿別茶禮矣勅任官以上入參

詔曰懿孝殿淸明祭遣大臣攝行

詔曰再明日懿孝殿朝上食晝茶禮當自內親行矣勅任官以上入參

以上四月四日

宮內府大臣署理宮內府協辦臣閔景植謹 奏明日 出宮門路以何門爲之乎敢 奏

光武十年四月五日奉

旨自內爲之

宮內府大臣李載克辭職䟽

批旨省䟽具悉卿懇卿其勿辭從便往省事遣府郞宣諭

四月二日

◎敘 任

宮內府協辦閔景植 命署理大臣事務 四月三日

●三千四百十九號　光武十年四月五日

◎宮 廷 錄 事

詔曰漢城病院長日本軍醫少監勳三等和田八千穗屢驗施術著有優績特陞敘勳二等賜太極章醫學校敎師日本軍醫正勳三等小竹武次施術著勞合有褒異特陞敘勳二等賜八卦章

光武十年三月廿七日

表勳院總裁臨時署理農商工部大臣陸軍副將勳一等 權重顯

시從院副卿李謙來辭職䟽

批旨省䟽具悉所請依施

四月二日

咸鏡南道觀察使申箕善辭職䟽

批旨省䟽具悉方紓北顧之憂豈宜聽去所言 亨需一節令宮內府稟處　四月三日

●勅 令

勅令第十七號

한城府官制中改正件

第一條　光武九年勅令第五十五號한城府官制中第一條左開職員中主事次에(技手五人判任)六字와第二條區域內行政下에(과地段尺量)五字와(第五條技手ᄂ上官의命令을承ᄒ야地段尺量事務에從事홈이라 廿六字를添入ᄒ고第五條ᄂ第六條로改正홈이라

第二條　本令은頒布日로븟터施行홈이라

光武十年四月二日

御押　御璽　奉　勅

議政府參政大臣勳二等朴齊純
내部大臣勳一等李址鎔
度支部大臣勳一等閔泳綺

◎敘任及辭令

陞敘勳二等賜太極章 한城病院長日本國軍醫少監勳三等和田八千穗○陞敘勳二等賜八卦章 醫學校敎師日本國軍醫正小竹武次　以上三月廿七日

未完

外報

●黃雪謠言　三月二十九日北京에서黃色의雪이降홈故로空中에塵埃가多홈故迷信이深ᄒ淸國人間에서ᄂ明朝滅亡홀際에黃色의雨가降홈事實을回想ᄒ야不詳의謠言이盛起ᄒ고又宮中에도數名의刺客이隱入ᄒ얏다ᄂ風說이有ᄒ더라

●露兵撤退遲遲　滿洲露軍은過般來伯利亞鉄道와오港海上輸送으로서철退中이니其철退軍隊에ᄂ皆護衛兵을付ᄒ야嚴重히警戒ᄒᄂ되此ᄂ全혀軍隊중에叛亂을惹起홀形勢가有홈故이오其輸送도頗히遲遲ᄒ야日本軍隊凱旋을終了훈今日에도彼ᄂ아직二分之一도철退ᄒ지못ᄒ얏다더라

●淸軍演習　淸國에서ᄂ袁世凱氏의管轄훈北洋兵과張之洞氏의管轄훈南洋兵을河南省德武附近에會合ᄒ야大연習을設行ᄒ기로決定ᄒ엿ᄂ되其軍兵의額數ᄂ十萬五千名假量이오其연習經費ᄂ銀一百十萬兩預筭이라더라

東京電報

●伊國公館夜會 四月四日午後二時五分發

駐日伊太利公使館에서ᄂᆞᆫ本夜에皇族우지베殿下를爲ᄒᆞ야夜會를開催ᄂᆞᆫᄃᆡ내外紳士三百餘名의招待狀을發ᄒᆞ얏다더라

●全國聯合醫會 仝上

日本全國聯合醫學會ᄂᆞᆫ上野에開會ᄒᆞ얏ᄂᆞᆫᄃᆡ來會者一千名이라閑院宮殿下의令旨가有ᄒᆞ얏고次에各大臣의祝詞와北里博士의答辭가有ᄒᆞ야頗히盛大ᄒᆞ얏더라

雜報

●閔氏困境 閔泳喆氏가上海로渡去ᄒᆞᆫ後에平安道人民의曾性財產을被奪ᄒᆞᆫ者三十六名이上海로往ᄒᆞ야閔、을訪見ᄒᆞ고所奪錢을還出給ᄒᆞ라고詰駁이太甚ᄒᆞ야方今各國領事館에起訴ᄒᆞ고裁判중이라더라

●校基請認 輔國閔泳徽氏가學部에請願ᄒᆞ되家設廣成義塾의學徒가日增ᄒᆞ야庠舍不容이기로當新築學校矣니觀峴所在觀象監舊基를特爲認許ᄒᆞ라ᄒᆞ얏더라

●瘋피敎官 法官養成所敎官羅瓚氏ᄂᆞᆫ俾說을聞ᄒᆞᆫ즉外國卒業生이란ᄃᆡ課程說明時에異常的으로ᄒᆞ야聽曉키難ᄒᆞ다ᄂᆞᆫᄃᆡ瘋癲之癲字ᄂᆞᆫ피字로讀ᄒᆞ고投釣之釣字ᄂᆞᆫ劍字로독ᄒᆞ고設網之網字ᄂᆞᆫ綱字로독ᄒᆞ고도僉學員을對ᄒᆞ야而從我ᄒᆞ라ᄒᆞᆫ다ᄒᆞ니外國卒業生의高明은此氏에可見이여니와千字에顚沛匪虧를學而誤독은推此明白이고猶此月祿을貪喫ᄒᆞ니同氏의無恥ᄂᆞᆫ一口難責이오該所長도忘公循私ᄒᆞ야此輩로在任케ᄒᆞ야自己를自欺ᄒᆞ고大臣을欺蔽ᄒᆞ엿쓰니此輩의手段으로進步上에障碍가莫大ᄒᆞ다더라

●定倅說明 日昨本報에揭載ᄒᆞᆫ定州郡守尹喬榮氏의實則避會라ᄒᆞᄂᆞᆫ事由을同氏가送人說明ᄒᆞ얏ᄂᆞᆫᄃᆡ所謂賊錢云者ᄂᆞᆫ孟浪之說이오自己ᄂᆞᆫ數日後還官ᄒᆞᆫ다더라

●學協新任 學部協辦李準榮氏ᄂᆞᆫ江原觀察使로轉任ᄒᆞᆫ代에金珏鉉李達鎔兩氏중에被任ᄒᆞ리라더니從二品金奎熙氏가被任ᄒᆞ얏다더라

●度顧晚餐 度支顧問官目賀田氏ᄂᆞᆫ昨日下午五時에晚餐會를開設ᄒᆞ고韓廷現任官吏중奏任官만請邀宴待ᄒᆞ얏다더라

●臥料課長 내部文書課長李健承氏ᄂᆞᆫ叙任數朔에一不仕進視務ᄒᆞ고假臥家裏ᄒᆞ야月俸만携去ᄒᆞ니同氏ᄂᆞᆫ可謂臥料課長이라此亦勢力所致인지該部ᄃᆡ臣協辦이不能提飭ᄒᆞ라고論議紛紛ᄒᆞ다더라

●兩局新設 現今政府에셔治道局과水道局을設置ᄒᆞᆯ次로該兩局官制를編纂중이라ᄂᆞᆫᄃᆡ治道局은ᄂᆡ部에셔管轄ᄒᆞ고水道局은度支部에셔管轄ᄒᆞ기로ᄒᆞᆫ다더라

●已來許納 度支部에셔各郡上納規則을定ᄒᆞ야三月末日ᄭᆞ지ᄂᆞᆫ중央金庫에나支金庫에나無碍輪納ᄒᆞ되四月一日붓터ᄂᆞᆫ各該所管支金庫로만上랍허라ᄒᆞ여近日各郡에셔度支로上랍次上來ᄒᆞᆫ錢을還却不受ᄒᆞᆫ다더니更聞ᄒᆞᆫ즉司稅局長李건榮氏가顧問官과百般交涉에說明其利害ᄒᆞ여已爲上來之錢은幾日間만랍入케ᄒᆞ기로決定ᄒᆞ얏다더라

●長倅便民 南來人의傳說을聞ᄒᆞᆫ즉湖南嶺南에觀察使와各郡守가紙貨葉錢加計取利로壓制結民ᄒᆞ야勒捧葉錢ᄒᆞ고許多新貨랍稅ᄒᆞᄂᆞᆫ者ᄂᆞᆫ未有ᄒᆞᆫ데惟獨長城郡守申憲均氏가民間의傳令ᄒᆞ야新貨葉錢間의輸랍結錢을任民自擇케ᄒᆞ고葉錢七十七兩이면紙貨十二元換ᄒᆞᆯ預算의相當ᄒᆞᆷ으로認定ᄒᆞ야征結稅랍八十兩ᄂᆡ三兩을減却ᄒᆞ고七十七兩으로收捧ᄒᆞ얏다더라

●濟州牧貪虐有術 續

一은山訟에受賂幾百兩ᄒᆞ면不還章程ᄒᆞ고自官卽掘ᄒᆞ고債訟에若無受賂則直者落科曲者用錢得訟事

一은副吏房一窠에錢貨二千四百元受賂ᄒᆞ고二百元은金鍾河食ᄒᆞ고還出ᄒᆞᆫ다ᄒᆞ며셔延拖ᄒᆞ니副吏房이因此成病事

一은時吏房欠逋私債一萬餘兩을徵族事

一은海稅派員의게勒捧錢六千餘兩을該派員이平理院에呈訴ᄒᆞ려ᄒᆞ니還出給ᄒᆞᆯ터이니姑俟ᄒᆞ라ᄒᆞ고尙不出給事

一은十萬生靈每人名下에威脅收錢三分式ᄒᆞ야送人上京願留ᄒᆞ니如此貪官을若爲一朔留置ᄒᆞ면民擾更起ᄒᆞ야一島가魚肉될事

一은濟州出入輪船이一朔에五六次來往ᄒᆞᄂᆞᆫᄃᆡ一次에五六千兩式輸送ᄒᆞ니島中에凶年을當ᄒᆞ고錢渴ᄒᆞ야百姓이飢死될事 完

●英人慈恩 仁川港典洞一區가入于日本軍用地로占據ᄒᆞ야定日撤移告示가殊切急迫ᄒᆞᆷ와數多居民의失所棲遑情境이實屬矜惻이더니本港廣昌洋行英國人邊衛士氏가特推慈惠ᄒᆞ야牛角洞買有地段중二百餘戶建築基址를劃定許可ᄒᆞ야以資諸民等築室居生케ᄒᆞᆷ의諸民等이以寓不忘感意ᄒᆞ야洞名을改稱廣昌洞이라ᄒᆞᆫ다더라

●掘塚燒骸 舒川郡居洪淳明의先祖가已於七十年前에同郡板山面山局을崔德鳳의게買得ᄒᆞ야淳明의曾祖與父塚를次第繼葬ᄒᆞ얏ᄂᆞᆫᄃᆡ乙巳年五月分에同郡居趙東猷趙錫九趙駿九等이稱曰此山前主ᄒᆞ고其時觀察李乾夏氏에依勢ᄒᆞ야多發巡檢ᄒᆞ고作黨諸族三百餘名ᄒᆞ야洪家兩塚을白晝劫掘ᄒᆞ고放火壙내ᄒᆞ야燒其骸骨ᄒᆞ니淳明之室人이因此驚奔ᄒᆞ다가亦致落胎ᄒᆞ니此ᄂᆞᆫ亦一變怪라淳明之從祖前參奉洪在衡이抱狀奔訴於京鄕이오나歷於諸趙之威勢ᄒᆞ야尙未雪冤ᄒᆞ고呼泣道路ᄒᆞᆫ다더라

●勒使人士 大丘郡無怠洞前川背城中心兩坪이素是伏沙陳廢之地라李鍾植李喆來金鳳遠秋敎정諸氏가再昨年붓터本郡과農部에請願立標ᄒᆞ고月前에柳木萬餘株를鋪植ᄒᆞ얏ᄂᆞᆫᄃᆡ近日不良之類가種種外人을指嗾ᄒᆞ야該地를勒使코져ᄒᆞᆫ다니若此之輩를若不嚴懲이면有主之土를莫可保有라ᄒᆞ더라

●水道計劃 政府에셔新借款一千萬圜중約十分之一强卽一百十七萬圜을割ᄒᆞ야仁川水道費로充ᄒᆞᆫ다ᄂᆞᆫᄃᆡ該水道ᄂᆞᆫ如何方法으로設備코져ᄒᆞᄂᆞᆫ지傳說을據ᄒᆞᆫ즉鐵管을敷設ᄒᆞ야한江水를利用ᄒᆞᆯ計劃인ᄃᆡ한江下流ᄂᆞᆫ潮[illegible]을含ᄒᆞ야飮料에不適ᄒᆞᆷ으로上流에셔引水ᄒᆞᆯ터인ᄃᆡ其地點測量은大概鷺梁附近으로略定ᄒᆞ얏다ᄒᆞ니然則仁港鷺梁間凡八十里長程에鐵管을敷設ᄒᆞᆯ貌樣이니其役事가甚히巨大ᄒᆞ리라더라

●答大垣丈夫書 雲月過客

嗚呼惟君與吾生倂一世居各殊邦ᄒᆞ야常欲睹德耳誨而迄未遂者ᄂᆞᆫ豈有他哉리오但僕之誠衰與界鄙之致也라今於君之來韓城也에僕又流落在外ᄒᆞ야竟爾睽面ᄒᆞ니化翁이豈猜吾兩人之佳契를若是之甚歟아只自浩歎不已러니幸於皇城報에得見貴函而且有大東平和同盟之說ᄒᆞ니其所提醒이反猶深於嚮昔所聞所望者也라何幸如之며何喜如之아竊又有大願大賀於座下者ᄂᆞᆫ貴國政治之明密과社會之進步와武威之輝揭이銳進且强者ᄂᆞᆫ實東西罕有之蹟也오往在中東之役에有光於鄰邦者ᄂᆞᆫ雖我愚夫愚婦라도咸頌感謝而尙未絶歌咏之聲이로ᄃᆡ哀我政府ᄂᆞᆫ未知鄰邦之好誼ᄒᆞ며亦不辨二十世紀風氣之爲如何大變ᄒᆞ고但爭暴歛而爭權利라가竟開東西之釁而使貴國復有征俄之勞ᄒᆞ니于斯時也에僕切思之컨ᄃᆡ隣邦絶和伊誰之咎也오干戈相見에人道之悽慘은傷爲在茲라不必煩道이어니와亦不可不反省而振勵故로召募同志而組織義勇團ᄒᆞ야欲爲出戰於鴨江之北而行我國民之義務ᄒᆞ고亦惟設赤十字會而募集義捐ᄒᆞ야救恤隣兵傷夷之計矣러니竟遭我政府之橫使ᄒᆞ야至牢獄猛杖五箇月放免後에不得已恤兵費幾元으로以表同情而已矣라

貴師ᄂᆞᆫ勇敢無敵ᄒᆞ야百戰百捷而不出兩箇年에韓滿之野에暴氣이快霽ᄒᆞ고포스마우스城에和議가復成이라爲我國民者ㅣ아孰不省悟而歡迎哉리오然自韓日議定書以後에施政改善의忠告ᄂᆞᆫ歸於烏有ᄒᆞ고軍事上酬應은終始不懈호ᄃᆡ猶恐不足ᄒᆞ야殺我生命ᄒᆞ고奪我財産ᄒᆞ고毁我家屋은指不勝屈이로다自京城以北鐵路沿邊에負者携幼ᄒᆞ고號泣情境은頂大立地者ㅣ莫不悽悵而人烟殆絶矣라 未完

雜報

咸南永文兩郡鹽民等이議政府에請願혼全文이如左홈

本人等이以煑鹽爲業而鹽稅則上納于度支部ᄒᆞ옵고取其利益ᄒᆞ야數千生靈이賴此資生이옵더니不意에陰正月十八日에自元山港警務署로憑籍軍用地ᄒᆞ고巡檢二人과領事館通詞昔三蜂與日兵二人來到ᄒᆞ야捉致兩郡鹽坂主而鹽坂을勒賣於領事館之意로無數威脅ᄒᆞᆺ더러錢二百兩을稱以足債ᄒᆞ고討索而去矣러니又於正月二十四日에通詞昔三峯과元港總巡鄭斗南과巡檢二人과商賈日人과日兵二人이突入壚坂ᄒᆞ야捉致各處鹽坂主ᄒᆞ야結縛倒懸而猛打ᄒᆞ며昔三峯言에曰此事ᄂᆞᆫ大日本天皇陛下의계勅命을奉ᄒᆞ얏스니汝等이若鹽坂을放賣則可保汝命이어니와若不賣則當場致死ᄒᆞ깃다ᄒᆞ고繩以縛之ᄒᆞ며杖以打之ᄒᆞ니破頭折臂에流血이浪籍ᄒᆞ야至於死境이라不勝劍割ᄒᆞ야佯許者를謂之願賣라ᄒᆞ고解縛ᄒᆞ며佯許人處에稱以鹽坂價出給이라ᄒᆞ고自口定價ᄒᆞ야以半半價로勒授而言曰十一條例給은興成傳例라ᄒᆞ고萬兩에子兩式이라ᄒᆞ고錢一百八十兩을勒奪而去ᄒᆞ오니世豈有如許威脅壓制者乎릿가本人等이不勝忿冤하야呼訴于永興郡守이온즉甘聽日人之敎囑하고訴狀을白退이옵기로呈訴于文川郡守하고往訴于觀察府하와此由를照會于元港理事部이온즉回照ᄂᆡ開에願賣者를買之라하고頓無禁止之意하오니亦欲勒買勒奪之心也라以境遇로言之하오면民有地를勒買勒奪은萬國公法之所無이오며併在煑鹽之地를憑籍軍用地가亦是萬不近理也라本人等이玆敢齊聲泣訴하오니照亮하신후從理處辦하시와使數千生靈으로俾無流離之地하소서하엿더라

●金民何性　咸鏡南道永興文川兩郡人民等이該地鹽坂이被奪於日人事로政府에請願혼文字ᄂᆞᆫ別項에已揭ᄒᆞ얏거니와狀頭金炳淳이가議政府에請願을呈혼後에頓失其蹤跡ᄒᆞ야何處被捉以去ᄒᆞ얏ᄂᆞᆫ지同來諸人이莫知其故ᄒᆞ야方今悶歎中이라더라

廣告

本人等曆代墳墓在龍山堂峴에日人西尾守行이宮내大臣奉勅이有혼票木을墳墓腦后의基址에揷屋次로票木을國立하고点土하기로宮내府와한城府에呼訴하얏더니宮내府題旨ᄂᆞᆫ已有前訓是在果詳査과有민有歸正비無呼寃事하얏고한城府題旨ᄂᆞᆫ保是民有니當據實修報於宮내府事하엿고한城府에서宮내府로據實報告하얏기로爲先廣布홈

金용전 㐭와煥等　告白

本人이去壬寅年分에通川居金善五處에畓一庫契券을典執ᄒᆞ고白木二駄을債給ᄒᆞ왓더니追後에金善五身死ᄒᆞ고元山居李承烈爲名者가僞造文券ᄒᆞ고金善五處에買得ᄒᆞ엿다ᄒᆞ미本人이通川郡에呈ᄒᆞ여得科ᄒᆞ엿더니厥後에李承烈이日巡捕을符同來到ᄒᆞ야威脅縛打ᄒᆞ며契券을奪取ᄒᆞ고甚至於浮費葉三百餘兩세지徵出하온本人이通川郡에更訴혼즉官倅도不得擅便하마不勝抑鬱하야京部에呼訴次로玆以廣佈홈

金城昌道居　金俊善　告白

協律社에서本社에慈善義務를贊成ᄒᆞ고該社에一日演劇總入金額一百十七圜三十錢을寄贈인바該社日費八十餘圜도叩除치안코全數送交혼은本社基本財産內에積立ᄒᆞ기를要혼本意니非徒感物이라其開明趣旨를滿心感謝ᄒᆞ야玆에廣佈ᄒᆞ오니內外國人은照亮ᄒᆞ시옵

大韓國赤十字社　廣告

全羅北道南原伊彦坊居朴聖彦은本人의再從弟也이性本悖戾하야出沒京鄕에日人債錢을賺得코져혼다니니外國人은切勿見欺白失홈

全北南原伊彦　朴敬壽　告白

通信院參書官㐭東元名字改以東源事　趙東源　告白

●普成。門學校

諸學員은今日正午에會于本校하야南門停車場에서奉迎

義親王殿下홀事

漢陽趙氏僉座下

吾宗　始祖以下遺蹟及各派名賢行狀碑誌文忠孝實記收錄成秩今開刋于京中洞中央印刷社矣惟願僉宗即速枉議于刋所無至見漏於分冊之時幸望

德山族生鍾灝　告白

本人弟相朝字明仲年三十九性本浮浪長留京師日事雜技而如干家産盡蕩無餘不悛前習一向得債爲要內外國人切勿見欺白失홈

平南成川竹郊朴相華　告白

本人이局長朴容奎許當錢七千兩票今月七日遺失誰某拾得休紙施行　松波居裴鍾爀告白

◉師範學員募集廣告

今에本校內에師範科를特設ᄒᆞ야尋常及高等小學校와又ᄂᆞᆫ普通學校의正科敎員됨이可훌者를養成코저ᄒᆞ오니願學人은趂期來學ᄒᆞ시옵

●學科

倫理學　修身學　독書

作文　地誌內外　歷史內外　教育學　物理學　化學　生理學　經濟原論

法學通論　數學　圖畵

唱歌　體操兵式機械　外國語　日　英

●年齡及期限

入學人의年齡은十八歲以上三十五歲以下로限ᄒᆞ고修業期限은滿二個年으로定홈

但高等小學及普通학의卒證이有혼者ᄂᆞᆫ免시許入홈

●시驗科目

독書　作文國漢　歷史　地誌問對國漢　數학四則以內

●시驗及入學日字

시驗日字ᄂᆞᆫ陰三月二十八日로入학日字ᄂᆞᆫ陰四月一日로定홈

◉小學普通학員募集廣告

本校小학普通兩科에元定학期가趂屆ᄒᆞ얏사오니願학人은陰四月晦日內로請願入학홈

一年齡은七歲以上으로十七歲以下된者

一身體康健하고精神에欠損이無혼者

以上은遠地에셔하하ᄂᆞᆫ人의便利홈을爲하야校內에寄宿舍을特設하고食料以外의諸般費用은본校에서擔當홈

江華府私立普昌학校長李東暉

本塾은小學科와中學科를敎授홀事로學徒를募集ᄒᆞ오니願學僉員은陰曆三月二十七日내로請願書를來呈ᄒᆞ고陰四月初一日에臨試ᄒᆞ시오

試驗科目

小學科　漢文　독書　寫字

中學科　漢文　國史　독書

作文　寫字　本國歷史　地理

地算術　問對

小學校卒業人은無試驗으로入于中學部一年生

但年齡은十歲로至二十三歲

北署壯洞청風溪　私立普明義塾　告白

南門外藥峴金公翼許에四月初十日推次當ㅎ坪六千四百五十兩於音을路中遺失ᄒᆞ얏스니誰某拾得이던지休紙施行홈

紅箭門內淸商入成義　告白

特別社告

非史乘이면政治之美惡와人物之臧否와風俗之汚隆을無以攷論인즉史乘者ᄂᆞᆫ非一時之공覽이라乃萬世之公案이오非自國之所可得以私也라即宇內列邦에宜所公佈키로蓋者美人訖法氏之撰大東紀年이意固有在而然也라本記者ㅣ不揆僭越하고於韓之史事에留心者ㅣ久矣로되在幾百年之後하야要論幾百年之事가任大力綿에恐有失實之歎뿐더러鎖國自守之時代에ᄂᆞᆫ民國間諸般事爲가不過是尋常典故라不足以供世界列邦之眼目키로斷自丙子以後各國交涉時事하야要爲編成一書하야公諸列邦하니四方有志諸君子ᄂᆞᆫ諒此苦心하야丙子以後政令訓誥之所記와各國交涉之如何와臣民疏章與功罪之表著와中外俗習之沿革과忠臣義士孝子烈女之行蹟을各隨所聞所見而詳錄投示하야俾此重役으로得以完成을千萬幸甚

大韓每日申報社

○○○○○○○○○○○○

本申報를廣佈ᄒᆞ기爲하야咸鏡南道咸興州南社西門外居하ᄂᆞᆫ曹喜林氏에게逐號下送하오니僉君子ᄂᆞᆫ該附近地愛讀하시ᄂᆞᆫ同氏에게購覽하시며代金도同氏에게傳致하심을爲要

大韓每日申報社

○○○○○○○○○○○○

本社廣告

申報價

一張代金 新貨二錢五厘
一箇月前納 三十錢
三箇月 九十錢
六箇月 一元七十錢
一箇年 三元四十錢
郵稅一部 新貨五厘
一箇月 十三錢

廣告料

四号活字十三字詰
每日每行尺一寸에新貨廿五錢
(每日每行에大韓에 [illegible])
二周日에 二圜[illegible]
(每日每行新貨五厘에相當홈)
一箇月에 五圜
(每日每行新貨一厘에相當홈)
其期限의長短과字行의多少를依ᄒᆞ야增減홈이有홈

大韓人마다此申報를不得不購覽ᄒᆞ실터이오니廣告出報ᄒᆞ실僉君子ᄂᆞᆫ來臨面議ᄒᆞ시옴

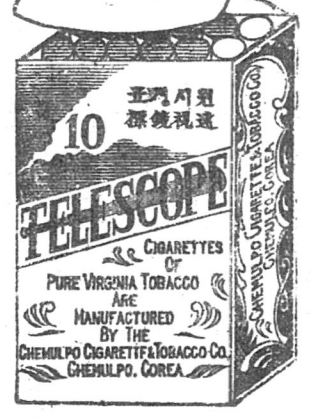

發行兼編輯人 英國人裵說
發行所
京城北署[illegible]外[illegible]
大韓每日申報社

第四卷　大韓每日申報 대한매일신보　第一百八十八號

月曜及慶節歲時日休刊

檀君開國四千二百三十九年
箕子元年三千二十八年
大韓開國五百十五年
日本明治三十九年
淸國光緖三十二年
陰曆丙午三月六十四日辛巳

論說

律社之弊

協律社之設寘가其於民國에有百害而無一利홈은本報上記載가不啻屢矣어니와風俗之移人이隨其所導ᄒᆞ야導之以善則善ᄒᆞ며導之以惡則惡ᄒᆞ야一或成習이면雖久難變키로鄒魯之俗儒學과燕趙之任遊俠과鄭衛之多淫靡와荊楚之好巫覡이各從其俗習ᄒᆞ야美惡不同ᄒᆞ니國家導民之術을有不可不愼인바

今此協律社ᄂᆞᆫ未知其有何可取인지一則淫樂이오一則巫風이라倡優妓生이日夜群集ᄒᆞ야歌聲이競天ᄒᆞ며舞袖翻雲ᄒᆞ니此果益於公乎아益於私乎아

假使其歌舞凌亂을得如雪兒之檀板과天寶之霓裳이라도徒啓荒逸之媒本이라不可示訓於四方이오其纒頭所得이日有千金ᄒᆞ야以補於國計라도違道而驅民財가已非可行之事이어던況其所得은謂歸幺麼輩私槖ᄒᆞ고毫無於補國庫이되民皆曰爲補國家經費而重設此社라ᄒᆞ야互相傳說에莫不鼻笑ᄒᆞ니損貌褻瀆가豈有大於此者이며

且以民情言之라도一般遊蕩之徒들이爭以先睹爲快ᄒᆞ야不惜金錢ᄒᆞ며不厭雜遝ᄒᆞ고戱臺側畔에人山人海ᄒᆞ야其所貪戀을有不可名狀인즉値此國步罔涯之日ᄒᆞ야民俗之轉益淫靡가實可寒心이며

尤所可憫者ᄂᆞᆫ各學校學徒들이俱以志氣未定ᄒᆞᆫ靑年子弟로隨伴結隊에銳於觀戱ᄒᆞ야或全抛課程而棄其前功ᄒᆞ며或迷溺不返而轉成惡少ᄒᆞ야貪酒挾娼과設局賭技等諸般醜習이皆從此起ᄒᆞ야莫可禁遏키로爲其父兄者들이埋怨該社而人人仇視ᄒᆞ야皆曰該社를不廢ᄒᆞ면縱有學校나一路敎育이라ᄒᆞ야怨방之聲이隨處喧然이며至於各署내許多少艾들도廢其女紅ᄒᆞ고携手連袂ᄒᆞ야三三五五이翱翔乎戱場ᄒᆞ야賊苟懷春에醜聲이狼藉ᄒᆞ니苟如是不已則在昔禮義之俗이其將變爲鄭衛ᄒᆞᆯ지라豈不可慨乎哉아

今夫政府之論이每曰民智를啓發ᄒᆞ며敎育을擴張ᄒᆞᆫ다ᄒᆞ면서如此陷民之一大機阱을國都中에廣設ᄒᆞ야民財를消耗ᄒᆞ며民志를搖蕩ᄒᆞ고恬然相視ᄒᆞ야不思禁止ᄒᆞ니從前欺人的花說을其誰信之일지無恥哉라韓之政府也여

官報

●三千四百十九號 光武十年 四月五日 續

◎敍任及辭令

補軍部敎育局編修課長 步兵參領李南夏 三月廿九日○依願免本官 純陵參奉宋台衍 懿陵參奉金容五 安陵參奉李鍾侖 和陵參奉曹盛準 肇慶廟參奉崔星진 主殿院電務과主事金益龍 全林炳都 全州基鎬 安岳郡守李明稙 平安南道觀察府主事李重泌○命시從院副卿 從二品吳學敏○任純陵參奉 孔麟洙○任惠陵參奉 李宅주○任安陵參奉 六品李鍾八○任和陵參奉 六品朱翊鎭○任昭慶園參奉 丕설衍○任肇慶廟參奉 九品李獻賢○免本官 定山郡守蔡龍臣 右ᄂᆞᆫ忠淸남道觀察使署理稷山郡守郭璨의報告書를據ᄒᆞᆫ則該員이當該地方擾攘之時ᄒᆞ야初不報府ᄒᆞ고帶印越境이라ᄒᆞ얏기免本官○任定山郡守 正三品李寅用○任安岳郡守 正三品朴彛陽○任平安남道觀察府主事 李容익○免本官 咸鏡北道觀察府主事 李奭在 全許 吉 全金鍾源 右ᄂᆞᆫ該道觀察使任原鎬의報告書를據ᄒᆞᆫ즉該員等이敍任二年에初不赴任이라ᄒᆞ얏기免本官○任咸鏡北道觀察府主事 崔奐軾 池완洙 任農鎬

以上四月二日 完

●號外 光武十年四月五日

◎宮廷錄事

詔曰此守臣屢試製錦廉明有聲績且壬午之殫성效忠有不可諠卒從二品尹泰元喪葬需令宮內府從優輸送特贈從一品參政大臣之節惠之典不待狀議諡遣秘書丞致祭 四月五日

宮內府大臣署理宮내府協辦臣閔景植謹 奏卒從二品尹泰元 贈職事 命下矣 贈職案謹上 奏 光武十年四月五日奉 旨依奏

宮내府大臣署理宮내府協辦臣閔景植謹 奏卒靑寧公沈舜澤 贈諡案謹上 奏 光武十年四月五日奉 旨依奏

卒靑寧公沈舜澤諡號望

文忠 勤學好問曰文 事君盡節曰忠

宮內府大臣署理宮內府協辦臣閔景植謹 奏卒靑寧公舜澤喪遣亞卿致祭事 命下矣何亞卿進去乎敢 奏

光武十年四月五日奉

旨特進官沈相璜進去

宮內府大臣署理宮內府協辦臣閔景植謹 奏 贈參政大臣尹泰元 贈諡案謹上 奏

光武十年四月日奉 旨依奏

贈參政大臣尹泰元諡號望

忠良 事君盡節曰忠 淸白自守曰良

宮內府大臣署理宮內府協辦臣閔景植謹 奏 贈參政大臣尹泰元喪秘書丞致祭事 命下矣何秘書丞進去乎敢 奏

光武十年四月五日奉

旨趙範九進去

●辭令

贈從一品崇政大夫議政府參政大臣 從二品尹泰元○贈從二品嘉善大夫내部協辦 嘉善大夫同知中樞府事嚴鎭一 從二品嘉善大夫前시從院副卿嚴忠源考依法典追 贈○贈從二品嘉善大夫내部協辦 故成均進士金在斗○贈正三品通政大夫秘書監丞 故學生金箕厚

未完

外報

●日俄通商 現今日本으로發向ᄒᆞᆫ駐日俄公使마구ᄒᆞᆫ지에후氏가東京到着ᄒᆞᆫ더日俄通商條約締結全權委員을任ᄒᆞ야東京에서該談辨을開始ᄒᆞᆫ다더라

●西后退隱 各國公使의夫人이西太后께謁見ᄒᆞ야饗應을賜ᄒᆞᆯ時에米國公使의夫人이太后께政權을陳ᄒᆞ히皇帝께讓ᄒᆞ야老後攝養ᄒᆞ심을望ᄒᆞᄂᆞᆫ事를奏上ᄒᆞ얏더니太后ㅣ왈皇帝의病痾尙未快愈ᄒᆞ야不得已攝政ᄒᆞ고徐徐히機會를待ᄒᆞᆫ다ᄒᆞ셧다더라

●敎民保護法 北京電을據ᄒᆞᆫ則淸國外務部에서人民과敎民의衝突을惹起함이不少함으로此等監督法을規定하야上奏ᄒᆞ얏는더裁可를蒙ᄒᆞᆫ後에即時頒布하리라ᄒᆞ더라

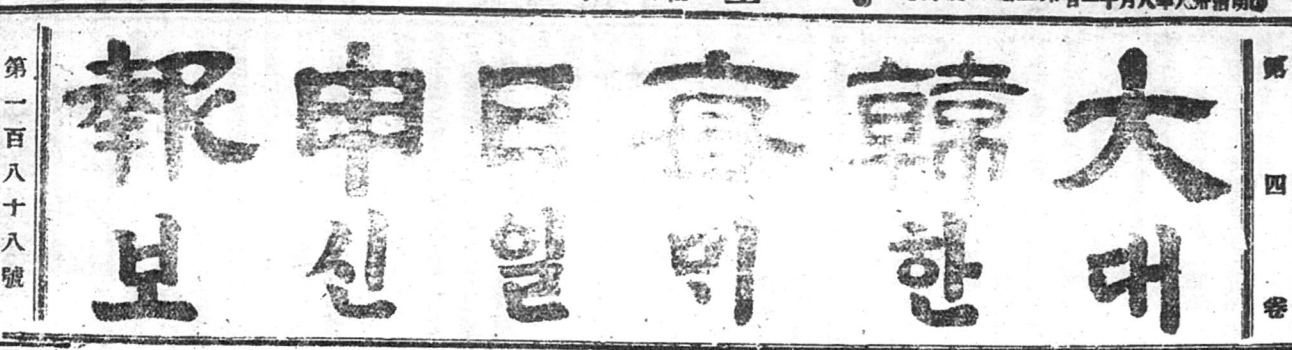

●蒙彊辦事 同電을據ᄒᆞᆫ則新彊塔爾巴合臺辦事大臣이俄國과交涉ᄒᆞᄂᆞᆫ事件이繁多홈으로俄語와蒙古語를通하ᄂᆞᆫ官員를派遣ᄒᆞᆫ다와該地에俄語學校을設ᄒᆞᆯ事을奏請하얏다더라

東京電報

●英艦隊來港 四月五日午后三十分發

英國支那艦隊는來二十八日에橫濱에集中ᄒᆞᆯ터이라더라

●屍體搜索 仝上

日本高島炭礦死體의搜索은大端히進就되얏스나尙今現員을取調中이라더라

●金子男招宴 仝上

金子男爵은本夜에美國人시ㅣ平氏를招待ᄒᆞ야日本外債募集에盡力ᄒᆞ여준好意를謝ᄒᆞᆫ다더라

●市長午餐會 仝上

東京市長尾崎行雄氏는伊國皇族을本日午餐에招ᄒᆞ얏는ᄃᆡ市長이찬의을叙ᄒᆞᆷ의殿下는答辭ᄒᆞ얏다더라

●皇族嘆賞 五日午后一時五十分發

伊太利皇族은日本國狀이伊國과互相類似ᄒᆞ고進步ᄒᆞᆫ實力이充滿ᄒᆞ야歐美諸國과逐駕ᄒᆞᆷ이不久ᄒᆞ리라고嘆賞ᄒᆞ얏다더라

●皇族退京 五日오后三時發

伊太利皇族殿下는明後日七日에東京에서發ᄒᆞ야橫濱에서御乘船ᄒᆞ고歸途에就ᄒᆞᆫ다더라

倫敦電報

●平和會議 東京發五日오后二時半

露國政府는平和會議의案ᄂᆡ狀을發ᄒᆞ얏더라

●露相辭職說 仝上

露相위테氏는辭職之意가有ᄒᆞᆫᄃᆡ其後任者는多分丑고丕辛氏라더라

北京電報

●西太后送宴 東京發五日오后七時

來十三日에청國西太后는特旨로以ᄒᆞ야日公使의夫人에게送別宴을賜ᄒᆞ섯다더라

雜報

●義王歡迎 昨日下午五時에義親王殿下ᄭᅴ옵셔釜山直行特別車로南門外停車場에到着ᄒᆞ셧는ᄃᆡ各部大臣以下各官吏와各學校校長以下諸學徒와各社會會員與一般國民이爭先出往于停車場附近而迎接ᄒᆞᆷ의歡聲이如雷ᄒᆞ고同殿下ᄭᅴ옵서下車ᄒᆞ샤四人轎로入城ᄒᆞ시는ᄃᆡ警務官吏는道路左右에排立警衛ᄒᆞ며軍樂隊는軍樂을迭奏ᄒᆞ며韓日兩國軍隊가一齊護衛ᄒᆞ고卽時參內謁見ᄒᆞ신後에泥峴청水第一銀行支店으로止宿ᄒᆞ셧더라

●答大垣丈夫書 雪月過客 續

若不忠告而改善이런들必無有子遺矣로다世上天下에安有如此文明的義理上戰爭之結果乎아噫歡痛哉라一千九百四年二月十日에東洋平和를維持ᄒᆞᆫ다稱ᄒᆞ고列强에公佈ᄒᆞ던大義가今果安在哉며君之於今에更論東亞同盟之說이適合於伊藤氏渡來之後乎아君若以同盟主論則於客年十一月我韓問題結締之日에君이在外乎아在內乎아若在外而不知라도不可오如在內而不與貴政府快一死決而爭辨ᄒᆞ고竟至於此境이어날適其時ᄒᆞ야於貴國에未伸自己之權ᄒᆞ고於事去後在外國에欲伸外人之權云ᄒᆞ니如此而倡同盟伸人權者를如非無膓公子ㅣ면孰能信之며且別告數條云者는其何巧言之甚耶아噫라同盟은何說고忠告도見矣라平和를何可望也리오現今俄德之親密과英露之協商과法奧之連結이其何空自紛紛乎아此는盡是吾黃種之所深察而警省者也라我韓則吾所自取也ㅣ니毫無怨尤之想이어니와今至於亞東難保之日則君亦必有眞箇的셔膓之歎矣리니想到此境에自不能無痛骨傷心者也로다僕之於君에豈以兩國目前之恒嫌으로失大勢永遠之公論乎아且世人이譬我韓人을如聞臭之蠅이라想我同胞ㅣ必輻湊於君이면君必從前中善喩ᄒᆞ야欲網我國否不平男子之計矣나然若以有眼者見之면竟未免一笑也로다僕切更告于我韓兄弟ᄒᆞ오니如有大垣君之人이待之以溫柔謙讓이어든必遠避而默思之ᄒᆞ고若加之苦楚鞭扑이어든必喫受而奮勵也ᄒᆞ라毒藥利於病之說이實爲吾準備語也라不此之爲면與美洲紅人種同歸一轍也리라ᄒᆞ노라僕雖亡國亡家亡身之人이나尙能苟保天賦自由之性故로旅舘孤燈에略陳管見以呈ᄒᆞ노니乞更下頂門一針이如何 完

●兩氏同歸 韓人劉世南黃鐵兩氏는日本東京에積年滯留ᄒᆞ얏시나刑訓無罪名이기로今番義親王殿下를陪從ᄒᆞ야一時歸國ᄒᆞ얏다더라

●寒食休暇 昨日은韓俗寒食日인ᄃᆡ各人에拜墳ᄒᆞ기를爲ᄒᆞ야休暇ᄒᆞ고本日부터視務ᄒᆞᆫ다더라

●民情可悲 南來人에所說을聞ᄒᆞᆫ즉近日忠北淸州淸安鎭川等地에셔賊警이無前大熾ᄒᆞ야家屋衝火와人民打傷과財産掠奪이無村無之ᄒᆞ며無人不遭ᄒᆞ야至於渙散者ㅣ指不勝樓이고擧皆荷擔而立ᄒᆞ야莫保朝夕ᄒᆞ니民情之洶洶이莫甚於此이거날청州郡守는擁有許多兵丁이되畏㥘役慮ᄒᆞ야不思戢捕ᄒᆞ고鎭청兩郡守도未展一籌而任他猖獗키로哀彼生靈들이莫知所措ᄒᆞ야日夜道路呼泣이라ᄒᆞ니政府에서는賊警一欵은置諸度外ᄒᆞ기로議決ᄒᆞ얏는지或有戢捕之論이나實施方策은一毫未見ᄒᆞ니哀哉韓民이여畢竟殲於賊手ᄒᆞᆯ지로다

●以石投石 東亞開進敎育會에서「一進會를攻擊ᄒᆞ야ᄂᆡ部에長書ᄒᆞᆫ全文이如左ᄒᆞ니

顧我全國人民이處生存競爭之中ᄒᆞ야不可無扶植栽培也故로本會에서文武農工商五課를設ᄒᆞᆷ은與士農工商四民으로同一義務라參古酌今ᄒᆞ야爲時措之宜ᄒᆞ니平常時에는人民이康衢煙月에歡遊ᄒᆞ와독書者는독書ᄒᆞ고習射者는習射ᄒᆞ고農者는業農ᄒᆞ고工者는業工ᄒᆞ고商者는業商이옵고如或平地風波에有人이加之以橫侵ᄒᆞ고待之以暴行이거든本會員이一體團結에與之談辦ᄒᆞ야一向非理强硬ᄒᆞᆫ境遇에는法官의게質判ᄒᆞᆷ이本會主旨라此與藍田呂氏鄕約의患難相救守望相助로相表裏어ᄂᆞᆯ如之何一進會에셔猜忌두生ᄒᆞ야本會解散事로政府에提呈ᄒᆞ니本部에서本會民의貽害生民者를這這摘發에一一捉囚ᄒᆞ야無得接踵케ᄒᆞ라發訓各道ᄒᆞ시니伏不感荷萬萬이로소이다本會中最難抑制者는商民一百六十萬而豈能人人盡善乎잇가今有此部訓禁戢ᄒᆞ시니故曰感荷萬萬이라ᄒᆞ노니다第伏念本會目的은忠君愛國公平正直八介字是已라雖一介人이라도一進會行爲는恥不爲也라一進行動不善은政府에捉呈이已有日이어날本部에서如何措處ᄒᆞ시물尙未承聞ᄒᆞ오니抑亦闕議未定而然歟잇가本會之惑이滋甚이로소이다在上之人이厚彼薄此는理所必無오善善惡惡은古今通義어날復豈有一扶抑於左右哉잇가請因國人所共知而略陳一進會目的ᄒᆞ리이다借稱以一進本部ᄒᆞ야其내에各部와裁判所와警務部를設置ᄒᆞ얏스니是豈人臣分義乎잇가言之膽裂이옵고京而委任擔代ᄒᆞ야政府之大臣을威脅凌辱ᄒᆞ야罔有紀極ᄒᆞ니是豈人臣義務乎잇가責以勸告는可也로되黨以脅辱은亂類也니己不正而能正人乎잇가鄕而威脅官長ᄒᆞ야凡屬行政에無不干涉ᄒᆞ야使官長으로不得行令케ᄒᆞ며昨日官隷가今日에入一進則與其郡守로橫竹抗禮ᄒᆞ니名分이蔑如ᄒᆞᆫ此는亂이오亂也며彼所勸告免官者는皆汚吏오初無勸告者는皆良吏歟아 未完

●賊報今聞 楊州西山陵村居民等이捉賊砲殺ᄒᆞᆫ事件에對ᄒᆞ야警務廳에서探尋次로巡檢을派送ᄒᆞ얏더니洞民에게困難을受ᄒᆞᆷ으로該洞民十六名을該廳에서押上ᄒᆞᆷ은昨報에已揭어니와其ᄂᆡ容을更聞ᄒᆞᆫ즉該洞民이賊漢四名을捉得인바身邊所藏凶器는爆藥二十餘對과木椎二介와呼角一介오供招則放火奪財劫奸婦女等事를一一自服키로將欲報官勸處之際에賊한之弟姪이率巡檢二人來到ᄒᆞ야要爲解放故로洞民이一齊憤怒ᄒᆞ야賊한三名은因爲砲殺ᄒᆞ고一人만辨質次留存ᄒᆞ얏더니警廳巡檢十餘人과日巡査幾人이下去ᄒᆞ야該賊一名과洞民十六名을押上ᄒᆞ얏다더라

雜報

●職員錄印給　政府의셔職員錄을印刷ᄒᆞ여現任勅奏判任官의게一件式分給ᄒᆞᆫ다더라

●上랍勤慢　度支部의셔稅랍收刷ᄒᆞᄂᆞᆫ方策의對ᄒᆞ야各道의發訓ᄒᆞᆫ다ᄂᆞᆫᄃᆡ本年四月ㅣ로無遺刷랍之郡守ᄂᆞᆫ較其勤慢ᄒᆞ야或陞等或加資或勳章으로分等施賞ᄒᆞ고過期不랍지郡守ᄂᆞᆫ隨其輕重ᄒᆞ야別般懲罰ᄒᆞ기로ᄒᆞ얏다더라

●轉車試驗　陸軍參尉權元植과日本人吉川兩氏가來四月十五日에訓鍊院에셔自轉車競走會를開ᄒᆞ고春風에一大運動을盛行ᄒᆞᆫ다ᄂᆞᆫᄃᆡ勿論ᄂᆡ外國人ᄒᆞ고自轉車善乘人우百元以上賞品을給與ᄒᆞᆫ다더라

●時시事사問문答답　續

월급은십오원이나이십원에지나지못ᄒᆞᆯᄯᅦ단억을ᄒᆞᆯ일이로다그월급의다소가학문의고하를ᄯᅡ라졍ᄒᆞᆫ것갓ᄒᆞ면이어니와그러치도안코나라권리로압제에고빙이만은지라그런고로우리나라동포즁에도신구학문을졍통ᄒᆞᆫ자이업ᄂᆞᆫ바이아니로ᄃᆡ소위관립학교에교관을불원ᄒᆞᆷ은그교관을공명으로취치도안코그러캐박ᄒᆞᆫ월급을싱계로알슈도업셔비록ᄉᆞ립학교에가셔명예교사ᄂᆞᆫ될지언졍학부관할에ᄂᆞᆫ잇지아니하랴하나니그근경을감안이싱각하면ᄒᆞᆫ심ᄒᆞᆫ일이ᄒᆞᆫ두가지아니로다근일에일인의힘ᄉᆞ을보면어ᄂᆞᆫᄯᅦᄂᆞᆫ경무관리를감익하고어ᄂᆞᆫᄯᅦᄂᆞᆫ경무를확장ᄒᆞᆫ라관리를증익ᄒᆞ나쳥치안ᄂᆞᆫᄎᆞ관ᄒᆞ여쥬며교육발달ᄌᆞ칭ᄒᆞ고일인교ᄉᆞ고빙ᄒᆞ며경찰확장지칭ᄒᆞ고일인경부고용ᄒᆞ며농공상업실시ᄒᆞᆫ다

廣告

本會에셔普通科學校를設立ᄒᆞ고京鄕年少僧侶를募集ᄒᆞ야三月二十五日부터開學ᄒᆞ깃ᄂᆞᆫᄃᆡ補助金額이如左ᄒᆞᆷ

奉元寺	五十三元
興天寺	四十九元
斗浦寺	四十八元
開運寺	四十二元
白蓮寺	二十七元
普光寺	三十二元
津寬寺	二十八元
奉恩寺	二十七元
德寺	二十七元
奉先寺	二十四元
華溪寺	二十二元
蓮花寺	十九元
重興寺	十八元
靑蓮寺	十七元
慶國寺	十四元
元興사	十三元
奉國사	十三元
望月사	十三元
道先ᄉᆞ	十二元
普門사	十五元
淸凉사	十五元
靑龍사	十二元
華陽사	十元
彌陁사	十元
興國사	九元
聖ᄉᆞ	八元
佛巖사	八元
守口庵	六元
鶴林庵	五元
鶴到庵	五元
極樂庵	三元

淨土宗研究會明進學校告白

本人에女息金順이年四歲에練豆周藺布男赤古里와두렁치마닙은女兒를今月十二日下午에일어사오니誰某던지南署武橋茶洞契一統三戶韓參書龍植氏宅으로다리고오시면厚謝ᄒᆞ오리다　武橋居李允五　告白

동서인창방용두리ᄉᆞ동ᄉᆞ호니죤서의초가십간관각문서를전집하엿다가이월회의서실고로습득하여도휴지시힝하옵　최광션　고빅

◉學員募集　廣告

本塾에셔英語夜學과日法語晝學을速成科로教授ᄒᆞ오니願學僉員은陰本月二十日ᄂᆡ로來臨問議ᄒᆞ시오

晝學時間은下午三時로六時

夜學은七時半으로九時半

南門ᄂᆡ暘洞四十三統七戶　立私廣化新塾　告白

漢陽趙氏僉座下

吾宗　始祖以下遺蹟及各派名賢行狀碑誌文忠孝實記收錄成秩今開刊于京會洞中央印刷社矣惟願僉宗即速枉議于刊所無至見漏於分冊之時幸望

德山族生鍾灝　告白

協律社에셔本社에慈善義務를贊成ᄒᆞ고該社에一日演劇總入金額一百十七圜三十錢을寄贈ᄒᆞᆫ바該社日費八十餘圜도叩除치안코全數送交ᄒᆞᆷ은本社基本財產內에積立ᄒᆞ기를要ᄒᆞᆫ本意ᄂᆡ非徒感物이라其開明趣旨를滿心感謝ᄒᆞ야玆에廣佈ᄒᆞ오니內外國人은照亮ᄒᆞ시옵

大韓國赤十字社　廣告

本人弟相朝字明仲年三十九에本浮浪長留京師日事雜技而如干家產盡蕩無餘不悛前習一向得債爲要內外國人切勿見欺白失ᄒᆞᆷ

平南成川竹郊朴相華　告白

◉師範學員募集廣告

今에本校內에師範科를特設ᄒᆞ야尋常及高等小學校와又ᄂᆞᆫ普通學校의正科教員됨이可ᄒᆞᆯ者를養成코져ᄒᆞ오니願學人은趂期來學ᄒᆞ시옵

●學科

倫理學　修身學　독書

作文　地誌內外　歷史內外　教育學　物理學　化學　生理學　經濟原論

法學通論　數學　圖畫

唱歌　體操兵式機械　外國語　日　英

●年齡及期限

入學人의年齡은十八歲以上三十五歲以下로限ᄒᆞ고修業期限은滿二個年으로定ᄒᆞᆷ

但高等小學及普通학의卒證이有ᄒᆞᆫ者ᄂᆞᆫ免시許入ᄒᆞᆷ

●시驗科目

독書　作文國漢　歷史　地誌問對國漢　數학四則以內

●시驗及入學日字

시驗日字ᄂᆞᆫ陰三月二十八日로入학日字ᄂᆞᆫ陰四月一日로定ᄒᆞᆷ

◉小學普通학員募集廣告

本校小학普通兩科에元定학期가趂屆ᄒᆞ얏사오니願학人은陰四月晦日內로請願入학ᄒᆞᆷ

一年齡은七歲以上으로十七歲以下된者

一身體康健하고精神에欠損이無ᄒᆞᆫ者

以上은遠地에셔하하ᄂᆞᆫ人의便利ᄒᆞᆷ을爲하야校內에寄宿舍을特設하고食料以外의諸般費用은본校에셔擔當ᄒᆞᆷ

江華府私立普昌학校長李東暉

本社開業이已經五六朔에幸賴僉君子愛顧ᄒᆞ야業務가漸次發達ᄒᆞ기로染色搗砧載陽泡白防濕糊等事務를次第實施ᄒᆞ야以不驚近利通繹公益으로爲主旨ᄒᆞ오며今又左開各處에支社를設置ᄒᆞ오니　僉君子照亮ᄒᆞ오셔任便請求爲要

北署安峴十一統六戶婦人商店

中署布廛屛門下南邊一十七統六戶冊肆

南署苧洞二十八統七戶藥舖

南門外蓮池邊白五十四統四戶商店

한城染織會社　告白

本號新開專做男女各色洋服ᄒᆞᆸ由上海運來各種細이毛융及一切衣飾屬品件件精全伏望貴士女迅即來顧爲幸

西小門內洋裝男女洋服商號

本塾은小學科와中學科를教授ᄒᆞᆯ學徒를募集ᄒᆞ오니願學僉員은陰曆三月二十七日내로請願書를來呈ᄒᆞ고陰四月初一日에ᄂᆞᆫ試ᄒᆞ시오

試驗科目

小學科　漢文　독書　寫字

中學科　漢文　國史　독書　作文　寫字　本國歷史　地理　算　問對

小學校卒業人은無試驗으로入中學部一年生

但年齡은十歲로至二十三歲

北署壯洞청風溪

私立普明義塾　告白

南門外藥峴金公翼許에四月初十日推次當ᄒᆞᆫ坪六千四百五十兩於音을路中遺失ᄒᆞ얏스니誰某拾得이던지休紙施行ᄒᆞᆷ

紅箭門內瀋商入成義　告白

特別社告

非史乘이면政治之美惡와人物之臧否와風俗之汚隆을無以攷論인즉史乘者는非一時之공覽이라乃萬世之公案이오非自國之所可得以私也라即宇內列邦에宜所公佈키로曩者美人訖法氏之撰大東紀年이意固有在而然也라本記者ㅣ不揆僭越하고於韓之史事에留心者ㅣ久矣로되在幾百年之後하야要論幾百年之事가任大力綿에恐有失實之歎뿐더러鎖國自守之時代에는民國間諸般事爲가不過是尋常典故라不足以供世界列邦之眼目키로斷自丙子以後各國交涉時事하야要爲編成一書하야公諸列邦하니四方有志諸君子는諒此苦心하야丙子以後政令訓誥之所記와各國交涉之如何와臣民疏章與功罪之表著와中外俗習之沿革과忠臣義士孝子烈女之行蹟을各隨所聞所見而詳錄投示하야俾此重役으로得以完成을千萬望甚

大韓每日申報社

○○○○○○○○○○○○○

本申報를廣佈ᄒᆞ기爲하야咸鏡南道咸興州南社西門外居하는曹喜林氏에게逐號下送하오니該附近地愛讀하시는　僉君子는同氏에게購覽하시며代金도同氏에게傳致하심을爲要

大韓每日申報社

○○○○○○○○○○○○○

本社廣告

申報價

一張代金　新貨二錢五厘
一個月　三十錢
三個月　九十錢
六個月　一元七十錢
一個年　三元四十錢
郵稅一部　新貨五厘
一個月　十三錢

廣告料

四号活字十三字行
每日每英尺一寸에新貨廿五錢
(每日每行에大韓에ㅣ　貨幣)
二周日에　二圜五十錢
(每日每行兩國通貨에相當)
一個月에　五圜
(每日每行圓圓一圜에相當)

其期限의長短과字行의多少를從ᄒᆞ야折減ᄒᆞ미有ᄒᆞ오

大韓人마다此申報를不可不購覽ᄒᆞ실터이오니廣告出來ᄒᆞ실僉君子는來臨面議ᄒᆞ시옴

發行兼編輯人　英國人裴說

發行所

京城北署壽進坊[illegible]

大韓每日申報社

第四卷

大韓每日申報
대한매일신보

第一百八十九號

月曜及慶節歲時休日休刊

檀君開國四千二百三十九年
箕子元年三千二十八年
大韓開國五百十五年
日本明治三十九年
淸國光緖三十二年
陰曆丙午三月大十五日壬午

論說

日本政治上大隈伯爵演說

日本進步黨首領大隈伯이去土曜會席에有味說論을陳述矣라日本政府腐敗에同伯關說을本記者ㅣ引用ᄒᆞᆷ이旣多其機어니와今此最近談話를據ᄒᆞᆫ즉禍弊之漸이過大於平日所度이로다同伯이唱說ᄒᆞ되近日公衆行動上에德義退步가極端闕歎이라衆人良心이見賣於賂物ᄒᆞᄂᆞᆫ意趣가漸長이고如此行動의經過를公衆이不得彈駁ᄒᆞ얏스니此乃可歎之日이라僉員은惡弊를射出ᄒᆞ기에奮力ᄒᆞᆯ지어다云이오且政府行動이民志를抗逆ᄒᆞ야戰時稅金을繼行ᄒᆞ며民有鐵道를勸買ᄒᆞᄂᆞᆫ等事를論非ᄒᆞᆫ後에同伯이悲觀的으로說話ᄒᆞ되事之後來景況을反想컨ᄃᆡ財政位地를因ᄒᆞ야淒慘而已로다過去戰쟁에多端計劃을內閣次會에引提ᄒᆞᆯ거슬知悉矣니財源之發이何件고或其募償耶아或其增稅耶아償欵政策은應用上愼重을極用ᄒᆞ얏스니後來結果ᄂᆞᆫ未免適巽ᄒᆞᆯ거시오非特止此而已라更募債欵이或至容易ᄒᆞᆯᄂᆞᆫ지未能確言이며且以增稅言之라도現今戰稅連續을觀之컨ᄃᆡ其困難이亦與債欵一般이라財政問題가人民安樂의直接關係니謹愼硏究가可也라云ᄒᆞ얏더라

以余觀之컨ᄃᆡ大隈伯의淒慘豫見을反駁ᄒᆞ기에ᄂᆞᆫ其言이甚少요過去戰쟁의結果로因ᄒᆞ야人民의困難時日이層生ᄒᆞᆷ은覺悟ᄒᆞᄂᆞᆫ思想이日本에包有ᄒᆞᆷ은無疑로다

官報

●號外 光武十年四月五日

●辭令 續

以上從二品嘉善大夫前시從院副卿金珏鉉考祖考依法與追 贈○贈從二品嘉義大夫內部協辦 嘉義大夫行秘書院丞金健植○贈正三品通政大夫秘書監丞 通訓大夫行司憲府監察金潤五○贈從三品通訓大夫禮式院左掌禮 故學生金光復 以上從二品嘉善大夫前시從院副卿金容觀考祖考曾祖考依法與追 贈○贈從二品嘉善大夫內部協辦 故學生李實象○贈正三品通政大夫秘書監丞 故密陽府使李應淵 以上從二品前시從院副卿李南夏考祖考依法與追 贈○贈從二品嘉善大夫軍部協辦 故宣傳官鄭義采○贈正三品通政大夫秘書監丞 故學生鄭胤休○贈從二品通訓大夫禮式院左掌禮 故學生鄭夏亨 以上從二品嘉善大夫前시從院副卿鄭煥悳考祖考曾祖考依法與追 贈○贈從二品嘉義大夫內部協辦 故學生吳廷瑜○贈正三品通政大夫秘書監丞 故學生吳國海○贈從三品通訓大夫禮式院左掌禮 故學生吳仁達 以上從二品嘉義大夫시從院副卿吳學敏考祖考曾祖考依法與追 贈

以上四月五日 完

●三千四百廿號 光武十年四月六日

●敍任及辭令

依願免本官 西京豐慶宮參書官崔益煥 齊陵參奉洪德周 厚陵參奉丕鍾禹 思陵參奉李宅承 昭慶園參奉趙설衍 箕子陵參奉張榮學 京畿觀察府主事車裕舜○命宮內府特進官 禮式院掌禮副卿洪承穆○命禮式院掌禮副卿 從二品李重夏○任西京豐慶宮參書官 九品蘇祈永○任禮式院掌樂課主事 송在昇○任齊陵參奉 尹在喜○任厚陵參奉 尹秉浩○任思陵參奉 九品金容五○任箕子陵參奉 鄭在明○任京畿觀察府主事 李益秀

以上四月三日

●部令

度支部令第三號

水利組合條例

第一條 水利組合은水利로由하야土地의灌漑疏鑿과開拓保護에關ᄒᆞᆫ事業을爲하야設寘ᄒᆞᆷ이라

第二條 組合은組合事業을爲하야利益을受ᄒᆞᆫ土地로써區域으로定하고該區域內에在ᄒᆞᆫ買有者로써組合員이라ᄒᆞᆷ이라

第三條 組合을設코져ᄒᆞᆯ時에ᄂᆞᆫ度支部大臣의認可를請ᄒᆞᆷ이可ᄒᆞᆷ이라

第四條 組合은度支部大臣의指定ᄒᆞᆫ者가度支部大臣의指揮監督을受ᄒᆞ야此를管理ᄒᆞᆷ이라

第五條 組合의費用은土地의面積及等級에應ᄒᆞ야組合員이此를負擔ᄒᆞᆷ이라

組合의事業으로特히利益을受ᄒᆞᆫ土地에對ᄒᆞ야ᄂᆞᆫ其利益에應ᄒᆞ야特別ᄒᆞᆫ負擔을當케ᄒᆞᆷ을得ᄒᆞᆷ이라

第六條 組合은其事業을爲ᄒᆞ야夫役現品及土地를組合員에게賦課를得ᄒᆞᆷ이라

第七條 第五條의負擔의査定及第六條의賦課를ᄒᆞ고저ᄒᆞᆯ時에ᄂᆞᆫ豫히度支部大臣의認可를受ᄒᆞᆷ을要ᄒᆞᆷ이라

第八條 組合費의徵收及滯납處分은結戶稅의例를據ᄒᆞᆷ이라

第九條 組合은度지部大臣의指定ᄒᆞᆫ積立金을爲ᄒᆞᆷ을要ᄒᆞᆷ이라

第十條 組合은度지部大臣의認可를經치아니면負債ᄒᆞᆷ을得지못ᄒᆞᆷ이라

第十一條 管理者ᄂᆞᆫ預算及決算을作ᄒᆞ야度支部大臣에게報告ᄒᆞᆷ이可ᄒᆞᆷ이라度支部大臣은此를組合員에게布告ᄒᆞᆯ者라ᄒᆞᆷ이라

第二十條 組合의負債元利金의支撥에對ᄒᆞ야ᄂᆞᆫ政府가此를保證ᄒᆞᆯ事가有ᄒᆞᆷ이라

第十三條 組合管理者及其事務에從事ᄒᆞᄂᆞᆫ者에對ᄒᆞ야ᄂᆞᆫ官吏에關ᄒᆞᆫ規程을準用ᄒᆞᆷ이라

光武十年三月廿六日

度支部大臣閔泳綺

外報

●蒙王來遊 蒙古特爾扈特王이名은帕勒理라ᄒᆞ고日本遊覽次로來ᄒᆞᆫᄂᆞᆫ데微行이라ᄒᆞ야何時何處에到着되ᄂᆞᆫ지推測키難ᄒᆞ미駐日淸公使及領事가探聞中이라ᄒᆞ더라

●歐米新聞學 近來에歐米諸國大學校에서ᄂᆞᆫ新聞學이라ᄒᆞᄂᆞᆫ新一學科를設ᄒᆞ고斯業에有意ᄒᆞᄂᆞᆫ靑年을爲ᄒᆞ야此事에關ᄒᆞᆫ諸般智識을敎授ᄒᆞᄂᆞᆫ데米國紐育市고롬비아大學校에서ᄂᆞᆫ三年前에倡設ᄒᆞ엿고聖路易大學校에서ᄂᆞᆫ昨年에其經營이有ᄒᆞ얏고美國首府화盛敦大學校에서도次次設置ᄒᆞᆫ다ᄒᆞ더라

●淸廷禁烟 袁世凱氏가亞片烟을吸ᄒᆞᆷ을禁ᄒᆞ고저ᄒᆞ야먼져南京에서吸烟ᄒᆞᄂᆞᆫ官員은免官ᄒᆞᆫ다ᄒᆞ야禁令을頒布ᄒᆞ엿더니憤恨히역이ᄂᆞᆫ官吏가多ᄒᆞ야甚至於辭職ᄒᆞ랴ᄒᆞᄂᆞᆫ者ㅣ有ᄒᆞ다더라

東京電報

●青木日使出發 四月六日午后二時發
青木駐米全權日使ᄂᆞᆫ本日에赴任ᄒᆞ얏ᄂᆞᆫ디日山元帥와乃木日將과兒玉日將과其他陸海日臣等이皆餞送ᄒᆞ얏더라

●日米間追加條約 仝上
日米間에協議中이던犯罪人引渡에關ᄒᆞᆫ追加條約은本日에外務日臣과米國代理公使間에調印을結了ᄒᆞ얏더라

倫敦電報

●英國軍人義捐
英國海軍人은國之內外를不問ᄒᆞ고日本東北饑饉救助에盡力ᄒᆞ기로되얏다더라

雜報

●本宮空返 義親王殿下씌迎接次로派遣ᄒᆞ얏던參將嚴俊源氏와工務局長河相驥氏ᄂᆞᆫ一次도接見을不得ᄒᆞ얏다더라

●政府織會 近日政府에셔一會社를組織ᄒᆞᆯ次로計劃中이라ᄂᆞᆫ디漢城內外人民의私自沈醬ᄒᆞᆷ을不許ᄒᆞ고自會社로專賣케ᄒᆞᆷ과外道에셔南草를旅閣으로賣上ᄒᆞᄂᆞᆫ것을自會社로句管ᄒᆞ야各商民이專賣케ᄒᆞᆯ事와造酒局을設置ᄒᆞ야各酒商의私造ᄅᆞᆯ不許ᄒᆞ고自會社로專賣케ᄒᆞ기로ᄒᆞᆫ다ᄂᆞᆫ디右三種을實施ᄒᆞ면每年에國庫稅入金額이可至三百萬圜이라더라

●敎員擬聘 日本宮城縣牡鹿郡荻濱村田代尋常小學校敎員相原虎之助가學部에公函ᄒᆞ얏스되貴國에셔官立小學校敎員으로日本人을傭聘ᄒᆞᆯ議를決定ᄒᆞ얏다ᄒᆞᆷ의就ᄒᆞ야別紙에履歷書를呈上ᄒᆞ니聘用ᄒᆞ심을奉願ᄒᆞ오며左에事件을通報ᄒᆞ라ᄒᆞ얏ᄂᆞᆫ디
一 採用之際에ᄂᆞᆫ現職을辭ᄒᆞ고赴任ᄒᆞᆯᄂᆞᆫ지本縣으로出向을命ᄒᆞᆯ節次
二 採用上俸給額及旅費
三 赴任旅費ᄂᆞᆫ官給인지自費인지官給이면其金額

●喫煙度日 淸國上海로從ᄒᆞᆫ人의談話를得聞ᄒᆞᆫ즉該地에逗留ᄒᆞᄂᆞᆫ李容翊李學均玄相健三氏ᄂᆞᆫ無라經營인지每日鴉片烟만吸喫ᄒᆞ야世慮를消遣ᄒᆞᆫ다더라

●去留兩難 駐俄前公使李範晉氏ᄂᆞᆫ經費가缺乏ᄒᆞ야困難이莫甚ᄒᆞᆫ故로不得已ᄒᆞ야俄國政府에對ᄒᆞ야借欵支用코ᄌᆞᄒᆞᆫ즉謂以俄韓兩國이已至絕和ᄒᆞ얏더러且無韓政府保証書인즉雖一留金이라도今不得許借라ᄒᆞᆷ의勢將撤還歸國而且無旅費ᄒᆞ야去留兩難이니歸國旅費를措辦入送케ᄒᆞ라고同氏가某親知家로致書ᄒᆞ얏다더라

●二局增設 政府에셔治道局水道局을設置ᄒᆞᆫ다ᄂᆞᆫ事ᄂᆞᆫ已揭前報어니와該兩局에各道局長一人事務官二人技師二人ᄒᆞ고技手書記ᄂᆞᆫ隨時增設ᄒᆞᆯ事로昨日에內部에셔政府에請議書提出ᄒᆞ얏다더라

●請懲倅員 巨濟郡守尹相佑氏가內部에報告ᄒᆞ되本郡一進會之許多使討跳踉之行爲ᄂᆞᆫ雖以匪擧이오나郡守가不能率職ᄒᆞ야致此辱朝廷之罪ᄂᆞᆫ從重論勘ᄒᆞ고一進會使討人民ᄒᆞ며干犯國綱之不法罪惡은照會法部ᄒᆞ야另行査辦되옴을伏望이라ᄒᆞ얏더라

●結稅請減 嘉山郡守署理尹喬榮氏ᄂᆞᆫ該郡鐵道沿路의犯入ᄒᆞᆫ結稅價一千一百六十六兩六錢을從速減下ᄒᆞ라고農商工部에報告ᄒᆞ얏다더라

●老者理屈 再昨日에安門等地에셔年可十五六歲靑年과白髮老翁이互相爭詰ᄒᆞᄂᆞᆫ디該老翁이每欲以鉢頭毆打而左右觀光者極力挽止ᄒᆞᄂᆞᆫ지라其爭詰事由ᄂᆞᆫ靑年이日收殖百金ᄒᆞ債給於老翁인디多日不給ᄒᆞ면셔言必稱星官捧去ᄒᆞ라ᄒᆞᆫ즉靑年이不勝其忿ᄒᆞ야辨論其經緯曰當初放債時에非有官府認可則今此說去ᄂᆞᆫ決非老成之口氣라ᄒᆞ야言言詳明ᄒᆞ며曲盡事理ᄒᆞ니老者가亦有慚愧之色而觀光者莫不稱歎明敏ᄒᆞ며互相謂之曰此所敎育中從出者이니敎育은不可時日遲緩이라ᄒᆞ더라

●吝財忘賊 淸州淸安鎭川等地에賊警大熾ᄒᆞᆷ은前報에歷記어니와今聞鎭川邑內에富民居生者ㅣ至爲三四十戶ᄒᆞ야賊黨이恒所流涎ᄒᆞᄂᆞᆫ고로該郡守李鐸應氏가富戶諸人에게曉喩ᄒᆞ야曰今防賊之策이莫如兵丁設置이나其所入經費를支辦無路ᄒᆞ니兵丁等의月銀服裝食料等費를諸富戶가隨力捐助ᄒᆞ면吾當軍部에請稟ᄒᆞ야銃丸을受來ᄒᆞ리니兵丁設置之日은即富戶安堵無憂之秋也라勿惜小費ᄒᆞ고亟爲圖之ᄒᆞ라ᄒᆞᆫ즉所謂富戶中에願者强半이요不願者亦多ᄒᆞ야事竟不諧이다ᄒᆞ니大抵賊警之不熄은富戶之大患인즉該郡守의設兵之論이可謂萬全良方이어ᄂᆞᆯ蚩蚩之氓들이吝於捐財ᄒᆞ고疎於防患ᄒᆞ야聽若藐藐에但憂賊徒之猖獗ᄒᆞ니愚乎哉라鎭邑之富戶여其能無悔於他日일지

●果則貪吏 前報에揭載ᄒᆞᆫ定州郡守尹喬榮氏의貪贓事ᄂᆞᆫ自已가送人說明ᄒᆞ더니更히該郡人民의來說을聞ᄒᆞᆫ즉同氏가莅任數年에民訟焉一無空訟ᄒᆞ고鄕任焉一無公薦ᄒᆞ야囊括橐充ᄒᆞ고公錢欠逋가至爲數萬餘兩故로該郡士民과一進會에셔葉九萬兩을査得ᄒᆞ야裁判次上京ᄒᆞ얏ᄂᆞᆫ디同氏가一進會長尹吉炳氏와內部日臣李址鎔氏의게左請右囑ᄒᆞ고會民들을警廳에捉囚ᄒᆞᆯ깃노라고威脅恐喝ᄒᆞ니該民等이方在惶懼中이라더라

答雪月過客 大垣丈夫

雪月過客者僕雖未知何人想韓國有數之志士而憂國家前途者書中歷歷可以徵焉夫志士相待也自有道焉不可猥用奇激之文字僕幸不習奇激之文字故唯答於其疑問而已然僕素一處士耳非日本官憲故不能說明我政府之政策況異其方針者誰能得代辯他人之意見哉但事屬於我一身繫於其疑問者禮固不可不答辯也抑僕雖不敏嘗有慨於東洋前途自三年以來首唱一貫奔走於朝野雖使國人少傾耳未至於動國論唯新聞紙上或演說壇上不過於[illegible]聲而已客年十一月伊藤大使將渡韓也僕乃因大使書記官長都筑馨六君聊托長書一篇求大使弁覽足下若見此書則應諒我苦衷矣且夫旣往三年間論稿爲堆今乃滿篋傳播於其韓國者曰世界大勢論曰韓國論曰韓國外交論曰上疏文等亦不鮮矣僕豈事前不努而事後弄言者哉夫大廈之將傾也非一木所可支也韓國至於今日之艱棘如足下所謂所自取也雖照鑑可望富强之前途而國權之回復也僕入城以來訪客常滿座燕歌慷慨不乏其人意氣相許肝膽相照者亦不鮮矣遂至組織日韓自强會其趣旨規則載在于新聞紙足下所謂梟之蛹而焉能如此哉盖足下憤慨於旣往至發此言則僕亦非不諒其意然無說於將來不講善後策者亦不可謂國士也楚囚相對徒下新亭之淚燕歌慷慨空懷不平之恨於國何益於君何補哉凡政治善惡一依於國情如何耳國情險惡則不可施文明善政如俄淸諸國即是也國情開明則不可施專制惡政如英美諸國即是也國民開明而政府專制者天下未之有也

故欲使政府施善政良法則國民各自注意不可不講於文明自强之術也韓國從前不講於自强文明之術官民自馴於卑屈之勢甘受他人之輕侮竟被外人之保護

僕雖外人亦不能無感慨也雖然今而欲破毁條約則不過於使他籍口終底於滅亡而乃已奚但今日而止哉然則余之何則可乎無他在講究於自强文明之道耳蓋見韓日協約意云韓國至於富强之域則欲放解其約款也然則無忘於與復至岸之念而講究於自强文明之術即今日時局之急務也豈非汲汲奮發之時乎

僕不顧妻子急遽入城者豈無故哉 下等若不自察或紛擾誤國或因循㺷蒔他日必鼎足之勢則遂東洋悲運者罪在乎足下等也足下以有眼者自高騁焉豈不知此易觀之理哉

然而日韓僉君子若答足下進言則三答自有別焉僕無救濟之道矣無寧去逝[illegible]國可講東洋永遠之方策而已第一策旣不行乎第前而第二策亦不行乎事後則當行第三策而已雖然僕豈悴悴然哉惟願東洋男兒須磊磊落落推赤心置人腹中決不可以一毫猜疑之想有所臆度也英雄心事當如光風霽月豈容一点汚物也哉

東京電報

日本셔來廿三日에開會ᄒᆞᆯ師團長會議에當第十三師團及第十

日本來卅日에觀兵式을擧行ᄒᆞᆫ後에新宿御園에셔皇族以下니

●廢兵院法 仝上
日本廢兵院法은本日에裁可公

●師團長會議　四月七日午前十一時에五師團長도出席ᄒᆞ얏다더라

●觀兵式後園遊會　仝上　外軍人及其外를招ᄒᆞ야宴會를開ᄒᆞ얏다더라　布되얏더라

雜報

●以石投石（속）

順其指導者曼右之ᄒᆞ고不順其指導者曼左之也ㅣ明矣오驛屯土收租官은官人也라有其職而擔其任者어날彼乃作黨而驅逐之ᄒᆞ고

驛屯畓은公土也라監理郡守가自在어날彼乃勒奪之ᄒᆞ고通津郡 御供米ᄂᆞᆫ何等莫重이온ᄃᆡ彼乃奪簿而擅捧ᄒᆞ고

結錢은官吏所捧이어날彼乃擅捧ᄒᆞ고已極無嚴이어든況再徵於已랍之民間호잇가其眼無國家ᄂᆞᆫ世所共知어날此而不戢이면無國也必矣요

民間許多作弊事로言之면外飾以生民保護ᄒᆞ고내實剝割生民ᄒᆞ야勒掘人塚也와勒奪寡婦也와摟處子而勒婚也와勒捧私債ᄂᆞᆫ指不勝摟며東峽等郡에二三十年前永賣土를以本價로勒退也와

聚黨行賊에打殺公州兵丁等事가不一其端이니此而不戢이면無民也必矣라此皆有確據明證ᄒᆞ니照亮ᄒᆞ신後彼一進會를按法嚴處ᄒᆞ시믈伏望　完

●文郡困狀　咸南文川郡守李庸稙이度支部에報告ᄒᆞᆫ內槪에本郡明孝社所在廢牧場內十四洞基址를乙巳三月分에自日本海軍省으로設防備隊ᄒᆞ고招致該士民人等ᄒᆞ야謂以田畓家舍柴場價ᄒᆞ고紙貨五千七百圜을使各領受ᄒᆞ즉該民等이惶然罔措ᄒᆞ야告于前前署理郡守則該署理가即往交涉于元山日領事ᄒᆞ야說明其士之非私伊公에不可擅賣이라ᄒᆞ되頓不聽從ᄒᆞ고直該民等ᄒᆞ야勒授價錢ᄒᆞ야强分派에盡數消융이온바該署招가自初事狀을據實報告于政受이어니와該地內結數가爲四理二結三十九負五束이오戶數府가爲一百卅八戶이온ᄃᆡ田畓十則設隊後一倂廢棄ᄒᆞ고人戶則亦已渙散而離他이온즉結戶兩稅가指徵無處이옵고又於陰曆正月二十五日에日本海軍長官兵卒及元山港摠巡巡檢等四人이來到于本郡龜山社鹽場ᄒᆞ야謂以此鹽場이盡入軍用地矣라待念汝等生業ᄒᆞ야該鹽坂價紙貨一百七十元을出給ᄒᆞ니遵這領受ᄒᆞ라ᄒᆞᆫ즉鹽民等이迫於壓制ᄒᆞ야該價을盡爲領受이온바本郡地方에僅爲六社에土瘠民貧ᄒᆞ야無他生涯이고只有此鹽場一處ᄒᆞ야賴以爲業者六七千名이온ᄃᆡ一朝讓渡於外人則許多民生之呼訴顚連을慘不忍見이오며莫重公稅之指徵無處도亦所悚仄이옵기玆以修成冊錄告ᄒᆞ니右各稅額을特爲減탈ᄒᆞ라ᄒᆞ얏더라

●時시事사問문答답（속）

일인기ᄉᆞ달여다가ᄎᆞ관ᄒᆞᆫ돈긔빅만원져의셰리분식ᄒᆞ고불상ᄒᆞᆫ우리국민동녹도못보고셔그돈을갑ᄌᆞᄒᆞ면원ᄒᆞᆫ일그안인가일인으로말ᄒᆞᄌᆞ면저의돈저의먹고나종에렴체업시ᄒᆞᆫ국졍부터ᄒᆞ야셔차관ᄒᆞᆫ돈변리라고년년이독촉하며긔ᄒᆞᆫ이되얏ᄂᆞᆫ이파ᄒᆞᆫ되얏ᄂᆞᆫ이구츅이막심ᄒᆞᆯ제솜씨죠캐체약ᄒᆞᆫ모모더신져ᄒᆞᆫᄌᆞ당ᄒᆞᆯ손가

그앙화그여독은젼국인민당ᄒᆞᆯ지라그ᄃᆡ와날지라도이쳔만즁한아이니우리인들편안ᄒᆞᆯ가그러ᄒᆞᆯ리만무ᄒᆞ지

호문싱왈근일에잔채ᄂᆞᆫ잘덜ᄒᆞ데롱감부긔쳥식의원유회라모ᄃᆡ신의만찬회라날마다낭ᄌᆞᄒᆞ니시화세풍금일이오국ᄃᆡ민안금일이라

아모근심다업죠ᄀᆞ독악나ᄒᆡ데일이지선ᄒᆡ싱왈근일잔치의론ᄒᆞ면일인의게ᄂᆞᆫ낙셩연이오우리나라ᄃᆡ관들의게ᄂᆞᆫ푸닥거리나달음이업도다　미완

廣告

本人에女息金順아年四歲에練豆周衊布男赤古里와두렁치마닙은女兒를今月十二日下午에일어사오니誰某던지南署武橋茶洞契一統三戶韓泰書龍植氏宅으로다리고오시면厚謝ᄒᆞ오리다

武橋居李允五　告白

동셔인창방용두리ᄉᆞ룡ᄉᆞ호니즁셔의초가십간판각문셔를견집하엿다가이월회의셔실고로습득하여도휴지시ᄒᆡᆼ하옵

최광션　고백

本號新開專做男女各色洋服韓由上海運來各種絨毛布及一切衣飾屬品件件精全代價貴十女迅即來購爲幸

西小門內榮泰男女洋服商號

本人弟相朝字明仲年三十九性本浮浪長留京師日事雜技而如千家產盡蕩無餘不悛前習一向得債爲要內外國人切勿見欺白失홈

平南成川竹郊朴相華　告白

◉學員募集　廣告

本塾에서英語夜學과日法語書學을速成科로教授ᄒᆞ오니願學僉員은陰本月二十日니로來臨問議ᄒᆞ시오

晝學時間은下午三時로六時

夜學은七時半으로九時半

南門니暘洞四十三統七戶

立私廣化新塾　告白

◉師範學員募集廣告

今에本校內에師範科를特設ᄒᆞ야尋常及高等小學校와又ᄂᆞᆫ普通學校의正科教員됨이可ᄒᆞᆯ者를養成코져ᄒᆞ오니願學人은赴期來學ᄒᆞ시옵

●學科

倫理學　修身學　독書
作文　地誌內外　歷史內外
教育學　物理學　化學
生理學　經濟原論
法學通論　數學　圖畫
唱歌　體操兵式機械　外國語　日　英

●年齡及期限

入學人의年齡은十八歲以上三十五歲以下로限ᄒᆞ고修業期限은滿二個年으로定홈

但高等小學及普通학의卒證이有ᄒᆞᆫ者ᄂᆞᆫ免시許入홈

●시驗科目

독書　作文國漢　歷史
地誌問對國漢　數학四則以內

●시驗及入學日字

시驗日字ᄂᆞᆫ陰三月二十八日로入학日字ᄂᆞᆫ陰四月一日로定홈

◉小學普通학員募集廣告

本校小학普通兩科에元定학期가迫屆ᄒᆞ얏사오니願학人은陰四月晦日內로請願入학홈

一年齡은七歲以上으로十七歲以下된者

一身體康健하고精神에欠損이無ᄒᆞᆫ者

以上은遠地에셔학하ᄂᆞᆫ人의便利ᄒᆞᆷ을爲하야校內에寄宿舍을特設하고食料以外의諸般費用은본校에셔擔當홈

江華府私立普昌학校長李東暉

本運送部에셔京仁京釜京義間鐵道貨物을運送ᄒᆞ되貨物을特別保重ᄒᆞ며運輸을特別迅速케ᄒᆞ오며支店을三線各驛에設置ᄒᆞ얏ᄉᆞ오니貨物을運送ᄒᆞ실僉君子ᄂᆞᆫ本運送部에光臨問議ᄒᆞ시옵

京城南大門外韓美協同倉庫會社內

合資會社　東美運送部

社長　尹晶錫
社務員　任命鎬　鄭仁教　李喬寧

本社開業이已經五六朔에幸賴僉君子愛顧ᄒᆞ야業務가漸次發達ᄒᆞ기로染色搗砧截陽泡白防濕糊等事務를次第實施ᄒᆞ야以不啻近利通籌公益으로爲主旨ᄒᆞ오며今又左開各處에支社를設置ᄒᆞ오니　僉君子照亮ᄒᆞ오셔任便請求爲要

北署安峴十一統六戶婦人商店
中署布廛屛門下南邊十七統六戶冊肆
南署苧洞二十八統七戶藥舖
南門外蓮池邊五十四統四戶商店

한城染織會社　告白

花春丹　霍亂　吐瀉　腹痛　滯症　暑症　정神　神昏　傳　鬱　痰症　醒酒解毒　咳嗽　口味업ᄂᆞᆫ諸症의神效ᄒᆞᆫ藥이오此外에도洋灰水解毒藥　唐성　瘧疾　蛔虫　寸白　赤白痢風藥과漢西洋藥이俱備ᄒᆞ고他病도隨證出方ᄒᆞ오니　僉位ᄂᆞᆫ試議ᄒᆞ시옵

皇城校洞石井洞下隅

石泉堂藥局　告白

●刑法大全　一帙定價金　新貨六十錢

牧民心書一帙	一圜二十五錢
耳談續纂一冊	七錢五厘
溫故知新堂叢鈔	七錢五厘
父師必讀小學指南	七錢九厘
人工養蠶鑑一冊	十五錢
新訂算術每冊	十五錢
農政新書	五十錢
法學通論	一圜
民牘完編	一圜五十錢
大韓地誌	七十五錢

發賣所　布屛門下金相萬書舖　大韓每日申報社

特別社告

非史乘이면政治之美惡와人物之臧否와風俗之汚隆을無以攷論인즉史乘者ᄂᆞᆫ非一時之공覽이라乃萬世之公案이오非自國之所可得以私也라卽宇內列邦에宜所公佈者ㅣ로頃者美人訖法氏之撰大東紀年이意固有在而然也라本記者ㅣ不揆僭越ᄒᆞ고於韓之史事에留心者ㅣ久矣로되在幾百年之後ᄒᆞ야要論幾百年之事가任大力綿에恐有失實之歎ᄲᅮᆫ더러鎖國自守之時代에ᄂᆞᆫ民國間諸般事爲가不過是尋常典故라不足以供世界列邦之眼目기로斷自丙子以後各國交涉時事ᄒᆞ야要爲編成一書ᄒᆞ야公諸列邦ᄒᆞ니四方有志諸君子ᄂᆞᆫ諒此苦心ᄒᆞ야丙子以後政令訓諭之所記와各國交涉之如何와臣民疏章與功罪之表著와中外俗習之沿革과忠臣義士孝子烈女之行蹟을各隨所聞所見而詳錄投示ᄒᆞ야俾此重役으로得以完成을千萬幸甚

大韓每日申報社

〇〇〇〇〇〇〇〇〇〇〇〇〇〇

本申報를廣佈ᄒᆞ기爲ᄒᆞ야咸鏡南道咸興州南社西門外居ᄒᆞᄂᆞᆫ曹喜林氏에게逐號下送ᄒᆞ오니該附近地愛讀ᄒᆞ시ᄂᆞᆫ僉君子ᄂᆞᆫ同氏에게購覽ᄒᆞ시며代金도同氏에게傳致ᄒᆞ심을爲要

大韓每日申報社

〇〇〇〇〇〇〇〇〇〇〇〇〇〇

●九轉靈砂라 本人이妙方法을神備ᄒᆞ야製造ᄒᆞᆫ靈丹인ᄃᆡ男女老少에無論何症ᄒᆞ고通治ᄒᆞ오며無病時에도服ᄒᆞ면平生의身體가健康ᄒᆞ며小兒ᄂᆞᆫ四五錢重만服ᄒᆞ면十歲안에無病ᄒᆞ기를擔保ᄒᆞ오며

●九轉靈砂萬應丹은癲狂 癎症과中風諸疾과耳目諸病과淋疾에神効ᄒᆞ오

●九轉靈砂保命丹은初生小兒 驚風 痲氣 咳嗽 腹痛諸般惡과婦人帶下症에神効ᄒᆞ오

●九轉靈砂濟衆丹은酒滯 食滯 血積 吐瀉 霍亂 痢疾 吐血 下血 運氣 時疾 痲症에神効ᄒᆞ오

●九轉靈砂紫金丹은痔漏 累瀝 上痲 下疳瘡及唐瘡과諸般毒瘡惡種에無不神効ᄒᆞ오니 僉君子ᄂᆞᆫ來購ᄒᆞ사오

內藥司前두갈이골上隅第一家 李鶴廷 告白

一 鷹標罐濃縮牛乳
一 金印罐濃縮牛乳
一 家用氣化乳
一 뮨쓰製造麥芽化合牛乳

以上은當時에對積ᄒᆞ얏ᄉᆞᆸ
發賣所有港뻐-뮨쓰 濃結牛乳會社

大韓仁川港
世昌洋行

以上三種은上品으로製造ᄒᆞ야衛生上에至極有益ᄒᆞ니勿論某人ᄒᆞ고本社에來顧ᄒᆞ심

大韓帝國仁川港
濟物浦紙卷烟草及烟草會社

本社廣告

申報價

一張代金 新貨一錢五厘
一個月에 三十錢
三個月 九十錢
六個月 一元七十錢
一個年 三元四十錢
郵稅一部 新貨二厘
一個月 十三錢

廣告料

四号活字十二字詰
每日每英尺一寸에新貨廿五錢
(每日每行에大約에[illegible]當홈)
二週日에 二圜五十錢
(每日每行圜錢五厘에相當홈)
一個月에 五圜
(每日每行圜錢一厘에相當홈)
其期限의長短과字行의多少를依ᄒᆞ야增減홈이有홈

大韓人마다此申報를不得不購覽ᄒᆞ실터이오니廣告出報ᄒᆞ실僉君子ᄂᆞᆫ來臨面議ᄒᆞ심

發行兼編輯人 英國人裵說
發行所 京城北署磚洞坊外地新門內
大韓申報社 每日

第四卷

大韓每日申報
대한매일신보

第一百九十號

月曜及慶節歲時日休刊

檀君開國四千二百三十九年
箕子元年三千二十八年
大韓開國五百十五年
日本明治三十九年
淸國光緖三十二年
陰曆丙午三月十七日甲申

論說

水道非計

有一箇鄕人이自其先世로勤儉成規ᄒᆞ야田土之入이足以終歲ᄒᆞ며器物之用가足以資用이러니及其用度稍繁에家業이漸損ᄒᆞ고且屬日規模가有不滿足於意라

欲以別般營業으로張더其生活일ᄉᆡ遂將其田券與器物ᄒᆞ야典執於富家ᄒᆞ고借得巨欵ᄒᆞ니乃有一種牟利之輩가看作奇貨ᄒᆞ야誘以利說曰某事를經營ᄒᆞ면可得多大之利益이라ᄒᆞ며

某人을使用ᄒᆞ면必得其信實周旋이라ᄒᆞ야萬端甘言이眞若出於謀忠者라於是其人이信此牟利輩之言ᄒᆞ고將其金額ᄒᆞ야委於타手러니

不過幾日에巨大之金이消融於無何有之鄕ᄒᆞ고主人은陷於債藪之中ᄒᆞ야所有田土與器物이盡歸於債主ᄒᆞ고先世之業이略無存者ᄒᆞ니豈不悲哉아

噫라今日韓國借欵의支用이亦此之類로다彼日人이韓國의實業發達ᄒᆞᆯ代爲經營이라ᄒᆞ고一千萬元新借欵의契約을成ᄒᆞ니

吾儕가竊有惑焉ᄒᆞ야張皇論難이非止一再러니

及聞其支用之如何즉所謂敎育擴張費와實業發達費ᄂᆞᆫ猶可說也어니와至於仁川水道經營에一百萬元割用之事ᄒᆞ야ᄂᆞᆫ日人之用計와韓廷大臣之宅心이可謂眞贓이畢露로다

從來仁港은本國人口가三萬以上이오日人이二萬에近ᄒᆞ고各國人이三千에達ᄒᆞᆫ지라使其라日에貿易이增進ᄒᆞ면太多ᄒᆞᆫ人口를包容ᄒᆞᆯ餘地가有ᄒᆞ며

韓國財政이豐足ᄒᆞᆫ境遇에至ᄒᆞ면水道經營을今日爲之라도可也오明日爲之라도可也어니와目今韓國經濟界之慘況이果何如오國庫之罄竭과民生之困難이達於極項이어ᄂᆞᆯ此에對ᄒᆞ야救濟之說을未聞ᄒᆞ고此等不急之務에着手ᄒᆞ야借欵金五分之一을割用코져ᄒᆞ니是ᄂᆞᆫ日人之勸告인가韓廷大臣之主見인가

若出於日人之勸告이면是使韓國으로故陷於債藪ᄒᆞ야來頭若手가必有預筭矣오

且於水道敷設之役에必多日人之牟利矣니以此觀之ᄒᆞ면吾儕向者之論에一千萬元借欵이飛去夕陽風云者를不遠聞見之矣라至若當局諸公ᄒᆞ야ᄂᆞᆫ原是無所顧忌於貴國者라此等巨欵이盡消於一朝之頃ᄒᆞ고三千里疆土가盡入於外人之手有라도非此輩之所顧惜者니何足責哉며何足責哉아

官報

●三千四百廿七號 光武十年四月一日

◉宮廷錄事

京畿觀察使李根洪辭職疏

批旨省疏具悉情理固然卿其勿辭從便往來 四月四日

◉敍任及辭令

依願免本官 秘書監丞李鍾英 西京豐慶宮叅書官蘇斬永 禮式院掌樂課主事宋在昇 齊陵參奉尹在喜 厚陵參奉尹秉浩 懿寧園叅奉韓鳳熙 孝陵參奉朴仁和 永陵叅奉崔南炯 孝昌園參奉許楨○兼任尙方司提調 侍從院卿閔泳徽○命典선司提調 正二品李軒卿○任秘書監丞 正三品柳時萬○任西京豐慶宮叅官 正三品崔益煥○任齊陵參奉 九品洪德周○任厚陵叅奉 九品丕鍾禹○任昭慶園參奉 李鍾翊○任懿寧園參奉 金永始○任孝陵參奉 朴敍陽○任永陵參奉 韓南廷述○任孝昌園參奉 韓南洙○命臨時署理赤十字社總裁事務 內部大臣李址鎔

以上四月四日

●號外 光武十年四月四日

◉宮廷錄事

禮式院掌禮卿臣金思轍謹奏 義王授冊之節待還朝擧行事前已勅下矣今旣還朝卽爲擇日何如謹上奏 光武十年四月六日奉 旨依奏

禮式院掌禮卿臣金思轍謹奏卽接 洪陵令宋敎憲報告則本陵陵上屛風石甲卯方一尺許乾亥方一尺許乾戌方一尺許坤中方一尺許缺落外土墻面灰間間頹落云矣陵上屛風石有此缺落之患萬萬驚悚不可無 慰安之擧 慰安祭今陰曆三月十五日望祭兼行 祝文中措辭添入政府以下卽爲進去奉審後稟處何如謹上奏

光武十年四月六日奉

旨陵上石物有此缺落之變萬萬驚歎領敎寧宮內大臣掌禮卿農商大臣學部大臣進去奉審以來

●三千四百廿二號 光武十年四月九日

◉宮廷錄事

判敎寧司事趙秉式辭職疏

批旨省疏具悉所請依施

四月六日

◉敍任及辭令

慶尙北道觀察府主事金翰洙

依願免本官

任慶尙北道觀察府主事敍判任官八級 中鼎雨

以上四月五日

◉雜事

今四月六日未時地動

外報

●世界各國의新聞數 法國一雜誌에調査ᄒᆞᆫ바를據ᄒᆞᆫ則歐羅巴諸國德國은新聞數爻가最多하야總히五千五百種이니其中八百種은日刊新聞이오英國은新聞數爻三千種中에日刊新聞이八百九種이오法國은新聞數爻二千八百十九種中에日刊新聞七百種이오伊國은新聞數爻가千四百種이오此外ᄂᆞᆫ奧國西班牙俄國希臘瑞西等인ᄃᆡ歐羅巴各國의新聞은二萬種이오亞細亞各國新聞은三千餘種이니其中最多ᄒᆞᆫ者ᄂᆞᆫ日本이며其次ᄂᆞᆫ英領印度오阿弗利加에ᄂᆞᆫ新聞數爻가最小하야日刊新聞이二百餘種뿐이오亞美利加에ᄂᆞᆫ新聞數爻가甚多하야合衆國에만新聞數爻가一萬二千五百種其中一千種은日刊新聞이有ᄒᆞ다더라

●西伯利亞鐵道의近況 近日俄京通信을聞ᄒᆞ니俄國政府에서西伯利亞鐵道를修築ᄒᆞ기爲ᄒᆞ야方今計劃中인ᄃᆡ陸軍省에서各種兵을撰拔ᄒᆞ야大部隊를編制ᄒᆞ야全線近傍에戍邏ᄒᆞ야政府의威權을普及ᄒᆞ며一邊은電信及浦港의交통을修理恢復코저ᄒᆞ야準備ᄒᆞᆫ다ᄒᆞ고又曰現今該鐵道의主權이ᄯᅩᄒᆞᆫ極東에서回歸ᄒᆞᄂᆞᆫ兵丁의手에在ᄒᆞ야發着時間의定期가無ᄒᆞ고우사루山에逆來ᄒᆞᄂᆞᆫ石炭車가通過치못ᄒᆞ야間間滊車의運轉을中止ᄒᆞ고名停車場의驛長事務官機關手等이兵丁의暴行을恐ᄒᆞ야一人도蹤影치아니ᄒᆞ되兵丁중에運轉에善熟ᄒᆞᆫ者가機關車에乘ᄒᆞ얏다ᄒᆞ고日前에俄京에到ᄒᆞᆫ一將校의言에曰合衆貿以西우라루州지리아빙구間에至ᄒᆞᄂᆞᆫ地에ᄂᆞᆫ鐵道事務員이一人도無ᄒᆞ다ᄒᆞ라

東京電報

●觀櫻御宴 四月九日午后○時發

來二十日에觀櫻御宴을開ᄒᆞᄂᆞᆫᄃᆡ 天皇 皇后兩陛下씌오서行幸ᄒᆞ신다더라

●露國公使 仝上

駐日露國公使가橫濱에着ᄒᆞ얏ᄂᆞᆫᄃᆡ外國人二三名이出迎ᄒᆞ얏더라

●凱旋祝賀會 仝上

早稻田大學校에서ᄂᆞᆫ去八日에大山元帥와野津大將과寺內陸相等以下二百餘名을招待ᄒᆞ야凱旋祝賀會를開ᄒᆞ얏ᄂᆞᆫᄃᆡ鳩山和夫氏가의찰를敍ᄒᆞᆷ의大山元帥ᄂᆞᆫ陸軍을代表ᄒᆞ고加藤海軍次官은海軍을代表ᄒᆞ야謝辭를述ᄒᆞ얏더라

雜報

●參政接見 參政大臣朴齊純氏가昨日上午十時에各部大臣을政府로會同ᄒᆞ야即時泥峴淸水銀行支店에前往ᄒᆞ야 義親王殿下를接見ᄒᆞ고伊藤統監을過訪ᄒᆞ얏다더라

●義王被將卿 義親王殿下씌오서昨日에陸軍副將의職卿을被命ᄒᆞ오섯더라

●三氏先歸 義親王殿下를隨行同處ᄒᆞ던趙應履와白傚으로亡命ᄒᆞ야日本에逗留ᄒᆞ던前內部協辦劉世南과陸軍參尉黃鐵三氏ᄂᆞᆫ今番義親王殿下와同件歸國ᄒᆞ얏ᄂᆞᆫᄃᆡ前軍部大臣趙義淵氏도不遠間赦還이되리라더라

●參政反對 參政大臣朴齊純氏가一千萬元借欵의支用으로由ᄒᆞ야治道局水道局을設置ᄒᆞᄂᆞᆫ事件에對ᄒᆞ야不可ᄒᆞᆫ意見으로極力反對ᄒᆞᆫ다더라

●義王歷訪 義親王殿下入城陛見事ᄂᆞᆫ已揭前報어니와 皇上陛下씌셔淸水旅館에遣使慰問ᄒᆞ시고 皇貴妃殿下씌셔도委人慰問ᄒᆞ셧더라再昨日下午一時에ᄂᆞᆫ義親王殿下씌셔伊藤統監을訪問ᄒᆞ고即以馬上으로寺洞親王本宮에枉臨ᄒᆞ셧다가齋洞完順君李載完氏를從訪ᄒᆞ신後淸水旅館으로還歸ᄒᆞ셧고昨日上午十二時에ᄂᆞᆫ鍾路里門內順和宮에枉臨ᄒᆞ시ᄂᆞᆫᄃᆡ同殿下ᄂᆞᆫ以洋服으로人力車를搭坐ᄒᆞ시고日憲兵四五名이護從ᄒᆞ얏다더라

●癸雪韓罪 韓善會金思璨李根濟李容鎬張允善氏等이伊以謀殺未遂罪로開國五百六年에濟州로流配되얏다가韓善會氏ᄂᆞᆫ病死於配所ᄒᆞ고其他諸氏ᄂᆞᆫ次第蒙宥ᄒᆞ얏스되韓氏ᄂᆞᆫ罪名을尙未昭雪이極爲幽明之寃이라ᄒᆞ야法部에서韓氏의子喆源의情願을因ᄒᆞ야 奏本을奉呈ᄒᆞᆫ다더라

●特賜校號 懷仁郡進明學校의名稱을本以輔仁學校로定ᄒᆞ얏더니 東宮殿下씌옵셔以進明賜號이신바該學校의게適別ᄒᆞᆫ意義를特爲表示케ᄒᆞ라ᄒᆞ고該郡守가學部로報告ᄒᆞ얏다더라

●興學盛舉 輔國閔泳徽氏가廣成義塾을設立ᄒᆞ야聰俊을敎育ᄒᆞᆷ은世皆通知어니와今又小學校를建置ᄒᆞ기爲ᄒᆞ야觀象監舊基에校舍를經始ᄒᆞ니該校內에附屬은活版所를另置ᄒᆞ야各種書籍을淸國과日本에購來ᄒᆞ야編輯印行ᄒᆞ기로計劃중이라더라

●所禱何處 嚴봉燮爲名者이自來에罔上欺君ᄒᆞ야稱以祈禱ᄒᆞ고多費內帑이더니今番에又復欺聖聰ᄒᆞ야錢三萬元을以祈禱費로帶去라ᄒᆞ니何處何山에祈何壽福일ᄂᆞᆫ지同嚴氏의罔上之罪ᄂᆞᆫ當正邦刑이라고巷說이有ᄒᆞ더라

●靑會午演 今日下午二点半에皇城基督敎靑年會에서名士崔炳憲氏가進化之本이라ᄂᆞᆫ問題로演說ᄒᆞᆫ다더라

●國事犯放釋 政府에서國事犯放釋問題로種種會議에提出ᄒᆞᄂᆞᆫᄃᆡ日間特赦 詔勅이有ᄒᆞ리라더라

●怪哉此樹 靖陵에有一古木ᄒᆞᆫᄃᆡ三百有餘年前僧四溟大師가種此樹於古梅館前ᄒᆞ고言曰此樹가死而後生ᄒᆞ면如我輩가復出此世라고載在陵誌ᄒᆞ엿ᄂᆞᆫᄃᆡ其古木이枯死ᄒᆞᆫ지二十餘年에一枝新生이今已四年이라近地人民이爭謂四溟大師이復出此世ᄒᆞ면國家가太平ᄒᆞ리라ᄒᆞᆫ다더라

●設校請認 私立進明義塾長崔秉憲氏等이更히南署南松峴地에學校를設立ᄒᆞ고學部에認許를請願ᄒᆞ얏더라

●韓日同風 韓國政府의由來風氣가人民訴訟等事에延拖不決로爲一能事ᄒᆞ더니今自度支部로平壤郡에訓令ᄒᆞ야倉庫會社를設立ᄒᆞᆫ다ᄒᆞ고十餘民家를不給時價而勒毁인바民莫支保ᄒᆞ야統監府에呼訴ᄒᆞᆫ지多日에尙無如何之處決ᄒᆞᆷ으로該人民等이困於旅費ᄒᆞ야棲屑道路ᄒᆞᆫ다니日本官憲之風氣도韓國官人과亦同ᄒᆞᆫ인지巷說이紛紛ᄒᆞ더라

●彭氏黜會 前平壤郡守彭翰周氏가自己의巨欵貪贓을一進會에서査覈ᄒᆞᆯ가恐怖ᄒᆞ야周旋入會ᄒᆞ얏더니該會에서同氏ᄂᆞᆫ以不法貪贓으로轟喧一世ᄒᆞ더니尙不改悛ᄒᆞ고西宮木材에染指ᄒᆞ야圖得監董ᄒᆞ얏스니如此之人을本會員으로待遇ᄒᆞᆷ은會面에大段汚点이라ᄒᆞ야卽時黜會ᄒᆞ얏다더라

●巡檢行爲 日昨에義親王殿下께오서鍾路로過去ᄒᆞ시ᄂᆞᆫᄃᆡ薪商一人이短竹을半藏於袖裏ᄒᆞ고立於諸人之中이러니把守巡檢이以軍刀로亂打薪商ᄒᆞ야該薪商이落了一点痛淚ᄒᆞ고踣行逃走ᄒᆞ얏다ᄒᆞ니巡檢이人民을保護ᄒᆞᄂᆞᆫ行爲가不當如此라ᄒᆞ더라

●決配何故 前參政沈相薰氏事件에對ᄒᆞ야一般公論을據ᄒᆞᆫ則沈氏ᄂᆞᆫ國家의柱石之臣으로宗社大計를爲ᄒᆞ야盡忠告 君則有之어니와等有干涉於盜刺行爲乎아數朔被係에竟無執贓則是其明驗也라迫於此事關係에被執ᄒᆞ얏無證則見放者多矣로ᄃᆡ獨右氏ᄂᆞᆫ勅敎로放免ᄒᆞ사ᄃᆡ政府之違詔決配ᄂᆞᆫ何也오向日新條約은現政府의權利柄欛이어날右氏의廷諍上疏가極爲反對故歟아右氏의廷諍上疏ᄂᆞᆫ閔趙兩忠正과同功一體라兩忠正의發忠之共을 下ᄒᆞ사ᄃᆡ政府에서汎過이無ᄒᆞ고獨右氏의見惡ᄒᆞᆷ은何也오右氏則生故也로다然則政府之所忌가在生이오不在死ᄒᆞ니只爲一權利柄欛之蔽失歟아右氏之不死於前이不足爲幸則今之流配가亦奚足爲辱이리오但以政府論之則當此危急之日ᄒᆞ야當以恢公之道로幷收相辭ᄒᆞ야共圖復國之權이라야庶有桑楡之收어날乃此懷私挾憾ᄒᆞ야上違 皇勅ᄒᆞ고下拂輿情ᄒᆞᄂᆞᆫ거시極爲寒心處라ᄒᆞ더라

●閔氏外權 平安道人民三十六名이閔泳喆氏에게見奪錢을還推ᄒᆞᆫ事로上海에前往ᄒᆞᆫ은前報에已揭ᄒᆞ얏거니와更聞ᄒᆞᆫ즉閔氏가以外人氣勢로威脅該人民等ᄒᆞ야使之不入德國租界之內라ᄒᆞ니閔氏在外之權이亦甚可怕라ᄒᆞ더라

●兵詰警官 日昨南大門外停車場에義親王殿下祗迎ᄒᆞᆯ時에警察官이戒嚴行人은自是權內인ᄃᆡ何許兵丁一人이無擱過去ᄒᆞᆷ으로警官이言其避去則該兵丁이反叱警官ᄒᆞ야一時間을相爭ᄒᆞ얏다더라

●請認中學 江西郡守李宇榮氏ᄂᆞᆫ該郡에新設ᄒᆞᆫ學校를特以中學校認許ᄒᆞ고補助金을優數劃撥케ᄒᆞ라고學部에報告ᄒᆞ얏더라

●地方調査 政府에서地方區域과官制를調査ᄒᆞ기爲ᄒᆞ야調査委員을差定ᄒᆞ얏ᄂᆞᆫᄃᆡ內部地方局長崔錫敏度支司稅局長李建榮三和監理李源兢正三品洪在祺李養老諸氏가被任ᄒᆞ얏다더라

●請施俸給 英語學校六洪敎官은起來無給之致로敍任未幾에他處로遷職ᄒᆞᆫ이學員의休工이因此頻數ᄒᆞ니該敎員을亦施相當俸給케ᄒᆞ라고外國語學校長鄭喬氏가學部로報告ᄒᆞ얏다더라

●賀書可掬 大韓自强會發起에對ᄒᆞ야日本處士大垣氏가熱心贊成이有ᄒᆞᆷ으로大韓人士가此를深感ᄒᆞ야致書祝賀ᄒᆞᄂᆞᆫ者가遂日三十餘에達ᄒᆞᆫ다더라

●孫氏補校 天道敎主孫秉熙氏가私立泰陵洞學校에設立을稱賞ᄒᆞ고財政이窘絀ᄒᆞᆷ을聞歎ᄒᆞ야紙貨十圓을補助ᄒᆞ얏다고라

詞林

和大垣先生觀感 碧査子

中節奇聞盤蹴幽 先生詞澡拜
경收 匡扶爲義合人感 盟護
隣邦字字愁 深慮數理喜還哀
家國深愁鎖不開 進退亦凝富
路客 尋常花月好樓臺 明時
拋棄愧無謀 書房 遲十載遊
欲報涓埃何日是 空令丹緒懸
心頭

雜報

派在日本國留學生柳承欽等이政府에上書훈全文이如左하니

伏以物有彼與我하오며事有公與私이옵의生等도即我二千萬國民中一分子로셔既許身國家而應命派遣하오나離親戚棄故里하옵고出於萬里之海外하야喫盡無限之苦而已經三載之星霜者는但在期成一業하야或期將來於彼此公私間一助矣이옵의生等之所竊有至冤至鬱者는不在於情之私而即在於事之公이오며不在於彼之不公而即在於我或有私이외다留學生五十人中에修業於日本東京府立第一중學校者가四十人이온딕昨年十一月分에暫有四窠之鬪而其時에以教育上問題로有感情於該校하야所謂同盟退校者가即三十六人이온바前例兼監督駐日公使趙民熙氏가屢次交涉于日本政府及外務省하야使之各從目的入學케하란面約結果로現監督韓致愈氏가隨各目的及學力하야可以專門者는專門하고可以중學者는중學으로交送公文而各得入學하와自來熟心做業而期圖報我皇上命派聖旨之萬一이옵더니不意今二月分에學政參與官幣原坦氏가同我大使完順君一行而渡日時에初以使人子師範附屬중學校之意로言之하야以示親切之情이옵더니未幾에有何意見하야招見生等하옵고原無一言之說明而輒謂汝等이不遵兩政府命令故로廢止學費라고宣言而歸이온즉伏念生等이當初派遣도即我政府에서奉承勅命而選拔者也이옵고到今學資도亦自我皇室費중劃下而政府로서支給者也이옵고退學時에我政府代表之公使에게呈請願書훈後退校出舍하얏삽고同公使가日本外務省과從目的入學케훈面約時에日本文部大臣署理總理大臣桂太郎氏와統監侯爵伊藤博文氏도共爲妥議決定者也이옵인즉不遵命令훈도無하거니와生等의學費를以參與官口傳으로廢止라하옵은不爲深信이얏삽더니無何에果自我學部로有學費不支撥之電訓이옵기生等이各自落漠하와或有嗚冤次歸國者하오며或有勞働而期於成業者하오며又有無奈而乞復該校者이옵더니

(未完)

● 一校又設 西署東谷居趙晩增閔泰一氏等이龍山坊東湖等地에學校를設立하고學徒四十餘名을募集하얏는디漢城府尹朴義秉氏가該學校規則을學部에報告請認하얏다더라

● 時사事사問문答답 (속)

낙셩연일홈죠아홍치운치잇거니와푸닥거리의론하면우환갈고못견디여소세부득하는바라일홈온잔치이나정황은각각인디어리셕운디시들은이마음져마음이모다비거셔양풍이라어느잔치에빠지는데한곳업시유공불급참셕하야먹쥬한잔어더먹고쳔세만세부르면셔반점슈티업고보니얼골도싼싼하고빗속도편안하지회회낙낙웃는일은무슴죠흔일이잇나쳔치중에상쳔치라입을버려우술세에개똥이나너어쓰면비위에나역홀는지. 호문셩왈디방소문들어본즉화젹당은봉긔하야빅쥬칠야불계하고칼솔둘너시위하며총을노아획칭할졔부요훈즈빈훈자눌근이졀문이가불우지변를당하여서샹황망조분쥬하야풍비박산허여지민옥셕이구분이라얼동이공허하니화젹당의둑의로다지샹의유무디로뜻뜻싸라랍취훈후총화도하고가며살히도하고가니화광은충텬하고호곡지셩은진동하야졍황이참혹하니소위디방관찰군슈제아모리무도히도마음에축은미알더로디

(미완)

廣告

本人弟昌默字伯善年二十六性本浮浪惡事酒技其兄如干庄土僞造文券將欲倫賣內外國人勿爲見欺
平壤沙里洞金光默

本人이三月初九日歸章과銅貨九百兩於晉과紙貨四圓二角與紙貨二百元票를竹扉洞上隅店에서遺失이오니誰某拾得하와도休紙施行홈
平壤館前竹扉洞隅朴永春告白

忠南牙山江淸居任公과因任喆宰之訴하야平理院에裁判次來待一朔而喆宰則自知理屈하고不爲裁判터니喆宰가其妻男崔基西와同謀하야內藏院主事劉彰烈을符同하고宮內府訓令을圖得하야本人家産執留次下去云터니任喆宰가劉彰烈과無賴輩를率하고今十日夜에無主張훈本人家에突入內庭하야挾安郡所在田庄量案及牙山什土秋收記與諸般文簿冊子와如干産物를搜探盜去하얏스니該量案及秋收記를設或典質훈디도內外國人은切勿見欺홈
任公과 告白

輔國閔泳徽氏가本校設立후嘉尙이너기시와三敎堂位土粟田二日耕과鄕約契厩田六十畝을本校에移付하야贊成校務하셧기로玆에廣告홈
平壤 私立四崇學校 告白

◉學員募集 廣告
本塾에서英語夜學과日法語晝學을速成科로敎授하오니願學僉員은陰本月二十日니로來臨問議하시오
晝學時間은下午三時로六時
夜學은七時半으로九時半
南門내暘洞四十三統七戶
私立廣化新塾 告白

本號新開專做男女各色洋服而由上海運來各種細아毛울及一切衣飾屬品件件精全伏望貴士女迅卽來購爲幸
西小門內桑椽男女洋服商號

本運送部에서京仁京釜京義間鐵道貨物을運送하되貨物을特別保重하며運輸을特別迅速케하오며支店을三線各驛에設置하얏스오니貨物을運送하실僉君子는本運送部에光臨問議하시옵
京城南大門外驛美協同倉庫會社內
三
合資會社 京美運送部
社長 尹晶錫
社務員 任命鎬 鄭仁敎 李喬寧

本人弟相鎬字明仲年三十九性本浮浪長留京師且事雜技而如干家産盡蕩無餘不悛前習一向得債爲要內外國人切勿見欺[illegible]失홈
平南成川竹郊朴相華 告白

● 數理學雜誌改良廣告
本雜誌를第三號로붓터는頁數도增加하며紙冊도改良하며揭載하는材料도一層精選하야諸僉位의愛讀하시는厚意를報酬코져하오니倍舊愛讀하심을伏望
每發行日子는每朔五日
一冊定價는新貨拾錢
發行所 南大門內尙洞舊德公館右傍 數理學雜誌社
賣却所 尙洞會堂內
鍾路大東書市
布屛下金相萬冊肆
新門內松橋張晳周紙廛
銅峴朴泓九紙廛
仁川港梧峴開新冊肆
平壤啓明書舖

本社開設이已經五六朔에幸賴僉君子愛顧하야業務가漸次發達하기로染色搗砧載陽泡白防濕糊等事務를次第實施하야以不藩近利通商公益으로爲主旨하오며今又左開各處에支社를設置하오니僉君子照亮하오셔任便請求爲要
北署安峴十一統六戶婦人商店
中署布屛門下南邊十七統六戶冊肆
南署學洞二十八統七戶藥舖
南門外蓮池邊五十四統四戶商店
한城染織會社 告白

花春丹은 霍亂 吐瀉 腹痛 滯症 暑症 怔忡 [illegible] 鬱 眩暈 醒酒 解渴 咳嗽 [illegible] 神效훈藥이오此外에도洋灰水解毒藥 唐창 痢氣 蛔蟲 寸白 赤白癩風 藥과東西洋藥이俱備하고他病도隨問出方하오니僉位는枉議하시옵
皇城校洞石井洞下隅
石泉堂藥局 告白

◉刑法大全 一帙定價金 新貨六十錢
牧民心書 一帙 一圓二十五錢
耳談續纂 一冊 七錢五厘
溫故知新堂叢鈔 七錢五厘
父師必讀小學指南 七錢九厘
人工養蠶鑑 一冊 十五錢
新訂算術 每冊 十五錢
農政新書 五十錢
法學通論 一圓
尺牘完編 一圓五十錢
大韓地誌 七十五錢
發賣所 布屛門下金相萬冊舖 大韓每日申報社

特別社告

非史乘이면政治之美惡와人物之臧否와風俗之汚隆을無以攷論인즉史乘者ᄂᆞᆫ非一時之공覽이라乃萬世之公案이오非自國之所可得以私也라亦宇內列邦에宜所公佈케로曩者美人訖法氏之撰大東紀年이意固有在而然也라本記者ㅣ不揆僭越하고於韓之史事에留心者ㅣ久矣로되在幾百年之後하야要論幾百年之事가任大力綿에恐有失實之歎뿐더러鎖國自守之時代에ᄂᆞᆫ民國間諸般事爲가不過是尋常與故라不足以供世界列邦之眼目케로斷自丙子以後各國交涉時事하야要爲編成一書하야公諸列邦하니四方有志諸君子ᄂᆞᆫ諒此苦心하야丙子以後政令訓誥之所記와各國交涉之如何와臣民疏章與功界之表著와中外俗習之沿革과忠臣義士孝子烈女之行蹟과 所聞所見而詳錄投示하야俾此重役으로得以完成을千萬幸甚

大韓每日申報社

○○○○○○○○○○○○○○○○○

本申報를廣佈ᄒᆞ기爲하야咸鏡南道咸興州南社西門外居하ᄂᆞᆫ曹喜林氏에게逐號下送하오니該附近地愛讀하시ᄂᆞᆫ 僉君子ᄂᆞᆫ同氏에게購覽하시며代金도同氏에게傳致하심을爲要

大韓每日申報社

○○○○○○○○○○○○○○○○○

一 鷲標罐濃結牛乳
一 鷲印罐濃結牛乳
一 家用氣化乳酪
一 ᄯᅵ르ᄯᅳ製造麥乳化
合牛乳

以上은當店에貯積ᄒᆞ얏슴

濃結牛乳會社

一手代理店

大韓仁川港

洋行

●九轉靈砂라 本人이妙方法을神術하야製造ᄒᆞᆫ靈丹인ᄃᆡ男女老少에無論何症ᄒᆞ고通治ᄒᆞ오며無病時에도服ᄒᆞ면平生의身體가健康ᄒᆞ며小兒ᄂᆞᆫ四五錢重만服ᄒᆞ면十歲안에無病ᄒᆞ기를擔保ᄒᆞ오며

●九轉靈砂萬應丹은癲狂 痼症과中風諸疾과耳目諸病과淋疾에神効ᄒᆞ오

●九轉靈砂保命丹은初生小兒 驚風 痼氣 咳嗽 腹痛諸般惡과婦人帶下症에神効ᄒᆞ오

●九轉靈砂濟衆丹은酒滯 食滯 血積 吐瀉 霍亂 痢疾吐血 下血 運氣 時疾 瘧症에神効ᄒᆞ오

●九轉靈砂紫金丹은痔漏 累瀝 上疳瘡 下疳瘡及唇瘡과諸般毒瘡惡種에無不神効ᄒᆞ오니 僉君子ᄂᆞᆫ來問ᄒᆞ시오

內需司前두갈이골上隅第一家 李鎔廷 告白

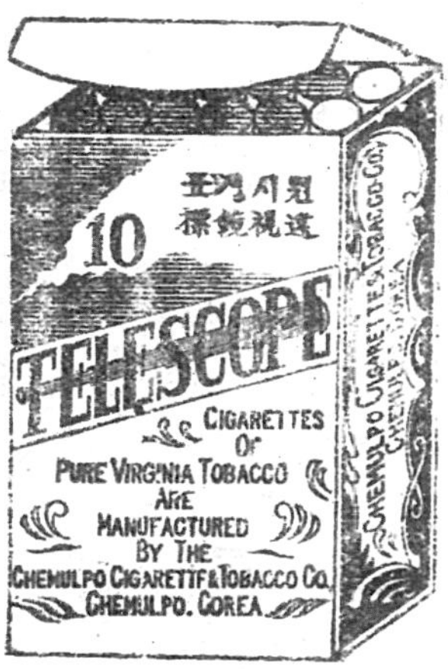

以上三種은上品으로製造ᄒᆞ야價値를上에至極히從ᄒᆞ니每論其八ᄒᆞ고本社에來購ᄒᆞ심

大韓帝國仁川港

英美烟紙卷烟及烟草會社

本社廣告

申報價

一張代金 新貨二錢五里
一箇月前納 三十錢
三箇月 九十錢
六箇月 一元七十錢
一箇年 三元四十錢
郵稅一部 新貨五里
一箇月 十三錢

廣告料

四号活字十三字詰每日每英尺一寸에新貨卄五錢
(每日每行에大韓에ᄂᆞᆫ 錢)
二個日에 二圜五十錢
(每日每行爾韓五厘에 相當ᄒᆞᆷ)
一箇月에 五圜
(每日每行圜韓一厘에相當ᄒᆞᆷ)
其期限의長短과字行의多少를依ᄒᆞ야增減ᄒᆞᆷ이有ᄒᆞᆷ

大韓人마다此申報를不得不購覽ᄒᆞ실터이오니廣告出報ᄒᆞ실僉君子ᄂᆞᆫ來臨面議ᄒᆞ시옵

發行兼編輯人 英國人裴說
發行所
京城北部楼洞英国人裴説舘
大韓每日申報社

第四卷
大韓每日申報
대한매일신보
第一百九十一號

月曜及慶節歲時日休刊

檀君開國四千二百三十九年
箕子元年三千二十八年
大韓開國五百十五年
日本明治三十九年
淸國光緖三十二年
陰曆丙午三月十八日乙酉

論說

新成社會

名以自強ᄒᆞᆫ新成社會의趣旨를本報에略已報道어니와此會引導者는二員韓人과一員日人이라韓人兩員은並是被刑하던紳士인바

其一은向者皇城新聞社長이니其將記憶ᄒᆞᆯ거슨此人이去番新條約의顚末을揭載홈으로日人의게捉囚되얏든事實이오

且一員日人은日本內에隨伴이頗多ᄒᆞᆫ有名紳士인줄吾人이信認하는大垣氏로다此會目的은昭著於其名인바韓國個人의改良進步를向意홈이니

其後意思가現行格外事端을除去하고韓國의更一次獨立을期望홈은依例之事라因此關係하야忠愛日人이自喜創起하는事實이有ᄒᆞ니對此不可無說辨이로다

吾人이遇此大垣氏ᄒᆞ니既有興味어니와其人之眞實遠見을亦深信ᄒᆞ노니自擅保護于韓國ᄒᆞ야韓國人民을反抗홈은日本에게正實利益이不歸홈을其人이競論ᄒᆞ며一國改良을以他指揮者면其非長策實計임을其人이信認ᄒᆞ며韓國에必要改良ᄒᆞᆫ使韓人自行홈이他強勢力을被홈보다大有効力이오

且至長久ᄒᆞᆯ거슬其人이自度ᄒᆞ니其人意思가其或空想인줄은吾人이不信ᄒᆞ노라今此連結ᄒᆞᆫ는大垣氏와及其多數有志韓人의意見은極東國民의利益이彼此間敦睦을奬勸홈에在홈을深信이어날

此地에現行ᄒᆞ는強迫政策이如此目的을沮或敗亡ᄒᆞᆯ거시預有其兆로다

此會가尙今經始中이나諸般有望韓人의愛情을接受ᄒᆞᆯ줄權信ᄒᆞ노라日本이極東을試欲統治홈은但須巨資及重責이어니와若欲以誼勸導면與列強友誼로自至親密ᄒᆞᆯ거시오韓淸日間敦誼는依例堅固ᄒᆞ리니此會之遂意를本記者는深祝ᄒᆞ노라

官報

●三千四百廿二號 光武十年四月十日

◉宮廷錄事

시從院副卿吳學敏辭職疏 批旨省疏具悉所請依施 四月五日

◉敍任及辭令

陞從二品 正三品洪在봉○陞從二品 正三品高義敬○陞從二品 正三品李圭桓○陞從二品 正二品李養秀○陞從二品 正三品尹滋善○陞正三品 六品趙南益○陞正三品 六品林暎洙 以上二月十日○命宮內府特進官 從二品沈相璜○命시從院副卿 秘書監丞洪在鳳○依願免本官 純陵參奉孔麟洙 孝陵參奉朴叙陽 永陵參奉南廷述 昭慶園參奉李鍾翊 懿寧園參奉金永始 孝昌園參奉韓南洙 懿孝殿忠義尹起駿 箕子陵參奉鄭在明○任秘書監丞 正三品趙範九○任太醫院典醫 正三品송憲一○任純陵參奉 崔晃洙○任孝陵參奉 六品朴仁和○任永陵參奉 六品崔남炯○任懿寧園參奉 六品鄭봉熙○任孝昌園參奉 九品許 楨○任懿孝殿忠義 九品송鍾聲○任箕子陵參奉 趙秉殷 以上四月五日○依願免本官 시講院시讀金裕弘○命判敎寧司事 景孝殿提調李正魯○命景孝殿提調 宮內府特進官朴容大○命宮內府特進官 正一品趙秉式○任시講院시독 奎章閣直閣沈周澤○任奎章閣直閣 正三品申性均 以上四月六日

◉部令

法部令第一號

法官養成所規則

第一條 本所는光武九年二月廿六日勅令第卄一號法官養成所官制第一條를依ᄒᆞ야內外國法律을敎授홈이라

第二條 敎課는如左히定홈이라

刑法大全 明律 無冤錄
法學通論 憲法 刑法
民法 商法 刑事訴訟法
民事訴訟法 行政學
國際法 經濟學 財政學
外國語 但時宜를隨ᄒᆞ야增減홈을得홈이라

第三條 敎課書는無代價로學員에게頒給홈이라

第四條 敎授時間은每日五時間으로定홈이라 但時宜를隨ᄒᆞ야伸縮홈을得홈이라

第五條 卒業年限은二個年으로定홈이라

第六條 試驗은左開四種으로定홈이라

一月終試驗 一學期시驗
一學年시驗 一卒業시驗

第七條 시驗點數는各科目에一百點으로滿點을定ᄒᆞ야平均八十五點以上은優等平均六十點以上은及第됨을得홈이라 但一科目이四十點에未滿될時는落第로定홈이라

第八條 月終시驗点數는學期시驗点數에學期시驗点數는學年시驗点數에學年시驗点數는卒業시驗点數에筭入홈이라

第九條 學年시驗及卒業시驗에不得已ᄒᆞᆫ事故를因ᄒᆞ야未參ᄒᆞᆫ者에게對ᄒᆞ야는期日을更定ᄒᆞ야考시홈이라

第十條 學期시驗優等生學年시驗優等生卒業시驗優等生에게는褒証狀及賞與品을贈與홈이라

第十一條 卒業시驗에及第된者에게는卒業證書를授與홈이라

未完

外報

●條約問題 在東京駐箚俄國公使ᄒᆞᆫ理포사고후氏는韓國通商關係를復活커ᄒᆞ기爲ᄒᆞ야該條約問題를日本政府에提議ᄒᆞᆫ者와如ᄒᆞᆫ딕俄國의主張은國際條約을廢棄코져ᄒᆞᆯ境遇에ᄂᆞᆫ締盟國이互相의合意에出홈은國際法의原則임에不拘ᄒᆞ고韓國政府가光武八年五月中俄國政府에對ᄒᆞ야何等의交涉을經ᄒᆞ며且何等의承認을不受ᄒᆞ고만然히韓俄條約을廢棄홈은國際法의原則을無視ᄒᆞᆫ不法의處分됨으로俄國政府는此에服從ᄒᆞ기不能ᄒᆞ다云홈에在ᄒᆞᆫ者와如ᄒᆞ니日本政府는右俄公使의提議에對ᄒᆞ야韓國政府는當時에日本政府와攻守同盟條約을訂立의結果도即韓俄兩國은交戰國의地位에立ᄒᆞᆫ者임이韓俄의條約은事實上已爲消滅에歸ᄒᆞᆫ者이라由此觀之컨딕韓國皇帝陛下셔서詔勅으로韓俄兩國通遞條約의廢棄를宣言ᄒᆞ신은卽條約의消滅을正式으로發表ᄒᆞ신者임으로其處置가不當홈이有ᄒᆞ야回答ᄒᆞ고目下交涉中에在ᄒᆞᆫ딕俄國政府는該抗議를撤回ᄒᆞ고新條約의訂法에着手ᄒᆞ기에至ᄒᆞ얏는딕其新條約訂立에至홈은今에多少의時日을要ᄒᆞ리라傳聞ᄒᆞ야더라

雜報

●大官賭技 今日韓國岌業之勢ᄂᆞᆫ可謂危急存亡之秋矣라全國上下가宜勵精淬神ᄒᆞ야欲圖其興復之計이니苟有一分人性者면當寢食之不暇ᄲᅮᆫ더러矧且樗蒱之賭가本係牧猪之戲也어날內大李址鎔氏ᄂᆞᆫ專事花鬪ᄒᆞ야日不仕進視務ᄒᆞ니以若人品으로居大官之位則國이安得不亾乎아ᄒᆞ야遞婢車夫가莫不叱唾ᄒᆞᄂᆞᆫᄃᆡ其見失錢이巨額에達ᄒᆞᆫ거슨他日韓國의一部分만渡賣外人ᄒᆞ면自當塡充이라고ᄒᆞ더라

●義王美擧 義親王殿下ᄭᅴ셔ᄂᆞᆫ一切政治上에干預치아니ᄒᆞ시기로決心ᄒᆞ시고學習院을創立ᄒᆞ야敎育에從事ᄒᆞ실計劃ᄒᆞᆷ이라더라

●浿江作橋 □□通信을據ᄒᆞᆫ즉日本人이城堞을毀壞ᄒᆞ야江邊을修築ᄒᆞ고中流에ᄂᆞᆫ船舶을連環ᄒᆞ야舟橋를作ᄒᆞ고往來行人의게橋貰를收捧ᄒᆞᆯ計劃이라ᄂᆞᆫᄃᆡ貰金之多寡ᄂᆞᆫ姑未推測이나上下渡頭에許多船隻이一朝失業이라고寃言이不無ᄒᆞ다더라

●度顧還國 度支部顧問官目賀田氏ᄂᆞᆫ本月中旬間에歸國ᄒᆞᆫ다더라

●査女捉夫 南署草洞居朴哥婦ᄂᆞᆫ素是賣淫ᄒᆞᄂᆞᆫ女子던지設署에셔檢査ᄒᆞᆫ깃다ᄒᆞ고招夫ᄒᆞ야一夜를經過ᄒᆞ얏ᄂᆞᆫᄃᆡ其夫朴哥를亂打捉去ᄒᆞ야謂有該女之呼訴라ᄒᆞ고摠巡一人이足踢朴哥之腎岸ᄒᆞ야昏倒半晌에復囚警廳라가三日後에擔送其家ᄒᆞ야喘息이奄奄이라ᄒᆞ니朴若致斃면一獄案을起出ᄒᆞᆯ이라고巷說이紛紛ᄒᆞ더라

●軍律可疑 西來人傳說을聞ᄒᆞᆫ즉平壤郡內居民이各其營業ᄒᆞ기爲ᄒᆞ야家屋을或建築도ᄒᆞ며重修도ᄒᆞ야區區蟻役이纔告了役ᄒᆞ면許多日兵이驅出家主ᄒᆞ고鵲巢鳩居ᄒᆞ야該民人等은扶老携幼에莫不棲屑道路ᄒᆞ니開明國軍律이宜不如此라고物議가沸騰ᄒᆞᆫ다더라

●假作日人 南來人에傳說을聞ᄒᆞᆫ즉釜山近地에ᄂᆞᆫ往往히韓國挾雜輩가假作日服ᄒᆞ고人民을虐待ᄒᆞᆷ으로棄家移他者肩背相望ᄒᆞ니此ᄂᆞᆫ警察官吏에不愼之責이라ᄒᆞᆫ다더라

●自買恥辱 何許韓人이日人人力車를騎ᄒᆞ고信地에到着ᄒᆞ야與主人으로寒暄ᄒᆞᆯ際에車夫가促其歸去ᄒᆞ거날該騎車者가少俟ᄒᆞ라言ᄒᆞᆫ則日車夫가加之以辱說ᄒᆞ더라니以韓人으로騎日人人力車者ᄂᆞᆫ自買恥辱이라ᄒᆞ더라

●三陟儒弊 三陟郡居金東鎬沈燦奎張箕과張錫鴻金之彦沈星玉等이該郡齋任을以新舊儒之通錄事로稱有 啓字ᄒᆞ고作弊鄕曲ᄒᆞᄂᆞᆫ中에同郡所達面發理洞居前主事任聖宰之名을冒錄於 御錄이라ᄒᆞ면셔圖得啓字時에浮費錢分排條로棄錢八百兩을納上ᄒᆞ라ᄒᆞ며帶同京巡檢ᄒᆞ고任氏를捉去ᄒᆞ야裂破衣冠에揮辱亂打ᄒᆞ고杖囚私獄이라ᄒᆞ니此等亂儒의挾雜之習을若不禁戢이면民難支保라ᄒᆞ더라

●惠泉談會 軍部協辦李熙斗氏와敎育局長李秉武가發起ᄒᆞ야去九日下午七点에惠泉湯에셔談話會를設ᄒᆞ고軍人三十餘員을招待ᄒᆞ얏다더라

●義州新社會 平北義州郡에一進會員與耶蘇敎徒가至爲近萬名인ᄃᆡ一處에도不參ᄒᆞᆫ平常人士ᄂᆞᆫ躑躅願望터니該郡有志者朴永運白用鎬朴昌謙等諸氏가同志를和合ᄒᆞ야一會를組織ᄒᆞ야一般平民으로會員을作ᄒᆞ고本國官員及外國官民으로讚成員을作ᄒᆞ야會規를定ᄒᆞ고任員을擇定ᄒᆞ얏스며每土曜日夕에討論會를開ᄒᆞ고新學問에緊切ᄒᆞᆫ問題로互相演說ᄒᆞ야智識發達과患難相救로目的을立ᄒᆞ고內外國政治法律을講求ᄒᆞ야一心遵行케ᄒᆞ며將來財本을鳩聚ᄒᆞ야學校를廣設코ᄌᆞᄒᆞᆷ으로遠近士民이聞風興起ᄒᆞ야會員이日加ᄒᆞᄂᆞᆫ中本署監理李民溥氏가同會를認許勸奬ᄒᆞ며轉報內部ᄒᆞ야上下一體케ᄒᆞ고惓惓論說曰今日可爲之道ᄂᆞᆫ惟是開民智興民權而已라ᄒᆞ야實心讚成ᄒᆞᆷ으로人皆感發ᄒᆞ야頗有進就之望이라더라

●商會增設 統監府摠務長官鶴原定吉氏가韓日兩國間物品製造에對하야其出品勸誘次로韓日商品博覽會를本月二十五日븟터開始ᄒᆞᆫ다더라

●付議秘密 昨日下午三時에政府에셔會議를開하얏ᄂᆞᆫᄃᆡ議事가極히秘密하다더라

●非公不入 參政大臣朴齊純氏가該府官吏中奏判任官은非公事면不得擅入케하얏다더라

●請交區域 日人技師井上宜文氏가度量衡製造所區域을以空蕪地로至急히交附케하라고農商工部에要求하얏다더라

●無前痛哭 濟州郡守金重培氏가法部에報告하되本島榧子木實은不啻薦新于 宗廟社稷이오又係於各祭享之有薦하고兼以藥材로爲一國之緊用이오其木은該島開荒之初로自生于州東五十里許松堂里境하야種落而自生하고青立而不老하야今春結實에明秋摘取하니與他凡木으로特有逈別而環島四面에全無一種하고惟獨自生于此하야鬱蔚成林하니乃是爲國實藏故로勿전勿伐이온바本職이赴任之後에右斫伐之說이入聞故로去月廿八日에躬往信地則所見이果如所聞而計其伐木數爻則連抱木이乃爲七十餘株이옵기探問近洞인民하니本牧使가昨年九月에有所傳令而斫伐成板하야間或留置或賣하며又以載船上去하고專事牟利하얏스니本職은於牧使에爲下官하야上官之處事를第當岸視然細究而爲二時暈痛哭타가北向四拜而仆하니西日이踰嶺하고村氓이勸導하야老少咸曰多斫榧木도無前之事요郡守痛哭도亦無前之事也云云本職이伏念該木之攸重하면雖棄名於此世라도勿使後人으로敢不犯斫餘榧케하면果無餘恨이라하얏더라

●日人强求 濟州牧使趙鍾桓氏가農商工部에報告하기를日人植野新海東松等三人이濟州郡月坪과旌義郡한南水等地에或爲石炭하며或植莫口하야爲營業이라하고或引水作畓이라하야左右請求에開諭不聽이오니照諒指敎하라하얏더라

●賊益肆毒 楊州長興面의賊警之患은前已屢揭어니와該地에셔賊魁四名을捉得ᄒᆞ고本官에報ᄒᆞ야回題를待ᄒᆞ더니京巡檢二人이賊漢의弟姪을率來ᄒᆞ여解縛率去故로洞民이一齊來何ᄒᆞ야三漢을放銃致死ᄒᆞ얏더니京巡檢與日巡査二十餘人이忽地來到ᄒᆞ야賊漢一人을解縛乘轎還送ᄒᆞ고洞民十六人을捉致警部ᄒᆞᆫ後로賊漢數十名이每夜에放銃衝火ᄒᆞ야益益肆毒ᄒᆞ니神穴六洞과長興九洞이男女老少가驚惻奔避ᄒᆞ야流離道路이거날所謂行警官人은賊黨을庇護ᄒᆞ고民情을不恤ᄒᆞᆷ이至於此極이라ᄒᆞ더라

●農業奬勵 日人石井吉三郎氏가漢城에韓國農業장勵協會를設立ᄒᆞᆯ次로該協會規則을農商工部에繕呈ᄒᆞ야認許를請求ᄒᆞ얏다더라

●成氏義賑 慶南晉州郡南星洞居成監察煥斗氏가自十餘代로부터家勢饒實ᄒᆞᆷ으로每當荒歲면出穀賑民이自成一副家規ᄒᆞᆫ지라至于去丙子大歉ᄒᆞ야煥斗氏가出其家穀千餘石ᄒᆞ고斥賣其世傳畓十一石落ᄒᆞ야貿穀數百石ᄒᆞ야自春至秋로救活屢千名飢口ᄒᆞ고其後歉年에도每每賑恤ᄒᆞ야其附近數十里內의無一介飢死之人ᄲᅮᆫ더러且煥斗氏가孝親友弟와居家凡百이人所難及故로附近百姓이聚會相議ᄒᆞ되如此之人은不可無襃揚이라ᄒᆞ야自丙子以後로呈郡呈營呈繡衣ᄒᆞᆫ文蹟이積成夯軸이되尙今襃揚치못ᄒᆞ니該百性들이抑鬱ᄒᆞ여數十名이日前의內部의呼訴次로文軸을持而上京ᄒᆞ엿ᄂᆞᆫᄃᆡ成氏之子前參奉鎬甚氏가其言을聞ᄒᆞ고往于內部門前ᄒᆞ야百性處에文軸을奪取ᄒᆞ고曉喩下去ᄒᆞ라ᄒᆞᄂᆞᆫᄃᆡ百姓의本意ᄂᆞᆫ雖千呈萬訴ᄒᆞ들라도期於襃揚ᄒᆞ라고成參奉으게文軸을出給ᄒᆞ라고日夜苦請ᄒᆞᆫ다더라

東京電報

●生駒艦進水式 四月九日午後三時廿分發 日本新造艦生駒進水式은吳軍港에셔無事擧行ᄒᆞ얏다더라

●河野事件 仝上 本日(九日)에第十一回公判을開廷ᄒᆞ얏고明日(十日)에各辯論이有ᄒᆞ고結了閉廷ᄒᆞᆫ다더라

●進水式模樣 仝上 生駒艦進水式에日本皇太子殿下ᄭᅴ셔ᄂᆞᆫ午前九時에吳港에上陸ᄒᆞ야式場에臨行ᄒᆞ시고齋藤海軍大臣은名命書를朗독ᄒᆞ고山地中將은進水를命令ᄒᆞ야拍手之間에海面에浮ᄒᆞ미成績이頗良ᄒᆞ얏더라

雜報

派在日本國留學生柳承欽等이政府에上書훈全文이如左훈니 (續)

及今自學部로彼請願乞復該校者二十六人만屬復官費훈야可以中學者는中學훈고可以專門者는以農工商間專門之意로已有訓令이옵고惟生等十八人는更無如何之處分이온즉生等이到此末由丐乞훈야未能全業之境이오되猶不願復該校者는旣退其校훈고請復其校가義亦不可훌뿐더러旣各入專門修業則務欲速成훈야期達目的코저훈옴이오決코謝絶官費훔은아니옵더니

伏想海外가隔遠훈야下情이不得上達린듯훈옵기監督의擧實報告를貼連훈야定總代萬跋涉而鳴寃于學部이얏숩더니姑未知最後處分이오나或歸之於已決之案으로言之훈와도猶未有代選之擧이얏숩고以退校時首倡으로言之훈와도同三十六人은卽所謂同功一體者也라善亦一體之善也이옵고不善亦一體之不善也이옵이豈有善不善之區別而厚彼薄此之理乎잇가且夫退校者는卽何意也오.

國家之費巨欵額而派留學生於海外者가其爲自國而送之歟잇가抑或爲人之國而送之歟잇가愚此生等은但知人各爲其國이오其他則不知이오며但知體承我大皇帝陛下特派之聖旨而期達學問之目的훈와或稱爲此臣民職分之萬一而已也이옵인즉今以與校不合훈야一次退學事로歸之罪過而廢此捐國庫之金훈야送萬里之外而敎育數年之學生이오면豈非其情狀之登樓去梯이오며課工之爲山虧簣이오릿가

且生等十人이不是英才이옵고亦非多數而又歸之於失學生之資格者이온즉中途而廢가不必深惜이오나竊念處此宇內競爭之世훈야其在培養之道에折挫新進之活氣훈오며杜絶後學之遠慮이오며以我邦家之現狀으로不幸從此漸降훈야編入於奴隸之列而化作於野蠻之域이라도一次擧頭開口는姑舍훈옵고國民之精神的良心이不能衔萌乎內矣리니其於人民敎育之方策과邦家將來之瞭瞭이不無寒心之痛歎이옵기玆以上書仰陳하오니洞燭하신后使此生等十人으로復屬官費之班하시와俾得達奉國命渡海하야數年喫苦之目的케하심을千萬伏祝

柳承欽 池成윤 姜元永 全台榮 李承瑾 崔麟 韓相愚 尹定夏 郭한倬 完

● 河倅貪虐 南來人의傳說을聞훈則河東郡守朴潤晟氏가起服再來之日에以其喪身으로帶來京妓훈이內嘱輒行에苞苴盈門훈고年久私債與雜技債을多發校卒훈야許多人民을杖囚督捧훈며吏卒任賴中의屢千金을勒索肥己훈니自一進會로調査臟錢二萬餘金中只以六千兩出給次周旋於該會中훈고以其貪贓之錢으로更欲牟利훈야貿穀於各里則穀價猝騰훈야衆民嗷嗷훈고暗使奸鄉猾吏로誘脅鄕民훈야善政碑를圖得코자훈다더라

● 鄕長肆貪 全羅南道智島郡前鄕長金在明이가性姿奸猾훈야專以剝割民財로爲事라戊戌秋結錢中四萬兩을劃給于各墟釜主훈야貿鹽萬石矣러니同年十二月海溢之時에鹽釜漂散이라抵到翌春훈야每石十六兩式勒捧十六萬兩훈고妄生非分之慾훈야該郡守圖得次로各島饒民處에脅之誘之훈야排斂新貨八千元훈고方今在京圖囑훈니以若幺麼鄕長으로도威脅討索이罔有紀極이온若圖該地行政官이면諸島人民이皆在釜中之魚하리라하더라

● 俾便商權 忠淸南道恩津江鏡浦居民金日洙等이以該浦居具洛仲等이日本人川本과平春을籍托하고濟州旅閣과平昌島旅閣은一向往來商船을勒執買賣하야商業에貽弊훈事로請願于內部하얏는디自內部로該道觀察使의게訓令하되該旅閣의自由商權을侵奪하야往來商民의與販不得任便케하여勒執買賣하야貽害極多云하니到即具洛仲을拿致嚴懲하고所謂兩旅閣의謬例를刻即痛革하야商權을任便케하라하얏더라

● 時시事사問문答답 (續)

측은지심고ᄉ훈고화적당의뒤를좃차도적을괴포훈다슌교슌졸닉여노아화적의졉쥬이니죡시알게아니힛다가진죄목얼거가며구지타지악한형법희적보다우심훈고돈을쥬지아니훈면무죄평민결박훈야착입관졍하게드면군슈라하는ᄌ는먹을자비난줄알고불문곡직훈옥훈야빅단으로공갈훈니가련훈이빅셩이누구를밋을손가그즁에밋친션비일본을빙쳑훈다창의롱문발힝훈야의병을모집훈다괴빅명과십명식셩군작당훈야가며빅셩을요동훈즉일홈은의병이나힝위는화적이라모모쳐로도회훈야거ᄉ훌일의론훌제일헌병일슌ᄉ가이숨인만가고보면ᄉ산분쥬도망훈야그즁에슈ᄉ는즈몃몃만포착되면취초봉초는초훈야무ᄉ코싱령훔히훈니이란격셔가소롭고앙급지어원통토다

션히싱왈실지을의론하면화젹이되치훔도졍부에셔졍부노릇못하는ᄶ닥이오의병이창궐훔도졍부에셔졍부노릇잘못하는ᄶ닥이오싱령이도탄에들어싱명지산보존치못하고ᄉ방으로유리훔도졍부에ᄯ졍부노릇잘못훈ᄶ닥이라소위화젹당도이천만즁에든인민이오소위의병도이천만즁에든인민이라당초졍부에셔디방관리를턱ᄎ하고돈을밧지아니하야박탈민저아니하얏스면

廣告

特別社告

非史乘이면政治之美惡와人物之臧否와風俗之汚隆을無以致論인즉史乘者ㅣ非一時之공覽이라乃萬世之ᄉᆞ이오非自國之所可得以私也라卽宇內列邦에實所公佈ㅣ로屢者美人訖法氏之撰大東紀年이意固有在而然也라本記者ㅣ不揆僭越하고於韓之史事에留心者ㅣ久矣로되在幾百年之後하야要論幾百年之事가任大力綿에恐有失實之歎뿐더러鎖國自守之時代에는民國間諸般事爲가不過是尋常典故라不足以供世界列邦之眼目키로斷自丙子以後各國交涉時事하야要爲編成一書하야公諸列君하니四方有志諸君子는諒此苦心하야丙子以後政令訓誥之所記와各國交涉之如何와臣民疏章與功罪之表著와中外俗習之沿革과忠臣義士孝子烈女之行蹟을各隨所聞所見而詳錄投示하야俾此重役으로得以完成을千萬幸甚

大韓每日申報社

○○○○○○○○○○○○○

本申報를廣佈ᄒᆞ기爲하야咸鏡南道咸興州南社西門外居하는曹喜林氏에게逐號下送하오니該附近地愛讀하시는僉君子는同氏에게購覽하시며代金도同氏에게傳致하심을爲要

大韓每日申報社

○○○○○○○○○○○○○

本社廣告

申報價

一張代金 新貨二錢五厘

一個月前金 三十錢

三個月 九十錢

六個月 一元七十錢

一個年 三元四十錢

郵稅一部 新貨五厘

一個月 十三錢

廣告料

四号活字十三字詰

每日每英尺一寸에新貨廿五錢

(每日每行에大個에ㅣ當홈)

二周日에 二圜五十錢

(每日每行圜錢五厘에相當홈)

一個月에 五圜

(每日每行圜錢一厘에相當홈)

其期限의長短과字行의多少를依ᄒᆞ야增減홈이有홈

大韓人마다此申報를不得不購覽ᄒᆞᆯ터이오니廣告出諸ᄒᆞᆯ僉君子ᄂᆞᆫ來臨面議ᄒᆞ시옴

發行兼編輯人 英國人裵說

發行所

京城北署滄洞坊梅洞号外地

大韓每日申報社

第四卷

大韓每日申報
대한매일신보

第一百九十二號

月曜及慶節歲時日休刊

檀君開國四千二百三十九年
箕子元年三千二十八年
大韓開國五百十五年
日本明治三十九年
淸國光緖三十二年
陰曆丙午三月大十九日丙戌

論說

駁政友會

近日韓廷大臣의政友會組織之說이喧藉一世ᄒᆞ니吾儕가聞此ᄒᆞ고始不勝其滋惑이라가繼而捧腹不已로다噫嘻甚矣라韓廷諸公之無識也여

夫政府者ᄂᆞᆫ原是天然的上等社會니同心團體ᄒᆞ야共濟國事가卽其義務之固有者이거날更有如何社會之架疊設立者乎아是故로世界各國에社會規模가由會員而入政府者ᄂᆞᆫ先其會員을辭免ᄒᆞ고以大官而入회員者ᄂᆞᆫ其官職을卸免ᄒᆞᆫ然後事니今日韓廷諸公의組織此會가皆欲辭免其現帶之職乎아若辭其官職ᄒᆞ고入於社會則誰曰不可리오今乃聞之ᄒᆞ니諸公이其權位를鞏固ᄒᆞ기爲ᄒᆞ야有此結社라ᄒᆞ니是乃無厭之私慾이라以彼私慾으로互相黨比ᄒᆞ야蛇蟠蚓結ᄒᆞ면上而欺蔽聖聰ᄒᆞ고竊弄威福ᄒᆞ야致使主權日孤ᄒᆞ고私門日盛ᄒᆞ야欲其勢燄이永久不滅을如磐石之固者也오下而箝抑士氣ᄒᆞ고壓迫民論ᄒᆞ야遏其貪私ᄒᆞ고施其暴虐ᄒᆞ되莫敢誰何於自家之行動者也오

況一世上嗜利無恥에奴顏婢膝之徒가托入會員ᄒᆞ고阿諛謟附ᄒᆞ야圖得官職者가充滿內外ᄒᆞ면所謂大官輩가引此爲心腹ᄒᆞ야有聰者를擧用ᄒᆞ며有罪者를掩護ᄒᆞ야黜陟進退가無一不出於私意操縱者면一般正義人士ᄂᆞᆫ皆無容足之地니其爲民國之大禍를何可勝言哉아

且今韓人의結社集會가須得日本司令部之認許일시以彼文明國法律로果許此非法之社會耶아若其許之면大是違反於文明的法律이로다

或曰今此政友會組織이出於某大官之意見이라ᄒᆞ니若果然者면可謂天奪其魄이로다彼大官中日不識丁者ᄂᆞᆫ以其愚昧之致로設有此非法之行動이라도固不足責이어니와所謂粗解文字ᄒᆞ고略有見聞者가乃冒行非法이至此之甚乎아

向日五逆辨明疏가謂出於其手라ᄒᆞ야人皆唾罵ᄒᆞ더니今又此等運動이出於其意則氏之伎倆이實令人大慨이로다

吾儕가若其確據를更得ᄒᆞ면一大痛棒을不得不加與ᄒᆞ리니吾儕가豈好爲忿罵者哉아其有不得已焉에奈何오惟諸公은更加三思ᄒᆞ야無得罪於國民ᄒᆞ고無得방於世界之公論이是惓惓忠告之不能自已者로다

官報

●號外 光武十年四月十日

◎宮廷錄事

禮式院掌禮卿臣金思철謹
奏義王授冊之節擇日擧行事
奏下矣吉日以何間擇乎敢
奏 光武十年四月六日奉
旨來陰曆四月念間擇入

●三千四百卅四號 光武十年四月十一日

◎敍任及辭令

依願免本官 秘書監郎鄭鴻錫 西京豐慶宮參書官崔益煥 仝朴鴻銓 翼陵參奉송完燮 惠陵參奉金容五○任秘書監郎 六品金在司○任西京豐慶宮參書官 正三品許 鑄 正三品河 형○任翼陵參奉 吳星根○任惠陵參奉 李昌珪○任昭慶園參奉 柳淙杜○命地方調查委員 地方局長崔錫敏 司稅局長李健榮 從二品吳相、奎 三和監理李源兢 正三品朴義로 前參書官洪在箕

以上四月七日

◎部令

法部令第一號

法官養成所規則

第十二條 卒業生에게ᄂᆞᆫ成法學士의稱號를法部大臣이授與ᄒᆞ되優等卒業生에게ᄂᆞᆫ官費로外國에遊學을命ᄒᆞᆷ도有ᄒᆞᆷ이라

第十三條 入學期ᄂᆞᆫ每年春期開學前으로定ᄒᆞᆷ이라

第十四條 入學을願ᄒᆞᄂᆞᆫ者ᄂᆞᆫ左開의資格이具備ᄒᆞᆫ者로第一號書式을依ᄒᆞ야稟請狀을本所長에게提呈ᄒᆞᆷ을要ᄒᆞᆷ이라

一 年齡이廿歲以上卅五歲以下된者
一 品行이方正ᄒᆞᆫ者

第十五條 入學試驗의科目은左히定ᄒᆞᆷ이라

一 國漢文讀書
一 國漢文作文
一 算術 四則以下
一 內外國歷史 普通
一 內外國地誌 普通

但師範學校中學校外國語學校及其他以上에同等되ᄂᆞᆫ學校의卒業生은免試許入ᄒᆞᆷ이라

第十六條 入學의許可를得ᄒᆞᆫ者ᄂᆞᆫ第二號書式을依ᄒᆞ야保證狀을本所長의게提呈ᄒᆞᆷ을要ᄒᆞᆷ이라

第十七條 入學試驗의点數ᄂᆞᆫ各科에一百点으로滿点을定ᄒᆞ고平均六十点以上을及第로定ᄒᆞᆷ이라 未完

外報

●南昌事件善後策 北京電을據ᄒᆞᆫ則淸國大官中에南昌事件을英美에交涉ᄒᆞ야調停을請ᄒᆞ자ᄂᆞᆫ者와平和會議에提出ᄒᆞ자ᄂᆞᆫ者가有ᄒᆞᆫ데畢竟平和會議에提出ᄒᆞ게되리라더라

●移民의計畫 樺太南部우라지미루가及비다루네附近은農業地로俄人이開墾ᄒᆞᆫ形跡이有ᄒᆞ야頗히有望ᄒᆞᆫ處이라ᄒᆞ야日本民政署에셔今年에爲先百戶假量의農民을移住케ᄒᆞᆯ計畫을定ᄒᆞ얏ᄂᆞᆫ데此農民에對하야俄人이建築ᄒᆞᆫ現存家屋을給하고租稅를十年間免稅ᄒᆞᆯ方針이라더라

●日淸交誼 淸國上海에셔淸國人이外國人을排斥ᄒᆞᆷ이日本人의煽動에出함이라ᄂᆞᆫ說이起ᄒᆞ야漸次歐美에傳播하ᄂᆞᆫ데尙且歐美人이日淸間交誼에對ᄒᆞ야不安의念을抱ᄒᆞᆷ이有ᄒᆞ니今에其根因을查探ᄒᆞᆫ則一은日本佛敎가日俄戰役의結果를因ᄒᆞ야청國에入ᄒᆞ야歐美宣敎師의嫉妬를被ᄒᆞᄂᆞᆫ故요二ᄂᆞᆫ日本에留學ᄒᆞᄂᆞᆫ청國學生이自由革命을唱ᄒᆞ고又國家主戰權論을唱ᄒᆞ야每擾外人의利權을排斥ᄒᆞ라ᄂᆞᆫ傾向이有ᄒᆞᆷ요三은日本婦人이淸國에延聘되야其女子敎育을句管ᄒᆞᄂᆞᆫ故라더라

詞林

哭 閔忠正 禹龍澤

山河錦繡我朝鮮禮樂彬彬五百年半夜蒼黃新約欵一時驚想淚현然

生而羞辱死何如戚里樓臺世所居一者慌驚大下耳千秋赤血照遺書

貞忠直幷日星光東土生靈距敢忘獨作楚囚遲一哭春風依舊柳絲長

雜報

●追服磨鍊 義親王殿下ᄭᅴ셔外國에遊學ᄒᆞ신後에乙未年國哀를遭ᄒᆞ야不得已ᄒᆞᆫ事故로歸國지못ᄒᆞ셧고今番歸國ᄒᆞ시민十餘年間에松栢이蔚蒼ᄒᆞ니感慕ᄒᆞ시ᄂᆞᆫ情理가엇지罔極지아니ᄒᆞ리오殿下의追後服制을掌禮院에서磨鍊ᄒᆞᆫ다더라

●嘉禮擇日 皇太子妃揀擇及嘉禮吉日을宮內府에서使日官金家杓로擇定ᄒᆞ얏ᄂᆞᆫᄃᆡ初揀擇은七月四日이니(陰曆五月十三日)再揀擇은九月一日(陰曆七月十三日) 三揀擇은九月十日(陰曆七月廿二日)嘉禮吉日은十月十六日(陰曆八月廿九日) 로定ᄒᆞ야日間奏下ᄒᆞᆫ다더라

●冊封禮式 義親王殿下의冊封ᄒᆞ시ᄂᆞᆫ禮式을掌禮院에서擇日擧行ᄒᆞᆫ다더라

●皇孫歸國 義親王殿下ᄭᅴ셔七年前에日本婦人의게王子를誕生ᄒᆞ얏ᄂᆞᆫᄃᆡ至今年紀가七歲라將次還國ᄒᆞ선다고某新報에揭載ᄒᆞ얏더라

●領事着京 淸國總領事馬廷亮氏가本月八日에到仁ᄒᆞ야卽日入城ᄒᆞ얏더라

●賣票錢濫捧 京釜鐵道로從來人의說을聞ᄒᆞᆫ즉大田停車場에서賣票ᄒᆞᄂᆞᆫ日人이一日三次發車時에許多ᄒᆞᆫ乘客들이出札口外의會集ᄒᆞ야買票ᄒᆞᄂᆞᆫᄃᆡ假令十元을入ᄒᆞ고五元票를請賣則零條五元은並當計給而二三元만出給ᄒᆞ며五元을入ᄒᆞ고二元票를請賣則一二元만出給ᄒᆞ고預筭程道之遠近ᄒᆞ야依章程入金즉曰不足이라ᄒᆞ며幾許錢式勒捧ᄒᆞ니所謂開明國法律로如此悖類의隱習을不禁ᄒᆞ니乘車人의怨說이藉藉ᄒᆞ다더라

●洪氏贊校 技師洪淳康氏가普明義塾所用學徒椅坐數十坐를自當準備ᄒᆞᆷ으로其學事에熱心贊助ᄒᆞᆷ을人皆欽嘆ᄒᆞᆫ다더라

●西民呈書 平安南北道民鄭亨旭韓瓚疇鄭濟善等이鐵路役夫의勒募와日本牟利輩가散在各處ᄒᆞ야韓人을虐使ᄒᆞ며物品을强奪ᄒᆞᄂᆞᆫ許多事實을擧ᄒᆞ야內部와農商工部에屢呈請願ᄒᆞ얏스되尙無如何發落이기로今又政府에長書를呈ᄒᆞ얏ᄂᆞᆫᄃᆡ其內容은政府에서嚴禁其弊之意로發訓各郡ᄒᆞ야쥬소서ᄒᆞ얏더라

●藉先奪山 忠南大興郡山默洞後麓은自來로該洞居趙尹兩姓이發起ᄒᆞ야以洞山松契之地로本官立旨와水營完文이昭詳自在ᄒᆞ야數百年樵蕘葬埋을一洞이公同爲之ᄒᆞᆷ은闔境之所知인바不意에學部主事尹弘植氏가挾勢威脅ᄒᆞ야藉稱尹氏先山을此麓에失傳이라ᄒᆞ고欲爲勒奪ᄒᆞᄂᆞᆫ지라其山下居趙載弘氏가不勝抑鬱ᄒᆞ야裁判次로平理院에呼訴ᄒᆞ야及其裁判之場에尹弘植氏가初無此事干涉樣으로納供ᄒᆞ고歸咎於渠家宗孫ᄒᆞ얏다더라

●孫氏助校 天道敎主孫秉熙氏가西學峴小學校에新貨二十元을捐助ᄒᆞ얏다더라

●語學演說 今日下午七點半에尹致昊氏務語學이라ᄂᆞᆫ問題로皇城基督敎青年會에서演說ᄒᆞᆫ다더라

●父殺其女 晉州郡中安里居金文玉이가殺其女息之罪로被捉於該道警務署ᄒᆞ야自該署로取供則金漢이窮不能自保ᄒᆞ고厥妻多産ᄒᆞ야連生三女一男ᄒᆞ야男以痘病으로方在死生未分인ᄃᆡ去月二日에又生一女而母不得食ᄒᆞ야乳道枯渴ᄒᆞᆫ즉與其子女俱飢而死론無聊棄女而救男이라ᄒᆞ야綿塞兒口ᄒᆞ고又結其項ᄒᆞ야投諸池中ᄒᆞᆫ情節을自服明確ᄒᆞᆷ으로金哥夫妻를自該道裁判所로分其首從ᄒᆞ야金文玉을役一年에處ᄒᆞ얏다더라

●不許其遞 平理院檢事崔文鉉氏ᄂᆞᆫ巡檢에게見侮ᄒᆞᆫ事로辭職請願을屢呈ᄒᆞ얏ᄂᆞᆫᄃᆡ法部大臣李夏榮氏가知其非此莫可ᄒᆞ고雖百呈千呈이라도決不許遞之意로牢記中心ᄒᆞ얏다더라

●學協有人 本報에已揭ᄒᆞᆫ바와如히禮式副卿金奎熙氏가學部協辦을被任ᄒᆞ얏ᄂᆞᆫᄃᆡ其代에ᄂᆞᆫ禮式課長高義敬氏가被任ᄒᆞ얏더라

●服費請撥 法部에서度支部로照會ᄒᆞ기를獘部所管平理院以下各裁判所司法官及主事의裁判正服規則을旣爲裁下이온바不容不克日實施이옵기爲先平理院及漢城裁判所司法官與主事의裁判正服費明細書를粘付仰照ᄒᆞ니該費額七百六十圜을卽爲認准支撥케ᄒᆞ라ᄒᆞ얏다더라

●四任幷奏 再昨日政府會議에一監理一警官二郡守를奏下ᄒᆞ얏ᄂᆞᆫᄃᆡ三和監理李源兢氏ᄂᆞᆫ調査委員을被任ᄒᆞᆫ代에正三品卞鼎相氏로咸北邊界警務官金永模氏代에崔炳瓚氏로江陵郡守朴承彦氏代에陸軍參領李在華氏로善山郡守俞鎭瓚氏代에康津郡守姜永瑞氏가轉任ᄒᆞ얏더라

●剝民媚官 義州監理署區域內執綱金永煥은出沒該署에上下弄奸ᄒᆞ야虐民索錢은不可一一枚擧이어니와昨冬該監理李民溥氏晬宴日에同執綱金哥가衆商之名을數幅長紙에次第臚列ᄒᆞ야使該署使令으로一一招請而語之曰監理ᄂᆞᆫ卽商民之使道라今開晬宴에衆商이不得不來參이라하고又曰旣是參宴則又不可無獻誠之物이라하고脅之誘之하야使衆商으로上則或山紬一疋紙貨十元이오中則或純綿一疋紙貨五元이오下則或三升木二三疋紙貨三元을納하얏다고傳說이有하더라

●機關郡守 西來人의傳說을聞ᄒᆞᆫ즉平南祥原郡居朴永羲ᄂᆞᆫ自來有名雜類로用錢如土하ᄂᆞᆫ者인ᄃᆡ今番一進會에參入하고公錢을挪用ᄒᆞᆯ議計로鄕長을圖得하야廿五日之間에犯用公錢이至于一萬餘兩이라該朴門諸族이或慮其徵族하야呼訴于該郡守하얏더니謂有一進會之通帖이라하야遞而復任하고至於該觀察之指令에도亦復飾辭瞞報하니此等郡守ᄂᆞᆫ可謂一進會之機關이라하더라

●政府建築 現今에議政府를新建築次로該營建費를提議立筭하얏스나其基址를尙無確定하야日人技師가方在踏查中이라더라

●區域調査 地方制度를調査하기爲하야調査委員을差出ᄒᆞᆫ事ᄂᆞᆫ已揭前報어니와該委員을各道에派送하야其區域의濶狹長短과結稅의多少를實地踏查하야今秋作夫前으로合郡을實施ᄒᆞᆯ預定이라더라

●饒費請撥 師範學校學員은學部에서午饒費로每日二錢式支撥하ᄂᆞᆫ것인ᄃᆡ現以物價高踊之致로難免窘絀이라하야自四月一日爲始하야每日五錢式從速措辦케하라고該校長이學部에報告하얏다더라

●病於開明 南來人의傳說을聞ᄒᆞᆫ則安山郡守ᄂᆞᆫ何等開明인지四時를不問하고農民을募集하야專事治道하니道路之治와橋梁之修가豈不是美事리오마ᄂᆞᆫ使民違時하야亦有樂歲之飢則養生送死에不無有憾이니此等郡守ᄂᆞᆫ只聞其開明之說而不知其開見之리由라고民議가頗多하다더라

●無奈勸告 日本에借款ᄒᆞᆫ一千萬圜中으로治道局水道局을設置하고該工役을營始하ᄂᆞᆫ事에對하야朴參政이極力反對ᄒᆞ다더니伊藤統監의勸告을弗堪하야弗得已實施가된다더라

●風流剝史 平南觀察使李容善氏ᄂᆞᆫ今番長谷川大將이安州로下去하ᄂᆞᆫ路에欵待하기를爲하야浮碧樓에大宴을排設하고妓樂을迭奏하ᄂᆞᆫᄃᆡ雙雙청歌ᄂᆞᆫ歸雲을遏하고翩翩妙舞ᄂᆞᆫ羽衣을作하얏ᄂᆞᆫᄃᆡ該觀察에當日宴費가葉二千餘兩에達하얏다하니他日公納을加下ᄒᆞᆯ時에ᄂᆞᆫ或顧護을受ᄒᆞᆯᄂᆞᆫ지

●竊王有權 漢城判尹朴義秉氏가內大李址鎔氏家에서花鬪을賭하야幾萬元을得하고捸衣而起하니李氏가再賭를請하되朴氏가不聽ᄒᆞᆫ지라以此有憾하야其父部長을免任케하얏다하니韓國施政은以花鬪로改善ᄒᆞᆯᄂᆞᆫ지老說이多多하다더라

●同胞可愛 往年에尙洞基督青年會에서墨西哥國農民會社에應募ᄒᆞᆫ同胞에慘狀을視察하기爲하야회員朴長鉉氏를派遣하얏더니朴氏가其慘毒ᄒᆞᆫ情形을該회堂으로錄送하얏ᄂᆞᆫᄃᆡ言言悲慘하고事事矜惻이라고本社에來傳하ᄂᆞᆫ者有하기姑載其所傳之言하야以表其同情이어니와想韓國上下ᄂᆞᆫ愛其同胞之心이不但如本記者而已也라하노라

倫敦電報

●露國新國債 四月十日午后五時發

露國政府ᄂᆞᆫ新國債를募集ᄒᆞᆯ터인ᄃᆡ其金額은貳拾七億五千萬留弗이오利子ᄂᆞᆫ五分五里오來四月廿八日에發行ᄒᆞᆫ다더라

寄書

論日語敎科書　血淚生

昨年韓日協約成立時에國民이皆是痛哭ᄒ되我獨不然타가今者에大韓每日申報에記載훈敎科書論을독ᄒ고拍臂大叫ᄒ는거슨何者오外交權을他國에讓與ᄒ는條約을締結훈거슨國家之受侮오人民恥辱이라然이나所謂條約은紙上死文이라我國民이若憤氣發ᄒ야物質上으로國家的思想을修養ᄒ엿다가日後陽春時節에國民全體가一致段忠愛丹忱과一介介義烈血誠으로旣失之權을挽而回之ᄒ면該條約이雖欲抗拒ᄂ豈可得乎아古聖이曰三軍之帥는可奪이여니와匹夫之志는不可奪이라ᄒ셔시니日本이비독我邦之政治權을掌中에握有ᄒ여시나我韓二千萬同胞의獨立精神이야豈可奪去乎아ᄒ야自慰自信ᄒ얏더니今者에學部參與官幣原坦氏가我韓國小學校敎科書를一一히日文日語로著作ᄒ야行將實施云ᄒ니嗚呼痛哉라日本之奸猾政策不可忍言也로다大抵國民敎育은其國之國性을興起發達홈에在ᄒ거시라然則國性은何謂也오一國民의特殊ᄒ高尙性氣를發揮홈이라故로國性은各國마다相殊ᄒ야英國에는英國性이有ᄒ고米國에는米國性이有ᄒ고日本에는日本魂이有ᄒ야各各自國의國性을有ᄒ야이로써外國의侵侮를能禦ᄒ며自巳의國家를愛重ᄒ야無事之日에는協心共力ᄒ야國步之進趣를計ᄒ고有事之日에는漆合膠凝ᄒ야國家事로爲ᄒ야赴湯蹈火라도辭ᄒ지아니ᄒᄂ지라만일이國性이無ᄒ면卽有國而無國也라彼波蘭國으로論ᄒ더리도以前土地와以前人民은依然尙存ᄒ는世人이亡國이라고稱홈은　未完

雜報

●李氏還國　日本에在留ᄒ는李埈鎔氏는來月望間에渡韓훈다는電報가某處에來ᄒ얏다더라

●黃將被任　今番에歸朝훈黃鐵氏는侍從武官을被命훈이라云ᄒ는傳說이有ᄒ더라

●壽蓮更出　一時勢焰이掀天하든妖巫壽蓮이는其間消息이頓絶ᄒ더니近日에更히宮中祈禱事로錢幾萬兩을劃得하야무合祈禱인지設行計劃이라더라

●聞其使用　近日一千萬元借款에對ᄒ야參政朴齊純氏의게京鄕有志人士의長書가追日還至ᄒ는디其書意는該金額使用方法이不明ᄒ다고홈이라더라

●花成崇　內部大臣李址鎔氏는病이甚ᄒ야仕進을不能이라하나其或花柳所崇인지

●被虐流離　昨日本社社員이偶遊南門外하얏더니有鄕客數人이路傍樹下에彷徨路傍하야頗有流離之狀故로問其來歷則素以忠淸道天安市而居人으로生斯長斯하야康衢烟月에太平을安享하더니一自一進會之生命財產保護以來로該洞居會員金致相爲名人이壓視平民하야呼來呼去를有似乎執政之吏하고百事로無弗主管하야貽害洞民하니如其在此而被其侵虐으로는不若離鄕而受人賤待라하야致此棲屑이라하고현然淚下하더라니噫라彼凍殺之於千山鵲도樂其處西不飛커든而况人乎아아하노라

●滯務可悶　平理院檢事尹邦炳氏가法部에請告ᄒ고內部에本院檢事崔文鉉과派來巡檢李鍾烈間에相詰되야日本憲巡과交涉이張大ᄒ얏는디今此所遭는非特該檢事一人之事라係是一院之一體所遭者이오며現今獄事方張에因此杞閙ᄒ야院務가多日滯決ᄒ니不勝悶鬱이라ᄒ얏더라

●移租補校　抱川郡私立莘野義塾長李哲鎔氏가學部에請願하기를本郡所在前花山書院享祀畓所收賭租四十三石十斗內에十石은前郡守가移附各壇하고三十三石十斗는附屬于鄕校인바鄕校는外他田畓이不些하니此賭三十三石十斗를移付于本塾하야以補學校之經費케하라하얏더라

●時시事사問문答답　속

인민이각기제지산제가보하야각안기업홀것인데정부에서면저큰부란당은각도에훈아식저근부란당은각군에훈앗식나려보니여제각기제슈단되로민지를탈취하되누가금혈지잇스리오그런고로여간잇는지산을큰부란당져근부란당의게몰슈히쎄앗긴후부모쳐즈류리하야긔한이도골훈농공상업간에귀속이업고본쥬ᄉ셰부득이도적이되는것이니이는정부에서양민을모라다가도적을만드러쥬미오의병으로말홀지라도정부에서일을잘하야국권을손상치아니하고독립을유지하야일본압제업서스면의병인들잇스리오도시졍부의셔시긴비라다시할말무엇잇나훈며호문싱선히싱이셔로허희장탄훈고일어서니이썩셔양은서산에걸여잇고계으른시는슈풀로도라가더라인훈야구양용의지은바셔양지산에인영이산란훈고금죠는지산림지이부지인지낙의글귀를읊푸며산에나려각기집으로도라가니다　완

廣告

女兒의名은金丹인듸年雖十五나以外樣觀之면無過十餘歲也라昨夜十一点鍾에紅色上衣와黑色[illegible]과白木前裳을被ᄒ고不知去處ᄒ얏스니無論某人ᄒ고若有如此女兒면爲率送于諫洞川邊四十統三戶閔羅州宅ᄒ시면當以厚謝ᄒ오리다

安福秀　告白

今十五日夜에本人이紙貨二元及姓名圖章을遺失ᄒ얏스니誰某拾得이든지勿爲施行ᄒ오

北署溫井洞卅四統七戶　趙鎭

忠南牙山江淸居任公斗因任喆宰之訴ᄒ야平理院에裁判次來待一朔而喆宰則自知理屈ᄒ고不爲裁判터니喆宰가其妻男崔岐西와同謀ᄒ야內藏院主事劉彰烈을符同ᄒ고宮內府訓令을圖得ᄒ야本人家產執留次下去云터니任喆宰가劉彰烈과無賴輩을率ᄒ고今十日夜에無主張훈本人家에突入內庭ᄒ야扶安郡所在田庄量案及牙山庄土秋收記與諸般文簿冊子와如干產物을搜探盜去ᄒ얏스니秋量案及秋收記을設或典質훈디도內外國人은切勿見欺홈

任公斗　告白

本號新開專做男女各色洋服而由上海運來各種細이毛웅及一切衣飾屬品件件精全伏望貴士女迅即來購爲幸

西小門內柴泰男女洋服商號

●刑法大全　一帙定價金新貨六十錢

牧民心書一帙	一圜二十五錢
耳談續纂一冊	七錢五厘
溫故知新堂叢鈔	七錢五厘
父師必讀小學指南	七錢九厘
人工蠶鑑一冊	十五錢
新訂算術每冊	十五錢
農政新書	五十錢
法學通論	一圜
尺牘完編	一圜五十錢
大韓地誌	七十五錢

發賣所　布屛門下金相萬書舖　大韓每日申報社

●數理學雜誌改良廣告

本雜誌를第三號로봇터는頁數도增加ᄒ며裝冊도改良ᄒ며記載ᄒ는材料도一層精選ᄒ야江湖僉位의愛讀ᄒ시는厚意를報酬코저ᄒ오니倍舊愛讀ᄒ심을伏望

但發行日子는每朔五日　一券定價는新貨拾錢

發行所　南大門內尙洞彰德公館右便　數理學雜誌社

賣却所　尙洞會堂內　鍾路大東書市　南署下金相萬冊肆　新門內普通廣智書館　鍾路朱翰榮九紙廛　仁川港萬國新冊肆　平壤啓明書舖

花春丹은霍亂　吐瀉　腹痛　滯症　暑症　정忡　神眩　胃鬱　痰盛　醒酒船暈　咳嗽　口味업는諸症의神效훈藥이오此外에도洋灰水解毒藥　唐창　疳氣　蛔虫　寸虫　赤白癩風藥과東西洋藥이俱備ᄒ고他病도隨問出方ᄒ오니僉位는來議ᄒ시옵

皇城校洞石井洞下隅　石泉堂藥局　告白

本人弟昌默字伯善年三十六性本浮浪專事酒技其兄如干庄土僞造文券將欲倫賣內外國人勿爲見欺

平壤沙里洞吳光默

本人弟相朝字明仲年三十九性本浮浪長留京師日事雜技而如干家產蕩盡無餘不悛前習一向得債爲要內外國人切勿見欺白失喜

平南成川竹郊朴相華　告白

特別社告

非史乘이면政治之美惡와人物之臧否와風俗之汚隆을無以攷論인즉史乘者는非一時之공覽이라乃萬世之公案이오非自國之所可得以私也라卽宇內列邦에宜所公佈키로曩者美人訖法氏之撰大東紀年이意固有在而然也라本記者ㅣ不揆僭越하고於韓之史事에留心者ㅣ久矣로되在幾百年之後하야要論幾百年之事가任大力綿에恐有失實之歎뿐더러鎖國自守之時代에는民國間諸般事爲가不過是尋常典故라不足以供世界列邦之眼目키로斷自丙子以後各國交涉時事하야要畧編成一書하야公諸列邦하니四方有志諸君子는諒此苦心하야丙子以後政令訓誥之所記와各國交涉之如何와臣民疏章與功罪之表著와中外俗習之沿革과忠臣義士孝子烈女之行蹟을各隨所聞所見而詳錄投示하야俾此重役으로得以完成을千萬幸甚

大韓每日申報社

〇〇〇〇〇〇〇〇〇〇〇〇〇

本申報를廣佈ᄒᆞ기爲하야咸鏡南道咸興州南社西門外居하는曺喜林氏에게逐號下送하오니該附近地愛讀하시는僉君子는同氏에게購覽하시며代金도同氏에게傳致하심을爲要

大韓每日申報社

〇〇〇〇〇〇〇〇〇〇〇〇〇

一 鷹標煉濃甜牛乳
一 象印煉甜濃結牛乳
一 [illegible]家用氣化乳酪
一 [illegible]ㅣ믄쓰製造麥芽化合牛乳

以上은常時에貯積ᄒᆞ얏슴
美國紐育港 [illegible]ㅣ믄쓰 濃結牛乳會社
一手代理店
大韓仁川港
世昌洋行

●九轉靈砂라 本人이妙方法을神備하야製造혼靈丹인ᄃᆡ男女老少에無論何症ᄒᆞ고通治ᄒᆞ오며無病時에도服ᄒᆞ면平生의身體가健康ᄒᆞ며小兒는四五錢重만服ᄒᆞ면十歲안에無病ᄒᆞ기를擔保ᄒᆞ오며

●九轉靈砂萬靈丹은癲狂 癇症과中風諸疾과耳目諸病과滯疾에神効ᄒᆞ오

●九轉靈砂保命丹은初生小兒 驚風 痛氣 咳嗽 腹痛諸般惡과婦人帶下症에神効ᄒᆞ오

●九轉靈砂濟衆丹은酒滯 食滯 血積 吐瀉 癨亂 痢疾 吐血 下血 運氣 時疾 瘧症에神効ᄒᆞ오

●九轉靈砂紫金丹은痔漏 累瘡 上疳瘡 下疳瘡及唐瘡과諸般毒瘡惡種에無不神効ᄒᆞ오니 僉君子는來問ᄒᆞ시오

內需司前독갑이골上隅第一家 李鍾延 告白

以上三種은上品으로製造ᄒᆞ야衛生上에至極有益ᄒᆞ니每[illegible]八ᄒᆞ고本社에來購ᄒᆞ심

大韓帝國仁川港
濟物浦紙卷煙及煙草會社

本社廣告

申報價
一張代金 新貨二錢五厘
一箇月前納 三十錢
三箇月 九十錢
六箇月 一元七十錢
一箇年 三元四十錢
郵稅一部 新貨五厘
一箇月 十三錢

廣告料
四号活字十三字詰
每日每英尺一寸에新貨廿五錢
(每日每行에大[illegible]에ㅣ當홈
二週日에 二圜五十錢
(每日每行圜錢五厘에相當홈
一箇月에 五圜
(每日每行圜錢一厘에相當홈
其期限의長短과字行의多少를依ᄒᆞ야增減홈이有ᄒᆞᆷ

大韓人마다此申報를不得不閱覽ᄒᆞ실터이오니廣告出報ᄒᆞ실僉君子는來臨面議ᄒᆞ시옴

發行兼編輯人 英國人裴說
發行所
京城北署壽進坊兩洞[illegible]號外地諸國郵便
大韓每日申報社

第四卷　大韓每日申報　대한매일신보　第一百九十三號

月曜及慶節歲時日休刊

檀君開國四千二百三十九年
箕子元年三千二十八年
大韓開國五百十五年
日本明治三十九年
淸國光緒三十二年
陰曆丙午三月大二十日丁亥

論說

韓國內閣

近者內閣大臣中一員이日本之行을拒絶云ᄒᆞ니聞之甚喜로다朴齊純氏ᄂᆞᆫ客年十一月에日本要求를反對ᄒᆞ기로快諾ᄒᆞ고伊藤侯煩請에竟屈ᄒᆞᆫ大臣이라今者同氏가日本借欵의運用을强硬反抗云ᄒᆞ니若同氏가一向倣去ᄒᆞ면吾人이自今爲始ᄒᆞ야欲表若干敬意ᄒᆞ노니同氏가今番借欵之事에不參ᄒᆞᆷ은確然ᄒᆞ도다

第觀其事實ᄒᆞᆫ지라韓國政府가名稱一千萬圜을從日本興業銀行借入ᄒᆞ야某報記載ᄒᆞᆷ과如히其金額中一百萬圜을仁川水道敷設에費用爲計라ᄒᆞ니

仁川水道를敷設者ㅣ爲誰오其或韓淸耶아其或歐美何邦耶아其或日本耶아日本이必是也라如此道리上에日本前者事爲를觀之ᄒᆞ면

此亦韓國에可哀之事니借金九分之一을水道敷設에費用ᄒᆞᆯ진ᄃᆡ其金額을韓國最好經營으로計筭이라ᄒᆞᆷ은似非其然이로다治道에費用ᄒᆞᄂᆞᆫ金額도亦是爲楚之計라近聞傳說컨ᄃᆡ日本이財政艱難을因ᄒᆞ야京元及平元間鐵道工役을不得繼行故로此巨欵金額을借與ᄒᆞ야如此市港間에軍事上道路를延長爲計라ᄒᆞ니韓國은本非尙武之國이라軍事上道路를不願ᄒᆞᆯ지니由是觀之컨ᄃᆡ日本이借與金額으로韓國을欺騙ᄒᆞ고同時에自國軍略을進益ᄒᆞ며自國人民의多慾契約者를富饒케ᄒᆞ기를提議ᄒᆞᆷ이漸至確然이라

事實이如此故로遽今卑劣을不免ᄒᆞ던內閣一員이今番借欵及其經用을反對ᄒᆞᆷ은誠是喜消息이로다

本記者의知悉ᄒᆞᄂᆞᆫ바何許法律을據ᄒᆞ던지日本地位ᄂᆞᆫ固守키難ᄒᆞᆫ지라若伊藤侯가不自抛棄ᄒᆞ면不遠間에被其强逼ᄒᆞᆯ거슨確知ᄒᆞ노라

官報

●號外 光武十年四月十一日

◎宮廷錄事

詔曰命義親王堈任陸軍副將
光武十年四月八日
議政府參政大臣朴齊純

禮式院掌禮卿臣金思轍謹
奏 義王受册吉日以陰曆四月念間擇入事 命下矣令日官金東圭推擇則陰曆四月廿日爲吉云以此日定行乎敢 奏
光武十年四月十日奉
旨以此日定行

禮式院掌禮卿臣金思轍謹
奏今此 義王授册時儀節當爲磨鍊而謹稽歷代典禮則遣使就王府行禮矣今亦依此磨鍊乎敢
奏 光武十年四月十日奉
旨依此磨鍊

禮式院掌禮卿臣金思轍謹
奏今此 義王授册時正副使令宮內府差出何如謹上 奏
光武十年四月十日奉
旨依奏

禮式院掌禮卿臣金思轍謹
奏今此 義王授册遣使時以
法殿 親臨마鍊乎敢 奏
光武十年四月十日奉
旨權停例마鍊

禮式院掌禮卿臣金思轍謹
奏謹稽歷代典禮則親王受册後次日親王受群官賀矣今番則何以爲之乎敢 奏 光武十年四月十日奉 旨依例마鍊

禮式院掌禮卿臣金思轍謹
奏 親王受册後次日受群官賀處所以何處마鍊乎敢 奏
光武十年四月十日奉
旨以中和門東廡爲之

◎叙任及辭令

任陸軍副將 義親王 堈
四月八日
解臨時署理軍部大臣事務 度支部大臣閔泳綺
四月十一日

●三千四百廿五號 光武十年四月十二日

◎宮廷錄事

中樞院贊議李根호辭職疏
批旨省疏具悉所請依施
太僕司長趙南升辭職疏
批旨省疏具悉所請依施
以上四月十日

◎叙任及辭令

解兼任昌原港裁判所判事昌原前監理李應翼○命兼任昌原港裁判所判事 昌原監理李 琦
四月七日○依願免本官 西京豐慶宮參書官許鑄 仝河형 襄陵參奉吳星根 惠陵參奉李昌珪 昭慶園參奉柳淙柱○任西京豐慶宮參書官 正三品崔益煥 仝朴鶴銓○任翼陵叅奉 九品송宗燮○任惠陵參奉 社稷署叅奉洪淳翼○任社稷署參奉 孝昌園參奉許 楨○任孝昌園參奉 九品金容五○命主殿院卿 正二品李根호○命太僕司長 尙方司長尹鎭佑○命尙方司長 營繕司長姜鳳朝○命營繕司長 從二品趙南升
以上四月八日
任昭慶園參奉 韓相穆○任主殿院電務課主事 李祖洙 朴克烈 以上四月九日○任法官養成所敎官 九品俞鎭明
四月十日

◎部令

法部令第一號
法官養成所規則 續
第十八條 保證人은漢城에住所가有ᄒᆞ고相當ᄒᆞᆫ資格이有ᄒᆞᆫ男子를要ᄒᆞᆷ이라
第十九條 休學日은如左히定ᄒᆞᆷ이라
一 萬壽聖節 一 千秋慶節
一 開國紀元節 一 興慶節
一 繼天紀元節 一 日曜日
一 夏期休學 七月一日로九月十日ᄭᆞ지
一 冬期休學 十二月廿八日로一月三日ᄭᆞ지
一 陰曆名節 十二月廿六日로正月廿日ᄭᆞ지 寒食前日로寒食日ᄭᆞ지 秋夕前日로秋夕日ᄭᆞ지 未完

外報

●露使抗論 駐美國大使가海牙第二次萬國平和會議에對ᄒᆞ야日露戰爭時에日本이宣戰을公布치아니ᄒᆞ고砲擊을始ᄒᆞᆫ事에就ᄒᆞ야抗議를提出ᄒᆞ겟노라公布ᄒᆞ얏다더라

●淸國의海軍擴張 淸國政府에셔海軍擴張에熱心經營ᄒᆞ야軍艦이巡洋艦六隻과砲艦一隻에不過ᄒᆞ더니今에ᄂᆞᆫ工成軍艦大小艦艇이五十二隻이오未成軍艦이六隻인ᄃᆡ此外日本川崎造船所에注文ᄒᆞᆫ者가四隻其中一隻은竣ㅣᄒᆞ고三隻은製造中이라더라

●浦港防禦工役 俄國은本月부터來年一月ᄭᆞ지一期로定ᄒᆞ야浦鹽斯德의防禦工役을爲始ᄒᆞ기로歸決되얏다더라

●滿洲開放着手 華盛頓發電을據ᄒᆞᆫ則滿洲開放一事ᄂᆞᆫ日本政府에셔旣爲經營中이더니近來某國政府에셔迅速開放ᄒᆞᆷ을請求ᄒᆞᆫ故로二三介處開放準備에着手ᄒᆞ기로決定되얏다더라

雜報

●日醫專權 廣濟院事務ᄂᆞᆫ日本醫師諸人이擴張ᄒᆞᆫ다稱ᄒᆞ고課日來到ᄒᆞ나別般의着手가無ᄒᆞ고該院官吏ᄂᆞᆫ執務치못ᄒᆞ게ᄒᆞ니可謂拜從無益이라而尤害之라ᄒᆞ더라

●各坊檢查 警務廳에서漢城五署內淸潔上에着手ᄒᆞᆫ지多日이라昨日에ᄂᆞᆫ中署坊內에該役이告竣ᄒᆞ야閭閻家ᄭᆞ지警官이巡察ᄒᆞᆫ門楣上에「淸潔檢查了」라ᄒᆞᄂᆞᆫ證書를貼付ᄒᆞ얏더라

●[illegible]會務究論 國民敎育會에서本日下午七時頃에任員會를開ᄒᆞ고校務上及會務上에必要事項을論究ᄒᆞ얏다더라

●[illegible]氏擬任 咸鏡北道邊界警[illegible]官은前警務官崔秉瓚氏로任[illegible]事에公議提出ᄒᆞ얏다더라

●[illegible]校將設 普成專門學校에서[illegible]科豫備生徒를養成ᄒᆞᆯ次로[illegible]學校를設立ᄒᆞᆯ計劃인ᄃᆡ該校年限은四個年이라더라

●[illegible]氏愛孤 全北來人의傳說을據ᄒᆞᆫ즉[illegible]生孤兒學校長李惠[illegible]氏가全州에設往ᄒᆞ야孤兒를募集ᄒᆞᆫᄃᆡ觀光稱賀者ㅣ數千[illegible]이오孤兒會集이四十餘名인ᄃᆡ[illegible]ᄒᆞᆫ孤兒ᄂᆞᆫ各名下에新衣[illegible]式[illegible]床式[illegible]給ᄒᆞ고各去[illegible]ᄒᆞᆫ道를勸諭說明ᄒᆞ고其中幼稚ᄒᆞᆫ最矜憐者十餘名을鐵路로載去本校ᄒᆞᆷ이見者ㅣ莫不感服而頌聲이載路ᄒᆞ고到處停車場에觀光ᄒᆞᆫ巡檢與外國人도特別히護送ᄒᆞ얏다더라

●水陸俱防 南陽郡守方漢德氏가勸賊에致力ᄒᆞᆷ은別行에已揭어니와同氏가內部에報告ᄒᆞ얏스되郡內賊警은次第防捍이오나大阜靈興內島間에水賊이無時搶奪ᄒᆞ야勸捕末由이오니移照軍部ᄒᆞ와洋銃卅柄彈丸三千發을從速支撥ᄒᆞ와使民安堵케ᄒᆞ라ᄒᆞ얏더라

●宮協解署 宮內府協辦閔景植氏署理大臣事務를解任ᄒᆞ얏더라

●逢彼之怒 黃海道南川停車場에서日本人一名이醉酒如泥ᄒᆞ야店主를詬辱打傾ᄒᆞᆫ지라其理由를問ᄒᆞᆫ즉該日人이有尋常之債故로藉言求償타가逢彼之怒ᄒᆞ야以被詬打라ᄒᆞ더라고騎車來人의傳說이有ᄒᆞ더라

●朴民被刺 江原道原州安昌津頭朴民家에來住ᄒᆞ야木材를運轉ᄒᆞᄂᆞᆫ日本人이主人朴民의女子와付緣ᄒᆞ기로要請ᄒᆞ되竟然不許러니該日人이以野心蠻習으로欲刼勒其女子ᄒᆞ라ᄒᆞ야躍入內室ᄒᆞᆷ으로朴民이以身攔阻ᄒᆞ더니該日人이朴民의心腎을拔刀刺去ᄒᆞ야幾至死境이라고傳說이藉狠ᄒᆞ더라

●咸北興學 明川郡龍岩居前郡守金河璿氏가本里所有ᄒᆞᆫ觀善齋를改稱明新學校라ᄒᆞ고以時務學課等書로爲先其子與姪을日就督課케ᄒᆞ니近方有志士들도聞風負笈ᄒᆞ야一朔之內에學員四十餘名을熱心敎育ᄒᆞ고其弟河당을專送京中ᄒᆞ야緊要ᄒᆞᆫ書冊을多數購歸ᄒᆞ얏다ᄒᆞ니吾儕ᄂᆞᆫ現今一國文明發達에注目ᄒᆞᄂᆞᆫ바近日各地方建學之報가頗多有之로ᄃᆡ惟咸北은無聞矣러니金氏此擧가爲其前茅ᄒᆞ니北方之學이自此有望이러라

●泰安驚報 忠南泰安郡은三面環海에水賊이時常侵掠ᄒᆞ니村落之殘滅은觸目蕭條也라今月初三日에賊船이自民漁浦로連環于安興鎭ᄒᆞ야十三日ᄭᆞ지依然不離ᄒᆞ고逐船掠財ᄒᆞ며打家刼貨ᄒᆞ니商船이阻絶ᄒᆞ고村閭空虛라船人二名은중丸致死ᄒᆞ고邑人一名은逢打傷命이온바安興鎭浦ᄂᆞᆫ三南船路之咽喉이라多數賊船이占爲根據ᄒᆞ야將至半月에橫行搶奪ᄒᆞ니海陬民情이莫可支保라하얏더라

●悖類是賊 本社通信人의確報를據ᄒᆞᆫ즉忠南牙山郡[illegible]淸洞居任南陽穉宰氏가去壬申年分에債錢九百兩을使其族弼宰로居間得用이다가弼宰身死後에其弟喆宰에게准數備報러니身死則喆宰가侮其孤兒寡婦之殘子ᄒᆞ야三十年前已報之債를謂以未捧ᄒᆞ고與其妻男崔岐西로做出凶謀ᄒᆞ야昨臘에日人歸護十龜繁雄과通譯李明先及兵丁一人과內藏院主事劉彰烈及盧性具와外他無賴輩數人으로來到任南陽家ᄒᆞ야勒債之意로無數恐喝而去러니又於今正月日에率日人田중將乘與前日下來諸無賴輩ᄒᆞ고來到惹鬧키로穉宰之子公과가呈訴府郡ᄒᆞ야裁判之場에喆宰之前後奸狀이綻露無餘ᄒᆞ야至於落科인즉照律懲習次同喆宰를牢囚府郡矣러니劉彰烈諸人이誣訴平理院ᄒᆞ야兩隻更爲裁判之意로該院訓令이下來ᄒᆞᆫ지라公과가仰爲來待가今爲一朔餘而喆宰가自知理屈ᄒᆞ고隱避不現터니劉彰烈이又生凶計ᄒᆞ야請願于宮內府ᄒᆞ되本驛이去壬寅年分에任喆宰의公錢九萬八千兩을劃給인바同喆宰가其族에게有所捧이二千六百石이라ᄒᆞ니訓飭該郡ᄒᆞ야公과之家舍什物을執留ᄒᆞ야捧私랍公케ᄒᆞᆯ事로府訓을到付이기로公과가據實呼訴于宮內府러니指令內에觀此訴狀ᄒᆞ니任喆宰之중間挾雜은極爲痛駭라前訓은即爲還上ᄒᆞ고家產什物을如或執留여던即爲出給ᄒᆞ라ᄒᆞᆫ바今月十日夜에劉彰烈이가在逃任喆지及無賴輩幾人을率ᄒᆞ고公과家內에直入ᄒᆞ야所在扶安郡庄土案量及牙山郡庄十賭租記와外他文簿與眼鏡一件毛綾五尺烟竹網巾風簪等物을盡搜以去ᄒᆞ고衝火次惹鬧키로無主張ᄒᆞᆫ婦女들이喪魂失魄ᄒᆞ야其奴隸로本郡에呼訴ᄒᆞ야官隸가出來ᄒᆞᆫ즉劉彰烈이가該訴狀을勒奪ᄒᆞ고官隸를逐送ᄒᆞ얏다ᄒᆞ니近日政府와法司에서法紀를刷新ᄒᆞ며民產을保護ᄒᆞ며亂類를禁戢ᄒᆞ다ᄒᆞ면서如彼任喆지劉彰烈等의符同外人ᄒᆞ며蔑視京院裁決ᄒᆞ며擅行火賊擧行爲ᄒᆞᄂᆞᆫ惡[illegible]을何不痛懲인지遐鄕殘民이實難支保라고ᄒᆞ더라

●敎科質辨 昨日에本社社員一人이學部編輯局에往ᄒᆞ야小學敎科의日語日文用否를問ᄒᆞᆫ즉參與官의補助員이辨明ᄒᆞ기를小學校全科目은國漢文으로純用ᄒᆞ고至於日語科ᄒᆞ야ᄂᆞᆫ自小學讀本으로日文을純用ᄒᆞ기로作定ᄒᆞ얏노라하니以此觀之ᄒᆞ면日語科가是小學校중一分子ㅣ니於理에似合이나本社員이更히小學校에日語科設實與否를問ᄒᆞᆫ즉答曰尙未確定이오第待官報發布하라하니本社ᄂᆞᆫ未能確信이나似已作定이라本社員이更問日本小學校에有外國語學科乎아ᄒᆞᆫ則所答이模糊不明이라大抵小學校에設置日語科則此與全科目之純用日文으로五十步百步之間이오至於日本國內尋常小學校에ᄂᆞᆫ全無外國語學科이거날何獨施於韓國小學敎科乎아然而尙未確定云하니更俟下回而一論之하깃노라

●社告 本日은歐洲의大節日이기로一日休刊홈

●私第覛務 度支大臣閔泳綺氏ᄂᆞᆫ軍部大臣署理事務를解任하얏ᄂᆞᆫ듸正任大臣李根澤氏ᄂᆞᆫ該部에仕進치아니하고大小部務를私第에서處辦ᄒᆞᆫ다더라

●尹氏減俸 平理院檢事尹甲炳氏ᄂᆞᆫ該院檢事崔文鉉氏與巡檢李鍾烈相詰ᄒᆞᆫ事件에對하야不能禁防之罪로半個月減俸에處罰하얏다더라

●伊藤陛見 本日下午三時에伊藤侯가日本將官을帶同하고陛見ᄒᆞᆫ다더라

●訓捕管理 韓國駐箚軍司令官長谷川大將이咸北駐箚軍司令官의게訓令하되北間島管理李範允이渡來하거든即時拿捕하고回溯하라하얏다더라

東京電報

●親任式 十一日午前十一時五分發
日本서今朝에親任式을擧行ᄒᆞ얏ᄂᆞᆫᄃᆡ兒玉陸軍大將은參謀總長으로佐久間陸軍大將은臺灣總督으로川村陸軍大將은東京衛戍總督으로補ᄒᆞ얏더라

●授爵 仝上
兒玉陸軍大將은子爵을臺灣民政長官後藤新平氏ᄂᆞᆫ男爵을授ᄒᆞ얏더라

●淸國學生 四月十一日午後四時卅分發
淸國留學生九十餘名은一般留學生의不品行을痛嘆하야其處分에就하야同公使의게陳情하얏더라

倫敦電報

●露國議員選擧 東京發四月十一日午後三時十分着
露國國會議員選擧의結果ᄂᆞᆫ自由黨이七十九名이오僧侶가十六이오保守黨이四十名이오政府所屬이四十二名이더라

●佛國提督所論 仝上
佛國海軍提督은元老院에서海軍의不足을論하고戰鬪艦을增加하기를要求하얏더라

寄書

（續）

論日語教科書　血淚生

其國性이旣滅ᄒᆞᆫ故也라然而國語ᄂᆞᆫ國性을表示ᄒᆞᄂᆞᆫ符號라何者오國語ᄂᆞᆫ其國民之思想을交通ᄒᆞᄂᆞᆫ鐵道라同一ᄒᆞᆫ民族이言語가相同ᄒᆞᆫ故로心志가相徹ᄒᆞ야彼喜者ᄅᆞᆯ我亦喜之ᄒᆞ며彼哀者ᄅᆞᆯ我亦哀之ᄒᆞ야一口唱聲에萬口和動ᄒᆞ야其國之休戚問題ᄅᆞᆯ同一感之ᄒᆞ야一朝에事變이起ᄒᆞ면不謀而自同ᄒᆞ야統一團合이되ᄂᆞᆫ거시라由此觀之면民族之特色은言語가相同홈에在ᄒᆞ도다是故로民族之發達이其國性이有홈으로由ᄒᆞ고國性之維持가其國語가有홈으로由ᄒᆞᆯ거슬可以知之也라今日我韓이雖曰衰退ᄒᆞ나二千年獨立花史ᄅᆞᆯ有ᄒᆞᆫ民族의團體라陸軍에ᄂᆞᆫ不過幾萬名軍隊로百萬之衆을率ᄒᆞ야侵犯ᄒᆞ던隋煬帝ᄅᆞᆯ擊退ᄒᆞᆫ乙支文德氏가有ᄒᆞ고海軍에ᄂᆞᆫ世界萬國中에鐵甲船을率先發明ᄒᆞ야威氣凜凜ᄒᆞ던日本艦隊ᄅᆞᆯ粉碎ᄒᆞᆫ李舜臣氏가有ᄒᆞᆫ데今日我韓國民이如彼남爾不振하야積極的進取하ᄂᆞᆫ氣象이無ᄒᆞᆫ거슨何故也오昔日之國性이變ᄒᆞᆷ이決無此理라譬컨ᄃᆡ荊山白玉이泥土中에沈理하야其光澤을隱藏ᄒᆞᆫ것과ᄀᆞᆺ치幾百年來로我韓教育이其眞을不得하야其光輝ᄒᆞᆫ國性이暗黑洞中에潛韜하야其光彩ᄅᆞᆯ發하지못ᄒᆞᆫ거시라彼乙支文德氏의烈烈ᄒᆞᆫ忠血과李舜臣氏의烈烈ᄒᆞᆫ忠血이至今ᄭᆞ지我韓二千萬同胞의身體中에還在ᄒᆞ야沸沸踞踞ᄒᆞ도다如此ᄒᆞᆫ祖先을有ᄒᆞᆫ韓國民族이엇지愛國性이無ᄒᆞ다ᄒᆞ리오此國性을熟知ᄒᆞᄂᆞᆫ隣强이物質上侵略手段으로ᄂᆞᆫ永遠히征服ᄒᆞ기不能홈을看破ᄒᆞ고今番에教科書ᄅᆞᆯ改正ᄒᆞ야國粹의要素되ᄂᆞᆫ國語ᄅᆞᆯ廢ᄒᆞ고日語ᄅᆞᆯ代用ᄒᆞᆫ다ᄒᆞ니此ᄂᆞᆫ即我韓帝國國民의自由思想과獨立精神을侵奪ᄒᆞᄂᆞᆫ手段이라物質上侵略은不足畏也ᄂᆞ精神上侵略은眞可畏也라何者오物質上侵略은有形的로暫時其國之疆土ᄅᆞᆯ强占ᄒᆞ거나其國之政權을橫奪ᄒᆞ거나ᄒᆞ야自國之統治權을扶植ᄒᆞᄂᆞᆫ故로其被奪國之人民이醒目ᄒᆞ야獨立思想이發達ᄒᆞ게되면旣失之國權을回復ᄒᆞᆯ介有ᄒᆞᆫ지라彼希臘國之獨立史ᄅᆞᆯ見ᄒᆞᆯ디라도可以推知也라希臘國이本是歐洲之先進國으로不幸中古에土耳其의羈絆이되여非常ᄒᆞᆫ虐待ᄅᆞᆯ受ᄒᆞ여시되其國民이終是自國之國性을不失ᄒᆞ고靑年諸士가文明諸國에留學ᄒᆞ야諸般學問을研究ᄒᆞ고歸於本國ᄒᆞ야教育制度ᄅᆞᆯ改革ᄒᆞ야自國의國性을더욱發起ᄒᆞ야畢竟其邦을獨立ᄒᆞ얏고波蘭은不然ᄒᆞ야亡國之時에ᄂᆞᆫ愛國性을發起ᄒᆞᆫ志士가多ᄒᆞ엿가되엿시ᄂᆞ其後에俄國이猛毒ᄒᆞᆫ手段으로其國性을滅亾케ᄒᆞ기爲ᄒᆞ야公衆之會中에波蘭語로論說ᄒᆞ기ᄅᆞᆯ禁止ᄒᆞ고學校用教科書籍에波蘭語ᄅᆞᆯ用ᄒᆞ기ᄅᆞᆯ禁止ᄒᆞ야今日ᄭᆞ지其政策을行ᄒᆞᆫ故로其波蘭民族중에雖有僅少之愛國家ᄂᆞ國民之多數ᄂᆞᆫ不識不知之間에俄國化民이되여自國之國性을忘却ᄒᆞ야나만俄國之虐政을免ᄒᆞ기ᄅᆞᆯ渴望홈에止ᄒᆞ고自國之國權을回復코져ᄒᆞᄂᆞᆫ熱誠이無ᄒᆞ거슨世人이公評ᄒᆞᄂᆞᆫ바라由是觀之면物질上征服은回復之日이有ᄒᆞ고精神上征服은回復之日이無ᄒᆞ도다今者에我韓政府가此國家存亡에大關ᄒᆞᆫ教科書事件에對ᄒᆞ야一言도抗拒ᄒᆞ지못ᄒᆞ고外人之命을惟是聽從ᄒᆞ니嗚呼痛哉라是可忍也오孰不可忍也리오　未完

雜報

●觀兵觀察　軍部大臣李根澤氏가日本觀兵式에前往觀察ᄒᆞᆫ다ᄂᆞᆫ說이有하더니同氏의乃伯李根澔氏로日間發下派遣ᄒᆞᆫ다더라

●馬草爲弊　西來人의傳說을聞ᄒᆞᆫ즉平安南道平壤郡이昨年에以日陣馬草供給事로各坊人民이無不受弊害이나其中尤甚者ᄂᆞᆫ栗里坊也라本郡二十六坊에馬草三萬五千貫을從其戶數均ᄒᆞ가當然이되他坊은皆行賂於該郡守李承載氏及該掌洪道明該色吏金봉淵處ᄒᆞ야戶多而草減ᄒᆞ며草惡而善納ᄒᆞ고栗里坊은無權無錢貧弱之坊故로戶少而草加ᄒᆞ며草善而見退ᄒᆞ야本坊加排條二千餘貫을各里人民이廢其農業ᄒᆞ고盡力輸納於日陣則該掌洪道明該吏金봉淵이가以無賂之致로二千餘貫內에千餘貫만領受ᄒᆞ고千餘貫은勒稱品劣而不受ᄒᆞ야皆至腐爛判棄之境ᄒᆞ얏ᄂᆞᆫ디至于今ᄒᆞ야本郡吏吉喜由가以譎計誣官ᄒᆞ야栗里坊馬草未捧千餘貫을每貫에作錢四兩式出令勒捧코ᄌᆞᄒᆞ나大抵日陣에서馬草價每貫四戔式受來給民ᄒᆞ더니今此未捧草作錢을欲徵以四兩者ㅣ是豈成說일지該坊人民들이不勝寃抑ᄒᆞ야上京呼訴ᄒᆞ얏다더라

●勒奪墓地　日日人西尾守行이가龍山堂峴所在金龍鎭조와煥等歷代墳墓域에行將搆屋次로國立標木인바該民等이한城府에呼訴ᄒᆞᆫ즉所有文券을一切調査ᄒᆞ야宮內府로報告하얏다더라

廣告

●普明義塾補助員●

觀察使	李容善	新貨一百元
副將	趙東潤	仝　五十元
協辦	沈相翊	仝　五十元
副領	魚潭	仝　五十元
參判	李建容	仝　二十元
郡守	閔浩鎭	仝　二十元
直閣	高鼎柱	仝　二十元
議官	尹龍植	仝　二十元
司果	李載守	仝　十元
郡守	吳泰泳	仝　十元
參書官	南廷奎	仝　十元
承旨	吳明根	仝　十元
承旨	金鍾烈	仝　十元
課長	李哲宇	仝　十元
課長	洪正燮	仝　十元
局長	河相驥	仝　十元
參書官	姜益馨	仝　十元
議官	林一錫	仝　十元

判書	李載崑	局長	李容世
參書官	李鍾林	警務使	徐相大
總判	金在命	技師	沈宜碩
參書官	安昇鉉	院卿	方漢七
承旨	李晶明	郡守	金敬燮
局長	金榮漢	協辦	李한英
副卿	嚴忠源	參判	金珏鉉
課長	安永良	議官	閔柱明
承旨	韓命熙	參判	李時夏
判尹	朴義秉	參將	白性基
正領	吳晉泳	同知	康世允
局長	鄭鳳簡	參將	沈性煥
監理	鄭顯哲	參贊	李相설
參書官	李建春	協辦	尹世榮
副將	尹雄烈	參領	尹致晟

以上新貨五元

局長	金洛憲	參書官	金基驥
參書	咸台永	局長	申相穀
局長	丁大有	局長	徐丙肅
課長	李南夏	局長	李康夏
課長	申佐均	科長	趙철熙
科員	金允培	判事	趙[illegible]經
科長	李容宇	局長	嚴錫祜
科員	李聖奎	科長	嚴錫祚
郡守	俞致稷	理事	申祐[illegible]
郡守	鄭基恒	科長	徐相勛
科長	鄭成烈	參書官	崔學[illegible]
協辦	鄭寅興	承旨	韓相龍
侍從	金昌鍊	議官	全[illegible]誠
議官	裵東爀		

以上新貨四元

花春丹은 霍亂 吐瀉 腹痛 滯症 暑症 정忡 神瞙 鬱 痰盛 醒酒船藥 咳嗽 口味업ᄂᆞᆫ諸症의神效ᄒᆞᆫ藥이오 此外에도洋灰水解毒藥 瘡창 疳氣 蛔虫 寸虫 赤白癩風 藥과東西洋藥이俱備ᄒᆞ고他病도隨問出方ᄒᆞ오니 僉位ᄂᆞᆫ來議ᄒᆞ시옵

皇城校洞石井洞下隅
石泉堂藥局　告白

本人의相朝子明仲一千九百浮浪長留京師日事雜技而如干家産盡蕩無餘不悛前習一向得債故로內外國人切勿見欺白失ᄒᆞᆷ

平南成川竹郊朴相華　告白

本號新開專做男女各色洋服並由上海運來各種細미毛옷及一切衣飾屬品件件精全伏望貴士女訊即來購爲幸

西小門內榮泰男女洋服商舖

●刑法大全　一帙定價金新貨六十錢

牧民心書一帙	一圜二十五錢
耳談續纂一冊	七錢五里
溫故知新堂叢鈔	七錢五里
父師必讀小學指南	七錢九里
人工養蠶鑑一冊	十五錢
新訂算術每冊	十五錢
農政新書	五十錢
法學通論	一圜
尺牘完編	一圜五十錢
大韓地誌	七十五錢

發賣所　布屛門下金相萬書舖　大韓每日申報社

特別社告

非史乘이면政治之美惡와人物之臧否와風俗之汚隆을無以攷論인즉史乘者ᄂᆞᆫ非一時之공覽이라乃萬世之公案이오非自國之所可得以私也라卽宇內列邦에宜所公佈키로翼者美人訖法氏之撰大東紀年이意固有在而然也라本記者ㅣ不揆僭越ᄒᆞ고於韓之史事에留心者ㅣ久矣로되在幾百年之後ᄒᆞ야要論幾百年之事가任大力綿에恐有失實之歎ᄲᅮᆫ더러鎖國自守之時代에ᄂᆞᆫ民國間諸般事爲가不過是尋常典故라不足以供世界列邦之眼目키로斷自丙子以後各國交涉時事ᄒᆞ야要爲編成一書ᄒᆞ야公諸列邦ᄒᆞ니四方有志諸君子ᄂᆞᆫ諒此苦心ᄒᆞ야丙子以後政令訓誥之所記와各國交涉之如何와臣民疏章與功罪之表著와中外俗習之沿革과忠臣義士孝子烈女之行蹟을各隨所聞所見而詳錄投示ᄒᆞ야俾此重役으로得以完成을千萬幸甚

大韓毎日申報社

○○○○○○○○○○○○○

本申報를廣佈ᄒᆞ기爲ᄒᆞ야咸鏡南道咸興州南社西門外居ᄒᆞᄂᆞᆫ曹喜林氏에게逐號下送ᄒᆞ오니該附近地愛讀ᄒᆞ시ᄂᆞᆫ僉君子ᄂᆞᆫ同氏에게購覽ᄒᆞ시며代金도同氏에게傳致ᄒᆞ심을爲要

大韓毎日申報社

○○○○○○○○○○○○○

一 鷹標罐濃甛牛乳
一 金印罐詰濃結牛乳
一 嬰孩家用氣化乳糖
一 理ー은 然製造麥芽化合牛乳

以上은當店에貯積ᄒᆞ얏숩

英商錄存洋行ー은ᄯᅩ濃結牛乳會社

一手代理店

大韓仁川港

世昌洋行

●九轉靈砂라 本人이妙方法을神備ᄒᆞ야製造ᄒᆞᆫ靈丹인ᄃᆡ男女老少에無論何症ᄒᆞ고通治ᄒᆞ오며無病時에도服ᄒᆞ면平生의身體가健康ᄒᆞ며小兒ᄂᆞᆫ四五錢重만服ᄒᆞ면十歲안에無病ᄒᆞ기를擔保ᄒᆞ오며

●九轉靈砂萬應丹은癲狂 癎症과中風諸疾과耳目諸病과淋疾에神効ᄒᆞ오

●九轉靈砂保命丹은初生小兒 驚風 痛氣 咳嗽 腹痛諸般惡과婦人帶下症에神効ᄒᆞ오

●九轉靈砂濟衆丹은酒滯 食滯 血積 吐瀉 霍亂 痢疾 吐血 下血 運氣 時疾 痲症에神効ᄒᆞ오

●九轉靈砂紫金丹은淋漏 累癧 上疳瘡 下疳瘡及唐瘡과諸般毒瘡惡瘡에無不神効ᄒᆞ오니 僉君子ᄂᆞᆫ來問ᄒᆞ시오

內需司前독갑이골上隅第一家 李鶴延 告白

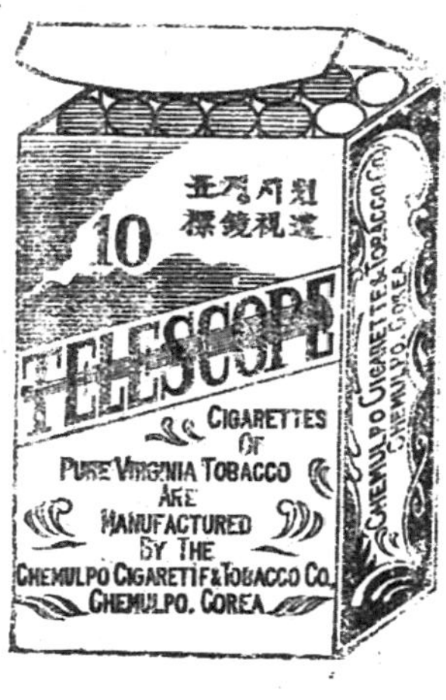

以上三種은上品으로製造ᄒᆞ야發賣ᄒᆞ오며價格上에至極廉ᄒᆞ오니僉君子ᄂᆞᆫ購覽ᄒᆞ시고本社에來購ᄒᆞ심

大韓帝國仁川港

英國商紙捲烟及烟草會社

本社廣告

申報價

一張代金 新貨二錢五厘

一個月前納 三十錢

三個月 九十錢

六個月 一元七十錢

一個年 三元四十錢

郵稅一部 新貨五厘

一個月 十三錢

廣告料

四號活字十三字爲

毎日毎英尺一寸에新貨廿五錢

(毎日毎行에大錢에ᄀ當홈)

二個日에 二圜五十錢

(毎日毎行圜錢五厘에相當홈)

一個月에 五圜

(毎日毎行圜錢一厘에相當홈)

其期限의長短과字行의多少를依ᄒᆞ야增減홈이有홈

大韓人마다此申報를不得不購覽ᄒᆞ실터이오니廣告出願ᄒᆞ실僉君子ᄂᆞᆫ來臨面議ᄒᆞ시옵

發行兼編輯人 英國人裴說

發行所

京城北署壽進坊轎洞号外國語學校傍

大韓毎日申報社

光武九年八月十一日 明治卅八年八月十一日 第三種郵便物認可　日曜日　西曆一千九百六年四月十五日 (一)

第四卷

大韓每日申報
대한매일신보

第一百九十四號

月曜及慶節歲時休日刊

檀君開國四千二百三十九年
箕子元年三千二十八年
大韓開國五百十五年
日本明治三十九年
清國光緖三十二年
陰曆丙午三月二十二日己丑

論說

警告當局諸公

夫濁賣官爵은歷代亂亡之轍也라以東洋歷史로觀之컨ᄃᆡ東漢之傾頹에有西苑之藏ᄒᆞ며西晉之敗亂에有私門之納ᄒᆞ며唐末에有羨餘之獻ᄒᆞ며宋季에有債卿之授ᄒᆞ며明社之丘墟也에職方은賤如狗ᄒᆞ고侍郞은滿街走라ᄒᆞᄂᆞᆫ市謠가有ᄒᆞ얏스니此其徃轍이昭然可鑑이어날奈之何韓國政府ᄂᆞᆫ不戒於此ᄒᆞ고躬蹈而隨之ᄒᆞ야甘蹈顚覆之患也오

噫라世道之汚濁과人心之反常이胡至此極고彼政府諸公이縱不以民國爲念ᄒᆞ나獨不顧身家之安危耶아自古及今에禍人家國ᄒᆞ고末稍身世가老死牖下者ᄂᆞᆫ未之或聞이라

試思ᄒᆞ라今日諸公이値如何境遇耶아四千年祖國은淪於陸沉ᄒᆞ고二千萬人民은迫於奴隸ᄒᆞ니凜凜乎危急之狀은雖婦孺之無知라도亦皆隱憂浩歎이어날諸公은以何心腸으로安其危利其災ᄒᆞ야樂其所以敗亡者耶아雖細人之見識이貪於近利ᄒᆞ고咏於道路인들豈至如此之甚이리오故로一般公衆之論에曰今之爲政官者ᄂᆞᆫ皆其蒙汗藥을服ᄒᆞᆫ者라ᄒᆞ니亦非過言이로다年來韓政府에許多秕政은有難枚擧어니와最其爲亂階者ᄂᆞᆫ鬻賣官爵이라每奏本이一下ᄒᆞ면輒有醜說之狼藉ᄒᆞ니未知케라諸公이博得此許多金錢ᄒᆞ고至於無國無民之日에徃于何處ᄒᆞ야獨享其富貴之樂耶아自古奸臣之亂政誤國者가未有不先受其禍者니田園臺榭가必非諸公之有也오子女玉帛이亦非제公之有也니不審제公은何故로公私俱敗之事를樂爲ᄒᆞᄂᆞ뇨以此言之ᄒᆞ면鬻賣官爵이非但國家之殃이라在於自家身上에亦是引火之油니一遇藥線之暴發이면何以幸免이리오吾儕ᄂᆞᆫ不專爲大韓國情而太息이라實爲제公ᄒᆞ야不堪其悲吊也ᄒᆞ노라

官報

●號外 光武十年四月十二日 [illegible]

◉宮廷錄事

光武九年十月五日에 [illegible]에瑞鳳大綬勳章을授與하시고延原郡夫人金氏의게瑞鳳六綬勳章을 下賜하신事

本月九日에 義親王씌大勳位金尺大綬章授與式을行ᄒᆞᆫ事

●三千四百廿六號 光武十年四月十三日

◉敍任及辭令

任學部協辦 禮式院副卿金奎熙○命禮式院副卿 禮式院禮式課長高羲敬○任禮式院禮式課長 禮式院禮式官金祚鉉○任禮式院禮式官 正三品尹甚益○依願免本官 昭慶園參奉韓相穆 主殿院電務課主事李祖洙 仝朴兌烈 江陵郡守朴承彥 善山郡守俞贊鎬 三和監理李源兢 咸鏡北道邊界警務署警務官金永梲○任江陵郡守 陸軍參領李在華○任善山郡守 康津郡守康永瑞○任三和監理 正三品卞鼎相○任咸鏡北道邊界警務署警務官 前警務官崔炳瓚 以上四月十日○任한城府技手 度支部技手尹滋蘇 仝金한杓 仝李宗爀 仝申明均 仝吳志泳 以上四月十一日

●三千四百廿七號 光武十年四月十四日

●勅令

勅令第十八號

學部官制中改正件

光武九年勅令第廿二號學部官制第三條六項(學部參書官은官制通則에揭ᄒᆞᆫ者外에學事視察及學校檢閱을掌홈이라)卅字를刪去ᄒᆞ고第七條次에(第八條學部視學官은奏任으로二人을特置ᄒᆞ되學務局에屬ᄒᆞ야學事視察及學校檢閱에從事홈이라)四十二字를添入ᄒᆞ고第八條ᄂᆞᆫ第九條로ᄒᆞᄃᆡ主事十一人은十三人으로改正ᄒᆞ고第九條ᄂᆞᆫ第十條로第十條ᄂᆞᆫ第十一條로第十一條ᄂᆞᆫ第十二條로第十二條ᄂᆞᆫ第十三條로排次改正홈이라

光武十年四月十一日

御押 御璽 奉 勅

議政府參政大臣勳二等朴齊純

學部大臣李完用

度支部大臣勳一等閔泳綺

◉敍任及辭令

任裕康園參奉 李澤應 三月卅一日○依願免本官 內部廣濟院醫師李在봉 仝金錫奎 仝李秀一 仝송永鎭免本官內部廣濟院醫師韓宇 以上四月五日○依願免本官 警務廳摠巡俞鎭明 四月九日○依願免本官 平安南道觀察府公立小學校教員朴熙命○任平安南道觀察府公立小學校教員 前教員田德龍 以上四月十日○解臨時署理經理院卿事務 帝室會計審查局長朴鏞和 四月十一日

◉部令

法部令第一號

法官養成所規則 續

第廿條 學員이疾病及其他의事情을因ᄒᆞ야欠席ᄒᆞᆫ境過에ᄂᆞᆫ請由書를本所長에게提呈홈을要홈이라

但請由期日은二週日에超過홈을不得홈이라

第廿一條 前條請由에關ᄒᆞ야ᄂᆞᆫ本所長이該事實을相當홈으로認ᄒᆞᆫ故에許施홈이라

第廿二條 在學員은退學홈을不得홈이라

但질病及其他不得已ᄒᆞᆫ事情이有ᄒᆞ야退學을願ᄒᆞᄂᆞᆫ者ᄂᆞᆫ保證人과聯署ᄒᆞ야本所長에게請願을要홈이라

第廿三條 前條의請願이有ᄒᆞᆫ境遇에ᄂᆞᆫ本所長이各教官과協議ᄒᆞ야該事實을相當홈으로認ᄒᆞᆫ時에許施홈이라

第廿四條 退學ᄒᆞᆫ者ᄂᆞᆫ教課書를本所에還納홈을要홈이라

第廿五條 左開ᄒᆞᆫ各項에犯觸이有ᄒᆞᆫ者ᄂᆞᆫ本所長이各教官과協議ᄒᆞ야調查ᄒᆞᆫ後에該事實이的確ᄒᆞᆫ時ᄂᆞᆫ黜學을命홈이라 未完

外報

●清國借款 清國御史王某가上奏ᄒᆞᆫ바를據ᄒᆞᆫ則光緖二十年日淸戰役以後로淸國負債額이十萬億兩以上에達ᄒᆞ고其中利子가八分되ᄂᆞᆫ者가有ᄒᆞᆫ則此際外國銀行으로서輕邊外債를募集ᄒᆞ야重邊國債를償還ᄒᆞ면國家의大幸이라ᄒᆞ얏다ᄂᆞᆫᄃᆡ淸帝及西太后가目下商部와外務部와政務處에命ᄒᆞ야商議케ᄒᆞᆫ則各大臣의意見도皆曰可라ᄒᆞᆫ故로未久에施行되리라더라

●法撤守備 倫敦電을據ᄒᆞᆫ則英國에서威海衛의守備兵을解散ᄒᆞ면法國政府에서[illegible]을撤退ᄒᆞ기로[illegible]ᄒᆞ엿다더라

雜報

●近臣派遣 昨日下午八時量에 韓皇陛下씌오셔 近臣을命ᄒᆞ야 義親王殿下旅館에派遣ᄒᆞ사 國事에對ᄒᆞ야 諮詢ᄒᆞ신事가 有ᄒᆞ다ᄂᆞᆫ딕 其內容은姑未確知나 同殿下ᄂᆞᆫ十二年間을文明國空氣를吸取ᄒᆞ셧슨즉必有深筭者矣라ᄒᆞ더라

●園遊準備 政府에서來十六日(月曜日 昌德內에園遊會를開設ᄒᆞ고統監伊藤博文氏以下各部府廳顧問所屬諸氏와韓廷勅奏任官을請邀ᄒᆞᄂᆞᆫ딕該園遊會接待委員은內部地方局長崔錫敏度支部司稅局長李건榮法部會計課長李冕宇諸氏로選定ᄒᆞ고昨日붓터宴需를準備ᄒᆞᄂᆞᆫ中이라더라

●警廳試才 警務廳에서監獄署主事一窠와摠巡一窠를塡任ᄒᆞᆯ次로昨日에學問有餘ᄒᆞᆫ者로試取ᄒᆞ얏다더라

●魚網鴻罹 陸軍監獄看守崔成昌이가七八百兩을每兩一錢邊으로利字를先除ᄒᆞ고雜技를시키ᄂᆞᆫ딕法院雇員劉明赫과滯囚ᄒᆞᆫ尉官三四員이不計晝夜ᄒᆞ고幾百得失이되ᄂᆞᆫ딕本獄主事等은雜技를罪囚가ᄒᆞ얏다고某報에揭載ᄒᆞᆷ으로罪囚三四十名이困難莫甚ᄒᆞ다니崔劉兩人의惡習은懲戒ᄒᆞᆯ만ᄒᆞ다더라

●清潔實施 清潔은是衛生上第一要務인딕今自警廳으로家家調査ᄒᆞ야務令清潔이라ᄒᆞ니此可見開明之一端이나西署某人家前에청人所棄汚穢物을家主韓人더러掃除ᄒᆞ라ᄒᆞᆷ으로巡檢이청人은畏怖ᄒᆞ고自國人은壓視ᄒᆞᆫ다고人言이有ᄒᆞ다더라

●賊警日甚 近日西山等地에賊警이日甚ᄒᆞ야人不能夜寐ᄒᆞᆷ으로該地居人에偶語가開明國에서警務顧問을聘來ᄒᆞᆫ다巡查를雇用ᄒᆞᆫ다ᄒᆞ더니盜賊은日甚一日이라고巷說이頗多ᄒᆞ다더라

●是何主見 法部에서濟州牧裁判所經費를依例以附近支金庫로推用ᄒᆞ라ᄒᆞ얏더니度支部顧問官目賀田氏ᄂᆞᆫ有何主見인지惟獨濟州牧裁判所一處ᄂᆞᆫ該經費를중央金庫에서推去ᄒᆞ라ᄒᆞᆫ다더니該州結錢도中央金庫에서推랍ᄒᆞᄂᆞᆫ지水陸二千里路程에推用이甚爲不便ᄒᆞ고來往浮費가亦至不少인딕此等方法도財政整釐하ᄂᆞᆫ經濟計中出來ᄒᆞᆷ인지疑惑滋甚하다더라

●總代請願 平壤外城人民總代田德龍等이軍用地事件으로議政府에請願ᄒᆞ얏ᄂᆞᆫ딕其槪意가如玆ᄒᆞ니往年에臨時萬民會總代崔在學이가內部에質問ᄒᆞᆫ즉植物上損害ᄂᆞᆫ相當計給ᄒᆞᆯ거시오土地ᄂᆞᆫ日俄媾和以後에韓國에還完ᄒᆞᆯ意로條約이自在ᄒᆞ다ᄒᆞ얏ᄂᆞᆫ딕尙此票木을不拔ᄒᆞ고人民의家屋을占據ᄒᆞ야該地居民은將至流散之境이니交涉軍司令部及統監府ᄒᆞ야停車場基址內土地ᄂᆞᆫ從時勢給價ᄒᆞ고軍用票木은即爲拔去ᄒᆞ야使民安堵케ᄒᆞ라고ᄒᆞ얏더라

●請推銃丸 楊州郡守洪泰潤氏ᄂᆞᆫ內部로報告ᄒᆞ되境內賊警을防禦次로上年春間에洋銃二十柄彈丸一千發을報請軍部而推來ᄒᆞ야派給於要地各洞이더니今於長興面三師洞民이被捉於警務廳時에該洋銃二柄彈丸一百發이幷入於巡檢搜探中이다이온바軍物을不可等棄이니訓飭警廳하야即爲推下케하라하얏다더라

●北民餓莩 平北來人의傳說을聞ᄒᆞᆫ즉沿江諸邑이自日俄開仗以後로鐵路之員役과馬草之酬應에民皆困瘁이더니加以無前饑饉으로餓死者往往在道路之間이라하니廟堂제公이倘或哀此同胞하면施其救恤之方針이거날視若秦瘠하고銷金燈帳에一盃亦醉하고一斗亦醉하니當路제公은可謂作俑者이라고萬口同一하다다라

●無稅設肆 東萊監理李懋榮氏가農商工部에報告하기를本港內庖肆五處에서日人이私設ᄒᆞᆫ庖肆가二處인딕該日人이不受准狀하고不納稅金하니自部로交涉于統監府하야以爲准施케하라하얏더라

●教主獎學 天道教主孫秉熙氏가西江坊牛山學校의教育의進就ᄒᆞᆷ을勸勉ᄒᆞ야紙貨二十元을補助ᄒᆞ얏더라

●日新又新 平壤日新學校의創立ᄒᆞᆫ事實은前報에已揭어니와該校摠代로崔睿恒金興淵兩氏가此次上京ᄒᆞ야諸般課程을一層擴張ᄒᆞᆯ計劃으로校長을張志淵氏로薦定ᄒᆞ고教師ᄂᆞᆫ安秉瓚氏로延聘ᄒᆞᄂᆞᆫ딕教師의月給은新貨四十圓으로作定ᄒᆞ고兼ᄒᆞ야新書籍을發刊ᄒᆞᆯ기로經營중이라더라

●憑校奪磯 平南通信을據ᄒᆞᆫ즉龍岡郡所在糟鴨島漁磯ᄂᆞᆫ百有餘年을轉相賣買之處로現方有主之地인딕咸從郡一進會에서學校를設立ᄒᆞᄂᆞᆫ딕補用ᄒᆞᆫ깃다ᄒᆞ야摠會에擧報ᄒᆞᆷ으로該漁磯主鄭寅涨氏가摠會에請願ᄒᆞ얏ᄂᆞᆫ딕尙無如何之소息ᄒᆞ니雖未知摠會之意想이나然이나若勒奪有主之地ᄒᆞ야教育青年ᄒᆞ면異日卒業生宅心이無過是此美等不事니於國無補라고人言이頗多ᄒᆞ다더라

●教育會成蹟 國民教育會에서數三朔동안을教課書類의編輯에盡脊勤務ᄒᆞ더니爲先脫稿된物理學一萬卷을中央印刷社로더부러即出ᄒᆞ기로契約ᄒᆞ얏더라

●教師환職 官立農商工學校에商科에ᄂᆞᆫ商業教師가請願不視ᄒᆞ기로學徒들이二箇月間을優遊度日ᄒᆞ야言論이憤鬱ᄒᆞ되學部에서ᄂᆞᆫ未知ᄒᆞᄂᆞᆫ지

●祈禱擧行 今日은耶蘇復活ᄒᆞ신日이요泰西의一大名節이라皇城基督教青年會에서本日을紀念ᄒᆞ기爲ᄒᆞ야祈禱會를擧行ᄒᆞᆫ다ᄂᆞᆫ딕宣教師密義斗氏가講道ᄒᆞᆫ다더라

●賣盃賣酒 平壤大同江坊上二里에서以里內酒禁으로于今二年에七洞人民이安業保生이러니亂類曹昌植嚴斗淳이가符同鄉長玄道轍ᄒᆞ야何以紹介於郡守인지許禁次로酒禁監督崔應奏를威之脅之ᄒᆞ야驅迫莫甚이라爲官者宜禁酗酒이거날民禁官許ᄒᆞ니必有暗賂라고衆民所傳에賣盃賣酒官이라고浪籍ᄒᆞ다더라

●一進憂慮 近日一進會에서各地方에民心이不附ᄒᆞᆷ과會員行悖와財政窘絀等事件에對ᄒᆞ야主務任員等이大端憂慮中이라더라

●巡檢減額 咸北鏡警務署巡檢이二百人이러니今番地方制度改正ᄒᆞᆷ을當ᄒᆞ야爲先該署巡檢을二十人으로減額ᄒᆞ고摠巡及警務官을各一人式寘ᄒᆞ기로議定ᄒᆞ얏다더라

●手形溢利 平壤通信을據ᄒᆞᆫ즉手形組合會規則이利子은七里라고하얏ᄂᆞᆫ딕平壤會社에서所謂手數料니居間錢이니並하야利子가二分二里에達ᄒᆞᆷ으로該入會韓人덜이청願退出ᄒᆞᆫ다더라

●郡兼管理 會寧郡守朴老學氏가北間島管理를兼任ᄒᆞᆫ다더라

東京電報

●鐵道買收期 四月十二日午后一時〇五分發
京釜鐵道買收ᄂᆞᆫ六月下旬에着手ᄒᆞᆫ다더라

●公使內定 四月十三日午后六時卄分發
珍田外務次官은墺太利駐箚公使로任命ᄒᆞᆯ기로內定되얏더라

北京電報

●露商永住 四月十二日午后一時〇五分發
우리야수다이將軍은外部에對하야昨年來露國商人이土人을强迫ᄒᆞ야土地를借ᄒᆞ야家屋을建ᄒᆞ고永住를計ᄒᆞᆷ에就ᄒᆞ야其處分을請求ᄒᆞ얏더라

倫敦電報

●米露交涉 四月十二日午后五時發
米國政府ᄂᆞᆫ佛國의共同을得ᄒᆞ야露國政府에對ᄒᆞ야平和會議의延期ᄒᆞᆷ을希望ᄒᆞ얏더라

●慰問親電 仝上
伊國兩陛下가베수븨어쓰附近에서御遭難하심으로日本兩陛下씌서聞ᄒᆞ시고御親電을發하얏더라

●火山倍烈 仝上
伊國베수븨어쓰噴火山은愈極猛烈하야二百餘男女가濱死하얏ᄂᆞᆫ딕佛國政府ᄂᆞᆫ被害民을救助하기爲하야軍艦을急派하얏더라

●會議延期 四月十三日午后六時發
露國政府ᄂᆞᆫ米國政府의請求에依하야平和會議開期를來十月서지延期하얏더라

●噴火慘狀 仝上
伊太利國은噴火災에現在死者가一千名에達하얏고損害額이二萬弗이오都府破壞者가十四處라더라

寄書

續

論日語敎科書　血淚生

我韓官吏도亦是大韓民族이라大韓民族滅亡之日에엇지其命을獨存ᄒᆞ리오再三思之여다大抵兒童之敎育은第一難關이이라今日歐洲文明諸國이高等敎育보담初等敎育을더욱注意ᄒᆞᄂᆞᆫ거슨非他라兒童時代ᄂᆞᆫ其性質이單純無二ᄒᆞ야譬컨ᄃᆡ白白紙와如ᄒᆞ야赤色으로染ᄒᆞ면赤色이되고靑色으로染ᄒᆞ면靑色이되여其染色의種類를從ᄒᆞ야相異ᄒᆞᆫ色을出成ᄒᆞᄂᆞᆫ거시라故로國民의思想을健全케ᄒᆞ야健全ᄒᆞᆫ國家社會를組成코져ᄒᆞ면此兒童의頭腦에忠君愛國의思想을注入ᄒᆞ야此로써先天的特性을造成ᄒᆞᄂᆞᆫ거시國民敎育政策에重要ᄒᆞᆫ方法이라

我邦이自今以後로日語敎科書로兒童을敎育ᄒᆞ면我邦兒童은世界上에日本이有ᄒᆞᆷ을知ᄒᆞ고大韓國이有ᄒᆞᆷ을知ᄒᆞᆷ이無ᄒᆞ며神武天皇이聖叡ᄒᆞᆫ쥴만知ᄒᆞ고檀君이聖叡ᄒᆞᆫ쥴을知ᄒᆞᆷ이無ᄒᆞᆯ도다然則無敎育之結果ᄂᆞᆫ何哉오

一言으로論決ᄒᆞ면化韓歸日ᄒᆞᄂᆞᆫ求心力을助成ᄒᆞ야速速히自國國性을滅亡케ᄒᆞᆷ에不過ᄒᆞ리오다古人之言에物必先腐而後에虫이生ᄒᆞᆫ다ᄒᆞ여시니眞可謂格言也라國家로論ᄒᆞ더ᄅᆡ도其國之民에自亾之道를講ᄒᆞᆫ然後에强隣之侵略이來ᄒᆞᄂᆞᆫ거시라

今日我韓之顚亡이是誰之罪也오自一至十에無非韓人之罪也라往事ᄂᆞᆫ論之無益이여니와來事를何以圖之오百爾思之에國權之復不復은國民敎育에都在ᄒᆞ도다然而國民敎育에大關ᄒᆞᆫ敎科書問題를視若尋常ᄒᆞ고某國之侵略政策에自中ᄒᆞ니其愚何言이며其哀何狀가先月之條約에盡力ᄒᆞᆫ者ᄂᆞᆫ物質的賣國者오今日敎科書事件에同意ᄒᆞᄂᆞᆫ者ᄂᆞᆫ精神的賣國者也라ᄒᆞ노라

嗚呼哀哉라三千年獨立史를有ᄒᆞ고五百年　聖朝를戴ᄒᆞᆫ二千萬同胞여失其巢穴ᄒᆞ고漂流四方ᄒᆞ야人之奴隸를不免ᄒᆞᄂᆞᆫ猶太民族이되기를願乎아活活潑潑ᄒᆞᆫ自由思想을有ᄒᆞ야忠其君ᄒᆞ며愛其國ᄒᆞ야建國以來로外侮를不受ᄒᆞᆫ大英國民族이되기를願乎아

猶太民族과갓치되기를自甘ᄒᆞ면已無可論이여니와大英國民族갓흔自由人民이되기를願ᄒᆞ면最先國民的敎育을擴張ᄒᆞ야以前麻痺ᄒᆞ던思想을一掃ᄒᆞ고千枝萬葉之中에서決出ᄒᆞᄂᆞᆫ活木가튼氣象을養成ᄒᆞ얏다가日後之好機를當ᄒᆞ야一氣一心으로旣失之國權을回復ᄒᆞᆯ지여다如此遠大ᄒᆞᆫ目的을達ᄒᆞ고져ᄒᆞ면國民敎育外에ᄂᆞᆫ決無他策인데今日政府當局의敎育政策이其如何哉아國家之存亡에關ᄒᆞᆫ敎科書問題를度外視之ᄒᆞ고旣爲議決ᄒᆞ야不遠에實施ᄒᆞᆫ다ᄒᆞ니爲其國民ᄒᆞ야默視而看過가可乎아

二千萬同胞가此事件에對ᄒᆞ야一大公論을起ᄒᆞ야爲先政府에請願ᄒᆞ야其勿施ᄒᆞᆯ方策을互相研究ᄒᆞ되政府가若是不聽ᄒᆞ면不可不
皇上陛下의게泣訴ᄒᆞ야國家萬年之計를勿誤ᄒᆞ기로血心希望ᄒᆞ노라　完

雜報

●教師熱心　西江坊牛山學校教師曹秉和氏가自昨年九月로本校에應聘ᄒᆞ야教育에從事ᄒᆞᄂᆞᆫ데日昨에本校贊成員諸氏와本校長과任務員들이集會ᄒᆞ야學徒의學力이可驚ᄒᆞᆯ만ᄒᆞᆫ程度에達ᄒᆞᆷ을贊賞ᄒᆞ고課程을改正ᄒᆞᆫ後教師曹秉玉氏가自己의薪水費中으로每朔十元式本校財政의不足ᄒᆞᆷ을捐補ᄒᆞ니如此히校務에熱心ᄒᆞᄂᆞᆫ教師ᄂᆞᆫ眞箇難得이러라

●學生試取　日本留學生退學ᄒᆞᆫ代에今月十五日로日語卒業生을試取送派ᄒᆞᆫ다ᄒᆞᆷ은曾往에揭載하얏거니와시驗期日이在邇ᄒᆞᆷ으로遠近生徒의裏足上來者ㅣ道路相續이라하니韓人之進步를於此可見이나學部제公의公心시取ᄂᆞᆫ本社之所甚望이라하노라

●賣國寶身　美國桑港一新聞에揭載ᄒᆞᆫ바를據ᄒᆞᆫ則非常離測ᄒᆞᆫ事ᄂᆞᆫ韓國의一進會黨派라其黨이스사로日本의器械가되야自己의國家와自己의身分을甘心으로日本의게自賣ᄒᆞ고조곰도無愧ᄒᆞᆷ이無ᄒᆞ니世界人種中如사히異常ᄒᆞᆫ人種은今日世代에初見이라고ᄒᆞ얏더라

●光校又設　沃川郡進明學校가創立ᄒᆞᆫ後로生徒日加ᄒᆞ야學業이增進ᄒᆞᄂᆞᆫ데前參判金命洙氏가更히巨欵을捐ᄒᆞ야光東學校를設立ᄒᆞ고熱心敎育ᄒᆞ니該郡人士의進步ᄒᆞᄂᆞᆫ狀況이實노稱頌ᄒᆞᆯ만ᄒᆞ더라

●洪民慘狀　南來人에傳說을聞ᄒᆞᆫ則內浦等地에賊警이去益甚焉ᄒᆞᆫ즁洪州境內가最尤甚ᄒᆞ고該郡化城面에一進支會를設置ᄒᆞ고會員中金麟善이가本是悖類로藉托會勢하고許多作弊가不可形言인바驛土를非會員이면不敢耕作이라하야衆民이失農하고向日義騷以後에符同巡哨兵卒하야無論誰某하고擇其稍饒之人하야或稱唱義干與라家行不美라靑年會員이라하고勒奪錢財及家垈田畓故로人心이嗷嗷에擧皆渙散하야一人之弊가及於一境이나所謂支會長은木偶人인지或稱吾所不知라하고或有同做弊瘼이며該郡守ᄂᆞᆫ以字牧兼捕之任으로會員作弊와賊黨作變을聽若不聞ᄒᆞᆯ더러捉囚之賊도無端還放하고身自上京云하니洪民之慘狀은不忍見不忍聞이라더라

●獨占漁利　東萊郡上南面各浦口에日人等이어業權을獨專ᄒᆞᆫ次로各浦口에設其어網하고使本土居民으로ᄂᆞᆫ不得設網케하야呼冤多端ᄒᆞᆷ의自該港監理署로셔派遣巡檢하야以互相設網之意로百般曉諭하나終不聽從ᄒᆞ니可謂鵲巢鳩奪이러라

●被囚警視　西來人傳說을聞ᄒᆞᆫ즉順川居姓名不知之韓民이其子息의挾雜輩誘引을被ᄒᆞ야負債ᄒᆞᆫ事로平壤郡警視에게呼訴ᄒᆞ엿더니反爲被囚ᄒᆞᆷ으로此必通辯者의作奸이라ᄒᆞᆫ다더라

●公判延滯　平理院에셔沈相薰氏를流配로擬律코ᄌᆞᄒᆞᆫ다ᄒᆞᆷ은已報ᄒᆞ얏거니와檢事公訴가有ᄒᆞᆫ後에반다시公判을開始ᄒᆞᆯ지나檢事尹甲炳氏ᄂᆞᆫ公訴提起의格式及節次에蒙昧ᄒᆞ고他檢事ᄂᆞᆫ巡檢李鍾烈事件으로청願辭職ᄒᆞ고視務치아님으로公訴를提起치못ᄒᆞ고延체ᄒᆞᆫ다더라

特別社告

非史乘이면政治之美惡와人物之臧否와風俗之汚隆을無以攷論인즉史乘者ᄂ非一時之공覽이라乃萬世之公案이오非自國之所可得以私也라卽宇內列邦에宜所公佈키로曩者美人訖法氏之撰大東紀年이意固有在而然也라本記者ㅣ不揆僭越하고於韓之史事에留心者ㅣ久矣로되在幾百年之後하야要論幾百年之事가任大力綿에恐有失實之歎이더러鎖國自守之時代에ᄂ民國間諸般事爲가不過是尋常與故라不足以供世界列邦之眼目키로斷自丙子以後各國交涉時事하야要爲編成一書하야公諸列邦하니四方有志諸君子ᄂ諒此苦心하야丙子以後政令訓諳之所記와各國交涉之如何와臣民疏章與功罪之表著와中外俗習之沿革과忠臣義士孝子烈女之行蹟을各隨所聞所見而詳錄投示하야俾此役으로得以完成을千萬幸甚

大韓每日申報社

○○○○○○○○○○○○○○

本申報를廣佈ᄒ기爲하야咸鏡南道咸興州南社西門外居하ᄂ曹喜林氏에게逐號下送하오니該附近地購讀하시ᄂ　僉君子ᄂ同氏에게購覽하시며代金도同氏에게傳致하심을爲要

大韓每日申報社

○○○○○○○○○○○○○○

本社廣告

申報價

一張代金　新貨二錢五厘
一箇月前納　三十錢
三箇月　九十錢
六箇月　一元七十錢
一箇年　三元四十錢
郵稅一部　新貨五厘
一箇月　十三錢

廣告料

四号活字十三字詰
每日每段尺一寸에新貨廿五錢
(每日每行에大韓에ᄂ[illegible]貨[illegible])
二周日에　二圜五十錢
(每日每行每回五厘에相當홈)
一箇月에　五圜
(每日每行每回一厘에相當홈)
其期限의長短과字行의多少를依ᄒ야增減홈이有홈

大韓人마다此申報를不得不購覽ᄒ실터이오니廣告出報ᄒ실僉君子ᄂ來臨面議ᄒ시옵

發行兼編輯人　英國人裵說
發行所
京城北署壽進坊[illegible]洞[illegible]号外地[illegible]
大韓每日申報社

光武九年八月十一日 明治卅八年八月十一日 第三種郵便物認可　　火曜日　　西曆一千九百六年四月十七日 (一)

第四卷　第一百九十五號

大韓每日申報
대한매일신보

月曜及慶節時日休刊

檀君開國四千二百三十九年
箕子元年三千二十八年
大韓開國五百十五年
日本明治三十九年
清國光緒三十二年
陰曆丙午三月大二十四日辛卯

論說

一進會

數日前에可信之報를據ᄒᆞᆫ즉伊藤侯가韓國 皇帝씌奏達ᄒᆞ야日本이自今以後로一進會의助力을不要ᄒᆞ기로快諾ᄒᆞ얏스며此危險社會를禁止ᄒᆞ기에日本이援助ᄒᆞ깃다ᄂᆞᆫ傳說이亦有之矣라

所謂新條約을締結ᄒᆞ야伊藤侯가擅進統監位之日에一進會目的이既達無餘故로知右傳說을不以浪報置之矣러니據今探聞ᄒᆞ되其快諾을成就ᄒᆞᆫ事實이一無其機로다

騷擾之報가自四方日至인바其責任은毋歸于一進會矣니此會員이雖非直動俊犯者ㅣ나其起擾原因은此會員의前日歷行을民欲報寃ᄒᆞᄂᆞᆫ事機에在ᄒᆞᆫ지라日軍駐屯之時에ᄂᆞᆫ此會行動이出於任意로되一言論非를不遇ᄒᆞ얏거니와日軍이移去ᄒᆞᆷ의人民이此歷制會員을對ᄒᆞ야論駁ᄒᆞᆯ機會를自得ᄒᆞ얏도다

騷擾가起端이면秩序를回復次로日兵直派ᄒᆞᆷ이不一其處이라處法者를捉致質問은無所疑慮之事언마ᄂᆞᆫ無罪良民으로苦難을當ᄒᆞᆷ이果多其機로다

全部事實을觀之컨ᄃᆡ若日本政府가韓國內에大軍을駐屯ᄒᆞ기에恕容을欲得ᄒᆞ야此迭紊亂秩序를奬勵ᄒᆞᆫ다ᄂᆞᆫ責論을不願ᄒᆞᆯ진ᄃᆡ伊藤侯가此會行事를公然棄絶ᄒᆞ고如此無用而有險ᄒᆞᆫ社會를鎭壓ᄒᆞ기에極力援助ᄒᆞ기를不失其時ᄒᆞᆷ이當然ᄒᆞᆯ깃도나

官報

◉三千四百廿八號　光武十年四月十六日

◉敍任及辭令

西京豐慶宮祭書官朴鶴銓
齊陵祭奉洪德周
厚陵參奉趙鏞禹
依願免本官
任西京豐慶宮參書官敍奏任官四等　六品閔章植
閔俊植
任齊陵祭奉敍判任官八等
鄭若欽
任厚陵參奉敍判任官八等
李夔夏
任昭慶園參奉敍判任官八等
任主殿院電務과主事敍判任官八等　張敎根
以上四月十二日
兼任贊謀官　主殿院卿陸軍副將李根澔
任法官養成所教官敍奏任官四等　六品劉文煥
前教員金봉鎭
任度支部技手敍判任官五級
以上四月十三日

◉部令

法部令第一號
法官養成所規則 (續)

一 操行을不修ᄒᆞ야本所에體面을毁損ᄒᆞᆫ者
一 學年시驗及卒業시驗에三次落第ᄒᆞᆫ者
一 不告欠席이一箇月以上에及ᄒᆞᆫ者
一 一年內에不告欠席이十日式三次에及ᄒᆞᆫ者

第廿六條 黜學을當ᄒᆞᆫ者ᄂᆞᆫ官報에廣告ᄒᆞ고教課書를還推ᄒᆞ며學費金을每朔一圜式計筭ᄒᆞ야徵收ᄒᆞᆷ이라

附則

第廿七條 光武九年三月廿三日本部令第一號法官養成所規則은廢止ᄒᆞᆷ이라

第廿八條 本規則은頒布日노붓터施行ᄒᆞᆷ이라

第一號

第　號稟請狀

住所
姓名
年齡

玆에貴所入學시驗을經코저ᄒᆞ야稟請狀을具呈ᄒᆞᆷ

光武　年　月　日

保證人姓名印

法官養成所長 姓名 座下

第二號

第　號保證狀

住所
姓名

玆에貴所入學에許可를得ᄒᆞ온바右人이貴所에在學間一切事項은本人이擔當ᄒᆞ기爲ᄒᆞ야保證狀을具呈ᄒᆞᆷ

光武　年　月　日

住所
保證人姓名印
年齡

法官養成所長 姓名 座下

第三號

第　號褒證

住所
姓名
年齡

右ᄂᆞᆫ第　期第　學年試驗成績이優等이기玆에褒證ᄒᆞᆷ이라

教官姓名印

右證明에依ᄒᆞ야此證書를授與ᄒᆞᆷ이라

光武　年　月　日

所長姓名印

第四號

第　號卒業證

住所
姓名
年齡

右ᄂᆞᆫ本所의定ᄒᆞᆫ全科를修ᄒᆞ야其業을卒ᄒᆞ얏기로此를證ᄒᆞᆷ이라

某科程

教官姓名印

右證明에依ᄒᆞ야此卒業證書를授與ᄒᆞᆷ이라

光武　年　月　日

所長姓名印

光武十年三月卅日

法部大臣李夏榮

完

◉廳令

警務廳令第四號

牛車及荷馬車管理規則

第一條 牛車及荷馬車의所有者ᄂᆞᆫ其住所姓名을車體의易見處에明記ᄒᆞᆷ이可ᄒᆞᆷ

第二條 牛車及荷馬車의車輪은左의制限을從ᄒᆞ야構造ᄒᆞ되所轄警務署의檢印을受ᄒᆞᆷ이可ᄒᆞᆷ其檢印을受치아니ᄒᆞᆫ者ᄂᆞᆫ使用ᄒᆞᆷ을不得ᄒᆞᆷ

一 牛車의齒幅　四寸以上
二 荷馬車의齒幅　三寸以上
但四輪車ᄂᆞᆫ前部車輪의齒幅을二寸五分々지減縮ᄒᆞᆷ을得ᄒᆞᆷ
三 車輪의周邊　厚ᄂᆞᆫ二分以上의鐵板을設敷ᄒᆞᆷ

未完

外報

●談判遷延　露淸談判의停止以來已過十日이라其原因은露國公使가稱病ᄒᆞ고故意로會期를遷延ᄒᆞᄂᆞᆫ故也ㅣ라故로外交社會의觀測ᄒᆞᄂᆞᆫ바에依ᄒᆞᆫ則露國의東三省에就ᄒᆞᆫᄂᆞᆫ利權은或은私約을結ᄒᆞ야占據ᄒᆞᄂᆞᆫ等皆非正當ᄒᆞᆫ權利라故로今回에談判은淸利露損인故로會期를遷延ᄒᆞ야東三省問題을塗湖之間에埋沒코저ᄒᆞᄂᆞᆫ擧이라ᄒᆞ더라

●解雇兵利用　北京電을據ᄒᆞᆫ則山東巡撫가外務部에電報ᄒᆞ야曰英國이威海衛의支那兵을解散ᄒᆞ라ᄒᆞᆫ則目下淸國의海軍을復興ᄒᆞᄂᆞᆫ時에該英人이訓鍊이有ᄒᆞ던解雇支나兵을淸國에仍用ᄒᆞ면有利ᄒᆞᆯ터이니此事로써袁世凱와協議ᄒᆞ라ᄒᆞ엿더라

寄書

私嫌으로國權을失ᄒᆞᆫ事　美國留學生

國家衰剝ᄒᆞᆯ時에ᄂᆞᆫ社會가몬져紊亂ᄒᆞ고社會가紛爭ᄒᆞ면그損害가國家에至ᄒᆞ야無窮ᄒᆞᆫ患亂이其後를隨ᄒᆞ야上下가一體로困窮ᄒᆞᆫ地境을當ᄒᆞᄂᆞ니그原因을窮究ᄒᆞ면教育과學識이不足ᄒᆞᆷ으로義理를不分ᄒᆞ고公私를不分ᄒᆞ고各自已慾心과猜忌를濫行ᄒᆞ야吾人의今日所遭之困迫과虐待가皆出於此也라

政府官吏가私槖을充ᄒᆞ라고東學을醸出ᄒᆞ야騷亂全國ᄒᆞ얏고東學은虐待ᄒᆞᄂᆞᆫ讎怨을갑고兼ᄒᆞ야觀察郡守를得ᄒᆞᆯ目的으로名目을一變ᄒᆞ야엇든會를組織ᄒᆞᆫ然後에某國之事를極力贊成ᄒᆞ다가獨立으로保護國되기를自願ᄒᆞ야宣言書를發布ᄒᆞᆫ일도잇거니와特別히　[illegible]ᄒᆞᆫ事가有ᄒᆞ야我國民된者마다　知而漠記ᄒᆞᆷ을切望ᄒᆞ야玆에揭付ᄒᆞᆷ

上年에日俄戰爭이結局되야兩國大使가美國大統領루스벨트氏幹旋으로포스마우스에談判을開ᄒᆞᆯ際에我國家가日本과同盟國資格으로講和使를特派ᄒᆞ야國際權利를回復ᄒᆞ고損害비償을要求ᄒᆞᆯ터이어날本政府에셔壓制下에精神을두歎치못ᄒᆞ고國權上關係를任他ᄒᆞ야一言半辭도無ᄒᆞ며

國內人民이政府를勸告코져ᄒᆞ다가成事치못ᄒᆞ고오작美領布哇島에移注ᄒᆞᆫ同胞와美國各處에留學ᄒᆞᄂᆞᆫ學生等七千餘人民이忠愛血誠으로尹炳球李承晩兩氏로代表를選定ᄒᆞ야談判地에派送ᄒᆞ야國權의危殆ᄒᆞᆷ을保全ᄒᆞ라ᄒᆞᆫ事實은一般國人이知悉ᄒᆞᄂᆞᆫ바ㅣ라

該兩員이華盛頓에會集ᄒᆞ야本公舘代理公使金潤晶氏을見ᄒᆞ고只說大槪이未能確論細瑣之前에日俄大使의會見ᄒᆞᆯ日字가促急ᄒᆞᆷ으로곳講和地로前往ᄒᆞᆯ셔各新聞記載와鐵道事務員이며城市街路之人이拍手喝采ᄒᆞ야成事ᄒᆞ기를祝賀ᄒᆞ며曰韓國民의代表者오獨立主權을保全者오愛國熱誠의義勇男子ㅣ오青年志士ㅣ라無數稱頌ᄒᆞ며耳目을幅湊ᄒᆞ야韓國人民의幸福을慶祝ᄒᆞᄂᆞᆫ지라翌日에禮服을着ᄒᆞ고名刺를通ᄒᆞᆫ後에大統領을會見ᄒᆞᆯ시日俄大使와各國賓客이며美國高等大官이며歐美列强의政治家와高明ᄒᆞᆫ學士博士各國新聞記載等이羅列林立ᄒᆞ야威儀整肅ᄒᆞᆫ가온ᄃᆡ三千里江山과二千萬人民의吉凶禍福과五百年宗社와二十八代의宗廟安危와榮辱을兩箇人肩上에擔負ᄒᆞ얏스니豈不兢畏며豈非榮光乎아少頃에大統領이欣然迎接ᄒᆞ야握手叙禮ᄒᆞ고禮畢賜座後에尹李兩員이志願書를奉呈ᄒᆞ니　未完

雜報

●觀兵往參　義親王殿下셔셔日本觀兵式에往參ᄒᆞ라신大命을被ᄒᆞ오셔ᄂᆞᆫᄃᆡ本月二十一日에伊藤統監과同時發程ᄒᆞ신다더라

●李氏被捉　日前에陸軍正尉李甲氏가警廳에被押ᄒᆞ얏다ᄒᆞ니무ᄉᆞᆷ事故인지不知ᄒᆞ거니와同氏ᄂᆞᆫ軍人이라有罪無罪間에自陸軍法院으로論之治之ᄒᆞᄂᆞᆫ거시法律上自在이거날今自警廳押囚ᄂᆞᆫ大違法律일뿐더라且日本官憲이每常或韓國奸民의指嗾와傾軋로由ᄒᆞ야毫無事實者를無難捉囚之弊가有ᄒᆞᆷ으로韓國物情이皆不得其寢食之安ᄒᆞᄂᆞ니是ᄂᆞᆫ不惟款待之無望이라使此韓人으로皆重足而立ᄒᆞ고屛跡而息ᄒᆞᆷ이니如是而曰忠告韓廷이라ᄒᆞ며愛待韓人이라ᄒᆞᆷ은果是有愧於世界者라ᄒᆞ더라

●勅役蔑禮　忠淸南道溫陽郡溫泉을占據ᄒᆞᆫ日本人망호등본兩氏가稱以　宮內府認許基址라ᄒᆞ고溫宮墻垣外에標木揷立ᄒᆞ더니漸漸退立以四方十餘里ᄒᆞ고其內所有ᄂᆞᆫ다認許基址라ᄒᆞ야民冤이漲天中昨秋에治道ᄒᆞᄂᆞᆫᄃᆡ自天安郡으로至溫泉ᄭᆞ지未熟之穀을刈之踏之에損穀이不可勝數오私養丘木을無價作伐ᄒᆞ야用之橋梁木ᄒᆞ며九面民人을擔負赴役을不給分錢而使斫用ᄒᆞ고又於今者에兩氏가率多數日人ᄒᆞ고要求治道於天安郡則郡守가不許ᄒᆞ니日人이以捲烟火로焦郡守鬚而又打其頰ᄒᆞ니無禮가莫甚也오至於溫陽ᄒᆞ야又以威脅郡守則郡守가不得已發令民間ᄒᆞ니各里人民이逐戶呈官ᄒᆞ고又訴於京部次로上京ᄒᆞ얏다더라

●會員組織　去十四日大韓自强會에셔任員을組織ᄒᆞ얏ᄂᆞᆫᄃᆡ會長은尹致昊氏오評議員은林炳恒張志淵林珍洙沈宜性南宮薰朴勝鳳李源兢李相天尹孝定金相範諸氏오幹事員은安秉瓚崔在學韓六福兪莫三白象圭姜漢熙李命健金碩桓鄭雲復諸氏오顧問은日本紳士大垣丈夫氏라더라

●昕云無失　前報에已揭ᄒᆞᆫ法官養成所敎官의事實은該學員等이說明ᄒᆞ되羅瓚氏ᄂᆞᆫ元來年少卒業人으로敎授에勤勉從事ᄒᆞᆯ뿐더러講釋의論旨가實無所失이라ᄒᆞ기로隨聞更錄ᄒᆞ노라

●養正進就　私立養正義塾은該塾長嚴柱益氏의熱心ᄒᆞᆫ結果로現今出席生廿六人이敎授를實踐ᄒᆞ야來效를可見ᄒᆞᆯ지라該學員等이決意ᄒᆞ고斷髮雉服ᄒᆞ야舊來習慣을銳意廢棄ᄒᆞ고져ᄒᆞᆫ다ᄒᆞ니其塾長과學員의進就上勇斷ᄒᆞᆷ을可賀ᄒᆞ리로다

●支會長出張　一進會에셔地方支會員等의行悖事로主務員等이憂慮ᄒᆞᆷ은已報ᄒᆞ얏거니와支會員의行悖ᄒᆞᆷ은其組織이薄弱ᄒᆞ고會規가不明ᄒᆞᆷ에寔由ᄒᆞᆷ이라ᄒᆞ야總務員韓錫振氏로平安南北道支會長을推薦ᄒᆞ고平壤에出張ᄒᆞ야支會事務를專任處理케ᄒᆞ다더라

●日人勒占　慶南梁山郡龜浦停車場占用地外에居民田畓을日本人村上三男이稱有京院認許公文ᄒᆞ고輕價勒買ᄒᆞᆯ計로恣意着말ᄒᆞᆷ이大違定章이오니査照後處辦交涉ᄒᆞ시와轉照該鐵道監部ᄒᆞ야俾卽禁斷케ᄒᆞ라고內部에셔政府로照會ᄒᆞᆷ은前號에記載ᄒᆞ엿거니와自龜浦로拒草梁四十里之間에許多空閑之地ᄂᆞᆫ不取ᄒᆞ고乃居民三百餘戶農作之土를勒占ᄒᆞ니本郡守은姑未承禁斷之指令이고居民은當此農務之方殷ᄒᆞ야揷耒無處뿐더러數百斗之地에三冬培壽之牟가盡入於草梁塡海之中하니哀此衆民之命脈이一朝斷盡故로方今農商工部에呈訴ᄒᆞ얏다더라

●請劃址稅　駐日監督韓致愈氏가學部에報告ᄒᆞ기를本監督部ᄂᆞᆫ前公使舘인즉該基址稅一百四十元을每自外部로年例送交于日本東京府이온ᄃᆡ其期限이即是今月이라卽自本部로從速劃送ᄒᆞ라ᄒᆞ얏더라

●鴻羅者耶　寧邊郡居金世賢爲名人은假稱官差者를隨往이라가가被捉於該府警署ᄒᆞ야懲役二年에照律되얏다더라

●靑會演說　今日下午七点半에皇城基督敎青年會에셔尹致昊氏가風俗의壓制로演說ᄒᆞᆫ다더라

●楊倅戢盜　近日楊州郡境內에賊警大熾ᄒᆞ야邑村騷擾ᄒᆞ고行旅阻絶之境에至ᄒᆞᆷ이該郡守洪秉允氏가其所止戢之策에對ᄒᆞ야恒所憂慮ᄒᆞ더니日昨븟터同氏所領守護隊士卒을眼同本郡別巡校ᄒᆞ야三路派送에巡哨要地ᄒᆞ야賊黨四名을捕獲ᄒᆞ고達派兵校ᄒᆞ야期圖勦戢ᄒᆞᆷ이境內賊警이因此而稍稍屛息ᄒᆞᄂᆞᆫ故로邑村이相賀ᄒᆞᆫ다더라

●平院質稟　前靈岩郡守趙東完氏ᄂᆞᆫ以公錢欠逋事로已自警廳捉囚이더니今自該廳으로押交于平理院ᄒᆞ얏ᄂᆞᆫᄃᆡ平理院檢事尹甲炳氏ᄂᆞᆫ法部로質稟ᄒᆞ기를該員이係是曾經勅任官而自本院으로曾無拿由之報部이온ᄃᆡ遽因警廳之拿交ᄒᆞ야仍爲拘囚가有碍格例이오니査照處辦ᄒᆞ라ᄒᆞ얏다더라

●慶察貪聲　慶南觀察使趙民熙氏ᄂᆞᆫ赴任以後에善政은無聞이고爲先道內各郡富民을存問招見ᄒᆞ고禮錢幾千幾百兩을討食ᄒᆞ며各郡稅金을一一捧納于觀察府라ᄒᆞ며府下留金議官黃鉉者ᄂᆞᆫ挾雜之類로出入府中ᄒᆞ야謀脅談話가惟是賂錢之計로親密無間이라ᄒᆞ니此等傳說은未可確信이나同氏之原來雜技를嗜好ᄒᆞ고名譽가素乏ᄒᆞᆫ者라其不廉潔은公衆所知라更俟確報而論之하깃노라

●閙民處役　善山郡民人等이該郡守俞鎭瓚氏를曳出場市하야加之답踢ᄒᆞᆫ事로該運機首倡者로被捉된疆用局은終身懲役에處ᄒᆞ고朴永石李敏容鄭源百申學守等四名은懲役十五年에宣告하얏다더라

●李氏懦弱　平壤郡守李寅泫氏ᄂᆞᆫ一進會의게有何執贓인지性質이懦弱而然ᄒᆞᆷ인지自衙及幕에該會總代爲名者幾人이來坐東軒하야民事私訟을無不干涉호ᄃᆡ一遵指揮하야不能自決이라하니聽命於民會가非百里分憂之道라ᄒᆞᆫ다더라

雜報

●築社請願 請築會社事務員呂三鉉氏가農商工部에請願ᄒᆞ기를本社所有煉瓦製造場이在於永登浦而沒入於京釜鐵道停車場所用地段內이온즉物品移轉費及損害金八千餘元推下事로屢次呈訴에尙無如何之區劃이온바該金額을亟行交涉에卽速推給ᄒᆞ라ᄒᆞ얏다더라

●李氏請願 前吉州郡守李□氏가內部에請願ᄒᆞ되本人이再昨年在吉州郡守時에時値日俄交戰ᄒᆞ야露國兵馬之許多來往에交涉費之時日徵月用者가數至夥多而非獨吉州라此是北關列邑大同之患也라千萬意外에昨年二月初四日에本人이被擒於俄人ᄒᆞ야一周年苦海에數十萬里驅馳ᄒᆞ옵다가何幸今者에生還故國ᄒᆞ얏ᄉᆞ오나第念在任時事ᄒᆞ오면交涉費用者가皆是公錢也라本人이其時에若順遞則固當勘簿ᄒᆞ와件件磨勘ᄒᆞ얏ᄉᆞ올터이오나被擒俄國ᄒᆞ야延遞今還則勢不得更到該郡이오니許多文簿를竟未了勘ᄒᆞ얏사온즉近來人心에或不無後慮이니오後考次로查照ᄒᆞ신後特爲題敎以明本人在任時事實ᄒᆞ라ᄒᆞ얏더라

●內相汎湖 內部大臣李址鎔氏는適値暇日에春色이徵興ᄒᆞ야再昨日龍山別庄에出往ᄒᆞ야買得日船而泛被중流ᄒᆞ야垂釣於滄波之中而釣出金鱗玉尺ᄒᆞ고傾觴于短蓬之니而消遣世慮라ᄒᆞ니當此時也엔宦海榮辱이果然相忘於江湖인지花柳宰相의風致가可謂快適이라ᄒᆞ더라

●手形不廉 南浦手形組合會에서不動産에利子가二分二里五毫요動産은一分二里五毫로殖利홈이原章程보단太過ᄒᆞ다ᄒᆞ야該地商民이債用ᄒᆞ는者가絕無ᄒᆞ다더라

●爲人搆날 前敎官金達河民와正尉李甲氏의捉囚事는前行揭載ᄒᆞ얏거니와其理由는該李氏로有隙ᄒᆞᆫ者가露人과氣脈을相連ᄒᆞ얏다ᄒᆞ고搆날ᄒᆞ얏다는ᄃᆡ其明確ᄒᆞᆫ證據가未有홈으로日間放送을得ᄒᆞ리라고巷說이頗多ᄒᆞ더라

●長谷買妓 長谷川大將이平壤에上去ᄒᆞᆫ時에府妓一名을日貨二百元으로買來ᄒᆞ얏다는ᄃᆡ該妓는善於書畵라抑未知愛其畵而然歟아或沈於色界而然乎아蓋出疆之將은身任閫外之責則自國體面이全在於我一身肩上인ᄃᆡ買此娼妓而來者는於爲將之道에大失名望이라고巷說이有ᄒᆞ다더라

●天英校況 林川郡長亭重居前主事姜錫箕氏는時局을慨歎ᄒᆞ고敎育에奮發ᄒᆞ야略干資金을先自措出ᄒᆞ고該氏宗中에懇切勸佈ᄒᆞ야宗畓一石落을斥賣ᄒᆞ며諸族에醵金을鳩聚ᄒᆞ야校舍를合力新搆ᄒᆞ고私立天英學校를設始ᄒᆞ는ᄃᆡ曾前師範速成科被選人任雲鎬氏가輿感於姜氏之熱誠ᄒᆞ야不受束脩之禮ᄒᆞ고自許敎師之任ᄒᆞ야以日語英話算術과니外國歷史地誌와大韓國文日本假名華英等字作文習字意見問答으로日課를倣ᄒᆞ고熟心敎導ᄒᆞ야開學數朔에學徒가增加ᄒᆞ야五十餘員에達ᄒᆞ얏고進就之望이恰有ᄒᆞ다더라

●大臣禁客 昨日爲始ᄒᆞ야各大臣邸宅에公事外에는賓客과一般人을勿論ᄒᆞ고接見치아니ᄒᆞ기로規則을定ᄒᆞ얏다ᄒᆞ니門無私謁에政淸如水홈을可見ᄒᆞᆯ지

●夢몽裏리得득錢젼 유의유식건달들이부가ᄌᆞ제씌여ᄂᆡ여화죠월셕죠혼ᄯᅢ에쥬ᄉᆞ청루지로ᄒᆞ며청가묘무ᄌᆞ아ᄂᆡ여그마암그정신을호탕케ᄒᆞᆫ연후에뒤돈를ᄃᆡ여쥬며감언리설듯기죠케ᄇᆡᆨ가지로춍동ᄒᆞ야뎐답이나가옥이나위죠문권ᄉᆡᆨ며다가남모로게뎌당ᄒᆞ고긔쳔원긔만원을무력으로득취ᄒᆞᆫ후그돈을소룡ᄎᆞ면별별슈가다만토다

●ᄒᆞᆫ국졍부대신들은나라토지젼당ᄒᆞ고긔ᄇᆡᆨ만원ᄎᆞ관ᄒᆞᆫ돈그간의다셋는가ᄎᆞ관에ᄌᆞ미나셔히과셰ᄯᅩ잡피고일쳔만원얻어쓰니그무엇에쓰려는고슈도국치도국을셜치ᄒᆞ기시급ᄒᆞ고일인기ᄉᆞ고빙ᄒᆞ기월각이슴츄로다경찰ᄉᆞ무확장ᄒᆞᆫ다빙ᄌᆞᄒᆞ고일본경시나온다네경시경부슌ᄉᆞ의슈륙칠ᄇᆡᆨ명된다ᄒᆞ니일쳔만원분비ᄒᆞ녀얼마식차례되나

●학부소관각학교에교육슈발달ᄎᆞ로일인교ᄉᆞ고빙ᄒᆞ오일본국모모인이그소문들엇던지쳥원서제츌ᄒᆞ야고빙ᄒᆞ기주쳥ᄒᆞ니속담에일슈말로지들은즁놈이오굿들은무당이라물본기러기꼿본나뷔편편이날아든다

特別社告

非史乘이면政治之美惡와人物之臧否와風俗之汚隆을無以攷論이니若史乘者ᄂᆞᆫ非一時之공覽이라乃萬世之公案이오非自國之所可得以私也라卽宇內列邦에宜所公佈ᄒᆞ기로蓋者美人訖法氏之撰大東紀年이意固有在而然也라本記者ㅣ不揆僭越ᄒᆞ고於韓之史事에留心者ㅣ久矣로되在幾百年之後ᄒᆞ야要論幾百年之事가任大力綿에恐有失實之歎뿐더러鎖國自守之時代에ᄂᆞᆫ民國間諸般事爲가不過是尋常與敍라不足以供世界列邦之眼目키로斷自丙子以後各國交涉時事ᄒᆞ야要爲編成一書ᄒᆞ야公諸列邦ᄒᆞ니四方有志諸君子ᄂᆞᆫ諒此苦心ᄒᆞ야丙子以後政令訓誥之所記와各國交涉之如何와臣民疏章與功罪之表著와中外俗習之沿革과忠臣義士孝子烈女之行蹟을各隨所聞所見而詳錄投示ᄒᆞ야俾此重役으로得以完成을千萬幸甚

大韓每日申報社

○○○○○○○○○○○○○○

本申報를廣佈ᄒᆞ기爲ᄒᆞ야咸鏡南道咸興州南社西門外居ᄒᆞᄂᆞᆫ曾喜林氏에게逐號下送ᄒᆞ오니該附近地愛讀ᄒᆞ시ᄂᆞᆫ　僉君子ᄂᆞᆫ同氏에게購覽ᄒᆞ시며代金도同氏에게傳致ᄒᆞ심을爲要

大韓每日申報社

○○○○○○○○○○○○○○

一 鷹標鑑濃縮牛乳
一 金印鑑濃縮牛乳
一 藥學家用氣化乳酪
一 壁ㅣ든쓰製造奢靡乳
合牛乳

以上은當時에의的確ᄒᆞᆫ것이옵
美國紐約府鄭ㅣ든쓰濃結牛乳會社

大韓仁川港　世昌洋行
一 手代 坪店

◉九轉靈砂라　本人이妙方法을辦備ᄒᆞ야製造ᄒᆞᆫ靈丹인ᄃᆡ男女老少에無論何症ᄒᆞ고通治ᄒᆞ오며無病時에도服ᄒᆞ면平生의身體가健康ᄒᆞ며小兒ᄂᆞᆫ四蓋鏡面만服ᄒᆞ면十歲안에無病ᄒᆞ게ᄒᆞᆷ을擔保ᄒᆞ오며
◉九轉靈砂萬靈丹은癲狂　癎症과中風諸疾과耳目牙齒病과淋疾에神効ᄒᆞ오
◉九轉靈砂保命丹은初生小兒　驚風　痢氣　咳嗽　腹痛諸般惡과婦人帶下症에神効ᄒᆞ오
◉九轉靈砂濟衆丹은酒滯　食滯　血積　吐瀉　霍亂　痢疾　吐血　下血　運氣　時疾　疝症에神効ᄒᆞ오
◉九轉靈砂紫金丹은痔漏　脫肛　上痔痛　下痔痛及唇痛과諸般毒瘡惡種에無不神効ᄒᆞ오니　僉君子ᄂᆞᆫ來問ᄒᆞ시옴
內需司前동갑이골上隅第一家　李鶴廷　告白

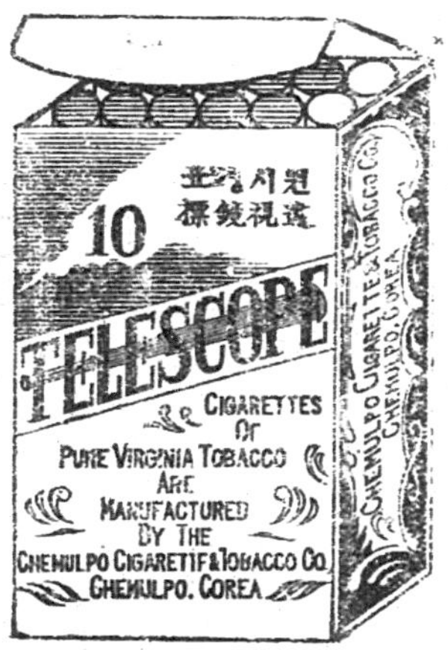

以上三種은上品으로製造ᄒᆞ야精堂上에至極ᄒᆞ益ᄒᆞ니賣購某人ᄒᆞ고本社에來顧ᄒᆞ옵

大韓帝國仁川港
濟物浦捲煙製造及煙草會社

本社廣告

申報價

一張代金　新貨二錢五厘
一箇月前納　三十錢
三箇月　九十錢
六箇月　一元七十錢
一箇年　三元四十錢
郵稅一部　新貨五厘
一箇月　十三錢

廣告料

四號活字十三字詰
每日每行一寸에新貨卄五錢
(每日每行에六錢에ᄒᆞᆷ算)
二周日에　二圓五十錢
(每日每行一寸四分에相當)
一箇月에　五圓
(每日每行四錢一厘에相當)
其期限의長短과字行의多少를從ᄒᆞ야增減ᄒᆞᆷ이有ᄒᆞᆷ

大韓人마다此申報를不得不購覽ᄒᆞ실터이오니廣告出報ᄒᆞ실僉君子ᄂᆞᆫ本社에面議ᄒᆞ시옴

發行兼編輯人　英國人裵說
發行所
京城北署磚洞坊第何號外國人處所
大韓每日申報社

第四卷 第一百九十六號

大韓每日申報

대한매일신보

月曜及慶節
歲時日休刊

檀君開國四千二百三十九年
箕子元年三千二十八年
大韓開國五百十五年
日本明治三十九年
淸國光緖三十二年
陰曆丙午三月大二十五日壬辰

論說

論支나貪風戒韓國官吏

向日本報에鬻賣官爵이爲歷代亂亡之轍은槪已論述이어니와現以支나情形으로觀之ᄒᆫ라以若四萬里膏腴之幅員과四億萬聰明之人衆으로國權이如彼其萎弱ᄒ고社會가如彼其紊亂ᄒᆫ原因은오작官吏의貪風으로由ᄒ얏도다年前에有一外國紳士가淸國에久留ᄒ다가其政治의變風과社會의實況을熟諳ᄒ고報紙에刋出ᄒᆫ者가有ᄒ야其槪如左ᄒ니一曰總督은部下將官을受金賣任ᄒᄂᆫ데總兵의任職은一窠에銀二千兩으로萬兩에至ᄒ고비록尉官의職이라도一二千兩에不下ᄒ니買得ᄒᆫ總兵尉官이所費를還充ᄒᄂᆫ方略은兵料와糧餉을乾沒ᄒ고又有一方ᄒ니一大隊兵額이當爲五百名인ᄃᆡ但以三百名으로羈成ᄒ고其餘二百人의料額을盜取ᄒ야私槖을充滿ᄒ고

二曰布政使ᄂᆫ管下文官을管理ᄒᄂᆫᄃᆡ一知縣이라도屢千兩에賣爽ᄒ고知縣은其所入을人民의게淡出ᄒᆷ이地稅를重斂ᄒ고舖店에官許를納金ᄒ며獄訟에賄賂를受ᄒ고

三曰總督巡撫及布政使에職은北京朝廷에셔銀屢萬兩을費ᄒ야買得ᄒᄂᆫᄃᆡ其廩俸은僅少에屢十萬兩이오管下官爵ᄂᆫ此等直賣法外에多方의秘密策이有ᄒ고

四曰都察御史ᄂᆫ一大官을論駁ᄒ면其被駁者ㅣ北京裁判廷에往ᄒ지아니ᄒ고暗密히數萬兩만費ᄒ면無事妥貼ᄒ고

五曰詞訟으로論ᄒ면案之大者ᄂᆫ屢千兩이오案之小者ᄂᆫ屢百兩을費ᄒ여야訟庭에許入ᄒ고富者ᄂᆫ罪案에一罹ᄒ면惡刑을例受ᄒ고貧者ᄂᆫ惡刑을施ᄒ야耐不得ᄒᄂᆫ境에至ᄒ면其親族이納錢救出者가有ᄒ기로貧富皆困ᄒᄂᆫ지라

淸人俚諺에日衙門이雖開나理直而無錢이면勿入ᄒ라ᄒ기로人心이思亂에全國이洶洶ᄒ야各種匪徒가所在蔓延이라ᄒ얏스니

右項貪風의狀況을韓國에照看ᄒ면可謂同一風氣라使此兩國으로此風이不革이면其國其民이雖不欲滅絶이나其可得乎아嗚呼其戒之어다

官報

●三千四百廿九號 光武十年四月十七日

◎宮廷錄事

詔日德國人나伊勞有可紀特敍勳三等美國人加非魯勞著勤幹特敍勳五等各賜太極章

光武十年二月二十七日

表勳院總裁臨時署理農商工部大臣陸軍副將勳一等 權重顯

詔日陸軍副將李根澔旣多歷試亦曾著勞特敍勳二等憲兵司令官陸軍參將權重奭勤乃厥職勞亦可紀特敍勳三等各賜八卦章典선司掌선勳五等鄭龍煥益嘉性年之勞特陞敍勳四等賜太極章陸軍三等軍醫長金益南頗多可紀之勞特敍勳五等賜八卦章陸軍正尉金學秀陸軍副尉白禹鏞俱有粉定軍樂之勞幷特敍勳六等各賜八卦章

光武十年四月十日

表勳院總裁臨時署理農商工部大臣陸軍副將勳一等 權重顯

◎敍任

敍勳三等賜太極章 德國人 나伊

敍勳五等賜太極章 美國人 加非魯

以上二月二十七日

敍勳二等賜八卦章 陸軍副將 李根澔

敍勳三等賜八卦章 憲兵司令官陸軍參將 權重奭

陞敍勳四等賜太極章 典선司掌선勳五等 鄭龍煥

敍勳五等賜八卦章 陸軍三等軍醫長 金益南

陸軍正尉 金學秀

陸軍副尉 白禹鏞

敍勳六等賜八卦章

以上四月十日

廳令

警務廳令第四號 續

第三條 牛거及荷馬거二양以上을連繫ᄒ거나又ᄂᆫ一거에二頭以上의牛馬를使用ᄒ야荷物을運搬코져ᄒᆯ時ᄂᆫ其事及通路를詳記ᄒ야荷物發送地所轄警務官署에請願ᄒ야許可를受ᄒᆷ이可ᄒᆷ

第四條 現在ᄒᆫ우거荷馬거ᄂᆫ本則第二條制限에違反ᄒᆫ者라도光武十年十月卅一日ᄭ지此를使用ᄒᆷ을得ᄒᆷ

第五條 本則을犯ᄒᆫ者ᄂᆫ十日以下拘留又ᄂᆫ廿以下笞罰에處ᄒᆷ

第六條 本則은光武十年五月一日노붓터施行ᄒᆷ

光武十年四月十日

警務使 [illegible]相大

完

外報

●談判强態 上海電을據ᄒᆫ즉淸國政府ᄂᆫ南昌敎案談判이破裂이될지라도全然히讓步치아니ᄒ기로決心ᄒ고湖廣總督張之洞氏로南昌에赴往ᄒ야處置ᄒᆯ旨意로命ᄒ얏다더라

●兩帝會見 伯林電을據ᄒᆫ즉獨帝께ᄉ本年오一[illegible]卿의게[illegible]ᄒᆫ[illegible]國地中海艦隊ᄂᆫ[illegible]를訪問코져ᄒᆫ[illegible]想컨ᄃᆡ英國皇帝ᄂᆫ地中海로旅行ᄒ야伊太利國皇帝와會見ᄒᆷ이라더라

●日軍의滿洲撤退 滿洲의日本軍이陸續撤兵ᄒ야業已日本으로撤還ᄒᆫ者가略五十五萬名이오現今國國의道에在ᄒᆫ者가略十萬名이오目下東三省에駐在ᄒᆫ者ᄂᆫ甚小ᄒ다더라

●第二撤兵 포스마우스條約에滿洲에셔日俄兩國撤兵ᄒᄂᆫ終結期限은十八介月노定ᄒᆫ은禍根을[illegible]ᄒᆷ이라ᄒᆷ은識者의夙知ᄒᄂᆫ一要點이나昨今의至ᄒ야뭇然ᄒ二滿洲撤兵問題ᄂᆫ國際問題가되야交涉ᄒ게된지라

撤兵[illegible]據ᄒ야日軍隊側으로ᄂᆫ[illegible]記述ᄒᆫ거시無ᄒ나俄軍隊側으로言ᄒ면아즉二分에一도撤兵을終了치아니ᄒ고戰後에列國은懸아케ᄒᆷ은總司令官交迭一事인ᄃᆡ日本軍은特히勅命으로總司令部의撤退를斷行ᄒ얏슴을不拘ᄒ고俄軍은尙히野戰組織의總司令部를存置ᄒ고加之리네윗지將軍이北京에歸還ᄒ고卽今쿠로패트키將軍을其後任으로補ᄒ야戰時狀態를繼續ᄒ며淸俄談判에對ᄒ야開戰威嚇의資料에供ᄒᄂᆫ形迹이有ᄒᆫ則歐米諸國은再次淸國에對ᄒ야滿洲開放의實行을催促ᄒ고同時에日軍撤退終否를外務省에照會ᄒᆫ지라右照會에對ᄒ야日本外務省의回答은[illegible]俄軍이撤退[illegible]新兵[illegible]不[illegible]英國皇帝[illegible]이라더라

寄書

私嫉으로國權을失ᄒᆞᆫ事
美國留學生 續
大統領이欣然接受하야覽讀再
三에詳證ᄒᆞᆫ顚末과筆厚ᄒᆞᆫ辭意
로該問題書를兩員의게交付하
曰貴國의所願을余所深察이라
此志願書를貴國公使의交涉으
로華盛頓外務部에交付하야公
格上交涉을成하면余當盡誠盡
力하야貴國主權을幫助하깃스
며況但노滿洲問題에對하야該
公館에셔交涉홈으로結果가妥
當홈을贊助하노바니望須公格
提出하라하더냐
兩員이[illegible]聖德을感謝ᄒᆞᆫ後
退出하니滿城士女가握手競進
하야榮光을稱頌하며爲韓國하
야發明萬歲하니伊時에兩員의
滿心快樂은不須更道而我同胞
의無限ᄒᆞᆫ福業과國家의永還ᄒᆞᆫ
基礎[illegible]硏究ᄒᆞᆫ者! 十居八
九矣라[illegible]華盛頓하야
往見我[illegible]公使金윤晶氏하고
前後事實을說明하며公文上으
로志願書交付하기를청하니金
윤氏는各新聞과電信을業已得
覽ᄒᆞᆫ지라
由不知其當行之事이로딕當初
外部大臣이同時機之急遽하야
自己와協議치아니허엿스니公
使의權利를蔑視홈이라挾憾허
고兩員을白面書生으로多數
ᄒᆞᆫ人民의代表가되야
下[illegible]의[illegible]頌을受하고天
下英傑의會與ᄒᆞᆫ席에셔大統領
의[illegible]하얏스니其榮譽
를猜忌하는心으로柔軟懇藉허
여日本政府命令이無허다하고
終不聽從허니前日에電郵兩司
가歸於誰手ㅣ며該兩司를外國
에認給ᄒᆞᆫ外部大臣이獨立主權
을完全케하라고命令하리오
設或電信이我韓의自由가되들
此時가何時라고政府命令을緩
待하리오國權을失허면公使館
이爲有허리오然이나金氏는公
使의權利를守허깃다허고使黑
衣下人으로該兩氏를逐出허고
公館門을堅鎖ᄒᆞᆫ지라
如是幾日에兩國談判이結局되
고我獨立主權을失허고人民의
幸福을誤허엿스니豈不痛歎哉
아我全國官民은深察知戒여다
私嫉으로公益과國事를不顧허
는者가奚啻金윤晶一人哉아完

雜報

前主事權泰亨朴泰陽李晃鎬
等十四人이禮式院에呈ᄒᆞᆫ全
文이如左ᄒᆞ니
伏以禮軌未擧ᄒᆞ고朝家之欠典墓
道不修孝子之遺憾也故 張氏
大皇帝陛下之嬪宮 義親王殿
下之私親而尙未有封封嬪宮之
禮軌而墓所東大門外馬場里華
陽亭墓道荒凉無異乎凡民之塚
義親王殿下瞻謁之日遺憾當何
如哉生等雖草野寒士不敢妄論
然邦禮有欠亦不敢久難掩忍玆
以仰陳伏願閤下 上奏 天陛
亟擧禮儀且修墓道以輔 朝家
之欠典而使孝子俾無百世遺憾
焉이라ᄒᆞ얏더라

●志士義捐 俞成濬氏가陵洞
小學校를歷覽ᄒᆞ다가校況의興
旺을贊頌ᄒᆞ고經費의窘絀홈을
爲ᄒᆞ야新貨五元을捐助ᄒᆞ얏다
더라

●轉車競走 陸軍參尉權元植
과日本人吉川兩氏가訓鍊院에
서自轉車競走會를開ᄒᆞ야大運
動ᄒᆞᆯ양으로本月十五日로擇定
ᄒᆞ야던니該會에셔未詳事件니
有ᄒᆞ야退定于廿二日이라더라

●富郡賊患 富平毛月串面等
地에賊騷大熾ᄒᆞ야昨秋以來民
間一年耕農ᄒᆞᆫ錢穀을盡奪掠境
이러니至于今春에去益甚焉하
야或歐打而覓財ᄒᆞ며或殺害而
呼錢ᄒᆞ야未得酬應則傷害人命
故로哀此殘民이永無耕農之望
이라ᄒᆞ다니自政府及地方官吏
가少有憂國恤民之心則可施別
般防戢之策ᄒᆞ야以救殘民燃眉
之禍ᄒᆞᆯ넌지

●一得一失 內大李址鎔氏가
參政大臣의反對를不拘ᄒᆞ고參
領李在華氏로江陵郡守를敍任
ᄒᆞ얏ᄂᆞᆫ딕李在華氏ᄂᆞᆫ原來內大
의美色居媒者라李郡守ᄂᆞᆫ外任
을得ᄒᆞᆫ榮幸이有ᄒᆞ나李內大ᄂᆞᆫ
一良媒를失ᄒᆞ얏다더라

●皇姪召還 日昨에伊藤統監
이陛見上奏홈으로日本에滯在
ᄒᆞᆫ皇姪李埈鎔氏도不日召還ᄒᆞ
라신 詔勅이有ᄒᆞ시리라더라

●訪問農相 한城에駐在ᄒᆞᆫ淸
領事吳其藻氏ᄂᆞᆫ何等件을因홈
인지昨日下午一時에農商工部
에前往ᄒᆞ야該大臣權重顯氏를
訪問ᄒᆞ얏다더라

●統監辭陛 日本伊藤統監과
長谷川大將은觀兵式에往參ᄒᆞᆯ
次로暫時歸國의途에就ᄒᆞᆯ터인
고로本日下午三時에 陛見辭
退ᄒᆞᆫ다더라

●義倅失格 義州郡守金璉植
氏ᄂᆞᆫ各部로報告ᄒᆞᆯ時에其皮對
上에韓國京城某部大臣閣下라
塡書ᄒᆞᄂᆞᆫ故로各部에셔論議紛
紜이라ᄒᆞ니該義州ᄂᆞᆫ非大韓國
土인지大失體例라고들ᄒᆞ더라

●礦各有主 全北觀察韓鎭昌
氏가農部에報告ᄒᆞᆫ內槪에本部
訓令에ᄂᆞᆫ管下任實郡砂金採掘
ᄒᆞᆫ事로檢察閔泳元을前往幹事
케ᄒᆞ니礦務에相當ᄒᆞᆫ原要가有
ᄒᆞ거든另加幫助ᄒᆞ라ᄒᆞ얏고經
理院訓令內에ᄂᆞᆫ任實金溝兩郡
金礦開採抽稅之節을以本道收
租官金弘憲으로專管董察케ᄒᆞ
라ᄒᆞ얏스니何以擧行이올지實
所郞當이라查照後交涉于經理
院ᄒᆞ야開採句管을部院間指一
處分ᄒᆞ라ᄒᆞ얏ᄂᆞᆫ딕農部에셔指
令ᄒᆞ기를任實郡은係是本部所
管이거날今此收租官之金礦抽
稅ᄂᆞᆫ殊涉駭瞠이라到卽金弘憲
을更無敢干涉於礦山之意로卽
爲轉飭ᄒᆞ야無相紛挐케ᄒᆞ라ᄒᆞ
얏더라

●警無不及 忠州府警務補佐
官補가鎭川郡에셔公錢消費ᄒᆞᆫ
事實을查探ᄒᆞ야丸山顧問의게
報告ᄒᆞ얏다ᄂᆞᆫ딕現任恩津郡守
金基윤氏가鎭川郡守署理로視
務ᄒᆞᆯ時에該郡徵收官吏와收入
官吏로符同ᄒᆞ야光武十年度結
稅錢一千二百四十餘圓을費消
ᄒᆞ고又ᄂᆞᆫ他人에게貸與도ᄒᆞ고
或不當에支出ᄒᆞᆫ事實이明白ᄒᆞ
니相當法衙에送致ᄒᆞᆯ만ᄒᆞᆫ事件
이라ᄒᆞ얏ᄂᆞᆫ딕該顧問이內部大
臣의게로謄交ᄒᆞ얏다더라

●報論비金 忠州觀察使尹哲
圭氏가內部로報告ᄒᆞ얏ᄂᆞᆫ딕管
下淸安郡巡校吳應周가日人遞
傳夫의게被丸致斃之由ᄂᆞᆫ先巳
具報而至以公役으로奉命出使
라가無罪健子가頃刻時分에生
去死還ᄒᆞ니豈不矜憐이리오犯
人之案律과死者之비償을不可
容緩故로死者親屬을左開報告
ᄒᆞ니知照통監府ᄒᆞ야徵捧비償
金ᄒᆞ고亦自本部로優恤處分케
ᄒᆞ라ᄒᆞ얏다더라

●法官沒覺 한城裁判所檢事
安致潤의設酒用刑과乘醉濫杖
事ᄂᆞᆫ曾往某新聞上揭載어니와
近聞ᄒᆞᆫ즉訟理之曲直은烏歸ᄒᆞ
고暗受賂囑인지理顯抑鬱이나
不得巳落科라辦決ᄒᆞ엿다니理
直落科라ᄒᆞᆫ法律이刑法大典第
幾條에有ᄒᆞᆫ지此等無知沒覺者
를置諸法官ᄒᆞ야事多僨誤에無
辜殘氓呼寃無地라ᄒᆞ니所謂上
官者ᄂᆞᆫ知而不責인지隨聞更載
하깃노라

●家設學校 前判書李容稙氏
ᄂᆞᆫ學問上聞望이素有ᄒᆞ더니現
今自己第宅에漢文課日語課學
校를設立ᄒᆞᄂᆞᆫ딕漢文教師食費
ᄂᆞᆫ自家가辦備ᄒᆞ고日語教師食
費ᄂᆞᆫ自校中으로區劃ᄒᆞ기로計
料中이라더라

●國事犯問題 傳說을聞ᄒᆞᆫ則
伊藤統監이日前 陛見時에日
本에在留ᄒᆞᆫ國事犯을並皆赦還
事로上 奏ᄒᆞ야 韓皇陛下ᄭᅴ
裁允하얏ᄂᆞᆫ딕其後韓廷大官等
이何許運動이有ᄒᆞᆫ지아즉國事
犯中罪輕ᄒᆞᆫ十五八만赦還이된
다니果然인지將次其魁首者ᄂᆞᆫ셔
지赦還이될ᄂᆞᆫ지節觀其下回하
면所謂周旋運動의有無가自當
劈破라하더라

東京電報

●近衛團招魂祭
十四日午后四時發
近(衛師團)師團招魂祭에ᄂᆞᆫ
師團長이祭辭를讀ᄒᆞ고皇族以
下가參拜ᄒᆞ얏ᄂᆞᆫ딕餘興이有ᄒᆞ
얏스며遺族參列者가三千餘名
이라더라

●各醫長辭表 仝上
各[illegible]醫長은醫術改革問題에
就ᄒᆞ야不平을唱ᄒᆞ고總히辭表
를提出ᄒᆞ얏더라

●蒙王着京
四月十六日午后二時廿分發
蒙古喀라드王은今朝에新橋驛
에着ᄒᆞ야直히淸國公
使館에入ᄒᆞ얏ᄂᆞᆫ딕新橋驛에ᄂᆞᆫ
淸國公使及福島少將(守正)以
下出迎人의數가有ᄒᆞ얏스며王
의目的은五年間日本에留學ᄒᆞ
고歸國後ᄂᆞᆫ陸軍을編制ᄒᆞ야露
國의侵略을防코져ᄒᆞᆫ다더라

●觀兵式指揮官 仝上
大山元帥ᄂᆞᆫ觀兵式指揮官으로
被命ᄒᆞ엿고兒玉大將은參謀長
으로被命ᄒᆞ얏더라

●特赦 仝上
昨年에軍機紀를漏誠ᄒᆞᆫ事件으
로爲ᄒᆞ야重禁役에處ᄒᆞ얏든英
國人(콜넌쓰)ᄂᆞᆫ今回特赦의恩
典을蒙ᄒᆞ얏더라

雜報

殉忠建院所에서 十三道府郡에公函이 如左ᄒᆞ니

褒忠奬節 朝家之懿典建院設享士林之公議也現今 國權之日削至於新條約而極矣 閔忠正公 趙忠正公率僚抗章事竟不諧一刀三裁閔忠正公先殉一封遺疏趙公繼逝洪忠貞公聞此變雖從容就義蓋此三公之忠千古罕儔一時正綱自朝家已有褒揚之典而貤贈逍節惠也綽楔追禮葬也致侑也一體而並命之於乎盛矣惟我

皇上之恩褒逈出於尋常萬萬而一無憾於三忠之節但尙無俎豆之舉實有公議之欠故鄙等不揆人微首發建院之議而定基于東小門外三人臺乃陳請額之疏方待 恩批之際又承令祭酒淵齋先生殉國之計音忠賢之厄胡至於此哉竊惟先生大老華冑儒林宗匠見聞是家庭之訓道學乃師授之傳名齊北斗志守東岡値玆艱危翻然登朝以奏以疏期迴天日不幸中道而仰藥其衛道殉國雍容正大醇源芝根誠如是也

嗚呼先生之忠雖後於三忠三忠之烈由先生而尤有光焉先生之節與三忠同而朝家恩典亦旅以一例焉今此建院並享先生禮之所不可廢義之所不可已也

至若建院之費享祀之需係是浩大有非一二人措辦則不容不請勵於同志故謹玆仰通伏帷尊執俯賜鑑亮特施義金俾竣工役以効多士之誠以妥四公之靈千萬幸甚發文前令徐鏞淳前主事沈宜承前主簿申鶴均正三品李謙容諸氏라더라

●趙倅美譽 白川郡守趙元奎氏ᄂᆞᆫ該郡碧瀾義塾을贊成設立ᄒᆞ고一百圜을捐助ᄒᆞ야熱心勸學홈으로境內有志의贊助가不尠ᄒᆞ며學徒가漸增ᄒᆞᆫ다더라

●合倂何意 內部所管廣濟院과學部所管醫學校를赤十字社에合倂ᄒᆞᆫ다홈은前報에揭載ᄒᆞ얏거니와一般公論을據ᄒᆞᆫ즉醫藥이人生에關係됨이飮食衣服과相似하야病院과醫校ᄂᆞᆫ多多益善이온ᄃᆡ今其合並코ᄌᆞᄒᆞᄂᆞᆫ裏由가統監의勸告라ᄒᆞ니全國中에一區赤十字社만有ᄒᆞ면許多人民의疾病을能히다治療ᄒᆞᆯᄂᆞᆫ지若有慈悲濟衆之心이면病院及醫校ᄂᆞᆫ擴而張之ᄒᆞ야人民의衛生上事業을期於日進一步케ᄒᆞᆯ거시어ᄂᆞᆯ今反縮而合之ᄒᆞ니以若政治大家로豈有此等經濟也哉아直不過一言出口에所謂政府大官者의聽從與否를試驗코져ᄒᆞᆷ이라噫彼大官者ᄂᆞᆫ抑何意思로欲廢縮官立하야送交于公立歟아曰敎育擴張이니曰衛生擴張이니ᄒᆞ면서若此히廢縮ᄒᆞ면不過是自權을自削이오所謂參與官與顧問官等輩ᄂᆞᆫ做甚事業인지徒䘵厚俸이豈無內愧乎아文明國人物로固如是乎아或曰此等勸告가出於省費라ᄒᆞ니此又不然이라如欲省費된各大臣의俸外加給과仁川水道之敷設이此果急於省費歟아不過出於使韓日縮之計라ᄒᆞ더라

●溫郡賊警 忠南溫陽郡一北面葛山等地에自昨秋以來로賊警이大熾ᄒᆞ야村村里里가無論貧富ᄒᆞ고斗米鷄畜이라도每每奪去ᄒᆞ므로各里가結約巡警ᄒᆞ더니今月旬初에賊漢二名이突入葛山ᄒᆞ여家屋에衝火ᄒᆞ니一洞이齊起에並力捕捉則賊한의贓物은竹鎗一箇木棒一箇大釣一箇故로當場取招則賊한言內에某某三人으로共來作賊云故로押付本郡터니賊한所居洞則牙山黃谷인ᄃᆡ該洞에서賊한을爲明大로三次等訴ᄒᆞᄂᆞᆫ中其狀頭者則賊한口招人也라ᄒᆞ니討捕官人들이聞知ᄒᆞ면懸當其狀頭를捕捉ᄒᆞᆯ뜻ᄒᆞ다더라

●民訴一進 江原道一進支會ᄂᆞᆫ蔑視官長ᄒᆞ고捉致平民ᄒᆞ야一郡大小事를皆決於會中이라鄕長도會員所薦이오校長도以校中事로被捉於會中ᄒᆞ고首校首吏ᄂᆞᆫ皆是有髮會員이라聚黨數百에作弊多端故로該郡平民等이一進本部에呼訴次로上來ᄒᆞ얏다더라

●由何捉囚 西來人傳說을聞ᄒᆞᆫ즉郡守李重玉氏가內川居民三名을捉囚ᄒᆞ얏ᄂᆞᆫᄃᆡ其罪案인즉中城租界內에麻田을外人의게放賣ᄒᆞᆫ事由라ᄒᆞ니該郡守ᄂᆞᆫ國土를愛惜ᄒᆞᄂᆞᆫ血心이既如是則當地全區도還推홀뿐아니라外川軍用인則臨時借用ᄒᆞᆯ거시오人民이雖一分錢이라도外人에게捧ᄒᆞᆫ者가無ᄒᆞ니아마票木의環揷은即日拔去ᄒᆞᆯ거시오八民家屋을亦皆推給ᄒᆞᆯ지니平壤人民은從此로安土之樂을享홈즉ᄒᆞ다고非笑ᄒᆞᄂᆞᆫ者多多ᄒᆞ다더라

●普校呼嵩 普成孤兒學校에去土曜日에 韓皇陛下ᄭᅴ옵서宮內府主事金聲演을特派하ᄉᆞ該校의創設ᄒᆞᆷ을嘉尙히下詢ᄒᆞ시기로該校長李愚璿氏가幹事諸人과學徒等으로齊會ᄒᆞ야萬歲를三唱ᄒᆞ얏다더라

●倉舍難借 學部에서西署西江坊朴과乘等에請願을因ᄒᆞ야學校設立次로該洞廢置ᄒᆞᆫ前司僕倉內舍十四間과大廳十間을許借之意로照會於經理院ᄒᆞ얏더니該院照似內에該倉이弊院公穀를由來儲置이다가其間盡爲需用ᄒᆞ야今姑空閒이나第待公穀上納ᄒᆞ야更當積置ᄒᆞᆯ터인즉有難許借라ᄒᆞ얏더라

特別社告

非史乘이면政治之美惡와人物之臧否와風俗之汚隆을無以攷論인즉史乘者는非一時之공覽이라乃萬世之公案이오非自國之所可得以私也라即宇內列邦에宜所公佈키로覆者美人訖法氏之撰大東紀年이意固有在而然也라本記者ㅣ不揆僭越하고於韓之史事에留心者ㅣ久矣로되在幾百年之後하야要論幾百年之事가任大力綿에恐有失實之歎쁜더러鎖國自守之時代에는民國間諸般事爲가不過是尋常輿談라不足以供世界列邦之眼目키로斷自丙子以後各國交涉時事하야要爲編成一書하야公諸列邦하니四方有志諸君子는諒此耆心하야丙子以後政令訓誥之所記와各國交涉之如何와臣民疏章與功罪之表著와中外俗習之沿革과忠臣義士孝子烈女之行蹟을各隨所聞所見而詳錄投示하야俾此重役으로得以完成이면千萬幸甚

大韓每日申報社

○○○○○○○○○○○○

本申報를廣佈ᄒᆞ기爲하야咸鏡南道咸興州南社西門外居하는曹喜林氏에게逐號下送하오니該附近地愛讀하시는 僉君子는同氏에게購覽하시며代金도同氏에게傳致하심을爲要

大韓每日申報社

○○○○○○○○○○○○

●九轉靈砂라 本人이妙方法을辭備하야製造ᄒᆞᆫ靈丹인되男女老少에無論何症ᄒᆞ고通治ᄒᆞ오며無病時에도服ᄒᆞ면平生의身體가健康ᄒᆞ며小兒는四五錢重만服ᄒᆞ면十歲안에無病ᄒᆞ기를擔保ᄒᆞ오며

●九轉靈砂萬應丹은癲狂 痫症과中風諸疾과耳目諸病과淋疾에神効ᄒᆞ오

●九轉靈砂保命丹은初生小兒 驚風 痫氣 咳嗽 腹痛諸般惡과婦人帶下症에神効ᄒᆞ오

●九轉靈砂濟衆丹은酒滯 食滯 血積 吐瀉 霍亂 痢疾 吐血 下血 運氣 時疾 疝症에神効ᄒᆞ오

●九轉靈砂紫金丹은痔漏 渠瘡 上疳瘡 下疳瘡及腫瘡과諸般毒瘡惡種에無不神効ᄒᆞ오니 僉君子는來問ᄒᆞ시오

內需司前둑갑이골上隅第一家 李鎬廷 告白

一 鷹標罐濃甜牛乳

一 金印罐甜濃縮牛乳

一 樂聲家用氣化乳酪

一 奶ㅣ돈쓰製造麥粉化合牛乳

以上은常時에貯積ᄒᆞ얏소

英國紐育港ㅣ돈쓰 濃結牛乳會社

一手代理店

大韓仁州港 世昌洋行

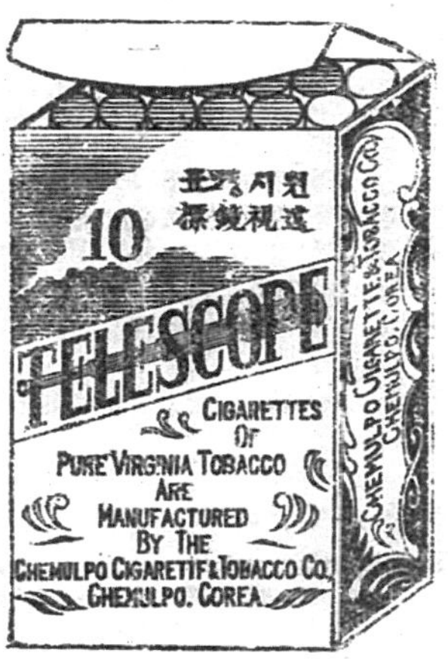

以上三種은上品으로製造ᄒᆞ야精緻ᄒᆞᆫ上에至廉ᄒᆞ니勿論某人ᄒᆞ고本社에來購ᄒᆞ심을願ᄒᆞᆷ

大韓帝國仁川港 濟物浦紙卷烟及烟草會社

本社廣告

申報價

一張代金 新貨二錢五厘

一箇月前納 三十錢

三箇月 九十錢

六箇月 一元七十錢

一箇年 三元四十錢

號外一部 新貨五厘

一箇月 十三錢

廣告料

四號活字十三字詰

每日經朔尺一寸에新貨廿五錢

(每日每行에大韓에十錢홈)

二箇月에 二圜五十錢

(每日每行五厘에相當홈)

一箇月에 五圜

(每日每行四錢一厘에相當홈)

其期限의長短과字行의多少를依ᄒᆞ야增減홈이有홈

大韓人마다此申報를不得不購覽ᄒᆞ셤더이오니廣告出報ᄒᆞ실僉君子는來議ᄒᆞ시오

發行兼編輯人 英國人裵說

發行所

京城北署[illegible]

大韓每日申報社

光武九年八月十一日 明治卅八年八月十一日 第三種郵便物認可 木曜日 西曆一千

大韓每日申報
대한매일신보

第四卷 七號

月曜及慶節歲時休日刊

檀君開國四千二百三十九年
箕子元年三千二十八年
大韓開國五百十五年
日本明治三十九年
淸國光緖三十二年
陰曆丙午三月大二十六日癸巳

論說

譯桑港報

本年一月廿三日桑港셜늬튼新聞에記載ᄒᆞ얏스되美國敎師베푸로氏가東洋을遊覽ᄒᆞ고桑港에來到ᄒᆞᆷ의同氏가言ᄒᆞᆫ기를日本人이韓國에對ᄒᆞ야諸般行動이無狀ᄒᆞ야韓人을獸畜과如히待遇ᄒᆞᄂᆞᆫ거시多ᄒᆞ니韓國人民의財產과各種物品을恣意奪取ᄒᆞ고其中慘酷ᄒᆞᆫ者ᄂᆞᆫ日兵이韓人을虐殺ᄒᆞᄂᆞᆫ거시니만일韓人이日兵의要求를不善順從이면廉探軍이라稱ᄒᆞ고或捉囚ᄒᆞ며斬殺도ᄒᆞ며許多慘酷ᄒᆞᆫ刑罰을加ᄒᆞ더라同氏가自韓國來時에日兵이韓人을虐待ᄒᆞᄂᆞᆫ寫眞四十張을持來ᄒᆞ얏ᄂᆞᆫᄃᆡ將次其國人의玩覽에供ᄒᆞᆫ다ᄒᆞ고日兵이韓人을殺ᄒᆞ되十字架의機를造ᄒᆞ야其上에韓人의頭를懸ᄒᆞ고足에索을係ᄒᆞ야馳走ᄒᆞ며或十字架에四肢를結縛ᄒᆞ고砲殺ᄒᆞᄂᆞᆫᄃᆡ만일一放彈丸에不死ᄒᆞ면十字架上에셔其痛을不忍ᄒᆞ야哀呼ᄒᆞ며女人을殺ᄒᆞ면項을係ᄒᆞ야大路上에懸ᄒᆞ야他人에게誇示ᄒᆞ니韓國各處에皆如此ᄒᆞᆫ事를當ᄒᆞ더라同氏曰余가前日에日本을大段히稱讚ᄒᆞᆫ거시多數行事가우리보다勝ᄒᆞ고美國人이不能爲之事를眇少ᄒᆞᆫ日人이能爲ᄒᆞᄂᆞᆫ거시異常ᄒᆞ다ᄒᆞ얏더니今日余의所見에如此ᄒᆞᆫ野蠻의行爲를恣行ᄒᆞᆷ은曾所未料로다嗚呼라不幸ᄒᆞᆫ韓人들은日本의奴隸가되고其財產ᄭᆞ지見奪ᄒᆞ얏도다田土와家屋을自巳物갓치奪取ᄒᆞ되主人이緣由를質問ᄒᆞᆫ즉言必稱軍用地라ᄒᆞ고만약抗拒ᄒᆞ면곳殺戮ᄒᆞ야路上에懸ᄒᆞ야他人을警戒ᄒᆞ며又一次ᄂᆞᆫ一箇女人이門外로出ᄒᆞᄂᆞᆫᄃᆡ日兵이交椅로其女人을打倒ᄒᆞ고一快樂ᄒᆞᆫ戱劇과如히相笑相嬉ᄒᆞ더라以上의所言은非巳久之事라即美國大統領루수벨트氏의令孃이韓國을渡過ᄒᆞᆫ後에景況이라韓國 大皇帝陛下ᄭᅦ셔ᄂᆞᆫ恒常驚慌中에在ᄒᆞ시더라同氏가言ᄒᆞ되此事ᄂᆞᆫ余所目見이니少無可疑라ᄒᆞ얏스니

記者曰此報所載ᄂᆞᆫ卽是一部波蘭末年史라凡世界之聞此者ㅣ孰不悲吊韓人而痛罵日人哉아彼美國敎師의袖去ᄒᆞᆫ寫眞이旣播傳於海外耳目矣라尙可以巧言飭辭로掩其暴虐之實乎아蓋前此에ᄂᆞᆫ日人이假借義擧ᄒᆞ야世人의稱讚을弋得ᄒᆞ얏거니와試乃眞性實相이取此만行之ᄒᆞ니此其器小易盈之致라其地位之不能永遠鞏固를可以推測이로다蓋公憤者ᄂᆞᆫ天不之同情也오不義者ᄂᆞᆫ仁天之所必罰也니以韓人之無辜로遭此非常之慘則豈其終於沈淪而止而哉아忍痛含冤ᄒᆞ야修其自强之實則解脫刧運ᄒᆞ야復其自由之權이必有其日이니嗚呼韓人은勉之勉之어다

官報

●三千四百三十號 光武十年四月十八日

◉宮廷錄事

詔曰命宮內府特進官趙秉式爲義王授冊時正使宮內府特進官金鶴鎭爲副使

四月十三日

宮內府大臣勳一等臣李載克謹奏 宮內府官員中丁憂之五十日以上者起復行公事已有定式矣赤十字社總裁義陽君李載覺方在居憂中而今既限滿法當起復視務旣帶 宗室君號則與他職有異矣何以爲之乎敢 奏

光武十年四月十三日奉

旨依例起復

◉敍任及辭令

陞正三品 六品高壽默 全柵秉先 全高壽安 以上二月十日○依願免本官 西京豐慶宮參書官閔章植 主殿院電務課主事張敬根 齊陵參奉閔俊植 厚陵參奉鄭若欽 昭慶園參奉李夔夏 裕康園參奉李澤應○任西京豐慶宮參書官 正三品朴鶴銓○兼任宮內府外事課長 禮式院禮式課長金祚鉉○任齊陵參奉 九品洪德周○任厚陵參奉 九品趙鍾禹○任裕康園參奉 金榮根○命宮內府記事員 正二品張驥遠○解臨時署理赤十字社總裁事務 內部大臣李址鎔○解宮內府特進官 從二品沈相璜○命宮내府特進官 正二品金鶴鎭 以上四月十三日○依願免本官 秘書監郞金在九○任秘書監郞 奉常司典事辛泳學○任奉常司典事 六品姜遠馨○任禮式院掌樂課主事 典선司主事金용彬○任典선司主事 營繕司主事劉臣爀○任營繕司主事 營繕司技手劉海鵬○任營繕司技手 六品李雲鶴○解江原道種痘事務委員 李容世○命江原道種痘事務委員 前委員金演奏○解忠淸北道種痘事務委員 金正奎○命忠淸北道種痘事務委員 忠淸南道種痘事務委員尹文炳○命忠淸南道種두事務委員 前委員尹棡 以上四月十四日○命往參日本國觀兵式 陸軍副將義親王 堈

四月十五日

彙報

度支部分課規程

第一條 大臣官房에左開三課를寘ᄒᆞ야其事務를分掌케홈이라

秘書課 文書課 會計과

第二條 秘書과에서ᄂᆞᆫ左開事務를掌홈이라

一 機密에關ᄒᆞᆫ事項

二 官吏進退身分에關ᄒᆞᆫ事項

三 部印과大臣官章管守에關ᄒᆞᆫ事項

未完

外報

●韓國移住民優遇 日本東京電報를據ᄒᆞᆫ즉從來米洲쿨놈비야에渡行ᄒᆞᆫ韓國移住民은人頭稅를課ᄒᆞ야淸國移住民과同樣의取扱을受ᄒᆞ얏더니加拿多政府에서ᄂᆞᆫ韓日協約에依ᄒᆞ야今後에人頭稅를廢ᄒᆞ고同時에日本人과取扱ᄒᆞ기로되얏다더라

●領館設置 大阪朝日新聞에報道ᄒᆞᆫ바를據ᄒᆞᆫ즉領事館은通商條約의有無不論ᄒᆞ고此를設置코져ᄒᆞ야俄國은韓國과日下通商條約을不有ᄒᆞᆷ에不拘ᄒᆞ고京城에總領事館을設置ᄒᆞ고相當ᄒᆞᆫ外交官으로視務케ᄒᆞ리라더라

●民黨勝利 伯林電을據ᄒᆞᆫ則俄國國民議會議員의選擧에서立憲民主黨은更히勝利를得ᄒᆞ얏다더라

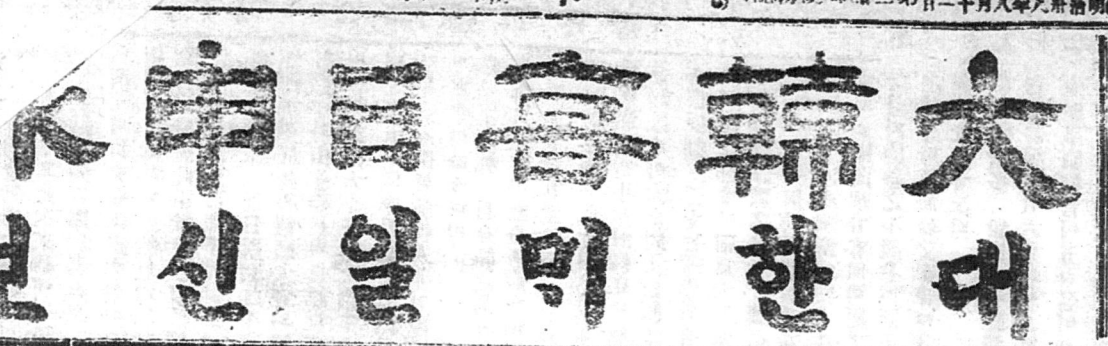

●生育繁昌 美國돈화港에一西國婦人의所生子女가二十五人中男子가十九名이오女子가六名인ᄃᆡ雙胎所產이六次이오又其婦人의母親所生이二十六人이오又其시母의所生이二十九人이라此三婦人의所生이合ᄒᆞ야八十名이라더라

雜報

●伊藤大得 伊藤侯ᄂᆞᆫ去番渡韓에新條約을勒締ᄒᆞ야統監의地位를得ᄒᆞ고此次來韓에一千萬元借欵을勸告周旋홈으로一百萬元의口文을獲得ᄒᆞ얏다고輿論이沸騰ᄒᆞ니果然인지未能斷言이라盖此借欵은政府公債也라豈有口文之理乎아ᄒᆞ노라

●桃李盡在 近日所謂加平參領과加平局長과饅頭太守와被打郡守와山蔘委員과良媒郡守가皆出於內大李址鎔氏門下ᄒᆞ니所謂天下桃李가盡在公門이라花六大臣의多得人才가國家之萬幸이라ᄒᆞ더라

●亂臣如林 目今韓之局勢가日削月傾ᄒᆞ야無事不病ᄒᆞ며無民不怨ᄒᆞ야甚至於受人代籌에凛然若無國乃已ᄒᆞ니苟究其由ᄒᆞᆫ즉滿廷의小輩가幾年來政界를濁亂ᄒᆞ야大則罔上負國ᄒᆞ며小則剝割元元ᄒᆞᄂᆞᆫ所崇인즉前後歷揚華顯ᄒᆞ야稱爲大官者들이得免於誅戮之科者ㅣ意必無幾ᄒᆞ거날夫何勳章若若에左佩右帶ᄒᆞ야遍身爍爛에出入生輝ᄒᆞ니未知此輩가有何可紀之勞인지國勢之不競은償罰不明之故也라吾於韓之勳章에不勝慨然太息ᄒᆞ노라

●兵警增多 韓國內에配置ᄒᆞᆫ日本憲兵隊가六百名이오統監府理事廳警官이五百名이오顧問警察部가約六百名以上인ᄃᆡ都合一千六日名이라더라

●兩氏義助 柳一宣氏가數理學雜誌를著述發刊ᄒᆞ얏스나財政이困難ᄒᆞ야通信院認可를不得ᄒᆞ얏더니平壤居金興淵氏가此를廣佈ᄒᆞ기爲ᄒᆞ야新貨十元을補助ᄒᆞ여認可를得케ᄒᆞ고桂洞居金象鎭氏가新貨一元을補助ᄒᆞ얏다더라

●李疏承批 奉常副提調李苾和氏의言事疏에對ᄒᆞ야批旨答曰所陳尾附俸給一欵은令政府稟處이고其餘二條ᄂᆞᆫ亦令申飭革罷라ᄒᆞ셧더라

南山歸日

巷說을聞ᄒᆞᆫ즉韓廷當局者가南山全區를賣渡於日人ᄒᆞ야爲其公園地라ᄒᆞ니姑無確報之發表者나必非無根之說이로다 韓廷大官은原是好賣其國者인즉爲其私利之地에國都南山이非其所惜뿐더러以日人之巧猾手段으로脅以禍福ᄒᆞ고誘以利慾則必無拒絶之理라節彼南山이以國都之對案으로遽作日國之南山ᄒᆞ니古今天下에豈有如是之變乎아 噫라韓廷大官이日人之要求에對ᄒᆞ야無不順從則賣却南山이亦其依例之事라似此賣國之輩ᄂᆞᆫ非但公議之所必誅라天地鬼神이亦當陰戮矣로다

●設校請願 溫陽牙山天安郡居民李圭承等이農工學校를設立於三郡之意로學部에請願ᄒᆞ얏더라

●兩巡罷免 西署巡檢崔榮錫崔斗鉉兩人이不服으로漢城裁判所에서酗酒ᄒᆞᆫ事로捉囚ᄒᆞ얏다가並卽罷免이되얏더라

●歎商科空廢 農商工學校의商科之停廢ᄂᆞᆫ前報에已揭어니와該科學徒等이學部에請願이有ᄒᆞ니商科教官金大熙氏ᄂᆞᆫ商學專門卒業生에라設校以來로熱心教育ᄒᆞ더니去陰曆二月初에不得已ᄒᆞᆫ事故가有ᄒᆞ야下午二箇時間을改換上午之意로屢請校長而不許ᄒᆞ야請願辭去러니其時學徒等이亦請改時間ᄒᆞ야使金教官教授이되校長曰寧廢商科이언정此ᄂᆞᆫ決不可許오教師ᄂᆞᆫ當顧聘於外國이라ᄒᆞ야以至二個月廢學ᄒᆞ니金教官之請改時間은出於生活不得已之事이거날校長이以此含憾ᄒᆞ야使至廢學케ᄒᆞ고又本國卒業生을棄斥ᄒᆞ고外國人을聘用코저ᄒᆞ니此何主意인지學徒等이不勝憫菀이라더라

●魚名黃致 再昨日西署麻浦에서漁夫等이一大巨魚를捕得ᄒᆞ얏ᄂᆞᆫᄃᆡ該魚ᄂᆞᆫ今始初見으로其名을知ᄒᆞᄂᆞᆫ者無ᄒᆞ야當地警務分署로入置ᄒᆞᆫ지라魚之長은以通常針尺으로五尺餘요腹圍은三尺餘요體大目小ᄒᆞ야甚是怪異ᄒᆞᆫ故로一洞老少가爭先觀者에論議紛紜ᄒᆞ더니該地駐在日兵이來見其魚ᄒᆞ고讚其好品鮮魚而但爲運去ᄒᆞ야分割烹食ᄒᆞ얏ᄂᆞᆫᄃᆡ該魚之名은黃致라云ᄒᆞᆫ다더라

●河倅有辨 向日本報에揭載ᄒᆞᆫ河東郡守朴潤晟氏의貪虐云云에對ᄒᆞ야茶洞居金相彦氏가同氏를爲ᄒᆞ야辨明ᄒᆞ되所謂貪虐은無據之說이고治績이實有ᄒᆞ다홈으로隨聞更揭ᄒᆞ노라

●文郡礦弊 內部에서宮內府에照會ᄒᆞ얏스되現接文義郡報則以其礦弊로田畓犯鑿에膏壤沃土를化作沙漠ᄒᆞ니該地居民은蕩産乃已오王供結稅ᄂᆞᆫ無處可徵이라至若森林亂斫과家屋奪入에許多騷擾은猶屬歇后而爲念民情에誠極可悶이라轉飭經理院ᄒᆞ야該郡金礦을亟行封閉케ᄒᆞ라ᄒᆞ얏더라

●綿場協商 農部에서統監府로照會ᄒᆞᆫ內槪에弊部所管綿花栽培採種事業을貴府勸業模範에監督員役의設置件을已爲仰請이온바此에關ᄒᆞᆫ收入支出等事ᄂᆞᆫ該場에서管理ᄒᆞ기로認定ᄒᆞ야別紙取扱章程을依ᄒᆞ야處理ᄒᆞ심을玆更仰請이라ᄒᆞ얏더라

●弊胡不革 慶南晉州府에서藥令市를開設ᄒᆞᆫ後로該民과醫生이成冊中에入ᄒᆞᆫ者不來ᄒᆞ면發巡捉囚ᄒᆞ야貽弊滋甚은前報에已揭어니와今에該地民人의來告를據ᄒᆞᆫ즉每郡에醫生과商民이大郡은四五十名이오小郡은三四十名의不下ᄒᆞ되春秋兩段에被其損害가二三萬兩에達ᄒᆞ거날觀察은胡不還收訓飭ᄒᆞ야禁斷此弊인지民冤이藉藉ᄒᆞ다더라

●[illegible]促押交 日本憲兵司令部에서被拘ᄒᆞᆫ李世稙事件에對ᄒᆞ야法部大臣李夏榮氏가該司令部副官古河丞之助氏의게로照會ᄒᆞ기를楸子島定配罪人李世稙을押交ᄒᆞᆫ事로業已照請矣러니照覆內에右人의所犯이關於軍事上인즉第待軍法所處理之如何ᄒᆞ야以爲通知라ᄒᆞᆫ지가已經月餘이니今卽押付弊部ᄒᆞ야使之到付於配所케ᄒᆞ라ᄒᆞ얏더라

●華陽義塾 忠南泰安郡居前主事李某祿氏가華陽義塾을設立ᄒᆞ고英語와日語과로教授諸生ᄒᆞ더니今에更히擴張ᄒᆞ야小學科와普通科를設備ᄒᆞ고塾長은參贊李商在氏로薦定ᄒᆞ고高明ᄒᆞᆫ教師를延聘ᄒᆞ야興俊을教育ᄒᆞ미進就之望이恰有ᄒᆞ다더라

●孫氏補助 天道教主孫秉熙氏가孔德里私立小學校에紙貨二十元을補助ᄒᆞ야學徒의學業을勸勉ᄒᆞ얏다더라

●四崇復完 平壤郡隆德部에在ᄒᆞᆫ四崇學校ᄂᆞᆫ從前府郡之勸奬과士林之協力으로設立ᄒᆞᆫ거인ᄃᆡ自經甲午之擾로學徒零星ᄒᆞ고四壁이頹落ᄒᆞ야幾至全廢러니何幸觀察使李重夏氏가爛議於士林ᄒᆞ야義捐金을鳩集ᄒᆞ야校舍를修補ᄒᆞ고書冊을準備ᄒᆞ얏스나逐朔經費ᄂᆞᆫ出處末由라將至廢校러니金建爀朴崇銓李鳳柱諸氏가靑年學校校長李殷升教師車宗鎬李鍾應諸氏와相議ᄒᆞ야兩校를合設ᄒᆞ고熱心教育ᄒᆞ더니至于今年ᄒᆞ야兩校合資金이亦爲罄竭ᄒᆞ야又至廢學이러니正尉方興周氏가慨然於此ᄒᆞ야校長及事務員을來訪協議ᄒᆞ고每朔經費를先自擔當ᄒᆞ고又請義捐於多士ᄒᆞ야更히完全成立이되얏다더라

●權贓發露 全州郡守權直相氏ᄂᆞᆫ前後居官時에大肆貪虐홈은世所共知어니와近因人命獄事ᄒᆞ야平理院에被囚ᄒᆞ얏ᄂᆞᆫᄃᆡ該郡民人等이同氏의貪饕情節을該院에控訴ᄒᆞ야對質審辨之場의贓錢葉三十萬兩이綻露되얏고其外公逋가五十萬兩에至ᄒᆞ얏다더라

東京電報

●參謀次長任命 四月十七日午后四時半發
陸軍少將福島安正氏ᄂᆞᆫ本日參謀次長을任命ᄒᆞ얏더라

●門戶開放 仝上
日本은滿洲에서撤兵의進行을隨ᄒᆞ야門戶開放主義에依ᄒᆞ야來五月一日에安東縣及大東溝를開放ᄒᆞ고六月一日에奉天을開放ᄒᆞ고且近近히各國通商을爲ᄒᆞ야大連을開放ᄒᆞᆯ事로決定ᄒᆞ얏더라

●火藥庫爆發 仝上
大阪府下西城郡에在ᄒᆞᆫ販賣人栗屋品三의火藥貯藏庫가爆發ᄒᆞ야附近村落의被害가多ᄒᆞ고人畜의死傷이多ᄒᆞ다더라

倫敦電報

●噴火鎭靜 四月十七日午后三時發
伊國베수븨어쓰火山의噴火ᄂᆞᆫ鎭靜되얏더라

●會議延期 仝上
荷國헤이그에서擧行ᄒᆞᆯ平和會議ᄂᆞᆫ延期되얏더라

寄書

移民慘况

救主降世一千九百六年二月二十三日에會員朴長현은墨西哥國柔氣洲馬利多地方에移住同胞에情况을調査ᄒᆞ고合衆國乃否羅是加洲巨尼城에回還ᄒᆞ야玆에報告홈

本員이昨年十一月에華盛頓에서第二號報告ᄒᆞ고巨尼城에來留ᄒᆞ며學生二十餘員의修學凡節을幹旋ᄒᆞ더니十二月二十八日에只址ᄒᆞ신旅費가來到ᄒᆞ옵기로美金一百九十七元五十錢을領受ᄒᆞ고同三十日에發程ᄒᆞ야華盛頓을歷訪ᄒᆞ고育約에前往ᄒᆞ야本員이往年에洗禮를受ᄒᆞᆫ監督教聯合總會에滯留ᄒᆞ며該會의旋力으로輪船三分一을減少ᄒᆞ야車票를買ᄒᆞ고兼ᄒᆞ야該會證書를修得ᄒᆞᆫ後徐陸南下ᄒᆞ야第八日만에墨京에待達ᄒᆞ니今年一月二十四日이라馬利多風氣物論을廣探ᄒᆞ니果然美人旅行者와淸人商販者가我民困狀을目睹ᄒᆞᆫ者許多ᄒᆞ야嗟嘆矜惻히言ᄒᆞ며且韓人의該地旅行ᄒᆞ기危險홈을說明ᄒᆞᄂᆞᆫ지라 數日滯留ᄒᆞ며前往親査홀好正方便을講究ᄒᆞᄂᆞᆫ際에我韓人六名이得脫禍窟ᄒᆞ야墨京에寄跡ᄒᆞᆫ事를聞ᄒᆞ고四探廣問ᄒᆞ야朴鳳來申鉉奎等五六人은外村에往在홈으로未見ᄒᆞ고但庾禹圭安奎善兩人을訪見ᄒᆞ니罹係ᄒᆞᄂᆞᆫ情境이可憐且哀ᄒᆞ고逃脫禍地ᄒᆞ든慘險歷事를不可耳聞ᄋᆞ道여날 本員이當地에來在ᄒᆞᆫ美以美教會監督써를너氏의게此兩人의後事를囑託看護케ᄒᆞ고前後事狀을細細探査ᄒᆞ야左에記錄ᄒᆞᄂᆞ이다

甲辰正月分에北美墨西哥大陸殖民招工會社廣告文을見ᄒᆞ고應募ᄒᆞᆫ者 男이八百餘名이오婦女孩兒合一千十六人이日人總務大庭貫一의指揮를信ᄒᆞ고韓人通辯權丙淑의前美官通譯權柔涉領率을依ᄒᆞ야二月十六日에仁港에서英船일색드號에搭乘ᄒᆞ니爲船數時前에在仁港英人名은不知一名이大庭貫一과入船錄名後에甘言利說로勸誘以去ᄒᆞᆷ의仍卽拔錨ᄒᆞ야十餘日에十七八歲兒二名이水疾로致死ᄒᆞ니尸體ᄂᆞᆫ海木에漂棄ᄒᆞ고餘存一千十四生命이四月初五日에사리나크루스에寄泊ᄒᆞ야鐵路로初八日에과시팔구에到着ᄒᆞ더니翌日에再次搭船ᄒᆞ고푸로그리쏘港에到泊ᄒᆞ니十二日上午라身體檢査ᄒᆞ야馬多利에下陸ᄒᆞᆫ지 未完

雜報

●親王觀兵 義親王殿下ᄭᅴ셔陸軍副將을被任하신지라軍隊儀式을觀試키爲하야昨日東小門外三山坪에各隊兵丁을會集訓鍊케하고同殿下ᄭᅴ셔臨場觀式하오셧더라

●兩氏熱心 釜港所在本社之支社員金灌泰氏ᄂᆞᆫ多年遊學海外ᄒᆞ야文明ᄒᆞᆫ風氣를腸胃에吸收ᄒᆞᆫ人인ᄃᆡ民智啓發ᄒᆞ기를爲ᄒᆞ야該社總務柳彰魯氏와協議ᄒᆞ고其附近地에一座學校를設立ᄒᆞ야海俗에貿貿홈을開牖홀計劃이라더라

●婦人義助 북샹동리조ᄉᆞ가보명학교에보조금을보내ᄂᆞᆫᄃᆡ그편지가여좌ᄒᆞ니 일ᄀᆡ녀ᄌᆞ로학교졔공젼에당돌ᄒᆞᆫ말ᄉᆞᆷ을젹ᄉᆞᆸ나이다듯ᄉᆞ온즉청풍계에보명학교를창셜하시다기에ᄒᆞᆫ번구경ᄎᆞ로슈삼인이작반하여올나가온즉위셔광장ᄒᆞᆫ다리건너가오니퇴락ᄒᆞᆫ누ᄃᆡ카일선장려ᄒᆞ온즉학업에이누ᄃᆡ와갓치열신ᄒᆞ을일만마츅슈ᄒᆞ오나우리나라풍속이녀ᄌᆞᄂᆞᆫ외간ᄉᆞ를참예치못ᄒᆞᄂᆞᆫ셩습이오나하나님이낙신남녀ᄂᆞᆫ일쳬라ᄆᆞ옴이야다르릿가그런고로그렬심셩력을감모ᄒᆞ와동화오십량을찬죠ᄒᆞ오나창하의ᄃᆡ글갓ᄉᆞ오나졔졍셩이오 외람타마시고졔공의렬심으로우리나라도발근학문에나아가도록츅슈ᄒᆞᄂᆞ이다

●夢몽裏리에得득錢면

●일천만원돈님시가한국인민맛게되면골치가압흘터이오일본ᄉᆞ람맛게드면괴화가거그아닌가그돈을소롱ᄎᆞ면멸멸명녹만을레자

●한국정부ᄃᆡ신들이부국관리아니언만차관ᄒᆞᆫ난그권리ᄂᆞᆫ어이그라홀둥한고아마도혼몽을못서엿지

●못노니졍부ᄃᆡ신졔공들파이천만동포즁에일천만원ᄎᆞ관ᄒᆞᆫ돈누구라서보앗ᄂᆞᆫ가일본인은힝소에건너왓단말ᄉᆡᆼ이니지상공문그안닌가

●차관ᄒᆞᆫ기열심신ᄒᆞ던모모졍부ᄃᆡ신들은그경륜그ᄉᆞ업을어서밧비실시ᄒᆞ오치도도시급ᄒᆞ고슈도도시급하지

●그즁졔일시급ᄒᆞᆫ것ᄃᆡ신원봉박ᄒᆞ도다교졉비로명목ᄒᆞ야민인에이빅오십환식달달이지발ᄒᆞ니예산외그지출이ᄎᆞ관ᄒᆞᆫ돈즁에로다

●교졉비로명목ᄒᆞ고달달이먹고보면렴치가업슬ᄂᆞᆫ지원유회가셜ᄒᆞ고이등통감이ᄒᆞᆯ관리각부고문소속들을져져히청ᄒᆞ엿네 미완

廣告

本人姓名章二顆를本月十三日遺失也니該章勿施홈

姜璟熙 告白

寺洞居前郡守金裕秀處所換給鄕坪葉錢爲六千二百兩而及其高原鄕家柱推則其父親景禹氏七百兩私情蒙減以五千五百兩陰曆三月十日出次定限成票故受其票回還之路安邊邑底店止宿也夜間行裝被賊失之際同票紙亦爲遺失故以此由仍爲安邊郡立旨成出而出給遺失票蹟後該錢推尋이오니內外國人間如有票紙拾得則休紙施行하사오

典洞居命榮觀 告

日人重枝友二 白

本人이乙巳十二月分에遭弟嫂喪喪債辦報次欲爲放賣畓庫考其文劵則涇字畓와家二十間垈田一日耕同字畓一石七斗落據字畓十六斗落文劵三章與李婢玉暹買得文劵一章合四章都總見失不無後慮呼訴於邑立旨完文成給特蒙而將有後患에以杜後弊之意玆此廣布ᄒᆞ니勿論內外國人切勿擧論ᄒᆞ오

黃海道松禾 張文道 告白

本廠에서私役을特許ᄒᆞ오니內外國 僉君子ᄂᆞᆫ本廠에注文ᄒᆞ시면多小不拘ᄒᆞ고隨請酬應ᄒᆞ깃사오니 照亮來議ᄒᆞ시오

諸(器械、銃 彈)新造或修理

大韓京城西署龍山 軍器廠 告白

◎第二期學員募集廣告◎

本塾에서法學科學員을新募ᄒᆞ오니願學人은本塾에來ᄒᆞ야請願應試ᄒᆞᆯ事

學科及規則은本숙에來問ᄒᆞᆯ事

試驗科目 國漢文 讀書 作文

試驗日字 陽四月二十九日 陰四月初六日

光武十年四月十六日

西署英語學校后洞

私立養正義塾

各色工匠을考시勸奬ᄒᆞ기爲ᄒᆞ야玆에告示ᄒᆞ노니工業으로營生ᄒᆞᄂᆞᆫ者ᄂᆞᆫ各其何工何匠이며姓名居址을列錄ᄒᆞ야陰曆三月三十日內로修呈本部ᄒᆞ야無至歇漏케ᄒᆞᆯ事

農商工部

花春丹은 霍亂 吐瀉 腹痛 滯症 暑症 정忡 神眩 胃鬱 痰盛 醒酒船藥 咳嗽 口味업ᄂᆞᆫ諸症의神效ᄒᆞᆫ藥이오此外에도洋灰水解毒藥 唐창 疳氣 蛔虫 寸虫 赤白癩風 藥과東西洋藥이俱備ᄒᆞ고他病도隨問出方ᄒᆞ오니 僉位ᄂᆞᆫ來議ᄒᆞ시옵

皇城校洞石井洞下隅

石泉堂藥局 告白

各地方人民에行獵을爲ᄒᆞ야銃票를改良繕給이고舊票ᄂᆞᆫ勿施ᄒᆞᆯ터이니人民은知悉ᄒᆞ고本部로來ᄒᆞ야換去或請求ᄒᆞ되若過今五月則無憑或舊票銃은隨現沒入事

軍部

本號新開專做男女各色洋服而由上海運來各種細이毛융及一切衣飾品件件精全伏望貴士女迅卽來臨爲幸

西小門內榮泰男女洋服商號

◎刑法大全 一帙定價金 新貨六十錢

牧民心書一帙	一圜二十五錢
耳談續纂一冊	七錢五厘
温故知新堂叢鈔	七錢五厘
父師必讀小學指南	七錢九厘
人工。蠶鑑一冊	十五錢
新訂算術每冊	十五錢
農政新書	五十錢
法學通論	一圜
尺牘完編	一圜五十錢
大韓地誌	七十五錢

發賣所 布屛門下金相萬書舖 大韓每日申報社

特別社告

非史乘이면政治之美惡와人物之臧否와風俗之汚隆을無以考論인즉史乘者ᄂᆞᆫ非一時之공覽이라乃萬世之公案이오非自國之所可得以私也라即宇內列邦에宜所公佈키로叢者美人訖法氏之撰大東紀年이意固有在而然也라本記者ㅣ不揆僭越ᄒᆞ고於韓之史事에留心者ㅣ久矣로되在幾百年之後ᄒᆞ야要論幾百年之事가任大力縞에恐有失實之歎뿐더러鎖國自守之時代에ᄂᆞᆫ民國間諸般事爲가不過是尋常典故라不足以供世界列邦之眼目키로斷自丙子以後各國交涉時事ᄒᆞ야要爲編成一書ᄒᆞ야公諸列邦ᄒᆞ니四方有志諸君子ᄂᆞᆫ諒此苦心ᄒᆞ야丙子以後政令訓誥之所記와各國交涉之如何와臣民疏章與功罪之表著와中外俗習之沿革과忠臣義士孝子烈女之行蹟을各隨所聞所見而詳錄投示ᄒᆞ야俾此重役으로得以完成을千萬幸甚

大韓每日申報社

○○○○○○○○○○○○○

本申報를廣佈ᄒᆞ기爲ᄒᆞ야咸鏡南道咸興州南社西門外居ᄒᆞᄂᆞᆫ曹喜林氏에게逐號下送ᄒᆞ오니該附近地愛讀ᄒᆞ시ᄂᆞᆫ　僉君子ᄂᆞᆫ同氏에게購覽ᄒᆞ시며代金도同氏에게傳致ᄒᆞ심을爲要

大韓每日申報社

○○○○○○○○○○○○○

本社廣告

申報價

一張代金　新貨二錢五厘
一箇月前納　三十錢
三箇月　九十錢
六箇月　一元七十錢
一箇年　三元四十錢
郵稅一部　新貨五厘
一箇月　十三錢

廣告料

四號活字十三字詰
每日每英尺一寸에新貨卄五錢
(每日每行에大韓예ᄒᆞᆫ相當홈)
二週日에　二圓五十錢
(每日每行四錢五厘에相當홈)
一箇月에　五圓
(每日每行四錢一厘에相當홈)
其期限의長短과字行의多少를依ᄒᆞ야增減홈이有홈

大韓人마다此申報를不得不一覽ᄒᆞ실터이오니廣告出報ᄒᆞ실僉君子ᄂᆞᆫ來臨面議ᄒᆞ시옵

發行兼編輯人　英國人裵說
發行所
京城北署壽進坊瀾洞号外地[illegible]學校前
大韓每日申報社

第四卷

大韓每日申報
대한매일신보

第一百九十八號

月曜及慶節歲時日休刊

檀君開國四千二百三十九年
箕子元年三千二十八年
大韓開國五百十五年
日本明治三十九年
淸國光緖三十二年
陰曆丙午三月大二十七日甲午

論說

山神有言

有一箇白面書生이自號曰逍遙子라居於南山之ᄒᆞ야假臥草堂之上이러니春日遲遲ᄒᆞ고春雨霏霏라一枕청風에魂遊華胥之鄕ᄒᆞᆯ식有一老人이衣冠이甚偉ᄒᆞ고鬚眉皓白이라呼逍遙子而前之曰

余ᄂᆞᆫ大韓國皇闕對案終南山之靈이라自大韓開國以來로扈衛皇宮ᄒᆞ며庇庥人民ᄒᆞ야呵禁不祥ᄒᆞ고導迎福祉ᄒᆞ야世歆其黍稷牲幣者五百十有五年이러니今者日本이特其強力ᄒᆞ고蔑視德義ᄒᆞ야

佔奪我疆土ᄒᆞ며奴使人民ᄒᆞ야秦求無厭이愈往愈甚ᄒᆞ니此ᄂᆞᆫ神人之所共憤怒者오最甚可痛者ᄂᆞᆫ韓廷大官之輩라

曰皇室懿親이니曰世祿華胄이니曰國務大臣이니ᄒᆞᄂᆞᆫ者들이忘君負國ᄒᆞ야不顧其得罪於皇天祖宗ᄒᆞ며不恤其得罪於同胞人民ᄒᆞ고

甘作外人之창鬼ᄒᆞ야讓與國權ᄒᆞ며賣與國土를無不爲之라가畢竟將我南山ᄒᆞ야作爲外人公園之地라余其自此로不得爲韓土之神하야享韓人之祀일식豈不悲哉아

余가是以로疇昔之夜에朝于天闕ᄒᆞ야泣訴此狀于上帝ᄒᆞ고乞降天威ᄒᆞ야懲彼不義之邦하며誅此賣國之臣ᄒᆞ야以洩神人之憤ᄒᆞ며以救生民之苦ᄒᆞ소셔ᄒᆞ니

明明上帝ㅣ旣允所請ᄒᆞ신지라古今天下에豈有多行不義而能享其利者이며豈有販賣君國而不受其殃者哉아逍遙子曰是則然矣나現今國土日蹙ᄒᆞ고人權이盡削ᄒᆞ야全國生靈이可謂有死之心이오無生之氣라

未知何日何時에皇天이佑之ᄒᆞ시고明神이助之ᄒᆞᄉᆞ恢復我國權ᄒᆞ며維持我人命乎잇가老人曰惡不積이면不足以滅身이오善不積이면不足以成名이라彼其敗罪惡이貫盈者ᄂᆞᆫ必當自取亾이어니와

惟此二千萬人民이罔極之恥辱과非常之苦痛을受ᄒᆞ고豈無發憤自強的思想乎아即自今日로셥悔其罪ᄒᆞ고遷進於善하야奮發於學問ᄒᆞ며勉勵其實業ᄒᆞ야知識이日開ᄒᆞ고事爲가日進ᄒᆞ야養成其實力ᄒᆞ고

箇箇忠君愛國的義理가固結於腦髓ᄒᆞ야合成一部團體ᄒᆞ면至仁至聖ᄒᆞ신上帝ᄭᅴ옵셔必矜視此韓人ᄒᆞ시며眷佑此韓人ᄒᆞ사拯之於水火之中ᄒᆞ야措之於衽席之安ᄒᆞ시리니

子以是言으로戒之勉之ᄒᆞ라謂余不信인ᄃᆡ請質於古今歷史ᄒᆞ라逍遙子欠伸而起ᄒᆞ니恍然大悟라遂記其言ᄒᆞ야來示于余故로爲之揭之ᄒᆞ야以告于全國同胞ᄒᆞ노라

官報

●三千四百卅一號 光武十年四月十九日

◉敍任及辭令

解官內府特進官 從二品金秉瓚○解兼任江原道裁判所判事 江原道前觀察使金永悳○解兼任三和港裁判所判事 三和前監理李源兢○命兼任江原道裁判所判事 江原道觀察使李準榮○命兼任三和港裁判所判事 三和監理卞鼎相 以上四月十三日○依願免本官 尙方司主事李重贊 崇德殿參奉朴漢默○命宮內府特進官 典션司提調李軒卿○命典션司提調 正二品金炳翊○任主殿院電務과主事 思陵參奉송琦相○任禮式院掌樂課主事 典선司主事南廷建 尙方司主事朴海競○任典션司主事 主殿院主事張필遠○任尙方司主事 六品任百璿 仝李載九○任主殿院主事 六品沈能友○任思陵參奉 六品李載瓚○任昭慶園參奉 永禧殿參奉李祖承○任永禧殿參奉 九品趙一元○任崇德殿參奉 九品朴文益○任主殿院電務과主事 營繕司技手李雲鶴○任營繕司技手 昭慶園守奉官盧鎬完○任昭慶園守奉官 懿寧園奉事李 옥○任懿寧園奉事 永陵參奉崔南炯○任永陵參奉 六品尹溶求 以上四月十四日

依願免本官 秘書監丞洪承斗 仝趙範九 西京豐慶宮參書官崔益煥 仝朴鶴銓 齊陵參奉洪德周 顯陵參奉李應烈○任秘書監丞 正三品金明濬 仝徐相榮○任西京豐慶宮參書官 正三品許 헌 仝高永觀○任齊陵參奉 鄭經朝○任顯陵參奉 柳稷佑○任主殿院電務課主事 鄭麟鎭 李圭夏 以上四月十六日

彙報

度支部分課規程

四外國文書繙譯에關ᄒᆞᆫ事項

五各局課主務에屬지아니ᄒᆞᆫ事項

第三條 文書과에서ᄂᆞᆫ左開事務를掌홈이라

一公文書類及成案文書의正書와接受發送에關ᄒᆞᆫ事項

二統計報告調査에關ᄒᆞᆫ事項

三公文書類編纂保存에關ᄒᆞᆫ事項

四會計法規의制定廢止或改正에屬ᄒᆞᆫ成案의調査에關ᄒᆞᆫ事項

第四條 會計課에서ᄂᆞᆫ左開事務를掌홈이라

一本部所管經費及諸收入의預算決算並會計에關ᄒᆞᆫ事項

二本部所管官有財産及物品並其帳簿調製와建築物營造에關ᄒᆞᆫ事項

三廢止公廨管守에關ᄒᆞᆫ事項

未完

外報

●俄國의海軍擴張 俄國에셔目下製造ᄒᆞᄂᆞᆫ軍艦이戰鬪艦四隻과大巡洋艦五隻과小巡洋艦一隻과砲艦四隻이오其他多數의砲艦及水雷艇等인ᄃᆡ此外十年을爲限ᄒᆞ고軍艦製造費三十二億留를支出ᄒᆞ기로可決ᄒᆞ고此로써戰鬪艦十六隻과巡洋艦十八隻과大驅逐艦九十隻과水雷敷設艦十隻等을製造ᄒᆞᆯ計畫이라더라

●礦山採掘과俄淸 吉林將軍達桂氏의電報를據ᄒᆞᆫ則于다자괴유一帶地에砂金이多히産出ᄒᆞᄂᆞᆫᄃᆡ支나商民이採掘ᄒᆞ다가拳匪의亂及日俄戰爭을因ᄒᆞ야暫時中止되얏더니今에平和가恢復된故로更히採掘에從事코져ᄒᆞᆫ則該地俄國官憲이前吉林將軍長順氏와締結ᄒᆞᆫ條約이有ᄒᆞ다ᄒᆞ야採掘을不許ᄒᆞ나該條約은아죽此準을經ᄒᆞᆷ이아니나俄國政府에抗議ᄒᆞ라ᄒᆞ얏더라

●俄使叙勳 上海發四月十七日電報를據ᄒᆞᆫ즉前駐韓露國公使巴禹路厚氏에게露帝ᄭᅴ셔셰인트、쓰탠이슬노쓰十字大綬章을叙勳하셧ᄂᆞᆫᄃᆡ此勳章은露國의第一高等勳章三個之一이라더라

雜報

● 刺客被捉 風說을聞ᄒᆞᆫ즉昨日下午四時量에泥峴淸水旅舘에서刺客二名을日巡査가捕捉ᄒᆞ얏ᄂᆞᆫᄃᆡ該旅舘은韓國 義親王殿下게서暫御ᄒᆞ신旅榻이라噫同殿下가[illegible]國ᄒᆞ야遊學四方에未嘗與人有隙ᄒᆞ신지라送此釗夫가是誰之使오ᄒᆞ야一般國民이莫不疑懼ᄒᆞᆫ다더라

● 巫勢自若 妖巫壽蓮과佛事房과斫刀房三箇가互相締結ᄒᆞ야莫嚴之地에無難出入ᄒᆞ야禱張妖幻ᄒᆞᄂᆞᆫ거시在於國法에所當嚴禁일ᄲᅮᆫ더러況其或在鄕曲ᄒᆞ면挾勢藉力ᄒᆞ야人民所有草庄等屬을亦爲奪取라ᄒᆞ니行政官吏ᄂᆞᆫ此를不知ᄒᆞᄂᆞᆫ지胡不禁斷ᄒᆞ고ᄒᆞ더라

● 郡會不廢 一進郡會를撤廢ᄒᆞᆫ다ᄒᆞ고某新聞에揭載ᄒᆞ얏더니更聞ᄒᆞᆫ즉天道敎堂을建築ᄒᆞᄂᆞᆫᄃᆡ生財方針이無ᄒᆞᆷ으로某處에運動ᄒᆞ야姑爲不廢ᄒᆞ얏다가歛錢이나畢ᄒᆞᆫ後에永爲撤破라ᄒᆞ니噫彼蚩氓이跣足汗身에劃粥作農ᄒᆞ야得辛苦之一粒而全酬於會中은有一端妄想而然인ᄃᆡ今襲辭已去則雖無撤會之與否라도自當冰解라고風說이頗多ᄒᆞ다더라

● 天道公函 南維通信을據ᄒᆞᆫ즉天道敎主孫氏가一進會에公函ᄒᆞ얏ᄂᆞᆫᄃᆡ南浦前會長金某贓錢을一一査出ᄒᆞ야還給民處ᄒᆞ라ᄒᆞ얏다니天道敎ᄂᆞᆫ아마一進會보다좀淸廉ᄒᆞ던지未知末梢之如何라고ᄒᆞᆫ다더라

● 政府開會 本日下午三時에政府에서會議를開ᄒᆞᆫ다ᄂᆞᆫᄃᆡ昨日에名部大臣을伊藤統監府官邸로會同ᄒᆞ야初議案을商確ᄒᆞ얏다더라

● 親王被任贊謀 義親王殿下게서副將의大命을被任ᄒᆞ셧더니昨日에ᄯᅩ贊謀官을被命ᄒᆞ오셧더라

● 秘官任免 日本서義親王殿下와同伴歸國ᄒᆞᆫ韓應履氏ᄂᆞᆫ某顯職을被任ᄒᆞ리라더니再昨夜에 宮內府秘書官을被任ᄒᆞ얏더라

● 得札放囚 漢城裁判所判事李容相氏ᄂᆞᆫ內部協辦李鳳來氏의私札을因ᄒᆞ야該所在囚罪人을輕先放送ᄒᆞᆫ事로一箇月減俸을當ᄒᆞ얏다더라

● 송留將妓 一進會가每自謂二千萬同胞之代表라ᄒᆞ니此皆自大自誇之言이라雖三尺童子을瞞過不得이나然亦未必非爲會則爲其會長者ᄂᆞᆫ審愼端正ᄒᆞ야亦可爲一會之模範인ᄃᆡ近者會長송秉俊氏家에平妓一名을留在ᄒᆞ야有時歌聲이琅琅이라ᄒᆞ니此豈爲一會管轄者之所肯爲哉아該妓ᄂᆞᆫ乃前日長谷川大將의寶來ᄒᆞᆫ者인즉同大將의指揮下에在ᄒᆞᆷ으로然ᄒᆞ다고傳說이有ᄒᆞ다더라

● 愛友邦之民 日本元老伊藤侯ᄂᆞᆫ名譽가素著ᄒᆞᆷ은世人의所共知어니와此次에統監의任을帶ᄒᆞ고韓國에渡來ᄒᆞᆫ거ᄉᆞᆫ全히日本官憲及居留民을管轄ᄒᆞ야使不爲侵虐之擧인즉此可爲東洋平和之一端이라曩者에平壤郡居人民等이支金庫創設ᄒᆞᆫ事로人家十餘를毁撤ᄒᆞᄂᆞᆫ事에對ᄒᆞ야統監部에呼訴ᄒᆞ얏더니理事의게訓令ᄒᆞ야從時勢出給ᄒᆞ라ᄒᆞ얏다니同侯ᄂᆞᆫ友邦人民을愛之ᄒᆞᆷ을可見이라ᄒᆞ더라

● 警廳越權 軍部에서正尉李甲氏가警務廳에被囚ᄒᆞᆫ事件에對ᄒᆞ야內部로照會ᄒᆞ기를軍民이各有句管이거ᄂᆞᆯ警廳之捉囚軍人이據何規章인지歷請押交法院이되尙不越交ᄒᆞ니誠甚慨歎이라該警務長官을從重施警ᄒᆞ야無復越權케ᄒᆞ라ᄒᆞ얏더라

● 立標還拔 金浦郡守李性稙氏가農商工部로報告ᄒᆞ되本郡所在德溫公主宮基址草坪를一進支部會長安泰重評議員權重俠等이起墾ᄒᆞᆯ次로稱有農部認許ᄒᆞ고竪立ᄒᆞᆫ標木은本部指飭를承ᄒᆞ야卽爲拔去이나該會民은俱在京中故로未得捉囚ᄒᆞ라ᄒᆞ얏다더라

● 日人悖慢 安州郡守劉猛氏가平壤觀察府에來ᄒᆞ얏다가還郡次로下八一名을率ᄒᆞ고徒步로南門外停車場에出ᄒᆞᆯ시時當早晨이라何許乘醉ᄒᆞᆫ日本人이擔負ᄒᆞ얏던物品을將ᄒᆞ야劉郡守에게勸負를加ᄒᆞ니貌雖猖披나若爲却之면必逢罔測之辱이라乃躬自擔負ᄒᆞ니其下人이郡守의猖披를見ᄒᆞ고代負ᄒᆞ기를請ᄒᆞᆫᄃᆡ郡守曰此物이旣爲擔着於吾身ᄒᆞ얏ᄉᆞ니吾自爲之가可也라ᄒᆞ얏다더라

● 輕許取辱 日本人福島가平壤境內地面을測量ᄒᆞ야利益을吸取ᄒᆞᆯ계劃으로平壤府에日人財務官을因緣ᄒᆞ야本郡守李重玉氏의게認許를請ᄒᆞ니該倅가輕先히認許狀에捺印ᄒᆞᆫ지라此三日ᄒᆞ야觀察使의게認許을請ᄒᆞᆫ則觀察이亦爲輕諾ᄒᆞ야與論이沸騰ᄒᆞ야다該府下[illegible]等이民情의不服으로ᄡᅥ該認許狀을還收勿許케ᄒᆞ니該倅가上府에不許ᄒᆞᆷ을聞ᄒᆞ고福島의게懇請曰無用ᄒᆞᆫ認許狀을還給ᄒᆞ라ᄒᆞᆫ則福島가怒責曰無用ᄒᆞᆫ거슬要覓何用고ᄒᆞ고辱說을加與ᄒᆞ얏다더라

● 靑年演說 本月十九日木曜下午七点半에皇城基督敎靑年會에서德國京城栢林의見聞으로韓光河氏가演說ᄒᆞᆫ다더라

皇城基督敎靑年會에서各處에冒稱會員ᄒᆞ고作弊貽累를禁戢ᄒᆞ기爲ᄒᆞ야公函을發布ᄒᆞᆷ이如左ᄒᆞ니

敬啓者現今大韓各處에서基督敎靑年會名을冒稱ᄒᆞ고會를組織ᄒᆞᆫ다ᄂᆞᆫ所聞이浪藉ᄒᆞ고且靑年會ᄂᆞᆫ德育智育上에目的을持ᄒᆞ고此外他事件에干涉이有ᄒᆞᆫ다ᄒᆞ니誠甚怪訝라大凡靑年會를論ᄒᆞᆯ진ᄃᆡ本會에名稱으로會를組織ᄒᆞᆷ이不可ᄒᆞᆫ거슨本會에正當ᄒᆞᆫ司事委員과總務가有ᄒᆞ야會의諸般事務을管轄ᄒᆞᄂᆞᆫ者인則韓國에ᄂᆞᆫ但皇城內에만組織이되엿고外他各處에ᄂᆞᆫ本會에서組織ᄒᆞᆷ도無ᄒᆞ고管轄ᄒᆞᆷ도無ᄒᆞ나니故로如此히說明ᄒᆞᆷ은皇城基督敎司事委員等이此事狀으로本會를贊成ᄒᆞ시ᄂᆞᆫ僉君子의게如是仰佈ᄒᆞ야辯明ᄒᆞ오니各處에서本會名稱을假借ᄒᆞ야會를組織ᄒᆞᆷ이無케勸告ᄒᆞ사기를千萬望ᄒᆞ오며本會의英文과漢文의名稱을[illegible]合衆國公使와大韓國內部로[illegible]에認許ᄒᆞᆷ[illegible]서各道各郡[illegible]郡守의게訓令ᄒᆞ야本會ᄂᆞᆫ但京城內에만設立되고會長은奇一氏오副會長은訖法氏오會計監督은前韓國海關總稅務司栢卓安氏오會計ᄂᆞᆫ裵額氏로組織ᄒᆞᆫ會인줄로聲明ᄒᆞ고其外他靑年會에冒稱ᄒᆞᄂᆞᆫ弊를無케ᄒᆞ며本會의管轄되ᄂᆞᆫ會가無ᄒᆞᆷ을詳知케ᄒᆞᆯ지니伏惟僉君子ᄂᆞᆫ此事狀의對ᄒᆞ야確實히辯白ᄒᆞ시고本會를特別히贊成ᄒᆞ심을爲要ᄒᆞᆷ餘ᄂᆞᆫ肅此不敬

統希 照亮光武九年十一月日

皇城基督敎靑年會委員奇一丹

魚吉禮泰

東京電報

● 警視廳處分 十八日午后二時五十分發

警視廳官制改革과共히警視四名은依願免本官ᄒᆞ고二名은休職되고其他交迭이有ᄒᆞ얏ᄂᆞᆫᄃᆡ騷擾事件의責任者中에서免官된者이多數라더라

● 火藥庫爆烈後報 仝上

大阪栗谷品三氏의火藥庫砲烈은天候로爲ᄒᆞᆷ인ᄃᆡ多數被害民은栗屋房에押寄ᄒᆞ랴ᄒᆞ야警戒嚴重ᄒᆞ다더라

倫敦電報

● 德國救助會 東京發十八日午后五時

德國皇太子姚殿下게서會長이되시고救護會를組織ᄒᆞ야伊太利國베수븨어쓰噴火에遭難者를救助ᄒᆞ기에着手ᄒᆞ얏더라

● 露國新公債 仝上

露國新公債ᄂᆞᆫ五分利로二十二億五千萬루블로確定ᄒᆞ고來二十六日에發行ᄒᆞᆯ터이며其募集處所ᄂᆞᆫ巴里와倫敦과比國과露國等이라ᄒᆞ며價類은百分之八十八이오德國及美國은此公債募集에不應ᄒᆞᆫ다더라

● 京都旅舘 仝上

京都市야미旅舘은昨夜에失火ᄒᆞ야旅客中外國婦人二名이燒死ᄒᆞ얏더라

北京電報

● 南昌事件 四月十八日○時二分發

北京政府ᄂᆞᆫ南昌事件으로爲ᄒᆞ야露淸談判은中止中이오今後에會議ᄒᆞᆯ旨로每週二次式唐紹儀의게命令ᄒᆞ얏더라

● 露使聲言 仝日午後九時卅分發

本月十七日에露公使ᄂᆞᆫ唐紹儀氏를會見ᄒᆞ고自己의提議에對ᄒᆞᆫ唐紹儀氏回答의意가不滿ᄒᆞᆷ을憤然ᄒᆞ야曰貴國事를決斷ᄒᆞᆷ에躊躇ᄒᆞᆷ은誠意가無ᄒᆞᆷ을表ᄒᆞᆫ者라露國은露國의覺悟가有ᄒᆞ니予ᄂᆞᆫ卽日에在滿洲露國婦女와少年에게歸國을命ᄒᆞ깃노라ᄒᆞ얏더라

寄書

移民慘況 (續)

第三日만에各處農主가許多會集ᄒᆞ야牛羊을許擇홈갓치少不下四五人多不過三十人式分派運送ᄒᆞᆯᄉᆡ地方相距二三十里或一二百里農場으로移送ᄒᆞ야荒茫地에伐木運土ᄒᆞ기와大麻어ᄌᆞ귀田에除荆刈根홈이最多ᄒᆞᆫ苦役이라元來먹새떼(畝名)ᄂᆞᆫ長이十三四間이오廣이十二間假量이여날農主等이所欲ᄃᆡ로長廣을調定ᄒᆞ야一먹갓떼라稱ᄒᆞ고大麻라ᄂᆞᆫ種類ᄂᆞᆫ一葉의長이四五尺이오廣이六七寸인ᄃᆡ荆棘이森儼ᄒᆞ야觸刺尖鋭ᄒᆞᆫ것을一日五六먹갓떼를耘除ᄒᆞ거ᄂᆞ大麻千餘葉을摘聚ᄒᆞ여야墨銀(日貨同)三十五錢을日計ᄒᆞ니氣候ᄂᆞᆫ酷烈ᄒᆞ야寒暖計가九十度百度以上에上昇ᄒᆞᄂᆞᆫ地方에每日十餘時辰을以死勤動ᄒᆞ야도日雇三十五錢을得ᄒᆞ기極艱ᄒᆞ거날食費라稱ᄒᆞ고三十五錢中에서二十五錢을每日計除ᄒᆞ니食物은每日次下物이白米二合가드라난穀物과煎餠九片豆種一種子ᄲᅮᆫ이오衣服은下陸初에白洋木單衣二襲式分給ᄒᆞᆯᄲᅮᆫ後代價ᄂᆞᆫ雇錢으로計減ᄒᆞ얏고居處ᄂᆞᆫ土窟과恰似ᄒᆞᆫ黑闇陰室에蛇蝎毒虫은往往侵入ᄒᆞ야咬人使毒ᄒᆞ며水土不良ᄒᆞ야疾病에罹患ᄒᆞᄂᆞᆫ者ㅣ許多ᄒᆞ거날治療치아니ᄒᆞ고船에載ᄒᆞ야荒茫遠浦에廢棄ᄒᆞ고生死를不問ᄒᆞ니그殘惡홈이人類에比ᄒᆞᆯ비아니오手로毆ᄒᆞ여足으로척ᄒᆞ기ᄂᆞᆫ便同慣習을成ᄒᆞ야其虐待賤視가奴隷가아아니면犬馬라恒常恐喝曰韓國에서此地ᄭᆞ지每名航費가三百元인즉雇錢二十五錢中食費와各項費計除ᄒᆞᆫ餘額으로三百元을貯蓄ᄒᆞ고四年間에農主에利益도優多ᄒᆞᆫ然後에야去留를任自ᄒᆞᆫ다ᄒᆞ니贖身ᄒᆞᆯ歲月이豈有ᄒᆞ며殘虐과籍制가若此酷烈ᄒᆞᆯᄲᅮᆫ아니라至於近日ᄒᆞ야ᄂᆞᆫ我韓人은往來ᄭᆞ지痛禁ᄒᆞ야各停車場과各港口에嚴行團束ᄒᆞ야韓人에게ᄂᆞᆫ賣票를不許ᄒᆞ고甚至於各洞口ᄭᆞ지把守甚密ᄒᆞ야一一査問ᄒᆞ고或犯禁ᄒᆞ면嚴囚施罰ᄒᆞᆫ後農主에게通飭ᄒᆞ야本處로押交ᄒᆞ니設使錢財가有ᄒᆞᆯ지라도罪陷과網羅를脫ᄒᆞ기不必이라질病을罹ᄒᆞ야生死가迫急ᄒᆞ거나事役에困ᄒᆞ야身體疲弱ᄒᆞ야苦役을能爲치못ᄒᆞᆯ境遇에ᄂᆞᆫ野外空地에廢棄ᄒᆞ니禽獸를輕賤홈이엇지若此ᄒᆞ리오然ᄒᆞ나

未完

雜報

●一家淸風 安州郡守劉猛氏의善政實蹟은種種播傳ᄒᆞ기로向已揭載於本報어니와今에更聞ᄒᆞᆫ즉同氏가涖郡以後에廉潔不汚ᄒᆞ야尺寸之物이不及於其家라其妻子가無奈朝夕之急ᄒᆞ야典執家舍ᄒᆞ고得債苟活ᄒᆞ더니該郡人民이聞之ᄒᆞ고乃曰豈可使我侯로無一家舍乎아ᄒᆞ야鄕錢三千兩을共爲出義ᄒᆞ야不令郡守知之ᄒᆞ고持而上京ᄒᆞ야其家舍를推給코져ᄒᆞᆫ즉其妻若子가辭而却之曰家屋은雖無ᄒᆞ나豈可受此民餽ᄒᆞ야累夫子之淸德乎아ᄒᆞᆫ즉該郡人民이百般固請ᄒᆞ되終是牢却이라ᄒᆞ니同氏의刑于之化ᄂᆞᆫ令人欽歎不已로다噫此濁世에貪虐官吏가滔滔皆是어ᄂᆞᆯ惟此一家之淸風이可作千丈潭之一寸膠로다

●平民呼寃 平壤外城人民總代田德龍氏等이軍用地事로政府에請願홈은前報에已揭ᄒᆞ얏거니와該地人民이田宅을俱失ᄒᆞ야所居無處홈으로棲遑道路에其情慘惻이라ᄒᆞ고更히統監府에呼寃ᄒᆞᆫ다더라

●夢몽裏이得득錢던

●정부ᄃᆡ신제공들의교졉이ᄌᆞ번홈을확실이알지로다일젼원유회연회비ᄂᆞᆫ각부ᄃᆡ신ᄌᆞ비라난교졉비쥬각출인가

●이젼든지져러든지ᄉᆞ려니와모년ᄃᆞ일갑난날엔무엇으로갑ᄌᆞ하나아마도초경에곤이든잠동창이발가오되오히려못ᄭᆡ엿지

●잠을ᄭᆡ지못하얏나ᄭᅮᆷ을ᄭᆡ지못ᄒᆞ얏나그잠그ᄭᅮᆷ은ᄭᆡᄂᆞᆫ날은일천만환간곳업고다만남아잇슬것은債帳의관ᄲᅮᆫ이로다리두ᄉᆞ싱각ᄒᆞ면그아니답답ᄒᆞᆫ가

●ᄭᅮᆷ속에잇ᄂᆞᆫᄌᆞ를ᄭᆡ오기ᄂᆞᆫ고ᄉᆞᄒᆞ고영창갑창닷아쥬며힝여나재올ᄉᆞ라빅가지로보호ᄒᆞ니ᄭᅮᆷ속에잇ᄂᆞᆫᄌᆞᄂᆞᆫ아모란쥴모로고서신세가편안라고ᄒᆞ랴니와잠을먼저ᄭᆡ온ᄌᆞ가경국ᄃᆡ계의론차로ᄭᆡ음ᄭᆡᄂᆞᆫ엽헤안져ᄭᆡ음새기기다리면엇지답답아니ᄒᆞᆯ가

ᄭᆡ음ᄭᆡᄂᆞᆫ쟈ᄃᆡᄒᆞ야셔긔포한닝염려ᄒᆞ며열심보호ᄒᆞᄂᆞᆫᄌᆞᄂᆞᆫ그누구라일을지며ᄭᆡ음ᄭᆡ며ᄌᆞ겻헤잇셔ᄃᆡ셩질호못ᄒᆞ고셔은근이초조ᄒᆞ야ᄭᆡ음새기를바라ᄂᆞᆫ쟈그누구라일ᄂᆞᆫ손가귀잇고눈잇ᄂᆞᆫ자거의짐작ᄒᆞᆯ지로다

●빅ᄉᆞ만ᄉᆞ에셩불셩은물론하고모쳐의권고라위명하면유공불급쥬힝하니나라이망ᄒᆞᆫ일파셩명이업슬일도권고라들을손가

廣告

特別社告

非史乘이면政治之美惡와人物之臧否와風俗之汚隆를無以攷論인즉史乘者ᄂᆞᆫ非一時之공覽이라乃萬世之公案이오非自國之所可得以私也라即宇內列邦에宜所公佈키로曩者美人訖法氏之撰大東紀年이意固有在而然也라本記者ㅣ不揆僭越ᄒᆞ고於韓之史事에留心者ㅣ久矣로되在幾百年之後ᄒᆞ야要論幾百年之事가任大力綿에恐有失實之歎뿐더러鎖國自守之時代에ᄂᆞᆫ民國間諸般事爲가不過是尋常典故라不足以供世界列邦之眼目키로斷自丙子以後各國交涉時事ᄒᆞ야要爲編成一書ᄒᆞ야公諸列邦ᄒᆞ니四方有志諸君子ᄂᆞᆫ諒此苦心ᄒᆞ야丙子以後政令訓誥之所記와各國交涉之如何와臣民疏章與功罪之表著와中外俗習之沿革과忠臣義士孝子烈女之行蹟을各隨所聞所見而詳錄投示ᄒᆞ야俾此重役으로得以完成을千萬幸甚

大韓每日申報社

〇〇〇〇〇〇〇〇〇〇〇〇〇〇

本申報를廣佈ᄒᆞ기爲ᄒᆞ야咸鏡南道咸興州南社西門外居ᄒᆞᄂᆞᆫ曹喜林氏에게逐號下送ᄒᆞ오니該附近地愛讀ᄒᆞ시ᄂᆞᆫ　僉君子ᄂᆞᆫ同氏에게購覽ᄒᆞ시며代金도同氏에게傳致ᄒᆞ심을爲要

大韓每日申報社

〇〇〇〇〇〇〇〇〇〇〇〇〇〇

一 鷹標濃縮牛乳

一 金印濃縮牛乳

一 銀標家用氣化乳酪

一 보ㅣ돈쓰製造麥芽化合牛乳

以上은常時에貯積ᄒᆞ얏ᄉᆞᆸ

美國聞奇藤보ㅣ돈쓰濃結牛乳會社

一手代理店

大韓仁州港

世昌洋行

●九轉靈砂라　本人이妙方法을神備ᄒᆞ야製造ᄒᆞᆫ靈丹인ᄃᆡ男女老少에無論何症ᄒᆞ고通治ᄒᆞ오며無病時에도服ᄒᆞ면平生의身體가健康ᄒᆞ며小兒ᄂᆞᆫ四五錢重만服ᄒᆞ면十歲안에無病ᄒᆞ기를擔保ᄒᆞ오며

●九轉靈砂萬應丹은癲狂　癎症과中風諸疾과耳目諸病과淋疾에神効ᄒᆞ오

●九轉靈砂保命丹은初生小兒　驚風　癎氣　咳嗽　腹痛諸般惡과婦人帶下症에神効ᄒᆞ오

●九轉靈砂濟衆丹은酒滯　食滯　血積　吐瀉　霍亂　痢疾　吐血　下血　運氣　時疾　痳症에神効ᄒᆞ오

●九轉靈砂紫金丹은痔漏　累瘡　上疳瘡　下疳瘡及唐瘡과諸般毒瘡惡種에無不神効ᄒᆞ오니　僉君子ᄂᆞᆫ來問ᄒᆞ시오

內需司前독갑이골上隅第一家　李鎔廷　告白

以上三種은上品으로製造ᄒᆞ야衛生上에至極有益ᄒᆞ니每論蓮八ᄒᆞ고本社에來購ᄒᆞᆷ

大韓帝國仁川港

諸物紙卷烟及烟草會社

本社廣告

申報價

一張代金　新貨二錢五厘

一箇月前貰　三十錢

三箇月　九十錢

六箇月　一元七十錢

一箇年　三元四十錢

郵稅一部　新貨五厘

一箇月　十三錢

廣告料

四号活字十三字詰

每日每英尺一寸에新貨廿五錢

(每日每行에大錢에ᄀ算홈)

二周日에　二圜五十錢

(每日每行圜錢五厘에相當홈)

一箇月에　五圜

(每日每行圜錢一厘에相當홈)

其期限의長短과字行의多少를依ᄒᆞ야增減홈이有홈

大韓人마다此申報를不得不購覽ᄒᆞ실터이오니廣告出報ᄒᆞ실僉君子ᄂᆞᆫ來臨面議ᄒᆞ시옴

發行兼編輯人　英國人裴說

發行所

京城北署壽進坊磚洞号外地段衙洞

大韓每日申報社

第四卷

大韓每日申報

대한매일신보

第一百九十九號

月曜及慶節歲時日休刊

檀君開國四千二百三十九年
箕子元年三千二十八年
大韓開國五百十五年
日本明治三十九年
淸國光緖三十二年
陰曆丙午三月大二十八日乙未

論說

寄書 一畏生

嗚呼라韓國은復權日이無期ᄒᆞ고日本의巧手段이難測이로다人國을欲奪ᄒᆞᆷ에兵威로拓地ᄒᆞ며金力으로買地ᄒᆞ며干戈로殺人ᄒᆞ며政略으로服人이自昔然矣라日之於韓에無漏實施이되精神的을奪取ᄒᆞ야百年計를預算ᄒᆞᆷ은幣原坦의手段을始見이라

夫擁兵入闕ᄒᆞ야勒成條約ᄒᆞ며軍用地라稱ᄒᆞ고殖民을擴張ᄒᆞ며郵遞電線을奪取引繼ᄒᆞ며森林礦產과三面海產과家屋田土를姸取强取ᄒᆞ야客反爲主ᄒᆞ며驅民如羊에砲殺和屬ᄒᆞ야三年赴役에鐵路가國中을貫ᄒᆞ며靑山宿草에百萬白骨이被掘燒盡ᄒᆞ야

哀我人民의乃祖乃父에愁鬼惡魂이夜夜啾啾ᄒᆞ며義人烈士ᄂᆞᆫ播罪拘囚ᄒᆞ며姦輩亂類ᄂᆞᆫ利用前導ᄒᆞ며銀行券으로有形ᄒᆞᆫ物과無形ᄒᆞᆫ權을網羅買收ᄒᆞ며千萬圜으로港口를典執ᄒᆞ고消耗費에金이盡入ᄒᆞ야償還의期가無ᄒᆞ니明年에三面을典ᄒᆞ고또明年에議湖를典ᄒᆞ야不幾年에全國을擧ᄒᆞ야典簿中에沒入ᄒᆞᆯ現象이已著ᄒᆞ며大臣加俸은締約ᄒᆞᆫ功이此[illegible]가官有ᄒᆞ나國庫衍餘額인지借款消耗計인지伊藤侯私財인지[illegible]之不若犬彘ᄒᆞᆫ大臣이야奚足論哉며京部外方에顧問補佐警視兵站을排置ᄒᆞ야名稱保護나自由行動을不得케ᄒᆞ니許多受辱이皆我의自取라一朝에舊膜을掃除ᄒᆞ고實力을擴充ᄒᆞ며國權을恢復ᄒᆞᆯ一件事가君人에精神的을養成에在ᄒᆞᆷ을特ᄒᆞ야日本의行動을畏치아니ᄒᆞ얏더니

嗚呼라參與官이日文으로小學校書籍을編成ᄒᆞ야幼穉靑年에精神을奪取ᄒᆞ니併呑의慘禍가巨艦千般와大砲萬門보다優勝ᄒᆞ도다故로曰我韓에復權日無期라ᄒᆞ노니凡有子弟者ᄂᆞᆫ此時를當ᄒᆞ야日本文을敎치안코저ᄒᆞ나强制를免키難ᄒᆞ리니嗚呼同胞여愛國心이有ᄒᆞᆫ者ᄂᆞᆫ此書籍을能히不讀ᄒᆞᆯ策을深究ᄒᆞᆯ지어다

官報

●三千四百卅一號 光武十年四月二十日

◉宮廷錄事

詔曰國之有太學所以尊宗敎而養賢士也聖學之廢興由是焉世道之汚隆由是焉其關於國家者豈不重且大歟肆 本朝開國以尊道重敎爲急先務首建太學蓋有國則必有宗敎實天下萬國之所同而吾道者卽我東方數千年相傳之宗敎也其闡明興起之方匪當汲汲講求以實行之而比聞太學荒蕪而罕見有挾冊鼓篋之士朕甚憫焉其令學部不日修葺招延儒才而作育使髦譽彙征吾道彰明

光武十年四月十五日

議政府參政大臣朴齊純

軍部大臣臨時署理度支府大臣陸軍副將勳一等臣閔泳綺 謹 奏今番 義親王還朝時沿道各軍隊禮式擧行之意已有所電飭而鎭衛步兵第三大隊差晩時刻以致禮式之未行揆諸事體不勝駭然該大隊長張鳳煥爲先免官懲戒臣亦不無當時失檢之責惶恐待罪謹 奏

光武十年四月十一日奉

旨依奏卿勿待罪

宮內府大臣勳一等臣李載克謹

奏四處外 史庫所奉

列聖朝實錄曝曬之節行將遵例爲之矣開庫吉日令日官金東杓推擇則江華鼎足山城陰曆四月初八日十一日十二日江原道江陵五臺山四月二十四日閏四月初一日初七日全羅道茂朱赤裳山城四月初八日十一日十二日慶尙道奉化太白山閏四月二十七日五月初九日十三日云俱以此日推移擧行而秘書監郞現在人有難擅離以曾經入中另擇二員使之前往恐好故謹上 奏

光武十年四月十七日奉

旨依奏

奉常司副提調李芯和言事疏批旨省疏具悉所陳嘉納尾附偉給一欵令政府稟處其餘二條亦令申飭革罷

◉敍任及辭令

四月十七日

命軍法會議判士 陸軍步兵正尉洪中裕 全副尉趙重完 四月十日○免本官 鎭衛步兵第三大隊長陸軍步兵參領張鳳煥

四月十一日○依願免本官 西京豐慶宮參書官崔益煥○任西京豐慶宮參書官 正三品朴鏞臣 以上四月十二日○依願免本官 西京豐慶宮參書官朴鏞臣○任西京豐慶宮參書官 正三品崔益煥 以上四月十三日○依願免本官 秘書監丞徐相榮 西京豐慶宮參書官許[illegible] 全高永觀 主殿院電務과主事鄭麟鎭 全李圭夏 齊陵參奉鄭經朝 顯陵參奉柳稷佑○命宮內府特進官 奉常司提調沈相薰○命奉常司提調 시從院副卿洪在鳳○命시從院副卿 從二品尹養[illegible]○任秘書監丞 正三品洪承斗○任西京豐慶宮參書官 正三品崔益煥 全朴鶴銓○兼任太醫院副卿 秘書監丞洪承斗○任齊陵參奉 九品洪德周○任顯陵參奉 九品李應烈○解宮內府特進官 從二品金永典○免本官 警務廳監獄署醫師金鍾默 以上四月十七日○依願免本官 昌原監理署主事朴海遵 三和監理署主事吳一純○任三和監理署主事 徐丙殷○任昌原監理署主事 白潤晟

以上四月十八日

外報

●各國主權者의收入 世界各國의主權者中에收入이最多ᄒᆞᆫ者ᄂᆞᆫ俄國皇帝니皇室費가每年略一千七百五十萬元이오奧大利皇帝ᄂᆞᆫ每年略九百八十七萬五千元이오德國皇帝ᄂᆞᆫ每年略七百八十五萬餘元이오伊國皇帝ᄂᆞᆫ每年略六百萬元이오英國皇帝ᄂᆞᆫ每年略四百七十六萬元이오法國大統領은年俸이每年略四十八萬元이라더라

●北洋陸軍獨逸敎官 現時直隸馬廠駐箚北洋常備軍第四師團長(統制)吳鳳嶺은從來로北洋常備軍은專혀日本陸軍에倣行ᄒᆞ얏스나歐西의陸軍이最强ᄒᆞᆷ은獨逸인즉其敎官을雇聘ᄒᆞ야獨文講堂을設ᄒᆞ고將校等에게學習케ᄒᆞᆷ이必要ᄒᆞ다ᄒᆞ야袁大臣에게具書ᄒᆞ야其許可를受ᄒᆞ야獨逸武官沙爾를招聘ᄒᆞ얏다더라

●軍隊輸送數 俄國이海參威에서海路로本國에輸送ᄒᆞᆫ兵數가七萬이라ᄒᆞ더니平和克復後에本月十日까지海參威에서長崎를經ᄒᆞ야本國으로輸送ᄒᆞᆫ實際兵數가將校以下二萬二千三百四十九名이오其輸送船舶은十五隻이라더라

雜報

●閣議槪聞 昨日에政府에會ᄒᆞᆫ다ᄂᆞᆫ事ᄂᆞᆫ已揭昨報어니와其議案을槪聞ᄒᆞᆫ즉今番借欵ᄒᆞᆫ一千萬圓에對ᄒᆞ야其措實方法과國事犯特赦問題와終南山을以統監府公園地로認許ᄒᆞᆫ可否와郡守幾窠를叙任事件이라더라

●就道還入 漢城에駐在ᄒᆞᆫ日本司令官長谷川氏가觀兵式에往參ᄒᆞᆫ次로再昨日歸國ᄒᆞᆯ道에就ᄒᆞ얏다가伊藤統監이何事件을緊議ᄒᆞ기爲ᄒᆞ야召還入城ᄒᆞ얏다ᄂᆞᆫ巷說이有ᄒᆞ더라

●投印辭職 慶尙北道高靈郡守沈宗鎭氏ᄂᆞᆫ該道觀察使와不和ᄒᆞᆫ事由가有ᄒᆞ야投印於觀察府ᄒᆞ고仍爲上京ᄒᆞ야內部에請願辭遞ᄒᆞ얏다더라

●理無兩是 向日一進會에서平理院判事李健鎬를免官ᄒᆞ라고政府에勸告ᄒᆞᆫ[illegible]으로李判事가該會長과對質裁判케ᄒᆞ라고法部에請願ᄒᆞᆫ事ᄂᆞᆫ已揭前報어니와該事件이尙未妥和ᄒᆞ야法部에서平理院으로訓令ᄒᆞ고該會長을拿致査覈ᄒᆞ야該員이果有誤決之訟이던擬以枉法之律ᄒᆞ고該會長이如或不實이어던誣告之律케ᄒᆞ라ᄒᆞᆫ다더라

●[illegible]長李允用氏[illegible] 前御史李承旭[illegible]에對ᄒᆞ야嫌避도[illegible] 고該事를落着코저大端運動中이라더라

●日人作弊禁令 政府에서內部로照復ᄒᆞ기를貴照會를因ᄒᆞ야日本統監府로行文ᄒᆞ얏더니回復內에平安南北道鐵道工事上에使用人夫之苦情과買收各處松樹及其他有關日本人夫等之行爲一事ᄂᆞᆫ我軍事當局者가極盡愼重之考慮矣니無論何等事件ᄒᆞ고發生之際에當該地方官이細具事實ᄒᆞ야由陳於該地駐屯我官憲이면其於措處에當無躕躇ᄒᆞ리니將此訓示各地方官ᄒᆞ야俾無誤解事等因인바行飭各郡ᄒᆞ야嗣後遇有日本兵民之滋弊어든附近該國官憲의게迅行交涉ᄒᆞ야俾無一民寃枉케ᄒᆞ라ᄒᆞ얏다더라

●大官入會 自來韓廷大官이無獨立之思想ᄒᆞ고專庸依附之態라是以로幾年之間을諂附俄人ᄒᆞ야擧森林礦産等而與之ᄒᆞ고曳尾納諂ᄒᆞ야以圖一朝之苟息이라가極東之戰雲이一起ᄒᆞ여見日兵之勢大ᄒᆞ고又以附俄之態로附於日ᄒᆞ야假置用之地ᄒᆞ며讓漁採之利ᄒᆞ야時日揚眉에狗苟蠅營이無過是慮位官爵이러니彼以越橋之杖으로抛而棄之ᄒᆞ니彷徨顧眄에無所依附ᄒᆞ야某某大官이皆入於日本之奴隷會라ᄒᆞ니彼若一遭其薄言之怒ᄒᆞ면亦不免泥中之歎인바何暇에顧其奴隷之奴乎아必也韓廷大官은如窮人無所歸라ᄒᆞ고投書於箭會이기本記者亦憐而揭載ᄒᆞ노라

●一進査財 一進會財務員嚴柱永氏가該會財政을掌理ᄒᆞ더[illegible]니게如何ᄒᆞᆫ情弊ㄴ有ᄒᆞᆫ지同氏의文簿ᄅᆞᆯ檢査ᄒᆞ며同氏와去來ᄒᆞᄂᆞᆫ人에게會員을派送ᄒᆞ며或招來ᄒᆞ야審査ᄒᆞᆫ다더라

●咸察新任 咸鏡南道觀察使申箕善氏ᄂᆞᆫ遞任되고正二品金嘉鎭氏가被命ᄒᆞ얏더라

●敎人會期 天道敎主孫秉熙氏가各敎區에指揮ᄒᆞ야諸敎人은來五月初에一齊上京ᄒᆞ라ᄒᆞ얏다더라

●婦人義捐 平壤大主敎靑年會長康信英氏가敎育에熱心ᄒᆞ야新貨二百元을義捐ᄒᆞ고其外有志諸人도各有捐助ᄒᆞ야小學校를設立ᄒᆞ고高等科를敎授ᄒᆞᄂᆞᆫ데婦人에도捐助가多ᄒᆞ야楊進士洛鉉夫人李氏ᄂᆞᆫ學舍와新貨二十元을捐助ᄒᆞ고韓召史ᄂᆞᆫ家勢不贍ᄒᆞ되新貨十元을義捐ᄒᆞ엿다ᄒᆞ니婦人도이갓치熱心ᄒᆞ니敎育發達을可[illegible]ᄒᆞ더라

●道堂將建 桂[illegible]一趙[illegible]氏舊基ᄒᆞ니韓[illegible]福址로稱道ᄒᆞᄂᆞᆫ바이라[illegible]敎에서道堂을建築ᄒᆞᆯ계劃으로該基址을買收ᄒᆞ고其建築費ᄂᆞᆫ一進會及天道敎人에게聚斂ᄒᆞᆯ터이라ᄒᆞᄂᆞᆫ되年來에一進會員이或稱孫先生之補助라ᄒᆞ며或稱日本北進軍之義捐이라ᄒᆞ며遊學生之旅費라ᄒᆞ며銀行之設立이라ᄒᆞ야式收日斂에擧皆賣犢賣鼎ᄒᆞ니天道敎이던지地道堂이던지一毫一沙를更難辦出이라ᄒᆞ야是非가紛紛ᄒᆞ다ᄒᆞ니將用何說而誘惑蚩氓일런지天道堂은從難建立이라고巷說이如此ᄒᆞ다더라

●紙社實施 前檢劇官吳圭熙氏가造紙用達支社長으로營業上發達ᄒᆞ기爲ᄒᆞ야慶尙南北道에實施次로日間發行ᄒᆞᆫ다더라

●撤祠建學

黃州郡守朴元敎氏가學部에報告ᄒᆞ얏스되本郡義塾學校監督金道彬書記李元敬請願을據ᄒᆞᆫ즉內開에世界列邦에無城隍祠君叢祠佛宇로되其國이富强ᄒᆞ야角勝於天下而惟獨大韓은常存淫祠之習ᄒᆞ야三日齋七日戒에未聞降福ᄒᆞ고反爲降災ᄒᆞ니推此觀之컨ᄃᆡ彼無知之鬼가春秋二丁에徒費困民之牛猪而已오別無享福之奇術이온즉曰城隍府若曰叢祠佛宇가於國於民에豈非孟浪虛誕乎잇가矣等이特設義務學校ᄒᆞ고雇聘敎師에晝宵學習이오나以財政不足으로甚爲悶欵이옵더니今聞自平安道江西郡으로何以영惜이온지郡內所在城황之材木基址와寺刹之田畓材瓦를散賣移付於學校이온즉本郡도亦報于學部ᄒᆞ와境內所在四百八十二間城隍材木基址와寺刹田畓材瓦를付于學校事等因이온바聽此所願ᄒᆞ고察其列邦ᄒᆞ면非城隍佛宇라도文明於天下이오되至於大韓ᄒᆞ와ᄂᆞᆫ虛尊淫祀를未知據何設置이옵던지徒費民財ᄒᆞ고別無享福者가實係孟浪虛誕이고且古聖之淫祀無福과基督之不事魔奴云者豈非大戒이오며今此學校設立은敎育發達에乃是富强基礎故로玆以報告ᄒᆞ오니以興學之方針으로特下許可ᄒᆞ와期圖普通敎育이라ᄒᆞ얏더라

●桂校無雙 桂山學校宏大ᄒᆞᆫ狀況은前報에屢揭어니와該校校長은閔衡植氏오校監柳瑾敎師安景運元詠義尹柱赫體操敎師參尉李學瑛趙瑗熙諸氏ᄂᆞᆫ蓋一時之極選이니라敎育上熱心은已無可言이고凡所導率之方과訓迪之道가秩然有條有理ᄒᆞᆷ으로百餘名學徒들이擧皆踴躍奮發ᄒᆞ고專意向學ᄒᆞ야業務之日進이居然雄覵諸校라ᄒᆞ니來頭學問之巨擘과人材之翹楚가未必不在於此中이라吾儕ᄂᆞᆫ深爲學徒諸人賀ᄒᆞ며亦爲敎師諸氏ᄒᆞ야艶羨不已ᄒᆞ노라

●報告民擾 黃海道觀察高永喜氏가內部로報告ᄒᆞᆫ內槩에載寧郡守秦興晟이因平壤留駐日本司令部公函ᄒᆞ야長斫木七百五十貫請求事에對ᄒᆞ야防備次로馳往平壤之中에該郡三坊人民等이踢破官門ᄒᆞ고突入東軒ᄒᆞ야毁掘房突ᄒᆞ고無數作梗之際에봉山郡日憲兵二人이適爲來到라가見此駭怪ᄒᆞ고拔刀攔住則民皆逃散而狀頭則閔孝植이라ᄒᆞ온바以信川郡守李容弼로差定該郡署理ᄒᆞ야使之査報矣러니該查報內槩에閔孝植等이以陳結還俵事와乙巳結에二分五里加排事로作鬧ᄒᆞᆫ거신되以郡守言之면縱非刱始而依已例者나亦未免偸弄이니揆以法紀에不可無懲이오民擾狀頭閔孝植은設有民寃이면訴官呈府ᄒᆞ야以待公處가乃是爲民之道理어ᄂᆞᆯ嘯聚徒黨ᄒᆞ야打破官門이已極駭瞠이기爲先捉囚ᄒᆞ고其餘同謀諸人도議訓捉上之意로指飭該郡이라ᄒᆞ얏더라

●土木會社 近日京城內에土木會社를創設ᄒᆞᆯ意로農商工部에請願ᄒᆞ야特許를得ᄒᆞ얏ᄂᆞᆫ데其目的인즉大內土木建築의役을擔任ᄒᆞ야自國의工費利益이外人의手에津越케아니ᄒᆞᆯ趣旨라더라

東京電報

●通信無期 四月十九日午后六時發

桑港地震으로爲ᄒᆞ야該地與日本間通信은無期限으로遲延될旨로日本遞信省에報告가有ᄒᆞ더라

●露日協會 上仝

戰爭으로爲ᄒᆞ야中止되얏ᄂᆞᆫ露日協會ᄂᆞᆫ明日總會를開ᄒᆞ고今後의發展策을協議ᄒᆞᆫ다더라

倫敦電報

●桑港大地震 四月十九日午后三時半發

桑港에大地震이起ᄒᆞ야其損害額이一億弗이오死者가三百名餘요目今에도市街ᄂᆞᆫ盛히燒火ᄒᆞᆫ다더라

●耶蘇復活祭 上仝

動亂을豫期ᄒᆞ얏든露國耶蘇復活祭ᄂᆞᆫ無事經過ᄒᆞ얏더라

●士官優遇 仝六時發

英國리버풀市長은香取艦回航事出張中인日本海軍士官을饗應ᄒᆞ얏다더라

寄書

移民慘況 (續)

吾等中六人은廢棄中에一線生脈을得ᄒᆞ야終身險地를脫ᄒᆞ얏스니至今거樓層無依ᄒᆞ야困苦莫甚ᄒᆞᄂᆞ馬利多를回想ᄒᆞ면極樂地를得ᄒᆞᆫ갓고同胞의慘境을言念ᄒᆞ면骨寒心痛ᄒᆞ야不覺淚下ᄒᆞᆯ지라故國을顧念ᄒᆞ니海、이渺茫ᄒᆞ고身勢를思量ᄒᆞ니生死가悽凉이라書信을難通ᄒᆞ야哀情을未訴ᄒᆞ고但天地만叫泣ᄒᆞ더니天人이明感ᄒᆞ사貴會의盛念을蒙ᄒᆞ야特派探査ᄒᆞ니感激無比ᄒᆞ오이다然ᄒᆞᄂᆞ躬往親査ᄒᆞᆯ事에對ᄒᆞ야ᄂᆞᆫ極히仰告ᄒᆞ오니吾人等의往事와現狀이已上所陳에毫不相左라該地方서지躬往ᄒᆞᆯ슈도難ᄒᆞ거니와設或冒險이往ᄒᆞᆫ들廣濶ᄒᆞᆫ地方許多農場에道路가危險ᄒᆞ고人心이悖惡ᄒᆞ야實地査得ᄒᆞᆯ슈도萬無ᄒᆞ오며且我韓人의行旅ᄂᆞᆫ尤極危難ᄒᆞᆫ것이各般事實이漏泄될가ᄒᆞ야韓人의蹤跡을永杜ᄒᆞᆯ計策으로平壤人朴永順氏가淸人居留處에人蔘販賣次往來ᄒᆞᆷ을探客이라指目ᄒᆞ야投獄逞命ᄒᆞ라ᄒᆞᆷ을淸人이預報朴氏ᄒᆞ야幸免酷禍ᄒᆞᆫ前證이照然ᄒᆞ니勿往該地ᄒᆞᆯ라ᄒᆞ옵기兩條詳記ᄒᆞ오며至於躬査ᄒᆞᆯ事ᄂᆞᆫ悖地疎法에誤禍를罹ᄒᆞᆯ憂慮ᄂᆞᆫ可畏ᄒᆞᆯ비ㅣ無ᄒᆞᄂᆞ一但回還旅費가不足ᄒᆞ오며更加査調ᄒᆞᆯ것이無ᄒᆞ고政府에交涉이아니면我民의困歎을解贖지못ᄒᆞᆯ지라故로二月初에發程渡美ᄒᆞ야美國南方移民會社와相議ᄒᆞ야移住ᄒᆞᆯ方策을講究ᄒᆞ되私力으로ᄂᆞᆫ方向이無ᄒᆞ오니極히憫沓와ᄒᆞ셔玆에報告ᄒᆞᄂᆞ이다　完

雜報

●限滿放送　全羅南道莞島郡薪智島十年流配罪人李範疇氏와智島郡黑山島流十年罪人全畯基氏ᄂᆞᆫ曾於開國五百五年四月에發配되얏ᄂᆞᆫ디今既限滿ᄒᆞᆫ으로依例放送次法部大臣李夏榮氏가上 奏裁可ᄒᆞ얏다더라

●査官請警　忠淸北道堤川郡致死女人柳召史獄事에初査官淸風郡守李秉化氏와覆査官延豊郡守許 梅氏가該獄正犯趙孟道의所犯情節을査覈ᄒᆞᆫ時에該犯之弟趙孟三의게取供ᄒᆞ야立證決案ᄒᆞᆫ지라兄獄證弟가有失按獄之體라ᄒᆞ야法部에서該兩郡守를從重施警ᄒᆞ라고內部로照會ᄒᆞ얏다더라

●한裁廢務　日昨에警務西署巡檢一名과중署巡檢一名이醉酒攔入於한城裁判所ᄒᆞ야有何酗酒이든지自한裁로捉囚照律ᄒᆞ야一箇月禁獄에處ᄒᆞ얏ᄂᆞᆫ디該事件으로日本警部土方氏와중署擔巡崔惠氏가該所에前往ᄒᆞ야其執法之無理을多般詰問ᄒᆞ며日巡査가亦爲間間來到ᄒᆞ야逼迫이滋甚ᄒᆞᆫ故로該所判事以下諸氏가辭職請願書를提出ᄒᆞ고方在廢務중이라더라

●平民何保　平壤通信을據ᄒᆞᆫ則近日에外城等地에ᄂᆞᆫ大砲幾十門을會合ᄒᆞ야有似乎示威的行動이라ᄒᆞ야民多疑懼ᄒᆞ고城內에ᄂᆞᆫ高燥ᄒᆞᆫ處ᄂᆞᆫ軍兵의避暑에必要ᄒᆞ다ᄒᆞ야民家을占據ᄒᆞ고其餘大家ᄂᆞᆫ姑爲借居ᄒᆞᆫ다ᄒᆞ야民皆失巢라고寃聲이藉藉ᄒᆞ다더라

●日新學校趣旨書

夫國家之隆替關乎人才之盛衰民智之明昧而欲其人才開民智則必資教育焉耳噫我大韓挽近以來教育不振學校廢壞以致民智昧弱國力萎靡馴至今日之辱嗚呼尙忍言哉然反而省之莫非吾人之自取盖我國積弊世之昇平久踵鎖屋之中忽聞隣人之動作閉戶覘之所有田園已屬他人耕作所處房屋亦被傍人寢息所存者惟身而已然其回復之責在於此身肩上則此今日若頓醒而奮發豈無振起挽回之日哉吾儕欲不負國民之責務而克圖自由之權利必須以公益爲心痛滌鄙吝之陋習共發愛國之血誠奮然振興學務刷新教育使幼年子弟增其智識成其材器可以挽此衰頹之勢復其完全之權

此日新學校之所以設立而前此錬學會之組織實爲其基礎而維玆西京物衆地大爲國雄都其山河所鍾人傑輩出固非餘郡之可比吾人當此萬難不顧千辛苟能齊識團聚擴張校務俾教育事業日新又新蒸蒸發達則不惟吾儕之前步日就於文明我國家維新之休命亦權輿於此矣然則此日新學校之名當與丹峯과水永壽無窮矣於乎可不勉哉可不勗哉

發起人崔叡恒郭龍勛金壽哲金興淵孫壽卿安在敬金宗鎬林鳳周朴璇根金永龍朴尙純이더라

廣告

特別社告

非史乘이면政治之美惡와人物之臧否와風俗之汚隆을無以攷論인즉史乘者는非一時之공覽이라乃萬世之公案이오非自國之所可得以私也라印宇內列邦에宜所公佈키로爲者美人訖法氏之撰大東紀年이意固有在而然也라本記者ㅣ不揆僭越하고於韓之史事에留心者ㅣ久矣로되在幾百年之後하야要論幾百年之事가任大力綿에恐有失實之歎일머러鎖國自守之時代에는民國間諸般事爲가不過是尋常典故라不足以供世界列邦之眼目키로斷自丙子以後各國交涉時事하야要爲編成一書하야公諸列邦하니四方有志諸君子는諒此苦心하야丙子以後政令訓誥之所記와各國交涉之如何와臣民疏章與功罪之表著와中外俗習之沿革과忠臣義士孝子烈女之行蹟을各隨所聞所見而詳錄投示하야俾此重役으로得以完成을千萬幸甚

大韓每日申報社

○○○○○○○○○○○○○○○

本申報를廣佈ᄒ기爲하야咸鏡南道咸興州南社西門外居하는曹喜林氏에게逐號下送하오니該附近地愛讀하시는 僉君子는同氏에게購覽하시며代金도同氏에게傳致하심을爲要

大韓每日申報社

○○○○○○○○○○○○○○○

發行兼編輯人 英國人裵說
發行所
京城北署壽進坊[illegible]外地[illegible]學校[illegible]
大韓每日申報社

大韓每日申報
대한매일신보
第四卷 第二百卅號

月曜及慶節歲時日休刊

檀君開國四千二百三十九年
箕子元年三千二十八年
大韓開國五百十五年
日本明治三十九年
淸國光緖三十二年
陰曆丙午三月大二十九日丙申

論說

日警之暴

嗚呼라大韓二千萬人衆의運命이慘矣慘矣오悲哉悲哉로다今에日人이韓人을何如히待遇하ᄂᆞ뇨例謂之奴隸待遇라하나以余觀之컨ᄃᆡ奴隸待遇를適非可望이로다

所謂奴隸者ᄂᆞᆫ不過賤待之稱이니生命은猶可保也어니와現韓人의情況은生命을莫保矣니豈但奴隸라謂ᄒᆞ리오直是魚肉而已로다日人의諸般虐待ᄂᆞᆫ且置勿論ᄒᆞ고

但以警務執行으로觀之ᄒᆞ라由來韓國法律이雖曰苛酷이나猶且罪犯의輕重을擬ᄒᆞ야刑罰을施ᄒᆞ얏거니와日人이警務의着手ᄒᆞᆫ後로브터ᄂᆞᆫ有罪無罪와輕犯重犯을莫論ᄒᆞ고

不幸히押囚를被ᄒᆞᆫ者ᄂᆞᆫ結縛과枷鎖와周牢와亂杖의제般惡刑을無所不施ᄒᆞ야脚을折ᄒᆞ며趾를墮ᄒᆞᆫ者ㅣ不知其數라ᄒᆞ니世界萬國에如此ᄒᆞᆫ亂政혹刑은果是未聞이로다且韓國內에多數ᄒᆞᆫ奸民이以其私嫌으로虛言을揑造ᄒᆞ야曰排日黨이니曰某邊運動者이니ᄒᆞ야誣告가有ᄒᆞ면其虛實은不問ᄒᆞ고直行捕捉ᄒᆞᄂᆞᆫᄃᆡ併其被押者의所親之人도連累가되야無故橫罹者가相續不絕ᄒᆞ니哀此韓人이擧皆重足而立ᄒᆞ고屏息而處ᄒᆞ야惴惴慄慄에莫保朝夕ᄒᆞ니豈不哀哉아

現以李軍大事件으로言之라도或因疑似ᄒᆞ며或由亂供ᄒᆞ야蔓延連累가至爲數百人이오延拖歲月에未有結案之期ᄒᆞ니未知케라李軍大所遭가出於箇人之私怨乎아由於公衆之興憤乎아若以公衆之興憤으로此事가出ᄒᆞ얏다謂ᄒᆞᆯ진ᄃᆡ新條約事件에取國人之怨毒者가非獨李軍大一人이라豈其泄恨이偏在於李軍大身上이리오

李軍大가曾是警衛院機管의權利로結其私怨者가想亦多矣어ᄂᆞᆯ乃謂此事가出於公衆之憤이라ᄒᆞ야欲其肆毒於公衆社會ᄒᆞ야積怨於世人者가愈益增多ᄒᆞ니是豈李軍大之福耶아

彼日人이借此事件ᄒᆞ야一切韓人의不平之氣를蹂躪粉碎코져ᄒᆞᆷ이니噫其爲計가至慘至毒이라尙忍言哉며尙忍言哉아

官報

●三千四百卅三號 光武十年四月二十一日

◉宮廷錄事

草土臣李載覺寅蒙生成之恩疏 批旨省疏具悉情勢固然所請依施

시從院副卿尹義淳辭職疏 批旨省疏具悉所請依施 以上四月十七日

◉敍任及辭令

依願免本官 慶尙北道觀察府主事申鼎雨○任慶尙北道觀察府主事 申轍雨 以上四月十七日○任贊謀官 陸軍副將義親王 堈○命시從院副卿 羅州郡守李峻季○依願免本官 宮內府大臣官房秘書官金圭鎭 弘文館시講任百瑛 秘書監郞朴海昌 法官養成所敎官柳東作 黃海道觀察府主事李愈善 咸鏡道觀察府主事任慶鎬 鎭衛第二大隊特務正校方遠根 江原道觀察府公立小學校敎員金啓明 東萊港公立小學校敎員閔觀鉉○任宮內府大臣官房秘書官 正三品韓應履○任弘文館시講 六品蔡東燮○任秘書監郞 九品姜景熙○任鎭衛第二大隊特務正校 林○義○任黃海道觀察府主事 朴世爾 ○任 鏡北道觀察府主事 鄭相吉○任東萊港公立小學校敎員 前敎員朴熙命 以上四月十八日

彙報

度支部分課規程 令

第五條 司稅局에左開三課를置ᄒᆞ야其事務를分掌케ᄒᆞᆷ이라

正稅課 各稅課 量地課

第六條 正稅課에서ᄂᆞᆫ左開事務를掌ᄒᆞᆷ이라

一 田稅及有稅地에關ᄒᆞᆫ事項

二 租稅의賦課徵收에關ᄒᆞᆫ事項

三 稅務의管理監督에關ᄒᆞᆫ事項

四 租稅收入의預算決算에關ᄒᆞᆫ事項

五 有稅地名目變幻에關ᄒᆞᆫ事項

第七條 各稅課에서ᄂᆞᆫ左開事務를掌ᄒᆞᆷ이라

一 租稅以外各稅及關稅의賦課徵收에關ᄒᆞᆫ事項

二 官有財産收入及官業收入官業利益金罰金沒收金諸規費其他各收入에關ᄒᆞᆫ事項

三 稅關監督에關ᄒᆞᆫ事項

四 稅關輸出輸入의狀況調査에關ᄒᆞᆫ事項

五 內外國貿易船舶及輸出入品의監督에關ᄒᆞᆫ事項

六 各稅及各收入並關稅의預算決算에關ᄒᆞᆫ事項

第八條 量地課에서ᄂᆞᆫ左開事務를掌ᄒᆞᆷ이라

一 土地測量에關ᄒᆞᆫ事項

二 量案調査修正及出納保存의關ᄒᆞᆫ事項

第九條 司計局에左開二課를置ᄒᆞ야其事務를分掌케ᄒᆞᆷ이라

經理課 監査課

第十條 經理課에서ᄂᆞᆫ左開事務를掌ᄒᆞᆷ이라

一 歲入歲出預算決算에關ᄒᆞᆫ事項

二 預算款項의挪用及預算外支出에關ᄒᆞᆫ事項

三 收入支出科目에關ᄒᆞᆫ事項

未完

外報

●日德伊의減兵 德國은北京의駐屯軍減少ᄒᆞᆷ이業已一千九名은歸國ᄒᆞ고伊太利도亦近近히減兵ᄒᆞᆫ다ᄂᆞᆫᄃᆡ日本에셔他國과如히近近히減少ᄒᆞᆯ方針이라더라

●制度調査 十五日北京發電을據ᄒᆞᆫ則淸國練兵處에셔ᄂᆞᆫ武官數名을日本에派送ᄒᆞ야皇室衛戍守兵制度를調査ᄒᆞ고此를採用ᄒᆞ기로決定ᄒᆞ얏더라

●將軍態度 十五日遼陽電報를據ᄒᆞᆫ則奉天將軍趙爾巽氏ᄂᆞᆫ宮庭內의彈劾을不堪ᄒᆞ야今番에鐵道敷設ᄒᆞᆫ土地賣買等을日本의主張에對ᄒᆞ야絕對的으로强硬ᄒᆞᆫ態度를執ᄒᆞ기로決定ᄒᆞ얏다더라

●合爾混亂 本月二日來로烏港에셔砲兵二箇大隊를合爾賓으로派ᄒᆞ야發ᄒᆞ고且彈藥糧食等을合爾賓으로輸送ᄒᆞᆷ을因ᄒᆞ야烏港에在留者ᄂᆞᆫ擧皆合爾賓에狀態 何ᄒᆞᆷ을憂慮ᄒᆞ더니翌朝에合爾賓에셔逃來ᄒᆞᆫ支那商人等의話를聞ᄒᆞᆫ則合爾賓에ᄂᆞᆫ更히暴徒가起ᄒᆞ야[illegible]數名이暴徒兵士의狙擊을受ᄒᆞ야負傷ᄒᆞ고[illegible]이同地를[illegible]

寄書

鶴陰山人

千萬元之一大消融方法

頃日에皇城子ㅣ水道의敷設과道路의修築等事目으로써一千萬元消融方法이라ᄒᆞ야千言萬語로縷縷說明ᄒᆞᆷ은過論이라可히謂ᄒᆞᆯ지나水道의敷設은稅金을收ᄒᆞᆯ거시오道路의修築은行旅에便ᄒᆞ리니其消融方法은오히려利國便民의事業이라謂ᄒᆞ려니와一大消方法을弄ᄒᆞ야三千里江山을債券에借渡코져ᄒᆞᆷ은名大官의月俸을增加ᄒᆞᆷ과交接費를支撥ᄒᆞᆷ에在ᄒᆞ다ᄒᆞ리로다

大抵俸給과各費가歲入과歲出을豫算表로比較ᄒᆞ야歲出摠額이歲入摠額보다高ᄒᆞᆷ이無케ᄒᆞᆷ이니當年度豫算은一毫一里를可히增減치못ᄒᆞᆯ지라所以로交接費라名稱ᄒᆞ고巨額의金을支撥ᄒᆞ야尸位素餐으로蠹國害民ᄒᆞᄂᆞᆫ各大官의花套場의資本을助ᄒᆞ며色界上에用費을補ᄒᆞ니嗚呼痛哉로다

明年度豫算에도原俸도增算ᄒᆞ고交接費도加撥ᄒᆞᆯ거시오또大官의祿俸을增益ᄒᆞᆯ진ᄃᆡ一般官吏와員役輩의月給은엇지增撥을不爲ᄒᆞ리오如此히艱絀ᄒᆞᆫ國庫에許多히增撥ᄒᆞᆯ豫算이豈有ᄒᆞᆫ가

決코借欵ᄒᆞᆫ一千萬元中으로支撥치아니면他道가無ᄒᆞ리니此交接費의支撥은一千萬元소融方法의一大嚆梢라確信ᄒᆞᆯ지니嗟乎라執政諸公이여此交接費를歡迎甘受ᄒᆞᆷ이於心에安乎아國稅를增加ᄒᆞᆯ지언졍外債를濫用ᄒᆞ면埃及의覆轍을復蹈ᄒᆞ고他人의奴隷를難免ᄒᆞ리니嗚呼痛哉라當局諸公은胡不省悟며國民上下ᄂᆞᆫ胡不省悟오

雜報

●到處占地 統營沿岸築阜事로前者에日本瀛船神龍丸船主가交涉于韓國官吏事ᄂᆞᆫ本報에已揭어니와該地築阜ᄂᆞᆫ農部에셔前依本國人셜國卿請願ᄒᆞ야業已認許ᄒᆞ얏다ᄒᆞ고追後報聞ᄒᆞᆫ즉該船主노卽是濟州島事件에奸細를紹介ᄒᆞ야欲得認準ᄒᆞ돈望月이라ᄒᆞᄂᆞᆫ有資力家인ᄃᆡ內地航行의條約을憑據ᄒᆞ고到處沿岸에土地占得ᄒᆞᆯ計劃이라ᄒᆞ니豈不寒心哉리오當局執事며當地人民은若不十分猛省이면疆土가日縮ᄒᆞᆯ깃더라

●花柳監督 日本에駐在ᄒᆞᆫ韓國留學生監督韓致愈氏ᄂᆞᆫ學生監督에ᄂᆞᆫ勤勉치아니ᄒᆞ고每日花柳界에셔消遣ᄒᆞ며學生이或時往訪ᄒᆞ면稱病不見ᄒᆞ니如此ᄒᆞᆫ監督은有不如無라ᄒᆞ야學生諸氏가慨歎ᄒᆞᆫ다더라

●律社不革 協律社ᄂᆞᆫ鄭衛之淫聲이라蕩人心性ᄒᆞ고獵取民財ᄒᆞᄂᆞᆫ惡獘를各報館이屢屢痛論ᄒᆞ얏고加之李苾和氏의疏論이有ᄒᆞᆷ으로申飭革罷ᄒᆞ라신批旨가有ᄒᆞ얏스나更히傳說을聞ᄒᆞᆫ즉伊藤侯가原來風流를嗜好ᄒᆞᄂᆞᆫ지라韓國官人들이同侯의娛樂을供ᄒᆞ기爲ᄒᆞ야該社를設始ᄒᆞᆷ인즉革罷가되지못ᄒᆞ리라더라

●富豪來韓 美國有名ᄒᆞᆫ富豪紐育銀行家ᄊᆡ幸氏ᄂᆞᆫ十二名夥件을帶同ᄒᆞ고來五月五日에京城에到着ᄒᆞ야十日間滯留ᄒᆞᆯ터이라더라

●大官不法 韓國大官들이交接費二百五十元式增給을得ᄒᆞᆷ이伊藤侯의恩惠를感激ᄒᆞ며自巳得食에奔忙ᄒᆞ야 韓皇陛下의俸給勅令도想覺치못ᄒᆞ얏ᄂᆞᆫᄃᆡ一般輿論이峻發ᄒᆞ야諸大臣의無法ᄒᆞᆫ行爲를論駁ᄒᆞ야曰俸給을增減ᄒᆞᆯ야면俸給勅令을上奏改正ᄒᆞᆫ然後에實施ᄒᆞᄂᆞᆫ거사어날但以得食爲幸ᄒᆞ야國法의違越을不顧ᄒᆞ니是ᄂᆞᆫ但知有伊藤統監이오不知有君父者라ᄒᆞ야辱說이紛紛ᄒᆞ다더라

●統監歸國 日本伊藤統監이관兵式에進參次歸國ᄒᆞᆫ다ᄂᆞᆫ事ᄂᆞᆫ已揭前報어니와同氏가昨日上午에京釜鐵道第一番瀛車로發行하얏ᄂᆞᆫᄃᆡ韓廷各大官이停車場에出往餞送하얏다더라

●親王渡日 義親王殿下ᄭᅴ셔ᄂᆞᆫ隨員韓膺履氏以下졔人을帶同하고本日上午七時半에釜山瀛車로渡日次發程하시ᄂᆞᆫᄃᆡ各部大臣以下졔氏와警務使以下警務官이巡檢巻領率하고停車場에出往警衛하고警務官洪璽鉉氏ᄂᆞᆫ巡檢幾人을領率하고同瀛車로釜山ᄭᆞ지陪行警衛ᄒᆞᆫ다더라

●親王回國期 義親王殿下의渡日하신事ᄂᆞᆫ上項과如하거니와同殿下의回國期ᄂᆞᆫ四週日間으로預定하셧다더라

●金氏被訴 前光州관察使金世基氏ᄂᆞᆫ관察在任時에洪州居趙達天의게紹介하야長湍郡結錢中葉一萬五千兩을나用하고至于今延拖不報하ᄂᆞᆫᄃᆡ趙達天이近以他處負債一千兩事로被訴在囚가已經月餘이되金氏가頓不顧見ᄒᆞᆷ의其憾情이激忿하야亦爲擧訴于한城裁判所이나金氏ᄂᆞᆫ有力之人이라其呈訴가無効에歸ᄒᆞᆯ가疑慮ᄒᆞᆫ다더라

●曠俸減俸 智島郡守洪世泳氏ᄂᆞᆫ該道관察使의게受由歸第ᄒᆞᆫ지가已過三朔에尙不還任ᄒᆞᆫ故로內部에셔該郡守를一箇月減俸에處罰하고還官을催促하얏다더라

●外人監督 內部에셔日昨統監府에照會ᄒᆞ야治道局監督을該府官人中으로任命ᄒᆞᆫ事를聲明ᄒᆞ얏다ᄒᆞ니內部에셔外國人으로該局監督을任命ᄒᆞᄂᆞᆫ權限이有ᄒᆞᆫ지

●郡守六窠 昨日政府會議에郡守六窠를奏下하얏ᄂᆞᆫᄃᆡ昆陽玄燦鳳龍仁張允遠載寧李峻奎南原中性均高靈尹夏榮驪州李億諸氏더라

●法訓한裁 한城裁判所에셔巡檢崔斗鉉等을以使酒律로一箇月禁獄에[illegible]辦ᄒᆞᆫ事에對하야日本警務補佐官의게見困難耐하야判檢事가一齊告退履務ᄒᆞᆫ事ᄂᆞᆫ已揭昨報어니와該事件으로昨日法部에셔該所로訓令하기를巡檢之照律은法固當然이거날崔憲與日海補佐官補土方源之助의專來騷詰은塞出權外妄想이라第當隨直措處하려니와當此事務之殷繁하야一日滯案이極涉悶隘이니到卽如例視事하야倍加惕念케하라하얏다더라

●匪貸伊捐 平壤四崇學校에副尉方興周氏가錢幾百兩을先貸하얏다ᄒᆞ고前報에記載하얏더니更聞ᄒᆞᆫ즉該氏의本意가靑年敎育에對하야雖巨大ᄒᆞᆫ金이라도義연ᄒᆞᆯ思想이有ᄒᆞᆫ則這間支出ᄒᆞᆫ畧干金額을待其義金收聚하야還推ᄒᆞᆫ다ᄒᆞᆷ은決코同氏의注意가아니라고하더라

●濟牧貪饕 濟州牧績鍾恒氏가莅任周年에剝之又剝라가更無餘剝ᄒᆞ야北門內山底泉邊植木成林ᄒᆞᆫ公有地를梁妻의게以五百金으로賣食ᄒᆞ고濟州 進上物種來納人의留宿ᄒᆞᆫ瓦家八十三間과釜鼎鍮器等物을先聖朝게셔賜給ᄒᆞ신거슬該氏가京邸吏擧行時에盡爲賣食ᄒᆞ니公私間無論某件하고逢輒喫之하거날主薦ᄒᆞᆫ某大臣은該氏를爲하야熱心으로某海에周旋ᄒᆞᆫ다니濟州十萬生靈이慘禍를難免이라고民怨이沓至하더라

東京電報

●興業銀行設備 四月二十日午后〇時六分發

日本興業銀行은金礦事業資金貸付에就ᄒᆞ야調査中인ᄃᆡ同行內에礦石分拆驗試室을設備ᄒᆞᆯ터이라더라

●御觀櫻會 四月二十日午后四時半發

日本東京에셔本日御觀櫻會를御催ᄒᆞ얏ᄂᆞᆫᄃᆡ日本天皇皇后兩陛下及皇太子殿下ᄭᅴ셔行幸ᄒᆞ시고陛下ᄂᆞᆫ參列諸員의게對ᄒᆞ야御柄杓이有ᄒᆞ야一同히共歡ᄒᆞ시고四時過에還幸ᄒᆞ셧스며參列者ᄂᆞᆫ皇族以下內外貴孃紳士五百八十名인ᄃᆡ空前ᄒᆞᆫ御盛會라더라

●桑港災害報告

昨夜十九日夜發在米日本公使의게셔ᄂᆞᆫ報告를依ᄒᆞᆫ즉地震後에火災가尙今不止ᄒᆞ야電信電話ᄂᆞᆫ一切不通이라ᄒᆞ얏더라

倫敦電報

●桑港被害續報 桑港에ᄂᆞᆫ地震後에火災連起ᄒᆞ야現在死者가二千餘名이오尙且八十英里內各都市ᄂᆞᆫ全部가破潰ᄒᆞ야其財產의損害가四億萬元이오數十萬人民은住所가無ᄒᆞ다더라

●桑港震災續報 東京發六時十五分

桑港震災ᄂᆞᆫ十八日朝五時에起ᄒᆞ야三分間을속震ᄒᆞ얏ᄂᆞᆫᄃᆡ市民은夜着衣를着ᄒᆞᆫᄃᆡ로室內에셔飛出ᄒᆞ얏고適時에猛烈風이吹ᄒᆞ야消防夫들이困難ᄒᆞᆫ게火災가起ᄒᆞ야八方에火飛ᄒᆞ야巨大ᄒᆞᆫ建築物等이燒失ᄒᆞ얏고全市가傾廢에歸ᄒᆞ얏더라

雜報

●鹽商可矜　鹽商金斗源氏가政府顧問官須知分氏의게鹽價推尋事로呈書ᄒᆞᆫ全文이如左ᄒᆞ니

伏以天이烝民을生ᄒᆞᆷ이物이有ᄒᆞ고法이有ᄒᆞ니天下에所共愛護者民이오所共畏憚者民이오所共矜恤者民이라何者오民이有ᄒᆞᆫ然後에君이有ᄒᆞ고國이有ᄒᆞ고官이有ᄒᆞ고世界가有ᄒᆞ니此所以愛護者ㅣ民이오畏憚者ㅣ民이오矜恤者民이라如或不然이면爲君이不能이오爲國이不能이오爲官이不能이오爲世界ㅣ不能이니民에關係輕重이果何如哉아現今梯航이相望ᄒᆞ고玉帛이相交ᄒᆞ야公法을遵ᄒᆞ고統監이在ᄒᆞ야干戈之交의言說로代ᄒᆞ야國家에平和를保ᄒᆞ고人民의寃枉이無케ᄒᆞ니彼邦의民은卽此邦의民이오此邦의事도亦彼邦의事ㅣ라一毫私意가其間에豈有ᄒᆞ리오咸鏡南道元山港金斗源이家勢貧殘ᄒᆞ야商業資生ᄒᆞ다니

去巳亥分에日本船賊木村源一郞兄弟者ㅣ斗源의貿鹽을誘載ᄒᆞ고中夜逃躱ᄒᆞ니日本의民도果如是欺야禁戢[illegible]을不謹而然乎아斗源의家産蕩敗와身世飄零은猶置勿論ᄒᆞ고天地間에人이爲ᄒᆞ야人에事를不爲ᄒᆞ면空生을不免故로我外部에呼ᄒᆞ야日本公館에照會ᄒᆞᆫ즉林公使가鹽價와損害비償을不徵ᄒᆞ고恤金으로防責ᄒᆞ니所爲恤金은自是乞人에所施오切非商民에所當이라

血情務中ᄒᆞᆫ際에林公使를道上에適遇ᄒᆞ야寃聲이大發에公使ㅣ驚倒ㅣ나然이나自已에에不公ᄒᆞᆫ所致오斗源의無據가實非어날自過ᄂᆞᆫ不省ᄒᆞ고罪案을返撥ᄒᆞ니懲役에處ᄒᆞ야經年始宥ᄒᆞ니骨髓가痛ᄒᆞ고憤격이塞ᄒᆞ야所欲을直爲로ᄃᆡ含忍至此ᄂᆞᆫ歸正을猶望ᄒᆞ야

日本司令部에歷次投函이오나一無復音ᄒᆞ오니日本民의竊盜ᄂᆞᆫ如是掩置ᄒᆞ고鄰邦의商民을如是凌蔑인즉大抵日本人에盜去物을日本에未徵ᄒᆞ면開明法律이其果安在오今明公이來任我外事顧門之責ᄒᆞ야韓日交涉을公正케ᄒᆞᆷ이敦睦의道라

伏願明公은燭此事件ᄒᆞ와斗源이理屈ᄒᆞ면雖死ㅣ라도自甘이오斗源이理直ᄒᆞ면積怨을必伸이니如此則眞是愛護오眞是矜恤이니非特恩山이오非特義海라一人으로由ᄒᆞ야萬人이頌ᄒᆞ고萬人으로由ᄒᆞ야天下頌ᄒᆞ리니伏惟明公은裁處焉ᄒᆞ시옵소서ᄒᆞ얏더라

●興校運動　壽洞私立英化學校에서春期大運動을日間에行ᄒᆞᆯ豫定인ᄃᆡ該校贊務員諸氏가捐助金을釀出ᄒᆞᆫ다더라

●黃政丞宅　平壤郡　進會員의有一黃姓者ᄒᆞ니本年正月에同里會員中一少年이歲拜를行ᄒᆞ고賀曰今年에ᄂᆞᆫ尊丈이議政大臣이되얏다ᄒᆞ니不勝祝賀로소이다主人이笑曰我則然矣나子ᄂᆞᆫ當做何官고對曰侍生은中和郡守가可望이有ᄒᆞ니다ᄒᆞᆷ으로一鄕之人이黃政丞宅이라稱ᄒᆞ며中和郡守宅이라稱ᄒᆞ니一進會員六十萬名이皆以太臣協辦觀察郡守로自期ᄒᆞᆫ다니大韓天地ᄂᆞᆫ都是官人世界라ᄒᆞ더라

●慶學大典　慶尙北道學校事은前報에累揭ᄒᆞ엿거니와南來人傳說을聞ᄒᆞᆫ즉一省紳士가詔勅을奉承ᄒᆞ고達城廣文社에總會를開ᄒᆞ고善讀者로　聖詔를奉독하며善言者은演說도諷諭하야學校組織ᄒᆞᆯ方略를議決하여고관察使申泰休氏와學校總務金進銖金澕圭𥳑鼎燮諸氏가　聖詔를奉承하고各郡에巡行하야家諭戶說하야學校를擴張하기로官民이熱心ᄒᆞᆫ다니吾儕ᄂᆞᆫ攢祝且賀하노라

●刑法頒訓　法部에서平北관察府에發訓하되貴報內槪에刑法大全存당件은已爲分送各郡하야使之永守이올션과各學校에도一件式出給하야以備一課케하며印刷役費를亦爲指敎하야自本所備納等因인바査此律書之預告講習하야使人民으로無敢或犯케ᄒᆞᆷ이雖是美擧나刑法大全之儲置가無幾하야無可加發이어니와刑法大全許賣廣告가已揭新聞하니量宜購覽하라하얏더라

廣告

特別社告

非史乘이면政治之美惡와人物之臧否와風俗之汚隆을無以攷論인즉史乘者ᄂᆞᆫ非一時之공覽이라乃萬世之公案이오非自國之所可得以私也라即宇內列邦에宜所公佈케로異者美人訖法氏之撰大東紀年이意固有在而然也라本記者ㅣ不揆僭越하고於韓之史事에留心者ㅣ久矣로되在幾百年之後하야要論幾百年之事가任大力綿에恐有失實之歎뿐더러鎖國自守之時代에ᄂᆞᆫ民國間諸般事爲가不過是尋常典故라不足以供世界列邦之眼目키로斷自丙子以後各國交涉時事하야要爲編成一書하야公諸列邦하니四方有志諸君子ᄂᆞᆫ諒此苦心하야丙子以後政令詔誥之所記와各國交涉之如何와臣民疏章與功罪之表著와中外俗習之沿革과忠臣義士孝子烈女之行蹟을各隨所聞所見而詳錄投示하야俾此重役으로得以完成을千萬幸甚

大韓每日申報社

○○○○○○○○○○○○

本申報를廣佈ᄒᆞ기爲하야咸鏡南道咸興州南社西門外居하ᄂᆞᆫ曹喜林氏에게逐號下送하오니該附近地愛讀하시ᄂᆞᆫ僉君子ᄂᆞᆫ同氏에게購覽하시며代金도同氏에게傳致하심을爲要

大韓每日申報社

○○○○○○○○○○○○

一 鷹標濃縮牛乳
一 金印濃縮牛乳
一 [illegible]家用氣化乳酪
一 理ㅣ돈쓰製造麥芽化合牛乳

以上은常時에貯積ᄒᆞ얏ᄉᆞᆷ
英國紐育烟理ㅣ돈쓰 濃縮牛乳會社

一手代理店

大韓仁州港 世昌洋行

●九轉靈砂라 本人이妙方法을神備하야製造ᄒᆞᆫ靈丹인ᄃᆡ男女老少에無論何症ᄒᆞ고通治ᄒᆞ오며無病時에도服ᄒᆞ면平生의身體가健康ᄒᆞ며小兒ᄂᆞᆫ四五錢重만服ᄒᆞ면十歲안에無病ᄒᆞ기를擔保ᄒᆞ오며
●九轉靈砂萬應丹은癲狂 癎症과中風諸疾과耳目諸病과淋疾에神効ᄒᆞ오
●九轉靈砂保命丹은初生小兒 驚風 瘋氣 咳嗽 腹痛諸般惡과婦人帶下症에神効ᄒᆞ오
●九轉靈砂淸衆丹은酒滯 食滯 血積 吐瀉 霍亂 痢疾 吐血 下血 運氣 時疾 痳症에神効ᄒᆞ오
●九轉靈砂紫金丹은痔漏 累癧 上疳瘡 下疳瘡及唐瘡과諸般毒瘡惡種에無不神効ᄒᆞ오니 僉君子ᄂᆞᆫ來問ᄒᆞ시오

內需司前두갈이골上隅第一家 李鍾廷 告白

大韓帝國仁川港

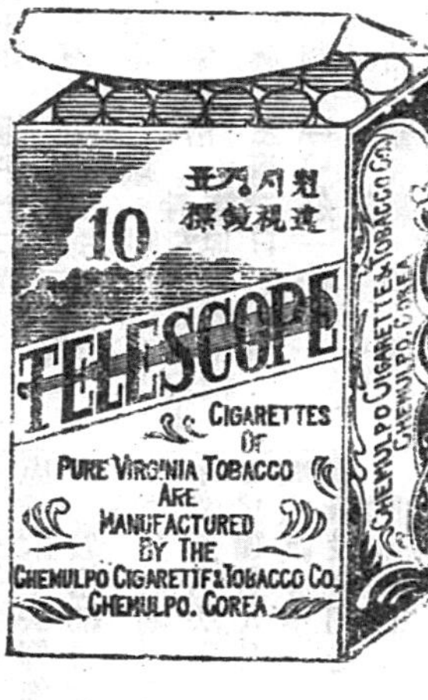

以上三種은上品으로製造ᄒᆞ야衛生上에至極適合ᄒᆞ니得[illegible]其八ᄒᆞ고本社에來臨ᄒᆞ심

舶物捲紙卷煙及煙草會社

本社廣告

申報價

一張代金 新貨二錢五里
一箇月前納 三十錢
三箇月 九十錢
六箇月 一元七十錢
一箇年 三元四十錢
郵稅一部 新貨五里
一箇月 十三錢

廣告料

四号活字十三字詰
每日每英尺一寸에新貨廿五錢
(每日每行에大韓여ㅣ當홈)
二週日에 二圜五十錢
(每日每行圜錢五厘에相當홈)
一箇月에 五圜
(每日每行圜錢一厘에相當홈)
其期限의長短과字行의多少를依ᄒᆞ야增減홈이有홈

大韓人마다此申報를不得不購覽ᄒᆞ실터이오니廣告出報ᄒᆞ실僉君子ᄂᆞᆫ來臨面議ᄒᆞ시옵

發行兼編輯人 英國人裵說
發行所
京城北署磚洞[illegible]外地[illegible]
大韓每日申報社

第四卷
大韓每日申報
대한매일신보
第二百一號

月曜及慶節
歲時日休刊

檀君開國四千二百三十九年
箕子元年三千二十八年
大韓開國五百十五年
日本明治三十九年
淸國光緖三十二年
陰曆丙午年四月小初一日戊戌

論說

歎無對揚聖旨者

殷憂啓聖ᄒᆞ고多難興邦은自古有之라今에 韓皇陛下씌옵셔對此時局ᄒᆞ야勵精圖治ᄒᆞ삼의屢降詔勅ᄒᆞ사責勵臣工ᄒᆞ시니丁寧諄摯ᄒᆞ신聖意가凡爲大韓臣民者ᄂᆞᆫ雖輿臺下賤과婦孺無知라도亦當感激奮發ᄒᆞ야刷新其精神ᄒᆞ며振勵其心力이온況居國務大臣之責任者ᄂᆞᆫ思所以對揚休命ᄒᆞ야挽回國運者ㅣ當復如何哉아

前後詔勅中最大要領은曰振興敎育과登庸人才니夫此二大政策은實開進文明之基礎오傾否回泰之樞機라若其確確實施ᄒᆞ야丞丞日進ᄒᆞ면韓國中興을指日可期니

吾儕가每一경讀에誠不勝攢賀顒祝之至로다雖然이나側聽屢月에一政一事之實施實行을尙未得見이라管學部之政者ᄂᆞᆫ雖曰注意敎育이나尙屬空言이오學校之擴張은頓無消息ᄒᆞ니其所謂注意敎育云者ᄂᆞᆫ或出於要名干譽之伎倆인지此未可知者요秉銓選之任者ᄂᆞᆫ每於敍任之際에循私納賂等說이依然舊日之醜態라然則敎育之振興과人才之登庸을何可望也리오未知케라諸公은對此 聖旨ᄒᆞ야認作文具ᄒᆞ고初無一毫對揚的思想而然乎아

噫라此時何時며今日何日고當局諸公이苟有一分人性者면決不當若是其泄泄沓沓이로다盖國家不存則諸公之家가不可以獨存이오人民이不活則諸公之身이不可以獨活이니區區細人之腹이縱不以民國爲念ᄒᆞ나獨不顧自已之身家耶아嗚呼諸公은不覩於波蘭貴族之謫戍充役於西伯利荒漠之地耶아

今日諸公이雖以依附外人으로爲護身之妙訣ᄒᆞ나至於無國無民之日에ᄂᆞᆫ亦不免波蘭貴族之身世矣니言念及此에寧不可哀哉아惟願諸公은惕然改悟ᄒᆞ야痛滌舊日之惡習ᄒᆞ고亟亟然對揚 聖旨ᄒᆞ야敎育爲日以進興케ᄒᆞ며人才爲日以登庸케ᄒᆞ야弘濟時艱ᄒᆞ며增進國步ᄒᆞ야免爲 皇上之罪人ᄒᆞ며免爲宗社之罪人ᄒᆞ며免爲國民之罪人ᄒᆞ며免爲世界之罪人ᄒᆞ며免爲歷史之罪人이是諸公之得策이라ᄒᆞ노라

官報

●號外 光武十年四月廿二日

◎宮廷錄事

詔曰懿孝殿朔祭遣大臣攝行

四月廿日

●三千四百卅四號 光武十年四月二十三日

◎宮廷錄事

禮式院掌禮卿臣金思轍謹奏 洪陵陵上屛風石甲卯方尺許乾亥方一尺許乾戌方一尺許坤申方一尺許缺落外墻面灰間間頹落處修改之前擇日擧行來奏下矣修改吉日時令日官金東杓推擇則陰曆四月十二日未時爲吉云以此日時擧行而先由事由祭同月初十日夏亨大祭兼行 告安祭修改事畢後隨時設行 祝文添入撰出等事令侍講院擧行依前例政府以下進去監董何如謹上 奏

光武十年四月十九日奉旨依奏領敦寧官內大臣掌禮卿農商大臣營繕司長進去監董祭文當觀撰以下矣

◎敍任及辭令

任警務廳監獄署主事 九品尹始鏞 四月十四日任警務廳摠巡 蔡慶默 四月十八日◯命侍從院副卿 從二品李鉉周◯依願免本官 秘書監丞金明濬 西京豐慶宮參書官崔益煥 仝朴鶴銓 純陵參奉崔晃洙 齊陵參奉洪德周 莊陵參奉李元榮 永懷園參奉李程淳◯任秘書監丞 正三品趙範九◯任西京豐慶宮參書官 正三品閔泳得 六品李心一◯任純陵參奉 金商協◯任齊陵參奉 朴泰遠◯任莊陵參奉 송世明◯任永懷園參奉 洪在珪◯任官立小學校敎員 外國語學校副敎官申錫德 仝金榮培

以上四月十九日

彙報

●度支部分課規程 續

第十一條 監査課에서ᄂᆞᆫ左開事務를掌홈이라

一 支撥預算의承認에關ᄒᆞᆫ事項

二 歲入歲出登簿에關ᄒᆞᆫ事項

三 會계法規制定廢止에關ᄒᆞᆫ事項

第十二條 理財局에左開課를置ᄒᆞ야其事務를分掌케홈이라

國庫課 庶務課

第十三條 國庫과에서ᄂᆞᆫ左開事務를掌홈이라

一 國庫에屬ᄒᆞᆫ現金及物品의出納管理에關ᄒᆞᆫ事項

二 國庫金運搬에關ᄒᆞᆫ事項

三 金庫의監督에關ᄒᆞᆫ事項

四 金庫設置分合에關ᄒᆞᆫ事項

第十四條 庶務과에서ᄂᆞᆫ左開事務를掌홈이라

一 出納官吏의身保에關ᄒᆞᆫ事項

二 貨幣及兌換券에關ᄒᆞᆫ事項

三 一般金融에關ᄒᆞᆫ事項

四 國債及地方債에關ᄒᆞᆫ事項

五 恩給에關ᄒᆞᆫ事項

六 備荒儲畜金에關ᄒᆞᆫ事項

七 銀行及保護會社監督에關ᄒᆞᆫ事項

第十五條 檢査局에左開三과를置ᄒᆞ야其事務를分掌케홈이라

中央檢査과

地方檢査과

審理과

未完

外報

●俄德國交 新任駐俄德國公使후온시윤氏ᄂᆞᆫ俄京德國人大會에서一場演說을試ᄒᆞ고德國은俄國文明에關ᄒᆞ야最히親厚ᄒᆞᆫ同情을有ᄒᆞᆫ者로俄國의國家的威力은國의內外에生ᄒᆞᆫ變亂을因ᄒᆞ야不動홈을不信ᄒᆞ야德國은此強大ᄒᆞᆫ隣邦와恒常商業上精神上의密接ᄒᆞᆫ關係가有홈을從ᄒᆞ야俄國皇帝와德國皇帝ᄂᆞᆫ不易ᄒᆞᆫ友情을有홈이라述ᄒᆞᆫ지라其夜에俄帝가開催ᄒᆞᆫ大宴會에서帝ᄂᆞᆫ特別이杯를擧ᄒᆞ야德帝의健康을祝ᄒᆞᆫ지라(一朕우兄弟와如히親厚ᄒᆞᆫ德國皇帝워루베루무陛下에健康을祝)ᄒᆞᆫ다述ᄒᆞᆫ거ᄉᆞᆫ墺國政治界에不快ᄒᆞᆫ印象을與ᄒᆞ얏다더라

●俄國의樺太經營 彼得保宅을據ᄒᆞᆫ則俄國에서樺太魚業權을保護ᄒᆞ기爲ᄒᆞ야軍艦을該島에定泊케ᄒᆞ고又同島殖民을獎勵ᄒᆞ라ᄂᆞᆫ計畫이有ᄒᆞ다더라

●立憲電請 駐俄淸공使胡惟德氏가近者에淸廷에電請ᄒᆞ야曰凡地球上大國은今日立憲政治를無不施行ᄒᆞ니我國도速히立憲實行의期를定ᄒᆞ야國民의希望을副케ᄒᆞ라ᄒᆞ얏더라

雜報

●巨智部設阱 漢城內亭洞附近에日本人巨智部氏의樹立ᄒᆞᆫ礦床調査所라ᄒᆞᄂᆞᆫ것은韓人百餘名을組合ᄒᆞ야礦床調査技手見習ᄒᆞ기에着手ᄒᆞᄂᆞᆫᄃᆡ近日에그內容을得聞ᄒᆞᆫ니其見習의結果인즉九箇月卒業이라云ᄒᆞᄂᆞᆫᄃᆡ其課程은地質學礦産學과化學光學과電學重學과幾何分析等의八九種學課로實地見習을試ᄒᆞᆫ다ᄒᆞ니果然右所陳學課와如ᄒᆞᆯ진ᄃᆡ十箇年或十五箇年이라도猶不能一一補諳이어ᄂᆞᆯ今에日人巨智部氏가韓人百餘名을組合ᄒᆞ야見習生徒를誘혹ᄒᆞᆯ시初에ᄂᆞᆫ其生徒에衣食資品을每人에月給으로新貨十五元을劃給ᄒᆞ기로規則을定ᄒᆞᆷ으로生徒가一騰에百餘人이聚首群萃ᄒᆞᆫ지라大抵此見習設置가乃是韓國農商工部에管ᄒᆞᆫ바이오日本政府로管領ᄒᆞᆷ은不是이거날今에巨智部氏ᄂᆞᆫ生徒를對ᄒᆞ야月給十五元은食言不給ᄒᆞ고只以劣品洋服一件時價五元不過ᄒᆞᆫ品으로十五元人下ᄒᆞ얏다ᄒᆞ니生徒中에囂然ᄒᆞᆫ怨聲이出ᄒᆞ미巨智部氏ᄂᆞᆫ威嚇恐喝ᄒᆞᄃᆡ生徒每人에金貨五百元學費를要爲徵出ᄒᆞᆯ깃다ᄒᆞ미生徒等이大恐ᄒᆞ야一言을不敢出口ᄒᆞᆫ다더라巨智部氏의此機阱을設置ᄒᆞᆷ은來頭韓國財政의一大尾閭의泄을作ᄒᆞᆷ이로다百餘生徒의此見習場에羅ᄒᆞᆷ은곳年前日人大庭貫一의韓人을유륵ᄒᆞ야墨國에奴隷로販賣ᄒᆞ던故智에又陷ᄒᆞᆷ이라此事件으로ᄒᆞ야곰內外國人間에覺得其詐謀ᄒᆞᆫ者ᄂᆞᆫ有ᄒᆞ야現方注目ᄒᆞᄂᆞᆫ中인ᄃᆡ該氏가果若規則所定ᄒᆞᆫᄃᆡ로實踐ᄒᆞᆷ이有ᄒᆞᆯ진ᄃᆡ人言이潛息ᄒᆞ려니와장智를播弄ᄒᆞ야韓人百餘를몰獲陷阱에擠投ᄒᆞᆯ지ᄃᆡ續論으로說明ᄒᆞ리로다

●皇貴妃興學 皇貴殿下ᄭᅦ오셔女子敎育이無ᄒᆞᆷ을深憂ᄒᆞ사陸軍參將嚴柱益氏第에女學校를設ᄒᆞ야女子敎育을發達코저ᄒᆞ실ᄉᆡ同氏로學校設立事를全擔케ᄒᆞ시니大韓女子의敎育이次第發達ᄒᆞᆯ기를可見ᄒᆞᆯ지로다

●大臣情景 日昨各部大臣들이伊藤統監을餞別ᄒᆞᆫ後에各歸其家ᄒᆞ야該部에不爲仕進이라ᄒᆞ니有何辛酸之事而心不在焉인지伊藤侯에게仰庇ᄒᆞ다가一朝相離ᄒᆞ미其情懷를難抑ᄒᆞᆷ인지想像諸氏之實際情況ᄒᆞ면若嬰兒之失慈母이라伊藤氏가何日에復渡韓國ᄒᆞᄂᆞᆫ지

●學大勉學 學部大臣李完用氏가全國人民의敎育을發達코저ᄒᆞ야學校制度를改良ᄒᆞᆫ다ᄒᆞᆷ은世人의稔知ᄒᆞᆫ바라今에有志人士의意見을博探ᄒᆞᆯ次로外國遊學ᄒᆞᆫ張燾氏等十餘人을來日曜日에私邸로招延ᄒᆞ야方針을討究ᄒᆞᆫ다더라

●伊藤權限 他各新聞은伊藤侯가韓國의居留ᄒᆞᄂᆞᆫ日本人의行動에就ᄒᆞ야所謂保安規則을發布ᄒᆞᆷ을揭載ᄒᆞ얏거니와各新聞에此等公布事를送交ᄒᆞᆷ은慣例인바라吾儕ᄂᆞᆫ該件을公函으로接受치못ᄒᆞ얏슴으로揭載치아니ᄒᆞ얏거니와大抵本報를購覽ᄒᆞ시난僉君子ᄂᆞᆫ伊藤侯의權限이自國之國民의게만在ᄒᆞᆷ을共知ᄒᆞᄂᆞᆫ바라만일伊藤侯가自國之國民의行爲로因ᄒᆞ야出ᄒᆞᄂᆞᆫ惡習을改善ᄒᆞᆫ이專力注意ᄒᆞ면閤侯가極其多事ᄒᆞᆯ거시오韓人도甚所喜悅者라ᄒᆞ노라

●先愛後憎 桑港報를據ᄒᆞᆫ즉美國의一位婦人이日俄開戰時에日本에在ᄒᆞ야每常日本人을愛ᄒᆞ고稱讚ᄒᆞᄂᆞᆫ說노幾週日間에一次式紐約워클이新聞社에寄書ᄒᆞ더니至今은每常同新聞社에寄書ᄒᆞ기를余가前日에ᄂᆞᆫ日人을稱讚ᄒᆞ얏더니日人이韓人을甚히虐待ᄒᆞ고韓國人의財産을蔑理奪取ᄒᆞᄂᆞᆫ거슬見ᄒᆞ니日人은眞是暴惡ᄒᆞᆫ人種이라ᄒᆞ얏더라

●日新贊成會 平壤日新學校를昨年十一月에該郡有志紳士들이醵金設立ᄒᆞ야校況이日就興旺ᄒᆞ더니今番에諸般校務를一層擴張ᄒᆞᆯ計劃으로該校校監崔叡恒金興淵兩氏가上京ᄒᆞ야校長張志淵氏와協議ᄒᆞ야敎師ᄂᆞᆫ安秉瓚氏로延聘ᄒᆞ고贊成長은前參政韓圭卨氏로薦定ᄒᆞ고贊成員은有志紳士二十餘員을選定ᄒᆞ얏ᄂᆞᆫᄃᆡ本月十九日에該校長張志淵氏와校監崔叡恒金興淵兩氏가贊成員諸氏가該校에對ᄒᆞ야同情을表ᄒᆞᆷ을感謝히여겨贊成會를奉運寺에設ᄒᆞ고贊成員一同을請邀ᄒᆞ얏ᄂᆞᆫᄃᆡ來賓이近二十員인ᄃᆡ該校長이日新學校趣旨를演說ᄒᆞ고林炳恒柳瑾尹孝定林珍洙金相範제氏가該校를贊成ᄒᆞᄂᆞᆫ意味로演說ᄒᆞ고終日歡樂ᄒᆞ다가下午七時에罷歸ᄒᆞ얏더라

●茂倅設屠 茂朱郡守趙命根氏ᄂᆞᆫ新倅公錢을蕩刷ᄒᆞ여莫重公錢의上納은初不生意ᄒᆞ고私債六七萬兩을蕩給ᄒᆞᆫ後에貿穀ᄒᆞ야待其高價ᄒᆞ니白姓은一合穀을難得ᄒᆞ야支保키難ᄒᆞ더니一進會에셔防穀을嚴切케ᄒᆞ야一郡民은大端稱頌ᄒᆞᄂᆞᆫ郡守와稅色은狼貝오屠한의게納賂을葉數千金밧고差出ᄒᆞ얏ᄂᆞᆫᄃᆡ牛를宰ᄒᆞ면沒數奪入ᄒᆞ야內衙에셔庖廚를排設ᄒᆞ얏다ᄂᆞᆫ說이狼藉ᄒᆞᆷ이居한이亦爲狼貝라ᄒᆞ더라

●太學獨立 太學官制를獨立으로日昨政府會議에決定이되얏다더라

●內金頒下 李最璿氏의孤兒學校를設立ᄒᆞᆫ狀況은已揭於本報어니와 韓皇陛下ᄭᅦ옵셔此慈善事業을嘉尙히여기사內帑錢新貨一千圓을宮內府主事金繼연으로ᄒᆞ여금該校에頒下ᄒᆞ옵셧더라

●遞難視務 한城裁判所首班判事李秉輝氏以下檢事제氏가一齊辭職歷務事ᄂᆞᆫ屢揭本報어니와日該所로昨日에又報法部ᄒᆞ되雖承依前視務之訓飭이나此事를善爲措處之前에ᄂᆞᆫ決不可遞職視務라ᄒᆞ얏더라

●查勸工匠 農商工部에서各道各郡各坊에居住ᄒᆞᆫ工匠等의居址姓名을昭詳謄錄ᄒᆞ야以爲調査勸勉케ᄒᆞ라고發訓ᄒᆞ얏더라

●報請免官 大丘觀察使申泰休氏가內部에報告ᄒᆞ되管下高靈郡守沈宗鎭이莅任以來로專事貪饕ᄒᆞ고行巳鄙悖ᄒᆞ야吏任討賂也民財攫奪也許多贓錢이狼藉入聞이기另查次派遣耳目ᄒᆞ와方將行査之際에該郡守가假稱受由에印章之投送과辭狀之封發이全沒體面이오暮夜潛行이極涉乖當이오니贓錢之多少ᄂᆞᆫ待畢査連續馳報계料이온바假此蔑法無憚之郡守ᄂᆞᆫ弗可晷刻容貸이오니奏稟免官ᄒᆞ야俾慰民心ᄒᆞ며以正公法ᄒᆞ라ᄒᆞ얏더라

東京電報

●親電發 四月廿一日午后六時半發
日本天皇陛下ᄭᅦ셔ᄂᆞᆫ米國震災에對ᄒᆞ야大統領의게慰問ᄒᆞᄂᆞᆫ親電을發ᄒᆞ셧더라

●日本領事公電 廿二日午后四時發
昨夜發在桑港日本領事의게서外務省에ᄒᆞᆫ公電을據ᄒᆞᆫ즉十八日早朝地震後에大火가起ᄒᆞ야全市過半이燒失ᄒᆞ고日本領事館事務所도烏有에歸ᄒᆞ얏고日本人約一萬이飢餓에迫ᄒᆞ얏ᄂᆞᆫᄃᆡ其救濟法을研究中이며火災ᄂᆞᆫ尙今不止ᄒᆞ얏고損害定度ᄂᆞᆫ未詳이라더라

倫敦電報

●震災別報 四月廿一日東京發
米國震災에貳拾萬人家屋이燒失되고食物이乏絶ᄒᆞ얏ᄂᆞᆫᄃᆡ[illegible]老院은救助費[illegible]拾萬弗을支出ᄒᆞ기로決議ᄒᆞ얏더라

●仝別報 上仝
米國[illegible]京公使館[illegible]附近에서[illegible]ᄂᆞᆫ三百名에不越[illegible]브터火災가又起ᄒᆞ야[illegible]延燒[illegible]나住宅[illegible]全市가潰[illegible]ᄒᆞ얏더라

紐育電報

●震災後報 四月廿一日六時午后半發
昨朝紐育發電에曰桑港에ᄂᆞᆫ尙未鎭火ᄒᆞ얏ᄂᆞᆫᄃᆡ商業區域은全部오住居區域은半部小額燒ᄒᆞ얏다더라

路透電報

●桑港震災倍慘狀 四月廿二日午后五時卅分東京發
昨日도兩回震動이有ᄒᆞ야家居이倒潰ᄒᆞ고又發火ᄒᆞ야海中에飛入ᄒᆞᆫ市民도有ᄒᆞ얏스며約二萬人은公園에逃避ᄒᆞ얏스나從去ᄒᆞᆫ者와及因飢의多數ᄂᆞᆫ燒死ᄒᆞ얏고又況海溢이起ᄒᆞ야多數家屋이破壞ᄒᆞ야桑港은荒廢에歸ᄒᆞ얏더라

雜報

●鹽商訴冤　塩商金斗源氏가鹽價를推尋次로統監伊藤侯에게上書ᄒᆞᆫᄃᆡ日昨統監府에呈ᄒᆞ야該書領收票ᄭᆞ지金氏의게出給ᄒᆞ얏기其全文을如左記載ᄒᆞ니

竊伏念貴國之雄視於天下列强者蓋由於爲政之公正也支나之衆大俄羅之勁悍比貴國果何如而前有臺灣之捷後有旅順之占苟或有失於友邦恤民之道其能如是乎

夫貴國國號則日本年號則明治也日爲君象之謂日本固邦寧之謂本而明則無一物不照其光治則無一人不被其澤今閣下涵濡於大日本文明治化之中而奉承皇命外交列國則其責任之重位望之高固不待細人之覼縷而閣下亦豈未燭耶

竊玆玉帛相交輔車相依勉勵我政府規籲我人民則必以公之一字先正貴國之民然後邦本乃固治效益彰豈容有一毫私意於其間哉今貴國北海道島根縣隱岐國옥괴느군이會社商船船贼木村源一郞兄弟者誘人載鹽乘夜逃躲此獨非明治敎化中人歟逃去者自以爲能而見誘者窮無所歸靑天在上寧有是理

嗟我一身處役經年實由於林公使之枉法也反以思之則寧不愧於金斗源之抑冤耆乎脈訴林公使閣下則恬然而視漠然而聽古語云狂夫之言聖人擇焉俯仰天地此何人斯私自忖度曰日本之法見人竊盜掩置不問乎是則非然矣

日本之法曲비自家之民凌轢友邦之人乎是又非然矣日本之法貴貧而賤人乎惡公而好私乎是又斷斷非然矣反覆思惟未得其情則千訴萬訴歸正後乃已幽憤所鍾奚暇擇言乎

林公使久莅我韓洞悉輿情則驚黑烏白者矢曲弓直者自當次第商量矣況如斗源之事雖曰微塵貴賤共知洋海共聞者也未正貴民而積冤於隣民則非特有損於閣下外交之盛名抑豈不有欠於明治哉

溯閱新聞즉貴國商民菅辰太郎與我軍人相鬪治療費損害金幾千元徵我政府則貴國人偸去物若不索償於貴國則更將索償何處乎以非義恤金累累유我則豈非理之屈而法之枉者耶然則林公使之往日裁處考適乎否乎嗚呼難欺者民心易愛者財也環我疆土三千里亦有人民焉亦有信義焉見抑而不扶見失而不見索則皆將以耳傳耳隨遇相戒誰復背信交於貴國哉從而復者天道也塞而通者人事也該鹽價紙貨五千一百九十九元十錢當自貴國覓償而損害與비償亦依公法次第出給使隣邦之民更無呼寃千萬恭俟焉이라ᄒᆞ얏더라

●誓不畜犬　再昨日東署孝橋等地에서李根喬家養犬이日人의過去者를吠ᄒᆞ니該日人이以石打犬하되犬尤吠之라日人이不勝其忿하야追入該家內庭而以六穴砲로放丸卽斃ᄒᆞ니家主內外眷屬이猝當風波에吃驚不少故此後ᄂᆞᆫ更不畜犬이라고盟誓ᄒᆞ얏다더라

●學員請願　한語學校學員吳義煥吳景相等이學部에請願ᄒᆞ되本校한文敎官尹榮會의學問淺探은本學員이不敢論評이오나敎授席에音義句독이明白易瞭ᄒᆞ옵고質問席에疑辭奧旨를無不詳答이온즉可知學問之淵博이라제學員이擧皆悅服이옵더니不意今春에因病請遞하니以病關仕에陳情乞遞ᄂᆞᆫ自是居官常例오調理更仕ᄂᆞᆫ亦是朝家通例이온지라姑不知本部處辦之如何오나恐或遞歸하와玆의願하오니特使該敎官으로調病更仕케하라하얏더라

●日士贊成　私立廣化新塾의設立ᄒᆞᆫ狀況은業已揭載어니와此校ᄂᆞᆫ發起제氏의熱心周旋도有ᄒᆞᆫ뿐더러日本有志士近藤又四郎氏가該校를極히贊成ᄒᆞ더니日前부터名譽敎師로自願敎授ᄒᆞᆫ故로學員의日就月將이恰有可ᄭᅩ아라ᄒᆞ니吾儕ᄂᆞᆫ此兩國有志제氏에對ᄒᆞ야攢賀不已ᄒᆞ노라

●靑會演說　今日下午七点半에皇城基督敎靑年會에서宣敎師密斗氏가不能見之力이란問題로연說ᄒᆞᆫ다더라

●留學生시取　學部에서日本東京의官費留學生八人을日前시取하얏ᄂᆞᆫᄃᆡ該學徒의게服裝各一襲과旅費各二十圜式出給하야明日發程ᄒᆞᆯ命令하얏다더라

廣告

特別社告

非史乘이면政治之美惡와人物之臧否와風俗之汚隆을無以攷論인즉史乘者ᄂᆞᆫ非一時之공覽이라乃萬世之公案이오非自國之所可得以私也라即宇內列邦에宜所公佈키로曩者美人訖法氏之撰大東紀年이意固有在而然也라本記者ㅣ不揆僭越하고於韓之史事에留心者ㅣ久矣로되在幾百年之後하야要論幾百年之事가任大力綿에恐有失實之歎뿐더러鎖國自守之時代에ᄂᆞᆫ民國間諸般事爲가不過是尋常與故라不足以供世界列邦之眼目키로斷自丙子以後各國交涉時事하야要爲編成一書하야公諸列邦하니四方有志諸君子ᄂᆞᆫ諒此苦心하야丙子以後政令訓誥之所記와各國交涉之如何와臣民魂章與功罪之表著와中外俗習之沿革과忠臣義士孝子烈女之行蹟을各隨所聞所見而詳錄投示하야俾此重役으로得以完成을千萬幸甚

大韓每日申報社

○○○○○○○○○○○○○○

本申報를廣佈ᄒᆞ기爲하야咸鏡南道咸興州南社西門外居하ᄂᆞᆫ曹喜林氏에게逐號下送하오니該附近地愛讀하시ᄂᆞᆫ僉君子ᄂᆞᆫ同氏에게購覽하시며代金도同氏에게傳致하심을爲要

大韓每日申報社

○○○○○○○○○○○○○○

本社廣告

申報價

一張代金　新貨二錢五厘
一箇月前納　三十錢
三箇月　九十錢
六箇月　一元七十錢
一箇年　三元四十錢
郵稅一部　新貨五厘
一箇月　十三錢

廣告料

四号活字十三字詰
每日每英尺一寸에新貨廿五錢
(每日每行에六錢에一錢)
二週日에　二圜五十錢
(每日每行五厘에相當홈)
一箇月에　五圜
(每日每行一厘에相當홈)
其期限의長短과字行의多를依ᄒᆞ야增減홈이有홈

大韓人마다此申報를不得不購覽ᄒᆞ실터이오니廣告出報ᄒᆞ실僉君子ᄂᆞᆫ來臨面議ᄒᆞ시ᄋᆞᆸ

發行兼編輯人　英國人裵說

發行所

京城北署壽進坊磚洞외外地數降■■■

大韓每日申報社

第四卷

大韓每日申報
대한매일신보

第二百二號

月曜及慶節歲時日休刊

檀君開國四千二百三十九年
箕子元年三千二十八年
大韓開國五百十五年
日本明治三十九年
淸國光緖三十二年
陰曆丙午四月小初二日巳亥

論說

別報譯載

즁外日報를據ᄒᆞᆫ즉下流社會의知識을開通홈이宜ᄒᆞ다ᄂᆞᆫ論說이有ᄒᆞ니大抵下流社會의知識이蒙昧홈은韓淸兩國의同一ᄒᆞᆫ病痛이기로其槪要를譯載ᄒᆞ야警告韓人ᄒᆞ노니其文이如左라

夫天下에有生而不受敎之人이오無生而不可敎之人이니今日朝廷이所措注意者가非多開蒙養學堂乎아下流社會즁엔大抵自幼로困於飢寒者ㅣ多ᄒᆞ니其無暇顧及於學業이亦情之常也라顧彼卽無暇顧及이나當世之操敎育權者ᄂᆞᆫ安得不爲之所ᄒᆞ야以漸謀普遍其敎育이리오今日東西各國이行强迫之令ᄒᆞ야屆學齡而不入學者ᄂᆞᆫ罪其父母ᄒᆞ니彼政府가非强欲干涉也라誠慮同居一國이면有同舟遇風之懼일세使其自幼失敎면貽害於一身者ᄂᆞᆫ猶小요影響於國際者ᄂᆞᆫ甚大라故로必使人人有普通之識이라야乃能副其國民之資格이니然則以本源而論컨ᄃᆡ今日에欲開通下流社會인ᄃᆡ誠非多開蒙養學堂이면不爲功矣라然이나蒙養學堂을亦豈能遍設乎아窮僻之地에風氣未開ᄒᆞ니籌欵이綦難ᄒᆞ고師範이無人ᄒᆞ야濫吹充數를管理無人ᄒᆞ니非庸妄敗事면卽頑固把持인則求才亦難이라然則十步之內에必有芳草ᄒᆞ고十室之邑에必有忠信이니今日에無論何地ᄒᆞ고當亦有因風氣而轉移之人이라下流社會즁에不識字者居多ᄒᆞ고略識字者亦非竟無其人이라傳播文明之利器ᄂᆞᆫ識字者利用報紙ᄒᆞ고不識字者利用演說ᄒᆞ고略識字者利用通俗之報紙니此則事非甚難이오費亦不多ᄒᆞ니當有能任其事者矣라然이나三者之中에最易動人者ᄂᆞᆫ究莫如연說이니但願留心時局諸君子ᄂᆞᆫ可刺取日報즁各要事ᄒᆞ야每月에派遣若干人ᄒᆞ야馳往各地僻陋之處ᄒᆞ야연說若干次이니倫各地가聞風興起커든逐漸推廣ᄒᆞ고再補之以白話報ᄒᆞ야俾粗解之未有者로亦得與聞中外之事故ᄒᆞ면其野蠻之擧動이當潛驅默化於不知不覺之中矣라今夫下流社會之錮蔽聰明이數千年來에不啻長睡於만만長夜즁ᄒᆞ야無一線曙光之照入ᄒᆞ니其頭腦之昏瞀也久矣라今有人焉ᄒᆞ야以世界大局之何如와吾國與世界大局之何如者로婉轉導之ᄒᆞ면未有不疑信參半者나然이나日日而詔之ᄒᆞ며處處而聒之ᄒᆞ며痛哭流涕而道之ᄒᆞ면精誠之至에金石이爲開니安有等是人類而不爲稍動者리오久而久之면吾知其必能漸明今日之大勢ᄒᆞ야不敢鹵莽以從事ᄒᆞ리니此則國家之幸이오亦吾民之福이니海內敎育家ᄂᆞᆫ其亦加意於此哉인저

官報

●三千四百卅五號 光武十年四月二十三日

◉宮廷錄事

宮內府特進官金鶴鎭辭職疏
批旨省疏具悉旣未必然亦不可許廟其勿辭行公
營繕司長趙南升辭職疏
批旨省疏具悉所請依施
侍從院副卿李懿周辭職疏
批旨省疏具悉所請依施
以上四月廿日

●勅令

勅令第十九號

治道局官制

第一條 治道局은內部大臣의管理에屬ᄒᆞ야道路를修治ᄒᆞ야人民의往來와車馬의運輸를便利케홈을爲ᄒᆞ야臨時設置홈이라

第二條 治道局에左開職員을置홈이라

局長 一人
事務官 二人
技師 二人

書記와技手ᄂᆞᆫ事務의煩簡을隨ᄒᆞ야內部大臣이隨時增減홈이라

第三條 局長은內部地方局長으로兼任ᄒᆞ니內部大臣의指揮監督을承ᄒᆞ야局務를掌理ᄒᆞ며所屬官吏를指揮監督홈이라

第四條 事務官은奏任이니局長의指揮를承ᄒᆞ야局中事務를分掌홈이라

第五條 技師ᄂᆞᆫ奏任이니上官의指揮를承ᄒᆞ야工事技術에關ᄒᆞᆫ事務를掌홈이라

第六條 書記ᄂᆞᆫ判任이니上官의命을承ᄒᆞ야庶務에從事홈이라

第七條 技手ᄂᆞᆫ判任이니上官의命을承ᄒᆞ야技術에從事홈이라

第八條 各地方에治道工事所를設置ᄒᆞ야區域內治道工事를分掌케홈이라

但治道工費에關ᄒᆞᆫ財政은臨時預算內에서內部大臣의出給命令書를因ᄒᆞ야度支部大臣이檢査를經ᄒᆞᆫ後支撥홈이라

第九條 治道工事所에長一人을置ᄒᆞ니事務官으로充홈이라

第十條 治道工事所長은治道局長의指揮를承ᄒᆞ야所務를掌理ᄒᆞ며所屬官吏를監督홈이라

第十一條 治道工事所에技師技手를分屬ᄒᆞ야所長의指揮를承ᄒᆞ야事務를分掌케홈이라

第十二條 治道工事所에名稱位置와修治區域은內部大臣이定홈이라

附則

第十三條 本令은頒布日로봇터施行홈이라

光武十年四月廿日
御押 御璽 奉勅
議政府參政大臣勳二等朴齊純
內部大臣勳一等李址鎔
度支部大臣勳一等閔泳綺

外報

●西藏問題 西藏에關ᄒᆞᆫ英淸新條約締結에就ᄒᆞ야兩國全權委員은北京에서再度會見하얏ᄂᆞᆫᄃᆡ西藏礦山鐵道通商權에關ᄒᆞ야兩者의意見이一致치못홈으로談判은再次延期ᄒᆞ얏더라

●戰費補充 倫敦電을據ᄒᆞᆫ則俄帝께셔勅令을下ᄒᆞ야日今番募集ᄒᆞᆫ公債九千萬磅즁千八百萬磅은日俄戰役軍費에補充ᄒᆞᆫ다더라

開港請求와鐵道場計畫 北京電을據ᄒᆞᆫ則兩江總督은江蘇省通州를開港홈을請ᄒᆞ고該地有志者ᄂᆞᆫ互相勸유ᄒᆞ야鐵道場設施를謀ᄒᆞᆫ다더라

●空中飛行船 美國의와루다ㅣ웰루만氏一行은本年七八月頃에空中飛行船을乘ᄒᆞ고北探檢의道에上ᄒᆞᆫ다ᄂᆞᆫᄃᆡ此飛行船은二十五日或三 日間을空즁에浮揚홈을得ᄒᆞᄂᆞᆫᄃᆡ船즁에ᄂᆞᆫ無線電信의裝置가有ᄒᆞ야適當ᄒᆞᆫ處所에受信機를設置ᄒᆞᆫ데서ᄂᆞᆫ日日其旅行의情況을知悉ᄒᆞᄂᆞᆫ便利가有ᄒᆞ다더라

雜報

●宜有是子 昨冬新條約時殉國ᄒᆞᆫ閔忠正泳煥氏는宣敎師元斗佑氏와自來交契甚厚ᄒᆞᆷ으로元敎師의夫人이閔忠正의大夫人의게往ᄒᆞ야慰問ᄒᆞᆫ즉同夫人曰吾子死於國事ᄒᆞ얏스니吾無餘憾이로ᄃᆡ但國事罔涯ᄒᆞ니是可憂憫이라ᄒᆞ얏다ᄂᆞᆫᄃᆡ此說이流傳于桑港等地ᄒᆞ야該地某新聞에揭載ᄒᆞ얏더라

●開民訴冤 開城에鐵路를改正ᄒᆞ얏ᄂᆞᆫᄃᆡ當毁人家ᄂᆞᆫ價錢을太半을減給ᄒᆞ고不改路處에도日人이執탈ᄒᆞ야百餘家을欲毁ᄒᆞᆫ즉該民等이上京ᄒᆞ야統監府에呼冤ᄒᆞᆫ다더라

●占屋增加 昨年日兵之自滿洲凱旋者가平壤城內外에留駐ᄒᆞ야一般人民의家屋을勒借以住ᄒᆞᆷ으로民皆失所失業ᄒᆞ야莫保生命이기로以此呼訴于韓政府及日本統監府ᄒᆞ얏더니今에又聞ᄒᆞᆫ則日本理事가該民等代表者三人을對ᄒᆞ야日自統監府로自司令部에文字가有ᄒᆞ고司令部에도文字가有ᄒᆞ고該廳에도指令이有ᄒᆞ나移住之事ᄂᆞᆫ猝難變通이라何時던지設營後라야移駐ᄒᆞᆯ터이니更勿煩訴ᄒᆞ라ᄒᆞ고近間에又日兵幾百名이到着ᄒᆞ야雖三間草屋이라도無不占領ᄒᆞ니韓民의棲屑廢業은皆至死境이라더라

●廣成運動 校洞閔輔國泳徽氏에私立ᄒᆞᆫ廣成義塾의敎務興旺ᄒᆞᆫ事實은各新聞에屢載ᄒᆞᆫ바어니와昨日下午一時量該塾學徒四十二名이興天寺附近沙場으로運動會를開ᄒᆞ얏ᄂᆞᆫᄃᆡ漢文敎師崔在學氏가該學徒를對ᄒᆞ야靑年이國家에關係가如何ᄒᆞᆷ과運動이靑年의必要ᄒᆞᆫ所以를說明ᄒᆞ고一場運動式을行ᄒᆞ야賞品을施與ᄒᆞᆫ後日晩歸塾ᄒᆞ얏ᄂᆞᆫᄃᆡ當日觀光者莫不稱賞이라ᄒᆞ더라

●拒絶準狀 務安港에셔日人이開設庖肆使人販賣ᄒᆞ더니自該監理署로出給準狀인바貸納稅金則該日人이自擔出給ᄒᆞ야拒絶不受故로該準狀을還爲上送이라고監理金濬用氏가報告農部ᄒᆞ얏더라

●嚴禁伐石 農商工部에셔警務廳에訓飭하되漢城東門外映風亭附近地에伐石人을一並禁斷事로已有發訓인바日本人長野爲名이尙在伐石하니到卽嚴禁하야勿復犯採케하라하얏더라

●棄官遊學 濟州隊特務正校方元根氏가學問에注意ᄒᆞ야所帶職을請願辭免ᄒᆞ고日本에遊學次로日昨京釜鐵道第一次列車로發程ᄒᆞ얏다더라

●詔獎嶺學 慶南紳士前承旨李是哲前參奉盧相旭前主事盧永萬三氏가敎育發達에熱心ᄒᆞ야本道各郡에學校를擴張ᄒᆞᆯ事로章程規則을組織ᄒᆞ얏ᄂᆞᆫᄃᆡ自上으로 乙覽ᄒᆞ사嘉獎ᄒᆞ옵신旨意를 啓下ᄒᆞ시고內帑錢一千元을 特下ᄒᆞ시와以補經用케ᄒᆞ라ᄒᆞ옵셧다더라

詔曰朕以設校興學有所勑諭者蓋欲醒一世之民躋彼文明之域也惟我嶠南士林之淵藪人材之府庫則苟能導率以勸之感發以興之其植材自庶之效可期先爾於他省而卽聞興學節目自北自南大爲倡擧甚庸嘉歎凡我衆庶亟體朕志樂設學校漸次擴張使人無不學學無不明以造作成之方仍令主殿院特下錢一千元以示嘉獎之意大小民人咸須知悉

●藉燈討索 遞平壤郡守李承載氏在任時에日本軍司令官이該郡守와交涉ᄒᆞ야自國人에게掛燈ᄒᆞᆫ燈業을擔任케ᄒᆞ라ᄒᆞ야市路에ᄂᆞᆫ家家히懸燈ᄒᆞ고其他各町에ᄂᆞᆫ每七家에燈一座式掛懸ᄒᆞ고每朔燈一座에葉三兩式推去ᄒᆞᄂᆞᆫᄃᆡ日本人家에ᄂᆞᆫ石油二盃을灌注ᄒᆞ야終宵通明케ᄒᆞ고韓人家에ᄂᆞᆫ一盃式灌注ᄒᆞ야纔過三更ᄒᆞ면便作黑洞世界ᄒᆞᄂᆞᆫ지라該軍司令部로此事를不知ᄒᆞᄂᆞᆫ바아니로ᄃᆡ推辭一言ᄒᆞ다고巷說이多多ᄒᆞ다더라

●法訓平北 裁判所 管下楚山郡郡面城內里金元西致死事에被告李君康은笞八十에處辦云인바被打傷損이許多顯著이거날前後檢官이不思命案之所重ᄒᆞ고未執實因而遽曰病患死라ᄒᆞ야草草勘案ᄒᆞ니是何檢驗오ᄒᆞ야到卽剛明守令으로另定明查官ᄒᆞ야行凶情節을築底查覈ᄒᆞ야擬當律馳報라ᄒᆞ얏더니該訓令到付之前에自該道裁判所로法部에報告ᄒᆞ기를碧동民金德西가楚山郡金元西致死事에對ᄒᆞ야呼訴ᄒᆞ되矣兄元西가楚山李君康에게被縛亂打ᄒᆞ야當場致命而渾身上下重傷之處가十一處온ᄃᆡ初檢官楚山郡守趙應顯과覆檢官渭原郡守曹斗煥兩氏가有何營李君康之豪富ᄒᆞ고被訂久之致命을至於因病致死之檢報이옵기不勝寃痛ᄒᆞ야屍身을掘檢來訴라ᄒᆞ더니亦以此意로請願于本府警務補佐官이온바此案이兩檢符同에已經報案이나其在重命에不可歸之尋常ᄒᆞ와補佐官坂東榮次郞이與守備隊軍醫로察屍次往于該地ᄒᆞ고自本所로派員監檢ᄒᆞ야眼同摘奸ᄒᆞ러니其傷損形證이旣甚丁寧ᄒᆞ오니死者가其或因此致命인지抑亦以病而自斃인지左右當量에疑晦轉深ᄒᆞ와玆에質稟ᄒᆞ오니亟賜處分ᄒᆞ라ᄒᆞ얏더라

●縱賊而捕民 南來人傳說을聞ᄒᆞᆫ즉永川砲軍에李僖卜李守根이巡哨近邑타가有名ᄒᆞᆫ賊漢新寧越池洞居李聖守를捕捉ᄒᆞ야納之永川官而鬪招에口招贓物이自在ᄒᆞᆫ이發府押上警署矣러니不幾日에賊漢은放送ᄒᆞ고反以李僖卜李守根으로捕捉良民이라稱ᄒᆞ고屢月嚴囚警署ᄒᆞ니事甚寃抑이라고聽聞이浪籍ᄒᆞ더라

●金事續聞 去廿二日에揭載ᄒᆞᆫ趙達天擧訴前光察金世基氏事에對ᄒᆞ야某處所傳을據ᄒᆞᆫ則當初에換錢을劃給ᄒᆞ고覔票已久ᄒᆞᆫᄃᆡ今自中間으로謂之見奪ᄒᆞ고還訴票主가有違經界라奪錢處의歸正次로停訟이되얏다더라

●會駁倖貪 巨濟郡守尹相佑氏의不法行政과貪虐贓錢을臚列ᄒᆞ야一進會摠代李行敏氏가內部에請願ᄒᆞ얏ᄂᆞᆫᄃᆡ其贓錢이四萬八千二百五十一兩五戔에至ᄒᆞ얏다더라

●鑛山曠官 忠北觀察尹喆圭氏가內部에報告ᄒᆞ되管下黃澗郡守洪允元이爲參於統監府園遊會ᄒᆞ야認以大事ᄒᆞ야不待府認ᄒᆞ고私帶印章而擅自上京ᄒᆞ더니遞官後亦無來告ᄒᆞ니是何公務와不接以法紀에不可仍循이니[illegible]라ᄒᆞ얏더라

●會質法部 平理院判事李健鎬氏가一進會長과裁判을請願ᄒᆞᆫ事件에對ᄒᆞ야昨日一進會摠代何鶴征以等이法部에前往ᄒᆞ야質言ᄒᆞ기를以李健鎬免官事ᄂᆞᆫ查照其事實而措處ᄂᆞ니爲主勸告ᄒᆞᆫ즉如右議決之事ᄂᆞᆫ見於法之律은自有所歸어니와動無事實이라도一進會長의게構誣律은萬萬不可ᄒᆞ다고ᄒᆞ얏다더라

●調查着手 政府에셔地方制度調查ᄒᆞ기爲ᄒᆞ야調查委員을多數히差定ᄒᆞᆫ지라其調查所ᄂᆞᆫ內部ᄂᆡ에設置ᄒᆞ고昨日붓터委員崔錫敏李建榮洪在祺等諸氏가會同ᄒᆞ야該調查事務에着手ᄒᆞ얏다더라

●養成移接 法官養成所ᄂᆞᆫ廨舍狹窄ᄒᆞ고又爲滲漏ᄒᆞ나猝難修葺ᄒᆞ야該房를法部ᄂᆡ空閒堂舍로移接ᄒᆞᆫ다더라

●北民發遙 咸興明太洞은係是 德安兩陵主山이기로該地開礦을莫敢擬議러니今有宮내府之認許ᄒᆞ야將以開礦ᄒᆞᆷ으로該郡五十四社大小人民이發通會議ᄒᆞ야一齊上京ᄒᆞ야宮내府에呼訴ᄒᆞᆫ다더라

●南山移文 寄日生

南山[illegible]

倫敦電報

●軍隊와坑夫相鬪 四月廿三日午後三時五十分發

佛國石炭坑夫와同盟破工者ᄂᆞᆫ軍隊로狹ᄒᆞ야衝突을被ᄒᆞ얏다더라

●大統領謝絶 上仝

米國大統領은桑港火災扶助로諸外國에서寄附ᄒᆞᆫ金을謝絶ᄒᆞ얏다더라

●桑港鎭火 上仝

廿二日에桑港火災ᄂᆞᆫ鎭滅되얏ᄂᆞᆫᄃᆡ幸히船渠ᄂᆞᆫ燒失을免ᄒᆞ얏고其損害額은約五億弗以上이오死者ᄂᆞᆫ五千以上이라더라

東京電報

●稅法調查會 四月廿二日午后六時發

日本大藏省에셔稅法調查會를設置ᄒᆞ고委員長은次官이오委員은各高等官이任命되얏더라

雜報

●한裁請願 日昨漢城裁判所首班判事李秉輝氏以下判檢事가聯名ᄒᆞ야法部에請願ᄒᆞᆫ全文如左ᄒᆞ니本所에셔巡檢崔錫영等照律案件을已經報部이온바本日上午十一占에중署總巡崔憲이與該署警務顧問補佐官補日人土方源之助로來到本所檢事室ᄒᆞ와使酒律로宣告ᄒᆞᆫ巡檢崔錫榮崔斗鉉案件에對ᄒᆞ야先問使酒用律之本意於檢事安致潤ᄒᆞᆫ則該員이答以醉酒면用以該律이라ᄒᆞᆫ즉又問使酒之性質ᄒᆞ기答以徙飮其酒면有何罪責고ᄒᆞ얏더니又曰警廳이與裁判所로俱爲一室內어날說或巡檢이有罪過라도決笞放送이可어날故意拘囚ᄒᆞ야至用禁獄一介月之律ᄒᆞᆷ은必是牛逝이오因此事ᄒᆞ야捉致巡檢照律이若得萬金之財라ᄒᆞ오며如此做去면後有不好之事라ᄒᆞ더니崔惠이幾畢通譯ᄒᆞ고做出自巳之言ᄒᆞ야向檢事曰法官이如是用法이면警廳에도亦有捕捉之權ᄒᆞ니此所에셔는能免捕捉乎아第看來頭합시다以此微罪로毆入重律이면監獄署가雖幾百間이라도難以容納이오以何憾情으로生此釁端乎아此日國家가如是用法라가以至此境이오ᄒᆞᆫ則檢事試補가聽其能免捕捉之句語ᄒᆞ고言之曰此所에셔有此國法이면自當就捕어날何如是恐喝乎아ᄒᆞᆫ則崔曰君是誰耶오ᄒᆞ거날答以사補라ᄒᆞᆫ則崔曰不修寒暄ᄒᆞ고相關酬酌乎아ᄒᆞ거날시補曰此乃公務이기言之라ᄒᆞ얏더니便不得發言케ᄒᆞ고土方이繼接檢事曰不解律文之檢事가安能久任고更問有他檢事乎아當以質卞ᄒᆞᆯ깃다ᄒᆞᆫ則答以無之러니又向檢事ᄒᆞ야昨天兩崔照律事로警廳에越交ᄒᆞᆫ通牒을□來出示ᄒᆞ면셔言ᄒᆞ기를此公文이多有僞言ᄒᆞ니如是行文이면徒費紙筆이라ᄒᆞ고許多詰□에費了□時間歸去ᄒᆞᆫ則非但妨公이라這間受困은難以枚陳이온바以土方言之라도只是補佐於警察上이옵거날有何法律上質問之權限이완대恐迫이太甚ᄒᆞ고官職의去就를擅論ᄒᆞ오며以崔憲言之라도旣爲通譯則過言願辭로惟通其意어날不此之爲ᄒᆞ고高聲厲色에獨主其言ᄒᆞ야其所詰駁이罔有紀極ᄒᆞ오니是何事體乎잇가大抵本所에擬律處辦ᄒᆞᆫ案件을何以照辦이오며此以仍置면司法名義가將至蔑如을지라此等弊端이非止一再이온則苟不堤防이오면果難視務이옵기右事實을摭實報告이오며齊聲退去ᄒᆞ오니公正有名譽者로選擇敘任하야公器를忝損케ᄒᆞᆷ이無케하라하얏더라

●果是譴罰 前報의揭載ᄒᆞᆫ剝民媚官暦下에公州監理生日時區域內執綱金永煥이가出沒監理署ᄒᆞ야上舞下弄에使衆商으로來參宴席케ᄒᆞ고山紬或紙貨를務之誘之ᄒᆞ야使之獻誠케ᄒᆞᆷ이라ᄒᆞᆫ바西來人의所傳을更聞ᄒᆞᆫ즉初無如此之事라ᄒᆞ더라

●家屋請撤 한城府에셔日本臨時軍用鐵道監部龍山鐵道建築班長大塚某三郞公函을因하야內部에報告하되 一般鐵道收用土地及其地上物件에對하야其비償金을交付於貴國內部하야關係人民의게配付事로已有協定인바右鐵道收用地區內에所有家屋을一切取撤爲要等因이오니 何辦理를亟行訓示하라하얏더라

●伊藤行悖 忠南瑞山郡守李年夏氏가ᄂᆡ部에報告하얏스되陰曆二月初에日人藤川□三郞이挈到日女二名于郡底하야買得一舍而同居하야或賣酒或賣淫爲業하고且日人伊藤進은稱以統監之親孫하고來到本郡하야做居酒店房屋하야以藥商爲名이나不務其業하고來往於藤川家하야每日長醉에使其酒性ᄒᆞᆷ의人皆縮首하고又或게散於溪澗瀚濯處하야對其老婦叩勸吸捲烟하고少婦즉諧戲無方하야婦女之棄其滌具而逃에聽聞이日至이더니今自藤川家로伊藤進與邑下李忠孫이因何相詰이든지毆打李忠孫하야至於危境이다故로使之摘奸則因此蝟集之民이至於三四百名하야當場交象이殆乎危哉故로該伊藤進을自衆民圍匝之中으로奪至就待이옵더니公州府警視補佐正當久太郞與日憲兵이來到하야日人之行打와我民之被打와藤川家什物破碎與否를一一調査後該伊藤進을率去于公州郡이라하얏더라

●慶北盛擧 達城廣文社에셔陰二月二十六日에文會特別會를開設하고各郡紳士를多會하야興學 詔勅을朗讀宣布ᄒᆞᆫ後本社長金光濟氏와社員中鉉穆李鍾禎蔡憲氏가設校方針과社會的趣旨를演說하고三四條問題에對하야經濟之策으로各其意見을著述하얏더라

●倉庫會社近況 漢城共同倉庫會社近況을得聞ᄒᆞᆫ즉該會社倉庫에保管ᄒᆞᆫ重要ᄒᆞᆫ物品은米穀麻布木綿洋木綢緞紙類葉烟草皮類其他穀種인되其中近日에出入이頻繁ᄒᆞᆫ者는米穀麻布烟草等이오此保管物品에對ᄒᆞ야貸付ᄒᆞᆫ金額이十一萬三千餘圜이오不動產抵保貸金이十萬七千六百餘圜이니合計가二十二萬七百餘圜이라ᄒᆞ며

這番에麻浦에倉庫를借入ᄒᆞᆫ以來로米穀의入庫가頗히多大ᄒᆞᆷ으로一層擴張ᄒᆞ기爲ᄒᆞ야向日同地廣闊ᄒᆞᆫ土地를買入ᄒᆞ고近日內에一大倉庫를建築ᄒᆞᆫ다ᄒᆞ며南門外도미洞近地에土地를買入ᄒᆞ얏는되此次近日中에宏大ᄒᆞᆫ倉庫를建築ᄒᆞ야一般荷主에便宜를計圖ᄒᆞᆫ다ᄒᆞ며

以上所記와如히졔般業務를擴張ᄒᆞᆷ으로該會社는從來度支部內에在ᄒᆞ든事務所가狹착ᄒᆞ고且偏在ᄒᆞᆫ嫌이不無ᄒᆞ야今二十二日에鍾路鞋廛上隣二層洋屋으로移轉ᄒᆞ얏다더라

特別社告

非史乘이면政治之美惡와人物之臧否와風俗之汚隆을無以攷論인즉史乘者ᄂᆞᆫ非一時之공覽이라乃萬世之公案이오非自國之所可得以私也라卽宇內列邦에宜序公佈ㅋ로最著美人訖法氏之撰大東紀年이意固有在而然也라本記者ㅣ不揆僭越ᄒᆞ고於韓之史事에留心者ㅣ久矣로되在幾百年之後ᄒᆞ야要論幾百年之事가任大力綿에恐有失實之歎뿐더러鎖國自守之時代에ᄂᆞᆫ民國間諸般事爲가不過是韓常典故라不足以俟世界列邦之眼目ㅋ로斷自丙子以後各國交涉時事ᄒᆞ야要爲編成一書ᄒᆞ야公諸列邦ᄒᆞ니四方有志諸君子ᄂᆞᆫ諒此苦心ᄒᆞ야丙子以後政令訓誥之所記와各國交涉之如何와臣民疏章與功辜之表著와中外俗習之沿革과忠臣義士孝子烈女之行蹟을各隨所聞所見而詳錄投示ᄒᆞ야俾此賓役으로得以完成을千萬幸甚

大韓每日申報社

○○○○○○○○○○○○

本申報를廣佈ᄒᆞ기爲ᄒᆞ야咸鏡南道咸興州南社西門外居ᄒᆞᄂᆞᆫ曹喜林氏에게逐號下送ᄒᆞ오니該附近地愛讀ᄒᆞ시ᄂᆞᆫ僉君子ᄂᆞᆫ同氏에게購覽ᄒᆞ시며代金도同氏에게傳致ᄒᆞ심을爲要

大韓每日申報社

○○○○○○○○○○○○

一 鷹標罐濃縮牛乳

一 金印罐頭濃縮牛乳

一 瑞士家用氣化乳酪

一 瑞ㅣ슨쓰製造麥芽乳化

台牛乳

以上은當舖에貯積ᄒᆞ얏습

美國紐育府ㅣ둔쓰 濃結牛乳會社

一手代理

大韓仁州港

世昌 洋行

●九轉靈砂라 本人이妙方法을祕儲ᄒᆞ야製造ᄒᆞᆫ靈丹인ᄃᆡ男女老少에無論何症ᄒᆞ고通治ᄒᆞ오며無病時에도服ᄒᆞ면平生의身體가健康ᄒᆞ며小兒ᄂᆞᆫ四五錢重만服ᄒᆞ면十歲안에無病ᄒᆞ기를擔保ᄒᆞ오며

●九轉靈砂萬靈丹은癲狂 癎症과中風諸疾과耳目諸病과淋疾에神効ᄒᆞ오

●九轉靈砂保命丹은初生小兒 驚風 癎氣 咳嗽 腹痛諸般感과婦人帶下症에神効ᄒᆞ오

●九轉靈砂清衆丹은酒滯 食滯 血積 吐瀉 霍亂 痢疾 吐血 下血 運氣 時疾 瘧症에神効ᄒᆞ오

●九轉靈砂紫金丹은痔漏 鼠瘻 上疳瘡 下疳瘡及唐瘡과諸般毒瘡惡種에無不神効ᄒᆞ오니 僉君子ᄂᆞᆫ來問ᄒᆞ시오

內需司前독갑이골上隅第一家 李鍾廷 告白

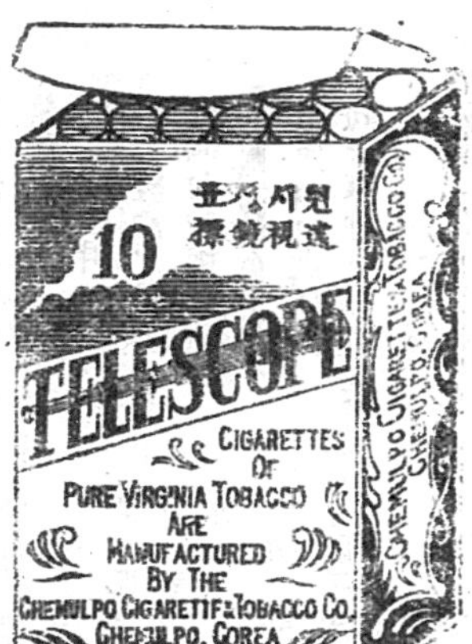

以上三種은上品으로製造ᄒᆞ야特製上에至廉價ᄒᆞ며論其八ᄒᆞ고本社에來顧ᄒᆞᆷ

大韓帝國仁川港

烟物捲紙捲烟及烟草會社

本社廣告

申報價

一張代金 新貨二錢五里

一箇月前納 三十錢

三箇月 九十錢

六箇月 一元七十錢

一箇年 三元四十錢

郵稅一朔 新貨五里

一箇月 十三錢

廣告料

四号活字十三字詰

每日每行一寸에新貨廿五錢

(每日每行에六錢에相當홈)

二周日에 二圜五十錢

(每日每行四錢五里에相當홈)

一箇月에 五圜

(每日每行四錢一里에相當홈)

其期限의長短과字行의多를依ᄒᆞ야增減홈이有홈

大韓人마다此申報를不得不閱覽ᄒᆞ실터이오니廣告出報ᄒᆞᆯ僉君子ᄂᆞᆫ來臨面議ᄒᆞ시옵

發行兼編輯人 英國人裵說

發行所

京城北署壽進坊磚洞号外地議政府學校前

大韓每日申報社

第四卷

大韓每日申報
대한매일신보

第二百三號

月曜及慶節 歲時日休刊

檀君開國四千二百三十九年
箕子元年三千二十八年
大韓開國五百十五年
日本明治三十九年
淸國光緖三十二年
陰曆丙午年四月小初三日庚子

論說

日本武藝之治

以現狀觀之컨ᄃᆡ韓國은雖不免虛名獨立이나日本ᄂᆡ情은韓國人民의着味研究홀것에不過라近者日本이吸收此國ᄒᆞ기에用力홈을思料홀진ᄃᆡ

前者俄國이未開之時에運用ᄒᆞ던것보다猶甚ᄒᆞᆫ裏頭及分黨政策으로日本이迅速趨向홈을注視홈이想應有味ᄒᆞ리로다

日本人民을壓服ᄒᆞ기에日進ᄒᆞ는此情形을一記者가陳述ᄒᆞ되日本社會之盛이라稱托ᄒᆞ얏스나此非其類요其實은日本皇帝及其政府를指揮ᄒᆞ는武班의權力이熾盛홈이라此乃病根이니若不急速阻止면日本衰微가從此結果矣리로다

日本人은本是剛毅果敢的種族이라其海陸軍이各擔義務ᄒᆞ야能盡其職矣니如此人民을治之以合宜ᄒᆞᆫ士卒工匠及勞動之役에各其資格ᄃᆡ로此邦臣民되기를人必願之여날爲其大將者ㅣ不顧生命홈은猶稱ᄒᆞ되武官이多籌策ᄒᆞ고文官元老의注目이常少ᄒᆞ더니過去戰爭의結果로現今日本人民이難堪重稅之下에勞力ᄒᆞ고

且後日俄國의報讎를不可暫忘故로日本內諸般事業中에外債典物을可作홀거슨擧皆置之于政府管轄이로다

其日이不遠홈을普通信認故로日本人民의事業及産業을政府가無餘奪取ᄒᆞ야典質于外國資本家ᄒᆞ야此危險ᄒᆞᆫ武官政黨의妄好戰役ᄒᆞ는計策을預備홈이漸著其機라

此를稱之以社會之盛은何等議言이오녀此實最惡專制權이니私營事業을漸置于政府手中ᄒᆞ는武官指揮者가分類政黨을漸成홀거시現然ᄒᆞᆫ지라由是로國民의財源이되는勞働者들이憲法政治를不可得見ᄒᆞ리로다

今此日本의盛衰는韓人의戒鑑홀비라社會之興은各人이何許事業이던지自己所營ᄃᆡ로公正做去홈이是也로다日本武官이後日에自國을悲境에寘홀거과如히韓國今日情形을釀生ᄒᆞᆫ거슨柄權大臣이爲其機關홈이로다

官報

●三千四百卅五號 光武十年四月二十四日

◉敍任及辭令

依願免本官 成均館博士李龜壽 仝李秀榮○任成均館博士 崔爾鏞 朴用健 以上三月廿四日○免本職 陸軍幼年學校學徒隊附副尉張寅根○任正尉 副尉張寅根○補陸軍武官學校教官 正尉張寅根 以上四月十八日○依願免本官 秘書監丞洪承斗 秘書監郞姜景熙 西京豊慶宮參書官閔泳得 仝李心一 純陵參奉金裔協 齊陵參奉朴泰遠 莊陵參奉宋世用 永懷園參奉洪在珪 崇善殿參奉許杰 咸鏡南道分奉常司主事金鍾律 高靈郡守沈宅鎭 昆陽郡守安敬煥 載寧郡守秦熙晟○命營繕司長 奉常司提調李輔榮○命奉常司提調 從二品趙南升○命侍從院副卿 從二品李長稙○任秘書監丞 正三品朴泰陽○任奎章閣直閣 正三品李寅奎○任西京豊慶宮參書官 正三品崔益煥 仝朴鶴銓○任秘書監郞 奉常司典事姜遠馨○任奉常司典事 從三品韓永元○任純陵參奉 九品崔晃洙○任齊陵參奉 九品洪德周○任莊陵參奉 九品李元榮○任永懷園參奉 九品李程淳○任崇善殿參奉 許령○任咸鏡南道分奉常司主事 陳宅奎○任昆陽郡守 龍仁郡守玄爆鳳○任龍仁郡守 前郡守張允遠○任載寧郡守 從二品李峻奎○任高靈郡守 正三品尹夏榮○任南原郡守 奎章閣直閣申性均○任驪州郡守 한城府參書官李億○任한城府參書官 正三品金彰한 以上四月二日

◉廳令

警務廳令第五號

街路管理規則第九條次에左의一條를加ᄒᆞ고第十條를第十一條로ᄒᆞ고以下를順次조下홀事

本令은頒布日노ᄇᆡ터施行홀事

光武十年四月十四日 警務使徐相大

第十條 警務廳의指定ᄒᆞᆫ人力車駐車場外의場所에서乘客을待홈이不可홀事

彙報

●度支部分課規程 續

第十六條 中央檢査과에서는左開事務를掌홈이라

一 總決算의檢査에關ᄒᆞᆫ事項

二 中央各官廳及한城府의收支幷其官有物決算의檢査에關ᄒᆞᆫ事項

三 中央官立제營造收支決算의檢査에關ᄒᆞᆫ事項

四 政府로서補助金又는特約保證을與하는團體其他제營造의收支決算의檢査에關ᄒᆞᆫ事項

第十七條 地方檢査課에서는左開事務를掌홈이라

一 地方各官廳(漢城府를除ᄒᆞᆫ外)의收支及其官有物決算檢査에關ᄒᆞᆫ事項

二 地方官立諸營造收支決算의檢査에關ᄒᆞᆫ事項

第十八條 審理課에서는左開事務를掌홈이라

一 歲入徵收官收入官吏其他出納官吏에對ᄒᆞᆫ檢査監督及其責任의審判에關ᄒᆞᆫ事項

二 國庫會계上에關ᄒᆞᆫ一切訴願의審判에關ᄒᆞᆫ事項 未完

外報

●法國野心 駐淸法國公使바이유氏는此程의北京外務部를向ᄒᆞ야今回法領安南總督에게鐵道及礦山을踏査홀目的으로雲南及蒙古地方에旅行홈에對ᄒᆞ야特別ᄒᆞᆫ待遇와保護를與ᄒᆞᆫ模様인故로該地方官憲의게訓令ᄒᆞ기를要請ᄒᆞᆫ지라駐法淸公使는特別이外務部에打電ᄒᆞ고安南總督이今回旅行은單히鐵道及礦山으로視察이라稱ᄒᆞ는거슨一介口實에不過ᄒᆞ고其實際은他日法國에서全地方을侵略홀準備를整理코저홈에在ᄒᆞᆫ즉淸國政府는最大이警戒홀비라然則雲南地方은第二로滿洲와如홈에不至홈을警告ᄒᆞ얏다더라

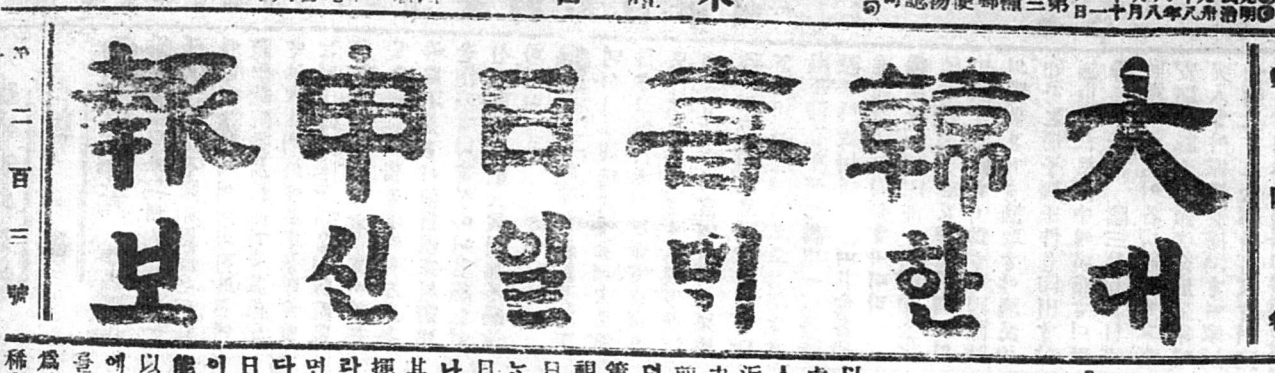

●俄植民兵 俄帝는滿洲軍에屬ᄒᆞᆫ預備兵에全部는其希望홈을因ᄒᆞ야東淸鐵道領域에植民的住居홈을得ᄒᆞᆫ勅令을發ᄒᆞᆫ지라右勅令을據ᄒᆞᆫ則預備兵一人에待ᄒᆞ야各六百平方사ㅣ지에以下土地를得ᄒᆞ고且合爾賓領域間에는一家族에二百留滿洲里停車場齊齊合爾間領域에는一家族에四百五十留合爾賓쓰구라니ㅣ지나야領域에는一家族에三百留의補助金을與ᄒᆞ리라더라

雜報

●聖恩如天 李愚璘氏設立ᄒᆞᆫ孤兒學院에內帑으로一千元下賜ᄒᆞ신隆崇恩渥은前報에已爲揭頒이어니와再昨日에該學院院監及教師가率其孤兒ᄒᆞ고大安門外에萬歲를呼ᄒᆞ얏ᄂᆞᆫᄃᆡ 韓皇陛下ᄭᅴ옵서該院監與教師에게綸紱을下ᄒᆞ사彼孤兒ᄂᆞᆫ顚連無告ᄒᆞᆫ者라아모조록善爲培養ᄒᆞ야他日國家의需用을作케ᄒᆞ라ᄒᆞ셧다니其慈仁ᄒᆞ신聖諭은一般人民이無不感泣하더라

●親王[illegible] 義親王殿下ᄭᅴ셔日本觀兵式에參列次로渡日ᄒᆞ시ᄂᆞᆫᄃᆡ日本서ᄂᆞᆫ帝室貴賓으로待遇ᄒᆞ기를決定ᄒᆞ고殿下를出迎ᄒᆞ기爲ᄒᆞ야宮內省에서栗原書記官을馬關으로派送ᄒᆞ며又殿下旅館은芝離宮으로選擇ᄒᆞ고殿下滯在中에ᄂᆞᆫ馬車一兩을特設ᄒᆞ야乘用에、ᄒᆞ며其他各般準備가頗히周到ᄒᆞ다더라

●國民須知印佈 前郡守金字植ᄂᆞᆫ自來有志ᄒᆞᆫ紳士라國民의知識을開發ᄒᆞ기爲ᄒᆞ야國際法의緊要ᄒᆞᆫ거슬摘取ᄒᆞ야國民須知라ᄂᆞᆫ冊子幾千件을印出ᄒᆞ야無貨金으로國中에廣布ᄒᆞᆫ다더라

●無前賊警 陰三月廿二日에賊黨十六名이各持銃劍ᄒᆞ고泰安郡邑底士兵頭領金成奎家에突入ᄒᆞ야家產을掃蕩ᄒᆞ며家屋을衝火ᄒᆞ고公廨를打破ᄒᆞ며文簿를지裂ᄒᆞ고郡獄을破碎ᄒᆞ야被囚ᄒᆞᆫ賊徒를放出ᄒᆞᄂᆞᆫᄃᆡ該郡人이銃丸의斃ᄒᆞᆫ者二人이오饒戶四十一家를威脅ᄒᆞ야葉錢一萬五千兩을奪取ᄒᆞ고物品十八負를攫去ᄒᆞ얏ᄂᆞᆫᄃᆡ尙且賊의船隻은安民島에在ᄒᆞ고賊黨은尙今出沒於村閭ᄒᆞ니該郡은火賊의根據가되얏다더라

●永化春動 仁港耶穌教堂內私立永化學校春期運動을四月十九日에該港附近松林山岸에서設行ᄒᆞᄂᆞᆫᄃᆡ諸班學徒一百二十餘員이該運動場에出往ᄒᆞᆫ時에酒濟有度ᄒᆞᆷ과運動場에서技藝及接戰ᄒᆞᄂᆞᆫ諸般演戲로盛現을呈ᄒᆞᄂᆞᆫᄃᆡ其美規懿範을滿山觀光者ㅣ無不拱手贊揚ᄒᆞ야全國內에前所未見聞ᄒᆞ던勝事라ᄒᆞ고流涎欽佈ᄒᆞᄂᆞᆫ聲譽가暗傳ᄒᆞ기로吾儕ㅣ爲之贊賀不已ᄒᆞ노라

●聖聰難蔽 巷說을聞ᄒᆞᆫ즉某大臣이 韓皇陛下ᄭᅴ上奏하되皇太子嘉禮時使用ᄒᆞᆯ妓生의歌舞를漱玉軒에서習儀選擇하옵소서하얏ᄂᆞᆫᄃᆡ 韓皇陛下ᄭᅴ옵셔拒絶하심으로該大臣이滿面愧慚而退라하더라

●寶礦飭關 農商工部에서全南觀察의게發訓하되貴管下寶城金礦檢察金公烈의電報를據閱ᄒᆞᆫ즉貴觀察使가斬持不許하야未得幹事라ᄒᆞᆫ바公礦開採가果係正공하야不可廢止라到即更勿携貳하고轉飭該郡하야無至遷延하라ᄒᆞ얏더라

●北魚設技 [illegible]參奉爲名人이現住南門外閔氏家라ᄒᆞᄂᆞᆫᄃᆡ田畓文券을僞造ᄒᆞ야北魚七千貫을換得ᄒᆞ야放賣ᄒᆞᆫ錢으로北村等地에서花鬪分通을設施ᄒᆞ고蓬頭憨少가閉門聚首ᄒᆞ야夜而連晝ᄒᆞ고晝而連宵ᄒᆞᄂᆞᆫᄃᆡ該地警察官吏ᄂᆞᆫ一不捕捉ᄒᆞᆫ다고巷說이頗多하더라

●教育演說 今日下오七点半에紳士俞星濬氏가教育의區別로皇城基督教靑年會에서演說ᄒᆞᆫ다더라

●官民質辦 全州郡民이郡守權直相氏의貪贓事로再昨午一点鍾에平理院에서對質裁判이되얏ᄂᆞᆫᄃᆡ贓錢三十萬兩을逐條詰問ᄒᆞᆫ즉權氏가供書ᄒᆞ되自己ᄂᆞᆫ貪贓은無ᄒᆞ다고遁辭糊塗에雄辯如流ᄒᆞ며郡民을反揣箝嚇ᄒᆞᆫ즉檢事官이正色[illegible]되汝之공書에罪戾無一[illegible]天在上ᄒᆞ고白日照[illegible]搆虛罔공若是乎아汝之[illegible]飾은頗有名稱ᄒᆞ더니果然이로다結錢加捧과俵災[illegible]木戶宿戶籍紙結頭九斗書員考卜加斂等事此皆虛無孟浪之誣訴乎아汝若有毫末愛民之情이면民豈不憚飢困ᄒᆞ고累月呼訴에不知攸止가若是乎아全北二十六郡에他郡은晏然ᄒᆞ되奚獨全州만紛拏若是乎아此非汝罪之明証乎아汝罪汝思ᄒᆞ라汝自知라ᄒᆞ고節節盤詰ᄒᆞᆫ즉權氏가自知理屈ᄒᆞ고箇箇首服ᄒᆞ며郡民은垂淚潛聽이라ᄂᆞᆫᄃᆡ權氏를아즉平理院에拘囚ᄒᆞ야査報後照律懲辦ᄒᆞᆫ다더라

●何不許借 西署西江坊玄石里居前議官朴斗秉前主事南용祐鄭允文諸氏가靑年教育ᄒᆞ기爲ᄒᆞ야洞中諸氏의게補助을請ᄒᆞ야私立學校을創設ᄒᆞ야校名은玄成義塾이라ᄒᆞ고校長은度支大臣閔泳綺氏요校監은曹秉觀氏요教師ᄂᆞᆫ崔浩善氏가名譽로教授ᄒᆞ야學徒가三十餘人에達ᄒᆞᆫ바現今請學者亦多ᄒᆞ되權設校舍가挾窄ᄒᆞ야有難容接이기該洞所在廢置ᄒᆞᆫ前司僕倉內舍與大廳을修葺居之意로請願學部矣러니學部에셔移照經理院ᄒᆞᆫ즉照復內開에公署措置의相妨이라고認準치아니ᄒᆞ야再次請願ᄒᆞ얏다니廢置ᄒᆞᆫ廨舍ᄂᆞᆫ不過閒民借居而已요公設積置에ᄂᆞᆫ無妨害어ᄂᆞᆯ不即準許ᄒᆞ야使學徒로解散케ᄒᆞ니閒民借居와學徒教育니其輕重이何如ᄒᆞᆫ지

●金氏自刎 平壤外城十五家基地에다倉庫會社建築ᄒᆞᆫ다로日人山田財務官이自本府로該家諸人을拯因ᄒᆞᆫ後에威脅毁破ᄒᆞᆫ즉被囚된家主中金亨柱ᄂᆞᆫ不勝痛憤ᄒᆞ야自刎ᄒᆞ얏ᄂᆞᆫᄃᆡ危至死境이라더라

●朴氏義助 技師朴鳳陽氏가普明義塾에贊助를爲ᄒᆞ야該校舍의門과窓을一新洋漆ᄒᆞᄂᆞᆫ不少ᄒᆞᆫ費用을自當ᄒᆞᆷ으로同氏에教育上義舉를人皆欽嘆ᄒᆞᆫ다더라

●金傭致斃 警務使徐相大氏가內部에報告ᄒᆞ얏ᄂᆞᆫᄃᆡ現今日本軍司令部雇傭[illegible]洞居金明順이本月十八日下오七時頃에該司令部兵丁으로相戲ᄒᆞ다가該兵의게被傷治療於病院이다가竟爲致斃이다이온즉事之根由ᄂᆞᆫ姑未詳知나日韓兵隊에서方在查探中이다이옵기人命致死가關係非輕故로指飭하야詳查更報케하고玆에報告라하얏더라

●警顧懲弊 東署孝橋李根喬家에日人이隨狗突入內庭하야放銃殺狗에家人이受驚不少事ᄂᆞᆫ已揭本報어니와警務顧問丸山氏가此事로照會하야此等弊端이治安에妨害된즉查嚴懲케하라하얏다니該日人之措置如何ᄂᆞᆫ不可斷言이되丸山氏之有意於治安警察과民生保護ᄂᆞᆫ可賀ᄒᆞᆯ만하다더라

●農部請撥 農部에서該部雇傭日本農科大學助教授豐永[illegible]道元之入交청江柳川由[illegible]小笠原鍋太郞等五人의俸給與家舍費統計一萬一千六十圓을學部에서撥ᄒᆞ라로度支에照會ᄒᆞ얏더라

●關祀被燒 原州郡居李瑞雨ᄂᆞᆫ其姑母之孫南福熙가入於耶蘇教하야其姑母忌日에關祀ᄒᆞᆷ을憤怒하야乘醉放火李家ᄒᆞᆫ事로自原州郡으로定巡校押上于本府警府하얏다더라

●普明盛況 日昨北署청風溪普明義塾에서學員을募集하얏ᄂᆞᆫᄃᆡ一般冠童의願學者가八十에達하얏다하니該校의前途進就가恰有期望이기로吾儕ᄂᆞᆫ此를攢祝不已하노라

東京電報

●統監着磯 四月廿四日午后三時發
伊藤統監은方今大磯에着ᄒᆞ얏더라

●桑港火災 上仝
桑港火災ᄂᆞᆫ全市四分一을燒失ᄒᆞ얏더라

●義捐金募集 四月廿四日午后四時半發
日本赤十字社에서ᄂᆞᆫ米國桑港震災에就ᄒᆞ야義捐金募集에着手ᄒᆞ얏더라

伯林電報

●獨逸協會 四月廿四日午后五時東京發
伯林에在ᄒᆞᆫ獨逸協會에ᄂᆞᆫ日本大使與淸國公使도出席ᄒᆞ야共히東亞에서門戶開放의實行을保證ᄒᆞ얏더라

倫敦電報

●佛國同盟罷工 上仝
佛國石炭坑夫의同盟罷工은益益蔓延ᄒᆞᆫ다더라

●救助團體 四月廿四日午后[illegible]時東京發
大平洋沿岸에在ᄒᆞᆫ日本人은桑港震災被害의日人을救助ᄒᆞ기爲ᄒᆞ야團體를組織ᄒᆞ얏더라

●桑港災害後報 上仝
桑港發電을據ᄒᆞᆫ즉死體發掘은既히五百人以上이오尙且多數라ᄒᆞ며大平洋沿岸에日本人ᄂᆞᆫ食物을炊ᄒᆞ야同胞遭難者를救助ᄒᆞ고且團體를組織ᄒᆞ얏더라

雜報

一進會員姜周璜氏가本社에投書如左ᄒᆞ니

當初此會을設立ᄒᆞᆯ졔目的을四大綱領이라ᄒᆞ고入于一進會이면將爲兩班이오不削髮이면爲人御라ᄒᆞ여今出百兩則後覓千兩ᄒᆞ고今出千圓則將受萬圓이라ᄒᆞ야遐土無知輩를萬端利舌로曳入ᄒᆞ며日日開明이라見欺邇來가今至三載라生은不知二千萬衆代表之義ᄒᆞ고亦昧四十六年受道之實而賣家賣土後에來視本部則恒以錢文上來之說로猶爲釣人ᄒᆞ니生於今日에覺夢也라剃髮而不爲佛ᄒᆞ니上下寺不及이오其爲石僧이明矣러니又見某日新報則令秉畯家에不妓을留置라ᄒᆞ고財錢收捧後革罷라ᄒᆞ고天道教ᄂᆞᆫ少愈오ᄒᆞ니其說이皆協於生之所思也라至今四十餘年을惜論勸入ᄒᆞ야吸人膏腴而其目的이若闡豐乎아教是何教며會是何會오隨日人指揮라ᄒᆞ니此ᄂᆞᆫ日進會요乖天道而自行自止ᄒᆞ니又是天倒教也라生等은更不參預於收斂이오亦不來遊於會所之由로告于貴社ᄒᆞ니同胞照亮이라ᄒᆞ얏더라

●憑公圯族　任喆宰氏가其族公과에게稱有債錢所推ᄒᆞ고符同日人與　宮內府主事劉彰烈ᄒᆞ야誣訴行悖ᄒᆞᆷ은本報에已揭어니와該兩任이平理院에對質裁判ᄒᆞᆫ內容을得聞ᄒᆞᆫ則喆宰所供內에劉彰烈을貪緣ᄒᆞ야　皇室費紙貨九萬八千兩을得用인바該錢을報償無路ᄒᆞ야公과之亾父釋宰에게所推債錢을要爲推出充納이라ᄒᆞᄂᆞᆫ지라該院法官이疑其所供不實ᄒᆞ야施刑質問之際에喆宰가畢竟隱諱不得ᄒᆞ야其事實을直告曰　皇室費得用은初無是事이오나公과處僞債推出ᄒᆞᆯ方略을劉彰烈과相議ᄒᆞᆫ즉劉之言內에汝若　皇室費犯用樣으로爲言則此債를可有推出之道라ᄒᆞ기로急於推債ᄒᆞ야有此誣訴라ᄒᆞᄂᆞᆫ지라該院에셔據其所供ᄒᆞ야照會宮內府ᄒᆞ야劉彰烈을推捉ᄒᆞ얏더니彰烈이先已知機逃躱ᄒᆞ야不得捉治ᄒᆞ얏다더라

◎◎遭難同胞至急、◎◎救慰大廣告◎◎

至迫至急ᄒᆞ고可驚可악ᄒᆞᆫ我大韓同胞中美國桑港市等地에寄寓ᄒᆞᄂᆞᆫ千餘名의兄弟姉妹가今番桑市大火災에遭難셔惶ᄒᆞᄂᆞᆫ情狀을思惟ᄒᆞ건ᄃᆡ幾人은死亡에瀕ᄒᆞ얏스며幾人은損害를遭ᄒᆞ얏ᄂᆞᆫ지中夜神驚ᄒᆞᆷ을不禁ᄒᆞᆯ지라玆에全國內有志同胞의게聲告ᄒᆞ오니隨事力補助ᄒᆞ시와海外孤종으로患難에署ᄒᆞᆫ同胞를慰藉케ᄒᆞ심을務望ᄒᆞᆷ

但收金日限은四週間으로定ᄒᆞᆷ

收金所
大韓每日申報社
會計室

●落電致斃　日昨에通信管理局電信工夫韓人一名과日人一名이漢城府前電線을共히修理ᄒᆞᄂᆞᆫᄃᆡ日人이韓人으로ᄒᆞ야곰電線을持ᄒᆞ고電간에登ᄒᆞ다가電線이頸部를觸ᄒᆞ야直時絶命ᄒᆞ얏다ᄂᆞᆫ報를接ᄒᆞ고警務廳에셔屍體를檢查ᄒᆞᆫ後에葬理ᄒᆞ얏다더라

●私立興化學校贊成金募集趣旨書가如左ᄒᆞ니

興化學校之設이今九稔而作成聽俊이寔出於閔忠正公之力也러니不幸於閔公之騎箕也에初況이荒凉ᄒᆞ고財用이窘乏ᄒᆞ야幾乎無校러니天高聽卑ᄒᆞᄉᆞ特下帑金ᄒᆞ사니每朔爲六十圜이라　聖天子作人之化가如春風生輝ᄒᆞ사니爲敢不感頌德恩ᄒᆞ야益講肄勉之方也리오且有學部之補助와贊務諸員之月捐ᄒᆞ야經用이賴以稍紓나現今學徒가日增에庠舍가難容ᄒᆞ야班級이無以秩成ᄒᆞ고課程이有欠擴張ᄒᆞ니堂宇之經營을不容一日之緩也로ᄃᆡ本校事勢가薪水之費도猶患不敷커던何遑乎建築之方의必須巨欵이리오當此有志人士之苦心瀝血에懋興教育之日ᄒᆞ야義心을奮發ᄒᆞ야新校도創設커던盍究乎維持此已設之一校乎리오本校之名譽教師가熱心於誘掖ᄒᆞ며本校之聽俊靑年이誠心於負笈ᄒᆞ니際此獎勵則事半而功可倍矣라凡　僉君子之有志於教育者ᄂᆞᆫ想應樂爲之相助也ᄒᆞ리이다

廣告

本會에셔本月二十八日(陰四月五日)土曜下午二時에典洞立憲部家에셔通常會를開ᄒᆞ고本會趣旨와目的을演說ᄒᆞᆯ터인ᄃᆡ傍聽을許ᄒᆞ오니本會員과傍聽하실僉員은屆期來臨하시옵

大韓自强會　告白

陰曆四月五日은吾教의天日이기로紀念儀式을本日上午十時로부터十二時ᄭᆞ지奉行ᄒᆞ되式場은總部와各傳教室로定ᄒᆞᆷ

天道教中央總部　告白

本人等朴昌鎬處有所捧矣昨冬猝然出他故探知去處則釜義各支店巡歷後因往日本云則此必是刦於債主之擧措而然故更探支店則四十餘處資本所入倍過於給次而錢荒時不能巡環者明矣眞是今人　惜故相勸緩限待安業後排捧之意各已結心然同氏或有疑訝之慮故如是廣告速爲入來以爲兩全之發希望

日升棧王鳳儀福田次郞方寅煥安泰桓金英熙等　告白

寶城郡守尹錫祺氏莅任六朔의秉心公正ᄒᆞ고行政廉明은全南第一이요近古罕有라玆郡昨秋失稔에貨幣壅塞ᄒᆞ야結錢收捧이非不極難이되不發校差ᄒᆞ고以令以帖에課日督納ᄒᆞ니衆民自謂日上納零滯면恐失賢侯라ᄒᆞ야雖至畢鼎當庄이라도陸續聽納에期圖淸帳ᄒᆞ고戢捕賊盜에巨者報府ᄒᆞ고仵從微宥ᄒᆞ야一境安堵ᄒᆞ고詞訟辦決은從理明白에無枉者不敢陳辭ᄒᆞ고獎擬革祛은不能一一枚擧라民吏咸賴에村村木牌요口口聲籍籍ᄒᆞᆷ

寶城郡民　安琦煥李大容朴佑鉉李基翔宋光勉等　告白

◎第二期學員募集廣告◎

本塾에셔法學科學員을新募ᄒᆞ오니願學人은本塾에來ᄒᆞ야請願應試ᄒᆞᆷ事

學科及規則은本塾에來問ᄒᆞᆷ事

試驗科目
國漢文　讀書　作文

試驗日字
陽四月二十九日(陰四月初六日)

光武十年四月十六日
西署英語學校后洞
私立養正義塾

●移轉廣告●

陽曆四月廿二日(陰曆三月二十九日)
鍾路對座上隣二層洋屋에移轉ᄒᆞᆷ

漢城共同倉庫株式會社

花春丹은霍亂　吐瀉　腹痛　滯症　暑症　정忡　神眩　胃鬱　痰盛　醒酒船暈　咳嗽　口味업ᄂᆞᆫ諸症의神效ᄒᆞᆫ藥이오此外에도洋灰水解毒藥　腫창　疳氣　蛔虫　寸虫　赤白癜風藥과東西洋藥이俱備ᄒᆞ고他病도隨問出方ᄒᆞ오니　僉位ᄂᆞᆫ枉議ᄒᆞ시옵

皇城校洞石井洞下隅
石泉堂藥局　告白

各地方人民에行獵을爲ᄒᆞ야銃票를改良繕給이고舊票ᄂᆞᆫ勿施ᄒᆞᆯ터이니人民은知悉ᄒᆞ고本部로來ᄒᆞ야換去或請求ᄒᆞ되若過今五月則無憑或舊票銃은隨現沒入事

軍部

本號新開專做男女各色洋服與由上海運來各種細이毛융及一切衣飾屬品件件精全伏望貴士女迅即來購爲幸

西小門內榮泰男女洋服商號

●刑法大全　一帙定價金新貨六十錢
牧民心書　一帙　一圜二十五錢
耳談續纂　一冊　七錢五里
温故知新堂叢鈔　七錢五里
父師必讀小學指南　七錢九里
人工養蠶鑑　一冊　十五錢
萬國地誌　三冊　一圜八十錢
農政新書　五十錢
法學通論　一圜
尺牘完編　一圜五十錢
大韓地誌　七十五錢

發賣所　布屛門下金相萬書鋪　大韓每日申報社

特別社告

非史乘이면政治之美惡와人物之臧否와風俗之汚隆을無以致論인즉史乘者ᄂᆞᆫ非一時之공覽이라乃萬世之公案이오非自國之所可得以私也라即宇內列邦에宜所公佈키로最者美人訖法氏之撰大東紀年이意固有在而然也라本記者ㅣ不揆僭越하고於韓之史事에留心者ㅣ久矣로되在幾百年之後하야要論幾百年之事가任大力綿에恐有失實之歎이더니鎖國自守之時代에ᄂᆞᆫ民國間諸般事爲가不過是尋常典故라不足以供世界列邦之眼目키로斷自丙子以後各國交涉時事하야要爲編成一書하야公諸列邦하니四方有志諸君子ᄂᆞᆫ諒此苦心하야丙子以後政令訓誥之所記와各國交涉之如何와臣民疏章與功罪之表著와中外俗習之沿革과忠臣義士孝子烈女之行蹟을各隨所聞所見而詳錄投示하야俾此重役으로得以完成을千萬幸甚

大韓每日申報社

○○○○○○○○○○○○○

本申報를廣佈ᄒᆞ기爲하야咸鏡南道咸興州南社西門外居하ᄂᆞᆫ曺喜林氏에게逐號下送하오니該附近地愛讀하시ᄂᆞᆫ僉君子ᄂᆞᆫ同氏에게購覽하시며代金도同氏에게傳致하심을爲要

大韓每日申報社

○○○○○○○○○○○○○

本社廣告

申報價

一張代金 新貨二錢五里
一箇月前期 三十錢
三箇月 九十錢
六箇月 一元七十錢
一箇年 三元四十錢
郵稅一部 新貨五里
一箇月 十三錢

廣告料

四号活字十三字詰
每日每英尺一寸에新貨廿五錢
([illegible])
二週日에 二圓五十錢
(每日每行四號五里에相當ᄒᆞᆷ)
一箇月에 五圓
(每日每行四號一里에相當ᄒᆞᆷ)

其期限의長短과字行의多少ᄅᆞᆯ依ᄒᆞ야增減ᄒᆞᆷ이有ᄒᆞᆷ

大韓人마다此申報를不得不購覽ᄒᆞᆯ터이오니廣告出報ᄒᆞᆯ僉君子ᄂᆞᆫ來臨面議ᄒᆞ시오

發行兼編輯人　英國人裴說

發行所

京城北署壽進坊兩洞号外[illegible]

大韓每日申報社

光武九年八月十一日 明治卅八年八月十一日 第三種郵便物認可　金曜日　西曆一千九百六年四月二十七日 (一)

第四卷　第二百四號

大韓每日申報

대한매일신보

月曜及慶節歲時日休刊

檀君開國四千二百三十九年
箕子元年三千二十八年
大韓開國五百十五年
日本明治三十九年
淸國光緖三十二年
陰曆丙午四月小初四日辛丑

論說

不可無急救

今番美國桑港에大震災大火災로由하야人命의燒死가五千以上에達하고家屋의焚失이二萬人이오財産의損害는二億萬圓以上巨額의達하얏스니此는前古未有호一大刼運이라原來상港은美國大平洋岸에最大市라人家가三十五萬인뒤가屋은煉瓦石或石造이며劇場과金庫와造幣局과稅關과株式取引所와市會議事堂과或旅館은建築費가三百萬弗를要호고旅客은千二百名이宿泊하는厲가有하며金門公園과其타十一箇所公園이有하며教會堂이一百以上이오小學校가六十五요其타專門學校等이有하며圖書館은七萬五千部의書籍을藏置호者가有하더니一朝에盡皆烏有에歸하야碧海桑田이變於俄頃이라

吾儕는美國과各國人의巨大호被害를爲하야一般吊慰를不禁하거니와至若韓國同胞하야는有志留學人과勞動資生者들이該地에寄寓하는者가殆千餘名이라는뒤今此大慘災에其生命의死亡이何如호지財産의損害가何如호지哀此兄弟姊매가天涯絕域에在호야遭此刼運하얏스니棲屑爲無所寄托이오飢餓焉無所得食이라

彼各國人은自其父母之國으로皆有救恤之方이어니와至於韓人호야는此亦無望이니尤豈不最甚憫迫哉아且世界各國은수安時와患難時를無論호고自國人民이寄在他方호면皆其保護가有호거니와

從來韓人은自國保護가未有호으로卽是世界上可哀호人民인뒤値此大災호야死亾이有호고飢餓에迫호되父母國의同胞들이此를恬視不救하면天理人情에不忍호바더러自此로世界之人이韓國의有無를不知호리니其有損於國體가又何如哉아所以로吾儕가此海外同胞에至急호悲況을對호야多少間義연을募集호야救恤之義를表코저호노니本社가雖極貧이나諸般經費는固當自擔이오募集金額은不損一文호고准數히該地同胞의게寄到케호기로決議호얏스니國吾僉君子도想應一般慈念이라不待煩提어니와以若韓國物情으로豈可望其優助리오惟是隨力出捐호야救此海外同胞를千萬企祝호노라

官報

●三千四百卅六號　光武十年四月二十五日

◎宮廷錄事

시從院副卿李長稙辭職疏

批旨省疏具悉所請依施

四月廿三日

◎敍任及辭令

免本官　參尉下基淵　四月十九日○命地方調査委員　內部警務局長兪星濬　四月廿一日○任副領　從二品李基東○任副尉　兪致萬○任參尉　徐丙斗　李殷輅　許 남○任二等軍醫長　三等軍醫長金益南○任副尉　二等軍司盧順根○任二等軍司　副尉韓仁洙○任三等軍司　參尉朴允煥○免本職　軍部軍務局步兵課員參領閔用基　軍部教育局編修課長參領李南夏　仝課員參領李勝熙　陸軍研成學校附騎兵參尉鄭雲鴻　侍衛第一聯隊第三大隊附副尉金學韶　仝餉官二等軍司盧順根　仝參尉吳天默　鎭衛第一大隊附參尉申蘭秀　仝第二大隊附副위金重鉉　仝第三大隊附參위金貞鎭　仝第四大隊附參위朴允煥　仝第七大隊附副위韓仁洙　憲兵隊醫官三等軍醫李鵬淳　工兵隊醫官二等軍醫韓鼎敎○軍部參謀局第二과長　參領李南夏○補軍部教育局編修과長　參領閔用基○補軍部軍務局步兵과員　參領李勝熙○補軍部教育局編修과員　正위李容汶○補陸軍武官學校學徒隊附　參위李鴻圭○陸軍研成學校教官補　參위鄭雲鴻○陸軍研成學校附　副領白南信　參領李秉禹　正위李健祥　正위申奎根　參위李載瓊　仝趙兌熙　仝李殷輅○補侍衛步兵第一聯隊第三大隊餉官　副위金學韶○補侍衛第一聯隊第三大隊附　參위申圭植○補侍衛第一聯隊第三大隊餉官　三等軍司朴允煥○補鎭衛第二大隊附　參위金貞鎭　仝申蘭秀○鎭衛第三大隊附　參위吳天默○補鎭衛第四大隊附　副위金重鉉　仝兪致萬　參위徐丙斗○補鎭衛第七大隊附　副위盧順根○補鎭衛第七大隊餉官　二等軍司韓仁洙○補憲兵隊醫官　二等軍醫韓敬敎○補工兵中隊醫官　三等軍醫李鵬淳　以上四月廿二日

●三千四百卅七號　光武十年四月廿六日

◎敍任及辭令

命臨時署理主殿院卿事務　侍從武官長李鍾健　四月廿日○依願免本官　秘書監丞朴泰陽　穆陵參奉崔永稷○任秘書監丞　正三品洪承斗○兼任太醫院副卿　秘書監丞洪承斗○任穆陵參奉　惠陵參奉洪淳翼○任惠陵參奉　九品崔永稷　以上四月廿一日○依願免本官　秘書監丞趙範九　西京豐慶宮參書官朴鶴銓　義陵參奉張형根　崇惠殿參奉金錫熙○任秘書監丞　正三品李儒珍○任西京豐慶宮參書官　正三品朴基八○任主殿院電務과主事　陳元澤○任義陵參奉　鄭鎬楫○任崇惠殿參奉　金琮植

以上四月廿一日

外報

●滇蜀鉄道經營策　北京電을據호則雲貴總督丁振鐸氏가滇蜀鉄道(雲南四川間鉄道)를經營호야英法의覬覦를預防호고幷히銀貨를鑄造호야其餘剩로써該鉄道經費에充호을電奏호야目下戶部에서協議中이라더라

●美國의戰艦製造　美國大統領루쓰벨트氏가今番造船總監ㅈ푸氏에對호야現今世界中第一優等의戰鬪艦製造를命호고又曰美國政府에서英國에新戰鬪艦드렛드노도號를製造홈을等閑看過치못홀비라호얏다더라

●警察事務의研究　北京電을據호則淸國吉林將軍達桂氏가該省內에馬賊이跋扈호야俄兵이干涉홀虞가有홈으로警察制度를施行홀必要가有호야目下委員을北京天津에派送호야警察事務를研究中이라더라

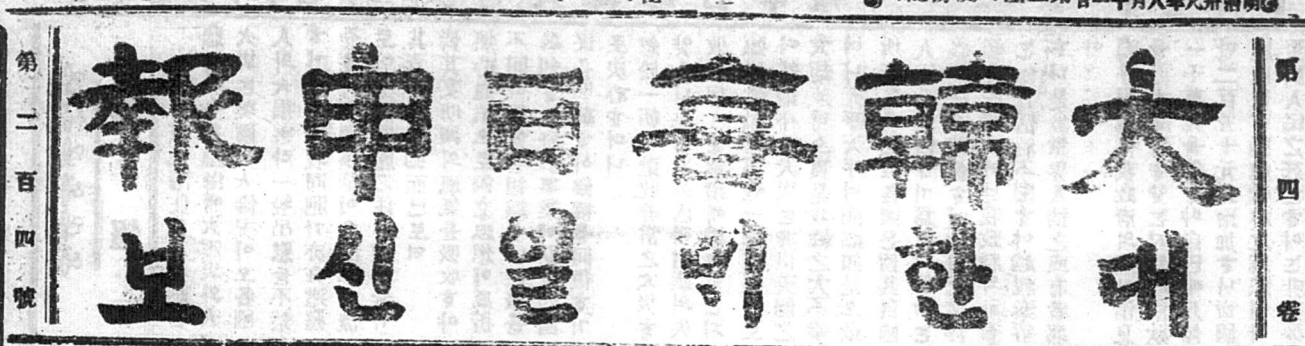

●美國國務卿의電報　東京電을據호則美國國務卿이本月二十日에駐日美公館에電報호야日本日 港附近의來報를據호則死 가三百名에不過홀것이오夜半부터火災가又起호야猛烈호勢로써延燒호는뒤全市가潰滅에歸홀줄노信호다더라

雜報

●寄慰桑港住在之同胞書

悲夫라今番桑港에大震災와大火災ᄂᆞᆫ美國의大慘況이오各國人의大損害라一般吊慰를不禁ᄒᆞ거니와况我同胞가亦在遭難중ᄒᆞ니寢夢俱驚이오涕泗橫流로다嗟我同胞之住在該地者가其資生則勞動而已로ᄃᆡ皆其文明國의風氣를吸收ᄒᆞ야熱心血憤으로獨立思想이萬折不回라協會를組織ᄒᆞ며新報를發刊ᄒᆞᄂᆞᆫ許多事業이期於케國民를開發ᄒᆞ야國權을回復ᄒᆞ기로決心ᄒᆞ더니忽於一朝에遭此非常之大災ᄒᆞ얏스니生命의死亾과財産의失敗가何ㅅᄒᆞᆫ地境에達ᄒᆞ얏ᄂᆞᆫ지臨風遠吊에不覺一場痛哭이로다然則今此大災ᄂᆞᆫ非但美國之大劫運이오實是我韓之大不幸이니天乎天乎여胡然如是오最所可痛者ᄂᆞᆫ彼各國은皆其自國人民을救恤ᄒᆞ기爲ᄒᆞ야社會ᄂᆞᆫ義捐金을募集ᄒᆞ며政府ᄂᆞᆫ巡洋艦을派遣ᄒᆞ거날我政府와社會ᄂᆞᆫ尙且恬若不聞ᄒᆞ야越視秦瘠ᄒᆞ니是豈世界人情之或有者耶아嗚呼同胞여我政府의近日消息을亦或聞知ᄒᆞ얏ᄂᆞᆫ지外國借款一千萬元을得ᄒᆞ야自已에月俸만二百五十元式增加ᄒᆞ니賣國肥已ᄂᆞᆫ可謂窮心志之所慾이라至於人民之死亡ᄒᆞ야ᄂᆞᆫ非其夢想攸到니復何言哉며復何言哉아如此政府之下에早早別去ᄒᆞ야蹈彼滄海가亦是諸同포之快事로다第其棲遑飢餓之狀은如在目覩이나僕亦大韓國중에一箇飢民이라奈何奈何오茲聞大韓每日申報社에有志諸員이義연金을募集ᄒᆞ야遭難ᄒᆞᆫ同포를救恤ᄒᆞ기로發起ᄒᆞᆷ이實獲我心에不勝欽歎이라謹以紙貨一圓으로該社에委托ᄒᆞ야仰呈于海外同포ᄒᆞ노니雖不足爲萬一之助나幸望照亮領此微忱焉

安秉瓚

●郡守會同　京畿觀察使李根澔氏가管下各郡守를本月二十日二十一日二十三日에分三次會同하얏ᄂᆞᆫᄃᆡ地方行政에別無講究之事而只是由來例飭ᄲᅮᆫ이라하고該府財政顧問官이또ᄒᆞᆫ來月一日에各郡守를府下로會同하야財政上關係를協議ᄒᆞᆯ次로預先通知하얏다더라

●胡不念民　無論某事件ᄒᆞ고下鄕人民이抱狀來訴ᄒᆞᆷ은其寃抑情勢를得伸ᄒᆞᆯ計劃인ᄃᆡ近日各部府院에서諸般民訴를惟以淹留延拖로爲事ᄒᆞ야許多人民에逗留京중이或至幾朔之久ᄒᆞ야旅費難堪은姑捨ᄒᆞ고寃抑情勢을得伸無日키로羣情이沸鬱ᄒᆞᆫ중에度支部에서尤極延拖不決하야民皆도頭라하니該ᄃᆡ臣은稱以財政整理하야全國을困難케하며不急ᄒᆞᆫ借欵契約에從중染指하ᄂᆞᆫᄃᆡ만熱心注意하고遐鄕人民에無告情勢ᄂᆞᆫ一毫도不念하ᄂᆞᆫ지抑或民訴上에도무삼利寶所望이有ᄒᆞᆫ인지訴狀積체ᄒᆞᆷ이甲午更張前보담反有甚爲하니該ᄃᆡ臣은終其身토록未開明하리라고街說紛紜하더다

●송氏佛心　陸軍副領송[illegible]變氏가因查事하야暫爲就囚法院인바目擊히院諸囚의矜憫情勢하야盛備飯饌하야連日ᄃᆡ饋하고懲丁奇吳昌淳의路傷危重ᄒᆞᆷ을憫念하야熊膽을求給하야厥疾이卽瘳ᄒᆞᆷ으로滿院諸人이其慈善喜施ᄒᆞᆷ을稱譽不已라더라

●恩詔如春　詔曰卽聞美國桑港共地ᄃᆡ震坤軸轟蕩ᄒᆞ陵陷裂人命之化爲塵沙者其數無慮幾千朕心惻然頃刻之間慘絕之狀如在目前而我國人民之羈旅고寓於該地方者亦多有均被顚踣墊沒之患云其在如傷若保之意에哀此無辜之遭罹[illegible]札於東溟之外尤爲矜憫凡所以矜恤者及其妻孥之在本國而可以賙恤之方令政府商議措處ᄒᆞ라ᄒᆞ옵셧더라

●陰郡義匪　陰竹郡守秦[illegible]彥氏가內部에報告하되本月十二日에不知何許匪類十名이自稱義兵하고來鬧於本郡西面松二川하야所在巡檢鳥銃八柄을奪去하고十四日에ᄂᆞᆫ來到山面繼來洞하야鳥銃二柄을又爲掠奪ᄒᆞᆫ後에卽向驪州等地而匪魁ᄂᆞᆫ稱云李某杜이오나居住ᄂᆞᆫ未得詳知라하얏더라

●律社請罷　議政府에서照會內部하되本年四月十七日에奉常司副提調李芯和의上疏批旨를欽奉하와協律社革罷事ᄂᆞᆫ日昨本會議時의貴대臣과亦이同議ᄒᆞ얏거니와히社가旣稱宮內府所管이기方知照히府ᄒᆞ오며茲에照會ᄒᆞ오니轄飭警廳ᄒᆞ여嚴行禁斷ᄒᆞ여批旨를凜遵ᄒᆞ고民俗을扶植ᄒᆞ라ᄒᆞ얏더라

●元氏賣井　東萊郡側에有一溫井인바曩日李明翔氏가該郡守로釜港監理를兼任視務時에該溫井基址半部를日本人의게賣食ᄒᆞ고但其半部가餘存이더니現任郡守元有常氏가奸鄕奸吏輩와暗地協謀ᄒᆞ고該餘存基址를日人의게決價金一萬二千圜에放賣ᄒᆞ고權辭聲明ᄒᆞ기를七千圜에放賣ᄒᆞ얏스나自己取用을爲ᄒᆞᆷ이아니라該郡公立學校經費에補充ᄒᆞᆯ것이다ᄒᆞ며其餘五千圜은暗自偸食ᄒᆞᆯ計劃인ᄃᆡ適其時該井買得ᄒᆞᆫ日人이價錢을未辦ᄒᆞ야未及與受之際에該郡小學校學徒等이此裏由를探知ᄒᆞ고一進支會와開進敎育支會에請願ᄒᆞ얏더니同兩支會에서[illegible]派總代ᄒᆞ야元氏行爲不正ᄒᆞᆷ을該港理事廳에交涉ᄒᆞᆫ則自理事廳으로招致其買井之日人ᄒᆞ야該賣買契券을還推ᄒᆞ고唾元氏之面曰如汝鄙夫가亦作郡守ᄒᆞ니國之亡을可知라ᄒᆞ얏다니同元氏의辱國害民ᄒᆞᄂᆞᆫ醜習을全郡人民이莫不痛罵라더라

●倉校運動　倉洞私立小學校ᄂᆞᆫ李建會氏가十年前부터設立인바現今校況이興旺ᄒᆞ야學員이六十餘名이라再昨日春期運動會를南山ㅏ仙臺에서行ᄒᆞ얏ᄂᆞᆫᄃᆡ一等은崔具德二等은金喆尙三等은尹一鳳이라敎師諸氏가此를勸勉後褒賞ᄒᆞ얏더라

●敎노升木　義州人의來書를據ᄒᆞᆫ즉陰三月廿一에該郡威遠面三灘橋鎭道監部로서日本人一名通辯一名이古郡面執綱金永麟處에至ᄒᆞ야人夫를募ᄒᆞ라ᄂᆞᆫᄃᆡ該日人을誘囑ᄒᆞ야日本面八洞에他洞은無慮어니와惟西下東上兩里ᄂᆞᆫ非公의威脅이면人夫을難募라ᄒᆞ니該日人이遂與執綱으로徑到東上里ᄒᆞ야任掌을毆打ᄒᆞ며民家에突入ᄒᆞ야內外를搜探ᄒᆞ며六穴砲向人欲放ᄒᆞ니一里驚惻ᄒᆞ야如當亂離라轉向西下里ᄒᆞ야又如此ᄒᆞ니當此時ᄒᆞ야日本人之作弊ᄂᆞᆫ猶是常事이니와該執綱의誘引外人ᄒᆞ야幾至有生殺之變ᄒᆞᆫ것이尤極可痛이더라

●義州賊警　陰三月初四日에義州月北面居金某가入城賣牛ᄒᆞ야牛價二百五十兩을持ᄒᆞ고歸至古郡面驢鍾嶺ᄒᆞ야日已昏暮ᄒᆞᆫ지라賊漢三四名이松林中으로突出ᄒᆞ야該錢을沒數奪取ᄒᆞ고其人을松樹에縛住ᄒᆞ고門忽走去ᄒᆞ얏ᄂᆞᆫᄃᆡ村媼이過而見之ᄒᆞ고解縛救還ᄒᆞ얏고同月十七日夜에松長面松山里梁台史家에賊漢十餘名이突入ᄒᆞ야銀錢一百二十四元과白錢六百餘兩과佩物十餘種을偸去ᄒᆞ얏ᄂᆞᆫᄃᆡ其食婢가賊의게被傷ᄒᆞ야方在死生未分이고同月二十日에古邑面遯參奉箕壁氏家에賊漢八名이突入ᄒᆞ야威脅曰錢五千兩만速出ᄒᆞ라不然이면吾且殺之ᄒᆞ리라同氏高聲言曰五千兩은勿論ᄒᆞ고雖萬兩이라도出ᄒᆞ리니何若是過度耶아同氏의長子尙鉉이가聞有賊警ᄒᆞ고越墻走出ᄒᆞ야焚兵積薪ᄒᆞ니火光이衝天이라又從而呼曰救火救火ᄒᆞ니隣里弁集ᄒᆞ야呼聲이振動ᄒᆞ게賊漢이驚惶走去여ᄂᆞᆯ同氏에次子尙鎬가追捕一賊ᄒᆞ야獻于本郡ᄒᆞ얏다더라

東京電報

●觀兵式御行幸　四月二十五日午后六時發

來三十日에擧行ᄒᆞᆫ凱旋大觀兵式에日本天皇皇后兩陛下의서行幸ᄒᆞ신다더라

●義親王着東京　上仝

大觀兵式에參列次渡日ᄒᆞ신義親王殿下의서ᄂᆞᆫ明早朝(二十六日朝)에東京에着ᄒᆞ야貴族院議長ㅏ舍에御投宿ᄒᆞ신다더라

●地方長官會議　上仝

本日(二十九日)에地方長官會議가有ᄒᆞ얏ᄂᆞᆫᄃᆡ寺內陸軍ᄃᆡ臣은西園寺首相의訓示를代讀ᄒᆞ고原內務ᄃᆡ臣은訓示演說을ᄒᆞ고散會ᄒᆞ얏더라

●義金募集會　上仝

日本各ᄃᆡ臣及赤十字社正副社長이發起人이되야明(廿六日)外務ᄃᆡ臣官舍에京濱富豪五十餘名을會合ᄒᆞ고米國桑港震災寄附金募集方法을協議ᄒᆞᆫ다더라

●震災死者數　上仝

二十四日오크란드發電에曰桑港에서死者數ᄂᆞᆫ千二百名에不越ᄒᆞ고發見ᄒᆞᆫ五百餘死體中에數名이日本人도有ᄒᆞ다더라

雜報

平安南道平壤郡外城人民總代黃錫煥楊運朝張壽喆氏等이議政府에訴願ᄒᆫ全文이如左ᄒ니

伏以生等以地段事件既有所呼籲仰陳爲則伏想有　洞燭者存而尙未聞交涉之顚末哀此赤子之塡于溝壑不啻焦眉之急故玆又更瀆伏願　垂察焉

夫人民者世界各國無論彼此在所矜念而撫恤則一也今此地段事件雖緣於日人之行動而若其違及法蔑有涉非理之事則我政府固當據義以論之照法以辨之務圖歸正拯民於水火之中不宜심倪倪專仰他人之鼻息視此同胞赤子之陷入於井而恬不動色也

生等所居平壤外城爲日人佔有者即擧世之所通知而其至困至慘之實況固有不能盡知者矣去甲辰六月日本工兵隊將官劃定停車場基址而民有地一萬七千七百餘畝之稹坪沒入於築堤插標之內民家一百八十餘戶併在於毁移之中

以其失所棲遑之悲情言及于該隊將官則使我人民移建家屋於標界之外故依其指揮移建家屋以圖奠接矣至明年春自鐵道監部加劃二萬九千餘畝之地更移二百餘戶之民家則新建家屋又被其毁矣

哀此殘民再三遷徙許多困難不違枚擧而最其至冤至痛者從來此處寸土如金一農家耕作不過七八十畝菜農而七八口可以無飢矣忽於今者外城全區幾多人口非但與接無所併其生活命脈一朝斷絶世上天下豈有如是悲慘之事乎

又上年十月日兵之自滿洲凱旋者借住家屋謂我人民曰明年四月斷當撤歸云云故民皆信此無疑三冬之間準備作農之計且具車兩砲車停置場練兵場馬廐建築之外就其如干所有之地起耕播種以圖一歲之生活矣

忽於近日使其家主不得安接而全被驅出者至爲十八戶則其餘家屋亦被驅逐不日可見矣至其起耕播種苗巳半手而增設砲車停置場軍隊之行車由田中便作ᄃ道哀此男婦老幼철泣于道慘不可言則瀝血控訴而曰　我活我者捨我政府而安歸哉

生等今日困瘁之狀如未蒙安堵之處分雖斧鉞在前有所不避豈但一一次泣訴而已乎是所謂疾痛之極必呼父母者也伏願閣下更垂憐察以照以議政圖歸正俾此殘民得保生命千萬顒祝之至

●校長請願　平壤日新學校長張志淵氏가學部에請願ᄒ되興學設校ᄂ即聖詔之特勵而抑國民之義務也라維玆西京은地處關西之衝要ᄒ야人材物貨之都會市場也일ᄉ現今內外國人이輻湊병進이온즉文明之輸入이頻繁이리라往在光武九年十一月에有志紳士郭龍勛金壽哲金與淵等十餘人이發起協議ᄒ고設立一郡學校隆興而以本部南山峴日新齋舊基로爲校舍ᄒ야名稱日新이라ᄒ고募集子弟ᄒ야敎育有年이옵다가至于今年에不容不擴張校舍이옵기特以積立金五千圜으로存本取息ᄒ야以爲經費之用이오며敎師ᄂ以師範學校卒業生安秉瓚으로延聘ᄒ고改正規則ᄒ야行將完全成立之計이옵기玆에請願ᄒ오니査照後特爲認許ᄒ야俾至發達케ᄒ라ᄒ얏ᄂᄃ學部指令內槪에敎師安秉瓚은既巳卒業生이기依規免試ᄒ고學校ᄂ認許라ᄒ얏더라

●洪倅橫歛　洪川郡人民의來書를據ᄒᆫ則當此開明維新之日ᄒ야所謂別卜定과雜賦役을消遣蠲減이거날惟獨本守金榮鎭氏ᄂ民情을莫恤ᄒ고吏言을甘聽ᄒ야雜稅가尤甚ᄒᆯ뿐더러第一虐政이六七件事가잇셔셔民難支保이온바其一은結稅元卜外에無作處卜과乞卜을家家戶戶이濫執出把하야不知幾千價을督捧肥己하며其二는獐獵錢이라하고大洞則百餘兩排定하고小洞則七八十兩式分排하야一邑에幾千金收斂하며其三은生雉價라稱托하고幾百金을收랍하며其四는荏粉價라하고幾百金收斂하며其五는戶籍情錢이라하는거시巳往에每戶收歛者가九錢式徵랍이러니自今春으로二兩式倍加督捧하며其六은使令廳契防錢을各面各里에分排徵出이며其七은各面各洞에木印을自官造給하야每面에幾白金收合하고其他細鎖弊瘼은日加時增하야民怨이漲大하다더라

廣告

特別社告

非史乘이면政治之美惡와人物之臧否와風俗之汚隆를無以致論인즉史乘者는非一時之공覽이라乃萬世之公案이오非自國之所可得以私亂라卽宇內列邦에實所公佈키로幾者美人訖法氏之撰大東紀年이意固有在而然也라本記者ㅣ不揆僭越하고於韓之史學에留心者ㅣ久矣로되在幾百年之役하야要論幾百年之事가任大力綿에恐有失實之歎생더러鎖國自守之時代에는民國間諸般事爲가不過是時常典故라不足以供世界列邦之眼目키로斷自丙子以後各國交涉時事하야收編成一書하야公諸有志하니因爲有志諸君子는諒此旨하야丙子以後政令訓誥之所記와各國交涉之如何와臣民疏章與功罪之表著와中外俗習之沿革과忠臣義士孝子烈女之行蹟을各隨所聞所見而詳錄投示하야俾此董役으로得以完成을千萬幸甚

大韓每日申報社

○○○○○○○○○○○○○

本申報를廣佈ᄒᆞ기爲하야咸鏡南道咸興州南社西門外居하는曹喜林氏에게逐號下送하오니該附近地愛讀하시는 僉君子는同氏에게購覽하시며代金도同氏에게傳致하심을爲要

大韓每日申報社

○○○○○○○○○○○○○

●九轉靈砂라 本人이妙方法을神備하야製造ᄒᆞᆫ藥가인바男女老少에無論何症ᄒᆞ고通治ᄒᆞ오며無病時에도服ᄒᆞ면平生의身體가健康ᄒᆞ며小兒는四五錢重만服ᄒᆞ면十歲안에無病ᄒᆞ기를擔保ᄒᆞ오며

●九轉靈砂萬應丹은癲狂 癎症과中風諸疾과耳目諸病과淋疾에神効ᄒᆞ오

●九轉靈砂保命丹은初生小兒 驚風 痢疾 咳嗽 腹痛諸般惡과婦人帶下症에神効ᄒᆞ오

●九轉靈砂淸衆丹은酒滯 食滯 血積 吐瀉 霍亂 痢疾 吐血 下血 運氣 時疾 疝症에神効ᄒᆞ오

●九轉靈砂紫金丹은痔漏 鼠瘻 上疳瘡 下疳瘡及唐瘡과諸般毒瘡惡種에無不神効ᄒᆞ오니 僉君子는來問ᄒᆞ시오

內需司前ᄃᆞᆨ갑이골上隅第一家 李鍾廷 告白

一 鷹標牌濃縮牛乳
一 鷹印牌糖濃縮牛乳
一 [illegible]家用[illegible]化[illegible]
一 [illegible]ㅣ온산[illegible]造[illegible]化
合牛乳

[illegible]上[illegible] [illegible] [illegible]
[illegible] [illegible] 濃縮牛[illegible]

大韓仁川港
世昌 洋行

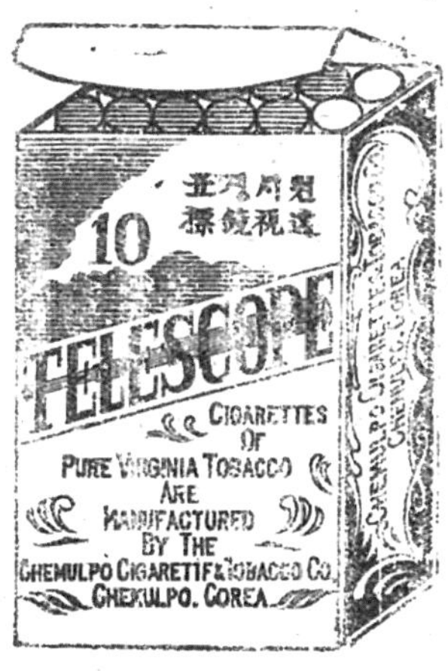

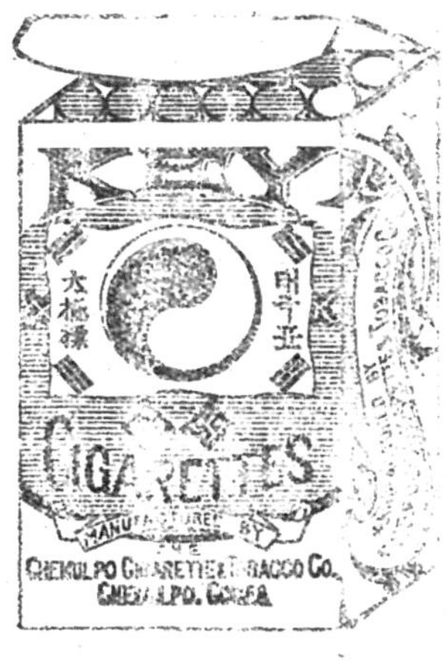

大韓帝國仁川港
[illegible]物[illegible]紙[illegible]煙及煙草會社

第四卷　第二百五號

大韓每日申報
대한매일신보

月曜及慶節歲時日休刊

檀君開國四千二百三十九年
箕子元年三千二百二十八年
大韓開國五百十五年
日本明治三十九年
淸國光緖三十二年
陰曆丙午四月小初五日壬人

論說

異常事務

韓國內第一銀行을方欲把筆論述이나其地位의正確節目은今尙未備로다本記者ㅣ嘗聞컨ᄃᆡ此銀行이此國內에서紙表를發行ᄒᆞᆯ特許를始得ᄒᆞᆯ時에有一協定矣니

此ᄂᆞᆫ其發行券額에相當化例되ᄂᆞᆫ預備正金이나或容易히轉換ᄒᆞᆯ保證物을帶持홈이라ᄒᆞ더니近者大韓日報의記述을閱覽컨ᄃᆡ此習規의敗落을可悉이니韓國內에서發行ᄒᆞᆫ銀行券額이五百萬圓이라其抵當物은二百六十五萬六千圓인바其中二百六十二萬圓은日本兌換券이오其外大韓新貨로五十萬圓價値를包有ᄒᆞ얏스며其餘ᄂᆞᆫ各種日本證券의價額이六十三萬圓이오大韓政府債券額이三百萬圓이라云ᄒᆞ니本記者ㅣ對此欲略述ᄒᆞ노라

去土曜日에本記者寄函于第一銀行ᄒᆞ야其債券發行의幾何와其利子의幾何를探問矣러니其回答이雖有禮讓이나言辭未滿ᄒᆞ야吾人意見에ᄂᆞᆫ此或遁辭니彼云호ᄃᆡ此雖稱之以債券이나大韓政府에借給金額인고로發行價格이未有라ᄒᆞ얏고其利子幾何에ᄂᆞᆫ無一言所答이러라

此事務處理의實情을詳悉ᄒᆞᆯ진ᄃᆡ不계多端ᄒᆞ고自己利益만專爲홈이로다第一銀行이大韓政府에三百萬圓을借給ᄒᆞᆯ진ᄃᆡ必是金貨라

由是로該銀行이其金貨를還收코져ᄒᆞ야銀行券을增發ᄒᆞ얏스니該銀行은正金支出에此處理上에未有ᄒᆞ얏도다

此處理上에銀行所營이其何인지第觀호리니其利子를每年百分之六으로量度ᄒᆞᆯ진ᄃᆡ此國內現形으로ᄂᆞᆫ謂之以公正利金이라銀行所沾이每年十八萬圓에不過나然이나

若大韓政府의債券이銀行券을發行ᄒᆞ기에足爲保證이면躬自發行에야每年十八萬圓을經濟貯藏ᄒᆞ얏스리로다

第一銀行이銀行券을發刊ᄒᆞᆯ特許를圖得홈이韓國內에純正貨幣를通行케ᄒᆞᆯ希望인즉其保證物의純正더依例之事라

韓國도政府의債券이若至純正이면此處理에第一銀行이有何必要며若不純正이면

第一銀行이此를銀行券의抵當物노保有홈은是何權限고以余觀之컨ᄃᆡ如此處理ᄂᆞᆫ腐敗를未免이오但爲利益于第一銀行이로다

官報

●三千四百卅八號　光武十年四月二十五日

◉宮廷錄事

宮內府大臣勅一等臣李載克謹奏全州 肇慶壇主龍汰落處補築之節既令該道觀察使與地方官監董舉行矣現聞該郡守權直相有所稟案於平理院云而 壇役菊午凡百策應難付生手則似當遞役後使之就審恐合事宜自臣府不敢擅便何以爲之乎敢奏 光武十年四月廿二日奉旨依所奏

시從院副卿姜養秀辭職疏批旨省疏俱悉所請依施

◉敍任及辭令

陞從二品 正三品申昌熙○陞正三品 六品俞星濬○陞正三品 六品崔命龜○陞正三品 六品李華九 以上二月十日○依願免本官 昭慶園參奉李祖承○任昭慶園參奉 孫振現

四月廿二日

依願免本官 秘書監丞洪承斗 仝柳時晚 仝李儒珍 宮內府大臣官房秘書官韓應履 西京豐慶宮參書官朴基八 主殿院電務과主事陳元澤 義陵參奉鄭鎬相 昭慶園參奉孫振現 崇惠殿參奉金琮植○命시從院副卿 從二品姜養秀○任秘書監丞 正三品金禎憲 柳致榮 仝趙範九○任宮內府大臣官房秘書官 正三品金圭鎭○任西京豐慶宮參書官 正三品朴鶴銓○任義陵參奉 九品張형根○任昭慶園參奉 九品李祖承○任崇惠殿參奉 九品金錫熙 以上四月廿三日○依願免本官 秘書監丞金禎憲 仝柳致榮 崇仁殿參奉金奎運○命시從院副卿 從二品玄學斗○任秘書監丞 正三品洪承斗 仝柳時萬○兼任太醫院副卿 秘書監丞洪承斗○任崇仁殿參奉 李根宅○命地方調查委員 九品李能雨 九品羅憲庠 六品具然欽 以上四月廿四日○依願免本官 外國語學校副敎官尹榮會 仝具斗書 仝李鍾夏 漢城師範學校敎官延 浚○任外國語學校敎官 六品梁在寔 九品崔永年 六品安宅重○任內部治道局書記 九品金性鉉

以上四月廿五日

彙報

●度支部分課規程 續

三前項審判의執行及其執行의必要ᄒᆞᆫ處分에關ᄒᆞᆫ事項

第十九條 印刷局에左開二課를寘ᄒᆞ야其事務를分掌케홈이라

工業課 調度課 未完

外報

●全權大使禮遇法의調查 全權大使가儀式上에特別ᄒᆞᆫ禮遇를受홈은國際上의慣例로ᄃᆡ其程度에至ᄒᆞ야一定ᄒᆞᆫ規例가無홈으로日本에서目下調查中인ᄃᆡ將次駐日美德兩大使가到港ᄒᆞᆫ境遇에ᄂᆞᆫ碇泊ᄒᆞᆫ軍艦或砲臺에서禮砲를放케ᄒᆞ기로決定ᄒᆞᆯ것이오其禮砲數ᄂᆞᆫ十九發이되리라더라

●俄軍의情況 營口電을據ᄒᆞᆫ則北滿洲에在ᄒᆞᆫ俄兵의情況을聞ᄒᆞᆫ則四平街에在ᄒᆞᆫ俄兵은大略撤退ᄒᆞ고長春에ᄂᆞᆫ四千名이有ᄒᆞ며公主嶺에ᄂᆞᆫ 千名이有ᄒᆞ고吉林城外에ᄂᆞᆫ四千名이有ᄒᆞ며哈爾賓에ᄂᆞᆫ武器庫를建築ᄒᆞ야銃器彈藥을貯置ᄒᆞ고各處에在ᄒᆞᆫ俄兵은鐵道線路로集ᄒᆞ야徐徐히撤兵ᄒᆞᆫ다더라

●南昌事件의要求 淸國南昌事件의調辦은法國要求가過度홈으로畢竟北京에서談辦ᄒᆞ게되야法國政府에서現任駐淸法公使로該委員을任命ᄒᆞ얏다ᄂᆞᆫᄃᆡ法公使ᄂᆞᆫ外務部에請求ᄒᆞ기를九江南昌에在ᄒᆞᆫ天主敎宣敎師及其他人의報告를據ᄒᆞᆫ則知縣江氏가去二月二十二日夜에法國敎會堂에서自殺홈이確然ᄒᆞ거날今에其肖像을印刷發賣홈은諸府의排外思想을勃興케홈인則卽時該印刷를禁制ᄒᆞ라ᄒᆞ얏고知縣江氏의子ᄂᆞᆫ梁追臺를經ᄒᆞ야淸廷에對ᄒᆞ야其父가去二月二十二日夜에法國敎會堂에서殺害된狀況을詳說ᄒᆞ고其報讐홈을請願ᄒᆞᆫ지라比兩人의所言이如此히相左됨으로該問題가容易히決치못ᄒᆞ리라더라

雜報

前侍從官李곤鎔氏가本社에公函이如左ᄒᆞ니

敬啓者美國桑港에留學ᄒᆞᄂᆞᆫ同胞가火災에罹ᄒᆞ야慘禍를當ᄒᆞ미即骨肉에死亡과如ᄒᆞᆯ지라孰不悲歎哉리오然이나蒙昧를未免ᄒᆞ야同胞에患難을扶助者無矣러니貴社에셔以仁慈之血誠으로同胞患難救助를發告ᄒᆞ니以生之淺見薄識으로猶有哀嘆之心ᄒᆞ야同胞之苦楚를思想에不禁淚下요貴社長裴說氏ᄂᆞᆫ以外國之人으로愛人如己ᄒᆞ야爲我同胞은況我同胞야以同胞之情으로豈可越視乎아噫라其同胞兄弟姉妹가萬里海外에游學ᄒᆞ야新知識을交換ᄒᆞ야唯我獨立을聯持而意外에慘禍를被ᄒᆞ얏스니國內同胞ᄂᆞᆫ當盡力而救助可也요誠意表情은不在多少라是故銅貨二元을忘略伏呈ᄒᆞ오니幸須考納을千萬千萬

●安興擴張 平安南道安州郡安興학校의就緖된事ᄂᆞᆫ本報에屢次揭載어니와校長及教員諸氏의教育上熱心과教規가嚴正ᄒᆞᆷ으로以ᄒᆞ야南北各郡生徒가日日增加ᄒᆞ야至今一百五十名에達ᄒᆞᆫ지라學科ᄂᆞᆫ小學科와中學科를區別授教ᄒᆞᄂᆞᆫ디今에更欲擴張ᄒᆞ야教員及有志諸士가協議ᄒᆞ야數日前校長劉猛氏와校監金仁오氏가上京ᄒᆞ야內外國各학校의程度를一一히周察ᄒᆞ여學文이高尙ᄒᆞᆫ教師도屢聘次로廣求中이라ᄂᆞᆫ디劉氏의教育上恤誠과施政淸白은令人感動이라該校之將就ᄂᆞᆫ必期其効라고人皆稱頌ᄒᆞᆫ더라

●其義可尊 客年新條約時에陸軍副尉具然浩氏가慨然流涕曰爲吾大韓臣子者가縱不能與閔忠正으로同爲殉國이나何忍與賣國賊臣으로同立於朝乎아ᄒᆞ고即時請願棄官ᄒᆞ고投身漁樵ᄒᆞ니圻湖間儒生等이來于本社ᄒᆞ야其義를表揚ᄒᆞᆷ을要ᄒᆞᄂᆞᆫ故로特爲揭載ᄒᆞ노라

●民惜其去 南來人의傳說을聞ᄒᆞᆫ즉龍仁郡守玄燦鳳氏ᄂᆞᆫ捐其薄廩ᄒᆞ야賙恤貧民ᄒᆞ며勸告境內饒民ᄒᆞ야俾各救恤殘戶ᄒᆞᆷ으로人皆慕義捐財ᄒᆞ야貧殘之戶가胥免渙散ᄒᆞ고賊盜方略을官民合心預防ᄒᆞ미로闔境에一無賊警이고勸民向學ᄒᆞ야民識이漸有發達之望ᄒᆞ며結錢收捧을不煩鞭扑而民爭輸納ᄒᆞ야無滯之憂ᄒᆞ니治化大行에陽春이有脚이라今當遞歸ᄒᆞ야民皆惜其去而不忍捨ᄒᆞᆫ다더라

●教師挾雜 高等小學校日人教師興井川氏가該學校經費를獨自幻弄에其所用下者ᄂᆞᆫ無非不正名目이오當當히學校에入用ᄒᆞᆯ紙筆墨柴油炭等은不爲支用ᄒᆞ미該校長朴稀祥氏가說明其非理越權ᄒᆞ되終不聽施ᄒᆞ고反爲肆惡ᄒᆞᆷ으로不如吾謹避之라ᄒᆞ야學部에辭職請願ᄒᆞ얏다ᄒᆞ니該教師의職權은不過是教授學員而已어ᄂᆞᆯ經費用下에有何干涉이며反使教員으로不得相關케ᄒᆞ니可爲客反爲主라ᄒᆞ더라

●平民甚矜 平壤外城人民總代黃錫煥楊暹朝張轎喆氏等이議政府에請願ᄒᆞᆫ全文을前報에已揭ᄒᆞ엿거니와更聞ᄒᆞᆫ즉題旨內에多民失巢樓遑之狀을旣因前訴ᄒᆞ야行文交涉ᄒᆞ얏스니退待ᄒᆞ라ᄒᆞ고該府叅贊이矜恤情狀을百般慰撫曰自政府으로極力交涉ᄒᆞ야使民으로期乎安堵케ᄒᆞᆷ이라ᄒᆞ미該總代等이處分을苦待中이라더라

●辣手權氏 全州郡守權直相氏ᄂᆞᆫ該郡民訴를因ᄒᆞ야平理院에셔對質裁判之場에贓錢三十萬兩이綻露되야該院에被囚ᄒᆞᆷ은世人의共知어니와今聞ᄒᆞᆫ즉宮內部에셔奏本ᄒᆞ기를璧慶壇沐落處修葺監督를不可付之生手인즉該員을即爲放釋ᄒᆞ야使之監督케ᄒᆞᆫ다ᄒᆞ니壇役監督를權氏가안이면更無一人堪使者인지三十萬金을貪虐ᄒᆞ야一境魚肉ᄒᆞᆫ罪案이不爲不重且大矣이며許多人民의怨毒次骨ᄒᆞᆷ을亦不可不念이거ᄂᆞᆯ贓錢督刷ᄒᆞ야還給民間은一言도不及ᄒᆞ고遽公循私ᄒᆞ야其囚를白放ᄒᆞ며其贓을만환ᄒᆞ라ᄒᆞ니該大臣眼中에ᄂᆞᆫ無法無理無廉恥를卽此可知ᄒᆞᆯ지라噫呼統監萬歲之後에精神이尙不淸快而然인지咄咄可歎ᄒᆞ리로다

●家契定價 漢城府에셔人民의家屋契券繕給ᄒᆞᆯ時에以手數料로瓦家十五間以下에五十錢十五間以上에一圜三十間以上에一圜五十錢五十間以上에二圜一百間以上에三圜草家二十間以下에五十錢二十間以上에一圜으로定ᄒᆞᆫ다더니내部로셔間數로定ᄒᆞᆷ이不公ᄒᆞ다ᄒᆞ야二千圜價值에一圜式으로次次隨其錢數ᄒᆞ야收入ᄒᆞ기로磨鍊ᄒᆞ야政府會議를經ᄒᆞᆫ後勅令案으로頒佈ᄒᆞᆫ다ᄂᆞᆫ디漢城府仁川港釜山港三處에ᄂᆞᆫ二千圜之一圜으로ᄒᆞ고開城平壤水原大子全州府五處에ᄂᆞᆫ二千圜之五十錢으로ᄒᆞᆫ다더라

●督刷盲睡 長城郡守尹憲均氏가度支로報告ᄒᆞ기를昨年十一月分에本道觀察府에셔督刷官金正基를派遣ᄒᆞ야稅錢葉萬餘圜을輸去ᄒᆞ야其中五千餘圜은支金庫로送納ᄒᆞ고四千七百餘圜은尙不輸納ᄒᆞ니自本部로發訓督納케ᄒᆞ라하얏다니此等督刷官에게ᄂᆞᆫ又將何以督刷ᄒᆞᆯᄂᆞᆫ지可謂盲人之睡라하더라

●趙氏勘逋 靈岩前郡守丕東完氏ᄂᆞᆫ該郡公錢五萬元欠逋事로警務廳에被囚되얏다가平理院으로移囚ᄒᆞᆷ은前報已揭어니와該欠逋錢을畢納ᄒᆞ고日昨에放還ᄒᆞ엿더니風流太守의勘逋ᄒᆞᄂᆞᆫ能力를可賀ᄒᆞᆯ만ᄒᆞ더라

●沈氏保放 李軍大根驥氏被刺事件의疑案을因하야平理院에數月被囚ᄒᆞ얏던沈參政相薰氏ᄂᆞᆫ日昨保放되야私邸로歸하얏다더라

●毁籍造紙 내部에셔光武二年至六年帳籍二萬四十四卷과舊籍九千四百五十卷을造紙會社에出給하얏다고宮내部로照會하얏더라

●警顧賞花 警務廳所屬警務補佐官諸氏等이本日에昌德宮內에花柳會를開設ᄒᆞ고空氣를暢叙ᄒᆞᆯ次로禮式院에公函ᄒᆞ얏다더라

●六勳幷授 軍協李熙斗勳二等軍務局長權泰益勳三等賜八卦章宮協閔景植內辦李鳳來參領閔永璇勳三等營繕司長趙南升勳四等各賜太極章ᄒᆞ옵셧더라

●愛人如已 前參奉李愚璿氏의孤兒院을創立ᄒᆞᆷ은韓國에始有ᄒᆞᆫ慈善事業이라本社에셔도李氏를對ᄒᆞ야厚表同情이어니와此次美國桑港等地에地震火災로人命의致死者가夥多ᄒᆞᆷ을聞ᄒᆞ고不勝悲慘ᄒᆞᆯ뿐더러自國同胞의居留ᄒᆞᆫ者生死存沒를未知ᄒᆞᆷ으로電費百餘元을自辦ᄒᆞ야該地附近教會堂으로急電을發送ᄒᆞ야問爲回示ᄒᆞ라ᄒᆞ얏다니愛人如已ᄒᆞᄂᆞᆫ道德心이無ᄒᆞᆫ者면孰能如是리오ᄒᆞ야世皆稱賞不已ᄒᆞᆫ다더라

●兵甚於賊 南來人의傳說을聞ᄒᆞᆫ則泰安郡新設土兵은海賊이橫行閭里ᄒᆞ야揚奪民財ᄒᆞᆷ은不敢防禦ᄒᆞ고遍行村落ᄒᆞ야民財를空然討索ᄒᆞ며該郡守ᄂᆞᆫ土兵을設ᄒᆞᆫ다稱ᄒᆞ고饒民의게騙財多端ᄒᆞ여實施가無ᄒᆞ기로郡守와土兵을民皆怨방ᄒᆞᆫ다더라

●借庫設校 學部에셔西江坊私立牛山學校長梁在謇請願書를因하야經리院照會하되借家設校가已有年所에庶有前進之望이러니該家를斥賣에未定校舍하야學生이將至廢學이다온爲念教育의關甚爲悶이오며貴院所管廣興庫의大廳과庫直處所가現在空閑하야可以設學校이다이오니허聽舍를許借하야以獎教育하라하얏더라

東京電報

●義親王着東京 四月二十六日三時發

義親王殿下ᄂᆞᆫ本日(二十六日)午前九時에東京에到着ᄒᆞ셧ᄂᆞᆫ듸長谷川大將珍田外務次官花房接伴係外數十名이新橋驛에出迎ᄒᆞ얏고殿下ᄂᆞᆫ直時貴族院議長官舍에入ᄒᆞ셧다더라

●觀兵式後賜宴 上仝

日本天皇陛下ᄭᅴ셔ᄂᆞᆫ來五月四五日頃에大觀兵式에參列ᄒᆞᆫ各師團長의게御宴을賜ᄒᆞ신다더라

倫敦電報

●銀行長期休業 二十六日午后四時東京發

桑港에在ᄒᆞᆫ諸銀行은三十日間支拂을延期ᄒᆞ얏더라

●露國債券發行 上仝

募集中인듸露國五分利國債ᄂᆞᆫ八千九百三十二萬九千폰드를價額八十九폰드로發行ᄒᆞ얏더라

●白林發電 上仝

獨逸데이고議長은議會에서米國災害에對ᄒᆞ야國民의同情을演述ᄒᆞ얏다더라

雜報

廣學社趣旨書

三代盛時莫不以學校爲先西人之言亦曰將來世界落在敎育者手中盖敎育者人才之所作成也民智之所開發也是以越句踐之中興資乎敎訓晋魯士之恢復功在學校邇來我
皇上陛下眷念以興學育才屢降綸誥責勵周摯凡我臣民曷敢不踊躍爭先振興學務圖所以對揚萬一哉竊唯遭此時國有志於扶國力者孰不曰敎育敎育而敎育先務寔在乎敎科書之設備矣盖從前我國敎科書類不得其要領多有不合於時務者亦有不切於實用者費力多而收效少致使全國人民迷於門路錮備昧新皆由其敎科書之不備故也然則今日學務不有敎科書之改良雖公私學校所在相望難得其敎育之實效此廣學社之所以發起也今首先從事於敎科書之編纂自尋常小學以至高等諸學參酌乎東西之書籍折衷於本邦之性質輯成各科之完書以廣佈於全國且徒書而無師則敎育莫施故兼設高等學校養成師範之人才俾資學務之振興而啓文化之發達實當今之第一急務也惟我大韓有志諸君子同心協力贊成本社以爲進文明復國權之基礎額手切望焉

發起人
南廷哲　趙經九　金鵬鎭　林炳恒　李根𥙿　金灌圭
尹致昊　金進銖　李相禹

●泣棚後報　濟州郡守金重培氏가該牧使趙鍾桓氏가棚子木斫伐事에對하야扶棚而痛哭ᄒᆞᆫ事는已揭於前報어니와該事件으로牧郡間에多少紛挐가生하얏든지法部에서濟州牧裁判所檢事시補의게訓令하기를貴報告書를接准ᄒᆞᆫ즉本牧吏校輩가爲其辨明하야往于本郡하야入庭白活에逐條辨質之際에郡守가欲放六穴砲라하고立牌於通衢上하야書以伐棚賊趙鍾桓이라하얏스니郡守之駭妄은雖以校隷이오該郡守가係是現帶奏任官인則遽難擬議等因인바郡守金重培之所失이不無可駭나司法行政에區別各殊則以若貴檢事사補之職으로郡守之行政에有何相關而拿審之案乎아今此所報가有若傾覆底思想하니實未知其可라嗣玆以往으론惟持心公正하야報部之際에無復此等文案ᄒᆞ라하얏더라

●楊倅美績　楊州郡吏校等이放債村間에貽弊多端ᄒᆞᆫ事를揭載於前報矣러니히郡守洪泰潤氏가取見本報而始知其事하고傳令各面에使之摘發馳告케하며查覈吏校而嚴束杜弊라하니同氏之善政은一般共知어니와亦善注意於報紙之間인즉與其近日當路者之雖十百次演述時弊於新報上이라도猶若聾聵而無一取捨之人으로는不可同日而論이라하더라

●禁山燹斫　義州白馬山은數百年禁養之地이더니近日本郡一進會로서上部訓令이有ᄒᆞ다ᄒᆞ야揚臂大談에將欲斫伐ᄒᆞ니人皆嗟惜ᄒᆞ나會人의氣勢를畏ᄒᆞ야不敢抗言ᄒᆞᆫ다더라

●監郡懦弱　義州監理李民溥氏와義州郡守金漣植氏가一進會의게有何執頉而然인지性質이懦弱而然인지該會總代幾人이逐日監理署와該郡東軒에來坐ᄒᆞ야民事詞訟에無不干預ᄒᆞ야該監理郡守가日可曰否를一遵指揮ᄒᆞ야不能自決ᄒᆞ니其懦弱無能ᄒᆞᆷ을民皆鼻笑ᄒᆞᆫ다더라

●網戶網民　日人網戶得哉가溫陽溫井新築道路工役에對ᄒᆞ야日人十餘名을領率ᄒᆞ고天安郡에前往ᄒᆞ야役夫二百名을每日起送赴役ᄒᆞᄂᆞᆫᄃᆡ雇價는每日一兩五戔式用給ᄒᆞ겟다고該郡守를白般脅迫ᄒᆞ야不得已認施ᄒᆞᆷ으로人夫募集에民冤이狼藉ᄒᆞ고棄其舊路而別築新道ᄒᆞ야左右田畓이亦多犯入ᄒᆞᆫ즉田土는漸至減縮ᄒᆞ고國結은自歸烏有이되莫知禁之라고一境이嗷嗷ᄒᆞᆫ다더라

●兩氏補校　宮內府主事金聲演氏는孤兒學校敎育을勸奬ᄒᆞ야紙貨五元을損補ᄒᆞ고平壤居前主事金義庚氏도紙貨三元을補助ᄒᆞ엿다니兩氏의出義之心을吾儕도亦讚尙ᄒᆞ리로다

●鹽場還給　內部에서德源監理에게訓令ᄒᆞ기를永興文川兩郡鹽場人民의所有家舍田土를日本人이勒買强占ᄒᆞᆫ事에對ᄒᆞ야內外雜輩가互相締結ᄒᆞ야假托軍用地ᄒᆞ고肆然行悖인즉日人處에勒受ᄒᆞᆫ價錢을這這還給케ᄒᆞ고家舍와田土의勒賣를被ᄒᆞ얏든人民의게各其所有權을저저回收케ᄒᆞ되前日無理强占ᄒᆞ든日本人等이若不順從커든該驛拔人民等으로本監理의게來訴케ᄒᆞ야本港理事의게交涉歸正ᄒᆞ야多數ᄒᆞᆫ人民으로無至失業케ᄒᆞ라ᄒᆞ얏더라

●農場視察　農商工部大臣權重顯氏와統監府本乃擔長이各其屬員與技師를帶同ᄒᆞ고農事試驗場을視察次로昨日正午에水原地로下去ᄒᆞ얏다가下午七時頃에還京ᄒᆞ얏다더라

●李柳裁判　內部參書官柳成烈氏가被服社事件으로其妻父李承業氏의起訴를因ᄒᆞ야저間에警務廳과漢城裁判所로서招引柳氏ᄒᆞ야多月審查ᄒᆞᆫ이라더니昨日漢裁에서共開裁判場을開始ᄒᆞ얏ᄂᆞᆫᄃᆡ該訟案이一二日間에는辨決이無ᄒᆞ깃다더라

●懲治通辯　忠남尼山郡居鄭基鳳이가公州太田停車場에서列車搭乘ᄒᆞᄂᆞᆫ規例를日人通辯者에게問ᄒᆞᆫ즉該通辯者가日語로答ᄒᆞ니右人이日語를不解라戲辱之說로認ᄒᆞ고不順히酬酌ᄒᆞᆫ즉該通辯者가右人을毆打ᄒᆞ야衣冠을裂破ᄒᆞᆫ지라適其時懷德郡守俞봉根氏가過次의其狀을見ᄒᆞ고該通辯者를日巡查處所의捉送ᄒᆞ야其習을懲治ᄒᆞ얏다더라

●宜倅新譽　宜川郡守白樂三氏가昨年遞歸時의民皆惜去矣러니再莅以來로決訟至公ᄒᆞ며愛民如子ᄒᆞᆯ더러鐵路許多責役과守隊凡諸接應을從便交涉하야使民安堵ᄒᆞᆷ으로闔境이稱頌ᄒᆞᆫ다더라

●興學運動　仁川港有志紳士들이一학校를宏壯히設立ᄒᆞᆯ意로本月二十五日의히港紳商會社의一同會集ᄒᆞ야諸般方畧을闡ᄒᆞᆫ즉資金은乃至幾百萬元이라도港ᄂᆡ各社會及有志人들이合力擔負하기로決定하야當場의新貨百元或五十餘元式出義ᄒᆞᆫ人員은仁川감니徐丙珪氏丁致國朴興三姜致瓚李학仁姜準張乃興金光洙諸氏더라

廣告

特別社告

非史乘이면政治之美惡와人物之臧否와風俗之汚隆을無以致論인즉史乘者ᄂᆞᆫ非一時之공覽이라乃萬世之公案이오非自國之所可得以私也라即宇內列邦에宜所公佈키로著者美人訖法氏之撰大東紀年이意固有在而然也라本記者ㅣ不揆僭越하고於韓之史事에留心者ㅣ久矣로되在幾百年之後하야要論幾百年之事가任大力綿에恐有失實之歎이ᄲᅮᆫ더러鎖國自守之時代에ᄂᆞᆫ民國間諸般事爲가不過是尋常典故라不足以供世界列邦之眼目키로斷自丙子以後各國交涉時事하야要爲編成一書하야公諸列邦하니四方有志諸君子ᄂᆞᆫ諒此苦心하야丙子以後政令訓誥之所記와各國交涉之如何와臣民疏章與功罪之表著와中外俗習之沿革과忠臣義士孝子烈女之行蹟을各隨所聞所見而詳錄投示하야俾此重役으로得以完成을千萬幸甚

大韓每日申報社

本社廣告

申報價

一張代金 新貨二錢五厘
一箇月前納 三十錢
三箇月 九十錢
六箇月 一元七十錢
一箇年 三元四十錢
郵稅一部 新貨五厘
一箇月 十三錢

廣告料

四號活字十三字詰
每日繼續尺一寸에新貨廿五錢
(每日繼行에六錢에[illegible])
三箇日에 二圜[illegible]
(每日繼行間隔五厘에 [illegible])
一箇月에 [illegible]
(每日繼行間隔一厘에[illegible])
其期限의長短과字行의[illegible]을依ᄒᆞ야增減ᄒᆞᆷ이有ᄒᆞᆷ

◉本社地方各處支店廣告

仁川租峴開新冊肆 李東支
平壤南山峴日新學校 金興淵
崔叡恒
宣川邑橋西 安濬
義州南門外韓西大藥房張有寬
長連邑 金龜
鎭南浦築洞 金仁집
咸興州南社 曹喜林
中和邑 李俊培
釜山佐川徐藥房 兪灌泰

發行兼編輯人 英國人裵說
發行所 京城北署[illegible]坊[illegible]洞[illegible]外地[illegible]
大韓每日申報社

第四卷

大韓每日申報
대한매일신보

第二百六號

月曜及慶節歲時日休刊

檀君開國四千二百三十九年
箕子元年三千二十八年
大韓開國五百十五年
日本明治三十九年
清國光緒三十二年
陰曆丙午四月小初六日癸卯

寄書

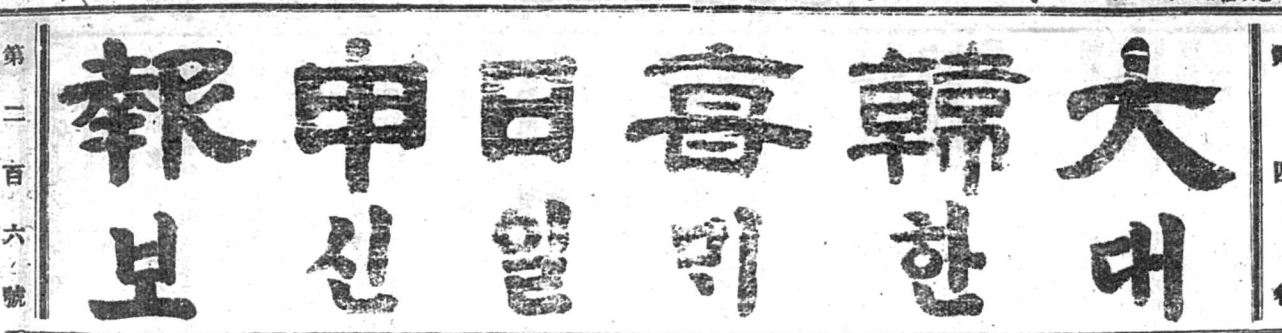

平壤郡民이本社에投函이有喜의其悲慘之況이令人淚下라其文이如左ᄒᆞ니

僕은遐土賤氓이오窮鄕愚夫라足跡이不離於域中ᄒᆞ고目力이不及乎海外ᄒᆞ니時局形便之如何와世界物情之如何를全未覺察ᄒᆞ고但聞我東洋에有日本國이曰政治文明이라ᄒᆞ며曰法律公正이라ᄒᆞ며曰官人이不汚라ᄒᆞ며曰民權을重視라ᄒᆞ며曰我大韓에對ᄒᆞ야友誼가敦密ᄒᆞ다ᄒᆞ기로

信賴之意와優待之情이特異於他國人이러니自有客年軍事以來로日本官憲及軍隊가來住我地ᄒᆞ며商民이雜居我鄕ᄒᆞ니朝夕與處에觸事相關이라

目擊其許多行動컨ᄃᆡ與平日所期望者로不啻霄壤之判이라其奸猾手段과壓制行爲가皆人道之所不忍이오歷史之所未聞이라大抵利益上營業은 皇室及政府間에公益을爲ᄒᆞ던지社會와箇人間에私益을爲ᄒᆞ던지各其權限이有ᄒᆞ야不相侵害ᄒᆞᄂᆞᆫ거시開明的政治요公共的法律이라今에日本官吏ᄂᆞᆫ以其巧險之手段으로愚昧ᄒᆞᆫ我國官吏를對ᄒᆞ야始則以甘言誘引ᄒᆞ고終乃以威脅結果하야吸取我膏血하며毒害我生命者를何可勝言乎아

其所謂軍用地ᄂᆞᆫ即商業上緊要地点이라標內에韓人家屋과民有土地를佔奪하야日本商民의租借地를作하니其無리者一也요

臨時軍用鐵道라하고各處停車場基址ᄂᆞᆫ無限廣占하니民産之失敗ᄂᆞᆫ已無可論이ᄲᅮᆫ더러最其尤甚者ᄂᆞᆫ許多無賴之輩가膏腴ᄒᆞᆫ田畓과墳墓間에軍用地라藉稱ᄒᆞ고恣意立標하니田主와墓主의行賂用情이有하면還拔其標하니其無리者二也요

稱曰軍需所用이라하고木材馬草等物品을勒排民間하야無一給價하니其無理者三也요稱曰大韓政府倉庫會社基址所用이라ᄒᆞ고人民의家屋을毁撤ᄒᆞᆷ의不給本價十分之一이라人民이呼訴于我政府ᄒᆞ니政府에서ᄂᆞᆫ從時價出給ᄒᆞ라ᄒᆞ거날我政府의使用ᄒᆞᄂᆞᆫ財務官은決不準施ᄒᆞ니以其私利之關係로不顧人民之損害가明若觀火니其無理者四也오

大同江軍橋를敷設ᄒᆞᆫ다ᄒᆞ고江邊土地를强占ᄒᆞ며來往人을不得自由케ᄒᆞ고利益을吸收ᄒᆞ니其無리者五也오我韓公有地에日本商民은無難建築케ᄒᆞ고我韓人은禁斷ᄒᆞ니其無리者六也오

軍隊가人民의家屋을借住라稱ᄒᆞ고畢竟은無期限入處ᄒᆞ야反驅逐其家主ᄒᆞ야使之失所失業케ᄒᆞ니其無理者七也요城壁을毁撤ᄒᆞ야其石材를私業上所用으로利益을取ᄒᆞ니其無리者八也요

今又皇室牧畜塲設置라ᄒᆞ고我人民을愚弄ᄒᆞ야私有土地를不給時價ᄒᆞ고將欲强奪ᄒᆞ니其無리者九也요大韓皇室之牧塲設置를不待我官吏之措處ᄒᆞ고理事官이擅自申牒ᄒᆞ야公行布告ᄒᆞ니其無理者十也라

以上十條의行爲로觀之라도其困迫我人民ᄒᆞ야滅絶我人種之計가固已灼然明甚이어니와至政府上干涉ᄒᆞ야ᄂᆞᆫ尤極叵測ᄒᆞ니現今大官이在於前日則皆虐民賊也오在於今日則皆賣國賊也어날彼皆引爲爪牙ᄒᆞ야作爲利用ᄒᆞ니其所謂施政改善之忠告云者ᄂᆞᆫ乃向火添薪이오藉藥置毒이니此其政策之險譎이果何如哉아嗚呼我二千萬同胞ᄂᆞᆫ何罪于天ᄒᆞ야如此ᄒᆞᆫ慘酷을遭遇ᄒᆞ얏ᄂᆞᆫ요痛矣痛矣라把筆欲言에不禁血淚汪汪이로다

官報

●三千四百卅九號 光武十年四月二十八日

◉宮廷錄事

시從院副卿李晙奎辭職䟽
批旨省䟽具悉所請依施
四月十九日
宮內府特進官金鶴鎭辭職䟽
批旨省䟽具悉豈其强所不强卿不必申提矣
平理院裁判長李允用辭職䟽
批旨省䟽具悉病不須言矣卿其勿辭行公
太僕司長尹鎭佑辭職䟽
批旨省䟽具悉所請依施
以上四月廿五日

◉敍任及辭令

任主殿院電務課主事 徐丙箕 吳龍煥 四月廿二日○依願免本官 主殿院電務과主事徐丙箕 仝吳龍煥 四月廿三日○命太僕司長 尙方司長姜봉朝○命尙方司長 從二品尹鎭佑○依願免本官 內藏司主事盧仁德 齊陵叅奉洪德周 厚陵參奉趙鍾禹 敬陵參奉金瓚洙 箕子陵叅奉趙秉殷 恭陵參奉洪淳參 順陵叅奉丕觀熙○任內藏司主事 主殿院主事韓鎭用○任主殿院主事 奉常司主事朴容海○任奉常司主事 六品盧仁德○任主殿院電務과主事 朴彰來 裴東鉉○任齊陵叅奉 李文周○任厚陵參奉 鄭臣永○任敬陵參奉 崔鼎燮○任箕子陵參奉 嚴柱洪○任恭陵參奉 林允相○任順陵參奉 鄭箕植 以上四月廿五日○任度支部技手 俞경煥 四月廿六日

外報

●兵學館의創設 清國政府에셔兵部에兵學을創設ᄒᆞ고兵部省武員으로學習케ᄒᆞᆫ다더라

●無線電敎師의雇聘 清國袁世凱氏가保定北京大津間에無線電信을設置ᄒᆞ기爲ᄒᆞ야伊國技師二名을雇聘ᄒᆞ얏다더라

●陸軍勳章의授與 清國練兵處에셔陸軍兵弁에게勳章을授與ᄒᆞ기爲ᄒᆞ야九等寶星章을作定ᄒᆞ얏ᄂᆞᆫᄃᆡ爲先北洋常備軍中數年新式訓練에從事ᄒᆞᆫ將校兵卒의優等者에게授與ᄒᆞᆯ터이라더라

●喀喇沁王의事業 蒙古喀喇沁王이自費로써該地에서熱河를經ᄒᆞ야北京에至ᄒᆞᄂᆞᆫ電線을架設ᄒᆞᆯ라고又熱河所屬의赤峯縣線平縣에서承德府를經ᄒᆞ야古北口에入ᄒᆞ야北京에至ᄒᆞᄂᆞᆫ鐵道를敷設ᄒᆞᆯ라ᄒᆞᄂᆞᆫᄃᆡ該鐵道ᄂᆞᆫ經蒙鐵道라稱ᄒᆞ고線長이千餘里오敷設費가二千萬兩이라더라

●俄國의海軍擴張 俄國에서目下製造ᄒᆞᄂᆞᆫ軍艦이戰鬪艦四隻과大巡洋艦五隻과小巡洋艦一隻과砲艦四隻이오其他多數의砲艦及小雷艇등인ᄃᆡ此外十年을爲限ᄒᆞ고軍艦製造費三十二億留를支出ᄒᆞ기로可決ᄒᆞ고此로ᄡᅥ戰鬪艦十六隻과巡洋艦十八隻과大驅逐艦五十隻과水雷艇百隻과水뢰敷設艦十隻等을製造ᄒᆞᆯ計畫이라더라

寄書

移罪北山 七松居士

近日政府에셔南山區域을日人公園地로借與ᄒᆞᄂᆞᆫ事件에對ᄒᆞ야某新聞上에該山之神을或爲悲吊ᄒᆞ며或加嘲誚ᄒᆞ야爲論不一ᄒᆞ니

此蓋憾恨不平之心을無地可洩ᄒᆞ야至於托辭而然이니每一看來에不覺喟然發歎而悲其志焉이나然이나以余所料로ᄂᆞᆫ伊來昏昧無靈之責이宜在北山이오不在於南山ᄒᆞ니悲吊則可矣로되嘲誚則不可라ᄒᆞ노라

何以言之오凡夫事有主客은人神이無間ᄒᆞ야主謀ᄒᆞᆫ장이면客雖賢이나不可以越俎代之ᄂᆞᆫ理勢固然인바今於北山之下에有一巍然公堂ᄒᆞ니曰中央政府也요居此堂者ᄂᆞᆫ曰國務大臣也라第此國務大臣들이主管全國內政權ᄒᆞ야地方人民의吉凶禍福이係此幾介大臣之施措如何ᄒᆞ니苟其北山之神이昭明正直ᄒᆞ야衛國庇民ᄒᆞᆯ지ᄃᆡ賢類를默佑而進之ᄒᆞ며凶徒를廓擯而屛之ᄒᆞ야使朝著로明ᄒᆞ며四境安樂이라야人皆被其功利ᄒᆞ며仰其靈應ᄒᆞ야鎭山之名稱이可以無愧요春秋之典祀를亦可以長享이거날顧乃未能如是이고另鑄木偶와奴顔婢膝之徒가前後充斥於政堂ᄒᆞ야堅之不去ᄒᆞ며彈之愈起ᄒᆞ야惟日經綸이無非欺君賣國이요一般伎倆이只在弄權網利ᄒᆞ기로蹙土日縮ᄒᆞ며百姓이憤怒ᄒᆞ야國勢之凛綴이殆若一髮인바今又惡習이愈長ᄒᆞ고奸謀叵測ᄒᆞ야南山全部分을要爲讓與外人ᄒᆞ니

究其禍所從來ᄒᆞ면一則政府也요二則政府也라使此群小輩로無災無疾而晏然處於斯堂ᄒᆞ야作威作福에逞其氣勢ᄒᆞᆷ은寔由北山之神이毫無效力ᄒᆞ야怠於衛國비民而然인즉今乃노노然捨主而問客ᄒᆞ며怒室而色市ᄒᆞᄂᆞᆫ거사其於常情에不亦遠矣乎아余聞極東에有所謂富士山者ᄒᆞ야體勢極其雄拔ᄒᆞ기로該地人民이皆能稟其地靈而勇悍果敢ᄒᆞ야習於戰鬪이되但該山이有時火發而自焚ᄒᆞ야其下人民之盛衰가亦如該山之不能長好而久安이라ᄒᆞ니

以此論之컨ᄃᆡ天下에別無佳山이라山之可惡者ㅣ實獨此北山也已리오噫라觀於某新聞컨ᄃᆡ南山之神이與閔忠正靈魂으로俱上于天ᄒᆞ야不在乎此地라ᄒᆞ니余恐其捨此而不復返也ᄒᆞ야爰作招神迎神之辭ᄒᆞ노니其辭에曰

神兮歸來些남山之巓에桂樹陰陰ᄒᆞ며瑤草芊芊이로다神兮歸來些盛衰無常이니試看他日에誰弱誰强ᄒᆞᆫ소神兮歸來些民何可棄아惟彼北山之可議로다

雜報

●財色雙全 度支大臣閔泳綺氏ᄂᆞᆫ前平壤觀察使閔泳喆氏의妓妾으로多年同居ᄒᆞ든如花如月一美人을恃其金力ᄒᆞ고騙取作妾ᄒᆞ야晝夜行樂ᄒᆞᆫ다ᄒᆞ니一女子를兄弟同歡ᄒᆞᆷ은何來法規인지該大臣의一時繁華가盛則盛矣로ᄃᆡ國憂民困은毫不爲念ᄒᆞᄂᆞᆫ지無法無廉ᄒᆞᆫ此大臣이여

●將設一局 傳說을聞ᄒᆞᆫ즉內以五署와外以十三府에男口와戶摠를設官調査ᄒᆞ야號牌와門牌를頒給ᄒᆞ기로某某三大臣이方今秘密運動中인ᄃᆡ무ᄉᆞᆷ顧忌와層節이有ᄒᆞᆫ지姑未決定이라ᄒᆞ니아마地方調査를待ᄒᆞ야合郡後에處辦ᄒᆞᆯ자ᄂᆞᆫ一處議論이有ᄒᆞᆫ듯ᄒᆞ다더라

●照請聯署 度支部에셔所管水道局을行將毁廢ᄒᆞᆯ터인ᄃᆡ勅令案別紙請議書에農商工部大臣이聯署ᄒᆞ기를請照ᄒᆞ얏더라

●退學罰金 學部에셔各學校退學生에對ᄒᆞ야懲罰金을收納ᄒᆞᄂᆞᆫᄃᆡ該規則을學部令으로官報에頒布ᄒᆞᆫ日子에照ᄒᆞ야部令前退學者에게ᄂᆞᆫ每人舊貨二元五十錢式을計捧ᄒᆞ고部令後로ᄂᆞᆫ新貨二圜五十錢式을徵捧ᄒᆞ기로決定ᄒᆞ야前後退學生徒에居址姓名與入學年月을左開訓令于警務廳ᄒᆞ야使之督納케ᄒᆞ얏다더라

●疑山萬重 一進會員宋秉畯氏가政府에勸告ᄒᆞ기를流配罪人金允植과在外ᄒᆞᆫ朴泳孝兩氏를當此施政改善之日ᄒᆞ야不可無特別恩澤이니 天陛에奏稟放還하라하얏더니政府諸大臣에所答이即當依勸告奏稟하깃다고快諾하얏다니果是虛言이안인지結果를待하야後報更述하깃로라

●訓放全倅 平理院拘留中에잇ᄂᆞᆫ全州郡守權直相을該郡壁廢壇主龍沈路處補築之役에監董ᄒᆞ기를憑藉ᄒᆞ고 宮內大臣李載克氏가上奏赴任케ᄒᆞᆫ事ᄂᆞᆫ已揭前報어니와昨日法部에셔平理院으로發訓하야該郡守權直相을姑令赴任하고待其竣役後更爲拿審케하라하얏다더라

●浮石貰稅 重建都監所用石材를自敦門外映風亭附近에셔浮取需用하ᄂᆞᆫᄃᆡ近日何許人이稱有農部認許하고稅金을貰出하니申飭禁斷하라고該都監에上李載克氏가農商工部로照會하얏다더라

●昔질今愈 日昨廣濟院에셔各署內賣春婦를聚集檢驗ᄒᆞ얏ᄂᆞᆫᄃᆡ當日經檢者九十餘人中에只是二人有질이라ᄒᆞ니其間檢驗를屢經ᄒᆞ야治療ᄒᆞᆫ效力인지有질者至於如是數少ᄒᆞ니風流郞을爲ᄒᆞ야可以一賀ᄒᆞᆯ지로다

●局長質問 學部學務局長張世基氏가妓家를學校로알고花套를教科로안다고某新聞에揭載ᄒᆞᆫ지라該氏가誰某의興訛ᄒᆞᆷ을採探키爲ᄒᆞ야該社에前往質問ᄒᆞ얏다ᄂᆞᆫᄃᆡ期於查得ᄒᆞ야裁判出稍後乃已라고ᄒᆞᆫ다더라

●申氏渡日 前聞慶郡守申晳熙氏ᄂᆞᆫ該郡公錢一萬七千兩欠逋事로平理院에積年被囚ᄒᆞ얏다가遭其內艱ᄒᆞ야保放되얏ᄂᆞᆫᄃᆡ무ᄉᆞᆷ事件이有ᄒᆞᆫ지無賴輩幾人으로同伴ᄒᆞ야日前航海渡日ᄒᆞ얏다더라

●海校發起 黃海道海州郡東西鄕中部父老諸員이子弟教育에熱心ᄒᆞ야私立學校를設置ᄒᆞ기로出力經紀ᄒᆞᆷ의境內人士가胥皆感歎ᄒᆞ야期於就緖케ᄒᆞᄂᆞᆫᄃᆡ發起人은李昌浩李圭升李承憲吳明鎭崔道謨諸氏라더라

●役夫結社 全道誠等이勞働業社刱設之意로農部에請願ᄒᆞ고該社事務所를京江龍山에設置ᄒᆞ얏ᄂᆞᆫᄃᆡ該社內에別置病院與炊飯所而現存役夫가三千名內每日就役者爲二百名이라더라

●礦獎甚酷 忠南靑陽郡崔允植이農部에請願ᄒᆞ되本人이以金礦爲獎事로呈部訴題를到付之際에派員柳敬賢이가自京下來ᄒᆞ야煽動礦軍曰崔哥를若爲仍置則礦所威令을難施라ᄒᆞ고使礦夫로乘夜突入于本人家ᄒᆞ야叱辱恐喝曰礦事를汝何沮戲乎아汝家를即當衝火오人命을盡爲打殺ᄒᆞ깃다ᄒᆞ며即入房中에以石子亂打ᄒᆞ야留宿之尹起周가頭骨破碎ᄒᆞ야死生未分이오니嚴訓本郡ᄒᆞ와先戢礦夫之作弊ᄒᆞ고柳敬賢을押上嚴懲ᄒᆞ라ᄒᆞ얏더라

●清校盛況 청州郡私立청湖學校에셔今二十二日에該邑前坪에셔大運動을設行ᄒᆞ얏ᄂᆞᆫᄃᆡ學員이二百餘名이오來賓이數百人인ᄃᆡ本郡守閔泳殷鎭衛隊大隊長朴晶煥正尉劉基善副尉金弘植洪元杓參尉閔興植崔承鶴日本人郵遞所長宗村直總通譯官中津諸氏及日本居留民等도參席ᄒᆞ얏고施賞은本校長鄭永澤本郡守閔泳殷鎭衛大隊長朴晶煥諸氏가賞品을優給ᄒᆞ얏고또ᄒᆞᆫ觀光男女가如山如海라此等大擧ᄂᆞᆫ該郡以後로初有之奇事인故로無不喝采ᄒᆞ면서文明進步에大段注意ᄒᆞᆫ다더라

東京電報

●震災寄附金 四月廿七日午前十一時發

日本各大臣及京濱富豪四十餘名은昨夜外務大臣官邸에會同ᄒᆞ야桑港震災救助費를米國에送ᄒᆞ기로協議ᄒᆞ얏ᄂᆞᆫᄃᆡ其席上에셔金二十萬元을集ᄒᆞ얏더라

●皇室寄附 上仝

日本皇室에셔ᄂᆞᆫ金二十萬元을米國에寄附ᄒᆞ얏다더라

●暹羅皇族 廿七日午後二時發

暹羅皇族나콘차이쓰殿下外武官三名의一行은今朝(廿七日)에日本東京에入ᄒᆞ시미同國駐日公使外數名이出迎ᄒᆞ얏고帝國旅館에投宿ᄒᆞ얏ᄂᆞᆫᄃᆡ殿下ᄂᆞᆫ多分軍事教育을受ᄒᆞᆯ이라더라

●桑港災害慰問 上仝

日本政府ᄂᆞᆫ港災의報가有ᄒᆞᆷ의五萬元을送ᄒᆞ고救助手段을採ᄒᆞ얏다더라

●補助頒與 上仝

桑港駐在日本上野領事ᄂᆞᆫ每日日本人의宿營地를視察ᄒᆞ얏ᄂᆞᆫᄃᆡ一萬餘의日本人은家屋을燒失ᄒᆞᆷ이明白ᄒᆞᆫ지라補助를頒與ᄒᆞᆫ다더라

雜報

前主事설泰熙氏가在桑港遭難同胞救恤에對ᄒᆞ야公函이如左ᄒᆞ니

嗚呼我韓國同胞ᄂᆞᆫ何罪于天ᄒᆞ야在此國內者ᄂᆞᆫ奴隷之辱과魚肉之患을不免ᄒᆞ고在彼海外者도非常ᄒᆞᆫ慘〻를遭遇ᄒᆞ얏나니天乎天乎여胡寧忍斯오第此桑港의大震災大火災ᄂᆞᆫ乃美洲之極大不幸이오各國居留人民의同一患難이나至於我韓同胞ᄒᆞ야ᄂᆞᆫ其棲屑窮迫之情이比他尤甚ᄒᆞᆯ것은不言可想이라今自貴社로特倡義擧ᄒᆞ야募集捐金ᄒᆞ니惟我大韓同胞가孰不踊躍ᄒᆞ야先ᄒᆞ야思効其救恤之萬一哉아僕이閱讀貴報에不禁涕淚之迸出이로다凡我兄弟ᄂᆞᆫ想必一般情誼라謹以銅貨五元으로略表微忱ᄒᆞ니照亮考納千萬切盼

●權火未熄 全州郡守權直相氏ᄂᆞᆫ人命獄案과贓錢事件으로平理院에被因ᄒᆞ얏ᄂᆞᆫ데宮大李載克氏가權郡守를掩護ᄒᆞ야㙜慶壇役所監董으로下送ᄒᆞᆷ야ᄒᆞᆷ은昨報已揭어니와今聞ᄒᆞᆫ즉役所監董이初無生疎手之別인즉滿朝百執事中에人人이皆可爲라何必命案刑律로被因ᄒᆞᆫ權氏를下送然後에乃爲得人일지李宮大의侵權誣奏ᄒᆞᆷ이大爲不正이라ᄒᆞ야一進會員이李宮大를往見質問ᄒᆞ고該事件을奏稟勿施ᄒᆞ라ᄒᆞ얏스며該郡人民들도平理院에又爲呼訴ᄒᆞ되權氏를更若下送이면全郡生靈이必至魚肉之境인즉依律處辦ᄒᆞ야俾活幾萬生靈ᄒᆞ라ᄒᆞ얏다더라

●鏡川維新學校贊成文 謙谷生

文野之別이豈係乎地哉有其人以倡導之野進於文矣無其人以扶植之文降於野矣關北是我 聖朝岐豐之地其風氣勁悍强厲其人品樸實堅忍以其原質之美苟有以振作之培養之人物之產文風之興豈不賢於他方哉

嗚呼世運大進環宇一變而獨我大韓退步於人遂致國力虛弱人權墜落此有志之士慷慨扼腕思所以振起之者也然而姑息偸惰之癥痼於人人之腦髓其欲拔而治之誠難遽爾奏效環顧國中獨關北一省不失其原質之美可以有爲故吾黨之士胥有望於此矣于時端州紳士설泰熙與周爀金學萬崔秉叔諸人醵金設校聚集聰俊教以時務之學命之曰維新學校北方之學將由此而彬彬焉則吾輩前日之經略已驗矣凡厥多士爭相奮勵學問日新事業日新養我自由之元氣存我獨立之精神濟濟思皇使我邦命維新是又前塗之望也

●院卿橫暴 慶南金海郡居前慶北捧稅官金東과가金永振李圭直兩氏에對ᄒᆞ야各裁判所에呼訴ᄒᆞᆫ全文이如左ᄒᆞ다더라

本人이甲辰年慶北捧稅官을任ᄒᆞ야視務七朔에各郡도穀을盡爲收捧이온바數百處賭穀督捧之際에幾十名差人來往之費가至爲數萬金之多而及其賭穀作納之日에取其加計息馱之餘剩ᄒᆞ야以充其捧賭之費은世所共知也라本人이經理院上랍督ᄒᆞᆫ訓令을累承ᄒᆞ야同年臘月分에賭穀中先作ᄒᆞᆫ錢六萬一千九百兩을上랍次로修報告派送差人이옵더니于時院卿金永振이以何主意로該上랍錢을退却不受ᄒᆞ고翌年正月分에使其門人李圭直으로別定査檢官ᄒᆞ야本人에捧稅ᄒᆞ던印章과收捧ᄒᆞᆫ賭穀을傳給ᄒᆞ라ᄒᆞ기로本人이據理說明曰吾之捧稅官叅宄과李圭直之査檢官敍任이都不揭載於官報上頒布이고況捧稅事務를到今故遞則其間捧도費數萬金을從何充랍平아此所謂登樓去梯요爲山虧簣과ᄒᆞ온즉金氏言內에捧稅官之所費를吾豈不知리요印章만傳給ᄒᆞ면屯驛土査檢後에捧稅官所捧노穀作랍ᄒᆞ거던其중加計息馱ᄂᆞᆫ這這히出給捧稅官ᄒᆞ야以充欠逋이다이고大談重盟ᄒᆞ되本人이印章을猶不傳給ᄒᆞᆫ즉金氏가坐其私家ᄒᆞ야使其門人五六名으로威脅奪去ᄒᆞ니公體上에此等事이有ᄒᆞᆫ지歷制중에此等事이有ᄒᆞᆫ지居鄕無勢之人이含冤見奪ᄒᆞᆫ거슨金氏에加計息馱出給ᄒᆞ마ᄒᆞᆫ重盟이有ᄒᆞᆫ故로公랍欠逋ᄂᆞᆫ無ᄒᆞᆯ가信ᄒᆞ얏삽더니[illegible]上랍勘簿之日에本人에所捧ᄒᆞᆫ도穀作랍중其加계息馱를歸利於査檢官之私囊而生欠於本人之本랍ᄒᆞ오니究厥宅心에非徒以豪勢로自處也라傷人肥己와欺人騙財가豈有甚於此乎잇가査照後李圭直處에本人에所捧ᄒᆞᆫ도穀중加計息馱를卽爲推給ᄒᆞ시와以充公랍을伏望이라ᄒᆞ얏더라

●木場相爭 大丘許致權楊乃淳與有昌等이邑吏를符同ᄒᆞ고秋教廷李鍾植等의承認種木ᄒᆞᆫ靑城坪을勒奪코져ᄒᆞ야自稱先承認許ᄒᆞ고勒拔種木이다가以至本郡裁判ᄒᆞ야許楊等奸狀이綻露ᄒᆞ야置之落科ᄒᆞ고自官으로將欲嚴治其懸習ᄒᆞᆫ즉許哥가知機逃避ᄒᆞ야上京周旋ᄒᆞᆷ으로秋敎廷等이平理院에叫訴ᄒᆞᆷ야ᄒᆞᆫ다더라

●前說誤耶 洪川郡守紳士의來言을更聞ᄒᆞᆫ則該郡守金榮鎭氏가實心愛民과捐廩設校ᄒᆞᆫ種種實蹟은民皆稱頌ᄒᆞᄂᆞᆫ데向日本報의掲載된七條橫歛은必是搆誣者之所傳이라ᄒᆞ더라

●婦人義助 쳡은일개여자라세계상형편도모로고국민된의리도모로고미국이어ᄃᆡ잇ᄂᆞᆫ지모로건이와ᄌᆞ비권션ᄒᆞᄂᆞᆫ일은남녀가일반이미미양유의ᄒᆞ오나쳡은본ᄃᆡ간난ᄒᆞᆫᄉᆞ람이라마음은잇서도못ᄒᆞ옵더니근일에귀신문에셔미국상항에가계신우리나라형뎨ᄌᆞ민들이이번에큰화재를만나ᄉᆞ셩존망도모로고또ᄉᆞ라잇ᄂᆞᆫ이ᄂᆞᆫ거쳐와음식이업시방황비참ᄒᆞᆫᄉᆞ졍을ᄒᆞᆨ념ᄒᆞᄉᆞ구죠금을모집ᄒᆞ신다ᄂᆞᆫ소문은듯ᄉᆞ오니귀신문ᄉᆞ졔원의ᄌᆞ비권션ᄒᆞ신덕은감ᄉᆞ무비ᄒᆞ옵건이와다만엄위일지라도본국동포의게셔구됴금이라고보ᄂᆡ오면외국에잇ᄂᆞᆫ동포님네들도져기위로도되련이와역시본국동포ᄒᆞ서로닛즐수업삽고또ᄒᆞᆫ타국ᄉᆞ람들도되ᄒᆞᆫᄉᆞ람에졔동포를ᄉᆞ랑ᄒᆞᄂᆞᆫ줄이나알게ᄒᆞ오면조흘듯ᄒᆞ깃삽기로동화일원을보죠ᄒᆞ오니약소ᄒᆞ오나함게보ᄂᆡ주옵시기을쳔만복망

평양셔 와ᄉᆞᄂᆞᆫ 강소ᄉᆞ

廣告

特別廣告

四月三十日(月曜日)爲始ᄒᆞ야東門內韓美電氣會社에셔夏期動寫眞을玩賞ᄒᆞᄂᆞᆫ데夏期間雨日을除ᄒᆞ고每日下午八點부터二時동안을設行ᄒᆞᄂᆞᆫ데남마다各種으로ᄒᆞᆯ터이오니照亮來臨ᄒᆞ시옵

但외賞金은每人韓貨十錢으로定ᄒᆞ되英美烟草會社에셔製造ᄒᆞᆫ卷烟空匣으로左開를依ᄒᆞ야領受홈

Old Gold.	올드꼴드	十匣
Hero.	히 로	十匣
Hallo.	할 노	十匣
Honey.	호 늬	十匣
Sweetheart.	스위헛드	十匣
Drumhead.	드람헤드	廿匣
Goldfish.	꼴드피쉬	廿匣

韓美電氣會社 告白

花春丹은 霍亂 吐瀉 腹痛 滯症 暑症 정忡 神眩 胃鬱 痰盛 醒酒 船嘔 咳嗽 口味업ᄂᆞᆫ諸症의神效ᄒᆞᆫ藥이오此外에도洋灰水解毒藥 唐창 疳氣 蛔虫 寸虫 赤白癩風 藥과및西洋藥이俱備ᄒᆞ고他病도隨問出方ᄒᆞ오니 僉位ᄂᆞᆫ枉議ᄒᆞ시옵

皇城校洞石井洞下隅 石泉堂藥局 告白

本號新開專做男女各色洋服商號由上海運來各種細이毛毡及一切衣飾屬品件件精全伏望貴士女迅卽來購爲幸

西小門內榮泰男女洋服商號

忠南溫陽南下面居金斉손이가符미悖類ᄒᆞ고出沒京鄕타가謊誘人街中ᄒᆞ야或爲人立保ᄒᆞ고或藉券買土ᄒᆞᆫ則渠祖九,老人이生活無地에全眷阽濱ᄒᆞ오니京鄕僉員과內外國人은切勿擧論ᄒᆞ시와無至後日生梗ᄒᆞᆷ을望ᄒᆞᆷ

金斉손祖金聖學 告白

◎第二期學員募集廣告◎

本塾에셔法學科學員을新募ᄒᆞ오니願學人은本塾에來ᄒᆞ야請願應試ᄒᆞᆷ事

學科及規則은本수에來問ᄒᆞᆷ事

試驗科目 國漢文 讀書 作文

試驗日字 陽四月二十九日 陰四月初六日

光武十年四月十六日

西署英語學校后洞 私立養正義塾

特別社告

非史乘이면政治之美惡와人物之臧否와風俗之汚隆을無以攷論인즉史乘者ᄂᆞᆫ非一時之공覽이라乃萬世之公案이오非自國之所可得以私也라即宇內列邦에宜所公佈키로頃者美人訖法氏之撰大東紀年이意固有在而然也라本記者ㅣ不揆僭越하고於韓之史事에留心者ㅣ久矣로되在幾百年之後하야要論幾百年之事가任大力綿에恐有失實之歎셔더러鎖國自守之時代에ᄂᆞᆫ民國間諸般事爲가不過是尋常與故라不足以供世界列邦之眼目키로斷自丙子以後各國交涉時事하야要爲編成一書하야公諸列邦하니四方有志諸君子ᄂᆞᆫ諒此苦心하야丙子以後政令訓誥之所記와各國交涉之如何와臣民疏章與功罪之表著와中外俗習之沿革과忠臣義士孝子烈女之行蹟을隨所聞所見而詳錄投示하야俾此重役으로得以完成을千萬幸甚

大韓每日申報社

○○○○○○○○○○○○

本申報를廣佈ᄒᆞ기爲하야咸鏡南道咸興州南社西門外居ᄒᆞᄂᆞᆫ曹喜林氏에게逐號下送하오니該附近地愛讀하시ᄂᆞᆫ 僉君子ᄂᆞᆫ同氏에게購覽하시며代金도同氏에게傳致하심을爲要

大韓每日申報社

○○○○○○○○○○○○

一 鷹標[illegible]濃縮牛乳
一 [illegible]印[illegible]牌濃縮牛乳
一 [illegible]家用氣化乳酪
一 [illegible]ㅣ른쓰製造麥粉化合牛乳

以上은家庭에貯積ᄒᆞ얏슴
美國紐育港에보ㅣ든쓰 濃結牛乳會社
一手代理店
大韓仁川港
[illegible] 洋行

●九轉靈砂라 本人이妙方法을神備하야製造ᄒᆞᆫ靈丹인ᄃᆡ男女老少에無論何症ᄒᆞ고通治ᄒᆞ오며無病時에도服ᄒᆞ면平生의身體가健康ᄒᆞ며小兒ᄂᆞᆫ四五錢重만服ᄒᆞ면十歲안에無病ᄒᆞ기를擔保ᄒᆞ오며

●九轉靈砂萬靈丹은癲狂 癎症과中風諸疾과耳目諸病과淋疾에神効ᄒᆞ오

●九轉靈砂保命丹은初生小兒 驚風 痰氣 咳嗽 腹痛諸般惡과婦人帶下症에神効ᄒᆞ오

●九轉靈砂濟衆丹은酒滯 食滯 血積 吐瀉 霍亂 痢疾 吐血 下血 運氣 時疾 痲症에神効ᄒᆞ오

●九轉靈砂紫金丹은痔漏 累癧 上疳瘡 下疳瘡及唐瘡과諸般毒瘡惡種에無不神効ᄒᆞ오니 僉君子ᄂᆞᆫ來問ᄒᆞ시오

內需司前두갈이골上隅第一家 李鍾廷 告白

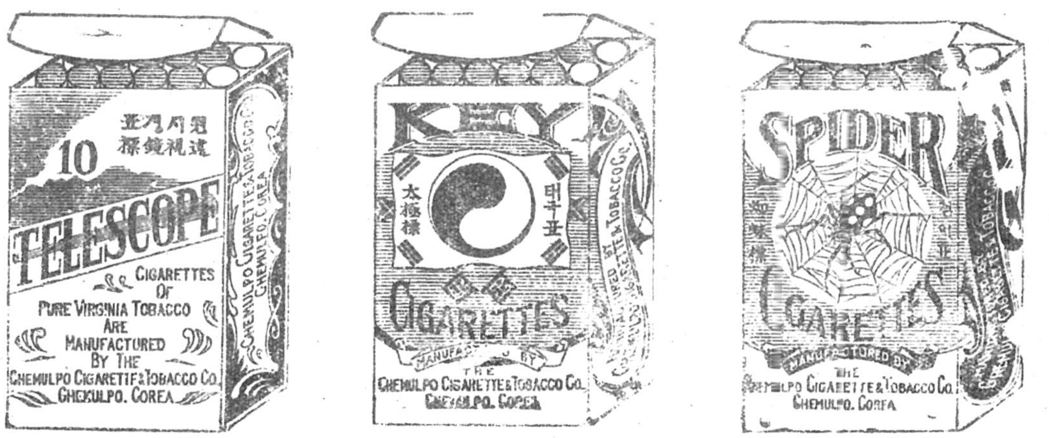

以上三種은上品으로製造ᄒᆞ야獨壇上에至極ᄒᆞ옴ᄒᆞ니[illegible]某八ᄒᆞ고本社에來ᄒᆞᆫ顧ᄒᆞ심

大韓帝國仁川港
濟物浦紙卷煙及煙草會社

本社廣告

申報價

一張代金 新貨二錢五厘
一箇月前納 三十錢
三箇月 九十錢
六箇月 一元七十錢
一箇年 三元四十錢
郵稅一部 新貨五厘
一[illegible] 十三錢

廣告料

四號活字十三字詰
每行每次一寸에新貨[illegible]
(每日連行에六錢에[illegible])
二個月에 二圓[illegible]
(每日每行四錢五里에)
一箇月에
(每日每行四錢一里에[illegible])
其期限의長短과字行의多少를依ᄒᆞ야增減ᄒᆞᆷ이有ᄒᆞᆷ

◉本社地方各處支店廣告

仁川栍峴開新冊肆 李東克
平壤南山峴日新學校 金興潤
崔叡恒
宣川邑橋西 安濬
義州南門外韓西大藥房 張有寬
長連邑 金龜
鎭南浦築洞 金仁집
咸興州南社 曹喜林
中和邑 李俊培
釜山佐川徐藥房 金灌黍

發行兼編輯人 英國人 裵說
發行所 京城北署壽進坊[illegible]洞外地[illegible]
大韓每日申報社

第四卷

大韓每日申報
대한매일신보

第二百七號

月曜及慶節歲時日休刊

檀君開國四千二百三十九年
箕子元年三千二十八年
大韓開國五百十五年
日本明治三十九年
淸國光緖三十二年
陰曆丙午四月小初八日乙巳

論說

韓國內通信事務

本記者의意思所到로는此國通信事務를不可認之以日本所有나然이나左記通告書를揭布하기에는尙有興味로다

吾人이此通知書를接독하기에心志가和平이라고不能謂之니對此郵便局하야吾人의悲歎이多有其端인고로如此紆曲文字를終日對독이라도不能自解其意로되

何如든지今此統監府의通告는向者에韓國人을放逐하고獲得한必要郵政을將欲善良處理하깃다는意志를表明함인듯하도다

本記者의識見이若非誤失이면韓國니에居留外人이日人所稱統監府에許多事端을成群呼訴할時日이不遠할지라若不至其然이면可訴之事ㅣ非不有之라惟其外人의經驗이日本官憲의게呼訴함은徒傷心性함을自度한緣由로다

須知分氏와쓰리를니氏와及其餘同類가既往에說明하되統監府를關係하는吾人의狀態는故意反對的이라하얏는지라如右兩人은俱以忠實之心으로日本雇主를仰望善事하거니와吾人도亦以信實之心으로至今在韓國하야如彼之人을欲以抵抗하노니吾人之成功을已期는斷無疑慮언마는此人이以不穩性質로巧謀者가되엿스니使此人移處하기에必費幾多光陰할거슬自知하노라今此統監府의通告를天降福音과如히舉示한方針을必取할거슨或可無疑니

伊藤侯側에서는今此之舉가日本郵便에將有令譽할慈忍之機로稱道할거시오須知分氏는新報上에卽速揭載될私札을美國友人의게傳致하리로다

郵便電信을日人이行政以來로吾輩의受苦가將至二年이러니今有此告하야控訴我心性이나甚有不信之意하니像想컨디統監府之發此書가其或弄我而已乎아本報之到達仁川이常要二日이오平壤以西에到着하기에一週를消費함이頻頻한은每人所知로다

何如턴지今此通告가出於實行之意인즐許容할지라此後로는誤傳郵物의一磅重量을每日携去할리니以余思之컨디韓國內郵務를處理하는人民이若出於日本之極精選擇이면日本行政에有誤를可解라如此蒙昧愚鈍之人을放流于世界면其或不多恥辱乎아

玆述數言하고愛독僉員의注意를希望하야其通告書全文을將次續陳하깃노라

官報

●號外　光武十年四月廿九日

◉宮廷錄事

詔曰處子單子京外定日今旣過限矣申申提飭亦不嘗截嚴而迄玆완게捧入者[人]星其於事體道理極爲慨然內部大臣姑先施以重譴責若又一向稽滯難免重勘其或掩匿之家長當別般論罪限五年禁婚矣以此知悉惕念舉行不日內一齊捧單事分付

四月二十八日

●三千四百四十號　光武十年四月卅日

◉宮廷錄事

詔曰淸國總領事官以下久駐本邦頗多勤勞總領事官吳其藻正領事官唐恩桐幷特敍勳三等各賜八卦章副領事官黎子祥特敍勳四等隨員沈明善書記官陳棨곤幷特敍勳五等各賜太極章

光武十年四月十九日

表勳院總裁臨時署理權重顯

詔曰軍部協辦陸軍參將勳三等李熙斗曾著教導士官之勞特陞敍勳二等賜八卦章宮內府協辦閔景植內部協辦李鳳來有歷試之勞陸軍參領閔泳璇有往年之勞幷特敍勳三等各賜太極章軍部軍務局長陸軍參將權泰益歷시有勞特敍勳三等賜八卦章營繕司長趙南升有可紀之勞特敍勳四等賜太極章

光武十年四月二十日

表勳院總裁臨時署理權重顯

시從院副卿玄學斗辭職疏

批旨省疏具悉所請依施

四月廿六日

◉敍任及辭令

敍任內部治道局長　內部地方局長崔錫敏○任內部治道局事務官　安州郡守劉猛　九品黃翼淵○任內部治道局技師　正三品金倫求　九品張[illegible]○任漢城師範學校教官　九品李沂　以上四月廿五日○依願免本官　秘書監丞洪承斗　齊陵參奉文周　厚陵參奉鄭臣永　敬陵參奉崔鼎燮　恭陵參奉林允相　順陵參奉鄭箕植　主殿院電務課主事朴彰來　仝裂東鉉○命시從院副卿　從二品金道濬○任秘書監丞　正三品申협○任齊陵參奉　九品洪德同○任厚陵參奉　九品趙鏞禹○任敬陵參奉　六品金瓚洙○恭陵參奉　九品洪淳參○任順陵參奉　九品趙觀熙　以上四月廿六日○任度支部繙譯官補　前教官洪鍾旭四月廿七日

外報

●新疆近狀　二十四日北京電을據한즉新疆來信에新疆省民中一半을占한回回教徒는擧皆俄國에化한淸國서도俄國을信賴하는디鳥魯木齊긱什긱爾科布多地方에는俄國領使가駐箚하며且二三個中隊의兵力을有하야淸國官吏는全然이俄國의홈으로其勢力이甚熾傀儡되가되얏다더라

●俄國의參議院　俄國會議及參議院이如左히成立되얏스니

一參議院議員의半數는精選하고半數는被選者로成立홈

一은議會召集은俄帝께서每年此를命하고停會와會期延長도亦然홈

一參議院及議會는同一의立法權과國務大臣에對하야質問權을有홈

一一切法律案은兩院에서可決된後에勅裁를經홈

一兩院中一院에서否決된法律은勅裁를經홈을不得홈

一兩院은議員選擧의無效를宣告하는權利가有홈

一議院參議員의任期는九介年이니每三年마다其三分一式改選하고其員數는如左하니젠스도부오合에서各一人止教務院에서六人專門學校及大學校代表者에서六人商工業代表者에서十二人貴族에서十八人波蘭土地所有者에서六人

一參議院議員은四十歲以上으로改定홈

一參議院議長及副議長勅選홈

一參議院議員은會期中에는二十五留를給홈

一國務大臣은參議院議員이되야贊否權을有하며

一兩院議員은會期中介入의神聖權을有홈故　參議원及議會의許諾업시捕縛됨이無하되但現行犯罪에其義務에關혼行爲는此限에不在홈

雜報

●鄙夫鄙夫 宮內大臣李載克氏의貪鄙行爲ᄂᆞᆫ世者通知어니와近日에又聞ᄒᆞᆫ즉 聖聽을欺蔽ᄒᆞ야所謂둑섬牌와잔지牌를闕內로招入ᄒᆞ야日夜로淫樂을開設ᄒᆞ기로周旋中이라니鄙夫ᄂᆞᆫ何可與事君哉니오韓國前途를爲ᄒᆞ야實로痛歎不已로다

●創造淺慮 現今日本人이韓國人을對ᄒᆞ야諸般虐待ᄂᆞᆫ日日見聞에極其駭然인바以役夫之事으로督擔物을郡守身上에勒加ᄒᆞᄂᆞᆫ者도有ᄒᆞ거니와昨日自龍山至鍾路電車에日人一名이搭乘ᄒᆞ고自龍山至南大門ᄒᆞᄂᆞᆫ車票만出給히고自南大門至鍾路ᄒᆞᄂᆞᆫ車標ᄂᆞᆫ無有라하고該掌車手의게索ᄒᆞᆷ을拒絶ᄒᆞᆯ뿐아니라反히掌車手를無數亂打ᄒᆞ야傷其手破其鼻ᄒᆞ니該掌車手가不勝憤菀ᄒᆞ야鍾路日憲兵派出所에告訴ᄒᆞ얏다ᄒᆞ니其懲治之如何ᄂᆞᆫ更俟確[illegible]論之ᄒᆞ깃노라

●誰敢僞通 殉忠建院所總務尹泰吉氏가十三道觀察府에公函ᄒᆞ얏스되仄聞自殉忠建院所로貴管下各郡義捐金請助事로派遣有事이온ᄃᆡ該通의以本人姓名으로首錄云ᄒᆞ니此未知出於誰手인지派遣也錄名也에皆本人之所不知者也라藉此莫重之事ᄒᆞ야有彼冒錄之擧ᄒᆞ니亦一變怪라不可尋常措處이오니幸須照亮後所謂該有司를刻即捉致ᄒᆞ야嚴査根因ᄒᆞ야亟施偽造之律ᄒᆞ고俾杜後日之弊ᄒᆞ라ᄒᆞ얏더라

●忠察虐政 忠北來人의傳說을聞ᄒᆞᆫ則該府觀察使尹喆圭氏가道路를修治ᄒᆞᆫ다ᄒᆞ고人民의田畓을勒令塡築ᄒᆞ며當此農務方殷ᄒᆞ야人夫를勒募役使ᄒᆞ니該地人民은既失其土ᄒᆞ고又廢其業ᄒᆞ야生活命脈이一朝斷絶ᄒᆞᆷ으로皆呼泣渙散이라ᄒᆞ니同氏ᄂᆞᆫ自來로居官行政이厚招怨방더니今於旬宣之職에不恤民情이至於此極ᄒᆞ니一般輿論이尤極痛歎不已라ᄒᆞ더라

●厤學奇才 淸州郡宮里居李某ᄂᆞᆫ數學에精通ᄒᆞᆫ人인지日昨郵便으로中樞院에獻議書를送致ᄒᆞ얏ᄂᆞᆫᄃᆡ其槪意인즉本年陰曆四月一日干支가非戊戌이오乃是丁酉인즉此意을 天陛에奏達ᄒᆞ야宗廟祀典에錯誤ᄒᆞᆷ이無케ᄒᆞ라ᄒᆞ얏더라

●李老云逝 前判書李裕承氏가沈痾로長逝ᄒᆞ니氏의恬雅ᄒᆞᆫ品行과耿介ᄒᆞᆫ志操ᄂᆞᆫ世皆稔知인바一朝에永眠ᄒᆞ니朝野傷석ᄒᆞ더라

●濟倅仁政 慶南淸道郡이密邇於京釜鐵道線路ᄒᆞ야該郡民의歷百塚墓를日本人이謂以鐵道界限니犯入ᄒᆞ고插標將掘ᄒᆞᆷ으로許多塚主가不勝憤冤ᄒᆞ야晝夜呼哭之際에新任郡守金聖其氏가此事狀을聞知ᄒᆞ고下車即時에該處所를躬加看審ᄒᆞᄂᆞᆫᄃᆡ適其時雨下路濘이라同氏가冒雨步行ᄒᆞ면셔幾十里地를面面看審後에日人의게善爲交涉ᄒᆞ야所立標木을即爲拔去ᄒᆞ고無事安定ᄒᆞᆫ지라其恩及幽明ᄒᆞᆫ德政을闔境人氏이擧皆感頌ᄒᆞ야萬口成碑ᄒᆞ니同氏가妙年初手로能히存心仁物ᄒᆞᄂᆞᆫ政績이如是卓然인즉他日發庸ᄒᆞ야羽儀朝端ᄒᆞᆯ진ᄃᆡ不負其職ᄒᆞ며福利蒼生ᄒᆞᆷ을庶幾可望이라고南來人의確稱가有ᄒᆞ기로隔閭揭佈ᄒᆞ로라

●仁港校況 日前에本社員金興淵氏가仁港을涉ᄒᆞ다가該港에셔設學의壯觀을如左히寄送ᄒᆞ얏스니 監理徐丙珪氏와紳商會社魚商米商諸會社와港니有志紳士들이教育主意로義捐을募集ᄒᆞ야一學校를設立ᄒᆞᄂᆞᆫᄃᆡ現已募集金이七八千元에達ᄒᆞ얏고將次幾萬巨額의所入이라도悉力擔當ᄒᆞ야期於完全成立ᄒᆞ야學業을興旺케ᄒᆞ기로爛商決議ᄒᆞ얏ᄂᆞᆫᄃᆡ諸氏의運動을觀ᄒᆞ니果是大韓諸學校中最大의期望이有ᄒᆞ더라

●貪倅又任 내大李址鎔氏와俞鎭瓚氏가본ᄃᆡ花鬪親友로情意頗密ᄒᆞ야善山郡守를叙任ᄒᆞ얏더니同氏가莅任ᄒᆞᆫ지不過幾朔에不法行政을ᄒᆞ다가民擾를遭ᄒᆞ고逃躱上京ᄒᆞᆫ後의李內大가俞氏를다시康津郡守로奏本코져ᄒᆞᆫ다니내大ᄂᆞᆫ무ᄉᆞᆷ禍心인지如此ᄒᆞᆫ貪虐人으로字牧之任을更圖코져ᄒᆞ니康津百姓은必死於李내大之手라고本社에來言人이有ᄒᆞ기로姑爲記載로라

●閔事正誤 度支大臣閔泳綺氏가閔泳喆氏의同居ᄒᆞ던平壤妓生을作妾이라ᄒᆞᆷ은虛無孟浪之說이라고某某新聞에正誤가有ᄒᆞ거니와同氏ᄂᆞᆫ如此無狀之行爲가有ᄒᆞᆷ은殆不近理인ᄃᆡ必是誤聞이기로玆에正誤ᄒᆞᆷ

●律社益盛 來五月一日봇터協律社에셔項莊舞를연戲ᄒᆞᆫ다ᄂᆞᆫᄃᆡ一依鴻門宴當日光景ᄒᆞ야諸般節次가十分宏壯이라ᄒᆞ니該社革罷ᄒᆞᆫ意로 皇天子勅旨已下이거날政府諸臣이無意對揚ᄒᆞ고外人의節制를畏忌ᄒᆞ야所謂연戲가一層加甚ᄒᆞ니此可曰國有法綱일지韓之時事가實可寒心이라고街說이紛紜ᄒᆞ다더라

●摠巡行悖 再昨日普成學校學徒等이春期運動會를東門外永道寺에셔設行ᄒᆞ얏ᄂᆞᆫᄃᆡ適其時中署摠巡崔應氏가緣何出往이든지對其學徒ᄒᆞ야爭詰을惹起라가崔摠巡이奔倒衆人之食卓ᄒᆞ니諸學徒가一層忿激ᄒᆞ야亂杖毆打에至ᄒᆞ다가被逐入來ᄒᆞ얏ᄂᆞᆫᄃᆡ該學校에셔警廳에請願ᄒᆞ야此等警官의悖行은禁止케ᄒᆞ리라ᄒᆞᆫ다더라

●矯稱奉旨 宮내大臣李載克氏가平理院在囚全州郡守權直相氏를姑令赴任看役事로上奏可ᄒᆞ야法部로照會放送케ᄒᆞ얏다ᄂᆞᆫ事ᄂᆞᆫ屢揭前報어니와該事件을李宮大가一遂上奏ᄒᆞ면셔處分을不待ᄒᆞ고一滯以奉旨依奏樣으로照會法部ᄒᆞᆫ지라畢竟에不可依奏로處分이下ᄒᆞ심의李宮大가勢不得已法部에行照ᄒᆞᆫ公文을繳還ᄒᆞᆫ故로法部에셔도平理院으로發送ᄒᆞᆫ訓令을亦爲繳還ᄒᆞ야權郡守의赴任事가勿施되얏다ᄒᆞ니李宮大의詐稱奉旨而行文ᄒᆞᆫ罪ᄂᆞᆫ不可無警이라ᄒᆞ더라

●無變不有 鬱島郡守沈興澤氏가내部에報告ᄒᆞ되日本官員一行이來到本郡ᄒᆞ야本郡所在獨島ᄂᆞᆫ日本屬地라自稱ᄒᆞ고地界濶狹과戶口結摠을一一錄去ᄒᆞ얏다ᄒᆞ얏ᄂᆞᆫᄃᆡ내部에셔指令ᄒᆞ기를遊覽道次에地界戶口之錄去ᄂᆞᆫ容或無怪어니와獨島之稱云日本屬地ᄂᆞᆫ必無其理니今此所報가甚涉訝然이라ᄒᆞ얏더라

●醉兵打倅 南陽郡守方漢德시가龍山等地에因事出往ᄒᆞᄂᆞᆫᄃᆡ電車를同乘ᄒᆞᆫ日本醉兵의게毆打를被ᄒᆞ야大段受傷ᄒᆞ얏스니則此等醉兵의行悖ᄂᆞᆫ必有大懲創이라ᄒᆞ더라

●分石請願 北署桂洞前主簿申鶴均氏等이閔忠正丕忠正송文忠洪忠貞四公의忠節을欽慕ᄒᆞ야碑院을創建ᄒᆞᆯ次로石材를東署二牌孫家庄川邊에셔採取ᄒᆞᄂᆞᆫᄃᆡ警務廳에셔採石認可狀을還收ᄒᆞ야石役이중止되얏슨즉本部로셔特爲認許ᄒᆞ야使此重大工役으로不日竣功ᄒᆞ라고農部에請願ᄒᆞ얏다더라

●教主紀念 四月廿八日은天道教主崔濟愚씨의受道ᄒᆞ던紀念日이라各道教徒數千名이該總部에會집ᄒᆞ야致誠ᄒᆞ얏더라

東京電報

●義親王御參內 四月二十八日午后四時發 義親王殿下씌셔本日午前十一時에參內ᄒᆞᄉᆞ伊藤統監은殿下를出仰ᄒᆞ야鳳凰之間에셔日本天皇陛下씌桐之間에셔皇后陛下씌御對顔ᄒᆞ시고正午에東伏見宮[illegible]親王과梨本宮守正王兩殿下를召ᄒᆞ야御會食이有ᄒᆞ얏ᄂᆞᆫᄃᆡ同時에義親王殿下隨員一同과伊藤統監과德大寺內大臣과田中宮내大臣과牧野外相代理와岡澤侍從武官長以下가御陪食을ᄒᆞ얏다더라

●義親王賜勳 上仝 義親王殿下씌셔昨日桐花大綬章을兩將李根澤의게瑞寶章을以下諸人의게叙勳이되얏더라

●[illegible]御訪問 上仝 義親王殿下씌셔ᄂᆞᆫ午后二時에日本東宮殿下를御訪問ᄒᆞ셧고東宮殿下ᄂᆞᆫ三時에義親王殿下를御訪問ᄒᆞ셧더라

●桑港災害義金 四月二十九日午后五時卅分發 桑港震災救恤金募集額은既히十七萬圓에達ᄒᆞ얏ᄂᆞᆫᄃᆡ不日五十萬圓을募集ᄒᆞᆯ豫定이라더라

●伊藤統監연說 上仝 伊藤統監은本日(二十九日)地方官會議에셔訓示연說을ᄒᆞ얏더라

●大藏大臣연說 上仝 本日(二十九日)地方長官會議에셔大藏大臣은戰爭中公債募集에盡力ᄒᆞᆫ勞를謝ᄒᆞ고尙且滿韓의利源發達ᄒᆞᆯ事와其他訓示를ᄒᆞ얏더라

雜報

●廣學總會　昨日下午二時에廣學社總會를安峴醫學校에셔開設하얏는ᄃᆡ社員이一同會集ᄒᆞ야教科書를編輯印行ᄒᆞᆯ主旨로演說ᄒᆞ고社長은金宗漢氏로副社長은尹致昊氏로投票選定ᄒᆞ고贊務員은十人으로定ᄒᆞ얏는ᄃᆡ閔泳徽南廷哲閔泳綺黃耆淵李根호諸氏로評議員은十五人인ᄃᆡ林炳恒池錫永李相설張志淵玄은諸氏요掌務는南章熙氏가被選이되얏더라

●反不如外人　本社通信員의所報를據ᄒᆞᆫ즉全北益山等地幾郡人民이各其郡行用ᄒᆞᄂᆞᆫ貨幣를依ᄒᆞ야所納結錢을特以白貨許施ᄒᆞᆯ事로度支部에呼訴ᄒᆞᆷ이于今幾朔인바該部公議가皆以依民願許施로爲言ᄒᆞ며顧問官셔지라도民情을顧念ᄒᆞ며公議를樂從ᄒᆞ야無所異論이되ᄃᆡ惟獨該大臣이推托延拖ᄒᆞ고趑不決給ᄒᆞ야狀民等의曠留生費ᄂᆞᆫ姑舍ᄒᆞ고各該邑稅納이因此愆滯ᄒᆞ야行將生梗乃已라ᄒᆞ니該大臣의前後行動이利國便民ᄒᆞᆷ은一毫도未見ᄒᆞ고公議를違拂ᄒᆞ며訴牒을淹留하야民情願恤을反不如外人인즉其主意所在를實로測度키不能ᄒᆞᆫ지라畢竟該事件의結果를待ᄒᆞ야後報에續論ᄒᆞ깃노라

●自强會況　去廿八日土曜下午二時에大韓自强會員이典洞立憲都家로開會ᄒᆞ고會長尹致昊氏以下諸員이會同ᄒᆞ야該會規則을會中에公布ᄒᆞ고評議長尹孝定氏와顧問大垣丈夫氏가自强會에趣旨와特性으로演說ᄒᆞ고鄭雲復氏ᄂᆞᆫ教育問題로演說ᄒᆞ고張志淵氏ᄂᆞᆫ殖産問題로演說ᄒᆞ고任員을加選ᄒᆞ얏ᄂᆞᆫᄃᆡ評議員은柳瑾玄은太明軾呂炳

◉◉遭難同胞至急救◉◉
◉◉慰金募集大廣告◉◉

至迫至急하고可驚可악ᄒᆞᆫ我大韓同胞中美國桑港市等地에寄寓하ᄂᆞᆫ千餘名에兄弟姉미가今番桑市ᄃᆡ火災의遭難棲惶ᄒᆞᄂᆞᆫ情狀을思惟ᄒᆞᆫ건ᄃᆡ幾人은死亡의濱ᄒᆞ얏스며幾人은損害를遭허엿ᄂᆞᆫ지晝夜神驚ᄒᆞᆷ을不禁ᄒᆞᆯ지라玆의全國內有志同포의게警告허오니隨事力補助허시와海外孤蹤이로患難의罹ᄒᆞᆫ同胞를慰藉케허심을深望ᄒᆞᆷ

但收金日限은四週間으로定ᄒᆞᆷ

收金所
大韓每日申報社　會計室

在桑港遭難同胞의救助金募集次로請연員은前主事薛泰熙氏로定ᄒᆞ얏습

鉉金明濬五氏요幹事員은崔庠集李輔相尹貞求李憙洙鄭鎬寬諸氏더라

●青會開연　今日下오八点鍾에皇城基督教青年會에셔日本中尉村田氏가基督教生活이란問題로연說ᄒᆞᆫ다더라

崔永年李斗淵兩氏가本社에寄函이如左ᄒᆞ니

敬啓者生等이人雖鹵劣이나義在포북ᄒᆞ야向以日本東北飢饉義恤之目的으로已爲發起어니와繼聞桑港震災에多數同胞之遭難이又是千萬料外之酷慘이라就中我韓兄弟之大國罹禍에言念情狀이如在目睹ᄒᆞ니皇天不吊라胡事忍斯오自貴社로特창義擧ᄒᆞ야募集恤金ᄒᆞ니孰不欽慕며誰不同情이리오謹以紙鈔肆元忘略表忱ᄒᆞ니照亮查收仰要라ᄒᆞ얏더라

參奉　禹龍澤　二元
博士　安秉瓚　二元
士人　呂宗龍　二元
侍講　姜遠馨　二元
士人　申尙徽　二元
士人　崔봉韶　二元
技師　崔基鶴　二元
士人　庾聖圭　二元
令　李龍館　二元
士人　金台奎　二元

主事　全容德　主事　呂昌奎
委員　金濬龍　以上二元
薛泰熙　告白

廣告

◉瑞川維新學校연助金

主事　金政敏　銅貨四十元
士人　徐文淳　二十元
參判　李峻奎　二十元
鎭南郡守　朴逸憲　二十元
郡守　金河瑢　二十元
士人　徐丙稷　二十元
祭書官　方承憲　十元
士人　金興淵　十元
主事　金淑鉉　五元
主事　金容默　五元
主事　金河담　四元
承旨　李基榮　四元
士人　洪哲濬　四元
主事　李鍾益　四元
主事　徐禎學　四元
士人　金義龍　四元
士人　金道心　四元
參奉　安　墳　四元
士人　金鉉默　四元
士人　李種鎬　四元

全北礪山郡私立松村義塾贊成金如左

校長礪山郡守朴恒來氏三十元
副校長領事尹敬重氏一百元
通政　李碩龍氏十元
前主事　李正鎬氏二十元
前參奉　金煥濟氏二十元
前主事　金文煥氏十元
徐基文氏二十元
李淵夏氏十元
江景浦大韓日報社員佐藤否洋氏一年度新聞
徐丙斗氏十元
金泰鉉氏五元
송문植氏五元
金潤鉉氏三元
李鳳儀氏八元

◉學員增募廣告◉

本塾에셔一年級學員을募集ᄒᆞᆫ바又來陽曆五月十四日ᄭᆞ지追入學員을增募ᄒᆞ니願入學員은本숙에來議ᄒᆞ시옴

光武十年四月三十日
西署工曹後洞英語學校後洞
私立養正義숙

私立松村義塾學員募集廣告

本人이全北礪山郡松村鄕第에義숙을設立ᄒᆞ고陰三月三十日에業已開學인바學員을募集ᄒᆞ오니有志僉員은來臨을爲望ᄒᆞᆷ

科程
漢文　經濟　英語　商業
日語　讀本　算術　理科
地誌　體操　歷史

主務　尹敬重　告白

●特別廣告

四月三十日(月曜日)爲始하야東門內韓美電氣會社에셔夏期活動寫眞을玩賞하ᄂᆞᆫᄃᆡ夏期間雨日을除하고每日下午八點븟터二時동안을設行하ᄂᆞᆫᄃᆡ남마다各種으로ᄒᆞᆯ터이오니照亮來臨하시옴

但외賞金은每人韓貨十錢으로定하되該錢代에左開ᄒᆞᆫ英美烟草會社에셔製造ᄒᆞᆫ卷烟空匣으로領受ᄒᆞᆷ

Old Gold.	올드골ㄷ	十匣
Hero.	히로	十匣
Hall.	할노	十匣
Hones	호늬	十匣
Sweetheart.	스위헛드	十匣
Drumhead.	드람헤드	廿匣
Goldfish.	골드피쉬	廿匣

韓美電氣會社　告白

本號新開專做男女各色洋服而由上海運來各種細이毛융及一切衣飾屬品件件精全伏望貴十女迅即來購爲幸

西小門內榮泰男女洋服商號

花春丹은　霍亂　吐瀉　腹痛滯症　暑癘　정신　神乾　鬱　痰盛　醒酒船暈　咳嗽口味업ᄂᆞᆫ諸症의神效ᄒᆞᆫ藥이오此外에도洋灰水解毒藥　唐창瘧氣　蛔虫　寸虫　赤白癩風藥과東西洋藥이俱備ᄒᆞ고他病도隨問出方ᄒᆞ오니　僉位ᄂᆞᆫ枉議ᄒᆞ시옵

皇城校洞石井洞下隅
石泉堂藥局　告白

◎第二期學員募集廣告◎

本塾에셔法學科學員을新募ᄒᆞ오니願學人은本塾에來ᄒᆞ야請願應試ᄒᆞᆯ事

學科及規則은本숙에來問ᄒᆞᆯ事

試驗科目
國漢文　讀書　作文

試驗日字
陽四月二十九日 陰四月初六日

光武十年四月十六日
西署英語學校后洞
私立養正義塾

●刑法大全　一帙定價金新貨六十錢

牧民心書　一帙　一圜二十五錢
耳談續纂　一冊　十錢五厘
溫故知新堂叢鈔　七錢五厘
父師必讀小學指南　七錢五里
人工養蠶鑑　一冊　十五錢
萬國地誌　三冊　一圜
農政新書　五十錢
法學通論　一圜
尺牘完編　一圜五十錢
大韓地誌　七十五錢

發賣所
布屛門下金相萬書舖
大韓每日申報社

特別社告

非史乘이면政治之美惡와人物之臧否와風俗之汚隆을無以攷論인즉史乘者는非一時之공覽이라乃萬世之公案이오非自國之所可得以私也라即宇內列邦에宜所公佈키로最著美人訖法氏之撰大東紀年이意固有在而然也라本記者ㅣ不揆僭越하고於韓之史事에留心者ㅣ久矣로되在幾百年之後하야要論幾百年之事가任大力綿에恐有失實之歎뿐더러鎖國自守之時代에는民國間諸般事爲가不過是尋常典故라不足以供世界列邦之眼目키로斷自丙子以後各國交涉時事하야要爲編成一書하야公諸列邦하니四方有志諸君子는諒此苦心하야丙子以後政令訓誥之所記와各國交涉之如何와臣民疏章與功罪之表著와中外俗習之沿革과忠臣義士孝子烈女之行蹟을各隨所聞所見而詳錄投示하야俾此重役으로得以完成을千萬幸甚

大韓每日申報社

○○○○○○○○○○○○○○○○

本申報를廣佈ᄒᆞ기爲하야咸鏡南道咸興州南社西門外居하ᄂᆞᆫ曹喜林氏에게經售하시ᄂᆞᆫ 僉君子ᄂᆞᆫ同氏에게購覽하시며代金도同氏에게傳致ᄒᆞ심을爲要

大韓每日申報社

○○○○○○○○○○○○○○○○

●九轉靈砂라 本人이妙方法을精備하야製造ᄒᆞᆫ靈丹인ᄃᆡ男女老少에無論何症ᄒᆞ고通治ᄒᆞ오며無病時에도服ᄒᆞ면平生의身體가健康ᄒᆞ며小兒ᄂᆞᆫ四五錢重만服ᄒᆞ면十歲안에無病ᄒᆞ기를擔保ᄒᆞ오며

●九轉靈砂萬靈丹은癲狂 痼症과中風諸痰과耳目諸病과淋疾에神効ᄒᆞ오

●九轉靈砂保命丹은初生小兒 驚風 癎氣 咳嗽 腹痛諸般惡疾과婦人帶下症에神効ᄒᆞ오

●九轉靈砂濟衆丹은酒滯 食滯 血積 吐瀉 霍亂 痢疾 吐血 下血 運氣 時疾 痲疹에神効ᄒᆞ오

●九轉靈砂紫金丹은痔漏 黑瘡 上[illegible] 下疳瘡及唐瘡과劑救諸瘡[illegible]에無不神效ᄒᆞ오니 僉君子ᄂᆞᆫ來問ᄒᆞ시오

南署[illegible]前[illegible]이골上隣第一家 李[illegible]廷 告白

一 [illegible]標甜濃貼牛乳
一 [illegible]印甜貼濃結牛乳
一 [illegible]家用氣化乳酪
一 [illegible]ㅣ른씨製造麥芽化合牛乳

以上은常時에貯積ᄒᆞ얏슴
美國紐育港 ᄡᅦᆯ른씨 濃結牛乳會社

一手代理店

大韓仁川港

[illegible] 洋行

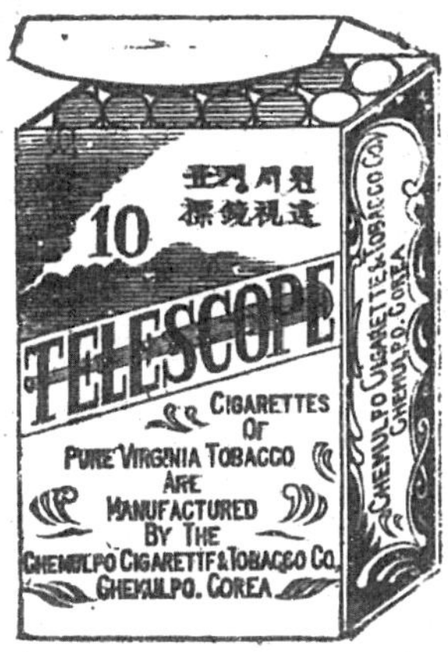

以上三種은上品으로製造ᄒᆞ야輸出ᄒᆞ야上에至極ᄒᆞᆫ商品이오니購覽ᄒᆞ실이ᄂᆞᆫ本社에來願ᄒᆞᆷ

大韓帝國仁川港

[illegible]物[illegible]紙卷煙及煙草會社

本社廣告

申報價

一張代金 新貨二錢五里
一個月前納 三十錢
三個月 九十錢
六個月 一元七十錢
一個年 三元四十錢
郵稅一朔 新貨五里
一個年 十三錢

廣告料

四號活字十三字詰
每日每英尺一寸에新貨廿[illegible]
(每日每行에六錢에ᄒᆞ[illegible])
二週日에 二[illegible]
(每日每行에五里에相當홈)
一個月에 [illegible]
(每日每行에一里에相當홈)
其期限의長短과字行의多少를依ᄒᆞ야增減홈이有홈

◉本社地方各處支店廣告

仁川杻峴開新冊肆 李東主
平壤南山峴日新學校 金興淵
宣川邑橋西 崔叡恒
義州南門外韓西大藥房張有寬 安濬
長連邑 金[illegible]
鎭南浦築洞 金仁집
咸興州南社 曹喜林
中和邑 李俊培
釜山佐川徐藥房 金瀧[illegible]

發行兼編輯人 英國人裵說
發行所 京城北署[illegible]坊[illegible]洞寺外[illegible]
大韓每日申報社

西曆一千九百六年五月二日 (一)
水曜日
光武九年八月二十八日 明治卅八年八月十一日 第三種郵便物認可

第四卷

大韓每日申報
대한ᄆᆡ일신보

第二百八[illegible]號

月曜及慶節
歲時日休刊

檀君開國四千二百三十九年
箕子元年三千二十八年
大韓開國五百十五年
日本明治三十九年
淸國光緖三十二年
陰曆丙午四月小初九日丙午

論說

統監

日昨本報에韓國通信事務를略述하얏스니統監府가取此通信하기에權限及範圍를伸張홈은吾人之意定이어니와此郵便及電信이韓國管理之下에셔는有效矣요日本管理之下에셔는無效홈은不特說明矣로다且有二三十人礦學者하야自日本渡來이나日本은尙未解礦務하느니此人所營은只爲俸給而已요其外一派는農務任員이니以余觀之컨ᄃᆡ此必日本飢饉地方에雇傭者로다

伊藤侯의旣往說明이日本의對韓政策은博愛寬仁之一이라하얏스니寬仁之始를第觀홀지라迄今所事가日本의愚鈍官僚數百人을載來홈에不過하니此는韓國經用을日人에게浪費홈이로다

漢城每週報는本人所意에日本機關이어날前週發刊에는本報와同一意見을陳述홀지라若伊藤侯가韓國人民의信依를欲홀진ᄃᆡ此人民의安寧獨立을向意라도하는證擧를著不홀거시어날以至今日토록一無此擧로다

伊藤侯가高貴혼意見이充滿혼言辭를多述故로世界가聞득而讚頌하야實情을不知하는人民은擅任統監을欲爲尊敬이되韓國人民은知之故로每聽其演說에惜嫌이漸長이로다

伊藤侯가今到日本矣라必復多述演說이나本記者의指明하는거슨同侯가韓國利益을爲하야는一無所擧홈이로다

官報

彙報

●度支部分課規程 續

第廿條 工業課에셔는左開事務를掌홈이라

一 印刷及雕刻圖繪에關혼事項

二 刷肉及印油製造에關혼事項

三 電氣整版及寫眞術에關혼事項

第廿一條 調度課에셔는左開事務를掌홈이라

一 局內經費의預筭決筭及報告에關혼事項

二 局內現金出納과製造品代價徵收에關혼事項

三 局內家屋及機械의營造修理에關혼事項

四 局內需用物品購入及製造品發賣에關혼事項

五 局內公文書類接受發送及編纂保存에關혼事項

六 他課에屬지아니혼局內庶務에關혼事項

附則

第廿二條 本規程은頒布日노붓터施行홈이라

光武九年四月十三日度支部分課規程은廢止홈이라 完

●勅令

勅令第廿號

度支部官制改正件

本年三月廿一日勅令第十一號度支部官制第十三條次에(但財政整理의必要로地方에出張홀境遇에는定員外에若干人을級外로臨時增寘홈을得홈이라)四十字를添入홈이라

光武十年四月二十五日

御押 御璽 奉 勅

議政府參政大臣勳二等朴齊純

度支部大臣勳一等閔泳綺

勅令第廿一號

水道局官制

第一條 水道局은度支部大臣의管理에屬하야水道를布設하고인民需要에應하야給水를擔任하며水料徵取홈을爲하야臨時設寘홈이라

第二條 水道局에左開職員을寘홈이라

局長 一인

事務官 一인 技師 一인

書記 事務의煩簡을隨하야度支部대臣이臨時增減홈이라

技手 事務의煩簡을隨하야度支部대臣이隨時增減홈이라

第三條 局長은度支部司稅局長으로兼任하니度지部대臣의指揮監督을承하야局務를掌理하며所屬官吏를指揮監督홈이라

第四條 事務官은奏任이니局長의指揮를承하야局中事務를分掌홈이라

第五條 技師는奏任이니上官의指揮를承하야工事技術에關혼事務를掌홈이라

第六條 書記는判任이니上官의可를承하야庶務에從事홈이라

第七條 技手는判任이니上官의命을承하야技術에從事홈이라

第八條 水道工事所에所長一人을寘하니事務官으로充홈이라

第九條 水道工事所長은水道局長의指揮를承하야所務를掌理하며所屬官吏를監督홈이라

第十條 水道工事所에技師技手를分屬하야所長의指揮를承하야事務를分掌케홈이라

第十一條 水道工事所의名稱位置와管轄區域은度지部大臣이定홈이라

附則

第十二條 本令은頒布日노붓터施行홈이라

光武十年四月二十五日

御押 御璽 奉 勅

議政府參政大臣勳二等朴齊純

度지部大臣勳一等閔泳綺

內部大臣勳一等李址鎔

農商工部大臣勳一等權重顯

外報

●布哇菲律賓武備 米國國會는武器製造費와要塞築造費의總額四百三十八萬四 弗支出에關혼豫筭案을採擇ᄒᆞ얏는ᄃᆡ其內에六十萬弗은布哇島와菲律賓島의武備에充當ᄒᆞ라더라

●滿洲開放反對 東京電을據혼즉淸國外務는內田公使를對ᄒᆞ야奉天安東縣大東溝의開放에反對ᄒᆞ는旨를聲明ᄒᆞ얏더라

●武官의外交奬勵 北京電을據혼즉淸國兵部에셔高等武官이外交에暗昧홈이時務에不適하야最近六十年間의支나外交史를編纂ᄒᆞ야武官課程에入하기로ᄒᆞ얏더라

●官兵敗北 同電을據혼즉淸國官兵이四川省霸州府의反徒에게敗北혼故로總督이援兵을出ᄒᆞ얏다는急報가有ᄒᆞ더라

●農務省新設 俄國政府에셔農務衙門을新設ᄒᆞ고貯財局長미로루스키氏로大臣을任命ᄒᆞ얏더라

●日皇賜宴 東京電을據혼즉日皇께셔五月四日頃에觀兵式에參與혼各師團長에게賜宴ᄒᆞ신다더라

詞林

謹寄自强會長尹致昊氏

蜜啞子

擧世紛紛耳食人一箇는無自消神開口便談龍肉好何曾染指味甘辛

評曰甘辛之味蜜啞子嘗自知之

雜報

●再論鄙夫行爲 昨報에揭載ᄒᆞᆫ鄙夫鄙夫라ᄂᆞᆫ大官의行爲에對ᄒᆞ야公言이沸騰ᄒᆞᆫ지라夫所謂大官者ᄂᆞᆫ進思盡忠ᄒᆞ며退思補過ᄒᆞ야忠言嘉謨로啓沃宸衷ᄒᆞ야以爲出治之本原이是其職也어ᄂᆞᆯ
暱彼大官은以何陰慝之計로欲其蠱惑 上心ᄒᆞ며貽累 聖德ᄒᆞ야妓女의習儀를奏請ᄒᆞ며俳優의娛戲를排設코져ᄒᆞ니
韓皇陛下의憂動惕厲ᄒᆞ시ᄂᆞᆫ聖念으로此를不許ᄒᆞ셧스나彼大官의行爲ᄂᆞᆫ決不可容恕로다蓋自朝至仄에不遑暇食은周文王之所以興也요玉樹後庭으로日夜爲樂은陳後主之所以亡也니彼不以周文王之盛德으로啓告於 上而乃欲以陳後主之耽樂으로引而導之ᄒᆞ니其擁蔽天日ᄒᆞ고貽禍民國之手段은三尺童子가亦皆洞知而憤罵者라噫라國家運否ᄒᆞ야群奸이盈朝ᄒᆞᆫ디
況於皇族中에有兩箇大官者가專히賣官爵ᄒᆞ야濁亂國政ᄒᆞ며依附外人ᄒᆞ야無視主權ᄒᆞ니如此而欲其國家之幸存인들何可得乎아嗚呼라
太祖皇帝洋洋在天之靈이此等不肖者의行爲를降鑑ᄒᆞ시면必有嗚咽悲泣於冥冥之中ᄒᆞ시리니豈不痛哉며豈不痛哉아

●特赦虛言 伊藤統監이歸國次로 陛見時에日本에在ᄒᆞᆫ國事犯中朴泳孝李圭鎔氏等東犯은就審前에ᄂᆞᆫ不可遽放이라고處分ᄒᆞ신事ᄂᆞᆫ已爲揭載ᄒᆞ얏거니와誰某의挾私인지日本에前往人이李圭鎔氏를特赦ᄒᆞ얏다ᄒᆞᆫ지라伊藤侯가大內로電報ᄒᆞ기를五月廿日에緬程渡韓ᄒᆞᆯ터인데特赦ᄒᆞ옵신李圭鎔과件行ᄒᆞᆫ다ᄒᆞᆫ지라 皇上陛下씌옵셔虛無事를震怒ᄒᆞ심의宮內府顧問加藤氏가該事由를回電于東京ᄒᆞ얏더니伊藤侯가更電ᄒᆞ기를 皇上勅意가如是則李圭鎔은不可件還이라ᄒᆞ얏더라

●慶北美績 達察申泰休氏ᄂᆞᆫ當地裁判所官房을依式修理ᄒᆞ되罪人答贖金으로取用ᄒᆞ고零額은法部에上送ᄒᆞ며本道人民의代議權을特許ᄒᆞ야外人과本國官吏의壓制侵侮가無ᄒᆞ게ᄒᆞ니盖此民議扶植이明於治體라ᄒᆞ더라

●孝烈雙旌 江原道春川郡士人洪在文氏ᄂᆞᆫ李華西金重菴兩先生의門弟로學業이超等ᄒᆞ고孝行이出天ᄒᆞ야一鄕人士가無不欽仰慕頌ᄒᆞ더니不幸夭逝라其夫人李氏가亦有孝行貞烈之節ᄒᆞ야殉於其夫ᄒᆞᆫ故로一郡儒林이一齊發通ᄒᆞ고褒揚ᄒᆞ기로府郡과掌禮院에請願ᄒᆞᆫ지가有年矣러니今聞掌禮院에셔孝烈立旌ᄒᆞ기로ᄒᆞᆫ다니可謂儒林의慶幸이라ᄒᆞ더라

●賣地善手 本社通信員의所報를據ᄒᆞᆫ즉東萊監理李懋榮氏가該港前洋絕影島地面을廣占立標ᄒᆞ고標木에大書ᄒᆞ기로李氏基址라ᄒᆞ얏스니該島ᄂᆞᆫ國家封山이라莫重封山을私自立標占有ᄒᆞᆫ거시大違法例ᄲᅮᆫ더러該地面을來頭日人處에賣渡ᄒᆞᆯ계劃인듯ᄒᆞ며且今京釜鐵道草梁停車場으로븟터該港居留地ᄭᆞ지鐵道線을敷設ᄒᆞᄂᆞᆫ디其海邊地面은元來洞有地인바李監理가幾千元을受ᄒᆞ고暗賣於該鐵道會社ᄒᆞ얏ᄂᆞᆫ지稱以該洞補償ᄒᆞ고同地段價로金三百元을洞民에게出給ᄒᆞ나洞民等이嫌其數少ᄒᆞ야不肯順受ᄒᆞ며呼訴가逐日遝至키로不能强制ᄒᆞ고至今相持ᄒᆞᆫ즉該港十餘里地面은畢竟李監理가次第賣食ᄒᆞ리라고民言이多多ᄒᆞ다더라

●日奬無窮 釜港居民의來書를據ᄒᆞᆫ즉釜山地方에居留ᄒᆞᄂᆞᆫ日人이農工商業은全然不顧ᄒᆞ고但히藉力挾雜ᄒᆞ고欺人騙財ᄒᆞ야毆打勒徵으로爲其生活方針이라
竹井善明爲名人은幾十貫物種으로設店ᄒᆞ고賣買之際에村民을接待ᄒᆞ면猝然히某物을見失이라ᄒᆞ고打頰或足踢라가畢竟에數十貫或數百金을徵出之事가種種有之ᄒᆞ고
伊藤辰次ᄂᆞᆫ暗結浮浪之輩ᄒᆞ야誘人賣物에初以廉價로放賣ᄒᆞ고從其後更來ᄒᆞ야叱曰渠物奪去之盜賊이라ᄒᆞ고無數亂打ᄒᆞ야一洞居崔君完이가此禍를被ᄒᆞ야勢不得已로蕩盡家産ᄒᆞ야韓貨八十兩으로僅僅了勘後에得放ᄒᆞ고
又此日人이渠女를置之房中ᄒᆞ고渠則詐避隱身이라가此際韓人卞仲和가細音條推尋次로往訪于該日人家則渠女가要其入房相計故로依其言入房ᄒᆞ야暫時間同坐問答이러니該日人이突然入來에怒氣가騰騰ᄒᆞ야稱云與渠女로白晝奸淫이라ᄒᆞ고椎擊足踢에亂打不止타가罰金五百兩을勒徵ᄒᆞ니
同卞哥가勢不堪當이라百金은卽給ᄒᆞ고餘錢은成標以給ᄒᆞᆫ後方能逃生ᄒᆞ얏스니世界人種에豈有如此蠻行乎아許多弊習을一口難說이니哀我全國同胞가舉皆此患을酷被ᄒᆞ야生活無地ᄒᆞ리니奈何奈何오ᄒᆞ얏더라

●萬倅報告 萬頃郡守李健宇氏가學部에報告ᄒᆞ되本郡居前侍御郭址昶士人鄭冀溶兩人이各出資金ᄒᆞ야私立學校를刱設ᄒᆞ고教師ᄂᆞᆫ多年教育上에經驗이有ᄒᆞᆫ日本人補內文四郞를雇聘ᄒᆞ야青年子弟를收集ᄒᆞ야日語專門及普通의兩課로熱心教授가已有年所이온바本郡人士가漸趨於開明之域ᄒᆞ야志願入學者逐日增加이오나但是經用甚艱ᄒᆞ야校務를永遠維持키不能ᄒᆞ오미見今學政實施之日에使此既設之學校로將至衰廢之境이不深可惜者乎잇가若使及今整理ᄒᆞ와因其勢而利導之면當得事半功倍之效果이옵기玆以舉實報告ᄒᆞ오니照亮ᄒᆞ시와特下劃獎ᄒᆞ라ᄒᆞ얏다더라

●私第設校 平壤城內居前令鮮于셕氏가人才를成就ᄒᆞᆷ에有志ᄒᆞ야自巳第宅에漢文日語算術三課學校를設立ᄒᆞ고校中經費ᄂᆞᆫ自家가擔當ᄒᆞ면서學徒를募集ᄒᆞ얏ᄂᆞᆫ디該教師金恒鍵氏ᄂᆞᆫ學文上名譽가素著ᄒᆞᆫ人으로熱心教育ᄒᆞᆫ다더라

●聯合大運動 학部에셔官公私立各학校學徒의聯合大運動을設行ᄒᆞᆯ次로其日子를來九日水曜日로定ᄒᆞ얏ᄂᆞᆫ디雖外方私立학校라도趁期上來者면一體入場ᄒᆞᆫ다더라

●官砲被殺 忠州無極市等地에셔所謂義兵者四十餘名의게忠府官砲二名이被刺致命ᄒᆞ얏ᄂᆞᆫ디該事件을詳探跟捕ᄒᆞ기爲ᄒᆞ야巡檢與日憲兵은派送該地而調中이라더라

●馬飢不行 砲兵隊參領朴彛秉氏ᄂᆞᆫ砲號도不知ᄒᆞᄂᆞᆫ將官으로馬料ᄭᆞ지偸食ᄒᆞ고生芻를秣與ᄒᆞ지아니ᄒᆞᆷ으로昨日檢閱場의셔砲車를轡ᄒᆞᆫ馬群이飢不能行ᄒᆞ야性往至於顚仆之境이라該隊同官某氏가一場責誚ᄒᆞ얏다더라

●門號改定 慶運宮大安門을重修次로始役日子ᄂᆞᆫ陰本月十二日로上樑은同月十四日로擇定ᄒᆞ얏ᄂᆞᆫ디大安門懸板은以大漢門으로改定ᄒᆞ라신 處分이下ᄒᆞ옵셧다더라

●軍隊檢閱 軍部에셔協辦李熙斗氏와教育局長李秉武氏가軍隊를刷新ᄒᆞ기爲ᄒᆞ야各軍事教育을檢閱ᄒᆞᆫ則就中德上二隊參領申昌熙와中隊長一人과德上三隊中隊長權成燦諸氏ᄂᆞᆫ總히隊伍를不知ᄒᆞ고職務上慢忽ᄒᆞᆷ으로幷히謹慎에處ᄒᆞ얏다ᄂᆞᆫ디爲隊長者가隊伍을不知ᄒᆞ고檢閱之際에譴責失措ᄒᆞᆫ다ᄒᆞ니此等將官은可謂尸位素餐이라고ᄒᆞᆫ다더라

東京電報

●觀兵式舉行 四月卅日午前十一時發
觀兵式에日本天皇陛下씌셔德大寺侍從長을隨ᄒᆞ야午前八時半에御出發ᄒᆞ시고引續ᄒᆞ야皇太子殿下와有栖宮同妃殿下와東伏見宮同妃와博恭王同妃와菊麿王各殿下ᄂᆞᆫ馬車를連ᄒᆞ야式場에向ᄒᆞ셧고皇后陛下씌셔ᄂᆞᆫ昨夜事故를因ᄒᆞ야御臨場을停止ᄒᆞ셧고天皇陛下씌셔ᄂᆞᆫ觀兵式勅語를下ᄒᆞ시미大山元帥가凱旋軍을代表ᄒᆞ야奉答ᄒᆞ얏더라

●觀兵式參加將校 四月卅日午后五時發
大觀兵式에參加ᄒᆞᆫ將校의數ᄂᆞᆫ二千百二十四名이오準士官以下가二萬九千〇七十九名인디式은豫定과如히莊嚴히閱兵과分列式을舉行ᄒᆞ얏더라

●京釜買收期 上仝
京釜鐵道買收期ᄂᆞᆫ七月一日로指定ᄒᆞ얏더라

●市長歡待 上仝
東京市長尾崎氏ᄂᆞᆫ來[illegible]日에義親王殿下를招待ᄒᆞ야歡迎의意를表ᄒᆞᆫ다더라

●蒙王入學 上仝
蒙古王돌하드殿下ᄂᆞᆫ振武學校에入學ᄒᆞ얏다더라

●義王設宴 上仝
義親王殿下씌셔來四日에伊藤統監及各大臣以下數十名을御招待ᄒᆞ사盛宴을開ᄒᆞ신다더라

雜報

●趙氏虐政　濟牧趙鍾桓氏의貪虐훈罪狀을本社에投書홈이如左ᄒᆞ니

一 椵子木七十餘株를斫伐ᄒᆞ야幾許ᄂᆞᆫ賣食ᄒᆞ고幾許ᄂᆞᆫ京江에載來事

一 加사木二千餘株를日人의게賣食事

一 加사木一千餘株를斫伐作船艪ᄒᆞ야大船八隻에載送全羅道各浦ᄒᆞ야賣食事

一 五千六百五十兩은大靜郡에來里姜圭玉獄事時에各功隣處에分排討食事

一 一千四百兩은大浦里李五吉山訟時에勒捧事

一 一千五百三十兩은東烘里吳姜兩姓諸人處에稱以不和ᄒᆞ고杖囚勒奪事

一 一千兩은巫夫等의게受賂ᄒᆞ고禁止ᄒᆞ얏든巫祀戲을還爲弛禁事

一 一千六百兩은吐坪里高吳兩姓處에稱以逐妾出婦ᄒᆞ고討食事

一 善屹里尹哥處에千餘兩受賂ᄒᆞ고文在鉎租㨾을勒掘事

一 一千二百兩은松堂里金姓人處에稱以兄弟不睦ᄒᆞ고杖囚勒奪事

一 五百五十兩은牛島高永俊에게憐官條圖得條로討食事

一 錢六百兩은同里李守石妻에게杖因討食ᄒᆞ야該婦落胎事

一 九百餘兩우吳東吉處에受賂ᄒᆞ고高春秀墓을勒掘事

一 六百兩은於道里梁信杓에게杖囚勒奪事

一 八百兩을巨老里玄哥處에受賂ᄒᆞ고金丙敎墓을勒掘事

●學訓各郡　學部에서各郡公立小學校로訓令ᄒᆞ기를設校興學ᄒᆞ야培養英俊이自來有之인바現今敎育은異於他時ᄒᆞ야룹刻切悶이나每因經費不贍으로發達無期ᄒᆞ니實所慨歎이라學校補助以外에所付훈田土와殖利金을照詳錄明ᄒᆞ야以便調査ᄒᆞ라ᄒᆞ얏더라

●試驗場定界　農商工學校付屬훈農事시驗場을更爲定界立標ᄒᆞ고學部에셔漢城府로訓令ᄒᆞ야該土作人處에耕種을禁止ᄒᆞ라ᄒᆞ얏ᄂᆞᆫ뒤該試驗場第一區ᄂᆞᆫ蠶島第一號標木으로붓터第五十號ᄭᆞ지오第二區ᄂᆞᆫ華陽亭村第五十一號標木으로붓터第八十號ᄭᆞ지定界ᄒᆞ얏더라

◎遭難同胞至急救◎
◎慰金募集大廣告◎

至迫至急하고可驚可악훈我大韓同胞中美國桑港市等地에寄寓하ᄂᆞᆫ千餘名에兄弟姊미가今番桑市뒤火災의遭難棲惶ᄒᆞᄂᆞᆫ情狀을思惟ᄒᆞ건뒤幾人은死亡의濱ᄒᆞ얏스며幾人은損害를遭허엿ᄂᆞᆫ지晝夜神驚홈을不禁훈지라玆의全國內有志同포의게警告허오니隨事力補助허시와海外孤蹤이로患難의罹훈同胞를慰藉케허심을深望홈

但收金日限은四週間으로定홈

收金所　大韓每日申報社 會計室

請연員은前主事薛泰熙氏로定ᄒᆞ얏숩

◎商業會議所의告佈가如左ᄒᆞ니

本會議所의設立이玆에十箇月을經ᄒᆞ야今日에至ᄒᆞ얏스나設時ᄂᆞᆫ即經濟界의一大恐慌이용起ᄒᆞ던日이라自是以來로一心專意ᄒᆞ야內써의對ᄒᆞ야經濟界에調和及商工業의改善發達을務圖ᄒᆞ기로微悃을盡瘁ᄒᆞ야多少의效蹟이彰聞ᄒᆞ얏더니千萬夢寐外에本會議所의由來事況이敢히 天德에達ᄒᆞ사本會議所事業을十分嘉賞히녀이사今回에特히建築資金二千圜을下賜ᄒᆞ시니是ᄂᆞᆫ實로惶感無涯ᄒᆞ신恩命으로本會議所ᄂᆞᆫ玆에一般商民이 皇上陛下의仁愛如天ᄒᆞ신光榮을得蒙ᄒᆞ얏슨則惟一般商民은히此聖意의淵深ᄒᆞ심을奉體報答ᄒᆞ기를額手顒望ᄒᆞᄂᆞᆫ바이오 又軍部大臣李根澤閣下가本會議所의主旨를深切贊同ᄒᆞ시와建築資金一千圜을寄附ᄒᆞ얏스니我一般商民은同閣下의其誠意勸勵ᄒᆞ신高趣를諒納ᄒᆞ시와本會議所의目的事業이著著進就ᄒᆞ도록各自勉施ᄒᆞ심을切望이라더라

廣告

廣州府尹吳泰永氏가莅任幾朔에愛民如傷하고聽訟無私하야一境이賴安에萬口騰碑하고府內學校之迄今未遑者은實緣於財政不敷而然矣러니熱心으로學校을新設하ᄂᆞᆫ뒤招致城中父老하야勸諭商確則一城民人等이上下同志에鳩集資本하고府尹이亦爲연廩補助하고學舍을現方修葺하야不日開學하기로咸曰我候來暮라하오니不勝感荷하야玆에廣佈홈

廣州府人等告白

●特別廣告

四月三十日(月曜日)爲始하야東門內韓美電氣會社에셔夏期間活動寫眞을玩賞하ᄂᆞᆫ뒤夏期間雨日을除하고每日下午八點붓터二時동안을設行하ᄂᆞᆫ뒤날마다各種으로홀터이오니照亮來臨하시옵

但와賞金은每人韓貨十錢으로定하되該錢代에左開훈英美烟草會社에셔製造훈卷烟空匣으로領受홈

Old Gold.	올드골드	十匣
Hero.	히로	十匣
Hallo.	할노	十匣
Honey.	호늬	十匣
Sweetheart.	스위헛드	十匣
Drumhead.	드람헤드	廿匣
Goldfish.	골드피쉬	廿匣

韓美電氣會社 告白

本郡守李宇健氏가莅任後로熱心圖治ᄒᆞ야許多善政은有難一一陳述而邑介於沿海ᄒᆞ야戊戌海溢後로連年旱歉ᄒᆞ야姓陳民散에百弊俱生훈뒤郡守가以慈惠之心으로保民如子ᄒᆞ야捧稅也에面面村村에徒步躬行ᄒᆞ야慰撫災民之情勞ᄒᆞ고備說上納之所重ᄒᆞ야使之次次辦納케ᄒᆞ되稅錢은一從民願ᄒᆞ야以紙貨로隨捧上納ᄒᆞ니民咸戴德이고海堰潰缺處에募得數千金役費ᄒᆞ야躬巡檢役에酒飯給料ᄒᆞ야民無寃於赴役ᄒᆞ고農有望於成就ᄒᆞ니此實賢侯莫大之茂蹟이고當此窮春에深念民艱ᄒᆞ야春等戶錢을某樣拮据ᄒᆞ야沿海災里은幷爲蕩減ᄒᆞ고從其稍實[illegible]ᄒᆞ야畧畧戶排에闔境이仰德ᄒᆞ고衆民이賴活ᄒᆞ야人人口頌이요處處木碑라더라

萬頃居 任公鐵 吳權淑 金相勳 等 告白

◎學員增募廣告◎

本塾에서一年級學員을募集훈바又來陽曆五月十四日ᄭᆞ지迫入學員을增募ᄒᆞ니願入學員은本会에來議ᄒᆞ시옵

光武十年四月三十日

西署工曹後洞英語學校後洞 私立養正義会

本號新開專做男女各色洋服而由上海運來各種細이毛옷及一切衣飾品件件精全伏望貴士女迅即來購爲幸

西小門內榮泰男女洋服商[illegible]

花春丹은 霍亂 吐瀉 腹痛 滯症 暑症 정忡 神昏 實鬱 痰盛 醒酒船棗 咳嗽 口味업ᄂᆞᆫ諸症의神效훈藥이오此外에도洋灰水解毒藥 唐창 疳氣 蛔虫 寸虫 赤白癩風藥과東西洋藥이俱備ᄒᆞ고他病도隨問出方ᄒᆞ오니僉位ᄂᆞᆫ枉議ᄒᆞ시옵

皇城校洞石井洞下隅
石泉堂藥局 告白

◎第二期學員募集廣告◎

本塾에서法學科學員을新募ᄒᆞ오니願學人은本塾에來ᄒᆞ야請願應試홀事

學科及規則은本会에來問홀事

試驗科目
國漢文　讀書　作文

試驗日字
陽四月二十九日 陰四月初六日

光武十年四月十六日

西署英語學校后洞
私立養正義塾

●刑法大全　一帙定價金 新貨六十錢

牧民心書一帙	一圜二十五錢
耳談續纂一冊	七錢五厘
溫故知新堂叢鈔	七錢五厘
父師必讀小學指南	七錢九厘
人工養蠶鑑一冊	十五錢
萬國地誌三冊	一圜
農政新書	五十錢
法學通論	一圜
尺牘完編	一圜五十錢
大韓地誌	七十五錢

發賣所　布廛門下金相萬書舖
大韓每日申報社

特別社告

非史乘이면政治之美惡와人物之臧否와風俗之汚隆을無以攷論인즉史乘者는非一時之공覽이라乃萬世之公案이오非自國之所可得以私也라即宇內列邦이皆所公佈키로擧者美人訖法氏之撰大東紀年이意固有在而[illegible]라本記者ㅣ不揆僭越하고於韓之史事에留心者ㅣ久矣로되[illegible]百年之後하야要論幾百[illegible]가任大力綿에恐有失實[illegible]미려鎖國自守之時代에[illegible]民國間諸般事爲가不過是尋常[illegible]不足以供世界列邦之[illegible]目이로斷自丙子以後各國交涉時[illegible]하야[illegible]爲編成一書하야公[illegible]列邦하니四方有志諸君子는諒此苦心하야丙子以後政令訓誥之所記와各國交涉之如何와臣民疏章與功罪之表著와中外俗習之沿革과忠臣義士孝子烈女之行蹟을各隨所聞所見而詳錄投示하야俾此重役으로得以完成을千萬幸甚

大韓每日申報社

○○○○○○○○○○○○○○○

本申報를廣佈ᄒᆞ기爲하야咸鏡南道咸興州南社西門外居하는曹喜林氏에게遞號下送하오니該附近地愛讀하시는僉君子는同氏에게購覽하시며代金도同氏에게傳致하심을爲要

大韓每日申報社

○○○○○○○○○○○○○○○

●九轉靈砂라　本人이妙方法을神備하야製造ᄒᆞᆫ靈丹인더男女老少에無論何症ᄒᆞ고通治ᄒᆞ오며無病時에도服ᄒᆞ면平生의身體가健康ᄒᆞ며小兒는四五錢重만服ᄒᆞ면十歲안에無病ᄒᆞ기를擔保ᄒᆞ오며

●九轉靈砂萬靈丹은癲狂　瘋症과中風諸疾과耳目諸病과淋疾에神効ᄒᆞ오

●九轉靈砂保命丹은初生小兒　驚風　痢疾　咳嗽　腹痛諸般驅과婦人帶下症에神効ᄒᆞ오

●九轉靈砂濟衆丹은酒滯　食滯　血積　吐瀉　霍亂　痢疾　吐血　下血　運氣　時疾　痢症에神効ᄒᆞ오

●九轉靈砂紫金丹은痔漏　瘰癧　上瘡　下疳瘡及唐瘡과諸般瘡[illegible]諸種에無不神効ᄒᆞ오니　僉君子는來購ᄒᆞ시오

內需司前[illegible]이를上隣第一家　李鶴廷　告白

一 [illegible]濃結牛乳
一 [illegible]印[illegible]濃結牛乳
一 [illegible]用[illegible]化乳[illegible]
一 [illegible]ㅣ은[illegible]造[illegible]化
合牛乳

以上은當時에貯積ᄒᆞ얏슴

美國[illegible]ㅣ은 濃結牛乳 [illegible]

大韓仁川港

[illegible] 洋行

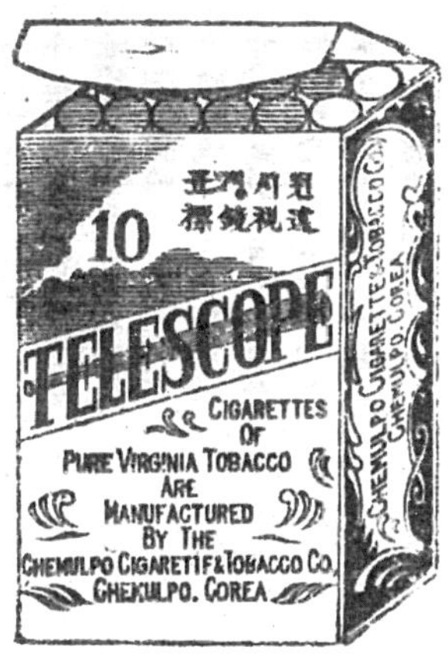

以上三種은上品으로製造ᄒᆞ야衛生上에至極有益ᄒᆞ니價는八本ᄒᆞ고本社에來購ᄒᆞ심을願ᄒᆞᆷ

大韓帝國仁川港

[illegible]物[illegible]紙[illegible]種及煙草會社

本社廣告

申報價

一張代金　新貨二錢五里
一箇月前納　三十錢
三箇月　九十錢
六箇月　一元七十錢
一個年　三元[illegible]
郵稅一朔　新貨五里
一個月　十三錢

廣告料

[illegible]十二字當
每[illegible]一寸에新貨[illegible]
一[illegible]行에六錢에[illegible]
[illegible]
每日揭行[illegible]一里에相[illegible]
長短과字行[illegible]依ᄒᆞ야增減ᄒᆞᆷ이有ᄒᆞᆷ

◉本社地方各處支店廣告

仁川桃峴新冊肆　李東支
平壤南山峴日新學校　金興淵
　崔觀恒
宣川邑[illegible]西　安濬
義州南門外韓西大藥房　張有寬
長連邑　金[illegible]
鎮南浦築港　金仁집
咸興州南社　曹喜林
中和邑　李俊培
釜山佐川徐藥房　金[illegible]泰

發行兼編輯人　英國人裵說
發行所　京城北署壽進坊[illegible]外[illegible]
大韓每日申報社

第四卷

大韓每日申報
대한매일신보

第二百九號

月曜及慶節歲時日休刊

檀君開國四千二百三十九年
箕子元年三千二十八年
大韓開國五百十五年
日本明治三十九年
淸國光緖三十二年
陰曆丙午四月小初十日丁未

論說

論仕宦特性

日昨本社一員이大韓自强會에開會演說을往聽하니該會評議員尹孝定氏가國民의特性을演論함의其槪旨에有曰日本國民은忠君愛國의特性이有하고大韓國民은有何特性고하면仕宦의特性이有하다고世人의公言이有하다하니本記者는歐洲人이라遊歷東西各邦하야觀察其國性者가蓋亦多矣라

惟玆大韓이處在東洋半島하야山川之明麗와風俗之醇厚와人品之慈祥이果是天下之善國이라自檀箕以來로世尙禮義하고至于本朝하야導民化俗이尤重倫敎하니倫敎者는三綱五常이是라

倫常之敎가浹洽于民心者ㅣ五百有餘年이니宜其人民이皆有忠君愛國之特性이어날乃至有仕宦特性之譏는何也오此는兩班二字之尊貴가爲其習慣之故也라韓國兒童이自其襁胎之日로習熟見聞이曰兩班二字니所謂兩班云者가忠君愛國之名稱이라하면其民이宜乎忠君愛國的의特性이有하려니와韓人所謂兩班云者는乃仕宦閥閱家之名稱이니人所尊貴者가惟在於此라所以로父勸其子하고兄勉其弟者가惟是仕宦之說이오滔滔百年之間에晝思夜度하고蠅營狗苟者가惟是사宦之慾이라

其人이安得不以사환成性乎아噫此사환之痼癖으로由하야忠君愛國의固有한義理는置在一邊이라故로曰韓人은但有사환之特性이오無忠君愛國之特性이라하느니至于今日하야國家의危急이如此하고人民의困難이如此하되사환之特性은依然如故하야以財産家言之하면一資半級과虛名借啣之要求에는不惜千金之産호되至於民國間公益上事業하야는一金之捐도亦有吝色하고

自士大夫以下로以至匹庶之家가皆日夜注意於사환하야無官者는意在得官하고有官者는患在失官하야廉恥가都喪하고本心이盡亡이라

權在勳戚則趨附勳戚하고權在近習則趨附近習하다가至于今日에又趨附外人하야販賣君國之事를無難爲之하니此는사환之特性이爲亡國之禍胎者니豈不怪哉아

嗚呼라他人奴隸之下에更何사환之足貴乎아在於前日則愚昧不明之致로平生經營이不出於사환一門이어니와在於今日하야는사환之爲無用物을亦可看破니幸其사환之癮을一斧劈去하고惟其忠君愛國的義理가灌於腦髓하야習與性成이면韓國人品之價格이豈其墜落於他國人哉아苟能反而省之하고惕然改之하야忠愛成性에衆志齊奮하고衆步齊進하야挽此衰頹之運而復其完全之權이면世界各國이韓人을對하야孰敢曰彼其無忠君愛國之特性者哉리오若其사환之特性이終不革祛면奴隷人種을永不能免이니嗚呼其念之어다

官報

●號外 光武十年四月三十日

◉宮廷錄事

詔曰明日景孝殿親行別茶禮皇太子攝行磨鍊 四月卅日

●三千四百四十一號 光武十年五月一日

◉宮廷錄事

시從院副卿金道濬辭職疏

批旨省疏具悉所請依施

四月廿八日

◉敍任及辭令

依願免本官 忠淸南道觀察府主事韓達仁 咸鏡北道觀察府主事徐禎學○任忠淸南道觀察府主事 鄭奎鎭○任咸鏡北道觀察府主事 車熙洙○免本官 慶興市警務署摠巡朴喜用 右는該員이敍任屢朔에尙不赴任이기免本官○任慶興市警務署摠巡 六品吳基純

以上四月廿八日

●部令

度支部令第四號

農工銀行設立에關한件

第一條 本年勅令第十三號農工銀行條例第廿九條를依하야農工銀行設立에關한方法을定함이라

第二條 度支部大臣은設立委員을命하야農工銀行設立에關한一切事務를處理케함이라

第三條 設立委員은定欵을作하야度支部大臣의認可를得한後株主募集에着手함이可함이라

第四條 株主募集에는株式請入人으로株式請入證에其擔當할株式의數爻를記載하야請入保證金을幷附請入케할미可함이라

株式請入證은設立委員이此를作製하야左開事項을記載함을要함이라

一 定欵認可의年月日

二 銀行條例施行規則을依하야定欵에記載함을要함이라고定한事項

三 第一回辦納金額

四 請入保證金額

第五條 株式總數의擔當이有한時에는設立委員이卽時期限及方法을定하야各其株式마다第一回의辦랍함이可할意로通牒을發함이可함이라但其期限은二週以內됨을得치못함이라

前項의通牒에는株式請入人이期限內에辦랍하지아니할時는其辦랍치아니한株式에對하야株主될權利를失하고尙且請入保證金의返還을得치못할意로附記함이可함이라

未完

外報

●伊國外交 伯林電에伊國元老院에一議員은伊國外交現狀에就하야質問하얏더니外相은三國同盟의維持及與人利와深交를保有할必要가有한理由를節節이辨明하얏다더라

●義捐金拒絕意味 美國大統領이今番桑港의震災事로外國의義연金을拒絕하다는은已報하얏거니와更聞한則美國大統領이美國民에對하야義연하는金을拒絕할意로駐外美國公館에訓令함이오桑港에在한外國人에게義연는金은元來拒絕함이아니라더라

●桑港震災와淸廷 北京電을據한則淸國政府에서駐淸美公使에게通知하되淸國에서桑港美淸人을救恤하기爲하야內帑에서十五萬兩(十萬兩은美人五萬兩은淸人)을發送한다하얏더라

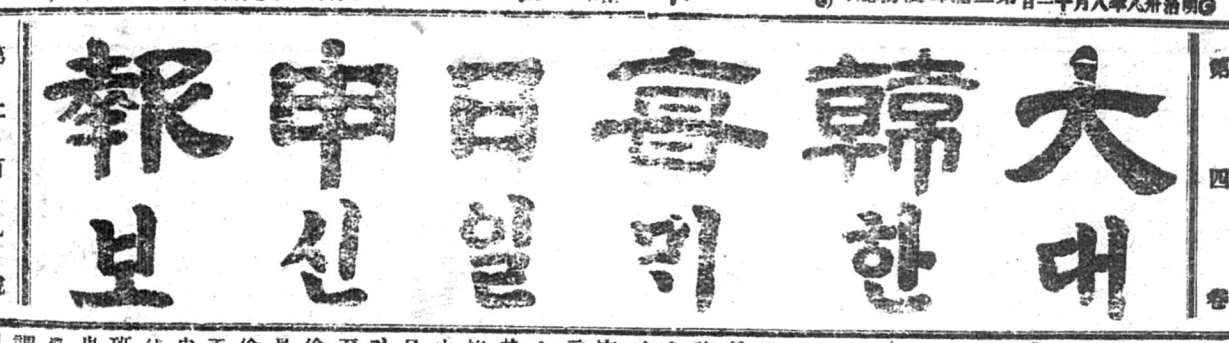

●兵役制度改正意見 俄國將官라우아루레부氏가俄國三年兵役이第一은二百四十三日第二年은二百□日第三年도亦二□日에不過한의敎習時間에不足하야滿足히敎習키不能하다하야俄國兵役制度의改正意見을發表하얏다더라

雜報

●審前釋放 前土曜日에政府에서朴源孝李喬鎔兩氏를放還次로往議[illegible]決ᄒᆞ야以參奏ᄒᆞ야請對ᄒᆞ야上奏ᄒᆞ얏더니處分內에伊藤統監上奏時에已有勅示이거니와裁判審査以前에ᄂᆞᆫ不可護放이라ᄒᆞ옵셧더라

●鬱島森林 鬱島ᄂᆞᆫ在全羅海中而合百餘群島ᄒᆞ야總稱鬱島則其幅員之廣大가可謂韓國之一大島인ᄃᆡ其森林之繁茂ᄂᆞᆫ養[illegible]之利가不知幾千年幾百[illegible]ᄋᆞ[illegible]近日에宮大李戴克氏가[illegible]元에定價ᄒᆞ야日本人[illegible]ᄒᆞ얏ᄂᆞᆫᄃᆡ韓國政府에셔[illegible]何人을派送ᄒᆞ야視察ᄒᆞ[illegible]十二萬元이相當ᄒᆞᆫ價格으로[illegible]知ᄒᆞ야許賣ᄒᆞᆷ인지不知ᄒᆞ깃거니와[illegible]人民이莫不注目이라[illegible]或風說인지姑此記載ᄒᆞ야[illegible]確據ᄒᆞ깃노라

●律社不罷 協律社演戱場은宮內府參書官金綺濟鐵道局長崔相敦氏等이顧問加藤氏와何以契約ᄒᆞ고日人處에認許設施ᄒᆞ엿든지革罷次로議政府에셔宮內府로照會ᄒᆞ기를該演劇場을內部로移照ᄒᆞ야令警務廳禁斷ᄒᆞ야가니와協律社가貴部所管인則何以認許인지即爲禁止ᄒᆞ라ᄒᆞ얏더니宮內府에셔照會ᄒᆞ기를該社ᄂᆞᆫ本府所管이나至於認許ᄒᆞ여ᄂᆞᆫ非所知事라ᄒᆞᆫ지라議政府에셔該연劇場入票를考閱則宮內府연劇場票라ᄒᆞᆫ故로該票를粘聯更照ᄒᆞ얏ᄂᆞᆫᄃᆡ該日人은宮內府에違約金二十五萬元을請求ᄒᆞᆫ지라處分內에姑爲仍實ᄒᆞ라ᄒᆞ옵셧다더라

●被刑可冤 前介[illegible]尹熙氏가前年新條約時에書可調印ᄒᆞᆫ五賊을聲討ᄒᆞ야三次上疏ᄒᆞᆫ事로自中署로捉去ᄒᆞ야無數惡刑에幾至死境라가日前에自平理院으로無事放出則無罪之人을如是酷刑이是乃開明上法律인가一般輿論이無不稱冤ᄒᆞ더라

●白晝見망 京城居金昌雲爲名者가本是下隷輩로驪州等地에前往ᄒᆞ야權門緊人이라自稱ᄒᆞ고愚民을狂誘ᄒᆞ며사환을圖得ᄒᆞᆫ다ᄒᆞ고民財를편取ᄒᆞᄂᆞᆫᄃᆡ該郡[illegible]面黑石里居黃元植이가其父를爲ᄒᆞ야사환圖得心이有ᄒᆞᆫ던지其周旋費所用으로錢數千兩을金哥의게出給ᄒᆞ고猶有未給之欲ᄒᆞ야渠의所居家舍十六間과畓六斗落新文記를金哥에게成給ᄒᆞ고追後上京探知ᄒᆞᆫ즉金哥의前後所說이都是虛無孟浪ᄒᆞᆯ뿐더러亦已逃躱ᄒᆞ야莫知所向키로黃民이無聊歸去ᄒᆞ얏다더라

●捧單何濟 處子單子를奉呈ᄒᆞᆷ이零星ᄒᆞᆷ으로內部大臣을重譴責에處ᄒᆞᆫ지라內部에셔ᄂᆞᆫ漢城判尹과忠淸南北觀察使慶尙南北觀察使를重譴責에處ᄒᆞ고處子單子를督促ᄒᆞ얏다더라

●勅令虛傳 秘書丞李圭桓氏와平理院檢事尹甲炳氏가相換이라ᄒᆞ고李範喬氏가虛傳 勅令ᄒᆞ야李圭桓다려上疏ᄒᆞ라ᄒᆞ얏더니上이洞燭ᄒᆞ시ᄉᆞ大責ᄒᆞ옵셧다더라

●兩僕賊習 永平居金主事鍾璞氏가以身病治療次로去月에上京ᄒᆞ야留於東大門內初橋[illegible]興植家矣러니不意日昨에大平洞居吳聖煥이與日人芳田太郎으로來到ᄒᆞ야稱有所捧條五千兩於汝之四寸金鍾和云云ᄒᆞ고當場徵出事로威脅恐喝故로金鍾璞이答曰吾之四寸의貸用事ᄂᆞᆫ吾所不見不知事요設有償用錢이라도四寸間有同族徵之法乎아ᄒᆞᆫ즉吳聖煥曰此日人은即波邊顧問之四寸이요且日本法에雖八九寸이라도徵出ᄒᆞᄂᆞᆫᄃᆡ이라此錢을不得不徵給이니當場四十元만出給ᄒᆞ면吾當善言於日人ᄒᆞ야永爲勿侵케ᄒᆞ마ᄒᆞ기로答以四十元을[illegible]出이라ᄒᆞᆫ즉突入房內ᄒᆞ야[illegible]彈子手[illegible]與錢二元二十錢을勒奪以去ᄒᆞ니傍觀諸人이莫不日白晝賊漢이라ᄒᆞ얏더라

●車手無禮 再昨日午後車手輩이南門外南廟主山에[illegible]酒筵을開ᄒᆞ고痛飮泥醉ᄒᆞᆫ後에來往女子를對ᄒᆞ야無禮戱謔을行ᄒᆞᆷ이警務廳巡李晋榮氏가見此光景ᄒᆞ고使之禁止ᄒᆞᆫ즉該車手輩가一齊蜂起ᄒᆞ야毆打該巡ᄒᆞᆷ이李巡이吹呼角而會集巡檢ᄒᆞ야欲爲捕縛ᄒᆞᆫ즉該車手輩이又爲毆打巡檢에頑拒就縛ᄒᆞ라가畢竟幾箇車手가被捉押交於西署ᄒᆞ야方在牢囚中이라더라

●非敎非會 年前東學魁首로有名ᄒᆞ던鴻山吏崔鶴來ᄂᆞᆫ其時其援가無效ᄒᆞᆫ際를當ᄒᆞ야反害其黨에被戮於崔手之下者不知幾百名이러니今日에又入天道敎ᄒᆞ야大起布德ᄒᆞ기로鴻山等地에前往ᄒᆞᆫ時一進會에入參ᄒᆞ기를無數紹介ᄒᆞ얏스나該會에셔崔氏의前日不法悖行은世所共知라ᄒᆞ야入會를不許ᄒᆞ얏ᄂᆞᆫᄃᆡ崔氏ᄂᆞᆫ該郡等地로出沒ᄒᆞ며自稱一進會三南都會長이라ᄒᆞ고人民을煽動ᄒᆞ야年久之訟을提起ᄒᆞ며郡守를威脅ᄒᆞ야公廨를蠶食ᄒᆞ고學校를憑藉ᄒᆞ야客舍를變作ᄒᆞ니此等行爲ᄂᆞᆫ敎人에義務로然ᄒᆞᆷ인지會員의目的으로然ᄒᆞᆷ인지輿論이沸騰ᄒᆞ다더라

●靑年연說 皇城基督敎靑年會에셔今日下午八時에有名ᄒᆞᆫ政治家[illegible]그래ᄉᆞ도돈의[illegible]으로尹炳鉉氏가연說ᄒᆞᆫ다더라

大韓自强會趣旨及特性之說明 尹孝定

今日은卽大韓自强會第一通常開會也다幸又天晴氣和ᄒᆞ야本會員外에贊成員及傍聽諸君이如雲來臨ᄒᆞ야賁飾光榮ᄒᆞ니本會之隆盛ᄂᆞᆫ一言難盡이로다抑諸君之如此光臨은非但求觀於會況之如何라亦欲求聞於趣旨之所在而本人이忝在發起者之一故로會長이旣命其趣旨及特性之說明則義固不敢辭오顧以蔑學으로詞不達意ᄒᆞ야恐無以仰副求聞之盛意而敢祈俯賜淸聽ᄒᆞ노라

夫慮危於未危ᄒᆞ며慮亂於未亂ᄒᆞ야使民社長治久安은賢人哲士之所以經理邦國也오惟常人則不然ᄒᆞ야危而後求安ᄒᆞ며亂而後思治ᄒᆞ며弱而後求强ᄒᆞᄂᆞ니今以本會之名之以自强으로推究發起者之意ᄒᆞ면可見其痛心嘔血於大韓之自弱이니此所謂旣弱而求强者乎아

然而若或誤解於自强之義ᄒᆞ야不察乎時局與國勢之如何ᄒᆞ고逞行腕力을如我國之所謂義兵과淸國之所謂團匪ᄒᆞ면非徒不能自强이라將至於自亡而乃已也로다 今我自强之實則本會規則第二條에有曰以敎育殖業之硏究實施로期圖自國之富强ᄒᆞ야爲他日獨立之基礎是也나請試思之ᄒᆞ시오謂之他日獨立則今日之獨立은果安在哉며果安在哉아此非但發起者及本會員之痛心嘔血이라亦豈非全國同胞之日夜痛心嘔血者乎아

未完

●道宴携妓 再昨日天道主孫秉熙氏가[illegible]宮[illegible]에宴會를開設ᄒᆞ고會員諸氏와妓女二名을帶同赴宴ᄒᆞ야淸歌妙舞로盡日行樂라가日暮罷歸ᄒᆞ얏다더라

●一死一傷 昨日下午一時에唐皮洞居下[illegible]錫基氏家廊下에住接ᄒᆞᆫ洪春京의六歲女兒와四歲男兒가乘其無人之時ᄒᆞ야以唐石良으로遊戱타가竟乃延燒家舍ᄒᆞ야該女兒一名은當剗燒死ᄒᆞ고男兒ᄂᆞᆫ全身燒爛ᄒᆞ야雖不致命이나大段重傷ᄒᆞ야濟衆院으로送致治療ᄒᆞᆫ다더라

●國土又賣 宮內府課長金鎔濟氏가永禧殿前下輦所를日本人에게渡賣ᄒᆞ야該日人이未久에家屋을建築ᄒᆞᆫ다ᄒᆞ니韓廷大臣及近臣은擧皆以賣國土로爲一事業則以有限之土로今日에賣一處ᄒᆞ고明日에又賣一處ᄒᆞ면不幾年에韓國土地ᄂᆞᆫ沒入於他人之手ᄒᆞ리라고世說이紛紜ᄒᆞ다더라

●馬粮庫燒燼 再昨日下午九時에豆毛浦에駐在ᄒᆞᆫ日本騎兵隊馬粮庫에셔火發ᄒᆞ야燒燼廿八間이沒燒ᄒᆞ얏다더라

●無處不賣 南山老人亭下前南谷府君堂을日人大波[illegible]名人이破毁ᄒᆞᆫ故로該山巡檢이此開其由ᄒᆞᆫ즉宮內府內事課長金鎔濟氏의許可를得ᄒᆞ얏다ᄒᆞ야[illegible]能[illegible]ᄒᆞ고警廳에來告ᄒᆞ얏다[illegible]라

●法[illegible]會[illegible] [illegible]月[illegible]午后六時[illegible]法[illegible]가[illegible]에셔[illegible]가[illegible]더라

[illegible]敎[illegible]

東京電報

●統監歡迎 五月四日午后六時發
伊藤統監은來五日에韓親王殿下를大磯滄浪閣에招請ᄒᆞ야開宴ᄒᆞᆯ터인ᄃᆡ同地學校生徒等은日韓國旗를交叉ᄒᆞ야停車場에셔歡迎ᄒᆞᆯ터이라더라

●將官賜宴 上仝
日本天皇陛下씌셔ᄂᆞᆫ旣報와如히本日正午에新宿御苑에셔賜宴ᄒᆞ셧ᄂᆞᆫᄃᆡ招宴者ᄂᆞᆫ將官同相當官及感狀을授領ᄒᆞ얏고將校의게天盃를下賜ᄒᆞ옵셧더라山縣元帥의發聲으로陛下萬歲를三唱ᄒᆞ고午后二時에御還幸ᄒᆞ셧ᄂᆞᆫᄃᆡ參列者總數ᄂᆞᆫ六千三百名이라더라

雜報

●寄慰桑港留同胞遭災書

嗚乎古諺에 言千山頭東光鶴은 何不飛去樂處生고하니 悲慟코 哀慟이라 今日에 大韓國中遠遊人은 何年作客到此地오 嗚乎吾의 同胞는 當此國運之不旺하야 在亦苦라 去何樂고 今聞桑港의 本月十八日震災는 世界上各國人之住此者의 大同호 災厄이라 如此大港口에 何國同胞無之리오 嗚乎嗚乎吾의 韓國同胞尤可憐이라 顧念此同胞는 當日在國에 民產이 無制키로 飢寒을 不耐하야 親戚과 墳墓을 離之棄之하고 勞動資生者도 有之하며 治術이 未備키로 學問이 無路하야 負笈遊學者도 有之라 念來의 人情으로 不可不隕淚處라 僕이 飮淚再三不覺放聲호 一篇에 再思則 貴社報에 揭載호되 吾儕가 爲此 海外의 遭災同胞하야 救恤호 義金募集을 勸告하야 國內人의 多少出金을 該地同胞의게 寄到云云 故로 僕이 短行數字로 貴社僉君子의 嘉言을 先拜하고 紙貨四圜으로 海外의 遭災호 同胞의게 送到之地 願言 前議官朴昌俊

●病院檢查 仁川港活人所에서 病者를 治療하는되 去月十二日로 二十日ᄭᆞ지 檢查호즉 全差還家호 者十五名이오 致死호 者六名이오 尙今醫治中에 在호 者이 三十五名이라더라

●前功可惜 內部前醫師李秀一氏가 執[illegible]鍼으로 牛痘를 實施하여 世上嬰兒에 夭札을 免케하니 此亦文明開化上第一事業而當初에 世가 牛痘를 不信호즉 同氏가 勸論風雨寒暑하고 家諭戶說하여 雖愚夫愚婦라도 始知便利하야 十餘年間에 牛痘法이 大行호야 夭札之患을 免케호얏더니 自光武三年으로 始호야 衛生局官制를 組織호 後 恪勤奉公호더니 不意 月에 無故免官호즉 世人이 言하기를 同氏는 有勢無黨이라고 爲之嗟惜不已호다고 紛紛하더라

◉遭難同胞至急救◉
◉慰金募集大廣告◉

至迫至急하고 可驚可악호 我大韓同胞中 美國桑港市等地에 寄寓하는 千餘名에 兄弟姊妹가 今番桑市된 火災의 遭難棲惶호는 情狀을 思輸호건되 幾人은 死亡의 濱호얏스며 幾人은 損傷를 遭하엿는지 晝夜忡怔홈을 不禁호지라 玆의 全國內有志同포의게 警告허오니 隨事力補助허시와 海外孤蹤이로 患難의 罹호 同胞를 慰藉케 하시믈 務望홈

但收金日限은 四個月間으로 定홈

收金所 大韓每日申報社 會計室

請연員은 前主事許泰熙氏로 定호얏습
仁川에 논 吳允模 金澤弘 兩氏로 定호얏습

●內大會詩 近日內部大臣李址鎔氏는 押客을 會同호야 詩會로 從事호는되 日前詩會는 龍山第로 設施호지라 南陽郡守方漢德 前郡守趙鏞緖 前檢事洪鍾瀚 三氏가 參合次로 龍山電車로 出往호다가 醉酒호 日兵의게 方郡守가 無數被打호야 還家호얏다더라

廣告

黃海道海州魚鹽廣坐賈人等이 運送物稅金[illegible]徵事로 呼訴干度支部이더니 自度支部로 其稅金을 勿施之意로 題旨內開에 [illegible]所產魚鹽徵稅는 由來正供이라 至於魚鹽坐商處抽稅는 此則雜稅니 嚴防禁斷이고 所謂朴文教爲名者는 捉囚嚴懲호야 更毋敢爾民呼冤之獘호 事爲教則惟我商民이 不勝攢祝之情호야 玆以仰佈호오니 一般商民은 咸須知悉홈

海州府元宗植 等告白

廣州府尹吳泰永氏가 在任幾朔에 愛民如傷하고 聽訟無私하야 一境이 賴安에 萬口騰碑하고 府內學校之說이 今未遑者은 實緣於財政不敷而然矣러니 熱心으로 學校를 新設하는되 招致城中父老하야 勸諭商確則一城民人等이 上下同聲에 鳩集資本하고 府尹이 亦爲補助하고 學會를 現方[illegible]하야 不日開學하기로 咸曰我候來暮라 하오니 不勝感荷하야 玆에 廣佈홈

廣州民人等告白

海州牧使趙羲桓氏가 該郡守와 事務를 以權奪執호야 [illegible]民間호는되 郡守金秉塔氏가 赴任未幾에 一島生殺이 皆皆稱頌各安其業호게 호는되 牧使가 郡守의 對호야 有何奸計인지 不好호기로 郡守는 請願上京호랴 호니 島民이 數次阻路中이라더라

金永銖 告白

本人의 長子炳禧이가 性本浮浪호야 以酒色雜技蕩敗家產호고 尙今出沒京鄉호야 借用爲事의 徵於老父爲해호오니 內外國人은 勿爲見欺호옵시오

鳳山沙里院林容熏告白

●特別廣告

四月三十日(月曜日)爲始하야 東門內韓美電氣會社에서 夏期活動寫眞을 玩覽하는되 夏期間 雨日을 除하고 每日下午八點부터 二時동안을 設行하는되 남마다 各種으로 돌더이오니 照亮來臨하시옵

但外賞金은 每人銅貨十錢으로 定하되 該錢代에 左開호 英美烟草會社에서 製造호 空烟匣으로 領受홈

Old Gold. 올드골드 十匣
Hero. 히로 十匣
Hallo. 할노 十匣
Honey. 호니 十匣
Sweetheart 스위쥣드 十匣
Drumhead. 드람헤드 廿匣
Goldfish. 골드피쉬 廿匣

韓美電氣會社 告白

本郡守李宇健氏가 莅任後로 熱心圖治호야 許多善政은 有難一一陳述而邑介於濱海호야 戊戌海溢後로 連年旱歉호야 地陳民散에 百弊俱生호되 郡守가 以慈惠之心으로 保民如子호야 捧稅也에 面面村村에 徒步躬行호야 慰撫災民之情勢호고 備說上納之所重호야 使之次次辦納케호되 稅錢은 一從民願호야 以紙貨로 隨捧上納호니 民咸戴德이고 海堰潰缺處에 募得數千金役費호야 躬巡檢役에 酒飯給料호야 民無寃於赴役호고 農有望於成就하니 此賢侯異大之茂績이고 當此窮春에 深念民艱호야 春等戶錢會某條措捐호야 沿海災里은 幷爲蕩減호고 從其稍實里호야 署署戶戶間에 闔境이 仰德호고 衆民이 賴活호야 人人口頌이요 處處木碑라더라

萬頃居 任公鐵 等
吳權淑 告
金相勳 白

◉學員增募廣告◉

本塾에서 一年級學員을 募集호바 又來陽曆五月十四日ᄭᆞ지 追入學員을 增募호니 願入學員은 本會에 來議호시옵

光武十年四月三十日
西署工曹後洞英語學校後洞
私立養正義會

本號新開業에 男女各色洋服을 由上海運來各種絹이 毛울及一切衣飾屬品件件精全伏望貴中女選即來購焉

西小門內榮泰男女洋服商

花春丹은 霍亂 吐瀉 腹痛 滯症 暑症 정忡 神眩 鬱 痰癥 醒酒[illegible] 咳嗽 口味엽는 諸症의 神效호 藥이오 此外에도 洋灰水解毒藥 唐창 痢氣 蛔虫 寸虫 赤白癩風藥과 泰西洋藥이 俱備호고 他病도 隨問出方호오니 僉位는 枉議호시옵

皇城校洞石井洞下隅
石泉堂藥局 告白

◎第二期學員募集廣告◎

本塾에서 法學科學員을 新募호오니 有志學人은 本塾에 來호야 請願應試호되 學科及規則은 本會에 來問호事

試驗科目
國漢文 讀書 作文
試驗日字
陽四月二十九日 陰四月初六日

光武十年四月十六日
西署英語學校后洞
私立養正義塾

●刑法大全 一帙定價金 新貨六十錢

牧民心書 一帙 一圜二十五錢
耳談續纂 一冊 七錢五里
汨故知新堂叢鈔 七錢五里
父師必讀小學指南 七錢九里
人工養蠶鑑 一冊 十五錢
萬國地誌 三冊 一圜
農政新書 五十錢
法學通論 一圜
尺牘完編 一圜五十錢
大韓地誌 七十五錢

發賣所 布屛門下金相萬書舖 大韓每日申報社

特別社告

非史乘이면政治之美惡와人物之臧否와風俗之汚隆을無以攷論인즉史乘者는非一時之공覽이라乃萬世之公案이오非自國之所可得以私也라即宇內列邦에宜所公佈키로最著美人說法氏之撰大東紀年이意固有在而然也라本記者ㅣ不揆僭越하고於斯之史學에留心者ㅣ久矣로되[illegible]年之後하야要論幾百年之事하니任大力綿에恐有失實之[illegible]韓國自主之時代에[illegible]敍事[illegible]가不遑是辭[illegible]以[illegible]世界列邦之[illegible]自丙子以後各國交涉[illegible]一[illegible]하야公[illegible]니四方有志諸君子는[illegible]心하야丙子以後政令訓誥之所記와各國交涉之如何와臣民[illegible]與功罪之表著와中外俗習之沿革과忠臣義士孝子烈女之行蹟을各隨所聞所見而詳錄投示하야俾此重役으로得以[illegible]甚

大韓每日申報社

○○○○○○○○○○○○

本[illegible]을[illegible]佈ᄒᆞ기爲하야咸鏡南道咸興州南社西門外居하는曹喜林氏에게邃號下送하오니該附近地에[illegible]하시는 僉君子는同氏에게購覽하시며代金도同氏에게傳致하심을爲要

大韓每日申報社

○○○○○○○○○○○○

一 鷹標罐濃縮牛乳

一 鶴印罐詰濃縮牛乳

一 綠葉家用氣化乳糖

一 壜ㅣ은[illegible]

台牛乳

以上은[illegible]

[illegible]

大韓仁州港

[illegible] 洋行

●九轉靈砂라 本人이妙方法을研[illegible]하야製造ᄒᆞᆫ[illegible]男女老少에無論何症ᄒᆞ고適治ᄒᆞ오며無病時에도服ᄒᆞ면平生의身體가健康ᄒᆞ며小兒는四五錢重만服ᄒᆞ면十歲안에無病ᄒᆞ기를擔保ᄒᆞ오며

●九轉靈砂萬應丹은癲狂 癇症과中風諸疾과耳目諸病과淋疾에神効ᄒᆞ오

●九轉靈砂保命丹은初生小兒 驚風 痛氣 咳嗽 腹痛諸般惡과婦人帶下症에神効ᄒᆞ오

●九轉靈砂濟衆丹은酒滯 食滯 血積 吐瀉 霍亂 痢疾 吐血 下血 運氣 時疾 瘧症에神効ᄒᆞ오

●九轉靈砂紫金丹은痔漏 累[illegible] 上痔瘡 下痔瘡及唐瘡과諸般瘡瘍惡種에無不神効ᄒᆞ오니 僉君子는來購ᄒᆞ시오

內需司前즉갑이골上隅第一家 李鶴延 告白

大韓帝國仁川港

濟物浦紙卷烟及烟草會社

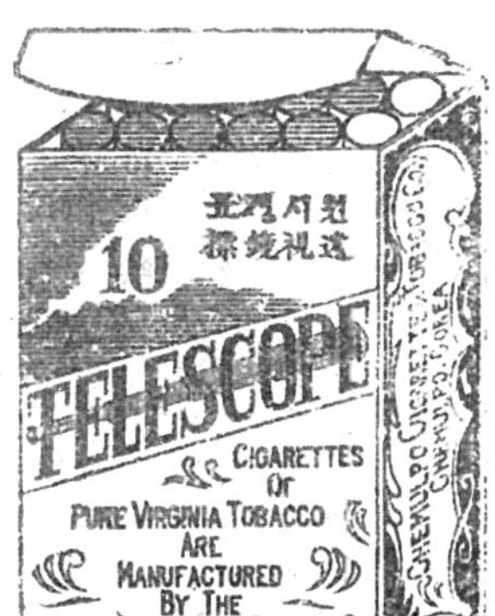

以上三種은上品으로製造ᄒᆞ야[illegible]上에至[illegible]니[illegible]莫八[illegible]本[illegible]에來[illegible]ᄒᆞᆷ

本社廣告

申報價

一張代金 新貨二錢五厘

一個月前納 三十錢

三個月 九十錢

六個月 一元七十錢

一個年 三元四十錢

郵稅一朔 新貨五厘

一個月 十三錢

廣告料

四號活字十三字詰

每日每段尺一寸에新貨[illegible]

每日連行에[illegible]

三[illegible]日에[illegible]

一個月에[illegible]

每日每行[illegible]

期限의長短과字數[illegible]

을依ᄒᆞ야增減홈이有홈

◉本社地方各處支店廣告

仁川梧峴開新冊肆 李東支

平壤南山峴日新學校 金興淵

崔叡恒

宣川邑橋西 安溶

義州南門外韓西大藥房張有寬

長連邑 金龜

鎭南浦築洞 金仁집

咸興州南社 曹喜林

中和邑 李俊培

釜山佐川徐藥房 金灌泰

發行兼編輯人 英國人裵說

發行所 京城北署[illegible]進坊[illegible]洞[illegible]外地[illegible]

大韓每日申報社

第四卷

大韓每日申報
대한매일신보

第二百十號

月曜及慶節翌日休刊

檀君開國四千二百三十九年
箕子元年三千二十八年
大韓開國五百十五年
日本明治三十九年
淸國光緒三十二年
陰曆丙午年四月小十一日戊申

論說

勸告仁港商會諸員

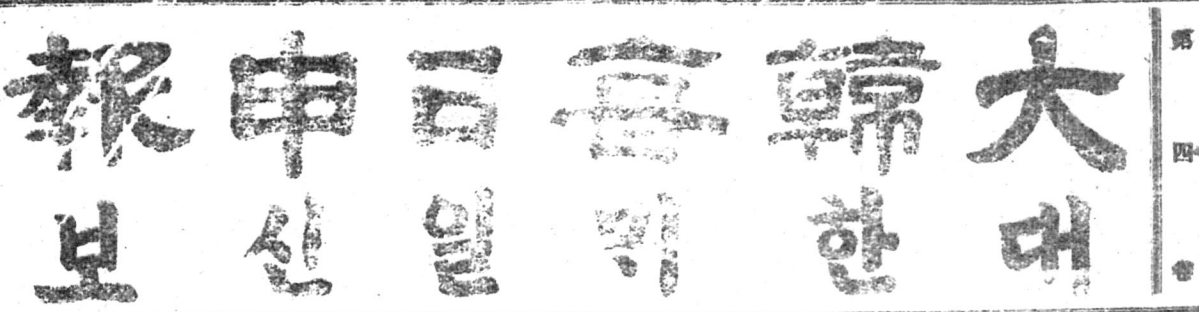

日昨本社員이仁港學校의發起된事由와將次擴大홀狀況이有홈을錄示ㅎ얏기로業已揭載어니와吾儕는對此商會諸員ㅎ야實有期望之遠大者이기로不能自已於勸勉之說이로다

蓋社會上事業成就가一曰有志者之心力이오一曰資本家之財力이니須是二者가合而爲一然後에乃見其成效라是以로現世界文明富强之國에其事業之增進이多賴商會之功ㅎ느니

蓋商民者는公衆之交涉이旣繁에知識之交換이最廣ㅎ고生活之殖利가最饒에資本之鳩合이不難故로凡於事業에其智가足以及之ㅎ고其力이足以成之라今此仁港은各國商賈湊集之地오物貨交通之區니世界文物之輸入이最爲殷繁則其民智之開發이固有先於他方者矣요各種社會에不尠之贍裕가有非窮巷僻村之比也니其事業之成就는不待타人之論說而自能奮發矣라

若夫吾儕於此에有期望之遠大云者는何也오夫人生之快活과國力之富强이皆由商業之興旺ㅎ느니是故로泰西之人이最重商務而以商學爲至要ㅎ야有商業理學ㅎ며有商業史學ㅎ며有商業地學ㅎ며有商業法학ㅎ니其大者는綱維貫通ㅎ고盈虛消息ㅎ야以察商界之轉變ㅎ고其小者는纖悉周密ㅎ고委曲詳盡ㅎ야以求商情之入微라

故로泰西之人이收攬全球之利益ㅎ고控制五洲之大權이實由於此라現今時代는人人이皆有國家之責任故로人人亦皆有國家之思想ㅎ느니蓋國家之權力이即自身之權力이라

國家之權力이不能比較於他國이면箇人之權力이亦其墮落於타人ㅎ야奴隸之辱과魚肉之慘을不可得免이니苟有人性者면寧不傲惕哉아噫라大韓國民이今値如何境遇耶아若欲其恢復國權ㅎ고伸張人權ㅎ야脫타人之羈絆而復自國之獨立이면是其責任이在於二千萬人之箇箇身上而其智와其力이足以發達其開明事業者는商會上諸員이라由是而全國內實業大賈가胥皆觀感於此ㅎ야合資日盛ㅎ고設校日廣則民智가由此而開發ㅎ고人才가由此而作成ㅎ야諸般事業이亦皆烝烝日進步니苟如是也면何難乎國權之克復也哉아然則今日商會諸員之責任이可謂重且大矣니勉之勉之어다

官報

◉三千四百四十二號 光武十年五月二日

◉宮廷錄事

重建都監儀軌堂上臣李載克謹奏大安門修理吉日時令日官金東杓推擇則始役陰曆四月十二日丁時上樑同月廿四日庚時爲吉云以此日時擧行何如謹上奏 光武十年四月廿五日奉旨依奏改以大漢門爲之

시從院副卿李鍾泰辭職疏

批旨省疏具悉所請依施

四月廿九日

官報第三千四百卅八號宮廷錄事欄內圜慶壇監董全州郡守權直相攷役後就㳟事 奏本批旨를還入ㅎ심이라

◉敍任及辭令

依願免本官 外國語學校副敎官金鎭華○任外國語學校副敎官 九品崔炳憲○任官立小學校敎員 外國語學校副敎官柳基駿 以上三月卅日○依願免本官 淑陵參奉崔昌壽○任淑陵參奉 文器燮○任主殿院電務課主事 韓相鉉 李弘朵 以上四月廿三日○依願免本官 淑陵參奉文器燮 主殿院電務課主事韓相鉉 仝朴弘朵○任淑陵參奉 九品崔昌壽○任主殿院電務課主事 金亨穆・南永熙○免本官 鎭衛第七大隊附參尉金昇卿 以上四月廿四日○命시從院副卿 從二品李鍾泰○依願免本官 秘書監丞趙範九 仝 中樞院議官 裕康園參奉金榮稙○任秘書監丞 正三品沈宜平 仝洪承斗○兼任太醫院副卿 秘書監丞洪承斗○兼任西京豐慶宮參書官 宮內府大臣官房秘書官金圭鎭○任裕康園參奉 李鐵寬 以上四月廿七日○依願免本官 秘書監丞沈宜平 西京豐慶宮參書官崔益煥 仝朴鶴銓 康陵參奉徐丙敦 禧陵參奉宋鍾國 慶基殿參奉鄭在龍 崇惠殿參奉金錫熙○任秘書監丞 正三品趙範九○任西京豐慶宮參書官 正三品高應源 六品金然翊○任慶基殿參奉 柳炳斗○任禧陵參奉 宋淳昱○任康陵參奉 李鶴魯○崇惠殿參奉 金注河 以上四月廿八日

◉三千四百四十三號 光武十年五月三日

◉敍任及辭令

依願免本官 主殿院電務課主事金亨穆 仝南永熙 四月廿五日○依願免本官 西京豐慶宮參書官高應源 仝金然翊 慶基殿參奉柳炳斗 禧陵參奉宋淳昱 康陵參奉李鶴魯○命시從院副卿 從二品金起範○任西京豐慶宮參書官 正三品崔益煥 仝朴鶴銓○任慶基殿參奉 九品鄭在龍○任禧陵參奉 九品宋鍾國○任康陵參奉 九品徐丙敦○命臨時署理制度局總裁事務 宮內府大臣李載克 以上四月廿九日○依願免本官 西京豐慶宮參書官朴鶴銓 尙方司主事李載九 純陵參奉崔冕洙 肇慶廟參奉李最贇 崇德殿參奉朴文益○任西京豐慶宮參書官 六品李貞默○任尙方司主事 太僕司主事金益東○任太僕司主事 六品李載九○任純陵參奉 鄭憲永○任肇慶廟參奉 金수봉○崇德殿參奉 朴起遠

以上四月卅日

外報

◉書籍會社創設 上海電을據ㅎ즉淸國敎科書는目下外國宣敎師가編纂ㅎ者와日本에셔輸入ㅎ는 인딩今番에此를壓倒ㅎ야輸入을防遏홀目的으로淸人이發起ㅎ야書籍會社를創設ㅎ는딩該會社는資本金이百萬弗이오股主는淸人만限定ㅎ다더라

◉刑法改正奏請 北京電을據ㅎ즉淸國刑部尙書가宛刑을徒流刑으로改正홈을奏請ㅎ고法律改正次로各國現行法律을調査ㅎ기爲ㅎ야刑部郞中[illegible]麟等을日本에派送홀을奏ㅎ야皆裁可를蒙ㅎ얏고尙且外國貨幣僞造律을創定홈을上奏ㅎ얏더라

◉提學使司創設 北電을據ㅎ則淸國셔去月廿五日에上諭를下ㅎ야曰從來各省學政을裁撤ㅎ야提學使司를創設ㅎ고督撫의節制에屬ㅎ야各省學務를統稽케ㅎ라ㅎ얏더라

雜報

●宮大被彈 宮內大臣李載克氏가金溝郡守權直相氏를放送ᄒᆞᆫ즉該事件으로全州民人等이議政府에呈訴ᄒᆞ야李宮大를彈劾ᄒᆞ고該郡守를照律ᄒᆞ라ᄒᆞ얏는ᄃᆡ該呈訴人은三十八[illegible]이더라

●雜類而多 近日伊藤侯爵의隨從도多ᄒᆞ고涉遍顧問四寸도有ᄒᆞ[illegible]民間이種種怪漂ᄒᆞ나現今[illegible]日本官憲의有勢力[illegible]數인ᄃᆡ又其子兄[illegible]出ᄒᆞ며其勢力之隨[illegible]不及이오其禍誤之滋[illegible]不啻니哀此韓人은[illegible]己甚ᄒᆞ더라

[illegible]옷독[illegible] 有志某氏가近日[illegible]所[illegible]ᄒᆞᄂᆞᆫ바옷독이라ᄒᆞᄂᆞᆫ[illegible]ᄒᆞ고有感於心ᄒᆞ야對人說話ᄒᆞ기를옷독이의옷독옷독서ᄂᆞᆫ[illegible]見ᄒᆞᆫ즉獨立能力이有ᄒᆞᆷ을[illegible]知ᄒᆞ리로다其獨立을自由로決非他故라오즉上輕下重ᄒᆞᆫ緣故인ᄃᆡ我國人民의獨立力이無ᄒᆞᆷ은上重下輕ᄒᆞᆫ緣故라所謂政府官吏의壓制力을不受ᄒᆞ고邦本의民志를鞏固케ᄒᆞ면何慮不獨立이리오ᄒᆞ고慨歎不已ᄒᆞ더라ᄂᆞᆫᄃᆡ[illegible]氏ᄂᆞᆫ自强會의自字精神을演說ᄒᆞᆫ尹孝定氏라더라

●統監照會 統監府에서義親王殿下를東京皇室에서優待ᄒᆞᆫ前後節次를[illegible]本ᄒᆞ야政府로照會ᄒᆞ얏더라

●休紙有用 宮內府에서內部로照會ᄒᆞ기를不用休紙를出給造紙所ᄒᆞ야[illegible]公用紙[illegible]進排케ᄒᆞ라ᄒᆞ얏더니內部에서光武二年[illegible]年度不用冊子二萬四十四[illegible]九千四百五十卷合二萬[illegible]千四百九十四卷을造紙所로[illegible]送ᄒᆞ고宮內府로照復ᄒᆞ얏더라

●內相稱病 內部大臣李址鎔氏ᄂᆞᆫ宮中觀燈宴會에入參ᄒᆞ야款待를經過不寐ᄒᆞᆫ故로困憊를難耐ᄒᆞ야昨日은齋睡帳中ᄒᆞ노라고該部에稱病不進ᄒᆞ얏더라

●農相訪問 農商工部大臣權重顯氏ᄂᆞᆫ昨日下午二時에步行으로統監府에[illegible]ᄒᆞ야各部[illegible]長官을訪問ᄒᆞ얏다더라

●[illegible]非除難[illegible] 南陽郡에水陸間[illegible]이大擾ᄒᆞᆷ으로郡守方[illegible]德氏가內部로報告ᄒᆞ고銃三十柄과彈丸二千[illegible]을請求ᄒᆞ얏더니內部에서指令ᄒᆞ기를近來隊伍[illegible]軍物을不[illegible]이니難照軍部라ᄒᆞ얏더라

●裁判支離 內部參書官柳成烈氏와其聘父李承業氏가相訟ᄒᆞᆫ事件에對ᄒᆞ야漢城裁判所에서已爲判決ᄒᆞ야柳落李勝ᄒᆞ얏다더니昨日에도該裁判所에서原被告를招待ᄒᆞ야裁判場을更開ᄒᆞ얏더라

●高[illegible]勘處 內部에서咸南觀察使申箕善氏의報告를因ᄒᆞ야法部로照會ᄒᆞ기를高原前郡守朴기吳의挾賂諸條와橋貸濫斂事를摘査成冊ᄒᆞ야粘付送交ᄒᆞ니相當勘處ᄒᆞ고贓錢을亦爲徵納ᄒᆞ와還給該民等處라ᄒᆞ얏더라

●政府轉飭 參政大臣朴齊純氏가梁山龜浦停車場原占外에民有田土를輕價勒買一事로日本統監府에交涉ᄒᆞ야[illegible]償ᄒᆞ及地[illegible]移轉費等支出에協定ᄒᆞ야次第支撥ᄒᆞ다ᄂᆞᆫ該郡道會社報告書와未領受人의居住姓名과種別金額을[illegible]交予內部ᄒᆞ고使之轉飭該道觀察使ᄒᆞ라ᄒᆞ얏더라

●牧場基址의査徵 內部에서平壤觀察府에指令ᄒᆞ[illegible]告를據ᄒᆞᆫ즉平壤[illegible]告로平[illegible]內大同江坊栗里坊林原坊[illegible]坊秋[illegible]美[illegible]地間[illegible]揆定[illegible]又人民이[illegible]關가[illegible]을[illegible]飭[illegible]結[illegible]이[illegible]收[illegible]은務[illegible]郡守[illegible]照實行케ᄒᆞ고曉諭人民ᄒᆞ야俾爲安業케ᄒᆞ며[illegible]査圖形[illegible]來라ᄒᆞ얏더라

●搶殺一類 任[illegible]와官[illegible]府主[illegible]劉彰烈[illegible]가[illegible]ᄒᆞ야任公와氏의家産을[illegible]夜[illegible]奪ᄒᆞ며京[illegible]驅逐ᄒᆞ다가平理院에서對質[illegible]之場에兩氏奸狀이綻露ᄒᆞᆫ[illegible]니와同劉彰烈任[illegible]氏를該院에서照律處斷[illegible]獄[illegible]의捉因ᄒᆞ얏ᄂᆞᆫᄃᆡ 宮內府大臣李載克氏가該院에照[illegible]ᄒᆞ기를劉彰烈의犯遁[illegible]貸가[illegible]多ᄒᆞᆫᄃᆡ現今貴院의被囚되얏스니莫重公貸를無以消帳이라同劉彰烈을卽爲白放ᄒᆞ라ᄒᆞ얏다니該大臣이初次에劉彰烈運訴를准信ᄒᆞ야任公와家産執留放賣ᄒᆞ라고務訓ᄒᆞ얏다가追因公와之請願ᄒᆞ야至於該刪還收ᄒᆞ얏스나其昏然無主ᄒᆞ야乍訓旋收ᄒᆞᄂᆞᆫ거시已是損體不少이고況今劉彰烈이貨價公道[illegible]多ᄒᆞᆫ진ᄃᆡ法司의捉囚[illegible]刷ᄒᆞᄂᆞᆫ거시自是當然이거ᄂᆞᆯ此等雜類의 皇室費[illegible]托ᄒᆞᆫ고[illegible]民[illegible]罪를欲爲도脫ᄒᆞ야返[illegible]放ᄒᆞ라ᄒᆞ니[illegible]該大臣의主見이면國法[illegible]何可[illegible]일지因此大官不法ᄒᆞ야殘民들이莫可支保라고街說頗騰ᄒᆞ다더라

●[illegible]給 日本[illegible]道[illegible]部[illegible]山鐵道[illegible]班長大[illegible]매三郎氏가漢城府에公函ᄒᆞ되京元鐵道線[illegible]家屋移轉[illegible]로[illegible]에貴國駐箚[illegible]軍司令部로서[illegible]國내部되臣파一般鐵道收用土地物件에對ᄒᆞ야비償金을交付ᄒᆞ야貴國니部로서關係人民에게配付ᄒᆞᆷ이可ᄒᆞᆫ事로協定ᄒᆞᆷ이有ᄒᆞᆫ바ᄂᆞᆫ貴府에서旣所知悉則凡其移轉民人은貴官職權에依屬이온지라貴니部大臣에게此由를稟辦ᄒᆞᆫ後至急嚴飭ᄒᆞ오되右鐵道收用ᄒᆞᆫ地區니에所有民人家屋을一切收拂케ᄒᆞ심을爲要等因으로具報내部矣러니訓令니에日本臨時軍用鐵道契約書中에京元鐵道도一體協定ᄒᆞ고該비償金도亦爲交受ᄒᆞ야線니所有民人家屋轉移費를次第辦給이爲宜라ᄒᆞ얏더라

●院舍許借 學部에서江華府普昌學校長李渠暉氏의請願을因ᄒᆞ야開城府尹의게訓令ᄒᆞ기를開城府니에普昌學校支校를設立ᄒᆞ더인ᄃᆡ但校舍未備ᄒᆞᆷ으로即不開學인즉本府所在崇陽書院所屬院舍를許借立校케ᄒᆞ라ᄒᆞᆫ바李東暉之注意文冊과[illegible]心教育이特爲嘉[illegible]이니該院舍를即爲許借ᄒᆞ야以便設校ᄒᆞ라ᄒᆞ얏더라

●監府照會 統監府에서政府로照會ᄒᆞ기를開城府前鄕遞司를經便[illegible]으로引繼ᄒᆞ얏거니와該建物狹窄ᄒᆞ고又卑濕ᄒᆞ야果難接務인바該南ᄃᆡ門外에獄舍은棄置ᄒᆞ고타獄舍現用ᄒᆞ니該棄置獄舍基址에我郵便局을移建ᄒᆞ되[illegible]爲許[illegible]라ᄒᆞ얏더라

政府顧問[illegible]知分機續合同件

議政府參政大臣朴齊純과府顧問須知分[illegible]間締約光武八年十二月二十七日外部大臣李夏榮과知分間訂約改定

第一條 外交顧問稱號를改稱하야自今以後ᄂᆞᆫ政府顧問으로更聘하야其任托職務를誠實遵行케홈

第二條 前記條項은上開光武八年十一月二十四日合同條款이니韓日兩國間光武九年十一月十七日締結協約을因하야該合同條欵이變通을要하ᄂᆞᆫ處에其代로遵行케홈

第三條 光武八年十二月二十四日合同第七條第八條ᄂᆞᆫ其中에記載ᄒᆞᆫ「日本帝國代表者何語」ᄂᆞᆫ日本皇帝陛下의統監으로更改하ᄂᆞᆫ外其原文ᄃᆡ로遵行하되但上開附約은[illegible]의同意를續ᄒᆞᆫ後訂約ᄒᆞᆷ

右自政府正[illegible]間調印

云[illegible]

●治道着手 自昨日로內部에서治道局官吏를會同ᄒᆞ야[illegible]에着手ᄒᆞ얏다더라

●茂[illegible]匪 三陟郡守[illegible]台錫氏가內部에報告ᄒᆞ얏시되義兵[illegible]百名이[illegible]各面[illegible]移照附[illegible]御衛隊ᄒᆞ야請兵掃勦ᄒᆞᆫ다더라

●假稱觀察 慶尙南道觀察使趙民熙氏가內部에電報ᄒᆞ기를處[illegible]主[illegible]觀察[illegible]各郡하[illegible]政府로[illegible]命否하야其貨假를[illegible]求하라ᄒᆞ지마니部에서[illegible]政府命送하니作[illegible]請[illegible]因徵來하다하얏더라

●度[illegible]部 [illegible]에서各部의不足[illegible]經費[illegible]外支出件을聯[illegible]하야[illegible]府에[illegible]하얏더라

●特赦不允 日前에國事犯特赦[illegible]政府에서經議上奏하얏더가不允[illegible]하신後에各대臣이未安하야政府에預會치아니하고朴參政만逐日仕進하야無味退[illegible]ᄒᆞᆫ다더라

東京電報

●皇后微行 五月[illegible]日午後三時發
日本皇后陛下께서ᄂᆞᆫ本日(二日)에御微行ᄒᆞ야凱旋道路에陳列ᄒᆞᆫ戰利品을御覽ᄒᆞ셧더라

雜報

大韓自强會趣旨及特性之說明　尹孝定

若夫敎育殖産之必要則自有續論之諸君하니某不必贅陳而敎育以强其智力하며殖産以强其財力하야竟至於自强則試問自强之効는果何如오曰回復我大韓之獨立主權回復我大韓之獨立主權而已로다

然發起者之至誠赤心은固如是而若我全國同胞가一向夢夢하야對我會旨하야或誹방之하며或嘲笑之하야謂之必無所成而擧皆棄而不憐則顧此略干會員이其何能自强於大韓之自强獨立哉아可憐檀箕舊江山에復見二千萬紅人種之狀況而已也로다

且夫他日云者는自明再明日로以至未來之百、萬年을幷皆可稱他日이니然則恢復他日之獨立云者ㅣ在於五年十年之니도亦惟我同胞兄弟也며百年二百年之後도亦惟我同胞兄弟也며以至千年萬年而永不能回復도亦惟我同胞兄弟也니願我同胞兄弟는勉乎勗哉ᄒᆞ며勗乎勉哉어다今日我韓이處於世界上最下惟一之地位ᄒᆞ야欲國富强而幷肩於列强之中則其事는雖有敎育殖産之實理可踐이나惟此二者가若非本會及國民之一種特性이면終難貫徹其獨立之目的이니請諸君은更加明聽於本會特性之所在ᄒᆞ시오夫天地間之動物이皆於飢食渴飮之外에別具一種特性ᄒᆞ니略擧其一二則如麟之仁과猿之効와烏虎之孝와蜂蟻之忠이皆其特性이오且國國之人이亦各有特性故로國國이亦各異其特性ᄒᆞ야日本은以忠愛로爲特性ᄒᆞ고露人은以貪慾로爲特性ᄒᆞ고英以自由ᄒᆞ고米以獨立ᄒᆞ니國家之盛衰가必關於其特性之善否而已라支邦은以倨傲로爲特性ᄒᆞ고　（未完）

◎◎遭難同胞至急救◎◎
◎慰金募集大廣告◎

至迫至急ᄒᆞ고可驚可악ᄒᆞᆫ我大韓同胞中美國桑港市韓地에寄寓ᄒᆞ는千餘名에兄弟姊미가今番桑市의火災의遭難棲惶ᄒᆞ는情狀을思惟ᄒᆞᆫ건ᄃᆡ幾人은死亡의濱ᄒᆞ얏스며幾人은損害를遭ᄒᆞ엿는지晝夜神驚ᄒᆞᆷ을不禁ᄒᆞᆫ지라玆의全國內有志同포의게警告ᄒᆞ오니隨事力補助ᄒᆞ시와海外孤蹤이로患難의罹ᄒᆞᆫ同胞를慰藉케ᄒᆞ시믈渴望ᄒᆞᆷ

但收金日限은四週間으로定ᄒᆞᆷ

收金所　大韓每日申報社　會計室

請연員은前主事薛泰熙氏로定ᄒᆞ얏숩

仁川에는姜允模金濬弘兩氏로定ᄒᆞ얏숩

●姓呂心黑　全州郡居張錫允이甲辰年分에沃溝港에서商販客主로爲業ᄒᆞ는ᄃᆡ港內各人處地契와家契典執錢이葉八萬餘兩이러니適有他事ᄒᆞ야同業을撤廢이온바他人所給條로見窘太急ᄒᆞ와各人所捧條를督刷之際에本道屯驛租督刷官白元圭가其時收租官에在任ᄒᆞ야請本人曰君之所捧條各文券을給與ᄒᆞ면余當速推云이기所捧條地契家契八萬餘兩件을付與後該領受證을依受이온바同白氏가同錢을經理院未納公逸이라稱ᄒᆞ고圖得同院訓令後에不日督捧ᄒᆞ야先捧條三萬九千餘兩은渠自暗食ᄒᆞ고其餘難捧條四萬餘兩文券만還給ᄒᆞ기로先捧條三萬九千餘兩을從推則聚內稱托ᄒᆞ야頓無一錢出給키로呈府院에同白氏는現今有權之官吏라百般圖免ᄒᆞ고反以臆說로眼氏를威脅ᄒᆞᆫ다더라

●金相萬氏의寄函　敬啓者擧日美國桑港에空前絶後ᄒᆞᆫ大災變이有ᄒᆞᆫ데四海兄弟의一般慘狀도極用哀矜이오되嗚呼라居留玆土ᄒᆞᆫ惟我同胞여生耶아死耶아萬里重洋에魚鴈이俱隔ᄒᆞ와晝宵憧憬이옵더니今幸有志僉君子씌오셔救恤方略으로捐金을募集ᄒᆞ시니不勝感歎ᄒᆞ와紙貨二圜을辦呈ᄒᆞ오니幸須寄付ᄒᆞ시와俾表微忱케ᄒᆞ심을伏望

●義王接待節次
統監府에서義親王殿下接待節次를政府로詳示ᄒᆞ얏는ᄃᆡ其節次가如左ᄒᆞ니

一은殿下는帝室의貴賓으로御待遇事
一은接件員二名을付ᄒᆞᆫ事
一는接件員은殿下來着港에迎接으로出張事但着發港에縣知事及市長이便宜場所에서迎接事
一은殿下入京退京節次는新橋停車場이니宮내次官外務次官外事課長又는次長警視總監東京府知事東京市長이迎接事
一은殿下入京退京當日에迎接及關係員着服은通常服인ᄃᆡ但히警察官은相當服章事
一은日時參니次第는式部職員이取調事
一은貴族院議長官舍로旅館을充ᄒᆞᆫ事
一은殿下入京退京節次와帝室貴賓旅館에御滯在中에馬車로貴客接次時에充用ᄒᆞᆫ事
一은旅館은警察官으로警備事
一은日時皇族이在京ᄒᆞ야殿下旅館을訪問ᄒᆞᆯ事라더라

●落胎慘狀　平壤大同門外倉廒會社創設事로勸買民家之說은本報屢揭ᄒᆞᆫ바어니와該家主等이歇價로放賣치아니ᄒᆞᆷ으로屢被捉囚ᄒᆞ얏는ᄃᆡ其中金亨柱에女息이其父의捉去ᄒᆞ는樣을見ᄒᆞ고勸買之無理와捉去之無法을與巡校輩로互相爭詰ᄒᆞ다가墜于階下ᄒᆞ야落胎ᄒᆞ얏다ᄒᆞ니彼日本人은於韓民에固無愛惜之心이어니와爲其郡守ᄒᆞ야는以字牧之任으로但順其山田財務之指揮ᄒᆞ야有此虐民ᄒᆞ니平壤之民은何罪오ᄒᆞ야物議가沸騰ᄒᆞ다고傳說이有ᄒᆞ더라

廣告

釜港絶影島居前主事송夏均名字는炳玉으로字는云五로改定ᄒᆞ얏스니知舊間照亮ᄒᆞᆷ　송炳玉　告白

本郡守赴任以後로巨細茂績을難以枚擧而最其章章尤著者는每結頭九戔式加捧이流來已例인ᄃᆡ勿施永革ᄒᆞᆫ事와成川結五十九結을壬寅以後無土徵稅ᄒᆞ든거슬倍捧郡府에請減ᄒᆞᆫ事와各面被燒八十餘戶에恤典을施ᄒᆞ고戶錢을捐廩蠲減ᄒᆞᆫ事와歲除의境ᄂᆡ七十以上老人을연廩六百餘兩ᄒᆞ야每員에米三升肉三斤式分餽ᄒᆞᆫ事와邑底大川防築費를府民이逐戶排斂ᄒᆞᄂᆞᆫ거슬연廩三百餘兩ᄒᆞ야替當ᄒᆞᆫ事로頌騰闔境에村村木碑이거날何許怯類가有何犯科挾憾인지捏誣而騰載新聞이事甚無據故로玆以正誤ᄒᆞᆷ　茂朱郡民人李時郁等　柳貞景　河尙鎬　告白

黃海道海州魚藿廛坐賈人等이運送物稅金免徵事로呼訴于度支部이더니自該部로其稅金을勿施之意로題旨內開에漁鹽藿所産處徵稅는由來正供이라至於魚藿坐商處抽稅는此則雜稅니嚴飭禁斷이고所謂朴文敎爲名者는捉囚嚴懲ᄒᆞ야更毋或商民呼冤之弊ᄒᆞᆫ事爲敎則惟我商民이不勝攢祝之情ᄒᆞ야玆以仰佈ᄒᆞ오니一般商民은咸須知悉ᄒᆞᆷ　海州府元宗植　等告白

本人의長子炳植이가性本浮浪ᄒᆞ야以酒色雜技蕩敗家産ᄒᆞ고尙今出沒京鄕ᄒᆞ야借用爲事의徵於老父爲計ᄒᆞ오니內外國人은勿爲見欺ᄒᆞ옵지오　鳳山沙里院林容薰告白

●特別廣告

四月三十日（月曜日）爲始ᄒᆞ야東門內韓美電氣會社에서夏期活動寫眞을玩賞ᄒᆞ는ᄃᆡ夏期間雨日을除ᄒᆞ고每日下午八點부터二時동안을設行ᄒᆞ는ᄃᆡ남마다各種으로ᄒᆞᆯ터이오니照亮來臨ᄒᆞ시옵

但외賞金은每人韓貨十錢으로定ᄒᆞ되該錢代에左開ᄒᆞᆫ美烟草會社에서製造ᄒᆞᆫ烟空匣으로領受ᄒᆞᆷ

Old Gold.	올드꼴드	十匣
Hero	히로	十匣
Hallo.	할노	十匣
Honey.	호늬	十匣
Sweetheart	스위헛드	十匣
Drumhead.	드람헤드	廿匣
Goldfish.	꼴드피쉬	廿匣

韓美電氣會社　告白

◎學員增募廣告◎

本塾에서一年級學員을募集ᄒᆞᆫ바又來陽曆五月十四日ᄭᆞ지追入學員을增募ᄒᆞ니願入學員은本숙에來議ᄒᆞ시옴

光武十年四月三十日

西署[illegible]後洞[illegible]學校後洞
私立普正義塾

本社廣告

中報價
一張代金 新貨二錢五里
一箇月前納 三十錢
三箇月 九十錢
六箇月 一元七十錢
一箇年 三元四十錢
號外一部 新貨五里
一箇月 十三錢

廣告料
四號活字十三字를每日每行[illegible]
一箇月에 [illegible]
二箇月에 [illegible]
其期限의長短과字數를依ᄒᆞ야增減ᄒᆞᆷ이有ᄒᆞᆷ

◎本社地方各處支店廣告
仁川杻峴開新冊肆 李東[illegible]
平壤南山峴日新學校 金興淵
宣川邑橋西 崔觀恒
義州南門外韓西大藥房張有寬 安濬
長連邑 金鍊
鎭南浦築洞 金仁집
咸興州南社 曹喜林
中和邑 李俊培
釜山佐川徐藥房 金洪泰

發行兼編輯人 英國人裵說
發行所 京城北署壽進坊[illegible]
大韓每日申報社

第四卷
大韓每日申報
대한ᄆᆡ일신보
第二百十二號

月曜及慶節
歲時日休刊

檀君開國四千二百三十九年
箕子元年三千二十八年
大韓開國五百十五年
日本明治三十九年
淸國光緖三十二年
陰曆丙午年四月小十二日巳酉

論說

韓國內日人

日人之待遇韓人을試見이면感愛日本ᄒᆞᆫ思想이甚少홈은人必各知어니와雖長於日本하야日人之非를一無所知ᄒᆞᆫ人士라도離自日本하야始乘京釜瀛車면不過一日旅行에其所觀光이足移其人之心이로다

日本은外飾之國이라可以記憶ᄒᆞᆯ各種景況을爲遊覽者設實矣로되至於韓國內旅行하야ᄂᆞᆫ不至有如此之擧하고散在四方ᄒᆞᆫ거슨惟其勞働韓民이日人의欺騙及虐待를被하ᄂᆞᆫ景色이라此情形을可證ᄒᆞᆯ진ᄃᆡ不費幾步면可得其實이로다

韓國內優權을日本이享有홈이可以論非ᄒᆞᆯ거슨日本武官及工大者와特許를謀得하ᄂᆞᆫ人이人道上普通指揮를輕視하ᄂᆞᆫ專制無法홈이로다因此被害ᄒᆞᆫ平壤人民이上京等訴인바其槩意如左하니

伏以民等의土地家屋을日本人이以軍用占取홈이民等의損害與甚故로其救濟策을已爲請求矣로되尙未聞如何處理하와今更告訴하얏ᄂᆞ니

占此地段을稱之以軍用故로本人等이對此拒絶키不能홈을可信이나爲人民者ㅣ타人의不法不正ᄒᆞᆫ待遇를受ᄒᆞᆯ時에政府救助를청乞홈은猶能故로其特著事實을畧擧이온바再昨年六月에日本工兵이始到本郡하와擇定基地하고定界內住民을使之移家故로不得已聽從其言하얏스니

其時占奪地段이一萬七千七百畝요昨年春에軍用鐵道事務員이又到ᄒᆞ야加占二萬九千畝ᄒᆞ얏스니此地住民의幾分은前者日本工兵의게被逐되여到此新建家屋ᄒᆞᆫ人員이라

再三選徙에酷被損害홈을豈能盡言哉잇가昨年冬에日本凱旋軍이又到占家이되待今春撤去之意로爲言故로苦待春信ᄒᆞ야欲爲耕播爲計矣러니

尙今無退去일ᄲᅮᆫ더러所被逐出之民이更有十八戶之多ᄒᆞ니其餘被逐도亦有其日이라如此之擧가將至何日而罷乎잇가哀此殘民이여捨我政府而曷歸乎잇가

官報

●三千四百四十四號 光武十年五月四日

◉敍任及辭令

依願免本官 西京豐慶宮參書官崔益煥○任西京豐慶宮參書官 六品李晩雨○任主殿院電務課主事 徐廷鶴 金宗彦

以上四月卅日

依願免本官 西京豐慶宮參書官李晩雨 主殿院電務과主事徐廷鶴 仝金宗彦○任西京豐慶宮參書官 正三品崔益煥

以上五月一日

●部令

度支部令第四號 續

農工銀行設立에關ᄒᆞᆫ件

第六條 청入保證金은此로第一回辦納金에充當홈으로株式청入人은每株에對ᄒᆞ야其差額에相當ᄒᆞᆫ金額을前條의通牒을受ᄒᆞᆫ期限及其方法을隨ᄒᆞ야辦納홈이可홈이라

株式청入人이其청入홈을勿施ᄒᆞ야도辦納ᄒᆞᆫ청入保證金의返還은得지못홈이라

第七條 設立委員이第四條의通牒ᄒᆞ야도株式請入人이辦納아니ᄒᆞᆫ時ᄂᆞᆫ其辦랍아니ᄒᆞᆫ株式에對ᄒᆞ야株主될權利를失ᄒᆞ고從且청入保證金의返還을受홈을得치못홈이라此境遇에ᄂᆞᆫ設立委員은其辦랍을아니ᄒᆞᆫ株式에對ᄒᆞ야更히株主를募集홈이可홈이라

第八條 各株에對ᄒᆞ야第一回의辦랍을完了ᄒᆞᆫ時에ᄂᆞᆫ設立委員은卽時創立總會를招集홈이라

創立總會에ᄂᆞᆫ株式擔當人의半數以上으로資本의半額以上을擔當ᄒᆞᄂᆞᆫ者가出席ᄒᆞ야其議決權의過半數로一切決議홈이라

前項外創立總會의招集及決議의方法에關ᄒᆞ야ᄂᆞᆫ定款에定ᄒᆞᆫ株主總會의規定을準用홈이라

第九條 設立委員은銀行의設立에關ᄒᆞᆫ事項을創立總會에報告홈을要ᄒᆞ고尙且左記ᄒᆞᆫ事項은此를度支部大臣의게報告홈이可홈이라

一 株式擔當人의姓名居住及其擔當株數

二 設立에關한經費

三 株金辦랍完了年月日

第十條 創立總會에서ᄂᆞᆫ理事及監事를選任ᄒᆞᆷ을要홈이라

第十一條 創立總會를終決ᄒᆞᆫ時에ᄂᆞᆫ銀行은此를依ᄒᆞ야其成立된으로設立委員은其事務를銀行理事의게推移ᄒᆞ야同時에其意를度支部大臣에게報告홈이可홈이라

光武十年四月廿日

度支部大臣閔泳綺

度지部令第五號

銀行條例施行細則

第一條 個人으로銀行의業務를營코져ᄒᆞᄂᆞᆫ者ᄂᆞᆫ左開事項을記載ᄒᆞᆫ營業認可申請書를度支部大臣에게提出홈이可홈이라

一 商號

二 本店及지店의所在地

三 資本金額

合名會社又ᄂᆞᆫ合資會社로銀行의業務를營코져ᄒᆞᄂᆞᆫ者ᄂᆞᆫ各社員의署名ᄒᆞᆫ營業認可申請書에定款을添付ᄒᆞ야度지部大臣의게提出홈이可홈이라 未完

外報

●淸國遣外大使 청國遣外大使一行은로國及부레면이에赴ᄒᆞ고ᄒᆞᆫ堡亞미利加滊船會社及로이도滊船會社에各代表者ᄂᆞᆫ上海에서貨物에關ᄒᆞᆫ當業者의苦情을大使에게爲任視察케ᄒᆞ고또河口改修에緊要를勸說ᄒᆞᆫ거시요人使其趣旨를一一히北京과及南京에傳達ᄒᆞᆯ事로爲約云이라더라

●청國留學生의活動 法國에留學ᄒᆞᄂᆞᆫ청國學生四名과其他청入數名은革命的論文을法國新聞에投書ᄒᆞᆫ故로駐法청公使가該學生에게學資金支給을中止ᄒᆞ리고청國政府에電稟ᄒᆞ얏ᄂᆞᆫ되該學生은廣東人인故 廣西官憲이此事件을擔任調査ᄒᆞ리라고又日本에在ᄒᆞᆫ청國留學生等은蘇杭鐵道條約에對ᄒᆞ야其意見을政府에電報ᄒᆞ되此國會社에서業已六介月을經ᄒᆞ야도蘇杭鐵道에着手치아니홈故로該條約은臨時條約인故로廢止ᄒᆞ더라도英淸兩國의親交딘害홈이無ᄒᆞ다ᄒᆞ얏더니駐청英公使가청國政府에通知ᄒᆞ되英國會社에서該條約破約ᄒᆞᆫ原因을釀生ᄒᆞᆫ事가無ᄒᆞᆫ故로該條約을廢止케홈은斷코[illegible]키不能ᄒᆞ다ᄒᆞ얏다더라

●募集成績 俄國公債ᄂᆞᆫ其內國에서四倍應募가有ᄒᆞ니是ᄂᆞᆫ宰相윗데氏의成功이라더라

雜報

●內相扶病 內部大臣李址鎔氏ᄂᆞᆫ身病이有ᄒᆞ야未能仕進ᄒᆞ다더니度支顧問官目賀田氏와面接交涉ᄒᆞᆯ事項이有ᄒᆞᆷ으로昨日에不得已扶病前往ᄒᆞ얏다더라

●法大再辭 法部大臣李夏榮氏ᄂᆞᆫ病難視務事로辭職疏를奉呈ᄒᆞ얏더니 批旨內에雖是久任이오病乃暫有니勿辭行公ᄒᆞ라ᄒᆞ옵섯ᄂᆞᆫᄃᆡ昨日에또再次辭職을奉呈ᄒᆞ얏다더라

●檢事轉任 平理院檢事尹甲炳氏가秘書丞으로轉任ᄒᆞ얏ᄂᆞᆫᄃᆡ其代에ᄂᆞᆫ遞任秘書丞李圭桓氏가被任ᄒᆞ얏다더라

●善隣公司 [illegible]에서內外國人間[illegible]으로善隣公司[illegible]를內部警務[illegible]게提呈ᄒᆞ얏다더라

●日弊[illegible] [illegible]民의情弊를[illegible]陶음이奸譎手段으로該郡城內外韓國商民의貿置板子를外上으로都買ᄒᆞ야달은日商處에倍蓰ᄒᆞᆫ價金으로直放ᄒᆞ고仍爲逃躱ᄒᆞ니物品을失ᄒᆞᆫ韓商의寃聲이徹天ᄒᆞ고또日兵은酗酒行悖으로突入民家ᄒᆞ야或婦女를刼辱코ᄌᆞᄒᆞ며或拔刀刺人ᄒᆞ야流血狼藉ᄒᆞ고或馳馬之時에老幼間被踐致斃者가有ᄒᆞ되日憲將官이禁止를不爲ᄒᆞ라大韓人民이無論某處ᄒᆞ고舉皆如此ᄒᆞᆫ慘辱을當ᄒᆞ더이니萬無生活之路라ᄒᆞ얏더라

●德巡不法 義州開市場德巡朴文淵氏ᄂᆞᆫ自來貧寒之人으로警務를被任ᄒᆞᆷ의必奢服高ᄒᆞ야買家卜妾而其茨은義州人이라鴉烟成癖에所費不些ᄒᆞᆯ뿐더러警廳에被藏된鴉烟具ᄂᆞᆫ例爲德巡小室處로輸件ᄒᆞ니身爲警官ᄒᆞ야行此不法이며獄中囚徒等을欺誘曰汝於何人處에有何所請願ᄒᆞ면吾當捧條이거든汝卽捧給ᄒᆞ라ᄒᆞᆫ즉囚徒가依其言呈訴ᄒᆞ면杖囚督捧後에反爲沒食ᄒᆞ고該郡耶蘇教徒劉元章의三寸叔이鰥居者로隣近孀女와互相和諧作配러니不意에朴德巡이元章과孀女를捉囚ᄒᆞ야無端히元章을猛笞幾十度ᄒᆞ고錢一百五十餘兩을勒取ᄒᆞ고孀女ᄂᆞᆫ放還ᄒᆞ야與元章之叔으로作配ᄒᆞ야生計ᄒᆞ얏스니如此警官의無恥[illegible]은人皆痛歎이라고本府에[illegible]이有ᄒᆞ더라

●地價請비 慶南熊川郡加德島外陽里에日本防禦隊軍用地로兩次占有ᄒᆞᆫ民有田畓及家屋價額을[illegible]發ᄒᆞ고結戶兩稅도亦卽[illegible]와使此渙散民情으로無至漸寬케ᄒᆞ라고內部에서度支部로照會督撥ᄒᆞ얏더라

●辭不得[illegible] 警務使徐相大氏가所管[illegible]醫師敍任前々지日人高麗[illegible]를特與給俸五十圓式에[illegible]聘ᄒᆞᆫ고內部에報告ᄒᆞ얏더니內部에서ᄂᆞᆫ指令ᄒᆞ기를然本廳에現在ᄒᆞᆫ醫士의게囑托救療ᄒᆞ고本國人中新附學에[illegible]ᄒᆞᆫ者를選拔ᄒᆞ야永久視務케ᄒᆞᆷ이妥當ᄒᆞ다ᄒᆞ얏더라

●移碑請費 鐵道監部龍山建築班長三浦九二郞氏가前往于開城府ᄒᆞ야該府西小門外鐵道附近에所立達城徐氏의遺愛碑閣及各員碑二十三座를期速移置ᄒᆞ라ᄒᆞᆷ의該府尹이答以移置之相當費額을出給ᄒᆞ라ᄒᆞᆫ즉彼稱以此移費額의所用으로昨年九月分에自日本兵站으로紙貨三十七萬圜을都給於貴國內部矣니依此請求ᄒᆞ라ᄒᆞ니該碑移置費二千圜을爲先劃下ᄒᆞ라고府尹韓永源氏가內部로報告ᄒᆞ얏다더라

●設校請認 慶尙南道居留秘書丞李是哲氏等이晉州府所在樂育齋에師範學校를私立ᄒᆞ고各郡에小學校를設立ᄒᆞᆯ次로學部에認許를請願ᄒᆞ얏다더라

●毁家被損 咸鏡南道咸興府內民韓承基가窮乏無狀ᄒᆞ야老母與妻孥를無地住着이다가乃於城郭下空地에欲立家基之意로訴官ᄒᆞ야承其認許이기로取西貸ᄒᆞ야鳩聚財力而草家를築址竪柱ᄒᆞ얏더니不意警務總巡韓義榦氏가遣巡檢招致韓承基ᄒᆞ야認許公文을勒奪이기故該人이訴冤于本官則本官曰既前에ᄂᆞᆫ許給ᄒᆞ얏거니와而今에ᄂᆞᆫ不敢自當措處이다ᄒᆞ기該人이往訴于顧問官則稱以官有之地에平民建家가公法不宜이다ᄒᆞ고若不毁破則卽當懲役이라ᄒᆞ야終至毁家ᄒᆞ니該人의老母妻孥ᄂᆞᆫ一朝流散ᄒᆞ야狼狽無依ᄒᆞ얏스니嗚呼痛哉라韓國之氓兮哽咽無言이로다韓國之民이不居韓土兮蹤跡은詎能作棲枝之飛鳥며韓土之物이非韓人所用兮肉身은詎能變食塵之毛虫고嗚呼哀哉라我韓人之良民이胡至此禍之極고思之血淚而已로다ᄒᆞ야該郡人士의寄函이有ᄒᆞ더라

廣成義塾에서寄函이如左ᄒᆞ니

嗚乎同胞야何不先不後ᄒᆞ고生此競爭之日ᄒᆞ야在內則有禁業之艱難과憂國之同情ᄒᆞ고在外則有地陷之慘과天火之災ᄒᆞ야使其朋輩離散ᄒᆞ며妻孥顚連ᄒᆞ야號泣于中野之間而莫知所之乎아瞻望故國에大洋이渺茫ᄒᆞ고棲遑異域에痛淚가泫然ᄒᆞ니嗟我同胞여于斯時也에能不怨天不尤人乎아生等은俱以農學으로無足備數於同胞之列이로ᄃᆡ此心此理ᄂᆞᆫ四海가同一也니既有其秉執之性者ㅣ安能保無其鴻鴈之特性也哉아自聞同胞災難以來로恨無[illegible]飛之翼과[illegible]化之[illegible]ᄒᆞ야未克到彼相慰이러니幸自貴社로發起ᄒᆞ야鳩聚若干金ᄒᆞ야恤其海外之困難同胞ᄒᆞ니凡我兄弟姊妹가孰無此懷라오蟻負一粒도亦盡其力者故로玆將銅貨五十元ᄒᆞ야以表同情ᄒᆞ고臨風一言ᄒᆞ야以慰遠外之兄弟ᄒᆞ노라

●有誰擅賣 仁川郡鄕校에서所屬ᄒᆞᆫ落島를放賣ᄒᆞ야鄕校를修理ᄒᆞ고六十圜이零在ᄒᆞᆷ을該郡公立小學校教員趙寬增氏가聞知ᄒᆞ고該餘錢을學校로補助ᄒᆞ라請求ᄒᆞᆫ즉士論이紛紛ᄒᆞ야不爲聽施라고學部에報告ᄒᆞᆫ지라學部에서仁川郡守의게訓令ᄒᆞ기를莫重公土를有誰放賣인지聞甚痛歎이라該落島를何年間에[illegible]賣於誰某와其時郡守與教任之[illegible]와價金之幾何를詳查明하라하얏다더라

●民地抑爲官地 咸鏡南道咸興城內新昌里中에ᄒᆞᆫ基址가잇스니其名은彰德이니前後左右ᄂᆞᆫ人家와里田이라此址ᄂᆞᆫ네로부터里人이奉祭ᄒᆞ며或植樹도ᄒᆞ여里地에分明ᄒᆞᆫ미證據가有ᄒᆞ기에里人이定公議ᄒᆞ되而今에ᄂᆞᆫ遺址를쓸데업스니不如賣得一錢이라ᄒᆞ야里人李柱漢[illegible]給이되[illegible]察使申箕善氏가[illegible]與日人同力하야民地를抑爲官有之地러고使總巡韓義容으로[illegible]招致里老하야請問이되里老諸說이如出一口曰此址ᄂᆞᆫ自古里屬之地니定公議하야李柱漢ᄒᆞᆫ處賣給이라ᄒᆞᆫ즉申箕善氏가稱以頑民難가私賣官地라하야里老朴定翊을捉囚警署하니此坊里民이呼訴漲天하얏다하더라

●辭職理由 學部參與官幣原坦氏가辭職事를各新聞에記載하얏거니와其理由를探知則所謂文學博士가敎務學政而昧理挾雜이라韓國學徒敎課書를以日文으로繙譯編纂하니主務大臣은靑襟裏糞이라無足責言이어니와博士學政이如是昧理하며數習敎官敍任事와各副敎員許ᄂᆞᆫ取才敍任時에挾雜이無數이라統監府調査席에難免其解故로辭職請願ᄒᆞᆫ事이더라

●日人抑權 本社通信을據ᄒᆞᆫ則咸鏡南道咸興郡에在ᄒᆞᆫ日人이韓民의家屋을買ᄒᆞ고定約ᄒᆞᆫ時에ᄂᆞᆫ兵丁으로威로[illegible]ᄒᆞ야[illegible]에利生되ᄂᆞᆫ諸家를任意主張ᄒᆞ야自己의利益만[illegible]ᄒᆞ고該家主人은斥居[illegible]地이라幾日幾月後에家貲排給ᄒᆞᆯ次로往ᄒᆞᆫ則其間에果有遞移者ㅣ不知라ᄒᆞ며或橫說竪說ᄒᆞ야家貲不給ᄒᆞ기로만諸般悖慢을行ᄒᆞ면서도言必稱開明之國이라ᄒᆞ고韓民은野蠻으로虐待ᄒᆞ니開明ᄒᆞᆫ[illegible]諸國도如此ᄒᆞᆫ지[illegible]

●朴氏保放 軍部大臣李根澤氏의刺客疑嫌者로平理院에[illegible]因하얏든前判書朴[illegible]氏ᄂᆞᆫ再昨日에保放되얏다더라

●提出件留案 政府에서提出件에[illegible]案이如左하니[illegible]民救恤件、移民[illegible]件、[illegible]例件、水道局官吏敍任件、[illegible]足經費支出件、[illegible]郡守敍任件이不當緊急而[illegible]特[illegible]次로議決上奏後에有不允處分故로各部大臣이[illegible]하야不入[illegible]議案이如右留案이라더라

●地方制度 地方制度調査所에制度를概[illegible]하야三百四十二郡地圖를一切上送하야隨其地形遠近하야爲一百四十餘郡而陰七月頃에實施ᄒᆞᆯ터인ᄃᆡ現郡守ᄂᆞᆫ一幷[illegible]任하고[illegible]하야取才考蹟하되無欠者로更爲敍任ᄒᆞᆫ다더라

東京電報

●還羅皇族 五月三日午后三時發
還羅皇族돌하르王은國賓의禮遇를受하기로되야今朝某리芝離苑의入하셧더라

●勅祭式 上仝
本日에清國神社에서勅祭擧式하얏는데日本天皇陛下皇后陛下各皇族殿下계셔參拜하시고大韓義親王殿下께셔도御參拜하셧더라

倫敦電報

●救助寄附金 上仝
늬유실난드政府는日本東北地方饑饉救助寄金으로一億圓을日本에送혼다더라

●英國下院協議 上仝
英國下院에셔는輸入茶稅低減의協議를하얏더라

北京電報

●日本公使出發 上仝
내田駐清公使는去三日에袁世凱氏의招待를受하고天津을出發하야來十日에歸國혼다더라

●南昌事件決了 上仝
南昌事件은佛國政府의請求디로決了됨으로不平을唱하는者多하더라

雜報

●崔氏奬學 正三品崔寬夏氏가各學校를周覽하고皆成學校에轉到하야學徒의規制와進就를觀玩하고數百人學徒의게紙筆과과子로施賞하며演說로勸勉하야쓰며校長金重煥氏와教授諸氏를對하야贊頌하얏다더라

●派兵鎭壓 再昨三日에公州隊에셔軍部로電報하기를藍浦郡에義兵四百名이聚起猖獗하다하지라軍部에셔回電하기를量宜派兵鎭撫事라하얏더라

◎◎遭難同胞至急救◎◎
◎◎慰金募集大廣告◎◎

至迫至急하고可驚可악한我大韓同胞中美國桑港市等地에寄寓하는千餘名에兄弟姉미가今番桑市디火災의遭難悽惶하는情狀을思惟할진디幾人은死亡의濱하얏스며幾人은損害를遭하엿는지晝夜神驚홈을不禁할지라玆의全國內有志同포의게警告허오니隨力補助하시와海外孤蹤이로患難의罹한同胞를慰藉케하심을務望홈

但收金日限은四週間으로定홈

收金所
大韓每日申報社 會計室

請연員은前主事薛泰熙氏로定하얏슴
仁川에는姜允模金澤弘兩氏로定하얏슴

●保蔘派兵 開城府蔘圃保護次로水原隊兵五十名을另派하얏다더라

●一進悖慢 咸鏡道人民의寄函을據한則該會設立할時에는自主民權으로輔國安民하기를爲한다하기에初에는韓盟與復할期가此에在하다謂하얏더니而今에該會行爲를觀컨디韓國의悖亂이此에在하다謂하깃도다噫彼該會가藉勢於日本軍隊하야虐待平民홈은不可一一枚擧나略陳該會諸員이日事興非之訟하야勒奪民財하며迷惑張하야盡散家業홈는中에當此春耕時하야國土位田을獨權擅任하야貧民에依前起耕하야苗生한田土를再三翻耕하니貧民의十口生涯하던產業을一朝盡失하야乃至泣散之境하니滿路呼冤之歎은目不可睹며耳不可聽라咸鏡南道永興郡北士石嶺下에는標木을立하되四方二里는一進之禁地라하니渠가虎前之창行하야强奪民產하니何謂安民이며私有國土하니何謂輔國이리오該地方觀察郡守는何不禁止인지民無依賴라더라

廣告

在美港遭難同胞救助金義捐廣告

寺洞養成義塾		新貨二十五元
前主事	孫昌源	二十元
水原人	羅錫璧	五元
	安炳奎	四元
	杜周俊	四元
江西郡守	李字榮	三元
平壤人	朴箕錫	三元
端川人	薛泰熙	二元五十錢
正三品	金翰用	二元
	崔永年	二元
	李斗鵬	二元
	金永玉	二元
	金相萬	二元
前承旨	張昌植	二元
江西開天義會		二元
前侍從官	李琦鎔	一元
平壤人	洪炳殷	一元
	黃錫煥	一元
	楊運朝	一元
	安秉瓚	一元
	崔昌善	一元
主事	郭公善	一元
先達	沈貴澤	一元
	安弼濬	一元
	金璦善	六十錢
	梁在先	五十錢
幼學	李璨榮	五十錢
평양	강소ㅅ	五十錢
	韓允楨	五十錢
	池仁舜	三十錢
	金建柱	三十錢
	文定模	三十錢
	崔ㅇ淵	二十五錢
	朴乃景	二十五錢
	李基彬	二十錢
	金洪培	二十錢
	金成圭	二十錢
	趙漢天	二十錢
	李完楨	二十錢

以上合九十四元五十錢

漢城府公函니五月七日試取測量技手候補者時貴校卒業生志願人來試云故玆廣告本校卒業生持卒業狀往試事
中學校長 李源鎔

陰三月十五日紫橋林議官典當局許推次當坪一千七百兩於晉遺失離衆拾得休紙施行
張基台 告白

海州居李才德以商業으로離出於全羅道咸悅黃登市上洞하야崔正家의留宿하다가不意之外의三月初五日夜偶逢火賊釜港李晟煥名下留置錢四千二百七十九兩九戔通한於晉票와紙錢一百三十五元冠一笠綱巾一坐月子四柄을見失故로即地咸悅郡의訴狀혼즉當官代에亞官이立旨成給하기로任하고又況釜港卽地下來하와監理署警務廳商會社의請願혼즉撫恤하사題辭와立旨을成給하시기에玆以廣告하오니日後勿論內外國人하고若有同票持來者어든休紙施行事
李才德 告白

釜港絅影島居前主事송夏均名字는炳玉으로字는云五로改定하얏스니知舊間照亮홈
송炳玉 告白

本月三日每日新報에前永禧殿下車所를日人의게賣渡하얏다云하고南倉州君堂도日人의게認許하얏다云하야本人을善賣國土者로指目하얏스니是는本人을厭忌하는者가毁謗名之計라下車所는初非本人之名義所有則何以賣渡며南倉以上은司令部立宗基之則訴許毁撤과渡齊外人之不可得은三尺童子도一見可破이니此等風說은不必發明이어니와一秋毫라도微和가有하거든本人을來責하거나新聞廣告라도하시오本人도國士見奪과潛賣外人하는惡習을痛惜하는熱血이有한者이오니大韓同胞는照亮하시오
金鍾濟 告白

本人이廣場社中實業廳陰曆今月初十日推次當錢二兩內의一千兩先上홈於晉一片을遺失故로玆以廣告하오니內外國人은拾得하와도休紙施行홈
梅洞金泰淳告白

●特別廣告

四月三十日(月曜日)爲始하야東門內韓美電氣會社에셔夏期活動寫眞을玩賞하는디夏期間雨日을除하고每日下午八點부터二時동안을設行하는디날마다各種으로홀더이오니照亮來臨하시옵
但외賞金은每人韓貨十錢으로定하되該錢代에左開한英美烟草會社에셔製造한卷烟空匣으로領受홈

Old Gold.	올드골드	十匣
Hero.	히로	十匣
Halo	할노	十匣
Honey	호늬	十匣
Sweetheart.	스위헛드	十匣
Drumhead.	드람헤드	廿匣
Goldfish.	골드피쉬	廿匣

韓美電氣會社 告白

◎學員增募廣告◎

本塾에셔一年級學員을募集한바又來陽曆五月十四日까지追入學員을增募하니願入學員은本舍에來議하시옵
光武十年四月三十日
西署下曹後洞英語學校後洞
私立養正義塾

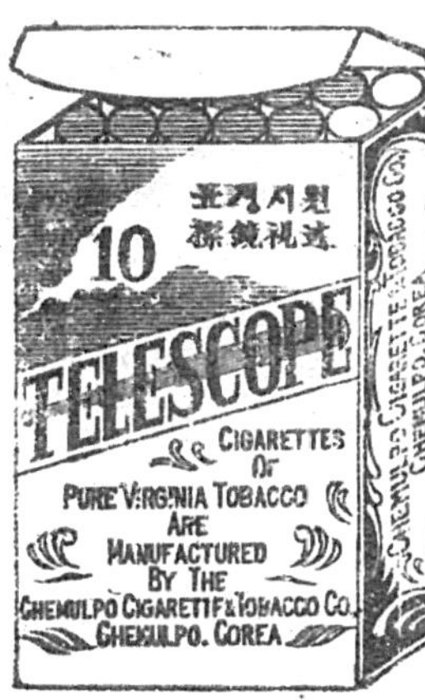

本社廣告

申報價
一張代金 新貨二錢五里
一箇月前納 三十錢
三箇月 九十錢
六箇月 一元七十錢
一箇年 三元四十錢
郵稅一部 新貨五里
一箇月 十三錢

廣告料
四號活字十三字詰
每日每行一寸에新貨拾五錢
(每日每行에大號字倍數)
二十日에 二圜五十錢
(每日每行圖畫五里에相當)
一箇月에 五圜
(每日每行圖畫一里에相當)
其期限의長短과字行의多少를依ᄒᆞ야增減ᄒᆞᆷ이有ᄒᆞᆷ

◉本社地方各處支店廣告
仁川杻峴開新冊肆 李東圭
平壤南山峴日新學校 金興灦
崔觀恒
宣川邑橋西 安濬
義州南門外韓西大藥房 張有寬
長連邑 金龜
鎭南浦築洞 金仁집
咸興州南社 曹喜林
中和邑 李俊培
釜山佐川徐藥房 金灌泰

發行兼編輯人 英國人 裵說
發行所
京城北署壽進坊罷洞号外地新聞學校內
大韓每日申報社

第四卷

大韓每日申報
대한매일신보

第二百十二號

月曜及慶節歲時日休刊

檀君開國四千二百三十九年
箕子元年三千二十八年
大韓開國五百十五年
日本明治三十九年
淸國光緖三十二年
陰曆丙午年四月小十三日庚戌立夏

論說

顧問續約

日昨韓政府에서外交顧問須知分氏를政府顧問으로續聘ᄒᆞ야會同條約을更就홈이韓人輿論에曰須知分氏가以外部顧問으로韓國外交를日本의게引渡ᄒᆞᆫ事가出ᄒᆞ얏더니

今又政府顧問이되얏슨즉將次韓國政府을日本의게引渡ᄒᆞᆯ事가有ᄒᆞᆯ가ᄒᆞ니此雖過激之言이나前者經歷으로觀之ᄒᆞ면同氏가韓國外部顧問으로夥多ᄒᆞᆫ月銀만飽喫ᄒᆞ고外部ᄂᆞᆫ維持치못ᄒᆞ여廢止ᄒᆞᄂᆞᆫ境遇에至ᄒᆞ얏스니

韓人이同氏를向ᄒᆞ야엇지憤怒之心이無ᄒᆞ리오大抵顧問延聘은未開國에서先進國의學識이高明ᄒᆞ고閱歷이多有ᄒᆞᆫ者를屈聘ᄒᆞ야一切政治上의顧問을資ᄒᆞ야進步發達에裨益이有홈을爲홈이어날

今此韓國各部의顧問과補佐員은政治上有益之事ᄂᆞᆫ毫無ᄒᆞ고但其權利를佔奪ᄒᆞ며政界을混亂케ᄒᆞᆯ뿐이라今有抱病之人ᄒᆞ야厚幣를不惜ᄒᆞ고醫師를擇聘홈은其病의治療를爲홈이어날爲其醫師者가其幣를取受ᄒᆞ고其病症에對ᄒᆞ야ᄂᆞᆫ合當ᄒᆞᆫ良藥은不試ᄒᆞ고有毒有害ᄒᆞᆫ藥物로써欺瞞使用ᄒᆞ야其人을速斃케ᄒᆞ면其殘忍無道ᄒᆞᆫ心術行爲가곳刃殺人命者보다尤有甚焉이라謂ᄒᆞᆯ지로다

古語에曰食人之食者ᄂᆞᆫ死人之事ᄒᆞ고乘人之車者ᄂᆞᆫ載人之憂라ᄒᆞ니是乃人道之當然이라今此韓國各顧問의月俸은韓廷大官보다幾倍優過ᄒᆞ니居處之華美와衣食之豐足과妻子之生活快樂이莫非韓國之恩澤이라

苟有人心者면豈無一半分圖報之念이리오若日吾輩가但取韓國之金額ᄒᆞ고佔奪韓人之權利ᄒᆞ야使此國으로更無回蘇之望케ᄒᆞᄂᆞᆫ것이是其長策이라ᄒᆞ면人道之所不忍은姑舍勿論ᄒᆞ고明明上天이必有審查罪之日이니將來禍福이在於何人을實未可知라ᄒᆞ노라

官報

●號外 光武十年五月四日

◎宮廷錄事

法部大臣李夏榮辭職疏

批旨省疏具悉卿懇職是久任病乃暫有卿其勿辭行公事遣部郞

宣諭 五月三日

●三千四百四十五號 光武十年五月五日

◎宮廷錄事

秘書監丞李圭桓辭職疏

批旨省疏具悉所請依施

五月三日

◎敍任及辭令

義陵參奉張亨根
崇惠殿參奉金注河
東明王陵參奉李體馨
依願免本官

任義陵參奉叙判任官八等 林允相
任崇惠殿參奉叙判任官八等 金注夏
任東明王陵參奉叙判任官八等 金泰謙
韓一源 朴正圭
任主殿院電務課主事叙判任官八等
以上四月廿九日

義陵參奉林允相
崇惠殿參奉金注夏
東明王陵參奉金泰謙
主殿院電務課主事韓一源
仝 朴正圭
依願免本官

任義陵參奉叙判任官八等 九品張亨根
任崇惠殿參奉叙判任官八等 九品金注河
任東明王陵參奉叙判任官八等 九品李體馨
以上四月三十日

秘書監丞柳時萬
西京 豐慶宮參書官李貞默
純陵參奉鄭雲永
肇慶廟參奉金奎봉
崇德殿參奉朴起遠
依願免本官

依願免兼任禮式院掌禮 秘書監丞李圭桓
任秘書丞叙奏任官三等 正三品金鼎鎭
兼任禮式院掌禮 秘書監丞李範喬
任西京豐慶宮參書官叙奏任官四等 正三品朴鶴銓
任純陵參奉叙判任官八等 九品崔冕洙
任肇慶廟參奉叙判任官八等 六品李愚賢
任崇德殿參奉叙判任官八等 九品朴文益
以上五月一日

給八級俸 漢城師範學校教官李沂

依願免本官 沃溝監理署主事徐基覓

任沃溝監理署主事叙判任官七級 金佑經

以上五月三日

外報

●自由黨組織 俄國首相위데氏ᄂᆞᆫ議會에서自由黨을組織ᄒᆞ기로期ᄒᆞ얏다더라

●威海衛運動 淸國政府에서日淸戰役時에全滅ᄒᆞᆫ海軍을復興ᄒᆞ기로計畫中인ᄃᆡ威海衛以外ᄂᆞᆫ他에過當ᄒᆞᆫ港灣이無ᄒᆞ야有力ᄒᆞᆫ海軍을組織키不能ᄒᆞᆫ故로不可不威海衛를還收ᄒᆞ기로廟議一決ᄒᆞ야駐英淸公使에게訓令ᄒᆞ고英國政府와交涉케ᄒᆞ얏더니英國政府에서回答ᄒᆞ기를貴國政府에서威海衛를租借ᄒᆞᆫ以來로同港經營에消費ᄒᆞᆫ金額을償還ᄒᆞ면我國政府에서貴國의要求를許ᄒᆞ야卽時該事件이로商議ᄒᆞ깃다ᄒᆞᆫ故로淸國政府에對ᄒᆞ야北京에서英公使와協商홈을要求ᄒᆞ얏다더라

●法國革命黨 法國에ᄂᆞᆫ社會的將셔命黨이蜂起ᄒᆞᆫ號說가有ᄒᆞ미巴里京城에서軍隊의警衛가嚴密ᄒᆞ다ᄒᆞ더라

●魚業條約의談辦 駐俄日公使本野氏가俄國外務大臣과魚業條約事件으로談辦을開始ᄒᆞ얏다더라

●北樺太經營 俄國政府가樺太에서日本과接境된後로該島經營의方針을變更ᄒᆞ야今後罪囚을該島로流竄홈은停止ᄒᆞ고現在囚의部落에ᄂᆞᆫ解散ᄒᆞ라命ᄒᆞ야西伯利亞에懲役罪囚의監獄을創設ᄒᆞ기로ᄒᆞ고且該島도內部大臣으로管轄케ᄒᆞ야[illegible]拓殖을圖ᄒᆞ기로決定ᄒᆞ얏다ᄂᆞᆫ報가有ᄒᆞ다더라

●領事館創設 北京電을據ᄒᆞᆫ則德國政府에서營口에領事館을新設ᄒᆞ기로淸國政府에照會ᄒᆞ얏다더라

●袁氏獻策 北京電에袁總督世凱氏ᄂᆞᆫ立憲政體組織準備로爲先各國方에學校를興立ᄒᆞ야敎育의普及과人智의開發홈을計ᄒᆞ며尙且人民과直接ᄒᆞᆫ關係가有ᄒᆞᆫ官吏ᄂᆞᆫ充分ᄒᆞᆫ學識을要ᄒᆞᆫ事와全國各地方官은日本에三箇年以上留學ᄒᆞᆫ人員을採用ᄒᆞᆫ事等에關ᄒᆞ야淸帝씌上奏ᄒᆞ얏다더라

雜報

●皇室恤金 韓皇陛下ᄭᅴ옵서桑港震火災에遭難韓民을救恤하시기爲하샤恤金을寄付하옵샤ᄂᆞᆫᄃᆡ

皇上陛下 金貨一萬圓
皇太子殿下 仝五千圓
英親王殿下 仝一千圓
皇貴妃殿下 仝一千圓

●度協下丘 度支協辦柳正秀氏ᄂᆞᆫ大丘府各郡守會議席에進參次로再昨日上午에京釜鐵道로下往ᄒᆞ얏다더라

●監督有人 日本留學生監督韓致愈氏ᄂᆞᆫ免任되고其代에ᄂᆞᆫ自强會長尹致昊氏가被任ᄒᆞ얏다더라

●禁苑斫木 昌德宮內大報壇側의幾百年培養ᄒᆞᆫ樹木을何許奸民이潛入禁苑ᄒᆞ야無難斫伐이種種有之ᄒᆞᄃᆡ巡檢이不禁ᄒᆞ며內官에不言ᄒᆞ니此必符同牟利謹ᄒᆞᄂᆞᆫ奸習으로由ᄒᆞᆷ이라고巷說이藉藉ᄒᆞ거날所謂警察官吏此를不聞不知ᄒᆞᄂᆞᆫ지知而不問ᄒᆞᄂᆞᆫ지言念國法에不勝寒이라ᄒᆞ더라

●國術遊覽 警務顧問所屬補佐員二十名이本日에景福宮內를會同遊覽ᄒᆞᆯ次로昨日禮式院에預先通寄ᄒᆞ얏다더라

●日兵赦斫 日本工兵等이漢江後麓에서穉松五百餘株를赦斫ᄒᆞ되莫可禁止라더라

●訓勸義擾 內部에서忠淸南道와江原觀察의게訓令ᄒᆞ기를無賴雜輩가藉托義名ᄒᆞ고嘯聚徒衆ᄒᆞ야梗化害民이猶甚於火賊이니另飭各郡ᄒᆞ야刻期詗捉이되一郡之力으로難以剿除커든照請於附近鎭衛隊ᄒᆞ야協力鎭壓케ᄒᆞ라ᄒᆞ얏다더라

●兩倅請褒 慶尙北道新寧郡守申膠休氏와長기郡守任昌宰氏가乙巳結錢을趂期청勘ᄒᆞ얏ᄉᆞᆫ즉依似例特爲褒賞ᄒᆞ라고該觀察使가度支와內部로一體報請ᄒᆞ얏다더라

●昔黜今任 昨冬新條約事件으로內部大臣李址鎔氏와不相홈이有ᄒᆞ야被黜되얏던前內部參書官趙南益氏ᄂᆞᆫ秘書丞을被任ᄒᆞ얏더라

●五寡慈善 孝橋下舟橋가自昨夏漲水毁破以後로尙不建築ᄒᆞ야公私來往에非便이多有ᄒᆞ더니近者에該附近洞居注下婦五人이以慈善事業으로辦出萬餘兩ᄒᆞ야一新改築이라더라

●地段價비償 內部大臣李址鎔氏가京元鐵道線路에犯入된地段家屋價비償에對ᄒᆞ야依例支撥ᄒᆞ라고度支로照會ᄒᆞ얏더니該顧問目賀田氏가公函ᄒᆞ기를本官은金額을管守ᄒᆞᆯᄲᅮᆫ이오支撥一欵은惟在貴大臣之指定如何라ᄒᆞᆫ지라內部에서또答函ᄒᆞ기를現今請撥ᄒᆞᆫ十七萬圓은依數劃撥ᄒᆞ고其他各郡은待調查次第支撥ᄒᆞᄂᆞᆫᄃᆡ龍山軍用地段비償에照ᄒᆞ야如例施行ᄒᆞ라ᄒᆞ얏다더라

●技手選擇 度支部에서測量技手를選任ᄒᆞᄂᆞᆫᄃᆡ有志願者ᄂᆞᆫ本月七日內로請願書를漢城府에提呈ᄒᆞ라ᄒᆞ얏다더라

●法人賑飢 大丘部居徐相燦氏와法國人金保祿氏가附近洞飢戶一千二百口에每一斗錢五戔式私自賑給ᄒᆞ얏ᄉᆞᆫ즉似此優異之事ᄂᆞᆫ極爲嘉尙이라고該觀察使申泰休氏가內部로報告請褒ᄒᆞ얏다더라

●義匪橫行 忠南藍浦郡에서稱以義兵者或二十名或三十名이聚黨往來에討索火砲於各洞이다가庇仁鴻山等地로移向ᄒᆞ얏다고該道觀察署理郭燦氏가內部로報告ᄒᆞ얏다더라

●譴官猶輕 警務顧問崔惠氏가日前東門外新興寺에出往ᄒᆞ야韓成學徒와爭詰ᄒᆞᆫ事ᄂᆞᆫ已揭前報어니와該事件에對ᄒᆞ야該氏가身以警吏로田淵使ᄭᅴ가乘損體貌라ᄒᆞ야譴責이處罰ᄒᆞ얏ᄂᆞᆫᄃᆡ此等警吏ᄂᆞᆫ宜乎免職이라고ᄒᆞ더라

●因中行樂 趙東完氏ᄂᆞᆫ公納事件으로平理院에被囚ᄒᆞ얏ᄂᆞᆫᄃᆡ前日興韻이未盡ᄒᆞ야雜歌ᄂᆞᆫ口唱不絶ᄒᆞ고體鏡等文房諸具ᄂᆞᆫ獄間에排置ᄒᆞ얏다가官吏의檢問을經ᄒᆞᆯ時에ᄂᆞᆫ以衾掩寘ᄒᆞᆫ다더라

●學協譭毁 前皇城新聞社長張志淵氏ᄂᆞᆫ學識名譽가素著一世者라니部大臣李址鎔氏가先唱ᄒᆞ고參政大臣朴齊純氏가公薦ᄒᆞ야한城師範奏任敎官을敍任ᄒᆞ다ᄒᆞ더니日前學部에서大臣李完用氏가奏任敎官奏本을張氏로提出ᄒᆞᆫ즉協辦金奎熙氏가反對ᄒᆞ기를張志淵이가挾雜에ᄂᆞᆫ有理ᄒᆞᆫ人物이니敎官을不可敍任이라ᄒᆞ야李沂氏로敍任이된지라張氏가學協의게質問ᄒᆞ기를敎官은我非所求者어니와謂我挾雜ᄒᆞ야以無根之事로害人名譽ᄒᆞ니座下가我之挾雜을逐條說明하라我非한城判尹으로雜技蕩産者오又非娼妓泣立者오又非別入侍하야聖聽을壅蔽하얏스니君有挾雜事乎아我有挾雜事乎아若不執證詳示하면至有名譽損害裁判이라하얏다라

●各校運動 學部에서官立私立各學校大運動會를來十二日로議定ᄒᆞ얏ᄂᆞᆫᄃᆡ該場은獎忠壇前으로擇定ᄒᆞ고내外國大小官人을請邀ᄒᆞᆫ다더라

●水道[illegible] 度支部에서水道官人敍任件을政府에請議ᄒᆞ얏ᄂᆞᆫᄃᆡ事務官은魚용善氏오技手ᄂᆞᆫ金澈鉉氏라더라

●春察遞任 春川觀察使李準榮氏ᄂᆞᆫ辭職遞任ᄒᆞ얏더라

●警使開宴 警務使徐相大氏ᄂᆞᆫ部下各警官을領率ᄒᆞ고本日藥峴某亭子에서開宴暢懷ᄒᆞᆫ다더라

●非檢伊卿 遞任秘書丞李圭桓氏ᄂᆞᆫ平理院檢事를被任ᄒᆞᆫ다더니侍從副卿으로轉任ᄒᆞ얏더라

●値擾闕郡 內部大臣李址鎔氏ᄂᆞᆫ民擾로進仕ᄒᆞᆫ俞鎭贊氏로雄州一窠를敍任運動ᄒᆞ나朴參政이不聽ᄒᆞᆫ다더라

●治道延施 京畿觀察府財務官官井上雅二氏가內部大臣의게公函ᄒᆞ기를向日水原郡治道事로已有面語어니와本府觀察使報事를從ᄒᆞ야準保甚急ᄒᆞ니即速施行ᄒᆞ라ᄒᆞ얏더라

●權氏勞大 全州郡守權直相氏ᄂᆞᆫ平理院에還囚가되얏ᄂᆞᆫᄃᆡ全州公納으로前任南原郡欠逋議을移充ᄒᆞ얏스되南原에餘逋錢葉十三萬餘兩이라ᄂᆞᆫᄃᆡ其還下送은니相運動이라더라

●處辦何事 平理院檢事尹甲炳氏가獄事를操縱ᄒᆞᆫ다ᄒᆞ야以下奏任檢事張燾氏가辭職請願ᄒᆞ고不爲行公ᄒᆞᆫ다가尹檢事遞任後로假檢事等이行公하야該獄事를處辦ᄒᆞᆯ터이라하니其裁判長李允用氏를何事를處辦하ᄌᆞ고檢事의게左右事를不決ᄒᆞᄂᆞᆫ지不知其職務라더라

啞國歌 暮松居士

二千萬啞部會地에一箇貴報代言ᄒᆞ니 千秋歷史溯考ᄒᆞ고六洲人物閱覽히도 耳目口鼻一般이라 有口有言自由언만 惟我韓國三千里에二千萬啞是何罪 牛馬도鞭策ᄒᆞ면○觸而嘶鳴ᄒᆞ고 豚犬도窮追ᄒᆞ면咬○而疾聲ᄒᆞ고 烏鵲도奪巢ᄒᆞ면關飛而啼喙ᄒᆞ고 蜂蚓도踏殺ᄒᆞ면射毒而嘲聲카만 亡國滅種懸看ᄒᆞᆫ데有口有舌何無言고 莫顯乎隱莫顯徵ᄂᆞᆫ自古及今昭然ᄒᆞ고 水可防而口難防은世界上에格言이라 痛痞○兮哀哉聽我一告ᄒᆞ라 有耳ᄒᆞ고有目커든每日申報閱見으로 學新書籍充腦하면治啞病에良藥이라 敎育花結忠愛實은文明空氣玲瓏하고 學問茅成棟樑材ᄂᆞᆫᄃᆡ韓國權鞏固하라 想論虛中生實하야獨立富强自成ᄒᆞᆫ후 開明世界春臺歌로每日申報願賀ᄒᆞ다

倫敦電報

●露相辭職理由 五月四日午后五時發
露國首相윗테氏ᄂᆞᆫ辭職ᄒᆞ얏ᄂᆞᆫᄃᆡ其理由ᄂᆞᆫ臨ᄒᆞᆫ在自由主義反對者에對ᄒᆞ야抵抗ᄒᆞ기不可能ᄒᆞᆷ으로依ᄒᆞᆷ이라더라

●露相辭職 上仝
윗테氏의辭職은許可되고發表[illegible]金을與ᄒᆞ얏스며後任者ᄂᆞᆫ前內務大臣고레미킨氏가[illegible]高ᄒᆞ더라

東京電報

●義親王陪餐會 上仝
本夜에帝國旅館에서義親王殿下ᄭᅴ서晩餐會를催ᄒᆞ셧ᄂᆞᆫᄃᆡ統監과各大臣及宮內省高等官其他韓國에關係된陸海軍將校等約八十名이來會ᄒᆞ얏고殿下의의찰을繼ᄒᆞ야伊藤統監이答詞를述ᄒᆞ고一同히極歡ᄒᆞ고散會ᄒᆞ얏더라

●園遊會景況 上仝
山縣元帥寺內陸相主ᄂᆞᆫ에關ᄒᆞᆫ新宿御苑의園遊會에ᄂᆞᆫ各宮殿下各大臣陸海軍將校及府縣知事等八千名餘가來會ᄒᆞ야三鞭酒를揚ᄒᆞ고山縣元帥의發聲으로陛下萬歲를三唱ᄒᆞ고悉皆盡歡ᄒᆞ고散會ᄒᆞ얏더라

雜報

大韓自强會趣旨及特性之說明

尹孝定　續

我韓은以依賴로爲特性ᄒᆞ야依賴之獘가馴致今日之國勢也로다然則今日本會與全國同胞가其將以何爲特性則可以回復獨立乎아其必以何爲特性則可以獨立回復乎아曰自强之自一字가是也오自者ᄂᆞᆫ則我四千二百四十九年歷代相傳之大韓自國이是也니乃所謂大韓精神也라知其有自而後에乃知有他ᄒᆞ고知有自他之別則必有比較競爭之心ᄒᆞ야天下之許多絕大事業이皆從競爭心做出來ᄒᆞᄂᆞ니此豈非大比較大競爭的活世界乎아如自貧而他富則思所以自富之ᄒᆞ며自弱而他强則思所以自亦强之ᄒᆞ며比於巧拙而亦如之ᄒᆞ며比較於文野而亦如之ᄂᆞᆫ莫不由於除知自一字之義故也라

所以敎育殖産之實際發達이若不依着於比較競爭之大韓精神則如漏船之失漏力과當車之螂臂力ᄒᆞ야頓無活動進行之熱力이니凡我會員及同胞ᄂᆞᆫ共念此義ᄒᆞ야頃刻之間에毋忘大韓精神이則所謂回復獨立之機關乎인저　完

培材學堂活板所諸員의寄函이如左ᄒᆞ니

敬啓者今此桑港遭災消息言哉此是近古罕有之變而中夜燭是下淚而景欽佩者也惟我同志自奉貴報聚首愉愉爰貸鈔細貨十三圜玆以仰緣不在金之多寡此是天涯個個之迸淚也幸須一一切寄附以表萬里寸心是望耳

●法校運動　去金曜日에法語學校에서春期運動을東小門外奉國寺에서設行ᄒᆞ얏ᄂᆞᆫᄃᆡ廣跳高跳競走引紅踢球를終日運動ᄒᆞ고敎師馬太乙氏가書具雜種을厚賞ᄒᆞᆫ後에諸學徒等이萬歲를三唱ᄒᆞ얏다더라

●商會의銀行設立　我國經濟界恐慌以來로玆에一歲를經ᄒᆞ얏스되更히適確ᄒᆞᆫ融通의途를求ᄒᆞ기不能ᄒᆞ며反히日日月月히金融逼迫의狀態에在ᄒᆞ니若此現狀을放任ᄒᆞ고惟其政府의施設에依賴ᄒᆞᆯ진ᄃᆡ我經濟界ᄂᆞᆫ更히多大ᄒᆞᆫ變動을遭遇ᄒᆞ야擧民이破産ᄒᆞᆯ境에瀕ᄒᆞ리니是等大悲慘의事를豫防ᄒᆞ고更進ᄒᆞ야我商工業의改善發達을計圖ᄒᆞᄂᆞᆫ目的으로써京城紳商諸衆澤鄕東植孫錫基趙彰漢等數十의諸氏가發起하야旣爲發起人의但株數를確定ᄒᆞ고不日니로發起認可를申請ᄒᆞᆫ다ᄒᆞ며且該銀行은當初資本金十五萬圜株數三千요一株金五十圜으로創立ᄒᆞ야基礎를確固케ᄒᆞ고更히天下同感의紳士紳商에助成者同을依ᄒᆞ야資本金을五十萬圜이나乃至一百萬圜으로擴資ᄒᆞ야全國各地에支店을設置하기로豫定하고業務方針은文明의各良善參酌ᄒᆞ야我國情及慣習에適應케ᄒᆞ方法을求ᄒᆞ며金融의調和와商工業의發展을整粹ᄒᆞᆯ計畫이라ᄒᆞ야該銀行의基礎ᄂᆞᆫ이미京城鐘路의定하고始築에着手하야諸般準備가着着進行ᄒᆞᆫ다더라

●敎育熱心　水原郡私立廣興學校ᄂᆞᆫ本郡居金英洪申億均兩氏가設校을設立ᄒᆞ고學員을募集ᄒᆞ야熱心敎育ᄒᆞᆷ으로該郡人民이兩氏를無不稱誦이라ᄒᆞ더라

●濬費請求　內部에서度支部照會ᄒᆞ기를한城너外大門이濬旣九年之久에流沙充高ᄒᆞ야一經大雨에民家浸汜이處處有之ᄒᆞ온바至若今年ᄒᆞ야ᄂᆞᆫ不容不大濬然後에야可備漲潦이옵기該濬이及左右石築破傷處修改費曁三萬五千圜을槪算請求ᄒᆞ오니節算支撥ᄒᆞ심을爲要라ᄒᆞ얏더라

西天慘雲萬國同情矧復聖治所惻廟論周恤爲我同國同胞者孰不追逭而神警且貴社之先布廣告專擔寄附寔出人道之所先氣類之相愛茫茫海天高義薄雲豈徒我韓同胞之散髓感泣爲環瀛弟兄姊妹者一齊

◎遭難同胞至急救
◎慰金募集大廣告◎

至迫至急하고可驚可악ᄒᆞᆫ我大韓同胞中美國桑港市等地에寄寓하ᄂᆞᆫ千餘名에兄弟姊妹가今番桑市의火災의遭難棲惶ᄒᆞᄂᆞᆫ情狀을思惟ᄒᆞ건ᄃᆡ幾人은死亡의演ᄒᆞ얏스며幾人은損害를遭ᄒᆞ엿ᄂᆞᆫ지晝夜神驚ᄒᆞᆷ을不禁ᄒᆞᆷ지라玆의全國內有志同포의게警告ᄒᆞ오니隨事力補助ᄒᆞ시와海外孤蹤이로艱難의罹ᄒᆞᆫ同胞를慰籍케ᄒᆞ심을伏望ᄒᆞᆷ

但收金日限은四週間으로定ᄒᆞᆷ

收金所
大韓每日申報社　會計室
請연員은前主事薛泰熙氏로定ᄒᆞ얏삽
仁川에ᄂᆞᆫ姜允模金澤弘兩氏로定ᄒᆞ얏슴

廣告

度支部土地測野技手見習志願者試驗後採用ᄒᆞᆯ터이니本月七日內로志願書를本府에提呈ᄒᆞᆷ事

光武十年五月四日　漢城府

在桑港遭難同胞救助金義捐

培材學堂活板所		
前主事	尹昌烈	二元
前主事	李益采	一元
前主事	朴仁植	一元
前參奉	李俊鎬	一元
幼學	尹元源	一元
	李成一	一元
	劉桓圭	一元
	文濟鎬	一元
	金興洙	一元
	李弼秀	一元
	金永基	一元
日人	山口眠虎	一元
	以上合十三元	

海州居李才德以商業으로離出於全羅道咸悅黃登市上洞ᄒᆞ야崔正家의留宿ᄒᆞ다가不意之外의三月初五日夜偶逢火賊於港李晟煥名下留置錢四千二百七十九兩九菚通ᄒᆞᆫ於音票와紙錢一百三十五元冠一笠網巾一坐月子四柄을見失故로卽地咸悅郡의訴狀ᄒᆞᆫ즉當官代에亞官이立旨成給ᄒᆞ기로任ᄒᆞ고又況於港卽地下來ᄒᆞ와監理署警務廳商會社의請願ᄒᆞᆫ즉撫恤ᄒᆞ사題辭와立旨을成給ᄒᆞ시기에玆以廣告ᄒᆞ오니日後勿論內外國人ᄒᆞ고若有同票持來者어든休紙施行事

李才德　告白

本月三日每日新報에前永禧殿下車所를日人의게賣渡ᄒᆞ얏다云ᄒᆞ고典倉所君堂도日人의게認許ᄒᆞ얏다云ᄒᆞ야本人을善賣國土者로指目ᄒᆞ얏스니是ᄂᆞᆫ本人을厭忌ᄒᆞᄂᆞᆫ者가陷毁名之計라下車所ᄂᆞᆫ初에本人之名義所有ᄂᆞᆫ何以賣渡ᄒᆞ며典倉以上은司令部立定基之니則認許毁撤과非賣外人之不可得은三尺童子도一見可破이니此等風說은不必發明이어니와惟一秋毫라도微가有ᄒᆞᆫ거든本人은來責ᄒᆞ거나新聞廣告라도ᄒᆞ시오本人도國土를賣ᄒᆞ죄潛賣外人ᄒᆞᄂᆞᆫ惡習을痛悼ᄒᆞᄂᆞᆫ熱血이有ᄒᆞᆫ者이오니大韓同胞ᄂᆞᆫ照亮ᄒᆞ시오

金鎔濟　告白

漢城府公函내月七日試取測量技手候補者內貴校卒業生志願人來試云故玆廣告本校卒業生持卒業狀往試事

中學校長　李源鎔

本人이廣場社中寬業處陰曆今月初十日推來當錢二千兩內의一千兩先上ᄒᆞᆫ於音一片을遺失故로玆以廣告ᄒᆞ오니內外國人은拾得ᄒᆞ와도休紙施行ᄒᆞᆷ

梅洞金泰濬　告白

●特別廣告

四月三十日(月曜日)爲始하야東門內韓美電氣會社에서夏期活動寫眞을玩賞하ᄂᆞᆫᄃᆡ夏期間雨日을除하고每日下午八點븟터二時동안을設行하ᄂᆞᆫᄃᆡ날마다各種으로ᄒᆞᆯ터이오니照亮來臨하시요

但외賞金은每人韓貨十戔으로定하되該錢代에左開ᄒᆞᆫ英美烟草會社에서製造ᄒᆞᆫ卷烟空匣으로領受ᄒᆞᆷ

Old Gold.	올드꼴드	十匣
Hero.	히로	十匣
Hallo.	할노	十匣
Honey.	호늬	十匣
Sweetheart.	스위헛드	十匣
Drumhead.	드람헤드	廿匣
Goldfish	꼴드피쉬	廿匣

韓美電氣會社　告白

◉學員增募廣告◉

本塾에서一年級學員을募集ᄒᆞᆫ바又來陽曆五月十四日ᄭᆞ지追入學員을增募ᄒᆞ니願入學員은本會에來議ᄒᆞ심

光武十年四月三十日
西署上曾後洞英語學校後洞
私立養正義會

本號新開專做男女各色洋服並由上海運來各種細이毛웅及一切衣飾屬品件件精全伏望貴士女迅即來購爲幸

西小門內李泰男女洋服商號

● 刑法大全　一帙定價金新貨六十錢
牧民心書一帙　一圜二十五錢
耳談續纂一冊　七錢五里
溫故知新堂叢鈔　七錢五里
父師必讀小學指南　七錢五里
人工養蠶鑑一冊　十五錢
萬國地誌三冊　一圜
農政新書　五十錢
法學通論　一圜
民體完編　一圜五十錢
大韓地誌　七十五錢

發賣所　布屛門下金相萬書舖
大韓每日申報社

花春丹은 霍亂 吐瀉 腹痛 胃滯症 暑症 정忡 神眩 鬱 痰盛 醒酒船嚢 咳嗽 口味업는諸症의神效호藥이오此外에도洋灰水解毒藥 唐창 疳氣 蛔虫 寸虫 赤白癲風 藥과東西洋藥이俱備ᄒ고他病도隨問出方ᄒ오니 僉位는枉議ᄒ시옵

皇城校洞石井洞下隅
石泉堂藥局　告白

一 鷹標罐濃縮牛乳
一 鷹印罐濃縮牛乳
一 藥劑家用氣化乳醋
一 □ㅣ은쓰製造發賣
合牛乳

以上은當舖에서精호맛슴
吸烟舖中諸어 ㅣ 은쓰 濃縮牛乳 專賣

大韓仁川港
普昌洋行

●九轉靈砂라 本人이妙方法을研鑽하야製造호靈丹인ᄃ男女老少에無論何症ᄒ고通行ᄒ오며無病時에도服ᄒ면平生의身體가健康ᄒ며小兒는四五錢重만服ᄒ면十歲안에無病ᄒ기를擔保ᄒ오며
●九轉靈砂萬應丹은癲狂 癇症과中風諸疾과耳目諸病과淋疾에神効ᄒ오
●九轉靈砂保命丹은初生小兒 驚風 癇氣 咳嗽 腹痛諸般惡과婦人帶下症에神効ᄒ오
●九轉靈砂濟衆丹은酒滯 食滯 血積 吐瀉 霍亂 痢疾 吐血 下血 運氣 時疾 痂症에神効ᄒ오
●九轉靈砂紫金丹은痔漏 鼠瘻 上疳瘡 下疳瘡及唐瘡과諸般毒瘡惡種에無不神効ᄒ오니 僉君子는來問ᄒ시오
內需司前독갑이골上隅第一家
李鎭廷　告白

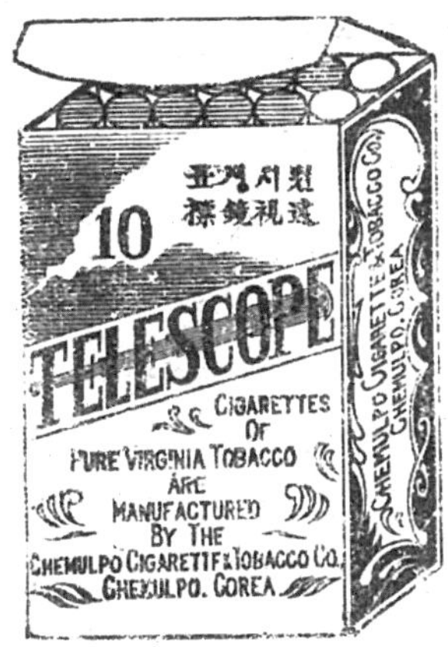

以上三種은上品으로製造ᄒ야備置ᄒ고上에至廉ᄒ價로發賣ᄒ오니各處에서八方僉君子는本社에來臨ᄒ시ᄋ購用ᄒ심을望ᄒ

大韓帝國仁川港
專物紙捲烟及捲草會社

本社廣告
申報價
一張代金　新貨一錢五里
一箇月前納　三十錢
三箇月　九十錢
六箇月　一元七十
一箇年　三元四十錢
郵稅一部　新貨五里
一箇月　十三錢

廣告料
四号活字十二字詰
每日每行에新貨□錢
(每日每行에六錢이ㅣ錢)
二週日에　二圜五十錢
(每日每行圖□□에 錫價)
一箇月에　五圜
(每日每行圖□一圜에 價)
其期限□□□□□□
을依ᄒ야增減ᄒ미有ᄒ

◉本社地方各處支店廣告
仁川杻峴開新冊肆　李東玄
平壤南山峴日新學校　金興淵
宣川邑橋西　崔叡恒
義州南門外韓西大藥房　安濬
長連邑　金融
鎭南浦築洞　金仁집
咸興州南社　曹喜林
中和邑　李俊培
釜山佐川徐藥房　金瀅泰

發行兼編輯人　英國人裴說
發行所
京城北署壽進坊典洞第外號
大韓每日申報社

第四卷

大韓每日申報
대한매일신보

第二百十三號

月曜及慶節歲時日休刊

檀君開國四千二百三十九年
箕子元年三千二十八年
大韓開國五百十五年
日本明治三十九年
淸國光緖三十二年
陰曆丙午四月小十五日壬子

論說

誤導公衆意思

日本新報에記述혼兩句를今將評論하야其句語가使此韓國人으로世人眼目에不信을不免케홈을欲爲著示하노라其一句의槩意ㅣ如左하니

韓國前參政은去番新條約의成立을反對하얏스며該條約이出於威力이라고日本反對者의게言及하더니自二月以來로身在牢獄이로다

其人이新條約에左袒혼軍部대臣의被刺事件에干連或煽動홈이有홈으로法律範圍에自置其身이오李根澤은身被數處重傷하야幾至危境하얏스나幸至快蘇이라前參政沈相薰氏는迄今未免監視中이러니最近來報를據혼즉病祟所致로暫得保放이러라

日本을反對하는外人黨派가若果實情反對면此李根澤被刺事件을公告홈이當有其望이어날但視之若尋常而已로다하얏더라

此甚混亂하야本線을難得이오其餘附句는但其全文의未有條理홈을著示而已로다本記者ㅣ今可指明홀거슨沈相薰氏가不在監視中이오李根澤氏事件에干連홈이未有其證故로解放을旣得하얏스며

且同氏가新條約締結時에는惟一經理院卿이라日本反對者의게言料를供給홈이斷無하고其時參政대臣은韓圭卨氏오新條約을反對之人도亦是韓參政이로다

其二는神戶新報의一句니此는日本報紙에旣爲揭載홈을照謄홈인바其如左矣러라

自東京來報를據혼즉北京俄公館에在혼플난손氏가駐韓俄國總領事를被任혼지라對此事件하야東京에一記者가指明하되韓人의幾乎全部가日本統治를完認하되尙今數人이한城及上港에各居하야愛露害日之計를包含혼지라此人을援助홈은한城에居留하는俄法兩國人云이러라如此事情之下에俄國總領事가韓國京城에駐箚하면政治上權利를多有홀거시可有其望이라하얏더라

此果誤導莫甚矣니假令韓國에幾多官吏가日本統治를完認혼다云홀진딘因時勢之不能自救하야完認홈이오其統治權限을完認홈은아니며且法俄兩國人이愛露韓人을援助혼다云하얏스니何許韓人이던지愛露謀計홈을本記者는不信이오現今此國이普偏하는不當政策을拯救홀者ㅣ其或俄國인가注視홀者ㅣ或有矣리로다

一般韓人의忠愛心志가日人보다不足홈이少無하니自國을俄國의게讓渡홀기를有誰願之리오日本貪欲手中에서更一次救出홀기를極力하리로다

如此事情之下에俄國이派使于漢城이면政治上權利를多有홀리라云하얏스니此或無疑나事情은日本新報의記述홈과不同이라等人密謀者가有何控訴리오日本이與俄約諾을破棄하고且韓國을勒逼홈이未免羞恥라是故로若俄國이認此以利機면強硬抗議를陳述홀지라韓國이亦是俄國之隣이니俄國이早晩間에認此爲利機于干涉홀거시無疑ᄒᆞ다

官報

●號外 光武十年五月六日

◉宮廷錄事

詔曰懿孝殿望祭遣대臣攝行

五月五日

◎辭令

議政府參政대臣朴齊純
命臨時署理法部대臣事務

五月五日

●三千四百四十五號 光武十年五月五日

◉宮廷錄事

詔曰宮內府대臣勳一等李載克軍部대臣陸軍副將勳一等李根澤俱著優異之績帝室會計審査局長勳二等朴鏞和禮式院禮式卿勳二等李根湘俱有勞勩可紀幷賜太極章中樞院贊議勳二等閔泂植益嘉往勞且多歷시特陞敍勳一等賜八卦章經理院監督劉赫臣度支部司稅局長李健榮恪勤厥職幷特敍勳四等各賜太極章從二品崔錫肇勞有可紀特敍勳四等賜八卦章

光武十年四月卄七日

表勳院總裁臨時署理農商工部大臣陸軍副將勳一等 權重顯

◉敍任及辭令

陞從二品 正三品南廷奎 二月十日○命秘書監丞 平理院檢事尹甲炳 五月二日○依願免本官 秘書監丞金鼎鎭 崇靈殿參奉玄熹暎 箕子陵參奉嚴柱洪○任秘書監丞 正三品李壽根○任崇靈殿參奉 箕子陵參奉金永夏○任箕子陵參奉趙鍾完 崔鍾煥○任度支部主事 外國語學校副敎官閔再鎬 仝尹鵬植 仝金瓚植 仝咸在元 前主事閔泳喜 前技手崔是熙 金睿植 李丙植 許 淑 以上五月三日

●部 令

度支部令第四號 續

第二條 銀行의業務를營홀目的으로株式會社를發起코져홀時에는發起人各員의署名혼發起認可申請書에定欵을添付ᄒᆞ야度支部大臣의게提出홈이可홈이라

第三條 株式會社의發起人은前條를依ᄒᆞ야發起認可를受혼後아니면株式募集에着手홈을得지못홈이라

第四條 合名會社의定欵은左開事項을記載ᄒᆞ야各社員이此에署名홈을要홈이라

一 目的
二 商號 未完

外報

●英俄協商 北京電을據혼즉西藏條約의締結된結果로俄國이西藏에서英國行動에干涉지아니홈으로英國은蒙古伊犁新疆에서俄國行動에干涉지아니ᄒᆞ기로兩國間協商이成立ᄒᆞ리라더라

●敎員養成 淸國學部에서新敎育을普及ᄒᆞ기爲ᄒᆞ야爲先小學敎員을養成홈이緊要ᄒᆞ다ᄒᆞ야各省督撫에게訓令ᄒᆞ되一年에卒業홀初等簡易科와師範學堂을設立ᄒᆞ야小學敎員을養成케ᄒᆞ고尙且二年에卒業選科도增置ᄒᆞ야漸次中學敎員도養成ᄒᆞ라ᄒᆞ얏더라

●摩洛哥決議 四月初旬에알쎄시라스에서列國使臣의調印成立혼摩洛哥會議書는列國이摩洛哥王의主權과其領土의保全及商業上의均等主義를不破ᄒᆞ야同國의平和安寧을庇護홀意를述ᄒᆞ고또此에對ᄒᆞ야必要혼計劃實行의方法을指示ᄒᆞ고次에決議事項으로警察組織과武器密輸入의禁止와中央銀行設立과稅關其他管理等에關혼規定을揭載ᄒᆞ얏다云ᄒᆞ다더라

雜報

●一身二絕　內大李址鎔氏는統監府에入ᄒᆞ면開化徒이오私第에在ᄒᆞ면雜技徒이오闕內에入ᄒᆞ면勢力客이라고某報에揭載ᄒᆞ얏더니世人의[illegible]論도氏는可謂一絕人物이라고ᄒᆞᆫ다더라

●技[illegible]　[illegible]部協辦[illegible]氏의披[illegible]를聞ᄒᆞᆫ즉[illegible]部大臣李址鎔[illegible]萬元[illegible]督[illegible]得[illegible]고[illegible]任이[illegible]더라

●試[illegible]　[illegible]政[illegible]以下各[illegible]과日本[illegible]統監府[illegible]長[illegible]氏以下各[illegible]大臣[illegible]試[illegible]을査定ᄒᆞ고[illegible]日에同行ᄒᆞ기로決定ᄒᆞ다ᄒᆞ더니[illegible]事가有ᄒᆞ야不遂定日ᄒᆞ고更定下去ᄒᆞᆫ다더라

●照放未決　平理院에서沈相薰朴箕陽氏等獄事로一例에는照律ᄒᆞ자ᄒᆞ고一例에는白放ᄒᆞ자ᄒᆞ야相持未決ᄒᆞᆫ듸物議中其責을裁判長李允用法部大臣李夏榮兩氏에게全在ᄒᆞ고且兩氏는顧其後慮ᄒᆞ야照放間猶豫未決ᄒᆞ야法大稱病辭職에는朴參政이署理를被命ᄒᆞ얏고李裁長도稱病辭疏ᄒᆞ야法部協辦閔衡植氏가署理를被命ᄒᆞᆫ後에平理院獄事가田稍가된다더라

●懲納免官　度支部에서滯納公錢ᄒᆞᆫ郡守四十餘名을調査ᄒᆞ야免官督刷ᄒᆞᆫ다고聲言ᄒᆞᆷ으로三十餘郡守는幾萬兩式上納ᄒᆞ고全不納ᄒᆞᆫ郡守가十名인듸此를度支部에서日間免官奏本ᄒᆞᆫ다더라

●鬱島人數　鬱陵島에韓民은總計三千八百名에오任在ᄒᆞᆫ日人이總計三百三名인듸日人中民長은吉田乙治郞氏오副長은片岡吉兵衛라더라

●事有是理　[illegible]說을聞ᄒᆞᆫ즉宮內大臣[illegible]氏가[illegible]官[illegible]之子의[illegible]給[illegible]隔道[illegible]代放[illegible]ᄒᆞ얏다니[illegible]인지[illegible]리오

●[illegible]　內府[illegible]氏에[illegible]寶ᄒᆞ얏다ᄒᆞ[illegible]送人說明ᄒᆞ되永[illegible]는同氏가[illegible]府에[illegible]이有ᄒᆞ고[illegible]人卒下府[illegible]許을得ᄒᆞ야[illegible]日人大[illegible]此를强占ᄒᆞ얏다더라

●活人總數　仁川港民議所에서設立ᄒᆞᆫ活人所는韓國에始有ᄒᆞᆫ一大慈善事業이라現聞入院總數一百七十名內에生還者八十三名이오死亡者四十八名이오現在治療者三十九人인듸民長은徐相彬氏오事務員은姜允模張乃興韓禹根諸氏라吾儕는該民議所僉員의同胞兄弟를博愛普濟ᄒᆞᄂᆞᆫ仁心善擧를攢賀不已ᄒᆞ노라

●城壁毁撤　政府에서照會內部하되咸興城壁毁撤事로日本統監府와屢次交涉ᄒᆞᆷ은貴大臣도亦所諒察이온바該城壁이其在土匪防禦에尙屬有用이오且保壓世舊貫則宜難遽撤之意로照復矣러니統監府照文內開에防禦土匪는駐在軍隊와警察設備가有ᄒᆞ야此等疑慮는全然無用이니其城은破毁ᄒᆞ고道路下水溝等을設施ᄒᆞᆷ과經費는該道在留日人이擔當云ᄒᆞ니[illegible]道ᄒᆞ야咸興在留日人[illegible]兩을[illegible]元山理事官[illegible]有ᄒᆞ거든觀察[illegible]爲可[illegible]ᄒᆞ얏더라

●[illegible]　[illegible]영각氏가報告內部[illegible]德島外[illegible]日本[illegible]上[illegible]之[illegible]其度支部[illegible]는되[illegible]六萬一千三百七十[illegible]이라더라

●女[illegible]新立　[illegible]서北署[illegible]洞等地에女子[illegible]校를設立ᄒᆞ시고無依無托ᄒᆞᆫ女子의衣食을擔當ᄒᆞ야敎育ᄒᆞᄂᆞᆫ듸[illegible]學徒가五十餘名에達ᄒᆞ얏더라

●觀察遞任　忠淸南道觀察使朱錫冕氏는其母親喪을遭ᄒᆞ야遞任이되얏더라

●靑會演說　皇城基督敎靑年會에서今日下午八点鍾에徐丙無幾란問題로崔牧師炳憲氏가演說ᄒᆞᆫ다더라

●賊反荷杖　茶洞居金洙鉉昨年冬間에數多金圓을與人去來ᄒᆞ다가暗生不測之心ᄒᆞ야佯作破産之樣ᄒᆞ고躱避ᄒᆞ얏더니不意今年陰三月初旬에前者去來ᄒᆞ든美洞居趙東元氏處에來ᄒᆞ야細音零在條四十餘萬兩의金哥가負債者를反以抑說로奸譎히帳簿及會計記를僞造ᄒᆞ고賊反荷杖으로趙氏에게四十餘萬兩을請求ᄒᆞᆫ즉趙東元氏는其非理ᄒᆞᆷ을詰責ᄒᆞ얏더니其後에金哥가[illegible]裁判所에呈訴ᄒᆞ얏스미趙氏는一便으로金가의贓[illegible]을痛忿ᄒᆞ며一便으로洽然ᄒᆞ[illegible]卽地[illegible]訟ᄒᆞ나原告金가가[illegible]對質치아니[illegible]外國[illegible]平[illegible]有[illegible]賊[illegible]如[illegible]判ᄒᆞ[illegible]日[illegible]餘[illegible]ᄒᆞ[illegible]現[illegible]此히奸[illegible]百[illegible]必[illegible]氏이[illegible]資[illegible]人이[illegible]法官[illegible]有文明秩序ᄒᆞ고[illegible]히[illegible]如此ᄒᆞᆫ隱[illegible]懲治[illegible]라고[illegible]說이紛紛ᄒᆞ다더라

寄書

大韓自强會에서桑港遭難ᄒᆞᆫ我同胞를救恤ᄒᆞ기爲ᄒᆞ야請捐員五人을選定ᄒᆞ고本社에覆函이如左ᄒᆞ니

敬覆啓者　函開悉이온바在桑港同胞의遭難悲況은夫孰不同情慰助哉아方自本會中으로多少間斯圖斯速募集이옵기先此仰復ᄒᆞ오니　照亮ᄒᆞ심을爲要라ᄒᆞ얏더라

●官報付郵　統監府通信管理局에서政府로公函ᄒᆞ기를官報도三種郵便物로認許ᄒᆞᆫ바第六條를依ᄒᆞ야官報를每日逐號送付가可ᄒᆞ다ᄒᆞ얏더라

●兩氏敍勳　詔勅을下ᄒᆞ샤美國人元杜宇氏는有久駐本邦之勞ᄒᆞ고美國醫士魚非信氏는歷有試術之效ᄒᆞ니特敍勳賜太極章ᄒᆞ라ᄒᆞ옵셧더라

●西民呈訴　平安南北道民人鄭[illegible]氏等이內部에請願ᄒᆞᆫ全文이如左하니

伏以民等以鐵路役夫[illegible]事旣過[illegible]政府奏[illegible]術[illegible]不[illegible]人大[illegible]一日之代[illegible]而[illegible]於[illegible]而在[illegible]在彼何[illegible]推乎今[illegible]之持[illegible]者直不過一[illegible]人夫之事也若其推[illegible]各郡各面則其數當如何哉

現今我民出於百死一生之餘雖此不滿半數之屈錢不可不推尋以爲救活之萬一矣

伏願下燭役將此成冊粟軸先爲照會于統監府明其事實仍命調査各郡人民之役屈未推者皆得以準數推給則猶不失半日之屈而少慰此至冤極鬱之情矣洞燭措處之地千萬泣祝이라하얏더라

●日俄戰說　오때사所報를據ᄒᆞᆫ즉日俄兩國은五年을不過하야다시開戰ᄒᆞᆯ뜻하며俄軍은아즉滿洲에駐屯하야其占領을繼續ᄒᆞᆫ다하더라

●遞使留滬　駐德公使閔哲勳氏는德國에서撤退ᄒᆞᆫ後後에소息世未聞터니近日에更聞ᄒᆞᆫ즉該氏가前駐法公使閔泳瓚氏一行과同行하야向日上海에到着ᄒᆞ얏고또宮中에도電報가有하얏는[illegible]上海에[illegible]風說[illegible]後에[illegible]歸國期[illegible]

●建[illegible]　[illegible]議[illegible]事[illegible]築[illegible]議[illegible]千五百[illegible]址[illegible]을[illegible]

●[illegible]十[illegible]　[illegible]黃[illegible]아[illegible]을[illegible]十[illegible]라

●英土形勢危迫　英國政府와土耳其政府의形勢가愈益危迫ᄒᆞ야英政府는[illegible]隊를派遣ᄒᆞᆫ다더라

東京電報

●葉書賣出混雜　五月六日午後六時發

日本서本日에紀念葉書를賣出ᄒᆞᄂᆞᆫ듸混雜이甚ᄒᆞ야投石ᄒᆞᆫ暴가有ᄒᆞ야殊히神田、本所、兩區內에서는多數의負傷者가生ᄒᆞ얏다더라

雜報

◎義州居金義坤氏의寄函

敬啓者桑港消息을聞ᄒᆞᆫ즉大地震大火發ᄒᆞ며人命死傷이五千餘오財物損害가二億萬餘라ᄒᆞ니萬古初聞之大災也라天何爲之며地何爲之아美國之慘況과各國人之損害ᄂᆞᆫ口可難喘오筆可難記어니와

我韓同胞千餘人이智識을發達ᄒᆞ야國權을恢復ᄒᆞ기爲ᄒᆞ여留學該地라가亦被其慘災ᄒᆞ니豈不悲哉며豈不痛哉耶아

遭此大災에其生命之死亡과財産之損害가何如ᄒᆞᆫ지無邊海岸에遭此大災ᄒᆞ얏스니救者誰也며恤者誰也오大韓之民을大韓之人이救之可也라ᄒᆞ야

貴社에셔同胞의患難救恤之方으로爲先發告ᄒᆞ며且以諸般經費로擔當云ᄒᆞ시니愛惜同胞ᄒᆞ심을孰不欽仰哉耶아韓國之物情이雖曰蒙昧나禮義自守之國也라聞此爲國遊學同胞之遭難而孰不悲哉며孰不救哉耶아

況他各國人之損害ᄂᆞᆫ竝則英淸則淸日即日各其爭先救助라ᄒᆞ니韓之在後도文明世界上大恥事어날此若恬視不救ᄒᆞᄂᆞᆫ人은不可謂我韓同포오不可謂我韓國民也라

將來韓國人種이有耶아無耶아各處學校에셔爲國卒業ᄒᆞ시ᄂᆞᆫ生徒며智識을開發코ᄌᆞᄒᆞ야新聞을購覽ᄒᆞ시ᄂᆞᆫ人은無疑救助ᄒᆞ려니와其餘富饒之人이尤爲其大小人員間[?]論多少ᄒᆞ고孰不救助哉耶아

生은本是鐵山人으로寓此義州郡ᄒᆞ야以拌藥爲醫가今又八載에僅爲生計而家是貧窮ᄒᆞ야不能優助而只以新貨三圜으로表情伏呈ᄒᆞ오니幸須考納而以補募集金額之數千萬

◎仁港仁人　前主事安秉瓚氏가在桑港同胞의意外遭難홈을惻隱히녀겨日前에仁川港에前往ᄒᆞ야該港有志紳士諸氏를訪見ᄒᆞ고勸告曰今此美國桑港에地震火災로人命死傷이夥多홈은想應聆悉而我大韓同胞寄寓該地者ㅣ千餘名인ᄃᆡ此皆憂國慷慨之士며不幸被其慘禍ᄒᆞ얏스니國內同胞가豈可越視乎아ᄒᆞᆫ즉該港紳士曰在桑港同포의遭難悲況은不見可想이니當隨力義捐ᄒᆞ야臨表同情ᄒᆞ려니와子非新從[?]時에持斧抗疏ᄒᆞ던安秉瓚乎아欽仰久矣러니今爲同胞ᄒᆞ야[?]尤極感激이오以若休官之人으로必有窮乏之嘆이니吾輩ᄂᆞᆫ先爲子救助可也라ᄒᆞ거날安氏가固辭不受ᄒᆞ고仍卽回還ᄒᆞᄂᆞᆫᄃᆡ[?]行은是食物을寄贈ᄒᆞ얏다니仁港紳士의仁愛之心은稱頌ᄒᆞᆯ만ᄒᆞ다더라

●特別至急廣告

本社에셔在桑港同포救助金을義연ᄒᆞ시ᄂᆞᆫ　僉君子ᄂᆞᆫ該金을

本社會計室로卽傳ᄒᆞ시고

領收證을必須持去ᄒᆞ시되

領收證이無ᄒᆞ면無效로認知홈

本社會計室　告白

◎李下不整冠　日昨土曜日에師範學徒들이運動次開運寺에前往ᄒᆞᆫ時에國民教育會會員도一齊出去ᄒᆞ얏ᄂᆞᆫᄃᆡ就中警務局長俞星濬氏와地方調査委員洪在箕氏同爲進參ᄒᆞ얏더니日昨某新聞雜報에論劾ᄒᆞ되俞洪二氏가妓樂으로佚宕娛遊라ᄒᆞ얏스니其確訂을聞ᄒᆞᆫ즉當日에果有一派妓樂이該寺來遊홈이有ᄒᆞ얏스되此非俞洪二氏事이어날某報에誤聞記載됨으로同氏의卞正ᄒᆞᆫ寄書于某報館ᄒᆞ얏더라

◎劉氏熱心　普法會夜學校校監劉禎相氏가校務를熱心擔着ᄒᆞ야學員의課業을勸勉홈으로該校進就之望이恰有ᄒᆞ다더라

◎倘宮卒逝　倘宮安氏陰本月十一日卒逝홈의　韓皇陛下께옵서下詔ᄒᆞ샤棺板一部擇送ᄒᆞ고錢一千兩米十石布木各一同特爲輸送成服日遣奉侍致祭ᄒᆞ셧고皇太子殿下께옵서喪葬之需從優輸送各色緞五端錢一千兩米十石布木各一同全添每祭時各五升加送成服日遣奉侍致祭祭文當親製ᄒᆞ시라ᄒᆞ셧더라

◎一進會員田貞吉氏의投書가如左ᄒᆞ니

交近國遺은理之常也요賞功罰罪은法之公也라勿論誰某人黨ᄒᆞ고主於公論行於天下면雖之讎親之邦이라도可以演說이요可以行身而京鄕近日에觀其繼續之徒則不當佛道而剃髮ᄒᆞ고亦無官職而戰宕ᄒᆞ야貴傳來之舊士而以納ᄒᆞ며貴自發之費償而以賄ᄒᆞ야無鑛質問於政府ᄒᆞ며無難歐扑其人民ᄒᆞ야聽願於父母而吐情於會員ᄒᆞ고不辨賞罰而驅民於凶地ᄒᆞ니豈有上下分義乎아捨近而取遠者도一會요賞罪而罰功者도一進也라鄕士屯田은公地也而恣食其稅ᄒᆞ고海稅鉛鑛은一進이已爲禁止者而各處派員이續出於一會員則其一進之規가大矣明矣라

首則賣國之一也요樹黨之一也요挾勢之一也니乃四一也요輔國安民은何等良規며生命財産保護ᄂᆞᆫ何等大事며皇室尊重은何等慾望이며政府改革은何等擬言而噫彼一進이以二十一字而惑世ᄒᆞ야騙六十萬員而設會ᄒᆞ니環我疆土八域에不入於其中者十無一人也赤敗無依와白失無據ᄒᆞ야悅與人說而心寒血痛을敢怨誰ᄒᆞ고然而旣爲이라來宼總部則前日爲事은果是何事而當日八域이會同에以一片紙而出給ᄒᆞ고全無治心之說ᄒᆞ니會員之製紙納服者가十常八九요裝錢返旆者가亦千萬計也라出於饑餓에白錢一分則藥酒이一와이요買紙貨十圜則美人이四座라何其浪其財而至此哉아適往一歲則有一胃者兒가請一分錢而給銅錢二分則感謝感謝云而

嚴此如我之物은不啻一番鬪覽而有千金者ᄂᆞᆫ費千金ᄒᆞ고有萬金者ᄂᆞᆫ費萬金ᄒᆞ얏스나此ᄂᆞᆫ碌碌脈脈者也로다今無歸處ᄒᆞ니剃髮祝罪요剃積難免이라故로遂爲作嘆曰僧아僧아無寺僧아僧도不當俗도不當宕巾宕巾無官宕巾何以買得何以戴요噬臍却步ᄒᆞᄂᆞᆫ路에投書

◎義王回期　義親王　殿下께옵서七八日間을東京에逗留ᄒᆞ시다가今月十二日에出發ᄒᆞ야歸國ᄒᆞ시리라ᄂᆞᆫ傳說이有ᄒᆞ나아직的確ᄒᆞᆫ電報가無ᄒᆞ다더라

◎菊井䃭汚　師範學校教師菊井川氏가該校經費金을挪欠ᄒᆞᆫ故로小學校長朴羲祥氏가其行爲를發覺ᄒᆞᆫ事ᄂᆞᆫ前號에已揭ᄒᆞ얏거니와更聞ᄒᆞᆫ즉學部에셔學政調査委員으로其事實을調査ᄒᆞ야問ᄒᆞᆫ則該教師가無辭可辨이라ᄒᆞ委員이大責ᄒᆞ고卽時退ᄒᆞ라홈으로日間免職이되리라ᄒᆞ니所謂文明國의文學士로教師之任을擔ᄒᆞ야但히月俸만素食홀뿐아니라又重之職務의行爲가有ᄒᆞ니此ᄂᆞᆫ決코文明國人物이라謂치못ᄒᆞ리라더라

廣告

昌原黃氏譜所移于北壯洞新橋九統三戶黃甲秀家判校陰四月內告竣行將分冊京鄕僉宗照亮

校正有司　黃敎性　告白

韓山橋項居李새봉의父親貴守가權光洙의換錢區別次上京ᄒᆞ얏스니東大門內崔允道家로卽來ᄒᆞ던지若不來어든木票와未推錢票을急付送ᄒᆞ야損害攪徵케勿홈

父貴守　告白

本人이恩津居權文玉과姨從間信證로恩津所在畓五石五斗落田一石十六斗落家舍四座을委任看檢타가今年의推尋ᄒᆞᆫ즉文玉이反以荷杖으로訴訴漢城府ᄒᆞ야得訟ᄒᆞᆫ判決書을要求ᄒᆞ야外國人符同ᄒᆞ야偸賣ᄒᆞ라ᄒᆞ니內外國人은切勿見欺홈

閔東植　告白

西署仁達坊齋城宮契內資洞第八十八統七戶貰居人劉基烈의買草文記遺失故茲以廣佈內外國人照亮後休紙施行홈

宗橋福德房家儈　鄭雲澤　告白

◎遭難同胞至急救◎
◎慰金募集大廣告◎

至迫至急하고可驚可악ᄒᆞᆫ我大韓同胞中美國桑港市等地에寄寓하ᄂᆞᆫ千餘名에兄弟姊미가今番桑市의火災의遭難慘慘ᄒᆞᄂᆞᆫ情狀을思惟ᄒᆞ건ᄃᆡ幾人은死亡의禍ᄒᆞ얏스며幾人은損害를遭ᄒᆞ엿ᄂᆞᆫ지晝夜神驚홈을不禁ᄒᆞᆯ지라玆의全國內有志同포의게警告ᄒᆞ오니隨宜力補助ᄒᆞ시와海外孤蹤이로患難의相同ᄒᆞᆫ同胞를慰藉ᄒᆞ시믈懇望홈

但收金日限은四週間으로定홈

收金所

大韓每日申報社　會計室

讚成員은前主事薛泰熙氏로定ᄒᆞ얏슴

仁川에ᄂᆞᆫ姜允煥金濟弘兩氏로定ᄒᆞ얏슴

本號新開專做男女各色洋服並由上海運來各種細이毛울及一切衣飾屬品件件精全伏望貴士女迅即來購爲幸
西小門內美泰男女洋服商號

●刑法大全　一帙定價金新貨六十錢
偵探心書一帙一圓二十五錢
耳談續纂一冊　七錢五厘
溫故知新堂證鈔　七錢五厘
[illegible]小學指[illegible]　[illegible]錢九厘
人工[illegible]寶鑑一冊　[illegible]五錢
[illegible]三冊　一圓
農政新書　[illegible]十錢
法學[illegible]　一圓
[illegible]　一圓[illegible]十錢
大韓[illegible]誌　七十五錢

發賣所　布屛門下金相萬書舖
大韓每日申報社

花春丹은　霍亂　吐瀉　腹痛　滯症　暑症　정忡　神眩　胸鬱　痰盛　醒酒船暈　咳嗽　口味업는諸症의神效ᄒᆞᆫ藥이오此外에도洋灰水解毒藥　唐창疳氣　蛔虫　寸虫　外白癩風藥과東西洋藥이俱備ᄒᆞ고他病도隨問出方ᄒᆞ오니　僉位는枉議ᄒᆞ시옵
皇城校洞石井洞下隅
石泉堂藥局　告白

一鷹標罐漬甜牛乳
一鷹印罐甜漬甜牛乳
一[illegible]家用氣化乳酪
一[illegible]
合牛[illegible]

以上[illegible]
大韓仁川港
[illegible]洋行

●九轉靈砂라　本人이妙方法을神備하야製造ᄒᆞᆫ靈丹이니男女老少에無論何症ᄒᆞ고通治ᄒᆞ오며無病時에도服ᄒᆞ면平生의身體가健康ᄒᆞ며小兒는四五錢重만服ᄒᆞ면十歲안에無病ᄒᆞ기를擔保ᄒᆞ오며
●九轉靈砂萬靈丹은癲狂　痼症과中風諸疾과耳目諸病과漱疾에神効ᄒᆞ오
●九轉靈砂保命丹은初生小兒　驚風　癎氣　咳嗽　腹痛諸般惡과婦人帶下症에神効ᄒᆞ오
●九轉靈砂濟衆丹은酒滯　食滯　血積　吐瀉ㅣ霍亂　痢疾　吐血　下血　運氣　時疾　痢症에神効ᄒᆞ오
●九轉靈砂紫金丹은痔漏　[illegible]　上疳瘡　下疳瘡及唐瘡과諸般毒瘡惡種에無不神効ᄒᆞ오니　僉君子는來問ᄒᆞ시오
內需司前독갑이골上隅第一家
李鳴廷　告白

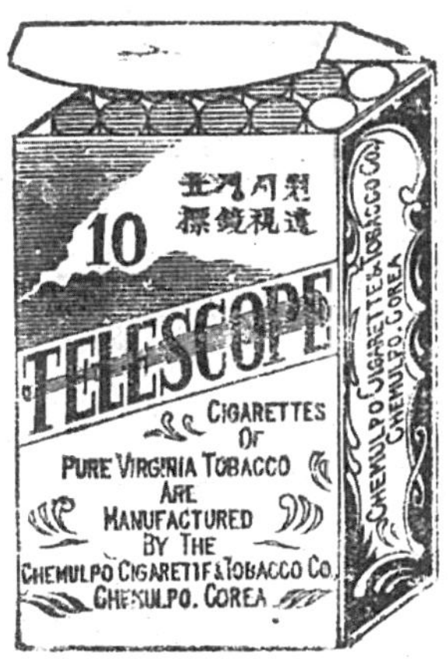

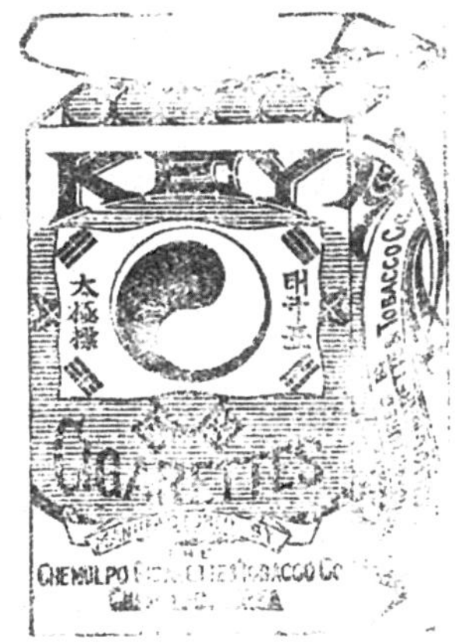

以上三種卷煙[illegible]
大韓帝國仁川港
[illegible]物[illegible]紙[illegible]類及煙草會社

本社廣告
申報價
一張代金　新貨二錢五厘
一個月前金　三十錢
三個月　九十錢
六個月　一元七十錢
一個年　三元四十錢
郵稅一朔　新貨五厘
一年分　十三[illegible]
國文[illegible]三字[illegible]
[illegible]
一個月[illegible]　一圓[illegible]
[illegible]
[illegible]增減[illegible]

◎本社地方各處支店廣告
仁川杻峴開新冊肆　李東立
平壤南山峴日新學校　金興淵
　崔觀恒
宣川邑橋西　安濬
義州南門外韓西大藥房張有寶
　金龍
長連邑
鎭南浦築洞　金仁집
咸興州南社　曹喜林
中和邑　李俊培
釜山佐川谷藥房　金灌泰

發行兼編輯人　英國人裵說
發行所
京城北署署洞坊洞號外地鐵路學校內
大韓每日申報社

(光武九年八月十一日 明治卅八年八月十一日 第三種郵便物認可) 水曜日 西曆一千九百六年五月九日 (一)

第四卷

大韓每日申報

대한매일신보

第二百十四號

月曜及慶節時日休刊

檀君開國四千二百三十九年
箕子元年三千二十八年
大韓開國五百十五年
日本明治三十九年
淸國光緖三十二年
陰曆丙午四月小十六日癸丑

論說

申勉家庭敎育

向日大韓自强會員鄭雲復氏가敎育問題로演說하는디家庭敎育이爲其要點이라其槪意에曰我國士大夫가在於前日에는皆其規模가嚴立於家庭之ㅣ故로其子弟之習熟見聞이不出於法度之外라所以로養其德性하고成其材器者ㅣ皆有根基之素立矣러니挽近士大夫家子弟가以如干時間으로雖曰上學이나退自學校면料리店과協律社가卽其所之者요甚至花葵之局과娼妓之家에許多逸樂之事를認爲茶飯하니以此習慣으로何可望其有敎育之效也리오此는無他라士大夫家規모가解弛하야家庭敎育의根基가素無ᄒᆞᆫ緣故니吾人이今日을當하야子弟를養成코져하거든先其家庭敎育에十分注意ᄒᆞᆯ지어다하얏스니吾儕도此演說에對ᄒᆞ야亦其鼓掌稱善ᄒᆞ얏거니와抑有所未盡者ᄒᆞ니請更申之ᄒᆞ노라

夫天下之爲人父兄者가孰不願其子弟之賢且才也며其敎子弟者가孰不以嘉言善行으로諄諄勉諭哉아然而蓬生於麻에不扶而自直ᄒᆞ고白沙在泥에不染而自黑은理也니爲人父兄者가其履行이未出於正이면雖欲其子弟之出於正也나決不可得이라韓國舊來美俗을觀之면士大夫가皆以忠孝勤儉으로爲家庭之規範ᄒᆞ야敦尙詩禮ᄒᆞ고勤孜學業이可謂不出家而成敎於國矣러니降至于今ᄒᆞ야此箇規模가蕩然不存ᄒᆞ야所謂公卿貴人의風流를觀ᄒᆞᆫ즉華堂錦帳은都是骨牌花鬪之局이오花朝月夕에惟是携妓聽樂之事라如此而能禁其子弟之不爲乎아自己는不讀一卷ᄒᆞ며弗修一藝ᄒᆞ고欲使其子弟로勤學好問ᄒᆞ야成就其材나得乎아自己는盡膂營營於貪榮干祿ᄒᆞ며挾雜牟利等事ᄒᆞ고欲使其子弟로終身佚命ᄒᆞ야必由正軌나得乎아未有忠君孝親之實行ᄒᆞ고欲使其子弟로弗陷於忘君辱親之惡이나得乎아然則士大夫가蔑棄規模ᄒᆞ야蕩淫無度가豈但爲世道風俗之巨害리오實自家覆宗絶祀之禍階也니竊願韓國士大夫는有志於敎其子弟ᄒᆞ야成其材ᄒᆞ거든必須先律其自身ᄒᆞ야一動一靜이弗離於正ᄒᆞ야以爲家庭敎育之模範이可也라ᄒᆞ노라

古語에曰以身敎者는從ᄒᆞ고以言敎者는訟이라ᄒᆞ니敎其子弟者ㅣ豈可不以身敎之耶아嗚呼其念之哉어다

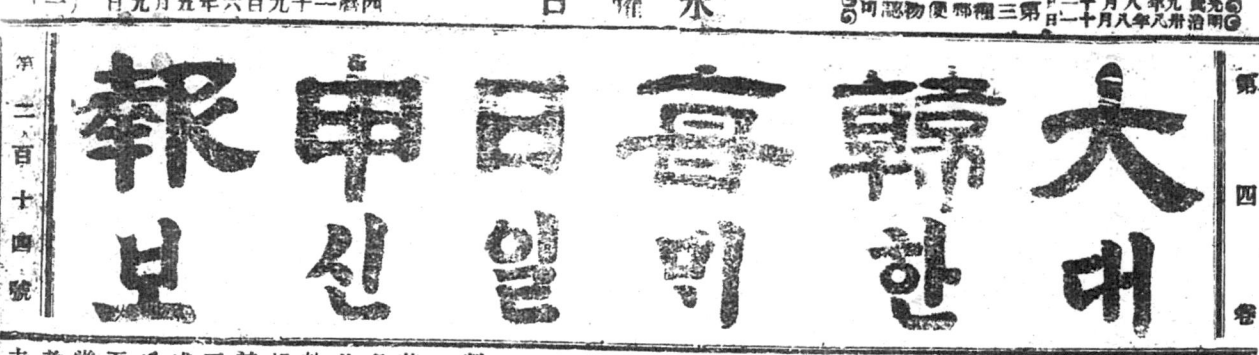

官報

●三千四百四十七號 光武十年五月八日

◉宮廷錄事

侍從院副卿金起範辭職疏
批旨省疏具悉所請依施
江原道觀察使李準榮辭職疏
批旨省疏具悉所請依施
以上五月四日

◉敍任及辭令

陞從二品 正三品鄭海魯○陞從二品 正三品安弼柱○陞正三品 六品朴魯仁 以上二月十日○贈從二品嘉善大夫內部協辦 故成均生員紀豐敎 從二品嘉善大夫侍從院副卿丞鍾緖考依法典追 贈 二月廿一日○美國人元杜尤 英國醫師魚飛信 敍勳四等賜太極章○四月廿八日○命弘文館學士 宮內府特進官南廷哲○命시從院副卿 從二品李圭桓○依願免本官 秘書監丞范九 仝李壽根 西京豐慶宮參書官朴鴻銓 肇慶廟參奉李愚賢 齊陵參奉洪德周 英陵參奉金復主 崇德殿參奉朴文益 咸鏡南道分奉常司主事金鼎九○任秘書監丞 正三品徐相薰 仝趙南益○任西京豐慶宮參書官 六品權鍾益○任肇慶廟參奉 金奎洙○任齊陵參奉 安鏞洙○任英陵參奉 朴最東○任宣陵參奉 金永驥○任崇德殿參奉 朴喜東○任主殿院電務課主事 李承熙 中寧雨 羅台鉉 金基順○任咸鏡南道分奉常司主事 姜鳳震○贈從二品嘉善大夫內部協辦 故學生金龍采○贈正三品通政大夫秘書監丞 故學生金時倫○贈從三品通訓大夫禮式院左掌禮 故學生金[illegible] 以上從二品嘉善大夫前시從院副卿金炳旭考祖考曾祖考依法典追 贈○贈從二品嘉善大夫內部協辦 贈吏曹參議李殷達○贈正三品通政大夫秘書監丞 故學生李憲升○贈從三品通訓大夫禮式院左掌禮 故學生李章學 以上從二品嘉善大夫前시從院副卿李鉉周考祖考曾祖考依法典追 贈○贈從二品嘉善大夫內部協辦 故學生李承休○贈正三品通政大夫秘書監丞 故學生李應在 以上從二品嘉善大夫前시從院副卿李長植考祖考依法典追 贈○贈從二品嘉善大夫內部協辦 故學生洪元燮○贈正三品通政大夫秘書監丞 故學生洪秉益○贈從三品通訓大夫禮式院左掌禮 故學生洪宗洙 以上從二品嘉善大夫前시從院副卿洪在鳳考祖考曾祖考依法典追 贈○贈從二品嘉善大夫內部協辦 故敦寧都正尹行元 從二品嘉善大夫忠淸北道觀察使尹喆圭考依法典追 贈○贈從二品嘉善大夫內部協辦 故學生李秉義○贈正三品通政大夫秘書監丞 故學生李德會○贈從三品通訓大夫禮式院左掌禮 故學生李基彬 以上從二品嘉善大夫前시從院副卿李謙來考祖考曾祖考依法典追 贈○贈從二品嘉善大夫軍部協辦 故五衛將金元敎○贈正三品通政大夫秘書監丞 故學生李始復 以上從二品嘉善大夫前시從院副卿李駿奎考祖考依法典追 贈○命日本留學生監督 從二品尹致昊
以上五月四日

外報

●巴里騷動 倫敦電을據ᄒᆞᆫ則法京巴里에서本月一日에大騷動이有ᄒᆞ리라ᄒᆞ야嚴重히戒嚴ᄒᆞ더니果然伊日에大騷擾가起ᄒᆞ야捕縛된者가五百名에達ᄒᆞ고騷動時에同盟罷業者等이短銃을放ᄒᆞᆷ으로兵士도亦應戰ᄒᆞᆫ지라此로由ᄒᆞ야人心이恟恟ᄒᆞ고商業이休止가되얏다더라

●露國近事 露西亞樞密院은各地農民의叛亂을鎭壓ᄒᆞ기爲ᄒᆞ야軍隊送費를七百五十萬留을支出ᄒᆞᆯ事를決ᄒᆞᆫ事이요近衛隊中의有名ᄒᆞᆫ프레오푸라엔스구聯隊中에서多數兵士를捕縛ᄒᆞᆷ과또前에니콜라스官邸라에우루소후公을禁卒ᄒᆞ여[illegible]合狀을發ᄒᆞ다따라[illegible]

雜報

●內相雅會 內部대臣李址鎔氏는再昨日龍山江亭에出往ᄒᆞ야其文士三十餘人으로詩筵을開設ᄒᆞ고風祇沙鳥와烟雲竹樹之間에終日吟詠ᄒᆞ야世慮를消遣ᄒᆞ얏다ᄒᆞ니語其承則閒且適矣로되當此國事旁午ᄒᆞ고民生殿屎之日ᄒᆞ야任情遊遨而遺落公務ᄒᆞ시니決非國務대臣者의所可爲也ㅣ라ᄒᆞ노라

●李氏長逝 日前遞任ᄒᆞᆫ春川觀察使李準榮氏는再昨夜에奄忽長逝ᄒᆞ얏다더라

●牛耳誦經 昌德宮內大報壇側에連抱大木을無嚴斫伐之弊가在在入聞이기로日昨本報에已揭ᄒᆞ얏스나尙今警察官人의禁斷ᄒᆞᆷ을未聞ᄒᆞ고所斫之木은積置自如라ᄒᆞ니此等警官에對ᄒᆞ야可謂牛耳誦經이로다

●死後怪訝 昨日上午五時頃에中署下避馬屛門內谷路側에年可三十餘歲之一女子가面帶刺痕而仰臥ᄒᆞᆷ을該坊巡檢이行巡之路에目擊ᄒᆞ고察其形止則銀釵는宛在於頭髻ᄒᆞ고死已久矣而該女臥地에는少無血痕ᄒᆞ니決非盜賊之所爲라ᄒᆞ야自警廳으로方行檢驗ᄒᆞᆫ다더라

●特旨平服 軍部대臣李根澤氏는一臂가傷ᄒᆞᆷ을因ᄒᆞ야服章을難着ᄒᆞᆷ으로詣闕이不便ᄒᆞ다ᄒᆞ야處分니에平服出入ᄒᆞ라ᄒᆞ옵셧더라

●郡奏將續 郡守現窠가紫州豐德等三個郡인대內部에서日間奏本을將上ᄒᆞᆫ다더라

●技手請暇 度支部에서測量技手를揭榜召還ᄒᆞᄂᆞᆫ事는已揭于前報어니와昨日漢城府에應試次會集ᄒᆞᆫ者百餘人에至ᄒᆞ얏다더라

●宮票改式 宮內府에서各部院廳官人以下員役의闕門出入票를一體改式ᄒᆞ야宮庭에雜人을肅淸케ᄒᆞᆫ다더라

●兩闕禁人 東北兩大闕에雜人無難出入ᄒᆞ야便成花柳場故로出入을嚴禁ᄒᆞ도ᄒᆞ거니와處分을奉承ᄒᆞ야侍從武官陪從武官이每日午後에는一次式兩闕을巡行以去ᄒᆞᆫ다더라

●郡守會議 本月一日에水原觀察府財政顧問補佐官이財政上講求ᄒᆞᆯ道가有ᄒᆞ다ᄒᆞ야官下各郡守를會同開議ᄒᆞ얏는ᄃᆡ每日議事는別無神奇오時間不過四五時而罷會ᄒᆞ야三四日을留延ᄒᆞ얏다더라

●度協留延 대丘觀察府郡守會議에往參ᄒᆞᆫ度支協辦柳正秀氏는該議事를尙未決了ᄒᆞᆷ으로今明間에는上來하리라더라

●公務月報 내部에서各觀察府로訓令하기를各警務署警察事務는每月終에依例摘欵報告하거니와外國人과交涉事案은全文修錄하야無一遺漏케하라하얏더라

●麥亦禁播 慶南密陽郡守李載益氏가內部에報告ᄒᆞ얏스되現接馬山浦駐在鐵道班長陸軍工兵대佐藤尾齒三郞來函則係指揮及線路用地區域내犯入地段界限에現在ᄒᆞᆫ麥作外에播種을一切嚴禁하야免致生梗等因인바禁播一款이關係民情矜憫이온즉查照指飭하라하얏더라

●派兵撤還 軍部에서各道鎭衛隊로訓令ᄒᆞ기를人民保護ᄒᆞ기爲ᄒᆞ야賊警防禦에對ᄒᆞ야兵丁을各處에既往派送ᄒᆞᆫ바賊警防備는地方官과警察官吏가自在ᄒᆞᆫ즉軍隊가專管擔當ᄒᆞᆯ責이無ᄒᆞᆫ즉兵士求派ᄒᆞᆯ義務가必要치아니ᄒᆞ니各處派送兵卒을一并撤還하야各自該隊로務圖教育하라하얏더라

前侍讀金錫泰氏의寄函이如左ᄒᆞ니

向聞桑港慘報ᄒᆞ고竊不得救濟方畧더니何幸聞貴社之募金周旋ᄒᆞ니爲대韓人民者孰不感泣攢賀也리오錢不如心이나玆將金貨四元仰呈ᄒᆞ니以補萬一之助若何오ᄒᆞ얏더라

●院訓頑拒 經理院卿李根澤氏가내部대臣에게公函하기를平壤煤炭礦을顧念民弊하야本院管理에不可泯默故로該道觀察府와句管하든收租官에게同辭訓令하고該礦을即爲封廢하라하얏더니該收租官元用奎의電報를據ᄒᆞᆫ즉觀察使李容善言니에經理院훈令을吾所不知라하고該礦을一向開採ᄒᆞᆫ다하니萬萬駭歎이라若此不已면部院훈令을果難施行하니該觀察使를從重論警하라하얏더라

●崔氏叛校 議政府主事崔秉相氏가中署河橋板井洞에私立中央前進學校를設立ᄒᆞ기로決心ᄒᆞ고四方有志者와協議ᄒᆞ고方今經紀中인ᄃᆡ該氏는本以官立日語學校卒業生으로七八年前日本에遊學ᄒᆞ야該國官廳制度와地方警察을熱心으로研究ᄒᆞ고客年七月分에歸朝ᄒᆞ얏는ᄃᆡ現今參政대臣朴齊純氏의知遇를被ᄒᆞ야朴氏의行政을贊助ᄒᆞᆷ의其進步的思想과教育的心彝이有ᄒᆞᆫ故로朴參政이極히可愛히여겨信用을得ᄒᆞᆷ이有ᄒᆞ다더라

●視察被嫌 日前에參政대臣以下各대臣이水原西屯防築을視察ᄒᆞ고統監府指導를因하야農事試驗場을設施하얏더니宮내에傳說이盛行하기를各대官이往于西坊하야議與日人이라ᄒᆞᆷ으로朴參政以下는必避嫌言하야대丘農場視察은不行하기로作定하얏고農學兩대臣만日間下去하기로하얏다더라

●各自不和 近日各部대臣이政府에仕進을不行하고派派葛藤하얏는ᄃᆡ其根由를得聞ᄒᆞᆫ즉내部대臣이郡守奏本時에는擇其爲人하야朴參政이反對하고度支대臣은水道局案件에延拖를感情하고軍部대臣은稱病不進하고農대만逐日仕進하얏다가無議退去ᄒᆞᆫ다더라

●繅場助手 全羅南道에設置ᄒᆞᆫ綿花栽培所에助手九人을授用ᄒᆞᆯᄃᆡ인ᄃᆡ日語한熟ᄒᆞᆫ人九名을各學校卒業生中選擇起送하야以便應用케하라고農商工部에서학部로照會하얏다더라

●三氏書製 대安門을以대漢門으로改号하고陰本月十二日에始役重建ᄒᆞᆫ다는事는已揭어니와대漢門上樑文製述官에는李根命氏오書寫官에는尹用求氏오懸板書寫官에는南廷哲氏로命下하오셧더라

●훈禁亂斫 農商工部에서平安北道觀察使의게훈令하기를所管下各郡森林禁斫事로前後歷훈이纍纍無餘언즉理應恪遵惕念하고嚴加禁護어날近聞各郡이擅或許斫하며내外國人이潛작暗伐하야流下沿江에互相爭先하야各郡山谷이幾至童濯이라하니言念及此에極庸歎惜이라훈到即刻에翻飭各郡하야雖一株木이라도復或有犯작者어든내論내外國人하고刻期嚴拿에指名報部하야以待措處케하라하얏다더라

●義擾支離 忠南觀察署理郭燦氏가내部에報告하얏는ᄃᆡ洪州郡守署理대興郡守李成默報告니開即接一進會員告急則近日擧義士民이聚於藍浦等地而將向洪州하야奪據城池이다이온바聞甚驚駭하야另飭巡校砲手하야把守戒嚴之節을別般圖束하오셔대興郡에도亦有流言之煽動하야遽不得往관洪郡事이다이온바假義起擾之徒들이又復滋蔓에有此跳踉하야倡言城池之奪據하고以致民志之鞍驚者萬爲驚駭라自公州隊로業已派兵히얏기指飭該署理郡守하야使即馳赴同郡하야另防方略而合力剿滅하야期無跳踉케하고玆先報告라하얏더라

●乃非車手 日昨南廟主山에서電車掌車手가警務廳總巡李昔榮氏를致打ᄒᆞ얏다고本報揭載ᄒᆞ얏더니今聞ᄒᆞᆫ즉掌車手가아니오日人洋服店에서雇備ᄒᆞᆫ는韓人인ᄃᆡ素是無賴로適其時乘醉하야行此悖習이라ᄒᆞ더라

北京電報

●馬賊侵入 五月七日午后六時六分發

馬賊多數는東모데고에侵入ᄒᆞ야擾亂이暴烈ᄒᆞᆷ으로同地政廳은北京에滯在중인쏠한王이歸國ᄒᆞᆷ을希望ᄒᆞᆫ다더라

海外電報

●暗殺 七日午后四時東京發

원쓰에서는鐵道官吏員二名이爆裂彈에暗殺을被하얏더라

東京電報

●軍港設定 五月七日午後五時半發

日本政府는鎭南浦를軍港으로爲하기로決定하얏더라

●義親王殿下參내 上仝

義親王殿下께서今朝에御參내하사日本皇帝씌謁見하시고來十日에箱根에出發하신다더라

●統監與知事 上仝

地方官會議事로滯京중인府縣知事는伊統監及原내相을華族會館에招待하고統監의演說을請하고後에紅葉館에서晩餐會를催하얏더라

雜報

秦學新諸氏가養閨義塾을發起ᄒᆞ고其趣旨를發布ᄒᆞᆷ이如左ᄒᆞ니

原夫國步에進就ᄂᆞᆫ在於民智之發達이오民智之發達은在於人才之培養教育也라泰西列邦은研究專力於學問ᄒᆞ야日新開明이全國之內設校가指不勝屈而男女가無人不學ᄒᆞ야精究力踐에透其靈通ᄒᆞ야曠前絕後之識과驚神法鬼之技가皆徐出於教育之中ᄒᆞ야

國民間百凡所用이無一不備ᄒᆞ며無一不奇ᄒᆞ니此是興學之效也라惟我 大韓國民으로比諸他邦이면不居下ᄒᆞ고富亦有源이ᄂᆞ然而狃於習俗ᄒᆞ야腐敗漸至에萎낫不振ᄒᆞ니實爲無學之致라故로教育上有志之士가設立學校ᄒᆞ야使我同胞로熱心教育에期圖發達ᄒᆞ야挽近設學이日益月增ᄒᆞ고生徒가幾至千萬ᄒᆞ니乃是教育之振矣而竊猶邦家之幸甚也라

然而悉爲男子之教學而未聞女子教育之興起ᄒᆞ야仍置陋俗에終未免禁錮之形ᄒᆞ야蓮臉虛老於閨中ᄒᆞ고蒜髮易生於鏡裏ᄒᆞ니豈勝歎惜哉아女子之聰明英才가勝於男子者自古及今에比比有之ᄒᆞ니

遠而簡狄之新미也와西陵之蠶也며近而樺校書之於西蜀과曹大家之於東觀也라炳炳琅琅輝映竹帛이豈不美哉아當此時家興隆盛之際에嫌其女子ᄒᆞ고棄不教育이甚爲可惜故로廣是吾儕가扶義發起ᄒᆞ니有志諸彥이同聲相應ᄒᆞ야

擬設女子之校ᄒᆞ니名定曰養閨義塾이라ᄒᆞ고華族及士庶女子를募集ᄒᆞ야維新에學文과女工에精藝와婦德賢哲을教育ᄒᆞ야賢母良妻에姿質을養成完備ᄒᆞ야出類拔萃에共驚于文明之界ᄒᆞ고勵精進就에不立于仁讓之後ᄒᆞ리니此爲本會之趣意也라竊惟我韓有志同胞ᄂᆞᆫ同心戮力實力贊成ᄒᆞ시와務圖本塾之振擴케ᄒᆞ시면不啻本塾之幸甚이요其於邦家隆興之治에亦爲幸甚이라ᄒᆞ얏더라

●女學勸奬 前侍讀金錫泰氏가國中에女學校가未有ᄒᆞᆷ을恒常慨歎ᄒᆞ더니 皇恩의隆崇ᄒᆞ심으로北壯洞女學校創立ᄒᆞᆷ을感祝ᄒᆞ야學徒를勸奬ᄒᆞ기爲ᄒᆞ야日前에冊子五十券과鉛筆二百五十柄를學校에寄付ᄒᆞᆷ으로其教育上注意勸勉을人皆稱頌ᄒᆞᆫ다더라

●普校試驗 西署乳德里養木洞私立普通學校에서第二課月終試驗을經ᄒᆞ얏ᄂᆞᆫᄃᆡ夜學甲級優等은安善長崔承烈崔根植乙級優等은金德昌金義常兩學徒이요晝學甲級優等은林義根朴과乃乙級優等은韓賢愚諸氏라더라

●前後頌德 前判書金聲根氏庄土가曾在海美郡地러니去甲午秋에收租一百三十苞를留置于舍音處而爲該郡東徒文哥所奪이라及其勦匪之後에金判書家幹事人이推之而直捧一千金ᄒᆞ고零價三千餘金은剋期魚驗矣러니金判書가其後得聞ᄒᆞ고責幹事人曰不告自行이元非道理오又況不少之物을至於還吐則彼之多眷이將填壑矣라不忍之事ᄂᆞᆫ吾一生所不爲也니寧吾受責언정豈可爲此乎아ᄒᆞ고即招文哥ᄒᆞ야責其舊習ᄒᆞ고誨以歸化後에既捧之錢과將推之標를併皆還給ᄒᆞ니一文哥之感頌은猶無足言이오時洪海間諸邑幾家가葦匪處許多失物을蜂起鶴逐之際에聞此厚風ᄒᆞ고遂皆蕩減ᄒᆞ니千百人民의頌氏之德이不下於財主之施惠ᄒᆞ고近日天教之田에東徒가更振ᄒᆞ야所徵之物을幾倍還討ᄒᆞ고所受之困을寸尺較報ᄒᆞ되惟向時蕩減之家ᄂᆞᆫ該徒가反爲保護ᄒᆞ니諸家之頌德이亦不下於前日蒙惠之民이라ᄒᆞ더라

●兩氏義助 平壤居崔龍勳氏가新貨二十圜趙昌一氏가五圜을該郡日新學校에寄付ᄒᆞ고教育上熱心으로도十分勸勉ᄒᆞ얏다더라

●世道寒心 全州郡守權直相氏의許多不法行爲ᄂᆞᆫ各新報上에屢書特書不一書인즉言之에殆覺辛酸이나今聞ᄒᆞᆫ즉同氏의還任事를爲ᄒᆞ야ᄃᆡ臣中出力周旋者도有ᄒᆞᆫ바ᄃᆡ러同氏가湖南一等名唱幾名과京中妖姬幾名으로權貴家에納媚致ᄒᆞ야得其歡心ᄒᆞᄂᆞᆫ故로尤皆熱心援救ᄒᆞ야期圖還任이라ᄒᆞ니同氏의所犯人命獄案과巨欵贓錢이俱係守令之極罪이거날所謂國務ᄃᆡ臣들이不思依律嚴勘ᄒᆞ야以慰民心ᄒᆞ며以肅法紀ᄒᆞ고返以百方扶助ᄒᆞ야拂民心而壞國法ᄒᆞ니世道至此에良可寒心이고況其該郡鉾類李乃實金京文李瑞京을嗾囑ᄒᆞ야贓錢事로平理院에呼訴ᄒᆞᄂᆞᆫ該郡諸民等을萬端誘脅ᄒᆞ야其間旅費所入錢을同氏가擔任辦給ᄒᆞ거시니幷即還去ᄒᆞ되若以執迷ᄒᆞ야不爲還去ᄒᆞ면日後還任之日에決當重律ᄒᆞᆯ이라고恐喝無比ᄒᆞᆫ다니同氏의縱恣無恥ᄒᆞᆷ과雜類二民의爲虎작倀ᄒᆞᆷ이實一世變이라고輿論이益沸ᄒᆞᆫ다더라

●郵便可便 統監府에서內部로公函ᄒᆞ고咸鏡北道各郡站名與洞名을昭詳錄交ᄒᆞ야遞物送達上便利를與ᄒᆞ라ᄒᆞ얏다더라

●屋價請議 開城府尹韓永源氏가該郡并井里及九伊介等五洞民人의等訴를因ᄒᆞ야內部에報告ᄒᆞ얏스되今此鐵道改正之役에毀撤ᄒᆞᆫ家舍價金을只以標紙로成授ᄒᆞᄂᆞᆫ中十間價를捧ᄒᆞ야三間을結搆ᄒᆞᆯ無路ᄒᆞ니哀此一百四十六戶千餘生命이何處依歸乎아況名事聯絡ᄒᆞ야貰金准捧ᄒᆞᄂᆞᆫᄃᆡ家舍價金은何不准信인지又有抑冤者ᄂᆞᆫ當改處民舍ᄂᆞᆫ迫不得已毀撤ᄒᆞ거니와不改路ᄒᆞ고還舊無礎處에何必百餘戶毀撤ᄒᆞ야使民無歸處乎아交涉統監府ᄒᆞ야已毀處가舍價金을准捧케ᄒᆞ고無礙處毀가ᄂᆞᆫ使之停止케ᄒᆞ라ᄒᆞ얏더라

廣告

本社廣告

申報價
一張代金 新貨二錢五厘
一箇月前納 三十錢
三箇月 九十錢
六箇月 一元七十錢
一箇年 三元四十錢

廣告料 [illegible]

仁川 [illegible] 李東玄
平壤 [illegible] 金興淵
[illegible] 崔叡恒
宣川 [illegible] 安濟
義州 [illegible] 張有寬
長湍邑 金龜
鎭南浦 [illegible] 金仁집
咸興州 [illegible] 曺喜林
中和邑 李俊培
釜山佐川 [illegible] 金瀧泰

發行兼編輯人 英國人裵說
發行所 京城北署[illegible]
大韓每日申報社

第四卷

大韓每日申報
대한매일신보

第二百十五號

月曜及慶節歲時日休刊

檀君開國四千二百三十九年
箕子元年三千二十八年
大韓開國五百十五年
日本明治三十九年
淸國光緖三十二年
陰曆丙午四月小十七日甲人

論說

顧問一員은去矣乎ㄴ져 統監府를關係하ᄂᆞᆫ本記者의衷觀的意思가昨今間傳說노因하야頗作減少矣니此ᄂᆞᆫ學部顧問官幣原坦氏의辭職之說이果是實情임이로다

其人이各校敎師를擇仕홈에用其親愛ᄒᆞ엿스며且韓國學校의敎課書籍을欲以日語編輯홈이未免意狹見短인고로彼讒於統監홈이라

向日本報가此人及其計策을論駁홈이徃徃有之러니期使有審查之端ᄒᆞ야此人辭職을得見ᄒᆞ니豈非幸乎아

蓋此幣原坦氏의人品은未得熟知로ᄃᆡ至其方策ᄒᆞ야ᄂᆞᆫ每使本記者論責이니大凡此國니에國漢文學課가自親王及公卿大夫以下로特成社會上美品故로此學術에卒業生도多有ᄒᆞ고願學者도多有홈을試思홀진ᄃᆡ幣原坦氏의欲以日語爲學課가未免一齊衆楚之弊를可以易解로다以余觀之컨ᄃᆡ此國內文雅之習이維支其極度이고且漸入深遠之人은普通精神이漸少ᄒᆞᄂᆞ니此ᄂᆞᆫ擧世가一致라故로尙志學士와狂歎詩客이到處有之어니와何如ᄒᆞᆫ지幣原坦氏가用韓國經費ᄒᆞ야韓國學員을敎育ᄒᆞ기에其所不好인同盟國語를以威力勸之ᄒᆞᆷ은未有其理니此試圖之策이恒久非認을釀成ᄒᆞ며且旣生嫌惡을增加而已로다

監統府가幣原坦氏의意見과不同홈은本記者ㅣ喜見ᄒᆞ거니와與此同規가加藤及須知分兩氏의게도延及ᄒᆞ기를惟望ᄒᆞ노니此兩人은知識이太多ᄒᆞᆫ지라統監府가若欲放免이면此人의現今職位보다加多ᄒᆞᆫ利益을從他求給홈이恐或妥當이어날日本貧窮을시思홀진ᄃᆡ其亦難望이로다

官報

●號外 光武十年五月八日

◉宮廷錄事

詔曰今陰曆四月十七日即綏陵忌辰而望哭之禮未得如例行之情禮則甚爲觖然矣獻官諸執事各別擇差 五月七日

●三千四百四十八號 光武十年五月九日

◉宮廷錄事

重建都監儀軌堂上臣李載克謹奏 大漢門上樑文製述官書寫官懸板書寫官預差職姓名謹具開錄別單書入之意謹上奏 光武十年五月一日奉 旨依奏

重建都監別單

大漢門上樑文製述官 領敦寧司事李根命
預差 宮內府特進官趙秉式
書寫官 從一品尹用求
預差 中樞院贊議趙秉弼
懸板書寫官 宮內府特進官南廷哲
預差 宮內府特進官李愚晃

典膳司長金宗源辭職疏 批旨省疏具悉所請依施 五月五日

忠淸南道觀察使朱錫冕辭職疏 批旨省疏具悉所請依施 五月六日

◉敍任及辭令

依願免本官 西京豐慶宮參書官崔鎰鍊 全權鍾益 主殿院電務課主事申寧雨 全羅台鉉 全李承熙 全金基順 肇慶廟參奉金奎洙 齊陵參奉安鏞洙 昌陵參奉朴敢東 泰陵參奉洪淳參 宣陵參奉金永驥 全羅北道軍器廠技師韓旭 觀察府主事李源興○命시從院副卿 從二品李容復○任主殿院電務과技師 正三品朴容求○任西京豐慶宮參書官 正三品朴鎬銓 六品金命基○任主殿院電務과主事 劉時한 鄭寅喆 鄭雲協○任肇慶廟參奉 六品李愚賢○任齊陵參奉 九品洪德周○任英陵參奉 六品金復圭○任恭陵參奉 善봉秀○任宣陵參奉 李泓然○任平理院檢事 平理院判事李建鎬○任平理院判事 시從院副卿李圭桓○任軍器廠技師 前主事朴重陽○任全羅北道觀察府主事 沈錫根○任內部治道局書記 九品金昌煥 九品安國承 以上五月五日

●勅令

勅令第廿二號

陸軍武官幷相當官官等俸給令改正件

第一條 武官幷相當官의俸給은本俸及職俸의二種에分別ᄒᆞ고其給額은別表에依홈이라

第二條 武官幷相當官의官等俸給에關ᄒᆞ야本令中에規定이無ᄒᆞᆫ者ᄂᆞᆫ一般官吏의官等俸給令의依홈이라

第三條 在職者ᄂᆞᆫ本俸及職俸을給홈이라 但參謀官으로他의兼職이無ᄒᆞᆫ者ᄂᆞᆫ本俸에準額을給홈이라

第四條 各學校及部隊定員外者及見習參尉에게ᄂᆞᆫ本俸만給ᄒᆞ고職俸을給지아니홈이라

附則

第五條 本令은光武十年五月一日부터施行홈이라

第六條 開國五百四年勅令第六十八號及光武九年勅令第四十一號武官幷相當官官等俸給令과同年勅令第五十九號見習參尉俸給件은本令施行日노부터廢止홈이라 未完

外報

●書籍會社創設 上海電을據ᄒᆞᆫ則淸國敎科書ᄂᆞᆫ目下外國宣敎師가編纂ᄒᆞᆫ者와日本에서輸入하ᄂᆞᆫᄃᆡ今番에此를歷例하야輸入을防遏홀目的으로淸人이發起하야書적會社를創設하ᄂᆞᆫᄃᆡ該會社ᄂᆞᆫ資本金이百萬弗이오股主ᄂᆞᆫ淸人만限定ᄒᆞᆫ다더라

●청國斬罪의廢止 청國에서法律修正大臣의奏請을因ᄒᆞ야死罪를犯ᄒᆞᆫ者ᄂᆞᆫ絞罪에處ᄒᆞ기로改定ᄒᆞ얏더니今番에更히絞罪의輕重으로써絞立決絞監候二等을에區分ᄒᆞ기로ᄒᆞ고殘酷ᄒᆞᆫ斬罪ᄂᆞᆫ總히廢止ᄒᆞ게되더라

●滿洲開放과청國 오구란또電을據ᄒᆞᆫ則청國에서安東縣及大東溝를速히開放ᄒᆞᄂᆞᆫ事에反對ᄒᆞ고청國이스사로開放홀章程을起草코저ᄒᆞ더라

●商部의農事獎勵 청國에서直隷山東山西河南福建等地에農林學堂과農事시驗場이有ᄒᆞᆫᄃᆡ商務部에서此를全國에設置홈이必要ᄒᆞ다ᄒᆞ야各省官有地에農事시驗場設立을奏請ᄒᆞ야允許를蒙ᄒᆞ고尙且北京에도西直門外樂善園에農事시驗場을設置ᄒᆞ야兩宮幸行時乙覽에供ᄒᆞᆫ다더라

●舊敎員淘汰 淸國學部에서自來敎員으로選任된者를試驗ᄒᆞ야仕學館에入學修業ᄒᆞᆫ後에各學堂敎習으로任用ᄒᆞ기로ᄒᆞ고試驗에落第ᄒᆞᆫ者ᄂᆞᆫ總히淘汰ᄒᆞᆫ다더라

雜報

●次官入城 日本大藏省次官若槻氏가隨員十餘人을帶同ᄒᆞ고滿洲視察을畢ᄒᆞᆫ後에自京義鐵道로三昨日漢城에到着ᄒᆞ얏ᄂᆞᆫ데昨日下午에入闕 陛見ᄒᆞ고本日에歸國ᄒᆞᆯ預定인ᄃᆡ韓廷各大臣들이次第訪問ᄒᆞ얏다더라

●公察新任 忠淸南道觀察使宋勝憲氏遞任ᄒᆞᆫ代에ᄂᆞᆫ中樞院副議長金嘉鎭氏가被任ᄒᆞ얏더라

●法大病劇 法部大臣李夏榮氏가以身病으로辭職上疏를屢次奏呈ᄒᆞ야關退行公ᄒᆞ라신處分을奉承ᄒᆞ얏더니該氏가舍季準榮氏의[illegible]病勢가一時[illegible]未瘳之境인ᄃᆡ四肢가[illegible]ᄒᆞ야萬無回甦之道라[illegible]라

●權[illegible] 權直相氏ᄂᆞᆫ[illegible]二萬兩欠逋ᄒᆞᆫ事와人民의[illegible]貪虐職錢事로院照民訴가還至於內部ᄒᆞᆷ으로昨日內部大臣李址鎔氏가權郡守를ᄂᆡ部로招請ᄒᆞ야其事實如何를質査ᄒᆞ얏다더라

●監督醜行 日本留學生等이該監督韓致愈氏의前後醜行을臚列ᄒᆞ야學部에請願免官ᄒᆞ얏ᄂᆞᆫ데該氏가其監督職務ᄂᆞᆫ不知何事ᄒᆞ고但抱臥愛妾而學徒往訪을一不接見ᄒᆞ며學徒中如有不合者면不報上部ᄒᆞ고私捧一百兩而塡代ᄒᆞᆫ許多醜行을條條開錄ᄒᆞ얏다더라

●法官換任 平理院檢事金文鉉張燾兩氏ᄂᆞᆫ該院에滯囚ᄒᆞᆫ沈相薰氏案件에對ᄒᆞ야免官이된다더니金文鉉氏ᄂᆞᆫ한城裁判所檢事로移任ᄒᆞ고張燾氏ᄂᆞᆫ한城裁判所判事로移任ᄒᆞ얏ᄂᆞᆫ지其代에ᄂᆞᆫ該院判事[?]圭錫氏와한城裁判事洪在祺氏가被任ᄒᆞ고한城裁檢事安致濬氏ᄂᆞᆫ平理院判事로補任ᄒᆞ얏더라

●不許擅築 ᄂᆡ部에서한城府로訓令ᄒᆞ기를五署管내所有地段이原係官有公土인즉如無官許이면不得擅築은規程與越이어ᄂᆞᆯ近聞各處에人民等이初不請國承認ᄒᆞ고各處地段에擅自掘抹ᄒᆞ고私行建築云ᄒᆞ니揆以民習에極涉駭然이기玆에訓令ᄒᆞ니到卽另派郞官ᄒᆞ야各署管ᄂᆡ所有公土를一一踏査ᄒᆞ야不由認許ᄒᆞ고擅自掘抹或建築ᄒᆞᄂᆞᆫ弊가이有ᄒᆞ거든這這摘發에一倂嚴禁이고形止를馳報ᄒᆞ라ᄒᆞ얏다더라

●坐視各郡 ᄂᆡ部에서慶尙北道觀察使에게訓令ᄒᆞ되各郡地圖ᄂᆞᆫ擧以[illegible]報郡守로躬行踏査ᄒᆞ야歷歷圖[illegible]ᄒᆞ며區域面里를這這詳錄之意로訓飭詳密이어ᄂᆞᆯ現聞ᄒᆞᆫ즉安[illegible]慶淸河慈仁長鬐等六郡圖本에但錄接境程里而不錄境界這里ᄒᆞ고知所安東은尤無接界處里ᄒᆞ니揆以事體에爲駭歎이기到卽嚴飭各郡ᄒᆞ야一依前訓[illegible]更詳騰報ᄒᆞ야毋至生梗케ᄒᆞ라ᄒᆞ얏다더라

●新律無據 忠南裁判所에서法部로報告ᄒᆞ되天安郡居丁弘燮이自稱紳籬會員ᄒᆞ고與其同類鄭甲水로依朴日汝之指使而言及柳悌根ᄒᆞ야聲罪恐喝에討錢一百兩이라가至於被捉ᄒᆞ니似此悖類ᄂᆞᆫ俱不可尋常治之이옵기照律次捉上이러니丁弘燮은自該郡見失ᄒᆞ고鄭甲水ᄂᆞᆫ亦無干涉於討錢之事이기曉飭放送ᄒᆞ고朴日汝段은[illegible]討而未得財ᄂᆞᆫ猶屬居後요以이味之賊名으로做出醜說ᄒᆞ야汚人名節이新律에旣無其條ᄒᆞ고부淺之見으로亦難擅自比附ᄒᆞ야係是疑義案件이기玆에質稟이라ᄒᆞ얏더라

寄桑港遭難同胞書 李鍾浩

嗚呼라今此桑港之遭難同胞也여往在本國의歲値荒ᄒᆞ야飢寒到骨ᄒᆞ야涉彼海外ᄒᆞ야多年異域의[illegible]盡風霜ᄒᆞ고惟藉勞動資生矣러니忽於一朝의又遭此非常之災變ᄒᆞ니天胡忍斯오雖一地震이라도其人命死傷과財產損害을將不知何境이온況又繼之以大火災者乎아須念美洲之大劫運과各國居留人之大慘境은想無以形言而其中에尤甚困難者ᄂᆞᆫ我韓同胞之住在該地者也로다嗚呼同胞여死者已矣어이와存者幾何오萬里異域에棲遑窮迫之狀이如在目前이라極望天涯에不覺悲淚가潸潸이로다爲我韓同胞者ㅣ聞此災變ᄒᆞ고孰不矜憐ᄒᆞ야思有以救助其萬一哉아何幸貴社諸員이先獲二千萬同胞之心ᄒᆞ야特設此義恤之擧ᄒᆞ니孰不景仰而感頌이리오謹以銅貨二元으로畧表微忱於海外同胞ᄒᆞ노니何足謂助리오만은萬乞照亮爲荷라ᄒᆞ얏더라

●四氏敍勳 正領李根澤典醫康洪大兩氏ᄂᆞᆫ勳四等副領趙性[illegible]와宮ᄂᆡ府參書官韓惠履二氏ᄂᆞᆫ勳五等賜太極章ᄒᆞ옵셧더라

●合郡調査 地方制度調査所에서各道合郡事를方張調査中이거니와合[illegible]合郡後에各觀察使에月俸은三百圜으로ᄒᆞ고各郡守에月俸은二百圜으로定ᄒᆞ야資成ᄒᆞ기로作定이라더라

●春察有人 贊議閔[illegible]鎬氏ᄂᆞᆫ春川觀察使를被任ᄒᆞ얏다더라

●靑會演說 今日下午八時에皇城基督敎靑年會에서俞星濬氏가敎育의區別노演說ᄒᆞᆫ다더라

●不治還祭 遂安前郡守尹致祚氏ᄂᆞᆫ檢査勅徵事로免官ᄒᆞ고[illegible]川郡守金奎榮氏ᄂᆞᆫ關係徵族事로免官ᄒᆞ고樂安郡守閔舜鎬氏ᄂᆞᆫ勅貸民錢事로免官ᄒᆞ고鳳山郡守玄興澤氏ᄂᆞᆫ由過不還事로免官ᄒᆞ고金化郡守千世顯氏ᄂᆞᆫ治績居下事로免官ᄒᆞ고昌城郡守申濟秀氏ᄂᆞᆫ敍任八朔에不赴任事로免官되얏더니ᄂᆡ部大臣李址鎔氏가一體免懲戒奏本을繕上ᄒᆞᆫ다더니以上六郡守之次第敍任某郡을亦可預度ᄒᆞᆯ지니李大乘銓ᄒᆞᆫ時에ᄂᆞᆫ不法不公ᄒᆞᆫ守令이라야陞遷이返爲容易ᄒᆞ다고人言이多多ᄒᆞ다더라

●政會連開 今日下午三時에政府會議를開ᄒᆞᆫ次로昨日에預先通知於各部大臣ᄒᆞ야趁限來會ᄒᆞ라ᄒᆞ얏다더라

●不關韓政 近日各府部院廳官吏幾千名이逐日仕進ᄒᆞ야視務ᄒᆞᄂᆞᆫ거슨擧皆日本人에게爲라地段許給礦業認許農業許給森林許給電郵家舍許給請求等外에韓國에利益ᄒᆞᆫ事務ᄂᆞᆫ全無ᄒᆞ다더라

●沈獄支離 平理院檢事를一體新任ᄒᆞᆫ지라沈相薰朴箕陽氏等獄事를更在宣告ᄒᆞᆫ다더라

●死後勳章 遞任春察李準榮氏의長逝ᄒᆞᆫ事ᄂᆞᆫ已揭어니와皇上陛下께옵셔特別히勳三等八卦章을下賜ᄒᆞ옵셧더라

●黃門[illegible] 近日官報에秘書丞이一參奉이니ᄒᆞᄂᆞᆫ借啣이無日無之ᄒᆞᆷ으로全國人民이貴官[illegible]國라ᄒᆞ더니其原因은[illegible]官黃[illegible]한周氏가聖聰을擁蔽ᄒᆞ야金某ᄂᆞᆫ某實相에子孫이니不可以白頭置之라ᄒᆞ며李某ᄂᆞᆫ某世臣의後裔니不可以鄕官處老라上奏ᄒᆞ야借啣二十窠差出ᄒᆞᆷ인ᄃᆡ此皆黃氏의私囊을塡充ᄒᆞ고賣官鬻爵의罪로至尊之地에歸咎ᄒᆞᆷ인즉其誤君病國이非貪官汚吏之可比라ᄒᆞ더라

●徒名無實 度支顧問目賀田氏ᄂᆞᆫ財政을整理ᄒᆞᆫ다더니近日日本人의製造ᄒᆞᆫ私新貨가鄕市에遍滿ᄒᆞ고醫務顧問丸山氏ᄂᆞᆫ醫務를擴張ᄒᆞᆫ다더니賊警은處處蜂起ᄒᆞ고法部法律補佐官은法律을公平케ᄒᆞᆫ다더니平理院獄事ᄂᆞᆫ直柱間不決ᄒᆞ고學政參與官幣原氏ᄂᆞᆫ學政을擴張ᄒᆞᆫ다더니各學校ᄂᆞᆫ漸次凋殘ᄒᆞ고軍部顧問은軍政을擴張ᄒᆞᆫ다더니減額ᄒᆞ기만爲主ᄒᆞ고農商工部補佐官은農務를擴張ᄒᆞᆫ다더니農業은日人의게만許給ᄒᆞ니近日政府에서此를認准ᄒᆞ기에所謂事務가奔走ᄒᆞᆫ貌樣이러라

●康氏又動 典醫康洪大ᄂᆞᆫ藥獻聖聰으로有名ᄒᆞᆫ人物인데近日何事를運動ᄒᆞᄂᆞᆫ지連日別入侍ᄒᆞᆫ다더라

●是風說耶 前報의揭載ᄒᆞᆫ技債協辦閣下에對ᄒᆞ야該氏가逆人說明ᄒᆞ되與ᄂᆡ大로雜技ᄒᆞᆫ事ᄂᆞᆫ初無ᄒᆞ다더라

倫敦電報

●政府黨多數 五月八日午后三時發 佛國國會議員總選擧ᄂᆞᆫ政府黨이多數ᄒᆞᆫ事가確實ᄒᆞ다더라

●總督重傷 上仝 露國莫斯科總督의게暴烈彈을投ᄒᆞᆫ者有ᄒᆞ야重傷을受ᄒᆞ얏고加害者ᄂᆞᆫ直時死去ᄒᆞ얏더라

●露國外相辭表 上仝 露國外務大臣의辭表提出은確實ᄒᆞ다더라

東京電報

●御名代忝內 五月八日午後五時半發 日本德大寺侍從長은日皇陛下御名代로還[illegible]皇族의旅館에訪問ᄒᆞ고縫模樣美麗屛風을御賜進ᄒᆞ얏다더라

雜報

平北義州郡人民이保民會를發起ᄒᆞ고其趣旨를發布ᄒᆞᆷ이如左ᄒᆞ니

余等이今陽曆三月十一日政府에下ᄋᆞ신詔勅을奉讀ᄒᆞᄆᆡ感激을不勝ᄒᆞ야左에略載ᄒᆞ노니內槪에云ᄒᆞ사ᄃᆡ歷代帝王에治國ᄒᆞᄂᆞᆫ道ᄂᆞᆫ養民爲本이여날顧今國勢之岌業과民生之困窮이莫不由於朕之凉德이니胥하憂慮ᄒᆞ야一楊이耿耿에錦玉이未安이라ᄒᆞ시고

又曰國은以民爲本ᄒᆞ니國不安民이면亦將何依리오ᄒᆞ시고其令政府로責其安民之方ᄒᆞ사禁戢虐民竊鎭之弊ᄒᆞ라ᄒᆞ시니猗歟 聖哉라我 大皇帝陛下께옵셔자仁天性으로臨御↑來에敬守 丕業ᄒᆞ사愛護 祖國ᄒᆞ시고極盡誠力ᄒᆞ야不忘愛民之誠ᄒᆞ사時運變遷에歷經艱難ᄒᆞ신今日에至ᄒᆞ시도록憂慮를未已ᄒᆞ시니爲民 聖意가愈往愈深ᄒᆞ심을可知ᄒᆞᆯ바요조韓民을安케ᄒᆞ시고民에게依ᄒᆞ심이昭然明白ᄒᆞ신지라所以로有司諸臣도 聖旨를對揚ᄒᆞ야安民保國에用意不暇ᄒᆞ려니와

噫ᄒᆞᆷ다惟我人民은上으로聖明慈仁ᄒᆞ신君父가在ᄒᆞ시고下으로二千萬人에同胞가有ᄒᆞ며土地膏沃ᄒᆞᆷ과江山에秀麗ᄒᆞᆷ이萬國에能比ᄒᆞᆯ者여날ᄒᆞᆫ又民智가未開ᄒᆞ고人心이離散에야風教ᄂᆞᆫ紊亂ᄒᆞ고政治ᄂᆞᆫ腐敗ᄒᆞ야今日之地에至ᄒᆞ야스되오이려猛醒自勵치안이ᄒᆞ고君은民을保코자ᄒᆞᄃᆡ民은民이相保치안이ᄒᆞ며相顧치안이ᄒᆞ야前家之難을後家가不救ᄒᆞ고父兄에憂을子弟가不念ᄒᆞ며一家에事을家人이不關ᄒᆞ야肢體에痛양을不知ᄒᆞ고　未完

●柳何健訟 李承業氏에從孫準載와內部參書官柳成烈과警務廳에서曾經對質에李勝柳落ᄒᆞ야柳之欺簿와行悖를照律ᄒᆞ야越送于한城裁判所ᄒᆞ야及其公開裁判ᄒᆞ야紳商傍聽을許ᄒᆞᆫ時에柳氏의欺痕悖跡이又爲綻露無餘矣라柳成烈이가自知奸計之莫掩ᄒᆞ고稱云若知今日之風波면ᄉᆡ爲如是造次라ᄒᆞ니國內紳商들이聽而大笑曰公決之下에私不掩公이라ᄒᆞ얏다더니又聞ᄒᆞᆫ즉昨日에柳成烈이가呈訴于平理院ᄒᆞ야更請裁判ᄒᆞᆫ마니各府院之法律은一也라此府에서已落之訟을彼院에서ᄂᆞᆫ得伸之理가有ᄒᆞᆯ지不思反求ᄒᆞ고一味請裁ᄒᆞᄂᆞᆫ거시誠極痴習이라고巷說紛紛ᄒᆞ더라

●特別至急廣告●

本社에서在桑港同포救助金을義연ᄒᆞ시ᄂᆞᆫ 僉君子ᄂᆞᆫ義金을**本社會**計室로卽傳ᄒᆞ시고**領收證**을必須持去ᄒᆞ시되領收證이無ᄒᆞ면無效로認知ᄒᆞᆷ

本社會計室　告白

●盜兒入闕 近日韓國內外에賊警이日甚ᄒᆞᆷ은人皆憂慮ᄒᆞᄂᆞᆫ바인ᄃᆡ昨日 闕內에서闕監廳一處에賊漢이潛入穿穴ᄒᆞ고內帑金紙貨四千圜을偸去ᄒᆞ얏다ᄒᆞ니警務官人은何를警察ᄒᆞᄂᆞᆫ지如此之變이有ᄒᆞ냐ᄒᆞ며巷說이藉藉ᄒᆞ다더라

●始感終冤 忠南鴻山郡民任寬鎬等의投函을據ᄒᆞᆫ則京居某大臣이、庚子年分에其幹事人을忠南鴻山郡에下送ᄒᆞ야境內殘民의畓土를奪取ᄒᆞ니蠢蠢愚氓이呼訴府郡ᄒᆞ되終歸無效ᄒᆞ고但仍舊耕作ᄒᆞ야年年輸賭ᄒᆞ더니不意該郡居朴聖澤이가在京ᄒᆞ야其隣李成五의게致書ᄒᆞ야該畓券을收合上京ᄒᆞ면右畓土를還推以給ᄒᆞᆯ깃다ᄒᆞ기로右畓主各民이感其厚意ᄒᆞ야畓券四石餘斗落을李成五處에收給ᄒᆞᆫ즉李成五가朴聖澤의게仲ᄒᆞ니朴聖澤이와右畓舍音金鳳植이와々相聯結ᄒᆞ고右某大官을時時訪見ᄒᆞ야謂以揭載新聞ᄒᆞ며且托卞質於一進會ᄒᆞ야且喩且嚇ᄒᆞ다가畢竟에右畓券四石餘斗落을都卄納傳ᄒᆞ고其中畓土六十七斗落을推來ᄒᆞᆫ時에各畓主等의圖章을箇箇僞造ᄒᆞ야裁判公貼證文으로交換ᄒᆞ니右某大官은知以歸正ᄒᆞ야實之無疑ᄒᆞ고右朴聖澤이自作右畓舍音ᄒᆞ야各畓을移作ᄒᆞ거날該畓主等이初感其意라가反被其害ᄒᆞ되莫知其由라가適見京居崔鶴來氏ᄒᆞ고言其事狀則崔氏가該郡守에게備言ᄒᆞ야自官發令에使之仍舊러니其後朴聖澤이翻訴奪耕ᄒᆞ고卽爲上京ᄒᆞ야自恢其罪에崔氏를誣ᄒᆞ야各新聞에廣佈ᄒᆞᆫ事가有ᄒᆞ다고ᄒᆞ더라

●孤兒廣募 前參奉李應璿氏의設立ᄒᆞᆫ孤兒學院의 韓皇陛下ᄭᅴ오서命貸一千元을內下ᄒᆞ심은各報舘에前已揭載어니와近聞ᄒᆞᆫ즉李氏가孤兒를募集ᄒᆞ기爲ᄒᆞ야平壤府로下去ᄒᆞ야四門에廣告를揭付ᄒᆞ고鍾路에서 大皇帝陛下隆崇ᄒᆞ신恩渥을說明ᄒᆞ얏ᄂᆞᆫᄃᆡ一城士女가萬歲를爭唱ᄒᆞ고李氏를對ᄒᆞ야慈善事業이韓國에始有ᄒᆞᆷ을祝賀ᄒᆞ얏ᄂᆞᆫᄃᆡ孤兒에應募ᄒᆞᆫ者十餘人ᄲᅮᆫ이라就中年二十六七歲된者數人은衣服一襲과紙貨數元式出給ᄒᆞ고十歲內外되ᄂᆞᆫ孤兒七八名은各其新製ᄒᆞᆫ衣服ᄲᅮᆫ給ᄒᆞ고再昨日第二次京義鐵路로上來ᄒᆞ얏다더라

廣告

本人之子瑩在性本浮浪ᄒᆞ야與吳熙明으로上京ᄒᆞ야官清洞所存畓十五斗落을僞造文券ᄒᆞ야欲爲放賣ᄒᆞ오니內外國人間勿爲見欺ᄒᆞᆷ

開城청潭居文致命　告白

昌原黃氏譜所移于北壯洞新橋九統三戶黃甲秀家刊役陰四月內告竣行將分冊京鄉僉宗照亮

校正有司　黃敬性　告白

我韓海產物品不勘而漁業不한機械不利漁業尙未發達故惟我紳商協心同力硏究其旺商興業之策請願於 農商工部至承認可確成章程創設一社命名曰海產協同會社沿海郡漁採※緊處附設支社而機械船掠魚法便得營業次玆以廣佈有志 僉君子來議希望홈

南署草洞海產協同會社

發起人　崔翊煥　朴仁植　李容赫　任尙宰　金永濟

本人이黃州李廷斌處에該郡仁面栗灘里開墾과諸民加起土를成券買得ᄒᆞ고掘浦所入이總一萬四百三十餘兩이라平壤人方興周가以何賊心으로來謂曰吾之畓坪이在於友山坪ᄒᆞ니此亦吾之基址라ᄒᆞᄂᆞᆫ故로答曰此ᄂᆞᆫ古來ᄃᆡ川之墟로坪內諸民의加起土인故로吾가成券買得이거날何爲汝之基址耶아彼不能答ᄒᆞ고又曰洑上加洑故로答曰其步數가爲一千四百步則何謂洑上加洑乎아彼更無他言ᄒᆞ고使其下人으로亂打本人故로呈訴該郡ᄒᆞ야査實歸正之際에彼又率日人一名而來ᄒᆞ야亂打本人與同事表鶴柱ᄒᆞ야勒捧ᄒᆞ고吾ᄒᆞ고又勒奪訴狀曰平理院長이吾之親切이오黃州倅가亦吾親切이니汝輩千是萬 라도無能爲也라ᄒᆞ고藉其勢力ᄒᆞ야奪人所有ᄒᆞ고又欲放賣ᄒᆞ니內外國人은切勿見欺홈

朴基柱　告白

●萬國史記發售●

右萬國史記ᄂᆞᆫ東西洋萬國의古今歷史를國漢文으로簡要히編輯ᄒᆞᆫ冊이온ᄃᆡ文、에留意ᄒᆞ시ᄂᆞᆫ僉君子의案頭에不得不一帙式備置供覽ᄒᆞᆯ만ᄒᆞ오니有志諸君子ᄂᆞᆫ續ㄷ購覽하시옵소셔

全帙ㄱ四冊　三千六百五十頁　定價金新貨七圜　小包郵稅三十錢

布屛下　金相萬　冊肆
磚洞　大韓每日申報社
洞口內　朱翰榮　冊肆
平壤　大同書觀

⊙⊙遭難同胞至急救⊙⊙
⊙⊙慰金募集大廣告⊙⊙

至近至急하고可驚可악ᄒᆞᆫ我大韓同胞中美國桑港市等地에寄寓하ᄂᆞᆫ千餘名에兄弟姉미가今番桑市ᄃᆡ火災의遭難棲惶ᄒᆞᄂᆞᆫ情狀을思惟ᄒᆞᆫᄃᆡ幾人은死亡의濱ᄒᆞ얏스며幾人은損害를遭허엿ᄂᆞᆫ지晝夜神㥘ᄒᆞᆷ을不禁ᄒᆞᆯ지라玆의全國內有志同포의게警告허오니隨력補助허시와海外孤蹤이로遭難의羅ᄒᆞᆫ同胞를慰藉케허심을※望ᄒᆞᆷ

但收金日限은四週間으로定ᄒᆞᆷ

收金所　大韓每日申報社　會計室

請연員은前主事薛泰熙氏로定ᄒᆞ얏습

仁川에ᄂᆞᆫ姜允松金澤弘兩氏로定ᄒᆞ얏습

本號新開專做男女各色洋服並由上海運來各種細이毛응及一切衣飾屬品件件精全伏望貴士女迅即來購爲幸

西小門內美泰男女洋服商號

● 刑法大全 一帙定價金 新貨六十錢

牧民心書一帙 一圜二十五錢
耳談續纂一冊 七錢五里
温故知新堂叢鈔 七錢五里
父師必須小學指南 七錢九里
人工養蠶鑑一冊 十五錢
萬國地誌三冊 一圜
農政新書 五十錢
法學通論 一圜
尺牘完編 一圜五十錢
大韓地誌 七十五錢

發賣所 布屛門下金相萬書舖 大韓每日申報社

花春丹은 霍亂 吐瀉 腹痛 滯症 暑症 정忡 神眩 胃鬱 痰盛 醒酒船嘔 咳嗽 口味업ᄂ諸症의神效ᄒ藥이오 此外에도洋灰水解毒藥 唐창 疳氣 蛔虫 寸虫 赤白癩風 藥과東西洋藥이俱備ᄒ고他病도隨問出方ᄒ오니 僉位ᄂ枉議ᄒ시옴

皇城校洞石井洞下隅 石泉堂藥局 告白

●九轉靈砂라 本人이妙方法을神備하야製造ᄒ靈丹인ᄃ男女老少에無論何症ᄒ고通治ᄒ오며無病時에도服ᄒ면平生의身體가健康ᄒ며小兒ᄂ四五錢重만服ᄒ면十歲안에無病ᄒ기를擔保ᄒ오며

●九轉靈砂萬靈丹은癲狂 癎症과中風諸疾과耳目諸病과淋疾에神効ᄒ오

●九轉靈砂保命丹은初生小兒 驚風 癎氣 咳嗽 腹痛諸般惡과婦人帶下症에神効ᄒ오

●九轉靈砂濟衆丹은酒滯 食滯 血積 吐瀉 霍亂 痢疾 吐血 下血 運氣 時疾 疝症에神効ᄒ오

●九轉靈砂紫金丹은痔漏 累[illegible] 上疳瘡 下疳瘡及唐瘡과諸般毒瘡惡種에無不神効ᄒ오니 僉君子ᄂ來問ᄒ시오

內需司前독갑이골上隅第一家 李鶴廷 告白

一 鷹標罐濃縮牛乳
一 [illegible]印罐詰濃縮牛乳
一 [illegible]家用氣化乳[illegible]
一 [illegible]ㅣ은丛製造麥藥化台牛乳

以上은當時에貯積ᄒ얏슨[illegible]
[illegible]滿[illegible]ㅣ은丛 濃縮牛乳有[illegible]

大韓仁州港 [illegible] 洋行

[illegible]代理店

大韓帝國仁川港

[illegible]物[illegible]紙[illegible]烟及烟草會社

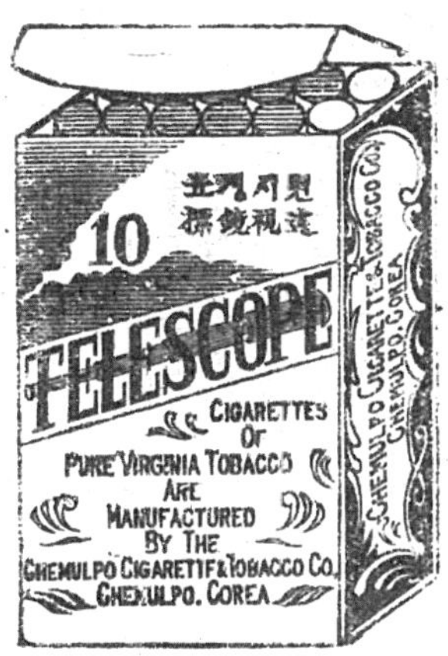

以上三種은上品으로製造ᄒ야販賣上에至[illegible]ᄒ니[illegible]、ᄒ고[illegible]社에來購ᄒ옴

本社廣告

申報價
一張代金 新貨二錢五里
一箇月前納 三十錢
三箇月 九十錢
六箇月 一元七十錢
一箇年 三元四十錢
郵稅一朔 新貨五里
一箇月 十三錢

廣告料
四號活字十三字詰每日每英尺一寸에新貨廿五錢
(每日每行에大韓에서는五錢)
一期日에 二圜五十錢
(每日每行四號五里에 相當ᄒ)
一箇月에 [illegible]
(每日每行四號一里에相當ᄒ)
其期限의長短과字行의多少를依ᄒ야增減ᄒ이有ᄒ

◉本社地方各處支店廣告
仁川杻峴開新册肆 李東支
平壤南山峴日新學校 金興淵
[illegible] 崔[illegible]恒
宣川邑橋西 安溶
義州南門外韓西大藥房張有寬
長連邑 金龜
鎭南浦築洞 金仁집
咸興州南社 曹喜林
中和邑 李俊培
釜山佐川徐藥房 金灌泰

發行兼編輯人 英國人裵說
發行所 京城北署壽進坊蘭洞号外地漢語學校
大韓每日申報社

第四卷

大韓每日申報

대한매일신보

第二百十六號

月曜及慶節歲時休日刊

檀君開國四千二百三十九年
箕子元年三千二十八年
大韓開國五百十五年
日本明治三十九年
清國光緖三十二年
陰曆丙午四月小十八日乙卯

論說

警當局者

近日韓廷當局諸公이派派角立ᄒᆞ야互相葛藤之說이喧藉各報하니若果然者면韓國前途가日趨於危險하고諸公地位가亦日陷於可哀로다

夫政府者ᄂᆞᆫ上等社會也니所謂上等社會가不成其聯合團體하고能濟其國務하며養其國力者ᄂᆞᆫ決無其理라今日韓國이迫如何境遇耶아使當局諸公으로同寅協恭하고篤棐共貞하야謨謀猷爲之地에務祛私意하고務存和氣하야一箇團體力으로擔着做去라도猶患其難濟이거날今乃如是潰裂하야各自爲心에逐鹿而不見泰山則其爲公私之不幸이當何如哉아試思之ᄒᆞ라

自新條約事變以後로五逆六賊之目이暴揚一世하야萬口憤罵ᄒᆞ고萬手怒指ᄒᆞ야皆曰可殺이라方是時也하야當局諸公이以同舟之勢로俱涉於大海風浪之中일ᄉᆡ死生禍福에勢不可以獨殊라其相憐相助之意가固人情之當然이거날

居無幾何에風浪이稍息이라忽起舟中之敵國하니其覆溺之患을可立而俟로다諺에曰蜂鬪於箭中이면其蜂이必亡이라ᄒᆞ니三尺童子도亦知此理이거날以諸公之識見으로豈其慮不及此耶아

抑亦罪大惡極ᄒᆞ야天奪其魄而然耶아蓋諸公이擔荷國務之重任ᄒᆞ고公行賣國之事를無不爲之者ᄂᆞᆫ豈有他哉아不過是顧惜其身命ᄒᆞ고欲保其富貴而已니其意가固出於一箇私字而畢竟自相角立ᄒᆞ야促其危機者도亦是一箇私字니졔公心事가惟是私慾之도爲則雖欲其和衷共濟나豈可得乎아

大則滑國ᄒᆞ고小則滅身이都是一箇私字가爲其禍祟也니豈非可懼之甚者乎아然則졔公이身負難洗之惡名ᄒᆞ고終當失敗之日에將歇泊於何地耶아

吾儕ᄂᆞᆫ對此소息ᄒᆞ야一以爲國家之情而益加惴惴焉ᄒᆞ고一以爲졔公之身分而不勝其寒心也ᄒᆞ노니吾儕가每向졔公ᄒᆞ야重言複論이로도不置가可謂舌獘筆禿而不知止者ᄂᆞᆫ豈好爲攻擊者哉아苦口之藥이實利於病也니幸其思之念之ᄒᆞ라

官報

●號外 光武十年五月九日

◉宮廷錄事

宮內府大臣李載克辭職疏

批旨省疏具悉卿懇言病亦或有時令則必不可奏卿勿更煩事遣部郞宣諭 五月八日

●三千四百四十九號 光武十年五月十日

◉宮廷錄事

軍部大臣陸軍副將勳一等臣李根澤謹 奏鎭衛步兵第三大隊附陸軍步兵副尉金鍾完由限已過數朔而弗還隊捉져軍紀弗可仍置停職懲戒何如謹 奏

光武十年五月五日奉

旨依奏

◉敍任及辭令

命停職 鎭衛第三大隊附副尉金鍾完○任陸軍副領 二等司計송文燮○任三等司計 參領金宗源○命休職 砲兵中隊軍醫三等獸醫金昌成 鎭衛第三大隊附參尉吳大默○免本職 軍部經理局第一課長二等司計송文燮○補軍部經理局第一課長補 三等司計金宗源○補研成學校附 副領송文燮○補侍衛第一聯隊第一大隊附 參尉庾斗鉉○補侍衛第一聯隊第三大隊附 參尉崔永舜○免本職 研成學校敎官兼敎成隊中隊長正尉尹明秀 仝鄭圭朝 仝附正尉朴容俊 仝副尉白昌基○補研成學校附 正尉尹明秀 仝鄭圭朝○補研成學校敎官兼敎成隊中隊長 正尉朴容俊○研成學校敎官兼敎成隊附 副위白昌基 以上五月五日

●勅令

勅令第卄二號 陸軍步官幷相當官官等俸給令改正件 續

陸軍武官幷相當官官等俸給表

親任大將 本俸年額千五百圜 職俸年額千五百圜

勅任 一等 副將 本俸千圜 직俸千圜

二等 參將相當官 本俸年額七百八十七圜五十戔 職俸年額七百八十七圜五十戔

奏任 一等 正領相當官 本俸年額五百八十八圜 職俸年額五百八十八圜

二等 副領相當官 本俸年額四百三十八圜 직俸年額四百三十八圜

三等 參領相當官 本俸年額三百六圜 직俸年額三百六十六圜

四等 正위相當官 本俸年額二百四十圜 직俸年額二百九十四圜

五等 副위相當官 本俸年額百八十圜 직俸年額二百四十圜

六等 參위相當官 本俸年額百五十圜 직俸年額百九十八圜

判任 准士官 本봉年額百二十圜 직봉年額百二十圜

光武十年五月五日

御押 御璽 奉 勅

議政府參政大臣勳二等朴齊純
軍部大臣勳一等李根澤
度支部大臣勳一等閔泳綺

勅令第卄三號

下士卒給料改正件

第一條 下士卒給料ᄂᆞᆫ別表에依ᄒᆞᆷ이라 未完

外報

●北滿鐵道와俄청 北京電을據ᄒᆞᆫ則吉林間鐵道에對ᄒᆞ야駐청俄公使ᄂᆞᆫ前任將軍長順氏와條約을有ᄒᆞᆫ바締結ᄒᆞ고該地方紳董은該條約이政府의調印認可를經ᄒᆞᆫ者가아닌故로無效라ᄒᆞ야相持ᄒᆞᆷ이已久러니今에俄公使가讓步ᄒᆞ야俄청兩國이共同敷設ᄒᆞᆷ을提議ᄒᆞᆫ故로目下外務部에셔吉林將軍達桂씨에게照會中이라더라

●市費請求 同電을據ᄒᆞᆫ則奉天將軍趙爾巽氏가奉天安東縣大東溝의開市經費로四十萬兩을請求ᄒᆞ야日下戶部尙部에셔其折半을支出ᄒᆞ고他ᄂᆞᆫ北洋에서支辦ᄒᆞ려ᄂᆞᆫ議가有ᄒᆞ더라

御史擇派의議 청國에셔御史의職責은時時ᄅᆞ巡視調査ᄒᆞ야上奏ᄒᆞᆷ을爲主ᄒᆞᆫ外에ᄂᆞᆫ多히閑職인故로御史中에셔海外遊歷으로擇派ᄒᆞ야議院設立ᄒᆞᆯ境遇에上議院議員으로勅選ᄒᆞ리라더라

●奉天의新軍隊 奉天將軍趙爾巽氏가奉天省內의巡捕遊擊隊를編改ᄒᆞ야奉天新軍隊라稱ᄒᆞ얏ᄂᆞᆫ디該新軍隊ᄂᆞᆫ略四十營이니步騎兩隊成立ᄒᆞ고其經費ᄂᆞᆫ八營에略六千三百八十四兩의預算이라더라

雜報

●政會延期 昨日에政府會議를開ᄒᆞᆫ다더니相値되ᄂᆞᆫ事가有ᄒᆞ야該會議를本日下午三時로退定하엿다더라

●各校運動 學部에셔議政府와警務廳과憲兵司令部로一體照會ᄒᆞ야本月十二日各學校大運動會를訓鍊院에設行ᄒᆞᆯ時에各國國旗를出掛ᄒᆞᆯ터이니國旗를送交ᄒᆞ며巡檢十人과憲兵十人을幷即派送ᄒᆞ야人民의淆雜之弊를禁戢ᄒᆞ라ᄒᆞ얏다더라

●城內宰屠 農商工部에셔懸房事務員金泰薰等의請願을因ᄒᆞ야內部로照會ᄒᆞ기를現當夏初ᄒᆞ야天惟薰蒸ᄒᆞ고時漸雨濕ᄒᆞ니郊外宰牛ᄒᆞ야擔負入城則外乾內腐ᄒᆞ야反有害於衛生則自陰曆四月로至九月晦日ᄭᆞ지ᄂᆞᆫ申飭警務廳ᄒᆞ야使各懸房으로依舊宰屠케ᄒᆞ라ᄒᆞ얏다더라

●水電將設 農商工部에셔議政府로照會ᄒᆞ기를日本統監府總務長官鶴原定吉의來函을接准ᄒᆞᆫ즉澁澤榮一等八名이漢江及大同江에水力電氣事業을經營ᄒᆞᆯ意로請願ᄒᆞᆫ바此ᄂᆞᆫ韓國殖産興業上에有益ᄒᆞᆫ事이니斯速認許하라ᄒᆞᆫ바該水力電氣가工業發達에不無有補나此係創行즉是否認准을不容不爛商措處이기該請願趣旨書와別紙圖本을添附照會ᄒᆞ니恢議見復하와以便辦理케하라하얏더라

●棹工助校 麻浦의有志人士들이義金을捐補ᄒᆞ야現設學校ᄒᆞᆫ데該洞棹工等五十餘名이八元貨幣를補助ᄒᆞ고主務졔氏를對ᄒᆞ야熱心善後ᄒᆞ기를勸告ᄒᆞ얏다니以若棹工으로能知教育義務ᄒᆞ니졔氏의熱心教育은已無可論이어니와從此大小國民이團體를成立ᄒᆞ야實力擴張을決然可望ᄒᆞᆯ지니吾儕ᄂᆞᆫ韓國前途를爲ᄒᆞ야預賀ᄒᆞ노라

●以獄設廨 議政府에셔內部로照會ᄒᆞ기를開城府獄舍를統監府通信管理局에셔使用ᄒᆞ야ᄂᆞᆫ一事로統監府에行文交涉ᄒᆞ얏더니現接該復內開現在開城郵便局舍가狹隘不完ᄒᆞ야使用不堪ᄲᅮᆫ더러其位置深僻ᄒᆞ야位寘를移定ᄒᆞ기에緊迫ᄒᆞᆫ바元來開城電報司에附隣ᄒᆞᆫ獄舍ᄂᆞᆫ其位寘가局舍使用上에適當ᄒᆞᆯᄲᅮᆫ아니라該獄舍ᄂᆞᆫ已屬空虛하고該府使用獄舍ᄂᆞᆫ另有南大門外他獄舍어니와有何不相合宜리오右項趣意를該地方官에게訓飭爲要ᄒᆞᆷ인바該獄舍를通信管理局使用으로認許ᄒᆞᆯ意로指飭該地方官하라하얏더라

●報館又出 陰竹郡居李人稙이京城會洞에萬歲報라하ᄂᆞᆫ新聞社를設立ᄒᆞᆯ次로內部에認許를請願하얏ᄂᆞᆫ데內部에셔指令하기를所請은認許이건과新聞을發行ᄒᆞᆯ際에愚蠢輩의傳說과巷市上의流言을揭載하야國家의治安과士民의名譽를無至妨損케하고一字一句라도審愼下筆하야風化皷礪과智識輔導에實效가有케하라하얏더라

●空砲習藝 學部에셔軍部로照會하기를日語學徒體操가設有多年에機械가一無完備하야體操伊時에學員이空手懸虛가自歸沒味이다이오니不用留置銃砲限五十柄을送交하야以便體育하라하얏더라

●陰謀歸虛 巷說을聞ᄒᆞᆫ則前參書白寅基氏가其父白南信氏를爲ᄒᆞ야全州郡守를圖任ᄒᆞᄂᆞᆫ데該郡守權直相氏를遷動키難ᄒᆞᆷ의其從叔前鄕長白南爋와綢繆陰謀ᄒᆞ야全州境內에破落戶姜濟九송鎭泰송敬文朴中滄金化中吳永洙朴士益李瑞章等八人을招引ᄒᆞ야盤費四百元을助給ᄒᆞ고百計唆囑ᄒᆞ야權郡守의贓錢이三十八萬餘兩이라各部院에臚列擧訴ᄒᆞ야平理院에셔審辦케ᄒᆞ니졔民이詭誘中에誤陷ᄒᆞᆷ을悔悟ᄒᆞ고幷皆下去ᄒᆞᆯ야ᄂᆞᆫ데姜濟九송鎭泰ᄂᆞᆫ白家鷹犬으로甘心忘返ᄒᆞ고其餘六人은輪車를搭去ᄒᆞᆯ야고南大門外에出ᄒᆞ야五人은先入停車場ᄒᆞ고李瑞章은在後方入ᄒᆞᆯ際에白南爋가率隷來到ᄒᆞ야勒執李民에前捽後擠ᄒᆞ야坡州郡守金奎昌氏家로押去ᄒᆞᆫ則白寅基氏가在此라가詰責ᄒᆞ여曰汝等이徒費我財ᄒᆞ고不思訟捷而中途晴避ᄒᆞ니何其不良之甚고네가杖囚를平理院에가當ᄒᆞ여보라ᄂᆞᆫ야ᄒᆞ고喝令悍隷로手毆足踢ᄒᆞᆫ後에仍又押去其家ᄒᆞ야牢囚廊廡ᄒᆞ고當初助給ᄒᆞ얏든四百元을如火還督ᄒᆞ야二箇日을不通水穀ᄒᆞᆷ의李民이自分必死에毒氣肆發ᄒᆞ야大聲呼唱曰吾何嘗驅取爾財乎아爾爲爾父ᄒᆞ야全州郡守를圖得ᄒᆞᆯ야고誘我諸人ᄒᆞ야給我訟費ᄒᆞ고今何還索乎아苟欲還索이면往督爾父ᄒᆞ라ᄒᆞᆫ則白氏가內雖痛惜ᄒᆞ나外涉愧恧ᄒᆞ야始乃放出ᄒᆞ얏스나李民이左目이重傷ᄒᆞ여幾乎失明ᄒᆞᆷ야政府와平理院에訴冤請辦ᄒᆞᆫ다ᄂᆞᆫ說이有ᄒᆞ더라

●欲遞未遂 咸南觀察使申箕善氏ᄂᆞᆫ三次陳疏하야該職을期欲圖免하되 韓皇陛下ᄭᅴ옵셔該省民情의遑汲ᄒᆞᆷ을軫念하사不允其請하신다더라

●還朝遲速 義親王殿下게셔ᄂᆞᆫ本月十二三日間에東京에셔出發하야歸國하신다ᄂᆞᆫ傳說이有하나아즉電報ᄂᆞᆫ無하다더라

●毁譽難分 洪川郡守金奭鎭氏의橫歛之事를前報에已揭어니와該郡人의所傳을得聞ᄒᆞᆫ즉此等獘政은初無是事이고實心愛民하고廉白居官하야民皆頌譽라하니其或前說이誤耶아如爲隨聞更布하노라

●未知何在 前駐俄公使李範晉氏가德國伯林에셔二月頃에電報가有하더니三四朔以後ᄂᆞᆫ消息이杜絶하야何處에在ᄒᆞᆫ지未詳하야其本家에셔大段憂慮이라더라

●제件議決 昨十日下午三時에政府會議次로各部에通牒하더니有何相値하야退定ᄒᆞᆷ은別行의已記어니와今日下午三時로開會ᄒᆞᆯ터인데該議案은郡守奏本、免官郡守懲戒、移民條例法律案、礦山認許條例案、水道局官人叙任件、工務局長叙任件、經費不足의支出件、桑港遭難民救恤이고其外에秘密件은平理院沈相薰朴箕陽獄事를左右間更査速決事이라더라

●不肯移接 迎秋門外通信院ᄂᆞᆫ赤十字社가設置된故로分內該院은苑洞젼陸軍衛生院으로移接하라하옵셧ᄂᆞᆫ데總領盧伯麟氏가現接ᄒᆞᆫ故로移去ᄒᆞᆷ을督促ᄒᆞᆫ즉盧氏言內에我亦是奉承處分하야居接ᄒᆞᆫ즉通信院之虛傳處分은不可聽信이라하고却之하얏다더라

●姓同名異 度支部水道局技師ᄂᆞᆫ金澈鉉氏가誤錄오前鎭道院技師金澈龜氏가任하얏더라

●俸給尙在 現今上海에在留하ᄂᆞᆫ玄尙健氏ᄂᆞᆫ至今도 皇室에서月給을兌換支給ᄒᆞᆫ다하며李容翊氏ᄂᆞᆫ其旅費을依例都給하고回國의命을發送하얏더라

●[illegible]旋辭免 秘書丞尹甲炳氏ᄂᆞᆫ檢畧推移ᄒᆞᆷ을憤歎하야受勅은하고即爲辭職上疏하얏다라

●民恐其來 忠南觀察朱錫冕氏遞任ᄒᆞᆫ代에중樞院副議長金嘉鎭氏가被命ᄒᆞᆷ은昨報에已揭어니와同氏가젼任黃海觀察時에許多貪饕不法等事이有하고年젼중樞院議長으로議官을多數賣食하고自來不正行爲가涂人耳目ᄒᆞᆷ으로忠남졔人士之在京者들이聞其觀察被任하고畏懼其來하야莫不寒心이라고傳說이頗多하니同氏ᄂᆞᆫ悔過自新하야一省民生의蘇完을期圖하며自巳에젼途를安保ᄒᆞᆯ지어다

●兩校方興 礦洞女學校를設施次로嚴柱益氏家를修理중이거니와普成專門學校를移設次로礡洞金教獻氏家를方今修理중이라더라

●局長新任 農商工部工務局長河상驥氏ᄂᆞᆫ何公事을因하야不知去處라ᄒᆞ더니遞任이되고젼商工局長송憲斌氏로叙任ᄒᆞᆫ次로農商大臣이政府에提議하얏다더라

●次第歸國 駐德公使閔哲勳氏及駐法公使館參書官李命洙氏一行은日昨에已爲入城ᄒᆞ얏거니와駐法公使閔泳瓚氏ᄂᆞᆫ落後하야再昨九日上海에서搭船하고 大內로即爲電報하얏슨즉昨今間入城하리라더라

●巫風宜改 本社傳書鳩의通信을據ᄒᆞᆫ즉別入侍중某某兩人이稱以 韓皇陛下를爲하야제般災厄을祈禱豫防ᄒᆞᆫ다고某某處의致誠하기로ᄒᆞᆫ다ᄂᆞᆫ데其經費은參奉七窠를賣하기로奏稟하얏다하니此等奸習을若不悛改하면其姓名을後號에露出하야懲戒하깃노라

東京電報

●統監將還

五月九日午后五時發

伊藤統監은西園寺侯爵一行의歸朝을待하야打合後에來二十日頃에還任ᄒᆞᆯ터이라더라

●軍情御下問 上仝

本日(九日)軍令部長、同次長、各鎭守府長官、各艦隊長官、各要港部長官、等은日皇陛下의召命을依하야參內하야軍情의御下問을奉答ᄒᆞᆫ後御陪食를受하얏더라

雜報

平北義州郡人民이保民會를發起ᄒᆞ고其趣旨을頒布ᄒᆞᆷ이如左ᄒᆞ니 (續)

臟부에腐爛을不覺ᄒᆞᆷ과如ᄒᆞ야形骸만徒存ᄒᆞ고精神이不通ᄒᆞ니二千萬人에家國이各散ᄒᆞ야二千萬國을作ᄒᆞ미人은人으로더보러不合ᄒᆞ고家ᄂᆞᆫ家로더부러不合ᄒᆞ야郡與郡이不合ᄒᆞ고道與道가不通ᄒᆞ야相助相救에義務가頓無ᄒᆞ니如此ᄒᆞᆫ人國으로文明을競進ᄒᆞ고富强을相爭ᄒᆞᄂᆞᆫ今世代에同處ᄒᆞ야不亡키를何待ᄒᆞ리요

嗟我政府方伯은二三朔或二三年期限에忽爲替歸ᄒᆞ니其意가生客逆旅와無異ᄒᆞ야生民에鄕里子孫의永傳保障을計圖ᄒᆞ리요官長에心이또ᄒᆞᆫ不一ᄒᆞ야或貪官汚吏를逢ᄒᆞ면剝割民生ᄒᆞ야充其貪慾ᄒᆞ며肆虐濫權ᄒᆞ야任其所志ᄒᆞ니

哀此人生이更復何依리오但爲魚肉而已라若猶自保自護ᄒᆞᄂᆞᆫ方略을不求ᄒᆞ면無國無民[illegible]俟言矣리니吾等이古今을通考ᄒᆞ고現世를博觀ᄒᆞ미太平安樂에時代요文明富强에風習은오직其國에社會가有ᄒᆞ야其民이團合ᄒᆞ고

其國이成一ᄒᆞ야安身保家와愛國奉公에諸般社會를林林總總ᄒᆞ니君臣上下가此에[illegible]ᄒᆞ야朝朝夕夕에講求磨勵ᄒᆞᆷ으로其國을强케ᄒᆞ고其民을安케ᄒᆞᄂᆞᆫ이

凡天下에萬을齊ᄒᆞ야一을成코자ᄒᆞ면社會를棄ᄒᆞ고不得ᄒᆞᆯᄂᆞᆫ者라然이

德國은良民會가有ᄒᆞ고法國은紀念會가有ᄒᆞ얏스며意國과希國은保國會와保種가有ᄒᆞ며弱을强케ᄒᆞᆷ으로國을立ᄒᆞ며民을保ᄒᆞ얏고英米等諸國이皆社會로써强大을致ᄒᆞ야스며日本도社會諸黨이並起羣馳ᄒᆞ야今日에政이有ᄒᆞ니以上제國에存亡安危가皆社會를依ᄒᆞᆷ뿐이라

大抵邦國에羞恥와 君父에患難과身家에危亡을除急ᄒᆞ고萬夫一心으로萬死一生을圖謀ᄒᆞ야 皇室을力戴ᄒᆞ고民生을保全코자ᄒᆞ면會를舍ᄒᆞ고可爲ᄒᆞᆯ道가無ᄒᆞ리니 (未完)

●藉勢奪畓 平南祥原郡居前持平朴基柱氏가黃州郡人李廷斌處에黃州仁西栗灘里開梁과諸民加起土를成劵買得ᄒᆞ고掘浦所入이葉一萬四百三十餘兩이라今旣竣役ᄒᆞ얏ᄂᆞᆫᄃᆡ平壤居前御官方興周氏가以勒奪之計로稱以渠之所有畓坪이라ᄒᆞ니朴氏가據理辨之則方氏가率日本人一名而來ᄒᆞ야亂打朴氏ᄒᆞ고至於考音ᄒᆞ며且曰平理院長과黃州郡守가皆吾之親切이라ᄒᆞ고萬端威脅ᄒᆞᄂᆞᆫ故로朴氏가不勝冤抑ᄒᆞ야農商工部에呼訴ᄒᆞᆫ다더라

●明校盛況 忠南恩津論山明新學校校長池光熙校監金文淵補佐員金喆鉉제氏가敎育에熱心ᄒᆞᆷ으로學徒四至ᄒᆞ고校務日盛ᄒᆞ야大進之望이有ᄒᆞ다고南來人의確報가有ᄒᆞ더라

●朝塾刱立 東署於義洞에有志士李炳善尹興燮李洪應李完翼崔喜淵鄭樂朋제氏가衡發興起ᄒᆞ야設一普通科義塾ᄒᆞ고取其越便朝陽橋之義ᄒᆞ야因名曰朝陽義塾이라ᄒᆞ고四月二十四日붓터已爲敎授ᄒᆞᄂᆞᆫᄃᆡ一洞이翕然ᄒᆞ야學員이日增ᄒᆞᄂᆞ以其學舍之狹窄과財政之未贍故로方在憂慮중이라더라

●秦氏呑筆 傳說을聞ᄒᆞᆫ즉前載寧郡守秦熙晟氏在任時에京居某氏가不勝貧寒ᄒᆞ야請筆次로某處書簡을圖得이던지往于載寧郡納書則秦氏가激見許之故로該人이極爲感謝ᄒᆞ야抄筆千五百柄을折價葉九百兩放賣이고待其收價하야三四朔留連矣러니該筆價ᄂᆞᆫ收刷於民間ᄒᆞ야面長與吏胥가中間沒食ᄒᆞ고只以四百兩先給而진氏言內에歲已垂暮ᄒᆞ니不待收價ᄒᆞ고即爲上去則筆價在葉五百兩은明春에送于某處云故로該人이屢屢申托而因爲上京矣러니已經三年에終無消息이라가及其民擾起來ᄒᆞ야진氏가被逐上京키로該人이往索筆價則反以橫竪之說로壓迫無雙ᄒᆞ기로該人이不勝憤冤ᄒᆞ야日間裁判請願ᄒᆞᆫ다니人雖無良이나貧窮人의筆價를何可偸食일지姑爲隨聞揭布ᄒᆞ야以俟詳探ᄒᆞ야報ᄒᆞ노라

廣告

忠南恩津論山明新學校校長池光熙 監督荒井德一 敎師棚成格郞 校監金文淵 崔相斌

總務申尙均 韓寅敎 事務李[illegible]植 張相翼 會計李聖根 幹事丁用西 評議金永表 許均 朴職賢 朴來會 金喆鉉 崔序敎 金在煥 徐喬勳 朴弘源 金演楨 崔鍾泰 方鳳杜 金濟九

明新學校補助員前監役金喆鉉 前參奉金在煥 以上新貨卄元

前議官金永善新貨十五元

前參奉崔序敎 尹弼重 前都事尹相弼 以上新貨十元

前參判尹昌燮 前參領南廷植 前丞旨趙秉鼎 前主事許均 前監察金鍾振 前五衛將金輔逸 前敎官李相敏 幼學尹甫炳 李聖根 曺秉巨 李容直 以上新貨五元

전主事李殷鳳 新貨四元

先達金永表 전五衛將박載賢 金文淵 전主事金聖培 片順三 전議官李敎文 전參奉박致煥 幼學박敬武 盧秉潤 林敬順 林鍾振 박洛鎭 李觀淵 李相[illegible] 申炳善 以上新貨三元

前主事權항 新貨五元

前參奉朴弘源 申尙均 前五衛將崔相斌 方鳳杜 朴來會 前監將李讚儀 前通政沈希成 先達金濟九 前主事李允永 幼學徐喬勳 韓寅敎 趙敬長 徐瓚敬 朴士執 金京淑 全聖句 已上新貨二元

前郡守閔尙鎬 前主事宋璞植 幼學姜致弘 已上新貨一元五十錢

前五衛將池光熙 先達張爽煥 前通政崔起甫 前監察金周鉉 幼學李興植 朴職龍 林炳善 林文局 吳性五 李性實 金商文 權仁洙 姜聖德 金寅圭 黃萬守 成敬淑 吳仁喆 鄭洛弼 金在善 金演植 金朴寬植 金徽瑞 鄭宗鉉 姜泰賢 金性贊 林基洙 趙仁善 已上新貨一元

先達李民榮 幼學金性泰 崔善汝 文學三 田斗圭 崔鍾泰 朴綵圭 盧洪逸 李圭弘 朴圭夏 已上新貨五十錢

幼學朴根實 吳敬云 張云京 金善義 已上新貨三十錢

京城活動大寫眞會

自陰曆四月十九日午後七時開會於寺洞表勳院越家

本人之子聖在性本浮浪ᄒᆞ야與吳熙明으로上京ᄒᆞ야官淸洞所在沓十五斗落을僞造文劵ᄒᆞ야欲爲放賣ᄒᆞ오니內外國人間勿爲見欺ᄒᆞᆷ

開城淸潭居文致台 告白

正三品李敬順名字를秀朋으로改定ᄒᆞ오니知舊照亮

我韓海産物이不渺而潛涿不한機械不利漁業尙未發達故로我紳商協心同力硏究其旺商興業之策請願於 農商工部至承認可確成章程創設一社命名曰海産協同會社沿海郡漁採要緊處附設支社而機械船掠魚法便得營業次茲以廣佈有志 僉君子來議希望ᄒᆞᆷ

南署草洞海産協同會社

發起人 崔翊煥 朴仁植 李容赫 任尙宰 金永濟

萬國史記發售

右萬國史記ᄂᆞᆫ東西洋萬國의古今歷史를國漢文으로簡要히編輯ᄒᆞᆫ冊이온ᄃᆡ文明에留意ᄒᆞ시ᄂᆞᆫ僉君子의案頭에不得不一帙式儲置供覽ᄒᆞᆯ만ᄒᆞ오니有志諸君子ᄂᆞᆫ續續購覽하시옵소셔

全帙十四冊 三千六百五十頁

定價金新貨七圜

小包郵稅三十錢

布屛下 金相萬 冊肆

磚洞 大韓每日申報社

洞口內 朱翰榮 冊肆

平壤 大同書觀

◉遭難同胞至急救 慰金募集大廣告◉

至迫至急하고可驚可악ᄒᆞᆫ我大韓同胞中美國桑港市等地에寄寓하ᄂᆞᆫ千餘名에兄弟姉미가今番桑市ᄃᆡ火災의遭難悽愴ᄒᆞᆫ情狀을思惟ᄒᆞ건ᄃᆡ幾人은死구의濱ᄒᆞ얏스며幾人은損害를罹ᄒᆞ엿ᄂᆞᆫ지晝夜神驚ᄒᆞᆷ을不禁ᄒᆞᆯ지라茲의全國內有志同포의게警告ᄒᆞ오니隨分力補助ᄒᆞ시와海外孤蹤이로遭難의罹ᄒᆞᆫ同胞를慰藉케ᄒᆞ시심을幾望ᄒᆞᆷ

但收金日限은四週間으로定ᄒᆞᆷ

收金所 大韓每日申報社 會計室

請연員은前主事薛泰熙氏로定ᄒᆞ얏삽

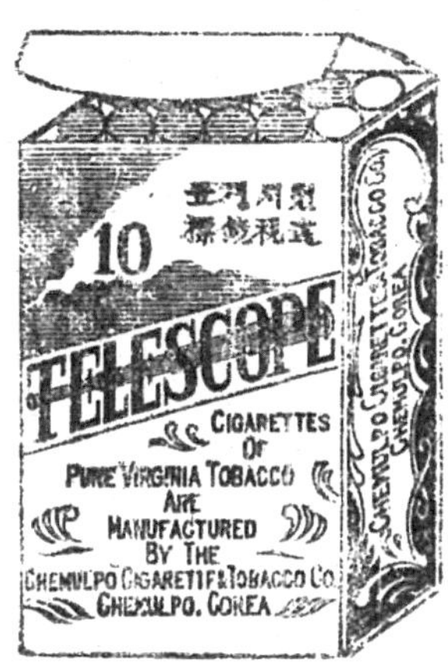

本社廣告

一 □報代金 新貨二□錢
一箇月前納 三十錢
□箇月 九十錢
□箇月 一元七十□
一箇年 三元□□
郵稅一部 新貨□□
一箇月 十□□

廣告料
國文活字十三字□
每日行數尺一寸에新貨□□
每日每行에□□
□□□□□ 一□□
每日每行國漢文□□에 □□
一箇月에
每日每行國漢文一□에□□
□□의長短과□□□
□□야增減ᄒᆞ□□

◎本社地方各處支店廣告
仁川楓峴開新冊肆 李東主
平壤鍾山峴日新學校 金興淵
□□□ 崔□恒
宣川邑衙西 安濬
□□□□門外韓西大藥房張有寬
長□邑 金□
鐵原□染洞 金仁집
□□州南社 曹喜林
□□邑 李俊培
釜山□川徐藥房 金□泰

發行兼編輯人 英國人裵說
發行所
京城□□□□□□□□□□□
大韓每日申報社

第四卷

大韓每日申報

대한매일신보

第二百十七號

月曜及慶節 歲時日休刊

檀君開國四千二百三十九年
箕子元年三千二十八年
大韓開國五百十五年
日本明治三十九年
淸國光緖三十二年
陰曆丙午年四月小十九日丙辰

論說

露日關係

別項에記載ᄒᆞᆫ오듸사發電이五年以內에露日戰端이更起ᄒᆞ리라預言ᄒᆞ얏스니此報가其爲重要인지ᄂᆞᆫ未確ᄒᆞ되現今局務의未定性質은可以注意로다

露日和約이混亂已極ᄒᆞᆫ時局을解決ᄒᆞ얏다ᄒᆞ되ᄂᆞᆫ不能謂之니日本이韓國內俄國權力을反對하다가時之所致로幸得成功ᄒᆞ얏스나日本行動은使此俄國으로待時見機하야再起戰役하기에容恕를得케하얏도다

五年內外에得見此事ᄒᆞᆯ거슬忖度ᄒᆞᆷ은未有其理요非特止此而已라俄國意思ᄂᆞᆫ來頭幾許歲月間에別無干涉ᄒᆞᆯ地位를維支코져ᄒᆞᆷ이著示矣리니此ᄂᆞᆫ俄國이復古ᄒᆞᆯ際會어니와日本은常不免恐怖之心ᄒᆞ리로다

事實이如此故로本記者ᄂᆞᆫ尙今希望ᄒᆞ노니善用外交手段ᄒᆞ야媾和條約보다更一層充分ᄒᆞᆫ理會를締成ᄒᆞᆯ지어다現今韓國及滿洲內에日本態度가戰役之始에日本之快諾과全然不同ᄒᆞ니日本이若此不已면極東平和가將至危境ᄒᆞᆯ거슨今已現著矣로다

現今重要가莫過於商業인바若韓國及滿洲를正有主의게還附ᄒᆞ더ᄅᆡ도日本商業에困難이未有ᄒᆞᆯ거슨本記者之所見이어니와且此還附가未了면極東事端을有誰謂之決定이리오

然則日本이更備戰役ᄒᆞᄂᆞᆫ것보다韓國及滿洲에서分限以內를取得ᄒᆞᆯ거시오且因此意ᄒᆞ야更與俄國으로公平約欵을締結ᄒᆞᄂᆞᆫ거시戰端復起를預防ᄒᆞᆷ이로다

官報

●號外 光武十年五月十日

◉宮廷錄事

宮內府大臣李載克辭職疏

批旨省疏具悉卿懇任是艱重辭豈可獲揭苟如此卿其調理行公事遣府郞宣諭 五月十日

●三千四百五十號 光武十年五月十一日

◉宮廷錄事

詔曰江原道觀察使李準榮有可紀之勞特敍勳三等賜八卦章陸軍正領李根澔有往年之勞兼典醫康洪大多有勤勞幷特敍勳四等各賜太極章陸軍副領勳六等證性仍著有勞績特開敍勳五等宮內府秘書官韓應履頗多勤勞特敍勳六等各賜太極章

光武十年四月廿一日

表勳院總裁臨時署理權重顯

五月九日太醫院都提調卿副卿侍粟米飮來待矣奉 旨封入

侍從院副卿李容復辭職疏

批旨省疏具悉所請依施

五月八日

◉敍任及辭令

○依願免本官 義陵參奉張형根○任義陵參奉 金 杓 以上五月五日○依願免本官 秘書監郞辛泳學 西京豐慶宮參書官全命基 主殿院電務과主事劉時㦤 仝鄭寅喆 仝鄭雲協 義陵參奉金 杓 宣陵參奉李泓然 恭陵參奉姜鳳秀 崇德殿參奉朴喜東○命典선司長 陸軍參將嚴俊源○任秘書監郞 弘文館講尹禧永○任弘文館시講 六品辛泳學○任西京豐慶宮參書官 正三品崔益煥○任義陵參奉 九品張형根○任宣陵參奉 永陵參奉尹濬求○任恭陵參奉 九品洪淳參○任永陵參奉 順昌園參奉李愚昉○任順昌園參奉 昭寧園守奉官李 옥○任昭寧園守奉官 營繕司技手廉鎬完○任營繕司技手 主殿院電務과主事李雲鶴○任崇德殿參奉 九品朴文益 以上五月六日○依願免本官 秘書監丞徐相薰 弘文館시講辛泳學 齊陵參奉洪德周 厚陵參奉趙鏞禹 齊陵令李熙俊 健陵令金炳樂 平理院檢事崔文鉉 仝張 燾○命시從院副卿 宮內府參書官南廷奎○任秘書監丞 正三品林暎洙○任弘文館시講 秘書監郞尹禧永○任秘書監郞 九品李秉爀○任經理院技師 經理院主事羅在珉○任經理院主事 奉常司主事盧仁德○任奉常司主事 典선司主事張필遠○任主殿院電務課主事 李範淑○任典선司主事 嚴형韓○任齊陵參奉 金允煥○任厚陵參奉 李寅相◉任齊陵令 孝陵令尹敎性○任건陵令 穆陵令趙南哲 任孝陵令 六品李熙俊○任穆陵令 六品金炳樂○任平理院檢事 平理院判事鄭錫圭 한城裁判所判事洪在祺○任平理院判事 한城裁判所判事安致潤○任한城裁判所判事 正三品張 燾 仝崔文鉉 以上五月八日

外報

●露日關係 五月一日華盛頓電에云ᄒᆞ얏스되오듸사來報를據ᄒᆞᆫ즉五年以內에露日戰役이更起ᄒᆞᆯ줄皆通信認ᄒᆞᆫ다ᄒᆞ더라

●士兵撤退勸告 곤스단지노플루來電을據ᄒᆞᆫ則獨逸은埃及의國境으로軍隊를撤去ᄒᆞ라ᄂᆞᆫ事를土耳其政府에勸告하얏다더라

●米國의滿洲新領事館 米國은此程에開市ᄒᆞ다ᄂᆞᆫ淸國安東縣及大灘二介所에領事館을設置ᄒᆞᆯ事를決ᄒᆞᆫ다더니其他의列國은未定云이라더라

●英土間形勢切迫 倫敦電을據ᄒᆞᆫ則英國政府와土耳其政府의形勢가愈益切迫ᄒᆞ야英國政府에서艦隊를送ᄒᆞ더라

●鐵道局員의被殺 同電을據ᄒᆞᆫ則俄國와루소地에서鐵道員二名이爆發彈으로暗殺되얏다더라

●馬賊의侵入蒙古 北京電을據ᄒᆞᆫ則多數馬賊이蒙古에侵入ᄒᆞᆷ으로該地政廳에서北京에滯留ᄒᆞᄂᆞᆫ쌀ᄒᆞᆫ王에게歸國ᄒᆞᆷ을請ᄒᆞ얏더라

●蒙古大地震 蒙古淸海蒙古雲南附近에强烈히地震ᄒᆞ야數里를連亘ᄒᆞ야龜裂을生ᄒᆞ얏ᄂᆞᆫᄃᆡ其龜裂中에ᄂᆞᆫ有色에水及岩石을認見ᄒᆞ고所在人畜의損害와家屋의崩壞가無算ᄒᆞ니其慘狀은不忍見이오被害民의救濟가極히困難이라ᄒᆞ며又後오기엔地方에도激震이襲來ᄒᆞ야震災의最甚ᄒᆞᆷ은쥬에죠ㅣ地方에서地鳴凄凉ᄒᆞᆷ이雷聲의殷殷과如ᄒᆞ야家屋의潰倒ᄒᆞᆫ거시多ᄒᆞᆫᄃᆡ人畜損害數ᄂᆞᆫ未詳이러라

●南米大地震 南米智利國에이리가港은大地震을因ᄒᆞ야壞沒되얏다ᄒᆞ더라

●湖南洪水 淸國湖南省에未曾有ᄒᆞᆫ洪水가有ᄒᆞ얏ᄂᆞᆫᄃᆡ人畜의死傷이多數라ᄒᆞ다ᄃᆡ운기外火災로市街가太半燒失ᄒᆞ얏다더라

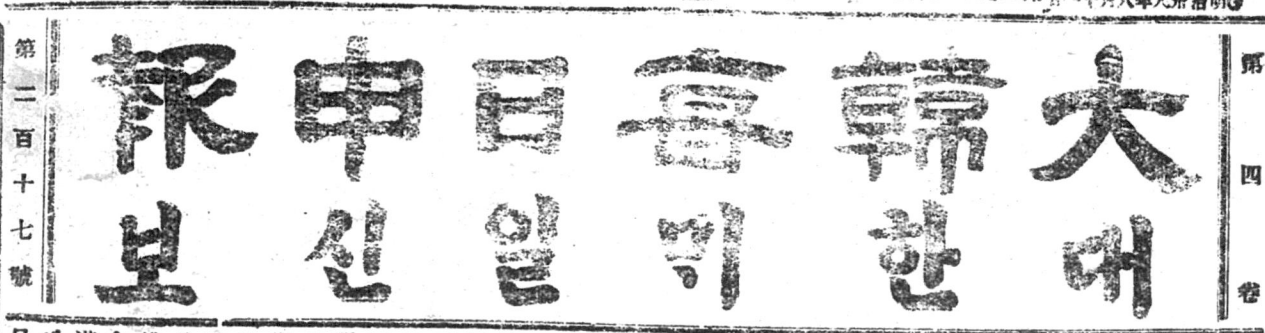

●桑港市街秩序 桑港領事의公報를 ᄒᆞᆫ즉桑港市街를再築ᄒᆞᄂᆞᆫᄃᆡ對ᄒᆞ야官民間熱心講究中이오銀行會社ᄂᆞᆫ稍時業務를開始ᄒᆞ야商業貿易이恢復ᄒᆞ리라더라

雜報

●會基廣占　漢城府尹朴義秉氏가內部로報告하되上年九月頃에以獨立館所屬前日之基址를踏查定界하야認許於一進會之意로旣有政府認許狀하고亦有本部訓令하옵기伊即派員會同하야行查實地즉濫定界限이劃以四山하야慕華館一望之地가渾包無餘인즉該地附近民人의請願建築과日本軍用地로犯入ᄒᆞᆫ南門外葛月里等地民人家屋의請願移建에對하야姑未量定이온ᄃᆡ現又自該會로該基址의定界圖本을接見즉擴面積이計爲十八萬九千四百四十坪이오니惟其廣占을遽難證認이오且以本部訓辭中民人等請願建屋의一切無碍之意로屢與該會員論理이오나以爲初無是理라하야竟未有遵施底意하니措處方便을未知何以措處이올지查照指令이라하얏더라

●義將見殺　蔚珍郡守尹宇榮氏가該郡佛影寺에據ᄒᆞᆫ所謂義兵大將金顯奎를設計捕殺하고餘黨은曉諭解送이라[illegible]矣러니內部에서該[illegible]令ᄒᆞ야金顯奎의行[illegible]捕情況과殺害事[illegible]ᄒᆞ라ᄒᆞ얏다더라

●號牌請行[illegible]氏가各[illegible]

校敎員安東洙氏는即師範學校第七回卒業生也라新舊學問이無不高明ᄒᆞ야視務以後에熱心敎育ᄒᆞ니生徒가日增ᄒᆞ야數月之間에五六十人에至ᄒᆞ더니該氏가微官薄祿으로夥多經費를辦備키難ᄒᆞ야日前에請願上京ᄒᆞ얏는지라該校學徒等이如此敎師는難得易失이라고慨歎不已ᄒᆞ다더라

●地段可許　農商工部에서宮內府로照會ᄒᆞ기를本部所管度量衡製造檢定所管理井上宜文의增建地段請許事로屢經照會而俱未認許이온바今此該管理之所請이以八百八十九坪地로減定인즉比諸前日所請하면大爲減縮ᄒᆞᆯ더러該地는都無森林墳墓家屋等關係之處하고但是欹側陂岸荒廢之土이고官舍始築이亶係公業上不已之事項인故로自弊部로踏審認定하얏스니照亮ᄒᆞ라하얏더라

●傷倫殺賊　黃海道殷栗郡居金應鉉이法部에請願ᄒᆞ되本人의堂叔處坤學坤仁坤三兄弟가居在邑底而其三弟仁坤이入於賊黨에搶奪民財가至於數年이되終不能捕縛矣러니幸於歲前[illegible]之仲兄學坤이不勝憤冤ᄒᆞ[illegible]捉에憤中亂打ᄒᆞ야仁[illegible]이온바自官報府[illegible]즉郡民公議에[illegible]殺賊이라ᄒᆞ[illegible]에未蒙放送이온바[illegible]은依法治之라도處[illegible]押上之意로訓飭于本所ᄒᆞ라ᄒᆞ얏는ᄃᆡ法部에ᄒᆞ기를仁坤處坤이於汝에均之爲叔이거날不念死者之可寃ᄒᆞ고妄請處坤之免罪ᄒᆞ니揆以情理에殊涉可惋ᄲᅮᆫ더러莫重輿讞을不可操縱이니勿煩退去라ᄒᆞ얏더라

●濟助校費　恩津江鏡浦에私立ᄒᆞᆫ普明學校長尹致昊氏가農商工部에請願ᄒᆞ기를本學校設立이今爲數歲에學員이現至九十人이오校務가日就興旺하야蔚有可觀이오나但恨經費艱絀에將至廢閣之境이더니本浦父老가見而憫之하야相與研究方策하야各客主所料口文中의서每百兩의五兩式儲留하야補用校費하기로有所自[illegible]하니敎育之地의可見民心[illegible]이다온此是鳩合義捐이[illegible]防碑로ᄃᆡ一則敎育事也오衆民所願也라不可無部認이[illegible]查照認准하라하얏더라

●日相歸國　日昨陛見ᄒᆞᆫ日本內閣總理大臣西園寺侯작은滿洲를視察하고歸去하는故로陛見時에賜宴處分을宮內府로下賜하옵섯더니同侯爵이稱以潛行에不不可奉宴이라退去하얏고各新聞記者를統監府에서申飭하야西園寺ㅋ就를勿爲記載하라하얏더라

●匠工摠額　警務廳에서農商工部訓令을因하야漢城五署內各色工匠의姓名과營業各種을調査ᄒᆞ얏는ᄃᆡ各工匠의數爻가摠合一千七百十六名이라더라

●蠶場豫筭　農商工部所管蠶業試驗場豫筭經費로度支에請求ᄒᆞᆫ金額이一萬四千四百十九圜七十錢이라더라

●勒伐七槐　京畿道龍仁郡慕賢面旺谷里所在洞林을幾百年守護而其中槐木七株가延抱巨大ᄒᆞ야近爲十圍인바不意本月八日에日人轟松耶이稱稱現在統監府ᄒᆞ고帶同通辯京楡柯洞居金台榮爲名人ᄒᆞ고來到本洞執綱家ᄒᆞ야統監府公用이라稱ᄒᆞ고右槐木七株를勒爲放賣云故執綱所答이此非一人之所有오即一洞之數百年守護者則不可放賣之意로拒絕則日人이威脅恐喝曰此是統監府公用則若不放賣라도自意斫伐云故로民等이詰問公文之有無則以無有答之ᄒᆞ고威脅洞民ᄒᆞ옵기萬端哀乞ᄒᆞ되終不聽從ᄒᆞ고槐木七株價를新貨二十圜으로勒成手[illegible]給故로洞民等이不堪其脅[illegible]不得已成票以給ᄒᆞ고此[illegible]를統監府에呼訴ᄒᆞᆫ

●[illegible]府位良面樂仁[illegible]本洞居尹舜在로[illegible]가路科ᄒᆞ고啣價[illegible]ᄒᆞ기로公庭에定限[illegible]더니限日이近ᄒᆞᆫ則尹哥[illegible]到鄭仁基家ᄒᆞ야鄭氏와몽을揮捉ᄒᆞ고顚倒觸地에流血白痕故로鄭氏가知其肆毆ᄒᆞ고初不犯手ᄒᆞ얏더니尹哥가邏訴鄕所ᄒᆞᆫ즉鄕長이別巡校二名을派送ᄒᆞ야捕縛鄭仁基從兄弟ᄒᆞ야捉因捕廳ᄒᆞ얏더니別巡校張元俊송大鉉二名이例債二千五百兩을討索以去ᄒᆞ고別巡校行首者金宗爀이가告祀債六百兩을又爲勒討ᄒᆞ고別巡校李富甲等이二百五十兩을討索ᄒᆞ고巡卒金成大等이推閱債로二千兩을討索ᄒᆞ는ᄃᆡ[illegible]開被刑은不可形言이오니鄭仁基之有無罪는一洞證看이昭然ᄒᆞᆫ즉裁判可下이오나裁判前懸刑及討索이至於此甚인則人民의生命財產을如此히討索損害ᄒᆞ여도爲其官長者를이不思禁戢하니哀此殘民이莫可支保라고該場來人의所覩이同然하다더라

●平院審判　平理院檢事等이新任以後에再昨十日부터即爲出席하야奇山濤等을審判하는ᄃᆡ昨日에는沈相薰氏와對質審査하야五日내判決宣告하기로預定하야其前에는各官吏가出家치못하기로하며朴箕陽鄭日永氏事案도繼今審判ᄒᆞᆫ다더라

●宮大云遞　宮내府大臣李載克氏는統監府萬歲以後에 聖寵이一衰하야不得於君上의宮내行政은某某金參書等이與顧問官으로直接決處ᄒᆞᆫ다더니李宮大가憾此等事하야則於遞任次로稱病三疏하얏더니批旨에調리行公하라하옵시고協辦閔泳綺氏가署리大臣事務를被命하얏는ᄃᆡ내部大臣李址鎔氏가轉任ᄒᆞᆫ다더라

●豐阜調査　平壤豐阜會社는閔丙한氏等이周旋하야設始하고經費는 皇室에서支撥하얏는ᄃᆡ所入經費가已過百餘萬兩하되該社所管各礦利益은一分無入故로　宮內府에서處分을奉承하야該社文簿를現今調査中인ᄃᆡ閔丙한氏가難免其經費辦納之境이라더라

●挾雜被査　師範學校敎師日人國井泉氏는稱曰中學校卒業生이라하나釜山高等學校敎師로在任時의도行爲不正으로解任이되고現校敎師를被聘하얏는ᄃᆡ學校一般預筭及物[illegible]을專自主張ᄒᆞ야挾雜이無[illegible]에學部에서方在查實ᄒᆞ는지라他日語敎師日人等도名譽가一體損傷이라하여解罷ᄒᆞ라고互相指斥ᄒᆞ더라

●監府宣旨　韓國事令上으로被雇하야多年視務ᄒᆞᆫ者를所謂博學士라도心膓이一變하야附事挾雜이不可枚擧에聽聞難掩으라統監府에서宣旨曰該人等이歸國觀樂하라며更人學校ᄒᆞ야更鍊精神後에야採用ᄒᆞ겟더니知此視務ᄒᆞ야務圖公平ᄒᆞ라ᄒᆞ얏다더라

●前說訛耶　日昨本報에揭載ᄒᆞᆫ黃門貪賂이라는說下에對하야更聞ᄒᆞᆫ則內侍黃軒周氏는現非近侍之從인故로此等行爲가初無之事라고하더라

東京電報

●義王離京　五月十日午后二時發

義親王殿下께서는本日(十日)午后二時半에箱根에向ᄒᆞ야出退ᄒᆞ옵섯더라

●寄附病院　仝上

遞羅皇族殿下께서는赤十字病院을參觀ᄒᆞ시고金一千元을寄附ᄒᆞ셧다더라

●澁澤渡韓　仝上

澁澤男은來月上旬에視察ᄒᆞ기爲ᄒᆞ야渡韓ᄒᆞᆫ다더라

雜報

平北義州郡人民이保民會를發起ᄒᆞ고其趣旨를頒布ᄒᆞᆷ이如左ᄒᆞ니　讀

此가안이면一利一獎을能興能革지못ᄒᆞ고一事一擧를能辦能行치못ᄒᆞᆯ지라비록呼號痛哭ᄒᆞ고奔走嚴汗ᄒᆞᆯ지라도國之危亡을莫可救援이오民之安全을萬無可得ᄒᆞᆯ바라吾聞ᄒᆞ니日本도三十年以前에ᄂᆞᆫ國勢에危殆ᄒᆞᆷ이我國보다尤甚ᄒᆞ거날오직其國에藩長과土肥와四藩地方에士氣가先興ᄒᆞ고熱血이奮發ᄒᆞ야愛隣相保ᄒᆞᄂᆞᆫ風氣를已成ᄒᆞ미이오고全國에遍滿ᄒᆞ야其民을安保ᄒᆞ고其國을盛大케ᄒᆞ얏ᄉᆞ니

今에吾人도彼를效則ᄒᆞ야義州로先導를作ᄒᆞ야將次[illegible]普及케ᄒᆞᆯ지라龍灣은原來海東大邑이오忠義之方이라其名이皆內에轟振ᄒᆞ니余等이祖義를양體ᄒᆞ고兄弟를勸導ᄒᆞ야是會를發起ᄒᆞᆷ은上으로君父에憂를解코ᄌᆞᄒᆞ며下으로同胞에患을除코ᄌᆞᄒᆞ야結心通力ᄒᆞᆷ이니會名에保民이라名稱ᄒᆞᆷ은其義가以上說明에自在ᄒᆞ고其他安民方針은章程諸條로略述ᄒᆞ야순ᄌᆞ諸君子에一覽可知ᄒᆞᆯ바이며절惟컨ᄃᆡ此를踐性ᄒᆞ야益益研究ᄒᆞ고確立不變ᄒᆞ면買ᄂᆞᆫ萬歲永傳에基礎를成確ᄒᆞ야我等에祖業을永守ᄒᆞ고祖鄕을永保ᄒᆞᄂᆞᆫ子孫無窮에[illegible]此擧에在ᄒᆞᆫ지니今日[illegible]ᄒᆞᆫ諸君子에屢世芳名은日[illegible]在ᄒᆞ야永世不朽ᄒᆞᆯ러니와

有志君子ᄂᆞᆫ聞而共圖ᄒᆞ야立志奮發에相應相和를惟恐不及이며惟我一般同鄕도共露共勉ᄒᆞᆷ을厚望이有ᄒᆞ노라　完

●秘書丞金明濬氏의寄函　敬啓者日者에本館貴報ᄒᆞ니在桑港遭難同胞의救慰를爲ᄒᆞ야自貴報로首倡義擧ᄒᆞ시니我韓同胞가莫不感激思助哉아僕雖窮乏이나亦是同胞之一이라謹以銅貨二元으로用表微忱ᄒᆞ오니幸須考領ᄒᆞ와一體寄付케ᄒᆞ심을千萬至祝

●查探私賣　徵上三隊宿衛所은莫重이與他隊逈別故로一士一卒이라도各別嚴束이온ᄃᆡ昨年臘[illegible]李昌奎石話甫等이忠[illegible]常出沒ᄒᆞ며稱言曰別有[illegible]라ᄒᆞ고到處行悖ᄒᆞᆷ이無雙ᄒᆞ기로追後探聞則大隊長洪昌杰氏와前衛官訴成隊正尉金斗錫氏과商議ᄒᆞ야利로南道放債錢을收刷次派兵督捧則緣於私債이요實無査照이라ᄒᆞ고李昌奎金時官이가子今南道에四五朔을逗留則該隊規에右二兵은何以代檢ᄒᆞ고派兵刷債은軍規에フ當이라더라

●平남賊警　西京通信을據ᄒᆞᆫ즉中和等地에賊黨이滋蔓ᄒᆞ야男子四人을刺殺ᄒᆞ고婦人一人을劫奪而去ᄒᆞ얏ᄂᆞᆫᄃᆡ該地人民은夜不能寐ᄒᆞ고晝不安坐ᄒᆞ되所謂警務廳官吏ᄂᆞᆫ相去不過五十里되ᄂᆞᆫ地境에賊警이如此ᄒᆞᆷ을視若秦瘠ᄒᆞ니曾往에別將을官을設置ᄒᆞᆫ時만도못ᄒᆞ다고ᄒᆞᆫ다더라

●左道宣禁　妖巫輩가禁中에出入ᄒᆞ야　坐聰을熒惑ᄒᆞᆷ은本報에屢記어니와近日此風이益熾ᄒᆞ야或祈禱를廣設ᄒᆞ며或道觀을大開ᄒᆞ야道路聽聞이猥藉ᄒᆞ니警務廳에서ᄂᆞᆫ此等妖人을不思捉治ᄒᆞᄂᆞᆫ지其爲妨於政治가實不淺少라고街說이喧然ᄒᆞ다더라

●刺史淫荒　西來人의傳說을聞ᄒᆞᆫ즉平南觀察使李容善氏ᄂᆞᆫ人民의訴訟等事ᄂᆞᆫ視若芭離ᄒᆞ物ᄒᆞ고多率娼妓ᄒᆞ야山寺溪亭에或數三日式流留而歸ᄒᆞᆷ으로外邑人民이抱其訴狀ᄒᆞ고日日往來于布政門外ᄒᆞ다가或困於旅費ᄒᆞ야未得呈狀而歸者往往[illegible]之ᄒᆞ고其談論ᄒᆞᄂᆞᆫ바ᄂᆞᆫ某妓ᄂᆞᆫ이善於歌舞라ᄒᆞ며某嬌媚ᄂᆞᆫ美其姿色이라ᄒᆞ야淫蕩荒亂이發於辭色之間ᄒᆞ니此等觀察은非江湖遺憂之道라고ᄒᆞᆫ다더라

●刷兵肥領　黃州隊參領朴元敎氏ᄂᆞᆫ本心이吝嗇奸猾로陶朱詰氏ᄂᆞᆫ平安道司令官時에副官으로前任되여四十餘郡生[illegible]을資浚ᄒᆞ무로關西一省이欲食其肉ᄒᆞ야咬牙이러니近者閔氏[illegible]에又付勞態好細ᄒᆞ야圖得黃州郡守以後로農民隊兵을任自操弄中昨年七月以來로京鄕隊月俸繹貨를自金庫로新貨支給ᄂᆞᆫ昭然이온ᄃᆡ黃平兩西ᄂᆞᆫ紙貨加計가子今每元에三錢式이온고로至於黃州隊ᄒᆞ야ᄂᆞᆫ雜去紙貨加計를參領이中間幻弄沒利故로尉官士卒은紙形도不見ᄒᆞ고經費月俸은尙今白銅으로流伊支撥ᄒᆞ니結稅督俸은民冤職路ᄒᆞ고流伊支撥에軍嗷가徹天ᄒᆞ되政府諸公에精神은銅臭에醉ᄒᆞ고耳目은紙銀에蔽ᄒᆞ야治民養兵有害之術을認以不警ᄒᆞ기로該隊餉所正校張斗瓚이도醉利不省ᄒᆞ야拔斂打兵之罪을從此軍部로處辦ᄒᆞᆯ이라더라

●算外請擬　學部에서視學官二人主事二人增設ᄒᆞᆫ俸給과直轄로된京城學堂經費合計一萬一千八百六十闌四十四錢을算外支出ᄒᆞᆯ事로度支部에照會ᄒᆞ얏다더라

廣告

本號新開專售男女各色洋服直由上海運來各種細이毛音及一切衣飾屬品什件精全伏望貴士女迅即來購爲幸

西小門內崇泰男女洋服商號

◉刑法大全 一帙定價金新貨六十錢

牧民心書 一帙 一圜二十五錢
耳談續纂 一冊 七錢五里
溫故知新堂彙抄 七錢五里
父師必讀小學指南 七錢五里
人工養蠶鑑 一冊 十五錢
萬國地誌三冊 一圜
農政新書 五十錢
法學通論 一圜
民權完編 一圜五十錢
大韓地誌 七十五錢

發賣所 布屛門下金相萬書舖 大韓每日申報社

花春丹은 霍亂 吐瀉 腹痛 滯症 暑症 정忡 神眩 胃鬱 痰盛 醒酒解渴 咳嗽 口味업ᄂᆞᆫ諸症의神效ᄒᆞᆫ藥이오 此外에도洋灰水解毒藥 唐창 疳氣 蛔虫 寸虫 赤白癩風 藥과東西洋藥이俱備ᄒᆞ고他病도隨問出方ᄒᆞ오니 僉位ᄂᆞᆫ枉議ᄒᆞ시옵

皇城校洞石井洞下隅 石泉堂藥局 告白

◉九轉靈砂라 本人이妙方法을神備ᄒᆞ야製造ᄒᆞᆫ靈丹인ᄃᆡ男女老少에無論何症ᄒᆞ고通治ᄒᆞ오며無病時에도服ᄒᆞ면平生의身體가健康ᄒᆞ며小兒ᄂᆞᆫ四五錢重만服ᄒᆞ면十歲안에無病ᄒᆞ기를擔保ᄒᆞ오며
◉九轉靈砂萬靈丹은癲狂 癎症과中風諸疾과耳目諸病과淋疾에神効ᄒᆞ오
◉九轉靈砂保命丹은初生小兒 驚風 痼氣 咳嗽 腹痛諸般瘧과婦人帶下症에神効ᄒᆞ오
◉九轉靈砂濟衆丹은酒滯 食滯 血積 吐瀉 霍亂 痢疾 吐血 下血 運氣 時疾 痲症에神効ᄒᆞ오
◉九轉靈砂紫金丹은痔漏 累瘡 上疳瘡 下疳瘡及唐瘡과諸般毒瘡各種에無不神効ᄒᆞ오니 僉君子ᄂᆞᆫ來問ᄒᆞ시오

內需司前독갑이골上隅第一家 李鶴廷 告白

一 鷹標精製濃縮牛乳
一 畫印精製濃縮牛乳
一 新案家用氣化乳脂
一 硬ㅣ은쓰製造牽乳化
白牛乳

以上은當時에貯積ᄒᆞ얏ᄉᆞᆸ고
[illegible] 濃縮牛乳會社

一手代理店
大韓仁川港 世昌洋行

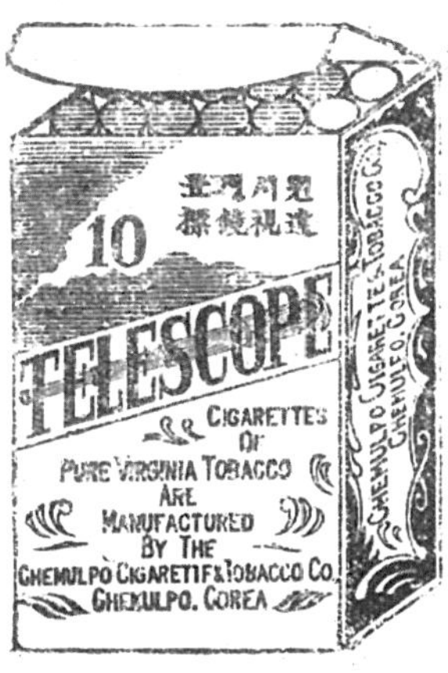

以上三種은上品으로製造ᄒᆞ[illegible]

大韓帝國仁川港
濟物浦紙卷烟草及烟草會社

本社廣告

中報價
一張代金 新貨二錢
一箇月前金 三十錢
三箇月 九十錢
六箇月 一元七十錢
一箇年 三元四十錢
郵稅一部 新貨五里
一箇月 十三錢

廣告料
國문活字十三字式
每日每頁尺一行에新貨[illegible]
(每日每行에六錢에다)
二箇日에 (每日每行關錢五里에) 二錢五[illegible]
一箇月에 (每日每行關錢一錢에相[illegible])
其期限의長短과字行외[illegible]을依ᄒᆞ야增減홈이有[illegible]

◉本社地方各處支店廣告
仁川杻峴開新冊肆 李東支
平壤南山峴日新學校 金興淵
崔叡恒
宣川邑橋西 安濬
義州南門外韓西大藥房張有寬
長連邑 金璡
鎭南浦築洞 金仁집
咸興州南社 曹喜林
中和邑 李俊培
釜山佐川徐藥房 金灌泰

發行兼編輯人 英國人裵說
發行所 京城北署壽進坊典洞外國人地館新門
大韓每日申報社

第四卷
大韓每日申報
대한매일신보
第二百十八號

月曜及慶節
翌日休刊

檀君開國四千二百三十九年
箕子元年三千二十八年
大韓開國五百十五年
日本明治三十九年
淸國光緖三十二年
陰曆丙午四月小二十日丁巳

論說

是誰之責고

或出意外이던지或入計內이던지日本이此國의政治機關을獲取ᄒᆞ기에成功ᄒᆞ엿스나此甚混雜ᄒᆞ야大失錯大邪惡이種種出來ᄒᆞ되此乃何人之責인지此將至何境일지知之者ㅣ未有存焉이어니와雖日本人이라도其或不得知悉이로다

本記者ㅣ推測컨ᄃᆡ顧問諸員이自己行政之際에有何損害면處名大臣之稜席으로卒然避身ᄒᆞ야各樣負債을拒絶ᄒᆞ거니와統監府도將至如此ᄒᆞᆯᄂᆞᆫ지過於疑訝로다

此國내에從今決定되ᄂᆞᆫ各樣事端이니關之名과仰問社會의僞人之名으로從生ᄒᆞᆷ과如히著示ᄒᆞᄂᆞᆫ도다

前報에記載ᄒᆞᆫ新白銅私貨가亦一般明瞭ᄒᆞ니盖此白銅新貨의品格은第一銀行이對此二十箇ᄒᆞ야代給日貨一圓ᄒᆞᄂᆞᆫ거시라與此同一ᄒᆞᆫ價格을新貨私鑄에不給ᄒᆞ거ᄂᆞᆫ不言可悉이어니와此를受納ᄒᆞ기不肯ᄒᆞ리니由是로新私貨와舊私貨의價格이將至一般ᄒᆞᆯ지라如此時已사지ᄂᆞᆫ巨欵新私貨가韓國에入來ᄒᆞ리로다

事至如此ᄒᆞ면度支顧問官이所謂財政整理上에[illegible]이라稱ᄒᆞᆫ三百萬圓은此國에不少損害를遺ᄒᆞᆷ이나

負責의分掌되과或責任을全然不關ᄒᆞᄂᆞᆫ事實이更有其一ᄒᆞ니此ᄂᆞᆫ韓國의日本鐵道事業이라其細則을外人은知悉키未能이어니와稱著ᄒᆞᆫ實은多數韓人이士地家屋을此事業에被奪ᄒᆞ얏고且多數勞働者가各樣日에사務에勤被服役ᄒᆞ되償金이未有ᄒᆞᆷ이라

該償金을度支部로已爲計算라고依例稱之ᄒᆞᆯ려이나目賀田씨의舉報此實ᄒᆞᆷ을未聞ᄒᆞ얏노라此若不至大多困難인된目賀田氏가此償金으 留償金額이몇何인지揭報ᄒᆞ기를甚喜ᄒᆞ노라

京城附近에人民이京元鐵道에對ᄒᆞ야請求ᄒᆞᆫ償金額이已至十七萬圓이오

開城府尹은自己人民中에京義鐵道로因ᄒᆞ야損失者들이償金世姑未得見이라고報告矣요

한城及平壤人民중에所有土地를軍用之稱에見奪ᄒᆞ고尙未得代金ᄒᆞᆫ事實은吾人之即接聞見이로다

官報

●三千四百五十一號 光武十年五月十二日

◉敍任及辭令

○依願免本官 慶基殿參奉高在龍 鎭衛第七大隊特務正校金鍾𤇮○任慶基殿參奉 金永釆○任鎭衛第七大隊特務正校 正校金秉觀 以上五月五日

○依願免本官 慶基殿參奉金永采○任慶基殿參奉 九品鄭在龍 以上五月大日○任忠淸南道觀察使 中樞院副議長金嘉鎭○贈從二品嘉善大夫內部協辦 故折衝將軍行龍驤衛副護軍玄好 ○贈正三品通政大夫秘書監丞 故折衝將軍行龍驤衛副護軍玄時錫○贈從三品通訓大夫禮式院左掌禮 故宣略將軍行龍驤衛副司果玄商尹 以上前시從院副卿玄學斗考祖考曾祖考依法典追 贈 以上五月八日 任原道觀察使 中樞院議官閔泳綺○依願免本官 秘書監丞林暎洙 典선司主事嚴𡌎鉉 齊陵參奉金允煥 厚陵參奉李實相 主殿院電務과主事李範淑○任秘書監丞 正二品丞閔九○任齊陵參奉 九品洪[illegible]周○任厚陵參奉 九品丞鍾禹○任典선司主事 九品辭李鎭○贈從二品嘉善大夫內部協辦 贈秘書監丞朴遜鎬○贈正三品通政大夫秘書監丞 贈禮式院左掌禮朴基郁○贈從三品通訓大夫禮式院左掌禮 故通德郞朴勉進 以上前시從院副卿朴齊禹考祖考曾祖考依法典追 贈○贈내部協辦 故學生金東鍵○贈秘書監丞 故從仕郞金蓋國○贈禮式院左掌禮 故通德郞金昌옥以上前시從院副卿金起範考祖考曾祖考依法典追 贈○贈내部協辦 故學生尹弼衡○贈秘書監丞 故學生尹守尙○贈禮式院左掌禮 故學生尹命傑 以上前시從院副卿尹義淳考祖考曾祖考依法典追 贈○贈내部協辦 故學生姜永龍○贈秘書監丞 故學生姜啓會 以上前시從院副卿姜在秀考祖考依法典追 贈○贈내部協辦 故學生南院元○贈秘書監丞 故學生南啓重○贈禮式院左掌禮 故學生남命弘 以上前시從院副卿남廷奎考祖考曾祖考依法典追 징 以上五月九日

外報

●遜羅皇族渡韓說 向日日本에來到ᄒᆞᆫ遜羅皇族은日本에遊覽ᄒᆞᆫ後에韓國으로向ᄒᆞᆯ터이라더라

●駐淸英使 北京駐箚英國公使사토氏ᄂᆞᆫ歸國ᄒᆞ얏ᄂᆞᆫᄃᆡ其後任者ᄂᆞᆫ前駐韓公使朱邇典氏가被任ᄒᆞᆯ나ᄂᆞᆫ說이最高ᄒᆞ더라

●남昌事件의未決 北京電을據ᄒᆞᆫ則淸國에서남昌事件으로法國과商議決定ᄒᆞ야裁可를請ᄒᆞᆫ時에端之洞氏가反對意見으로上奏ᄒᆞᆫ故로아직裁可를未蒙ᄒᆞ고目下紛紜中인ᄃᆡ政府에셔ᄂᆞᆫ其責任을地方에嫁ᄒᆞ야此事件을結了ᄒᆞ라ᄂᆞᆫ意向이라ᄒᆞ더라

●[illegible]天等地의開放準備 同電을據ᄒᆞᆫ則袁[illegible]氏ᄂᆞᆫ奉天等地三省의開放準備로奉天道臺[illegible]氏를專務委員에任命ᄒᆞ얏ᄂᆞᆫᄃᆡ日本開放에關ᄒᆞᆫ事件[illegible]ᄒᆞᆫ後에事遂[illegible]海關[illegible]改定ᄒᆞᆫ다더라

●戶籍法의制定 同電을據ᄒᆞᆫ則淸國政府에서中外戶籍法을制定ᄒᆞ야新法을施行ᄒᆞᆯ次로政務處戶部刑部에命ᄒᆞ야協議케ᄒᆞ얏더라

●外人使役의禁止 俄國政府가今에沿海州에서魚業經營ᄒᆞᆷ에對ᄒᆞ야外國人使役ᄒᆞᆷ을禁止ᄒᆞᆷ으로日本人과及其他同地方에前往勞働ᄒᆞ던諸外國人이本年부터[illegible]치못하게되고又沿海州名魚場에ᄂᆞᆫ海岸貿易[illegible]더라[illegible]ᄒᆞ고魚具及粮食品을[illegible]入ᄒᆞ야俄人及居留各國人等과貿易을[illegible]ᄒᆞ던外國人에對ᄒᆞ야도[illegible]貿易認許狀을不給ᄒᆞ기로決定ᄒᆞ얏다ᄂᆞᆫᄃᆡ日本人에도此等目的으로計ᄒᆞ던者가多ᄒᆞ야此禁令으로由ᄒᆞ야大端히困難ᄒᆞᆫ貌樣이라더라

● 同見任 北京通信을據ᄒᆞᆫ즉청 稅務事務를多年間治ᄒᆞ[illegible]稅關總稅務司英人하트氏의任이되고從此로淸人이自辦稅ᄒᆞᆯ터이라하며此方略우眺ᄒᆞᆯ[illegible]外務部의許ᄒᆞᆷ으로된이리더라

雜報

●義士竟死
大韓光武十年五月十日에大韓義士李趙錫氏가死於日本司令部之內ᄒᆞ니其死也雖在閔忠正趙公之後ᄂᆞ其決死之擧ᄂᆞᆫ在於諸公之先이라

客年十一月에保護條約之說이現發於日本各報ᄒᆞ고一進會가受日人之指使ᄒᆞ야有宣言書之發布ᄒᆞᄂᆞᆫ同氏가見大勢之危急ᄒᆞ고與十三道儒生等으로泣血陳疏ᄒᆞᆯ셰正三品李兩鎭氏가爲其疏首라封章이方入秘書院之際에日憲兵이馳至大安門前ᄒᆞ야同氏及疏首同下諸人이被其拘ᄒᆞ니拘之司令部多月에日人이屢歷誘或因公時에更히此等反對之擧를不爲ᄒᆞ면即地放還이라ᄒᆞ되

同氏等이曰我輩가死則已矣어니와一縷生存之日에ᄂᆞᆫ決不能已로라ᄒᆞ니日人이益怒ᄒᆞ야處六個月監禁이러니其間에同氏가每每嘔血에幾絶復蘇라其子가往而省之ᄒᆞ고哽咽流涕ᄒᆞᆫ디同氏曰我ᄂᆞᆫ決不爲圖生之事니汝其退去ᄒᆞ라

至于日昨에嘔血이莫甚이라其子가又往省而泣爲ᄒᆞ니同氏曰我가若過一箇月이면同當見放이나我以殉國爲志라가若其生還이면以何面目으로見我大韓同胞耶아我則死矣니汝ᄂᆞᆫ勤養老母ᄒᆞ고恪奉先祀하라ᄒᆞ고因復嘔血而絶ᄒᆞ니自司令部로投其屍體于門外라

同氏ᄂᆞᆫ求死得死에不負其宿昔之志어니와以日人言之ᄒᆞ면忠義之士ᄂᆞᆫ天下之情이皆所愛惜者이거ᄂᆞᆯ乃自司令部로遽致其斃ᄒᆞ니一則有傷於友邦之交誼也오一則貽譏於世界之公議也니以此行爲로反給韓人之不信賴日本乎아何不反而省之也오

●郡守六窠 內部大臣李址鎔氏가再昨日政府會議를經ᄒᆞ야郡守六窠를奏下ᄒᆞ얏ᄂᆞᆫ디黃澗에李元和臨陂에林震燮洪州에尹始永朔州에金潤根明川에韓南奎北靑에洪祐元諸氏더라

●運動待明 昨日은學部所管官公私立各學校學徒의聯合大運動會日인故로各學徒와傍觀諸人이多數會集於訓鍊院矣라가適因大雨방라ᄒᆞ야無限困難을當ᄒᆞ고各自歸散ᄒᆞ얏ᄂᆞᆫ디明日로延期ᄒᆞ얏더라

●親査停止 大丘府農事試驗場에農商大臣의親査ᄂᆞᆫ停止가되얏다더라

●礦院特設 農部에서礦山條例를更定ᄒᆞᆫ다ᄒᆞ더니統監府勸告로礦山事務院을特設ᄒᆞ야總裁ᄂᆞᆫ農大가例兼ᄒᆞ고技師等은日人을屆聘ᄒᆞᆯ터이나昨日閣議에ᄂᆞᆫ此議草書를爲先提議ᄒᆞ엿다더라

●合施懲戒 法部에서內部로照會ᄒᆞ기를管下慈仁郡崔允岩獄事에初檢官該郡守金榮淑이莫重命案을執因之際에隱有扶護ᄒᆞ니法意所在에不可無警이니該員을施以相當懲戒케ᄒᆞ라ᄒᆞ얏더라

●賊黨衝火 全南관察朱錫冕氏가內部로報告ᄒᆞ기를管下興德郡七星洞에賊徒十八名이各持鳥銃에一時放砲攔入故로防守軍及村民이稍追村後ᄒᆞ야應砲對敵則該賊等이因風衝火而去ᄒᆞ니際玆東北風이大起ᄒᆞ야自北至南에頃刻席捲ᄒᆞ야家舍米租衣具器皿禾囷柴槓牛羊鷄豚이沒入燒死而人命은幸免爛死이오나一洞三十四戶의男女人口一百五十九名之慘景色이目不忍見이다有所管郡報告이온즉優下恤金ᄒᆞ고移照度支ᄒᆞ야戶布도亦爲蠲減ᄒᆞ야달나ᄒᆞ얏더라

●平察處置 平壤郡參領李容善氏ᄂᆞᆫ平壤郡에在ᄒᆞᆫ煤炭礦封廢에對ᄒᆞ야經理院訓令을不爲遵施ᄒᆞ고連繼開採ᄒᆞᄂᆞᆫ디該部에서該院照會를因ᄒᆞ야李관察을重譴責에處ᄒᆞ얏더라

●郡窠留案 再昨日政府會議에郡守三四窠ᄂᆞᆫ論議不一ᄒᆞ야姑爲留案ᄒᆞ얏ᄂᆞᆫ디日間에또奏下가된다더라

●監督云辭 日本留學生監督으로敘任된自强會長尹致昊氏ᄂᆞᆫ難以視務之意로將欲辭職ᄒᆞᆫ다더라

●議案可決 再昨日政府會議案은已往記載ᄒᆞ얏거니와議政府에提議ᄒᆞᆫ桑港遭難民救恤事案을商議ᄒᆞ기를該港遭難을自此調查ᄂᆞᆫ遠莫致之ᄒᆞ니轉照統監府ᄒᆞ야使駐美日領事로囑托調查後에措處케ᄒᆞ되同地에駐在ᄒᆞᆫ該妻孥ᄂᆞᆫ調查救恤케ᄒᆞ기로可決ᄒᆞ얏고農商工部에서請議ᄒᆞᆫ礦山條例와移民條例ᄂᆞᆫ留案ᄒᆞ고工務局長은宋憲斌氏로可決敘任ᄒᆞ얏고度支部에서請議ᄒᆞᆫ水道局官人에事務官魚鎔善氏ᄂᆞᆫ學部에서視學官으로請議ᄒᆞᆫ故로相持ᄒᆞ다가未決ᄒᆞ얏고純明妃引山時經費不足額等을預算外支出ᄒᆞ얏고內部大臣臨時提議曰江原道慶尙道忠淸道에義兵尤甚處에ᄂᆞᆫ鎭戢無由하니自軍部로由防鎭衛隊ᄒᆞ야三道에派兵ᄒᆞ야鎭壓케하자ᄒᆞ야可決되얏더라

●詔敘諸勳 詔曰侍從武官以下勤勞頗多副領勳四等魚潭特敘勳二等參領李海元李敏軾幷特敘勳五等正尉梁在燕白命基張世喬李會原李起元李羽承幷敘勳六等各賜八卦章副領具然河特敘勳五等副領盧伯麟特陞敘勳五等各賜太極章

●日人請買 德山郡守兪致穢氏가報告于內部ᄒᆞ되本郡非芳面頓串浦의傍有十餘把之枝港ᄒᆞ고又有一場墟之草篠而日前에日人原加一郞이來到本郡ᄒᆞ야稱以該港篠이輪船往來時에物貨陞降의有所便利이다請其買得이온바該人之所用如何ᄂᆞᆫ非所可知오郡土之買賣二字ᄂᆞᆫ初非可論故로却而不許이오나此等請求를不得不報明이라ᄒᆞ얏더라

●英年義擧 平壤日新學校의興旺ᄒᆞᆫ狀況이有ᄒᆞᆷ은本報에屢稱揚ᄒᆞ얏거니와就중金宗鎬氏ᄂᆞᆫ六百元으로郭龍勳氏ᄂᆞᆫ二百元으로金哲壽氏ᄂᆞᆫ三百元으로補助를施ᄒᆞ얏다니뎌抵關西人士의好義輕財ᄒᆞᄂᆞᆫ風度ᄂᆞᆫ實로特性이有ᄒᆞ다謂ᄒᆞ깃ᄂᆞᆫ故로當此文明進就之日ᄒᆞ야一般振興事業을實有期望於此矣러니右三氏ᄂᆞᆫ皆弱冠幼齡인ᄃᆡ敎育上熱心으로如此特別ᄒᆞᆫ義務가有ᄒᆞ니韓國人士ᄂᆞᆫ皆皆聞感於此ᄒᆞ야共踏進就ᄒᆞᆷ을十分企望ᄒᆞ노라

●一進勸告 再昨日에ᄂᆞᆫ政府에서開會故로제뎌日이同ᄒᆞᆫ지라一進會總代廉仲模兪鶴柱氏가政府에前往ᄒᆞ야勸告ᄒᆞ기를平理院判事李圭桓氏가不法行爲가不知其數라하야一一說明하며即爲免官ᄒᆞ라ᄒᆞ되政府에서若不聽이면本會에서自由行動ᄒᆞ야期於退去케ᄒᆞᆫ다ᄒᆞ고北墾島에管理를派送하야民을保護하며土地를起墾케하자하고政府以下各官人은爲先一體斷髮하라하얏고政府ᄂᆞᆫ爲民保護하ᄂᆞᆫ一般上等社會라 皇上赤子을依保護가可也어ᄂᆞᆯ桑港遭難民救恤事을政府措ᄒᆞ신詔勅이已經二週에日前閣議處決이別無善策ᄒᆞ고且興陽郡餓死之民이報云四百餘名이나不啻此郡이라全羅一半은擧皆流離ᄒᆞ니死者를難數인ᄃᆡ政府에서不究救恤之方ᄒᆞ고該道伯及郡守ᄂᆞᆫ流民을不得保護ᄒᆞ고死後錄明ᄒᆞ니政府에서所事가何事며郡守ᄂᆞᆫ所行이何政이며且錢貨故로公納을以穀收捧하야自爲貿穀하니濱死餓民이何以得生하며驅民死地의寃聲이膨天이라고政府各大臣의게一대攻擊이幷起하얏더라

倫敦電報

●義捐金總額 五月十一日午后二時發
米國의日本饑饉救濟金은悉捐ᄒᆞ얏ᄂᆞᆫ딕其總額金이四千三萬圓余이더라

東京電報

●日韓旅客 上同
四月中에日本馬關과釜山間에旅客往渡ᄒᆞᆫ者合이五千七百九十一名이오日本內地에三千四百八十六名이더라

●露國議會 上同
外務省에電音을依ᄒᆞᆫ즉昨日露國皇帝陛下ᄭᅴ셔ᄂᆞᆫ冬宮에御親臨ᄒᆞ샤兩院議員을召集ᄒᆞ시고無事히開院式을擧行ᄒᆞ셧더라

倫敦電報

●露國外相 五月十一日午后四時發
노주알스키氏ᄂᆞᆫ外務大臣을任ᄒᆞ얏ᄂᆞᆫ딕氏ᄂᆞᆫ伊藤侯의親交가有ᄒᆞᆷ으로今後에日露關係를親密케ᄒᆞ기에努力ᄒᆞ기를期待ᄒᆞᆫ다더라

●淸國大臣 上同
淸國出洋大臣은德國各地方에서盛ᄃᆡᄒᆞᆫ歡迎을受ᄒᆞ얏더라

雜報

在日本留學生崔麟寄淚於在桑港遭難同胞文如左

驚歎哉라此報여哀慟哉라同胞여桑港은是何地며災厄은是何命고之魚之肉吾之同胞는有何目的流此地오民產無制韓天地에欲全縷命出澥일矣

嗚呼라桑港之災는便是當地之大同所遭나天何不宥此可憐人生고僕은曾在特派之官費學生으로參涉於向者之同盟退校라가今此請願復校時에一意守盟라가終爲被落於官費黜ᄒᆞ야歸依無所에隨漂隨泊ᄒᆞ니其流落一身이譬之若驚蓬振葉이蕭瑟自鳴이라如非同苦同胞면誰而泄此腔血乎잇가聞此驚報ᄒᆞ매顧念自苦ᄒᆞ니所遭는異나患難則同이라玆以血淚一掬을灑添紙貨二圓ᄒᆞ야敢表同胞同情之忱ᄒᆞ노라

●法庭非理　京居朴容鉉氏가再昨年分에仁川居趙聖弼의四斗落畓劵을典執ᄒᆞ고給價一千兩矣라가昨年七月分에捧錢還劵ᄒᆞ고其後에以柴木買賣事로乃至星宮歸決矣러니嗾彼趙哥가稱以被訴生當라ᄒᆞ고投入一進會而欲售其計라가未得遂意ᄒᆞ고又入淨土宗而欲逞其奸라가亦未得如意ᄒᆞ야乃於日前의如何嗾囑於한城裁判所主事朴某에게든지捉致朴容鉉ᄒᆞ야兩隻對質之場에趙哥가朴直이自判無餘라計無所施ᄒᆞ야只以再昨年典劵을未推爲辭ᄒᆞ야朴氏가明言其推錢還劵時證看之誰某와趙哥之更典該劵於남陽朴義敎之事ᄒᆞᆫᄃᆡ自한裁로認以一大重案ᄒᆞ고發訓于仁川남陽兩郡而證看諸人을一幷押上ᄒᆞ라ᄒᆞᆫ지라自兩該郡으로發校推捉也에討식例償가尙有紀極이라ᄒᆞ니蓋此朴가本是趙之誣訴인즉裁判公正인ᄃᆡ宜可懲趙而安帖者也오設以劵未推로言之라도於京於郡間成給其立旨一張이足可憑信이어날不此之爲ᄒᆞ고捉囚朴也에勞訓兩郡ᄒᆞ야農時人民을定校押上ᄒᆞ니中央裁判官의司法이如此ᄒᆞ거든他何何說이라오法律之紊亂과生靈之塗炭을觀於此可知라ᄒᆞ더라

●其情慘酷　西來人의傳說을聞ᄒᆞᆫ則本月八日午后에平壤大同門外居金基錫이가鍾路에서大聲痛哭ᄒᆞ니來往諸人이圍立問由則該人이嗚咽되曾曰我는本是貧寒之人으로生涯末由ᄒᆞ더니昨年七月分에大同門外草家六間을七千兩에定價ᄒᆞ고該家契板을典執出債ᄒᆞ야買得入居後에粥與餅商으로資生이더니不意에山田財務가與本倅로協議ᄒᆞ야倉庫會社建役次로家舍를毀破ᄒᆞ고家價는三千兩을支給云故로呼訴京部則內部에셔觀察府에訓令ᄒᆞ야家價를從時勢出給事인則觀察使는因而韓防于本郡ᄒᆞ얏스되本倅는仍然恬視ᄒᆞ야不爲處判ᄒᆞ고連日船遊에以享江湖之樂ᄒᆞ니民有呼冤에爲其字牧ᄒᆞ야豈能獨樂哉아我의情勢가他人負債도不報ᄒᆞ고流離轉壑之境故로如是痛哭ᄒᆞ노라ᄒᆞ니觀光衆人이慨然激切曰如此情狀은慘不忍觀이라本倅가公錢欠逋가不少ᄒᆞᆷ으로山田財務에게執贓ᄒᆞ야財務의指嗾를一一從ᄒᆞ니本倅가若其久任ᄒᆞ면境內人民이擧皆失家失業이라고輿論이沸騰ᄒᆞ더라

廣告

廣告

在桑港遭難同胞救助義捐金

茶洞彰信社　新貨三十元
釜港廣信社鄭箕斗　三元
趙命浩　一元
在日本留學生郭[illegible]偉　新貨三元
仝　尹豐鉉　二元
仝李康賢　一元五十錢
仝　蔡基斗　一元
平壤鍾路
黃河淸　新貨　二元
朴致祿　仝　一元
白允國　仝
金昌植　仝
李春燮　仝
金觀祚　仝
金有鐸　仝
韓鼎教　仝
田在豐　仝
梁承灝　仝
安泰國　仝
鄭基煥　仝
成東熙　仝
吳胤善　仝
秦文玉　仝
趙炳錫　仝
尹在明　仝
車允成　仝
林亨國　仝
金斗和　仝
桂淸風　仝
吉鎭悟　仝
崔炳云　仝
李應浩　仝
安得麟　仝
柳基淵　仝
盧敬五　仝
玉鳴淑　仝
江東權長里李元鵬　新貨二元
金龍興　仝五十錢
金時薰　仝
王冕鎬　仝
崔貞瑞　仝
孫昌欽　仝
韋鼎海　仝
朴昌淳　仝
崔有文　仝
金燦斗　仝
諸祥龍　仝
韓允贊　仝
金分鍵　仝
崔錫煥　仝
朱元信　仝
安守恒　仝
邊昌赫　仝
朴鼎益　仝
徐德봉　仝
李德煥　二十錢
金源집　仝
沈春澤　仝
李之善　仝
吳泰周　十錢

以上合計八十二圜四十錢

本號新開專做男女各色洋服而由上海運來各種細이毛ᄋᆞᆯ及一切衣飾屬品件件精全伏望貴士女迅即來購爲幸

西小門內美洋男女洋服商號

●刑法大全 一帙定價金 新貨六十錢

牧民心書一帙 一圜二十五錢
耳談續纂一冊 七錢五里
温故知新堂叢鈔 七錢五里
父師必讀小學指南 七錢九里
人工□證論一冊 十五錢
萬國地誌三冊 一圜
農政新書 五十錢
法學通論 一圜
尺牘 一圜五十錢
大韓地誌 七十五錢

發賣所 …書舖

花柳 霍亂 吐瀉 腹痛 滯症 暑症 정忡 神眩 鬱 痰盛 醒酒解□ 咳嗽 口味업ᄂᆞᆫ諸症의神效ᄒᆞᆫ藥이오此外에도洋灰水解毒藥 唐창 疳氣 蛔虫 寸虫 赤白癩風 藥과東西洋藥이俱備ᄒᆞ고他病도隨問出方ᄒᆞ오니 僉位ᄂᆞᆫ枉議ᄒᆞ시옵

皇城校洞石井洞下隅
石泉堂藥局 告白

一 鷹標煉濃縮牛乳
一 金印煉濃縮牛乳
一 … 家用氣化乳
一 … 卜 … 追 … 化
合牛乳

以上은 … 賣 …
大韓仁川港 洋行

●九轉…라 本人이妙方法을…女老少에無論何症ᄒᆞ고通治ᄒᆞ오며無病時에… 身體가健康ᄒᆞ며小兒ᄂᆞᆫ四五錢…服ᄒᆞ면… 를攝保ᄒᆞ오며

●九轉…丹은癲狂 … 症과中風諸疾과 … 疾에神効ᄒᆞ오

●九轉…保命丹은初生小兒 驚風 … 殺蟲과婦人帶下症에…効ᄒᆞ오

●九轉…丹은酒滯 食滯 血積 吐瀉 霍亂 … 疾 吐血 下血 運氣 時疾 疝症에神効ᄒᆞ오

●九轉…金丹은痔漏 … 上疳瘡 下疳瘡及唐瘡과諸般…各種에無不神効ᄒᆞ오니 僉君子ᄂᆞᆫ來問ᄒᆞ시오

內需司前…이골上隅第一家
李鶴廷 告白

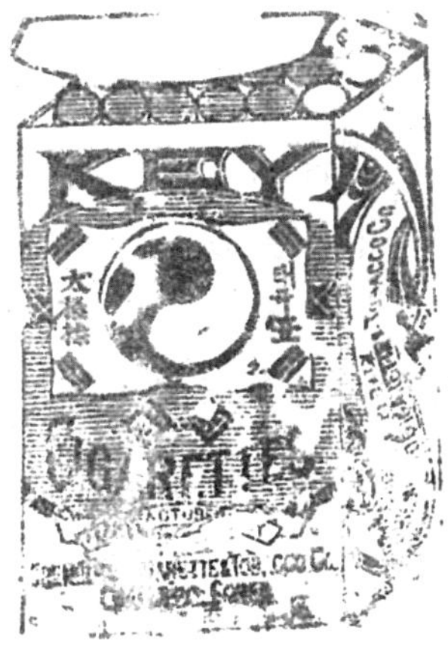

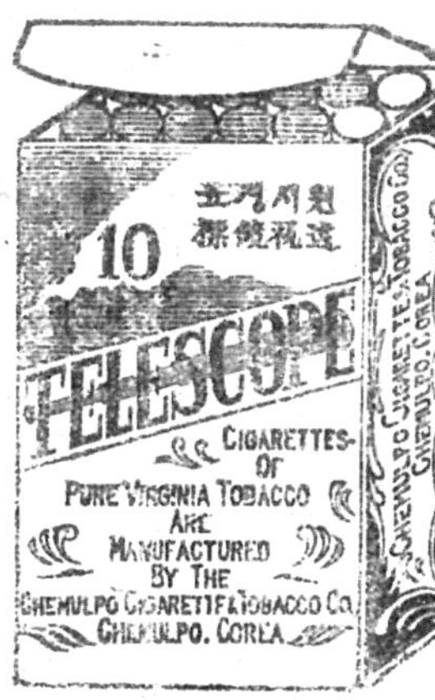

以上三種은上品 …
韓國仁川港
…烟及烟草會社

本社廣告

申報價
一張代金 新貨二錢五里
一箇月前金 三十錢
三箇月 九十錢
六箇月 一元七十錢
一箇年 三元五十錢

…一部 新貨五里
一箇月 十三錢

廣告料
四號活字十三字…

各處支店廣告
仁川栖峴朝新册肆 李東支
平壤南山峴日新學校 金興淵
… 崔敬恒
官川邑 … 安濬
… 西 … 大藥房 … 寶
… 金龍
鎭南浦 … 金仁걸
… 曹碧林
中和邑 李俊培
釜山 … 藥房 金瀾泰

發行兼編輯人 英國人 裵說
發行所
京城北署 …
大韓每日申報社

第四卷 第二百十九號

大韓每日申報
대한매일신보

月曜及慶節歲時日休刊

檀君開國四千二百三十九年
箕子元年三千二十八年
大韓開國五百十五年
日本明治三十九年
淸國光緒三十二年
陰曆丙午四月小二十二日己未

論說

逃隱日本之人

韓國政治上罪犯人의 逋逃日本ᄒᆞᆷ이 往往有之러니 近日伊藤侯가 此人의 召還됨을 固執ᄒᆞᆷ은 此乃非尋常이오 時之預兆로다 同侯가 李埈鎔氏召還事件에 皇帝裁可를 斷定之意로 運圖ᄒᆞ야 對此 處分을 旣蒙ᄒᆞᆫ즐 假托ᄒᆞ고 電請ᄒᆞ기를 若無不允之處分이시면 當與李埈鎔偕來라 ᄒᆞ얏스니 今此李氏가 假托之言에 處ᄒᆞ야스미 皇帝씌 確然反對됨은 伊藤侯가 此人還國이 旣蒙 允許인즐 假定ᄒᆞᆷ이 是也로다 ᄂᆡ閣大臣이 此問題를 上奏ᄒᆞ미 處分ᄂᆡ에 曰此言이 甚無條理로다 李埈鎔之不可還國은 向已言于伊藤侯로라 ᄒᆞ셧스니 現今同侯가 不協之類를 此國에 引入ᄒᆞ기에 如彼向意ᄒᆞᆷ이 若非不正意思면 所證이 雖何오 確然其意가 此國을 黨派에 分置ᄒᆞ야 如此히 皇帝權限을 陰密히 顚覆코저ᄒᆞᆷ이니 皇帝씌서 對此不從ᄒᆞ심은 忠諫을 聽從ᄒᆞ심이로다

官報

三千四百五十二號 光武十年五月十四日

◎宮廷錄事

詔曰奉審閣臣入侍

詔曰幾有令教矣宮人安氏係是保母 禮葬等節照例舉行事分付

以上五月十日

侍從院副卿남廷奎辭職疏 批旨省疏具悉所請依施

五月十日

◎敍任及辭令

○依願免本官 帝室會計審査局主事高羲明 裕康園忠義沈젼○命宮內府特進官 禮式院掌禮副卿李重夏○命禮式院掌禮副卿 奎章閣直學士閔丙한○命시從副卿 從二品朴承祖○任宮內府秘書官兼任ᄂᆡ事課長 從二品남廷奎○任奎章閣直學士 正三品吳明根○任帝室會計審査局主事 主殿院主事李完教○任主殿院主事 六品高羲明○任裕康園忠義 朴秀煥○贈從二品嘉善大夫ᄂᆡ部協辦 故同知中樞府事金衍謙○贈正三品通政大夫秘丞監丞 故副護軍金鎭渭○贈從三品通訓大夫禮式院左掌禮 故學生金鼎喆 以上前시從院副卿金道濬考祖考曾祖考依法典追贈

以上五月十日

◎勅令

勅令第廿三號 下士卒給料改正件 續

附則

第二條 本令은 光武十年五月一日부터 施行ᄒᆞᆷ이라

第三條 從前下士卒給料定額에 關ᄒᆞᆫ件은 自本令施行日노부터 幷廢止ᄒᆞᆷ이라

下士卒給料表

正校同階級者
憲兵隊軍樂隊 月額九圜廿五錢
京城各部隊 月額七圜廿五錢
치重馬隊 月額六圜廿五錢
鎭衛各隊 月額五圜五十錢

副 同階級者
憲·隊及軍樂隊 月額八圜
京城各部隊 月額六圜七十五錢
치重馬隊 月額五圜七十五錢
鎭衛各隊 月額四圜七十五錢

參校同階級者
憲兵隊及軍樂隊 月額七圜
京城各部隊 月額六圜廿五錢
치重馬隊 月額五圜廿五錢
鎭衛各隊 月額四圜廿五錢

上等兵同階級者
憲兵隊軍樂隊 月額五圜五十錢
京城各部隊 月額五圜
치重馬隊 月額四圜五十錢
鎭衛各隊 月額三圜五十錢

一等兵同階급者
憲兵隊軍樂隊 月額五圜廿五錢
京城各隊部 月額四圜七十五錢
치重馬隊 月額四圜五十錢
鎭衛各隊 月額二圜廿五錢

二等兵同階급者
憲兵隊及軍樂隊 月額五圜
京城各部隊 月額四圜五十錢
치重馬隊 月額四圜五十錢
鎭衛各隊 月의二圜

光武十年五月五日

御押 御璽 奉勅

議政府參政大臣朴齊純
軍部大臣李根澤
度支部大臣閔泳綺

◎部令

度支部令第五號 續

銀行條例施行細則

三 社員의 姓名居住
四 本店及支店의 所在地
五 社員出資의 種類受價格 其金錢안인者에 對ᄒᆞ야는 價格外評價의 標準

第九條 合資會社의 定款은 前條에 揭ᄒᆞᆫ 事項外 各社員의 責任의 有限又는 無限될 事를 記載ᄒᆞᆷ을 要ᄒᆞᆷ이라

第六條 株式會社의 定款는 左開事項을 記載ᄒᆞ야 發起人이 此에 署名ᄒᆞᆷ을 要ᄒᆞᆷ이라 但第六項乃至第八에 揭ᄒᆞᆫ 事項은 此를 定ᄒᆞᆫ 境遇를 限ᄒᆞ야 記載ᄒᆞᆷ을 要ᄒᆞᆷ이라

一 第四條第一項第二項及第四項에 揭ᄒᆞᆫ 事項
二 資本의 總額
三 一株의 額金
四 會社取締役이 所有ᄒᆞᆯ 株式의 數
五 會社公示ᄒᆞᄂᆞᆫ 方法
六 存立期限又는 解散의 事由
七 發起人이 受ᄒᆞᆯ 特別ᄒᆞᆫ 益利及此를 受ᄒᆞᆯ 者의 姓名 未完

外報

●英國新聞에 관察 英國제新聞에는 英土問題에 對ᄒᆞ야 露佛兩國이 英國에 對ᄒᆞ야 援助ᄒᆞᆷ은 本問題運命에 重ᄃᆡ히 關係됨을 論ᄒᆞ고 또 此로 以ᄒᆞ야 英國海軍의 示威ᄒᆞᆷ은 重要事件이라 宣言ᄒᆞ얏더라

●俄國議會開院 俄帝씌서 本月十日에 冬宮에 親臨ᄒᆞ사 兩院議員을 召集ᄒᆞ시고 開院式을 擧行ᄒᆞ셧다더라

●英佛益厚 佛國大統領은 英國皇帝를 爲ᄒᆞ야 에루세宮에 饗讌宴을 設ᄒᆞ고 其席에서 大統領과 英國皇帝間에 親睦 이 尊重ᄒᆞᆫ 祝辭를 行ᄒᆞ얏다더라

●英國大演習 英國海軍이 來六月에 大연習을 擧行ᄒᆞᆫ다는ᄃᆡ 該艦隊는 海峽艦隊와 大西洋艦隊와 地中海艦隊와 巡洋艦隊와 預備艦隊로 編成ᄒᆞᆫ다더라

●記者傍聽 彼得堡電을 據ᄒᆞᆫ則 俄國에서 近日에 開會ᄒᆞᆯ 國民議會에 傍聽ᄒᆞ라는 者가 甚多ᄒᆞᆫ中에 外國新聞特派員은 俄國에서 伊日何如히 開會ᄒᆞᆷ을 觀察코저ᄒᆞ야 其傍聽석을 陸續請求ᄒᆞ얏는ᄃᆡ 伊日은 俄帝게서 其宮殿에 議員을 召集ᄒᆞ야 開院에 勅語를 朗讀ᄒᆞᆫ다더라

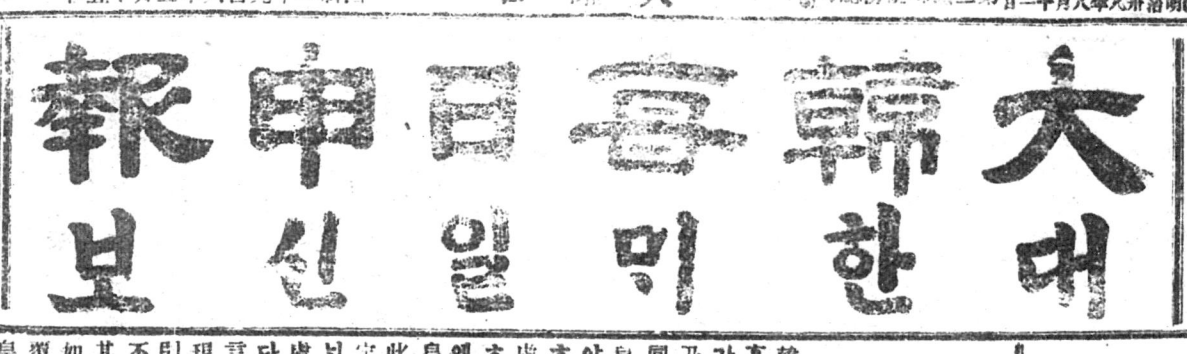

●德國抗日 俄國新聞에 倫敦通信이라ᄒᆞ얏는ᄃᆡ 德國은 日本을 對抗ᄒᆞ기 爲ᄒᆞ야 淸國과 同盟을 訂結ᄒᆞᆫ다ᄒᆞ얏더라

雜報

●撥雲見天 軍部大臣李根澤氏의被刺事件에對ᄒᆞ야玄鶴表의亂招로平理院에久被拘留ᄒᆞ얏든沈相薰氏ᄂᆞᆫ三昨日에無罪放免이되얏ᄂᆞᆫ디即時詣闕謝恩後에其私邸로還歸ᄒᆞ얏더라

●監府質問 新協約成立後로ᄂᆞᆫ外國人交涉事項은大小不論ᄒᆞ고統監府와協議遵施ᄒᆞᄂᆞᆫ더日前에美國富豪ㅣ平氏가渡韓入城에其陛見與應接節次를統監와不爲協議ᄒᆞ고宮內府에서直接斷行ᄒᆞ얏다ᄒᆞ야統監府摠務長鶴原定吉氏가宮內府大臣李載克氏의게向ᄒᆞ야公函으로其協約中旨에違反ᄒᆞᆷ을折ᄒᆞ을質問ᄒᆞᆫ故로李宮大가難於回答ᄒᆞ야期欲上疏請罪ᄒᆞᄂᆞ니新協約當時에附ᄒᆞᆫ其不默ᄒᆞ더니之後에悔之已晚이라人皆笑之ᄒᆞᆫ다더라

●死後 氏의屍體가自日出於南大門外ᄒᆞ니未有停屍之所인바有人이一空舍를指導ᄒᆞ여주엇더니該洞人民이直爲逐出ᄒᆞ고所謂巡檢이其指導之人을嚴責ᄒᆞ얏다니同氏의生前死後가無非困境은實可哀可憐이며其洞民與巡檢이雖曰無知나此忠義之士의體魄을如是괄視ᄒᆞᆫ거시決非秉彝上人心이라더라

●運動參觀 昨日訓鍊院各學校學徒運動會에各部大臣協辦이一齊進參傍觀ᄒᆞᆷ으로各部에自然停務가되얏다더라

●政議退定 昨日下午三時에政府會議를開ᄒᆞ고留案ᄒᆞ얏던八九郡守를決議奏裁ᄒᆞ기로ᄒᆞᆫ다더니參政大臣以下各大臣이學徒運動場에前往勸勉ᄒᆞ기爲ᄒᆞ야該會議ᄂᆞᆫ今日下午三時로退定ᄒᆞ얏다더라

●久案始斷 平理院審辦중에在ᄒᆞ던沈相薰氏의放免된事ᄂᆞᆫ前項과如ᄒᆞ거니와朴箕陽玄鶴約兩氏도日間放免이되다ᄒᆞ고奇山度ᄂᆞᆫ二年半懲役에宣告ᄒᆞ얏다더라

●暫徙旋還 警務顧問丸山重俊氏ᄂᆞᆫ警務支部事務를視察ᄒᆞ기爲ᄒᆞ야三昨日京義鐵道로平壤에下去ᄒᆞ얏다더니再日下午에還歸視務ᄒᆞᆫ다더라

●果則謠說 南來人의傳說을聞ᄒᆞᆫ則全羅南道光州府擄巡金衡玉氏ᄂᆞᆫ貨品으로臨事處斷에嚴明處理ᄒᆞ야管下邑村에牽無抑冤之事ᄒᆞ고巡檢與驛使를曉諭嚴束ᄒᆞ야一不得侵漁於民ᄒᆞ고修治道路에人不知勞ᄒᆞ고跟事辦에不踰幾日ᄒᆞ고一依規程而初無差錯ᄒᆞ니至其當律者도亦皆甘服無怨이라ᄒᆞ더라

●魚氏演說 濟衆院醫士魚飛信氏가今日下午八点鐘에皇城基督敎靑年會에서箇人的淸潔로演說ᄒᆞᆫ다더라

●養正盛況 再昨日曜日上午에私立養正義塾에서東門外永導寺에前往ᄒᆞ야盛會를開ᄒᆞ얏ᄂᆞᆫ더本日은卽該塾의初度紀念禮式日也라該塾長及講師諸員贊務員與一般學員이齊會ᄒᆞ야本会의紀念寫眞을撮影ᄒᆞ고本会長以下講師諸員이本会紀念의禮式으로祝賀ᄒᆞ고學員等은本会長以下의勸勉을答謝ᄒᆞᆫ後에茶果를進ᄒᆞ고下午七點鐘에還入ᄒᆞ얏다ᄂᆞᆫ더該会長의熱心敎育ᄒᆞᆫ結果로將來開進之望이確有ᄒᆞ니吾儕ᄂᆞᆫ該会를爲ᄒᆞ야攢賀不已ᄒᆞ노라

●舒川警報 舒川郡에不知何許輩五十餘名이各持銃劍ᄒᆞ고建旗擊鼓而本月十三日晩餉에突入郡衙ᄒᆞ야奪取印章ᄒᆞ고傳令各里ᄒᆞ야方在募兵ᄒᆞᆫ다ᄒᆞ며該守ᄒᆞ니救援者依回電ᄒᆞ라ᄒᆞ고該郡守李穩氏가內部로電報ᄒᆞ얏다더라

●各費經議 度支部에서議ᄒᆞᆫ純明妃葬禮費不足額五萬四千八百三十八圜七錢二里와度支部所管家屋購買費六萬圜과內部所管地方制度調査費一千六百七十九圜과學部所管九年度各欵項不足額四百五十五圜六十錢六里와農商工部所管外國人雇給一萬一千六十圜과漢城府技手俸給與諸般費一千三百二十二圜六十八錢과學政條與官地方學校察旅費二百六十四圜과義州監理署權設家屋費及修理費一千三百四圜七十九錢과江界駐隊參校金鼎聲返葬費五十圜三十錢을預備金中支出ᄒᆞ기로日前政府會議를經ᄒᆞᆫ後上奏裁下ᄒᆞ얏다더라

●官奪民業 城津監理李榮氏가使其通辯金承遠으로本港從船ᄒᆞᆫ社를威脅勒奪ᄒᆞᆫ故로本會社員崔柄翼等이歷訴於通信院ᄒᆞ야以崔民依舊做業之訓令을發送ᄒᆞᆫ則該監理가不遵訓令ᄒᆞ고反爲排斥誣告ᄒᆞ되崔民은非本土人이오亦非前業者라ᄒᆞᆫ故로崔民等이面質裁判을請ᄒᆞᆫ次로通信院에進訴ᄒᆞ얏다더라

●宮大動靜 宮內大臣李載克氏ᄂᆞᆫ貪鄙ᄒᆞᆫ行爲로以ᄒᆞ야世人의譏誚가紛紛ᄒᆞ니同氏가外樣粧撰으로辭職疏를呈上ᄒᆞ얏스나同氏ᄂᆞᆫ原來新條約時에日本을爲ᄒᆞ야盡忠周旋ᄒᆞᆫ功勞가有ᄒᆞᆫ故로其地位ᄂᆞᆫ萬全無憂라ᄒᆞ고傳說이有하더라

●源山賊柵 慶南晉州等地에賊警이日甚ᄒᆞᆷ은前號에已揭어니와該郡西남面山에木柵을環立ᄒᆞ고轅門의形狀을作ᄒᆞ야門外에銃鎗을叉立ᄒᆞ고幾名式各村閭로派出ᄒᆞ야錢與布木等物을一一掠去ᄒᆞᆷ으로該地民人은勢雖任ᄒᆞ되郡守與觀察은聽而不聞ᄒᆞ며其禁戢之方을不施ᄒᆞᆫ다고人言이多多ᄒᆞ더라

●礦約勿施 法國人龍泰來氏가請求하야未指定ᄒᆞᆫ金礦一處를契約許하얏더니期限이已過에尙不備ᄒᆞᆫ故로該契約이自歸勿施라더라

●何謂軍用 京義鐵道를軍用鐵道로敷設ᄒᆞᆫ지라俄日戰爭이既爲平和ᄒᆞᆫ의政府에서軍用鐵道를還韓政府하라하얏더니統監府通信官田閒氏가代表로申言하기를雖云休戰이나該鐵道가尙此軍用이니不可擧論이라하얏다더라

●軍部更訓 軍部에서各鎭衛隊로訓令하기를各處에派送ᄒᆞᆫ兵丁을一一還隊하야務圖敎育하라하더니各處賊警이漸熾다하야派兵鎭撫하기로日本政府會議에議決ᄒᆞᆫ지라軍部에서更訓派兵하얏다더라

●閔氏運動 特進官閔泳植氏ᄂᆞᆫ近日에新勢力을得하야闕內에頻頻出入하야更히出仕하기로經營하ᄂᆞᆫ디爲先陸軍副將을圖得하기로百方運動중이라더라

●政府議案 昨日下午三時에政府에서會議하ᄂᆞᆫ디該議案은日前에留案ᄒᆞᆫ礦山條例와移民條例와水道局官人敍任과郡守奏任方針을相議ᄒᆞᆫ다더라

●換任議任 康津郡守ᄂᆞᆫ星州郡守로被打ᄒᆞᆫ俞鎭贇氏가移任ᄒᆞᆫ딕參政이反對ᄒᆞᆫ故로內部대신이換면하야其兒俞鎭弼氏로奏本ᄒᆞ야議하얏다더라

●長谷公函 昨年에日本司令官長谷川氏가政府로公函하기를軍率上緊急案에對하야ᄂᆞᆫ各該部로卽接行ᄒᆞᆫ다하얏더니統監府에서隨其事務하야各該部로卽接行文ᄒᆞᆫ다더라

●授冊退期 義親王受冊日은再昨日에義親王이下쎄셔尙不回國하신故로授冊日子를更從後分하라하옵셧ᄂᆞᆫ되 義親王回國一節은伊藤侯와去就를同作하시기로作定하얏더라

●總巡來辦 前報에揭載ᄒᆞᆫ義州總巡不法이라ᄂᆞᆫ題下에對하야同氏가來言하되此ᄂᆞᆫ有嫌者의播誣之事라고說明하니本社에서ᄂᆞᆫ對此兩說하야其是非之實은雖以確信키로姑且記載하고以待他日之的報하야更論하깃노라

東京電報

●招待義王 五月十一日午後四時卅分發 伊藤統監은義親王殿下及其隨行員을大磯滄浪閣에招待ᄒᆞ야午餐會를開ᄒᆞ얏ᄂᆞᆫ디山縣元帥長谷川大將、羽少將、林公使權以下數十名이列席ᄒᆞ얏더라

●新造軍艦 五月十二日午後三時發 目下日本內地에서製造중인딕軍艦은戰鬪艦二隻과裝甲巡洋艦二隻外他驅逐艦通報艦等인딕以上英國에서製造중인二隻을合ᄒᆞ면總計十五萬噸以上인딕來十月지總히落成된다더라

倫敦電報

●露帝詔勅 五月十二日午後四時卅分發 露國皇帝陛下의詔勅은農民의利益을前進ᄒᆞᆷ이必要ᄒᆞ다說ᄒᆞ엿ᄂᆞᆫ디民主黨도滿足히너인다더라

●國會議長 上同 國會議長은民主員으로莫斯科大學敎授무로무쎄에후氏가被選ᄒᆞ얏고議會ᄂᆞᆫ皇帝에對ᄒᆞ야國民의人權과政治上의自由大赦令과及樞密院廢止件을奏請ᄒᆞ얏더라

雜報

大韓義士李建奭氏가日本司令部內에서殉 之事는已揭本報則一般世人이想應知之憐之어니와其時疏本이卽同氏之筆이라豈可湮沒不傳于大韓世界耶아其稿가如左ᄒᆞ니

伏以臣等俱是我皇上陛下之赤子也一自甲乙邦運罔極之變支離一縷頑冥不絕日夜望皇上陛下及東宮殿下自主自強以享無疆之祿而五百年宗社庶幾有中恢之運強拭血淚之縱橫忍抑血腔之沸熱伊來 有一年矣是何國害之滋甚今年甚於前年今日倍於昨日漸至傾覆危亡之境內有奸細賣國之徒外有強隣攘奪之患陛下宵旰之憂曷嘗有晷刻暫弛哉以臣等愚昧目覩中外交象則直欲溘然無知而已矣噫今日本不顧隣誼違背公法期欲盡滅以充壑慾先王之疆土盡入占領之中山林川澤魚鹽之利金礦煤炭米穀之貲攫而取之舉國之民庶酷被殘傷之禍田宅爲勒奪生靈之命脈已絕墳墓爲勒掘死者之白骨暴野京義之鐵道所經之地地無完土人無餘力十室之洞人丁九空千里之路鷄豚滅種三道魚業之見奪至有人命之致死沿岸航行轄認已多商路之損害至庫財源任自파弄金剛之氣血枯渴市廛撤廢景色愁慘京鄉之警察擅自占據萬姓之手足難措捕縛無辜物議沸騰忠諫之賢臣碩輔稱之以軍略上妨害憤慨之志士義人目之以排日黨運動繼以憲兵任意捉囚故而遂出者三數人現在牢囚者以知爲幾多人兩司電郵之並奪遠近之耳目聾瞽七處醫門之勸據한饗之軍兵失所內以各部官人外以州郡守宰之敍任無不干預與其所私黜其所同其他誅求殘虐指不勝摟又自近日有一節可痛可懸者曰協約及萬朝報保護國之說是也　未完

남署彰信社員의寄函

嗚呼라天火地震之災變이何處無之리오마는其如桑港之慘報ᄒᆞ야는古今未有之奇禍也라噫我同胞가志欲發達ᄒᆞ야留學該港라가遭此慘酷ᄒᆞ니其有衆難者孰不感泣也리오現今 書社救恤之義舉는不待賢愚而欽仰攢祝者也라生等은以布木爲商而創社未幾에雖免草率키로不能優助ᄒᆞ고僅將金貨參拾圜ᄒᆞ야聊表同情ᄒᆞ노니幸須莞納ᄒᆞ시와以補萬一之助케ᄒᆞ심을千萬爲要

◉僧訴勒葬 機張郡一同면長安寺는新羅古刹이오남省名寺라莫重ᄒᆞ신 三殿祝釐之地이온ᄃᆡ本郡守洪在奎氏가惑信風水之說ᄒᆞ고妄生法外之慾ᄒᆞ야方今擇日入葬故로該寺僧徒가方今上京ᄒᆞ야呼訴各部ᄒᆞᆫ다더라

●又一新校 義州郡耶蘇教人의寄函을據ᄒᆞᆫ則本區城내에耶蘇教民幾十名이資金을鳩聚ᄒᆞ야小學校를設立ᄒᆞᆫ지數年이로되資本이不足ᄒᆞ야校舍를購用치못ᄒᆞ고人家를借用ᄒᆞ매窘塞莫甚이더니教民朴봉儀氏가瓦家一座를捐財購納ᄒᆞᆫ故로該舍修理費數千兩을右教民等이各自연助ᄒᆞ는중本署監理李民溥氏가此를聞ᄒᆞ고金二百緡을연助ᄒᆞ고本市紳士洪永煥氏가二十緡을補助ᄒᆞ야校樣이興旺ᄒᆞ야가오니此三氏에教育熱誠을人皆稱頌ᄒᆞ며該校生徒는八十餘名이오該校名은日新學校라ᄒᆞ며課程은聖經歷史國文算術地理習字體操等이라더라

◉南郡回祿 全羅남道南平郡에서는陰曆三月一日正時에該郡書記廳에서失火ᄒᆞ야廨舍十間이燒燼無餘ᄒᆞ얏는ᄃᆡ各年結戶文簿與上納尺文과各項公文이混入其回祿중ᄒᆞ야一無可考則爲邑事極爲悶歎이라고該道觀察使李道宰氏가內部로報告ᄒᆞ얏더라

◉義擾相속 英陽郡公報를據ᄒᆞᆫ즉所謂義兵之倡起가種種傳聞ᄒᆞ야恒所譏探이더니不意去月三十日午時量에一陣義兵數百名이各持銃砲에自平海郡界로猝入本郡ᄒᆞ야四面放砲에大作喊聲ᄒᆞ며卽入東軒ᄒᆞ야一邊脅迫郡守ᄒᆞ고一邊結縛鄕長首巡校書記等ᄒᆞ야拘留於梁之陣ᄒᆞ고百方恐喝에破碎庫門而前者大丘隊兵이出駐該郡時金秉鉉處所收火繩銃二十柄彈丸銃二柄彈丸二十發을一一搜出ᄒᆞ고邑底民人等이防備次私藏銃三十五柄與火藥二斤을并爲搜取後에發向于寧海郡矣라雖欲急通于安東駐隊나義砲兵卒이播在沿路ᄒᆞ야雖於尋常行旅라도逢輒搜裝에使不通路故로末由往復ᄒᆞ야遭此擾奪之變ᄒᆞ니不勝悚凜이라ᄒᆞ얏더라

廣告

在桑港遭難同胞救助義捐金廣告

在日本留學生方元根	新貨五元
崔永哲	二元
東京 周晶會	五十錢
◉公州府耶蘇教私立中興學校	
尹晉烈 新貨	七十錢
朴昌烈	五十錢
朴準禹	三十錢
洪範成	三十錢
安茂成	三十錢
朴殷成	二十五錢
黃仁植	二十錢
吳海峋	二十錢
姜童伊	二十錢
河興俊	十五錢
朱童伊	十五錢
李用孫	十錢
閔才봉	十錢
金八文	十錢
朴泰봉	十錢
朴仁봉	十錢
金의成	十錢
申泰俊	七錢五里
卞學交	七錢五里
李敬德	五元
朴準夏	五十錢
白正云	二十九錢
朴永來	二十錢
송喆仁	十錢
陳斗奭	十錢
李眞春	十錢
사목수부인	一元
허씨부인	三十錢
곽씨부인	三十錢
박씨부인	二十錢

◉遭難同胞救恤◉
◉慰金募集大廣告◉

至迫至急하고可驚可악ᄒᆞᆫ我大韓同胞中美國桑港市等地에寄寓하는千餘名에兄弟姉妹가今番桑市에ᄃᆡ火災의遭難凄慘ᄒᆞᆫ는情狀을思惟ᄒᆞᆫ건ᄃᆡ幾人우死亡의濱ᄒᆞ얏스며幾人은損害를遭허엿는지晝夜神魂이不禁ᄒᆞᆫ지라玆의全國內有志同포의게警告허오니隨事力補助ᄒᆞ시와海外孤蹤이로患難의罹ᄒᆞᆫ同胞를慰藉케ᄒᆞ심을懇望홈

但收金日限은四週間으로定홈

收金所 大韓每日申報社 會計室

諸연員은前主事薛泰熙氏로定ᄒᆞ얏삽

本號新開專做男女各色洋服直由上海運來各種細이毛을及一切衣飾屬品件件精全伏望貴士女迅即來購爲幸
西小門內榮泰男女洋服商號

●刑法大全 一帙定價金新貨六十錢
牧民心書一帙一圜二十五錢
耳談續纂一冊 七錢五里
溫故知新堂叢鈔 七錢五里
父師必讀小學指南七錢五里
人工養蠶鑑一冊 十五錢
萬國地誌三冊 一圜
農政新書 五十錢
法學通論 一圜
尺牘完編 一圜五十錢
大韓地誌 七十五錢

發賣所 布屛門下金相萬書舖
大韓每日申報社

花春丹은 霍亂 吐瀉 腹痛 滯症 暑症 정忡 神眩 胃鬱 痰盛 醒酒船暈 咳嗽 口味업는諸症의神效ᄒᆞᆫ藥이오 此外에도洋灰水解毒藥 唐챵 痱氣 蛔虫 寸虫 赤白癩風 藥과東西洋藥이俱備ᄒᆞ고他病도隨間出方ᄒᆞ오니 僉位는枉議ᄒᆞ시옵
皇城校洞石井洞下隅
石泉堂藥局 告白

●九轉靈砂라 本人이妙方法을神備하야製造ᄒᆞᆫ靈丹인ᄃᆡ男女老少에無論何症ᄒᆞ고通治ᄒᆞ오며無病時에도服ᄒᆞ면平生의身體가健康ᄒᆞ며小兒는四五錢만服ᄒᆞ면十歲안에無病ᄒᆞ기를擔保ᄒᆞ오며
●九轉靈砂萬靈丹은癲狂 癎症과中風諸疾과耳目諸病과淋疾에神効ᄒᆞ오
●九轉靈砂保命丹은初生小兒 驚風 痼氣 咳嗽 腹痛諸般惡과婦人帶下症에神効ᄒᆞ오
●九轉靈砂濟衆丹은酒滯 食滯 血積 吐瀉 霍亂 痢疾 吐血 下血 運氣 時疾 痢症에神効ᄒᆞ오
●九轉靈砂紫金丹은痔漏 累瘡 上疳瘡 下疳瘡及唐瘡과諸般毒瘡惡種에無不神効ᄒᆞ오니 僉君子는來購ᄒᆞ시오
內需司前독간이골上隅第一家
李鶴廷 告白

一 鷹標煉濃甜牛乳
一 金印煉濃甜牛乳
一 藥館家用氣化乳酪
一 台牛乳
以上은當時에賣出ᄒᆞ오니
大韓仁川港
洋行

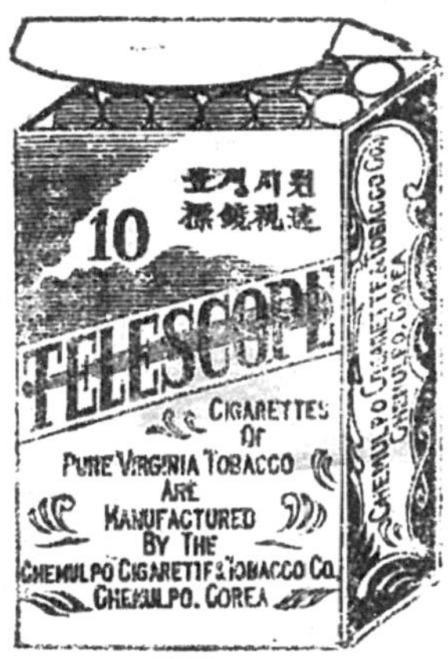

以上三種은上品으로製造ᄒᆞ야衛生上에至極有益ᄒᆞ니毋論某人ᄒᆞ고本社에來臨ᄒᆞ옵
大韓帝國仁川港
濟物浦紙卷烟草會社

本社廣告
申報價
一張代金 新貨二錢五里
一箇月前納 三十錢
三箇月 九十錢
六箇月 一元七十錢
一箇年 三元四十錢
郵稅一部 新貨五里
一箇月 十三錢

廣告料
四號活字十三字詰
每日每行段一寸에新貨拾五錢
二日以上每行에大活에每行
二箇日에 二種五錢
一箇月에 五錢
每日每行圓每行五里에
每日每行圓每一里에
其期限의長短과字行의多少를依ᄒᆞ야增減홈이有홈

◉本社地方各處支店廣告
仁川租峴開新冊肆 李東主
平壤南山峴日新學校 金與淵
宣川邑橋西 崔敬恒
義州南門外韓西大藥房張有寬 安濬
長連邑 金龜
鎭南浦築洞 金仁집
咸興州南社 曹喜林
中和邑 李俊培
釜山佐川徐藥房 金瀧泰

發行兼編輯人 英國人裴說
發行所 京城北署壽進坊罷朝橋下
大韓每日申報社

第四卷

大韓每日申報
대한매일신보

第二百二十號

月曜及慶節時日休刊

檀君開國四千二百三十九年
箕子元年三千二十八年
大韓開國五百十五年
日本明治三十九年
淸國光緖三十二年
陰曆丙午四月小二十三日庚申

寄書

事有不可知者五

笑笑子

僕은太白山中一箇樵夫로蓋嘗松明燈下에聖賢之書를讀ᄒ야聖賢之言을聞ᄒ니以爲人之生也에受上天之賦與ᄒ야道德仁義가卽其性分之固有者니存此則人이오失此則禽獸라

敢不競競於是ᄒ며孜孜於是ᄒ야不爲父母之賊子이며免爲上天之罪人哉아此乃吾人之道理也며吾人之履行者也오且夫邦國者ᄂ人民之積也라

其人民이有良善之俗然後에其邦國이爲良善之國이니凡世界上文明之國은必其人民이皆有良善之品行矣라ᄒ얏더니

頃ᄎ에往來京師ᄒ야閱讀各種新聞ᄒ니其廣告欄內에曰日本人의子某가性本浮浪ᄒ야出沒京鄕에符同雜類ᄒ야世傳之田畓을欲爲偸賣云者가無日無之ᄒ니

彼亦人類라其有天然的良知良能은一也어ᄂᆯ何其隕身辱親ᄒ고覆宗絶祀之悖行을樂爲ᄒᄂ뇨此其不可知者一也오

又志士의疏章과報館의直筆을閱覽ᄒ니曰某某大臣이皆賣國賊臣이라ᄒ얏스니彼皆受國厚恩ᄒ야富貴가隆赫ᄒ고身任國務ᄒ야分義가至重ᄒ니苟有人心者면宜其有一分國報之念이거날

何乃毁瓦畵墁ᄒ야販賣君國之事를甘心爲之ᄒᄂ뇨此其不可知者二也오比年我韓人士之出洋遊學者가皆其文明國의學問을承受ᄒ고文明世界의新空氣를吸收ᄒᆫ者니

其心事ᄂ磊落과履行之正大가足以激濁揚淸ᄒ야挽回世道이거날何乃緘其口舌之技ᄒ야專謀利已ᄒ고攀附外人ᄒ야貽禍自國之事를無難爲之ᄒᄂ뇨此其不可知者三也오

日本官憲이來住我邦者가自大使公使로以至各顧問補佐員이皆其學問이素有ᄒ고法律을恪守ᄒ더인ᄃ夷攷其所爲ᄒ면專히奸黨을愛好ᄒ며小利를貪慕ᄒ야

不公不潔의態度가性性現發ᄒ니此其不可知者四也오以國際觀之ᄒ면日本이在我東洋에實先進開明之國이라宜其秉信守禮ᄒ고親仁善隣하야崇其德義於國民ᄒ고發其光輝於世界이거날

何其食言渝盟이反覆不常ᄒ야乙未馬關之約과甲辰宣戰之勅이徒博令譽ᄒ고竟違實際ᄒ야倏忽變化에莫可模捉이오但其行動이占奪隣權ᄒ고虐害同種而已니是烏足以服天下之情ᄒ야維持其霸權乎아此其不可知者五也라

僕이抱此五箇疑點ᄒ야晝宵硏究에莫夕辨破일ᄉ願以此言으로布告一世ᄒ야質諸高明之君子ᄒ노라

官報

●號外 光武十年五月十四日

◉宮廷錄事

東九陵主簡汰洛處補築時別單

詔曰陪董楊州郡守洪秦潤兒馬一匹賜給 健ᄂ陵參奉李揆同 顯陵參奉李應烈幷陞六 泰陵參奉李軾光兒馬一匹賜給 康陵參奉徐丙敎 穆陵參奉崔永稷幷陞六 徽陵參奉韓翼源 崇陵參奉具敎書各兒馬一匹賜給 惠陵參奉洪淳觀陞六 元陵參奉申鉉甲 綏陵參奉李台應 景陵參奉李殷弼各兒馬一匹賜給 九品金升문陞六 正三品吳錫添加資

五月十四日

●三千四百五十三號 光武十年五月十五日

◉敍任及辭令

○免懲戒 遂安前郡守尹致祚 昌城前郡守申海秀 봉山前郡守玄興澤 樂安前郡守閔舜鎬 金化前郡守千世顯 肅川前郡守金奎馨○依願免本官 農商工部工務局長河相驥 洪州郡守李敎奭 海州郡守李昌翼 臨陂郡守尹奎燮 明川郡守李圭豐 朔州郡守李義國○免本官 北靑郡守趙吉夏 右ᄂ該員이職在字牧에專行賄賂ᄒ야至有民訴府查이옵기免本官○任朔州郡守 正三品金윤作○任臨陂郡守 正三品林憲燮○任洪州郡守 正三品尹始永○任北靑郡守 黃澗郡守洪祐元○任黃澗郡守 中樞院議官李元和○任明川郡守 六品韓남奎○任中樞院參書官 九品朴齊璿○任農商工部工務局長 正三品宋憲斌○任陸軍法院理事 九品柳東作

以上五月十一日

◉部令

度支部令第五號 續

銀行條例施行細則

八 會社負擔에歸屬ᄒᆫ設立經費及發起人이受ᄒᆫ報酬

九 發起人의姓名居住

第七條 株式을募集코저ᄒᆯ時ᄂ發起人은左開事項을記載ᄒᆫ株式請入證을作ᄒ야株式請入人이로其擔當ᄒᆫ株式의數爻를記入ᄒ야此에署名케ᄒᆷ을要ᄒᆷ이라

一 發起의認可된年月日

二 前條에揭ᄒᆫ事項

未完

外報

●地中海艦隊의集중 英國이土耳其國에送ᄒᆫ通牒를據ᄒᆫ則滿了期限은十日間으로定ᄒ고地중海艦隊司令長官과海軍大將자려스부레누후오루와第三巡洋艦隊司令長官중將헤스도으루스와라무본돈中중海艦隊司令官중將와부러쓰도만三提督은同일에마루다島에到着ᄒ고巡洋艦四隻과及驅逐艦隊ᄂ비리아스地方으로向ᄒ얏더라

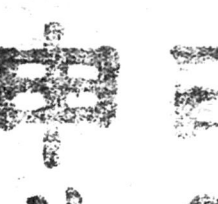

●俄帝海軍詔勅 俄國官報를據ᄒᆫ則俄帝ᄂ急速히海軍을建造ᄒᆯ旨意로勅令을海相의게下ᄒ고別種이一局을設ᄒ라고命ᄒ셧ᄂᆫ디俄帝ᄂ愈益海軍再建ᄒ기에着手ᄒ야今에左某所著ᄒᆫ俄帝가元老院에下ᄒᆫ詔勅을揭ᄒ노 蓋其計劃에一班을窺히窺覘ᄒᆯ거시며라海軍의行子을ᄒ速히ᄒ고適當ᄒᆫ軍人을育成ᄒᆯ目的으로海軍省改革을爲行ᄒᆷ은豫預키爲ᄒᆫ係務라同省에關ᄒᆫ新規定의規範次를展ᄒ야檢閱後裁可ᄒ기까지朕ᄂ左에事項을嘉納ᄒ노라(一)海軍省에次官을置ᄒ야此에各省次官의享有ᄒᆫ權能을與ᄒᆷ(二)海軍參謀本部長에게海軍次官과同等ᄒᆫ權能與ᄒᆷ(三)第一項第二項에揭ᄒᆫ職員은海軍大臣에直接指導下에其省內部局의事務도此가掌理를托ᄒᆷ이適當ᄒ다認ᄒᆫ事를擔任케ᄒᆷ(四)刻下海軍省各部局의掌理ᄒᄂ事務의變更만ᄒᆫ必要를解ᄒᆷ을從ᄒ야此에關係ᄒᆫ現行官制과職員와配置及給額의調査를海軍大臣의게委任ᄒᆷ依하야元老院은相當ᄒᆫ節次를終了ᄒ고施行을지滯치못ᄒᆯ事라ᄒ더라

雜報

李門雙義

義士李建奭氏가昨冬新條約時에陳疏言事이다가被囚於日本司令部ᄒ야抗志不屈에卒以致斃之由ᄂᆞᆫ本報에已揭어니와同氏가以根天忠義로遭時罔極ᄒ야身作烈因幾月에竟至溘逝ᄒ니

其磊落光明ᄒᆫ志節이非徒爲一世之標準이라千秋志士之憾恨이其殞命無疑ᄒᆫ지오尤可敬慕者ᄂᆞᆫ同氏之別室義烈也로다該婆ᄂᆞᆫ本以京城人으로從同氏ᄒ야僑居于勳洞ᄒ야食貧歷年에人不堪其困苦로ᄃᆡ處之泰如ᄒ야少無怨尤色이고及夫同氏之被囚也에該婆가日夜涕泣ᄒ야願其速出ᄒ며朝夕飯羹을躬自送致ᄒᄂᆞᆫᄃᆡ因値降寒大雪에弊衣跣足으로朝夕露立于該司令部門外ᄒ야待同氏食畢然後ᄒ고日以爲常ᄒ니手足皸瘃ᄒ야至於凍痛之境이되亦復憚勸ᄒ야少無倦意ᄒ며無以供飯則澣衣春米ᄒ야傭役을備質于隣家ᄒ야以其所得而不隣其반공을ᄒ야誠意之篤이六朔如一日이라其相識女伴들이見其如此ᄒ고

或有識之者ㅣ凡人之求爲人妾者ᄂᆞᆫ爲其華服美食으로身享安逸이거ᄂᆞᆯ子則不然ᄒ야從前貧苦已甚이고今又若人也ㅣ陷於死地ᄒ야無所餘望ᄒ니子何不趂早改圖ᄒ고顧乃自苦如此乎아ᄒᆫ즉

該婆ㅣ愀然辭之曰吾之所慕者ᄂᆞᆫ義也라不在於富貴이고且與人同居幾年에不幸而被人勒囚ᄒ야生死를未可知則義當盡心力救濟ᄒ야以觀厥終이오乘其不幸而敢懷二心은非吾之所知也라ᄒ더니

同氏가憤恚成疾ᄒ야竟以瘦死則該婆가斂襲等節을東西措辦ᄒ야無所遺憾케ᄒ고決柩還鄕之際에號呼悲慽之狀이足令觀者隕淚ᄒ니

大抵慕義觀感이自古男女無間ᄒ야或以裙釵之微로流芳千古ᄒ며照耀靑史者ㅣ項背相望而今此李義士之別室이即其一也라其至行淑德이雖古之哲婦라도無以加焉則竊恐其事蹟이泯沒不傳키로摭實揭布ᄒ야以供世之尙義諸君子一覽ᄒ노라

李建奭氏의遺書 與子

嗚呼死矣人誰無死死難其所吾死而不能瞑目者恨不斷賣國賊而復我國權也嗚呼應洙汝勿以汝父之亾爲痛而痛汝父 不能誅賣國賊而死也嗚呼應洙汝勿以汝父之死爲痛而痛汝父之不能復國權而亾也嘔血分死數字爲訣我死之後幸勿以哀爲孝以禮爲葬能繼汝父之志眞吾子라ᄒ얏더라

●博覽參會 本日은釜山港에서博覽會式을擧行ᄒᄂᆞᆫ지라昨日에韓國各大官과日本木乃擔長이此에參列을爲ᄒ야京釜列車를搭乘ᄒ고前往ᄒ얏더라

●會民橫歛 全羅北道各郡에서一進會民이稱有農部認許라ᄒ고各陳荒處測量費를民間에徵收ᄒᄂᆞᆫ事로該道財務官이目賀田顧問의게報告ᄒ야目賀田氏가農部로照會ᄒᆫ지라該部에서本日에一進會長의게此事由을質問ᄒᆫ다더라

●春察遞遷 新任江原觀察使閔爀鎬氏ᄂᆞᆫ辭職遞任ᄒ얏다더라

●申獄會審 前義州郡守申羽均氏가該郡民金基麗金炳麗金尙봉等을縱兵砲殺ᄒᆫ獄事에對ᄒ야正犯義州隊參校朴永道上等兵朴鍾燦等을審判ᄒᆫ次로軍部에서法部로照會ᄒ고刑事官員一人을派送于軍法會議所ᄒ야以爲會審判케ᄒ라ᄒ얏더라

●李氏將還 上海에滯留ᄒᄂᆞᆫ李鍾浩氏ᄂᆞᆫ召命을奉承ᄒ야再昨日回國次搭船이라고宮內에電報하얏다더라

●義匪鎭壓 舒川郡義兵을鎭壓ᄒ기爲ᄒ야ᄂᆡ部에서軍部로照會ᄒ야兵丁二十名을派送ᄒ라ᄒ얏다더라

●兩氏除任 軍部參謀局長李南熙憲兵司令部長與普涉氏ᄂᆞᆫ陸軍參將을陞任ᄒ얏더라

●四郡派兵 各地方所謂義匪가猖獗ᄒ야生靈塗炭이라其尤甚滋蔓ᄒᆫ地方에ᄂᆞᆫ不可不派兵鎭壓이니各附近鎭衛隊에訓飭ᄒ야安東洪州堤川丹陽四處에兵丁二十名式迅速派駐ᄒ야以爲巡行剿戮케ᄒ라고昨日ᄂᆡ部에서軍部로照會ᄒ얏다더라

●屈賣勿施 駐法公館參書官法人蔭孫來氏ᄂᆞᆫ公館勿施以後에不滿其解雇라ᄒ고一萬八千元을韓國政府에責捧ᄒ랴ᄒᄂᆞᆫᄃᆡ政府顧問須知分氏가居間幹旋ᄒ다가財政府에見侮ᄒ고該案은勿施ᄒ얏더라

●學大發行 昨日上午에學部大臣李完用氏가釜山港에서日本人이設置ᄒᆫ內國博覽會에進參ᄒ기爲ᄒ야京釜鐵道로該港에下去ᄒ얏ᄂᆞᆫᄃᆡ東萊郡公立學校에留訪ᄒ야校長이學徒를領率歡迎케ᄒ라ᄒ얏ᄂᆞᆫᄃᆡ四五日間滯留가된다더라

●在外同情 在日本東京韓人太極學校會員이濟港遭難同胞의救恤金을本社로特付ᄒ얏ᄂᆞᆫᄃᆡ校中에서金二十元三十錢이오李景植氏ᄂᆞᆫ一日食料金으로銅貨一元을送ᄒ얏스니天涯異域에羈旅艱絶로有此義助가令人感謝ᄒᆯ만ᄒ더라

●宮木私賣 西來人의傳說을聞ᄒᆫ즉慶熙宮主事金錫永이가陽德等地에셔西宮所用이라稱ᄒ고流下木幾千株을斫伐ᄒ얏더니金氏가所存木材를盡爲放賣ᄒᆫ故로該地人民等이觀察府에呼訴ᄒᆫ바本郡地方에셔斫伐ᄒᆫ木材ᄂᆞᆫ金某가私自賣食則其時斫伐ᄒᆫ賭貿와曳下ᄒᆫ雇錢을一一推給ᄒ라고ᄒ얏ᄂᆞᆫᄃᆡ尙無如何之處辦이라고民怨이藉藉ᄒ다더라

●神父恐嚇 日昨에法國天主教神父一員이本社에來ᄒ야皇城鍾을覽ᄒ다가大興郡守辛成默氏가日人財務官의勸告를從ᄒ야新聞返還之事에對ᄒ야其沒覺行爲를大段駁論ᄒ더라

●僞券照律 富平部同所井面馬墳里居朴聚五가他人所有田畓文券을僞造ᄒ야本港居日人竹田의게典執事件으로該朴聚五를自日憲兵隊로押交于該港裁判所ᄒ야懲役終身에照律ᄒ얏스나參究情原에合有參酌이라고仁港裁判所判事徐丙琫氏가法部에質稟ᄒ얏더라

●會員濺賊 슈남관察使의公報를據ᄒᆫ즉該道長城郡西一面茶山洞에셔賊黨金判云尙心李春西等三名을捕捉ᄒ야至於被打致斃ᄒ얏ᄂᆞᆫᄃᆡ該郡裁判所로該事件을審査則賊黨分明인ᄃᆡ該郡一進會에셔會員하고來到該洞ᄒ야謂以無罪打殺이라ᄒ고作梗多端이라ᄒ며民訴還至라ᄒ얏다더라

●希恩何多 濟源殿別監은當入處分이已久ᄒᆫᄃᆡ賞及陞六人爲者가日以增加ᄒ야各六칠이多數ᄒᆫ人容이千餘名이라稱昨十四日에宮內府禮制課長李哲宇에게命下ᄒ사千餘名別單을不可裁下이니元別單數百名만正定以入ᄒ라ᄒ심이各宮臣挾人이難充見關이라昨夜에各府部大臣入侍者十六人이一齊詣闕ᄒ야衆隊入奏ᄒ기를某加賞某陞六은即臣之親戚抑冤者이니洞燭ᄒ소셔ᄒ야聖聽을眩惑ᄒᄂᆞᆫ지라處分니에卿等이由去後에裁下ᄒ다ᄒ옵신故로退來爭啓ᄒ야昨日曉頭에出闕ᄒ얏ᄂᆞᆫᄃᆡ別單裁下ᄂᆞᆫ二百餘名이라더라

●獄案更判 本理院에서朴箕陽氏鄭日永等獄事를曾行更査事은已爲揭載而昨日에ᄂᆞᆫ裁判長以下가會同ᄒ야李根澤及人刺正犯李根哲과對質審判하얏다더라

倫敦電報

●露國國會 五月十四日午后四時發

露國國會ᄂᆞᆫ大赦令을發布ᄒ야나ᄒᆫ期間에ᄂᆞᆫ露都에서討議中인憲法發布를拒絶ᄒ얏더라

●英土間調和 上仝

土耳其政府ᄂᆞᆫ사나이半島에서撤兵ᄒ야英國과調和를計較ᄒ얏스며兩國紛爭은終에落着되얏더라

東京電報

●近氏渡韓 五月十四日午后四時發

日本近信次氏ᄂᆞᆫ教育視察ᄒ기爲ᄒ야明十五日에渡韓之途에就ᄒᆫ다더라

●留學生不穩 上仝

滿洲留學生은文部省에셔留學生取締規則을實行ᄒᆫ다ᄒᆷ을聞ᄒ고各各近傍處에集合ᄒ야反對運動을ᄒ야不穩ᄒᆫ狀이有ᄒ나文部省에셔ᄂᆞᆫ此計劃이無ᄒ다더라

●米豪歸期 上仝

米國富豪써후氏ᄂᆞᆫ滿洲에셔再次日本東京에來到ᄒ얏ᄂᆞᆫᄃᆡ明十五日에退京ᄒ야來十八日에橫濱에셔歸國ᄒᆫ다더라

●赤十字社大會 上仝

日本赤十字大會ᄂᆞᆫ來六月一日에上野에셔開會ᄒᆯ터이라더라

雜報

大韓義士李建奭氏가日本司令部內에서先去之事는已揭本報則一般世人이想應知之憐之어니와其時疏本이即同氏之筆이라豈可湮沒不傳于大韓世界耶아其稿가如左ᄒᆞ니 續

大韓以堂堂帝國獨立天下卽列邦之所共明認者也始有馬關之條約又有彼國之宣戰書乘有韓日之議定書而後盟約不啻明確今忽有違背不法之說其所包藏尤非朝日之比也必統呑盡滅將奴隸我魚肉我苟如是 陛下則有國而無ᄒᆞ臣民則有君而無君矣爲大韓君民之地寧獨立而亡不願保護而存尤有寒心痛嘆者臣意必有販國奸凶之輩爲渠장帳從中鼓煽ᄒᆞ作取媚之資而塗嘴籍十目難掩衆口莫防日所謂一進會名色其設會之初以日憲兵爲之保護其目的已偸非矣觀其設會後行爲則只不過爲彼人之前才矣乃於日前以彼其保護國宣言書外露其已腸渠亦以大韓臣民父祖相傳九百年化囿奈何敢忍由此等之說謄印廣布令人駭聽彼人之服從已臣之爲與已判無疑假箇妖孽當竄重辟以 陛下之淵ᄋᆞ豈不知奸細之爲難以 陛下之明廉必不默許出此等之所仰揣者也但彼人之所處甚險譎尤難測矣臣等不勝憤激相率十三道儒生一心齊聲仰籲於 未完

●會員被縛 忠淸남道公州郡一進會民朴宗孝가관察府警務署退役廳使李岩劍을帶同하야假稱巡檢而討索平民이라가該道警務署에捕縛하얏더라

●舒川動討 再昨日니部에서忠淸南道舒川郡守의急電을因하야該道관察使의게電訓하야公州鎭衛隊兵을迅速派遣하야使之彈壓케하라하얏더니該관察理가昨日에回電하기를巡檢과兵丁을量宜派送하야隨現勦討케하야스니照亮事라하얏더라

●雜給加撥 니部에서度支部에照會하기를警務廳所管屬員及使令의月料甚薄하야難以屆備이다하니每朔每名에原定月料額外一圜式該雜給중으로挪移加撥케認准하야以便使用하라하얏더라

●一進請願 一進會農業課有社長송秉畯氏가農商工部에請願하기를淸州郡龜面等地陳荒處를旣承本部認許하야築동起墾이옵더니該郡居山居朴世容이百端沮戱라가末乃敎唆日人하야放火行凶하니發訓嚴懲케하라하얏다더라

●局長狂態 日昨訓練院에小學校大運動時未詳風景에令人捧腹者는局長蔡範錫氏가橫跳竪躍ᄒᆞ고狂走亂奔ᄒᆞ며搖頭瞋目ᄒᆞ고ᄯᅩ노랍ᄒᆞ는狀態오令人煩憫ᄒᆞᆫ者는某某私立學校의三尺孩童이先從拔職에呼名第一ᄒᆞᆫ것을此國古風의科擧時陳弊와如ᄒᆞ게換皮封易其人ᄒᆞ든熟手段으로抹倒先登ᄒᆞ다가乃至拔職徑歸ᄒᆞᆫ時에同氏才學批校員ᄒᆞᆷ은實千古所未聞之醜事로다蓋小學校의大運動이라ᄒᆞᄂᆞᆫ遊戲가寔爲賞心樂事이거ᄂᆞᆯ念不及此ᄒᆞ고毆批校員ᄒᆞ고徇逐私校ᄒᆞᆷ은誠是혹外之事也라蔽一言ᄒᆞ고終子小學校運動生徒者ᅵ自費其財ᄒᆞ야衣帶와襪와盤纒茶반을竭力自辦ᄒᆞ고況兼因雨進期ᄒᆞ야多日勞動에勞神費財가校ᄊᆡ數千이거날爲部官者는只有獎勵勸誘而已오毆罵恐喝은今古文之所未曾有件也라當斬狂徒之頭ᄒᆞ야以謝全國學之徒면猶可爲也어니와若因循苟庇其食口로爲能事이던吾恐自玆以往으로運動爲名은今日記念이在所不忘이오所謂敎育이ᄂᆞᆸ박打ᄒᆞᆷ파如ᄒᆞ도다

廣告

梨峴니皮物商李ᄂᆞᆫ彬次當五三萬二千五百兩於音一張을入ᄒᆞ얏사오니誰某拾得ᄒᆞ야도休紙施行ᄒᆞ시압

社洞昌山君宮留鄭章憲告白

在桑港遭難同胞救助義捐金廣告

◉水原府耶蘇敎會諸兄弟

李奎瓚	一元
洪止裕	一元
崔 松	一元
崔 栢	一元
車錫漢	一元
車錫永	一元
車錫민	一元
李大榮	五十錢
車錫完	五十錢
池性源	五十錢
朴綺添	五十錢
林廸洙	五十錢
李聖伯	五十錢
洪琛裕	五十錢
李容默	五十錢
洪ᄂᆞ善	五十錢
崔鍾奭	五十錢
白樂夏	五十錢
李順明	五十錢
安興善	五十錢
秦秉燦	五十錢
車濟益	五十錢
羅弘錫	五十錢
金顯俊	五十錢
洪ᄂᆞ壽	五十錢
兪顯杓	五十錢
羅昇錫	五十錢
車錫龍	五十錢
金외煥	二十五錢
崔聖雲	二十五錢
朴世根	二十五錢
沈相奎	二十五錢
金孝根	二十五錢
李桂植	二十五錢
朴景根	二十五錢
洪致源	二十五錢
嚴柱喆	二十五錢
洪봉裕	二十五錢
金胃植	二十五錢
洪眞慶	二十五錢
金龍奎	二十五錢
金桂植	二十五錢
金麒雲	二十五錢
權炳昕	二十五錢
金益賢	二十四錢
洪衡杓	二十錢
嚴善燮	二十錢
崔敬良	十錢
洪仁燮	五錢

本人堂叔顯恪氏字顯益氏가本人已賣土欲爲僞券隱賣故各新聞의揭載ᄒᆞ야勿論되얏더니今又不聽家長之敎訓不知中秤傘移接于江鏡浦日人貸家僧同雜類欲得外債云勿論內外國人切勿錢財相關無至白失ᄒᆞᆷ

連山金春培 告白

本人이三湖也목亭居李應鎭許에推尋次當五錢一萬兩於音一序을中路遺失故로玆以廣告ᄒᆞ오니誰某拾得ᄒᆞ야도休紙施行ᄒᆞᆷ

水下洞李景七 告白

本人의姓名圖章을遺失ᄒᆞ얏기變樣更刻ᄒᆞᆷ

文秉賢 告白

本人與鄭在允氏兩商店同事分掌是遺一商店事鄭在允氏與李技華氏爲同事而本人少無相關矣내外國人宜須知悉焉

三和港藥塢 金利涉 告白

本人이洪川郡東沼及雲梯谷空字畓二ᄀᆡ二斗落田七日耕과奈房坐波湫沼西字畓一石七斗落과陽德原坐田四日耕文券을三月十九日夜에遺失ᄒᆞ얏기양布ᄒᆞ오니內外國人은切勿見欺ᄒᆞ고休紙施行ᄒᆞ시오

洪川牟谷里 安萬瓊 告白

本人의先山이在於扶餘公洞面閭里面長發校楸가已歷百年矣라니子孫中에有欲潛賣者ᄒᆞ니外國人은勿欺之勿ᄒᆞᆷ

前郡守兪弼煥 告白

●●萬國史記發售●●

右萬國史記ᄂᆞᆫ東西洋萬國의古今歷史를國漢文으로簡要히編輯ᄒᆞᆫ冊이온ᄃᆡ文ᄋᆡ留意ᄒᆞ시ᄂᆞᆫ僉君子의案頭에不得不一帙式備置供覽ᄒᆞᆷ만ᄒᆞ오니有志諸君子ᄂᆞᆫ續ᄃᆞ購覽ᄒᆞ시옵소셔

全帙 四冊 三千六百九十頁 定價金劃貨七圜 小包郵稅三十錢

布屛下 金相萬 冊肆
磚洞 大韓每日申報社
洞口內 朱翰榮 冊肆
平壤 大同書館

◉遭難同胞를拯救◉
◉慰藉金募集大廣告◉

全道至急하고비慘악호我大韓同胞中美國桑港市等地에寄寓하는千餘名에兄弟姉妹가今番桑市대火災의遭難慘惨ᄒᆞᆫ情狀을思惟ᄒᆞ건ᄃᆡ幾人은死亡의禍ᄅᆞᆯ맛스며幾人은損害를遭ᄒᆞ엿ᄂᆞᆫ지晝夜에悚惕ᄒᆞᆷ을不禁ᄒᆞᆯ지라玆以全國內有志同胞의게警告ᄒᆞ오니隨力補助ᄒᆞ시와海外孤蹤이로患難의從ᄒᆞᆫ同胞ᄅᆞᆯ慰藉케ᄒᆞ심을望ᄒᆞᆷ

但收金日限은四個月으로定ᄒᆞᆷ

收金所 大韓每日申報社 會計室

請연員ᄋᆞᆫ前主事薛泰熙氏로定ᄒᆞ얏ᄉᆞᆸ

本號新開專做男女各色洋服處由上海運來各種細이毛울及一切衣飾物品件件精全伏望貴士女卽來購爲幸

西小門內孝泰男女洋服商店

● 刑法大全 一帙定價金新貨六十錢

牧民心書 一帙 一圜二十五錢
耳談續纂 一冊 十錢五里
溫故知新堂藏抄 七錢五里
父師必讀小學指南 七錢九里
人工養蠶鑑 一冊 十五錢
萬國地誌 三冊 一圜
農政新書 五十錢
法學通論 一圜
尺牘ㅅ編 一圜五十錢
大韓地誌 七十五錢

發賣所 布屛門下金相萬書舖 大韓每日申報社

花柳病 霍亂 吐瀉 腹痛 滯症 [illegible] 정忡 神眩 脅痛 痰盛 醒酒船藥 咳嗽 口瘡에는諸症의神效ᄒᆞᆫ藥이오此外에도洋灰水解毒藥 唐ᄎᆞ 疳氣 蛔虫 寸虫 赤白癩風 藥과東西洋藥이俱備ᄒᆞ고他病도隨間出方ᄒᆞ오니 僉位ᄂᆞᆫ枉議ᄒᆞ시옵

皇城校洞石井洞下隅 石泉堂藥局 告白

● 九轉靈砂라 本人이妙方法을神術하야製造ᄒᆞᆫ靈丹인ᄃᆡ男女老少에無論何病ᄒᆞ고通治ᄒᆞ오며無病時에도服ᄒᆞ면平生의身體가健壯ᄒᆞ며小兒ᄂᆞᆫ四五錢重만服ᄒᆞ면十歲안에無病ᄒᆞ기를擔保ᄒᆞ오며
● 九轉靈砂萬靈丹은癩狂 癇症과中風諸疾과耳目諸病과淋疾에神効ᄒᆞ오
● 九轉靈砂保命丹은初生小兒 驚風 胸氣 咳嗽 療瘡諸般腫과婦人帶下症에神効ᄒᆞ며
● 九轉靈砂濟衆丹은酒滯 食滯 血積 吐瀉 霍亂 痢疾 吐血 下血 運氣 時疾 痢症에神効ᄒᆞ오
● 九轉靈砂紫金丹은痔漏 累癧 上疳瘡 下疳瘡及唐瘡과諸般瘡瘇諸種에無不神効ᄒᆞ오니 僉君子ᄂᆞᆫ來問ᄒᆞ시오

內需司前독갑이골上隅第一家 李鶴廷 告白

一 鷹標純濃縮牛乳
一 [illegible]印[illegible]濃縮牛乳
一 [illegible]家用氣化乳餅
一 [illegible]ㅣ은쓰[illegible] 合牛乳

以上은有時에貯積ᄒᆞ얏ᄉᆞ오니 [illegible]濃縮牛乳[illegible]

大韓仁川港 [illegible] 洋行

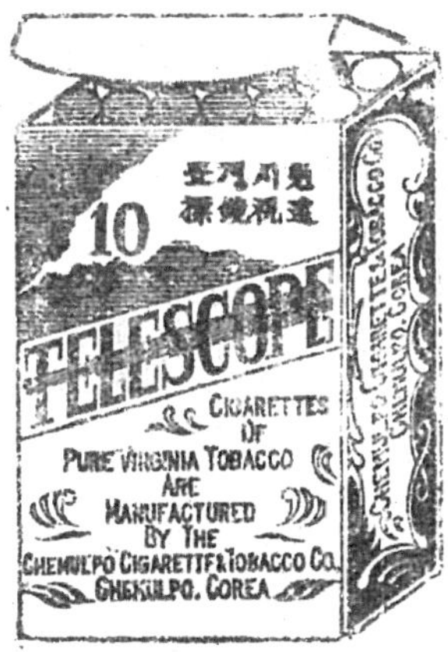

以上三種은上品으로製造ᄒᆞ야衛生上에至極有益ᄒᆞ니閑論某人ᄒᆞ고本社에來臨ᄒᆞ옵

大韓帝國仁川港 濟物浦紙卷煙及煙草會社

本社廣告

定價表

一個月代金 [illegible]
一個月前金 三十錢
三個月 九十錢
六個月 一元七十錢
一個年 三元[illegible]

郵稅一部 [illegible]

[illegible]

四號活字 [illegible]

[illegible]

仁川港峴開新明學 李東主
平壤南山峴下新學校 金興灑
宣川邑檣西 崔觀恒
義州南門外韓西[illegible]洋服有寬 安濬
長淵邑 金龜
鎭南浦築設 金仁집
咸興州南社 曹壽林
中和邑 李俊培
釜山佐川徐藥房 余滄泰

發行兼編輯人 英國人 裵說
發行所 京城北署壽進坊[illegible]
大韓每日申報社

第四卷

大韓每日申報
대한매일신보

二百廿一號

月曜及慶節歲時日休刊

檀君開國四千二百三十九年
箕子元年三千二十八年
大韓開國五百十五年
日本明治三十九年
淸國光緖三十二年
陰曆丙午年四月小二十四日辛酉

論說

本報意思

日本某新報가本報를評論ᄒᆞ되 한城에高等外國新報가日本政策을如彼强烈無窮히非難ᄒᆞᆷ은其意思ㅣ何居인지料解키實難이라ᄒᆞ얏스며

且云ᄒᆞ되本報ᄂᆞᆫ憤怒之狂浪을擊起라ᄒᆞ얏스며且言ᄒᆞ되主筆者의如彼記述은出於憤激이오非本然性質이라ᄒᆞ얏고且云ᄒᆞ되自己가韓國內宣敎師部에加之以不公ᄒᆞᆷ은甚爲慨然이라ᄒᆞᆫ後에諷詠以示ᄒᆞ되大韓每日申報를購覽ᄒᆞᄂᆞᆫ人員中에多數ᄂᆞᆫ宣敎師라此를沈思ᄒᆞ면該申報의抗日意思를或可計料라ᄒᆞ얏더라

本記者ㅣ對此질言ᄒᆞ노니此報計料가何其如彼善出고本報購覽人이宣敎師中에도依例有之나然이ᄂᆞ至於本報出刊之意思ᄒᆞ야ᄂᆞᆫ一無與此人으連이요此後라도斷當不有ᄒᆞ리로다

此報所述과如히多數宣敎師가韓國內日본行事에發怒ᄒᆞᆷ이與本人無異ᄒᆞᆷ은果是確言이나至於論評ᄒᆞ야ᄂᆞᆫ本報之自述이요宣敎師의協力이未有ᄒᆞ며且各自論評ᄒᆞᆷ도得見키甚ᄒᆞᆷ로다

日本新聞記者ᄂᆞᆫ何不待我以信實고本報之被評이不一其時라韓國補助金을接受ᄒᆞᆫ다或稱ᄒᆞ며俄國補助金을領受ᄒᆞᆫ다或稱ᄒᆞ얏스니

本報之態度가反對日本故로如彼無根之說이自有ᄒᆞ려니와今忽歸咎ᄒᆞ되本報ᄂᆞᆫ宣敎師의應用品이라稱ᄒᆞ며宣敎師의意見이本報와無異ᄒᆞ다確說ᄒᆞ니是何量測之過度也오

本報ᄂᆞᆫ韓與俄의補助金을不受ᄒᆞ고且無他人所補니韓國內日本範圍를昨今論駁ᄒᆞᆷ은出於眞實而已로다

本報를論評ᄒᆞᄂᆞᆫ諸人은韓國을曾未聞知ᄒᆞ얏던지或韓國內現行事情을不知ᄒᆞᄂᆞᆫ者라自日本來客을本記者ㅣ種種得見ᄒᆞ거니와一般此人의此國은關係ᄒᆞᄂᆞᆫ思想이在日본先定이라

此人의先得聽說이不過政府腐敗와人民懶惰而已니如彼聽說이其或指日본觖아不作全然浪說ᄒᆞ리고다如彼外客이旣到此國後에其先定思想을拋棄ᄒᆞᆷ은事實이라總經數日이면韓國人民이日人所言과不同ᄒᆞᆷ을自覺ᄒᆞ며復留幾日이면韓人의體用及心質이少不下於日人됨을探出ᄒᆞᄂᆞᆫ도다

政府腐敗와國內에腐敗가多有ᄒᆞᆷ은依例니韓國 皇帝씌셔日本僞援로因ᄒᆞ사國內事에專加注意ᄒᆞ실機會를罕過ᄒᆞ섯도다

然이나現今日본行政之下에ᄂᆞᆫ改新之望이似是乏絶이니此地日본行事가每係接枝性質이요且本報의重壓陳述과如히伊藤侯가世界內最善注意로도日본殘忍之人의請求를不能掃除ᄒᆞ리로다

본記者ㅣ近讀某誌컨ᄃᆡ日人對淸之性을表之以蛭(食血虫)이여니와日본勞動者와資본家와及其餘人의對韓之性도與此無異로다

官報

●三千四百五十四號 光武十年五月十六日

◉宮廷錄事

詔曰中樞院贊議閔炯植曾經軍任特任陸軍副將

光武十年五月十二日

議政府參政大臣朴齊純

江原道觀察使閔商鎬辭職疏批旨省疏具悉所請依施

五月十二日

◉敍任及辭令

○陞敍勳三等賜八卦章 副領勳四等魚潭○敍勳五等賜太極章 副領具然河○敍勳五等賜八卦章 叅領李海元 仝李敏軾○敍勳六等賜八卦章 正尉梁在薰 仝白命基 仝張世喬 仝李會臣 仝李起元 仝李羽承○陞敍勳五等 副領勳六等盧伯麟 以上四月廿二日○依願免本官 秘書監丞趙範九○任秘書監丞 正三品鄭헌 以下五月十一日○命宮內府特進官 從一品尹用求○任陸軍副將 中樞院贊議閔炯植○依願免本官 西京豐慶宮叅書官崔益煥 仝朴鶴銓 英親王府典讀金基爽 義陵參奉張형根○任秘書監丞 正三品沈亨澤○任西京豐慶宮叅書官 正三品馬錫龍 仝金在翊○任英親王府典讀 英親王府典衛尹喜求○任英親王府典衛 宗簿司主事金思重○任宗簿司主事 圜丘壇祠祭署令 林之相○任圜丘壇祠祭署令 懿寧園參奉韓봉熙○任懿寧園叅奉 社稷署參奉 許정○任社稷署參奉 金德起○任義陵參奉 尹광 以上五月十二日○解宮內府特進官從二品沈相漢○依願免本官 秘書監丞沈亨澤 義陵參奉尹광○任秘書監丞 正三品鄭헌○任義陵參奉 九品張형根 以上五月十三日○免懲戒 前德巡吳東燦

五月十四日

◉部令

度支部令第五號 續

銀行條例施行細則

三 各發起人의擔當ᄒᆞᆫ株式數

交

四 第一回拂納의金額但本金額은株金의四分之一을下ᄒᆞᆷ을得지못ᄒᆞᆷ이라

第八條 株式會社가株式總數後의擔當이有ᄒᆞᆫ各株에對ᄒᆞ야第一回의拂납을完了ᄒᆞᆫ時ᄂᆞᆫ取締役은定款及株式請入證憑書를添付ᄒᆞ야營業認可申請書를度支部大臣의게提出ᄒᆞᆷ이可ᄒᆞᆷ이라

第九條 行이其認可를受ᄒᆞᆫ後三箇月以內에業務를開始아니ᄒᆞᆫ時ᄂᆞᆫ度支部大臣은其認可를勿施ᄒᆞᆷ을得ᄒᆞᆷ이라 但正當ᄒᆞᆫ事由가有ᄒᆞᆫ時ᄂᆞᆫ其請求를因ᄒᆞ야此期間을伸長ᄒᆞᆷ을得ᄒᆞᆷ이라

未完

外報

●청國文明 北京政府ᄂᆞᆫ近頃에各總督巡撫에對ᄒᆞ야청國으로아ᄌᆞ普通學을習得지아니ᄒᆞᆫ者ᄂᆞᆫ無益費用을投하야海外에留學케못ᄒᆞ기로注意ᄒᆞ고海外에留學ᄒᆞ야高等의敎育을受ᄒᆞ기前은北京에送ᄒᆞ야普通學을習得ᄒᆞᆯ旨로訓令ᄒᆞ얏더라

●英俄接近 英俄兩國이法國을紹介ᄒᆞ야次第로接近ᄒᆞ야옴은不須辨爭ᄒᆞᆫ바이나西藏蒙古伊犁等에關ᄒᆞ야兩國의協約을見ᄒᆞᆯ깃다ᄂᆞᆫ說이有ᄒᆞᆷ은旣報와如ᄒᆞ거니와歐洲의外交問題에就ᄒᆞ야셔도摩洛哥事件에俄가英과同히法國背後에立ᄒᆞᆷ은當時外交社會의注意를惹起ᄒᆞᆫ바이나今番英土問題에關ᄒᆞ야셔도俄國은法國과共同히其土國駐箚使臣으로英國의抗議를可服이라ᄂᆞᆫ旨로土帝의게忠告케ᄒᆞᆷ을徵ᄒᆞ야兩國間에接近은無疑라고云ᄒᆞᄂᆞᆫ者有ᄒᆞ더라

雜報

●法學講所 日前븟터國民教育會에셔有志紳士六十餘人이講習所를設置ᄒᆞ야夜學으로法學意義와兼學과日語를研究ᄒᆞᄂᆞᆫᄃᆡ講師ᄂᆞᆫ俞星濬柳一宣兩氏오講習學生은現帶 勅奏判任官人들이居多ᄒᆞ고其外南北村有志之士가咸萃ᄒᆞ야當世學術을研究ᄒᆞᆫ다ᄒᆞ니我社ᄂᆞᆫ써ᄒᆞ되今에大韓의沈淪苦難ᄒᆞ야振發自强ᄒᆞᆯ機會를猝未能辦ᄒᆞ얏더니上天이其衷을啓發誘導ᄒᆞᆷ인지維此韓國人種이神聖銳敏ᄒᆞᆷ인지有此靈秀的思想이流出ᄒᆞ야此講習所가現出ᄒᆞᆷ이로다

我社ᄂᆞᆫ一言으로써本講習所에忠寄附ᄒᆞ여니와韓廷白寮와暨都人士女의게記ᄒᆞ노니韓國을振發開明ᄒᆞᆯ最大最敏ᄒᆞᆫ機關이此에셔莫過ᄒᆞᆷ은今에幼年을教育ᄒᆞ야國力을發達ᄒᆞ자ᄒᆞᆷ이最月을瞻ᄒᆞ고ᄌᆞ初昏에坐待ᄒᆞᆷ이나不得不坐待ᄒᆞᆯ슈밧게更無他妙理로되今에現任廷臣百寮의各職其職者와現在社會上友朋交際間各事其事者가晝仕夜學을全國에大興ᄒᆞ면此國의淪沈이一時消歇ᄒᆞ야非但■權이復蘇ᄒᆞᆯ뿐이라國威가將且로六洲에遠播ᄒᆞ리니

韓廷百寮와全國사會ᄂᆞᆫ勉之哉ᄒᆞ야此講習所ᄂᆞᆫ無人不參ᄒᆞ며此講習所를普通全國케ᄒᆞ며본講習所의講師와講學諸生은益加勉勵ᄒᆞ야國人의矜式을作ᄒᆞ야百折不回ᄒᆞ고堅忍不絕ᄒᆞ기를是圖ᄒᆞ야

吾사ᄂᆞᆫ大韓中擧最高至絕頂地位에登臨ᄒᆞ야殉國復活이라고大聲呼ᄒᆞ야上으로九霄에達ᄒᆞ고下으로六洲에普遍케ᄒᆞ노니二千萬의韓國人種아

[illegible]

●代付報價 昨日皇城報에揭載ᄒᆞᆫ頑固生은即韓國有志士鄭雲復氏라大興郡守辛成默氏가新聞返還之說을聞ᄒᆞ고大驚ᄒᆞ야本新聞價幷鄭科四十八錢을皇城社에代爲寄付ᄒᆞ고該報를發送于大興郡ᄒᆞ야使辛成默氏로一箇月만新聞을閱讀ᄒᆞ야知覺性을開發ᄒᆞ기로希望ᄒᆞᆷ이라더라

●罪因奸淫 忠北觀察使尹喆圭氏가닉部로報告ᄒᆞ되本府警務署監獄廳使金福이가潛通懲罪因尹召史ᄒᆞ야有年和姦에今始現發이온바使役之姦淫罪因ᄂᆞᆫ自有當律이기該犯男女ᄂᆞᆫ現行擬辦이거니와警務事務가何等精密이며罪因監禁이亦何愼密而使役與罪因을任他縱容ᄒᆞ야冒法通姦而迄不覺察ᄒᆞ다가始於府廉質詢之後에始乃覈明ᄒᆞ니時任總巡韓麥來ᄂᆞᆫ合施重譴ᄒᆞ야以戒毖後ᄒᆞ라ᄒᆞ얏더라

●合有更論 日昨本報欄內에局長狂態라ᄂᆞᆫ題目은投書ᄃᆡ로揭載ᄒᆞ얏거니와此係教育上獎勵之事이기로其事實을更探ᄒᆞ야一次論辨ᄒᆞᆯ깃노라

●特書義士 李建奭氏가日本司令部內에셔嘔血而死ᄒᆞᆷ은本報에屢揭ᄒᆞ얏거니와其葬地ᄂᆞᆫ鷺梁津前麓李文和氏先塋下로定ᄒᆞ고日昨에始爲緬禮ᄒᆞ얏ᄂᆞᆫᄃᆡ發靷時에有志紳士들은執紼痛哭ᄒᆞ고婦孺여ᄃᆡ도亦莫不流涕ᄒᆞ며[illegible]에黑雲이天日을蔽ᄒᆞ야陰雨凄慘ᄒᆞ더라護葬紳士들이該墓를標識ᄒᆞ기爲ᄒᆞ야墓前에一箇木碑를竪立ᄒᆞᄂᆞᆫᄃᆡ或云李建奭氏가曾經內部主事ᄒᆞ얏스니墓碑前面에其職啣을書之可也라ᄒᆞᆫᄃᆡ安秉瓚氏가說明曰同氏가本以根天忠義로乙未八月事變以後에國讐를復ᄒᆞ지못ᄒᆞ고歷已陳疏ᄒᆞ얏고又於昨冬新條約時에陳疏言事ᄒᆞ다가逆彼之怒ᄒᆞ야久作楚囚에腔血이熱沸ᄒᆞ야遂以遺書戒子ᄒᆞ고竟至嘔血而自盡ᄒᆞ얏스니眞是萬古義士라官爵은雖至一品이나義士二字만不如ᄒᆞ다ᄒᆞ고安秉瓚氏가自筆로大韓義士全州李公建奭之墓라大書特書ᄒᆞ얏다더라

●宗教演說 今日下午八點鍾에皇城基督教青年會에셔盧炳善氏가宗教之區別로演說ᄒᆞᆫ다더라

●西民痛哭 西來人의傳說을聞ᄒᆞᆫ즉平壤外城民有地를日본人이媾和以前에臨時所用ᄒᆞᄂᆞᆫ軍用地라ᄒᆞ야民人의耕作ᄒᆞᆫ菜田을或練兵場이라稱ᄒᆞ며或馬廐基址라稱ᄒᆞ며或砲兵停置場이라ᄒᆞ야人民私土를占奪ᄒᆞ더니近日은또火藥庫基址라稱ᄒᆞ고禾之芽而孕者를踏躒作墟ᄒᆞ고其餘無名目而築場修址者가指不勝屈則幾十代居此土人民은將至流散之境이니天胡忍斯오ᄒᆞ야畎畝之間에痛哭ᄒᆞᄂᆞᆫ者往往有之라ᄒᆞ더라

●立石表示 漢城府尹이日본理事官의公函을因ᄒᆞ야닉部로報告ᄒᆞ기를南山一半部를京城公園地로立標定界인바該地의官有民有를未遑表示ᄒᆞ기爲ᄒᆞ야石標六十箇를列立ᄒᆞᆯ터이니在石標價人費一百八十元을度支部에照會支撥케ᄒᆞ라ᄒᆞ얏다더라

●鐵支請認 中署小笠洞居李根培禹恒鼎氏等이農商工部에請願ᄒᆞ기를國닉鐵道支線을外國人이不得認許ᄂᆞᆫ自有定例인즉自京義鐵道平壤驛으로至甑南浦ᄭᆞ지支線을본人等이鳩財敷設ᄒᆞ깃스니特爲認許ᄒᆞ라ᄒᆞ얏다더라

●請撥三千圜 濟衆院에셔닉外國人間治療成效ᄒᆞᆫ實績이頗多ᄒᆞᆫ되본政府에셔不可泯默이니金三千圜을該院에지撥ᄒᆞ야院務를一層擴張케ᄒᆞ자고닉部大臣李址鎔氏와度지顧問目賀田間에協議가有ᄒᆞ야닉部의셔度지로照會ᄒᆞ고該金額을請撥ᄒᆞᆫ다더라

●疏批一束 宮닉大臣李載克氏가辭職疏를再呈ᄒᆞ얏ᄂᆞᆫᄃᆡ批旨닉에必欲不捨어날一直牢持가未見其可也니更勿徒致煩屑ᄒᆞ라ᄒᆞ옵시며表勳院總裁沈相薰氏自引上疏批旨닉에ᄂᆞᆫ橫來가不足爲累어날何至如是爲言ᄒᆞ고勿辭行公ᄒᆞ라ᄒᆞ옵시고秘書閣尹甲炳氏辭職疏批旨닉에ᄂᆞᆫ勿辭察職ᄒᆞ라ᄒᆞ옵섯더라

●綿所助手 農商工部의셔各地方綿花栽培所를設始ᄒᆞ고爲先助手九人을擇用ᄒᆞᆯ터인ᄃᆡ學部로照會ᄒᆞ야該助手로任用ᄒᆞᆯ者를各學校日語에한熟ᄒᆞᆫ人九名을精選起送ᄒᆞ라ᄒᆞ얏더라

●李氏參謀 再昨日參將으로陞任ᄒᆞᆫ李南熙氏ᄂᆞᆫ參謀官을被任ᄒᆞ얏더라

●勳裁解署 表勳院勳裁署理農商工部大臣權重顯氏ᄂᆞᆫ解署되고原任勳裁沈相薰氏가視務ᄒᆞᆫ다더라

●桑港喜報 번月十四日의濟衆院魚醫師處의來着ᄒᆞᆫ桑港電信을聞ᄒᆞᆫ則該地在留韓人은死傷이無ᄒᆞ고安過ᄒᆞ엿나震災之餘의饑政食品이俱絕ᄒᆞ여困難莫甚이라더라

●報請派兵 慶北青松郡守安鍾悳氏ᄂᆞᆫ該郡境내에義匪猖獗ᄒᆞ니派兵鎭壓케ᄒᆞ라고닉部와軍部로報告ᄒᆞ얏더라

●認許還收 닉部大臣李址鎔氏가남道에海産會사를設立ᄒᆞ고資번金은一千萬元借款中挪用ᄒᆞ야營業를實施ᄒᆞ기를農部에청願ᄒᆞ야即爲認許ᄒᆞ얏더니該사章程을農部에編呈故로遂條査覽則後弊所關이不少ᄒᆞᆫ지라該사認許狀을即爲還收ᄒᆞ얏다더라

●訴推地價 請築會사總務金益昇氏가農部에청願ᄒᆞ되永登浦所在번ᄉᆞ煉瓦製造場地段五千七百六十七坪이入用於京釜鐵道停車場ᄒᆞ야事業放棄에損害非常ᄒᆞ니該地段價格이每坪에金貨二十圜에相當ᄒᆞ고製造場基價格은三圜至五圜에相當ᄒᆞ니交涉推下ᄒᆞ라ᄒᆞ얏더라

●盜蔘處絞 한城府裁判所에서法部에質稟ᄒᆞ기를被告張■崇은日人을隨從ᄒᆞ야各持銃劍ᄒᆞ고各處蔘圃에圃子를縛實ᄒᆞ고掘採蔘根ᄒᆞᆷ이厥罪昭然이기刑法大典에徒黨을嘯聚ᄒᆞ야兵仗을持ᄒᆞ고閭巷市井에攔入ᄒᆞᆫ者律에照ᄒᆞ야絞에處ᄒᆞᆷ으로宣告ᄒᆞ얏더니被告不服思量으로中訴ᄒᆞ야平理院인바平理院에셔貴決이妥當ᄒᆞ다라고還交ᄒᆞ얏스니照亮ᄒᆞ라ᄒᆞ얏다더라

●俸給請撥 駐外公館官吏俸給及回還旅費를昨年十二月에一體支撥ᄒᆞ얏ᄂᆞᆫᄃᆡ駐英公館書記生康洪升氏의所當은尙不지撥ᄒᆞᆫ지라康氏가政府에청願ᄒᆞ야都合一五元지撥ᄒᆞᆷ을청求ᄒᆞ얏다더라

●派察農場 釜山博物館開業式에學部大臣平理院長李允用兄弟가再昨日下去ᄒᆞ야全館物品을閱覽後今日大阪農事試驗場址視察의會同ᄒᆞᆫ다더라

●嚴禁採石 農商工部에셔處分을奉承ᄒᆞ야宮닉府로移牒ᄒᆞ기를東門外映楓亭石材를已於번年四月의번部의셔認許인바踏査形址則該山脊이係是皇城重要處故로即爲嚴禁ᄒᆞ니宮府의雖爲宮役이라도更勿採用을爲要라ᄒᆞ고昨日븟터自警務廳으로巡檢을派送ᄒᆞ여一切禁採ᄒᆞ더라

東京電報

●日廷閣議 十五日午后三時十五分發
今日閣議를開ᄒᆞ고西園寺首相의滿韓視察結果와其他의就ᄒᆞ여協議ᄒᆞ엿다더라

●義王病氣 仝上
義親王殿下게셔ᄂᆞᆫ病氣가有ᄒᆞᄉᆞ醫師의診察을受ᄒᆞ기爲ᄒᆞ여函根의셔歸京ᄒᆞ사帝國旅館의入ᄒᆞ셧더라

●聯員發程 仝上
農科大學敎授豐永信里氏ᄂᆞᆫ韓國政府의雇聘에應ᄒᆞ여今夜赴任之途에就ᄒᆞᆫ다더라

●警戒嚴重
十五日午后五時四分發
義親王殿下ᄭᅴ對ᄒᆞ여不隱ᄒᆞᆫ擧動이有ᄒᆞᆫ者三名이來到ᄒᆞ얏다ᄂᆞᆫ說이有ᄒᆞᆷ으로警戒嚴重ᄒᆞ다더라

倫敦電報

●土廷抗議
土耳其ᄂᆞᆫ英國要求를容ᄒᆞ얏스나其通牒이不完全ᄒᆞᆷ을ᄯᅡ라更히滿足ᄒᆞᆫ返答을ᄒᆞ라고抗議ᄒᆞ얏더라

雜報

●南民願德 本社通信員의確報를據ᄒᆞᆫ즉咸悅郡이係是全北地方이라與忠南諸郡과密邇相接ᄒᆞ야[illegible]開行用貨幣가銅多葉稱인ᄃᆡ礪山等郡守들이爲其肥己ᄒᆞ야結稅貢納을或純葉으로或葉白參半으로ᄒᆞᄂᆞᆫ故로民情이大擾ᄒᆞ야至於昨秋ᄒᆞ야ᄂᆞᆫ民擾將起ᄒᆞ고拗稅末由키로該郡民金秉淑等이度支에屢朔呼訴ᄒᆞ야純白納稅ᄒᆞ기로請願ᄒᆞᆷ이非止一再ᄒᆞ고該郡守權澤洙氏가亦據民情請願ᄒᆞ야持之甚力이더니該部大臣이畢竟其民情難處ᄒᆞᆷ을覺悟ᄒᆞ고日昨政府議會에該事件을提出可決ᄒᆞ얏심으로該郡民人等이該大臣의德政을額手稱頌ᄒᆞᆫ다ᄂᆞᆫᄃᆡ其隣邑益山郡도一體純白貢稅ᄒᆞ기로政會에可決되얏다더라

●玄氏施賞 日昨小學校大運에桂山學校學徒가計算競走에第一等이되얏ᄂᆞᆫᄃᆡ所謂學部官吏가挾私偏習으로此를抑制ᄒᆞ야勿施코져ᄒᆞ니該學徒等이大端激昂ᄒᆞ야已往受賞物品을幷皆還納ᄒᆞ고一齊退歸ᄒᆞ얏더니前局長玄은氏가此를觀光ᄒᆞ고特別히紙筆諸品으로該學徒等의게施賞ᄒᆞ얏다더라

●女子激明 秦學新高義駿秦學實諸氏等이文明專業에從事하야女子敎育의必要됨을先覺ᄒᆞ야養閨義塾을發起創立ᄒᆞᆷ은前報에揭載ᄒᆞ엿거니와尙此義塾敎育發達케ᄒᆞ기爲ᄒᆞ야女子敎育會를西小門外에臨時創設ᄒᆞ고第一回會議를開ᄒᆞ얏ᄂᆞᆫᄃᆡ有志貴高貴婦人들이參會者三四十名에達ᄒᆞ얏고會員이逐日增加ᄒᆞ야不過幾日에三四百名에達ᄒᆞ려라ᄒᆞ니諸氏의開明注意에熱心ᄒᆞᆷ은贊揚不已어니와高貴ᄒᆞᆫ婦人等도敎育上에必要ᄒᆞᆷ을醒覺ᄒᆞ고如是興起ᄒᆞ니我韓에初有ᄒᆞᆫ盛事라ᄒᆞ더라

廣告

在桑港遭難同胞救助義捐金廣告

在日本東京太極學會諸氏

崔光玉	新貨 三十錢
金永爵	一元
金志侃	一元
張膺震	一元
崔錫夏	一元
劉銓	五十錢
金淵穆	一元
林永基	二元
朴永魯	一元
李潤柱	一元
申成鎬	一元
金志한	五十錢
朴濟봉	五十錢
金昌[illegible]	五十錢
金太垠	五十錢
金相殷	二十錢
朴仁植	一元
朴相洛	五十錢
韓淳기	五十錢
表振模	三十錢
孫榮國	一元
鄭寅[illegible]	一元
李珍河	一元五十錢
李道熙	一元
鄭東秀	五十錢
申相鎬	四十錢
徐榮淳	三十錢
吳錫裕	三十錢

以上合二十圜三十錢

平壤人吳宗鉉	新貨 一元
仝 金봉淳	一元
仝 張섭	一元
仝 羅欣俊	一元
仝 朴泳	一元

以上五元

본人이水橋布木廛李鼎煥處推尋條第一千三百十六號當五九千七百五十兩於音紙一片을遺失이오나此於音紙를拾得하시ᄂᆞᆫ니外國人은休紙로看過하시오
廣橋金斗熙 告白

◉萬歲報新聞發行廣告◉
本社ᄂᆞᆫ京城會洞에設立ᄒᆞ고六月一日부터發行ᄒᆞ겟다ᄋᆞ온ᄃᆡ本報ᄂᆞᆫ社會的進步主義로國民知識發達의捷逕을研究ᄒᆞ야我國의未曾有ᄒᆞᆫ新發明이許多ᄒᆞ며且每朔에巨額의探報費를支出ᄒᆞ야神出鬼沒ᄒᆞᄂᆞᆫ通信의敏捷ᄒᆞᆷ이有ᄒᆞ니此報를購覽ᄒᆞ시ᄂᆞᆫ僉君子ᄂᆞᆫ社會上新耳目新知識을可得ᄒᆞ실것이오며一部新聞價ᄂᆞᆫ新貨二十錢이오니講覽君子ᄂᆞᆫ發行期ᄒᆞ야左記處로通知ᄒᆞ심을望ᄒᆞᆷ
南署會洞八十五統四戶
萬歲報社長 吳世昌
總務兼主筆 李人稙

●普文館廣告●
本館은大資本을支出ᄒᆞ야運轉機械와各樣活字를一新準備ᄒᆞ야無論何書籍ᄒᆞ고敏速精刷ᄒᆞᆯ터이오니書籍出版에有意ᄒᆞ시ᄂᆞᆫ江湖僉君子ᄂᆞᆫ照亮ᄒᆞ시옵
南署會洞八十五統四戶
普文館長 洪秉寔
總務 吳台煥

興陽郡守白南圭氏가莅任二載에實心圖治ᄒᆞ야聽訟惟均에民無隱冤ᄒᆞ고痛革舊習ᄒᆞ야吏鄕間任賂名色을視之若凂에毫無干涉ᄒᆞ니致由是澹이오刷摘有方에捐貨五千兩ᄒᆞ야禁民私歛ᄒᆞ니民吏咸頌ᄒᆞ고特出義金ᄒᆞ야雇聘敎師에創設學校ᄒᆞ고選孩提之聰俊ᄒᆞ야熱心敎育ᄒᆞ고且本郡이去年風災潦霖海溢이酷被無餘ᄒᆞ야春晩窮阨에聲絶呼庚이오村曠荒落에奠居艱辛中賢乎我侯여視同如傷에貿入千餘石穀苞ᄒᆞ야賑濟飢民ᄒᆞᄃᆡ闔境頌德之狀을一張奬牌로不能敷臧키로晝宵憂悶ᄒᆞ야訴告府部에期圖濟活方策ᄒᆞ니統論治蹟이면奚專美於古之杜召哉아民感其德ᄒᆞ야欲訴內部에先此揭載ᄒᆞ노라
全南興陽郡由瑞求 告白

梨峴니皮物商李寅維次當五三萬二千五百兩於音을遺失ᄒᆞ얏사오니誰某拾得ᄒᆞ야도休紙施行ᄒᆞ시압
社洞昌山君宮留鄭章憲 告白

本人이三湖貴号亨居李[illegible]鎭許에推尋次當五錢一萬兩於音一片을中路遺失故로玆以廣告ᄒᆞ오니誰某拾得ᄒᆞ와도休紙施行ᄒᆞᆷ
水下洞李景七 告白

本人의姓名圖章을遺失ᄒᆞ얏기變樣更刻ᄒᆞᆷ
文泰賢 告白

本人與鄭在允氏兩商店同事分掌是遣一商店事鄭在允氏與李技華氏爲同事而本人少無相關矣니外國人咸須知悉焉
三和港築垌 金利涉 告白

本人堂叔顯烙氏字順益氏가本人已賣土欲爲僞劵偸賣故各新聞의揭載ᄒᆞ야勿論되얏더니今又不聽家長之敎訓不知中率眷移接于江鏡浦日人貸家寄同雜類欲得外債云勿論內外國人切勿錢財相關無至白失ᄒᆞᆷ
連山金春培 告白

本人이洪川都利沼及雪梅谷空字畓二石二斗落田七日耕과畓房垈及楸沼正字畓一石七斗落과陽德原垈田四日耕文劵을三月十九日夜에逢賊見失ᄒᆞ얏기앙布ᄒᆞ오니內外國人은切勿見欺ᄒᆞ고休紙施行ᄒᆞ시오
洪川牟谷里 安萬燮 告白

◉◉遭難同胞全急救◉◉
◉◉慰金募集大廣告◉◉
至迫至急ᄒᆞ고可驚可악ᄒᆞᆫ我大韓同胞中美國桑港市等地에僑寓ᄒᆞᄂᆞᆫ千餘名에兄弟姊미가今番桑市ᄃᆡ火災의遭難棲惶ᄒᆞᄂᆞᆫ情狀을思惟ᄒᆞ건ᄃᆡ幾人은死亡의濱ᄒᆞ얏스며幾人은損害를遭ᄒᆞ엿ᄂᆞᆫ지晝夜神驚ᄒᆞᆷ을不禁ᄒᆞᆯ지라玆의全國內有志同포의게警告ᄒᆞ오니隨力補助ᄒᆞ시와海外孤蹤이로災難의罹ᄒᆞᆫ同胞를慰藉케ᄒᆞ시심을滿望ᄒᆞᆷ
但收金日限은四週間으로定ᄒᆞᆷ
收金所
大韓每日申報社 會計室
請연員은前主事薛泰熙氏로定ᄒᆞ얏슴

廣告

趣旨書

我國이自海禁暢通以來로剏立ᄒᆞᆫ社會名稱이不一而足인바始也拙股定欵이井然不紊ᄒᆞ야頗有開發之機이라終焉社員渙散ᄒᆞ고成본이吃虧ᄒᆞ야名實이不副에從貽天下之산笑ᄒᆞ니此曷由焉고通國社會種族이不能成團體之故也라泰西理學博士가嘗有言ᄒᆞ되欲世界發達인딕端賴個人發達이오欲个人發達인딕端賴个心發達이라ᄒᆞ니盖此心者ᄂᆞᆫ萬化之根原이오百善之樞機也如使个人个心으로儘先發達ᄒᆞ야腦根이健全ᄒᆞ고信行이交孚ᄒᆞ야通力合作에完結社會之團體則何業을不做이며何事不濟리오然則民殷物阜와國富兵强을可立而待ᄒᆞᆯ지라今玆同志紳士가我國에民智昧弱과土作凋瘵ᄒᆞᆷ을慨嘆ᄒᆞ야一社를剏設ᄒᆞ니名稱은土木建築會社라其規則은株式五千이오其業務ᄂᆞᆫ營屋架橋修道開渠等工事建築을擔任ᄒᆞ오니誠願有志僉君子ᄂᆞᆫ顧名思義ᄒᆞ시와亟圖糾合團體ᄒᆞ고益益改良에蒸蒸進步ᄒᆞ야協同事業ᄒᆞ며共享利益ᄒᆞ야國內財權으로外洩之患이無케ᄒᆞ심을務望

株式金細則

一 本社의總資本金은二十五萬圜으로定ᄒᆞ고株式金股數ᄂᆞᆫ五千股로定ᄒᆞᆷ이라

一 株金은一股에五十圜으로定ᄒᆞᆷ이라

一 株式金收入ᄒᆞᄂᆞᆫ規則은箇人에二百股에過ᄒᆞᆷ은勿許ᄒᆞ고一株에二箇股主에過ᄒᆞᆷ은勿許ᄒᆞᆷ이라

一 株式金收入ᄒᆞᄂᆞᆫ回數ᄂᆞᆫ十回로定ᄒᆞᆷ이라

一 株式金收入ᄒᆞᄂᆞᆫ回期ᄂᆞᆫ預定이無ᄒᆞ고事業進就를因ᄒᆞ야臨時發表ᄒᆞᆷ이라

但株式收入回를經ᄒᆞᆫ지四十日以內ᄂᆞᆫ收入回를發布치못ᄒᆞᆷ이라

一 株式收入發布ᄂᆞᆫ收入日前期十日ᄒᆞ야發布ᄒᆞᆷ이라

一 株式金收入開張ᄒᆞᄂᆞᆫ日로廿日을限ᄒᆞ야收入을畢ᄒᆞᆷ이라

一 株主가株式金收入出付ᄒᆞᆯ期限日을過ᄒᆞᆫ時ᄂᆞᆫ特別히五箇日을增加ᄒᆞ야限期를假貸ᄒᆞᆷ이라

但第一回株式金收入에對ᄒᆞ야二十日外에特別限을假貸치勿ᄒᆞᆷ이라

一 株主가特別限을得ᄒᆞᆫ時ᄂᆞᆫ違期ᄒᆞᆫ罰金을徵出ᄒᆞᆷ이라

一 違期罰金은本位金一圜에對ᄒᆞ야一箇日에金一錢式計日徵收ᄒᆞᆷ이라

一 特別限期를得ᄒᆞᆫ株主가所得ᄒᆞᆫ期로過ᄒᆞ야도株式金을出付치못ᄒᆞ면株主의名義를得지못ᄒᆞ고該保証金을出給지勿ᄒᆞᆷ이라

但第二回株式金에對ᄒᆞ야特別期가過ᄒᆞᆫ時ᄂᆞᆫ第一回出付ᄒᆞᆫ元位金을出給ᄒᆞ되營業에損害倍償을徵收ᄒᆞᆷ이라

一 株式金收入第六回에對ᄒᆞ야ᄂᆞᆫ特別期를過ᄒᆞ여도株主權은仍存ᄒᆞᆷ이라

但前回出付ᄒᆞᆫ株式元位金은半股殘數로立本ᄒᆞᆷ이라

一 前項에保ᄒᆞᆫ株主에對ᄒᆞ야ᄂᆞᆫ社營業損害償金은利益配當第一回에扣除하되殘數立본ᄒᆞᆫ純益金과對照徵收ᄒᆞᆷ이라

一 株主保証金은一株에五圜으로定ᄒᆞᆷ이라

一 株主保証金을收入ᄒᆞᆫ後該收入ᄒᆞᆫ保証金을十回元位株式金에分排計減ᄒᆞᆷ이라

一 固定資본主의資格은본會ㅅ事業上應用ᄒᆞᆯ物品을貯藏ᄒᆞᆫ數가번會사에株式金出付ᄒᆞᆷ을擔當하ᄂᆞᆫ數의十倍以上에達ᄒᆞᆫ者번이有ᄒᆞᆫ商業人에게許ᄒᆞᆷ이라

一 번會ㅅ가固靜者번主에게物品을請求需用하되價額은該物品應用ᄒᆞᆫ建築工事가竣成後金額流通을待하야出給ᄒᆞᆷ이라

一 固靜資번主ᄂᆞᆫ번會사에物品需應ᄒᆞᆷ을自擔하되價額領受ᄒᆞᆯ時에번ㅅ에擔當ᄒᆞᆫ株式金을交納ᄒᆞᆷ이라

一 株券白股以上出付ᄒᆞᆫ人은資번家에資格을與하야言權이特有ᄒᆞᆷ이라

土木建築會사員 尹致성 柳東作 朴基英 白

本社廣告

申報價

一張代金 新貨二錢五里
一箇月前納 三十錢
三箇月 九十錢
六箇月 一元七十錢
一箇年 三元四十錢
郵稅一部 新貨五里
一箇月 十三錢

廣告料

四號活字十三字詰
每日每次一寸에新貨廿五錢
(每日發行에大韓에日當貨)
一週日에 二圜五十錢
(每日發行圖韻五里에相當)
一箇月에 五圜
(每日每行圖韻一里에相當ᄒᆞ)
其期限의長短과字行의多를依ᄒᆞ야增減ᄒᆞᆷ이有ᄒᆞᆷ

◉本社地方各處支店廣告

仁川杻峴開新冊肆 李東支
平壤南山峴日新學校 金興淵 崔叡恒
宣川邑橋西 安濬
義州南門外韓西大藥房 張有寬
長連邑 金韺
鎭南浦築洞 金仁집
咸興州南社 曹喜林
中和邑 李俊培
釜山佐川徐藥房 金濯泰

發行兼編輯人 英國人裴說
發行所
京城北署壽進坊泥洞号外地大韓每日申報社
大韓每日申報社

第四卷 大韓每日申報 대한매일신보 第二百廿二號

月曜及慶節

[illegible]日休刊

檀君開國四千二百三十九年
箕子元年三千二十八年
大韓開國五百十五年
日本明治三十九年
淸國光緒三十二年
陰曆丙午四月小二十五日壬戌

論說

兩人不合

日本에似有何許異動이나然이나此乃何事인지ᄂᆞᆫ本記者及日本人民도一般未解요惟其知之者ᄂᆞᆫ政府를管理ᄒᆞᄂᆞᆫ黨派와此를反對ᄒᆞᄂᆞᆫ幾箇人民而已로다西園寺侯爵이歷訪韓城之際에大韓 皇帝씌禮式上으로陛見ᄒᆞ며統監府를倉卒間에尋訪ᄒᆞ고別無他事이나同侯遊覽이緣何政治意義인지可信ᄒᆞᆷ이似有其때로다

同侯가滿洲를遊覽ᄒᆞ고歸路에暫訪한城ᄒᆞᆷ을著示矣나同侯之來韓가傳播됨이不過幾点間光陰에業已到若이요且日本新報를接讀컨ᄃᆡ同侯의離駕東京은한總到着보다倉卒이猶甚ᄒᆞ얏도다

호지新聞에此事實을揭載ᄒᆞ되西園寺及伊藤兩侯間에有何紛爭이로다伊藤侯在外之際에西園寺侯가山縣黨派의阿諛를悅從이러니伊藤侯之歸朝를探知ᄒᆞ고西園寺侯가卒然避席ᄒᆞ얏스니此兩元老가總理大臣의責其義務호問題를解决ᄒᆞ기에姑未得會見이라云ᄒᆞ얏더라

蓋日本政治의腐敗ᄒᆞᆷ은土耳其及韓國과其他第二等邦國에無異ᄒᆞ며政治客의籠絡된陰謀奸計ᄂᆞᆫ韓國의弄柄者들보다多且甚矣로다伊藤侯의對韓政策이日本武官의强硬反對니其政策이出於信實인듯ᄒᆞ나同侯의諸般抗議에ᄂᆞᆫ不得同意ᄒᆞᆯ것노라伊藤西園寺及山縣諸元老가日本之幷呑東亞之欲에非不同已요且日本武官들은其當任職而每事를以力取之ᄒᆞᄂᆞᆫ지라惟伊藤侯ᄂᆞᆫ如此態度에列强之將不協을認悉이나使此事實로武官熱腦에深入케ᄒᆞ기ᄂᆞᆫ不能이로다

決靠之日이將至ᄒᆞ리니其時運籌ᄂᆞᆫ非計韓國獨立이요猶計日本獨立ᄒᆞᆯ지라本記者의指明ᄒᆞᆷ이已久어니와日本이專管東亞之欲을試運ᄒᆞ다가西人之手에自置其身ᄒᆞ얏도다日本人의智明이或有其時矣나其時已過요至于今日ᄒᆞ야ᄂᆞᆫ因其負債ᄒᆞ야日本이無望矣니外國謀計者와投資者들이使日本不得安居케ᄒᆞᆯ지라事實之將如何變遷은無人能言이되日本元老諸人이業已不和ᄒᆞᆫ은朝陽照臨之士에不利之機로다

官報

●三千四百五十五號 光武十年五月十七日

◉敍任及辭令

○依願免本官 秘書監丞洪承과 仝鄭헌 西京豐慶宮參書官馬錫龍 仝金在翊 智陵參奉金升문 肇慶廟參奉李晟賢○命侍從院副卿 從二品金龍浩○任秘書監丞 正三品白虎燮 仝田錫元○任西京豐慶宮參書官 六品閔琪봉 仝張震澤○任智陵參奉 朴貞洙○任肇慶廟參奉 金載崑○任陸軍參將 正領李南熙 仝吳晳 以上五月十四日○依願免本官 京畿觀察府主事李益秀 忠淸北道觀察府主事鄭雲琦 ○任京畿관察府主事 前敎員崔諾鉉○任忠淸北道관察府主事 金[illegible]五 以上五月十五日

◉部令

度支部令第五號

銀行條例施行細則 續

株式會社가發起認可를受ᄒᆞᆫ後六箇月以內에前條의營業認可申請을아니ᄒᆞᆫ時도亦前項과同ᄒᆞᆷ이라

第十條 株式에金額은五十圜을下ᄒᆞᆷ을得지못ᄒᆞᆷ이라但一時에株金의全額을辦納ᄒᆞᆫ境遇에限ᄒᆞ야此를二十圜ᄭᆞ지에下ᄒᆞᆷ을得ᄒᆞᆷ이라

第十一條 株式이數人共有에屬ᄒᆞᆫ時ᄂᆞᆫ共有者ᄂᆞᆫ株主의權利를行ᄒᆞᆯ者一人을定ᄒᆞᆷ을要ᄒᆞᆷ이라

共有者ᄂᆞᆫ會社에對ᄒᆞ야連帶ᄒᆞ고株金의辦納ᄒᆞᆯ義務를負擔ᄒᆞᆷ이라

第十二條 쥬券에ᄂᆞᆫ左開事項及番號를記載ᄒᆞ야取締役이此에署名ᄒᆞᆷ을要ᄒᆞᆷ이라

一商號

二營業의認可된年月日

三資本의總額

四一쥬의金額

一時에쥬金의全額을辦納케ᄒᆞᆫ境遇에在ᄒᆞ야ᄂᆞᆫ辦納이有ᄒᆞᆫ時마다其金額을쥬券에記載ᄒᆞᆷ을要ᄒᆞᆷ이라

第十三條 쥬式은記名式됨을要ᄒᆞᆷ이라

쥬式의讓交ᄂᆞᆫ讓受人의姓名居住를쥬主名簿에記載ᄒᆞ며且其姓名을쥬券에記載치아니ᄒᆞ면此로ᄡᅥ會社及其他第三者에對抗ᄒᆞᆷ을得지못ᄒᆞᆷ이라

第十四條、쥬式會社ᄂᆞᆫ自己의쥬式을取得ᄒᆞ거나又ᄂᆞᆫ質權의目的으로此를受ᄒᆞᆷ을得지못ᄒᆞᆷ이라

第十五條 쥬主가期日에쥬金의辦納을아니ᄒᆞᆫ時ᄂᆞᆫ會社ᄂᆞᆫ更히一定ᄒᆞᆫ期間內에其辦納을ᄒᆞᆯ意와其期間內에아니ᄒᆞᆫ時ᄂᆞᆫ쥬主의權利를失ᄒᆞᆯ意를其쥬主의게通知ᄒᆞᆷ을得ᄒᆞᆷ이라但其期限은二週日間을下ᄒᆞᆷ을得지못ᄒᆞᆷ이라

前項의通知를ᄒᆞᆫ後尙且쥬主가辦納을아니ᄒᆞᆫ時ᄂᆞᆫ其權利를失ᄒᆞᆷ이라 未完

外報

●委員東上 倫敦電을據ᄒᆞᆫ則英國衆議院委員루터포드헤위氏가日本內藏省에關係가有ᄒᆞ야該地을前往ᄒᆞᆫ다ᄂᆞᆫ傳說니有ᄒᆞᄂᆞᆫ雖報ᄂᆞᆫ姑未着見니라더라

●提督被刺 同電을據ᄒᆞᆫ즉(모스코(莫斯科)에何許亂類가爆發藥을投入ᄒᆞ야水師提督ᄶᅥ바솝포씨가被傷ᄒᆞ얏고벨로스둑地에서도三箇爆藥을投入ᄒᆞ얏다ᄒᆞ며에ᄭᆡ터린노슬ᄶᅥ니縣管理가刺客의게被傷ᄒᆞ얏ᄂᆞᆫ되刺客은脫縣ᄒᆞ얏다더라

●[illegible]撤軍 同電을據ᄒᆞᆫ즉英國에서土耳其에公布書을送交ᄒᆞ얏ᄂᆞᆫ되其內容은土耳軍隊를十日內로撤還英國地中海附近ᄒᆞᆫ巡洋艦數隻과水雷艇이土耳其海岸을向ᄒᆞ야行船ᄒᆞᆯ터이라ᄒᆞ얏더라

●官吏致斃 伯林電을據ᄒᆞᆫ즉워쇼鐵道국高等官吏二人이爆發藥에致斃ᄒᆞ얏ᄂᆞᆫ되聖彼得堡에서도此等變괴가大熾ᄒᆞ야騷亂이大多ᄒᆞ다더라

●美艦出航 同電을據ᄒᆞᆫ則최시피灣에定泊ᄒᆞ얏던美國戰鬪艦로드아릴닌드號ᄂᆞᆫ出帆ᄒᆞ얏더라

●保險會社廢務 同電의ᄒᆞ얏스되西伯利亞의公報를據ᄒᆞᆫ즉該地貿易保險會社事務ᄂᆞᆫ港地騷擾를因ᄒᆞ야廢務ᄒᆞ얏合으로股金照七萬元을損失ᄒᆞ얏더라

●비償請求 北京電에ᄒᆞ얏스되淸國外務部에서北淸日公館에照會ᄒᆞ기를日本兵丁이鐵路架設ᄒᆞᆫ電線을絶斷ᄒᆞᆫ되對ᄒᆞ야修補ᄒᆞᆫ더러損害비를請求ᄒᆞ얏다더라

雜報

●盜國之賊 自甲午更張以來로各郡守令이莫重正供을任自挪用ᄒᆞ야牟利肥己ᄒᆞ고延拖歲月에待朝家蠲逋之恩ᄒᆞ고假然在家者도有之ᄒᆞ며랍賂圖官者도有之ᄒᆞ니知盜國之賊을何不一一調査ᄒᆞ야懲出[illegible]通ᄒᆞᄂᆞᆫ지公言藉藉ᄒᆞ더라

●東京問題 昨日東京發電에云ᄒᆞᆫ바 義親王殿下의게不[illegible]運動을[illegible]ᄒᆞᄂᆞᆫ者三名이來到ᄒᆞ야[illegible]獨ᄒᆞ야吾儕ᄂᆞᆫ[illegible]警察法嚴重之下에셔 殿下께셔十分安穩ᄒᆞᆫ거시오又於本國에셔도尙得安[illegible]此等警報ᄂᆞᆫ디[illegible]影響으로因홈인가ᄒᆞᄂᆞ라

●政訓監理 平壤外城軍用地事件으로議政府에셔該開市監理署로訓令ᄒᆞ야田地人家墳墓의犯入을一一調査ᄒᆞ다ᄒᆞ니該地人民의安堵ᄒᆞᆯ期會가不遠ᄒᆞ다고民皆驩說ᄒᆞᆫ다더라

●渠則爲弊 丹陽郡守朴初陽氏가稱以設校ᄒᆞ고境內饒民成琬永의게五千兩을勸諭ᄒᆞᆫ故로平理院에裁判이方起ᄒᆞᆫ다니設校興學은今日之莫急先務라一般人民이對此興學之事ᄒᆞ야固當盡心專力ᄒᆞ야不惜연助이나若其官吏가藉此獎學ᄒᆞ고徵公營私則大是不法이오若其人民이蠢昧ᄒᆞ야不欲出力則亦非穩當이니官民間에孰是孰非인지待其確報而從論ᄒᆞ깃노라

●運動獎勵 日昨小學校運動에未楠風波가[illegible]部와學校의所爲[illegible]不一ᄒᆞ나更히權賞을開ᄒᆞ야當日儀官이出於公不이면學部에이엇지賞品을還랍ᄒᆞ고[illegible]歸ᄒᆞ며觀光諸人이此를慨歎ᄒᆞ야賞品을特別히施與ᄒᆞᆫ理由가有ᄒᆞ리오敝一言ᄒᆞ고學部官吏의挾私操縱은可以確知이라ᄒᆞ더라

●蔽聰賣爵 一種奸細輩의欺君罔上ᄒᆞ야蠶蝕貪官ᄒᆞᄂᆞᆫ者ᄂᆞᆫ吾儕가屢屢히警告도ᄒᆞ며論駁도ᄒᆞ야千言萬語로橫竪說去者ᄂᆞᆫ實로韓國에復興을希望홈이오彼輩를偏憎홈은아니라一向聽而不聞ᄒᆞ고欺蔽 聰聖ᄒᆞ야官爵賣買가紛如市場ᄒᆞ니豈不痛哉며且以買官賣爵者로言ᄒᆞ면도銅臭를厭惡ᄒᆞᄂᆞᆫ人皆非笑ᄒᆞᄂᆞᆫ바以니何榮之有며何貴之有也리오將擧其姓名ᄒᆞ야一一論駁ᄒᆞᆯ터이니願從玆回光ᄒᆞ야無蹈前日之惡習ᄒᆞᆯ지어다

●英校熱心 英語學校學員들이桑港遭難同胞의救助를爲ᄒᆞ야校中에痛切演說ᄒᆞ고文字를發佈ᄒᆞ야義연募集에熱心主張ᄒᆞᆫ다니盖其開明上學問이有ᄒᆞᆫ故로愛恤同胞的思想이如是切至홈이더라

●玄校優賞 西署玄石里의玄成學校ᄂᆞᆫ設立ᄒᆞᆫ지數朔에以經用之窘絀로借人舍廊ᄒᆞ야以爲學堂ᄒᆞ고敎師ᄂᆞᆫ一名譽로敎授ᄒᆞ니該學徒等이皆熱心做學ᄒᆞᆷ으로日前大運動試驗時에計算競連의優等이되야特別賞給을蒙受ᄒᆞ얏다더라

●普校請願 江華普昌學校에서豐德領井浦에支校를設立ᄒᆞ고該浦[illegible]日文을付之該校ᄒᆞ야以補經用케ᄒᆞ야달나고該學長李東輝氏가學部의請願ᄒᆞ얏더라

崔秉村姜璡熙安[illegible]諸氏가開明前進學校를發起ᄒᆞ고其趣旨書가如左ᄒᆞ니

嗚呼라方今紳士人民이莫不以振興學校로爲自强自立之基礎ᄂᆞᆫ何也오以其人才之作成과民智之發達而實在於敎育之擴張故也라況我皇上陛下가屢降詔勅ᄒᆞ샤實業興學ᄒᆞ시니凡我臣民이[illegible]興起리오此開明前進校之所以設立也니惟我[illegible]有志諸君子ᄂᆞᆫ注意公[illegible]成ᄒᆞ야以爲進文明[illegible]與를額手切望홈

[illegible]

●抑請實施 農商工部에서請議ᄒᆞᆫ移民條例와礦山條例ᄂᆞᆫ伊藤統監歸國前에編成ᄒᆞ야農部에仰請ᄒᆞᆫ者인ᄃᆡ該條例가國權의蔑如홈으로朴參政이屢日反對ᄒᆞ고留案ᄒᆞ얏더니再昨日伊藤氏가統監署理鶴原氏의게電飭ᄒᆞ야移民礦山條例의施約還延을論責ᄒᆞᆫ지라當日統監府의셔該電訓을等因ᄒᆞ야政府로公函ᄒᆞ고上項兩條例를不日實施ᄒᆞ라ᄒᆞᆫ지라政府의셔ᄂᆞᆫ各議書ᄂᆞᆫ[illegible]件의未滿ᄒᆞ면開議치아니ᄒᆞ고且各大臣이因公在外ᄒᆞ야博物館及農事試驗場에躬往ᄒᆞᆫ事가有ᄒᆞᆫ故로姑未開議라ᄒᆞᆫ다

●黃氏義擧 [illegible]日訓鍊院에서各學徒運動會의施賞不公홈으로桂山學校生徒가運動會를復開ᄒᆞ다홈은已爲揭載어니와平壤外城居黃進士大永氏가紙貨十七圜을該校에寄付ᄒᆞ야當日賞與品을應用ᄒᆞ얏다ᄒᆞ니近日關西人士가或四五百圜式義연ᄒᆞ야學校도擴張ᄒᆞ며其他凡於慈善事業에도種種首倡ᄒᆞ니其或風氣가有勇敢而然歟아抑亦人文이首先開明而然歟아本社之所欽賞不已也로라

●度訓泰郡 泰安郡守趙東潤氏가度支部로報告ᄒᆞ되陰三月廿一日에賊漢數十名이各持銃劍ᄒᆞ고自西海로乘風而來ᄒᆞ야揮劍放銃에突入城中ᄒᆞ야洋銃鳥銃과服裝藥丸等物을搜出持去ᄒᆞ고今春戶布所捧錢五百廿七兩五戔을攘奪以去라ᄒᆞ얏ᄂᆞᆫ디度支部에셔指令ᄒᆞ기를軍械與公貨를不能典守ᄒᆞ야竟至此資寇兵齎盜糧之境ᄒᆞ니寧不駭惶가該犯等을期於詗捉ᄒᆞ야永杜來弊ᄒᆞ며公錢段은期圖充完ᄒᆞ야無至欠公大牛梗케ᄒᆞ라ᄒᆞ얏다더라

●別賓把守 昨日內部에셔ᄂᆞᆫ前後門에各置把守使令一名ᄒᆞ야各新聞探訪者의出入을嚴禁ᄒᆞᄂᆞᆫ디其理由를得聞ᄒᆞᆫ즉外方에派賃ᄒᆞᆫ警務補佐員의게報告ᄒᆞᆫ日人行悖數條를譯載某新聞矣러니該事件을所管ᄒᆞᆫ警務局補佐官이觀覽ᄒᆞ기前에先爲揭布新聞이라ᄒᆞ야內部大臣이警務補佐員의指揮를因ᄒᆞ야命令홈이라ᄒᆞ니彼各地方의警務補佐員이欲掩其行悖實狀ᄒᆞ야威脅韓廷大官ᄒᆞ야令其不揭載於新聞者도可謂[illegible]之甚이오所謂大官이循其不法之囑ᄒᆞ야新聞探報의出入을禁止ᄒᆞᆫᄂᆞᆫ것도亦可謂兩劣之極이로다彼日本官憲이一無行悖則已어니와如其有行悖之事면雖無니部之探報나各報館이豈有終不聞知之理라오誠不覺捧腹一笑로다

●煙戶請恤 大丘觀察使申泰休氏가度支部에各郡燒戶를修報請恤ᄒᆞ얏ᄂᆞᆫ디淸道郡에十戶요金山郡에二十八戶요眞寶郡에九戶인디金山郡에所在日人家屋被燒者가亦爲四戶라더라

●尹氏着網 尹甲炳氏ᄂᆞᆫ一進會出身으로秘書丞을檢事로擢用ᄒᆞᆫ後에已爲斷髮ᄒᆞ얏ᄂᆞᆫ즉近君之職을以不着網巾으로難以出仕라ᄒᆞ고上疏ᄒᆞ얏더니再昨日붓터頭着新網ᄒᆞ고仕進ᄒᆞ야別入侍ᄒᆞᆯ디一徑ᄒᆞ얏다더라

●李氏往賀 參贊李商在氏가昨日學部에前往ᄒᆞ야致賀ᄒᆞ기를國內學務ᄂᆞᆫ係是貴部인디竊聞則向日大運動後의各學徒等이施賞不公正홈을論列ᄒᆞ얏다ᄒᆞ니惟吾學徒가非學問이면不能出此言也니學業漸擴을推此可知也니其優等不公은吾所不知나其學徒長就를爲ᄒᆞ야申賀ᄒᆞ노라ᄒᆞ얏다더라

●期於充完 鐵山郡守俞鎭哲氏가日陣各兵站接應費二千八百六十二兩一戔二分과俄兵의게被奪ᄒᆞᆫ物價四千六十兩一戔四分을上랍中의蠲減케ᄒᆞ라고度支部의報告ᄒᆞ얏더니指令ᄒᆞ기를外兵之過境의自備經用이거날獨於本郡의事有接應費之若是貽弊리오更勿煩擾ᄒᆞ고廟圖充完正供ᄒᆞ라ᄒᆞ얏더라

釜山電報

●博覽會開會式 五月十六日午後三時五分發

韓日博覽會開會式은本日十時에擧行ᄒᆞ얏ᄂᆞᆫ디日本木內總長[illegible]、三浦、加藤、兩理事官、有吉副理事官、李[illegible]以下韓國各大官東[illegible]仁川釜山[illegible]及商業會議所代表者其他各國紳士五百名이參[illegible]ᄒᆞ얏고木內總長의式辭와李[illegible]의演說과有吉副理事官의式辭와出品人總代의答辭가有ᄒᆞᆫ後에[illegible]ᄒᆞ얏스며居留地에ᄂᆞᆫ各戶에裝飾ᄒᆞ야空前盛況을呈ᄒᆞ얏ᄂᆞᆫ디出品人이三百人이오其品數가四百에達ᄒᆞ고其區域이三府一道二十縣에亘ᄒᆞ얏더라

倫敦電報

●提督暗殺 十六日午后[illegible]時發

露國提督미스놋치氏ᄂᆞᆫ勞動者의게暗殺되얏다더라

●가픈氏自殺 上仝

露國民主黨首領가픈氏ᄂᆞᆫ自殺ᄒᆞ얏더라

●露國議會決議 上仝

露國議會ᄂᆞᆫ大赦令을發布치아니ᄒᆞ면本年冬期ᄭᆞ지諸法令議決을延期ᄒᆞ기로決ᄒᆞ얏더라

雜報

大韓義士李建奭氏가日本司令部內에서殉去之事ᄂᆞᆫ已揭本報則一般世人이想應知之憐之어니와其時疏本이則同氏之筆이라豈可湮沒不傳于大韓世界耶아其稿가如左ᄒᆞ니 繼

天地父母伏願 陛下猛省廓斷照之以日月之明震之以雷霆之威先以在內之奸細賣國輩付諸司敗極正邦刑一進會會長及居魁之창導煽禍者施以當律以示此輩之爲本國之逆不道於天下萬國

繼又 命下于主務大臣及交際之官移照各租國竊公辦以副臣民之至願以掃彼人之違命克復我 宗社疆土俾活我垂死民衆國家幸甚　完

●鎭川郡民의投函

鎭川郡長楊驛村에有一可笑之事ᄒᆞ니該驛土舍音世亂郡一進會員이圖得後에近處에會員을誘引聚集ᄒᆞ日賭租積置者ᄂᆞᆫ會中에셔分爲農糧ᄒᆞ고平民耕作土ᄂᆞᆫ合中에셔沒數奪耕ᄒᆞᆯ터인ᄃᆡ擇其上等ᄒᆞ야任意耕作ᄒᆞ고各其自己奪ᄒᆞᆫ치賭租結稅도不爲應ᄒᆞᆯ터이오且但[illegible]利라ᄒᆞ고又仕宦之捷逕ᄒᆞ니各邑郡守가盡在於吾會員이라以誰로淸安郡守ᄒᆞ고以某로爲鎭川郡守라ᄒᆞ며兩班도不入會中이면盡常漢ᄒᆞ고髡俗僻屠도爲之吾會면皆爲兩班이라ᄒᆞ야其婦女ᄂᆞᆫ右권之ᄒᆞ고改以左권ᄒᆞ며戴髻之髮을變作笄總ᄒᆞ고內外分明ᄒᆞ야雖隣家稚童이라도會人門內에ᄂᆞᆫ不得投足ᄒᆞᄂᆞᆫᄃᆡ其中에長錫隣洞花山堂居ᄒᆞᄂᆞᆫ酒婆之愚夫가惑於會員之甘言ᄒᆞ야廢其酒商ᄒᆞ며棄其舊耕ᄒᆞ고移接於驛村ᄒᆞᆯ시謂其妻曰會中薦望으로鎭川郡守ᄂᆞᆫ唾手可得矣리니吾爲郡守後에汝若不改舊日之惡習ᄒᆞ고與巡校書記輩로如前通姦이면豈非大羞恥乎아ᄒᆞ며屢屢幽束ᄒᆞ더니撤移數月에當此窮春ᄒᆞ야廚煙寂寞ᄒᆞ되積置公穀은帖無分食之望ᄒᆞ니糊口之策이反不如當壚滌器之日ᄒᆞ고所奪田畓은民怨漲天故로仍舊耕作ᄒᆞ라ᄂᆞᆫ府郡訓飭이截嚴ᄒᆞᆫ故로各作人이還作舊경ᄒᆞ니愚夫之所望이大違라雖欲還歸나故棲家垈ᄂᆞᆫ已賣於他人이오前경田畓은旣許於新作인즉不可還覓이오所謂公薦郡守ᄂᆞᆫ遽作烏有ᄒᆞ니室人交讁에無辭答應이오稚子啼飢에無계救活ᄒᆞ야當初谷黨遷裔之계가化作蟹網俱失之歎이라大抵一進會中保護生命之目的이每每如此ᄒᆞ니是日國大綱領乎아雖京會所로ᄂᆞᆫ以利國便民之事로屢屢演說云이나在鄕會員에虛妄之說로欺人挾雜과抑勒平民之事을不爲禁止이면鄕曲愚夫에見欺敗家ᄒᆞᆫ者가非一非再라ᄒᆞ더라

●李氏雁動　北來人의傳說을聞ᄒᆞᆫ則城津港監理署主事李日振氏가素性이淸直公平ᄒᆞ고한熱時務ᄒᆞ야赴任四朔에外人交涉과港民保護를熱心主旅ᄒᆞ고日軍隊接應도不惜身命ᄒᆞ고隨時斡旋故로郡港輿情이感頌其德ᄒᆞᆫ다더라

●寶島者訴　仁川郡校任李秀哲等이該郡落島(一名小新島)를斥賣於日人ᄒᆞᆫ事로仁川郡에서學部訓令을因ᄒᆞ야該李秀哲李秉周等을捉囚該郡ᄒᆞ얏ᄂᆞᆫᄃᆡ李秀哲等이學部에呼訴ᄒᆞ기를以其落島放賣錢二千七百圓으로校宮을修理ᄒᆞ고位出一日경을買置ᄒᆞᆫ後餘錢은任置於校任矣니本人等은放送ᄒᆞ고其時掌錢用下之鄭[illegible]澤을捉囚督랍케ᄒᆞ라ᄒᆞ얏다더라

普明義塾

桑港義捐金

總務李炳鼎　新貨十元
贊務高廷熏　五元
總務李有泰　二元
教師金昇東　一元
金重宣　一元
學員孫幹仲　二元
林永熙　二元
李喜春　一元
李喜德　吳元夏　金伯熙
崔永戴　李源昌　鄭元夏
金益泰　高熙昌　韓奎檝
韓基鎬　沈喜燮　蘇相五
金南輯　李金元　白甲福
金癸星　以上五十錢
張南植　四十錢
李昇春　三十錢
林在兢　三十錢
具滋彙　金[illegible]榮　沈相顯
朴晋陽　李和九　金教聖
安慶辰　李相祚　張相한
金　男　鄭道男　李壽喆
李德雨　元明會　鄭奎東
金老未　尹泰敏　白世鎭
金斗植　范成圭　송大得
白甲石　李起鉉　韓大鎔
徐錫龍　以上二十五錢
李乙龍　二十錢
崔[illegible]石　二十錢
韓昌[illegible]　二十錢
文[illegible]福　二十錢
林益善　十五錢
林在相　十五錢
申龍孫　十五錢
申基嚴　十錢
邊[illegible]男　十錢
方永述　十錢
金氏宗　十錢
鄭興福　十錢
金氏同　十錢
李戊吉　十錢
以上合新貨四十一元四十錢

在桑港遭難同胞救助義捐金 廣告

秘書丞趙南益　二元
高裕相　二元
定州人李建杜　一元
仝　金夢俊　一元
東湖李景植　五十錢
李性默　三圓
鄭斗煥　二元
前參奉韓康鎬　五圓
株式會社漢城銀行　三十圓
前主事劉漢驥　一元
以上合四十七圓五十錢

廣告

土木建築會社趣旨書

我國이自海禁暢通以來로艱立ᄒᆞᆫ社會名稱이不一而足인바始也抽股定款에井然不紊ᄒᆞ야頗有開發之機이다終爲社員의渙散ᄒᆞ고成ᄒᆞᆫ이吃虧ᄒᆞ야名實이不副에徒貽天下之산笑ᄒᆞ니此有由焉ᄒᆞ고通國社會種族이不能成團體之故也라泰西理學博士가嘗有言ᄒᆞ되欲世界發達인딘[illegible]發達이오欲介人發達[illegible]發達이라ᄒᆞ니盖[illegible]之根原이오百善[illegible]知使介人介心으로[illegible]ᄒᆞ야腦根이健全ᄒᆞ고[illegible]學ᄒᆞ야通力合作에完[illegible]則何業을不做이[illegible]民殷物阜[illegible]ᄒᆞᆯ지라今玆同志紳士가我國의民智昧昧ᄒᆞ야工作[illegible]을慨嘆ᄒᆞ야一社를設ᄒᆞ니名[illegible]土木建築[illegible]式五千이오其[illegible]橋梁修道開渠等工事와築을擔任ᄒᆞ오니誠願有志ᄒᆞᆫ君子ᄂᆞᆫ顧名思義ᄒᆞ시와亟願糾合團體ᄒᆞ고益益改良에蒸蒸進步ᄒᆞ야協同事業ᄒᆞ며共享利益ᄒᆞ야國內財權으로外洩之患이無케ᄒᆞ심을務望

株式金細則

一 本社의總資本金은二十五萬圜으로定ᄒᆞ고株式金股數ᄂᆞᆫ五千股로定홈이라

一 株金은一股에五十圜으로定홈이라

一 株式金收入ᄒᆞᄂᆞᆫ規則은箇人에二百股에過홈은勿許ᄒᆞ고一株에二箇股主에過홈은勿許홈이라

一 株式金收入ᄒᆞᄂᆞᆫ回數ᄂᆞᆫ十回로定홈이라

一 株式金收入ᄒᆞᄂᆞᆫ回期ᄂᆞᆫ預定이無ᄒᆞ고事業進就를因ᄒᆞ야臨時發表홈이라

但株式收入回를經ᄒᆞᆯ지四十日以內ᄂᆞᆫ收入回를發布치못홈이라

一 株式收入發布ᄂᆞᆫ收入日前期十日ᄒᆞ야發布홈이라

一 株式金收入開張ᄒᆞᄂᆞᆫ日로廿日을限ᄒᆞ야收入을畢홈이라

一 株主가株式金出付ᄒᆞᆯ期限日을過ᄒᆞᆫ時ᄂᆞᆫ特別히五箇日을增加ᄒᆞ야限期를假貸홈이라

但第一[illegible]株式金收入에對ᄒᆞ야二十[illegible]外에特別限을假貸치勿홈이라

一 株主가特別限을得ᄒᆞᆫ時ᄂᆞᆫ違期ᄒᆞᆫ[illegible]을徵出홈이라

一 違期[illegible]金은本位金一圜에對ᄒᆞ야一[illegible]日에金一錢式計日徵收홈이라

一 特別限期를得ᄒᆞᆫ株主가所得ᄒᆞᆫ期로[illegible]ᄒᆞ야도株式金을出付치못ᄒᆞᆫ딘株主의名義를得지못ᄒᆞ고該保證金을出給지勿홈이라

但第二回株式金에對ᄒᆞ야特別期가過ᄒᆞᆫ時ᄂᆞᆫ第一回出付ᄒᆞᆫ元位金을出給ᄒᆞ되營業에損害倍償을徵收홈이라

一 株式金收入第六回에對ᄒᆞ야ᄂᆞᆫ特別期를過ᄒᆞ여도株主權은仍存홈이라

但前回出付ᄒᆞᆫ株式元位金은半股殘數로立本홈이라

一 前項에係ᄒᆞᆫ株主에對ᄒᆞ야ᄂᆞᆫ社營業損害償金은利益配當第一回에扣除하되殘數立ᄂᆞᆫᄒᆞᆫ純金과對照徵收홈이라

一 株主保證金은一株에五圜으로定홈이라

一 株主保證金을收入ᄒᆞᆫ後該收入ᄒᆞᆫ保證金을十回元位株式金에分排計減홈이라

一 固定資本主의資格[illegible]ᄂᆞᆫ會ᄉᆞ事業上應用[illegible]數가ᄂᆞᆫ會사에株式金[illegible]擔當하ᄂᆞᆫ數의[illegible]資번이有ᄒᆞᆫ商業[illegible]홈이라

一 本會ᄉᆞ가[illegible]物品을請求需用[illegible]物品應用ᄒᆞᆫ[illegible]金額流通을待하야出給홈이라

一 固辭資本主ᄂᆞᆫ본會사에物品需應홈을自擔하되價額領受홈時에본ᄉᆞ에[illegible]交納홈이라

一 株券白股以上[illegible]ᄒᆞᆫ人은資본家에資格을與하야言權이特有홈이라

土木建築會사員　尹致성　柳東作　朴基英　白

本社廣告

申報價

一股代金　新貨二錢五厘

一箇月前納　三十戔

三箇月　九十戔

六箇月　一元七十錢

一箇年　三元四十戔

郵稅一朔　每貨五厘　一箇年　十三戔

廣告料

四號活字十三字詰

[illegible]一行에新貨廿五[illegible]

[illegible]

◎本社[illegible]支店廣告

仁川梳峴開新冊肆　李東[illegible]

平壤鍾山峴日新學校　金興瑞

宣川[illegible]　崔敬恒

[illegible]　安濬

義州[illegible]藥房　張有寬

長淵邑　金融

鎭南浦[illegible]　金仁집

城津州南社　曹喜林

中和邑　李俊培

釜山佐川徐藥房　金灌泰

發行兼編輯人　英國人裴說

發行所　京城北部[illegible]

大韓每日申報社

第二百卅三號　　第四卷

大韓每日申報

대한매일신보

月曜及慶節 臨時休刊

檀君開國四千二百三十九年
箕子元年三千二十八年
大韓開國五百十五年
日本明治三十九年
淸國光緖三十二年
陰曆丙午四月小二十六日癸亥

論說

學部官吏之罪

吾輩가每常論學部官吏의溺職之責ᄒ고警告其發達敎育之方針矣어니와彼一種輩ᄭ學部官吏가必付諸馬耳東風이로다現今時代ᄂ一般國民이雖匹夫匹婦라도自擔任其敎育之義務然後에庶幾免奴隸之恥辱故로又一申論ᄒ노라最甚可歎者ᄂ韓皇陛下ᄭ셔曩日 詔勅이諄復ᄒ야俾全國之內로大興學校ᄒ야務振敎育케ᄒ시니學部官吏도亦大韓臣民也라自大臣以下로至於判任官員ᄭ지라도苟有絲毫忠愛之心이면如此聖詔之下에無一分對揚之意ᄒ고視若茶飯예如舊仍循ᄒ야但紛競於營私肥已之途ᄒ니是ᄂ決不可以大韓臣民으로待遇者也라

當此國家危急之日ᄒ야學部關係가何等緊重이완ᄃ如彼無用無能之官吏를奚足以費國民之稅金ᄒ야空然設置哉아此等官吏를若不一切改良而刷新ᄒ고但康貲國金而已인ᄃ學部ᄂ寧廢止가可也라ᄒ노라

嗚呼라日昨에學部官吏가謂之以小學校大運動이라ᄒ고設場於訓鍊院ᄒ야京鄕間官公私立學徒를凡數三千名聚集ᄒ고體操運動之擧에云有略干褊賞名色이라ᄒᄂᄃ大抵韓國之人이到今ᄒ야ᄂ稍稍自悟於敎育之必要ᄒ고都下士女가聞小學校之試運動ᄒ고罔不歡欣踴躍ᄒ야男女老少之往觀者ㅣ雲屯波齊에人山人海ᄒ야城內外人家가ᄃ空ᄒ니此ᄂ無前稀覯之事也라彼學校運動會ᄂ人人이皆逐日目擊者오亦非戱臺演場之可觀이어ᄂ如是爭先於觀光者ᄂ豈非有感於敎育之前進歟아

且以學徒言之라도自聞運動之發令ᄒ고莫不熱心於競爭優劣ᄒ야摩拳擦掌에百倍習肄ᄒ야以希當日之居優ᄒ니其選技注望이固當何如哉며且爲其父兄及敎師者의勵精弁神ᄒ야期使學徒로此校超等은抑亦人人之常情也니

當此之日ᄒ야所謂學部官吏者가旣聚集多衆인ᄃ宜主持公道ᄒ야以褒賞勸奬에興起學徒가豈非堂堂之正義乎아且 韓皇陛下ᄭ셔特派侍從武官ᄒ샤一一勞問於各學校校長敎師及學員等ᄒ시니 陛下宸衷은尤拳拳於敎育之發達ᄒ시사深喜學校之運動ᄒ실으로至遣勞問ᄒ시니於乎盛哉라然則學部官吏者ᄂ尤宜十分感祝ᄒ야務圖奬勵之術이可也어날

今에乃挾私懷雜ᄒ고操縱帷意ᄒ야一切私立學校ᄂ壓制而抑之ᄒ야居第一等者를或降置第三ᄒ며居第三等者를或無理而黜之ᄒ며環萬目共視之地에最先優等을以姓字之不能楷正으로黜之ᄒ야至於私立各學校가還呈所受之賞而痛哭徑歸ᄒ야不欲參挾雜官吏之下라ᄒ므로至於觀光諸人도皆唾罵學部之官吏ᄒ야叱辱喧騰에各自太息而散去라ᄒ니

嗚呼라此ㅣ奬勵敎育之術歟며此ㅣ對揚 聖旨之義歟아彼私立學校之寃與은卽國家之幸福也라所謂學部官吏ᄂ愈加勸奬ᄒ야務使全國人民으로家家私立學校則開明之發達이卽此是어ᄂ何故로一切私立學校ᄂ以抑壓而爲主ᄒ야至於都人士女注目欣踴之境에施賞之不公作奸이至此罔測ᄒ야致令各學校之徑歸ᄒ니學部官吏之面目은豈不愧乎아嗚乎라欲挽回國權인ᄃ學部官吏를先官除汰而改良然後에人民이免歸奴隸之科ᄒ리니良可慨喘哉로다

官報

●三千四百五十六號 光武十年五月十八日

◉敍任及辭令

○依願免本官 度支部主事李康賢○任度支部主事 前參奉姜봉秀 以上五月十一日○依願免本官 秘書監丞白虎燮 全田錫元 秘書監郎李秉㭿 齊陵參奉洪德周 敬陵參奉金瓚洙 康陵參奉徐丙敦 惠陵參奉崔永稷 肇慶廟參奉金載崑○任秘書監丞 正三品洪承斗 全鄭현○秘書監郎 弘文館시講尹禧永○任弘文館시講 九品李 佑○任齊陵參奉 令謙達○任敬陵參奉 李容徹○任康陵參奉 柳冀重○任惠陵參奉 鄭東冕○任肇慶廟參奉 六品李愚賢○前軍部參謀局長 參將李南熙○解臨時署理表勳院總裁事務 農商工部大臣權重顯 以上五月十五日○依願免本官 平理院主事金敎奭○任平理院主事 法部主事徐廷佐○任法部主事 法部法律起草委員金敎明 以上五月十六日

◉部令

度支部令第五號

銀行條例施行細則 續

第十六條 前條第二項의境遇에在ᄒ야ᄂ會사ᄂ株式의各讓交人에對ᄒ야二週日間을下치아니ᄒᆫ期間內에辦납ᄒᆷ이可ᄒᆫ意로催告를發ᄒᆷ을要ᄒᆷ이라此境遇에在ᄒ야ᄂ最先히滯납金額의辦납을ᄒᆫ讓交人이其株式을取ᄒᆷ이라讓交人이辦納을아니ᄒᆫ時ᄂ會社ᄂ其株式을競賣ᄒᆷ을要ᄒᆷ이라此境遇에在ᄒ야競賣를依ᄒ야得ᄒᆫ金額이滯納金額에滿치아니ᄒᆫ時ᄂ從前에株主로써其不足額을完償케ᄒᆷ을得ᄒᆷ이라若或從前의株主가二週日間內에此를完償아니ᄒᆫ時ᄂ會社ᄂ讓與人에對ᄒ야其完償ᄒᆷ을請求ᄒᆷ을得ᄒᆷ이라 未完

外報

●英官被傷 倫敦電을據ᄒᆫ즉英國地方官이솔류던드地에서亞弗利加南部亞弗利加地에서被傷ᄒ얏ᄂᄃ該原因은該地南部人種이起擾ᄒᆷ이라더라

●爆藥自發 上海電을據ᄒᆫ즉去金曜日午後에俄國人스루사氏가爆發藥을携帶ᄒ고巴里京附近에셔스덴빈地로過去ᄒ다가忽然爆發ᄒ야被死ᄒ얏고該緣故에因ᄒ야外國人三十餘名이就捕ᄒ얏더라

●救助金領受 桑港電을據ᄒᆫ則地震救助員이加奈大政府救助金都合十萬元을領受ᄒ기로結定ᄒ얏다더라

●英艦前往 倫敦電을據ᄒᆫ즉英國水師提督헤드월드레븐氏가巡洋艦민어바號를搭乘ᄒ고가이로向往ᄒ얏다더라

●役夫罷工 桑港電을據ᄒᆫ즉去十日에建築場役夫等이罷工을起出ᄒ야數千人夥이道路上으로漂泊ᄒ얏ᄂᄃ兩加帳艦督이役夫와雇傭人의계苦難이太甚ᄒ니終末에ᄂ該人等에要求를拒絶ᄒ얏다더라

雜報

●一進行動　再昨日下午二時에一進會에서參書提調洪在鳳氏와副將國亨植氏를强請ᄒᆞ야質問ᄒᆞᄂᆞᆫᄃᆡ洪氏에게先問曰衛가何事로出入宮中ᄒᆞ야崔瀅聖聰하며上海에在ᄒᆞᆫ外國人과密札을來往하며御前에外報를譯奏ᄒᆞᄂᆞ냐하고辭職下鄕하라하며宋秉俊兪鶴柱氏等이拘留하고威嚇ᄒᆞᆫ지라洪氏答曰出入宮中은責所難免이어니와其外問題ᄂᆞᆫ裁判歸正하자ᄒᆞᆫ즉宋氏爲言曰只以改遷爲主하니辭職上疏ᄒᆞᆷ으로昨日上오三時에幸得放還하야卽爲陳疏하얏고國副將와□□爲平壤鎭□□에斷辭ᄒᆞ다하고錢三萬圜을持去하얏스니所□議를辭說退去하되□□自由行動으로□□ᄒᆞᆫ지라昨日上오五時에始得放還하야卽爲辭職하얏ᄂᆞᆫᄃᆡ其拘留威脅이皆於前捕盜廳□措라더라

●花宴宏壯　저洞前協辦洪淳瓚氏家에花宴局을設ᄒᆞ고前協辦崔永夏前郡守兪鎭贊氏等이連日賭錢하ᄂᆞᆫᄃᆡ資本都合은一萬元이라하니該坊支所가其窩主家隣에在하야知而不禁하니顧問所謂警務擴張에如是乎아巷說이紛紛하더라

●趙河運動　向者日本에前往하얏던趙남升氏가再昨日回國하야入侍하고前監理河相驥氏가昨日本에前往ᄒᆞᆫ더인ᄃᆡ其運動은義親王殿下ᄭᅴ서回國하시ᄂᆞᆫ動靜과亡命客行動을糾察ᄒᆞᆷ을爲ᄒᆞᆷ인ᄃᆡ其運動은二萬圜을支出하야分與하얏다더라

●伊藤來期　東京에在留ᄒᆞᄂᆞᆫ日本統監伊藤氏가二十七日發程ᄒᆞ야渡韓ᄒᆞᆫ다고日本來者가宮內에提播ᄒᆞ얏더라

●悖類入敎　忠州長湖院等地에淨土宗敎가熾盛ᄒᆞ얏ᄂᆞᆫᄃᆡ一種悖類가多入ᄒᆞ야十餘名式作黨ᄒᆞ야睚眦之怨으로平民을毆打或捉囚ᄒᆞᄂᆞᆫ弊가有ᄒᆞ다고該地人民의投函이有ᄒᆞ더라

●兼任主筆　前議官李承晩氏ᄂᆞᆫ卓越ᄒᆞᆫ天才로西洋學問에素著ᄒᆞᆫ人物이라實地를觀察ᄒᆞᆯ次로昨年에美國에出縱ᄒᆞ야其子시지□支ᄒᆞ더니不幸히見喪ᄒᆞ얏고□□人이閔氏의학問을發成하야大학校에卽入ᄒᆞ얏ᄂᆞᆫᄃᆡ卒業年限은明年으로作定ᄒᆞ얏ᄂᆞᆫᄃᆡ氏가華盛頓新聞主筆을兼ᄒᆞᆫ故로□□會弁沿하다더라

●行將交涉　再昨日一進會總代가政府에前往ᄒᆞ야北墾島에民長을設置ᄒᆞ야寓民을管理케ᄒᆞ자ᄒᆞᆫ즉政府에ᄂᆞᆫ言ᄒᆞ기를北墾島事로年前브터淸公使와屢次交涉하되東洋局勢가多端ᄒᆞᆷ을因하야淸國政府에서更爲交涉하야以定約條後에管理民長을選擇ᄒᆞᆫ다하얏ᄂᆞᆫᄃᆡ該案交涉은統監府에서淸領事와行將交涉ᄒᆞᆫ다더라

●敎員養成　漢城師範학校敎員을臨時養成科를設置하고학員을募集ᄒᆞᆯ次로학部大臣과度支部大臣이協議하고該費一千六百七十八圜을算外支出하얏다더라

大韓自强會에서今日下午二時에開會ᄒᆞ고說題演討ᄒᆞᆫ다ᄂᆞᆫᄃᆡ演說ᄒᆞᆯ人員과연題ᄂᆞᆫ如左ᄒᆞ다더라

女子敎育의必要　尹孝定
敎育의効果　大垣丈夫
美國의農業　金奎植
見聞의宜廣　金明濬
官尊民卑의弊害　鄭雲復

●价儒請願　平安南道价川郡儒生李寅高等이該郡學校承認ᄒᆞᆫ事로請願學部ᄒᆞᆫ미其槪如左ᄒᆞ니

本郡學庫田畓은本是生等之先祖가私相鳩財ᄒᆞ야殖利貿土ᄒᆞ야以爲養士之資者이옵더니至乙未更張之時ᄒᆞ야鄕校齋任各窠를一並勿施而置校長校直ᄒᆞ야使之守掌聽斷으로有所令飭而本郡加設齋任五窠를仍舊不汰ᄒᆞ고其所賴ᄂᆞᆫ以學庫田稅米로劃給이옵더니生等이到今思之則章程減例之下에自下加設이原非公格뿐더러以無用之齋任으로經費不貲之財가事甚不當故以此設校ᄒᆞ야欲爲興學之意로請願本郡則以其實任之計로不爲減例이옵기茲以請願ᄒᆞ오니

該校를特爲認許라ᄒᆞ엿 自學部로特爲指令ᄒᆞ야付于本郡矣러니該郡齋任輩가關之弊가周旋于本道觀察府ᄒᆞ니該觀察이受其請囑ᄒᆞᆫ故로該郡設校事를防塞于學部ᄒᆞ니該儒生等이更히上來ᄒᆞ야呼訴學部ᄒᆞᆫ다더라

●實無可罪　平理院에서判決ᄒᆞᆫ宣告가如左ᄒᆞᆷ이檢事李建鎬氏가報告法部ᄒᆞ얏ᄂᆞᆫᄃᆡ被告沈相薰案件審査ᄒᆞᆫ즉上年陰曆七月初金東弼見被告而以備約所長書公函之事爲言則被告答曰現今保護條約將成ᄒᆞ니發通等事ᄂᆞᆫ可謂緩不及事라此約이若成이면三千里江山이無復餘地니如有許給條約之人이면假使如我者라도雖殺無恨云ᄒᆞ며玄鶴表則三四次來見被告曰新條約이若成이면無論某大臣ᄒᆞ고必有調印矣니此必無怨於被殺云而被告則與玄鶴表로初不知面ᄒᆞ고又無來訪之事이오但稱對金東弼酬酢之說이出泛稱之事實이라被告陳供及金東弼玄鶴表等이對質明白矣니被告之雖殺無恨之說이有若激勵者나然이나係是新條約以前泛稱之論이오初無指的之人하니究其現狀하고參其情節하면實無可罪之端故로沈相薰氏ᄂᆞᆫ處分放免이되얏다더라

●驗場觀察　農事試驗場觀察次로參政大臣朴齊純氏와度支大臣閔泳綺氏가農商大臣을同伴하야大丘等地에出發하얏다더니朴參政閔度支ᄂᆞᆫ初不偕往하고權重顯氏만該部官僚幾人을帶同下去하얏ᄂᆞᆫᄃᆡ今日頃의還歸ᄒᆞᆫ다더라

●송鄭處役　大丘郡居송敬眞과一進會員鄭在根이日人梅崎家에酒債見督을不堪하야日人二名과其他雜類輩로作黨同往于淸道郡谷居金能五家하야其立證錢三十兩에加邊五百十兩計報樣으로結縛毆打에勒捧手票라가송鄭兩人이該郡廣岩日憲兵所에피捉하야押交于慶北裁判所하야懲役七年에照律宣告하얏다더라

●中央停報　會洞中央新報ᄂᆞᆫ再昨부터永爲停報ᄒᆞ얏더라

●別監被打　別監金俊榮洪건祐等五人이昨日美洞街上에서李건永李景伯等數十人의게被打하야紅衣草笠이因而破裂ᄒᆞᆫ事로　宮內府에서法部로照會하고別監之衣冠을無難裂破ᄒᆞᆫ李璜等을捉致하야嚴繩處法케하라하얏ᄂᆞᆫᄃᆡ法部에서此等案件이卽裁判事項이니該所管裁判所로行文하고更不致煩於本部하라고答復하얏다더라

●□□　皇闕大安門을重修하고大安門懸板을以大한門으로改하야上樑ᄒᆞᆫ다ᄂᆞᆫ事ᄂᆞᆫ已揭於前報어니와再昨日에上樑文을換入하고懸板을換揭後致祀하얏다더라

●互有感情　私立桂山학校에셔日前학部設行ᄒᆞᆫ大運動에가甚히不公ᄒᆞᆷ을憤恨하야自該校로辦出需費與賞品하야明日該校內敎場에運動場을開設하고各私立학校학徒를請邀ᄒᆞᆫ다ᄂᆞᆫᄃᆡ학部에서도諸官人與各官立학校에서各出捐金하야依前日運動例하야更爲一次設行하기로相議中이라더라

●遣詔使認　議政府에서協律社革罷事에對하야已往內部로照會ᄒᆞᆫ事ᄂᆞᆫ已揭本報어니와再昨日에또內部로照會하기를日昨當照復을因하야該協律社認許一款을宮內府에質問하얏더니該府에서初無相關이오乃是警務廳認許者라ᄒᆞᆫ바　詔勅旣下而迄不革罷하고反使認許가是何理由인지□爲示明하라하얏다더라

●諜犯可矜　文義郡守慶必永氏가法部로報告하기를本年三月八日에滿州鳥致院日憲兵分遣所에서罪人一名을押付郡獄이옵기聞其罪犯則本郡造隱洞等地에서鐵路에道石作戱ᄒᆞᆫ罪人趙雲京이라自獎所로慶朔審辦하야監禁一箇年에照律而移因者則自部으로押上于觀察府하야滿限放致케하라하옵기質爲于本道裁判所이옵더니指令內의此是日本軍律執刑之法이府獄監禁은旣無其例니不必押上이라ᄒᆞᆫ바該犯이本非本郡人民이오他道擬蹤으로應役夫라가諜犯罪而其外國法律하야臨禁居年이果是愛惜이오四顧無親하야供獄無人하고且郡無罪囚食資之立欵하여支給無路이온즉勢不得押上府獄이나刑無其例而拒絶하고部無其實而難處하온뿐日憲之逮督押上監禁은極涉憂悶이라하얏더라

倫敦電報

●露國議會上奏
五月十七日午后三時發
露國議會의上奏ᄂᆞᆫ極히過激ᄒᆞ얏ᄂᆞᆫᄃᆡ其要求와主旨ᄂᆞᆫ
大赦令發布　議員普通選擧
大臣責任　死刑廢止　樞密院廢止等이더라

雜報

●光興義塾趣旨書

夫邦國之隆替在於民智之明昧民智之明昧在於教育之如何耳從前我韓文化蔚彬彬矣但流來之弊徒尙虛飾泥舊之習不達時宜馴致民智錮塞國力萎弱可勝嘆哉

彼歐美各邦文明日新富强日增駸駸乎內莫之敢禦者豈有他哉由其教育發達全國人民莫不有學故也惟我

皇上陛下惓惓以興學育才勅諭屢降責勵周摯凡我臣庶孰不感發興起乎哉今日吾人欲振衰起惰以爲獨立之基礎則曰教育教育焉而已惟玆藥峴爲在皇城區域之內即一小部分而一般紳士人民亦皆化育中生息者也欲其對揚聖旨開發民智則敢不殫心於是專力於是哉於是一洞協議設此光興義塾而三四教師以漢文日語英語各科書以繼夜熱心教授何幸如之

但此等事業性往有鮮克有終之嘆豈不可戒惟願同志諸君子認此義舍爲自家之公益幸垂贊成俾克維持焉

●賂囑送部 慶尙北道裁判所에서ᄂᆞᆫ該所에서收入ᄒᆞᆫ贖錢與受賂屬公條一一區別成冊하고眼同右錢하야亟期上送于法部하ᄂᆞᆫᄃᆡ數甚不貲ᄒᆞᆫ지라該部에서ᄂᆞᆫ各道裁判所가俱如慶北이면康當圖綵一大歲入이라고ᄒᆞᆫ다더라

●舒經一亂 舒川郡義匪를該道觀察署理가派兵勦討ᄒᆞᆫ다ᄒᆞᆷ은前報에已揭어니와該地可信人의所報를據ᄒᆞᆫ즉陰本月二十日에所謂義兵百餘名이不知從何而來ᄒᆞ야該郡衙中에突入ᄒᆞ야郡守를威脅ᄒᆞ며錢糧을督出ᄒᆞᄂᆞᆫ지라該郡守李種興氏가奮然罵之曰汝等이不有朝令而恣意弄兵ᄒᆞ니悖義干法이莫此爲甚이고且莫重公貨를敢欲攫取ᄒᆞ며臨民之官을如是搵侮ᄒᆞᄂᆞᆫ거사大非臣民之分義라ᄒᆞᆫ즉該徒가見其辭氣凜然ᄒᆞ고稍爲斂兵而退出이나各公廨與邑底民戶를遍行搜探ᄒᆞ며又於各村饒民處에討索錢貨이다가留二日後에散去라ᄒᆞ니近日所謂義兵은火賊之變名이라朝家에서盡爲另行勦討ᄒᆞ야拔其根株이고蔓然任其猖獗ᄒᆞ야公私俱困케ᄒᆞᄂᆞᆫ지咄咄可慨로다

●礦軍作弊 南來人에傳說을聞ᄒᆞᆫ즉木川南面加德山陽谷坪朝陽等地에礦夫數十名이自昨冬부터屯聚開採ᄒᆞ야該等地에牟田禾畓이犯入其中者不知其數라田畓主가以寃抑之樣으로哀乞說明則礦軍輩가言必稱農商工部訓令이라ᄒᆞ고或假稱日人ᄒᆞ야作弊無雙이러니至於近日ᄒᆞ야ᄂᆞᆫ礦夫가比前益熾ᄒᆞ야牟麥之田과秧座畓水를任意灌鑿ᄒᆞ야其慘況은目不忍見이라該地人民은獨被酷禍ᄒᆞ야怨聲이嘖嘖ᄒᆞ다더라

●離氏賊心 忠南舒川郡居離景云은素以悖類로非理健訟이即一伎倆인ᄃᆡ其宗中山麓을渠與悖族數人으로年來貪食殆盡ᄒᆞᆫ지라其門長錫雲이가擅其所爲ᄒᆞ야餘在一片麓을同郡居金明煥의게捧價一千兩放賣하얏더니景云이가該山價中二百兩을亦爲奪食ᄒᆞ고도猶爲不足ᄒᆞ야該山麓을門長錫雲이가暗地盜賣樣으로呼訴該郡ᄒᆞ다가奸狀이綻露ᄒᆞᆫ즉更히漢裁에誣訴ᄒᆞ야건訟不已ᄒᆞᆫ다니此乃全明煥의家勢稍饒ᄒᆞᆷ을見ᄒᆞ고山價外討索心이出ᄒᆞᆷ이라고南來人의傳說이有ᄒᆞ더라

●工業漸進 工技者ᄂᆞᆫ人民營業에必要인바漢城內諸般家屋結構를多以外國人雇用ᄒᆞᆷ으로許多財錢이外人手中에歸ᄒᆞ더니近聞某氏等이土木建築會社를刱立하야各方里家屋建築等節을該社에서擔任建築ᄒᆞ기로規則을刊佈하니從此韓人營業上에大有裨益하리라고擧皆讚頌ᄒᆞ다더라

◉三和鎭南浦救助金

前參奉	高應源	一元
	李鍾一	一元
	南宮濬	一元
總巡	李寅鎔	一元
幼學	李演龜	新貨五圓
前議官	元容德	三元
前主事	田封九	二元
前主事	韓永詰	一元
幼學	全斑夔	一元
	裵亨湜	一元
	金相燦	一元
	白樂淳	一元
	李尙稷	一元
	裵永燦	一元
	金柄台	一元
	金鶴根	一元
	吳應泰	一元
	李益模	一元
	鍾福仁	一元
	尹錫浩	五十錢
	金弘植	五十錢
	金致壙	五十錢
	洪貞洙	五十錢
	金근九	三十錢
	明致聖	五十錢
	金貞燦	五十錢
	盧允元	五十錢
	金永夏	五十錢
前司果	金庚培	五十錢
前司果	梁載輿	五十錢
幼學	黃靑龍	五十錢

以上合新貨六十三圓八十錢

廣告

在桑港遭難同胞救助金

私立興化學校諸氏		新貨二十圓
平壤人	金允和	二元
關洞	李海忠	二圓
在日本留學生	金顯洙	一元
仝	金顯圭	一元
仝	李圭正	一元
	金봉儀	一元
不壤人	金東元	二圓
价川人	金용鍊	一元
	李鍾協	一元

本人與鄭在允氏兩商店同事分掌是遣一商店事鄭在允氏與李技華氏爲同事而本人少無相關矣내外國人咸須知悉焉

三和港築垌 金利涉 告白

◉女學生募集廣告

本校에서今月二十日에開校式을擧行ᄒᆞᆯ터이니士族女子中에入學志願人은開校前期하야來請하시오

年齡十一歲以上二十五歲以下者로不限冠童하고入學을許흠

趣旨와細則은本校에來問하시요

磚洞十一統六戶

普信女學館

江原道麟蹄居韓光洙處에就用換錢而就中就麻島金善在에任置木四百五箇票를出給於其子秉元矣너니今於換錢報給之場에夢將放乃耳언ᄃᆡ木票을秉元이가帶持ᄒᆞ고不知去處故로前票ᄂᆞᆫ勿施ᄒᆞ오니以此廣告로日後憑考흠

其父 李陽洙 告白

●普文館廣告●

本館은大資本을支出하야運轉機械와各樣活字를一新準備하야無論何書籍하고敏速精刷ᄒᆞᆯ터이오니書籍出版에有意하시ᄂᆞᆫ江湖僉君子ᄂᆞᆫ照亮하시옵

南署會洞八十五統四戶

普文館長 洪秉賓
總務 吳台煥

本會에서來十九日下午二時에典洞立廳都家에서通常會를開하고傍聽을許하오니會員及僉君子ᄂᆞᆫ屆期來臨하시옵

大韓自强會

◉萬歲報新聞發行廣告◉

本社ᄂᆞᆫ京城會洞에設立ᄒᆞ고六月一日븟터發行ᄒᆞᆯ터이온ᄃᆡ本報ᄂᆞᆫ社會的進步主義로國民知識發達의捷逕을硏究ᄒᆞ야我國의未曾有ᄒᆞᆫ新發明이許多ᄒᆞ며且每期에巨額의探報費를支出ᄒᆞ야神出鬼沒ᄒᆞᄂᆞᆫ通信의敏捷ᄒᆞᆷ이有ᄒᆞ니此報를購覽ᄒᆞ시ᄂᆞᆫ僉君子ᄂᆞᆫ社會上新耳目新知識을可得ᄒᆞ실것이오며一期新聞價ᄂᆞᆫ新貨二十錢이오니購覽君子ᄂᆞᆫ發行前期ᄒᆞ야左記處로通知ᄒᆞ심을望흠

南署會洞八十五統四戶

萬歲報社長 吳世昌
總務兼主筆 李人稙

◉◉遭難同胞救恤◉◉
慰金募集大廣告

至迫至急하고可驚可악ᄒᆞᆫ我大韓同胞中美國桑港市等地에寄寓하ᄂᆞᆫ千餘名에兄弟姊妹가今番桑市의火災와遭難悽慘ᄒᆞᆫ情狀을思惟ᄒᆞᆫ건ᄃᆡ幾人은死亡의潰ᄒᆞ얏스며幾人은損害를遭하엿ᄂᆞᆫ지夙夜軫聲ᄒᆞᆷ을不禁ᄒᆞᆯ지라玆의全國內有志同포의게警告하오니隨事力補助하시와海外孤蹤이로患難의殘ᄒᆞᆫ同胞를慰藉케ᄒᆞ심을懇望ᄒᆞ옴

但收金日限은四週間으로定흠

收金所 大韓每日申報社 會計室

請연員은前主事尹熙氏로定ᄒᆞ얏슴

廣告

土木建築會社趣旨書

我國이自海禁暢通以來로粮立ᄒᆞᆫ社會名稱이不一而足인바始也抽股定款이井然不紊ᄒᆞ야頗有開發之機이다終爲社員이渙散ᄒᆞ고成ᄒᆞᆫ이吃斷ᄒᆞ야名實이不副에徒貽天下之싼笑ᄒᆞ니此爲由爲고通國社會種族이不能成團體之故也라泰西理學博士가嘗有言ᄒᆞ되欲世界發達인ᄃᆡ端賴個人發達이오欲介人發達인ᄃᆡ端賴介心發達이라ᄒᆞ니蓋此心者ᄂᆞᆫ萬化之根原이오百善之樞機也라如使介人介心으로儘先發達ᄒᆞ야腦根이健全ᄒᆞ고信行이交孚ᄒᆞ야通力合作에完結社會之團體則何業을不做이며何事不濟리오然則民股物阜와國富兵强을可立而待ᄒᆞᆯ지라今玆同志紳士가我國에民智昧弱과工作凋瘵ᄒᆞᆷ을慨嘆ᄒᆞ야一社ᄅᆞᆯ刱設ᄒᆞ니名稱은土木建築會社라其規則은株式五千이오其業務ᄂᆞᆫ營屋架橋修道開渠等工事建築을擔任ᄒᆞ오니誠願有志僉君子ᄂᆞᆫ顧名思義ᄒᆞ시와亟圖糾合團體ᄒᆞ고益益改良에蒸蒸進步ᄒᆞ야協同事業ᄒᆞ며共享利益ᄒᆞ야國內財權으로外洩之患이無케ᄒᆞ심을務望

株式金細則

一 本社의總資本金은二十五萬圜으로定ᄒᆞ고株式金股數ᄂᆞᆫ五千股로定ᄒᆞᆷ이라

一 株金은一股에五十圜으로定ᄒᆞᆷ이라

一 株式金收入ᄒᆞᄂᆞᆫ規則은箇人에二百股에過ᄒᆞᆷ은勿許ᄒᆞ고一株에二箇股主에過ᄒᆞᆷ은勿許ᄒᆞᆷ이라

一 株式金收入ᄒᆞᄂᆞᆫ回數ᄂᆞᆫ十回로定ᄒᆞᆷ이라

一 株式金收入ᄒᆞᄂᆞᆫ回期ᄂᆞᆫ預定이無ᄒᆞ고事業進就ᄅᆞᆯ因ᄒᆞ야臨時發表ᄒᆞᆷ이라

但株式收入回ᄅᆞᆯ經ᄒᆞᆫ지四十日以內ᄂᆞᆫ收入回ᄅᆞᆯ發布치못ᄒᆞᆷ이라

一 株式收入發布ᄂᆞᆫ收入日前期十日ᄒᆞ야發布ᄒᆞᆷ이라

一 株式金收入開張ᄒᆞᄂᆞᆫ日로廿日ᄅᆞᆯ限ᄒᆞ야收入을畢ᄒᆞᆷ이라

一 株主가株式金出付ᄒᆞᆯ期限日ᄅᆞᆯ過ᄒᆞᆫ時ᄂᆞᆫ特別히五箇日ᄅᆞᆯ增加ᄒᆞ야限期ᄅᆞᆯ假貸ᄒᆞᆷ이라

但第一回株式金收入에對ᄒᆞ야二十日外에特別限을假貸치勿ᄒᆞᆷ이라

一 株主가特別限을得ᄒᆞᆫ時ᄂᆞᆫ違期ᄒᆞᆫ罰金을徵出ᄒᆞᆷ이라

一 違期罰金은本位金一圜에對ᄒᆞ야一箇日에金一錢式計日徵收ᄒᆞᆷ이라

一 特別限期ᄅᆞᆯ得ᄒᆞᆫ株主가所得ᄒᆞᆫ期로過ᄒᆞ야도株式金을出付치못ᄒᆞ면株主의名義ᄅᆞᆯ得지못ᄒᆞ고該保証金을出給지勿ᄒᆞᆷ이라

但第二回株式金에對ᄒᆞ야特別期가過ᄒᆞᆫ時ᄂᆞᆫ第一回出付ᄒᆞᆫ元位金을出給ᄒᆞ되營業에損害倍償을徵收ᄒᆞᆷ이라

一 株式金收入第六回에對ᄒᆞ야ᄂᆞᆫ特別期ᄅᆞᆯ過ᄒᆞ여도株主權은仍存ᄒᆞᆷ이라

但前回出付ᄒᆞᆫ株式元位金은半股殘數로立本ᄒᆞᆷ이라

一 前項에係ᄒᆞᆫ株主에對ᄒᆞ야ᄂᆞᆫ本社營業損害償金은利益配當ᄒᆞᆯ第一回에扣除하되殘數立본ᄒᆞᆫ純益金과對照徵收ᄒᆞᆷ이라

一 株主保証金은一株에五圜으로定ᄒᆞᆷ이라

一 株主保証金을收入ᄒᆞᆫ後該收入ᄒᆞᆫ保証金을十回元位株式金에分排計減ᄒᆞᆷ이라

一 固定資本主의資格은본會ᄉᆞ事業上應用ᄒᆞᆯ物品을貯藏ᄒᆞᆫ數가본會사에株式金出付ᄒᆞᆷ을擔當하ᄂᆞᆫ數의十倍以上에達ᄒᆞᆫ者번이有ᄒᆞᆫ商業人에게許ᄒᆞᆷ이라

一 本會ᄉᆞ가固靜資본主에게物品을請求需用하되價額은該物品應用ᄒᆞᆫ建築工事가竣成後金額流通을待하야出給ᄒᆞᆷ이라

一 固靜資本主ᄂᆞᆫ본會사에物品需應ᄒᆞᆷ을自擔하되價額領受ᄒᆞᆯ時에본ᄉᆞ에擔當ᄒᆞᆫ株式金을交納ᄒᆞᆷ이라

一 株券白股以上出付ᄒᆞᆫ人은資본家에資格을與하야言權이特有ᄒᆞᆷ이라

土木建築會사員　尹致셩　柳東作　朴基英 白

本號新開專做男女各色洋服兼由上海運來各種細이毛융及一切衣飾屬品件件精全伏望貴士女迅卽來購爲幸

西小門內榮泰男女洋服商號

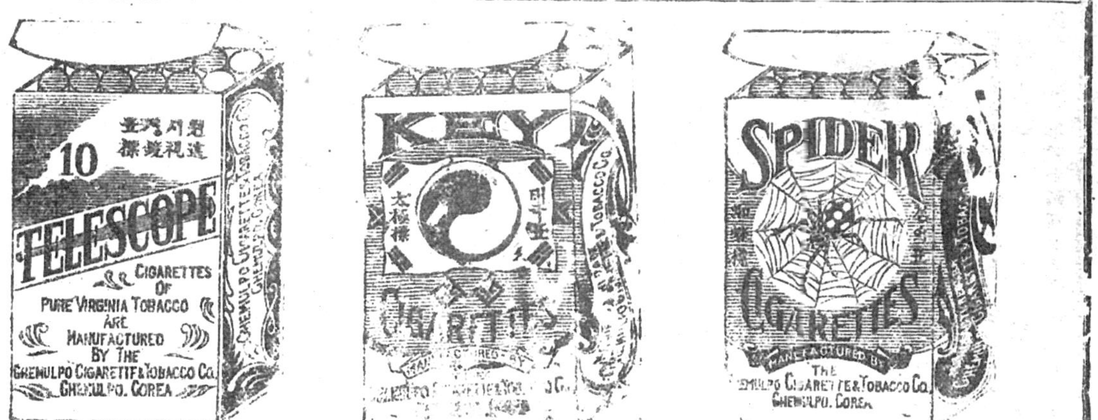

以上三種은上品으로製造ᄒᆞ야衛生上에至極有益ᄒᆞ니用論某人ᄒᆞ고本社에來臨ᄒᆞ옵

大韓帝國仁川港

[illegible]物[illegible]紙卷烟及烟草會社

本社廣告

申報價

一張代金 新貨二錢五厘

一箇月前納 三十錢

三箇月 九十錢

六箇月 一元七十錢

一箇年 三元四十錢

郵稅一朔 新貨五厘

一箇月 十三錢

廣告料

四號活字十三字爲一行

[illegible]

◎本社地方[illegible]

仁川栗峴隣新[illegible] 李敬直

平壤南山峴下新學校 金興淵

崔觀恒

宣川邑橋西 安[illegible]

義州南門外鎭西大藥房 張[illegible]

長連邑 金龍[illegible]

鎭南浦槃洞 金仁집

咸興州南社 曹喜林

中和邑 李俊培

釜山佐川徐藥房 [illegible]

發行兼編輯人 英國人 裵說

發行所

京城北署壽進坊磚洞[illegible]

大韓每日申報社

第四卷

大韓每日申報
대한매일신보

第二百廿四號

月曆及節慶
歲時日休刊

檀君開國四千二百三十九年
箕子元年三千二十八年
大韓開國五百十五年
日本明治三十九年
淸國光緖三十二年
陰曆丙午四月小二十七日甲子

論說

後來戰機（淸國東亞新聞照騰）

日本이更若戎衣ᄒᆞᄂᆞᆫ事實은自至確然에無所隱諱어니와對此不足驚視ᄒᆞᆯ거ᄉᆞᆫ世界各國이此次戰局以後에ᄂᆞᆫ與此同一之役을將有或將爲ᄒᆞᆯ理由로다 何如ᄒᆞᆫ지日本地位가與露更戰ᄒᆞ기에ᄂᆞᆫ奉天以後에在ᄒᆞᆫ時日보다優勝ᄒᆞᆷ이未有어니와與淸交鋒이具有其態ᄒᆞ니 爲此名義ᄅᆞᆯ未久에探出ᄒᆞᆯ거시오且英美兩國에日本之負債가更引日本ᄒᆞ야與청ᄋᆞ로戰케ᄒᆞᄂᆞᆫ도다

論청國이似或更敗故로其計之一은巨款비償을強求ᄒᆞᆯ거시오其二ᄂᆞᆫ旅順遼東의未完租借로以作無是非之享有ᄒᆞᆯ거시라然이나此爭鬪의延期가或至二三年ᄒᆞ리니此ᄂᆞᆫ日本이完備兵甲ᄒᆞ야如露強國들이라도足以敵禦ᄒᆞᆯ計劃이어니와此延期가或不至如彼其久ᄒᆞ리니 此ᄂᆞᆫ淸國도方備戰甲故로日本之計ᄂᆞᆫ청國軍力이日本과同等되기前에將鬪其局ᄒᆞᆯ거시며且何許計策이던진央日盟約이滿了以前에遂行ᄒᆞᆯ거시로다

此意見을本紙上에記述ᄒᆞᆷ이既有之矣어니와此意見을堅確케ᄒᆞᄂᆞᆫ傳說이來到ᄒᆞᆷ은非但從一處요亦非止一次니청國人民은向者大山岩麾下의費用을擔當ᄒᆞᆷ을表示矣요

且某ᄂᆞᆫ來次戰役의決算을欲探ᄒᆞ야自今以往으로ᄂᆞᆫ漸#注目ᄒᆞ리로다且事實에孰是孰非ᄂᆞᆫ非爲問題요惟其日本은所求者ㅣ錢이라 累億圓이緊急ᄒᆞ니與청交戰에ᄂᆞᆫ當時實額의비償만收取ᄒᆞᆷ에不止ᄒᆞᆯ거시오現負戰債도還상ᄒᆞᆯ거시며且以청國全幅으로作日本之財庫ᄒᆞ리로다 現今國民의重負ᄅᆞᆯ當ᄒᆞᆯ줄可信ᄒᆞ라가但使人民으로陸海軍武官指揮之下에奴隷ᄅᆞᆯ難免ᄒᆞᆯ거시오且陸海軍將官은因戰局而享利ᄒᆞᄂᆞᆫ財政上競爭者의所使에不過ᄒᆞᆯ지로다 如此有力ᄒᆞᆫ諸輿中에一人이今到此地ᄒᆞ가且向韓國矣니此ᄂᆞᆫ自己及同僚의新營之域을視察之計라其人之下에新屬이低拜ᄒᆞ니此乃戰勝之榮光이오其餘ᄂᆞᆫ昧昔而無用이라人與物之傷害가堆積而已로다

官報

●三千四百五十七號 光武十年五月十九日

◎宮廷錄事

시從院副卿金龍浩辭職疏批旨省疏具悉所請依施

五月十六日

◎敍任及辭令

○命시從院副卿 從二品李宗洙○解平安南北道鑛務委員 林炳周○命平安南北道鑛務委員 車性駿 李斗三 趙咸允○命江界貢蔘委員 金봉埈○依願免本官 濟州牧主事李致榮○任濟州牧主事 全羅北道관察府主事李龍涉○任全羅北道관察府主事 九品金[illegible]圭○任內部治道局書記 李洪珪○解兼任忠청南道裁判所判事 忠청南道前觀察使朱錫冕○命兼任忠청南道裁判所判事 忠청南道觀察使金嘉鎭

以上五月十六日

◎部令

度支部令第五號 續

銀行條例施行細則

第十七條 株式의讓交人이其讓交ᄅᆞᆯ株式名簿에記載ᄒᆞᆫ後二個年을經過ᄒᆞᆫ時ᄂᆞᆫ前條에定ᄒᆞᆫ責任을免ᄒᆞᆷ을得ᄒᆞᆷ이라

第十八條 第十五條의規定은株式擔當人이期日에第一回의株金拂納을아니ᄒᆞᆫ境遇에此ᄅᆞᆯ準用ᄒᆞᆷ이라但其擔當人無ᄒᆞᆷ에至ᄒᆞᆫ株式에對ᄒᆞ야ᄂᆞᆫ發起人은更히株主ᄅᆞᆯ募集ᄒᆞᆷ을得ᄒᆞᆷ이라

第十九條 株式會社에ᄂᆞᆫ左開書類ᄅᆞᆯ備置ᄒᆞ고株主及何社의債務者의請求가有ᄒᆞᆫ時ᄂᆞᆫ營業時間內ᄂᆞᆫ勿論何時ᄒᆞ고其閱覽에供ᄒᆞᆷ을要ᄒᆞᆷ이라

一 定款
二 總會의決議權
三 株主名簿
四 社債原簿

第廿條 株主名簿에ᄂᆞᆫ左開事項을記載ᄒᆞᆷ을要ᄒᆞᆷ이라

一 株主의姓名居住
二 各株主의株式의數爻及株券에番號
三 各株의對ᄒᆞ야拂納ᄒᆞᆫ株金額及拂納의年月日
四 各株式의取得ᄒᆞᆫ年月日

第廿一條 社債原簿에ᄂᆞᆫ左開事項을記載ᄒᆞᆷ을要ᄒᆞᆷ이라

一 社債權者의姓名居住
二 債券의番號
三 社債의總額
四 各社債의金額
五 社債의利率
六 社債償還의方法及期限
七 債券發行의年月日
八 各社債取得의年月日 未完

外報

●청使接見 倫敦電을據ᄒᆞᆫ즉去十二日에英國親王에드워드氏가청國使臣을接見ᄒᆞ셧다ᄒᆞ얏더라

●牧師演說 同電을據ᄒᆞᆫ즉去十二日ᄒᆞᆫ더베大牧師가各社會에서聖經傳播ᄒᆞᆷ으로以ᄒᆞ야演說ᄒᆞ기ᄅᆞᆯ日本이將來에傳道事業이有ᄒᆞ리라고ᄒᆞ얏더라

●親王出發 伯林電을據ᄒᆞᆫ즉德國親王씨소와드氏가去十一日에巴里京에出發ᄒᆞ얏다더라

●俄帝快事 同電을據ᄒᆞᆫ즉俄皇帝ᄭᅦ서ᄂᆞᆫ農民에保護ᄒᆞᆷ을被ᄒᆞ야快事ᄒᆞ시냥ᄂᆞᆫ通信이有ᄒᆞ다더라

●歡迎청使 伯林通信을據ᄒᆞᆫ則德國에在留ᄒᆞᆫ청國特派大使ᄂᆞᆫ來月六日에赴任ᄒᆞᆫ다ᄂᆞᆫ데該地에到任ᄒᆞᆯ時에喜悅ᄒᆞᆫ歡迎을德國皇族과其他各官吏로부터受ᄒᆞ얏다더라

●英艦增勢 倫敦通信을據ᄒᆞᆫ즉本月九日에土耳其皇帝가英國要求件을對ᄒᆞ야反對ᄅᆞᆯᄒᆞ얏ᄂᆞᆫ데水師提督베레스포드氏와地中海艦隊長이該艦隊에勞力을增加ᄒᆞ야[illegible]이快히成就가된다더라

●墺地利政府 同電을據ᄒᆞᆫ則西方墺地利亞政府ᄂᆞᆫ新組織이成立이되얏ᄂᆞᆫ데무레氏가政府大臣을被任ᄒᆞᆫ다더라

●大臣更迭 上海電을據ᄒᆞᆫ則去十日에海關大臣[illegible]蘇[illegible]氏가被任ᄒᆞ고侍郞[illegible]遷氏에敍任이나皇勅으로頒布되얏스므로부트르氏가政府에勢力을失ᄒᆞᆯ가恐懼ᄒᆞᆫ다ᄒᆞ며北京에駐在ᄒᆞᆫ外國公使도此事件에對ᄒᆞ야嚴肅히干涉ᄒᆞᆫ다ᄒᆞ며該地에在ᄒᆞᆫ外國將官等도此勅令에對ᄒᆞ야驚訝ᄒᆞᆫ다더라

●銀券印行 同電을據ᄒᆞᆫ則멘에在ᄒᆞᆫ淸國銀行에서一圓銀票로十錢票ᄭᆞ지發票가되얏ᄂᆞᆫ데該銀行券ᄂᆞᆫ政府에서印行ᄒᆞᆫ두니該地日本商民과當局者等이該銀行券流行ᄒᆞᄂᆞᆫ거시利益이無ᄒᆞᆷ을認知ᄒᆞ야處理ᄒᆞᆷ을反對ᄒᆞ얏다더라

雜報

●桑港通信

美國桑海에서地震과火災에韓國同胞의先生存亡을不知ᄒᆞ야極其悶菀터니今에桑港에生在ᄒᆞᆫ同胞들이發刊ᄒᆞᄂᆞᆫ共立新聞을據ᄒᆞᆫ즉事實이仔細ᄒᆞ기로玆에揭載ᄒᆞ노라

四月十八日午前五時五分에猝然地中에서轟轟聲이出ᄒᆞ며地가크게搖動ᄒᆞᄂᆞᆫ디家屋도多壞ᄒᆞ고地底가圻裂ᄒᆞ니寢宿ᄒᆞ던人이未及着衣ᄒᆞ고跳出ᄒᆞ며措手不及ᄒᆞ야崩屋에壓死ᄒᆞᆫ者가五百餘名이오被傷者ᄂᆞᆫ不知其數오獸畜ᄭᅡ지ᄉᆞ망ᄒᆞᆫ지라人人이無不驚怖ᄒᆞ야路上에彷徨ᄒᆞ고不敢入室ᄒᆞᆷ은更히地動이有ᄒᆞᆯ가ᄒᆞ야全港口가鼎沸ᄒᆞᄂᆞᆫ디地動이不止ᄒᆞ야十二次의至ᄒᆞ얏스나初와如치안코桑港監獄署도崩壞ᄒᆞ고或旅館에서ᄂᆞᆫ百餘名이壓死ᄒᆞᆫ지라

十八日午前十五分에地動ᄒᆞᆯ時에電氣와ᄭᅢ스라ᄯᅩᆼ이坼ᄒᆞ야火가大噴ᄒᆞ되맛ᄎᆞᆷ스투降偏에서始發ᄒᆞ얏ᄂᆞᆫ디地動時에引水筒이蹴破ᄒᆞ야水가無ᄒᆞᆷ으로卽時火를滅치못ᄒᆞ니火ᄂᆞᆫ漸漸四面으로延燒ᄒᆞ야不過四五時間에五里를延及ᄒᆞ야一邊으로ᄂᆞᆫ西北을向ᄒᆞ고一邊으로ᄂᆞᆫ東北을向ᄒᆞ야燒ᄒᆞ니煙氣ᄂᆞᆫ蔽日ᄒᆞ고火光은騰空이러라

該地의五十萬名人口가華麗ᄒᆞᆫ家屋과貴重ᄒᆞᆫ物品을盡付回祿ᄒᆞ고但空手로相携ᄒᆞ야火를避ᄒᆞ며兵丁과巡檢들은處處把守ᄒᆞ야若有違法者면卽砲殺ᄒᆞ야도罪가無ᄒᆞ다ᄒᆞ니其危殆ᄒᆞᆫ境狀은尤甚凜然ᄒᆞᆫ지라

伊日오後에諸會社와各商店과石屋과板屋이皆燒ᄒᆞ고地震의壓死人과受傷ᄒᆞᆫ者八百餘名을미ᄯᅥ스투갓ᄒᆞᆫ大屋에運置ᄒᆞ얏더니傷者만僅히他處로移置ᄒᆞ고死者ᄂᆞᆫ皆燒ᄒᆞ얏더라

是夜에火焰이尤甚ᄒᆞ야桑港全區가一大洪爐中과如ᄒᆞ더라十八日最에火가청人洞內와日人洞內에犯ᄒᆞ야盡燒ᄒᆞ고오後에韓人共立館에犯ᄒᆞ고二十日오后六時에西洋火ᄂᆞᆫ盡滅ᄒᆞ고北邊火ᄂᆞᆫ尙在ᄒᆞ더라韓人共立館은四月十八日오前오時오分에地震ᄒᆞᆯ時에ᄂᆞᆫ損害를免ᄒᆞ얏더니終是火災를不免ᄒᆞ야沒數被燒ᄒᆞ얏더라

地動時에共立館에在ᄒᆞᆫ者ᄂᆞᆫ無事ᄒᆞ나美國人家에在ᄒᆞᆫ韓人들은如ᄒᆞᆫ지不知ᄒᆞ야金寬裕徐廷佑李教深李源吉四氏로ᄒᆞ야금各處에探知ᄒᆞ고各處에在ᄒᆞᆫ韓人들도該館에來ᄒᆞ야安否를問ᄒᆞ니桑港에在ᄒᆞᆫ韓人은皆無故ᄒᆞ더라然ᄒᆞ나各饌品이全闕ᄒᆞ고各食物家에ᄂᆞᆫ食物이絶種ᄒᆞᆷ이麵包一個의五十錢으로一元에至ᄒᆞ야도買得이無路ᄒᆞ고ᄯᅩ火를禁ᄒᆞᄂᆞᆫ故로如干米와水가有ᄒᆞ나炊飯을不得ᄒᆞ며四處로行ᄒᆞ다가僅히果子四十箇를買來ᄒᆞ야一箇式分食ᄒᆞ고是夜를經過ᄒᆞᆫ서청國人과日本人이火를避ᄒᆞ야共立館을訪來ᄒᆞ야共히經夜ᄒᆞ기를請求ᄒᆞ거ᄂᆞᆯ同是東洋人種을爲ᄒᆞ야許諾ᄒᆞ니共立館一通이空隙이無ᄒᆞ더라其夜를經過ᄒᆞ고 未完

●學問何在 中署長洪奭鉉氏ᄂᆞᆫ宴會次로明月舘妓童을招致ᄒᆞ다가趁不來待ᄒᆞᆫ다ᄒᆞ야無罪ᄒᆞᆫ民을一夜嚴囚ᄒᆞᆷ으로桐原警視가辭職退去ᄒᆞ라ᄒᆞᆷ의萬端哀乞ᄒᆞ야改過遷善ᄒᆞᆫ다마ᄒᆞ고視務ᄒᆞᄂᆞᆫ디掃除費支出에各柴商의게稱以掃除ᄒᆞ고收稅ᄒᆞᆷ으로今故로民怨이狼藉ᄒᆞ야丸山顧問이取調중인디洪署長은ᄯᅩ改悛心ᄒᆞ야稱以消防組設ᄒᆞᆫ다ᄒᆞ고錢致千閭을各署防ᄂᆞ니各區人의게勸徵ᄒᆞ다가區人이不服則捉囚督捧故로民怨이藏路ᄒᆞ다ᄒᆞ니洪氏ᄂᆞᆫ日本의서卒業生名譽가有ᄒᆞᆫ人이나行爲不正이反不如無學間人이라고人言이紛紛ᄒᆞ더라

●三氏敍勳 軍部顧問官勳三等野津鎭武氏ᄂᆞᆫ軍務著績ᄒᆞ야特陞敍勳二等ᄒᆞ고警務顧問官丸山重俊氏ᄂᆞᆫ多有勤勞ᄒᆞ야特敍勳二等ᄒᆞ고第一銀行長청水泰吉氏ᄂᆞᆫ亦多勤勞ᄒᆞ여特敍勳二等으로各賜八卦章ᄒᆞ엿다더라

●此誰宣徵 日本國으로回來ᄒᆞᆫ舘兩升氏를再昨日一進會의서捉致ᄒᆞ여挾室의拘留ᄒᆞ고何事를因ᄒᆞ야日本의前往ᄒᆞ야何事를成ᄒᆞ고何陰謀계로回奏ᄒᆞ얏나냐ᄒᆞ고質問ᄒᆞ야闕內외更勿入侍ᄒᆞ라ᄒᆞ야多數困辱ᄒᆞ고放送ᄒᆞ얏다더라

●猜忌自强 一進會에서自强會를猜忌ᄒᆞ야陰害ᄒᆞᆯ계謀를百般運動ᄒᆞᄂᆞᆫ디近日各大會를招致質問ᄒᆞᆯ時에第一欵質問이自强會를何爲니應ᄒᆞ얏ᄂᆞ냐ᄒᆞᄂᆞᆫ지라各其對日自强會目的은尙未闡見이어니와君等之宣言書에反對之人이어니自强會之關是心是ᄂᆞᆫ推此可知라ᄒᆞᆷ이所謂該會評議長은默不一言ᄒᆞ얏다더라

●壓服不已 統監府에서政府로照會ᄒᆞ야各國과通商條約을送交ᄒᆞ되 宮內府所藏案件을沒數送交ᄒᆞ라ᄒᆞᆫ지라 宮內府에서屢次奏稟ᄒᆞ되 皇上陛下ᄭᅦ서分付ᄒᆞ시되無論某條約ᄒᆞ고一章副本이外事局의自存ᄒᆞ니統監府의서持此可憑이어ᄂᆞᆯ 宮內府所藏金石之典을欲覓ᄒᆞ니事理不當이라政府卿等은何不歸正交涉乎아ᄒᆞ옵신故로以此照復ᄒᆞ되統監府의서ᄂᆞᆫ聽而不聞ᄒᆞ고日昨의第三次照會ᄒᆞ얏다더라

●舒印自在 曩日舒川郡電報內에該郡守印章을義兵處에見奪이라ᄒᆞᆷ은前報의已揭어니와更聞ᄒᆞᆫ즉當日義匪의威脅이罔有紀極ᄒᆞ야有印章要奪之勞나該郡守가抗拒不屈ᄒᆞ고據理責之ᄒᆞᆷ으로義匪等이知其不可以非理犯之ᄒᆞ고旋爲退出ᄒᆞ야印章은不至見奪ᄒᆞ얏다더라

●公言見難 中央新報를永停ᄒᆞᆫ事實은已爲記載ᄒᆞ얏거니와其事由를詳探ᄒᆞᆫ즉該新報第八十七號論說題欵無大人物問題를頒布日의統監府의서該社長古河松之助氏를招致ᄒᆞ야大段詰責ᄒᆞ고永爲停報케ᄒᆞ얏더라

●又一雜類 協律社ᄂᆞᆫ大韓國中에一大淫逸風流之場이오職取民財之機關이라是以로各社會와各報筆의論駁이不已ᄒᆞ고李莣和氏가痛陳其弊ᄒᆞ야上疏가有ᄒᆞᆷ의 韓皇陛下ᄭᅦ서卽降批旨ᄒᆞ사令政府로申飭革罷ᄒᆞ시니政府에서도 聖意를奉承ᄒᆞ야照會內部ᄒᆞ야令其革罷ᄒᆞ니一般臣民이皐皆欽仰讚頌ᄒᆞ더니某報를見ᄒᆞᆫ즉金敎傾氏가該社의革罷가不可라ᄒᆞ야投進一疏라ᄒᆞ니是ᄂᆞᆫ皇上陛下의聖意를無視ᄒᆞ며政府命令을反對ᄒᆞ며全國輿論을違拂ᄒᆞ고受何人之嗾囑ᄒᆞ야鄙陋之態를呈出ᄒᆞᆷ이니何日何時에如此雜類들이掃影滅跡ᄒᆞ야人心風俗이丕變一新ᄒᆞᆯᄂᆞᆫ지良可慨歎이로다

●法籍得實 平理院의서民事上에關ᄒᆞᆫ事件의有ᄒᆞ여副領李寅榮氏를招致ᄒᆞ얏더니李副領이反對ᄒᆞ기를被告ᄂᆞᆫ法國에入籍ᄒᆞ얏슨즉此招楊에往ᄒᆞᆯ理由가無ᄒᆞ다ᄒᆞᆷ으로平理院에서漢城府에通知ᄒᆞ얏더니漢城府에서報告ᄒᆞ되李寅榮氏가率其妻子ᄒᆞ여法國의入籍事로昨年分의法領事가已有聲明이라ᄒᆞᆫ지라政府의서該事狀은法領事의게行文ᄒᆞ여該民事審判을結了ᄒᆞᆯ터이라더라

●束縛新聞 統監府의서新聞을束縛ᄒᆞ기爲ᄒᆞ야新聞條例를方今編成중인ᄃᆡ內地의內國人新聞은同部의서句束케ᄒᆞ고外國人新聞은統監府의소句束ᄒᆞ기로磨鍊ᄒᆞᆫ다더라

●監府堅執 移民條例와礦山條例를實施ᄒᆞ라고統監府의서連函督促중인ᄃᆡ該條ᄂᆞᆫ皆依統監府指揮ᄒᆞ야頒布ᄒᆞ며國權이尤極蔑如ᄒᆞᆫ진라兩條例의認可ᄂᆞᆫ統監府를經ᄒᆞᆫ後施行ᄒᆞᆫ다ᄂᆞᆫ條件을變更ᄒᆞ야ᄒᆞ나統監府ᄂᆞᆫ堅執不聽ᄒᆞ얏다더라

伯林電報

●德國同意 五月十八日午後三時半發

德國政府ᄂᆞᆫ淸國稅論變更問題에就ᄒᆞ야淸國政府에提出ᄒᆞᆫ所問書에同意ᄒᆞ얏다더라

倫敦電報

●露國議會要求 五月十八日오後三時半發

露國議會ᄂᆞᆫ婦人에對ᄒᆞ야選擧權을與ᄒᆞᆯ事와世界平和의維持等을要求ᄒᆞ얏다더라

東京電報

●親任式 五月十八日오后六時半發

英國의駐箚ᄒᆞ얏든大使林董氏ᄂᆞᆫ明日(十九日)의外務大臣의任命ᄒᆞ야親任式을擧行ᄒᆞᆫ다더라

雜報

鄭圭煥具會榮徐丙準諸氏가中樞院에獻議가如左ᄒᆞ니伏以當此革新ᄒᆞᆫ張之日若有一毫利吾國便吾民事政府之所應行而不敢小懈者也生等之所力陳而不敢自諱者也竊惟我國之正供結戶兩稅而已也民之産業家舍田土而已矣國稅不正實則國胡以爲國民業不確立則民胡以爲民陳廢荒蕪之地不爲開拓則民胡以作業乎挽近國稅不正有白地而徵稅者有正稅而私橐者民業不立兄之有土弟之偷賣李之有土金之偷賣比比有之訴寃於法司不絶廣布於新聞相續此非特自國政雖上失弊亦是爲隣邦見聞上取侮矣若不爲早定方針而使之矯採莫重國稅無可正實民業無可確立矣誠欲爲此矯採莫先於調査結戶而整理稅簿也頒給契劵而確立民業也起墾陳荒而增進民産矣自 政府 奏稟天陛特設地制衙門地契家契使之發給則田土之廣狹戶口之多少易得調査而稅簿之紊亂可就也土地建物主之眞僞易得分辨而民産之確保可期也陳廢황蕪之地盡復起墾而民業之增進亦可圖矣大抵地制事務實施之日結戶無爽實之弊而國稅自增土地無偷賣陳廢之弊而民業自進矣此誠利國便民之至要乎故愛國愛民之地不顧自身分之至愚千慮之所得敢此仰陳而地制事務之進行規則一冊子玆以帖聯獻議伏乞 細垂 鑑亮後特念正國稅立民業開陳황保民業之大政卽爲提議於 政府俾卽實施則國計幸甚民業幸甚

●一校又起 茂長郡守徐相璟氏가境내士林을約會收議後茂昌學校를設立ᄒᆞ고學徒五十人을募集ᄒᆞ얏스니以公立으로認許ᄒᆞ고敎師ᄂᆞᆫ師範學校卒業生중一人을擇選下送ᄒᆞ라고學部로報告ᄒᆞ얏다더라

●鐵道官制 京釜鐵道를日本에셔買入ᄒᆞᆫ後에鐵道管理局를統監府에設置ᄒᆞᆯ事로其官制를方今起草중이라더라

●可信可賀 近日京城商業會議所에셔該所建築資金을各方面實業家의게寄附ᄒᆞᆷ을請ᄒᆞᄂᆞᆫᄃᆡ就中廣信社(卽客主組合)ᄂᆞᆫ社員이二十人에不滿ᄒᆞᆷ을不拘ᄒᆞ고各社員의熱心贊成으로金一千圓을寄附ᄒᆞ얏다ᄒᆞ니此等事業은眞乎一般實業家에셔盡力經營ᄒᆞᆯ바어니와現今此困難ᄒᆞᆫ商業界의情況로該社員의公共的觀念을尤一層贊賀ᄒᆞᆯ事라더라

●韓語編輯 前主事尹經被氏가芳年十七에日本에遊覽ᄒᆞ더니二重縣長이其才藝超等ᄒᆞᆷ을見知ᄒᆞ고韓語敎師로延聘ᄒᆞ야于今幾年敎育ᄒᆞᄂᆞᆫᄃᆡ韓語敎科書及商業敎科書가明詳치못ᄒᆞᆫ故로各一冊을纂編輯ᄒᆞ니日人이稱讚不已ᄒᆞ야幾百卷을發刊頒布ᄒᆞ얏다니其弱冠의名譽와新發明의著述이眞箇欽羨ᄒᆞ깃더라

●其義難及 向日義士李建奭氏가日本司令部에嘔血而死ᄒᆞ니其子應洙氏ᄂᆞᆫ在鄕未來ᄒᆞ고屍體ᄂᆞᆫ在於南大門外라李鶴來尹相弼兩氏가馳往哭弔ᄒᆞ고因ᄒᆞ야初終斂襲과殯殮執紼에幾晝夜를須臾不離ᄒᆞ야克盡誠力이라ᄒᆞ니其感慕忠義와 於友義가實非衰世薄俗의所可企及이라ᄒᆞ더라

●期限未滿 本報第二百十九號에揭載ᄒᆞᆫ法國人薩泰來氏의金礦契約事件의對ᄒᆞ야期限이已滿외尙不開採故로該條約이自歸勿施라ᄒᆞ더니更히詳探ᄒᆞᆫ즉期限이未滿ᄒᆞ얏스니勿施之說이不當이라ᄒᆞ더라

●叙任問題 日昨大東報를據ᄒᆞᆫ즉內部大臣이內閣諸大臣과더부러經議치아니ᄒᆞ고郡守十窠를叙任ᄒᆞ얏다ᄒᆞᆫ지라吾儕ᄂᆞᆫ暗想건ᄃᆡ此叙任이但在於合用良材者이오且其不在於孔方之用事인줄노認信ᄒᆞ기의有托이니吾儕ᄂᆞᆫ此事가的實ᄒᆞᆷ을希望ᄒᆞ나然이나郡守들이李址鎔氏가目今외自己斡旋ᄒᆞᆫ此利權의對ᄒᆞ야法外報酬를請要ᄒᆞᄂᆞᆫ거슬稱德ᄒᆞᄂᆞᆫ줄노國民의가確証ᄒᆞᆷ을留意ᄒᆞ노라

●慢不聽令 經理院의셔內部로照會ᄒᆞ기를敝院所管平壤郡煤礦을旣爲封閉이거날自該觀察府로不遵訓飭ᄒᆞ고一直開採之致로業經仰函ᄒᆞ야以爲論警케ᄒᆞ고職卽派送該查委員ᄒᆞ여發掘潛採潛賣及現存實數量使之査報케ᄒᆞ얏더니

廣告

在桑港遭難同胞救助金

寧邊人 咸駿源新貸	四圓
白樂元	一元
桃性淵	四十錢
皮秉德	三十錢
李寅龍	三十錢
曹泳鎭	三十錢
全泰亨	三十錢
金明燁	三十錢
金永燁	三十錢
全泰純	三十錢
金鎭華	三十錢
黃弼庫	十錢
張龍俊	十錢
淸國人 黃英甫	一元
◉中樞院巡檢乙部諸員	
韓璋鉉新貸	一圓
金昌億	一圓
孔昌煥	一圓
金顯杓	五十錢
李源鼎	九十錢
金洛奎	三十錢
洪元杓	五十錢
金相浩	五十錢
趙聖元	四十錢
李泰榮	五十錢
尹景熙	三十錢
黃永善	二十五錢
韓基淵	二十五錢
朴熙寬	二十五錢
劉永澤	二十五錢
孫貞植	二十五錢
劉濱文	二十五錢
李範龜	二十五錢
朴胤浩	二十五錢
朴承權	二十五錢
劉時淵	二十五錢
金學俊	二十五錢
朴元鎬	二十五錢
崔奎成	二十五錢
李長鎔	二十五錢
趙鎭慶	二十五錢
李周燁	二十五錢
朴壽弘	二十五錢
金光浩	二十錢
金永敎	二十錢
趙晧元	二十錢
鄭興亨	二十錢
崔永植	二十錢
李台鳳	二十錢
崔秉奎	二十錢
金一相	二十錢
朴東元	二十錢
金鼎九	二十錢
白俊基	二十錢
金東煥	二十錢
鄭學善	二十錢
徐德奎	二十錢
金達祚	二十錢
文完燁	十錢
千應楨	十錢
金昌鎬	十錢
梁文煥	十錢
金在弘	十錢
林東寅	十錢
崔德弘	十錢
朴宗煥	十錢
劉弘龍	十錢
金承泰	十錢
金春植	十錢

以上合二十三圓八十五錢

廣告

土木建築會社趣旨書

我國이自海禁開通以來로紛立혼社會名稱이不一而足인바始也措股定款홈이井然不紊ᄒᆞ야頗有開發之機러니終焉社員이渙散ᄒᆞ고資本이虛ᄒᆞ야名實이不副에徒貽天下之姍笑ᄒᆞ니此曷由焉고通觀社會種族이不能底團體之故也라泰西理學博士가嘗有言ᄒᆞ되欲世界發達인ᄃᆡ端賴個人發達이오欲介人發達인ᄃᆡ端賴小小發達이라ᄒᆞ니盖此心者ᄂᆞᆫ萬化之根原이오百善之樞機也라如使吾人介心으로儘先發達ᄒᆞ야腦根이健全ᄒᆞ고信行이交孚ᄒᆞ야通力合作에完結社會之團聚則何業을不做이며何事를不濟리오然則民殷物阜와國富兵强을可立而待ᄒᆞᆯ지라今玆同志紳士가我國에民智昧弱과工作凋瘵홈을慨嘆ᄒᆞ야一社를剏設ᄒᆞ니名稱은土木建築會社라其規則은株式五千이오其業務ᄂᆞᆫ營屋架橋修道開渠等工事建築을擔任ᄒᆞ오니誠願有志僉君子ᄂᆞᆫ顧名思義ᄒᆞ시와亟賜糾合團體ᄒᆞ고益益改良에烝烝進步ᄒᆞ야協同事業ᄒᆞ며共享利益ᄒᆞ야國內財權으로外洩之患이無케ᄒᆞ심을務望

株式金細則

一 本社의總資本金은二十五萬圜으로定ᄒᆞ고株式金股數ᄂᆞᆫ五千股로定홈이라

一 株金은一股에五十圜으로定홈이라

一 株式金收入ᄒᆞᄂᆞᆫ規則은偏人에二百股에過홈은勿許ᄒᆞ고一株에二箇股主에過홈은勿許홈이라

一 株式金收入ᄒᆞᄂᆞᆫ回數ᄂᆞᆫ十回로定홈이라

一 株式金收入ᄒᆞᄂᆞᆫ回期ᄂᆞᆫ預定이無ᄒᆞ고事業進就를因ᄒᆞ야臨時發表홈이라

但株式收入回를經ᄒᆞᆫ지四十日以內ᄂᆞᆫ收入回를發布치못홈이라

一 株式收入發布ᄂᆞᆫ收入日前期十日ᄒᆞ야發布홈이라

一 株式金收入期限ᄒᆞᄂᆞᆫ日로廿日을限ᄒᆞ야收入ᄒᆞᆯ事홈이라

一 株主가株式金出付ᄒᆞᆫ期限日을過ᄒᆞᆫ時ᄂᆞᆫ特別히五箇日을增加ᄒᆞ야限期를假貸홈이라

但第一回株式金收入에對ᄒᆞ야二十日外에特別限을假貸치勿홈이라

一 株主가特別限을得ᄒᆞᆫ時ᄂᆞᆫ違期ᄒᆞᆫ罰金을徵出홈이라

一 違期罰金은本位金一圜에對ᄒᆞ야一箇日에金一錢式計日徵收홈이라

一 特別限期를得ᄒᆞᆫ株主가所得ᄒᆞᆫ期로過ᄒᆞ야도株式金을出付치못ᄒᆞ면株主의名義를得지못ᄒᆞ고該保證金을出給지勿홈이라

但第二回株式金에對ᄒᆞ야特別期가過ᄒᆞᆫ時ᄂᆞᆫ第一回出付ᄒᆞᆫ元位金을出給ᄒᆞ되營業에損害된債를徵收홈이라

一 株式金收入第六回에對ᄒᆞ야ᄂᆞᆫ特別期를過ᄒᆞ여도株主權은仍存홈이라

但前回出付ᄒᆞᆫ株式元位金은半股殘數로立本홈이라

一 前項에保ᄒᆞᆫ株主에對ᄒᆞ야ᄂᆞᆫ社營業損害償金은利益配當第一回에扣除ᄒᆞ되殘數立本ᄒᆞᆯ純益金과對照徵收홈이라

一 株主保證金은一株에五으로定홈이라

一 株主保證金을收入ᄒᆞᆫ後該收入ᄒᆞᆫ保證金을十回元位株式金에分排計減홈이라

一 固定資本主의資格은본會ᄉᆞ事業上應用ᄒᆞᆫ物品이나財錢을數가본會사에株式金出付ᄒᆞᆫ額을擔當하ᄂᆞᆫ數의十倍以上에達ᄒᆞᆫ資본에有ᄒᆞᆫ商業人에게許홈이라

一 本會ᄉᆞ가固定資본主에게物品을請求需用하되價額은物品應用ᄒᆞᆫ建築工事가竣成ᄒᆞ金額流通을待하야出給홈이라

一 固定資本主ᄂᆞᆫ본會사에物品需應홈을自擔하되價額領受ᄒᆞᆯ時에ᄂᆞᆫ本ᄉᆞ에擔當ᄒᆞᆫ株式金을交納홈이라

一 株券百股以上出付ᄒᆞᆫ人은資본家에資格을與하야言權이特有홈이라

土木建築會사員 尹致성 柳東作 朴蕃英 白

本社廣告

一張代金 ... 一箇月前約 十錢 ... 三箇月 十錢 ... 六箇月 ... 錢 ... 一個年 ... 郵稅一朔 ... 一箇所 ...

廣告料 國문活字十三字數 每日每行 ... 五錢

◎本社의各支店廣告

仁川租峴 ... 李東圭
平壤南山峴日新學校 金典灝
崔敬恒
肅川邑紙西 安 榕
義州南門外韓國大藥房 張有寬
長連邑 金 龍
鎭南浦築洞 金仁직
咸興州南社 曺喜林
中和邑 李俊培
釜山佐川徐藥房 金瀧齡

發行兼編輯人 英國人裵說
發行所
大韓每日申報社

大韓每日申報

대한매일신보

第二百廿五號

月曜及慶節歲時日休刊

檀君開國四千二百三十九年
箕子元年三千二百二十八年
大韓開國五百十五年
日本明治三十九年
淸國光緖三十二年
陰曆丙午四月小二十九日內人

論說

歎中央新報停刊

中央新報의停閉된事由는再昨本報에略已揭載어니와吾儕는但히該報의厄運을爲하야歎惜弔慰할뿐不是라從來日本政治程度가尙屬壓制民權하야障害文明的行爲와日本人物의識量이狹隘하고智慮淺短한事實이性性現發하야取譏於世人之公評者多矣러니對此行動하야其實除眞相이可謂畢露無餘에掩諱不得이니豈不可愧可歎哉아夫放任言論之自由하며伸張人民之權能者는文明國政治의第一程度之可觀者오容受直士之苛評하야樂聞自己之過失者는大君子自修之實에最好方法이니若以邦國而束縛言論하고壓制人權하야致使報館文字로失其自由케하며決不可謂文明之國이오乃是文明之魔障이라謂할거시오以無人而懇(?)其過失하야不受直言하고但以遂非長惡으로固執不變者는亦不可以文明之人으로待過者라

益民有之權이卽是國有之權이니個人之權이若其不張이면國權이亦不能張이라況報館之職이主持一世之話柄하야發揮其國光者가實不淺尠則決不可以抑壓而束縛之者오且言言者는人之藥石이니若不有直舌之警我砭我者면亦何從而聞其過失而改之乎아尤宜俛俛然拜受之不暇也니豈可厭聞而惡聽하야欲其過絶之乎아況報館之筆은全世界之耳目이오一般公衆之藥石이라執筆尙言之士가或其出於憂憤이던지出於忠愛이던지直言讜論이設有過激者라도主持政務之人이固當犂然而受하고惕然反省하야惟恐其言之不切하고聞之不多가可也라今中央新報八十一號의論說一篇이雖是譏刺之口氣나安知其意가不出於憂憤忠愛而有此激論乎아且其主意結辭가不過曰韓日兩國에無大人物云者니因此而値其停閉는大是不幸之事로다彼主持政務者가遭此譏評而遽罪其人하고直閉其館하니彼其以大人物自處者耶아夫所謂大人物者는樂聞天下之直言하야有則改之하고無則加勉하야使言者로愈罄其言이是其德量之足稱者라今自日本統監府로對此執筆하야발然怒之에令其停閉則其人物之如何는不須再評이니該報에謂其無大人物者가果是的當之論이라하노라

官報

●三千四百五十八號 光武十年五月廿一日

◉宮廷錄事

從二品金敎碩言事疏

批旨省疏具悉疏辭令니部措處

시從院副卿李宗洙辭職疏疏

批旨省疏具悉所請依施

以上五月十七日

◉敍任及辭令

○依願免本官 秘書監丞 丕南益 弘文館시講 蔡東燮 仝 李佑 西京豐慶宮參書官 張震澤 仝 庾珉봉 齊陵參奉 송謙達 厚陵參奉 丕鍾禹 敬陵參奉 李容轍 康陵參奉 柳冀重 恭陵參奉 洪淳參 惠陵參奉 鄭東冕 永陵參奉 李鼎昉 營繕司技手 李雲鶴○命시從院副卿 太僕司長 姜봉朝○命太僕司長 營繕司長 李輔榮○命營繕司長 宮내府參書官 南廷奎○任秘書監丞 正三品 權命燮○任弘文館시講 四品 李鍾國 五品 沈衡澤○兼任太醫院副卿 秘書監丞 鄭헌○任西京豐慶宮參書官 六品 李晉用 仝 尹相弼○任宮내府參書官兼任내事課長 시從院시從 李鍾華○任시從院시從 軍部繙譯官 송台觀○任齊陵參奉 九品 洪德周○任敬陵參奉 六品 金진洙○任康陵參奉 六品 徐㒼敎○任惠陵參奉 六品 崔永稷○厚陵參奉 郭在憲○任永陵參奉 金相演○任恭陵參奉 李佑榮○任營繕司技手 李丙勳○主殿院電務課主事 洪榮善 尹相喆 以上五月十七日○依願免本官 忠청南道觀察府摠巡 申鉉斗○任忠청南道觀察府摠巡 前摠巡 全基完

以上五月十八日

◉部令

度支部令第五號

銀行條例施行細則 續

第廿二條 第一條의揭한事項을變更코져할時는度支部大臣의認可를受함이可함이라

第廿三條 銀行條例第五條及第六條의半箇年은每年一月로六月ᄭ지及七月로十二月ᄭ지로하고此를銀行의營業年度라함이라

第廿四條 銀行條例第五條의營業報告는附屬書式에準據하야調製하고每營業年度를過後一箇月以內에度支部大臣의게提出함이可함이라

第廿五條 銀行이營業을開始한時는其年月日을度支部大臣에게報告함이可함이라

第廿六條 銀行에事業을經營하는者는其營業을廢止하거나會社를解散코져할時는度支部大臣의認可를受함이可함이라

附則

第二十七條 銀行條例施行以前브터銀行의業務를營하야繼續營業코져하는者는其施行日브터三個月以內에第一條나第八條에准據하야營業繼續認可申請書를度支部大臣에게提出하야其認可를受함이可함이라

第二十八條 銀行條例施行前에設立된行의定款의規定으로本部令의規定의抵觸한者는前條의期間內에此를改定함이要함이라

光武十年四月二十日

度支部大臣閔泳綺

未完

外報

●伯爵被刺 倫敦電을據한즉去九日에伯爵인느릐쌔氏가刺客의게被傷하얏다더라

●俄艦修補 俄國皇帝셔셔海軍大臣의게命令하ᄉ海軍을速히復設하라하시고特別히製理局을設施하야水雷艇等을修補하라하얏다더라

●恤金當受 華盛頓電을據한즉大統領으루스벨氏가外國人寄付하는桑港遭難人救恤金에對하야拒絶不受하되軍部參書官ᄭ푸ㄷ氏은領受하기로結定하얏다더라

●長沙洪水 上海電을據한즉長沙府近地에서宏大한洪水가有하야家屋과田畓에損害가不小하며許多人民가致斃하얏다더라

雜報

●照會交涉 議政府에셔平壤部外城에日本軍用地及鐵道停車場未定事件에對ᄒᆞ야內部로照會ᄒᆞ고往年에日本駐京司令部에直接交涉ᄒᆞ던事狀顚末을詳細錄交ᄒᆞ야以便考覽케ᄒᆞ라ᄒᆞᆫ지라內部에셔該司令와自初交涉書類를譯本送交ᄒᆞ며民情模樣을特念ᄒᆞ야連加交涉迅辦ᄒᆞ라ᄒᆞ얏더라

●株金募集 農工銀行委員李喜相氏가株金을募集ᄒᆞ기爲ᄒᆞ야該銀行規則을尾附公函於各部ᄒᆞ야株金募合ᄒᆞ기를勸勉ᄒᆞ얏더다라

●學訓監督 日本東京留學生監督韓致愈氏의게學部에셔訓令ᄒᆞ기를貴報告를接准ᄒᆞ야監督部基址稅金額一百四十圜은行將擬交ᄒᆞᆯ깃스나日本外務省書記官倉知의來到統監府ᄒᆞᆫ文條를接閱ᄒᆞᆫ즉監督部基址稅가爲一百十圜이라ᄒᆞ니座下所報ᄒᆞᆫ一百四十圜이錯誤인지其涉謂惑ᄒᆞ야不得支撥ᄒᆞ니更詳報明ᄒᆞ라ᄒᆞ얏더라

●地價査報 度支部에셔內部로照會ᄒᆞ되熊川郡加德島外陽里軍用地段犯入家屋價及結戶逢勘下事로貴照會를接准이온바第念該人民等의失所棲遑이極爲矜憫ᄒᆞ와固當急撥이나初無秩秩區別ᄒᆞ고只擧合數ᄒᆞ야難以取調이온즉指飭該郡ᄒᆞ야精細査報然後可以辦撥이라ᄒᆞ얏다더라

●敎堂日鬧 再昨日晩에鍾現天主敎堂에셔禮拜를行ᄒᆞᄂᆞᆫᄃᆡ日兵丁이闖入ᄒᆞ야吸烟을成ᄒᆞ니該敎堂神父가其無禮ᄅᆞᆯ詰責하되終是頑抗ᄒᆞ야至有爭鬧之光景인ᄃᆡ日憲兵이來到ᄒᆞ야該兵丁을率去ᄒᆞ얏ᄂᆞᆫᄃᆡ詳報를探하야揭載하깃노라

●殺人者被捉 向日中署下避馬屛門內谷路邊에何許女子를刺殺ᄒᆞ얏다ᄂᆞᆫ事ᄂᆞᆫ已揭어니와該犯獎者ᄂᆞᆫ중署憲兵李哥爲姓者인ᄃᆡ警務廳에셔日巡査와巡檢憲兵을原州等地에派送ᄒᆞ야該犯李哥를捕捉ᄒᆞ얏ᄂᆞᆫᄃᆡ再昨日警務중署에嚴囚ᄒᆞ얏다더라

●新校試驗 仁川私立日新學校에셔去番春期試驗에甲級優等은金형根趙性億二人乙級優等은金七龍朴夏輔朴東驥三人丙級優等은崔四男鄭泰星朴돌星三人丁급優等은金正根一人戊급優等은金壽萬朴貴萬二人이더라

●蔚民請願 蔚山郡守金德漢氏ᄂᆞᆫ赴任兩朔에律身廉潔ᄒᆞ고恤民誠勤ᄒᆞᆷ으로該郡人民이承積年貪虐之餘ᄒᆞ야逢此良吏에如寒後之陽春이더니同氏가今番上京ᄒᆞ야有請願之擧ᄒᆞ니該郡民朴致河徐秉浩蔣聆等이相率上京ᄒᆞ야持木碑數百箇ᄒᆞ고待令于內部ᄒᆞᄂᆞᆫᄃᆡ若不得該郡守之還任이면民人等도決不退歸라ᄒᆞ더라

●捐恤窮民 濟州郡守金重培氏가內部에報告ᄒᆞ기를本島에昨秋年事가無前歉荒ᄒᆞ야民情矜悶이온중邑底五里가最爲難支故로抄出窮民ᄒᆞ고엇其月廩ᄒᆞ야二三兩朔에兩次周給이고外村各里ᄂᆞᆫ無計周恤이옵더니財政顧問官神谷卓男氏와日辭荒川留重郞이義연金二百九十一圜五十錢을收聚以送이기本郡守도備金一百廿元과皮牟二十三石ᄒᆞ와陰曆本月二十一日에賑恤各面赤貧獨궁民千餘名이라ᄒᆞ얏더라

●暹羅王族出發 已報ᄒᆞᆫ暹羅王子누곤殿下ᄂᆞᆫ三昨釜山에上陸하고京釜鐵路로伊日下오十時에來到南門하니韓日大官과各國領事等이迎接하고途中에日憲兵이護衛하고손닷그孃家에入하셧더니本日에出發하야平壤으로前往하야將次滿洲等地를遊覽하신다더라

●必是强奪 長湍郡守朴始淳氏가報告ᄂᆡ部하되本郡ᄂᆡ浦邊漂流木을補用於學校經費次로報告學部하야受指令特付矣러니日前南浦監理가日本理事官의公文을因하야訓令ᄒᆞᆫ내開에海岸漂着木材ᄂᆞᆫ我軍事當局者에軍用으로確信하야鎭南浦憲兵으로收拾聚集케ᄒᆞᆫ거인ᄃᆡ積置後萬一的確ᄒᆞᆫ本主發見ᄒᆞᆫ時에ᄂᆞᆫ我陸軍官憲에셔相當ᄒᆞᆫ代價로買收하깃스니漂着木材의使用을嚴禁等因이옵더니今又南浦日憲兵二人日人二名韓人三名이來到하야該木을輸去云이온바今此漂着之木이果是軍用則漂失之初에宜有預先通飭於沿海各郡이오며旣云軍用則更有何本主之現出이며且該木이俱是太平刻字標則其非日本軍用之標ᄂᆞᆫ世所共知어날如是强行勒奪之計者誠切慨歎뿐더러理事官은待本主之現出하야給價買收라하고憲兵은及今輸去ᄒᆞ니日本法貫에必無若是之理니轉照統監府하와該木을仍付學校라하얏더라

●平院決獄 平理院獄事에干連ᄒᆞᆫ徐鴻烈姜錫秀氏ᄂᆞᆫ無罪ᄒᆞᆷ으로再昨日處分放免이되얏고朴箕陽氏ᄂᆞᆫ笞四十鄭日永氏ᄂᆞᆫ笞八十으로今明間宣告가된다하며李根哲은李根澤入刺時에同行望見하얏다하고正犯은在逃ᄒᆞᆫ朴基俊金基植이라하고指使ᄂᆞᆫ且完眞라하나該犯等은在逃未捉ᄒᆞᆫ故로捉得前拘囚가될貌樣이라더라

●語校運動設行 各小學校ᄂᆞᆫ大運動會를繼次設行하얏스되語學徒ᄂᆞᆫ一不運動ᄒᆞᆫ지라學部에셔各語學校學徒를大運動ᄒᆞᆯ次로準備中인데其日字ᄂᆞᆫ姑未定하얏시나一週日內設行하기로ᄒᆞᆫ다더라

●軍大規務 軍部大臣李根澤氏ᄂᆞᆫ刺客의게被傷以後에快蘇하나干今ᄭᆞ지公事를在家處辦하더니昨日부터日巡査日憲兵同搭馬車하고軍部에仕進視務ᄒᆞᆫ다더라

●新塾運動 再昨日校洞日新義塾學徒六十餘名이永道寺에出去하야運動會를設行하얏ᄂᆞᆫᄃᆡ濟濟蹌蹌ᄒᆞᆫ各項技藝ᄂᆞᆫ尤極壯觀ᄒᆞᆷ의觀光하ᄂᆞᆫ者가如雲ᄒᆞᆫ지라宮ᄂᆡ大臣李載克氏ᄂᆞᆫ當場에셔新貨十元學務局長張世基氏ᄂᆞᆫ二元을補助하야賞與品에準備添入하얏ᄂᆞᆫᄃᆡ塾長李鍾一氏가隨辦施賞하고同오後七時半에運動歌를齊唱入塾하야萬歲三唱하고各歸其家하얏더라

●靑會演說 今日下午八點鍾에皇城基督敎靑年會에셔尹致昊氏가生存競爭으로演說ᄒᆞᆫ다더라

●派兵鎭匪 慶尙北道英陽義城等地에義兵이猖獗하야掠奪이滋甚이라ᄒᆞᆷ으로昨日軍部에셔安東鎭衛隊로訓令하기를隨其形勢에量宜派送하야以爲鎭壓하라하얏더라

●書札何來 漢城府主事蔡鴻儀ᄂᆞᆫ李內大家에셔留宿ᄒᆞᆫ人인ᄃᆡ有何意思인지內大를害ᄒᆞᆫ다ᄂᆞᆫ刺客通札을納于內大ᄒᆞ얏더니日憲兵이不可不查實ᄒᆞᆫ다하고채主事를司令部로捉致查覈하ᄂᆞᆫ중인ᄃᆡ其書札所自出이不分明하다더라

●云無是事 再昨日雜報欄내에太僕司長趙남升氏가一進會에招致質問을當하얏다ᄂᆞᆫ事를更聞ᄒᆞᆫ則同氏가自日來歸가已過月餘에如此所遺가初無之事라云하더라

●何不照法 平南觀察府警廳에捕捉ᄒᆞᆫ賊魁金應淳은平壤南村等地와附近邑에셔十數成黨하야白晝放火와大道殺人을無所忌憚하ᄂᆞᆫ者有名賊魁라如此巨賊은隨捉處絞가刑法所在뿐더러矧且該地南面地에奪財見害之許多人民이據法處刑之意로屢次呈訴于該觀察府ᄒᆞ되捉囚三四朔의尙不照法하니此ᄂᆞᆫ蔑視國法而然인지或受賄賂而然인지하야西人의傳說이多多ᄒᆞᆷ으로姑爲記載하노라

●會奪勅紙 宮內府會計局參書官金晉演氏가聖聰을欺蔽하야秘書丞一員과十五萬兩에賣하고此帖紙를持而還家ᄒᆞ야自謂十五萬金은中入數家之產인ᄃᆡ一請上奏하야得此多金이라하야喜幸之意가溢於氣揚揚自得ᄒᆞ얏러니適其時에其會人이其勅紙를見하고目此人이素貧하야多數ᄒᆞᆫ金額을不可辦出이라하고勅紙를奪去코ᄌᆞᄒᆞᆫᄃᆡ同金氏가악然大驚하야不欲奉與ᄒᆞᆷ으로一場風波를惹起하얏다더라

東京電報

●新造艦進水式 五月十九日午後六時半發 長崎造船所에셔新造ᄒᆞᆫ日本驅逐艦白雲號ᄂᆞᆫ本日(十九日)無事히進水式을擧行ᄒᆞ얏다더라

●鐵道祝賀會 上仝 鐵道五千里祝賀會ᄂᆞᆫ豫定과如히名古屋에셔開會ᄒᆞ야片岡直溫氏의이날이有ᄒᆞ고次에大阪商船會社長及愛知縣知事의祝詞가有ᄒᆞ얏고兒玉大將의發聲으로日皇陛下帝國鐵道의萬歲를唱ᄒᆞ얏더라

●婦人會總會 上仝 日本愛國婦人會總會ᄂᆞᆫ新宿御苑에셔開ᄒᆞ얏ᄂᆞᆫᄃᆡ來會者ᄂᆞᆫ閑院宮妃殿下를始ᄒᆞ야各妃殿下其他無慮一萬人이더라

倫敦電報

●露帝反對 五月二十一日()時五十分發 露國皇帝ᄂᆞᆫ大赦令發布要求에對하야反對하얏ᄂᆞᆫᄃᆡ其勢下院의解散을命ᄒᆞᆯ터이라云하더라

雜報

●風魔吳氏　近日奸細之徒들이權門에出入ᄒᆞ야氣勢를藉托ᄒᆞ고欺世誣人ᄒᆞ야其私慾을濟ᄒᆞᄂᆞᆫ者ㅣ實繁有徒이되就其中無義無恥ᄒᆞ야譎詐特甚者ᄂᆞᆫ前郡守吳一泳氏라謂ᄒᆞᆯ지로다同氏가內大李址鎔氏의狎客으로世皆目之以內大家第一方席이라ᄒᆞᄂᆞᆫ되其爲人인즉銀水로洗面ᄒᆞ고豐幹長髯에口如懸河ᄒᆞ니可謂好風儀라ᄒᆞᆯ터이나但其肚皮가一箇挾雜囊子也라無論南北村ᄒᆞ고凡其相識人에게甘言利說로逢輒津津之說去ᄒᆞ야一人을逢ᄒᆞ면一白荒說을做하며兩人을逢하면兩白荒說를做하야每日吾當薦君於內大하야郡守一窠를可得이라하며或云君之抑鬱情勢를內大席上에吾若一番開口하면仕宦與錢財를隨意可圖라하야狐媚也夸談也가不一而足하야公然欺人하며暗地濟私하ᄂᆞᆫ不正行爲ᄂᆞᆫ世人의所共唾罵어니와尤極無良者ᄂᆞᆫ沈驛澤氏를無端欺광ᄒᆞᆷ이로다第此沈氏가老而貧窮하야無衣無食ᄒᆞᆫ人으로昨冬寒天에吳氏家의偶往하얏더니吳氏가稠坐中에沈氏를向하야惆然慰之曰子之一寒이如此하니吾當二十圓金을備給하야以供子之衣資ᄒᆞᆯ거시오亦爲公彌十內大하야外任一窠를得給하마ᄒᆞᆫ즉沈氏가實不自勝하야自此로百事를斷置하고每日侵晨에弊衣破屐으로吳氏를往見하야其前言實踐하기를大旱望霓와如ᄒᆞ되錢政이姑未循環等說로此日彼日ᄒᆞ며且其外任도姑俟日後奏本하라ᄒᆞ고油嘴粧飾하야如是凡八九朔에終無一寸銅一級官의給ᄒᆞᆷ으로沈氏가氣盡心死하야無聊而退하얏다니仕宦圖成ᄒᆞᆫ縱係他人之事이나至於錢兩備給하야ᄂᆞᆫ權在自家掌中이거날佛口蠻行으로二三其言ᄒᆞ야誤了多小相知ᄒᆞᄂᆞᆫ거시不良莫甚이라고巷說이猥藉키로隨聞記載ᄒᆞ야世之無義無信者를警告ᄒᆞ며李內大의宜遠佞人ᄒᆞᆷ을亦以勸告ᄒᆞ노라

●外奬濫甚　漢裁所에서法部로報告ᄒᆞ기를昨年七月分에西署新村里居金守謙與東署東門外居柳子裕와當錢五萬兩相訟事에對ᄒᆞ야原被告를悉査後該錢報給之意를繕成判決이온바緣於柳民之延拖ᄒᆞ와柳哥兄弟所居家舍를並爲執行後該劵之典執與否를函探於漢城府이온즉該家劵을銅貨五百二十元에典貿於張英鎭典鋪ᄒᆞᆷ을渠經認準이라函復이기待其該家之放賣ᄒᆞ야張英鎭債條ᄂᆞᆫ具邊出給ᄒᆞ고餘額은給付原告金守謙이訟規當然이거날南門內倉洞居留日本人井本豐三郞爲名者가稱以該兩家를渠之占有라ᄒᆞ고無數誚駁에言辭悖慢이더니該付之ᄒᆞᆫ執行帖을旋卽恣意收來ᄒᆞ야投之官房而去ᄒᆞ니張民所執之劵이於渠에有何相關而如是行悖인지無論內外國人ᄒᆞ고如此無嚴之悖習을若不別般懲勸이면法何施之며訟何決之乎잇가該張民의符同外人ᄒᆞ야不法行爲ᄒᆞᆫ情跡은不容不査嚴科斷이기爲先捉囚라ᄒᆞ얏더라

●立廳義許　大韓自强會에서ᄂᆞᆫ事務所가適合지못ᄒᆞ야大端困難ᄒᆞᆫ事狀을立廳僉員某某의게言ᄒᆞ고其都家를請求ᄒᆞᆫ즉該某某氏가自强會의目的을感服ᄒᆞ야卽時借許ᄒᆞᆫ故로該事務所를移設ᄒᆞ고會務를擴張케ᄒᆞᆫ다니立廳僉員의愛國的思想으로有此義許ᄒᆞᆷ을人皆稱譽ᄒᆞᆫ다더라

●海社續聞　前報에揭載된認許還收라ᄂᆞᆫ事에對ᄒᆞ야更聞ᄒᆞᆫ則該海産會社의資本은一般社員이合資設備ᄒᆞᆫ者인則一千萬元借欵中에挪用ᄒᆞᆫ事가無ᄒᆞ고農部에서其認許狀을還收之事도無ᄒᆞ다더라

●韓一銀行設備　既報와如ᄒᆞᆫ株式會社韓一銀行은五月十九日度支部로서發起認可를下ᄒᆞᆫ故로該銀行創立事務所를京城商業會議所東隣家에設置ᄒᆞ고方今設立準備에奔忙중이라더라

●五債擾民　近日公錢을幻弄ᄒᆞ며公法을操縱ᄒᆞ야國體를壞損ᄒᆞ며民情을騷擾케ᄒᆞᆷ이不一而足이되最其甚爲者ᄂᆞᆫ經理院督刷所라謂ᄒᆞᆯ지로다朝家之此所設置ᄒᆞᆷ이專히公錢收納을爲ᄒᆞᆷ이어날國內著名ᄒᆞᆫ幾箇奸猾之徒의私嘱을偏聽ᄒᆞ야各地方人民을或該所로押上ᄒᆞ며或其觀察府에捉囚ᄒᆞ야四方殘民之陷於縲絏者ㅣ不知爲幾千百人키로愁聲이干蒼ᄒᆞ며妻孥離散ᄒᆞ야遠近聽聞이極其嗟駭인바全北은白南信白元圭兩氏의私債收刷이고全南에ᄂᆞᆫ康용九氏私債收刷이고忠南에ᄂᆞᆫ朴東鎭氏私債收刷이고慶北에ᄂᆞᆫ朴炳翊氏私債收刷라ᄒᆞ니其藉公營私ᄒᆞ야殘害人民은實可寒心이라고京鄕間輿論이大段沸騰ᄒᆞᆫ다더라

廣告

土木建築會社趣旨書

我國이自海禁暢通以來로刱立ᄒᆞᆫ社會名稱이不一而足인바始旦排股定款이井然不紊ᄒᆞ야頗有開發之機이다終焉社員이渙散ᄒᆞ고成본이吃虧ᄒᆞ야名實이不副에徒貽天下之산笑ᄒᆞ니此曷由焉고通論社會種族이不能成團體之故也라泰西理學博士가嘗有言ᄒᆞ되欲世界發達인디端賴個人發達이오欲介人發達인디端賴介心發達이라ᄒᆞ니蓋此心者ᄂᆞᆫ萬化之根原이오百善之樞機也라如使介人介心으로優先發達ᄒᆞ야腦根이健全ᄒᆞ고信行이交孚ᄒᆞ야通力合作에完結社會之團體則何業을不做이며何事不濟리오然則民殷物阜와國富兵强은可立而待ᄒᆞᆯ지라今玆同志紳士가我國에民智昧弱과工作凋瘵홈을慨嘆ᄒᆞ야一社를刱設ᄒᆞ니名稱은土木建築會社라其規則은株式五千이오其業務ᄂᆞᆫ營屋架橋修道開渠等工事建築을擔任ᄒᆞ오니誠願有志僉君子ᄂᆞᆫ顧名思義ᄒᆞ시와亟圖糾合團體ᄒᆞ고益益改良에蒸蒸進步ᄒᆞ야協同事業ᄒᆞ며共享利益ᄒᆞ야國內財權으로外洩之患이無케ᄒᆞ시믈務望

株式金細則

一 本社의總資本金은二十五萬圓으로定ᄒᆞ고株式金股數ᄂᆞᆫ五千股로定홈이라

一 株金은一股에五十圓으로定홈이라

一 株式金收入[illegible]一箇人에二百股에過홈은勿許ᄒᆞ고一株에二箇股主에過홈은勿許홈이라

一 株式金收入ᄒᆞᄂᆞᆫ回數ᄂᆞᆫ十回로定홈이라

一 株式金收入ᄒᆞᄂᆞᆫ回期ᄂᆞᆫ預定이無ᄒᆞ고事業進就를因ᄒᆞ야臨時發表홈이라

　但株式收入回를經ᄒᆞᆯ지四十日以內ᄂᆞᆫ收入回를發布치못홈이라

一 株式收入發布ᄂᆞᆫ收入日前期十日ᄒᆞ야發布홈이라

一 株式金收入開限ᄒᆞᄂᆞᆫ日로廿日을限ᄒᆞ야收入을畢홈이라

一 株主가株式金出付ᄒᆞᆯ期限日을過ᄒᆞᆫ時ᄂᆞᆫ特別히 五箇日를增加ᄒᆞ야限期를假貸홈이라

　但第一回株式金收入에對ᄒᆞ야二十日外에特別限을假貸치勿홈이라

一 株主가特別限을得ᄒᆞᆫ時ᄂᆞᆫ違期ᄒᆞᆫ罰金을徵出홈이라

一 違期罰金은本位金一圜에對ᄒᆞ야一箇日에金一錢式計日徵收홈이라

一 特別限期를得ᄒᆞᆫ株主가所得ᄒᆞᆫ期로過ᄒᆞ야도株式金을出付치못ᄒᆞ면株主의名義를得지못ᄒᆞ고該保証金을出給지勿홈이라

　但第二回株式金에對ᄒᆞ야特別期가過ᄒᆞᆫ時ᄂᆞᆫ第一回出付ᄒᆞᆫ元位金을出給ᄒᆞ되營業에損害倍償을徵收홈이라

一 株式金收入第六回에對ᄒᆞ야ᄂᆞᆫ特別期를過ᄒᆞ여도株主權은仍存홈이라

　但前回出付ᄒᆞᆫ株式元位金은半股殘數로立本홈이라

一 前項에保ᄒᆞᆫ株主에對ᄒᆞ야ᄂᆞᆫ社營業損害償金은利益配當第一回에扣除하되殘數立본ᄒᆞᆫ純益金과對照徵收홈이라

一 株主保証金은一株에五圜으로定홈이라

一 쥬主保証金을收入ᄒᆞᆫ後該收入ᄒᆞᆫ保証金을十圓元位쥬式金에分排計減홈이라

一 固定資本主의資格은본會ᄉᆞ事業上應用ᄒᆞᆫ物品을貯藏ᄒᆞᆫ數가본會사에쥬式金出付홈을擔當하ᄂᆞᆫ數의十倍以上에達ᄒᆞᆫ者번이有ᄒᆞᆫ商業人에게許홈이라

一 本會ᄉᆞ가固靜者본主에게物品을請求需用하되價額은該物品應用ᄒᆞᆫ建築工事가竣成後金額流通을待하야出給홈이라

一 固靜資本主ᄂᆞᆫ본會사에物品需應홈을自擔하되價額領受ᄒᆞᆫ時에본ᄉᆞ에擔當ᄒᆞᆫ쥬式金을交納홈이라

一 쥬券白股以上出付ᄒᆞᆫ人은資본家에資格을與하야言權이特有홈이라

土木建築會사員　尹致성
柳東作
朴基英白

本號新開專做男女各色洋服而直由上海運來各種細이毛융及一切衣飾屬品件件精全伏望貴士女迅卽來購爲幸

西小門內集桑男女洋服商號

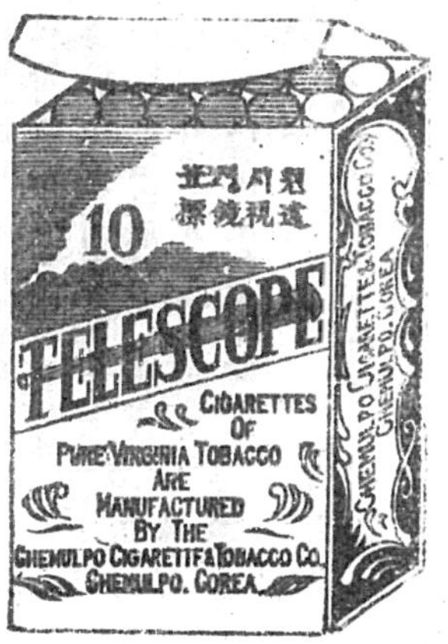

以上三種은上品으로製造ᄒᆞ야衛生上에至極有益ᄒᆞ니毋論某人ᄒᆞ고本社에來臨ᄒᆞ옵

大韓帝國仁川港
濟物浦紙卷煙及煙草會社

本社廣告

申報價
一張代金 新貨二錢五分
一箇月前納 三十錢
三箇月 九十錢
六箇月 一元七十錢
一箇年 三元[illegible]
郵稅一朔 新貨五錢
一箇年 十三錢

廣告料

四號活字十三字當
每日每次一寸에新貨廿五錢
[illegible]日發行에六錢에[illegible]
二箇日에 二錢[illegible]
(每日發行圖繪五圓에 [illegible])
一箇月에 [illegible]
(每日發行圖繪一圓에紹介[illegible])
其期限의長短과字行의[illegible]를依ᄒᆞ야增減홈이有ᄒᆞᆷ

◉本社地方各處支店廣告
仁川杻峴開新冊肆　李東支
平壤南山峴日新學校　金興淵
崔叙恒
宣川邑橋西　安滄
義州南門外韓西大藥房　張有寬
長連邑　金龜
鎭南浦築洞　金仁집
咸興州南社　曹喜林
中和邑　李俊培
釜山佐川徐藥房　金滙泰

發行兼編輯人　英國人裵說
發 行 所　京城北署[illegible]
大韓每日申報社

第四卷 大韓每日申報 대한매일신보 第二百卄六號

月曜及慶節翌日休刊

檀君開國四千二百三十九年
箕子元年三千二十九年
大韓開國五百十五年
日本明治三十九年
淸國光緖三十二年
陰曆丙午四月大初一日丁卯

論說

韓國之敵

在日本之後ᄒᆞ야韓國不幸現形을醸成ᄒᆞᆫ기에助力者二人은倫敦타임스新報社에모리손氏와컷독新報社에기ᄂᆞᆫ氏가是也니此二人은韓國事를一無所知요且知焉코져試圖ᄒᆞᆷ도曾未有之矣로다

露日開戰以前에此兩記者가並以排露思想으로會致同一ᄒᆞᆷ이久矣러니年前에供到한據ᄒᆞ야滯留數日에식日本追從者의指示를因ᄒᆞ야數條記述을陳呈ᄒᆞ얏스니此輩文字가日本亡韓之計에多大助力을必與矣리로다

本記者ㅣ모리손氏를辨論ᄒᆞᆷ은已久矣어니와其人之滯留한城이不過二三日에여날라임스報館에發電ᄒᆞᆫ日本之於韓國이英國之於埃及과同無間이라ᄒᆞ얏스니此言한者이면必是愚人이라만若何不能意之以說者ㅣ오且모리손氏의遊覽以後에此地所遇事를難之뎌其人性質과遊歷이確然ᄒᆞᆫ지損歎哉아

至於키난氏之報書ᄒᆞ야ᄂᆞᆫ本記者ㅣ遽令合默矣러니現居美國ᄒᆞᄂᆞᆫ說法氏의今月出判ᄒᆞᆫ大韓月報를接讀ᄒᆞ미키난氏의不正ᄒᆞᆫ寄書가美國內幾許信用을得ᄒᆞᆷ을可知ᄒᆞᆯ다

說法氏의陳言이如左矣니키난氏의別號로由ᄒᆞ야韓戰之傷害가已生ᄒᆞ얏스니同氏의報告ᄒᆞ던方法과及同氏의包有資格이韓國事에有何權限ᄒᆞᆷ을枚擧ᄒᆞ야小和面目으로議決ᄒᆞ기를希望ᄒᆞ노라若其人之言이出於實情이어던無論某人ᄒᆞ고韓國人民을爲ᄒᆞ야何許事를試圖ᄒᆞ던지未免愚者이요日本ᄃᆞᆫ韓人의進益을試驗ᄒᆞ기에徒費歲月ᄒᆞᆯ지니特以言之면同氏의擧證이全然過度耳라此等欲爲著示ᄒᆞ노니說明이果得其實耶아公衆이當爲審判人ᄒᆞ리로다

然이나其建議는實之ᄒᆞ고但同氏의借文이韓國人民의包有權限을及과如히成立ᄒᆞ기에能無錯誤非耶乎아

官報

●三千四百五十九號 光武十年五月廿二日

◉宮廷錄事

시從院副卿李용朝辭職疏

批旨省疏具悉所請依施

五月十八日

◉敍任及辭令

○依願免本官 忠淸南道관察府主事鄭喜鎭○任忠淸南道觀察府主事 九品金榮喆

以上五月十七日

◉部令

度支部令第五號 續

銀行條例施行細則

度支部令第五號附屬書式

等期 營業報告書

所在地 銀行名稱

光武某年(一七)月봇터(六十二)月(卅卅一)日에至ᄒᆞᆫ半箇年間本銀行營業의成蹟을蒐集ᄒᆞ야別紙貸借對照表及損益計算書를添付ᄒᆞ야玆에報告ᄒᆞ옵이다

資本金(株式會社ᄂᆞᆫ左와갓치記載ᄒᆞᆷ이可ᄒᆞᆷ이라)

本銀行現在資本金幾萬圜株式幾千(一株幾圜)로二(內拂込額幾萬圜과未拂額幾萬圜)本期間本銀行帳簿에記入ᄒᆞᆫ株式賣買讓與의總數ᄂᆞᆫ幾千內無償讓與條를除ᄒᆞ야幾株에此價額幾圜이니其平均價額은幾圜幾十錢에當ᄒᆞᆷ이라

(合名又ᄂᆞᆫ合資會社ᄂᆞᆫ左와又치記載ᄒᆞᆷ이可ᄒᆞᆷ이라)

本銀行現在資本金幾萬圜又社員은幾名으로其各出資額은冊末에附載ᄒᆞᆷ이라然而本期間에在ᄒᆞ야某某事故를因ᄒᆞ야入社幾名退社幾名其姓名及各自의出資額은左와如ᄒᆞᆷ이라

入社條 居住職業姓名
金幾圜

退社條 居住職業姓名
金幾圜

(個人의銀行은前文을准據ᄒᆞ야資本金을記載ᄒᆞᆷ이可ᄒᆞᆷ이라)

株主(又社員)總會

本項은通常及臨時總會에서決議又ᄂᆞᆫ認定ᄒᆞᆫ利益의配當役員의選擧資本金의增減支店의廢置其他定款의變更等에關ᄒᆞᆫ件의要綱을揭載ᄒᆞᆷ이可ᄒᆞᆷ이라

處罰의要件

監督官廳에申請請願報告의事項所訟其他緊要ᄒᆞᆫ事件에關ᄒᆞᆫ要綱을摘記ᄒᆞᆷ이可ᄒᆞᆷ이라

營業의狀況

本支店營業의盛衰金融의繁閑貸借金利子及割引利率의高低各種會계의伸縮其他資金運用等에關ᄒᆞᆫ狀況을摘記ᄒᆞᆷ이라

農商工部令第四十二號

各種物質分析及시驗手數料規定

第一條 鑛務技監에各種物質分析及시驗ᄒᆞᆷ을請願ᄒᆞᄂᆞᆫ者ᄂᆞᆫ左의區別을從ᄒᆞ야手數料를랍케ᄒᆞᆷ

一 一成分의定性分析은金壹圜으로定ᄒᆞ되一定性을增ᄒᆞᄂᆞᆫ時ᄂᆞᆫ每一物에金五十錢을加ᄒᆞᆷ

二 一成分의定量分析은金貳圜으로定ᄒᆞ되一定量을增ᄒᆞᄂᆞᆫ時ᄂᆞᆫ每一物에金壹圜을加ᄒᆞᆷ

三 一金屬의乾式定量分析은金銀에以ᄒᆞ야金參圜以下로定ᄒᆞ되一定量을增ᄒᆞᄂᆞᆫ時ᄂᆞᆫ每一物에金壹圜을加ᄒᆞᆷ

四 粘土와耐火煉化石의耐火度吸水量과收縮度의檢定을請願ᄒᆞᄂᆞᆫ時ᄂᆞᆫ每一件에金壹圜으로정ᄒᆞ고粘土를器械로分析ᄒᆞᆯ時ᄂᆞᆫ金壹圜以上金十圜以下로정ᄒᆞ고陶磁器와玻璃와법낭과煉化石及(세멘도)「洋灰」等原料의應用시驗을願ᄒᆞᄂᆞᆫ時ᄂᆞᆫ每一件에金五圜以上金五十圜以下로정ᄒᆞᆷ 未完

外報

●撤還速就 上海電을據ᄒᆞᆫ則滿洲에日露軍兵의撤還事ᄂᆞᆫ速히成就되다ᄂᆞᆫ데淸國總督은軍器와軍隊를匪徒와馬賊鎭壓ᄒᆞ기爲ᄒᆞ야準備ᄒᆞᆫ다이라더라

●印刷所刱設 同電을據ᄒᆞᆫ즉上海에在ᄒᆞᆫ活版會議所에서百萬元資本으로宏大ᄒᆞᆫ印刷所를創設ᄒᆞᆫ다ᄂᆞᆫ데多數ᄒᆞᆫ繙譯員과編輯員을延聘ᄒᆞ야多數ᄒᆞᆫ敎科書와外他緊要ᄒᆞᆫ書籍을淸國學生을爲ᄒᆞ야發刊ᄒᆞᆫ다더라

●露帝會見 伯林電을據ᄒᆞᆫ則露國皇帝께서本月末에가이서氏와會見ᄒᆞᆫ다ᄂᆞᆫ데其有狀은確知키難ᄒᆞ다더라

●膠洲起工 倫敦電을據ᄒᆞᆫ즉德國運送船을셔도지아號가膠洲로向ᄒᆞ야出發ᄒᆞ얏ᄂᆞᆫ데三一鎭에官人이搭乘ᄒᆞ고總ᄂᆞᆫ亞細亞艦隊로還來ᄒᆞᄂᆞᆫ데其內容은海軍隊建築과其他各種工役을膠洲에서起工ᄒᆞ리라더라

雜報

●監理使虐 西來人의傳說을聞ᄒᆞᆫ즉平壤監理金鷹龍氏가江邊募軍數三百名內에官奴로權仁ᄒᆞᆫ張益淳으로差出募軍契長ᄒᆞ고一大成契後에募軍等의게括背가太甚ᄒᆞ고運輸物品의背負가比前倍蓰ᄒᆞᆫ지라遠近과多少를莫論ᄒᆞ고每負에二戔式과每名에一戔二分式出浦每石에一戔式折戔ᄒᆞ야監理圖得時에用費를充完ᄒᆞᆫ다ᄒᆞ니商賈와募軍에寃聲載路ᄒᆞᆯ뿐더러自甲辰以來로軍用鐵道에村民之赴役者甚多ᄒᆞ야春耕秋穫이自失其時ᄒᆞ야流離者ㅣ十居三四라觀察郡守가特念民情ᄒᆞ야曩歲中에洪學鐵氏가與七八同志로人夫會社를設立ᄒᆞ고鐵道人夫는民間에更勿侵漁케ᄒᆞ며各種物品을所賠償金으로連續ᄒᆞᆯ意로交涉外官ᄒᆞ며請願于觀察郡守ᄒᆞ야得其認許ᄒᆞ고南北鐵道役에多派人夫ᄒᆞ야使無侵害民間케ᄒᆞ는中觀察郡守가勸勉ᄒᆞ며一般人民이樂從ᄒᆞ더니無識ᄒᆞᆫ金監理가募軍等의所出折錢을或恐失之ᄒᆞ야使張益淳으로契內人夫數百名을招集ᄒᆞ야多饋酒肉後에人夫會社否十長輩를結縛捉來ᄒᆞ라ᄒᆞᆫ즉所謂募軍契長張益淳十長李正晚等이領率募軍數百名ᄒᆞ고欲捉人夫會社十長則舉皆逃躲라가被捉者설贊玉崔仁淳이受其毒打ᄒᆞ야幾至死境에年內重囚閉하야其妻子의呼泣道路ᄂᆞᆫ慘不忍見이오將與觀察郡守會社人員으로談辦ᄒᆞᆯ이라더라

●淸卜無韓 有一韓人이過寺洞청人廛前ᄒᆞ다가見其揭榜曰國之征戰과人之禍福을占之無不前知라ᄒᆞ얏거ᄂᆞᆯ韓人이問曰今韓청兩國이俱淪腐敗ᄒᆞ니未知貴國은何時에開明ᄒᆞ고占者가索錢五十兩이거ᄂᆞᆯ韓人曰僕이問貴國吉凶이어ᄂᆞᆯ反索占錢乎아若至無國無民이면爾索錢何地耶아占者厲聲逐之어ᄂᆞᆯ韓人이又據理責之曰卜術之惑人이其禍及於亡國ᄂᆞᆫ東亞之一大弊習이라爾以其術로已誤其國ᄒᆞ고又欲誤人之國ᄒᆞ야揭榜通衢ᄒᆞ되警察官吏ᄂᆞᆫ不知禁知ᄒᆞᆫ다고巷說이有ᄒᆞ더라

●伊藤延期 伊藤統監이昨二十二日에發程渡韓ᄒᆞᆫ다하더니相値何件事하야延期未赴ᄒᆞᆫ다ᄂᆞᆫ通奇가政府에來到하얏다더라

●須集雲迎妹 政府顧問官須集雲氏ᄂᆞᆫ美國居在하ᄂᆞᆫ其妹氏가日本東京에避暑次로渡東ᄒᆞᆷ을迎接하기爲하야今二十三日私行으로京釜鐵道를搭乘하고日本에發程하얏더라

●校長公薦 再昨日礴洞女學校에서學徒를募集하ᄂᆞᆫᄃᆡ初選學徒가二十名에達하얏다하며校長은趙東윤氏大夫人으로公薦하얏다더라

●春校報告 春川관察府公立小學校校舍를日本守備隊에서以病院所借居하야卒地失所에至於廢校之境故로告悶於本郡하야以鄕校로移接이나學徒往來와教員支接이極難하야無可完校에니別般持劃케하라하얏다더라

●政議提案 昨日下午三時政府會議에水道官吏敍任及經費支出件第二學校經費支出軍部軍人禮服及年常服改正件桑港民救恤件匪徒鎭撫件을提議하고移民礦山條例及郡守奏本件은또提案未提하얏다더라

●兩疏承批 贊議閔炯植提調洪在鳳兩氏가一進會抑勒으로辭職上疏하얏더니批旨內에並勿辭職하라하옵셧더라

●模範場妥定 農商工部에서水原郡에勸業模範場設立ᄒᆞᆯ次로該地所在驛屯土를許借하라고經理院에照會하얏더니該院에서答復하기를該模範場으로借用ᄒᆞᆯ期限을妥정示明ᄒᆞᆫ後의야可以准施라하얏다더라

●調查受由 各郡守의受由上京ᄒᆞᆫ者를內部에서一一調查하야過限不赴ᄒᆞᆫ郡守中輕重을分하야或譴責或減俸의處하기로ᄒᆞᆫ다더라

●勸匪諭民 近日湖南各處에匪徒猖獗하야無辜生靈이塗炭에陷하야京鄕驚擾ᄒᆞᆷ으로該匪徒를勸勘하고人民을撫諭ᄒᆞᆯ次로警務廳警務官張宇根總巡崔惠兩氏와日本警視桐原彥長警部上方源之助兩氏가巡檢十三人과日巡查七人을領率하고洪州等地로下往하얏다더라

●煤礦審查 經理院에서平壤郡煤礦封廢事에對하야該觀察府自辟主事를爲先押上하라고內部로照會ᄒᆞᆫ事ᄂᆞᆫ已揭어니와昨日內部에서該觀察使의게發訓하고自辟主事를不日起送하야以爲審查嚴處케하라하얏다더라

●兩讎俱雪 中署避馬屛門等地에서刺殺女人ᄒᆞᆫ憲兵을捕縛ᄒᆞᆫ事ᄂᆞᆫ已揭於昨報어니와該獄案을昨日漢城裁判所에서審查하ᄂᆞᆫᄃᆡ該憲兵은自知罪而懼法하야被縛之前에洋灰水를預服하야咽喉腐爛에口不能供招하고該女屍親은其所生稚兒가緣於母死而亦斃이라該兒屍를擔來于廳하야此兩讎를一舉俱雪케明決하라고哀訴하더라

●有志設校 朴永銑吳成善金健洙朴鎭宇曹秉昱金相烈李錫圭金翊濟諸氏가興學育才에熱心注意ᄒᆞ야水標橋近地에臨時學舍로晉興新塾을發起創立ᄒᆞ고李命昱氏를雇聘ᄒᆞ야名譽로教授ᄒᆞᄂᆞᆫᄃᆡ諸學員이文明事業에爭進ᄒᆞᆷ와熱心的就業에將進開明之域이라하니本社도贊頌至不已하노라

●一春四籍 忠北來人의傳說을聞ᄒᆞᆫ즉該道觀察使尹喆圭氏가人民戶籍을一春에四次를調入하고戶籍一張에例錢을銅四錢式督捧ᄒᆞᆫ다하니大抵每年一籍은國家常典이오戶籍一張에二錢은度支部에정格인ᄃᆡ同氏의一春四籍과一張四錢은是何蔑法肆貪之政乎아同氏가前任江華府尹에貪聲이狼藉ᄒᆞ고以警務使로附外詔內ᄒᆞ야諸般行政이違拂輿論더니今以觀察之任으로獵取民財之計가愈往愈甚ᄒᆞ야爲此古今未聞之虐政ᄒᆞ니一般衆論이無不痛罵하더라

●總巡肆悖 義州警務署之惡習은不可以盡言인바該郡南門外大街上에居ᄒᆞᆫ 成一은本以京人으로庖主爲業이온ᄃᆡ自警署로家家懸燈을申飭ᄒᆞ야達夜通明케ᄒᆞᄂᆞᆫᄃᆡ石成一이가困睡沈濃ᄒᆞ야懸燈之節을暫忘ᄒᆞ얏더니行巡權任朴允河가自稱代理總巡ᄒᆞ고石某家의至ᄒᆞ야懸燈치아니ᄒᆞ얏다고困睡ᄒᆞᄂᆞᆫ人을曳出毆打ᄒᆞ야以縛繩으로結縛ᄒᆞᄂᆞᆫ지라隣居醫士金周伯氏가此를見ᄒᆞ고多般善諭於總巡曰石某之暫忘懸燈이雖是犯罪이나特爲容恕ᄒᆞ고若日後의更爲此弊則無所逃罪라ᄒᆞ며百般懇乞ᄒᆞᆫ則返爲毆打醫士ᄒᆞ고石某를捉囚警署하얏ᄂᆞᆫᄃᆡ自保民會로此를知하고總代를派送하야質問於總巡曰一時懸燈에疎忽ᄒᆞᆷ이本非大罪인則結縛捉囚가似不穩當이고且從傍勸諭하든醫士를毆打ᄒᆞᆫ거시律典에不當하다하야翌日放送하얏스나該總巡等의此等惡習이種種有之하야必不能堪이라고西來人所傳이有하더라

前參奉盧相廸等ㅣ宮內府書

伏以表忠獎節 朝家之懿典闡幽揚美士林之公議也忠청北道黃澗郡居故主事李炷奭即宜城君之裔而危忠卓節乃京鄕士林之素所欽歎者也往在乙未禍變以後慨然有不苟生之義與京鄕名士扶大義討復之意通一年六次陳疏迹以圖疏疏首三朔伏闕曝熱暴雨面皮焦灼一此不憐自其後十餘年一塊忠血輪囷未泄又當昨年十月不忍有一進會賣言書繼以有國權倒之檄宗社生靈將不免危亂魚肉之歎不勝忠憤與承旨李爽鎬治疏莅伏矣未及上徹竟彼所執拘囚於日本司令部七朔苦楚彼雖誘脅亢直不屈嘔血月餘至今月十八日因以致命而有遺書于綾裏表忠君愛國之誠死猶不忌溢於辭表豈者無不嘘唏涙漣如此卓節古不愧於蘇李文今不負於殉忠諸公若不崇獎彰之恩典是朝家之欠典士林之羞恥生等不嫌人微敢茲齊聲仰籲伏乞僭賜諡褒遠 天陛特下旌贈諡祐之典以副士林之望激勵一世之理千萬齊祝

東京電報

●戰艦廻航 五月二十一日午後六時發

英國에서新造ᄒᆞᆫ日本戰艦香取號ᄂᆞᆫ廻航委員의手에受領을畢하야來六月七日에歸程廻航ᄒᆞᆯ터이라더라

●獨逸大使 仝上

駐日德國大使ᄂᆞᆫ明二十二日午前에參內ᄒᆞ야國書를奉呈ᄒᆞᆫ다더라

倫敦電報

●開會延期 五月二十二日오後○時半發

萬國平和會議ᄂᆞᆫ來年五月ᄭᆞ지開會하지안키로決정되얏더라

雜報

日昨十九日自强會通常會에提出훈評議員尹孝定氏議案이如左흐야可決되얏다더라

敎育의未洽과風俗의不純을因흐야近年京城及地方에셔或不肖훈子가其父를欺罔흐고田畓及基址를擅賣흐는者도有흐며或浮浪훈弟가其兄을蔑視흐고山林及原野를潛賣흐는者도有흐며或其族黨과姻戚의欺騙誣訴을被흐는者도有흐야各新聞廣告欄內에太半이는其父其兄과及其族戚이其子其弟와及其族戚의惡行悖習을枚擧條陳흐야社會에聲明흐니雖云出於不得已也는風敎로써觀훈則慈友睦姻의倫理德義를損傷홈이오官庭에裁判흐쟈一정훈法律로써判決키甚難훈事情이層生疊出흐미於焉間에家産을蕩敗흐는者가不可勝계라京鄕間地契의制度一정흐고法律이嚴明흐기前에는此獘를猝難除去오本會目的은敎育殖産之兩件發達에在훈바如此히産業에關훈通國巨獘에對흐야皿子之策을不可不講이니本會規則第四條에依흐야左開훈救獘方略을政府에建議흐야其采用을希圖홈이何如

左開

大韓國臣民은其田畓及基址와山林及原野를轉相買賣는讓與典當之際에正當훈所有主가確實훈舊契券으로써土在官의調査훈證明書를添附훈者가아니면其買賣가並屬無効홀事로政府에셔法令頒布흐기를建議훈事

●諸校勸奬 西署孔德里栗木洞私立普通學校贊成長李址鎔氏가該學員을勸奬흐기爲흐야去日曜日에龍山別第로請邀흐고로該學校校監敎師들이學員百餘名을領率흐고別第에前往禮畢後의贊成長이出席흐야學文注意와敎育義務를解釋勸勉훈즉學員等이一齊答謝흐야고贊校長金寬鉉氏가亦以學文有益훈志趣를提出흐야一場演說에日至亭午라前承旨閔裕植氏가諸學員을私第로特別請邀흐야茶飯品饌을極爲豐肥흐야親勸歎待卒入之文明과國之富强이在於興學이라對此學員之盛意흐야不可無一關어니와熱心敎育흐고國體向進하야公私有益大有所望이라고言極懇切흐야感發人智고로一般學員이銘心答謝而退에深感諸氏之熱心勸學흐고學員이逐日增加흐야校內興旺고로敎師諸氏가夜以繼日에血心敎育흐야將來開進之望이確有흐다더라

●誤捉誣引 傳說을聞훈즉陽城居흐는申明均은家計不貲흐고凡節이淳實흐더니陰四月八日烏山場에셔買物興成흐다가京巡檢에게賊類로誤捉되야警廳에셔詰問훈境遇에傲於酷刑흐야其近處法家子弟某某를誣招흐야亦同牽引흐니其處地와外貌가斷然意外라申某을更訊훈즉其招內에某某는卽法家肖子요一鄕聞士라不義에不犯은京鄕必知라我以無告로携入此人則無罪를自可發明故誣服흐얏스니此則萬死不辭云云이라某某는果嚴訊卽放흐고申某는監獄署에拘囚훈지十餘日에放出흐얏다더라

●羅山是非 日昨本報에羅氏賊心이란題로舒川郡金羅兩人의山麓相訟事件을隨聞記載흐얏더니該羅氏가本社에來言홈을聞훈즉該山麓放賣훈羅錫雲은實非羅之門長이라하며該麓買賣도錫雲之情願이안이오金氏의勒脅成文이라흐며羅氏가具其事由하야與金對質於新于漢裁라흐니第俟該所判決之如何흐야後報에更揭흐깃노라

●全氏尤冤 軍用鐵道擔段으로由흐야平安道內人民이失其田土흐고擧皆栖屑流離흐는中至於龍川民全子範흐야는所有田土가沒入其中흐고更無卓錐之地이기로全家十餘口가從赤松子흐기外는無他道理라흐더라

●郡案奏本 政府會議가人員未備홈으로多日延期되더니昨日下오三時에開會하고未決案件을妥決하얏는디郡守十餘窠를奏下흐얏다더라

廣告

在桑港遭難同胞救助金

◉成興諸氏

修精台 三元
李秉烈 一元
李君玉 一元
曹壽林 一元
李銘駿 一元
金應善 一元
李君賢 一元
金基潤 一元
金均集 一元
金國甫 一元
朴宗賢 一元
陳夔鍾 一元
金昊金 一元
曹喜炎 一元
韓洛用 一元
康道最 三十錢
金淑炫 五十錢
徐宗洛 五十錢
林會楨 五十錢
朴在陽 三十錢
金基禹 三十錢
韓昌勳 二十錢
金會玉 二十錢
崔章彦 二十錢
金昌善 二十錢
李鎭模 二十錢
張有宗 二十錢
李正河 二十錢
蔡用默 十錢
孫昌浩 十錢
李成英 十錢
李大元 十錢
徐弘集 十錢
韓軫淳 十錢
金承浩 十錢

以上合計二十一圜五十戔
內換貫二十五戔除來實二十一圜二十五戔

◉學員募集廣告◉

本校에서英語夜學과日語晝學을速成으로敎授홀터이니願學흐시는僉位는陰閏四月初九日內로來臨問議흐시오

英語는下午七時半으로九時半
日語晝學은下午三時로五時

中署河橋板井洞
第六十七統九戶

私立前進學校 告白

本郡이京城一舍의在흐니便是輦轂之下라官長治와吏民賢不肖가常在耳目흐니不言可知어니와郡守安中植氏는居官의好淸靜흐며治民의先德惠흐야東海의汲長孺가臥흐고漁陽의張君游를歌흐니善治二字는猶爲俗吏之例稱이오鄕長張圭煥은以廉謹之心과通敏之才로恐郡守之聲績이未著흐고慮郡民之生業이不安흐야承上恤下의孜孜不已흐니闔郡無變이오首書記劉泰淳은和柔惻곡하야年今三十餘의四等十餘年體吏擧行이로디境內一民도怨尤가無하니可謂有此郡守有此鄕長有此首書記라大抵國之建官置吏는民生世爲하심인則氏之所願을國必從之하시리니日後라도郡守시는鄕長이는首書記는遞改를當흐는時의一郡이齊聲흐여願留흐며復續을請흐조고公議가膾炙홈

陽川民權燮壽等告白

本人姓名圖章癸卯春遺失而本無錢財等相關於人故不必廣告而更刻矣近又遺失故變樣更造홈

朴義敬 告白

本人姊婿鍾光鎬性俱浮浪傳來累萬金庄土一朝蕩殘無餘又數年前瀏川日債挾同日人勒懲還債萬餘兩於本人又本人三次別付承重付卽輒費今無立錐地方欲浮同雜類暮借外債望須內外國僉君子切勿見欺白失흐시옴

郭山泗洞居卓廷岳告白

本人의舍弟稙煥이年今十七에符同雜類흐고陰本月二十四日에無故出家흐야去處無蹤흐오니內外國人은切勿相關하시옴

沙器洞下隅布木廛
張秦煥 告白

◉◉遭難同胞至急救◉◉
◉◉慰金募集大廣告◉◉

至迫至急하고可驚可악훈我大韓同胞中美國桑港市等地에寄寓하는千餘名에兄弟姊妹가今番桑市의火災의遭難悽慘흐는情狀을思惟훈건디幾人은死亡의濱흐얏스며幾人은損害를遭하엿는지晝夜神傷홈을不禁흐지라玆의全國內有志同포의게警告허오니隨事力補助허시와海外孤蹤이로患難의罹훈同胞를慰藉케허심을渺望홈

但收金日限은四週間으로定홈

收金所
大韓每日申報社 會計室

請연員은前主事薛泰熙氏로定흐얏습

廣告

土木建築會社趣旨書

我國이自海禁暢通以來로刱立혼社會名稱이不一而足인바始也抽股定欵ㅎ며井然不紊ㅎ야頗有開發之機이다終爲社員이渙散ㅎ고成돈이吃虧ㅎ야名實이不副에徒貽天下之쟉笑ㅎ니此曷由焉고通國社會團族이不能成團體之故也라泰西理學博士가嘗有言ㅎ되欲世界發達인딘端賴個人發達이오欲介人發達인딘端賴介心發達이라ㅎ니蓋此心者ᄂ萬化之根原이오百善之樞機也라如使介人介心으로健先發達ㅎ야腦根이健全ㅎ고信行이交孚ㅎ야通力合作에完結社會之團體則何業을不做이며何事不濟리오然則民殷物阜와國富兵强을可立而待ᄒ지라今玆[illegible]ㅎ야[illegible]開智昧弱과工作淵[illegible]ㅎ야一社를刱設ㅎ고名稱은土木建築會社오其規則은[illegible]五千이오其業務ᄂ[illegible]道開渠等工事建築을擔任ㅎ오니誠願有志僉君子ᄂ顧名思義ㅎ시와亟圖糾合團體ㅎ고益益改良에蒸蒸進步ㅎ야協同事業ㅎ며共享利益ㅎ야國內財權으로外洩之患이無케ㅎ심을務望

株式金細則

一 本社의總資本金은二十五萬圜으로定ㅎ고株式金股數ᄂ五千股로定홈이라

一 株金은一股에五十圜으로定홈이라

一 株式金收入ㅎᄂ規則은箇人에二百股에過홈은勿許ㅎ고一株에二箇股主에過홈은勿許홈이라

一 株式金收入ㅎᄂ回數ᄂ十回로定홈이라

一 株式金收入ㅎᄂ回期ᄂ預定이無ㅎ고事業進就를因ㅎ야隨時發表홈이라

但株式收入回를締홀지四十日以內ᄂ收入回를發布치못홈이라

一 株式收入發布ᄂ收入日前期十日ㅎ야發布홈이라

一 株式金收入開撥ㅎᄂ日로廿日을限ㅎ야收入을畢홈이라

一 株主가株式金出付홀期限日을過홀時ᄂ特別히五箇日을增加ㅎ야限期를假貸홈이라

但第一回株式金收入에對ㅎ야二十日外에特別限을假貸치勿홈이라

一 株主가特別限을得홀時ᄂ違期홀罰金을徵出홈이라

一 違期罰金은本位金一圜에對ㅎ야一箇日에金一錢式計日徵收홈이라

一 特別限期를得홀株主가所得홀期限을過ㅎ야도株式金을出付치못홀時ᄂ株主의名義를得지못ㅎ고該保證金을出給지勿홈이라

但第二回株式金에對ㅎ야特別期가過홀時ᄂ第一回出付홀元位金을出給ㅎ되營業에損害倍[illegible]을徵收홈이라

一 株式金收入第六回에對ㅎ야ᄂ特別期를過ㅎ여도株主權은仍存홈이라

但前回出付홀株式元位金은半股殘數로立本홈이라

一 前項에保홀株主에對ㅎ야ᄂ본社營業損害償金은利益配當第一回에扣除하되殘數立본홀純益金과對照徵取홈이라

一 株主保證金은一株에五圜으로定홈이라

一 株主保證金을收入홀後該收入홀保證金을十回元位株式金에分排計減홈이라

一 固定資本主의資格은본會사事業上應用홀物品[illegible]數가본會사에株式金[illegible]홀者擔當하ᄂ額의十倍以上이[illegible]者번이有홀商業人에게許홈이라

一 本會사가固靜資본主에게物品을請求需用하되價額은該物品應用홀建築工事가竣成後金額流通을待하야出給홈이라

一 固靜資本主ᄂ본會사에物品需應홈을自擔하되價額領受홀時에본사에擔當홀株式金을交納홈이라

一 株券百股以上出付홀人은資본家에資格을與하야言權이特有홈이라

土木建築會사員 尹致성 柳東作 朴基英 白

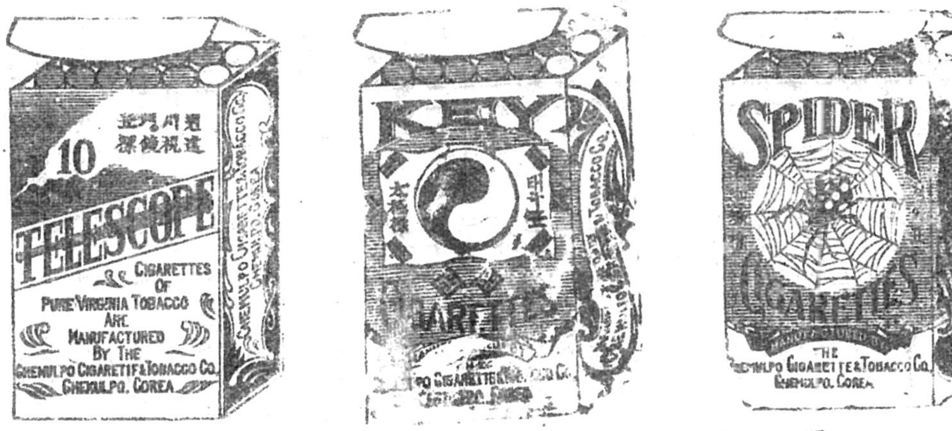

本社廣告

申報價

一張代金 新貨二錢五厘
一箇月前金 三十錢
三箇月 九十錢
六箇月 一元七十錢
一箇年 三元四十錢
郵稅一箇月 每張五厘
一箇年 十三錢

廣告料

四號活字十三字幹 每[illegible]에新貨廿五錢
二號[illegible] 二號[illegible]
([illegible])[illegible]
一箇月에 [illegible]
(每日發行論說一星에相當홈)
其期限의長短과字行의多少를依ㅎ야增減홈이有홈

◎本社地方各處支店廣告

仁川柤峴開新冊肆 李東圭
平壤南山峴日新學校 金興淵
崔叡恒
宣川邑橋西 安濬
義州南門外韓西大藥房 張有寶
長連邑 金鎭
鎭南浦築洞 金仁집
咸興州南社 曹喜林
中和邑 李俊塔
釜山佐川徐藥房 金瀧泰

發行兼編輯人 英國人 裴說
發行所 京城北署磚坊橋掛洞[illegible]號外[illegible]
大韓每日申報社

第四卷 大韓每日申報 대한매일신보 第二百七號

月曆及慶節 識時日休刊

檀君開國四千二百三十九年
箕子元年三千二十八年
大韓開國五百十五年
日本明治三十九年
淸國光緖三十二年
陰曆丙午閏四月大初二日戊辰

論說

駐韓俄國總領事

赴任之道에今在日本ᄒᆞᆫ俄國總領事플난콘氏가日日新報代表者를接見ᄒᆞᆫ지라該接見事實의譯謄을得見ᄒᆞ미緊要數條가其或遺漏乎ㄴ저日日新報위揭報가似甚不明故로플난콘氏가今十五日에寄函于該報館인바其如左ᄒᆞ얏라

貴社 座下

令此短記가似或未必無補於公인바今余ㅣ以私人言之ᄒᆞ노니此ᄂᆞᆫ本人之於此地에官職性質이未有ᄒᆞᆷ이로다

以余私見으로ᄂᆞᆫ韓日間新條約이俄日結和約款을更擴ᄒᆞᆷ이나然이나此非出於俄國之助力이요俄國이此를知悉ᄒᆞᆷ도尙未有ᄒᆞ얏며以俄國政府意見으로ᄂᆞᆫ對此示式이斷無ᄒᆞ얏니新條約을吾所不知로라本人을任之以總領事ᄒᆞᆫ事實노ᄂᆞᆫ俄國이韓國事에日本을反對成困惱코저ᄒᆞᆷ이안인즐推斷ᄒᆞ노니其後行動及訓示가此推測을堅確케ᄒᆞ며且俄人的으로ᄂᆞᆫ本人이非是侵略或陰計者이니本人이與日好誼를維支ᄒᆞ며韓國政府의思想을不害ᄒᆞ고所當職務를就行ᄒᆞᆯ計라此諸般事端을離自東京以前에欲與伊藤侯妥善이로라 플난콘

本報ㅣ得揭此書ᄒᆞ니豈不悅乎아因此플난콘氏之到達ᄒᆞ야現今事態가將爲轉變ᄒᆞ야戰役以前情形으로須歸ᄒᆞᆯ거슨幾許韓人이係想ᄒᆞ리로다

플난콘氏之致書가俄國은媾和約款에서不欲分離ᄒᆞᆷ을著明ᄒᆞ얏스며且總領事ᄂᆞᆫ俄日間好誼를正直信實이維支ᄒᆞ되但韓國政府의思想을將不傷害라言及ᄒᆞ고與伊藤侯로致其好誼後에到着ᄒᆞ기를希望ᄒᆞᆫ다結言ᄒᆞ얏도다

以余思得컨ᄃᆡ重大問題ᄂᆞᆫ乃是佯僞新條約이라以此로日本이自國專權委員의結和席約諾을背棄ᄒᆞ얏스니플난콘氏ᄂᆞᆫ對此强硬非難ᄒᆞᆫ眞實理由가自有ᄒᆞ나然이나現今不能地位에何許滿足解決을得見키ᄂᆞᆫ豈其容易乎아

日本元老가況然自覺ᄒᆞᆯ거슨韓政府大臣의게新條約으로威脅ᄒᆞᆷ이與俄信誼를破棄ᄒᆞᆷ이오亦有一件覺悟ᄒᆞ니此ᄂᆞᆫ日本之得韓國이戰役效果인즉ᄂᆞᆫ人民을欺迷치아니면日本에重大擾亂이起端ᄒᆞᆯ거시라由此로日本政府ᄂᆞᆫ立於兩難間이니其情形이可笑統監府를設立以前보다有何好況인지可信키難矣로다時將著矣라本記者의深信ᄒᆞᄂᆞᆫ거슨此後事變이本報의評論을表義ᄒᆞᆯ거시며且日本이對此韓國ᄒᆞ야諸般諸言을應從ᄒᆞᄂᆞᆫ態度를採用ᄒᆞᆯ地位에擇處ᄒᆞᆯ거시로다

官報

●三千四百六十號 光武十年五月廿三日

◉宮廷錄事

侍從院副卿鄭海魯辭職疏批旨省疏具悉所請依施 五月廿日

◉敍任及辭令

○免本官 參尉尹戴植 五月十七日○依願免本官 秘書監丞洪承斗 仝權命燮 西京豐慶宮參書官李時用 仝尹相弼 莊陵參奉李元榮 懿陵參奉韓鼎基 慶基殿參奉鄭在龍 主殿院電務課主事洪榮善 仝尹相喆○命侍從院副卿 從二品鄭海魯○任秘書監丞 正三品稍南蓀 仝金升奎○任西京豐慶宮參書官 主殿院主事高義明 經理院技手禹相勛○任莊陵參奉 林宗相○任懿陵參奉 金健洙○任慶基殿參奉 金永鐸○任主殿院主事 九品高義中○任主殿院電務課主事 徐병圭 洪暢燮 姜秉禹 以上五月十八日○依願免本官 西京豐慶宮參書官高義明 仝禹相勛 慶基殿參奉金永鐸 義陵參奉張현根 厚陵參奉郭在憲 莊陵參奉林宗相 恭陵參奉李佑榮 穆陵參奉洪淳翼 懿陵參奉金健洙 永陵參奉金相演 順昌園參奉李옥 永懷園參奉李程淳 主殿院電務課主事徐병圭 仝洪暢燮 仝姜秉禹○任西京豐慶宮參書官 從二品咸在韻 仝韓鎭友○任厚基殿參奉 六品鄭在龍○任義陵參奉 仝麟燮○厚陵參奉 九品趙鏞禹○任장陵參奉 九品李元榮○任恭陵參奉 九品洪淳參○任穆陵參奉 六品李範泓○任懿陵參奉 六品韓鼎基○任永陵參奉 六品李愚昉○任順昌園參奉 李圭相○任永懷園參奉 李錫九○任主殿院電務課主事 康긔晏 李鍾成 以上五月十九日

◉部令

農商工部令第四十二號 續

各種物質分析及試手驗數料規定

五「세멘도」의比重과一定容量의重量과凝結의時間과粉末의細度及膨脹과龜裂의檢定을願ᄒᆞᄂᆞᆫ時ᄂᆞᆫ每一件에金一圜으로定ᄒᆞ고伸張의耐度와壓夯의耐度檢定을願ᄒᆞᄂᆞᆫ者ᄂᆞᆫ每一件에金壹圜以上金十圜以下로定ᄒᆞᆷ

六建築用石材와煉化石과瓦等의吸水量과伸張의耐度와壓夯의耐度와凍寒에作用과石灰「숩물」製出量의檢定을願ᄒᆞᄂᆞᆫ時ᄂᆞᆫ每一件에金壹圜以上十圜以下로定ᄒᆞᆷ 未完

外報

●會匪의蜂起 北京電을據ᄒᆞᆫ則淸國에서湖南省許州府연城縣과安徽省池州府建德縣太平府繁昌縣과浩南省永順府辰州府沅陵縣과辰州府下江縣과浙江省金華府와福建省泉州府安溪縣漳州府漳浦縣과江西省及湖南省境界에在ᄒᆞᆫ各地方에會匪가蜂起ᄒᆞ얏다ᄂᆞᆫ警報가頻頻히到達ᄒᆞᆷ으로軍機大臣을召ᄒᆞ야御前會議ᄒᆞᆫ後에右各省督撫로ᄒᆞ야곰速히匪徒를討伐케ᄒᆞ고萬若敎案事件이生ᄒᆞᆫ境遇에ᄂᆞᆫ督撫에게問罪ᄒᆞᆯ意로訓令ᄒᆞ얏다더라

●奉天開放協議 淸國政府ᄂᆞᆫ上海稅關長오리바ㅣ氏로奉天開放에就ᄒᆞ야日本萩原總領事와協議ᄒᆞ기爲ᄒᆞ야當地에出派ᄒᆞ얏다가十二日來着ᄒᆞᆫ다더라

●威海衛還附條件 北京電을據ᄒᆞᆫ즉駐淸英公使와唐紹儀氏가威海衛問題로協議ᄒᆞᆫ後에英國에서威海衛를淸國에還附ᄒᆞ야海軍根據地로ᄒᆞ되淸國에서他國에典質ᄒᆞ기나租借ᄒᆞᆷ을不許ᄒᆞ고于今所入費用을償還ᄒᆞ며內外國人을保護케ᄒᆞᆯ가로ᄒᆞ고該議辦을歸定ᄒᆞ얏다ᄂᆞᆫ說이有ᄒᆞ더라

雜報

●妖巫當懲 近日妖巫輩가禁中에出入ᄒᆞ야許多滋弊ᄒᆞᆷ은本報에屢揭어니와今聞ᄒᆞᆫ즉此輩가終不知戒ᄒᆞ고一向奸習을放行ᄒᆞ야禱祀等妖誕事件이極其猖獗라ᄒᆞ니政界之爲害와聽聞之駭瞠이莫此爲甚이라行當其鋤治ᄒᆞ기를爲ᄒᆞ야巫覡等巨魁姓名을一一探揭ᄒᆞ려니와警察官吏ᄂᆞᆫ留意痛懲ᄒᆞᆯ지어다

●皇恩萬歲 私立桂山學校의發達狀況은本報에屢揭어니와日昨大運動에有志諸氏가賞品으로嘉奬ᄒᆞ며演說로勸勉ᄒᆞ고또該校舍가狹窄ᄒᆞ야多數學員이難以容接ᄒᆞᆷ을演說ᄒᆞ얏더니韓皇陛下ᄭᅴ옵셔此를洞燭ᄒᆞ옵셔勅令으로該校背後에在ᄒᆞᆫ靑龍亭로該校에移建ᄒᆞ라ᄒᆞ옵시민該校長以下諸贊務員이皆萬歲를三呼ᄒᆞ고皇恩을感祝ᄒᆞ얏다더라

●爲妾留寺 禮式院卿李根湘氏ᄂᆞᆫ其別室의身病을調理키爲ᄒᆞ야東門外花溪寺의出往留住ᄒᆞ얏다더라

●文社大進 達城廣文社를本府西門外達西橋에權設ᄒᆞ얏더니日前에觀察府大門前公廨一舍를修理移設ᄒᆞ고活鑄機械間을建築ᄒᆞ며行將敎課書를印出ᄒᆞ고嶺南新報를刊行ᄒᆞᆯ터인ᄃᆡ道內有志紳士數百人이本社文會所에參在ᄒᆞ여各其意見과政策國權에妥當ᄒᆞᆫ方略을著述ᄒᆞ야逐日考評ᄒᆞᆫ다더라

●日乞日渡 釜山來人의傳說을聞ᄒᆞᆫ則日本北海島等地飢荒ᄒᆞᆫ人民이每日幾十名式韓國으로渡來ᄒᆞ야散在各處에虐待韓民이無有餘地라ᄒᆞ니彼乞漢之數가不知幾十萬名인ᄃᆡ日日渡韓ᄒᆞ야行此不法則韓民은將不至何境이라고傳說이多多ᄒᆞ더라

●自有公論 忠北觀察使尹喆圭氏ᄂᆞᆫ當此農時ᄒᆞ야不恤民情ᄒᆞ고治道訓飭이切嚴ᄒᆞᆷ으로民怨이嗷嗷ᄒᆞ며또一春에四次戶籍을行調ᄒᆞᆷ으로一般輿論이沸騰ᄒᆞᆫ다더니昨日에何許人이同觀察의到任六十日內에已經實蹟을枚擧ᄒᆞ야報紙上揭載를要求ᄒᆞ니大抵天下之至難防者ᄂᆞᆫ衆民之論이니同氏의行政이日懸日善이雖是不同이나所可取信者ᄂᆞᆫ民論이라將次隨聞更載ᄒᆞ야其善惡을辨別ᄒᆞ깃노라

●志士勸告 平南慈山郡居金龍三氏ᄂᆞᆫ有志士로曾是遊學於美國ᄒᆞᆫ지라今에桑港의在ᄒᆞᆫ遭難同胞의救恤을爲ᄒᆞ야京鄕有志間에到底勸告ᄒᆞᆯ터인ᄃᆡ自己ᄂᆞᆫ先以紙貨二元으로本社에寄付ᄒᆞ얏더라

●勸募査正 西道各郡에서鎭道役夫를勸募ᄒᆞᄂᆞᆫ故로政府와統監府에서交涉ᄒᆞ야勸募ᄂᆞᆫ勿施ᄒᆞ고自願者로處役케ᄒᆞ야雇錢을依定出給ᄒᆞ기로ᄒᆞ얏ᄂᆞᆫᄃᆡ義州郡守金璉植氏ᄂᆞᆫ納諂日人ᄒᆞ야役夫를勸募以給ᄒᆞᆷ이民怨이猖藉ᄒᆞ야政府에呼訴가還至ᄒᆞᄂᆞᆫ지라政府에서金氏事蹟을査正ᄒᆞ야免官ᄒᆞᆫ다더라

●兩局經費 度支部에서治道水道兩局經費預筭會計規定을磨鍊ᄒᆞ얏ᄂᆞᆫᄃᆡ該預筭費ᄂᆞᆫ事務着手年度四月前에度支大臣에게提起ᄒᆞ되但本年度에ᄂᆞᆫ事務着手二月前에度支大臣에게提呈ᄒᆞ기를作定ᄒᆞ얏다더라

●家契規則 內部에서部令으로一般家成契給規則을頒布ᄒᆞᄂᆞᆫᄃᆡ瓦草家間數와垈價額을賣者買者與家締가聯署捺章ᄒᆞᆫ後許給ᄒᆞ기로ᄒᆞ얏더라

●派送鎭隊 洪川等地에義兵을鎭壓ᄒᆞ기爲ᄒᆞ야日本軍司令部에서兵卒二中隊와大砲三座를派送ᄒᆞ야勦滅ᄒᆞᆫ다ᄂᆞᆫ지라內部大臣과軍部大臣이再昨日屢回交涉ᄒᆞ야日兵은停止ᄒᆞ고鎭衛兵으로鎭壓ᄒᆞ기로作定ᄒᆞ야公州鎭衛隊로連次電訓ᄒᆞ얏다더라

●養成規則 學部에서官立漢城師範學校臨時養成科規則을磨鍊ᄒᆞ얏ᄂᆞᆫᄃᆡ學員은五十人으로定ᄒᆞ되年齡은十八歲以上은三十歲以下로ᄒᆞ야在學中에ᄂᆞᆫ書籍을給與ᄒᆞ고紙筆墨을應用ᄒᆞ기爲ᄒᆞ야每人每箇月金九圜式給與ᄒᆞᆫ다더라

●議案決定 再昨日政府會議에決定ᄒᆞᆫ議案이如左ᄒᆞ니桑港被害者救恤次로國庫에서四千圜을支撥ᄒᆞᆯ事오龍川郡守尹容求貪叨不法으로免官ᄒᆞᆯ事오豐德郡守에趙鎭泰康津郡守에鄭重觀恩津郡守에李尙萬安州郡守에金一鉉淸安郡守沈奎澤五氏敍任ᄒᆞᆯ事오水道局技師金澈龜事務官由佑善兩氏敍任ᄒᆞᆯ事오軍人服章制度改定ᄒᆞᆯ事오學部京城學校補助費支撥ᄒᆞᆯ事이라더라

●宮大出仕 宮內府大臣李載克氏ᄂᆞᆫ昨日부터出仕ᄒᆞᆫ다더라

●怖由於色 法部大臣李夏榮氏ᄂᆞᆫ其不足症으로化去ᄒᆞᆫ李準榮氏의遺言을從하야鞫訊ᄒᆞᆫ다하고其李妾을査實則合이三女가成姦ᄒᆞ야烟突에人骨埋呪ᄒᆞᆫ事狀이綻露ᄒᆞᆷ으로一場毒刑ᄒᆞᆫ則其季嫂도不美ᄒᆞᆫ行爲가現出ᄒᆞᆷ으로一妻三妾을並逐出ᄒᆞᆯ터이라더라

●一體請償 內部에서熊川漆谷巨濟鎭南等四郡의軍用地所入家舍地段價額支撥事로該郡報告를因하야度支部로照會하기를本部로서九年一月에該四郡軍用地段價額計筭外支出하시온바就中鎭南郡은治所浦犯入地段價一百九十九元을支撥하시고間諸浦地段價額은緣何未撥이던지今此各該郡所報에一體請劃이事勢固然이니迅速支撥케하라하얏더라

●觸車致命 三昨日下午二時頃에丁曹後洞居魏洪舜氏家雇兒洪在鳳이驛車에觸倒하야腹部를重傷ᄒᆞᆷ으로治療次擔送于漢城病院矣러니再昨日에致斃하얏ᄂᆞᆫᄃᆡ其驛車夫ᄂᆞᆫ南門外里門洞에日人新設驛車會社車夫朴奉春柳慶伯兩人이라더라

●官私一致 漢城師範學校長蔡範錫氏가官公私立各學校學徒와一致된方針을相議妥決ᄒᆞᆫ次로各學校로通牒하고本日下午四時에一齊來會于師範學校內하라하얏ᄂᆞᆫᄃᆡ該議事ᄂᆞᆫ略聞ᄒᆞᆫ則各學徒의斷髮洋服ᄒᆞᆯ方針이라하더라

●無昧之訟 前日莞島에流配되얏든李忠求氏가該島前郡守禹基東氏에게우슴憾情이有하던지漢城府에裁判을請하야日昨에질審辦하얏다ᄂᆞᆫᄃᆡ其裏庄을得聞ᄒᆞᆫ즉李氏가該島에流配罪人으로在ᄒᆞᆫ時에禹郡守가踈待하야一不尋訪ᄒᆞᆷ으로心甚不平ᄒᆞᆯ뿐더러李氏本家에서京中所在家舍를放賣하라하되李氏의意를不知하야家書中質問하얏더니該書信을該郡鄕長이時爲圻見하고亦不傳致하야서家舍를趂未放賣하얏스니此皆禹郡守의指使인즉家舍未放ᄒᆞᆫ損害金을비償하라고提裁하얏더니該府判檢事諸氏가聞其事由하고一場大笑하얏다하니李氏의此等處事가出於開明이라ᄒᆞᆯ는지或是他人을凌侮心의出ᄒᆞᆷ이라ᄒᆞᆯ는지世之持論家가必有辨論ᄒᆞᆯ지로다

●兵民相殺 平北裁判所判事李根豐氏가報告法部하되管下厚昌郡駐隊參校金翊三이民間에肆毒ᄒᆞᆫ事가有하야洞民이激起에或出金翊三而投之火中하야乃至燒死矣라該獄事斷하야該犯李化伯金正五ᄂᆞᆫ懲役終身에處하고朴弘吉은笞八十에處ᄒᆞᆷ이妥當하나本係兵民相殺에有難處決하와待指令執刑次玆에質稟이라하얏더라

●挾雜殺人 全州郡紆北面桶井里居李子華의甥姪梁士順者가日人田中與通譯朴京先金成烈等을符同하야謂有李子華處에有所私貸錢徵出條라하고借性李家而威脅이라가又爲呈官捉囚矣러니何以言及於該訟守이던지厭한時이押領李子華而出往近洞酒店하야終夜縛打라가竟至致斃ᄒᆞᆷ의投入於附近藪屍所而逃去ᄒᆞᆫ지라其翌日에其上가永葬次로啓視之則又有何許一屍矣라因而成獄하얏ᄂᆞᆫᄃᆡ所犯等은尙未得捕捉이라더라

●消防組織 中署消防隊代表人金鶴榮氏의來函을據ᄒᆞᆫ즉今此消防組織은一般人民의財産이火災를免ᄒᆞ기爲ᄒᆞ야慈善事業으로衆民의情願을從하야組織ᄒᆞᆫ것인ᄃᆡ向日雜報에揭載ᄒᆞᆫ中署長洪顯氏가藉稱消防ᄒᆞ고勸徵民財라ᄒᆞᆷ은必是誤聞이라하기로玆又更揭이고此等事業이爲其公同之利益이면自本社로亦表贊成之意가可也라하노라

東京電報

●驅逐艦進水式 五月廿二日午後一時半發

日本新造驅逐艦初春號ᄂᆞᆫ神戶에서驅號ᄂᆞᆫ大阪에서本日에無事히進水式을了ᄒᆞ얏더라

●元老及大臣會議 全日午後五時半發

本日(廿二日)에日本元老及各大臣이參集ᄒᆞ야韓滿經營을協議ᄒᆞ얏다더라

雜報

●永倅淫虐 咸南永興郡民金南斗劉文卿等이該郡守洪淳旭氏의貪淫不法事를擧ᄒᆞ야內部에呈訴홈이九條를臚列ᄒᆞᆫ지라

一日勒奸人婦니不顧官民之分ᄒᆞ고淫慾莫甚이라郡民梁錫珍의妾을奸淫코져ᄒᆞ야初往被逐ᄒᆞ고反自忿怒ᄒᆞ야本倅奸淫으로揭榜ᄒᆞᆫ者라ᄒᆞ고捉囚亂杖故로往訴于觀察府則初無題旨ᄒᆞ고反簡於本倅ᄒᆞ며旋逐訴狀者ᄒᆞ니勢無奈何ᄒᆞ야歸於本郡則本倅가更爲捉囚ᄒᆞ고笞杖六十에幾至危境이라本倅가使醫用藥이다가毒殺少解則勒식藥價葉二百二十餘金ᄒᆞ고且姦下吏金昌錄之妻ᄒᆞ야稱以犯逋ᄒᆞ고捉囚金吏ᄒᆞ고乘夜潛通ᄒᆞ며二日訟無不賂니事直而無賂者落科ᄒᆞ야至於更訴則以接續官之權力으로請守備隊ᄒᆞ야兵脅逐出ᄒᆞ며三日賣任이니校授鄕長과巡校風憲을一月兩次遞任ᄒᆞ야專事賣食홈이오四日逋錢收捧이니犯逋者가蜜其口則輒爲解放ᄒᆞ니此等所食이葉五萬餘兩에達ᄒᆞ고五日田畓買置니該郡隣境安德文高四邑에所買田畓이至爲二十餘萬兩而多買牛隻ᄒᆞ야給其作人ᄒᆞ니此果月俸所得乎아六日殿最要上이니以其行政으로宜乎居下而媚謟於觀察ᄒᆞ야圖得上上ᄒᆞ고七日立碑要擧니所謂善政碑를出錢自辦ᄒᆞ고抑民排歛ᄒᆞ며八日雜商都賈니商民중에納賂者를差出都領ᄒᆞ야衆商産業이沒入於幾介人口中케ᄒᆞ며九日願留니民皆仇視ᄒᆞ야祝其速遞이거날暗囑私密者幾人ᄒᆞ야自文自矚으로誣呈於內部ᄒᆞ야上欺朝廷ᄒᆞ고下罔人民等事라더라

●敎校運動 忠州郡私立敎明學校의興旺發達은已爲記載ᄒᆞ얏거니와來閏月十日에該郡龍山地에大運動을設ᄒᆞ고各項競走會를홀터인ᄃᆡ各郡守各學校外請邀ᄒᆞᆫ人이五百餘人에至ᄒᆞ야請帖을發ᄒᆞ얏다더라

●崔討花債 花開洞居典醫崔某爲名者가素以挾雜有名ᄒᆞᆫ人인ᄃᆡ何事件을因ᄒᆞ야年前에海蔘威을往ᄒᆞ얏던지其別室이與鏡城人으로春興을相續ᄒᆞ야一介女子를産出ᄒᆞ얏는ᄃᆡ該崔哥가所謂邂逅債라ᄒᆞ야錢二萬兩을勒徵ᄒᆞᆫ故로南署警廳에運動ᄒᆞ야半分ᄒᆞ자ᄒᆞ얏다ᄒᆞ니以警察官吏로必無是理로ᄃᆡ方欲捕捉이라ᄒᆞ니其淫行을懲治코져홈인지不知어니와以崔哥로言之ᄒᆞ면賤妾之有此淫行을棄之는可也어니와欲討花債는近於禽獸之行이라고外人匠이紛紛相言ᄒᆞᆫ다는ᄃᆡ此等輩가 天顔咫尺에出入홈은 聖總을欺罔홈이라故로前年某新聞에도醫耶卜耶巫某이라稱ᄒᆞ든

●洪城大擾 南來人의所說을聞ᄒᆞᆫ즉本月才九日에所謂義兵三百餘名이洪州城에入據ᄒᆞ고同日夕時에又有四五百名이增加入城ᄒᆞ얏는ᄃᆡ其翌廿日朝에日本憲兵과砲火를相交인바日憲兵의所持彈藥이見乏ᄒᆞ야不得已德山地面으로退却ᄒᆞ야援兵을請ᄒᆞ얏다ᄒᆞ니四方無賴들이空然聚黨滋擾ᄒᆞ야死地에自就ᄒᆞ며民情을紛挐케ᄒᆞ니實爲可哀可憎이어니와後報를更待ᄒᆞ야如何結果를속揭ᄒᆞ깃노라

●史牧師演說 今日下午八時에皇城基督敎靑年會에서史牧師가基督敎根本으로연說ᄒᆞᆫ다더라

●擧烽充兵 日前에何許一人이南山에서烽火를擧ᄒᆞ얏는ᄃᆡ其時巡山巡檢이捕捉ᄒᆞ야其理由를問ᄒᆞᆫ則飢寒이逼骨ᄒᆞ야未免餓부이기로有此擧烽이라홈의其情地를可矜히여겨兵丁으로充入ᄒᆞᆫ다더라

●祭忠正公趙相國文 安秉瓚

嗚呼人存國存人亡國亡自古有之而相公一身實國家存亡之關係也嗚呼國勢之岌업日甚一日自士大夫以至匹庶惟我相公是依是仰乃者强隣逞威賊臣爲창國家獨立之權遽爾墮落於一夜之頃痛哉痛哉狂瀾滔天隻手難障者是之謂耶嗚呼相公之忠之烈寔趾先美而所値之變尤有大於往時則其垂輝於天下後世者益復炳炳矣惟我二千萬同胞之未死者孰不悲啼哭泣而況秉瓚偏被眷愛厚蒙敎誨不比餘人者乎昨冬之變秉찬亦以一疏之故逢彼之怒久作楚囚承訃於拘繫之際仰天呌地惟是淚落如綆縻而已顧乃復見天日亦旣有月悠悠痛恨如彼山水今始俯伺告此血衷公靈赫赫庶其降鑑嗚呼哀哉

●學相迎接 陰四月二十五日에學部大臣李完用氏와事務官上村正己氏가自釜港으로大丘府에抵達ᄒᆞ얏는ᄃᆡ廣文社社員과各學校生徒七百餘人이迎接次로停車場에立旗羅立ᄒᆞ야一齊敬禮ᄒᆞ고運動式으로進退擧行ᄒᆞ는ᄃᆡ整齊ᄒᆞᆫ儀容이實로前日所聞에過ᄒᆞ고兩氏가各學校를巡察ᄒᆞᆫ즉校舍制度가一新ᄒᆞᆫ지라兩氏가果然欽羨ᄒᆞ야觀察使의實心勸學홈을無限致謝ᄒᆞ고設校方針에熱心ᄒᆞᆫ諸人을곳褒揚히깃다고收錄學務勸奬연說을ᄒᆞ엿다더라

●桑港後報 曩日桑港에서無前大災를經ᄒᆞᆫ後로該地駐在ᄒᆞᆫ韓國同胞의死生存沒을未知ᄒᆞ야一般國人이日夜翹首悵望ᄒᆞ는바今聞ᄒᆞᆫ則統監府에서該港駐在日領事의報道를據ᄒᆞ야韓國政府에照會ᄒᆞ얏는ᄃᆡ韓人被傷者ㅣ八十名內에致死者가二十四名이라홈으로日昨政府에서恤金募集ᄒᆞᆯ方針을會議에提出ᄒᆞ얏다더라

本社廣告

申報價
一張代金 新貨二錢五厘
一箇月前金 三十錢
三箇月 九十錢
六箇月 一元七十錢
一箇年 三元四十錢
郵稅一部 新貨五厘
一箇月 十三錢

廣告料
四号活字十三字ㅣ每日每行尺一寸에新貨廿五錢
(每日每行에大號에ㄱ倍)
二個日에 二拾五錢
(每日每行四號五厘에 相當)
一箇月에
(每日每行四號一厘에相當)
其期限의長短과字行의多少를依흐야增減흠이有홈

◉本社地方各處支店廣告
仁川栮峴開新冊肆 李東玄
平壤南山峴日新學校 金興濂
宣川邑橋西 崔觀恒
義州南門外韓西大藥房張有寬 安濬
長連邑 金鎭
鎭南浦築洞 金仁집
咸興州南社 曹喜林
中和邑 李俊培
釜山佐川徐藥房 金漢泰

發行兼編輯人 英國人裴說
發行所
京城北署壽進坊磚洞卄外地嶺前學部前
大韓每日申報社

第四卷

大韓每日申報
대한매일신보

第二百廿八號

月曜及慶節歲時休日刊

檀君開國四千二百三十九年
箕子元年三千二十八年
大韓開國五百十五年
日本明治三十九年
淸國光緖三十二年
陰曆丙午年閏四月大初三日己巳

論說

統監府

本記者ㅣ得見권ᄃᆡ伊藤侯가向日東京에서演述ᄒᆞ얏스되韓國ᄂᆡ自巳義務의最末成功이未免疑訝라ᄒᆞ얏스니統監의方以悔恨爲苦ᄂᆞᆫ現然ᄒᆞ거니와韓國人民은日本兵馬之行聲에서漸蘇홈이自今爲始耳로다

韓國이不得與列强交通이란意見은是乃虛妄이니對此確致가近到國內ᄒᆞ얏슴을信認ᄒᆞ거니와觀草之偃이면知風之向ᄒᆞ나니是以로本記者의可記ᄒᆞᆯ거ᄉᆞᆫ遽今附日ᄒᆞᆫ高官數人이數日前에向本社ᄒᆞ야本報應助나或本報反對改良을欲得홈이라ᄂᆞᆫ記者ㅣ常言ᄒᆞᄃᆡ現今韓國政府大臣들은上負

皇帝信任ᄒᆞ고下失人民信賴ᄒᆞ얏스니辭職이最宜라ᄒᆞᆫᄃᆡ子此答言이彼之辭職은日本人의排給ᄒᆞᆫ身上保護를見失ᄒᆞᄂᆞᆫ거시니貴重生命이從此不得安全云이러라

本記者ㅣ數次注目권ᄃᆡ韓國

皇帝ᄭᅴ서政府의無效無信홈을親認ᄒᆞ신지라向者스토리氏가發電ᄒᆞᆫ文字에 皇帝ᄭᅴ서親言ᄒᆞ셧스되韓國外交事務를偏見이未有ᄒᆞᆫ列國手中에肯置ᄒᆞ깃다ᄒᆞ셧스니公正이過於此ᄒᆞᆫ提議ᄂᆞᆫ陳述키不能이오且東京及列國新報에廣布ᄒᆞᆫ伊藤侯의渴望과此乃純然一致여날不至如此ᄒᆞ고韓國에今有統監府ᄒᆞ니如此設置ᄂᆞᆫ日本政府處事에感行ᄒᆞᄂᆞᆫ不美形態로從出홈이로다

韓國皇帝ᄭᅴ서美國富人쉬巫氏를宴會에邀請ᄒᆞ셧더니統監府가是何理由인지願知ᄒᆞ야其時參席人의列錄을要求ᄒᆞ얏고且日本人의新報가伊藤侯의管轄此國ᄒᆞᆫ才能을疑訝ᄒᆞ야略干陳述矣러니已被停刊ᄒᆞ얏스니今日之行이如此矣요後日도亦如此ᄒᆞᆯ지라自相紛爭ᄒᆞ며或與他人紛爭이로다

此不明統監府가不能久持ᄒᆞ리니本記者ᄂᆞᆫ伊藤侯或其代理人이啓發精神ᄒᆞ야諸般設備를東歸本土ᄒᆞᆯ時日을瞻望ᄒᆞ노라

官報

●三千四百六十一號 光武十年五月廿四日

◉宮廷錄事

中樞院賛議閔炯植辭職疏
批旨省疏具悉卿其勿辭行公
奉常司提調洪在晷辭職疏
批旨省疏具悉卿其勿辭行公
以上五月廿一日
시從院副卿金駿昊辭職疏
批旨省疏具悉所請依施
五月廿二日

◉敍任及辭令

○陞從二品 正三品洪澤厚 五月十四日○陞正三品 六品劉文煥 五月十五日○命시從院副卿 從一品金駿昊○依願免本官 西京豐慶宮參書官成在韻 全韓鎔友 淑陵參奉崔昌翰 和陵參奉朱鍾翊 肇慶廟參奉李憲賢 貞陵參奉韓奎錫 思陵參奉李載贊 義陵參奉金麟昊 昌陵參奉朴壽年 穆陵參奉李範泓 順昌園參奉李圭相 永懷園參奉李錫九 孝昌園參奉金容五 東明王陵參奉李載馨 裕康園參奉李韓應 主殿院電務課主事康과晏 全李鍾成○任西京豐慶宮參書官 正三品崔益煥 六品趙鼎한○任思陵參奉 趙常顯○任貞陵參奉 惠陵參奉崔永稷○任惠陵參奉 懿陵參奉韓鼎基○任懿陵參奉 宣陵參奉尹濟求○任宣陵參奉 九品韓奎錫○任淑陵參奉 金貞喆○任和陵參奉 朴榮洙○任肇慶廟參奉 韓형錫○任義陵參奉 九品張형根○任昌陵參奉 李章宇○任穆陵參奉 六品洪淳翼○任順昌園參奉 六品李우○任永懷園參奉 九品李程淳○任孝昌園參奉 金憲植○任東明王陵參奉 朱炳馨○任裕康園參奉 南哲祐○任主殿院電務과主事 尹奎璿

以上五月廿日

◉部令

農商工部令第四十二號 續

各種物質分，及試驗手數料規定

七 脂肪과蠟과油類의比重과粘度와凝點과融點과沸點과引火點과燃燒點과檢定을願ᄒᆞᄂᆞᆫ時ᄂᆞᆫ每一件에金壹圜으로定ᄒᆞ고沃度價와酸價와(아루가리)의作用과金屬의作用의試驗은每一件의金二圜以上金二十圜以下로定ᄒᆞᆷ

前項의手數料中에最高額及最低額의限度를定ᄒᆞᄂᆞᆫ것은該項事의難易를從ᄒᆞ야礦務技監이其範圍內에서手數料額을定ᄒᆞᆷ

第二條 前條에揭치아니ᄒᆞᆫ分析及試驗의手數料ᄂᆞᆫ前條의規定을准ᄒᆞ야礦務技監이定ᄒᆞᆷ을從ᄒᆞᆷ

第三條 礦務技監官房에鑑定을請願ᄒᆞᄂᆞᆫ者ᄂᆞᆫ以上二條의規定을准ᄒᆞ야礦務技監이定ᄒᆞᄂᆞᆫ手數料를納케ᄒᆞᆷ

第四條 分析試驗或鑑定을請願ᄒᆞᆫ時에時日을限ᄒᆞ야請ᄒᆞᄂᆞᆫ者ᄂᆞᆫ礦務技監이以上三條에定ᄒᆞᆫ額의五倍以內에手數料를增納케ᄒᆞᆷ

第五條 手數料ᄂᆞᆫ收入印紙로써納케ᄒᆞᆷ

附則

本令은光武十年六月一日로브터施行ᄒᆞᆷ

光武十年五月十一日
農商工部大臣權重顯

度支部令第六號

臨時治道費會計規程

第一條 臨時治道費ᄂᆞᆫ繼續費로ᄒᆞ고其總額을定ᄒᆞ야各年分配額에依ᄒᆞ야每年度預算을編成홈이可홈이라

第二條 每年度에在ᄒᆞᆫ臨時治道費의支撥餘額은竣工年度ᄭᅡ지遞次推移홈을得홈이라

未完

外報

●日人稱接 華盛頓電을據ᄒᆞᆫ즉桑港駐在日領事가華盛頓政府에서日本人遭難者措處에對ᄒᆞ야公函으로致論ᄒᆞ얏ᄂᆞᆫᄃᆡ日本人三千名은該地에住在ᄒᆞ고其他七千餘人은各海岸으로移接ᄒᆞᆫ다더라

●爆發事件 巴里電을據ᄒᆞᆫ즉去十七日에俄國야도스로보地警察擔當은爆發藥에致斃ᄒᆞ얏ᄂᆞᆫᄃᆡ該事變이起ᄒᆞᆫ結果로二人은銃殺ᄒᆞ고二人은重傷ᄒᆞ얏더라

●英俄協約 本月十六日倫敦發電을據ᄒᆞᆫ즉俄國과英國間에條約成就되얏ᄂᆞᆫᄃᆡ其內容은亞細亞領地을保受홈이라더라

●港工役 十六日華盛頓發電을據ᄒᆞᆫ즉紐育某社會에서桑港再建工役에對ᄒᆞ야金一億萬弗을集合ᄒᆞ얏더라

雜報

●軍部宴會 南道義兵이處處蜂起ᄒᆞ야突入ᄒᆞᄂᆞᆫ地方에ᄂᆞᆫ不虞之變을猝當ᄒᆞ야苞在呼吸故로各郡公電이軍部와內部에時刻絡來ᄒᆞᄂᆞᆫ되昨日軍部에셔大宴會를城北洞에排設ᄒᆞ고大臣協辦各局長技師技手主事로至於丁卒ᄭᆞ지早朝出去ᄒᆞ고軍部ᄂᆞᆫ一空이되入直主事一人만官房에几坐ᄒᆞ얏다더라

●治道着手 內部에臨時治道局이經常部로設立이되얏ᄂᆞᆫ되前日土木課를該局으로付屬케ᄒᆞ고治道事務ᄂᆞᆫ明年頃에나着手ᄒᆞᆯ貌樣이라더라

●嚴禁乘轎 警務廳에셔各署에傳話도申飭ᄒᆞ야妓生與三牌隱君子를勿論ᄒᆞ고凡係賣淫女의乘轎ᄂᆞᆫ一切嚴禁ᄒᆞ고人力車를代乘케ᄒᆞ라ᄒᆞ얏다더라

●五件迭議 再昨日午後三時에度支顧問目賀田氏ᄂᆞᆫ政府에入去ᄒᆞ야參政과接見ᄒᆞᆫ後에監獄署擴張ᄒᆞᆫ經費를相議ᄒᆞ엿고統監府統監署理鶴原氏ᄂᆞᆫ參政을訪問ᄒᆞᆫ後南道義兵鎭壓ᄒᆞᆯ事件 移民擴山兩條例를何不實施ᄒᆞ나냐고移時談辦ᄒᆞ얏고一進會總代ᄂᆞᆫ北墾島民長設施ᄒᆞᆯ方針을勸告ᄒᆞ얏다더라

●左道照律 한城裁判所에셔法部로報告ᄒᆞ기를被告姜明淳이邪神을假降ᄒᆞ야一應左道로人心을眩惑ᄒᆞ야欺騙人財가十萬一千二百五十兩이라同被告를照律處絞러니被告가不服思量으로上訴ᄒᆞᆫ平理院이온바該院에셔貴決이妥當이라고還交ᄒᆞ얏스니査照指令ᄒᆞ라ᄒᆞ얏더라

●義擾續報 公州觀察使가內部로電報ᄒᆞ기를義兵三百餘名이方在洪州城中云故로另派巡査ᄒᆞ야其情形을連續馳報케ᄒᆞ얏다더라

●玉候靡寧 數日來로皇上陛下ᄭᅴ옵셔玉體靡寧ᄒᆞ옵시다더라

●恤金經由 桑港遭難民의救恤金四千圜은統監府를經ᄒᆞ야該港駐箚日領事에게로分換ᄒᆞ야頒給케ᄒᆞᆫ다더라

●運動壯況 平壤耶蘇教中學堂에셔本月十七日과十八日에大運動을該學校前場에設行ᄒᆞᆫ셔內外國紳士와夫人들이雲集觀光ᄒᆞᄂᆞᆫ되該學徒幾十員과各處小學校學徒들이許多技藝를逞ᄒᆞᆷ이進前에其活潑之氣와爭先에其勇敢之像은將來에駕于强隣ᄒᆞᆯ基因을信認暗喜ᄒᆞ야一大壯觀을快供ᄒᆞ얏더라

●儒錄害民 三陟郡蘆谷面車川洞居朴載현金時英이가與同郡居張箕와沈燦奎等으로欲買兩班而以新舊儒通錄事로金時英은使其子東鎬逗留京底에圖得通錄文狀ᄒᆞ고朴載현은使其子東一로換錢謀利에出沒京鄕ᄒᆞ야挾邑權行私力而村閭愚氓을或誘入錄ᄒᆞ고或威脅入錄ᄒᆞ여歷次早郡星府에持通錄文狀ᄒᆞ고稱以圖事時에納賂錢與浮費條合爲葉幾萬兩이라ᄒᆞ고分排於入錄人許ᄒᆞ야勒捧이더니今二月分에稱有啓字皇勅ᄒᆞ고奉勅使臣이下來라ᄒᆞ야經大祭於聖廟ᄒᆞ고聚黨三百餘名ᄒᆞ야開會演說曰今大事已成이라若有反對者이면星火早郡이라도任意爲之ᄒᆞ라ᄒᆞ고派送京換軍ᄒᆞ야督捧錢財ᄒᆞᆯ더러帶同京巡檢ᄒᆞ얏柔自倫名入錄之人을結縛杖因後에稱以浮費錢分排條ᄒᆞ고家勞與農牛을任意奪取이되若有不足之歎이면乃徵出於族黨ᄒᆞ니世豈有如許無賴輩之行悖乎아同郡蘆谷面麻邑居尹道在尹錫一之名을亦倫入錄案ᄒᆞ야勒捧分排而乃有不足之歎故로欲徵出於族ᄒᆞ야尹道在之姪秉浩가適不在家時에勒捧手票於秉浩之老母ᄒᆞ야奪取葉錢數千兩故로窮따峽氓이合延離散에不知所措라尹秉浩은欲推尋寃徵錢次로方今上京ᄒᆞ야將以呼訴ᄒᆞ고如是者非特一二人而已오三陟一境이蕩敗家產者도不可勝數라ᄒᆞ더라

●社長被押 大韓日報社長蟻生十郎氏ᄂᆞᆫ本是日本亡命客인故로變名이今乃發覺ᄒᆞ야日本으로押付ᄒᆞ얏다더라

●貪狀現露 鏡城觀察使任原鎬氏가日昨으로內部에電報ᄒᆞ기를鏡城郡守金在淵氏가會寧郡守在任時에貪叨不法ᄒᆞᆫ事實이現露故로財政顧問補佐官이二三次查問ᄒᆞ야方在廢務ᄒᆞ니署理를差定ᄒᆞᆫ後詳查報告ᄒᆞᆫ다ᄒᆞ얏더라

●普信規則 磚洞普信女學館은有內外法ᄒᆞᆫ韓國士族女子를教授ᄒᆞᆷ에便利케ᄒᆞ야專以婦人教師로選用ᄒᆞᄂᆞᆫ되日본婦人淵澤氏가修身日文독書籍術科를教授ᄒᆞ며日本婦人村井氏造花編物等科를教授ᄒᆞ고日본婦人井出氏가音樂體操等科를教授ᄒᆞ고韓國婦人金召史가國漢文習字作文等科를教授ᄒᆞᄂᆞᆫ되家貧ᄒᆞᆫ女ᄌᆞᄂᆞᆫ寄宿舍를特設ᄒᆞ고宿食케ᄒᆞᆫ다더라

●圖南會社의寄函 嗚呼라今番桑港에大地震災ᄂᆞᆫ美國에大慘劇이오各國人의亘古에罕有ᄒᆞᆫ損害라一般吊慰를不禁이어니와惟我同胞가亦在遭難ᄒᆞ니驚悪何極가嗟我同胞之住在該地에其資生則勞動而已로되熱心血憤으로忠愛思想은肌折不回ᄒᆞ야國權을回泰ᄒᆞ기로實在中心ᄒᆞ더니千萬夢想之外에遭此非常之災ᄒᆞ니其生命之死亡과財產之損失이果未知何如之境이로다瞻望歸雲에寄慰遠吊ᄒᆞᆷ이不覺涕淚橫流로다然이나今此遭難之後에其於棲遑飢餓之狀은如在目前而雖欲萬一之慰助나溟海遠阻에心志를莫遂더니何幸大韓每日申報社에有志君子가遭難同胞를救恤ᄒᆞ기로發起ᄒᆞᆷ이實心欽歎이라生等은以雜貨商業而設社未幾에難免草率키로不能遂意ᄒᆞ고僅將金貨四十元ᄒᆞ야聊表休戚之情이오니幸須情領ᄒᆞ시믈千萬敬要

●一進組社 一進會員尹始炳氏가農商工部에請願ᄒᆞ기를本會內에商工課를已爲設置인바自台中으로一社를組合ᄒᆞ야爲先商業에着手營業ᄒᆞᆯ次로條例를左開請願ᄒᆞ니認爲認許ᄒᆞ라ᄒᆞ얏다더라

●農訓閉礦 農商工部에셔東萊郡守의게訓令ᄒᆞ기를本郡金礦檢察金瑞文이가派往半載에尙無開採與否之報ᄒᆞ니事甚駭歎이라到即該金瑞文을捉囚郡獄하고該礦은對閉後馳報하라ᄒᆞ얏다더라

●匪我伊他 前月二十七日本報에揭載ᄒᆞᆫ元氏賣井題下에對ᄒᆞ야李明翔氏가歷歷說明ᄒᆞ되往在壬午年ᄒᆞ야府使金善根氏之在任也에日本人勒稱租借ᄒᆞ고强占溫井ᄒᆞ니東萊人民이一倍憤激ᄒᆞ야金氏가至當民擾ᄂᆞᆫ然而莫奈日人之氣力하야溫井이遂爲日人所占ᄒᆞ니我國之浴井者가反出貰錢於日人矣러니戊戌年에本人의在任該府ᄒᆞ야憤此事之違反條約ᄒᆞ야與該港領事伊集院彥吉로三朔談辦ᄒᆞ야覓還溫井ᄒᆞ고新築亭ᄉᆞ九十間於井側ᄒᆞ고以宮內府官有地로於井外四面에刻石立大標ᄒᆞ고日本人之浴井者ᄂᆞᆫ人出銅貨十錢定約ᄒᆞ니此非但闔郡人民之所目睹而稱快라其時外部官吏가無一不知ᄒᆞ고其時尹致昊氏가以德源監理로游釜港라가通商以來로我人基址之見失外人而還覓은於此初見이라ᄒᆞ야極口稱美ᄒᆞ고且井側出土之日人潛買者를本人이捐廩還退ᄒᆞ야爲水田十二斗地ᄒᆞ엿더니今此貪食은後來者의所爲니證參이自在라ᄒᆞ기로玆에更揭ᄒᆞ노라

●權案又查 平理院에셔法部로報告ᄒᆞ기를全州郡守權直相의案件을不日質辦ᄒᆞ야無或延緩케ᄒᆞ란本部訓令을奉准인바原告申奉順이原居全州地而以渠父致命事로投狀之後에仍不就質이기七日내不現이면缺席判決之意로告示通衢가業已過限故로被告權直相을當即行放免이로되繼又該郡居文顯周宋鍾한等의訴狀이數至百萬이오繼又經理院照會의公錢徵랍이亦至巨萬이온바右兩箇案件을不容不將拿이옵기玆에報告라하얏더라

●小民又訴 平壤部栗里坊居白鑛圭等이內部에呼訴ᄒᆞ기를本坊에加排ᄒᆞᆫ日本軍用馬厩作錢을已訴于本部而發訓禁止이온바今番은更加一層ᄒᆞ야多發巡校에狀民及各等民十三人을星火捉去에嚴杖牢囚ᄒᆞ야水食도不通케하니爲官吏而執觀部令도莫此爲甚이오勤懲而酷牢刑도今始初見이니平壤府尹非我韓羅ㄱ인지被囚諸民을電訓放出케하라하얏다더라

東京電報

●滿洲視察說 五月廿三日午后零時發
昨日日本元老閣臣會議結果로伊藤統監은滿洲地方을視察ᄒᆞᆫ다더라

●日本艦隊 仝日午后六時發
日本艦隊시드니에入港ᄒᆞᆫ際에港內에定泊ᄒᆞᆫ船舶은悉皆滿艦飾을成ᄒᆞ얏고市中各戶에ᄂᆞᆫ國旗를揭ᄒᆞ야非常ᄒᆞᆫ盛觀이더라

●統監歸任期 上仝
伊藤統監은來六月五日頃에歸任ᄒᆞᆯ터이라더라

雜報

●倘有奇觀　待罪臣金升旻氏가辭職疏批旨에聲氣相感風雲會合心誠求之岩阿無幽朕之必欲九面亦云切日肇矣猶復數尙과軸之志卷懷金玉之音비不能無滋愁焉ᄒᆞ노庶幾翻回遐躅번然羽儀于朝庸答繾綣翹企之至意此非所以縻之也不容多辭事遣秘書郞宣諭ᄒᆞ라ᄒᆞ옵셧ᄂᆞᆫᄃᆡ氏ᄂᆞᆫ別有神術이라ᄒᆞ야某別人侍가薦擧ᄒᆞ얏더니卽有召命ᄒᆞ사日前에智陵參奉의初仕로加資秘書丞을被任ᄒᆞ얏ᄂᆞᆫᄃᆡ詣闕ᄒᆞᄂᆞᆫ日에ᄂᆞᆫ多少奇觀이有ᄒᆞᆯ터이라더라

●農訓各道　農商工部에서十三道에訓令ᄒᆞ기를釜山港에서韓日兩國人이協同ᄒᆞ야商品博覽會를現已開辦ᄒᆞ고珍奇物品을無不陳列ᄒᆞᆫ바本國各種貨品新古條考品을勿論ᄒᆞ고多數出品ᄒᆞ면該會로셔品質을稽査ᄒᆞ야褒賞을授與ᄒᆞᆯ터이니各郡에星火行飭ᄒᆞ야本年七月二十五日閉會前에隨意出售케ᄒᆞ고物品或玩違케ᄒᆞ라ᄒᆞ얏ᄂᆞᆫᄃᆡ該出品은但완不而不爲賣買ᄒᆞᆫ다ᄒᆞ며其褒賞ᄒᆞᆫ件은金牌銀牌銅牌褒賞等四等이라더라

●農部所照　農商工部에서度衡製造檢定所를設ᄒᆞᆯ次로該地段을宮內府에照認ᄒᆞ얏더니宮內府에셔答復ᄒᆞ기를該地가係是園所垓字內故로不可許施라ᄒᆞᆫ지라農商工部에셔更照會ᄒᆞ되已於月前에貴府與本部에셔各派一員ᄒᆞ야同往審査이온바該地附近에許人入葬이數百塚이온즉縱称宮內府屬地라도今不必依例可禁이오亦非園所垓字所關인즉荒蕪無碍之處에但許私葬ᄒᆞ고不許官用이必無其理故로已自本部酌量坪數而建築官舍ᄒᆞ얏스니照亮ᄒᆞ라ᄒᆞ얏다더라

●借舍不得　西江牛山學校를剏設六七朔에學徒가百有餘名이오工夫日新ᄒᆞ야實有進步之機인ᄃᆡ校舍가本無ᄒᆞ야借家設校러니該家를斥賣ᄒᆞᆫ故로該洞廣興倉을借得ᄒᆞ기로學部에請願ᄒᆞ되不得認許ᄒᆞ야學徒가住接無處ᄒᆞ야大段困難中이더라

全羅南北道紳士前主事金仁植前參奉李敬秀等諸氏가崇宗敎開新學ᄒᆞ기에熱心注意ᄒᆞ야學校를設施ᄒᆞ기로學部에請願ᄒᆞ얏ᄂᆞᆫᄃᆡ自上으로洞燭ᄒᆞ사勅諭가特下ᄒᆞ신全文이如左ᄒᆞ니

朕以崇宗敎設學校已降勅諭者惟我列聖朝文化之盛久而弛廢適大投艱于朕身其所振勵之方在於使一世人民倡之導之欲溫故而知新毗輔以鞏固也頃有嶺南設學之擧而湖南亦爲此擧全省感發期爲作成之功甚庸嘉尙惟茲南方素以豐沛之鄕尙餘齊魯之風益加漸磨而就將則庶爲他日之需用咨爾有衆亟體朕孜孜之意克勤敎育蔚有實效共濟文明之域可也特下內帑錢各一千元以示勸奬俾補經用其令該道臣及地方官恪勤勸諭使大小衆庶咸須知悉

●何故被捉　景孝殿長番奉侍金圭善氏가家在壯洞인ᄃᆡ昨朝出家ᄒᆞ얏더니同上午十時量에日本巡査三名과憲兵三名이前往ᄒᆞ야稱以顧問官命令ᄒᆞ고警務廳으로卽行捉去ᄒᆞ얏다더라

●報請掃匪　公州觀察使가內部로連次電報ᄒᆞ기를義兵三百餘名이洪州城內에奪據ᄒᆞ야派送巡査를打殺ᄒᆞ고其勢가危急ᄒᆞ니派兵鎭壓ᄒᆞ야俾卽掃蕩ᄒᆞ라ᄒᆞ얏더라

特別社告

本社申報를發布ᄒᆞ기爲ᄒᆞ야各觀察府와監理와各郡에幾日間無代金으로二張式仰呈ᄒᆞ오니照亮ᄒᆞ신後에續繼購覽ᄒᆞ시며勸諭人民ᄒᆞ야俾爲文明開進之助를切盼

大韓每日申報社　告白

●藍浦義援　藍浦郡公報를聞ᄒᆞᆫ즉義兵이本郡衙中에突入ᄒᆞ야軍器를沒數奪去ᄒᆞ고郡守徐相周氏를曳出ᄒᆞ야無數毆辱ᄒᆞ며銃十三柄을奪取ᄒᆞ고各面에傳令ᄒᆞ야義兵請求를顯用케ᄒᆞ다ᄒᆞ얏다더라

●시驗場確定　農商工部大臣權重顯氏가農事시驗場基址를擇定ᄒᆞᆯ次로大丘等地에下去ᄒᆞ얏다ᄒᆞᆷ은已爲揭載ᄒᆞ얏거니와該農場을大丘城南門外立碑으로確定ᄒᆞ고該觀察使의게訓飭ᄒᆞ야立碑前後二十步以內ᄂᆞᆫ人民의賣買를嚴禁ᄒᆞ라ᄒᆞ얏다더라

廣告

在桑港遭難同胞救助金

藍浦　崔亨植　新貨五十錢
永柔前注書　金湍禧　二圓
張東煥　一元
愼爾憲　一元
慈山人　金龍二　二元
東萊人　尹宜遠　一元
龍川人　崔세健　一元
侍從　李鍾浩　五圓
參判　李駿奎　二圓五十錢
端川人博士　徐내萬　一圓
明川人　金河영　一圓
端川人　崔영宇　一圓
參領　李東暉　一圓
魚용善　一圓
慶源人　徐禎學　二十五錢

東署大井洞私立明義塾諸員
李寅永　新貨五十錢
李寅鎔　五十錢　金泰準　五十錢
李汶燮　四十錢　鄭炳圭　廿五錢
李根培　四十錢　張錫俊　十五錢
朴鳴顯　十錢　鄭勛鎔　十錢
朴仁植　十錢

◉國南會社諸員
玄景召　新貨三元二十錢
金浩植　三元　安榮案　三元
朴鎭道　三元　劉世亮　三元
金準榮　二元　林臻洙　二元
李鍾鉉　二元　徐學天　二元
秦尙業　一元　奇成雲　一元
金斗興　一元　金元杓　一元
張晋永　一元　金東健　一元
李麟한　一元　朴與桂　一元
金洙榮　一元　崔敎直　一元
孫與俊　一元　金芯榮　五十錢
吳春浩　五十錢　金한秀　五十錢
李應烈　五十錢　金東鎭　五十錢
金世燗　五十錢　張鳳燮　五十錢
金慶한　五十錢　馬應在　五十錢
崔相호　五十錢　吳承泳　五十錢
李春卿　二十錢
以上合計六十四圓二十五錢

漢城師範學校敎員臨時養成科學員募集廣告

今次에漢城師範學校敎員臨時養成科學員을試選ᄒᆞᆯ터이니入學ᄒᆞ기願ᄒᆞᄂᆞᆫ者ᄂᆞᆫ六月七日(陰曆閏四月十六日)內로本部에呈請訂을具呈ᄒᆞ고伊日上午九時에本道로進ᄒᆞ야入學시驗을應ᄒᆞᆯ事

시驗規目
一 年齡은十八歲以上三十歲以下로ᄒᆞᆯ事
一 시驗科程은左와如ᄒᆞᆯ事
講文　독書
作文　國한文交作
算術
本國歷史
本國地誌
日語

光武十年五月十七日　學部

稟請証은本部로來ᄒᆞ야請用ᄒᆞᆯ事

本人이五月八日夜에家中什物을見奪於賊黨之際에姓名圖章과及文有聲處에一千四百兩貰給票도亦爲見奪ᄒᆞ얏스니內外國人은咸須知悉홈

平壤伊老島　韓璣　告白

本人姪應鎬光鎬性俱浮浪傳來累與金庄土一朝蕩殘無餘又於數年前濫用日捧換同日人勤懲亂債萬餘兩於本人又本人三次別付承重付卽輒貿今無立錐地方欲浮間雜類藉借外債望須內外國僉君子切勿見欺自失ᄒᆞ시옵

郭山酒洞居卓延栢告白

唐谷藥局姜贊欽許推次音當錢一萬內六千兩先推이고仟文四千兩票를陰四月二十九日閪失故茲以廣告ᄒᆞ오니誰某拾得ᄒᆞ오되休紙施行홈

會洞布木廛鄭禧仁甫　告白

◉學員募集廣告◉

本校에셔英語夜學과日語晝學을速成으로敎授ᄒᆞᆯ터이니願學ᄒᆞ시ᄂᆞᆫ僉位ᄂᆞᆫ陰閏四月初九日內로來臨問議ᄒᆞ시오
英語ᄂᆞᆫ下午七時半으로九時半
日語晝學은下午三時로五時

中署河橋板井洞
第六十七統九戶
私立前進學校　告白

◉遭難同胞急救◉
◉慰金募集大廣告◉

至迫至急ᄒᆞ고可驚可악ᄒᆞᆫ我가韓同胞中美國桑港市等地에寓ᄒᆞᄂᆞᆫ千餘名에兄弟姉妹ㅣ가今番桑市에火災의遭難慘惻ᄒᆞᆫ情狀을思惟ᄒᆞᆯ진ᄃᆡ幾人은死亡의濱ᄒᆞ얏스며幾人은損害를遭ᄒᆞ엿ᄂᆞᆫ지晝夜耿耿ᄒᆞᆷ을不禁ᄒᆞᆯ지라玆의全國內有志同胞의게警告ᄒᆞ오니隨意力補助ᄒᆞ셔사와海外孤蹤이로遭難의慘狀을甦醒케ᄒᆞ심을喚醒홈

但收金日限은四週間으로定홈

收金所
大韓每日申報社　皇城新聞社
松道、平壤、鎭南浦

請捐員은金鎭三氏로定ᄒᆞ얏숩

本社廣告

中國紙

一張代金 新貨二錢五里

一箇月前金 三十錢

三箇月 九十錢

六箇月 一元七十錢

一箇年 三元四十錢

郵便一部 新貨五里

一箇月 十三錢

廣告料

四號活字十三字詰

每日每行一寸에新貨廿五錢

每日一行에大韓에는

隔日에 二圜五十錢

(一日每行圜論五里에 相當

一箇月에 五圜

(每日每行圜論一里에相當

其期限의長短과字行의多少를依ᄒᆞ야增減ᄒᆞᆷ이有ᄒᆞᆷ

◉本社地方各處支店廣告

仁川栱峴開新冊肆 李東支

平壤南山峴日新學校 金興濶

崔觀恒

宣川邑樓西 安濬

義州南門外韓西大藥房張有寬

長連邑 金龍

鎭南浦築洞 金仁직

咸興州南社 曹喜林

中和邑 李俊培

釜山佐川徐藥房 金瓘泰

發行兼編輯人 英國人 裵說

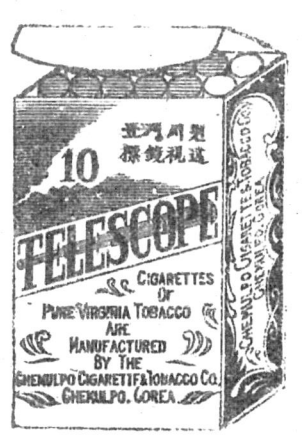

發行所 京城北署箕坊洞外地 大韓每日申報社

第四卷

大韓每日申報
대한매일신보

第二百卄九號

月曜及慶節 歲時日休刊

檀君開國四千二百三十九年
箕子元年三千二十八年
大韓開國五百十五年
日本明治三十九年
淸國光緖三十二年
陰曆丙午閏四月大初四日庚午

寄書

敬啓者는 僕이 近日에 漢城南三四百里之地를 遍踏而歸인바 日本人이 渡來此地하야 韓國農夫의게 耕作模範을 舉示하며 荒蕪之地를 占得코다는 意見이 未免怪訝홈을 欲自表證하노라

本人到處에는 韓國農人의 鍊熟作業을 每見하얏스며 他鄕은 未知로다 本人窮目處에는 一片荒地도 未見하얏노니 可合原野는 耕犂甚美矣라 雖泰西諸國이라도 以此景況으로는 不得比於韓國이오 或者所思에는 山岳之大가 京釜鐵道面積보다 過越홀듯하나

本人意見은 不至如此하며 京城附近에는 墳墓之占이 如彼多矣로되 至於鄕曲하야는 此亦甚少하며 山麓의 幾乎全部는 種之以禾오 日本富士山은 特異하니 不必舉矣로되 其外山脊에도 播穀이 甚稀어날 韓國에 在하야 如此山脊에는 平麥之長이 頗多하도다 山林之不闢處에는 厚載薪炭하야 全國生靈이 得以利用하니 此豈廢棄之地리오 若松은 特爲其材用이오 其外一草一葉이라도 棄物이라고 難稱이니 採伐搔集하期乎赭山하야 或供生芻하며 或供火柴及他用이로다

歐美及日本人중에 閒坐於高亭하야 消遣三夏者는 此地木開農夫가 貯水或灌漑法을 不知라고 量度評論홀터이나 是何過度謬見也오 自下陽月至十月로 每地球上에 韓國農夫보다 多勞多事한者ㅣ 未之有也라 是以로 灌漑之方은 或未完全이라도 秋成效果는 非常하며 且供給肥料十數類하기에 勞力하기는 與淸人一般이니 此乃好個作業이로다

安居無事之人은 此國農形을 辨論키 不能할지라 眞實農夫는 曝陽曝雨之下에 每日十四或十五時를 勞役하느니 可謂無閒日이오 且木製水桶과 貯水之具외 본土範을 得로 홈이 此皆熟手며 且以家畜之養으로도 韓國農家를 無人미 勝이나 特其豚猪가 多産非常이라

此境遇에는 蚊蠅之屬이 多集于其家이라고 言稱者ㅣ 或有할터이나 此國夏節에 如彼屬은 無可避니 雖精潔居留地에 外國人이라도 三伏夏節에 蚊蚋蠅侵害를 免者ㅣ 或有乎아 曰否라 日本農家의 當該를 人或見之乎아 勿論하라

余推人의 衣食도 推察하드라도 韓國農軍은 社會의 貴重本質이오 帝國의 眞實代表여날 漢城及港場에 居留之人이 街路上에 徘徊하와 하는 吸卷烟者 帥鏡者流를 注視하고 韓國全民을 指之以如彼懶惰홈은 全然被欺로다

全國人民의 十分之九로 成立된 此地農民은 自己農業을 維支하기에 才能이 自足하니 日本扶助干涉或敎訓을 不要할터이러 深歎홈이 確然이오

韓國內諸郡縣은 常保平兩班或官族이니 二千餘年以來로 好果을 旣得한 農民의 自擴自關한 土地에는 日本之貪欲掠奪이 勿犯할지여다

俟아그리콜나

大韓每日申報 記案下

官報

●號外 光武十年五月廿四日

◎辭令

宮內府協辦閔景植 解署理大臣事務

五月廿二日

●三千四百六十二號 光武十年五月卄五日

◉敍任及辭令

○依願免本官 秘書監丞鄭헌 西京豐慶宮主事金錫英○任秘書監丞 正三品송炳斗○任西京豐慶宮主事 申鎭哲 以上五月二十日○依願免本官 弘文館시讀金南齋 西京豐陵宮參書官閔鼎한 思陵參奉趙當顯 昌陵參奉李章宇 淑陵參奉金貞喆 和陵參奉朴柔洙 壁慶園參奉韓燮錫 孝昌園參奉金院植 主殿院電務과主事尹夔璿 西京豐慶宮主事申鎭哲 秘書丞監송炳斗○解文獻備考纂輯委員 正三品趙重觀 仝張志淵○任弘文館시講 秘書監郞尹禧永○任秘書監郞 六品金南齋○任西京豐慶宮參書官 正三品朴鶴銓○任思陵參奉 六品李職增○任昌陵參奉 九品朴壽年○任肇慶廟參奉 六品李昌賢○任淑陵參奉 九品申昌壽○任中和參奉 六品朱鎭翊○任孝昌園參奉 九品金容五○任西京豐慶宮主事 六品金錫英○命文獻備考纂輯委員 六品權祀植 九品洪炳斗○任秘書監丞 正三品鄭헌○敍任太醫院副卿 秘書監丞鄭헌○命休職 研成學校附砲副尉李敏燮 仝步兵參領閔泳璦 仝正尉金鋼性 仝李圭夏 仝崔榮大 仝李任한 仝朴基音 仝副尉安泰鎭 仝李智鎭 仝李章雨 仝鍾永淳 仝宋秉式 仝趙 淳 仝參尉沈宜赫 仝尤友鎭 仝文永穆 仝張濟喆 仝崔仲善 仝元奉錫 仝白丙贊○免本職 工兵中隊醫官三等軍醫李鵬淳 鎭衛第六大隊醫官三等軍醫金性集○補工兵中隊醫官 三等軍醫金性集○補鎭衛第六大隊醫官 三等軍醫李鵬淳 以上五月廿一日○依願免本官 恩津郡守李德復 咸鏡南道觀察府主事權在經 仝都鎭升○命시從院副卿 從二品吳相奎○任安州郡守 潛安郡守金一鉉○任康津郡守 正三品趙重觀○任豐德郡守 正三品丕鎭泰○任恩津郡守 正三品李尙萬○任淸安郡守 前郡守沈筆澤○任軍部繙譯官 軍部主事盧大錫 未完

外報

●稅務長到着 上海電을 據한즉 威海衛에 在한 英國海關稅務長이 본月十六日에 膠州에 到着하야 山東總督으로더브러 鎭海府와 威海衛間에 鎭追撤設과 其他各種問題를 商議하얏다더라

●意官辭職 伯林電을 據한즉 意太利官僚等은 會議의 目敗된 結果로 辭職하고 陳呈하얏더라

●貴族 反對 倫敦電을 據한則 英國貴族此에서 고 勞働案에 對하야 反對하얏다더라

●條約成立 同電을 據한즉 大佛列顚과 俄國間에 新條約이 成立되얏다더라

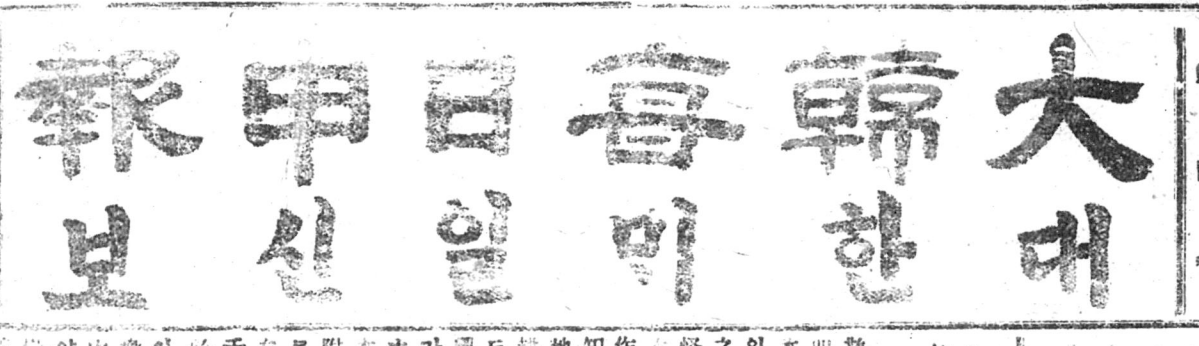

●新三國同盟說 聖彼得堡電報를 據한則 英國은 德國에 對하야 英露法同盟을 作하기로 頻頻히 計劃中인데 德國을 孤立케하라는 希圖는 英法兩國이 許久以前부터 政略上計劃이더니 今回 알제씨라 씨會議에서 其心友를 切感하얏는지라 德墺伊三國同盟은 其實은 過去事實이라 墺國은 自國의 分裂홈으로부터 殆히 無望하고 伊太利는 法國과 接近홈을 近年外交政策으로 하고 德國의 孤立은 平和를 圖하야 無효하니 假令 起戰하는 凡同盟國이 德帝를 對하야 協同一致코져 하러라

雜報

●學協往仁 仁川港官立日語學校學徒의卒業式을設行키爲ᄒᆞ야學部協辦金奎熙氏가一般官吏를帶同ᄒᆞ고昨日上午에當地로下去ᄒᆞ얏다더라

●一致裝束 師範學校長蔡範錫氏가再昨日에各學校教員을一齊히사範學校內에會同ᄒᆞ야學務上進步될方針을商議ᄒᆞ얏ᄂᆞᆫ디其議事인즉學徒의轉學ᄒᆞᆷ을嚴禁ᄒᆞᆯ事와학徒를各別保護ᄒᆞᆯ事와學徒裝束을一致ᄒᆞᆯ事로相議ᄒᆞ얏ᄂᆞᆫ디俱爲可決ᄒᆞ얏다더라

●難以更議 農商工部에서各懸房商民等呼訴를因ᄒᆞ야內部로照會ᄒᆞ고炎熱之時에ᄂᆞᆫ自各懸房으로依舊式宰屠케ᄒᆞ라ᄒᆞ얏더니內部에서答復ᄒᆞ기를當初屠牛場移設은係是淸潔上起見이니商民號訴ᄂᆞᆫ容或無怪나今不可擬議라ᄒᆞ얏다더라

●廉價賣穀 忠淸南道泰安郡居前郡守李基奭와前議官金敬才兩氏ᄂᆞᆫ自來家勢稍饒ᄒᆞ고心地慈善ᄒᆞ야賙貧恤窮之義가素有ᄒᆞ더니當此歉荒ᄒᆞ야特히窮民의情況을顧念ᄒᆞ야自家所有穀을放賣ᄒᆞᄂᆞᆫ디時勢에對ᄒᆞ야廉價로放給ᄒᆞ니兩氏의輕利愛人ᄒᆞᆷ을人皆稱譽ᄒᆞᆫ다더라

●均依銅例 內部에서全羅北道觀察使에게訓令ᄒᆞ기를因咸悅郡守權泰容의報告와益山郡民李載田의訴狀ᄒᆞ야度支部에照會ᄒᆞ얏더니該部에서答復ᄒᆞ기를特念民情ᄒᆞ야該兩郡結錢은依用銅錢例施准이마ᄒᆞᆫ바咸悅益山兩郡에訓飭ᄒᆞ야以白銅納稅케ᄒᆞ라ᄒᆞ얏다더라

●老物爲魔 工業普通學校校長李東暉氏와副校長魚允善氏가開城府崧陽書院에普昌支校를設立ᄒᆞ고學徒四十餘人을募集ᄒᆞ야教授ᄒᆞᄂᆞᆫ디該書院老儒幾人은以反對思想으로民戲ᄒᆞ야不知教育之爲何事ᄒᆞ고只稱莫重書院에設校開學이라ᄒᆞ고多般反對ᄒᆞ니安知異日에該書院之影響이全在於此學校之振興與否乎아此等腐儒老物은徒爲教育上妨害的惡魔라고僉論이紛紛ᄒᆞ더라

●法部嚴飭 全北裁判所에서煽惑人民罪로處役十年罪人金堤郡居朱汝仁林昌學과全州郡居金成初를因身病ᄒᆞ야還囚各該本郡이다가竟至逃躲ᄒᆞᆫ지라其時觀察使李勝宇李容稙兩氏를拘拿懲罰ᄒᆞᆷ로法部에奏本을上ᄒᆞ며一邊該道觀察使韓鎭昌氏의게訓令ᄒᆞ야兩郡獄卒與巡校輩를押上府庭ᄒᆞ야售奸有無를嚴覈來ᄒᆞ야分輕重擬辦케ᄒᆞ라ᄒᆞ얏다더라

●斯失良吏 南來人의說을聞ᄒᆞᆫ則定山前郡守蔡龍臣氏ᄂᆞᆫ赴任이未滿期年에獄無寃囚ᄒᆞ고民不見吏라且兼廉潔ᄒᆞ야靑年을教育ᄒᆞ기熱心으로ᄒᆞ더니今年二月은即其長子婦産月而來在於恩津郡海倉里親家ᄒᆞ니蔡龍臣氏가留其子婦及使喚於內衙ᄒᆞ고率其室人而暫作恩津之行矣러니不意本郡天藏里居閔判이有義兵之舉에其秘密行動이未嘗傳播ᄂᆞᆫ非但一郡이라亦近邑之所不知也어날不幸有忠남署理稷山郡守郭燦氏가以定山郡守帶印越境으로爲言ᄒᆞ야報于內部ᄒᆞ야遂至遞任이라其遞歸之日에境內父老가遮路願留ᄒᆞ고一郡儒生이往府呼訴則署理指令에云該郡守治蹟은已爲稔知라當報于上部라ᄒᆞ고又儒生이裹足上京ᄒᆞ야泣訴于內部則指令에新官이已爲叙任이라ᄒᆞ니該郡人民이如失父母라大抵閔參判이密謀義兵之時에自其洞中으로有一進會員數人이暗探其事實ᄒᆞ고來言于一進事務所則該會長이自度以本部之力으로恐不能擔當인가ᄒᆞ야直告于公州日憲兵警察所則該郡守豈可先知아率其夫人而往于長子婦所在恩津之地而五日還官則何可謂帶印越境이며且其暫往暫還之由ᄂᆞᆫ以其故也라原其情跡ᄒᆞ면一無所失而有此徑遞ᄒᆞ니該郡人民이連次更訴ᄒᆞᆫ다더라

●義擾猖獗 洪州據城義兵이入城ᄒᆞ야各城郭에大砲를戰備ᄒᆞ야品准비가堅確ᄒᆞ고軍令이戒嚴ᄒᆞ야不可容易退却이라로電報가軍部에連至ᄒᆞ얏다더라

●加派軍兵 淸州鎭衛隊兵丁五十名을洪州에派送ᄒᆞ얏ᄂᆞᆫ디不足之歎이恐有ᄒᆞ야軍部에서五十名을加派ᄒᆞ기로參謀決議ᄒᆞ얏다더라

●藍倅脫來 藍浦郡守徐相鼎氏ᄂᆞᆫ義兵에게印章及軍器還米公錢을沒數見奪ᄒᆞ고被拘ᄒᆞ얏다더니脫身上京ᄒᆞ얏다더라

●參謀新陞 參謀局長李남熙氏ᄂᆞᆫ此番擾擾事件에對ᄒᆞ야軍事上秘見으로義兵電信을稱國秘密ᄒᆞ야新聞記者를嚴禁ᄒᆞ라ᄒᆞᆫ다니是果參謀의第一妙筭인지

●小倅減俸 平壤郡守李重玉氏ᄂᆞᆫ馬卓代錢推尋次로呼訴ᄒᆞᄂᆞᆫ狀民을反爲捉囚ᄒᆞ야威脅無變故로一個月減俸에處ᄒᆞᆫ다더라

●咸察被譴 咸北觀察使任原鎬氏가鏡城郡守金在瑞氏를擅自免官ᄒᆞᆫ事件으로內部에서任판務을論警ᄒᆞᆫ다고奏本ᄒᆞ얏다더라

●一進勸告 一進會에서政府에忠勸ᄒᆞ기를各官吏의黜陟事를已自建議ᄒᆞ얏ᄂᆞᆫ디一向漸施ᄒᆞ니莫知理由라亟行實施ᄒᆞ라ᄒᆞ얏다더라

●經費決定 法部大臣署理朴齊純氏ᄂᆞᆫ各裁判所와監獄署를一新修理ᄒᆞ기爲ᄒᆞ야財政顧問目賀田과相議ᄒᆞ야經費十萬圜을支出ᄒᆞ기로決定ᄒᆞ얏다더라

●匪公伊私 內部大臣의所關秘書官金寬鉉氏가衛生課長으로大臣을私相容ᄒᆞᆷ은各新聞에도屢揭ᄒᆞ얏거니와稱以日人醫師命令으로種痘의務를擴張ᄒᆞᆫ다ᄒᆞ고全國各道種痘委員數十人中半數ᄂᆞᆫ於後能免夫로爲先譴責ᄒᆞ고其餘ᄂᆞᆫ幷爲解任ᄒᆞ고自已所親으로一齊新任ᄒᆞᄂᆞᆫ지라內部一般官吏가嗤笑不已ᄒᆞ더라

●內訓各府 內部에서度支部照會를因ᄒᆞ야各郡守가結錢外劃은更勿施行ᄒᆞ라고十三道觀察府로訓令ᄒᆞ얏다더라

●宣諭兼帶 洪州郡守尹始榮氏가尙未赴任ᄒᆞ얏ᄂᆞᆫ디政府에自願ᄒᆞ기를自已로宣諭使를命ᄒᆞ면該義兵을曉諭歸化케ᄒᆞ깃노라ᄒᆞᆷ으로昨日午後에內部大臣이政府에發論ᄒᆞ고勅諭書를製呈ᄒᆞ야尹郡守로宣諭使를奏本叙任ᄒᆞ얏다더라

●匪張伊池 去二百二十五號雜報欄內에셔聯不甚이란題下에張英鎭符同外人ᄒᆞ야不法行爲라ᄒᆞᆷ은張英鎭名字가誤載於漢府之報準이나事實은毫無所犯이라張英鎭이가與上遊馬所門居池在業으로與受相關에情誼親密而池哥가東門外居柳子裕와契典執券ᄒᆞ고字限給債ᄒᆞ야延拖不報故로來稱子張英鎭曰柳子裕가負債不報ᄒᆞ니典執之柳哥家券을張主事가更爲典執ᄒᆞ고債給條으로ᄒᆞ라ᄒᆞ기張英鎭이가其親誼의果難怒却ᄒᆞ야以典當主로呈于漢城府ᄒᆞ야以張英鎭名字로認許而還出給池在業ᄒᆞ려니不意에金守謙之借訟於柳哥也에池哥가符同外人ᄒᆞ야至於行悖而金爲歸罪於張英鎭ᄒᆞ니究厥裏許면豈不抑鬱乎아當初張英鎭이가池哥事에對ᄒᆞ야以其自已名으로入錄呈府ᄂᆞᆫ自取罪過이나實際眞相으로推測ᄒᆞ면張英鎭三字ᄂᆞᆫ紙上에空字而已오至於符外犯罪一款ᄒᆞ야ᄂᆞᆫ池가實犯矣나名則張英鎭이오事則池在業이니池在業之實犯과張英鎭之無罪ᄂᆞᆫ昭然可辨이라張英鎭이가下鄉에昨入城ᄒᆞ야見此新聞之報ᄒᆞ고自現于裁判所ᄒᆞ야前後條條辨明ᄒᆞᆫ則該裁判所에서도曲直을辨決ᄒᆞ야張英鎭은出送ᄒᆞ고池在業은方在捉囚이라더라

●義擾偶說 洪州에義兵이當初倡起ᄒᆞ기를所謂統監伊藤이가新約을勒定ᄒᆞ야保護ᄒᆞ니吾等은與不共戴天이라ᄒᆞ야期定國是라ᄒᆞᆫ지라現各飛檄ᄒᆞ야慶尙道에ᄂᆞᆫ眞寶等各郡江原道에ᄂᆞᆫ嶺東各郡이相應蜂起ᄒᆞ고全羅道에ᄂᆞᆫ八郡이並起ᄒᆞ야日人을如牛解之ᄒᆞᆫ다고ᄒᆞ얏ᄂᆞᆫ디其勢가猖獗ᄒᆞ다더라

東京電報

●支配人來 五月二十四日午後五時發
市原靜香은韓國第一銀行總支配人으로決定되야來六月上旬에起日ᄒᆞᆫ다더라

倫敦電報

●德國滿足 五月廿四日午後五時發
露國은德國에對ᄒᆞ야英國協商은가바子닷도鐵道에何等干係가無홈을說明하얏슴으로德國은滿足홈을表하얏더라

雜報

●한城府의寄函
歎啓者嗚呼天之生與其類人之有疾病人而不能必其無有災天而不能必其無災진然貧古今今豈有如美國桑港震災火災之極酷極烈者哉而況寓該港人衆莫論歐亞人種計不下幾許且其貲業收失敗產業被追悵惻者亦豈惟我大韓兄弟姊妹子女人已也
然凡係各國一般民衆自應由各其國權必當有賑濟之費寔惟我人韓同胞之寄寓其地而罹此災진者旣無償還之資以盡其數恤之義而顧今我國旣步ㄱ艱難亦無以齊力於列邦與謀其振拯之方則
惟我同胞人種所宜同情矜惻思所以隨力出義持助其萬一況伏奉昨日昨煥發之我
大皇帝陛下加傷之詔勅可令人人感泣莫不欲割饋什哺者而繼接貴社中에等至迫至急可驚可악之特別廣告文若見赤子之匍匐入井而莫之能救但亦休息며煉粟繼之以滿腔熱淚不覺潸然被臉乜也
念無以爲補助其萬一者擬此紙貨十三圜五十錢敢煩貴社豫付欲以表此同胞之至誠幸勿以物漸爲嫌而仰用下達俾此滿掬熱淚得向西一灑盼至禱功叔頌
僉安

●牛校難處 西門牛山學校에서校會에[illegible]貞會學字를請借호지[illegible]에終不見許홈으로百餘名[illegible]이該府方通호야將至渙散에[illegible]니分署署長李恩殷氏와本坊居前議官朴宗會氏가家屋一坐를借用호라고準備호얏돈곳當時該借호니公廨는日見頹敗홈[illegible]면서倘新許施호니學部와度支官人[illegible]은救育에留念호야該公廨를時急許借가爲宜라호더라

●別有其人 去廿二日本報에揭載호會尊勸紙題下에對호야更聞호則金聲演氏는時宮內府主事요審査局參書官은金籍鉉氏인則日參書官金聲演氏라호거슨係是誤聞이며所關祿書永居實云者其此兩氏中所關이無호者요此等干涉은從他所聞에別有其人이나當詳探호야揭호깃노라

●學部請批 再昨日에承批를洲敎諭童編書監丞金升圭氏는咸鏡北道鏡城人物인데別與齡東洪大氏가學者로兼奏호야超遷丞旨호지라日前批旨를秘書郞金南溪氏가[illegible]論次로四方廣探이다가北門洞下鏡者鄭君에家에始至호야傳諭홈附奏홀깃다또上疏호는데初次上疏는孔孟宗敎를崇尙호자호고再次上疏에는人材를擇用홀事件이라호니其[illegible]觀之호면不問可知爲[illegible]이라人材擇用으로論之호면[illegible]氏부터選去가可也라호고公論이藉藉호다더라

●明校創立 平壤觀察使李容善氏가觀府郡校에兩齋에明倫學校를設立호고[illegible]를選入호야敎養호는데首先二百元으로捐助호며各郡守[illegible]士等에[illegible]力補助호야就緖가되니校長은黃錫圭氏오校監은俞升植氏라더라

●警顧前往 洪州郡內에占據호義匪의猖獗호系錄을因호야警務顧問丸山重俊氏는再昨日에巡査六七人을領率호고該地로下往호얏다더라

詞林

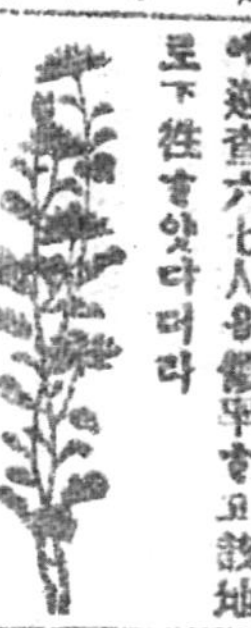

讀每日申報 贈李爲察
白隣新譯頻斥魔北凶謝誅綱頭一筆有功誅亂賊肝膽常義讀春秋 韓子辭文來嶺海孔公蛇勢在亭州나將寸紙斗盡扶隨到聯編計幾籌
十願周望上東丘一掬頻聽更舉頭鵝鵲識明天下夜虫吟細臥滿南秋自從謀約無餘地更籌何頻說滿州唯有李公英李輩能言能方演論籌

廣告

在美桑港罹難同胞救助金.
南門外濟衆院諸氏 十二圜
곽기정씨 二十五
東署建德坊於義洞諸氏
金基溥 新貨 一 元
李鍾麟 一 元 鄭完植 五十錢
金成七 五十錢 李完一 五十錢
邊台史 五十錢 朴儀敬 四十錢
차春成 四十錢 李承穗 四十錢
鄭性錫 四十錢 金世俊 四十錢

◉漢城府諸氏
府尹 朴義秉 新貨 三圜
參書官 金彰漢 二 圜
主事 金宇鉉 一圜五十錢
仝 李明煥 一 元
仝 金東曄 一 元
仝 劉鴻儀 一 元
仝 崔錫友 一 元
技手 尹滋赫 一 元
仝 俞환均 五十錢
仝 李宗協 五十錢
仝 申均 五十錢
仝 吳志沫 五十錢

◉官立英語學校學員諸氏
崔元鼎 新貨 二圜五十錢
具滋旭 盧命燦 金振玫 李台淳 李宜田
柳浩 李圭鳳 南相稷
◉以上一圜
許 穆 金永燦
◉以上六十錢
林炳三 金吉勳 安鍾觀 金完鎬 戴秉阜 俞衡準 尹錫起 李灝赫 崔慶壽 申廷均 齊壽 朴泰秉 李世永 金明圭 李鵬 郭 璞 蔡學文 韓相爲 吳承獻 高仲樂 朴啓燾 朴泰鎭 朴宣煥
◉以上五十錢
李祥來 李益烈
◉以上四十錢
李 穎 金秉燾 金敬鎬 최韓炳 崔容觀 丁啟燮 吳鎭條 李吉淳 張鼎燮
◉以上三十錢
李桂燦 李昇煥 金斗煥 李鍾益 安鼎白 李鍾瀚 李祥淹 李建相
◉以上二十五錢
金永德 李錦均 吳建源 秦學倫 李利淳 李澈儀 崔亨鎰 俞鎭民 高永日 金致善 李元淳 林成龍 成斗永 太錫彦 鄭南鼎 金聲鎭 南相鎬 李濟亨 李殷相 高殷相 李丙俊
◉以上二十錢
李容根 韓圭철 鄭興根 沈齊澤
◉以上十五錢
具滋玉 李建洙 李秉立 全世鎭 金東錫 李俊옥 金庸澤 李顯榮 李炳烈 李甘鼎
◉以上十錢
李台淳 李宜田
◉以上五錢
以上合計六十四圜四十錢

南門內倉前모전洪台必處에四月初五日推尋當錢一萬兩於香舍遺失호얏스니誰某拾得이라도休紙施行홈
鄭起源 告白

本人이以布商爲業이온는바非布上中下三品이俱存이옵고物品價廉이오니愿賈諸君子는永標橋洞主金主事屬源宅으로來臨호시와講求호시옴
會寧 鄭仲越
鍾城 李士彥 告白

◉特別大廣告◉
今에本人이冊肆業을開始호온바古今書籍이具備호며中西來新學問上有益호各種冊子가多多호오니新學問上에有志호신僉君子는涑速來臨호시옴
鍾路壹門 朱蓋二房 金在ㅁ 告白

唐谷藥局參贊欽許推次音當錢一萬內六千兩先推이고在文四千兩票를陰四月二十九日間失故茲以廣告호오니誰某拾得호오되休紙施行홈
會洞布木廛趙仁植 告白

◉學員募集廣告◉
本校에서英語夜學과日語畫學을速成으로敎授홀터이니願學호시는이位는陰閏四月初九日內로來臨問議호시오
英語는下午七時半으로九時半
日語畫는下午三時로五時
中署河橋板井洞
第六十七統五戶
私立前進學校 告白

◉遺族同胞을急救◉
◉慰問募集大廣告◉
至迫至急하고可驚可악호我가韓同胞中美國桑港市等地에寄寓하든千餘名에兄弟姊妹가今番桑市에火災의遭難慘愴호는情狀을思惟호건대幾人은死亡의慘호얏스며幾人은損害를遭허여노지各種神傷害를不禁호지라本社의全國內有志同포의게警告허오니隨力補助허시와海外孤踪이로慘難의罹호同胞를賑濟케허심을望홈
但收金日限은四週間으로定홈
收金所
大韓每日申報社 會計室
[illegible]

發行兼編輯人 英國人裵說
發行所 京城北署 ...
大韓每日申報社

第四卷

大韓每日申報
대한매일신보

第二百三十號

月曜及慶節休刊

大韓開國五百十五年
日本明治三十九年
淸國光緖三十二年
陰曆丙午四月大初五日辛未

論說

讀意國名臣嘉富耳傳

嗟乎라 强弱은 勢也오 盛衰는 數也나 其能挽弱而强ᄒᆞ고 振衰而盛者는 其人其人이라 吾嘗有感於意國名臣嘉富耳侯之事ᄒᆞ야 述其梗槪而論之ᄒᆞ노라

在昔意大利之中衰也에 其四土는 分裂而未合ᄒᆞ고 其人民은 陷於塗炭而無告者數百年에 只見其水益深火益熱之苦況而已러니 天之不欲絶意人也에 生一大救意人之奇傑ᄒᆞ니 嘉富耳侯가 是라

侯는 世襲通侯ᄒᆞ고 家承巨富라 先在薩謨尼亞邦ᄒᆞ야 膺議員之選이라가 因遊歷歐洲各國ᄒᆞ야 推究其政治之得失ᄒᆞ야 一一印之於本國ᄒᆞ되 可法者安在며 可戒者安在ᄒᆞ야 擬不成竹在胸이라 及其回國ᄒᆞ야 行年이 三十有八이라 慨然有振興意國之志想ᄒᆞ야 灼知其興國之大要者三ᄒᆞ니 缺一不可라 凡自民間으로 選擧入議員이 國家當事를 宜與之同心商議가 一也오 民間이 與各國通商이어든 國家必許其任意經營ᄒᆞ야 不加以禁阻者二也오 必使小民으로 皆擅自主之權이 三也라 嘉富侯ㅣ 本此三者ᄒᆞ야 以興意國之烝烝日上ᄒᆞ되

乃其人民의 困苦顚連之狀을 目擊ᄒᆞ미 若已推而納之溝中ᄒᆞ야 哀矜惻怛之懷가 無時或釋이라 遂屛除一切事故ᄒᆞ고 惟是創設良法ᄒᆞ야 拯救意民之事에 專心致志ᄒᆞ니

自其弱冠之年으로 以至臨死之日에 餘事를 槪不暇問이라 所謂君子는 其遠者大者가 是非若人之謂哉아 況機觀變ᄒᆞ야 以待時會라가 卒能聯好大國ᄒᆞ야 統合全意之土ᄒᆞ야 使其瓦解之餘로 轉爲磐石之固ᄒᆞ니

今則意人의 利가 在歐洲中儼然一强國也니 其志事之所就가 果何如哉아 夫至誠은 感天地ᄒᆞ고 精神은 透金石이라 人能篤於所志者ᄒᆞ야 百難不撓ᄒᆞ고 萬折不變이면 義未有不成者라 是以論此ᄒᆞ야 以警韓國之有志諸君子ᄒᆞ노라

官報

●三千四百六十二號 光武十年五月廿五日 續

◉叙任及辭令

○免本官 龍川郡守尹磐求

右는 該員이 專事賄賂ᄒᆞ야 民訴府査가 俱係的確ᄒᆞ니 似此郡守는 不可仍寘이옵기 免本官○任咸鏡南道觀察府主事 韓鳳植 南宮錫 以上五月廿二日○任軍部主事 六品金宗植 五月廿三日 完

◉宮廷錄事

●號外 光武十年五月廿五日

太醫院口傳 奏曰臣等卽伏聞 侍令所傳之言則 聖體以痰滯之候有愆寧之節 湯劑自內煎進云下情不任區區伏慮之至 亟許臣等率醫官入 診詳察 證候議定 湯劑千萬顒祝懽恐敢 奏

答曰知道未有實損而湯劑自內議定 卿等不必入侍矣

五月廿五日

太醫院口傳再 奏曰臣等陳請診之 奏伏奉 批旨未蒙允許臣等相顧抑鬱 湯劑雖承自內議定之 敎而今候未卽 診察下情彌加焦迫敢此申籲伏願亟許臣等率醫官入 診千萬顒祝惶恐敢 奏

答曰知道今候與前一樣 湯劑自內議定 卿等不必入侍矣

五月廿五日

●三千四百六十三號 光武十年五月廿六日

○依願免本官 平壤監理署主事吳春根○任平壤監理署主事 前主事金性濬○任度支部水道局書記 全羅南道觀察府主事俞裕東 度支部主事李丙植 ○任度支部主事 金裕膺

以上五月廿三日

◉部令

度支部令第六號

臨時治道費會計規程 續

第三條 臨時治道費預算은 年度開始四箇月以前에 此를 度支部大臣에게 提出홈이 可홈이라

但本年度에 在ᄒᆞ야는 事業着手一箇月前에 提出홈을 要홈이라

第四條 臨時治道費에 屬홀 經費의 出給命令은 度支部大臣又는 其委任홀 者의 承認을 受ᄒᆞᆫ 後가 아니면 交付홈을 得지 못홈이라

第五條 治道에 關ᄒᆞᆫ 工事의 請負와 物件의 買賣貸借는 總히 光武九年議政府令第三號에 遵據홈을 要홈이라

第六條 臨時治道費의 決算은 出給命令의 委任을 受ᄒᆞᆫ 官吏가 預算과 同一ᄒᆞᆫ 科目에 依ᄒᆞ야 每年度計算書를 調製ᄒᆞ야 證憑書類를 添付ᄒᆞ고 內部大臣을 經ᄒᆞ야 年度經過後六箇月以內에 度支部大臣에게 提出홈이 可홈이라

第七條 臨時治道費의 出給命令의 委任을 受ᄒᆞᆫ 官吏는 每月預算額前月까지의 出納命令額當月條出納命令額預算殘額을 揭ᄒᆞᆫ 計算書를 調製ᄒᆞ야 翌月五日을 限ᄒᆞ야 此를 度支部大臣에게 提出홈이 可홈이라

光武十年五月十七日

度支部大臣 閔泳綺

外報

●義勇兵編制式 上海電을 據ᄒᆞᆫ則 本月二十一日上海租界外에서 淸國義勇兵編制式을 擧行ᄒᆞᆫ데 道臺瑞澂과 蘇提督과 馬將軍과 其他高等官이 來參ᄒᆞ얏는데 義勇兵의 制服과 訓練法을 皆洋制로 ᄒᆞ고 步騎兵及衛生隊를 成ᄒᆞ얏더라

●英國女人의 選擧權請求 同電을 據ᄒᆞᆫ則 英國에서 女數千名이 議會의 投票選擧權을 請求ᄒᆞ기 爲ᄒᆞ야 示威運動하고 其代表者는 首相 반나마 氏를 訪見ᄒᆞ얏는데 該女人等이 期於히 其希望을 貫徹하기로 決心하얏더라

●美亞橫貫鐵道의 計畫 美國人이 經營하는 美亞橫貫鐵道는 晩香坡地方에서 알나스카地方과 白令海峽을 經ᄒᆞ야 西伯利亞鐵道에 聯絡ᄒᆞ는 者니 俄國에서 未久에 許可ᄒᆞ기로 決定하얏다더라

●俄國會議 俄帝는 俄國議會을 通過ᄒᆞᆫ 上奏案이 너무 過激ᄒᆞᆷ으로 議長무로무제후博士와 謁見을 姑未許ᄒᆞ고 大赦令도 아즉 發布치 아니ᄒᆞ얏다더라

●美國火災 華盛頓電을 據ᄒᆞᆫ즉 北部 머시간州에 大火災가 起ᄒᆞ야 森林百平方里及都市四介가 燒失ᄒᆞ야 其損害가 數百萬弗인데 數千人의 無住者가 生ᄒᆞ얏다고 ᄒᆞ얏더라

●桑港物價 桑港地震ᄒᆞᆫ後에 該地食物이 極貴ᄒᆞ야 鷄卵一介에 日貨一圓이오 면보餠一介와 西洋鐵桶에 넌飯饌一介에 四圓式이라더라

雜報

●賞賜與醫 皇上陛下씌셔玉度違寧하시다는事는已揭前報어니와日間에慰候가復되옵신故로與醫諸人의게自來一不新貨를光武賞賜하옵셧다더라

●果擇人耶 學部大臣李完用氏가陽城安邊稷安海州金城沃溝等七處公立小學校副敎員을一體任免하얏는딕此副敎員之多數任免이敎育上義務인지人材擇用의義務인지未可詳知이나是必急於宕巾之病인가하더라

●果有是耶 齋洞前判書金世基氏는洪州居鑑[illegible]天大與居尹殷成兩氏가見欺被騙錢推給事로平理院에呈訴하야雖欲對質判決이나隱避不出함으로尙無裁決인즉遐鄕人民이旅費難堪하야只自呼哭할뿐이라더라

●收籍造紙 宮內府에서各道各郡에在당한年久帳籍을收聚出給하야以爲造紙케하라고內部에照會하고發訓各道하라하얏다더라

●兩倅被譴 鶴城郡守鄭璣普氏는不由上京에多日曠務하고交河郡守尹德燮氏는上府關防을慢不擧行事로內部에서一體重譴責에處하얏다더라

●鏡察減俸 鏡城觀察使任原鎬氏는此次慶典에辨理於冊과月終囚徒를並不錄來한事로法部大臣이一箇月減俸에處하얏더라

●忠察到任 忠淸南道觀察使金嘉鎭氏는今月二十一日에到任視務하얏다더라

●捕賊疫[illegible] 稷山郡境內에賊黨이大熾하더니該郡[illegible]開城[illegible]派遣任百成은[illegible]勇之人으로挺身出力하야强盜以稷로鄕內賊黨이稍靖에온즉發順元金[illegible]金聖洙等을捕捉任百成之[illegible]危하고多數賊黨을[illegible]發捕捕하야一境이賴安하니施賞勸奬은宜有處分이라하더라

●監守病囚 平理院罪囚白晟濟는身病危重하야該院에서廣濟院으로移送治療하는딕係是重罪인즉不可全委於醫手而不爲監禁이면疎虞之弊가可慮라하야警務廳에照會하고巡檢二人을派送監守케하라하얏다더라

●宜速鎭壓 內道에서忠淸南道와慶尙北道觀察使에게訓令하기를假義聚黨에侵人郡衙하야搶奪軍物하고肆行村閭하야討索貨財하니列郡이騷擾하고群生이塗炭이라剿除方法을不可少緩이니卽爲協議于附近鎭隊하야派兵鎭壓케하라하얏다더라

◉自强建議

大韓自强會에서建議하되國民의田地契券이不由官廳하고私相買賣하는故로此風敎未洽之日하야每有不肖子弟와浮浪族戚이其父兄及族戚之所有田畓基址와山林原野를僞造文券하야潛賣盜與이仍成弊俗故로生民之産業이蕩敗하고社會之風氣가紊亂하야弊瘼百出에指難枚擧라此等互賣는實爲全國産業之大關則不得不講究矯正之策이라從今以後는凡田畓基址와山林原野를轉相買賣이거나或放與典當之際에其正當所有主가以該實狀으로必先經由於該洞任及面長하야受其信證然後에呈于該地方官廳이거든自官으로確實調査하야繕給證明書然后에方許買賣及典當이되若無證明書之交付者면其賣買及典執者를幷屬無效케할事로該會總代玄은尹孝定沈宜性氏가政府에前往하야此建議書를提出하니參政大臣이覽畢에同情을表하야曰如此好箇方略은政府에서宜先議定할거신딕貴會의建議하기에至하도록함은還切愧恧이라하얏다니吾儕도對此建議하야政府에서此를亟圖實施하야國民의産業權을保有케하기를十分企望하노라

●妖巫發現 日前本報欄內에宮中에出入하는妖巫行蹟을詳探하리라하얏더니昨日大東新報를據한則順吉堂이라하는巫女가勢力이有하니二號鑄字로特揭하기를勸告하얏기로玆先揭載하고將次其勢力의如何와其他巫女서지라도隨聞更揭하깃노라

●軍大又宴 軍部一般官人이城北洞에서設宴할은已往揭載하얏거니와其經費는協辦以下各官吏가一月俸給中三分에一式收合하얏다하며大臣李根澤氏는回謝次로行將設宴할터인딕宴會費는新貨一千圓을預算하얏다더라

●定限使徹 統監府에서內部로照會하기를龍山一地를軍用地로收用하야大營을建築할터인딕耕作物은六月十五日三十日로定限하야撤去하고人家와墳墓는八月卅一日次限은十月卅日로定限하야沒數移去케하되萬若違限하면日本官憲이代力移置하고其經費는韓政府에徵收한다한지라內部에서漢城府로訓令하야行將告示할터인딕龍山上下一帶地段은日本之營이될터이고居民古墓는또入亂離를猝當할貌樣이더라

●軍大猜嫌 近日表勳院總裁沈相薰氏가闕內에慶次進詣하야各大臣과接見하는딕談笑가自若하되軍部大臣李根澤氏가互相猜嫌하야不相接話하얏다더라

●政府不敢 近日沈相薰氏가參政을移任한다하는現政府가아즉은變更할理가萬無하다더라

●春察運動 前協辦沈相翊氏가春察을用力運動중이라더라

●義兵退信 淸州鎭衛隊에서軍部로電報하기를官兵이行入洪州則所謂義兵이方退去保寧郡이라한지 軍部에서電飭하기를脅從은使之歸化하고巨魁는生擒押上하라하얏다더라

●貴妃平復 皇貴妃殿下씌옵서感恙으로未寧하옵시더니近日은平復이되옵셧다더라

●청艦進水 청國에서日本에委托하야軍艦六隻을神戶에서製造하는딕其중[illegible]蔡號가已爲竣工되야明二十八日上午十時에進水式을設行하는故로該造艦廠에서各大官을請하얏더라

●合資購船 各大官이出資하야洌港會社를設立하고水上物貨를輸運하기爲하야日本에火輪船一隻을購入하얏는딕再昨日進水式을擧行하야農大學大臣諸氏가仁川서지來往하얏더라

●敎報出板 布哇에移住한韓人의發行하는時事新報를據한즉該地에在한韓人基督敎會에서數年以來로敎報를出板하더니今番에는一層擴張하야와드민氏가社長이되고閔燦鎬氏가主筆되야耶蘇敎會道理와其他可觀할文字를記載하는딕每日一次式發刊한다더라

●島民可哀 全羅南道突山郡錦山面節衛島는去戊子年分에百姓이不得支保라 明禮宮에서下詢하옵서特軫民情하사該島封山을革罷하시고營邑鎭間에許多弊瘼을除革하옵시고開拓을許하사百姓이安保케하옵신故로 皇恩을感祝하와 願堂을創設하옵고시奉을하옵는딕該島民중興陽官屯牧場에東伍하얏든奸吏宣永鴻이가素以浮浪悖類로出沒京鄕에納賂府郡하고該島百姓의膏血을剝取하야本郡守馬驊榮氏와分食하고莫重 勅令電飭이非止一再之下에馬倅가視若等閒하야不爲頒布하며宣永鴻은莫重 願堂五子을毁撤持去하야[illegible]合[illegible]補하며無[illegible]之[illegible]打破하고數十石落田畓[illegible]去하며歷萬金式排斂하야挾雜이日甚滋蔓하야百[illegible]이流散離保之境이기로昨年分에禮宮에서査實次로派送한則[illegible]와府[illegible]委送宮監이되니因該[illegible]吏가敢生議[illegible]하고[illegible]有欲名하야不問曲直[illegible]宮監을結縛逐出境外하얏스니雖是王化千里海島中[illegible]인들天日이照臨之下에如此法虐民之類를何不懲治하는지南來人의傳說이有하더라

東京電報

●服役年限 五月廿五日午后三時五分發

二年兵役制는至于實施할터이기로現今調査中인딕아마本年新入營兵부터實施한다더라

●兵器保管 仝上

日露戰役의戰利銃砲를豫備軍器로保管한다더라

●陸軍編制

陸軍編制에就하야參謀本部와陸軍省間에只今交涉中인딕決局에二箇師團으로軍團組織을한다더라

倫敦電報

●司令長官免職 五月廿五日午后五時發

露國第二艦隊司令長官로제쓰트벤쓰키氏는近日免職되얏더라

雜報

●蔚民得請 蔚山郡民이本郡守顧留狀을內部에等訴ᄒᆞ즉題旨內에郡守의茂績은極爲嘉尙이라部當存量ᄒᆞ니勿煩ᄒᆞᆯ事ᄒᆞ얏스니郡守은斷不敢遞ᄒᆞᆯ다고郡民이大喜ᄒᆞ다고ᄒᆞ더라

●恤金議決 日昨政府會議에桑港遭難韓人八十九名의救恤金四千元을國庫金으로支出ᄒᆞ기로決議ᄒᆞ얏다더라

一果有是否 日本僧波湯賢處가住韓多年에今爲群港淨土宗敎師ᄒᆞ야到處作獘가無所不至이온바見今放大火事ᄂᆞᆫ無論全羅忠淸道ᄒᆞ고淨土宗韓人支員을空然鐵랄에指無謂有ᄒᆞ고或差會長ᄒᆞ며或黜敎會ᄒᆞ야惟事貪貨ᄒᆞ니爲其僧徒者不啻慈悲修善ᄒᆞ고惟求挾錢이라고投書가有ᄒᆞ더라

●彰明新校 남署光熙門에有志士金熙昶盧順鉉崔弘基田春植吳榮학金相玉程윤德제씨가奮發興起ᄒᆞ야設一小學校ᄒᆞ니名은彰明學校요校長은參領閔用基氏로定ᄒᆞ고去二月五日붓터已爲敎授ᄒᆞᄂᆞᆫᄃᆡ一洞翕然ᄒᆞ야學徒日增이나以其校舍之狹窄과財政之未贍으로方在憂慮中이라ᄒᆞ더라

●夢登天門 吁嘘子

吁嘘子ㅣ一夢이悠悠ᄒᆞ야飛到玉淸天中ᄒᆞ니時에玄穹高上帝玉皇大天尊이殿朝于靈霄寶殿ᄒᆞ시니諸天諸君과三界萬靈이參拜蹈舞訖에有一道白虹이直衝南天門外ᄒᆞ니上帝問於左右ᄒᆞ신ᄃᆡ千里眼順風耳奏曰必下界之忠臣義士의幽枉之氣로소이다已而洪丘貴人이奏曰地藏王이使秦廣王으로賚表而至ᄒᆞ니다上帝命宣ᄒᆞ시니秦廣王이蹈舞而入ᄒᆞ야雙手獻表ᄒᆞ니仙童이接獻ᄒᆞᆫᄃᆡ表辭曰幽冥敎主地藏王菩薩은謹上奏ᄒᆞ노니下界남贍部州大韓國義士李建奭이가見國家之危亡ᄒᆞ고慷慨陳疏ᄒᆞ다가爲日兵所執ᄒᆞ야拘於囹圄에半年喫苦ᄒᆞ야抗言不屈이라가嘔血而死ᄒᆞ니魂到森羅殿ᄒᆞ야欲赴天闕陳訴故로謹使秦廣王으로偕此忠魂ᄒᆞ야同赴玉淸天中ᄒᆞ오니伏俟聖裁ᄒᆞ노이다ᄒᆞ야ᄂᆞᆯ上帝命宣李建奭而入ᄒᆞ시니建奭이膝行俯伏ᄒᆞ야哭不輟聲ᄒᆞ야不能成禮ᄒᆞ고伏於階下ᄒᆞ니上帝曰汝ㅣ有何冤枉ᄒᆞ야作此貌樣고建奭이奏曰五百年宗社와四千里疆土와二千萬生靈이迫於溝壑이로소이다

臣嘗讀聖人之書에福善禍淫은天之道也라ᄒᆞ얏사오ᄂᆞᆫ臣觀近日에實多違背이압기敢問于天ᄒᆞ노이다上帝曰生靈이如何溝壑이며天理가如何無禍福을從實敷奏ᄒᆞ라建奭奏曰往在乙未八月에被日人이同我亂賊ᄒᆞ야弑我國母ᄒᆞ니臣이至痛이在心ᄒᆞ야不戴一天키로陳疏國皇ᄒᆞ얏스나國力이未振ᄒᆞ야大讐를未報ᄒᆞ니臣嘗自信ᄒᆞ되天道好還ᄒᆞ야作惡受禍가必有其日이라ᄒᆞ얏더니何期皇天이不吊ᄒᆞ야國勢가岌危ᄒᆞ고外戚이益熾ᄒᆞ야

日俄開仗之時에彼以狡猾手段으로誘脅我賊臣ᄒᆞ야締結議定書ᄒᆞ니土地田畓과墳墓森林을或稱軍用ᄒᆞ며或稱鐵道ᄒᆞ고隨處勒奪ᄒᆞ야磯積頽骸ᄒᆞ고白骨이飄風ᄒᆞ야人泣鬼哭이伏慰聲聞于天이오며

朝廷權利와人民利祿을盡皆攬奪ᄒᆞ야人夫ᄂᆞᆫ無雇而擔役ᄒᆞ야失農而餓死ᄒᆞ고義士ᄂᆞᆫ捉縛而拷掠ᄒᆞ야無罪而橫死ᄒᆞ고人民은勒稱妨害ᄒᆞ고無罪而砲殺ᄒᆞ야冤氣漲天이오며

及其新條約締結ᄒᆞ야率兵圍闕ᄒᆞ야脅我 君父ᄒᆞ고迫我宰臣ᄒᆞ니其中亂賊이爲之창追라於是에全國이鼎沸ᄒᆞ고人民이憤菀ᄒᆞ야宰執이自靖ᄒᆞ며烈士가殉義ᄒᆞ고又其被縛被拘者가不計其數라

臣於其時에亦當陳疏타가被拘日警이옵더니接見某所載夢天錄ᄒᆞ온즉因侍從武官長閔泳煥等告訴ᄒᆞ야有敎若曰不義者敗ᄒᆞ고賣國者殃이라ᄒᆞ셧스니臣이濡忍不死ᄒᆞ고計日而待러니何期外人之逞毒이日甚一日ᄒᆞ고諸賊之跋扈가月加一日ᄒᆞ야生靈之危亡이迫在呼吸ᄒᆞ오니臣이於是乎身抛下界ᄒᆞ고魂到上淸ᄒᆞ야訴此至寃이로소이다 未完

●英語學校의寄函

敬啓者ᄂᆞᆫ貴社에서北美合衆國桑港市大震災時에遭難ᄒᆞᆫ我同胞를救恤ᄒᆞ기爲ᄒᆞ야義연金을發先募集ᄒᆞ시ᄂᆞᆫ高義ᄂᆞᆫ我一般國民의感服ᄒᆞᄂᆞᆫ바어니와本學員等도此에對ᄒᆞ야贊成ᄒᆞᄂᆞᆫ誠은人에後치아이ᄒᆞ오ᄂᆞᆫ力이誠을副키難ᄒᆞ온시라玆에金貨三十一圜七十錢을傳辦ᄒᆞ와總代金宗鎬子丕旭兩員을定ᄒᆞ야仰呈ᄒᆞ오니照亮查收ᄒᆞ시고一切兌送ᄒᆞ시와羈旅의跡으로써怯運에罹ᄒᆞᆫ我兄弟를救護ᄒᆞᆷ萬一의助가有ᄒᆞ기ᄅᆞᆯ務望務望

廣告

漢城師範學校敎員臨時養成科學員勸赴廣告

今次에漢城師範學校敎員臨時養成科學員을試選ᄒᆞ리이니入學ᄒᆞ기願ᄒᆞᄂᆞᆫ者ᄂᆞᆫ六月七日(陰曆閏四月十六日)內로本部에稟請證을具呈ᄒᆞ고伊日上午九時에本部로進ᄒᆞ야入學시驗을應ᄒᆞᆯ事

시驗規目

一 年齡은十八歲以上三十歲以下로ᄒᆞᆯ事

一 시驗科程은在와如ᄒᆞᆯ事

講文 독書
作文 國한文校作
算術
本國歷史
本國地誌
日 語

光武十年五月十七日 學部

稟請證은本部로來ᄒᆞ야購用ᄒᆞᆯ事

◎◎遭難同胞를急救◎◎
◎◎慰勞金募集大廣告◎◎

至迫至急하고可驚可악ᄒᆞᆫ我大韓同胞中美國桑港市等地에寄寓ᄒᆞᆫ千餘名兄弟姉妹가今番桑市의火災와遭難을慘慘ᄒᆞᆫ情狀을思惟ᄒᆞ건ᄃᆡ幾人은死亡의災ᄒᆞ얏스며幾人은損害를遭ᄒᆞ엿ᄂᆞᆫ지晝夜神思를不禁ᄒᆞᆯ지라玆의全國內有志同포의게警告ᄒᆞ오니隨力補助ᄒᆞ시와海外孤蹤이로患難의罹ᄒᆞᆫ同胞를慰藉케ᄒᆞ시ᄋᆞᆷ을務望ᄒᆞᆷ

但收金日限은四週間으로定ᄒᆞᆷ

收金所
大韓每日申報社 會計室
松道、平壤、鎭南浦
請捐員은金龍三氏로定ᄒᆞ얏습

本社廣告

申報
一張代金 [illegible]
一箇月前金 [illegible]
三箇月 [illegible]
六箇月 一元七十錢
一箇年 [illegible]
郵稅一部 每張五厘
一個月 十三錢

廣告料
四號活字十三字式
每日每行 [illegible]
(每日每行에 [illegible])
二週日에 [illegible]
(每日每行[illegible]五厘에 [illegible])
一箇月에 [illegible]
(每日每行[illegible]一厘에 [illegible])
其期限의 長短과 字行의 多少를 從ᄒᆞ야 增減ᄒᆞᆷ이 有ᄒᆞᆷ

◉本社地方各處支店廣告

仁川 柾峴 開新冊肆　李東五
平壤 南山峴 日新學校　金興淵
宣川邑 橋西　崔觀恒
義州 南門外 韓西大藥房 張有寬　安濬
長連邑　金鎭
鎭南浦 築洞　金仁[illegible]
咸興州 南社　曹惠林
中和邑　李俊培
釜山 佐川 徐藥房　金鴻泰

發行兼編輯人　英國人 裵說
發行所　京城北署[illegible]

大韓每日申報社

光武九年八月十一日 明治三十八年八月十二日 第三種郵便物認可
火曜日
西曆一千九百六年五月二十九日 (一)
郵便 四 錢
第二百三十一號

大韓每日申報
대한믹일신보

月曜及慶節歲時日休刊

檀君開國四千二百三十九年
箕子元年三千二十八年
大韓開國五百十五年
日本明治三十九年
淸國光緖三十二年
陰曆丙午閏四月大初七日發西

論說

韓內閣及統監府

近聞傳說컨ᄃᆡ韓廷大臣과統監府間에有隙인바不能一致者ㅣ有二ᄒᆞ니其一은礦産條例요其二ᄂᆞᆫ移民方策이라第二件은今乃初見者이나向者나가모리의計策을更圖ᄒᆞᆷ과如ᄒᆞ니使日本移來民으로韓國全幅에遍滿케ᄒᆞᆯ거시며

第一件提議의細則은姑未得確報이나其杪本이今在韓國內日人手중인바統監府가另圖施行云이라此果實報인지ᄂᆞᆫ未有其理로ᄃᆡ該條例ᄂᆞᆫ實地礦産會社에서減削ᄒᆞᆯ거시不多라ᄒᆞ니韓國內閣이對此反拒ᄒᆞᆷ은似不因具條例요惟其重大問題ᄂᆞᆫ此條例가成規後에行政ᄒᆞᆷ이是也니統監府가韓內閣의게礦産新規則의許施와此規則의行政을統監府가專有ᄒᆞᆯ거슬督促ᄒᆞᄂᆞᆫ즁이以思得ᄒᆞᆯ짓노라內閣이對此反對ᄒᆞᆷ이니吾人意思에ᄂᆞᆫ其反對가妥當이라其請求가至於何度이던지韓內閣이强硬抵抗ᄒᆞᄂᆞᆫᄃᆡ로韓國에有利無害ᄒᆞ리로다

日本이人民의混雜方策을領聽ᄒᆞᄂᆞᆫᄃᆡ로割讓을要請ᄒᆞ야韓國各種利益을急速劍奪ᄒᆞ니韓政府가若不得强硬抵抗이면如彼請求를誰能禦之리오

現今韓國니閣은可憐諸人이니其중誰某ᄂᆞᆫ已加恥辱於自國面目이로ᄃᆡ其餘ᄂᆞᆫ未免偏賜而巳라何如면有一贖罪之機ᄒᆞ니此ᄂᆞᆫ所有權限을斷不割讓于統監府ᄒᆞᆯ것과國民之實利에暫不失注目ᄒᆞᆯ거시라

如此면韓國全亡을尙今可免이어니와若不然ᄒᆞ야日本甘言要請을聽從ᄒᆞ면所經之事보다遠矣極慘情形을必當ᄒᆞ리로다

官報

●號外 光武十年五月卄六日

◉宮廷錄事

太醫院口傳 奏曰夜間
聖體靡寧之節漸有勝度乎昨日連陳歸 診之 奏未蒙 允俞臣等下情遑悶煎灼之至當탕劑不容不趂早議定 亟許臣等率醫官入 侍以爲 진察之地千萬顒祝惶恐敢 奏
答曰知道징候一如昨日탕제自內議定卿等不必入侍矣
五月卄六日

太醫院口傳再 奏曰卽伏承
請節一如昨日之 批旨尤不勝焦迫之至而午間
聖候稍有勝度乎此時率醫官入진察 정후議定當제恐不可緩 극賜 允俞千萬至祝皇恐敢 奏
答曰知道諸節漸有勝度卿等不必入시矣 五月二十六日

●號外 光武十年五月二十七日

◉宮廷錄事

太醫院口傳 奏曰諸醫官以爲탕제以通順散依前方繼進爲好云故二貼 入而方文書 入之意敢 奏 答曰知道
五月二十七日

秘書監郞金南齊書
奏臣於陰曆四月初一日卯時量敬奉
聖諭號性傳詣于西署柿木洞發書監丞金升문所住處則以爲臣德性이蘭綠追理爲組織斐然成章則濯之江漢曝之秋陽百硏精鵠尺
聖體之長短實夾裁之衣實緣以三綱縫以五常合금以禮樂刑政獻之于
聖明乖欲治天下然終不成章者豈能細寅緘之闕以과虻無狀之物欺世誣 上叨綿 恩寵罪案㫌罪戰兢惶越罔知所措而仰瞻
宸極感涕自零俯觀身心愧汗如流不勝戰灼席藁待 命而日望극收 新命以淸 朝體以遂賤悃云矣敢 奏 答曰知道
五月二十六日

●三千四百六十四號 光武十年五月卄八日

◉敍任及辭令

○免本官 黃海道種痘事務委員李永萬 全金讃默 右ᄂᆞᆫ該道施術情形이比他稍勝이거날收金支用이反稱不足ᄒᆞᆷ은專事隱匿이기免本官○免本官 仁川港種痘支所事務委員尹光憲 甲山郡種痘支所事務委員盧明克 右ᄂᆞᆫ該員等이叙任多年에事務情形을一不報來ᄒᆞ얏기免本官○解慶尙北道種痘委員金顯泰○解慶尙南道種痘委員鄭世鎭○解全羅北道種두委員 任鍾遠○解平安北道種두委員 李顯琦○解咸鏡北道種두委員 李錫文○命京畿種두委員 九品金旭鉉 李世增○命慶尙北道種두委員 九品鄭樂헌○命慶尙南道種두委員姜永煥○命全羅北道種두委員劉泰郁○命黃海道種두委員金泱善○命平安北道種두委員 朴近獻○命仁川港種두支所委員 李重白○命甲山郡種두支所委員 朱東俊○命咸鏡北道種두委員 崔炳俊
以上五月二十四日

◉部令

學部令第十八號

官立한城師範學校敎員臨時養成科規則

第一章 設置及定員

第一條 官立한城師範學校에敎員臨時養成科를置ᄒᆞᆷ이라

第二條 學員은五十人으로定ᄒᆞᆷ이라

第二章 修業期限及休業

第三條 修業期限은別로定ᄒᆞᆷ이라 未完

外報

●露淸談判 去月上旬으로부터再次會見籌議를開始談話ᄒᆞ야ᄂᆞᆫᄃᆡ露淸談判問題ᄂᆞᆫ左와如ᄒᆞᆫ三件이라ᄂᆞᆫᄃᆡ
一露청兩國間의公使를交涉ᄒᆞ기爲ᄒᆞ야庫倫에事務局을設置ᄒᆞᆯ事
一吉林에學校를開始ᄒᆞᆯ事
三청國이客克滿以南에서露國茶를運搬ᄒᆞᆷ을禁止ᄒᆞᆯ理由라더라

●滿洲第二期開放 청國政府ᄂᆞᆫ奉天安東縣 大東溝에開放ᄒᆞ고其次ᄂᆞᆫ吉林 寧古塔揮春呼蘭廳 齊齊哈爾의4個所를開放ᄒᆞᆯ意로發表ᄒᆞ얏스니日本外務省에ᄂᆞᆫ아즉何等通첩이無ᄒᆞ더라

●開釁有兆 청國字林報을據ᄒᆞᆫ則長崎華商이合爾賓來函을接ᄒᆞᆫ즉俄國軍隊가此地久據를擬ᄒᆞ야現在碉造營壘을僞稱商機ᄒᆞ고巳與祖俄商으로訂立合同ᄒᆞ야購買舖軌ᄒᆞ야期以五年ᄒᆞ고俄官이亦擬常住該處ᄒᆞ야遠東總司令官權利考夫의侵略政策을少年俄官이均表同情深望ᄒᆞ니不久에再開釁端이라ᄒᆞ얏더라

●德國恤隣 伯林電을據ᄒᆞᆫ則德國上院에서開議ᄒᆞ고議院長裴ᄉᆞ斯汀ᄉᆞ가宣言ᄒᆞ되德國이意國非素伊火山작裂과美國舊金山池震兩事에對ᄒᆞ야均表哀恤이라ᄒᆞ얏더라

雜報

●宗教優批 奎章閣直學士徐相潤氏가宗教를振興ᄒ意로上疏ᄒ더니[illegible]ᄒ얏더라

●父誣打 [illegible]員韓遊[illegible]가南[illegible]ᄒ야其義父를[illegible]打[illegible]鄕會長金秉駿氏가該員[illegible]長韓華鐵의게通牒ᄒ야[illegible]該員을即爲黜會ᄒ라ᄒ얏다더라

●親救街窮 共立新報를[illegible]則桑港에在ᄒ韓國[illegible]들이大[illegible]難을當ᄒ後로[illegible]闢을[illegible]臨ᄒ고東[illegible]로[illegible]次에오리버씨이드와수[illegible]드와소산절스에[illegible]大慈悲을施ᄒ야金[illegible]九과救濟委員을[illegible]로[illegible]

●借聯封[illegible] 近年一[illegible]上之[illegible]가[illegible]藏ᄒ야侍從[illegible]ᄒ[illegible]니參奉이니[illegible]日國[illegible]ᄒ더니[illegible]ᄒ[illegible]彼[illegible]와詆奏을不允ᄒ실으로借聯官卿은一切停塞되얏ᄂ데[illegible]此[illegible]官을要ᄒᄂ多錢者들은延[illegible]企ᄒ야南北村으로奔走ᄒ[illegible]ᄒ다더라

●民情可矜 慶北金海昌原兩郡鐵道地段價를不得推尋者ᄂ今三年而旣失其土에又失其業故로兩郡人民이方爲呼訴ᄒ야各部而久未聞如何之發落ᄒ고旅費가磬竭難辨ᄒ야行乞우道에其情이慘酷ᄒ다더라

●政府奏本 即聞洪州藍浦等地多民聚集稱倡義據城邑勢甚猖獗新任洪州郡守尹始永宣諭使差下前往曉諭解散事奏旨依奏

●降詔解匪 詔曰噫爾大小民人明聽朕言民惟邦本本不固則邦不寧肆今國勢之艱危果何如哉苟有忠愛之心士農工商各奏其業以固其邦然後傾者可扶危者可安奈之何嘯聚暴動藉稱擧義自犯罪戾携帶軍物儳據城邑凌逼官長侵害民產凶聲所及[illegible]頑胥遊蕩原禍萌莫過王章至厭苜其倖道錄鋪所到玉石難辨論其罪犯難容貸原其情狀寧不惻然究厥根由論以禍福爾等朕悌傷若保之至意即爲解散各歸安業毋至後悔

●具氏被[illegible] 前警務使具完喜氏가五[illegible]殺害ᄒ야다가洪浦郡으로避[illegible]ᄒ얏다더니義兵에投入ᄒ야坐作進退를指揮ᄒ다더라

●譴責停止 警務使徐相大氏가靈岩郡守具完喜氏를自行拘拿ᄒ事件으로法部에서論覈ᄒ기를曾經勅任官을不奏先拿가大違格例ᄒ야譴責에處ᄒ事로奏本ᄒ얏더니徐警務使가說明ᄒ기를具東完을靈岩郡守奏任官으로拘拿ᄒ얏고前勅任官으로拘拿ᄒ不是라ᄒ의法部에서其說을就ᄒ야譴責을停止ᄒ얏다더라

●義擾消息 本月二十三日洪州發某處通信을據ᄒ즉洪州城內에占據ᄒ義兵의聲勢ᄂ去益猖厥ᄒ야今日數百名이明日에爲四五百名이요所執日人三名中一名은砲殺ᄒ고一名은又於本日에砲殺ᄒ다聲言ᄒᄂ데當日에ᄂ期於聯合討破ᄒ預定이라ᄒ얏다더라

●日人測量 日[illegible]隊[illegible]北慶興郡에來到[illegible]各處와豆滿江以南地面[illegible]方[illegible]測[illegible]이라고該郡守가內部에[illegible]ᄒ얏더라

●內照軍部 大子[illegible]察使가當地駐在日本警視의電報를因ᄒ야內部로報告ᄒ기를安東寧[illegible]英陽等地에所謂義兵이蜂起ᄒ야各處所駐日憲兵을逐[illegible]ᄒ야日憲兵이生死難辨中에在ᄒ니軍部에照會ᄒ야派兵援助케ᄒ라ᄒ얏ᄂ데內部에서軍部照會ᄒ고兵丁을即速派遣ᄒ라ᄒ얏더라

●一進質問 法部大臣李夏榮氏ᄂ協辦閔衡植氏의게其何例債之紙貨三萬元을受食ᄒ事가有ᄒ던지一進會總代가運往質問ᄒ기를該賂錢은即爲出給ᄒ고仍爲辭職退去ᄒ라ᄒ얏다더라

●殖產貸給 仁川港에設施ᄒ日人殖產會社에서始興郡一坊草坪을農商工部[illegible]官庄土로買得ᄒ얏다ᄒ고[illegible]生抑[illegible]故로郡守金[illegible]睦氏가久未辯決ᄒ얏더니統監府에서政府로照會ᄒ기를該草坪을殖產會社에貸給ᄒ라ᄒ얏다더라

●法律演說 [illegible]基督教靑年會에서今日下午八點鐘에日本에多年遊學ᄒ石鎭衡氏가法律問題로演說ᄒ다더라

●宣諭發程 宣諭使尹始永氏ᄂ昨日에即爲發程ᄒ얏다더라

●平北賊警 寧邊觀察使李根豐氏가內部로報告ᄒ기를管下雲山郡地方에서馬商等七十餘[illegible]北鎭市[illegible]之路에賊黨三[illegible]突出放銃ᄒ야中丸致死[illegible]一[illegible]이오被砲重傷者二名이오[illegible]錢이萬餘兩이라ᄒ니賊盜[illegible]事로[illegible]家로應下嚴飭ᄒ[illegible]本府로另加禁戢이나戕命[illegible]가至有此極이[illegible]之ᄒ니其[illegible]對揭에誠甚慨惜이라ᄒ얏다더라

●[illegible]兵來駐 [illegible]府定[illegible]郡에ᄂ陸[illegible]月十一日에日本兵隊가來[illegible]ᄒ야衙舍與各公廨와[illegible]民家에皆爲入處ᄒ고至於軍與[illegible]什物도移置[illegible]ᄒ고郡守가[illegible]部에[illegible]ᄒ얏다더라

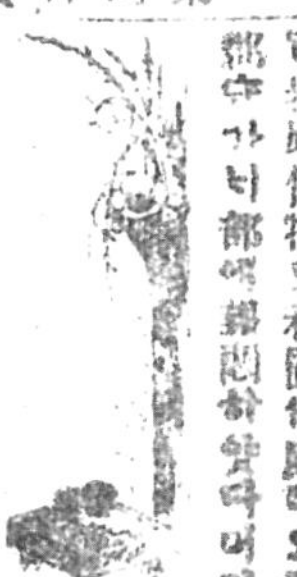

●日廷攻擊 伊藤統監이歸國時에回還期限을以三週日로上奏ᄒ얏더니日本政府에서左右攻擊이非常ᄒ야渡韓을姑未的定ᄒ얏ᄂ데所聞을傳聞ᄒ則伊藤이가新約을勒定ᄒ고其府에聲言ᄒ기를今番新約은韓皇陛下以下公卿士庶가樂從ᄒ야和好定約이라ᄒ얏ᄂ데日本總理大臣西園寺氏가潛行으로日韓人來[illegible]城ᄒ야[illegible]其物論ᄒ고觀其動靜즉伊藤之勒約이現著ᄒ야君臣上下가 一體不服에至有義兵이甚因此勒ᄒ야到處蜂起ᄒ니伊藤所謂樂從定約에奸狀이綻露無餘ᄒ지라對韓之勒約不服으로日本政府一半은日淸交戰을再行ᄒ야東洋을我手에統合ᄒ자ᄒ되西園寺總理ᄂ反對日與俄戰雲이尙未決時ᄒ고且中心韓國이不服ᄒ야義兵이蜂起ᄒᄂ데越韓[illegible]ᄒ면日本之亡은可立而待라ᄒ야閣議가不一ᄒ으로伊藤이가渡韓ᄒ時에ᄂ勒約與否로韓國動靜을視察ᄒ次로日本元老大臣三四人이同渡ᄒ더이라더라

●日人暴行 平壤郡城내鐵路에서商民金正然者가放唾之際에何[illegible]過去日人衣服에唾涎이[illegible]이라該日人이執捉商民에無數毆打ᄒ야眼目浮傷에昏倒不省ᄒ거ᄂ[illegible]警務署巡檢이該日[illegible]付[illegible]日本理事廳이라ᄒ니商民之放唾汚衣ᄂ雖云失禮나日人之亂打昏倒ᄂ大是暴行이라ᄒ더라

●請隊戢盜 京畿觀察使李根澔氏가內部로報告ᄒ기를歷接各郡所報ᄒ則賊盜熾盛ᄒ야侵害討ᄒ며放銃而[illegible]至於行旅阻絶이온즉戢盜之方을別般措處ᄒ라ᄒ얏ᄂ데니郡에서指令ᄒ기를近日賊警이無處不[illegible]ᄒ야白晝[illegible]奪에行路가間關斷絶ᄒ고綠林嘯聚에窩窟이在在人聞ᄒ되校不能捕에民不聊生ᄒ니興言及此에不覺寒心이라會以此事로移照軍部ᄒ야隨報派兵케ᄒ얏스니本使도亦請該地方隊ᄒ야賊態尤甚ᄒ郡에ᄂ使之仍留戢捕케ᄒ고各郡에ᄂ逐旬巡哨ᄒ야到底殲滅케다ᄒ얏더라

●劉氏熱心 義州郡居劉元根氏ᄂ貧寒之人으로市上에서如干居間業으로僅僅生活ᄒᄂ데本郡耶蘇教日新學校生徒를培養[illegible]自[illegible]生[illegible]操長을[illegible]閒生活문[illegible]於糊口이거날[illegible]教育[illegible]是[illegible]은人皆稱擧ᄒ다더라

倫敦電報

●輕囚釋放 五月二十六日午後六時發
露國皇帝ᄂ大赦令을頒布ᄒ엿에不同意ᄒ나漸次輕罪囚ᄂ其더釋放ᄒ다云ᄒ더라

●露都兵營 上仝
露都의兵營에서ᄂ騷擾ᄒ備ᄒ大事件이發生ᄒ줄로預期ᄒ더라

東京電報

●海軍記念會 五月二十七日午後六時發
水交社에서開催ᄒ海軍記念會에ᄂ日本皇太子殿下ᄂ始ᄒ야內親王과各宮殿下와軍人과貴顯과貴婦人等數千名이來會ᄒ얏더라

●驅逐艦進式 上仝
日本驅逐新造艦三日月號ᄂ長崎에서擧行ᄒ얏더라

雜報

●夢登天門　吁嘘子　續

上帝曰汝不聞乎아天之假助不善은非助之也라厚其凶惡而降之罰ᄒᆞᄂᆞ니汝其退待ᄒᆞ고汝之忠節이可嘉니早生陽界ᄒᆞ야世世享福ᄒᆞ라建璜이大驚大哭曰臣之冒萬死而一進訴者ᄂᆞᆫ爲國而已오非爲自已니超換轉生은非臣所願이오

現韓國人民이朝不慮夕이오니寧受違命之誅이언정不忍受自已之禍이로소이다伏乞天尊大慈大悲ᄂᆞᆫ亟降天威ᄒᆞ사福善禍淫의大權能으로大韓二千萬衆의刀山劍水之厄을卽速脫免케ᄒᆞ시면

臣이雖槃七十二獄ᄒᆞ야經億萬劫이라도感戴洪恩이永永無極이로소이다ᄒᆞ고叩頭流血에哭聲이徹霄ᄒᆞ니上帝顧諸天而憫之ᄒᆞ시되諸天이奏曰日本人은怙勢貪利ᄒᆞ고拋棄德義ᄒᆞ야詐僞成風ᄒᆞ고巧猾爲能ᄒᆞ니其違背天道者多矣오

韓國은雖乏勢力이ᄂᆞ人品이淳良ᄒᆞ야優於德義ᄒᆞ니天道ᄂᆞᆫ虧盈而福謙이라現二千萬衆의沈淪苦海ᄂᆞᆫ不可不然數로소이다

上帝曰詢謀僉同ᄒᆞ니朕志決矣라遂命秦廣王曰朕將有大處分於東洋世界矣니汝與地藏王引路王菩薩로監臨下界ᄒᆞ야一切忠義之魂을一切超換ᄒᆞ야早生陽界ᄒᆞ라ᄒᆞ시고又命文昌星君曰多生賢俊于韓國ᄒᆞ야輔佐國君ᄒᆞ야匡扶社稷ᄒᆞ라ᄒᆞ시고又命文曲星君曰使韓國으로益加勉旃ᄒᆞ야信奉聖敎ᄒᆞ야承受天休케ᄒᆞ라ᄒᆞ시고又命司命星君曰爾令韓國土地司命으로保佑生靈ᄒᆞ야永鞏江山ᄒᆞ라ᄒᆞ시고

又命一班武將ᄒᆞ야원討有罪ᄒᆞ라ᄒᆞ시니於是에李天王叱라太子雷神皓翁廉貞破軍貪狼武曲天罡地殺金星十方五方八方雲雷雷公雙雷霹靂及日値功曹의武將等이進前承命ᄒᆞ니上帝方行下令ᄒᆞ실시

葛仙翁이奏曰天機深奧에不可輕泄이라今下界所謂吁嘘子者가伏在殿下ᄒᆞ니速令下去然後에下令ᄒᆞ심이恐合事宜로소이다於是에鬼卒이顧謂吁嘘子曰余得請於帝矣라可復回權이니君速下去ᄒᆞ야告我同志ᄒᆞ라

吁嘘子ㅣ俯伏出南天門外ᄒᆞ니旌旗蔽空ᄒᆞ고雷鼓轟天이라戰慄以醒ᄒᆞ니駭汗이滿身이라急起走筆ᄒᆞ야送于報館ᄒᆞ야告우同胞ᄒᆞ노라　完

●明月被虧　近日大韓料理店으로ᄂᆞᆫ黃土峴明月館에서交子飮食熱設等節을미우新改良ᄒᆞ야各色香味가俱能悅眼適口ᄒᆞ며每其所約時間에違期가無ᄒᆞᆫ故로內外國人間名譽가잇서各處에서宴需所用을該館請托ᄒᆞᄂᆞᆫ디其間軍部에서몟번宴會飮食도該館에서支供ᄒᆞ야每得合意ᄒᆞ기로日前城北洞宴需ᄅᆞᆯ…依該部幹事員李某淵氏指揮ᄒᆞ야如約出送ᄒᆞ얏더니同氏가料理ㅁ文交子一床이其心內에猶爲不滿ᄒᆞᆫ인지無端執탈ᄒᆞ야宴會席에서該館主人金仁植을無數叱辱毆敲ᄒᆞ야名譽ᄅᆞᆯ損傷케ᄒᆞ여ᄯᅡᄂᆞᆫ說이有ᄒᆞ더라

●呼訴無處　平壤府居朱陳承氏의來函을據ᄒᆞᆫ즉本人이平壤內川三里地에大路邊家舍三間을買得而其家基則四方卅尺이며時價則新貨五六百圜假量인ᄃᆡ日本憲兵大將이威之脅之ᄒᆞ야移建營라고每間四十四式出給ᄒᆞ고家基則其半만償處代給이더니至于今春ᄒᆞ야ᄂᆞᆫ土價가倍蓰高騰ᄒᆞ니其代給家基ᄅᆞᆯ還奪ᄒᆞ고價金이라고二十餘圜만出給ᄒᆞ얏고同地方에某外國人이家舍幾座ᄅᆞᆯ買得ᄒᆞ야本人으로看護케ᄒᆞ기에日人梅原이란者의게貰定約許給矣러니四箇月貰金을一分不渡ᄒᆞ고畢竟은其約証書ᄅᆞᆯ奪不燒火ᄒᆞ며形言키難ᄒᆞᆫ逼迫을施ᄒᆞᆫ後迷睬ᄒᆞᆫ지라此緣由ᄅᆞᆯ日本理事에게哀告ᄒᆞ나退却不聽ᄒᆞ니嗚乎哀哉라大韓人民이여某處無論ᄒᆞ고若此待遇ᄅᆞᆯ俱當ᄒᆞ니其生活之路ᄅᆞᆯ何得ᄒᆞ고ᄒᆞ얏더라

●金氏纜聞　秘書丞金升燮氏의來歷에對ᄒᆞ야或術客이라指目ᄒᆞ나或人所傳에ᄂᆞᆫ同氏의平生工夫가在於易經이라ᄒᆞ며又才藝不凡ᄒᆞ야各國言文을通解ᄒᆞᆫ다니果然非常ᄒᆞᆫ抱負가有ᄒᆞᆫ지日間入對ᄒᆞ면其所敷奏가其學問如何ᄅᆞᆯ可以騐表ᄒᆞᆯ터이니將次饋聞更揭ᄒᆞ깃노라

●達察獎學　慶北觀察使申泰休氏가以設校興學扶植民力ᄒᆞᄂᆞᆫ事로爲義務ᄒᆞ야實心做去ᄒᆞᆫ다더니果然各郡各面에學校ᄅᆞᆯ多設ᄒᆞ고實踐與否ᄅᆞᆯ視察ᄒᆞᆫ次로종종耳目을派遣ᄒᆞ야學員을勸奬ᄒᆞ고人民을曉諭ᄒᆞ야各其自治自强之力을培養케ᄒᆞᆫ다고莫不稱道ᄒᆞ더라

●李源奎氏의寄函

敬啓者曉日書牘에焚香危坐ᄒᆞ야 貴社中報ᄅᆞᆯ一一완讀ᄒᆞ다가桑港慘報에至ᄒᆞ야ᄂᆞᆫ勝令髮竪ᄒᆞ야兩行鵑淚가처然沾裳이라嗚呼라海內五千弟兄의死傷存亡은天下萬古에未曾見聞ᄒᆞᆫ大驚惡事이어니와

哀哉新國同胞의此災變은尤罹一層可憐可矜處也라此人等은國家艱危之日을遭値ᄒᆞ야一片丹心에含懷忠義ᄒᆞ고邦家中興을着爲已任ᄒᆞ야先人墳墓와父母妻孥ᄅᆞᆯ飄然離棄ᄒᆞ며萬里殊域에不避險阻ᄒᆞ고航海遠遊ᄒᆞ여留學設圳ᄒᆞ리가一朝一夕에遭此困難ᄒᆞ니悠悠蒼天이여禍我韓民이胡至此極고滄瀾天長에思鄕之淚가幾隔며雨暗風淒에故國之魂을哀招리오中宵繞壁에追想景況ᄒᆞ니土像木偶라도亦應酸鼻여던況爲自國同胞者야當此急迫地頭ᄒᆞ야恬然越視ᄒᆞ고全無顧念之意면豈可曰人道上經緯哉아貴社與員이代表衆心ᄒᆞ야先此募義ᄒᆞ시니聞風海(?)에孰不興賞이리오生은宜川人으로此地學校에來寓ᄒᆞ야旅費가長時乏絀ᄒᆞ기로未能優助ᄒᆞ오나惻隱之心은不能自已라玆에旅舍月費中紙貨壹元을減縮ᄒᆞ야畧干伏呈ᄒᆞ오니雖是些物이나幸爲領收ᄒᆞ야募金額中에添附以送ᄒᆞ시와遠方苦界에沈淪ᄒᆞᆫ同胞ᄅᆞᆯ斯速救護ᄒᆞ시ᄅᆞᆯ千萬祈望

本社廣告

申報價
一張代金　新貨二錢五分
一個月前納　三十錢
三個月　九十錢
六個月　一元七十錢
一個年　三元四十錢
郵稅一部　新貨五釐
一個月　十三錢

廣告料
四號活字十三字로
每日每行尺一寸에新貨[illegible]
(每日每行에六錢이오 [illegible])
三個月에　二圜[illegible]
(每日每行四號一寸에 [illegible])
一個月에　[illegible]
(每日每行四號一寸에 [illegible])
其期限의長短과字行의多少를依す야增減홈이有홈

◉本社地方各處支店廣告
仁川杻峴開新冊肆　李東圭
平壤南山峴日新學校　金興濟
[illegible]　崔觀恒
宣川邑橋西　安濬
義州南門外韓西大藥房　張有寬
長連邑　金龍
鎭南浦築洞　金仁정
咸興州南社　曹喜林
中和邑　李俊培
釜山佐川徐藥房　金漢燮

發行兼編輯人　英國人裵說
發行所　京城北署[illegible]坊[illegible]洞[illegible]外[illegible]
大韓每日申報社

第四卷　　第二百三十二號

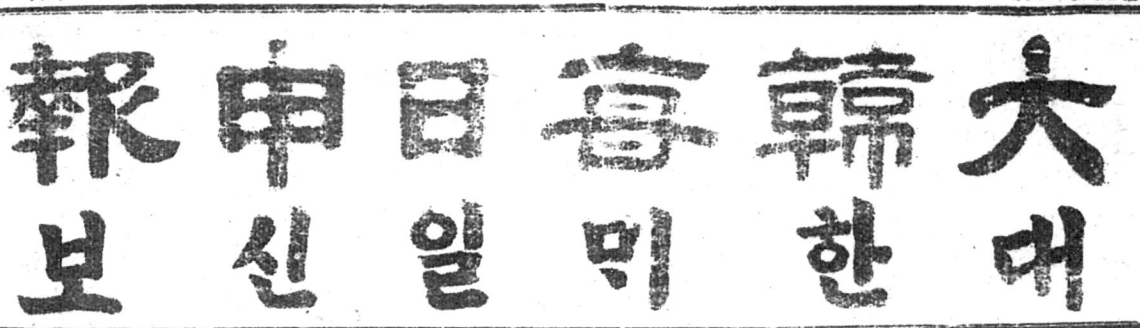

大韓每日申報
대한매일신보

月曜及慶節
歲時日休刊

檀君開國四千二百三十九年
箕子元年三千二十八年
大韓開國五百十五年
日本明治三十九年
淸國光緖三十二年
陰曆丙午閏四月大初八日甲戌

論說

義兵

韓國二十年間에再見義兵之繹騷하니蓋其緣起가豈無其故哉아乙未之擧는以報復國讎爲義하고今年之擧는以回復國權爲名하니蓋此兩年間事變이前古未有之奇禍요萬刼難忘之恥辱이니

凡爲大韓臣民者가孰不攄胷泣血하고腐心切齒하야欲與官萬死決一鬪哉아然而國家之關係가與箇人之事로有不同者ᄒ니今以箇人으로欲報其父母之讎辱則但以一劍從事하야取辦於一朝一夕之間이可也어니와至於國家之大讎ᄒ야는不可不度時量力하고知彼知己하야操其可爲之笲而圖之也라是以로在昔越王句踐은受辱於强國ᄒ고甘爲臣妾之卑賤하야十年生聚하고十年敎訓하야養其實力然後에一擧而沼吳하고燕昭王은擇用賢才ᄒ야修其國政者四十年에乃能報仇於齊하고近世之普魯士는君臣上下가專力於國民敎育者六十年에用能雪恥於法國ᄒ얏스니是皆以堅忍耐久之志로養其實力하야以待時機而動者也라今日大韓臣民이値此奇變하고抱此至痛하야若其無復雪之志者면不可以人類로稱謂也나然而不度時不量力하고徒激於一時之血憤而嘯聚千百烏合之徒하야爲此紛紛之擧則徒增國家之禍亂ᄒ고糜爛其生民而已니是豈稍有知覺者之所爲者耶아且其衆寡强弱之勢와利鈍巧拙之情은尙矣勿論ᄒ고自反而思之ᄒ면其主謀首倡者는或能以決死爲心者有之矣나其應募隨從者는非皆無業無賴之徒乎아彼其思想이在於掠奪民財ᄒ야濟其須臾之命者니是可以得其死於義國之地者耶아名雖義兵이나却不免於匪徒之行故로其爲國恥民辱이益復甚焉이라彼波蘭之高蘇斯古와聖士奴之老亞智勇과埃及之亞刺飛는欲復國家之獨立ᄒ고保人民之自由ᄒ야志決身殲에功雖未就나其大忠大義가皆可以軒天地爭月日하야歷萬世而不滅者나今韓國所謂擧義之徒는亦不能如彼其烈烈也니何足爲義哉아嗚呼라大韓臣民이여罔極之痛을何時可忘而復讎之擧가非倉猝可辦者니幸鑑於古昔智士義士之所爲ᄒ야必以堅忍耐久之心力으로養成其自强之實力ᄒ고沈機觀變ᄒ야以待時會가可也오決不可爲此愚痴狂妄之擧ᄒ야以禍于國害于民而徒益其恥辱也라ᄒ노라

官報

●號外 光武十年五月廿八日

◉宮廷錄事

太醫院口傳奏曰昨於 前席詳察 징候 諸節尙遲顯勝臣等叅慮遑膂慄夜間 聖體若何 添順 進御後益有勝度乎輪直之謂雖伏ᄒᆞ 置之之命而臣等之此時假退極爲未安ᄒᆞ 許輪同入息頻數 賜接千萬顒祝惶恐敢 奏

答曰知道諸節快有勝度輪直置之亦勿煩奏 五月廿八日

詔曰中樞院特議閔泳奎特授大匡 五月廿八日

◉叙任

中樞院贊議閔泳奎 特陞大匡輔國崇祿 五月廿八日

●三千四百六十四號 光武十年五月廿八日

◉宮廷錄事

原任奎章閣直學士徐肯淳言事疏 批曰省疏具悉崇宗敎設學校募敎子弟而與勸之誠爲當今之急務所陳良爾嘉納 五月二十六日

◉叙任及辭令

○命黃海道種痘事務委員崔泰華 五月廿四日 ○命忠淸南道洪州藍浦等地宣諭使 洪州郡守尹始永 五月廿五日

◉部令

●學部令第十八號

官立漢城師範學校敎員臨時養成科規則 續

第四條 休業日은左如홈이라

萬壽聖節 千秋慶節
開國紀元節 興慶節
繼天紀元節 日曜日

第二章 敎科目

第五條 敎科目은敎育과國語數學理科地誌歷史體操七科로홈이라 但時宜에因ᄒᆞ야科目을增加도홈이라

第四章 入學在學修業

第六條 左開ᄒᆞᆫ資格이有ᄒᆞᆫ者로試驗을經ᄒᆞᆫ後入學을許홈이라

一 年齡은十八歲以上三十歲以下
一 身體强健者
一 品行端正者
一 外國語學에卒業生이나同等學力이有ᄒᆞᆫ者를許入홈이라

第七條 在學中에ᄂᆞᆫ書籍을借與ᄒᆞ며또食費와紙筆墨應用을爲ᄒᆞ야每人에每箇月金九圜式給與홈이라

第八條 在學中에不正ᄒᆞᆫ行爲ㅣ有ᄒᆞ거나學力이不進ᄒᆞ야修業에望이無ᄒᆞᆫ者ᄂᆞᆫ退學을命홈이라

第九條 本養成科를修業ᄒᆞᆫ者에게ᄂᆞᆫ修業證書를授與홈이라

第五章 服務

第十條 修業生은滿一個年間學部大臣의指定ᄒᆞᆫ學校로就職ᄒᆞ야服務홈이라 未完

外報

●日本攻擊 東京內外調査通信에云ᄒᆞ되上海에在ᄒᆞᆫ英國耶蘇敎會監督그리부써氏ᄂᆞᆫ近頃에淸國의騷亂은多히日本人으로基因홈이라ᄒᆞ야懇切히日本人을攻擊ᄒᆞᄂᆞᆫ公布홈으로爲ᄒᆞ야現時上海에在ᄒᆞᆫ外國人及日本人間에種種評論이盛行ᄒᆞᄂᆞᆫ되今其要旨를摘記ᄒᆞ건ᄃᆡ如左ᄒᆞ니그리부써監督의說를據ᄒᆞᆫ즉日本人은種種小冊子에한文으로織成ᄒᆞᆫ거슬淸國到處에配布ᄒᆞᆯ뿐아니라又上海에在ᄒᆞᆫ한文新聞紙를買收ᄒᆞ야革命思想을淸人間에鼓吹홈으로國民의動搖ᄒᆞᆷ을生홈에至ᄒᆞ얏다ᄒᆞ얏다더라

●滿洲守備 天津電을據ᄒᆞᆫ즉淸國直隷總督袁世凱氏가奉天將軍趙爾巽氏의議를因ᄒᆞ야馬玉昆氏의麾下軍十營을滿洲에派ㅣᄒᆞ얏다가日軍이來六月에鎭嶺에서撤退홈을待ᄒᆞ야卽時鎭嶺昌原間에排置ᄒᆞᆫ다더라

●俄帝出遊意向 俄帝께서政務의暇隙을得ᄒᆞ야本年夏期에德國우오루스후가루덴地에前往ᄒᆞ야姑且逗留ᄒᆞᆯ意向이有ᄒᆞ다더라

●俄國議會 俄國議會에서俄帝의總代引見홈을拒絶ᄒᆞᆫ所에對ᄒᆞ야아즉何等如何가無ᄒᆞ다더라

雜報

●韓借款利息　韓國度支部에서[illegible]統監의對借로由ᄒ야日本[illegible]行의一千萬圓借款에光[illegible]許[illegible]利事[illegible]는지設五百萬元利息을光武十年[illegible]月二十一日[illegible]지六十日條[illegible]四十七錢에[illegible]償還홈[illegible]다더라[illegible]使甲筭[illegible]ᄒ얏다더[illegible]ᄒ얏더라

[illegible]州의義兵[illegible]兵을鎭[illegible]送ᄒ얏시되[illegible]으로統監府에서政[illegible]로兵士를[illegible]再昨日[illegible]明ᄒ얏[illegible]三昨日에五百名大[illegible]送ᄒ야天安停車場[illegible]軍用品을使居民赴[illegible]ᄒ얏신즉勝負間에想已[illegible]ᄒ얏슬터이라더라

●[illegible]兵　統監府에서政府로[illegible]ᄒ기를慶尙北道安東等地에서도義兵이蜂起ᄒ즉貴政府에서其勦除方針을何以講究ᄒ나냐ᄒ얏는데此道에도日兵限于名을派送ᄒᆯ預定이라더라

●復唱獨立　排日人邊傳說즉西園寺擬理는韓日新條約을仍施ᄒ야韓國獨立을依前케ᄒ고東洋을操縱ᄒ며指導ᄒ는것이義務라ᄒ고唱論ᄒ얏는데元老大臣이歷議講究중이라더라

●金氏承批　秘書丞金升圭氏는再次辭職疏를奉呈ᄒ야備批를蒙ᄒ얏는뒤批旨內에以批以論가更無氏蘊亦庶幾符契允合實未料巽牘之乎再ᄒ也欲其行之懷抱利器翱翔潤阿獨善其身此在天下乂安之日容有是爲而見今虞[illegible]ᄒ洞求助於岩穴朕之所渴望固何如而爾之所自期於平素者亦不宜欲一直乎持浩然便去爾其勿爲煩即日入對以答側席之意라ᄒ옵셧더라

●摠裁被命　宮내大臣李載克氏는帝室製度局摠裁署理事務를解任ᄒ代에陸軍參將閔商鎬氏가摠裁署理를被命ᄒ얏더라

●副正審覈　平理院에在囚ᄒ璿源副正李載規氏가田土를勒奪ᄒ고酒食을討索ᄒ는事로韓炳教의訴狀을因ᄒ야不可不審辨ᄒ터인뒤特別法院을另設然后에乃可審覈이라고法部에報告ᄒ얏다더라

●急派京兵　各道義兵事案으로統監府에서鈴歷ᄒ行動을自由ᄒ는지라再昨日下午八時에도各大臣이政府에會同商確ᄒ고昨日에도또會同相議ᄒ얏는뒤慶尙北道에는京兵二百五十名을急派ᄒ고內部에서該道관察使에게昨日電示ᄒ얏다더라

●巫毒亟除　禁中에出入ᄒ는妖巫輩를嚴禁ᄒ事로本部之揭布가幾於舌弊筆禿이고其巨魁姓名을方在詗探ᄒ인바此醫所居인즉社稷洞武德門外에太半駐在ᄒ야便成一部巢窟이고其伎倆使用이各有名目ᄒ야斫刀房四名이오神將房四名이오瑞氣房二名이오佛事房五名이오龍宮房二名合爲十七名이이다이고尙無半點懼底心ᄒ야莫嚴之地에如前爛만[illegible]入ᄒ야聖聽을欺蔽ᄒ며政治에妨害홈이不一而足ᄒ니[illegible]아警務廳[illegible]丸山[illegible]徐相大氏가禁戢之[illegible]講究언만인[illegible]으로는猶未得其要領[illegible]工[illegible]何以言之오巫覡輩之[illegible]年近警廳別巡檢[illegible]相通ᄒ며機關[illegible]時에는先事[illegible]謂無ᄒ야一個[illegible]勢漸滋蔓에[illegible]니必須各署[illegible]月加團束ᄒ야期[illegible]ᄒ되若後如前[illegible]여은痼以重讀ᄒ며又或除汰[illegible]猛治로責效ᄒ며[illegible]一號令而可除[illegible]務肆氏는斯言을[illegible]어다

●奸習可懲　北署花開洞居典醫崔某가鏡城[illegible]花信勘討ᄒ는事로前[illegible]記를ᄒ얏거니와更聞ᄒᆫ則崔[illegible]의病報를聞ᄒ고歸其鏡城鄉里ᄒ얏더니崔之同鄉人李龍館爲名者이崔之妾을乘機潛奸ᄒ고其家券을誘出典執ᄒ야二萬兩을得用ᄒ고崔氏還來之日에恐其奸狀이綻露ᄒ야厥妾으로寄書于崔氏ᄒ야曰近日警務廳에서典醫術客을一切捉治ᄒ니切勿上來ᄒ라ᄒ얏는뒤崔氏가追知其奸意非眞ᄒ고上京探知則厥妾與李哥之私奸과家券典執等事이昭然呈露ᄒ는지라平理院에呼訴ᄒ야李哥를捉囚懲治ᄒ다가李哥가用計保放後에旋即逃走홈으로該院에서方在跟捕中이라더라

●勸告禁巫　慶運宮各殿閣이成造告畢홈으로巫女輩[illegible]ᄒ기[illegible]ᄒ야各殿[illegible]巫女輩가[illegible]中에[illegible]ᄒ는故로再昨日一進會에서總代廉仲模洪肯燮兩氏를[illegible]宮內에계派遣ᄒ야巫風을禁止ᄒ라고勸告ᄒ얏다는說이有ᄒ더라

●[illegible]請願　昨年冬에白川郡居民等이有志於教育ᄒ야[illegible]를設立ᄒ고教師를延聘ᄒ[illegible]子弟를教育ᄒ는뒤經費는該[illegible]行人을洞民이一時越船ᄒ고其船貰를收聚ᄒ야支用ᄒ더니新門外前觀察使李容稙氏가[illegible]自家基址라稱ᄒ고郡沙工을差出ᄒ야船貰一半을坐收[illegible]로學校를維支치못ᄒ야四五十名學徒가渙散ᄒ고教師는歸家ᄒ여學校를永爲廢止ᄒᆯ계되얏는故로該洞衆民丁餘名이學部와農商工部에請願ᄒ다더라

●義王回期　觀兵次로出願ᄒ신義親王殿下一行은伊藤氏와同行ᄒ야來六月五日에發程還國ᄒᆫ다는電報가宮內에來到ᄒ얏다더라

●李氏勢力　政府에現今有勢力者가李根澤氏인뒤奏任官以上이李氏手를不經ᄒ고는不得ᄒᆫ다ᄒ고李氏家에六父子가盤是勳任官에皆占要職ᄒ고李根澔氏의嚴案이最居下聯이더라

●獄案更議　平理院에서被告朴箕陽鄭日永李康鎬氏等을[illegible]法大全에[illegible]치못ᄒ事를爲ᄒ事理重者律에照ᄒ야各答八十에處辦ᄒᆫ事에對ᄒ야昨日法部에서平理院으로訓令ᄒ기를朴箕陽鄭日永之所供이果如報辭면實無陰謀ᄒ고只是荒誕[illegible]何足苛責而據法論斷乎아囚罪[illegible]送이可合事理로되李根詰이旣爲被捉ᄒ얏신즉宜乎一時論[illegible]이거날分作兩案이有[illegible]決열之體이고李康鎬言之라도論其罪則日轉傳無稽之說反覆興訛[illegible]ᄒ니以其罪論其律則自有造言之律이거날捨此正條ᄒ고擬[illegible]不應爲가亦不[illegible]合이라到[illegible]幷與李根詰로不日更覈ᄒ야如法處辦後錄來ᄒ라ᄒ얏다더라

●質查民擾　法部에서黃海道裁判所에訓令ᄒ기를載寧郡[illegible]擾事에應[illegible]吏鄉을押致責[illegible]야質覈其錄之意ᄒ業已發訓[illegible]견와現에該郡民吳允明等이附者處役一事에對ᄒ야鳴冤[illegible]部이기該閔犯與應問各人을一體押上ᄒ야與前郡守秦熙晟으로另行質查之意로訓飭[illegible]平理院ᄒ얏스니貴所查覈은姑爲實之ᄒ고待該飭擧行ᄒ라ᄒ얏더라

●活孤婆心　前參奉李禹[illegible]의設立ᄒᆫ孤兒학院은顚連無告ᄒᆫ兒童을募集ᄒᆫ이已過百餘名인뒤衣食敎養을一無遺憾케ᄒ고又以其[illegible]로儒家名醫李濟馬氏의傳鉢門人河樂遂氏를請延ᄒ야一般孤兒衛生上에大段注意ᄒᆫ다더라

●義擾[illegible]報　洪州通信의確報를據ᄒᆫ즉該郡城內에占據ᄒᆫ義兵의數爻는五六百名假量이오所使軍器는洋銃이百餘柄이오舊式大砲가六七門이오守城把門에隊伍整齊ᄒ고號令嚴明ᄒ되[illegible]城[illegible]下去ᄒᆫ警吏與日憲兵日巡查수鎭衛隊兵約八十餘[illegible]後로數次義兵과砲火를相受ᄒ얏는뒤彼此有傷[illegible]別無ᄒ고우今相持중인뒤[illegible]二十八日에는義兵은州城[illegible]據ᄒ야態가愈益强硬ᄒ다더라

●[illegible]文[illegible]　[illegible]李能和氏가國文[illegible]意見[illegible]法[illegible]學部[illegible]資[illegible]를伏望[illegible]리ᄒ얏는뒤其大[illegible]ᄒᆫ一定國文之[illegible]이如左ᄒ더라

[illegible]延[illegible]博[illegible]多[illegible]之人ᄒ야[illegible]做[illegible]文[illegible]典[illegible]者ᄒ야[illegible]輯[illegible][illegible]科學[illegible]字[illegible]附書諺[illegible]一[illegible]國[illegible]範一冊에添入[illegible]一斗於小[illegible]

北京電報

●伊藤[illegible]　[illegible]八日오後五時卅分에日本[illegible]使招待會에[illegible]統監、小村壽太郎、加藤[illegible]、[illegible]樞勳三氏以下百餘名이來會ᄒ얏더라

倫敦電報

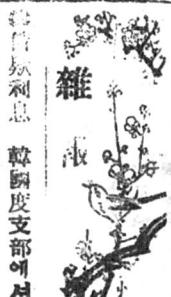

●大赦令非議　上仝　露國政府는議員普通選擧를承認ᄒ고大赦令은非認ᄒ얏고又[illegible]合에依ᄒ야大地主의財産을沒收ᄒ야農民의게分配ᄒ리라고告示ᄒ얏더라

雜報

●皆宜付校 抱川郡有志紳士諸氏가民志를發達키爲ᄒ야華野義塾을設立ᄒ야熱心教育홈은前號에已揭어니와該校設立以來로教授料目과導率規則이井然有序ᄒ야大韓文明에基礎라稱홀만ᄒ나但經費가缺少ᄒ야維持無方터니該郡鄕校에權屬ᄒ齋任에年俸과酒食之費로靡盤ᄒ던前花山書院享祀畓을移屬該塾ᄒ야教育을勸奬ᄒ라고學部에서發訓于本官矣러니지任諸人이謀囑本官ᄒ야稱以士論ᄒ고請願于學部ᄒ야至有査覈之題라ᄒ니該郡守가文明的思想이有ᄒ면斷當顧私를不拘ᄒ고明白키査報ᄒ야滅公營私之輩로長首縮尾케ᄒ고有志熱心人으로成就事業케홈은不須再論이어니와大抵鄕校齋任之弊가實韓國衰廢之根因이라리라郡有鄕校ᄂ本意가在於濟濟多士로講習道理于斯ᄒ야聰明俊秀之子弟가皆得以入학케홈이어날奈彼抱郡校士ᄂ不此之務ᄒ고齋任諸窠를看作利竇ᄒ야春秋狗炙은裕帶를盡解ᄒ고饑戶牛匹은任帖이生色이라一事違令이면輒稱孔孟ᄒ고黑辭旨一發에江流而石不轉이라花山院畓權付租ᄂ或五石或四石으로分排一年臥料物터니忽有신野義塾이成立ᄒ야학訓이隨鐵이라於是乎大驚ᄒ야一邊派ᄒ有司우京ᄒ야緊囑우有風力某氏ᄒ고一邊設任員會ᄒ야聲討신野事務員ᄒ되師門亂賊이니鳴鼓可也라ᄒ며一邊招童八九人ᄒ야使村학究天皇氏木德王句語를猝然亂誦ᄒ면서本郡之設校가已有年所인즉非彼義塾之所可此擬라ᄒ야欲奪其畓에以充其膳코저ᄒ나盖신令狀況은此畓을若至見奪이면自然窘絀ᄒ야蒸蒸日進之학員이玉成無期ᄒ거시오鄕校ᄂ徒掛其名ᄒ고無一實效하야民弊邑瘼만釀成ᄒ니苟使公心人으로調査ᄒ진ᄃ孰直孰曲을一言可決이라고民論이藉藉ᄒ다니該郡守與학部諸公은人材作成을爲念ᄒ야從直決給ᄒ지오다

●社會教育熱心 平安北府寧邊居前議官金鼎濟氏ᄂ自數年前으로學校를設立ᄒ고一般青年教育에熱心ᄒ더니또社會教育이爲今日急務라ᄒ야新聞購覽으로逢人輒說호되尤庵송先生이嘗言衣服綱巾을賣홀지라도朱子語類를不可不買讀이라ᄒ셧ᄂᄃ余ᄂ常謂朝夕食飮이全空홀지라도新聞紙를不可不購覽이라ᄒ노라ᄒ야孜孜勸勉홈으로本新聞請求ᄒᄂ有志가日益增加ᄒ니該氏ᄂ開進上一大標的이라可謂홀지라吾儕가氏의盛意를感謝ᄒ야寧邊附支社員으로點定ᄒ고略舉其用心之良美ᄒ야先此揭載ᄒ노라

●國民教育會의寄函 敬啓者桑港의留在ᄒ我國同胞가大震災에罹ᄒ야追遑屑屑히異邦에빈死하온情境을遙想ᄒ오면不勝도恒ᄒ옵더니幸히貴社에서救恤義擧를唱導ᄒ시니本會도同一贊成ᄒ와玆에新貨四十五圜三十五錢을仰付ᄒ오니照亮ᄒ야該地同胞에게辦交ᄒ시믈敬要

廣告

在桑港遭難同胞救助金

國民教育會 四十五圜三十五錢
尙洞耶蘇教堂 二十七圜五十錢
平壤人金浩淵 二圜
安岳人裵致禎 二圜
在日本東京金鎭初 一元
平壤人前侍御金鎭恨 一元
金海人金左鳳 一元
康洪大 五十錢

◉立廬諸氏

白南鉉 一元
白潤洙 一元
全泰元 一元
李寅煥 一元
金昌鎬 一元
金淳悅 一元
李昌永 二圜
安駉錫 二圜
李圭永 二圜
金興烈 一元
金仁植 一元
崔貞桓 一元
柳在明 一元
金東爀 一元
朴鎭榮 一元
崔健源 一圜
平鍾頤 一元
尹泰運 五十錢
白漢詰 五十錢
韓昇源 五十錢
朴斗榮 五十錢
金仲星 五十錢
文熙永 五十錢
金基鎬 五十錢
韓聖根 五十錢
金泰善 五十錢
柳在爀 五十錢
吳根春 五十錢
吳在明 五十錢
徐相源 五十錢
金淳永 五十錢
金基昌 五十錢
金義煥 五十錢
崔貞煥 五十錢
朴寅榮 五十錢
池錫煥 五十錢
權瑛勳 五十錢
李光淳 三十錢
朴錫奎 三十錢
彭仁均 三十錢
張泰龍 三十錢
李廷淳 三十錢
金源鏞 三十錢
命錫範 三十錢
徐丙喆 三十錢
李麟善 三十錢
朴喜明 三十錢
崔文源 二十錢

以上新貨

以上合計一百十圜三十五錢

正三品金□鉉과正鎰에正字를改以定字ᄒ오니知舊間知悉홈

慶南三嘉郡弘洞居前參奉安在鎬氏가片時間孝誠至極ᄒ온바廉間候風與晉拜日三勸供甚罕特世之孝耶茲譜廣告 僉君子은安參奉在鎬極盡敬孝戒須知悉홈

前主事金允均 告白

桑港遭難同胞救助金募集에對ᄒ야各社會及有志僉君子의寄送ᄒ심은感謝ᄒ오며方今桑港으로即還電換홀터이오나金額이不贍ᄒ와更히二週日을延期ᄒ야來六月十日ᄭ지作定ᄒ오니僉君子ᄂ照諒ᄒ신後에隨力寄付ᄒ시와一齊充額케ᄒ시되若過此限而寄送者ᄂ不得不還送홀터이오니照亮ᄒ시옴

大韓每日申報社收金所 告白

학員募集廣告

本학校에서以陰曆本月初十日午正으로開학ᄒ오니願학ᄒ시ᄂ彼位ᄂ毋論男女不計年限ᄒ시고右日로來臨ᄒ심을希望홈

科程

讀학 國한文 算術 諸학 物理학

上학時ᄂ上午十一時오下학時ᄂ下오四時로定홈

西署餘慶坊西학峴第七十六統六戶 同濟학校 告白

本人이洪州合北面合德三湖兩坪所在畓五十三石十一斗落文券을持來ᄒ와方欲得債之際에前判書閔泳爾氏가需ᄒ기을文券을持來則錢即得給ᄒ겟故로文券與朴滋潤等保票을並給於閔氏러니延拖數月에錢不得ᄒ고文券保票도亦不還ᄒ기로屢屢貴出ᄒ되閔氏始終不還推故로方欲舉訟ᄒ니該成該文券을與當得債코저ᄒ야도內外國人은切勿見欺홈

忠南洪川居崔□魚允信 告白

△特別廣告△

今에本人이冊肆業을開始ᄒ온바古今書籍이具備ᄒ中近來新學問上有益ᄒ各種冊子가ᄂ多ᄒ오니新學問上에有志ᄒ신僉君子ᄂ速速來臨ᄒ시옴

鍾路鍾閣門 床廛二房 金在[illegible] 告白

本人이以布商爲業이옵ᄂ바北布上中下三品이俱存이옵고物品價廉이오니願買諸君子ᄂ水標橋客主金主事鳳源宅으로來臨ᄒ시와請求ᄒ시옴

會寧 鄭仲誠
鍾城 李士彦 告白

漢城師範學校教員臨時養成科學員勸赴廣告

今次에漢城師範學校教員臨時養成科學員을試選홀터이니入學ᄒ기願ᄒᄂ者ᄂ六月七日(陰曆閏四月十六日)內로本部에來請ᄒ을具錄ᄒ고伊日上午九時에本部로進ᄒ야入學試驗을應홀事

시驗科目

一 年齡은十八歲以上三十歲以下로홈事

一 시驗科程은左와如홈

漢文 講讀
作文 國한文交作
算術
本國歷史
本國地誌
日語

光武十年五月十七日 學部

應試者ᄂ本部로來ᄒ야聽用홀事

廣告

本號新購(?)各色洋服…由上海運來…

女洋服商號

女子讀本…

花春丹은 霍亂 吐瀉 腹痛 滯症 暑症 怔忡 神眩 胃鬱 痰塞 醒酒解毒 咳嗽 口味업ᄂᆞᆫ諸症의神效ᄒᆞᆫ藥이오 此外에도洋灰水解毒藥 唐瘡 瘡氣 蛔虫 寸虫 赤白癩疝藥과東西洋藥이俱備ᄒᆞ고他病도隨問出方ᄒᆞ오니 僉位ᄂᆞᆫ枉議ᄒᆞ시옵

皇城校洞石井洞下隅

石泉堂藥局 告白

● 九轉靈砂라 本人이妙方을世世相傳하야製造ᄒᆞᆫ靈丹인ᄃᆡ男女老少에無論何症ᄒᆞ고適治ᄒᆞ오며無病時에도服ᄒᆞ면平生의身體가健康ᄒᆞ며…ᄂᆞᆫ…服ᄒᆞ면十歲안에無病ᄒᆞ게善攝保ᄒᆞ오며

● 九轉靈砂萬應丹은癲狂 癇症과中風諸疾과耳目諸病과癩疾에神効ᄒᆞ오

● 九轉靈砂保命丹은初生小兒 驚風 癎氣 咳嗽 腹痛諸般驚과婦人帶下症에神効ᄒᆞ며

● 九轉靈砂消滯丹은酒滯 食滯 血積 吐瀉 霍亂 痢疾 吐血 下血 運氣 時疾 痲症에神効ᄒᆞ오

● 九轉靈砂紫金丹은痔漏 累瘡 上疳瘡 下疳瘡及瘡瘍과諸般瘡瘍惡種에無不神効ᄒᆞ오니 僉君子ᄂᆞᆫ來購ᄒᆞ시오

內需司前독갑이골上隅第一家 李鎭廷 告白

一 鷹標煉濃縮牛乳

一 …

一 …家用…

一 …

合牛乳

以上은當時에貯積ᄒᆞ앗슴

英國…濃縮牛乳…

大韓仁川港

…洋行

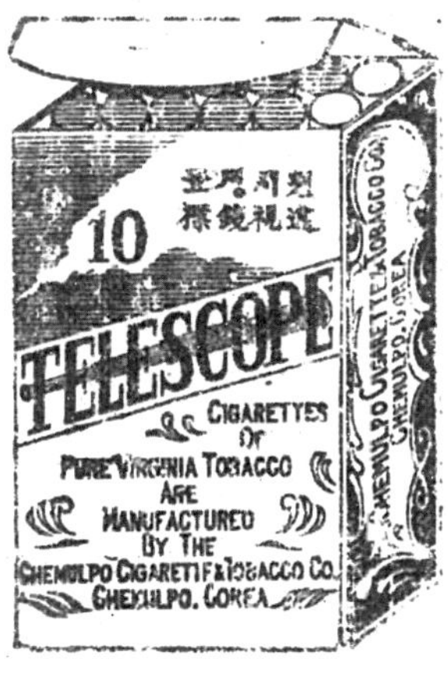

以上三種은上品으로製造ᄒᆞ야衛生上에至極有益ᄒᆞ니用論某人ᄒᆞ고本社에來購ᄒᆞ옵

大韓帝國仁川港

濟物浦紙卷煙草及煙草會社

本社廣告

一張代金 …

一 …

…長短과…依ᄒᆞ야增減홈이有ᄒᆞᆷ

◉本社地方各處支店廣告

仁川杻峴開新冊肆 李東圭

平壤南山峴日新學校 金興淵

崔敬恒

宣川邑橋西 安濬

義州南門外韓西大藥房 張有寬

長連邑 金鎭

鎭南浦築洞 金仁집

城津州南社 曹壽洙

中和邑 李俊培

釜山佐川徐藥房 金濬

發行兼編輯人 英國人 裵說

發行所 京城北署…

大韓每日申報社

第四卷

大韓每日申報

대한매일신보

第二百三十三號

月曜及慶節 休日時刊

檀君開國四千二百三十九年
箕子元年三千二十八年
大韓開國五百十五年
日本明治三十九年
淸國光緖三十二年
陰曆丙午年閏四月大初九日乙亥

論說

韓國

同意人의可歎ᄒᆞᆫ韓國景况의其一은人民都市及遠景이暫時치遊人의게不美케著示ᄒᆞᄂᆞᆫ거시라人民은著其醜陋ᄒᆞ고家屋은露其汚穢ᄒᆞ고山岳은不毛之處가遍於全國이요田野ᄂᆞᆫ不耕之時가幾乎半年이니新到遊覽者가由是存心ᄒᆞ되韓國人民은未至繁榮이며且甚懶惰ᄒᆞ야莫助之民이라ᄒᆞ니責在何人인지歸之ᄒᆞ기兩難ᄒᆞ도다景色은雖如彼著示ᄒᆞ나如此存心은果是誤也니한城居民은一無營業ᄒᆞ고徘徊路上ᄒᆞ야浪度光陰者ㅣ果有ᄒᆞ나彼等은猶是國民의少數요韓國作業人을經驗ᄒᆞᆫ즉其才能工作이與日人同等이요且其持身은過於日人이라日本役夫ᄂᆞᆫ傲慢或諂佞ᄒᆞᆷ을未免ᄒᆞ되韓國勞動人은屆十의게常不失禮ᄒᆞ니渠亦受遇ᄂᆞᆫ依例로다

人民衣服이醜陋ᄒᆞᆷ을難免은因其理勢니白色或淺色이諸般汚點을無遺著示ᄒᆞᆷ이라吾人이着白衣之時에ᄂᆞᆫ間日交着을認之以必要로되着色衣之時에ᄂᆞᆫ能過數月ᄒᆞ나니色衣之染汚가與白衣一般이로ᄃᆡ但色衣ᄂᆞᆫ汚点을隱而不顯ᄒᆞᄂᆞᆫ理由라韓人表面에汚穢를評論ᄒᆞᆯ時에ᄂᆞᆫ如右ᄒᆞᆫ事實을存念ᄒᆞᆯ지여다世內에衣服浣濯을頻繁히ᄒᆞᆷ이韓國과類同ᄒᆞᆫ者ㅣ似未有也로다

家屋之向道路著汚가亦非尋常이라家主及其內眷이俱以靜穩爲要故로韓人이置其居室ᄒᆞᄃᆡ遠隔道路ᄒᆞ기에盡力ᄒᆞ나니自居室至道路之間은舉皆下屬所居處라自著汚穢於街路어니와如此家屋이라도入관其內ᄒᆞ미可以比於日人家舍로다

冬節遊客의게所示遠情이未有酒潑之氣ᄒᆞᆷ은果其然矣나亦有一面仙畵라旅行者의幾乎全部가從鎭道관覽을置諸心否ᄒᆞ나니蓋鎭道區域은國內平原이라圍繞峯岳이在於鐵路附近故로所有材木과其餘薪炭을用이라도無遺濫伐ᄒᆞ얏거니와鎭道區外數十里之地를行過ᄒᆞ면前雖懷疑ᄒᆞ나今乃信服ᄒᆞᆯ거슨植物의구備豐富ᄒᆞᆷ이此地보다過越ᄒᆞᆫ邦國을世內에서稀見ᄒᆞᆯ거서로다

農業上에도韓人이亦多日勤力ᄒᆞ나니因嚴寒冬節ᄒᆞ야數月之際에ᄂᆞᆫ無事可爲로되待其溫候ᄒᆞ야豐繁穀類가卽著於國面이로다幾多不開之地가在於國內ᄒᆞᆷ은依例니日本과거나多와或其他邦國도與此無異라此事實은既耕土地가適於韓人ᄒᆞᆷ이니居生人口가增加ᄒᆞᄂᆞᆫᄃᆡ로耕墾地面이延長ᄒᆞᆷ이로다

韓國에不利ᄒᆞᆫ不品이其全無리오最甚處ᄂᆞᆫ官族의腐敗懶惰이나然이나其中에도多有改善品行이니라

官報

●號外　光武十年五月廿九日

◉宮廷錄事

詔曰正一品閔泳奎拜議政府議政大臣
光武十年五月廿八日

詔曰惟卿歷試中外恬雅之操簡後一載續庸茂著夙有聲望朕之注意也久矣今者之授宜出心腑不待夢卜且艱虞際棘必須卿彌綸經濟而朝野之聽亦惟在於卿矣卿勿辭巽卽祗膺命事遣秘書郞傳諭于議政
五月廿九日

◎叙任

任議政府議政大臣　正一品閔泳奎
五月廿八日

秘書監郞李文求啓奏臣於陰曆閏四月初七日承聖諭量에敬奉　聖諭馳往傳諭于北署嘉會坊齋洞契議政府議政閔泳奎所住處則以爲臣以百無肖似之蹤忽伏奉萬不堪承之　命惝怳悸恐靡所容措伏地震慄罔知攸達云云

參敢奏
答曰知道　五月廿九日

●三千四百六十六號　光武十年五月三十日

◉宮廷錄事

詔曰
懿宗朝承恩宮人金氏維惟昔是年宜有殊異之典淑儀封爵
月廿六日

詔曰昭儀李氏淑원李氏淑원張氏貴人封爵
五月廿七日

宮內府大臣勳一等臣李載克謹奏今日藥房入　診入侍時閣臣趁不待令候以事體萬萬惶悚富該閣臣揀現告施以重推之典何如敢　奏
光武十年五月廿七日奉
旨依奏

◉布達

宮內府官制中改正ᄒᆞᄂᆞᆫ件을左又치定奪ᄒᆞᆷ이라
光武十年五月廿三日奉
勅　宮내府大臣勳一等臣載克

布達第一百卅二號
宮내府官等俸給令中勅任官俸給表三等二級欄내禮式副卿次에經理司長을添入ᄒᆞᆷ이라

◉敍任及辭令

○陞從二品　正三品洪淳旭
五月十九日○兼任度支部水道局長　度支部司稅局長李건榮
○任度支部水道事務官　軍部幼年學校敎官申佑善○任度支部水道局技師　前技師金澈龜
○任軍部繙譯官　軍部主事盧天錫　以上五月二十二日○依願免本官　肇慶廟參奉李思賢

건元陵參奉李揆同　外國語學校敎官安宅重○任肇慶廟參奉　權甫容○任건元陵參奉　康陵參奉徐丙敦　任康陵參奉　太僕司主事李觀九○任太僕司主事　宗簿司主事林之相○宗簿司主事　六品李揆同　以上五月二十六日○命制度局擬裁　陸軍參將閔泳綺○解臨時署理制度局總裁事務　宮내府大臣李載克○依願免本官　宮陵○任顯昌門　裕陵參奉李載寬○任寧陵參奉　隆陵參奉朴海斗○　陸軍參奉　六品韓昌淑○任裕陵參奉　張爽煥
以上五月二十七日

外報

●英國派艦　英國지라東部[illegible]이來七月下旬頃에日本을[illegible]ᄒᆞ야[illegible]海를巡行ᄒᆞᆫ다더라

●俄國新聞　二十五日倫敦電報에曰彼得堡에一報를據ᄒᆞᆫ則公衆[illegible]으로由ᄒᆞ야政治的暗殺은今後에撤廢ᄒᆞᆫ貌況이有ᄒᆞ나赦令及特別法律의廢止ᄂᆞᆫ直未可能이라ᄒᆞ얏더라

●淸帝不豫　二十五日北京電을據ᄒᆞᆫ則청皇陛下게옵서不豫ᄒᆞ시다ᄒᆞ얏더라

●出師準備　路透電을據ᄒᆞᆫ則在부루드리아의英國軍隊ᄂᆞᆫ時局重大의形勢가有ᄒᆞᆷ으로ᄉᆞ루란또에向ᄒᆞ야出師準備의命을受ᄒᆞ얏다더라

雜

●揀擇日子 處分을下ᄒᆞ샤京外處子單子ᄂᆞᆫ隨到捧入ᄒᆞ고初再三揀擇日字ᄂᆞᆫ自陰五月念間으로至七月念間ᄭᆞ지擇入ᄒᆞ며處子來時에衣服은毋敢踰紬苧ᄒᆞ고再揀擇處子ᄂᆞᆫ只塗粉而勿爲成赤케ᄒᆞ라ᄒᆞ고內部大臣李址鎔氏의계處分을下ᄒᆞ옵셧ᄂᆞᆫᄃᆡ初揀擇은陰曆五月十三日이오再揀擇은七月十四日이오三간擇은閏月二十二日로掌禮院에셔定擇ᄒᆞ얏더라

●鶴鮮相反 統監府總務長官鶴原定吉氏가墨西哥國駐在日本領事의韓人調査表를因ᄒᆞ야農商工部로照會ᄒᆞ얏ᄂᆞᆫᄃᆡ該地에居留ᄒᆞᄂᆞᆫ韓人數爻ᄂᆞᆫ男女幷九百餘名이오勞動ᄒᆞᄂᆞᆫ每日雇價ᄂᆞᆫ七十錢인ᄃᆡ每日所費가不過三十錢인즉儲畜條가爲四十錢이오其間死亡ᄒᆞᆫ者爲二十二名인ᄃᆡ[illegible]者ᄂᆞᆫ疾病에면目을社主人이極力救護ᄒᆞ다ᄒᆞ니照亮ᄒᆞ라ᄒᆞ얏스니該國居留韓人의著者를見ᄒᆞ면此兩者의一切相反ᄒᆞ더라

●三氏被任 表勳院總裁沈相薰氏ᄂᆞᆫ江原觀察使를被任ᄒᆞ고正二品朱錫冕氏ᄂᆞᆫ咸北觀察使를被任ᄒᆞ고特進官閔丙奭氏ᄂᆞᆫ表勳院總裁를被任ᄒᆞ얏더라

●政府會議 本日下午三時에參政大臣朴齊純氏가各部大臣을會同ᄒᆞ야政府會議를開設ᄒᆞᄂᆞᆫᄃᆡ其會議案件은時局情形에對ᄒᆞ야措處之好方針을講求ᄒᆞᆯ貌樣이라더라

●安氏宣諭 安東等地에匪黨이聚集ᄒᆞᆫ人民을曉諭解散次로前松都郡守安鍾悳氏가宣諭使를被命ᄒᆞ얏더라

●韓兵續派 陸軍參領鄭[illegible]氏가指揮使로步兵一中隊를領率ᄒᆞ고昨日上午에洪州로下去ᄒᆞ얏다더라

●進坐跳낭 近日風說을得聞ᄒᆞᆫ則妖巫壽蓮이가松都德物山所在崔瑩將軍神社에爲國祈禱ᄒᆞᆫ다고神托ᄒᆞ야幾千元錢을謀得ᄒᆞ고宮中의有力ᄒᆞᆫ千氏乳母와其他宮娥數人으로該社에前往ᄒᆞ얏다더라

●一進暴行 本月二十八日一進會總代趙興元趙宗禎吳汪根三人이紙商朱源榮氏의父親을請去矣러니自該會로農工銀行設立趣旨를說明ᄒᆞ고股金을出ᄒᆞ라ᄒᆞᆫ則朱氏가答以本人의資本이自來不富ᄒᆞᆫᄃᆡ自年前早致[illegible]故로窮絀ᄒᆞ야商務를辭陳ᄒᆞ고一股만請出云則會員俞鶴柱等三四人이朱氏를輪次로拳毆足踢ᄒᆞ야期於打殺이라ᄒᆞ며限二時間所謂警務室에다拘留威脅ᄒᆞ얏고其他商民도被毆ᄒᆞᆫ者가甚多其人이라ᄒᆞ니大抵農工銀行設立은人民의產業發達을爲ᄒᆞᆫ目的인則其股金之多少ᄂᆞᆫ其人民의事力과情願을從ᄒᆞ야募集ᄒᆞᆯ것인ᄃᆡ乃一般商民을威脅壓勒으로若此暴行을加與ᄒᆞ니此를엇지開明的社會라謂ᄒᆞ리오民論이沸ᄒᆞ더라

●異人登對 秘書監丞金升旼氏의兩次上疏의優批와其附奏ᄒᆞᆫ事ᄂᆞᆫ歷揭本報어니와再昨夜에入侍ᄒᆞ라신處分이下ᄒᆞ샤卽時入對ᄒᆞ얏다ᄂᆞᆫᄃᆡ其所奏ᄂᆞᆫ何事인지次號에詳探揭載ᄒᆞ깃노라

●愛國演說 今日下午八點鐘에皇城基督敎靑年會에서愛國誠이란問題로[illegible]氏가演說ᄒᆞᆫ다더라

●學徒父兄 私立普成學校學徒父兄諸氏가該校長金重煥氏와講師諸氏의誠心敎育ᄒᆞᄂᆞᆫ意를感服ᄒᆞ야日昨에各其誠心으로茶果를辦備ᄒᆞ고學徒特別運動會를設ᄒᆞ야致謝ᄒᆞᄂᆞᆫ意를表ᄒᆞᆫ다더라

●伊倅善政 東萊人의傳說을聞ᄒᆞᆫ則伊川郡守朴鼓鉉氏가莅任七朔의許多弊政을不可枚擧而平山南川里日兵站鐵道役夫에入民惠鉉을如避湯火ᄒᆞ야將至大牛梗之時에本郡守가躬往ᄒᆞ야該站ᄒᆞ야役夫를減省ᄒᆞ야金境이賴安이옵고又以設校興學之務로勞力殫誠而以若殘郡薄況으로鋼貨六十元을연助ᄒᆞ야學校를贊成ᄒᆞ오미境內民人과諸紳士가郡守에熱心興學ᄒᆞᆷ을感服ᄒᆞ야各自願助ᄒᆞ야學務를擴張ᄒᆞᆫ다더라

●老倅奏 原任議政李根命氏가啓奏ᄒᆞ기를自國初以來로山林은以山林之職으로敍任ᄒᆞ야敎諭入侍ᄒᆞ야下詢政策이어날現今金升旻은以一箇祕書丞으로敎諭가若是從遲ᄒᆞ시니國典所無라階闕上奏ᄒᆞ야期於還收케ᄒᆞ다ᄒᆞᆫ지라金丞이聞此言ᄒᆞ고卽爲入侍ᄒᆞᆫ故로李元老의奏事가停止되얏더라

●李家設經 禮式院卿李根湘氏가其別室의身病을爲ᄒᆞ야花溪寺에避接治療次로僧徒留宿ᄒᆞ다ᄂᆞᆫ事ᄂᆞᆫ已揭前報어니와同氏가留連幾日에別無效이면지更爲入城ᄒᆞ야盲者를招ᄒᆞ야鬼除妖云ᄒᆞ고擊鼓誦經ᄒᆞ며坊巡檢이禁止不得ᄒᆞ야報及於日巡査이라日巡査가隨往其家ᄒᆞ야先見同氏之保護巡檢而責其不卽禁止ᄒᆞ고又招家人ᄒᆞ야使撤罷後歸來矣러니日巡査門門未幾步에又爲誦經이라巡査가聞其鼓聲ᄒᆞ고心中憤怒ᄒᆞ야更到該家에責其無理ᄒᆞ고卽入內庭而逐其盲ᄒᆞ야使不得復設케ᄒᆞ얏다ᄒᆞ니同氏ᄂᆞᆫ甘心은尤浮於無知小民이라고與論者多ᄒᆞ다더라

●洪州消息 湖南來信을據ᄒᆞᆫ즉再昨日朝에日兵이洪州城에到着ᄒᆞᆯ預定인ᄃᆡ正午正ᄒᆞ야砲聲이相聞百里ᄒᆞ얏스니洪州城內ᄂᆞᆫ交戰이되얏슬터이라더라

●金氏被駁 金鍾碩氏가協律社事件으로李芯和氏의疏辭를反對ᄒᆞ야上疏ᄒᆞ얏더니日昨一進會에서總代를派送ᄒᆞ야金氏를請去ᄒᆞᆫ後에上疏ᄒᆞᆫ本意를詰問ᄒᆞᆫᄃᆡ金氏曰維新敎에歸濟兩人이我를指囑ᄒᆞ야如此히上疏ᄒᆞ면協律社社長으로確定ᄒᆞ리라ᄒᆞ기로上疏ᄒᆞ얏노라ᄒᆞ얏다더라

●慨然督促 礪山及稱民條例事件으로鶴原總長이政府에威脅的으로歷經勸告ᄒᆞ야頒布ᄒᆞ기를督促ᄒᆞᄂᆞᆫ지라朴參政이不勝其督ᄒᆞ야今日閣議에ᄂᆞᆫ決定施行ᄒᆞᆫ다더라

●有志可賀 紳士鄭[illegible]長會榮徐丙漢諸氏等이地制衛門設立事로政府에獻議ᄒᆞᆫ全文은本報에已揭어니와其目的인즉全國內人民의家舍田土의契券을發給ᄒᆞ야所有權을確立ᄒᆞ며家舍田土의災害를保險ᄒᆞ며荒蕪地를開墾ᄒᆞᄂᆞᆫ諸般計劃이라ᄒᆞ니全國紳士諸氏의方針과國家富源發達의基礎가歐米列强도此에無過ᄒᆞ니紳士諸氏의政略上有志高見을吾人은不勝欣賀ᄒᆞ며如此ᄒᆞᆫ良法美規가確立實施ᄒᆞ야維新政府의一大機關될ᄯᅳᆺ亦切希望ᄒᆞ노라

●屠得其所 忠州觀察府公立小學校가年久頹落ᄒᆞ야只存數間而未得修補인바該觀察使尹喆圭氏가府以校로學徒가比朔倍增ᄒᆞ야難以容接이라ᄒᆞ야미관察이忠州郡鄕校東齋로移設케ᄒᆞ고該部로報告ᄒᆞ얏다더라

金東弼과李相淳과金鍾濩英운吳鍾鐸氏ᄂᆞᆫ大韓義士李公[illegible]文

嗚呼李公令爲死矣寺臣死死雖當總攬權來復公何忍和然悠此恨尤目可瞑學自甲乙十年抑鬱儀天共戴泣貲星箱歲在青蛇國事又去聞ᄒᆞ漣漣以心惱悵凡厥臣民生何爲榮公獨ᄒᆞ야先陳疏ᄒᆞ니國疏未及徹爲彼所款罵不絕口七朔ᄒᆞ야苦一塊智血終爲爲天平天平斯人也ㅣ衣冠書以戒其[illegible]總惑收令人流涕凶年痛哭古文山公死日獄爲酬洒然再傳無狀生亦何顏公雖死猶公名獨生堪鳴泣義魄忠魂庶幾不徹上聽手尖快困難除彼殘碎國間公之往希何公胎之[illegible]好與당祥祭其靈爽歆饗嗚呼哀哉

●蚕機關所 統監府에서蚕業工部에公函ᄒᆞ고西[illegible]興會에所有ᄒᆞᆫ蚕所機械를還推回示ᄒᆞ시라ᄒᆞᆫᄃᆡ昨日農部에서該師教手를渡地에派出調査ᄒᆞᆫ다더라

東京電報

●伊太利交涉 六月二十九日午後○時發

意太利國政府ᄂᆞᆫ東京駐箚同國公使로ᄒᆞ야금東京으로交涉中이라더라

●三中將歸任 二十九日午後一時十五分發

立見尙文、大迫尙敏、大島久直三中將은本日陸軍大將에陞任ᄒᆞ얏더라

●三大將來韓 仝上

野津大將、伊東元帥、井上海軍大將一行은昨日에滿韓視察ᄎᆞ로發途ᄒᆞ얏더라

●香月與鹿島 二十九日午後七時發

運航에在ᄒᆞᆫ日本新艦香取號ᄂᆞᆫ포로마우쓰에在港ᄒᆞ얏ᄂᆞᆫᄃᆡ二個月間所에滯在ᄒᆞ야鹿島艦과合合ᄒᆞᆫ더이라더라

雜報

●李氏橫罹 前議官李熙德氏의鄕第가在於堤川郡而該郡이僻隅ᄒᆞ야民習이愚蠢ᄒᆞ고俗尙이昧頑故로將欲興學校防盜匪ᄒᆞ야以爲開發民智ᄒᆞ고保安民業之意로發通於附近各洞矣러니諸洞이一辭樂從ᄒᆞ야方欲實施定規之際에忠州梅村居ᄒᆞᄂᆞᆫ李相翼氏가有何前嫌이던지嘯聚無賴亂類四五十人ᄒᆞ야突入李家內庭ᄒᆞ야毆打李熙德氏ᄒᆞ야至於頭骨破碎而仍即昇去忠州觀察府ᄒᆞ야審判照律之場의亂魁李浩[illegible]張[illegible]模朴順甲朴俊石四人은處役三年ᄒᆞ고李熙德은以笞律勘放矣러니熙丁四人之母가擁남訴于本道警務補佐官ᄒᆞ야自警署로又爲牢囚李氏라ᄒᆞ니大抵欲開民智ᄒᆞ야興設學校ᄒᆞ고欲保民産ᄒᆞ야防守盜匪가實爲開進上第一急務而反被橫罹ᄒᆞ야致此拘囚之境ᄒᆞ니一般輿論이憤歎不已라ᄒᆞ더라

●毁堞非策 全羅北道觀察使韓鎭昌氏가內部에質稟ᄒᆞ기를本府四門城堞이修補年久ᄒᆞ야體城이毁頹이온中現今外交之來接이倍多ᄒᆞ야隨其毁處而修治作路가爲民良策이다屢請不已오니査照處分ᄒᆞ라ᄒᆞ얏ᄂᆞᆫᄃᆡ內部에셔指令ᄒᆞ기를府堞毁壞를不務修築ᄒᆞ고反啓行路ᄒᆞ니拾正取徑은何謂良策인지甚庸慨歎이기部不得認施라하얏다더라

●府郡奬學 達城廣文社社長金光濟氏의來函을據ᄒᆞᆫ則觀察使申泰休氏가熱心興學ᄒᆞ야各郡學校를大第擴張而高靈郡守尹夏榮氏가在任未幾에躬行周里ᄒᆞ야勸諭各面學校일시本郡校監宜坤述氏가專到府下ᄒᆞ야購聚課書ᄒᆞ고請擇教師ᄒᆞ며且於道路修治와村村國旗와家家明燈을以理ᄒᆞ며防而民皆樂從者ᄂᆞᆫ感服於聽訟正依也라苟使各府郡으로皆如此察此守면我韓之文明을指日可待라ᄒᆞ얏다더라

●李氏熱心 鎭川郡守李鍾應氏가到任後에人民의知識이曚昧ᄒᆞᆷ을慨歎ᄒᆞ야邑村有志紳士로殷力鳩財ᄒᆞ야文明學校를新設ᄒᆞᆫᄃᆡ該氏가爲先多數捐廩ᄒᆞ고窮부民情을特念ᄒᆞ며自願補助者外에ᄂᆞᆫ一無勒排ᄒᆞᆷ으로皆民咸服ᄒᆞ야校樣이漸就ᄒᆞ니該氏의熱心을莫不稱誦이라더라

●永倖宜免 咸南永興郡守洪淳旭氏가奪人財奸人妻ᄒᆞ며許多不法行爲은世所共知어니와今에政界邊可信人의傳說을聞ᄒᆞᆫ즉洪氏가自知罪犯ᄒᆞ고其職을患失ᄒᆞ야內大李址鎔氏에게닷之以厚賂ᄒᆞ야久在其任ᄒᆞ기를要請ᄒᆞᆫᄃᆡ李內大가洪氏의治績不美와輿論에不協ᄒᆞᆷ을洞悉ᄒᆞ고欲爲癸罷ᄒᆞ되洪氏가躬任한城府尹朴齊璜氏의義弟인故로其强硬ᄒᆞᆫ後援을預衡ᄒᆞ야不能發口라ᄒᆞ니大抵秉公無私ᄒᆞ야黜陟臧否ᄂᆞᆫ銓長之責任인ᄃᆡ李內大의知洪氏之貪虐而不能退ᄒᆞᄂᆞᆫ거시恐非秉公底道理이고且以朴府尹營之ᄒᆞ야도此等不美不法之人을擁護請托ᄒᆞ야使一郡生靈으로久被其禍ᄒᆞ야怨聲이四起케ᄒᆞᆷ이亦非愛人以德之道라ᄒᆞ노라

☆☆☆☆

李應[illegible]玄[illegible]周[illegible]洪澤諸氏가同濟학校를[illegible]ᄒᆞ고其[illegible]가如左ᄒᆞ니

桑港遭難同胞救恤金募集에對ᄒᆞ야各社會及有志僉君子의寄送ᄒᆞ신은感謝ᄒᆞ오며方今桑港으로即爲電換ᄒᆞ려이오니金額이不贍ᄒᆞ와更히二週日을延期ᄒᆞ야來六月十日까지作定ᄒᆞ오니僉君子ᄂᆞᆫ照諒ᄒᆞ신後에隨力寄付ᄒᆞ시와一齊充捐케ᄒᆞ시되若過此限而寄送者ᄂᆞᆫ不得不還送本處ᄒᆞᆯ터이오니照亮ᄒᆞ시옵

大韓每日申報社收金所 告白

夫普濟同胞ᄂᆞᆫ醫藥之事業也教育英才開明之急務也現今今內外强莫不講究實用至於救濟蒸黎之業必以醫藥爲本割解檢驗精益求精務使必臻於深奧之域蓋重人命而衛生道之義也現今我韓醫舖不爲不多捨外人當業及官立若干之外殆寥寥焉總另入門數卷便稱醫士畧解脉理一種孤方藥莫適于誤人尤爲識者之咄歎者久矣且我同학校之設可謂의與堅於女子教育尙未實施不無大憾也所以有志於慈善教育之事鳩聚資金設此학校名稱同濟者蓋同胞男女共濟之義也其학科程度以醫학國한文算術外國語학物理학等數科爲主旨一校之內分作兩所外有男教師內有女教師以行教育而特於本校內另設藥舖一所以實施醫濟之事業而亦驗病術之進步也不校教科毋論男女一體教授以資開明之步與衛生之학術惟冀望於慈善開明之君子休論內外同情而贊成實爲同胞之幸甚

☆☆☆☆

●失兒妄疑 北署瀛洞安永宮의廳從下人李哥가在一子ᄒᆞ야名은突星이오年은十二歲라再昨日에何處로出往ᄒᆞ얏ᄂᆞᆫ지至數日不還ᄒᆞ니其父母가四處尋覓에不見蹤跡ᄒᆞ야疑訝局畨香이라離某이던지此兒를見ᄒᆞ거든同李哥의所住處로來ᄒᆞ시면感謝萬萬이라ᄒᆞ더라

●日兵何關 平南祥原郡居朴泰柱氏가黃州仁面草巖地에買土藥洑ᄒᆞᆫ거슬平壤居方執周氏가藉其勢力ᄒᆞ고欲爲勒奪인바朴氏가呼訴于廣西郡ᄒᆞᆫ則該郡護郡ᄒᆞ야使之無弊開築ᄒᆞ고方某를嚴治ᄒᆞ라ᄒᆞ얏더니該郡에셔此를查覈코져ᄒᆞᆫ則方某가日兵을挾ᄒᆞ야該郡의措處를沮止ᄒᆞᆫ다니韓人兩訟事의日兵이有何相關而干涉인지恐非法律上行動이라ᄒᆞ더라

廣告

本社廣告

[illegible]

◉本社地方各處支店告白
仁川港[illegible]開新聞店 [illegible]
平壤南山[illegible]日新聞[illegible] 金[illegible]
宣川邑[illegible]西 [illegible]安[illegible]
義州南門外[illegible]大韓[illegible]
長連邑 [illegible]
鎭南浦[illegible] 金[illegible]
咸興州南[illegible] [illegible]
中和邑 李[illegible]
釜山[illegible]川[illegible] 金[illegible]

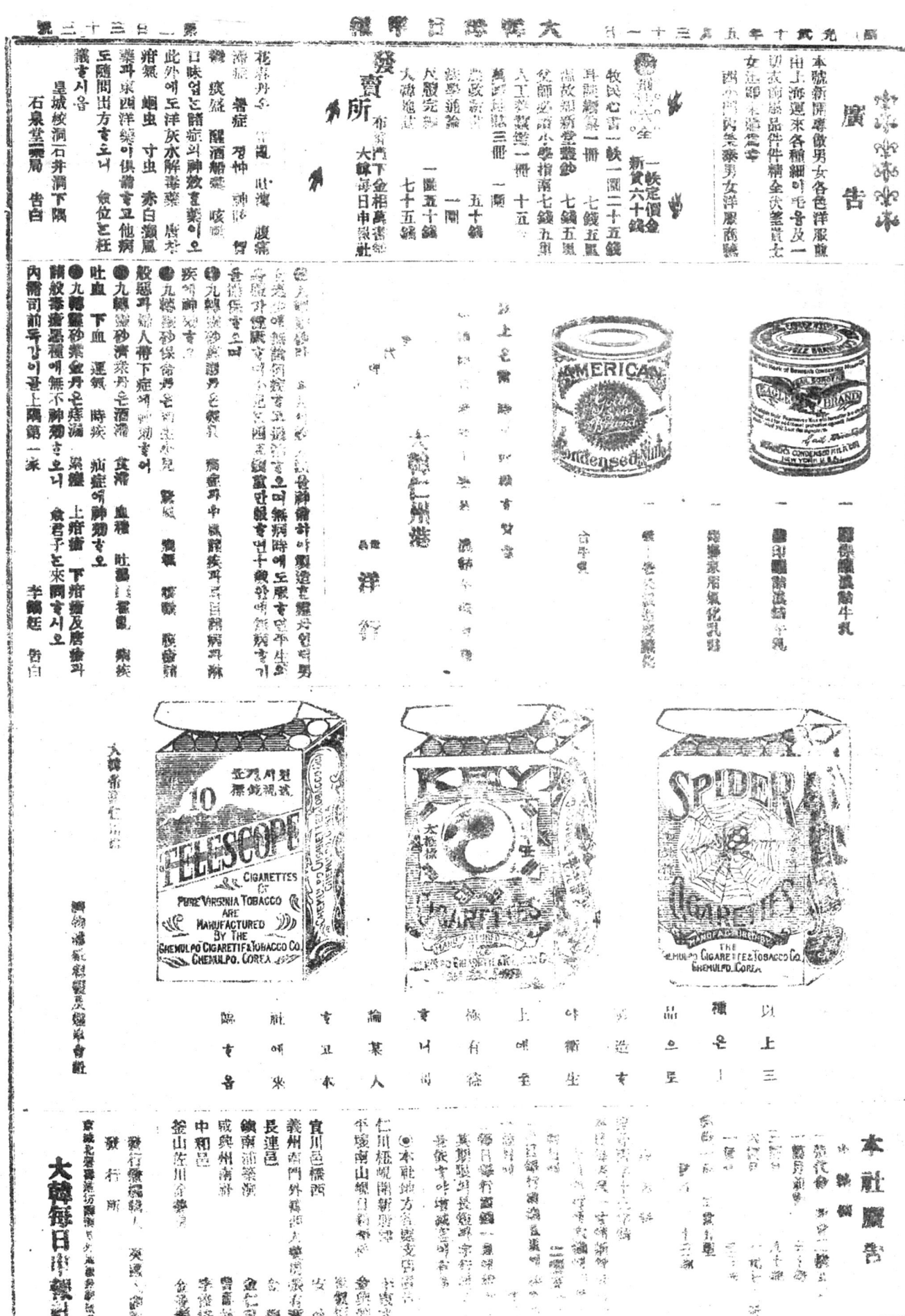

發行兼編輯人 英國人 [illegible]
發行所
京城北署[illegible]
大韓每日申報社

第四卷　　第二百三十[illegible]號

大韓每日申報
대한매일신보

月曜及慶節

發時日後刊

檀君開國四千二百三十九年
箕子元年三千二十八年
大韓開國五百十五年
日本明治三十九年
淸國光緖三十二年
陰曆丙午閏四月大初十日丙子

論說

壓迫事機

英國만차스터報紙에 近者發刊을接見흔이有一圖畵인바 一快樂日本人이持一巨大蒸汽機械하야 一伏地韓人의身體上으로轉進轉退하는形像이오其畵題에特書曰韓國內에壓迫進行이頗多日本壓制之下에遂成된形態라하얏더라

此는此地實形을幻畵홈이라英國內畵家가韓國事情을如彼詳探하얏스니見之甚喜어니와日本이紙貨債點과顧問及技手를連遞無已하야韓國을迫取홈은果是無疑로다

益曉頭에益昏하나니現今事態가昏暗莫甚이라否極生泰는理之常也니苟於此時에昏暗이豈復有之리오推其旣著事實以觀之컨ᄃᆡ現今情形의幾許變改를從近得見ᄒᆞ리로다

日本高等人員의韓國之行이在於二週內인바其眞實目的은不得詳知로ᄃᆡ有兩端推理ᄒᆞ니其一은新條約의締結形便을探問ᄒᆞ야其信報를審査ᄒᆞ거시요其二는欲圖該條約之有效ᄒᆞ야御印之押을要求ᄒᆞ거시니此兩推理가幷皆據實이라若此人이不用不正計策ᄒᆞ고能得御印之押이면事乃永久決定이어니와若至失敗면該新條約은將爲一片休紙가되리니事至如此면日本委員은一無所計요但抱恨歎에居伊藤侯之後ᄒᆞ야正實條約을更欲圖得ᄒᆞ而已로리다日本政府가此實情을知悉홈이已久ᄒᆞ니今此遲緩ᄒᆞ査는似是介人所使라然則日本委員은務歸實形而已러니日本이韓國 皇帝의認許를不得ᄒᆞ던지與俄和約을不棄ᄒᆞ고는韓國內에無能行之事라由是로本記者의深望ᄒᆞ는거슨韓國 皇帝陛下ᄭᅴ셔此事를不必委之于廷臣ᄒᆞ시고但親裁ᄒᆞ실거시로다

官報

◉宮廷錄事

●號外 光武十年五月三十日

詔曰揀擇日字雖令擇入而京外處子收單迄玆寥星此何故也前後申飭不啻嚴截而一向반환若不聞知甚駭之極寧欲無言卽令內部別般提飭期於揀擇日字內一齊擇入又或有稽滯之端則罪將何辭惕念擧行事分付

詔曰京外處子單子隨到捧入而初再三간擇日子自陰曆五月望間至七月念間擇入處子入來時衣服毋敢踰紬紵事一體分付

詔曰初간擇處子只塗粉而勿爲成赤事分付內部大臣

詔曰秘書監丞金升문入侍

以上五月廿九日

禮式院掌禮卿臣金思轍謹

奏

詔曰京外處子單子隨到捧入而初再三간擇日子自陰曆五月望間至七月念間擇入處子入來時衣服毋敢踰紬紵事一體分付事命下矣간擇吉日令日官金東杓推擇則初간擇陰曆五月十三日再간擇七月十四日三간擇同月二十二日爲吉云以此日定行乎敢 奏

光武十年五月廿九日奉

旨依奏

秘書監郞金南齊書

奏臣於陰曆閏四月初七日辰時量敬奉

聖諭馳往傳諭于西署柿木洞秘書監丞金升문所住處則以爲學也固欲行之故孔子居魯之政子思聽衛之政孟子出齊之政朱子諫宋之政而先正臣李珥宋時烈之然任重上以輔君之德下以成民之業至矣學之爲學事自古昔聖賢之所以欲行道於天下而汲汲者爲其道也而然也此道失則天地翻覆日月晦塞人類化爲禽獸中華變爲夷狄竟以沮溺之果忘爲渡頭之津筏故大學學者之事而敎在其中中庸敎者之事而學在其中未有學而不敎敎而不學者也蓋學優則仕仕者所以立其敎而行其道也然如臣蔑學何以乎名德之器而淑人心出治道進無益於世則莫如退而修身然伏讀

聖批則爾其更勿爲煩卽日入對事 命下惶越戰兢不俟儲行云矣矣敢 奏

答曰知道　五月廿九日

詔曰輔相之有國其安危之相須者如棟樑之支大廈舟楫之濟巨川何時而不然而矧値艱虞其亟日切不啻若方傾欹而待拄撑하漏而急補苴汲汲求之不容晷刻虛徐卿之素負重望中外之翹想風采亦已稔矣今者之擧不徒協于朕心可見輿議之愜洽而稱謂卿聞命蹶起未暇乎修飾遜讓詳餘作黃扉故事忽玆附牘之來不覺악然失圖卿出入近密周旋左右亦云久矣則朕知卿莫如而朕之不日肇擧屬意于卿者卿宜有字感相契者矣夫何張皇多諳辨嘗裁量無煩往復卽爲登對庸副朕宵旰企佇之念事遣秘書郞傳諭于議政　五月三十日

◉部令

●學部令第十八號

官立漢城師範學校敎員臨時養成科規則 續

第十一條 在學中退學을被命흔者와修業後服務中에不勤就職흔면退學例로學資金을計筭徵納흠이라

光武十年五月十七日

學部大臣李完用

勅令第廿十四號

陸軍服裝規則

第一章 總則

第一條 陸軍軍人의服裝은左開五種으로區分흠이라

一大禮裝 二軍장 三禮장

四半禮장 五常장　未完

外報

●警官의派送 天津電을據흔즉淸國袁總督이候補道臺吞同을奉天의警務局長으로赴任케하고裁判官及警察官四十名을派送하얏더라

●俄使와達賴刺嘛 駐俄淸公使胡惟德氏가淸廷에電報하야曰日下俄京의傳說을聞흔則達賴刺嘛가不日西藏로歸來여라하는ᄃᆡ俄國皇帝ᄭᅴ셔第一等勳章을賜흐고又該敎의俄人三四十名을派送하야刺嘛를護衛하야西藏에入흔다하얏더라

●淸國의要求 淸國外務部에서俄國이滿洲占領時淸國에損害된物件目錄을俄公使에게送交흐얏더니俄公使가卽時拒絶하얏더라

●日俄交涉問題 日俄講和條約의附屬條件에關흔交涉件은駐俄日公使栗野氏와俄國外相이該協商을業已開始하얏슴더이나俄國內閣이動搖흠으로由하야아직開始치못하얏ᄂᆞᆫᄃᆡ如此히荏苒經過흐면日本의利害에重大흔影響이有흠으로日本政府에서는東京에셔談辦흐랴는意向이有하더하는故로今後에도俄都政況이協商開始에不便흔事情이有흐면俄國政府의同意를得흐야東京에셔談辦흘는지도不知흠다더라

雜報

●會有論警 溫陽郡守權重億氏가內部에報告ᄒᆞ되陰曆四月廿九日午時에日本醫務補佐官桐原彦吉과警務顧問補佐官宇根一行이自京來到ᄒᆞ야本郡에셔稍賊次로已往受來ᄒᆞᆫ洋銃與彈丸을備給ᄒᆞ라ᄒᆞ기莫可抵賴ᄒᆞ야銃八柄과彈丸二百八十五介을交付ᄒᆞ고領證을借給이라ᄒᆞ얏ᄂᆞᆫ디內部에서指令ᄒᆞ기를該重兵器를私受領證ᄒᆞ고無難借給ᄒᆞ엿스니揣爲失當이라終當論警ᄒᆞ러니와該事實을亦報軍部ᄒᆞ라ᄒᆞ얏다더라

●閔氏將拿 平理院에서平南肅川郡地理居金在珠의告訴를因ᄒᆞ야宇鄕於義洞居前觀察使閔亨植氏를行將拘拿審查次로法部에報告奏本ᄒᆞ얏다더라

●制度改定 帝室制度를改定ᄒᆞ기爲ᄒᆞ야閔泳徽李根浩及敬李載覺閔丙奭趙臣赫鎭氏로議定官을差定ᄒᆞ얏더라

●光敎進就 山林洞의光明學校가設立ᄒᆞᆫ以來로敎師諸氏ᄂᆞᆫ晝夜學에皆熱心敎授ᄒᆞ며贊成諸員도皆極力維持케ᄒᆞᆷ으로學徒가日進ᄒᆞ고校況이興旺ᄒᆞ다더라

●照請移局 農商工部에서學部로照會ᄒᆞ기를貴部所設纛島園藝所를究其性質ᄒᆞ면與一般敎育으로有異ᄒᆞ고不過是學業上試驗인즉宜自獎部句管이니提議政府ᄒᆞ와移屬本部케ᄒᆞ라ᄒᆞ얏ᄂᆞᆫ디學部에서農商工學校附屬農事試驗場官制廢止에關ᄒᆞᆫ請議書를政府에提出ᄒᆞ얏다더라

●捕賊施賞 京畿觀察使李根洪氏가楊州郡報를因ᄒᆞ야該郡別巡校顧使와守護隊十卒이合力譏詗ᄒᆞ야積城抱川等地에出沒賊黨全德成等五名을不分晝夜ᄒᆞ고冒險詗捕ᄒᆞ니賞與를別施賞ᄒᆞ야以示勸獎케ᄒᆞ라고內府에報告ᄒᆞ얏더니內府에서別巡校等의奮力捕賊이甚勞賞賞이니現無立欵ᄒᆞ니該郡機密費중量宜施給ᄒᆞ라ᄒᆞ얏다더라

●巫能譏賊 楊州郡에서數日前에有名ᄒᆞᆫ掘塚賊二名을捉得ᄒᆞ야棒招ᄒᆞᆫ즉俱是邑下[illegible]物로渠黨이六名이라ᄒᆞ야方在詗捕중이라ᄂᆞᆫ디該賊等이掘人塚而藏骸僻處ᄒᆞ고投書操ᄒᆞ야奪取幾千幾萬이年已久矣로되漠然不知러니近者에邑下居一巫女家에如右投書索錢이라가該被掘巫女之蹤跡行止ᄒᆞ야取地被捉於該郡巡校矣라ᄒᆞ니此等巫女ᄂᆞᆫ可謂有功於人民이라ᄒᆞᆯ지다더라

●民田宣還 農商工部鑛道局에서果川北面鷺梁居兪卜岡의請願을據ᄒᆞ야京釜鐵道株式會社京城支店長의게公函ᄒᆞ기를兪氏의田土가犯入於沙박輸運鐵道ᄒᆞ야仍爲廢田而結稅만濫徵ᄒᆞ러니日本人小林安太郞이總稱請得於永登浦會社라ᄒᆞ니申飭於該小林安太郞ᄒᆞ야勿爲侵漁케ᄒᆞ고該土ᄂᆞᆫ還給本主ᄒᆞ야仍爲耕作ᄒᆞ야其勿煩訴케ᄒᆞ라ᄒᆞ얏다더라

●賣員奪耕 凡諸各處田畓은乃是公土라職在國典ᄒᆞ야抛賣移作은經理院所關이오收租官所任이거날一進會之稱會粹作이李甚械糊요會規分錯故로自本院으로旣有訓飭禁斷ᄒᆞ야各道各郡에揭佈刊知ᄒᆞ되猶獨忠南林川郡은會民奪作이尙今不已ᄒᆞ야賭耕者은廢而欲作ᄒᆞ고秩扱者은惕而勒補인니政府之令飭을視若弁髦ᄒᆞ기로窮阜民情과草野農務가擁擾失業ᄒᆞ야民訴沓至ᄒᆞ고人心擾動ᄒᆞᆫ다더라

●基督敎青年會의寄附

致狀者此次美國桑港大震災로由ᄒᆞ야該地居住各國人民이皆難에罹ᄒᆞ야世界人道에共히憐惻ᄒᆞᆷ을不堪ᄒᆞᆫ바어니와然이나各其自國의救助義力을受ᄒᆞ야保活에노가俱有ᄒᆞ되오직我韓同胞ᄂᆞᆫ寡洋孤蹤으로倉卒에厄을遭ᄒᆞᆷ미同胞相救之誼不覺惻然傷痛이러니本會貴社의셔大施慈悲心ᄒᆞ야募集捐金ᄒᆞ시니凡我國民이孰不感激思奮이리오本會에셔도또ᄒᆞᆫ仰感의忱을不已오며本青年中으로若干金額五十一元十錢을收연ᄒᆞ야玆仰交ᄒᆞ오되力不副誠ᄒᆞ와還切慚悚이오ᄂᆞ니尙乞查收ᄒᆞ심을ᄂᆞᆫ一切代送ᄒᆞ심을仰要ᄒᆞᆷ

●爲倅貪案 慶南昌原郡民金宗濟安瑜錫鉉思白等이平理院에呼訴ᄒᆞ얏ᄂᆞᆫ디本郡守尹泰興氏贓錢이民欵과封案과公錢幻乘乾沒ᄒᆞᆫ條가葉錢九萬五千廿六兩三戔五分에至ᄒᆞ니民難支保라ᄒᆞ얏더니該院에서慶南觀察使에게發訓ᄒᆞ야查覈報來ᄒᆞ라ᄒᆞ얏다더라

●其志可尙 古阜郡居前主事俞庭植氏ᄂᆞᆫ國內에人文發達實因學에在ᄒᆞᆷ을覺ᄒᆞ야有志人士를欲動ᄒᆞ야教育興實ᄒᆞᆯ方針을特爲論ᄒᆞ며興俊子弟를多數召集ᄒᆞ야寶巨額之金ᄒᆞ야道內數三處에學校를私立ᄒᆞ기로現方經紀ᄒᆞᆫ다더라

●吏習蓄惡 沃溝郡守金鍾應氏가法部에報告ᄒᆞ되本郡乙巳條結錢을依前例以銅으로換捧上納之意로報度支而尙未承許准之指令이기以此曉諭民間ᄒᆞ고以新貨十二元例로收捧이옵더니邑吏朴順必이揮動村民ᄒᆞ야聚黨起擾ᄒᆞ고監捧金教憲이越權擾訟ᄒᆞ야助其煽動之故로結錢을全不收捧이러니今又開刷之地에朴吏가不悛前習ᄒᆞ고又欲起擾ᄒᆞ야勒聚村民而竪旗令中ᄒᆞ야成群入邑에破碎獄門ᄒᆞ고放出結民之在囚者ᄒᆞ며悖說無常인즉自本部로秘派伶俐巡檢ᄒᆞ야押上朴順必杜汝成等ᄒᆞ야照律懲辦케ᄒᆞ라ᄒᆞ얏더라

●鎭隊電報 公州鎭衛隊에서再昨日軍部에電報를據ᄒᆞᆫ즉義兵은洪州高地를占據ᄒᆞ야堅閉不出ᄒᆞᆷ으로姑未剿滅이라ᄒᆞ얏ᄂᆞᆫ디日兵이亮宮白으로城門을方行打破ᄒᆞᆯ計劃이라더라

●決不改案 日本人木村이가始興郡所在人民所有草坪을農商工部에買得ᄒᆞ얏다ᄒᆞ고勒奪故로該郡守金鴻陸氏가親查草坪則長이十里오廣이五里인디民有土가分明ᄒᆞ고雲峴宮에探知則本宮庄土가始興에ᄂᆞᆫ本無ᄒᆞᆫ故로仁川郡事와談判ᄒᆞ야民有坪으로公制ᄒᆞ고使民安土ᄒᆞ얏더니現今統監府에서政府로公文ᄒᆞ기를雲峴宮에서正當ᄒᆞ게買入ᄒᆞᆫ草坪이니木村에게永付付ᄒᆞ라ᄒᆞᆫ지라金始興은理事와初次決案을標准ᄒᆞ야決不改案ᄒᆞ기로政府에報明ᄒᆞ얏더라

●郡守難矣 忠淸南道各郡에ᄂᆞᆫ義兵騷擾이大熾故로各郡守가難避ᄒᆞ야公州觀察府에會同ᄒᆞ얏다더라

●不論則幸 [illegible]條例를伊藤統監이赴韓前에擬於實施ᄒᆞ기로作定ᄒᆞ야政府에以奮以來에督促이爲於星火ᄒᆞᆫ故로昨日에政府에서開會ᄒᆞ얏ᄂᆞᆫ디自初伊藤氏가提出ᄒᆞᆫ該條例를幾度變更ᄒᆞ기前에ᄂᆞᆫ不可依施ᄒᆞ기로政府諸大臣과宮內一般官吏가齊唱ᄒᆞ고 皇上陛下게셔도勅令案에御押지아니ᄒᆞ시기로內定ᄒᆞ셧다더라

●仍用日人 韓政府建築所度支大臣이擴張ᄒᆞᆫ規模인디工事契約에運動費不無ᄂᆞᆫ世所共知라度支가政有干涉인지韓國工匠은一并勿施ᄒᆞ고日人을都給ᄒᆞ야該工ᄒᆞᄂᆞᆫ故로將今木手以下가闕度大를數寬ᄒᆞ더라

●宮大困難 義親王殿下께서在前日本滯留時에日人處에四千餘元을借用ᄒᆞ셧던지該日人等이宮內大臣李載克氏를連往督促ᄒᆞᄂᆞᆫ故로宮大ᄂᆞᆫ反對ᄒᆞ기를該錢은親王이滯留ᄒᆞ신後에措處가可也라ᄒᆞ얏고또金鍾道自防浦를英親王府附官으로防絶ᄒᆞᆫ時에日人處에十餘萬金을借欵ᄒᆞ얏다ᄒᆞ고日人이宮內에게督促ᄒᆞᄂᆞᆫ故로李載克氏ᄂᆞᆫ右兩件을難算이라더라

東京電報

●[illegible]

五月三十日午後○時發

東京 伊東 井上 三將軍과外國總文郞 滿浦男爵 上村海軍中將等三氏一行은滿韓을巡察코자日에出發ᄒᆞᄂᆞᆫ다ᄒᆞ고東鄕大將도佐世保에서一行과會同ᄒᆞ야同行ᄒᆞᆫ다더라

●韓國宣敎師 上仝

韓國宣敎師中의나이氏ᄂᆞᆫ韓國公使와又치滿韓出張次로外務省의政務觀察을勸告ᄒᆞ고戰爭中에韓國保護를得著ᄒᆞ感謝ᄒᆞ얏더라

●參謀就職 上仝

日本參謀本部次長福島安正氏ᄂᆞᆫ近日滿韓視察之途에就ᄒᆞ다더라

倫敦電報

●露國警戒

五月卅日午後○時發

露國에서ᄂᆞᆫ組織的叛亂의兆가有ᄒᆞ고國民議會ᄂᆞᆫ謀殺ᄒᆞᆯᄂᆞᆫ지不測인고로一聯隊ᄂᆞᆫ警戒ᄒᆞ기爲ᄒᆞ야露都에急行ᄒᆞ다더라

雜報

平壤龍岳坊居童蒙李龍孫이가本社에投書ᄒᆞ얏ᄂᆞᆫᄃᆡ辭甚悲楚故로槪錄如左ᄒᆞ노라

世或有再醮婦로되未嫁女息之再賣ᄂᆞᆫ未有如同里居李鍾淣者乎잇가小童이早喪兩親ᄒᆞ고年今十八에孤子僅保이옵더니右李女로何幸定婚이今爲二載라去春에將行成禮이다가緣於家勢窘窮ᄒᆞ고兼且鎭退赴役과馬草酬應에困汨無暇ᄒᆞ야尙未行禮인바旣彼李哥가侮視小童之無依ᄒᆞ고暗生更賣之計故로小童이略設飯宴ᄒᆞ야率來李女之際에李哥가其甥姪金龍吉노紹介傳言ᄒᆞ기를錢二百金을必爲備給이라야乃可成婚이라ᄒᆞ옵기據理責之矣러니

金哥가更不一言에羞愧而退이오나因此含憾ᄒᆞ야婚議難諧키로據實呼訴本郡ᄒᆞ야將與李哥對質之際에李之父澤勳이가素是浮雜之人으로常爲出入衙中이다가聞其呈訴之事ᄒᆞ고刑吏金正鎭으로互相締結ᄒᆞ야何樣備囑於本倅이던지

互相對卞之際에證約이分明ᄒᆞ고三種信物을現納公庭ᄒᆞ야彼曲我直이昭然星露로되難忍李澤勳之面皮ᄒᆞ고且因金吏之弄奸ᄒᆞ야拖至幾日에終無如何之處辦이오며金吏가受李賂一百金ᄒᆞ고小童之訴狀을返爲李哥處出給ᄒᆞ야以絕來頭考據ᄒᆞ오니事至於此에豈不痛歎乎잇가大抵三種信物이可當聘幣인즉雖曰未婚이나

李女ᄂᆞᆫ固已小童妻이거날無端悔婚悔婚ᄒᆞ며挾勢構訟ᄒᆞ야使此桃夭之佳約으로竟附南柯之一夢ᄒᆞ니世態人心이誠極無良이라特載報紙ᄒᆞ야俾警此悖之萬一을顒祝

桑港遭難同胞救助金募集에對ᄒᆞ야各社會及有志僉君子의特送ᄒᆞ신은感謝ᄒᆞ오며方今發港으로卽速電換ᄒᆞ더이오나金額이不贍ᄒᆞ와更히二週日을延期ᄒᆞ야來六月十日ᄭᆞ지作定ᄒᆞ오니僉君子ᄂᆞᆫ照諒ᄒᆞ신後에隨力寄付ᄒᆞ시와一齊完納케ᄒᆞ시되若過此限而寄送者ᄂᆞᆫ不得不還送本處ᄒᆞ리이오니照亮ᄒᆞ시옵

大韓每日申報社收金所　告白

●新校又起　近日北署花開洞에서有志士韓寅教鄭泰信朴亨淳三氏가自辦資金ᄒᆞ야創設하校ᄒᆞ니名曰日新學校라校長은懿陵令韓敞履氏오校監은韓寅教氏가兼日語名譽教師ᄒᆞ고鄭泰信氏와朴亨淳氏ᄂᆞᆫ日語와算術教師를自擔ᄒᆞ얏ᄂᆞᆫᄃᆡ其名譽監韓寅教氏가演說後鉛筆로補助ᄒᆞ니學徒가業已三十餘名에達ᄒᆞ니大有前進之望이라ᄒᆞ더라

●民訴失土　南署頭島居民李最云等이學部에呼訴하기를民等所耕民有地가本是屢百年轉相賣買로有文券民田이온ᄃᆡ現今에入於試驗場則穀腹絲身이全賴此土라가遽爾失業에勢將渙散難保이오되呼訴無地하니豈不冤抑乎아設試驗場事務員과頭島村長으로同爲逐厲調査하야該土價를隨其土品高下而從時勢出給於有文券之民人等處하야以爲安業케하라하얏다더라

●牛山好況　日昨西江坊牛山學校에서本校體育俱樂部員二十餘人과本坊ᄂᆡ學徒父兄數百人이本校任務員을請邀ᄒᆞ야隊牛山上에運動會를開催ᄒᆞ고百餘學徒와各般運動을競爭ᄒᆞ시校長이學校에下ᄒᆞ옵신勅語를捧讀ᄒᆞ야諸學徒와學徒을勉勵ᄒᆞ며來賓中出席答辭者ㅣ數十人이一齊히　皇恩을感誦ᄒᆞ며來賓中評議老人數十人이다感淚縱橫ᄒᆞᄂᆞᆫ者有ᄒᆞ고日暮에會ᄒᆞ미翌日本坊內諸紳士와俱樂部員等이本校維持ᄒᆞᆯ方針을講究ᄒᆞ야子孫이勿替引之ᄒᆞ기로決議ᄒᆞ얏다라

廣告

在桑港遭難同胞救助金

開城　李健㷤	五圓
全州　金翊炯	二圓
前參奉申彬	二圓
前郡守朴齊洪	一元
洪甲星	二十錢

◉皇城基督教青年會諸氏

尹致昊　新貨	二圓五十錢
鄭雲復	一元
宋彦用	二元
郭漢承	二元
金完鎭	五十錢
李明煥	廿五錢
盧勳世	五十錢
金鍾商	一圓
林炳三	五十錢
韓百壽	廿五錢
金建柱	五十錢
李東植	五十錢
劉命模	五十錢
玄東淳	五十錢
尹彦求	廿五錢
朴鎭榮	廿五錢
洪在明	十錢
白允和	七十五錢
柳永默	廿五錢
金益禧	五十錢
金貞植	一元
李敎承	一元
金永鶴	二元
趙南復	一元
李揆百	五十錢
俞璣善	五十錢
李濟鵬	一圓
南宮炎	五十錢
申泰潤	五十錢
金洪培	[illegible]十錢
金善鎭	五十錢
李承俊	五十錢
李炳植	廿五錢
李寅植	廿五錢
黃胤秀	廿五錢
張亨鎭	二十錢
郭漢七	廿五錢
李允行	廿五錢
金鎭睿	十錢

承洞耶蘇敎會諸氏

쟈명션	新貨	一元
졍긔쥰	仝	一元
묘죵부인	仝	一元
강머셔	仝	五十錢
박셩옥	仝	正十錢
김원션	仝	五十錢
지동호씨	仝	三十錢
송현샹씨	仝	三十錢
강지원	仝	三十錢
쟝슌이모친	仝	三十錢
송인슌	仝	三十錢
리경옥	仝	二十五錢
신샹민	仝	二十五錢
다동부인	仝	廿二錢五里
졍윤수	仝	二十錢
현동환	仝	二十錢
김쳔만모친	仝	二十錢
김홍비	仝	二十錢
쳔부인	仝	十錢
최복룡모친	仝	十錢
권역규	仝	十錢
허이부인	仝	七錢五里
김귀남모친	仝	六錢

以上合四十三圓七十一錢

南陽私立普興學校大運動時
義捐金及賞品
筆墨二十柄錢四元本郡守方漢
德　張錫復　柳逸榮　洪思德
以上四元　崔周熙八元四十錢
金鉉　洪俊善　以上六元
朴泰錫二元六十錢　洪南善
洪朮　朴來益　朴觀夏　李
相熙　徐相膺　白進洙　洪淳
周　金炳禧　鄭時鉉　洪命善
洪重然　黃遇秀　金光植　崔
子實　朴來升　陳基鉉　洪機
杓　以上三元　朴晉榮　四元
八十錢　洋紙十張錢　三元洪
鍾禧　李允命　李寶模　李建
叔　朴奭錫　洪德杓　朴仁榮
以上一元

本社廣告

中[illegible]

一張代金　新貨二錢[illegible]

一箇月前金　三十錢

三箇月　九十錢

六箇月　一元七十錢

一箇年　三元[illegible]

[illegible]一部　新貨五厘

一箇月　十三[illegible]

廣告料

四號活字十三字詰每日每[illegible]一寸에新貨[illegible]
(每日每行에大[illegible]에[illegible])

二箇日에　二圜[illegible]
(每日每行[illegible]五厘에相當[illegible])

一箇月에　五圜
(每日每行[illegible]一厘에相當[illegible])

其期限의長短과字行의多少를依ᄒᆞ야增減ᄒᆞᆷ이有ᄒᆞᆷ

◉本社地方各處支店廣告

仁川枏峴開新冊肆　李東主

平壤南山峴日新學校　金興淵

[illegible]　崔[illegible]恒

宣川邑橋西　安濬

義州南門外韓西大藥房　張有寬

長連邑　金[illegible]

鎭南浦[illegible]洞　金仁[illegible]

咸興州南社　曺喜林

中和邑　李俊[illegible]

釜山佐川徐[illegible]房　金[illegible]

發行兼編輯人　英國人[illegible]

發行所　京城北署[illegible]坊[illegible]洞[illegible]外[illegible]

大韓每日申報社

第二百三十五號 第四

大韓每日申報
대한매일신보

月曆及慶節 歲時日休刊

檀君開國四千二百三十九年
箕子元年三千二十八年
大韓開國五百十五年
日本明治三十九年
淸國光緒三十二年
歲次丙午閏四月大十一日丁丑

論說

自衛

向者에神戶新聞이本報의抗日非難世評論을ᄒᆞ고도本記者ㅣ亦述槪요러니同報가答述ᄒᆞ되同報揭論이虛構인줄노는本記者ㅣ不試辨明이라ᄒᆞ얏스나神戶新聞이本報를評論홈에도本報揭論이虛ᄒᆞᆫ인줄노는同記者ㅣ亦不試辨明ᄒᆞ얏스니本報記載는十分有證이어니와且因神戶新聞之駁論ᄒᆞ야自顯其諡이로다

且同報가責言ᄒᆞ되本記者ㅣ剛於言辭ᄒᆞ고短於辨辨이라ᄒᆞ얏스나此는此地日本犯行에未有重大過失인줄欲許홈이라辨辨的過失을重大過失에比之면猶爲些少인줄會同記者는可信이여다

韓廷大臣들을指以腐敗홈은日人之恒言이나然이나日本이所謂新條約을締結ᄒᆞᆫ目的으로引入于內閣ᄒᆞ야遽今仍存ᄒᆞᆫ諸人은韓國에曾未有ᄒᆞᆫ腐敗大臣들이라其中二人은至于近日ᄒᆞ야少有改善之態나其餘二人은自國面目에常加恥辱ᄒᆞ고其所爲는惟一肥己之慾而已니其一은僅避暗殺之人이오其二는擇差郡守之時에本報沈默을欲買之人이로다

現今日人이此人品資를詳知홈은遠過於本記者여날不正意思를欲逐ᄒᆞ야使此居職을尙自滿足이라使此辭職ᄒᆞ기에日本이不能用權이라ᄒᆞ고或有辨論ᄒᆞ되이나此人出仕가彼之所使요能使此人調約ᄒᆞ얏스니今使休職이右何不能이리요亦有一計ᄒᆞ니一進會가常有效力이로다

更一發言ᄒᆞ노니日本이將管此國之計를不止홈이確然ᄒᆞ고欺騙韓人之策은日本法家之所採用이로다

近日남道에漸然起擾가日本行動에서直出홈이니其引導者는新條約成立後에自創立節ᄒᆞᆫ閔泳煥氏의黨屬이라日本이此條約을以數觸得之요非出於承認인줄深表ᄒᆞᆫ時日以前에는韓國內安穩을得見키不能이로다此起擾가無益이요且日本軍力에畢竟屈伏될거슬本記者ㅣ非不確知나然이나此擾亂과及其生命財産의損害된責任은歸于日本이요不在於韓國이로다

官報

●號外 光武十年五月卅一日

◉宮廷錄事

秘書監卿李文永書
奏臣於陰曆閏四月初八日酉時得敬令
聖諭馳往傳諭于北署嘉會坊齋洞契謀府議政閔泳奎所住處則以爲臣於前 命萬萬非夢想于到惝怳震懍不敢措一辭仰達謦欬之臣等
聖諭十行 恩綸懇益隆摯若日傾欽而待 拄撑扶漏而急補苴是蓋出於望治求切之
聖念也 因欽仰攢祝至於彌綸經濟之猷棟樑舟楫之用則臣所散擬議雖使古之碩當之尙宜逡巡退讓臣是何人乃敢當卄國之匱乎何時不蒸重而顧今艱虞溢目無性非辣手政須相得其人然後架漏補苴庶兒有濟愚衷臣將焉用彼哉立僥千斤未足喩其不稱鋪鼓奚居未足喩其不稱不待試可而已知其必不勝矣臣於是不暇爲臣憂而竊爲朝廷惜也附奏體嚴不敢復息謹當收召神魄冒入文字仰籲 生成之澤云云奏 敢 奏
答日知道 五月廿日
秘書監丞金升圭辭職疏
批 旨省疏具悉 爾懇必欲致之而必欲辭去豈所以求之之誠未至歟不覺歎歎也如其惓惓愛之誠宜其均於在朝在野則亦無問於有官無官所請依施事遲秘書郎傳諭 五月卅日
領敎寧司事李根命辭職箚
批旨省箚具悉懇惻節奉廬而此是衰境恒有之證亦當勿藥自可與請不宜使孤所辭卿鑑院之秘今姑勉副卿其餘之事並遲秘書郞傳諭 五月卅一日

◉敍任
議政府議政大臣閔泳奎
兼任太醫院都提調
五月卅一日

●三千四百六十八號 光武十年六月一日

◉宮廷錄事

議政府參政大臣臣朴齊純內部大臣臣李址鎔謹
奏卽伏聞嶠南安東等地募兵聚集藉稱倡義携帶軍物勢甚猖獗老人臣會議靑松郡守安鍾惠慶尙北道宣諭使差下使之馳往曉諭解散何如
謹上 奏
光武十年五月廿九日奉
旨依奏

◉敍任及辭令

○任陸軍步兵正領 陸軍砲兵副領李起泓○任外國語學校副敎官 丁奎明 崔益夏 南相翼 李鍾立 崔奉柱 沈宜根 朴應采 朴容厚 金 森○任外國語學校敎官九品維鉉九○依願免本官 忠淸南道觀察府公立小學校敎員尹秉震○任忠淸南道觀察府公立小學校敎員 前敎員沈駿燮 以上五月廿八日○任江原道觀察使 表勳院總裁沈相薰○任咸鏡南道觀察使 正二品朱錫冕○任表勳院總裁 宮內府特進官閔丙奭○命慶尙北道宣諭使 靑松郡守安鍾惠 以上五月廿九日

◉勅令

●勅令第二十四號 續

陸軍服裝規則

第二條 大禮裝과禮裝은將校와領尉官相當官及准士官과下士兵卒이通共着用ᄒᆞ고禮裝은將領尉官만着用홈이라 未完

外報

●滿洲策別報 滿洲經營方針에就ᄒᆞ야去二十二日의日本元老人臣會에서西園寺首相의實況視察에關ᄒᆞ야左에方針을承認ᄒᆞ얏다더라

一滿洲의主權을尊重히여게서列國機會均等主義를許ᄒᆞ고可히日淸兩國國民의合同事業을獎勵ᄒᆞ야滿洲의開放을謀ᄒᆞᆯ事

二武權主義를避ᄒᆞ야地方人心으로日本誠意를了解홈을圖ᄒᆞᆯ事

其理由之如何는左와如홈이라

一武權主義는爲益列國ᄒᆞ고위悍ᄒᆞᆫ高念ᄒᆞ야日本外交方針ᄒᆞᆫ影響홈을免ᄒᆞ게ᄒᆞᆯ事

二滿洲政策의關ᄒᆞ야支나南部의感情을害ᄒᆞᆯ가如홈은가장避치못ᄒᆞᆯ事

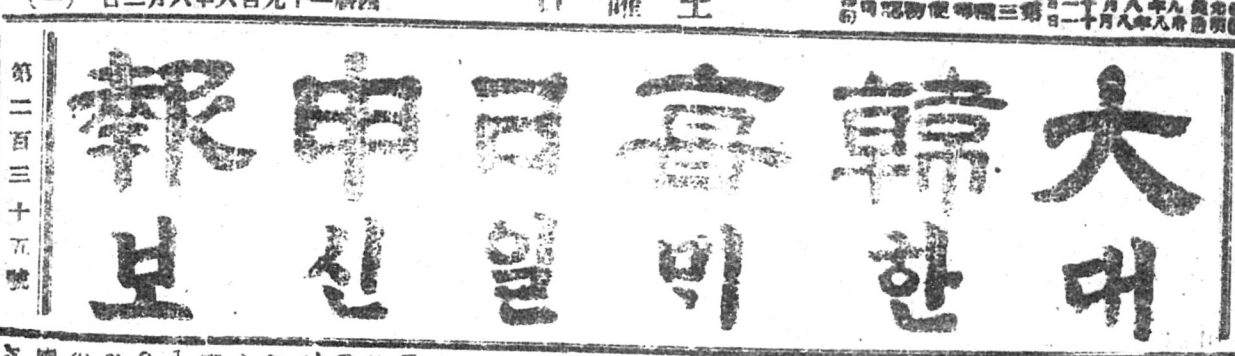

三日下淸國에서는利權回復ᄒᆞ야外貨를排斥運動의努力이有ᄒᆞ면武權主義를依ᄒᆞᆫ結果는某商業國을利케ᄒᆞ야도歐米某某兩國에서淸國政府에接近ᄒᆞᆫ機會를擧ᄒᆞ더라도爲ᄒᆞᆫ意見도이有ᄒᆞᆫ事라ᄒᆞ야더라

雜報

淸國志士가 韓國事에 對ᄒᆞ야 蹈海而死ᄒᆞᆫ 事

美國領地布哇에 往在ᄒᆞᆫ 韓國人의 發行ᄒᆞᄂᆞᆫ 公立新報를 據ᄒᆞᆫ즉 告書一篇이 如左ᄒᆞ니

光武九年十一月十七日은 卽我大韓臣民의 大羞恥大痛哭之日이라 三千里疆土山河와 二千萬赤子人民中에 特別히 五六人忠臣烈士가 有ᄒᆞ야 能히 捐軀報國ᄒᆞ얏스니 然이나 其殉國殉節ᄒᆞᆫ 榮光이 有ᄒᆞᆫ 體面은 [illegible] 見ᄒᆞᆯ것이어니와 吾人千萬志士가 [illegible] 同胞의 一人이 他邦義士[illegible] 自己의 生命을 擲ᄒᆞ야 [illegible] 終乃一行血淚로 大韓山河를 向ᄒᆞ야 哭吊ᄒᆞ고 我二千萬大韓民族을 爲ᄒᆞ야 [illegible] 指ᄒᆞᆫ든지 今日我大韓臣民이어 大韓國家를 保全치 못ᄒᆞ고 反히 [illegible]國人民으로 ᄒᆞ야곰 我無罪히 死케ᄒᆞᆫ 것은 我一般國民의 羞恥이고 [illegible]惜ᄒᆞᆫ바라 大抵吾國이 [illegible]가 尙有ᄒᆞ고 [illegible] 同胞의 俠氣가 有ᄒᆞᆫ 後에야 [illegible] 竟他日에 [illegible] 一時幷起ᄒᆞ야 同히 他人의 [illegible]을 爲ᄒᆞ야 死치안코 我가 我를 爲ᄒᆞ야 死ᄒᆞᆯ 者가 有ᄒᆞᆯ지라

是故로 [illegible] 潘宗禮氏의 自處ᄒᆞᆫ 前後事를 擧ᄒᆞ야 使我同胞로 使知之ᄒᆞ고 使效則ᄒᆞ기 爲ᄒᆞ야 約에서 刊ᄒᆞᆫ 淸國有志會의 新報를 翻譯ᄒᆞ야 淸國同胞의게 告ᄒᆞ노니

潘宗禮氏의 字ᄂᆞᆫ 子仁이오 號ᄂᆞᆫ [illegible]伯이니 順天府[illegible]州人이라 年이 四十二歲에 貢生[illegible]ᄒᆞ야 日本東京에 遊學ᄒᆞ더니 適今日本政府에서 淸人의 學識이 日[illegible]ᄒᆞᆷ을 [illegible]ᄒᆞ야 學堂에ᄂᆞᆫ 校規則을 變改ᄒᆞ고 淸國學生을 排斥ᄒᆞᄂᆞᆫ 故로 學生累千名이 一齊退學ᄒᆞ고 還歸本國之路에 其中潘氏ᄂᆞᆫ 特別히 船頭를 仁川으로 向ᄒᆞ얏다가 適其時大韓國의 國名이 變改ᄒᆞ고 閔泳煥氏의 熱血이 流ᄒᆞᆷ을 見ᄒᆞ고 또ᄒᆞᆫ 仁川各處에서 韓人이 日人의게 虐待를 受ᄒᆞᄂᆞᆫ것을 目擊ᄒᆞᆷ이 不堪悲憤ᄒᆞ야 旅店에 喫飯ᄒᆞᆯ時에 太息과 長吁로 食不能下咽ᄒᆞ고 因ᄒᆞ야 登船離發ᄒᆞ며니 適其同行中에 早入韓國ᄒᆞ야 歷年行商之人이 有ᄒᆞ야 殉國ᄒᆞᆫ 閔泳煥氏의 遺書를 持ᄒᆞ고 多人의게 播示ᄒᆞᄂᆞᆫ 中에 潘氏도 亦參其中이라 (未完)

●江陵來信 江陵來信을 據ᄒᆞᆫ즉 該郡富民이 婚行子歸ᄒᆞᄂᆞᆫ데 中路日人二名이 突出ᄒᆞ야 新婦를 輪奸ᄒᆞᆫ 故로 新郎輪軍이 當場打殺ᄒᆞ고 仍爲擧義ᄒᆞ야 派送日兵若干을 砲殺ᄒᆞᆷ으로 義兵所聞이 大熾ᄒᆞ다라더라

●條例留案 統監府에서 移民條例를 不日實施ᄒᆞ라ᄒᆞᆷ은 已往揭載ᄒᆞ얏거니와 再昨日閣議에 朴參政이 聲言ᄒᆞ기를 移民礦山이 重大問題인 [illegible] 故로 諸大臣이 [illegible]商議어니와 議政을 新卜ᄒᆞ야 期於[illegible]秘書[illegible]을 御避ᄒᆞ사 閣議政府不日發[illegible]云則 此條例案은 首大臣과 相議가 可也라ᄒᆞ고 留案ᄒᆞ야 否ᄒᆞ얏더라

●玉體靡寧 皇上陛下께옵서 痰祟로 尙未平復ᄒᆞ옵셧ᄂᆞᆫ데 近日은 眼疾로 患候未寧ᄒᆞ옵시다더라

●政府議決案 再昨日政府에서 會議ᄒᆞ야 可決ᄒᆞᆫ 案件을 略聞ᄒᆞᆫ즉 蔚山郡守李[illegible] [illegible]川[illegible] [illegible]成悅 李[illegible]相 [illegible]川[illegible] [illegible]讀關山 [illegible]勝俊 [illegible]氏 [illegible] 等氏等을 叙任ᄒᆞ고 各處에 派遣ᄒᆞᆫ 軍隊經費와 經常[illegible]不足額을 豫外支出ᄒᆞ고 [illegible] 校土를 移付[illegible]과 自强會에서 [illegible] 自由刊出ᄒᆞᆫ 件이더라

●江陵義兵 江陵[illegible]兵이 蜂起ᄒᆞ다ᄒᆞᆷ으로 [illegible]軍部에서 京兵五十名을 派送ᄒᆞ얏더라

●一進關涉 日昨[illegible] 一進會[illegible]股 金事集事로 一進[illegible] 前號에 已揭ᄒᆞ얏거니와 更爲探聞ᄒᆞᆫ즉 三昨日[illegible]에서 [illegible]代를 派送ᄒᆞ여 朱氏를 請ᄒᆞᆷ으로 朱源榮氏兄弟三人이 前往ᄒᆞᆫ즉 [illegible]喚氏가 新聞記載ᄒᆞᆫ 故[illegible]를 問ᄒᆞᄂᆞᆫ지라 朱源榮氏가 [illegible]由 直ᄒᆞᆷ을 强硬히 一場辯論ᄒᆞᆫ則 [illegible]喚氏도 自知理屈ᄒᆞ야 [illegible]的으로 [illegible]去ᄒᆞ며 股[illegible]ᄒᆞ기를 勸告ᄒᆞᆷ으로 朱氏ᄂᆞᆫ 一進會衆行은 私事요 股金[illegible]ᄂᆞᆫ [illegible]國民의 義務인 故로 五萬股[illegible]力 辦出ᄒᆞ기로 ᄒᆞ얏다더라

●學視叙任 [illegible]魚[illegible]氏ᄂᆞᆫ 學部外度支部에서 叙任을 [illegible]ᄒᆞ야 學部에ᄂᆞᆫ 永不叙用ᄒᆞ기로 ᄒᆞ얏다더니 同氏와 農商工學校教官李晩圭氏로 學部視察官을 叙任ᄒᆞ얏더라

●[illegible] [illegible]城府文廟에셔 [illegible]川[illegible]科[illegible]를 判ᄒᆞᄂᆞᆫ 餘暇에 [illegible]을 發行ᄒᆞ기로 日昨[illegible] ᄒᆞ얏더라

●[illegible] [illegible]木氏가 [illegible]使在任時에 各坊洞에 柳木을 植之ᄒᆞ며 [illegible] 現今[illegible]使ᄂᆞᆫ [illegible] 柳木을 [illegible]次로 內部[illegible] 西關을 [illegible]除 [illegible] 하얏더라

●日人買收 近日에 日人이 [illegible]村[illegible]洞家舍를 一幷買收ᄒᆞᄂᆞᆫ데 日本理事가 漢城府로 家舍[illegible]十二戶[illegible]券을 換給ᄒᆞ라ᄒᆞ여 [illegible]數 換給ᄒᆞ얏더라

●地鑛電報 洪州에 出張ᄒᆞᆫ 憲兵[illegible] 警部上方源之助兩氏와 巡査一名은 去二十八日義兵에게 被[illegible]ᄒᆞ얏고 三十日에 日兵이 砲擊ᄒᆞ야 [illegible]兵中五十五名은 [illegible]ᄒᆞ고 二百餘名은 生擒ᄒᆞ얏다ᄂᆞᆫ데 魁首閔宗植은 失捕ᄒᆞ고 再昨夜電報가 軍部에 來到ᄒᆞ얏더라

●名目[illegible] 統監府에서 政府로 照會ᄒᆞ기를 貴宮內府에서 人民의게 特許權이 別有ᄒᆞᆫ 名目으로 [illegible]人[illegible]이 [illegible]許ᄒᆞ야 稱以宮內府[illegible]承[illegible]ᄒᆞ얏다ᄒᆞ고 土地를 占[illegible]ᄒᆞ되 土在[illegible]에서ᄂᆞᆫ 莫知其認許與否ᄒᆞ야 紛擾甚[illegible]ᄒᆞ니 自今以後에ᄂᆞᆫ 宮內府에서 何等營業으로 土地人民의게 若爲認許어든 [illegible]面洞에 査照ᄒᆞ야 認許[illegible]되 其名目을 [illegible]報에 揭載ᄒᆞ라ᄒᆞ얏더라

●[illegible]條[illegible] 忠州觀察府[illegible] [illegible]補佐官補[illegible]가 [illegible]歸國이라 今乃[illegible]家春而[illegible]任인데 [illegible]居[illegible]所와 [illegible]이 [illegible]ᄒᆞ야 [illegible]이 日本木手의 見積書를 粘連ᄒᆞ고 [illegible]所入[illegible] 十五[illegible]三十錢을 [illegible]使尹喆圭氏의게 [illegible]求ᄒᆞ얏ᄂᆞᆫ데 [illegible]使가 [illegible]部로 [illegible]ᄒᆞ기를 主務之說에 不可[illegible]視ᄒᆞ야 [illegible]先[illegible]府[illegible] [illegible]挪[illegible]以給ᄒᆞ얏스니 不日[illegible]以給[illegible]ᄒᆞ라 ᄒᆞ얏다더라

●博覽會支撥 度支部에서 東萊釜山港에 新設ᄒᆞᆫ 日博覽會에 [illegible]物品[illegible]ᄒᆞ야 [illegible]千圓을 支撥ᄒᆞ얏다고 農部로 照會ᄒᆞ얏더라

●勸諭[illegible]目 內部에서 慶尙北道觀察使의게 訓令ᄒᆞ기를 [illegible]府[illegible]으로 [illegible]安[illegible]地方民[illegible]ᄒᆞ야 [illegible]猖獗이라ᄒᆞ기 [illegible]松都守安鍾[illegible]으로 [illegible] 下ᄒᆞ야 使之[illegible]解[illegible]로 [illegible]ᄒᆞ얏스니 期[illegible] 處辦에 [illegible]ᄒᆞ라ᄒᆞ얏기 [illegible] 松都守의게 所去勅令[illegible]一度와 事目冊[illegible]件과 勅旨[illegible]一度와 印一顆와 [illegible]府訓令一度를 幷派員[illegible]ᄒᆞ니 [illegible]防[illegible]守ᄒᆞ야 [illegible]紙[illegible]ᄒᆞ고 [illegible]登途ᄒᆞ야 [illegible]行[illegible]라 ᄒᆞ얏다더라

[illegible] 一進會에서 [illegible]政府에 [illegible]ᄒᆞ야 北[illegible]長[illegible]定ᄒᆞ고 [illegible]新設[illegible]ᄒᆞ더니 政府에서 此[illegible]施行[illegible]기로 作定ᄒᆞ야 相關[illegible]ᄒᆞ얏다더라

●法大決退 法部大臣李夏榮氏ᄂᆞᆫ 期於退去ᄒᆞ기로 作定ᄒᆞ야 日間[illegible]上疏ᄒᆞᆫ다더라

●長谷入城 [illegible]과 兵式에 [illegible]ᄒᆞ야ᄂᆞᆫ 長谷川大將은 再昨日午後七時車에 入城ᄒᆞ얏더라

●待數就刑 [illegible]山郡山城居[illegible]甘이 [illegible]路에 逃[illegible] 山主李[illegible]狀ᄒᆞ야 以斫伐松木[illegible]說로 [illegible]請[illegible]以[illegible]斫[illegible]松[illegible] [illegible]金[illegible]가 捽[illegible]上山ᄒᆞ야 [illegible]鐵[illegible]으로 亂打[illegible]ᄒᆞ고 [illegible]腦[illegible]當下[illegible]이 因[illegible] [illegible]甘[illegible]行[illegible]ᄒᆞ고 [illegible]歸[illegible]ᄒᆞ야 [illegible]다가 [illegible]縊[illegible]後[illegible] [illegible]所로 [illegible]律[illegible]ᄒᆞ야 絞刑에 處告ᄒᆞ고 法部에 報告ᄒᆞ얏더니 法部[illegible]指令ᄒᆞ기를 [illegible]判決이 [illegible]則[illegible]男[illegible]囚[illegible]ᄒᆞ얏다기 [illegible]後[illegible]ᄒᆞ여 [illegible]說 [illegible]더라

北京電報

[illegible]省[illegible]判[illegible]制 [illegible]后[illegible]發 [illegible]裁判制度를 效[illegible]部[illegible]ᄒᆞ[illegible] 訴訟[illegible]裁判[illegible]ᄒᆞᆫ다더라

[illegible]敎[illegible]

[illegible]메사[illegible]씨 三十一日午后一時發 米[illegible]人[illegible]名을 [illegible]移[illegible]聲[illegible]고 十二[illegible]買[illegible]ᄒᆞ얏다더라

東京電報

●[illegible]部[illegible] 卅一日午後二時四十五分發 統監府官制에 鐵道部를 設置ᄒᆞ고 其總長에ᄂᆞᆫ 古市公威氏가 被任ᄒᆞ얏다더라

雜報

●남校運動 남陽私立普興小學校에셔公立少學校와上洞私立小學校를聯合ᄒᆞ야運動會를飛鳳山西臥龍樓東大堤邊平地上에開行ᄒᆞ니楊柳垂絲ᄒᆞ고芳草연綠處라學徒一百餘員이三隊로分立ᄒᆞ야十課로試才ᄒᆞ야一二等으로施賞ᄒᆞᄂᆞᆫ디▲步日步競走ᄒᆞᄂᆞᆫ氣像과合脚蹐跳爭先ᄒᆞᄂᆞᆫ覩樣이며計算提燈과收旗索字競走과張ᄒᆞᄂᆞᆫ壯觀氣勢各樣運動에

優等洪泰順朴春萬盧秉哲朴泰錫李元[illegible]高仁根洪萬善高大仁洪永天崔昌鳳崔允伊尹禮봉姜馴熙李圭학洪四崇崔甲成姜用學崔七星洪用采金昌振徐昌云金富昌諸員은一一施賞後에談話로演明ᄒᆞ야學徒를開論ᄒᆞᆯ새校長[illegible]郡守方한德氏와幼而學之ᄒᆞ고壯以行之라其果勉進學問ᄒᆞ야愛國敬校ᄒᆞ라奬勵ᄒᆞᆫ君에無所不盡이면學業을可成이오功名을可期라ᄒᆞ야諄諄然而告ᄒᆞ고普興小學校校監李昌會氏ᄂᆞᆫ時則綠陰芳草勝花時라學業이與物成就ᄒᆞ야

文明氣像이勝於當日之迷[illegible]ᄒᆞ리니豈不謂之盛事리오吾之所以深望이라ᄒᆞ고公立小學校教員張[illegible]復은學徒之養材가如禾穀之種[illegible]ᄒᆞ야務勤勞不失時ᄒᆞ면來效를可期라ᄒᆞ고上洞私立學校[illegible]監洪益善氏ᄂᆞᆫ敎[illegible]養材가如設爐煉이라人若逸而無敎면歸於禽獸요金鑛而不煉이면無異於沙石이니勉之勉之ᄒᆞ야

日新一日ᄒᆞ면草木이機精采요山川이新氣色이라堂堂日文明世界리오吾之所謂開明進就가在於教育人材라ᄒᆞ고各各敍說然後

國家을爲ᄒᆞ야萬歲千歲를呼ᄒᆞ고歸路에隊隊步步가濟濟蹌蹌ᄒᆞ야청[illegible]ᄒᆞᆫ愛國歌ᄂᆞᆫ爽人胸[illegible]하고分明ᄒᆞᆫ口號令은開人耳目이라傍觀者如雲之集하야無不讚祝이라하더라

運動歌

어화우리學徒들아
運動歌를불너보시
皇上陛下右文至治
우리學校興旺ᄒᆞ이
大韓光武十年이요
丙午四月旬八이라
世界列强돌너보니
敎育人材第一일네
어화우리학도들은
體操運動하여보셰
禮樂書數進步ᄒᆞ니
文明基礎이야인가
깃부도다깃부도다
聯合運動깃부도다
進退作止조혼이처
前後左右排列열셔
平和한만세되여
忠君愛國熱心으로
鞏固鞏固鞏固ᄒᆞ셔
獨立主權鞏固하녀
乾坤에萬大國旗를
五大洲에빗니보셰
文武並用長久術이
國家盤石이아닌가
萬歲萬歲萬萬歲여
大皇帝陛下萬萬歲야
千歲千歲千千歲여
皇太子殿下千千歲라
百歲千歲百萬歲여
우리學校千萬歲라

●桑港灣雜而胞救助金募集에對ᄒᆞ야各社會及有志僉君子의寄送ᄒᆞ실感謝ᄒᆞ오며方今桑港으로匯速電換ᄒᆞᆯ터이오나金額이不贍ᄒᆞ와更히一週日을延期ᄒᆞ야來六月十日서지作定ᄒᆞ오니僉君子ᄂᆞᆫ照諒ᄒᆞ신後에隨力寄付ᄒᆞ시와一齊充納케ᄒᆞ시되若過此限而寄送者ᄂᆞᆫ不得不還送本處ᄒᆞᆯ터이오니照亮ᄒᆞ시옴
大韓每日申報社收合所 告白

●南民可矜 南陽郡은三面環海ᄒᆞ고一隅連陸ᄒᆞ야該民之生業은以農以鹽으로爲業資生터니奈之何自昨春以來로大旱康與內島間에火賊이時常侵掠ᄒᆞ야鹽釜材料이觸目蕭條이ㅏ甚至於投水傷命과發火燒屋ᄒᆞ야無論貧富大小ᄒᆞ고島民獸竄ᄒᆞ야歷經劫境이러니又於今春에侵島犯陸ᄒᆞ야晝夜嘯聚ᄂᆞᆫ且置勿論ᄒᆞ고白晝橫行에搶掠不離ᄒᆞ고投書討財와放銃劫[illegible]이不一而足이고入則招來洞長ᄒᆞ야謂以不擧指揮而亂加縛打ᄒᆞ며鐘戶ㅏ預先逃避ᄒᆞ면肆行燒毁而燒家ᄒᆞ며捉去婦女而受貨後放送ᄒᆞ야許多惡境을不可枚擧ᄒᆞᆯ지라由是爲農者罷耕ᄒᆞ고爲商者失業ᄒᆞ야棄家[illegible]이無處ᄒᆞ니慘酷之情景을目不忍見이라로該郡에셔講究方略ᄒᆞ야雖欲戢捕이나以若空拳으로難[illegible]沒策ᄒᆞ야一境이焦爛ᄒᆞ고羣情이鼎沸ᄒᆞ니甚此南民이여無望支保라고本社에寄函이有ᄒᆞ더라

●校務撤救 達城府文社社長金光濟氏가非意時務ᄒᆞ야學校設立에熱心ᄒᆞᄂᆞᆫ本社에歷揭어니와更聞ᄒᆞᆫ즉同氏가學規組成을遂日研究ᄒᆞ며周行各郡ᄒᆞ야家諭戶說로勸勉ᄒᆞ니不過二四朔에新校의成立이三十餘處에至ᄒᆞ고次第設立者가繼續不止라ᄒᆞ니大韓人士가皆如此用心이면全國文化之興을指日可期라ᄒᆞ더라

廣告

發行兼編輯人 英國人 裵說
發 行 所
京城北署壽進坊[illegible]外[illegible]
大韓每日申報社

大韓每日申報
대한매일신보

第四卷　第二百三十六號

月曜及慶節時日休刊

檀君開國四千二百三十九年
箕子元年三千二十八年
大韓開國五百十五年
日本明治三十九年
淸國光緖三十二年
陰曆丙午閏四月十二日戊人

論說

將有變更

詳細之錄은未得이로되所聞이甚多인바此雖非公格上所傳이나亦可注意라此報가自各處來到故로除其不確之說ᄒᆞ고但記要點이며且其說이甚長故로減削繁冗ᄒᆞ고但擧其結言ᄒᆞ야以呈讀員之一味ᄒᆞ노라

西園寺侯가內閣元老會議에서發言ᄒᆞ엿스되日本이後來對韓政策은必以和解ᄒᆞᆯ거시요不當以勒逼이라伊藤侯의締結ᄒᆞᆫ新條約은其非正當됨을今已探明ᄒᆞ엿스니日本政府가此條約上에行事ᄒᆞᆷ은自處假位ᄒᆞᆷ이로다日本之職이務在極東開明이준世界에擧示ᄒᆞᆷ이日本之前望이어날所新條約은雖不條約됨이著示ᄒᆞ얏스니日本所務ᄂᆞᆫ此約을公然廢棄ᄒᆞᆷ이是也라云이러라

日本委員이到此之時에此事를將行ᄒᆞᆷ은本記者ᄂᆞᆫ可信이어니와日本內幾人이今於精神ᄒᆞ니聞之甚喜로다

日本이以隣邦之誼로開導ᄒᆞᄂᆞᆫ거슨韓國人民이感從ᄒᆞᆯ지언정日本統治ᄂᆞᆫ肯不順從이라然이나兩國民이互相利益上으로同事ᄒᆞᆯ거슨自有其理니日人은韓人을誘導ᄒᆞᆯ거시多有ᄒᆞ고且韓人은旣在受敎之席이라此國에外務紛紛ᄒᆞᆷ이近於二十年이니此紛亂이至於分決ᄒᆞ야韓國政府를使韓人對立이면此韓民이必而開ᄒᆞ야列國眼目에昭著ᄒᆞᆯ거슬不信ᄒᆞ노라

是ᄂᆞᆫ希望ᄒᆞ노니如右所聞이果至實ᄒᆞ면日本之今來委員은伊藤侯의所謂締結이란無效條約을決然捨ᄒᆞᆯ지어다爲此之ᄒᆞ에日本政府ᄂᆞᆫ自欺人民의憤怒를將ᄒᆞ리니此勇에對ᄒᆞ야ᄒᆞᆷ이不計拘碍ᄒᆞ고斷然放棄ᄒᆞᆯ지어다

正直安然면兩國의敦睦이從此始ᄒᆞ려니와緣何而碍면兩國讎敵이恒如今日ᄒᆞ리로다

官報

號外　光武十年六月一日

◉宮廷錄事

議政府議政入侍閔泳奎蒙收還疏

批旨自疏具悉卿懇而再度敍擊衛腹之所欲言者略無隱蘊惟日夕而符惠然遣朝ᄒᆞ니謂乃早需之來也卿之古來世篤忠貞與共休戚蔑肩擔역爽陟向前自是卿一副當義諭而朕之於卿衣裏本末自無不燭苟有以可辭者則不應有是命矣旣有爲卿不宜遠巡退巽ᄒᆞ若備例者然矣濟俗之貪鄙無恥卿之廉潔可使風勵百度之頹墮ᄒᆞ競卿之坦확可使振作黎庶之騷訛與閭之擾攘籍此垂紳正笏ᄒᆞ야動聲色而亦可做懷綏而整頓之囑付卿者如此卿其克念時艱勿復以煩卽起登筵以答延攀之渴ᄒᆞ想事遣秘書郞傳諭仍而借來　五月卅一日

秘書郞李文求書

奏臣於本月四月初十日寅時量敬奉聖批馳往傳諭于北署嘉會坊洞契議政閔泳奎所任處則以爲臣ᄂᆞᆫ疏以　奏啓陳臣懇冀俾於聽卑之天伏奉溫批首尾　百有五言辭旨益切期詡益隆諄諄乎慈父之誨而嚴飭之勗也臣一讀一感汗浹生踵夫遭際之榮自背伊然而小臣千載一値矣官達之極夫人所罕而今臣平步而霄衢矣苟有生之所藉可以一分藉手則亦何苦而株守至此哉誠以官視、錦繡之以猿狙也以人視職走躄之於江河也固說不去而做不得矣矧惟陛下所以宵旰憂慮者寔唯曰濟俗之貪鄙白度之頹墮黎庶與閭之騷訛而擾攘而臣之所以ᄒᆞ盡而ᄂᆞᆫ敢進者亦惟曰貪鄙之無以風勵頹墮之無以振作騷訛擾攘之無以懷綏而整頓耳豈爲臣一身而然哉煩瀆之極日益滋悚謹當入文字仰冀靈諒云矣臣旣承仍與偕來之　命故姑爲仍留之意敢　奏

答曰知道　六月一日

●三千四百六十九號　光武十年六月二日

◉宮廷錄事

侍從院副卿吳相奎辭職疏

批旨省疏具悉所請依施

永禧殿提調李鍾奭辭職疏

批旨省疏具悉所請依施

以上五月三十一日

◉敍任及辭令

○依願免兼任太醫院副卿　秘書監丞鄭헌○依願免本官　中樞院電務課主事金憲經　仝李琦　任經理院技手金弘南　智陵參奉朴貞洙　昭寧園守奉官廉鎬完　東明王陵參奉樂燦禁○命宮內府特進官　禮式院掌禮卿閔泳한○命禮式院掌禮副卿　太僕司長李輔榮○命太僕司長　秘書監丞趙南益○任秘書監丞　正三品鄭秀仁　奉常司副提調沈九澤○任奉常司副提調　正三品金升문○兼任太醫院副卿　秘書監丞沈九澤○任中樞院電務課主事　李敬儀　金政書　朴瑩緖○任智陵參奉　盧建稷○任昭寧園守奉官　順昌郡守柳昌熙○任順昌郡守奉官　六品廉鎬完○任東明王陵參奉　崔在學

以上五月卅日○出度支部技手　文祥玉　金用한　金潤成　高敎一　五月三十一日

◉勅令

●勅令第二十四號　續

陸軍服章規則

第三條　大禮裝은禮式儀式祭典等大禮時에着用ᄒᆞᄂᆞ니其境遇가大槪如左ᄒᆞᆷ이라

一 聖節 慶節에陳賀問安及陸見時
一 圜丘 宗社 殿宮動駕時
一 陵위幸行時
一 奬忠壇致祭時
一 觀兵式及儀仗을爲ᄒᆞ야出場ᄒᆞᆯ時
一 宣誥及勳章祇受時
一 一般大禮服을着用ᄒᆞᆯ時
一 自家의賀儀及婚禮時(下士以下ᄂᆞᆫ親族의婚儀葬祭時에도用ᄒᆞᆷ이라)　未完

外報

●英露協約과獨逸　不日締結ᄒᆞᄂᆞᆫ英露協約에關ᄒᆞ야德國內閣政府ᄂᆞᆫ至極히友의的에思意를換ᄒᆞ고獨逸政府ᄂᆞᆫ바子닷도鎭追가該協商에何等關係에露國政府로부터滿足ᄒᆞᆫ說明을得ᄒᆞ얏더라

●津鎭鐵道運動　英國威海衛를淸國에還付ᄒᆞ고其代償으로津鎭鐵道敷設權을確定ᄒᆞᆯ計劃인ᄃᆡ此에對ᄒᆞ야淸國山東巡撫楊士驤氏에交涉中이라ᄂᆞᆫ說이傳播ᄒᆞᆷ으로江蘇出身者ᄂᆞᆫ列에聯ᄒᆞ야反對運動을開始ᄒᆞ야其假契約의廢棄ᄒᆞᆷ을주창하고運動中이라더라

●叛亂兆候　倫敦電을據ᄒᆞᆫ則俄國國民會에서謀叛ᄒᆞᄂᆞᆫ兆候가回測ᄒᆞᆫ고로壹個聯隊가俄京으로急行ᄒᆞ얏다더라

●外商의視察　上海다니루商會의代表者라이도손氏外三名의有力ᄒᆞᆫ資本家들이滿洲에有ᄒᆞᆫ商業上의計劃ᄒᆞ기爲ᄒᆞ야二十七日에當地에來着ᄒᆞ야二十八日에新民屯에向ᄒᆞᆯ터이라더라

雜報

●八義同傳

一 義士李建奭氏之別室千氏의卓異ᄒᆞᆫ志節은尸操節婦어니與館之義烈ᄂᆞᆫ褒善懲惡ᄒᆞᄂᆞᆫᄃᆡ在ᄒᆞ야雖小善小惡이라고有闕而不可漏載이바千氏外에又有七義之可以同傳者ᄀᆡ로一聯論之如左ᄒᆞ노라

大韓儒生李文和小室韓氏와金錫恒小室朴氏와李建奭小室千氏와柳鼎小室崔氏와李鍾大妻趙氏와安周妻朴氏와李鱗淳小室貞氏와趙性燦小室許氏此八家婦女의高義純誠은古今之所罕睹라右八儒生이幷以新條約에對ᄒᆞ야抗義陳疏人으로日本司令部에被囚ᄒᆞᆫ時에右八義婦가各其所天而憤不顧身ᄒᆞ야雖單裳單袴라도與執供獄ᄒᆞ야彼人의辱說과押牢輩의困說을甘受ᄒᆞ고蓬首跣足으로呼哭道路ᄒᆞ며或以改節으로誘之則輒唾其面而罵曰我之家夫이爲國家經其生ᄒᆞ야以義見囚인則爲女子나豈忍背義而適他乎아ᄒᆞ고執志靡懈ᄒᆞ야終始如一ᄒᆞ야手足이龜ᄒᆞ고面目에如鬼ᄒᆞ여成一病人而毫無悔意ᄒᆞ니論其節義ᄒᆞ면可與氷霜爭潔이라一荏弱女流로俱能辨別義理가至於如此ᄒᆞ니韓國民俗之可興有爲를推此可想이되但政府諸公이未能以身先之ᄒᆞ야勉勵奮發ᄒᆞᆷ으로國步ㄱ委靡가日趨於莫奈何ᄒᆞ니願今揖坐於政府椅子ᄒᆞ야儼然行呼喝於左右ᄒᆞ며使威稜於人民者ㅣ能無羞然汗顏ᄒᆞ야有愧婦之羞일지嗚呼라八義婦여有夫如彼ᄒᆞ니此可慰也로다

●宣告不服　宣告不服ᄒᆞ고監獄在囚ᄒᆞᆫ金錫恒金一濟等을自昨年十月로審查經年에竟以謀殺未遂로依律ᄒᆞ야金錫恒金一濟ᄂᆞᆫ役三年에處ᄒᆞ고其餘九人은役二年半에處ᄒᆞ얏다더니右十一人이宣告를不服ᄒᆞ며曰賣國賊을謀殺未遂라ᄒᆞ면雖終身役이라도甘受ᄒᆞ련이와只以謀殺未遂로宣告ᄒᆞ면雖死不受ᄒᆞ깃노라ᄒᆞ고一齊呼喝ᄒᆞ얏다더라

●高倅熱心　高靈郡居李憲昌金性濟兩氏의來言을據ᄒᆞᆫ즉本郡守尹夏榮氏가莅任之日에送卿于境內ᄒᆞᆫ重紳士ᄒᆞ야備禮請邀ᄒᆞ고民間疾苦을先問ᄒᆞ며學校擴張ᄒᆞᆯ方針을一場說明ᄒᆞ여曰非學問ᄒᆞ면無以開明이오非開明이면無以需世ᄒᆞ며列國之富強이皆由學問之所致오我韓之受侮가亦由學問之未達이라言念至此에寧不痛歎가幼而不學이라가老大追悔ᄂᆞᆫ古聖所戒니各其子弟를熱心教育ᄒᆞ야以需國家他日之應用則豈非我韓之幸福歟아且以居養動靜으로言之라도家內不潔則觸通汚穢ᄒᆞ야多生疾病ᄒᆞ며道路不修則雲晴雨夕에行者猶坑滿水之患이種種有之ᄒᆞ니家屋橋梁을一新修潔ᄒᆞ며家家懸燈ᄒᆞ야以便昏夜往來케ᄒᆞ라ᄒᆞ니滿座紳士가一齊起拜ᄒᆞ고咸頌我侯來蘇之句ᄒᆞ얏다ᄒᆞ니各郡守가皆如此倅면全國開明을可指日而待ᄒᆞ깃다더라

●玄氏優賞　日本에前內部參書官玄은氏가新門外私立普成學校에前往ᄒᆞ야諸學員의國模가整齊ᄒᆞ고學務가專ᄒᆞᆷ을見ᄒᆞ고欽誦不已ᄒᆞ야學業上有益ᄒᆞᆫ演說로勸勉ᄒᆞ고賞品을優數히施與ᄒᆞ얏다ᄒᆞ니該校諸學員의熱心做業도可賀ᄒᆞ거니와該氏가不少ᄒᆞᆫ物品으로四百餘名學員에게一一頒給ᄒᆞᆷ은稱誦ᄒᆞᆯ만ᄒᆞᆫ事러라

●支出金額

度支에서預備金으로에支出事로經議裁下ᄒᆞᆫ金額이如左ᄒᆞ더라

軍部所管領尉官俸給及下士卒給料增額六萬六千五百二十八圜과地方出駐費一千七百六十八圜과農商工部所管度量衡製造費還償金이五萬二千四百十五圜二十一錢八里오內部所管濟衆院補成金三十圜과桑港居留本國民罹災救恤金四千圜과廣濟院擴張費二萬七千八百五圜四十八錢　里와學部本廳及京城학堂各項經費增額一萬九千六百十八圜四十四錢과京城公園地標石費一百八十三圜과黃海道觀察府警視警部處所修理費一百八十七圜六十二錢이더라

●宜乎痛懲　江原道三陟郡居金佐榮洪錫鴻이가啓字를僞造ᄒᆞ고京居金운海은假稱巡檢이라ᄒᆞ고侵討民間ᄒᆞ다가被捉於陰竹警務署ᄒᆞ야宗巡檢押上于宮內府ᄒᆞ얏다더라

●李氏歸還　渡日ᄒᆞᆫ義親王殿下의陪員李根澔氏ᄂᆞᆫ伊藤統監과同行渡海ᄒᆞ얏다더니李根澔氏一行이本月一日에日本東京서歸國次로發程ᄒᆞ얏다ᄂᆞᆫ電報가同氏私第에到着ᄒᆞ얏다더라

●地誌上送　全羅南道觀察使李道宰氏ᄂᆞᆫ管下各郡地界를圖誌ᄒᆞᆫ圖本二十九件과成冊二十三件을都聚ᄒᆞ야內部로上送ᄒᆞ얏더라

李埈鎔及監獄　洪州義兵을鎭壓次로下去ᄒᆞ얏던警務顧問巡査主與氏와日本警部土方源八郎氏의慘殺ᄒᆞᆫ事ᄂᆞᆫ昨報에已揭어니와東署에服務ᄒᆞᄂᆞᆫ日本警部一人은土方氏의屍身을收埋次로再昨日發程ᄒᆞ얏다ᄒᆞ고警務廳에서ᄂᆞᆫ各警巡을警務官으로陞敍ᄒᆞ얏다더라

●別般痛禁　警務廳에서五署에訓飭ᄒᆞ야巫覡賭技挪錢等弊習을禁戢ᄒᆞ라申飭ᄒᆞᆷ이幷不申飭이나一向滋蔓ᄒᆞ니從今後ᄂᆞᆫ別般嚴束에另加調察ᄒᆞ야期圖痛禁케ᄒᆞ라ᄒᆞ얏다더라

●教會妄想　日昨에天道教에서總代二名을派送ᄒᆞ야桂山學校長閔衡植氏를見ᄒᆞ고曰貴校에서ᄂᆞᆫ吾天道教에서內府에請願ᄒᆞ야欲得코져ᄒᆞᄂᆞᆫ基址를奏下　處分이라ᄒᆞ니何故오ᄒᆞ매該校長이答曰此基址ᄂᆞᆫ本학校에서承認ᄒᆞᆷ이已爲五六年이오至於　處分一欸ᄒᆞ야ᄂᆞᆫ青詔享事件이라ᄒᆞᆫ데該機代等이橫說竪說로模糊做去ᄒᆞ얏더라

●擬校擴張　大邱觀察使申泰休氏가學校를熱心으로擴張ᄒᆞᆷ은世人이知了ᄒᆞᆫ바어니와管下四十一郡에設立ᄒᆞᆫ學校가三百七十餘이오學徒가四千五百餘名인데大丘府內에學徒가四百七十名이라各學校經費를積立金으로排償ᄒᆞ기爲ᄒᆞ야各其郡富民을請邀ᄒᆞ야演說ᄒᆞ기를學文을發達然後에國家를支保ᄒᆞ겟시오國家를難保則吾人이亦歸ᄒᆞ니歸則其財物을用之何處며保之何策이오不惜千金ᄒᆞ고古一道ᄂᆞᆫ文明을先發ᄒᆞ자ᄒᆞ니富民이聽之未畢에皆曰善타ᄒᆞ고百圜二百圜式自願付捐ᄒᆞ야費不窘絀ᄒᆞ다더라

●直向滿洲　近日滿州에有何問題가變生ᄒᆞ얏ᄂᆞᆫ지伊藤氏와元老諸氏가日本에서滿州로直行ᄒᆞ기로ᄒᆞ고日昨에入城ᄒᆞᆫ長谷川大將도下回를姑待ᄒᆞ야滿州로前往ᄒᆞᆯ터이라더라

●日艦測量　慶興郡守金昌洙氏가報告內部ᄒᆞ되城津監理가電訓ᄒᆞᆷ을接ᄒᆞᆫ즉日本軍艦葛城號가當地以北沿海를測量ᄒᆞ기爲ᄒᆞ야航行ᄒᆞᆯ터인즉或假小屋을建築ᄒᆞ며或旗幟를揭揚ᄒᆞ며又沿岸岩上에白粉을塗ᄒᆞ니本等諸件을妨害치안토록各沿海人民의게撤飭ᄒᆞ야照亮케ᄒᆞ라ᄒᆞ얏스니照亮ᄒᆞ라ᄒᆞ얏더라

●注意興學　前陪卿李恢培氏가教育上熱心으로一학校를設立ᄒᆞ기를經營中이라ᄂᆞᆫ데同氏ᄂᆞᆫ以韓國財產家로一般公共利益을急先擔任ᄒᆞᄂᆞᆫ것이必然ᄒᆞᆫ義務라ᄒᆞ고公會이多多ᄒᆞ더라

●會社貪心　咸北明川郡居賢任氏가曾往端川郡守在任時에禁斷東學으로爲名ᄒᆞ고剝皮吮血ᄒᆞ야勒奪錢財가二十餘萬金이오衛火家屋이二百七十三戶인바無辜生靈이流離南北ᄒᆞ야가沒入一進會ᄒᆞ야泣血呼冤ᄒᆞ기로一進會에서方今審查中이라더라

●強請內部　移民條例를施ᄒᆞ기를統監府에서屢次內部에促ᄒᆞᆷ이知了ᄒᆞᆫ바어니와其內幕을察ᄒᆞᆫ則日俄平和後에戰勝ᄒᆞᆫ三億萬圜을民間에排斂ᄒᆞ야다가其時民權黨이反對ᄒᆞ야暴動ᄒᆞᆫ故로人命이多數殺傷ᄒᆞ얏슨즉日本이自成內亂ᄒᆞ야伊藤氏方針이否落ᄒᆞ야民黨에서宣言ᄒᆞ기를俄國에比ᄒᆞ면果能施行이오三千里疆土를不勞而得ᄒᆞ얏스니有何怨惡이리오ᄒᆞ즉此費를三千里에能爲振本이라ᄒᆞ고出膽渡韓ᄒᆞ야新約을成ᄒᆞᆫ事인데日本이移民法으로韓地에殖民치아니ᄒᆞ면不可去皮的利益故로移民條例를如是強請이오且有大問題ᄂᆞᆫ山林川澤開拓을擬出ᄒᆞᆯ터이라더라

東京電報

六月一日午後六時四十十分發

●法館昇格

法國(日本東京駐箚)公使館을大使館으로昇格ᄒᆞᆫ다ᄂᆞᆫ同國政府에서日本에通知ᄒᆞ얏더라

雜報

●合有吊慰　大淸國義士潘宗禮氏가大韓魂의新條約事를爲와閔忠正의遺書를由ᄒᆞ야蹈海ᄒᆞᆫ事實은昨報에揭載ᄒᆞ얏거니와大韓人士가如斯히振ᄒᆞᆫ未有ᄒᆞᆫ行爲를對ᄒᆞ야豈可同情之吊慰가無ᄒᆞ리오惟我士林은詩與文에好ᄒᆞᆫ詞藻로寄示ᄒᆞ심을切望ᄒᆞ노라

前進士　閔丙昇　十元
前主事　李敎善　十元
前主事　李若雨　十元
前議官　申錫命　十元
幼學　柳基浩　十元
幼學　南鎭祜　十元
幼學　鄭□源　十元
前進士　李東爾　十元
幼學　林貞韶　十元
前主事　□□□　五元
前主事　金秉源　五元
前五衛將　丕□馬　四元
幼學　申昇休　四元
幼學　李□容　四元
幼學　沈□誠　四元
幼學　李相杞　一元
金重熙　一元
李應七　一元

廣告

◎鐵川郡文明學校補助義捐金額

本郡守　李鐘應　一百元
前參奉　李□龍　一百二十圓
前郡守　鄭楓桓　一百圓
前郡守　車□洪　百元
前郡守　蔡□□　八十元
前主事　金鎭寬　八十元
前校理　沈相玉　七十元
前郡守　鄭追□　六十元
前參奉　□□□　六十元
前主事　鄭秉源　六十元
前五衛將　林勳相　五十元
幼學　閔□旭　四十元
前監役　崔圭□　三十元
幼學　崔暢鎬　三十元
前令　李奎雨　二十元
前正尉　李貞□　二十元
幼學　李□稷　二十元
前部守　崔文煥　十元
前大使　南□源　十元
前□□　□□　十九元

金昌進　一圓　吳萬實　一圓　南東　二十錢　旗堂　十錢
李敬化　一圓　朴敬化　一圓　□軒　十錢　春堂　十錢
李庵　五錢　同園　五錢　速來覓ᄒᆞ시오
□庵　五錢　□史　三十錢
化堂　二十錢　安溪二錢五里
以上合新貨六十九元八十七錢五里

◎在桑港遭難同胞救助金

股山人李鍾煒　三元
鍋□朴愚東　一元
張錫均　五十錢
在日本東京留學生俱樂部　三十圓
在日本東京光□學校學生諸氏
趙鏞殷　三元　具滋鶴　二元
李命載　一元五十錢
閔丙喆　一元　金永植　一元
丕봉九　一元　尹定鉉　一元
文相鳳　一元　南宮□　一元
魚允斌　一元　朴勝彬　一元
尹台鎭　一元　楊□□　一元
林圭　一元　朴炳哲　一元
劉銓　五十錢　張景□五十錢
林大奎　五十錢　金昌鉄　十錢
金然浩　五十錢　洪正求　五十錢
權瑛　二十錢　鍾健　十錢
金甸樹　十錢　安鍾九　十錢

平壤愛國女學校諸氏
敎師　文□□　一元
敎監　金貞鐸　一元
贊成員　洪在夏　一元
任致瑞　一元
金仁浩　二十錢
李正斌　二十錢
●女生徒
卦史　一元　大□　一元
聖山　一元　□堂　五十錢
愛史　五十錢　酌史　五十錢
□溪　五十錢　□西　五十錢
忠軒　三十錢　□庵　三十錢
□庵　三十錢　□溪　三十錢
心軒　三十錢　□櫻　三十錢
□軒　三十錢　□□　三十錢

商民洪致律의게有唐木長鋪ᄒᆞᆫ日人西田久藏與通譯李正化ᄒᆞ야本人家産을沒數奪去ᄒᆞ야猶謂不足ᄒᆞ야又與日人花井松으로本人他人處七十五兩落文券을勒奪持去ᄒᆞ야將欲斥賣云ᄒᆞ니內外官民間切勿見欺和買를爲要

忠淸南道燕山居申英均　告白

拾得ᄒᆞ야시니遺失ᄒᆞᆫ君子ᄂᆞᆫ即速來覓ᄒᆞ시오　鄕遞標六百餘片을本人이路上에서

典洞永信号興當舖　告白

●女學員募集廣告●

本塾에서一般女子를敎育ᄒᆞ기爲ᄒᆞ야南門外冷洞第一百七十三統七戶에義塾을新設ᄒᆞ고女學員을募集ᄒᆞ야普通及專門에左開科程을精實敎授ᄒᆞ오니應募僉員은南署ᄒᆞ洞二統九戶本會臨時事務所로來議ᄒᆞ시옴

年齡自六歲至十八歲
募集期限自陽曆五月十八日至六月五日

○科程

修身　國文　한文　地誌
數學　理科　裁縫　習字
歷史　語學　日語　英語

光武十年五月十八日

私立　養閨義塾　告白

敬啓者本塾에서來陽六月十日日曜下午點鍾에開校式을行ᄒᆞ옵기玆廣佈ᄒᆞ오니南門外冷洞第一百七十三統六戶로屆期光臨ᄒᆞ옵시물伏望

光武十年六月一日
養閨義會發起人　秦學新　申舜夏　鄭□□　李□承　李瑛圭　金世庸　□昌□

本人이紙貨四十兩과鐵甫木을寶安義尊處의推次ᄒᆞᆫ□貰文無日字한四片과六千五百兩無日字於音一片을路中에서閪失ᄒᆞ엿슨니이無某拾得ᄒᆞ여도休紙로施行홈

鍾□　任□□　告白

子承文上京久不還吾方來見耶谷朴承旨海客家即來見뵙홈

丹城法物居金孝梧

本人의□代先山이在於□州新穴面山幕洞ᄒᆞ야幾百年守護ᄒᆞ엿더니本人에十寸雖鎬가素是無頓로符同墓直ᄒᆞ야三十餘間墓殿을自壞賣ᄒᆞ고薦璧과祭奉神位를任意埋安이오며其外에切於□合窮之際에今又同府亂動徒가假做本人ᄒᆞ야五□代先山腦後之地를暗葬ᄒᆞ고永平郡官姓이來云ᄒᆞ니爲與□地官은告官嚴懲ᄒᆞ야後에도□山坂은切勿相關ᄒᆞ야勿爲買賣ᄒᆞ시옴

北署體府洞居□□□□　告白

△特別廣告▽

今에本人이冊肆業을開始ᄒᆞ온바古今書籍이具備ᄒᆞᆫ中近來新學問上有益ᄒᆞᆫ各種冊子가多多ᄒᆞ오니新學問上에有志ᄒᆞ신僉君子ᄂᆞᆫ速來臨ᄒᆞ시옴

鍾路　金在□　告白
中署　床廛二房

本人이以布商爲業이옵ᄂᆞᆫ바北布上中下三品이俱存이옵고物品價廉이오니購貨ᄒᆞ시ᄂᆞᆫ諸君子ᄂᆞᆫ本舖主金主事鳳源宅으로來臨ᄒᆞ시와請求ᄒᆞ시옴

會寧　鄭仲城
鏡城　李士彥　告白

萬國史記一帙

玄采氏譯

定價新貨三十六圓五十錢

○引用書目

萬國史記全文
泰西新史
中東戰紀
白耳義獨立史全文
萬國通史前編
埃及新史
萬國公法
普法戰記
路得改教紀略
波蘭末年戰史全文
俄羅斯略史
日露戰爭實記

發售所　布屏下金相萬書舖
大東書市　中署　冊肆
平壤鍾路大同書觀

廣告

本號新開專做男女各色洋服重由上海運來各種細明毛音及一切衣飾貨品件件精全伏望貴士女迅卽來購爲幸
西小門저洋男女洋服商號

發賣所

刑法大全 一帙定價金 新貨六十錢
牧民心書一帙一圜二十五錢
耳談續纂一冊 七錢五里
溫故知新堂叢抄 七錢五里
父師必讀小學指南七錢五里
人工養蠶鑑一冊 十五
萬國地誌三冊 一圜
農政新書 五十錢
法學通論 一圜
尺牘完編 一圜五十錢
大韓地誌 七十五錢

布屛門下金相萬書舖
大韓每日申報社

花春丹은 霍亂 吐瀉 腹痛 滯症 暑症 정忡 神昏 暑鬱 痰盛 醒酒船囊 咳嗽 口味업는諸症의神效호藥이오 此外에도洋灰水解毒藥 唐차 疳氣 蛔虫 寸虫 赤白癘鼠藥과東西洋藥이俱備ᄒᆞ고他病도隨問出方ᄒᆞ오니 僉位는枉議ᄒᆞ시옵

皇城校洞石井洞下隅
石泉室藥局 告白

● 九轉靈砂라 本人이秘方法을精研하야製造호靈丹인ᄃᆡ男女老少에無論何症ᄒᆞ고進治ᄒᆞ오며無病時에도服ᄒᆞ면平生의身體가健康ᄒᆞ며小兒ᄂᆞᆫ四五歲만服ᄒᆞ면十歲안에無病ᄒᆞ기를擔保ᄒᆞ오며
● 九轉靈砂熱靈丹은癲狂 癡癎과中風精疾과 [illegible]疾과淋疾에神効ᄒᆞ오
● 九轉靈砂保命丹은初生小兒·驚風 痼氣 咳嗽 腹痛諸般癥과婦人帶下症에神効ᄒᆞ며
● 九轉靈砂濟衆丹은酒滯 食滯 血積 吐瀉 霍亂 痢疾 吐血·下血 運氣 時疾 痛症에神効ᄒᆞ오
● 九轉靈砂紫金丹은痔漏 瘰癧 上疳瘡 下疳瘡及唐瘡과諸般毒瘡諸種에無不神効ᄒᆞ오니 僉君子ᄂᆞᆫ來問ᄒᆞ시오
內需司前독갑이골上隅第一家
李錫廷 告白

一 [illegible]煉乳牛乳
一 [illegible]印[illegible]煉乳牛乳
一 [illegible]化乳[illegible]
一 [illegible]
合牛[illegible]

[illegible]上은[illegible]에[illegible]
[illegible]

大韓仁川港
[illegible]洋行

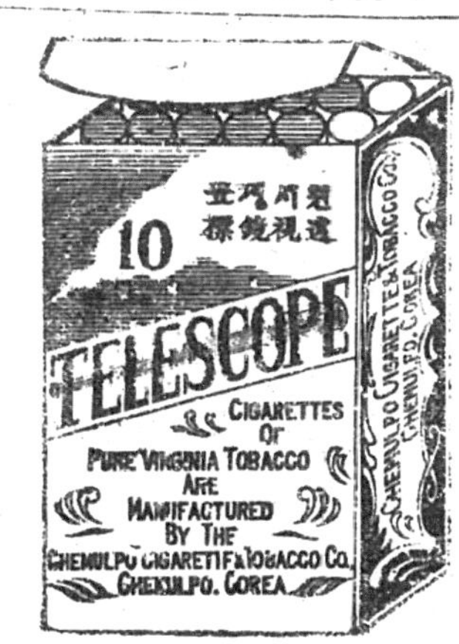

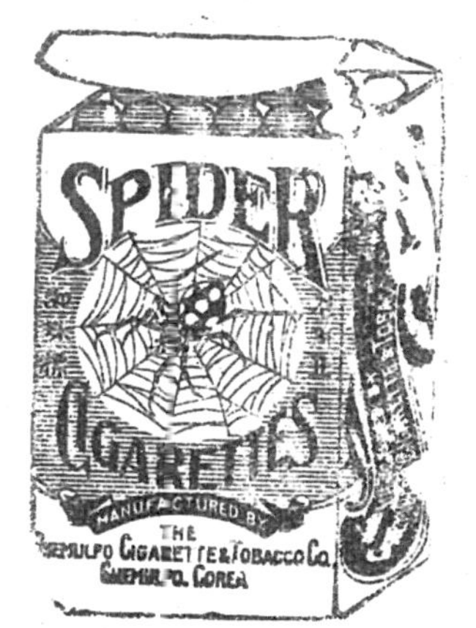

以上三種은上品으로製造ᄒᆞ야衛生上에至極有益ᄒᆞ니毋論某人ᄒᆞ고本社에來臨ᄒᆞ옵

大韓帝國仁川港
製物[illegible]及煙草會社

本社廣告

申報價
一張代金 新貨二錢五里
一箇月前金 三十錢
三箇月 九十錢
六箇月 一元七十錢
一箇年 三元四十錢
郵稅一部 新貨五里
一箇月 十三錢

廣告料
四號活字十三字詰每日每行尺一寸에新貨廿五錢
(每日每行에大國에각當혼)
三個日에 二圜五十錢
(每日每行四號五里에 相當혼)
一箇月에 五圜
(每日每行四號一里에 相當혼)
其期限의長短과字行의多少를依ᄒᆞ야增減홈이有홈

◎本社地方各處支店廣告
仁川租峴開新冊肆 李東主
平壤南山峴日新學校 金興瀾
宣川邑橋西 崔[illegible]恒
 安濬
義州南門外韓西大藥房張有寬
長連邑 金[illegible]
鎭南浦藥洞 金仁길
咸興州南社 曹喜林
中和邑 李俊緒
釜山佐川徐藥房 金淮[illegible]

發行兼編輯人 英國人 裴說
發行所
京城北署[illegible]坊[illegible]洞[illegible]外[illegible]
大韓每日申報社

西曆一千九百六年六月五日 火曜日 光武九年八月二十一日 明治三十八年八月十一日 第三種郵便物認可

第四卷 二百三十七號

大韓每日申報

대한매일신보

月曜及慶節歲時日休刊

復君開國四千二百三十九年
箕子元年三千二十八年
大韓開國五百十五年
日本明治三十九年
淸國光緖三十二年
陰曆丙午閏四月大十四日庚辰

論說

賣買官者

韓廷權勢家의貪財賣官이即是亡國之原因이어니와其納財買官者도亦同一其罪라使韓國人民으로稍知買官之爲恥호야不有納財者면

彼權勢家가雖欲賣官網利나豈可得乎아論其罪惡이면毫無差別이로다噫噫韓人은生爲國民호야何其無國民之精神호고甘爲世界最下等劣種也오

現今時代는雖匹夫匹婦之微라도皆有國家之責任이어날所謂財產家가不做一箇事業호야以效國民之義務호고但以僧徒之官啣으로爲莫大之榮호야不顧銅臭之嫌호고랑其賄賂호야甘作權勢家飯鑊缸호니何其愚昧之甚也오

夫國家之設置官爵은所以命其才德호야理其職務者ㅣ니人生斯世호야修其學業호고長其知識호야蘊玉而待價라가小而分司庶職과大而與聞國政이各隨其分量而得之者가所以爲榮且貴也요

至若財產家호야는必當往意於公共之利益호야凡係殖產教育等事業에隨其事力호야或主張而經紀焉호며或연助而扶持焉호야使其勤利로普及於公衆호고有補於國家면豈不爲上等人物耶아噫彼納財買官者의所得을言之호면曰主事ㅣ니參奉이니議官이니호는虛啣과曰秘書丞이니內藏院卿이니侍從副卿이니호는宅號가何足以榮其身分이며華其門閭호야對人而受尊等待遇耶아

當面賀之호고背面笑之를何不覺察호고反揚揚自得호야自處以貴人耶아此等官人은吾家老彤이亦其叱退矣니幸其惕然反省호라雖然이나所謂借啣名色은無關於職事호니雖其不肖者得之라도不甚貽害於民國이어니와至於地方官吏之實職호야는納財圖得者가欲其充本或本利則其勢가不剝割生民則不可得也니賣其所有之資호야取其盜賊之名호니又何妄想謬計가至此之甚乎아

嗚呼라今日韓國이値如何境遇耶아國勢가危於綴旒호고人民이迫於溝壑호니苟有一分人性者가豈其無犯漆之嘆哉아雖其官至上相호고爵至一品이라도不能挽回此國運호고濟活此同胞者면其爲他人之奴隸는一也니可憐鬢邊金玉과身上緋紫가亦當謫戍充丁之患難則誠不直一文錢也니其將向誰而詑其榮曾耶아

思之念之어다蔽一言호고若是其營營苟苟於仕宦之途호야甘爲랑賂圖得之醜行者는併皆從之遠方호야絕其弊風然後에世道를可以澄淸이오民智를可以開發이오國力을可以培養호야大韓人民이能免奴隸之辱也라호노라

官報

●號外 光武十年六月二日

◉宮廷錄事

詔曰上下今年之廉捷四影響今煩更僕費辭自有心會者矣亦既鄕重反覆但擬卿猝然開而即日相面又見附牘之至一向堅持乃云說不去做不得此事本昔所期於卿也朕之所以勉卿者非有別個道理皆智所能及力所能爲惟藉卿雅望行其所無事而已朕宵衣旰食不遑暇逸一榻전轉睡不能着卿雖於散閑家居之日宜其中夜繞壁歎深念矧今委之以柱石之任朝夕顒企而促求助於燃眉之急而退縮祗어有若괄不衡慮無意陳就朕知卿必不如是又玆申誥亟斷來章即起而膺庸副朕虛衿苦佇之想事備來秘書郞更爲傳諭于議政期於偕來

六月二日

●號外 光武十年六月三日

◉宮廷錄事

秘書監郞李文求書奏以於陰曆閏四月十一日未時量敬奉 聖諭更爲傳諭于議政府議政閔泳奎所任處則以爲臣刳源之懇愬 徹而竟歸飾讓崇高之聽未格而反紆 寵渥不唯 不賜俞允眷注彌隆 溫音荐宣蓋非常之 過過情之論至是而無以復加矣一言知感雖敵以下猶然君臣之際乎又況臣之於 陛下乎

聖諭若曰朕之所以勉卿者皆知所能及力所能爲又若曰朕宵衣旰食不遑暇逸一榻전轉睡不能着此致臣日夕所以憂慮ㅎㅎ自恨其智識力薄未有以一分仰紓者也夫爲人臣受 恩深厚孰與臣比而蔑效至此何智之可言何力之可論哉此蓋臣已然之跡不能於前而能於後者臣未之聞也噫滄海非一葦可抗羊腸非隻輪可越顧今時局之艱險殆甚於滄海之森茫羊腸之崎嶇而臣之才具巽劣又不及一葦一輪少用則止竟僨敗不待知者而明矣倘陛下聽臣之願特許斥黜之則非臣之幸乃國之幸也若以愛臣之故而敎鼎命之昝非臣之恥亦國之恥也千思萬量回旋無路惟瞻天徊徨伏地戰灼而已矣臣既承期於偕來之命故姑爲仍留之意敢 奏

答曰知道 六月二日

●三千四百六十九號 光武十年六月二日

◉勅令

●勅令第廿五號

農商工學校附屬農事試驗場官制廢止件

光武九年勅令第六十號農商工學校附屬農事試驗場官制를廢止홈이라

光武十年五月卅一日

御押 御璽 奉 勅

議政府參政大臣勳一等朴齊純

學部大臣李完用

◉敍任及辭令

○命宗廟署提調 從二品金德漢○命永禧殿提調 宗廟署提調尹泰興○命侍從院副卿 從二品丁大緖○依願免本官 秘書監丞鄭秀仁 咸悅郡守權泰容 □川郡守金裕稷 瑞山郡守李年夏 蔚山郡守金德한○任秘書監丞 正三品洪承斗○任蔚山郡守 從二品李鎬□○任咸悅郡守 正三品李奎相○任□川郡守 正三品鄭薰謨○任瑞川郡守 議政府主事玄昇奎○任瑞山郡守 正三品朴勝俊○任학部視學官 農商工학校敎官李晩奎 九品魚용善以上五月卅一日○任議政府主事 六品金均禎 六月一日

外報

●俄國議會態度 巴里電音據호則俄國議會는國民私權에不可侵犯홈이關호委員提出案은討論호야는디俄國政府는議會가上主案을要求홈에對호야總改革을推絕호는宣言을議場에서讀호게호는지라於是에議會는多數로閣員의解職을要求호는디決議案을可決홈이此에議場은一場에喧騷를呈호얏스며俄國에諸新聞은勢不得已호야內閣解職을勸告호얏더라

●列國公使會議 北京電을據호則淸國外務部에서英公使가稅關問題事件으로第二次抗議호出에對호야回答이滿足지못호고淸國政府의態度가頗히强硬홈으로列國公使가再次會議호다더라

雜報

●轉照再給 閔泳敦氏가駐英公使로剩餘經費一百四十一磅을仁川英人銀行으로兌換ᄒᆞᆫ故로該銀行에서依票出給ᄒᆞ얏더니其後外部에서正式公文으로査錄을再推ᄒᆞᆷ을該英人도再給文簿가更査된故로英領事가統監府에公文ᄒᆞ야韓政府의再給ᄒᆞᆷ을催給ᄒᆞ라ᄒᆞᆷ으로統監府에서政府에轉照ᄒᆞ얏다더라

●賠償及禁戢 安東沙田金礦에義兵이突入ᄒᆞ야日人을殺害ᄒᆞᆫ지라統監府에서政府로公文ᄒᆞ기를被害ᄒᆞᆫ日人은行將賠償ᄒᆞ려니와該義兵을嚴行禁戢ᄒᆞ야該金礦에無至妨害케ᄒᆞ라ᄒᆞ얏다더라

●韓滿不穩 韓日新約以後에全國人心이不穩ᄒᆞ야南道各郡에義兵이蜂起ᄒᆞ야挑戰決雄ᄒᆞ고日本이當初目的을違約ᄒᆞᆷ을遂條宣戰書十八條를日本政府에聲明ᄒᆞ고各道에通文ᄒᆞᆫ故로十三道各郡義兵이一齊蜂起ᄒᆞᆫ다는중이라ᄒᆞᆫ데淸國來信을據ᄒᆞᆫ즉俄日戰爭平和後에滿洲以南을淸國으로還付ᄒᆞᆫ다ᄒᆞ고日本政府가該約條를違背ᄒᆞ야旅順以北을並呑意味가現露ᄒᆞᆷ으로滿洲人民도不穩ᄒᆞ야日本을排斥ᄒᆞ야餉馬賊이並起ᄒᆞᄂᆞᆫ지라日本政府에서此를藏慮ᄒᆞ야其如何形跡을視察ᄒᆞ라고元老大臣들이發向ᄒᆞᆫ다더라

●銀行勸募 開城來人의傳說을聞ᄒᆞᆫ즉農工銀行을組織ᄒᆞ기爲ᄒᆞ야該郡守가不願者五六名을方今捉囚ᄒᆞ얏다ᄒᆞ니該民等이皆曰如此壓制之政은寧死不從이라ᄒᆞ고平壤等地에도또ᄒᆞᆫ如此ᄒᆞᆫ舉措가有ᄒᆞ리라ᄒᆞ더라

●實施期限 勅令案으로家契手數料를酌其田畓ᄒᆞ야經紀賣布ᄒᆞ얏거니와統監府에서政府로公文ᄒᆞ되家契手數料는內外國人家에一般施行ᄒᆞᆯ터이니統監府에서各領事館에도聲明ᄒᆞᆯ터인즉其實施期限을答交ᄒᆞ라ᄒᆞ얏더라

●嫌疑被捉 南道義兵根因은京城居某某官人이指揮ᄒᆞᆫ다ᄒᆞ야日本司令部에서其嫌疑者로再昨日丁某李某를捉去ᄒᆞ얏다더라

●陵官貪淫 坡州順陵令南廷範氏는陵下村民송錫箕等을誘引ᄒᆞ야齋室에서設局雜技ᄒᆞ야討財ᄒᆞ기와有夫女를誘引ᄒᆞ야行淫ᄒᆞ기와無罪之民을雜技罪人이라ᄒᆞ고陵室에拘留受贖ᄒᆞᆷ으로寃聲이載路ᄒᆞᆫ故로 宮內府에서行將査覈ᄒᆞᆫ다더라

●天道교總代 再昨日에天道교에서總代二人이桂山學校長閔衡植氏를對ᄒᆞ야言ᄒᆞ기를吾교교堂을桂洞東麓에建築ᄒᆞᆯ意로漢城府에請願ᄒᆞ얏더니願旨內에係是含春御苑이니事體所在에不可認許라ᄒᆞᆫ故로更不提請ᄒᆞ얏더니今見貴校移運次로向日吾교請願ᄒᆞᆫ地面에開基ᄒᆞ얏스니貴校에서官廳認許를得ᄒᆞ얏ᄂᆞ냐ᄒᆞᆫ즉閔氏答曰靑龍亭은校材補用ᄒᆞᆯ意로公認을承ᄒᆞ얏스나基址는公認이無ᄒᆞ다고說明ᄒᆞ더라더라

●政府職責演說 皇城基督교靑年會에서今日下午八点鍾에政府의職責이란問題로尹孝定氏가演說ᄒᆞᆫ다더라

●基址更約 光武二年金嘉鎭氏가駐日公使在任時에公使館基址를日本政府와契約借定ᄒᆞ기를日後公館을變更ᄒᆞ야名目을改定ᄒᆞ거나他目的으로使用ᄒᆞᆫ境遇에ᄂᆞᆫ公使館契約이無効라ᄒᆞᆫ지라統監府에셔政府로照會ᄒᆞ기를公使가勿施되고遊學生監督이代居則前契約은勿施ᄒᆞ고更爲契約ᄒᆞ라ᄒᆞ얏다더라

●廣숙賞勸 私立廣化新숙에셔日昨二十九日에月終試驗을經ᄒᆞ얏ᄂᆞᆫ데英語과夜학優等은甲班에徐廷鎭乙班에朴敬淳丙班에張庚煥三氏오日語과書학優等은甲班에安鍾大乙班에李학泳三氏라該숙贊成員申錫賢氏가冊子鉛筆等件으로施賞勸학ᄒᆞ얏더라

●紙商呼訴 經리院所管慶南各郡紙稅가未知始自何年而他各郡은以桶稅로作定ᄒᆞ야雖有派員之隨時增減이나別無過濫이더니近因一進會勸告하야永定稅額ᄒᆞ야付之各該郡收納이되至若宜草三陜ᄒᆞ야는非紙民之稅라該地産出紙物이니甚夥然而商民等이先給資本於紙民ᄒᆞ야使之作紙輸出故로該稅監는商民等이隨其貿紙之多少하야이爲납稅者而挽近派員이니稅監이니란名色이과外濫討故로昨年歲前에商民이多數上來ᄒᆞ야欲爲革罷則係是 皇室貿故로更不敢以革減ᄒᆞ고上납錢를分春秋납上이되使商民으로依章程收납ᄒᆞ며春等條五千兩先납爲교故로依今即납後復謝矣러니該道觀察使가有何緊意於其間이던지不遵院訓ᄒᆞ고百般運動ᄒᆞ야謀請本院에差定稅監ᄒᆞ고商民之先납五千兩은還出給ᄒᆞ라니已납ᄒᆞᆫ上납錢를還出ᄒᆞ면該稅는革罷인지稅若革罷면稅監은何用고已減ᄒᆞᆫ都口文과章程外濫捧ᄒᆞ잔生意外에ᄂᆞᆫ不出이라고該商民等이請願于該院ᄒᆞ얏ᄂᆞᆫ데該觀察之堅密周旋에院卿之指令이何居ᄒᆞᆯᄂᆞᆫ지弟俟下回라ᄒᆞ더라

●島民呼訴 全羅南道莞島所屬薪智島人民等이經理院에呼訴ᄒᆞᆫ事實을聞ᄒᆞᆫ則去丙申年間에各道屯土가正供外에加捧賭稅로由ᄒᆞ야民怨이藉藉ᄒᆞᆫ故로近年에ᄂᆞᆫ各道屯稅之疊徵者가皆得蠲減이온디至若本島ᄒᆞ야ᄂᆞᆫ沙石瘠薄之地而田一結에葉四十兩과畓一結에七十兩으로依然徵捧ᄒᆞ오니當此歉荒之餘ᄒᆞ야民皆渙散ᄒᆞ고地亦荒廢乃已故로跋涉千里ᄒᆞ고特爲裁減ᄒᆞ시믈哀乞伏祝이라ᄒᆞ얏더라

●忠察報告 忠南觀察金嘉鎭氏가內部에報告ᄒᆞ기를去月二十九日에日憲兵將官室田少尉가兵丁八十名을領率ᄒᆞ고自威悅郡으로來到韓山郡이다가仍向舒川方面이라ᄒᆞ얏다더라

●春社請願 西江居吳鐸永等이春夫會社設立次로該規則을粘連ᄒᆞ야請願認許ᄒᆞ얏더라

●林倅報告 林川郡守金甲淳氏가內部에報告ᄒᆞ되郡守가社還米分給次로五月廿四日에本郡紙谷面塔里倉所에出往分給之際에不知何許騎馬二人이率徒數十名ᄒᆞ고突入倉庭ᄒᆞ야傳令三度及差紙三張을傳ᄒᆞ며軍丁幾百名과火砲幾十名을請募하며擧動乘悖에甚至於奪印章自作召募之擧故로暗澡還民數十名하야騎馬者二名을先爲縛執則餘皆解散이기該騎馬人李思聖李한鎬等은牢囚郡獄이라하얏더라

●投貨譏賊 金化郡에ᄂᆞᆫ廉姓人이該邑以來로卽一本土大姓者也而該廉姓중一名이搜셔於境內富民處ᄒᆞ야索錢幾萬兩다其富民이欲探其誰某作俑ᄒᆞ야銀貨幾十枚에暗記標準ᄒᆞ야出置於所請之山谷而歸이러니其后一日은該銀貨一枚가轉入於本主矣다本主가見此銀貨에的知其近境人所爲ᄒᆞ고探問於持來人許則右人所答이負薪入邑ᄒᆞ야賣柴給價之廉姓者而詰問錢之所從來則廉哥가自無卞白之言하야橫竪說去라가卽爲被縛於本郡巡校하야其同謀行賊者數三名이亦爲被捉이라ᄂᆞᆫ데俱是廉哥라하더라

●無至俱焚 洪州鄕長李華培氏가內部에請願하되陰曆本月九日에各隊兵砲擊東門에占復城池ᄒᆞᆷ의離分首倡與脅從而城門失火에禍及池魚가리所離道인즉移照軍部及日本司令部하와務施安民之方策에無至玉石俱焚之歎케하라하얏더라

詞林

哭 潘宗禮 龍川成一亨

君不見潘氏樂爲天下士輕毛一命視如歸魯連猶在齊東海大義堂堂日月輝

苦海狂氣滿洛城幾人到此不平鳴生爲吾土居無所義士東方哭有聲惜身竊作貪名谷捨命恒存愛國誠慷慨謹如英伯切貝千萬古節猶청

倫敦電報

●西皇遭變(無事) 三日午後三時發

西班牙皇帝御結婚式을擧行ᄒᆞᆫ際에爆彈을投ᄒᆞᆫ者有ᄒᆞ야九名의死者와多數의負傷者가有ᄒᆞ얏고兩陛下ᄭᅴ셔ᄂᆞᆫ御無事ᄒᆞ셧스며嫌疑者ᄂᆞᆫ목今逮捕中이라더라

●英人嫌疑者 上仝

西班牙皇帝皇后兩陛下의게爆彈을投ᄒᆞᆫ혐疑者로一英人이捕縛ᄒᆞ야亂民으로殺害코저ᄒᆞᆷ의英國大使館에셔ᄂᆞᆫ釋放을求ᄒᆞ얏셔도西班牙官憲은此를拒絶ᄒᆞ얏더라

●御着衣汚染 上仝

前記珍事之際에西班牙皇后陛下의御着衣ᄂᆞᆫ死者의血을汚染ᄒᆞ얏다云ᄒᆞ더라

東京電報

●京釜鐵道官制 三日午後三時發

京釜鐵道官制ᄂᆞᆫ目下編制中인디來卄日頃에發表ᄒᆞᆫ다더라

雜報

●胎封不審 一進會員幾人이陳荒處起墾次로農商工部認許를永平郡에到付ᄒᆞ고該郡所在先皇胎封山을董濯樹木하고起耕火田하되該郡守ᄂᆞᆫ謂有上部認許則不必禁止라ᄒᆞ야實之尊嘗矣러니自農部로始知胎山火耕하고發訓永平郡하야論責該倅之不審하고當該會員은使即捉囚郡獄하얏다더라

●隨員先來 義親王殿下隨員李根友氏가先爲渡韓ᄒᆞᆫ다ᄂᆞᆫ事ᄂᆞᆫ已揭前報어니와其隨員魚潭氏ᄂᆞᆫ二昨日에入城하얏다더라

◉平壤女生徒

哀弔歌

원말인가원말인가
桑港被災원말인가
가이업다가이업다
生命財産가이업다
四海之內皆兄弟니
東西洋을區別ᄒᆞᆯ가
西雲이慘悽ᄒᆞ고
海天이漠漠ᄒᆞᆫ데
一場慟哭긴소리로
슬피울어吊哭ᄒᆞ고
究慟코究慟코나
留連ᄒᆞ든우리同胞
學問을爲ᄒᆞᆫ던지
勞働을ᄒᆞ려던지
數萬里海洋밧게
山川人物生疎ᄒᆞᆫ데
離鄕遠來寒暑에
死生을不顧ᄒᆞ니
客枕寒燈夏夜에
故鄕生覺여북ᄒᆞᆯ며
一片丹心굿건ᄒᆞ여
腦髓에盟誓키를
國勢가岌業ᄒᆞ고
同胞가塗炭이니
어서어서工夫ᄒᆞ여
文明學問빗온後에
故國에도도라가서
父母妻子覲見ᄒᆞ고
國家에棟樑되여
忠君保民ᄒᆞ자ᄒᆞ나
共同之患大地震에
죽을줄노알앗더니
皇天이眷顧ᄒᆞ사
一人橫死업셔스니
生命은僥倖이나
財産이蕩盡이라
길ᄯᅳᆫ마음一半이오
愛惜ᄒᆞᆯ일一半이라
空山夜月杜鵑聲은
참아어이들을손가
이셔도다의ᄉᆞ숙도다
他鄕苦狀이셔도다
우리들은本國잇셔
학力이不足ᄒᆞ야
額手殷祝ᄒᆞ옵기ᄂᆞᆫ
遊학ᄒᆞᄂᆞᆫ同胞인데
千萬意外一蔭翳ᄂᆞᆫ
膽寒骨冷웬일인가
死亡은업셔스나
손수만[illegible]
入其太石아니여든
그뉘다셔모솔손가
우리年少女子들노
職業을未迎ᄒᆞ야
情誼은가득ᄒᆞ나
말암어로못ᄒᆞ기로
華麗사야ᄒᆞ든돈은
나ᄂᆞ히ᄌᆞ하니여
눈물노換票ᄊᆞ고
한숨으로吹送ᄒᆞ니
些少터마오시고
星火갓치보니쥬소

[illegible]

廣告

本人에子六歲兒가以外停性肋막炎病으로頗分危重ᄒᆞ와幾至死境이옵더니西署南門外蓮池洞四十一統一戶田病院醫師戶田保氏가一日三次式熱心診察ᄒᆞ와三四日에極惡ᄒᆞᆫ脈搏數百四五十至熱高占時計十度五分位ᄒᆞ니該氏에熱心診察과藥料에神效ᄒᆞᆷ을感謝ᄒᆞᆷ으로廣告ᄒᆞ오니內外人僉君子ᄂᆞᆫ照亮ᄒᆞᆷ

金胤洙 告白

本社新聞支社員을開城北部梨井里胖洞培養學校副校長姜助遠氏로定ᄒᆞ얏ᄉᆞ오니該附近地에ᄂᆞᆫ諸君子ᄂᆞᆫ同氏의게購覽ᄒᆞ시며代金도同氏의게傳致ᄒᆞ심을爲要

大韓每日申報社

在桑港遭難同胞救助金

◉官立法語學校諸員

教師 馬太乙 新貨二十五圜
教官 李能和 一圜
金昇洙 一圜
金徽賓 一圜
安子商 一圜
崔相喆 一圜

學員

秦學普 一圜　洪淳澤 一圜
金秉殷 一圜　李潤載 二圜
金在豐 一圜　金弘烈 一圜
張薰 一圜　金衡植 一圜
申東憲 一圜　朱衍洛 一圜
柳明佑 一圜　白瓚基 五十錢
朴性穆 五十錢　金顯圖 五十錢
金永成 五十錢　鄭翰教 五十錢
林應喆 五十錢　林淳用 五十錢
吉寬植 五十錢　李春健 五十錢
南弼熙 四十錢　朴庸善 三十錢
曹秉鎭 三十錢　崔相睦 三十錢
朴春九 三十錢　朴泰臣 三十錢
金錫培 三十錢　尹世克 二十錢
李喜煥 二十錢　李鼎演 二十錢
柳熙鎭 二十錢　李敏夏 二十錢
林永淳 二十錢

以上合計新貨五十圜

義州保民會創設贊義捐金錄

李民溥 卄元　朴永運 十元
朴昌華 十元　金尙坤 十元
李楠基 十元　金用국 五元
金彝坤 五元　白用錫 三元
金斗煥 三元　朴永均 三元
石成一 三元　白瓚錫 二元
李裕弼 二元　崔時與 二元
金周伯 二元　朴致格 二元
朴龍云 二元　洪鏞亨 二元
金成旭 二元　車燮範 一元
李成夏 一元　金志濂 一元
林景俊 一元　金鼎燮 一元
韓滿守 一元　李鳳德 一元
張潤鉉 一元　金鎭成 一元
李永德 一元　林久麟 一元
朴東秀 一元　申炳秀 一元

金久正 서翰紙三束
田龍顯 五元

本人第得英字大三年今三十六性本浮浪蕩敗家產爲悖類所誘將欲僞造田畓文券得債次逃留海府內外國人勿爲見欺ᄒᆞᆷ

平山弓位吳濟英 告白

●女學員募集廣告●

本塾에서一般女子를教育ᄒᆞ기爲ᄒᆞ야新門外冷洞第一百七十三統六戶에義塾을新設ᄒᆞ고女學員을募集ᄒᆞ야普通及專門에左開科程을精實教授ᄒᆞ오니願學僉員은南署美洞二統九戶本會臨時事務所로來議ᄒᆞ시음

年齡自六歲至十八歲
募集期限自陽曆五月十八日至六月五日

○科程

修身 國文 한文 地誌
數學 理科 裁縫 習字
歷史 語學 日語或英語

光武十年五月十八日

私立 養閨義塾 告白

敬啓者本塾에서來陽六月十日日曜日下午二點鍾에開校式을行ᄒᆞ옵기玆庸函告ᄒᆞ오니新門外冷洞第一百七十三統六戶로屆期 光臨ᄒᆞ옵시믈伏望

光武十年六月一日

養閨義會發起人 秦學新 李舜夏 鄭喬 秦學준 李珠圭 金世庸 崔昌珏

前參奉羅春基春字를龍字로改定ᄒᆞ오니京鄕知舊照亮ᄒᆞᆷ

羅龍基 告白

郵遞標六百餘片을本人이路上拾得ᄒᆞ야시니遺失ᄒᆞᆫ君子ᄂᆞᆫ即速來覓ᄒᆞ시오

典洞永信号典當舖 告白

商民洪致律의게有廣木價未報條러니洪商이日人福田久藏與通譯李正化ᄒᆞ야本人家産을沒數奪去後에猶謂不足ᄒᆞ야又與日人花井松으로本人典執之他人畓七斗五升落文券을勒奪持去ᄒᆞ야將欲斥賣云ᄒᆞ니內外官民間切勿見欺和買를爲要

忠南禮山居申英均 告白

萬國史記一帙

玄采氏譯

十四冊三千六百五十圜
定價新貨七圜

○引用書目

萬國史記全文
泰西新史
中東戰記
日本維新史全文
萬國通史前編
埃及新史
萬國公法
普法戰記
路得改教紀略
波蘭末年戰史全文
俄國政教通考
日露備戰十年史

發售所
布屛下金相萬書舖
大韓每日申報社
平壤鍾路大同書觀

廣告

平壤鍾路大同書觀主人告

國民讀本　小學讀本
世界독本　普通新智識독本
蒙學독本全帙　女子新독本
尋常小學독本　蒙學修身敎科書
蒙學經訓修身敎科書
蒙學文法敎科書
蒙學漢文敎科書
文學初階
蒙學西洋歷史敎科書
蒙學東洋歷史敎科書
蒙學萬國地理敎科書
蒙學生理敎科書
蒙學衛生敎科書
蒙學植物敎科書
蒙學動物敎科書
蒙學礦物敎科書
蒙學天文敎科書
蒙學地文敎科書
몽學地質敎科書
몽학格致敎科書
몽학化學敎科書
初等物理敎科書
初等理化學新編
博物學大意　몽學毛筆習畵帖
몽學鉛筆習畵帖
몽學習字帖　各種
몽學算術敎科書
몽學珠算敎科書
몽學體操敎科書
몽學世界地圖
以上몽學用
高等小학한文독本
高等小학理科敎科書
高等小학西洋歷史敎科書
高等少학地理敎과書

高等小학博物敎과書
高等小학理敎과書
高等少학衛生敎과書
高等小학遊戲法敎과書
理化학大意
高等小학幾何학敎과書
高等小학萬國地理敎과書
倫理敎과範本　修身唱歌書
小학修身敎과서　筆算新法
高等小학毛筆畵帖
小학體操圖
以上高等小학用
中학修身敎과서
中학文法敎과서
商業敎本　修학篇
학生독서法　中等敎育倫理학
中等法律학교과서
中外故事독本
普通商業교과서
習字範本　中等倫理교과서
中等世界地理교과서
中等地리교과서
東西洋歷史교과서
最新代數학교과서
最新實驗化학　학교遊戲法
生리학교本
普通動物학교과서
新撰博物학교과서
中等博物교本　名학교과서
中학文粹全篇　萬國史綱
代數학　平面幾何학
立體幾何학　計학
鑛학　力학　熱학
氣학　자학　天文학
動電학　聲學
靜電학　地質학
地文학　生리학
普通鑛物학교과서
植物학교과서　用器畵교과서

格致학교과서
以上중等用
大학堂講義全編　微積학
以上高等用
교授法原리　학校管리法
小학校實驗管리術
論리학　新리교授法
唱歌교授法　교育史
교育학　論리학綱要
교育心리학　各과교授法
速成師範講義叢錄
東京遊학要覽　한文교授法
新稅교授학　몽師箴言
德育鑑　國民교育論
德育及體育　교育論新史全編
實心교授法　統解학校論
女子교育說　家政학
家庭학　心리교育
精神之교育　학校衛生학
百과교授指南
以上교育家及師範用

●刑法大全　一帙定價金新貨六十錢
牧民心書一帙一圜二十五錢
耳談續纂一冊　七錢五里
溫故知新堂叢鈔　七錢五里
父師必讀小學指南七錢五里
人工養蠶鑑一冊　十五錢
萬國地誌三冊　一圜
農政新書　五十錢
法學通論　一圜
尺牘完編　一圜五十錢
大韓地誌　七十五錢

發賣所　布屛門下金相萬書舖
大韓每日申報社

本社廣告

申報價
一張代金　新貨[illegible]
一箇月前錢　三十錢
三箇月　八十錢
六箇月　一圜七十錢
一年　[illegible]
郵稅一箇月　[illegible]
一箇月　十三錢

廣告料
國[illegible]每行二十三字[illegible]
[illegible]新貨五錢
[illegible]
[illegible]　二圜[illegible]
(每日每行[illegible]五里에 [illegible])
一箇月에　[illegible]
(每日每行[illegible]一里에 [illegible])
廣期限과長短과字行의多少를從ᄒᆞ야增減홈이有ᄒᆞᆷ

◉本社地方各處支店廣告
仁川梧峴開新册肆　李東圭
平壤南山峴日新學校　金興淵
崔叡恒
宣川邑橋西　安濬
義州南門外韓西大藥房　張有實
長連邑　金鎬
鎭南浦榮洞　金仁[illegible]
成興州南社　曺喜林
中和邑　李俊著
釜山佐川徐藥房　金濬[illegible]

發行兼編輯人　英國人裵說
發行所　京城北署[illegible]
大韓每日申報社

第四卷

大韓每日申報
대한ᄆᆡ일신보

第二百三十八號

月曜及慶節歲時日休刊

檀君開國四千二百三十九年
箕子元年三千二十八年
大韓開國五百十五年
日本明治三十九年
淸國光緖三十二年
陰曆丙午年閏四月十五日辛巳

論說

獨立性質

世之泛論韓國者必曰韓國이從來事大之習慣으로獨立的思想이本無ᄒᆞ야向東向西에反復不常故로獨立國에基礎를能成치못ᄒᆞ리라ᄒᆞ나以余觀之컨ᄃᆡ韓人이何嘗無獨立性質哉아但其社會之權力이屈於政府幾箇人壓制之下ᄒᆞ야縱有獨立的思想이나不能發表其獨立之實力이로다今以韓國全體言之ᄒᆞ면向東向西ᄒᆞ야反覆不常者ᄂᆞᆫ不過政府上幾箇人之所爲오全國大同之物情은決有不然者라何以證之오夫言論文字ᄂᆞᆫ即其國人之性質也라前此韓人之屈服於淸國이三百餘年이오淸之於韓에其待遇之禮貌가出於寬大ᄒᆞ고政治言論이皆任此國之自由로ᄃᆡ韓國學士大夫의言論文字가相傳至今에譏斥淸人이無所忌諱ᄒᆞ야悍然不服之意가如水之萬折必東ᄒᆞ니此非有獨立性質者乎아現今日本之待遇韓國은絶無德義上寬大的行爲ᄒᆞ고專以抑壓計遇으로惟日不足ᄒᆞᆫ자라所以로全國人心이憤發激昻ᄒᆞ야不計其成敗利鈍ᄒᆞ고期欲以一死洩憤ᄒᆞ야捐軀立節과倡義擧事가先後相望ᄒᆞ야誓欲脫其覊絆者니此非有獨立性질者乎아往在乙未年間에以不幸之大變으로其時韓國이暫得俄人之庇助ᄒᆞ얏스나此乃日人이激而致之者오非韓人大同之實情이本欲依賴他人이니豈可以此로謂韓人이反覆不常ᄒᆞ야原無獨立性질乎아以其歷史觀之ᄒᆞ면韓人之原有獨立性질이章章明矣라以此固有之性질로社會之風氣가漸至於發達ᄒᆞ고人民之學識이日臻於開明ᄒᆞ야全國言論氣槩가一致團合으로得達其强硬之實力ᄒᆞ야廷臣중幾箇輩의擅行을不容케ᄒᆞ면韓國獨立이其將確實成立이라ᄒᆞ노라

官報

●號外 光武十年六月四日

◎宮廷錄事

詔曰借來史官還入

六月三日

議政府議政大臣閔泳奎乞봉恩許疏

批旨省疏具悉卿懇증셔舊例賤豈不諒而亦適於時措而已卿謂今何如時其可以宛轉容與一日二日而遷延廉讓哉見此巽章大失所期而就各條論節節詳密眞得肯綮是知卿深憂遠慮自有定算於居閒之日矣閭巷匹庶之以綏急求救猶相奮身勇前者義也夫以民國大事委以畀之其艱棘之形迫在朝夕其所倚望之切寄畀之重卿亦宜有리會抑謂弊到劇處如毛髮皆病無可下手則此乃不然天下無不可爲之事惟不出神而力爲之耳廊廟之空虛久矣政須卿過行一着廓乎開濟卿其勿復煩辭卽起登對朕方臨軒而企待事遣秘서丞傳諭仍與偕來

六月三日

●三千四百七十一號光武十年六月五日

◎宮廷錄事

侍從院副卿丁大緯辭職疏

批旨省疏具悉所請依施

六月一日

◎敍任及辭令

○任官立小學校교員 朴晟根

五月廿九日○任全羅南道관察府主事 洪台燮○免本官

郭山郡公立小學校교員李錫範

右ᄂᆞᆫ該員이稱以歸覲ᄒᆞ고無由曠職이기是以免本官

以上六月一日

◎勅令

●勅令第二十四號 續

陸軍服章規則

第四條 軍裝은將校及下士兵卒을勿論ᄒᆞ고大槪左開境遇에着用홈이라

一 出戰及出駐時
一 非常時의出兵ᄒᆞᆯ時
一 軍隊諸勤務時
一 衛戍勤務及週番勤務時
一 大연習及機動연習時
一 別要ᄒᆞᆫ野外연習時

第五條 禮裝은大槩如左境遇에着用홈이라

一 宮內에御宴及因公進見時
一 禮節로上官을對ᄒᆞᆯ時
一 各項公式宴會及一應賀儀에臨ᄒᆞᆯ時
一 親族의賀儀葬祭時

第六條 半禮裝은大槪左開境遇에着用홈이라

一 補職及命課의辭令書를拜受ᄒᆞᆯ時
一 天覽ᄒᆞ시ᄂᆞᆫ場所에臨ᄒᆞ야侍陪ᄒᆞᆯ時
一 通常宴會에臨ᄒᆞᆯ時
一 一般賀儀葬祭時

第七條 常장은公私를勿論ᄒᆞ고平常着用홈이라

第八條 夏衣ᄂᆞᆫ炎暑時(凡六月一日로九月末日ᄭᆞ지着用홈이라以下同此)常장軍장에着用홈을得ᄒᆞ나니但夏衣를着用ᄒᆞᆯ時에ᄂᆞᆫ夏袴를着用홈을得홈이라夏衣夏襪ᄂᆞᆫ白色或갈色土色으로並用홈이라

第九條 夏袴ᄂᆞᆫ炎暑時에着用ᄒᆞ나니半禮장時에도着用홈을得홈이라將官用白袴ᄂᆞᆫ半禮장軍장常장에長靴를着ᄒᆞᆯ時ᄲᅮᆫ着用홈이라

第十條 外套ᄂᆞᆫ何許服장을勿論ᄒᆞ고雨雪時及防寒ᄒᆞ기爲ᄒᆞ야室內에도着用홈ᄲᅮᆫ得ᄒᆞ되但觀兵式其他儀式의境遇와上官의居屋內에在ᄒᆞ야ᄂᆞᆫ此를着用홈을不許ᄒᆞᆷ이라

第十一條 雨覆은外套에附ᄒᆞ야着用홈이正則이나然ᄒᆞ나時宜를因ᄒᆞ야雨覆ᄲᅮᆫ着用ᄒᆞ야도無妨홈이라

第十二條 頤紐은何許服장을勿論ᄒᆞ고隊伍에列ᄒᆞᆯ時반다시着用홈이可ᄒᆞ니但其他境遇에在ᄒᆞ야ᄂᆞᆫ各自便宜을從ᄒᆞ야用홈이라 未完

外報

●撤兵延期 俄國政府에서滿洲撤兵의對ᄒᆞ야軍事上事情과西伯利亞의形勢가紛紜홈으로預定ᄒᆞᆫᄃᆡ로實行치못ᄒᆞᆯ터인ᄃᆡ至今合爾賓과北滿洲에馬賊蜂起ᄒᆞ야十八個月內에撤兵ᄒᆞ기極難ᄒᆞᆫ故로俄國에서日本政府에交涉ᄒᆞ야撤兵을延期ᄒᆞᆫ다더라

●英國內閣 路透電을據ᄒᆞᆫ즉有力ᄒᆞᆫ某處에所傳이有ᄒᆞ니英國內閣에改造ᄂᆞᆫ今也其時機에切迫ᄒᆞᆫ者와如ᄒᆞ야內國官리具卿은必是退去ᄒᆞᆯ깃고下議院議員지야ㅣ지루氏가推薦되리라더라

●露日交涉 露日通商條約은沿海州漁業條約으로同時에在ᄒᆞᆫ栗野公使及露國外務省間에交涉을開始ᄒᆞ얏스ᄂᆞᆫ兩公使로임의其大體를議了ᄒᆞ고通商條約은舊條約의數點改正을加ᄒᆞ야其決定을互相妥協중이라더라

雜報

●敎育禍胎 本社에서數日에學部官邸에對ᄒᆞ야忠告도ᄒᆞ고其事實에矛盾됨이或有ᄒᆞᆯ서ᄒᆞ야질問도ᄒᆞ얏스나아올나實際要領을未得ᄒᆞᆷ이오但히杜撰과狙詐의術에惑弄됨이로다

幣原氏가韓國學部의月銀을食ᄒᆞᆷ이許久ᄒᆞᆫ중間에一技一事도紹介가無ᄒᆞ야可謂尸位素餐의誚를免ᄒᆞᆫ지오其陰險譎詐ᄂᆞᆫ韓國二千萬人種을滅絶乃已ᄒᆞ기에自足ᄒᆞᆫ지로다 所謂敎課書라ᄒᆞᄂᆞᆫ거ᄉᆞᆫ乃其自國의人類로待ᄒᆞ야天演로더부러變遷ᄒᆞ야自國의思想과自國의風俗과自國物情에適當ᄒᆞᆫ然後에可히써몽貸을啓牖ᄒᆞᆷ이어날

今에幣原氏ᄂᆞᆫ不然ᄒᆞ야日文으로써韓國幼年의敎課書를編輯ᄒᆞ셔學部大小官人의同意ᄒᆞᆫ者ㅣ一人도無ᄒᆞ거날同氏가强愎自用ᄒᆞ야勝勢不移ᄒᆞ고日文敎課書編輯ᄒᆞ노라고日人을多數募集ᄒᆞ야編輯에從事ᄒᆞᆫ다ᄒᆞ니所謂學部官人은職分을守ᄒᆞ고ᄌᆞ ᄒᆞᆫ者一箇人도終無ᄒᆞᆫᄂᆞᆫ지만일其職守를少念ᄒᆞ야國家思想이란것이毫髮만치라도有ᄒᆞᆯ진ᄃᆡ幣原氏ᄂᆞᆫ解雇ᄒᆞ야日本으로還送ᄒᆞᆯ이그編輯ᄒᆞᆫ敎課서으란日本小兒를敎授ᄒᆞᆷ이適宜ᄒᆞ리로다

大槪幣原氏의陰險이卓乎難及ᄒᆞᆫ處ᄂᆞᆫ韓國幼年으로日文敎課서를服習코ᄌᆞ ᄒᆞᆷ이其小兒의腦髓를鑿ᄒᆞ고彼所謂日本魂이라ᄒᆞᄂᆞᆫ것을注射코ᄌᆞ ᄒᆞᆷ이라然ᄒᆞ고보게되면

歷史上에曾見ᄒᆞᆫ바漢王이項王으로더부러垓下에大戰ᄒᆞᆯ시鷄鳴山秋夜月에張良의玉簫聲에聞漢軍四面이皆楚歌ᄒᆞ고項王이大驚ᄒᆞ야曰호ᄃᆡ漢이皆已得楚乎아是何楚人之多耶아ᄒᆞ니今에幣原氏의編집ᄒᆞᆫ바日文敎과서ᄂᆞᆫ乃是垓下大戰中玉簫聲이오韓國幼年이日文敎과에服習ᄒᆞ면韓軍四面이皆楚歌也ㅣ니吾社ᄂᆞᆫ此로써韓國二千萬人衆의게警告ᄒᆞ노라

韓廷이此를諳解ᄒᆞ야幣原氏를趂早解歸ᄒᆞᆯ진저幾日五條約을勒成ᄒᆞᆷ은究竟之日이猶有ᄒᆞᆯ여니와果贏之於螟蛉에類我類我ᄂᆞᆫ必竟類而後已ᄒᆞᆷ이로다

本記者ᄂᆞᆫ斷曰日文敎과之敎育이行于韓之幼年케되면是可謂日本이皆已得韓이라ᄒᆞ노라

●參與解雇 學部參與官幣原坦氏ᄂᆞᆫ日本文部省에一小官職으로轉任ᄒᆞᆫ되同參與官은解雇가되고卽時歸國ᄒᆞᆫ다더라

●日人測量 洪川郡西面開野盤谷八峯等地에日人三名通辯二名이來到ᄒᆞ야山之高下ᄒᆞᆷ과水之淺深을現方測量ᄒᆞᄂᆞᆫᄃᆡ該郡守金榮鎭氏가使巡校로探査則日本內務省技師東京帝國大ᄒᆞᆨ畢ᄒᆞᆨ士和田義睦氏의從屬技手로韓日政府條約이有ᄒᆞᆷ이니若詳所事實이거든往稟于政府ᄒᆞ라고回答ᄒᆞᆫ다더라

●單子上送 慶北觀察使申泰休氏가管下各郡處女單子收聚ᄒᆞ야都合七度를內部로上送ᄒᆞ얏다더라

●自薦沒恥 忠州觀察使尹喆圭氏ᄂᆞᆫ道路治道ᄒᆞ며學校設立에効勞頗多ᄒᆞ니特爲褒賞ᄒᆞ라고內部에自薦自報ᄒᆞ얏다더라

●洪州恰慘 日昨洪州義兵을各鎭隊日本兵隊가聯合攻擊을行ᄒᆞ야該郡東門을打破衝突ᄒᆞ미義兵與居民이在因逃生에投東奔西ᄒᆞ야或被銃死ᄒᆞ며或踰城墮死ᄒᆞ며或自相踐踏에折脚折腰而被死者數至千餘名이오被擒者數百名인ᄃᆡ倡義大將閔宗植은若干圍持之地에適有脅力過人者하야背負而逃走하얏다더라

●促送贖官 公州觀察使金嘉鎭氏가管下各郡守중在京者를一一申飭ᄒᆞ야罔夜促送하라고內部에電報하얏더라

●愚民被殺 平安北道郭山郡境內鐵道附近村民중에該鐵道木所釘鐵釘을拾取ᄒᆞᆫ者잇서當該村民一名을鐵道監部에捉囚하얏ᄂᆞᆫᄃᆡ行將砲殺ᄒᆞᆫ다더라

●盜刺巡檢 昨日上午六時頃에警務西署刑事巡檢이因其賊招ᄒᆞ야贓物査推次로新門外冷洞等地某人家에入去ᄒᆞᆫ즉該家內에留連하든賊漢三名이突出ᄒᆞ야卽拔利刀에揮刺巡檢이라巡檢이當危境에慌忙以左手로架隔이다가手腕이絕斷하고又以右手로架隔劍刃이라가右手가又爲絕斷이라方在生死之際에該賊盜가李卽逃走하야僅免性命이나兩手俱落에血滿衣衿하야所見이甚是慘惻이라더라

●民報將廢 國民新報經費ᄂᆞᆫ前觀察使金世基氏가擔負하얏ᄂᆞᆫᄃᆡ新聞은每日七千餘張을出刊하나報額은不入하고金氏ᄂᆞᆫ經費를肯出치아니ᄒᆞᆷ으로必至停刊이라더라

●議政攝行 今日懿孝殿望祭에ᄂᆞᆫ原任議政李根命氏가攝行ᄒᆞᆫ다더라

●議政登筵 新任議政閔泳奎氏ᄂᆞᆫ再明八日登筵하기로作定하얏다더라

●李氏入城期 日本관兵式에出羅하얏든李根澔氏一行은次第發程하야李根榮魚潭氏等은日昨回國하고李根澔氏ᄂᆞᆫ今明間入城ᄒᆞᆫ다더라

●干涉太甚 伊藤統監이歸國ᄒᆞᆯ時에 陛見上奏하기를現任各大臣을勿爲變更하소서하얏다더니此次閔泳奎氏가興禮大臣으로嘉禮에擧行하기爲하야議政을新卜하얏ᄂᆞᆫᄃᆡ統監府에서禮式院으로公文하기를當初相約이伊藤統監을不經하면ᄃᆡ臣任免을勿論하기로하얏ᄂᆞᆫᄃᆡ閔議政을新任하얏스니其理由를示明하라ᄒᆞᆫ故로政府에서當初議政府官制를改正頒布時에議政ᄃᆡ臣은興禮가有ᄒᆞᆫ時에新卜하고政府事務ᄂᆞᆫ參政이擔責ᄒᆞᆫ다하고回示하얏스되統監府에서連次질問하얏다하니ᄃᆡ抵國權이歲如하면若是壓迫乎아向者宮內府에서美國豪富請宴時에도統監府를不由하얏다고無數相詰하얏스니然則韓人은外國人을路上相逢ᄒᆞᆯ지라도不由統監하면굿모닝談話도不爲ᄒᆞᆯ지오宮內典禮事도若是干涉하니太剛則折이라反爲日本惜之라하더라

●善政善教 江西郡守李宇榮氏의實心愛民ᄒᆞ고熱心敎育ᄒᆞᆷᄂᆞᆫ本報에已揭어니와更聞ᄒᆞᆫ즉同氏가每日下午二點鍾에陰晴風雨를勿論ᄒᆞ고刻期上學ᄒᆞ되另設法學一課ᄒᆞ야教授生徒而其勸孜之訓懇切之辭가砭耳灌腦ᄒᆞ야如慈母之乳哺孩兒ᄒᆞ고又每週日에設討論開講ᄒᆞ야古今事蹟과時局形便을靡不痛切講論故로遠近學徒가坌集ᄒᆞ야感發興起가自不能已라ᄒᆞ더라

●先越利子 度支部에서日本에一千萬元을借欵하ᄂᆞᆫ데運動費及手數料를幷除하야九百九十萬에不過ᄒᆞᆷ은世人이知了하거니와韓政府에서ᄂᆞᆫ該錢은不得一見하고利子ᄂᆞᆫ六萬餘圓을越送하얏시니閔度大가精神이有耶아

●日人被懲 務安港一老面居하ᄂᆞᆫ李允瑞ᄂᆞᆫ日人을藉托符同하야其先代位土百餘斗落을偷賣ᄒᆞᆫ故로其從兄李正雨와堂姪相翹가呈邑星府하야日人을懲勵하고該土를還推하얏다더라

●問題變更 日本總理大臣西園寺氏가伊藤侯와對韓問題를更提하야韓日新約을勿施하ᄂᆞᆫ것이可하다하얏다더니滿韓問題가變更하야滿州를청國에還付하기로確定이되엿슨즉韓國은滿韓交換을實施ᄒᆞᆯ模樣이라더라

●宣諭판望 洪州郡守尹始永氏ᄂᆞᆫ宣諭使를自願하고또委員四人을依請差出하라하다가政府에서不應ᄒᆞᆷ으로不得已下去하얏다더니洪州義兵은日兵이掃蕩ᄒᆞ야居民이散四하얏다ᄂᆞᆫ데洪州來信을據ᄒᆞᆫ즉尹氏가有何관望인지三昨日에도洪州에서不現하얏다더라

●衛生設社 義州監理李民溥氏ᄂᆞᆫ衛生視政之餘에衛生社를發起ᄒᆞ야二百金으로연助ᄒᆞ고鴉片煙吸ᄒᆞᄂᆞᆫ者五十餘名을請ᄒᆞ야調治ᄒᆞ고出送之日에自現ᄒᆞᆫ者도三十餘名을方今用藥調治ᄒᆞ니以此民情이翕然稱頌ᄒᆞᆫ다더라

●停報告 慶北高靈郡守夏榮氏ᄂᆞᆫ莅任三日에與鄉중文학之士李台勳崔坤述兩氏로商議ᄒᆞ야設立普通학校ᄒᆞ고募集확徒ᄒᆞ야方欲開학이더니교師ᄂᆞᆫ以有학問能日語之人으로擇送ᄒᆞ고李崔兩人을揭載官報ᄒᆞ야以示朝家褒揚之典ᄒᆞ라ᄂᆞᆫ뜻으로事狀을亦爲下送하라고학部에報告하얏더라

東京電報

●白貨問題 六月五日(○)時四十五分發

白銅貨交換期限及通用禁止에對하야統監은昨今反對意見을減하얏더라

●歸任延期 仝上

伊藤統監歸任은來十五六日頃ᄭᆞ지延期되얏더라

雜報

昨日法學講習所에輔國閔泳徽氏가所長으로出席ᄒᆞ야勸勉ᄒᆞᆷ이如左ᄒᆞ니

今日此處에來ᄒᆞ야諸君의向學ᄒᆞᄂᆞᆫ熱誠을見ᄒᆞ고欣感ᄒᆞᆫ心을勝치못ᄒᆞᆯ깃소然ᄒᆞᄂᆞ我國一般社會의趣向을見ᄒᆞᆫ즉日會라曰학校라ᄒᆞᆷ이皆始終이如一치못ᄒᆞᆫ者ㅣ多ᄒᆞ니諸君은此를鑑戒ᄒᆞ야今日講習所로ᄒᆞ야곰內外國人의笑柄이되지안케ᄒᆞ기를切望ᄒᆞ오此人이今日에出席ᄒᆞᆷ은能히新學問과新智識이有ᄒᆞ야諸君을勸勉ᄒᆞᆷ이아니라다만諸君의美擧를欣感ᄒᆞ야贊成ᄒᆞᆷ이니諸君은終始勉勵ᄒᆞ야此講習所로ᄒᆞ야금全國各學校에模範이되게ᄒᆞ며社會進步에先導者가되게ᄒᆞᆷ을再히切望ᄒᆞ오

●義王消息 義親王殿下의隨員一行은次第回國ᄒᆞ얏ᄂᆞᆫᄃᆡ傳說을聞ᄒᆞᆫ즉伊藤侯가同 殿下께무슴勸告가有ᄒᆞ되 殿下께셔不從ᄒᆞ시ᄂᆞᆫ故로伊藤氏와同히回國지아니ᄒᆞ신다더라

●忠察虐民 南來人에傳說을聞ᄒᆞᆫ즉忠北觀察使尹喆圭氏가赴任三四朔인ᄃᆡ當此農務方殷之日에不顧民情ᄒᆞ고戶戶募役ᄒᆞ야治道爲事而一月三旬에二旬則應役官家ᄒᆞ고一旬旣許民食業으로ᄃᆡ令曰吾은十指不動ᄒᆞ고一身攝養ᄒᆞ되自靑年老白首로醉飽酒肉커든汝民等은一朔內二旬應役이라도一旬孜孜營業則豈難醉飽乎아ᄒᆞ며治道之際에割民田畓ᄒᆞ고毁人家屋ᄒᆞ야使民으로失農而失巢케ᄒᆞ고府內城郭이素是堅確ᄒᆞ야其於吾東에趙氏之晉陽 거날一幷毁破ᄒᆞ고以私計로欲設場市ᄒᆞ야非久登場之麥을一幷刈棄ᄒᆞ야民怨이漲大이며藉托學校設施ᄒᆞ고排歛十七郡之殘民ᄒᆞ야剝取民財十五萬金ᄒᆞ니十萬金은謂以設校費라ᄒᆞ고五萬金은以遊讌之資로做計라가終歸私橐ᄒᆞ니是以로匿名之辱이日揭于[illegible]門ᄒᆞ되氏가頓無一毫動念ᄒᆞ니若過幾朔이면忠北生靈은靡有孑遺ᄒᆞ리라더라

●有志塾長 朴永鎬吳成善金健洙朴鎭宇等諸氏가水標橋近地에普興新塾을設刱立ᄒᆞ고李命魯氏를雇聘ᄒᆞ와熱心敎授ᄒᆞᆫ다ᄂᆞᆫ말은本報에已揭ᄒᆞ얏거니와該塾에셔塾長은李鍾泰氏요塾監은趙允鏞氏로擇定ᄒᆞ얏다더라

●日工偏飽 近日各府部院廳公廨를修리도하고建築도하ᄂᆞᆫᄃᆡ該經費를支出하ᄂᆞᆫ度支大臣이나各其主務하ᄂᆞᆫ官人은其預筭多少를勿問하고依日人청求하야支出하ᄂᆞᆫᄃᆡ該役事費ᄂᆞᆫ韓人工匠에셔五六倍를加定ᄒᆞᆫ다더라

●漸至解散 慶尙北道管下各郡安東等地에도義兵이繼起ᄒᆞᆫ다더니[illegible]通信을據ᄒᆞᆫ즉漸次解散이되얏다더라

●郡守관望 公州관察使電報를據ᄒᆞᆫ즉各郡義兵이尙在擾攘ᄒᆞ니在京各郡守를不日下送ᄒᆞ라ᄒᆞ나韓郡守等은관其所聞ᄒᆞ야境內가安穩ᄒᆞ면下去ᄒᆞᆯ터이라더라

白桑港遭難同胞救助金

金회弼 一元 金振聲 五十錢
崔廷植 五十錢

○大韓自强會諸氏

尹致昊 二元 南宮薰 一元
南章熙 一元 玄 은 一元
李鍾益 一元 張志淵 一元
鄭雲復 一元 安永錫 一元
河肯一 一元 尹孝定 一元
沈宜性 一元 李承麟 一元
呂炳鉉 一元 太明軾 一元
崔寧軾 一元 金英圭 一元
朴殷植 一元 梁起鐸 一元
林炳恒 一元 李鍾一 一元
崔龍煥 一元
鄭鍋冤 二十五錢
金相範 二十五錢
都相殷 二十五錢
崔庠集 二十五錢
以上合 一十五元

廣告

平壤鍾路大同書觀主人告

國民讀本 小學讀本
世界독本 普通新智識독本
蒙學독本全書 女子新독本
尋常小學독本蒙學修身教科書
蒙學經訓修身教科書
蒙學文法教科書
蒙學漢文教科書
文學初階
蒙學西洋歷史教科書
蒙學東洋歷史教科書
蒙學萬國地理教科書
蒙學生理教科書
蒙學衛生教科書
蒙學植物教科書
蒙學動物教科書
蒙學礦物教科書
蒙學天文教科書
蒙學地文教科書
몽學地質教科書
몽학格致教秘書
몽학化學教科
初等物理教科書
初等理化學新編
博物學大意 몽學毛筆習畵帖
몽學鉛筆習畵帖
몽學習字帖 各種
몽學算術教科書
몽學珠算教科書
몽學體操教科書
몽學世界地圖
以上몽學用
高等小학한文독本
高等小학理科教科書
高等小학西洋歷史教科書
高等少학地理教科書
高等小학博物教과書
高等生小학理教과書
高等少학衛生教과書
高等小학遊戲法教과書
理化학大意
高等小학幾何학教과書
高等小학萬國地理教과書
倫理教과範本 修身唱歌書
小학修身教과서 筆算新法
高等小ᄒᆞᆨ모筆習畵帖
小ᄒᆞᆨ體操圖
以上高等小ᄒᆞᆨ用
中ᄒᆞᆨ修身教과서
中ᄒᆞᆨ文法教과서
商業教本 修ᄒᆞᆨ篇
ᄒᆞᆨ生독서法 中等教育倫理ᄒᆞᆨ
中等法律ᄒᆞᆨ교과서
中外故事독本
普通商業교과서
習字範本 中等倫理교과서
中等世界地理교과서
中等地리교과서
東西洋歷史교과서
最新代數ᄒᆞᆨ교과서
最新實驗化ᄒᆞᆨ ᄒᆞᆨ교遊戲法
生리학교本
普通動物ᄒᆞᆨ교과서
新撰博物ᄒᆞᆨ교과서
中等博物교本 名ᄒᆞᆨ교과서
中ᄒᆞᆨ文粹全篇 萬國史綱
代數ᄒᆞᆨ 平面幾何ᄒᆞᆨ
立體幾何ᄒᆞᆨ 計ᄒᆞᆨ
熱ᄒᆞᆨ 力학 水학
氣학 쟈학 天文학
動電학 聲學
靜電학 地質학
地文학 生리학
普通礦物학교과서
植物학교과서 用器畵교과서
格致학교과서
以上中等用
大학堂講義全編 微積학
以上高等用
교授法原리 학校管리法
小학校實驗管리術
論리학 新리교授法
唱歌교授法 교育史
교育학 論리학綱要
교育心리학 各과교授法
速成師範講義叢錄
東京遊학要覽 한文교授法
新稅교授학 몽師箴言
德育鑑 國民교育論
德育及體育 교育論新史全編
實心교授法 統轄학校論
女子교育說 家政학
家庭학 心리교育
精神之교育 학校衛生학
百과교授指南
以上교育家及師範用

● 刑法大全 一帙定價金 新貨六十錢
牧民心書一帙 一圜二十五錢
耳談續纂一冊 七錢五厘
温故知新堂叢鈔 七錢五厘
父師必讀小學指南 七錢五厘
人工養蠶鑑一冊 十五錢
萬國地誌三冊 一圜
農政新書 五十錢
法學通論 一圜
尺牘完編 一圜五十錢
大韓地誌 七十五錢

發賣所 布屛門下金相萬書舖 大韓每日申報社

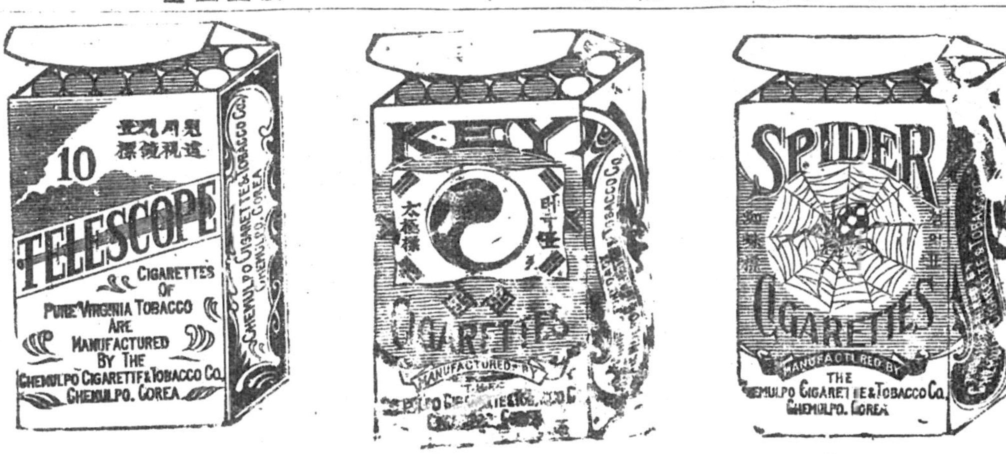

以上三種은上品으로製造ᄒᆞᆫ야衛生上에至極有益ᄒᆞ니毋論某人ᄒᆞ고本社에來臨ᄒᆞ음

大韓帝國仁川港
烟物捲紙製造及烟草會社

本社廣告

申報價
一張代金 新貨二錢五厘
一箇月前貰 三十錢
三箇月 九十錢
六箇月 一元七十錢
一箇年 三元四十錢
郵稅一部 新貨五厘
一箇月 十三錢

廣告料
四號活字十三字詰
每日每段尺一寸에新貨廿五錢
(每日每行에大錢에目當홈)
二個日에 二圜五十錢
(每日每行圜錢五厘에相當홈)
一箇月에 五圜
(每日每行圜錢一厘에相當홈)
其期限의長短과字行의多少를依ᄒᆞ야增減홈이有홈

◉本社地方各處支店廣告
仁川杻峴開新册肆 李東主
平壤南山峴日新學校 金興瀾 崔叡恒
宣川邑橋西 安濬
義州南門外韓西大藥房張有寬
長連邑 金鏞
鎭南浦築洞 金仁직
咸興州南社 曹喜林
中和邑 李俊善
釜山佐川徐藥房 金濩聲
開城北部梨井里祥洞居培義학校副校長 姜助遠

發行兼編輯人 英國人裵說
發行所
京城北署壽進坊[illegible]
大韓每日申報社

第四卷

大韓每日申報
대한매일신보

第二百三十九號

月曜及慶節歲時休日刊

檀君開國四千二百三十九年
箕子元年三千二十八年
大韓開國五百十五年
日本明治三十九年
淸國光緒三十二年
陰曆丙午閏四月大十六日壬午

論說

露國友對說

五月二十一日聖彼得堡發電을據ᄒᆞ니露國은日本이聲明ᄒᆞᆫ바韓國에對ᄒᆞᆫ保護權과且其韓國에在ᄒᆞ야軍事上占據ᄒᆞᆫ事實을承認치아니ᄒᆞ고戰爭休息後에調印ᄒᆞᆫ條約에所載ᄒᆞᆫ바露國이韓國에在ᄒᆞ야優勢範圍內權力을准得ᄒᆞᆫ거슨日本이破棄ᄒᆞ얏다고列國에宣明ᄒᆞᆫ더이오露國은日本이더구나眞的히韓國을占取ᄒᆞ얏다고確言ᄒᆞᆷ이緊切ᄒᆞᆫ結果가必生ᄒᆞᆯ지며且此是露日再戰之嚆失라고豫言ᄒᆞᄂᆞᆫ外交家들이不無ᄒᆞ다더라日本이韓國을領有ᄒᆞᆷ이맛치美國이比律賓을占有ᄒᆞᆷ과同ᄒᆞᆷ이無疑ᄒᆞᆫ지라盖韓國에皇帝陛下ᄭᅴ셔主治ᄒᆞ시고帝國議政府가有ᄒᆞᆷ이固然ᄒᆞ거날彼日廷之任命官憲이諸般緊要事項을管理ᄒᆞ며日本兵卒이各處重要地點에守備ᄒᆞ얏ᄂᆞᆫ지리以此觀之ᄒᆞ면日本의在韓行動이出於領有之計인즉露國이既已確知ᄒᆞ얏고媾和時條約을日本이破棄ᄒᆞᆷ을또ᄒᆞᆫ憤怒ᄒᆞ야列國에聲明이有ᄒᆞ니此ᄂᆞᆫ東洋戰端이更起ᄒᆞᆯ兆候라

大抵日本이韓國을領有코져ᄒᆞᆷ은雖出於貪慾이나列强의公議와露國의反對를不免ᄒᆞᆯ지니此엇지日本의得策이라謂ᄒᆞ리오日本이急히善後之策을講究ᄒᆞ야韓國의獨立을如前히ᄒᆞ고東洋의平和를務圖ᄒᆞᄂᆞᆫ것이至善ᄒᆞᆫ方針이라ᄒᆞ노라

官報

●三千四百七十二號光武十年六月五日

◉宮廷錄事

侍從院副卿閔건植辭職疏
批旨省疏具悉所請依施
六月二日

◉敍任及辭令

○依願免本官 度支部主事俞承兼 度支部繙譯官補李範益 度支部技手俞경煥 以上五月廿八日○任度支部主事 李容浩 朱學根○依願免本官 農商工學校敎官金祥演○任農商工學校敎官 外國語學校副敎官任璟宰 以上五月卅一日○命시從院副卿 從二品閔건植○依願免本官 秘書監丞沈九澤 驪慶廟參奉權甫榮○秘서監丞 正三品金龍基○兼任太醫院副卿 秘서監丞鄭헌○任肇慶廟參奉 趙在元 以上六月一日○依願免本官 主殿院主事朴容海 全高義중 命시從院副卿 從二品李敏和○任主殿院主事 尙方司主事 金 格○任主殿院主事禮式院掌樂과主事朴海兢○任禮式院掌樂과主事 六品朴容海○任尙方司主事 九品高義中○任學部主事 學部委員方漢宗 中學校敎官李完應○依願免本官 慶尙北道觀察府摠巡朴淵奎○任慶尙北道觀察府摠巡 前摠巡金準下 以上六月二日

◉勅令

●勅令第二十四號 續

陸軍服章規則

第十三條 日覆ᄂᆞᆫ炎暑時軍褒常중에在ᄒᆞ야常帽에用ᄒᆞᆷ이라

第十四條 勳章及紀章은何許服裝을勿論ᄒᆞ고佩用ᄒᆞᆷ이라然ᄒᆞ나大勳位勳一等功一等은大禮장及禮장에만佩用ᄒᆞ고軍장及半禮장에ᄂᆞᆫ其副章만佩用ᄒᆞᄂᆞ니但常장或軍장에라도境遇를從ᄒᆞ야此를佩用치아니ᄒᆞᄂᆞᆫ事도有ᄒᆞᆷ이라

第一章 將校의服裝

其一 通則

第十五條 小肩章은大禮裝을除ᄒᆞᆫ外에如何服裝을勿論ᄒᆞ고着用ᄒᆞᆷ이라但服務中에在ᄒᆞ야ᄂᆞᆫ便宜를因ᄒᆞ야除ᄒᆞ야도無妨ᄒᆞᆷ이라

第十六條 刀ᄂᆞᆫ將官及各兵科領尉官准士官과軍樂長이佩用ᄒᆞ고劍은將官及相當官과司計軍司軍醫獸醫部의領尉官相當官이佩用ᄒᆞᆷ이라

第十七條 刀及劍의佩用法은其大禮衣及軍衣를着ᄒᆞᆯ時ᄂᆞᆫ衣의表上에夏衣를着ᄒᆞᆯ時ᄂᆞᆫ衣의裏上에刀(劍)帶를結ᄒᆞ야佩用ᄒᆞᄂᆞ니其刀ᄂᆞᆫ室內室外를勿論ᄒᆞ고如何ᄒᆞᆫ境遇든지上部의環을刀帶의鉤金에掛ᄒᆞ고乘馬에在ᄒᆞ야ᄂᆞᆫ不掛ᄒᆞᆷ이라

第十八條 正緖ᄂᆞᆫ大禮장禮장半禮장을着用ᄒᆞᆫ時에刀或劍에장着ᄒᆞᆷ이라

第十九條 刀緖와劍緖ᄂᆞᆫ刀와劍에장着ᄒᆞ야軍장常장ᄒᆞᆯ時에用ᄒᆞᆷ이라

第卄條 飾緖ᄂᆞᆫ將官及參謀官이佩用ᄒᆞ되將官은大禮장과禮장ᄒᆞᆫ時에用ᄒᆞ고贊謀官及參謀官은如何服장이든지用ᄒᆞᆷ이라

第卄一條 飾서ᄂᆞᆫ金線製를用ᄒᆞᆷ이나然ᄒᆞ나常중에在ᄒᆞ야ᄂᆞᆫ견絲製(黃色)을用ᄒᆞᆷ도無妨ᄒᆞᆷ이라

第卄二條 懸章은高等官衙副官과傳令使와週番衛戌巡察의諸將校가如何服중을勿論ᄒᆞ고此를用ᄒᆞᄂᆞ니其佩用法은右肩에서左腋에斜掛ᄒᆞᆷ이라但高等官衙副官과傳令使ᄂᆞᆫ特히長官을隨從ᄒᆞᆫ時와週番及衛戌巡察은現方勤務에在ᄒᆞᆫ時外에ᄂᆞᆫ佩用치아니ᄒᆞ야도無妨ᄒᆞᆷ이라

第卄三條 短袴ᄂᆞᆫ如何ᄒᆞᆫ服중에在ᄒᆞᆫ디지長靴를穿ᄒᆞᆯ時에만着用ᄒᆞᆷ이라然ᄒᆞ나炎暑時에ᄂᆞᆫ夏袴를短袴製로調製ᄒᆞ야着用ᄒᆞᆷ도無妨ᄒᆞᆷ이라 未完

外報

●俄民의激昂 倫敦電을據ᄒᆞᆫ則俄京에서締表ᄒᆞᆫ公文書을據ᄒᆞᆫ則俄國셔政治上暗殺이頻仍ᄒᆞ고且一般人民이激昂ᄒᆞᄂᆞᆫ貌樣이有ᄒᆞᆷ으로此際에大赦를行ᄒᆞ거나特別法을改正或廢止ᄒᆞᆷ이不可ᄒᆞ다ᄒᆞ얏더라

東淸鐵道復線 北京電을據ᄒᆞᆫ則露軍은近來東淸鐵道와復線工事에着手ᄒᆞᆫ다ᄂᆞᆫ風說이有ᄒᆞ야眞僞ᄂᆞᆫ不明ᄒᆞ나注意ᄂᆞᆫ風說이有ᄒᆞ더라

●北京의戒嚴 天津電을據ᄒᆞᆫ則北京天津西安府에서排語紛紛ᄒᆞ고又各種暗號로告示ᄒᆞᄂᆞᆫ디其意미ᄂᆞᆫ比排斥外멸洋排滿革命이라警務部에서警官五百名을特派ᄒᆞ야搜探ᄒᆞ얏스나아직探偵의端緖를不得ᄒᆞ고北京에서ᄂᆞᆫ頤和園과宮城에臨時警察派遣所를特設ᄒᆞ야不虞를預備ᄒᆞ며袁總督의護衛兵도亦爲增加ᄒᆞ얏다ᄒᆞ더라

詞林

讀每日申報　掛冠山人

螢窓十載苦何求賺得功名僅白頭有口難言今世界撫膺空抱目春秋鋒鍔閃爍看無厭涇渭分明寫不休寸紙如金眞可寶警醒斜巷懶士儔

寄書

在日本留學生韓相愚는忠告于我大韓青年同胞書노라

夫萬物之衆에惟人이最靈者는以其有學問也라故로人而無학問則自不能活動而垂手尸位호야[illegible]營業에不能做一호고依人頒食을如之嬰孩호며受人驅鞭을如之禽獸라가終以身滅家亡而禍及于國家호나니학問之於人이豈不重且大哉아

嗚呼[illegible]我大韓은四千載古國으로三千里江山이非不廣也며二千萬人民이非不衆也며[illegible]之風氣이非不美也며[illegible]德이非不盛也로디挽近以來로[illegible]頹弛호고教育이廢弛호야[illegible]繼傳習호고墨盲時務호야[illegible]能活動而致此今日之勢[illegible]數호[illegible]리[illegible]哉야[illegible]餘의神[illegible]迷迷호[illegible]之[illegible]眼不及여[illegible]와一[illegible]流이야昔其思想之리오一自[illegible]權失亡以[illegible]以界風波는國家的變遷而不能細想이니와近[illegible]巷에失家樓屑과受[illegible]痛苦는是乃個人的困難而亦是目擊者也라何尙不知其痛이리오然而但以過眼姑息으로付之[illegible]고自暴自棄호야終不[illegible]其[illegible]謂萬物之最靈者乎아

大抵志氣之勇敢과動作之敏活은皆從學問上出來者也라然而時異古今호야古之所謂學問者는道德文章이是也오今之所謂學問者는理化技術이是也라古之文章과今之技術이學問則一也나應用殊矣라然則欲以競爭於現世者不爲今學而常攻古學이면是는猶冬葛夏裘而以懲寒暑之不序也라其何以不敗哉리오危且急矣라 未完

雜報

●會捉術客 再昨日下午八時에一進會員數十人이留待于闕門外라가自闕內出來호는所謂術士李秉周李寅淳等本淳雖甚潤諸氏를一並[illegible]會所로率去호얏다가警務廳에並即捉囚호얏다더라

●保倅擬罪 보寧郡守申奭求氏는義兵이到該郡호야勸請[illegible]兵홈의告示各面에使之應募케홈이雖保脅迫이나鈐印紙를終不繳消호고竟至於外人之拾得호니論其[illegible]犯에不可無警이라호야內部에서方在擬罪中이라더라

●達察電報 大邱觀察申泰休氏가內部로報告호되安東[illegible]實英陽等地에義兵團聚事는業已電報이거니와義兵三百名이將爲犯入於該城地이다至有該郡所報故로安東隊兵十名을派送호야使之防守矣[illegible]出駐兵丁이追及義黨於장[illegible]等地호야收奪統[illegible]四十餘柄호고捉得義兵六名호야還到本隊인디渠皆以江原道忠청道等地에서見逐餘徒로東섬西忽에散擾民邑이極所痛駭라호얏는디內部에서指令호기를所收軍械은本府에保管호고所捉義兵은捧招報案케호라호얏더라

●桑木害民 珍島郡에僑居호얏는前副尉李承麟이가民間에與當債給호고或過限에면歐償로田土를勒買호되稱以日人五味鐵호고勝買田畓호며昨年春에竹清村前所在田에桑木을植호얏더니該村農牛一隻이吃草라가偶入田中호야桑木六七株를踏傷호얏[illegible]頭民을招來恐喝호야稱[illegible]五味[illegible]桑田호고[illegible]五[illegible]木價二千餘兩[illegible]頭民[illegible]을自官으로多[illegible]年正月에該民等이[illegible]木價一千七百兩을[illegible]乞徵給인바竹清村人의損害가至於四千餘兩이라고怨聲이[illegible]더라

●認否商議 昨日下午三時에政府에會議[illegible]호얏는디其議案은移民條例의[illegible]與否를商確홈인듯호다더라

●農夫被殺 南來人의傳說을聞호즉洪州城에서義兵과日軍이一場廝殺호다가義兵이敗北之際에野外에서耘者樵者들이皆曰吾輩가與義兵[illegible]로可[illegible]라호고以鍬以鋤으로拒戰호다가多數被殺이되얏다더라

●男殺其婦 西[illegible]副約長李完求氏가法[illegible]毅[illegible]四月九日에丘山面[illegible]洞[illegible]一進會員金昌瑞가渠之子婦를執拿頭髮에擧足[illegible]고로到于東新洞호야詳察屍身호고嚴刑供問則供手與傷處가符合이오나一隅邊界에我大韓人民이流入數十年間에數至幾萬名이라至於些少之事는略已歸正이어니와至於重大之事호야는何能決處乎아法律冊一秩을下送호야該人犯을依律勘處케호고哀此邊民을使之安堵케하라하얏다더라

●興化學校에寄函 敬啓者今番桑市火災에人生遭難은彼我無間호고一般혁악이로되嗟我同胞는有志抱懷호고遨遊殊域라가夢想之外에遭罹大災호니姑未知生者幾何며死者幾何로되生死之間에尤切有憾於他人矣요其慘痛急迫之狀을耿耿思之不覺潸然泣下라[illegible]自本校로籌任員僉學徒가均爲出力호야鳩聚金額이僅爲新貨二十圓을忘些汗呈호와聊表微忱호오니幸須照領轉付호심을爲要

●新校設立 京城內에有志紳士鄭萬澤崔興錫李根洙俊晟諸氏가捐義合資호야私立維新學校를鍾路青布廛部家에設立호고校師는李康泌李相德諸氏가名譽로敎授호며校監은洪淳穆氏로選定호야該校趣旨를行將發佈호는디校長은[illegible]圭설氏의令胤韓[illegible]鎬氏로選定이되얏다더니韓圭설氏가終是應諾지아니홈으로確定이되지못호얏다더라

●閔氏拘拿 肅川居金璜洙氏의告訴를因하야前該道觀察使閔中植氏를拘拿次로該部에서奏本하얏더니昨日에依 奏拘拿가되엿다더라

●草坪無據 始興郡十里一帶草坪을日本人木村稔이가雲峴宮에買得하얏다홈으로該郡守金漢睦氏가理事와談辦하야妥帖하얏는디統監府에서有何依據하야政府로照會하고該草坪을木村日人의所有로讓與하라호지라政府에서始終交涉案及證據物을逐條說明하고斷不可讓與라日人木村의先抑이專甚無據라하얏다더라

●英王疹侯 英親王殿下게서는紅疹으로執症하엿다더라

●內大遊宴 內部大臣李址鎔氏는土曜日에江亭을依例出往하야緊客崔錫敏氏等을請하야詩酒에從事하고妓樂에沈荒하얏다가再昨日에야入城하는디前日曜日에는船遊次로下江杏州[illegible]에[illegible]하얏다더라

●淸兵斷髮 淸國遊歷者의來傳을據호즉淸國에敎育하는陸軍이四十餘萬名인디其中精鍊흔軍兵은三萬名에不過하고袁世凱氏幕下兵은一齊斷髮하얏다더라

●日報撤停 大韓日報社長崔生十郞氏가該國亡命客으로渡韓하얏다가被押흔말은已付記載하얏거니와嶬生은渡韓흔期望이全無하고社中事務는主幹無人흔지라該新聞을不得已停報흔다하니可惜하도다

●派兵保護 延日郡浦港地에日本人이多數居留하는디義兵이行將討滅하는故로釜山理事가東萊監理에게照會하야[illegible]保護홈을請호지라昨日東萊監理李懋榮氏가政府에電報하야派兵保護홈을請하는故로政府에서卽時軍部로照會하야派兵하라하얏더라

●[illegible]承[illegible] 米國總領事已德氏는遞任하고前布哇領事惠子[illegible]氏가其代로被任하야漢城에駐箚호리라더라

[illegible]

倫敦電報

●안고나地方不穩 六月五日午后三時發

伊太利皇帝陛下쎄서行幸홀디에[illegible]數多爆發彈을發見호야一般人心이不穩흠이더라

東京電報

●[illegible] 六月五日午后二時發

義親王[illegible]은東京[illegible]오夏期에는箱根[illegible]다더라

●[illegible] 仝上

日本木村[illegible]明日（六日）에英國駐箚[illegible]任하야總任式[illegible]라

●[illegible] 仝上

[illegible]總會를開하얏[illegible]合[illegible]와有[illegible]有하얏고來會者[illegible]萬[illegible]名에더라

●韓[illegible]

韓國[illegible]駐箚軍[illegible]設[illegible]介所로作定하[illegible]日本[illegible]工事이라더라

雜報

●行賂復養

某宅夫人의寄書가如左ᄒᆞ니 年前의李承麟이가國家의得罪ᄒᆞᆫ[illegible]의不孝ᄒᆞ야其時의承麟이發ᄒᆞ가家族이不幸ᄒᆞᆫ줄알고 卽爲上京ᄒᆞ야京鄕宗族을大會ᄒᆞ고議論ᄒᆞ야三四次를典洞故閔忠正公계往ᄒᆞ야뵈옵고집안인保存ᄒᆞ게能養을ᄒᆞ여달나ᄒᆞᆫ즉閔忠正公이곳奏稟ᄒᆞ와處分을무러쥬마ᄒᆞ시고詣闕ᄒᆞ야단여나오시더니承麟의養母더러謂之曰卽時擧烽ᄒᆞ고掌禮院의呈ᄒᆞ라ᄒᆞ시기로承麟의養母가곳擧烽ᄒᆞ고諺書로치이써서呈ᄒᆞ얏고掌禮院의셔卽時上奏ᄒᆞ여罷養ᄒᆞ라신 處分ᄭᆞ지계셔ᄂᆞᆫᄃᆡ至今承麟이가限終身ᄒᆞ도록 天恩을입어다ᄒᆞᆼ이죽어던목숨이解脫가되여올ᄯᅢ가안으ᄅᆞᆯ고中間의셔ᄒᆞ얏다ᄂᆞ왓ᄂᆞᆫᄃᆡ聞ᄒᆞᆫ則當初罷養ᄒᆞᆯ즉[illegible]고小錄ᄒᆞᆫ지여둘니면셔請錢十萬兩쓰고稱同ᄒᆞ여일ᄒᆞ기ᄂᆞᆫ 掌禮院諸氏가中間의셔 일을ᄒᆞ며[illegible]村의小錄을둘니고 勸令으로復養을번다ᄒᆞ니天下의錢耐로써復養을ᄒᆞ미엇지잇스리요누구던지남의집큰일을돈으로ᄒᆞ야ᄒᆞ다가大段牛梗이生ᄒᆞᆷ을不知ᄒᆞᄂᆞᆫ지ᄯᅩ復養버ᄂᆞᆫ사람도그지경을당ᄒᆞ고져오목숨이스러지ᄂᆞᆫ드리고復養을번다ᄒᆞ니일도안이될ᄲᅮᆫ더러 그리ᄒᆞ면무어시나올ᄂᆞᆫ지양반이도칠ᄂᆞᆫ지모를듯

●兵丁作弊 前康津兵營이革罷後에官屬이無依ᄒᆞ야設鄕ᄒᆞ기로謀ᄒᆞ다가昨年十月에地方隊를設施ᄒᆞ얏ᄂᆞᆫᄃᆡ或兵丁이出沒村閭ᄒᆞ야稱以兵丁充數ᄒᆞ고富饒人의子姪를侵漁ᄒᆞᄂᆞᆫ弊가有ᄒᆞ다더라

●靑會演說 皇城基督敎靑年會에셔今日下午八点鐘에崔炳憲氏가餘時無幾란問題로演說ᄒᆞᆫ다더라

●十二能歌　長歎生

自古以來恒言에ᄂᆞᆫ 사람마다能ᄒᆞᆫ일이
各其ᄒᆞ야잇다ᄒᆞ되 大韓政府高官들은
能ᄒᆞᆫ일은열둘이오 短ᄒᆞᆫ일은ᄒᆞ나이라
如彼宏大能ᄒᆞᆫ일이 民國上에有利ᄒᆞ면
國富民强日進ᄒᆞ야 東西洋此世界에
莫强之國되련마ᄂᆞᆫ 營私肥己惡ᄒᆞᆫ行動
濁亂國政ᄲᅮᆫ이로다 其所能을擬論ᄒᆞ면
欺君罔上一能이요 賣官鬻爵一能이요
剝民膏澤一能이요 歷十饋食一能이요
[illegible]田勒奪一能이요 附俄附日一能이요
四色分黨一能이요 納賂枉法一能이요
術鷹客進一能이요 還公營私一能이요
設樂率娼一能이요 花奩鬪錢一能이라
短ᄒᆞᆫ것을擬論ᄒᆞ면 重ᄒᆞ고重ᄒᆞᆫ[illegible]
何事인지不知ᄒᆞ고 尸位素餐[illegible]
巍巍ᄒᆞᆫ政府上에 貸來麥粟안져잇서
一籌를不施ᄒᆞ니 그ᄒᆞᆫ가지短ᄒᆞᆫ[illegible]
能ᄒᆞᆫ것短ᄒᆞᆫ것을 統히論之ᄒᆞ게드면
열두가지能ᄒᆞᆫ일도 亡國大夫노릇이오
이ᄒᆞᆫ가지短ᄒᆞᆫ일도 亡國大夫노릇이니
亡國大夫그稱号 어ᄃᆡ가면免ᄒᆞᆯ손가
嗚呼政府諸公들은 改過自新ᄒᆞᆯ슈업고
才能不足ᄒᆞ거들랑 難得易失此機會을
蹉日度日虛送말고 讓於賢能ᄒᆞᄂᆞᆫ일이
大韓國計大幸이요 二千萬衆願祝일듯

本社廣告

申報價
一張代金 新貨二錢[illegible]
一個月 新貨 三十錢
三個月 九十錢
[illegible] 一元七十錢
一個年 三元[illegible]
郵稅一張 新貨五厘
一個月 十三錢

廣告料
[illegible]

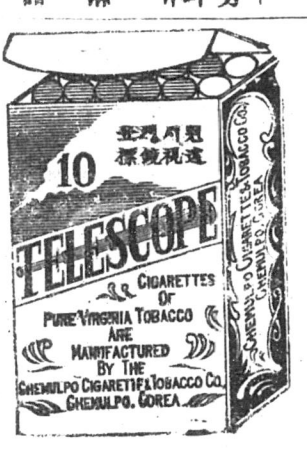

發行兼編輯人 英國人 [illegible]
發行所 [illegible]
大韓每日申報社

第四卷 第二百四十號

大韓每日申報
대한매일신보

月曜及慶節翌日休刊

檀君開國四千二百三十九年
箕子元年三千二十八年
大韓開國五百十五年
日本明治三十九年
淸國光緖三十二年
陰曆丙午閏四月十七日發未

論說

就庖之羊

日本某報를接讀컨ᄃᆡ韓國後ᄂᆞᆫ安樂을顧念ᄒᆞᄂᆞᆫ人士의注意를喚起로다同報가同地報紙를騰揭ᄒᆞ엿스니此ᄂᆞᆫ日本政府가國會에可便多數를欲得ᄒᆞ야大東及수개兩會首領의게何許特許權을割與ᄒᆞ야使此二人으로兩會諸員의應助政府之方針을圖得케ᄒᆞᆫ事實이라

其割與權은自大阪至京都間에電流鐵道를敷設ᄒᆞᄂᆞᆫ거시니此ᄂᆞᆫ政府鐵道에確然貽害ᄒᆞᆯ거시로다

日本內務ᄂᆞᆫ非余所關이로ᄃᆡ日本人이以韓國財政으로韓國에諸般公共事業을經始取行ᄒᆞᄂᆞᆫ漸長事機를觀之컨ᄃᆡ韓國內日人의任川及約定이大阪京都間에電流鐵道事件과類同ᄒᆞᆫ듯量度ᄒᆞ노라

所謂一千萬圓借款을費用道에東京에約定者之名이參於其中인즉借款成立以前에旣已傳聞矣라上項所報와如히日本人의自相侵略이如彼커든況對韓設策乎아

日本이韓卿을勝服홈이斷無ᄒᆞ고且過去戰爭之時에도稱之以同盟이어니와以今觀之컨ᄃᆡ韓國內日本代表者들의處行이歷史上數百年前跡과無異로다日本이韓人生命을掠取ᄒᆞᆷ은果未有之矣나韓國內各種利益을奪取ᄒᆞ기ᄂᆞᆫ已行或經始矣며如此掠奪方策을謂之以韓國開進擴張이라ᄒᆞ고實引韓國於破産境遇ᄒᆞ야內閣政客을管轄ᄒᆞᄂᆞᆫ資本家及定約者의利益을供給ᄒᆞᄂᆞᆫ도다如此不美事勢가不能長久ᄒᆞᆯ줄을可信ᄒᆞ노니英國事業家가韓國의何如消殘을探知면彼必自相傳聞ᄒᆞ려니와惟可畏者ᄂᆞᆫ時或太晩이니可謂日迫時急矣로다

官報

◉宮廷錄事

●號外 光武十年六月六日

詔曰一司一職之言辭者浮飾文字謚亦多術或未必實際而未嘗不聽從者以不甚有大關也至如是任目下安危之介屬而朕之眷注於卿欲寄樑桷鼎之席固匪今而然矣則雖累牘瀆煩式日相持必無允許之理如欲雍容暇豫一往退巽豈存於朕心者卿果未之知而卿之所操執有異乎朕之所知歟君臣之間不當若是而況卿之於朕躬列表裏無所隱乎哉朕之憂勤獨勞不第曰一日萬機而已遣久之頃機權屛生中反靡遑茫無津涯事不念到於此而引玆ᄉᆞ推也殊用惡焉卿其 諒卽圖登對事借來秘書丞更爲傳諭于議政期於借來

六月六日

●三千四百七十三號光武十年六月七日

◉宮廷錄事

시從院副卿李敏和辭職疏批旨省疏具悉所請依施

六月四日

◉敍任及辭令

○命시從院副卿 從二品金敎碩○任主殿院電務과主事 六品安秉찬 以上六月四日

◉勅令

●勅令第二十四號 續

陸軍服章規則

第廿四條 手套ᄂᆞᆫ白色革製를用ᄒᆞᆷ이라然ᄒᆞ나常裝을着ᄒᆞᆯ時及軍裝에在ᄒᆞ야도平時에勤務演習等에ᄂᆞᆫ染色ᄒᆞᆫ革製或無大小製를用ᄒᆞᆷ을得ᄒᆞᆷ이라

第廿五條 衿布ᄂᆞᆫ何如ᄒᆞᆫ服裝에在ᄒᆞ든지白布製를用ᄒᆞᆷ이라

第廿六條 何如ᄒᆞᆫ服裝을勿論ᄒᆞ고短靴ᄂᆞᆫ袴下에穿ᄒᆞ고留革을附着ᄒᆞ며乘馬本分우短靴長靴의拍車를附着ᄒᆞᆷ의리

其二 大禮장

第廿七條 大禮장은左에列記ᄒᆞᆫ諸件을着장ᄒᆞᆷ이라

一禮帽 一立前毛
一大禮장 一袴
一肩章 一飾帶
一刀(劍) 一正緖
一手套 一白布下금
一靴

此服장으로乘馬ᄒᆞᆫ時에其馬具ᄂᆞᆫ左에列記ᄒᆞᆫ諸件具을장ᄒᆞᆷ이라

一頭絡 豫備轡鎖及鼻革幷
一轡衜 轡鎖幷 一副衜
一강 一副강
一鞍 一鞍褥
一鐙 一鐙組
一鞍囊 一鞍囊外覆
一腹帶 一後鞦
一胷춰

第廿八條 此服장에在ᄒᆞ야ᄂᆞᆫ如何境遇든지騎兵料將校ᄂᆞᆫ長靴를穿ᄒᆞ고其他將校ᄂᆞᆫ總히短화를穿ᄒᆞᆷ이라但野戰砲兵치重兵隊附將校가隊伍에列ᄒᆞᆯ時ᄂᆞᆫ短袴와長화를穿ᄒᆞᆷ이라

第廿九條 炎暑時ᄂᆞᆫ夏袴로써袴를代用ᄒᆞᄂᆞᆫ事를得ᄒᆞ나然ᄒᆞ나儀式에參列ᄒᆞᆯ時에ᄂᆞᆫ반다시과를穿ᄒᆞᆷ이라

第卅條 軍장은左에列記ᄒᆞᆫ諸件着장ᄒᆞᆷ이라

一帽 一軍衣
一과 一刀(劍)
一刀緖(劍緖) 一手套
一白布下금 一화

此服장으로乘馬ᄒᆞᆫ時에其馬具ᄂᆞᆫ左에列記ᄒᆞᆫ諸件을具장ᄒᆞᆷ이라但將官은便宜를隨ᄒᆞ야旅囊一장치아니ᄒᆞ야도無妨ᄒᆞᆷ이라 未完

外報

●奉天馬賊 청國奉天省鐵嶺地方에서匪徒가蜂起ᄒᆞ야頭領二名이五十餘名을領率ᄒᆞ고財物을掠奪ᄒᆞ며婦女를姦淫ᄒᆞ고又或田庄臺附近에侵掠ᄒᆞᆷ으로居民이흉흉히安堵치못ᄒᆞ야昨今에政府가無ᄒᆞᆫ狀態나더라

●江西暴動 上海電을據ᄒᆞᆫ則福建省境界로부터江西省建昌府에至ᄒᆞ기々지地占ᄒᆞ면서處處暴動이蜂起ᄒᆞᄂᆞᆫ지라其根因인則米價의暴騰ᄒᆞᆷ々닥이로되秘密結社ᄂᆞᆫ此機會를乘ᄒᆞ고人民은各城內에避難中이오又英國砲艦스구으푸号ᄂᆞᆫ南昌에碇泊ᄒᆞ고六月一日暴動地에進行ᄒᆞ고巡撫ᄂᆞᆫ곳兵卒을派送ᄒᆞ얏고此暴動은南昌事件에ᄂᆞᆫ關係가될가意慮中이라더라

●청佛交涉 佛國政府ᄂᆞᆫ廣西省連州로부터其守備隊를撤退ᄒᆞᆯ意向이有ᄒᆞ더니昨今에至ᄒᆞ야忽然이其態度를一變ᄒᆞ야청國政府에서連州桂林府(同省首府)間에鐵道敷設ᄒᆞᆯ條件에就ᄒᆞ야撤兵치못ᄒᆞᆯ條件을提出ᄒᆞ고容易히決定못ᄒᆞᆯ模樣이라더라

●依然鎭壓 露都來電을據ᄒᆞᆫ則露國政府ᄂᆞᆫ國民議會에發表ᄒᆞᆫ宣言에從來騷擾鎭壓ᄒᆞᆯ主義를固執ᄒᆞ야意思를聲明ᄒᆞ기爲ᄒᆞ야國民議會ᄂᆞᆫ非常에激昂ᄒᆞ고現政府ᄂᆞᆫ國政을處理ᄒᆞᆯ決議를行ᄒᆞ얏더라

寄書

在日本留學生韓相愚는忠告于我大韓青年同胞 謹

惟我大韓今日之勢가如火燎原이오猶焦之禍를[illegible]言이오危急之時라不暇秒刻而先務者는即我青年有志之遊學於文明諸國이어날今我韓人之勢로는遊學歐美는勢所不及矣니無可奈何어니와然若日本ᄒᆞ야는接壤이最近ᄒᆞ고同文同種의國이라其所遊學이無不便利분더러亦是東洋先覺之邦也오且與我國으로多有關係之國이라何不一番遊修ᄒᆞ야以究其因新果哉리오願我青年同胞는勿以高尙難行之國家的思想으로勞心焦慮ᄒᆞ고以其最平易解之個人的思想으로猛醒勇猛ᄒᆞ야介人의活動方法을學得ᄒᆞ야將來依人賴食과受人驅役을免ᄒᆞ고서다介人活動은即我國之活動이니勿以無用爲怠ᄒᆞ야봅시다

且今素以爲新淺識으로不敢提論於局勢이오나只以自身之急務로推想於全國同胞ᄒᆞ야荒誕拙로敢此忠告ᄒᆞ오며且或留學에有志ᄒᆞ다가도牛踵與城에旅券이不明ᄒᆞ고行止가未由홀念慮도尙且未決ᄒᆞᆫ듯ᄒᆞ와旅券의旋表와行止의驛舘을左記以布ᄒᆞ오니照亮明決ᄒᆞ시옵伏望

左　記

旅費는自我京城으로至日本東京新橋驛ᄭᆞ지多不過二十圜이오今則船車가連絡通行ᄒᆞᄂᆞᆫ故로所經에少無拘碍오며

學費는每朔普通二十圜이오ᄂᆞᆫ或隨勢力ᄒᆞ야此限에減少ᄒᆞ더ᄃᆡ도經用可濟오며新橋驛到着後ᄂᆞᆫ即訪東京麴町區中六番町五十番地韓國留學生監督部이오면自有方便之道이외다 完

雜報

●議政登閣 新任議政大臣閔泳奎氏는今日爲始ᄒᆞ야登閣行公ᄒᆞᆫ다더라

●政府議案 再昨日政府開會議案을상聞ᄒᆞᆫ즉其議案은一千萬元借款金의利子支出事와務安監理金誠用氏와農部參書官安某鉉氏相換事와載寧郡守李鉉奎氏의依免事와保寧郡守申奭求氏免官事와警務廳摠巡金奎奭氏警務官叙任件과各部官吏의臨時件과法官養成所兼任敎官若干人設置件이라더라

●農協下釜 農部協辦李範九氏ᄂᆞᆫ遊覽與博覽ᄒᆞ기爲ᄒᆞ야再昨日京釜鐵道로東萊港에下往ᄒᆞ얏ᄂᆞᆫᄃᆡ該地에敷設ᄒᆞᆫ博覽會陳列品을周覽ᄒᆞ고明日還京ᄒᆞᆫ다더라

●監督報告 日本留學生監督韓致愈氏가學部로報告ᄒᆞ되留學生丁人中八人은宜入中學校資格故로使之入學於東京第一中學校라ᄒᆞ얏더라

●術客歛跡 近日一進會에셔關內에出入ᄒᆞᄂᆞᆫ雜術客을偵探ᄒᆞ기爲ᄒᆞ야各闕門外에秘密排置會員ᄒᆞ야出入者를一一質問ᄒᆞᄂᆞᆫ故로江原觀察使沈相薰氏가入闕ᄒᆞ다가亦被詰責ᄒᆞ고某某氏ᄂᆞᆫ以祭官으로入闕ᄒᆞ얏다가又當一場盤問ᄒᆞ얏다ᄒᆞᆷ으로所謂雜術輩가頗有潛蹤之意라ᄒᆞ더라

●學官改定 法官養成所兼任視學官設置ᄒᆞᆷ으로政府會議提出ᄒᆞᆫ事ᄂᆞᆫ前項에揭載ᄒᆞ얏거니와該兼任敎官은各部現帶官人으로差仕ᄒᆞ야臨時敎授케ᄒᆞ기로ᄒᆞ야官制를改正ᄒᆞᆫ다더라

●金氏被拘 [illegible]金升문氏가日昨詰問에다가一進會員의게被捉ᄒᆞ야去ᄒᆞ야錄致懲喝을當ᄒᆞ되氏가少不畏懾ᄒᆞ고抗辨曰我在草野ᄒᆞ야不出世路之人이라 皇上陛下ᄭᅴ옵서何以洞燭ᄒᆞ옵셔ᄂᆞᆫ지致論屢降ᄒᆞ시고禮遇隆摯ᄒᆞ시니人臣之義에不可辭一番謝恩이기로進詣耿光ᄒᆞ고仍爲乞退ᄒᆞ야下直次詣闕이더니乃自會中으로加以如此橫暴ᄂᆞᆫ何也오ᄒᆞᆫ則會員曰汝是術客이니不得不嚴斷이로라氏曰我爲術客이有何證據乎아若有證據則任自區處ᄒᆞ라ᄒᆞᆫ디 言ᄒᆞ고我今下鄕之人이니不必拘留也라ᄒᆞᆫ則會員曰汝若下鄕則必起義兵이라ᄒᆞ고仍爲拘留라ᄒᆞ니同氏가以遐土寒微之蹤으로蒙此非常之恩遇ᄒᆞ니一般人言이多以術客指目ᄒᆞ나其來歷을詳聞於平日相從之人則十餘年前에ᄂᆞᆫ從事於科擧之學ᄒᆞ얏고中間에誤入於他學이라가旋即改路ᄒᆞ야從事經學이有年이라其才性이過人ᄒᆞ야名聲이漸播ᄒᆞ니該道觀察郡守가多爲訪問이러니乃今聲聞于天ᄒᆞ야荷此 恩數라ᄒᆞᄂᆞᆫ지라同氏의學問之如何ᄂᆞᆫ雖未詳知나蓋亦才士라以若 皇上禮遇之臣으로受辱如此ᄒᆞ니不可謂不幸이로다

●宣諭推溫 忠淸南道宣諭使尹始永氏가內部에報告ᄒᆞ기를六月一日에來到天安郡ᄒᆞ야欲探洪州情形則傳聞이不一에無由詳聞이기乃到溫陽郡ᄒᆞ야適値該邑市日이라聚民庭에宣布聖論ᄒᆞ와使勿妄動에各自安業之意로曉之이오나我兵日兵之所過에路에以擔軍之勸定으로民皆魚駭鳥竄ᄒᆞ야邑近城十里에人烟이永絶이라ᄒᆞ니如何以招來安接이며餘黨幾百名이又擁海美城이다ᄒᆞᆫ則急到洪州後勵任曉諭爲計라ᄒᆞ얏더라

●兩役美聞 日昨本報의揭載ᄒᆞᆫ陵官貪淫이라ᄂᆞᆫ事에對ᄒᆞ야該陵令南廷範氏가送人說明ᄒᆞ되此等行爲가無ᄒᆞ다ᄒᆞ기로玆에更揭ᄒᆞ노라

●勅諭濟州求是學校

逖矣濟州이雖是遠陲나我 太祖高皇帝ᄭᅴ오셔由此回軍ᄒᆞᄉᆞ克刱鴻業ᄒᆞ시고我 宣廟朝ᄭᅴ오셔由此振旅ᄒᆞᄉᆞ仍致中興ᄒᆞ시고刱朕七義八壯이接踵而起ᄒᆞ야爲國効忠에爾光史乘ᄒᆞ니何莫非 列聖祖培養之澤이리오朕乃西顧에恒切感慕로라惟朕涼學이黑厥承武ᄒᆞ야另求敎育之方ᄒᆞ더니今聞爾州多士가鳩財立校ᄒᆞ야敎師爲而訓導不懈ᄒᆞ며弟子爲而學業不怠ᄒᆞ니階前萬里에朕豈不知ᄒᆞ리오特下內帑錢五百圜ᄒᆞ노니惟愼厥終ᄒᆞ야克體朕心之期望ᄒᆞ며實事求是ᄒᆞ야勿負賜校之命名ᄒᆞ라

●[illegible]置官員 韓國人民이移住於西間島地方者가幾萬戶에達ᄒᆞ얏ᄂᆞᆫᄃᆡ年前에管理使를差送ᄒᆞ야人民을管轄ᄒᆞ더니一自遞歸以後로官長이無ᄒᆞ야民難安堵이기로該島民等이上來ᄒᆞ야北間島一例로管理一員을差送ᄒᆞ야人民을鎭撫케ᄒᆞ여달나고政府에請願ᄒᆞ엿더라

●救弊有策 國民新報社에셔財政難艱으로以ᄒᆞ야停廢之歎이將有ᄒᆞᆷ은前報에已揭어니와此를救弊ᄒᆞᆯ好箇方策이有ᄒᆞ니一進會에셔政府에勸告ᄒᆞ야金世基氏를晉州觀察이나平北觀察이나被任케ᄒᆞ면該社가可以扶持ᄒᆞ리라ᄒᆞ고世論이或有ᄒᆞ더라

●建築事務所 政府를建築ᄒᆞᆯ事務所를北署로移接ᄒᆞᆯ터인ᄃᆡ其處所ᄂᆞᆫ[illegible]移政廳을奏稟ᄒᆞ고今日븟터修繕이라더라

●日廷紛議 俄人은滿洲에셔不肯撤兵ᄒᆞ고日本은滿洲에開放ᄒᆞᆯ預算으로萬端運動ᄒᆞᄂᆞᆫ互相牽制ᄒᆞ야事不如意故로日本政府도閣議가紛紛ᄒᆞ야未正方便故로伊藤氏行程이如是延遲이라더라

●攝理無效 閔議政이行將登筵이라政府를攝理ᄒᆞᆯ預算으로習策을講究ᄒᆞ나政府官制에議政은典禮에만主管ᄒᆞᆫ다ᄒᆞ얏고또統監府에셔萬端阻戱ᄒᆞᆷ으로[illegible]ᄂᆞᆫ歸於烏有라ᄒᆞ더라

●韓兵同潭 全北觀察府에셔昨日[illegible]報ᄒᆞ기를義兵大將[illegible]氏가領率義兵ᄒᆞ고井邑[illegible]方向潭陽郡이라ᄒᆞ얏더라

●統府照會 統監府에셔政府로照會ᄒᆞ기를延日寧海等地에義兵이團聚ᄒᆞ니即派軍隊ᄒᆞ야鎭壓케ᄒᆞ라ᄒᆞ얏더라

●警衛把守 警務局에셔誰之所使인지巡檢을夜歐玉軒壇[illegible]ᄒᆞ야 皇室의一動一靜을[illegible]番偵察ᄒᆞᄂᆞᆫ지라 皇上陛下ᄭᅴ셔洞燭ᄒᆞ시고震怒ᄒᆞ사嚴飭ᄒᆞ시게命下ᄒᆞ사其派守根因을探入ᄒᆞ라ᄒᆞ셧ᄂᆞᆫᄃᆡ其根因은某處偵探을內應ᄒᆞᆫ者가有ᄒᆞ다더라

●日兵打捽 安東郡郡長의報告를據ᄒᆞᆫ즉日本憲兵及尉官ᄒᆞ고名이通辯一名을領率到郡ᄒᆞ야請求ᄒᆞ기를義兵을鎭壓次緣續ᄒᆞ니馬一匹을供給ᄒᆞ라ᄒᆞᆷ으로郡守李鍾紀氏가隨求酬應ᄒᆞ엿더니及其歸程ᄒᆞ야馬六匹을更求故로猝難變通ᄒᆞ야自然遲滯ᄒᆞ엿러니憲兵二名이突入衙舍ᄒᆞ야[illegible]郡守를毆打ᄒᆞ되以銃柄으로頰部를搥打ᄒᆞ야縱乎流血에不省人事ᄒᆞ고幾至死境이라ᄒᆞ얏더라

●戶籍調查 忠淸北道觀察使가道內各郡戶籍을都聚ᄒᆞ야家座와人口를調查ᄒᆞᆫ즉家座數ᄂᆞᆫ昨年에比ᄒᆞ야一千九十九座가增加되고人口ᄂᆞᆫ一萬四千一百三十九口라ᄒᆞ얏더라

雜報

大韓儒生金請煥韓泰興金弘植等弔大淸義士潘宗禮文

嗚呼哀哉昔魯仲連齊人也無關於趙魏帝秦之議而猶然有蹈海之義世之稱天下之高士者此也今中華高士潘公宗禮亦今之魯仲連也潘公乃淸之遊學生也痛中州之陸沈觀東洋之大勢遊學于列强慨然有證淸天下之志不幸韓日之新條約勒成韓國閔趙諸公之殉節有志義士之因死亦世界上一大變괴也韓日新約似無關於淸而有潘公卓然有蹈之擧

嗚呼公之死也山嶽所加義理蔑如蔓延之禍將及於處堂之연東洋一局已列誤矣以公之處豈有偷生之心

嗚呼彝倫人意不能判一死於勒約之時又不能復全國之疆區區苟生仄犬豕之不若而萬里重義虹亘太空潘公之死義也嗚呼春秋大義元無古今遠近之異也

仲連之於公蓋之相後已數千載之久矣韓國殉忠諸公之於公地之相距亦數萬里之外矣至於扶大義決一死若左契不謀而同者乃爾也

嗚呼海闊天涯西望痛哭寄將一掬悲淚於公所之海公能記之也否嗚呼哀哉

吾邦時事正堪悲公以尋人蹈海思世韓家喬木淚至今不死吏何爲　忽見蒼空亘義虹西風萬里哭번公公歸惟有千秋跡明月依히出海中

●四氏轉任　帝室制度局總裁閔商鎬氏ᄂᆞᆫ蹉遞ᄒᆞ얏ᄂᆞᆫᄃᆡ其代ᄂᆞᆫ春川觀察使沈相薰氏가轉任ᄒᆞᆫ다ᄒᆞ고大丘觀察使申泰休氏가轉任ᄒᆞᆫ다ᄒᆞ고其代ᄂᆞᆫ閔商鎬氏가被任ᄒᆞᆫ다더라

●三港萬契　西來人의傳說을聞ᄒᆞᆫ즉[illegible]三和港監理ᄂᆞᆫ富此錢荒莫甚之日ᄒᆞ야公然牟利之計로萬人契를設施ᄒᆞᄂᆞᆫᄃᆡ每名下에五兩式으로合九萬兩運動이有ᄒᆞ다ᄒᆞ니大抵萬人契之網民射利ᄂᆞᆫ尺童이皆知ᄒᆞᄂᆞᆫ바어날該監理ᄂᆞᆫ如此運動을冒行ᄒᆞ니是非가紛紛ᄒᆞ다더라

●普校運動

普成學校生徒父兄諸氏가各備茶果ᄒᆞ야運動會를設ᄒᆞᆫ다ᄒᆞᆷ은前報에已揭ᄒᆞ얏거니와本月上午十占鍾에阿峴後麓에生徒父兄諸氏가一齊會同ᄒᆞ고該校長金重煥氏와講師諸氏를請邀ᄒᆞ고五百餘名會同ᄒᆞ얏ᄂᆞᆫᄃᆡ各其分隊ᄒᆞ야講師課程과試驗對ᄒᆞ야教育의進就ᄒᆞᆷ을無限致謝ᄒᆞ고ᄒᆞᆫ後에優等은賞品을多數히頒給ᄒᆞᄂᆞᆫᄃᆡ觀光ᄒᆞᄂᆞᆫ男男女女如雲ᄒᆞ고學徒父兄諸氏의總代朴治勳氏가該校長과講師諸氏를學徒에게學業益進ᄒᆞᆷ을勸勉ᄒᆞ미該學徒等이次第히答辭를ᄒᆞᄂᆞᆫᄃᆡ관聽者無不贊頌ᄒᆞ얏다ᄒᆞ니近來各學校運動이頗有ᄒᆞᄂᆞᆫ學徒父兄諸氏가一心團體로如是히運動會를特設ᄒᆞ고校長과講師諸氏를致謝ᄒᆞ얏다ᄂᆞᆫ말은今始初聞이라孰不欽仰ᄒᆞ리오從玆以往으로ᄂᆞᆫ必成學校尤極進就ᄒᆞᆷ을可期ᄒᆞ깃고該校長金重煥氏가年來에仕宦의思想을頓忘ᄒᆞ고教育上熱心ᄒᆞᆫ實效가如斯히發表ᄒᆞ얏다고無不稱頌ᄒᆞᆫ다더라

●校長慈善　私立普成學校校長金重煥氏의熱心教育은人皆艶稱ᄒᆞᄂᆞᆫ바어니와日前에該校學徒의父兄들이校長의德義를感謝ᄒᆞᆷ으로運動會를開ᄒᆞ얏ᄒᆞᆷ은本報에已揭어니와厥後學徒[illegible]이猝然隕陽이되여症狀이危劇ᄒᆞᆫ지라其父兄이罔措之際에該校長이急히上品藥材를求療ᄒᆞ야自己之子와如히撫恤周황ᄒᆞ야該學徒가卽時回蘇ᄒᆞ야無事歸家ᄒᆞ니其父兄이校長의慈善을尤極感謝不已라ᄒᆞ더라

●爲寡婦吊　忠北來人의傳說을聞ᄒᆞᆫ즉忠州地底에一寡婦가無依無托ᄒᆞ고只以田一片으로資生ᄒᆞ야秋而種麥ᄒᆞ고春而種粟ᄒᆞ야僅僅延命ᄒᆞ더니該田이沿入於治道中이라其老가田頭에서放聲痛哭ᄒᆞ니適其時에該道觀察使尹喆圭氏가治道役所에出ᄒᆞ얏다가痛哭寡婦를見ᄒᆞ고下吏의게其痛哭理由를問ᄒᆞᆫᄃᆡ下吏가該田ᄒᆞ되該寡가老年에只以此田으로生活이온바旣入도로에食ᄒᆞ고其與田失ᄒᆞ되田價도無處可受ᄒᆞᆫ故로如是哀哭이니이다尹氏가號令이如霜에該寡를捉致ᄒᆞ야瞋目大責曰田在路傍에宜有此擧어날幺麼老女가哭之路傍은不祥之兆다ᄒᆞ고牢囚府獄ᄒᆞ얏다더라

廣告

(二) 光武十年六月八日 大韓每日申報 第二百四十號

發行兼編輯人 英國人 裴說
發行所 京城北署壽進坊□洞号外地
大韓每日申報社

第四卷 第二百四十二號

大韓每日申報
대한매일신보

月曜及慶節歲時日休刊

檀君開國四千二百三十九年
箕子元年三千二十八年
大韓開國五百十五年
日本明治三十九年
淸國光緒三十二年
陰曆丙午閏四月大十八日甲申

論說

日廷消息

近聞日廷이韓滿事件으로以ᄒᆞ야閣議紛紛에卽未歸決이라ᄒᆞᄂᆞ니其論議之如何ᄂᆞᆫ姑未詳聞ᄒᆞ고其結局之如何ᄅᆞᆯ亦難預度이나此次措置가實一大難局이로다

欲其占有韓滿ᄒᆞ야獨擅利益則列強之猜忌競爭이必至之勢니雖其有戰勝之餘威나以若負債之過重으로若至戰端之更起則實有弩末之患矣오欲其施諸於韓滿ᄒᆞ야許其自由之權則民議가紛拏ᄒᆞ고衆難이層激ᄒᆞ야內閣椅子가又有剝床之慮矣니此其結局이不亦難乎아

蓋日本對韓政策이自三十年前으로始有征韓之論ᄒᆞ고繼有大東聯合之論ᄒᆞ고十年以來로論議又變ᄒᆞ야曰幷呑論曰保護論曰帝國主義曰殖民政策이紛然遝述ᄒᆞ고公然發布ᄒᆞᆫ지라甲辰開戰之初에韓人이誤信其宣戰詔勅中扶植韓國獨立等句語ᄒᆞ야歡迎日軍之狀態이나不識彼之保護殖民等策이已決於開戰之先이라

是以日人이數年間設行于韓國者ㅣ一出於此等政策일ᄉᆡ韓人이被其緊緊之結縛ᄒᆞ고始乃哀呼不已나亦何及哉아然而日本이行此政策이實非長算이라何以言之오保護條約之勒成也에使此韓國人民으로痛入骨髓케ᄒᆞ며列強之論非ᄂᆞᆫ亦已不罔이어든況乎殖民計劃은乃滅人之國ᄒᆞ고取人之土ᄒᆞ야移其原居之族ᄒᆞ고殖其自國之民ᄒᆞ야以爲久據之圖者니此乃強國이施行於野蠻部落之手段이라今韓國이雖疲弊之甚이나其人民之知覺이初非野蠻部落之可比者ㅣ오況其崇尙儒敎ᄒᆞ고服習禮義之故로凡厥人民이莫不知忠君愛國之義ᄒᆞ야稱爲ᄒᆞᄂᆞ니若其不幸ᄒᆞ야被人之驅逐鞭箠者면必皆以死決鬪ᄒᆞ야不肯甘受其慘辱矣니然則韓國內騷然不靖이無時可已라彼一二強國이久抱眈眈之心者가豈不投機而爭之哉아緣此謬計ᄒᆞ야糜爛生靈ᄒᆞ고浪擲國金이必同精衛之塡海矣니其爲將來之鉅害ᄅᆞᆯ何可勝算乎아此ᄂᆞᆫ日廷諸公이十分籌慮ᄒᆞ야毋以一時之利慾으로誤其百年之大計가可也라ᄒᆞ노라

官報

◎號外 光武十年六月七日

◎宮廷錄事

詔曰聞議政不日造朝云爲國事萬幸借來秘書丞還入以安ᄂᆡ臣之心

六月七日

秘書監丞洪承斗書

奏臣於陰曆閏四月十五日亥時量敬奉

聖諭更爲傳諭于議政府議政閔泳煥所住處則以爲臣蹤再上矣奏亦至五矣辭已竭而聽卑之天愈邈情已窮而體下之地難借溫批纔下恩諭荐降秘郞乃還承宣踵至所以獎借臣期待臣敦勉臣者雖有不至雖古名碩其際遇之盛如臣比者能幾人哉臣雖無狀其誠則犬馬戀主也其亦則葵藿之向陽也寧或今昧驚履之義徒守旅弁之分妄自托於香蒨舊例乎誠以斗筲之爲器小鼎罪之爲任大不容於辭耳十行論旨諄諄若耳提面命而迷不卽仰臣誠木石之不如矣至以操執有異反覆開誨臣之才能智慮劣足可堪爲敢操執至此哉第竊惟念今欲更籲乎則仰格無望仍遂嘿歎乎則初心有違而踧縮企待之敎一倍悚惕趨入之計難進之義有不暇顧謹當隨闕冒昧早身籲陳未畢之懇仰祈曲遂之仁而夙夜之忱多日相守雖不敢仰請召還惶悚闕極云云奏臣旣爲期於借來之命故姑爲仍留之意敢奏 答曰知道 六月七日

宰 恩臣金升圭辭職疏

批旨省疏具悉爾懇見職乃陪任也何至如是强爲辭訴失所圖林野之志旣不可强挽不得已所請依施事遣秘書郞傳諭

六月六日

◎三千四百七十四號光武十年六月八日

◎宮廷錄事

典선司提調金炳翊辭職疏

批旨省疏具悉卿其勿辭行公

制度局總裁閔商鎬辭職疏

批旨省疏具悉所請依施

以上六月五日

侍從院副卿金敎碩辭職疏

批旨省疏具悉所請依施

六月六日

◎敍任及辭令

○解臨時署理主殿院卿事務 侍從武官長李鍾健 ○任主殿院電務課技師 六品崔周泳 ○命學部委員 金始榮

以上六月五日

◎勅令

◎勅令第二十四號 續

陸軍服章規則

一頭絡 預備轡鎖과鼻革을除ᄒᆞᆷ
一轡銜 비鎖幷　一副銜
一강　一副강
一鞍 한尾附着　一안요
一鐙　一鐙달
一안囊　一복帶
一槍靭　一佩斧
一旅囊　一野繫

第卅一條 帽ᄂᆞᆫ禮帽를着ᄒᆞᆷ이法이나然ᄒᆞ나時宜를因ᄒᆞ야常帽를着ᄒᆞᆷ을得ᄒᆞᆷ이라

第卅二條 此服裝에在ᄒᆞ야ᄂᆞᆫ乘馬本分의將校ᄂᆞᆫ반다시短靴長靴를着ᄒᆞ고其他ᄂᆞᆫ短靴를着ᄒᆞ고脚絆을着ᄒᆞᄂᆞ니然이나乘馬本分이아니면隊附尉官은背囊을負ᄒᆞᆷ이法이라但步番及衛戍巡察等은時宜를因ᄒᆞ야脚絆을着지아니ᄒᆞ고背囊을負치아니ᄒᆞ야도無妨ᄒᆞᆷ이라 未完

外報

◎滿洲經營委員會의設置 俄國에서今番滿洲經營委員會를設置ᄒᆞ고北滿洲의商業經營을調査ᄒᆞ기로莫斯科市會議員八名과商務省官吏三名으로委員을任命ᄒᆞ얏더라

◎俄國議員의黨派 俄國國會議員의黨派가如左ᄒᆞ니

政府反對당
社會民主黨員 十名
社會革命黨員 二名
農民同盟黨員 五十名
無所屬社會主義者 二十名
波蘭民主黨員 三十三名
헤우라야黨員 五名
立憲民主黨員 百四十名
民主改革黨員 九名

政府黨
右黨 八十七名
無所屬農民 百名

◎震災와保險會社 米國各保險會社ᄂᆞᆫ桑港震災ᄒᆞᆫ時에爆裂된ᄯᅢ문에受ᄒᆞᆫ損害를除去ᄒᆞ고當然ᄒᆞᆫ損害金은保險料로支撥ᄒᆞᆯ意向이나實際의調査가頗히困難ᄒᆞ야순各種困難ᄒᆞᆫ問題를惹起ᄒᆞ리라ᄒᆞ더라

雜報

●議政登筵 閔議政泳徽氏ᄂᆞᆫ果然前報와如히昨日登筵ᄒᆞ얏더라

●警廳護喪 洪州戰役에被死ᄒᆞᆫ警務廳摠巡송奎顧巡檢南雲先日本警部土方原之助巡查一名四氏의燒火骸骨을收拾ᄒᆞ야櫃子中의盛實ᄒᆞ야再昨日下午八時終列車로京城에到着ᄒᆞ야即時警廳內로搬入經夜ᄒᆞ고昨日에南署로移運ᄒᆞ얏ᄂᆞᆫᄃᆡ其葬禮日에ᄂᆞᆫ警使以下各警官이隨行護喪ᄒᆞᆫ다더라

●加占還付 平壤城外에軍用地를立標ᄒᆞᆫ外日人이加占ᄒᆞ야立標ᄒᆞ고家舍墳墓를撤移ᄒᆞ라ᄒᆞᄂᆞᆫ故로居民의所遭가滿目愁慘ᄒᆞᆫ지라政府에서統監府로照會ᄒᆞ고加占地段을還付ᄒᆞ라ᄒᆞ얏다더라

●嚴訓速捕 政府에서統監府公文을據ᄒᆞ야內部로照會ᄒᆞ기를安東郡法田에在ᄒᆞᆫ島山礦業事務所에自稱義兵之賊徒가來襲ᄒᆞ야同事務員日人潮谷良久를順興郡地方에서虐殺ᄒᆞ고金塊沙金其他一切金品掠奪ᄒᆞᆫ事件에關ᄒᆞ야該犯人의搜索과掠奪金品의收回를至急處置ᄒᆞ라ᄒᆞᆫ즉該觀察地方官吏의게嚴訓ᄒᆞ고所管警察官吏를派遣ᄒᆞ야한速搜捕ᄒᆞ라ᄒᆞ얏더라

●開尹亂政 開城府尹韓永源氏ᄂᆞᆫ民事로捉囚가八十餘名인ᄃᆡ初에ᄂᆞᆫ被告만嚴囚ᄒᆞ고裁判을不決故로或이明其不然ᄒᆞ얏더니今오原被告를一並捉囚ᄒᆞ고判決이無ᄒᆞᆫ故로犇訴觀察府ᄒᆞ야各히三四次式訓指令到付에促速判決ᄒᆞ되視若尋常ᄒᆞ야到任三朔에在囚ᄂᆞᆫ八十餘人이觀察府呼訴中이고告是債訟이라또農工銀行을勸募股金ᄒᆞᄂᆞᆫᄃᆡ大富ᄂᆞᆫ氏와有面ᄒᆞ야或免三四股이고其朝飯夕粥入은十股二十股ᄒᆞ야人多移居於京仁ᄒᆞ고民薦ᄒᆞᆫ各里尊位ᄂᆞᆫ退却ᄒᆞ고自已親友도官差ᄒᆞ고儒任을臨陣奪將ᄒᆞ듯알빈씩에改差ᄒᆞ고亦親人의로勒奪ᄒᆞᄂᆞᆫ故로士林이相持中이고一進會ᄂᆞᆫ大先生이고日本人은上典主라政治가亂梃이라ᄒᆞ더라

●進明義塾寄函

敬啓者今番桑港大震災奚但以驚악二字而嘻也第我大韓同胞之寄住該地者安能必保無虞幸賴天佑雖獲保全性命其棲遑流離之狀不見是圖有時籍言寄自咄歎側聞自貴社另設方略募集義金寔爲世罕有之一大慈善的事業也本校不勝同情之感而略略鳩聚者僅爲五圜紙貨也極艸率只自表衷幸須一般分送俾爲涓滴之助敬要

●紳商歡迎 仁川港紳商會社長을宮內大臣李載克氏로薦定되야本月二日第一番列車에請邀下仁ᄒᆞᄂᆞᆫᄃᆡ同氏가前往同港所在宮內部地段事件에對ᄒᆞ야港民의게大有施恩故로同港大小民人과各會社와應信廳所管濟事學校學徒들이同氏의厚德을感謝ᄒᆞ기爲ᄒᆞ야停車場에서一齊歡迎ᄒᆞ고紳商會社ᄂᆞᆫ午餐을接待ᄒᆞ고港式의晩餐을進供ᄒᆞ야竟日歡樂ᄒᆞ다가第七番列車에歸京ᄒᆞ얏더라

●鴉癮醫治 義州郡境內耶蘇敎人等이設ᄒᆞᆫ保民會에셔支置衛生藥局ᄒᆞ야衛生上爲民放害之鴉片烟取吸者를急先醫治ᄒᆞᄂᆞᆫᄃᆡ數至九十餘名이라此說이傳播에遠近之人이自現請治가便同雲集인ᄃᆡ自該署로嚴捉嚴禁이莫如用此良策ᄒᆞ야永斷根癮이니此是該醫ᄒᆞ고該地警務署巡檢朴文淵氏가內部로報告ᄒᆞ얏더라

●果則悖擧 抱川郡儒生等이校宮位土事件으로私立新野義숙과互相詰訟ᄒᆞ더니該義숙創設人의家舍를毁破ᄒᆞ고旋卽入京等訴ᄒᆞ얏다더라

●學界風波 再昨日學部에서師範學校敎官速成科學員試取ᄒᆞᆫ事ᄂᆞᆫ已揭어니와其試取末頃에ᄂᆞᆫ一場風波가起ᄒᆞ얏ᄂᆞᆫᄃᆡ其事實인즉시驗에落第ᄒᆞᆫ學員들이宣言ᄒᆞ기를學部에서試驗科目을官報와新聞에廣布ᄒᆞ기ᄂᆞᆫ讀書作文地誌歷史日語算術等諸條이어날今日試取之場에ᄂᆞᆫ只以日語之善不善으로黜陟ᄒᆞ니何其시取之不公이며此學部ᄂᆞᆫ但爲日語敎習而設置인지入元大臣而督下이라ᄒᆞ야一邊은阻搪ᄒᆞ고一邊은排入ᄒᆞ야害으로大紛擾가되얏다더라

●시驗場設施 農商工部所管蠶業시驗場을水原郡에設施ᄒᆞ얏다가統監府所管蠶業시驗場을變更ᄒᆞᆫ의自然停止가되얏더니新門外農商大臣權重顯氏家舍를八千圜에買收ᄒᆞ야該시驗場을設施ᄒᆞᆫ다더라

●買收勿論 日人澁澤氏가漢城과平壤에水力電氣를設施次로農商工部에請願ᄒᆞᆫ事ᄂᆞᆫ已往記載ᄒᆞ얏거니와農部에서該問題가重大ᄒᆞᆷ으로政府에說明ᄒᆞ얏더니外參政이亦言此是營業發達이니認許與否ᄂᆞᆫ權大臣이亮度ᄒᆞ라ᄒᆞᆷ으로行將認許ᄒᆞ야會社를實施ᄒᆞᆯ터인ᄃᆡ該電氣事業이韓美電氣事業과觸이되ᄂᆞᆫ故로該會社를買收ᄒᆞ기로交涉ᄒᆞᆫ다더니韓美會社契約中에漢城水道敷設權이包在ᄒᆞᆫ지라事務官高佛安實時旭氏等은該事業을擴張ᄒᆞᆯ經費二百萬元을爲先準備ᄒᆞ얏신즉日人의買收交涉은自歸勿論이라더라

●不可不辨 第性二百四十號第三欄內에洪倅橫歛이란七條ᄂᆞᆫ既已正誤어니와今又該郡民會에서齊名公函이如左ᄒᆞ니

一 無作處盧卜을濫執肥已라ᄒᆞ니此ᄂᆞᆫ自前業無ᄒᆞ고乞卜은吏輩執卜時에隨卜之多寡ᄒᆞ여加執幾卜ᄒᆞ니數雖不多나亦關民情이더니郡守가民與吏奴를俱爲抵罪意로再三告示ᄒᆞ나永爲勿施케ᄒᆞ고

二 獐獵錢과第三條生雉價라稱托收歛이라ᄒᆞᆫ거슨此進獻臟獸獐이十口오山猪가一首요生雉가五十首를臨時ᄒᆞ야使砲橫獵에酒餠也草與鞋及食料也와驅獸洞軍九六十名이所過討索代價에是爲大獎이더니從僉議ᄒᆞ야自洞貿納케ᄒᆞ고自京受價割下日에出給ᄒᆞᆯ各洞ᄒᆞ고 未完

●條例勿施 統監府에서移民條例를實施하라고韓政府에督促ᄒᆞ나政府에서此件은斷不許施라고已往記載하얏거니와今又確實ᄒᆞᆫ情報를聞ᄒᆞᆫ즉當局諸大臣의極願反對로由하야必歸勿施ᄒᆞᆯ줄로本記者ᄂᆞᆫ斷言하노라

●청交法司 一進會에서典醫李俔淳氏等을捉致拘留하ᄂᆞᆫ故로警務顧問丸山氏가名刺를說會에送致하고設배하기를民會에서人民을私拘이ᄂᆞᆫ權限이無하니人有所犯이어든法司로押交하ᄂᆞᆫ거시可하다하야在拘人을幷交하라하얏다더라

●趙氏被拘 趙南升氏를一進會에서屢次強請하되據理責退하더니再昨日夜大安門前淸人料理店에서晩餐하다가 進會員의게風雨又치驅去하얏다더라

●嫁罪韓人 統監府에서內部로公函ᄒᆞ기를當國에서通行ᄒᆞᄂᆞᆫ第一銀行手形을僞造者가有ᄒᆞ야流通에妨害ᄒᆞᄂᆞᆫ故로再昨年領事館에서貴政府를經由ᄒᆞ야見本五圜券을地方各官廳에排布ᄒᆞ고且該銀行所에서各官廳에妨奸次로排置ᄒᆞᆫ金庫ᄒᆞ얏ᄂᆞᆫᄃᆡ木浦理事가五元僞券을發見搜采ᄒᆞ얏스ᄆᆡ此是地方官이五元券見本을藏置紹介ᄒᆞ야本僞造也니轉訓各道ᄒᆞ야配置見本券世發賣ᄒᆞ야其僞造本無ᄒᆞᆫ過ᄒᆞ라하얏스니入抵韓人은叅위造를不可生意오不過是日本手中出來인ᄃᆡ五圜銀券이流通各處어날何必各官廳所藏見本銀券에模本위造하야統監府에서不能日民之團束하고反히各官廳見本을致疑하야嫁罪韓人코ᄌᆞᄒᆞ니可歎喜事이라더라

●解屆捉囚 宮內府顧問官加藤雄氏와軍部顧問官野津鎭武氏ᄂᆞᆫ月銀이每朔九百元新貨를叅發하고溺職之責이萬口雜捉이더니統監府에도其行爲를猛省하얏ᄂᆞᆫ지學政參與官幣原坦氏의解雇를依하야解雇問題를兩氏의게提出ᄒᆞᆫ다더라

●宮大決退 宮內府大臣李載克氏ᄂᆞᆫ內으로 皇上게不容하고外으로ᄂᆞᆫ一進會가攻擊하야果難視務하야決코辭職하얏더니 批旨에調理行公이라하옵시고協辦閔景植氏가署理를被命하얏더라

東京電報

●水町渡韓理由 七日午後五時發

日本水町理財局長의渡韓ᄒᆞᄂᆞᆫ主務ᄂᆞᆫ韓白銅問題에就ᄒᆞ야目賀田財務顧問官과協議ᄒᆞ기爲ᄒᆞᆷ이오日本大藏省의意見은交換勸行은當當치안타고ᄒᆞᆫ다더라

雜報

●西江義擧　日昨西江坊牛山學校에서臥牛山上에運動會를開催ᄒ고坊內父老들과校中任員諸員與學徒父兄이一齊히會集ᄒ야開校禮式을擧行ᄒ고終日暢遊ᄒᆫ後校長以下諸氏와各洞統監以下中任及國內父老諸氏가學業勸勵ᄒ옵신皇勅辭意를對揚ᄒ기爲ᄒ야爛商公議後에本牛山學校를坊內公立學校로組織ᄒ야一般人民의公益上義務로有志紳士及父老諸氏를다贊成員으로選定ᄒ고舊日米廛分零條와洞分에依ᄒ야米穀隨每石新貨二錢式收合ᄒ야校費를補充케ᄒ며本學校敎育을一層擴張ᄒ기로提議ᄒ야贊成諸氏가異口同聲으로一致可決ᄒ얏ᄂᆫᄃᆡ此實況을學部에修報ᄒ야公立으로章程을定行키로ᄒ얏다ᄒ니吾儕ᄂᆫ其本坊父老와諸紳士의高義를額手攢賀ᄒ거니와牛山學校의成立이最早ᄒ야其間蹈而復起ᄒ야ᄉᆞᄂᆫ素志를不유ᄒ고畢竟完備ᄒᆫ模樣을成立ᄒ이니諸氏의堅執牢確ᄒᆫ本意도東西ᄒ련이와本坊諸紳士父兄의義擧ᄂᆫ大韓京鄕間模範이되리라ᄒ노라

●魚醫神效　黃海道平山月位面居ᄒᄂᆫ沈[illegible]民의再從嫂氏가年今三十八에鼓脹浮腫으로五年苦痛에百藥無效ᄒ야必至死境이라其家夫與시叔이轎子에담아上京ᄒ야濟衆院에來ᄒ야魚飛信氏를見ᄒ고救療ᄒ을乞ᄒ니氏曰病雖大段危重ᄒ나救治ᄒ리라ᄒ고病院에受置ᄒ야供給ᄒᆫ지七日에發汗藥을下ᄒᆫ後에其腹部를剖ᄒ고病塊를割ᄒ니醜惡ᄒ고凶怪ᄒᆫ거시맛치큰조루에가득키너흔것갓흔것슬큰보작이의가득ᄒᆫ것슬一個人이艱辛이持去ᄒ야埋之ᄒ고其剖복을縫ᄒ야治療ᄒᆫ지一朔이不過ᄒ야快爲完人ᄒ야魚氏의게百拜謝禮ᄒ고日前에南村泥峴과城내各處를와景ᄒᆫ後에發程下去ᄒ얏스니如此神效ᄂᆫ古今初見이오魚氏의神通ᄒᆫ醫術은東洋古昔名醫에華陀扁鵲이라도不及이라ᄒ더라

●愚民構厄　平安北道郭山郡民이鎭衛所用鋪釘을拾取事로捉囚鎭道監部ᄒ고行將砲刑ᄒ다ᄂᆫ事ᄂᆫ已揭前報ᄒ니와其事實을詳聞ᄒ즉該郡草上里金昌宗이以愚昧之氓으로路拾鐵釘一介에忘添其樂尖之鋤子ᄒ야水鎭匠錯自守ᄒ에請其改造則鐵民이不肯改造之際에日人이過看此狀ᄒ고稱云鎭衛物偷竊之人이라ᄒ야並卽押送于監部者라ᄂᆫᄃᆡ內部에서此事件에對ᄒ야政府로照會ᄒ고仁川駐鐵道監部에交涉妥辦ᄒ야使此兩民으로無至任他重勘케ᄒ라ᄒ얏다더라

●拾藥受傷　再昨日漢城府主事金宇鉉시第二子十二歲兒가新門外冷洞路上에서異常ᄒᆫ一塊物을拾得ᄒ야來到其家之際에火氣自綻ᄒ야左手三指와胸部가受傷ᄒ얏스니此卽近日所謂暴發藥이라方今南門外濟衆院에서治療ᄒᆫ다더라.

●師範試取　昨日學部에서漢城師範學校敎師歸附養成ᄒ로科로學員五十人을試取ᄒᄂᆫᄃᆡ應ᄒ次該部에來待ᄒ야呼名出席者數ᄂᆫ二百五人이라더라.

廣告

桑港遭難同胞의救助募集金이合爲一千二十八圓이기로鍾路電氣會社에委托ᄒ야在桑港僧佛安會社로去月曜日에已送ᄒ얏사오니救恤ᄒ시ᄂᆫ僉君子ᄂᆫ照亮ᄒ시ᄆ延期ᄒᆫ募集期限은明十日ᄭ지오니今明間速速寄付ᄒ시ᄆ切望

大韓每日申報社　告白

在桑港遭難同胞救助金

閔濬鎬　四元
漢城府大韓獨立磐石敎會諸兄弟　一元五十錢
開城府培義學校任員諸氏　一元七十錢
郭山永淸學校金昌得　二元
全金基浩八十錢　李成基五十錢
安州韓泰卿　一元
全李舜卿五十錢　全申永柱卅錢
○南松峴進明義塾諸氏
學員崔炳憲　一元
監督韓[illegible]　一元
學員　朴在[illegible]　全宋[illegible]潤
全朴元弼　全韓撤恩　全韓大吉
全韓春得　以上五十錢
江東巴陵張永翰　二元
平壤　全泰善　一元
以上合新貨二十元

本人은本是京城人으로原來銀工을專ᄒ야別品佩物等을制造ᄒ오미南門外韓西大藥房越家로銀房을開設ᄒ얏사오니遠近僉君子ᄂᆫ陸續枉議ᄒ심을伏望

義州南外錦成銀房主延閏弘

載寧信川兩郡에統詳宮田畓이잇ᄉᆞ온ᄃᆡ導掌河相禹가典當ᄒᆫ단지放賣ᄒ려ᄒ오니內外國人은信行치마시고所有二張과舊文記一軸과新文記三張을休紙施行ᄒ시옵

統詳宮小次知　金應範　告白

前參奉羅應一에名字을顯駿으로改定ᄒᆷ

羅顯駿　告白

前參奉李鍾完에名字를根完으로改定ᄒᆷ

李根完　告白

前參奉梁台煥에名字를碩煥으로改定ᄒᆷ

梁碩煥　告白

本人이木浦金鋪鉉許의放物錢紙貨三百九十三元出給헐거시有하야魚音成給허엿더니竊纔只今의鋪鉉이來ᄒ야右金額은出給하고魚音은繼於忘却ᄒ야未推ᄒ얏기玆에廣佈ᄒ오니該魚音은休紙施行ᄒᆷ事

東湖釜谷金濟源　告白

啓者華商存西署皇華坊錦井洞有樓房瓦家草家共七處拍賣聲明ᄒ니君子有意購買請到小公洞是亦堂葯店面議

周壽琛　謹白

株式會社韓一銀行株式募集廣告

本銀行創立主旨ᄂᆫ惟我商業界의金融을圓滿疏通ᄒ야써百般의産業을蔚然振興케ᄒ기로勉圖ᄒᆷ은바다시再論ᄒᆯ바無ᄒ거니와然此事業의成就如何ᄂᆫ야ᄒ로商業界有志紳商의心力協助를不得ᄒ면到底히其善美ᄒᆫ效果를得치못ᄒᆯ지라故로玆에本銀行株式請入의方法及期限을左列ᄒ야供覽케ᄒ오니幸須有志紳商僉彦은十分俯諒ᄒ사此事業에同情을滿心表彰ᄒ시와善美ᄒᆫ金融의機關을愈益鞏固케ᄒ시고商業界에共同利益을一體永享케ᄒ시기로ᄯᅩ自協棒ᄒ야迅速應募ᄒ심을切要

一 認可年月日光武十年五月十九日度支部에서創立認可를得ᄒᆷ

一 資本金總額金十五萬圓이오每株金五十圓이니總株數ᄂᆫ三千株

一 第一回辦納金總資本金四分一卽壹株에十二圓五十錢計算으로辦納케ᄒᆷ

一 請入方法은銀行創立事務所에서僉位의게發送ᄒᆫ請入證書에擔當ᄒᆯ株數保證金額及居址을記載ᄒ고署名捺印後請入ᄒᆷ事

但請入證書所用되면指定ᄒᆫ銀行에서請求ᄒᆷ이可ᄒᆷ

一 請入保證金은應募者ᄂᆫ擔當株數에對ᄒ야一株에金五元計算으로添付ᄒᆷ事

一 請入期限六月二十日爲限

一 請入處所大廣橋株式會社漢城銀行

一 株式을募集ᄒᆫ바應募數가總數二千株에超過되면發起人이決議處辦ᄒᆷ

一 請入時에保證金을添付케ᄒᆫ바以后第一回金辦納催告後其期限內에不納ᄒ면保證金은沒收ᄒᆫ뿐外에尙且株主權이消滅되게ᄒᆷ

一 其他未詳事ᄂᆫ請入所로來問ᄒᆷ事

光武十年六月五日

株式會社韓一銀行設立委員

趙秉澤　白完爀　鄭東植　孫錫基
李君涵　成文永　[illegible]彰恒　告白

廣告

本號新開專做男女各色洋服直由上海運來各種細이毛音及一切衣飾扁品件件精全伏望貴士女迅即來購爲幸

西小門內榮泰男女洋服商號

廣告

刑法大全 一帙定價金新貨六十錢
牧民心書一帙 一圓二十五錢
耳談續纂一冊 七錢五里
溫故知新堂叢鈔 七錢五里
父師必讀小學指南 七錢五里
人工養蠶鑑一冊 十五錢
萬國地誌三冊 一圓
農政新書 五十錢
法學通論 一圓
尺牘完編 一圓五十錢
大韓地誌 七十五錢

發賣所 布屛門下金相萬書舖 大韓每日申報社

花春丹은 霍亂 吐瀉 腹痛 滯症 暑症 정忡 神昏 痰盛 醒酒船暈 咳嗽 口味업는諸症의神效ᄒᆞᆫ藥이오 此外에도洋灰水解毒藥 唐창 疳氣 蛔虫 寸虫 赤白癩風 藥과東西洋藥이俱備ᄒᆞ고他病도隨問出方ᄒᆞ오니 僉位는枉議ᄒᆞ시옵

皇城校洞石井洞下隅
石泉室藥局 告白

一 鷹標煉濃牛乳
一 金印鷹標煉乳牛乳
一 新鮮家用氣化乳餅
一 台牛乳

大韓仁川港
洋行

◉九轉靈砂라 本人이妙方法을精研ᄒᆞ야製造ᄒᆞᆫ靈丹인ᄃᆡ男女老少에無論何症ᄒᆞ고通治ᄒᆞ오며無病時에도服ᄒᆞ면平生의身體가健康ᄒᆞ며小兒도四五錢만服ᄒᆞ면十歲안에無病ᄒᆞ기를擔保ᄒᆞ오며

◉九轉靈砂萬應丹은癲狂 癇症과中風諸疾과耳目諸病과淋疾에神効ᄒᆞ오

◉九轉靈砂保命丹은初生小兒 驚風 痢氣 咳嗽 腹痛諸般惡과婦人帶下症에神効ᄒᆞ며

◉九轉靈砂濟衆丹은酒滯 食滯 血積 吐瀉 霍亂 痢疾 吐血 下血 運氣 時疾 痳症에神効ᄒᆞ오

◉九轉靈砂紫金丹은痔漏 梅毒 上疳 下疳 痃癖及瘡腫과濕疥癬等諸種에無不神効ᄒᆞ오니 僉君子는來問ᄒᆞ시오

內需司前숙갑이골上隅第一家 李鎭廷 告白

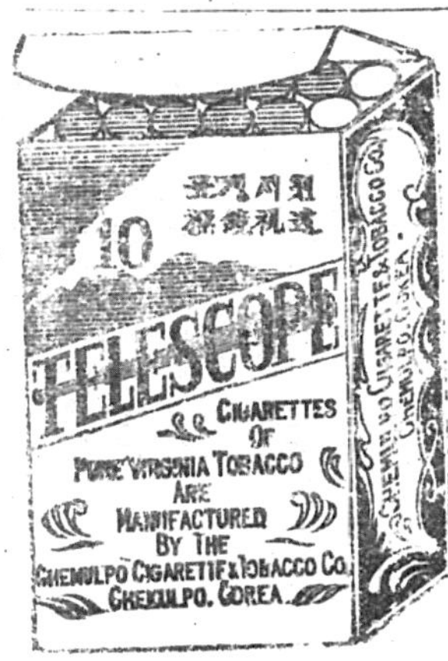

以上三種은上品으로製造ᄒᆞ야衛生上에至極有益ᄒᆞ니毋論某人ᄒᆞ고本社에來購ᄒᆞ옵

大韓帝國仁川港
濟物浦紙卷煙草及煙草會社

本社廣告

中韓國
一張代金 新貨二錢五分
一箇月前納 三十錢
三箇月 九十錢
六箇月 一元七十錢
一箇年 三元四十錢
郵便一張 新貨五里
一箇月 十三錢

廣告料

國漢文十三字爲一行
每日每行尺一寸에新貨計五錢
(每日每行에大韓에서加算)
三箇月에 二錢五分
(每日每行國漢文五里에 相當)
一箇月에 五錢
(每日每行國漢文一里에 相當)
其期限의長短과字行에多少를依ᄒᆞ야增減ᄒᆞᆷ이有ᄒᆞᆷ

◉本社地方各處支店廣告

仁川杻峴開新冊肆 李東圭
平壤南山峴日新學校 金興鍋 崔觀恒
宣川邑廳西 安濬
義州南門外韓西大藥房 張有寬
長淵邑 金[illegible]
鎭南浦築洞 金仁직
咸興州南社 曹喜林
中和邑 李俊鎬
釜山佐川徐藥房 金灌鍾
開城北部梨井里祥洞居培義학校副校長 姜助遠

發行兼編輯人 英國人 裵說
發行所
京城中署壽進坊典洞第[illegible]
大韓每日申報社

第四卷

大韓每日申報

대한매일신보

第二百四十三號

月曜及慶節歲時日休刊

檀君開國四千二百三十九年
箕子元年三千二十八年
大韓開國五百十五年
日本明治三十九年
淸國光緖三十二年
陰曆丙午閏四月大十九日乙酉

論說

陛見問題

去月晦間에淸國外務部에서駐日公使의게電報ᄒᆞ되駐韓總領事馬廷亮이赴任日久에尙且韓國皇帝ᄭᅴ陛見을不得ᄒᆞ야殆히虛位에居ᄒᆞᆫ事實을說明ᄒᆞ라ᄒᆞ얏ᄂᆞᆫᄃᆡ

吾儕가청國總領事와談話ᄒᆞᆫ未會有ᄒᆞ나청國外務部의意嚮ᄒᆞᄂᆞᆫ바ᄂᆞᆫ可히備陳說明ᄒᆞᆯ地位에居ᄒᆞ얏노니蓋此葛藤은統監府가自試其僭越ᄒᆞ야背理的境遇에서起出홈이라

統監府가 韓皇陛下와外國人間에諸般通涉을關ᄒᆞ야彼의定例ᄂᆞᆫ必須經由ᄒᆞ기를要索ᄒᆞ며彼가諸般通信을無不細査ᄒᆞ며無論何時ᄒᆞ고 韓皇陛見ᄯᅢ셔外國代表者를引見ᄒᆞ실을自爲主張ᄒᆞᄂᆞᆫ權利가有홈을분作ᄒᆞ나니

此事實이청國總領事가尙今未得謁見ᄒᆞ며且其一邊으로ᄂᆞᆫ露國總領事풀닌큰氏의赴任延滯ᄒᆞᄂᆞᆫ所以를說明ᄒᆞ리로다

自稱ᄒᆞᄂᆞᆫ此統監府에서行ᄒᆞᄂᆞᆫ情狀이其地位를不可守衛ᄒᆞᆯ거시오또早晚間에其權을失ᄒᆞᆯ차라遣間에彼가蠢보的說明으로幾次提出ᄒᆞᆫ事件이歸於만환인바但擧一事言之ᄒᆞ건ᄃᆡ美國紐約銀行家시푸氏의事件이라

韓皇陛下ᄭᅴ셔ᄂᆞᆫ眞實로世界上最極寬和ᄒᆞ신君主신줄노吾儕ᄂᆞᆫ指稱ᄒᆞ노니何也오日本의學士와參尉等諸般名色이라도無不引見ᄒᆞ시고每常高等外國人을接見ᄒᆞ심을喜悅ᄒᆞ시나니시푸氏의事件으로言之라도即時陛見이되얏슬것인ᄃᆡ統監府에서別着耳目ᄒᆞ야直入闕內ᄒᆞ거나或擅入을攔住ᄒᆞᄂᆞᆫ境遇에ᄂᆞᆫ闕門外에서必然作梗이有ᄒᆞᆯ가恐ᄒᆞ야未得遂意ᄒᆞ심이라

所以로一日에ᄂᆞᆫ시푸氏와其一行을昌德宮內華麗ᄒᆞᆫ處所로排設을整頓ᄒᆞ얏든거시어날統監府에서此等甚是無害ᄒᆞᆫ事件에對ᄒᆞ야說明을要求ᄒᆞ며且參列人員의列名을錄示ᄒᆞ라ᄒᆞᆫ지라

吾儕ᄂᆞᆫ統監府가自巳之事에만注意ᄒᆞ기를自認ᄒᆞᆫ거시며且吾儕意見에도其自巳의措置에만自認做去ᄒᆞ엿스면一大好策인줄노認且信焉ᄒᆞ노라

官報

●號外 光武十年六月八日

◎宮廷錄事

本月八日에 議政府議政兼任太醫院都提調閔泳奎에게親任式을行ᄒᆞᆫ事

宮內府大臣李載克辭職疏

批旨省疏具悉卿懇職不可便解病苟如是卿其調理行公事遣府郞宣諭 六月七日

◎辭 令

命署理大臣事務 宮內府協辦閔景植

六月七日

●三千四百七十五號光武十年六月九日

◎宮廷錄事

侍從院副卿金祚鉉辭職疏

批旨省疏具悉所請依施

六月七日

●勅 令

勅令第二十六號

法官養成所官制中改正件

光武九年勅令第二十一號法官養成所官制中第二條第三條를左와如히改正ᄒᆞ고本年勅令第十號法官養成所官制改正件은廢止홈이라

第二條 法官養成所에左開職員을置홈이라

長 一人 法部協辦或局長中兼

學監 一人 專任敎官中首班이例兼

敎官 六人 奏任一人判任五人

雜任敎官若干人 必要로認ᄒᆞᆫ時에만寘홈이라

[illegible] 判任 名譽로臨時敍任ᄒᆞ되本所卒業人에限홈이라

第三條 所長은所內事務를管理ᄒᆞ며所屬官吏를監督ᄒᆞ고學監은所內一切事務를處理홈이라

光武十年六月六日

御押 御璽 奉 勅

議政府參政大臣勳一等朴齊純

法部大臣臨時署理朴齊純

◎敍任及辭令

○命侍從院副卿 禮式院禮式課長金祚鉉○依願免兼任太醫院副卿 秘書監丞鄭헌○任奉常司副提調 秘書監丞金龍基○任秘書監丞 正三品沈九澤○兼任太醫院副卿 秘書監丞沈九澤○依願免本官 報寧郡守李峻奎 農商工部參書官安呂鉉○免本官 保寧郡守申奭求 右ᄂᆞᆫ忠淸南道관察使金嘉鎭의報告書를據ᄒᆞᆫ즉該郡이匪徒之攔入該郡에砲丁募集과洋銃八十柄輸送發令이繼因所遭之危險이나其在事體에不可無警等因准査ᄒᆞ온즉該員이當此亂徒猖獗ᄒᆞ야不思剿除方略ᄒᆞ고反致招兵應募ᄒᆞ고多數洋銃을輸送發令之擧ᄒᆞ니究其所犯에極爲駭惋이옵기免本官○任農商工學校敎官 農商工部參書官 務安監理金進川○任軍器廠技師 六品韓旭○任務安監理 從二品安基鉉 以上六月六日○任外國語學校副敎官 尹相菴 權泰鉉 李燦榮 金商應 劉泓鎭 姜泰均 金錫和 朴昌鎭 崔兆楨 以上六月七日

◎勅 令

●勅令第二十四號 (續)

陸軍服章規則

第卅三條 背囊을負ᄒᆞᆫ者ᄂᆞᆫ此에雨覆或夏外套를附着ᄒᆞ고背囊을負치아니ᄒᆞᆫ者ᄂᆞᆫ雨覆或外套를卷ᄒᆞ야左肩에서右脅에斜掛홈이法이라但時宜를因ᄒᆞ야此를背囊에附着ᄒᆞ지안코且肩에掛ᄒᆞ지아니ᄒᆞ야도無妨홈이라 未完

外報

●滿洲經營 俄國은滿洲經營委員會라ᄂᆞᆫ거슬組織ᄒᆞ야戰後부터北滿洲商業的經營의任ᄒᆞ기로ᄒᆞ야莫斯科市議員八名과俄國商務省參書官三名이任命되얏다더라

●砲艦歸航 上海電을據ᄒᆞᆫ則英國砲艦스누이푸號ᄂᆞᆫ南昌에서歸航ᄒᆞ얏다더라

●暴動鎭定 同電을據ᄒᆞᆫ則江西省에暴徒ᄂᆞᆫ平定ᄒᆞ얏ᄂᆞᆫᄃᆡ暴動者七名은斬ᄒᆞ고十六名을捕縛ᄒᆞ얏다더라

●海軍特用金 華盛頓發電을據ᄒᆞᆫ則英國國會에서海軍特用金의請案을可決ᄒᆞ얏ᄂᆞᆫᄃᆡ一千萬元을將次特用ᄒᆞᆯ러이라더라

●暗殺陰謀漏泄 桑港電을據ᄒᆞᆫ則波蘭人一名이虛無黨의美國大統領루스벨트氏를暗殺ᄒᆞ라ᄂᆞᆫ陰謀가漏泄ᄒᆞᆫ故로目下極力調探中이라더라

●赤社救濟 美國華盛頓赤十字會에서救濟金三十萬元을桑港救濟會로送ᄒᆞ얏더라

雜報

●政府移接 議政府를明日北闕內修政殿으로移接ᄒᆞᆫ다더라

●莫知所措 桑港某報를據ᄒᆞᆫ즉日本이俄國과戰爭됨을機會로認ᄒᆞ고韓國을倂呑ᄒᆞ려고銃頭와刀尖으로威脅ᄒᆞ야所謂六條니五條니ᄒᆞᆯ가지고韓國全境에日本兵丁과巡査를布置ᄒᆞ고專히壓制手段으로少無忌憚ᄒᆞ고橫行ᄒᆞ니彼日本의無義無信ᄒᆞᆫ것은世界가皆認ᄒᆞ는바어니와今自東洋으로渡來ᄒᆞᆫ西洋人의言을聞ᄒᆞᆫ즉日本이韓國을如何措處ᄒᆞᆯ는지政府도方向을定치못ᄒᆞᆫ거슨韓國人이無論男女老少ᄒᆞ고皆日人을甚히惜惡ᄒᆞ야仇讎視之ᄒᆞ니日本이韓人의心을和平케ᄒᆞᆯ方略이無ᄒᆞ야韓國으로도更히獨立케ᄒᆞ면물고먹지못ᄒᆞᆫ虎狼이와갓고만일韓國을幷呑ᄒᆞ게되면韓人의心을鎭定ᄒᆞᆯ方略이無ᄒᆞ야日本이如何措處를莫知라ᄒᆞ얏더라

●果明誑耶 一進會에被囚ᄒᆞᆫ趙南升氏는二日夜를經過ᄒᆞ고還家ᄒᆞ얏는ᄃᆡ一進會員이渾同威脅ᄒᆞ며衆口詰問ᄒᆞ야橫竪說去故로趙氏가快倶明誑ᄒᆞ야公判歸正ᄒᆞ지ᄒᆞ얏다더라

●治道自褒 忠北觀察使尹喆圭氏는日人의治道勸告를猶恐不及ᄒᆞ야農民을勒使赴役故로忠北一道는擧皆失農ᄒᆞ야民冤이載路ᄒᆞᄃᆡ道路를善治ᄒᆞ얏다ᄒᆞ고自請褒揚ᄒᆞ얏다니人民을幷入溝壑ᄒᆞ야는지라再昨日內部에又報ᄒᆞ되淸州郡鳥致院을治道ᄒᆞ야外國商民來往에便利케ᄒᆞ더이니經費五千元을支撥ᄒᆞ라ᄒᆞ얏다더라

●親任式擧行 議政大臣閔泳奎氏가再昨日登筵ᄒᆞ야親任式을擧行ᄒᆞ는ᄃᆡ節次는日本式을依倣ᄒᆞ야 勅旨는中樞院議長閔種默氏가書入ᄒᆞ야對ᄒᆞ고參政朴齊純氏도同對ᄒᆞ얏는ᄃᆡ閔議政은暫時入侍ᄒᆞ야固辭 上奏ᄒᆞ얏다더라

●達繫上京 慶尙北道觀察使申泰休氏는今日釜山列車로上京ᄒᆞᆫ다더라

●運動太早 忠北觀察尹喆圭氏는本月一日에管下十七郡各學校生徒들을府下敎明학校로發帖請集ᄒᆞ야龍山垈에셔聯合大運動會를設行ᄒᆞ얏는ᄃᆡ各郡守各校校監與敎師가학徒十名式領率ᄒᆞ고齊到府下ᄒᆞ야諸般競走와體操를互各運動ᄒᆞ얏다고학部로報告ᄒᆞ얏다ᄒᆞ니諺所謂未嫁之女가셔답먼저장만ᄒᆞᆫ다는말과恰似ᄒᆞ다고ᄒᆞ더라

●警廳恤金 洪州에셔被死ᄒᆞᆫ警務廳摠巡巡檢과日本警部巡査의게對ᄒᆞ야警務廳에셔恤金으로二百圜捐助ᄒᆞ얏고摠巡金圭爽氏의屍骸는楊州西山等地로今日出葬ᄒᆞᆫ다더라

●廣尹熱心 廣州府尹吳泰泳氏가各面村에逐日巡行ᄒᆞ야民情도視察ᄒᆞ며學校設立ᄒᆞᆯ趣旨도說明ᄒᆞ는ᄃᆡ慶安面에至ᄒᆞ야尹秉純氏創設ᄒᆞᆫ學校에셔附近洞有志紳士를會同ᄒᆞ야如此時代에敎育을不得不擴張ᄒᆞᆷ을痛論ᄒᆞ고二百圜을補助ᄒᆞ니參席ᄒᆞᆫ諸氏가不勝感激ᄒᆞ야各其義捐ᄒᆞ는ᄃᆡ二千餘圜에達ᄒᆞ얏다ᄒᆞ니當此窮春ᄒᆞ야有志諸氏의特出義捐ᄒᆞᆷ도罕有美擧어니와該府尹의熱心敎育ᄒᆞᆷ을人皆讚頌不已ᄒᆞᆫ다더라

●비金徵出 安東法田所在日人礦業事務所에匪徒突入ᄒᆞ야事務員을虐殺ᄒᆞ고金品을奪去ᄒᆞᆫ事는昨報에已揭어니와統監府에셔該事件에對ᄒᆞ야內部로又爲照會ᄒᆞ고비償費七千八百圜을徵出送交ᄒᆞ라ᄒᆞ얏다더라

日本東京上野公園內花月亭에셔留학生百餘人이會集ᄒᆞ야韓日新條約에對ᄒᆞ야爲國殉身ᄒᆞ신輔國閔泳煥議政趙秉世參判洪萬植山林宋秉璿主事李相哲上等兵金奉학主事李建奭諸公의追吊會를開ᄒᆞ얏는ᄃᆡ其顚末이如左ᄒᆞ니

當日下午一時에一齊會集ᄒᆞ야開會趣旨를演說ᄒᆞ고追吊文을朗讀ᄒᆞ며七忠의遺書를布告ᄒᆞᆫ後因次七忠의平日行蹟과殉身現況과以後影響을各出演說ᄒᆞ는ᄃᆡ其演說中通常主語는此七忠의殉身ᄒᆞ신거슨遺書에도載在ᄒᆞ거니와使我同胞는發憤勵精ᄒᆞ야勉其學問而結心戮力ᄒᆞ야復我自由獨立케ᄒᆞ심인즉其重大責任은凡我同胞가孰不血心擔着ᄒᆞ리오마는惟我外國留學生은二千萬의代表라可謂ᄒᆞᆯ지라責任이尤極重大ᄒᆞ오미千萬倍加ᄒᆞ야期雪保護之恥ᄒᆞ야以報七忠九泉之望ᄒᆞᆷ시다若有少怠면人神이共戮ᄒᆞᆯ거시니造次不忘ᄒᆞ고一心遂成ᄒᆞ자고指天爲誓ᄒᆞ는景況이或不勝悲憤ᄒᆞ야放聲痛哭者도有之ᄒᆞ며或今此會ᄒᆞᆫ沸血은實謂回復兆漸이라不必痛哭ᄒᆞ오歌亦無妨이라ᄒᆞ는者도有之ᄒᆞ야相愛慰論ᄒᆞ다가追吊歌를齊唱ᄒᆞ고同七時에閉會ᄒᆞ얏더라僕이日本에出來ᄒᆞ야于今三年에多有學生社會之詣參이오나會未見一心同致矣러니此追吊會는一心同致ᄲᅮᆫ不啻라其相愛相憐이實如親兄弟오面面生氣와言言熱血이可以回復兆漸이라謂ᄒᆞᆯ지라不勝悲喜ᄒᆞ와玆告于在國同胞兄弟ᄒᆞ노이다

留학生韓相愚

●宜乎悚惶 洪州郡守尹始永氏가內部에報告ᄒᆞ되來到本郡ᄒᆞ야周察形便則城內公廨及民家에我兵及日兵이無不駐箚ᄒᆞ며經擾之後로血流處에父哭其子ᄒᆞ며妻哭其夫ᄒᆞ야滿目愁慘이오客舍殿牌이破碎에闕牌不在ᄒᆞ니悚惶無地라ᄒᆞ얏다더라

●校舍難處 學部에셔水下洞官立小학校가狹窄難容ᄒᆞᆫ즉洞口下前種痘司에所居日人渡邊鷹次郞은移接他處케ᄒᆞ고該家舍는학校를移設케ᄒᆞ고蘇島洞民等이私立ᄒᆞᆫ학校가現無校舍云ᄒᆞ니該島所在前收稅廳을該학校에借與ᄒᆞ라고內部에照會ᄒᆞ얏는ᄃᆡ內部에셔照覆ᄒᆞ기를前種痘司는方自本部로因公收用ᄒᆞ더인즉不可認準이오蘇島收稅廳은度支部所管이니該部에照請ᄒᆞ라ᄒᆞ얏다더라

●拾票還主 安洞居某人이親舊의委囑으로安洞鞋廛에셔一錢郵票紙貨七圜의價値되는거슬買去ᄒᆞᆷ의價文은約以午後推來以給이더니該票을중路見失ᄒᆞ니票價를無以推給ᄒᆞ야甚在困難ᄒᆞ더니典洞典當局主人車基倫氏가拾得ᄒᆞ야申報上에廣告ᄒᆞ야本主로ᄒᆞ야금覓去케ᄒᆞ니車氏의正當行爲는實非人人皆能之事라ᄒᆞ더라

●연說定期 國民敎育會에셔敎育事項에對ᄒᆞ야연說ᄒᆞ기로決定ᄒᆞ고每月每日曜日下오八時마다內外國人중학問이高明ᄒᆞᆫ학士를延聘ᄒᆞ야연說ᄒᆞᆫ다니社會的敎育上에大段有益ᄒᆞᆫ事인즉一般人民은往聽ᄒᆞ는것이조흘듯ᄒᆞ더라

●還民祝恩 桑港에在ᄒᆞᆫ韓國同胞의遭難ᄒᆞᆫ情況은本社에셔屢屢告布ᄒᆞ얏거니와今에韓人共立協會에셔發送ᄒᆞᆫ新報에云ᄒᆞ얏스되大韓 皇帝陛下게옵서桑港에大災를洞燭ᄒᆞ옵시고紐約에在ᄒᆞᆫ美國牧師뿌라운氏의게電報ᄒᆞ시와桑港에在ᄒᆞᆫ韓人의生을下詢ᄒᆞ옵신지라뿌라운氏가卽時桑港에在ᄒᆞᆫ낙쓀牧師의게電報ᄒᆞ야韓人의形便을探知ᄒᆞ야卽示ᄒᆞ라ᄒᆞᆫ故로낙쓀氏가이숫옥글닌드에在ᄒᆞᆫ方化중氏를共立協會贊成員뚜루醫師家에셔逢着ᄒᆞ야韓人의情形을探知ᄒᆞ고뿌라운ᄒᆞ되로即時回電ᄒᆞ얏는ᄃᆡ電報辭意는桑港의在ᄒᆞᆫ韓人의家屋과物件은皆燒火가되얏스나人命은損害ᄒᆞᆷ이無ᄒᆞ다고ᄒᆞ얏다니吾儕는 皇上陛下의人民慈愛ᄒᆞ시는 聖德을복祝ᄒᆞ오며萬歲를齊唱ᄒᆞ얏노라ᄒᆞ얏더라

●籍校肥己 尙州郡守吉永洙氏가稱以학校設施ᄒᆞ고饒民處에勒排錢或葉三百兩或一百兩式收捧ᄒᆞ되雖酒商鹽買라도無一遺漏ᄒᆞ여幾萬兩을充於私橐ᄒᆞ고又藉稱新학問冊子買來ᄒᆞ고每戶에葉四錢二分式排斂ᄒᆞ니合爲七千餘兩이로ᄃᆡ尙此학校는不立ᄒᆞ니上項所捧條를用之於何處이며且大丘師範학校儒生은自鄕중으로擇選人才可由어날不此之爲ᄒᆞ고令下吏로抄出戶籍大帳ᄒᆞ야無論長少有無識ᄒᆞ고限百名拔送ᄒᆞ되全然不ᄒᆞᆫ無識之人을不日督送故로境ᄂᆡ士民이罔知所措라ᄒᆞ더라

東京電報

●澁澤渡韓 八日午後二時發 日本男爵澁澤榮一氏는本日(八日)朝에韓滿視察途에就ᄒᆞ얏더라

●滿州鐵道勅令 上仝 南滿州鐵道會社設立件에關ᄒᆞ야日本셔本日勅令으로公布되얏는ᄃᆡ其要領이如左ᄒᆞᆷ

當會社株는청日政府及청日人을限ᄒᆞ야所有ᄒᆞᆯ사

日本政府는滿洲에在ᄒᆞᆫ鐵道及炭礦으로以ᄒᆞ야出資ᄒᆞᆯ사

株券은記名式으로ᄒᆞᆯ사

雜報

清國義士潘宗禮氏의蹈海훈事實로布哇時事新報의寄書　(속)

閔忠正의遺書를見ᄒ고因ᄒ야失聲痛哭ᄒ며疾呼曰忠臣忠臣이라但其死也晩이로다今日에비록身을捐ᄒ야能히國民을喚醒ᄒ나亦何益之有리오ᄒ고呼哭不止ᄒ다가其同行ᄒᄂ親故들이懇切히慰勞홈을因ᄒ야겨우淚를止ᄒ고更히笑態를作ᄒ더니其日午后六七時假量이되여其親故들이圍碁ᄒᄂ側에在ᄒ야或훈슈도ᄒ며且其碁手가不足훈것슬嘲弄ᄒ다가忽自其袖中으로一箇紙囊을出而遺之曰此중에妙훈方法이有ᄒ니誰某이던지開見ᄒ면能히賭碁를得勝ᄒ리라ᄒ고言訖에即出ᄒ더니幾時間後에其親故들이其囊을開見홈이其중에但白紙一片에書字가有ᄒ야曰余ᄂ今日븟터君等을永訣ᄒ노라ᄒ고又其內에ᄂ言ᄒ기를余가오작日記一冊과十四條意見書가行橐중에在ᄒ니我를爲ᄒ야此를學部에納ᄒ야달나훈지라其親故들이此를見ᄒ고大驚ᄒ야四方으로周訪ᄒ야도終是其影子도不見ᄒ니此ᄂ陰曆十二月初九日이라　未完

●齋任리屈　抱川鄉校齋任等이李野義塾付畓事를無리反對홈은前號에累揭ᄒ앗거니와聖廟享需事라聲稱ᄒ고七十二里人을勸聚上京ᄒ야及其學部에請願ᄒ기ᄂ邑中毁校事로爲主훈지라衆人이不協ᄒ야主謀者幾人에게質問ᄒ기를若以聖廟享需爲言이면吾儕가義固難默이어니와以學校言之면李野與邑중이有何區別이리오况李野ᄂ教務가擴張이나邑중은只是憑藉虛名而已오且此窮節에殘民生活이糊口도沒策이거날每人에十緡式收斂ᄒ고不參之里ᄂ百兩式徵罰ᄒ니是何非리며內所面二加八里人에게ᄂ賂金百兩을暗受ᄒ고許其先去훈情節이綻露홈으로一場風波가大起ᄒ야各相叱罵ᄒ고多數散去ᄒᄂ지라自知理屈ᄒ고改頭換面ᄒ야他日的으로運動훈다더라

●因別男女　監獄署를擴張훌次經費三萬圜를支出하얏ᄂ듸署內에男女間을區別하야男女囚의渾雜이無케훈다더라

●鉄道異論　日本各元老大臣會議에鉄道를國有物로買收하기로作定하얏ᄂ데異論이携貳하야尙未確定이라더라

●不可不辨　(속)

四　葛粉價ᄂ此亦進獻藥用而每洞에一合式來랍ᄒ고

五　戶籍情錢이란것슨每戶에一錢八分이더니物價刀湧ᄒ야至爲五戔이더니郡守가酙酌支費ᄒ야三戔五分式作定ᄒ야無敢增減케ᄒ고

六　使令廳契防錢은自來渠廳에所謂有都中契錢ᄒ야渠自放債收랍ᄒ나不管於官民間이요

七　木印造給은郡立統規에面統長이不可無信章이라ᄒ야使工造派훌ᄉ面長은二兩五戔이요統長은二兩式各酬工勞ᄒ니面長은九而爲二十二兩五戔이오統長은九十七而爲一百九十四兩이라當此竊發이縱橫ᄒ고虛僞가成習훈ᄃ擬此該式이綜核於治體者니以上項七條를不可不逐一辨明이라ᄒ더라　完

廣告

在桑港遭難同胞救助金

渭原	張景鉉	新貨一元
載寧	鄭昌淳	二十錢
	金錫範	二十錢
安州	李萬珍	二十錢
	李仲燁	二十錢
郭山	金龍豹	三十錢
德川	吉亨煥	三十錢

平壤

崔芝泰　五十錢	金興烈　五十錢
康駿彬　六十錢	李大英　五十錢
黃致秀　三十錢	李元瑞　三十錢
南昌五　三十錢	咸大永　二十錢
胡仁株　五十錢	李用富　五十錢
鄭仁洙　一元	方久德　三十錢
張錫國　三十錢	朴永吉　三十錢

以上合新貨八元三十錢來郵費二十錢內來實八元十錢

前參奉羅應一에名字를應駿으로改定홈　羅應駿　告白

本人의姓名圖章을賊徒의게見失하스니內外國人勿爲見欺홈　沃川居前參判金命洙　告白

桑港遭難同胞의救助募集金이合爲一千三十六圜이기로鍾路電氣會社에委托ᄒ야在桑港骨佛安會社로去月曜日에已送ᄒ앗사오니救助ᄒ시ᄂ僉君子ᄂ照亮ᄒ시고延期훈募集期限은明十日ᄭ지오니今明間速速寄付ᄒ시믈切望　大韓每日申報社　告白

本人은本是京城人으로原來銀工을習ᄒ야別品佩物等을制造ᄒ오미南門外韓西大廳房越家로銀房을開設ᄒ앗사오니遠近僉君子ᄂ陸續枉議ᄒ심을伏望　義州南外銀成銀房主延閏弘

載寧信川兩郡에　毓祥宮田畓이잇ᄉ온ᄃ導掌河相禹가典當ᄒ던지放賣ᄒ려고ᄒ오니內外國人은信行치마시고帖文二張과舊文記一軸과新文記三張을休紙施行ᄒ시옴　毓祥宮小次知　金應範　告白

本人이木浦金鍾鉉許의放物錢紙貨三百五十三元出給헐거시有하야魚音成給허엿더니第幾日後의鍾鉉이來ᄒ야右金額은出給하고魚音은緣於忘却ᄒ야未推ᄒ앗기茲에廣佈ᄒ오니該魚音은休紙施行홀事　東湖釜谷金道源　告白

啓者華商在西署阜華坊館井洞有樓房瓦家草家共七處拍賣聲明僉君子有意購買請到小公洞是亦堂葯房面議　周壽琛　謹白

株式會社韓一銀行株式募集廣告

本銀行創立主旨ᄂ惟我商業界의金融을圓滿流通하야써百般의產業을蔚然振興케하기로勉勵홈은바다시再論홀바無하거니와然此事業의造就如何ᄂ專혀我商業界有志紳商의心力協助를不得하면到底히其善美훈效果를見치못홀지라故로茲에本銀行株式請入의方法及期限을左列披覽케하오니幸須有志紳商僉彥은十分俯諒하ᄉ此事業에同情을滿心表彰하시와善美훈金融의機關을愈益鞏固케하시고商業界에共同利益을一體永享케하시기로各自協贊하야迅速應募하심을切要

一　認可年月日　光武十年五月十九日度支部에서創立認可를得홈

一　資本金總額金十五萬圜이오壹株金五十圜이니總株數ᄂ三千株

一　第一回辦納金總資本金四分一卽壹株에十二圜五十錢計額으로辦納케홈

一　請入方法　本銀行創立事務所에서僉位의게發送훈請入證서에擔當홀株數保証金額及居住를記載하고署名捺印後請入홀事

一　請入保証金　應募者ᄂ擔當株數에應하야一株에金五元計額으로添付홀事
　但청入証서所用되면指定훈銀行에서청求홈이可홈

一　請入期限　六月二十日爲限

一　請入處所　大廣橋株式會社漢城銀行

一　株式의募集훈株應募數가總數二千株에超過되면發起人이決議處辦홈

一　請入時에保証金을添付케홈은以后第一回金辦納催告後其期限內에不納하면保証金은沒收홀뿐外에尙且株主權에消滅되게홈

一　其他未詳事ᄂ請入所로來問홀事

光武十年六月五日

株式會社韓一銀行設立委員　趙秉澤　金周鉉　鄭東植　孫錫基　李君弼　成文永　徐彰한　告白

廣告

○本觀에서發售ᄒᆞᄂᆞᆫ各種教科書ᄂᆞᆫ日昨各新聞에廣布ᄒᆞ야學生諸氏의一覽을供ᄒᆞ얏거니와今에教科以外歷史、地理、政治、法律、哲理、社會、經濟學과農商工各實業學과學校及著述家의參考書類와文房需品을左開臚列ᄒᆞ오니志學人士ᄂᆞᆫ陸續來購ᄒᆞ시옴

發售所　平壤鍾路　大同書觀

本國史　羅馬史　希臘史
埃及史　波蘭史　新史學
中國史　猶太史　英國史
印度史　巴比倫史　土耳其史
亞刺伯史　日耳만史　俄羅斯史
法蘭西史　意國歷史　埃及慘狀
支那史要　萬國通史　泰西通史
西史通繹　歷代史略(中等)　東洋史
中西(等)台史　中東戰記
日俄戰史　普奧戰記
尼綠海戰史　非獵賓戰史
希臘獨立史　萬國新歷史
萬國興亡史　世界近世史
東洋分壙史　歐洲新政史
西力東侵史　世界進化사
世界文明사　사學原論
歐洲九十世紀사
歐洲列國變法사
世界女權發達사
西洋文明사之沿革
歐洲列國戰사本末
泰西民族文明사
東西洋倫理學사
歐洲最近政治사
意大利獨立사　美國獨立戰사
中國近世秘사　法國革命戰사

中國文明小사
日本維新卅年사
日本維新活歷사
以上은사學叢書
世界地리學　萬國地理志
最新萬國商業地理志
沿海長江險要圖說
東亞各港口岸志
東亞三國地理　滿洲地理
日本政治地理
以上은地理學
國家學綱領　國家學原理
政治學全編　政治學新論
權利競爭論　警察학全書
政治原理　政治一班
共和政體論　萬國官制志
萬國憲法志　憲政論
歐美政體通覽　歐洲政治사論
歐洲外交사　歐洲各國進化論
地方自治制
十九世紀四大家政治學說
十九世紀大勢變遷論
康南海官制議
十九世紀末世紀之政治
議會政黨論　萬國憲法比較
萬國國力比較　美國民政考
英國通典　支ㄴ問題
伯倫知리自治論
泰西各國政治論
世界三怪物　國憲汎論
國際公法大綱　萬法精리
憲法要義　憲法精리
新法律詞典　國際法學
國際公法志　現世界大勢論
近世陸軍　日本武備教育
中國之武士道　日本明治法制
日本監獄法律詳解
日本學校章程彙編
德國學校制度　西泰格言
國家政府界說　國際公法精義

以上政治及法律學
社會進化論　人群進化論
族制進化論　社會主義
社會學　政教進化論
羣學肆言　人種志
近世社會主義　婚姻進化論
社會改良論　人種改良論
以上은社會學
哲學領要　哲學新詮
未來世界論　二百年後之吾人
記憶術　達爾文天擇篇
達爾文物種由來
地球之過去未來
生物之過去未來
哲學妖怪百談
今哲學妖怪百談
吳京卿節本天演論
天擇物競論　天演論
道德法律進化之리
三大哲學家學說　日本學[illegible]文
哲學論綱
以上은哲學　未完

本號新開專做男女各色洋服及一切衣飾屬品件件精全次第[illegible]女進即[illegible]爲幸
西小門內桑乘男女洋服商號

花春丹은　霍亂　吐瀉　腹痛　滯症　暑症　정忡　神昏　[illegible]　鬱　痰盛　醒酒解煩　咳嗽　口味업ᄂᆞᆫ諸症의神效ᄒᆞᆫ藥이오此外에도洋灰水解毒藥　唐창　疳氣　蛔虫　寸虫　赤白癩風　藥과及西洋藥이俱備ᄒᆞ고他病도隨問出方ᄒᆞ오니僉位ᄂᆞᆫ枉議ᄒᆞ시옴
皇城校洞石井洞下隅
石泉堂藥局　告白

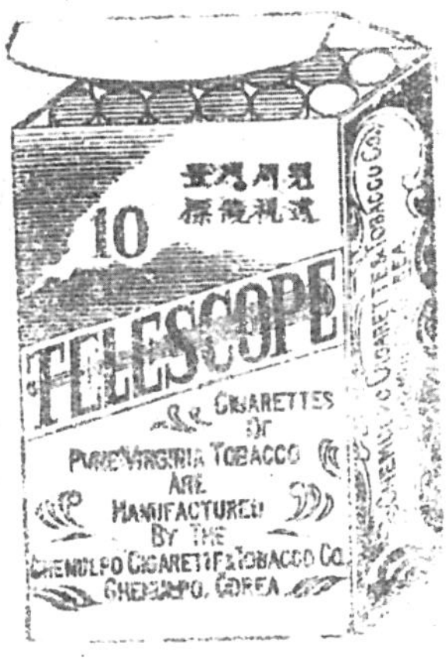

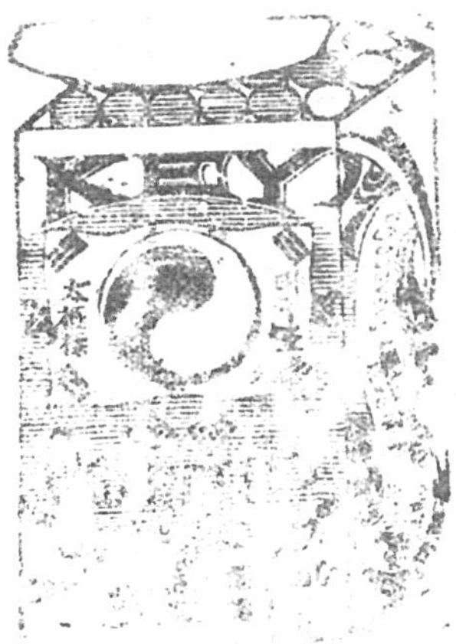

以上三種은上品으로製造ᄒᆞ야衛生上에至極有益ᄒᆞ니附論某人ᄒᆞ고本社에來購ᄒᆞ옵

大韓帝國仁川港
[illegible]紙卷煙草及烟草會社

本社廣告

申報價
一張代金　新貨二錢五厘
一箇月前納　三十錢
三箇月　九十錢
六箇月　一元七十錢
一箇年　三元四十錢
郵稅一朔　新貨五厘
一箇年　十二錢

廣告料
四號活字十三字詰
每日每行一次에新貨拾五錢
(每日發行에大號에[illegible])
二箇月에　[illegible]
(每日發行[illegible])
一箇月에　[illegible]
(每日發行[illegible])
其期限의[illegible]
[illegible]

◉本社地方各處支店廣告
仁川租界[illegible]　李東友
平壤南山峴日新學校　金興潮
宣川邑儒西　崔觀賢
義州南門外韓西大藥房張有寶　安[illegible]
長連邑　金[illegible]
鎭南浦築濟　金仁[illegible]
咸興州南社　曹[illegible]
中和邑　李[illegible]
釜山佐川徐藥房　金[illegible]
開城北部梨井里[illegible]洞居培義학校副校長　姜助遠

發行兼編輯人　英國人裵說
發行所
京城北署[illegible]
大韓每日申報社

第四卷

大韓每日申報
대한매일신보

第二百四十三號

月曜及慶節 翌日休刊

檀君開國四千二百三十九年
箕子元年三千二十八年
大韓開國五百十五年
日本明治三十九年
淸國光緖三十二年
陰曆丙午閏四月大二十一日丁亥

論說

地位

新條約結果로施設홀日本方策을今欲捨棄란傳說은向已揭報矣라其後에尙未得確報이나若未有意外事端이면日本元老가此傳說을履行홀줄可信ᄒᆞ노니媾和條約을惟一補片인고로日本不滿之意가多有其機어니와最其重大之機ᄂᆞᆫ日本이勸置條約于韓國홈으로自國權利의與俄約諸을犯ᄒᆞᆫ거시라日本이新條約을破棄ᄒᆞ야再置韓國於獨立홀計策이果至事實이면此ᄂᆞᆫ因其戰前ᄒᆞᆫ이나韓國을捨棄ᄒᆞᆫ던지或更ᄒᆞ戰局ᄒᆞᄂᆞᆫ거슨在於日本之取捨라日本이再欲交戰인된韓國人民의讎敵됨이라之不幸인줄似或諒察이로다

重大問題가其端홈은果難其疑니日本元老高等人의滿南及韓國歷覽이連속不絕ᄒᆞ며오且近者一行은日本衛家로다日本政府가欲撫安人民ᄒᆞ야韓國及滿洲民에有何權限이라고假稱ᄒᆞ엿스나實無一寸의限故로今乃著鉄其ᄒᆞ야계強政府가日本假稱의何如定限을始祭ᄒᆞᄂᆞᆫ지라청國某國의對此揭論을可以注目이니其云호ᄃᆡ近從高等官探知컨ᄃᆡ德義上壓力을加之于日本ᄒᆞ야逐日漸長인바諸般에신이明示于東京政府ᄒᆞ엿스되武官政黨의ᄉ欲施行ᄒᆞᄂᆞᆫ綱領을投棄ᄒᆞ던지不然이면行備術策홀거시라

方今進就되ᄂᆞᆫ英露協議가亦爲一件關係인바日本皇帝의信ᄒᆞᄂᆞᆫ勸告者의注意를不避라自由黨政府가德義上壓力을日夜繼속이면多分進就를一年之內에庶可得見이리로다

特以言之면日본이雖蒙一等國之名이나彼詐僞ᄒᆞ야尙今二等이오本頭緖許年間에도亦不得免焉홀거시로다

官報

●三千四百七十六號光武十年六月十一日

◉敍任及辭令

○任警務官 警務廳摠巡宋圭頭 敍判任官六等 (任警務廳總巡 南雲善 六月二日

(命사從二品李敎 [illegible]

河○任禮式院禮式課長 從二品金祚鉉○兼任宮內府外事課長 禮式院禮式課長金祚鉉

以上六月七日

◉勅令

●勅令第二十四號 續

陸軍服章規則

其四 禮裝

第卅四條 禮裝은左에列記ᄒᆞᆫ諸件을着裝홈이라

一禮帽 一大禮衣
一袴 一禮肩章
一刀(劍) 一正緒
一手套 一白布下금
一靴

此服장에在ᄒᆞ야乘馬홀時에其馬具ᄂᆞᆫ左에列記ᄒᆞᆫ諸件을具장홈이라

一頭絡 預備轡鎖及胸革幷
一轡銜 轡鎖幷
一副銜 一강
一副강 一鞍
鞍褥
一鐙粗 一腹帶
一鞦韆 一胸쥬

第卅五條 此服장에在ᄒᆞ야ᄂᆞᆫ騎兵科將校ᄂᆞᆫ長靴를穿ᄒᆞ고其他ᄂᆞᆫ總히短靴를穿홈이라

其五 半禮장

第卅六條 半禮장은左에列記ᄒᆞᆫ諸件을着장홈이라

一帽 一軍衣
一小肩章 一袴
一刀(劍) 一正緒
一手套 一白布下금 一靴

此服장에在ᄒᆞ야乘馬홀時에馬具ᄂᆞᆫ左에列記ᄒᆞᆫ諸件을具장ᄒᆞ라但鞍褥ᄂᆞᆫ各兵의便宜로常用ᄒᆞᄂᆞᆫ鞍褥을使用홈을得홈이라

一頭絡 預備비鎖及胸革을除홈이라
一비홈 비鎖幷
一副홈 一강
一副강 一鞍
一안褥 一鐙
一路달 一복帶

第卅七條 帽ᄂᆞᆫ禮帽를用홈이正則이라然ᄒᆞ나時宜를因ᄒᆞ야ᄂᆞᆫ常帽를用홈을得홈이라

第三十八條 此服장에在ᄒᆞ야騎兵科將校ᄂᆞᆫ長靴를穿ᄒᆞ고其他ᄂᆞᆫ短靴를穿홈이通例라然ᄒᆞ나乘馬本分에將校(騎兵科를除홈)ᄀᆞ乘馬ᄒᆞ고臨場홀時에在ᄒᆞ야ᄂᆞᆫ各自의便宜로因ᄒᆞ야短袴와長靴를穿ᄒᆞ야도無妨홈이라

其六 常裝

第三十九條 常장은半禮장과同ᄒᆞ되但禮帽常帽를互用홈을得ᄒᆞ고又刀(劍)에正緒를着지아니ᄒᆞ고刀(劍)緒를着홈만異홈이라

此服장에在ᄒᆞ야乘馬홀時에馬具ᄂᆞᆫ半禮장과同홈이라

第四十條 此服장에在ᄒᆞ야ᄂᆞᆫ短화或長화를穿ᄒᆞ고或脚絆을着ᄒᆞ며或着지아니ᄒᆞ며總히各目의便宜에任홈이라

第四十一條 騎兵科將校及乘馬本分의將校ᄂᆞᆫ此服장에在ᄒᆞ야刀帶의釣革을釣鎖로換用홈을得홈이라

第三章 下士卒의服장

其一 通則

第四十二條 刀와劍은何如ᄒᆞᆫ服장을勿論ᄒᆞ고軍衣(衣上에ᄒᆞ라)革帶를結ᄒᆞ야此를佩홈이라然ᄒᆞ나騎兵에在ᄒᆞ야ᄂᆞᆫ반다시軍衣裏下에佩ᄒᆞ고且外套를着홀時ᄂᆞᆫ劍과砲兵刀와徒步刀ᄂᆞᆫ其上에佩用ᄒᆞ고其他刀ᄂᆞᆫ革帶를外套裏下에結ᄒᆞ야柄을左側裂孔에出ᄒᆞ고隊五에列홀時ᄂᆞᆫ其釣革을左側列孔에出ᄒᆞ야刀를外面에出홈이라

第四十三條 手套ᄂᆞᆫ官給ᄒᆞᆫ者ᄂᆞᆫ如何ᄒᆞᆫ服장에在ᄒᆞ든지着用ᄒᆞ나然ᄒᆞ나私備ᄒᆞᆫ者ᄂᆞᆫ도隊外에셔勤務치아니홀時에ᄂᆞᆫ着用홈도無妨홈이라

外報

●黑龍商會 北京電報를據ᄒᆞᆫ則黑龍江省呼蘭府太守가청國商人等을募集ᄒᆞ야合資商會를組織ᄒᆞ고外國人易於發達케ᄒᆞ야利權을保有홈을商議ᄒᆞᆫ다더라

●毛氏視察 倫敦디이무스의北京通信員毛利孫博士ᄂᆞᆫ現時청國의排外熱心에就ᄒᆞ야如히觀察을얏다ᄒᆞ고日本人을攻擊ᄒᆞᆫ一文을著ᄒᆞ엿더라청國政府ᄂᆞᆫ現時排外運動에同情을寄ᄒᆞᄂᆞᆫ態度를示ᄒᆞ지아니ᄒᆞ며不穩ᄒᆞᆫ形勢의動機로第一指에屈홀거슨同國에新發속ᄒᆞᄂᆞᆫ新聞紙인ᄃᆡ是等新聞紙ᄂᆞᆫ開港場에在[illegible]行ᄒᆞᄂᆞᆫ지라大抵日本을智識[illegible]片을[illegible]ᄒᆞᆫ書生의經營에[illegible]본人으로서幇助를ᄒᆞᄂᆞᆫ者ᄂᆞᆫ實是日본[illegible]의셔發行ᄒᆞᄂᆞᆫ者이라、다[illegible]라

雜報

●議政承批 新任議政大臣閔泳奎氏가再昨日에辭職疏를奉呈하얏더니優批를下하사勿復以此相聞하라하옵셧더라

●移接照會 現今議政府를北闕內로移接할事는已揭어니와再昨日政府에셔各部로照會하고所屬各官廳에一體知委하라하얏다더라

●兵站電話 天安停車場에設兵站留駐日兵하고自停車場으로洪州邑ᄭ지電간을揷立하야情形을以電話로相通혼다더라

●達營報告 慶北觀察使申泰休氏가奉化郡守의報告를因하야內部로報告하기를亦設兵站於安東之春陽과英陽之首比와蔚珍之匡比와三陟之川坪하야堅守前後하고[illegible]交攻이면所謂義兵與匪徒는擒之不難이오多自歸化矣라且山砲는生長峽중하야以獵爲業에百發百중하고習知險夷가勝於凡人이니收合山砲하야設爲一站於上項四處하고本郡李東榮爲名者가自許以智勇하야自薦于郡守라하니但此人으로爲山砲頭領이면必有其功이니査照裁處하라하얏다더라

●俱焚之歎 忠南來人의傳說을聞혼즉洪州郡에셔今此生擒義徒幾十名을日本司令部로押上中의首書記李鍾烜及邑下吏民幾人도少無干涉而幷於押上하얏다하니此乃玉石俱焚이라고하더라

●陽報將判 沈宜性申德俊氏等이朝陽報雜誌社를發起하야設立刊行할次로內部에認許를請願하얏다더라

●派兵勦討 軍部에셔內部照會를因하야各地方에蜂起하는義兵을鎭壓勦討할次로光州全州兩鎭隊에訓飭하야各其士官一人이兵丁三十名式領率하고直向井邑하라하고安東鎭隊에訓飭하야亦爲士官一人이率兵三十名하고直向榮仁地方하야期圖勦戢케하라하얏다더라

泰安郡華陽義塾의寄函

敬啓者는奉讀貴報하오니美國桑港에寄寓혼我大韓同胞十餘兄弟姊妹가罹遭火災하야風餐露宿에棲遑道路하오니窃想異域殊鄕에窮迫慘狀이尙何如哉아本塾은道路稍遠하야貴社의收金寄付義擧를今來始聞而不覺愴然感淚故로微助十元銅貨하야略表萬一之涓埃하오니幸須勿嫌人後하고一體付送하심을千萬切祝

●誘賊捕獲 昨日未明時에何許賊一名이內部警務局長兪星濬氏家에闖入하야無所偷物이던지空手出來아는딕適其時行巡巡檢이猛見其殊常行止하고卽欲捕捉타가自料力不能制하고以甘言誘之曰爾是殊常이나我不必苛責이요且我捕汝면有何所利乎아爾須釋疑하고與我偕往酒家하야共飮數盃而以解宿醺이甚好라하야次次移至于齋洞四街하야吹呼角集巡檢而幷力捕獲하야縛入于北署하얏다더라

●又一新卜 閔議政이再次辭疏혼다는딕李根澤氏의親父李敏承氏가嘉禮에多福之人으로議政을新卜혼다더라

●胡不宣言 一進會에서總代를政府에派遣하야質問하기를移民條例를胡不頒布乎아朴參政이答曰外交가秘密則不可說明이되有關係處하야卽不可決하노라總代廉仲模曰移民事會를統監府에經由施行事로如是延拖云하니似有其言이나外交를委任日本則統監府認許가豈不的當乎아卽爲可決頒布하라하얏다더라

●金氏受賞 官立日語學校教官金在益氏는去土曜日青年會運動會에參與하야以英語班優等生으로被選하야賞品賜與及銀飾硯床等九種을受賞하얏다더라

●天道說教 再昨日曜日에天道教에서李鍾球林明洙韓錫夔三氏를監獄署에派遣하야本教眞理를說解하는딕李鍾球는法律의旨義를林明洙는善惡의內途를說明하얏는딕該署警官與罪囚諸人이甚히感激稱謝하얏다더라

●術士何多 成光鎬에白晝見鬼와鄭桓惠의蓍龜通靈과具本淳鄭羲東의風術衒惑과金大鎭姜弘大의祈禱山川과曹世煥李寅享의能言吉凶과李喆和의符同術士하야竊權僞官이浪藉中外하야每以 召命으로岩穴高明之士를任意招致하야看作奇貨에從中射利혼다더라

●郡守不法 陽城郡居하는李永壽의子는本是官屬輩로同黨三四十名을符同하야同郡李泰燮家의乘夜突入하야李泰燮의寡居兄嫂를劫奪以去하얏는딕其寡婦가以死自處하고夜間에脫身逃歸러니永壽의子가更히四五十名을作黨而來하야脅迫取去코져혼則寡婦가引刀自裁하랴하는지라其黨이驚愕散歸러니永壽의子가청錢一千兩을本郡守의納하니郡守가多發官差하야捉入寡婦하고大喝曰寡婦를劫取하는거서當然之事라汝가永壽의子와同居치아니하면官妓定贖하깃노라혼則寡婦曰雖死於杖下라도萬無改嫁之道라혼디卽時下獄牢囚라李泰燮이가守節寡婦를不可抑奪이라고呈訴혼則題曰守節이氣絶이라하고逐出官門하는지라該洞長이또혼洞報를呈혼則反謂挾雜이라하고笞杖卅度하야逐出官門혼지라寡婦가又自獄中으로逃隨本家하얏더니郡守가又派官屬十餘名하야捉去하니該郡儒生等이入見郡守하고其不法을詰難혼則郡守曰吾가陽城郡守를辭免홀지연정此事는不可歸止이라하얏다고該郡人이來言하더라

●派守撤去 一進會에서自由行動은 大闕各門을派守하고別入侍等을一體捉致홈으로警衛局에서長谷川司令官과交涉하야再昨日에撤去하얏더라

●會捉課長 一進會에서宮內府檢查課長洪正燮氏를別入侍로再昨日捉去하얏다더라

●遨遊設會 京釜鐵道漢江遊遊會를來十六日龍山上下로設施하고各官人을청邀혼다더라

●光察電報 本月八日에義徒一百七十餘名이自淳昌入谷城하야一夜를經하야公貨와軍器를奪取하고還向淳昌여라하며又電曰十六日申時崔益鉉이率黨近百名하고突入淳昌郡하야錢四百兩과銃二十柄藥丸等物을奪取하고十八日辰時에發向谷城이라하얏더라

●公察電報 洪州殺傷實數를專히日憲兵이調查혼것인디姑未的知하야方在另査中이라더라

●(銀行大興旺) 株式會社漢城銀行이昨今兩年에益益興旺홈은近來各新聞에頻頻報道혼거니와該銀行이從來信用이甚大하고商界上益益圓滑하야韓國에經濟機關이大有비益혼은向日英國타임스新聞에도記載되엿이요近者에度支部에서金十萬圜을無利貸下하야商界金融을開通케하는디該銀行總務長韓相龍이가銀行事業에確實精通하야一切事務가精明保辭혼故로度支部顧問室에셔派員調査하야洽然感服하고內多商民이日來任金하고該銀行株券의株本價가九十二圜五十錢이더니近來各商民이競爭買株하야株價가十三圜五十錢에질하다고人皆稱道하니韓國經濟上을爲하야吾人은不勝栢悅하노라

●尹氏名譽 日語學校卒業生尹相甍氏는自入校以徠로勤工學務하야各科試驗에一連五次를皆以優等選拔인바年未滿二十之人으로如此專心於學問而勤工도可以引譽勸獎이어니와且言行이俱極善美하야人皆稱讚이라더라

●云無是事 向日本報의某宅夫人의게書로行賂復職이라는事에對하야李承齡氏가此等運動은初無是事라고하더라

東京電報

●公使敍任 六月九日午后一時發

權助氏는淸國駐箚公使에任命하얏더라

●福島發途 六月九日오后五時發

參謀本部次長福島安正氏는明十日에滿州視察노發程혼다더라

倫敦電報

●나탈叛亂 十日午后五時發

나탈의叛亂이蔓延홈으로英國軍隊를用혼議가盛起혼다더라

●革命運動 上仝

露國農民革命運動은益益蔓延하야西北部에서는燒打를始하야極爲猖獗하고暴徒는陸軍에對하야組織的抵抗의準備中이라더라

雜報

清國義士潘宗禮氏의蹈海흔事實로布哇時事新報의寄書　속

嗚呼라人이一個身命을義理上에委拋흐면其血은千百年을不枯흐는거시라今此潘氏의魂이世를別흔後에清國의官吏와學生과紳民等이一時에激憤음不勝흐야先其同行中觀察使某氏는仁川領事의게電報흐야其屍身을覓흐라흠이仁川領事는自已가浮費를擔當흐야船隻을撥送흐야搜探흐야도終是不得흐고또同行中俞少卿은仁川과芝罘에碑를立흐고저흐야碑文을撰述흐고董玉卿은其事實을天津方伯과直隷總督의게備陳흐야士氣를鼓動흠세方伯과總督은特別히潘氏의家事를擔着흐야其父母와妻子를保全케흐고且其子潘志□을對흐야儼重히敎戒曰汝는맛당이祖母와慈堂을慰勞흐고至誠으로工夫를勉力흐야汝의先親의未遂흔志業을속成흐여야可히能子가될터이오또흔熱心으로□贈를合흐야方能烈士의義을不負흐리라고總督이곳幕下를보니여[illegible]慰勞흐며[illegible]百[illegible]送[illegible]用을給흐고[illegible]　未完

●救債救命　前監理□彥氏와既[illegible]집이寺洞에居住흐야其家에雜技之徒를多數聚集흐야技債를給흠의家券을典當흐얏다가日人의게放賣흠으로該洞近地에其家屋을失흔者가三十餘名에至흐다흐며玄昌淳爲名人은技債七十萬兩을負흐고債還末田흐야鴉片을服흐고自斃흐얏다흐더라

●嚴訓開城　京畿觀察府에서開城府尹韓永源氏의게訓令흔全文이如左흐니近日本邑人民之來訴者가日以相속인데槪其訴辭則曰滯囚多日也曰白退訴狀也라흐며府題到付者는不爲之訊辨흐고反加怒笞에叫訴不已흐니此果該民等之구날而然歟아抑有此等事而然歟아簡具詞訟은爲政之一也뿐더러判決書成給事로前後訓飭과訴案上指飭이不啻申復이거날何不遵施흐고滯案不決흐야被其囚笞者相望呼寃흐니第念及此에誠甚悶歎이기另玆嚴訓흐니前後應飭之各該案件에判上與判送者와罔夜舉行흐고未決者는即日蹴決後에繕給判決이되如是郡飭之後에復有만한之弊면不惟該掌吏之押□懲治라責有所歸흐리니十分認眞施行흐야免致生梗이고每月末에雖民事上朝囚夕放者라도以徒□冊에罪囚姓名罪目及囚放日字를一一從實錄來흐야以爲憑考케흐라흐얏더라

廣告

在桑港遭難同胞救助金

貞洞美以美敎敎會	十圓
泰安郡華陽義塾	五圓
前參書官趙在赫	一圓
平壤人黃學永	一圓
仝 文仕謙	五十錢
◉官立法官養成所職員	
敎官 劉文煥	一圓
石鎭衡	一圓
尹憲永	一圓
羅瓚	一圓
俞鎭明	一圓
學員 閔衡植	一圓五十錢
閔膺基	一圓五十錢
韓相義	一圓
羅弘錫	五十錢
南春熙	五十錢
李基燦	四十錢
李啓玉	四十錢
柳海昌	四十錢
安宅洙	三十錢
田慶□	三十錢
李承基	三十錢
洪鍾國	三十錢
李弼殷	廿五錢
鄭寅朝	二十錢
全節臣	二十錢
李範昇	二十錢
丕良元	二十錢
朱瀞益	二十錢
權轍相	二十錢
金基賢	十錢
李敎儀	十錢
李根國	十錢
金應燮	十錢
金寬洙	十錢
丕台煥	十錢
金林	十錢
李鍾淵	十錢
林正奎	十錢
조두熙	十錢
宋柱□	十錢
權泰亨	十錢
金□協	十錢
金允河	十錢
李炳□	十錢
姜信榮	十錢
以上同	三十二圓九十五錢

平壤栗里坊民等이昨年日陟馬草事로本郡該掌輩와相爭裁判之場에極有刻骨之痛흐야上部에裁判을請願흐며本坊老少人民이各其廢農흐고八百餘名이都聚하야該郡守李重玉氏前痛哭矣

平壤李正好等告白

皇城外東署開運寺寺中債錢一萬兩票를路上에遺失흐얏스니勿論內外國人흐고拾흐얏거든休紙施行흠

安月松 告白

本社設立을株式性質과有限責任으로定흐야股金一萬圓을集合흐야役夫幾千人을募集흐고運搬負載建築掘土斗量等各項役處에使用하야便利케흐깁사오니內外國僉君子는照亮흐신後隨其役事흐야人夫를請求흐시면不計遠近多小흐고廉價로赴役흐깁

龍山電車停車場前
大韓役夫會社長 閔泳璇
總務員 鄭應禹

桑港遭難同胞의救助募集金이合爲一千二十□圓이기로鍾路佛安會社로去日曜日에已送흐얏사오니救助흐시는僉君子는照亮흐시고延期흔募集期限은明十日々지오니今明間速速寄付흐시믈切望

大韓每日申報社 告白

本人은本是京城人으로原來銀工을習흐야別品佩物等을製造흐오미南門外韓西大學房越家로銀房을開設흐얏사오니遠近僉君子는陸續枉臨흐심을伏望

義州府外銀成銀房主延閏弘

戴寧信川兩郡에統禪宮田畓이잇스온데導掌河相禹가典當흐던지放賣흐려고흐오니內外國人은信行치마시고趙文二張과舊文記一軸과新文記三張을休紙施行흐시옵

統禪宮小次知 金□範 告白

株式會社韓一銀行株式募集廣告

本銀行創立主旨는惟我商業界의金融을圓滿流通하야써百般의産業을蔚然振興케하기로勉勵흠은반다시再論흘것無하거니와然此事業의進就如何는專혀我商業界有志紳商의心力協助를不得하면到底히其善美흔效果를見치못흘지라故로玆에本銀行株式請入의方法及期限을左列供覽케하오니幸須有志紳商僉彥은十分俯諒하ᄉ此事業에同情을滿心表彰하시와善美흔金融의機關을爲益鞏固케하시고商業界에共同利益을一體永享케하시기로各自協替하야迅速應募하심을切要

一 認可年月日光武十年五月十九日度支部에서創立認可를得흠

一 資本金總額金十五萬圓이오壹株金五十圓이니總株數는三千株

一 第一回辦納金總資本金四分一卽壹株에十二圓五十錢式으로辦納케흠

一 請入方法은銀行創立事務所에서僉位의게繕送흔請入證서에擔當흘株數保證金額及居址을記載하고署名捺印後請入흘事

但請入證서所用되면指定흔銀行에서請求흠이可흠

一 請入保證金應募者는擔當株數에應하야一株에金五元式으로添付흘事

一 請入期限六月二十日爲限

一 請入處所大廣橋株式會社漢城銀行

一 株式을募集흘際應募數가總數二千株에超過되면發起人이決議處辦흠

一 請入時에保證金을添付케흠은以后第一回金辦納에代흠이오其期限內에不納하면保證金은沒收흘뿐外에尙且株主權이消滅되게흠

一 其他未詳事는請入所로來問흘事

光武十年六月五日

株式會社韓一銀行設立委員
趙秉澤　□濟鉉　鄭東植　孫錫基
李君弼　成文永　□彰한　告白

本社廣告

申報價
一張代金 新貨二錢五厘
一箇月前納 三十錢
三箇月 九十錢
六箇月 一元七十錢
一箇年 三元四十錢
郵稅一朔 新貨五厘
一個月 十三錢

廣告料
四號活字十三字詰
每日每行一寸에新貨廿五錢
(每日每行에六錢에月當[illegible])
二個日에 二個[illegible]
(每日每行四錢五厘에 相當[illegible])
一箇月에 [illegible]
(每日每行四錢一厘에 相當[illegible])
其期限의長短과字行의多寡를依ᄒᆞ야增減ᄒᆞᆷ이有홈

◎本社地方各處支店廣告
仁川梴峴開新冊肆 李東宣
平壤南山峴日新學校 金興濟
宣川邑橋西 崔欽恒
義州南門外韓西大藥房張有寬 安[illegible]
長連邑 金[illegible]
鎭南浦築洞 金仁[illegible]
咸興州南社 曹喜林
中和邑 李俊[illegible]
釜山佐川徐藥房 金[illegible]
開城北部梨井里祥洞居培材학校副校長 姜勗遠

發行兼編輯人 英國人裴說
發行所 京城北署壽進坊廟洞外洋[illegible]學校前
大韓每日申報社

光武九年八月十一日 明治三十八年八月十一日 第三種郵便物認可 水曜日 西曆一千九百六年六月十三日

第四卷

大韓每日申報
대한매일신보

第二百四十四號

月曜及慶節歲時日休刊

檀君開國四千二百三十九年
箕子元年三千二十八年
大韓開國五百十五年
日本明治三十九年
淸國光緖三十二年
陰曆丙午閏四月大二十二日戊子

論說

韓國後運

滿洲를視察ᄒᆞ는日本陸海軍大將과及其他官憲의到韓之期가在於今月望間이오前日所報와不同ᄒᆞ야伊藤山縣兩侯는待其視察員之到達ᄒᆞ야直向韓國이로다

近探傳說컨ᄃᆡ韓國 皇帝ᄭᅴ서因此諸人之侵來ᄒᆞ사惱撓太甚云이시니今此諸人의遊覽理由를曾無傾布矣오日人의過去經驗을較計컨ᄃᆡ 陛下의恐怖之心은自然之理由라本記者ㅣ當此之時ᄒᆞ야 皇帝及其下閣臣의게一次指告ᄒᆞ노니不得已之事ㅣ니事無足恐怖오但强梗抗立이韓國의永久獨立을設諸ᄒᆞᆯ거시며柔弱之態는不幸命運이니이다

今可料得ᄒᆞᆯ거슨日本視察人이去番勒結僞約을簡單容積되[illegible]正實條約으로交換ᄒᆞᆯ거시니 皇帝及閣臣이全然拒絶ᄒᆞ야日本人이韓國內에別無特權이라고自許ᄒᆞ는時에至ᄒᆞ면日本人도莫能犯權外ᄒᆞᆯ지라韓國內에서日本之能行은惟其不靜不安을移定ᄒᆞ며互相利益되는敦睦之誼를設備ᄒᆞᆯ意思로 韓國 皇帝ᄭᅴ勸告ᄒᆞᆫ而已로다 日本이到今ᄒᆞ야는列强의게必自通告ᄒᆞ되客年十一月十七日에韓國政府가締結條約이라고日本이通知ᄒᆞᆷ은誠是誤矣라ᄒᆞᆯ거시며可貴統監府를移去ᄒᆞᆯ거시며顧問官이非是行政官인줄自許ᄒᆞ리니列國代表人은直接韓廷交涉ᄒᆞᆯ거시며一進會도終當解散ᄒᆞ리로다

日本代表者들이到此之時에言之以高聲ᄒᆞᆯ거시며依例며砲車之開行城內를更見ᄒᆞᆯ거시似有其機나法律及德義上에日本之不能立이亦是確然이라是使本記者希望ᄒᆞ나니 皇帝及其下閣臣은一千八百萬韓民의信賴를不負ᄒᆞ야毋自致柔弱或阿諛之態ᄒᆞ실지여다

事之成敗가在此一機오日本情形은强ᄒᆞ되自國代表者로韓國所有를窮其力ᄒᆞ야取케ᄒᆞ나니彼欲結其末果ᄒᆞ야十分完備ᄒᆞᆯ지라韓政府에必有何交涉事件ᄒᆞ리로다

自數處採知컨ᄃᆡ內閣大臣數人은客年十一月十七日不幸之夜에自已行事가[illegible]弱인줄痛悔自悔ᄒᆞ나니如此諸人은韓與及世人眼目에更立ᄒᆞᆯ機會를數週日內에可見ᄒᆞᆯ지라若至失敗면數十年以來로韓國行政에有名ᄒᆞᆫ先見及勇氣보다加一層別樣을著示ᄒᆞᆯ줄本記者는信認ᄒᆞ노라

官報

●三千四百七十七號光武十年六月十二日

◎宮廷錄事

詔曰法國人馬太乙駐在本邦勞有可紀特叙勳五等賜太極章日本書記官勳六等古谷重綱勤勞頗多特陞叙勳四等賜八卦章

光武十年六月七日

表勳院總裁陸軍副將勳一等閔丙奭

詔曰從來稱以亂義敢肆跳梁者類皆不逞之徒思亂樂禍煽惑愚民侵漁地方朝廷遣使曉諭而不從則兵威所加無不立摧復轍炯戒非止一再而近聞各地義兵接踵而起至於粗解義理之紳士亦在其中朕甚惑焉苟能從事於實學問講究眞理則寧有是也儒子之存心也赤子入井猶思拯救況使朕之赤子驅入於陷穽而莫之恤哉嗟爾有衆亟圖改悟即日解散益懋學業朕前降明詔扶植宗敎又將擴開校規使京外之士知所趨向幷宜申加獎勵以資需用咸須知悉無貽後悔

光武十年六月九日

議政府參政大臣朴齊純

草土臣宋錫晃辭職疏

批旨省疏具悉命在事前宜先赴公卿其即速登途

시從院副卿李敏河辭職疏

批旨省疏具悉所請依施

以上六月九日

시從院副卿李根永辭職疏

批旨省疏具悉所請依施

六月十日

◎敍任及辭令

○依願免本官 軍器廠技師朴重陽○命停職 鎭衛第七大隊附副尉盧順根 以上六月六日

○依願免本官 經理院技師李愚若 景孝殿祀丞金成鎭○任經理院技師 시從院시從李鍾浩 典선司掌선朴容圭○任시從院시從 帝室會計審査局主事羅淵○任典선司掌선 六品李愚若○任景孝殿祀丞 懿陵參奉尹容求○任懿陵參奉 太僕司主事林之相○任太僕司主事 宗簿司主事李挨同○任宗簿司主事 六品金성鎭○任帝室會計審査局主事 主殿院主事沈能友○任主殿院主事 殷柱河 以上六月八日

◎勅令

●勅令第二十四號

陸軍服裝規則

第四十四條 下금은如何ᄒᆞᆫ服裝에在ᄒᆞ든지白금布를衣금幅보다稍廣히折疊ᄒᆞ야此를頭에卷ᄒᆞᆷ으라

第四十五條 고구라衣袴는兵卒이平常屯營內에在ᄒᆞᆫ時及體操敎鍊等을行ᄒᆞᆯ時에着用ᄒᆞᆷ이라但隊長의認許는써웅衣袴를着用케ᄒᆞᆷ을得ᄒᆞᆷ이라

其二 大禮裝

第四十六條 大禮裝은兵科를從ᄒᆞ야區別이有ᄒᆞ나然ᄒᆞ나總히一般着장ᄒᆞ는諸件이大槪左와如ᄒᆞᆷ이라

一帽 一立前毛
一軍衣 一袴
一下금 一靴

未完

外報

●桑港再震 華盛頓來電을據ᄒᆞᆫ則桑港에또ᄒᆞᆫ激烈地震이有ᄒᆞ다더라

●潛水艇操習所 俄國海軍省에서ᄂᆞᆫ番亞歷山第三世港에潛水艇鍊習所를新設ᄒᆞᆯ計劃이有ᄒᆞᆫᄃᆡ該廠에軍艦一隻과潛水艇若干隻을備置ᄒᆞ야實地와理論으로써多數將校及兵員을敎鍊ᄒᆞᆯ터이라더라

●俄國造船計畫 俄國에서九個年間에에三億八千萬留로戰鬪艦十二隻驅逐艦四百十六隻水雷艇十八隻潛水艇十隻砲艦七隻모니도루型艦八隻水雷敷設船一隻을製造ᄒᆞᆯ계畫인ᄃᆡ該艦等이告竣된後에는波羅的艦隊黑海艦隊絶東艦隊를波斯渡에排備ᄒᆞᆫ다더라

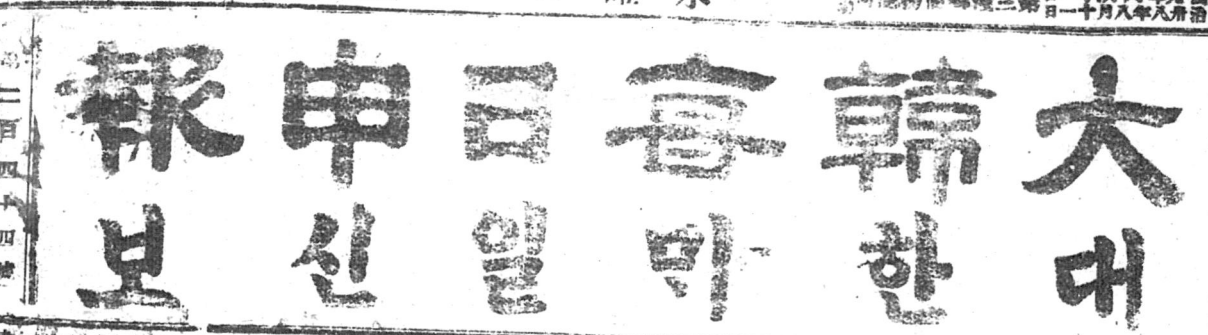

●德國의海軍根據地 香港헤라후新聞의新嘉坡來電을據ᄒᆞᆫ則德國이和蘭으로서其領地푸라우도島新嘉坡에서香港에至ᄒᆞᄂᆞᆫ要路에在ᄒᆞᆫ島라租借權을得ᄒᆞ야該島를東洋의海軍根據地를ᄒᆞ라ᄒᆞᆫ다ᄒᆞ얏더라

雜報

●勘簿無期 政府에셔奉化郡守令實飮氏의報告를因ᄒᆞ야度支部로照會ᄒᆞ기를奉化郡太白山城史庫璿源實錄兩閣重建費額三萬七千三百五十六兩五錢中已撥條를并爲計減則未撥額이一萬六千八百十七兩五戔五分也라旣以支用之費額으로未得如數劃撥이면將何以磨勘乎아各工匠之所랍結錢을役費支出後備랍이다式日呼訴則到此民情이實爲悶迫에勞難督捧이오結稅上랍限不遠이나該役費支撥之前에ᄂᆞᆫ萬無督刷充납之道則殘邑事勢가罔知攸措이니不日支撥ᄒᆞ야俾便民邑之地라ᄒᆞ얏ᄂᆞᆫᄃᆡ該部顧問官目賀田氏ᄂᆞᆫ不念民邑事勢之如何ᄒᆞ고只以姑未라ᄂᆞᆫ二字로等閒處辦ᄒᆞ야該郡結簿ᄂᆞᆫ渺無了勘之期라ᄒᆞ더라

●移去定限 日本軍用地로占領ᄒᆞᆫ龍山一帶地面에所有植物建物의移去期限을統監府에셔更定ᄒᆞ야內部로照會ᄒᆞ얏ᄂᆞᆫᄃᆡ播種各物은本年六月三十日로限ᄒᆞ고家屋與墳墓ᄂᆞᆫ同年八月三十一日로決定後別紙左記ᄒᆞ야玆以示明이라ᄒᆞ얏더라

●待接靑會 度支顧問官目賀田氏가皇城基督敎靑年會會員들을待接코져ᄒᆞ야本月十六日土曜下午에塔洞公園地에셔軍樂隊로奏樂케ᄒᆞ며該會會員들一齊枉臨ᄒᆞ라고請帖ᄒᆞ얏다더라

●發訓開礦 農商工部에셔定山錦山兩郡金礦派員與郡守와該道觀察使의게發訓ᄒᆞ야金礦開採와稅金董랍과一切礦務에隨現幇助ᄒᆞ야公課收入에無至虧欠케ᄒᆞ고開礦日字를趁速報明ᄒᆞ라ᄒᆞ얏다더라

●郡守被逐 近日驪州郡에도義兵이鬨風煽起ᄒᆞ야勢漸猖獗이라ᄂᆞᆫᄃᆡ該郡守李億氏ᄂᆞᆫ該義兵의게被逐ᄒᆞ야再昨日에脫身入城ᄒᆞ얏다더라

●賣淫都估 仁川港居留日人多田千春氏가內部警務廳에請願ᄒᆞ기를本人이明治三十八年七月二十八日에韓人娼妓遊廊을設立ᄒᆞ고本港警務署長吉田勝三殿의認許를得有ᄒᆞ야風紀衛生上에關ᄒᆞ야設備施行ᄒᆞ야到于今日이러니近來不逞之徒가韓國娼婦를敎唆ᄒᆞ야遊廊을脫ᄒᆞ야花開洞人家稠密ᄒᆞᆫ處에셔三三五五이賣淫世行ᄒᆞ니該監리署에嚴訓ᄒᆞ야現設遊廊內에셔만營業케ᄒᆞ라ᄒᆞ얏다더라

●毁家則無 抱川郡校宮齋士事로莘野齋塾과該郡齋任들이互相軋轢이有ᄒᆞᆷ은本報에屢揭어니와儒生들이莘塾主務人의家舍를毁破之事ᄂᆞᆫ無有라ᄒᆞ더라

●勸辭不得 一進會에셔摠代를平理院判事李圭桓氏의게派送ᄒᆞ야勸告ᄒᆞ되令監이前日判檢事ᄂᆞᆫ善爲供職ᄒᆞ얏거니와此次判事ᄂᆞᆫ人心이不服ᄒᆞ니卽爲辭職ᄒᆞ라ᄒᆞᄂᆞᆫ지라李判事曰前日之職이旣云無誤ᄒᆞ고今日之職이日淺ᄒᆞᆫ대有何不服乎이我之此職이一進會ᄀ甲炳之代代故로如是來言이니國家公器오非尹氏之私物이어든旣無誤錯職務ᄒᆞ니是何無禮之言耶아ᄒᆞᆫᄃᆡ會員等이無聊退去ᄒᆞ얏다더라

●使令呼訴 松禾郡一進會員이藉稱創設학校ᄒᆞ고欲奪其廳郡使令廳이라고使令金昌錫等이학部에呼訴ᄒᆞ야發訓本郡에無至被奪케ᄒᆞ라ᄒᆞ얏더라

●佛畓付校의請願 楊州郡東興학校校長이학部에請願ᄒᆞ기를本학校一年經費가爲一千八百圓假量矣라東鎭關前坪所在水落山德方佛亭畓及塔돌坪所在水落山聖寺佛亭畓을并爲付屬本校之意로移照內部ᄒᆞ야使之永付補用케ᄒᆞ라ᄒᆞ얏더라

●完察電報 日巡査二人巡檢七人이再昨夜巡到淳昌邑則匪類自谷城郡還到淳昌ᄒᆞ야砲手百餘名이突擊ᄒᆞ야巡査一人巡檢一人이逃命來到ᄒᆞ고其餘七名은不知何落이오鎭隊出駐兵三十名이事雖相敵ᄒᆞ니加數派出之意로電飭鎭隊를伏望이라ᄒᆞ얏다더라

●中會設校 平南順安郡居韓台燁氏의來書가如左ᄒᆞ니本郡이以如斗小邑으로專在壬辰에閔判書丙奭氏가按臬本道時에以興학一念으로特施優捐ᄒᆞ야設齋于郡內ᄒᆞ고々曰中會齋라ᄒᆞ고募集生徒ᄒᆞ야以爲敎授이더니甲午淸日之役과年前俄日之戰에十室九空ᄒᆞ야邑不成樣일시當此全國人士가注意敎育之日ᄒᆞ야設校方針이實難經紀이더니本郡守柳錫祜氏가有志紳士와爛商ᄒᆞ야校舍ᄂᆞᆫ閔判書의設立ᄒᆞᆫ中會齋로定ᄒᆞ고本郡所在八坰은卽明禮宮收稅處이온ᄃᆡ原上랍外에餘剩利益을此校에移屬ᄒᆞ야原稅ᄂᆞᆫ依例上랍ᄒᆞ고其餘利ᄂᆞᆫ학費에補用之意로報于觀察府ᄒᆞ며又報于학部ᄒᆞᆫ則題旨內에학校ᄂᆞᆫ當以私立학校로認許ᄒᆞ거시니設立于中會齋ᄒᆞ고定校名報明이되該敎師ᄂᆞᆫ選擇望士ᄒᆞ야起送應試케ᄒᆞ며明禮宮所屬八坰水稅ᄂᆞᆫ郡으로報備單이咸有均同ᄒᆞ니自郡으로從當措處ᄒᆞ야毋至日後紛挐之獘케ᄒᆞᆯ事라ᄒᆞ얏다더라

貞洞美以美敎會의附

敬啓者ᄂᆞᆫ曩者北美合衆國桑港市에猛烈轟暴ᄒᆞᆫ火災와地震이疊出ᄒᆞ야各國人民이酷禍를遭ᄒᆞᆷ은一般人類社會가共히悲慘ᄒᆞᄂᆞᆫ同情을表ᄒᆞᄂᆞᆫ者어니와我韓國同胞中同地에在ᄒᆞᆫ者도其震災를經ᄒᆞ얏스나上天의默佑ᄒᆞ심으로써幸히其生命의危害가無ᄒᆞ얏스나其財産의蕩敗가不少ᄒᆞ다ᄒᆞ오니當初本國에셔此同胞가或貧窶에不堪ᄒᆞ야圖生에貧으로써渡航ᄒᆞᆫ者도有ᄒᆞ고或家國을興隆케ᄒᆞᆯ目的을立ᄒᆞ고留學ᄒᆞᆯ次로渡航ᄒᆞ야勞動의資本으로써若干金錢을得ᄒᆞ야其學費에補用ᄒᆞ고彼々明學術을熱心攻究ᄒᆞᄂᆞᆫ者도有ᄒᆞ니均히財産의不贍ᄒᆞᆷ은可知ᄒᆞᆯ지라今에此를被損ᄒᆞ고目前生活의策이杳然ᄒᆞ되我同胞ᄂᆞᆫ獨히循事務名目의管理者도無ᄒᆞᆫ즉其栖屑無依ᄒᆞᆫ情景은不見是圖ᄒᆞᆯ지라何幸貴社에셔義恤金을發先募集ᄒᆞ시니其高義ᄂᆞᆫ凡我韓人이孰不服感이리요本敎會에셔도贊成ᄒᆞᄂᆞᆫ誠은不淺ᄒᆞ오나力不副誠ᄒᆞᆷ와紙貨拾圓을辦呈ᄒᆞ오니査收ᄒᆞᆫ후一切兌送于桑港ᄒᆞ와遭難ᄒᆞᆫ同胞에게萬一의助가有케ᄒᆞ심을 懇要

●官制改正청議 內部에셔地方警察을現方擴張ᄒᆞ야事務가漸益浩繁이온지라本部警務局이處在高等警察ᄒᆞ야所有職權을官加區別이온ᄃᆡ該局이旣是三等이온즉行政上에得名擧碍之端이기로壓實一等ᄒᆞ야以重體制ᄒᆞ고警保課를旣已設實이온즉本部參書官一人과主事三人을增實ᄒᆞ야該課事務를使之掌리ᄒᆞᆯ事이오

地方十三道各觀察府官制中改正청識ᄂᆞᆫ現에各地方警察을漸次擴張ᄒᆞ야安寧秩序를維持保護ᄒᆞ야犯罪錄禁ᄒᆞᆷ을不容少緩이온즉必要事務가隨以浩繁이온ᄃᆡ各道에現在ᄒᆞᆫ警務官吏로ᄂᆞᆫ無以責成이옵기十三道警務署에警務官一人을置ᄒᆞ고摠巡은四人以下로改正ᄒᆞ고巡檢은各道現在原額外에一千人을增置ᄒᆞ야繼續實施ᄒᆞᆯ事

右經費ᄂᆞᆫ五萬一千一百二十八圓

警務顧問의所屬補佐官以下增置에關ᄒᆞᆫ件이라

右ᄂᆞᆫ地方警務를現方擴張故로顧問所屬補佐官十一人補佐官補二十八人通譯官補三十一人補助員五百二十人을各地方에增派配實事

右經費ᄂᆞᆫ十八萬一千一百九十四圓

●完察電報 全北觀察使韓鎭昌氏가政府에電報ᄒᆞ되義兵이管下各郡에蜂起ᄒᆞ야泰仁潭陽淳昌古阜等郡守가尙不赴任ᄒᆞ야亂雜民情을不得鎭撫ᄒᆞ니該郡守를迅速下送ᄒᆞ라ᄒᆞ얏다더라

●姓字正誤 昨報에揭載ᄒᆞᆫ바金氏受賞이라ᄂᆞᆫ題下에日語학校敎官金在錫氏의姓字ᄂᆞᆫ程字의誤植이기正誤ᄒᆞᆷ

倫敦電報

●萬國博覽會 六月十二日午後一時發

萬國博覽會ᄂᆞᆫ內外經濟事情에照ᄒᆞ야[illegible]百萬元을以ᄒᆞ야其設備를ᄒᆞᆯ터이라더라

東京電報

●京釜職員 六月十二日午後一時發

京釜鐵道職員은如左히決定發表되얏ᄂᆞᆫᄃᆡ總長은古市公威 技師長은大屋權平 運輸部長은岡滑也諸氏라더라

雜報

●審問不服 洪州城에서被擒ᄒᆫ義兵黨九十餘名을現方入京拘置ᄒ고日本憲兵大尉以下諸人이每日審問ᄒᄂᆫᄃᆡ該等은本來儒生이라義兵된曲折을問ᄒᆫ즉張皇辨明ᄒ고其中一人은上京後에絶不飮食ᄒᄂᆫ故로其理由를問ᄒᆫ則答曰寧死언졍日本人의恩惠를不受라ᄒ고其中에重傷者ᄂᆫ日人이醫員을派送ᄒ야治療中이라더라

●安興開校式 安州郡安興學校의創設ᄒᆷ은本報上에屢次稱揚ᄒ얏거니와陰四月十九日의開校式을擧行ᄒᄂᆫᄃᆡ觀光次隣近郡守와近有志紳士日本官憲이皆來臨叅式ᄒ니校長鄭猛氏ᄂᆫ上京故로校監金仁梧氏가先大賓의答辭ᄒ고祝辭文을朗讀ᄒ고本校趣旨를說明ᄒ고觀察使ᄂᆫ學徒勸奬을演說ᄒ고參會諸氏ᄂᆫ學校贊成ᄒᆫ義務ᄂᆫ人人皆有ᄒ니極力贊成事를演說ᄒ고本人溝口勝之進과廣瀨治南氏ᄂᆫ地方學校가如是興旺ᄒ니趨ᄒᆫ期望이有ᄒ다고연說ᄒ고校監李敎秀氏ᄂᆫ吾人韓에病은無敎育所致인즉回春良藥은無過於學校라互相贊成ᄒ야期有實效를希望ᄒᆫ다고연說ᄒᆫ後各校敎員學員與來賓이一齊히皇帝陛下萬歲와大韓帝國萬歲와皇太子殿下千歲와安興學校千歲를三唱ᄒ야來賓은散ᄒ고學員은街路에繞行ᄒ면서愛國歌를불우며一大盛況을奏ᄒᆷ이觀光者無不稱頌ᄒ얏다더라

●李氏設校 黃海道鳳山萬泉坊楡洞居前承旨李台健氏가屢萬金을自已가擔當ᄒ야學校를創立ᄒ고敎師를延聘ᄒ야各課程目이井然有리ᄒ야其附近各郡에서入學者日益增加ᄒ니李氏의敎育에熱心ᄒᆷ은讚揚ᄒᆯ만ᄒ더라

●俱樂部運動 去日曜日에大韓體育俱樂部員四十餘人이東門外永道寺에出去ᄒ야運動會를設行ᄒ얏ᄂᆫᄃᆡ觀者ㅣ如堵ᄒ야盛況을呈ᄒ고優等生浪承翼李應洙韓相東韓智秀朴熙大玄暘運金景潤韓相宇趙承禧韓相璜朱錫鎭金成求諸氏의게各色賞品을施予ᄒᆫ後總務申鳳休氏가吾儕四十餘人이四千餘年以來未曾有ᄒ던一大事業을創起ᄒ야此大韓體育俱樂部를組織ᄒ얏슨즉自今幾千年以後라도吾儕의榮名이不少ᄒ다ᄂᆫ意로一場演說ᄒᆫ後愛國運動歌를唱ᄒ며三呼萬歲ᄒ고仍히還歸ᄒ얏ᄂᆫᄃᆡ其愛國運動歌ᄂᆫ如左ᄒ더라

亞細亞洲禮義邦은 우리大韓分明ᄒ다
青年들아同胞들아 二千萬衆同胞들아
腐敗氣像ᄯᅥ버리고 活潑ᄒᆫ氣ᄂᆡ여보세
大韓體育俱樂部ᄂᆫ 有志同胞成立ᄒ여
青年子弟[illegible]ᄒ고 體育運動目的이라
우리身體强壯ᄒ니 文明前進勇敢ᄒ다
一心團體굿게되니 億萬鳥獲셔칠소냐
山嶽又튼不變心은 帝國獨立基礎로다
修身齊家根本되고 忠君愛國綱領이라
一等勳章榮華롭고 流芳百世不朽로다
우리皇上聖德으로 與民同樂ᄒ심이라
日暖風和좋은ᄯᅢ에 우리運動질겁도다
太極國旗놉피드니 東西洋에빗ᄂᆞ도다
千歲千歲千千歲요 萬歲萬歲萬萬歲라

廣告

龍仁郡結錢上納次로市廛九房朴大植許推尋當錄四千三百五十兩票紙一丈과松峴市木廛崔錫柱許推次로錢一千二百兩於音一片과又二千兩於音一片과梨峴米廛金石祚許推尋次當錢七百六十兩票紙一丈을陰曆四月二十日에廣州新院店彦九非谷路에서遺失ᄒ얏사오니誰某拾得ᄒ와도休紙로施行ᄒᆷ

書記 朴英勳 告白

在桑港遭難同胞救助金
長湍人 張義澤 二元
安岳人 柳鎭憲 二元
○長連邑耶蘇敎會諸氏
吳舜炯 二元 孫泳坤 二元
莊元용 一元 金龜 一元
吳夏炯 一元 白南薰 五十錢
元聖祚 五十錢 許鍊 五十錢
金德仁 五十錢 金承睦 五十錢
李承根 五十錢 李龍烈 三十錢
高丙吉 二十錢 金舜澤 十錢
金氏우뭇 五十錢
하女徒崔禮 五十錢
崔氏信[illegible] 金以德堅 廿錢
張氏許鍊 廿錢
柳氏張濟憲妻 二十錢
以上合新貨十六元六十錢內郵費二十三錢除來貨十六元三十七錢

本社設立을株式性質과有限責任으로定ᄒ야股金一萬圜을集合ᄒ야役夫五千人을募集ᄒ고運搬負載建築掘土와掃除等各項役處에使用을便利케ᄒ깃사오니內外國僉君子ᄂᆫ照亮ᄒ신後隨其役事ᄒ야人夫를請求ᄒ시면不計遠近多小ᄒ고廉價로赴役ᄒ깃슴

龍山電車停車場前
大韓役夫會社長 閔泳璇
總務員 鄭應禹

本人은本是京城人으로原來銀工을習ᄒ야別品佩物等을制造ᄒ오미南門外韓西大廟房越家로銀房을開設ᄒ얏사오니遠近僉君子ᄂᆫ陸續枉議ᄒ심을伏望

義州南外銀成銀房主 延閏弘

平壤栗里坊民等이昨年日師馬草事로本郡掌議와相爭裁判之場에極有刻骨之痛ᄒ야上部裁判을請願ᄒ며本坊老少人民이各其廢農ᄒ고八百餘名이都聚ᄒ야該郡守李重玉氏前痛哭矣

平壤 李正好 告白

抱川郡澤野塾長李哲鎔이藉托私鬪ᄒ고欲奪校土之計로院土를權屬이라ᄒ며校財를有餘라ᄒ야誣告上部ᄒ니此土를見奪ᄒ면校宮享祀와학校經費가萬計策이오近日에聞則家舍를毁破다ᄒ며前後訛言煽動이莫甚ᄒ오니僉君子照亮ᄒ시오

李鍾稷 告白

株式會社韓一銀行株式募集廣告

本銀行創立主旨ᄂᆫ惟我商業界의金融을圓滿流通하야써百般의産業을蔚然振興케하기로勉勵ᄒᆷ은반다시再論ᄒᆯ바無하거니와然此事業의進就如何ᄂᆫ오즉我商業界有志紳商의心力協助를不得하면到底히其善美ᄒᆫ効果를見치못ᄒᆯ지라故로玆에本銀行株式請入의方法及期限을左列에覽케하오니幸須有志紳商僉彦은十分備諒하샤此事業에同情을滿心表彰하사와善美ᄒᆫ金融의機關을鞏固케하시고商業界에共同利益을一體永享케하시기로各自協贊하야迅速應募하심을切要

一 認可年月日光武十年五月十九日度支部에서創立認可를得ᄒᆷ

一 資本金總額金十五萬圜이오壹株金五十圜이니總株數ᄂᆫ三千株

一 第一回辦納金總資本金四分一卽壹株에十二圜五十錢計算으로辦納케ᄒᆷ

一 請入方法本銀行創立事務所에서僉位의게寄送ᄒᆫ請入證서에擔當ᄒᆯ株數保證金額及居址을記載하고署名捺印後請入ᄒᆯ事

但청入證서所用되면指定ᄒᆫ銀行에서청求ᄒᆷ이可ᄒᆷ

一 請入保證金應募者ᄂᆫ擔當株數에應하야一株에金五元計算으로添付ᄒᆯ事

一 請入期限六月二十日爲限

一 請入處所大廣橋株式會社한城銀行

一 株式을募集ᄒᆫ後應募數가總數三千株에超過되면發起人이決議處辦ᄒᆷ

一 請入時에保證金을添付케ᄒᆷ은以后第一回金辦納催告後其期限內에不納하면保證金은沒收ᄒᆫ뿐外에尙且株主權이消滅되게ᄒᆷ

一 其他未詳事ᄂᆫ請入所로來問ᄒᆯ事

光武十年六月五日

株式會社韓一銀行設立委員
趙秉澤 ○○鉉 鄭東植 孫錫基
李君弼 ○文永 ○彰한 告白

廣告

大同書觀出售書目 今

經濟之術　家庭經濟
財政四綱　富强叢書正今
經濟학考　經濟精華錄
經濟學問答　財政叢書
富强新議　經濟通論
富國學問答　理財學要領
歐洲財政사　國債論　富國策
各國度支考　富民策　足民策
以上은經濟學部
農學全書　農政全書
農業全書　農鍾學　農事私議
農學銘言　農務化學問答
蠶桑輯리　蠶桑要說
蠶製絲法
近世各國農夫之說
農家之學　農夫百話
化學大成
以上은農學部
通商新編　商務說
工商理財要術　通商始末紀
貿易相關　通商成案彙編
商務書　商業地理
商務地理志　商客袖珍
洋關細則
以上은商學部
藝學通考　政藝新書
西學大成　西學十六種
西學三種　西學通考
電報列制　電報新編
洋務경林　實學篇
以上은工學部
學校衛生學　胎內敎育
男女交際新論　最近衛生學
造化新論　男女育兒新法
處女衛生論　肺病問答

衛生工事新論　國民體育論
種痘學　育兒與衛生
疫病衛生書　生殖器書
簡明生理學　衛生學問答
晉要鏡　家庭衛生書
男女生殖器病秘書
男女交合新論
生理衛生學講義　保全生命論
銅人圖
省身指掌　全體闡微　體學
生理學　解剖學　醫宗必讀
傷寒雜症表　人體之組織
中西臟부合圖　人身解剖圖
生理細圖　진病奇俠
以上은醫學之最新發明者
兵書五種　養兵秘訣
鍊兵實記　鍊兵芻言
行軍指南　紀效新書
籌洋芻議　日本武備敎育
兵事手函　德國軍制
野外行記　記言紀行
廟書內外編　兵式體操圖
步兵操典　哀慰師兵書
中國之武士道　軍人文大全
以上은兵學之最新發明者
中西偉人傳　世界十二女傑
地球一百名人傳　華盛頓
拿坡崙　俾思麥　科倫布
康南海　瑪尼拔　林肯
亞歷山大　加里波的
海軍第一偉人　彼得大帝
李鴻章　伊藤博文　鄭成功
胡雪巖　劉坤一
古今中外人物
日本惟新慷慨士列傳
泰西政治家列傳
以上은傳記

●刑法大全　一帙定價金 新貨六十錢
牧民心書一帙　一圜二十五錢
耳談續纂一冊　七錢五厘
溫故知新堂叢鈔　七錢五厘
父師必讀小學指南　七錢五厘
人工養蠶鑑一冊　十五錢
萬國地誌三冊　一圜
農政新書　五十錢
法學通論　一圜
尺牘完編　一圜五十錢
大韓地誌　七十五錢

發賣所　布屛門下金相萬書鋪　大韓每日申報社

本號新開專做男女各色洋服裝由上海運來各種細이毛융及一切衣飾屬品件件精全伏望貴士女迅即來購爲幸
西小門內榮泰男女洋服商號

鍾路布廛後開豐局主人李進士會來氏가本人의게傳授ᄒᆞ야仁港桕峴에移設ᄒᆞ고高明醫術朴準榮氏와同事ᄒᆞᄂᆞᆫ데繼嗣丹과水眼藥과珊瑚紫金膏와小兒癎氣에鎭癎散과瘰癧에軟硬散과瘡丹痔疾方秘傳膏酒良等神效藥品이多有ᄒᆞ오며貧寒의게ᄂᆞᆫ無價酬應도ᄒᆞ오니勿論某病ᄒᆞ고來問ᄒᆞ시옵
仁港桕峴　開豐局主人　송智仁　告白

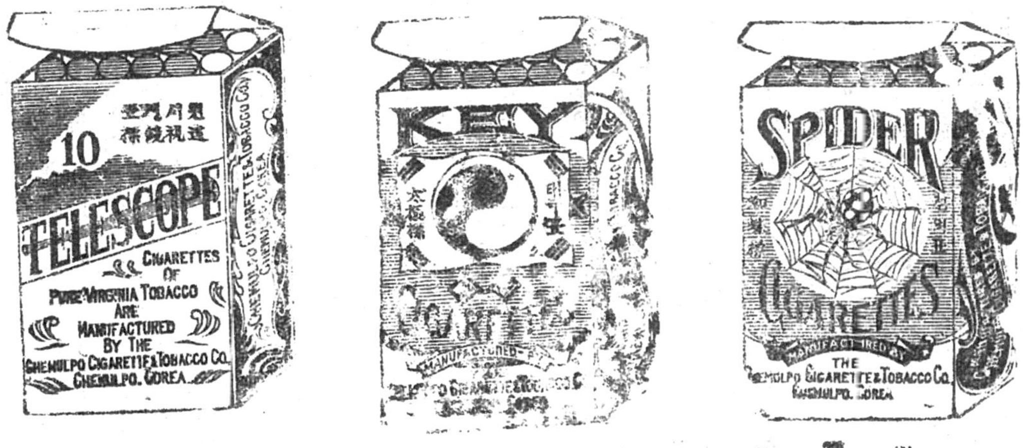

大韓帝國仁川港

以上三種은上品으로製造ᄒᆞ야衛生上에至極有益ᄒᆞ니毋論某人ᄒᆞ고本社에來臨ᄒᆞ옵

本社廣告

中報價
一張代金　新貨二錢五厘
一箇月前納　三十錢
三箇月　九十錢
半箇年　一元七十錢
一箇年　三元四十錢

廣告料
每一行　新貨五厘
一箇月　十二錢

國文活字十三字
每日每行一寸에新貨廿五錢
(每日每行에大韓에日貨)
三箇日에　二十錢
(每日每行에新貨)
一箇月에　五圜
(每日每行四號一圖에相當)
其期限의長短과字行의多少를依ᄒᆞ야增減홈이有홈

◉本社地方各處支店廣告
仁川桕峴開新冊肆　李東植
平壤南山峴日新學校　金與鼎
宣川邑橋西　崔觀恒
義州南門外韓西大藥房張有寬　安濬
長連邑　金鎔
鎭南浦藥洞　金仁경
咸興州南社　曹喜林
中和邑　李俊鎬
釜山佐川余藥房　金濬熙
開城北部梨井里祥洞居培義학校副校長　姜助遠

發行兼編輯人　英國人裵說
發行所　京城北署壽進坊田洞外地南署大韓每日申報社

大韓每日申報社

第四卷

大韓每日申報
대한매일신보

第二百四十[illegible]號

月曜及慶節歲時日休刊

檀君開國四千二百三十九年
箕子元年三千二十八年
大韓開國五百十五年
日本明治三十九年
淸國光緖三十二年
陰曆丙午閏四月大二十三日巳丑

論說

小貪大失

日本이在於東洋에爲開明先進之國이라自明治維新以來로政治日新ᄒ고富强日增ᄒ야以蕞爾三島之邦으로四億萬衆의淸國과開仗ᄒ야大捷을奏ᄒ고四萬里疆土의俄國과交鋒ᄒ야連勝을取ᄒ얏스니

武威轟轟ᄒ고國光이赫赫ᄒ야其迅速發達之功效가足令世界之人으로嘖嘖稱歎矣라然其所短이但見目前之近利ᄒ고不顧百年之遠計ᄒ야其武功之結果가不足爲東洋之幸福이오反伏後日之火線ᄒ야大局之擾亂이如環無端인바將糜爛其生靈ᄒ고淪擲其國家ᄒ야其巨大之損害가實有不可預算者ᄒ니豈不惜哉아

以甲午之役으로言之ᄒ면其與淸議和也에日本이對淸人ᄒ야要索東三省之割讓ᄒ니於是俄人이與德佛二國으로仗義執言ᄒ야令其還附於淸ᄒ니所以淸人이德彼俄人ᄒ야許以遼東鐵道之敷設이라

由是俄人이[illegible]遲延[illegible]ᄒ야占據滿洲ᄒ고租借旅順에至及於韓之西界ᄒ니此ㅣ俄日戰役之所由起也라向使日人으로不有東三省之要索이면彼俄人이何所藉口而得鎭遏之認許ᄒ야淵展其地步於極東也哉아此實日廷의失策으로由ᄒ야啓東洋之戰端者也오

以甲辰之役으로言之ᄒ면日軍渡韓之時에韓國人民이皆歡迎而供給焉ᄒ니其期望日人ᄒ고信賴日人이非其實情乎아於此時也에日本이亦以實心으로忠告韓廷ᄒ고開導韓人ᄒ야改善其政治ᄒ고誘進其文化ᄒ야使此韓國으로鞏固其獨立基礎者면兩國之友誼가益加敦密이오東洋之平和가可以永遠維持矣요其義擧之赫赫者가可以顯揚于世界ᄒ며有辭于天下後世矣어날惜乎라計不出此ᄒ고數年間行動於韓國內者가惟是攫奪利益ᄒ고滅絶人種之計라

於是韓人이大失所望에擧懷怨懟之情이러니卒至新條約之勒成ᄒ야ᄂ韓國人民이擧有抵死反抗之意ᄒ고世界列强이皆以日人으로謂有野心焉ᄒ고俄人이又以違背媾和時條約으로聲明於各國ᄒ니然則日本이暫示其無信於天下ᄒ야將成孤立之勢라

若於日後에復有戎事則民窮財盡이必不止於今日形便矣니此又日廷의失策으로由ᄒ야復挑東洋之禍機者也니吾儕ᄂ竊爲之貢慮不已ᄒ노라

官報

◉宮廷錄事

●三千四百七十八號光武十年六月十三日

詔曰勳記當親授矣

◉敍任及辭令

六月十日

○陞從二品　正三品尹甲炳　六品俞元錫○陞正三品　六品李相慶以上五月十四日○陞正三品　以上五月十五日○解兼任咸鏡南道裁判所判事　全道前觀察使申箕善○命兼任咸鏡南道裁判所判事　全道觀察使朱錫冕○命兼任江原道裁判所判事　全道觀察使沈相薰　以上六月五日○依願免本官　孝昌園參奉兪容元○任孝昌園參奉　兪鎭模　以上六月八日○依願免兼任禮式院掌禮　秘書監丞李範喬○依願免本官　孝昌園參奉俞漢模○命侍從院副卿　從二品李根[illegible]○兼任禮式院掌禮　秘書監丞沈九澤○任孝昌園參奉　九品金寧五　以上六月九日○解官內府特進官　從一品閔泳達○命宮內府特進官　弘文館學士　王[illegible]○命弘文館學士　從二品李秉[illegible]○命侍從院副卿　法部參書官李輔林　以上六月十日○任法官養成所敎官　六品金祥演

六月十一日

◉勅令

●勅令第二十四號　續

陸軍服裝規則

第四十七條　各兵科를依ᄒ야區別이有홈은左와如홈이라

一正校ᄂ兵科를勿論ᄒ고總히刀를佩ᄒ고步兵과工兵에在ᄒ야ᄂ短靴를穿ᄒ고脚絆을袴裏下에着ᄒ며騎兵에在ᄒ야ᄂ長靴를穿ᄒ고野戰砲兵과치重兵에在ᄒ야ᄂ半長靴를袴上에穿홈이라但野戰砲兵과치重兵이半長靴를官給이無ᄒᆫ時ᄂ短화를袴裏下에穿홈도無妨홈이라

一憲兵이副參校及上等兵은刀를佩ᄒ며半長화를袴上에穿ᄒ고警察勤務에服홀時ᄂ拳銃을携帶홈이라

一步兵과塞砲兵工兵副參校及兵卒은革帶를締ᄒ며銃劍을佩ᄒ고(現今間은총劍을佩치아니ᄒ야도無妨홈이라)短화를穿ᄒ며脚絆을袴裏下에着ᄒ나니隊에列ᄒᄂ者ᄂ背囊을負ᄒ며彈藥盒을附着ᄒ고총을携持홈이라但背囊에ᄂ外套를蹄鐵形으로卷着ᄒ나니工兵及步兵(携帶器具를携ᄒᄂ者에限홈이라)은其携帶器具를裝홈이라

一騎兵副參校及兵卒은刀를佩ᄒ며長靴를穿ᄒ고隊五를列ᄒᄂ者ᄂ총或鎗을携持홈이라(총을携持ᄒᄂ者ᄂ彈藥盒을附着홈이라)

未完

外報

●桑港微震　桑港再震ᄒᆫ事ᄂ日昨本報에記載ᄒ얏거니와六日倫敦電報를據ᄒᆫ則去月曜日夜에地震ᄒ얏스나損害ᄂ無다ᄒ얏더라

●德帝行墺　伯林電報를據ᄒᆫ則德帝우이루헤루무ᄂ維也納에到着ᄒ얏ᄂᄃ墺國皇帝후란쓰요제후ᄂ停車場에出迎ᄒ얏다더라

●俄國會議　同電을據ᄒᆫ則俄國諸大臣은議會에서激烈ᄒᆫ攻擊을受ᄒ얏다더라

●蒙古馬賊　近時蒙古地方에馬賊出沒이殆甚홈으로駐淸俄公使ᄂ馬賊의鎭壓을注意치아니ᄒ면俄國이其任을自擔ᄒ야俄國民을保護ᄒᆯ지다ᄒ고外務省에迫請ᄒᆫ故로袁總督은即時張少將을對ᄒ야直接蒙古에進軍ᄒ기를命ᄒ고一邊으로ᄂ袁道臺(袁總督子)直隷陸軍一支部를引率ᄒ고滿蒙境界에往屯케ᄒ엿다云ᄒᄂᄃ馬賊은日俄戰役中에掠奪ᄒᆫ兩國兵의服裝을被ᄒ고淸國軍隊討伐에向ᄒ면被服을示ᄒ며我ᄂ日本陸軍에雇用ᄒᆫ日本兵이라ᄒ고我ᄂ俄國에雇用ᄒᆫ俄國兵이라ᄒᆫ다더라

雜報

●成服後藥方 忠南宣諭使尹始永氏ᄂᆞᆫ 宣諭의 命을 帶ᄒᆞ고 觀望不進ᄒᆞ다가 及其日兵이 入城ᄒᆞ야 人民을 屠戮ᄒᆞᆫ 然後에 始乃到境ᄒᆞ얏스니 其所爲宣諭ᄂᆞᆫ 旣被戮ᄒᆞᆫ 神鬼를 爲ᄒᆞ야 宣諭ᄒᆞᆷ인지 同氏의 惜身輕民之罪를 人皆論非ᄒᆞᆫ다더라

●日人亦稱 洪州義兵黨으로 被擒入京ᄒᆞᆫ 儒生等이 日本憲兵大尉의 審問을 屢經ᄒᆞ되 皆以義決死ᄒᆞ야 絶不飮食ᄒᆞᆷ은 本報에 已揭어니와 日人들도 該儒生等의 堅確不撓之志節을 爲之稱歎不已라ᄒᆞ더라

●尹氏善政 南來人에 傳說을 聞ᄒᆞᆫ즉 高靈郡守尹夏榮氏가 陰曆四月二十四日에 單身到郡ᄒᆞ야 下車之日에 周察邑務民瘼ᄒᆞ고 熱心학校ᄒᆞ야 家絃戶誦ᄒᆞ고 修治善道ᄒᆞ야 行旅欽歎이라 況又捐廩先賦학校ᄒᆞ고 振于一境ᄒᆞ며 雜賦戶役이 爲二千金之多ᄒᆞ고 又頒法律告示ᄒᆞ야 使窮村愚民으로 咸知有法ᄒᆞ야 維頹靡踈에 國境肅淸ᄒᆞ며 持身淸白과 聽理公正은 古之循良이라도 鮮有與儔라ᄒᆞ더라

●藉遊勒斂 近日南大門外七牌等地에 乾達牌들이 遊宴을 賛라 藉稱ᄒᆞ고 街路市民과 各舖主에 排斂을 勒加ᄒᆞ야 或有不肯出者면 威喝이 備至ᄒᆞᆷ으로 人怨이 藉藉ᄒᆞ니 警察官吏가 此를 禁止ᄒᆞᆷ이 妥

●不得不認 咸鏡南道咸興府城堞을 日本人이 毁撤通路事로 刱認ᄒᆞᆷ에 對ᄒᆞ야 政府와 統監府間에 交涉이 頻繁ᄒᆞ다더니 統監府에서 照會ᄒᆞ기를 毁城作路가 實係公衆便益이니 須即認施ᄒᆞᆷ이 妥合ᄒᆞ다ᄒᆞᆫ 結果로 內部에서 咸興府에 電訓ᄒᆞ야 元山港日本理事館의 通知가 有ᄒᆞ거든 毁城一款을 該請願ᄒᆞᆫ 日人의게 認許하라하얏다더라

●議政蒙遞 議政大臣閔泳圭氏가 再次辭疏를 奉呈ᄒᆞ얏ᄂᆞᆫ데 批旨內에 其在禮敬之地에 不合一直苦挽이니 所辭中議政之任은 今姑勉副라 하얏다더라

●政府會議 昨日參政大臣朴齊純氏가 諸有緊急商確議決ᄒᆞᆯ 事案이라ᄒᆞ야 各部大臣을 政府로 一齊會同ᄒᆞ얏다더라

●被誣來辨 前號에 揭載ᄒᆞᆫ 風魔吳氏라ᄂᆞᆫ 題下에 對ᄒᆞ야 沈鍾澤 金炳燮 兩氏가 來言ᄒᆞ되 吳氏ᄂᆞᆫ 百之親切間이라 何人의 說로 不正行爲가 有ᄒᆞ다고 新聞에 揭載가 되얏ᄂᆞᆫ지 吾兩人은 初無相關인ᄃᆡ 空然이 致疑를 受ᄒᆞ야 絶交之境에 至ᄒᆞ얏스니 寧甚抑菀이라 此를 辨明ᄒᆞ여 달나ᄒᆞ더라

●特進敍任 特進官徐益鉉氏ᄂᆞᆫ 解任되고 遞任議政閔泳奎氏가 特進官을 被任하얏더라

●地段加占 統監府에서 內部로 公文ᄒᆞ고 龍山軍用地를 第一第二로 作號하야 其圍內人家墳墓農作物을 定期撤去케하라하더니 日昨에 又爲公文하기를 該軍用地를 變更하야 第三第四號區段을 加占하얏시니 該地段內에 家舍墳墓農作物도 定期移去케하라ᄒᆞᆫ지라 內部에서 憫恐不及하야 漢城府로 訓令하기를 告示人民하야 即爲撤去하야 無至生梗케 하라하얏더라

●校址預定 內部地方局長兪鎭贊 漢城判尹[illegible] 楊州郡守洪泰潤氏等이 大內處分을 奉承ᄒᆞ고 東署本宮基址를 踏査하얏ᄂᆞᆫ데 將次該地所를 某학校에 認許ᄒᆞᆯ 預定이라더다

●獄案盤覈 泰川郡一進會員被殺ᄒᆞᆫ 案件에 伊時同犯之砲士李虎實을 現已捕捉이라 法部에서 該道裁判所에 訓飭하야 同犯李虎實을 平理院으로 押上하야 以爲一切盤覈케하라하얏더라

●首領被擒 全州관察使가 內部로 電報하기를 再昨日淳昌郡에서 鎭衛隊兵이 義兵의 領首崔益鉉 林秉瓚氏等十三人은 生擒하고 其餘黨은 即解散하얏ᄂᆞᆫ데 兵民間一無死傷이라하얏더라

●內訓押上 內部에서 全州觀察使의게 電訓하야 今番被擒ᄒᆞᆫ 崔益鉉 林秉瓚氏等十三名을 並即嚴束押上하라하얏다더라

●權氏仍囚 法部에서 平理院으로 訓令하기를 全州郡守權直相의 仍囚未放ᄒᆞᆷ과 檢事尹甲炳의 施措失當ᄒᆞᆫ 事由를 已經奏下하얏스니 到即該權直相을 依議仍囚하고 經理院公貨와 文顯周等民贓을 一切査覈歸決後報來하라하얏더라

●視察行期 日本政務局長山座圓次郎一行은 再昨日入城하야 滿洲를 視察次로 今日發向하고 曾經大臣淸浦奎吾氏一行十餘人은 明日午後三時에 入城하야 再明十六日京釜鐵道團遊會에 同參하고 十七日은 居留民歡迎會에 同參하고 十八日에 平壤을 視察하고 二十日頃에ᄂᆞᆫ 仁川으로 下去하야 搭船하고 滿洲를 視察次로 發行ᄒᆞᆫ다더라

●農大說明 朴參政이 各部大臣의게 對하야 質問하기를 各部雇聘人을 政府에서 不知者가 有之하니 據何章程고ᄒᆞᆫ지라 農大權重顯氏가 說明하기를 各顧問官雇聘契約中에 隨其事繁하야 聘用句語가 有ᄒᆞᆫ故로 直爲請聘ᄒᆞᆫ다 하얏다더라

大韓人李炳林吊潘國義士
潘宗禮

嗚乎慟哉潘公之死也歲値靑蛇日脅韓約忠正閔公身先殉國十行遺書驚人耳目公自東渡志子遊學及耳此報心驚膽落一片紙義付托舟同時則殿日月維初九大海汪洋胡忍斯蹈義貫日月名垂宇宙公家何地中華順天國際我韓非比常辦五條新約憤則同然一入幽宮誰與爲儔魯連義魄不死千秋以余취生何敢效死但知慕義聊述吊詞繼之以詩非薄之章益靈有知庶乎冥諒

中州高士始聞名大義堂堂日月明忍見東邦羞辱事從遊海底魯先生
陶湖生

●年簿金請交 比國公使方葛氏가 統監府로 照會하기를 韓國政府에서 比國京城所勸蔭에 設施ᄒᆞᆫ 萬國鐵道公會에 參入ᄒᆞᆫ바 年簿金으로 佛貨一百法을 即爲送換케하라ᄒᆞᆫ지라 該府에서 政府로 轉照하얏더라

●金氏被放 警務廳에 多日在囚하얏든 奉侍金奎晉氏가 再昨日에 被放하얏ᄂᆞᆫ데 其事件인즉 與人去하든 錢財相關이라하며 韓國警務使以下ᄂᆞᆫ 請罪犯捉放에 少無容喙하고 日本補佐官警務官以下가 勒招하ᄂᆞᆫ데 洋鞋로 亂踢하고 笞杖으로 亂打하야 面部以下가 被傷에 命在時日이라더라

●得罷而已 北關內로 政府를 移徙故로 隨毁修리費五百圓을 都給日人하얏ᄂᆞᆫ데 雖處所者及 琉璃帳改造하고 竣工하얏ᄂᆞᆫ지 ᄂᆞᆫ데 近日公役은 日人이 監督是하다더라

●金獄歸決 平北裁判所에서 渭原郡致死人金文杰獄事正犯洪文凡은 絞律에 處하고 元靑松 羅命鎭 金利官等은 笞四十에 處辦하얏ᄂᆞᆫ데 正犯洪文凡이 越獄逃躱라가 更爲被捉하야 該監囚巡校의게 多受笞刑에 死於杖下ᄒᆞᆫ故로 自該郡으로 嚴懲除汰하얏더니 法部에서 該裁判所로 發訓하야 詞運元靑松等三人은 並爲放送하고 巡校宋永淳은 私自濫刑에 竟使重囚로 致此逕斃하니 雖免虐囚之律이나 不可懲汰而止니 到即捉致按律懲勵後報來하라하얏더라

●難免陷罪 璿峴宮山亭에 留接ᄒᆞᄂᆞᆫ 某兩人은 多年該宮에 近幸ᄒᆞᄂᆞᆫ 人인바 近日에 不正行爲를 弄出하야 許多無賴輩를 引誘하야 設技騙財하기를 看作一件 더라

能事키로 該官에서 屢加嘖責하야 使之改過케되 該兩人의 惡習이 已痼하야 終不回頭하ᄂᆞᆫ데 遺般風聲이 自然日本警視部에 流入하야 將次以法繩之하라ᄒᆞᆫ다니 該兩人의 陷於罪科ᄂᆞᆫ 實是滄浪自取라 固不足惜이로되 貽累該宮하야 不美ᄒᆞᆫ 聽聞이 四播ᄒᆞᆯ 境遇에ᄂᆞᆫ 該兩人의 罪犯이 尤爲可痛이라하더라

●裁判摘示 安邊居民과 一進會民이 民事로 平理院에서 已往公開裁判하야 公決處辦에 會民이 務科事은 世人이 知了하거니와 一進會에서 法大署리朴齊純氏의게 何以請囑하얏든지 法部에서 訓令更査故로 該院에서 安邊民을 押上하얏ᄂᆞᆫ데 原告會民은 隱避會中하고 永不應卞故로 該院에서 勢不得已하야 七日內不應訟則決席判決ᄒᆞᆫ다하고 告示ᄒᆞ얏더니 再昨日一進會에서 擲代를 平理院에 派送하여 數數威脅하ᄂᆞᆫ故로 裁判長李允用氏가 該告示를 摘去勿揭하얏다하니 李裁長도 亦有人心者耶아하고 甚說이 狼藉하더라

東京電報

●司令官任命 十二日午后六時發
補下關要塞司令長官山根武助

●赤十字總會 上仝
日本赤十字社總會에ᄂᆞᆫ 各皇族同妃殿下以下男女無慮六萬餘名이 出席하얏ᄂᆞᆫ데 皇后陛下의 令旨와 閑院宮殿下의 奉答과 松方社長의 演說이 有하얏고 且評議員을 改選ᄒᆞᆫ 後散會하얏

清國浙江省定界縣에暴徒가起

雜報

西邊界民人李春弼等이政府에請願이如左ᄒᆞ니

伏以天德이至仁ᄒᆞ사無或遺於飛潛動植之微類ᄒᆞ고國恩이如春ᄒᆞ사先沓恤於孤苦煢獨之民이신온바哀此獨漏圖籍而不霑澤化者ᄂᆞᆫ西邊界寓居人民也라界是漢北絶域이오人是韓청雜處이온則彼청民이爲定區域ᄒᆞ야開墾收租ᄒᆞ고民等은迫於飢寒ᄒᆞ야渡彼鴨江而寓居其地者三十餘年에戶至數萬이로ᄃᆡ無官長之依賴ᄒᆞ고無法律之可遵이라往年閔龍鎬之商務所와李臣夏之視察使ᄂᆞᆫ反作擾民之擧而歸不旋踵ᄒᆞ니哀此流民이益貧益賤ᄒᆞ야청官은伺隙收稅ᄒᆞ고凶徒ᄂᆞᆫ窃發貪賂ᄒᆞ니幾萬生靈이將爲虫臂이라聞又管理使之派送也에雖有撫援流民之政이나청人或俄人之作梗으로未有對揚聖化之實效ᄒᆞ고遽有召還之行이라一自厥後로更無如何之處分이오니流民之受虐於他國人者가愈往愈甚이라管理使上京時에前參奉李完求로特定副約長ᄒᆞ야管轄西墾局一帶寓接韓民이오ᄂᆞᆫ未有朝家之訓飭이옵고　未完

◎果則非理　金參將永援氏ᄂᆞᆫ巳洞內에電燈을擬ᄒᆞ고其價鎔은洞內居民의게排斂ᄒᆞᄂᆞᆫ데電燈의小者ᄂᆞᆫ每一座에多不過銅貨四五元價値인ᄃᆡ同氏가一座에六元八十錢式加捧ᄒᆞ고또每戶에出斂費를五兩式排捧ᄒᆞᆷ으로洞民이力綿ᄒᆞ야不能辦出이라ᄒᆞ면同氏가該民等을對ᄒᆞ야貰家離去ᄒᆞ라ᄒᆞᆫ다니同氏가偏被國恩ᄒᆞ야富貴已極ᄒᆞ니洞內人民이宜蒙其惠인ᄃᆡ反有此等貽害ᄒᆞᆷ으로民怨이有ᄒᆞ다더라

◎法官養成所　寄函

敬啓者哀我同胞謫在天涯北米不幸當曾前學有之地變栖屑道路互相轉展其爲一國同胞者孰不聞警악憫然哉然而　貴社特念此情率先義擧廣集捐金救之計之實是國民底禍亂相濟之卓行ᄋᆞᆸ故本所僅收諸員捐金若干玆以仰付幸須查람爲荷仍頌大安

◎校長回還　錦州郡求是學校가設立以來로校務가完備ᄒᆞ고學徒가盛旺ᄒᆞᆫ事實은本報에屢揭어니와日前에　皇上陛下에ᄋᆞᆸ서勅諭를下ᄒᆞ사該校學徒를獎勵ᄒᆞ시니該校長閔衡植氏가勅諭를奉承ᄒᆞ고該地에下去ᄒᆞ야聖旨를宣布ᄒᆞ고即時回程ᄒᆞ야本日入城ᄒᆞ얏다더라

◎商民泣訴　五署內各商民이由來各物種을明禮宮에先進排ᄒᆞ고未推ᄒᆞᆫ價額이新貨幣으로三十三萬四百十二元四十五錢七與ᄂᆞᆫᄃᆡ各商民이宮內府에呼訴ᄒᆞ야劃下ᄒᆞ라신處分ᄭᆞ지자계서기로連日等待ᄒᆞ되尙無一分錢差下ᄒᆞ압기로衆民이大段嗷嗷ᄒᆞ야每日夕陽이면明禮宮前에諸商民之呼飢哭聲을慘不忍聞이라ᄒᆞ더라

廣告

廣告

大同書觀出售書目

經濟之術 家庭經濟
財政曰論 富强叢書正令
經濟학考 經濟精華錄
經濟學問答 財政叢書
富强新議 經濟通論
富國學問答 理財學要領
歐洲財政사 國債論 富國策
各國度支考 富民策 足民策
以上은經濟學部
農學全書 農政全書
農業全書 農雜學 農事私議
農學新書 農務化學問答
蠶桑捷리 蠶桑要說
蠶製絲法
近世各國農夫之態
農家之學 農夫百話
化學大成
以上은農學部
通商新綱 商務說
工商理財要術 通商始末紀
貿易相關 通商成案彙編
商業學 商業地理
商務地理志 商客袖珍
商業通則
以上은商學部
算學通考 政藝新書
西學大成 西學十六種
西學三種 西學通考
電報洲制 電報新編
洋務叢林 實學篇
以上은工學部
學校衛生學 胎內教育
男女交際新論 最近衛生學
造化新論 男女育兒新法
處女衛生論 肺病問答

衛生工事新論 國民體育論
種痘學 育兒與衛生
疫病衛生書 生殖器書
簡明生理學 衛生學問答
吾妻鏡 家庭衛生書
男女生殖器病秘書
男女交合新論
生理衛生學講義
銅人圖 保全生命論
省身指掌 全體闡微 體學
生理學 解剖學 醫宗必讀
傷寒審症表 人體之組織
中西臟부合圖 人身解剖圖
生理細圖 진病奇俠
以上은醫學之最新發明者
兵書五種 養兵秘訣
鍊兵實記 鍊兵芻言
行軍指南 紀效新書
籌洋芻議 日本武術教育
兵事手函 德國軍制
野外行記 記言紀行
庸書內外編 兵式體操圖
步兵操典 哀慰師兵書
軍國之武士道 軍스文大全
以上은兵學之最新發明者
中西偉人傳 世界十二女傑
地球一百名人傳 華盛頓
拿坡崙 俾思麥 科倫布
康南海 瑪尼拔 林肯
亞歷山大 加里波的
海軍第一偉人 彼得大帝
李鴻章 伊藤博文 鄭成功
胡雪巖 劉坤一
古今中外人物
日本惟新慷慨士列傳
泰西政治家列傳
以上은傳記

● 刑法大全 一秩定價金 新貨六十錢
牧民心書 一秩 一圜二十五錢
耳談續纂 一冊 七錢五里
溫故知新堂叢鈔 七錢五里
父師必讀小學指南 七錢五里
人工養蠶鑑 一冊 十五錢
萬國地誌 三冊 一圜
農政新書 五十錢
法學通論 一圜
尺牘完編 一圜五十錢
大韓地誌 七十五錢

發賣所 布屛門下金相萬冊肆 大韓每日申報社

本號新開專做男女各色洋服이오며又一切衣飾品件件精全伏望僉君子由上海還來各種細毛이오며及一女迅即來購爲幸

西小門內榮泰男女洋服商號

鍾路布廛後開豐局은李進士會來氏가本人의게傳授ᄒᆞ야仁港杻峴에移設ᄒᆞ고高明醫術朴準榮氏와同事ᄒᆞ온딕繼嗣丹과水眼藥과珊瑚紫金膏와小兒癎氣에鎭癇散과瘰癧에軟硬散과截瘧丹痔疾에秘傳膏酒良等神效藥品이多有ᄒᆞ오며貧寒의게는無價酬應도ᄒᆞ오니勿論某病ᄒᆞ고來問ᄒᆞ시옵

仁港杻峴 開豐局主人 李智仁 告白

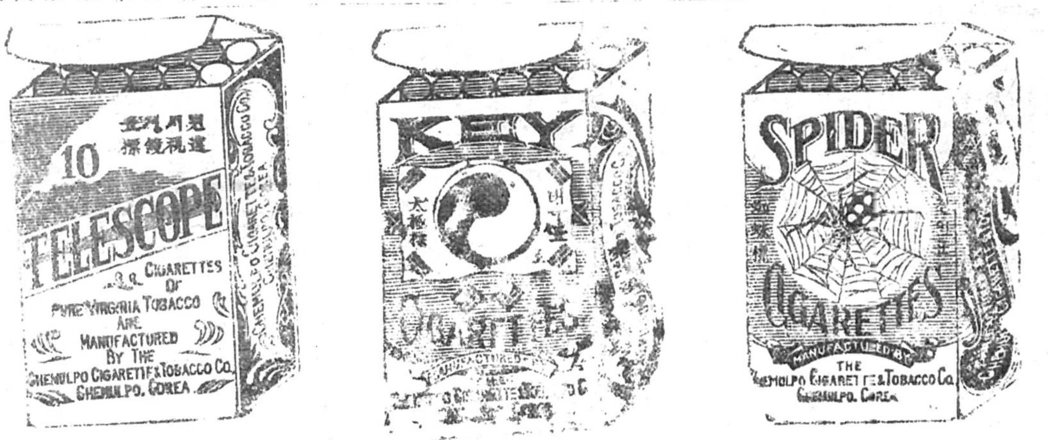

以上三種은上品으로製造ᄒᆞ야衛生上에至極有益ᄒᆞ니某人論ᄒᆞ고本社에來購ᄒᆞ심을望ᄒᆞᆷ

大韓帝國仁川港

舞物捲紙卷煙及煙草會社

◉本社地方各處支店廣告

仁川杻峴南新冊肆 李東玄
平壤南山峴日新學校 金興濟
宣川邑楢西 崔敬信
義州南門外韓西大藥房 張有寬 安濬
長連邑 金
鎭南浦築洞 金仁鎬
咸興州南社 曹壽林
中和邑 李徵鎬
釜山佐川徐鍊房 金濟鎬
開城北部梨井里祥洞居培英學校 姜助遠
校副校長

發行兼編輯人 英國人裴說
發行所
京城北署磚洞坊頭洞외外理科洋屋校設
大韓每日申報社

光武九年八月十九日 明治卅八年八月十二日 第三種郵便物認可 　金曜日　 西曆一千九百六年六月十五日 (一)

第四卷

大韓每日申報
대한매일신보

第二百四十六號

月曜及慶節
歲時日休刊

檀君開國四千二百三十九年
箕子元年三千二十八年
大韓開國五百十五年
日本明治三十九年
淸國光緖三十二年
陰曆丙午閏四月大二十四日庚人

論說

一進會

韓國內에此無責任ᄒᆞᆫ社會가重大損害를繼行不已ᄒᆞ야漢城及各道에서每事를無不干涉ᄒᆞᄂᆞ니東南兩路에近日起擾가韓國을苦惱ᄒᆞᄂᆞᆫ日本人의過失이나此會之咎가亦非不多矣로다

然而斷不可忘恕ᄒᆞᆯ거슨此會本源이自日人始生이ᄒᆞᆫ거시라當初財用을從日本得之라ᄒᆞ엿스며尙今成立이日本武官의庇護를依賴흠이요且其引導者ᄂᆞᆫ往者東學의首領이니東學之亂은其時淸日戰役의口實을日本의게供給ᄒᆞ엿도다

此會規程은美麗太甚이며且其顯然目的은無足擧論이어니와附日報紙ᄂᆞᆫ此를韓國進步黨이라或稱ᄒᆞ며韓國自由黨이라或稱ᄒᆞ야誤導稱號가如彼其美ᄒᆞ나惟願貴舘執筆人은更擧其證ᄒᆞ야使到此日本人으로一進會가何如人民인줄自辨케ᄒᆞᆯ지어다日本소시의同類가卽此會라其引導人은非不敏捷이로ᄃᆡ但其下會員은愚昧無識ᄒᆞ며不潔無畏ᄒᆞ야惟其所爲가他人擁護를甘受ᄒᆞ며白晝에法律을輕視而已라宮禁之地에雜類出入을藉稱ᄒᆞ고數週以來로把守闕門ᄒᆞ야多數官人을無法捉去ᄒᆞ얏스니此果顯然輕忽行動이로다

惟一喜消息은長谷川大將이此人此行에加注目ᄒᆞ기를認之以必要ᄒᆞᆫ거시라近聞來報컨ᄃᆡ被捉之次가在於一進之側ᄒᆞ야會員幾人을率去于軍司令部ᄒᆞ야有何好箇談話ᄒᆞ고此後에更勿犯罪ᄒᆞ라고言及ᄒᆞ얏스니此人之更犯ᄂᆞᆫ今可無望이어니와軍司令部가與此會民으로不自聯合ᄒᆞ기를竟覺ᄒᆞ얏스니豈非幸乎아

何如ᄒᆞᆫ지長谷川大將의今此行動을爲ᄒᆞ야ᄂᆞᆫ別無信用이니一進會地位를同氏가常時知悉無餘ᄒᆞᆫ지라今此遲緩措處ᄂᆞᆫ出於不得已之事인줄宛然表示ᄒᆞᄂᆞᆫ도다

官報

◎宮廷錄事

●號外 光武十年六月十三日

議政府議政大臣閔泳奎辭職疏批曰省疏具悉卿懇官人之愼且重豈有加於金甌之卜視中外事識乂安無事之日而惟簡之難苟非試之久而知之深則不可準爾況此艱虞之會哉朕之於卿試之亦云久矣知之亦云深矣所以擧而畀之者也卿之從初退遜卿亦不能脫於黃扉流例而及登筵席酬酢如響朕欣然如得左右手忽玆需章之荐至未覺訝惑而更思之卿豈欲弁髦民國謾不經心只圖處夬而優閒必無是理矣第卿所言證形果未可勿藥於旬日之頃則其在禮敬之地不合一直苦挽所辭中議政之任今姑勉副卿其諒之事遣秘書郞傳諭

六月十二日

●三千四百七十九號光武十年六月十四日

◎敍任及辭令

○任中樞院贊議 從一品李乾夏 從一品玄普運 奉常司提調閔泳璣 以上六月九日○免本官 警務廳主事郭鍾浩 右該員이莫重公貨를擅自私貸흠은大違規程이기是以로免本官

○任警務廳主事 安鍾烈

以上六月十二日

◎勅令

●勅令第二十四號 續

陸軍服裝規則

一野戰砲兵副參校及兵卒은砲兵刀를佩ᄒᆞ며長화를과上에천ᄒᆞ고(半長화의官給이無ᄒᆞᆫ時ᄂᆞᆫ短화를과裏下에천ᄒᆞ고)隊五에列ᄒᆞᆯ際에徒步ᄒᆞᄂᆞᆫ者ᄂᆞᆫ背囊을負ᄒᆞ며外套를蹄鐵形으로卷着흠이라

一치重兵副參校及兵卒은刀를佩ᄒᆞ며半長화를과上에천ᄒᆞ나兵卒이隊五에列ᄒᆞᄂᆞᆫ者ᄂᆞᆫ彈藥盒을附着ᄒᆞ고총을携持흠이라但現今間은野戰砲兵에准흠이라

一會計官軍醫及軍樂隊下士卒은摠히徒步刀를佩ᄒᆞ며短화를천ᄒᆞ고脚絆을과裏下에着ᄒᆞᄂᆞ니라

一砲兵工兵諸工長은前項과同ᄒᆞ나但野戰砲兵隊附의諸工長은砲兵刀를佩흠이라

一騎兵砲兵치重兵蹄鐵工長은摠히當該兵科의下士와同흠이라

一隊附砲兵鍛工長은當該各隊附下士와同흠이라

一縫화工長同織工은各其所屬隊下士兵卒과同흠이라但총劍을用ᄒᆞᄂᆞᆫ隊에附屬ᄒᆞᆫ者ᄂᆞᆫ徒步刀를佩흠이라

一隊外에在職ᄒᆞᄂᆞᆫ副參校ᄂᆞᆫ軍刀를佩用ᄒᆞᄂᆞᆫ事가有흠이라

其三 軍裝

第四十八條 軍裝은大槪第四十五條第四十六에揭ᄒᆞᆫ正裝의着장과同一흠이라但左揭ᄒᆞᆫ諸件을取捨흠이異흠이라

一立毛를不着흠이라

一水壺를携帶흠이라

一步兵工兵要塞砲兵隊에ᄂᆞᆫ雜囊을携帶흠이라

一徒步로隊附에在ᄒᆞᆫ者ᄂᆞᆫ摠히背囊을負흠이라(縫工長靴工長과砲兵隊附看護及騎兵砲兵隊諸工長同下은除흠) 但第四條第一第二의境遇에ᄂᆞᆫ隊外在ᄒᆞᆫ者도亦同흠이라

一背囊을負ᄒᆞᆫ者ᄂᆞᆫ此에飯盒及預備화을附着ᄒᆞ며且時期에因ᄒᆞ야毛布를附着ᄒᆞᄂᆞᆫ事도有흠이라

一脚絆을着ᄒᆞᆫ者ᄂᆞᆫ此를袴上에着흠이라

其四 常장

第四十九條 略장의着장은大槩軍장과同흠이라 未完

外報

●艦隊派遣 俄國에서海軍大臣은今年秋에戰鬪艦一隻甲장巡洋艦二隻保護巡洋艦二隻에水雷艇隊를附屬ᄒᆞ야絶東海面에派送ᄒᆞ기로決定ᄒᆞ얏다ᄒᆞ고又產業經營本局에서ᄂᆞᆫ東洋에셔俄國商工業을保護ᄒᆞᆯ目的으로巡洋艦二隻을派送ᄒᆞᆯ터이라더라

●戰爭準備說 彼得堡電을據ᄒᆞᆫ則俄國노보브렘야新聞에日本에서俄國과戰爭ᄒᆞ기爲ᄒᆞ야其準備를行ᄒᆞ얏다더라

●英俄協商과日本 同電을據ᄒᆞᆫ則同新聞이英俄協商의交涉에日本도또ᄒᆞᆫ參與코저ᄒᆞᄂᆞᆫ形態가有흠을報ᄒᆞ고又英俄協商은英國艦隊가俄國을訪問ᄒᆞ기前에速히締結ᄒᆞ리라ᄒᆞ얏더라

●俄法勸告 君士坦丁堡에駐在ᄒᆞᆫ法國大使ᄂᆞᆫ土耳其皇帝에對ᄒᆞ야英土國境問題ᄂᆞᆫ速히議與ᄒᆞᆯ注意로俄國大使도同意味에勸告를爲ᄒᆞ얏다더라

雜報

●虐殺洪民　洪州郡情形을續聞ᄒᆞᆫ則日本軍隊가義兵을襲擊ᄒᆞᆫ時에義兵은知機逃散ᄒᆞ야不能勦除ᄒᆞ고無辜居民을無遺屠戮ᄒᆞ고日露開仗時支나의一大幅圓되ᄂᆞᆫ滿洲를占奪ᄒᆞᆷ과如히日本人民을漸次移住케ᄒᆞᆯ計劃이라ᄒᆞ니殺一不辜而得天下라도人所不忍이어던虐殺一州之無辜生靈ᄒᆞ고占得一城이是可忍也哉야吾人은不勝悲慘ᄒᆞ야淚下言前에不知所云ᄒᆞ노라

●議長被命　中樞院議長閔種默氏ᄂᆞᆫ遞任ᄒᆞ고其代에李根호氏가被命ᄒᆞ얏더라

●軍物被奪　蔚珍郡守가內部에報告ᄒᆞ되匪徒六百餘名이突入本郡ᄒᆞ야軍器庫를打破ᄒᆞ고所存軍物을搶奪ᄒᆞ며民戶에放火ᄒᆞ야數十戶가被燒ᄒᆞ얏ᄂᆞᆫ데此徒ᄂᆞᆫ乃是英陽安東等地에서被逐ᄒᆞᆫ餘黨으로出沒者라더라

●所長兼任　法部參書官李冕宇氏의兼任法官養成所長解任ᄒᆞᆫ代에該部協辦閔衡植氏가兼任ᄒᆞ얏더라

●燒戶救恤　江原觀察使署理李明來氏가管下各郡에自本年陰曆正月以後燒戶의救恤金을劃撥ᄒᆞ야使之結搆奠接케ᄒᆞ라ᄒᆞ얏ᄂᆞᆫ데平昌郡은燒戶가十六戶에爛死兒一名이오高城郡은燒戶八戶오淮陽郡은燒戶十六戶에爛死女二名과社還穀이十石이오金化郡은燒戶三戶에衙舍七間이오通川郡은燒戶二十八戶에爛死人이四名이오洪川은燒戶四家라ᄒᆞ얏더라

●敎務兼管　漢城師範學校速成科學員을昨日官立日語學校內에서開學ᄒᆞ얏ᄂᆞᆫ데視學官魚存善主事尹世鏞兩氏가其敎課事務를管掌ᄒᆞ얏다더라

●日敎師定俸　學部에서日語學校敎師로日人白井重任氏를新聘ᄒᆞ얏ᄂᆞᆫ데月俸은每朔一百五十圜으로定ᄒᆞ고度支部에照會ᄒᆞ야今朔條ᄂᆞᆫ以赴任旅費로爲先支撥ᄒᆞ라ᄒᆞ얏다더라

●照覆監府　政府에서統監府에照復ᄒᆞ기를太學獨立과詔勅頒下事ᄂᆞᆫ並是虛言이라ᄒᆞ얏다더라

●設立英校　前院卿李根培氏가敎育上熱心으로一學校設立經營中이라고前報에已揭ᄒᆞ얏거니와同氏가南署苧洞附近二府洋屋內에英育學校를設立ᄒᆞ고敎師ᄂᆞᆫ外國語學校卒業生中敎育上에有志ᄒᆞᆫ人으로選擇ᄒᆞ야英語日語兩課로日間開校敎授ᄒᆞᆫ다고人皆讚賀不已ᄒᆞᆫ더라

●御賜徽文　輔國閔泳徽氏가校洞私第에廣成義塾을設立ᄒᆞ야敎師를延聘하고聽俊을募集ᄒᆞ야勤勉敎養ᄒᆞᆷ의學徒가坌集ᄒᆞ야庠舍難容之歎이有ᄒᆞ기로更히此를擴張ᄒᆞ야觀象監舊基에學校建築을請願承認ᄒᆞ야洋製新屋으로學堂과敎科書編輯部와印刷所와理化學等機械가皆完全設備ᄒᆞ얏ᄂᆞᆫ데皇上陛下씌옵서該校命名을徽文義塾이라御賜ᄒᆞ옵서고一般紳士가亦皆관感於此ᄒᆞ니實ᄂᆞᆫ大韓私立學校中第一創觀之盛擧라謂ᄒᆞᆯ지로라

●豈無毒刑　再昨日政府에서各大臣이會議ᄒᆞᆫ案件을得聞ᄒᆞᆫ즉鎭衛兵의게被捉ᄒᆞᆫ義兵魁林炳贊等을押上ᄒᆞᄂᆞᆫ것이可ᄒᆞ다ᄒᆞ야全北觀察使의게電飭ᄒᆞ얏더니韓觀察은回電ᄒᆞ되現在淳昌則待押來ᄒᆞ야押上ᄒᆞᆫ다하ᄂᆞᆫ데日兵及巡査가虐待毒刑ᄒᆞᆷ念慮不無하다더라

●慘矣慘矣　咸興郡人民의來書를據ᄒᆞᆫ則露日開戰以來로我大韓全國에被其慘毒이何處無之리오마ᄂᆞᆫ惟獨咸興은處在北邊ᄒᆞ야飽經暴戰之亂이다가何幸日兵之來ᄒᆞᆷ의以爲有依賴之望ᄒᆞ야散者復集ᄒᆞ고如故安業矣러니及其久駐也의反不如初ᄒᆞ야百弊層生은實難枚擧나然이나以現今切迫之勢로論之컨ᄃᆡ所謂將官者가乘夜醉飮ᄒᆞ고攔入民家ᄒᆞ야向婦人擧劍擬之ᄒᆞ고欲行淫汚ᄒᆞᆷ의霜刃之下에人誰敢禦리오終是見辱然後에乃已ᄒᆞ며正校上等兵도丹身赤脚으로立於閭門曰好아好아ᄒᆞ니所謂開明之國에寧有此蠻風乎아一城內外에無家無兵ᄒᆞ니雖不逼迫이라도民不能目睹而況反黜主人ᄒᆞ야無所止接케ᄒᆞᆷ의老幼相抱ᄒᆞ고號哭道路ᄒᆞ니觀者聽者孰不流涕리오淸潔之井은封閉不許ᄒᆞ니汲汲之苦와枯渴之歎이天地欲者ᄒᆞ며咸興은本是瓦家稀疎ᄒᆞ고草家常多ᄒᆞ야年年春節에以草蓋屋이러니如干所作은盡入於馬草之供ᄒᆞ고或有儲備積者라도駐舍兵隊가如用已物ᄒᆞ니今年霖天에ᄂᆞᆫ家家屋漏之歎을未免ᄒᆞ며籬落을四方通開ᄒᆞ야一無阻塞ᄒᆞ고隨鷄逐狗ᄒᆞ야突入內室ᄒᆞ니婦女兒童이喪魂落膽ᄒᆞ며春田에鍊習ᄒᆞ니秋獲이無路라田主嗟라ᄒᆞᆫ들其將奚及이리오百弊之中에或擧其一ᄒᆞ야訴官不得ᄒᆞ고苦隊又然ᄒᆞ니哀我韓民이依誰依賴오嗚呼라人命之賤이友不如禽獸로다寧爲禽獸더면山林으로爲家ᄒᆞ고又爲魚鼈이더면川澤으로爲國ᄒᆞᆯ깃거날誤落韓國ᄒᆞ야生死無所ᄒᆞ니寧不爲桑港震死之鬼를人皆恨歎이라ᄒᆞ얏더라

●太學擴張　太學을擴張하되學監一人을勅任으로增設하고直員若干을加選하야外國大學校規定을實施하기로李學大가熱心中이라더라

●府院相持　中樞院을獨立高等衙門으로ᄒᆞᆯ지政府에서幷立하야同行奉勅ᄒᆞᆯ지相持中이더니今番李根호議長勅令을何以奉勅ᄒᆞᆯᄂᆞᆫ지昨日中樞院과政府에서又爲相持하얏다더라

●騙財尤甚　近日協律社에서技術을一層擴張하고一般와客의게賞與品을發售ᄒᆞᆫ다ᄂᆞᆫ데其內容을聞ᄒᆞᆫ즉各人의게寶與ᄒᆞᆫ標로都聚하야千人契樣으로自一二等至於幾千等ᄭᆞ지出桶하야所記物品되로出付ᄒᆞᆫ다하니該社之欺人騙財之妙術은可謂愈出愈奇라하더라

●何以得此　學部大臣李完用氏ᄂᆞᆫ解雇된학政參與官幣原坦氏에對하야其效勞를不可不褒奬이라하야表勳院으로照會하고叙勳ᄒᆞᆷ을청하얏다더라

●韓日砲兵聯合　昨日下午六時에日本軍司令部에서東小門外三仙坪에射擊場을開하고日本砲兵과韓國砲兵을聯合射擊을始하야下午十二時에罷歸하얏ᄂᆞᆫ데兩國軍隊尉官이多數參場하얏다더라

●被團束　一進會에서稱以自由行動ᄒᆞ고大官을捉致會中ᄒᆞ야無雙困辱ᄒᆞ더니司令部에서禁制曰此行自由ᄂᆞᆫ治安妨害라고嚴行團束ᄒᆞ얏더라

●安儒請願　安州郡居安淋氏等이學部에請願ᄒᆞ기를本郡校宮位土七佛島를已爲承認於本部ᄒᆞ야設立學校ᄒᆞ얏ᄂᆞᆫ데今自日語學校로서一進會員을挾囑하야欲奪此島하니卽爲訓飭本郡하야使之禁之하라하얏더라

●條例留案　統監署理鶴原氏ᄂᆞᆫ統監伊藤氏入韓前에移民礦山兩條例를實施次로火督ᄒᆞᄂᆞᆫ지라政府에서ᄂᆞᆫ歷次交涉ᄒᆞ기를統監府經由句語만變更ᄒᆞ면卽爲施行ᄒᆞᆫ다ᄒᆞ되鶴原氏ᄂᆞᆫ一向固執ᄒᆞᆷ의政府에서伊藤渡韓前에ᄂᆞᆫ永爲留案하얏더라

●日廷近信　日本政府에서韓滿對策에不得定一하야政界風波가紛紜ᄒᆞᆷ을韓滿兩處視察이聯續渡來하ᄂᆞᆫ데伊藤統監은待其視察員回國하야方針을定ᄒᆞᆫ後에야入韓ᄒᆞᆯ터이라하며伊藤入來後에ᄂᆞᆫ此腐敗政府도一層變更ᄒᆞᆯ터이라더라

●移接所指點　再昨日大內에서政府로電話하옵시기를政府가侍御所附近을相離하야北闕로移居ᄒᆞᆫ즉相聞이寂寥하야朕心이不悅하니貞洞侍從院으로還移하고侍從院은他處로移接케하라하옵셧ᄂᆞᆫ데侍從院이皆是別人시滅者故로固不讓渡ᄒᆞᆷ의政府ᄂᆞᆫ他垈基를指點中이라더라

●警吏近千　各地方에配置ᄒᆞᆫ日本警吏ᄂᆞᆫ內部에서政府로今才提議하야尙無如何決定하얏ᄂᆞᆫ데丸山顧問은日本에通奇하야近千名의警吏가日間來韓ᄒᆞᆫ다더라

●宮內所聞　宮內府所屬各司宮吏ᄂᆞᆫ別入侍有勢及日語粗解者外ᄂᆞᆫ不得生意인데典醫等은占筮所禳으로從事ᄒᆞ고侍從院은宮吏借啣에從事하고禮式院은日人을締結하야所有地偸賣로從事하고宮內本府官吏ᄂᆞᆫ祈禱居間에經費偸食에從事하고各司長提調ᄂᆞᆫ秘書丞豐慶宮各書官各陵參奉借啣에從事하야宮內府近君하ᄂᆞᆫ官員의從事ᄂᆞᆫ卽壅蔽聖聰而已라더라

●白氏極冤　秦川郡鄉長白慶濟氏ᄂᆞᆫ昨夏에一進會民百餘名이聚入該郡時에駐在ᄒᆞᆫ日憲兵의指使를因하야使官設砲ᄒᆞ로防禦하다가會民一名이竟至被砲致死ᄒᆞᆫ事件으로平理院에서押上審判중이더니同氏ᄂᆞᆫ竟未能出獄하고日昨에瘐斃獄중하얏슨즉會民被砲가原非白氏之放銃이오砲手指揮ᄂᆞᆫ乃是日憲兵之指使也니今此白氏之死ᄂᆞᆫ極爲寃極이다하더라

雜報

西邊界民人李容弼等이政府에請願이如左ᄒᆞ니 令
竊且日俄交戰之後韓日淸三國人交涉中에若非ᄒᆞ宗求면難保蟻命이로소이다茲에鳩聚衆力ᄒᆞ야血誠補費이옵고裏足上來에備官人列名記와錢數를昭詳粘連伏訴ᄒᆞ오니伏乞洞燭ᄒᆞ신後依前例派送管理事로提議奏稟ᄒᆞ오셔有名譽才藝之人으로選差管理ᄒᆞ시와俾此流民으로安堵保命之地伏望

西邊界副約長李完求積功 已亥年分에閔龍鎬가商務所頭領으로下來邊界時에李完求가以掌務員으로通化縣境內三四百里를周行ᄒᆞ야家論戶說矣러니不意庚子淸國義和團猖獗之時에橫侵濫殺之弊가太甚ᄒᆞ야民皆渙散之際에閔頭領은已爲上京이고李掌務ᄂᆞᆫ入於險地五六次에百般保護蒼生이고
其時淸國匪魁王克好가符同義和團ᄒᆞ야我韓人民을勒削剃髮ᄒᆞ며每戶에銀子或一兩五錢或一兩銅椀一箇式勒索이온바合銀子至爲千餘兩이온데通化縣官陳璋의게數次呈訴ᄒᆞ야
捉囚王克好라가納賂得放故로裏足上京ᄒᆞ야請願政府이옵더니內閣에當次籌措處라ᄒᆞ시와尙未出末이오ᄂᆞᆫ厥後淸人이畏服ᄒᆞ야民皆安堵ᄒᆞ니其功一也 未完

●嶺民辨明 慶北觀察申泰休氏가持身廉潔ᄒᆞ며莅政剛明ᄒᆞ고且善於交涉ᄒᆞ야預防我民ᄒᆞ야俾無軋轢齟齬之弊케ᄒᆞ니外國官民도互相勉戒ᄒᆞ야使無觝觸於觀察行政이오며且以民智昧暗ᄒᆞ야自招外侮로諄諄開喩ᄒᆞ야士民之捐輸設校와學塾之改制向新이在任實施ᄒᆞ야管下各郡이如草偃風ᄒᆞ야玆後風俗이庶幾一變ᄒᆞᆯ터인ᄃᆡ國民新報ᄂᆞᆫ何許怪類의落訟稱寃으로虛날誣之說을信聽ᄒᆞ고張皇登載ᄒᆞ야致拂輿情ᄒᆞ며且其新設ᄒᆞᆫ學校를詆毁ᄒᆞ야次第實施ᄒᆞᆫ校務에妨碍ᄒᆞ다ᄒᆞ야大丘人民代表와各私立學校職員十餘人이該報社에質卞次로昨日上來ᄒᆞ얏다고本社에來言ᄒᆞ더라

●通倅熱학 通津郡守趙東善氏가境內에紳士를勸勉하야학校를設立하고聽俊을敎育하기를熱心하야一百元을義捐하미一郡人士가郡守에實心贊成ᄒᆞᆷ을感服하야爭募義金하고不日成立이되얏다하더라

●樂民樓落民淚 咸興郡來書를據ᄒᆞᆫ則咸山에有絶勝高樓ᄒᆞ니名曰樂民之樓也라其樓之勝像이北有北山樓ᄒᆞ고南有制勝樓ᄒᆞ고前通萬歲橋ᄒᆞ고下流城川江ᄒᆞ니其景致之奇와華麗之盛이冠於南北이라嚮昔太平之時에風流太守ㅣ往往設宴於此ᄒᆞ야與民同樂ᄒᆞᄆᆡ邑下居民이雖是下隸라도瞻仰喜悅曰壯哉라樂民也여終老於此樓之下則平生이足矣라ᄒᆞ니樂民之稱이名不虛傳也라民愛此樓를如愛自家러니不意觀察使申奭善氏가許給於日本商民ᄒᆞ야便作戱技娛遊之場ᄒᆞ니民皆駭然ᄒᆞ야如失自家ᄒᆞ고或有流涕ᄒᆞ니樂民樓下落民淚云이라더라

廣告

本寺賜牌局內ᄂᆞᆫ數百年守護禁養이옵더니不意에定界內澄覺洞森林을開城金振聲이가雜類를符同ᄒᆞ야外人의게與執暗賣云이기로率에仰佈ᄒᆞ오니內外國人은勿爲見欺ᄒᆞ시오

長端華藏寺抱進等 告白

西邊界民이上京ᄒᆞ야顚路費鳩聚補助人列名錄

崔鳳翔 五圓　白時翊 三圓
金禎秀 二圓　李泰根 二圓
李容彬 二圓　崔仁沃 二圓
韓錫九 一圓　李鳳求 一圓
李枝靑 一圓　金海成 一圓
金成贊 一圓　韓鳳祿 一圓
安泰和 一圓　洪洛九 一圓
白雲河 一圓　文亨益 一圓
朴仁弘 一圓　元鼎弼 五十錢
申仁浩 五十錢　李殷燁 五十錢
吳延國 五十錢　金瑞福 五十錢
金龍珠 五十錢　林國明 五十錢
朴志一 五十錢　裵永杰 五十錢
李枝贊 五十錢　金ㅅ榮 五十錢
河澤甫 三十錢　朴봉瑞 三十錢
任龍興 三十錢　崔踊贊 三十錢
金振孟 三十錢　金應浩 三十錢
李成實 三十錢　李鍾善 三十錢
金龍伯 三十錢　[illegible] 二十錢
金國文 三十錢　裵東奎 三十錢
邊璟龍 二十錢　李曾學 二十錢
金成基 二十錢　金呂尙 二十錢
申貞瑞 二十錢　朴泰益 二十錢
合新貨三十七圓二十錢

李容弼 告白

本會支院을楊州水落山德寺와聖寺와光陵奉先寺와三寺에設始事은已爲洞悉焉方今明進學校을並設ᄒᆞ고本寺僧侶와近洞靑年子弟를合同募集ᄒᆞ야普通科學課을敎育코ᄌᆞᄒᆞ야今月五日에開學ᄒᆞ고硏習케ᄒᆞᆷ으로如是廣告ᄒᆞ오니各寺僉員은照亮ᄒᆞᆷ

光武十年六月十二日

東門外硏究會事務所

明進學校 告白

本人이濟西布木商都와煥廣에當文三千四百兩推次票를見失ᄒᆞ얏사오니誰某拾得ᄒᆞ야도休紙로施行ᄒᆞ깃사오

沙器廛上廛張泰煥 告白

本人이相洞居丁文川許今晦內로推次當錢六千五百兩標를遺失ᄒᆞ엿ᄉᆞ오니誰某拾得ᄒᆞ와도休紙施行ᄒᆞᆷ

東湖居 崔大鉉 謹白

本人이遷郡守尹鶴求氏本部在任時에少無犯罪而至有杖囚故로含冤罔骨ᄒᆞ야而今에性于遷卒家ᄒᆞ야詳問則答曰果聽反復無常漢白子珍之構남而然라ᄒᆞ니子珍即吾與交契가無爾間氣러니寧有若是陷人之故人乎아今裁判氏之穎將博議中에論孫臏之於龐涓에反責孫臏之不謹於擇友이ᄒᆞ더니信其然혼뎨

龍川成一亨 告白

株式會社韓一銀行株式募集廣告

本銀行創立主旨ᄂᆞᆫ惟我商業界의金融을圓滿流通하야써日敝의産業을蔚然振興케하기로勉勵ᄒᆞᆷ은반다시再論ᄒᆞᆯ바無하거니와然此事業의進就如何ᄂᆞᆫ專혀我商業界有志紳商의心力協助를不得하면到底히其善美ᄒᆞᆫ效果를見치못ᄒᆞᆯ지라故로玆에本銀行株式請入의方法及期限을左列供覽케하오니幸須有志紳商僉彦은十分俯諒하ᄉᆞ此事業에同情을滿心表彰하시와善美ᄒᆞᆫ金融의機關을愈益鞏固케하시고商業界에共同利益을一體永享케하시기로各自協贊하야迅速應募하심을切要

一 認可年月日光武十年五月十九日度支部에서創立認可를得ᄒᆞᆷ

一 資本金總額金十五萬圓이오壹株金五十圓이니總株數ᄂᆞᆫ三千株

一 第一回辦納金總資本金四分一卽壹株에十二圓五十錢計ᄒᆞ으로辦納케ᄒᆞᆷ

一 請入方法本銀行創立事務所에서僉位의게發送ᄒᆞᆫ請入證서에擔當ᄒᆞᆫ株數保證金額及居址을記載하고署名捺印後請入ᄒᆞᆷ事

但請入證서所用되면指定ᄒᆞᆫ銀行에서請求ᄒᆞᆷ이可ᄒᆞᆷ

一 請入保證金應募者ᄂᆞᆫ擔當株數에應하야一株에金五元計ᄒᆞ으로添付ᄒᆞᆷ事

一 請入期限六月二十日爲限

一 請入處所大廣橋株式會社한城銀行

一 株式을募集ᄒᆞᆫ後應募數가總數三千株에超過되면銓衡人이決議處辦ᄒᆞᆷ

一 請入時에保證金을添付케ᄒᆞᆷ은以后第一回金辦納催告後其期限內에不納하면保證金은沒收ᄒᆞᆫ뿐外에尙且株主權이消滅되게ᄒᆞᆷ

一 其他未詳事ᄂᆞᆫ請入所로來問ᄒᆞᆷ事

光武十年六月五日

株式會社韓一銀行設立委員

趙秉澤　白周鉉　鄭東植　孫錫基

李君弼　成文永　韓彰한 告白

廣告

刑法大全 一帙定價金 新貨六十錢
牧民心書一帙一圜二十五錢
耳談續纂一冊 七錢五厘
温故知新堂蒙抄 七錢五厘
父師必讀小學指南 七錢五厘
人工養蠶鑑一冊 十五錢
萬國地誌三冊 一圜
農政新書 五十錢
法學通論 一圜
尺牘完編 一圜五十錢
大韓地誌 七十五錢

發賣所 布屛門下金相萬書舖 大韓每日申報社

本號新開한 男女各色洋服商由上海運來各種細이毛울及一切衣飾屬品件件精全伏望貴士女를即來購爲幸

西小門內榮泰男女洋服商號

鍾路布廛 開豐局을李進士會來氏가本人의게傳授ᄒᆞ야仁港桓峴에移設ᄒᆞ고高明醫術朴準榮氏와同事ᄒᆞᄂᆞᆫ데繼嗣丹과水眼藥과珊瑚紫金膏와小兒癎氣에鎭癎散과瘰癧에軟硬散과裁癰丹痔疾方秘傳膏酒良等神效藥品이多有ᄒᆞ오며貧寒의게ᄂᆞᆫ無價酬應도ᄒᆞ오니勿論某病ᄒᆞ고來問ᄒᆞ시옵

仁港桓峴 開豐局主人 宋智仁 告白

●九轉靈砂라 本人이妙方法을神傳하야製造ᄒᆞᆫ靈丹인ᄃᆡ男女老少에無論何症ᄒᆞ고通治ᄒᆞ오며無病時에도服ᄒᆞ면平生의身體가健康ᄒᆞ며小兒ᄂᆞᆫ四季로만服ᄒᆞ면十歲안에無病ᄒᆞ기를擔保ᄒᆞ오며
●九轉靈砂萬應丹은癲狂 癎症과中風諸疾과耳目諸病과淋疾에神効ᄒᆞ오
●九轉靈砂保命丹은初生小兒 驚風 癎氣 咳嗽 腹痛諸般病과婦人帶下症에神効ᄒᆞ며
●九轉靈砂濟衆丹은酒滯 食滯 血積 吐瀉 霍亂 痢疾 吐血 下血 運氣 時疾 癘症에神効ᄒᆞ오
●九轉靈砂紫金丹은痔漏 瘰癧 上疳瘡 下疳瘡及唐瘡과諸般瘡瘡惡種에無不神効ᄒᆞ오니 僉君子ᄂᆞᆫ來問ᄒᆞ시오
內醫司前무갈이골上隅第一家 李鍾廷 告白

一 [illegible]煉甜牛乳
一 [illegible]印[illegible]濃縮牛乳
一 [illegible]家用氣化乳[illegible]
一 種ㅣ毛[illegible]製造麥精化
台牛乳

[illegible]上은[illegible]에貯藏ᄒᆞ얏슴
[illegible]ᄒᆞ[illegible]濃縮[illegible]食物

[illegible]代理店

大韓仁州港 [illegible] 洋行

以上三種은上品으로製造ᄒᆞ야衛生上에至極有益ᄒᆞ니毋論某人ᄒᆞ고本社에來臨ᄒᆞ옵

大韓帝國仁川港 [illegible]物[illegible]紙[illegible]及[illegible]會社

本社廣告

申報價
一張代金 新貨二錢五厘
一個月前金 三十錢
三個月 九十錢
六個月 一元七十錢
一個年 三元四十錢
郵稅一部 新貨五厘
一個月 十三錢

廣告料
四號活字十三字詰
每日每英尺一寸에新貨廿五錢
(每日每行에大國에[illegible])
二個日에 二圜五十錢
(每日每行四圓五厘에[illegible])
一個月에 [illegible]
(每日每行四圓一厘에[illegible])
其期限의長短과字行의多少를依ᄒᆞ야增減홈이有홈

◉本社地方各處支店廣告
仁川桓峴開新冊肆 李東[illegible]
平壤南山峴日新學校 金興[illegible] 崔[illegible]恒
宣川邑橋西 安[illegible]
義州南門外韓西大藥房浪有[illegible] 金[illegible]
長連邑 金仁[illegible]
鎭南浦築洞 曹喜[illegible]
咸興州南社 李俊[illegible]
中和邑 金[illegible]
釜山佐川徐藥房
開城北部梨井里祥洞居培義하校副校長 姜助[illegible]

發行兼編輯人 英國人裵說
發行所 京城北署[illegible]坊[illegible]洞[illegible]號外[illegible]
大韓每日申報社

第四卷

大韓每日申報
대한매일신보

二百四十七號

月曜及慶節歲時日休刊

檀君開國四千二百三十九年
箕子元年三千二十八年
大韓開國五百十五年
日本明治三十九年
淸國光緖三十二年
陰曆丙午閏四月大二十五日辛卯

論說

韓日

伊藤侯가滿洲視察員과今在同件ᄒᆞ야此月望間에將到漢城이란風說이流行ᄒᆞ니其虛實은未可測이로ᄃᆡ顧計經驗컨ᄃᆡ自日本來說은每多訛傳이라近有特電ᄒᆞ니同侯의直渡韓國之說이確矣로다

日本政府의度外之事가果有홈은無疑니日本政策에有何件反抗인지未確이되其乃有力友抗인줄은可以料得이라日本이久來垂涎ᄒᆞ던滿洲南部를卽欲還附ᄒᆞ야國內報爺의近日奔汨ᄒᆞᄂᆞᆫ거슨日本國民이滿洲久持를曾不向意ᄒᆞᆷ줄노曉解ᄒᆞᄂᆞᆫ거시니東京日日新報가日本의對滿之策을論辨ᄒᆞᆫ지라

日本이滿洲를長久占居ᄒᆞᆯ意思ᄂᆞᆫ其乃無據인줄을意定ᄒᆞ야發言ᄒᆞ되日本이欲驅出俄人ᄒᆞ야累萬生命과累億財産을消費ᄒᆞᆫ거슨非締約之表ᄒᆞᆷ이라現今日本의所當之任은滿洲를正有主의還附ᄒᆞ야世界之信用을圖得ᄒᆞ며淸露之懷疑를安慰ᄒᆞᆯ거시是也라ᄒᆞ얏스니日日新報가日本元老의置日本於如何不利之地를ᄒᆞᆫ거슨不自犯論이나日本이必還附滿洲于청國ᄒᆞᆯ거슨不猶豫而直言ᄒᆞ얏도다

邦國間紛議爭ᄂᆞᆫ一二日에不可交涉이오外交官은本無性急之人이며外交效果ᄂᆞᆫ遲延就緖ᄒᆞᄂᆞᆫ거시라

日日新報의說明과同一意見을說及處가更有ᄒᆞ니滿洲問題보다韓國問題가何如오若日本이捨棄滿洲ᄒᆞᆷ으로欲堅持韓國인된更爲失望於日本政府ᄒᆞ리로다

日本의所當行을若論이면對韓之事가對滿之策보다愈急ᄒᆞ니以滿洲言之면境內幾部가在於俄軍占領故로日本이欲驅出俄軍ᄒᆞ야接足處를獲得ᄒᆞ얏거니와至如韓國ᄒᆞ야ᄂᆞᆫ與此大異라日本이此國內에軍用地를점居ᄒᆞ되內閣大臣의締約을每要ᄒᆞ얏스며尙今도他提議의認許를試圖ᄒᆞᄂᆞᆫ도다

若日本人民이當務를履行ᄒᆞ기에如彼敏速이면溫雅之態로一次謝過ᄒᆞ고韓國內에取得地位를彼將讓退ᄒᆞ리로다日본의自滿洲撤退ᄒᆞᄂᆞᆫ事實이當行之務보다外交之歷으로從生ᄒᆞᆷ이니久努日人이滿洲를否消ᄒᆞᆫ以後에韓國이卽居其次ᄒᆞᆯ거슬將見ᄒᆞ깃노라

官報

●三千四百八十號光武十年六月十五日

◎宮廷錄事

軍部大臣陸軍副將勳一等臣李根澤謹
奏頃因全羅南北道匪警急務派兵勦討事經
奏稟電于全州駐隊중隊長尒趁不擧行以致匪擾之滋蔓挨轉軍紀不可仍寘該중隊長陸軍步兵正尉韓性敎停職懲戒何如謹
奏 光武十年六月十二日奉
旨依奏

中樞院贊議閔泳璇辭職疏
批旨省疏具悉所請依施
시從院副卿李鍾林辭職疏
批旨省疏具悉所請依施
以上六月十三日

◎敍任及辭令

○命宮內府特進官 正一品閔泳奎○解宮內府特進官 正二品崔益鉉○依願免本官 西京豐慶宮參書官權益煥○任西京豐慶宮參書官 昭寧원守奉官 千競栢○任昭寧원守奉官 九品李琦相○命停職 鎭衛第四大隊中隊長正尉韓性敎○命休職 포兵중隊長參領朴羿秉 鎭衛第四大隊附副尉金錫禹 全第二大隊附副尉朴升會 全孫殷永 全餉官三等軍司文憲敎○免兼職 試補陸軍幼年學校장副領趙性根○補陸軍幼年學校장 正領李起永 以上六月十二日○依願免本官 江原道觀察府主事朴觀秉 平壤郡公立小學校敎員安東洙○任江原道觀察府主事 咸鏡南道관察府主事李東弼○任咸鏡南道관察府主事 李熙臣○任平壤郡公立小學校敎員 前敎員閔觀鉉 以上六月十三日

◎勅令

●勅令第二十四號

陸軍服裝規則

第五十條 此服중에ᄂᆞᆫ第四十七條第二項乃至第五項에揭ᄒᆞᆫ者를適用치아니ᄒᆞᆷ이라但脚絆은此를과裏下에着ᄒᆞᆷ은適宜히取捨ᄒᆞᆷ을得ᄒᆞ며且隊外奉職ᄒᆞᄂᆞᆫ者ᄂᆞᆫ各自의便宜를依ᄒᆞ야脚반을着치아니ᄒᆞ야도無ᄒᆞᆷ이라

附則

第五十一條 開國五百六年五月十五日 特下陸軍服장規則을本令施行日노붓터廢止ᄒᆞᆷ이라

第五十二條 本令은光武十年五月二十八日노붓터施行ᄒᆞᆷ이라

光武十年五月廿二日
御押 御璽 奉 勅
議政府參政大臣朴齊純
軍部大臣李根澤 完

外報

●俄淸ᄒᆞ섭 滿洲問題에關ᄒᆞ야俄淸會議ᄂᆞᆫ俄國으로부터過日에重히要求를提出ᄒᆞ기爲ᄒᆞ야何等의進섭을見치못ᄒᆞ고今지至ᄒᆞ얏스ᄂᆞ청國外部의셔도重要事件을提出ᄒᆞ야俄國의要求를抑制ᄒᆞᆯ意向이有ᄒᆞᆷ으로協議가一層困難ᄒᆞ야尙今一個條의締結도不見ᄒᆞ얏다더라

●女子敎育 청國西太后가女子敎育에留意ᄒᆞᆷ으로出洋大臣이各國政體法制를視察ᄒᆞᄂᆞᆫ外에女子敎育도十分調査ᄒᆞ라ᄂᆞᆫ命을受ᄒᆞ야美國及其他各國에서十分調査ᄒᆞᆫ故로청國政府에셔出洋大臣의歸國後의各國女子敎育의制度를參酌ᄒᆞ야女子敎育을奬勵ᄒᆞᆯ터이라더라

●英國承認 北京電을據ᄒᆞᆫ則청國政府에셔稅關問題로在청英國代理公使의게回答ᄒᆞ되稅關을稅務大臣의管轄에歸케ᄒᆞ얏스ᄂᆞ償金청帳ᄭᆞ지ᄂᆞᆫ現今制度에服從ᄒᆞᆯ깃다ᄒᆞ얏ᄂᆞᆫᄃᆡ英國代理公使가此回答을承認ᄒᆞᆫ意로列國에通知ᄒᆞ얏다더라

●國會와政府 倫敦電을據ᄒᆞᆫ則俄國에셔政府와國會間에調和ᄒᆞᆯ貌樣이無ᄒᆞ고國會ᄂᆞᆫ每日開會ᄒᆞ야官府의不法을議ᄒᆞ며改革의計畫을論ᄒᆞᆫ다더라

●遣外公使進言 墺地利國英國에住在ᄒᆞᆫ청國公使ᄂᆞᆫ一致ᄒᆞ야청帝의게進言이如左ᄒᆞ니
一 청國의立憲政을布ᄒᆞᆯ事
一 地方自治制를布ᄒᆞᆯ事
一 言論集會條例를發布ᄒᆞᆯ事

●韓청條約議定 청國外務部에셔ᄂᆞᆫ韓청條約을議定ᄒᆞ기爲ᄒᆞ야使사를韓國에派遣ᄒᆞᆯ旨로駐日楊公使의게電報ᄒᆞ얏다더라

雜報

淸國義士潘氏의蹈海ᄒᆞᆫ事實은時事新報에寄書 續

又一邊으로追悼會를開ᄒᆞ고官民이合ᄒᆞ야忠義上演說로士氣를鼓動ᄒᆞ고黃玉卿氏ᄂᆞᆫ更히潘氏故鄕에至ᄒᆞ야通州觀察使와商議ᄒᆞ야通州北門額子亭近處에追悼會를更開ᄒᆞ니城中文武大官과一般市民과學生이齊會ᄒᆞ야演說ᄒᆞᄂᆞᆫ淚로和ᄒᆞ야共灑ᄒᆞ며感激ᄒᆞᆫ情을發表ᄒᆞ고또ᄒᆞᆫ觀察使ᄂᆞᆫ潘氏의十四條意見書를繕寫ᄒᆞ야學部에獻ᄒᆞ니其書에大槪ᄂᆞᆫ政府에請ᄒᆞ야立憲制度를速行ᄒᆞ야國是를定ᄒᆞ라ᄂᆞᆫ意요又其中에斷髮改裝ᄒᆞ라ᄂᆞᆫ條件도有ᄒᆞᆫ듸議論이不甚過激ᄒᆞ고條理가分明ᄒᆞ더라直隸總督袁世凱氏의文字가如左ᄒᆞ니

吾今已矣、同胞奈何、諸君勉之、匹夫有責、可憐志士輕生、竟化怒濤入大海、我國民團體、共爲砥柱挽狂瀾、이라ᄒᆞ고

又曰通州潘生子寅이自日本還來라가韓國의當ᄒᆞᆫ事를憤慨ᄒᆞ야自己의才藝를盡用치못ᄒᆞ고飮恨而沒ᄒᆞ얏스니凡其聞名者ᄂᆞᆫ皆以潘生之心으로爲心ᄒᆞ야其未竟ᄒᆞᆫ志意를竟成ᄒᆞ여야곳반生의死를無히效則ᄒᆞᄂᆞᆫ바라ᄒᆞ얏더라 完

●扶助金額 洪州에서被害ᄒᆞᆫ日本警視土方原之助氏와巡査部長節橋善丸氏에祭祀料와遺族扶助料로金貨九千圜을內部에서度支部에請求ᄒᆞ얏ᄂᆞᆫ듸土方原之助氏의게祭祀費一千圜遺族扶助料六千圜이오節橋善丸氏의게祭祀料五百圜遺族扶助料二千圜이라ᄒᆞ고韓國警務官송奎興氏와摠巡尙雲瑞氏의게도將以幾許間支拂ᄒᆞᆯ터이나其金額을尙未決定ᄒᆞ야方在商確中이라더라

●俄官打巡 日昨에淸國에往ᄒᆞᆫ在俄公舘書記官이入城ᄒᆞ얏ᄂᆞᆫ듸再昨日景福宮內를拜視次로入去ᄒᆞᆯᄉᆡ把門巡檢이不爲許入ᄒᆞᆫ즉該俄官이巡檢을毆打而退去ᄒᆞ얏더라

●法部視務 法部大臣李夏榮氏ᄂᆞᆫ以身病으로久未行公ᄒᆞ고協辦閔衡植氏ᄂᆞᆫ因事下鄕ᄒᆞ야亦未仕進ᄒᆞ야部務가多有不暇이라더니大臣與協辦이昨日부터該部에一齊仕進視務ᄒᆞᆫ다더라

●學部通牒 學部에서明洞京城學堂을外國語學校官制第三條를依ᄒᆞ야以官立漢城第二日語學校로定ᄒᆞ고官報에頒布ᄒᆞᆫ次로政府에通牒ᄒᆞ얏다더라

●餞宴開催 日本人俱樂部에서將次歸國ᄒᆞᆯ幣原坦氏를爲ᄒᆞ야惜別의意로昨日下午七時半에餞別宴을開設ᄒᆞ고同氏를請邀ᄒᆞ얏ᄂᆞᆫ듸參席ᄒᆞᆫ人員은燕尾服을着用ᄒᆞ얏다더라

●照請陛見 學部大臣李완用氏가禮式院에照會ᄒᆞ야幣原坦氏의陛見을請ᄒᆞ얏다더라

●照禁勒占 龍山居林仁三等이內部에請願ᄒᆞ되矣等이當費巨萬而創設船阜頭於灘項契江岸ᄒᆞ고船卜下陸之若干賃金으로僅保殘命이于今幾百年이러니今自役夫會社로矣等基址를勒爲奪去之計로逐去矣等에未得實施케ᄒᆞ니禁斷該會社之侵漁케하라하얏ᄂᆞᆫ듸內部에서農商工部로照會ᄒᆞ야該會社에서基址勒占之弊를嚴禁하고使人民으로依舊營業케하라하얏다더라

●減俸 忠淸南道鴻山郡守閔泳萬氏ᄂᆞᆫ設學校가雖是美擧나國辭之不籌과館舘之擅役이其在職에不可無懲이라ᄒᆞ야內部에서該道觀察使金嘉鎭氏의報告를因ᄒᆞ야一箇月減俸에處ᄒᆞ얏다더라

●內訓査贓 南原郡山洞坊民人崔東九等이內部에請願ᄒᆞ되本面掌之任을勿以賂賂圖差之意로訓飭本郡하야달나ᄒᆞᆷ으로內部에서該道觀察使의게訓令ᄒᆞ야面掌은賂賂와且所謂坊歛은其爲郡守者得無所干인지一則犯贓이오一則違章이니其賂錢數와坊歛請條를這這査報하야以爲懲辦케하라하얏다더라

●肥料請願 漢城中署居鄭寅琥氏가農商工部에請願ᄒᆞ되本人이去二月十日에美國新肥料求來事로請願ᄒᆞᆫ題下에自美邦으로肥料가姑未到來ᄒᆞ니當爲督求라ᄒᆞᆫ지라大抵農業上에瘠土所出穀이至于四倍八倍ᄒᆞᆷ을以我國聞見으로言之면必曰狂言이나經歷實驗이非由空談也라故로屢次請願者이거날本部에서不信而然歟아推過時日而然歟아不能實施ᄂᆞᆫ責在本部어니와本人은徒作狂妄之人이니不勝憤歎이오며十日耕田土를以試驗場으로留置以待則損害非輕ᄒᆞ니照亮處辦케ᄒᆞ라ᄒᆞ얏다더라

●퇴기種類 一般輿論을聞ᄒᆞᆫ則國民云者ᄂᆞᆫ自國性質과自國思想이有ᄒᆞᆫ然後에國民의名稱을得ᄒᆞᆯ지라漢城中國民新報ᄂᆞᆫ名雖國民이나該報의性質은似韓似日에種類를難分이라大抵牛馬相風而產者를謂之퇴기라ᄒᆞᄂᆞ니此報館은改稱以퇴기新報라하여야適當하다고하더라

●宣諭報告 忠南宣諭使尹始永氏가內部에報告하기를躬行坊曲에這這曉諭ᄒᆞ야渙散之人民與邑屬이稍稍還集矣러니不意陰曆本月十五日夜에自日本警察署로서首書記李鍾延과使傭李宗祿을捉去牢囚이다가幷與俘虜七十三名으로一體押去ᄒᆞᆷ으로人心이一倍疑惧ᄒᆞ야還集者復散ᄒᆞ고未歸者益懼하야擧行末由하니지在宣諭에惶汗이浹背이오며陷城時亂民與砲民이被銃斂死者八十三名이오海美城屯擾之亂民은聞此郡陷城ᄒᆞ고望風奔散이라하얏더라

●促送曠官 全羅北道任實郡守吳奎昱氏ᄂᆞᆫ過由不還이有違章程이라하야內部에서譴責에處ᄒᆞ고臨陂郡守林震燮咸悅郡守李奎相兩氏도催促下送하얏다더라

●李氏自誇 日本觀兵式觀兵委員李根澔氏以下가回國ᄒᆞᆫ後에皇上陛下ᄭᅴ옵서不肯接見하옵시ᄂᆞᆫ듸李根澔氏ᄂᆞᆫ宣言하기를日本이大韓方針을盡力周旋하야無事妥帖이라고浮言을自誇ᄒᆞᆫ다더라

●宮行肅청 一進會에서自由行動으로宮禁을肅청케ᄒᆞᆫ다고宮中出入人을捉致ᄒᆞ더니總代李恒敏兪鶴柱氏가昨日政府에前往하야朴參政을請見하고勸告하기를本會行動도勢不得已인바肅청宮禁事로宮中府中에勸告가非止一再로되宮內大臣李載克氏ᄂᆞᆫ不足責이오朴參政은府在首府하야國事를不無摠理이니 陛下ᄭᅴ上奏도ᄒᆞ고宮內府를團束하야雜雜ᄒᆞᆫ陛에奸細雜亂人을嚴禁하라ᄒᆞᆷ이ᄋᆡ參政이答曰宮內府에卽爲交섭하야當行肅청이라하얏다더라

●日語下令 近日各警務官摠巡과巡檢之如何ᄂᆞᆫ不拘하고粗解日語者로敍任하얏ᄂᆞᆫ듸出番巡檢으로每日敎鍊하되日語로口令하고本國口令은永爲廢止라하더라

●達察不遞 慶北관察申泰休氏가上京하얏ᄂᆞᆫ듸遞任ᄒᆞᆫ다ᄂᆞᆫ傳說이各新聞上에記載ᄒᆞᆫ지라大丘以下各郡摠代가昨日上京하야申관察을往見하고大監이若遞면各郡學校ᄂᆞᆫ中道而廢니內部와政府에願留하야期於還府케ᄒᆞᆫ다ᄒᆞᆫ시라申氏가曉論曰卽爲下去하라吾不遞任하니少勿疑慮하라ᄒᆞᆷ으로幾十人은下去하고幾名은同行下去次로姑留任이라더라

●韓民獨立 美國領地布哇國에居留ᄒᆞᆫ韓民이屢千名인ᄃᆡ日領事의保護ᄂᆞᆫ期於不受ᄒᆞᆯ터이니本國領事를派遣하라하더니今番日領事가人口調査하ᄂᆞᆫ듸反對不應ᄒᆞᆷ으로布哇韓人은不得調査ᄒᆞ얏다더라

●朴郞遞令 朴ᄋᆞ陽郞日永氏를平理院에서笞一百에處ᄒᆞ야法部로報告하고爲先保放ᄒᆞᆷ으로朴氏ᄂᆞᆫ卒然하야水原郡으로下去하엿ᄂᆞᆫ듸某某大臣이該照律이太有輕ᄒᆞ니일ᄉᆡᆼ더러謀殺未遂가自有照律이니拿致更査하야期於照律하자ᄒᆞᆷ으로該院에서該氏等을更爲拿囚ᄒᆞᆫ다더라

●三相枚卜 皇太子嘉禮에議政과左右議政三大臣을枚卜하야都提調를排備하ᄂᆞᆫ듸조병鎬氏가領議政이되고閔泳奎李根命兩氏ᄂᆞᆫ左右大臣이되ᄂᆞᆫ듸李根命氏ᄂᆞᆫ已往喪變ᄒᆞᆫ事가有ᄒᆞᆫ故로金炳翊氏가祈卜이되리라하더라

●照換新券 京城日本理事廳에서日本人高瀨與吉等의買得ᄒᆞᆫ家舍九座를調査後에한城府로照會하야該家新券을卽爲換給하라하얏다더라

●駐美韓人調査 統監府에서駐美日領事의게訓飭하야美國各處에在留하ᄂᆞᆫ韓人을調査하야政府에公文하얏ᄂᆞᆫ듸桑港과布哇外에現在ᄒᆞᆫ人口가一百五十名에婦人이六이오小兒가一이오鐵道工部가八十五名이오人蔘販賣人이五名이오其餘ᄂᆞᆫ皆是礦匠이라하얏다더라

雜報

西邊界副約長李完求의積功숙

二 往在庚子年分에義和團擾除後에稱以忠義兵ᄒᆞ고處處蜂起에勿論韓淸人民ᄒᆞ고不守本業而皆爲離散이온즁其時李完求가以衆民薦望으로通化縣新開河面韓民風憲이온대以死交際忠義隊ᄒᆞ야百般用計에一方이安堵ᄒᆞ고少無害於民間케ᄒᆞ얏사오며其時에他面은忠義兵之橫行에誤死者도不少요蕩盡家產者도不計其數이온데其時若非李完求이오면新開河面도與他面一體되올거숩幸免이오니其功二也

三 은辛丑年分邊界之民이團會定議ᄒᆞ옵기를我 大韓人民이泣辭故國ᄒᆞ고扶老携幼ᄒᆞ야越鴨江而流寓此地者幾萬戶가無統轄之官ᄒᆞ야受侮於청民ᄒᆞ며被害於馬賊ᄒᆞ니豈不凛歎哉아ᄒᆞ고李完求로擇定幇辦ᄒᆞ야邊界居留民을管轄케ᄒᆞ야交涉於청官이으되以公正으로爲主ᄒᆞ야以防壓制ᄒᆞ와民皆安堵ᄒᆞ고人人稱誦ᄒᆞ오니其功이三也

四 往在壬寅年分에安洞居李釗書가數十年前으로關西掌試行次時에察流民之情狀ᄒᆞ야有意懷保撫恤故로另加 褒施ᄒᆞ야特派管理事務徐相懋이온즉幇辦李完求가前日行公文簿와計戶成冊을交任於管理ᄒᆞ고即爲還家이옵더니邊界가異於內地ᄒᆞ와不知邊界形便이오면難化該民이온故로管理가以李完求로別定檢察員ᄒᆞ야使視務케ᄒᆞ올즉民皆納籍이옵더니噫彼各郡官長이邊界一方을看作肯賓ᄒᆞ고百般搆捏故로自政府로召還管理이온즉管理上京之日에以李完求로更定副約長ᄒᆞ야管理還前視務邊界事케ᄒᆞ오되無一分月料而許多勞苦를能爲堪耐ᄒᆞ야于今視務에民皆安堵ᄒᆞ오니其功이四也 未完

◉官立高等小學校의公言 學校者는無其校長이면不能益況이오無其敎師면不能振興이니今此高等小學校長朴稚祥氏와及敎員金鍾傑崔用集柳學秀金洪秀諸氏의熱心敎育은世所罕有ㅣ라如此ᄒᆞᆫ校長敎員도猶必不能이면何以爲之오乃聘外國人也라然故로外國敎師를聘之以後로不過一朔에無其敎育之效能이오但含怨共經費ᄒᆞ야學校之困難이莫甚ᄒᆞ고因其外國敎師二人으로本校之校長敎師諸氏之熱心도未必能受ㅣ러니壯哉라校長朴稚祥氏여不啻不勝憤懣이라如此론國之文明之域에大有關係故로學部諸公을面目而裁判ᄒᆞ니外國敎師ㅣ不能一答ᄒᆞ야乃受責使ᄒᆞ니高等小學校之學徒여好好然喜之ᄒᆞ야如其夜行過燭ᄒᆞ야學校校長敎師學徒가熱心敎授ᄒᆞ니以此로可希其文明之域이라ᄒᆞ니如此無其學問之彼人이여及時退去而敎授면校長敎師之熱心으로國之文明振興을可希可希ㅣㄴ저ᄒᆞ얏더라

●謂不見鬼 日昨本報에揭載ᄒᆞᆫ術士何多라는題下에對ᄒᆞ야成光鎬氏는以術士得名ᄒᆞ거시何術로進身인지白晝見鬼는非其實情이라ᄒᆞ더라

●民情寒心 西人의來言을聞ᄒᆞᆫ즉三和警理卞鼎相氏가在任未幾ᄒᆞ야港俗民情을姑未周察而然인지不知ᄒᆞ거니와毋論巨細訟案ᄒᆞ고取諉於主事室ᄒᆞ야監理職權은主事鞠玄燮氏判事職權은主事申達守氏로擔任ᄒᆞ야民訟判決과刑罰宜任를無非操縱於中主事反掌之間ᄒᆞ야間有不如法之事ᄒᆞ니雖授主事處辦이라도訟埋曲直을明決判斷則已矣이니와其若枉挾則民寃何歸며寃及上部則其責誰當고據以民情에不勝寒心이라고民방多有ᄒᆞ다더라

△自强會演說 大韓自强會에서今日下午二點에典洞事務所에서通常會를開ᄒᆞ고傍聽을許ᄒᆞᆫ다는디演說問題는如左ᄒᆞ니

官尊民卑의弊害 鄭雲復
見聞의宣廣 金明濬
三大病源論 大垣丈夫

廣告

本社廣告

中報價
一張代金　新貨二錢五里
一箇月前金　三十錢
三箇月　九十錢
六箇月　一元七十錢
一箇年　三元四十錢
郵稅一部　新貨五里
一箇月　十三錢

廣告料
四號活字十三字詰
每日每行尺一寸에新貨廿五錢
(每日每行에六箇에付當홈)
二箇日에　二圓五十錢
(每日每行四箇五里에相當홈)
一箇月에　五圓
(每日每行四箇一厘에相當홈)
其期限의長短과字行의多少를依ᄒᆞ야增減홈이有홈

◉本社地方各處支店廣告
仁川梴峴開新冊肆　李東主
平壤南山峴日新學校　金興鴻
[illegible]
宣川邑橋西　安濬
義州南門外韓西大藥房　張有寬
長連邑　金[illegible]
鎭南浦藥洞　金仁[illegible]
咸興州南社　曹喜林
中和邑　李俊[illegible]
釜山佐川徐藥房　金[illegible]
開城北部梨井里祥洞居培華학校副校長　姜助[illegible]

發行兼編輯人　英國人裴說
發行所　京城北署[illegible]外[illegible]
大韓每日申報社

大韓每日申報
대한ᄆᆡ일신보
第四卷
第二百四十六號

月曜及慶節歲時休刊

檀君開國四千二百三十九年
箕子元年三千二十八、
大韓開國五百十五年
日本明治三十九年
淸國光緖三十二年
陰曆丙午閏四月大二十六日壬戌

論說

日本武官政黨

韓國後運이數月內에不得解決일가恐懼ᄒᆞ노니此普惱問題를妥定ᄒᆞ기에反抗이何其多也오日本對韓交際가將至何如ᄒᆞᆯ는지日本內에도意見이確然不一ᄒᆞ야武官黨派는韓國을待之以敗敵이오自由黨派(伊藤侯가爲其代表)는韓國을假托以獨立이되其政府를在後指揮ᄒᆞᆯ줄信知ᄒᆞ고此外에更有高等派ᄒᆞ니此人은日本의惟一對韓策이韓國人民의好意를辦得ᄒᆞ며韓國政府에治權을還附ᄒᆞ고國民의敎育開進을奬勵ᄒᆞ야東亞大洲에서日本의有力同盟을豫備ᄒᆞᆷ에不外라ᄒᆞᄂᆞᆫ도다武官派가或可就緖ᄒᆞᆯ지는意思不到處요高等派의計策은日본이似不得許ᄒᆞ리니居其中間ᄒᆞᆫ伊藤侯의設策이畢竟例行될줄可以意之라同侯가其能如此出케ᄒᆞᆯ줄은本記者ㅣ不可量度이나然이나同侯가若無拘礙之端이면其策이與高等派로不甚相遠ᄒᆞᆯ을可信ᄒᆞ노니惟其拘礙ㅣ有ᄒᆞ니

二라其一은武官黨派가合併韓國ᄒᆞ기를確定ᄒᆞᆫ거시오其二는國內人民이韓國을棄ᄒᆞᆫ合併ᄒᆞᆯ줄信認ᄒᆞᄂᆞᆫ거시로다伊藤侯가國人의게受困ᄒᆞᆷ을說明ᄒᆞ야東京某報가揭一假說ᄒᆞ얏스되同侯가義親王을同件ᄒᆞᆷ은爲其參於관兵式이여날日本武官이同親王의參席을强梗反對ᄒᆞ얏스며同親王의大韓帝室親王之尊稱을亦反對ᄒᆞ얏고同親王이來到東京之時에公式上歡迎이未有ᄒᆞ얏스며大韓親王이在於日本都城ᄒᆞᆷ은隱諱ᄒᆞᄂᆞᆫ方策이每多ᄒᆞ더니何如히伊藤侯가幸遂自意ᄒᆞ야同親王의參於관兵式이竟得公認ᄒᆞ얏다ᄒᆞ엿더라此意外之端을誰不可歎이리오本記者ㅣ摘揭正何ᄒᆞᆷ은日本에何如反對力이現有ᄒᆞᆷ을示ᄒᆞᆷ이며日本政府의此地現行政策이假臨時方便이요日本高等元老의公認을不由ᄒᆞᆫ줄指明ᄒᆞᆷ이로다現今事勢를恨歎ᄒᆞᆷ은依例나事端이若不急速轉이면現勢改良이漏緩ᄒᆞᆯ지라日本이韓國內에現居地位를正向拒絕ᄒᆞᆷ이兩帝國之幸인줄畢竟自覺ᄒᆞᆯ터에나然에나若東京韓華이國民意見을代表ᄒᆞᆷ인ᄃᆡ日本政府가

敗圖拒絕方策ᄒᆞ기에延拖幾許歲月ᄒᆞᆯ지니危機가在於遲延인줄當可察이여다

官報

●三千四百八十一號光武十年六月十六日

◉敍任及辭令

西京豐慶宮參書官　千兢楨
裕康원參奉　南哲祐
裕康원忠義　朴秀煥
依願免本官

秘書監丞　尹甲炳
命시從院副卿敍勅任官三等

正三品　李範世
任秘書監丞敍奏任官三等

正三品　崔徙煥
任西京豐慶宮參書官敍奏任官四等

尹相起
任裕康園參奉敍判任官八等

金命鉉
任裕康園忠義敍判任官八等

司계　李康夏
任陸軍司計監

陸軍司계監　李康夏
補軍部經理局長
以上六月十三日

九品　林文相
任警務廳主事敍判任官七級

農商工部主事　姜昌熙
仝　　　　余儀憲
免懲戒
以上六月十四日

外報

●英德兩二帝　伯林電을據ᄒᆞᆫ則德國皇帝는今日英國皇帝를會見ᄒᆞᆯ터인ᄃᆡ又德俄兩帝ᄭᅴ에會見ᄒᆞᆫ다더라

●英相請待　同電을據ᄒᆞᆫ則德國皇帝는英國陸相하ㅣ데의氏를觀兵式에請待ᄒᆞ얏다더라

●潜採看檢　海蔘威에서發刊ᄒᆞᄂᆞᆫ一新聞에記事를據ᄒᆞᆫ則俄國巡洋艦제무주구號가日本漁業者에潜采를防遏ᄒᆞ기爲ᄒᆞ야海蔘威에서沿海州로向ᄒᆞ얏ᄂᆞᆫᄃᆡ沿海분아니다其他港灣에巡弋看檢ᄒᆞᆫ다더라

●俄法債款　俄國에서近者募債ᄒᆞᆯ時에駐法俄國財務官이佛國에서爾後六箇年間은募債를지아니ᄒᆞ깃다ᄂᆞᆫ條件을明言ᄒᆞ고外債를募集ᄒᆞᆷ으로由ᄒᆞ야其結果가良好ᄒᆞ얏ᄂᆞᆫᄃᆡ俄國政府에서ᄂᆞᆫ此宣言을保許키不能ᄒᆞᆫ意로公布ᄒᆞᆫ故로法國銀行家가頻하不平ᄒᆞᆫ意를示ᄒᆞᆫ다더라

●最大汽船　倫敦電을據ᄒᆞᆫ則기유나도會社의汽船루시다니아號를進水ᄒᆞ얏ᄂᆞᆫᄃᆡ該船은速力이二十五里오噸數가三萬二千五百噸이라더라

●香港義捐　香港震火災에對ᄒᆞ야美國富豪中에서義捐金六千四億元을助給ᄒᆞ기로決定ᄒᆞ고近日募集ᄒᆞᆫ金額이二十億五千萬元인ᄃᆡ其中十一億元을捐給ᄒᆞᆫ者도有ᄒᆞ고二億元을분出給ᄒᆞᆫ者有ᄒᆞᆫᄃᆡ列國人은此를見ᄒᆞ고驚動ᄒᆞ며嘆息ᄒᆞᆫ다ᄒᆞ더라

●統兵大將　淸國政府ᄂᆞᆫ日下古北口에駐箚ᄒᆞᆫ馬玉崑으로統兵大將을進任ᄒᆞ야東三省에派ᄒᆞ야兵馬를統率케ᄒᆞ리이라더라

雜報

勞働勸業社의趣旨가如左ᄒᆞ니

際此百度民業急務之日ᄒᆞ고依倣外國開明美制ᄒᆞ야無恒心無恒産閑遊昧識之勞動者를導率然後에保護生命ᄒᆞ고可以開明的에進就케ᄒᆞ며樓遑流散者와廳室孤獨者를各別愛恤ᄒᆞ야濟困敎窮케ᄒᆞ며免艱通困迫之的이오無彷移民之虞矣라故로有志紳士가協同硏究ᄒᆞ야鳩聚資本金ᄒᆞ고設此社曰勞動勸業會社라ᄒᆞ야農商工部認許를受ᄒᆞ얏스니實로我大韓國에大機運會也ㅣ라港市場大都會處에出張所를設寘ᄒᆞ고海陸物貨諸般運輸와建築土工과田畓付脚日用人夫가千之白之而不忘其勞則足爲利用厚生ᄒᆞ며民之於土에相依而資生矣리니凡我勞動同胞ᄂᆞᆫ盡心盡施ᄒᆞ야進步益明이면官民相合ᄒᆞ야擧國安寧ᄒᆞ오又設學校ᄒᆞ야國文과數板을敎育ᄒᆞ야未開ᄒᆞᆫ勞動者를先爲進明케ᄒᆞ기를主ᄒᆞᆷ이니主務諸員은依章程守規ᄒᆞ야一遵無違ᄒᆞ고庶務에服從ᄒᆞᆯ事라ᄒᆞ얏스니吾儕ᄂᆞᆫ贊成勸奬ᄒᆞ야速히發達ᄒᆞ기를希望ᄒᆞ노라

詞林

虎皮　秋嶽居士

山莫逸才歎堂中ᄒᆞ丈皮代甦童稱押成곽犬羊雖吼嘯雖安在强難留有時久爲人所惡阱獲非橫罹

許曰詞職堪到可爲時强威者戒焉

雜報

●義王回期 義親王殿下와伊藤統감이廿一日發程하야渡韓ᄒᆞᆫ다고電報가宮內府에到하얏다더라

●礦條事件 參政大臣朴齊純氏가昨日午後二時에各部大臣을急速會同ᄒᆞ야臨時別會議를開ᄒᆞᄂᆞᆫ되該會議案件은農商工部所管으로統監府에見督ᄒᆞᄂᆞᆫ礦山條例라더라

●幣原陞見 學部에서禮式院으로通牒ᄒᆞ고幣原坦氏의陞見을請ᄒᆞᆫ事ᄂᆞᆫ昨報에已揭어니와該院에서陞見日時를今日下午五時로定ᄒᆞ고學部로回照ᄒᆞ얏다더라

●崔林押上 內部에서全州觀察使의게電飭ᄒᆞ기를崔鎰林、崔炳璨等을押上之際에如有中路諉啖之慮이던安東日兵으로使之押上케ᄒᆞ라ᄒᆞ얏다더라

●內訓撤碑 內部에서開城府에訓令ᄒᆞ되本府境內鎭海附近에所有碑石을迅速撤去ᄒᆞᆯ事로已有飭이거날尙此완게ᄒᆞ야自該監部로又有致ᄒᆞ야以至於煩交涉ᄒᆞ니所謂部飭을視同文具인지誠極駭歎이라該碑ᄂᆞᆫ一幷撤去ᄒᆞ고刻卽報來ᄒᆞ라ᄒᆞ얏다더라

●監府同意 政府에서各部로照會ᄒᆞ야人民請願에對ᄒᆞ야政府訓令而特許權을給與ᄒᆞᆯ時ᄂᆞᆫ其請願書及訓令或指令을官報에揭載ᄒᆞ고關係官廳及關係人民의게通知ᄒᆞᆯ事를認遵辦理케ᄒᆞ라ᄒᆞ얏ᄂᆞᆫ되此是統감府와同意妥決ᄒᆞᆫ事이라더라

●收單上送 慶尙南道觀察使趙民熙氏가管下各郡에訓飭ᄒᆞ야使各該郡守로躬行境내ᄒᆞ야皇太子殿下嘉禮揀擇處子單子를收聚ᄒᆞ야都合九度를내部로上送ᄒᆞ얏다더라

●違例不辦 法部大臣李夏榮氏가再昨日度部에仕進ᄒᆞᆫ事ᄂᆞᆫ已揭어니와大臣事務ᄂᆞᆫ姑未解署ᄒᆞᆫ故로公文處辦은有違格例라ᄒᆞ야一不處辦ᄒᆞ얏다더라

●開校往參 開城府崧陽書院에서江華普昌文校의開校式을昨日設行ᄒᆞ얏ᄂᆞᆫ되學部編輯局長朱範錫氏와學務課長閔健植氏가進參次昨日該地로下往ᄒᆞ얏다더라

●監理無答 三和港人民의傳說을據ᄒᆞᆫ則農工銀行財務官山田氏가監理를對ᄒᆞ야問ᄒᆞ기를卽今財政이窘絀ᄒᆞ야民難支保일디萬人契ᄂᆞᆫ何以許施乎아ᄒᆞᆫ즉監理所答이自己ᄂᆞᆫ不許라ᄒᆞ거날山田氏가又問ᄒᆞ기를今言不許則何不禁斷乎아ᄒᆞ니監理無答이라더라

●安郡蚕校 安義郡居ᄒᆞᄂᆞᆫ金秉先金秉鍊金秉宇愼宗伯四氏가該郡北上洞鶴峴里에養蚕學校를設施ᄒᆞ고今春에學徒三十餘名을募集ᄒᆞ야養蚕實驗을敎育ᄒᆞ엿ᄂᆞᆫ되大端興旺ᄒᆞ다더라

●恤民故見遞 全羅北道益山郡儒生丕甑榮씨의來言을據ᄒᆞᆫ즉咸悅郡守權泰容氏ᄂᆞᆫ到任未幾에收刷結錢라가洞察民情ᄒᆞ고卽爲上京ᄒᆞ야擧由於度支部日已有用銅七郡磨鍊之中에咸悅益山兩郡만惟獨不施ᄒᆞ고其外五郡은八圓例施行ᄒᆞ오니此兩郡之民이豈不獨偏乎아亦以八圓ᄒᆞ면還官收納ᄒᆞ려니와不然이면不爲還官이라ᄒᆞ되終不許施라數二度請願于內部ᄒᆞ야竟至遞任ᄒᆞ고結錢事ᄂᆞᆫ內度兩部에서特念民情ᄒᆞ야以新貨八圜例로許施ᄒᆞ얏스니此ᄂᆞᆫ兩郡之民의再生之秋라權郡守가爲民請願타가至於遞任ᄒᆞ니兩郡民心이尤豈不愛惜乎잇가兩郡人民이擧次呼訴于內部ᄒᆞ되終不依民願許施라ᄒᆞ더라

●內訓勸義 內部에서全羅北道觀察使의게訓令ᄒᆞ기를義嘯聚에擾亂秩序者를剿當勦除不暇이거니와一般良民의被擄離訛을迅速曉喩ᄒᆞ야使無胥動失業게ᄒᆞ라ᄒᆞ얏다더라

●特派保護 京釜鐵道를日本官有鐵道로買收ᄒᆞᆫ禮式을昨日西江栗島에서設行하얏ᄂᆞᆫ되人民會集之時면例有擠死之變故로警務廳에서總巡二員과權任四人과巡檢五十人을特派하야各別보護케하얏다더라

●交界官印章의不必 咸鏡北道邊界警務官崔炳瓚氏가內部에報告ᄒᆞ기를本官赴任之日에交界官印章各二顆ᄂᆞᆫ一體祇受인바旣無此官之啣則姑爲封貢이거니와緣於間島民人ᄒᆞ야每與淸國官憲으로行文交涉이自前頻數인즉今無此啣에必是濱弁이空生携貳하야交涉之苟礙와邊務之소虞가恐或從此而生일가하니査照處分하라하얏ᄂᆞᆫ되內部에서指令하기를警務官의印章으로도外交上行用이想無拘礙인되有此煩報가甚不妥當하니交界官印은行文上에不必採用이라하얏더라

●洪氏被押 奉常提調洪在봉氏가義兵과內應이有하다하고國民新報에서耳目을眩惑하야揭載하더니日憲兵이此를憑藉하고洪氏를昨日早朝에押去하얏다더라

●栗木拔去 감獄署가狹窄하야將欲新建次로該基址를前下都감으로定하고該署補佐官日人이栗木을國立하얏ᄂᆞᆫ되軍部에서警廳으로照하고該栗木을卽速拔去하라하얏다더라

●幣原作別 解雇歸國하ᄂᆞᆫ幣原坦氏ᄂᆞᆫ昨日學部에前往하야大臣以下各官吏와作別을告하고退去하얏다더라

●日將着韓 日本野津元帥一行이滿洲丸을搭乘하고去十五日早朝에旅順으로出發하야再昨日午前에仁川에入港하얏다ᄂᆞᆫ되京城三浦總領事와黑小路民長이昨日二番列車로野津大將을出迎하기爲하야仁港에往赴하얏다더라

●北籍始到 昨年에俄日開仗후로咸鏡北道戶籍은不得修上하얏더니乙巳度戶籍이昨日내部에來到하얏더라

●會議尹氏 秘書丞尹甲炳氏가一進會出身이라各別入侍를極口彈迫하며니近日尹氏가日次入侍하ᄂᆞᆫ지라一進會에서無數指斥ᄒᆞᆫ다더라

●李倅大卓 咸悅郡守李胄相氏가溫陽巨富로本職을李內大臣에게九萬兩에買得하얏ᄂᆞᆫ되其款價買得卓으로日前內大龍山邸에李郡守가九千兩으로ᄉ設一卓하고李內相以下를청宴하엿ᄂᆞᆫ되李內相은此等宴會에往參하기의猶日不暇하다더라

●政府청議 再昨日에參政大臣朴齊純氏가統감府에前往하야鶴原總長과移民條例若干條件變通事를協議하얏다더니朴大臣이昨日政府에出席하고各大臣을電話로청邀하야會議하얏다더라

●栗島園遊會 昨日栗島에서京釜鐵道大園遊會에各大臣이往參하야日本政府所有鐵道에一証보가된다하더니突然ᄒᆞᆫ政府會議에相値가되야協辦以下各紳士만往參하얏다더라

●不赴定計 長橋閔判書泳雨氏가其家券을葉錢七萬兩에丕鎔泰氏에게典當ᄒᆞᆫ지라該家舍를軍大李根澤氏가買得하ᄂᆞᆫ되丕鎔泰氏에게强청하기를錢杯은自在其中ᄒᆞᆫ더이니典券을無疑出給하라하ᄂᆞᆫ故로依言施行矣러니留未幾에丕鎔泰氏로豐德郡守를叙任하고李軍相이丕豐德을청하야自己公誦을自誇하며外任을無數致賀하ᄂᆞᆫ故로丕氏가答曰侍生은本是商民이라不能字牧之任하고且銀行所事務를半道以廢라하고辭明ᄒᆞᆫ즉李氏가大笑曰君言이已知牧民이라從速赴任하라하ᄂᆞᆫ지라丕郡守가日昨에李軍大를訪問하고爲言方欲赴任則各項文簿

東京電報

●統監歸任 十五日午後○時發

伊藤統監은來廿一日에新橋驛을發ᄒᆞ야歸任ᄒᆞᆫ다더라

●富籤區域 仝上

台灣富籤發行區域은台灣全部와南淸各地方으로定ᄒᆞ고內地ᄂᆞᆫ除ᄒᆞ얏다더라

●京釜總會 十五日午後三時發

京釜鐵道會社株主總會에서賞與金四拾萬元支出件에對하야異議가起하야終是決議를未見하고井上角五郎氏를調査委員으로選擧하야來九日에開하ᄂᆞᆫ總會에提議하야採決하기로되얏다더라

●御陪食 仝上

伊藤統감及其隨行員一同은用務를了하고近近歸任ᄒᆞᆯ터임으로御召命을依하야明日御陪食에參列ᄒᆞᆫ다더라

●軍政調査委員長 仝上

西大將은陸軍軍政調査委員長을被命하얏다더라

雜報

西邊界副約長李完求의積功(續)

五 姓在乙巳年分一進會事務所를處處設立이오되各郡會員이或云調査委員或云攝代或云視察或云監督或云代辦或權或云代辦監督或云都評議라ᄒ며首尾相接越來ᄒ야鄕約所ᄂ都是紛競이라ᄒ며撤罷禍窮ᄒ오니此爲殘氓이何知其理由리오革罷鄕所日에今平間或有拘拒之事면定罰察採來平民ᄒ야不辨是非ᄒ고嚴杖或囚或至徵贖ᄒ오니民難支保ᄒ야擧皆流散이온則其是一進會監督으로下來ᄒ얏던金鱗奎가從其民情ᄒ야更設行政所ᄒ며以李宗求로邊界官長來莅前視務케이온데無偏無碍에事事歸一케ᄒ오며交際於外國人ᄒ야使民安堵케ᄒ옵고日露開戰時에李宗求가緣於事故ᄒ야上京之時에楚山郡鄕吏韓[illegible]와酬應監督이符同日通辯ᄒ야卜定人頁와各樣討索에所害錢이乃爲七八萬兩이라一界之民이皆爲流離이옵더니李宗求還家以後에交際日憲兵所ᄒ야捉囚[illegible]ᄒ옵고更無雜役케ᄒ야一界安堵ᄒ오니其功이五也

六 今丙午年分에通化縣境內居留[illegible]ᄒ야付之淸國이온바今百姓歸化中魁首金時禎이가爲日通辯金泰根ᄒ와所謂本礦公局이在於通化縣城中이거날以無根之說로百般搆誣ᄒ야反對 大韓이온거슬公函于楚山郡憲兵隊ᄒ야現今金時禎을捉囚楚山郡이오니其功이六也

李宗求之前後積功이如此ᄒ오니使邊民等願ᄒ시와依李宗求로特差管理事務ᄒ옵셔勿生邊民之所望伏祝이오며若有不然이오면奏聞于
天陛ᄒ시와褒賞李宗求之功績ᄒ심을伏望홈　完

●興校試驗　私立興化學校에서日前月終試驗을經ᄒ얏ᄂ데日語課優等生權五鳳朴榮根[illegible]語課優等生俞萬兼[illegible]求昌具滋爀과日永韓白善[illegible]인데該校長林炳恒氏가東西地圖及其册鉛筆等의多數ᄒ物品으로施賞ᄒ얏다더라

●豐阜行樂　平壤郡設立ᄒ豐阜會社ᄂ三登江東等地에石炭採掘ᄒ기爲ᄒ야國財數十萬元을虛費ᄒ며三登石炭礦에ᄂ石油가有ᄒ다今社總務朴弼國氏가期於成功ᄒ다聲言ᄒ되尙無實效ᄒ야徒費國財ᄒᄂ고로宮內府로洞燭ᄒ옵셔ᄂ자今番調査員金錫贊氏를下送ᄒ얏ᄂ데調査ᄂ何以善爲이온지朴弼國氏가數十名妓女를招率ᄒ고江上樂遊와樓臺行樂이今世罕有ᄒ勝賞이라三登礦役에ᄂ損害가多ᄒ되江東地石炭은多數開採ᄒ야今番妓行에[illegible]無應ᄒ가[illegible]條件[illegible]在於ᄒ다더라

閔泳喆氏所關事라ᄒ다니朴氏에게ᄂ實爲幸福인듯ᄒ다고該郡一進會員의許誓가有ᄒ다라

●入教附加　數年間韓國人民이外人의虐待를圖免코져ᄒ야西教에投入ᄒᄂ者日滋月盛ᄒ더니近日에ᄂ移民之說이國中에漏滿홈이韓國人民이一層恐懼ᄒ야曰西教에入ᄒ면移民之患을可免이라ᄒ야入教者愈益夥多ᄒ다더라

●職權違犯　西來人의傳說을聞ᄒ즉三和港裁判所主事申達秀氏가裁判직務를한而故違인지昧而沒覺인지不知ᄒ거니와背夫逃躲ᄒ港民劉昌會妻가稱以渠之衣物을推出於劉夫라ᄒ야有權力申氏의게何以引路而囑托이던지申氏ᄂ但聽厥女之美辱油說ᄒ고今差使致劉氏ᄒ야初不與女對卞ᄒ고不問曲直ᄒ고爲其丈夫者何奪女物가ᄒ며動令出給ᄒ되劉不服從ᄒ則又令巡檢으로促推女物ᄒ되劉氏이與女請判ᄒ즉奸彼狐女가自知渠罪ᄒ고旋도無形ᄒ지라其翌에劉民이自現官庭ᄒ야質問申氏曰初無厥女之呈狀인데何據而無罪ᄒ民을胡爲拟之며若有白活이며亦無而[illegible]對質이며對質前曲直을從何知得而指矣身責非인지無原ᄒ被告가何自訟決法規乎잇가ᄒ즉申氏가橫說豎說에言言哀乞ᄒ며模糊答過ᄒ얏다니以此犯法은斷不可貸ᄒ고爲官違犯ᄒ何無其責이리오由是而[illegible]가果是若[illegible]고[illegible]路

廣告

本人에子敬淳性本懦弱ᄒ데方在京中ᄒ야挾雜輩에誘引騙財ᄒ念慮가不無ᄒ故로玆以앙佈ᄒ오니無論內外國人하고予錢之日은即見失之日이니諒之홈
楊根邑葛山里居金法臟告白

●鳴謝廣告●
本署雜穀廛東德[illegible]이가鄭朝煥으로同事ᄒ다가鄭氏로말미아마大端敗를當ᄒ후一年餘를恒産이無ᄒ고지니다가親知故舊僉君子의洪恩을偏蒙ᄒ야其本金을添給ᄒ야雜穀廛을重設케ᄒ되債ᄂ一切排年還報케ᄒ야주옵시니 僉位債主의게撰說鳴謝ᄒ옵니다

◎一金千圓也
右ᄂ亡父安敬俊公生前에口宗生命保險株式會社와保險契約을ᄒ오셔ᄂ되今番에速히同會社仁川代理店與田貞次郎氏를經ᄒ야前記ᄒ金額을領收ᄒ왓삽기로玆에同會社의確實無疑ᄒ일을廣告홈　子 吉萬

本人의子憲琛이가六月十二日에無故出家ᄒ얏스오니誰某시던지보시거든勸諭還家케ᄒ시을切望홈
北壯洞孝街　金聲漢　告白

本寺賜牌局內ᄂ數百年守護禁養이옵더니不意에定界內澄覺洞森林을興城金振[illegible]이가無頼輩를符同ᄒ야外人의게典賣云이기로[illegible]ᄒ오니內外國人은勿爲見欺ᄒ시오
長端華藏寺抱進等　告白

廣告

在桑港遭難同胞救助金

○仁川港諸氏
紳商會社 十五元
丁致國 十元
朴三洪 五元
金斗基 五十錢
申昇均 三元
五十錢
余淳精 一圜
崔聖文 五十錢
崔應七 廿五錢
李□汝 二十錢
李炳順 二十錢
文鳳柱 一元
金明哉 廿五錢
丕載驥 二十錢
趙雲瑞 廿五錢
李漢卿 四十錢
朱聖模 五十錢
林常윤 二元
朴枝善 一元
李洛元 五十錢
金德鉉 五十錢
朱仁默 五十錢
柴商會社 二元
尹致乾 五十錢
裵相俊 五十錢
金載賢 五十錢
劉君星 五十錢
韓윤燮 五十錢
朴正善 一元
宋德秀 五十錢
金柱一 四十錢
李廷暉 二十錢
吳鎭植 一十錢
田士文 五十錢
徐相彬 五十錢
鄭順澤 五十錢
朴道行 五十錢
魚商會社 七元
米商會社 八圜
鄭道元 五十錢
李聖奎 五十錢
張聖煥 廿五錢
吳永熙 三十錢
金俊弼 二十錢
太元善 五十錢
李應善 五十錢
張 琦 廿五錢
無名氏 廿五錢
金寅昌 五十錢
李寬汝 五十錢
丕仁汝 一元
李用錫 三元
金順永 五十錢
□瑛煥 五十錢
金禹봉 三十錢
崔殷相 五十錢
朴齊珏 二十錢
吳永淳 五十錢
文裕永 二十錢
韓起東 五十錢
李□根 五十錢
池順明 廿五錢
徐聖道 五十錢
鄭化景 二十錢
許宗玉 二十錢
全道善 一元九角
崔應三 一元

李平汝 五十錢
尹衡□ 二元
金世卿 一元
鄭永化 五圜
尹燦求 二圓
趙殷濟 一元
朴時應 五十錢
孫星七 一元
郭永在 一元
金成玉 三十錢
張仁彦 二十錢
尹景化 三十錢
金基珠 二十錢
朴聖佑 三十錢
仁港勸業社 三圓
秋允植 二十錢
金今玉 二十錢
朴乃有 三十錢
張南國 一元
金鎭淵 三十戔
安元基 五十戔
崔鳳珠 五十戔
李東支 五十戔
崔良端 五十戔
金大連 廿五戔
閔中植 二十錢
張□一 廿五錢
咸繼豐 三十錢
江湖有髮僧 一圓
金允福 二圓五角
張乃興 五十錢
鄭賢澤 一元
韓景洙 三十錢
崔禹政 五十錢
金顯穆 二圜
金建汝 二圓
李昌植 十錢
李世捉 五十錢
徐丙昇 五十錢
李甲壽 五十錢
金善有 二十錢
崔正明 二十錢
全文和 二十錢
金景原 二十錢
鄭永吉 五十錢
韓現之 三十錢
張泰洪 三十錢
金應吉 二十錢
李興人 二十錢
張仁淳 一元
金支七 三十戔
具昌祖 二十戔
金泰鉉 二十戔
崔昊賢 五十戔
朱夏永 五十戔
朱致文 三十戔
李明化 五十錢
千光錫 一十錢
金文俊 廿五錢
金俊汝 廿九錢
安鍾憲 一元
樂心 五圓

以上合新貨 一百三十圓二拾五錢

本號新開專做男女各色洋服兼由上海運來各種細이毛물及一切衣飾需品件件精全伏望貴士女迅即來購爲幸

西小門內榮泰男女洋服商號

一 □□□□□□牛乳
一 □印□□□□牛乳
一 □□家用□化乳□
一 □一□□□□□□
□牛□
大韓仁川港
洋行

●九轉靈砂라 本人이 [illegible] 精備하야 製造ᄒᆞᆫ 靈丹인ᄃᆡ 男女老少에 無論何症ᄒᆞ고 通治ᄒᆞ오며 無病時에도 服ᄒᆞ면 平生의 身體가 健康ᄒᆞ며 小兒ᄂᆞᆫ 兩三錢重만 服ᄒᆞ면 十歲안에 無病ᄒᆞ기를 擔保ᄒᆞ오며
●九轉靈砂萬應丹은 癲狂 驚癎과 中風 諸疾과 耳目諸病과 淋疾에 神效ᄒᆞ오
●九轉靈砂保命丹은 初生小兒 驚風 癎癩 咳嗽 腹痛 諸般癘과 婦人帶下症에 神效ᄒᆞ며
●九轉靈砂濟衆丹은 酒滯 食滯 血積 吐瀉 霍亂 痢疾 吐血 下血 運氣 時疾 瘧症에 神效ᄒᆞ오
●九轉靈砂紫金丹은 痔漏 累癧 上疳瘡 下疳瘡及唐瘡과 諸般瘡腫惡瘡에 無不神效ᄒᆞ오니 僉君子ᄂᆞᆫ 來問ᄒᆞ시오

內需司前독갑이골上隅第一家 李鶴廷 告白

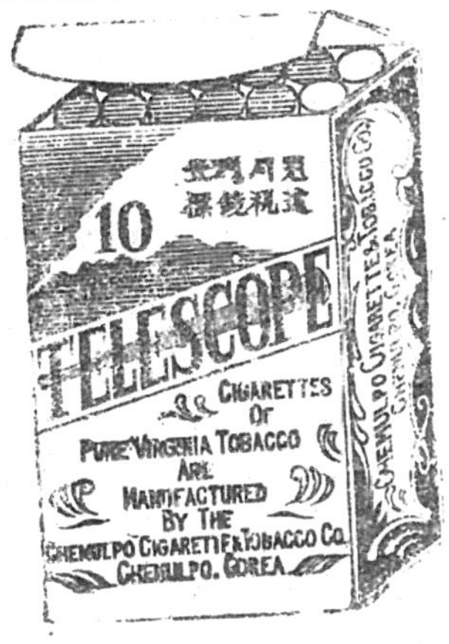

以上三種은上品으로製造ᄒᆞ야衛生上에至極有益ᄒᆞ니毋論某人ᄒᆞ고本社에來臨ᄒᆞ옵

大韓帝國仁川港
□物捲紙□□□及□□□□

第四卷

大韓每日申報

대한매일신보

第二百四十九號

月曜及慶節歲時日休刊

檀君開國四千二百三十九年
箕子元年三千二十八年
大韓開國五百十五年
日本明治三十九年
淸國光緖三十二年
陰曆丙午閏四月大二十八日甲午

論說

伊藤侯

伊藤侯의行止之報가變更頻煩인바今在滿洲ᄒᆞ야回航日本이라가復渡韓國云이나若漢城之期ᄂᆞᆫ兩報가不相合이로다

此暗行往來가日本之甚有憂慮를表示ᄒᆞ니其憂慮ᄂᆞᆫ或係滿洲問題라日本의斷言ᄒᆞᆷ과不同ᄒᆞ야俄國이滿洲北部에서定限內에撤退를畢了ᄒᆞᆯ豫定이니日本의對此警異가似有其理어니와吾人은對此歡喜ᄒᆞ노니滿洲撤退가結了以後에ᄂᆞᆫ韓國內日本地位를亦變遷ᄒᆞ리니其有理由로다

日本之勢ㅣ連戰更戰키不可ᄒᆞᆫ즉媾和會議에서保證ᄒᆞᆫ文字를遵守ᄒᆞᄂᆞᆫ以外에別無取捨ᄒᆞ거슬日本이自知矣며俄國及世界도亦知矣니日本이與俄保證을直接反抗ᄒᆞ야動置條約于韓國ᄒᆞ거슬破棄ᄒᆞ며韓國及滿洲에서列國同等之位를固當遵守ᄒᆞᆯ거시라若更無戰機인딘此變改를不當遲延이니早速決解가韓國內日本地位와及其他列强의게幸矣리로다

淸國이派遣全權于韓國ᄒᆞ야間島問題를與韓政府議決云이니此ᄂᆞᆫ淸國政府가與俄協定ᄒᆞ야韓國事에日本權限을反對ᄒᆞ야不欲公認ᄒᆞᆷ이顯然ᄒᆞᆫ지라其他列强이成守勢不動ᄒᆞᆯ지언졍日本의背理假僞之行을不欲助力ᄒᆞᆯ거슨可信이로다

由是로本記者ㅣ希望ᄒᆞ노니好機漸至라日本請求를謝與或反抗ᄒᆞ야變更無常ᄒᆞᄂᆞᆫ現今內閣보다韓國人民의安樂을極力ᄒᆞ야一大國民을化成ᄒᆞᆯ政府가韓國에將立ᄒᆞᆯ진져

官報

號外 光武十年六月十七日

◉宮廷錄事

詔曰弘文館學士金秉鎬特授大匡

六月十七日

◉敍任及辭令

議政府參政大臣朴齊純
解臨時署理法部大臣事務
六月十五日

宮內府協辦閔景植
解署理大臣事務
六月十六日

弘文館學士金秉鎬
特陞大匡輔國崇祿
六月十七日

●三千四百八十二號光武十年六月十八日

◉宮廷錄事

六月十六日太醫院日次問安
答曰知道太子宮氣度平順卿等不必入侍矣
法部協辦閔衡植辭職疏
批旨省疏具悉卿其勿辭行公
六月십四日
侍從院副卿尹甲炳辭職疏
批旨省疏具悉所請依施
六月十五日

◉敍任及辭令

主殿院卿李根澔
任中樞院副議長敍勅任官一等
宮內府特進官閔丙漢
任中樞院贊議敍勅任官三等
以上六月十三日
秘書監丞沈九澤
依願免兼任禮式院掌禮
秘書監丞洪承斗
兼任禮式院掌禮
以上六月十四日
務安監理署主事卞志哲
依願免本官
任務安監理署主事敍判任官三級
六品劉章賢
任農商工學校敎官敍判任官七級
九品俞承鼎
以上六月十五日

外報

●撤簾上奏 淸國에서御史七人이聯名上奏ᄒᆞ야曰國家多事ᄒᆞ고聖母年邵ᄒᆞ니撤簾歸政ᄒᆞ고頤年을靜養ᄒᆞ야天下人民의望을副ᄒᆞ소셔ᄒᆞ얏다ᄂᆞᆫᄃᆡ西太后가嘉랍ᄒᆞ셧다더라

●楊使電報 上海電에曰南方報에의所報를據ᄒᆞᆫ則駐日淸公使楊樞氏가本國政府에電報ᄒᆞ되日本이滿洲에서商工業에利權을占有ᄒᆞ라ᄂᆞᆫ計畫에對ᄒᆞ야拒絶ᄒᆞᆯ手段을取ᄒᆞ라ᄒᆞ얏더라

●俄帝幸行 伯林電을據ᄒᆞᆫ則俄國皇帝ᄂᆞᆫ來月에御家族과共히구리미야에幸行ᄒᆞᆫ다더라

●英塞國交回復 同電을據ᄒᆞᆫ則兩國은一時塞爾比亞로셔公使를撤退ᄒᆞ얏더니前王殺害者處刑의結果로兩國에外交關係ᄂᆞᆫ同復되얏다더라

●三國元首會見 倫敦電을據ᄒᆞᆫ則德伊奧三元首가伊國미란府博覽會에서會見ᄒᆞ리라더라

●俄人請求 滿洲에在ᄒᆞᆫ俄國人이如左諸件을청國全權委員으로ᄒᆞ야금承諾케ᄒᆞ라고俄國公使의게申請ᄒᆞ얏다더라

一 滿洲蒙古一帶地에伐木及採礦權
一 領事所管內에서俄청兩國人交涉事件을議定ᄒᆞᄂᆞᆫ權
一 東淸鐵道一帶地에서俄國의特權
一 松花江及其支流에俄國軍艦의航行權

寄書

達城廣文社長金光濟氏의寄函이如左ᄒᆞ니

敬啓者報舘記者之論原無偏私見善則揚見惡則討以警一世之耳目者也故國人許以秉公直筆矣夫何國民新報則不然只以荒誕無根之說構陷良善有害於世道未知此何乖擧此何謬見

其第二百四號雜報投函一段題下以本道觀察使申泰休氏前後治政都歸於泡花幻影必因私嫌者之猜妬其欲匿形而暗射之計也試觀其語則故意者譏之態不待智者而卞若觀火嗚乎險哉嗚乎凶哉

至若以僕爲京人何關於本土民議云云者有可言然亦非觀察之所差又非僕之所求只因各郡人民之所呼薦投票者也以本土紳士徐相乭鄭德見金炳淳歸之於無識昧事構堅說去無非俚談尤不足取信而

以申觀察治績言之在任以來實踐興學之務義捐設校薄於自奉不近聲色別岐詗捉盜賊屏跡聽訟以公民無呼冤嚴戢吏奸吳收容私此非徒一省人民之所共知者足可爲十三道票準似此治政雖古賢人未知有過於此也

然則國民新報所謂捧賂買上挾妓聽歌勒民負役等說毫無近似之證專事誣陷之術有妨於民國大事天日昭臨寧不知畏全省人士齊聲共憤現方質問請判血爭投質兩於該社然彼皆掩匿不發欲使世人眩亂其虛實計也

僕雖無似亦一血性男子冀有公布於一世得以聞有志者之評論玆敢仰布幸卽揭載 貴報以破天下之惑焉

詞林

虱 秋嶽居士

嘴尖纖而銳侵人厭鞠聚附體亂政發屯處步兵喜呻而纔須飽尋縫暫借溫豈無湯鑊口被戀鮮能存

辭曰安得將此虱類一掃而空之

雜報

吊湖國義士 潘公宗禮文 羅炳奎

惟公惟靈克剛克毅早試逢達涉猶海誠切咀嚼志存匡扶逻時不辰有志莫展鴛鴒回飄騎龍朝天不憚伯夷乃成仲連耿耿星斗屹屹砥柱氣化怒濤我貫長虹公雖重義公何輕生大陸沈矣黃種禍矣濟其艱人救濟有誰公其記否公何忍斯廼鄕猶雖士氣鼓動學署開封國是綜詳孔日成仁孟日取義緞文相而无愧闕之殉節趙之効忠猶潘公而有光嗚呼哀哉

●沒燒可矜 再昨日上午二時에三청洞李寅穆氏家에서失火ᄒᆞ야草家十間이燒燼ᄒᆞ얏ᄂᆞᆫᄃᆡ其火光을 大닉에서洞燭ᄒᆞ시고警務廳에電話로申飭ᄒᆞ옵셔救火케ᄒᆞ옵셧ᄃᆡ라

●宜勸奬學 法部協辦閔衡植氏ᄂᆞᆫ義州求是學校校長으로承勳論ᄒᆞ야以下金五百圜을親任持來ᄒᆞ야該校에傳給ᄒᆞ고本郡有志紳士數百人을該校로請會ᄒᆞ야 勸諭를明ᄒᆞᆫ後敎育에專力ᄒᆞ기를勸奬ᄒᆞ고仍往于耶蘇校日新學校ᄒᆞ야生徒를面面勸勉ᄒᆞᆫ後懷中에서新貨十圜을出ᄒᆞ야生徒의게給與ᄒᆞ야一時紙筆을補用ᄒᆞ라ᄒᆞᆫ즉觀光士民이稱頌不已라더라

●設網獵氏 三和港人民의者書을據ᄒᆞᆫ則本港居金允甚氏가稱其妻病解鬱ᄒᆞ고設賭其家消日일세藉得許可警署ᄒᆞ고設鄰友五六ᄒᆞ야開局不過幾度에警吏猛赴捕縛일세羅網其民何逃리오被拿就囚警獄일세按照賭技律文ᄒᆞ야論贓十兩以下ᄂᆞᆫ네監禁六個月宣告ᄒᆞ여依例收贖放免일세捨其錯主當律ᄒᆞ고只徵答贖四十ᄒᆞ네答贖猶輕ᄒᆞ데況授權任金氏ᄒᆞ네豈非獵民功賞인가設網的手段下에生民塗炭可知라고民寃藉藉道路라ᄒᆞ더라

●賊警可慮 三和港爲人契第一回出홍이丙午閏四月二十四日인故로四處烏合技輩은如雲會集之間에陸盜海賊이乘機趾進ᄒᆞ야其殊常之跡이間間露出ᄒᆞᆷ으로日巡査청巡捕가警察戒嚴ᄒᆞᆷ이라니萬衆之중에何慮無虞리오所謂萬人契를停止ᄒᆞᆷ萬幸이오不禁卒於港入不幸이라고ᄒᆞᆫ다던라

●敎育演說 國民敎育會에서昨日下午八時에日本名士大垣丈夫氏가東西偉者의演說을論ᄒᆞ고邪孟의眞理를ᄒᆞᆫ演題로나數千言으로연說講義ᄒᆞᄂᆞᆫᄃᆡ來賓이數百人이오其辭意가鄭重詳嚴ᄒᆞ야足히腐敗ᄒᆞᆫ士習을開發ᄒᆞᆷ만ᄒᆞ기로其演稿를次號에揭載ᄒᆞ깃노라

●嚴訓懲習 慶尙北道仁同郡居張金遠과南道晉州에居李在玉兩氏等이昌寧郡遊長面牛浦陳卿廠에起鑛事로旣爲認許於農部하야往査設地에立標定界하고起鑛工役은多有拘礙하야姑爲停止矣러니大丘居崔都正者帶同日人岡田鐵五郞하고來到該郡하야謂以日人所占하고方欲起鑛하니嚴訓該郡하야捉致崔哥에懲其依賴外人而動歷國民之罪케하라하얏다더라

●島民被縛 再昨日下午二時에仁川永宗島居民男女幷六十餘名이一齊上京ᄒᆞ야帝室制度局參書官金錫濟氏門前에會集ᄒᆞ얏다가市廛門外로向往ᄒᆞ야彷徨ᄒᆞ다가日憲兵의게其중口餘名이被捉ᄒᆞ야司令部로入去ᄒᆞ얏다ᄂᆞᆫᄃᆡ其事實을詳聞ᄒᆞᆫ즉禮式院禮式官劉猍氏가仁川監理在任時에該島니空閒地를認許黃錫源李致明矣러니黃李兩人이潛賣于日人ᄒᆞ야該日人이占奪全島에一草一木을使不得自由케ᄒᆞᆷ으로該島居民等이以卒渙散之境故로呼訴於其時認許之監理次로來到劉氏家則劉氏가適在於김參書家云而如彼會集詰問이더니劉氏가奉承召命而自布德門入闕則該民等이莫知所向ᄒᆞ야只在闕門外彷徨이라가至於被縛이라더라

●贊成校務 慶北大丘居金鎔濬尹瑛燮兩氏ᄂᆞᆫ素以有志ᄒᆞᆫ人으로國勢의挽回가敎育에必在ᄒᆞᆷ을覺悟ᄒᆞ고年來로各處設校ᄒᆞᄂᆞᆫ計劃에熱心ᄒᆞ다가今에其素志를發達ᄒᆞ야觀察使申氏의實施ᄒᆞᄂᆞᆫ學校事務에도在在贊成ᄒᆞ야廢寢忘食ᄒᆞᆫ다니此等人이全國에布滿ᄒᆞ얏스면民智開明을指日可待ᄒᆞ깃다더라

●請見不得 日憲兵司令部에被拘ᄒᆞᆫ協李봉來氏를慰問次로該部一般官僚가昨日에同司令部로前往ᄒᆞ야暫時入見을청要ᄒᆞ다가不能遂意ᄒᆞ고각置名片一張而歸ᄒᆞ얏다더라

●議政被任說 文弘學士五秉鎬氏ᄂᆞᆫ特陞大匡輔國崇祿ᄒᆞ옵셔ᄂᆞᆫᄃᆡ議政大臣을被命ᄒᆞᆫ다이라더라

●完祭報告 全州관祭使李道宰氏가내部에報告ᄒᆞ기를本部秘訓을承准ᄒᆞ야斯速擧行計料이오ᄂᆞᆫ第全州局가距陸稍遠ᄒᆞ와往還及留連旅費가無路支用이오니別般支撥ᄒᆞ라ᄒᆞ얏다더라

●日將陛見 三昨日에入城ᄒᆞᆫ日本元帥野津伊동兩氏一行이再昨日下午四時에陛見ᄒᆞ고同五時에退闕ᄒᆞ얏ᄂᆞᆫᄃᆡ警務廳에서摠巡一員巡檢十五人을派遣護衛ᄒᆞ얏더라

●金氏移囚 警務廳에被囚ᄒᆞ얏던或稱學者ᄒᆞ며或稱術客ᄒᆞ던非常訓提調金升旻氏ᄂᆞᆫ再昨日에日憲兵司令部에서押去移囚ᄒᆞ얏다더라

●四囚一放 三昨日에日憲兵이閔景植閔亨植李봉來閔丙한洪賊봉氏等五人을捉去ᄒᆞ얏ᄂᆞᆫᄃᆡ其중洪賊봉氏만再昨日放還이되고其餘四人은嚴囚取調중이라더라

●解雇事件 去土曜十六日政府歸時會議ᄂᆞᆫ十八日解雇歸[illegible]ᄒᆞᄂᆞᆫ學政參與官幣原坦氏解雇ᄒᆞᄂᆞᆫ事件이더라

●顧置補佐 軍部顧問野津氏가韓國軍額을太半汰減ᄒᆞ든니顧問官의補佐官은十人을加聘ᄒᆞ야시親衛각隊에一名式排寘ᄒᆞ기로作定ᄒᆞ고李軍大가政府에청議ᄒᆞᆫ다더라

●報告解散 慶尙北道宣諭使安鍾惠氏가管下각郡義兵이解散ᄒᆞᆫ事로내部에報告ᄒᆞ얏더라

●大臣被責 統監府에서日前박參政을請ᄒᆞ야政事가日非ᄒᆞᆷ을大責ᄒᆞ고[illegible]大를청ᄒᆞ야礦山移民條例延拖ᄒᆞᆷ을大責ᄒᆞ고李내大를청ᄒᆞ야地方騷擾를胡無鎭撫之策ᄒᆞ고聊遊度日만ᄒᆞ나냐ᄒᆞ고大責ᄒᆞ얏다더

●宣諭解任 洪州郡守兼宣諭使尹始永氏ᄂᆞᆫ義兵과反有내應ᄒᆞ야助挽ᄒᆞᆫ證據가明白ᄒᆞ다고統監府에서내部로公函ᄒᆞ고尹郡守를免官ᄒᆞ라ᄒᆞᆫ지라政府에서宣諭使부터爲先解任ᄒᆞ고更爲査實ᄒᆞ야行將免官ᄒᆞᆫ다더라

●地段價청撥 京仁京釜鐵道를當初契約時에二十五個年으로定限ᄒᆞ야韓政府에서從時價ᄒᆞ야買收ᄒᆞᄂᆞᆫ權이確有ᄒᆞ야鐵道犯入地段價를政府에서償給ᄒᆞᆫ다ᄒᆞ더니民寃은沓至ᄒᆞ고財政은窘絀ᄒᆞᆷ으로政府에서ᄂᆞᆫ不得出給ᄒᆞ고該會社에서民間에地段價로出給ᄒᆞᆫ거시合爲二十七萬餘圜인ᄃᆡ現今京仁京釜鐵道를日本政府에買收ᄒᆞ얏신즉議會社에서地段價給條를日本政府에청求ᄒᆞᆫ즉韓政府에청求ᄒᆞᄂᆞᆫ지統監府에청願ᄒᆞᆫ지라議府에서政府로轉照ᄒᆞ되右地段價를貴政府에서支撥ᄒᆞᆫ다든지若有異見이든二日니示明ᄒᆞ라ᄒᆞ얏다더라

●電議一案 今日上午十時에政府에서會議ᄒᆞᆫ다ᄒᆞ고박參政이각部로電話ᄒᆞ야議案을督促ᄒᆞ얏다더라

●政策一變說 日本의對韓政策이一變ᄒᆞ야一進會로爲상鬼ᄒᆞ야民主國貌樣으로變更ᄒᆞᆯ運動이議會에示威ᄒᆞ얏ᄂᆞᆫᄃᆡ伊藤侯가入來ᄒᆞ야[illegible]行ᄒᆞ다가列强의誤解되ᄆᆡ不如意ᄒᆞ면共和로ᄒᆞᆯ料가有ᄒᆞ다고探報가來到ᄒᆞ기로[illegible]揭載인바其萌芽之或有之[illegible]키難ᄒᆞ고且日本社會見解[illegible]此說所自出이[illegible]皇室과民黨間에紛爭을惹起코저ᄒᆞᆷ인가하노라

●移字正誤 本報第二百四十八號雜報欄內에勞動籍業社趣旨中無復移民之慮란句語에流字를以移字로誤植ᄒᆞ얏기正誤ᄒᆞ노라

東京電報

●軍政調査會 十六日午後三時口分發

軍政調査會ᄂᆞᆫ兵站、運輸、衛生隊組織、敎育、經理、衛生、특軍政一般을改正ᄒᆞ기爲하야設置ᄒᆞᆫ다더라

倫敦電報

●露國形勢 十七日오前十一時發

露都發急行列車ᄂᆞᆫ二千名餘武裝農民의攻擊을因하야定刻보담六時間을延着하얏더라

●폐쓰륵事亂 仝上

露國폐쓰륵에서ᄂᆞᆫ[illegible]起ᄒᆞ야政府ᄂᆞᆫ猶太人을虐殺ᄒᆞ고農民을掠奪ᄒᆞ고六千餘猶太人은森에露兵[illegible]軍隊等이守護ᄒᆞᆫ다더라

버로쓰록에서ᄂᆞᆫ僞報를[illegible]ᄒᆞ야[illegible]行하미政府ᄂᆞᆫ戒嚴令을發布에示威運動을ᄒᆞᆫ다더라

雜報

●大韓自強會議案 尹孝定氏

學部參與官幣原坦氏가我國學徒에게不適혼日文教課書를編輯혼다는說이有혼야會性各新聞에議卞이已詳혼얏고其後에同氏가課解혼얏던意見을喚醒혼얏던지初等及中等教課書에는日文을不用혼기로決定혼얏다는新聞도有혼야吾儕는其多幸홈을相賀혼얏더니本月十六日大韓每日新報에揭載혼바教育禍胎라혼論說에도日호되所謂教科書는自國의思想과自國의風俗과自國의物情에適合혼後에야可히써學養을啓發홈이어날今에幣原坦氏는不然혼야日文으로써韓國幼年의教科書를編輯혼야學部大小官人의同意혼者가一人도無혼거날同氏가強愎自用혼야膠執不移혼고日文教科書를編輯혼기爲혼야日人을多數募集혼야編集에從事혼다혼니韓國幼年으로日文教科時를服習코ᄌ홈이小兒의腦髓를鑿혼고彼所謂日本魂이라혼는거슬注射코져홈이라혼앗스니萬一與個事實上에此舉가有혼면所謂韓國精神을教育으로써開發養成혼기가絕望될분아니라今日에略存혼自國思想도此教科書를由혼야消滅혼야更無餘地혼리니人이自國精神이無혼者는國民이라謂혼기不可혼고他國의精神이有혼者는便是叛民이라謂홈이可혼니教育으로써叛民을養成혼야國家元素로僅僅存在혼只此二千萬人民을數十年以內에喪失혼者가豈有혼리오若冀訂擬를論혼즉我國이由來로書籍을尊尚혼고獨立의精神이薄弱홈은옷지漢文을專習혼弊害가아니리오찰아리國民의教育을全廢홈은可혼나自國의精神을全失홈은不可혼니此는教育興廢와國家存亡의大關이라然혼나幣原坦氏의高明혼識見으로써兩國政府의委托을受혼얏스니엇지教育機關中에禍心을包藏혼야隣邦人民의精神을掩奪코져혼리오此理가必無혼리니事實의必有홈을一片新聞의論說만專信혼야互相憤慨홈이不可혼고且本會特色의大韓精神을恐失혼며第二條目的에教育方針을恐誤혼야學部大臣에게總代委員을派送혼야教科書編輯의關혼則後事實을一次訪問홈이如左홈

○特別社告○

本社에서申報代金을先推혼後發送혼기로定規이온바近來各方購覽혼시는處에서或二三朔或三四朔條를全不送交혼가有혼온즉勢不得已來七月一日붓터未捧各處에는本報를停送홀터이오니照亮後卽速消交혼심을務望

大韓每日申報社 告白

廣告

在桑港遭難同胞救助金

梁在睿 三元 朴殷植 一元
朴勝玉 一元 柳東作 一元
黃義性 一元 崔秉旭 一元
白允德 一元 徐鵬熙 一元
羅炳奎 一元 李昌夏 二元
鮮于燮 十錢

○平壤南山峴監理教諸員

李顯柱 一元 金贊興 五十錢
崔化壽慈親 一元 崔得琳 五十錢
鄭元伯 五十錢 金任善 二十錢
黃敬憲 五十錢 曹廷秀 三十錢
金錫俊 五十錢 尹亨弼 三十錢
朴孝年 五十錢 李元植 二十錢
李光益 五十錢 李輔賢 二十錢
車宗浩 五十錢 康信準 二十錢
金尙瑞 九十錢 金字瞻 二十錢
韓信範 一十錢 朴崇煥 二十錢
金寶延 二十錢 朴尙煥 十錢
梁元甦 二十錢 崔京弼 十錢
李承漢 二十錢 朴七星 十錢
金炳奎 一十錢 金輔益 十錢
朴元白 一十錢 金到빈 十錢
鄭達鉉 一十錢 康元俊 十錢
車周元慈親 廿錢 金致杰 十錢
尹正燮 二十錢 姜洛二 十錢
朴秉均 二十錢 金斗 十錢
黃壽相 金錫福 李光信 十錢
金根雨 鄭雲龍 咸在俊 十錢
金泉淳 金貞玉 朴泰弘 十錢
金□一元 尹子□ 以上十錢
鮮于석 一元 李永舜 五十錢
李敬植 三十錢 吳世珍 五十錢
諸兄妹 一元十錢
以上合新貨二十九元十錢

漢城中署寬仁坊大寺洞下靑石洞二十三統四戶외家二十二間契券을乙巳十二月二十日燒火中의遺失혼앗스니內外國人은照亮홈

前觀察使金命洙告白

本人에子敬道性本懦弱혼데方在京中혼야挾雜輩에誘引騙財홀念慮가不無혼故로玆以앙佈혼오니無論內外國人하고予錢之日은卽見失之日이니諒之홈

楊根邑葛山里居金法驥告白

●鳴謝廣告●

中署雜穀廛車德煥이가鄭潤煥으로同事혼다가鄭氏로말미아마大蕩敗를當혼후一年餘를恒産이無혼고지니다가親知故舊僉君子의鴻恩을偏蒙혼야新基本金을添給혼야雜穀廛을重設케혼고되舊債는一切排年還報케혼야주옵시니 僉位債主의게攢祝鳴謝혼옵니다

◎一金千圓也

右는亡父安牧俊公生前에日宗生命保險株式會社와保險契約을혼온바서울二番에洽히同會社仁川代理店奧田貞次郞氏를經혼야前記혼金額을領收혼왓숩기로玆에同會社의確實無疑혼일을謹告홈

子 吉萬

前主事李鍾覆名字를鍾乾으로改正知照照亮

李鍾乾告白

本人子前技師能雨或云正雨生兩字或現或云白此血妖의出沒京鄕혼야盡家庄偽券偽標欺人取物內外國人切勿見欺無至白失홈

東萊西下面章邑李鍾晚告白

本人이龍岡當雲坊長花洞所在田畓六十斗落本文券을本人四寸永軾이가暗貪不良之心혼고本月□日에盜竊偷去이오니內外國人은切勿見欺홈

三和港碑石洞金永燮告白

株式會社韓一銀行株式募集廣告

本銀行創立主旨는惟我商業界의金融을圓滿流通하야써百般의產業을蔚然振興케하기로勉勵홈은비다시再論홀배無하거니와然此事業의進就如何는本則我商業界有志紳商의心力協助를不得하면到底히其善美혼效果를見치못홀지라故로茲에本銀行株式請入의方法及期限을左列仰覽케하오니幸須有志紳商僉彥은十分俯諒하ᄉ此事業에同情을滿心表彰하시와善美혼金融의機關을無量置同케하시고商業界에共同利益을一體永享케하시기로各自協贊하야迅速應募하심을切要

一 認可年月日光武十年五月十九日度支部에서創立認可를得홈

一 資本金總額金十五萬圓이오每株金五十圓이니總株數는三千株

一 第一回拂納金總資本金四分一卽壹株에十二圓五十錢割로拂納케홈

一 請入方法本銀行創立事務所에서僉位의게發送혼請入證서에擔當홀株數保証金額及居址를記載하고署名捺印後請入홀事

一 請入保証金應募者는擔當株數에應하야一株에金五元割로添付홀事

但請入証書所用되면指定혼銀行에서請求홈이可홈

一 請入期限六月二十日爲限

一 請入處所大廣橋株式會社漢城銀行

一 株式을募集홀時應募數가總數二千株에超過되면讓認入이決議處辦홈

一 請入時에保証金을添付케홈으로以後第一回金拂納時其期限內에不納하면保証金은沒收홈뿐外에尙且株主權에消滅되게홈

一 其他未詳事는請入所로來問홀事

光武十年六月五日

株式會社韓一銀行設立委員 趙秉澤 白興鉉 鄭東植 孫錫基 李君弼 成文永 韓彰한 告白

廣告

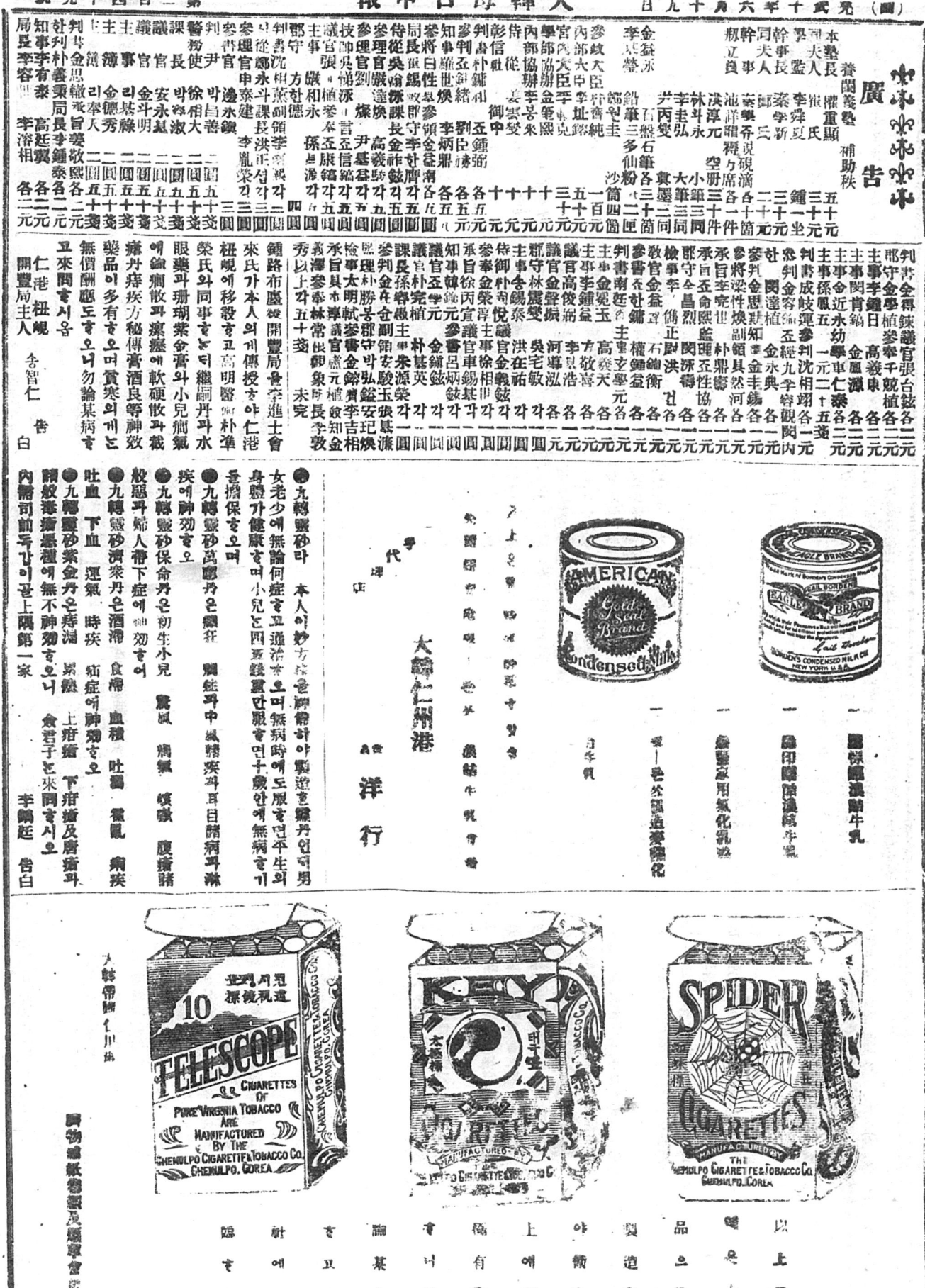

第四卷

大韓每日申報
대한미일신보

第二百五十號

月曜及慶節臨時休刊

檀君開國四千二百三十九年
箕子元年三千二十八年
大韓開國五百十五年
日本明治三十九年
淸國光緒三十二年
陰曆丙午閏四月大二十九日乙未

論說

各府部聽顧問官

韓政府가以重金厚幣로招聘外國之士호야布列於각府部廳之間호고延之上座호며待之賢師호야希望其有補於政務일가호니原初雇聘이果出於韓政府之眞想인지抑由不得已之事情인지

此는雖未可知나然이나其待之之道則誠至矣라語其職權이면毋論何部호고全體政務를盡擧而委之於顧問之人호야聽其發落호니是는客反爲主호야顧問이行大臣之權利호고所謂大臣은署尾唯諾而已라

顧問之職權이如是其專且大焉호고語其月俸이면毋論高下優劣호고擧皆與之以大臣以上數倍之俸金호니顧此貧弊之國에其俸祿이亦不爲不厚矣라

然즉其職權이不爲不專矣오其俸金이不爲不厚矣라연此國危民瘁之日호야不得不以政府之責으로亦責於顧問之諸氏호리니政府之自失職權은固政府之罪어니와顧問之擔任其責호야代行執務者ㅣ豈得免今日之責이리오

吾輩ㅣ前嘗屢言에어니와大抵捐重金擬厚幣호야以雇聘外國의開明之士호야布列於府部之間者는其意無他라欲資其高明之智識호야以裨補其職務之闕失호며改良其政治之劣敗어날今에徒有顧問之名而無顧問之實效호고徒委職權之專而無擔任之實益이면奚貴於外國之士而雇聘也哉아

試問於각府部顧問諸氏호노니宮內府顧問加藤增雄氏는數年前에以農商工部顧問으로雇聘有年이라가現帶 皇室顧問之職이여니와其在農部數年에未知有一件實業之發達인지凡於農工商實業에未聞有如何擴張之事호고皆依舊衰敗에仍循無補호니今於宮內府之前途에는有甚裨益일는지雖未敢預料나其於農商工部之任에는恐難免失職之責矣오

軍部顧問野津鎭武氏는自光武八年三月以來로雇聘就職이已三年于玆矣로되軍隊擴張과軍務之整頓은姑捨호고反使軍額으로減縮而零星호며軍政도亦亦未見其刷新之一端호니如是而空然素餐俸金이豈非有傷於廉防歟아此는決非高明之士의所可恬然者也오

度支財政顧問目賀田種太郞氏는其雇聘이亦有年矣라一自昨年七月로着手於財政整理호야白銅舊貨之廢置와新貨之發行에未嘗不勞神彈精이로되當白銅貨交換之初에使全國貿易金融之界로惹起一大恐慌호야內外商民이俱未免倒産蕩業之悲境이다가今也에幸其稍稍鎭靜이나然而凡於徵創之始에는率多此等困難이固其常事어니와吾輩深憂之士의所撰歎噫而太息者는以全國財政機關으로擧而畀之於一箇顧問之掌中호야握財賦之主權而制死命於鎔人호니영不噤咄而寒心哉아

且以財政而言之라도在光武九年一月에以一千萬元借款問題로顧問이提出意見호야以爲中央及各地方銀行設立이라호고壓促韓政府호다가其時에以海關稅地租稅之擔保가所關이非輕으로幸至寢息호고

其後에只以漢城第一銀行支店에三百萬元借款으로만約爲交換之準備호고着手整理나然이나是는徒以資第一銀行之利益이러니第一銀行은以一箇商店으로使之로管韓國之財政호야儼然作中央金庫之本行호고至于今春호야는

畢竟一千萬元之宿題가復燃호야儵忽之間에輸與稅關호고藉稱一千萬元之借入호되未聞有産業之如何興殖이며未見有中央銀行之如何設立이오借鉅債而不知用處호야政府諸公은但講究其消融方法之如何호고借欵未幾에五百萬元之利子만已輸호니是豈財政整理之方針也리오抑此ㅣ爲韓國之主意歟아抑爲自國之主意歟아是ㅣ未可知也오 (未完)

官報

●號外 光武十年六月十八日

◎宮廷錄事

詔曰正一品趙秉鎬拜議政府議政大臣 光武十年六月十八日

詔曰朕自卿宰知庶政朕之欲畀之以是任者亦有年矣顒卜允僉輿望允協肆有今日之命惟卿歷格之操闡果之志歷試之久知固莫當下艱虞之形岌業若百川橫流隄防未由政須卿彌綸時濟急于朝夕卿勿備例巽讓即爲上來肅副朕側席如渴之想事遣秘書郞傳諭于議政 六月十八日

●三千四百八十三號光武十年六月十九日

◎敍任及辭令

陞從二品 正三品徐相大

五月十四日

任度支部繙譯官補叙判任官五級 前主事俞相範

六月十四日

依願免本官 秘書監丞洪承斗

主殿院電務課技師方時溶

命侍從院副卿叙勅任官三等 正三品李相慶

任秘書監丞叙奏任官三等 六品崔炳日

任經理院技師叙奏任官四等 中樞院副議長李根澔

命臨時署理主殿院卿事務

以上六月十五日

外報

●司令官占領策 北京電報를據훈則俄國駐箚淸國公使가報서北京政府에電報호되在合爾賓俄國司令官은馬賊을利用호야黑龍吉林兩省을占領코자호니今日好時機라는旨意를本國政府에電告호얏다더라

●英國議會 倫敦發特送電을據훈則英國下議院은七月二十日々지敎育法案을議홀터이오八月二日에閉會홀터이며秋期에開會는十月에開훈다더라

●視察報告 北京電을據훈則俄淸公使의電報가有호되俄國政府에서派遣훈者에支는西北方을視察次派送훈地學會會員學士等이漸次歸國호야其調査事項을發表훈者가有훈디其視察地方은黑龍江吉林庫倫烏里雅蘇臺新疆科布多以犂等이오視察事項은礦山農務商業産物販路의多少及人口等이라더라

●滿洲經營 同電을據훈則奉天將軍及駐日淸國公使가外務部에電報훈이頻繁훈디皆日本의全力을注호야滿洲를經營훈이言及훈故로淸國當路大臣도俄國公使의所言과如히日本勢力이俄國에十倍되얏다는說을準信호는者가有훈다더라

●豐臣沈沒 日本運送船豐臣丸이去十四日午后에明川海面略一海里處에서浮流水雷에觸호야五分間에沈沒호얏는디該船에船員四十二名과乘客增田大尉와齋藤工兵中尉外에는不知去處라더라

雜報

●猛虎食人 龍岡郡陽坊藝明西麓松杉이鬱蔥한숩에서 近端陽이라 三箇童子가秋穫次로園林에散步라가忽然猛虎가出林하며其중李□春의子息八歲된兒를攫去하니同時에附□□三次呼喊에影響이絕하지라 附近人民一同이會同跟蹤하니背部와左右脇을咬食하얏더라

●馬草勒農 日本司令部에서平壤觀察使의게照會하야 平安南道各郡에知委하여馬草를採納하라하는故로觀察이各郡에訓令하여馬草를採랍하라하는티龍岡郡民에게는每戶에六貫四合이라하는티三和郡은小邑이라戶數가少한故로每戶에七貫餘合이된다하니昨年의는每戶의三貫一合에價金을每貫四錢式出給하더니今年의는倍나더하고當此五月로六月ㅅ지採랍하라하니夏日에天雨는不絕하고□□□□하되太多한馬草를어디셔재랍할는지除草는專廢함으로今年農業이又無可望이라고民怨이藉藉하더라

●萬契情形 三和港에人契를設하고□日에出籌하얏는딕出籌時에作奸이有하다하이□□名□諸人이衝突하야큰風波가起하얏는딕被傷者가不知其數요本港監理가捉囚한者ㅣ十名인딕監理卞鼎相氏의是非가紛紛하다더라

●果則非辨 南來人의傳說을聞한즉淸州郡守閔泳殷氏는學校의經費를藉稱하고各村間人民處에幾百元式分排하야定差督促함의該郡物論이沸騰하다하니設校勸捐이非不是急이로되若有藉此勒歛之弊則必有始弊招怨之端이라하노라

●港會滿散 西來人의傳說을聞한則三和監理가罪之輕者는爲重하고罪之重者는爲輕故로一進會에서監獄署에罪囚를檢查함次로監理署에往한즉監理는出他하고警務署로往한즉總巡과權任以下巡檢ㅅ지無하고其時監獄署巡檢만有하기로該巡檢과獄門을開하고罪囚를檢查하고解歸하얏더니追後監理가此를知하고一進會長과總代를捉致하라하는故로避身하얏는티一進會員이一齊會同하야監理를逐出하자고演說한다더라

●果則非虛 振威郡二西面道逍里崔成元의墓側一步之內에同郡居金元明이가□囑本郡守白南奎하야渠兄與嫂를入葬하고反掘崔塚後에甚至於尸身을藏置他處라가及其觀察府指令을到付本郡之時에야尸身은出給하나還葬不許하기로尤不勝抑寃하야上訴于中리院하야指令을往付于觀察府하라니詞訟課에서指令을不受하며該郡守기合媚하야□□□□□□□하觀察府之不受平院指令도必有委折이오本倅之前後行爲도不泳事타하더라

●銀行整釐 天一銀行이昨年以來로休業된事는世人의知了하는바어니와近日度支部에서該銀行을整釐하기爲하야整釐委員을定하야施行케한바其結果가甚好함으로今에渡來五萬六千圓의資本을十五萬圓으로增加하야一層擴張하야更히繼續營業한다인티該增資金은舊股本主가恐皆擔當하기로하얏다하며度支部에서二十萬圓을補助하기로確定되엿다하니該銀行과一般商界를爲하야讚祝不已하노라

●勸學隣里 孔德里普通學校의興學事는前報에歷揭어니와該校에서去日曜日에運動次로校監敎師以下諸學員이李昌圃等地에出往하얏다가歸路에新孔德里에서人民勸學하기爲하야臨時討論會를開하고富强之策이安在오하는問題로討論之場에老少人民이雲集傍聽하는티學員중四五人이言權을청得한後高明한學識으로勉勵함이老少人民이莫不感謝稱頌이라하더라

●濟倅免官 巨濟郡守尹相佑氏는以公穀私貸事로內部에서經리院照會를因하야昨日政府會議에免官奏本을提出하얏다더라

●敎科質問 大韓自强會에서學部新編한敎科書에對하야其編輯之如何와實施之與否를質問次로總代尹孝定張志淵金相範三氏를昨日下午一時頃에該部로派遣하얏는티大臣李完用氏가政府會席에進參不在함으로質問을不得하얏다더라

●白黑從便 警務廳에서巡檢이闕內에因公出入할時에白服을不着케함으로當此蒸暑에甚是難便지라主殿院照會하얏는티自今以後는巡檢지出入闕門時에白黑服을從便着用하고不爲禁斷하라신 處分이下하옵셧다더라

●府司一進 連山郡에셔吏屬輩가一進會에往하야本郡守의게凌辱狼藉한事가有한티其實을探查次로該道觀察府警部署巡檢金弼洙가관察使의秘訓을帶有하고該郡에出張하얏다고內部에報告하얏다더라

●崔林到隊 再昨日下午八時에京釜鐵道終列車로崔益鉉林炳瓚等十三人을日憲兵이押領着京하야即時憲兵隊에交付하얏다더라

●崔氏通文 全羅北道觀察府에서崔益鉉氏通文을政府에報來하얏는티其大槪를據한즉日本이對韓虐行을條條論駁하엿고伊藤씨가勒約定約과니大址餘은皇室懿親으로前後條約을締結事實으로大逆不道로聲討하얏는티自縉紳以下로至於僧徒ㅅ지火藥을一斗式持來하라하하얏다더라

●移接停止 議政府를貞洞으로移居하라신處分이下하신지라朴參政이上奏하기를政府建築物暫爲權設則昨移今遷이有碍事體라하야停止하얏다더라

▲議案解決 昨日上午十時븟터政府에서開會하얏는티移民條例를勳施次로통監署리鶴原定吉氏가參席하얏고其他議案은巨濟郡守尹相우氏가經리院所管公穀을恤民次로擅賣한事로免本官하고洪州郡守尹始永氏는義兵援助事로免本官하고海州郡守에呂仁燮洪州郡守에劉猛□□郡守에李奎白巨濟郡守에李敎承伊川郡守에石明선橫城郡守에金□與豐德郡守에□璟烈氏를叙任하고警務局을一等으로陞等하고各관察府에警務官以下巡檢을擴張하고日本警視以下巡查를聘入하고其外에奏任官免懲戒와經費支出件이오移民保山條例는多少變更한句語가有한故로參政以下가鶴原氏와一場卞論하얏슴더이라其可否結果는次號에更載하깃노라

●對會質□ □據裁判所首班判事李秉輝氏가法部에청願한되本職之無似는無容贅陳이나一進會之動輒詰駁에泛稱以不公이라民必不服이라하야遍使停訟한는行爲가係是法外니本職之行政不公과民心之不服事實과該會之□使停訟한는權限을不□不一一質明이오니該會民과一場質辨케하라하얏더라

●海介押上 同日義兵首領崔益鉉氏가海美郡에入處하얏다더니郡守閔泳輝氏가내應有하다하야閔郡守를日憲兵이再昨日押上하얏다더라

●前進興況 즁署河橋私立前進學校의創立한趣旨는本報에已揭어니와校監□源植氏와敎師崔秉相安鳴濬崔秉旭梁晉煥諸氏가諸般學課에熱心敎授하야豈從不息함으로學徒가日日增加하야百餘人의達하얏는딕實로前進의狀況이恰有하야該校命名을實踐하리라더라

●閔相反對 좌秉□氏가議政大臣을大拜하얏는딕大臣以後에奉勅코政府에셔奉行하고勅紙는中樞院에셔依閔議政例하야擧行할터인딕閔議長이反對하기를此規例가日本制度를依倣한다하나姑無制定官制인즉本院에셔不可擧行이라하야勅紙는尙未捧呈하얏다더라

●日兵卒府 光州관察使李道宰氏가昨日내部의電報하기를日兵一百二十名이본府의早□入來라하얏다하얏다더라

●내部權限 내部大臣權限이漸益活動하야三百四十餘郡郡守와本部所屬官吏七十餘名과各관察府警務官十三人總巡五十二人警務廳警務官八人邊外의四人관察府主事與漢城府主事七十名이地方局長崔錫夏屬漢城判尹朴義秉의一手로販賣한後의야立落이判定한다하는티合郡事件은崔局長이總管操縱한다더라

東京電報

●電信敎導入隊擴張 十八日午後四時半發

日本陸軍의셔는電信敎導大隊를擴張하얏더라

●外務屬雇聘 上仝

日本外務屬鈴木登太郞氏는參事官으로昇任하고韓國政府의雇聘되야學部移民事業의干하야擔任한다더라

吾儕는鈴木氏의歷任함을致賀하거니와但移民事業은聞且句管의至하기가殆不寔結이니큰弊와□想의는日본政府가無速太多가若此之甚이라하노라

雜報

●濟民呼冤
義州民의投函을據ᄒᆞᆫ則近日桑港에有天災地震라ᄒᆞ니我義州之人은寧被天災地震ᄒᆞ야轉瞬間에致斃則可謂自身之幸이로다不忍當이며不忍見이며不忍聞ᄒᆞᆫ것은警務廳官吏之惡慣肆毒이라原巡檢二十名과加設巡檢五十餘名이如飢鳳之情態遍散街路ᄒᆞ야或云道路不潔이라或云夜燈早吹라포捽無雙라가以縛合으로如强盜之一般으로縛打而捉去其廳ᄒᆞ야先次懸刑ᄒᆞ고以四間着枷嚴囚ᄒᆞ며昨年下有司崔信模ᄅᆞᆯ誘因ᄒᆞ고鴉烟罪라錢二千兩과中費贖六百兩이며洪司果奇巖을捉囚에不打ᄒᆞ고族人洪進士在輔며監理長番執綱金永煥이가居間錢一千兩이며贖費三百兩을生色이라ᄒᆞ고日前曾經侍從副卿金頊濬子을亦捉得於妓家ᄒᆞ야緊縛猛驟이況如鷹搏擊雉며猛然這飢虎가狗를幸得ᄒᆞᆫ듯敺去嚴囚ᄒᆞ고一場懸刑에錢二千兩과贖費五百兩이며崔君子는着枷亂杖이니無乎孔方兄奈何오山紬一疋錢二百兩의並放送ᄒᆞ고外他許多網民之事는紙筆難記이온데監理使[illegible]氏가[illegible]歸來後로頗敗在年少之[illegible]三命五申이若存若無인則[illegible]巡檢이自稱[illegible]라行悖無比인ᄃᆡ何商賈이던지不貸銀錢이며不貰物件이면未免大禍라ᄂᆞᆫ이當面言及라가必施大毒이라近日總巡朴文淵氏가自京下來ᄒᆞ야石先蓬爲名者을捉致肆毒ᄒᆞ며劉[illegible]章이가暗托于賣報總이라派送雙巡이며許多肆毒이有ᄒᆞ고且本年正月初九日夜朴文淵이가與妓春紅으로渠妾家에셔餅湯會를開ᄒᆞ고暗使私人主에買鴉烟吸之ᄒᆞ며

特別

○特別社告○
本社에셔申報代金을先推ᄒᆞᆫ後發送ᄒᆞ기로定規이온바近來各地方購覽ᄒᆞ시ᄂᆞᆫ處에셔或二三朔或三四朔條를全不送交ᄒᆞᆫ處가有ᄒᆞ온즉勢不得已來七月一日브터未捧各處에ᄂᆞᆫ本報를停送ᄒᆞᆯ터이오니照亮後卽速淸交ᄒᆞ심을務望
大韓每日申報社　告白

特別

스며朴文淵之有烟癮은一州共知며百姓之鴉片材具ᄂᆞᆫ文淵之家의以法奪置之ᄒᆞ고或給親知ᄒᆞ며或送沙河子破賣ᄒᆞ니是何惡習이며爲先一言이京中最貧者가以判任總巡으로買妾大家의有肥馬輕裘ᄒᆞ고近日以紗羅之衣로馳騁灣上ᄒᆞ니此等之人을若不免官懲戒면京師と[illegible]人과如ᄒᆞ거니와義州人今將何如오所以로每日五鼓向天祈禱이더라[illegible]連名仰陳ᄒᆞ오니登載報上은在於任意오不在仰托이외다若載姓名이면踏報之日에ᄂᆞᆫ決未免杖斃故로如是草草라ᄒᆞ얏더라

●儒生金相煥趙東根朴齊根李建浩等이一進會에公函이如左ᄒᆞ니
近聞自貴會以移民式須布之意勸告于政府云果然否貴會僉員亦大韓父祖以上五百年受大韓之恩衣韓衣食韓食生斯長斯之人也今國事艱危主於末如之境則同當苦心憤血肝腦塗地期復我宗社壇土乃我韓臣子之當然而豈忍爲他人設會爲人樂歌欲滅我 宗社生民乎昨年之宣言書今番之勸告說果能出韓人口乎皇帝陛下則謂曰可歷政府大臣則謂我掌握數萬同胞則謂曰可歎然獨不畏列聖朝在天之靈能無愧乃祖乃父地下之竟乎我不欲與노노로熱思之鬼

●兩氏義助　大丘郡私立師範學校學監金容璿氏와前主事朴廷佑氏가京城孤兒學校에來到ᄒᆞ야該校實況을觀看ᄒᆞ고不勝感激ᄒᆞ야金容璿氏ᄂᆞᆫ探出行橐ᄒᆞ야捐助一圜金ᄒᆞ고朴廷佑氏ᄂᆞᆫ每朔에以一圜式補助ᄒᆞᆯ意로錄名而去ᄒᆞᆷ이該學校에셔兩氏의義心을稱賛不已라더라

●嶺學風潮　李根호氏가大丘관察使遞任後에醜聲을一洗ᄒᆞ고져ᄒᆞ야道內의學校擴張事를上奏ᄒᆞ야[illegible]某某人을廣[illegible]下送ᄒᆞ야爲先校士를付之學校ᄒᆞ자ᄒᆞᆫ즉一道士林이搖動ᄒᆞᆷ으로不得遂意라내下錢은各學校에不得不須給이오今此申관察이熱心으로學校를振興ᄒᆞᆫ즉四十二郡이咸曰申氏오李氏ᄂᆞᆫ少無一效ᄒᆞᆫ지라李根호氏가大發猜心ᄒᆞ야使雜號로國民新報를結締ᄒᆞ야歷次揭佈ᄒᆞ며稱設學校ᄒᆞ고各部人民의財勤斂ᄒᆞ야申관察이沒晙ᄒᆞ얏다ᄒᆞ니慶北士林이上京질鬧ᄒᆞ고卞明ᄒᆞ얏거니와李氏ᄂᆞᆫ只有猜人之心이오人民開發之心은少無ᄒᆞ니此可謂大官國務者乎아ᄒᆞ고慶北儒生이昨日鍾路의셔一般演說ᄒᆞ더라

●論儒者之通弊明孔孟之眞意홈
연說　大垣丈夫
通譯　鄭雲復
滿堂紳士諸君이여청컨ᄃᆡ暫時靜聽ᄒᆞ시ᄂᆞᆫ榮을賜ᄒᆞ시오夫政治를放論高言ᄒᆞᆫ진된연者도意氣가軒昂ᄒᆞ고聽者도壯絶痛快ᄒᆞᆷ이極ᄒᆞᆫ지나然이나古書의就ᄒᆞ며事實의基ᄒᆞ야周到愼密히講연ᄒᆞᄂᆞᆫ學術上연說은연聽兩者가俱히壯快ᄒᆞᆷ을感치아니ᄒᆞᆯ터이나能히완索ᄒᆞ면도로혀大段히啓發處가有ᄒᆞᆯ진저但耶蘇、孔孟、釋迦三聖은世界大聖이라　미完

●正誤　昨日本報養閨義會補助廣告欄內에參書金得鍊氏를以判書로誤植ᄒᆞ얏고補助金은新貨二字가脫落홈

廣告

株式會社大韓天一銀行增資株式募集廣告

一本銀行은從來의行務를整理ᄒᆞ야서光武十年發布ᄒᆞᆫ行條例와銀行條例施行細則을遵ᄒᆞ고定款을改定ᄒᆞ와資本의增資를爲ᄒᆞ야營業繼속을ᄒᆞ라이니各自協贊ᄒᆞ심을切望ᄒᆞᆷ

一繼續認可年月日　光武十年六月十八日

一總資本金拾五萬圜　壹株金五十圜式이니總株數三千株

一舊株金五萬六千圜　此株數一千百二十株一株에對ᄒᆞ야二分一金二十五圜式先납이오

一增資追募株金九萬四千圜　此株數一千八百八十株

一追募株第一回拂납金額　一株에四分一金十二圜五十錢式拂납케ᄒᆞᆷ

一請入方法　增資株式請入證書에相當ᄒᆞᆫ株數及居址를載ᄒᆞ고署名捺印後請入ᄒᆞᆯ事
但請入證書所用되면本銀行에請求ᄒᆞᆷ이可ᄒᆞᆷ

一請入期限　六月二十日爲限

一請入所　大廣橋北川邊株式會社大韓天一銀行

一株式을募集ᄒᆞᆫ後應募數가追募株一千八百八十株에超過되면本銀行에서決議處辦ᄒᆞᆷ

一其他未詳事는請入所로來問ᄒᆞᆯ事

光武十年六月　日

株式會社大韓天一銀行

鍾路布廛□□豐局을李進士會來氏가本人의게傳授ᄒᆞ야仁港經峴에移設ᄒᆞ고高明醫□朴準榮氏와同事ᄒᆞ야□繼嗣丹과水眼藥과珊瑚紫□膏와小兒癇□에鎭癇散과燦□에軟硬散과徵瘡丹痔疾方秘傳膏酒良等神效藥品이多有ᄒᆞ오며貧寒의게는無價酬應도ᄒᆞ오니勿論某病ᄒᆞ고來問ᄒᆞ시옵

仁港杻峴
開豐局主人　송智仁　告白

◎刑法大全　一帙定價金 新貨六十錢
牧民心書　一帙一圜二十五錢
□談叢□　一冊　七錢五厘
溫故知新堂□鈔　七錢五厘
父師必須小學指南　七錢五厘
人工□□鑑　一冊　十五錢
萬國地誌三冊　一圜
農政新書　五十錢
法學通論　一圜
尺牘完編　一圜五十錢
大韓地誌　七十五錢

發賣所　布屛門下金相萬書舖 大韓每日申報社

◎九轉靈砂라　本□□□□□□□□□□□□□□□□□男女老少에無論何症ᄒᆞ고適□ᄒᆞ오며無病時에도服ᄒᆞ면平生의身體가健康ᄒᆞ며小兒는□□□□□□□□□□無病ᄒᆞ가를擔保ᄒᆞ오며

◎九轉靈砂萬靈丹은癲狂　□症과中風諸疾과耳目諸病과諸疾에神效ᄒᆞ오

◎九轉靈砂保命丹은□□小兒　驚風　□□　□□　□□殺疳과婦人帶下症에□效ᄒᆞ며

◎九轉靈砂濟衆丹은酒滯　食滯　血積　吐瀉　霍亂　瘧疾吐血　下血　運氣　時疾　痛症에神効ᄒᆞ오

◎九轉靈砂紫金丹은痔漏　□□　上消瘡　下消瘡及廣瘡과諸般毒瘡惡種에無不神効ᄒᆞ오니　僉君子는來購ᄒᆞ시오

內需司前독갑이골上隣第一家　李鵬廷　告白

一□□□□□牛乳
一□印□□□□牛乳
一□□家用□化乳□
一□□□□□□□□
□牛□

仁川港 大□ 洋行

以上三種은上品으로製造ᄒᆞ야衛生上에至極有益ᄒᆞ□□□□□□□□□□

明治卅八年八月十二日 第三種郵便物認可 木曜日 西曆一千九百六年六月十九日

第四百[illegible]號

大韓每日申報
대한매일신보

第二百[illegible]

月曜及慶節臨時日休刊

檀君開國四千二百三十九年
箕子元年三千二十八年
大韓開國五百十五年
日本明治三十九年
淸國光緖三十二年
陰曆丙午閏四月大三十日丙申

論說

武士與外交

日本砲隊가宮闕繞路에서驅而周行ᄒᆞᆷ을聞見ᄒᆞᆷ이今過六個月矣라韓廷大臣幾人이日人之喜新條約에贊同調印ᄒᆞ던十一月十七日夜와及其翌朝에此隊之行이異矣러니今日에復見此隊之行繞宮闕ᄒᆞ니其相應之致ᄂᆞᆫ是乃不美之兆어니와大元帥와津子爵과海軍大臣伊東子爵兩氏의今在한城을同想컨ᄃᆡ不吉之兆가尤甚表著矣며且韓國高官數人이被捉於日本憲兵ᄒᆞ야各當照刑ᄒᆞᄂᆞᆫ來報와一進會民이此帝國을以共化組織ᄒᆞ기로提議ᄒᆞᆫ다ᄂᆞᆫ風說을ᄒᆞ加於此機면 皇帝及其下閣臣의幾許驚恐은無怪ᄅᆞ다本記者ㅣ遠今聽聞컨ᄃᆡ日本人이以移民及礦山條例로 皇帝께即達ᄒᆞᆷ은姑未有之나政府大臣을因惱ᄒᆞᆷ은尙今繼續ᄒᆞ니日本의有名ᄒᆞᆫ武勇及文明이今安在哉오漢城에ᄂᆞᆫ未存이라帶其憲兵及砲隊ᄒᆞ야自國貪欲提議에[illegible] 皇帝之順從을試圖ᄒᆞ며韓國憲兵으로成立ᄒᆞᆫ無辜ᄒᆞᆫ一進會를使用ᄒᆞ야 皇帝之近侍及忠告者를脅迫ᄒᆞ나니最先開明ᄒᆞᆫ英國의同盟이其何如彼樣也乎아

然이나韓國 皇帝及政府의責任及政策은顯然ᄒᆞ니責任은人民의自由及權限을安全保護ᄒᆞ거시며政策은日本의提議를反對ᄒᆞ야兵威或反亂의脅迫에有ᄒᆞᆯ지라도期於不聽ᄒᆞᆯ거시라若政府가强硬獨立ᄒᆞ면日本은無所能行이니日本이不敢用武力ᄒᆞ리로다重疊聲言ᄒᆞ노니日本이不敢用武力ᄒᆞ리로다

日本의長技ᄂᆞᆫ惟在於恐嚇ᄲᅮᆫ이니若恐嚇이不能成功이면復依一進會ᄒᆞ리니然이나現今地方擾亂을彼自鎭壓ᄒᆞ나니一進會의非激行動도彼必反對ᄒᆞᆯ지라日人恐嚇이雖多라도韓國에有何所畏리오彼若能於敢用武力이면ᄂᆞᆫ運用之日이已久矣리로다韓國政府의今日任務ᄂᆞᆫ自行道理上에靜穩做去ᄒᆞ고日本의陰謀或公然之行을不顧ᄒᆞᆯ거시로다

官報

●號外 光武十年六月十九日

◎敍任

[illegible]正一品[illegible]

任議政府議政內臣[illegible]

六月十八日

●三千四百八十四號光武十年六月二十日

◎宮廷錄事

軍部大臣陸軍副將勳一等臣李根澔謹

奏前陸軍步兵正尉李祖鉉李龍薇以下連獄事免官流配而旣蒙 特放前陸軍一等軍司尹錫大以楚山郡人民命案事已經照律流配而亦旣 特放特免懲戒前陸軍一等軍司李承弼以隊費欠逋事免官前陸軍步兵副尉韓元敎濟州地方隊在任時因民訴捉上京路逢原告毆打事免官前陸軍步兵副尉沿英補缺後格不赴隊事免官而俱已年久可合想亦蒙免懲戒何如謹 奏

光武十年六月十二日奉

旨依奏

宮內府大臣署理宮內府協辦臣閔泳植謹

奏侍從院御金昌鎭主殿院警衛局總巡李承鏞吳斗泳俱任限已滿而復期已滿矣幷起復視務何如謹上 奏 光武十年六月十五日奉 旨依奏

議政府參政大臣朴齊純內部大臣李址鎔謹

奏洪州郡[illegible]宣論使洪州郡守尹始永奉 命前往措處失當民不服乎[illegible]至不無不變遞該官論使爲先解任何如謹上 奏 光武十年六月十六日奉 旨依奏

禮式院掌禮卿臣金[illegible]軾謹

奏即接漢城府尹署理長湍郡守尹宗求報告書則以爲麗顯陵參奉王台根照會니陰曆正月初八日夜不知何許賊漢本府靑郊面排也洞所奉麗朝

成宗康陵毀破長廣各五六尺其深十餘尺同月初十日夜同面陽陵里所奉麗朝

定宗安陵毀破長廣各六七尺其深二丈餘同月十二日夜黑衣賊幾十名放銃猝入北東面昭陵所奉麗朝

元宗韶陵犯毀陵上同月十三日夜中西面鵠嶺里七陵洞所奉麗朝第六陵又有變警而其犯長廣六七尺其深十餘尺云故此爲馳進看審則各陵犯毀處果如本陵官照會矣莫重之地似此作變連續而甚不勝驚悚作變之際刻期譏捕而修改之節一時爲急云連接長湍郡守尹宗求報告書則本郡所奉麗朝

文宗景陵守護軍朴介奉所告니陰曆二月初八日不知何許賊한毀破陵上云故即爲馳進看審則陵上北方毀破周回以山尺爲兩尺五寸深丈爲兩尺賊犯期於詗捉而修改之節時日爲急云矣守護之地有此無前之變也極驚駭作變之한刻期詗捉照法勘處有[illegible]隨修改日節令地方官從便擧行旣有已例今亦依此擧行事分付何如謹上 奏

光武十年六月十七日奉

旨而代陵寢連有此變不勝驚歎該犯不日詗捉照律嚴飭修改之節依已例令地方官斯速擧行修改事[illegible]遣秘書丞致祭

章十臣朱錫冕[illegible]辭職疏

批旨省疏具悉未暇願私不容支煩卿爲辭遂 六月十六日

侍從院副卿方時容辭職疏

批旨省疏具悉所請依施

六月十七日

未完

外報

●第二回戰爭說 日俄戰爭이結果된[illegible]皇帝[illegible]預言ᄒᆞ시기를日俄兩國[illegible]에和議權을爭ᄒᆞᄂᆞᆫ結果로未久에第二回大戰爭[illegible]起ᄒᆞ리라ᄒᆞ셧고又美國[illegible]推測ᄒᆞᄂᆞᆫ者가有ᄒᆞ[illegible]又俄國政治官報[illegible]著述ᄒᆞᆫ[illegible]도[illegible]媾和의[illegible]ᄂᆞᆫ且一時休戰ᄒᆞᆷ이不過ᄒᆞ고俄國이來五六年間에日本과再次交戰ᄒᆞ리라ᄒᆞ얏ᄂᆞᆫᄃᆡ前氏가曾往著述ᄒᆞᆫ書冊에도今番日俄戰爭이된ᄃᆡ預言ᄒᆞ고又俄國이敗北ᄒᆞᆯ줄을預想ᄒᆞ얏다더라

●淸廷抗議 北京電을據ᄒᆞᆫ則淸國外務部ᄂᆞᆫ俄國公使에게對ᄒᆞ야俄淸談判未定前에森林伐採와鑛山採掘及土地占有其他各樣의違法行爲를中止ᄒᆞᆯ旨로强硬히抗議ᄒᆞ기를及ᄒᆞ얏ᄂᆞᆫᄃᆡ俄此等抗議ᄂᆞᆫ今日까지再三反覆ᄒᆞᄂᆞᆫ貌樣이라더라

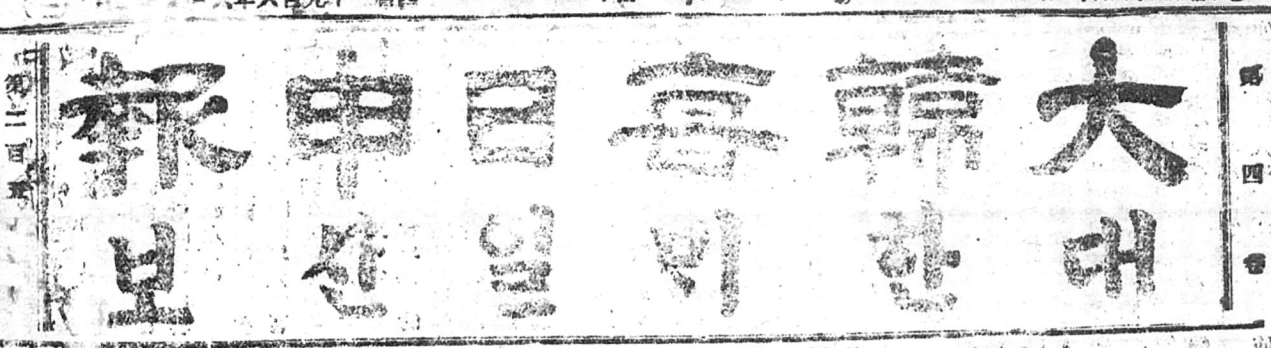

●伐林會社 北京電을據ᄒᆞᆫ則淸國外務部에서ᄂᆞᆫ日本公使의게對ᄒᆞ야已往淸日兩國이協議相約ᄒᆞᆫ鴨綠江森林會社設立準備에旣爲調査ᄒᆞ얏스니至急히委員을派遣ᄒᆞ야日淸合同森林會社設立方法을打合準備이고兩國에材木採伐ᄒᆞᆷ을禁止ᄒᆞ자고第三次照會가到ᄒᆞ얏다ᄒᆞ더라

雜報

去土曜日大韓自强會에서官尊民卑의獘害란問題로鄭雲復氏의演說이如左하니

本問題는一箇月前本會通常會에揭佈하얏다가時間의差晩함을因하야延期到今하니本日은自有研究之眼이니와諸君은不無만與之歎일가하노이다殖産教育兩者는我會의大目的인데官尊民卑의獘端이右目的에對하야重大한關係가有한故로猥越함을不避하고愚見을敢陳하더이오니惟祈諸君은靜聽焉이어다

夫國家社會의組織된原由를知코자할진댄天道를推究할지로다 皇天이冥冥作之하사萬物이各得其所하며各得其榮케하시니草木禽獸昆虫稱蹤이俱是兩露和煦中生息之物이라孰敢曰尊이며孰敢曰貴리오國家社會組織이亦如是하야聖天子在上하시고朝廷百執事及士農工商四民이俱是德化中涵養者也ㅣ니孰敢曰尊이며孰敢曰貴리오然則所謂官人이本非別樣人物이오一般國民中에서才德兼備한者를選拔하야上以輔君之聽하며下以保民之生케함이니(我國現今官人은쎄고말이오)立于朝則爲官焉이라가退于野則更爲民이라其區別이素無커든差等이豈有하리오다만公과私의別이有하니卽官職과官人의分界가是也ㅣ라官職은國家之公器也ㅣ오國法을執行하는機關이니一般國民은其公器와機關을尊敬하며服事함이오其人을尊敬하며服事함이아닌줄을알거시어날職務를處理할時에國民이服從함을見하고職務以外에在하야도其威權을濫用하니진실노誤解함이라하도다文明國에서는此公私之別이嚴立하야大臣이라도私席에在하야는其言語動止가與平民無異하야和氣藹然하도다譬컨데우리會長이會席에在하야는一般會員을指揮監督하며一般會員도亦是服從하는義務가有하되少頃後에會席을離하면與我一般에라彼此에豈有指揮服從之理哉아

雖然이나我國엔都無何等分別하고官民의尊卑가懸隔함에至하얏스니可勝歎哉아今에其由來를槪略說明하오리다

夫一箇人이合하야社會를成하고社會가合하야國家를成함은諸君子의稔知하시는바이니本員이說明할必要가無하거니와東亞古今을勿論하고國家의成立이完全한者는社會의名目이多且盛할지라 未完

●監督報告 日本留學生監督韓致愈氏가學部에報告하기를留學生中金河龍等四人이陸軍學校에入學함을請願하기로列錄仰稟하니交涉於統監府하야使之許入케하라하얏다더라

●基址契約 政府에서統監府照會를因하야日本東京在前公使館이今爲留學生監督府則前公使館基址契約書를爲其消滅而今訂契約이事係妥當故該契約書를謄附送交하니照亮辦理하라하얏다더라

●日士官視務 한城師範學校速成科學員의體操와敎授함官을自日本守備로派 視務가事係未經督査服指令하라하고該學校長이學部에報告하얏다더라

●兩氏처辦 平壤院檢事李主桓李健鎬兩氏가聯名請願于法部하되本職等이素以無似로猥忝司法之職하야夙夜寅畏하야惟公平是務矣러니曚彼一進會가賊勸告政府以免官하며賊창駁본職以辭職하야泛稱不公平이라하고又云民心不服이라하야以至告白於國民新報하야民刑事訴訟을一切停止하얏스니是지等之聽理不公과議會民之籌法行動을不瞻不質下乃已이오니議會長을函令拿致懲辦하라하얏다더라

●合郡作定 地方制度를改定하야廢合道郡하는事가次第內定하는데十三道는如前仍置하고郡은二百八十餘郡이라더라

●星倅肆貪 星州郡守金興䝨氏가奸吏와符同하야結錢十萬餘兩을稱以吏逋淸勘하고與吏輩分食한後에民間의再徵하니民怨漲大하야將欲奔訴於京部하고且高靈安林驛이星州와互相壤接而該驛民有田畓五十餘石落을金郡守가稱以荒蕪耕墾하고誣報上府得題하야斗落價至葉白兩者를起耕費라고三兩五錢式出給하고威脅勒奪하니安林人民이奔邑間呼冤하되該郡守가 英親王宮에納上한다恐喝하야民怨이未伸에怨聲이載路하다더라

●養成設立 大丘郡守金漢鼎氏는觀察使申泰休氏의熱心興學을協力贊成하야各校를設起하는데現今養成學校는確實成立함으로學徒가云集하야興旺한狀況이有하다더라

●假義行盜 德山郡守俞致稷氏가內部에報告하기를陰本月初六日에稱以義兵五六十名이各持銃검而突入本郡하야破碎櫃子하고捧留結錢八百十三兩零을以하고朝夕酒食肉卓價二百七十兩五錢을推於본郡하라고直向他處矣라不耐店主之呼寃하야不得已依數出給則前後合爲一千一百二十兩五錢이라莫重公錢을有此見失하니不勝悚悶이라하얏더라

●警使新任 警務使徐相大氏는奉常提調로新任하고朴承弼氏가警務使를被任하얏다더라

●美人設店 端川郡守의報告를因하야觀察使가農商工部에報告하되本郡斗日社五乙足里檢德御地는古來銀礦으로廢抹年久矣러니四月晦間에美國人二名이來到着色役에一名은取金色石而去하고一名은設店하고鑛役爲計라하니外國人之汗만設店이公法所在에不勝寒心이라該礦은已有認許인지査照回指하라하얏더라

●宮大署理 宮內大臣李載克氏는益加調理行公하리신疏를洊上하얏는데前內部大臣李容泰氏가署理大臣事務를被命하얏더라

●派兵鎭壓 全南觀察李道宰氏가內部로報告하되本月九日에韓兵五百名이自公城郡으로發向北道淳昌之由는昨已報告而本駐隊已派之六十名이寡不敵衆이恐有소虞하오니自鎭隊로電報軍部하고小隊長俞明燮으로加派兵三十名을領率하고本月十一日에前往玉果等地하야觀勢鎭壓케하얏다더라

●宣諭辨悟 慶北宣諭使安鍾惠氏가內部로報告하되본月九日에到眞寶郡하야招集大小民人에佈論詔勅하고同十日에抵到英陽郡하야先岐嗣採則義兵이乘若烏合하고歸若鳥散이오며日兵九名과大丘鎭衛兵二十名이來駐본郡이라가日兵則向往禮安郡이옵고一境이靖일에今無務民聚合이온고로當日에馳往安東郡이라하얏더라

●恤金揭報 統監府에서政府로照會하기를桑港居留韓民이震災遭害로救恤하기爲하야人民이恤金을募集한다니從前查報하야(桑港韓民八十五名無害)官報에頒布하야使民解惑케하라하얏다더라

●日兵排留 金羅道通信을據한즉日兵八百名이一省內에排實次로木浦에南下하얏다더라

●學徒回國 俄國에留學生某某大官의子姪들이俄日開戰以後에學費를不付함으로丐乞回國하야再昨日釜山에到着하야昨日入城하얏다더라

●移礦兩條例 統監府에서迫청하는移民礦山兩條例提出諸件을姑未得見이나確報를聞한則兩條例末段에有云하되雖有皇帝陛下의裁可라도統監府에經由치안코는准施치못한다는何語가有함으로朴參政僚儂大가此何意變이냐하기前에는不可締約이라하나極明反對하다니皇上陛下의裁可는無기하고全히統監府手中에入하기에准備함이니閣에서的確히同意를辭却한다하니此兩條例의본之提出이不可치아닐것은明確하도다

東京電報

●義王歸期 十九日午後二時半發

義親王殿下께서는明廿日夜에與津에서辭途하야來廿五日午後下時에馬關을發하야歸國하신다더라

●銀行利率一定 上仝

日本銀行本店及支店出張所의爲替를發하고本店同樣의利率노할事로決定하얏더라

●海參威危險 下仝

海參威에八港하는船舶은水雷에觸할危險이有하더라

루터電報

●위소無秩序 十八日午後二時半發

露國위소地方에서는革命派로因하야兵士와警官等의殺害함이切迫하더라

●猶太人哀訴 上仝

露國議會의猶太人議員은在倫敦猶名士의게電報하야猶太人을逆殺하기를始하라하니我等을求하기爲하야全力을盡하여달나고哀訴하얏더라

雜報

●論儒者之通弊明孔孟之眞意

연說　大垣丈夫
通譯　鄭雲復

余輩凡人之身으로ᄂᆞᆫ實로世界大聖의眞意를說明ᄒᆞ라고放言ᄒᆞᆫ所謂聾盲評象의치笑를不免ᄒᆞᆯ지라然이나抑本題를揭出ᄒᆞᆷ에至ᄒᆞᆫ動機ᄂᆞᆫ世上論者中에詩書六經聖賢之道를遵奉ᄒᆞᄂᆞᆫ支那朝鮮에旣히今日과如히衰弱ᄒᆞᆫ以上에ᄂᆞᆫ到底히經學은有害無益ᄒᆞ고文明新學의本旨에背反ᄒᆞᆷ인즉斷然히廢止ᄒᆞᆯ거시라ᄂᆞᆫ說에對ᄒᆞ야余ᄂᆞᆫ支那朝鮮의衰弱ᄒᆞᆫ所以ᄂᆞᆫ決코經學의罪가아니오學者가聖賢之道를活用치못ᄒᆞᆷ의由ᄒᆞᆷ이라論辨코져ᄒᆞᆯ분而已라

夫我日本의文明은譬컨ᄃᆡ儒敎의身體에西洋科學의衣服을纏ᄒᆞᆷ이오一朝에新造ᄒᆞᆷ이아니니看ᄒᆞ시오全國幾百萬人의學生의게訓示ᄒᆞᆫ바敎育勅語ᄂᆞᆫ儒敎의神髓로써組成ᄒᆞ야國民精神의基礎를忠孝二字에置ᄒᆞ얏스니誰가儒敎를有害無益다ᄒᆞ리오特이有文字以來로國民의腦髓에浸染ᄒᆞᄂᆞᆫ儒敎의大義ᄂᆞᆫ一朝에廢止ᄒᆞᆯ거시아니오東方聖天子의國家ᄂᆞᆫ儒敎로써經을삼고文明新學으로써緯를삼아今日의進步發達을致케ᄒᆞᆷ은余ᄂᆞᆫ何人前에對ᄒᆞ야保證言ᄒᆞᆯ바인즉我國의文明으로써西學의結果라ᄒᆞ야儒敎의無益을談치말나儒者가空言에馳ᄒᆞ야實効를務치아니ᄒᆞ고古를是ᄒᆞ며今을非ᄒᆞ야世之進步開明에妨碍가有ᄒᆞᆷ은可히爭치못ᄒᆞᆯ事實이라此通弊에陷ᄒᆞᆫ所以ᄂᆞᆫ全혀左開事情에依ᄒᆞᆷ이니　未完

●日語叙任　內部臨時治道局을土木局으로改定ᄒᆞ야經常局으로設立ᄒᆞᆯ터인데度支部에셔聲言ᄒᆞ기를該局長은日語能解者로叙任ᄒᆞ여야顧問官이月俸을支撥ᄒᆞᆯ터이라ᄒᆞ얏다더라

特別

○特別社告○

本社에셔申報代金을先推ᄒᆞᆫ後發送ᄒᆞ기로定規이온바近來各地方購覽ᄒᆞ시ᄂᆞᆫ處에셔或二三朔以三四朔條를全不送交處가有ᄒᆞ온즉勢不得已來十月一日붓터未捧各處에ᄂᆞᆫ本報를停送ᄒᆞᆯ터이오니照亮後卽速淸交ᄒᆞ심을務望

大韓每日申報社　告白

●師依基督　韓國人民이外人의虐待를不堪ᄒᆞ야歸化ᄒᆞᆫ바가無ᄒᆞᆷ으로數年間基督敎를崇信ᄒᆞᄂᆞᆫ者가夥多ᄒᆞᆷ으로美國宣敎師가言ᄒᆞ되韓國은將次基督敎國이될이라ᄒᆞ더니近日移民條例의實施之說이該布ᄒᆞᆷ이該敎徒가日益增加ᄒᆞ니吾人의見에ᄂᆞᆫ韓國人民이果然該敎의自附的感覺으로其併呑을避ᄒᆞ면獨立基礎가될이라ᄒᆞ노라

●桂山困況　桂山學堂에셔學舍建築ᄒᆞ기에着手ᄒᆞ야장차一新될景況을呈現ᄒᆞᆷ인ᄃᆡ役費困難이太甚ᄒᆞ다더라

●遊宴停止　日前南門外七牌等地에셔少年輩ᄀᆞ이遊宴ᄒᆞᆷ을洞內民人處에排斂ᄒᆞᆷ으로民怨이有ᄒᆞ다더니更聞ᄒᆞᆫ즉該少年輩들이遊宴을停止ᄒᆞ고所斂錢을還爲出給ᄒᆞ다니警察官吏의禁止ᄒᆞᆫ効力인지

廣告

光武九年八月十一日 第三種郵便物認可　　每日申報　　第二百五十二號　光武十年六月二十二日（一）

第四卷

大韓每日申報
대한ᄆᆡ일신보

第二百五十二號

月曜及慶節
歲時日休刊

檀君開國四千二百三十九年
箕子元年三千二十八年
大韓開國五百十五年
日本明治三十九年
淸國光緖三十二年
陰曆丙午五月小初一日丁酉

論說

日本新報

日本에一新報가日昨에揭一論說인바其問題는韓國內日本이라俄國總領事프란손氏가自己職任에對ᄒᆞ야韓國 皇帝以外에他認可를反對ᄒᆞᆷ을關係ᄒᆞ야此報가記述ᄒᆞ얏스니

此는프란손氏가此地日本設備와及其統監稱號를不欲公認ᄒᆞᆷ이어니와於此에亦可注目ᄒᆞᆯ거ᄉᆞᆫ英淸兩國의總領事로統監의게自己委任狀을傳示ᄒᆞᆷ도未有ᄒᆞ며統監의게셔認可狀을接受ᄒᆞᆷ도未有ᄒᆞᆫ거시로다

何如던지該記者가此問題를記述ᄒᆞᆷ은自致爭與ᄒᆞᆷ이어니와概意如左ᄒᆞ니

媾和約欵보다明白ᄒᆞᆷ이更何有哉리오始言ᄒᆞ고且事實을張論ᄒᆞ되韓國內에日本政治軍略及經濟上優權을俄國이承認이라ᄒᆞ엿고現今프란손氏의態度는違戾傲慢이라斷言ᄒᆞ얏스며惟其結言은同氏의試圖가未免頑愚라ᄒᆞ얏더라

메일新報記者가本記者와如히知悉ᄒᆞᄂᆞᆫ거ᄉᆞᆫ現今外交拘碍가媾和約欵의大文을基因ᄒᆞᆫ보다同約欵의附錄을關係ᄒᆞᆷ이加多ᄒᆞ니此는其時日本全權이俄國全權의게文字上으로正式保證ᄒᆞ얏스되日本이韓國政府의認許를未有ᄒᆞ고는韓國 皇의主權을顚倒ᄒᆞᄂᆞᆫ方策을不行ᄒᆞ깃다ᄒᆞᆫ緣由로다

韓國 皇帝는有專制之權ᄒᆞ시니 皇帝가即政府요韓國外交를移去于東京ᄒᆞ며日本統監을設置于漢城ᄒᆞᆷ은主權을均是顚倒ᄒᆞᆷ이라然而此兩事가 皇帝의認許를未經ᄒᆞ얏스니此乃日本之誤算인고로患難이因此將起ᄒᆞ리로다

메일新報記者는如右事實을豈其不知리오且該記者가英國人인고로亦一恥辱於本人이어니와同報가閱讀ᄒᆞᆫ人員을誤導ᄒᆞᄂᆞᆫ줄을彼必自知ᄒᆞ리로다該記者의詳察大韓每日申報ᄒᆞᄂᆞᆫ거ᄉᆞᆫ特有其證ᄒᆞ니本報의記述ᄒᆞᆫ媾和約欵와顚末이必達於其案ᄒᆞ얏슬지라由是確言ᄒᆞ노니該記者의此論說은出於故爲요非述自己之所實知ᄒᆞ다

메日新報를擧言ᄒᆞᆷ은今乃最終이니該記者는本記者보다老成記筆이라該記者의心理之達가若出於老成結果인딘本記者는一身上危害를包有ᄒᆞᆫ今此幼少ᄒᆞᆫ之時에沒世ᄒᆞ기로自祝ᄒᆞ깃노라

官報

◉號外 光武十年六月二十日

◎宮廷錄事

詔曰懿孝殿朔祭遣大臣攝行

六月二十日

秘書監郎姜漢馨書

奏臣於陰曆閏四月廿七日申時量撤欱

聖諭馳性傳諭于忠淸南道木川郡邑內面東里議政府議政大臣趙秉鎬所住處則以爲臣於病蟄昏憒之中忽伏承千萬非常之

命 王八遠臨

聖諭誕頒臣悶悶悸恐五內失守唯伏地震越罔知攸達云矣敢

奏 答曰知道 六月廿日

宮內府大臣李載克辭職疏批旨省疏具悉卿勉病姑未夬差加調理行公仍遣府郎宣諭

六月十九日

◎辭令

奎章閣學士李容泰命臨時署理宮內府大臣事務

六月十九日

◉三千四百八十五號光武十年六月二十一日

◎宮廷錄事

侍從院副卿鄭準民辭職疏批旨省疏具悉所請依施

六月十九日

◉部令

學部令第十九號

開國五百四年勅令第八十八號外國語學校官制第三條에依ᄒᆞ야漢城南署明洞前京城學堂을官立漢城第二日語學校로定ᄒᆞᆷ이라

光武十年六月十四日

學部大臣李完用

◎敍任及辭令

○解兼任法官養成所長 法部參書官李冕宇○命兼任法官養成所長 法部協辦閔衡植 以上六月十三日○依願免本官 秘書監丞李相殷 奉常司副提調金龍基○任秘書監丞 正三品姜海○兼任禮式院掌禮 秘書監丞李範世○任奉常司提調 洪州郡守尹始永○任經理院技師 正三品柳興世○任經理院技手 九品李秉俊 以上六月十八日

雜報

水道局分課規程

第一條 水道局에工事經理所와工事出張所를寘ᄒᆞᆷ이라

第二條 工事經理所는總工費의預算決算水道維持費와給水料에關ᄒᆞᆫ事務를掌ᄒᆞᆷ이라

第三條 工事出張所는水道工事의庶務會計와工事에關ᄒᆞᆫ事務를掌ᄒᆞᆷ이라

第四條 工事事務는左와如ᄒᆞᆷ이라

工事設計實施幷監督에關ᄒᆞᆫ事項

測量製圖에關ᄒᆞᆫ事項

工事用品의檢査受拂及其管理에關ᄒᆞᆫ事項

工事用器具機械의檢査及其管理에關ᄒᆞᆫ事項

工事用品及工事用器具機械運用에關ᄒᆞᆫ事項

工費支拂證明에關ᄒᆞᆫ事項

工事用圖書類保管에關ᄒᆞᆫ事項

附則

第五條 本規程은頒布日로브터施行ᄒᆞᆷ이可ᄒᆞᆷ

外報

◉清帝還幸 頤和園에셔靜養ᄒᆞ시든淸國皇帝난既爲全快ᄒᆞ시기로去十七日에還幸ᄒᆞ시는ᄃᆡ巡警部는警部長으로路上에셔非常警護를命令ᄒᆞ셧다ᄒᆞ더라

◉英法協定 巴里電을據ᄒᆞᆫ則英國이威海衛를拋棄ᄒᆞ다는報道는姑未可信이나其殖民費用을一層減少ᄒᆞᆯ方針을持ᄒᆞ고又法國도南淸에關ᄒᆞᆫ軍事費에大減削을加ᄒᆞᆯ事에關ᄒᆞ야英法兩國間에協定을成立ᄒᆞᆷ과如ᄒᆞ다ᄒᆞ더라

◉法國과雲南 北京電을據ᄒᆞᆫ則駐法淸公使劉式訓氏가淸廷에電稟ᄒᆞ야曰法國外務省에셔照會ᄒᆞ기를法國에셔雲南에對ᄒᆞᆫ政策은但兩國通商의發展을爲ᄒᆞ야滇越鐵道의速成을圖ᄒᆞᆯ분이니妖言으로由ᄒᆞ야誤解치勿ᄒᆞᆷ을希望ᄒᆞᆫ다ᄒᆞᆫ지라然이나淸國政府에셔注意ᄒᆞᆷ이必要타ᄒᆞ얏다더라

◉新步兵操典 伯林電을據ᄒᆞᆫ則德國政府에셔는日俄戰役의經驗을觀覽ᄒᆞ고改正ᄒᆞᆫ新步兵操典을頒布ᄒᆞ야期於熱心施行케ᄒᆞ라ᄒᆞ얏다더라

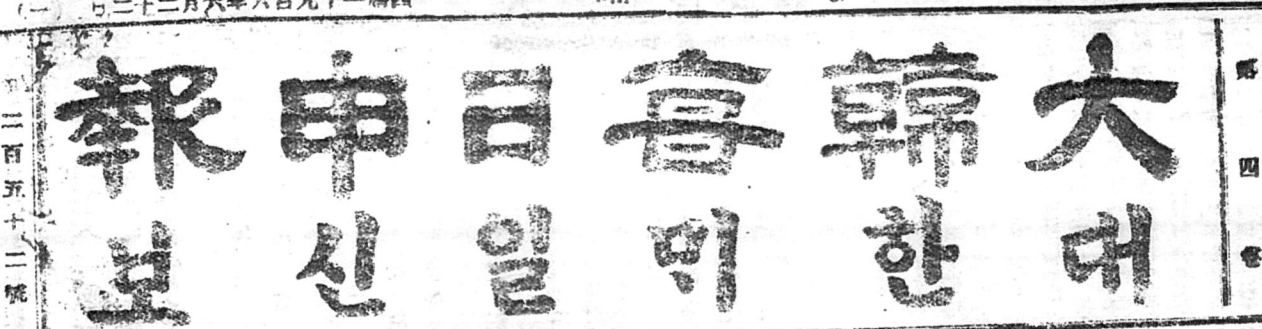

◉俄國騷動 俄國波蘭的地方에도슈도구의셔고루로스구리스지一祭의行列을向ᄒᆞ야猶太의無政府黨員에게爆裂彈을擲ᄒᆞ야卽死及負傷者가多數에出ᄒᆞ고繼之猶太人虐殺을惹起ᄒᆞ야殺傷이數百名에及ᄒᆞ고暴徒는深林속에遁逃ᄒᆞ얏다더라

雜報

●慶尙北道私立各郡學校都校長李相五의勸諭文

右勸諭ᄒᆞᆫ 夫如校之設久矣在本國朝에聖廟則尙矣而於惟我高皇帝龍興以來 列聖의承培養士氣作成人才彬彬然文物侔擬中華而泊肅廟朝設一門學特命校宮出於鄕社者衆之 聖意也猗歟盛哉南一省儒賢輩出講究天人探賾義理薰炙之德性漸染之敎化冠平諸省而稱之以鄒魯鄕者不其盛歟於乎風俗渝法久而弊生五百餘年之間ᄒᆞ야誣嬉肆騃然至於此而列邦之侮我日甚一日凡我君臣上下無激發敵愾之心哉竭我極力窮極智需世之材保民之策較欵列邦而庶尤也上可以雪 君父之恥下可以解民人之倒今日之爲臣民於我皇上陛下者苟無是心切非土類又非國民也貴省之名家世族比隣而居所謂賢設規之鄕必多向慕之誠碩祠遺跡之家孰無繼述之志其所愛 國憂君之忱固不待乎勸勉而秘支於咨年謠蒙皇恩暫按 貴省偕仍之者隆趨之如何殊不得已深諭而不無領略者存矣非曰無入而所見擧近膠守非曰不學而所習徒飾文具此雖世道之所使豈我先正遺風之鄕亦同歸於此而止乎以平日欽艶尤不勝慨惜卽於歸朝之日敢將此意 奏達天陛肆

惟我皇上陛下以宗敎之主眷眷於興學設敎而尤復於 貴省十行丹綍之文 聖詔繼繼列郡靑吾之案 咨子煌煌於乎盛矣爲貴省人士者孰不感泣思所以圖報也哉況今之觀察使熱心於此事實詔訓其爲恪勤到底無餘矣如根支之蔓에早識夫何敢與論於 貴省事而非以曾經府職故耳謬以多ᄒᆞᆫ之與忝任都校長之名業已奉聽欲辭而不敢焉矣旣帶其名則終始無一言而泯默者亦非相愛之道玆綴蕪文敢陳愚悃穢惟 僉君子不以人廢言倘採芻蕘否耶其曰學校者非別件自也

其曰新學者又非別樣事也不出乎孝悌忠信格致治平日用當行之道而니以酌古參今溫故知新者耳有何顧忌有何疑懼而使美昆彦弟孝子慈孫徒守舊陋不開新智可不惜哉如使聖人復起此世必有變通底道理而何乃固滯不通自歸於爲人奴隷耶

矧ᄒᆞ 國家興替亶係乎學校之設不設則以僉君子平昔講究不待此言而亦必有默會中如何然顧瞻觀望之頃藏月如流東易去矣徒有其名而不有其實則狗拘聖旨之道果安在哉幸須熟慮竊倣家之塾黨之庠一齊創設使人無不學學無不明一以承列聖明興學之遺化一以答大皇帝特眷之至意以爲扶 國壓禦人侮之地不勝心禱

●礦案提出 農商工部에서所管各礦이事業을擴張ᄒᆞ기爲ᄒᆞ야鑛山案을政府로送交ᄒᆞ고會議에提出ᄒᆞ라ᄒᆞ얏다더라

●照會政府 農商工部에서議政府로照會ᄒᆞ기를日本人澁澤榮一等의漢江及大同江에水力電氣營業事를送照商在於연바査事ᄒᆞᆫ則有ᄒᆞᆫ엿究竟利害를未可以遽言定奪이나本國民商人等工業實力이甚有補益이기로玆에允准ᄒᆞ고特許證을左開仰布라ᄒᆞ얏더라

●請派兵 江原觀察使署理李明來氏가內部에報告ᄒᆞ되三陟郡守鄭晋의報告를據ᄒᆞᆫ즉所管面道浚洞等地에義兵餘黨이遍行村閭라ᄒᆞ야음기探其所由則旌善郡峽中逗留之餘黨이蔚珍郡聚黨가分黨出沒故로另設方略ᄒᆞ야計將鎭壓이나滋蔓之郭를難以預度이라ᄒᆞ고連接江陵郡報則本郡望祥面한汗漁採日人八名이入郡所告內에義兵六十三名이自三陟等地로擔銃來到ᄒᆞ야放火人家惹鬧多端故로勢不相敵ᄒᆞ야逃走入來라ᄒᆞ기自本郡出砲所로征討次爲先出往ᄒᆞ며募集砲軍ᄒᆞ야方略防守之策이라ᄒᆞᆫ바匪徒之如是猖獗이誠非細故이기轉照鎭衛隊ᄒᆞ야使之派兵彈壓ᄒᆞ라ᄒᆞ얏더라

●官施恤典 京畿觀察使李根洪氏가內部로報告ᄒᆞ되金浦郡境內賊黨大熾ᄒᆞ야搶奪人財에甚至有衛火民家ᄒᆞ야高蘭石面金春夏之妻는經擾落胎ᄒᆞ야將爲致死ᄒᆞ고楓台里丞以先은被燒家屋에撲邊道路ᄒᆞ니其情이極慘이오바致死女와被燒氏의게官施恤典이라ᄒᆞ얏더라

●吊淸國義士潘公宗禮文

嗚呼已矣潘公子寅生不愧天死不怍人國士之風席上之珍方外求師海左子賓生存競爭遺値匪辰談談矣火冥冥氣滿延棟羽喘山轍鮮公法安在大義未伸忠臣殉國志士殺身冒險將壇責種比진時嗚呼哀哉公之成仁歲暮天涯落洞濱長虹氣色明月精神高樹仰連獨醒驚陶洋洋陟降庶其昊兆喚醒十四條陳欲遂公志我斯民願結團體期迷津嗚呼哀哉 朴[illegible]秉

●法之例雖의勸告 統監府勸告로平理院을法部管下로付屬改正ᄒᆞ야裁判長은法部大臣이例兼ᄒᆞ기로磨鍊中이라더라

●油鹽居留定界 統監府에서政府로照會ᄒᆞ기를油壇地德에俄國沿海州知事陸軍中將이公會ᄒᆞ기를淸韓兩國人의居留地를該油以內에定界ᄒᆞ되家舍所有者와營業者와屆傭人은該地居地에仍爲居留케ᄒᆞ고其外渡來者는該油地面에居留를別定하얏시니以此諒悉ᄒᆞ라ᄒᆞ얏다더라

●送察道府 大丘觀察使申泰休氏는一時上京ᄒᆞ얏다가昨日一番列車로歸府ᄒᆞ얏다더라

●發令免官 統監府에서內部로公函ᄒᆞ기를豐基郡守李載馨이가義兵을庇護ᄒᆞ야踏印行令ᄒᆞᆫ바가有ᄒᆞ니則爲免官ᄒᆞ라ᄒᆞ얏다더라

●伊藤渡程 伊藤博文氏가渡韓次로再昨日發程ᄒᆞ다고電報가統監府에來到ᄒᆞ얏다더라

●宣諭無効 慶尙北道宣諭使安鍾德氏가義兵長宣諭次로安東等地에前往한則義兵이安氏를捉致階下ᄒᆞ고大言曰爾有義理之人으로賣國逆賊에守宰를得作ᄒᆞ얏스니所當誅斷然百이되此是口頭之計라特爲容恕어니와吾等擧義가於리不可乎아ᄒᆞ얏다더라

●政府會議 參政朴齊純氏가昨日에臨時會議를開ᄒᆞ기로各府大臣의게預先通知ᄒᆞ얏는ᄃᆡ其議案은次號揭載ᄒᆞ깃노라

●內大謝客 內部大臣李址鎔氏는日前郡守奏本後에有何心痛ᄒᆞ야杜門謝客ᄒᆞ고不爲仕進ᄒᆞᆫ다더라

●懲辦奏免 度支部에서滑랍郡守를拿致督捧次로調査ᄒᆞᆫ事는已往紀載ᄒᆞ얏거니와昨年結今年랍을五月晦日로定限ᄒᆞᆫ지라全不랍入郡守를行將奏免ᄒᆞᆫ다더라

●不得不請 日本憲兵司令部에서崔君鉉氏를帶問ᄒᆞ되爾가昨年에도上京ᄒᆞ야治安에妨害ᄒᆞᆫ故로本隊에서禁制ᄒᆞ기爲ᄒᆞ야鄕第로護送ᄒᆞ얏더니今且通文聚暴ᄒᆞ야全國人心을騷擾케ᄒᆞ니此是爲人所使니勿經苦楚ᄒᆞ고以實直告ᄒᆞ라ᄒᆞᆫ즉崔氏가大罵曰爾如狗彘狄아弑我國母ᄒᆞ고奪我土地ᄒᆞ고驅我農民ᄒᆞ야賭賊만行을不可枚責이라我今決死ᄒᆞ고憤義所激에一次大擧ᄒᆞ야爾虜를一網打盡爲計어날有何指使者ᄒᆞ며有誰聽從者乎아爾之暴行은期於聲討라ᄒᆞᆫ즉該部에서不得盤詰ᄒᆞ고仍爲拘禁ᄒᆞ얏다더라

루터電報

●크론스타트不穩 二十日午後二時半發

크론스타트要塞의水兵과職工及陸兵의게不穩ᄒᆞᆫ形勢가加ᄒᆞ야爭亂이再發ᄒᆞᆯ虞가有ᄒᆞ다더라

●베로스톡狀況 仝上

베로스톡에在ᄒᆞᆫ猶太人逆殺을視察ᄒᆞ기爲ᄒᆞ야向往ᄒᆞ얏든露國各議員의報告를據ᄒᆞᆫ즉今回逆殺은政府에서計劃ᄒᆞᆫ事보담더猛烈ᄒᆞ얏고猶太人以外資本家는此等防遏을爲ᄒᆞ야運動ᄒᆞᆫ다더라

東京電報

●自由港主義 二十日午後二時半發

日本政府는大連其他租借地에셔最大限度ᄭᆞ지自由港主義를採行ᄒᆞ기로決ᄒᆞ고本月末限ᄒᆞ야汽船의輸出入貨物稅를廢止ᄒᆞᆫ다더라

●正太間鐵路 廿一日午后一時廿分發

露淸銀行이敷設ᄒᆞ는直隸省正定府와山西省太原府間鐵道는幷徑縣ᄭᆞ지開通ᄒᆞ얏다더라

●安徽暴徒 仝上

安徽省郭山縣人民은大主敎徒를害ᄒᆞᆯ虞가有ᄒᆞ야巡撫는兵을派遣ᄒᆞ얏더라

伯林電報

●革命運動 仝上

露國에서는到處에革命運動이盛行ᄒᆞᆷ을認ᄒᆞ얏는ᄃᆡ政治的意味를有ᄒᆞᆫ同盟罷工이織興ᄒᆞ다더라

雜報

●民尊民卑弊害의演說 (속)

一日宗教家ㅣ니道德의宗旨로써人民을導ᄒᆞ야社會의綱紀와秩序를扶持ᄒᆞᄂᆞᆫ者오 二日教育家ㅣ니英材를教育ᄒᆞ야國家의基礎와棟樑으로作成ᄒᆞᄂᆞᆫ者오 三日學術家ㅣ니事物의原理를講究ᄒᆞ야世道人心을裨益케ᄒᆞᆯ書籍도著述ᄒᆞ며國利民福을增進케ᄒᆞᆯ機械도發明ᄒᆞᄂᆞᆫ者오 四日實業家ㅣ니農商工基地諸般貿業에勤勤孜孜ᄒᆞ야民殷而國富케ᄒᆞᄂᆞᆫ者오 五日政治家ㅣ니內治、外交、理財、司法、教育、軍事、農商工、通信諸般政治에對ᄒᆞ야各究其故良方針을ᄯᅥ各設其刷新制度ᄒᆞ야內以民力을充足케ᄒᆞ고外以國威를宣揚케ᄒᆞᄂᆞᆫ者一라以上諸家가各結團體ᄒᆞ며各成社會ᄒᆞ야互相競爭而進於文明之域ᄒᆞᄂᆞ니其名譽光榮輝가俱是一般이어날寧有執尊執卑之別이리오今에文明各國人의美蹟善行을略陳ᄒᆞ오리다英國皇太子의著用ᄒᆞ시ᄂᆞᆫ冕冠에金字로(이히듸엔)이라刻ᄒᆞ얏스니이거ᄉᆞᆫ德國文字인ᄃᆡ英文으로譯ᄒᆞ면 아이써부)라ᄒᆞᄂᆞᆫ말이오我國語로譯ᄒᆞ면 我ᄂᆞᆫ服事)ᄒᆞ다ᄒᆞᄂᆞᆫ뜻이니即國家와人民의게服事ᄒᆞ노라ᄒᆞᄂᆞᆫ말이라尊貴ᄒᆞᆫ皇室에셔도國家와人民을所重

히너깁이若是ᄒᆞ거든況其在廷臣僚乎아 未完

●開校式盛況 驪州郡驪興學校에셔陰閏四月廿日上午十點에開校式을設行ᄒᆞᄂᆞᆫᄃᆡ郡內大小人員이齊會ᄒᆞ고禮式節次을本校에셔頒揭ᄒᆞ되로校長本郡守李儁氏가昇坐ᄒᆞ고各科目을認察ᄒᆞᆯ시甲班優等에韓根與朴永紹韓鎭泰로論語와英語를講讀ᄒᆞ고乙班優等에鄭派兌貞鑑로英語와大學을誦ᄒᆞ고丙班優等에李命福李宗吉金敎俊으로小學을誦ᄒᆞ고開教歌를唱ᄒᆞᆫ後에十二點에校長이邦國興奬와教育大旨를說明ᄒᆞ얏고同二十分에校監朴鼎秉氏가學校維持方針을說明ᄒᆞᆫ後에預備歌를唱ᄒᆞ고下午一點卅分에愛國歌로進茶ᄒᆞᆫ後에教師李徽憲金[illegible]憲两氏가體育과授學方針을說明ᄒᆞ고興學歌를唱ᄒᆞᆫ後의校長이該校諸任員으로相見禮를行ᄒᆞ고下午二點二十分에國歌와萬歲를呼ᄒᆞ고閉會ᄒᆞ얏ᄂᆞᆫᄃᆡ其棣棣光儀를舉邑이欽歎ᄒᆞ야多州捐金ᄒᆞ야將有大興旺이라ᄒᆞ니吾儕도此를爲ᄒᆞ야攢賀不已ᄒᆞ노라

特別

○特別社告○

本社에셔申報代金을先推ᄒᆞᆫ後發送ᄒᆞ기로定規이온바近來各地方購覽ᄒᆞ시ᄂᆞᆫ處에셔或二三朔或三四朔條를全不送交ᄒᆞᄂᆞᆫ處가有ᄒᆞ온즉勢不得已來七月一日부터未捧各處에ᄂᆞᆫ本報를停送ᄒᆞ겟ᄉᆞ오니照亮後即速清交ᄒᆞ심을務望

大韓每日申報社 告白

特別

●內部公函表勳院 日本警視土方源之助와巡査部長櫛橋義丸이向日洪州匪擾에爲探賊情ᄒᆞ야奮不顧身ᄒᆞ고探入死地라가衆寡不敵ᄒᆞ야竟至遇害ᄒᆞ니其在褒奬之地에合有敍勳之典ᄒᆞ니土方源之助ᄂᆞᆫ武官正尉例로櫛橋義丸ᄋᆞᆫ判任屬官例로上奏叙勳ᄒᆞᆷ이爲要라ᄒᆞ얏더라

●巡檢不法 蔚島出張所巡檢崔永錫은藉其妹宮人之勢力ᄒᆞ고前後行悖가無所不至어니와該洞居延益在成名人이ᄆᆡ洞金春燁의妻를通奸ᄒᆞ다가綻露된事에對ᄒᆞ야延哥의게錢一萬五千兩을討索ᄒᆞ야八十兩만出給ᄒᆞᆫ於金春燁ᄒᆞᆫ事와該洞民金[illegible]俊의妻를誘引ᄒᆞ야自己가作妾ᄒᆞᆫ[illegible]生ᄒᆞᆷ을世洞民들이何如前後事實을南署에呼訴ᄒᆞ얏더니該巡檢의勢力이엇더ᄒᆞ든지南署에셔도終不歸正ᄒᆞᆷ에該洞物議가沸騰ᄒᆞ다더라

●廣文承認 達城廣文社에셔活字活板을日本東京셔購買出來ᄒᆞ얏ᄂᆞᆫᄃᆡ教科에合宜ᄒᆞᆫ書籍을印刷ᄒᆞ며相當ᄒᆞᆫ書類를編輯ᄒᆞ여發行ᄒᆞ기로學部에請願承認ᄒᆞ얏다더라

●拾紬覓主 再昨二十日午後七時四十分量에中署黃土峴交番所巡檢夫鎭洙이가該交番所近傍에셔綿紬一疋을拾得留置ᄒᆞ고本報에揭載ᄒᆞ야使其見失之人으로推去케ᄒᆞ기로要求ᄒᆞ니右物見失ᄒᆞᆫ人이ᄂᆞᆫ即推去ᄒᆞᆷ을切望ᄒᆞ며該巡檢의正當ᄒᆞᆫ處事를亦爲致賀ᄒᆞ노라

●募軍悖舉 三和港人의確報를據ᄒᆞᆫ즉募軍十數名이客主金興[illegible]家에成群悖舉ᄒᆞᆷ으로此不可仍置라ᄒᆞ야紳商協議ᄒᆞ고爲先拒絕其募軍之業ᄒᆞ며繼報監理署러니并即捉致ᄒᆞ야首犯二名은照律次捉囚ᄒᆞ고從犯四名은嚴懲放送ᄒᆞ얏ᄂᆞᆫᄃᆡ募軍等이闔罪於紳商會社ᄒᆞ되有罪者ᄂᆞᆫ必懲이어니와無罪者ᄂᆞᆫ何罪로玉石俱焚이리오ᄒᆞ야無限怨詬ᄒᆞᆷ으로更히悖習之意로擧飭許業ᄒᆞ얏더라

第二百五十三號

大韓每日申報

대한매일신보

郵 四 [illegible]

月曜及慶節
歲時日休刊

檀君開國四千二百三十九年
箕子元年三千二十八年
大韓開國五百十五年
日本明治三十九年
淸國光緖三十二年
陰曆丙午五月小初二日戊戌

論說

移民礦山兩條例

近者漢城內韓民中에注意ᄒᆞᄂᆞᆫ바重大ᄒᆞᆫ案息을不得ᄒᆞᆫ事가有ᄒᆞ니此ᄂᆞᆫ一邊으로地方叢拓과더부러同情에歸ᄒᆞᆫ다ᄒᆞᆷ이오一邊으로ᄂᆞᆫ日本人이多數渡韓의者ㅣ有ᄒᆞᆫ干與가有ᄒᆞᆷ으로因ᄒᆞ야自然히恐怖ㅣ되ᄂᆞᆫ이로다

然이나吾儕ᄂᆞᆫ以爲ᄒᆞ되現今人民之騷亂의約條理由가安在오ᄒᆞ면必統監府에서韓國內閣을說諭ᄒᆞ야期於採用케ᄒᆞ되內閣에서反覆拒絶ᄒᆞᆷ을不計ᄒᆞ고堅執不已ᄒᆞᄂᆞᆫ兩件提案에在ᄒᆞ즉로雖信ᄒᆞ노니蓋此兩案은新礦山條例와新移民條例를擬備ᄒᆞᆷ이라然이나其明白否許ᄂᆞᆫ尙未有公然成立이오

韓民之思想에ᄂᆞᆫ依舊히不勸自若ᄒᆞᄂᆞᆫ것보다愈益不美ᄒᆞ고厭惡ᄒᆞᄂᆞᆫ情이有ᄒᆞ더로다蓋韓民은外國各地方에日人之入來를許容ᄒᆞ면서韓人은本地方에서勒迫輸送케ᄒᆞᄂᆞᆫ許諾을承認ᄒᆞ게되면此ᄂᆞᆫ韓人이本國에서被其驅逐ᄒᆞ야日人의[illegible]地를作爲ᄒᆞᆷ도不[illegible]ᄒᆞᆷ이니

若其提案이韓民의게不利ᄒᆞᆫ條件이無ᄒᆞ면日人이此細目을如斯히秘密周旋ᄒᆞᄂᆞᆫ거시大段過失이로다日人所有大韓日報에도議政大臣朴齊純氏의反對主見이韓民의自由를干預ᄒᆞᆷ이誤失이오

且其提出移民이頗히勒迫之意가含有ᄒᆞ듯ᄒᆞᆷ으로測度ᄒᆞᆫ다論述ᄒᆞ얏더라至於礦山條例ᄒᆞ야ᄂᆞᆫ日人이韓國의礦業의源을獲取ᄒᆞᆷ을注射ᄒᆞ고而礦山利用의必要ᄒᆞᆫ資本과經驗이缺乏ᄒᆞᆫ時에ᄂᆞᆫ

彼等이利益中에多數股分을取得ᄒᆞ기로排置코저ᄒᆞᄂᆞᆫ것이疑點이現出ᄒᆞᆫ지라

大抵韓人이日人之議論으로된何許提案이던지猜疑ᄒᆞᄂᆞᆫ바ᄂᆞᆫ吾儕가過去經驗에歷歷可證이라但吾儕ᄂᆞᆫ日人이表顯ᄒᆞᄂᆞᆫ此國內財政整理가歸于紊亂ᄒᆞ며且人民을敵對ᄒᆞᆷ과無異ᄒᆞᆫ것이吾儕의게慨嘆之端인줄도自認ᄒᆞ노라日人의利益이的關에在ᄒᆞ야無變無辨ᄒᆞ거니와然이나非但彼等而已라

彼等이此政府에對ᄒᆞ야諸般計策으로逼迫을試ᄒᆞ야諸商業紊亂케ᄒᆞ니外他諸國利益에對ᄒᆞ야酷烈ᄒᆞᆫ損害를時與케ᄒᆞᆷ이라詭此諸般策略이日本帝國의結果ᄂᆞᆫ되여도外他各國人의게도大損害를致生케ᄒᆞᆷ이十分的當ᄒᆞ니故로吾儕ᄂᆞᆫ列强의抗論이無ᄒᆞ고彼等韜略上堅執主張을許得ᄒᆞᆯᄂᆞᆫ지容信키難ᄒᆞ도다

官報

◎號外 光武十年六月廿一日

◎宮廷錄事

詔曰卿謂是何固何乃任也此時果何如時也以其時而界是任其難謝之深幾乎望之切其官其待ᄒᆞ朕言而卿自有心會矣及見卿[illegible]而許惑有若邁邁然初不念到於宵旰[illegible]繼而[illegible]欲有若[illegible]閑[illegible]暇乃欲斤斤於文書故事左右付托者未知何居也夫以卿宿有雅望中外俱瞻可使延鞠嚴卿而百工勵矣庶紹諧突卿[illegible]悃退亦與職不可捨也朕志不可孤也其勿以介字[illegible]支離再辭上來以副朕朝夕側席之意事遣秘書郞傳諭于議政

六月日

◎三十四百八十六號光武十年六月二十二日

◎敍任及辭令

○陞從二品 正二品白時鏞

五月十四日○解兼任務安港裁判所判事 務安監理金準用

○命兼任務安港裁判所判事 務安監理安垈鉉○依願免本官 平理院檢事洪在祺○任平理院檢事 前檢事試補李[illegible]

以上六月十八日○命宮內府特進官 奉常司提調 贊侍使[illegible]相大○命[illegible]奉常司提調[illegible]

[illegible]院副卿 從[illegible]品尹우晉

○[illegible]侍從使 從二品朴[illegible]

○免本官 巨濟郡守尹相佑 右ᄂᆞᆫ經理院卿臨時署理李根澤의公函을據ᄒᆞᆫ즉內藏에[illegible]道收租官李鼎永所報內에巨濟郡守尹相우가稱以救民春窮ᄒᆞ고市德沙等兩處[illegible]租를一并放賣等因이온바該郡守之專昧[illegible]ᄒᆞ고擅放公穀이已極駭然이라[illegible]致斷爲望等因准査ᄒᆞ온則該郡守之[illegible]公穀을自意擅賣가[illegible]所在에不可仍置가로免本官○依願免本官 豐德郡守[illegible] 伊川郡守朴[illegible] 楨城郡守李範龍 安峽郡守[illegible]○任洪州郡守 內部治道事務[illegible]劉[illegible]○任巨濟郡守 [illegible]郡守李敎承○任伊川郡守 內部主事石明선○任豐德郡守 [illegible]部[illegible]安璟烈○任[illegible]州郡守 前郡守呂[illegible]○任[illegible]寧郡守 正二品李奎[illegible]○任橫城郡守 六品金炳興○兼任法官養成所敎官 法部參書官李[illegible]宇

以上六月十九日

◎勅令

勅令第廿七號

內部官制中改正件

第一條 光武九年勅令第十五號內部官制第三條中參[illegible]官七人을八人으로改正ᄒᆞ고第五條地方局下에[illegible]과警務局[illegible]四字를添入ᄒᆞ고이며下[illegible](警務局과)四字를刪去ᄒᆞ며第十條主事卅一人을二十五人으로改正ᄒᆞᆷ이라

第二條 本令은頒布日로븟터施行ᄒᆞᆷ이라

光武十年六月十九日

御押 御璽 奉 勅

議政府參政大臣朴齊純

內部大臣李址鎔

度支部大臣閔泳綺

外報

◎三國同盟 伯林電音을據ᄒᆞᆫ則[illegible]法[illegible]國大[illegible]우[illegible]루[illegible]노伯은[illegible]頃[illegible]新聞에[illegible]談話中三國同盟의基礎ᄂᆞᆫ鞏固ᄒᆞ다고明言ᄒᆞ얏다ᄒᆞ더라

◎[illegible]火藥 香港電報를據ᄒᆞᆫ則廣東省[illegible]海縣에서ᄂᆞᆫ無煙火藥製造에着手ᄒᆞ얏다더라

◎[illegible]稅戰爭 伯林電報를據ᄒᆞᆫ則[illegible]月[illegible]日로期限ᄒᆞ야法國과瑞西國에關稅戰爭을開始ᄒᆞᆫ다더라

◎學事視察 北京電報를據ᄒᆞᆫ則淸國學部의新官制가頒布ᄒᆞᆫ故로右侍郞嚴修氏가敎育制度視察次로日本으로派往ᄒᆞᆫ다더라

◎鑛山權還收 淸國山東巡撫가[illegible]上奏ᄒᆞ야日德條約[illegible]에許可ᄒᆞᆫ淸國政府[illegible]山東鐵道敷設[illegible]近者에還收ᄒᆞ야淸國人이其工役에[illegible]ᄒᆞ야[illegible]通[illegible]準備가頗히進就ᄒᆞᆫ다ᄒᆞ얏더라

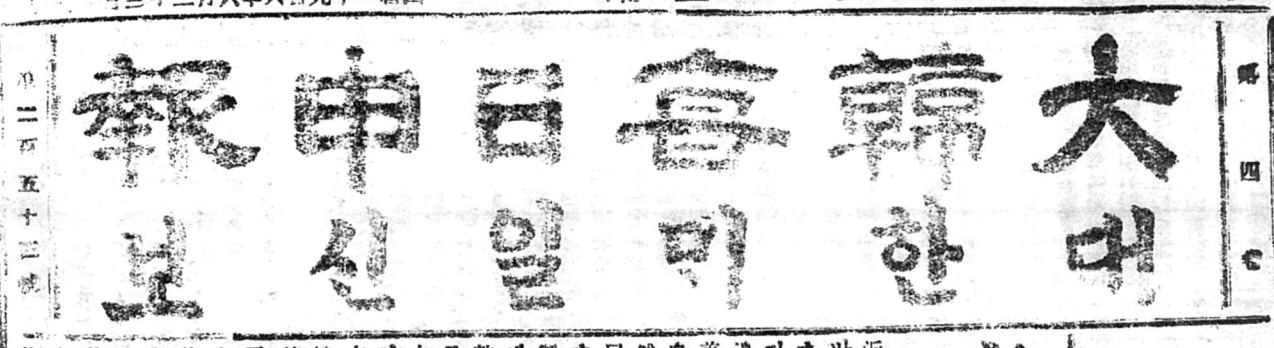

◎和[illegible]合併說 和蘭과白耳義兩國民이近來에兩國間에合併ᄒᆞ기를[illegible]ᄒᆞᄂᆞᆫ者가不少ᄒᆞ다ᄂᆞᆫ되合倂ᄒᆞ야도利害點도有ᄒᆞ며不利害點도有ᄒᆞ고又合倂設施[illegible]이如何ᄒᆞᆯ지[illegible]던지[illegible]此[illegible]히[illegible]더라

雜報

大韓義士李建奭氏의 義女錦姬가 其義父의 祭文을 國文으로 撰告ᄒᆞᆷ이 有ᄒᆞᆫ故로 本社에서 漢文으로 譯揭ᄒᆞ야 國中人士의 瀏覽을 供ᄒᆞ니 其文이 如左ᄒᆞ니

維歲次丙午某月某朔日某日義女錦姬因耿蘭之報竊聞我義父李公殉節于日館西泉痛哭揮淚爲文 公之副室某氏告訣于墓曰嗚呼鳳凰芝草人皆可以爲瑞靑天白日奴隷亦知其淸明况我 公之一死軒天地而輝日月無論華夷凡有血氣者雖愚夫愚婦莫不咨嗟欽歎况如小女之蒙敎育而服忠義者曷不肝蝕而腸裂欲百其身耶嗚呼痛哉嗚呼哀哉小女平日雖無知識幸蒙提携誨諭我 觀丙丁三學ᄒᆞ 傳知有大抵間此等義理而不曾捲卷而流涕曷謂今日親見我 公之死乃黯出遺個樣子耶嗚呼痛哉嗚呼哀哉제禁何女能贖其父之死木蘭何人能替其爺之征小女於此事欲洁然而無知四界長號卷臺何慮百年微誠一盃替뇌伏惟尊靈俯克歆ᄒᆞ嗚呼

●學部之與 學部에서 光武四年에 聘用ᄒᆞᆫ 幣原坦이 爾來七箇年間에 敎科書及學部行政事務에 恪勤從事이라가 今因自己方便으로 解約歸國ᄒᆞᆫ즉 該官功勞에 對ᄒᆞ야 不可無多少酬勞이니 該酬勞金二千五百圓과 歸國旅費五百圓合三千圓을 豫算外支出ᄒᆞ야 以便支給케 ᄒᆞ라고 度支部로 照會ᄒᆞ얏다더라

●三氏恤金 內部에서 今番洪州義兵의게 被死ᄒᆞᆫ 警務官송圭奭德巡檢官兩氏의게 對ᄒᆞ야 恤金과 祭祀料로 合金三千圓을 支撥ᄒᆞ라고 度支部로 照會ᄒᆞ얏더라

●청拿李氏 監獄署在囚全鍾宇ᄂᆞᆫ 當初以永川郡守李章鎔氏의 差人으로 所選公穀을 捉囚督捧인ᄃᆡ 在囚가 今已四年이오 家勢赤貧ᄒᆞ야 未出刷浦ᄒᆞᆫ데 려身病이 危篤인즉 全鍾宇ᄂᆞᆫ 卽爲放出ᄒᆞ고 該郡守李章鎔氏를 拿致審辦ᄒᆞ깃다고 平理院檢事李建鎬氏가 法部로 報告ᄒᆞ얏더라

●一進秘議 再昨夜에 一進會本部에서 何事件을 因ᄒᆞᆷ인지 會員이 多數會同ᄒᆞ야 秘密會議ᄒᆞ얏다ᄂᆞᆫᄃᆡ 各道各郡會員을 京城으로 來會케 ᄒᆞᆫ다더라

●俞氏청願 內部警務局長俞星濬氏ᄂᆞᆫ 身病이 有ᄒᆞ야 難以視務라ᄒᆞ고 昨日에 辭職청願ᄒᆞ얏다ᄂᆞᆫᄃᆡ 該局이 一等局으로 官制에 改定되얏슨즉 該氏ᄂᆞᆫ 將次勅任局長으로 陞差가 되깃다더라

●廢業給俸 學部에서 農商工學校附屬農事試驗場을 廢止ᄒᆞ얏스나 從前殘務를 整理ᄒᆞ기 爲ᄒᆞ야 該事務를 囑托ᄒᆞ며 俸給額은 依前支給ᄒᆞ리니 以此遵施ᄒᆞ라고 聘用ᄒᆞ던 日人鳥井明季命九菸木職岩淵林平寺崎好松森田謹磨岩林彌作千田松藏田中五郎氏等九人의게 照會ᄒᆞ얏다더라

●開城興學 學部視學官魚容善氏와 主事柳基永氏가 江華普昌支學校를 視察次로 開城府에 下去ᄒᆞ얏더니 魚柳兩氏가 松京一般紳士를 청邀ᄒᆞ야 學業에 發不務이 國家興不興에 相關事와 舊京大都會에셔 不務學校爲事로 一場演說에 萬人勸告ᄒᆞ얏더니 紳士中尹應斗等諸氏가 恍然大覺ᄒᆞ야 一場答說後에 敎育會를 當日設立ᄒᆞ고 評議員六十人을 選定ᄒᆞ야 各學校를 擴張ᄒᆞ되 敎育方針은 本會에셔 講究ᄒᆞ즈ᄒᆞ고 今土曜日에 再次開會ᄒᆞᆫ다더라

●錄事經費 議政大臣三相을 叙任故로 錄事三人을 依前例ᄒᆞ야 差定ᄒᆞ얏ᄂᆞᆫᄃᆡ 該錄事經費ᄂᆞᆫ 耆老所로 付屬ᄒᆞ야 支撥ᄒᆞᆫ다더라

●廣藏運動의可笑 昨年에 某某同志三十人이 募集股金五十萬元ᄒᆞ야 組織廣藏會社之計로 청願農部ᄒᆞ야 得認可ᄒᆞ고 買人田園ᄒᆞ야 依倣外國場市之意로 建築瓦家商店ᄒᆞ니 屋頗宏壯矣라 因以移設場市ᄒᆞ야 商況이 極爲興旺ᄒᆞ얏고 且農部認可辭意가 勿與外人合資之垂訓이 墨痕未乾에 特被天寵ᄒᆞ고 身沾恩渥ᄒᆞᆫ 日本遊學生卒業人과 一個別入侍奇郁人이 出股金一萬七千餘兩之股金狀을 將欲許買於日本人ᄒᆞ려 ᄒᆞᆫ다니 協贊社를 日人의게 讓與ᄒᆞ던 手段으로 此場市를 亦欲爲日人某業專利運動力이 甚緊ᄒᆞ다니 此是韓國同胞一뎌基業이라 如是運商人에 對ᄒᆞ야 一般公論이 디議佛鬱ᄒᆞ다더라

●日隊向滿 江界郡守徐廷圭氏가 內部에 報告ᄒᆞ되 日本聯隊長小澤德平이 五月二十八日到本郡六月一日發向沿邊滿浦境이고 本郡駐隊大隊長渡邊博根本行一과 大川秀雅完木二郎貴志弘道等이 當日發行ᄒᆞ야 往駐滿浦境이고 十卒二百四十名이 發向于滿浦境이라ᄒᆞ얏다더라

●平院顧問 平理院에도 顧問官을 雇聘ᄒᆞ야 裁判을 監督케 ᄒᆞ기로 統監府에서 法大의게 勸告ᄒᆞ얏다더라

●經議後施行 再昨日政府에 會議ᄒᆞᆯ라ᄒᆞ다가 各大臣이 七零八落ᄒᆞᆷ으로 昨日須議ᄒᆞ얏ᄂᆞᆫᄃᆡ 該議案을 法部에셔 提議ᄒᆞ되 平理院勅任判檢事가 法部에 청願ᄒᆞ기를 一進會에서 裁判을 不法ᄒᆞ야 民心이 不服이라 ᄒᆞ니 該會長을 拘拿ᄒᆞ야 不法事實을 對質審査ᄒᆞ야 果無証明이어든 反坐律로 依法處辦ᄒᆞ라 ᄒᆞᆷ으로 法大가 難以擅斷이라ᄒᆞ야 經議後에 施行ᄒᆞᆯ터이라더라

●法官處法 近日巷說을 聞ᄒᆞᆫ즉 某郡居丕氏家寡居姑婦가 上京次發程ᄒᆞ야 來到某郡ᄒᆞ얏다가 其少寡가 該郡吏屬의게 勒奸을 當ᄒᆞᆫ지라 其事由를 呼訴平理院ᄒᆞ야 自該院으로 其悖한을 押上照律ᄒᆞᆯᄃᆡ 被告所犯이 初是勒奸이ᄂᆞᆫ 終乃相和矣리니 不無參酌이라ᄒᆞ야 原律에 一等을 減ᄒᆞᆫ 事件으로 丕氏宗族이 會同ᄒᆞ야 此等法官은 期於聲討라ᄂᆞᆫ 等說이 藉藉ᄒᆞ니 果如巷說이면 賤法司之執法은 可知더라

●杜門有故 內部大臣은 假稱有病ᄒᆞ고 杜門謝客ᄒᆞ야 永不仕部라 ᄒᆞ니 必有委折이라고 公論이 不一ᄒᆞ더라

●論儒者之通弊明孔孟之眞意

역述 大垣丈夫

通譯 鄭雲復

蓋學者의 講習ᄒᆞᄂᆞᆫ 詩書六經과 其外諸子百家의 古籍은 周末戰國人의 手에 成ᄒᆞᆫ 것이 多ᄒᆞ니 此等書籍을 見ᄒᆞᆫ則 當時政態人情의 如何ᄒᆞᆫ 事와 最히 注意ᄒᆞᆯ 것이라 昔에 周室文武成康之際에ᄂᆞᆫ 制度文物이 燦然具備ᄒᆞ야 天下泰平ᄒᆞ고 極樂世界러니 物換星移ᄒᆞ야 春秋戰國時에 至ᄒᆞ야ᄂᆞᆫ 諸侯暴政에 四民이 塗炭ᄒᆞ니 昔時王政을 無不追慕者라 然則孔孟老莊과 申韓蘇張之輩도 其道ᄂᆞᆫ 不同이나 然이나 古人을 稱美ᄒᆞ며 今人之所爲를 非ᄒᆞᆷ은 出於一途ᄒᆞ얏스니 何者오 當時ᄂᆞᆫ 今日과 異ᄒᆞ야 支那보다 優ᄒᆞᆫ 文明國이 無ᄒᆞ고 縱有라 云ᄒᆞᆯ지라도 航海交通之道가 未開ᄒᆞ얏슨즉 百事에 古人을 向ᄒᆞ야 標準을 求ᄒᆞᄂᆞᆫ 外에ᄂᆞᆫ 詮方이 無ᄒᆞ니 孔子의 祖述堯舜ᄒᆞ시며 憲章文武ᄒᆞ심과 孟子의 言必稱堯舜ᄒᆞ심이 不亦宜乎아 (未完)

●合同勿施 在前外部에셔 各公使와 交涉ᄒᆞ야 各敎師醫師敎師顧問官을 締約雇聘ᄒᆞ얏더니 外交를 付日ᄒᆞ고 統監府를 設施ᄒᆞᆫ 後에 日本人外에 外國人은 雇聘合同을 期限有約者라도 一倂日本人外의 今聘合同을 勿爲施行ᄒᆞ얏다더라

●顧問宴 度支顧問目賀田氏가 今日拜洞公園地內에ᄃᆡ 宴을 排設ᄒᆞ고 韓國내 各學校學徒及各會會員을 청邀ᄒᆞ야 自下午五時至七時 宴會ᄒᆞᆫ다더라

●某郡良吏 松禾郡守吳調根氏가 莅三朔에 周察民情ᄒᆞ야 一吏一隸을 率ᄒᆞ고 竹杖芒鞋로 村巷에 周行ᄒᆞ야 疾苦를 調査ᄒᆞ며 敎育上熱心이 有ᄒᆞ야 學校를 設ᄒᆞ고 一鄕의 子弟로 合同敎課케ᄒᆞ야 人智를 開明케ᄒᆞᆷ으로 一境이 稱頌ᄒᆞᆫ다더라

●一進被擊 平安南道三登郡鄕長等이 人民을 會集ᄒᆞ야 一進會事務所를 打擊ᄒᆞ얏다 ᄒᆞᄂᆞᆫ故로 平壤에 在ᄒᆞᆫ 督務顧問支部에서 警部와 巡査를 派遣ᄒᆞ야 査覈中이라더라

東京電報

●駐韓總領事強情 六月二十一日午後二時發

韓國駐箚露國總領事ᄂᆞᆫ 赴任前에 韓露條約干係等을 決定ᄒᆞ기를 希望ᄒᆞ야 非理의 要求를 日本政府에 提出ᄒᆞ야 張情을 極히 ᄒᆞᆫ다더라

●淸算人當選 廿一日午后六時發

京釜鐵道會社淸算人으로 澁澤榮一、竹內孝、兩氏가 當選되얏다더라

雜報

●官尊民卑弊害의演說 今
美國에華盛頓은美國創造의豐功偉烈이有하나初次大統領으로被選하야一期四年을經한後國民이大統領을再選하여華盛頓이又被其選이니라雖負衆望하야强居其位라가一期四年을又經한後國民이三選하야統領을삼아華盛頓이又被其選이라華盛頓이乃固辭不就하고以一箇華盛頓으로在野하야勸奬敎育殖產等事業타가以終天年하니此는遂爲美國之憲法하야其後엔雖有衆望所歸之人이라도再選以外에는不得하니豈非偉人之美蹟乎아

英國名相글네드쓰돈氏는首相의位에居함이殆近六十年에其勳功事業이蓋乎一世故로비도리아女皇陛下께서爵位(一公侯伯子男)를封하심이凡三次로되辭而不受하고但以一箇글네드쓰돈氏로終焉하니此人此心에豈有一毫尊官卑民之端哉아俱是爲百世之模範이로다至於我國하야는所謂宗敎家라稱하는者는無非外君子而內小人으로暗鉤其名하며獨善其身하는學者니而已오所謂敎育家라稱하는者는千字童蒙先習史略通鑑을敎授하는村學究而已오所謂學術家라稱하는者는吟風詠月之輩而已오所謂實業家라稱하는者는古法을墨守하는鄕曲農民及負褓商等而已오所謂政治家라稱하는者는一選何約束하야無營無爲而度了時日者가其一也오竊位而苟祿하며旅進旅退하야我國俗語所謂風打竹浪打竹으로善察勢力之所歸하야獻媚納諂에全驅保妻子者가其二也오朝往南村하고暮往北村하야或訛言風說을做出하며或陰謀秘計를弄得하야害人肥己와滋公營私로爲一能事者가其三也오

●嶺學續聞 日昨本報에嶺學風潮이라는題下에對하야更히該道多士의說明을聞한즉前觀察李根호氏의敎育上熱心이新觀察申泰休氏事業에對하야猜忌하는事實이毫無하고協心贊成이라더니今에同氏가該道內學校에勸諭文을見한즉前報所聞은不辨而自明하리니와吾儕도同兩氏를向하야모죠록猜心이不存하고人民發達을一意勉力함을務望하노라

●邊氏滯留 西邊界民人代表로上京한李學弼氏가邊地圖를畵抱而各部大臣家에往來하며說明하나各大臣이會議에提出하야民願을實施함이尙無故로棲遑道路에合淚度日이라더라

廣告

◎在桑港遭難同胞救助金募集寄送總額如左

本申報第二百九十一號廣告

二百十二號 四元五十錢
二百十七號 十二圓
二百十八號 四十八元
二百十八號 八十一元四十錢
二百十九號 十九圓五十五錢
二百二十號 二十二元二十九錢
二百廿一號 二十五元三十錢
二百二十二號 四十七圓五十錢
仝 號 四十一圓四十錢
二百二十三號 六十三圓八十錢
二百廿四號 二十三圓八拾五錢
二百二十五號 三拾二元
二百廿六號 二拾一圓二拾五錢
二百廿八號 六拾四圓二拾五錢
二百二拾九號 六拾四圓四拾錢
二百卅二號 一百拾四圓三拾九錢
二百卅四號 四拾二圓七拾一錢
二百三拾六號 六拾九圓八拾七錢五里
二百三十七號 五十圓
二百三十八號 二十五圓
二百四十一號 二十圓
二百四十二號 八圓十錢
二百四十三號 卅二圓九十五錢
二百四十四號 十六圓三十七錢
二百四十八號 一百卅圓廿五錢
二百四十九號 二十九圓十錢
二百五十一號 二圓五拾錢

以上總合一千二百一圓七拾錢을兩次에分하야初次一千三拾六圓은本年六月四日電換寄送하고再次一百六拾六圓七拾錢은郵便寄送함
右額을募集及寄送하는如干費額은本社에서擔當하앗스니僉賢의義捐하신金額대로全數히鍾路電氣會社에委托하야在桑港骨佛安會社로轉送하야遭難同胞의게確交케함

本人이東幕榮處에推次當錢拾兩을不記日於晉을遺失하앗스오니內外國人은休紙施行함
安相基 告白

極上品日本燒酒와韓國上品燒酒各지具備하얏고廉價販賣하오니 僉君子는買去하시기를千萬伏望함
每器八兩七錢五分式
◎京城大寺洞(日)燒酒(韓)會社支店

大丘李靜和蔡乃成은夏衍性本浮浪徐警務使相龍이小圖章을僞造彫刻盜賣田土現捉警署逃走京城內外國人切勿見欺擴現捉得幸望
李靜和三寸元淑告白

西署西江坊上水溢里契六十八統四戶와家十三間草家七間板刻文券本年三月初旬間家內遺失照示於內外國人數要
咸盛 告白

本人이阿峴車性潤處에閏四月初五日推尋當坪九千五百兩於晉을遺失하여사오니翊某拾得하든지休紙施行
東湖 梁宗翊 告白

桑港遭難同胞의救助金을以本月十日爲限하야若過此限而來者는不受하기로已有廣告인바過限後逐日來到者를一切謝却이오니僉君子는照亮하시옵

◉家屋放賣貰人廣告◉
西小門外에在한八千五百五十四方米突되는一大地段에建造한半洋製家屋에潤한房屋六間과下人房幾所와其他善保排置한花園과韓製家屋과馬廐와洗處外舍와諸般美麗한附屬等이包有하오니僉君子는大韓每日申報社로來議하시옵

株式會社韓一銀行株式募集廣告

本銀行創立主旨는惟我商業界의金融을圓滿流通하야써百般의産業을蔚然振興케하기로勉勵함은반다시再論할바無하거니와然此事業의進就如何는必히我商業界有志紳士의心力贊助를不得하면到底히其善美한效果를得치못할지라故로玆에本銀行株式請入의方法及期限을左列하야覽케하오니僉有志紳商僉彦은十分備諒하샤此事業에同情을滿心表彰하시와特히金融의機關을益益鞏固케하시고商業界에共同利益을一體永享케하시기로各自協贊하야迅速應募하심을切盼

一 認可年月日光武十年五月十九日度支部에서創立認可를得함
一 資本金總額金十五萬圓이오每株金五十圓이니總株數三千株
一 第一回排納金은總資本金四分一卽每株에十二圓五十錢式으로排納케함
一 請入方法은本銀行創立事務所에서發給의用紙에記入한請入證書에請入할株數와保證金額을記載하고署名捺印하야請入할事
但請入證書所用되면指定한銀行에서請求함이可함
一 請入保證金은應募者는請入株數에對하야一株에金五元式의比率로添付할事
一 請入期限六月二十日爲限
一 請入處所大廣橋株式會社漢城銀行
一 株式을募集한後應募數가總數三千株에超過되면請入人이決議處辦함
一 請入時에保證金을添付케함은以后第一回金額徵收時에充當하되其期限內에不納하면保證金은沒收할뿐外에同且株主權利도消滅되게함
一 其他未詳事는請入所로來問할事

光武十年六月五日
株式會社韓一銀行設立委員
趙鎭泰 白潤銖 鄭東植 孫錫甚
李容稙 成文永 趙彰漢 告白

株式會社 大韓天一銀行增資株式募集廣告

一本銀行은從來의行務를整理ᄒ야서光武十年頒布ᄒ신銀行條例와銀行條例施行細則을遵ᄒ고定款을改定ᄒ외資本의增資를爲ᄒ야營業繼續ᄒ기로더이니各自協贊ᄒ심을切望홈

一總認可年月日 光武十年六月十八日

一總資本金拾五萬圜 壹株金五十圜式이니總株數三千株

一舊株金五萬六千圜 此數一千百二十株一株에對ᄒ야二分一金二十五圜式先납이오

一增資追募株金九萬四千圜 此株數一千八百八十株

一追募株第一回拂납金額 一株에四分一金十二圜五十錢式

辨납케홈

一請入方法 請入株式請入證書에相當ᄒ株數及居址를載ᄒ고署名捺印後請入ᄒ事

但請入證書所用되면本銀行에請求홈이可홈

一請入期限 六月二十日爲限

一請入所 大廣橋北川邊株式會社大韓天一銀行

一株式을募集ᄒ後應募數가追募株一千八百八十株에超過되면本銀行에서決斷處辦홈

一其他未詳事ᄂ請入所로來問ᄒ事

光武十年六月 日

株式會社 大韓天一銀行

鍾路布廛後開豐局은참봉進士會來氏가本人의게傳授ᄒ야仁港杻峴에移設ᄒ고高明醫師朴榮氏와同事ᄒ되紅花丹과水眼藥과珊瑚紫金膏와小兒癎氣에鎭癎散과瘰癧에軟硬散과消瘴丹痔疾方秘傳膏酒良等神效藥品이多有ᄒ오며貧寒의게ᄂ無價酬應도ᄒ오니勿論某病ᄒ고來問ᄒ시옵

仁港杻峴 開豐局主人 金晳仁 告白

●刑法大全 一帙定價金 新貨六十錢

牧民心書 一帙 一圜二十五錢

耳談續纂 一冊 七錢五厘

溫故知新堂讀鈔 七錢五厘

父師必讀小學指南 七錢五厘

入工寶鑑 一冊 十五

萬國地誌 三冊 一圜

農政新書 五十錢

法學通論 一圜

民體要義 一圜五十錢

大韓地誌 七十五錢

發賣所 布廛門下金相萬書舖 大韓每日申報社

●九轉靈砂라 …

女老少에無論何症ᄒ고 … 無病時에도服ᄒ면 … 十歲안에無病ᄒ게

身體가健康ᄒ며小兒ᄂ …

를擁保ᄒ오며

●九轉靈砂萬靈丹은 …

疾에神効ᄒ오

●九轉靈砂保命丹은 …

般惡과婦人帶下症에 … 効ᄒ며

●九轉靈砂濟衆丹은酒滯 食滯 血積 吐瀉 霍亂 痢疾

吐血 下血 運氣 時疾 … 에神効ᄒ오

●九轉靈砂紫金丹은 … 上痞滿 下痞滿及 …

諸般 … 에無不神効ᄒ오니 僉君子ᄂ來購ᄒ시오

內需司前독갑이골上隅第一家 李鶴廷 告白

一 … 煉乳牛乳

洋行

以上三種은 … 上에 … 有 … 니 … 業人 … 고本 … 社에 …

光武九年八月十一日 明治卅八年八月二十一日 第三種郵便物認可　　日曜日　　一千九百六年六月二十四日

第四卷　第二百五十四號

大韓每日申報

대한매일신보

月曜及慶節

歲時日休刊

檀君開國四千二百三十九年
箕子元年三千二十八年
大韓開國五百十五年
日本明治三十九年
淸國光緖三十二年
陰曆丙午五月小初三日巳亥

論說

度支部顧問官

日本新報記述이果至正確ᄒᆞ야目賀田氏의財政處리가未免誤失인줄을日本政府가實認ᄒᆞ야必當棄却ᄒᆞᆯ진되日本政府의擇任ᄒᆞᆫ目賀田氏의過失을因ᄒᆞ야大韓財政에直接及間接損害가된거슬報償ᄒᆞᆯ거시特爲一件問題로다

目賀田氏의始握財政擔責은韓國貨幣를改革ᄒᆞ기爲ᄒᆞ얏最初借款을竪列ᄒᆞᆫ거시오第一銀行이韓國의官立과恰似히擇任된것은同氏의設策이오舊貨를消刑ᄒᆞᆷ으로財政이蕩竭ᄒᆞ엿고且名稱一千萬元借欵도亦同氏의政略이로다

日賀田氏의處理가韓國에不幸之災인줄을日本政府가許容ᄒᆞᆫ이是事實이면同氏의貽害于韓國이必爲日廷之責任이요且同氏의任職이自日本政府矣며日本政府의締約意義를因ᄒᆞ야同氏의計策이實施되얏스니同氏過失을擔負ᄒᆞᆫ者ㅣ非日政府면誰오

日賀田氏의撤歸ᄒᆞᆯ時나或其前에라도同氏의貽害多少를精査嚴問ᄒᆞ야報償을即時了勘이可也니若不然이면日本之親情親友가日本政府의眞實을信之키不能ᄒᆞ리로다

節減計之라도其損害額이幾乎四百萬圓이니若日本政府가自國受職者를嚴密監督ᄒᆞ야受職者의貽害를修繕ᄒᆞ기에不能이면目賀田氏의後任者ㅣ加十倍貽害ᄒᆞᆯ거슨常有之勢라尙今韓國이日本보다出貸之國인고로其能力이加多ᄒᆞ니日本이此華麗之國의財政을混亂ᄒᆞᆷ에對ᄒᆞ야列國이默然ᄒᆞᆯ는지本記者ㅣ不信ᄒᆞ노라

官報

●三千四百八十七號光武十年六月二十三日

◉宮廷錄事

侍從院副卿尹宇善辭職疏批旨省疏具悉所請依施

六月二十日

◉敍任及辭令

○依願免本官　奉常司副提調　尹始永　崇德殿參奉　朴文鈺　崇善殿參奉許[illegible]○命侍從院副卿官禮式院禮式白時鏞○命奉常司副提調　正三品沈[illegible]○任崇德殿參奉　朴顯道○任崇善殿參奉　金煥斗○任侍從武官　陸軍參將吳晉泳○任內部主事　漢城府主事蔡鴻儀

以上六月廿日

●勅令

勅令第廿八號

地方制度中改正件

第一條　開國五百五年　勅令第[illegible]號地方制度中第一條第一項[illegible]에(警務官一人)을添入ᄒᆞ고摠巡二人은四人以下로改正ᄒᆞ고巡檢[illegible]八十人[illegible](隨時增減)四字를添入ᄒᆞᆷ이라

附則

第二條　[illegible]令은頒布日로봇터施行[illegible]라

第[illegible]條　[illegible]勅令第三十八號地方制度中改正件은廢止ᄒᆞᆷ이라

光武十年六月十九日

御押　御璽　奉　勅

議政府參政大臣朴齊純

內部大臣李址鎔

度支部大臣閔泳綺

勅令第二十九號

地方官吏制度中改正件

第一條　開國五百四年勅令第三十[illegible]號地方官吏職制中第二條郡守次에(警務官奏任)五字를添入ᄒᆞ고第十一條次에(第二十一條警務官은該道관察使의指揮를承ᄒᆞ야管內[illegible]所屬職員[illegible])二十七字를添入ᄒᆞ고第十二條ᄂᆞᆫ第十三條로改正ᄒᆞ고第十三條ᄂᆞᆫ删去ᄒᆞ고(第十四條摠巡은警務官의揮指를從ᄒᆞ야管內警察事務에從事ᄒᆞᆷ이라)二十五字와(第十五條地方警察의職務ᄂᆞᆫ一依警務廳警務와職務에准ᄒᆞᆷ이라)二十三字를添入ᄒᆞ고第十四條ᄂᆞᆫ第十六條로第十五條ᄂᆞᆫ第十七條로排次改正ᄒᆞᆷ이라

附則

第二條　本令은頒布日로봇터施行ᄒᆞᆷ이라

光武十年六月十九日

御押　御璽　奉　勅

議政府參政大臣朴齊純

內部大臣李址鎔

度支部大臣閔泳綺

勅令第三十號

地方十三道各觀察府警務署及分署設寘에關ᄒᆞᄂᆞᆫ件

第一條　各觀察府에警務署를設寘ᄒᆞ되署長은警務官으로充ᄒᆞ야該道警察事務를掌理ᄒᆞᆷ이라

第二條　各道內樞要에必要를應ᄒᆞ야警務分署를排寘ᄒᆞ되署長은摠巡으로充ᄒᆞ야署務를掌理ᄒᆞᆷ이라　但其位寘及管轄區域은內部大臣의令으로定ᄒᆞᆷ이라

第三條　巡檢은各道에摠額一千二百七十三人을置ᄒᆞ고其各道에定員은內部大臣의令으로定ᄒᆞᆷ이라

附則

第四條　本令은頒布日노봇터施行ᄒᆞᆷ이라

光武十年六月十九日

御押　御璽　奉　勅

議政府參政大臣朴齊純

內部大臣李址鎔

度支部大臣閔泳綺

外報

●滿洲總督　淸國政府[illegible]滿洲에總督을設置ᄒᆞ[illegible]고直隸總督袁世凱[illegible]로擬ᄒᆞᄂᆞᆫ袁氏가[illegible]아니라袁氏ᄂᆞᆫ直[illegible]下重要ᄒᆞᆫ人物인[illegible]趙爾巽氏ᄂᆞᆫ滿洲總[illegible]史念祖氏로巡撫[illegible]라

●稅關設置　北京[illegible]淸國外務部에서[illegible]稽氏의게命令ᄒᆞ되[illegible]效倣ᄒᆞ야大連에稅關設置[illegible]ᄒᆞᆷ을日本과談辦[illegible]더라

●英軍演習　路透電[illegible]英國海軍大演習의第一期[illegible]연習預定은預備分艦隊의新動員準備及海岸防禦의[illegible]的으로ᄒᆞᆫ者인[illegible]其結果ᄂᆞᆫ[illegible]良好ᄒᆞ다더라

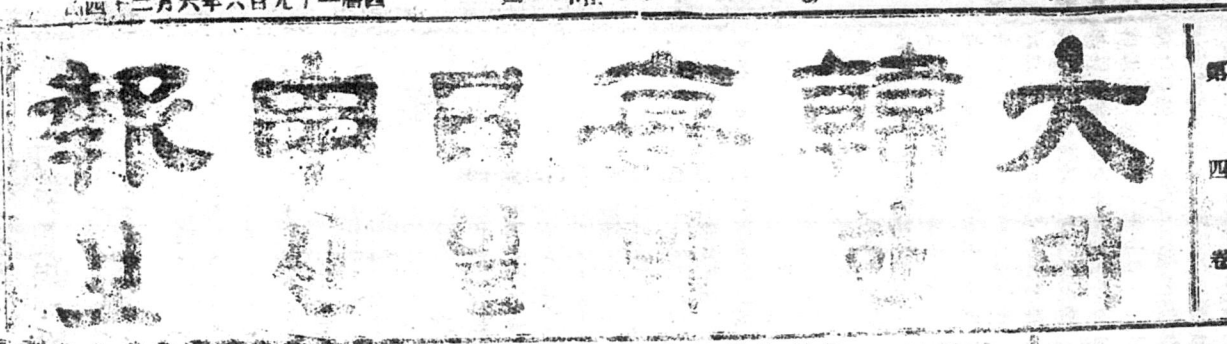

●德使警告　北京電報[illegible]駐德國代理公使ᄂᆞᆫ十八日外務部에照會ᄒᆞ야近來[illegible]地方一帶에셔米價가高騰ᄒᆞ야人心이不隱ᄒᆞᆫ狀態에至ᄒᆞᆫ지라[illegible]社에서ᄂᆞᆫ此[illegible]ᄒᆞᆯ念慮가有ᄒᆞᆷ으로[illegible]게命令ᄒᆞ야其預防의方針과及敎會堂保護[illegible]分注意[illegible]이라더라

雜報

官立漢語學校學員等의寄書가如左ᄒᆞ니

夫國家에셔學校를設立ᄒᆞᆷ은人才를教育ᄒᆞ자ᄂᆞᆫ本意요人才를教育ᄒᆞ자ᄒᆞ면教官을擇任ᄒᆞ미要務어ᄂᆞᆯ漢語學校三班教官의魚元培氏ᄂᆞᆫ語學은講義含糊ᄒᆞ여學員이知意키難ᄒᆞ고筭術은乘除도不曉ᄒᆞ고權利學이有ᄒᆞ던지漢語教官으로被任ᄒᆞ여一自到校以後로月俸만摘食ᄒᆞ고教育上은茫然不知ᄒᆞ여平日教課時의所謂問題라고出ᄒᆞ고事務室의長臥ᄒᆞ여學員의工課ᄂᆞᆫ置之不見ᄒᆞ고體操時의도自巳의親近ᄒᆞᆫ學員은體操教官에게請囑ᄒᆞ여出送ᄒᆞ더니及其夏期試驗ᄒᆞ야自巳의親近學員은미리試驗問題를指示ᄒᆞ고作文時의ᄂᆞᆫ漢文教官이另有ᄒᆞᆫ고로미리指示키不能ᄒᆞ야讀書講意와作文을自巳가事務室의가셔書之作之ᄒᆞ여다쥬어優等을식ᄒᆞ고自巳의親近치못ᄒᆞᆫ學員은學力은不關ᄒᆞ고落第의置ᄒᆞ여쓰니大抵學校라ᄒᆞᄂᆞᆫ거슨文明上學文을教育ᄒᆞ여國家의進步를ᄒᆞ자ᄒᆞ고期望ᄒᆞᄂᆞᆫ本意어ᄂᆞᆯ教育식히ᄂᆞᆫ바ᄂᆞᆫ挾雜뿐이오디學員이挾雜學을教育바더셔卒業後의國事를挾雜으로ᄒᆞ라ᄂᆞᆫ本意인지本人等은不知ᄒᆞ오나貴社ᄂᆞᆫ光明正大ᄒᆞᆫ耳目이온故로玆의仰佈ᄒᆞ오니此等尸位素餐의挾雜만注意ᄒᆞᄂᆞᆫ教官은貴報의記載ᄒᆞ시와外他教官도此等行爲가無케ᄒᆞ시믈爲要ᄒᆞᆷ

西邊界鄕約所의來函

敬啓者ᄂᆞᆫ我韓二千萬同胞가棄昧文明而習性頑固矣幸蒙貴報啓牖誘達之秉義하와粗知革舊從新之目的인바惟吾邊界還徙之愚蠢도有意於耳目之路開ᄒᆞ와些小之物紙貨二圓ᄒᆞ로欲補紙筆之債用ᄒᆞ와玆敢忘陋汗呈ᄒᆞ오니願勿以物小而棄之하시며誠微而賤之ᄒᆞ시믈擡頭顒望

●任法當懲　平安南道安州郡居李東熙의弟東爀ᄂᆞᆫ浮浪敗子로蕩沒家産者인ᄃᆡ平壤居李元國이東爀를誘引ᄒᆞ야葉錢七千五百兩을債給ᄒᆞ야每千兩頭에一二百五十兩式折錢ᄒᆞ고東爀處에捧票이다가何許日人을率來ᄒᆞ야稱以日債ᄒᆞ고敎囑日人ᄒᆞ야拔劒行悖ᄒᆞ며又稱路費與公費ᄒᆞ고葉錢九千七百三十八兩을勒捧於東熙處ᄒᆞᆫ지라法典에公錢欠縮도不捧於已身則懲役勘處ᄒᆞᆯ뿐인ᄃᆡ況四寸의私債를符同外國人ᄒᆞ야勒捧於其從兄ᄒᆞ야東熙가以此呼訴于平壤郡則題旨內에對質後嚴懲推給ᄒᆞ라ᄒᆞ얏스ᄂᆞ元國이가㩃避不出ᄒᆞ고又囑日人ᄒᆞ야詰駁郡守ᄒᆞ야不得對質케ᄒᆞᆷ으로東熙가平理院에呼訴ᄒᆞ다ᄒᆞ니若此悖類의符同外人ᄒᆞ야肆行不法之習은宜乎嚴律嚴懲이라ᄒᆞ더라

●池魚之殃　忠南來人에傳說를聞ᄒᆞᆫ즉今番洪州攻擾之餘에附近結城保寧德山禮山郡等地에鎭衛隊兵及一進會人이散在村閭ᄒᆞ야洞中稍饒指名者則無故執捉ᄒᆞ기를八參義兵이라ᄒᆞ야縛打無數ᄒᆞ고錢三四千兩式百般討索ᄒᆞ미以此로各郡居民이盡至離散之境이라고聽聞이浪藉ᄒᆞ더라

●趙氏被拿　再昨日에奉常副提調趙南升氏ᄂᆞᆫ緣何事件인지日憲兵二名과巡查一名이同氏家에來到捕拿ᄒᆞ야学洞日憲兵隊로入去ᄒᆞ얏더라

●四倅減俸　京畿觀察使李根洪氏가內部에報告ᄒᆞ기를乙巳度結戶錢을以五月內畢랍之意로已因度支部訓令ᄒᆞ야謄飭各府郡인바一朔加限이出於上部寬貸之典이거날就中未랍夥多ᄒᆞᆫ安山郡守李寅宰와安城郡守李鎬집과江華府尹安學林와利川郡守李昌鎔을并施以減俸之典ᄒᆞ야俾勵未랍之他郡케ᄒᆞ라ᄒᆞ얏더라

●賊入學校　再昨夜中學校官房에何許賊한이突入ᄒᆞ야破碎窓戶ᄒᆞ고物品二十元價值를竊取以去ᄒᆞᆫ지라該校長李源鎔氏가學部로報告ᄒᆞ야該賊한놈訓飭警務廳不日詗捕ᄒᆞ야以施當律하고竊去物品을亟圖推랍케하라하얏다더라

●招聘旅費　內部治道局招聘日本人渡韓治裝及旅費技師四人一千八百元技手八人二千三百二十元事務官一人三百五十元工夫十二人一千二百元合五千六百七十元右錢을內部에셔度支部로照會ᄒᆞ야請撥ᄒᆞ얏다더라

●窮戶活佛　中署貞善坊大廟洞居李召史ᄂᆞᆫ本以青孀寡居로年近八旬인ᄃᆡ子女ᄂᆞᆫ姑捨ᄒᆞ고族戚도一無ᄒᆞ야無處依托이라他家挾[illegible]ᄒᆞᆫ지二六年에於昨[illegible]가열[illegible]ᄒᆞ야全家頹壓ᄒᆞ고所居挾房이只餘半間인ᄃᆡ三面無壁ᄒᆞ고四돌無烟之所에셔經秋過冬ᄒᆞ얏스나每當風雨之日ᄒᆞ야仰天號呼ᄒᆞ더니何幸主殿院總巡李寅鎔氏가以飢戶賑恤之職으로摘奸至此하야李召史情境을目睹하고賑金을優數頒給하니河海之天恩을感激無地러니又李寅鎔氏가特施慈悲하야舊貨四十元을自當措辦하야使之修理居接케하니可謂樹恩於不報之地라非但李召史가感謝ᄒᆞᆯ뿐더러一洞人民이攢手稱頌ᄒᆞᆫ다더라

●浦鹽區域　俄國浦塩에在ᄒᆞᆫ韓淸人居住區域의規定件은俄國沿海州軍務知事홀ㅣ子、가韓淸人居住區域을規定發布ᄒᆞᆫ事로駐在浦鹽日本貿易事務官의轉報ᄒᆞᆷ이如左ᄒᆞ니

第一條　第二條에記載ᄒᆞᆫ者外에在浦鹽韓淸人은오구페로후스가야파지後面持定ᄒᆞᆫ地區에만其居住를許ᄒᆞᆷ事

第二條　左에記載ᄒᆞᆫ韓淸人은市의他區에居住하ᄂᆞᆫ權利가有ᄒᆞᆷ事

第一項　露國에國籍이有ᄒᆞᆫ者

第二項　浦鹽市內에不動產을所有ᄒᆞᆫ者

第三項　一二三等營業鑑札를有하야浦塩市內에셔商業을營하ᄂᆞᆫ者

第四項　第二項에該當ᄒᆞᆫ營業者의使用하ᄂᆞᆫ店員及傭人

第三條　本規定은發布後三箇月븟터效力이有ᄒᆞᆷ事

를統監府의勸告로明日官報에頒布ᄒᆞᆫ다더라

●論儒者之通弊明孔孟之真意　연說　大垣丈夫　通譯　鄭雲復

秦이六國을滅하고四海를一家ᄒᆞᆷ의及하야人이皆周初善政의復古ᄒᆞᆷ을로思惟하얏더니意外에封建을廢하야郡縣을숨고詩書를焚하며儒生을坑하고更히新制를設하야數千年來舊習을一朝에變革ᄒᆞᆫ故로忽然히輿望에背ᄒᆞᆷ의誹毀交起하야人心이古를慕ᄒᆞᆷ이周末戰國時보다尤甚ᄒᆞᆫ지라한이其機를乘하야起兵滅秦하야大業既成後에前車覆轍를懲하야山巖屋壁에先王遺經을搜求하며遍히老儒를徵하야講習케ᄒᆞᆫ故로反動의勢와尙古의情이更히一層을進하야古人우才德이兼備하며　未完

●處子廳揀　陰曆本月十三日處子初揀擇進參廳揀ᄒᆞᆫ處子를宮內府에셔二十餘人을作定하얏ᄂᆞᆫᄃᆡ每名下에三百圓內下하야儲船依節을準備케하여더라

●日食萬金　內部大臣李址鎔氏ᄂᆞᆫ每日備用하ᄂᆞᆫ經費가一萬兩式인ᄃᆡ龍山別邸로出去하ᄂᆞᆫ日에ᄂᆞᆫ市宴費하야一萬五千兩으로預算ᄒᆞᆫ다더라

●政界動靜　近日政界風波가乍動乍穩하야流言이傳播하기를伊藤統監이入來하면政府ᄀᆞ更迭ᄒᆞᆫ다ᄒᆞᆷ이各大臣이落膽하야各其部仕進은旅進旅退하고統監府에其將來方針을探知하기에從事ᄒᆞᆫ다더라

루터電報

●逆殺加害者處分　六月二十二日午后一時스發　猶太人逆殺事件에就ᄒᆞ야審查中인ᄃᆡ露國國會議員은下手人을探知ᄒᆞ야處刑ᄒᆞᆷ으로써議員의義務라고決議ᄒᆞ얏더라

●露國危機　六月二十三午后○時半發　세바쓰토뽈要塞守備兵은反亂을起하야大砲를分捕하고오뎃사에서ᄂᆞᆫ艦隊가謀叛하야市街를砲擊하려하고黑海에셔ᄂᆞᆫ商業을중止하야同盟罷工이熾起하고크론쓰탓드에셔ᄂᆞᆫ軍隊의不滿은公然反亂이되야危機가一髮에迫하얏더라

東京電報

●日廷閣議　廿二日午後六時廿分發　本日閣議를開ᄒᆞ고統監府鐵道管理局官制와京釜鐵道員特別任用令等을協議ᄒᆞᆫ다더라

●韓滿經營方針　上仝　西園寺總理ᄂᆞᆫ本日夜에政友會議員三十名餘를招ᄒᆞ야韓滿視察의結果及經營方針에就ᄒᆞ야懇談ᄒᆞᆫ다더라

伯林電報

●露國首相　上仝　露國首相은辭職ᄒᆞᆯ意가有ᄒᆞ다더라

雜報

●官尊民卑弊害의演說　(속)

貪饕不法으로誅求無饜ᄒᆞ야魚肉生靈ᄒᆞ며假托人才登用之名에陰爲賣官鬻爵之驅倫者가其四也而已니是可言也ㄴ된言之長也ㅣ로다然則以上列擧ᄒᆞᆫ社會와如ᄒᆞᆫ者ᄂᆞᆫ絕無라謂ᄒᆞ야도妄言이아니지요

雖然이나只有一驚一歎的社會ᄒᆞ야其大ᄂᆞᆫ瀰滿三千里ᄒᆞ고其深은如尾閭穴無底ᄒᆞ고其力은能驅二千萬人ᄒᆞ야沒入於此ᄒᆞᄂᆞ니此ᄂᆞᆫ何社會也오卽仕宦社會是也ㅣ라如何ᄒᆞᆫ策略과如何ᄒᆞᆫ手段을用ᄒᆞ던지此會에만得入ᄒᆞ면高樓巨閣에安於居ᄒᆞ며錦衣羅製이暖於禮ᄒᆞ며嬋娟婉順이樂於心ᄒᆞ며金珠瑤貝가悅於眼ᄒᆞ며淫樂俚歌가快於耳ᄒᆞ며山珍海錯이甘於口ᄒᆞ며出於門에從者數十人이至今은外國憲兵巡查ᄭᆞ지前呵後擁ᄒᆞ며入於堂則來賓千百이左趨右附ᄒᆞ며爭頌令監大監之德望聲譽ᄒᆞ야功名於國於民에無一毫半點ᄒᆞᆫ功이라도勳章맛세이縢縢乎一世ᄒᆞ고壓制下民을無所不至ᄒᆞ니人生世間에何等快樂과何等榮光이有加於此哉아此에有一笑話ᄒᆞ니曾任에孔德里居某平民이以求仕之計로嫁其妹于京中某官人兩班ᄒᆞ고適値除冬ᄒᆞ야訪其妹家러니天寒白屋其미가炊坐ᄒᆞ고手而不能供夕飯이어날見其慘狀ᄒᆞ고心中自誓曰다시벼슬ᄒᆞᄂᆞᆫ량반과혼인하ᄂᆞᆫ놈은쇠아달이라ᄒᆞ얏더니已而오其미夫兩班이두러오시더니其妻男을對ᄒᆞ야寒暄을畢ᄒᆞ고曰이제ᄂᆞᆫ살게되얏네원을ᄒᆞᄂᆞᆫ업어ᄒᆞ얏네俄而오京邸吏가米錢木布各色物種을來納ᄒᆞᄂᆞᆫ디卒成富貴家어날心中自誓曰벼슬ᄒᆞᄂᆞᆫ兩班과婚姻아니ᄒᆞᄂᆞᆫ놈도쇠아달이야ᄒᆞ얏다ᄒᆞ니推此一話에可以知官人之地位尊且貴ㅣ로다是以로凡生於此國者ᄂᆞᆫ勿論智愚賢不肖ᄒᆞ고自孩提之時로人若問其所欲이면大則政丞判書오其次則守令方伯이오又其次則協辦局長이오ᄯᅩ其次則主事參奉借聊等各樣仕宦이爲大目的인ᄃᆡ使我祖宗疆土로賣盡無餘라도不顧焉ᄒᆞ며使我皇上陛下之赤子를驅而納諸害확陷穽之中이라도不顧焉ᄒᆞ며貽辱於父母兄弟라도不顧焉ᄒᆞ고絕誼於親戚朋友라도不顧焉ᄒᆞ며奴顔婢膝노阿附於權門勢家라도不厭焉ᄒᆞ며擲盡幾十百萬之錢ᄒᆞ야傾家蕩産이라도不厭焉ᄒᆞ고　未完

●有志必就　中央圖書館은有志紳士吳瀚泳咸丙鎬咸秉杓尹鳳燮諸氏가熱心經營ᄒᆞᆷ은業已揭載贊成이어니와今에更聞ᄒᆞᆫ則東西洋新舊書籍을多集ᄒᆞ며印刷所도設備ᄒᆞ야書籍을刊出ᄒᆞ기로磨鍊中이라ᄒᆞ니吾儕ᄂᆞᆫ該有志諸氏의啓發同衛ᄒᆞᄂᆞᆫ事業이期於就緖ᄒᆞᆷ을深祝ᄒᆞ노라

●敎明設立　忠北郡蔡尹喆圭氏가該郡守金在殷氏와前議官孫海鵬氏로더부러敎育上注意로敎明學校를設立於孫氏家ᄒᆞ고敎師를延聘ᄒᆞ야學員을敎授ᄒᆞᆷ의校況이興旺ᄒᆞ야學員이八十餘名에達ᄒᆞ얏다ᄒᆞ니尹觀察의行政上是非ᄂᆞᆫ各報에多有ᄒᆞ거니와此敎育事業에至ᄒᆞ야ᄂᆞᆫ實로讚賀ᄒᆞᆯ만ᄒᆞ더라

●義王과伊藤入城　義親王殿下一行과伊藤統監一行이昨日下午八時十分頃에自京釜鐵道로南門外停車場에到着ᄒᆞ야卽時入城ᄒᆞ얏ᄂᆞᆫ데警務官吏와軍隊士卒이一體警衛ᄒᆞ고各官이出城迎接ᄒᆞ얏고行詣闕下ᄒᆞ야陛見之禮를行ᄒᆞᆫ後退闕ᄒᆞ얏다더라

廣告

本號新開專做男女各色洋服幷[illegible]各[illegible]細키爲읍一切[illegible]

西小門內[illegible]洋服[illegible]

[illegible]

教[illegible]

耳[illegible]

[illegible]

父師必讀小[illegible]

人工[illegible]

萬國地誌[illegible]

[illegible]

法學通論 一圜

尺牘[illegible] [illegible]十錢

大韓地誌 七十五錢

發賣所

[illegible]

鍾路布[illegible]

來氏가本人[illegible]

桓峴에移設[illegible]準

榮氏와同[illegible]

眼藥과珊瑚[illegible]

에鎭痛散[illegible]軟[illegible]

瘧丹痔疾方秘傳膏酒與[illegible]神效

藥品이多[illegible]

無價酬應도[illegible]論某病

고來問[illegible]

仁港桓峴 [illegible]智仁 告白

開豐局主人

一 [illegible]牛乳

一 [illegible]

一 [illegible]

一 [illegible]

[illegible]

[illegible]上은[illegible]에[illegible]

[illegible]

大韓仁川港

[illegible] 洋行

九轉靈砂라 本人이[illegible]을[illegible]하야製造[illegible]

老弱少에無論何症[illegible]고通治[illegible]며無病時에도服[illegible]

身體가健康[illegible]며小兒는四五錢重만服[illegible]면十[illegible]에[illegible]

[illegible]保[illegible]오며

⦿九轉[illegible]砂萬靈丹은癲狂 癎症과中風[illegible]과耳目[illegible]

[illegible]神効[illegible]오

⦿九轉靈砂保命丹은[illegible]生小兒 驚風 [illegible] [illegible]

殺惡과婦人帶下症에[illegible]効[illegible]

⦿九轉靈砂[illegible]丹은酒滯 食滯 血積 吐瀉 霍亂 [illegible]

吐血 下血 運氣 時疾 痢症에神効[illegible]오

⦿九轉靈砂[illegible]丹은痔漏 [illegible] 上疳瘡 下疳瘡及[illegible]

諸般毒瘡惡種에無不神効[illegible]오니 僉君子는來問[illegible]시오

內需司前두감이골上隅第一家 李[illegible]廷 告白

以上三 種은上 品으로 製造ᄒ 야衛生 上에至 極有益 ᄒ니附 論某人 ᄒ고本 社에來 購ᄒ웁

[illegible]物[illegible]紙[illegible]及[illegible]會社

本社廣告

[illegible]

一[illegible]

一[illegible]

[illegible]

◉本社[illegible]

仁川桓峴[illegible]

平壤南山峴[illegible]

宣川邑[illegible]

義州南[illegible]

長連邑

[illegible]

咸興[illegible]南[illegible]

中和邑

釜山佐川[illegible]

開城北部[illegible]

校副校長

大丘郡

發行兼[illegible]

發行[illegible]

京城北署[illegible]

大韓[illegible]

西曆一千九百六年六月二十六日 火曜日 明治三十八年八月十二日第三種郵便物認可

第四卷 第二百[illegible]號

大韓每日申報

대한매일신보

月曜及慶節歲時休日刊

檀君開國四千二百三十九年
箕子元年三千二十八年
大韓開國五百十五年
日本明治三十九年
淸國光緖三十二年
陰曆丙午五月小初五日辛丑

別報

統監府에서提出ᄒᆞᆫ移民條例其全文이如左ᄒᆞ니

第一條 移民者ᄂᆞᆫ勞動에從事ᄒᆞᆯ目的으로外國에前往ᄒᆞᄂᆞᆫ者及其家族으로同件ᄒᆞ며又其所在地에前往ᄒᆞᄂᆞᆫ者를謂ᄒᆞᆷ

移民處辦人者ᄂᆞᆫ移民으로募集ᄒᆞ며又其前往을周旋ᄒᆞᄂᆞᆫ事를營業으로ᄒᆞᄂᆞᆫ者를謂ᄒᆞᆷ

第二條 移民은農商工部大臣의許可를受치아니면外國에前往ᄒᆞᆷ을得치못ᄒᆞᆷ

前往許可ᄂᆞᆫ其許可日노브터六個月以內에出發아니ᄒᆞᄂᆞᆫ時ᄂᆞᆫ其効力을失ᄒᆞᆷ

第三條 農商工部大臣은必要로認ᄒᆞᄂᆞᆫ時ᄂᆞᆫ移民의前往을停禁ᄒᆞ며又其許可를繳消ᄒᆞᆷ을得ᄒᆞᆷ前往停禁ᄒᆞᆫ日數ᄂᆞᆫ前條第二項期間에算入아니ᄒᆞᆷ

第四條 移民處辦人되ᄌᆞᄒᆞᄂᆞᆫ者ᄂᆞᆫ農商工部大臣의許可를受ᄒᆞᆷ이可ᄒᆞᆷ

移民處辦人이代理를置ᄒᆞᄂᆞᆫ時도亦同

移民處辦人이아니며移民前往의周旋又募集을行ᄒᆞᆷ을得지못ᄒᆞᆷ

第一項의許可ᄂᆞᆫ許可日노브터六箇月以內에營業을開始아니ᄒᆞᄂᆞᆫ時ᄂᆞᆫ其効力을失ᄒᆞᆷ

第五條 移民處辦人은農商工部大臣에보證金을捧納ᄒᆞᆫ後아니면營業을開始ᄒᆞᆷ을得지못ᄒᆞᆷ

保證金은一萬圜以上으로農商工部大臣이定ᄒᆞᆷ

農商工部大臣은必要로認ᄒᆞᄂᆞᆫ時ᄂᆞᆫ保証金額을增減ᄒᆞᆷ을得ᄒᆞᆷ但前項金額以下에減ᄒᆞᆷ을得지못ᄒᆞᆷ

第六條 移民處辦人前往을周旋ᄒᆞᆫ移民이罹病ᄒᆞ며其他困難을極ᄒᆞᄂᆞᆫ境遇에ᄂᆞᆫ救助ᄒᆞ며又歸國케ᄒᆞᄂᆞᆫ義務를有ᄒᆞᆷ

前項義務를負擔ᄒᆞᄂᆞᆫ期限은移民을前往식이던其月로브터十個年으年으로ᄒᆞᆷ

第七條 移民處辦人은其代理人又代表者가在留아니ᄒᆞᄂᆞᆫ地에移民은前往케ᄒᆞᆷ을得지못ᄒᆞᆷ

第八條 移民處辦人은手數料外에移民의게何等利益을受ᄒᆞᆷ을得지못ᄒᆞᆷ但其手數料ᄂᆞᆫ미리農商工部大臣이의認可를受ᄒᆞᆷ이可ᄒᆞᆷ

第九條 移民처辦人은勞動契約에由ᄒᆞ야前往ᄒᆞᄂᆞᆫ移民을募集ᄒᆞ며又其前往을周旋ᄒᆞᄂᆞᆫ時ᄂᆞᆫ移民과文書로契約ᄒᆞᆷ이可ᄒᆞᆷ其契約條件은미리農商工部大臣의認可를受ᄒᆞᆷ을要ᄒᆞᆷ

第十條 農商工部大臣은左開境遇에當ᄒᆞ야移民處辦人의營業을停止ᄒᆞ며又營業許可를繳消ᄒᆞᆷ을得ᄒᆞᆷ

一 移民處辦人又代理人若代表者의行爲가法令에違背ᄒᆞ며又公益을害ᄒᆞᆫ時

二 移民處辦人又代理人若代表者가指定ᄒᆞᆫ期限內에罰金을捧納아니ᄒᆞᆫ時

三 第五條第一項에違背ᄒᆞᆫ時又第五條第三項에由ᄒᆞ야保証金의增加를被命ᄒᆞᄂᆞᆫ境遇에當ᄒᆞ야指定ᄒᆞᆫ期限內에其捧納을아니ᄒᆞᆫ時

移民處辦人이前項처分을受ᄒᆞ며營業을休止ᄒᆞ며若廢止ᄒᆞᆫ時라도既經前往ᄒᆞᆫ移民에對ᄒᆞᄂᆞᆫ義務의履行을中止ᄒᆞᆷ을得지못ᄒᆞᆷ

第十一條 移民과移民處辦人間에生ᄒᆞᆫ爭鬪에關ᄒᆞ야ᄂᆞᆫ農商工部大臣이決定ᄒᆞᆷ

第十二條 前往許可를不受ᄒᆞ고又不正手段으로許可를受ᄒᆞ며又前往停禁命令에違背ᄒᆞᆫ移民은五圜以上五十圜以下罰金에처ᄒᆞᆷ

第十三條 移民처辦人이許可를不受ᄒᆞᆫ代理人으로ᄒᆞ야곰其行爲를行ᄒᆞ려ᄒᆞᄂᆞᆫ時ᄂᆞᆫ二十圜以上二百圜以下罰金에처ᄒᆞᆷ其行爲를行ᄒᆞᄂᆞᆫ代理人亦同

第十四條 第五條第一項第七條第八條第九條에違背ᄒᆞ며又法令에違背ᄒᆞᆫ移民의前往을周旋ᄒᆞ며前往停禁中에移民을前往케ᄒᆞᆫ移民처辦人及代理人은五十圜以上五百圜以下罰金에처ᄒᆞᆷ

第十五條 許可를不受ᄒᆞ고移民처辦의行爲를行ᄒᆞᆫ者及代理人又營業停止처分에違背ᄒᆞᆫ移民처辦人及代理人은百圜以上千圜以下罰金에처ᄒᆞᆷ

第十六條 詐惑手段으로移民을募集ᄒᆞ며又前往을周旋ᄒᆞᆫ移民처辦人及代理人은二百圜以上千圜以下罰金에처ᄒᆞᆷ

移民처辦人아인者로前項行爲를行ᄒᆞᆫ者亦同

第十七條 本法의罰則은移民會社에在ᄒᆞ야ᄂᆞᆫ其各條에揭ᄒᆞᆫ行爲를行ᄒᆞᆫ會社代表者에對ᄒᆞ야도亦是適用ᄒᆞᆷ

第十八條 第十二條乃至第十七條에由하ᄂᆞᆫ처分은農商工部大臣이行ᄒᆞᆷ

第十九條 本法施行에當ᄒᆞ야必要ᄒᆞᆫ命令은農商工部大臣이定ᄒᆞᆷ

附則

第二十條 本法及施行細則의規定에由ᄒᆞᄂᆞᆫ처分은外交上關係가有ᄒᆞᆷ으로日本統監의承認을經ᄒᆞᆷ을要ᄒᆞᆷ

第二十一條 本法은光武十年四月日노브터施行ᄒᆞᆷ

本記者曰近日大韓國中에一大疑懼的案件은此上項所載移民條例라自此說之漏聞으로漢城市井閭巷間에衆人之言이皆曰吾屬이當被勒追輸去之禍를如彼墨人民之所遭라ᄒᆞ고自地方所聞에ᄂᆞᆫ尤有甚焉ᄒᆞ야父老流涕ᄒᆞ고妻兒哭曰我等이將往何地而丐其生命耶아ᄒᆞ야一口唱聲에萬口傳播ᄒᆞ야旬日之間에全國이騷騷ᄂᆞᆫ何也오此謊韓人之於日人에以條約締結等事로歷經이便是傷弓之鳥요驚之魚라今此移民條例의內容之如何ᄂᆞᆫ姑舍ᄒᆞ고但移民二字가便是韓人의最大恐慌이니今日爻象에勢固然矣라寧不悲哉아覽此全文에韓國人民은其當有以推測者矣로다

外報

●俄청談判依然 北京電에曰十餘日前부터청國外務部에俄청談判을開始ᄒᆞᆫ關係에依ᄒᆞ야監促ᄒᆞ여도俄國公使포코지로辛氏고此事件에對ᄒᆞ야何等의回答이온지依然中止ᄒᆞ미有ᄒᆞᆫ形便이라더라

●청國旱魃 同電을據ᄒᆞᆫ則近來淸國이連日旱騷가大端ᄒᆞ야北部支即一帶ᄂᆞᆫ勿論ᄒᆞ고全國形便이大凶作에模樣인ᄃᆡ日日祈雨ᄒᆞᆷ이太甚ᄒᆞ고民心도騷動中이라더라

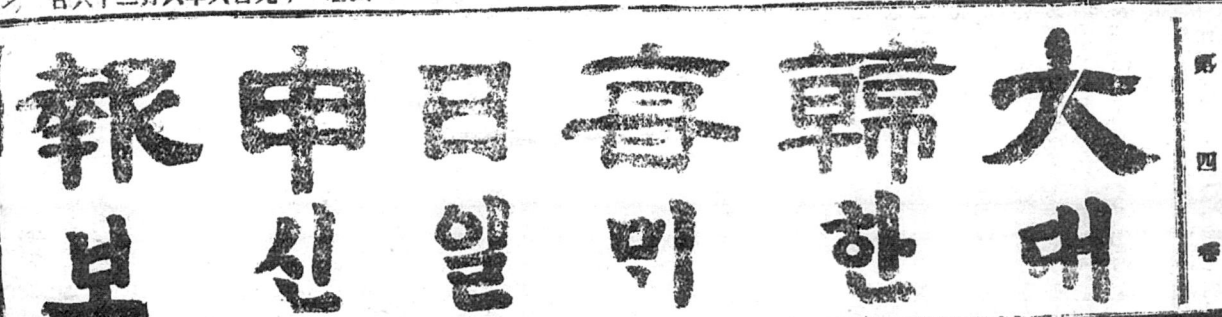

●청兵服裝 滿洲에駐屯ᄒᆞᆫ淸國軍隊ᄂᆞᆫ近者에服장을改良ᄒᆞ야日本軍隊의服裝과略同ᄒᆞ다더라

雜報

●統監答邀 統監伊藤氏가各大臣을日昨下午一時에請邀ᄒᆞ야[illegible]各大臣이政府로前往會同ᄒᆞ얏ᄂᆞᆫᄃᆡ其[illegible]未能知라더라

●訴訟紛拏 開城府尹韓永源氏가境內民事訴訟上에日人辯護士로提訴를總理ᄒᆞ야訴訟에紛拏되며多有ᄒᆞ야不可不重督이라고政府에[illegible]洪氏가內部로報告ᄒᆞ얏더라

●照拔立標 警務廳所管監獄署를新建ᄒᆞ고該建築基址를東大門內에都監基址로定ᄒᆞ며[illegible]基址를[illegible]度支部에서[illegible]廳에照會ᄒᆞ야該標木을則刻拔去ᄒᆞ라ᄒᆞ얏더니現又自宮內府訓[illegible]ᄒᆞ야該址ᄒᆞ고標木拔棄ᄒᆞᆷ을亦爲照促ᄒᆞ얏다더라

●[illegible]校舍 [illegible]壤郡大同學校[illegible]學部에[illegible]校舍ᄂᆞᆫ同郡居[illegible]賃屋者也러[illegible]金鎔[illegible]忽然奪該屋ᄒᆞ야[illegible]人인즉嚴飭本郡ᄒᆞ야推[illegible]ᄒᆞ게ᄒᆞ라ᄒᆞ얏다더라

●進興設立 一進會에서進興會[illegible]設立ᄒᆞ고該社를敦岩[illegible]에設置ᄒᆞ얏ᄂᆞᆫᄃᆡ進興會社長[illegible]古[illegible]氏가其[illegible]旨를各府部院廳으로輪通ᄒᆞ고勸奬實業케ᄒᆞᆫ다ᄒᆞ얏다더라

●養閑[illegible] [illegible]城府尹朴義秉氏가[illegible]監李舜夏氏의報告를因ᄒᆞ야學部에報告ᄒᆞ기를本義塾의位寘를西署新門外冷洞所在一百七十三統六戶로姑先差定ᄒᆞ고敎師ᄂᆞᆫ趙[illegible]增夫人李氏와金麟夫人李氏로選定ᄒᆞ와本月廿五日에開學ᄒᆞ오니査照ᄒᆞ라ᄒᆞ얏더라

●李氏被拿 禮式卿李根澔氏도昨日日本憲兵이拿去ᄒᆞ얏다더라

●與在廣泉 日前本報에揭載ᄒᆞᆫ不赴定計라ᄂᆞᆫ題下에長湍閔判書泳兩氏가其家券을趙[illegible]泰氏의게典執ᄒᆞ얏다가軍大李根澤의게放賣ᄒᆞ얏다ᄂᆞᆫ事實은當初閔判書가廣泉舘에典當ᄒᆞ얏다가李軍大의게放賣ᄒᆞᆷ이오趙氏ᄂᆞᆫ相關이無ᄒᆞ다고說明이有ᄒᆞ다더라

●徐倅永眠 安岳郡境內에殺獄이發生ᄒᆞᆫ故로文化郡守徐內審氏가再檢官으로前往ᄒᆞ얏더니檢畢後에安岳郡衙中에서經宿ᄒᆞ다가日高不起故로文化通引이關戶視之則徐郡守가如睡自斃ᄒᆞ야安岳郡守朴彝陽氏가治喪中이라더라

●郵票再用 近來一次用ᄒᆞᆫ郵票를再用ᄒᆞᄂᆞᆫ者多數現發ᄒᆞᄂᆞᆫ지라此에對ᄒᆞ야ᄂᆞᆫ法律에笞刑이나罰金에處ᄒᆞᄂᆞᆫ罰則이有ᄒᆞᆫ故로現今一次用ᄒᆞ얏든郵票를弄奸再用ᄒᆞᆫ犯科로懲役二年에處ᄒᆞᆫ韓人이有ᄒᆞ니醒信人은此法律에抵觸지아니ᄒᆞ도록本心ᄒᆞᆯ거시오且下隷나或他人의게付托ᄒᆞ야郵便物을出付ᄒᆞᆯ時에도不正ᄒᆞᆫ郵票를使用치아니ᄒᆞ게注意ᄒᆞᆷ을望ᄒᆞᆷ若有如此所爲則犯者만其無限ᄒᆞᆫ痛楚를當ᄒᆞᆯ뿐아니라於公於私에煩屑이甚多ᄒᆞᆯ즉玆에特記ᄒᆞ야以警世之通信者ᄒᆞ고[illegible]管理局에서聲明이有ᄒᆞ더라

日兵何關

[illegible]

忠淸南道[illegible]柳[illegible]隣居金顯[illegible]田用價錢合計爲一千八百十七兩六錢而耕食田畓合[illegible]斗落을以日錢還退之意로[illegible]成給而前後去來票紙ᄂᆞᆫ[illegible]故로證明于新券上ᄒᆞ[illegible]所[illegible]辛丑爲始ᄒᆞ야一一收還于[illegible]빠가至於昨春ᄒᆞ야該土를欲爲還退則稱有時價高下云故加給三百五十兩ᄒᆞ고該文券을出爲覓來이持七百兩票紙ᄒᆞ고來督贖錢妥帖矣러니不意[illegible]之子永燦이기로送書請之于渠父則答以相關贖票ᄂᆞᆫ富覓送矣라云이더니永燦이期欲再徵ᄒᆞ라가至於官庭對卞에本色이綻露ᄒᆞ야考限納票ᄒᆞ고逃避不現이기로以訴本郡ᄒᆞ야鬪求推票則題以妥決明確이可敵手票ᄒᆞ나不必推覓云故로置之不煩矣러니不幾日에永燦이符同日本인三谷柳崖及通譯一인下來ᄒᆞ야突入內庭ᄒᆞ야威侍ᄒᆞ되無奈리曲ᄒᆞ야無聊而去러니又符同神羅會ᄒᆞ야多帶合인ᄒᆞ고來到威脅ᄒᆞ되亦無聊而退러니又爲上京ᄒᆞ야嗾囑日本인寺田榮次郞及通譯一인先到本郡ᄒᆞ야謂以日本辯護士高橋章之助之事務員ᄒᆞ고使守備隊日兵으로環圍郡衙ᄒᆞ고强請秘捉柳英烈ᄒᆞ야不問曲直ᄒᆞ고勒捧三萬六千三百三十兩手標ᄒᆞ고卽囚郡獄이라가過三日에更爲拘留우金永燦從兄永晳家ᄒᆞ고自此로柳家諸族을交代拘留라가又過三日에寺田이帶同日兵二人通譯一名金哥諸族四人ᄒᆞ고卽封柳家ᄒᆞ야擒銃揮劍에逢人輒打ᄒᆞ고突入內房ᄒᆞ야各種文券을沒數搜探ᄒᆞ고且入庫間ᄒᆞ야租苞及雜種을沒數奪去ᄒᆞ고且入隣居諸族及他人家ᄒᆞ야牙券及租苞를强爲奪去ᄒᆞ고柳英烈長子婦ᄂᆞᆫ驚怯仆倒ᄒᆞ야四朔孕胎를仍爲半產ᄒᆞ고英烈이被日兵毆打ᄒᆞ야流血이浪藉ᄒᆞ고外他柳門諸族이無不被傷이며勒捧三萬六千三百三十兩을特爲半減則不無厚恩이라ᄒᆞ야勒捧感謝狀而非但柳族이라雖他姓이라도皆爲着名畵押ᄒᆞᆫ지라

柳英烈이一邊呼訴于平理院ᄒᆞ고一邊呼訴于日本理事廳矣러니自日本理事廳으로査實後에該作弊日人寺田을退歸三年告示ᄒᆞ고平理院에서捉致金永燦次로嚴發訓令이나永燦이隱避於日인家ᄒᆞ야莫可捉得이기로照會우日本理事廳ᄒᆞ야使卽越送矣러니

永燦이同日本人志賀日俊ᄒᆞ고來到平理院請爲質判ᄒᆞ야對卞之場에又爲路科ᄒᆞ야卽囚平理院ᄒᆞ고該事實을訓令于本郡ᄒᆞ야使之査報而該郡報告及供招가一如平理院供招故로自民事로付于刑事ᄒᆞ야將爲懲판이라ᄒᆞ더라

●論儒者之通變明孔孟之眞意

演說 大垣丈夫 (續)

古制ᄂᆞᆫ皆至美無瑕의實玉으로思惟ᄒᆞᆷ에至ᄒᆞ더니此風氣가代에傳ᄒᆞ야畢竟古를是ᄒᆞ며今을非ᄒᆞᆷ이儒者의通弊를成ᄒᆞᆷ은痛歎ᄒᆞᆷ을不勝ᄒᆞᄂᆞᆫ비니此ᄂᆞᆫ世儒者가古書를讀ᄒᆞᆷ이아니오古書에讀ᄒᆞᆫ바되미로다活眼을試開ᄒᆞ야聖經賢傳을熟讀ᄒᆞ건孔孟의敎가但何事던지古代라ᄒᆞᆷ이아님을知ᄒᆞ리로다論語衛靈公篇曰顏淵問爲邦子曰行夏之時乘殷之路服周之冕樂則韶舞此ㅣ曆法은夏世가可ᄒᆞ고車制ᄂᆞᆫ殷制가可ᄒᆞ며冠制ᄂᆞᆫ周冕이可ᄒᆞ고音樂은虞世가可ᄒᆞᆷ으로各其可ᄒᆞᆫ바를採用ᄒᆞ라ᄒᆞᆷ이라

同書子罕篇曰麻冕禮也나純也儉吾從衆下拜禮也今拜乎上泰雖違衆吾從下

此ᄂᆞᆫ周初의古禮에ᄂᆞᆫ麻絲를精製ᄒᆞ야製造ᄒᆞᆫ冠을用ᄒᆞ나今時의人은粗製의純絲로써冠을製造ᄒᆞ니純絲를用ᄒᆞᆷ이古禮ᄂᆞᆫ아니로되反히質素儉約ᄒᆞᆫ故로吾ᄂᆞᆫ世俗을從ᄒᆞ야純製의冠을用ᄒᆞ고又諸侯에謁見時에堂下에拜ᄒᆞᆷ은臣下된者에尊君ᄒᆞᄂᆞᆫ古禮어날今時에ᄂᆞᆫ君弱臣强ᄒᆞ야士大夫가分限을忘ᄒᆞ고堂上에서拜禮를行ᄒᆞᆷ은[illegible]僭越ᄒᆞ야失禮되ᄂᆞᆫ故로吾ᄂᆞᆫ俗習에違ᄒᆞ야도陛下에서拜ᄒᆞᆫ다ᄒᆞᆷ이라

未完

●本日은東洋之俗의端陽節이기로一日休刊ᄒᆞᆷ

●[illegible]又有是耶 昨年新條約後에[illegible]侯가水原安陽停車場에서[illegible]變[illegible]ᄒᆞ얏더니今又來[illegible]到該地ᄒᆞ야又有石子가破[illegible]車[illegible]該地民一名[illegible]捉ᄒᆞ얏다ᄂᆞᆫ風說이有ᄒᆞ다더라

●[illegible]柴商因[illegible] 倒[illegible]門의[illegible]巡[illegible]이柴商으로ᄒᆞ야곰買去者아니[illegible]不許[illegible]ᄒᆞᆷ으로柴商往來가甚히困難ᄒᆞ다더라

伯林電報

●露國議會激論 六月廿四日午后二時十分發

露國쓰케소衛戍地에反亂이起ᄒᆞ얏ᄂᆞᆫᄃᆡ議會ᄂᆞᆫ非常히激憤ᄒᆞ야猶太人殺戮에就ᄒᆞ야激論ᄒᆞ며國務大臣은攻擊을不堪ᄒᆞ야議場을退出ᄒᆞ얏더라

北京電報

●巡警部懸賞 六月廿四日午后二時十分發

淸國에서ᄂᆞᆫ近來婦女小兒를誘拐ᄒᆞᄂᆞᆫ人을捕ᄒᆞᄂᆞᆫ者의게五十元을與ᄒᆞᆫ다旨로告示ᄒᆞ얏더라

●秋期演習 仝上

練兵所ᄂᆞᆫ南北軍秋期연習에就ᄒᆞ야日本留學中청國武備生을召還ᄒᆞ야參加케ᄒᆞᆫ다더라

雜報

●官尊民卑弊害의演說 (續)

今所貴所慾者는只是一宕巾이라가及其得宕巾之後에는又欲得玉圈子ᄒᆞ고以玉圈子로玉圈子之後에는又欲得金圈子ᄒᆞ야溪壑之慾莫之底上ᄒᆞ니此曷故焉고進而得官則其位가尊ᄒᆞ고退而爲民則其位가卑也ㅣ라其中에又有世界各國所無之怪事ᄒᆞ니即職卿在用이是也ㅣ라一登仕路者는已無可論이오借卿金買街ᄒᆞ야今日에頒布於朝廷ᄒᆞ고明日免官된者라도交際之場에六堂監大監之尊稱ᄒᆞ야萬歲貴重之職卿이終身不部ᄒᆞ며此職을稱ᄒᆞ며且指其所居宗曰某宅某宅이라ᄒᆞ야冠之於官則理가欲羡其榮ᄒᆞ고庶民이畏敬ᄒᆞᆯ뿐더러有職ᄒᆞᆫ宅號者는武斷鄕曲에殘虐平民을少無忌憚ᄒᆞ되莫敢誰何ᄒᆞ니其許大弊害也가當何如오故로坊間에有替名일홈간다宅号의호간다之謂ᄒᆞ나賭흠이當其人枉家之尊稱代名辭ᄒᆞ나無外國人之嘲笑아余之薄鄕僻村에有初試宅及初試ᄒᆞᆫ번宅之稱ᄒᆞ고不覺噴飯이러니今焉思之則使外國人으로聞ᄒᆞᆷ宅号襲用之習ᄒᆞ면與余之所聞ᄒᆞᆫ번宅으로有何異哉리오外人의嘲笑ᄂᆞᆫ던지誹방을ᄒᆞ던지鄕曲에서는舊貫榮華와威權聲名이兼備ᄒᆞ야居於四民之上者는惟官人已而라使國家人民으로陷於今日之境者ㅣ其原因이安在오ᄒᆞ면即官尊民卑의弊害是也ㅣ라ᄒᆞ리로다何爲其然也오三千里之內二千萬人中에宗敎는敎育家는學術家되기는夢想不到處어니와若有從事於農工商業者則人必卑而賤之분더러如干穀包錢兩을積聚ᄒᆞᆫ則貪官汚吏가加以不孝不悌淫行等虛無之擧

特別

○特別社告○

本社에서申報代金을先推ᄒᆞᆫ後發送ᄒᆞ기로定規이온바近來各地方購覽ᄒᆞ시는處에서或二三朔或三四朔條를全不送交ᄒᆞ시는이가有ᄒᆞ온즉勢不得已來七月一日부터未捧各處에는本報를停止ᄒᆞ깃ᄉᆞ오니照亮後卽速淸交ᄒᆞ심을務望

大韓每日申報社 告白

特別

名而勒奪焉ᄒᆞ며火賊與兵이陸續而來ᄒᆞ야不惟奪其財產而已라生命을殺害ᄒᆞ는變이種種有之ᄒᆞ니如此卑賤危險之事를孰不肯樂爲之哉리오不得已賣田賣畓ᄒᆞ야上京求仕ᄒᆞᆯ새求爲權門勢家之食客ᄒᆞ야以送一生ᄒᆞ니哀此人生이로다噗盡千辛萬苦ᄒᆞ고僅得主事參奉之借啣一窠則自以爲榮耀而錦衣還鄕ᄒᆞ는舊莫甚焉ᄒᆞ고所謂十大夫家子弟는稍免名之業ᄒᆞ야飽食煖衣逸居無敎ᄒᆞ며平日之所講究者는某人은即老論某政丞之幾代孫이오某人은即少論某判書之幾代孫이라ᄒᆞ는譜學一課而已則俗所謂行世者ㅣ明於譜學은遠勝於泰西統計學者也ㅣ로다以此度了ᄒᆞ다가勢力을一失ᄒᆞ면奢侈之習은猶存ᄒᆞ고生財之道는全無ᄒᆞ야果育凍餓를難免ᄒᆞᄂᆞ니國勢之衰弱과民生之困瘁가良有以也ㅣ로다今日을當ᄒᆞ야若不痛祛此弊則不能保我國家ᄒᆞ며保我民族ᄒᆞ리니嗚呼諸君은熟思之ᄒᆞ시오 完

●金海設校 金海郡居前參奉金琢銖許과諸氏가一般同志紳士와協議ᄒᆞ야昨年九月에普通私立學校를本郡鄕廳에設立ᄒᆞ고敎師를延聘ᄒᆞ야漢文日語算術等課로勤勉敎導ᄒᆞ니學徒가日增ᄒᆞ야七十六人에達ᄒᆞ얏다더라

●港況凋殘 龍川龍巖浦開港이于今幾年에各處商民이來聚結搆하야如干財本을費用而惟望來頭之興旺이러니當此財政困難之時하야市無交易하니港內人民이不免渙散之境이라自上部로若無別般計劃이면商難支보라하더라

●最大事業 湖南鐵道會社總事務長徐午淳氏가年前京仁京釜鐵道敷設時부터鐵道의注意ᄒᆞ야十工과木材等事를多數購買ᄒᆞ야該國諸人으로使之若手見習케ᄒᆞ고至於器械等屬ᄒᆞ야도必究其價額多少와使用方法이러니光武八年分에政府認許을承有ᄒᆞ야忠淸道地境의셔山과木浦等地에鐵道를敷設ᄒᆞ기로有志諸人으로會社를組織ᄒᆞ고紙貨五千餘圜을費ᄒᆞ야濟州島致峴의셔江景浦ᄭᆞ지爲先踏査測量하고九千餘圜을費ᄒᆞ야京城本店事務所와庫舍與機械倉을建築ᄒᆞ더니本五月分에事往東京ᄒᆞ야借欵을定約ᄒᆞ고歸來ᄒᆞ야四管과木材와煉尾等屬鐵國製造로需用ᄒᆞ기를爲ᄒᆞ야有志諸員이爭先出力ᄒᆞᆫ金額이三十萬圜에達ᄒᆞ고該鐵道는速成ᄒᆞᆯ方針으로實測諸科을派送ᄒᆞ다ᄒᆞ니韓國에初有ᄒᆞᆫ大事라吾儕도有志人士를爲ᄒᆞ야攢祝不已ᄒᆞ노라

●龍氏被招 致岩里等地에셔進興會社員龍雲氏가該附近各洞에以國文으로發通ᄒᆞ고社員을募集ᄒᆞᆷ으로該管警務署에셔其通文을警廳에收上ᄒᆞ고龍氏를招引ᄒᆞ야亦所取招後一체報明于警廳하얏다더라

●婦誤其舅 忠南石城郡縣內面進下里李今得의子婦判今이가欲爲背夫之計로歸告舅矣親姑ᄒᆞ되시婦父가每欲奸淫故로姑不更去라하야此等說話가人口傳播에其시父李今得이一聞此言하고絞殺而致命ᄒᆞᆫ지라該道裁判所에서履行檢査에該女判今은雖容擁載之間이나誣孰翁奸이律免無文하야未知從何而處斷이라고法部에報告하얏다더라

●會員行悖 木川郡一進支會長丞化卿이案以枝酒稱流ᄅ差得同類金연日爲副에長하야橫行閭里에討索錢財而本郡北面居李主事를誣搆淫行하야多率會員하고捉致毆打하야勒討錢米而李主事가不勝忿寃하야以刀刺喉하야幾至死境矣라會員이驚散而至于吳郡하야自會中治療에幸而不死나其他稱而毁會하고捉恣良民하야勒奪財產者坊坊有之하야一境이騷擾貝賴이라하더라

廣告

本號新開專做男女各色洋服幷由上海運來各種細이毛㗊一切表篩屬㕦件件精全伏望貴士女迅卽來購爲幸

西小門內豢泰男女洋服商號

●刑法大全 一秩定價金新貨六十錢

牧民心書 一秩 一圜二十五錢
耳談續纂 一冊 七錢五厘
溫故知新堂叢鈔 七錢五厘
父師必讀小學指南 七錢五厘
人工養蠶鑑 一冊 十五錢
萬國地誌 三冊 一圜
農政新書 五十錢
法學通論 一圜
尺牘完編 一圜五十錢
大韓地誌 七十五錢

發賣所 布屛門下金相萬書舖 大韓每日申報社

鐵路布廛後開豐局李進士會來氏가本人의게傳授ᄒᆞ야仁港梩峴에移設ᄒᆞ고高明醫術朴準榮氏와同事ᄒᆞᄂᆞᆫ데繼嗣丹과水眼藥과珊瑚紫金膏와小兒癎氣에鎭癎散과瘰癧에軟硬散과癩瘡丹痔疾方秘傳膏酒良等神效藥品이多有ᄒᆞ오며貧寒의게ᄂᆞᆫ無價酬應도ᄒᆞ오니勿論某病ᄒᆞ고來問ᄒᆞ시옵

仁港梩峴開豐局主人 송智仁 告白

●九轉靈砂라 本人이秘方法을神傳ᄒᆞ야製造ᄒᆞᆫ靈丹인ᄃᆡ男女老少에無論何症ᄒᆞ고通治ᄒᆞ오며無病時에도服ᄒᆞ면平生의身體가健康ᄒᆞ며小兒ᄂᆞᆫ四五歲量만服ᄒᆞ면十歲안에無病ᄒᆞ기를擔保ᄒᆞ오며

●九轉靈砂萬靈丹은癲狂 癎症과中風諸疾과耳目諸病과淋疾에神效ᄒᆞ오

●九轉靈砂保命丹은初生小兒 驚風 癎氣 咳嗽 腹痛諸般驅과婦人帶下症에神效ᄒᆞ며

●九轉靈砂淸衆丹은酒滯 食滯 血積 吐瀉 霍亂 痢疾 吐血 下血 運氣 時疾 痲症에神効ᄒᆞ오

●九轉靈砂紫金丹은痔漏 果癰 上疳瘡 下疳瘡及唐瘡과諸般瘡瘍惡瘡에無不神効ᄒᆞ오니 僉君子ᄂᆞᆫ來問ᄒᆞ시오

內需司前극갈이골上隅第一家 李錫廷 告白

一 [illegible]牛乳
一 [illegible]牛乳
[illegible]乳
一 [illegible]
台牛乳

[illegible]

大韓仁州港 [illegible]洋行

以上三種은上品으로製造ᄒᆞ야衛生上에至極有益ᄒᆞ니毋論某人ᄒᆞ고本社에來購ᄒᆞ옴

大韓帝國仁川港 [illegible]會社

本社廣告

申報價		
一張代金	新貨二錢五厘	
一箇月前金	三十錢	
三箇月	九十錢	
六箇月	一元七十錢	
一箇年	三元四十錢	
號外一張	新貨五厘	
一[illegible]	十三錢	

廣告料

四號活字十三字詰每日每英尺一寸에新貨廿五錢(每日每行에大概에[illegible])

二箇日에 二圜五十錢(每日每行四五厘에相當)

一箇月에 五圜(每日每行四一厘에相當)

其期限의長短과字行의多少를依ᄒᆞ야增減홈이有홈

◎本社地方各處支店廣告

仁川梩峴開新冊肆 李東玄
平壤南山峴日新學校 金興鋼
宣川邑橋西 崔叡恒
義州南門外韓西大藥房張有寬 安濬
長連邑 金[illegible]
鎭南浦築洞 金仁泳
咸興州南社 曹喜林
中和邑 李俊鍾
釜山佐川徐藥房 金瓏[illegible]
開城北部梨井里鮮洞居培義학校副校長 姜助燮
大丘郡 達城廣文社

發行兼編輯人 英國人裵說
發行所 京城北署壽進坊典洞[illegible]外地[illegible]第[illegible]
大韓每日申報社

明治三十八年八月十一日 第三種郵便物認可　木曜日　西曆一千九百六年六月二十八日

第四卷

大韓每日申報
대한매일신보

第二百五十六號

月曆及慶節
歲時日休刊

檀君開國四千二百三十九年
箕子紀元三千二十八年
大韓開國五百十五年
日本明治三十九年
清國光緒三十二年
陰曆丙午五月小初七日發刊

寄書

警告大韓教育家　喜懼生

近日에京城各新聞을閱ᄒᆞᆫ즉第三面記事欄은若非學校設立之廣告면乃是學校基金之廣告也라於是乎此生之思에我邦國民이若如此發憤ᄒᆞ야熱心教育이면不過幾年에既失之權을可以挽回라ᄒᆞ야心自喜悅不已者나然而世間萬事가目的이最美ᄒᆞ되其目的을達ᄒᆞᄂᆞᆫ데用ᄒᆞᄂᆞᆫ方法이不全ᄒᆞ야其所期를未達ᄒᆞᄂᆞᆫ者種種有之라

況且教育은將來之國民을養育ᄒᆞᄂᆞᆫ國家的大事業이라若其教育之道가苟得其宜면國家之良民을可以造成ᄒᆞ려니와不然則國家의有益ᄒᆞᆫ人物을造成키不能ᄒᆞᆯ뿐아니라도로혀國家에貽毒ᄒᆞᆫ人物을養成ᄒᆞ리니念念及此에豈可安心乎아是以로此生이方今我邦之教育方策에對ᄒᆞ야心切憂懼ᄒᆞ노라

現今我韓國民의一般思想을推察ᄒᆞᆫ즉三尺稚童도將來之韓國興亡은教育二字에不出이라ᄒᆞ니此言이信然에不必更論이어니와國民教育이라ᄒᆞᄂᆞᆫ거슨其大主義가國家的思想을涵養ᄒᆞᆷ에在ᄒᆞ거시라若教育家가此點에注意치아니ᄒᆞ면卒業生이日計千人이로ᄃᆡ其國家에利益이無ᄒᆞᆯ거슨必然之理라

今日我邦之教育界現勢를靜言察之ᄒᆞ건ᄃᆡ自京城으로至於各地方ᄒᆞ야新設學校之大部分은教師가皆是日人이오教科書가皆是日本文部省檢定教科書라其中에或有改良之處나此亦不過直譯而而百步五十步之差에止ᄒᆞ도다

此事情을詳思ᄒᆞ면我邦에ᄂᆞᆫ相當ᄒᆞᆫ教師도無ᄒᆞ고相當ᄒᆞᆫ教科書도無ᄒᆞᆷ으로勢不得已ᄒᆞ야暫時權宜로出ᄒᆞᆫ듯ᄒᆞ나今日我邦之國民教育이將來國家之命運에關係가有ᄒᆞᆷ을思量ᄒᆞ면毫釐之差에千里之謬이되ᄂᆞᆫ거슬不可不注意로다

嗚呼라今日我邦이如何ᄒᆞᆫ地位에在ᄒᆞ아數千年以來로侵略的野心을抱有ᄒᆞᆫ隣強이時機를不得ᄒᆞ야惟是流涎타가戰爭의新機會를乘ᄒᆞ야口稱東洋平和ᄒᆞ고狡猾手段으로我政府를脅迫ᄒᆞ야新條約을締結ᄒᆞ고一面으로主權을逐日侵害ᄒᆞ며一面으로自國人民을移殖ᄒᆞ야我二千萬生靈을驅逐打滅코져ᄒᆞ야日夜로勞心焦思ᄒᆞ야其目的을達코져ᄒᆞᄂᆞ니爲我國民者ᄂᆞᆫ雖造次顛沛之間이라도其防禦手段을不可不究로다

現今日本之對韓殖民政策이極히秘密陰險ᄒᆞ야其內容을不可枚擧나其大主意ᄂᆞᆫ我邦의腐敗ᄒᆞᆫ政治制度를如前留之ᄒᆞ고其政府之紊亂을利用ᄒᆞ야實利實益을擧皆占得ᄒᆞ고教育手段으로써我邦國民으로ᄒᆞ야곰祖國國性을忘却케ᄒᆞ고日本의歸依ᄒᆞᄂᆞᆫ思想을養成케ᄒᆞ야韓人을同化코져ᄒᆞᄂᆞᆫ籌畫라

我邦教育家가此에猛省치아니ᄒᆞ고不得已三字로名義를合ᄒᆞ아教育主義를日人教師의게專托ᄒᆞ거나日本教科書를取捨斟酌치아니ᄒᆞ고原本ᄃᆡ로採用ᄒᆞ게나ᄒᆞ면其教育之結果ᄂᆞᆫ日本을崇拜ᄒᆞᄂᆞᆫ思想을養成ᄒᆞ야其同化政策에自中ᄒᆞ기容易ᄒᆞ고且其學識이島國思想을不能脫去ᄒᆞ야二十世紀文明世界에通用ᄒᆞᆯ範圍가甚狹ᄒᆞ리로다

然則我邦之教育은如何ᄒᆞᆫ主義를採用ᄒᆞᆷ이可ᄒᆞ뇨此問題를解決ᄒᆞ라면爲先我邦之國勢를詳察ᄒᆞᄂᆞᆫ거시必要ᄒᆞᆫ데我邦之現狀은如何ᄒᆞ뇨ᄒᆞ면以上陳述ᄒᆞᆫ것과又치不幸ᄒᆞᆫ隣國이世界列國을瞞着ᄒᆞ고保護名義로看板을삼고無窮ᄒᆞᆫ奸計를用ᄒᆞ야竟我邦領土를幷吞ᄒᆞ고且我邦國民의祖國思想을斷然中에奪去ᄒᆞ고日本을崇拜ᄒᆞᄂᆞᆫ思想을我邦人民의頭腦에注入케ᄒᆞ고져ᄒᆞᄂᆞᆫ時代라　未完

◎宮廷錄事

●號外　光武十年[illegible]

秘書監郞金[illegible]秀奏

奏臣於陰曆閏四卅日丑時量敬奉　聖諭馳往傳諭于忠清南道木川郡邑內面東里議政府議政大臣歪秉鎬所住處則以爲臣自承　新命瞿然而蹙然而慄歷屢日而靡所止屆煌煌恩綸又降自天臣轉益惶恐罔知攸措第惟輔相之重顧何如而委界之不少雖愼期勉之荐此切擊未敢知　陛下何所取於臣臣亦何以得此於　陛下也招之以旋處人日不敢往今乃以過情之論諭臣匪分之招招臣臣雖無狀其區區自守之諒願反出於處人下哉且臣自昨春妄動以後直一棄人已耳衰極病痼直一廢物已耳　陛下雖欲强拂拭之以充其臣强鞭策之以備驅使其如棄物何哉微誠介存辭動不得而附奏體嚴不敢張皇謹當收召神魂冒徹文字仰冀生成之　澤云矣矣敢奏　答曰知道

六月廿二日

官報

●三千四百八十八號光武十年六月二十五日

◎宮廷錄事

시從院副卿白時鏞辭職疏

批旨省疏具悉所請依施

奉常司提調徐相大辭職疏

批旨省疏具悉卿其勿辭行公

以上六月廿一日

◎敍任

任度支部主事　六品李根泳

六月二十一日

外報

●英俄議約　倫敦電에云하되英俄議約이將成ᄒᆞᆫ터인ᄃᆡ俄國水師ᄂᆞᆫ將於秋時에赴英하야交誼을聯絡하기로하고英國水軍頭等兵艦七隻과巡艦一隊가또ᄒᆞᆫ七月에俄京軍艦港克隆十大得地方에赴着하기로擬定이라하다더라

●英俄議約再誌　英國外務大臣厄來氏가在下議院연說云ᄒᆞ되英俄兩國之間에向無協約之成立이ᄂᆞᆫ兩國이各問題의緣起를隨하야處置하ᄂᆞᆫ것이傾向於友誼가次第加深ᄒᆞ더니其結果가至近頃ᄒᆞ야遂有兩國之協力이以至一再不止ᄒᆞ니余實로此傾向을助成ᄒᆞ기를深喜ᄒᆞ노니其리由가即兩國關係諸問題之解決에大爲進步오亦兩國友誼之關係가尤篤이라ᄒᆞ얏더라

●駐屯區域　北京電을據ᄒᆞᆫ則奉天將軍趙爾巽氏가電奏ᄒᆞ되日本兵이撫順以北에서撤退ᄒᆞ고其代에我兵으로ᄒᆞ여금駐屯ᄒᆞᄂᆞᆫ惟日本의鐵道守備兵과衝突ᄒᆞᆯ虞가有ᄒᆞᆫ故로鐵道에서二十淸里以外에駐屯케ᄒᆞ라ᄒᆞᆫ다ᄒᆞ얏더라

●破格用人　同電을據ᄒᆞᆫ則外務部에서員外郞張之正氏의建議를因ᄒᆞ야該部內에吏員을淘汰ᄒᆞ기爲ᄒᆞ야育材館을設ᄒᆞ고吏員學生으로써人材을拔擢ᄒᆞ야破格登用ᄒᆞᆫ次로其裁可를蒙ᄒᆞ얏다더라

雜報

●擇日儀式 陰曆本月十三日皇太子殿下嘉禮初揀擇에處子入闕時門路ᄂᆞᆫ生陽門으로處所ᄂᆞᆫ濬明殿으로時間은巽時로擇定ᄒᆞ고掌禮院에서內部에照會ᄒᆞ야使之佈明케ᄒᆞ얏다더라

●義王着京 義親王殿下ᄭᅴ옵서昨日下午二時에京城에到着ᄒᆞ신다ᄒᆞᆷ으로各學校學徒가迎接次로南門外停車場附近에出往待候ᄒᆞᆫᄃᆡ同殿下ᄂᆞᆫ再昨日釜山港에서宿所ᄒᆞ시고其着京時間을的知ᄒᆞᆯ수업合으로學部에서該學徒를還爲招入ᄒᆞ얏다더라

●押交平院 再昨日下午二時에日本憲兵司令部에서崔益鉉氏를平理院으로押交ᄒᆞ얏다더라

●夫人自裁 義兵大將閔宗植氏의夫人이洪州陷城之報를聞ᄒᆞ고自裁ᄒᆞ얏다더라

●伊藤陛見 本日午後三時半에伊藤侯가 陛見ᄒᆞ고日皇의親書를奉呈ᄒᆞᆫ다더라

●英士教育 英國人端雅德氏가一學校를自第內에設立ᄒᆞ고韓國青年을多數募集ᄒᆞ야漢文으로教授ᄒᆞᆫ이韓人教師를雇聘ᄒᆞ야月俸은每朔三十元式自擔ᄒᆞ고極力勸奬ᄒᆞᆫ다니同氏가以歐洲人으로韓國의開明前進을爲ᄒᆞ야若是熱心ᄒᆞᆷ으로韓國人士가無不感銘ᄒᆞᆫ다더라

●禁養被伐 安邊郡守金연禧氏가內部에報告ᄒᆞ되本郡花山亭松木은屢百年禁養이온ᄃᆡ今自元山港理事廳으로稱有日人高橋縫一郞의開墾契約書ᄒᆞ고又自監理署로訓令ᄒᆞ야該地松木은使日人高橋縫一郞專任斫伐ᄒᆞ고其址를開墾케ᄒᆞ라ᄒᆞ얏스나要害重地禁養樹木을一朝赫伐이誠所慨然ᄒᆞ고惟難遽許ᄒᆞᆯ외一直牢拒則謂以觀察使與前郡守契約書가俱有이다ᄒᆞ기로該契約書를謄本粘連報告라ᄒᆞ얏더라

●送印亦難 慶南前蔚山郡守金德獚氏가受由上京ᄒᆞᆯ時에該郡印章을署理郡守의게傳掌치아니ᄒᆞ고帶歸私第ᄒᆞᆫ事로該道觀察使가內部로報告ᄒᆞ얏다더니昨日에ᄯᅩ內部로電報ᄒᆞ되該郡事務가萬萬時急ᄒᆞ니其印章을即速推下ᄒᆞ라ᄒᆞ얏ᄂᆞᆫᄃᆡ內部에서該印章을雖爲推來나下送之道가甚難이라ᄒᆞ더라

●獄案質査 海州郡日新坊金永根獄事에初覆檢之官因正犯이各異ᄒᆞ고覆檢官之執定ᄒᆞᆫ正犯吳根默이初檢時濫邪ᄒᆞ다ᄒᆞ야法部에서其時初檢官隷部郡守閔泳恪氏를定巡檢押上ᄒᆞ얏ᄂᆞᆫᄃᆡ閔泳恪氏ᄂᆞᆫ該案之前後操縱이莫非其時海州郡守라ᄒᆞ야法部에請願ᄒᆞ고覆檢官前海州郡守李昌翼三檢官白川郡守柳昇東三氏와吳金兩隻與切隣看證諸民을一幷押上ᄒᆞ야俾爲質査歸決之意로平理院에訓飭ᄒᆞ라ᄒᆞ얏다더라

●碑石移置 關城府尹韓永源氏가內部로報告ᄒᆞ기를本部訓令을奉准ᄒᆞ와境內鐵道附近에所有碑石二十三座를各里任의게申飭ᄒᆞ와別般收金ᄒᆞ야爲先撤移케ᄒᆞ얏더니本月二十日로二十四日間에移置ᄒᆞ얏ᄉᆞ나姑未改竪이라ᄒᆞ얏다더라

●東道匪魁 三陟郡守鄭雲[illegible]氏가內部로報告ᄒᆞ기를去郡匪魁金成三과該黨十三名作梗後捉囚之由와蔚珍郡逗留義兵三百餘名이流入于本郡境內之情跡은前已報告而本月十五日申時에該魁嶺南寧海居申突先黨三百餘名이果爲衝來于本郡遠德面ᄒᆞ야突入郡內止宿ᄒᆞ고轉向于郡西五十川山谷이온바其所請求ᄂᆞᆫ一不准施ᄒᆞ얏더니巡校與書記等三名을幷捉前立以去ᄒᆞ며突入于金成三等捉囚間ᄒᆞ야破碎구格而罪囚九名을任意放率ᄒᆞ고保放諸漢도一齊携去이온즉見在囚徒가難免溺職之責이오며後有幾百名이且來이다傳聞이온즉將何以安民除弊일지査照處分ᄒᆞ라ᄒᆞ얏더라

●治道請議 內部治道局을土木局으로改定ᄒᆞᆫᄃᆡ局長은同局技師金倫求氏가ᄒᆞᆫ다ᄂᆞᆫᄃᆡ日本人으로技師四人事務官一人技手八人工夫十二人을即爲雇聘ᄒᆞ기로內部에서政府에청議ᄒᆞ얏더라

●송氏被任 內部警務局新設參書官은主事송之憲(內部大臣單食口)氏가被任ᄒᆞᆫ다더라

●會議退定 今二十八日에政府에서開會ᄒᆞ야多日未決案을議定ᄒᆞᆯ預定인ᄃᆡ 義親王殿下迎接ᄒᆞ기에相値되야明二十九日로退定이되얏다더라

論移民條例

靑皐子

異哉日人也여無所事而有事焉ᄒᆞ니豈不異哉아僕이始聞移民之說ᄒᆞ고意以爲此必移日民於內地러니今見其條例ᄒᆞᆫ則乃是移韓民於外國者也라韓民何嘗求移於日耶아不求移而必欲移者ᄂᆞᆫ豈不異哉아我政府雖闇且弱이나苟非賂請而兵刼이면恐不肯輒許也로다愚未知貴報之特揭其條例者ᄂᆞᆫ但見其外面糊塗而謂之無事歟果料其內容之險譎而使之警醒歟아今其二十一條가其實意ᄂᆞᆫ只在第九條而已오其他ᄂᆞᆫ都是一口粧撰也라夫條例ᄂᆞᆫ尙可動遁이어던而况移民募集을獨不可動遁乎아動遁之日에以我政府로果能行其停禁ᄒᆞ며懲其罰金乎아嗚呼라移民이果有利於營業ᄒᆞ고而日人이又欲保護我韓則何不於條例中에其移民處辦人을非韓國人則不得許可로爲約乎아言之及此ᄒᆞ니不覺失笑也로다然이나日人之行不行과我政府之許不許ᄂᆞᆫ皆非貴報之所能如何로되而但我二千萬人口가一朝에流離自盡於北海樺太之間ᄒᆞ리니寧不矜憫哉아一聲痛哭에天老地荒이로다

●停長督刷 西京役事에關ᄒᆞ야該役費ᄂᆞᆫ鄕錢錢을收斂ᄒᆞ야合額이屢百萬兩인ᄃᆡ其時觀察使各郡守及吏隷가中多乾沒ᄒᆞ고所入役費ᄂᆞᆫ尙無區別이라該錢을昭詳調査ᄒᆞ기爲ᄒᆞ야一進會評議長송秉畯氏로鄕錢錢督刷官을差定ᄒᆞ얏ᄂᆞᆫᄃᆡ此ᄂᆞᆫ一進會를使用ᄒᆞ여야詳査ᄒᆞᆯ緣故라더라

●礦條包含 宮內府所管各礦도農商工部礦山條例中에包含ᄒᆞ얏ᄂᆞᆫᄃᆡ許採時에ᄂᆞᆫ農商大臣과日本統監이同意를經ᄒᆞ야施行ᄒᆞ기로作定ᄒᆞ얏다더라

●吉城不合 合郡案件이日間發表ᄒᆞᆯ터인ᄃᆡ吉州와城津은已往四次合廢에民心이不服ᄒᆞ야尙無歸正이라統監府에서調査ᄒᆞ야吉城兩郡은合設치아니ᄒᆞᆫ다더라

●休暇無日 統監府에서各部大臣과相議ᄒᆞ기를一週日內日曜日休暇ᄂᆞᆫ爲其六日勤勞故로一日를安息也라現今貴政府에事務가多疊ᄒᆞ야少無休暇之餘ᄒᆞ니從今以後에ᄂᆞᆫ空日을勿休視務ᄒᆞ라ᄒᆞ얏다ᄂᆞᆫᄃᆡ統監府에도休暇日이無ᄒᆞ기로ᄒᆞᆫ다더라

●灌漑証約 高靈郡守尹夏榮氏의諸般施措ᄂᆞᆫ已爲隨聞記載ᄒᆞ얏거니와當此日旱ᄒᆞ야農情嗷嗷ᄒᆞᆫᄃᆡ日人所管ᄒᆞᆫ九音坪大伽川洑을一次交涉에即以農務無害灌漑로証約後에人民이該洑水를任意灌漑케ᄒᆞ고又該郡大川防築과上中下洑修築時에同氏가親自看檢에不憚勞苦ᄒᆞ고又捐薄廩ᄒᆞ야每洑役軍에게酒價二十兩式씩給ᄒᆞ고民戶二千三百四十九戶布錢을每戶에五分式又爲蠲減ᄒᆞ니民情이莫不欣悅이라더라

●會民怨聲 一進會에鄕會員들이近日은京會員에게對ᄒᆞ야怨聲이籍籍ᄒᆞᆫ其事實을聞ᄒᆞᆫ즉所謂鄕會員은家屋과田畓을盡賣ᄒᆞ야會中經費를充納ᄒᆞ고自己食口ᄂᆞᆫ擧皆流離飢死之境인ᄃᆡ京會員中翹楚者ᄂᆞᆫ皆是新鮮ᄒᆞᆫ洋服이며宏傑ᄒᆞᆫ家屋이며或姬妾을蓄養ᄒᆞ야快活行樂이有ᄒᆞᆫ거시皆鄕會員의膏血이라ᄒᆞᆫ다더라

●教科捐助 前編輯局長李鍾泰氏가鐵川郡文明學校의贊成員으로特히教科書를捐助ᄒᆞ얏다더라

伯林電報

●파나마工事 廿五日午后四時發

美國大統領은파나만工事를迅速히ᄒᆞ기를催促ᄒᆞ얏더라

北京電報

●獨帝賜勳 廿五日后四時發

本夜德國大使館에서開催ᄒᆞᆫ晩餐會의席上에서同國皇帝陛下ᄭᅴ서日本陸軍大臣의게下賜ᄒᆞᆫ高貴ᄒᆞᆫ勳章을[illegible]使가交附ᄒᆞ얏다더라

●滿洲博覽會 仝日午后五時發

滿洲博覽會ᄂᆞᆫ日本商業會議의豫定計劃ᄃᆡ로來十月에開會ᄒᆞᆯ事決定ᄒᆞ얏다더라

루터電報

●民黨決議 廿六日午後一時半發

露國議會의民主黨員은滿太人逆殺을行ᄒᆞᆫ居各所에議員을送ᄒᆞ야人民을慰撫ᄒᆞ기로決議ᄒᆞ얏더라

雜報

●彰明校況 忠北沃川郡彰明學校ᄂᆞᆫ本郡居金鼎奎興氏가新進年少의學問이鹵莽ᄒᆞᆷ을慨歎ᄒᆞ야出義發起ᄒᆞᆫ바여니와生徒之修業이頗有進就的氣像이러니財政이窘拙ᄒᆞ야維持沒策ᄒᆞᆷ으로敎師ᄂᆞᆫ他校延聘ᄒᆞᆫ비되고七十餘人學徒가一朝解散ᄒᆞᆫ境遇의至ᄒᆞ니憤鬱不勝ᄒᆞ야至於墜案流涕者ㅣ多ᄒᆞᆫ지라洪承老柳在雨諸氏가一般學生의憤激ᄒᆞᆫ情狀을見ᄒᆞ고蹶然而起ᄒᆞ야一場演說로更히維持ᄒᆞᆯ方針을研究ᄒᆞ야柳在雨氏ᄂᆞᆫ財政鳩聚ᄒᆞ야敎師延聘ᄒᆞ기前敎師代辦을名譽로擔任ᄒᆞ고洪承老氏ᄂᆞᆫ往來京鄕의極力幹旋ᄒᆞ야校長閔衡植氏가學校의廢ᄒᆞᆷ을嗟惜ᄒᆞ더니諸氏의熱心을歎服ᄒᆞ야每朔新貨二十元式欣然捐付ᄒᆞ니生徒及闔郡人士가校長의殊異ᄒᆞᆫ厚意를攢頌不已ᄒᆞ며本郡守黃演秀氏와송準憲李圭鴻金李瑢李寅觀成周顯諸氏가熱心贊成ᄒᆞ고極力研究ᄒᆞᄂᆞᆫᄃᆡ敎師ᄅᆞᆯ姑未延聘ᄒᆞᆷ으로方在憂歎中이라더라

●同濟興況 姜鎰李春世李匡夏諸氏가同濟學校를西部觀[illegible]에設立ᄒᆞ고校長은李根莘氏로[illegible]望ᄒᆞ고醫校長은張錫駿氏로薦ᄒᆞ고李鍾榮李敎誠宋台煥曹用燮四氏와女敎師金周氏夫人金氏를雇聘ᄒᆞ야 專門科와中等普通學을一般男女에게敎授ᄒᆞᄂᆞᆫᄃᆡ校長이熱心ᄒᆞ고敎師가高明ᄒᆞ야學員이日增月加ᄒᆞᄂᆞᆫᄃᆡ校舍가狹窄ᄒᆞᆷ이라ᄒᆞ더라

●論儒者之通弊 明孔孟之眞意

演說 大垣丈夫 續

孟子盡心篇曰盡信書則不如無書吾於武成取二三策而已矣

此一古書를讀ᄒᆞᆷ에自始至終히總히信用ᄒᆞᆷ이不可ᄒᆞᆫ것이萬若古書를總히信用ᄒᆞᆯ진ᄃᆡ비록賢[illegible]이有違ᄒᆞ니卽余ᄂᆞᆫ尙書武成篇에疑處가多ᄒᆞᆫ故로其中二三策外ᄂᆞᆫ採用치아니ᄒᆞᆫ다謂ᄒᆞᆷ이라然則孔孟은決코守舊頑固家도아니며又新奇流行에도信用치아니ᄒᆞ고古今을斟酌ᄒᆞ야其可ᄒᆞᆫ바를取ᄒᆞᆷ이如斯ᄒᆞ도다

論語爲政篇曰溫故而知新可以爲人師矣

此ㅣ古代學說을[illegible]等後參考ᄒᆞ야自[illegible]新[illegible]失利害를知ᄒᆞ라謂ᄒᆞᆷ이라

同書子罕篇曰後生可畏焉知來者之不如今乎

此ㅣ今人은古人에勝키不能ᄒᆞᆷ으로勿思ᄒᆞ며後人은今人의勝키不能ᄒᆞᆷ을勿思ᄒᆞᆯ것이世世로漸次衰微만ᄒᆞᆯ것이아니라將來人智가進步ᄒᆞ야新規發明ᄒᆞᆷ이有ᄒᆞ면余보다後에生ᄒᆞᆫ者가我에勝ᄒᆞᆷ도有ᄒᆞᆯ지니誠是可畏哉라謂ᄒᆞᆷ이라 未完

○特別社告○

本社에서申報代金을先推ᄒᆞᆫ後續次ᄒᆞ기로定規이온바近來各地方購覽ᄒᆞ시ᄂᆞᆫ處에서或二三朔或三四朔條를全不送交處가有ᄒᆞ온즉勢不得已來七月一日붓터未捧各處에ᄂᆞᆫ本報를停止ᄒᆞ깃이오니照亮後卽速淸交ᄒᆞ심을務望

大韓每日申報社 告白

●開城教育總會趣旨書

今言世道之至要急務者必曰先興學校普及教育ᄒᆞ니乃何時不然而今日時機切迫尤所汲汲然不可但已者也夫人而無教則近於禽獸之域矣受人牽制犧牲其身之不暇其何以能自保其家國與種族耶

興言及此自不覺寒心噫我世級日降學政未興教科無程性理實學之士拘束節文僅能獨善其身章句腐儒之徒塗말詞藻只是虛勞其功末流之弊祟而浮文無其實用秀才俊士有志進就鴻業而終無門路鄕里學究終身數卷經史而賊夫人子者不如無敎不如已也今此五洲大海陸相通人文競進之日若平泥而不知變則是率而自處於禽獸之域也夫爲國民而不知國民之義務則不可何也

自身上自有國之責任則個人之發達卽爲一國之光榮個人之野昧卽爲一國之羞辱也

然則其所關係固何如哉所以有此教育會之設也夫河海淵淵非一水所剋廈屋渠渠非一木所支有國則有民社有民社則有團體以之爲公衆事業而福利增進ᄒᆞ고易曰二人同心其利斷金況十人百人以至千萬人同心乎竊觀時機急迫杞憂切玆將趣旨以告于我一般同胞願有志君子聲氣相應亟加贊成是所區區之望云爾

發起人 尹應斗

朴戴陽

姜助濟

●邊民可哀 西邊界人民代表로上來ᄒᆞᆫ李承弼氏가該地에曠官年久에民訟刑政이逐日疊生에無路辦裁ᄒᆞᆯ뿐더러民無歸依에自觸禍網이기로裹足上來ᄒᆞ야請願于政府內部矣러니遷延迄今에尙無如何之處分ᄒᆞ니心甚悶迫ᄒᆞ야該界地圖수幅을抱持ᄒᆞ고各部大臣私第로逐日前往ᄒᆞ야該界情形을切切說明次로投刺ᄒᆞ되大臣由或稱病或出他ᄒᆞ야未伸衷曲ᄒᆞ고二三大臣게만面稟ᄒᆞᆫ狀ᄒᆞ얏스나政府會議에尙未提出로以ᄒᆞ야棲迫道路에呼訴不已라더라

●大垣西遊 日本名士大垣丈夫氏가七月(一日)陰曆五月一十日)로發程ᄒᆞ야平安道에前往ᄒᆞ야平壤大同門下平壤館에借住ᄒᆞ고或周行各郡ᄒᆞ야民情을視察ᄒᆞ며儒林宿德之士를訪問ᄒᆞ야時局의急務를談論ᄒᆞᆫ主義로此行이有ᄒᆞ다더라

●[illegible]辨 忠州郡致明學校에學員이創校時使尹喆圭氏가校設을憑藉ᄒᆞ고十五萬兩을排斂充私ᄒᆞᆫ初無之事라고來辨이有ᄒᆞ더라

●辯護認狀 前檢事洪在祺氏가法部에請願ᄒᆞ기를本人이辯護士試驗委員을經ᄒᆞ온바辯護士法第二條의規定을依ᄒᆞ야請願ᄒᆞ오니辯護士認許狀을繕給케ᄒᆞ라ᄒᆞ얏다더라

●兩氏放送 平理院에서審辦ᄒᆞ얏다가向爲拘引審査ᄒᆞ던朴箕陽鄭日永兩氏ᄂᆞᆫ一幷放送ᄒᆞ라고法部에서該院으로訓令ᄒᆞ얏다더라

廣告

△이것보시오 改良廣告▽

前에ᄂᆞᆫ理學을不分科目ᄒᆞ고雜述ᄒᆞ얏더니第八號부터ᄂᆞᆫ一分科식詳細講論ᄒᆞ되爲先物理學講義를抄譯ᄒᆞ깃기로玆에廣告ᄒᆞ오

南大門內尙洞 數理學雜誌社

黃海道信川五宮垌과京畿水原葛頭面內處所在宮庄畓案과文券을前導掌河允敎이外遺失이다納票本宮ᄒᆞ얏ᄉᆞ오니內外國人間拾得ᄒᆞ야도休紙施行ᄒᆞᆷ

景祐宮次知 金在周 告白

稷山邑柳[illegible]炳斗가性本浮浪ᄒᆞ야爲挾雜人招募ᄒᆞ야僞造田畓文券與秋收記ᄒᆞ고出沒京鄕ᄒᆞ야圖謀債用ᄒᆞ오니無論內外國人ᄒᆞ고切勿見欺ᄒᆞᆷ

稷山邑 柳星九 告白

朝陽襍誌를今已第一號를本月三十日에發行ᄒᆞ야國內有志諸君子에게供覽ᄒᆞ기爲ᄒᆞ야無代金으로先此廣佈ᄒᆞ오니愛讀購覽ᄒᆞ심을切望ᄒᆞᆷ

朝陽襍誌社 告白

南大門通公洞電話二三○番

極上品日本燒酒와韓國上品燒酒〻지具備ᄒᆞ옵고廉價放賣ᄒᆞ오니 僉君子ᄂᆞᆫ買去ᄒᆞ시기를千萬伏望ᄒᆞᆷ

每器八兩七錢五分式

◎京城大寺洞(日)◎燒酒會社支店(韓)

大丘李靜和姪乃成爲夏復性本浮浪徐警務使相龍大小圖章僞造彫刻盜賣田土現捉警署逃走京城內外國人切勿見欺隨現捉得幸望

李靜和三寸元淑 告白

桑港遭難同胞의救助金은以來月十日爲限ᄒᆞ야若過此限而來者ᄂᆞᆫ不受ᄒᆞ기로已有廣告인바過限後逐日來到者ᄂᆞᆫ一切謝却이오니僉君子ᄂᆞᆫ照亮ᄒᆞ시옵

◎家屋放賣或貰人廣告◎

西小門外에在ᄒᆞᆫ八千五百五十四方米突되ᄂᆞᆫ一大地段에建築ᄒᆞᆫ半洋製家屋에廣濶ᄒᆞᆫ房屋六間과下人房幾所와其他養畜舍와花園과新製家屋과馬廐와敎處外舍와諸般美麗ᄒᆞᆫ附屬等이包有ᄒᆞ오니合意ᄒᆞ신君子ᄂᆞᆫ大韓每日申報社로來問ᄒᆞ시옵

本社廣告

中報價
一張代金 新貨二錢五厘
一箇月前納 三十錢
三箇月 九十錢
六箇月 一元七十錢
一箇年 三元四十錢
號外一張 新貨五厘
一箇月 十三錢

廣告料
四號活字十三字詰
每日每行尺一寸에新貨拾五錢
(每日每行에六錢에相當)
二回日에 (每日每行[illegible]에相當) 二圜五十錢
一箇月에 (每日每行[illegible]에相當) 五圜
其期限의長短과字行의多少를依ᄒᆞ야增減홈이有홈

◉本社地方各處支店廣告
仁川梧峴開新冊肆 李東[illegible]
平壤南山峴日新學校 金興[illegible]
宣川邑橋西 崔[illegible]
義州南門外韓西大藥房 張有[illegible]
長連邑 安[illegible]
鎭南浦築港 金[illegible]
咸興州南社 金仁[illegible]
中和邑 曹喜林
釜山佐川徐藥房 李俊[illegible]
開城北部梨井里祥洞居培戰학校副校長 金[illegible]
大丘郡 達城廣文社 裵助[illegible]

發行兼編輯人 英國人 裵說
發行所 京城北部[illegible]
大韓每日申報社

光武十年六月二十九日 明治三十九年六月二十九日 第三種郵便物認可 金曜日 西曆一千九百六年六月二十九日 (一)

第四卷

大韓每日申報
대한매일신보

第二百五十七號

月曜及慶節 歲時日休刊

檀君開國四千二百三十九年
箕子元年三千二十八年
大韓開國五百十五年
日本明治三十九年
淸國光緖三十二年
陰曆丙午五月小初八日甲辰

寄書

警告大韓教育家

喜懼生 稿

此政策을防禦ᄒᆞ진ᄃᆡ不可不日本的教育主義를一切不用ᄒᆞ고宇大的教育主義를採用ᄒᆞ야全國各地方에歐米語學校를可及的으로設立擴張ᄒᆞ야爲先歐米語學을熱心으로教授ᄒᆞ야歐米文明國人의理想을頭腦에注入ᄒᆞ고

또我邦教育家가歐米教育家의게或名譽顧問을請願ᄒᆞ며或名譽教師를懇求ᄒᆞ며諸般教育制度를歐米各國을模範ᄒᆞ야國民을教育ᄒᆞ면國民이可히世界的頭腦를涵養ᄒᆞ고宇大的學識을研得ᄒᆞ야島國을崇拜ᄒᆞᄂᆞᆫ陋想이自然消滅ᄒᆞ고

또歐米各國人과恒常交際ᄒᆞ면活潑氣象과自由精神이日益發達ᄒᆞ야爲國敢死之心이必然發生ᄒᆞ리니我邦教育은歐米主義를취用ᄒᆞᄂᆞᆫ거시爲國爲民에萬全之策이라고斷言ᄒᆞ노라

此主義를行ᄒᆞ라ᄒᆞ면教師의缺乏과財政의困難으로由ᄒᆞ야行之甚難ᄒᆞᆯ듯ᄒᆞ나以余思之컨ᄃᆡ決非至難事也라何者오現今我韓各地方에基督교宣교師가散在ᄒᆞ야傳道에從事ᄒᆞ니我邦教育家가此等宣教師의게贊成을請願ᄒᆞ야宗教的으로學校를設立ᄒᆞ면何難之有리오

近日에可信ᄒᆞᆯ報館을據ᄒᆞᆫ즉米國宣教師訖法氏ᄂᆞᆫ我邦에同情을表ᄒᆞ야我邦青年을指導ᄒᆞᆷ에勤勤孜孜ᄒᆞ다ᄒᆞ고또米國宣教師하리수氏ᄂᆞᆫ本是米國에德望이業著ᄒᆞᆫ名士라

現今韓淸日三國美以教會監督으로日本東京에留ᄒᆞᆫ다ᄂᆞᆫᄃᆡ年前에教會視察로爲ᄒᆞ야暫時我邦에來ᄒᆞ얏다가我邦同胞의慘狀을見ᄒᆞ고甚히矜惻ᄒᆞ야日本에歸到ᄒᆞ야伊藤侯를見ᄒᆞ고我邦國民의性格을說明ᄒᆞ여云ᄒᆞ되列國이言必稱韓國民族은忍耐力도無ᄒᆞ고團結力도無ᄒᆞ고貯蓄心도無ᄒᆞ고公共心도無ᄒᆞ다ᄒᆞ나以余觀之컨ᄃᆡ此論이非也라

其不然之證據를擧論ᄒᆞ논ᄃᆡ我米國各沿海岸에散在ᄒᆞᆫ韓人의情況을見ᄒᆞ면彼等은熱心으로勞動ᄒᆞ야若干金을貯得ᄒᆞ게되면浪費치아니ᄒᆞ고有益ᄒᆞᆫ事業에投用ᄒᆞ야或은教會를組織ᄒᆞ야傳道를盡力하며或은俱樂部를設立ᄒᆞ고新聞雜誌를刊ᄒᆞ야自國同胞에게便利를計給ᄒᆞ니由是觀之면韓國人民도忍耐力도有ᄒᆞ고저蓄心도有ᄒᆞ고團結心도有ᄒᆞ고公共心도有ᄒᆞ되但政府官吏가腐敗ᄒᆞ야國民으로ᄒᆞ여금墜落케ᄒᆞ다ᄒᆞ고ᄒᆞ얏더라嗚呼라强者之一嚬一笑에注目만ᄒᆞ고弱者之聲은聽而不聞ᄒᆞᄂᆞᆫ거ᄉᆞ로常態를삼ᄂᆞᆫ此世界風潮中에此等偉人이在ᄒᆞᆷ을見ᄒᆞᆫ즉實로世人으로ᄒᆞ야금歎服感泣之情을發케ᄒᆞ도다

而況我邦同胞ᄂᆞᆫ各各心中에此等偉人의銅像을鑄成ᄒᆞ야千萬年이되도록其高義를紀念ᄒᆞᄂᆞᆫ거시人道에當然ᄒᆞ다ᄒᆞ노라

歐米各國人士中에셔如此히同情을表ᄒᆞᄂᆞᆫ者가有ᄒᆞ니若我邦教育家가熱心으로教育事業에從事ᄒᆞ고歐米各有志家에게誠心으로써贊成을懇求ᄒᆞ면一片同情을表ᄒᆞᆯ人士가有ᄒᆞᆯ줄노確信ᄒᆞ노라我邦教育家ᄂᆞᆫ此時를當ᄒᆞ야敢進ᄒᆞᄂᆞᆫ勇氣로써島國的教育主義를취用말고歐미的教育主義를模範ᄒᆞ되爲先歐미語學이必要ᄒᆞ니各處에歐미語學校를設立ᄒᆞ야一般國民의게歐미語學을教授ᄒᆞ야歐미人士와交際ᄒᆞᄂᆞᆫ思想을養成ᄒᆞ며宇大的學識을研得ᄒᆞ야世界大局을達觀ᄒᆞᆷ에敏涑케ᄒᆞ고祖國國性을發達ᄒᆞᆷ에恒常不怠ᄒᆞ게되면隣强에同化政策의慘毒을可以免之오既失之國權을可以回復이라ᄒᆞ야我邦教育家諸公의게血心陳告ᄒᆞᆷᄂᆞ이다

完

官報

◎三千四百九十號光武十年六月二十七日

◎宮廷錄事

詔曰日本陸海軍將官以下一行歷訪本邦不可無示意陸軍大將伯爵野津道貫海軍大將子爵伊東祐亨海軍大將男爵井上良馨并特敍大勳各賜李花章樞密院顧問官男爵威崎正風海軍中將上村彥之丞并特敍勳一等海軍中佐小山田仲之丞特敍勳三等各賜太極章陸軍少佐千田嘉平海軍少佐자자木高志并特敍勳三等宮內賜遺山英一特敍勳六等各賜八卦章

光武十年六月廿二日

表勳院總裁陸軍副將勳一等閔丙奭

奉常司提調徐相大辭職疏

批旨省疏具悉所請依施

侍從院副卿朴龍시辭職疏

批旨省疏具悉所請依施

以上六月廿三日

◎敍任及辭令

○依願免本官 厚陵參奉丕鍾禹 顯陵參奉李憲烈 莊陵參奉李元榮 恭陵參奉洪淳參○任厚陵參奉 李昶鎬○任顯陵參奉 金哲洙○任莊陵參奉 任坎窣○任恭陵參奉 六品徐相泰 以上六月廿一日○依願免本官 秘書監丞金容漢○命宮內特進官 從一品李秉榮○命奉常司提調 從二品趙經九○命侍從院副卿 從二品朴龍桂○任秘書監丞 正三品李沂魯 以上六月廿二日

外報

●祈雨得雨 淸國皇帝陛下께옵셔祈雨祭를親行ᄒᆞ셔더니午前四時부터午後七時ᄭᆞ지甘雨가霈然하얏다더라

●諸威王卽位式 諸威國ᄒᆞ곤王은六月十九日에卽位式을行ᄒᆞᄂᆞᆫᄃᆡ德國皇帝ᄭᅴ셔ᄂᆞᆫ御名을代ᄒᆞ야皇弟ᄒᆡ인리히親王을遣ᄒᆞ야盛禮에參列케ᄒᆞ시고七月八日에皇帝ᄂᆞᆫ親히同國도룬도ᄒᆡ이무에셔國王과會見ᄒᆞᆯ터이니是ᄂᆞᆫ歐洲列國主權者中第一訪問이라英國에도와도皇帝ᄭᅴ셔도連續ᄒᆞ야本年八月에同國에赴ᄒᆞ신다더라

●俄國內閣 俄國內閣員總辭職에就ᄒᆞ야俄帝ᄂᆞᆫ우잇데伯을召ᄒᆞ야新內閣의組織을命ᄒᆞ셧다고ᄒᆞ얏더라

●決議通過 俄國議會ᄂᆞᆫ多大數가內閣의辭職과議會에對ᄒᆞ야責任이有ᄒᆞᆫ新政府의組織을要求ᄒᆞᄂᆞᆫ決議案을通過ᄒᆞ얏다더라

●北滿獨占 上海滯留ᄒᆞᄂᆞᆫ商人中에滿洲를視察ᄒᆞᄂᆞᆫ者ᄂᆞᆫ皆鐵嶺長春間에鐵道에聯絡이斷絶ᄒᆞᆷ으로써滿洲商業이不振ᄒᆞᆫ原因이라ᄒᆞ야南北滿洲에物產集散地된長春이尙今俄國圍中에在ᄒᆞᆷ이大端히不平ᄒᆞᆷ을唱ᄒᆞ고又俄國이現今長春에稅關을設ᄒᆞ야重稅를課ᄒᆞᆷ은北滿洲의貨物을營口大連에不出케ᄒᆞ고專히海參威에聚集케ᄒᆞ리ᄂᆞᆫ計畫이라더라

雜報

●移民條例起源

客年日本人大庭貫一者受大陸移民會社之依囑募集韓民以送於墨國矣本年에該移民會社代表者마이야쓰再結托於大庭貫一以欲募集韓民未訪統監府鶴原長官有所請願且以利誘爲長官與木內重四郞相謀告마이야쓰曰不日必可允許라마이야쓰悅歸滯留於西大門外佛蘭西旅館三日前往日本東京屢郵送書翰請求移民允許於是乎鶴原長官木內總長不能食前言遞韓國政府以移民條例也

移民不可理由

韓國人口稀薄不可與日本同日而語也盖日本本島一方里間人口二千八十人、四國四百三十人九州四百四人也韓國一方里間二百七人而已方今韓國富源開拓上需多數勞動者之際使其移於海外尤不可也韓國有遺利日人日渡來之際使韓民移於外國或日人之利而韓國之不利也嘗英國政府不允印度移民和蘭政府亦不許布哇島移民也蓋欲開拓土地則不可散逸勢力也今日本扶掖韓國開拓富源云何爲移出韓民乎夫日本人口稠密且每年六十萬人式增加故移民亦可矣然至韓國則人口稀薄宜要勞動者之際不見有移民之用也

須拒絕移民條例

嘗日人長森藤吉郞者結托於大藏大臣曾禰荒助司法大臣淸浦奎吾欲得韓國全土荒蕪地有所强請公使林權助亦强求於韓國政府矣

今見移民條件殆類於荒蕪地問題何則一部官人與商人相謀也非一國政策也鶴原雖虛喝何恐之有苟欲謀韓國之利須拒絕移民條例也

按日本各新聞이對此移民條例ᄒᆞ야無不反對이고此文字가亦自東京而來抵本社ᄒᆞ니察其文法컨ᄃᆡ明是日人所作이라然則此問題가實非日本政府政策인줄을確然可信이로다

●憂憤而逝　前承旨李설氏가客年新條約後에上疏言事ᄒᆞ다가被拘於警廳이더니及其還鄕에憂憤益甚ᄒᆞ야謝却食飮ᄒᆞ고縱酒過度ᄒᆞ야竟至長逝ᄒᆞ얏다더라

●義王陛見　義親王殿下의셔入城　陛見後에華洞旅館으로住處ᄒᆞ시ᄂᆞᆫᄃᆡ日本警察署에서巡査를派遣ᄒᆞ야戒嚴保護케ᄒᆞ고本國巡査ᄂᆞᆫ寘之ᄒᆞᆫ다더라

●都監備員　陰曆本月十三日初揀擇後에ᄂᆞᆫ嘉禮都監即設ᄒᆞᆯ터인ᄃᆡ都提調ᄂᆞᆫ閔丞兩議政이依例被命ᄒᆞᆯ터이오堂上들도多福宰相으로擇定ᄒᆞᆯ터이라全羅南道觀察使李道宰氏와前判書金炳翊氏를宮內府에서奉命召上ᄒᆞᆫ다더라

●會議諸件　今二十九日上午十時에政府에서會議ᄒᆞᄂᆞᆫᄃᆡ該議案은移民條例礦山條例와各地方警察署位寘排定과郡守十寘奏本과治道局을土木局으로改正과治道局事務官과警務局叅書叙任과土木局水道局에日本人을雇聘事와各地方巡檢夏服費支出과各部奏任官陞級頒布件을議決ᄒᆞᆫ다더라

●各顧問의薦擧權　各府部院廳奏判任官을[illegible]에ᄂᆞᆫ各其主務長官이任意叙任ᄒᆞ더니近日에ᄂᆞᆫ各官人을叙任時에顧問官이皆是日語稍解者로先爲薦擧故로各長官은但其承認而已니官人叙任과諸般事項을日人이爲是主管ᄒᆞ고大臣은影子로居首而已라더라

●洪氏被任　內部治道事務官劉猛氏代ᄂᆞᆫ地方制度調査委員洪在箕氏가被任ᄒᆞᆫ다더라

●公察電報　公州觀察使가內部로電報ᄒᆞ기를與指揮官協議ᄒᆞ야派遣兵巡ᄒᆞ얏더니李世永(休職正尉)을捉到ᄒᆞ얏더라

●尹氏轉任　奉常提調徐相大氏가內部協辦을轉任ᄒᆞᆫ다ᄒᆞ더니侍從副卿으로轉任ᄒᆞ고秘書丞尹甲炳氏가內協을轉任ᄒᆞᆫ다더라

●內大視務　內部大臣李址鎔氏ᄂᆞᆫ泄瀉증으로多日辛苦ᄒᆞ얏더니三昨日承命詣闕ᄒᆞ야地方制度改定에關ᄒᆞᆫ事項과施政將來의方針을上奏聽命ᄒᆞ고退闕ᄒᆞ야再昨日붓터仕進ᄒᆞ얏더라

●伊藤談話　再昨日下오二時에伊藤統監이李內大와閔度大를請邀ᄒᆞ야地方制度及警察擴張事와財政整頓事를久時談話ᄒᆞ얏다더라

●參書新任　內部參書官을主事令之憲氏가被任ᄒᆞ기로大臣이宣言ᄒᆞ더니令氏ᄂᆞᆫ事務에全昧ᄒᆞᆫ지라某顧問勸告로日本에留學卒業生으로法官養成所敎官石鎭衍氏가被任ᄒᆞ얏다더라

●兩協遞任　法部協辦閔衡植氏ᄂᆞᆫ疏遞ᄒᆞ고其代ᄂᆞᆫ學部協辦金奎熙氏가轉任ᄒᆞ고學部協辦은從二品金珏鉉氏가被任ᄒᆞᆫ다더라

●救恤報告　忠南觀察使金嘉鎭氏가洪州郡守尹始永氏의報告를因ᄒᆞ야內部에報告ᄒᆞ기를洪州에駐在ᄒᆞᆫ日兵의게所在米四十九包를交涉于日本司令部하야還集ᄒᆞᆫ餘民의게分給救恤之意로直報度支部承認하와邑下最甚ᄒᆞᆫ貧戶를從實抄出하고安商於日憲兵隊及警視하야一百九十五戶의人口五百七十四口에每名市升七升式合四百一斗八升을分給하얏스나目下民情이比若涸轍之魚하야接濟沒策이온즉其所顧恤之方을從長講究라하얏더라

●兩屍並埋　義州郡獅伏里居李奉麟이與其妻緣何事爭鬩이던지金妻가避走於鶴丘峯之路上이어날奉麟이急追未及하야石子로毒打頭額하야其妻가當刻致命則奉麟은仍即逃躱하얏ᄂᆞᆫᄃᆡ該地方警務署에서即地摘奸하고派巡詗捕之際에同李奉麟이逃往于白馬隅住龍浦하야溺水而死ᄒᆞᆫ지라該警署에서本裁判所에報告하고兩屍를並爲出埋케하얏라더라

●加捧嚴査　金海郡守李徽善氏가政府로公函ᄒᆞᆫ概意를據ᄒᆞᆫ즉官報價十年度先六朔條合金十六兩五戔을前已準數輸納于本道觀察府矣러니今到訓令內官報價金貨六十戔五里로更爲加磨鍊ᄒᆞ야不日督納이라ᄒᆞ얏ᄂᆞᆫᄃᆡ政府에서慶南觀察使趙民熙氏의게도訓令ᄒᆞ기를各該郡所去官報價納入을知書를初不發送ᄒᆞ고自府督捧과每朔六十錢五里를加磨鍊督勒이有何據而然인지此必是書記輩之自下舞弄이니當該書記ᄂᆞᆫ嚴査懲創ᄒᆞ고前已准랍ᄒᆞᆫ金額十六兩五錢은還爲出給該郡ᄒᆞ야使之不日直랍于該金庫케ᄒᆞ라ᄒᆞ얏ᄂᆞᆫᄃᆡ此等弊習은遺道有之라더라

●促突曠官　公州觀察使가內部에報告ᄒᆞ되結城郡守金善五平澤郡守吳弘默鎭川郡守李甲承鴻山郡守閔泳설은催促還任之意로已有仰報而現今地方情形이既經擾攘에民志難定ᄒᆞ고與政未勘ᄒᆞ와昏刻曠官이轉益悶隘ᄒᆞ더니已督其還에尙此만환이揆以事體에亦所慨然이라上項四郡守를自本部로亟行嚴飭하야幷合同赴還官이되如過三數日而又不登程커든幷爲上奏免官하고其代를特別擇差하야不日內赴任케하라ᄒᆞᆫ고로內部에서爲先論辭ᄒᆞᆫ다더라

●月報將刊　大韓自强會의主旨ᄂᆞᆫ國民의殖産과敎育을發達케ᄒᆞᄂᆞᆫ事業에在ᄒᆞᆫ지라同會에셔此兩件의關ᄒᆞᆫ學理를演述ᄒᆞ야月報를刊行ᄒᆞᆫ다더라

●行路區別　日前붓터巡檢이鍾路上에서自南來者ᄂᆞᆫ東偏으로由케하고自北往者ᄂᆞᆫ西偏으로由케하더라

●法國記者着京　法國루단新聞記者팟렌氏ᄂᆞᆫ去二十二日夜에平壤으로부터京城에到着하얏다더라

●閔氏決心　現今上海에在留하ᄂᆞᆫ前駐法公使閔泳瓚氏ᄂᆞᆫ國權回復되기前에ᄂᆞᆫ誓不歸國하기로決心이라더라

詞林

三昨端午日三淸洞溪泉에서夕陽天綠陰間에詩聲이장然이라有人爲之寫送ᄒᆞ니

流水抱村青作帶遠山簇座翠浮眉詩欲청高難入妙酒能浩蕩易爲痴孟樽到我辭避泉石留君入品題世情閱去多艱險人事從來恨別離雨陽寒暑皆天理善惡是非摠我師　玉波

漁樵事業能全性琴酒生涯快展眉靑春古ᄉᆞ依依樹ᄉᆞ楚ᄉᆞ峯點點痴金蘭齒契從誰許瓊玉新篇與子題望裏山川看的歷閑中談笑到遲離書農此世無非俗善惡於吾摠是師　琴蘭

北京電報

●河南省騷擾

廿七日午後一時發

河南省남陽府民은酒造稅徵收에就하야騷擾를起하야兵士와巡査를驅逐하얏ᄂᆞᆫᄃᆡ巡撫ᄂᆞᆫ鎭撫하기爲하야兵을派遣하얏더라

●黑龍江將軍　今上

黑龍江將軍程德善氏ᄂᆞᆫ表面으로ᄂᆞᆫ露國을排斥하고陰으로此를結托하ᄂᆞᆫ狀態가有하더라

雜報

●論儒者之通弊明孔孟之眞意

演說　大垣丈夫　讀

然而後世學者가經典及周末漢初의書籍에尙古ᄒᆞᆫ所以를推究치아니ᄒᆞ고溫古에만苦心ᄒᆞ며知新에ᄂᆞᆫ致意치아니ᄒᆞ고何事던지唐虞三代以後數千年된今日時勢에適當치아니ᄒᆞᆫ事ㅅ지라도經典의文句를仍行ᄒᆞ라ᄒᆞ니此所謂刻舟索劒의迂見됨을難免ᄒᆞᆯ지로다夫邦國으로셔人身에譬컨ᄃᆡ唐虞三代의頃은幼兒와如ᄒᆞ고今日의世界ᄂᆞᆫ中年以後의人과如ᄒᆞ니幼稚의時ᄂᆞᆫ木製鬼面도畏ᄒᆞ고伽話도悅ᄒᆞ나成人된後ᄂᆞᆫ此를一笑에付ᄒᆞᆯ지라即古代의人은日食、彗星、地震、大雷等이有ᄒᆞᆫ時天帝가國君의失政을咎ᄒᆞᄂᆞᆫ證據라ᄒᆞ야祈禱ᄒᆞ며나又或大臣이陰陽을變理키不能ᄒᆞᆫ故로天變地異를惹起ᄒᆞ얏다ᄒᆞ야其職을遞ᄒᆞᆷ도有ᄒᆞ니此ᄂᆞᆫ幼稚時代의常態인則今時의人은一笑에附ᄒᆞᆯ것이어ᄂᆞᆯ儒者의迂闊ᄒᆞᆷ이二十歲以上의大人이鬼面을畏ᄒᆞ고伽話를悅ᄒᆞᆷ과如히眞實히古書를讀ᄒᆞ고古事를施行ᄒᆞ라ᄒᆞ니此ᄂᆞᆫ殆히一笑에付ᄒᆞᆯ지로다

盖六經은修身齊家治國平天下의大道를論ᄒᆞᆫ者니萬世弗易의格言을枚擧키不遑ᄒᆞ고其眞味를吅ᄌᆞᆨᄒᆞ면實用에有益ᄒᆞ나若其記載ᄒᆞᆫ事項은不擇ᄒᆞ고擄히今日時勢의施行ᄒᆞ라ᄒᆞ면適當치니ᄒᆞᆷ이亦多ᄒᆞᆫ지라然ᄒᆞ나今日歐미諸國에施行ᄒᆞᄂᆞᆫ法制學術技藝等은大槩數千年前에東洋人이發明ᄒᆞᆫ者라斷言ᄒᆞᆷ은明ᄒᆞᆫ지니萬若後世에溫古에又知新의硏究를加ᄒᆞ얏든들蒸滊電氣의發明者가白晳人種에만限치아니ᄒᆞᆯ것이어ᄂᆞᆯ東洋儒者가不此之爲ᄒᆞ고泥古의弊風에陷ᄒᆞᆷ이實노可惜지아니ᄒᆞ냐

又支나ᄂᆞᆫ古來君權官權의强勢ᄒᆞᆫ國體인故로國會라ᄒᆞ던지民權이라ᄒᆞᆷ은夢想치도아니ᄒᆞᆷ으로思惟ᄒᆞ더이로ᄃᆡ古書를因ᄒᆞ야溯考ᄒᆞᆫ則其種子가三代以來로萌芽ᄒᆞ얏다謂ᄒᆞᆯ지로다　未完

特別

○特別社告○

本社에셔申報代金을先推ᄒᆞᆫ後發送ᄒᆞ기로定規이온바近來各地方購覽ᄒᆞ시ᄂᆞᆫ處에셔或二三朔或三四朔條를全不送交ᄒᆞᆫ處가有ᄒᆞ온즉勢不得已來七月一日브터未捧各處에ᄂᆞᆫ本報를停止ᄒᆞᆯ터이오니照亮後即速淸交ᄒᆞ심을務望

大韓每日申報社　告白

特別

●學員辨明　去二十四日에官立漢語學校學員等이敎官金元培氏를論駁ᄒᆞᆫ寄書가有ᄒᆞ야本報에揭載가되얏더니今又該諸學員이辨明ᄒᆞ되此ᄂᆞᆫ試驗時落第者의私嫌으로由ᄒᆞᆷ이오金敎官은彼書所言과如ᄒᆞᆫ事實이初無ᄒᆞ다더라

●偸賣懸誓　南來人에傳說을聞ᄒᆞᆫ즉珍山多福洞居權汝三이以商販으로往來公州太田ᄒᆞ야日債五六百金을得用而至於自飽則日人之督促이急於星火故로自宗中으로數百金을艱辛辦給ᄒᆞ얏더니汝三이가猶爲不足ᄒᆞ야其先山位畓을偸賣之意로符同日人通譯ᄒᆞ야做事ᄒᆞ다가奸狀이現露ᄒᆞ야其宗人公述이가往于太田ᄒᆞ야訪見通譯某某ᄒᆞ고勿爲見欺之意로明白聲言ᄒᆞ고若或者偸賣之端이면宗會ᄒᆞ야裁辦歸正ᄒᆞᆯ터이라더라

●請禁欺弊　文湖居朴東疇氏等이農商工部에請願ᄒᆞᆫ全文이如左ᄒᆞ니

請願事ᄂᆞᆫ我國農業之富와穀種之美가聞於天下ᄒᆞ야世稱天府沃野之國이라豈不美哉잇가然挽近人心이不古ᄒᆞ야收稻入石之際에弊端不一ᄒᆞ야以至農商俱病ᄒᆞ고見笑鄰國ᄒᆞ니寧不憤乎잇가大抵收稻之不精者ᄂᆞᆫ打租之場에沙土粃糠을兼收幷蓄ᄒᆞ고不事簸揚ᄒᆞ야苟充石數ᄒᆞ며至於白미則和水膨脹ᄒᆞ야以剩斗數ᄒᆞ며石子則定陳成ᄒᆞ야裝船下船之際에미穀이散出ᄒᆞ니於是乎義穀이變爲稊稗ᄒᆞ고究石이徒具空名ᄒᆞ야商賈由是受病ᄒᆞ고奸僞由是而出ᄒᆞ니不有痛懲前習ᄒᆞ고確定新規면其弊가將何如哉잇가伏乞洞燭後에另飭各道各郡ᄒᆞ야使之一遵成法ᄒᆞ야使農商으로俱得其便則其利가顧不大歟잇가玆敢請願ᄒᆞ오니即爲發訓施行之地를伏望其訓飭條目은左開와如홈

一自本部로訓飭于各道觀察府ᄒᆞ고自觀察府로訓飭于各郡ᄒᆞ고自各郡으로訓飭于各洞執網ᄒᆞ와秋收打租之場에使之精實收穀ᄒᆞ고勿入粃糠之意로曉諭于看秋人及各舍音各作人處ᄒᆞᆯ事

一미與雜穀에濫水粉미等諸弊을不得措手之意로曉諭于各處旅閣主人及各處商賈ᄒᆞᆯ事

一石子空소가大妨於裝穀ᄒᆞ니미與穀ᄂᆞᆫ入于覓子及섬子ᄒᆞ되若無兩物則依黃海道延安郡石子樣ᄒᆞ야使之完固敦厚ᄒᆞ야毋至流漏케ᄒᆞᆯ事

一以上三條를訓飭于京江及各道各郡各港口ᄒᆞ되若有不遵之弊어든從重論罰ᄒᆞᆯ事

一京江及각港口下陸時巡檢一一檢察ᄒᆞ야若有復蹈前習이어든該物은乾沒付公ᄒᆞ고該物主及旅閣主人ᄂᆞᆫ論罰施行ᄒᆞᆯ事

寄書

●永宗島民

本國人黃錫元李致明爲名人이養鷄養猪次로仁川管永宗島民有地를托以空閑ᄒᆞ고請願우宮內府ᄒᆞ온則本府브터訓飭우仁港監理ᄒᆞ야形便如何를詳査馳報ᄒᆞᆯ時에伊時監理劉燦氏가有何미據이든지累百年民有家屋塚墓田畓園林之處를以空閑無主로報告ᄒᆞ얏기本府에셔依報認許時指令ᄒᆞ니開에依願准許이되稅金段은無違來納ᄒᆞ며符同外人與賈買賣之弊則勿施事云이거ᄂᆞᆯ伊后仁港居日本人武川盛次가以勸業會社用地라締ᄒᆞ고標木을四立ᄒᆞ더니其時稅金紙貨五十元을本府課長金鎔濟氏가本府로來랍ᄒᆞ얏ᄂᆞᆫᄃᆡ事實에的合이不明ᄒᆞᆷ으로還償ᄒᆞ얏다더니自去月分으로日人이率募來到ᄒᆞ야墾田播屋ᄒᆞ며十餘里境內一草一木도不得本人擅便케ᄒᆞ며反禁耕作則本人等이不勝驚駭ᄒᆞ야呼寃우各法司ᄒᆞ와ᄒᆞᆫ飭우本港監理ᄒᆞ야與日理事로屢次交涉이되終無決案故로本人等男女四五十名이方此農時에幾至失所廢業ᄒᆞ야溝壑에將隳을不免ᄒᆞᆯ지라不勝冤忿ᄒᆞ야扶老携幼ᄒᆞ야裹足上京ᄒᆞ야先모우宮內府ᄒᆞ고卽往劉燦氏家라가相着우路에無數質責而偕往仁港談判次로抵우布德門外ᄒᆞ야不意何許宮吏三四名이毆打多民ᄒᆞ고擁劉入門ᄒᆞ니噫라有位有勢之人은背理凌虐을肆行不顧ᄒᆞ야使此哀悅無辜之民으로抱恨無極이當然타謂ᄒᆞᆯᄂᆞᆫ지ᄒᆞ얏더라

廣告

稷山邑柳參奉炳斗가性本浮浪ᄒᆞ야爲挾雜人招謀ᄒᆞ야僞造田畓文券與秋收記ᄒᆞ고出沒京鄕ᄒᆞ야圖囑債用ᄒᆞ오니無論內外國人ᄒᆞ고切勿見欺홈

稷山邑　柳基九　告白

極上品日本燒酒와韓國上品燒酒ᄭᆞ지具備ᄒᆞ웁고廉價販賣ᄒᆞ오니　僉君子ᄂᆞᆫ買去ᄒᆞ시기를千萬伏望홈

每器八兩七戔五分式

◎京城大寺洞(日)◉燒酒會社支店(韓)

桑港遭難同胞의救助金은以本月十日爲限ᄒᆞ야若過此限而來者ᄂᆞᆫ不受ᄒᆞ기로已有廣告인바過限後逐日來到者를一切謝却이오니僉君子ᄂᆞᆫ照亮ᄒᆞ시옵

◉家屋放賣或貰入廣告◉

西小門外에在ᄒᆞᆫ八千五百五十四方米突되ᄂᆞᆫ一大地段에建造ᄒᆞᆫ半洋製家屋에廣濶ᄒᆞᆫ房屋六間과下人房幾所와其他善俗排置ᄒᆞᆫ花園과韓製家屋과馬廐와數處外舍와諸般美麗ᄒᆞᆫ附屬等이包有ᄒᆞ오니合意ᄒᆞ신僉君子ᄂᆞᆫ大韓每日申報社로來議ᄒᆞ시옵

△이것보시오改良廣告▽

前에ᄂᆞᆫ理學을不分科目ᄒᆞ고雜述ᄒᆞ얏더니第八號부터ᄂᆞᆫ一分科식詳細講義ᄒᆞ되爲先物理學講義를專述ᄒᆞᆯ터이기로玆에廣告ᄒᆞ오

南大門內尙洞　數理學雜誌社

黃海道信川五宮垌과京畿水原葛豆面兩處所在宮庄畓案과文券을前導掌河允弘이가遺失에다納稟本宮ᄒᆞ얏ᄉᆞ오니內外國人間拾得者ᄂᆞᆫ休紙施行홈

景福宮木洞知　金龍周　告白

本社廣告

申報價

一張代金 新貨二錢五里

一箇月前金 三十錢

三箇月 九十錢

六箇月 一元七十錢

一箇年 三元四十錢

郵稅一箇 新貨五里

一箇月 十三錢

廣告料

四號活字十三字詰

每日每頂尺一寸에新貨廿五錢

(每日每行에大韓여日當喜)

二週日에 二圜五十錢

(每日每行에五里에相當喜)

一箇月에 五圜

(每日每行에一里에相當喜)

其期限의長短과字行의多少를依ᄒ야增減홈이有홈

◉本社地方各處支店廣告

仁川梧峴開新冊肆 李東宣

平壤南山峴日新學校 金興濟

[illegible] 崔[illegible]恒

宣川邑橋西 安濬

義州南門外韓西大藥房服有濃

長連邑 金[illegible]

鎭南浦築洞 金仁직

咸興州南社 曹喜林

中和邑 李俊[illegible]

開城北部梨井里祥洞居培義학校副校長 姜助[illegible]

釜山佐川徐藥房 金[illegible]

大丘郡 達城廣文社

京城北署[illegible]洞[illegible]

發行兼編輯人 英國人[illegible]

發行所 大韓每日申報社

第四卷

大韓每日申報
대한매일신보

第二百五十八號

月曜及慶節歲時日休刊

檀君開國四千二百三十九年
箕子元年三千二十八年
大韓開國五百十五年
日本明治三十九年
清國光緖三十二年
◉陰曆丙午五月小初九日乙巳

論說

日本에對韓新報

本記者ㅣ日本內新聞記者의未解韓國事ᄒᆞᆷ을恨歎ᄒᆞᆷ이旣多ᄒᆞᆫ其時어니와近日到着ᄒᆞᆫ日本이드버라이써及라임쓰新報를接讀ᄒᆞᆷ으使本記者로更述今日論題도다

이드버라이써新報의指言ᄒᆞᆫ거ᄉᆞᆫ韓國은不治之國이오日本은明治之國이니日本의試圖倂韓之策을世界各人이誰不同情이리오ᄒᆞ얏고日本이與世界約諾을破棄ᄒᆞ며韓國政府를欺騙ᄒᆞᆫ거ᄉᆞᆫ謹避不言ᄒᆞ얏스니此報評論이何其愚劣고英國이美國보다明治ᄒᆞᆷ이確然ᄒᆞ니이드버라이써新報ᄂᆞᆫ美國內務에英國干預을暫或許容ᄒᆞᆯ깃나뇨

라임쓰新報ᄂᆞᆫ揭一論說이되其問題ᄂᆞᆫ韓國이願要路耶아ᄒᆞᆫ거시니此ᄂᆞᆫ韓國에日本冒險者를驅出ᄒᆞ라ᄂᆞᆫ韓國義兵起擾가韓國皇帝의助力을蒙受ᄒᆞᆫ다ᄂᆞᆫ風說이日本에到達됨을運用ᄒᆞᆷ이라此說에或有一言實情인지不可信이어날라임쓰新報가因此傳說ᄒᆞ야愚頑威嚇을放縱ᄒᆞ얏스되若或必要면東京帝國政府가韓國君主를陰謀結黨不到之處로或可移遷케ᄒᆞᆯ거시요且因其事情ᄒᆞ야更加要路가或可不免次第라ᄒᆞ얏스니此何可歎之報오

此國內日本後運에不幸이如此愚頑報說에莫過로다日本에事狀을隱諱ᄒᆞᆷ이旣有其時矣나到今ᄒᆞ야ᄂᆞᆫ韓人이此國內日本權限의所到를完覺ᄒᆞᆯ지라且恐嚇도惟其恐嚇而已인즐發覺되ᄂᆞᆫ時에ᄂᆞᆫ如此放縱之人의笑柄을作ᄒᆞ나니라

官報

●號外 光武十年六月廿七日

◉宮廷錄事

詔曰閑議政不日造朝云爲國事萬幸借來秘書還入以安大臣之心 六月廿六日

秘書監丞趙漢鏞書

奏臣於陰曆五月初四日丑時量敬奉 聖諭更爲傳輸于議政府議政大臣趙秉鎬所住處則以爲臣衷情之屢暴而 眷顧之愈隆兪允之未蒙而 致召之且迫溫批纔降 恩諭荐宣首尾二百有二十言喩之以支度量碁勗之以濟艱適義朝夕晷刻較量緩急有若微末去就之關係國事者然臣誠惶誠悶𡌦𡌦然靡有所騁矣臣雖愚鹵苟可以一分稍手事敢駕屢之戒俟惟其徊徨而不可進者正坐無力可以支度無法可以下碁故耳又况艮限之莫越實病之難强一如前陳今不宜張皇申複而第伏奉 慶會在邇之 教欲更額乎剮見職自居有若備例於故事欲仍躋乎則誠禮將闕抑亦分義之不敢左右揣量進退維谷惟有冒進 前席面達衷赤而已則株守微諦有不暇顧謹當拚棄靡臨數日調將扶曳入京仰借咫尺之地繼祈盤帶之制而遞臣之陋鄕相守彌增惶隘先 賜召還不勝至祝云矣臣旣承 期於借來之 命故姑爲仍留之意敢 奏

答曰知道 六月廿六日

●三千四百九十一號 光武十年六月廿八日

◉宮廷錄事

詔曰宮內府特進官勳二等閔泳奎恬雅守規ᄋᆞ讀著望特陞叙勳一等賜太極章議政府參政大臣勳二等朴齊純歷試殫竭勞績優異平理院裁判長勳一等李允用已著勞績ㅣ多聲譽并特陞叙勳一等各賜八卦章主殿院警衛局長議官永有恪勤厥職之勞特叙勳四等賜八卦章副長吳鎭遇警務官劉永烈亦有勤勞并特叙勳五等各賜太極章禮式院禮式官丞在升丞在榮李胤榮尹基益頤多勤勞并特叙勳五等各賜八卦章 光武十年六月廿三日

表勳院總裁陸軍副將勳一等閔丙奭

禮式院掌禮卿臣金思轍謹奏陰曆五月十二日初揀擇時處所及處予詔闕時門路以何處舉行乎敢奏 光武十年六月廿四日奉旨處所濬明殿爲之門路生陽門爲之

시從院副卿徐相大辭職疏批旨省疏具悉所請依施 六月廿四日

陰曆五月十三日初揀擇吉時巽時

◉敍任及辭令

○依願免本官 厚陵參奉李[illegible] 顯陵參奉金哲洙 莊陵參奉任坎宰 恭陵參奉徐相奉 敬陵參奉金瓚洙○任厚陵參奉孫太鉉○任顯陵參奉 李顯敎○任莊陵參奉 尹宗植○任恭陵參奉 六品金應圭○任敬陵參奉 元雲常 以上六月廿二日○依願免本官 奉常司副提調沈遠彬○任奉常司副提調 正三品張榮淳○依願免本官 秘書監丞李沂魯 仝李範世 奉常司副提調安鍋호 厚陵參奉孫太鉉 顯陵參奉李顯敎 莊陵參奉尹宗植 恭陵參奉金應圭 敬陵參奉元雲常○命시從院副卿 從二品徐相大○命奉常司提調 禮式院掌禮副卿李輔榮○命禮式院掌禮副卿 從二品鄭閶朝○命秘書監丞 從二品尹甲炳○任秘書監丞 度支部參書官丞鎬鏞○任奉常司副提調 從二品朴夏鎭○兼任禮式院掌禮 秘書監丞李範喬 奉常司副提調洪承斗○命西京殿閣營建時監董 正三品송秉畯 成川郡守丞鼎允 奉常司典事金秉燾 前主事金均錫 六品黃履淵 前參奉李仁璟 前參奉李裕煒○命西京役覓督刷官 正三品송集畯○命慶尙南道東萊郡牧場調査委員 六品孫麟亮○命太醫院分主事 六品崔奎祥○任顯陵參奉 九品丞鍾禹○任顯陵參奉 六品李應烈○任장陵參奉 九品李秉榮○任恭陵參奉 九品洪淳參○任敬陵參奉 六品金진洙○任主殿院電務課主事 李源達 以上六月廿三日○依願免本官 奉常司副提調張榮淳○依願免兼任禮式院掌禮 奉常司副提調洪承斗○任奉常司副提調 正三品安鍋호○兼任禮式院掌禮 奉常司副提調洪鍾억 以上六月廿四日

外報

●英美默契 近著에데리ㅣ데레ᄀᆞ라ᄑᆞᄂᆞᆫ英國皇帝에드와ㅣ드七世가近近加奈陀에旅行ᄒᆞ신다ᄒᆞᆷ을報ᄒᆞ고更히此旅行이畢히加奈陀에만止ᄒᆞᆯ분不是라華盛頓紐育ᄭᆞ지延長ᄒᆞᆫ다ᄒᆞ며英國皇帝에此美國行은幾多에秘益이伏在ᄒᆞᆷ을論ᄒᆞ고進ᄒᆞ야英國外交에活動을說ᄒᆞ야曰加奈陀ᄂᆞᆫ英美兩國에橫ᄒᆞᆫ一大連鎖가될지라英皇帝의御行ᄒᆞᆫ此連鎖로ᄒᆞ야歷史的이될분不是라又記憶이될지니英日同盟英法協商英俄親善이오更히北米에旅行ᄒᆞ야大統領과會見ᄒᆞ은將來平和에仲介者가되야英國을迎ᄒᆞᄂᆞᆫ好介玉座가아니리오近時外交의活動은此를他時代에比ᄒᆞ야最注目ᄒᆞᆯ이有ᄒᆞ다ᄒᆞ얏더라

雜報

●烈哉夫人 今番義兵事件으로被捕ᄒᆞᆫ崔益鉉氏의夫人이服毒自盡ᄒᆞ얏다더라

●청潔訓令 警務廳에서衛生淸潔上爲害를另防禁斷事로各署에左開訓令ᄒᆞ얏ᄂᆞᆫᄃᆡ 一街路에서晝夜間露宿ᄒᆞᆷ을禁斷ᄒᆞᆯ事 一은未熟ᄒᆞᆫ果品과腐敗ᄒᆞᆫ魚肉을不得販賣케ᄒᆞᆯ事 一은各自戶主로門前及家庭을精결케灑掃ᄒᆞᆯ事라더라

●十郡奏下 昨日政府會議에郡守十窠를奏下ᄒᆞ얏ᄂᆞᆫᄃᆡ載寧에趙晉奎 靑陽에閔泳恪 務安에李奎圭 海美에李淳珪 任實에權周相 豊基에閔泳설 盈德에禹用鼎 安峽에李周魯 文化에金會聲 鴻山에李丙瓚諸氏더라

●一遷一陞 內部參書官禹用鼎氏盈德郡守被任ᄒᆞᆫ代에該部主事송之憲氏로叙任하얏다더라

●兵殺會員 公州觀察使가林川郡報를據ᄒᆞ야內部로電報ᄒᆞ되陰曆本月初四日에義兵四五十名來到該郡古場店ᄒᆞ야砲殺一進會員一名ᄒᆞᆫ故로方圖勦捕라ᄒᆞ얏더라

●平察轉任 平安北道觀察使李根豊氏ᄂᆞᆫ侍從副卿으로轉任이되얏더라

●官不離身 前警務使徐相大氏ᄂᆞᆫ侍從副卿으로遞任ᄒᆞ얏더니更以奉常提調移任ᄒᆞᆫ지라同氏ᄂᆞᆫ可謂官不離身이라고ᄒᆞᆫ다더라

●義兵逃散 平海郡守朴齊範氏가內部에報告ᄒᆞ기를本月初에何許數百名이稱云義兵ᄒᆞ고或自英陽入來ᄒᆞ며或自寧海過去ᄒᆞ야內忽於英寧平蔚之間而本月十四日酉時에大丘隊副尉李敎相이率十卒二十五名ᄒᆞ고所謂義兵被逐於寧海郡兵站하야逃匿於本郡遠西面溫井里者를乘暮掩殺하니該徒數百名이四散逃敗에不知下落하고馬二匹環刀三柄을獲得以來하야仍爲留駐本郡하고十八日에慶尙南北道指揮官이又自寧海郡入來하야曉諭衆民하고同爲留駐이온즉目下事勢가一境賴安이라하얏더라

●地段價請給 平北觀察使李根豊氏가內部에報告ᄒᆞ되本道內鎭道犯入ᄒᆞᆫ地段의斗落結數와家屋間數與柴塲坪數森林株數墳墓庫數를翻飭各郡ᄒᆞ야遣調查ᄒᆞ야前後所犯을各從時價ᄒᆞ야計算結册粘報이견과盖此各部情形言之ᄒᆞ면毁家之民은棲屑道路에風餐露宿ᄒᆞ며失田之氓은號哭田頭에撤耕廢耘ᄒᆞ고缺損該結은徒載案簿에欲捧無處인즉該地段價額은特爲推給ᄒᆞ고結亦減下케ᄒᆞ라ᄒᆞ얏더라

●內訓照法 內部에서警務廳으로通牒ᄒᆞ기를仁川港居羅元有가僞造紙幣使用ᄒᆞᆫ事에對ᄒᆞ야該港警署에서楊州貴升古址居柳億用을拿引調查次巡檢與日巡查各一人同爲派遣矣러니北署巡山巡[illegible]을毆打ᄒᆞᆫ指揮ᄒᆞ야巡[illegible]際에捉得ᄒᆞ얏던柳億用이逃躱라ᄒᆞᆫ지라[illegible]捕得ᄒᆞᆫ罪人을中路에[illegible]며且毆打傷人ᄒᆞᆫ者ᄂᆞᆫ[illegible]도自有當律이거날況以警察官吏로不法을肆行ᄒᆞ엿스니不可仍置라該金源永을詳明查覈ᄒᆞ야依法措處케ᄒᆞ라ᄒᆞ얏다더라

●條例改定 政府에서各大臣이統監邸에會往時에移民礦山兩條例의幾處句節을改定하얏ᄂᆞᆫᄃᆡ移民條例中에移民處辦人及代理者代表者가韓日人間에區別이無ᄒᆞᆷ으로疑題가更起하야韓人을確定區別然後에施行하기로統監과更爲交涉하야改定ᄒᆞᆫ다더라

●親書漏聞 再昨日 義親王殿下ᄭᅦ셔入侍復命하시고退闕하신後에政府大臣朴齊純氏가伊藤統監과帶同陛見하야日本皇帝親書를奉呈하얏ᄂᆞᆫᄃᆡ親書辭意를漏聞ᄒᆞᆫ즉別無他意오韓日兩國의敦睦之意를朕厚望焉이라하얏다더라

●俸給改定 度支顧問目賀田氏가韓國官吏의俸給은定級支撥하되各府部廳에雇聘ᄒᆞᆫ顧問官以下補佐官等의月俸은自意厚定하야下之下巡查俸給이新貨五十元以上으로補佐官俸給이一百五十元上下로請求하ᄂᆞᆫ데로支撥하야其厚薄不均이理財上에太爲紊亂이라하야伊藤統監이此를改正하야一定ᄒᆞᆫ規則으로俸給케하ᄂᆞᆫ中이라더라

●定郡設校 平安北道定州郡은自來科宦이最盛하고儒林이有力ᄒᆞᆷ으로校宮崇奉之節이優過他郡ᄒᆞᆫᄃᆡ今에校宮所屬位土를該郡一進會에서學校設立을稱하고此를取而付之라ᄒᆞᆫ則闔郡儒林이奮發하야學校ᄂᆞᆫ自儒林設立이라하고方張經紀中이다더라

●派兵勦賊 內部에서照會軍部ᄒᆞ되忠州觀察使尹喆圭의報告를據ᄒᆞᆫ즉賊徒가到處恣橫ᄒᆞ야甚至突入郡廳에勒奪公貨ᄒᆞ고毆傷村民에探取錢財ᄒᆞ며或稱義兵ᄒᆞ고十百爲群ᄒᆞ야在在擾攘ᄒᆞ니此若不亟期撲滅이면必至滋蔓이니訓防청州鎭衛隊ᄒᆞ야隊兵二十名을移住該府ᄒᆞ야俾即勦戩케ᄒᆞ라ᄒᆞ얏다더라

✡✡✡✡

●學部指令 平壤大同學校代辦校長朴鍾𤧀氏가該校舍事件으로學部에請願ᄒᆞᆫ事ᄂᆞᆫ前報에已揭어니와自學部로平壤觀察의報告를因ᄒᆞ야指令이如左ᄒᆞ니

貴第十六號報告書ᄂᆞᆫ閱悉인바以寄附之校舍로今許於他ᄂᆞᆫ不啻金錫胤之宅心不良이라因於郡報ᄒᆞ야業經部許인즉初雖個人之義捐이나今係共有之校舍이거날豈有倫許於人之理哉아曉飭敎民ᄒᆞ고捉致金錫胤ᄒᆞ야嚴查理由後에以杜如是之弊ᄒᆞ고以完敎育케ᄒᆞᆷ이爲宜이기玆以指令ᄒᆞ니照亮遵辦後刻即報明이爲可事라ᄒᆞ얏더라

●消防難成 中署警務官洪與鉉氏가消防組器械를買置하야火災를防守次로坊內各富民의게勒斂하ᄂᆞᆫ故로民怨이狼籍ᄒᆞ다더니一不出錢하야洪氏計劃이歸之烏有라더라

●贖錢越交 法部에서慶[illegible]道裁判所에서輸上ᄒᆞᆫ贖錢[illegible]千一百五十三兩三戔九分[illegible]支部로准數越交하얏더라

●郵便物全失 本月十四日明川近海에서豊臣丸이沈沒ᄒᆞᆫ[illegible]에同船에搭載ᄒᆞ얏든郵便物을全失ᄒᆞ얏ᄂᆞᆫᄃᆡ其中에ᄂᆞᆫ本月一日븟터七八日頃ᄭᆞ지에京城近地에서淸津、會寧、鏡城方面으로向ᄒᆞ야發信ᄒᆞᆫ者를包含ᄒᆞ얏도다抑該船에搭載ᄒᆞᆫ郵便物이如是稽완ᄒᆞᆷ은元山서本月八日에扇海丸에搭載ᄒᆞ얏든것을事故가有ᄒᆞ야該船보담後發ᄒᆞᄂᆞᆫ豊臣丸에轉載ᄒᆞᆷ이러라

●當禁不禁 近日에衛生인지淸潔인지ᄒᆞ면서如此히炎熱ᄒᆞᆫ時에芹商들이川邊糞汚之水에芹菜를洗滌ᄒᆞ야發賣ᄒᆞ니보기에ᄂᆞᆫ淨潔ᄒᆞᆫ듯ᄒᆞ나衛生에ᄂᆞᆫ大端히害가될듯ᄒᆞ되支所에서警察ᄒᆞᄂᆞᆫ巡檢들은見而不禁ᄒᆞ니月給만먹고支所만직히ᄂᆞᆫ警察인지當然히禁ᄒᆞ시라고들ᄒᆞ더라

루더電報

●露國陸軍革命 廿七日午後一時發
露國陸軍部內의革命運動은增長ᄒᆞ고近衛諸聯隊에서도革命派에無漏ᄒᆞ얏ᄂᆞᆫᄃᆡ現今多數이捕縛이되얏다더라

[illegible] 仝上
[illegible]政府ᄂᆞᆫ腐敗ᄒᆞ[illegible]陷ᄒᆞ얏스니然[illegible](電文不明)치아니치[illegible]各員은玆[illegible]에盡力ᄒᆞ라고高呼ᄒᆞ[illegible]混亂을極ᄒᆞ얏더라

東京電報

●法務院員 廿七日午后四時發
香坂駒太郎、三宅長作兩氏外三名은統監府法務院評議員에松寺武夫氏ᄂᆞᆫ檢察官에任ᄒᆞ얏더라

●統監府職員 仝上
樞密院會議에서ᄂᆞᆫ統監府職員特別任用令件을可決ᄒᆞ얏더라

東京電報

●新造驅逐艦 廿八日午后四時半發
英國에서不日製造ᄒᆞᆯ日本驅逐艦은速力이三十六海里인ᄃᆡ世界에無比ᄒᆞᆫ者이라더라

●領事館設置 仝上
露國政府ᄂᆞᆫ日本新瀉縣에領事館을設置ᄒᆞᆯ意가有ᄒᆞ야不日駐公使가申請ᄒᆞ리라더라

●三電車總會 仝上
東京三電車各會社ᄂᆞᆫ總會를開ᄒᆞ고合幷ᄒᆞᆯ事로決議ᄒᆞ얏더라

루더電報

●同亞銀行 廿八日午后四時半發
同亞銀行은靑島同亞銀行의紙幣發行區域外에上海、北京、天津、漢口等이다더라

雜報

●論儒者之通弊明孔孟之眞意 演說 大垣丈夫 續

詩經大雅曰先民有言詢于芻蕘書經大禹謨曰稽于衆舍己從人書經洪範曰汝則有大疑謀及乃心謀及卿士謀及庶人

又孟子告齊宣王曰左右皆曰賢未可也諸大夫皆曰賢未可也國人皆曰賢然後察之見賢然後用之左右皆曰不可勿聽國人皆不可然後察之見不可焉然後去之

（以上略書）

以上前記ᄒᆞᆫ바ᄂᆞᆫ君主專制를不可라ᄒᆞ고公議輿論의採用ᄒᆞᆷ을論ᄒᆞᆫ者니君民同治의至理와代議政治의原則을示ᄒᆞᆷ이라

嗚呼라後世學者가聖人溫故知新의敎에依ᄒᆞ야研究發明ᄒᆞ얏던들國會와國權說과憲法政事가이의東洋에施行되얏슬터이어날依舊히守舊癖이有ᄒᆞ야知新發明ᄒᆞᆷ이無ᄒᆞᆫ故로今日ᄭᆞ지開化進步치못ᄒᆞ니此ᄂᆞᆫ後世學者의罪오聖經賢傳의罪가아님을斷言ᄒᆞᆯ지로다

余ᄂᆞᆫ元來漢學者가아니오政治法律의兩學을專攻ᄒᆞᆫ者로되但少年時代에聖經賢傳諸子百家의書籍을閱讀ᄒᆞ다가文明新學의門에入ᄒᆞᆫ後에도時時로經傳을閱讀ᄒᆞᆫ則其眞意가文明新學과符合ᄒᆞᆯ분아니라又或萬世不易의格言을發見ᄒᆞ야儒學에卓越ᄒᆞᆷ을確信ᄒᆞ[illegible]此機會를利用ᄒᆞ야其信認ᄒᆞᆫ마를諸君의面前에披瀝ᄒᆞᆯ而已라嗚乎라何人의淺見인지儒敎로써文明新學에違反ᄒᆞᆷ이라ᄒᆞ야廢止의意見을公布ᄒᆞᄂᆞᆫ者가有ᄒᆞ다ᄒᆞ니余ᄂᆞᆫ思惟컨ᄃᆡ東洋三國에精神敎育의方針은儒敎의本旨本義에依ᄒᆞ야人心을歸一케ᄒᆞᆷ만莫知ᄒᆞ다ᄒᆞ노니今에東方聖天子의國家ᄂᆞᆫ이믜儒敎를基礎삼아敎育勅語가渙發됨이其國民敎育의精神이忠孝二字에在ᄒᆞ고淸國도亦儒敎로基礎삼아敎育五大綱의勅語를渙發되얏도다

大韓皇帝陛下의國家에셔도儒敎로써國家敎育의精神을養ᄒᆞ고忠孝仁義의大道에依ᄒᆞ야一大詔勅이渙發됨을切望ᄒᆞ노이다 （完）

特別

○特別社告○

本社에셔申報代金을先推ᄒᆞᆫ後郵送ᄒᆞ기로定規이온바近來各地方購覽ᄒᆞ시ᄂᆞᆫ處에셔或二三朔或三四朔條를全不送交處가有ᄒᆞ온즉勢不得已來七月一日봇터未捧各處에ᄂᆞᆫ本報를停止ᄒᆞᆯ터이오니照亮後卽速淸交ᄒᆞ심을務望

大韓每日申報社 告白

特別

●李女冤狀 봉山郡居李召史가至痛ᄒᆞᆫ事로書于本社ᄒᆞ얏ᄂᆞᆫᄃᆡ矣女[illegible]父親ᄒᆞ옵고依托慈親ᄒᆞ다가出嫁安家以後로親家財物屢萬金을酬應以給於시家ᄒᆞ옵고子息은三男妹나生産ᄒᆞ옵ᄂᆞᆫᄃᆡ親家田庄을不爲分財以來之事로시叔安國西가使其長兄安昌鎬로四柱紙를覓去ᄒᆞ고欲其逐送이七八年之間에屢十次이기로

矣㚢가與被告安國西로府郡間呼訴ᄒᆞ와酬應條錢與物을還以推給이다三四年呈訟에至于再昨年至月ᄒᆞ와被告가何以生議인지暮夜中招致于警務署書記所ᄒᆞ고萬兩出給而稱云萬兩捧上標라自作自書而勒捧手掌以去ᄒᆞ고他處所賣ᄒᆞᆫ女婢도還爲奪去ᄒᆞ옵기

昨年至月分에更訴이온즉捉致對質而彼云自外私和이옵기連訴于顧問官則捉致査問之場에彼가自服ᄒᆞ오나該警署로杖之囚之에論罪於裁判所刑事ᄒᆞ와彼를依律勘照ᄒᆞ고同錢與什物은一一推給ᄒᆞ라이오則同安國西가使人懇請曰家舍與什物을一一出給穩接ᄒᆞᆯ터이니矣女를還歸시家云故許多見欺이오나

靑春女子가都無他理ᄒᆞ와依請而往矣며니及其渠洞十里許水砧幕一間에置之ᄒᆞ고酬應條錢與物은都不出給이면셔米一斗與火木一駄式當給曰二十日粮食云矣러니去十二月十四日夜半에시叔安昌鎬가突入內房ᄒᆞ야刼勒乘身키로高聲鬧知於洞人而當場綻露則昌鎬言內가國西指揮가如此如此ᄒᆞ라기에入來通奸이라면셔走出이기에卽時告官次로入去則矣女姑母가居在鄰洞이라가聞其所聞ᄒᆞ고來諭萬端曰遭此惡習ᄒᆞ니不勝刻骨之忿이나惟思親家面目ᄒᆞ야都不發說云云이기로難於挽執ᄒᆞ와置之勿論이옵더니又於今年正月十　日夜半에同昌鎬가亦如前入來刼身ᄒᆞ오니所謂시叔시嫂間에豈有如許蔑倫敗紀之한平잇가國西가都恃豪富ᄒᆞ고無所忌憚而矣女을不給錢與物ᄒᆞ옵고執란逐出之謠計라不勝忿痛ᄒᆞ야往訴于觀察府與警署則不爲題決ᄒᆞ고還爲驅逐이옵기裏足上來ᄒᆞ와前後訟軸與票紙及件記을粘連仰訴于平理院이옵더니指令內에該女가旣無七去之犯而緣於시叔間求財不給ᄒᆞ야至於逐出ᄒᆞ고有標之錢도不報而使其弟로欲行蔑倫之事ᄒᆞ니

李女之呼冤이極矣오安也之悖習이凶矣라到卽安國西與安昌鎬를押致府庭ᄒᆞ야嚴覈得情ᄒᆞ야錢與什物을一一推給ᄒᆞ고兩安의蔑倫敗法之罪를亦爲擬律報來ᄒᆞ라이옵기往而到付則安哥ᄂᆞᆫ不爲審判이옵고已往爲夫者與

矣㚢로對質幾言에指令狀도執奪不給ᄒᆞ고可否間都不判決이기에更訴平理院이온즉旣有前指어날何不迅辦ᄒᆞ고執留狀軸이抑何委折인지極涉詫歎이라到卽依前指另査公決後報來이되毋復如前만환ᄒᆞ야冤致生梗ᄒᆞᆯ事라ᄒᆞ얏스나雖百往到付라도自致無效ᄒᆞᆯ事機이오니至於此寃ᄒᆞ야ᄂᆞᆫ事係刑事所關이오니期於發訓押上ᄒᆞ와自本院嚴査雪寃之地千萬伏祝이라ᄒᆞ얏다더라

●徐氏義助 大丘私立師範學校敎長徐相夏氏가孤兒學校에到ᄒᆞ야校長을向ᄒᆞ야孤兒敎育ᄒᆞᄂᆞᆫ誠意를大段이贊揚ᄒᆞ고學徒을向ᄒᆞ야熱心受業ᄒᆞ야開明上에進步ᄒᆞ라고一場演說勸勉後에新貨十元을出義補助ᄒᆞᆷ으로同氏의誠心義助ᄂᆞᆫ人多稱頌ᄒᆞᆫ다더라

●講習日進 表勳院總裁閔丙奭氏가法學講習所를自家舍廊에設置ᄒᆞ고南北村有志紳士을聚集ᄒᆞ야夜學課로講習케ᄒᆞᄂᆞᆫᄃᆡ自己도또ᄒᆞᆫ同學을勸勉ᄒᆞ며前參將李映運氏가協力贊成ᄒᆞ야敎師二人의月給과其他經費를亦爲分擔ᄒᆞ니盖此老成紳士之向學에一則爲現在受用之資矣오一則爲靑年子弟之模範矣니其爲國家文化之助가豈曰小哉아且夫人情이名位已高ᄒᆞ면易於自足ᄒᆞ고年紀老大ᄒᆞ면易於自畫인ᄃᆡ兩氏及一般紳士가收拾桑楡ᄒᆞ야勤做學業이出於常情之所難이니吾儕ᄂᆞᆫ實로攢賀不已ᄒᆞ거니와國中人士ᄂᆞᆫ胥皆觀感ᄒᆞ야一致奮發ᄒᆞᆷ을深切願祝ᄒᆞ노라

廣告

本社廣告

申報價
一張代金 新貨一錢[illegible]
一箇月前金 三十錢
三箇月 九十錢
六箇月 一圜七十錢
一箇年 三圜四十錢
郵稅一部 新貨五厘
(每月 十三錢)

廣告料
四號活字十三字爲一行
每日每項尺一寸에新貨[illegible]
(每日每行에六錢)
三箇日에 [illegible]
(每日每行四錢五厘)
一箇月에 [illegible]
(每日每行[illegible])
其期限의長短과字行의多少를依ᄒᆞ야增減ᄒᆞᆷ이有ᄒᆞᆷ

◎本社地方各處文店廣告
仁川柾峴開新冊肆 李璟[illegible]
平壤南山峴日新學校 金興[illegible]
宣川邑橋西 崔觀恒
義州南門外韓西大[illegible] 安[illegible]
長連邑 金[illegible]
鎭南浦藥鋪 金[illegible]
咸興州南社 曹[illegible]
中和邑 [illegible]
釜山佐川徐藥房 金[illegible]
開城北部梨井里[illegible]
校副校長 裴[illegible]
大丘郡 達城廣文社

發行兼編輯人 梁起鐸
發行所 京城北署[illegible]
大韓每日申報社

第四卷

大韓每日申報

대한매일신보

第二百五十九號

月曜及慶節歲時休刊

檀君開國四千二百三十九年
箕子元年三千二十八年
大韓開國五百十五年
日本 明治三十九年
淸國光緖三十二年
◉陰曆丙午五月小初十日丙午

合爾賓에서發行하는遠東報를據한즉論日本在朝鮮之擧動이라는論說全文이如左하니

現在可笑可歎不安穩之擧動이朝鮮에層見疊出이로다朝鮮王이嘗有欲爲朝鮮自主之思想이러니此事一出에禍機已萌이라不日에又因日本의圍宮變起하야王이赴俄使館求助하니變亂現狀은不堪設想이라俄日이互相朝鮮하야永無安謐하니朝鮮이直成淸俄日三隣邦의互爭之食物이라數百年에日本이早懷呑此小邦之願이러니現時에始得償其志하야朝鮮이爲日本一省이라朝鮮이通行日本錢하고日本銀行及郵政電線鐵路가均係日本所立이오幷히日本商人敎習官員無이一處非日本人이오在朝鮮日本之領袖는係伊藤侯라朝鮮情形이如此하야朝鮮人及朝鮮皇이均在何處를朝鮮人이均不自知라外人이見朝선人이均在極汚極不堪之地하고朝선皇이爲日本圍禁하야到處에無非日本人이니所以로到處에只知在日本勢力圈內耳라

日本이使朝선變法하야成爲世界文明之國이라하니此事喧傳하야各國이均注目相望曰朝선이經日本經營이면不日에造成一文明之國이與日本無異리러니然이나經幾月之久에見韓實政이毫無効驗하고實見日本이幷無欲朝선人이變爲文明之實意하고日本所有新政注意가特制朝선하야成爲日本之一省이오並因朝선人之愚昧하야日本이愈益剝削朝선人民이라

日本의著名公爵倭庫馬氏가因見日本政府가在朝선現時諸凡之擧動하고有評論云하되留守伊藤侯가赴朝선京城時에其闔城迎迓의聲威可觀이一如從前中國督撫의新入省內之情形하니其威勢豐盛을亦可想見이라伊藤初到에對衆宣言曰日本政府가與朝鮮和好하야使其安謐하고並拒俄國하며使朝선洞開門戶하야爲全球共有之地라하더니現時日本在朝선之施設이見諸實行에大不如是라故로歐洲人이據此問題하야議論이甚夥하야至今不絶하고倭庫馬氏가又據歐人之意見하야日人의在朝선之擧動을評論하야[illegible]意見에當令伊藤侯로應竭全力하야速改其在朝선自高之擧動이니不然이면恐日本之事가在朝선에當日見其退步하리라有二箇美人이談論現時朝선情形하고並有政治家美人布里烟氏가遊歷朝선하야見其情形하니知日本이絶無整頓조선人民하야使其日進文明之思想이라布里烟氏가在美國하야詳論此日人事云하되

若使조선으로開文明之化면與日人不利라纔조선人이若進文明이면未必肯服日本勢力之下요日本人이亦不得施其强梁手段을如現時之在조선者라大槩日本政府가甚明此意故로絶無欲조선人이文明進步之實意라有美國人克內氏가寫其遊歷조선之事하야記於托洛克報章曰日人이直用强梁手段하야施於조선하니若如此行之면日人이恐難領守조선之地라云하얏더라本館은按조선이現仍一箇照舊하야無足詫異라조선之內에已有數處居民이大不滿意於日人新政하니想커된不日에조선이自立之道에明白하면日人所施壓力苦之를彼當自覺하야必欲脫其羈勒하며不受其鉗制는不問可知라想彼時에日人도必知倭庫馬及各國人所言之不誣나然亦晚矣라因此本館은甚願日人이不忘波落式國母式所許俄國之言하노니其言이如下라

(廣施全力하야敎養조선人民으로與已國民無異하고並使조선自主)息壤在彼하니亡羊補牢가猶爲未晚이니日本政府는其無忘斯言이어다

官報

●三千四百九十一號　光武十年六月廿八日

◉宮廷錄事

侍從院副卿徐相大辭職䟽
批旨省䟽具悉卿其勿辭行公
太僕司長조南益辭職䟽
批旨省䟽具悉爾其勿辭職
以上六月二十六日

◉敍任及辭令

○陞正三品 六品河榮奎 五月十四日○依願免本官 永懷園參奉李程淳 箕子陵參奉조鍾完○任主殿院電務課主事 鄭愚成○任永懷園參奉 梁會益○任箕子陵參奉 余琮燁
以上六月廿四日○依願免本官 主殿院電務課主事鄭愚成 永懷園參奉梁會益 箕子陵參奉余琮燁○任永懷園參봉 九品李程淳○任箕子陵參봉 九品조鍾完 以下六月廿五日

●號外　光武十年六月廿九日

◉宮廷錄事

宮內府特進官閔泳奎乞解藥院之任箚
批旨省箚具悉卿懇愼節奉虛暫時之案自當勿藥有喜而固請如此所辭醫院之任今姑勉副卿其諒之事遣秘書郞傳諭
六月廿八日

◉敍任

議政府議政大臣조秉鎬兼任太醫院都提調
六月廿八日

●三千四百九十三號　光武十年六月卅日

●宮廷錄事

弘文館學士李愚冕辭職䟽
批旨省䟽具悉卿其勿辭行公
法部協辦閔衡植辭職䟽
批旨省䟽予悉所請依施
以上六月廿七日

◉敍任及辭令

○任法部協辦 學部協辦金奎熙○任內部主事 九品李能雨 陸軍法院主事李大容○免本官 平理院主事徐廷佐 右는該員이持身不正하야有乖聽聞이기是以免本官○任平理院主事 法部主事沈鍾大○任法部主事 龍岡郡公立小學校副敎員李[illegible]○任漢城府主事 李淇鎔○依願免本官 全羅南道觀察府主事金正洪○任全羅南道觀察府主事 崔瑞錫
以上六月廿七日

外報

●復讎戰備宣明 一十九日發 東京을據한則露都電에云하되昨夜露都에서貴族大宴會가有하야리메이간푸將軍은露國陸軍에對한祝盃에答辭하되露國이極東에서復讎할日은殆히不遠하니國威와領土를回復할準備도總히整備하얏다마演說함의會衆은大段喝采함으로써此를迎하얏다더라

●艦隊設施 俄國에서今番에二十五百萬圓으로써絶東義勇艦隊를設施할議가有한디此는日本義勇艦隊에對하야平時는浦藻威를根據삼아半民半官의航海에從事하고有事할時는卽時武裝하야補助巡洋艦되게할計畫이라더라

雜報

●法協視務 新任法部協辦金洛熙氏가日昨日부터法部에仕進視務하엿다더라

●[illegible] 新任議政大臣[illegible]秉鎬氏는再昨日入京하야昨日에入闕受勅하얏다더라

●[illegible]監務 警務廳에서搬任登記簿[illegible]自再昨日一同試取하야其中限二十人抄選修報于內部하다는디外方에配置할鑛巡을叙任할預定이라더라

●兩察新任 慶北觀察使申泰休氏는寧邊觀察使로陞任하고禮式院卿李根湘氏는大丘觀察使을被任하얏더라

●海察新任 黃海道觀察使高永[illegible]氏는宮內府審查局長으로移任하얏는디其代에遞任濟查局長朴鏞和氏가被任하다더라

●開城築會 學部에서開城府敎育會長[illegible]源氏의請願을因하야民支部[illegible]許可하기를一府士民이協心同興하야學校를擴張하고敎育을維持次로一會를成立하고經費를鳩聚中인디學校位置를尙未預定이라하고不關廢止公廨를移撤建築케認准하라하얏다더라

●婦夫人熱心 [illegible]國義塾評議員高義駿氏의夫人은紙貨五十圓으로補助하고同塾幹事員李瑛奎氏의大夫人은生徒의服裝十件을黑色染紬新洋製로寄付하얏다니以若閨中夫人으로敎育上熱心贊成흠은實是大韓國에創規하는義擧오文化開進上一大標準이되리라더라

●礦軍奪賊 忠北觀察使尹喆圭氏가內部로電報하되槪意를據하즉忠州牧溪賊徒를兵巡與砲士를派送하야護得賊一名하야准宿於某旅酒店터니金礦亂類數百餘名이乘夜突入하야先奪器械하고縛去諸人하야向往老隱峙云故로與補佐官相議하야方派巡檢하얏스니若又護捕어든依律砲殺이何如오하얏다더라

●查則自明 本報第二百四十九號雜報欄內島民被縛이라는題下에禮式院禮式官劉燦氏가仁川監理在任時에該島內空閒地를認許于黃錫元李致明處하야黃李兩人이渡賣于日本人이라고已爲揭載하얏거니와更聞하즉劉燦氏는其時宮府訓令을奉承하야島內空閒地有無를調查報告할뿐이오初無認許之事라하고其時黃李兩人의게認許者誰某를方行查實이라하니若其查實이면弄奸認許者가自當現露할디이니更俟確報而揭載하깃노라

●國民會演說 來日曜日下午八時에國民敎育會에서尹致昊氏를請邀하야敎育上問題로演說한다더라

●剿戢餘黨 內府에서全南觀察使의報告를因하야指令하기를匪魁가就捕하니大兵當撤이나散逋餘黨이各地方良民을侵漁할慮가不無할즉巡回各郡하야徵歷內情이極爲妥當인디其方法을若誤면一般良民에게貽害할慮가或有할지니派出할將校에게十分申飭하야可哀殘民을極力保護하야各自安業케할意로該管長官의게妥議施行케하라하얏다더라

●自隊摘奸 侍衛隊兵丁金京化가六月二十一日에請由三日而出番後莫知所向이러니現在仁川警務署로該隊에報告하되兵丁金京化가本港松林洞樹林中에서自死라하지라該隊에서派送副校而摘奸後自軍部로照會法部하야行檢一款은宜由該地方官辦理케하고陸軍法官之參辦이亦有定規인즉同檢日字를前期通知하라하얏다더라

●兩件重警 全北金堤郡守李時宰氏는泰仁郡致死女人高召史獄事에以覆檢官으로行檢之場에不能審愼하야內損致死者를誤以胎傷執定하고全南海남郡守李容縣氏는該郡致死罪人金致云獄事에以初檢官으로審查未決之際에該獄干連罪人李允實을因法國敎師曾有道之勒解하야不能禁止하고任他率去한事件으로法部에서議政府로照會하기를實因誤執과干涉見奪이其在按獄에俱極駭歎인즉該兩郡守는一體重警하라하얏다더라

●崔益鉉氏疏本

伏以昨年十月二十一日之變尙忍言哉[illegible]賊外寇合勢脅君勒搆條約迫行侵奪今國家所存者不過虛名而已 陛下所寄者不過虛位而已宗社之保全無地生民之魚肉有日自古滅人國家奪人土地者何限而未有如彼倭之狡且凶者也然而其國君臣方且聲言于天下曰東洋平和曰交誼益親欲以瞞萬國之耳目者其計亦愚矣而我賊之爲彼爪牙者甘受其籠弄亦曰皆會外交權於日本特弄富强案遂嗚呼彼倭者乃禽心獸行之虜固不足以인責之而惟我賊臣輩亦何讐於國家必欲亾之而忍此不忍之事乎今彼왜竟行其易人種之毒謀乃爲移民條例而不日施行到此地頭賊臣輩亦當何辭以逃其罪乎當此時也苟有인性者孰莫不有無生之願而況如臣老耄延一日之命則添一日之辱延二日之命則添二日之辱豈肯苟且惜身不能以一死報國如閔丞洪舍之爲者哉然臣竊念古之人臣當國家將亡之時有去者焉商之微子是也有死者焉皇明太學士范景文等四十餘人是也有志存復國擧義討賊必其志不遂然後死者漢之諸葛亮之文天祥是也臣不幸生到今日目見此變而旣無可去之地與義則惟有詣闕陳疏碎首自斃於陛下之前而已然明知陛下之不能有所爲則空言煩聒徒歸文具又見人心之猶不忘國家則自經溝瀆亦近徑情是以隱忍偸活與若干同志謀所以爲적義文天祥之擧者于今四五朔矣但臣案無材智加以耄病瀕死且於謀議之際形格勢禁者十每八九是以未免遷延坐失歲月今纔計畫定人士稍集乃於今年閏四月十二日遣前樂安郡守臣林炳瓚先建義旗奬勵同志大第北上書招伊藤博文長谷川好道等諸왜會同各國公領事及我政府諸臣大開談辦繳收昨年十月勒約而銷滅之罷還各部所有顧問官諸凡侵奪我國權虐害我生民之前後勒約一付萬國公論可去者去之可改者改之必使國家不失自主之權生民得免易種之禍則臣之願也固非欲不量力不度勢擅動民衆以與强虜爭一朝之命於衆寡不敵之地也然若天不悔禍此志未遂而遽[illegible]彼蹂躪之禍臣亦當甘心受死爲厲爲鬼以期掃滅讐虜決不與彼共息於覆載之間也若夫我人之樂爲彼奴讐視大義者爭相加之以匪徒之稱而자嗷之者臣固不暇恤也

●陶汰冗官 宮內府官制를改正次로大臣署理李容泰氏와顧問官加藤氏가調查中인디冗官은一體陶汰하기로내定하얏다더라

●兩條例頒布 政府와統監府에서久日相持하든移民條例礦山條例를多少闕改正하야再昨日閣議에可決한지라該條例를法律 勅令案으로頒布次로昨日政府에서奏본하얏다더라

●移民條例確定 移民條例中에移民處辦人及代表人代理者는韓人이主管하야從理辦斷케하고會社는日人이主管케하기로確定하얏다더라

●濬川次第 向日내部에서度支部로照會하야濬川費五千圜을支撥하야今年은期於濬川케하라하더니該文이仍爲休紙하야更無如何回答함에警務사朴承祖氏가내部로報告하되濬川司在前時에는每年一次式濬川하더니該司廢止後에濬事가亦爲廢止하야川渠가堙塞故로至于夏潦하야家戶가水沉에至有傾[illegible]之境하고[illegible]水橋以上으로至河橋하야[illegible]濬川하고其以[illegible]明春에濬川하야俾免水侵之患케하라하얏더라

伯林電報

●萬國平和會議 六月二十九日午後四時發

旣히再三[illegible]遠한海牙에서開할平和會議는又明年으로延期되얏더라

●反亂繼續 仝上

露國軍隊의反亂은尙今繼續한다더라

●內閣組織大命 仝上

露國國會議長은內閣組織할大命을受하얏는디內閣員은議會의大數黨으로任命이되리라는說이有하나確實치안타더라

東京電報

●恩賜金品

六月二十九日午後四時發

日本皇后陛下께서는特別히御思召하사今回廢兵의게金品을下賜하셧더라

北京電報

●廣西暴徒

二十九日午后三時十分發

廣西省梧州八暴徒가益益猖獗함이速히撲滅할旨로總督의게訓令하얏더라

雜報

平北義州楊市商民等의寄書가如左ᄒᆞ니

敬啓ᄒᆞ옵기ᄂᆞᆫ一自兩甲兵燹之後로無名雜稅革罷ᄒᆞ라신詔勅이屢下ᄒᆞ사旣截日嚴ᄒᆞ시고部府訓飭이繼以鄭重이오되奸細挾雜之輩가前習을一向復踵ᄒᆞ야或捧稅派員이라或捧稅別定이라ᄒᆞ고紛競圖差에分派於各度浦口ᄒᆞ야各樣物品輸出入에稱以幣需라ᄒᆞ고課外濫討ᄒᆞᆷ으로商賈之寃聲이全國境內에遍滿ᄒᆞ야商業이壅閼에漸漸衰敗ᄒᆞ여將不知至於何境矣러니

自一進會設立之後로四大綱領을實施ᄒᆞ야政府에稟告ᄒᆞ고各郡各浦에代表을派送ᄒᆞ야所謂各稅派員別定等各色을一切驅逐ᄒᆞ야不得捧稅케ᄒᆞᆷ으로民安其業ᄒᆞ고物産이又繁ᄒᆞ야庶幾有商務興旺之望이기로一大綱領에贊成ᄒᆞ민가ᄒᆞ얏더니

現今平北龍城泰川諸郡等地에穀價가翔貴ᄒᆞ야人民의困難ᄒᆞᆷ이莫甚ᄒᆞᆫ기에各處商民이龍川義州境에서雜穀을貿買ᄒᆞ야欲以船運於富山博川等地之際에本郡下龍浦別定梁廷三이가以其一進會員으로

藉稱都稅局別定ᄒᆞ고欲爲徵稅ᄒᆞ야穀船을該浦에執留ᄒᆞ며商民을稅局에捧拘ᄒᆞ야將次推捉之境이되ᄂᆞᆫ故로衆商等이義州監理署에稱訴ᄒᆞ고其根因을詳探ᄒᆞᆫ즉章牌이乃是外國越境之穀物捧稅者요本非內江輸運之穀稅也라

然則此稅欲徵이係是科外뿐더러憑公營私가豈不爲此哉아緣此ᄒᆞ야別定之作梗ᄒᆞ야衆商呼訴來往之間에空費不貲ᄒᆞ고船運이遲滯에時日多曠ᄒᆞ니寧至於此에寧無寃抑之心乎아

善論該別定컨ᄃᆡ本以會員으로前者驅逐稅監ᄒᆞ야使不得捧稅者先何良心之發이며今忽圖差別定而欲徵無章之稅者後何不良之極耶아殊未知其可許이되會員이皆如此梁也며豈能安民生이며抑何保財産이리오由此人而反損名譽於會中ᄒᆞ니是豈顯望之本義哉아切以爲該會不取也ᄒᆞᄂᆞ이다

同濟學校趣旨書

夫普濟同胞慈善之事業也敎育英才開明之急務也現今宇內列强莫不講究實用至於救濟慈善之業必以醫學爲本剖解徵驗精益求精務必臻於深奧之域盖重人命而衛生道之義也顧今我韓醫科學舖不爲不多捨外人營業及官立若干之外殆寥寥爲幾讀入門數卷便稱醫士路傍證脈一篇輒施方藥其鹵莽課 尤爲識者之咄歎久矣所以有志慈善敎育之事鳩聚資金設此學校名稱同濟者謂同胞男女共濟之義也其學科程度以醫學國漢文等術外國語學等數科爲主旨聘延聘敎師募集子弟以行敎育而特於本學校之內別設藥一所用實施普濟之事業而亦驗醫術之進步也且我國學校之設可謂苑典至於女子敎育尙未實施不無欠感故別定兩所于校中內有女敎師一體敎授以資開明之步趣術生之學術爲惟願留意慈善之君子休論內外同情而贊成爲同胞幸甚

●美國夫人의敎育 長興洞培花學堂은美國夫人康氏(킴벨)의剏立ᄒᆞᆫ女學堂인ᄃᆡ英語算術한文國文地誌歷史繡刺等課程으로熱心敎育ᄒᆞᆫ지于今近十年이라山於夏期試驗에各班優等이至爲二十二人之多而鄭象煥氏가其愛女三兒弟를該學堂에使之就學이已久故로當日往參이라가康夫人의主務熱心과敎師李重赫氏의敎授實心과諸學徒의學力大就ᄒᆞᆷ을贊頌ᄒᆞ야多數物品으로施賞ᄒᆞ얏다ᄒᆞ니吾儕ᄂᆞᆫ聞不勝攢祝ᄒᆞ노라

●航路開始 海蔘威電을據ᄒᆞᆫ則俄國東亞汽船會社에서三十五萬元의保護金을受ᄒᆞ야海蔘威敦賀以外三航路를開始ᄒᆞ고釜山仁川大連에寄航ᄒᆞ야滿洲兩鎭道와聯絡ᄒᆞᆯ터이라ᄒᆞ다ᄒᆞ더라

●八倅被譴 任實郡守丕奎夏氏ᄂᆞᆫ受由過限故로重譴責에依免ᄒᆞ고楊州郡守洪泰윤氏ᄂᆞᆫ守護隊長蔡任을藉托ᄒᆞ고丘丁을使用ᄒᆞ야良民을逮捕監禁ᄒᆞ고該兵等의不法討索을朦然不知故로譴責ᄒᆞ고朔寧郡守[illegible]氏ᄂᆞᆫ地圖與道里成冊을抵防不報故로譴責ᄒᆞ고安山郡守李奭宰安城郡李鎬집江華府尹安學朴利川郡守李昌鎔四氏ᄂᆞᆫ乙巳度結錢未랍이最爲夥多故로重譴責ᄒᆞ고永興郡守洪淳旭氏ᄂᆞᆫ受由過限에尙不還任故로重譴責ᄒᆞ얏더라

●學訓抱郡 學部에서抱川郡莘野義塾幹事員李海朝와儒生李鍾稷等이鄕校所屬田土를移付莘野義塾事로互相煩訴ᄒᆞᆷ으로該事案을査實歸正次로視學官李晩奎氏를派送該郡ᄒᆞ며郡守의게訓令ᄒᆞ되自儒林으로竟至嘯聚作擾之境ᄒᆞ니此土所屬이本非自來之物이오卽不過近年權屬之土인즉以權付之土로補用敎育之費가何所弗可ᄒᆞ야爲士林者若是悖擧리오此必是幾箇雜類輩가慫慂士林ᄒᆞ야以至此境인즉爲念敎育에弗勝慨歎이라商確質定ᄒᆞ야更無紛擾之境케ᄒᆞ라ᄒᆞ얏더라

●永倅隱跡 永興郡居金南斗가本郡守洪淳旭氏의姦婦女事와貪贓五萬餘兩과諸惡九條를擧ᄒᆞ야議政府의得題ᄒᆞ고內部에請願ᄒᆞ야裁判을請ᄒᆞ얏더니上部에셔有何事端인지于今連拖ᄒᆞᄂᆞᆫ中에該郡守ᄂᆞᆫ隱避不現ᄒᆞ고該郡民陳景萬을給賂敎唆ᄒᆞ야所謂金鍊澤으로僞名ᄒᆞ야內部에願留를呈ᄒᆞ고同洪氏ᄂᆞᆫ不現ᄒᆞᆫ기로原告金南斗가留京數三朔의資費도不少ᄒᆞ고隱跡을期於詳探ᄒᆞᆫ後의裁判ᄒᆞ기로決心ᄒᆞ얏다더라

●內府訓令十三道 衛生淸潔이人民生命上에最先務인즉各地方에病源이될生ᄒᆞᆯ場所와病介를釀成ᄒᆞᆯ物品을另爲操飭ᄒᆞᆯ意로前訓이申複인바現今中夏氣候烘熱ᄒᆞ야鬱蒸流觸ᄒᆞᄂᆞᆫ氣이病菌이發生ᄒᆞᄂᆞᆫ處가不無ᄒᆞᆫ지라預先防遏치아니ᄒᆞ면질病이自速ᄒᆞᆯ弊가必有ᄒᆞᆯ기로先務ᄒᆞᆯ緊要事項을條列更訓ᄒᆞ노니管下各郡에一切飭ᄒᆞ야一般人民을注意實行ᄒᆞ되衛生에便宜ᄒᆞᆯ事項으로貽弊ᄒᆞᄂᆞᆫ端이無케ᄒᆞᆷ이爲宜事

一家屋園圃에汚穢等을每日청潔케ᄒᆞᆯ事

一道路平面에惡臭物을散拋치勿케ᄒᆞᆯ事

一家廚水道를恒常流決ᄒᆞ야汚物을停留치勿케ᄒᆞᆯ事

一各食物에腐爛ᄒᆞᆫ顆粒과未熟ᄒᆞᆫ果實을供給과需要치勿케ᄒᆞᆯ事

一共公飮水料附近에衣類及不潔物을洗濯치勿케ᄒᆞᆯ事

一曝地濕處及街路에露宿或醉眠ᄒᆞᆷ을勿케ᄒᆞᆯ事

●忠祠剏捐 沈宜澤徐憲澤權均蔚氏가殉忠祠를創建次로昨冬브터經紀ᄒᆞ되經營窘絀ᄒᆞ야莫不咨嗟ᄒᆞ더니士人張機前主事金錫鳳兩氏가四公의危忠大節을欽仰ᄒᆞ야不惜萬金ᄒᆞ고挺身周旋ᄒᆞ야今月初一日에鷺梁津에定基址에十一楹ᄭᆞ지ᄒᆞ얏스ᄂᆞ丁役은浩繁ᄒᆞ고財政이窘乏ᄒᆞ야將且名社會와京鄕紳士의게損助을請求ᄒᆞᆫ다더라

廣告

本號新開專做男女各色洋服幷由上海運來各種細이毛등一切裝備用具件件精全伏望貴士女還顧試驗爲幸

西小門內樂泰男女洋服商號

● 刑法大全 一秩定價金 新貨六十錢

牧民心書一秩一圓二十五錢
耳談續纂一冊 七錢五厘
溫故知新堂鈔 七錢五厘
父師必讀小學指南 七錢五厘
人工養蠶鑑一冊 十五錢
萬國地誌三冊 一圓
農政新書 五十錢
法學通論 一圓
尺牘完編 一圓五十錢
大韓地誌 七十五錢

發賣所 布屛門下金相萬書舖 大韓每日申報社

鍾路布廛後開豐局은李進士會來氏가本人의게傳授ᄒᆞ야仁港杻峴에移設ᄒᆞ고高明醫術朴準榮氏와同事ᄒᆞᄂᆞᆫ데繼嗣丹과水眼藥과珊瑚紫金膏와小兒癎氣에鎭癎散과塞蠱에軟硬散과梅瘡丹痔疾方秘傳膏酒良等神效藥品이多有ᄒᆞ오며貧寒의게ᄂᆞᆫ無價酬應도ᄒᆞ오니勿論某病ᄒᆞ고來問ᄒᆞ시옵

仁港杻峴 開豐局主人 송智仁 告白

●九轉靈砂ᄂᆞᆫ本人이秘方法을神術하야製造ᄒᆞᆫ靈丹인데男女老少에無論何疑ᄒᆞ고通治ᄒᆞ오며無病時에도服ᄒᆞ면平生의身體가健康ᄒᆞ며小兒도固服ᄒᆞᆫ면十歲안에無病ᄒᆞ기를擔保ᄒᆞ오며

●九轉靈砂萬靈丹은癲癇病症과中風諸疾과耳目諸病과淋疾에神効ᄒᆞ오

●九轉靈砂保命丹은初生小兒驚風 傷風 咳嗽 腹痛諸般題과婦人帶下症에特効ᄒᆞ며

●九轉靈砂清衆丹은酒滯 食滯 血積 吐瀉 霍亂 痢疾 吐血 下血 瘧氣 時疾 痲症에神効ᄒᆞ오

●九轉靈砂紫金丹은痔漏 梁瘡 上疳瘡 下疳瘡及瘡瘇과諸般瘡瘇惡種에無不神効ᄒᆞ오니 僉君子ᄂᆞᆫ來問ᄒᆞ시오

內需司前독갑이골上隅第一家 李鶴廷 告白

一 圖標陳濃縮牛乳

大韓仁州港 洋行

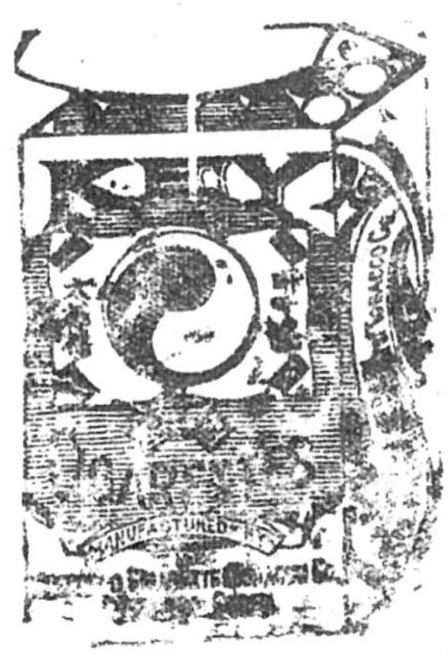

以上三種은上品으로製造ᄒᆞ야衛生上에至極有益ᄒᆞ니母論某人ᄒᆞ고來ᄒᆞ야 ᄒᆞ옵

大韓帝國仁川港 卷烟紙卷烟及煙草會社

本社廣告

申報價 一張代金 新貨二錢五厘
一箇月前金 三十錢
三箇月 九十錢
一元七十錢
三元四十錢
一箇年 十三

廣告料
四号活字十三字詰
每日每行一寸에新貨十五錢
(每日每行에大韓에 ...)
二箇日에、二圓五十錢
(每日每行圓錢五厘에 ...)
一箇月에
(每日每行圓錢一厘에相當 ...)
其期限의長短과字行의多少를依ᄒᆞ야增減홈이有홈

◉本社地方各處支店廣告

仁川杻峴開新冊肆 李東植
平壤南山峴日新學校 金與灝
崔觀恒
宣川邑橋西 安濬
義州南門外韓西大藥房張有寬
長連邑 金 鎬
鎭南浦藥泂 金仁경
咸興州南社 曹秉泳
中和邑 李俊錫
釜山佐川徐藥房 金瑾鎬
開城北部梨井里醉洞居培義학校副校長 姜助燦
大丘郡 達城廣文社

發行兼編輯人 英國人裵說
發行所
京城北署壽進坊洞第號外國人家舍 大韓每日申報社

第四卷

大韓每日申報
대한매일신보

第二百六十號

月曜及慶節歲時日休刊

檀君開國四千二百三十九年
箕子元年三千二十八年
大韓開國五百十五年
日本明治三十九年
淸國光緒三十二年
◉陰曆丙午五月小十二日戊申

論說

衍遠東報論說

遠東報論說全文은已揭於昨報第一欄內어니와盖此報所論은卽支나文士之公筆이오亦美國政治家二人과日본公爵某氏의一致同情之公言이니此乃世界上明白正確之證案이오抑亦忠告日廷之厚意라

본記者ㅣ將此論文ᄒᆞ야申以衍之ᄒᆞ노니幸須平心聽之어다盖據此報所論컨ᄃᆡ日본이對歐美列强ᄒᆞ야聲言ᄒᆞ기를吾將使韓國變法ᄒᆞ야成一文明之國이라ᄒᆞ고又對俄人ᄒᆞ야明言ᄒᆞ되應施全力ᄒᆞ야敎養韓國人民을如己國民無異ᄒᆞ며併使韓國自主라ᄒᆞ얏스니此其美談이豈不足以博得世界之公認哉아乃其在韓之擧動이一切反是ᄒᆞ야專施强梁手段ᄒᆞ야試其幷呑之圖而已오絶無開導韓人ᄒᆞ야幷進文明之實意ᄒᆞ니回視向日에對列强及俄人而聲言者ᄒᆞ면奚啻天淵之懸絶이며矛盾之理反也리오其曰敎養韓國人民을與己國民無異云者何其仁恩이며並使韓國自主云者何其義也러니今乃壓迫韓民ᄒᆞ야使害其生命財産ᄒᆞ고試其易種之計ᄒᆞ며剝削韓國之主權이日甚一日ᄒᆞ야不留一毫餘地ᄒᆞ니又何不仁不義之甚也오此所謂善蘊口氣에夜叉心術者非耶아

有人於此ᄒᆞ야於其同室之內에凌虐其兄弟之親ᄒᆞ고却向遠方之人ᄒᆞ야得其相愛相孚之情은理所必無라日本이對此同種親密之國ᄒᆞ야廢棄德義에反加虐害ᄒᆞ고能得他洲列國之同情은決無可望이라

今日歐米之人이對其在韓之行動ᄒᆞ야論議紛紜이良有以也니來頭國際之變遷을誰能測度이리오當此之時ᄒᆞ야東方三國之安危禍福이係於日人措處之如何矣니其得失之關係가果何如耶아此遠東報論說結辭의所云息壤이在彼ᄒᆞ니亡羊補牢가猶爲未晚이라日本政府ᄂᆞᆫ無忘斯言ᄒᆞ라ᄒᆞ얏스니此非忠告之言耶아

吾儕도亦願日本政府ᄂᆞᆫ克踐前日之聲言ᄒᆞ야無貽毒於同種ᄒᆞ고無棄信於列强然後에可以保東洋之大局이오可以享永遠之福利라ᄒᆞ노라

官報

●號外 光武十年六月卅日

◎宮廷錄事

領敎宰司事李根命辭職疏 批旨省疏具悉卿纔現帶俱是閒司未有冗務之經心則固無妨於愼節攝養而致此勤請所辭中太常之任姑爲勉副卿其諒之事遣祕書郞傳諭

六月二十九日

●號外 光武十年七月一日

◎宮廷錄事

本月卅日에 議政府議政大臣兼任太醫院都提調趙秉鎬에게 親任式을行ᄒᆞᆫ事

六月卅日

太醫院口傳 奏曰日熱正熾此時視事有欠於大聖人節宣保嗇之方且隆冬盛暑視事를稟已有定例伏乞亟命依例ᄒᆞ라 稟以副臣等顒祝之忱焉惶恐敢奏

答曰知道 七月一日

●三千四百九十四號 光武十年七月二日

◎宮廷錄事

詔曰奉審閣臣入侍

六月廿七日

◎敍任及辭令

解忠淸北道種痘事務委員 朱永燮 尹文炳
解平安北道種痘事務委員 朴近嶽
命忠淸北道種痘事務委員 尹秉信 洪鍾振
命平安北道種痘事務委員 李寅熙
以上六月廿五日

依願免本官 肇慶廟參奉李[illegible]在元
玄俊鎬
任肇慶廟參奉敍判任官八等
以上六月廿六日
肇慶廟參奉玄俊鎬
依願免本官
九品丕在元
任肇慶廟參奉敍判任官八等
以上六月廿七日
正三品李軒卿
從二品南奎熙
解宮內府特進官
奉常司提調李輔榮
命宮內府特進官敍勅任官三等
侍從院副卿徐相大
命奉常司提調敍勅任官二等
平安북道觀察使李根豐
命侍從院卿敍勅任官三等
營繕司技師吳允默
任經理院技師敍奏任官四等
從二品崔在鵬
任營繕司技師敍奏任官四等
命宮內府所管平安南북道名稅審査官
正三品孫熙一
任陸軍武官學校技手敍判任官七級
九品丕貞淳
以上六月廿八日
鄭亘源
任度支部主事敍判任官
慶尙北道觀察府摠巡都漢鏡
免懲戒
右ᄂᆞᆫ該員이郡事貪鄙에至登民狀ᄒᆞᆷ으로免本官ᄒᆞ얏더니追究情跡에容有可恕이기免懲戒 六月廿九日

○雜事

今六月二十八日自寅時至酉時灑雨下雨測雨器水深二寸六分同月同日自酉時至二十九日寅時灑雨下雨測雨器水深四寸一分

外報

●俄使警告 日本西園寺首相滿洲視察以來로日본樞要大官이同視察의途에上ᄒᆞᆫ者ㅣ多數ᄒᆞᆷ으로此에對ᄒᆞ야北京駐在俄國公使포고지로후ᄂᆞᆫ近頃에日本이著名ᄒᆞᆫ將軍과政治家를繼續ᄒᆞ야滿洲에送ᄒᆞ야各種을調査ᄒᆞᆷ이其目的은日本이滿洲에在ᄒᆞᆫ全利權을橫奪ᄒᆞᆯ趣旨에出ᄒᆞᆫ者라ᄒᆞ야如斯ᄒᆞᆫ現狀의儘進ᄒᆞᆫ即滿洲에在ᄒᆞᆫ日本의勢力은結局이日俄戰爭前俄國이有ᄒᆞᆫ勢力에十倍가됨에至ᄒᆞ리라고北京政府에警告ᄒᆞ얏다ᄒᆞ더라

●德國撤兵 德國이曩日에首唱ᄒᆞᆫ北淸駐屯兵撤退의議ᄂᆞᆫ今回漸次實行ᄒᆞᆯ터인ᄃᆡ在北京公使館警備兵을除ᄒᆞᆫ外에擧皆撤兵ᄒᆞ고且北戴河其他에在ᄒᆞᆫ德國에兵營은無代金으로淸國에寄附ᄒᆞ기로確定ᄒᆞᆫ電報가有ᄒᆞ다더라

●平和延期 伯林電을據ᄒᆞᆫ則海牙에서開催ᄒᆞᆯ平和議ᄂᆞᆫ明年으로延期되얏다더라

●北淸旱魃 北京電을據ᄒᆞᆫ則北淸旱魃로由ᄒᆞ야山西省地方에서ᄂᆞᆫ穀價가丕騰ᄒᆞ야白米一斗價가五兩半에達ᄒᆞ얏다ᄒᆞ더라

雜報

●崔益鉉氏의致日本政府書
大韓光武十年閏四月日正憲大夫前議政府贊政崔益鉉致書于日本政府大臣僉閣下 嗚呼忠國愛人曰性守信明義曰道人無此性則人必死國無此道則國必亡此不惟頑固老生之常談抑雖開化競爭之列國捨此恐亦無以自立於世界之間矣

粵在丙子 貴國使臣黑田淸隆之來請通商也益鉉嘗抗疏獨斥益鉉於此時非不知交隣修好之爲美事而貴國反覆不可信之情狀則益鉉獨知之故預憂而言之耳

然天下之大勢旣與古有異而東漸之西勢有不可以獨遏則必須韓日淸三國相與爲輔車脣齒而後可以全東洋大局者不待知者知而益鉉亦深望於是故雖不能以貴 國爲必信而亦不欲爲已甚以徒傷兩國之和氣

是以屛處二十年絕口不言時事矣及觀近年 貴國所爲多無信無義然後始知愚見之不爲甚差而又知 貴國今雖强大終亦必亡而東洋之禍無有已時也

今且先言 貴國棄信背義之罪然後次及 貴國所以必亡東洋之禍所以無已之故可乎謹案

我開國四百八十五年丙子我大官申櫶尹滋承與 貴國使臣黑田淸隆井上馨會我江華府議約第一款有曰朝鮮自主之邦保有與日本平等之權嗣後欲表和親之實須以彼此同等之禮相待不可毫有侵越猜嫌宜先將從前爲交情阻塞之患諸例規一切革除務開寬裕弘通之法以期永遠相安其第十二款有曰右條約兩國政府不須變革永遠信遵

又按開國五百四年乙未淸國使臣李鴻章與 貴國使臣伊藤博文會于馬關議約也其第一款有曰朝鮮國獨立自主兩國認明不可毫有侵越 貴明治三十七年日俄宣戰詔亦有韓淸兩國維持平和之句

又貴國對俄國違反國際公法通牒列國辨明書亦曰元來韓國獨立土地主權之保持者戰爭之目的又派遣使臣于歐西說明戰爭之起因亦曰鞏固韓國獨立由此觀之前後三十年之間凡

貴國君臣所以信誓於敝國聲明於天下者何嘗不以不侵我土地人民不害我獨立自主爲擔負哉抑天下列國亦何嘗不以韓日兩國脣齒之邦而知其相保相持無相侵害也哉

然而貴國所以行凶施暴於敝國者則日甚月甚棄信背義無所不至向去朝鮮國獨立自主保有與日本平等之權者今爲奴隷我矣向也與俄相戰也爲韓國獨立土地鞏固矣今焉爲韓國獨立土地主權之奪去矣向也爲不相侵越猜嫌而信誓丁寧矣今焉專事侵奪戕我二千萬人之離心而皆使之坐不向東矣向也爲條約之不須變革以爲永遠信遵永遠相安之甚矣今也變革條約不信遵不相安以欺天欺神而又欺天下列國矣

未完

●亂黨被捉 忠北觀察使尹喆圭氏가內部에電報호되金店에서被押호얏든巡檢一名砲士一名이幷重傷擔來호고時日派送호日巡査及포士가金店亂黨中十五名을捉來호야方行取招라호얏더라

●文簿調査 政府顧問須知分氏는統監府事務에所託이되야外事局에存案호前外部와各公領事와交涉호前後文簿를一體調査호다더라

●特派下詢 大內에서義親王旅館에武監을每日二三次式特派호사安否凡節을 下詢호신다더라

●敎侵校址 昨日下午八時에桂山學校贊務會를開催호고重要事項을議決호얏는딕其概要를得聞호則天道敎人이라稱호는人等이天道敎會堂을建築홀次로桂山學堂의所有地를本學堂과新建區域及運動場與廁間을並全部를包含호야末禿을遍揷호고또宮內府로如何히運動周旋호얏던지宮內主事一人이出來于該校長私室호야云호되天道敎人의要求홈을難處호니新建學堂의工役이十分에九分이遂호役事를中止케호는事가有호다호는딕決단코皇帝陛下의已許호신本意에違背호고模糊호幹旋中에迷홈이라尤況桂山學堂의設始홀時에認許가自在이고今番增築時도自上으로勤念호신時日이屬耳호거날今에天道敎人이該學堂을包圍호야自已의建築홀基址로라홈은確是不法行爲이거날終當法律로써裁判홀지는爲先總代二人을起送하야其不法호理由를質問하고事由를學部에修報호야理外要求은不受호기로決定호얏다더라

●反爲隔面 已往은議政大臣을相見時에輔國은稱侍生호고其臣下는貴稱小人호더니各大臣을親任式以後로處分內에與議政大臣으로間是親任이니別無相見之禮라호신故로閣議政登筵時에도朴參政이與諸大臣으로同行相見호것홈으로李內大以下가反對不往하얏고李乘鎬氏登筵에도各大臣이一不相面호니一拜議政에諸大臣이反爲絕交隔面이라더라

●傾軋可憎 前日國民新報에大丘觀察申泰休氏를誹謗호事로揭載되엿거는出於何人之送書인지此를金호圭金道深兩氏의所爲라고申觀察의계傾軋이有홈으로兩氏가期欲辨明홀다호며本報에揭載된嶺學風潮이라는거슨本無投書호고探報로因호지라更히事實이不然타호기續聞으로辨明셔지호얏더니當初探報로揭載된거슨六百餘里外에在호金光濟氏의所爲라고前觀察李根호氏의게傾軋이有키로金氏가亦要辨明호니右兩氏가內新聞上에初不容喙은固當自明이어니와從中傾軋之習은實爲可惜이라호노라

●法會禮式 懿法會에서本日下午三點鐘에夏期放學禮式을銅峴水下洞本學校內에서設行호는디該校長梁弘默氏가學部에請帖하고大臣以下各官人을請邀하얏더라

●僧侶敎育 漢城府에서僧洪月初等의請願을因호야學部에報告호고設立學校에敎育僧徒홈을認許호라호얏다더라

●照律質答 三和港警務署에서各郡에存案호見本紙貨를認爲使用호李季用을査捕호야自鎭港裁判所로處答一百에照律호고去月十五日萬人契場에投石호야日兵을負傷케호事件으로車致成等四名을捕縛호야亦自本港裁判所로答六十에照律호얏다더라

●警廳再試 警務廳에서各權任과巡檢中에서地方撫巡敍任에合格호者를試取호야內部로送호事는已揭어니와內部警務局에서또호再試를行호後存拔호다는딕前日主事와撫巡으로無罪見汰者도逍遣히招來看서호야可合者는存之호고不合者者는曉諭解送호기로決定호야極公道로敍用호야呼冤이無케호다는딕此事는警務局長俞星濬氏의熱心運動으로大臣의게承認호事이라且讚頌호다더라

東京電報

●官制公布 六月卅日午後一時發
統監府鐵道管理局官制及管理局職員特別任用令은本日(卅日)公布되얏더라

●學生視察 上仝
日本政府는全國學生으로韓滿視察을식히기爲호야百名內外式船舶便乘을許可하야數十式을渡航케혼다더라

●鐵道局員任命
七月一日午後四時半發
任統監府鐵道局長 古市公威
大屋權平 中原勇次郎
任統監府鐵道局技師
岡正矣 北山政道
長陷熊太郎
任統監府鐵道局事務官

●院長來韓 上仝
統監府法務院長以下各官員은五日에赴任之途에就호다더라

北京電報

●通牒拒絕
六月三十日午後一時發
淸國各港에在호稅關事務는稅務大臣管理에歸케호旨로英大臣이廣東稅務司에게通知호이同稅務司는總稅務司하트氏를經호야通監호라고拒絕호얏더라

루터電報

●戒嚴令公布
六月三十日午後一時發
露國政府는各地에戒嚴令을公布호얏더라

●虐殺調査 上仝
七月一日午後四時半發
露國서猶太人虐殺을調査호기爲호야出張호各議員의報告를據호즉비로쓰듁에서地方人民과猶太人間에紛鬧를起홈은警察署이라호고且敢名某士官及警察署는暴徒의略奪虐殺를煽動호얏다云호더라

●革命派猖獗 上仝
露國革命派는益益猖獗호야各地에戒嚴令을布호얏더가

寄書

禹强生

近日에有一種怪鬼之說하야以爲移民이無所傷損이라ᄒᆞ니此必出於政府大臣과及其部下官吏之口而自掩其准許之罪也로다盖此移民이設如新報所載日本人大庭貫一及統監府鶴原長官이受外人囑託而繼往年墨國之續이라도吾見其時에只以廣告募集이오未嘗以條例勒請耳라夫無所傷損則是有利益者也니現今日本이地狹人多ᄒᆞ야不能靈生之時에何不移其民而必欲移韓民耶아此亦不過乘其外人囑託之機而爲韓民易種之計也라今在墨國者ㅣ有餘人而流離顚踣ᄒᆞ야慘不可言ᄒᆞ니若使政府有人이면即當籌帑贖還之不暇而忽復爲此哉且據其條例中에自農部로必捧保証金一萬圜以上而認其處辦人則是ᄂᆞᆫ賣民也니嗚呼라我韓政府ᄂᆞᆫ何其기賣之至此歟아始以賣官ᄒᆞ고中以賣國ᄒᆞ고終以賣民而無所傷損四字ㅣ皆其嚆矢也라

賣官則曰今[illegible]室之經用이不敷ᄒᆞ니以是充備無所傷損也라ᄒᆞ며賣國則曰今國家之滅亡이已臻ᄒᆞ이以是自獻이無所傷損也라ᄒᆞ고賣民則曰今我民之頑蒙莫治ᄒᆞ니以是斥去無所傷損也라ᄒᆞᄂᆞ니然吾恐미盡之日에亦將及於政府諸公之父母妻子矣리니此亦無所傷損耶아悲夫

●艦長救人　仁川에來泊ᄒᆞᆫ日本御用艦艦長曾三氏가仁川理事廳에報告ᄒᆞ기를日前風浪大作時에該港外洋에서韓國鳳航船이怒濤翻覆ᄒᆞ얏ᄂᆞᆫ되韓人五名이船檣을相抱하야海中出沒故로曾三氏가急往救拯하야幸免浪死ᄒᆞᆫ지라仁川理事가統監府에轉報ᄒᆞᆫ故로統監府에서政府로轉文하얏다더라

●進校盛況　靑坡ᄂᆞᆫ花峯近地에前秘書丞閔亨基氏가敎育注意로一座家舍를鳩捐ᄒᆞ야靑進學校를設立ᄒᆞ고敎師를延聘ᄒᆞ며學員을募集ᄒᆞ야端陽後一日에開校ᄒᆞ얏ᄂᆞᆫ되校長閔丙奭氏가出席ᄒᆞ야學員을對ᄒᆞ야敎育上主旨를大略說明ᄒᆞ고三介熱心을申明ᄒᆞᆫ이如左ᄒᆞ니

一曰學員에熱心이니品行을端正ᄒᆞ고心志를奮發ᄒᆞ야學問에從事ᄒᆞ되孜孜勤勤ᄒᆞ야勿失晷刻ᄒᆞ고寸陰是競에聖訓을是遵ᄒᆞ며時間이爲實라ᄒᆞᄂᆞᆫ西語를慕ᄒᆞ야終始不渝ᄒᆞᆯ지여다

二曰敎師에熱心이니高明ᄒᆞᆫ識見과端儼ᄒᆞᆫ威儀로受人委托ᄒᆞ야敎育에從事ᄒᆞ되不言而信ᄒᆞ고不威而化ᄒᆞᄂᆞᆫ好道理로多士에德性을養成ᄒᆞ고黃石公에老父先在之語와韓退之에最入太之句로恒念을作ᄒᆞ야勸勉不撤ᄒᆞᆯ거시오

三曰學員의父兄에熱心이니子之不敎은見父之責이라愛學校如吾家ᄒᆞ고視敎務如家事ᄒᆞ야敎育上經費를惟恐後人ᄒᆞ고且敎師를極敬極重ᄒᆞᆯ지어다世界에有名ᄒᆞᆫ德國宰相稗斯麥이其子에敎ᄒᆞ기를爲ᄒᆞ야學校에往ᄒᆞ야敎師를見ᄒᆞ고拜ᄒᆞ얏다ᄒᆞ니此로觀ᄒᆞ면我國人父兄된이가慙德이不無ᄒᆞ오아노盍各三介熱心을團致ᄒᆞ야開明二進步ᄒᆞ기를務望이라

說明ᄒᆞᆫ後副校長張憲植氏와校監安晚洙氏와來賓閔用基氏와敎師李正華李鍾殷李世基李命基諸氏가敎育上主旨로次次說明ᄒᆞ고崔道燮李봉鉉兩氏가體操에利益을說明ᄒᆞ고丕重植氏가語學을說明ᄒᆞ고賛成員李南圭氏가來賓을對ᄒᆞ야賛成ᄒᆞᄂᆞᆫ盛意를答謝ᄒᆞ얏ᄂᆞᆫ되現進學員이百五十人이오觀光者ㅣ雲集ᄒᆞ야無不賛頌ᄒᆞ얏다더라

●伊藤陛見　昨日下오四時에伊藤統監이內謁見ᄒᆞ얏다더라

●內疚故로隱諱　各新聞社探報員이各部院廳에無碍出入ᄒᆞ야來文去牒中에可合記載件은依例報道ᄒᆞᄂᆞᆫ바이더니日昨法部에서違法郡守論警事로內部로照文을新聞에揭載ᄒᆞᆫ事가有ᄒᆞ더니內部大臣李址鎔氏가部中에嚴飭ᄒᆞ기를入直人員이各公文을接受ᄒᆞ야電報以外에ᄂᆞᆫ勿爲開坼ᄒᆞ라ᄒᆞ얏더니法部來文이各新聞에泄載ᄒᆞ얏스니文書課長及接受直員을宜乎免官이되更見來效ᄒᆞ야姑爲參恕ᄒᆞ니從今以後에又或漏泄ᄒᆞ면指摘免官에斷不容貸라ᄒᆞᆷ으로各局課에서別規則을作定ᄒᆞ야諸般事務를一層秘密ᄒᆞ고勿掛他眼케ᄒᆞᆫ다더라

●平民訴部　連山郡守朴芝陽氏가辭職解任之意로上京ᄒᆞᆫ後에該郡人民이多數上來ᄒᆞ야同氏의行政上八箇實蹟을擧ᄒᆞ야內部에請願ᄒᆞ고期於코該郡守와共히回程ᄒᆞ기로決心이더라

●待雇着手　度支部水道局과內部治道局에서事務官及技師技手等이逐日仕進ᄒᆞ되姑無着手之事務ᄒᆞ고日本雇聘技師等이渡來然後에야如何公事를着手ᄒᆞᆯ터이라더라

●吐瀉頻煩　近日各署內에吐瀉病이頻煩ᄒᆞ다더라

●白土輪運　農商工部에서宮內府照會를因ᄒᆞ야嘉禮時砂器所用白土를自楊口郡採納時定巡檢輸運ᄒᆞᆯ事로該郡에發訓ᄒᆞ얏다더라

●賣國手段　內部大臣李址鎔氏ᄂᆞᆫ近來에賣國ᄒᆞ던手段이去益奸猾ᄒᆞ야闕內에入ᄒᆞ면 陛下ᄭᅴ日人의暗謀를預先通知ᄒᆞᄂᆞᆫ듯ᄒᆞ며義兵과內應이有ᄒᆞᆫ다ᄒᆞ야 陛下ᄭᅴ義兵의忠悃을稱贊ᄒᆞ야 上奏ᄒᆞ고日本人을對ᄒᆞ면闕內動靜과意向을秘密히偵探ᄒᆞ야通報ᄒᆞᄂᆞᆫ듯ᄒᆞ야畢竟은 陛下ᄭᅴ셔도見欺ᄒᆞ심을洞燭ᄒᆞ시고日人의게도見疑ᄒᆞ야可謂進退維谷이라稱病ᄒᆞ고仕進도아니ᄒᆞ얏스며또其他運動이有ᄒᆞ야其寶實을詳舉ᄒᆞ면頗有滋味ᄒᆞᆫ지라從寬搁置ᄒᆞᆷ여니와諸般事에助紂爲虐ᄒᆞᄂᆞᆫ者ᄂᆞᆫ其至親李範[illegible]外數人이라ᄒᆞ더라

●校舍回祿　忠淸道觀察使尹喆圭氏가學部에報告ᄒᆞ기를永春郡弘明[illegible]會가合時間沒燒ᄒᆞ고冊子與各種什物이亦爲回祿이라ᄒᆞ얏더라

●請覓印章　海美郡書記明봉錫이가內部에請願ᄒᆞ되本郡郡守가被押於日兵ᄒᆞ야就囚於司令部인ᄃᆡ被押時에事在猝劇ᄒᆞ야印章을未及措處而帶持來因故로自觀察府로本郡郡理를差定ᄒᆞ야印章을推來次로在囚郡守의게所去照會를帶持上來이나司令部把守가嚴重ᄒᆞ야莫可路이오니自本部로交涉於該司令部ᄒᆞ야印章을覓給케ᄒᆞ라ᄒᆞ얏더라

●陞級議案　各府部院廳官人陞等議案을政府會議에已經ᄒᆞ얏ᄂᆞᆫ대政府와警務廳官吏을俸給에爲先頒布ᄒᆞ얏더니度支大臣이反對ᄒᆞ기를雖爲頒布나七月以前에ᄂᆞᆫ俸給預算이無ᄒᆞ니勿爲頒布ᄒᆞ고七月一日以後에ᄂᆞᆫ各官廳陞級ᄒᆞᆫ都案을頒布ᄒᆞᆷ이可ᄒᆞ다ᄒᆞᆷ으로政府에서姑爲留案ᄒᆞ얏다가七月一日부터次第頒布ᄒᆞᄂᆞᆫ데警務廳에서日前六月朔俸에陞級은一體合算ᄒᆞ야度支部에請求ᄒᆞ얏더니該部에서該請願書를繳還ᄒᆞ고言曰六月에陞급ᄒᆞᆯ면七月一日부터支撥ᄒᆞ고十一月에陞급ᄒᆞᆯ면一月一日부터支撥ᄒᆞᄂᆞᆫ것이自有定例라ᄒᆞᄂᆞᆫ지라警務顧問丸山氏가前往ᄒᆞ야財政顧問과交涉ᄒᆞ기를俸급勅令案에各官吏陞급은六月十二月兩次로頒布케ᄒᆞ얏고陞급俸을一月이나七月브터支撥ᄒᆞᆫ다ᄂᆞᆫ條件은明文이無ᄒᆞᆫ則[illegible]이라하ᄂᆞᆫ故로勢不得已하야印爲支撥하얏더니政府에서五監급俸을청議中이오各部官吏에陞급留案件도閔度大[illegible]納駁稱怨ᄒᆞ이다더라

廣告

本號新開專做男女各色洋服幷由上海運來各種細이毛물一切表詞局唱件件精金伏望貴士女迅卽來購爲幸

西小門內榮泰男女洋服商號

●刑法大全 一帙定價金 新貨六十錢

牧民心書一帙 一圜二十五錢

耳談續纂一冊 七錢五里

溫故知新堂雜鈔 七錢五里

父師必讀小學指南 七錢五里

人工養蠶鑑一冊 十五錢

萬國地誌三冊 一圜

農政新書 五十錢

法學通論 一圜

尺牘完編 一圜五十錢

大韓地誌 七十五錢

發賣所 布屛門下金相萬書舖 大韓每日申報社

銅路布廛發開豐局金李進士會來氏가本人의게傳授ᄒᆞ야仁港柾峴에移設ᄒᆞ고高明醫師朴準榮氏와同事ᄒᆞᄂᆞᆫ바繼嗣丹과水眼藥과珊瑚紫金膏와小兒癎氣에鎭癎散과瘰癧에軟硬散과梅瘡丹痔疾方秘傳膏酒良等神效藥品이多有ᄒᆞ오며貧寒의게ᄂᆞᆫ無價酬應도ᄒᆞ오니勿論某病ᄒᆞ고來問ᄒᆞ시옵

仁港柾峴 開豐局主人 송智仁 告白

●九轉靈砂라 本人이 多年精誠을 會神備하야 製造ᄒᆞᆫ 靈丹인ᄃᆡ 男女老少에 無論何症ᄒᆞ고 通治ᄒᆞ오며 無病時에도 服ᄒᆞ면 平生의 身體가 健康ᄒᆞ며 小兒ᄂᆞᆫ 胎毒을 一錢重만 服ᄒᆞ면 十歲안에 無病ᄒᆞ기를 擔保ᄒᆞ오며

●九轉靈砂萬病丹은 癆症과 中風 諸疾과 耳目諸病과 淋疾에 神効ᄒᆞ오

●九轉靈砂保命丹은 初生小兒 驚風 癎氣 咳嗽 腹痛 諸般惡과 婦人帶下症에 神効ᄒᆞ며

●九轉靈砂濟衆丹은 酒滯 食滯 血積 吐瀉 霍亂 痢疾 吐血 下血 運氣 時疾 疝症에 神効ᄒᆞ오

●九轉靈砂紫金丹은 痔漏 瘰癧 上疳瘡 下疳瘡及唐瘡과 諸般毒瘡惡種에 無不神効ᄒᆞ오니 僉君子ᄂᆞᆫ 來問ᄒᆞ시오

內醫司前돌다리골上隅第一家 李鎭廷 告白

一 鷹標純濃甜牛乳

一 ■印■甜濃味牛乳

一 ■家用氣化乳酪

一 ■ㅣ맛■製造■■■

台牛■

大韓仁川港

洋行

以上三種은上品으로製造ᄒᆞ야衛生上에至極有益ᄒᆞ니附 論某人ᄒᆞ고本社에來ᄒᆞ옵

大韓帝國仁川港

■物■■■■■及■■■會社

本社廣告

中■■

一張代金 新貨二錢五里

一個月前金 三十錢

三個月 九十錢

六個月 一元七十錢

一個年 三元四十錢

■稅一部 新貨五里

一個月 十三錢

廣告料

四號活字十三字■

每日每行尺一寸에新貨■■■

(每日每行에六個에■■■)

二個日에 ■■■■

(每日每行■■■■에■■■)

一個月에 ■■■

(每日每行■■一■■■■)

其期限의長短과字行의多少를依ᄒᆞ야增減홈이有홈

◉本社地方各處支店廣告

仁川柾峴開新册肆 李敬■

平壤南山峴日新學校 金興■

■■ 崔■■

宣川邑橋西 安■

義州南門外韓西大藥房張有■

長連邑 金■

鎭南浦築洞 金仁■

咸興州南社 ■■■

中和邑 李俊■

釜山佐川徐藥房 金■■

開城北部梨井里祥洞居培養■

校副校長 姜助■

大丘郡 達城廣文社

發行兼編輯人 英國人 ■■■

發行所 京城北署■■坊■■■外■■■■

大韓每日申報社

第四卷

大韓每日申報

대한매일신보

第二百六十一號

月曜及慶節
歲時日休刊

檀君開國四千二百三十九年
箕子元年三千二十八年
大韓開國五百十五年
日本明治三十九年
淸國光緖三十二年
◉陰曆丙午五月小十三日己酉

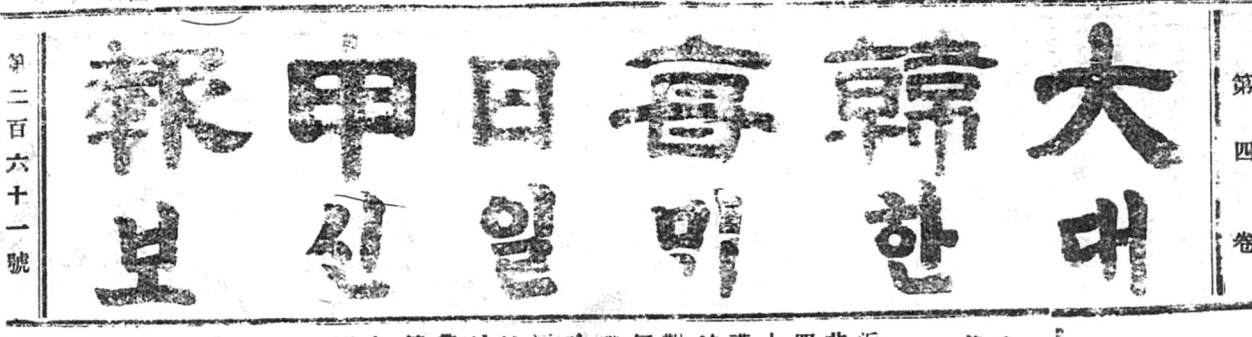

論說

韓國敎育

近日韓國에學校之振興이되至非常之癖ᄒᆞ야創設校塾이均及四方이요財産或作業이有ᄒᆞᆫ人士ᄂᆞᆫ各種敎育設備ᄅᆞᆯ未有不愛護者라如此熱心이有時衰落ᄒᆞ야多少學校가因學員或經費之艱乏하야或恐有中途之廢로되何如ᄒᆞᆫ지今此振興之策은確乎鞏固ᄒᆞ니此ᄂᆞᆫ韓國에開明人士가完竟ᄒᆞ되雖普通敎育이라도遍及於國內ᄒᆞ기以前에ᄂᆞᆫ現今被壓國勢에서一次更振이無望이라ᄒᆞᆷ이니由是觀之컨ᄃᆡ今此興學이必有好果ᄒᆞ야韓國之次第幸運을可望이로다

向日에本社代表人이新門外養閨義塾開校日에往參ᄒᆞ앗스나學課ᄂᆞᆫ各國內敎科의各種이具備ᄒᆞ며其組織은鞏固ᄒᆞ야創設人은有力者요敎師ᄂᆞᆫ似有才能이러라此外에嚴貴妃가愛顧ᄒᆞᄂᆞᆫ貴族女學校가亦有ᄒᆞ나不善就課之說이傳來ᄒᆞ며날養閨義塾에ᄂᆞᆫ出席學員이既至三十人이로라

女學校成立의最難處ᄂᆞᆫ國民의守舊心이니沈於習俗ᄒᆞ야守其女子於閨內ᄒᆞ야使不得出外라今此設校人의後慮도最關此會이어니와韓國人民의尙今蒙昧ᄒᆞᆫ거시是也니人生六七歲에母兮敎導가何如緊重ᄒᆞ고有識夫人이養育其子ᄒᆞ면其兒入校之日에些少前習之效가不無ᄒᆞᆯ거시오雖未至於此라도無識夫人의野陋愚導ᄂᆞᆫ脫棄ᄒᆞ앗스리로다

是以로本記者ᄂᆞᆫ各種興學의必有好果ᄅᆞᆯ希望ᄒᆞ거니와若使本人으로試一言勸告ᄒᆞ면將如是陳論ᄒᆞᆯ지니韓人文學의業尙ᄋᆞᆯ幾許制遏ᄒᆞᆯ거시라古昔列强不通之時에ᄂᆞᆫ淸韓兩國의文翰技藝及學術이未有不及於異邦이로되至于今日ᄒᆞ야ᄂᆞᆫ世內列國이所有文學及進步의最善点을學相交易일식韓國이遠居其後라由是言之컨ᄃᆡ各學校主務人의所向이維何오使其학員으로與敎師分立ᄒᆞ야漢字之多數入腦ᄅᆞᆯ不願ᄒᆞ고惟其所학이大功利上에或有不足일가念玆在玆ᄒᆞᆯ지어다

以韓國人으로ᄂᆞᆫ韓國文字ᄅᆞᆯ讀習ᄒᆞᆷ이非不忠愛目的이로되無論每事ᄒᆞ고現存ᄒᆞᆫ만繼討ᄒᆞᆷ은實非忠愛라倫敦財務家의日夜注意가宇內財政上動作을傾聽ᄒᆞᄂᆞ니如此히韓國의進은歐美國民의進步ᄅᆞᆯ模倣競爭ᄒᆞᆯ지여

다

官報

●三千四百九十五號 光武十年七月三日

◉宮廷錄事

詔曰命從二品閔衡植爲學部協辦正三品俞星濬爲內部警務局長

光武十年六月二十九日

議政府參政大臣 朴齊純

詔曰命正二品朴鏞和爲黃海觀察使

光武十年六月三十日

議政府參政大臣 朴齊純

帝室會計審查局長朴鏞和辭職疏批旨省疏具悉所請依施

六月二十九日

◉敍任及辭令

陞從二品 正二品 朴盃설
陞正二品 六品 俞台濬
陞正三品 仝 李哲榮
陞正三品 仝 金斗鉉
陞正三品 仝 權重鎰
陞正三品 仝 文南植

以上五月十四日

沃溝監理署主事 李鍾寅
義州監理署主事 李閏珪
龍州監理署主事 高殷相
義州監理署主事 李明善
平壤監理署主事 申龜永
陞七급俸
陞六급俸
昌原監理署主事 金瑞圭
陞三급俸
德源監理署主事 洪淳復

以上六月一日

陞七급俸
表勳院技手 沈弘求

六月九日

任學部協辦叙勅任官二等
從二品 閔衡植
任內部警務局長叙勅任官三等
正三品 俞星濬
文化郡守 徐丙壽
吉州郡守 金膺模
任實郡守 丕奎夏
內部警務局長 俞星濬
依願免本官

任鐵原郡守叙奏任官三等務安郡守趙晉奎○任務安郡守叙奏任官二等從二品李峻奎○任豐基郡守叙奏任官四等鴻山郡守閔派설○任鴻山郡守叙奏任官四等盈德郡守李內璣○任[illegible]郡守叙奏任官二等 內部參書官禹用鼎○任靑陽郡守叙奏任官四等六品閔泳恪○任文化郡守叙奏任官四等六品金會[illegible]○任任實郡守叙奏任官四等六品權周相○任海美郡守叙奏任官四等六品李洵珪○任安峽郡守叙奏任官四等六品李周[illegible]○內部參書官嚴錫祚 內部參書官吳[illegible]在官 陞叙奏任官三等○陞叙奏任官二等 內部技師沈官碩 學部參書官閔健植 外部參書官[illegible]校敎官金澤奎○陞叙奏任官二等○陞叙奏任官二等 表勳院技師金禹植○陞叙奏任官二等 度支部參書官具羲書 度支部參書官朱相翊 度支部技師俞鎭浩 議政府參書官金重연 陞叙奏任官三等○陞叙奏任官二等 議政府參書官李容[illegible]任內部參書官叙奏任官四等

內部主事金之應○任法部參書官叙奏任官四等 同福郡守金宅鎭○任內部治道局事務官叙奏任官四等 六品洪在羲○任內部參書官叙奏任官四等 法官養成所敎官石鎭衡

以上六月二十九日

外報

◉大軍準備 북京電을據ᄒᆞᆫ則淸國各省總督이滿洲에派人ᄒᆞ야日俄行動을審査케ᄒᆞ앗더이該派員들이俄國에서大軍準備ᄒᆞᆷ을報ᄒᆞ얏다더라

◉戰備報告 近者에西伯利亞의셔歸來ᄒᆞᆫ一法國人의報告ᄅᆞᆯ據ᄒᆞᆫ則俄兵이滿洲의셔漸次撤退ᄒᆞᄂᆞ니其代의新部隊가陸續히極東으로發行ᄒᆞᄂᆞᆫᄃᆡ合爾賓及ᄒᆞ바로亨수子의守備兵이漸次增加되고特히하바로亨슈子ᄂᆞᆫ一小市에不過ᄒᆞᄂᆞ將來極東의셔俄軍에總本營될形勢가有ᄒᆞ야多數銃砲ᄅᆞᆯ輸送ᄒᆞ야守備兵이三萬에達ᄒᆞ고海參威도近時에砲數ᄅᆞᆯ增加ᄒᆞ야更一層整備ᄒᆞ고又一面으로ᄂᆞᆫ到處에國境守備兵을顯著히增加ᄒᆞ앗다ᄒᆞ더라

◉德帝會見 伯林電을據ᄒᆞᆫ則德國皇帝씌셔夏期中에自國內에셔英帝와會見ᄒᆞᆯ거시오又波羅的德國領海에셔俄帝와會見ᄒᆞᆫ다더라

◉復讎公言 倫敦電을據ᄒᆞᆫ則俄都來電에曰西伯利亞第一軍團司令官레닌간푸將軍은不久에日本과復讎戰爭을行ᄒᆞᆯ깃다고公言이有ᄒᆞ얏더라

雜報

●趙畬鉉氏의致日本政府書에說有以證之甲申竹添進一郞之亂劫遷我皇上殺戮我宰相其棄信背義之罪一也甲午大鳥圭介之亂奔掠我宮闕　取我財物毁棄我典章文物名稱獨立我國而與民攙奪權利之甚實肇於此其棄信背義之罪二也乙未三浦梧樓之變弑我　明后爲千萬古所無之逆而專務掩覆遁逃之賊曾不一介縛送其大逆無道若直기信背義而已罪三也

林權助及長谷川好道之來駐我國也其脅迫刼奪之事指不勝摟而擧其最大者則各處鐵路之敷設京義鐵路則初不知照於政府實以至漁採蔘圃之利礦山航海之權凡一國財源所出之大者皆然還奪去其棄信背義之罪四也

稱以軍事上的强占土地侵虐人民網羅毁宅者不知其數稱以勸告政府則持我人歸附悖雜之類强請授官賄賂公行醜聲狼藉其棄信背義之罪五也鐵道也地段也軍律也在用兵時則或可藉托軍用而施之矣今用兵已休而鐵道焉不思還付地段猶依舊占奪軍律爲依舊施用其기信背義之罪六也

誘我賊子維銘勒約議定書使我國權陵替而其中如大韓獨立及領土保全云者則置而不論其기信背義之罪七也措紳章甫之前後陳疏者皆自告吾　君自忠吾國者而輒加捕縛拘留經久至於危殺之而不釋是欲鉗制忠口抑遏公論惟恐我國勢之　振其기信背義之罪八也

誘我悖亂如盜賊東학之類名曰一進會以爲之창鬼又敎爲宣言書藉民稱之曰民論其爲國民議務如保安會儲約所者則稱以治安妨害而百方沮戱捕縛拘執其기背信義之罪九也勒募役夫牛鞭而家驪之少不愜意輒殺之若刈草管又嗾集蠱民潛賣於墨西哥使我民父子兄弟含寃抱讎而不得歸受虐至死而不得還其기信背義之罪十也

勒奪管郵兩司自握通信之機關其기信背義之罪十一也勒置顧問官於各部臥食厚俸而專爲亡我殘我之事如軍警之減額財賦之全攬最其尤者其기信背義之罪十二也勒使借款一之再之名爲財政整理而實皆之色僞輕[illegible]無異者只倍其錢數而已[illegible]自取厚而枯竭一國之財又以[illegible]能適行之紙片强名之曰元位[illegible]貨又虛名借款而預取厚息虛名[illegible]坊而預食厚俸務欲吸我精血徒餘朽骨其기信背義之罪十三也昨年十月二十一日之夜博文權助好道等率兵入宮環圍內外勒搆條約威脅政府自呼可否奪印擅調移我外交置其統監使我自主獨立之權一朝失去而猶諱其威脅之說欲塗萬國之耳目其기信背義之罪十四也

始則只言外交之監督而終則專管一國之政事所屬之官至於許多而使我操手不得動輒恐喝其기信背義之罪十五也近又作爲移民條例勒迫請認則乃欲行其易人種之毒謀而驅使我民離有子遣其기信비義天地所不容之極惡大罪又十六也　未完

●幾人被押　再昨夜宮庭에日本行動은別項揭載하얏거니와當夜宮내에서내관與宮女幾人을押去하얏다는說이有하더라

●大官奔忙　參政大臣朴齊純氏와민丙奭李宮大監趙[illegible]錫氏는昨日上午四時頃에召命을奉承入궐하얏다가即時退궐하야伊藤통監官邸로向往하야或交涉行色이大段奔忙하더라

●兩察遞出　黃海觀察使朴鏞和氏와平北觀察李[illegible]潤氏는自來로加藤顧問을반抗하야宮내入侍를同一去就하더니加藤氏를解願하기로決定하얏스나李朴兩氏가機關을並失하는故로觀察로遞出하얏다더라

●普校運動　西署孔德里普通학校에서夏期運動會를七月一日로定하얏더니雨氣로由하야二日에行式하얏는데其開會禮式과運動節次가頗되盛壯하얏이一학徒等이誓約勇氣三寶로諸家勢石을成就하깃고又入場人九六十名에子婿弟姪이有한者는急速히入학하켜如此開明한教育을受케하깃다고稱頌이滿場하더라

●咸南賊患　咸南觀察使가內部로報告하기를道내各郡에賊警頻行하야刼奪錢財에至有殺害人命이오니世變到此에良覺寒心인바咸興郡에는賊黨六七名이突入郡廳하야公貨二千兩을奪去하고下州[illegible]社權辰植家에突入하야數千兩價値什物을奪去하고西退潮社草古[illegible]嶺에서賊黨數十名이執留行旅四十餘名하야結縛亂打에物件錢財를沒數奪去라하며文川郡報에는該郡都社聚時里五希權家와德洞里韓正明家에賊黨數十名이突入하야錢什物을沒數奪取하고男女를毒打하야危至死境이라하며永興郡[illegible]賊黨이突入安佛寺하야主掌僧과[illegible]을打殺하고位祝[illegible]費與寺財를沒數奪去하며定平郡報에는廣德社金良浩[illegible]明煥與召史家에賊黨突入하야衣服與錢지를奪去하고[illegible]明火突入하야寺내什物을沒數奪去라하며洪原郡에는咸關[illegible]幕에賊黨이各持六穴砲하고突入各廠하야攄[illegible]貨物하야數爻不些라하얏더라

●一賊再捉　慶尙北道警務署에서賊한辛周善者를捉得取招則其所[illegible]賊을[illegible]既輸服而已於乙巳二月以盜罪被捉이라가昨二十에放送이되얏던情節을一一納供한지라法部에셔該道로[illegible]에게[illegible]訓하야其時放送之由를査覈報來라하얏다더라

●領事陛見停止　外部가宛在하고公使가駐在한時에는各領事가請陛見하더니外交를統監이主管한以後에는領事가종監府를經由하야帶同陛見하더니이라新式外交가反爲猖披인지各領事의陛見은永廢하얏다더라

●秘密詗捕　警務使朴承祖氏는再昨夜에丸山顧問以下諸人과同爲入궐하야昨日下午一時頃서지出來치아니하얏는데宮中에秘密詗探할事가有한듯하다고하더라

●義王入對　義親王殿下씌서는宮내急遽[illegible]氏를帶同하고闕내에間日入對하다더라

●大官入闕　再昨日伊藤侯를召接하신後李[illegible]相이召命을奉承하고詣궐하야經夜가되얏다하며參政以下가並入궐하야日明後에退歸하얏다더라

●日隊習放　昨日上午三時부터日本軍隊射擊을東門外訓鍊院과龍山東北方一千米突되는高地로定하고射擊을開始하얏는데限三日을繼續習放한다더라

●丞相承諭　議政大臣丞秉鎬氏는辭職疏를奉呈하얏더니優渥하신敎諭를下하옵셧더라

●肅淸宮禁　伊藤侯가上奏하고宮禁肅淸을統監이擔着한다하고[illegible]五軒門前에서巡査가派守하얏다더라

●陛見有容　再昨日下午四時에皇上陛下씌옵셔伊藤統監을召接하옵셔政務上에下詢하신事가有하시다는데漏聞을據한즉政府組織에關한事項이라더라

●宮大行公　宮內大臣李載克氏가昨日븟터行公하는故로李[illegible]氏署理는解任하얏다더라

●李氏參政說　昨日에始播하는風說을據한즉李允用氏兄弟以外各大臣은並遞한다는데李允用氏가參政大臣을被任한다는說이藉藉하더라

●顧問廢止　統監府에各部一課式設始하야一般政府가具備한지라各部事務를各該部와[illegible]接한더인즉各部顧問官은廢止하기로統監府에서니定하얏다더라

●承侍伺往　再昨日伊藤侯가上奏하기를宮禁을不得肅淸하야[illegible]金昇[illegible]文驛[illegible]도낭出入에國事를僨誤하니其誤薦及同謀挾雜者를不得不拘拿라하며奉侍姜錫鎬氏를拿懲하라하는故로法部로姜奉侍를拘拿詔勒을特下하시는데姜氏는不知去處하더라

倫敦電報

●海蔘威影響　七月二日午后一時半發

海蔘威에는本國擾亂의餘波를受하야七月一日頃에는騷亂이有하더라고傳함이警戒嚴重하야留置艦隊逐艦數隻은黑龍江에碇迫하얏고尙且二三日前븟터는果然[illegible]動的激文을盛히配布하는者有하더라

●反亂繼續　仝上

露國에서는四箇聯隊가更히反亂하야警察官等은웨소에서逃走하얏고軍隊는警察官의任務에替當하기를拒絶하얏더라

伯林電報

●露國內閣組織　仝上

露國政府는黨內閣의組織은有望하며가뎃트黨이組織된다더라

雜報

●東京基督青年會演說

六月二十四日午后六時에日本東京基督青年會에서韓國留學生歡迎會를開ㅎ고有名之士들이演說ㅎ얏ᄂᆞᆫ디學生二百五十名假量會集ㅎ지라

同日에日本青年會幹事山本邦之助氏가司會ㅎ고開會趣旨를說明ㅎᄂᆞᆫ되其槪意ᄂᆞᆫ日本人이韓國人을對ㅎ야同情을表ㅎ고交誼를厚히ᄒᆞᆯ目的으로此後ᄂᆞᆫ頻頻히會集ㅎ며或語학에不便과宿所不宜ㅎ境遇가有ㅎ야도相通相知ㅎᄂᆞᆫ機關이有ㅎ기를希望ㅎ다ㅎ고

韓國京城基督青年會幹事美國人지렛드氏가演說ㅎ얏ᄂᆞᆫ디其大意ᄂᆞᆫ動物中貴重ㅎ人生이되고自己國과自己同胞를愛치안을수無ㅎ고ᄯᅩㅎ耶蘇의旨를效ㅎ야世界人類를愛交치안을수無라ㅎ고日本米醫院江原業六氏가韓日關係가自古親切분더러自今으로尤爲親切ㅎ니國際間敦睦ㅎ분아니라個人間에關情을더욱表ㅎ야交誼를親히ㅎ고又ㅎ文明의進就ㅎ기를勉力ㅎ라ᄂᆞᆫ뜻으로런說ㅎ고

哲學博士高木正義氏가韓國학生이高尙ㅎ思想을抱ㅎ고高等의學識을得ㅎ야進步의奮發ㅎ기를希望ㅎ다ᄂᆞᆫ意로런說ㅎ고

朝鮮基督敎會監督美國人ㅎ리스氏가韓國現今事勢를說明ㅎ야一般학生들의心을奮發興起케ㅎ얏ᄂᆞᆫ디其演意ᄂᆞᆫ如左ㅎ니今日韓國은前日韓國보다一新國을成ㅎ지라韓國人民들이皆是腦頭와身體와精神이조흔中에方今에ᄂᆞᆫ特別各各心中에新梓을一介式抱ㅎ고爲國ㅎᄂᆞᆫ熱心과敎育ㅎᄂᆞᆫ誠意가將現ㅎ얏스니韓國將就之望은期必ㅎ지라我一今番貴國을觀察ㅎ얏ᄂᆞᆫ디平壤에一介敎會로만言ㅎ더라도中學實業夜學校等二箇所를設立ㅎ고敎育을熱心으로ㅎ며人人이爭出義捐金ㅎ야額數가二千餘圜에達ㅎ얏스며且四月에小學校와中학校連合大運動會를ㅎ얏ᄂᆞᆫ디其時에學徒가二千餘名이오傍觀者가一萬五千名이남으며大小官人덜도參席ㅎ얏ᄂᆞᆫ디數十가지조미잇ᄂᆞᆫ運動을ㅎ얏스며觀光者의氣象ᄭᆞ지도皆是熱心이現著ㅎ얏더이다以此觀之라도韓國은敎育이急히될證거오此後ᄂᆞᆫ漸漸實業學校와醫學校等이許多히設施되고敎師가數千名에라도不足ㅎ게될거시니今日青年이貧賤困苦를不拘하고此二十世紀에奮鬪競爭하면不能ᄒᆞᆯ事가全無하리다三十餘年前日本이今日韓國으로小無差異언마ᄂᆞᆫ至今名威가世界에盖ㅎ이他故업시奮發心을나에서出ㅎ지라韓國에發達與否가青年諸君의奮發心有無에在ㅎ지라然이ᄂᆞ奮發ㅎᄂᆞᆫ心을培養ㅎ라면善ㅎ要緊ㅎ道가잇스니此ᄂᆞᆫ耶蘇의道를信ㅎ고生命과權能잇ᄂᆞᆫ上帝를敬ㅎ며耶蘇의愛人ㅎ法을體받아熱心으로進步ㅎᄂᆞᆫ거시라이ᄒᆞᆷ으로써日本으로富ㅎ야歐美各國의新鮮ㅎ學文과良美ㅎ實地ᄭᆞ지다取ㅎ야다가韓國의昇平을享케ㅎ고今日强國으로比肩케ᄒᆞᆷ을希望ㅎ다ㅎ니一時喝采ㅎ며各學生의계茶果를進ㅎ고九時半에閉會ㅎ얏다더라

●早朝仕部　昨日은宮니府各大小官吏가早朝仕府ㅎ얏다더라

●商校施賞　南門內光成商業學校에서日昨夏期試驗後에放학ㅎ얏ᄂᆞᆫ디問題ᄂᆞᆫ理化학과染色術과日語와算학으로試取ㅎ고賞品은本校에서ᄂᆞᆫ紙筆等屬이오敎師更田信彌氏ᄂᆞᆫ染色雜誌와時計綬와紀念等屬으로施賞ㅎ얏ᄂᆞᆫ디甲級優等金연弼婁在衡裴麟煥乙級優等廬承甲沈浩燮洪在昌丙級優等王天民玄龍澤牟雲集諸氏인디開학日字ᄂᆞᆫ九月一日노定ㅎ얏다더라

●殷校請認　殷栗郡守鄭元讓氏가敎育一事로時務의第一을合야該郡有志士洪性佾鄭楠洙性燮三氏로더부러周行閭里에勸諭人民ㅎ야資金을鳩聚ㅎ야小학校를設立次로平務員鄭남氏를發送ㅎ야학部에認許를請願ㅎ얏다더라

●開倅善政　開寧郡李熙宅氏가莅郡兩載에民皆安堵ㅎ야頌聲이溢境ㅎ고今에ᄯᅩㅎ敎育에熱心ㅎ야創設학校而募集青年子弟ㅎ고每日午前則躬進학校에面面勸학ㅎ고午後則躬行阡陌에一一勸農ㅎ야諭以不違之務ㅎ니境內人民이感服其勸諭之實心ㅎ야학者勤ㅎ고農者勤ㅎ야實業과敎育에倂趨發達ㅎ期望이有ㅎ다더라

●崔氏設校　江原道歙谷鶴浦居前郡守崔勸杜氏가四百元銅貨를捐出하야普通學校를私立하고日本人岩宮榮氏를聘傭하야自尋常小學으로至於師範히三等을分하야敎授케하고外國語學一課를添設하야實心으로勸勉ᄒᆞᆫ다더라

●免官說明　去月曜日에陸軍幼年學校敎官으로近日에免官ㅎ金相淳氏가請願書를持ㅎ고協辦에게說明ㅎ고逐次로各官房에說明ㅎ얏ᄂᆞᆫ디其內容은日前에自軍部로幼年학校에指揮ㅎ야各敎官을試取ㅎ라ㅎ얏ᄂᆞᆫ디該校에서ᄂᆞᆫ同氏에게指揮도不爲ㅎ고同氏가不來應試ㅎ얏다고上府에報告ㅎ結果로免官을當ᄒᆞᆷ이디當日同氏의說明이到底히憤惋激切ㅎ얏다더라

●會長自退　開進敎育會長趙秉式氏ᄂᆞᆫ年老氣衰ㅎ야難爲視務기로自退ㅎ얏다더라

●監署病熾　監獄署에서自正月以後로傳染病이大熾ㅎ야巡檢과押牢三四名이致斃ㅎ얏고至于今漸漸熾盛ㅎᄂᆞᆫ디官吏들이衛生의普濟盡力ㅎ야蘇生者百餘人이오已爲致斃者六十餘人이오當今罹病者二十餘人되當此災熱ㅎ야人命致死가不少ㅎ리라더라

●大巫動靜　宮내에別有寵ㅎ든大巫壽連은捕綱이甚密ᄒᆞᆷ의中心畏恸ㅎ야貞洞某兩夫人으로結誼兄弟ㅎ고該家에隱在ㅎ다가或有階梯ㅎ면궐내出入ᄒᆞᆫ다더라

●手形組合支所設置

漢城手形組合은本年一月開業以來로점次業務를擴張하고目下組合員이七十餘名인디京城으로부터有力ᄒᆞᆫ商人은大略網羅ᄒᆞᆫ狀況이나今般組合規約을改正하고ᄯᅩ一層業務의發展을謀하며又五江니에同組合支所를設置하고同地方組合員의便宜를謀하기로計畵인디政府가먼저同組合에交附ᄒᆞᆫ基金二十萬圓에更히十萬圓의增額을得하기로請願書를度支部에提出하얏다더라

本社廣告

申報價
一張代金 新貨二錢五里
一箇月前納 三十錢
三箇月 九十錢
六箇月 一元七十錢
一箇年 三元四十錢
郵稅一等 每張五里
一箇月 十三錢

廣告料
四號活字十三字詰每日每行尺一寸에新貨計五錢
(每日每行에大韓에日當五錢)
三週日에 二圜五十錢
(每日每行圜錢五里에相當)
一箇月에 三圜
(每日每行圜錢一里에相當)
其期限의長短과字行의多少를依ᄒᆞ야增減홈이有홈

◉本社地方各處支店廣告
仁川杻峴開新冊肆 李東垣
平壤南山峴日新學校 金興潤
崔觀恒
宣川邑橋西 安濬
義州南門外韓西大藥房張有䂓
長連邑 金
鏡南浦築洞 金仁濟
咸興州南社 曹喜林
中和邑 李俊澤
釜山佐川徐藥房 金滙
開城北部梨井里祥洞居培翰학校副校長 姜助遠
大丘郡 達城廣文社

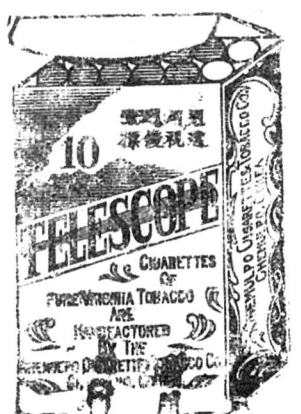

發行兼編輯人 英國人裴說
發行所
京城北署壽進坊樹洞外地圖
大韓每日申報社

第四卷
大韓每日申報
대한매일신보
第二百六十二號

月曜及慶節
臨時休刊

檀君開國四千二百三十九年
孔子誕降二千四百五十八年
大韓開國五百十五年
日本明治三十九年
淸國光緖三十二年
◉陰曆丙午五月小十四日庚戌

論說

●闕內狀況의今聞

去月曜夜闕內狀況의對ᄒᆞ야可信ᄒᆞᆫ報道ᄅᆞᆯ據ᄒᆞᆫ則伊藤侯의陛見要請은宮禁肅淸을實施ᄒᆞ되

(一)皇宮警務以外에韓國警察을ᄒᆞ야宮闕外門에團束을ᄒᆞᆯ事

(二)宮禁內에團束ᄒᆞᆯ關ᄒᆞ야委員을撰定ᄒᆞ야適當ᄒᆞᆫ方法을講ᄒᆞᆯ事라ᄒᆞ며

또日兵巡을闕門內外에排置ᄒᆞ기로 韓皇陛下의認許ᄅᆞᆯ强請ᄒᆞ되 韓皇陛下ᄭᅴ셔日兵巡排置事ᄂᆞᆫ堅執不許ᄒᆞ셧다ᄒᆞ며且伊藤侯가義兵과金升旻의事件으로 韓皇陛下ᄭᅴ對ᄒᆞ야强迫直히質問이有ᄒᆞ얏다ᄒᆞ며同侯退出後에日兵巡이攔入闕內ᄒᆞ야各門을把守ᄒᆞ고內侍及掖庭所屬의出入을一並禁止ᄒᆞ고奉侍中幾人을搜索ᄒᆞ야連日夜戒嚴中의在宮으로 皇太子殿下嘉禮揀擇禮式을不得擧行이라ᄒᆞ니噫라今日에又見日兵之入闕矣라過去之行動은今不容更提이고至若今日事ᄒᆞ야ᄂᆞᆫ不過是宮禁肅淸을稱ᄒᆞ고 皇闕內外에兵巡을排置ᄒᆞ야이威權을直行ᄒᆞ니此何不美之擧動고

夫肅淸宮禁이固是當行的事爲ᄂᆞᆫ該宮內府에有大臣焉ᄒᆞ며有顧問焉ᄒᆞ니宮禁之事ᄂᆞᆫ一則大臣之責이오一則顧問之任이라且雖類擧之處置ᄂᆞᆫ不過一法官의足矣어ᄂᆞᆯ乃因此而輒用兵威ᄒᆞ니豈不異哉아

同侯가恒常 韓皇陛下의知遇ᄅᆞᆯ深得ᄒᆞ얏노라ᄒᆞ며皇室尊嚴을維持ᄒᆞ리라ᄒᆞ더니今此行動이果然知遇ᄅᆞᆯ報答ᄒᆞ고尊嚴을維持ᄒᆞᄂᆞᆫ方針인가以義兵之騷擾로言之ᄒᆞ면當初韓人이何嘗有排斥日本之主意哉아但日本의在韓行動이有甚於俄人之施于波蘭者故로져耰棘矜이紛然而起ᄒᆞ야不計强弱ᄒᆞ고誓以一死決心者라若使日人으로善待韓人ᄒᆞ야施其忠告之實이면韓國二千萬民이擧皆親愛日人을無異兄弟矣라今乃不顧其自家暴虐之實ᄒᆞ고反咎韓人之不肯服從ᄒᆞ니不亦謬乎아吾儕ᄂᆞᆫ恒常日人의對韓政策이或其前日에誤謬ᄒᆞᆫ方針을變改ᄒᆞ야兩國友誼ᄅᆞᆯ圖ᄒᆞ기로尙有餘望이러니今其不美之行動이愈往愈甚ᄒᆞ니勝可寒心哉아

伊藤侯ᄂᆞᆫ是東洋의著名政治家이라天下之智多矣오踏天下之事業矣라試以一言勸告ᄒᆞ노니古今天下에豈有專肆威力而能服衆心者乎아彼聖士奴民嗷ᄂᆞᆫ原是法國殖民地오人口가不過三萬이로되 法皇拿坡侖第一이掀動歐洲全局之日에該島中三萬人民이誓不屈服於奴隷之役ᄒᆞ야終能抗法而自立ᄒᆞ얏스되今韓之於日에原是同等國이오人口가殆至二千萬이라日本이欲以强力으로壓服此大韓人民則必見其失敗矣라ᄒᆞ노라

官報

●號外 光武十年七月三日

◉宮廷錄事

詔曰懿孝殿望祭遣大臣攝行

七月三日

議政府議政大臣丕榮錫辭職疏

批旨省疏具悉卿懇朕之注意者既有年矣而卿之膺命者方幾日也遽見此巽章之來야然失圖不知所云日昨筵席條陳實得肯綮而覽之庶乎卿彌綸贊襄補朕不逮欣歎切中於時宜實諸座右朝夕遠明張弛綱維措作委所待於卿者如此其深且厚焉而乃欲便爾浩然豈言之非艱而行之惟艱見其志而已歟若爾無可爲之勢則殆未之熟思轉回否果無是理歟朕甚悵焉卿其勿復言去益思篤棐亟究弘濟之策還秘書郞傳諭 七月二日

宮內府大臣臨時署理禮式院禮式卿李容泰辭職疏

批旨省疏具悉所辭兼務何可遽解署理之任依施事遣府郞宣諭

七月三日

●三千四百九十六號 光武十年七月四日

◉宮廷錄事

詔曰命奎章閣學士李容泰爲禮式院禮式卿宮內府特進官趙秉式爲奎章閣學士從二品南奎熙爲宮內府特進官

詔曰命黃海道觀察使高永喜爲帝室會計審查局長

以上六月廿九日

詔曰命慶尙北道觀察使申泰休爲平安南道觀察使禮式院禮式卿李根湘爲慶尙北道觀察使

光武十年六月廿九日

議政府參政大臣朴齊純奉常寺提調徐相大辭職疏

批旨省疏具悉卿其勿辭行公

六月三十日

◉敍任及辭令

陞從二品 正三品閔泳琓

陞正三品 六品元用奎

陞正三品 六品李喬宰

以上五月十四日

外國語學校副敎官尹泰憲 仝金佑行 仝金鎭寬 仝安于商 仝金相喆 仝吳圭信 仝柳光烈 陞四級俸

外國語학校副敎官崔在翊 仝鄭一範 仝安鳴瀅 陞五級俸

外國語學校敎官玄櫶 成均館直學李能宰 仝朴遇陽 陞六級俸 以上六月廿六日

慶基殿參奉鄭在龍 翼陵參奉宋完燮 懿陵參奉林之相 弘陵參奉李寶榮 泰陵參奉李載光 依願免本官

任慶基殿參奉 敍判任官八等 鄭益永○任翼陵參奉 敍判任官八等 宋完燮○懿陵參奉敍判任官八等 丁奎■○弘陵參奉敍判任官八等 徐廷勳○泰陵參奉敍判任官八等 朴毅陽

以上六月廿八日

外報

●錢貨仍用 北京電을據ᄒᆞᆫ則淸廷에서南洋大臣이金貨本位採用로電奏ᄒᆞᆫ事에對ᄒᆞ야會議中이더니目下金貨缺乏之의理由로써銀貨本位를繼續ᄒᆞ기로決定ᄒᆞ얏다더라

●海軍학校의設置 同電을據ᄒᆞᆫ則淸國政府에서國難에備ᄒᆞ기爲ᄒᆞ야國民의義捐金을募集ᄒᆞ얏ᄂᆞᆫᄃᆡ袁世凱氏가其中幾許를支出ᄒᆞ야海軍학校設置ᄒᆞᆷ을奏請ᄒᆞᆫ故로政府에서其事의可否를張之洞周馥總督의게咨詢ᄒᆞ얏다더라

●滿洲開放 同地에獨米兩國의支那協會와英國支那協會에서滿洲開放에關ᄒᆞ야權利均一主義를日本으로ᄒᆞ야곰支那政府에勸告ᄒᆞᆯ事로其公使의게請求ᄒᆞ얏다더라

●米國의劇震 무ㅣ예ㅣ電報에日英兩國의新에셔劇震이有ᄒᆞ야家屋이破壞ᄒᆞ고住民이狼狽ᄒᆞᆷ을被ᄒᆞᆫ지라유온시ㅣ유포도가지夲의及其近村落에서ᄂᆞᆫ烟突이四方으로倒傾ᄒᆞᆷ으로多數히被傷ᄒᆞᆫ者가有ᄒᆞ고財産上에損害도亦多ᄒᆞ다더라

雜報

●綠竹自生 昨日에閔忠正公家人이來于本社ᄒᆞ야說宅에綠竹自生之實을報道ᄒᆞ되諡忠正公生時에恒置衣几ᄒᆞ든房突下에綠竹이忽生ᄒᆞ야挺然直上ᄒᆞᆫ지라昔에鄭圃隱授命之地에善竹이自生ᄒᆞᆫ故命其橋曰善竹橋라ᄒᆞ더니今閔忠正家中에綠竹이又生ᄒᆞ니蓋此兩公의貞忠大節이百世一揆故로此竹之生이亦同一其種이라嗚呼其奇哉로다

●姜李剛捕의詔勅 法部에셔議政府照會를因ᄒᆞ야平理院으로訓令ᄒᆞ기를本月三日에詔曰參領李鍾和誤薦人才致損國體術儲姜錫鎬從中周旋頗多爽實究厥罪狀에俱極痛駭라並爲先免本官ᄒᆞ고令法部拘拿懲辦ᄒᆞ라ᄒᆞ신바到卽該李鍾和姜錫鎬等을剋期詗捕ᄒᆞ야懲辦報來ᄒᆞ라ᄒᆞ얏더라

●義王往還 再昨日下午三時에義親王殿下씌옵셔韓應履劉世男氏等六七人을帶同ᄒᆞ시고三淸洞兄弟井에前往ᄒᆞ야淸冽ᄒᆞᆫ泉水를시飲ᄒᆞ신後宮邸로還歸ᄒᆞ오셧다더라

●大官入直 再昨夜에 皇上陛下씌옵셔宮內不穩ᄒᆞᆷ을因ᄒᆞ사參政以下各部大臣이內政府에每夜輪回入直ᄒᆞ라ᄒᆞ신處分을下ᄒᆞ옵셧다더라

●警使申飭 警務使朴承祖氏가勅語를奉承ᄒᆞ고各署警官의게申飭ᄒᆞ야閭巷間愚蠢之民이不知事機之如何實地ᄒᆞ고以訛傳訛에煽動人心者를刻期詗察에無傷於治安케ᄒᆞ라ᄒᆞ얏다더라

●願依前納 安東郡庖民金道吉等이農商工部에請願ᄒᆞ기를本郡은人等이以庖肆主人으로郡底庖數는不計多少ᄒᆞ고自甲午以來로葉一千十四兩式納郡矣러니至于昨年ᄒᆞ야遞任郡守가葉二千五百五十兩을督捧故로已爲呈訴本部ᄒᆞ야蒙此嚴題는若爲到付觀察府則必歸於文字而依昨年督納矣리니特自本部로依甲辰例랍上之意로更爲發訓ᄒᆞ야使此遐鄕殘民으로依舊營業케ᄒᆞ라ᄒᆞ얏다더라

●法部知委 以竊盜及詐冒行止罪로被捉ᄒᆞ야한裁判所에셔審覈ᄒᆞ던中署典洞居尹顯瓚의一切査案贈交ᄒᆞ라고法部에셔統監府公函을因ᄒᆞ야該所로知委ᄒᆞ얏다더라

●姜氏夫人被捉 奉侍姜錫鎬氏를搜探次로日憲兵이本家에前往ᄒᆞ야其夫人을無數鍛鍊ᄒᆞ야其夫를覓指ᄒᆞ라ᄒᆞ고文簿를一切搜探以去ᄒᆞ고其夫人도捉去ᄒᆞ얏다더라

●父罪累子 奉시李圭당氏도其父姜錫鎬之罪狀을請願退去ᄒᆞ얏더라

●官制速改 宮內府官制를卽速改正ᄒᆞ는대警衛局을爲先勿施ᄒᆞ야宮內警로改正ᄒᆞ고警務廳에셔句管케ᄒᆞᆫ다더라

●日巡戒嚴 皇宮警察에日巡査가擔責ᄒᆞᆫ故로每日二十五名式派守ᄒᆞ야宮禁을戒嚴ᄒᆞᆫ다더라

●召命屢降 皇上陛下씌옵셔再昨夜에義親王殿下를屢次命招ᄒᆞ시되適有愆候ᄒᆞ시다ᄒᆞ야不得入侍ᄒᆞ얏다더라

●金氏免官 漢語學校教官金元培氏는今番夏期試驗時에不公ᄒᆞᆫ事實이有ᄒᆞ야將次免官ᄒᆞᆫ다더라

●建築請願 土木建築會社總務朴基英氏가成均館工役에對ᄒᆞ야其工役을都給始役케ᄒᆞ라고學部에請願ᄒᆞ얏더니學部에셔指令ᄒᆞ기를工役入札事는第待廣告應參ᄒᆞ라ᄒᆞ얏다더라

●此弊頻疊 平壤監理金應龍氏가流涎料外之財ᄒᆞ야募軍數三百名上에權任張義淳과十長輩를頭領이라令監이라都廳이라差出ᄒᆞ야名曰大房이라ᄒᆞ며頭領輩가稱以監理營例納이라ᄒᆞ고募軍等에게貢收錢이酷甚故로募軍은以監理營例랍으로難以保命이오商民은因貢貰之太騰ᄒᆞ야行商無益이라民心沸騰故로自民會所로募軍事를正次往言於監理則監理曰募軍이既爲成契에其勢가如鐵石ᄒᆞ니難以變通이라ᄒᆞ고契外募軍二百餘名의게三千餘兩을排徵ᄒᆞ야二千兩은監理가以補京費ᄒᆞ고一千兩은出給頭領輩ᄒᆞ야農商工部에請願得許次起送ᄒᆞ얏다더라

●美教師演說 再昨日南門內私立廣化新塾에셔放學禮式을設行ᄒᆞ얏는ᄃᆡ校長以下及總務長과一般任員이齊會ᄒᆞ야夏期試驗優等生의게施賞ᄒᆞᆫ後美國人以教監理會長施蘭敦氏가大韓時局情形과學業振興ᄒᆞᆯ方針에對ᄒᆞ야一場演說을痛切深摯ᄒᆞ야諸般學員으로ᄒᆞ야금感發激昂케ᄒᆞ며觀光諸人도皆鼓掌唱采ᄒᆞ고感服稱頌ᄒᆞ얏는ᄃᆡ立食禮를呈行ᄒᆞ고下午七時半에閉會ᄒᆞ얏고同施蘭敦氏가嗣後로該校에源源而來ᄒᆞ야演說勸勉ᄒᆞ기로相約ᄒᆞ얏다더라

●宮大自鳴 宮內府大臣李載克氏가職在宮務ᄒᆞ야肅淸宮禁을趁未實行ᄒᆞ야有此戒嚴이雖免溺職之責이라ᄒᆞ야自鳴上疏ᄒᆞ얏다더라

●興校捐助 興化학校評議員鄭象煥氏가試驗成績의良好ᄒᆞᆷ을欽歎ᄒᆞ야新貨三十圜價値의書籍을賞與ᄒᆞ얏고玄은氏도埃及史五冊을寄付賞品ᄒᆞ얏더라

●度照法部 度支部에셔平理院在囚全州郡守權蕭相氏事件에對ᄒᆞ야法部로照會ᄒᆞ기를該郡守가初次知因何事而被拿이던지動經四五朔에杳無皂白ᄒᆞ니甚誠訝惑이오頃伏睹貴部奏下者則該員의橫被之事는既已昭晳無餘라此是僞刷之官吏를只因民訴而多月滯拘가極涉疑悶이오며且經平理院公鞫事는自奏部로業已行文妥辦者則實無關於該인즉卽令放釋還郡ᄒᆞ야趁期刷勘케ᄒᆞ라ᄒᆞ얏다더라

●處子出入의難便 昨日은卽皇太子妃初揀擇日也라日巡이把門이處子出入이難便ᄒᆞ다ᄒᆞ야禮式卿李[illegible]氏가統監府에前往ᄒᆞ야昨日만撤巡ᄒᆞ기를청ᄒᆞ야生陽門으로出入ᄒᆞ얏다더라

●內帑搜去 日本統監의命令으로日巡査가內帑庫와經理院金櫃를搜探ᄒᆞ야皇室寶留封鎖外에는一並輸去ᄒᆞ얏다더라

●日兵巡의警察 布德門內宿衛所는宮禁警察ᄒᆞ는日本憲兵出張所로請求ᄒᆞ고宮內府側에는日本巡査警察所를新設ᄒᆞ기로請求ᄒᆞ얏다더라

●出入困難 再昨日부터宮내府入直官人이闕門出入ᄒᆞ는ᄃᆡ名啣과門票를相準ᄒᆞᆫ後에日巡査가統監府에告課ᄒᆞ야認許命令에許入故로出入이甚爲難便ᄒᆞ다더라

●吏奸可汰 忠北鎭川郡守李鍾應氏는莅任三四朔에新舊結戶錢三十萬兩을限內督捧上납이되民皆服從이러니不意에有名首吏金在萬이가내衛別室으로게납賂請囑ᄒᆞ고乘夜出入ᄒᆞ니衙하여媚妾으로本介를擁獎聰明ᄒᆞ고其父重煥으로鄕長을圖得ᄒᆞ여邑權을搖動ᄒᆞ며十七面民事訟을父鄕子吏가自爲擅便ᄒᆞ여民間逞臆이不可形言이되雖守우妾言만甘聽ᄒᆞ고政體는不顧ᄒᆞᆫ인지如此奸猾奸吏를不忌任用ᄒᆞ니境내人民이莫不寃慟ᄒᆞᆯ더니斯速히汰去ᄒᆞ기를日夜顒望ᄒᆞᆫ다더라

●議政又還 議政大臣趙秉鎬氏는日間에議遞ᄒᆞ고前判書金炳翊氏가新卜을被命ᄒᆞᆫ다는說이有ᄒᆞ더라

●拾圜及札 中署貢士洞支所巡檢夫顯派이가江陵郡所去農商工部訓令一度와私札四封을該支所拾에置ᄒᆞ고見失之人의覓去ᄒᆞ기를爲ᄒᆞ야本報에揭載를要求ᄒᆞ기로玆에揭布ᄒᆞ노라

東京電報

●浙江匪徒 七月三日午后一時發

浙江省의匪徒는愈極猖獗ᄒᆞ야新昌縣地方에匪徒는同地守備官兵을擊破ᄒᆞ고城砦를占領ᄒᆞ얏더라

●大審院長 仝上

大審院長南部甕雄氏는今回樞密院顧問이되고其後任은橫田國臣氏가補任되얏더라

●日儲장勵 仝上

工業教育을御장勵ᄒᆞ시기爲ᄒᆞ야皇太子殿下께서는高等工業學校에行啓ᄒᆞ사各科授業을御覽ᄒᆞ신後校長以下를親히御引見ᄒᆞ셧더라

伯林電報

●露將不正 仝上

露國에셔發刊ᄒᆞ는諸新聞은렌넨간푸將軍이日露戰정中에不正行爲가有ᄒᆞᆫ事로筆誅ᄒᆞ얏더라

●巴羅間電話 仝上

巴里、羅馬間電話는開通되얏더라

雜報

●江西郡紳士鄭秉善金最建吳斗柄李冕熙洪鍾薰諸氏가大韓自强會支社를發起홈이其趣旨書가如左ᄒᆞ니

國之有社會는所以一衆志而成團體也라故로世無無社會之國而團體가由是焉牢固ᄒᆞ며民志가由是焉確定ᄒᆞᄂᆞ니此歐美列邦之所以成富强而雄視六洲者也라

嗚呼惟我國民은生長於數千年鎖港之國ᄒᆞ야不識生存競爭之時局ᄒᆞ고怠慢成痼ᄒᆞ며萎靡成習ᄒᆞ야奴顔婢膝이甘於屈服ᄒᆞ며蚯情蚓質이伎於退縮ᄒᆞ야釀成今日의不痛不痒之國家ᄒᆞ야其將胥溺이不思共濟ᄒᆞ니言念及此면不覺痛心嘔血이라今人之恒言에曰民不民이면國不國이라ᄒᆞ되誦其言而不能踐行者는何哉오惟我國人은視此國家ᄒᆞ믈 做政府의擅弄之物이오不識個人의公共之器일ᄉᆡ至於墮壞之境ᄒᆞ야도視之若吳楚興亾과秦越肥瘠ᄒᆞ야一任天數오非人能力이라ᄒᆞ야都喪其天賦自由之義務而肉生氣死ᄒᆞ야趨走驅役만如恐不及ᄒᆞ니是何以異於芻靈木偶와泥人石獸也리오

抵抗政府ᄒᆞ야確立議會者는日耳曼之國權也오社稷存亾엔匹夫有責者는顧炎武之至論也라人如修ᄒᆞ면國胡不興이리오

惟皇城自强會는新組開會가已經數月에參會諸員이俱以忠憤氣節로待名當世者也라諡其趣旨則不出於教育殖産兩箇條目而每因擧筆ᄒᆞ야考其연述則一語一句가激昂慷慨ᄒᆞ야無非時局切當之論而令人氣聳膽掉ᄒᆞ니夫以吾人彝性之所具로豈無彼此感情之自發乎아易曰君子出其言이善則千里之外應之라ᄒᆞ니夫感應善善之地에는固無今古遐邇之別커든況我一域內同胞同생之人類乎며又況一鄕內同좌同族之兄弟乎아本人等이聯合成會之意로已爲寄書于皇城本會이고玆又馳通ᄒᆞ오니惟我境ᄂᆡ紳士僉員은同聲相應ᄒᆞ며同氣相投ᄒᆞ야不作仰屋長嘆之形骸ᄒᆞ고共抱迴天文明思想ᄒᆞ야因類勸勉圖成一會를千萬至祝

●李시減省　巳往에는ᄂᆡ官名目이二三十名이더니姜錫鎬挾雜을其因ᄒᆞ야彼便勸告로좃시名目은三人만치ᄒᆞ기로官制를失敗ᄒᆞ다더라

●興校放學式　再昨月曜日에壽洞興化學校에서夏期放學式을設行ᄒᆞ얏ᄂᆞᆫᄃᆡ該校長林炳恒氏는開式大旨를說明ᄒᆞ고校監金碩桓氏는賞品을頒給ᄒᆞ니英語班優等生은俞萬兼鄭求晶具滋㭪鄭載元朴忠義韓百善俞萬濬이오日語班優等生은崔炳球權五鳳金寬煥朴榮根柳河一諸氏러라該氏가仍히學員의게對ᄒᆞ야學科와特別注意ᄒᆞᆯ바와校况의沿革됨을一場說明ᄒᆞ얏고教師學重華羅璟兩氏는一學期間成績을報告ᄒᆞ얏고鄭香燮在審兩氏는學員의게對ᄒᆞ야勸勉ᄒᆞ고學員中俞萬兼金重煥兩氏가答辭ᄒᆞᆫ後茶果를進ᄒᆞᆯᄉᆡ百餘名學員과來賓諸氏가一齊히起立ᄒᆞ야萬歲를連呼ᄒᆞ며餘興이淋漓ᄒᆞ야教師金教益朴慶運兩氏가來賓諸氏의供覽키爲ᄒᆞ야學徒를兩隊로分ᄒᆞ야一場體操ᄒᆞ며放學歌를唱ᄒᆞ고仍히罷會ᄒᆞ얏더라

●萬歲報支社設立

會洞萬歲報社에서大擴張大發展ᄒᆞᆯ計劃을爲主ᄒᆞ야中署洞仁昌園初入七十八統第二戶鄭萬澤氏家에支社를設立ᄒᆞ고一般事務를委托ᄒᆞ야一切監督ᄒᆞᆫ다ᄒᆞ니吾儕는該報의擴張을是祝ᄒᆞ며鄭氏를爲ᄒᆞ야使野昧之人으로文明機關의進就케ᄒᆞᄂᆞᆫ것슴攢賀ᄒᆞ노라

●崔益鉉氏의致日本政府書(續)

嗚呼　貴國棄信背義之罪事止於此而已此特擧其大槩耳然試以此十數罪者準諸江華馬關等條約及通牒列國說明戰爭等諸書反覆無狀狐欺狙詐者果何如耶吾韓數千萬人心果能無憾於貴國以爲是支持我鞏固我耶抑將痛心疾首胥吟三戶之諸而誓欲一踏平全島耶貴國每以吾皇上陛下播遷俄館去免有憾情然吾皇上陛下親遭　坤宮之凶禍其日夜驚懼煩惱者果何如哉且況逆賊之輩挾藉貴國之勢使吾皇上手足無所措而不知何時更有何樣禍機則豈可坐待其變而不思變動耶此乙未十二月二十八日之擧所以出於萬不得已也然則當時事機不能不變者皆莫非貴國之罪也

尙復致憾於我耶然以東洋大勢之故向者貴國戰俄之役敝邦士民皆歡迎貴國之師而無憚心矣及貴國全勝而歸而益肆凶暴更弊邦人民皆未免魚肉之慘假令俄勝而東洋遂亾敝邦之禍何以加於今日乎

今加弊邦之民人人皆知必死無生必亾不存之故則等死亾耳與其屈首下心被逼受壓而終亦不免於死亡也寧可無一奮擧一吐憤之氣乎日魯連一士耳猶恥帝秦之計蘇秦說客耳尙愧牛後之名況吾韓三千里民衆乃　先王先賢四千年培養服習之餘裔耳豈有甘心奴穀於讎國之下而欲丐一日之生耶

且天下皆知俄人之不忘貴國早晩更有東搶之擧者愚夫愚婦之所共說也當此時也雖有東洋三國鼎足而立各畫究力而待之猶恐不能保全況相猜嫌怨未免同室相讎而抑歐西列國亦豈如貴國之輕淺全無愛寡之心而一任貴國之跳踉無憚也耶如此則貴國之亾可翹足以待而東洋幷亾之禍亦不日而至矣

貴國又恐能免首禍東洋之罪乎愚故曰貴國雖强終亦必亡而東洋之禍無有已時也誠爲貴國計莫如亟反其本而已反本之道又莫如守信明義而已守信明義當如何亦以此十數上奏于貴皇帝將以上所列十六大罪暨行悔改能收統監召還顧問官及司令官更派忠信之人爲公使更以此謝罪于各國使無侵害我獨立自主權使兩國果實永遠相安則庶乎貴國有全安之福而東洋大局亦可以維持矣

若曰不然則福善禍淫乃天道之昭然者也今貴國所爲其不與齊滑舍假異者幾希則設使向雙와敗不至如上所云云者貴國亦恐能自免於亾ᄒᆞ니益鉉雖不識時勢其於忠國愛人守信明義之道請之熟矣

目見國家人民之禍至於罔極而惟恨不得其先所者久矣不幸不死於昨春之辱而又見昨年十月二十一日之變則義不可爲他國之奴隸而苟且偸生於天地之間矣卽與數十同志約決共死將與집上京與博文好道等一邀議[illegible]欲言而死矣

乃士民之願與同死者又有若于玆先披露心肝作爲此書以付于貴領事館使之早晩轉達于　貴政府盖不惟爲弊國謀而亦爲貴國謀不惟爲貴國謀而亦爲東洋全局謀幸希　照亮益鉉頓首

完

廣告

本號新開專做男女各色洋服幷由上海運來各種細이毛름一切表飾屬咱件件精金伏望貴士女迅即來購爲幸

西小門內美泰男女洋服商號

●刑法大全 一秩定價金 新貨六十錢

牧民心書一秩一圓二十五錢
耳談續纂一冊 七錢五里
温故知新堂叢鈔 七錢五里
父師必讀小學指南七錢五里
人工養蠶鑑一冊 十五錢
萬國地誌三冊 一圓
農政新書 五十錢
法學通論 一圓
尺牘完編 一圓五十錢
大韓地誌 七十五錢

發賣所 布屛門下金相萬書舖 大韓每日申報社

鍾路布廛後開豐局을李進士會來氏가本人의게傳授ᄒᆞ야仁港杻峴에移設ᄒᆞ고高明醫術朴準榮氏와同事ᄒᆞᄂᆞᆫ더繼嗣丹과水眼藥과珊瑚紫金膏와小兒癎氣에鎭癎散과瘧疾에軟硬散과梅癘丹痔疾方秘傳膏酒良等神效藥品이多有ᄒᆞ오며貧寒의게ᄂᆞᆫ無價酬應도ᄒᆞ오니勿論某病ᄒᆞ고來問ᄒᆞ시옵

仁港杻峴
開豐局主人 송智仁 告白

●九轉靈砂라 本人이妙方法을神術하야製造ᄒᆞᆫ靈丹인ᄃᆡ男女老少에無論何症ᄒᆞ고通治ᄒᆞ오며無病時에도服ᄒᆞ면平生의身體가健康ᄒᆞ며小兒ᄂᆞᆫ四五錢重만服ᄒᆞ면十歲안에無病ᄒᆞ기를擔保ᄒᆞ오며

●九轉靈砂萬靈丹은驚疳 瘡症과中風諸疾과耳目諸病과淋疾에神効ᄒᆞ오

●九轉靈砂保命丹은初生小兒 驚風 癎氣 咳嗽 腹痛諸般惡과婦人帶下症에神効ᄒᆞ며

●九轉靈砂淸來丹은酒滯 食滯 血積 吐瀉 霍亂 痢疾 吐血 下血 運氣 時疾 痼症에神効ᄒᆞ오

●九轉靈砂紫金丹은痔漏 果癰 上疳瘡 下疳瘡及癘瘡과諸般毒瘡惡種에無不神効ᄒᆞ오니 僉君子ᄂᆞᆫ來問ᄒᆞ시오

內需司前우각이골上隅第一家 李鶴廷 告白

一鷹標印濃縮牛乳

一鐘印製煉濃縮牛乳

一綠標家用氣化乳酪

一碼ㅣ븐샹회사製造蒸餾化合牛乳

大韓仁州港

代理店

洋行

以上三種은上品으로製造ᄒᆞ야衛生上에至極有益ᄒᆞ니勿論某人ᄒᆞ고本社에來ᄒᆞᆷ

大韓帝國仁川港

[illegible]

發行兼編輯人 英國人 裵說
發行所
京城北署寺洞 [illegible]
大韓每日申報社

第四卷
大韓每日申報
대한매일신보
第二百六十三號

月曜及慶節歲時日休刊

檀君開國四千二百三十九年
箕子元年三千二十八年
大韓開國五百十五年
日本 明治三十九年
清國光緒三十二年
◉陰曆丙午五月小十五日辛亥

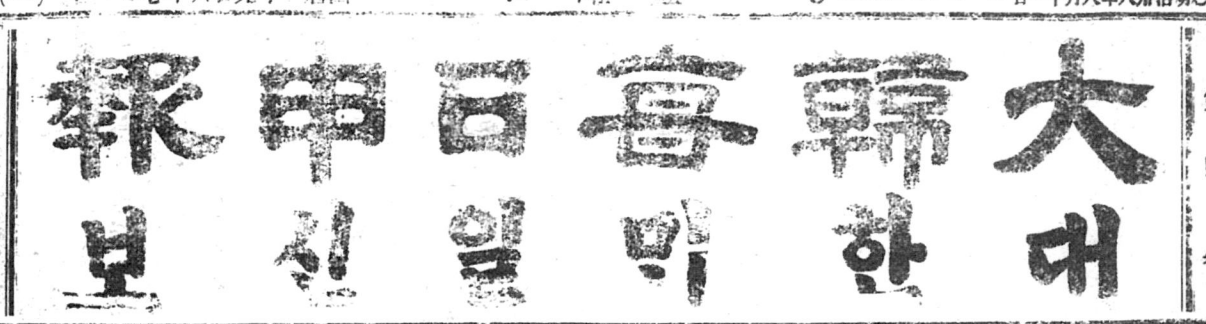

論說

◎前望

欲拯出韓國하야東洋濁亂의速至澄淸을信賴希望하노니日本之對韓滿施策이或出於熟思之果인지或出於事情之致인줄노量度하기는未免輕率이라惟欲寬大量度인된此乃出於日本狂策이라고或可許容이어니와日本之一向執迷를注目하면此許容을調整하는것이不得已之勢로다

日本戰役與外交가極東情形에有何所利하얏는지得見키未能이여날日本은惟其戰效가可充其欲이라假托하야過去戰役의事業及進疊을相談하고特其不幸損害는不言하는도다

東京에流行하는傳說이若其可信인된日本이新受一拳이니此는俄國代表者가日本政府에言及하되日本이媾和協約을犯棄하는時에俄國이此約欵을遵守하기는不旬思量이라云이라本記者의遠今聽聞에는其形態ㅣ如此하니日本이設置統監于韓國하야與俄專權約諾을破棄한故로俄國公使는日本에報債를俘虜費一億元을拒絕하얏도다

日本타임쓰新報는물닝손氏가駐韓德領事의信任書를日本官憲의게傳致하기로既述同意다고揭報하얏스나本記者는俯待實報하노라日本內에各種戰費가方今就緒中이오且財政困惱를관之면日本之於母事에沈船破釜之計가確然하도다

日本人民은媾和條約을認之不以滿足이어날日本政府는該約頒布以來로戰役之有何實效를使人民信知코져遠今試圖일서彼設統監府於韓國하고此府條를常時任免하야此府之有何所爲를欲銘於人心이나此관計이日本之不幸納稅人民以外에는何人이던지未可欺瞞이로다

日本元老의試圖營利之事實을本記者도亦足諒恐이나然이나其徵事之誤를恐懼하노니伊藤侯를强制하야韓國內에難辦威嚇之果를固執케하는事情이或在於日本이나日本政府가爲其人民하야試圖臨時之策이라가韓滿內에栽植不幸之果하는거슬自信하노라

官報

◉三千四百九十六號 光武十年七月四日

◉敍任及辭令

兼任奉常司都提調 宮內府特進官 閔泳奎 命禮式院禮式卿敍勅任官一等 奎章閣學士 李容泰 命奎章閣學士兼任侍講院日講官敍勅任官一等 宮內府特進官 趙秉式 命宮內府特進官敍勅任官三等 從二品 南奎熙 命帝室會計審查局長敍勅任官二等 黃海道觀察使 高永喜 任平安北道觀察使敍勅任官三等 慶尙北道관察使 申泰休○任慶尙南道관察使敍勅任官三等 禮式院禮式卿 李根湘 醫學校長池錫永 農商工學校長洪禹관 度支部參書官李度翼 陞三級俸○度支部參書官金敎聲 陞四級俸

以上六月二十九日

徽陵參奉徐丙厚 裕康園參奉鄭始源 依願免本官○任徽陵參奉敍判任官八等 六品韓顯源○任裕康園參奉敍判任官八等 李應九○解兼任法官養成所長 法部前協辦閔衡植○命兼任法官養成所長 法部刑事局長 金洛憲 以上六月三十日○任度支部技手敍判任官七級 前主事吳大振 七月二日

◉三千四百九十七號 光武十年七月五日

◉敍任及辭令

陞從二品 正三品 朴基順
陞正三品 六品 조昌來
以上五月十四日

齊陵參奉洪德周 厚陵參奉조鍾禹 顯陵參奉韓奎錫 順陵參奉조관熙 依願免本官 任齊陵參奉敍判任官八等 鄭雲岐○任厚陵參奉敍判任官八等 申在元○任顯陵參奉敍判任官八等 崔寅奎○任順陵參奉敍判任官八等 李康濬○度支部主事 尹榮兌 度支部主事조益瑗 陞三級俸○度支部主事權用奎 度支部主事李建台 度支部主事崔錫과 陞四급俸○度支部主事沈완鎭 全主事丁奎英 全主事元鼎煥 全主事朴喆熙 全主事金善模 全主事崔남敎 全主事鄭寅방 全主事安봉欽 全主事安承烈 陞五급俸○陞六급俸 度支部主事申光休 全主事韓升鉉 全主事鄭寅禧 全主事鄭世윤 全主事任愼宰 全主事李奎昇 全主事徐廷岳 陞七급俸○陞五급俸 度支部主事조鍾昀 陞六급俸 度支部主事李源綺

以上六月三十日

任秘書監丞敍奏任官三等 正三品申 均○任齊陵參奉敍判任官八等 九品조顯禹○任厚陵參奉敍判任官八等 九品洪周○任宣陵參奉敍判任官八等 九品[illegible]奎鎬○任順陵參奉敍判任官八等 九品조관熙

以上七月一日

外報

◉英艦來韓 目下日本各港을巡航中에在한英國支나艦隊의同艦隊司令官무ㅣ아海軍中將의指揮下로來月十一日釜山에八港하야約四日間同港에碇泊한後十六日頃에仁川에來하야司令官以下가入京할旨意로當報某官에電報가有하다더라

◉英國大雨 路透電을據한則英京倫敦發電에云하되一十九日朝로英國來南部에大雨가有하야倫敦市中에서는雨量이二寸을超過하고鐵道線路에汎濫하야交通이杜絕하야各車場及各新聞社의床은水의浸하고消防隊는喞筒으로死力을盡하야排水의盡力한다더라

◉撤兵遲延 俄國이滿洲에서故意로撤兵치아니하는貌樣이로되運輸上의形便과本國及西伯利의形勢가不穩함과馬賊의橫行이尤甚함으로預定되로撤兵치못하고尙且北滿洲一隊地에는二十萬餘의陸兵이有한지라故로十八個月內에는總히撤兵치못하리라더라

◉德艦派送 德國에서絕東艦隊를增派할必要가有하야大巡艦을派送次로目下準備中이라다라

◉設館要求 海參威電을據한則日本政府에서俄國에向하야海參威領事館設置함을請求하얏다더라

詞林

在[illegible]李承晚氏의口呼

舊日韓公館捲門寂寂春人歸鳳
物在碧草滿庭新

雜報

●當有詳報　去月曜日夜에日兵巡入闕之事에對하야若干所聞을已有揭載이나其的確ᄒᆞᆫ秘密關係ᄂᆞᆫ一般國人이急欲得聞이오本記者도亦欲迅速宣佈於公衆하야使之日人之行動이達於其極이나尙未得的確之證故로姑且待之하노니目下一般國民이欲知其秘密關係之如何者ᄂᆞᆫ其於率兵入闕之事에或曰年新條約에 御押을被勒捺下하셧슴가大有疑懼러라

●開進會長　東亞開進教育會에셔教育方針을實施하고져하야會長은李允用氏로推選하고副會長은金重煥氏로推選하얏다더라

●五條無效　現今政府와統監府間에交涉ᄒᆞᄂᆞᆫ一問題가有ᄒᆞ니凋闕ᄒᆞᆫ昨年新條約後伊藤候가當時에大臣이勅命을奉承ᄒᆞ고伊藤侯와交涉ᄒᆞ야皇上陛下權能은無等尊嚴케ᄒᆞᆫ事와皇室費를增加ᄒᆞ야預算表에編入確定ᄒᆞᆫ事와經理院을宮內府管下에獨立ᄒᆞ야出入財政을度支部에서毫無相關ᄒᆞᆫ事와宮內府官人黜陟은皇上權能下에置ᄒᆞ야任免ᄒᆞ며實事와宮禁을肅청ᄒᆞ야奸細輩가無敢犯入於咫尺ᄒᆞ야皇室을尊重케ᄒᆞ기로五條件을妥協決定ᄒᆞ얏더니今番肅청에對ᄒᆞ야伊藤侯가强硬이交涉하기를皇室權尊重皇室費增額經理院獨立宮內官人黜陟四條ᄂᆞᆫ隨其利益하야實施하고宮禁肅청一條ᄂᆞᆫ有何損害하야尙不實施하야有此淆雜之事乎아하고該交涉에姑未決果하얏ᄂᆞᆫ디該五條가竟歸無效로廢棄된다더라

●博士雇聘　內部에서政治改良ᄒᆞᆫ다ᄒᆞ고統監府에交涉ᄒᆞ야政治博士一人을日本에雇聘ᄒᆞ기로作定ᄒᆞ얏다더라

●行悖甚矣　苧洞居成參奉家의後庭은即日本兵營과隔墻인대日前에日兵이越墻突入ᄒᆞ야成氏家下人女를無數劫奸ᄒᆞ야該女가驚塞ᄒᆞ얏다더라

●處分更下　各大臣輪直處分이已下에再昨夜에도闕直故로皇威震怒하사更下處分하오셧다더라

●法大下鄕　法部大臣李夏榮氏ᄂᆞᆫ其伯氏緬禮ᄒᆞ기爲ᄒᆞ야再昨日에發程下鄕ᄒᆞ얏다더라

●申氏上京　慶北觀察使申泰休氏ᄂᆞᆫ昨日에上京하얏다더라

●揀擇內定　再昨日皇太子妃初揀擇을設行하얏ᄂᆞᆫ데二十七處子中에七女子를擇出하야其中에英親王府總辦尹鐸榮氏의令女로內定하얏ᄂᆞᆫ데年齡은十三歲라더라

●史記分給　學部에서萬國史記를多數刊出하야該部所屬一般官吏의게各一秩式分給하얏다더라

●觀竹者說　閔忠正公에殉節時流血衣服과殉刀를藏鐙挾板房에積置鎖門하얏다가再昨日에該房을開視則房板一分之隙에間二寸量하야竹筍四莖이未吸空氣하야黃色莖葉으로茁長하얏ᄂᆞᆫ디第一筍은四枝로長이三尺餘오一筍은三枝로二尺餘오三筍은二枝로一尺餘오四筍은一枝로五寸量인데光者가指点曰此竹은閔公殉節之竹인디一은閔忠節二ᄂᆞᆫ忠節三은洪忠節四ᄂᆞᆫ송忠節을表ᄒᆞᆷ이라ᄒᆞᄂᆞᆫ디從其枝하야將育忠節更殉之擧라하더라

●各大仕部　近日各部大臣이該部에仕進치아니하야公務가許多積滯ᄒᆞ얏다더니昨日에ᄂᆞᆫ濟濟進部하얏다더라

●義王詣闕　再昨日義親王殿下께셔詣闕하야處子揀擇에同參하얏다더라

●宜有搜索　社稷洞居崔昌安爲名人이自稱曾經警務官이라ᄒᆞ고頻數來往于龍山日人烟草會社라가烟草七十一圈三丈價直을折價出給於同來之雇夫ᄒᆞᆫ後自言價金은從後出來라하며坐話幾時間이되終無消息이라金亦가又言今入吾家ᄒᆞ고催促出送하리라하고入城하더니翌朝出來該社하야請限幾日而去矣러니于今多日에竟無影形이라하야該會日人이入城搜索에去處住處가俱爲不明ᄒᆞᆷ으로警務廳에告訴하얏다더라

●訓放權倅　平理院在囚全州郡守權直相氏를放送還官케하라하고度支部에서平理院으로訓令하기를該員이現帶郡守之任하야多月曠官이誠可爲悶而經理院公錢은自度지部로旣已妥辦이라ᄒᆞᆫ즉今無關於該員이오니와不容不歸正乃已者ᄂᆞᆫ只一民職이니到即不日妥決하야使速還官視務케하라하얏다하며라

●嘉禮退定　再三揀擇은陰曆七月로하고嘉禮ᄂᆞᆫ八月로定하얏다더니九月以後로退定된다더라

●玄校施賞　西署玄石里私立玄成학校에서日前에夏期試驗을經하얏ᄂᆞᆫ디校長閔泳綺氏와校監曹秉觀氏와總務朴斗秉氏와敎師曹秉和劉根天崔浩善諸氏와贊務員諸氏가會同하야學員을敎諭勸勉하고各급優等生에게書冊筆墨及石板鉛筆等으로施賞하얏ᄂᆞᆫ디各급優等은日語課甲급南奎範崔炳亮崔興吉乙급全東源金正燮李奎壽同한文課甲급徐一萬卓先同乙급李再孫韓千興諸人이라더라

●慶尙남道沿海十郡民人等投書

本道沿海各郡均役海稅를上年二月分에府派郡差은永永革罷하고自郡使民으로原上納만收納之意로度지部嚴훈이直到各該郡이거날京居挾雜李鎭煥爲名者가以度지大臣宅人으로如何做謀이던지各郡海稅條를宮錢商民의於晉紙를度지部에執質하고大臣께납賂多數하고先上납假尺文을圖得하야派員下送ᄒᆞᄂᆞᆫ훈令은該課局長課長이知其大臣之挾雜하고難强防塞故로萬端圖變에只待先납出尺下送훈令而未到晉州府하야度지大臣緊切ᄒᆞᆫ私函을得付관察하고一進會評議長金善才을用私締結하야自稱度지部海稅別遣員이라하고派員差人을多發各郡에發訓派巡을任意用之하며又借一進權力하야通牒各該郡會民하야威壓虐討에毒流浦海生靈하니今年段ᄂᆞᆫ度지部顧問室에서李鎭煥이以大臣宅人으로欺部虐民之情況을到底洞悉하고該한은관察府로電飭하여捉囚嚴懲하라하고各郡海稅은左開臚列하야直訓各該郡하야更無派員輩虐民之弊而哀此海浦歷萬生靈이咸得再生之秋에復見德化盛恩러니噫彼李鎭煥이前囚府獄라가不幾日의用奸私脫하야都派員圖得次로大猷館已上京云矣러니近日各郡輩之黨類處에私書하기을海稅部派員을已得大臣認許이ᄂᆞ錢坪苟艱하야姑未得公文이時日間恭樣周旋하야得飭令下去云云이라하니大臣之認許ᄂᆞᆫ未知有如何之意見이ᄂᆞ顧問室과局長　長이亦如何措處하실ᄂᆞᆫ지各郡海浦民情이方紛沸중이라하얏더라

●[illegible]川郡紳士의寄書

本郡이雖[illegible]嶺湖之間이나風俗이完朴하야時代를不知하고泥古厭新之說로年少聰俊은愚昧케하기로有志諸人이歎惜無已러니本郡守李鍾應氏가莅襯數朔에巨稅를청帳하고百獘가俱興이라

乃曰開發民智가爲政之先務라하야薄廩捐出하야學校를設立ᄒᆞᆷ이一境이風動하고衆情이翕然하야自願捐助하야學校之次第條件가大有成就之望이기로歸等之積年鬱抑이始乃發展일시不覺欣[illegible]러니

何許狂한이皇城新聞에揭載하기를補助를請求하며邑村間[illegible]塾을一[illegible]廢止하고[illegible]이[illegible]甚ᄒᆞᆫ故로文明은姑舍하고反有損於敎育이라하얏스니[illegible]求ᄂᆞᆫ京鄕間設校之事[illegible]何損於敎育이며家塾廢止로督促[illegible]云은初無是理어날

渠以無據無[illegible]之說로[illegible]然[illegible]하야遂使[illegible]者로沮志하고[illegible]義者懷歎하니其[illegible]有妨於學務가復何如哉歸等이不勝憤歎하로玆以搆布하오니內外僉君子將ᄂᆞᆫ照亮하시물바라하엿더라

●特派全權　청國政府에서駐日公使를詮問하기로京城에住在ᄒᆞᆫ청國總領事가綠　皇帝陛下의諭見을得지못하얏다하고또訓令하기를我政府가청韓條約을改訂하기爲하야맛당이全權委員을韓國에派遣하리라하고北京報에云하얏더라

伯林電報

●米國公債發行

七月四日午后四時發

米國政府ᄂᆞᆫ三分利로公債二千萬弗을發行하얏더라

●樞密院提案　仝上

露國樞密院에서ᄂᆞᆫ西伯利亞鐵道復線(露領[illegible]線)을西伯利亞線과連絡하자ᄂᆞᆫ議案을提出하얏다더라

雜報

●果是高義　平安남道順川郡時務小學校生徒朴一松氏의寄書가如左ᄒᆞ니 平壤城內慶峴居前侍御朴道淳氏ᄂᆞᆫ自少年至老者에行爲가卓異ᄒᆞ야造橋修船ᄒᆞ야便人來往ᄒᆞ며恤窮濟貧ᄒᆞ야施仁於不鄰之地ᄒᆞᆷ으로近境人士가立石頌德者非止一二에雖三尺童子라도皆知姓名이라今於時局急務가知在教育ᄒᆞ고捐金竭誠ᄒᆞ야義助于各學校又以五册書籍으로惠付本學校ᄒᆞ야以補教課ᄒᆞ니其圖大義擧ᄂᆞᆫ世所罕有也오 本郡院上面陽村人丕永攝氏ᄂᆞᆫ天下之窮民也라一生行裝은都付於水上之萍이오朝東暮西에凍餓之患難免이라行乞于千村萬落ᄒᆞ야所得之財가只不過葉錢十五分이라心上素有愛國的思想ᄒᆞ야持此而義助于本學校曰 我雖乞人이ᄂᆞ亦二千萬中一介人數라我韓來頭之如何關係를細細說明于諸君ᄒᆞ노니勿以人陋而廢言ᄒᆞ시오 我大韓이四千年以來로海門을深鎖ᄒᆞ야其오謬意見으로墨守古章ᄒᆞ며仇視外人ᄒᆞ야彼有양法이라도斥爲鄙陋ᄒᆞ고全不採用ᄒᆞ니此ᄂᆞᆫ韓國이自取敗亡ᄒᆞᆷ이라西諺云盲人이騎瞎馬ᄒᆞ고半夜子鋪[illegible]臨于深池라ᄒᆞᆷ은千古之第一險語라ᄒᆞ며니 我韓今日事勢가尤過於此語로다然ᄒᆞᆫ즉國之興亡이係于教育이라陶鎔天下之人物ᄒᆞ며收拾天下之才智ᄒᆞ면韓之獨立을可坐而致ᄒᆞ리니願諸君은金玉이非寶라寸陰을是競ᄒᆞ야前進文明之域ᄒᆞ야異日에更居他人之頭地를日夜願祝ᄒᆞ며茲以葉錢十五分으로以補學費之萬一ᄒᆞ노라ᄒᆞ고飄然而去ᄒᆞ더라 瞻彼高官巨富之子弟ᄒᆞ니雲鬟輕近午天에三三五五作반ᄒᆞ야綠陰芳樹下로咏歸亡國歌ᄒᆞ며或乘人力車ᄒᆞ며或吸卷烟草ᄒᆞ야飮酒貪色으로自娛一生ᄒᆞ고心中에無一點愛國的思想ᄒᆞ야清歌妙舞席에ᄂᆞᆫ千金이不惜ᄒᆞ고人才教育上에ᄂᆞᆫ一分猶인이라哀哉豪耶이여今不愧以上朴丕兩氏之義蹟歟아朴氏ᄂᆞᆫ當世之義翁也요丕氏ᄂᆞᆫ萬古之義乞也라持五册書十五分金ᄒᆞ야青年子弟에教育을勸勉ᄒᆞ고世界夢客에沈睡를警醒ᄒᆞ니惟願韓國有志兄弟ᄂᆞᆫ詳聽此說ᄒᆞ시고一致團合ᄒᆞ야期勿負朴丕兩民之愛國熱誠이면國家가幸甚人種이幸甚

●會員酗酒　再昨日下午七時鍾路電車에서多人이搭乘ᄒᆞ얏ᄂᆞᆫ딕有一年少者가被酒ᄒᆞ고坐中年老之人을揮却曰我ᄂᆞᆫ一進會員이라方有緊急事ᄒᆞ야往于某地라爾輩가何不避坐오ᄒᆞ니同坐之人이責其無禮ᄒᆞᆫ되同會員이終是不知老大ᄒᆞ고奪其坐處ᄒᆞ야酗[illegible]ᄒᆞ더라

●禮式院廢止　宮內府禮式院은即外國人臨見與交涉의關ᄒᆞᆫ事項을掌理ᄒᆞᆷ으로英法德俄淸各國語學人으로禮式官等을叙任ᄒᆞ야各其通번케ᄒᆞ얏더니外部를廢止ᄒᆞᆫ後에外交事務ᄂᆞᆫ統監府와政府에서直接交涉ᄒᆞᆫ즉禮式院은不過無用之院이라ᄒᆞ야廢止ᄒᆞ고掌禮院만寘ᄒᆞ야典禮를掌理케ᄒᆞᆫ다더라

●都監堂上　嘉禮都監을設施ᄒᆞᆫ事로成命이有하얏ᄂᆞᆫ딕閔議政은都監都提調를任하고內部大臣李址鎔氏ᄂᆞᆫ堂上特進官李齊榮氏ᄂᆞᆫ二堂上金思轍氏ᄂᆞᆫ三堂上을被命하얏더라

●爆發損害　東署崇信坊亭子洞鄭寅碩氏가警務東署長의게請願이如左ᄒᆞ니 本人所住洞主山에石礦採浮營業을日本人民谷川興市가承認開役인바本月二十三日下午五点三十分量에爆發一聲이動成轟天ᄒᆞᆫ地之劇烈ᄒᆞ야嚇[illegible]全洞聽聞이러니瞥眼間猛烈霹靂之聲이忽起於家屋醬壇臺上ᄒᆞ야滿地醬汁이恍若漲潮ᄒᆞ며破碎沙器가便成落葉ᄒᆞ니乃是爆風氣飄來之石塊가衝將打來而然也라當下損害ᄂᆞᆫ已無可論이오全家老幼의心情驚慌이尙復如何哉아癖於箇ㄱ肥己之利慾ᄒᆞ야攪擾他人之渾家安穩秩序가亦是衛生上防害니官有律例라仍招該日本民ᄒᆞ야使之看審各項損害實價ᄒᆞ고責其비償則反爲生聽ᄒᆞ니誠沙無理이기伊時被害物品을圖開請願ᄒᆞ오니姿商ᄒᆞ오서該日本人民을招致ᄒᆞ야損害金을責償ᄒᆞ며另定條例ᄒᆞ야嚴防其危險物ᄒᆞ야勿使用하야無戒復肆安寢妨害之習케ᄒᆞ심을敬要라ᄒᆞ얏ᄂᆞᆫ되所謂題辭ᄂᆞᆫ觀此所訴ᄒᆞ니幸無人命致傷이나器皿損害도亦涉可駭라招致該民ᄒᆞ야爲先嚴飭後에俾無如前濫肆習케ᄒᆞ며損害償金一款은當說諭ᄒᆞᆯ事라ᄒᆞ얏스니其所謂說諭云者가即不過糊塗推諉之說이라何不即地推給인지當初人家叢雜之間에何可認其危險物使用이며及其財産破損之後에不敢行其警察官職務ᄒᆞ니不勝慨然이라고人言이藉藉ᄒᆞ더라

●事務所權設　辯護士前檢事洪在祺氏가法部에請願ᄒᆞ기를今次辯護士의認可를受ᄒᆞᆫ바本法第一條及第十一條의職權을實行ᄒᆞ기爲ᄒᆞ야漢城中署大笠洞七十六統九戶에法律事務所를權設ᄒᆞ오니照亮ᄒᆞ라ᄒᆞ얏다더라

●會員自退　平壤郡一進會員의投書를見ᄒᆞᆫ則本以遐鄉會員等은農民으로別無知識이나官吏에壓制를忿痛莫甚ᄒᆞ든ᄎᆞ所謂一進會라成立ᄒᆞᆫ後其趣旨書를見ᄒᆞᆫ則四大綱領이言順理直故로好意入參하얏더니遐鄉賤士會員인딕 皇城總會도目的이一變ᄒᆞᆷ에ᄂᆞᆫ지本郡支會所謂一等總代로特出ᄒᆞᆫ林成浩之行爲를관之컨딘賴國安民은姑捨ᄒᆞ고世界各國에所無ᄒᆞᆫ行爲를敢行ᄒᆞ며村閭殘氓을虐視ᄒᆞᄂᆞᆫ게시官吏보담萬倍나尤甚ᄒᆞ니會之目的이果皆如此면自取之患이不遠故로本郡支會에自退請願ᄒᆞᄂᆞᆫ者가多多ᄒᆞ다ᄒᆞ엿더라

●照請禁斫　農商工部에서利原郡報를因ᄒᆞ야軍部로報告ᄒᆞ기를北靑郡駐箚守備隊中으로該郡所在南北松田中限三千株松을斫運ᄒᆞ깃다고ᄒᆞ니現今各郡森林을勸種禁斫ᄒᆞ야務圖蕃茂ᄒᆞ고俾無赭濯케ᄒᆞᆷ은係是時務上기重이라該守備隊之擅藉公文하고無難斫運이甚所駭歎이니急速交涉于日本軍司令部하야使之轉飭該隊하야嚴禁斫伐케하라하얏더라

●訓捧學費　學部에서警務顧問에訓令하기를各學校退學員이頗多하야紊亂校規이기依規則하야학費를推朔捧還之意로業已訓飭이거날至우屢朔에尙無如何之報明이며又無學費之捧納이기茲又訓令하니該額을刻即收捧以랍하야無至延滯之弊케하라하얏다더라

●蘭亦鼻酸　昨日水標橋下川邊에何許新生兒를盛於竹筒하야抛棄ᄒᆞᆫ지라川邊居民중先見者意欲漂流於川水하야將擧川中ᄒᆞᄂᆞᆫ딕左右會集者數百名이莫不掩面唾罵하더라

本社廣告

中報價
一張代金 新貨二錢五里
一箇月前金 三十錢
三箇月 九十錢
六箇月 一元七十錢
一箇年 三元四十錢
郵稅一朔 新貨五里 一朔 十三錢

廣告料
四號活字十二字行
每日每廣尺一寸에新貨[illegible]
(每日每行에大韓[illegible])
二箇日에 二圜五十[illegible]
(每日每行圜錢五里에[illegible])
一箇月에 五圜
(每日每行圜錢一里에[illegible])
其期限의長短과字行의多少를依ᄒ야增減홈이有홈

◎本社地方各處支店廣告
仁川栮峴開新冊肆 李康萬
平壤南山峴日新學校 金興潤
[illegible]
宣川邑橋西 安濬
義州南門外韓西大藥房 [illegible]
長連邑 金[illegible]
鎭南浦藥鋪 金仁[illegible]
咸興州南社 曹嘉林
中和邑 李[illegible]
釜山佐川[illegible]藥房 金[illegible]
開城北部梨井里[illegible]洞[illegible]校副校長 姜助[illegible]
大丘郡 達城廣文社

發行兼編輯人 英國人裴說
發行所 京城北署[illegible]坊[illegible]洞[illegible]外[illegible]
大韓每日申報社

第四卷

大韓每日申報
대한매일신보

第二百六十四號

月曜及慶節 臨時休刊

檀君開國四千二百三十九年
箕子元年三千二十八年
大韓開國五百十五年
日本 明治三十九年
淸國光緖三十二年
◉陰曆丙午五月小十六日壬子

論說

統監府

擅任統監을日本이常欲仍置ᄒᆞᄂᆞᆫ誤解가果有ᄒᆞ니日本報紙上記述이或爲其指導인된現今施行ᄒᆞᄂᆞᆫ日本臨時政策이似將至困難地位ᄒᆞ리로다

日昨統監府에셔四五員司法官을擇任ᄒᆞ얏스니韓人及本記者所見에ᄂᆞᆫ但自國人民을對ᄒᆞ야彼有裁判權인줄確然ᄒᆞ나日本新報ᄂᆞᆫ甚有異見이라(아사히)新報ᄂᆞᆫ聞此傳說ᄒᆞ고幻實情而量度ᄒᆞ되此新任法官이自國人民以外에他人民도關係ᄒᆞᆷ이라ᄒᆞ야如左過張을陳述ᄒᆞ얏스니

吾人이對此韓國內司法新規ᄒᆞ야認之以未滿이니此雖美於古나倫一可歎은在韓日民이本國法律과同一基礎ᄅᆞᆯ未得ᄒᆞᆫ거시라余輩所知에此司法制度의綱領이關係日本人民이오各國領事裁判權을撤退以前에必有所修正이어니와其間에ᄂᆞᆫ治外法權이但存虛名ᄒᆞ리니關係列强의整理ᄅᆞᆯ不帶ᄒᆞ고此ᄅᆞᆯ施行ᄒᆞᆷ이必要ᄒᆞᆯ지此乃一件問題로다ᄒᆞ앗더라

因此同一向問題ᄒᆞ야萬朝報의陳述이亦有ᄒᆞ니法國保護地튜니스에셔伊太利가領事裁判權撤去ᄒᆞ기ᄅᆞᆯ拒絶ᄒᆞᆫ事實을引用ᄒᆞ야韓國內에俄國이伊太利의行跡을復蹈ᄒᆞᆯ가恐怖ᄒᆞᆷ으로此報가量度ᄒᆞ되日本司法의功績이廣得公認하기ᄭᆞ지ᄂᆞᆫ領事裁判權讓棄하기ᄅᆞᆯ列國에公式開議ᄒᆞᆷ이不可라ᄒᆞ며且若至失敗면英國之於埃及과如히合成裁判이惟一採用件이라ᄒᆞ얏더라

此等報筆이本以誤說記載ᄒᆞ고且如此飾言ᄒᆞ니此亦過失을論正ᄒᆞ기에無意어니와近日所遇事ᄅᆞᆯ觀之컨ᄃᆡ日本이韓淸露及列國의게許諾ᄒᆞᆫ거ᄉᆞᆯ破棄ᄒᆞ며前者宣言을不顧ᄒᆞ고此國內에惟從其欲進行ᄒᆞᆯ거ᄉᆞᆯ可信이라(아사히)報의意思가違理ᄂᆞᆫ依例나此乃日本人民意思의代表라統監도亦採用此意ᄒᆞᆫ거시確然ᄒᆞ나後將起弄嘲ᄒᆞ리로라

官報

●號外 光武十年七月九日

◉宮廷錄事

詔曰命宮內府特進官閔泳奎爲嘉禮都監都提調

詔曰命內部大臣李址鎔宮內府特進官李乔榮禮式院掌禮卿金思轍爲嘉禮都監提調

詔曰命典선司提調金炳翊爲宮內府特進官禮式院禮式卿李容泰兼任典선司提調

詔曰揀擇尹澤榮女叅奉金哲洙女前教官沈鍾燦女副詹事成健鎬女叅奉徐相奉女參奉朴珪緖女叅書官朴熙陽女再揀擇入之其餘幷許婚

以上七月四日

辭令

禮式院禮式卿 李容泰
兼任典선司提調
奉常寺典事 朴宗玗
六品 閔容植
仝 沈晥澤
仝 丕範夏
仝 李淵哲
仝 嚴柱萬
命 嘉禮都監郞廳

以上七月四日

◉宮廷錄事

●三千四百九十八號 光武十年七月六日

詔曰前後以請칙宮禁一事屢下勅諭而久輒懈弛終歸文具以致淆雜是豈尊嚴乎從今以後雖有實職而如非公事無得汗만出入至於無實職之人雖曾經六官如非召命勿許進宮其外閒散之輩若有無常出入如前犯科者直行拘拿定罪之意令主殿院及警務廳嚴立規條恪遵施行

光武十年七月三日

詔曰叅領李敏和課薦人才數損國體尙饒姜錫鎬從中周旋頗多爽實究厥罪狀俱極痛駭幷爲先免本官令法部拘拿懲辦

光武十年七月三日
議政府參政大臣朴齊純

詔曰奉審閣臣入侍

七月三日

◉敍任及辭令

陞四級俸 表勳院技師金鼎植
陞四級俸 議政府參書官李建春
陞六級俸 議政府參書官金重연

以上六月二十九日

依願免本官 侍從院奉侍李圭담
依 免兼任禮式院掌禮 秘書監丞李範喬
兼任禮式院掌禮 秘書監丞申一均

以上七月三日

外報

●德使照會 北京電을據ᄒᆞᆫ則駐청德國公使ᄂᆞᆫ外務部로向ᄒᆞ야山東에ᄂᆞᆫ德兵을撤退ᄒᆞ면叢徒蜂起ᄒᆞᆯ貌樣이有ᄒᆞ니巡撫의게命令ᄒᆞ야嚴重히德國人民을保護케ᄒᆞ라고照會ᄒᆞ얏다ᄒᆞ더라

●俄帝對淸國大臣 淸國出洋大臣端、載、兩尙書가淸廷에報ᄒᆞ야日俄帝씌셔該兩尙書에게對ᄒᆞ야日淸國이立憲政體로改定ᄒᆞ라ᄂᆞᆫ議가有ᄒᆞ다ᄒᆞ나실重히做去ᄒᆞ야騷擾ᄅᆞᆯ勿招ᄒᆞ라ᄒᆞ고又曰俄청兩國의交際ᄂᆞᆫ古來로他國에比ᄒᆞ면親密ᄒᆞᆯᄲᅮᆫ아니라又其地勢及他關係도亦他國에比하면親密하더니近來兩國의情誼가跡通치못하야有時로誤解ᄒᆞᆷ이特其遺憾이라俄國은原來平和로써主義ᄅᆞᆯ삼고決코他國은侵略ᄒᆞᆯ野心이無ᄒᆞᆫ則華須兩國人員이今後協同ᄒᆞ야大局을保全ᄒᆞ야他國의野心을防遏ᄒᆞ기ᄅᆞᆯ조하얏더라

●太연習閱兵 淸國練兵處에셔今秋南北洋陸軍秋季大演習閱兵大臣으로直隷總督袁世凱湖廣總督張之洞兩氏ᄅᆞᆯ簡派ᄒᆞᆷ을奏請ᄒᆞ얏다더라

●南阿叛亂 南阿나다ㅣ루의산ㅣ루ㅣ란도에在ᄒᆞᆫ軍事的形勢ᄂᆞᆫ危變을增加ᄒᆞᆷ이有ᄒᆞ고土民의叛亂은日日各所에蔓延ᄒᆞᆷ으로英國은目下印度軍으로增援ᄒᆞ나더라

●英國의地震 去二十九日英國우에루스及子로이둔地方셔地震이有하다더라

●兩帝會見 英國皇帝에도와도陛下씌셔ᄂᆞᆫ來八月에墺帝요셰후陛下로訪問ᄒᆞ실터인故로마리엔바도湯治ᄂᆞᆫ其際에될豫定이라더라

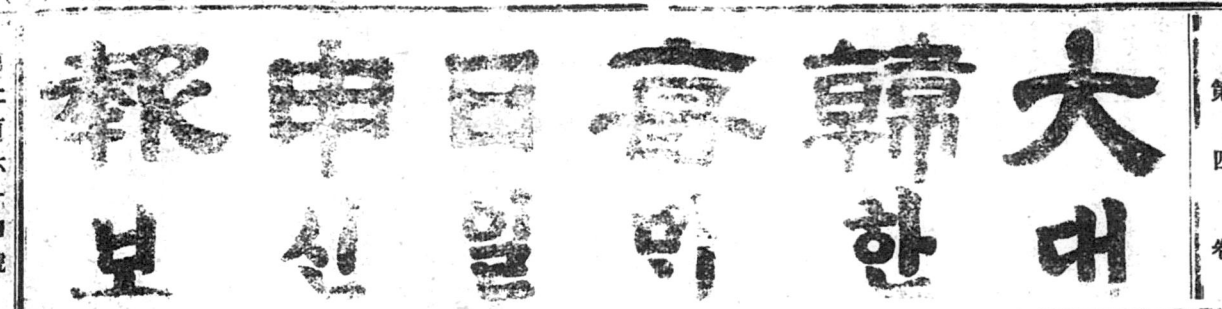

●英德法伊의富饒 英國의收入은每年에年均百八十億元[illegible]은七十億元又英國의資本額은八百五十億元이니法國에倍오伊國의四倍오又四十萬元[illegible]가英國에ᄂᆞᆫ三萬人法國은一萬五千人德國에ᄂᆞᆫ一[illegible]伊國은一千五百人이더라

雜報

●玉膳不御 韓皇陛下계옵셔去月晦日夜에伊藤侯 陛見ᄒᆞᆫ後日兵巡이闕門을把守홈으로부터水剌玉膳을不御ᄒᆞ신다니所謂大官輩ᄂᆞᆫ擧皆安穩善飯ᄒᆞᄂᆞᆫ지主辱臣辱ᄒᆞ고主辱臣死之義ᄂᆞᆫ彼賣國賊臣輩의게責望ᄒᆞᆯ비無ᄒᆞ거니와忠君愛國的思想이有ᄒᆞᆫ이ᄂᆞᆫ皆忘寢廢食ᄒᆞ고涕泣不已ᄒᆞᆫ다더라

●趙相辭遞 議政大臣趙秉鎬氏ᄂᆞᆫ再次辭職疏를奉呈ᄒᆞ야遞任되고特進官을被命ᄒᆞ얏더라

●政府會同 昨日上午十二時에政府에會同面商ᄒᆞᆯ事이有ᄒᆞ다ᄒᆞ야參政大臣이各部로知委ᄒᆞ기를非有實病故라도期圖齊會케ᄒᆞ라ᄒᆞ얏다더라

●各大致賀 再昨日政府各大臣이相議ᄒᆞ고參贊李商在氏를總代로定ᄒᆞ야政府在處에派送ᄒᆞ야政府大係之誼를致賀ᄒᆞ얏다더라

●裁下奏請 移民礦山兩條例를統監府上奏ᄒᆞ얏더니宮內府에留中ᄒᆞ고尙未裁下ᄒᆞ신지라統監府에셔ᄂᆞᆫ政府에交涉ᄒᆞ야即爲頒布홈을火督ᄒᆞᆫ故로昨日政府에셔奏稟ᄒᆞ야即爲裁下ᄒᆞ심을伏請ᄒᆞ얏다더라

●待遇無別 處分을更下ᄒᆞ사今此議政大臣과各大臣의親任은與同是勅任으로有異ᄒᆞ니待遇가別無區別이오依前總理大臣例ᄒᆞ야各大臣을任命ᄒᆞᄂᆞᆫ例가自有ᄒᆞ다ᄒᆞ오셧다더라

●警務教習 內部에셔各地方警務署巡檢의教習ᄒᆞᆯ規則을十一條로編成ᄒᆞ야部令으로頒布ᄒᆞᄂᆞᆫ듸其教習職務ᄂᆞᆫ摠巡과權任이擔當ᄒᆞ고修業期限은二箇月로定ᄒᆞ얏다더라

●議政泣下 議政大臣趙秉鎬氏가東門外에留宿홈으로各勅奏官이前往致賀ᄒᆞ얏더니趙議政이默然良久에泣下曰老物이日前病恙에更爲回甦ᄒᆞ야又添朝廷ᄒᆞ니現今國勢에如此身世가莫知所措라ᄒᆞ얏다더라

●雇金合筭 農商工部에셔外國人雇용案을據ᄒᆞᆫ則礦業技監巨智部忠承氏以下十三人의月俸與家舍費가每朔合計二千六百六十圜式이더라

●摠裁新任 輔國閔泳徽氏가表勳院摠裁를被任ᄒᆞ얏다더라

●皇室費決定 現今皇室費가每朔十五萬圜인듸其중에셔宮내大臣以下官吏及所屬掖庭五千餘名月給을排給則 皇室實費가不過二三萬元이라爾淸宮禁調查所에셔此에方便을相議中인듸宮掖에半折半을減額하야七萬餘元으로頒給케하고 皇室實費를七萬餘元으로封進케ᄒᆞ자하야以此決定ᄒᆞᆯ터이라더라

●警顧入室 警務顧問部를內部廳舍前惠民院으로設立ᄒᆞ얏더니處所가狹窄ᄒᆞ다ᄒᆞ야內部大廳北邊前庶務課文書課治道局三處所를他處로送ᄒᆞ고昨日移去ᄒᆞ니可謂升堂入室이라하더라

●警務擴張 내部에셔各地方警務를擴張ᄒᆞ기爲ᄒᆞ야道에一署를置ᄒᆞ고分署下에分派所를置ᄒᆞᄂᆞᆫ듸各郡에또一二處或三四處式分排設置ᄒᆞ기로磨鍊하야日間其位實를頒布ᄒᆞᆫ다더라

●내듸臣兼任 前表勳院摠裁閔丙奭氏ᄂᆞᆫ侍從卿에내듸臣을兼任하얏다더라

●地段價理由의質問 內部大臣이昨年에軍司令部와交涉하야京城平壤義州三處日本軍用地段價를二十萬元에結價ᄒᆞ야民間에出給홈은世人이知了ᄒᆞᄂᆞᆫ바어니와平壤人民이內部에呼訴ᄒᆞ기를日本軍用鐵道段收用外에加占事를當該官에交涉ᄒᆞ야撤廢케ᄒᆞ라홈으로內部에셔政府로照會홈이該府에셔統監府로轉照ᄒᆞ얏더니統監府에셔政府로照復ᄒᆞ기를該軍用地段定界ᄂᆞᆫ昨年分에李內大가長谷川大將과交涉ᄒᆞ야內部에셔教師를派送定界하고內部大臣呼價로二十七萬元을越送了勘이어ᄂᆞᆯ今此撤廢事가是何經緯이며內大之受訴行文이是何設覺乎아今不可變通이니以此辦理ᄒᆞ라ᄒᆞᆫ지라政府에셔昨日내部로公文ᄒᆞ야其如何理由를質問ᄒᆞ얏다더라

●輪直講究 昨日에朴參政이出席하고各대臣을請會하얏ᄂᆞᆫ듸該議案은내政府에윤直方便을講구홈이라더라

●治道槩算 平壤鎭南浦元山全州羣山大丘慶州延日間과木浦光州間에道路를修築ᄒᆞᆯ터인듸該役費ᄂᆞᆫ一百五十萬元으로概算하고내部治道局에셔主管ᄒᆞᆫ다더라

●入直亦爲未安 各大臣이내政府에輪回入直ᄒᆞ라신處分이屢下ᄒᆞᆷ은已往記載하얏거니와直所ᄂᆞᆫ即至密咫尺인듸日昨에某대臣이直次入闕則其保護하ᄂᆞᆫ日巡查가隨入홈이日憲兵이亦爲尾入하ᄂᆞᆫ지라侍御所咫尺에日憲派守가되爲未安하야諸대臣이不爲入直으로惶悚處分을冒犯ᄒᆞᆯ지라도不可入直이라하고闔不直宿하얏다더라

●義王請認 義親王殿下계옵셔農商工部대臣權重顯氏의게親耕至龍川安州等地陳荒開墾處를某人에게認許하라고囑託하옵셧다더라

●逃躲擠保 誤薦人材에從中周旋하야頗多爽實ᄒᆞᆫ奉시姜錫鎬를日憲兵이搜索중인듸尙在宮내라하야統監府에셔 宮내府와直接交涉하기를即不出給하면 宮내를直行搜索ᄒᆞᆫ다홈으로李宮相이方在困難中인듸逃躲不在홈을擔보하얏다더라

●警官시取 내部警務局에셔地方警官을시取ᄒᆞᆫ다홈으로其取才에應시ᄒᆞᆫ者摩拳擦掌하야시日을苦待하ᄂᆞᆫ人이不下數百名인듸警務官과摠巡에合格ᄒᆞᆫ者가먼저謂爾書를提呈ᄒᆞᆫ後에應시케ᄒᆞᆫ다하니以何方法으로시取ᄒᆞᆯᄂᆞᆫ지刹觀下回而更揭하깃노라

●兄不聽弟 京畿觀察李根洪氏ᄂᆞᆫ兄弟兩觀察使가太爲過分이라하야一관察은圖遞次로上京하얏다ᄂᆞᆫ듸其兄根湘氏ᄂᆞᆫ萬萬不聽하고陰本月二十二日赴任할程次로預定하얏다더라

●財政概算 本年度總預算額은歲入이八百五十萬元인듸歲出額增加ᄒᆞᆫ理由ᄂᆞᆫ警務내務農務土木等費用에借款을因하야라歸正되얏고現今外債가一千三百萬元이니來年度에本年派遣相換ᄒᆞᆯ條件이九十萬元計筭이라더라

●醜說一例 내듸李址鎔氏ᄂᆞᆫ郡守奏本時에納賂醜說은每有하나雖以隨聞輒記이더니日間奏本도過去와如히醜說은依例之事라고하ᄂᆞᆫ듸居間運動者ᄂᆞᆫ李鍾喬氏라하더라

●張氏割頰 元港來人의說을聞ᄒᆞᆫ則該地居張氏女子가出嫁ᄒᆞᆫ지未及十年에喪夫無子하되守節自誓하야親家族人의게依托以居러니該族親이苦力勸改適ᄒᆞᆫ則答曰男子의無二君하고女子의無二夫ᄂᆞᆫ人倫의常經이니吾雖薄命而至比나殉不易心이라吾之紅顔이吾之讎也라하고因而執刀割頰하니古昔曾令女의割鼻守節貞操ᄂᆞᆫ張氏가有焉이라고人皆稱歎ᄒᆞᆫ다더라

●朴氏不參 洪州事變에被死ᄒᆞᆫ參務官송奎興氏屍體ᄂᆞᆫ已爲出葬이라하더니聞因相値하야尙今停止라가昨日에發靷하얏ᄂᆞᆫ듸該廳一般官吏가會往右家하야路上致祭하고隨行至獨立門外送柩하ᄂᆞᆫ듸警務使朴承祖氏ᄂᆞᆫ拘忌하ᄂᆞᆫ事이有하야未得同參이라더라

●崔冤史訴 振威道二西面道里居崔成元親塚側一步之내에同郡居金元明이가渠兄與嫂를暗葬하고本郡守白南奎氏와符同하야崔塚을平葬이라날壓하고掘去하얏ᄂᆞᆫ듸崔哥가不勝冤極하야平理院에呈訴하고其指令을관察府에付하얏더니金哥ᄂᆞᆫ照律치아니하고崔哥를嚴杖하니崔哥가更訴于平理院하얏다더라

●旅費先撥 南大門外沿江各處人民의家室及調查一事ᄂᆞᆫ府員을行將派遣踏查인즉其勢必久矣라該員旅費二百七十圜을爲先撥下ᄒᆞ라고漢城府尹이內部로報告ᄒᆞ얏다더라

●仁校卒業式 沃川郡仁明學校ᄂᆞᆫ前관察使金命洙氏가設立ᄒᆞᆫ거신듸五月廿四日에卒業式을行홈이遠近紳士를請邀하얏ᄂᆞᆫ듸卒業生은六人이라더라

東京電報

●浦鹽歸客談 七月五日午后一時發
猶太人은白晝強掠을勸ᄒᆞ야官民의被害者多ᄒᆞ고革命騷動으로因ᄒᆞ야合爾賓에셔死刑에處ᄒᆞᆫ者六百人餘라더라

●博覽會決議 仝上
今回東京에셔開ᄒᆞᆯ博覽會ᄂᆞᆫ官設노되고其敷地ᄂᆞᆫ四十萬坪이오萬國博覽會로ᄒᆞᆯ事로議決ᄒᆞ얏다더라

雜報

●論移民條例　自解生

今番에統監府에서移民條例二十一條를提出ᄒᆞ얏ᄂᆞᆫ디我韓二千萬同胞中에셔疑懼를生ᄒᆞ야或은我韓民族을樺太島北海島로驅逐ᄒᆞᆫ다ᄒᆞ며或은太平洋無人島로驅逐ᄒᆞᆫ다ᄒᆞ야一口唱聲에萬口傳播ᄒᆞ야旬日之間에全國이騷擾ᄒᆞ니其悲慘之情은不可形言也로다然이나以余思之컨디同胞中에셔此條例를誤解ᄒᆞᄂᆞᆫ듯ᄒᆞ도다

此條例의精神은日本이我韓民族을海外에移殖ᄒᆞᄂᆞᆫ거슬希望ᄒᆞᄂᆞᆫ거시아니고도리여制限妨害ᄒᆞᄂᆞᆫ거시라何故也오我韓民族이米國布哇及沿海等地에渡去ᄒᆞ야獨立精神을涵養ᄒᆞ며自由空氣를呼吸ᄒᆞ야國民的資格을鍊成ᄒᆞ야가지고歸國ᄒᆞ게되면愛國性이自發ᄒᆞ야國權回復ᄒᆞ기를血心圖之ᄒᆞ리이

如此之境則日本의化韓歸日政策에大端히障害가되ᄂᆞᆫ故事生之前에預防ᄒᆞ기爲ᄒᆞ야如此ᄒᆞᆫ政策으로써我韓政府에該條例를提出ᄒᆞᆷ이라此斷案을下ᄒᆞᆷ에有力ᄒᆞᆫ證據ᄂᆞᆫ

第五條에在ᄒᆞ도다保證金一萬元을奉納ᄒᆞᆫ后가아니면移民處辦人이營業을開始ᄒᆞᆷ을得지못ᄒᆞ고또保證金額은農商工部大臣이增減ᄒᆞᆷ을得ᄒᆞᆫ다ᄒᆞ나此ᄂᆞᆫ移民處辦人의營業을制限ᄒᆞᆷ에奇妙ᄒᆞᆫ術略이다

或은此條例를指ᄒᆞ야韓國移民勞動을保護코ᄌᆞᄒᆞ여恩政을施코저ᄒᆞᆷ이라고解釋ᄒᆞᆫ同胞가有ᄒᆞᄂᆞᆫ지도知ᄒᆞᆯ수無ᄒᆞ나以余思之컨디此ᄂᆞᆫ保護條約과又치表面에勞動者保護로名義를삼고內面으로我韓同胞의獨立思想을養成ᄒᆞᆷ을妨害ᄒᆞ기爲ᄒᆞ야如此奸策을行ᄒᆞᆷ이라

二千萬同胞여此條例에對ᄒᆞ야風聲鶴唳로너무驚懼ᄒᆞ지말고國家善後之策을講ᄒᆞ야有資力體力者ᄂᆞᆫ더옥海外各文明國에航渡ᄒᆞ야될수잇ᄂᆞᆫ디로資金도儲蓄ᄒᆞ고國家思想도養成ᄒᆞ야가지고本國에歸ᄒᆞ야獨立權回復ᄒᆞ기를血心祝之ᄒᆞ노라

●靑學試驗　尙洞靑年學院에서夏期試驗을行ᄒᆞ야年級을賜ᄒᆞ야上午班은二十八人이오下午班은八人이라上午班一等은金永烈二等은李聖澤三等은李鍾韶오下午班　等은俞萬兼二等은俞文鉉三等은李容德諸氏인디吳聖根金윤영梁在先諸氏가物品을寄付하고敎師諸氏가施賞ᄒᆞ얏다더라

●新校試驗　日昨下午八時의私立維新學校의셔夏期試驗을經ᄒᆞ얏ᄂᆞᆫ디一般學徒가多數來參ᄒᆞ고校長校監贊成長等諸氏來臨ᄒᆞ야試驗放學禮式을畢了ᄒᆞᆫ後校長韓駿鎬氏가各種書冊物品을施賞ᄒᆞ고因以散會하얏ᄂᆞᆫ디其優等生의姓名이如左ᄒᆞ니甲班優等黃永秀安炳致金成九韓宇錫等諸氏오乙班優等李珠錫安鍾洋崔浚晟趙熙信等諸氏라더라

●開進改良　東亞開進敎育會評議副長片淵琢氏가該會敎育目的을伊藤侯의게說明ᄒᆞᆷ미伊藤侯가此를贊成ᄒᆞ야會務組織을一新改良ᄒᆞ야擴張實施키로準許ᄒᆞ얏다더라

●權氏贊校　中署中谷居陸軍參尉權允植氏가敎育注意로光明學校를出義設立ᄒᆞᆷ은世所共知어니와同氏가各道各郡의有志紳士들이設校興學ᄒᆞᆷ을聞ᄒᆞ면輒欲一見贊成ᄒᆞ더니忠州府敎明學校에往ᄒᆞ야校務의興旺과學徒의發達과各班敎授의勤孜ᄒᆞᆷ을歡喜讃祝ᄒᆞ고또연說로勸勉ᄒᆞ얏다더라

●釋犯被囚　平壤豐慶宮巡檢金仁煥이自外로締結平民金元實ᄒᆞ야私鑄罪人의게機械三箇銀水二甁及私錢三百五　兩을奪來ᄒᆞ고錢五百兩을討索ᄒᆞᆫ後犯罪人은放釋ᄒᆞᆫ事가現發하야該道警務署에被囚가되얏다더라

●兩倅減俸　全羅北道金堤郡守李時宰氏와[illegible]南道海南郡守李斅愚氏가俱以檢官違法事로法部에서內部로照會請懲事ᄂᆞᆫ已揭前報而內部에서該郡倅으로李時宰氏ᄂᆞᆫ二旬日이오李斅愚氏ᄂᆞᆫ一箇月減俸에處ᄒᆞ얏다ᄒᆞ더라

●送金陵大垣丈夫之西京序

南崇山人張志淵

余嘗東遊日本聞有大垣丈夫君東華豪傑士也夙抱經綸之利器不局局於小安故與世寡合惟時政民黨皆銳意急進鶩淺近利少遠大識君獨慨然以韓日淸三邦聯盟認爲東洋之保全展獻策於當途皆齟齬無所遇乃慨慨倡同志者組織對韓研究會講求永遠平和惜其志不行也於是時余求見如渴忽忽未之遂得其擬上疏一篇有以徵君之志矣今年春君忽訪予於皇城之社寓傾吐肝膽一見歡然若平生盖聲氣之感不以海外而有間也但言語相殊譯以聞之或筆以替之由是多不能暢其衷然猶時相往來每古今其於內外得失時局痾病暨夫政治法律經術文章靡不洞究貫徹雄辯滔滔滿座傾聽方其酒酣意適曠然磊落英氣勃勃乎眉宇之間君洵東方之奇傑也於是闔君之風者日造館門之戶外屨常滿君皆待之歡恰坦夷無涯岸

然君日本人人猶疑君而不挈然曰彼豈爲我者夫疑固應爾也予以爲大垣君之爲韓謀非爲韓而不顧日也韓之人之明曉之施政之新皆曰之益也日共立而相仗日亦得保其永遠大利君之爲韓謀則所以自謀者也特不取近利欲圖遠大之益故人未之察耳豈有孤立而能長久者哉

今君將往遊西京西京檀箕句麗故都年前君嘗遊覽其間是其江山樓臺之壯南井舟楫之盛人物之殷富笳鼓之繁華思念爾遊今又再往然自此年來戰役頻煩瘡痍日其深城市村落皆蕩然掃地恐非復曩昔文物十年之間人事之變遷如是夫嗇壯奚足恃哉君시上練光之亭滿酌紅露之酒瞰洋洋乎浿水之西流則亦豈無支都之遺感乎雖然其山河蓄靈往往產料奇落魄者君其訪諸屠市有長歌而痛哭者乎有酒酣而相泣者乎君於此其必有所遇者夫

廣告

本號新開專做男女各色洋服幷由上海運來各種細이毛를一切表餙局唱件件精全伏望貴士女迅即來購爲幸

西小門內榮泰男女洋服商號

●刑法大全 一帙定價金 新貨六十錢

牧民心書 一帙 一圜二十五錢
耳談續纂 一冊 七錢五里
溫故知新堂叢鈔 七錢五里
父師必讀小學指南 七錢五里
人工養蠶鑑 一冊 十五錢
萬國地誌 三冊 一圜
農政新編 五十錢
法學通論 一圜
尺牘完編 一圜五十錢
大韓地誌 七十五錢

發賣所 布屛門下金相萬書舖 大韓每日申報社

鍾路布廛後開豐局主人進士會來氏가本人의게傳授ᄒᆞ야仁港杻峴에移設ᄒᆞ고高明醫術朴準榮氏와同事ᄒᆞᄂᆞᆫᄃᆡ繼嗣丹과水眼藥과珊瑚紫金膏와小兒痛氣에鎭痛散과驚癎에軟硬散과癰痔丹痔疾方秘傳膏酒良等神效藥品이多有ᄒᆞ오며貧寒의게ᄂᆞᆫ無價酬應도ᄒᆞ오니勿論某病ᄒᆞ고來問ᄒᆞ시옵

仁港杻峴 開豐局主人 송智仁 告白

一 ……濃縮牛乳
一 ……濃縮牛乳
一 ……家用氣化乳酪
一 ……
濃縮……
大韓仁川港
洋行

九轉靈砂라 本人이妙方妓를神備하야製造ᄒᆞᆫ靈丹인ᄃᆡ男女老少에無論何症ᄒᆞ고通治ᄒᆞ오며無病時에도服ᄒᆞ면平生의身體가健康ᄒᆞ며小兒ᄂᆞᆫ四五歲로만服ᄒᆞ면十歲안에無病ᄒᆞ기를擔保ᄒᆞ오며

●九轉靈砂萬應丹은癲狂 癎症과中風諸疾과耳目諸病과淋疾에神効ᄒᆞ오

●九轉靈砂保命丹은初生小兒 驚風 癎氣 咳嗽 腹痛諸般惡과婦人帶下症에神効ᄒᆞ며

●九轉靈砂濟衆丹은酒滯 食滯 血積 吐瀉 霍亂 痢疾 吐血 下血 運氣 時疾 痁症에神効ᄒᆞ오

●九轉靈砂紫金丹은痔漏 瘰癧 上疳瘡 下疳瘡及唐瘡과諸般毒瘡惡瘡에無不神効ᄒᆞ오니 僉君子ᄂᆞᆫ來問ᄒᆞ시오

內需司前두갈이골上隅第一家 李晦廷 告白

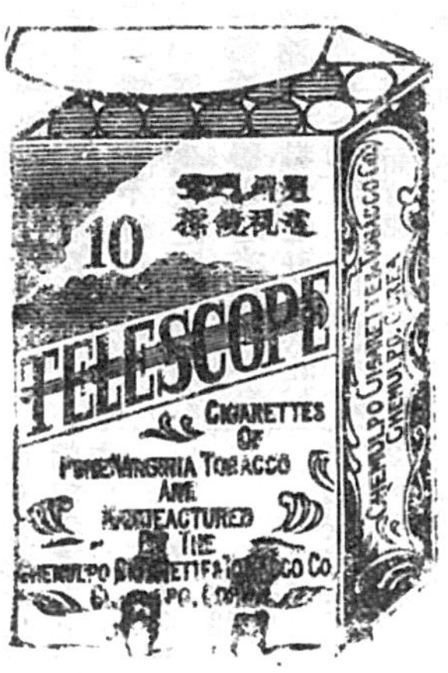

以上三種은上品으로製造ᄒᆞ야衛生上에至極有益ᄒᆞ니毋論某人ᄒᆞ고本에家ᄒᆞᆸ

大韓帝國仁川港

……紙卷烟及……會社

本社廣告

申報價
一張代金 新貨二錢五里
一箇月前貸 三十錢
三箇月 九十錢
六箇月 一元七十錢
一箇年 三元四十錢
郵稅一朔 新貨五里
一朔 十三錢

廣告料
四號活字十三字에
每日每英尺一寸에新貨廿五錢
(每日每行에大韓에相當홈)
一週日에 二圜五十錢
(每日每行圜韓五里에相當홈)
一箇月에 五圜
(每日每行圜韓一里에相當홈)
其期限의長短과字行의多少를依ᄒᆞ야增減홈이有홈

◎本社地方各處支店廣告
仁川杻峴開新冊肆 李東圭
平壤南山峴日新學校 金興潤
崔敍恒
宣川邑楊西 安濬
義州南門外韓西大藥房 張有寬
長連邑 金鎬
鎭南浦築洞 金仁직
咸興州南社 曹喜林
中和邑 李俊鏞
釜山佐川徐藥房 金瀧
開城北部梨井里祥洞居培義학校副校長 姜助遠
大丘郡 達城廣文社

發行兼編輯人 英國人裴說
發行所
京城北署……坊……洞……
大韓每日申報社

第四卷

大韓每日申報
대한매일신보

第二百六十六號

月曜及慶節歲時日休刊

檀君開國四千二百三十九年
箕子元年三千二十八年
大韓開國五百十五年
日本明治三十九年
淸國光緖三十二年
◎陰曆丙午五月小十八日癸丑

論說

賀各種雜誌之發行

韓國文化之進步가頗有敏速發達之機焉이로다自本館開設以來로各處學校設立之報가無日不至ᄒ더니此其文化進步之一大基礎也오至於近日ᄒ야ᄂ各種雜誌之發行이接武而起ᄒ야彬彬有可觀焉ᄒ니此豈非文化進步之津筏耶아

擧其種類而言之컨ᄃ曰數理學雜誌와曰家庭雜誌와曰朝陽報와曰大韓自强會月報等이是也라數理學雜誌ᄂ靑年學院의高明ᄒ士子가數學과理學을發揮著述ᄒ야從其讀者로不煩師授ᄒ고便可自解케ᄒ이오家庭雜誌ᄂ一般婦人의學問을授與ᄒ고家庭敎育의根基를준備홈이오朝陽報ᄂ韓日兩國학士等이合ᄒ야著述ᄒ야時事의肯綮과敎育의必要와婦人의必讀이無不該焉ᄒ고大韓自强會月報ᄂ該會目的으로以ᄒ야敎育과實業의增進을獎勵ᄒ야發明演述ᄒ고闡導勸勉ᄒ야能使國民腦髓에自强的思想을灌注코져홈인ᄃ不過數月之內에四種雜誌가相繼而作ᄒ니可不謂敏速乎아以此觀之면韓國人士의高明ᄒ志趣와博洽ᄒ學問과激烈ᄒ心血이實로他國人士의게退後ᄒ바無ᄒ도다此等著述家의爲國民前導者가固未嘗缺乏焉則自此國民之進於開明이自有餘師矣니 不可賀哉아

然而未可知者ᄂ一般人士가對此種書類之發行ᄒ야購覽愛讀者가將至幾許多數일ᄂ지若其愛讀者가不免星零ᄒ야使此等著述之事業으로至於半途而廢케ᄒ면韓國前途ᄂ終是暗昧世界오迷劣人種으로決不能自存於競爭時代矣니寧不懼哉아是以로彼開明國民은曰寧可一日不食이언정不可一日不見新聞이라ᄒ나니今日韓國人民이果有如此기罷乎아吾儕ᄂ以此雜誌事業之進退로卜此國家文運之隆替ᄒᄂ니惟願韓國人士ᄂ愛此新發雜誌書類를如飢渴之於食飮ᄒ야不容一日之釋手則知識이由是而開發ᄒ고業務가由是而增長이니不惟自身上利益이增其百倍라抑亦爲國家獨立之株與矣니此蘊ᄒ弁之可寶가豈徒尺珠玉之比哉아大韓同胞ᄂ勉之勉之어다

官報

●號外 光武十年七月六日

◎宮廷錄事

●政府議政大臣[illegible]秉鎬辭職疏

批旨省疏具悉卿懇卿之復申日者前席之言方有所施措卿官益子啓沃裨補之策克圖開濟艱棘而乃有此需章之若至誠甚滋惑莫曉其義也輔相之職其負荷之重果何如既不可辭然而忝之亦不可遽然而辭之況且今時尤有異於平昔無事之日乎若使纔授而便去其將孰與爲理此朕之所思不得而卿亦解說不去職也惟卿視官有 論道經邦不必苛察於簿書行墨之間則亦固何害而固請如是所辭中議政之任今於勉副卿其諒之事遣秘書郎傳諭

七月五日

●三千四百九十九號 光武十年七月七日

◎宮廷錄事

禮式院掌禮卿金思轍謹

奏

皇太子妃初揀擇今已過行而嘉禮時應行諸事預設都監然後勢將及期舉行嘉禮都監堂上郞廳令宮內府差出何如謹上

奏

光武十年七月四日奉

旨依奏

시從院卿閔泳徽辭職疏

批旨省疏具悉病姑難强職豈幷解所帶시從卿之任依施

七月五日

◎敍任及辭令

陞五등俸
平安南道觀察府主事朴寅錫

陞七등俸
慶尙南道觀察府主事朴麟柱

以上六月三十日

陞二등俸
內部警務局長俞星濬
內部參書官嚴錫祚 仝 吳在豐

陞六등俸

陞四등俸 內部技師沈宜碩

陞七등俸 내部參書官송之憲
仝 石鎭衡

陞七등俸
내部治道事務官洪在箕

以上七月五日

命宮내府特進官敍勅任官二等
典膳司提調金炳翊
宗簿司主事金성鎭
尙方司主事高羲中

依願免本官
禮式院掌樂課主事朴容海

任宗簿司主事叙判任官五等
營繕司主事朴泰秀

任禮式院掌樂課主事叙判任官四等

任營繕司主事叙判任官八等
六品金성鎭

尙方司主事叙判任官五等
主殿院主事金 格

任主殿院主事叙判任官六等
九品高羲中

以上七月四日

朴肅善 洪淳澤 秦學[illegible]
金綺薫 朴容九 李慶錫

任外國語學校副敎官叙判任官八級

務安港警務署總巡吳鍾明
右ᄂ該員이警察旬報에囚徒姓名을不錄ᄒ은職務上疎忽ᄒ이라是以로重譴責에處ᄒᄂ事

七月三日 內部

鎭衛步兵第三大隊長陸軍步兵參領張鳳煥
右ᄂ該員이急督派兵을不卽舉行ᄒ앗기七日間重謹愼에處ᄒ事

七月四日 軍部

外報

●二元首會見 俄帝와德帝의會見期ᄂ姑未決定이나德帝의此會ᄂ其內政의關ᄒ忠言을試ᄒ기로期待ᄒ다더라

●英德親交 日下英國艦隊의訪問과英德兩國交際가一層親密의證明이라더라

●救恤提議 路透電을據ᄒ則俄國政府ᄂ凶年困難을當ᄒ二十七縣에窮民의救恤費一千萬磅에支出을議會에要求ᄒ앗다더라

●政黨內閣 伯林電을據ᄒ則俄都通信에政黨內閣의組織은益益有望ᄒ야가뎃슈도黨에此를組織ᄒ이至ᄒ앗ᄂᄃ然而現內閣員中外部陸軍內局長ᄒ이데ᄂ은必히入閣ᄒ고此內閣組織의事ᄂ近近其決定을見ᄒ이至ᄒ앗스나然而가뎃스도黨內에紛爭이增進ᄒ야組織을困難케ᄒ다더라

●議判中止 上海電을據ᄒ則淸國直隸省北戴河에避暑中에在ᄒ俄國公使포고지후氏ᄂ今秋에再次淸國會議를開始ᄒ깃다고淸國外務部로照會ᄒ얏다더라

雜報

●義王視學 義親王殿下께셔昨日下午一時에武官學校에枉臨하사校內를周覽하시니該校에셔茶菓를進呈하얏다더라

●何故免官 學部秘書課長申泰游氏는有何職務上誤錯이던지免官奏本을政府로送交하얏는데其後任者가大有勢力而然이라하더라

●都監會同 嘉禮都監을太僕司에設施하다가미니方向이不淨함으로掌禮院으로設施하고都提調以下堂上郞廳이昨日에第一次會同하야事務를分掌하얏다더라

●日士官視務 軍部京各隊에日本士官八人이名書로再昨日부터來到하야各隊를敎鍊次로爲先視察執務하얏다더라

●總件請示 統監府에셔政府로照會하기를咸興郡明太洞金礦을開採하는데宮內府에셔韓英美三國人의合資會社를認許하얏다하니其時認許及合同條件을詳示하라하얏다더라

●治道局建築 내部治道局處所를警務顧問室로見奪하고視務할處所가無한故로十五箇日로定限請工하기로日本工頭가相約하고治道局을該部내에建築한다더라

●一陞一轉 내部協辦李봉來氏免官한代에地方局長崔錫敏氏가陞任하고地方局長은警務局長俞星濬氏가轉任한다더라

●區域認施 統監府에셔內部에對하야溫陽郡駐箚軍療養所를溫井里에建築할터인즉該地段一萬五千坪을認許하라고再次公函하얏는데內部에셔該郡에直行發訓하야其所定區域을劃卽認施하라하고또統監府로函復하기를其收用地段內人民의田畓額과墳墓移費는何以措劃인지俾無民怨케함이妥當하니卽爲回敎하라하얏다더라

●免官雖免 政府에셔奏本을奉承하얏는데內部事務가原來繁劇이온데況今地方調査와警務擴張이俱係時急이라內部協辦李봉來가許久曠仕에務多妨碍하니該協辦지任은姑爲解免事로奉旨依奏하얏더라

●會員被殺 陰曆本月四日에義兵四五十名이來到于忠南林川郡朴谷面高場垈하야鴻山居一進會員文順汝를砲殺한後轉往他處하얏는데自郡으로探其蹤跡하되莫知所向이라고林川郡守金甲淳氏가內部로報告하얏다더라

●宮禁令奏下

宮內大臣李載克氏가肅청宮禁에對하야宮禁令을奏下하얏는데其規則이如左하더라

一 宮禁의出入은宮내大臣이監督에屬하니宮殿에는侍從院卿이오宮門에는主殿院卿이管掌함이라

一 宮殿宮門의出入에는門票를用함이라

一 宮殿에票는侍從侍陪從武官其他殿내외職務를帶한者及各官衙長官의게限하야此를交付함이라

一 宮門之票는官吏及其從役者로宮門出入에必要가有한者의게限하야此를交付함이라

一 左開各官은宮殿出入에門票를不要함이라 但宮殿에進하기前에侍從院卿副卿이나又는侍從을經하야奏請允許를經함을要함이라 議政參政各部大臣署理大臣중樞院議長副議長시陪從武官其他召命을受한元老大臣特進官承候官

一 現職軍人警察官으로制服을着用한者에限하야宮門票를不要함이라

一 宮殿門票를所持한者는宮門지票의所持함을不要함이라

一 物件의運搬에는物件票를用함이라

一 門票는出入할際오物件票는搬出할際에各門警察官吏의게必示함이라

一 本令에違背한者는冒禁擅入律을依하야照處함이라 門票를貸借行使한者도亦同함이라. 門票并物件票形式及交付의規則은宮내大臣이別定함이라

本令은頒佈日로부터施行함이라

從前宮禁에使用한諸證票는本令頒佈日로부터勿施함이라

●警官排置 內部에서各地方에配置한警務分署位置를將爲頒佈라함은已爲揭載어니와其位置와人員數가如左하더라

忠南洪州에는摠巡一人權任一人巡檢二十人이오懷德에는摠巡一人權任二人巡檢十四人이오忠北淸州에는摠巡一人權任二人巡檢十八人이오全南長興에는摠巡一人權任二人巡檢三十人이오全北南原에는摠巡一人權任二人巡檢十四人이오慶北安東에는摠巡一人權任二人巡檢二十二人이오慶州에는摠巡一人權任二人巡檢十四人이오江原道江陵에는摠巡一人權任二人巡檢十四人이니以上八箇所에摠巡八人權任十六人巡檢一百四十六人이더라

●某儒婆心 北署弼雲臺居姜在과氏의號는立암인데室如懸磬하고衣如懸鶉하되自少至老에學嗜不倦이라平生에貧人子弟들이學費缺乏하야不能就學함을慨惜不已하야自己內房에私塾을設하고貧家子弟를募集하야勤勤敎授가七年之久라受業者三十餘名이皆曉ㅅ義하야而墻世免하니如此婆心은世所罕有라國中에富有財產家는聞此姜氏之風이면得不愧乎아宜其觀感而興起哉ㄴ저

結城居前承旨李설氏가上年에以新條約事로陳疏被囚라가放因歸家라後因以憂忿成질하야至于閏四月二十九日의自盡而易簀前三日의裁疏를以遺하니其疏辭가如左라

伏以臣巢賤羸弱攝養失宜少而嗜病長而抱貞痼之질至今年幾五旬有餘便同百歲之질癃長在床玆頓無暘界之樂矣上年冬陳跪之事千萬不可已之義也雖暗聾跛躄亦皆思奮況以世祿之臣託病不起息偃在床也哉雖未耶承 恩批臣子分義則竊幸其少伸矣未幾見捉於倭巡之手載因於警務之廳則賊與賊徒同處其困辱辛楚之狀已無可論而自是一朔之間喫凍칩冷百病交作自分爲瘦死之鬼而已

至於臘月晦日放出之事千萬意外之事也臣雖不肖堂堂 聖朝之舊臣也未知因之者何人放之者何人然則一日之生一日之辱也二日之生二日之辱也臣於是羞愧痛冤實無以舉顏對人是以出獄之日질勢轉劇扶曳還家以痢兼痔上下交攻奇形怪證屢生疊出殆玆五朔之久而一縷之脈엄엄垂絶行且死矣夫復何憾惟有鬱愛一念終不能與死而俱死也

臣生而無劣雖未能仗義討賊死必爲厲鬼殺賊報讎是臣區區之願而列聖在天之靈亦將默佑而從之矣

伏惟 聖明留神而諒察焉臣竊絶倚無縱不暇張皇條陳然以我 聖明之至明見聞所及已有所瞭然於 聖算者矣

伏惟 聖明堅持大志益斷遠圖勿爲頑鈍無恥之論所撓勿爲奸細狐媚之計所移勿爲脅動恐喝之聲所動政令施措之間實心做去爲吾之所當爲而已則我勢自彼勢尊自屆功可矯足而待矣豈不休哉

臣竊伏念 聖質非不聰明矣 聖德非不睿智矣 聖資非不神武矣自初用之於貨利之上不用於學問之間是以 即位四十餘年之間無一事之可稱無一政之可記因循頹惰委靡壅塞 祖宗成憲掃地無餘而晚莫究竟不過爲今日亡國之主臣常歎焉

嗚呼衛武之好학在於九十譽帝之悔心在於七十猶爲賢明之生見稱於後世此非 聖明지所當法者乎苟如是則殷憂啓聖多難興邦豈不是 宗社지洪福而如臣不幸지徒雖死지日猶生지年也伏惟 聖明念哉戒哉

臣今屆광지境也犬馬賤忱倍加悽切竊附古人尸諫지義書此短章續繼進呈伏望 聖慈哀憐而一察焉傳曰鳥지將死其鳴也哀人지將死其言也善可不審哉臣不勝感憤겨烈飲恨長痛지至

伯林電報

●軍團長免黜 六日午后三時四十分發

露國에셔軍隊叛亂으로因하야近衛軍團長以下師團長及聯隊長은免職되얏더라

東京電報

●海軍大學卒業式 仝上

海軍大學校卒業式은本日舉行하얏는데天皇陛下께셔御臨幸하셧고今回卒業生은百十二名인데優等生三名의게御下賜品이有하얏더라

●師團長更迭 仝上

第十三師團長은休職이되고其後任은岡崎省氏가被任하얏고又第十五師團長은召集解除가되얏더라

雜報

尹忠燮氏가寄函于在日本國留學生趙鏞九氏諸君子가如左ᄒᆞ니

往年諸君子以超羣邁倫之志憤國權之日削嘆同胞之蒙昧浩然乘長風乎萬里之外以生愚庸之質何敢預論於時學之爲如何而彝性所稟亦類於人其在同情豈無攢賀欽佩翹首南天惟祝平安矣客冬接新報ᄒᆞ니揭則意外異論層生做出齟齬之勢竟至退學之境而其中或有忍辱而仍留者或有不勝血憤而回棹者閱過到此不覺錯愕良久忽投地曰天下之事去矣

皇天不助我　皇家降此不吉運耶命耶至於撫釰自刺而不可得又接陰三月新報則皇天哀憐之狂瀾回其倒ᄒᆞ고風止其暴前日退學者更爲回棹者再往焉其爲感幸之心猶倍者昔初入之時遂自賀於心曰天生俊傑必先勞動而堅其體困厄而立其志稍헤而發其意使之垂鴻業於無窮也昔蘇秦佩六國相印爲從長而若非餓진以安坐則從約無所施矣於是招張儀以困辱之使之發憤而西入진當此之時張儀雖有百計於山東諸國無奈何而其無蘇君輕侮之辱則亦不生西入之意故學成於敵志立於困然則須曰困境無乃激抑而成之耶嗚呼此時何時此日何日我韓臣民命將絕奴隸之過猶所甘心不測之禍方在眉睫

生無棲身之處死無埋骨之地而政府諸公猶夫昔日優遊완게不究萬分刷滌之方針與其坐而待傾何如圖保於一日未傾之前也今日時勢晷刻是急而全國尙且情然守古者泥着而未諳時局開明者但知皮부開化而不知實地開化如是做去雖免今日之恥得乎

願諸君子以聰明之性擔當我二千萬同胞代表之目的吸收文明國新鮮空氣血心勤篤期於學業成就使已傾ᄒᆞᆫ廈復支已決之川復堙也窮盡則達否傾則泰亦天之自然之理也

今我國可謂否傾而ᄌᆞ盡矣人民皆愚懶宜乎甘受外人之侮然可畏者民可愛者民若有先覺者擊鐸환醒其夢則晨鷄鳴耳一朝勃然奮當此之日靈蹉不能壓其威鬼神不能服其志若論其人則惟願待於諸君子也

挽近自韓遊外者甚多指不勝摟而及其回也空空然一無所能不知法律而曰法律卒業不知政治而曰政治卒業不知商工而曰商工卒業以之敎人任職而全然暗昧無所就緖徒取外人之笑當初至於如此而生則國家何事經用數十萬元之費以供諸人之私用耶

諸君子은此陋習一切刷新各隨其才而學焉宜乎政治則政治宜乎法律則法律宜乎商工則商工無至越才而空費歲月且聞或有以商工爲賤藝故多抛置不學云此則大不然民之所賚以生者莫過於商工前日此國劃羈自守之時商工實不多用故以末技而賤之

今則不然海禁大開梯航互聯通商也工所也諸般技藝巧且妙焉若棄而不爲則彼富而我貧彼利而我拙究厥關鍵則實不下於以上政治法律兩條也幸須參酌取舍期於虛往而實歸上以答

皇上期望之盛意下以副國民顒待之輿情니以若血誠의不待拙生此言而中心所激不能自已者略陳數言望遮眼而一過焉

●金校試驗　金浦郡守李性植氏가敎育上注意ᄒᆞ야春間에金陵學校를設立ᄒᆞ고學徒를募集ᄒᆞ야時務學問으로熱心勸勉ᄒᆞ니士皆感奮勤做ᄒᆞ더니去六月회日에夏期試驗을經ᄒᆞ얏는ᄃᆡ晝학員最優等은朴龍來優等은金思勳崔龍相李載根이오夜학員最優等은金尙默優等은崔爾熙金業同李文成諸人이라ᄒᆞ더라

●柳鬱必伸　金相淳氏의免官ᄒᆞᆫ事實은前報에已揭ᄒᆞ얏거니와更聞ᄒᆞᆫ즉軍部에셔訓査該校ᄒᆞᆫ結果로金氏의無過ᄒᆞᆷ이露出ᄒᆞᆫ지라協辦이그事由를大臣의게稟明ᄒᆞ고抑鬱ᄒᆞᆷ을嗟惜ᄒᆞ야將次復職ᄒᆞᆯ事로爲先免懲戒講審을議政府에提出ᄒᆞ다더라

●爲兵立碑　兵丁出駐之地에滋生民弊가多ᄒᆞ되惟獨忠州鎭衛二大隊一中二小隊　等兵劉春燁은牙山高浦에出駐ᄒᆞᆫ지三朔에人民保護와賊匪防禦에恪勤ᄒᆞᆷ으로居民等이該兵丁을爲ᄒᆞ야處處立碑ᄒᆞ얏다더라

●海稅辨明　慶南十郡海民이以均役海稅事로本社投書를再昨報에已揭ᄒᆞ얏거니와更聞來說즉該李鍾煥이昨年二月分에該稅額을先納出尺下去ᄒᆞ얏다가以一進會民沮戲로但生費喫苦而不得實施이다가至於九十月後에實施則合氷이不遠而各郡所收가大端零星ᄒᆞ야猶不得補其旅費之夥帳ᄒᆞ야該李鍾煥之家業蕩敗는已無可論而昨秋未納之公貨와先納之巨款債帳과各郡及京鄕旅費之多弊이專擔該人身上ᄒᆞ야困難莫甚인中自度支部로因昨秋公貨之未勘而捉囚該人於該道府獄ᄒᆞ고詳査顚末즉該人情狀이實有可恕ᄒᆞᆯ뿐더러自度支部에셔도使該人으로今年々자干涉케ᄒᆞ는거시非爲該人情景이라昨年未勘公貨를見失치勿ᄒᆞ고文簿를紊亂치勿ᄒᆞ기爲ᄒᆞ야出於不得已ᄒᆞᆫ事요該人도已敗之地에終不得脫身이ᄋᆞ上爲完公貨ᄒᆞ고下欲保身命而出於不得已ᄒᆞᆫ事이며一進會에셔도旣知國庫正供之不宜沮戲故로自無異議인ᄃᆡ何許海民輩가派員을圖得코ᄌᆞ하야如此히投書傾軋이有ᄒᆞ다고辨明ᄒᆞ더라

●損害徵給　日本人谷川興市가東門外에셔石礦開採鑛業을開役ᄒᆞ얏는ᄃᆡ破石爆發에石塊가飄揚飛入于附近地亭子洞鄭貨碩家ᄒᆞ야家庭醬甕六盆與器皿이破傷ᄒᆞᆷ으로鄭氏가警務東署에請願ᄒᆞᆫ事는已揭前報어니와該署에셔同日人을招致ᄒᆞ야損害金二十圜을徵給ᄒᆞ라說喩ᄒᆞ고此後에는此等危險物을使用치말나고申飭出送ᄒᆞ얏다더라

●會議秘密　昨日下午三時에政府에셔再次會議를開ᄒᆞ얏는ᄃᆡ其議案은昨日未決案件인ᄃᆡ議事가極히秘密ᄒᆞ다더라

●國民會演說　今日下午八時에國民教育會에셔石鎭衡氏로請邀ᄒᆞ야法律은國家에何如ᄒᆞᆫ物件이라는問題로연說ᄒᆞᆫ다더라

廣告

本社廣告

申報價

一張代金 新貨二錢五厘

一箇月前期 三十錢

三箇月 九十錢

六箇月 一元七十錢

一箇年 三元四十錢

郵稅一部 新貨五厘

一箇月 十三錢

廣告料

四號活字十三字爲一行每日每行尺一寸에新貨拾五錢

(每日每行에大韓[illegible]貨[illegible]

二個日에 二圜五十錢

(每日每行圜錢五厘에相當

一箇月에 五圜

(每日每行圜錢一厘에相當

其期限의長短과字行의多寡를依ᄒᆞ야增減ᄒᆞᆷ이有ᄒᆞᆷ

◎本社地方各處支店廣告

仁川杻峴開新冊肆 李東[illegible]

平壤南山峴日新學校 金與[illegible]

[illegible] 崔觀[illegible]

宣川邑橋西 安[illegible]

義州南門外韓西大藥房張有實

長連邑 金[illegible]

鎭南浦築洞 金仁[illegible]

咸興州南社 曹[illegible]

中和邑 李俊[illegible]

釜山佐川徐藥房 金[illegible]

開城北部梨井里祥洞居培[illegible]

校副校長 姜助遠

大丘郡 達城廣文社

發行兼編輯人 英國人[illegible]

發行所

京城北署[illegible]坊[illegible]洞[illegible]外[illegible]

大韓每日申報社

第四卷

大韓每日申報
대한매일신보

第二百六十六號

月曜及慶節識時休刊

檀君開國四千二百三十九年
箕子元年三千二十八年
大韓開國五百十五年
日本 治三十九年
淸國光緒三十二年
◉陰曆丙午五月小十九日甲寅

論說

滿洲景況

淸國某報를接讀ᄒᆞᆫ즉上海商人四氏이視察商況次로遊歷滿洲而歸인바同二人의談話를揭載ᄒᆞ얏스되此三氏에報言이前日上海報紙記述됨과大異ᄒᆞ야全幅商業에日本專權을說明ᄒᆞ얏스니韓國附近滿洲에盛行ᄒᆞᄂᆞᆫ情況을若顧計면此三氏의說話가上海公報의記述보바可信之報로다

本記者ㅣ自數員官人聞之ᄒᆞᆫ즉安東縣에日人은從其所欲爲之라ᄒᆞᆫ바安東은位在鴨綠江北岸ᄒᆞ야新義州를相對ᄒᆞᆫ區域이라新義州에ᄂᆞᆫ有日本稅關ᄒᆞ야自滿洲輸來貨物을詳察收稅ᄒᆞ고滿洲附近岸에ᄂᆞᆫ有一淸國稅關出張所이되日人物品은全無所拘이고청人物品은輸至安東ᄒᆞ기에未免其稅라日人物貨가因無稅輸入ᄒᆞ야撈設청市에商品보다價歇故로該地商權이速歸日本掌中이로다

此不公格外情形의速至改良이日本以外他列國民의게一般利益이라每一日遲延이爲其日本緊握이니日本이一次緊握以後에ᄂᆞᆫ他外人의景況은果未免憫然ᄒᆞ리라

官報

◉號外 光武十年七月七日

◉宮廷錄事

宮內府大臣勳一等臣李載克

謹

奏宮門出入自有防限而肅청之方必定條例然後可以杜閑雜無常之弊故別立條規謹具關錄ᄒᆞ와候

聖裁

光武十年七月六日奉

旨依奏

官禁令

自今 宮殿及宮門出入을肅청ᄒᆞ기爲ᄒᆞ야左開官禁令을施行홈이라

官禁令

一宮禁의出入은 宮내大臣의監督의屬ᄒᆞ니 宮殿에ᄂᆞᆫ시從院卿이오 宮문에ᄂᆞᆫ主殿院卿이此를管掌홈이라

一宮殿宮문의出入에ᄂᆞᆫ문표를用홈이라

一宮殿문표ᄂᆞᆫ시從과陪從武官其他殿내의職務를帶ᄒᆞᆫ者及各官衙長官의게限ᄒᆞ야此를交付홈이라

一궁문문표ᄂᆞᆫ官吏及其使役者로궁문出入에必要가有ᄒᆞᆫ者의게限ᄒᆞ야此를交付홈이라

一左開各官은 宮殿出入에문표를不要홈이라但 宮殿에進ᄒᆞ기前에시從院卿副卿이나又ᄂᆞᆫ시從을經ᄒᆞ야 奏청允許를經홈을要홈이라

議政參政各部大臣署理大臣中樞院議長副議長시陪從武官長其他 召命을受ᄒᆞᆫ元老大臣特進官承 候官

一現帶軍人警察官으로制服을着用ᄒᆞᆫ者에限ᄒᆞ야 宮門門票를不要홈이라

一宮殿문票를所持ᄒᆞᆫ者ᄂᆞᆫ宮門門票를所持홈을不要홈이라

一物件運搬에ᄂᆞᆫ物件票를用홈이라

一門票ᄂᆞᆫ出入ᄒᆞᆯ際와物件票ᄂᆞᆫ搬出ᄒᆞᆯ際에各門警察官吏의게必示홈이라

一本令에違背ᄒᆞᆫ者ᄂᆞᆫ冒禁擅入律을依ᄒᆞ야照處홈이라

門票를貸借行使ᄒᆞᆫ者도亦同홈이라

門票幷物件票形式及交付에規則은 宮內大臣이此를別定홈이라

附則

本令은頒布日로붓터施行홈이라

從前 宮禁出入에使用ᄒᆞᆫ諸證票ᄂᆞᆫ本令頒布日로붓터勿施홈이라

◉三千五百號 光武十年七月九日

◉宮廷錄事

詔曰命正一品李乗鎬爲宮內府特進官

七月五日

◉敍任及辭令

禮式院禮式官白時鏞
급甲號四級俸
六月二十日

秘書監丞尹甲炳
급乙號二급俸
六月二十三日

經理院技師吳允默 營繕司技師崔在鵬
급甲號八급俸
以上六月二十八日

秘書監丞申一均
給乙號六급俸
七月二日

正一品李乗鎬
命宮內府特進官敍勅任官一等

表勳院總裁閔丙奭
任侍從院卿兼任內大臣

咸鏡北道觀察府主事鄭相吉
依願免本官

尹秉杻
任咸鏡北道觀察府主事敍判任官八급
以上七月五日

外報

◉議會勝利 桑港來電을據ᄒᆞᆫ則頑强히고레무깅內閣承認을拒絕ᄒᆞᄂᆞᆫ俄國議會ᄂᆞᆫ遂히勝利를得ᄒᆞ야傲慢ᄒᆞᆫ官僚政治等으로叩頭케ᄒᆞ얏다더라

◉俄國立憲 同電을據ᄒᆞᆫ則俄國內務大臣수도루의빙氏ᄂᆞᆫ今月一日議會에서演說ᄒᆞ되俄國參議院은議會를通過ᄒᆞᆫ後에由로ᄒᆞ며且正當ᄒᆞᆫ法律을總히遵守ᄒᆞ시라ᄒᆞ고연述ᄒᆞᆫ지라此연說에依ᄒᆞ야今後俄國은名實에共히立憲政府確保됨을認ᄒᆞᆷ으로議員等은大喝采로氏의연說을迎ᄒᆞ얏다더라

◉國會延長 俄國議會ᄂᆞᆫ近近開會ᄒᆞᆯ貌樣이有ᄒᆞ다ᄒᆞ나其後俄政府에서ᄂᆞᆫ尙今不爲閉會ᄒᆞ기로決定ᄒᆞᆷ과如ᄒᆞᆫ거시客月下旬에俄國의目下最大問題된農業改革法案을議會에提出ᄒᆞ얏다ᄒᆞ니今日에至ᄒᆞ야如斯ᄒᆞᆫ大問題를提出ᄒᆞᆷ은同國議會의會期延長의決定ᄒᆞᆷ을爲ᄒᆞᆷ이라더라

◉俄煽馬賊 吉林黑龍兩省의北邊一帶ᄂᆞᆫ馬賊의橫行이比前尤甚ᄒᆞᆫ지라俄國人의馬賊猖獗로以ᄒᆞ야他日에口實을作ᄒᆞ기로便利ᄒᆞᆫ者라ᄒᆞ야銃器를密賣ᄒᆞᄂᆞᆫ結果라ᄒᆞ더라

◉農民保護 伯林電을據ᄒᆞᆫ則俄國政府에서農民을補助ᄒᆞ고土地所有權을確保ᄒᆞᄂᆞᆫ等事의各種改革을布告ᄒᆞ얏다더라

◉死刑廢止 同電을據ᄒᆞᆫ則俄國議會에서死刑廢止ᄒᆞᄂᆞᆫ法律案을議決ᄒᆞ얏다더라

詞林

詠忠正竹三絕 金海振

四幹生竹軒之間一片劔心血未軌節節枝枝葉葉上此公忠義此君看

二絕

竹合忠精凝一團忠斯難處竹斯[illegible]一[illegible]同天日見靑靑其腹泣琅玕

三絕

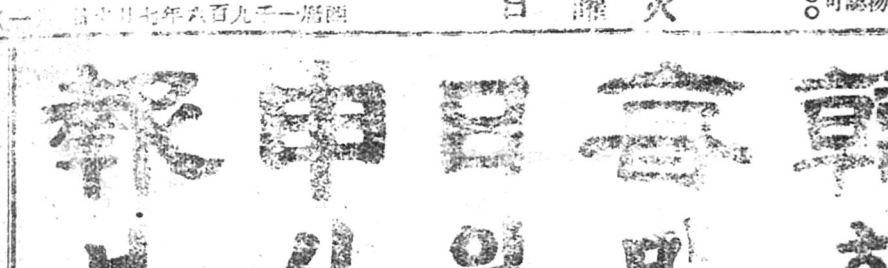

四十五年閔相國從容就處六洲喧若數此竹傑能指矣비令倫不上軒

雜報

●條例頒布　移民條例와礦業條例를再昨日發下하얏는디今明間官報에頒布가된다더라

●□氏內轉　內部協□□鍚敏氏는水原觀察使로移任하고其代는水原觀察使李根洪氏가轉任하다더라

●□宮敍勳　日本造幣局長谷□治有可紀之勳勞特敍勳二等□□局書記官橫田□苗自本□勸勵□設以來多有幫助之勞特敍勳二等各賜八卦章賞勳局書記□非譽官亦多幫助勤勞特敍勳四等賜太極章하셧더라

●□□有人　宮協閔景植解件□其□□봉魯氏가被任하얏다□□

●□移　政府各大臣이上□□□府에輪直事를勿施□□奉旨하얏는디別人侍禁□□□內가虛則無人하고□□□□□故로政府를貞□□□□으로還移하기로相議□□다더라

●不利□乎　政府各大臣이各□□黨하야參政은□黨이오內□及□大度六가爲三黨□大及□□가爲兩黨하야各曰予□에政務를携貳故로參政이有□□□□하야一次□會하면每拖三四日□에國□하야國務가積滯되□□□□土曜日閣議에제大臣이□□□지라於參政이發論에제大臣이附議하야從今以後에는제大臣이一□團體하야民國凡務를和衷協理하야務圖勵治하ㅈ고齊聲決心하얏다더라

●宮內署의官員　警衛局은廢止하고宮內署로復設하는데署長(警務官)一人摠巡三人을日語粗解者로叙任하고巡檢은五十名만設置하기로니定이라더라

●完察辭疏　全羅南道관察使李道宰氏는辭職上疏하얏더라

●華儒願留　京畿관察使李根洪氏가遞任혼다하는故로水原儒生數十名이上京하야內部에齊訴願留하는故로니部에서제儒生을招入하야幾人만等待處分하고即爲下去하라고曉諭하얏다더라

●隨率議決　已往規例는政府에제議혼條件이十件에滿혼後에開會하더니從今以後에各대臣이逐日例會하야議事一二件을不計하고隨率議決혼다더라

●御覽血竹　典洞閔忠正公家竹術□가되니에入閣이된지다皇上陛下셔옵셔近시□派遣하사其竹葉一枚를摘入하야親手로接見하옵시고喟然太息하사曰此葉이即閔某之忠魂이라하옵시며悲懷를難抑하옵셧다더라

●參領被押　昨日下午二時頃에日憲兵이官報課에來到하야政府參書官一人을率去하얏는디其事實인즉移民條例를官報上에趁不頒布하얏다하야質問次로押去훔이라더라

●義王遊覽　再昨日上午十二時에義親王殿下께셔東門外에出往遊覽하시고下午九時에還入旅宮하셧다더라

●三氏轉任　내部警務局長俞星濬氏는地方局長으로轉任혼代의參書官金寶鉉氏가降任하고其代에는洪鍾裕氏가被任혼다는디洪氏는내部□臣의妻男이라더라

●龍察□遞　京畿관察李根洪氏는兄弟俱爲□□가過分不祥이라하고期於□遞하야辭職上疏하얏다더라

●警便日直　廟청宮禁을令警務廳主殿院으로實施하라신處分以後에兼任主殿□卿李根□氏는□令不遵하고□□使가連日鎖直혼다더라

●礦例確認　成□□明□□洞金礦을韓英美三國人에宮내府에셔許採혼事件으로□□府에셔設約條를示明하라하고已往記載하얏거니와□□□□考□혼奇宮내府에셔直□契□하야니오　處分으로□□施行혼지라統監府에셔□□交涉하니를此不可□格例라하고金國□은礦業條例로□□□하자하얏다더라

●李金絕交　近□桂洞에旺□비一□하야□洞所居人은文武官閒에無非活發現職인디舊居人외參領金明濟氏가偶被褒□하야自昨年新條約以後로李□相에게哀訴하야農協□日期하다가因未遂意하고니□□봉來氏가被拘以後□□□與李相約矣러니□其□□乃崔錫□□다□參□□不勝大憤하야李니相會往見大責曰大監所使는無論美不美行하고帷命是從하야一協判을期望이어날及其塡闕하야行此野□耶아하고一場風波가萬端惹鬧하고互相絕交하얏다더라

●諸撤巡査　日前政府에셔會議하야內政府人直□와日巡査撤去事를相議훔은以□記載하얏거니와□臣輪直에對하야議決하기를□日에는在直大臣이依例奉勅호□不可廢直이어니와現今則主務大臣과參政이定規奉□하니不必輪直이라하고巡□撤去하는依宮禁令實施하야廟청宮禁하기로政府에셔□하기로□□□□一□諸□하고議案을上奏하고統監府와巡査를撤去하다더라

●法會放學式　去火曜日에□□水下□法□夜□校에셔夏期放學例式을擧行하는□□校□長梁弘默氏는閉式大旨를說明하고校監劉禎相金麟李□尹致昊□善李商在金貞植□氏가□員에게對하야一場演說혼後□李允用氏는□品을各優等生외게頒給하니英語甲□優等生은李仁植洪思□會照오同乙班優等生은□成□高□星□□辛오日語班優等生은□□均金在國安□永諸氏러라□來賓韓□氏가一齊히□하야愛國歌를讚揚혼後□病□氏가感□善士란問題로特別히연說하고因하야茶果를設行하얏는디□□成績의良好홈이極盛하얏다더라

●牛山禮式　昨日上午十時에西江坊牛山□校에셔夏期放學에尋常科卒業禮式을擧行하시來賓五十餘人인디校長이　勅語를奉讀하고開會大旨를說明하고其次에尋常科卒業生徒十九人이歷史와地誌와日語와算術의問答을若試하고賞品과□書를頒給하시學務局長□□□氏는紙□墨空冊鉛□□品으로多數기附하야□□□는國家學五帙로기附□□與化학校에셔埃及史六□□附□賞하고玄臣鏞氏는大韓□誌五帙과大韓地圖□□□頒賞하얏고金宇植氏는□□鄕第로國民須知五冊을기附□賞하얏는디來賓□□氏가□□□예學生前徒□業에□數연勸奬하고下午□□에閉□혼後來賓□□氏가□□□舟□□欄□乘하고□山으로□泊□□電車로一齊入城하얏다더라

●匪徒捕獲　奉化郡□□□氏가니部로報告하기를六月□十一日에匪徒一百二十名이□聚於本郡太白山覺華寺하고□□郡義兵七百餘名이都□安□春陽等地□로安□□兵□借往□地하야三名을生擒하고□銃環刀□丸□□을□□하고且該徒五六十名이留屯於順興郡浮石寺云故로本郡駐在兵□이與大丘□兵六名으로前往□□하야匪徒□名及□銃等物을捕□하얏다더라

●보□會社狀況　日宗生命保險株式會社□□□約의狀況을聞혼則同保險會社는昨年此處에出張所를設□하야以來各地方에도代理店을設□하야日本人外韓國人與約者熱心으로從事혼結果는皇族大官其他紳士等多數의請求를受혼야□京城에셔三十萬圓以上이□仁川에셔二萬圓以上이오□ [illegible]

[illegible] □□□□云云이러라

[illegible] 혼무아□官以下將□□□□□見後에御□食을賜혼다더라

雜報

●鑛床學徒可矜情狀　近日夏期放學事로諸學員이一齊히自學校로出ᄒ야大路上에彷徨ᄒ며公論이紛紛ᄒ더니其事實을聞ᄒᆫ즉今日우리가學校에셔一齊退出ᄒᆫ거슨不啻放學이오測量敎師福井이가自設初로至于今日ᄭ지壓制虐待가莫甚ᄒᆯ뿐더러무ᄉᆞᆷ말을ᄒ던지彼의言과不恊ᄒ면學徒들이順從치아니ᄒᆫ다고必稱司令部로捉囚하고비[illegible]徵卅ᄒ다ᄒ니學徒들이冤言을不堪ᄒ야冤痛ᄒ여皆爲退出ᄒ얏다ᄒ니誠是可歎者로다農部官員은此學徒等을矜恤ᄒ야여測量敎師福井氏를解雇ᄒ얏스면죠킷다ᄒ더라

●控訴道　金海昌原兩郡人의鐵道犯入地段價値를見奪則鐵道犯入地段價格事로呈訴于內部則推諉於農部ᄒ다가終爲有調査區劃之回報로退待月餘에更爲呈訴則又托調査區劃ᄒ니民情果是狼狽로다土地見奪이于今三年이오今調査ᄒ야가今因民訴而稍稍調査者又爲月餘也니大抵鐵道犯入之土가不過幾十部而三年之間에未盡調査云者眞耶아假耶아高堂廣閣에不知民情而然耶아拖延歲月ᄒ야以待多民會之倦耶아是皆民之訴怨이[illegible]

殘命하야千重上來하야未蒙劃給之實施而逗遛月餘에留費夥然ᄒ야被執而不得ᄒ야使彼鄕第之ᄒ야領老少로不知死生ᄒ니豈有如許切迫之情乎아呼訴無處ᄒ야來告本社ᄒ야要其勸告于內部以爲推尋하코得還故土케ᄒ라고哀乞ᄒ얏더라

●副卿實卿　侍從副卿及秘書丞吳泰의借卿이永爲勿施ᄒ얏는디前協辦沈相翊氏가侍從副卿實卿으로被任ᄒ얏더라

●畵不辨自辨　慶北儒生金進銖金海去兩氏가以該道內學校事로奉 詔卽往ᄒᆫ온前報에屢揭ᄒ얏거니와被誰領札이던지月前國民新報中遠察申泰休氏遺書를事가指目兩氏ᄒ야府下恐喝이殊甚乖當故로兩氏가不勝抑鬱ᄒ야期欲裁判ᄒ明에더니適因申氏上京ᄒ야其私邸에前往ᄒ야質問其指目理由則申氏曰吾之在府에初無是說이라都無證據에何有指目이리오此必是中間造言이니不必多卞이라ᄒ얏다더라

●大韓自强會月報를本月二十五日로發刊ᄒ얏더인디昨日該會에셔其編纂委員의分掌이如左ᄒ더라

論說　朴殷植
本會會報　尹孝定　記事
沈宜性　演說　金相範
(敎育部東西問答)鄭雲復
産業部　丕온　褪錦　梁弘默　官報撮要　南宮濬　時事日記　李鍾一(國朝故實歷史地誌文苑、文、詞)
張志淵　海外記事　電報(呂炳鉉　林炳恒　金奎植)
本國方言小說瑣談　李沂
序文　尹致昊　李沂

◉祝　詞◉

池錫永　李建鎬　金相範
金明濬　林珍洙　柳　瑾
太明軾　沈宜性　金碩桓
金奎植　諸員이더라

本社廣告

申報價
一張代金 新貨二錢五厘
一箇月前金 三十錢
三箇月 九十錢
六箇月 一元七十錢
一箇年 三元四十錢
韓文一部 新貨五厘
一箇月 十三錢

廣告料
國漢文每一行十三字[illegible]
每日[illegible]一行에新貨[illegible]
(每日刊行에大韓每日申報)
一週日에 二[illegible]
(每日刊行[illegible])
一箇月에 [illegible]
(每日刊行[illegible]一圜에[illegible])
其期限의長短과字行의多少를從ᄒᆞ야增減ᄒᆞᆷ이有ᄒᆞᆷ

◉本社地方各處支店廣告
仁川租峴開新册肆 李東[illegible]
平壤南山峴日新學校 金興[illegible]
宣川邑橋西 崔[illegible]
義州南門外韓西大藥房 安[illegible]
長淵邑 金[illegible]
[illegible]南浦[illegible] 金仁[illegible]
咸興州[illegible] 曹[illegible]
中和邑 李[illegible]
釜山佐川徐藥房 金[illegible]
開城[illegible]部[illegible]井[illegible]洞居培[illegible]學校副校長 姜助[illegible]
大丘郡 達城廣文社

發行兼編輯人 英國人 裵說
發行所 京城[illegible]
大韓每日申報社

第四卷　第二百六十七號

大韓每日申報
대한매일신보

月曜及慶節
臨時日休刊

檀君開國四千二百三十九年
箕子元年三千二十八年
大韓開國五百十五年
日本明治三十九年
淸國光緖三十二年
◉陰曆丙午五月小二十日乙卯

論說

保護韓國者日本

韓日兩國內에政治意義의事實이鮮次速變ᄒᆞ니現今에ᄂᆞᆫ適宜地位를正實量度ᄒᆞ기가甚難이오來次에將有何事ᄒᆞᆯ거ᄉᆞᆯ試料ᄒᆞᆷ도亦未免輕率이로다日本政府가自國地位에少無疑慮인지自行事端에甚爲踈忽인지未詳이로ᄃᆡ東京來報를若可准信인ᄃᆡ日本政府가韓國宮闕에現今肅禁之事를言于퓬닝숀氏矣라皇闕出入各門에日本兵巡이把守ᄒᆞ며宮墻以內에도日本監禁이甚密야로다

日本이闕內何人의救助義兵을探悉이라假托ᄒᆞ야 皇帝及其信用人間에不得際遇케ᄒᆞᄂᆞᆫ想像을作ᄒᆞ얏ᄉᆞ니此ᄂᆞᆫ客年十一月에伊藤侯가約諾ᄒᆞᆫ大韓 皇室을尊嚴之說과逈異라日本이諸般約諾을無一履行ᄒᆞ니此ᄂᆞᆫ日本이或不注意于事故이ᄃᆡ지締結和約之日以前々지孜孜輪示ᄒᆞᆫ各種諾言을一般破棄ᄒᆞᄂᆞᆫ如此厚顏을自護ᄒᆞᆯ整列이似或有之矣로다

雖然이나以余所見으로ᄂᆞᆫ現今事態가不得繼續ᄒᆞ리니日本이吸收韓國ᄒᆞ기에若無反對런들戰畢之日에此必卽成이어날不至如此ᄒᆞ얏ᄉᆞ니此必因於反對오且何許政策이移變此反對ᄒᆞᆯᄉᆞᆯ得見키未能ᄒᆞ니反對之尙存을可以確言이라現今日本이韓國政府를每日勒逼ᄒᆞᆷ이時之所致로列强干涉之理勢를不顧ᄒᆞ나此非日本職位의信托이로다本記者所信에ᄂᆞᆫ日本之對韓形態가有其權限ᄒᆞ야擇取ᄒᆞᆷ이아니라日本政府가韓國ᄅᆞᆯ干涉ᄒᆞᄂᆞᆫ所稱權限이英露兩國의承認ᄒᆞᆫ바韓國內日本優權에僅得基礎ᄒᆞᆷ을使其人民으로不知케ᄒᆞᄂᆞᆫ不正思想이라其他諸國은對此同意ᄒᆞᆷ이未有矣오且有誰欲同意ᄒᆞᆷ이未著ᄒᆞ니向是로有所與約ᄒᆞᆫ諸强國은韓國內에日本諸般行事를將緊密追跡ᄒᆞ리로다

官報

●三千五百一號 光武十年七月十日

◉宮廷錄事

詔曰日本造幣局長長谷川爲治有可紀之勤勞特叙勳二等賞勳局書記官橫田香苗自本國勳院創設以來多有幫助之勞特叙勳二等各賜八卦章賞勳局書記官藤井善言亦多幫助之勞特叙勳四等賜太極章

光武十年七月二日

表勳院總裁陸軍副將勳一等 閔丙奭

詔曰命從二品朴基順爲侍從院副卿

七月三日

詔曰命陸軍副將閔泳徽爲表勳院總裁

光武十年七月五日

議政府參政大臣朴齊純

詔曰命正三品俞台濬懿孝殿享官加差下

七月六日

議政府參政大臣朴齊純內部大臣李址鎔謹

奏內部事務原來繁劇況今地方調査警務擴張俱係時忽而內部協辦李鳳來許久曠仕致多妨碍該協辦之任請爲解免何如謹上奏

光武十年七月六日奉

旨依奏

◉敍任及辭令

日本國造幣局長長谷川爲治
日本國賞勳局書記官橫田香苗
叙勳二等賜八卦章
叙勳四等賜太極章
日本國賞勳局書記官藤井善言
以上七月二日
解侍從院副卿 從二品李根豐
命侍從院副卿叙勳任官二等
從二品朴基順
以上七月三日
任表勳院總裁叙勅任官一等
陸軍副將閔泳徽
七月五日

雜報

●日語學校卒業式 去七日下午八時의校洞官立日語學校內私立日語夜學會에서卒業式을擧行하얏ᄂᆞᆫᄃᆡ優等金淳恒李能和兩氏오及第崔嵩源金漢翼高永圭金明植金裕平諸氏라하얏더라

●國民師範學校卒業式 私立國民師範학校第一回卒業式을去土曜日에擧行ᄒᆞ얏ᄂᆞᆫᄃᆡ卒業生白元振 金應道 車炳修 李應浩 姜聲國 許炳 全璽鉉 李完鍾 崔相禹 康斗鉉 元濟商 金燮燦 吳一英 姜重遠 金鎭源 崔承祚 張錫윤 李百憲 劉斗煥 南宮薰 李薰鍾 丕昌容 俞鎭椕 鍾吉成 南宮焕 鄭한鎭 合二十六賞品[illegible]冊鉛筆等이오一等賞金時表ᄂᆞᆫ內部大臣이特別寄附ᄒᆞ얏다더라

外報

●俄廷辨明 伯林電을據ᄒᆞᆫ즉俄國政府ᄂᆞᆫ官吏及軍隊가ᄲᅦ이리스돗구의猶太人虐殺에參加ᄒᆞᆫ非難에極力反對ᄒᆞᆷ이政府ᄂᆞᆫ惟히革命運動을鎭壓ᄒᆞᆷ이不過ᄒᆞ다고辨明ᄒᆞ얏더라

●總督設置 청國政府ᄂᆞᆫ滿洲에總督을置ᄒᆞᆯ事를決ᄒᆞ고直隸總督袁世凱氏를此候補者로擬望ᄒᆞ나袁氏ᄂᆞᆫ固辭不受ᄒᆞᆯ뿐外에同總督은청國의目下最重要ᄒᆞᆫ人物인則他人을任命ᄒᆞᆷ이可ᄒᆞᆷ으로百方揀選ᄒᆞᆫ結果로現任奉天將軍趙爾巽氏로滿洲總督을任ᄒᆞ고現任盛將軍의部下로最敏活ᄒᆞᆫ史念祖氏로任命된다ᄒᆞ며總督府設置의位置ᄂᆞᆫ依例히奉天으로된다더라

●領館准備 俄國은近日奉天에領事館을設置ᄒᆞᆯ計인ᄃᆡ目下北京에在ᄒᆞᆫ同國公使館에서准備中이라더라

●無政黨의巢窟 米國시야도루及加奈他에서無政府黨의巢窟을發見ᄒᆞ얏ᄂᆞᆫᄃᆡ同黨員은獨逸皇帝에對ᄒᆞ야凶行ᄒᆞ기를計畫ᄒᆞᆫ다云ᄒᆞ야獨逸警官은旣히警察ᄒᆞᄂᆞᆫ中이라더라

●壯國의憲法問題 도란스우아루憲法問題에關ᄒᆞ야우세스또리스쥬에委員에調査結果가兩派에同意된故로速히解決된다더라

●戒嚴令의頒布 倫敦電을據ᄒᆞᆫ則俄國오뎃사地方에戒嚴令을頒布ᄒᆞ얏더라

●南昌騷擾 北京電을據ᄒᆞᆫ則南昌協約事로該地方人士中에不平을懷ᄒᆞᄂᆞᆫ者가有ᄒᆞ야秘密히民衆을煽動ᄒᆞ야再次騷擾를惹起ᄒᆞᆫ다ᄒᆞ얏ᄂᆞᆫᄃᆡ軍機大臣等은極力鎭壓ᄒᆞ라ᄂᆞᆫ意向이라ᄒᆞ더라

詞林

◎有感忠正竹

昔◦聞◦國◦隱◦竹●
今◦見◦桂◦庭◦竹◦
丁◦寧◦前◦後◦竹◦
熱◦血◦化◦爲◦竹◦

兼山 李錫進 生

雜報

●治安妨害의機關

日人의壓制韓國ᄒᆞ고束縛韓人的機關은治安妨害四字라此國言論이皇上陛下씌陳疏言事者가有ᄒᆞ면輒曰治安妨害라ᄒᆞ야捕縛拘囚ᄒᆞ며或人民이其無理ᄒᆞᆫ虐待로由ᄒᆞ야此國政府에相聚呼訴ᄒᆞ면曰治安妨害라ᄒᆞ야捕縛捉囚ᄒᆞ며或士林間에憂國血誠으로言論文字가鳴其不平이면曰治安妨害라ᄒᆞ야捕縛捉囚ᄒᆞ더니至於近日에又有可笑之事ᄒᆞ니上年新條約事變에[illegible]國權之[illegible]失ᄒᆞ야拔劍自刎ᄒᆞᆫ輔國閔泳煥氏의寢室後夾房에四箇綠竹이不種而自生ᄒᆞ니此[illegible]世界上罕聞이라京城中一般士女와及外國紳商이皆驚異嗟歎ᄒᆞ야[illegible]死ᄒᆞ니觀者가填咽街巷이라[illegible]忠[illegible]之世은衆辭所同인[illegible]至忠臣者[illegible]宅에如此奇跡을互相觀感ᄒᆞ야모ᄒᆞᄂᆞᆫ것이所謂愛其人故로愛及其樹者ᄒᆞ거ᄂᆞᆯ乃日本官憲이以此謂治安妨害라ᄒᆞ야另派巡[illegible]ᄒᆞ야把門嚴禁ᄒᆞ니彼[illegible]竹者가雖不爲其人이나有何妨害於治安乎아如此愛모忠節之[illegible]民을勒加禁止ᄒᆞ면韓國人民은皆不忠不義的行爲로販君賣國之事만甘心爲之ᄒᆞ야一種禽獸之類를化成ᄒᆞᆫ然後에方快於日人之意歟아大抵敎民之方을不可不護이니日本이以不忠不義之行爲로導此國人民이雖似有利나如此背理之敎化가浸淫於兩國間ᄒᆞ야日本人民이亦皆漸染於不忠不義之行爲이면目下所得之利가必爲他日鉅大之禍矣라ᄒᆞ노라

●時限改定　法部에서一般官吏의仕進時限을改定ᄒᆞ얏ᄂᆞᆫᄃᆡ自今日爲始ᄒᆞ야白露前日陰曆七月二十一ᄭᆞ지仕進은午前八時로仕退ᄂᆞᆫ正午十二時로定ᄒᆞ야一遵無違ᄒᆞ라고該部大臣이公布ᄒᆞ얏다더라

●兩氏義捐　壽洞興化學校에서夏期放學時ᄒᆞ야員의試驗成績이優勝ᄒᆞᆷ을欽歎ᄒᆞ야有志之士가優數ᄒᆞᆫ賞品을ᄀᆞ지付ᄒᆞ야諸學員을奬勵ᄒᆞ얏다ᄒᆞᆷ은本報에已記ᄒᆞ얏거니와更聞ᄒᆞᆫ즉平壤大同學校監金寬濟氏도新貨十圜을當席에出義捐助ᄒᆞ얏고參尉李吉範氏도新貨一圜을ᄀᆞ지付ᄒᆞ얏다더라

●頭領非人　忠淸南道沔川郡邑內居前吏房兪致應이가癸卯年에應山結錢葉一萬兩을沒數ᄒᆞ고該邑에滯囚ᄒᆞᆫ지三四年[illegible]이미遣出凶計ᄒᆞ야使其弟與姪及從兄弟甥姪婿等으로各持銃劍ᄒᆞ고富民家에夜半突入ᄒᆞ야討錢取財라가事狀이綻露되여其弟致恪과甥姪婦朴蘇永은自郡供招後押上于觀察府ᄒᆞ야終身懲役ᄒᆞ고其從弟致[illegible]과姪泰文이은逃躲未捉中이온ᄃᆡ該致應이가本郡守城砲軍頭領을請囑圖得하얏스니該砲兵月給도다將爲見奪인故로久히扶持치도못ᄒᆞ깃다고云ᄒᆞ되該郡守ᄂᆞᆫ見欺不知라고民怨이藉藉ᄒᆞ다더라

●書記新備　學部에서學政參與官房事務擴張ᄒᆞᆫ次로日人山口一郞氏를以書記로傭聘ᄒᆞᆫ다더라

●黜學徵金　한語學校敎官金元墻氏가以試取不公事로免官ᄒᆞᆷ에對ᄒᆞ야該校學徒金錫鎭은投書報館에搆捏太甚ᄒᆞᆫ事로黜學ᄒᆞ고罰金을徵收케ᄒᆞ라고該校長이學部에報告ᄒᆞ얏다더라

●匪徒押交　軍部에서義兵을鎭壓次江原道에派送ᄒᆞᆫ指揮官李承七氏가匪徒黃淸一南九濟等六名을捕獲押上ᄒᆞ얏지라軍部에서法部로押交ᄒᆞ얏ᄂᆞᆫᄃᆡ因卽下囚監獄ᄒᆞ고訓飭平理院ᄒᆞ야使之嚴覈鞫來케ᄒᆞ얏더라

●警官被拿　平理院에서金海郡居李鍾貝의背訴ᄅᆞᆯ因ᄒᆞ야主殿院警務官朴允秀氏를拘拿審問ᄒᆞᆯ次로法部大臣이上奏拘拿ᄒᆞ얏다더라

●李氏定配　莞島郡楸子島定配罪人李世稙氏ᄂᆞᆫ日昨日本司令部에押囚되얏다가趁卽還囚監獄署矣러니該配所를更以濟州島로磨鍊이되얏더라

●移民實施　移民과礦山條例ᄂᆞᆫ方在頒布ᄒᆞ거니와統監府에시移民法을卽時實施ᄒᆞ기爲ᄒᆞ야政府에交涉ᄒᆞ고移民案에附則으로移民法을磨鍊ᄒᆞ라ᄒᆞᆷ으로農部에서此를施行ᄒᆞᆯ次로編成中이라더라

●嚴察遞任　京畿관察使李根洪氏ᄂᆞᆫ辭職上疏ᄒᆞ얏더니再昨夜에遞任ᄒᆞ얏더라

●한裁新任　한城裁判所首班判事李秉輝氏疏遞ᄒᆞᆫ代에平理院判事李乘和氏가轉任ᄒᆞ고其代에ᄂᆞᆫ正三品太明軾氏가被任ᄒᆞ얏더라

●各郡廢合의區域　內部地方調査所에서各郡廢合區域을已定區劃ᄒᆞ야政府에提出ᄒᆞᆯ터인ᄃᆡ來八月初旬內에頒布ᄒᆞ기로決定ᄒᆞ얏다더라

●獻金止撥　已往에解送ᄒᆞᆫ警務官及擴巡[illegible]警務顧問丸山氏가慰勞金을支給ᄒᆞᆯ次로內部大臣과相議ᄒᆞ야度支部에請求ᄒᆞ얏더니度支大臣이反對ᄒᆞ기를該警官을材局이不足ᄒᆞ야旣爲解送則不可擧論이오若寃枉解送則各道警察事務를擴張ᄒᆞ야官吏를多數叙任ᄒᆞᆯ터이니旣往解送[illegible]爛熟者로叙任ᄒᆞ면事理에合當ᄒᆞ니以此施行이可하다ᄒᆞ야慰勞金支撥을永爲廢止하얏다더라

●議政上奏　政府ᄂᆞᆫ侍從院으로移去ᄒᆞ고侍從院은中樞院으로移去ᄒᆞ고中樞院은奎章閣書處所가無ᄒᆞᆫ지라閔議長이不可移他라하야上奏하얏다더라

●洪郡獲安　洪州郡에出張ᄒᆞ얏던警務[illegible]巡與[illegible]任巡檢等十人과日本警部巡査等十人이再昨日撤還ᄒᆞ얏ᄂᆞᆫᄃᆡ該地方은現今安靖ᄒᆞᆫ貌樣이라더라

●礦區頒布　礦山條例에區域을官報에圖形頒布ᄒᆞ라ᄒᆞ고官報課長金重연氏를統監府에서請邀相議ᄒᆞᆫ지라金課長이言日本課에本無彫刻하고日人工原에山口가有하니相議施行ᄒᆞ다하얏ᄂᆞᆫᄃᆡ礦業法案에法字를刪去하야頒布하기로政府에서改定하얏다더라

●日巡撤去　日本巡査가大闕各門을把守ᄒᆞᄂᆞᆫ事件을撤去케ᄒᆞ기爲ᄒᆞ야政府에서會議上奏ᄒᆞᆫ後에宮大와시從卿이統監府에交涉하야再昨日부터日巡査ᄂᆞᆫ一齊撤去히얏다더라

●政界變動　內部大臣李址鎔氏가全國[illegible]一般政治ᄂᆞᆫ獨專管掌權이有ᄒᆞᆫᄃᆡ其柄欄運用之術이협私不一하야國政이紊亂故로統監府示意로朴參政은내部大臣李학大ᄂᆞᆫ參政大臣李내大ᄂᆞᆫ學部大臣으로내定하얏더니李내大가統監府에萬端懇乞하야凍足放溺ᄂᆞᆫ되앗시나早晩間에依此定施行ᄒᆞᆫ다더라

●非成則瓚　地方制度調査委員李源兢氏ᄂᆞᆫ政務事爲上에有志超越ᄒᆞᆫ人物이라고朴參政이內部大臣과相議하고李鳳來氏代를叙任하자고斷斷相約하얏더니趙錫[illegible]氏가突然襲任하ᄂᆞᆫ지라朴參政이其食言을大責則李내大가遁辭難拱曰崔氏가附我하야平生所願이懇請이라ᄒᆞᆷ으로果拘顔私하얏손즉人雖好矣나變則義矣라地方局長이나叙任하면事可諧矣라하야政府에서公議하ᄂᆞᆫᄃᆡ非兪星濬氏면李源兢氏가被任ᄒᆞᆯ터이라더라

●排定勿施　農工銀行股本金을各部官人에게定例排定하야勅任官은五股奏任官은三股判任官은二股로作定配當하라하앗더니奏任官以下ᄂᆞᆫ並爲不應ᄒᆞᆷ으로自然勿施가되얏다더라

●公事奉承　宮내에내시를三人만設置하ᄂᆞᆫ지라시從院에서依前公事廳例하야諸般公事를奉承擧行ᄒᆞᆫ다더라

●三倅請褒　慶尙北道漆谷郡守趙鉉潏氏ᄂᆞᆫ公廉爲治에綜明其績이라上納則限內尺㪺而一糸不煩에오民訟則經理平行而兩造俱服ᄒᆞ야政淸惠洽에不日而化ᄒᆞ고吏民胥悅에遠近咸頌이며知禮郡守金瓚鎭氏ᄂᆞᆫ慨惜其人이慈惠爲政이라邑遍陽春에民頌來暮ᄒᆞ고績著懋賢에誠切分憂이며新寧郡守申勝休氏ᄂᆞᆫ莅任三載에奉公一規ᄒᆞ야稅納則畢尺潛首ᄒᆞ고訟決則嫋衡在手라上項三郡守治績을別般示褒케ᄒᆞ라고該道관察使[illegible]奏休氏가內部로報告ᄒᆞ얏더라

東京電報

●英艦長官謁見　七月九日午後二時發

英國支那艦隊司令官무아海將以下ᄂᆞᆫ本日(九日)入京ᄒᆞ야卽時日比谷公園을遊覽ᄒᆞᆫ後에海軍省에서齋藤海相及東鄕大將을訪問ᄒᆞ고午後에參內ᄒᆞ야兩陛下씌謁見ᄒᆞ고午餐을賜하셧더라

同艦隊下士以下도多數入京ᄒᆞ얏ᄂᆞᆫᄃᆡ市內에ᄂᆞᆫ日英國旗를交叉ᄒᆞ야軒頭에揭ᄒᆞ야歡迎이盛하얏더라

●大山元帥勳章　仝上

德國皇帝께서大山元帥의게贈與ᄒᆞᆫ赤鷲勳章은日本駐箚同國大使뭄무氏가大山邸를訪問ᄒᆞ야授與ᄒᆞ얏더라

雜報

爲縣郡普通學校序　尹夏榮

人而無愛國熱心形雖具而鬱其心矣有熱心而不知保國方針心徒勞而事不成矣現今列强環逼東華疲弊我二千萬同胞方嗷嗷於覆屋之下漏船之中聽人驅使而無一分自主之權其故何也

夫權生於智智生於學未有不學而智與權能自來者也以言乎近因則士無實學國無定敎尋詞章者徒竊糟粕談性命者專事口耳講來識短而不通世務巧者遑慧而慣用欺騙以巡倖倖不顧廉恥固守舊見不求自新

岐嶪太多而不成團體軟骨成習而了無公忿以權力相高下非獨相壓勒故其視國家之瘠如越之於秦至于今日爲外人脅制而亦頓無激厲之端也

以言乎遠因則自三代賓升之法廢而薦擧公車興焉公車廢而流而頹別詩賦科擧興焉其流之獘遂以八股爲昌言變幻爲正學一生用工不出乎科擧一道至於治國養民經濟實用皆屬空空所學非其所用也

噫在昔國未通之時則國家興廢多由內亂故崇文賤武以尙觚墨社以虧悍而風俗安靜且有搜剔遺逸之一途尊尙道德故能成郅治矣專乃大地忽關泰西最强技力之相角法制之相尙浸浸然有鯨呑全球之勢而流電不可以詞賦抑之機彈不可以謗笑爆之以前日閉門自守之習　未完

●門票錄名　主殿院에서警務廳으로通牒ᄒᆞ야從今以後ᄂᆞᆫ宮禁規則을永爲專管實施ᄒᆞ고本月內로該廳所管各宮吏及使役中門票可給之人員을一一指名錄交ᄒᆞ라ᄒᆞ얏다더라

●兩倅被拿　法部에서平理院으로訓令ᄒᆞ고楚山郡守丕應顯渭原前郡守曹斗煥이碧潼郡金元西獄事에俱以檢官으로幾致失刑하얏스나該兩郡守를不日拿致ᄒᆞ야到底窮覈에擬辦報來케ᄒᆞ라ᄒᆞ얏다더라

●日新講法　平壤日新학校를該郡有志靑年紳士들이醵金設立ᄒᆞ고校長은張志淵氏로薦定ᄒᆞ고校師ᄂᆞᆫ安秉瓚氏로延聘ᄒᆞ야校務를一層擴張ᄒᆞᆷ으로爲起諸氏의注意文明ᄒᆞᆷ은本報에屢已揭載어니와現聞ᄒᆞᆫ즉安教師下去以後로嚴立科程ᄒᆞ고熱心敎導ᄒᆞ야學徒가從以悅服ᄒᆞ야校況이日就蔚興ᄒᆞᆷ으로聞風入學者ㅣ逐日加增ᄒᆞ고近日에該校任員諸氏가　吾同胞를法律上智識을啓發ᄒᆞ야活潑勇進ᄒᆞᄂᆞᆫ權利思想을培養ᄒᆞᆯ目的으로奮然發起ᄒᆞ야該校內에法學講習所를特別히設立ᄒᆞ야夜學課로敎授케ᄒᆞ고講師ᄂᆞᆫ該校敎師安秉瓚氏로還定ᄒᆞᆫ後에本月二日브터開學ᄒᆞ얏ᄂᆞᆫᄃᆡ現進講習員五十餘員이皆是有志紳士라ᄒᆞ니吾儕ᄂᆞᆫ對此欣賀ᄒᆞ야不勝撲賀故로日新學校와法學講習員諸氏의게一言을괴ᄒᆞ야勸勉ᄒᆞ노니安校師의學識과品行도學ᄒᆞ려니와爲先同氏의滿腔子ᄒᆞᆫ愛國血誠을效則ᄒᆞ야大韓精神을各其腦髓에灌注ᄒᆞ야大韓國權恢復의基礎를作ᄒᆞ기를區區切望ᄒᆞ노라

●手形組合基金增領　過日紙上의報와如히度支部內漢城手形組合에其業務成績을大見ᄒᆞᆫ지라益益擴張發達의計를爲ᄒᆞ야今般組合基本金增額의就ᄒᆞ야度支部大臣의게請願인바政府에서昨五日의附로以ᄒᆞ야更히金拾萬圓을同組合에交付ᄒᆞ얏다더라

本社廣告

中[illegible]
一張代金 新貨二錢五里
一箇月前金 三十錢
三箇月 九十錢
六箇月 一元七十錢
一箇年 三元[illegible]
號外一部 新貨五里
一箇月 十三錢

廣告料
[illegible]活字十三字[illegible]
每日每行尺一寸에新貨[illegible]
（每日每行에大韓[illegible]）
二箇日에 二[illegible]
（每日每行新貨五里에[illegible]）
一箇月에 [illegible]
（每日每行新貨一里에相當홈）
其期限의長短과字行의多少를依ᄒ야增減홈이有홈

◉本社地方各處支店廣告
仁川杻峴開新冊肆　李東宣
平壤南山峴日新學校　金興濟
宣川邑橋西　崔觀恒
義州南門外韓西大藥房　安濬
長連邑　金[illegible]
鎭南浦藥鋪　金仁각
咸興州南社　曾喜林
中和邑　李俊鎬
釜山佐川徐藥房　金[illegible]
開城北部梨井里祥洞居培義학校副校長　姜助遠
大丘郡　達城廣文社

發行兼編輯人 英國人裴說
發行所 京城[illegible]
大韓每日申報社

第四卷
大韓每日申報
대한매일신보
第二百六十八號

月曜及慶節歲時日休刊

檀君開國四千二百三十九年
箕子元年三千二十八年
大韓開國五百十五年
日本明治三十九年
淸國光緖三十二年
◉陰曆丙午五月小二十一日丙辰

論說

肅淸宮禁

近日伊藤侯가闕門內外에巡査憲兵을排置인바此行動을稱之以如右問題ᄒᆞ니彼의取行之事由ᄂᆞᆫ出入禁闥之人이擧皆不正之類라ᄒᆞ야使之不得親近于御前이라如此行動이大韓 皇室의尊嚴安寧을維支ᄒᆞᆫ다ᄂᆞᆫ諸言에셔從生ᄒᆞ얏스니從今以後로ᄂᆞᆫ日本政府及軍隊와伊藤及其餘諸人의不圖呑韓이오有何他計ᄒᆞᆷ을不可復望이로다然이나日本之所欲爲와所將爲가將至不同ᄒᆞ리니現今狀態로ᄂᆞᆫ何許列强이爲此韓國ᄒᆞ야欲與日本爭論이不著矣로ᄃᆡ宇內政法家가日本所望과如히無心志ᄒᆞᆫ組成에不至矣ᄂᆞ니日本이以韓國內處置로難醫之禍胎를自招ᄒᆞᄂᆞᆫ도다伊藤侯가不當以日本武官으로管此韓國ᄒᆞᆯ거슬自覺ᄒᆞᆯ지라日本軍兵의不當來韓과不當駐韓을同侯가若果保證인된速命撤還ᄒᆞᆯ줄을必知여다日本之享有權力을樂從ᄒᆞᆫ韓人은不過五人이니此可哀之人은置其姓名於新條約故로已之生命을隨巳來往ᄒᆞᄂᆞᆫ日本兵巡保護에寄托ᄒᆞᆷ이어니와其餘韓人은一不願此로다今此日本行動이腐敗挾雜을防遏之計라고ᄂᆞᆫ不能謂之니韓人多數ᄂᆞᆫ何許事情之下에던지腐敗挾雜이必無其機矣어니와腐敗挾雜이現今에ᄂᆞᆫ不行ᄒᆞᄂᆞᆫ지其證이不明이라內大李址鎔氏ᄂᆞᆫ諸大臣中에最惡人이니締結新條約以後로常握無量錢囊ᄒᆞᆷ이現然이라以至昨冬토록其居生이不甚美麗터니至于此日ᄒᆞ야ᄂᆞᆫ竝置大廈於數處ᄒᆞ야王族狀態로韓日人中知巳者를坐接ᄒᆞᄂᆞᆫ도다本記者ㅣ가今日此紙에但記一人之名이나其外諸人의不合於近侍ᄒᆞᆷ도日人知悉이非不及於本記者矣며且近日被逐人中에反有貴重可敬之人이로다皇闕事態에合宜組織이必要ᄒᆞ며無譽多人이 皇帝恩寵之下에居生ᄒᆞᆷ을有誰不知리오然이나對此日本最近行動ᄒᆞ야特有一探出件ᄒᆞ니此ᄂᆞᆫ 皇帝權限을落下ᄒᆞ야信任之人을隔面ᄒᆞ시고統監에게依賴ᄒᆞ시게試圖ᄒᆞᄂᆞᆫ거시로다他一國을指導ᄒᆞᄂᆞᆫ日本人이方在如許試圖中이니若如此事件이彼之能行에去益最善일진ᄃᆡ別般宣告書가不爲久延일줄노認ᄒᆞ리로다

官報

●三千五百二號 光武十年七月十一日

◉宮廷錄事

詔曰命內部地方局長崔錫敏爲內部協辦

光武十年七月七日

議政府參政大臣 朴齊純

禮式院掌禮副卿鄭鬪朝辭職疏
批旨省疏具悉卿其勿辭行公

侍從院副卿朴基順辭職疏
批旨省疏具悉所請依施

以上七月七日

弘文館學士李愚冕辭職疏
批旨省疏具悉所請依施

奉常司提調徐相大辭職疏
批旨省疏具悉卿其勿辭行公

以上七月八日

◉敍任及辭令

陞四級俸 度支部參書官子義書
陞五級俸 度支部秘書官朱相翊
陞六級俸 度支部技師 兪鎭浩

以上六月三十日

任內部協辦敍勅任官二等 內部地方局長 崔錫敏

七月十日

雜報

●刑減等 布哇에在ᄒᆞᆫ韓國人死刑罪人減等一事로統監府에셔該地에駐在ᄒᆞᆫ日本領事館報告를因ᄒᆞ야別紙를另附照會于政府ᄒᆞᆫ事ᄂᆞᆫ已揭어니와法部에셔該件을對ᄒᆞ야政府로照復ᄒᆞ기를另附別紙를准本ᄒᆞᆫ즉와도만牧師가注意減刑ᄒᆞ야當地有力家의同情을惹起ᄒᆞ야訴訟記錄을詳細考閱ᄒᆞᆷ을請求ᄒᆞ야被告中罪證不明者로減刑或放免ᄒᆞ기에至ᄒᆞ얏슨즉其在惟輕惟恤之義에減刑判決이可合ᄒᆞᆷ으로思量ᄒᆞ며本件減刑運動ᄒᆞᆫ幾箇人과當地該事由를通報ᄒᆞᆫ日本總領事館에感謝ᄒᆞᆫ意를表示ᄒᆞᆷ만ᄒᆞ니將此知會于日本統監府ᄒᆞ야轉布該員케ᄒᆞ라ᄒᆞ얏더라

●開尹詩會 開城府尹韓永源氏ᄂᆞᆫ一府士林等을請ᄒᆞ야詩會를開ᄒᆞ나狂膓二字로押韻ᄒᆞ야詩歌를唱ᄒᆞᆯ셔士林等이意外에復古禮가된듯깃버ᄒᆞ며韓氏를對ᄒᆞᆷ이天上ㅣ帝를對ᄒᆞᆷ과ᄀᆞᆺ치嚴肅ᄒᆞ더ᄂᆞᆫ江華普昌學校校長李東暉氏가一詩句를부르니其시에曰今관韓國事志士何不狂太守酒未醉士林내無膓이라ᄒᆞ얏더니一會중이忿怒ᄒᆞ야凌辱官民이라ᄒᆞ고公論이紛紛ᄒᆞ며近日一府士林等이李東暉氏를逐出境外ᄒᆞ기로數次提議중이라ᄒᆞ니如此官民은不知時機ᄒᆞ고醉중大狂인지酒毒消膓인지人皆哂之라더라

外報

●英法伊協商 아베시니야國事件에關ᄒᆞᆫ英法伊三國의協商은難便ᄒᆞᆫ問題인故로進步치못ᄒᆞ얏ᄂᆞᆫᄃᆡ法國新聞은英法間에特別히協約ᄒᆞ기를追ᄒᆞ얏더라

●實業振興策 桑港電을據ᄒᆞᆫ즉淸國政府에셔實業振興策으로自今海外實業留學生에歸國後로實業에從事ᄒᆞ야ᄒᆞ되不本이不足ᄒᆞ야實施치못ᄒᆞᆫ者ᄂᆞᆫ내部及督撫의게申請ᄒᆞ면商議後各省에셔補助ᄒᆞ기로ᄒᆞᆫ다더라

●英使忠告 北京電을據ᄒᆞᆫ즉駐淸英國公使가淸廷에忠告ᄒᆞ되淸國이東滿洲에만稅關을設置ᄒᆞ고俄淸境界에ᄂᆞᆫ設置치아니ᄒᆞᆷ이不可ᄒᆞᆫ즉萬若黑龍省吉林租界에設置치아니ᄒᆞ면各國도亦均霑ᄒᆞ야營口稅關徵稅에反對ᄒᆞ깃다ᄒᆞ얏더라

●淸使警告 駐日淸公使楊樞氏ᄂᆞᆫ長文의電報를本國外務部에發ᄒᆞ얏ᄂᆞᆫᄃᆡ日本의滿洲經營委員會目的에關ᄒᆞ야一大警戒를試ᄒᆞᆫ지고又同公使ᄂᆞᆫ滿洲에關ᄒᆞᆫ事項으로日本政府에抗議ᄒᆞ얏더니日本政府ᄂᆞᆫ毫末도他意의不在ᄒᆞ다ᄂᆞᆫ旨意로答ᄒᆞ얏슨즉其眞意에在ᄒᆞ야ᄂᆞᆫ容易히推測ᄒᆞ기不能ᄒᆞ며林公使ᄂᆞᆫ赴任과同時에間島問題其他로必然交涉을開始ᄒᆞᆯᄃᆡ이요同氏의幹腕은韓國에在ᄒᆞᆫ다稱ᄒᆞᄂᆞᆫ바인즉一般의警戒를要ᄒᆞᆯ지라ᄒᆞ얏다더라

●郵便隊와衛生隊 北京電을據ᄒᆞᆫ즉淸北南北洋軍의秋季大演習에軍事郵便隊를設始ᄒᆞ고又昨年에編制ᄒᆞᆫ衛生隊를完備ᄒᆞᆫ다더라

●種子買入費 伯林電에曰俄國農務大臣은凶作地에穀物種子買入費로一億留를國民議會에셔要求ᄒᆞ얏다더라

雜報

●在桑港共立協會에셔 去六月五日의 來函에 如左ᄒᆞ니 敬啓者는 自六七年以來로 在美合衆國에 僑居ᄒᆞᄂᆞᆫ 韓人이 年增月加ᄒᆞ야 現今千餘人에 至ᄒᆞ니 生業과 經營의 關係를 因ᄒᆞ야 一處에 團居치 못ᄒᆞ고 散在遠近ᄒᆞᆫ바 其中商業者ᄂᆞᆫ 百未滿一二人ᄒᆞ며 學業者ᄂᆞᆫ 百不過六七ᄒᆞ고 其餘ᄂᆞᆫ 勞働을 是務ᄒᆞ나 然ᄒᆞ나 方言이 相殊ᄒᆞ고 風俗이 頗異ᄒᆞ야 新渡者ᄂᆞᆫ 南方에 渺漠ᄒᆞ야 完如失柁之舟라 是以로 祖國體面을 損傷ᄒᆞᆷ도 不無ᄒᆞ고 外人의 嘲笑凌侮도 或間有之ᄒᆞ되 嗚呼라 本國公使와 領事가 旣無ᄒᆞ나 誰顧護ᄒᆞ며 何恃何賴오 環觀컨ᄃᆡ 各國人則 其國之公館이 有ᄒᆞ야 保之護之ᄒᆞ되 我獨無之ᄒᆞ니 念及於此에 血沸淚橫ᄒᆞᆫ지라 于是로 此等의 救援之方을 熟思ᄒᆞ야 共立協會를 設ᄒᆞ고 團體成立ᄒᆞ야 同和相保로 目的을 定ᄒᆞ며 忠愛相勉과 學業相勸와 患難相救와 疾病相扶로 宗旨를 定ᄒᆞ고 務行ᄒᆞᆫ지 一年內에 會員등이 强誠竭力ᄒᆞ야 聚捐ᄒᆞ야 韓人의 共同ᄒᆞᆫ 家屋을 桑港에 建築ᄒᆞ니 旅美韓人의 創立之象이요 便宜公所인ᄃᆡ 布哇及本國으로 新渡人에 居留를 便宜케ᄒᆞ며 職業과 勞동에 隨意指導ᄒᆞ며 姓名居地를 一一記簿ᄒᆞ며 不善者ᄂᆞᆫ 勸戒ᄒᆞ며 有死有患者를 幷力救護ᄒᆞ며 且共立新報를 發刊ᄒᆞ야 內外國情形과 獨立扶植의 思想으로 激勵ᄒᆞᄂᆞ니 僑民의 志氣가 漸進文明ᄒᆞ야 今日韓人之稱譽가 在於日人淸人之上ᄒᆞ나 雖無公使領事之顧護라도 團合相保의 基礎가 堅立ᄒᆞᆫ지라 韓人之幸이 莫此爲幸이러니 忽於去四月大地動火災에 種年勤勞가 歸於烏有ᄒᆞ고 赤手逃命ᄒᆞ야 路宿乞食ᄒᆞ며 失柄彷徨에 隻影이 相吊요 無人過問ᄒᆞ니 悲懷滿腔이라 (未完)

●審查役裁處 平理院에 在囚ᄒᆞᆫ 全州郡守 權直相氏가 有錢有勢者로 百般運動ᄒᆞ야 已往에 屢次保放도ᄒᆞ고 且法部에셔 平理院으로 訓令ᄒᆞ야 即爲放送에 還郡刷結케ᄒᆞ라ᄒᆞ더니 該院에셔 法律을 不可故枉이라ᄒᆞ고 懲役三年에 宜當ᄒᆞ얏ᄂᆞᆫᄃᆡ 民間에 結稅加定一欵은 趙秉鬪氏가 該道觀察使로 在任時에 擅自加結ᄒᆞ얏ᄂᆞᆫ 訓令이 自在ᄒᆞ다ᄒᆞ며 其後任觀察使 李聖烈 李容稙 李勝宇氏가 仍舊施行ᄒᆞᆫ지라 加結一欵을 該院에셔 查覈ᄒᆞᆯ 不ᄒᆞ면 上項罪觀察을 拿致審查然後에 裁處하깃ᄂᆞᆫ 故로 裁判長以下判檢事가 相議中이라더라

●李被毒刑 誤薦人材ᄒᆞᆫ 罪로 拘拿하야 令法部로 懲辦ᄒᆞᆫ다던 參領李敏福ᄂᆞᆫ 日本憲兵司令部에 被捉하야 小山司令官이 窮覈하ᄂᆞᆫᄃᆡ 抵賴不服ᄒᆞᆫ다하야 無數毒刑을 當하얏다더라

●必有問題 向者各大官이 統監邸會同時에 統監이 肅淸宮禁과 政治改良問題를 提出ᄒᆞ야 肅淸은 實施ᄒᆞ고 改良은 議決치 못ᄒᆞᆷ으로 今十二日上午十時에 統監의 本邸로 各大臣을 會同ᄒᆞ얏ᄂᆞᆫᄃᆡ 何問題를 更提ᄒᆞᄂᆞᆫ지 各大臣이 疑慮ᄒᆞ더라

●血竹光輝 閔忠正의 血竹을 記念하기 爲하야 撮影도 하얏거니와 舊核仙姓에 秘書官 楊基薰氏ᄂᆞᆫ 竹本을 畫出하고 文章鳴世의 正三品 張志淵氏ᄂᆞᆫ 竹詞를 著述하야 世界에 頒布ᄒᆞᆫ다하니 此閔公의 血竹은 善竹에 有光이라하더라

●太학敎科 政府에셔 日間太학官制改正을 實施ᄒᆞᆯ터인ᄃᆡ 其敎科書ᄂᆞᆫ 舊학文若干에 新학文을 編緝하야 敎官을 加設ᄒᆞᆫ다더라

●校會代表 美國華盛頓來信을 據ᄒᆞᆫ 則 죠지와 승돈大학校에셔 工夫ᄒᆞ든 李承晩氏ᄂᆞᆫ 今番에 夏期시驗을 經ᄒᆞ고 放학間에 大학校內에셔 設置ᄒᆞᆫ 萬國학生會에 代表로 選定되야 노드필드라ᄒᆞᄂᆞᆫ 處로 前往ᄒᆞ야 公會에 參與ᄒᆞ더이라더라

●照請禁斫 北部駐日本守備隊에셔 利原郡松田年久古木三千株를 斫伐하ᄂᆞᆫ 弊를 統監府에 交涉ᄒᆞ야 使之禁止케ᄒᆞ라고 內部에셔 政府로 照會ᄒᆞ얏다더라

●細則送交 統監府에셔 鑛業法細則과 移民保護法細則과 砂鑛採取法同細則을 次第送交于農部ᄒᆞ얏다더라

●視學官派往 學部에셔 各地方學校를 視察ᄒᆞ고 學校新設ᄒᆞᆯ 方針을 講究ᄒᆞ기 爲ᄒᆞ야 視學官 魚容善氏가 日人廣田直三郎氏를 帶同爲行ᄒᆞᆫ 事ᄂᆞᆫ 已揭前報어니와 又於昨日에 視學官 李晩奎氏가 田中玄黃氏를 帶同ᄒᆞ고 慶尙南北道와 全羅南北道를 分擔發行ᄒᆞ얏다더라

●灌漑協商 全南觀察使 李道宰氏가 日本人河野喜三郎이 順天郡下沙国等地에 水田灌漑ᄒᆞ기 爲ᄒᆞ야 堤堰을 築成ᄒᆞ고 其代賞으로 水稅를 收受ᄒᆞᆫ 次로 各田主作人等과 契約을 相結ᄒᆞᆫ 時에 證劵의 交付ᄒᆞᆷ을 請求ᄒᆞᆫ 木浦理事의 照會를 因ᄒᆞ야 農商工部에 報告ᄒᆞ얏더니 指令ᄒᆞ기를 修築洑潰ᄒᆞ고 防築海濫ᄒᆞ야 以避水旱ᄒᆞ고 以便灌漑ᄂᆞᆫ 農事上急務인則 各田畓所有主及各作人이 互相協議ᄒᆞ야 合資同役이 事係妥當이거날 該民等이 不此之爲ᄒᆞ고 擅與外國人으로 私相契約ᄒᆞ니 究其民習에 極涉痛駭라 到卽嚴飭轉飭於該郡ᄒᆞ야 各洞任等을 一並嚴治ᄒᆞ야 俾不致復踵前習케하고 契約書ᄂᆞᆫ 刻卽推覓送附ᄒᆞ고 兩處築役은 使該民으로 不日協商ᄒᆞ야 合力與了케ᄒᆞ라ᄒᆞ얏다더라

●鑛業細規 農商工部에셔 鑛業法細規則一通을 官報에 揭布ᄒᆞ얏고 政府로 照會ᄒᆞ얏ᄂᆞᆫᄃᆡ 該細則은 三十五條로 成立하얏다더라

●雇聘定俸 統監府勸勧으로 內部에셔 顧問官 中山虎太郎氏를 無限年雇聘ᄒᆞᄂᆞᆫᄃᆡ 月給은 新貨三百元을 支給ᄒᆞ기로 作定ᄒᆞ고 其下의 補助員兩人을 置하ᄂᆞᆫᄃᆡ 千崎氏에 月給은 八十元이오 山口氏에 月給은 七十元으로 作定하고 內部에서 統監府로 公文하얏다더라

●審查繼續 日本憲兵司令部에 在囚ᄒᆞᆫ 大官이 並受毒刑하얏다하고 傳說이 不一하더니 確信을 謹探ᄒᆞᆫ즉 贊政 僉升문 兩氏ᄂᆞᆫ 業已審問하야 南門內司令部에 在囚ᄒᆞᆫ 金氏ᄂᆞᆫ 受刑ᄒᆞᆫ 事가 確有하고 閔炯植 閔丙奭 閔景植 洪在鳳 李南升 諸氏ᄂᆞᆫ 苧洞司令部에 在囚ᄒᆞᆫᄃᆡ 一次로 姑無審查하고 拘留而已라더라

●裁判兼掌 統監府에서 政府에 勸告하야 法학博士 梅兼次一郎氏를 雇聘하기로 決定하얏는ᄃᆡ 此博士ᄂᆞᆫ 法部에 置하야 裁判所事務ᄭᆞ지 掌理ᄒᆞᆯ터이라하더라

●法律加減 法部大臣이 現行하ᄂᆞᆫ 法律중의 加減ᄒᆞᆯ 節目이 有하다하야 法部所管各官吏ᄂᆞᆫ 今十二日上午十二時의 一齊히 法部로 會同하라하얏다더라

●算外經費 學部에셔 各欵項不足額 千三百○六圜七十五錢五里를 算外支撥ᄒᆞ야 以便繼給케ᄒᆞ라고 度支部에 照會ᄒᆞ얏ᄂᆞᆫᄃᆡ 今年度預算中本部所屬各官中 滿期陞급ᄒᆞᆫ 職員과 又敎育擴張ᄒᆞᆷ에 必要ᄒᆞᆫ 敎員等을 多數新任及增給ᄒᆞᆫ 結果와 又或預算成立ᄒᆞᆯ時에 節約制減ᄒᆞᆫ 結果로 不得已支出ᄒᆞᆫ 實額의 不足이 生ᄒᆞᆷ이라ᄒᆞ얏더라

●雜術革汰 宮禁을 肅淸ᄒᆞᆷ은 雜術奸細輩의 出入으로 聖聰壅蔽ᄒᆞᆷ을 禁斷ᄒᆞᆷ이어날 太醫院兼典醫와 侍從院侍從과 侍御等近密之所에 在ᄒᆞᆫ 官吏가 間有雜術者則 宮禁令을 一遵施行하여도 此ᄂᆞᆫ 防杜之策이 全無하다하야 宮內官職에 在ᄒᆞᆫ 者中 雜術通曉者ᄂᆞᆫ 一體解任ᄒᆞ고 汰減하기로 磨鍊ᄒᆞᆫ다더라

東京電報

●英將연說 七月五日오前十時半發
海軍大將(齊藤)이 主催ᄒᆞᆫ 英國支那艦隊一行招待會의 셔무아중將은 日本武士道ᄂᆞᆫ 英國人의 硏究ᄒᆞᆯ 要ᄒᆞᆯ지라 吾儕ᄂᆞᆫ 貴國指導를 仰ᄒᆞᆷ이 必要하도다 연說하얏더라

●帝國大學卒業 仝上
帝國大학卒業式을 本日擧行하얏ᄂᆞᆫᄃᆡ 日本天皇陛下끠셔 御臨行하셧고 卒業生六百七十七名의 優等生이 十五名이더라

●日比谷事件宣告 仝上
日比谷騷擾事件의 關ᄒᆞᆫ 被告人의 宣告를 受ᄒᆞᆫ 者 有期徒刑十二年以下有罪 八十八名이라더라

루터電報

●로提督以下判決 七月十日午后二時發
露國軍法會議의셔 로제쓰트벤쓰키提督을 無罪로하고 비쓰도비艇長과 其他將校ᄂᆞᆫ 死刑으로 하기를 要求하얏고 又辯護人等도 로提督의 無罪를 主張ᄒᆞᆫ다하고 로提督은 負傷하얏슴으로 不구者가 되얏더라

雜報

高陽郡普通學校序　尹夏榮

當此爭長競短之世豈可無所損益於其間乎夫學校者三代之遺制也選擧之法始於鄉序而達於國都敎之以德行藝三物而典其賢者能者是以士有定志惟懼學業之不修不憂榮途之不開英才俊髦之蔚達敎化政治之開明爲千古萬國之第一

今泰西所尙不過是六藝八刑中數端而猶致强至此者特以升法做古而機械精新也其又陵駕我東土者以我德行既衰而藝法亦無實用之致也彼以技藝爲實業而我以道德爲虛文虛之大莫如實之小也言之高不若行之近也苟能取彼之長補我之不足益求其禮樂之未備原之以德行則智學漸進不但保維我 國權而將高出世界彼反效則我不暇矣

是年夏夏榮承乏玆郡適會 朝飭府訓設校奬學視事之日卽與鄉人士創立普通之校爲仰實 聖意俯達民智之先務而招集生以語之曰國之維新在乎任賢求賢之道在乎勸學盡學之責在乎諸君之熱力矣熱之爲物在球能生物在天能遍灼在人能做出世間許大事業古之烈士義士志士仁人皆熱血人視其熱之多少測其成就之大小此進學之原動力也

不以安佚爲心而刻念 帝國之大羞恥不爲獨談所眩而推究吾心之本意見諸德潔行能通專門之級漸升高等之科則我 大韓自强自主之基礎實於是乎在矣若其敎法之次第時間之定式自有敎師之責吾不必贅（完）

●永校卒業式　本月六日에仁川港永化學校에서第一回尋常科卒業證書授與式을擧行ᄒᆞ얏ᄂᆞᆫᄃᆡ其時參席人員은學部官員과本港監理와美國宣敎師와其外紳士六百餘人과婦人五百餘人과男女學徒二百餘人이同席ᄒᆞ야前無ᄒᆞᆫ盛況을呈ᄒᆞ니尋常科卒業生十五人進級三十六人의게各其證書賞品物을授與ᄒᆞᆫ後에學部編輯局長蔡範錫該港監理徐丙珪該校贊成員朴彦鎭本國牧師全德基海關幇辦姜[illegible]美國宣敎師施蘭敦諸氏가次第勸勉演說ᄒᆞᆷ이該校學徒李汎鎭이答辭ᄒᆞᆫ後에 大皇帝陛下萬歲와皇太子殿下千歲를三呼ᄒᆞ고閉會ᄒᆞ얏ᄂᆞᆫᄃᆡ優等生은左와如ᄒᆞ니卒業生十五人中에優等이七人인ᄃᆡ金學仁李汎鎭鄭淳安崔永昌朴昌植姜仁壽李善卿이오一年級으로二年級에進ᄒᆞᆫ生이二十六人內에優等이十六人인ᄃᆡ崔봉求姜聲俊裴寬玉鄭淳奉張壬淳李萬春崔福成朴[illegible]石朴[illegible]伯李浩俊鄭石允朴容安呂壬龍金世興李起雲沈壽命이라ᄒᆞ더라

●培校試驗　開城培義學校에서夏期試驗을經ᄒᆞ얏ᄂᆞᆫᄃᆡ一般學校徒가多數來參ᄒᆞ고校長林圭永氏가有病不進故로副校長姜助遠氏가放學式을行ᄒᆞᆯ시讚美四章을朗誦ᄒᆞᆫ後에姜助遠氏가提摩太後書三章一二節노十六節을說明ᄒᆞ고公立小學校敎員李升均氏가祈禱ᄒᆞᆫ後에愛國歌心과新學問勉力ᄒᆞ라ᄒᆞ고林晃植金東植[illegible]公浩諸氏가勸勉ᄒᆞᆫ後愛國歌를唱ᄒᆞ고各種物品라福音으로褒賞ᄒᆞ고萬歲를呼ᄒᆞᆫ後에閉會ᄒᆞ얏ᄂᆞᆫᄃᆡ一班優等生의金興祚申永昌柳環[illegible]氏오二班優等生의吳明利禹雲卿白永煥諸氏라더라

廣告

本人姓名圖章遺失故玆廣佈知僉聞照亮　李甚昌　告白

●特別社告

本申報社內에特別히附屬品으로活字를更備ᄒᆞ야書籍印刷所를設置ᄒᆞ얏사오니印書를要ᄒᆞ시ᄂᆞᆫ僉君子ᄂᆞᆫ來臨相議ᄒᆞ시옵

大韓每日申報社　告白

本人이木浦鎭性完前陰四月會日藥千兩報給ᄒᆞ고該票紙를還推歸家ᄒᆞ야閪失ᄒᆞ얏사오니勿論內外國人ᄒᆞ고拾得ᄒᆞ와도休紙施行ᄒᆞᆷ

票主仁港姜汝三　告白

◉勸誘員募集廣告◉

학識이有餘ᄒᆞᆫ日韓兩國人을採用ᄒᆞᆷ

但功績에標準ᄒᆞ야月俸을廿元以上으로二百元ᄭᆞ지支給ᄒᆞᆷ

希望之人은履歷書를持來ᄒᆞ시되本月十五日限이오니每日午前十時니로本所하실事

京城西署石井洞　日宗生命保險株式會社　韓國出張所

○保險金領收廣告

一本人의父親鼎煥公게옵서[illegible]者日宗生命保險株式會社에六十歲滿期로보險金五千元契約을ᄒᆞ와계시오ᄃᆡ今番에不幸이別世ᄒᆞ옵신故로前顯金額을西署石井洞同會社韓國出張所의手를經ᄒᆞ야卽速出給ᄒᆞ시기에領收ᄒᆞ옵고此를依ᄒᆞ야同會社의確實ᄒᆞᆫ것과보險金出給의迅速ᄒᆞᆷ을江湖의僉告ᄒᆞᆷ

京城典洞第四十八統七戶　保險受取人　金弘植

坡州汾水院文肅公墓所松楸를沈門에[illegible]雜輩가將欲暗賣云ᄒᆞ야[illegible]歸正次로玆以廣告ᄒᆞ오니陰五月二十四日에坡平南原咸安三派子孫과京鄉縉紳章甫ᄒᆞᆫ一齊來會于齋ᄒᆞ야參判泰興氏宗會에以爲妥商케ᄒᆞ시오

尹吉炳　尹泰吉　尹性普　告白

桑港遭難同胞救助金寄送額詳細廣告

右金額全數를鐘路電氣會社에委托ᄒᆞ야送ᄒᆞᆫ後에其募集寄額末은已爲廣佈ᄒᆞ얏거니와該會社로셔來ᄒᆞᆫ錢額은本社에前次廣告와符合ᄒᆞ고其初次電換費와再次匯送費二十四圓二十錢은該會社에셔自擔支出ᄒᆞ얏스니僉君子ᄂᆞᆫ照亮ᄒᆞ시옵

本人의從弟基顯이가參奉作名ᄒᆞ고身外無物에性本悖浪ᄒᆞ야堂內에任任逋六七千兩ᄒᆞ고猶爲不足ᄒᆞ야現今去留平壤而其子청日이亦甚浮浪ᄒᆞ야日債을圖得ᄒᆞ야徵族ᄒᆞ라고百般周旋ᄒᆞᆫ다기玆先廣布ᄒᆞ오니勿論內外國人ᄒᆞ고切勿見欺後悔ᄒᆞ시오

平安北道郭山郡方面草上里金時청　告白

△이것보시오　改良廣告▽

前에ᄂᆞᆫ理學을不分科目ᄒᆞ고雜述ᄒᆞ얏더니第八號부터ᄂᆞᆫ一分科식詳細講論ᄒᆞ되爲先物理學講義를專述ᄒᆞᆯ것이기로玆에廣告ᄒᆞ오

南大門內尙洞　數理學雜誌社

廣告

民事訴訟代言과刑事辯護及諸定顧問과諸文案起草等諸般法律事務를迅速[illegible]ᄒᆞᆷ

京城中署大笠洞七十七統九戶

辯護士　前檢事　正三品　洪在祺

法律事務所

[illegible]告

我閔氏先祖留守公以下累代墳墓가在於通津位谷이온ᄃᆡ支孫봉某가以無識悖類로禁養松楸를方欲偸賣云하니內外國人은切勿見欺ᄒᆞ시고如或有欺賣라도終歸無效니洞亮爲要ᄒᆞᆷ

驪興閔氏宗中　告白

◉家屋放賣或貸入請告◉

西小門外에在ᄒᆞᆫ八千五百五十四方米突되ᄂᆞᆫ一大地段에建造ᄒᆞᆫ半洋製家屋에廣濶ᄒᆞᆫ房屋六間과下人房幾所와其他善爲排置ᄒᆞᆫ花園과韓製家屋과馬廐와數處外舍와諸般美麗ᄒᆞᆫ附屬等이包有ᄒᆞ오니合意僉君子ᄂᆞᆫ大韓每日申報社로來議ᄒᆞ시옵

中署農圃初入七十八統第二戶의鄭在澤氏가開設人民의注意로本申報擴張을贊成ᄒᆞ야自該에本報發賣所를別定ᄒᆞ얏사오니僉君子ᄂᆞᆫ照亮ᄒᆞ시옵

大韓每日申報社　告白

前居安城邑今居龍仁金齊勉氏家에現有大故ᄒᆞ니誰某던지隣見金憲濟氏字聖斌거든不日指送伏望

鄭培根　告白

本社廣告

中額
一張代金 新貨二錢五厘
一個月前條 三十錢
三個月 九十錢
六個月 一元七十錢
一個年 三元四十錢
郵稅一部 新貨五厘
一個月 十三錢

廣告料
四号活字十三字에
每日每段尺一寸에新貨[illegible]
(每日發行에大韓[illegible])
二個日에 二圜五[illegible]
(每日發行圜[illegible]五厘에相[illegible])
一個月에 五[illegible]
(每日發行圜[illegible]一厘에相[illegible])
其期限의長短과字行의多[illegible]를依ᄒᆞ야增減홈이有홈

◉本社地方各處支店廣告
仁川桩峴開新冊肆 李東ᄒᆞ
平壤南山峴日新學校 金興[illegible]
宣川邑橋西 崔[illegible]
義州南門外韓西大藥房 安[illegible]
長連邑 金[illegible]
鎭南浦築洞 金仁[illegible]
咸興州南社 曹[illegible]
中和邑 李[illegible]
釜山佐川徐藥房 金[illegible]
開城北部梨井里祥洞居培義校副校長 姜助[illegible]
大丘郡 達城廣文社

發行兼編輯人 英國人[illegible]
發行所 京城北署[illegible]坊[illegible]洞[illegible]號外[illegible]
大韓每日申報社

第四卷

大韓每日申報
대한매일신보

第二百六十九號

月曜及慶節臨時休刊

檀君開國四千二百三十九年
箕子元年三千二十八年
大韓開國五百十五年
日本明治三十九年
淸國光緖三十二年
◉陰曆丙午五月小二十二日丁巳

論說

賀平壤大學校設立

本記者ᄂᆞᆫ歐洲人也라航海東渡ᄒᆞ야住此韓國이旣多年所矣라槩觀其風土人情컨ᄃᆡ慈祥可親이오淳質可愛라但以閉鎖自守之積久習慣으로現世界開明發達之步趣와比較競爭之勢力이遠遜於他人故로遂至有今日之慘景이나其種族의原素ᄂᆞᆫ優美之品이不讓於他人이라現時代風潮之所漸被에必有恍然自覺ᄒᆞ고奮然自新之日이라

所以로開此報館ᄒᆞ야丁寧勸告가不啻瓔皇申複이러니果然各地方학校設立之報가無日不至ᄒᆞ니此乃回復獨立之一大基礎인즉曷勝攅賀萬萬哉아就此國中ᄒᆞ야活潑勇敢之進就가令人歎慕者ᄂᆞᆫ平安一道가是也라自數年以來로該道內出洋遊학者가爲六七百人이오除京城以外에新報之數가比諸他道에不啻幾倍矣오至若學校之設立이又皆不惜巨欵ᄒᆞ고爭相於起ᄒᆞ야小學校와중學校가所在相望이러니至於近日ᄒᆞ야ᄂᆞᆫ平壤耶蘇敎會에서大學校를設立ᄒᆞᄂᆞᆫᄃᆡ一般男子의義捐은依例之事어니와同地婦女等은金銀指環佩物等屬을不露其姓名ᄒᆞ고爭先捐施ᄒᆞ야不數日間幾千元에達ᄒᆞ얏다ᄒᆞ니如此ᄒᆞᆫ義俠風氣ᄂᆞᆫ世界列國에亦未多有者니告但以此國內論之哉아

嗚呼韓國官吏가對如此人民ᄒᆞ야施其暴虐之政ᄒᆞ고又驅而納之於奴隸之慘境ᄒᆞ얏스니厥罪何居오雖然이나種族之優美가如此ᄒᆞ고久爲他人之奴隷ᄂᆞᆫ必無之理라將來前途가實有十分期望일시惟願各道人民은此等義俠心을觀感ᄒᆞ야出洋遊學과購覽新報와捐金設校가皆如此道之進就이면

學塾이日廣ᄒᆞ야智識과事業이日以增進ᄒᆞ리니何患乎不能脫他人之羈絆而發顯其獨立光輝也리오嗚呼其勉之哉어다

官報

◉號外 光武十年七月十二日

◉宮廷錄事

宮內府大臣李載克辭職疏
批旨省疏具悉卿懇言辭旣屢矣勅命亦屢矣則宜其諒會於必不見許而又此致煩殊非事體事遣府郞宣諭 七月十日

◉三千五百三號 光武十年七月十二日

◉宮廷錄事

詔曰命太醫院卿조定熙爲宮內府特進官閔泳인爲太醫院卿從二品沈相翊爲侍從院副卿 七月七日

詔曰命從一品李봉魯爲宮內府協辦

詔曰命宮內府特進官金鶴鎭爲弘文館學士 以上七月八日

宮內府大臣勳一等臣李載克謹奏府務去益繁劇而協辦許久曠仕事多掣碍矣此不容不及時變通協辦閔景植姑爲解任何如謹上奏 光武十年七月八日奉旨依奏

京畿觀察使李根洪辭職疏
批旨省疏具悉所請依施 七月九日

◉敍任及辭令

命宮內府特進官敍勅任官一等 太醫院卿조定熙
命太醫院卿敍勅任官一等 宮內府特進官閔泳인
命侍從院副卿敍勅任三等 從二品沈相翊
依願免本官 秘書監丞申一均
任秘書監丞敍奏任官三等 正三品金寅基
以上七月七日
命宮內部協辦敍勅任官二等 從二品李鳳魯
命弘文館學士敍勅任官二等 宮內府特進官金鶴鎭
秘書監丞沈九澤
秘書監丞金南基
依願免本官
正二品李範世 正二品閔象鉉
任秘書監丞敍奏任官三等
兼任太醫院副卿 秘書監丞李範世
兼任禮式院掌禮 秘書監丞鄭헌
以上七月八日
依願免本官
漢城裁判所首班判事 李秉輝
平理院判事 李秉和
任漢城裁判所首班判事敍奏任官一等
任平理院判事敍奏任官一等 正三品太明軾
任警務廳摠巡敍判任官七級 崔建鎬
以上七月九日

外報

●將校派送 北京電을據ᄒᆞᆫ則伊犂將軍長庚氏가新兵調鍊ᄒᆞ기爲ᄒᆞ야將校派送ᄒᆞᆷ을請ᄒᆞᆷ으로北洋大臣袁世凱氏가鍊兵處와商議ᄒᆞ고徐提督을派送ᄒᆞᆫ다더라

●暹羅와德國 日本郵船會社에서盤谷航路를德國滊船로이또會社와競爭ᄒᆞᄂᆞᆫᄃᆡ暹羅에서德國의勢力이近時에大端히發達ᄒᆞ야盤谷新嘉坡香港英領北보루네오間에船行ᄒᆞᄂᆞᆫ德國商船이三十九隻六萬二千二百四十噸에達ᄒᆞ고湄河江口에ᄂᆞᆫ德國이獨占ᄒᆞᆫ貯炭場이有ᄒᆞ더라

●官制改革 淸國의셔西洋에出往ᄒᆞ얏든大臣의歸國ᄒᆞᆷ을待ᄒᆞ야新官制를擬市ᄒᆞ고政務를大改革ᄒᆞᆯ터이라더라

●軍器購入 今年秋에淸國河南省에서湖北總督張之洞氏와直隸總督袁世凱氏가新式軍器로大鍊習을擧行ᄒᆞᆯ터인ᄃᆡ張之洞氏ᄂᆞᆫ湖南都에使用ᄒᆞᆯ軍爲六百餘匹과大砲十六門과其他軍中에附屬品을日本에購入ᄒᆞ기로ᄒᆞᆫ다더라

●威海衛還附 英國에現內閣은獨逸海軍艦隊主力을持ᄒᆞᆯ方針을隨ᄒᆞ야威海衛를淸國에還附케ᄒᆞ고但日下鐵道에就ᄒᆞ야淸廷에要求ᄒᆞᄂᆞᆫ中이나其承認을得ᄒᆞ기ᄂᆞᆫ아마威海衛를還附ᄒᆞᆫ後에야次第로되리라더라

●長春開期 北京電에云ᄒᆞ되八月一日에公主嶺以北長春間에東淸鐵道를接受ᄒᆞ고同時에淸國으로卽時此地를開放ᄒᆞ라고催行케ᄒᆞᆯ터이나同地ᄂᆞᆫ日俄兩國兵力의觸接地로重要ᄒᆞᆫ地點인즉同地開放과同地에日本領事館을開設ᄒᆞᆯ預定이오吉林府도俄兵撤退ᄒᆞᆫ例도開放ᄒᆞᆯ約束인ᄃᆡ同府ᄂᆞᆫ當今長春在任領事로管轄케ᄒᆞ기로ᄒᆞ얏다ᄒᆞ더라

●法艦加派 伯林電을據ᄒᆞᆫ즉法國巡洋艦이요써號ᄂᆞᆫ東洋艦隊에加ᄒᆞ기爲ᄒᆞ야東洋으로向ᄒᆞ야解纜ᄒᆞ얏다더라

詞林

感詠 閔忠正公竹步渭韻志
士孔宣瑜韻 梁浩鎭
碧血留痕感抽直向天勒節通
三界貞忠亘屈志無生世還
名不死仙爲霜試遊命非忘惱面
齊

雜報

●桑港共立協會에서去六月五日의來函이如左ᄒᆞ니 今日震災가可謂一大刼運이로되我國人의人命은無傷ᄒᆞ얏스나同胞의辛苦ᄂᆞᆫ(오리버싸이드)地方會와(우리들랜드)地方會ᄂᆞᆫ(노스인걸쓰)地方會와此三處共立協會地方과及所關된各處同胞들의會員들이急報를聞ᄒᆞ고會中에留存金과別捐金을一時정先輸來ᄒᆞ며總代를特派ᄒᆞ야受難者를慰問ᄒᆞ니大抵共立協會ᄂᆞᆫ無偏無黨ᄒᆞ야會員과會外를小勿歧視ᄒᆞ고一體救護ᄒᆞᄂᆞᆫ故로即時共立協會總會에臨時救濟會를設ᄒᆞ고當地罹難에在ᄒᆞᆫ同胞六十餘人을一一救護ᄒᆞ며火車貰金을分給ᄒᆞ야宿食을處處로移送ᄒᆞ야使之救接케ᄒᆞ니伏惟我至仁至慈ᄒᆞ신皇帝陛下ᄭᅴ옵셔電勅ᄒᆞ사僑民의生死를下詢ᄒᆞ시니聖恩을感泣不已ᄒᆞ오며且貴報社에서本港에罹難者를爲ᄒᆞ야特別히救濟金을募集ᄒᆞ신다ᄒᆞ오니感謝相救의大義를不勝感激ᄒᆞ오며此港의屋과新載機械가幷爲回祿에瞻室의燒을被ᄒᆞᆷ과新聞이一時가絶ᄒᆞ되自造ᄒᆞ기容易치못ᄒᆞ야僑民들의關係가虧損되ᄂᆞᆫ影響이目下에不淺ᄒᆞᆷ으로爲念ᄒᆞ나然ᄒᆞ나吾會員의熱心으로將來에更新케ᄒᆞ기를預度ᄒᆞᄂᆞᆫ바이오니貴社ᄂᆞᆫ此地同胞를爲ᄒᆞ야幸勿過念ᄒᆞ소셔內地에在ᄒᆞᆫ同胞의情形을顧念컨ᄃᆡ錢幣의禍와日人의殘害의患에ᄂᆞᆫ撤動과火災보담尤甚ᄒᆞ거날若是兩難之中에不思自苦ᄒᆞ고愛矜之情을難禁ᄒᆞ야溺死同胞들이捐金을收送코ᄌᆞᄒᆞ시니生等이雖曰危難이나安忍坐受리오旋切未安ᄒᆞ와玆以仰佈ᄒᆞ오니勿爲過念ᄒᆞ심을伏要ᄒᆞᆷ

光武十年六月五日北美韓人
共立協會
總會長 송錫峻
書記 鄭在寬
代議員 安昌鎬
仝 林致정
仝 邦化重

●義王陛見 義親王殿下게셔再昨日下오五時에入闕 陛見ᄒᆞ시고同八時에退闕ᄒᆞ얏다더라

●池田公函 統監府通信管理局長池田十三郎氏가江原道三陟郡으로부터分設ᄒᆞᆫ鬱島郡面名洞號와設置何年月을昭詳錄交ᄒᆞ라고內部에公函ᄒᆞ얏다더라

●門票並物件票交付規則

一宮內府門票ᄂᆞᆫ侍從院卿이오宮門門票及物件票ᄂᆞᆫ主殿院卿이交付ᄒᆞᆷ이라

一宮殿及宮門票를區別ᄒᆞ야定期又臨時二種으로ᄒᆞ되定期門票의使用期限은六箇月이오臨時門票의使用期限은一週間으로ᄒᆞᆷ이라 但定期門票ᄂᆞᆫ每六箇月에還收ᄒᆞ야交換出給ᄒᆞᆷ이라

一門標와物件標ᄂᆞᆫ請願을依ᄒᆞ야交付ᄒᆞ고門標原簿及物件標原簿에記入ᄒᆞᆷ이可ᄒᆞᆷ이라

一侍從院卿은宮殿門標를交付ᄒᆞᆫ時에ᄂᆞᆫ主殿院卿에게通知ᄒᆞᆷ이可ᄒᆞᆷ이라

一主殿院卿은宮門標를交付ᄒᆞ거나前項의通知를受ᄒᆞᆫ時ᄂᆞᆫ即時頭門警察官에게通知ᄒᆞᆷ이可ᄒᆞᆷ이라

一문標를受ᄒᆞᆫ者가死亡解職하거나其他宮內府出入에用務를終了ᄒᆞᆫ時에ᄂᆞᆫ本人又代理者를依하야返납ᄒᆞᆷ이可ᄒᆞᆷ이라

一문標를壞損ᄒᆞ거나失하거나文字가不分明하거나ᄒᆞ야換給을要ᄒᆞᄂᆞᆫ境遇에ᄂᆞᆫ其事由를詳細하야再次交付ᄒᆞ기를請願ᄒᆞᆷ이可ᄒᆞᆷ이라

一但셔失ᄒᆞᆫ境遇를除ᄒᆞᆫ外에ᄂᆞᆫ從來의문標ᄂᆞᆫ換ᄒᆞ되返납ᄒᆞᆷ이可ᄒᆞᆷ이라

一문標及物件標形式은左圖와如ᄒᆞᆷ이라

문標圖式은木版縱幾尺一寸五分으로하야前面宮殿문標第甲號로하고宮문標ᄂᆞᆫ第乙號로하고後面에ᄂᆞᆫ官職及姓名으로홈

●政府新組職說 近日港說을據ᄒᆞᆫ則一進會員으로政府를新組織ᄒᆞᆫ다ᄒᆞ니姑不可信이더라

●頒布督促 宮내門至規則을明日官報에頒布ᄒᆞᆫ다ᄒᆞ더니警視渡邊氏가官報課에前往ᄒᆞ야該規則을今日에頒布ᄒᆞ라고督促하얏다더라

●條約無視 移民礦山等事業認可ᄂᆞᆫ農商工部에서認許ᄒᆞ되統監에同意를經ᄒᆞᆫ後施行ᄒᆞᆫ다ᄒᆞ고條例가自在ᄒᆞ고其他農商工業은農商大臣이全權管掌ᄒᆞ야外國人의게認許與否를自辦ᄒᆞᄂᆞᆫ되近日에日人이에請願은統監府에先呈ᄒᆞ야保護府에서接受ᄒᆞ야直行認許ᄒᆞ고農部에ᄂᆞᆫ說明만ᄒᆞ니統監은有無條約을全然爲蔑視而已라ᄒᆞ더라

●地圖送交 統監府에서내部公文地圖를一一送交ᄒᆞ야其面積及面潤을更爲調出ᄒᆞ얏다더라

●破産原因 平壤商人의破産原因은如左ᄒᆞ니二、共同ᄒᆞ야新規商業ᄒᆞᆫ者의一人이三千元을持逃ᄒᆞᆷ으로破産에瀕ᄒᆞ거신되日淸商人의被害ᄂᆞᆫ約六千元이오(但二千元의價格해有ᄒᆞᆷ 商店은現在ᄒᆞ다云) 韓人에ᄂᆞᆫ被害가無ᄒᆞ고又頃日閉店ᄒᆞᆫ商人一人이有ᄒᆞ나目下整理中이오共히信用이無ᄒᆞᆫ故로破産波及ᄒᆞᆫ虞ᄂᆞᆫ毫無ᄒᆞ다더라

●親塾卒業 日昨中橋義숙卒業禮式에任員四十名과학員八十名이濟濟會集하야該숙長金宗翰氏ᄂᆞᆫ開式趣旨를說明하고來賓閔泳綺氏ᄂᆞᆫ一場演說로勸勉ᄒᆞᆫ後에冊鉛筆地球地圖等物品을賞與하얏ᄂᆞᆫ되卒業生八人은洪命憙 李仁用 李敎哲 閔雲楠 韓한稷 李元淸 李鍾恒 權輔相諸氏오優等十一人은金直洙 朴斗用 閔鼎基 金東圭 沈載春 金昌基 金天經 金鐵平 金允明 張璟煥 조鼎植제氏라더라

●漁基派員의訴願 慶尙南道漁基派員金鳳洙氏의幹事ᄅ金仁洙가度支部에請願ᄒᆞ기를本人之어基收稅ᄂᆞᆫ即莫重正供이어ᄂᆞᆯ光州府私立師範學校敎官安宗惠이藉託該校ᄒᆞ고無端沮戲ᄒᆞ니聯飭禁斷케ᄒᆞ라ᄒᆞ얏더라

●退學查査 外國語學校長이語校가各학校로公函ᄒᆞ기를換近解職ᄒᆞᆫ이學徒之甘此不往ᄒᆞ比比有之ᄒᆞ니寧不慨然이리오退學ᄒᆞᆫ학徒의居住父名을另錄函布ᄒᆞ니各學徒를取時査得退出ᄒᆞ야以杜轉학之弊케ᄒᆞ리라ᄒᆞ얏더라

●洪倅報告 洪州郡守劉猛氏가內部로報告ᄒᆞ기를郡守가自天安으로御車徒步ᄒᆞ야六月二十七日夕陽時候에僅到郡城ᄒᆞ니一片孤城이向從戰場ᄒᆞ야煙藪층林과礮烟彈雨에男女老幼가失家抛産ᄒᆞ고鳥駭魚竄하야人烟稀少라生靈旣少ᄒᆞᆫ이禽獸亦稀러니惟皇感收ᄒᆞ신에神明默佑ᄒᆞ야僉幾稍靖이나十室七空ᄒᆞ야두鼎米䒭ᄒᆞ며綠屋罷碎ᄒᆞ대間有燒火ᄒᆞ야只存丘墟ᄒᆞ니愁慘荒凉이不似人世이니到此地頭ᄒᆞ야ᄂᆞᆫ生者之難이反不如死者之忘世也라際玆창양之餘ᄒᆞ야豈無蘇悅之道哉아揣摩民情ᄒᆞ야左右思量ᄒᆞ미數年之間으로ᄂᆞᆫ難以蘇延이니今年結戶頭稅與還穀之尙未收납者를許令一弃年間停捧하야使之展期하면倘以紓力이ᄂᆞ莫重正賁을不敢以因此而要譽於民也라旣爲職在分憂에不可袖手而傍觀하야敢此猥陳이라ᄒᆞ얏더라

●合部確聞 地方制度調査所에서廢合各郡案件을近擬ᄒᆞ야이該件은昨十二日에呈ᄒᆞ얏ᄂᆞᆫ되廢止郡이一百十餘邑이라ᄒᆞᄂᆞᆫ說을聞ᄒᆞ얏노라

[illegible]

●押上義兵의納供 江原道指揮官이押上ᄒᆞᆫ義兵首領一等六名을軍部에서法部로移交ᄒᆞᆫ[illegible]民等句[illegible]에彼[illegible]入參이오[illegible]有今日之罪科로納供ᄒᆞ얏다더라

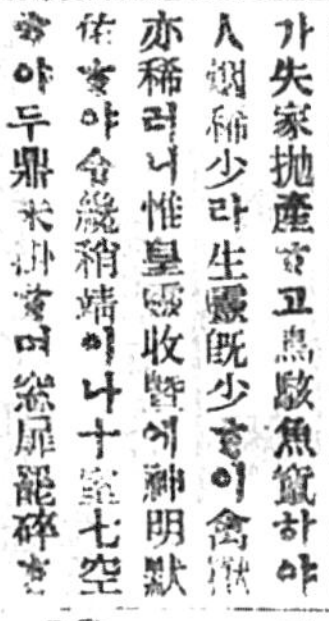

우더電報

●露都革命黨 十一日午后一時發

露都形勢ᄂᆞᆫ不穩ᄒᆞ야革命黨과哥薩克兵及警察官間에衝突되ᄒᆞ야多數死傷者가生ᄒᆞ얏고革命黨은宣戰書를揷立ᄒᆞ고市에練行ᄒᆞᆫ다더라

●軍法會議宣告 仝上

露國軍法會議에서ᄂᆞᆫ降伏將校兩四名은死刑에오로계쓰三벤쓰키提督以下ᄂᆞᆫ皆無罪에宣告ᄒᆞ얏더라

雜報

●李氏至冤 平壤郡居李宗玕이가平理院에再訴호事實이如左호니本人이十歲에喪母호고僅僅得生이다가二十三歲에至호야何幸矣妻와結婚호야糟糠夫婦로于今二十年을同居호야生子生女이옵더니昨年二月分에松枝買來次로江西郡地方에往호얏다가一朔後還家則被[?]殺繁府巡檢邪尙德이가矣妻를誘去호고家舍와家裝什物과錢財를並爲奪取호얏사오니本人이不勝刻骨之痛호와呈訴府郡이十餘次이오나被告의勢力이로府郡에서不爲照法推給이기로本人이八十老父와九歲兒로同爲上京호야呼訴于平理院이온則指令內에誠如訴辭면誘人妻而作已妻와奪人財而作已物이俱係重犯이니到卽押致被告호야另嚴得實호야宗棄其妻호며推給其財後施以當律호라호的只온바卽爲到付이오되自府勿施이온故로更呈于平理院則指令內에已有前飭인바被告所犯이自在當律이거놀院指到付之地에歸之煩訴而不爲聽理가是何委折인지到卽依前飭押致被告與該女호야另嚴公決後報來이되無復만한케호事라호지라被告의所犯이宜乎照法懲治요平理院指令이又爲嚴正이거날該府에서一箇巡檢의勢力으로法律을枉호야使此殘民으로至冤莫伸이라도公籍이稱醜호더라

●放學普校式 去月曜日에孔德里普通學校에서夏期放학禮式을行호얏는데贊務長閔裕植氏는空冊鉛筆眞墨等屬으로施賞호後開학大旨를說明호고校監張泉煥總務金永璜敎師崔鴻基李容圭諸氏는학員의게對호야一場勸勉호얏고敎師張和燮權鍾洙兩氏는五野字黃藥術新書大韓地誌俄國歷史卷紙眞墨鉛筆等屬을優等生의게特別優으로頒給호얏는데甲급優等은金鎔夏安義昌韓瑀崔承烈李東淳乙급優等은南학鎭조伯淳金德昌金在天諸氏라더라

●校舍擴張 學部에서該語학校舍를擴張호기爲호야該校舍前後民家를多數買收호야校舍를一層廣濶케호기로決定호얏다더라

●彰明試驗 忠北沃川郡私立彰明학校의興況은本報에已揭어니와該校에서普通科進期試驗과專門科卒業試驗을經하얏는디其進期生與卒業生姓名은如左호며

普通科二年一期生
李光雨 韓洪錫 金鎭英 姜周振

一年三期生
洪承壽 洪承昌 金秉수 李用雨 尹稹求 洪承箕 金奎成 洪承耆 李寅鶴 李淳學

一年二期生
洪承老 [?]植 李春和 柳福景 琴吉萬 柳昌洙

一年一期生
李興鎬 張麟洙 鄭達海

專門科卒業生
洪承昌 洪承壽 尹積求 洪承老 金秉수 成周鳳 李淳和 李光雨 張麟洙 李用雨 李興鎬 任澤秀 韓洪錫 송旻憲인데將次一層進步호기爲호야高明호外國敎師를延聘호더이라더라

廣告

江界邑居尹子明이子英泰相逢次로來留于公洞五十八統二戶李成道家호니尹英泰아시는君子는指送伏望

尹子明 告白

本人姓名圖章遺失故玆廣佈知照亮

李[?]昌 告白

◉勸誘員募集廣告◉

학識이有餘호日韓兩國人을採用홈
但功績에標準하야月俸은廿元以上으로二百元ᄭ지支給홈
希望之人은履歷書를持來하시되本月十九日限이오니每日午前十時ᄭ지로來所하실事

京城西署石井洞
日宗生命保險株式會社
韓國出張所

○保險金領收廣告

一本人의父親鼎煥公게옵서發著日宗生命보險株式會社에六十歲滿期로보險金五千元契約을하와게시오더今番에不幸이別世하옵신故로前顯金額을西署石井洞同會社韓國出張所의手를經하야卽速出급하시기에領收하옵고此를依하야同會社의確實호것과보險金出給의迅速호事를江湖의稟告홈

京城典洞第四十八統七戶
保險受取人 金弘植

●特別社告

本申報社內에特別히附屬品으로活字를更備호야書籍印刷所를設置호얏사오니印書를要호시는僉君子는來臨相議호시옵

大韓每日申報社 告白

本人이木浦[?]性完前陰四月晦日葉千兩[?]給호고該票紙를還推歸家호야閒失호얏사오니勿論內外國人호고拾得호와도休紙施行홈

票主仁港姜汝三 告白

坡州汾水院文肅公墓所松楸를沈門中[?]韓가將欲暗賣云호야瀾[?]歸正次로玆以廣告호오니陰五月二十四日에坡平南原咸安三派子孫[?]京鄕縉紳章甫호고一齊來會于齋洞參判尹泰興氏家호야以爲妥商케호시오

尹吉炳 尹泰吉 尹性普 告白

桑港遭難同胞救助金募送額詳細廣告

右金額全數를鐘路電氣會社에委托[?]호後에其募集額未온已爲廣佈호얏거니와該會社에서[?]貴鎰額은本社에前次廣告와符合호고其新次電換費와再次[?]送費二十四圓二十錢은該會社에서自擔支出호얏스니僉君子는照諒호시옵

本人의從弟[?]顯이가參奉作名호고身外無物호性本浮浪호야堂內에任에任遭六七千兩호고猶爲不足호야現今去留不[?]而其子청日이亦甚浮浪호야日債을得호야微族호라고百般周旋호다기玆先廣布호오니勿論內外國人호고切勿見欺後悔호시오

平安北道郭山郡方面草上里金[?]청 告白

△이것오보시오 改良廣告▽

前에는理學를不分科目호고雜進호얏더니入秋부터는一사科식詳細講義호되爲先物理學講義를專述호기로玆에廣告호오

南大門內尙洞 數理學雜誌社

廣告

民事訴訟代言과刑事辯護及定額間과訴文草紀作事諸般法律事務를迅速處理홈

漢城中署大笠洞七十七統九戶
辯護士 前檢事 正三品 洪在祺
法律事務所

廣告

我閔氏之祖[?]守公以下累代墳墓가在於通津位谷이온되該[?]林樹木를[?]禁養이옵더니何方[?]不知何人이[?]切勿[?]欺하시고如或有欺이라도終歸無效이라[?]

驪興閔氏宗中 告白

◉家屋放賣或貰入廣告◉

西小門外에在호八千五百五十國方米突되는一大地段에建造호小洋製家屋이有호데其中에家屋과其附屬房屋과下人房과廚所와其他[?]屬室과花園과韓製家屋과[?]數廠房舍와諸般美麗호設備等이[?]有호오니合意호僉君子는大韓每日申報社로來議호시옵

中署[?]洞初入七十八統第二戶의鄭禹澤氏가開設호人民의[?]로本申報에서擴張을贊成호야[?]에本報[?]所를別定하얏사오니僉君子는照亮하시옵

大韓每日申報社 告白

小[?]福[?]金[?]號[?]陰六月廿日[?]次當平七千兩[?]百兩票를路[?]失하얏스니該[?]拾得休紙施行홈

立廛長房[?]永 告白

廣告

本號新開專辦男女各色洋服并由上海運來各種綢이毛물一切表飾爲唱件件精合伏望貴士女迅即來購爲幸

西小門內榮泰男女洋服商號

◎刑法大全　一秩定價金新貨六十錢
牧民心書　一秩　一圓二十五錢
耳談續纂　一冊　七錢五厘
溫故知新　榮養鈔　七錢五厘
父師必讀小學指南　七錢五厘
人工養蠶鑑　一冊　十五錢
萬國地誌　三冊　二圓
農政新書　五十錢
法學通論　一圓
尺牘完編　一圓五十錢
大韓地誌　七十五錢

發賣所　布屛門下金相萬書鋪
大韓每日申報社

鍾路布屛廛製劑醫局으로學進士會來氏가本人의게傳授ᄒ야仁港에移設ᄒ고高明醫術朴準榮氏와同事ᄒ는대龜驢丹과水眼藥과瓊瑚紫金膏와小兒驚氣에總癇散과蘆薈에欬嗽散과龍丹痔疾方祕傳膏藥良等神效藥品이多有ᄒ오며賣藥외게는無價問藥도ᄒ오니勿論某病ᄒ고來問ᄒ시옵

仁港栮峴
開豐局主人　宋智仁　告白

◎九轉靈砂라　本人이　多年經驗으로精製ᄒ야　靈砂가인ᄃ男女老少에無論何症ᄒ고適治ᄒ오며無病時에도服ᄒ면平生의身體가健康ᄒ며小兒는聞食後服ᄒ면十歲안에無病ᄒ기를擔保ᄒ오며

◎九轉靈砂萬應丹은癩疹　瘰症과中風諸疾과耳目諸病과淋疾에神效ᄒ오

◎九轉靈砂保命丹은初生小兒　驚氣　痛氣　積聚　腹痛諸般痼과婦人帶下症에神效ᄒ며

◎九轉靈砂消聚丹은痞滯　食滯　血積　吐瀉　霍亂　痢疾　吐血　下血　運氣　時疾　痼症에神效ᄒ오

◎九轉靈砂紫金丹은痔漏　尿血　上痔瘡　下疳瘡及唐瘡과諸般惡瘡에無不神效ᄒ오니　僉君子는來問ᄒ시오

內需司前후갈이골上隅第一家　李騎廷　告白

大韓仁州港
洋行

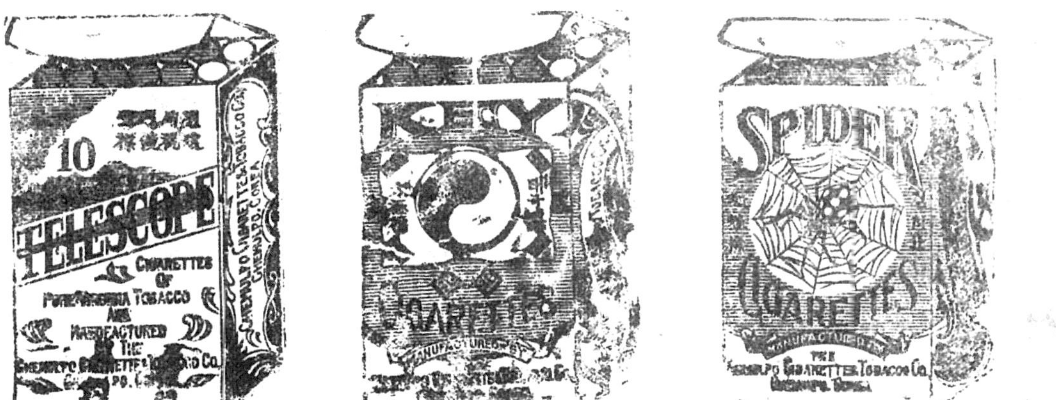

以上三種은上品으로製造ᄒ야衛生上에至極有益ᄒ니用諸某人ᄒ고本에來ᄒ옵

大韓帝國仁川港
紙物捲紙製造及販賣會社

本社廣告

申報價

一張代金　新貨二錢五分
一箇月前貨　三十錢
三箇月　九十錢
六箇月　一元七十錢
一箇年　三元四十錢
郵稅一張　新貨五厘
一箇月　十三錢

廣告料

四號活字十三字詰每日每段一寸에新貨十五錢(每日每行에六錢)
一箇日에　二圓五十錢
(每日每行圓錢五厘에[illegible])
一箇月에　[illegible]
(每日每行圓錢一厘에相當)
其期限의長短과字行의多少를依ᄒ야增減홈이有홈

◎本社地方各處支店廣告
仁川栮峴開新冊肆　李東雲
平壤南山峴日新學校　金興濟　崔敬源
宣川邑橋西　安濬
義州南門外韓西大藥房　金有鎭
長連邑　金鎭
鎭南浦榮洞　金仁珍
咸興州南社　曹喜猷
中和邑　李俊鎔
釜山佐川徐藥房　金瀅穆
開城北部梨井里祥洞居培義校副校長　姜助源
大丘郡　達城廣文社

發行兼編輯人　英國人裵說
發行所
京城北署洗洞坊壽洞外地藏所學校
大韓每日申報社

第四卷 第二百七十號

大韓每日申報

대한매일신보

月曜及慶節
停時休日刊

檀君開國四千二百三十九年
箕子元年三千二十八年
大韓開國五百十五年
日本 明治三十九年
淸國 光緒三十二年
◉陰曆丙午五月小二十三日戊午

論說

內閣大臣

日本新報가購覽者의銘心을勉强ᄒᆞ야記述ᄒᆞ되내部大臣李址鎔氏와軍部大臣李根澔氏ᄂᆞᆫ伊藤侯錄紙內에今在ᄒᆞ야速至移轉ᄒᆞ리라ᄒᆞ얏스니彼等之移任은或有其勢나彼等之受罰은斷不可信이로다

現今내閣大臣中에依賴日本者ㅣ有五人ᄒᆞ니日本之依賴于此人은互相援勢라軍내兩大臣도亦參其中矣니伊藤侯及此人間에不信的同盟이如此運動될지ᄂᆞᆫ意思不及處로다

政閣變動이或有ᄒᆞᆯ지라도此兩李氏의廢免은雖可信이니此兩人이日本締約方針을爲知悉이라日本은此大臣의應助를獲得ᄒᆞᆷ이何如有效ᄒᆞᆷ을自覺ᄒᆞᄂᆞᆫ도다

本記者ㅣ李根澔氏를知悉ᄒᆞᆷ은不多로ᄃᆡ至知李址鎔氏ᄒᆞ야ᄂᆞᆫ二週日以前에本社를或滅之以日人[illegible]ᄒᆞ야[illegible]圖ᄒᆞ야欲表同情故로激次採見ᄒᆞ가[illegible]此大臣代ㅏ切求[illegible]所許中樞院[illegible]人의게本社員에言及[illegible]多本紙[illegible]公然接受ᄒᆞᆯ깃다ᄒᆞ아其秘密顧助를謝却ᄒᆞ얏노니如此拒受를總ᄒᆞ면不下數千圓이리로다

何如런지此簡略記事가日本人의思想을喚生ᄒᆞᆷ을可信ᄒᆞ노니雖如彼深信ᄒᆞ던李址鎔氏도今乃如此ᄒᆞᆷ을彼必詳察ᄒᆞ려니와日本이與此不信的大臣幾人과組織不完ᄒᆞᆫ警察一隊와無信無心ᄒᆞᆫ一進會民으로試圖取韓이其乃危險之戲인줄을自覺ᄒᆞᆯ時日이不遠ᄒᆞ기를信實希望ᄒᆞ노라

伊藤侯ᄂᆞᆫ韓國內日本地位가未完ᄒᆞᆷ을知悉ᄒᆞᆫ다고政言ᄒᆞ되이나日人이此를充滿實認ᄒᆞᄂᆞᆫ지ᄂᆞᆫ不無疑問이니日本이公正友人을未得多有ᄒᆞ얏스니信實友人을一未有之ᄒᆞ얏고敵嫌之人을多有ᄒᆞᆫ지라最可注意處ᄂᆞᆫ日本이韓國內에一無信實友人ᄒᆞᆫ거시로다

官報

●號外 光武十年七月十二日

◉宮廷錄事

宮내府特進官[illegible]辭職願[illegible]批旨[illegible]具悉所請[illegible]可以[illegible]而兒帶之卿又此[illegible]切求[illegible]所許中樞院[illegible]之事[illegible]郞[illegible]

●三千五百四號 七月十一日 光武十年七月十三日

◉宮廷錄事

詔曰待制經筵九號[illegible]隆陵奉審摘奸仍留監察

健陵

華寧殿一體奉審以來

七月十日

七月十日入侍[illegible]間安答曰知道太子宮氣度平順爾不必入侍矣

◉敍任及辭令

陞正二品 京畿觀察使李根洪 五月十四日

敍三級俸 議政府參書官李鍾協

敍五級俸 沃溝監理署主事金演夏

敍六級俸 沃溝監理署主事李勉承

以上六月三十日

依願免本官 景孝殿尙膳 金圭壽

任景孝殿尙膳敍奏任官四等 侍從院奉侍李用緖

任侍從院奉侍敍判任官四等 從一品金[illegible]

以上七月八日

解兼任平安北道裁判所判事 平安北道前觀察使 李[illegible]

解兼任慶尙北道裁判所判事 慶尙北道前觀察使 申泰休

命兼任平安北道裁判所判事 平安北道觀察使 申[illegible]

命兼任慶尙北道裁判所判事 慶尙北道觀察使 李根湘

[illegible]免本官[illegible]

忠淸南道觀察府主事 曹[illegible]

右ᄂᆞᆫ該道觀察使의報告書를據ᄒᆞᆫ則該員이數朔曠直에屢促不還이라ᄒᆞ얏기是以로免本官

任忠淸南道觀察府主事敍判任官四級 六品李[illegible]

以上七月十日

外報

●西伯利亞鐵道의直通 彼得堡ᄂᆞᆫ을端ᄒᆞᆫ則莫斯科海參威間鐵道의直通列車가再次開通되얏다더라

●俄國과韓國保護權 海參威[illegible]을據ᄒᆞᆫ則俄國노보뎜야新聞이韓國에서日本의保護權을論ᄒᆞ야國際公法上으로論ᄒᆞ야도日本의韓國保護ᄂᆞᆫ何等根抵가無ᄒᆞ다고斷言ᄒᆞ얏다더라

●慘無天日 遠東報를據ᄒᆞᆫ則日本兵隊가新民屯과奉天之間에駐箚ᄒᆞ야該兵等이私自出營ᄒᆞ야淫掠婦女等事가有ᄒᆞᆫ지라該鄕父老가聯名赴營ᄒᆞ야究辦ᄒᆞᆷ을叩請ᄒᆞ면該兵官이云ᄒᆞ되亡國之民이何顧廉恥리오ᄒᆞ고置之不理ᄒᆞᆫ다더라

●財政顧問 淸國은濱之潤氏의建議로幣制改革을實施ᄒᆞ기에關ᄒᆞ야來國出洋大臣等은財政顧問으로目下美國에在ᄒᆞᆫ지안子스氏로聘用ᄒᆞ기로建議ᄒᆞ야同政府에서協議ᄒᆞᆫ結果로特히他國에物品을招ᄒᆞ야[illegible]部의[illegible]에서[illegible]會[illegible]不[illegible]ᄒᆞ고或은同氏를招聘ᄒᆞ기로各意見이不同ᄒᆞ다더라

●北滿洲開拓 俄國은北滿洲에殖民策을復興ᄒᆞᆯ意로써鐵道線으로中心을삼아其附近의土地ᄂᆞᆫ無稅로貸與ᄒᆞ고幾多ᄒᆞᆫ高索克兵을移住ᄒᆞ야高索克村을成ᄒᆞᆯ方針으로其壯丁된者로ᄂᆞᆫ義務兵役에從事케ᄒᆞᆫ다더라

●俄築鐵路 聖彼得堡의報를據ᄒᆞᆫ즉四列且司可城으로부터黑龍江口一[illegible]에至ᄒᆞ야鐵[illegible]兩條를修築ᄒᆞᄂᆞᆫ데一은黑龍江에達ᄒᆞ고一은伯力에達ᄒᆞᆫ다더라

●弭兵會約章 荷蘭國에서今歲에又設弭兵會ᄒᆞᆯ터인데四十五國으로더부러聚會ᄒᆞ야要疑地方에서約章十六條를訂立ᄒᆞ얏다더라

詞林

詠忠正竹四首 丹石 李膺永

一幹四枝三尺長
叙心割與血痕臧
孤忠不愧夷齊節
葉葉淸風向首陽

一幹三枝二尺長
滿腔秋色泣苞桑
冉冉蕭草雖云美
不似此君血淚臧

一幹二枝一尺長
泣風訂雨帶悲傷
如令剪作朱雲劍
斷盡章侯韓道昌

一幹一枝半尺餘
亭亭獨立葉聲踈
見其貞節思名行
君子竹生君子廬

[illegible]

雜報

●義王總裁 義親王께서赤十字社總裁를被命ᄒᆞ얏더라

●法官員任 法部에서法律取正件에對ᄒᆞ야會議ᄒᆞᆫ다ᄂᆞᆫ事ᄂᆞᆫ已揭어니와該部에서法律委員十五人을選定ᄒᆞ야各其意見書를來木曜日에提呈케ᄒᆞ기로ᄒᆞ얏ᄂᆞᆫ디該委員은法部奏任과兩裁와法官養成所教官與辯護士中으로擇定ᄒᆞ얏다더라

●親王遊宴 義親王殿下께서再昨夜에日隨兵二名만帶率ᄒᆞ고龍山所在李內大江亭에出往遊宴ᄒᆞᆫ後還爲入城ᄒᆞ셧다더라

●非姪不得 學部祭書官申泰游氏의無罪被黜ᄒᆞᆫ事由ᄂᆞᆫ已揭前報어니와其代에ᄂᆞᆫ該部大臣李完用氏의堂姪李會九氏로叙任ᄒᆞ얏다더라

●客金引渡 既往日本에借款ᄒᆞᆫ一千萬圓中五百萬圓을先渡ᄒᆞ야日本銀行所에任置ᄒᆞ고隨所求支撥ᄒᆞ다더니其間에該五百萬圓이消融無餘인지零餘四百萬圓으로協議中인디爲先平壤水道工役에所入經費로一萬圓을支用ᄒᆞᆯ터이라더라

●嘉禮措備의奏下 嘉禮都監都提調閔泳奎氏의奏下ᄒᆞᆷ에嘉禮時妃宮輦輿ᄂᆞᆫ德應房所在輦을陪來ᄒᆞᆯ事이오三揀擇後詣別宮時에有屋轎子按袱은自尙方司措備ᄒᆞᆯ事이오三揀擇後本家ᄂᆞᆫ移住於別宮近處ᄒᆞᆯ事이오都監各房始役日子ᄂᆞᆫ陰曆五月二十五日爲吉事더라

●不服宣告 監獄署在囚金一濟金錫恒奇山度等十一人이法部에請願ᄒᆞ되刑法者ᄂᆞᆫ國民之紀綱而不可私者也夫何矣身等十一人은無辜捉囚於警務廳及裁判所ᄒᆞ야已經不堪當之重刑而至于今日에僅保一縷이더니近自平理院으로金一濟金錫恒은處役三年ᄒᆞ고奇山度以下九人은役二年半에聲言ᄒᆞ니無罪之人을照何律而處役이며不服之人을據何供而宣告乎아以明春秋之法ᄒᆞ고以示不罔之律ᄒᆞ야裁處其罪不罪케ᄒᆞ라ᄒᆞ얏다더라

●地段還交 日本軍用地로收用ᄒᆞᆫ地段과鐵道犯入田畓價額을不卽出給ᄒᆞᆷ으로各郡民訴가內部에踏至ᄒᆞ더니這間에何以交涉이던지該軍用地收入地段은一併還交ᄒᆞ고京義鐵道犯入地所은必從時價而優數비給ᄒᆞ기로作定이되얏ᄂᆞᆫ디統監府에서平壤等地에不可不收用ᄒᆞᆯ事가有ᄒᆞ다ᄒᆞ야三萬坪地域을內部에請求ᄒᆞᆷ으로以五分一로六千坪을借與ᄒᆞ기로交涉중이라ᄒᆞ다더라

●法訓平院 凡於山與畓訟은告訴於土在官ᄒᆞ야自該郡으로受理之地에被告가現住한城內면各該郡에서難以押致ᄂᆞᆫ勢所自然이오不爲決折而退訟ᄒᆞ야有冤之民이無處伸寃ᄒᆞᆷ으로法部에서平理院으로訓令ᄒᆞ야從茲以後로ᄂᆞᆫ若有此等境야어든從權受理ᄒᆞ야俾爲方便이고轉飭한戢ᄒᆞ라ᄒᆞ얏다더라

●宮傑請願 義親王宮代理人韓應履氏가農商工部에請願ᄒᆞ기를平安北道龍川郡西面西市錦島沿浦等地及義州郡南境彌羅山面所在陳荒地를踏勘ᄒᆞᆫ즉上流大川을築洑引灌ᄒᆞ면墾闢之土가可以沃腴이기次人이出力起工次로該地圖形을粘付ᄒᆞ야願ᄒᆞ니照亮認許ᄒᆞ심을望ᄒᆞᆫ디農部에서依願認許ᄒᆞ고該兩郡에發訓ᄒᆞ기를自宮起墾이亦係所重ᄒᆞ니或有掣碍之端이어던自官另力幇護ᄒᆞ고前者部許起墾中姑未成畓處ᄂᆞᆫ該認狀을一幷繳還ᄒᆞ야使宮墾으로無弊竣役케ᄒᆞ고形止를馳報ᄒᆞ라ᄒᆞ얏다더라

●藉公害民 漣川郡居許令權泰榮李薰夏李錫鎬李秉乾李鎭玉等이素以挾雜輩로出入宮庭에百獎府生터니今春衙舍燒燼後에稱以重建ᄒᆞ고擅自發通ᄒᆞ야每戶二十兩式定巡校不日收捧則民情嗷嗷ᄒᆞ야歷大鄕會時의同郡玄始敦이以上無劃下令飭故로拒絶이더니該等이因此含嫌ᄒᆞ야搆誣本官에無罪ᄒᆞᆫ玄民을捉囚嚴杖이至于多日ᄒᆞ얏ᄉᆞ니豈有如此之寃이며且以學校事로言之則文明發達之所由始也라各以其誠으로補助金청納이라야可ᄒᆞ거날右等이稱以收錢有司ᄒᆞ고周回村村逢人勒徵ᄒᆞ야任作肥己之物ᄒᆞ니此非文明發達之校也라懲公逞私ᄒᆞ야搆會民怨之校也오本郡守李宜植氏ᄂᆞᆫ捉囚衆民ᄒᆞ야脅會前賭技律所犯이라고威脅收贖則右等이乘機逞姦ᄒᆞ야於鄭重克愼順七處曰前有骨牌窩主之事而當場入廉이다청贖四百金則無弊措處이라기依數辦給則右等이僞造官印標紙以給後又有自官捉囚ᄒᆞ야再徵四百兩而中間浮費가又至五百餘兩이라蕩敗家産이되僞造印紙者ᄂᆞᆫ不施當律ᄒᆞ니符同挾雜이至於此極故闔境人民이無以聊生이라며라

●郡案未確 地方廢合調査를結了ᄒᆞ야三百四十一郡을二百二十八郡에合設ᄒᆞ야御覽件은已呈ᄒᆞ고且一件은政府와統監府에提出ᄒᆞᆫᄂᆞᆫ데韓政府에서ᄂᆞᆫ地方을若是廢合ᄒᆞ얏시나統監意見이同一ᄒᆞᆯᄂᆞᆫ지郡案을姑未確定이라더라

●會議案件 再昨日統監邸에各大臣會議案을聞ᄒᆞᆫ즉宮禁肅淸을勿歸依前文具ᄒᆞ고依宮禁令ᄒᆞ야奸細輩가闕內에一切屛息ᄒᆞ여야皇權이尊嚴ᄒᆞ고國事가無誤ᄒᆞᆯ거시오各大臣이國務를共濟ᄒᆞ기ᄂᆞᆫ一般인則所掌部務外에其他部務ᄂᆞᆫ視若他事ᄒᆞ니諸大臣이一心圖體ᄒᆞ야共濟國事ᄒᆞ라ᄒᆞ고兩國大僚會席이團樂ᄒᆞ야오饌을設行後에各歸ᄒᆞ얏ᄂᆞᆫ되宮內大臣은適有實病ᄒᆞ야不得同參ᄒᆞ얏다더라

●政府更移 議政府를侍從院으로移設ᄒᆞᆫ다ᄒᆞ더니侍從院移去ᄒᆞᆫ處所가合當치못ᄒᆞᆫ지라更下 處分ᄒᆞ사宮內內藏司로政府를移居ᄒᆞ라ᄒᆞ옵셧다더라

●森林問題 再昨日統監伊藤候가大臣會席에平安北道以下沿邊森林斫伐條例를製定ᄒᆞᆫ즉고一問題를提出ᄒᆞ얏다더라

●丕氏蒙放 靈巖郡公錢三十餘圓을逋欠事로平理院에拘囚ᄒᆞ얏던丕東完氏ᄂᆞᆫ日昨에蒙放ᄒᆞ얏다더라

●宦成於諂 內部協辦崔錫敏氏ᄂᆞᆫ一貫珠로납諂의有名譽ᄒᆞᆫ人物인데日前內相私居에崔氏가向大臣曰近日風說에大監이遞任ᄒᆞᆫ다ᄒᆞ니若遞ᄒᆞ면此下官等이同去就가義理에合當ᄒᆞ다ᄒᆞᆫ디內相曰去就ᄂᆞᆫ不可料度이나我去後에ᄂᆞᆫ本職은似難支撑이라하얏다하니崔氏爲人이內大一遞後에ᄂᆞᆫ該家에絶足ᄒᆞᆯ人物이若是納諂이라고들하더라

●銀 行 株 式

度支部에서令達全州平壤農工銀行

其銀行株式에對ᄒᆞ야左開令達ᄒᆞ니遵此施行ᄒᆞᆷ이可ᄒᆞᆫ事

一其行株式中政府의所持에係ᄒᆞᆫ株式을買得코ᄌᆞ하ᄂᆞᆫ者가有ᄒᆞᆫ境遇에ᄂᆞᆫ當時拂入ᄒᆞᆫ價格으로此를擔任케하고該擔任株數에相當ᄒᆞᆫ政府랍入金額은此를政府貸下金에替加하야增額ᄒᆞᆯ事

一前項과如ᄒᆞᆫ境遇에ᄂᆞᆫ其時마다其株數及擔任姓名을本大臣에게報告ᄒᆞᆷ可

●日馬買入 騎兵隊에서日本에注文ᄒᆞ야馬四十四을買入하얏다더라

●權氏得放 全州郡守權直相氏를三年懲役에宣告하얏다하더니權郡守가該加結理由를前觀察丕한國氏發令으로施行하얏다하고逐條下明하야度支部에呼訴ᄒᆞᆫ지라度支部에서法部로照會하고權郡守를卽爲放送하라하얏다더라

●囚賊拋軀 日昨夜西小門外冷洞居前典圜司技師金鉉珏氏家에賊漢이突入ᄒᆞ야縛金氏而錢櫃[illegible]不卽出付ᄒᆞᆷ으로乃以鐵鞭打ᄒᆞ고紙貨一百五十圓을奪取以去ᄒᆞ얏ᄂᆞᆫ디該金氏ᄂᆞᆫ昨日에因此化去ᄒᆞ얏다더라

●法庭改築 法部內殺庭에天落水流通ᄒᆞᄂᆞᆫ小溝가自通信院後로으로通過ᄒᆞ얏더니該院을通信管理局에서引繼以後로該通溝를塡築建屋ᄒᆞᆷ으로從前水道가壅塞ᄒᆞ야每當雨下之時則水滿庭內ᄒᆞ야無異池塘이러니乃於昨日에法部參書官李寬?氏가該管理局幹事日人을訪ᄒᆞ야該辦ᄒᆞ야自該局으로出費改築ᄒᆞ기로ᄒᆞ얏다더라

伯林電報

●浦塩險擾 十二日午后七時着

露國浦塩斯德에서大同盟罷工이起ᄒᆞ얏더라

●英佛博覽會 仝上

明後年ᄒᆞ야於英、佛、合同大博覽會를開設ᄒᆞᆫ다더라

東京電報

●英國艦隊 十二日午后七時着

英國支邦艦隊ᄂᆞᆫ來八月二十日釜山港에入ᄒᆞ고九月十九日頃에仁川에着港ᄒᆞᆯ預定이라더라

雜報

遞譴故大臣趙秉錫氏가今番宮禁令以前에登筵袖箚가如左ᄒ니

臣竊伏見陛下自臨御以來凡於奉 先之節致敬盡禮靡不用極臣嘗欽仰萬萬而惟是 宗廟展謁之禮闕而不擧爲幾年矣中外羣情莫不驚惑臣誠未曉其故也帝王駕幸之地天地助佑神靈拱護陛下何憚而久未之行乎卽下成命以伸情禮斷不可已也今之言時務者莫不以肅淸 宮禁爲第一件事盖許多挾雜之類甚至邪術之輩夤緣曲逕出入 深嚴種種有聽聞之可駭至有外國之嗤笑譏侮者臣竊痛之願自今一切斥逐使禁扃之內廓然肅淸焉以言乎外交則宜其布昭信義務歸和衷不可自貽疑阻以開端緖而挽近奸細之徒左右瞬目以至爲眩惑 聖聰全濟其私此皆謀國之[illegible]也自今日上下一心信以交外修擧德政任賢使能然後邦業庶幾重恢矣

以言乎民情則塗炭已極殿屎相續困於貪汚之掊克病於藥餌之苛徵惟其許多侵虐因之以饑饉加之以兵革民窮到此國胡以爲國乎此其故多由於守宰之不得其人耳另以廉潔公明之人擇差下送以救倒懸之急

至若名設各會其名不一而最其爲弊之甚者於守宰則輒加凌轢於平民則勒驅財産無事不爲無弊不生斯可曰陛下之赤子乎臣聞后非民罔與守邦顧今一國之內爲 陛下之赤子者無幾則陛下將誰與而守邦乎思之言此不覺寒心而骨戰宜先立紀綱以彰善而癉惡所不可已也

以言乎爵賞則人主之大柄其難至愼者也近日副卿 齋郞之輪啣作出旋止乍止旋出殆無限節受之者固爲榮貴其爲政令之累鎖刻之嫌果何如哉至於 賜與官節無濫古之明王雖獘袴猶遂有功況加於獘袴而濫之者乎目下危迫之狀不可枚擧所陳諸條雖若迂遠之論臣以謂今日急先務恐無以過此何也倘陛下於此翕受而實心行之其餘各獘自當綱擧而目張源淸而流潔矣

乞留 聖念毋忽千萬幸甚臣旣不以見職自居則妄此所陳極涉猥越而平日와轉床席之際抱玆耿耿思欲一進者久知今旣登筵不敢不言不任恐懼之至

●業炭會社請願　夫國家之富强은在於人民之發達ᄒ고人民之發達은在於商會之繁昌이라故로泰西各國에設置商학書院ᄒ야商業專門諸課를敎育ᄒ며或商部를設立ᄒ야商務를專司ᄒ며財産을保險ᄒ야上下一心에商業이日進故로國富而民强이어날惟我韓國은崇文治而輕商業ᄒ야視之以末技하고歸之以謀利ᄒ야商務商權과貨資利藪를歸于他手로ᄃ恬然若莫知爲何ᄒ야國用이不贍ᄒ고民産이告罄ᄒ니 不歎惜哉아至若柴炭兩種ᄒ얏ᄂᆫ生命日用에重且大而繁用劇貴者也로ᄃ以至買者賣者에百弊屬生ᄒ야一無便用故로本人等이請於農部ᄒ야認許를承因ᄒ고株金을鳩集ᄒ야本社를設立ᄒ고痛革煩冗之弊而妥定方便之規ᄒ야請求酬應에便宜利益을共遂케ᄒ며國家民産에富强發達을期圖ᄒ기玆에仰佈홈

●普光卒業式　普光學校에서第二回卒業式을經ᄒ얏ᄂᆫᄃ卒業生은李璨乘韓天錫李海東三人이오進급生은三十四人인ᄃ來賓은金重煥申海永兩氏와其他紳士三十餘人이오學部學務局長張世基氏와語學校長鄭喬氏ᄂᆫ賞品을與ᄒ고國民敎育會에金相天氏ᄂᆫ册子로寄附ᄒ얏다더라

●施行乃已　統監府에서向日政府로公文ᄒ야咸興鄭明太洞金礦認許狀을示明ᄒ라ᄒᆫ말은已往已記載ᄒ얏거니와宮內府顧問官加藤氏가詳査ᄒ야統監府로公函하기를明太洞金礦은依皇室金礦條例하야本年二月分에韓英美三國金礦代表者李重英에게許給하야同年四月에稅金까지呈납ᄒᆫ事가確有ᄒ지라然즉該認許狀이李重英處에保有ᄒ터이나自此難推라ᄒ지라統監府에서政府로更爲公文ᄒ기를本年九月礦業條例實施以前에該認許狀을送交하야依條例施行케하라하얏다더라

發行兼編輯人 [illegible]

發行所 [illegible]

大韓每日申報社

第四卷

大韓每日申報

대한매일신보

第二百七十一號

月曜及慶節臨時日休刊

檀君開國四千二百三十九年
箕子元年三千二十八年
大韓開國五百十五年
日本 明治三十九年
淸國光緖三十二年

◉陰曆丙午五月小二十四日己未

別報

遼東報의時評

朝鮮景況이日漸衰頹하야自俄曆千九百○五年十一月十七日에日本과朝鮮이立約以後로朝鮮이盡失國權하야未能自由故로民間이怨恨하야至今各處에屢有變亂之象하니駐찰日軍이甚形忙碌하야每日調遣하야防範亂事하되韓民이因其受日人虐待하야含之次骨故로拒敵이更爲同心이라曾閱日本報하니必係僞造飾辭라其曰日軍이彈壓亂民하야願代爲敎化愚民等語가雖以巧言遮掩이나人誰信之리오

朝鮮人民이豈有欲求兵燹刀鋸之敎化哉아必仍不遵守約束이면日軍이必增加兵隊하야以力服之하야擠之於死地하리니吾韓은深信此死地가實誠爲安謐之地로다日人이顯告韓民하되係欲爲地方하야求其安謐이라하고乃以勵力으로擠韓民於黑闇世界하니

吾輩는深信此黑闇世界가固宜永遠安謐也로다近에日本報가佈散謠言하되俄國이預備軍火하야欲與日本開戰이라하니蓋日本軍務中候補人員이以爲借此謠言하야可獲差遣에라喜에니豈知於商工界上에大有阻碍리오現商工이聞此開戰之謠하고心神不安者가不少하지라伊藤侯並西園寺侯가准彼國議院에議軍務武員의裁去文官職任故로

奉省에日本軍務武員이恐受淘汰하야失據하야남造謠信하야以爲未可更動이오尙敵抗俄國根據之意라하니此說이可笑可惡이라俄與日之軍務는日本이始終에俄有遠距之實據를並未察出이라現時俄兵이在滿洲一帶에所餘無多하고准在俄日退兵限內하야遵守約章할지라

俄國은深願南北商民이乘坐火車하야隨便往來하고且兩國이已經約定商民性來[illegible]情에거늘奉天南省一帶에日本이依然禁阻俄人하니其違背約章하야不守國際公法을大可想見이라

前에日本이曉諭人民하되奉省南部에日軍이估據房產貨物을除俄國官府以外者는均宜發還商民等이라하니是以로俄國商民이由外務部[illegible]東京經給路票執照하야以便赴旅順一帶하야査看房產貨物하고並有搬移屍骨者호되日官이多方駁退하야不給執照하니其撫信이如此하니[illegible]滿洲一帶에設立衙門辦理軍務事宜를現亦將次收盡而[illegible]하야即將各衙門하야均行撤去하려니와

試觀日本은鯨呑朝鮮하고虎踞奉省南部호되猶不自知足하야奪取中國各項權利하고攪亂中國兵民하야不能安謐케하니結怨中韓之民이日深一日하야今朝鮮變象이見矣라將來奉省之民은獨無困獸猶鬪之慮乎아總日本主持外交者는三復余言이라하얏더라

官報

辭令

◉號外 光武十年七月十三日

解赤十字社總裁義陽君李載覺
命赤十字社總裁 義親王 堈
以上七月十一日

◉三千五百五號 光武十年七月十四日

◉宮廷錄事

嘉禮都監都提調臣閔泳奎謹奏本都監都廳別單啓入之意敢奏
光武十年七月七日奉
旨依奏
嘉禮都監別單
都廳二窠
奎章閣待制 尹喜九
侍講院侍讀 李榮韶

嘉禮都監都提調臣閔泳奎謹奏本都監監造官別單書入之意敢奏
光武十年七月七日奉
旨依奏
嘉禮都監別單
監造官六窠
九品李能[illegible]
九品洪承稷
九品李宇振
農商工部主事朴明緖
九品趙海元
九品南相賓

嘉禮都監都提調臣閔泳奎謹奏金冊文製述官書寫官金寶篆文書寫官別單書入之意敢奏
光武十年七月七日奉
旨依奏
嘉禮都監別單
金冊文製述官
領敦寧司事李根命
書寫官
從一品申箕善
預差
中樞院議長閔鍾默
預差
正二品尹[illegible]
金寶篆文書寫官
宮內府特進官尹秉[illegible]
預差
宮內府特進官李胄榮

嘉禮都監都提調臣閔泳奎謹奏本都監別看役從二品李[illegible]復內藏司檢査課長洪正燮正三品尹奎燮差下使之看役何如敢奏
光武十年七月七日奉
旨依奏

外報

◉美國次期大統領 美國現大統領루스벨트氏는次期千九百八年의大選擧에候補者될을辭홀분아니라爾後永久히候補者로不立홀意로[illegible]月三十日에公然辭表하얏다는데[illegible]부리칸派의候補者로는現陸軍卿[illegible]氏가推薦되리라고期待하고[illegible]氏는[illegible]元老院議員이되리라도云하고又巴奈馬[illegible]帶파或比律賓의總督이되리라도云하더라

◉俄國勢力 北京電을據혼則駐俄淸國公使의電報[illegible]俄國政府는其勢力을擴張홀策으로先히東淸鐵道를[illegible]線을延長하기爲하야旣爲[illegible]費用으로二千萬[illegible]을專히內債로[illegible]하야支出하고外債를募集하기로議決하얏더라

◉愛蘭博覽會 英國政府에서는愛蘭다부린府의萬國大博覽會를明年夏期에開催홀意로英國大使館을經하야日本政府에照會하얏더라

◉雲南과法國 駐法淸公使劉式訓氏가電報하야曰印度支那法國總督보氏가雲南에前往하야商務情形을視察하고임의越南으로還任하얏더니現今[illegible]越南에서法國[illegible]本國政府에[illegible]請하야雲南[illegible]勢力範圍內에入하랴하니此는滇省(雲南省)의危機가愈益切迫하야亡在朝夕인則急히制止를講究하야速히[illegible]希望한다하얏다더라

◉[illegible] 德國皇太子妃와[illegible]命名式은八月二日에行혼다는데우이베루무라고命名하리라더라

雜報

●賑官調査　內部에서各郡守중[illegible]京[illegible]調査ᄒᆞ얏ᄂᆞᆫᄃᆡ賑官郡守가合十八이라더라

●義王消暢　[illegible]義王殿下께서[illegible]龍山李[illegible]에遊ᄒᆞ신후[illegible]三湖에셔[illegible]昨日로再昨日ᄭᆞ지[illegible]消暢ᄒᆞ고昨日[illegible]還[illegible]ᄒᆞ엿다더라

●漣警　[illegible]漣川郡守玄圭河[illegible]기ᄅᆞᆯ此時[illegible]美學[illegible]拾其許多公[illegible]倫[illegible]道路[illegible]오[illegible]後發[illegible]勸[illegible]居[illegible]過ᄒᆞ더[illegible]嚴[illegible]

●[illegible]　[illegible]商工部[illegible]以定ᄒᆞ야十四[illegible]一人[illegible]人은減縮ᄒᆞ[illegible]

●[illegible]　[illegible]道에셔全羅[illegible]李聖烈[illegible]와[illegible]濟州[illegible]六人世有刑[illegible]并捐[illegible]로[illegible]法[illegible]더라

●[illegible]　[illegible]搜捕[illegible]居延[illegible]한[illegible]郡[illegible]本郡[illegible]勸捐擧[illegible]指令을[illegible]因本人[illegible]更爲發[illegible]學部에셔[illegible]더라

●學校[illegible]　[illegible]學部에셔教育職員會를開ᄒᆞ얏ᄂᆞᆫᄃᆡ職員은四十人以上이會同ᄒᆞ고茶果를略備ᄒᆞ야各其意見을講論ᄒᆞ얏ᄂᆞᆫᄃᆡ該部大臣은不爲參席ᄒᆞ얏다더라

●六萬坪劃定　平壤外城에軍用地로日本司令部에셔地段二百萬坪을占有立票ᄒᆞᆷ으로民怨이沸騰ᄒᆞ더니政府급統監府間에交涉ᄒᆞ야二百萬坪은還付韓政府ᄒᆞ고一百萬坪中에셔緊用地六萬坪을劃定ᄒᆞ고其餘ᄂᆞᆫ收其所用ᄒᆞ야[illegible]爲措處ᄒᆞ기로決定ᄒᆞ얏다더라

●議案三款　再昨日政府에셔臨時會議를開設ᄒᆞ얏ᄂᆞᆫᄃᆡ議決ᄒᆞᆫ案件은[illegible]則法學博士梅謙次郞氏를[illegible]ᄒᆞ야法律改定ᄒᆞ기로決ᄒᆞ고[illegible]議政府에셔主務가되야全國土地制度에關ᄒᆞᆫ事項을三款으로[illegible]別ᄒᆞ야調査委員을分[illegible]ᄒᆞ되土地事項으로ᄂᆞᆫ[illegible]部所管으로[illegible]源競[illegible]項으로[illegible]貸與[illegible]ᄒᆞ고租結事項으로[illegible]健[illegible]事項을[illegible]ᄒᆞ고法律事項으로ᄂᆞᆫ[illegible]落[illegible]澤兩氏[illegible]ᄒᆞ고法律事項으로[illegible]兩氏를差定ᄒᆞ야法學博士梅謙次郞과同[illegible]調査ᄒᆞᆫ더라인ᄃᆡ臨時會辦所ᄂᆞᆫ[illegible]로指定ᄒᆞ고來月[illegible]일第一回會同ᄒᆞᆫ다더라

●訓結革罷　全羅觀察道管下各郡에加結[illegible]全州郡守權直相訟案[illegible]되야觀察使韓鎭[illegible]氏가管下各郡에訓令ᄒᆞ야加結一款은一並革罷ᄒᆞ고度支部[illegible]ᄒᆞ얏다더라

●勅令豫算　皇太子殿下嘉禮에所用預算이七十六萬元으로槪算ᄒᆞ야財政顧問에게示明ᄒᆞᆫ지라伊藤統監이政府諸大臣에게勸告ᄒᆞ기를日本이比於韓國ᄒᆞ면財政이多有ᄒᆞ다ᄒᆞᆯ지나皇太子嘉禮에四十餘萬元으로經過ᄒᆞ얏스니韓國用費가豈非太過乎아更爲必算ᄒᆞ라ᄒᆞ얏다더라

●滯報何故　本報[illegible]各地方購覽ᄒᆞ시ᄂᆞᆫ[illegible]가[illegible]報漏落之弊가有ᄒᆞ다[illegible]不至러니在日本東京[illegible]區[illegible]町一丁目六十六番地藤田[illegible]에徐丙[illegible]氏가特히[illegible]이如左ᄒᆞ니[illegible]常ᄒᆞ니雖是幻弄이나然[illegible]外購覽者[illegible]○○○에오提騷於郵便局[illegible]漏不傳之弊[illegible]若有中滯者면[illegible]矣니計其不傳ᄒᆞ야[illegible]야送交ᄒᆞ야[illegible]ᄒᆞ얏스[illegible]吾[illegible]此ᄒᆞ야[illegible]遂[illegible]行ᄒᆞ되各[illegible]僉君子ᄂᆞᆫ漏傳之弊[illegible]是何故歟아吾儕ᄂᆞᆫ[illegible]郵[illegible]局에셔淹滯식이ᄂᆞᆫ[illegible]ᄒᆞ야此弊을矯救ᄒᆞ노라

●[illegible]察受勅　政府에셔[illegible]臣이平北觀察使[illegible]氏[illegible]야京畿觀察使로移任ᄒᆞ깃다ᄒᆞᆫ지라[illegible]觀察이正色對[illegible]曰[illegible]察은家近ᄒᆞ니私分[illegible]利ᄒᆞ나[illegible]體가如是乎아[illegible]察을忽移ᄒᆞ고事察은未赴ᄒᆞ고又欲更移ᄒᆞ니萬不可라ᄒᆞ고赴任次로[illegible]ᄒᆞ얏다더라

●稅務開始　總稅務司[illegible]來[illegible]五日부터平壤에셔外國小包郵便關稅事務를開始ᄒᆞᆫ다더라

●年次排給　京釜京仁鐵道ᄂᆞᆫ日本人商業鐵道로敷設ᄒᆞ얏다가日本國有鐵道로該政府에셔買收ᄒᆞ얏고京義鐵道ᄂᆞᆫ軍用鐵道로敷設ᄒᆞ얏다가日俄戰爭不和[illegible]後에ᄂᆞᆫ自[illegible]商業上鐵道가되ᄂᆞᆫ지라[illegible]인ᄃᆡ韓日兩政府契約[illegible]에[illegible]十五箇年內에[illegible]權[illegible]ᄒᆞᆷ으로[illegible]鐵道上犯入[illegible]政府에셔[illegible]ᄒᆞ기로作定[illegible]仁犯土ᄂᆞᆫ價額을了勘이[illegible]나其[illegible]鐵道犯土ᄂᆞᆫ一[illegible]으로[illegible]이狼藉ᄒᆞ야[illegible]義州三[illegible]京城及平壤[illegible]廣狹不關ᄒᆞ고[illegible]政府甘[illegible]斥賣ᄒᆞ야[illegible]分給ᄒᆞ얏스나[illegible]軌[illegible]政府[illegible]措[illegible]民怨[illegible]大臣과交涉ᄒᆞ야[illegible]政府에措處ᄒᆞ되一體査定ᄒᆞ야年次排給케ᄒᆞ얏다더라

●在韓辯護士[illegible]　在韓辯護士十有餘名[illegible]日[illegible]倶樂部[illegible]辯護士協會를組織ᄒᆞ고[illegible]氣[illegible]協[illegible]制度의改善을期圖ᄒᆞ라[illegible]ᄂᆞᆫ[illegible]記와如ᄒᆞ거니와同會幹[illegible]岸子[illegible]太郞嚴田仙宗三[illegible]部卓[illegible]同[illegible]如左[illegible]何且近[illegible]更爲集會[illegible]議決ᄒᆞᆫ後[illegible]伊藤統監[illegible]務院長을訪問ᄒᆞ야意見을開陳ᄒᆞᆯ터이라더라

第一條　本會ᄂᆞᆫ在韓國辯護士同志者로ᄒᆞ야組織ᄒᆞᆷ

第二條　本會ᄂᆞᆫ會員의品位를保維ᄒᆞ고韓國法律制度改善을期圖ᄒᆞ야一般國民의權利를擁護ᄒᆞᆷ으로目的ᄒᆞᆷ

第三條　本會務事所을京城에置ᄒᆞᆷ

第四條　本會ᄂᆞᆫ左開役員을置ᄒᆞᆷ

一　幹事　但任期ᄂᆞᆫ一箇으로ᄒᆞᆷ　未完

●原因何在　伊藤侯가宮禁內에雜[illegible]斥去ᄒᆞ야肅淸케ᄒᆞ깃다ᄒᆞ고[illegible]關內에日兵巡을排置[illegible]動이有ᄒᆞ얏스니同侯가[illegible]措를[illegible]行ᄒᆞᆷ은果然[illegible]致를爲ᄒᆞᆷ인지一般公言[illegible]統監府에셔緊切交涉[illegible]物들을[illegible]類가아닌가以[illegible]之[illegible]면現在[illegible]大[illegible]多ᄒᆞ니被[illegible]者가繼[illegible]何如[illegible]謂[illegible]所附[illegible]無妨[illegible]希望[illegible]査[illegible]斥[illegible]如此之[illegible]揭載ᄒᆞ깃노라

東京電報

●英國艦隊歡迎　[illegible]三日午後○時[illegible]日本에셔英國艦隊의歡迎은日夜[illegible]行ᄒᆞ야兩國交情이親密ᄒᆞ고[illegible]ᄂᆞᆫ日本의文[illegible]進步[illegible]라더라

●[illegible]　[illegible]陸軍大將兒玉源太郞氏ᄂᆞᆫ[illegible]月[illegible]三日[illegible]議員[illegible]告[illegible]

●[illegible]　昨日[illegible]

(四)[illegible]

伯林電報

●[illegible]　[illegible]

●艦長昭殺　[illegible]세바쓰트볼[illegible]長官을[illegible]有ᄒᆞ야長官을負傷ᄒᆞ야入院治療中이라더라

詞林

[illegible]

扶植君子成大節

如[illegible]

雜報

●閨塾의勸勉

養閨義塾監督長裁判長李允用氏가設合制長의對ᄒᆞ야現代女子教育이必要ᄒᆞᆷ으로我韓四千年創有ᄒᆞᆫ此義會이文明發達의始設로認定ᄒᆞ니諸會員은寸陰을是惜ᄒᆞ야此塾剏設의本意을堅守ᄒᆞ고維新의學文을熱心勤做ᄒᆞ라ᄂᆞᆫ主意로勸勉不已ᄒᆞ고洋燈及冊床各一ᄌᆞ를該塾에捐付ᄒᆞ얏고

大成[illegible]社長吳世昌氏夫人張蓉華氏ᄂᆞᆫ女子教育會評議員으로被薦되얏다ᄂᆞᆫ디該氏가養閨義塾을訪問ᄒᆞ고學員의게對ᄒᆞ야一場勸勉ᄒᆞ기을似此棄物은好時機의生치못ᄒᆞ야新智識과新학文을不得修ᄒᆞ야年光을虛棄ᄒᆞ얏스니학員을對ᄒᆞ야慚괴ᄒᆞ기을不勝ᄒᆞ거이와

我韓四千年에未曾有ᄒᆞᆫ養閨義塾을有志諸君이우리女子教育發達키爲ᄒᆞ고我韓同胞을文明之域에前驅키爲ᄒᆞ야一國愛國心으로剏設ᄒᆞ야貴학員을熱心教導ᄒᆞ시니此을對ᄒᆞ야貴學員等은勤勤孜孜ᄒᆞ고日新又日新ᄒᆞ야

文明國女子資票準되기을希望ᄒᆞ노라ᄒᆞ고紙貨二十圜을親手持贈ᄒᆞ야학員紙筆墨費에萬一을補助ᄒᆞ게ᄒᆞ얏ᄉᆞ니該張氏ᄂᆞᆫ闔ᄒᆞ야女子社會의發達될要點으로認定ᄒᆞ노라

●進校演說

去週日에[illegible]進學校에서校監以下諸氏와學員에父兄과七洞大小人員이會同ᄒᆞ여韓龍學松林下에演壇을設開ᄒᆞ고皇城內外諸紳士를請邀ᄒᆞ야教育上勸勉主旨와학校維持ᄒᆞᆯ方針을研究ᄒᆞ얏ᄂᆞᆫ디椰一宣氏가爲物上人爲靈貴가在於教育ᄒᆞᆫ理由을細細說明ᄒᆞ고

全德基氏가學학文의質而不文과新學文에文質이併備ᄒᆞᆫ理由를說明ᄒᆞ고周詩經氏가國之興亡이在於教育ᄒᆞᆫ理由를申明ᄒᆞᆫ後閔亨植氏에연說ᄒᆞ야如左ᄒᆞ니

推我青坡七洞이한隅福地에在ᄒᆞ야戶以千數요人以萬計라足以爲一 之保障而五署四十八坊內에最先受人殘侮者ᄂᆞᆫ惟我七洞이라世守之喬木이不蔭ᄒᆞ고世食之土壤이盡爲人占ᄒᆞ고家屋之凋殘과人民之困瘁ᄂᆞᆫ言之痛心이라七洞父兄에對ᄒᆞ여慰解키難ᄒᆞ거니와

愛子弟에將來을慮ᄒᆞ면驅使之辱과魚肉之禍가急急富頭ᄒᆞ얏고設合外侮을不被ᄒᆞᆯ지라도內侮가不勝ᄒᆞ야他署에奴隷가될지니此에對ᄒᆞ야善後之策이有ᄒᆞ오以愚所見으론教育에專力ᄒᆞᄂᆞᆫ거시一種良策이오니

愛子弟를爲ᄒᆞ야教育ᄒᆞ면富強力도自在ᄒᆞ고競爭力도自生ᄒᆞ고忠愛心도切摯ᄒᆞ고團結心도貞固ᄒᆞ야決코他人에壓制을不受ᄒᆞ고國民에義務를堅執ᄒᆞ야自身自家만保全ᄒᆞᆯ뿐아니라全國을能保ᄒᆞᆯ지라또우리學校를維持ᄒᆞ야면不難ᄒᆞ고

假合一箇員에月給員[illegible]一元으로打算ᄒᆞᆯ지라도[illegible]日利와勞動[illegible]一[illegible]ᄒᆞ오現今美國柔港에留ᄒᆞᆫ우리七八百同胞와布哇에在ᄒᆞᆫ[illegible]千同胞은다勞動力으로教育을建業ᄒᆞᆫ다學校를設立ᄒᆞ다報紙를發刊ᄒᆞᆫ다ᄒᆞ니

此로觀하면우리[illegible]으로一箇學校維持[illegible]오種樹不培하면結果力이少ᄒᆞ고教子不誠하면[illegible]力이無[illegible]오

아모죠록誠力덜씨시요[illegible]論이辭氣慷慨激[illegible]ᄒᆞᆫ지[illegible]人皆嘖嘖稱謝하고학校를永遠維持하기로誓天[illegible]하얏[illegible]더라

●森林會社議決 咸平兩道沿邊森林을俄人이開斫伐ᄒᆞ다가日俄戰爭以後에[illegible]가自然絶和ᄒᆞᆫ의森林契約[illegible]ᄒᆞᆫ지라日本司令部에서軍事上所用으로該森林을斫伐하며[illegible]政과伊藤統監이屢次交涉하야該작벌權을變更하되韓日兩國間에會社를設ᄒᆞ고하야森林을種벌케하고收入金은兩庫로收入하기로農商大臣이主務하야日前伊藤侯官邸會議에決定하얏더라

●借家設局 香署紬洞에在ᄒᆞᆫ何許西洋人所有家가[illegible]末於[illegible]ᄒᆞᆫ지라挾雜亂類輩가四五處에借入하야每夜花[illegible]排設ᄒᆞᆫ다니其家主ᄂᆞᆫ精[illegible]하기[illegible]하야借給ᄒᆞᆫ거신디不知此恩하고行此技局悖習하ᄂᆞᆫ故로恐甚누泄

하야借人家人을不許[illegible]此消息[illegible]開[illegible]人[illegible]逐出하고正告[illegible]擔任하야此[illegible]永杜[illegible]可하다하며陰竹[illegible]湖居하[illegible]福 此[illegible]의게發引[illegible]放賣[illegible] 二萬五千兩[illegible]花閣[illegible]沒數見奪하고[illegible]次[illegible]下[illegible]

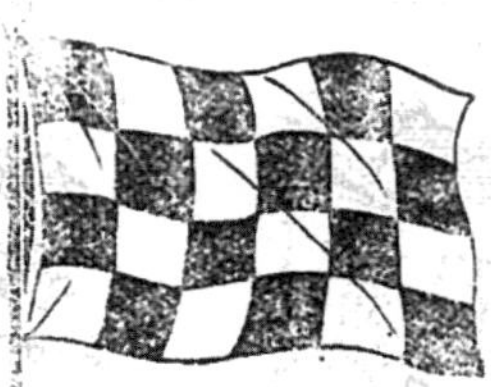

說賣[illegible]期廣告

本人이데라마쉬氏의委托을受하야美麗ᄒᆞᆫ家藏什物與諸具를不日開競賣ᄒᆞᆯ터이오며拍賣處와特別件은追後廣告를照覽하시옵

貞洞拍賣人갈니쯔키 告白

●特別社告

本申報社에서特別히附屬品으로活字를更備ᄒᆞ야書籍印刷所를設置ᄒᆞ얏사오니印書를要ᄒᆞ시ᄂᆞᆫ僉君子ᄂᆞᆫ來臨相議ᄒᆞ시옵

大韓每日申報社 告白

六日李根晦字를雨字로改定[illegible]照亮 李根雨告白

前居安城邑今居龍仁金鶴鉉氏家에現存大故ᄒᆞ니誰某던지勝[illegible]字聖斌거든不日指送ᄒᆞ오 根鶴培 告白

本人姓名圖章遺失故茲廣佈知照亮 李基昌 告白

江界邑居尹子明이子英淡相逢次로來留于公洞五十八統二戶[illegible]尹英淡아시ᄂᆞᆫ君子ᄂᆞᆫ指送望 尹子明 告白

客主[illegible]悅氏가자巖米國近處[illegible]與銀[illegible]特別이各員의게便利ᄒᆞ도록賣[illegible]照亮ᄒᆞ시고各[illegible]을多賀來臨함 紫巖半泉居 梁駿煥 告白

本人이西署三稅居梁君三處의合[illegible]二十六日推次當坪三千五百兩於昔一片을遺失於[illegible]이기로此意를即奇於本處이오나[illegible]有[illegible]ᄒᆞ야茲以仰布ᄒᆞ오니內外國人間雖有拾得이라도休紙施行ᄒᆞ오

南署草洞留 金然景 告白

북녀양덕방계동三통九호초가八間板刻文卷을中署家僧南仁珠가路中遺失ᄒᆞ얏스니誰某拾得ᄒᆞ야도休紙施行ᄒᆞ오

家主 김국관 家僧 리인슈 告白

本人에姪子宗哲이가假稱親子ᄒᆞ고逃避上京隱留而甘聽何許[illegible]類之煽動ᄒᆞ야外國人에게得債ᄒᆞ야本人에게徵捧ᄒᆞᆫ議計로百般周旋이기로茲先廣佈ᄒᆞ오니內外國人間切勿見欺貽悔ᄒᆞ시오

黃海道長淵郡 吳[illegible]祚 告白

廣告

民事訴訟[illegible] [illegible]債[illegible] 律事務[illegible] 漢城[illegible]十七統九戶

辯護士 [illegible]洪在祺 正[illegible]

法律事務所

廣告

我閔氏先祖以下累代墳墓가在於[illegible]津位谷이온디봉[illegible]識字頗[illegible][illegible]方欲[illegible]切[illegible]有[illegible][illegible]洞[illegible]

[illegible]閔[illegible]宗[illegible] 告白

◎新[illegible]書籍發賣人[illegible]

西小門外에在ᄒᆞᆫ[illegible]方來[illegible]一[illegible]建[illegible][illegible]美麗ᄒᆞᆫ附[illegible][illegible]合[illegible]君子[illegible]ᄒᆞ시옵

中署農[illegible]洞八十八統第二戶의[illegible]氏가開發人民의法律로本中[illegible]張[illegible]贊成ᄒᆞ야[illegible]에本[illegible]別定ᄒᆞ얏사오니僉君子ᄂᆞᆫ照亮하시옵

大韓每日申報社 告白

小[illegible]紙[illegible]陰六月廿日[illegible][illegible]失ᄒᆞ얏스니[illegible]拾得[illegible]休紙施行ᄒᆞᆷ

[illegible]長[illegible]永 告白

廣告

本號新開專做男女各色洋服幷由上海運來各種細이毛를一切表飾屬品件件精좋伏望貴士女迅即來購爲幸

西小門內[illegible]男女洋服商號

刑法大全 一帙定價金 新貨六十錢

牧民心書 一帙 一圜二十五錢
耳談續纂 一冊 七錢五厘
溫故知新堂叢鈔 七錢五厘
兒童必讀小學指南 七錢五厘
八[illegible] 一冊 十五
萬國[illegible]三冊 一圜
[illegible] 五十錢
法學通論 一圜
民[illegible] 一圜五十錢
大韓地誌 七十五錢

發賣所 布[illegible]門下金相萬書舖 大韓每日申報社

錦[illegible]布[illegible]開豐局[illegible]李進士[illegible]氏[illegible]移設[illegible]明[illegible]朴準榮氏[illegible]同事[illegible]繼[illegible]丹과水眼藥과珊瑚紫金膏와小兒[illegible]散과[illegible]에軟硬散과[illegible]痔丹痔疾方秘傳膏酒良等神效藥品이多有ᄒ오며貫寒의게는無價酬應도ᄒ오니勿論某病ᄒ고來問ᄒ시옵

仁港 杻峴 開豐局主人 송智仁 告白

一 鷹牌[illegible]牛乳
一 鷹印[illegible]
一 [illegible]

大韓仁川港[illegible]

[illegible]九轉[illegible]丹[illegible]病症과中風[illegible]
[illegible]小兒 [illegible]
九轉[illegible]砂[illegible]方은瘡瘍 食滯 血積 吐瀉 [illegible]般疝과婦人帶下症에[illegible]效ᄒ며
吐血 下血 濕氣 時疾 痲症에神效ᄒ오
九轉[illegible]砂[illegible]은痔瘡 痔瘻 上痔瘡 下痔瘡及[illegible]諸般瘡瘍에無不神效ᄒ오니 僉君子는來問ᄒ시오
內需司前路[illegible]上隅第一家 李[illegible] 告白

以上三種은上品으로製造ᄒ야衛生上에至極有益ᄒ니[illegible]諸君子[illegible]

大韓仁川[illegible]

本社廣告

中[illegible]

一張代金 新貨二錢
一箇月前[illegible] 三十錢
三箇月 九十錢
六箇月 一元七十錢
一個年 三元[illegible]

[illegible]

諺[illegible]一張 [illegible]
[illegible]

廣告料[illegible]
[illegible]
[illegible]
[illegible]

◎本社地方各處支店廣告

仁川杻峴開新研究 李[illegible]
平壤南山峴日新學校 金[illegible]
宣川邑[illegible] 崔[illegible]
義州南門外[illegible] 安[illegible]
[illegible] 金[illegible]
長淵邑 金仁[illegible]
[illegible] 曹[illegible]
中和邑 [illegible]
安山[illegible] 金[illegible]
開城[illegible] [illegible]
咬[illegible]校長 [illegible]
大丘[illegible] 徐[illegible]文[illegible]

發行兼編輯人 [illegible]
[illegible]所 [illegible]

大韓每日申報社

第四卷

大韓每日申報
대한매일신보

第二百七十二號

月曜及慶節
翌日休刊

檀君開國四千二百三十九年
箕子元年三千二十八年
大韓開國五百十五年
日本明治三十九年
淸國光緒三十二年
◉陰曆丙午五月小二十六日申酉

文苑

血竹記

嗚呼是竹閔忠正之血耳盖公之血衣血劒藏在樓室後夾房閉鎖其戶歷二百五十日矣一日家人啓而視之有竹四竿從軒隙而生第一竿長三尺第二長二尺第二長一尺第四長半尺餘凡四竿九枝四十一葉

內外國人聞而咨歎爭相往觀者塡咽街巷而咸曰奇哉異哉此非公之血之所化而寧有竹之生於此間者乎

嗚呼公値光武九年十一月十七日新條約之變痛國權之墜地慨人民之行將殄滅遂以一刀赤血驚動我內外喚醒二千萬同胞則斯非回復獨立之血歟

惟此血點落于房舍爲淸潔貞固之物樹風聲於永遠則其精神魂氣之無所不之者必升彼雲霄爲列星爲雷霆鑑此生民而呵噤不辭矣

公有遺書訣我同胞曰某死而不死期勸諸君於九泉之下者豈不信哉惟我二千萬同胞箇箇耳此竹目此竹背印此竹培養其忠君愛國之血則何患乎獨立之不可復也嗚呼其勉之哉 謙谷生

詞林

詠忠正竹 愚石生

忠正古軒生此竹
來看莫作等常竹
懸知節義爲星辰
天使靈魂爲化竹

官報

●號外 光武十年七月十四日

◉宮廷錄事

太醫院口傳奏日夜間
聖體靡寧之節漸有勝度乎下情憂慮達宵憧憧此時診察不容少緩 亟許臣等率醫官入診議定消辦之方千萬顒祝惶恐敢奏

答曰知道夜來快復常度自內議劑今無餘祟卿等退去 七月十四日

●三千五百六號 光武十年七月十六日

◉宮廷錄事

詔曰日本貴族院副議長侯爵黑田長成特叙勳一等興業銀行總裁添田壽一特叙勳二等各賜太極章庸示親愛之意 光武十年七月十一日

表勳院總裁陸軍副將勳一等 閔泳徽

詔曰奉常閣臣入侍 七月十二日

詔曰秘書監丞閔象鉉馳詣健元陵奉審摘奸仍留監祭局內諸陵一體奉審以來 七月十三日

◉敍任及辭令

學部參書官閔丙植 外國語學校敎官金漢奎 給六級俸 六月三十日

兼任太醫院都提調 領敦寧司事李根命

依願免兼任禮式院掌禮 秘書監丞鄭헌

兼任禮式院掌禮 秘書監丞閔象鉉

叙勳一等賜太極章 日本國貴族院副議長侯爵 黑田長成

叙勳二等賜太極章 日本國興業行銀總裁 添田壽一

以上七月十一日

弘文館侍講李鍾國 主殿院醫衛局醫務官 李憲淳 依願免本官

任弘文館侍講叙奏任官四等 奎章閣待制趙善九

任奎章閣待制叙奏任官四等 正三品金寧悳

任營繕司技師叙奏任官四等 經理院技師吳允默

任主殿院醫衛局醫務官叙奏任官四等 六品朴重陽

以上七月十二日

依願免本官 中學校敎官尹泰彬 七月十三日

外報

●獨米通商關係 伯林電에曰米國元老院에서ᄂᆞᆫ獨米兩國間에關稅問題에關ᄒᆞ야米國政府에서向者獨逸政府에與ᄒᆞᆫ約束에同意ᄒᆞᆫ事件을拒ᄒᆞ기爲ᄒᆞ야稅關問題ᄂᆞᆫ更히米國政府의開願로爲ᄒᆞᆫ다더라

●官僚派의末路 同電에曰俄都에有ᄒᆞᆫ官吏社會의意氣가자못銷沈ᄒᆞ다더라

●滿洲均權 北京電을據ᄒᆞᆫ則上海商業會議所ᄂᆞᆫ滿洲를視察ᄒᆞᆫ英國商人의言을贊成ᄒᆞ야大運輸入의貨物에關稅를課ᄒᆞ야滿韓輸出入規定을設ᄒᆞ고遼河鐵橋를改案ᄒᆞ야舟運에便利를恢復ᄒᆞᆯ事를日淸兩國政府에請求ᄒᆞ기로議決ᄒᆞ고首席領事의手를經ᄒᆞ야首席公使되ᄂᆞᆫ伊國公使의게進達ᄒᆞ얏ᄂᆞᆫ뒤同公使로셔ᄂᆞᆫ何等에照會가姑無ᄒᆞ나日淸兩國에主權에도關係가有ᄒᆞ고滿洲에在ᄒᆞᆫ列國干涉의端을啓ᄒᆞᆷ인故로外交團에셔ᄂᆞᆫ愼重ᄒᆞᆫ態度로時機에至ᄒᆞᆷ을待ᄒᆞᆷ과如ᄒᆞ다ᄒᆞ얏더라

●美國大雨 桑港電을據ᄒᆞᆫ則美國가리호루니아州에大雨가降ᄒᆞ야河水가汎濫ᄒᆞᆷ으로農作地에多大ᄒᆞᆫ損害를被ᄒᆞ얏ᄂᆞᆫ뒤如此大雨ᄂᆞᆫ同州住民中最年長者라도未曾有ᄒᆞᆫ바라ᄒᆞ더라

●蒙古利權 北京電을據ᄒᆞᆫ則駐俄淸公使胡惟德氏가外務部에電報ᄒᆞ야曰庫倫合克圖의俄淸銀行이烏里雅蘇台에支店을開設ᄒᆞ고同行貨幣를流通ᄒᆞ야此를因ᄒᆞ야蒙古의利權을掌握ᄒᆞᆫ다더라

●造幣計劃 同電을據ᄒᆞᆫ則戶部에셔印刷造幣局을從速히開設ᄒᆞᆫ다ᄂᆞᆫ說이有ᄒᆞᆫ뒤其開設費가略八十萬兩이라ᄒᆞ더라

●五氏受刑 共立新報를據ᄒᆞᆫ則호와이와호놀누에在ᄒᆞᆫ와드먼시ᄂᆞᆫ韓人敎會를監督ᄒᆞᄂᆞᆫ뒤恒常韓國人을誠心으로愛ᄒᆞ야敎育ᄒᆞ며救助ᄒᆞ더니向者호와이셔韓人殺人者五名을裁判ᄒᆞ야死刑에處ᄒᆞ기로宣告ᄒᆞ얏더니와드먼氏가此五人이俱死ᄒᆞ게된거슬미우可憐히여겨更히裁判ᄒᆞ기를檢事의게請ᄒᆞ야極力周旋ᄒᆞᆷ으로裁判이곳셔되야其中一名은減等이되여死刑을免ᄒᆞ고其餘三名은去月二十三日에處絞ᄒᆞ얏ᄂᆞᆫ뒤와드먼氏가其中死者二名을如此히救援ᄒᆞ야스니該地에駐在ᄒᆞᆫ韓人들이同氏를對ᄒᆞ야感謝ᄒᆞᆫ다더라

●補助新聞 近日布哇紳士와民等이新聞發達을爲ᄒᆞ야各國에散在ᄒᆞᆫ이와同國內地에在ᄒᆞᆫ者가新聞社에補助를爭相爲之ᄒᆞᆫ다더라

●研究地動 美國써클리大學校中器械工夫ᄒᆞᄂᆞᆫ會에셔一週日에一次式開會ᄒᆞᄂᆞᆫ뒤地動ᄒᆞᄂᆞᆫ理致와무슴物件이地動과火氣를거사리ᄂᆞᆫ거슬窮究ᄒᆞ야桑港에家屋을更建ᄒᆞᄂᆞᆫ뒤伊等損害를免ᄒᆞᆯ지ᄒᆞᆷ이라ᄒᆞ더라

雜報

●一齊剃髮 農商工部大臣權重顯氏가該部一般官吏의剃髮을一致케ᄒ기爲ᄒ야昨日仕進時에公佈ᄒ기를現今間未剃[illegible]官吏ᄂ明日上오九時仕進時에一切剃髮ᄒ고來ᄒ되其於商面[illegible]之抵에紛有不側之人이면[illegible]任ᄒ勿ᄒ고即當免官ᄒ깃다ᄒ얏다더라

●[illegible]物主 中署黃土峴布木商太儀氏이가去十四日下午六[illegible]鍾路邊捕側에色織業이險在ᄒ기拾得搜覽則其中에計錢[illegible]一匣與韓日貨合七十錢[illegible]이라此物을本領에留置[illegible]上에揭載ᄒ야使其遺失人으로來覓케ᄒ기를要ᄒᄂ故로玆에揭佈ᄒ노라

●用錢鑛獎 軍部에서農商工部로照會ᄒ기를忠州礦軍輩가聚[illegible]結縛巡檢及出使兵丁ᄒ고無數毆打에先奪器械라ᄒ니[illegible]면從獎雖杜니嚴飭該礦所ᄒ야使之無戢케ᄒ라ᄒ얏ᄂᄃ農部에서答復ᄒ기를此金礦이係是經理院句管인즉移照于該院妥辦케ᄒ라ᄒ얏다더라

●鐵線拋板의調査 農商工部에서全羅觀察使와忠南觀察使의게訓令ᄒ기를湖南鐵道會社摠務擲長徐오淳의請願을接ᄒ야燕岐로致院至全州地ᄭ지鐵道敷設權限을政府로業已認准인바現派本部技手와該社人ᄒ야線路를踏行實測ᄒ니該線路犯入境段價額은當自本部로必從土品高下ᄒ야分等該時價准給ᄒ리니自郡으로另定解事吏ᄒ야犯線田畓之土品高下와地主姓名을限開調査報來ᄒ라ᄒ얏더라

●萬契之獎 西來人의傳說을聞ᄒ즉龍巖浦[illegible]魚允迪氏가料外之財를獵得코ᄌᄒ야人民의巨獎되ᄂ萬人契를設始主張ᄒ니龍川郡守[illegible]薰謨氏가此를到底反對ᄒ되[illegible]理ᄂ終是貪慾[illegible]欲充ᄒ야設行ᄒ기로周旋ᄒ니一般公言이同氏를向ᄒ야譏笑不已曰彼가平日에開明上意見이有ᄒ으로自稱ᄒ고人亦信之ᄒ더니今乃如此行爲가有ᄒ니其所謂開明者ᄂ不過是開明於獵取民物手段이라ᄒ더라

●孟倅[illegible] 孟山郡守尹鐸儀氏ᄂ赴任一[illegible]面에存問ᄒ고未過幾日에藉托眸目ᄒ고請狀人[illegible]每名下에元羅一疋ᄭ勤捧ᄒ거시一百八十疋이오民有布物來納者則曰我罪孝服之人이라고還[illegible]明紬ᄒ야勤捧ᄒ고오酒禁後에盜飮盜釀者를詗捉ᄒ야五十兩式贖徵이乃爲千餘兩이오其時自衛ᄒ으로稱以禁酒ᄒ고反爲釀酒ᄒ야日日川獵ᄒ事오且郡遠郡兼官으로在任時에有罪無罪ᄒ人民을若柳後에[illegible]以枷貰ᄒ고每日七兩式勒捧ᄒ事가有ᄒ니如此酷吏를久任ᄒ면其治下人民은決斷코魚肉ᄒ後乃已라고西來人의輿論이沸騰ᄒ더라

●賊刺巡檢 南[illegible]橋支所巡檢金鎭恒은再昨夜에行巡坊내라가賊한의게被刺ᄒ야命在危境이라ᄂᄃ聞其被刺事實즉該巡檢이行巡到某地ᄒ何許人이前來施禮어날巡檢이答禮ᄒ酌之際에何許一ᄒ이自後擁抱ᄒ고抽出軍刀ᄒ야無數刑刺而仍即遁散ᄒ얏다더라

●都是食口 [illegible]龍[illegible]崔錫[illegible]氏[illegible]部ᄂ一國之內部오[illegible]部이계를今李址鎔氏之[illegible]也에內部主事도[illegible]食[illegible]오參書도兩大食口오局[illegible]大의食口오各郡守[illegible]의食口인ᄃ今君이又以[illegible]大食口로[illegible]內協之任ᄒ얏스니[illegible]人才가니大食口外에[illegible]耶아ᄒ則崔氏所答[illegible]擇曰食口之名은在所[illegible]禹氏曰銓選之[illegible]之任이니食口[illegible]작秉公的義務로니[illegible]公選人才ᄒ[illegible]얏다더라

●巡檢被打 西署[illegible]巡檢林元相오再昨日行巡[illegible]里峴則該街路上에서[illegible]洞[illegible]校學徒를體操敎習[illegible]問其承認於警署與否則在傍觀看者中一人이突出詬辱[illegible]詰難之境[illegible]附近[illegible]에서飮酒ᄒ[illegible]三十名이合力毆打巡檢에服裝이破裂ᄒ고身亦重傷ᄒ얏ᄂᄃ該[illegible]卽逃避ᄒ야一不得捉[illegible]廳에서其中首倡者[illegible]次로嚴密詗探중이라ᄒ더라

●醫校廢止 學部所管[illegible]학校의一切事務ᄂ自今以後로[illegible]字病院에서管轄ᄒ기로ᄒ야醫학校ᄂ廢止ᄒ다더라

●與醫被逐 日昨에與醫金大鎭氏가詬鬪ᄒ다가[illegible]巡査의게被逐ᄒ얏다더라

●何件實施 니部地方制度調査所에서各道一百三十郡을減合ᄒ야[illegible]御[illegible]件을奏呈ᄒ고政府에行將提出ᄒ다ᄂ說은已[illegible]裁ᄒ얏거니와統監府에서[illegible]一百八十二郡을減省ᄒ야[illegible]覽件을奏呈ᄒ얏신즉兩件중에何件이實施ᄒᄂ지姑爲未知라더라

●嚴訓從實 統監府에서政府로公文[illegible]意를據ᄒ즉近日各郡守가日本人警爲의關[illegible]件에[illegible]ᄒ야咸興城郭毁撤及通路等地段[illegible]多有爽失不[illegible]ᄒ事務致多妨碍ᄒ니嚴訓各郡ᄒ야從實報來케ᄒ라ᄒ얏다더라

●制度爛商 政府所管[illegible]制度調査[illegible]草委員이月曜日에英語[illegible]第一回會同ᄒ다ᄒᄂ已往揭載ᄒ얏거니와昨月曜日에各大臣이一體會同ᄒ야爛商公議ᄒ얏다더라

●永校試驗 永興郡公立小[illegible]校에서夏期試驗을六月二十日에經ᄒ온즉甲班優等에[illegible]樹李承在朴한弁劉洛[illegible]오及第에[illegible]鳳胤劉[illegible]길張秉浩三人이오乙班優等에[illegible]汶元李[illegible]變三人이오及第에李道[illegible]金在憲二人이오丙班優等에金若[illegible]李在俊劉載貞二人이오及第에黃東斌咸奎恒[illegible]根三人이ᄭ더라

●特赦勸告 統監伊藤侯가渡韓ᄒ後에日本皇帝親書를韓皇陛下ᄭ陛見奉呈ᄒ얏거니와該親書중에國事犯特赦問題가包含ᄒ야李埈鎔氏를特赦召還ᄒ되此言을不聽ᄒ면日本皇帝가詔勅으로李埈鎔氏를退日渡[illegible]ᄒ더라ᄒ지라統監의[illegible]니[illegible]에違[illegible]勸告ᄒ야赦與不赦間答親書를督促ᄒᄂ중이라ᄒ더라

●遠民屢訴 西邊界民李容弼等이內部에請願ᄒ되本界元無對揚之官ᄒ와所在衆民이自作化外之頑悖ᄒ야末由與接故派督理字牧之意로前後請願蒙題가有若旱餘得雨矣經日經月에尙未蒙差送公佈ᄒ야逗留數月에棲遑未定케ᄒ니顧不有欠乎아速下廣分ᄒ와使此數十萬生靈으로無至披髮左衽之地케ᄒ라ᄒ얏다더라

●越訴之理의論警 法部에서平理院으로訓令ᄒ기를京畿裁判所에서受理未決ᄒ朴始壽等의訴訟을貴院之受理越訴가果係明確인즉違格ᄒ케이不可施行이니貴院判決은一切取消ᄒ고[illegible]女士協을一切[illegible]眼[illegible]ᄒ야[illegible]決于當該裁判所ᄒ야使之定辦이되越訴受理가不可[illegible]貴이니貴裁判長과提起公訴ᄒ首班檢事와受訴公判ᄒ首席判事ᄂ行將論[illegible]이건과當初受리ᄒ首班檢事를指的報來ᄒ라ᄒ얏ᄂᄃ該院에서尹甲炳氏로報告ᄒ얏다더라

●答親書의爛商 皇上陛下ᄭ오셔日[illegible]答書에對ᄒ[illegible]大以外各大臣[illegible]如何辭意를爛商ᄒ옵셧더라

●闕내日直 宮殿宮門之票出入[illegible]宮[illegible]ᄒ야ᄃ宮殿門票[illegible]主殿隨[illegible]은[illegible]故로이從院[illegible]務使ᄂ[illegible]

●[illegible]藤[illegible]ᄒ되[illegible]明[illegible]字[illegible]도아[illegible]就[illegible]이[illegible]大臣에[illegible]

●[illegible]

東京電報

●將校婦人會 七月十四日午後[illegible]時陸將校婦人[illegible]會長으로[illegible]扶養ᄒ기爲ᄒ야今國[illegible]會員[illegible]

光武十年七月十七日 大韓每日申報 第二百七十二號

共立新報를據흔則在美國韓人有志의李膺稷黃菊逸李東華高今資譜氏가共立協會에獻議書가如左ᄒᆞ니

우락스푸링에류ᄒᆞᆫ논리응목등은삼가본총회에의향을올니옵ᄂᆞ니청컨된각디방회에공포ᄒᆞ시와셩ᄉᆞ가되게ᄒᆞ시기를바라옵ᄂᆞ니다

대뎌올흔줄ᄂᆞᆫ알고힝치아니ᄒᆞ거나ᄒᆞᆯ슈잇ᄂᆞᆫ데ᄒᆞ지아니ᄒᆞᄂᆞᆫ거슨ᄉᆞᄉᆞ로픽망을취흠이니엇지두렵지아니ᄒᆞ리오우리가모히면나라것정이오말ᄒᆞ면공부ᄒᆞ엿야되겟다고ᄒᆞ며이써뇌동ᄒᆞ야도푼ᄂᆞ나민드러가지고수쿨보이ᄂᆞᆯ둔니면서근근히공부ᄒᆞᆫ다가돈이갈진ᄒᆞ면ᄒᆞᆯ수업서공부를뎡지ᄒᆞ고이곳뎌곳뇌동ᄒᆞ려둔이니한달두달세원ᄒᆞ허송ᄒᆞᄂᆞᆫ쟈도잇스며혹은금전에눈이어두워마음이변ᄒᆞ야괴워일ᄒᆞ기를시쟈ᄒᆞ엿ᄉᆞ니돈이나버러가지고환국ᄒᆞ쟈ᄒᆞ며혹은돈좀버러가지고다시학교에간ᄒᆞ그젼공부ᄒᆞᆫ거슬다이져바려ᄉᆞ니공부를좀세다릴문ᄒᆞ면돈이업고돈이좀싱기면몬져공부ᄒᆞᆫ거슬니져바리리니

학싱된쟈의마음에얼마나샹실되리오우리가ᄒᆞ거슬싱각ᄒᆞ미우념려ᄒᆞᆯ바라도ᄒᆞ보건된우리난나도만코지조도업ᄉᆞ니달은사람공부ᄒᆞᄂᆞᆫ거시니에상광이업다고마음이편ᄒᆞ오릿가나라을근심ᄒᆞ면서바루잡ᄂᆞᆫ거데를구ᄒᆞ자아니ᄒᆞ이가하오릿가

우리공립회에서학싱을권학ᄒᆞ기위ᄒᆞ야학싱회를조직ᄒᆞ엿스니공부ᄒᆞᆯ긔쵸만세우고단결ᄒᆞᆫ실효ᄂᆞᆫ긔약지못ᄒᆞ얏ᄉᆞ니이거손지졍이업서서그러ᄒᆞᆷ이라그런ᄒᆞ불가불실효의방칙을강구치아닐수업ᄉᆞ니여러분덜은엇더케싱각덜ᄒᆞ시ᄂᆞᆫ지우리몃사람의싱각은미삭一二원못되ᄂᆞᆫ지졍을가지고온젼히공부잘ᄒᆞᆯ거슬세다랏나이다

이거순빅사롬이다학싱이라위명ᄒᆞᆫ되한사롬이싱취ᄒᆞᆷ만갓지못ᄒᆞ니한사람이돈도벌고공보도ᄒᆞ려면둘다싱취못ᄒᆞ리라돈만버ᄂᆞᆫ자ᄂᆞᆫ돈만벌고공부ᄒᆞᄂᆞᆫ자ᄂᆞᆫ공부만ᄒᆞᄂᆞᆫ거시둘다완젼ᄒᆞᆯ테이니우리몃사롬에싱각건된여러사람이힘을합ᄒᆞ야학싱멧사람을공부식히ᄂᆞᆫ거시우리나라ᄒᆞᆯ회목ᄒᆞᆯ긔게를쥰비ᄒᆞᆷ이오본회에ᄃᆡ지를삐루ᄂᆞᆫ방칙이라ᄒᆞᆯ노이다이일에ᄃᆡᄒᆞ야우리네사람은미삭에오십젼식너기로작뎡ᄒᆞ고여러동지자의쎄앙고ᄒᆞ ᄂᆞ니가량빅사람이미삭에오십젼식ᄒᆞ면五十원이라미삭五十원을가져ᄉᆞ면학싱三四명을공부식힐거시오쳔명이ᄒᆞᆷ력ᄒᆞ면三四十명을교육ᄒᆞᆯ테어니우리의말ᄒᆞᆫ바와갓치미삭一二元ᄌᆞ비가지고공부잘ᄒᆞᆫ논거세라ᄒᆞᆯ거손우리한인ᄉᆞ에다른사람공부잘ᄒᆞᄂᆞᆫ거시곳너가공부잘ᄒᆞᄂᆞᆫ겻과곳다ᄒᆞ노라

여러분께서ᄂᆞᆫ나라ᄒᆞᆯᄉᆞ랑ᄒᆞᄂᆞᆫ열셩과공부ᄒᆞ엿야되겟다ᄂᆞᆫ셩심으로ᄒᆞᆯ수인ᄂᆞᆫ더ᄭᆞ지ᄂᆞᆫ힘써힝ᄒᆞ야본국정부에서도와주기를바라지말고일본과청국셔보니ᄂᆞᆫ관비학싱보다더욱열심이나게ᄒᆞᆯ진더이돈들은공립협회학무비부로서ᄎᆞᆨ활케ᄒᆞ고학싱은본회로서공천ᄒᆞ용케하고규칙은학무부규칙더로지힝하야실시가되게하시기를이에헌의ᄒᆞ오니조량ᄒᆞ심

●在韓國辯護士協會會則 (續)

第五條 幹事ᄂᆞᆫ總會議案을준備ᄒᆞ야議決을執行ᄒᆞ고其他必要ᄒᆞᆫ事項을統理흠

第六條 通常總會ᄂᆞᆫ每年六回에(一、三、五、七、九、十一、)京仁其他樞要地에서開會ᄒᆞ야前期間報告를受ᄒᆞ고重要ᄒᆞᆫ諸般項事을評決흠

臨時總會ᄂᆞᆫ會員二名以上의請求有ᄒᆞᆫ境遇에開會흠

總會에서決議ᄒᆞᆫ事項은開會七日前幹事가其通知를發ᄒᆞᆯ事

第七條 會員은會費로每月金一圓을納ᄒᆞᆯ事

第八條 會員으로서本會面目을毀損ᄒᆞᆫ行爲가有ᄒᆞᆫ者ᄂᆞᆫ總會員分三之二以上의決議로依ᄒᆞ야除名흠 完

雜報

●合郡[illegible]저土地所[illegible]台郡ᄒᆞᆫ案[illegible]合[illegible]ᄒᆞᆫ案件[illegible]地面積[illegible]繩을分定ᄒᆞ고[illegible]合을劃定ᄒᆞᆫ事[illegible]相議[illegible]더라

●[illegible]調查[illegible]에權設[illegible]施ᄒᆞ고政[illegible]所管調查所[illegible]昨日에도[illegible]土地調查所로會同ᄒᆞ얏다더라

●[illegible]大臣에[illegible]伊藤侯를訪問[illegible]勸誘ᄒᆞ얏다더라

●亡命赦典 [illegible]계回復ᄒᆞ실親[illegible]이된다ᄒᆞ며亡命[illegible]典을特下로[illegible]降詔ᄒᆞ실터이라더라

●景福宮修繕 景福宮內各殿閣이頹圮[illegible]이無色ᄒᆞᆷ으로因ᄒᆞᆷ인지修[illegible]을內[illegible]으로支撥ᄒᆞ야[illegible]殿閣을昨日부터修理ᄒᆞᆫ다더라

●內大被駁 前德源郡守李種[illegible]氏ᄂᆞᆫ年前에[illegible]章ᄒᆞ고其請願書를依ᄒᆞ야免官ᄒᆞ얏더니李氏가現今內部에前[illegible]ᄒᆞ야李內大를論駁ᄒᆞ기를昨年秋에[illegible]郡守在任時에北進軍을留接ᄒᆞ야似有功勞ᄒᆞᆫ딕僞章請願에許免이大有失體면ᄒᆞ고裁判庭으로秘書課를相見ᄒᆞ다ᄒᆞ얏다더라

●測量着手 內部治道局이道路測量事務를着手ᄒᆞᆫ고로技師와技手를兩道에派[illegible]ᄒᆞ얏ᄂᆞᆫ디인ᄃᆡ各郡守와交[illegible]幇助케ᄒᆞ라[illegible]特別訓令[illegible]도眼同派送ᄒᆞ얏더라

●辭職甚惜 [illegible]城[illegible]校ᄂᆞᆫ設始ᄒᆞᆫ지七八年[illegible]職員이教育上에[illegible]前의北進兵의게借與[illegible]止ᄒᆞ얏ᄂᆞᆫ디昨秋에敎員李升均氏가視務ᄒᆞᆫ後로民[illegible]借[illegible]야學校를復設ᄒᆞ고熱心으로教育ᄒᆞ미校況이興旺ᄒᆞ더니今此夏期시驗取ᄒᆞᆫ後에進급証授與式을設行ᄒᆞᄂᆞᆫ디自己俸給中으로辦出ᄒᆞ야賞品을多數히給ᄒᆞ얏ᄂᆞᆫ디本府尹과普昌학校長李東暉氏도若干賞品을付與ᄒᆞ야當日景況이盛備ᄒᆞ얏고學徒父兄들도만히參席ᄒᆞ야敎員의熱心ᄒᆞᆷ을稱謝ᄒᆞ얏스나該敎員이辭職코자ᄒᆞ미學徒와該父兄들이愛惜ᄒᆞᆫ다더라

●警巡公薦 地方警察事務를擴張ᄒᆞ기爲ᄒᆞ야警務官及警巡을新差ᄒᆞᆯ터인딕警務顧問丸山氏가試選規則을磨鍊ᄒᆞ되其課目이刑法大全、現行警察法大槪、民事慣習、身體檢查、操告草作成、國한文書取、外國日本語로시選ᄒᆞ자고內部에提出ᄒᆞ얏더니大臣李址鎔協辦[illegible]兩氏가反對ᄒᆞ기를此에合格人은求之不得이니此次에ᄂᆞᆫ姑爲公薦이可라ᄒᆞ야顧問도勢不得已ᄒᆞ야然之ᄒᆞ얏ᄂᆞᆫ디警務官十三人과擔巡六十餘名公薦을大臣協辦이擔當ᄒᆞ얏다더라

●同胞致謝 共立新報에云ᄒᆞᄃᆡ뒤桑港患難에[illegible]同胞들이聞ᄒᆞ고大驚相謂曰[illegible]다우리同胞여他國人[illegible]患難中에도自國公[illegible]도有ᄒᆞ려니와우리同胞[illegible]保護ᄒᆞ며誰가救助ᄒᆞ리오[illegible]히陷於死地ᄒᆞᆫ同胞들[illegible]라오ᄒᆞ고各新聞에紛紛揭[illegible]며大韓每日申報社와自[illegible]셔特別히捐金을募集ᄒᆞ내우리ᄂᆞᆫ듯기에感謝ᄒᆞ다ᄒᆞ며또過去周日에本國京城으로부터電報로米金五百元이桑港에在[illegible]施旭氏의게來到ᄒᆞ얏다云ᄒᆞ얏더라

●日人押送 本月六日東내港에서ᄂᆞᆫ청國人料理店에[illegible]ᄂᆞᆫ日人桶口[illegible]該港[illegible]見若으로互相詰難타가日人이先以劍揮打李民之頭部ᄒᆞ야至於重傷故로該警務署에서被傷ᄒᆞᆫ民은護送渠家而使之治療케ᄒᆞ고該日人은押送于日警署ᄒᆞ야嚴懲케하더라

●挾門封鎖 慶運宮內廟청宮禁ᄒᆞᆫ以後에宮中公事廳內侍處所와各典醫所와別入侍侍令所가空處ᄒᆞᆫ지라生陽門內各挾門과處所ᄂᆞᆫ並封鎖ᄒᆞ얏다더라

●監府附屬 統監府에서各部顧問官을廢止ᄒᆞ고各衙門事務를即爲執行ᄒᆞᆫ다ᄒᆞ더니非此之爲也오各顧問官補佐官及補與補助員서지名目은統監府附屬人員으로府調執務ᄒᆞ고一般經費ᄂᆞᆫ度支部에서支出[illegible]케ᄒᆞᆫ定規例ᄒᆞ얏다더라

●進校試驗 去十五日에中署河橋板井洞私立前進學校에서[illegible]式을行ᄒᆞ얏ᄂᆞᆫ디校長[illegible]氏와校監高源穗氏의敎[illegible]相安鳴淹崔秉旭氏가[illegible]야各其優序로一等[illegible]이學生李澤圭氏가[illegible]優等生의게賞[illegible]授[illegible]ᄂᆞ니日語科優等은[illegible]用 具龍會 韓[illegible]求 金永[illegible] 李澤圭諸氏오英語科[illegible]生은金觀植 車永[illegible] 尹琦燮 李錫祚諸氏인ᄃᆡ當日下午三[illegible]에茶菓禮를畢ᄒᆞ고閉會ᄒᆞ얏다더라

●漣儲[illegible]辨 向日本報에漣川郡[illegible]玄始돈이가衙舍重建에勅[illegible]校經費에勅排로平理院과[illegible]府에呈訴가有ᄒᆞᆷ으로揭[illegible]되얏더니自觀察府로該郡[illegible]과對質裁判에玄始돈이[illegible]自服ᄒᆞ얏다고儒生等가[illegible]訴ᄒᆞᆫ者가有ᄒᆞ더라

●[illegible]證 仁川港에到泊ᄒᆞ얏든御用船艦長曾三氏가該港外洋에서風波罹船ᄒᆞᆫ韓人을拯救ᄒᆞᆫ말은已往揭載ᄒᆞ얏거니와再昨日政府에서該艦長外八人의게褒賞狀을受與ᄒᆞ얏다더라

●調查會議 土地制度調查委員이第一回會議ᄒᆞ얏거니와該[illegible]ᄂᆞᆫ官有民有地를區別ᄒᆞ야日後陳荒地開拓事務에界限이易定ᄒᆞ며稅政이昭詳ᄒᆞ게ᄒᆞᆫ다더라

●國文指南 尙洞青年學院敎師周時經氏가積年國文연究ᄒᆞᆫ精密이ᄒᆞ야爲先其冊子를編輯ᄒᆞ얏ᄂᆞᆫ디其音義의明白ᄒᆞᆷ과綴合의精緻ᄒᆞᆷ이可謂我東國文의指南이라ᄒᆞ더라

●[illegible] 本月七日昌原港[illegible]工藤[illegible]이與其[illegible]事端이던지互[illegible]六穴砲로砲殺其[illegible]常益[illegible]爲職[illegible]其他巡查가[illegible]야多派巡查而圍[illegible]欲爲捕捉하려ᄒᆞᆫ즉[illegible]乃自砲自殺하얏다더라

●[illegible]悚 海美郡에ᄂᆞᆫ本月九[illegible]日憲兵十九名이來到하야打破[illegible]庫하고留置之各種軍器를沒數奪去하얏ᄂᆞᆫ디該郡署[illegible]山[illegible]俞[illegible]稷氏가내部에[illegible]告하고軍器見奪이極甚悚悶이라하얏더라

●嚴飭[illegible] 高等小學校長朴[illegible]氏가學部에報告하기를日昨夜에[illegible]學徒중白南復李[illegible]韶가附近閭家年少等으로設花套局於[illegible]舍니房量ᄒᆞᆫ것을覺察하고一幷逐送ᄒᆞ少而嚴飭兩學員하야更不敢如是케하얏스니照亮하라하얏다더라

●行色可疑 학部大臣李完用氏ᄂᆞᆫ統監府書記一人을帶同하고日間下[illegible]州等地로發向ᄒᆞᆫ다ᄂᆞᆫ딕其行色이非公非私에甚是訝惑者라하더라

●夜[illegible] 李命七李載徹氏等이安洞官立小學校ᄂᆡ에數理夜학을將爲設立次로학部에認許를請[illegible]하얏다더라

[illegible]京電報

●戰[illegible] 七[illegible]
[illegible]引
[illegible]全
●陸[illegible]
日[illegible]直
江津大[illegible]御救恤하시[illegible]御下賜하셧더라

●韓國大使[illegible] 仝上
高平小五郎[illegible]大使에任命하기로[illegible]얏다더라

[illegible]京電報

●청 暴徒 仝上
江蘇省楊州에서暴[illegible]하야外國人의게加[illegible]가有하다더라.

伯林電報

●南部露國反亂
十六日오后[illegible]發
南部露國(단쟉주)에서騎兵의叛亂이有하야[illegible]騎兵은擾亂鎭定의命을受하야[illegible]發하얏더라

●國務大臣決鬪 仝上
佛國議院에서[illegible]國務大臣사로氏ᄂᆞᆫ國民[illegible]部[illegible]毆打하야終乃兩氏間에決鬪가有하야사로氏ᄂᆞᆫ肺部에[illegible]重傷을受하얏다더라

雜報

共立新報記者가李膺穆諸氏의獻議書를對ᄒᆞ야說明이如左ᄒᆞ니

나라를위ᄒᆞᄂᆞᆫᄃᆡ요ᄂᆞᆫ학싱을교육ᄒᆞᄂᆞᆫᄃᆡ반다시잇ᄂᆞᆫ지라이제우리스푸링에류ᄒᆞᄂᆞᆫ리웅목등제씨가공립협회에헌의ᄒᆞᆫ말의를본즉미우유리ᄒᆞ고뎍당ᄒᆞ도다뎌학싱은나라에원긔니학싱을비양치아니ᄒᆞ면나라에원긔가쇠약ᄒᆞ야필망에이되ᄂᆞᆫ지라오날날우리나라이히독립을일코우리들이남의노예가된거슨그연고가어ᄃᆡ잇ᄂᆞ뇨다만학싱을교육지아니ᄒᆞᆫ연고라ᄒᆞ노라지금에미국에손노릇ᄒᆞᄂᆞᆫ동포들은일직히이러ᄒᆞᆫ셔적을알고청년중에학문을힘써공부ᄒᆞᄂᆞᆫ이도만치만ᄂᆞᆫ본ᄂᆡ빈한ᄒᆞᆫ학싱이되야ᄌᆞ비가업슴으로뇌동도ᄒᆞ고공부도ᄒᆞ라ᄒᆞ니필경은둘다완전치못ᄒᆞ야셩취의바람이망연ᄒᆞᆫ지라그런즉리웅목등제씨의의향과ᄀᆞᆺ치다빅사ᄅᆞᆷ이다공부못ᄒᆞ기보다ᄒᆞᆫ사ᄅᆞᆷ이셩셩ᄒᆞᄂᆞᆫ거시낫다온말이과연유리ᄒᆞᆫ지라기말은열사ᄅᆞᆷ빅사ᄅᆞᆷ이져은돈을보와그중가감ᄒᆞᆫ학싱을택ᄒᆞ야공부식히자ᄂᆞᆫ말이니이거시학싱을교육ᄒᆞᄂᆞᆫ묘방이아니리오우리가팀금을흥셩케ᄒᆞ나니라ᄒᆞᆯ사랑ᄒᆞᆯ진ᄃᆡ리웅목제씨와ᄀᆞᆺ치ᄒᆞ여야될지라항상말ᄒᆞ기를나라히망ᄒᆞ나니일본에압제ᄒᆞ나니분히녁이고한탄만ᄒᆞ면무슴유익이잇스리오어서속히학싱들노ᄒᆞ여금공부를셩취ᄒᆞ야가지고본국ᄭᆞ지도라가더우리ᄒᆞᆫ압제와흑암가온ᄃᆡ한중동포들을가라치면다시부픠ᄒᆞᆫ나라혜원긔가소복되여우리의대황뎨폐하와우리의부모처ᄌᆞ와우리의이쳔만동포가ᄌᆞ유의세계에복낙를누리레이니이곳잇ᄂᆞᆫ동포들이ᄀᆞᆺ치젹은돈으로써학싱을교육홈으로ᄌᆞ긔의부모형뎨와ᄌᆞᄌᆞ손손이슴쳔리강토안헤셔무궁세ᄃᆡ로잘살게될거슬즐거워아니ᄒᆞᆯ리가업슬터이기로본긔쟈가리웅목등제씨의의향이미우아름다옴을찬셩ᄒᆞ기위ᄒᆞ야셜명ᄒᆞ오니우리동포들은동정을표ᄒᆞ시기바라노라

●手形組合의支所　漢城手形組合은五江商民에請願을依ᄒᆞ야今般同地에組合支所를設置ᄒᆞ기로麻浦에事務所를定ᄒᆞ고藤井財務官補監督下에本月十日부터組合事務를開始ᄒᆞ얏ᄂᆞᆫᄃᆡ共同倉庫支社도同地商民에融通ᄒᆞ기를圖홈이可ᄒᆞ다더라

●日紳義助　日本人廣瀨長康氏ᄂᆞᆫ平壤大同學校에贊成ᄒᆞᆷ을爲ᄒᆞ야新貨一百三十元을捐ᄒᆞ야校費를補助ᄒᆞ얏스니同氏ᄂᆞᆫ外國人으로韓國敎育에對ᄒᆞ야此義與가有ᄒᆞ니西來人士가多稱有頌故로特爲揭載ᄒᆞ야其捐助ᄒᆞᆫ厚意를表明ᄒᆞ노라

●殷郡設校　殷山郡守張應根氏가敎育上注意로境內紳士와協議ᄒᆞ야普光學校를設立ᄒᆞ야青年子弟를募集ᄒᆞ고敎師를延聘ᄒᆞ야時務學問을敎授ᄒᆞ야民智를開發ᄒᆞᆯ方針인ᄃᆡ校監은金寬鎬氏오贊成員은金珍淵李儀鮮李健卿鄭命彦諸氏라더라

●普校褒賞　私立普成學校에셔夏期試驗을經ᄒᆞ얏ᄂᆞᆫᄃᆡ高等科優等柳成春金元得金壽成朴嘉永尋常科三年級優等李景龍吳敬淑吳性根金寔泉尹濟實崔俊柳濟瑛金辰洙吳台根金炯星李快用尋常科二年級優等羅與仁車興男張鎬俊李用先一年級優等柳千玉朴應必尹仁成崔達同金乙石朴癸吉인ᄃᆡ該校長金重煥氏가多數ᄒᆞᆫ賞品으로一一頒給ᄒᆞᆫ後該校敎授諸氏도各備賞品施給ᄒᆞ고來賓에李容植氏ᄂᆞᆫ洋紙二百幅을李舜夏氏ᄂᆞᆫ鉛筆一百柄으로諸學徒에게施賞勸勉ᄒᆞ얏다더라

●連中大魁　漢語學校優等生張義煥氏時年十八歲自入學ᄒᆞ던秋期로부터今年夏期ᄭᆞ지優等第一號가三度에總計賞證이八張이오卒業證이一張을取ᄒᆞ얏스니該學生의勸勉ᄒᆞᆫ工夫獎勵ᄒᆞᆯ만ᄒᆞ다더라

●學校延燒　陰曆本月二日에永春郡鄕于에셔偶然失火ᄒᆞ야渾闢二十六間이沒燒ᄒᆞ얏ᄂᆞᆫᄃᆡ該廳舍에設明ᄒᆞᆫ學校를擬設ᄒᆞ얏合으로學校敎科書籍과諸般器具를亦盡被燒ᄒᆞ얏더라

廣告

本會社에셔燕岐鳥致院에셔群山木浦等地에鐵道敷設ᄒᆞ기로光武八年分에政府認許를承有ᄒᆞ고鳥致院에셔江景浦ᄭᆞ지已往初測이온바現行實測而全州ᄭᆞ지連續起工이오며股金은株로募集ᄒᆞ되一株에新貨五十圜으로酌定ᄒᆞ고十回에分ᄒᆞ야收合ᄒᆞ오니有志ᄒᆞ신僉君子ᄂᆞᆫ西大門外停車場越邊本會社로枉臨ᄒᆞ시와幾株間隨力懸錄ᄒᆞ시고共濟一大業ᄒᆞ심을爲希
湖南鐵道會社長　李允用
發起人　徐오淳

本人의從兄崔東元이去月分에上京ᄒᆞ야其間留費를欲徵於本人ᄒᆞ야以本人名으로東夏로叅奉一窠를圖得ᄒᆞ얏다ᄒᆞ고官報一張을持來以示ᄒᆞ니他官報를考覽ᄒᆞᆫ則本人姓名은無ᄒᆞ오니分明是挾雜이기로玆에廣告ᄒᆞ오니너외國人은切勿見欺ᄒᆞ시옵
平安北道　定州雲山洞居　崔東夏　告白

前居安城邑今居龍仁金商勉氏家에現有大故ᄒᆞ니誰某던지逢見金龍濟氏字聖斌커든不日指送伏望
鄭根培　告白

本人이糖洞家에旅館을創立ᄒᆞ고日人河田外根名과營業이다가同事分掌ᄒᆞ얏스니內外國人은照亮ᄒᆞᆷ
平壤府居　金宗鎬　告白

客主朴尙悅氏가자農米與近處에庫間을造成ᄒᆞ고米粃與銀金을特別이客員의게便利ᄒᆞ도록賣買ᄒᆞ오니僉員照亮ᄒᆞ시고各種을多貿ᄒᆞ심을臨함
紫巖牛泉居　梁駿煥　告白

廣州府尹吳[illegible]泳氏가府內紳士朴時鐵石完모李愼榮石璣煥任鳳宰李[illegible]弼諫煥石世煥諸氏로協同發起ᄒᆞ야今年四月分에廣興私立學校을新營庫에設立ᄒᆞ고敎師[illegible]榮珩氏를延聘ᄒᆞ야日語算術地誌歷史物理法律等課를勸勉敎導홈으로學徒가日增ᄒᆞ야六十餘人에達ᄒᆞ니一府人民이府尹에勸장과敎師에勸勉을莫不讚頌ᄒᆞ옵기玆에廣佈ᄒᆞ오니內外國僉君子은照亮홈
廣州府　朴正寅　朴在亨　李東鉉　金龍翰　龍한米　李舜永　朴吉鉉等　白告

本社에셔漁船漢江丸을今陰曆五月廿七日陽曆七月十八日爲始ᄒᆞ야龍山楊根間에每日來往ᄒᆞᆯ터이온ᄃᆡ沿江各津에셔도行客을升降ᄒᆞ깃스오니僉君子ᄂᆞᆫ照亮ᄒᆞ시와隨時乘船ᄒᆞ심을務望홈
龍山役大[illegible]同所　列航會社　廣告

本人所見兄윤一이浪蕩蕩諦結雜類非理건訟ᄒᆞ야欲出債橫徵適弟則內外國人切勿見欺望홈
義州松長面松山居黃[illegible]　一告白

麻浦居司勇崔相鉉改名漢祥홈
崔漢祥　告白

廣告

民事訴訟代言과刑事辯護及諸定顧問과諸文案起草等諸般律事務를迅速處理홈
漢城中署大笠洞七十七統九戶
辯護士　前檢事　正三品　洪在祺
法律事務所

廣告

我閔氏先祖留守公以下累代墳墓가在於通津位谷이온ᄃᆡ支孫봉基가以無識悖類로禁養松楸를方欲偸賣云ᄒᆞ니內外國人은切勿見欺ᄒᆞ시고如或有欺買라도終歸無效니洞燭ᄒᆞ심을望홈
驪興閔氏宗中　告白

◉家屋放賣或貰入廣告　西小門外에在ᄒᆞᆫ八子[illegible]百[illegible]十間家가[illegible]一人地段에建[illegible]ᄒᆞᆫ牛洋製家屋에[illegible]ᄒᆞᆫ房屋六間과下人房幾所와其餘[illegible]置ᄒᆞᆫ花園과韓製家屋과馬廐外數處外舍과諸般美麗ᄒᆞᆫ附屬等이包有ᄒᆞ오니合意ᄒᆞ신君子ᄂᆞᆫ大韓每日申報社로來議ᄒᆞ시옵

中署農圃初入七十八統第二戶의鄭[illegible]源氏가開[illegible]人民의注意로本申報擴張을贊成ᄒᆞ야自郷에本報發賣所를別定ᄒᆞ야사오니僉君子ᄂᆞᆫ照亮ᄒᆞ시옴
大韓每日申報社　告白

小貫補紙廠發[illegible]所[illegible]陰六月廿日에次當坪七千五百兩票를路에遺失ᄒᆞ얏스나誰某拾得休紙施行홈
[illegible]慶長房[illegible]慶水　告白

雜報

●三港撤市 今月十二日에三和港市民等이一齊히撤市하얏는대其事由를聞혼즉該港監理卞鼎相氏와警務總巡李昌韓氏가港民에게不法虐行이滋甚혼故로市民等이一齊히撤市홈이라會同하야公議하기를該港監理와警務官에게通報하려하는데翊日에該港總巡과巡檢이市民等을威脅하야開市하라하나市民等이終始威令을不服혼다더라

●撤裁轉任 侍從院卿閔丙奭氏는帝室制度局總裁로轉任하고其署理는侍從武官長李鍾健氏가被命하얏더라

●監理撤巡相訟 三和港撤巡李昌韓氏가該港監理卞鼎相氏의게말하기를近日에監理長의是非가新聞上에大端이만히낫네다혼즉卞氏가答曰新聞이사람을죽이나하며京城南北村에셔뒤를보아주니무슨念慮가잇나하엿다니卞氏는南北村에有力者라하더라

●宮大新命 宮內大臣李載克氏遞還혼代에前警務使李根澔氏가被命하얏더라

●把守更緊 日前에政府에서統監府와交涉하야殿門에日巡査派守는撤去하고闕門派守는仍存하얏더니再昨日부터滋玉軒守侍御所閤門을日巡査가更爲緊把하얏다더라

●親電御賀 德國皇太孫의誕生혼公報가宮中에達혼지라皇上陛下씌서命使致賀하시고또親電御賀하옵셧다더라

●違規被査 禮式院卿李容泰氏는日昨闕內時에把守巡檢이要示門票함을拒絕不應하고仍爲入宮혼지라 宮內府에서奏본을奉呈하얏는데此宮禁令實施之初에不容不嚴立規定奏라依宮禁令하야禮式院卿李容泰는令法部로査覈懲辦하라奏本을 旨依奏하라하옵셧다더라

●權氏放送 辨護士洪在祺氏가平理院在囚全州郡守權直相을無罪放免하라는意로再昨日該院에셔公開談辦을開하얏는데昨日에도繼續開場하야權氏를放送하기로歸決이되얏다더라

●立車處所定界 內部에서南署武協等地人力車夫安明三等의呼訴를因하야警務廳에訓令하기를道路邊에人力車停止處所를自貴廳으로立標留車케홈은車夫의便宜를爲홈이아니오警察上에道路秩序를維持코자홈이어날武橋等地에는何不立標定界하야致有此車夫等之被逐於巡査云而來訴인지另飭該署하야立標定界에以便營業케하라하얏더라

●政府議案 今十日上午十時에政府에會議홈이인데該議案은內部會計局長及參書官敍任件地方經費度에關合件土地所管調查件에關하야結稅改良法律改定度支參書官任免件農商工部改定件郡守奏본件이라더라

●江亭留連 義親王殿下씌서日前龍山李址鎔氏江亭에서三日暢叙홀事는已揭어니와同殿下는再昨日에該亭子에又爲出往하야現今留連하시는中이라더라

●統監은無票入門 宮殿門票와闕門門票는議政大臣以下가一體施行하되若或犯規하면宮中擅入罪로施行할거니와承候官이라도非承召命하면不得入시하는데伊藤統監은無門票入門하고無召命入시하기로彼定하얏다하며各國領事가陛見홀時에는統監府를經由하야入闕하는故로門票에必要가無하다더라

●電社許可 京城日本總領事廳에서한城府로照會하기를韓美電氣會社에서電氣鐵道를西大문에서阿峴을經하야麻浦로敷設하을許可하고본廳에서監督을派送하야一切工事를指揮케하얏시니以此照亮하라하얏다더라

●乾淸宮修理 宮內府에서處分으로舊闕내乾淸宮을不日修理혼다더라

●商校請願 株式會社漢城銀行長韓相龍氏가學部에請願하기를人材教育은何時何處에不覺其必要며何業何社會에不認其重大也리오만은未有如今日我韓商業家에最爲其重要急先務者也라본人이與漢城實業社樞要之地하야深有所感於此하야不避僭越하고玆敢請願하니特設計劃하야專門商業學校를獨立資格과速成程度로爲先設立하고待其進達하야又設高等하야斯業界에有用之人材를多數養成케하라하얏더라

●校費支撥 農商工部에서農林學校를行將設施하야水原等地에農林學을實하는데基址를現方買收홀次로度支部로照會하야該價額七百六十一圜八十錢을不容不爲先算外支出하야保佰撥給케하라하얏다더라

●時間定規 政府에서各部로通牒하고본月十八日로至白露前日까지執務時間을自오前八時로至正오十二時로依規施行케하라하얏다더라

●雜技被捕 近日仁川港의雜技가尤甚홈으로再昨夜에該港監理徐丙珪氏가只率數人便服하고以洋服으로周行閭里하야賭雜技局타가査得一大賭技局하야該技軍五六名을捕縛하얏는데該現贓이二百五十餘圜이오骨牌一件생一件주사위一件을押出하얏고該技軍中에主殿院主事와禮式院主事가幾人이라더라

●良民捕捉 三和港에所謂安息日에敎人崔用彬이라는者가該隣家鑽禍파何許怨隙이有하든지崔哥가自巳家內에서錢五十兩과女人의月子一雙을遺失하고丕哥가偸去하얏다稱托하고該港警署의呼訴혼즉該港警署에서原被告를對質도안코賊物도잡지못하고丕哥의夫妻를捉去하야捧招하니丕哥는終始不服하는고로稱托丕哥가崔가의妻를拘打혼罪로刑罰하얏다하고放釋하니拘打혼罪의捧招가잇스리오또丕가의妻는不勝怨刑하여亂招는잇스나贓物은無하가아죽嚴囚하얏스나大抵警署란거슨人民을保護하는거시當然허거날良民을捕捉허여懸刑으로定罪爲賊허고자허니此는商民保護가아니오商民難保라허더라

●訓飭當律 京畿裁判所의서法部의報告하기를仁川郡民洪西益仲浩李太[illegible]이誤被賊名하야成洛西가以至致命이온바査官行査하야以慰冤魂케하고該探[illegible]等之捉賊而不爲執査와兩巡校之施刑勒招가俱係犯科이오니該校李淵夏李淵升等을各히禁獄二個月의處하고該郡守金東熙는從重施罰케홈이安當이라허얏는데法部의셔訓令허기를衆民逐盜之際의若見生面異樣이면易致疑慮홀야是良是賊을未暇分別이되乘醉昏倒가본非殊常之跡이오接隣居生이亦非生疎之人이거날奈之何亂加毆打의至此傷命인지該民之暴行이已屬悖妄이니爲官長者其良其賊을卽行상審辨別호야俾無寃枉이直係分ᄂᆡ事어날偏聽亂民呈訴之訴하고一任悍校縱虐之手하야鍛鍊勒服호니非徒一民之寃死라幾敗三命인즉該郡守之溺職이胡至此極이리오渠富有[illegible]勢이견과被殺成民이洗若未埋어든使之如例行檢하야擬當律議報케하라하얏다더라

●兩氏勸學 忠南公州郡府내耶蘇教會의셔學校를業已設立호고熱心教育호온바該府鎭衛隊正尉李炳殷氏와參尉신난슈氏가본校의來臨호야勸奬도호고或敎[illegible]操홈으로學徒가從以悅服호야學業日漸月盛호니該兩氏의懇[illegible]勤勉허신것은稱頌之效라고該境人民이稱頌不已혼다더라

詞林

閒思吟 公事竹 [illegible]

閒于古山此[illegible]稱

歲月[illegible]苦六[illegible]輝

[illegible]山河山[illegible]與伴

松[illegible]竹[illegible]薇

[illegible]

무 타 館 [illegible]

[illegible] 敎[illegible]

東京電報

七月十七日午後一時發

露國樞[illegible]院은[illegible]閉[illegible]否[illegible]會에서提出혼[illegible]留支[illegible]을可決[illegible]얏더라

●論功行賞 七月十七日午前發

日本陸軍論功行賞發表 同본[illegible]日(十七日)發上호야御裁可된後에來十九日에發表홀다더라

●御陪食 全上

來二十日에兒玉參謀總長、大島關東總督及各近衛師團長落田第十二師團長等의게御陪食을賜홀다더라

伯林電報

●將官被殺 全上

露國[illegible]로쓰로후將軍우페털호푸에서凶한의게被殺하얏고犯人은直時捕縛되얏다더라

雜報

청國張竹君女士의女子興學保險會序文이如左ᄒᆞ니

痛哉라吾二百兆之女子也여其貧者와富者와老者와少者가肝鬱之病이十人而九오悽愴之情이盡人而然ᄒᆞ니此豈徒纏足之苦의體質之缺이有以致之者리오

蓋其境遇가有難言者矣라論者不察ᄒᆞ고以爲習矜之狹隘와性情之偏摯가足使之然이리ᄒᆞ니彼何嘗設身處地ᄒᆞ야一究女子之悲苦及其危險耶아請爲一一歎之ᄒᆞ노라

數千年以來로女子는無才便是德之說이播滿於社會ᄒᆞ니爲女子者가捨順從之外에無思想이오捨香饋之外에無義務ᄒᆞ고不尙無術ᄒᆞ야以淺陋相誇尙이라夫女子는爲人羣之母하나母敎之不講은民智所由敗也오女學之不昌은人種所由弱也라

大局이阽危ᄒᆞᆫ뒤任其責者는病狂 男子가居其半ᄒᆞ고柔만之女子가亦居其半ᄒᆞ니驅此不變이면卽無列强之瓜分이라도亦難免於天演之淘汰니其險一也요

一家之中에必生利多而分切密이라야其家乃亨이어늘今之女子는太半坐食ᄒᆞ고男子는每竭蹶於家計之艱難而遂斷喪其愛願之志行ᄒᆞ니此雖由男子之痴頑乎나抑由女子之不能役其力以自養ᄒᆞ야有以短其氣也라由是之故로人人이皆重家而輕國ᄒᆞ니夫如是면國安得不危且弱也리오其險二也오女子가旣不能役其力以自養矣라則必待養於其夫及其子니設不幸而夫早喪則如失所天矣라 未完

●捉良詣賊 三和港에서今月九日夜에賊한等이銀行庫間門을破碎하고新貸五錢자리二千四百圓을盜去하엿는ᄃᆡ翌日에日本警署의서各處로探知ᄒᆞᆫ즉虛괴가本港紳商會社近處의各敬ᄒᆞᆫ거슬見ᄒᆞ고該附近人民等을捉因ᄒᆞ여刑罰ᄒᆞᆫ인ᄃᆡ無罪히捉囚된다者가無數ᄒᆞᆫ故로民怨이漲天ᄒᆞ다더라

●演說動人 達城廣文社長金光濟氏가派觀察使由吳休氏의興學勸勉ᄒᆞ라는命令을承ᄒᆞ고自玄風으로高靈郡에轉到ᄒᆞᆫ즉郡守尹夏榮氏가學徒八十餘人과鄕內紳甫與各統長數百員을會集ᄒᆞ고金氏의게請ᄒᆞ여曰以君善변으로學員勸장ᄒᆞᆯ연說과鄕員開悟ᄒᆞᆯ說明을這透施及ᄒᆞ야使此僻鄕愚氏으로至有文明ᄒᆞ라金氏가先向學員ᄒᆞ야學業進就的精神과國家成效的思想으로一場說破가激動人心ᄒᆞ니學員之注心勵勇과傾耳潛聽이便若無圖春城에朝霞滿下라孰不欽銘이며次對鄕員ᄒᆞ야以世界形便과農商工實地之說노雖所不周나가及到我韓國勢之위懸와民生之困難ᄒᆞ야는語氣激烈라가頗有喟然底氣ᄒᆞ니傍聽數百이無不慨然下淚러라越明日에轉到于星州郡則時適郡校學員試取之日也오鄕會之席也라郡守與鄕老가延之外堂ᄒᆞ야大設연壇ᄒᆞ고新學實地와將來成校를說明ᄒᆞᆫ後國民의義務와自治方便을論ᄒᆞᆫ즉始也에反對携貳ᄒᆞ든腐儒固老가終焉大覺ᄒᆞ야曰生未初聞ᄒᆞᆫ達論이라早知世界之若此런들孰不熱心於新學問乎아鳴乎晩이라頭君背年은一遐此勢를ᄒᆞ야益加勉勵ᄒᆞ라能會後에各歸相誘曰善哉라金氏之변이여快哉라金氏之論이여足以感動一世라ᄒᆞ더라

●開校盛況 東亞開進教育會開進學校에서再昨日에夏期試驗禮式을擧行ᄒᆞ얏는ᄃᆡ校長李時宇氏와監督金教珏崔晶鎭氏와教師三員과來賓數十人과卒業生及進級生等百餘人이會席ᄒᆞ야生徒의게証書와賞品을施與ᄒᆞ고敎育趣旨를연說ᄒᆞ고오餐會를行ᄒᆞ고祝賀禮一을擧行하야萬歲를三唱ᄒᆞ고盛大히勸奬ᄒᆞ얏다더라

●運動景況 義州各小學校大運動會景況을聞ᄒᆞᆫ則本郡境內各處에在ᄒᆞᆫ耶蘇教小學校가十餘處요其他各樣新式學校가進爲數十處에千有餘名生徒인ᄃᆡ今七月十日노大運動會를設行코ᄌᆞᄒᆞ얏더니適値霖雨요漲ᄒᆞ야遠村學校는不能齊參ᄒᆞ고附近四學校生徒略一百五十名이본城東門外駱峴方面에서開會運動ᄒᆞ얏는ᄃᆡ當日에參席ᄒᆞᆫ觀客은본市監理와본郡守며警署撫巡巡檢과본郡鄕將과吏鎭衛駐隊長과沿江稅務人員이며保民會와衛生社며一進會員과其他有志紳士紳商이며日본憲兵隊와郵局官員과憲兵部人員이齊會ᄒᆞ얏고敎會男中學校生徒와女小學校生徒가一齊參席ᄒᆞ얏스며生徒에賞品物은以上賓客이各其一一補給ᄒᆞᆫ바書冊과圖紙筆墨等이共爲五十圜價値요運動諸節은太極旗와各校旗號로東西國立ᄒᆞ고其他傍觀士女가雲集如市ᄒᆞ야便成人山人海인ᄃᆡ外國擧鍊術에軍隊式向伍習과奇奇妙妙ᄒᆞᆫ各種運動技術을次第擧行ᄒᆞᆯ이每術에都人士女가拍掌稱賀之聲이振天動地ᄒᆞ며自오後一時로至오後六時量에閉會散去ᄒᆞ는ᄃᆡ祝賀萬歲聲과愛國歌로男女生徒가整列行步ᄒᆞ야該所로歸하얏다더라

雜報

●代議士拒絶 新嘉坡日本居留民會에서巡洋艦隊司令長官島村提督이大洋艦隊에來泊ᄒᆞ고同國下議院代議士伊羽淺氏에게晩餐會를請ᄒᆞ야送交ᄒᆞ얏더니伊羽淺氏의答函이如左ᄒᆞ더니

敬啓者라刻承大函閱悉ᄒᆞ니一是設宴請邀事니銘感不已라雖當竟赴之不暇나奈有情私ᄒᆞ야未克遵教ᄒᆞ니殊甚歉仄이라貴國民之聰銳勇敢ᄒᆞ야前進文明이雖曰可尙可敬이나然이나不可信賴者ᄂᆞᆫ貴國之人也라僕已知此ᄒᆞ고若又進參貴宴ᄒᆞ야笑談欣握ᄒᆞ고散脚於貴八仙床下ᄒᆞ야飮君之酒ᄒᆞ며食君之肴ᄒᆞ며吸君之呂宋烟이면僕知不免爲此僞ᄒᆞ리라此非指若一箇人而言也오指日本全國民而言也라若於僕之斯言에或非[illegible]ᄒᆞ야ᄂᆞᆫ我國歷史上에多少批評은必爲日韓關係라更待他日詳細說明爲料ᄒᆞ노라ᄒᆞ얏더라

●八人絶食 忠淸南道洪州城居ᄒᆞᄂᆞᆫ儒生柳濟杜定山居儒生李식洪州居前總巡申鉉과禮山居儒生南敬天四人이以洪州義陣首魁로被執ᄒᆞ야陰曆閏四月十七日에就囚於南門內日軍司令部러니因[illegible]八十二人중에或有放釋者ᄒᆞ고或以幾箇月幾箇ᄅᆞᆯ監禁ᄒᆞ얏ᄂᆞᆫᄃᆡ惟此柳李申南四人은無限年監禁에處ᄒᆞᆫ故로不勝憤恚ᄒᆞ야自日前宣言後로絶粒自處ᄒᆞᆫ다더라

●强盜捕獲 仁港警務署에서强盜六名을捕獲ᄒᆞ얏ᄂᆞᆫᄃᆡ該盜의被獲根因을得聞ᄒᆞᆫ즉該强盜等이以木彈六穴砲로該港客主東萊人家에突入ᄒᆞ야放砲揮刀ᄒᆞ며討索錢財ᄒᆞ기로該家主가見其銃鉀無力ᄒᆞ고緊執該賊之衣袂ᄒᆞ고大聲呼警ᄒᆞ니賊等이慌惱ᄒᆞ야一鬨逃走ᄒᆞ며一邊以劍亂斫ᄒᆞ되家主ᄂᆞᆫ抵死不捨ᄒᆞ야竟至一名賊捕縛而追其餘賊ᄒᆞ야至于永登浦와南門內水閣橋等地而捕拿者인ᄃᆡ該家主ᄂᆞᆫ已至重傷ᄒᆞ야必死乃已라ᄒᆞ더라

●宮大親任式 再昨十八日宮內大臣李根湘氏의親任式을擧行ᄒᆞ얏더라

●平察拘拿 平南觀察使李春善氏ᄂᆞᆫ日前上京ᄒᆞ얏ᄂᆞᆫᄃᆡ同氏가西京豊慶宮參書官朴鶴銓氏ᄅᆞᆯ不爲押上ᄒᆞᆫ事로平理院에서李容善氏ᄅᆞᆯ拘拿次로法部에報告ᄒᆞ얏다더라

●九郡奏本 昨日政府會議에郡守九窠ᄅᆞᆯ奏下ᄒᆞ얏ᄂᆞᆫᄃᆡ淳昌趙奎夏 ㅡ州沈赫之 平澤李思喆 同福李範淩 嘉山吳台基 大丘朴重陽 鎭原洪縣觀 咸從朴恒來 礪山李相天諸氏더라

●參書奏下 內部에서參書官二人을經議奏下ᄒᆞ얏ᄂᆞᆫᄃᆡ參書官嚴錫祚氏依願免本官代에ᄂᆞᆫ鎭原郡守羅瀚氏오衛生課長金寅鉉氏가會計局長으로轉任ᄒᆞᆫ代에ᄂᆞᆫ洪鎭裕氏더라

●病女宣言 再昨日廣濟院에서各處賣淫女ᄅᆞᆯ檢査ᄒᆞ얏ᄂᆞᆫᄃᆡ統合一百二名內에有病女로宣言ᄒᆞᆫ者이六名이라더라

●海察移任 黃海觀察使趙鍇和氏ᄂᆞᆫ侍從院卿으로移任ᄒᆞ얏ᄂᆞᆫᄃᆡ內大臣事務ᄅᆞᆯ兼任ᄒᆞ얏더라

●袒護無效 軍部大臣李根澤氏家下人이該家의汲水商을對ᄒᆞ야汲水過期라ᄒᆞ고該水商을無數毆打ᄒᆞ다가以板木亂打ᄒᆞ야水商의臂骨이折傷ᄒᆞᆫ지라該水商의同伴等이呼訴于李軍大則軍大가該折臂之水商을護送病院而使之治療케ᄒᆞ고行惡之下人은不爲懲治ᄒᆞᄂᆞᆫ故로水商等이又訴于李內大則內大가寄別于警務署而捉囚該漢矣러니李軍大가聞此消息ᄒᆞ고以言以書로懇其放釋於李內大而雖欲放送이나警務補員이謂以軍大의下人이猶能如此면軍大의至親族戚은必能殺人이라도無罪乎아ᄒᆞ며不爲聽從ᄒᆞ야未得放出인ᄃᆡ因此而奏達 天陛이던지大廳電話로至有放釋之 處分이나警務顧問丸山氏ᄂᆞᆫ謂以必無自上洞燭之理라ᄒᆞ야期欲嚴懲이라ᄒᆞ더라

●城民欲訴 城津郡民數萬名이會集ᄒᆞ야以該郡이附屬於吉州라ᄒᆞ야呼訴次上京云故로內部에서該郡守의게電飭ᄒᆞ야使之曉諭挽留ᄒᆞ라ᄒᆞ얏더니該郡守崔九鶴氏가內部로電報ᄒᆞ기ᄅᆞᆯ伏承電飭ᄒᆞ야曉諭郡民ᄒᆞ되一向號泣에期欲前程ᄒᆞ니照亮處分ᄒᆞ라ᄒᆞ얏다더라

●地價請推 安州郡居李德見이農商工部에請願ᄒᆞ기ᄅᆞᆯ本人의田三十五日耕이在於本郡大紙面萬成里而沒入於鐵道定界中ᄒᆞ야昨今兩年에陳廢不耕이오며[illegible]涉於統監府ᄒᆞ야該土價ᄅᆞᆯ一一推給케ᄒᆞ라ᄒᆞ얏다더라

●李卿照律 禮式卿李容泰氏의査覈案件이奏下된지라昨日에李卿이自現于平理院ᄒᆞ얏ᄂᆞᆫᄃᆡ不應爲律에照ᄒᆞ야笞四十에處ᄒᆞᆫ다더라

●弟進兄退 主殿院은宮內府管下에在ᄒᆞ야當此有事에莫此浩繁이니節制頻繁ᄒᆞᆫ이任主殿院卿[illegible]氏가宮內大臣李根湘氏下에在ᄒᆞ야訓令奉行이有碍ᄒᆞᆫ情이라ᄒᆞ야解任次로上疏ᄒᆞ고其代ᄂᆞᆫ有勢力者가襲任ᄒᆞᆯ터이라더라

●裁長移轉 平理院裁判長李允用氏ᄂᆞᆫ辭職上疏ᄒᆞ얏ᄂᆞᆫᄃᆡ慶北觀察使ᄅᆞᆯ圖謀중이라ᄒᆞ며其代ᄂᆞᆫ判事李圭桓氏가陞任ᄒᆞᆫ다더라

●徐認勿施 徐午淳氏가湖南鐵道會社ᄅᆞᆯ發施ᄒᆞ고敷設權을農商工部에請願承認ᄒᆞ야準備ᄒᆞ얏다더니統監府에서政府로照會ᄒᆞ기ᄅᆞᆯ徐午淳의鐵道認許ᄂᆞᆫ勿施ᄒᆞ라ᄒᆞ얏다더라

●日巡旅費支撥 地方各處에排置ᄒᆞᆫ日本巡査百餘名이日前入城ᄒᆞᆫ지라再昨日내部警務顧問이會同ᄒᆞ야諸般命令을面承ᄒᆞ고旅費ᄅᆞᆯ支撥ᄒᆞ얏다더라

●義王避暑 義親王殿下씌셔龍山內部大臣李址鎔氏別邸ᄅᆞᆯ暫時借得ᄒᆞ야三夏間은避暑閉養ᄒᆞ시ᄂᆞᆫ지라李내相은城北洞別業을特設ᄒᆞᆫ다ᄒᆞ며東門外紅樹洞亭子ᄂᆞᆫ英親王亭子로納上ᄒᆞ얏다더라

●起草更設 法部에서所管一般官吏ᄅᆞᆯ會同ᄒᆞ야現行法律刑法大全을隨其未備處ᄒᆞ야加減改定ᄒᆞ고意見書ᄅᆞᆯ各其提出ᄒᆞ라ᄒᆞ얏더니諸意見이齊聲曰大全全編이並是糢糊則一統改良ᄒᆞ야刑法民法及訴訟法一般法律을一體改正ᄒᆞ야以爲金石之典이可ᄒᆞ다ᄒᆞᆷ으로法律起草所ᄅᆞᆯ又爲設行ᄒᆞᆯ터이라더라

●調査所隨移 政府所管으로土地調査所ᄅᆞᆯ設施ᄒᆞᆷ으로地方制度調査所로移設事ᄂᆞᆫ중止ᄒᆞ고政府가ᄂᆡ藏司로移去ᄒᆞ며土地調査所ᄂᆞᆫ典膳司로隨移ᄒᆞᆫ다더라

●特赦歷告 再昨日統監府書記官國分氏가伊藤統監의命令으로侍從院에入ᄒᆞ야近日特赦問題에關ᄒᆞᆫ事項을勸告ᄒᆞ야歷次奏稟ᄒᆞ얏다더라

●普明試驗 日前普明義塾에서夏期試驗을經ᄒᆞ얏ᄂᆞᆫᄃᆡ中學學科最優等은李源昌李昇春優等은具滋景趙奎崔永載李昌과孫容仲小學科優等은權[illegible]伊子本亭諸人인ᄃᆡ算術冊과空冊鉛筆諸品으로分等施賞ᄒᆞ고塾監李熙斗教師張憲根玄宗顯李年賛廳務員金相範諸氏가教育義務와方針과受學本意와國民團體ᄅᆞᆯ演說ᄒᆞᆫ後萬歲ᄅᆞᆯ三唱ᄒᆞ고放學式을行ᄒᆞ얏다더라

詞林

讀咏閔忠正公血竹 鶴山 金在誠

桂庭[illegible]竹 [illegible]不死臣
[illegible]桂庭[illegible] [illegible]침
四幹九枝葉 [illegible]門[illegible]仰[illegible]
靑靑報國心 [illegible]금

東京電報

●東京市外債 七月十八日오後[illegible]時[illegible]分發
東京市ᄂᆞᆫ興業銀行의[illegible]ᄒᆞ야英[illegible]一千五百[illegible]圓을借入ᄒᆞ기로되[illegible]昨夜[illegible]市會에셔可決ᄒᆞ얏ᄂᆞᆫᄃᆡ[illegible]은九十六[illegible]이라더라

●關東地方水害 [illegible]
西村雨로因ᄒᆞ야[illegible]에水害가[illegible]ᄒᆞ얏ᄂᆞᆫᄃᆡ[illegible]及[illegible]北地方은[illegible]치아니ᄒᆞ고[illegible]部官及其附近은大損害ᄅᆞᆯ受ᄒᆞ얏다더라

●滿鐵總裁
七月十八日午後二時半發
南滿洲鐵道會社總裁ᄂᆞᆫ井上[illegible]으로副總裁ᄂᆞᆫ田健次郎氏ᄅᆞᆯ任ᄒᆞᆯ터이오又理事及幹事中에ᄂᆞᆫ淸國人三名을加ᄒᆞᆯ터이라더라

伯林電報

●葡國遠征隊
七月十八日오後二時半發
葡萄牙政府ᄂᆞᆫ遠征隊ᄅᆞᆯ組織ᄒᆞ야위고에派遣ᄒᆞ야該國巡洋艦乘組員의暴動을鎭定ᄒᆞ얏더라

雜報

淸國張竹君女士의女子興學保險會序文 (속)

嗟呼라此는世所以有死在夫前이便是福之언乎ㄴ저度丁斯厄者無子則畢生以殉之ᄒᆞ고有子則令辛而偷存耳니其險二也오然而有子可恃는猶有希望也어니와設不幸而其子幼則如之何며設不幸而其子不肖則又如之何오每見世之寡婦가撫其孤兒에恒不免姑息ᄒᆞ고其子長而浮蕩ᄒᆞ야致覆其家ᄒᆞ면往往有因此而抑鬱ᄒᆞ야以喪其生者矣니其險四也요

然而使其家未中落ᄒᆞ고或有其夫之伯叔兄弟則猶不致如孤鳥之無依也어니와倘家本單寒ᄒᆞ고又無親屬ᄒᆞ면斯時也隻影煢煢ᄒᆞ야惟有仰視天而俯視地耳니其險五也오

然而使居於其鄕則猶有戚黨之周恤也어니와倘隨宦他鄕ᄒᆞ거나或游歷異域이라가夫死無依가如大廈之莫支ᄒᆞ고旅櫬未歸에魂兮何往고日暮風蕭에帷泣血ᄒᆞ니求生則悵然無之오求死則曰必不瞑이니此非人間之至慘而女子之所常遭者乎아其險六也오

其或年在髫齡에遽失怙恃ᄒᆞ면雖有伯叔兄弟나其撫我育我가未必果如生我者也오倘並此而無之則其孤煢ᄒᆞ며又奚若고飢寒之不爲ᄒᆞ며疾病之誰訴리오幼而失學ᄒᆞ야長而粗鄙면親戚이遠之ᄒᆞ고鄕黨이笑之ᄒᆞ니其險七也오

非獨貧賤之家만其所處至難也라即使生而富貴라도或遇悍戾之舅姑이거나或遇浮蕩之夫若子則困難이且有甚於貧家者라外觀者는徒見其席豐履厚ᄒᆞ고遂從而艶羨之나曾知其體魄之弱과疾病之頻者果何由耶아其險이八也오

自唐以來로纏足之風이日播月盛ᄒᆞ야謬俗相傳에流爲種習ᄒᆞ니平居則羸其體殘其부ᄒᆞ야其苦를已不可言이오猝有水火盜賊之變이면非舍忍俛息則自經於溝瀆耳니其險이九也오

買奴之俗이振古如玆ᄒᆞ니貧賤之家가偶値凶年이면即離兗鬻其妻女ᄒᆞ고即使閥閱名門이라도猝遇兵燹이면室人離散을能必其可免乎아至流爲娼妓則尤有不忍言者矣니其險十也오 (未完)

●塩稅濫捧 南陽郡鹽商申錫玄等訴狀을因ᄒᆞ야上府에셔訓令ᄒᆞ되以貿鹽販賣로每多貿取於本郡各島러니自郡稱以石頭稅ᄒᆞ고每石에一戔八分式收捧ᄒᆞ야民情冤枉等因인바所謂石頭稅名目云者實係濫捧이라訓到即時에原稅外此等無名之稅는嚴飭禁斷ᄒᆞ고已捧條는還播該民ᄒᆞ야以爲安業商民케ᄒᆞᆯ事로嚴飭該郡이온바該郡守方漢德氏가府部訓飭을視若弁毛ᄒᆞ야已捧錢還播는姑捨ᄒᆞ고該訓令을隱置ᄒᆞ고該稅金을尙此收捧ᄒᆞᆫ다니方郡守는府訓을不遵ᄒᆞ고恣意濫捧하는故로民怨이大段浪藉ᄒᆞ다더라

●廣校進就 廣州府尹吳泰泳氏가敎育上注意로境內有志士와協議하야設立學校ᄒᆞᆫ事는前報에已揭어니와今에更聞ᄒᆞᆫ즉該校의就緖가完全ᄒᆞ고同府尹의熱心勸奬과敎師權泰珩氏의盡心敎導ᄒᆞᆷ으로學徒日增하야六十餘人에達ᄒᆞ고闔境人民이無不感奮稱頌ᄒᆞᆫ다더라

●失路兒收育 警務東署에서梨峴等地에年可四五歲兒가迷失道路ᄒᆞᆫ거ᄉᆞᆯ率置署中하고其父母를廣探ᄒᆞᆫ지自本月六日로至于今日ᄭᆞ지未得査探하야勢不得已養育保護중이라더라

寄書

李謙聖金寅濟兩氏가寄養閨義塾發起人僉員書가如左

夫世界는智之戰爭場이라智識이發達하면富强이自至하나니一國之富强은教育之如何影響에在ᄒᆞ고國士之大小에不在ᄒᆞᆫ지라人才를敎育하랴면第一女子敎育에先着手ᄒᆞᆯ지니何故오兒童敎育이雖在於敎師之熱心이나學校에在하야授業時間이一日十四時중不過五分之一이니雖曰熱心教師이나何可細細敎授리오家庭敎育은即承敎於其慈母者也라其父其兄즉各係職業하니何暇留意於子弟敎育乎아然而其母ㅣ智識이無하면雖欲教育其子나何可能也리오故로一國之文明은在於民智之發達이오民智之發達은在於兒童之敎育이오兒童之教育은在於女子之敎育이니然즉女子敎育은一文明之源也어날我邦즉不然하야女子즉只造食物製衣服而已오敎育二字는全然不知하야人數에細하기難ᄒᆞᆯ境遇에至하얏슴으로每歎不已하옵더니今聞有志僉座下가養閨義塾을新設하시고女子敎育을擴張하시다하오니我國文明을從此可見이라不勝獻賀하와新貨二圜을忘略送呈하오니以補一之費를千萬千萬이라하얏더라

●李宗投書 월궁압사난리졍위라ᄒᆞᆫ난사ᄅᆞᆷ에게괴히년부터쳡되리고ᄉᆞ난ᄃᆡ개집이유약ᄒᆞ고간ᄉᆞ헌ᄃᆡ가ᄲᅥ저셔여간버ᄉᆞᆯ나시기여젼만이나싱기면그게집만ᄉᆞᆯ니고졍실은도라보지도안코ᄒᆞ기로용인완죵니사다갓가이ᄉᆞᆯ면좀낫가ᄒᆞ고윤ᄉᆞ월쵸칠일을나오니셋집이라어머쥬난ᄃᆡ머글거니불겻아니히쥬고두달이되여도ᄒᆞᆫ번도못고아니오난ᄯᅳᆺ슨그게집의죠화오니이불상ᄒᆞᆫ사ᄅᆞᆷ을ᄉᆡᆼ각ᄒᆞ여셔니것보난분드른니사ᄅᆞᆷ차져셔그쳡못쉬다고말하여쥬시면지원극롱ᄒᆞᆫ거ᄉᆞᆯ풀깃사옵속히신문의니여쥬옵리졍위난오십ᄉᆞ세졍실은오십오세요그쳡년은ᄉᆞᆷ십오세된년의게ᄲᅢ져셔회여ᄂᆞ지못ᄒᆞᆫ난ᄉᆡᆼ각ᄒᆞ면분ᄒᆞ고분ᄒᆞᆸ여간재물고연이다ᄲᆡ아쥬고도젹질히ᄂᆡ고여간거시당ᄒᆞᆯ슈업스니이런기막클ᄂᆞ리어ᄃᆡ잇깃삽나니ᄉᆞ이ᄭᅥᆺ치압

雜報

●授冊涓吉 義親王殿下授冊吉日은陰曆六月初四日로擇定ᄒ얏더라

●內部參書有人 內部參書官은洪鍾裕氏로敘任ᄒ다더니中間換ᄒ되여法部大臣李載克氏의子圭三氏가被任ᄒ얏더라

●警察待人 辭職遞任ᄒ얏든慶北觀察使李根洪氏는仍任ᄒ고大邱觀察使는新任宮內大臣李載克氏가被任ᄒ다더니李重夏氏가被命ᄒ얏더라

●李卿懲判 法部에서平理院으로訓令ᄒ기를禮式卿李載(?)懲判ᄒ本은已經奏下ᄒ얏스니訓到即昨에該自을拿致懲判報來ᄒ라ᄒ얏더라

●女學暢敘 昨日에礴洞明新女學校에서北闕內에宴會를開設ᄒ고該學校學生과內外國紳士의夫人이多數參會ᄒ야幽懷를暢敘ᄒ고敎育의本旨를談話ᄒ며竟日娛遊ᄒ얏더라

●兒被轢死 去十四日京釜鐵道列車가三浪浦前으로進行ᄒ는中에十三四歲쯤된兒ᄒ一名이其車에轢壓을被ᄒ야傷命이되얏다더라

●聯訴稱寃 監獄署在囚金一濟奇山度氏等十一人의子姪親戚이聯名呼訴于法部ᄒ야平理院에서處役宣告홈이極爲寃屈ᄒ다ᄒ얏다더라

●李氏入會 前者에會員이라ᄒ던쥬면非笑ᄒ며剃髮者을對衆激ᄒ든李康鎬氏가有何義忿이던지昨日에剃髮ᄒ고自强會에參入ᄒ얏다더라

●船稅加徵 熊川鎭南兩郡人民等의來告를據ᄒ즉沿海各郡의所謂船稅가京部在前ᄂ에章程의長廣尺數더르依ᄒ야收捧上ᄒ더니今番에ᄂ船隻廣長을勿幷ᄒ고稅錢을加捧홈으로民怨이藉藉ᄒ다더라

●經費不撥 嘉禮都監을已爲設施ᄒ얏ᄉ나經費를度支部에서尙不支撥ᄒᄂ故로處分內에都廳以下가盡爲仕進ᄒ되入直을姑爲停止ᄒ라ᄒ얏다더라

●蔘價不來 上海居閔泳翊氏에게宮內府官蔘價二年條幾十萬元이留在ᄒ지라嘉禮都監經費補用次로宮內府에서奉命派人ᄒ얏더니閔氏가納白홈으로虛還이되얏다더라

●監府運稟 議政大臣을親任時에統監府鶴原總長에不爲聲明ᄒ고卜相ᄒ얏다ᄒ고無數相持ᄒ더니日前에宮內大臣을任免ᄒ신지라統監에轉稟ᄒ기를各大臣을任免時에ᄂ諸詢本統監ᄒ야意見이同一ᄒ後에施行ᄒ시기로奏稟ᄒ야 勅語가不啻丁寧ᄒ옵신ᄃ官大李載克의遞任과李根湘의被任을初不下詢ᄒ시니兩國交誼가不能相信이니 上意를下示ᄒ옵시라고連稟中이라더라

●或決或留 再昨日閣議에英語敎師奚來百士今聘件과警務官宋圭奭氏等葬禮費支出件도決定ᄒ얏고農部官制改正件은留案이되얏다더라

●府例設官 陰曆六月初四日에義親王殿下授冊儀節을設行ᄒᄂ데百官陳賀된後에英親王府例를依ᄒ야總辦及侍從官을設施ᄒᄂ데劉世南趙應履氏가被任ᄒ다더라

●敎育賢於從官 度支部參書官申海永氏ᄂ敎育家로著名ᄒ人物이라礴洞普成學徒를敎育ᄒ기爲ᄒ야本職을辭退ᄒ고其代ᄂ正三品丞徽鎬氏가被任ᄒ얏다더라

●博士處所 法학博士梅謙次郞氏ᄂ其居接處所를北闕內議政府文書課로設施ᄒ야方今修理中이라더라

●政府移居의停止 議政府를貞洞闕內內장司로移居ᄒ라신處分을下ᄒ심은已往記載ᄒ얏거니와內장司ᄂ不過二十四間이다狹窄難容故로朴參政이上奏ᄒ야移居를中止ᄒ얏다더라

●兄避其弟 兼任經理院卿李根澤氏도其季氏宮內大臣節制의拘碍가되야辭職上疏ᄒ얏다더라

●日雇渡着 內部에서治道ᄒ기를爲ᄒ야日本에雇聘ᄒᄂ事務官技師技手及工夫合二十五名이渡着ᄒ지라大丘、鎭南浦、群山港、木浦、에道路測量을先着手ᄒ次로本月二十五六日頃에治道局事務官二人技師二人이領率下去ᄒᄂ지라度支部에該旅費를急急請求中이라더라

●干涉太甚 廣濟院醫師及製藥師等의陞級期限이已滿ᄒ故로院長이依定例ᄒ야內部로報告ᄒ야度支部에서陞級俸을頒給ᄒ라ᄒ얏더니醫師長日人佐佐木氏가升降ᄒ기를不由本人ᄒ고院長이任意陞給ᄒᄂ가萬萬不可ᄒ다ᄒ고財政顧問에公文ᄒ여陞給俸을不撥케ᄒ니千涉과沮戱가若是太甚ᄒ야ᄒ고物議가不一ᄒ다더라

●株金勒募 西來人의所傳을聞ᄒ즉海州村에農工銀行을擬設ᄒᄂ데處所ᄂ財政顧問官이定ᄒ고邑村饒民들을招致ᄒ야株金을排定ᄒ얏ᄂ데當初周幹事望人이渠之愛憎으로排鐵不均ᄒ야人心이咆嗷ᄒ되顧問官은不知而只信幹事之所囑ᄒ고以爲督刷則株金을辦出ᄒ기에傾家蕩産人이多有之ᄒ리라銀行本意가倒無勸入ᄒ거날顧問官이見瞞於幹事ᄒ야准信行之라가人懷忿心이亦有妨於銀行設立之事ᄒ다더라

●性習叵駭 忠淸南道鎭岑山月嶺居ᄒᄂ權承旨夏圭氏가素以無子로率養ᄒ不肖之鍾鎭이性本浮浪ᄒ야沈於雜技에蕩敗家産ᄒ고締結悖徒ᄒ야將至滅亡門戶故로不得已權夏圭氏가其養子鍾한을告廟能養ᄒ얏더니近日鍾한이가稱同於群港募軍檢察名不知稱哥ᄒ、稱以雜技ᄒ損害가以葉坪近處餘金이라ᄒ고聞其族人會洙下宗之說ᄒ고ᄡ送雜類五六人ᄒ야捉致會洙於群港海關ᄒ야右錢을欲爲抑徵ᄒ즉會洙가不堪迫寃ᄒ야以至裁判ᄒ彼漢가以至誣訟ᄒ얏ᄂ데該錢을向徵於前養父되얏든權夏圭ᄒ데ᄂ謀謀가綻露ᄒ니世界에如斯히無理無法ᄒ悖徒가豈有리오ᄒ야南來人에傳說이有ᄒ더라

●自强開會 本日下午二時에大韓自强會에서通常會를開ᄒ고演說의傍聽을許ᄒ니其問題ᄂ如左ᄒ더라

大韓三大疾源의論 大丘丈夫

早婚利害 尹致昊

地方人民情況 鄭雲復

●爆彈傷兒 再昨日南署會洞居ᄒᄂ金俊源의子十歲된兒ᄒ가학校로봇터渠家로還歸ᄒ다가中路에井을繫ᄒᄂ處에서爆聲少許를拾取ᄒ야鬥弄ᄒ얏더니該近處兒孩들이此兒身邊에爆藥이有홈은不知ᄒ고戱弄ᄒ다가地에업드러져該藥이터져下腹이重傷ᄒ야幾至死境이라더라

●一物兩許 石礦會社總務金容旭氏가農商工部에請願ᄒ기를彰義門外玉川洞等地採石事로本社에서已承部認而今聞許於吾台煥處云ᄒ니可謂一物兩許也라吳台煥處認可狀은爲勿施케ᄒ라ᄒ얏다더라

루터電報

●巡査罷業 七月十九日午前十一時發
露都에서巡査ᄂ同盟罷業ᄒ고隊伍組成ᄒ야市中을練步ᄒ며他同僚를强逼ᄒ야加入홈을勸ᄒ다더라

●露國農民騷擾 十九日午後二時發
露國와로네지地方에서農民騷擾ᄂ諸方面에蔓延ᄒ야此等地主ᄂ皆避難ᄒ얏더라

●滿軍交代 仝上
露國은滿洲에在ᄒ駐兵을撤還과共히本日붓터兵을派遣ᄒ야新兵과交代ᄒ다ᄒ고又ᄒ바ᄂ쓰크에ᄂ四餘의騎兵이有ᄒ야兵[illegible]餘念이無ᄒ[illegible]地에從ᄒ야何事든지[illegible]라더라

東京電報

●公使歸朝 七月十九日午後二時發
駐日淸國公使ᄂ日本留學生의[illegible]紀[illegible]ᄂ日本國政府에[illegible]ᄒ야合으로留學生은淸國公使의[illegible]列外ᄒ야[illegible]ᄒ얏다라

●論功調査 十九日午後三時半發
海軍大尉官及同相當官論功行賞調査者ᄂ本日海軍省에서賞勳을과付ᄒ얏合으로近日裁可를經ᄒ야發表ᄒ다더라

●親寫影贈呈 仝上
日本皇后陛下ᄂ先般英國皇太子三將軍來朝時에英國皇后陛下의셔御寫影을贈進ᄒ얏合으로今回小村駐英大使로써御寫影에御記名을添ᄒ야贈進케ᄒ얏다더라

●御親論送 仝上
米國大統領루쓰벨트氏가北地方震災救濟ᄒ際ᄒ야彼히擧力ᄒ好意에對ᄒ야御親論를又進ᄒ韓國皇帝께서同地方救助로米貨壹萬弗을付홈에도對ᄒ야御親電을寄送ᄒ얏더라.

報

淸國張竹君女士의女子興學保險會序文　(續)

豈豈之氓이狀於生計之難也ᄒᆞ야不求生利之方ᄒᆞ고惟思行險以僥힝일ᄉᆡ於是에購彩票好小賭ᄅᆞᆯ紛然若狂ᄒᆞ니女界之下流者가爲尤甚이라慾望이愈大에利源이愈竭ᄒᆞ며資本이愈虧歷ᄒᆞ며生計愈蹙ᄒᆞ니於是無恥盜竊之風이作矣니其險十一也라此十一險者ᄂᆞᆫ險之尤大者也오其餘ᄂᆞᆫ弊ᄂᆞᆫ指不勝屈이니嗚呼라吾不忍言이로다思之心酸이오言之喉噎이라即就其낙大者言之라도度非盡然一物若면當無不太息而流涕也라如此而猶有熙熙穰穰ᄒᆞ야嬉遊酣佚者ᄂᆞᆫ其無人心者耶아燕巢危幕ᄒᆞ야不知其危者耶아夫吾女子之險이如此ᄒᆞ니

天生女子에必與以若是之厄境乎아抑吾人自造之孽乎아推原其故커된半由於男子之壓制ᄒᆞ고半由於女子之放棄니彼男子之肉은其不足食矣어니와吾女子之搆成此險者가厥有二原因ᄒᆞ니其一은由於不知學이오其一은由於不能羣이니不知學故로志慮淺薄ᄒᆞ야無以周知天下之故ᄒᆞ고不能羣故로痛양不相關ᄒᆞ야平居에旣不能有樂羣之益ᄒᆞ고猝有變故면又不能發將伯之呼ᄒᆞ니芸芸以外에有同孤立이라腐敗若此ᄒᆞ고渙散若此ᄒᆞ니不能自振을又何足怪리오鄙人이竊不自揣ᄒᆞ고志欲聯合海內諸女士爲一大羣ᄒᆞ야取數千年之惡習ᄒᆞ야掃除而更張之ᄒᆞ고擧此十一害者ᄒᆞ야芟去而平蕩之ᄒᆞ야永不留此恐怖之紀念於吾同種ᄒᆞ노니其術은無他라未蹈斯險則預防之ᄒᆞ고旣蹈斯險則拯拔之ᄒᆞ되修智育ᄒᆞ야以尤自治ᄒᆞ며習工藝ᄒᆞ야以尤自養ᄒᆞ며聯同志ᄒᆞ야以尤自鏡ᄒᆞ니此預防之術也오凡吾同種之顚連而莫告者와孤寡氣獨而不克自治者ᄂᆞᆫ協力以匡濟ᄒᆞ니此ᄂᆞᆫ拯拔之術也라嚴於自治ᄒᆞ야以成一巳ᄒᆞ고勇於合羣ᄒᆞ야以結團體ᄒᆞ되始於立志ᄒᆞ며否於憂慮ᄒᆞ며終於實行ᄒᆞ야　　未完

●廣校試放　鎭川郡廣明學校에서今月九日에夏期試驗을畢了ᄒᆞ얏ᄂᆞᆫ듸普通科生徒中優等에ᄂᆞᆫ鄭寅煥, 李榮桓, 車相軾, 金鍾遠, 李斗鎬等五氏요尋常科生徒중優等에ᄂᆞᆫ金圭昌, 南星祐兩氏인듸書籍과紙筆等으로多數施賞ᄒᆞ얏다더라

●普校演說　高靈郡普通學校校監李台勳, 崔坤述, 監督金性濟, 金海遠三氏가上京ᄒᆞ야該校敎師를有文學能日語ᄒᆞᄂᆞᆫ李起衡氏로延聘ᄒᆞ야本月二日開學禮式을行ᄒᆞᆯᄉᆡ本郡守尹夏榮氏와其他搢紳章甫가如雲會集ᄒᆞ얏ᄂᆞᆫ듸學徒가敎師를對ᄒᆞ야相見禮를行ᄒᆞ고敎師가時局上, 務와忠君愛國自主獨立의綱權回復과富强之術이라만學校를擴張ᄒᆞ야發進을敎育ᄒᆞᄂᆞᆫ듸在ᄒᆞ다고연說ᄒᆞ고郡守尹夏榮氏와金海遠氏와金性濟氏와崔坤述氏가循序로時緊務의學問에勸勉으로연說을畢ᄒᆞᆫ後에北向ᄒᆞ야萬歲를三呼ᄒᆞ얏다더라

學部에서視學官의視學規則을將次部令으로官報에頒佈ᄒᆞᆫ다ᄂᆞᆫ듸其規則이如左ᄒᆞ더라

第一條　視學官은學事視察을專任ᄒᆞ야各種官公私立의學校를一切視察홈이라

第二條　視學官의視察事項은左와如홈이라

一敎育行政의情況　二學校敎育의情況　三學校衛生의情況　四學校經濟의情況　五學事의關ᄒᆞᆫ職員執務의情況　六敎育學藝에關ᄒᆞᆫ諸般施設의情況　七學校新設에關ᄒᆞᆫ事項　八其他特別히指命을受ᄒᆞᆫ事項

第三條　前項에記ᄒᆞᆫ事項을視察ᄒᆞᆯ時에ᄂᆞᆫ學部大臣의命令을受ᄒᆞ야視察홈이라

第四條　視學官은視察ᄒᆞᆫ事項에關ᄒᆞ야特別ᄒᆞᆫ意見이有ᄒᆞᆫ時ᄂᆞᆫ卽時其要項을記ᄒᆞ야具申홈이可홈이라

第五條　視學官은左記事項에對ᄒᆞ야關係가有ᄒᆞᆫ時ᄂᆞᆫ該主務處에意見을陳述홈을得홈이라

一法令에抵觸ᄒᆞᆫ事項　二部令에決定ᄒᆞᆫ事項　三其他特別히指命을受ᄒᆞᆫ事項

第六條　視學官은視察을終ᄒᆞ고還部ᄒᆞᆫ時ᄂᆞᆫ視察ᄒᆞᆫ意見을預先口達ᄒᆞ고報告書를調製ᄒᆞ야提呈홈이可홈이라

●[illegible]寧失寧　稷寧前郡守秦熙晟氏가在任數年에專事貪虐ᄒᆞ야濫徵陳荒結而白地徵稅ᄒᆞ고又且火稅加結과餘結五十餘結을沒數徵捧ᄒᆞ고鎭路人夫를自請赴役이다가所謂減數費라稱ᄒᆞ고徵捧於民間이오稱以官家柴炭ᄒᆞ고莫重國結之上에加排勒捧이고勒出鄕長ᄒᆞ야勒奪錢財ᄒᆞ며勒奪松田ᄒᆞ야恣意賣食ᄒᆞ고以私債收刷로每日發差ᄒᆞ니一郡衆民이不勝痛冤ᄒᆞ야呼訴次로入于官庭則郡守가不問事狀ᄒᆞ고暗從後門而出ᄒᆞ야到于觀察府에何以做說이든지의昧ᄒᆞᆫ閔孝植을捉囚四五朔에尙未明查判決ᄒᆞᆫ則郡民이呈于法府ᄒᆞ야指令于平理院而被告崔一善과閔孝植을更查審覈ᄒᆞᆯ次로押上이고應問各人도招上ᄒᆞ야前郡守秦熙晟으로數次裁判에陳荒結各項諸條濫捧이綻露ᄒᆞ야依法照律次로牢囚平理院ᄒᆞ고鄕長崔一善도人夫等草濫捧이綻露ᄒᆞ야嚴杖牢囚이더니有何曲折인지今에郡守與鄕長을保放ᄒᆞᆫ지라有罪者ᄂᆞᆫ卽爲保放ᄒᆞ고의昧者ᄂᆞᆫ牢囚多日에尙不歸正ᄒᆞ니應問各人이呼泣而歸ᄒᆞ얏다더라

●公納의賞罰　度支部에서各郡乙巳結令을納ᄒᆞᆫ一切調查ᄒᆞᄂᆞᆫ듸六月晦에畢納ᄒᆞᆫ郡守ᄂᆞᆫ新舊官元式施賞ᄒᆞ고半額不畢納ᄒᆞᆫ郡守ᄂᆞᆫ隨其多少ᄒᆞ야施罰ᄒᆞᆫ다더라

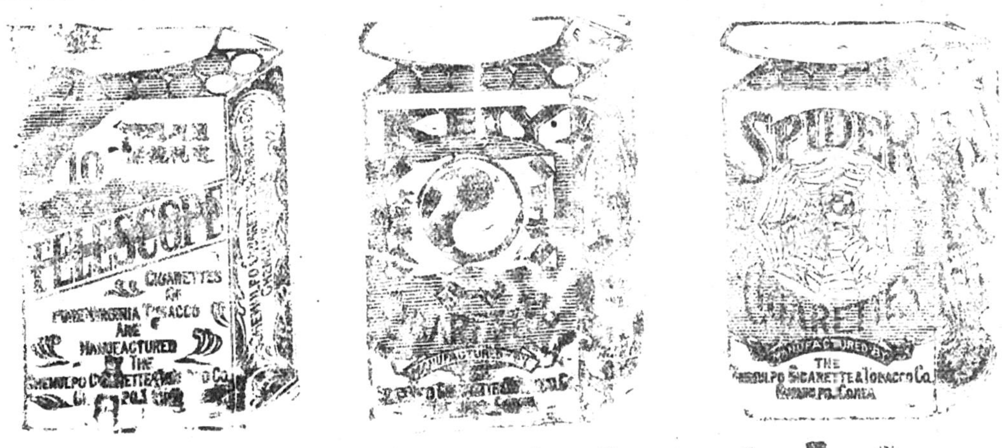

發行兼編輯人　英國人裵說
[illegible]
發行所　大韓每日申報社

第四卷
大韓每日申報
대한매일신보
第二百七十七號

月曜及慶節 歲時日休刊

檀君開國四千二百三十九年
箕子元年三千二十八年
大韓開國五百十五年
日本 治三十九年
淸國光緖三十二年
◉陰曆丙午六月大初二日丁卯

別報

遠東報를據혼則日人入蒙近事에對ᄒ야論說이如左ᄒ니

考我中國이幅員最廣ᄒ야東及黃海ᄒ며西括回藏ᄒ며南接三南ᄒ며北包兩蒙하야亞洲大陸에幾居其半이라論天時則寒燠이適中ᄒ고言地殖則山川이殷富라而其主人翁이乃日夜酣眠ᄒ야棄良產而不顧ᄒ니

於是에四千萬方里之界線이遂爲世界上生存競爭之中心ᄒ야演出一最慘最烈之大活劇ᄒ니二十年來에東南이坐陷ᄒ야久已不在我勢力範圍內ᄒ고近日西藩이亦復名存而實沒ᄒ고所餘者ᄂᆞᆫ惟此北荒內外二部矣라

事機之變이觸目驚心이어날而處變者ㅣ方且漠視姑容ᄒ야毫無警備ᄒ야致狡焉思逞之徒가萌其得隴望蜀之念ᄒ야機謀百出에窺覬頻生이어날領土之人이受其煽惑ᄒ야敬爲上賓ᄒ고引爲同志ᄒ야왼之股掌而不悟ᄒ니可勝慨哉아

近日中外各報에皆屢言日人入蒙事情하니性往數十人衆이往來各地ᄒ야樹立日本旗幟ᄒ며繪畵地圖ᄒ고又云蒙古各旂에頗有設立日文學堂ᄒ고延聘日人ᄒ야教授蒙民子弟라ᄒ니未嘗不撫膺太息而深惜蒙人之獨坐窮山ᄒ야引虎自衛也로다

夫日本이以區區島國으로學步歐風ᄒ야乍試羽毛에妄爭權利ᄒ니猶之乞兒暴富에輒以資財自炫ᄒ야雖腰纏十萬이라도終不脫寒賤相이니即難免其不貪也라

日本이歷來에以機權立國ᄒ야不顧信義ᄒ고惟利是圖ᄒ나니當其經營之始ᄒ야百計籠絡ᄒ야以售其奸ᄒ고티詭謀得逞則悉棄其前言ᄒ고背其舊約이라往者俄日戰前에日人이曾倡言曰日本이必保全韓國之領土ᄒ야爲自主帝國ᄒ고幷襄助韓政府ᄒ야維新變法ᄒ야使韓國日進於文化라ᄒ니斯言也海內之人이莫不聞之ᄒ고方共信之ᄒ야以爲日本이誠無愧於文明大國也리니

乃言猶在耳而韓之內容이已淪ᄒ迭換이라初則全韓勢力이悉入日人之手홈이猶曰彼不能自治故로我乃代爲經營組織也라ᄒ고嗣則一切要求를皆以挾制力成之矣오猶韓日之君臣이未進文化ᄒ야不知事之宜興行着을不可稍緩일시今我雖強迫行之ᄒ나後將自知其利也라ᄒ니

韓之君臣이旣惱於現在之權勢ᄒ고又餌於將來之利益ᄒ야任其所爲에莫敢違拂러니近則布置已週ᄒ고火候已到홈의於是에公行武斷을悍然不顧라

伊藤奉使後에竟有無論大小事務하고韓皇이皆應咨詢日監政大臣之條欵ᄒ니韓之法壤이已悉爲日之殖民地ᄒ고韓之命山이已悉爲日之鳩工所ᄒ고韓之各部大臣이已皆於具員하고韓之君權帝主ᄂᆞᆫ已比諸贅旒라於是에韓皇이始悔向信其言之誤ᄒ야遇事에欲爲稍論이나豈知事已至此에不可收拾이리오徒自取辱에悔何及哉아又日本이與俄之交戰也ᄂᆞᆫ爲爭滿洲也라

未完

官報

◉號外 光武十年七月二十日

◉宮廷錄事

禮式院掌禮中金思駿謹奏 義親王授冊之節陰曆六月初旬內擇日擧行事詔下矣令日官金東杓推擇則陰曆六月初四日爲吉云以此日擧行何如謹上 奏

光武十年七月十九日奉
旨依奏

本月十九日에시從院卿朴용和에게親任式을行ᄒ事

◉三千五百十一號 光武十年七月二十一日

◉宮廷錄事

宮內府大臣勳一等臣李載克謹奏即接主殿院卿臨時署理李根澔報告書則以爲禮式卿李容泰進 宮時把守巡檢要示門票而乃爲拒絕이此實施之初不容不嚴立規定矣依 宮禁令第十項行將拘拿而係是現帶 勅任官查照 奉稟云矣定法立規之初不遵章程無難有違ᄒ在事體寧容若是이不得不懲勘乃已禮式卿李容泰令法部查覈懲辦何如謹上 奏

光武十年七月十六日奉
旨依奏

◉敍任及辭令

平安北道觀察府主事李在魯
江原道觀察府主事劉鍾國
京畿觀察府主事崔諾鉉
依願免本官

任平安北道觀察府主事叙判任官八급 申晩植
任江原道觀察府主事叙判任官八級 沈相烋
任京畿觀察府主事叙判任官八급 李圭宰
以上七月十九日

外報

◉中美戰爭 倫敦電을據혼則中美와이네마라國은푼저애라스國에對ᄒ야宣戰ᄒ지라사루새드루人은바라다푸에在ᄒ야와아데마라人을攻擊ᄒ야大히敵을擊破ᄒ얏스며目日마나와아로서鐵道를據ᄒ則目下兩軍은激烈ᄒ戰鬪을交戰홈이有ᄒ다ᄒ고ᄒ얏더라

◉大統領仲裁 華盛頓電을據혼則中美兩國共和國에戰爭은구와데마라ᄂᆞᆫ소루바도루와戰敗ᄒ야死傷이二千名에達ᄒ얏ᄂᆞᆫ데소루바도루던지구와데마라던지美國루一스우데루도大統領의幹旋仲裁를承諾ᄒ다ᄒ더라

◉英帝訪問德國 伯林電을據ᄒ則英帝께셔德國을訪問ᄒ는日子ᄂᆞᆫ姑未決定이나皇孫의命名式에往參ᄒ신다더라

◉俄國將軍의談話 俄國將軍뻬시노氏가美國人을對ᄒ야談話가有ᄒ니淸國의排外運動이激烈ᄒ야早晩間第二義和團事件이生ᄒᆯ줄노確信ᄒ고北滿洲에셔俄軍이撤退ᄒ고合爾賓海蔘威間鐵路의說이有ᄒᆫ은革命派의浮言에不過ᄒ고北滿洲에馬賊이橫行ᄒ다ᄂᆞᆫ說은日本이此를藉口ᄒ야撤兵를延期코저ᄒᆷ인듯ᄒ고日本政府에셔口로ᄂᆞᆫ門戶開放ᄒ나其實은自國에商利만圖ᄒ고一切滿洲商業을獨占ᄒ라ᄒᆫ다더라

詞林

托賦忠正竹三絕　晚楚生

嗟我生靈屬望久忠言讜論庶回天如今棄我生靈去嗟我生靈獨不憐

碧血化爲軒上竹青青猶自向鑄人風霜獨立君知否爲保 宗祊萬歸春

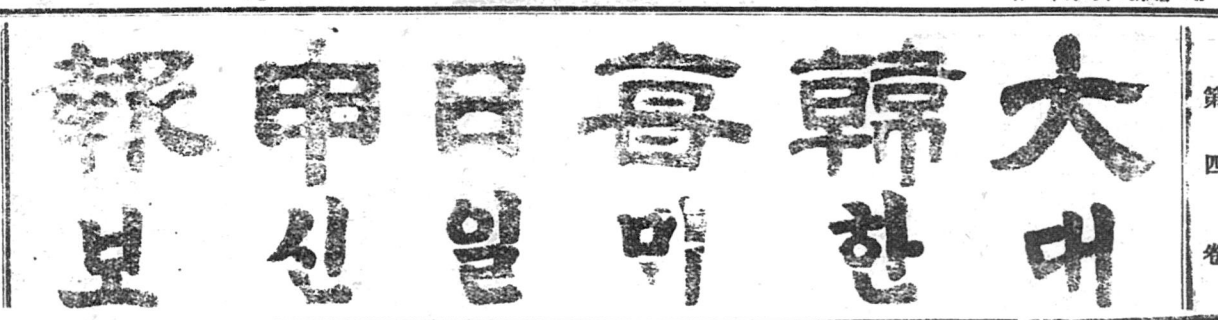

聞來人孰不獻欷國泣奔快睹先嗟我生靈抑鬱胸腔熱血湧如泉

雜報

●平倅斂民 西來人傳說을聞ᄒᆞᆫ즉平壤郡守李重玉氏가谷坊執綱을請來ᄒᆞ야酒一器酒三盃로接待ᄒᆞ고갈ᄋᆞ되一斗式各日給後에葉錢五兩兩을民間에排斂ᄒᆞ여달나ᄒᆞᆫᄃᆡ粟里坊執綱一人만撩置치아니ᄒᆞ고其餘ᄂᆞᆫ皆酒麵을恀悚感德ᄒᆞ야應諾ᄒᆞ얏다ᄒᆞ니現今平壤이自日俄開仗以後로十室九空ᄒᆞ고其餘存者도亦難免塡壑之境인ᄃᆡ有此民斂이是ᄂᆞᆫ生民을魚肉ᄒᆞᆷ이라ᄒᆞ야數三百名이號訴ᄒᆞᆯ次로日間上來ᄒᆞᆫ다더라

●藉校生獘 嶺南耶蘇敎會의來書를據ᄒᆞᆫ즉該各郡에學校를設立ᄒᆞᆫ다藉ᄒᆞ고漆谷尙州星州知禮各郡守가其邑下에學校란名色을設ᄒᆞ고巡校를多定ᄒᆞ야各面에爲先敎會의學徒들을勸勉ᄒᆞᆷ은感謝ᄒᆞ거니와但邑村의距離가三四十里되ᄂᆞᆫᄃᆡ貧寠ᄒᆞᆫ學徒가每朔食費도三十兩式難辦이오[illegible]ᄒᆞᆷ으로星州郡에ᄂᆞᆫ各面學徒들이或例錢을納ᄒᆞ고謀免ᄒᆞᄂᆞᆫ者도有ᄒᆞ며또開寧郡에敎民즁餘戶를抄出ᄒᆞ야學資錢마다稱ᄒᆞ고督捧ᄒᆞᄂᆞᆫᄃᆡ數十名을獄柵牢囚ᄒᆞ고星火督推ᄒᆞᆷ으로該道敎會諸人이相議ᄒᆞ고京部에號訴次로方今人員을起送ᄒᆞᆫ다더라

●恤窮宜褒 溫陽郡守權重億氏가農商工部에報告ᄒᆞ기를本郡前參奉李奎承과士人李周瑞孫敬基가各其正租與白米를或六十石八十石을得債救濟ᄒᆞ고其他四五石式擲保出義ᄂᆞᆫ不可人人枚擧이오나美風善俗이莫此爲貴니特爲施賞勸勉케ᄒᆞ라ᄒᆞ얏다더라

●馴禁犯採 農商工部에셔漢城府로訓令ᄒᆞ기를南署往十里泥峴所在石材黃鑰洞居玄琪의게認許인바近來石工輩가稱有勿禁票ᄒᆞ고或有犯採之獘ᄒᆞ니聞甚駭歎이라嗣後ᄂᆞᆫ本部認許人外에ᄂᆞᆫ一切禁斷ᄒᆞ라ᄒᆞ얏다더라

●尹氏志願 大丘居尹瑛燮氏ᄂᆞᆫ自來開明에有ᄒᆞᆫ人으로年來로熱心ᄒᆞᄂᆞᆫ事業이敎育人民에專在ᄒᆞᆫᄃᆡ每常對人言曰人生斯世ᄒᆞ야事業이無ᄒᆞ면腐草와同歸ᄒᆞᆯ지라吾의所願은俊子弟六十人을身邊에常置ᄒᆞ고高等敎師를延聘ᄒᆞ야東西洋書籍을貯置ᄒᆞ고勉力講論으로滋味를숨다가百歲之後에某校創立ᄒᆞᆫ尹某의事業이라傳稱케ᄒᆞ면志願이足矣라ᄒᆞᆫ다고南來人이誦傳ᄒᆞ더라

●見本見失 忠北觀察使尹喆圭氏가內部에報告ᄒᆞ기를本部訓令을承ᄒᆞ야管下各郡에藏寘ᄒᆞᆫ紙貨見本을收聚調査ᄒᆞᆫ즉其中忠州懷仁兩郡은該見本紙幣를見失ᄒᆞ얏슨즉該兩郡之不善藏寘가極爲駭歎이라ᄒᆞ얏다더라

●警官不法 前參書李鍾律氏ᄂᆞᆫ寘妾兩箇러니其小妾이私通外人而孕胎事로逐出ᄒᆞ얏ᄂᆞᆫᄃᆡ該女가含憾李氏ᄒᆞ야以義兵同謀等說로左右興訛ᄒᆞ야南署警務官金商셜氏가伸別巡檢으로李氏를跟捕ᄒᆞᄂᆞᆫ機微를覺知ᄒᆞ고避身於他處而探知事由之所從來處ᄒᆞᆫ後使人請托於南署長ᄒᆞ야遺賂幾千金而還贖其跟捕令ᄒᆞ고無事發帖ᄒᆞᆫ다ᄂᆞᆫ還票를受來ᄒᆞ야粘連呼訴于警務廳ᄒᆞ야該警務官과裁判을請ᄒᆞ얏ᄂᆞᆫᄃᆡ該警務官은招之不來ᄒᆞ고捉之臨避ᄒᆞ야尙不歸決ᄒᆞ얏스나李鍾律氏의被誣推捉之事ᄂᆞᆫ自至辨明無餘ᄒᆞ니金警務官의行爲ᄂᆞᆫ人皆唾罵ᄒᆞᆫ다더라

●兵打尉官 日昨迎秋門前路에셔何許兵丁一名과平民一名이互相졍鬪ᄒᆞᄂᆞᆫ際에何許平服尉官이過見其事ᄒᆞ고叱其兵丁而禁止ᄒᆞᆫ즉該兵丁이熟視尉官者之面ᄒᆞ라가大聲喝問曰爾姓名은云何며吾與汝無關커ᄂᆞᆯ爾敢下待我耶아ᄒᆞ고以革帶로無數搏打ᄒᆞ야該尉官에冠宕이盡爲破碎에貌甚倡皮나勢無奈何ᄒᆞ야但言尉官二字ᄒᆞ야說諭該兵이되該兵은少無顧忌之心而一叱一打에行悖滋甚ᄒᆞᆷ의左右觀光者莫不仰天歎息ᄒᆞ야曰所謂玩任尉官者도猶然若此커든而況平民乎아ᄒᆞ더라

●莘野試驗 抱川郡私立莘野義塾에셔夏期試驗을經ᄒᆞ얏ᄂᆞᆫᄃᆡ高等科에優等은金錫淇李海宗李鶴柱李海亮權天應諸人이오尋常科에優等은李瑞昌李大鶴姜蘭榮李載祿諸人인ᄃᆡ世界全圖大韓輿地圖四冊鉛筆眞玄石筆等各品을施賞ᄒᆞ고放學式을行ᄒᆞ고萬歲三唱ᄒᆞᆫ後閉式ᄒᆞ얏다더라

●誣胎致斃 安東郡柳氏門중에一寡居婦人이有ᄒᆞᆫᄃᆡ同地一進會員이伊寡婦를孕胎ᄒᆞ야다고播說ᄒᆞᆫ故로寡婦가不勝忿怨ᄒᆞ야遂爲致斃ᄒᆞᆫ지라義城郡守가初檢ᄒᆞᄂᆞᆫᄃᆡ屍體腹部를若或剖胎ᄒᆞ얏스면起訟치아니ᄒᆞᆯ다고一進會員을郡獄에捉囚ᄒᆞ얏다더라

●警吏擇取 警務顧問丸山氏가致書으로地方警吏을行將擇選ᄒᆞᆯ터인ᄃᆡ總巡은巡檢權任中으로試取ᄒᆞ고警務官은軍部尉官中으로任用ᄒᆞᆯ터이라더라

●非風說耶 國事犯朴泳孝氏等이回國次로十九日日本에셔發程ᄒᆞ얏다ᄂᆞᆫ傳說이狼藉ᄒᆞ더라

●調査延期 內部地方調査委員會에셔調査事務를七月三十日內에畢了ᄒᆞ기로預定ᄒᆞ얏더니調査事務가浩繁ᄒᆞ야定限內에淸撤치못ᄒᆞᄂᆞᆫ故로一箇月을加延ᄒᆞ야更히度支部에照會ᄒᆞ고委員의月給과雜給을請求ᄒᆞ얏더라

●構誣官坐 長湍郡守朴始淳氏가三載居官에一心做治ᄒᆞ야實蹟이多有ᄒᆞᆫᄃᆡ一進會民을對ᄒᆞ야不法行爲가有ᄒᆞ면按法懲治ᄒᆞ얏더니會民郭殷基河元舍朴文榮輩가以此含憾ᄒᆞ야平理院에構誣呈狀이有ᄒᆞᆫ즉該郡人民이多數上來ᄒᆞ야平理院에呈訴ᄒᆞ야裁判을請ᄒᆞᆫ즉會員輩가自知理屈ᄒᆞ고懇乞私和ᄒᆞ고即爲下去ᄒᆞ니如此構誣之習은宜乎反坐之律을當ᄒᆞ리라ᄒᆞ더라

●勸免貪吏 一進會員李行敏氏가內部에勸告ᄒᆞ기를定平郡守尹秉憲의貪饕不法은不可形言이니即爲罷免ᄒᆞ라ᄒᆞ얏다더라

●掃除費消融 五署內掃除를懲丁으로舉行ᄒᆞ되該費幾千圓은警務廳에셔日人을都給ᄒᆞ야大路에汲水澆灑케ᄒᆞᆫ다ᄒᆞ야消融ᄒᆞᆫ다더라

●治道局官制 內部에셔臨時治道局을土木局으로改定次로政府에請議ᄒᆞᆫᄃᆡ局은二等으로事務官二人은參書官으로書記五人은主事로技手ᄂᆞᆫ隨時增加ᄒᆞ기로改定ᄒᆞ얏더라

●敷設豫算 平壤郡水道敷設次로日本人증島博士가該水道를踏查測量ᄒᆞ고歸來ᄒᆞ야日昨歸國ᄒᆞ얏ᄂᆞᆫᄃᆡ來八日晦間에ᄂᆞᆫ工事에着手ᄒᆞ기로計劃ᄒᆞ야工事費를仁川港水道敷設을依ᄒᆞ야支撥ᄒᆞᆫ다더라

●沈氏困難 前參判沈相璜氏ᄂᆞᆫ其子를爲ᄒᆞ야今番奏本郡守一窠를運動ᄒᆞᄂᆞᆫᄃᆡ葉錢千兩을得債ᄒᆞ야一處에任置ᄒᆞ고晝夜對枋ᄒᆞ더니事不如意ᄒᆞ야落榜케된故로債主가擲利를星火又치督促ᄒᆞ미沈氏가方今困難중이라더라

●師生相泣 抱川郡私立莘野義塾敎師李始厚氏가熱心敎授ᄒᆞ야學員의進步가拔類ᄒᆞᆷ은累揭前報어니와氏가身病과家事로請願ᄒᆞᆷ이塾長以下諸事務員이力挽不得ᄒᆞ야落淚이여기더니學員一人이諸學徒를對ᄒᆞ야우리가悲慘ᄒᆞᆫ時代를當ᄒᆞᆷ은學問이無ᄒᆞᆫ然故라野昧ᄒᆞᆫ性質을變化ᄒᆞᆯ가ᄒᆞ여이學校에드러와李敎師의熱心을深爲感服ᄒᆞ야幾학期든지敎育바다智識을開發ᄒᆞᆯ줄아랏더니중途에請願ᄒᆞ니우리도從[illegible]ᄒᆞ자ᄒᆞ고四十餘名이一齊히失聲[illegible]ᄒᆞ니李始厚氏도咽[illegible]ᄒᆞ고[illegible]參會ᄒᆞ얏던[illegible]男女觀光者가莫不沾衿[illegible]始厚氏가慨然[illegible]학徒을對ᄒᆞ야請願[illegible]秋期에決心更來[illegible]三撫慰ᄒᆞ고[illegible]行ᄒᆞ니該학徒들이[illegible]十里以外에餞送ᄒᆞ얏[illegible]感化人心ᄒᆞᆷ은[illegible]만ᄒᆞ다더라

東京電報

●小村餞別 廿日午後○時五十分頃日本小村大使出發ᄒᆞᆷ의就ᄒᆞ야西園寺首相以下各大臣、兒玉井上、大隈及內外貴紳士二百餘名이餞別ᄒᆞ얏더라

루ᄐᆡ電報

●凶徒逃去 廿日午後○時三十三分頃露國皇帝의侍從[illegible]코저謀ᄒᆞ다가失敗[illegible]凶徒ᄂᆞᆫ卒然히[illegible]小艇을乘ᄒᆞ고逃走ᄒᆞ얏더라

雜報

청國張竹君女士의女子興學保險會序文 (속)

雖艱難百折이라도必達其目的而後已니挨ᄒᆞᆫ博愛之瑚에庶無悖歟아鄙人不才로先爲之倡ᄒᆞ노니我二百兆之同胞ᄂᆞᆫ睠懷大局ᄒᆞ야抱陸沈之懼者ㅣ其亦有取於是乎ᆫ뎌尤有慮者ᄂᆞᆫ此會가以慈善爲目的ᄒᆞ니富貴之家ᄂᆞᆫ優遊暇豫에或可無求於人이나然目擊同胞之顚피流離면庶熱心之士가當不忍於漠視오且取精用弘에揭注가最易니尤望各發願力ᄒᆞ야成玆義擧ᄒᆞ노니女子ᄂᆞᆫ感情이最烈ᄒᆞ야哀樂이過人ᄒᆞ니倘袖手而不救ᄒᆞ야猶秦人이視越人之肥瘠ᄒᆞ야漠然不動心이면

是何望男子ㅣ爲我號援手耶아況富貴無常ᄒᆞ니豈無不虞之變가卽日居富貴之鄕者인들亦安能無須羣力之相扶리오然則保險之會가在團體에固有不可卸之義務오卽爲箇人計라도受益食亦未可量也라況斯會之成敗ᄂᆞᆫ今視經費之充絀이오經費之充絀은更視乎有力者擔任之輕重이니蓋斯會之起ᄂᆞᆫ貧乏無獨之人이必樂於入會니以所費省而所得多也라至於富貴之家ᄒᆞᄋᆞᄂᆞᆫ多狃於目前之苟安ᄒᆞ니自非熱心愛群이면度無不吝嗇而越趄者라

會가擬設會場四所ᄒᆞ야內附學堂ᄒᆞ니核其經費에歲以萬計而匡扶救濟ᄅᆞᆯ尤未一二數라倘經費困難이면亦終於無成而已라夫一羣之初合也에發起之人이奮袂而呼ᄒᆞ야以爲天下必響應이라가旣而오以阻力多而助力少也로於是에以大團體自期者가纔將僅成一小部分ᄒᆞ고又不幸則僅能起風丕ᄒᆞ야以鋒一人之感覺而已니此非發起人吸力之有大小也라視乎贊成者助力之衆寡而已라

同胞乎여同胞乎여如不望斯會之成則已어니와倘望其成也則願力을不可不弘이오熱誠을不可不漲ᄒᆞ야密勿勤劬ᄒᆞ야必共應於成而後已니批茶之行과耶爾丁格爾之志ᄅᆞᆯ願與諸志士共之也ᄒᆞ노니甲辰二月張竹君은序ᄒᆞ노라 完

寄書

以敎歷校之寃으로說諸同胞

肅川吳尙俊

嗟乎라平安南道肅川郡德水洞慎修學校也여趣旨與請捐書ᄂᆞᆫ前已廣佈於新聞也則想必同胞之洞悉矣어니와開學湖餘에忽有悲觀的一端怪事ᄒᆞ야至此學務中撤之境ᄒᆞ니曷不慨然가蓋本校之設立也에一境之窮儒貧士가遭此文運漸進之日ᄒᆞ야雖說得新學硏究之思想이나傷於貧病而莫之措手矣러니

何幸本郡守俞致衆氏가興學之念으로特施捐金ᄒᆞ시고亦以知舊紳員의憐恤之金으로購來書籍ᄒᆞ고亟求賢友而乃設校於一邑都齋德水講堂ᄒᆞ니是曰德修校也라朝夕炊飯은躬自下廚ᄒᆞ고日夜工課ᄂᆞᆫ互相講討홈이近地青衿은抱卷日投ᄒᆞ고遠方雅契ᄂᆞᆫ聞風相應ᄒᆞ야庶可覩伊校之漸興矣러니

千萬料外에本郡車載奎이가暗生凶計ᄒᆞ야身入淨土敎ᄒᆞ고帶同十餘人ᄒᆞ야來言曰此屋은儒林所關이니古之儒林이今之淨土也則吾將淨土學校ᄅᆞᆯ設立于此라ᄒᆞ고書以大日本淨土宗支院學校라ᄒᆞ야付之門楣而去ᄒᆞᆫ지라余ㅣ於其時에巧作本村之行而未及申詰이나歸ᄒᆞ야聞之則有此怪事ᄒᆞ야學徒가漸漸渙散이기로不勝憤火觸起ᄒᆞ야卽爬去其방이여니와蓋人有經위ᄒᆞ고事有綜理일딘ᄃᆡ豈能行此彎之事也리오

設或此室也非一邑之物이오彼人之物이라도以其空虛而人先居之에若有讓推之境遇면當以先言後事여날此齋也耶一邑都齋也며居此齋者無非此邑之人也며此人也ㅣ亦是儒林吾人也則奚可曰彼主而此客이리오現方 修學校ㅣ誦習之門에셔以將殺之淨土學校物은抑亦何等國之經緯오

嗟乎此人이여回頭更悔ᄒᆞ시오今德校之敎人은不受一行之束脩ᄒᆞ고各持自己之糧粒ᄒᆞ며其於講習은或恐有懈ᄒᆞ야至有三日에一演說ᄒᆞ며生徒募集은惟念何處未及ᄒᆞ야亦已新聞廣佈佈也ㅣ오使敎育有志者로聞之見之면固當贊成之不暇여날人도亦有敎育的思想이면勸我以交言ᄒᆞ며導我以好道ᄒᆞ야今日에送一子ᄒᆞ고明日에送二子ᄒᆞ면不啻諄諄然許而受之라卽拜而迎之여늘今에空然猜之ᄒᆞ고空然害之가抑何心事아嗟乎此人이여回頭更悔여다

余嘗聞淨土敎之趣旨ᄒᆞ니宗旨가高明ᄒᆞ고目的이止大라慈悲爲心ᄒᆞ고恩善爲情이어날如此者流가濁亂道理ᄒᆞ야失望於衆人ᄒᆞ니自彼敎本院으로宜克黜斷者也오

彼敎之警興不警은在於彼敎之林發也니余亦非所暇論이어니와徒以彼人之失經緯와行非理로我等人之事業이大有乖當ᄒᆞ有慣覓이암기玆述初終而質之오니幸望 貴社ᄂᆞᆫ彌直之筆과公正之辭로不遺揭載ᄒᆞ시와使同胞僉位에幸得公評이오면庶慰此心이러ᄒᆞ얏다더라

發行兼編輯人　英國人裵說
發行所
京城北署[illegible]坊[illegible]洞[illegible]外[illegible]
大韓每日申報社

第四卷

大韓每日申報
대한매일신보

第二百七十八號

月曜及慶節歲時日休刊

檀君開國四千二百三十九年
箕子元年三千二十八年
大韓開國五百十五年
日本明治三十九年
清國光緖三十二年
◉陰曆丙午六月大初四日己巳 大暑

論說

日本鐵道處理

鐵路行客의致害를近接ᄒ야其內容이日本鐵道官人의無能行政을怨恨홈인바其중一節은頑計困難을注意ᄒ얏스니此는韓國各種事務에比ᄒ면今日人이失政ᄒ는欠点을適合引用ᄒ거시로다

無論誰某ᄒ고從韓國下隸于郵遞司ᄒ야以千適貨幣로買二錢價郵票一枚ᄒ고餘額七錢을迺計受來라ᄒ는人士는下隸의誅開만空費ᄒ고自己好意로特許置之ᄒ나니及其下隸之歸來에如出一口히言曰ᄒ되郵便規務人이加計交換ᄒ기에未有錢額이라ᄒ는도다

致害之人은自綱下等車客ᄒ야鐵路弊瘼이只在於三等車인즐自度ᄒ얏스나本記者ㅣ能쎠確言ᄒ거슨一二等車客의困難도費金增高의反對比例로는減下홈이未有홈이로다

自京至仁ᄒ는一等車費가每人一圓五十錢이러니今則一圓四十一錢이라無行旅人은餘額加計를斷不能得이어니와隨意行人도亦未免困難이오自仁川至南門外或西門外가同一貫金이어날至西門票를請求ᄒ는旅客에게至南門票를給與라가欲到西門ᄒ야면特收九錢增額ᄒ는거시種種有之며且車票를買收ᄒ기에一二等車客도三等車客의困難을分取ᄒ나니賣票窓下에壓倒가不多홈은異於三等票窓下이나賣票人이三等票에蔥忙홈으로因ᄒ야買票ᄒ기가甚難이로다

此諸般欠点을改良ᄒ기에顯有一件이오且統監府가管轄ᄒ는機會에此를或可採用이라韓國人士는發車以前久時頃에常到停車場ᄒ나니賣標時間을現今보다三十分以前에爲始면及其末也에催急이未有홀거시오一般行客이正確車標와適合加계를各得ᄒ기에滿足ᄒ리로다

官報

◉宮廷錄事

◉號外 光武十年七月廿二日

義親王堈乞 賜暇上疏

批旨省疏具悉爾懇自有已例俱係應行而爾之巽讓如是群官賀今姑停免府僚亦欵不必爲辭亦不可勉從爾其諒之事遣秘書丞傳諭

七月廿二日

◉三千五百十二號 光武十年

七月二十三日

◉宮廷錄事

景孝殿提調金聲根辭職疏

批旨省疏具悉所請依施

七月十九日

勅令

◉勅令第卅一號

內國旅費支給規程

第一條 公務를因ᄒ야內國에旅行ᄒ는時는[illegible]을從ᄒ야別表에依ᄒ야旅費를支給홈但各部大臣은宿泊料를限ᄒ야二倍를支給홈이라

第二條 官用[illegible]로旅行ᄒ는時는旅費를支給지아니홈但官給의食卓이無ᄒ면食卓料를支給홈이라

第三條 內國에셔赴任ᄒ는時는舊任地로붓터新任地에到ᄒ는間에滊ᄎ汽船賃거馬費를限ᄒ야定額의二倍를支給홈이라

第四條 陸路六十里水路二十里未滿과滊ᄎ二十里未滿되는旅行에는日給을支給지아니홈但公務의必要를因ᄒ야宿泊ᄒ는時는日給及宿泊料를支給홈이라

第五條 暴雨積雪等의道路險惡을因ᄒ야定額의거馬費로支辦키難ᄒ境遇에는定額二倍以內의거馬費를支給ᄒ事를得홈이라

第六條 檢田測量土木工事等을爲ᄒ야現場을巡回ᄒ며又는平常旅行을要ᄒ官吏에對ᄒ야는各部大臣은度支部大臣과協商ᄒ야特히其旅費額을定ᄒ야日額으로써支給ᄒ事를得홈이라

第七條 特別ᄒ契約이無ᄒ外國人의게支給ᄒ可ᄒ旅費額은度支部大臣이此를定홈但前條의境過는此限에不在홈이라

第八條 [illegible]文官[illegible]各部大臣이度支部大臣과協議ᄒ야此를定홈이라

等級	滊ᄎ汽船賃	馬[illegible]十里	日給	宿泊料一夜	食卓料
親任及勅任	一等實費	八十錢	二圓	三圓	二圓
奏任	仝	五十錢	一圓	二圓	一圓五十錢
判任	二等實費	卅錢	五十錢	一圓	七十錢

第九條 本令施行에關ᄒ細則은度支部大臣이此를定홈이라

第十條 本令은頒布日로붓터施行홈이라

附則

第十一條 開國五百四年勅令第七十七號內國旅費支給規程은廢止홈이라

光武十年七月十九日

御押 御璽 奉勅

議政府參政大臣朴齊純

度支部大臣閔泳綺

◉敍任及辭令

○任慶尙北道觀察使 宮內府特進官李重夏○免本官 公州郡守吳鼎善○依願免本官 平澤郡守吳亨默 礪山郡守李在寅 成從郡守安翊煥 大丘郡守金漢鼎 度支部參書官申海永 內部參書官嚴錫祚 學部參書官申泰游 未完

外報

◉談判主張 北京電을據ᄒ則肅親王이蒙古視察ᄒ意見을述ᄒ고俄淸談判을遷延ᄒ이俄國에는利益이有ᄒ되淸國에는不利ᄒ다ᄒ야該談判을[illegible]케ᄒ기로主張ᄒ다더라

◉出洋大臣歸期 北京電을據ᄒ則청國出洋大臣의一行은去十八日頃에歸朝홈을預定ᄒ얏다더라

◉淸兵駐屯 昌圖附近은近頃馬賊의橫行이甚홈으로[illegible]袁世凱氏部下에頭領一人이兵三千名을引率ᄒ야昌圖에駐在ᄒ다더라

◉南滿洪水 南滿洲地方은本月四日부터大雨를因ᄒ야各川遼水가甚ᄒ고昌圖雙廟子間은尤甚ᄒ야滊車도不通ᄒ다더라

◉東歐紛擾 巴里電을據ᄒ則希臘루ㅣ마니아兩國間에衝突은점ᄎ其度가高ᄒ야[illegible]으로對ᄒ이[illegible]復으로ᄒ는模樣이[illegible]ᄒ나[illegible]墺兩國이共히此에對ᄒ야調停을試홈이有ᄒ리라ᄒ다더라

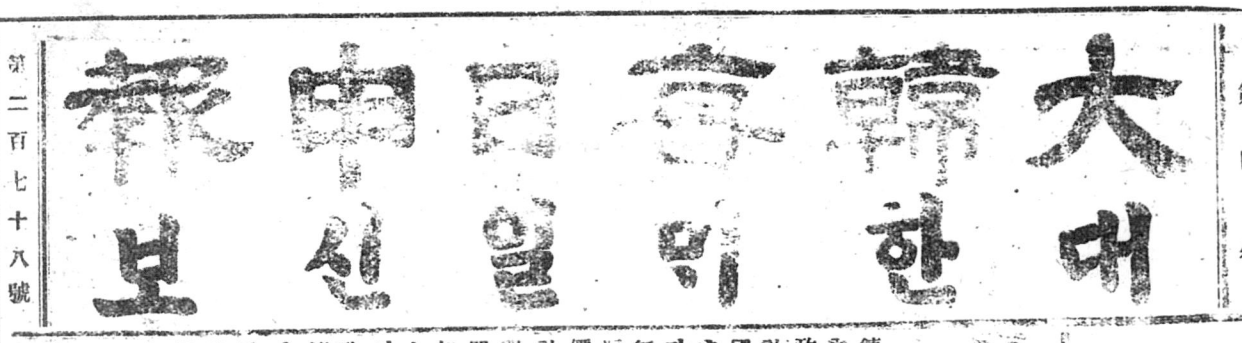

◉戰時通信制限 [illegible]電을據ᄒ則[illegible]開戰[illegible]輯入會議ᄂ倫敦에開催ᄒ얏는디戰時通信에關ᄒ야長時間討論이有ᄒ되全會一致로戰時通信의制限을加하기로決定되얏다더라

雜報

●義親王上疏 伏以臣八見經武院 奏本此下省臣於是塒俊有□官費之節次臣愉悅悖汗浹背是豈臣子之所自安者乎雖或有已□之可言□臣則凡不能奉承□同□而設官僚姑未有 成命而亦或慮有無行之舉此尤萬萬不可臣之一段義諦株守莫回玆敢冒瀆肝膈之畏伏願皇上陛下特垂顧□恩勅之仁將兩項事□ 命寢此爲臣之苦諫必於□ 准如苟不蒙 處分受册行禮亦何敢焉

●再疏 伏以臣昨日之竊□冒肝肺非有矯飾□□□□蒙 恩許及伏承□□□曰罷官費今姑停免臣徊徨抑塞莫省所以也若然則是而將爲程式當行之夫分義上不可以盡底□謹始無終不爲而已豈宜今於不爲而行且爲之乎附僚之設尤必不當設者也復無待於臣之申言矣聖心之欲臣之勉而就之者恩也臣之守而勿失者義也恩□□以蔽義而使臣得以全保於義乃所以使□得以全保於恩也伏願皇上陛下□然□恩兼 准臣所請停褫 [illegible]

●批□ [illegible] 其令督[illegible] 勸政[illegible] [illegible] 에서奉承ᄒᆞᆫ지라豫備[illegible]

使之收用케ᄒᆞ라ᄒᆞ얏더라

●平壤肆貪 西京人傳說을聞ᄒᆞᆫ則平壤郡守李重玉氏가稱以學校補助로五萬餘兩을欠縮云而各坊挾雜之類를符同ᄒᆞ야錢六萬兩을排斂케ᄒᆞ니學校에贈干金을捐助ᄒᆞ고民庭에許多金을浪徵ᄒᆞᆷ이今古에罕有ᄒᆞᆫ汚吏요貪官이라ᄒᆞ더라

●親王任官 義親王府官을如左히任命ᄒᆞ얏ᄂᆞᆫᄃᆡ撫辦閔贊勳 贊尉에金澤基典尉에高鼎柱典衛에李衡星氏等이더라

●授册儀節 政府에서掌禮院으로通照ᄒᆞᆷ을因ᄒᆞ야各部府院으로通牒ᄒᆞ기를陰曆六月四日에義親王授册中和殿權停例行禮時에宗親文武百官이四品以上은朝服이오五品以下ᄂᆞᆫ黑團領으로入就班庭行禮케ᄒᆞ라ᄒᆞ얏다더라

●保放有力 日昨에以關帝塑像에致성事로警廳에被捉囚ᄒᆞ얏던法部民事課長李容世氏의夫人嚴氏ᄂᆞᆫ再昨夜에保放이되얏ᄂᆞᆫᄃᆡ參將嚴俊源氏가該廳에前往立保ᄒᆞᆫ後始爲保放ᄒᆞ얏다더라

●書類保管 內部警務顧問部에도該補佐官들이또ᄒᆞᆫ輪回入直ᄒᆞ야該部書類物品을保管ᄒᆞᆫ다더라

●日工彷徨 內部內에治道局을新設ᄒᆞᆫ다ᄂᆞᆫ事ᄂᆞᆫ已揭前報어니와近因建築費之不撥ᄒᆞ야今姑停役인ᄃᆡ治道局事務를囑托實行次로渡來ᄒᆞᆫ日人技師技手及工頭의額數가二十五名인ᄃᆡ現無住接處所ᄒᆞ야日日彷徨於該部軒側ᄒᆞᆫ다더라

●橋梁費請撥 京畿觀察使署理가內部에報告ᄒᆞ기를抱川駐日本守備隊에서永平郡守의게對ᄒᆞ야該郡新鄕川橋梁을堅固新築ᄒᆞ야以便軍旅之行케ᄒᆞ라ᄒᆞ고再三督促이온즉勢不容不及今修築이나前因日軍之請ᄒᆞ야該橋之兩次繕費錢八千二百五兩三錢이尙無歸屬인즉該費ᄂᆞᆫ본郡還給ᄒᆞ야以完公貨케ᄒᆞ고今此新築비ᄂᆞᆫ酌所入지撥ᄒᆞ라ᄒᆞ얏다더라

●恩典先示 近日宮內府에서亡命客特赦問題가頻繁ᄒᆞ얏스나姑未決定이되얏ᄃᆡ恩典을爲先廣示ᄒᆞ기爲ᄒᆞ야國事犯의緣坐로免官懲戒ᄒᆞ얏ᄂᆞᆫ其族戚은政府에서奏本ᄒᆞ야軍人븟터免懲戒가되얏다더라

●會議問題 昨日上午九時에朴參政以下各部大臣이伊藤統監官邸에會同ᄒᆞ야緊重ᄒᆞᆫ問題를相議ᄒᆞ얏다더라

●諸邸先議 近日政府에서何等大問題를會議ᄒᆞ라면前期ᄒᆞ야統監官邸에서相議ᄒᆞ야該議案을上奏ᄒᆞ고其翌日에閣議開設ᄒᆞᆫ다더라

●日雇月俸 度支本部及水道局印刷局에雇聘ᄒᆞᆫ日本人이顧問目賀田氏以下五十七名인ᄃᆡ月俸及家宅비가旬新貨八千七百五十五元이오其外日人二名은日금으로지급ᄒᆞᆫ다더라

●英艦來期 英國軍艦이東洋을巡歷ᄒᆞ야九月頃에仁港에來泊ᄒᆞ고艦長이入城ᄒᆞ야陛見ᄒᆞᆷ을預定ᄒᆞᆫ지라統監府에서政府로照會하야預先聲明하얏다더라

●監理獎學 本社지국의來書를據ᄒᆞᆫ則義州郡境內에耶蘇敎人과及有志之士가合力ᄒᆞ여中學校를組織ᄒᆞ고每人이每朔의一圜金式捐補ᄒᆞ야學校卒業生及靑年子弟를募集ᄒᆞ여敎育ᄒᆞᄂᆞᆫ중該港監理李□民氏가該港의小學校의對ᄒᆞ야百金을補助ᄒᆞ고今又中학校에三十圜金을義捐ᄒᆞ며熱心勸獎ᄒᆞᆷ이皆感激稱頌ᄒᆞᆫ다ᄒᆞ더라

●金被酷刑 前秘書丞金升旻氏가南門內司令部에서明洞憲兵司令部로因하얏ᄂᆞᆫᄃᆡ多受毒刑하야左脚이折傷ᄒᆞᆫ故로不得寸步하고膝曳하ᄂᆞᆫ지라見者가莫不慘악鼻酸이라하더라

●學徒願望 南州에ᄂᆡ廣興學校擴張事ᄂᆞᆫ前報에已揭하얏거니와敎師前郡守權泰衍氏가熱心敎育하기로學業의進就를指日可望이러니更聞ᄒᆞᆫ즉該氏가緊關事를因하야上京하얏ᄂᆞᆫᄃᆡ學徒의願望은該氏가아니면學校가廢止될줄로齊議하고一齊上京하야借性하얏다더라

●爲親乞放 學洞日本司令部에在囚ᄒᆞᆫ前協辦閔景植氏ᄂᆞᆫ其家親閔泳雨氏의回甲이再明日이라該長官의게請願하기를特許보放하야晬辰을陪過케하면大有惠恩이라하얏ᄂᆞᆫᄃᆡ尙無如何題判이라더라

●港民質問 三和港의民共同民議會에서不法官吏의게對ᄒᆞ야質問論正ᄒᆞᆫ事件이如左ᄒᆞ니

一 港民朴元必이가朱之倫處에當捧債欵三千八百兩에幷邊八千餘兩捧給事로呈訴ᄒᆞ얏ᄂᆞᆫᄃᆡ裁判主事申達秀氏가朱民의게甘受賂米一石ᄒᆞ고稱以朱民之家貲盡捧ᄒᆞ고只以一二兩으로捧給朴民後에難償標를由主事ᄒᆞ야一日貭合ᄒᆞ고捏言失民所失ᄒᆞ야案ᄒᆞᆷ으로朴民의抑寃ᄒᆞᆫ事

二 裁判主事申達秀氏가 夫逃騶ᄒᆞ얏던李召史와何以情緣이ᄂᆞᆫ지李女의業昏甘言을諾從ᄒᆞ고厥女의目之罪ᄂᆞᆫ勿論法律ᄒᆞ며李女에衣物推급이라ᄒᆞ야前夫劉昌會를巡檢使令에게令之飭之ᄒᆞ니捉之縛之에威喝酷甚ᄒᆞᆷ으로劉民에冤抑ᄒᆞᆫ事

三 港民尹燦煥의게申主事가稱以在囚金格着保ᄒᆞ고金哥所納錢九百兩을尹民에게勒捧於晉而火督ᄒᆞᆷ으로尹民이稱冤ᄒᆞᆫ事

四 警務署에서無罪良民亞鎭國夫妻를捕以賊한ᄒᆞ고無執贓物而牢因訊問이數至四五次ᄒᆞ되一直以無罪로納招之間에遍身上下에準被毒刑ᄒᆞ야皮부碎裂에血漲滿腔ᄒᆞᆷ으로冤聲이漲天ᄒᆞᆷ으로自共同會로公開辦稽ᄒᆞᆫ즉亞姓夫妻가果爲無瑕ᄒᆞ기로無罪放免ᄒᆞᄂᆞᆫ事由로裁判所判決宣告書를承有亞民ᄒᆞᆫ事

五 警務署에서或有京部訓防而加設巡檢인지無料巡檢加設之後로民商保護ᄂᆞᆫ姑舍ᄒᆞ고作虐平民이有日益甚ᄒᆞᆷ으로民冤이藉藉ᄒᆞᆫ事

東京電報

●鐵道株式募集 七月廿一日午後一時卅分發

滿洲鐵道委員會ᄂᆞᆫ來月初에開會ᄒᆞ고九月中에ᄂᆞᆫ株式을□集ᄒᆞᆯ터인ᄃᆡ第一回納入金은二億萬元中二千五百萬元에ᄂᆞᆫ又內地人의게ᄂᆞᆫ影響을不及게ᄒᆞ기爲ᄒᆞ야外貸를[illegible]ᄒᆞᆫ다더라

●論功行賞 二十一日午後四時發

日本內務省에서日露戰爭之際에特功이有ᄒᆞᆫ各府官吏及公吏又箇人일지라도此에論功行賞ᄒᆞᆯ터인ᄃᆡ事勢에依ᄒᆞ야ᄂᆞᆫ調査委員을各地에派送ᄒᆞ리라더라

●新艦來着期 仝上

今回回航中新造艦鹿島號ᄂᆞᆫ八月六日午前에香取號ᄂᆞᆫ一兩日後同上旬에皆橫須賀에到着ᄒᆞᆯ預定이라더라

北京電報

●西太后病篤 二十二日午後二時發

西太后에御病氣ᄂᆞᆫ其經過가不良ᄒᆞ다더라

●立憲政體 仝上

淸國出洋大臣歸朝後에張之洞袁世凱、岑春萱、等이同時에上京ᄒᆞ야立憲政體에就ᄒᆞ야御前會議를開ᄒᆞᆫ다더라

●巡警防備 仝上

淸國巡警部ᄂᆞᆫ數日來探偵ᄒᆞᆫ港口에派遣ᄒᆞ야革命黨의蜂起之變을防備ᄒᆞᆫ다더라

社報

●建院所發文

右敬函者嗚呼昨年十月新約之成而國權之倒閣忍言哉具時諸公之驅節相繼而作萬古綱常不墜於大東禮義之邦凡我同胞旣不能力迴 國權又不能慰諸公之靈是乃我 韓士民之恥也噫 閔忠正公以勳戚近臣年踰四十貫至一品上有七 老慈下有五箇稚育顧其情則必有少須弁髦死之心而及當 國危主辱之日不念家人之私獨扶君臣之義視富貴如浮雲一刀二裁頸血滿地一封疏兩緘書深藏於遺衣之衿岡非驀國與民之意今又無種之竹忽生於血衣留藏之室四莖九枝挺然穿出於樓板之隙凄凄戚戚盤倚於倚坐之床此悠悠 精靈凝結不散於天地之間化而爲竹者也古之殺身成仁非無其人未有如此之卓異也

趙忠正公以元老大臣年躋八耋休退鄉第凡於家 國之事老不干預惟望餘年之老終及聞條約之成奮發憂愛之忱昇疾上來率僚 庭爭期迴 國權事竟不諧生行死歸已判於心乃於勳府聯房之場仰藥損軀而有其遺疏與遺書畧曰死有餘恨者君危未解也其懸 君之誠死猶未已而竭忠盡命未有如此之雍容也

洪忠貞公一自甲申以後罪廢數十年于茲及聞新約成判以自靖將欲飮藥其子手奪藥器而呼哭公勵聲叱退曰爾之情理固其然矣我生支離也今 國勢至此不死何爲甲午之平家伸冤乃國亾之階也法綱如此安得無今日之變乎我罪人也死後用以白棺無以廣士切勿入葬於先山爾亦平生必以罪廢自處無負乃翁之心言訖卽飮而死其律己之嚴正訣辭之懇惻未有如此之從容也

宋文忠公以儒林宗匠老守東岡不幸新約成而 國事謬慨然出山扶春秋懲討之義判熊魚取捨之分入 都登 筵以奏以疏期於迴天事不從心被彼誣逐及到鄉邑繕封遺疏仍卽飮藥而終其生而衛道死而盡義如是其正大而士林之憤鬱尤倍一層若 贈學部協辦李公相哲官不過判任下僚年纔二十黨有衰老之親志決報 國之義泣訣家人飮毒自處其捨生就義未有如此之勇斷也

贈秘書監丞金公奉學以退士卒伍職不過習藝逐隊而嘗此 國事之誤滿腔忠憤奮然自發于罪性直入將前號泣仰藥招立同僚說明大義一劍快斷碧血濺地其隊卒之殉國 亘古一人未有如此之卓烈也蓋此 諸公之忠烈凛乎若霜雪之寒炳乎若日星之明凡爲我 韓頂天踵地之類孰不欽仰而矜式哉

自 朝家褒於貽侑之 恩靡不用極但尙無俎豆之所實有欠於公議也鄙等忝在紳衿之列雖不能並命於 諸忠殉節之日彝衷所激有不能自已敢發建院之議而定基于鷺梁津葉已陳疏經始工役今至竪柱而但工費係是浩大切非一二人之措辦則請助於同志之 僉君子勢不獲已者故猥玆敢佈伏願 僉尊 俯賜鑑亮隨力義捐使此院役不日竣工以慰天下萬世之紳感爲要

徐相淳 宋奎玉 李載紳 李謙容

●牛山模範

西署西江坊私立牛山學校의請議件은本報에向日揭載ㅎ얏거니와今에本坊內有志紳士와槪各洞父老及統監里任等이本坊總會를開ㅎ고實業家二十六人이自巳口文중으로百圓ㅎ야學校經費를補充ㅎ야永遠勿替하기로一致可決ㅎ야漢城府로修報ㅎ야學部에轉報ㅎ기를稟請ㅎ얏스며

又本坊內居ㅎ는李允章氏의胤君李裕昌氏는外國語에熟ㅎ야今年二十歲인딕其婦翁姜華錫氏로더부러仁川에僑居ㅎ야海關事務를現任ㅎ다가親老歸養홈으로海關事務를抛각ㅎ고還家奉老中牛山學校의敎育發展을企劃ㅎ야其父親게告ㅎ고薪金은不要ㅎ고英語敎을自擔ㅎ야敎育ㅎ야僉像靑年의學業成就홈을人間大樂事로做去ㅎ다ㅎ니吾社는本坊內二十六賛成諸氏의게도感謝혼情을表ㅎ거니와李裕昌氏의父子에게對ㅎ야一體미敎育界上에模範을作ㅎ야全國에矜式이되믈拱誦ㅎ고本坊洞稠의全文을揭載ㅎ노라

私立牛山의請議案件을等因ㅎ야本坊內實業家各旅客主과잇有志紳士父老等이本月十七日에總會를開ㅎ고敎育에關혼事項을議定ㅎ서牛山學校는係是本坊內惟一無二혼我等의子弟를敎育ㅎ야精金美玉을成케ㅎ는基本이니況此國權을申張ㅎ고國光을輝揚ㅎ라면敎育을捨ㅎ고何以ㅎ리오惟我實業數十人이合心同力ㅎ야學校를永遠勿替ㅎ도록注意ㅎ야經議安定ㅎ야一致可決ㅎ옵고出義捐補ㅎ는事項을左開錄告ㅎ우니學部에轉報ㅎ시믈伏望이라ㅎ얏더라

●戴寧不寧 載寧郡人民의來書를據혼則本郡이屢遭變劇ㅎ야每於郡守之不能지吾는世所共知어니와今年正月分에前前郡守秦䄫成氏가逢擾遞任後에李峻圭氏가暫次下車이을다가不過一旬에旋卽辭免이온즉其所前後曠官이今至六朔之間也라巨欵公納之積滯는巳無可言이오許多民間之弊瘼을何可成說乎잇가聾啞所鑑이惟是賢侯之莅ㅣ이옵더니今聞新差郡守丘晉圭氏가方以爲安前郡守로今番殿最時에貶下를當ㅎ얏다ㅎ더니爲人之淸濁과行政之善惡은自可明確ㅎ더러既居貶下則必不能赴任이니政府에서另顧弊邑民情ㅎ야必以廉直稍饒之良吏로不日擇送ㅎ심을千萬祝手혼다더라

廣告

本號新開專做男女各色洋服幷由上海運來各種細이毛물一切表篩屬品件件精全伏望貴士女迅卽來購爲幸

西小門內養泰男女洋服舖

東洋大全 一帙定價 新貨六十錢

牧民心書一帙一圓二十五錢

耳談續纂一冊 七錢五厘

溫故知新堂豐飾 七錢

父師必讀小學指南

人工養蠶鑑一冊 十五

萬國地誌三冊 一圓

農政新書 五十

法學通論 一圓

尺牘完編 一圓五十錢

大韓地誌 七十五錢

發賣所

南門下金相萬

大韓每日申報

鍾路布廛後開豐局을英進士會來氏가本人의게傳授하야仁港桯峴에移設하고高明醫術과藥種을繼嗣丹과水眼藥과珊瑚紫金膏과小兒獺肝丸과鎭痛散과驚癎에軟硬散과載痲丹과痔疾方秘傳膏酒良藥神效藥品이多有하오며貧寒의게는無價酬應도하오니勿論某病하고來問하시옵

仁港桯峴 開豐局主人 宋智仁 告白

一 鷹標煉乳牛乳

印度煉乳牛乳

洋行

…無病時에도服하면平生의…無病하기…精神과耳目諸病과淋…

●九轉靈砂紫金丹 …
吐血 下血 …

內醫司前李가이登上隔第一家

…僉君子는來問하시오

李鶴廷 告白

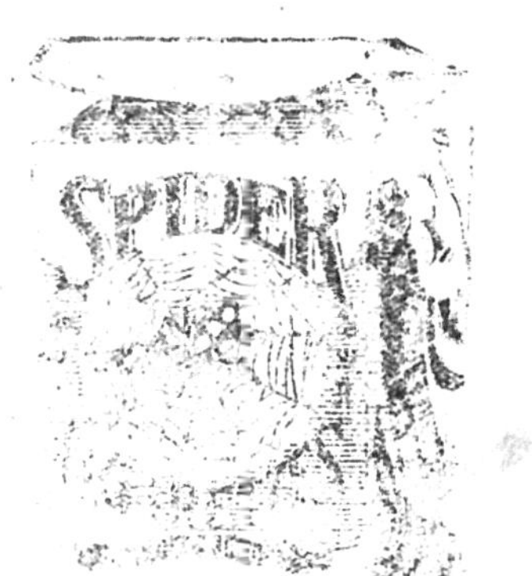

本社廣告

新聞價目

一張代金 新貨二錢

一箇月前條 三十錢

三箇月 九十錢

一 …

…

◉本社地方各處支店廣告

仁川桯峴開新冊肆 李…

平壤南山峴日新學校 金興…

宣川邑橋西 安…

義州南門外韓西大藥房 …

長連邑 金…

鎭南浦藥洞 金…

咸興州南社 …

中和邑 …

釜山佐川徐藥房 …

開城北部梨井里…居培…

校洞校長 …

大丘郡 達城廣文社

發行兼編輯人 英國人 裴說

發行所 大韓每日申報社

第四卷
大韓每日申報
대한매일신보
第二百七十九號

檀君開國四千二百三十九年
箕子元年三千二十八年
大韓開國五百十五年
日本明治三十九年
淸國光緖三十二年
◉陰曆丙午六月大初五日庚午 中伏

論說

巨蛇

韓國 皇帝와大臣及人民을緊縛하ᄂᆞᆫ日本計劃의處置가觀者의게注意及訓戒를供給인바伊藤侯가 皇帝에게셔幾件自由를獲得홀것과外國干涉을不會하고幾個諸言을破棄홀것을試探하며

且同侯가幾件要求로義親王及閣臣의게서適度히請得홀것을探證코져ᄒᆞ며對此人民ᄒᆞ야ᄂᆞᆫ同侯의快諾은豐厚ᄒᆞ되履行은甚薄이오所謂改良은毛羽도成ᄒᆞᆫ日本理論家를渡來ᄒᆞ야韓國各部事務를濁亂홈에不過ᄒᆞ도다

就廷諸大臣은伊藤侯와中機關에經過ᄒᆞ나若彼等이自伊藤侯分立ᄒᆞ야異見을固執ᄒᆞ면彼等之勢ᄂᆞᆫ處於水火兩難間이라司令部牢因을幸免홀지라도日本巡査의保護를脫ᄒᆞᄂᆞᆫ卽時에日本人手의暗殺이亦是恐怖處로다

全國韓民은所有好個產業을漸次見奪ᄒᆞᄂᆞ니友人傳說을引用ᄒᆞᆫ진ᄃᆡ彼等이相當價格에九分之一과面上一拍을槪凡授受ᄒᆞᄂᆞᆫ도다

本記者ㅣ伊藤侯의履氷ᄒᆞᄂᆞᆫ[illegible]知悉ᄒᆞ기에不無其理니同侯前途가專向併韓인줄을彼今知悉이나同侯徑路에不無障礙홈도亦似可信이라若無困難이런들韓國을六箇月以前에公然併呑ᄒᆞ얏스리로다時有一反照ᄒᆞ야俄日戰爭이爲其領有韓國이라고

公然宣言홈이已有ᄒᆞ면現今態를有誰能反對리오마ᄂᆞᆫ日本이該戰役은爲其維支韓國獨立이라고自始宣言ᄒᆞ얏스니近日伊藤侯의行動이犯則嫌疑[illegible]過ᄒᆞ도다濶大方策을若不採用이면伊藤侯의改新은未有功効ᄒᆞ리니這間卑陋姦謀之行은極東英國이라喜稱ᄒᆞᄂᆞᆫ國民의게加之以恥辱홈이로다

官報

◉三千五百十二號 光武十年七月二十三日

◉敍任及辭令

議政府主事 池逸燦
任陸軍幼年學校敎官
正三品 [illegible]
任度支部參書官

任內部[illegible]局長 正三品李圭三
[illegible] 守羅得潤
任[illegible]官 正三品[illegible]會九
任[illegible]昌郡守 從二品[illegible]圭直
任咸從郡守 鐵山郡守朴恒來
任鐵山郡守 正三品李相天
主殿院[illegible]衛局[illegible]官朴震陽
任[illegible]郡守 中樞院參議官[illegible]範俊
任同福郡守 正三品[illegible]
任[illegible]郡守
任交州郡守 林川郡守金甲淳
任[illegible]州郡守 陸軍[illegible]
[illegible]
任[illegible]山郡守 [illegible]洪[illegible]
任鎭[illegible]郡守 [illegible]
任林川郡守 九品[illegible]
陸軍法[illegible]金[illegible]
任議政府[illegible]
[illegible] 光武十年七月十九日
◉[illegible] 光武十年七月廿三日

◉宮廷錄事

義親王堈乞 降九俞蹝
批旨省[illegible]具悉爾懇[illegible]賀之姑停斯亦[illegible]退欲[illegible]其志也與式[illegible]而[illegible]之設[illegible]也此與前[illegible]行體之用[illegible]有[illegible]未可以姑從爾言[illegible]其餘之更勿煩提事遣[illegible]傳諭
七月二十二日

◉三千五百十三號 光武十年七月二十四日

◉敍任及辭令

奉常司[illegible]提調朴[illegible]瑛
依願免本官

命宮內府特進官 從一品李[illegible]克
中樞院贊議李乾夏
命景孝殿提調 正三品[illegible]煥
任奉常司副提調
法部前協辦閔衡植
[illegible]任法部法律起草委員長 法部協辦金奎熙
命[illegible]任法部法律起草委員 內部參書官石鎭衡
[illegible]法部法律起草委員 九品[illegible]榮
正三品丁明燮 九品尹[illegible]
九品朴준性
命[illegible]部法律起草委員
以上七月十九日
軍部主事[illegible]厚一
任陸軍法院主事
任軍部主事 許 堵
九品尹衡[illegible] 仝 李周煥
仝 曹應煥 仝 [illegible]容圭
任內部治道局技手
以上七月廿日

外報

◉英海[illegible]鍊 英海軍에서ᄂᆞᆫ近日에熱心砲術에訓鍊을장ᄒᆞ더니最近에報를據ᄒᆞᆫ則裝甲艦이[illegible]와ㅣ또級二隻은今番鍊習艦에編入되야砲術鍊習所에所屬으로移付되얏다더라

◉三國同盟 桑港電을據ᄒᆞᆫ則德墺俄三國皇帝ᄂᆞᆫ俄領波蘭의監督을爲ᄒᆞ야同盟을締結ᄒᆞ얏ᄂᆞᆫᄃᆡ俄國皇帝가此政策을取홈의[illegible]ᄂᆞᆫ俄國의擾亂은益極猖獗ᄒᆞ고且波蘭도亦此內亂을乘ᄒᆞ야因爲謀反ᄒᆞ야俄國에

●羈絆을脫ᄒᆞᆫ形[illegible]
●反抗水兵의[illegible]을據ᄒᆞᆫ則俄國세[illegible]에서昨年謀[illegible]名의[illegible]民은店[illegible]水兵의[illegible]

◉雜居制度 日[illegible]督府條ㅣ此[illegible]들입의[illegible]等奏請[illegible]것인[illegible]된다더라

◉[illegible]洲俄兵 은目下[illegible]나一面[illegible]야新[illegible]스구에서[illegible]金을建[illegible]員이라더라

◉威海衛[illegible]理公使못구[illegible]에命令으로[illegible]讓과協[illegible]告ᄒᆞ얏더니[illegible]에對ᄒᆞ야準[illegible]ᄒᆞ기[illegible]回電ᄒᆞ얏ᄂᆞᆫ[illegible]

詞藻

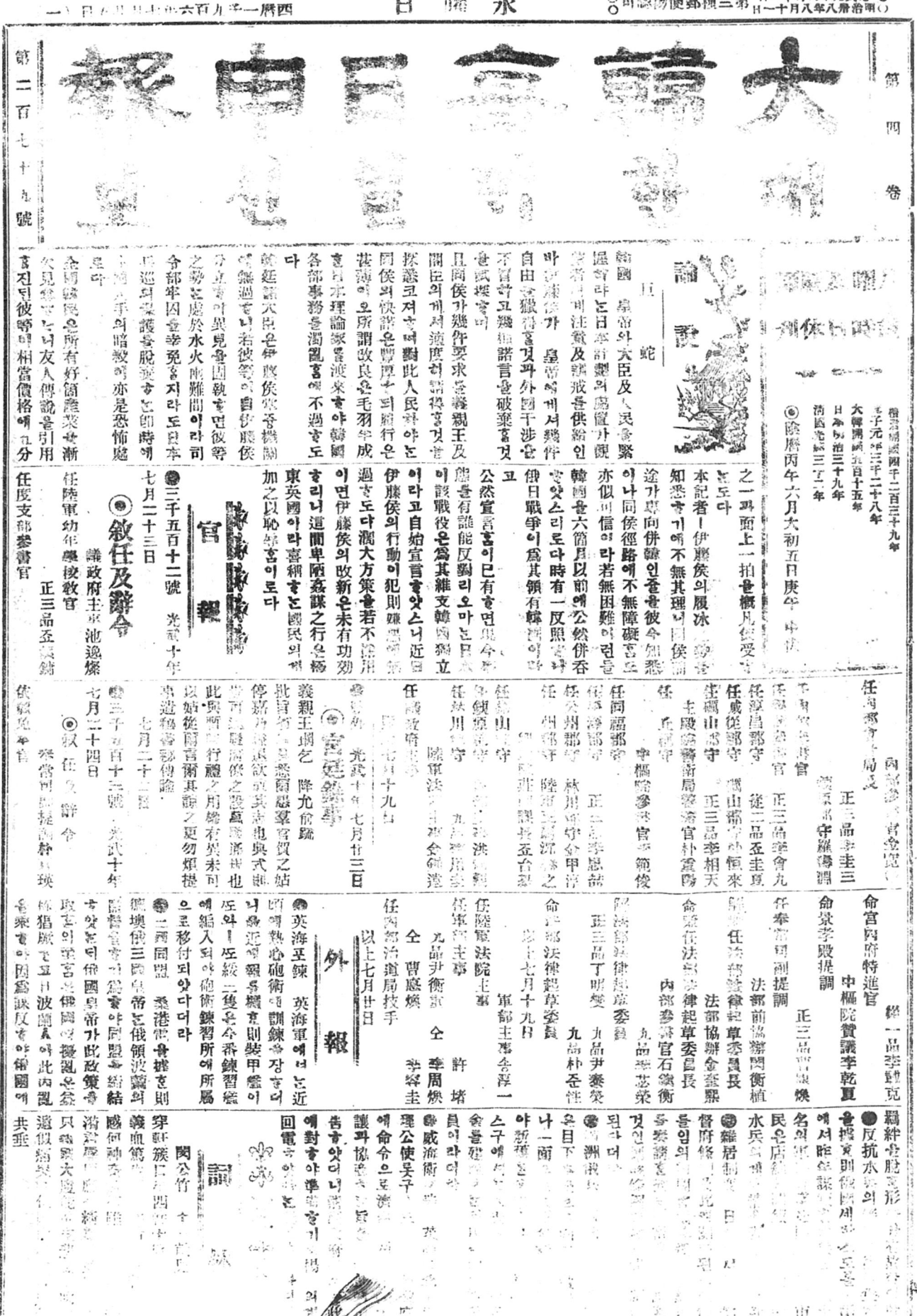

閔公竹 [illegible]
穿軒簇[illegible]西[illegible]
義血篇[illegible]
感何神[illegible]
滿[illegible]
只[illegible]大[illegible]
遺假[illegible]
共垂

雜報

●俄領來韓 京城에駐箚ᄒᆞᆫ俄國總領事폭라손氏ᄂᆞᆫ近日內로京城에着任ᄒᆞᆫ다더라

郵政不信

各地方人員의請求로因ᄒᆞ야分播ᄒᆞᄂᆞᆫ本報가多有滯滯之事ᄂᆞᆫ已揭布ᄒᆞ얏스니郵司에셔宜乎信實傳達케ᄒᆞ야郵標買用ᄒᆞᄂᆞᆫ人에게損害를貽치아니키로務圖ᄒᆞᆯ디거날近日地方購報之査呈이無日不至ᄒᆞ니此ᄂᆞᆫ該司에셔故意停滯케ᄒᆞᆷ인지慢不加意ᄒᆞ야至於此境인지一種郵政의紊亂이如此ᄒᆞ니日本官吏의無能之誚를實不可免이라ᄒᆞ노라

●造卷賣亭 某處來說을聞ᄒᆞᆫ則日人某氏가北村大官[illegible]氏某와符同ᄒᆞ야南山下老人亭을僞造文卷으로買得ᄒᆞ고價錢을方今周旋中이라더라

●調査被打 農商工部에셔東門外映楓亭等地石材採掘事에對ᄒᆞ야主事高亟植氏를派送調査ᄒᆞᄂᆞᆫ데該採掘所幹事人이毆打高氏에不得調査而歸ᄒᆞᆫ故로昨日農部에셔警務廳에訓令ᄒᆞ고該犯을捉致嚴懲케ᄒᆞ라ᄒᆞ얏다더라

●樑上之患 西作洞에內部地方局長鄭봉時氏家에賊한數名이突入ᄒᆞ야錢財衣服等物을一幷搜探ᄒᆞᄂᆞᆫ데同氏의冠宕이混入其中ᄒᆞᆫ故로昨日에一無所着ᄒᆞ야該部에仕進도못ᄒᆞ얏다더라

●假敎被捉 海南郡에셔所謂金甲龍이라ᄂᆞᆫ者이稱以海南地堂傳敎라ᄒᆞ고附近各坊里頭民處와該郡吏廳에行文作俑이라가被捉押上于裁判所ᄒᆞ야照律査覈중인데該裁判所判事李道宰氏가金甲龍의行文一張書留ᄒᆞ고其口供을上送于法部ᄒᆞ야以待處分이라더라

●無端造[illegible] [illegible]雀錫敏氏ᄂᆞᆫ[illegible]部에治[illegible]錄ᄒᆞ야其所入經費ᄂᆞᆫ不[illegible]ᄒᆞ고勅使所管[illegible]係로已爲給役케ᄒᆞ얏ᄂᆞᆫ데其入材石材와工匠等의役價ᄂᆞᆫ尙無一分[illegible]給ᄒᆞᆫ고로[illegible]被[illegible]工匠[illegible]ᄒᆞ고赴役之工匠[illegible]家[illegible]饑[illegible]ᄒᆞ야自然呼寃이日日[illegible]더러該[illegible]를度支部에셔[illegible]支撥ᄒᆞ니其[illegible]工役은自至停廢之境이라ᄒᆞ니[illegible]氏之處[illegible]가[illegible]如此[illegible]非[illegible]者之計測耶아ᄒᆞ더라

●栗亭頹壓 順安郡所在栗園亭은卽 仁元皇后手植栗木之地而該亭子全[illegible]와郡衙六間이去月三十日風雨에竟至頹壓이라고平察署理李重玉氏가[illegible]部로報告ᄒᆞ얏다더라

●當依民願 西江大小民人等이警務廳에請願ᄒᆞ되自老姑山前至西江ᄭᆞ지道路를平坦修築ᄒᆞ야以便人馬之往來케ᄒᆞ라ᄒᆞ얏ᄂᆞᆫ데[illegible]廳에셔ᄂᆞᆫ部로發售ᄒᆞ야依民願修治ᄒᆞᆯ方針을處分ᄒᆞ라ᄒᆞ얏다더라

●金金山訟 日昨某報에셔中署樓洞金在鳳의書[illegible]를據ᄒᆞ야山訟大擾라고雜報欄內에揭載ᄒᆞ기를餘川居全柄宇가金箕昌先山局前에勒葬其妻키로金之族箕豐이私掘全塚ᄒᆞ고自現該郡官庭이라ᄒᆞ며全氏가[illegible]勢悲鬧ᄒᆞ야一洞殘民들이不得安接이라고張皇揭布ᄒᆞ얏ᄂᆞᆫ데該事旨를得聞ᄒᆞᆫ즉當初全氏之入葬이金在喆의宗孫의게금價買山ᄒᆞ야百餘步不當禁地에過葬ᄒᆞᆷ은箭後對質之場에昭然是露ᄒᆞ야所以全直金曲으로郡[illegible]府[illegible]에常至落科이ᄂᆞᆯ金在喆이가竟乃越法私掘而逃躱ᄒᆞᆫ지라其族金箕豐이官庭에納供ᄒᆞᆫ者를當初在喆이가暗囑本人曰汝以私掘ᄒᆞᆫ樣으로自現ᄒᆞ면詩葉一千五百兩이라ᄒᆞ나貪財陷刑이萬萬不當인즉當犯在喆을跟捕照律ᄒᆞ라ᄒᆞ얏스니在喆之越法私掘과移罪其族ᄒᆞ야ᄂᆞᆫ凶習을卽此可見이며且以私掘言之라도屍體를惟意掘擲ᄒᆞ야足指가至於散失ᄒᆞ니據律以論ᄒᆞ면合置重辟뿐더러渠若出於爲先之心이면自現官廷ᄒᆞ야以俟勘處가道理當然이거날渠則逃躱ᄒᆞ고嫁禍其族이節節奸凶이고且以不當之京居金在鳳의名字로ᄒᆞ야날造投書於報館ᄒᆞ니誣人反坐가卽此人之謂也라ᄒᆞ더라

●警官淸道 義親王授冊을昨日丁時에行禮ᄒᆞᆯ時에警務官一人과巡一人이權任二人巡檢丁人을領率ᄒᆞ고淸道差備로進參ᄒᆞ얏다더라

●鴉烟所祟 監獄署에在囚玄致봉은以鴉片罪人으로被捉照律ᄒᆞ야禁獄幾箇月에處ᄒᆞᆫ者인데法部에請願ᄒᆞ기를刑期ᄂᆞᆫ未滿ᄒᆞ고身病은漸인즉特爲保放ᄒᆞ야以待調治後更爲就囚케ᄒᆞ라ᄒᆞᆫ지라該人之病이無乃未吸鴉烟之祟乎아且調治면先吸鴉烟少許라야乃可速效리니似難保放이라더라

●新[illegible]獻盜 [illegible]을聞ᄒᆞᆫ즉江[illegible]道鎭原[illegible]蓋山[illegible]ᄂᆞᆫ林[illegible]은本近侍ᄒᆞ든[illegible]人으로因[illegible]과作[illegible]ᄒᆞ야下[illegible]居生ᄒᆞ더니宮중에有勢力ᄒᆞᆫ[illegible]ᄒᆞ야宮中[illegible]得ᄒᆞ야京鄕各[illegible]에無處不到ᄒᆞ고前後徵斂ᄒᆞᆫ國財가可至[illegible]百萬元이라近日에또上京ᄒᆞ야英親王을爲ᄒᆞ야祈禱ᄒᆞᆫ다稱ᄒᆞ고數萬元을持去ᄒᆞ얏ᄂᆞᆫ데姑舍ᄒᆞ고私橐을[illegible]充ᄒᆞ얏스되行警官吏ᄂᆞᆫ此를不[illegible] 하ᄂᆞᆫ지可歎之事라ᄒᆞ더라

●會報延期 大韓自强會에셔月報發行事ᄂᆞᆫ已揭於本報어니와此回에ᄂᆞᆫ事務草擬ᄒᆞ야定期ᄒᆞᆫ二十五日에舉行치못ᄒᆞ고五六日延期가되ᄂᆞᆫ데原來該月報ᄂᆞᆫ會費로發行ᄒᆞᆯ이아니오李鍾一沈宜性南宮濬三氏가月報發行[illegible]을合[illegible]에[illegible]得ᄒᆞ야同志十一人과資本金을[illegible]聚ᄒᆞ야帝國[illegible]館內에셔印刷ᄒᆞᄂᆞᆫ데編輯은國內의有名ᄒᆞᆫ學問家들이教育과殖産의必要ᄒᆞᆫ[illegible]發[illegible]연述ᄒᆞᆷ이라더라

●監理郡守의合設 再昨統監會席에셔相議ᄒᆞ야各港監理와郡守를合設ᄒᆞ야府尹一人을設寘ᄒᆞ기로確定ᄒᆞ얏다더라

●緣坐免戒 國事犯特赦問題에對ᄒᆞ야李軍大가獨爲反對ᄒᆞ얏다ᄒᆞ더니表禮相異ᄒᆞ야日前軍部奏本時에犯人연坐로免官ᄒᆞ엿던其族人을一一調査ᄒᆞ야免戒奏下ᄒᆞ엿더라

●[illegible]防奸 大韓自强會에셔[illegible]部[illegible]爲造를防奸[illegible]政府에進呈ᄒᆞ고勸令으로經議施行ᄒᆞ라[illegible]部에셔法律案을[illegible]改定ᄒᆞᆫ故로[illegible]出送[illegible]人ᄒᆞ얏다더라

●[illegible] 農商工部에셔[illegible]方擴張ᄒᆞᆫ다ᄂᆞᆫ데[illegible]다ᄒᆞ야事務所[illegible]一萬三千五[illegible]度支部에[illegible]라

●官制改定 宮內府官制와俸給[illegible]令改定[illegible]인데官[illegible]大臣李根[illegible]용和氏가縱[illegible]ᄒᆞ야[illegible]査[illegible]라더라

●一擧兩得 [illegible]部大臣李남洪鎭裕氏[illegible]部[illegible]官을叙任ᄒᆞᆫ다ᄒᆞ다가[illegible]ᄒᆞ얏다더니其李氏[illegible]院[illegible]官李鎬俊氏ᄅᆞ守令으로轉任ᄒᆞ고其代를洪氏로叙任ᄒᆞ얏다더라

●統邸議決 再昨日統監官邸에셔各大臣이會議京事ᄂᆞᆫ昨報에已揭ᄒᆞ얏거니와伊藤統監이三大問題를提出ᄒᆞ얏ᄂᆞᆫ데一은地方制度를改定ᄒᆞ야合郡이經濟上에的當ᄒᆞ나地方人心이姑未整頓ᄒᆞ야吏民의莫知其政策ᄒᆞ고自爲騷動에니合郡問題ᄂᆞᆫ姑爲停止ᄒᆞᄂᆞᆫ거시可ᄒᆞ다고決定ᄒᆞ얏고一은在逃ᄒᆞᆫ國事犯을特赦ᄒᆞᆫ事件이니從速措處ᄒᆞ야以示朝家蕩滌之典ᄒᆞ라ᄒᆞ얏고一은政府를組織ᄒᆞ야[illegible]精勵治ᄒᆞ야各盡其務에[illegible]文明之域케ᄒᆞ라ᄒᆞ얏ᄂᆞᆫ데各大臣이[illegible]後에卽時詣闕上奏ᄒᆞ얏다고政界[illegible]가[illegible]動[illegible]이라더라

●合郡姑停 合郡問題가確[illegible]停止ᄒᆞᆫ지라內部地方制度査所에셔ᄂᆞᆫ大臣命令으로査[illegible]文簿를了勘ᄒᆞ고[illegible]所[illegible]ᄒᆞᆫ다더라

●調査有功 日本政府에셔[illegible]俄開戰時軍人以外有功者를調査ᄒᆞ야論功施賞ᄒᆞᆯ터인데外國人도一體調査ᄒᆞᆫ다더라

●進爵典禮 昨日義親王冊封儀節을權停[illegible]를設行ᄒᆞᄂᆞᆫ데[illegible]議政大臣閔泳徽氏[illegible]百官ᄒᆞ고令和[illegible]에[illegible]與[illegible]公故로設行ᄒᆞ얏다더라

東京電報

●兒玉逝去 七月廿三日午后二時發
參謀總長兒玉大將은腦溢血病으로昨午前에終逝去ᄒᆞ얏다더라

●叙位叙勳 仝
日本兒玉總長은功一級진動章을授ᄒᆞ고年金千五百圓을賜ᄒᆞ고尙且特旨로正二位에叙ᄒᆞ얏더라

北京電報

●將軍抗議 七月二十三日午后二時發
奉天將軍은撫順線鐵礦區가日本國租借地外이믈稱托ᄒᆞ고청國이獨立으로經營ᄒᆞ깃다고日本當局者의게抗議ᄒᆞ얏더라

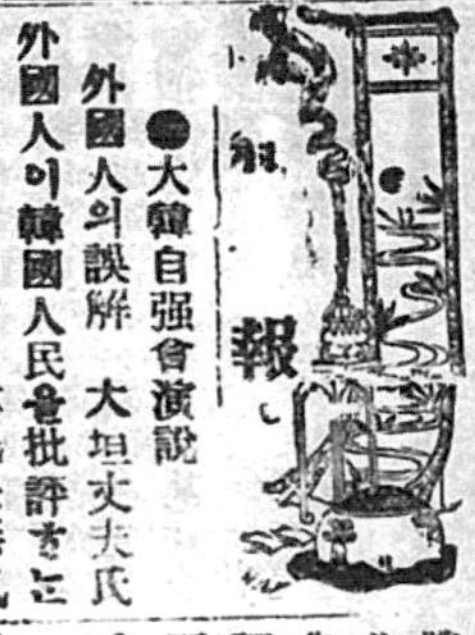

●大韓自强會演說

外國人의誤解　大垣丈夫氏

外國人이韓國人民을批評ᄒᆞᄂᆞᆫ言語를聞ᄒᆞᆫ則皆曰韓民은無氣力、怠惰ᄒᆞ고且猜忌心이多ᄒᆞ야今에腐敗墮落의極点에達ᄒᆞ얏슨則改進文明은終不可望이라ᄒᆞ나余ᄂᆞᆫ思惟컨ᄃᆡ韓民이如斯ᄒᆞᆫ批評을受ᄒᆞᆷ에至ᄒᆞᆷ은多少事實이有ᄒᆞᆷ을因ᄒᆞᆷ이로ᄃᆡ其無氣力、怠惰、猜忌心은決코人種的固有性이아니오全히境遇의所致니夫人種的固有性을變化ᄒᆞᆷ은至難의事業이로ᄃᆡ境遇로生ᄒᆞᆫ習慣性을改善ᄒᆞᆷ은稍히易ᄒᆞᆫ事에屬ᄒᆞᆷ이로다

歷史를按ᄒᆞᆫ則韓國에ᄂᆞᆫ付性富強文明의時代가有ᄒᆞ며人口의多數ᄂᆞᆫ日本民族과同根이오昔往箕子가朝鮮에封王되얏다가漢武에征服되얏스나其後ᄂᆞᆫ支나와分立ᄒᆞ야一國을成ᄒᆞᆷ이隋煬帝ᄂᆞᆫ朝鮮을伐ᄒᆞ다가勝利치못ᄒᆞ고此로由ᄒᆞ야反히亂階를作ᄒᆞ야隋室이滅亡ᄒᆞ얏고唐太宗의英武로도容易히朝鮮을平定치못ᄒᆞ리라然則朝鮮은無氣力、怯懦치아니ᄒᆞᆷ은　에對ᄒᆞ야此抵抗力이有ᄒᆞᆷ으로써可證ᄒᆞᆯ짓도다

日本神功皇后의遠征以後에韓國人이文學、美術、工業、宗教等을日本에紹介ᄒᆞ야傳授ᄒᆞᆫ事蹟은支나大陸의文明을受ᄒᆞ야自行進步ᄒᆞ야越數히日本에勝ᄒᆞᆷ은史蹟의明示ᄒᆞᆫ비니此ㅣ昔時의在ᄒᆞ야ᄂᆞᆫ韓國이日本의先進國으로文明의時代됨을可證ᄒᆞᆯ짓도다

更히日本民族과韓民族과親近ᄒᆞᆫ形跡이有ᄒᆞᆫ거시日本書紀第一神代卷중一書에素盞嗚尊이韓國에到ᄒᆞ야소시　리(江原道牛頭山을謂ᄒᆞᆷ이라)에居ᄒᆞ다가再次出雲國簸川上으로歸ᄒᆞ다ᄒᆞ고又一書에素盞嗚尊이林木을韓國에栽植ᄒᆞᆷ을記載ᄒᆞ고其子五十猛命과妹大屋津姬命、爪津姬命三神은紀伊國(根國은韓國이라)에入ᄒᆞᆫ다ᄒᆞ얏스니日韓兩國이一國의狀態를成ᄒᆞᆷ이埃及、亞시니아等의民族이地中海、紅海의兩岸을往來ᄒᆞᆷ과如ᄒᆞᆷ은可히想察ᄒᆞᆯ짓도다　(未完)

東萊草梁居前議官鄭準斗氏가養園義塾에贊成ᄒᆞ고寄書ᄒᆞᆷ이如　ᄒᆞ더라

敬啓者教育者ᄂᆞᆫ文明的第一趣旨라公校私塾이星羅碁置ᄒᆞ야京鄕間聰俊青年이皆得趨向ᄒᆞ니務日進步가可指日而待故로居常欽嘆矣러니近讀諸報聞上養　義塾成立之報ᄒᆞ고不覺蹈然奮起ᄒᆞ야繼之以舞蹈也로라夫女子學校ᄂᆞᆫ我東四千年以來稀有之事則非謂好新而叫奇也오亦非謂化今而爲冠이라只以教育之本이在乎賢母良妻ᄒᆞ니今日之令孃佳兒이慣熟學問ᄒᆞ고發達智識ᄒᆞ야教導後人이면門　之內에佳子弟와賢孫會가莫非爲國棟樑矣리니今此貴會之設이亶出於憂　君愛國之熱心이니可不欽頌哉아生居在遐陬ᄒᆞ야未即參會講席이나意同契合ᄒᆞ야玆以新貨五圜으로呈略仰呈ᄒᆞ니以補紙筆之資을仰希撤　頌　勸安

●普校卒業　去土曜日에私立普成學校贊文夜學科에서第一回卒業證書授與式을　行ᄒᆞ얏ᄂᆞᆫᄃᆡ卒業生은睦榮大吳命根吳完泳李奎成朴秀金完鍾嚴柱湜黃顯性金昌俊和鎭宋禹榮鄭景允申昌休洪鍾大宋雨植朴熙용丁奎봉朴明煥氏等十八人이오進級生은李達榮祖承七金益洙氏等二十四人인ᄃᆡ該校賞品과學部特賞을頒給ᄒᆞ고校長金甫煥氏ᄂᆞᆫ學科의趣旨를說明ᄒᆞ고學部協辦閔衡植氏와普成專門學校長申海泳氏ᄂᆞᆫ勸勉演說를ᄒᆞ얏ᄂᆞᆫᄃᆡ頗히盛況을呈ᄒᆞ얏더라

●進校夜學　靑進學校에서監督閔亨基贊成員李南圭兩氏가該校內에夜學一科를另設ᄒᆞ고學員을募集ᄒᆞ야不拘年齡ᄒᆞ고熱心勸勉ᄒᆞᄂᆞᆫᄃᆡ學員中李根浩氏ᄂᆞᆫ年今四十에家貧親老ᄒᆞᆫ지라晝則勞勞服田ᄒᆞ고夜則孜孜致力學ᄒᆞ기로或者惜其時晩ᄒᆞᆫ즉同員의答이幼不守父師之訓라가壯而欲學ᄒᆞ니我罪我罪라ᄒᆞ고현然沾眶ᄒᆞ거날李南圭氏가勸解ᄒᆞ야云ᄒᆞ되幼而學之ᄂᆞᆫ如日之昇ᄒᆞ고壯而學之ᄂᆞᆫ日之中ᄒᆞ고老而學之ᄂᆞᆫ如夜秉燭ᄒᆞ니勿以時晩弛心ᄒᆞ고勉勵做去ᄒᆞ면他日拜蒙을對君預期ᄒᆞ오聞者無不激感ᄒᆞ야該會員이惟日增進ᄒᆞᆫ다더라

●龍民願留　全羅北道龍潭郡守徐相轍氏ᄂᆞᆫ莅任四朔에廉白之操와慈愛之惠가洽于民心인ᄃᆡ今番春夏等殿最에中ᄒᆞᆷ으로印章을封上于觀察府ᄒᆞ고東裝發行ᄒᆞᆷ이該郡士民오遮路擧轅ᄒᆞ야不得發程이고又民人等이願留次로舉其實跡ᄒᆞ야內部에呈訴ᄒᆞ얏다더라

本社廣告

中報
一張代金 新貨二錢[illegible]
一箇月前金 [illegible]
三箇月 [illegible]
[illegible]

◎本社[illegible]方各[illegible]
仁川[illegible]峴閔新[illegible]
平壤南山峴[illegible]　金[illegible]
宣川邑[illegible]
義州南門外[illegible]
長連邑
鎭南浦[illegible]
城津州南[illegible]
中和邑
釜山佐川[illegible]
開城北部[illegible]
校洞校長
大丘部

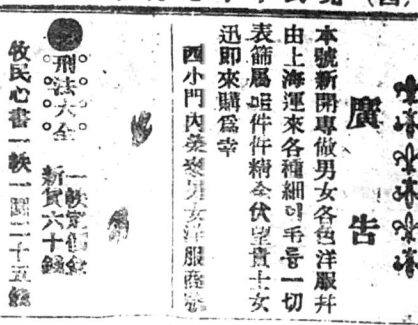

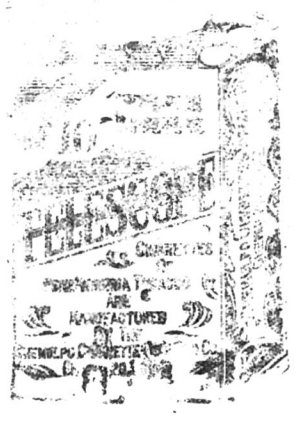

發行兼編輯人[illegible]
發行所[illegible]
大韓每日申報社

第四卷

大韓每日申報
대한매일신보

二千二百八十號

月曜及勝節 臨時日休刊

檀君開國四千二百三十九年
箕子元年三千二十八年
大韓開國五百十五年
日本明治三十九年
清國光緒三十二年
◉陰曆丙午六月大初六日辛未

論說

海關聯合

韓日海關事務의聯合之議가發起已久터니現今著條를觀之컨ᄃᆡ日本政府가此議를實行ᄒᆞ기로確定ᄒᆞᆫ지라駐韓日本公使館參書官이近日에此問題를說明ᄒᆞᆷ도可以記憶이어니와日本政府가此人意見을分取ᄒᆞᆷ을亦可知悉ᄒᆞᆯ것ᄂᆞᆫ라大阪每日新報에東京通信을接據ᄒᆞᆫ즉日本政府가海關聯合之議를唱導ᄒᆞ되此ᄂᆞᆫ慣例를强ᄒᆞ야其保護地方에實施ᄒᆞᆷ과同一計策이오且現今韓日貿易의利益이多大ᄒᆞᆷ으로加ᄒᆞᆷ을表彰ᄒᆞᆷ이라ᄒᆞ얏스니

若其提議가韓國稅關收額을日本과同一히增加ᄒᆞᆷ일진ᄃᆡ此改革이惟其日本希望인줄은卽知ᄒᆞ깃스나對其韓國과及其隣邦列强諸國ᄒᆞ야ᄂᆞᆫ此計策에有何希望인지不能探解ᄒᆞ깃노라

必要ᄒᆞᆫ韓國製造興業에實妨障礙物이日本製造物의無稅輸入을認許ᄒᆞᆷ에莫大ᄒᆞ니日本이輸貨韓國ᄒᆞ기에經費不多ᄒᆞᆷ으로年來沾利ᄒᆞᆷ을顧計컨ᄃᆡ韓國內商店에何許競爭力을足以抗拒ᄒᆞᆯ거시어날

倘且日本에輸入ᄒᆞ야一次報稅ᄒᆞᆫ物品을韓國으로免稅轉輸케ᄒᆞ면日本이韓國에物貨配運ᄒᆞᄂᆞᆫ中央点을作ᄒᆞ야交付ᄒᆞᄂᆞᆫ手料와運輸ᄒᆞᄂᆞᆫ賃金을日本이嬴利ᄒᆞ리로다

日本이國內에輸入ᄒᆞ얏다가韓國으로免稅轉輸ᄒᆞᄂᆞᆫ物件에서收納ᄒᆞᆫ稅金額을韓國에還償ᄒᆞᆯ順序를若不整理면韓國出納院은有何所利일지未顯其光이요但韓國人民이償金은未得ᄒᆞ고日本의內地製造를獎勵ᄒᆞᄂᆞᆫ輸入稅金의重負를分擔케될지나所稱聯結이란此顯著結果가使此韓人으로外國物品需用上에日本을專依케ᄒᆞᆯ거시오韓國製造興業에大有妨害ᄒᆞ리로다

日本이韓國事를干涉ᄒᆞ기에遼今認容件은日本이韓國人民을利益케ᄒᆞᆫ다ᄂᆞᆫ거시여날現今事機로觀컨ᄃᆡ此聯合이未至好果요日本人이確乎能言ᄒᆞᄂᆞᆫ惟一表義ᄂᆞᆫ韓日兩國通商利益이多大增加ᄒᆞᄂᆞᆫ거시라

此表義ᄂᆞᆫ但日人所見이오其他所見에ᄂᆞᆫ一切反對니若他列强이如此方策을認許ᄒᆞ면此ᄂᆞᆫ列强이多有能勢ᄒᆞᆫ一國通商의大利益을故意永棄ᄒᆞᆷ이오使此韓人으로永作農民ᄒᆞ라ᄂᆞᆫ日本의顯然意思를斷言ᄒᆞ리로다

官報

●號外 光武十年七月廿四日

◉敍任

從一品閔哲勳

命義親王府總辦敍勅任官三等 正三品金澤基

任義親王府贊尉敍奏任官四等 六品高鼎柱

任義親王府典衛敍判任官四等 六品李鎬圭

任義親王府典衛敍判任官六等 九品李重璟

任義親王府典衛敍判任官七等

以上七月廿二日

●三千五百十四號 光武十年七月二十九日

內部地方局長崔錫敏

解兼任內部治道局長

內部地方局長鄭鳳時

兼任內部治道局長

任京畿觀察使 正二品李根洪

以上七月十九日

奎章閣直學士吳明根

依願免本官

任奎章閣直學士 從二品鄭寅昇

固城郡守李晋鎔

任經理院莊園司長 昭慶園奉事沈鍾璿

前主事李世基

任度支部主事

以上七月二十日

任內部主事 九品嚴柱澤

七月廿三日

◉宮廷錄事

議政府參政大臣朴齊純內部大臣李址鎔謹

奏京畿觀察使李根澔才已陳疏蒙允準按該府人員等仍留可驗務使之職已請日北方制度行政施行時此[illegible]予京畿觀察使李根洪特爲仍任何如謹上 奏

光武十年七月十九日奉

旨依奏

太僕司長李鍾華辭職疏

批旨省疏具悉所請許遞

七月廿二日

◉敍任及辭令

任度支部主事 前議官印東植

七月十八日

度支部主事李世基

依願免本官

外報

●俄國議會 伯林電을據ᄒᆞᆫ則俄國議會ᄂᆞᆫ四百餘의多數로國民의過激ᄒᆞᆫ宣言을發表케ᄒᆞ고地稅를否決ᄒᆞᆫ지라此否決은穩和ᄒᆞᆫ議會와帝間은緩和調停ᄒᆞᆯ希望이라더라

●英國滿洲貿易 倫敦電을據ᄒᆞᆫ則英國下議院에서外務大臣이答에曰日本이滿洲에서英國貿易을阻障ᄒᆞᆫ이有ᄒᆞ다言明ᄒᆞᆷ이無ᄒᆞ야政府ᄂᆞᆫ調査中인ᄃᆡ此問題ᄂᆞᆫ英國에注意를喚起ᄒᆞ기되깃다더라

●肅親王의復命 北京電을據ᄒᆞᆫ則肅親王이蒙古에巡視事로伏奏ᄒᆞ얏ᄂᆞᆫᄃᆡ其內容이蒙古의荒地를開墾ᄒᆞ야利源을起ᄒᆞ고學堂을振興ᄒᆞ야民智를開發ᄒᆞ고土人을集ᄒᆞ야防備軍을編成ᄒᆞᆷ이在ᄒᆞ더라

●英艦訪問 俄帝께서[illegible]內의形勢가英國艦隊의訪問을[illegible]ᄒᆞ다ᄒᆞ야更히適當ᄒᆞᆫ時機까지延期ᄒᆞᆷ을請求ᄒᆞᆷ이[illegible]仍히中止ᄒᆞ얏다[illegible]國에紛擾가有ᄒᆞᆷ을不[illegible]定ᄒᆞᆫᄃᆡ로俄國을訪問ᄒᆞ라ᄒᆞᆷ은國際間信義禮節을[illegible]ᄒᆞᆷ이오俄國이此를辭ᄒᆞᆷ도亦禮意를不失ᄒᆞ얏다더라

詞林

●忠正竹賦 春岡 李原鎬

青隱 姜允熙

維客斂之玄으ᄆᆞ兮公邇世之不絅 身一毛而惟輕兮決寸鉞之如陰霜 魂遊游於上蒼兮血濆精於陰墻 市兒奔其告竹兮塔典宅而吁傷 蹤其君之特立兮何彼猗矣堅强 惟四幹與九枝兮葉四一瓣抽節 堅旌於托冥兮精若寓於臧蒼 四海聞風而聲兮八域親陰而興悵 故貪鄙之廉立兮奸猾之자상 忿寇忠與懸師兮豈彷彿乎相方 栢之空心而薇之餓兮亦其比則不相當 休矣美矣義幹혜遠揚翼佐我皇邦 亘天地之兩國혜장日月之輝光 操風化於字宙혜書盧恭于帝傍 苟有起於忠義혜盡往觀乎斯堂 吁英靈之陟降혜凝丹巢之婆 將日我韓之同胞혜悉爲竹芳 何婦孺拜而贈白衲혜淚隨聲而[illegible]

雜報

●美報論日 昔金山報에云ᄒᆞ되日本이俄國과開戰ᄒᆞᆯ時에日本이宣言曰此次之戰은淸國의領土를保全ᄒᆞ며高麗의自由를擁護ᄒᆞ기爲ᄒᆞᆷ이라ᄒᆞ더니由今觀之컨ᄃᆡ其言이不副ᄒᆞ야佯托仁義之名ᄒᆞ고陰遂侵略之志라其戰勝以來에淸國이實不嘗蒙其利ᄒᆞ고其保全高麗一語가亦托諸空言이니今之高麗는在世界上에不過存一名 而已오實則已爲日本之一行省이라日本이握其勢權ᄒᆞ며干預其內政ᄒᆞ며掌理其外交ᄒᆞ며管轄其稅關ᄒᆞ며把握其財政ᄒᆞ며經營其路礦ᄒᆞ니皆爲自己之利益而已라華盛頓日領事署에서傳出消息을據ᄒᆞ건ᄃᆡ日本이照約을不許ᄒᆞ고도滿洲에所謂之租借地를管理ᄒᆞᆯ權이有ᄒᆞ다ᄒᆞ고且未立和約以前의日兵이在饒處所ᄒᆞ야占據之地가亦歸其管理라ᄒᆞ고近日에日本政府가又揚言曰五月一號에開放滿洲高麗ᄒᆞ고六月一號에開放奉天ᄒᆞ고某日에開放大連灣이라ᄒᆞ니其實가殆ㅣ示信於人이나不知此事가爲淸國主權所關을彼全未顧及ᄒᆞ야在高麗所爲와無異ᄒᆞ니彼殆以高麗로視淸國이라ᄒᆞ얏더라

●學大逗留 學部大臣李完用氏가統監府書記官을帶同ᄒᆞ고平安北道와咸鏡南道邊界七邑을視察次로京義鐵道特別車를搭乘ᄒᆞ고發行ᄒᆞᆫ事는已揭前報어니와現今李學大는有何事故인지鎭南浦港에서逗留중이라더라

●訓飭拔票 內部에서法部로照會ᄒᆞ고全羅南北道慶尙北道平安南北道咸鏡南道觀察使의게爲先訓飭ᄒᆞ야各其管下各郡道路測量標木에對ᄒᆞ야如有拔去毁撤ᄒᆞᆫ犯이어던不以爲律에嚴히處罰케ᄒᆞ라ᄒᆞ얏다더라

●轉挪公錢 振威郡守白南奎氏가該郡公立小學校를一新建築ᄒᆞ고其不足額一千三百四十一兩을劃下ᄒᆞ라고學部에報告ᄒᆞ얏더니學部에서指令ᄒᆞ기를校舍修補가變將然矣나校舍[illegible]費가何無立ᄒᆞ이거날何以巨[illegible]인지甚涉詐惑이라該郡所入殺結은不得支撥이고除滅於結錢一은所管이各殊인즉亦非前例이라ᄒᆞ얏는ᄃᆡ該郡守는不度論財之策ᄒᆞ고有該公錢을輕先나用이極涉悚悶이나旣爲建築費額을益無充納이니特爲支出케ᄒᆞ라고又爲報請ᄒᆞ얏더라

●挾雜尙存 傳說을聞ᄒᆞᆫ즉日前에耆老所屈員一人이度支大臣閔泳綺氏의게前往ᄒᆞ야慶尙北道某某七郡에卜駄稅收捧을認許ᄒᆞ라ᄒᆞᆫᄃᆡ閔度大臣이現今雜稅革罷之日에安有認許之義歟아ᄒᆞᆫ즉該人이自袖中으로自主通符를出示ᄒᆞ며曰此是勅敎라ᄒᆞᆷ으로閔度大가事體所在莫可抗拒ᄒᆞ야不得已默許ᄒᆞ얏다니蓋自主通符는所重이逈異ᄒᆞ야只一莫嚴之地에纔在ᄒᆞᆯ것이어날此等挾雜之類가從何以得出인지所謂宮禁肅淸도推此可知오日人警察의無能ᄒᆞᆷ도亦推此可知라ᄒᆞ더라

●中下一般 濟州牧使趙鍾桓氏는管下三 守의春夏等褒貶을來報ᄒᆞ는ᄃᆡ濟州郡守金秉培氏로專以私嫌으로居下시켯더니自己는該道觀察使李道宰氏褒貶에居中이된지라盖氏의座地가異於郡守ᄒᆞ니面皮가雖厚百匝이라도想必辭免이라더라

●內訓嚴截 內部에서咸南觀察使의게訓令ᄒᆞ고前관察使申箕善氏의納賂認禊ᄒᆞᆫ事實과定平郡守尹秉憲氏의貪虐不法ᄒᆞᆫ情跡을詳細報明ᄒᆞ라ᄒᆞ얏다더라

韓民露處

距平壤城東二十里許에在ᄒᆞᆫ林村은田地肥沃ᄒᆞ고人戶가數百이라日兵之自滿洲撤還者가該地를占領ᄒᆞ야居民을逐出ᄒᆞ니男女老少가棲遑道路ᄒᆞ다가不得已野外에草幕을搆就ᄒᆞ고風餐露宿의生活을作ᄒᆞ니此는世界萬國에未聞ᄒᆞᆫ慘景인ᄃᆡ况且日兵이或夜間에突入草幕中ᄒᆞ야婦女를索刦ᄒᆞ는行爲도有ᄒᆞ나人民이此等事로司令部에呼訴ᄒᆞ면行悖ᄒᆞᆫ兵丁을懲治ᄒᆞᆫ다ᄒᆞ고旋卽放送이라ᄒᆞ더라

●逐民畜獸 伊藤侯가韓日兩國皇室收畜場을設置ᄒᆞᆫ다ᄒᆞ고平壤及附近郡에收畜場區域을立票劃定ᄒᆞ얏는ᄃᆡ平壤은六洞江以東에六坊이오江東郡에五坊이오祥原郡에一坊이오三登郡에一坊인ᄃᆡ周回ᄂᆞᆫ餘里와此乃國中에第一膏腴之土이오人戶稠密之處라所謂收畜場은開曠荒蕪之地에就ᄒᆞ야設置ᄒᆞᄂᆞᆫ것인ᄃᆡ今에如此膏腴之土와人戶稠密之處를抑收用ᄒᆞ야人民을驅逐ᄒᆞ고牛馬를畜養ᄒᆞᆫ다ᄒᆞ니此는土地를貪ᄒᆞ야牧畜을憑藉ᄒᆞ고日本國民을移殖ᄒᆞᆯ計劃인지此土地에居ᄒᆞ던民의男女老幼는將次何地方으로區處코져ᄒᆞ는지該地人民이韓政府와日本統監府에呼訴次上來ᄒᆞᆫ다더라

●內訓各道 已因聲報民訴ᄒᆞ야有所指飭申飭인바近以地方合郡等說로仍致浪藉ᄒᆞ야爲郡守者는皆懷患失ᄒᆞ고所謂吏屬은慮絶料類에煽動浮言ᄒᆞ야以致民心滋擾ᄒᆞ니誠極駭歎이라大抵合郡事件은自政府로初無定議이거날今此訛說이從何傳播인지現自外形으로概論則人心未定이어날其無據로婦惑輿情이기로玆庸發訓ᄒᆞ니到卽另飭管下各郡ᄒᆞ야俾爲字牧者로安於察職ᄒᆞ고吏屬及庶民으로開悟安業케ᄒᆞᆷ이爲宜事라ᄒᆞ얏더라

●內大宣言 總議會席에서合郡問題는永爲停止ᄒᆞᆫ지라李ᄂᆡ相이還家ᄒᆞ야對其門客ᄒᆞ야合郡停止를頒布宣言ᄒᆞ얏고ᄂᆡ部官吏의게演說ᄒᆞ기를隨其所親ᄒᆞ야在民守令으로少勿合郡之慮ᄒᆞ고即爲下去케ᄒᆞ라ᄒᆞ얏더라

●調査會同 土地所管調查所에서日前政府內에第二次會同ᄒᆞ야土地所管調査問題를各委員이分掌ᄒᆞ얏ᄂᆞᆫᄃᆡ土地에關ᄒᆞᆫ事項을一體調査ᄒᆞ되全國土地를自初沿革時에山林川澤礦山屯土賜牌地及一般土地에關ᄒᆞᆫ結稅區別을詳査ᄒᆞᆫ다더라.

●統監辭退 伊藤統監이宮ᄂᆡ大臣李根澔氏親任ᄒᆞᆷ에對ᄒᆞ야由統監府[illegible]ᄒᆞ고相持ᄒᆞ야交誼를自此篤親케ᄒᆞ랴ᄒᆞ더니皇上陛下께셔各別히下示ᄒᆞ신지라統監이[illegible]ᄒᆞ얏다더라

●[illegible]封別[illegible] 義親王殿下册封儀節을昨日設行ᄒᆞ얏ᄂᆞᆫᄃᆡ金册玉册의印을宣嘉洞本宮에封進ᄒᆞ지라[illegible]下各宮備官別單[illegible]ᄒᆞ얏더라

●[illegible]工聘[illegible] 度支部에서統監府와公函ᄒᆞ야[illegible]水道工事漸次擴張ᄒᆞ야[illegible]가去益浩繁이옴기로[illegible]鈴木[illegible]以[illegible]部水道局工務技師로方行[illegible]聘ᄒᆞ오며仰佈ᄒᆞ니[illegible]府에서[illegible]爲通知ᄒᆞ[illegible]을爲要라ᄒᆞ얏ᄂᆞᆫᄃᆡ月俸은二百圓이오[illegible]給料ᄂᆞᆫ二千六圓이더라

●兩大被責 伊藤統監이國事犯問題에對ᄒᆞ야李埈鎔氏特赦를提起ᄒᆞ며宮部大臣李根澔氏와ᄂᆡ部大臣李址鎔氏가反對ᄒᆞ기를[illegible]法에不得[illegible]律ᄒᆞ고果難赦還이라ᄒᆞᆫ지라伊藤侯가大[illegible]曰李埈鎔이가初犯何罪ᄒᆞ얏스며且赦還ᄒᆞ면此人이政府를占據ᄒᆞ야有何疑端ᄒᆞ야向今靳持ᄒᆞ야ᄒᆞ고李兩大臣을責出ᄒᆞ얏다더라

루터電報

●露帝詔勅 二十四日午前十一時發

露國皇帝는詔勅을發ᄒᆞ야議會를解散ᄒᆞ고更히明年三月로[illegible]期ᄒᆞ야新議會召集의命을出ᄒᆞ얏더라

議會解散後는[illegible]及[illegible]領과警官等이此를警衛ᄒᆞ며又各國大使館에도護衛兵을[illegible]ᄒᆞ얏더라

又軍隊內에는不穩之兆가有ᄒᆞ더크론쓰탓트守備兵[illegible]이起ᄒᆞ야騎兵을派遣ᄒᆞ야鎭壓ᄒᆞ고세바쓰트폴에셔ᄂᆞᆫ水兵二千五百餘名이會議를開ᄒᆞ야形勢頗히不穩ᄒᆞ다ᄒᆞ더라

解散後議員多數ᄂᆞᆫ芬蘭에往ᄒᆞ야目下形勢에就ᄒᆞ야[illegible]ᄒᆞᆫ다더라

露帝陛下ᄭᅴ셔官吏에게[illegible]ᄒᆞ야朕을失望케ᄒᆞ얏고議會ᄂᆞᆫ豫期ᄒᆞᆫ바를反對ᄒᆞ야[illegible]을不得ᄒᆞ고權限外에[illegible]爲에出ᄒᆞ얏다ᄒᆞ얏더라

東京電報

●論功行賞 二十四日午後四時發

論功行賞은本日(廿四日)부터發表ᄒᆞ야第十一師團將校以下의게對ᄒᆞ야功七 以下로敍勳ᄒᆞ얏더라

●臨時會議 全上

本日廿四日에臨時樞密院會議를開ᄒᆞ고關東都督府官制에就ᄒᆞ야會議ᄒᆞ얏스나[illegible]ᄒᆞ야議決에不至ᄒᆞ고更히明日廿五日에開會ᄒᆞ기로되얏더라

雜報

●大韓自强會演說

外國人의誤解 大垣丈夫氏

其後日韓交通이頻繁혼時代에諸般學藝文物을日본에輸入홀에言語가便利하야通譯을用홀貌樣이無ᄒᆞ고王仁이千字文、論語를齎ᄒᆞ야日본皇子에게敎授홈이韓語로써漢文을通譯혼貌樣이니古世에日韓兩語가殆히相同홈은現時法朗西、伊太利、西班牙諸國語가類似홈과如홀듯ᄒᆞ도다

然而韓人은古代에文明의高度에達홈이有ᄒᆞ고又韓國의富强의時代가有ᄒᆞ얏스며又其東南邊의住民은日本西邊의住民과同根된바證은歷史上에明記혼비

如斯히同根의二民族에其性質이全히相反됨은此ㅣ元來先天的本性이아니오古今에變遷과形勢의推移와境遇의事情이同根의民族을變ᄒᆞ야殆히別人種과如케ᄒᆞ얏도다

思惟컨ᄃᆡ日本人은島國에繁衍ᄒᆞ야他의干涉을不受혼結果로不羈獨立의民族을生ᄒᆞ야天然의地理上에他邦에侵犯되지아니ᄒᆞᄂᆞᆫ自信의人種이되얏고韓人은半島國에棲息ᄒᆞ야支나중部에變亂이有혼時마다其影響을受ᄒᆞ야漢武에征服되며隋唐에被擊ᄒᆞ며元明에壓服되야海峽을隔在혼日本보다屢次侵略을被ᄒᆞ야日支兩國의勢力衝突혼時에ᄂᆞᆫ韓國이兩國의先鋒에驅使되며又其國土가兩者競爭의戰塲이되지라如斯히其偏小ᄒᆞ야自立의力이乏혼故로每常兩者의一을事ᄒᆞ야暫時의苟安을保ᄒᆞ기外에ᄂᆞᆫ更無ᄒᆞ니此形勢、境遇가韓國의政府人民으로ᄒᆞ야곰事大의慣習性을養成케ᄒᆞ얏도다 未完

柴炭株式用達會社趣旨書가如左ᄒᆞ니

國富民强之策이實在乎貨殖而貨殖之道ᄂᆞᆫ莫若擴張商業이라故로泰西列强에ᄂᆞᆫ政府를另設ᄒᆞ야專로敎育ᄒᆞ거날目今我韓은非但商法之未定이라亦不知商務之如何ᄒᆞ야賣買之際에多取價利ᄒᆞ야以賤爲貴ᄒᆞ고以貴爲賤ᄒᆞ야

商業이由是而凋殘ᄒᆞ고人心이以至而自侮ᄒᆞ니寧不慨歎가所以로本人等이沿江上下에柴炭兩種의商業을擴張ᄒᆞ기爲ᄒᆞ야農部에請求ᄒᆞ야認可를承因ᄒᆞ고本社를京城中央에實ᄒᆞ고株金五千株를募集하되一株에二十圜으로定하고十回에分ᄒᆞ야收合ᄒᆞ며

商規를改良ᄒᆞ야欺瞞ᄒᆞᄂᆞᆫ習慣을除去ᄒᆞ되營業上에貳賣私手之弊가或有ᄒᆞ야紛失之歎이不無ᄒᆞ니此等境遇에ᄂᆞᆫ本社에서檢察措處ᄒᆞ야公正혼規範으로買賣에便利를隨ᄒᆞ야沿江上下에船艦柴炭이나筏木이來到혼時와各廣柴場及山坂에要買홀時에對ᄒᆞ야

資本金을本社에請求ᄒᆞ면本社에서實地를調査ᄒᆞ야確據가有혼後該金을出給ᄒᆞ야使之營業케ᄒᆞ야方便利益을擴張完備ᄒᆞ야共篤于富强之界가此爲本社之趣旨也니唯我有志同胞ᄂᆞᆫ協心齊力ᄒᆞ야本國本社之振擴케ᄒᆞ시면不啻本社之幸甚이라國民富强之道에亦爲幸甚

●港民情苑 三和港警務署에셔良民捕捉혼事件은已往揭載ᄒᆞ얏거니와該事件을更聞혼즉所謂安息日敎會、崔用瓚夫妻가該港巡檢金用燮李永浩에敎囑을受ᄒᆞ며誣訴ᄒᆞ되丕鎭國夫妻가自巳物件을盜去ᄒᆞ얏다혼故로丕哥夫妻가無罪히懲刑을四五次當ᄒᆞ얏ᄂᆞᆫ듸該港에셔다丕哥夫妻가의昧ᄒᆞᆷ을知ᄒᆞ고民訴가有ᄒᆞ야誣訴ᄒᆞᆫ崔哥夫妻와良民捕捉ᄒᆞᆫ巡檢李永浩ᄂᆞᆫ逃走ᄒᆞ고捧招ᄒᆞᆫ즉李根夏金用變을該監理署에서捉因ᄒᆞ얏다가李金兩人의게賂物을受ᄒᆞ얏든지捉囚ᄒᆞ얏든巡檢二人을逃亡시힌故로該港民心이拂鬱ᄒᆞ여將來무삼措措가有ᄒᆞ리라더라

●洪氏嗟蘇 平壤外城居洪永承氏ᄂᆞᆫ、以貧寒으로勤儉治產ᄒᆞ야所有田土가五六百畝에至ᄒᆞ니全家ᄭᅵ口가此로ᄡᅥ生하더니昨年에 田土가日本軍用地段中에入ᄒᆞᆫ지라同氏가其妻子의迫於飢死홈을憫嘆ᄒᆞ야自然得病ᄒᆞ야呻吟多月에漸至危篤이러니今自日은統監府로軍用地段은六萬坪만取用ᄒᆞ고其他地段은韓民의게還付ᄒᆞᆫ다ᄂᆞᆫ說을聞ᄒᆞ고臨年沈痾이忽然差蘇ᄒᆞ얏다ᄒᆞ니大抵人民의財產은卽其生命이라所以로愛其財產이無異生命이거날世之不仁不義ᄒᆞᄂᆞᆫ者ᄂᆞᆫ藉其强力ᄒᆞ고肆其貪欲ᄒᆞ야人民의財產을侵取ᄒᆞ되毫無顧忌ᄒᆞ니此ᄂᆞᆫ人道之所不忍이오天道之所必誅라ᄒᆞ노라

廣告

本號新開專做男女各色洋服幷由上海運來各種細이毛音一切表飾屬咱件件精좋伏望貴士女辽回來購爲要

西小門內美泰男女洋服商號

● 刑法大全 一帙定價金新貨六十錢

牧民心書一帙 一圜二十五錢
耳談續纂一冊 七錢五厘
溫故知新堂叢鈔 七錢五厘
父師必讀小學指南 七錢五厘
人工養蠶鑑一冊 二十五
萬國地誌三冊 一圜
農政新書 五十錢
法學通論 一圜
尺牘完編 一圜五十錢
大韓地誌 七十五錢

發賣所 布屛門下金相萬冊肆 大韓每日申報社

鍾路布廛後開豐局을李進士會來氏가本人의게傳授ᄒ야仁港杻峴에移設ᄒ고…

榮氏와同事ᄒ는ᄃ…丹과水眼藥과珊瑚業金膏와小兒痼瘧에鎭痛散과痰癖에軟硬散과救瘡丹痔疾方秘傳膏酒良等神效藥品이多有ᄒ오며貧寒의게는無價酬應도ᄒ오니勿論某病ᄒ고來問ᄒ시옵

仁港杻峴開豐局主人 李智仁 告白

…當神驗ᄒ야製造ᄒ靈丹인ᄃ男…無病時에도服ᄒ면平生의…服ᄒ면十歲안에無病ᄒ기…

●九轉…丹은…症과中風瘋疾과耳目諸病과淋…神效ᄒ고

●九轉…保命丹은…小兒 驚風 痢疾 咳嗽 癨亂 …般症과…下症에…效ᄒ어

●九轉紫砂膏業丹은酒毒 食滯 血積 吐瀉 霍亂 痢疾 吐血 下血 運氣 時疾 瘧症에神效ᄒ오

●九轉靈砂業金丹은痔漏 瘰癧 上疳瘡 下疳瘡及唐瘡과諸般毒瘡瘍瘰癧에無不神效ᄒ오니 僉君子는來問ᄒ시오

內醫司前뒤가이卷上隣第一家 李鍾廷 告白

一 鷹標 … 牛乳
一 … 牛乳
一 … 用 … 化乳…
一 … 牛乳

大韓仁川港 … 洋行

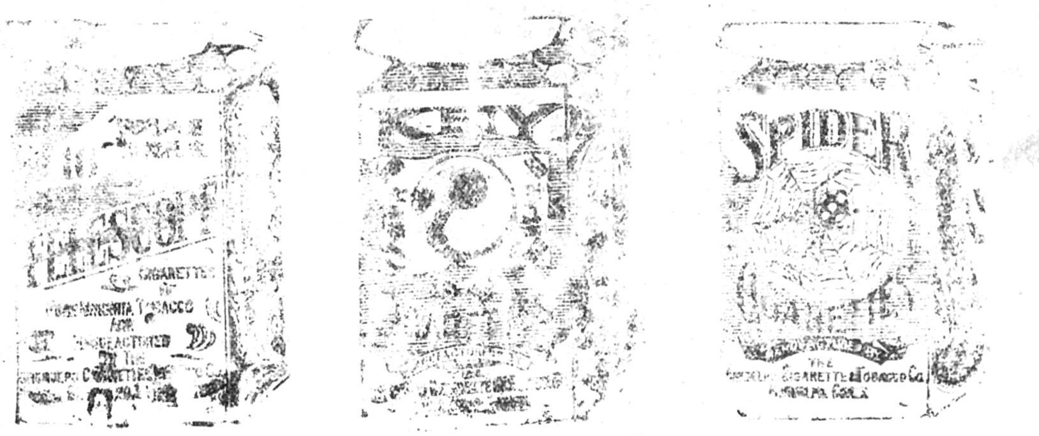

以上三種은上品으로製造ᄒ야衛生上에至極有益ᄒ니…

… 專賣 …

本社廣告

十張代金 …
一個月代金 …
三個月 …
六個月 …
一個年 …
廣告一號 …
四號活字十三字 …
每日 … 一 …
一個日에 …
每日 …
一個月에 …
(每日發行 … 其期限과長短을…
量依ᄒ야 …
◉本社地方各處支社 …
仁川杻峴開新…
平壤南山峴 …
宣川邑 …
義州南門外 …
長連邑
鎭南浦 …
咸興 …
中和邑
釜山佐川 …
開城北部 …
校洞校長
大丘郡

發行兼編輯人 …
發行所 …

大韓每日申報社

第四卷

大韓每日申報
대한미일신보

第二百八十一號

月曜及慶節
翌日休刊

檀君開國四千二百三十九年
箕子元年三千二十八年
大韓開國五百十五年
日本明治三十九年
清國光緒三十二年
◉陰曆丙午六月大初七日壬申

論說

賀朝陽報

向日本記者ㅣ各種雜誌發行에對ᄒᆞ야一般撰祝之意를表ᄒᆞ얏거니와今에朝陽報第二號를接독ᄒᆞᆷ이尤覺趣味深長ᄒᆞ야令人忘倦이라

此以往으로以至幾十幾百幾千號에其言論의高明과文字의精妙를將次第得見이니豈不可賀哉아本記者ㅣ開此報館以來로惟是大韓人民의文明進步가漸臻美ᄒᆞ야人權의自由와國家의獨立을匪久回復ᄒᆞ기를深切希望ᄒᆞᄂᆞᆫ비인故로丁寧勸告가頗費苦心이나然이나人權의自由와國家의獨立을回復코져ᄒᆞ면ㅣ오즉人民의知識發達에在ᄒᆞ고人民의普通知識은新聞과雜誌를由ᄒᆞ야門路를始得ᄒᆞᄂᆞ니所以로文明ᄒᆞᆫ國民은無論上下貴賤ᄒᆞ고報館文字를不讀ᄒᆞᄂᆞᆫ者ㅣ絶無ᄒᆞᆫ지라

今에大韓人民이依然不離於黑闇世界ᄒᆞ야甘受奴隸獸畜之辱ᄒᆞ되羞愧之心이不發ᄒᆞ고痛憤激勵之思想이頓無ᄒᆞ면報館文字ᄂᆞᆫ束之高閣이라도可也어니와

若其現時所遭가可히羞愧ᄒᆞᆯ바를知ᄒᆞ며痛憤激勵之思想이奮發ᄒᆞ야自己도他人과同等權이有ᄒᆞ며自國도他國과同等權이有ᄒᆞᆷ을希望ᄒᆞᆯ진ᄃᆡ報館文字를急先愛讀ᄒᆞ야普通知識을要得ᄒᆞᆯ지라

此朝陽報ᄂᆞᆫ韓日兩國高明學士의著述ᄒᆞᆫ비오泰西諸家의著名ᄒᆞᆫ學家의言論을蒐輯ᄒᆞᆫ거시니其價格之可貴ᄂᆞᆫ不俟再言이어니와

惟玆大韓人士ᄂᆞᆫ大局의情形을知코자ᄒᆞᄂᆞᆫ者ㅣ不可不讀此報也요內外時事에緊要新聞을知코져ᄒᆞᄂᆞᆫ者ㅣ不可不讀此報也요社會及國家의關係를知코져ᄒᆞᄂᆞᆫ者ㅣ不可不讀此報也요欲知教育之必要者ㅣ不可不讀此報也요欲求實業之利益者ㅣ不可不讀此報也요注意於家政教育者ㅣ亦不可不讀此報也니故로本記者ᄂᆞᆫ此報의發達如何로써韓國文化進步의如何를卜之也ᄒᆞ노니大韓人士ᄂᆞᆫ此朝陽報에對ᄒᆞ야本記者와一般愛讀의同情을表ᄒᆞ기로十分顒祝ᄒᆞ노라

官報

●三千五百十五號 光武十年七月二十六日

◉宮廷錄事

軍部大臣陸軍副將勳一等臣李根澔謹奏前正尉柳承稷免官年久恐合敍前副尉千然浩侍衛第一隊在任時擅自下鄕事免官懲戒矣追究情跡亦合參恕幷免懲戒何如謹奏

光武十年七月廿日 奉旨依奏

◉敍任及辭令

軍部經理局第一課長三等司計李普燮 陸軍硏成學校附副領金燮 仝白南信 仝參領朴善斌 仝正尉秦學純 仝李鍾翊 仝秦東信 仝權泰稷 仝李恒魯 仝沈鑄之 仝副尉金元興 仝朴勝豪 仝姜仁台 仝崔丙赫 仝參尉金斗鉉 仝송定鉉 仝李鳳鎬 仝朴熙元 仝呂浮根 仝李柱榮 金浩基 仝姜志厚 仝金章植 仝朴章煥 仝張基亨 仝高永植 仝騎兵參尉金祖鎭 武官學校敎官正尉李秉承 憲兵隊副官一等軍司李廷復 鎭衛第二大隊長參領張鳳煥 仝副官副尉李乞儀 仝四大隊附副尉金明善 命休職○陪從府陪從武官正위梁在燾 軍部軍務局步兵課長副領王瑜鎭 仝騎兵課長參領朴文燦 仝課員參領洪約隣 仝正위鄭東說 仝砲兵課長參領鄭泰奭 參謀局第一과長副領丕徹熙 敎育局編修과長參領閔用基 敎育局敎務과員正위朴榮喆 經理局第二과二等司計安奎承 武官學校敎官正위鄭헌 仝朴斗榮 仝學徒隊附隊長正위周時駿 同金基元 同附副위金亨燮 硏成학校敎官正위南基昌 同副위丕重完 幼年學校敎官副위金義聲 同學徒隊附副위金鴻南 憲兵司令部副官參領趙寧奎 同區隊長正위李載恒 同附參위金賢奎 侍衛第一大隊附副위韓龍鎬 同二大隊附副위元殷常 同崔元燮 吳斗派 同三大隊附副위朴泰琦 同朴熙陽 參尉皮秉健 鎭衛第一大隊附副위白樂瑞 同參위韓吉支 同任命鎬 同孫義瞻 同二大隊長參領朴晶煥 同副官副위李敏斗 同四大隊副官副위丕元夏 同金明薰 同梁普煥 同參위李吉用 同五大隊長參領李範七 同中隊長正위李範稹 同六大隊中隊長正위李啓喜 同七大隊中隊長正위李大奎 同附參위金鼎奎 騎兵中隊長參領尹致晟 同附參위陶延玉 硏成學校附參領李鍾昇 同正위黃瑩秀 同鄭斗源 副위金炳升 免本職

未完

外報

●俄國要求 俄國公使ᄂᆞᆫ頃日外務部에셔慶親王과會見ᄒᆞ고肅親王의蒙古視察報告를俄國에交ᄒᆞ라ᄒᆞ고要求ᄒᆞ고凡蒙古에서練兵ᄒᆞᆫ境遇에ᄂᆞᆫ俄國武官을雇聘ᄒᆞ라ᄒᆞ얏다더라

●韓俄國際 俄國總領事부란손氏가韓國駐在公認問題에關ᄒᆞ야俄國은日本政府에照會[illegible]聽納ᄒᆞᆷ을不拘ᄒᆞ고[illegible]次를結了치안터니今에[illegible]日下韓國에在留ᄒᆞᆫ俄國[illegible]參ᄒᆞᆫ者라[illegible]의商[illegible]利害關係ᄂᆞᆫ俄國政府가當[illegible]方針을持ᄒᆞ야總領事를派ᄒᆞᆯ必要를不認ᄒᆞ고依然先[illegible]로撤出ᄒᆞ기不[illegible]取ᄒᆞᄂᆞᆫ줄이라더라

●埃及駐在軍의增加 倫敦電을據ᄒᆞᆫ則英國에서埃及駐在軍을增加ᄒᆞᆫ다더라

●俄軍革新 俄國노보렘야新聞과其다各新聞에揭ᄒᆞᆫ바를據ᄒᆞᆫ則俄國의著名ᄒᆞᆫ미스지엔코將軍이俄國軍隊의革新計畫을定ᄒᆞ야此革新加盟者를[illegible]組織ᄒᆞ고近近히其規約書를印刷ᄒᆞ야同將軍의名으로써加盟者의게頒給ᄒᆞᆫ다더라

●總督轉任 上海電報에[illegible]出洋大臣端方은兩江總督으로兩江總督周馥은兩廣總督으로兩廣總督岑春暄은閩浙總督으로轉任ᄒᆞᆫ다더라

●美國艦隊增派 美國에서[illegible]有力ᄒᆞᆫ軍艦을東洋에派ᄒᆞ야極東貿易을保護케ᄒᆞᆷ야ᄂᆞᆫ意見이有ᄒᆞᆫ지라近者昨年에進水ᄒᆞᆫ裝甲巡洋艦우에스트지뷔니아、펜실바니아、코로라도號及메리란드의姉妹艦四隻을派ᄒᆞ기로決定ᄒᆞ고紐育造船所에셔海鏟의 繕에着手ᄒᆞ얏ᄂᆞᆫᄃᆡ[illegible]은八月二十日以前에畢了ᄒᆞ고發行日字ᄂᆞᆫ九月一日頃에되리라더라

雜報

●塡賠이責政府 元山港監商金과源氏가日本人[illegible]의게鹽價로二百九[illegible]錢推尋事로七[illegible]府에[illegible]니와日前金氏가光化門前에셔朴參政과外事局長[illegible]逢[illegible]야[illegible]에豺虎가無[illegible]거날何故로拜銃兵과日憲이[illegible]巡査[illegible]擁衛[illegible]五身[illegible]參政[illegible]財[illegible]保護[illegible]樓蓮池[illegible]山寺[illegible]生[illegible]樂[illegible]暢[illegible]고空然히元月俸만浪費[illegible]나나[illegible]가決코[illegible]死치안코[illegible]無恥[illegible]夫[illegible]리라[illegible]더 參政은無聊[illegible]入去[illegible]冷笑[illegible]에[illegible]是[illegible]再[illegible]是[illegible]則發政이[illegible]던지然[illegible]日[illegible]가金氏를招去[illegible]야日政府大官을詬辱[illegible]는者이畢竟人力車[illegible]라도推倒[illegible]矣[illegible]退去[illegible]거날 金氏가大聲曰我國[illegible]府에冤恨[illegible]訴[illegible]거날[illegible]日人[illegible]야必欲毆逐[illegible]我가[illegible]流와同死코져[illegible]노라且現日본에從前으로長古島嚴杢에破[illegible]비金事와公州寬津太郞의病[illegible]로비金事의京城淺田[illegible]店에서假托損害[illegible]고비金事와甲午乙未以後에日人生命捐害[illegible]金等은一一히我政府에徵去[illegible]明明白白[illegible]金과源의鹽價는日本賊漢이欺奪[illegible]거신디엇지本金[illegible]지不給[illegible]나[illegible]는決非文明國行爲니[illegible]鹽價[illegible]말나[illegible]退送[illegible]金氏의事[illegible]

●濟牧之法 濟州[illegible]元俊氏가去[illegible]三月[illegible]上京[illegible]야本郡[illegible]貪[illegible]擧[illegible]新聞[illegible]가[illegible]더[illegible]郡守와[illegible]金元俊[illegible]嚴刑牢因하고[illegible]同年七八次[illegible]면셔嚴訊曰[illegible]六條가新聞에揭載된것[illegible]汝之所爲[illegible]服[illegible]關者가莫[illegible]說이[illegible]더

●梅[illegible] 梅謙次郞氏가十三道[illegible]規程[illegible]다[illegible]더라

●[illegible]設校 江陵郡守가학部[illegible]告[illegible]校하야[illegible]募集하야樹本[illegible]利而[illegible]校에添入[illegible]照亮하라하얏더라

●起草開會 法部에서法律改正起草委員을[illegible]日爲始하야上午十時에會同하야下午四時々지開會하기로決定하얏더라

●大官齊會 參政大臣朴齊純氏가各部로通牒하고今日上午十時에各大臣이政府에一齊來會하라하얏더라

●治道官制의會議 內部에셔治道局을土木局으로合設[illegible]다는事는已揭어니와[illegible]土[illegible]局은二等局으로하고局內에調査課治道課治水과를設置하기로[illegible]야 官制를今日政府會議에提出[illegible]다더라

●청認築洑 京居權[illegible]이農商工部에請願하기를[illegible]平郡北面[illegible]松村禾積坪이大江[illegible]傍하야坪野가曠開而築洑灌漑之方을積年研究[illegible]본八等[illegible]協議合[illegible]야將欲築洑灌漑하니特爲認許하야俾民耕[illegible]라하얏다더라

●額掩專賣 京居李[illegible]氏等이女子額掩을新發明으로製造行賣[illegible]로帽製造會社를設立하고農商工部에專賣[illegible]許하다고請願하얏다더라

●囚兵出付 內部에셔警務廳으로知委하고日前捉囚[illegible]兵丁支致夏는仁川港警務署刑[illegible]巡檢處에即爲出付押去케하라하얏다더라

●僞勅僞報 白南秀[illegible]名者가城津港高永相處에來到하야以軍部主事高永根의叙[illegible]官報一張으로謂以高永相之官帖이라하며又以大俄國駐[illegible]差下等說로종용高民而出付秘札一封하니此乃皮封上에時以渡江開坼이라[illegible]所謂勅紙라如是然後에討索錢財라가被捉於該港監理署하야方在嚴囚中인되該監理가其官보與渠所謂勅紙를一幷收上于法部하얏더라

●五倅免官 [illegible]陽郡守金台旭稷仁郡守孫[illegible]秀谷城郡守宋[illegible]振玉德山郡守[illegible]致穆府珍郡守尹宇榮五氏[illegible]突入[illegible]에軍物[illegible]有所貸[illegible]給[illegible]往[illegible]築資貸[illegible]任[illegible]장[illegible]忘[illegible]是[illegible]則[illegible]三[illegible]一場[illegible]정[illegible]

●[illegible]促送 江原道[illegible]李[illegible]兵[illegible]偵探하야轉至[illegible]珍[illegible]影이나一[illegible]千戶[illegible]被火災[illegible]境[illegible]樓[illegible]人數[illegible]榮[illegible]送케[illegible]急[illegible]보[illegible]더

●食品費[illegible]額 軍部에셔[illegible]卒의食費가본是薄略하고物價는漸貴하야實際不足故로增額料를調製하야度支部에請求[illegible]다더라

●地稅送付 統監府에셔政府로照會하기를客月二十日統監宣鎭南浦各國居留地內一等二[illegible]區域內에對하야[illegible]政府[illegible]重原價及該地[illegible]九[illegible]錢을同地貴國支金庫[illegible]何[illegible]事로[illegible]港理事에[illegible]다하얏더라

●印刷情況보告 印刷局장[illegible]가日本印刷局을[illegible]回[illegible]二十[illegible]印刷情[illegible]額[illegible]度支로보告하고實施[illegible]다

●[illegible]拍賣보明 昌原港各國居留[illegible]拍賣[illegible]公拍賣一千圓[illegible]琦氏가釜山支金庫[illegible]랍[illegible]政府에보明하얏더라

●[illegible]付屬 通信事務[illegible]日引繼[illegible]後에前通信院[illegible]하고還辦以下[illegible]書主事任[illegible]야[illegible]移接[illegible]見[illegible]所管事務[illegible]管船과而리[illegible]府에서統監府와同意[illegible]하며通信院은[illegible]管船과는農商工部[illegible]一局으로付屬[illegible]기로[illegible]政府에請議[illegible]라今月七日上오十時에閣議[illegible]設[illegible]此議案을先決허며[illegible]提議[illegible]다더라

●郵局收稅의設置 度支部에[illegible]金庫를設立하고地方에[illegible]金庫를[illegible]施하야各郡上納錢[illegible]官[illegible]納하라하더니現今[illegible]各處郵便局으로租稅를收납하[illegible]右局은全國內에一百五十處를設施하기로財政顧問과閔度支가相持중이라더라

●洪陵展謁 [illegible]親王殿下께셔셔再昨日에는 洪陵에拜謁하옵시고昨日에는若干從者와騎馬하옵시고午後二時에歸宮하옵셧다더라

●[illegible]代囚 日本司令部에在囚[illegible]氏[illegible]日[illegible]除[illegible]如左[illegible]
伏以本人[illegible]月[illegible]其[illegible]月二[illegible]日[illegible]老[illegible]勝[illegible]야玆[illegible]替因[illegible]도[illegible]

東京電報

●參謀[illegible] 二十[illegible]三[illegible]大山元帥[illegible]

●條例可決 [illegible]密院[illegible]昨[illegible]日)引繼[illegible]會[illegible]部可決되얏[illegible]

●滿鐵設立委員長 同上 陸軍[illegible]寺內正毅[illegible]滿洲鐵道設立委員[illegible]命[illegible]얏더라

伯林電報

●議員解散 上同 露國議員의大部分[illegible]에서議會幹部[illegible]國民의게對하야納稅及[illegible]要求[illegible]布[illegible]解散[illegible]얏더라

雜報

●大韓自强會演說

外國人의誤解 大垣丈夫氏

古昔의文明富强을歷史에存實ᄒᆞᆫ韓國人의開發을執不希望ᄒᆞ며無氣力온人種的固有性이며아니오境遇로生ᄒᆞᆫ慣習性인則向上開進케ᄒᆞᆷ이무ᄉᆞᆷ困難이有ᄒᆞ며又況余ᄂᆞᆫ現今韓國의士君子와結親ᄒᆞ야日夜로國事를論議ᄒᆞᆫ時에心中에竊히感荷ᄒᆞᆷ이有ᄒᆞ니或淸國보다文明開化의域에先進ᄒᆞᆯ지도不知ᄒᆞᆯ깃고外國人이韓國을誤解ᄒᆞ야韓民을無視ᄒᆞᄂᆞᆫ認謬에陷ᄒᆞ얏다斷言ᄒᆞᆯ깃도다

外人이又曰韓人은怠惰ᄒᆞ야勤勞의價値를不知ᄒᆞᆫ다ᄒᆞ니此ᄂᆞᆫ有理의說이니現在事實이正히如斯ᄒᆞᆫ듯ᄒᆞ되此慣習性의由ᄒᆞᆫ바를溯考ᄒᆞ면此ㅣ腐敗ᄒᆞᆫ虐政이韓民을惡化ᄒᆞᆫ結果라韓民에게ᄂᆞᆫ財産이危險의媒介物이오安寧幸福의要具가아니어[illegible]人은其財産의數보다[illegible]ᄒᆞᆷ을示ᄒᆞ야信用을窮圖ᄒᆞ[illegible]되韓人은財産의形容ᄒᆞᆷ을避ᄒᆞ야小ᄒᆞ다稱ᄒᆞ며有ᄒᆞᆷ을無ᄒᆞ다稱ᄒᆞ야官吏의掠奪을免ᄒᆞ랴ᄒᆞᄂᆞ니卽財産을有ᄒᆞ면有司에得罪ᄒᆞ야[illegible]掠되야投獄되ᄂᆞᆫ危險ᄒᆞᆫ가[illegible]如斯ᄒᆞᆫ邦國에셔ᄂᆞᆫ勤勞ᄒᆞ야蓄財ᄒᆞᆷ必要가無ᄒᆞ고又[illegible]孫에게蓄財ᄒᆞᆷ을獎勵[illegible]에셔ᄂᆞᆫ子孫을戒ᄒᆞ야[illegible]치케ᄒᆞᆫ다ᄒᆞ니此ᄂᆞᆫ虐政의結果로出ᄒᆞᆫ거오其天性이아니로다

萬若政府에서人民의財産을安固케ᄒᆞ고國民一身上에勤勞의利益을受케ᄒᆞ면怠惰를化ᄒᆞ야勤勉의人을成케ᄒᆞᆷ이決코難事가아니라然而但多年의久習인故로一朝에改善키難ᄒᆞ다ᄒᆞ더라도經年ᄒᆞ면必然히變化ᄒᆞᆯ깃고又況昨今狀[illegible]則國事의悲運을憤慨ᄒᆞ야教育部面에勃起ᄒᆞᆫ變[illegible]의氣象이他日開進文明을胚胎ᄒᆞᆷ者인則余ᄂᆞᆫ外國人의誤解를指摘ᄒᆞ야彼等의反省을[illegible]又韓人諸君에게[illegible]興起ᄒᆞ야文明富强의[illegible]ᄒᆞᆷ을希望ᄒᆞ노라

●韓由奸妾

日昨本報[illegible]揭載ᄒᆞᆫ[illegible]李鍾律氏事件에對ᄒᆞ야詳細ᄒᆞᆫ情을更聞ᄒᆞᆫ則李氏가原來二妾이有ᄒᆞᆫᄃᆡ一은金哥女오一은尹哥女라[illegible]尹女處에何許他人의往來之跡이有[illegible]李氏가[illegible]之際에姓宿於某家[illegible]尹女腹上에何許人의姓[illegible]三處를지리李氏[illegible]尹女所答이某[illegible]友兒夫[illegible]人圖印을持[illegible]故로[illegible]不知라[illegible]

ᄒᆞ야金女及婢子를捉囚數日에自該署群核則無蒸胎之事故로金女를卽時放送矣러니不意五月初에南署長金相설氏가別巡檢五六名을派遣ᄒᆞ야欲捉李氏ᄒᆞ니

李氏가莫知其理由ᄒᆞ야避身探問之際에別巡檢劉鎭旭이가李氏의所親韓鴻壽를對ᄒᆞ야曰李參書와相逢ᄒᆞ며好道理가有ᄒᆞ다ᄒᆞᆫ則韓氏曰兩署長이以何事로欲捉李某耶아其裏許를詳探以來ᄒᆞ라ᄒᆞᆫ則劉哥가往來後答曰李氏와韓氏가偕來ᄒᆞ야署長을相面ᄒᆞ면可以破惑이라ᄒᆞ니

韓氏가往見署長ᄒᆞᆫ則署長曰我가誤聽尹女之書囑ᄒᆞ고輕率譏捕러니更探則果無與義兵相關之實故로欲ᄒᆞ야撤捕라我旣言及於警廳顧問及補佐ᄒᆞ얏스니三日後ᄂᆞᆫ來見我則有好道理云云ᄒᆞ고仍送自己名帖於李氏ᄒᆞ고又使劉鎭旭으로萬端紿介ᄒᆞ야要見李氏ᄒᆞ니李氏가自度白白無瑕ᄒᆞ야不爲往見ᄒᆞ고仍히劉鎭旭의보지手書를請得ᄒᆞ야가지고呈于日本司令部ᄒᆞ야裁判卞白ᄒᆞᆫ後에劉鎭旭은役二年韓鴻壽ᄂᆞᆫ笞[illegible]十에處ᄒᆞ얏스되當初에一個奸惡ᄒᆞᆫ尹女의書囑으로써奇貨를삼아陷此無罪之人於不測之地者ᄂᆞᆫ金相설인ᄃᆡ對此事件ᄒᆞ야初無擧論ᄒᆞ니一般公論이皆警廳의挾私濫法을憤歎ᄒᆞᆫ다더라

廣告

本社廣告

申報價
一張代金 新貨二圜[illegible]
一箇月前納 三十錢
三箇月 九十錢
六箇月 一元七十錢
一箇年 三元[illegible]
[illegible]一張 新貨五厘
一行 十二錢

廣告料
四號活字十三字[illegible]
每日每行[illegible]一寸에新貨[illegible]
(每日每行에六錢이오[illegible])
一箇日에 二[illegible]
(每日每行[illegible])
一箇月에 [illegible]
(每日每行[illegible]一號에[illegible])
其期限의長短과字行의[illegible]을依ᄒᆞ야增減[illegible]

◉本社地方各處支店廣告
仁川梔峴開新冊肆 李東[illegible]
平壤南山峴日新學校 金典[illegible]
宣川邑橋西 安[illegible]
義州南門外韓西大藥房 崔[illegible]
長連邑 金[illegible]
載寧南面[illegible]洞 金[illegible]
咸興州南社 [illegible]
中和邑 [illegible]
釜山佐川徐藥房 金[illegible]
開城北部梨井里祥洞居培[illegible]
校副校長 [illegible]
大丘郡 達城廣文社

發行兼編輯人 [illegible]
發行所 京城[illegible]
大韓每日申報社

第四卷　第二百八十二號

大韓每日申報
대한매일신보

月曜及慶節翌日休刊

檀君開國四千二百三十九年
箕子元年三千二十八年
大韓開國五百十五年
日本明治三十九年
清國光緖三十二年
◉陰曆丙午六月大初七日癸卯

論說

在外日人

日本一記者가近日에韓國及滿洲를遊覽而歸ᄒᆞ야略干記述인바非常히近於實情矣니彼云ᄒᆞ얏스되能自感悟되ᄂᆞᆫ一端은韓滿內에多數日人이相與資生이오暫住地方에셔取得이略少或絕無ᄒᆞᆷ이라ᄒᆞ얏더라

本記者ㅣ日本注意者의確說을接受ᄒᆞᆷ이往往有之나關於滿洲ᄒᆞ야ᄂᆞᆫ此人記述이幾許眞實ᄒᆞᆫ지未有知悉이로ᄃᆡ至於韓國ᄒᆞ야ᄂᆞᆫ本記者ㅣ即能詳言ᄒᆞ리니此國內에셔合法商業에從事ᄒᆞᄂᆞᆫ日人部分은甚少하니自開戰以來로日本人民이多數渡韓이나然이나商店增加ᄂᆞᆫ未免略少요農業에專ᄒᆞᆫ도未能得見이며惟其興旺은漁業이나此亦相與資生之勢니生鮮之來者漢城을買收者ᄂᆞᆫ傳多日人이로다

統監府와日本警察勢力의增加를因ᄒᆞ야家屋建築에日人勞動을要求ᄒᆞᆷ이必多ᄒᆞᆯ터이나如此事業은皆臨時性質이니現今日人의費錢之擧이自盡ᄒᆞᆫ以後에ᄂᆞᆫ日人이何以延生ᄒᆞᆯ지ᄂᆞᆫ一般注意者의極慮處로다

多數氷水幕과料理店과雜技場에日人은雖各以其業으로生活이나其物料ᄂᆞᆫ擧皆地方製造品이니未有大剩於日本이오且遍路藥商도與此一般이니其材料가各其自家所造리로다

日本居留人民중에合法利益되ᄂᆞᆫ商業은未有增加이되惟其大都居民은日本風化를愛慕ᄒᆞ며日本物產을買求ᄒᆞ거날韓國人民은現今生活ᄒᆞᄂᆞᆫ容儀를確認以滿足ᄒᆞ야過去戰爭事業의諸般說話가小未有激動이로다

官報

◉敍任及辭令

●三千五百十五號 光武十年七月二十六日 續

○兼補憲兵隊長副領盧伯麟免兼職○研成學校教官兼教成隊中隊長正위張然昌同附副위李甚옥 免本職兼職○副領丕徹 任正領○步兵副領王瑜植 砲兵參領李敎軾 任砲兵副領○參領朴善斌 同張鳳煥 同朴元敎 同金永憲 同李南夏 任副領○步兵參領閔用基 포兵參領鄭泰鎬 任憲兵參領○任騎兵參領 步兵參領李範七○憲兵參領丕寧奎 騎兵參領洪祐幣 同朴文秉 三等司計白應溱 正위秦學純 同李大珪 同禮泰稷 同梁在薰 同남昌基 任步兵參領○騎兵正위朴榮喆 同柳東說 任긔兵參領○任포兵參領 포兵正위朴斗榮○任工兵參領 正위金斐元○憲兵正위李觀恒 一等軍司李承弼 任步兵正위○步兵正위張然昌 포兵副위金敎先 任포兵正위○副위丕元夏 同白樂萬 同鄭順敎 同崔元燮 同朴泰琦 同李基옥 同金亨燮 同金寬鉉 同金鴻남 國吳주源 任步兵正위○任憲兵正위 副위丕熏完○任긔兵正위 副위金義善○步兵부위鄭鎬 參위鄭錫용 任憲兵부위○參위高永植 同金德成 同李敏和 同皮秉건 同金貞鎭 同朴冕洙 同吳得源 同禹敬鉉 同李命求 同韓吉호 同金思允 同金相설 同申윤民 任步兵副위○任포兵副위 參위洪完植○任步兵參尉 憲兵參尉李賢圭○任二等司計 三等司計金宗濂○任三等司計 一等軍司金寶鎬○正尉周南詩 全鄭과源 任一等軍司○二等軍醫蔡基元 全韓聖敎 任一等軍醫○任一等藥劑官 二等藥劑官劉世煥○任二等獸醫金賢澤○任陪從府陪從武官 正尉吳주泳○補侍從武官局步兵과長 正領丕撤鎬○補긔兵課長 參領李範七○參領朴榮喆 正尉金錫璨 補긔兵과長○補포工兵과長 副領王瑜植○補軍部參謀局第一과長 參領尹致晟○補教育局編修과長 參領丕寧奎○補教育局教務과員 參領남基昌○經理局第二과長補 三等司計安奎承○補經理局第二과員 一等軍司鄭과源○正尉張然昌 全朴泰琦 全金鴻南 補武官學校教官○正尉金亨燮 全丕元夏 補武官學校學徒隊中隊長○補武官學校學徒隊附 參尉閔丙玉○副尉李吉호 全申秉건 補研成學校教官○正위鄭헌 全李基옥 補研成學校教官兼教成隊中隊長○補研成學校教官兼教成隊附 參尉任命鎬 補幼年학校教官 正위黃瑩秀○補幼年學校學徒隊附 副위李敏과○補憲兵司令部副官 參領閔用基○補憲兵隊長 參領鄭泰奭○補憲兵區隊長 正위丕熏完○補憲兵隊附 副위韓龍鉉○補憲兵隊副官 用時駿○補시衛第一大隊附 參위南泰祜○副위金炳升 參위洪領求 韓升憲 補시衛第二大隊附○參위李賢奎 全申八均 全閔윤植 補시衛第三大隊附○副위金明薰 參위林弼鎬 全徐永善 全李珏 補鎭衛第一大隊附○補鎭衛第二大隊長 參領李熙昇○補鎭衛第二大隊副官 副위朴熙陽○補鎭衛第二大隊長 參領梁在薰○補鎭衛第三大隊副官 副위元股官○補鎭衛第四大隊副官 副위梁晉煥○副위송秉式 參위權寬暨 全李章寧 全金泰위 補鎭衛第四大隊附○補鎭衛第五大隊長 參領洪祐幣○鎭衛第五大隊含隊長 正위李載恒○補鎭衛第六大隊長 參領朴文秉 未完

外報

●立憲會議 北京電을據ᄒᆞᆫ즉清國出洋大臣이歸京後에張之洞袁世凱岑春暄等各總督이一齊上京ᄒᆞ야立憲政의判定事로御前會議를開ᄒᆞ다더라

●橫濱火災 去十八日夜에日本橫濱市根岸町에셔大火가起ᄒᆞ야約一千戶를燒失ᄒᆞ얏ᄂᆞᆫᄃᆡ死傷數ᄂᆞᆫ不知ᄒᆞ나目下取調中이라더라

●美海軍制度改革 美國예유우에提督이近者에美國海軍의一大欠點을適當ᄒᆞᆫ將官이不足ᄒᆞᆫ故로論述曰美國海軍力이漸次强盛ᄒᆞᆷ이至ᄒᆞ나最히必要ᄒᆞᆷ은經驗이有ᄒᆞᆫ將官을養成ᄒᆞᆷ이在ᄒᆞ니將軍의必要ᄒᆞᆷ은水兵及砲手의必要와同一ᄒᆞ거날美國軍艦十六隻交가世界中最少ᄒᆞ고日下海軍官은大將一名參將廿四名에有ᄒᆞᆫ中에六名은美西戰爭勳功을因ᄒᆞ야陞任ᄒᆞᆫ者요大將은現任者退去後ᄂᆞᆫ一人도無ᄒᆞᆫ故로此欠点을改革ᄒᆞ기爲ᄒᆞ야參謀部ᄂᆞᆫ士官을現今보다速히將官에陞任을得ᄒᆞ도록法律修正에從事ᄒᆞᄂᆞᆫᄃᆡ此結果로未久에廿四名의大將이有ᄒᆞ게될거시오又戰時外라도隨時에此移ᄒᆞᄂᆞᆫ預備將校를設置ᄒᆞ리라더라

雜報

●掩耳盜鈴 內部에서合郡停止一事에對ᄒ야各道에發訓ᄒᆞᆫ事ᄂᆞᆫ已揭前報어니와夫令申之義ᄂᆞᆫ實在於信이어ᄂᆞᆯ日前同部訓令辭意ᄂᆞᆫ都是僞詐滿紙에少無一毫信實句語ᄒ니此等訓令은雖一日百申인들孰誰信之리오甚曰合郡等說로煽動浮言ᄒ야以致民心滋惑이라ᄒ니內部之地方調査所ᄂᆞᆫ爲何而設置者이며其日合郡事件은自政府로初無定議라ᄒ니當初地方區域외圖本之修上者ᄂᆞᆫ何故이며調査委員之奏差와委員俸金之支出은從何而訓撥ᄒᆞᆫ乎아乃以위文巧說로有若歸咎黑昧之중ᄒ니其所可欺者ᄂᆞᆫ誰耶아嗚呼라掩耳而盜鈴은於此人等物에準備語也로다做出此等無信無義之浮文飾辭ᄒ야使吾外人民으로滋惑을ᄒ니誠所寒心而痛歎者也로다盖此訓之所自은奸譎위詐의老鍊手段으로誘惑人心ᄒᄂᆞᆫ協辦崔錫敏氏오認推捺印者ᄂᆞᆫ土木塑成의傀儡人形으로遊嬉他人掌中ᄒᄂᆞᆫ無膓公子의大臣李지鎔氏인즉何待不然이리오ᄒ다더라

●晉察上京 晉州觀察使丕民熙氏ᄂᆞᆫ緣何事故인지昨日에發程上京ᄒ다더라

●遞察承批 大丘觀察使李量夏氏ᄂᆞᆫ辭職疏를奏呈ᄒ얏더니從速赴任ᄒ라ᄒ옵셧더라

●獄囚逃出 昨日上午二時頃에監獄署罪囚中處絞宣告ᄒᆞᆫ者十八名이奪其看守巡檢之軍刀ᄒ야掘打巡檢에斫斷門鎖ᄒ고一齊逃出ᄒ야散之四方ᄒ얏ᄂᆞᆫᄃᆡ其三名은又爲被獲ᄒ얏더라

●體校教師更選 體學校長李源鎔氏가學部에報告ᄒ기를本校 操教師陸軍參尉金壽滋이가侍衛四大隊附로補職ᄒ얏사오니軍部에移照ᄒ야他員을更爲選定飭送케ᄒ라ᄒ얏더라

●狗咬致斃 后洞居張周賢의九歲된兒가日前에面部를被狂狗所咬ᄒ야多施藥方이되終未得效ᄒ야病乃致斃ᄒ얏ᄂᆞᆫᄃᆡ該兒將死時에口嚼其肥위ᄒ며聲聲作犬吠樣而化去ᄒ얏다니深可戒愼者ᄂᆞᆫ此等狂狗라ᄒ얏더라

●平倅請餠 平壤郡守李重玉氏가葉錢六萬兩을民間에排斂ᄒᆞᆫ貪慾으로境內挾雜輩를招見ᄒ야扇子와酒肉으로餽遺ᄒ고排斂發令을식엿더니該郡은日俄戰役之餘에外人의壓制로太半이나士地家屋及財産을見奪ᄒ고流離渙散中인ᄃᆡ如此橫斂은使民刮骨索毛인故로同氏의게斷이必歸畫餠이라ᄒ더라

●不爲至魚 向日學部大臣李完用氏가統監府書記一人을帶同ᄒ고平安道內學校를視察次로該地에前往이라ᄒ니인皆曰學部視察은非大臣之躬行者인즉出行이殊甚可疑라ᄒ더니傳說을聞ᄒ즉同氏가西北森林會社의經營이有ᄒ야學校視察을藉托ᄒ고日本官人과偕往ᄒ얏다더라

●訓擬當律 安岳郡吳二才獄事에檢費排斂ᄒᆞᆷ으로坊所民人等이符同外人ᄒ야威脅官長에日本辯護士齋藤濱五郎과日人法學士福島敏雄氏가來督九千兩錢이다海州觀察使가法部에報告ᄒ얏ᄂᆞᆫᄃᆡ法部에서指令ᄒ기를檢驗費用을排徵ᄒᆞᆷ이本係法外어날擧諉責徵ᄒ다가致玆訟端ᄒ니誠切駭歎이어니와以爲藤변護士言之면初無本部認許인ᄃᆡ自處於변護士ᄒ고종용於悖類ᄒ야作弊於外邑ᄒ니爲其官守者據理說明ᄒ즉彼必無答而所謂변護士之稱이自歸無效矣라更有何侵討乎아到卽該判決書ᄂᆞᆫ歸之勿施ᄒ고該檢費ᄂᆞᆫ責徵於其時檢官ᄒ되當該檢官이若不徵給이거든該檢官姓名을一一指的報來ᄒ고崔正學李成煥兩民은犯旣罔赦ᄒ니在法當勘이니捉因府獄ᄒ야符同外人ᄒ고脅制官長ᄒᆞᆫ理由를査覈得實ᄒ야擬當律處辦케ᄒ라ᄒ얏다더라

●合員押交 全南觀察府警務署에서本月一日에羅州郡烏山面林明宣家에서非理討索ᄒᄂᆞᆫ一進會員八人중丕基贊을僅捉提來러니又於本月六日에興德郡二東面金在衡家內庭에突入奪財ᄒᆞᆫ一進會員十人중申元根金京道等만提來ᄒ야與其告急之原告로對査ᄒᆞᆫ즉無理挾雜이的確ᄒᆞᆫ故로一幷裁判所로押交ᄒ얏다더라

●水源踏査 度支部에서仁川水道敷設에對ᄒ야其水道의水源을踏査次로該水道局長李根英技師金哲求氏가日人技師를帶同ᄒ고昨日上午에該地로下去ᄒ얏다더라

●淋痢夾攻 內部大臣李지鎔氏ᄂᆞᆫ近日淋질에痢질을兼ᄒ야大端苦苦중인ᄃᆡ消暑開養次로再昨日븟터龍山江亭에退臥ᄒ얏다더라

●諸犯蕩叙 再昨二十六日下午六時에召命으로朴參政이入侍ᄒ엿ᄂᆞᆫᄃᆡ當此咸治刷新之時ᄒ야諸犯을蕩滌叙用之典을下詢ᄒ얏다하며昨日에ᄂᆞᆫ內部大臣李址鎔氏를命召ᄒ사緊問題를下詢하옵셧다ᄒ라

●郡守運動 旣往郡守奏본에ᄂᆞᆫ述者ᄂᆞᆫ能으로叙任이되얏거니와春秋等殿最에下等免官代ᄂᆞᆫ依前郡目例를ᄒ야四色으로分排ᄒ고所謂積仕久勤者로叙任케自有成例ᄒ지라今年夏等褒貶이日間頒布된다ᄒᆞᆷ이前日奏本에방ᄒᆞᆫ者ᄂᆞᆫ四色과久勤牌으로運動ᄒᆞᆫ다더라

●遂礦調査 政府顧問須知分氏의意見을懇准ᄒ야遂安笏洞美日金礦會社에政府主事二員을派送該礦하야犯入ᄒᆞᆫ官民有地를調査ᄒ야該會社나政府에서民有損害를備給케ᄒ기로作定ᄒ얏다더라

●會議諸件 昨日政府會議에提出ᄒᆞᆫ案件은軍器見失ᄒᆞᆫ郡守金振玉等免件과通信院廢止件과內部土木局官制改正件과度支部參書官申佑善水道局事務官秦熙晟氏等叙任件과農商工部官制改正件과大丘羣山木浦鎭南浦四處에治道局官吏派送旅費一萬一千餘元支出件과其外에各部不足經費支出件이며다

●監理獨坐 平壤監理署에視務하ᄂᆞᆫ書記가但二名인ᄃᆡ事務가浩繁ᄒ야不可堪當故로書記一名을加設ᄒ라고請願하얏더니監理金潤氏가大責曰主事ᄂᆞᆫ視務職責이何事오書記ᄂᆞᆫ事務를互相分掌하라ᄒ얏더니主事三人이齊起曰三人중一人은外交一인은裁判一인은公文起草하얏各有視務不可闕一인데自辟主事ᄂᆞᆫ胡不叙任하고其月給을辨與專專乎아監理職責은委任主事ᄒ고政事가何事오ᄒ고一齊退去하ᄂᆞᆫ故로書記等도幷退ᄒᆞᆷ이該監理가獨坐無인이라더라

●共立協會來函 貴申報每船便奉讀에此地同胞仰賀不已而滿腔所述力破敵인之陰謀鼓動國民之自由一道獨立光線確在乎貴報歷幾韓國之運命必有克復之日也旅美同胞東望祖國血沸膽挑乃結一團體名曰共立協會曰新又新同志者達爲三百餘인又設共立新報每月二次出刊緣於財政不及然不遠闕誌字購來爲계而但此地別無新聞記者之才能以是爲悶耳此地震火兩災之情況은已達前書故不必拖長而自貴社爲羅難者另念周旋募集多金而貴社長則自當換費寔出於愛恤之眞心我等之所感激不已者也去月望間에自京城美인實時烟處美金五百弗電送于該氏春府丈許而轉托斗柳醫士故斗氏分給羅難者貴社所托也近則此地同胞散往各處各得生계以免困境幸莫如也

東京電報

●英國弔電 二十六日午后六時發

兒玉大將薨去에對ᄒ야英國政府에서來ᄒᆞᆫ弔電은영如左ᄒ니光輝赫赫ᄒᆞᆫ兒玉大將의인早已去世ᄒᆞᆷ은貴國政府의一大損傷이라하야同情을不堪하노라하얏더라

●鋏工場敷地 仝上

相模國戶塚에암쓰트롱會社의鋏工場을設置ᄒ려인ᄃᆡ其敷地로七十二萬坪을買收하얏더라

伯林電報

●內閣會議 仝上

露國內閣議長은各地知事의게對하야其手段의如何ᄒᆞᆷ을不問하고極力革命運動을鎭壓하리라하얏더라

루터電報

●오뎃사擾亂 仝上

오뎃사에서擾亂이起하야猶太인의被殺ᄒᆞᆫ者多하고市중은恐慌에陷하야住民은皆避難하얏다더라

●議會決議 仝上

露國會議員多數ᄂᆞᆫ芬蘭에서政府에對하야陸軍을反抗ᄒᆞᆯ目的으로大同結을造ᄒᆞ기로決議하얏더라

雜報

●大韓自强會의支會設立方法 本會規則第十一條에基ᄒᆞ야要点地方에支會를設置ᄒᆞ되其方法은左開에依ᄒᆞᆷ事

左開

一 各府各郡의有志人士가爲先入會ᄒᆞ야本會의趣旨와目的을通解ᄒᆞᆫ後에各該地方에서同志를勸導ᄒᆞ야確實히入會志願者가三十人以上에達ᄒᆞ거든其姓名年齡과職業住址를開錄ᄒᆞ야入會請願書를本會에提出ᄒᆞᆷ事

二 本會ᄂᆞᆫ前項請願書에對ᄒᆞ야評議會를開ᄒᆞ고視察委員二人以下를選定ᄒᆞ야該地方에前往ᄒᆞ야志願者의品行과該地情形을視察ᄒᆞᆫ後本會에報告케ᄒᆞᆷ事

三 本會ᄂᆞᆫ前項視察委員의報告를因ᄒᆞ야評議會를開ᄒᆞ고其認否를議定ᄒᆞᆷ事

四 前項議案이可決된時ᄂᆞᆫ該地方紹介人으로臨時幹事를定ᄒᆞ고入會認證을依員數繕送ᄒᆞ되保証人은該視察員과臨時幹事로塡書ᄒᆞᆷ事

五 臨時幹事ᄂᆞᆫ前項會員의入會金을收合ᄒᆞ야本會로送交ᄒᆞ고此後에該地人士중入會志願者가有ᄒᆞᆫ時ᄂᆞᆫ其姓名年齡職業住址를開錄ᄒᆞ고入會金을幷附ᄒᆞ야送ᄒᆞ되人滿數되ᄂᆞᆫ대로本會에報告ᄒᆞᆷ事

六 本會會員이各府에ᄂᆞᆫ百人以上이며各郡에ᄂᆞᆫ五十人以上이滿數될時에支會를設立코ᄌᆞ ᄒᆞᄂᆞᆫ意見이有ᄒᆞ거든本會에請願書를提出ᄒᆞᆷ事

七 本會ᄂᆞᆫ前項請願書에對ᄒᆞ야評議會에서視察委員二人以下를選派ᄒᆞ야該地方情況을視察報明케ᄒᆞᆷ事

八 本會ᄂᆞᆫ前項報告를接査ᄒᆞ야該地方會員중聲望과智識이能히一支會를無弊維持ᄒᆞᆯ만ᄒᆞᆫ人物三人以上이有ᄒᆞᆫ줄노確認ᄒᆞᆫ時ᄂᆞᆫ通常會를經由ᄒᆞ야支會設立을認許ᄒᆞᆷ事

●孱民可矜 平壤府西門內居ᄒᆞᄂᆞᆫ宋承健이가雜物商業을ᄒᆞᄂᆞᆫᄃᆡ何許一女人이白銅錢一分을持來ᄒᆞ야炭을買去ᄒᆞ더니二時를經ᄒᆞ야更來而言曰余가錢을給ᄒᆞ얏ᄂᆞᆫᄃᆡ白錢一分價値의炭을給ᄒᆞ얏스니白錢一分을거스려달나ᄒᆞᆫ則宋承健이曰白錢一分을持來ᄒᆞ야炭을買去ᄒᆞ고五錢을持來ᄒᆞ얏노라ᄒᆞ나나如是詰難之際에觀察府巡檢宋萬億이가무ᄉᆞᆷ事端인가問ᄒᆞ기로事由를言ᄒᆞᆫ則巡檢의言이人의五錢을捧ᄒᆞ고不捧ᄒᆞ얏노라ᄒᆞ니此ᄂᆞᆫ盜賊이라ᄒᆞ고無數亂打ᄒᆞᆫ則孱弱ᄒᆞᆫ人民이勢莫奈何로被打而已러니更히多數巡檢을率來ᄒᆞ야布繩으로結縛ᄒᆞ고鍾路로回市ᄒᆞᆫ後에警務廳으로押去ᄒᆞ야擲巡金享植氏가處決ᄒᆞᄂᆞᆫᄃᆡ人民에所供은不聽ᄒᆞ고巡檢에言만從ᄒᆞ야刑械에縛置ᄒᆞ고無數酷刑ᄒᆞᆫ지라該宋氏이不勝冤ᄒᆞ야平理院에呈訴ᄒᆞ야上來하얏다ᄒᆞ니大抵警官은保護人民이是其職責이거ᄂᆞᆯ今此巡檢輩擲巡은對此商民하야加以不法之威刑이至此之甚ᄒᆞ니孱弱ᄒᆞᆫ人民은果雖支保라고西來人의民怨이藉藉ᄒᆞ다더라

●光校放學式 豐川郡私立光武學堂은光武九年四月에本郡居進士盧信泳金泳穆主事盧正益前教員許坤士人高炳台金鏞瑞諸氏가發起設立ᄒᆞᆫ者라本月十日에夏期試驗을行ᄒᆞ얏ᄂᆞᆫᄃᆡ學堂長陸軍創領盧伯麟氏ᄂᆞᆫ職務로在京未參ᄒᆞ고許翰長本郡守鄭在華氏가出席ᄒᆞ야甲班優等高益均과乙班優等盧鎭丙班優等李長根과及河鉉盧參鉉金志均盧善泳李현鍾李仁淳許燮等十七人의게特別賞品을授與ᄒᆞ고敎育上緊要ᄒᆞᆫ演說로諸學徒를勸勉ᄒᆞᆷ이總敎師許坤氏가答辭하고總務盧益盧信泳會計高炳極三氏가洋什唐墨鉛筆等으로優數히施賞後五十五人學徒가兵式體操와愛國歌로一場快叙하고下午五時에閉會하얏더라

●給家奬學 西署孔德里粉場洞居朴承烈氏가同胞의敎育을爲하야認給其家三分之一하야總俊학徒를熱心敎養云하니實所讚賀者也로다韓國士로朴氏와如히速就文明發達之域하야勿失自已上權利하고能禦外人之壓侮하야扶國濟生之策世期圖完全케하기를顯祝하노라

廣告

廣告

本號新開專做男女各色洋服幷由上海運來各種細이毛물一切表飾屬咁件件精全伏望貴士女迅卽來購爲幸

西小門內染春男女洋服商號

● 刑法大全 一帙定價金 新貨六十錢

牧民心書一帙 一圜二十五錢
耳談續纂一冊 七錢五厘
溫故知新堂發鈔 七錢五厘
父師必讀小學指南 七錢五厘
人工養蠶鑑一冊 十五錢
萬國地誌三冊 一圜
農政新書 五十錢
法學通論 一圜
尺牘完編 一圜五十錢
大韓地誌 七十五錢

發賣所 布下金相萬書鋪 大韓每日申報社

鍾路布廛[illegible]開豐局을[illegible]進士會來氏가本人의게傳授ᄒᆞ야仁港桎峴에移設ᄒᆞ고高明醫術을準쥰氏와同事ᄒᆞ는데繼關丹과水眼藥과瑠璃集[illegible]膏와小兒癎氣에[illegible]癎散과軟硬散과[illegible]癰丹痔疾方秘傳膏酒良等神效藥品이多有ᄒᆞ오며貧寒의게는無價酬應도ᄒᆞ오니勿論某病ᄒᆞ고來問ᄒᆞ시옵

仁港 桎峴 開豐局主人 송智仁 告白

[illegible]九韓[illegible]本人이妙方法을神奇하야製造ᄒᆞᆫ靈丹인데男女老少에[illegible]何症ᄒᆞ고通治ᄒᆞ오며無病時에도服ᄒᆞ면平生의[illegible]病[illegible]兒ᄂᆞᆫ四五錢重만服ᄒᆞ면十歲안에無病ᄒᆞ게兒摘保ᄒᆞ오며

● 九韓[illegible]砂[illegible]丹은[illegible] 癎症과中風諸疾과耳目諸病과[illegible]疾에神効ᄒᆞ고

● 九韓[illegible]砂[illegible]丹은初生小兒 驚風 癎氣 咳嗽 腹痛과般[illegible]과婦人帶下症에神効ᄒᆞ며

● 九韓[illegible]砂濟衆丹은酒滯 食滯 血積 吐瀉 霍亂 痢疾 吐血 下血 運氣 時疾 痲症에神効ᄒᆞ오

● 九韓[illegible]砂紫金丹은痔漏 [illegible] 上瘡 下疳瘡及唇瘡과諸般瘡瘍各種에無不神効ᄒᆞ오니 僉君子는來問ᄒᆞ시오

內需司前독갑이골上隅第一家 李[illegible]延 告白

一 [illegible]標[illegible]濃[illegible]牛乳
一 [illegible]印[illegible]濃[illegible]牛乳
一 [illegible]家用[illegible]化[illegible]
一 [illegible]
合牛[illegible]

大韓仁川港 [illegible]洋行

以上三種은上品으로製造ᄒᆞ야衛生上에至極有益ᄒᆞ니僉某人은本[illegible]고來[illegible]ᄒᆞ[illegible]

[illegible]紙卷[illegible]及[illegible]

本社廣告

一張代金 新貨二錢[illegible] 一箇月前金 三十錢 三箇月 九十錢 六箇月 一元[illegible] 一箇年 三元[illegible] 郵税一部 [illegible] 一箇年 十三錢

廣告料 [illegible]二十三字[illegible] 每日[illegible] 一箇日에 [illegible]每日[illegible] 一箇月에 [illegible]每日[illegible] 其期限의長短과字行[illegible]을依ᄒᆞ야增減홈이有ᄒᆞᆷ

◎本社地方各處支店廣告

仁川桎峴開新冊肆 平[illegible]
平壤南山峴日新學校 金[illegible]
宣川邑橋西 安[illegible]
義州南門外[illegible]西大[illegible] [illegible]
長連邑 金[illegible]
鎮南浦築洞 [illegible]
咸興州南社 [illegible]
中和邑 [illegible]
釜山佐川徐[illegible]房 金[illegible]
開城北部梨井[illegible]洞居培[illegible]
校副校長 [illegible]
大丘郡 達城廣文社

京城北署[illegible]坊[illegible]洞[illegible]外[illegible]
發行兼編輯人 英國人[illegible]
發行所 大韓每日申報社

大韓每日申報

대한매일신보

第二百八十三號

檀君開國四千二百三十九年
箕子元年三千二十八年
大韓開國五百十五年
日本明治三十九年
清國光緒三十二年

◉陰曆丙午六月大初九日甲戌

別報

合衆賓報의時評이如左ᄒᆞ니 俄報訪員이在日本ᄒᆞ야與一德人晤談ᄒᆞ니此德人은久歷東洋ᄒᆞ야日本政策과遠東現象을深悉ᄒᆞ고ᄯᅩᄒᆞᆫ留心時事者流라俄訪員이詢及ᄒᆞ되日本이極力으로推廣海軍ᄒᆞ며增添軍艦ᄒᆞ니究竟은係何主見고 德人이答曰日本의極力組織海軍隊ᄂᆞᆫ係爲兩番戰後餘波가可無疑義라但擬與何國開釁은恐컨ᄃᆡ全球之人이無有敢下一斷語者로ᄃᆡ吾ᄂᆞᆫ敢以一言斷定ᄒᆞ노니日本이豫備與淸國開戰也로다 俄訪員이詢以何故ᄒᆞᆫᄃᆡ德人曰日本이現時에正在財力告絀之時라籌借洋債ᄂᆞᆫ各國이不願ᄒᆞ니日本이歷向英美法各國ᄒᆞ야求借호ᄃᆡ均未允許ᄒᆞ니將來가仍復無望이라需欵이孔亟에來路ᄂᆞᆫ毫無ᄒᆞ니然則只可就近ᄒᆞ야乞諸其隣ᄒᆞᆯ지라 日本之近에國富而兵弱者ᄂᆞᆫ惟淸國이니 則可資挹注ᄒᆞ고弱則可任取携라故로俄日之開戰은必在淸國也니淸日之戰期가已甚迫近ᄒᆞ야不過三二年이라 蓋日本이此時에軍艦이已組織完全ᄒᆞ고戰具已備ᄒᆞ니 即當蹈抵중國之瑕隙이라始則聲言淸政府가違背某約章이라ᄒᆞ야登揚各報ᄒᆞ야爲開戰張本ᄒᆞ고再於議院會所에셔宣告ᄒᆞ되淸國이不念日本의救其被俄侵陵之惠ᄒᆞ고背盟負約이라ᄒᆞ야種種罪狀政府ᄒᆞ고遂定與淸國開戰矣라 於是에不問情由ᄒᆞ고不俟宣布ᄒᆞ야即已暗攻繼擊而淸國이遂爲甲之續矣오戰後에索淸國이以巨欵으로賠償軍費면日人이遂得淸還洋債矣라 該報記者論曰以上所言이正如扁鵲이治病에見垣一方ᄒᆞ니願中國留心時事諸君은本國近際의國際上問題를査驗ᄒᆞ면果孰有利益이며就有危險於將來之時代乎아 願諸君은注意注意大注意ᄒᆞᆯ라ᄒᆞ얏더라

官報

◉三千五百十五號 光武十年七月二十六日 (火曜)

◉敍任及辭令

○補鎭衛第六大隊중隊長 正위白樂萬○補鎭衛第七大隊중隊長 正위崔元燮○補鎭衛第七大隊附 參위金炳準○補騎兵中隊長 參領柳東說○補騎兵중隊附 參위朴正和○補포兵중隊長 參領朴斗榮○補工兵중隊長 參領金基元○補砲兵중隊醫官 三等軍醫金晉澤○ 參領朴晶煥 仝白暎濟 仝李大珪 正위李範韶 仝李寅榮 仝秦奎弘 仝李承弼 仝權承穆 副위尹鎬 仝李秉九 仝金錫泳 仝申恒雨 仝李秉純 仝李章默 參위徐義明 仝成贊燮 仝李吉用 仝金鼎奎 仝崔樂教 仝鄭在원 仝金完淳 仝金思權 同朴周英 同林炳孝 同朴章和 同丕義甲 補研成學校附 以上七月廿日○宮內府秘書官金敎論 昭慶園奉事沈鍾瑞 依願免本官○命太僕司長 宮內府參書官李鍾爕○任宮內府大臣官房秘書官 制度局參書官鄭寅韶○任制度局參書官 正三品金圭鎭○任昭慶園奉事 泰陵參奉李寅光○任泰陵參奉 莊陵參奉李元榮○任莊陵參奉 六品李象麒 以上七月廿一日○依願免本官 秘書監丞李範世○依願免兼任禮式院掌禮 秘書監丞閔象鉉○任宮內府參書官兼다事과長 正三品李鍾華○任秘書監丞 從二品金興圭○兼任禮式院掌禮 秘書監丞金興圭 以上七月廿二日○依願免本官 秘書監丞金興圭○命太僕司長 秘書監丞尹甲炳○命秘書監丞 從二品金興圭○兼任禮式院掌禮 秘書監丞金興圭○任秘書監丞 正三品李範世○兼任太醫院副卿 秘書監丞李範世 以上七月廿二日

完

◉三千五百十六號 光武十年七月二十七日

◉宮廷錄事

詔授冊時正副使以下總辦以下各差備別單入書

詔曰授冊時傳制官兼掌禮秘書丞加資

詔曰尙方司長以下別單入書 以上七月廿四日

景孝殿提調李乾夏辭職疏批旨省疏具悉所請依施 七月廿五日

◉敍任及辭令

○依願免本官 度支部參書官丕한鏞 七月廿一日○陞嘉義 兼掌禮秘書監丞金興圭○依願免本官 全羅南道觀察府主事丕曦錫○任全羅南道觀察府主事 申祖模○度支部司稅局長李건榮 法部刑事局長金洛憲 正三品李源兢 仝鄭寅興 仝洪在祺 前參書官金澤 解土地所需法起草委員○度支部司稅局長李건榮 法部刑事局長金洛憲 正三品李源兢 仝鄭寅興 前參書官金澤 內部參書官石鎭衡 從二品金亮漢 議政府參書官元應常 命不動産法調査委員 以上七月廿四日

外報

◉俄國議員 巴里電을據ᄒᆞᆫ則俄國皇帝의셔勅命으로下議院을解散ᄒᆞ고農民代表者의重要ᄒᆞᆫ者ᄂᆞᆫ解散되기前에與議堡에셔退去ᄒᆞᆯ命을ᄂᆞ린지라解散後議員은帝都ᄂᆞᆫ去치아니ᄒᆞ고密會를속成ᄒᆞᆫ다더라

◉各國議員會議 路透電을據ᄒᆞᆫ則歐米諸國의國會議員六百名은六月二十二日英國上院貴金間에集合ᄒᆞ야國際平和及仲裁主義의問題를議論ᄒᆞ얏ᄂᆞᆫᄃᆡ英國首相싸나ᄒᆞ만氏ᄂᆞᆫ歡迎의辭를述ᄒᆞ고此會議目的에對ᄒᆞ야英國皇帝及英國政府의同情을吐露ᄒᆞ고特히俄國議員의來會를祝ᄒᆞ얏다더라

◉俄皇鐵撫 伯林電을據ᄒᆞᆫ則俄國政府ᄂᆞᆫ某機關新聞으로國會解散ᄒᆞᆷ은決코政府의本旨가不在ᄒᆞᆫ다ᄂᆞᆫ趣意를宣言ᄒᆞ고又皇帝ᄂᆞᆫ詔勅을發ᄒᆞ야解散은議會의不法行爲의結果라ᄒᆞ야皇帝ᄂᆞᆫ堅固히議會制度를維持ᄒᆞᆯ趣味된事를公表ᄒᆞ얏다더라

◉第二旅順 黑龍江來報를據ᄒᆞᆫ즉俄國이合爾賓으로第二旅順을成ᄒᆞᆯ目的으로目下築城과及其他經營에着手ᄒᆞ얏다더라

◉日人이在南奉之情形 滿洲新聞을據ᄒᆞᆫ則日人이在奉天省ᄒᆞ야强占地方ᄒᆞ고斫伐材木ᄒᆞ며占奪民房ᄒᆞ며搶奪民間財物ᄒᆞ니居民이與之爭鬪ᄒᆞ다가互有喪亡이라더라

◉出洋大臣歸京 北京電에曰出洋大臣戴鴻慈殿下와尙其亨氏等은三日午后歸京ᄒᆞ얏더니

雜報

●勸諭圖治 再昨日 皇上陛下께옵셔入侍흔諸大臣을面諭하사曰朕惟不德하야國勢萎靡어니와卿等은能盡其職 야往事는追言無益이니從玆以後로倍加勵圖하야一心做去라야失權을更回하고危局을轉安이니明聽朕言하야用人以公하고處官如家하야卽見來效를朕深望焉흔다하시심의諸大臣이拜而退闕하얏다더라

●上諭度大 度支部大臣閔泳綺氏로更奏하되以微臣庸材로財政은不可做去이오니本大臣을卽爲許遞하옵서以便公私케하소서하는지라 上이答曰益加勉力하라하옵써다더라

●巡檢의壓制人民 西署樂峴支所巡檢等은有何所怨於萬里峴人民이던지人民保護의職責은不顧흔ㅣ 此炎天흔야警派居民이終日勞動라가或夕後夜間에 氣흔乘흔야坐臥路傍이면該坊巡檢이謂以犯路흔야論老幼흔고結縛捉去흔야懸於支所라가或半夜後에釋흔고或曉頭放送흔고또巡檢等이言必稱萬里峴人民은擧皆渙散케흔고야乃已라흔니該人民의怨聲이載路흔다더라

●한語敎授의熱心 한語卒業生金完圭氏는청公館에多年通譯흔야한語는當時第一이라흔고또學問에有餘흔고敎育에熱心흔야近日齋洞尹亨植氏家에한語夜學을設흔고學徒十餘人을敎育흔며徐丙弼氏家에서도三四人을敎授흔며桂洞金善鎭氏家에留흔는디多數흔學徒가往學흔으로彼亦爲敎授흔야二處分敎에少無怠意라흔니敎育上에如是히心흔은可以贊揚흘만흔더라

●國民會演說 今日下午八時에國民敎育會에서崔炳憲氏를請邀연說흔다더라

●遞任圖稱 遞任된主殿院繁務官李憲淳氏는李根澔氏의單口로總巡으로警務官시지陞差흔얏더니這番日巡查가把門喧事件으로因흔인지 宮內掖屬을減省흔다는說을因흔인지依願免本官니되고江原道麟蹄郡守를圖得흔기爲하야別般運動흔다더라

●賊患餘驚心 去月二十日夜의仁川黃等川面重林驛흔는富豪鄭允永氏家에明火賊十名이白晝突入흔야銃劍으로白般威脅흔고家藏什物과錢財米穀을沒數奪去가되얏는디鄭氏는旣爲立學校흔고募集聰俊子逢此賊變以後에一大熱善義務흔야敎育上의熱心注意흔다고一人民니稱贊不已흔다더라

●李卿放免 法部에서禮式院卿李容泰氏의案件으로平理院審辦을因흔야奏本을奉呈흔다는디考該法令에只有門票不帶之律이오更無趂不示票之律이온즉參究情跡에別無可罪之端故로被告李容泰는放免之意로上奏라흔얏다더라

●查案不符 晉州觀察使丞民應氏가內部로報告흔기를本部訓令을承准흔야管下巨濟郡守李敎承의貪贓錢數와一進會民의討索錢財與私囚平民흔情節을先以熊川郡守로定查官查覈흔고又以海南郡守로定查官查覈이오나兩郡查案이俱不符合흔야難以准信故로嚴查案四件을上送흔니照諒흔라흔얏더라

●官禁未熟 近日暑候에未熟果를食흔고赤痢病에罹흔다흔니警務官吏는宜乎此等未熟果는不賣흔도록흔얏스면조흘듯

●爲夫訴冤 忠南靑陽郡居申召史가法部에請願흔기를家夫쾌한蹤에某以讀書之士로客地隻身에橫被强盜誣之誣招흔야白地隱名을自知難免흔고借其外家姓흔야姓名을改以조俊植納供之境에其所光景을見何言哉아夫若死於獄中이면婦不可坐視獨生之義則雖分碎此身이라도伸雪此冤乃已니早決明判흔야俾保人家生命之地를伏望이라흔얏다더라

●연何白放 陸軍副領宋文燮氏의子聲來는鴉烟을善喫흔는者라日前洞口內鴉烟店에서鴉烟을吸흔다가중署巡檢朴在天의게現捉되미臟物々지搜去흔야警署에入하얏더니一夜를經하야卽爲白放하얏스니此는金力으로연흠인지勢力으로연흠인지人皆警官의詢私枉法을議誚흔다더라

●獵官見欺 內部大臣李址鎔氏는妾婦之仁으로求仕者를不忍拒却하고隨請承諾하되當爲周旋흔다하야去年이如是今年이如是來年이又如是흘지라下鄕愚痴輩가深信此言하고四年該門에家產을蕩敗하야李大臣에게日昨告別흔즉日間有道理라하고又爲執留하얏는디一紙丸藥을間用하얏스면立見其效어날空又見欺흔다하는데該人은忠淸道林氏도慶尙道晉氏等이라더라

●會議可決 再昨日政府會議에는通信院廢止와農商工部官制改定과度支部叙任과中樞院官人叙任과學校擴張만일先可決하얏다더라

●誤告之判 軍部大臣李根澔氏가刺客에게被刺하야司法官이該刺客을識認중인디其時에副領尹原求氏가告發하기를使我로警務使하면刺客의正尉宋憲兒姜昌熙等을拿得查覈흔다흠으로其時警務使尹喆圭氏가宋姜兩人을捉因查覈則果無證據에尹原求之誣告가掀露無餘故로宋氏等을卽爲放免矣러니日前에其時正犯李金兩人이警廳에被捉하얏는디宋姜兩人은白白無罪흔지라宋兩人이尹原求氏를訪問曰爾何嫌疑로陷人於死地하며饒使를圖得乎아하며逐條卞明하되似此不良者는死有餘罪라하고以手박之하야下手折 하는지라尹副領이哀乞曰此是內部大臣之指使也오非吾自爲니願借一縷하라八十老 가在堂에惟我獨子라今死不可하니公其 之하라欲圖警使이나我心則本非不良이라하며哀乞矜惻이어날宋姜曰似之한온以法殺之니裁庭에相違하자하고行將裁判흘터이오尹副領은折脚訴冒로先次應訟흘터인디尹氏의口招로내部大臣도 가된다더라

●輪直節次 各大臣이闕內輪直을廢止흠으로宮內府에서윤直次를更成規定하얏는디宮내大臣서從院卿副卿主殿院卿等務使가윤回入直하기로磨鍊하얏다더라

●副卿新任 侍從副卿沈相翊氏는奉常提調로轉任하고其代는徐相大氏가被任하얏다더라

●逋欠調查 通信院을革罷하얏슨즉犯逋官吏에게捧不捧은不知로되 院一般官吏의逋欠錢을調查흔則都合이十六萬七千餘元이라더라

●難免其誚 通信院罷散官이他部로區處하여달나고到處에說明하며政府에請議하는디周旋이罷陋하다더라

●監理相換 再昨日政府會議에沃溝監理金敎獻氏와東萊監理李懋榮氏가相換되얏더라

●議定官被命 贊議徐正淳內大李址鎔宮孝殿提調李載克度大閔泳綺參政朴齊純陪從武官長丞以윤德大權重顯軍大李根澤氏等은表勳院議定官을被命흔얏더라

●學察歸京 學部視學官魚容善氏와學政參與官房事務員廣田直三郎氏는嶺南各地公私立學校를視察흔고再昨日에歸京흔얏더라

●開校夏試 開進學校에夏期試驗하야甲乙丙三班卒業生이卒業運任章鎬尹善남李起鎬光燮李基榮崔鳳基李윤秀요三班優等生이崔熙鳳李相協崔基完朴齊昇權容岳方福仁權寧仁李健模요特學三班優等生이吳黃龍徐寧震車南山韓点同金德仁獎七星李錫九金鶴仁李光錫李巨福張千萬이凡二十七人이라더라

東京電報

●祀料下賜 廿七日午後三時發
兒玉大將牛前의 勞勞思흔야日本兩陛下께서祭祀料로金六千圓皇太子下께서金 百圓을下賜흔셧고또別金으로金五萬元을下賜흔셧더라

北京電報

●창匪滋 廿七日午后二時發
湖南省黃州府羅田에匪徒가蜂起하야敎會堂危險의境가有흠으로張之洞은鎭撫하기爲하야兵五百餘名을派遣하얏더라

伯林電報

●露廷新解 二十七日오後三時發
露國政府는議會가法律上의範國를脫하야政府의威信을傷케하고行政府의權力을侵害코져하야不可抗的希望을鼓吹흔이不得已解散흠에至흔旨로辨解書를公表하얏더라

●露報停止 上仝
露國政府는全國에通하야新聞發行의停止及大捕縛等이頻繁하다더라

雜報

共立協會에서上宮內大臣書

敬啓者는切有可痛可駭事는美國桑港韓人教堂에稱日牧師者文耿鎬가今港에駐箚혼日本領事의게擅自密往ᄒᆞ야訴言曰韓人八十餘名이方自患難에朝夕難保라ᄒᆞ고兩次에美金九百元과白米十三袋와醬三甬을受來ᄒᆞ야中間乾沒이近爲兩朔之久로되此地僑民等이日本領事가雖曰代理라ᄒᆞ나當初交涉은不受ᄒᆞ고來往을永絶홈으로全然未知러니

忽於今月二十五日에大韓每日新報第二百二十七号를接見ᄒᆞ즉桑港에駐箚혼日本領事가駐韓京日統監의게報道ᄒᆞ기를韓人被傷者八十人內에二十四名이死ᄒᆞ얏다혼故로該報中에詳實이甚謬이옵기로自本會로셔總代安昌浩林致淀鄭昌武三人을委送日領事署ᄒᆞ야質問曰韓人患難情形을日統監의게로報告홈이有ᄒᆞ야

日領事答曰統監府로報告홈이아니오日本東京外部로二次致報인데一次는電報오一次는書翰ᄒᆞ얏소總代曰韓人死傷은幾何라고ᄒᆞ얏는요彼曰死傷은無ᄒᆞ다ᄒᆞ얏소總代曰貴領事가僞無査實이어날辭何以知之乎아日領事曰聞於貴國人文耿鎬이로라有何故而來詰其事端乎아總代가所持每日申報를出示曰貴之所報가在此라ᄒᆞ니領事視之曰此는誤錄에不過라ᄒᆞ고輒曰自本領館으로所送錢곡은救濟에不足之歎이無ᄒᆞ도ᄒᆞ거날總代가初聞是言ᄒᆞ고乃問曰送交何人乎아彼曰我非自送이오韓人教堂傳道人文耿鎬가本署에自前來往之人인ᄃᆡ大患之後彼來謂曰方今韓人八十名이死境在ᄒᆞ니救恤金을請求ᄒᆞ노라ᄒᆞ기에本領事가韓人을保護ᄒᆞᆯ는責任이有ᄒᆞ기로五月十日에美金三百元과白米六袋와醬二甬을주엇고其後六月十五日에文耿鎬가又來曰先次所給物을已罄ᄒᆞ얏다ᄒᆞ고目下에亦是困急이라ᄒᆞ기로美金二百元과白米七袋와醬一甬을又出給ᄒᆞ얏노라ᄒᆞ니總代曰今日我等之來는報告事件을但爲홈이오他事는可論홀바이無ᄒᆞ다ᄒᆞ고

即起回來公報이기로本會에서右兩事件을擧實仰達ᄒᆞ오니細察焉ᄒᆞ쇼서前報와如히桑港僑民의死傷은初無一人이오若每日申報가誤錄이아니면定是日領事之誤報요

且彼文耿鎬는今番患과損害에初無關係之人으로幸其不幸ᄒᆞ야假托救濟ᄒᆞ고日領事의錢곡을欺騙ᄒᆞ야中間乾沒은事甚痛歎ᄒᆞ와該錢곡을日領事의게로還코ᄌᆞᄒᆞ야桑港에在혼韓人을無遺悉集ᄒᆞ고文경鎬를招致ᄒᆞ야質問之時에初則不知云ᄒᆞ더니及其證據를指明ᄒᆞ야는不敢隱諱ᄒᆞ고以實直告曰果有是事라홈이當場錢곡을辦出ᄒᆞ야日領事의게報還ᄒᆞ라ᄒᆞ니 吾所答이金五百元은盡用無餘ᄒᆞ고白米與醬은教堂下層土庫에장置而但其중一袋만實用이로라ᄒᆞ니

不過月餘에如是之金을盡用홈理가萬無ᄒᆞ기로其身邊所持物을考見則金時表一箇에美金一百二十元價에買佩ᄒᆞ고其他裝身之物이ᄂᆞᆫ八十元假量이오各處付送혼金이郵局領受票로考準ᄒᆞ면百餘元이오其餘는酒樓料理場에消費혼지라世豈有如彼文哥者乎잇가

是以로此地僑民들이對外人無色ᄒᆞ옵고況又事係日領事財政이기로即時擧此事實ᄒᆞ야通知日領事曰貴之所云救恤錢穀은但文경鎬一人의게欺騙을被홈이니不以韓人救濟로爲ᄒᆞ고此金推與不推는但與文경鎬로有關이오不在他求라ᄒᆞ얏사오니伏願閣下는此事意를轉達于議政府ᄒᆞ사他日에若日領事가謂以韓人救恤金ᄒᆞ고索還코ᄌᆞᄒᆞ면以此答辦케ᄒᆞ심을玆以仰懇之至

●朴氏贊閨塾 前主事朴勝彬氏는所帶官職을辭ᄒᆞ고日本에留學ᄒᆞ야法科大學을授業중인ᄃᆡ此次夏期休業을當ᄒᆞ야暫時歸國ᄒᆞ야미라韓國의女子教育이四千年來未聞ᄒᆞ던바인ᄃᆡ今日을當ᄒᆞ야有志紳士가女子의教育이必要로認ᄒᆞ야女子學塾이數三處創設이된지라就중養閨義塾은開學未幾에生徒가五十名의達혼지라該會의前往ᄒᆞ야직員을對ᄒᆞ여新學必要의目的을演說ᄒᆞ고學員의勤課홈을贊賀ᄒᆞ야新貨五圜을捐付ᄒᆞ얏다더라

廣告

本人季弟韓命洙性本浮浪蕩敗家産ᄒᆞ고甑南浦符同日商木下千代吉以僞造田券十五張典當債用ᄒᆞ고仍爲辯護士有本次郞欲爲徵債於本人來ᄒᆞ니本郡知其無實則辯護士無辭退去然而後獘之慮本人之伸歧圖債俱不無慮矣內外國人以此照亮愼勿見欺

江西 韓命琦 告白

平壤趙得蘭이가年二十九인ᄃᆡ性本浮浪ᄒᆞ야出沒京鄉ᄒᆞ야四面請債ᄒᆞ여家産蕩敗코져ᄒᆞ오니內外國人은切勿見欺ᄒᆞ시오

平壤南山坊居 兄 趙日壽 告白

再昨日每日申報中日人某氏가北村大官조氏某와符同ᄒᆞ야南山下老人亭을僞造文券으로買得ᄒᆞ고價錢을方今周旋中云ᄒᆞ니此何황說乎아此亭은即本人世傳之亭이오板契文券이在於本人ᄒᆞ니內外國人은切勿見欺홈

勸洞 趙命九 告白

本人의畓三石十六斗落與水稅租가高陽中面馬頭里坪에在혼ᄃᆡ外親間不良혼者가有ᄒᆞ야舊券을逢賊見失ᄒᆞᆫ樣으로本郡에認出立旨ᄒᆞ야將欲斕賣故로本人이業以舊券으로放賣ᄒᆞ얏스이內外國人은該僞出立旨에見欺치마시옵

京居 李鍾호 告白

西江新水鐵里居金文書處當捧錢八千兩手票閪失故로廣告ᄒᆞ니內外國人誰某拾得休紙施行홈

債給人李召史 證人姜啓必

本場에서秋期學員을募集ᄒᆞ니願學人은陰七月十日內로來問于本場事

新門外鈴洞一百九十二統三戶 蠶桑試驗場

本社瀛船이龍山楊根間에往홈은已爲廣告어니와龍山江華間도順次來往ᄒᆞ오니京鄉僉君子는來問ᄒᆞ시옵

龍山 測航會社 役夫會社 同所

中署農圃初入七十八統第二戶의鄭鳳澤氏가開發人民의注意로本申報擴張을贊成ᄒᆞ야自擔에本報發賣所를別定ᄒᆞ얏사오니僉君子는照亮ᄒᆞ시옵

大韓每日申報社 告白

本會會員朴用禎이가同會員金鴻鎭氏에田土를設計強奪코ᄌᆞᄒᆞ다가三百餘名會員과許多人民에게發覺되야金氏가裁判所에呈文ᄒᆞ야判決書를得ᄒᆞ고金氏의田土를保護ᄒᆞ기爲ᄒᆞ야會中證明書와圖形書를成給ᄒᆞ고朴氏는至正혼會中에參留掩匿치못ᄒᆞ야不得已會案에除名出送ᄒᆞ얏기로玆에廣布ᄒᆞ오니僉我同胞는照亮홈

韓州 保民會 告白

廣告 民事訴訟代言과刑事辯護及鑑定顧問과諸文案起草等諸般法律事務를迅速處理홈

한城南署上油洞二十九統七戶二層洋屋

辯護士 前檢事 正三品 洪在祺 法律事務所

廣告

我閔氏先祖留守公以下累代墳塋가在於通津位谷이온ᄃᆡ支孫봉基가以無識悖類로禁養松楸를方欲偸賣云ᄒᆞ니內外國人은切勿見欺ᄒᆞ시고如或有欺買ᄒᆞ도終歸無效니洞亮㕘要홈

驪興閔氏宗中 告白

本會社에서燕岐鳥致院에서群山木浦等地에鐵道敷設ᄒᆞ기로光武八年分에政府認許를承有ᄒᆞ고鳥致院에서江景浦ᄭᆞ지已往初測이온바現行實測而全州ᄭᆞ지連續起工이오며股金은株式으로募集ᄒᆞ되一株에新貨五十圜으로酌定ᄒᆞ고十回에分ᄒᆞ야收合ᄒᆞ오니有志ᄒᆞ신僉君子는西大門外停車場越便本會社로枉臨ᄒᆞ시와幾株間隨力懸錄ᄒᆞ시고共濟一大營業ᄒᆞ심을爲希

湖南鐵道會社長 李允用
發起人 徐오淳

本人姪大煒이浮浪性質로赤敗家産ᄒᆞ고宗家與位土를僞券放賣云ᄒᆞ니內外國人은切勿見欺홈

平壤南祭리坊 黃庸永告白

廣告

●刑法大全 一帙定價金 新貨六十錢
牧民心書一帙 一圜二十五錢
耳談續纂一冊 七錢五厘
温故知新堂叢鈔 七錢五厘
父師必讀小學指南 七錢五厘
人工養蠶鑑一冊 十五錢
萬國地誌三冊 一圜
農政新書 五十錢
法學通論 一圜
尺牘完編 一圜五十錢
大韓地誌 七十五錢

發賣所 布屛門下金相萬書舖
大韓每日申報社

△이것 보시오 改良廣告▽

前에는理學을不分科目ᄒᆞ고繼述ᄒᆞ얏더니第八號부터는一分科식詳細講●ᄒᆞ되爲先物理學講義를專逓ᄒᆞ깃기로玆에廣告ᄒᆞᆷ

西大門內尙洞 ●●

●特別社告

本申報社內에特別히附屬品으로活字를更備ᄒᆞ야書籍印刷所를設置ᄒᆞ얏사오니印書를要ᄒᆞ시는僉君子는來臨相議ᄒᆞ시옴

大韓每日申報社 告白

印刷

一 ●●●●●牛乳
一 ●印●●●●牛乳
一 ●●家用●化乳●
一 ●ㅣ●●●●●●
合牛乳

仁川港 洋行

●九轉●砂라 本人이妙方으로●●●●하야製造ᄒᆞᆫ靈丹인ᄃᆡ男女老少에無論何症ᄒᆞ고通治ᄒᆞ오며無病時에도服ᄒᆞ면平生의●體가健康ᄒᆞ며小兒는●●●●服ᄒᆞ면十歲안에無病ᄒᆞ기를●保ᄒᆞ오며
●九轉●砂●●丹은●●●●과中風諸疾과耳目諸病과淋疾에神効ᄒᆞ오
●九轉●砂保命丹은初生小兒 ●氣 ●氣 ●● ●●諸般症과婦人帶下症에●効ᄒᆞ며
●九轉靈砂淸衆丹은酒滯 食滯 血積 吐●●亂 痢疾 吐血 下血 運氣 時疾 ●症에神効ᄒᆞ오
●九轉靈砂紫金丹은痔漏 ●● 上疳瘡 下疳瘡及●瘡과諸般瘡瘡惡種에無不神効ᄒᆞ오니 僉君子는來問ᄒᆞ시오
內需司前독갑이골上隅第一家 李●廷 告白

以上三●은上品으로●製造ᄒᆞ야一衛生上에至極有益ᄒᆞ니●某人ᄒᆞ고本●에●●ᄒᆞᆷ

●物●●●●及●●會社

本社廣告

申報價
一張代金 新貨二錢五厘
一個月前納 三十錢
三個月 九十錢
六個月 一元七十錢
一個年 三元四十錢
郵稅一部 新貨五厘
一個月 十三錢

廣告料
四號活字十三字에
每日每一行에新貨●●●
(每日●行에大●●●●)
一個日에 二圜●●●
(每日每行●●五厘●●●)
一個月에 ●●
(每日每行●●一厘●●●)
其期限의長短과字行의●●을依ᄒᆞ야增減ᄒᆞᆷ이有ᄒᆞᆷ

◉本社地方各處支店廣告
仁川杻峴開新冊肆 李東●
平壤南山峴日新學校 金與●
●●● 崔●●
宣川邑橋西 安●
義州南門外韓西大藥房 ●有●
長連邑 金●
鎭南浦藥洞 金仁●
成興州南社 ●●●
中和邑 李●●
釜山佐川徐●● 金●●
開城北部梨井里●洞居培●校副校長 姜●●
大丘郡 達城廣文社

發行兼編輯人 英國人 ●●
發行所 京城北署●●坊●洞●●
大韓每日申報社

第四卷

大韓每日申報
대한매일신보

第二百八十四號

月曜及慶節歲時日休刊

檀君開國四千二百三十九年
箕子元年三千二十八年
大韓開國五百十五年
日本明治三十九年
清國光緒三十二年
◉陰曆丙午六月大十一日丙子

論說

後望

韓청과滿洲의現狀을英國이顯然注意ᄒᆞᄂᆞᆫ지라日本管下에今在ᄒᆞᆫ滿洲地方에英國商品이不通됨을英國政府에서探査ᄒᆞ라ᄂᆞᆫ訓令을發ᄒᆞᆷ이傳播矣어니와德國은向日勇壯方策을取行ᄒᆞ기로向意ᄒᆞᆫ다ᄂᆞᆫ傳說이亦有ᄒᆞ도다

九月一日에滿洲南部ᄂᆞᆫ開放ᄒᆞᆫ다ᄂᆞᆫ說辭를認之以眞正ᄒᆞ야德國商人은富日에德國商品의巨數를富地에到達ᄒᆞ기로整列ᄒᆞ얏다ᄒᆞ니日本이可以知悉ᄒᆞᆯ거슨德國이過去戰役에日本諸言을今欲實行ᄒᆞᆷ이라極減ᄒᆞ드리도遂今滿洲ᄂᆞᆫ關係ᄒᆞᆷ이오美國도亦察其動靜ᄒᆞ나니駐청美公使의報告가驅使合衆國으로日本이撤土를還附ᄒᆞᆫ地方과獨立을繼支ᄒᆞᆫ邦國에서行動ᄒᆞᆷ을注意케ᄒᆞᆯ지라奉大에美領事를早任ᄒᆞᆷ은吾人評論을表出ᄒᆞᆷ이로다

地臨上과戰略上과商業上에韓國과滿洲와連繫ᄒᆞ얏ᄂᆞᆫ지니韓國은滿洲物産의天然的出口이니韓國을領有ᄒᆞᆷ은滿洲를漸次侵略ᄒᆞᆯ初步라由是로滿洲內에日本의不法計劃을十分探實後에ᄂᆞᆫ韓國內에日本設施을注目ᄒᆞᆷ이次第件事로다若其公平視察人이면雖粗略檢考ᄒᆞ더리도韓國內日本新設이純然貪欲인줄을信服ᄒᆞᆯ지니均商之說과韓國人民을振起之說이徒是談話而已라列國政府가有力論非를始起ᄒᆞᄂᆞᆫ되로早速히列國의現今及後來商業이善就ᄒᆞ리로다

所稱條約을威脅下에締結ᄒᆞᆫ以外에ᄂᆞᆫ日本關係가於韓於滿에一般이니由是로本記者ᄂᆞᆫ泰西人의注意滿洲ᄒᆞᆷ이將及韓國ᄒᆞᆷ을希望ᄒᆞ노라英國은勿干涉之說을或受ᄒᆞ얏슬거시오美國大統領은善結平和ᄒᆞᄂᆞᆫ誤見이固有ᄒᆞ니對此兩國ᄒᆞ야ᄂᆞᆫ不能有望이로되其他列强이야日本之吸收韓國을豈其容許리오英德美三國이商業時機를疑訝ᄒᆞᆷ에對ᄒᆞ야本記者ᄂᆞᆫ甚喜ᄒᆞ노니此ᄂᆞᆫ此隅에加其注意ᄒᆞᄂᆞᆫ되로韓國後運에獨立을易得이오英美와如ᄒᆞᆫ締約國政治上에缺点을削去ᄒᆞᆯ理由가有ᄒᆞᆷ이로다

官報

●三千五百十七號 光武十年七月二十八日

◉宮廷錄事

慶尙北道觀察使李重夏辭직疏批旨省疏具悉辭旨懇摯故茲簡畀卿其勿辭卽速登途

◉敍任及辭令

七月廿六日

○依願免本官 咸鏡南道觀察府摠巡 韓羲瞀○任咸鏡南道觀察府摠巡 前摠巡 劉鎭世 以上七月廿四日○任忠청南道관察府摠巡 警務廳摠巡崔건鎬 以上七月廿日○命景孝殿提調 宮內府特進官李載克○命宮內府特진官 從一品李乾夏○依願免本官 咸鏡南道觀察府主事李熙出○任咸鏡南道觀察府主事 全羅南道觀察府主事李能相○任全羅南道觀察府主事 濟州牧主事李龍涉 以上七月廿五日○依願免本官 議政府主事崔秉相○任議政府主事 前主事李肯鳥 以上七月廿六日

●三千五百十八號 光武十年七月三十日

◉宮廷錄事

詔曰啓字之愼重何如關係何如也自今以後只宮內大臣與內大臣所管宮廷事務及宮內府事項奏請啓上而啓下文蹟申明斷規藏于宮내府以備考覈以防後弊遵守法紀之稍懈可勝歎哉至若宮내官僚應遵履行之諸規程令宮내大臣奏稟施行以爲經常之式凡百有司克體朕意其各愼乃有職 七月廿六日

宮내府大臣勳二等臣李根湘謹奏 奏語決意何等愼重而景陵奉審閣臣李寅蓌入侍時未能審愼有所錯誤揆以事體萬萬惶悚所當重勘而自臣府不敢擅便何以爲之乎敢奏 光武十年七月廿六日奉旨推考

秘書監丞金興圭辭職疏批旨省具疏悉所請依施 七月廿六日

通信院摠辦金在순辭職疏批旨省疏具悉所請依施

●敍任及辭令

七月廿七日

○依願免兼任禮式院掌禮 秘書監丞金興圭○命秘書監丞 奉常司提調丞經九○兼任禮式院掌禮 秘書監丞閔象鉉○任內藏司主事 主殿院主事高義杏○任主殿院主事 懿寧園奉事崔南烔○任懿寧園奉事 崇德殿參奉朴顯道○任崇德殿參奉 九品朴文益 以上七月二十六日

法律

◉法律第四號

砂鑛採取法

第一條 砂鑛은砂金砂鐵及사錫을謂ᄒᆞᆷ

第二條 사鑛을採取코ᄌᆞᄒᆞᄂᆞᆫ者ᄂᆞᆫ農商工部大臣의許可를受ᄒᆞᆷ이可ᄒᆞᆷ

第三條 사鑛採取區에關ᄒᆞ야ᄂᆞᆫ礦業法第九條規定을准用ᄒᆞᆷ

未完

外報

●第二日露戰爭 露國에서協東에有名ᄒᆞᆫ카제노辛氏가參謀總長바리문中將의게第二日露戰爭에關ᄒᆞᆫ意見書를呈出ᄒᆞ얏ᄂᆞᆫ되日本은決코自今十年後에露國이由大黃陸海軍을恢復ᄒᆞ며英國의同盟을得ᄒᆞ기에至ᄒᆞᆷ을不俟ᄒᆞ고必然六介年內에再次極東海岸의露領(勘察加半島를包含)을割與케ᄒᆞ지못ᄒᆞ면止치아니ᄒᆞᆯ지 포르마우스條約은一時休戰에不過ᄒᆞ니此休戰期間이終了ᄒᆞ기前에露國은休戰以前에一國을代ᄒᆞ야二國을敵對ᄒᆞᆯ準備를要ᄒᆞᆯ지니此를爲ᄒᆞ야急速히左開諸件을實行ᄒᆞᆯ거시라고論ᄒᆞ얏ᄂᆞᆫ되

一、現在滿洲軍은少不下共三分之二를永久戰時狀態로極東에止住ᄒᆞᆯ事

二、國境에ᄂᆞᆫ兵員을駐屯ᄒᆞ고其他露領重要地點에ᄂᆞᆫ完全히防禦ᄒᆞᆯ事

三、海蔘威를根據地로ᄒᆞ야有力ᄒᆞᆫ艦隊를設ᄒᆞᆯ事

四、外國의知名ᄒᆞᆫ造船業者의계特許를與ᄒᆞ야海蔘威港內에船渠其他工場을設ᄒᆞᆯ事

五、一日이라도早速히西伯利亞及烏蘇里兩鐵道를複線으로ᄒᆞᆯ事

六、海蔘威와勘察加[illegible]후스크에無線電信을設置ᄒᆞᆯ事

●英國火災 倫敦[illegible]蘇格蘭단너이港에서火災가起ᄒᆞ야四十萬磅損害가되얏ᄂᆞᆫ되英國最大ᄒᆞᆫ우이스기商店[illegible]麻倉庫二處가燒失되얏다더라

雜報

●買賣同惡　西來人의傳說을聞ᄒᆞᆫ則平安北道에一多錢紳士가某處監理를圖得ᄒᆞᆯ經營으로六千元을南港金庫의封留ᄒᆞ고某大臣의게渴求中이라ᄒᆞ니莫重公器를納財願買者ㅣ나路行賣者ㅣ나其循私貪賄ᄒᆞ야汚穢朝綱은其惡一也라고ᄒᆞ니其事實를隨聞更揭ᄒᆞ깃노라

●憲兵不法　再昨日下午五時量에銅峴憲兵派駐所에셔一大紛擾가生ᄒᆞ얏ᄂᆞᆫ디其根因을聞ᄒᆞᆫ則最初의憲兵이大漢門前청人家에設ᄒᆞᆫ(강)이란雜技를ᄒᆞ다가及其錢窮ᄒᆞ야ᄂᆞᆫ望刀等物을典執ᄒᆞ고勢不得已ᄒᆞ야청人家에在ᄒᆞᆫ麥粉一部를典執ᄒᆞ라다가綻露되야該所로入去ᄒᆞ야對質ᄒᆞᄂᆞᆫ디청巡査三名이來ᄒᆞ야挑釁ᄒᆞ야다ᄒᆞ니其時憲兵의行爲ᄂᆞᆫ人皆唾罵ᄒᆞ니와雜技設ᄒᆞᆫ청人의惡習도官乎禁戢이라고觀光諸人의論話가有ᄒᆞ더라

●報告設雩　忠北觀察使尹喆圭氏가內部로報告ᄒᆞ되現今旱氣太甚ᄒᆞ야民情이嗷嗷ᄒᆞ야雩祭를不容不擧行인즉各郡祭需費ᄂᆞᆫ隨所入挪用於公錢즁에ᄒᆞ라ᄒᆞ얏더라

●四氏特任　中樞院副議長李根友氏ᄂᆞᆫ陪從武官長으로陪從武官長趙東潤氏ᄂᆞᆫ侍從武官長으로侍從武官長李鍾健氏ᄂᆞᆫ中樞院副議長으로被任ᄒᆞ고參將梁性煥氏ᄂᆞᆫ主殿院卿을被任ᄒᆞ얏더라

●無兄盜嫂　日昨某報에舒川郡居金柄宇氏가義兵頭領으로民弊多大ᄒᆞ더니義擾解散後에錢力으로幸히觸網을免ᄒᆞ얏다揭載ᄒᆞ얏ᄂᆞᆫ디該郡에셔可信ᄒᆞᆯ만ᄒᆞᆫ來報를得聞ᄒᆞᆫ즉金氏가素以聽聞之人으로義兵等事ᄂᆞᆫ非徒不欲干涉이라畏懼恐波之或及ᄒᆞ야初無酬接之狀은一郡所共知어날今則運糧等說로加誣此人은可謂無兄盜嫂방에라此必是金氏同郡府從吏輩이私掘塚ᄒᆞ고逃躱上京ᄒᆞ야百般構陷에逞其嫉怨코ᄌᆞᄒᆞᄂᆞᆫ計劃이니究其所爲에誠切痛惡이라ᄒᆞ더라

●笞禁入學　全羅道淳昌郡居金炳用氏가當年有志로학校에入ᄒᆞ야斷髮ᄒᆞ얏더니其從祖文和氏가粗知文字로頑迷成癖ᄒᆞ야其從孫의斷髮ᄒᆞᆷ을大端憤怒ᄒᆞ야其兄을毆迫ᄒᆞ고署理郡守金鍾民氏의게請願ᄒᆞ야炳用을捉入ᄒᆞ야笞罰을施ᄒᆞ얏다니金文和ᄂᆞᆫ鄕曲愚迷之物로勿論ᄒᆞ學反對를猶不足責이어니와所謂牧民之官이如是矇昧ᄒᆞ야入학ᄒᆞᆫ者를反加笞罰ᄒᆞ니韓政府에셔ᄂᆞᆫ但其頑迷無知之流만擇用ᄒᆞᄂᆞᆫ지

●餘逃更捕　日前監獄署에셔失囚ᄒᆞᆫ事ᄂᆞᆫ已揭어니와該四十八名中三名은即地搜捉ᄒᆞ고金議武洪永杓等二名은再昨日에又爲搜捕ᄒᆞ얏ᄂᆞᆫ디以此觀之則在逃十三名도不過幾旬니에亦可一一捕得이라ᄒᆞ더라

●吳贓查覈　忠남관察李道宰氏가公州前郡守吳鼎善氏의貪贓과獄犯失囚ᄒᆞᆫ根由를查覈ᄒᆞ기爲ᄒᆞ야文義郡守慶必永으로查官을定ᄒᆞ야內部로查報ᄒᆞ얏다더라

●滿罪重放　法部에셔全南觀察에게訓令ᄒᆞ야완島郡薪智島流十年罪人李範疇와智島郡黑山島流十年罪人金奎基를限滿放送之意로已經奏下ᄒᆞ얏스니到即一並放送ᄒᆞ라ᄒᆞ얏다ᄒᆞ더라

●[illegible]禁止　抱川郡莘野面會事務員李海朝氏가學部에請願ᄒᆞ기를花山院土付爲本會一事ᄒᆞᆫ로郡齋任이一向沮戲ᄒᆞ니即派視官ᄒᆞ야禁止케ᄒᆞ라ᄒᆞ얏다더라

●逃囚處役　再昨下午四時에監獄署强盜罪人洪泰治河桂順學敎坐金春石洪春植即僞造鹽寶罪人金光鎬等六名은一并絞刑을執行ᄒᆞ얏ᄂᆞᆫ디其中三名은日前該獄逃走ᄒᆞ얏다가更爲被捉ᄒᆞᆫ者이라더라

●增稅當禁　法部에셔平理院在囚相直相氏의案件으로度支部에照覆ᄒᆞ기를稽員의請願을據ᄒᆞᆫ즉淸道結剩餘結은前觀察使趙ᄒᆞᆫ國在任時爲摠邑逋欠節目者也오結戶剩餘ᄂᆞᆫ入於府郡公用各官屬加料救弊者也라ᄒᆞ얏고全州財務官平野與次之報告에ᄂᆞᆫ曰結戶稅金을法律外幾文式增減ᄒᆞᆷ은從來習慣이라昨年來로此를雜收入으로定ᄒᆞ야國庫에納入케ᄒᆞ얏스니稽員의公用救弊之請願이眞的ᄒᆞᆫ즉平野之報告가自歸爽實이오平野의納入國庫之報告가有據ᄒᆞᆫ즉稽員의請願이無乃矛盾歟아貴部에셔亦經認准이면從來各地方官의擅自加稅ᄒᆞᆷ을何以禁之實之며且觀合에정通結剩餘結當初設行이非不曰法外나遵守舊例ᄒᆞᆷ實非郡守之責이라ᄒᆞ얏스니其時剏行之官察使도使即拿ᄒᆞ려니와剏行者를旣曰法外즉遵守가應無異同이오法外增稅를假定繼稅ᄒᆞ야收入國課ᄒᆞᆷ은理應奈哉아거날誠以無罪ᄒᆞᆷ이是果當理이을지誠切訝惑이라ᄒᆞ얏다더라

●交涉費請撥　政府에셔外國人交涉時使換ᄒᆞ기爲ᄒᆞ야廚子二名床排子二名을新設ᄒᆞ야每名月料ᄂᆞᆫ、元式作定ᄒᆞ야自本月로至十二月條合二百元을按月支撥ᄒᆞ라ᄒᆞ얏고外國人交涉時茶菓費一百八十六元二十七錢도即爲支出ᄒᆞ라고度支에請求ᄒᆞ얏다더라

●參政提議　皇上陛下게옵서日前에各大臣을面接ᄒᆞ사國事를委任ᄒᆞ셧成ᄒᆞ시지라朴參政이各大臣에게提議ᄒᆞ기를我等이現任國務大臣則何時에ᄂᆞᆫ非不贊襄이로되　皇上面勅이若是懇摯ᄒᆞ시니倍加對揚이豈非當行職務乎아斯今以後로政府에依例會同ᄒᆞ야公心國事ᄒᆞ야今日에議一事ᄒᆞ고明日에行一事ᄒᆞ야ᄒᆞᆫ第進明ᄒᆞ지ᄒᆞ야各大臣이互相贊成ᄒᆞ얏다ᄒᆞ며昨日曜日에도參政이進詣ᄒᆞ얏더라

●五十五次의投石　統監府에셔昨年四月以後로京仁京釜馬山各鐵道에或投石者等을調査ᄒᆞᆫ즉五十五次라內部로公函ᄒᆞ기를此等惡戲가必是兒童輩所爲니各線路와郡守에게別設方略ᄒᆞ야禁戢케ᄒᆞ라ᄒᆞ얏ᄂᆞᆫ디部에셔統監府로答函ᄒᆞ기를五十五次惡戲ᄂᆞᆫ認作兒童輩所爲ᄒᆞ니盛設感이온지라當訓飭線路各郡守ᄒᆞ야別般禁戢케ᄒᆞᆫ다ᄒᆞ얏다더라

●[illegible]　日本에在逃國事犯特赦問題가政府에屢提ᄒᆞᆷ은一般知悉ᄒᆞᄂᆞᆫ바어니와伊藤統監에게李址鎔氏書函을屢到ᄒᆞᆫ지라統監이該書札을各大臣에出示ᄒᆞ고該犯等赦不赦問題를細細說明ᄒᆞ얏다더라

●廢礦無效　宮내府各礦產所有權規則을頒布ᄒᆞᆫ지라已往宮內府에셔咸興郡明太洞金礦을李重宰의게啓字로許採ᄒᆞᆫ事로統監府에셔政府로照會ᄒᆞ야該認許事件을相持ᄒᆞ더니官礦規則이實施됨의明太洞金礦所처權이自歸無效라ᄒᆞ고政府에셔統監府로公文ᄒᆞ얏다더라

●垈地段價及租稅　本年四月五日과五月十日에賣ᄒᆞᆫ城津港各國人居留地段價及租稅合一千三百七十元一十錢을該港支金庫로收랍ᄒᆞ얏다ᄒᆞ고統監府에셔政府로照會ᄒᆞ얏다더라

詞林

感閔忠正公堂上竹
葉葉枝枝節節忠
遺芳百世有淸風
外人休怪生無種
天地神明感應通
臺西生　朴海昌

東京電報

●知事休職更迭　二十八日午后一時發
奈良　岡山　德島　山形　群馬　宮崎各縣知事ᄂᆞᆫ休職ᄒᆞ고同時에大分　岐阜　鳥取　福島　各縣知事ᄂᆞᆫ更迭되얏더라

●兒玉將軍葬儀　仝上
故兒玉大將葬儀ᄂᆞᆫ本日擧行ᄒᆞ얏ᄂᆞᆫ디前驅ᄂᆞᆫ騎兵　軍樂隊　儀校兵等을附ᄒᆞ얏고會葬者ᄂᆞᆫ數十町에亘ᄒᆞ얏더라

루리電報

●露帝無政府黨撲滅策　二十八日午　時發
露國新首相이曰皇帝陛下ᄂᆞᆫ强固ᄒᆞᆫ改革手段을與ᄒᆞᆯ事로決心ᄒᆞ얏고皇帝陛下의宣言書에ᄂᆞᆫ無政府主義의勢를撲滅ᄒᆞ야叛等을鎭壓ᄒᆞᆷ에至ᄒᆞ리라ᄒᆞ얏다더라

北京電報

●林公使歸京　仝上
駐淸林公使[illegible]凱式을訪問ᄒᆞ[illegible]滿洲[illegible]

雜報

日昨二十五日下午二點鐘에女子敎育會에서第一回通常會를新門外冷洞普信學校內에서開하얏는ᄃᆡ 會員이會員四十人을選定ᄒᆞ고臨時會長秦學新氏가女子敎育의必要ᄒᆞᆷ으로演述ᄒᆞᆫ槪略이如左ᄒᆞ더라

現今우리가宇宙間에處ᄒᆞ야歐亞列邦의行政與否를觀察ᄒᆞ건ᄃᆡ蒼空에星辰이羅列ᄒᆞ야各自光榮을爭先照耀ᄒᆞᆷ과如ᄒᆞ야優勝劣敗의關係로一大 競爭之秋를成ᄒᆞᆫ지라國家의興衰ᄂᆞᆫ專혀行政機關에在ᄒᆞ고行政善否ᄂᆞᆫ專혀敎育振拙ᄒᆞᆷ에在ᄒᆞ니엇지萬物最靈의名稱을帶有ᄒᆞᆫ우리人類가此를講究치아니ᄒᆞ리오

一國이興學치못ᄒᆞ면蠻貊之稱을未免ᄒᆞ야終乃國亡ᄒᆞ고個人이學지아니ᄒᆞ면[illegible]之鍋과奴隸之服을長ᄒᆞ야竟必身殃ᄒᆞᄂᆞ니此亦驚覺自省ᄒᆞᆯ비라大抵敎育이란者ᄂᆞᆫ聯判以來上下千載에人生活上의最大的事業也라이럼으로義務敎育을雖分秒之間이라도不可不條ᄒᆞᆯ지라

惟我大韓은上古檀君以來로于今四千有餘歲에禮義之邦과文明之治ᄂᆞᆫ隣邦의規範을作케ᄒᆞ엿ᄂᆞᆫ데敎育[illegible]ᄒᆞ며學問의男女之別이有ᄒᆞ야男子ᄂᆞᆫ비록韓漢의[illegible]을白修ᄒᆞ나至於女子ᄒᆞ야ᄂᆞᆫ深閨에禁錮ᄒᆞ야閨內而不言外라ᄒᆞᆫ句語만心篤ᄒᆞ야衣服공飾之勞와婢僕賤流之役에從事ᄒᆞ야男子의壓制力을甘受ᄒᆞ야不知閨門之外에更有乾坤之浩蕩ᄒᆞ야學問이무엇신지智識이무어신지暗昧成習ᄒᆞ야年光을虛棄ᄒᆞ고草木同腐之形을未免ᄒᆞ니엇지等人類로待ᄒᆞ야慨惜嘆ᄒᆞᆯ바아니리오大抵우리二千萬同胞로言ᄒᆞ면一千萬姉妹ᄂᆞᆫ無用비棄物에歸ᄒᆞ야敎育을不受ᄒᆞᆫ胞ᄒᆞ니人類同等權을失ᄒᆞ니實로一千萬同胞에不過ᄒᆞᆫ지라此ᄂᆞᆫ文明國之所堪爲哉아

이럼으로우리가一千萬姉妹의無罪就刑ᄒᆞᆷ을痛惜不已ᄒᆞ고四千年流來의舊染惡習을翻然痛悟ᄒᆞ야女子同等權을首唱ᄒᆞ고新智識新學을開導發達키爲ᄒᆞ야女子의一大文明團體를組織ᄒᆞ야

女子敎育會라名定ᄒᆞ고發起ᄒᆞᆫ지不過數二個月에오날二百餘員의 夫人이會集ᄒᆞ야第一回通常會를開ᄒᆞ고新學ᅡ研究의方針으로衿抱를呈述ᄒᆞ야如此ᄒᆞᆫ盛況을呈ᄒᆞ니實로東方四千載稀有之擧오 未完

●進桂付也 大丘私立中學校ᄂᆞᆫ經費가無ᄒᆞ야支持困難ᄒᆞ더니[illegible]有志들仍設ᄒᆞ얏ᄂᆞᆫ데該郡紳士들이協ᄒᆞ야進桂所의所有로敎授에付屬ᄒᆞᆫ다ᄒᆞ니同地士人의熱心은可히全省에標準이되리로다

●普校買시 大丘私立普成學校에서夏期試驗을經ᄒᆞ얏ᄂᆞᆫᄃᆡ優等生은郞振養鼎桂秀崔錫權尹聖瑞金判祚五人이오及第生은孫相憲等十七人을表彰施賞ᄒᆞ고七月二十五日에放學ᄒᆞ얏더라

●漏令夏試 白川郡私立碧瀾義塾에서夏期試驗을經ᄒᆞ얏ᄂᆞᆫᄃᆡ第一班優等은具滋協子不欽林永泰子明會子봉臺子本孝子滋放林永蘇 二班優等林大成金在夏丁元燮三班優等子德鳳平在後金順風四班優等金昌福金洪烈崔學祚丕永山劉大振劉應봉本班優等李長龍崔今孫諸人인ᄃᆡ 이優等生의게空冊石板石筆洋紙鉛筆毛筆等各種賞品으로施賞ᄒᆞ고運動會를西寺에開設ᄒᆞ고國民의義務와敎育의趣旨로各任員과來賓諸氏가一場演說ᄒᆞ고因ᄒᆞ야放學ᄒᆞ얏다더라

●農工校의設立 全羅南道光州府西門外에農工普通學校를創設ᄒᆞ고學員을募集ᄒᆞ며外國敎師를雇聘ᄒᆞ야修身과斗算과作文과地誌와日語算術의普通科程으로熱心敎授ᄒᆞᄂᆞᆫᄃᆡ設立人은敎職變崔得柱와與陳永權崔鍾涉諸氏라더라

●消潔生財 [illegible]州郡守金璉植氏ᄂᆞᆫ境內民家의淸潔法을行ᄒᆞᆫ다ᄒᆞ고石灰를每家에不過丘蒿重式出刑ᄒᆞ고價錢은葉一兩式을出ᄒᆞ다ᄒᆞ니石灰水를汚濕之處를消防ᄒᆞᄂᆞᆫ不下一와나가져야墻垣之底에鋪灑ᄒᆞᆯ지라[illegible]의灰ᄂᆞᆫ不祥鳥足之血인ᄃᆡ此를淸潔除淨라ᄒᆞ고民財를徵取ᄒᆞᆫ다고西來人의誹笑가藉藉ᄒᆞ더라

●正誤 去日昨報에誣告將判이라ᄂᆞᆫ題下에對ᄒᆞ야折脚冒ᄒᆞ얏다ᄂᆞᆫ尹元求氏의元字를以原字誤植이기로正誤ᄒᆞᆷ

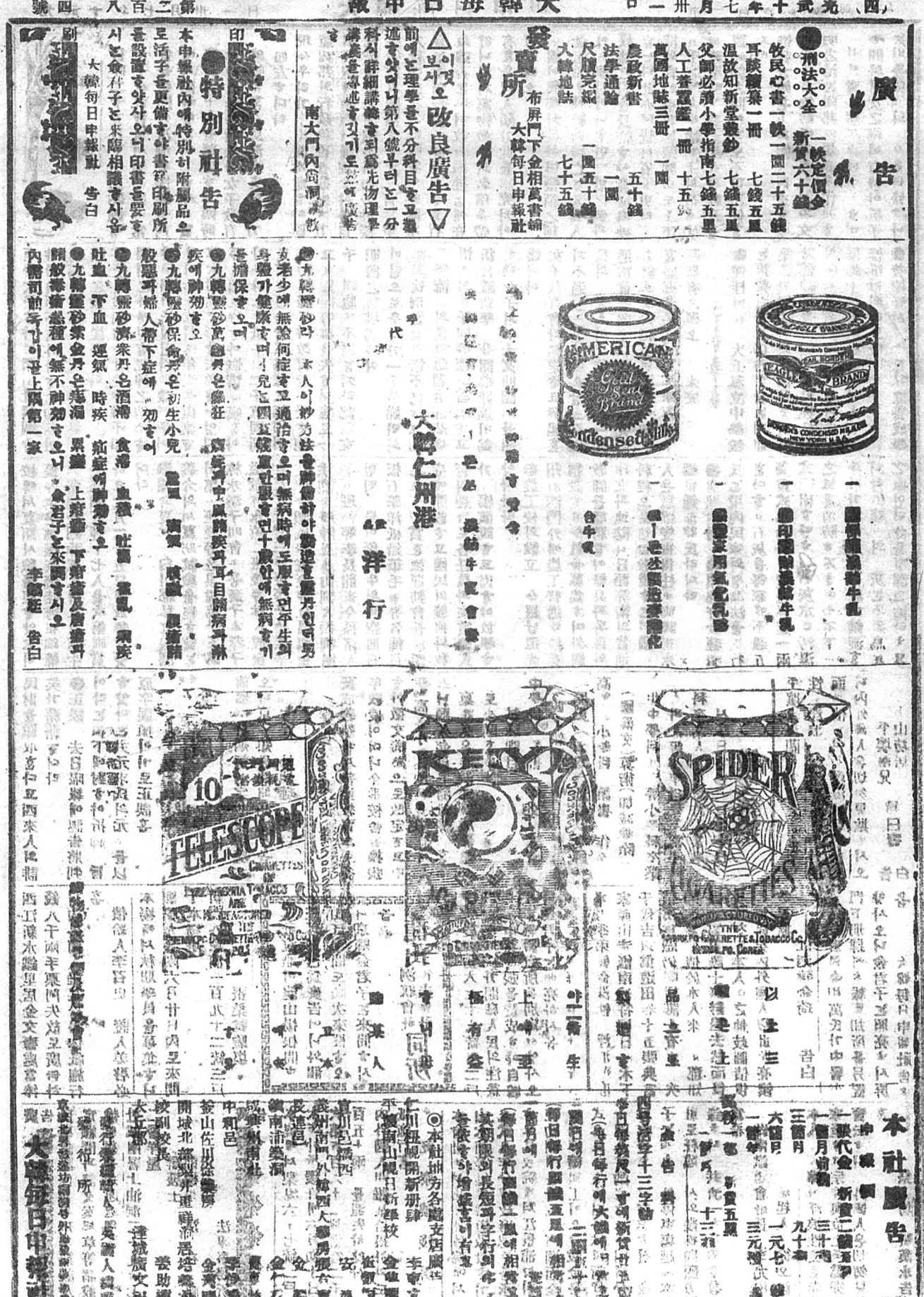